3 活用する語は言い切りの形（終止形）で引く ただし形容動詞は語幹で引く

・動詞は「ウ段」（ラ変はイ段）で終わる。
・形容詞は「し」（または「じ」）で終わる。
・形容動詞は「なり」「たり」で終わる。
・助動詞は右の三つに準じて終わる。

例 飛びちがひ → 飛びちがふ（終止形）
例 多く → 多し（終止形）
例 さらなり → さら（語幹）
例 たる → たり（終止形）

語幹	未然形（～ず）	連用形（～て）	終止形（～。）	連体形（～とき）	已然形（～ども）	命令形（～！）	
飛びちが	は	ひ	ふ	ふ	へ	へ	→「とびちがふ」で引く
多	から	く／かり	し	き／かる	けれ	かれ	→「おほし」で引く
さら	なら	なり／に	なり	なる	なれ	なれ	→「さら」で引く

五十音図

五十音図といった場合、正しくは右表をさす。しかし、この五十音図は国語の音節をすべて尽くしているものではない。これらはいわゆる清音で、国語の音節としては、このほかに、いわゆる濁音・半濁音・拗音・撥音・促音がある。

わ	ら	や	ま	は	な	た	さ	か	あ
ゐ	り	い	み	ひ	に	ち	し	き	い
う	る	ゆ	む	ふ	ぬ	つ	す	く	う
ゑ	れ	え	め	へ	ね	て	せ	け	え
を	ろ	よ	も	ほ	の	と	そ	こ	お

- 活用する語―述語となる語―用言
  - 言い切りの語尾がウ段で終わる語（ただし、ラ変動詞はイ段）……**動詞**〔書く あり 死ぬ 受く…〕
  - 言い切りの語尾が「し」で終わる語（または「じ」）……**形容詞**〔おもしろし ゆかし いみじ…〕
  - 言い切りの語尾が「なり」「たり」で終わる語……**形容動詞**〔おろかなり 朦朧たり…〕
- 活用しない語
  - 主語となる語―体言……**名詞**〔江戸 花 二月 をり われ…〕
  - 主語とならない語
    - 修飾語となる語
      - 用言を修飾する語……**副詞**〔いと いかで なほ つゆ…〕
      - 体言を修飾する語……**連体詞**〔ある(夜) あらゆる(国)…〕
    - 修飾語とならない語
      - 接続する語……**接続詞**〔また しかも されど…〕
      - 接続しない語……**感動詞**〔あはれ あな いざ いで…〕
- 付属語
  - 活用する語……**助動詞**〔(男あり)けり (知ら)ず…〕
  - 活用しない語……**助詞**〔(二つ)の (戸)を (人)も…〕

全訳

旺文社

全訳古語辞典

第五版

宮腰 賢（東京学芸大学名誉教授）
石井正己（東京学芸大学教授）
小田 勝（国学院大学教授）
編

略語・記号一覧

〔品詞・その他〕

(名)　名詞
(代)　代名詞
(自)　自動詞
(他)　他動詞
(補動)　補助動詞
(形)　形容詞
(形口)　口語形容詞
(補形)　補助形容詞
(形動)　形容動詞
(形動口)　口語形容動詞
(連体)　連体詞
(副)　副詞
(接)　接続詞
(感)　感動詞
(助動)　助動詞
(格助)　格助詞
(接助)　接続助詞
(副助)　副助詞
(間助)　間投助詞
(係助)　係助詞
(終助)　終助詞
(接頭)　接頭語
(接尾)　接尾語

〔活用〕

(四)　四段活用
(上一)　上一段活用
(上二)　上二段活用
(下一)　下一段活用
(下二)　下二段活用
(カ変)　カ行変格活用
(サ変)　サ行変格活用
(ナ変)　ナ行変格活用
(ラ変)　ラ行変格活用
(ク)　ク活用
(シク)　シク活用
(タリ)　タリ活用
(ナリ)　ナリ活用
㊀未　未然形
㊀用　連用形
㊀終　終止形
㊀体　連体形
㊀已　已然形
㊀命　命令形

〔その他〕

【　】　現代仮名遣いによる見出し語
↕　対義語
↓　他の見出し語の語釈やその語に関する事項などへの参照
⇩　現代仮名遣いから歴史的仮名遣いへの指示および特設記事・付録・巻頭カラーページへの参照
〔　〕　語義❶❷❸……の全体に共通する対義語・参照

〔和歌・俳句の表現技法図〕

(実線)　枕詞とそれがかかる語を示す
(点線)　序詞の部分とそれによって導き出される語句を示す
～～　縁語関係にある語を示す
〔　〕　掛詞となっている語句を示す
春　季語
‖　切れ字

（本文中、記号は赤色）

装丁デザイン　服部一成

平安時代の天皇・貴族・女房の一日

摂関期（十世紀後半から十一世紀前半）の天皇・貴族・女房の代表的な一日をイラストで示した。清涼殿のようすは巻頭カラーページ20を参照。

朝

天皇

起床
蔵人が格子を上げる

御手水の間で手洗い、口すすぎなどして身支度を整える

神拝
石灰の壇で伊勢神宮を遥拝

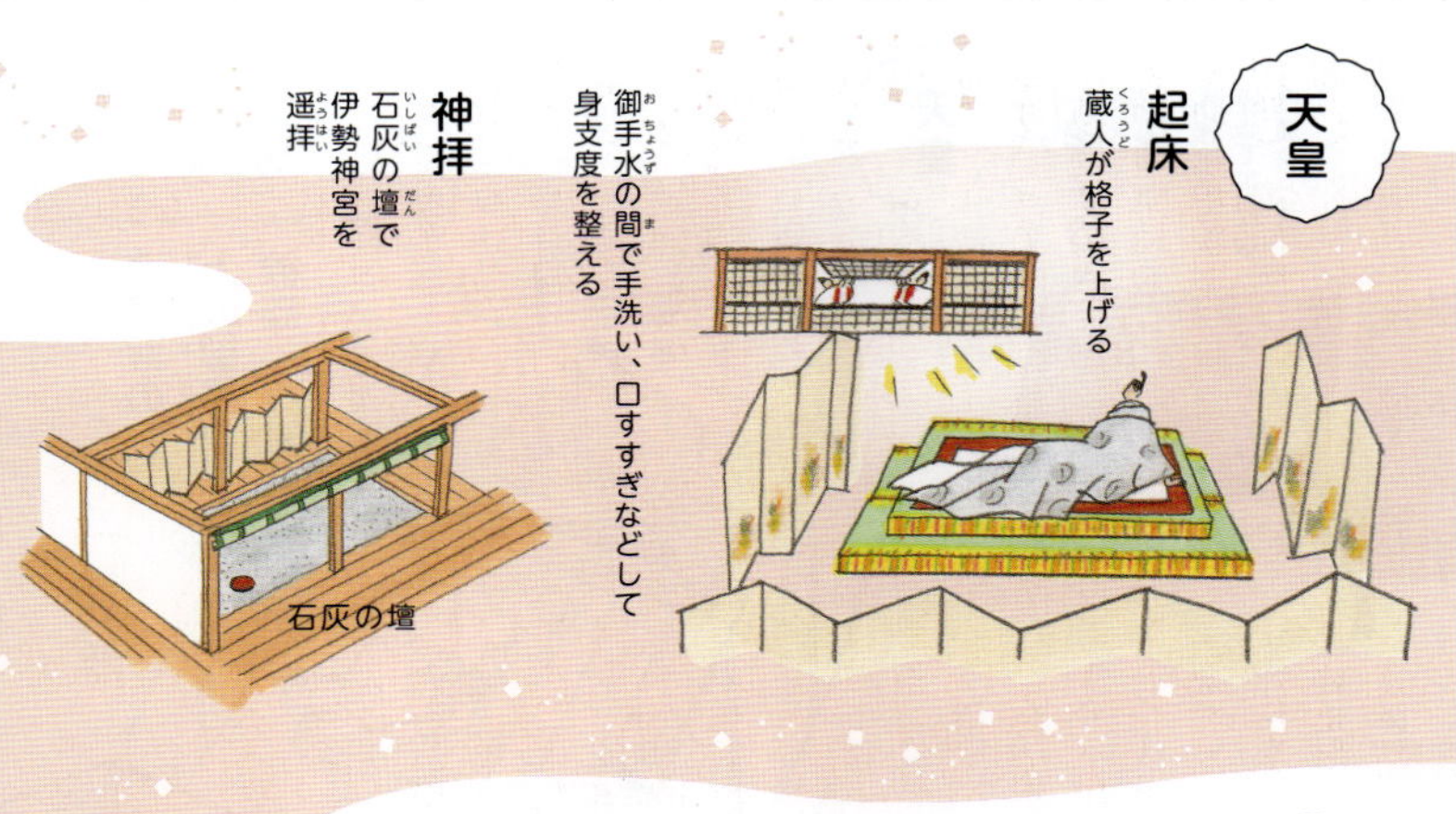

貴族

鏡で顔を点検
暦で吉凶を確認

参内する
牛車で移動

女房

髪を梳き、化粧する

衣装をととのえる
伏籠で衣装に香をたきしめる

天皇
貴族
女房
清涼殿の上の御局で歓談
中宮
天皇
女房
女房
女房
中宮の兄
天皇
大床子の御膳
大床子に座って正式な食事をとる
貴族
陣の定め（＝公卿の会議）に出席
女房
中宮のもとに集う
中宮

昼の御座で政務奏上を受ける

叙位・除目の儀式のようす

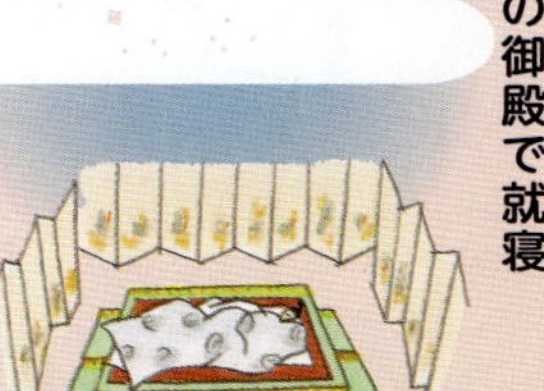

夜の御殿で就寝

女性のもとに通う

女房たちで集う

宿直の公卿や殿上人に声をかけられることもある

自身の局に退く

草子などを読む

古典文学の展開

◎文学史の展開を時代別・ジャンル別に系統化したものである（太字は最重要作品）。
◎ここに掲載されている作品は、すべて本文に見出し語としてとりあげた。
◎作品によっては成立年代に諸説あるものがあり、本図表中の配列が絶対ということではない。

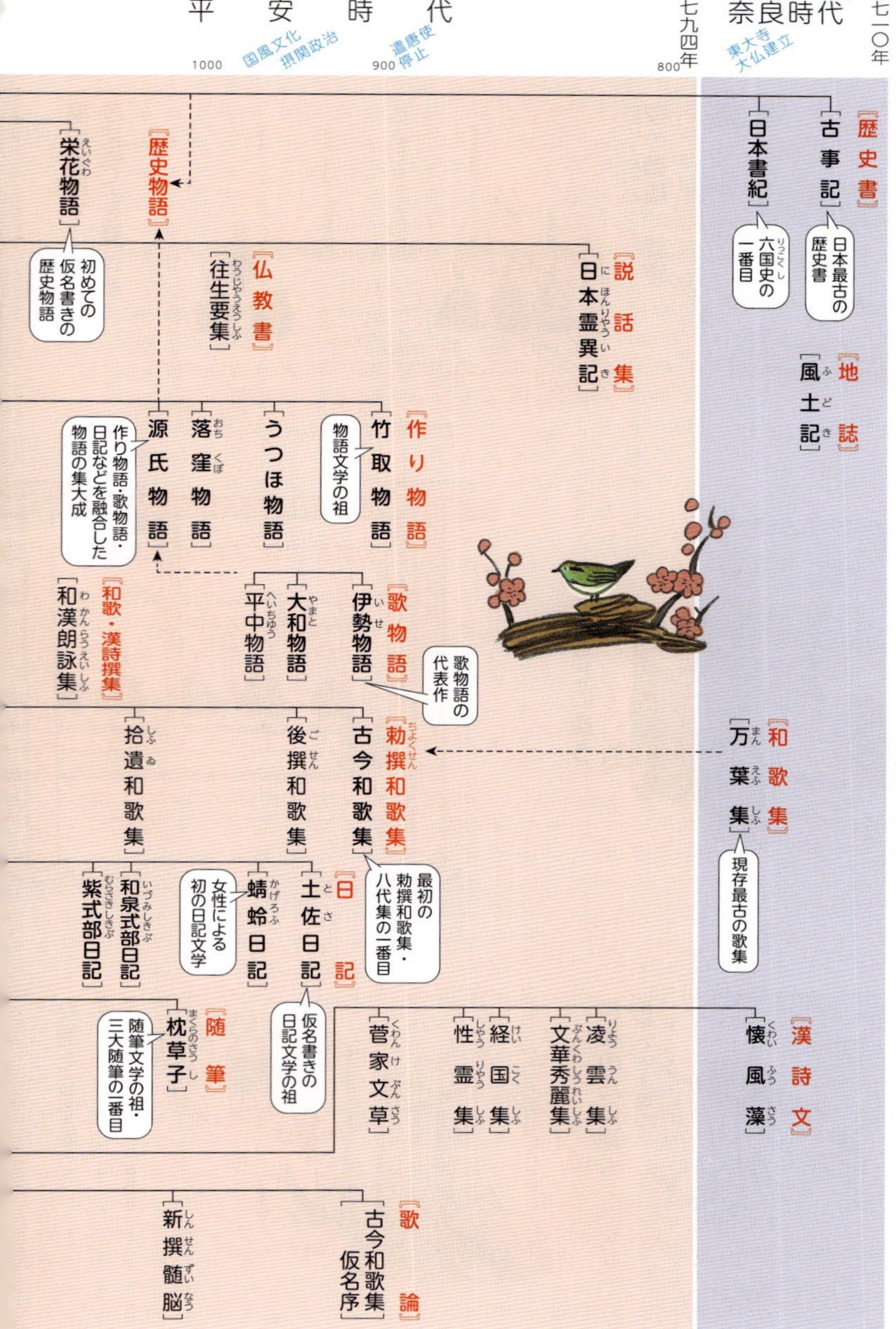

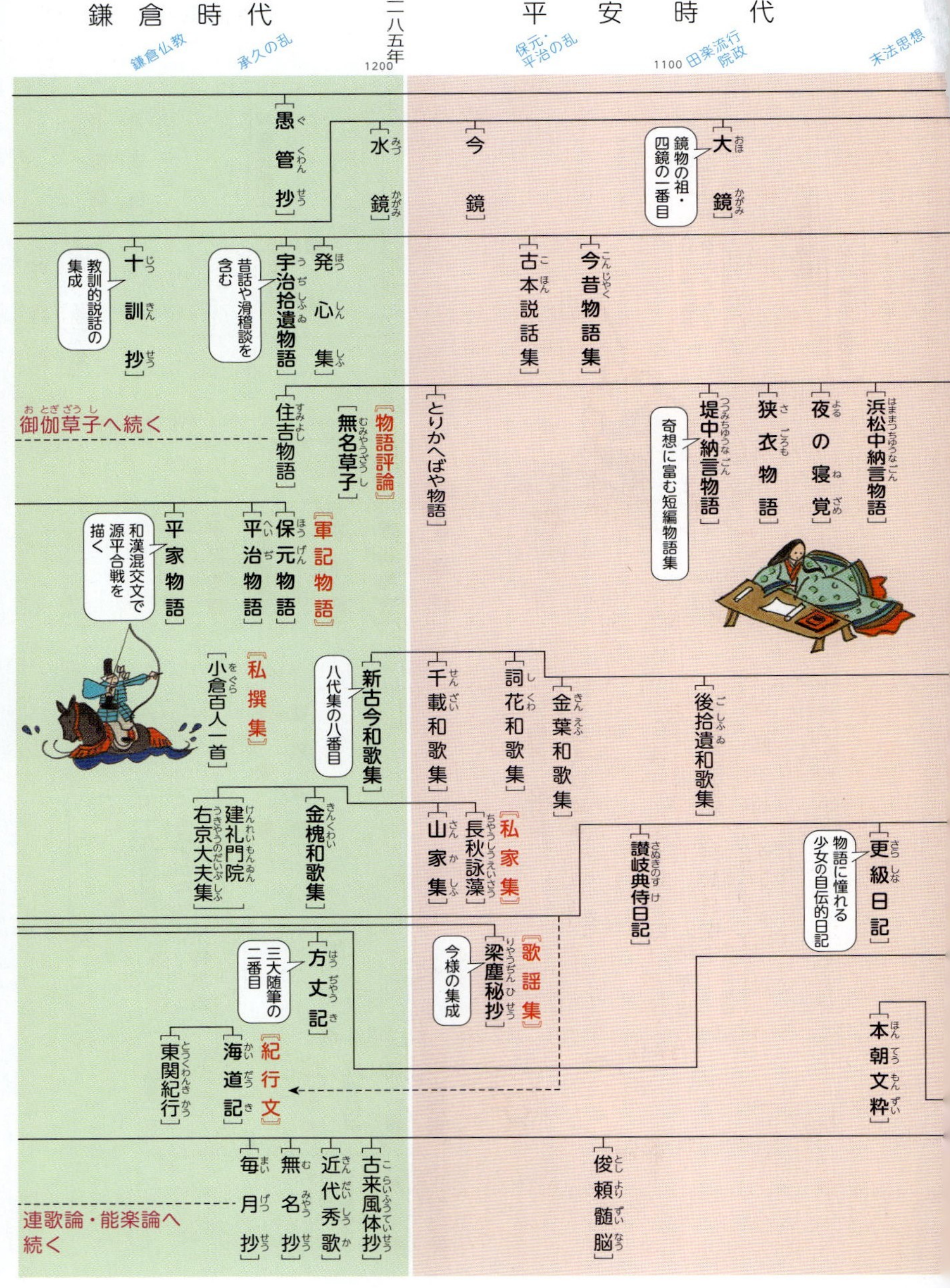

鎌倉時代
平安時代
鎌倉仏教
承久の乱
一一八五年
1200
保元・平治の乱
1100
田楽流行
院政
末法思想
愚管抄
水鏡
今鏡
大鏡
鏡物の祖・四鏡の一番目
十訓抄
教訓的説話の集成
宇治拾遺物語
昔話や滑稽談を含む
発心集
古本説話集
今昔物語集
御伽草子へ続く
住吉物語
【物語評論】
無名草子
とりかへばや物語
堤中納言物語
奇想に富む短編物語集
狭衣物語
夜の寝覚
浜松中納言物語
平家物語
和漢混交文で源平合戦を描く
平治物語
保元物語
【軍記物語】
【私撰集】
小倉百人一首
新古今和歌集
八代集の八番目
千載和歌集
詞花和歌集
金葉和歌集
後拾遺和歌集
建礼門院右京大夫集
金槐和歌集
山家集
長秋詠藻
【私家集】
讃岐典侍日記
更級日記
物語に憧れる少女の自伝的日記
方丈記
三大随筆の二番目
梁塵秘抄
今様の集成
【歌謡集】
東関紀行
海道記
【紀行文】
本朝文粋
毎月抄
無名抄
近代秀歌
古来風体抄
俊頼髄脳
連歌論・能楽論へ続く

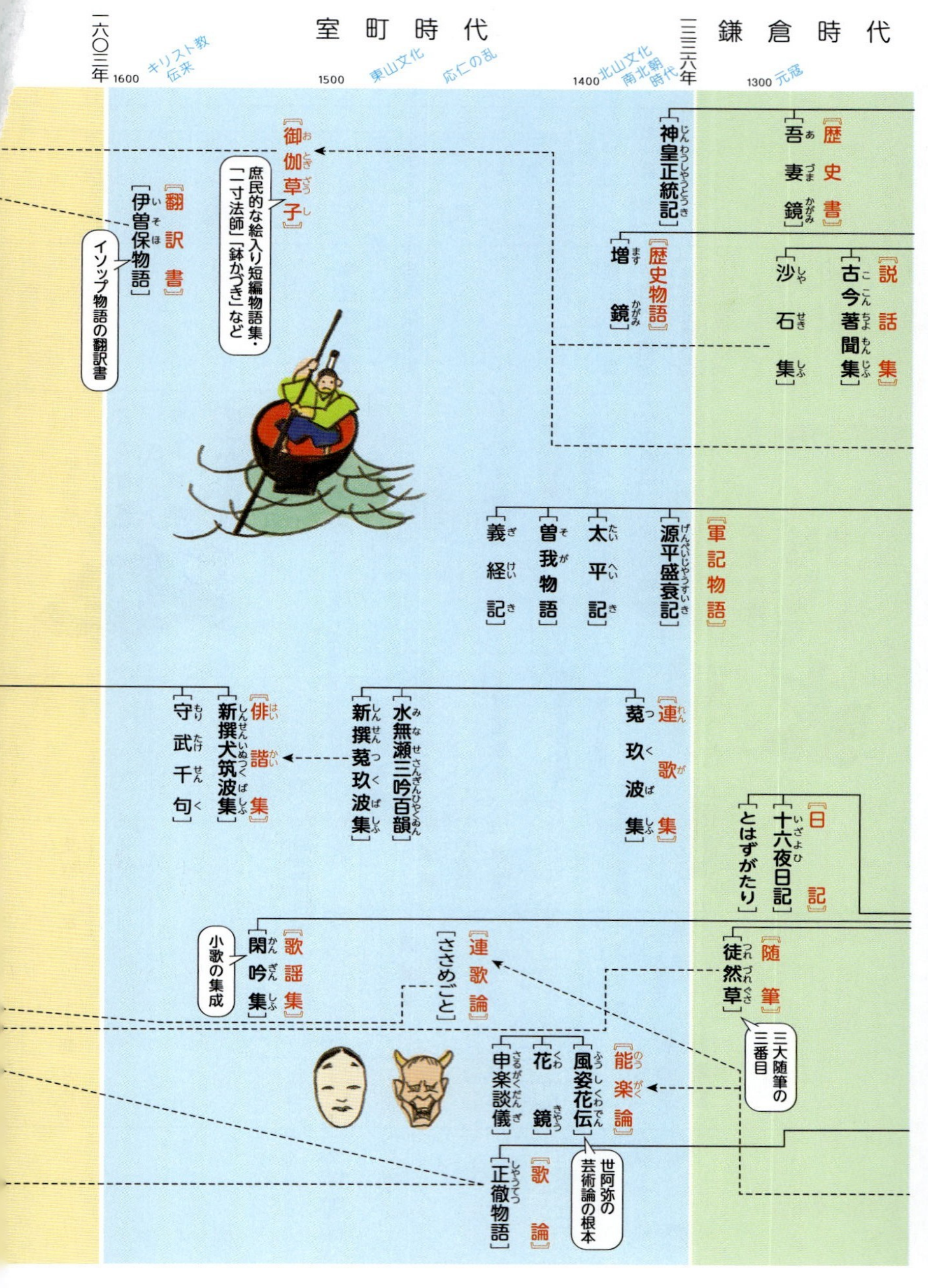

鎌倉時代
一三三六年
室町時代
一六〇三年
1300 元寇
1400 北山文化
南北朝時代
1500 東山文化
応仁の乱
1600 キリスト教伝来
〔歴史書〕
吾妻鏡
神皇正統記
〔説話集〕
古今著聞集
沙石集
〔歴史物語〕
増鏡
〔御伽草子〕
庶民的な絵入り短編物語集・「一寸法師」「鉢かづき」など
〔翻訳書〕
伊曽保物語
イソップ物語の翻訳書
〔軍記物語〕
源平盛衰記
太平記
曽我物語
義経記
〔連歌集〕
菟玖波集
水無瀬三吟百韻
新撰菟玖波集
〔俳諧集〕
新撰犬筑波集
守武千句
〔日記〕
十六夜日記
とはずがたり
〔随筆〕
徒然草
三大随筆の三番目
〔連歌論〕
ささめごと
〔歌謡集〕
閑吟集
小歌の集成
〔能楽論〕
風姿花伝
花鏡
申楽談儀
世阿弥の芸術論の根本
〔歌論〕
正徹物語

江戸時代

一八六七年 — 黒船来航 — 天保の改革 — 化政文化 1800 — 国学・蘭学 — 享保の改革 — 赤穂浪士討ち入り 1700 — 元禄文化 — 鎖国

仮名草子
- 醒睡笑
- 二人比丘尼
- 浮世物語
- 伽婢子

草双紙
- 赤本
- 黒本
- 青本
- 黄表紙
  - 金々先生栄花夢
  - 江戸生艶気樺焼
- 合巻
  - 偐紫田舎源氏

浮世草子
- 好色一代男
- 好色五人女
- 日本永代蔵
- 世間胸算用（西鶴の町人物の傑作）

読本
- 雨月物語（怪異小説集・初期読本の代表作）
- 椿説弓張月
- 春雨物語
- 南総里見八犬伝

洒落本

人情本
- 春色梅児誉美

滑稽本
- 東海道中膝栗毛（弥次喜多の珍道中）
- 浮世風呂
- 浮世床

浄瑠璃
- 曽根崎心中（近松の世話物・心中物の第一作）
- 冥途の飛脚
- 国性爺合戦
- 菅原伝授手習鑑
- 仮名手本忠臣蔵

歌舞伎脚本
- 伽羅先代萩
- 東海道四谷怪談（世話物歌舞伎の代表作）
- 三人吉三廓初買

俳諧
- 談林十百韻
- 虚栗
- 冬の日
- 猿蓑
- 炭俵

俳文集
- 風俗文選
- 鶉衣

俳句俳文集
- 新花摘
- おらが春

川柳集
- 誹風柳多留

俳諧紀行文
- 野ざらし紀行
- 更科紀行
- おくのほそ道（芭蕉の俳諧紀行文の最高傑作）
- 笈の小文

俳論
- 三冊子
- 去来抄

随筆、他
- 折たく柴の記
- 玉勝間
- 初山踏
- 蘭学事始
- 花月草紙

注釈書
- 万葉代匠記
- 源氏物語玉の小櫛（「もののあはれ」を説く）
- 古事記伝

古典にあらわれる植物・動物

「春の七草」「秋の七草」は項目名を赤字で示した。それぞれの図柄は、実際の縮尺とは異なる。

春

夏

秋

ひぐらし
かり
をばな
もず
ふぢばかま
われもかう
をみなへし
まつむし
うづら
はぎ
あさがほ
きりぎりす
すずむし
くず
はたおり
なでしこ

冬

みやこどり
つる
かも
さざんくわ
をし
ひひらぎ
ちどり
にほ

古典にあらわれる色

紅（くれなゐ）
柿（かき）
朽ち葉（くちば）
浅葱（あさぎ）
鈍（にび）

茜（あかね）
赤白橡（あかしらつるばみ）
香（かう）
縹（はなだ）
青鈍（あをにび）

桜（さくら）
蘇芳（すはう）
黄蘗（きはだ）
丁子（ちやうじ）
檜皮（ひはだ）
葡萄染め（えびぞめ）

紅梅（こうばい）
丹（に）
山吹（やまぶき）
藤（ふぢ）
青白橡（あをしらつるばみ）
褐（かち）

緋（ひ）
萱草（くわんざう）
梔子（くちなし）
二藍（ふたあゐ）
萌黄（もえぎ）
黒橡（くろつるばみ）

襲の色目

衣服の表と裏、また重ねて着るときの色の配合を「襲の色目」といい、季節によって使い分けた。ここには、代表的な「襲の色目」を示した。

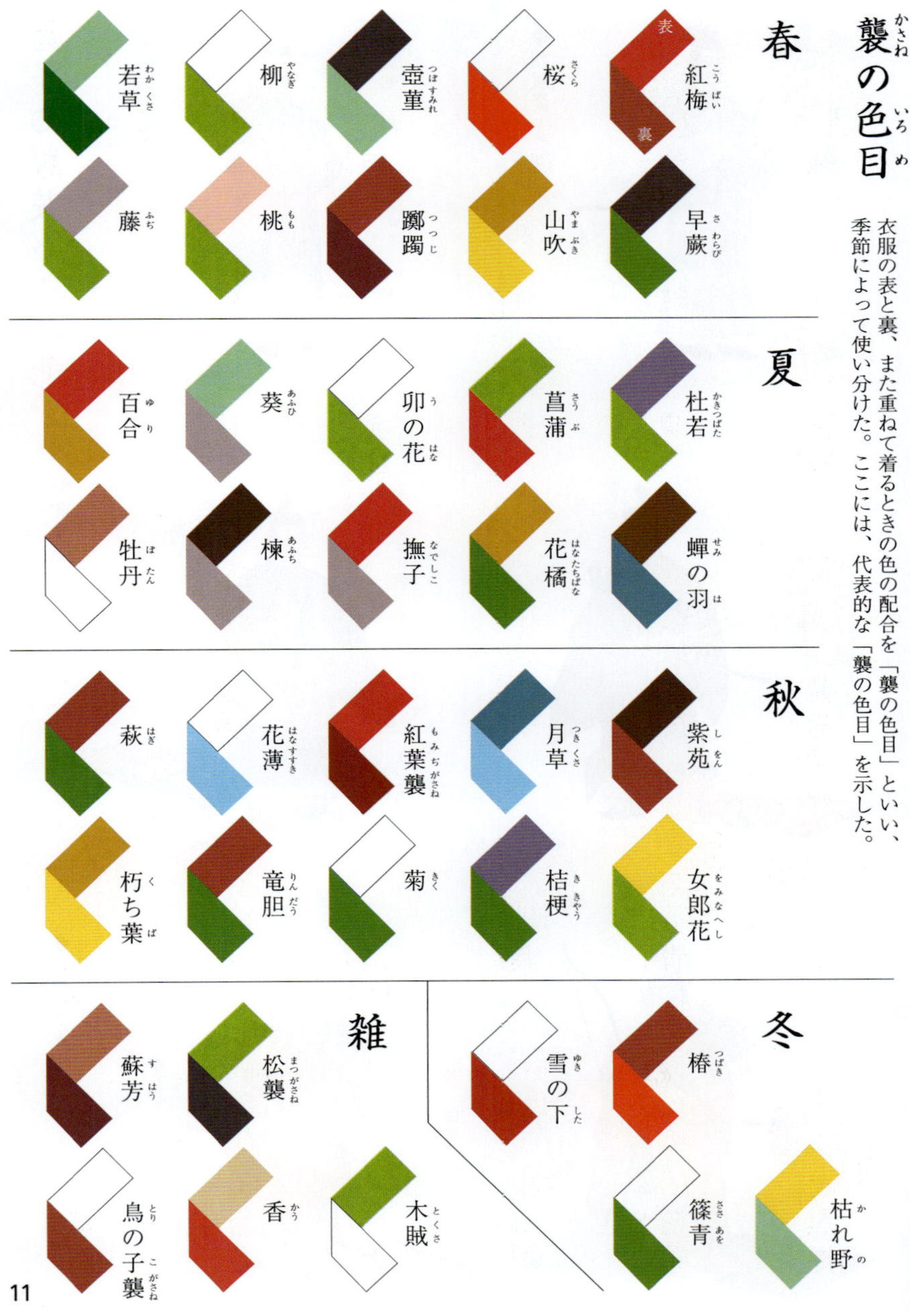

男子の服装

◆朝服姿（文官）

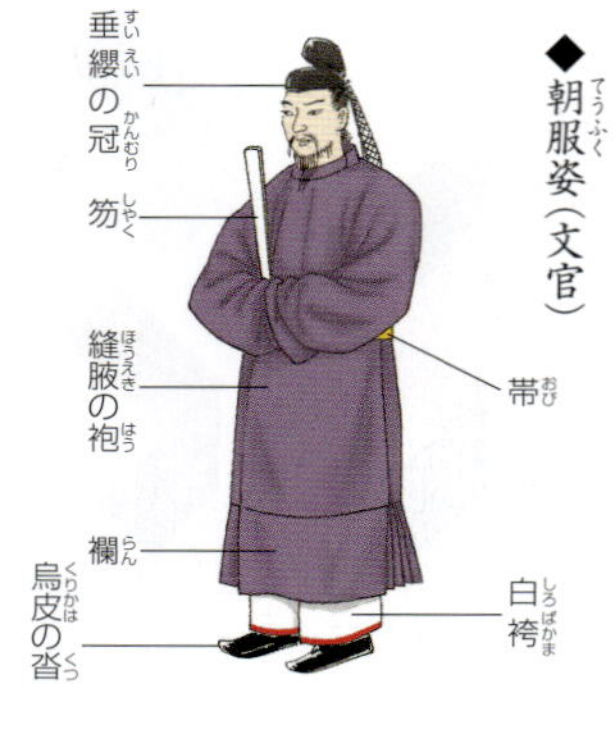

◆朝服姿（武官）

◆束帯姿（文官）

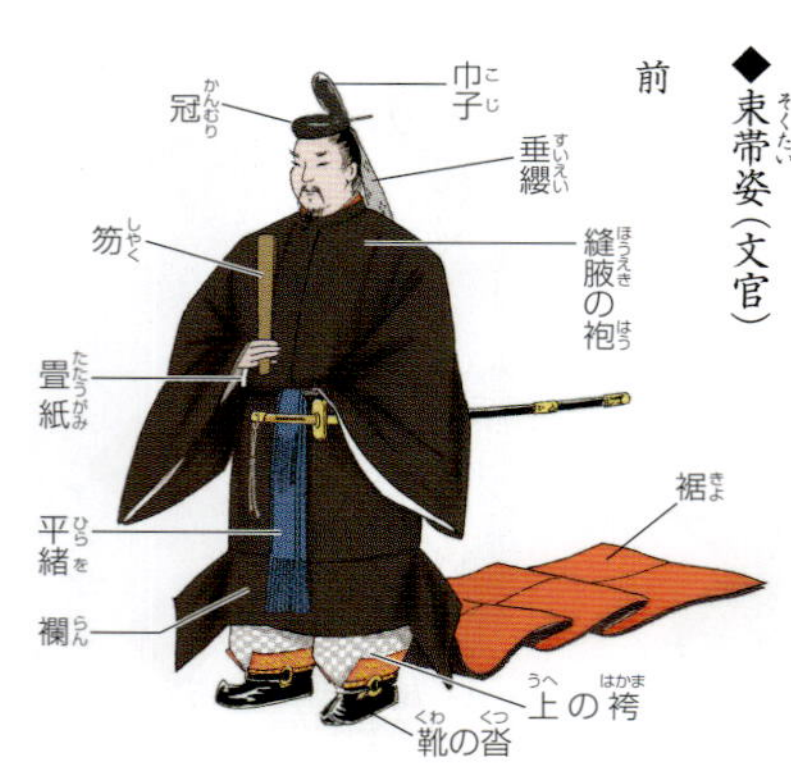

◆束帯姿（武官）

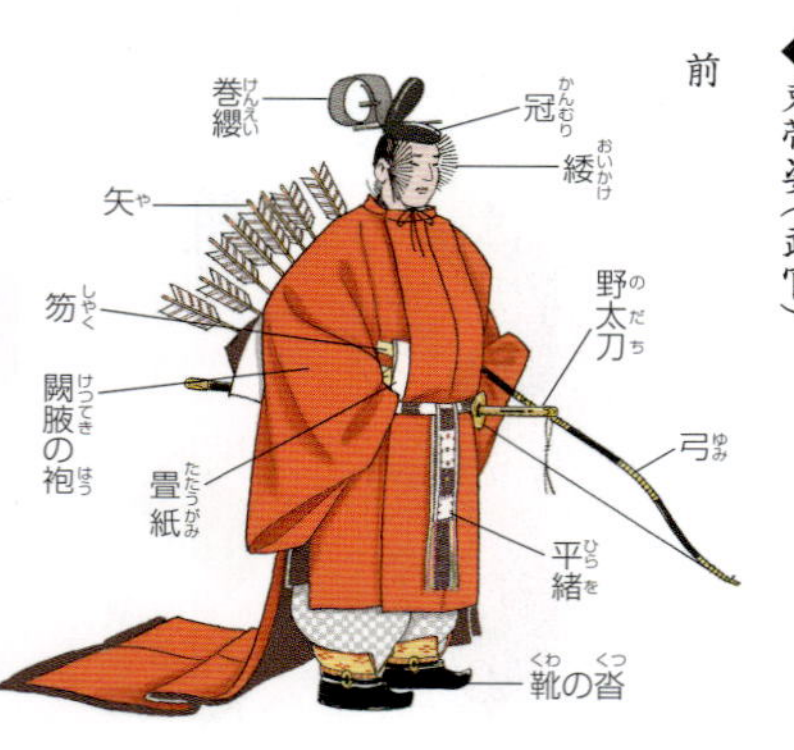

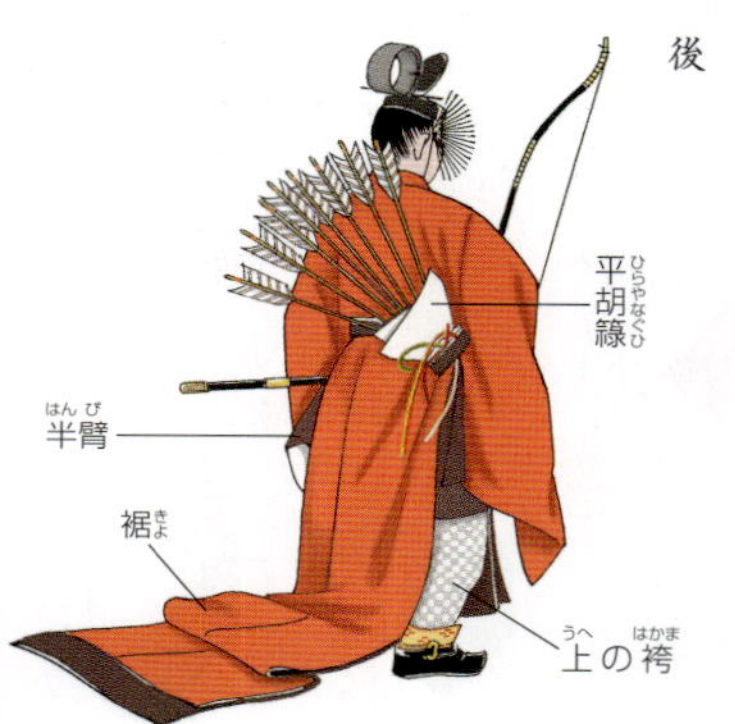

◆衣冠姿
垂纓の冠
衣冠の袍
檜扇
襴
指貫
浅沓
◆直衣姿
立て烏帽子
直衣
檜扇
単
襴
指貫
◆狩衣姿
立て烏帽子
頸上
中啓
狩衣
袖括り
狩袴
◆直垂姿
折り烏帽子
頂頭掛け
胸紐
直垂
太刀
袖括りの露
小袴
◆水干姿
揉み烏帽子
結び紐
水干
蒲葵扇（檳榔の葉で編んだ扇）
股立ち
小袴
◆大紋姿
風折り烏帽子
懸け緒
胸紐
大紋
腰帯
長袴

女子の服装

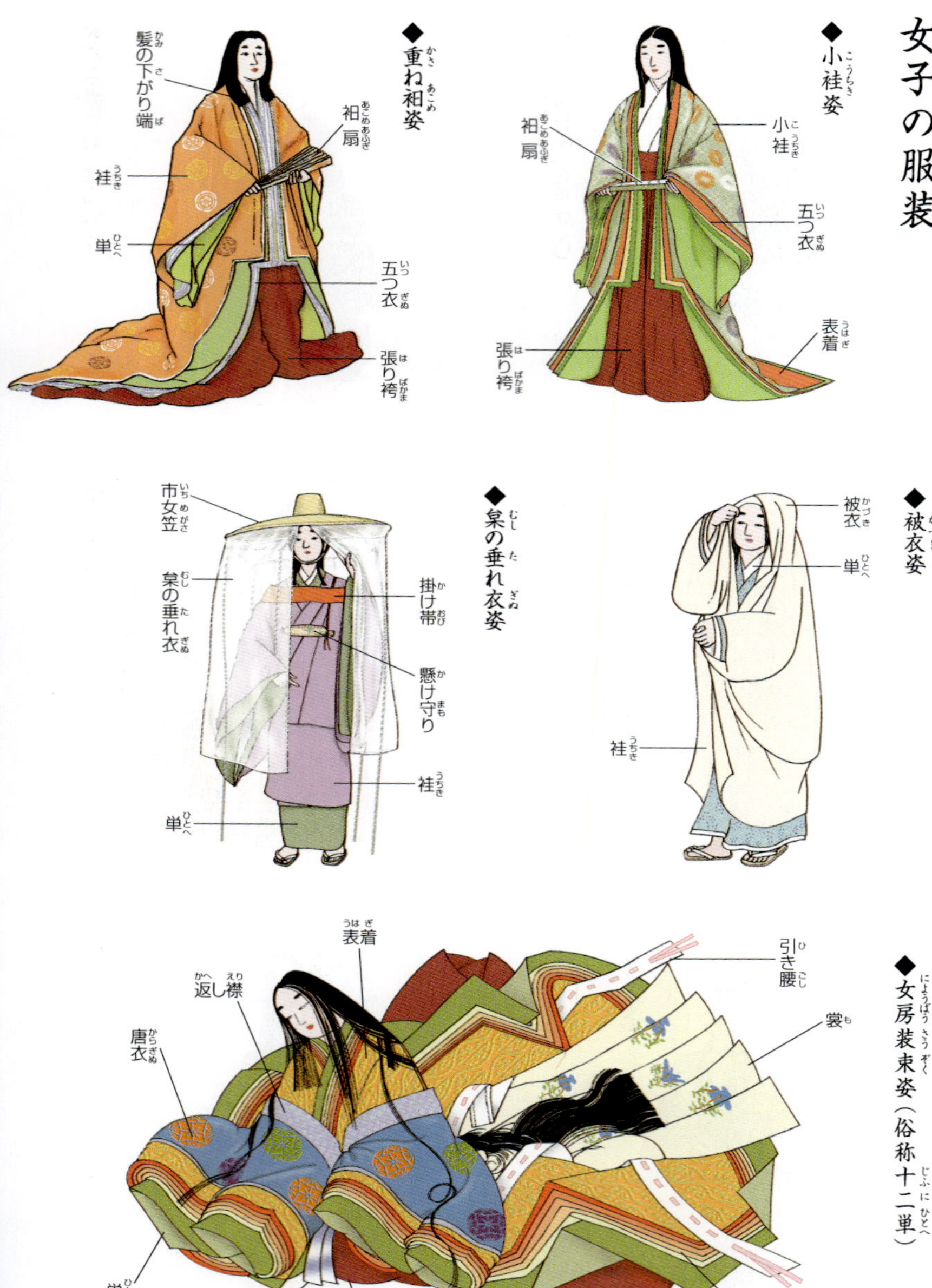

◆小袿姿
小袿
五つ衣
表着
張り袴
衵扇
◆重ね袙姿
髪の下がり端
衵扇
袿
単
五つ衣
張り袴
◆被衣姿
被衣
単
袿
◆枲の垂れ衣姿
市女笠
枲の垂れ衣
掛け帯
懸け守り
袿
単
◆女房装束姿（俗称十二単）
表着
引き腰
返し襟
唐衣
裳
単
小腰
張り袴
五つ衣

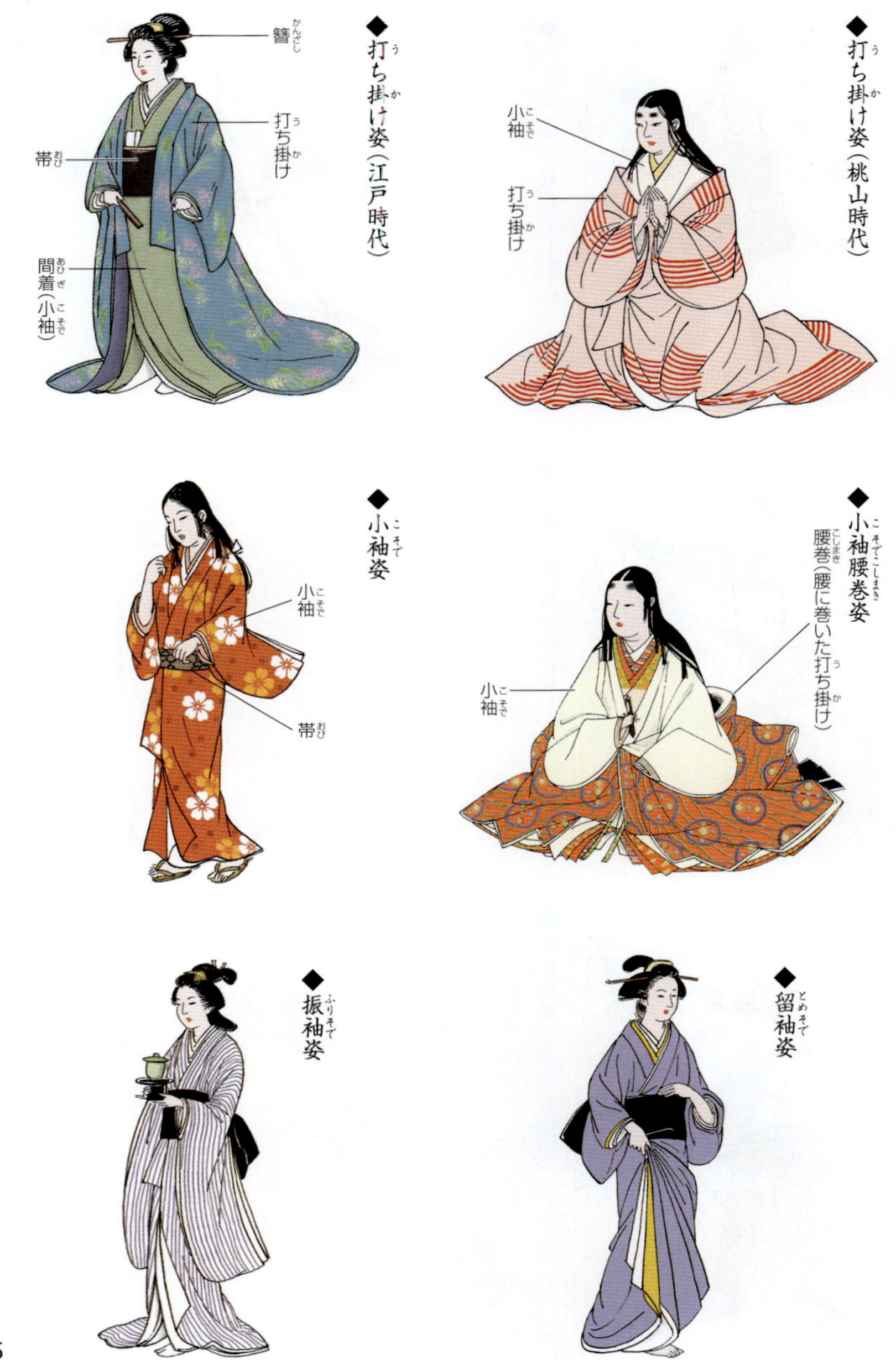
◆打ち掛け姿（桃山時代）
小袖
打ち掛け
◆打ち掛け姿（江戸時代）
簪
打ち掛け
帯
間着（小袖）
◆小袖腰巻姿
腰巻（腰に巻いた打ち掛け）
小袖
◆小袖姿
小袖
帯
◆留袖姿
◆振袖姿

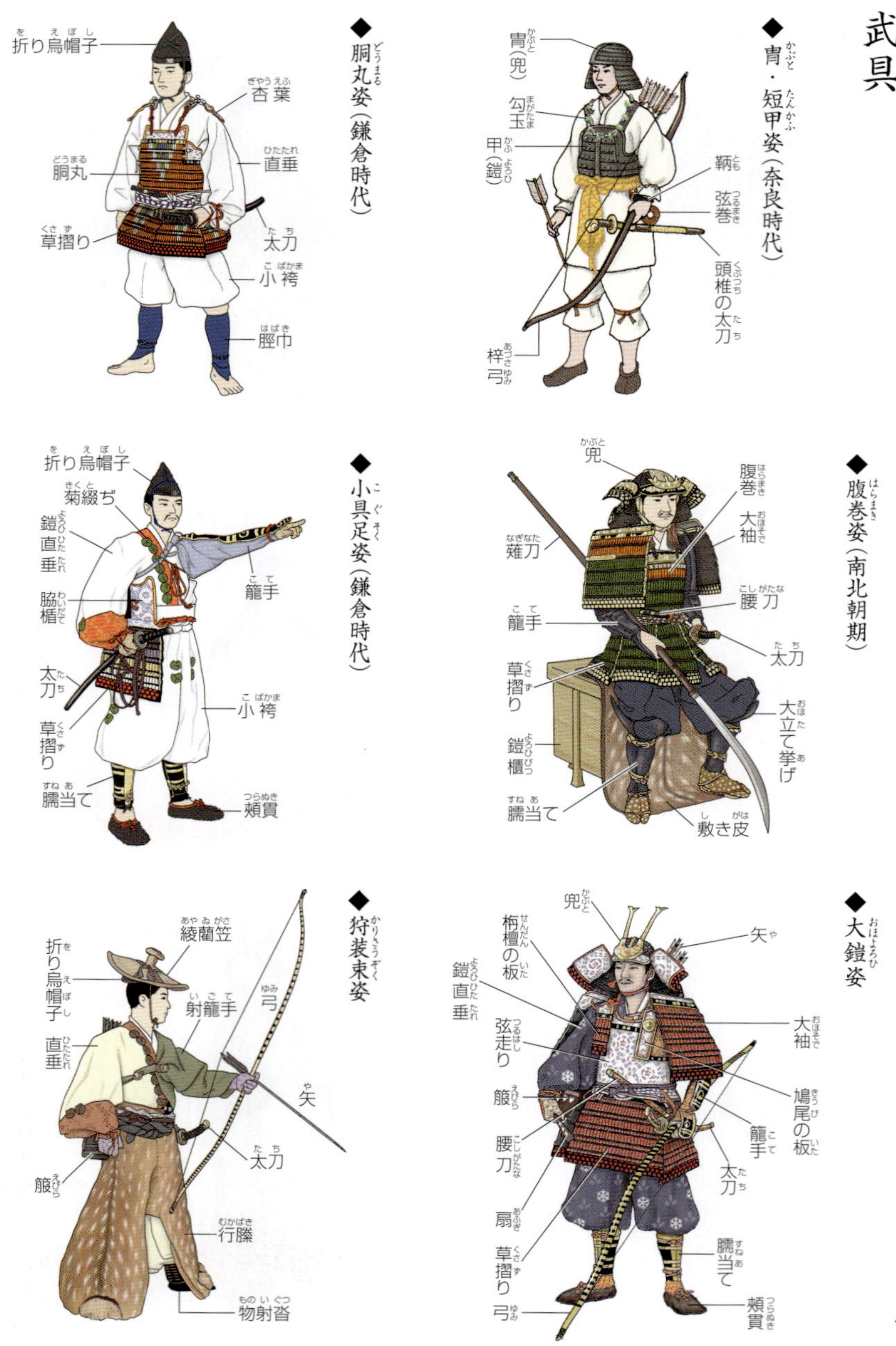
武具
◆冑・短甲姿（奈良時代）
冑（兜）
勾玉
甲（鎧）
鞆
弦巻
頭椎の太刀
梓弓
◆胴丸姿（鎌倉時代）
折り烏帽子
杏葉
胴丸
直垂
草摺り
太刀
小袴
脛巾
◆腹巻姿（南北朝期）
兜
腹巻
大袖
薙刀
腰刀
籠手
太刀
草摺り
大立て挙げ
鎧櫃
臑当て
敷き皮
◆小具足姿（鎌倉時代）
折り烏帽子
菊綴ぢ
鎧直垂
籠手
脇楯
太刀
小袴
草摺り
臑当て
頬貫
◆大鎧姿
兜
矢
栴檀の板
鎧直垂
大袖
弦走り
鳩尾の板
箙
籠手
腰刀
太刀
扇
臑当て
草摺り
頬貫
弓
◆狩装束姿
綾藺笠
折り烏帽子
射籠手
弓
直垂
矢
太刀
箙
行縢
物射沓

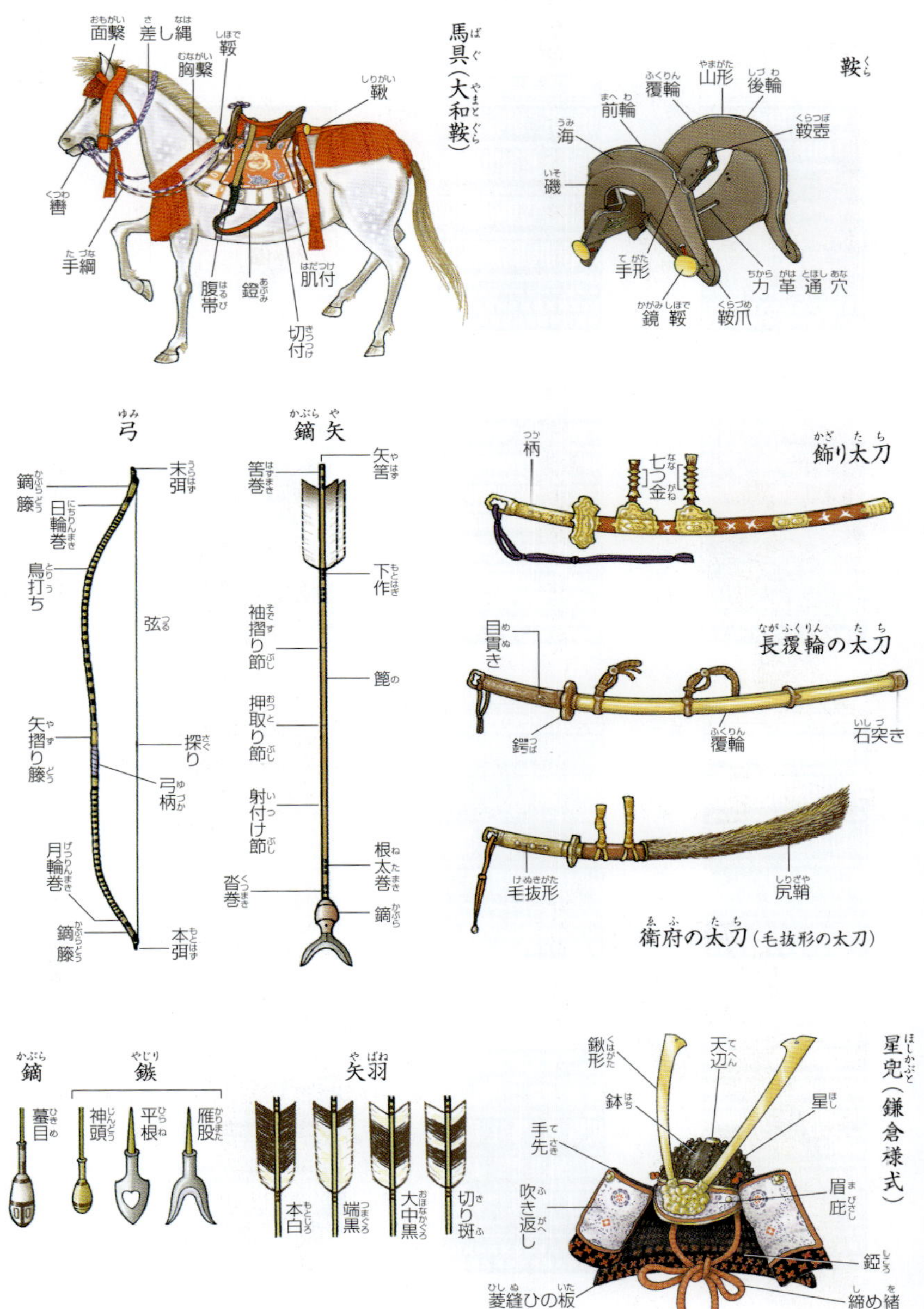
馬具（大和鞍）
面繋
差し縄
鞖
胸繋
鞦
轡
手綱
腹帯
鐙
肌付
切付
鞍
覆輪
山形
後輪
前輪
海
鞍壺
磯
手形
力革通穴
鏡鞖
鞍爪
弓
鏑籐
末弭
日輪巻
鳥打ち
弦
矢摺り籐
採り
弓柄
月輪巻
鏑籐
本弭
鏑矢
筈巻
矢筈
下作
袖摺り節
箆
押取り節
射付け節
根太巻
沓巻
鏑
飾り太刀
柄
七つ金
長覆輪の太刀
目貫き
鍔
覆輪
石突き
毛抜形
尻鞘
衛府の太刀（毛抜形の太刀）
鏑
鏃
蟇目
神頭
平根
雁股
矢羽
本白
端黒
大中黒
切り斑
星兜（鎌倉様式）
鍬形
天辺
鉢
星
手先
吹き返し
眉庇
錣
菱縫ひの板
締め緒

鎧の縅

鎧の札（革や鉄製の細長い板）を、糸や革ひもで綴り合わせたものを「鎧の縅」という。武士は、戦場での晴れ着であり存在証明でもあった鎧の色彩に、多くの趣向をこらした。ここでは、さまざまな色糸や、模様入りの色革で綴った代表的な縅の彩りを、袖の部分で示した。

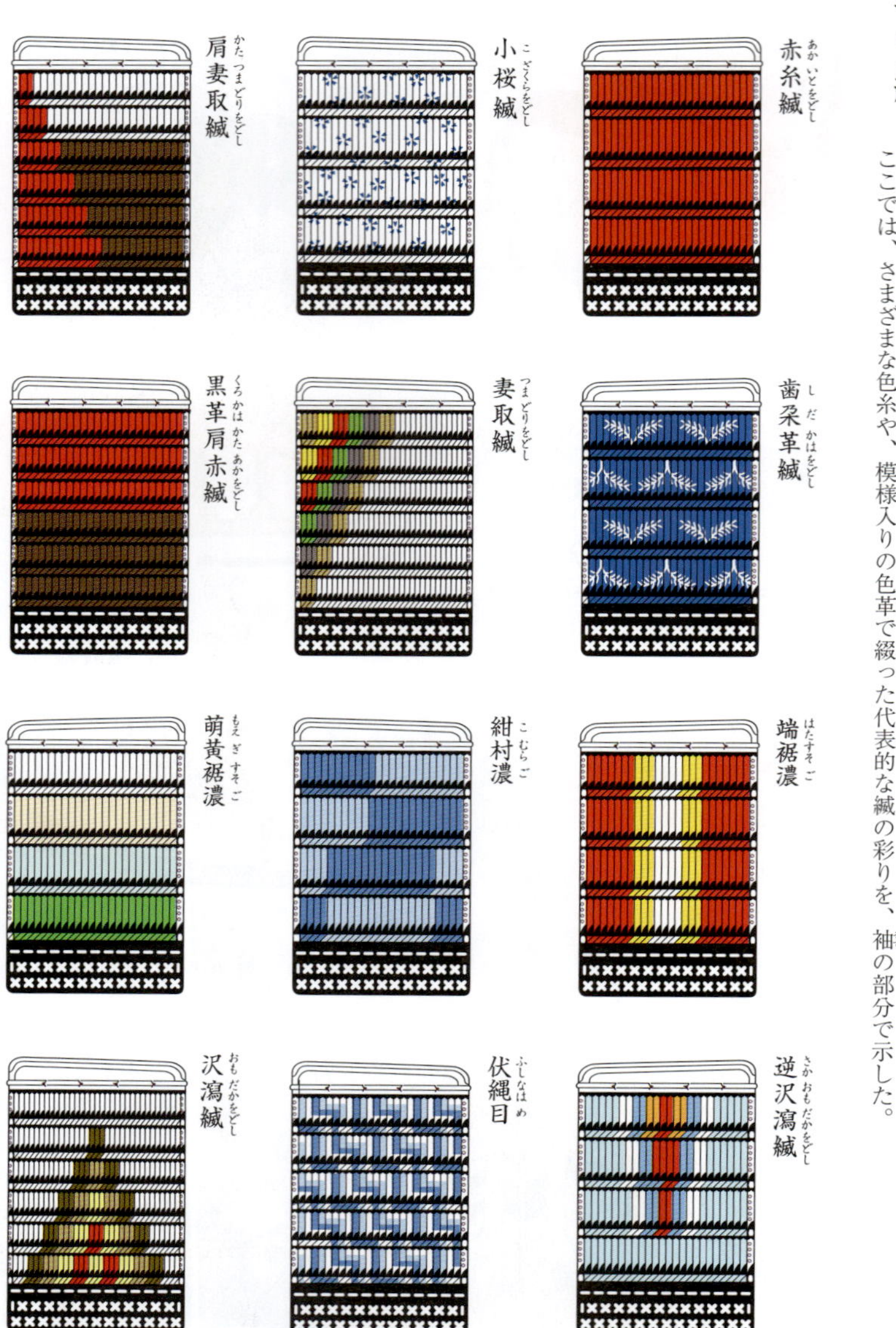

輿車

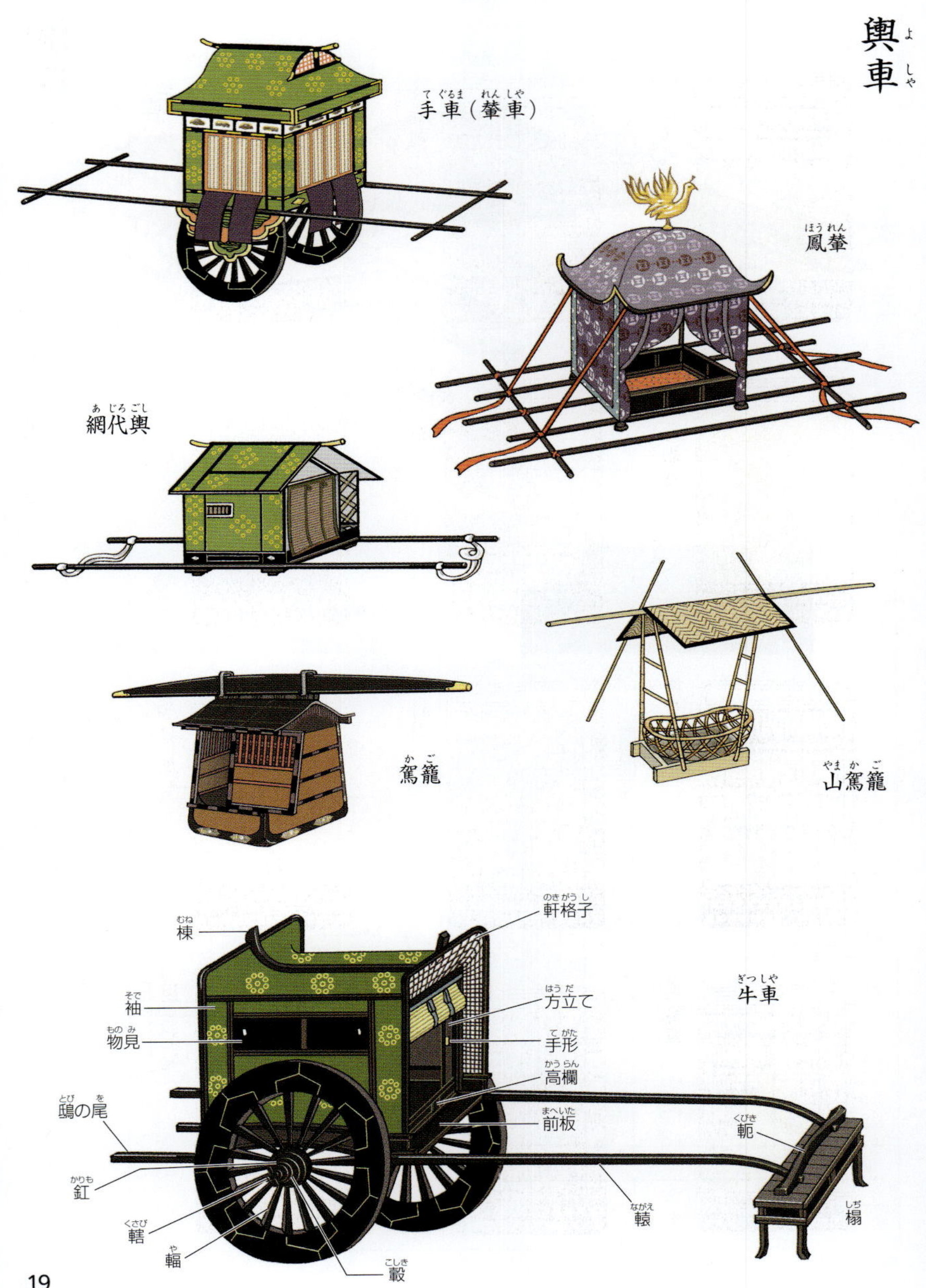

建築

寝殿造りの邸宅（推定復元図）

清涼殿

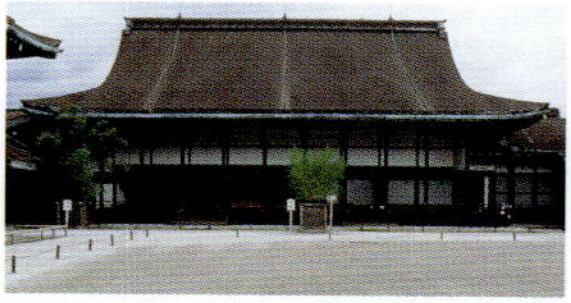

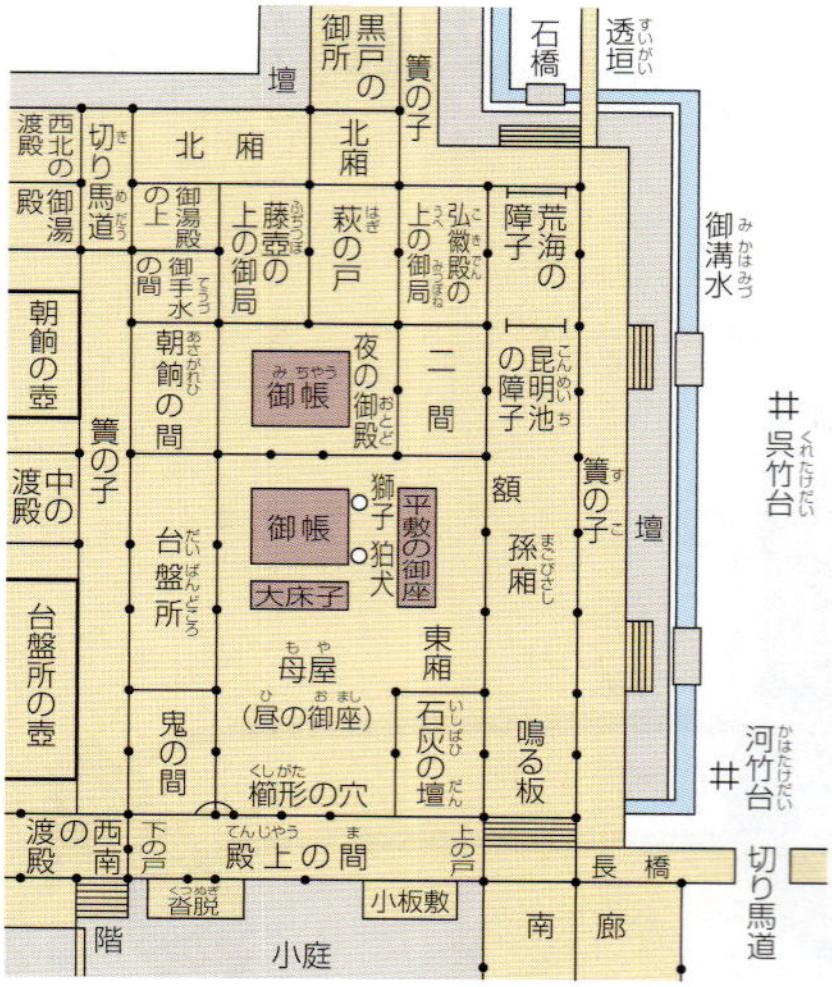

黒戸の御所
簀の子
石橋
透垣
壇
渡殿
西北の渡殿
切り馬道
北廂
御湯殿の上
御湯殿
藤壺の上の御局
萩の戸
弘徽殿の上の御局
荒海の障子
御手水の間
御溝水
朝餉の壺
朝餉の間
御帳
夜の御殿
二間
昆明池の障子
呉竹台
中の渡殿
簀の子
御帳
獅子
狛犬
平敷の御座
額
孫廂
簀の子
壇
台盤所
大床子
台盤所の壺
母屋（昼の御座）
東廂
鬼の間
櫛形の穴
石灰の壇
鳴る板
河竹台
渡殿
西南
下の戸
殿上の間
上の戸
長橋
切り馬道
沓脱
小板敷
階
小庭
南廊

紫宸殿

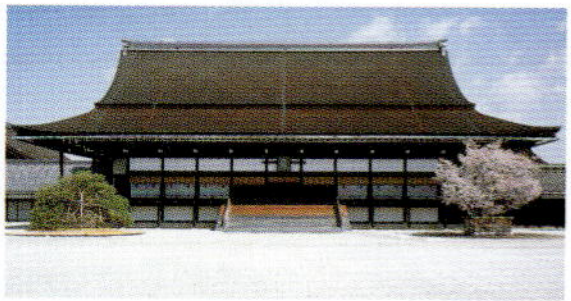

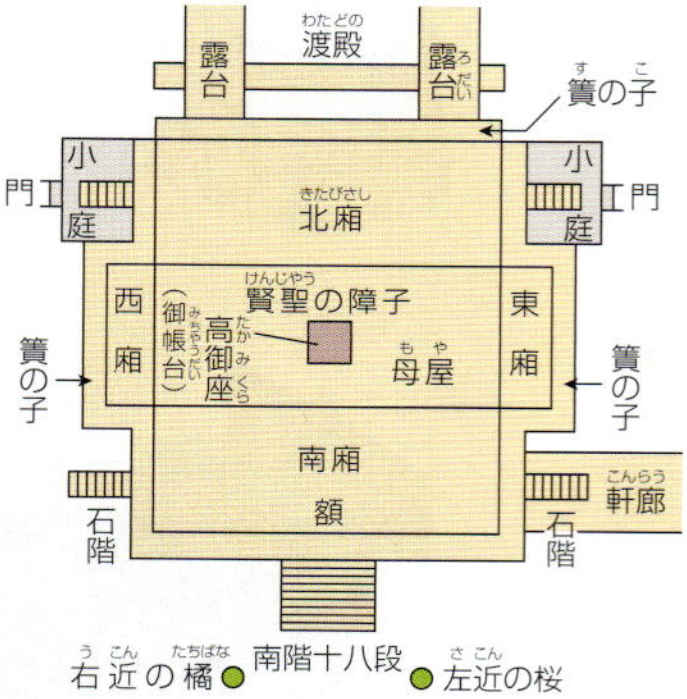

露台
渡殿
露台
簀の子
小庭
門
北廂
小庭
門
賢聖の障子
西廂
（御帳台）
高御座
母屋
東廂
簀の子
簀の子
南廂
額
石階
軒廊
石階
右近の橘
南階十八段
左近の桜

写真　京都御所（宮内庁京都事務所提供）

寝殿の内部 一（平常時）

帳台（ちやうだい）
襖障子（ふすましやうじ）
屏風（びやうぶ）
北廂（きたびさし）
蔀（しとみ）
茵（しとね）
几帳（きちやう）
妻戸（つまど）
塗籠（ぬりごめ）
西廂（にしびさし）
母屋（もや）
東廂（ひがしびさし）
畳（たたみ）
南廂（みなみびさし）
高欄（かうらん）
階隠しの間（はしがくしのま）
階（きざはし）
縁・簀の子（えん・すのこ）

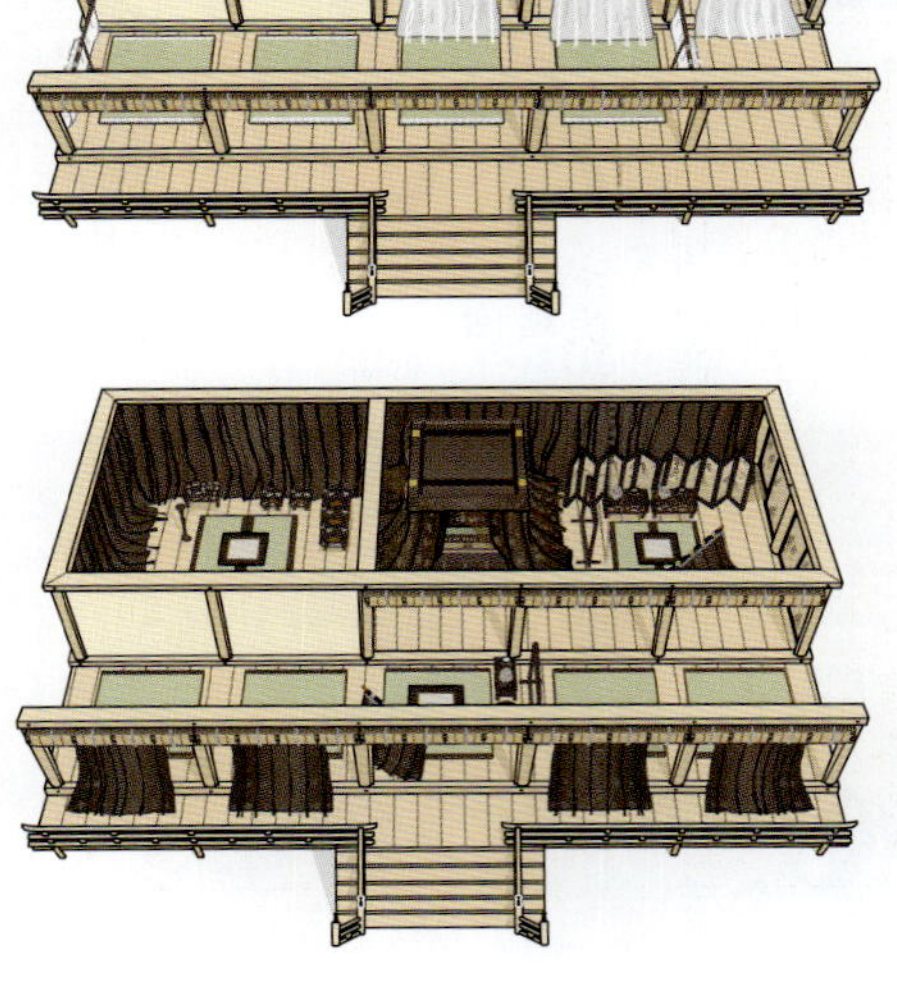

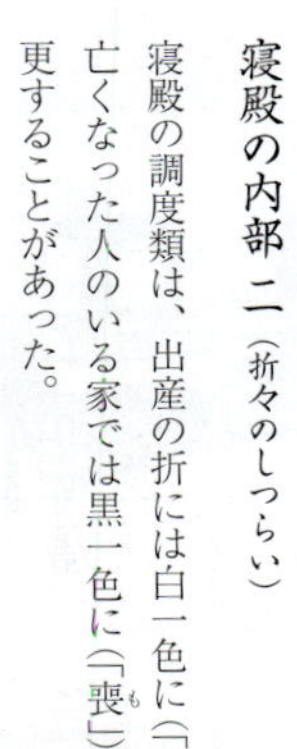

寝殿の内部 二（折々のしつらい）

寝殿の調度類は、出産の折には白一色に（「産養ひ（うぶやしなひ）」）、親類縁者に亡くなった人のいる家では黒一色に（「喪（も）」）など、場合に応じて変更することがあった。

調度

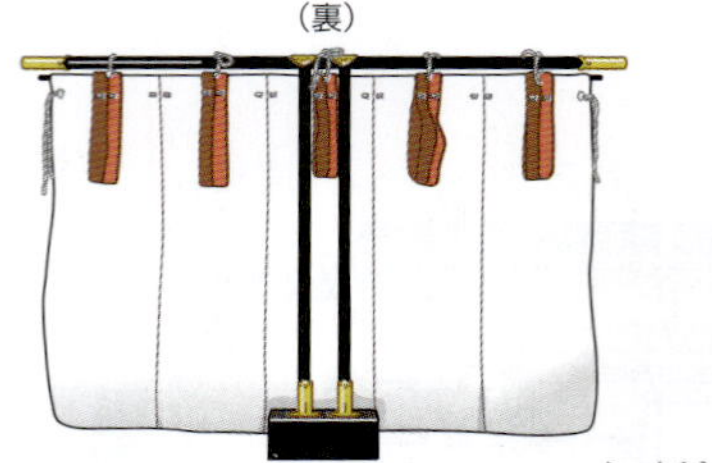

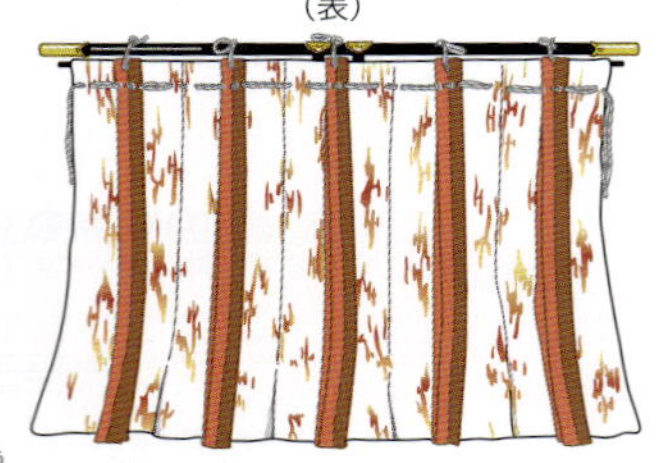

几帳（きちやう）

屏風（びやうぶ）

衝立障子（ついたてしやうじ）
(跳ね馬の障子)

二階棚（にかいだな）

唐櫛笥（からくしげ）

鏡台（きやうだい）

二階厨子（にかいづし）

唐櫃（からびつ）

●室内のようす

「住吉物語絵巻」の一部
静嘉堂文庫美術館イメージアーカイブ／DNPartcom

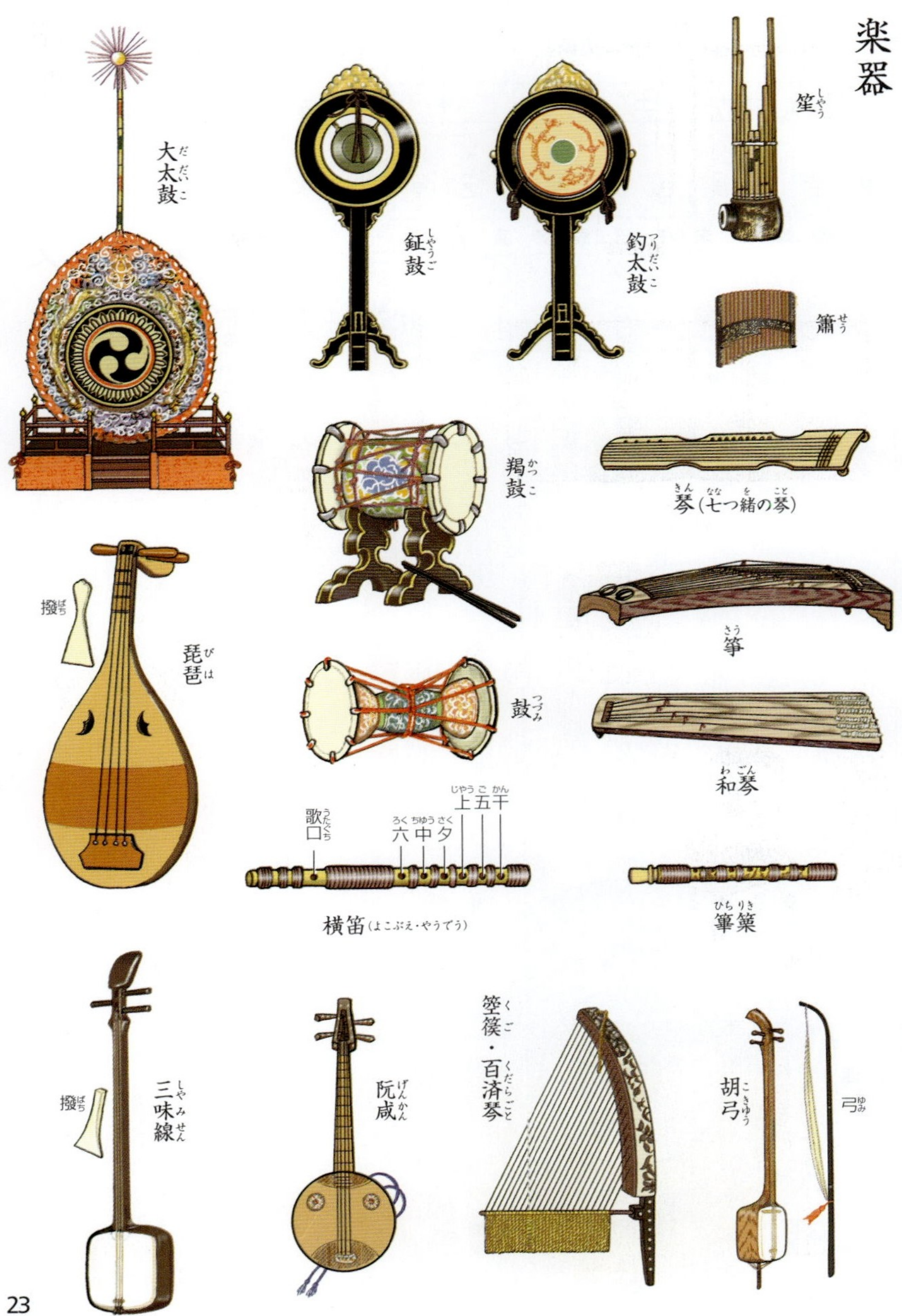
楽器
笙
大太鼓
鉦鼓
釣太鼓
簫
羯鼓
琴(七つ緒の琴)
撥
琵琶
箏
鼓
和琴
歌口
六
中
夕
上
五
干
横笛(よこぶえ・やうでう)
篳篥
箜篌・百済琴
撥
三味線
阮咸
胡弓
弓

十干・十二支・干支（えと）、方位

五行（ごぎゃう）　人間生活と関係の深い、木・火・土・金・水の五つの元素をいう。この五元素の気の推移交代によって、自然と人事のすべての現象を説明しようとするのが、中国、戦国時代に生じたという**五行説**である。

十干（じっかん）　甲・乙・丙・丁・戊・己・庚・辛・壬・癸の十をいう。五行説では、甲乙を木に、丙丁を火に、戊己を土に、庚辛を金に、壬癸を水に配当する。わが国では、これを**兄**（え）と**弟**（と）に当てて称する。

十二支（じふにし）　子・丑・寅・卯・辰・巳・午・未・申・酉・戌・亥の十二をいう。この十二支に分配した十二種の動物を十二属（十二獣）といい、順に、鼠・牛・虎・兎・竜・蛇・馬・羊・猿・鶏・犬・猪とする。

干支（えと）　「十干十二支」のことで、「かんし」ともいう。十干と十二支とを、左上表のように上下に重ねて六十種の組み合わせを作り、年月日の順序などを表す。年齢の場合、六十一番目に、最初の干支に還（かえ）るところから、数え年の六十一歳を「還暦」という。

方位　方位を示すのに、東西南北のほかに十二支を用いた。北を子とし、以下、丑・寅・卯（東）・辰・巳・午（南）・未・申・酉（西）・戌・亥を順に当てた。また、北東を艮（うしとら）、南東を巽（たつみ）、南西を坤（ひつじさる）、北西を乾（いぬゐ）といった。

十干・十二支表

五行	木（き・モク）		火（ひ・クワ）		土（つち・ド）		金（か・ゴン）		水（みづ・スイ）	
十干	兄	弟	兄	弟	兄	弟	兄	弟	兄	弟
	甲（きのえ・カフ・カツ）	乙（きのと・オツ・イツ）	丙（ひのえ・ヘイ）	丁（ひのと・テイ）	戊（つちのえ・ボ）	己（つちのと・キ）	庚（かのえ・カウ）	辛（かのと・シン）	壬（みづのえ・ジン）	癸（みづのと・キ）

十二支	子	丑	寅	卯	辰	巳	午	未	申	酉	戌	亥
読み	ね・シ	うし・チウ	とら・イン	う・バウ	たつ・シン	み・シ	うま・ゴ	ひつじ・ビ・ミ	さる・シン	とり・イウ	いぬ・ジュツ	ゐ・ガイ
動物名	鼠（ねずみ）	牛	虎	兎（うさぎ）	竜	蛇	馬	羊	猿	鶏	犬	猪（いのしし）

干支									
①甲子（きのえね・カフシ・カッシ）	②乙丑（きのとうし・イッチウ）	③丙寅（ひのえとら・ヘイイン）	④丁卯（ひのとう・テイバウ）	⑤戊辰（つちのえたつ・ボシン）	⑥己巳（つちのとみ・キシ）	⑦庚午（かのえうま・カウゴ）	⑧辛未（かのとひつじ・シンビ）	⑨壬申（みづのえさる・ジンシン）	⑩癸酉（みづのととり・キイウ）
⑪甲戌（きのえいぬ・カフジュツ）	⑫乙亥（きのとゐ・イツガイ）	⑬丙子（ひのえね・ヘイシ）	⑭丁丑（ひのとうし・テイチウ）	⑮戊寅（つちのえとら・ボイン）	⑯己卯（つちのとう・キバウ）	⑰庚辰（かのえたつ・カウシン）	⑱辛巳（かのとみ・シンシ）	⑲壬午（みづのえうま・ジンゴ）	⑳癸未（みづのとひつじ・キビ）
㉑甲申（きのえさる・カフシン）	㉒乙酉（きのととり・イツイウ）	㉓丙戌（ひのえいぬ・ヘイジュツ）	㉔丁亥（ひのとゐ・テイガイ）	㉕戊子（つちのえね・ボシ）	㉖己丑（つちのとうし・キチウ）	㉗庚寅（かのえとら・カウイン）	㉘辛卯（かのとう・シンバウ）	㉙壬辰（みづのえたつ・ジンシン）	㉚癸巳（みづのとみ・キシ）
㉛甲午（きのえうま・カフゴ）	㉜乙未（きのとひつじ・イツビ）	㉝丙申（ひのえさる・ヘイシン）	㉞丁酉（ひのととり・テイイウ）	㉟戊戌（つちのえいぬ・ボジュツ）	㊱己亥（つちのとゐ・キガイ）	㊲庚子（かのえね・カウシ）	㊳辛丑（かのとうし・シンチウ）	㊴壬寅（みづのえとら・ジンイン）	㊵癸卯（みづのとう・キバウ）
㊶甲辰（きのえたつ・カフシン）	㊷乙巳（きのとみ・イツシ）	㊸丙午（ひのえうま・ヘイゴ）	㊹丁未（ひのとひつじ・テイビ）	㊺戊申（つちのえさる・ボシン）	㊻己酉（つちのととり・キイウ）	㊼庚戌（かのえいぬ・カウジュツ）	㊽辛亥（かのとゐ・シンガイ）	㊾壬子（みづのえね・ジンシ）	㊿癸丑（みづのとうし・キチウ）
51甲寅（きのえとら・カフイン）	52乙卯（きのとう・イツバウ）	53丙辰（ひのえたつ・ヘイシン）	54丁巳（ひのとみ・テイシ）	55戊午（つちのえうま・ボゴ）	56己未（つちのとひつじ・キビ）	57庚申（かのえさる・カウシン）	58辛酉（かのととり・シンイウ）	59壬戌（みづのえいぬ・ジンジュツ）	60癸亥（みづのとゐ・キガイ）

方位・時刻表

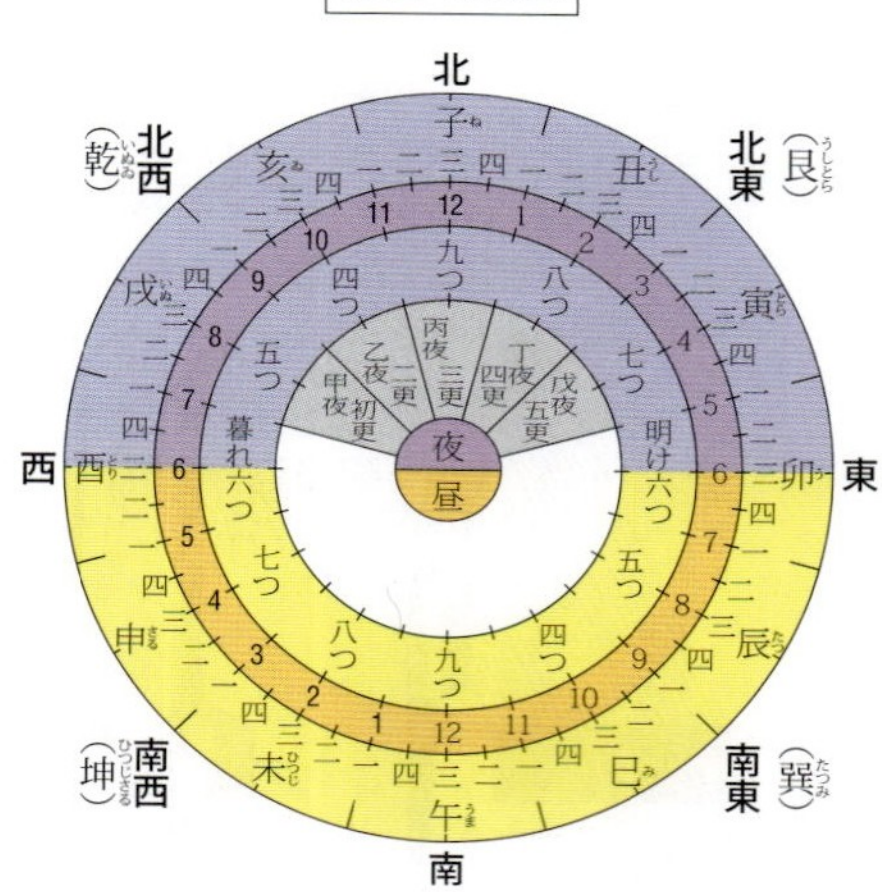

月齢と月の形、時刻

月齢と月の形

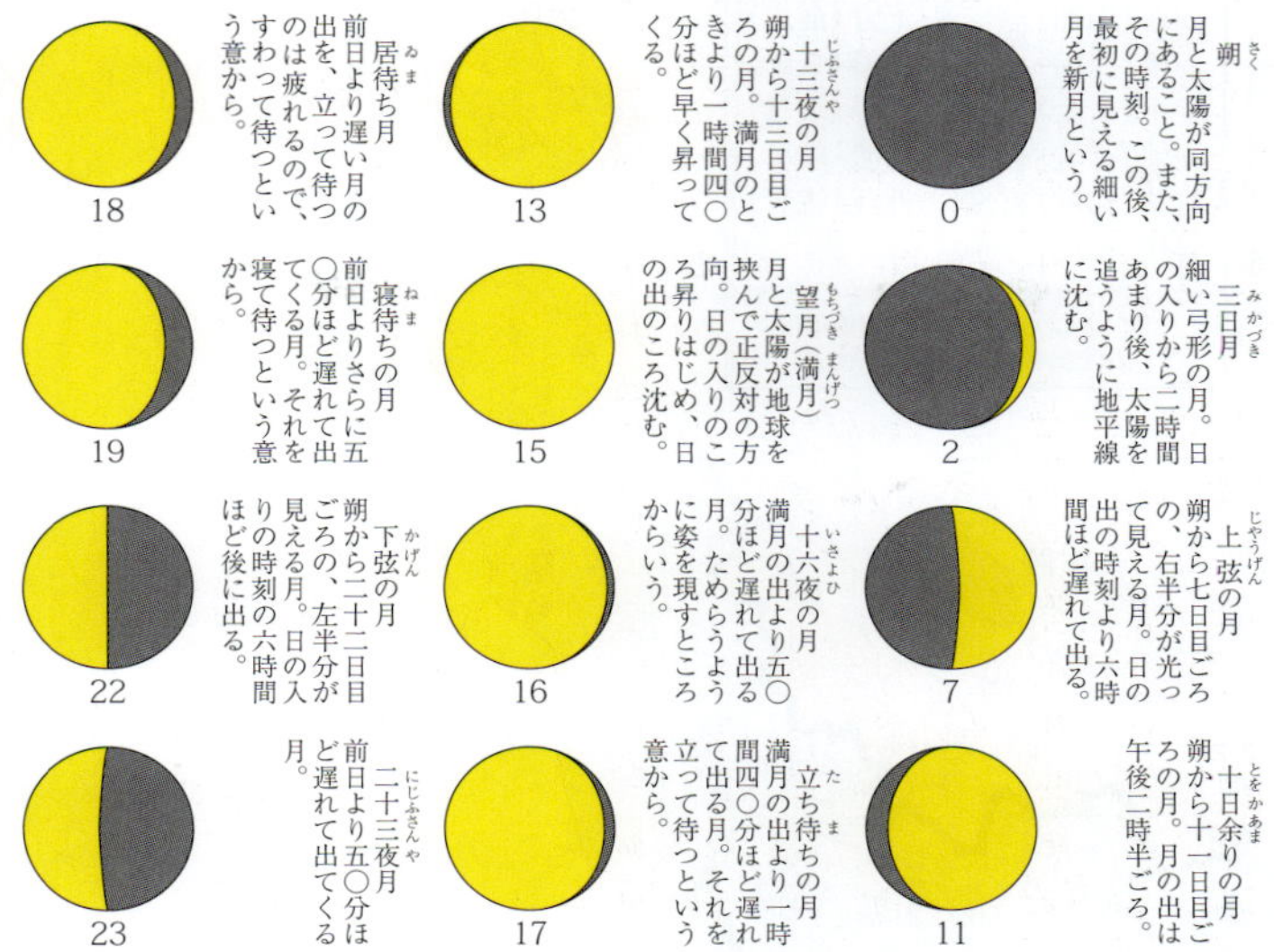

月が太陽と同じ方向にある朔(さく)を起点とし、次の朔までの周期は29.53日で、その間、月は一日に約12度ずつ動き、月の出も約50分ずつ遅くなってゆく。そのため上図に示したように日ごとに形を変える。この月の満ち欠けを主とした旧暦では、一か月の日付と月の満ち欠けの度合い（**月の形**）を示す**月齢**（上図中の算用数字）はほぼ一致するが、29.53日の12倍は一太陽年の365.24日より10.88日少ないので、十九年に七回閏月(うるうづき)を設けて、一年を十三か月として調節した。

定時法・不定時法

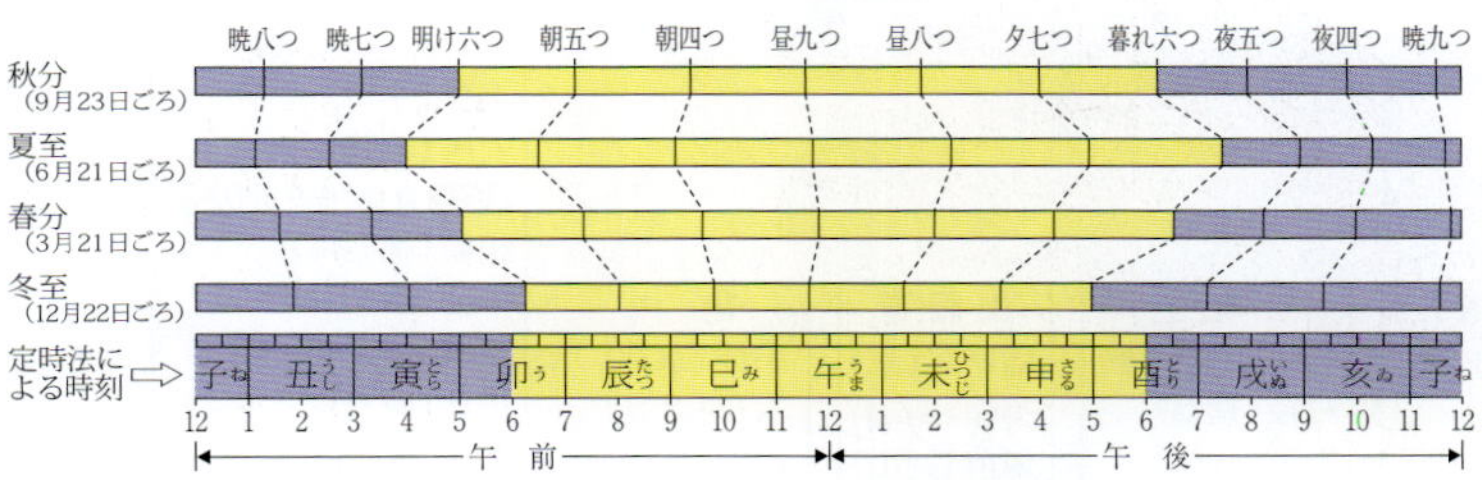

右ページの下段図は、一昼夜を等分して時を決める**定時法**によるもので、奈良・平安時代の宮中において使用された。一辰刻(しんこく)（子(ね)の時、丑(うし)の時、…）は現在の2時間、一辰刻の細分である刻は一刻から四刻まであり、各30分に相当した。上の図は、一日の昼と夜とをそれぞれ六等分して時を決める**不定時法**を示したもの。古代から江戸時代にかけて民間で使用された。この時刻法によると、季節によって一時(いっとき)の長さが異なる。

旧国名地図

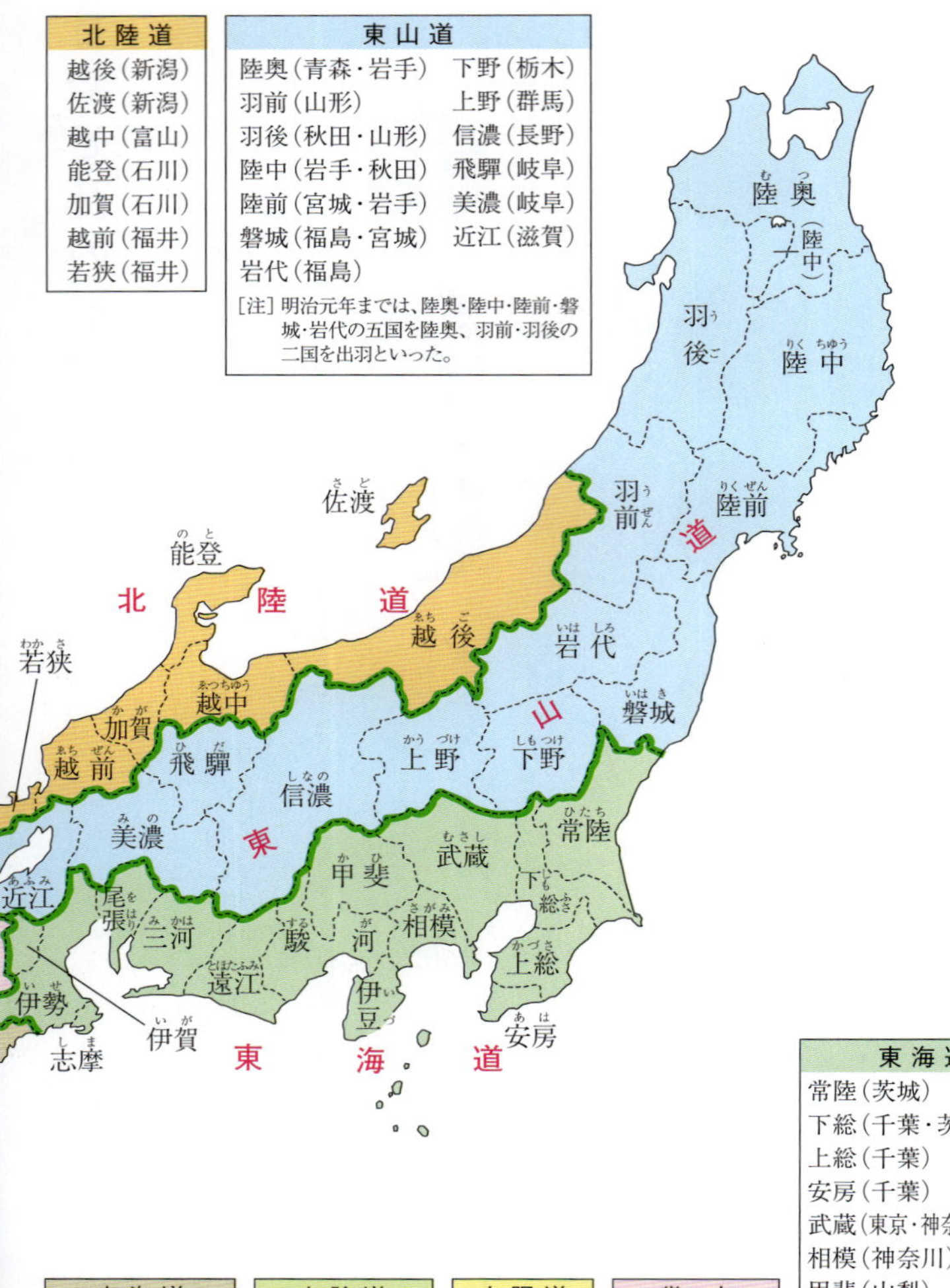

北陸道
越後（新潟）
佐渡（新潟）
越中（富山）
能登（石川）
加賀（石川）
越前（福井）
若狭（福井）

東山道	
陸奥（青森・岩手）	下野（栃木）
羽前（山形）	上野（群馬）
羽後（秋田・山形）	信濃（長野）
陸中（岩手・秋田）	飛驒（岐阜）
陸前（宮城・岩手）	美濃（岐阜）
磐城（福島・宮城）	近江（滋賀）
岩代（福島）	

［注］明治元年までは、陸奥・陸中・陸前・磐城・岩代の五国を陸奥、羽前・羽後の二国を出羽といった。

東海道
常陸（茨城）
下総（千葉・茨城）
上総（千葉）
安房（千葉）
武蔵（東京・神奈川・埼玉）
相模（神奈川）
甲斐（山梨）
駿河（静岡）
伊豆（静岡）
遠江（静岡）
三河（愛知）
尾張（愛知）
伊勢（三重）
伊賀（三重）
志摩（三重）

南海道
紀伊（和歌山・三重）
淡路（兵庫）
阿波（徳島）
讃岐（香川）
伊予（愛媛）
土佐（高知）

山陰道
丹波（京都・兵庫）
丹後（京都）
但馬（兵庫）
因幡（鳥取）
伯耆（鳥取）
出雲（島根）
石見（島根）
隠岐（島根）

山陽道
播磨（兵庫）
美作（岡山）
備前（岡山）
備中（岡山）
備後（広島）
安芸（広島）
周防（山口）
長門（山口）

畿内
山城（京都）
大和（奈良）
河内（大阪）
和泉（大阪）
摂津（大阪・兵庫）

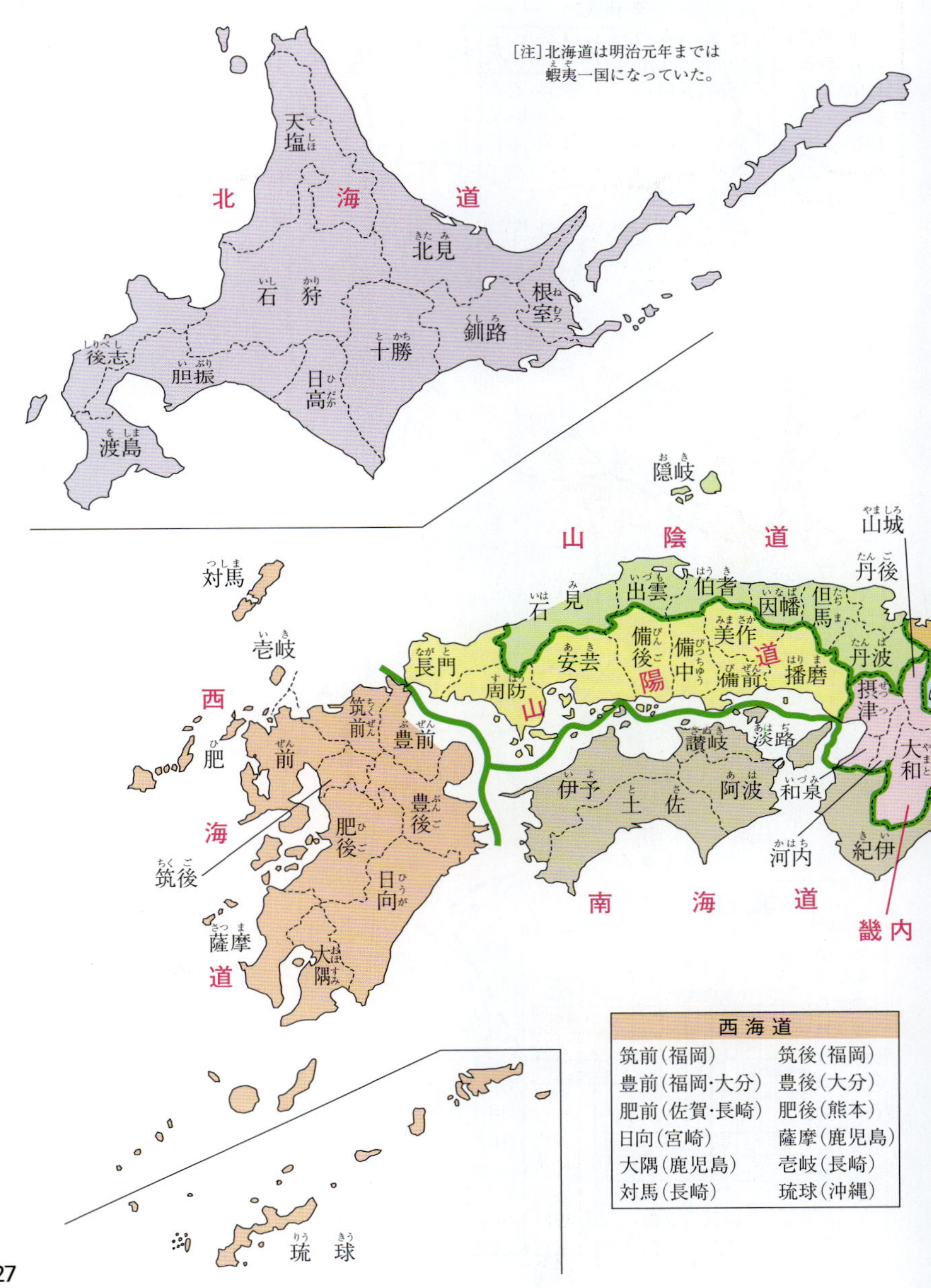

西海道	
筑前（福岡）	筑後（福岡）
豊前（福岡・大分）	豊後（大分）
肥前（佐賀・長崎）	肥後（熊本）
日向（宮崎）	薩摩（鹿児島）
大隅（鹿児島）	壱岐（長崎）
対馬（長崎）	琉球（沖縄）

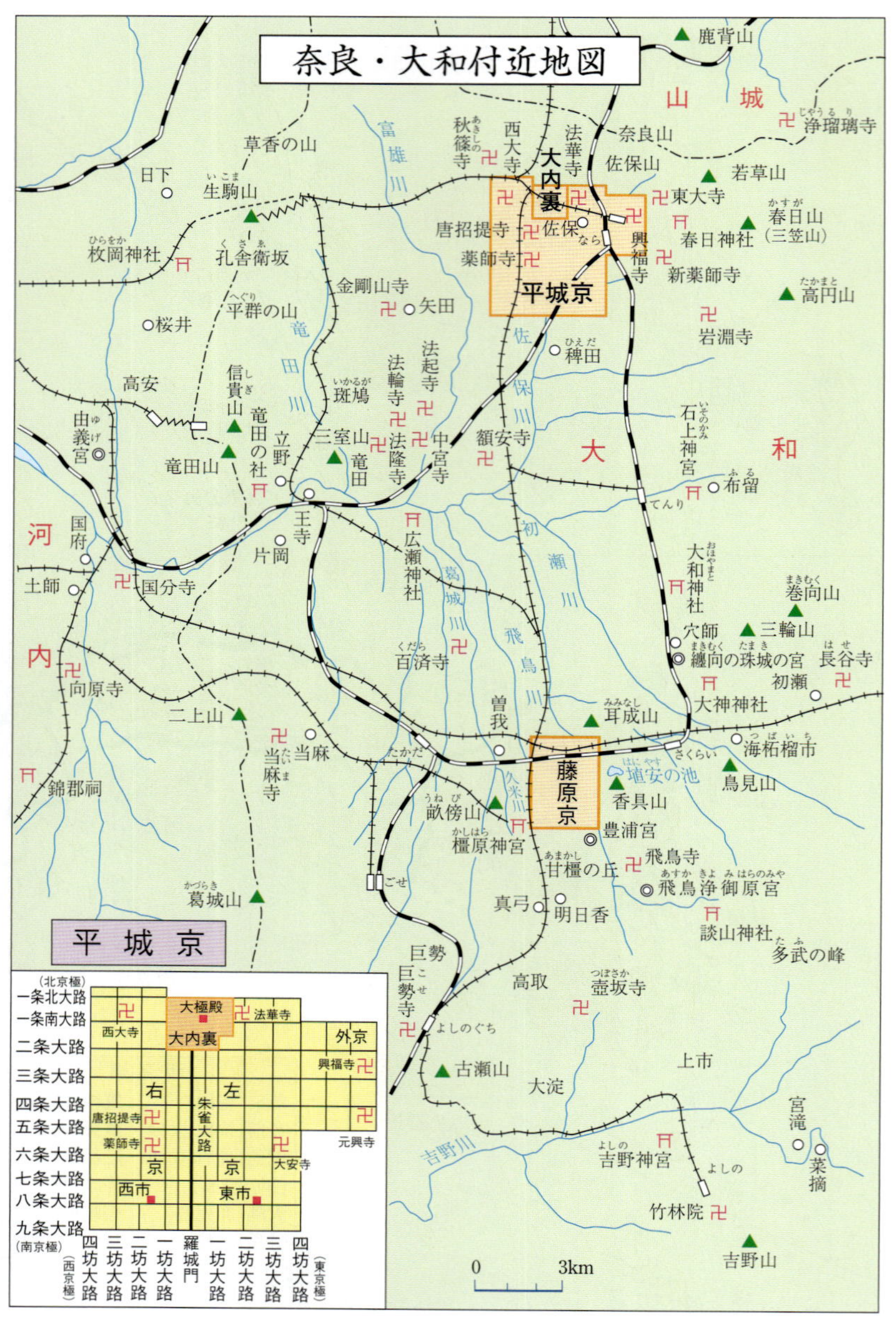
奈良・大和付近地図
山城
大和
河内
平城京
大内裏
藤原京
奈良山
佐保山
若草山
東大寺
春日山（三笠山）
春日神社
興福寺
新薬師寺
高円山
岩淵寺
稗田
浄瑠璃寺
鹿背山
秋篠寺
西大寺
法華寺
唐招提寺
薬師寺
佐保
なら
草香の山
日下
生駒山
孔舎衛坂
枚岡神社
平群の山
桜井
金剛山寺
矢田
高安
信貴山
竜田山
由義宮
竜田の社
立野
斑鳩
三室山
竜田
法輪寺
法起寺
法隆寺
中宮寺
額安寺
石上神宮
布留
てんり
王寺
片岡
国府
土師
国分寺
広瀬神社
百済寺
大和神社
巻向山
三輪山
穴師
纒向の珠城の宮
長谷寺
初瀬
大神神社
向原寺
二上山
当麻
当麻寺
錦郡祠
曽我
耳成山
海柘榴市
さくらい
埴安の池
香具山
鳥見山
たかだ
畝傍山
橿原神宮
豊浦宮
飛鳥寺
甘樫の丘
飛鳥浄御原宮
真弓
明日香
談山神社
多武の峰
葛城山
ごせ
巨勢
巨勢寺
高取
壺坂寺
よしのぐち
古瀬山
大淀
上市
宮滝
菜摘
吉野神宮
よしの
竹林院
吉野山
富雄川
竜田川
佐保川
初瀬川
葛城川
飛鳥川
久米川
吉野川
0
3km
平城京
（北京極）
一条北大路
一条南大路
二条大路
三条大路
四条大路
五条大路
六条大路
七条大路
八条大路
九条大路
（南京極）
大極殿
大内裏
西大寺
法華寺
外京
興福寺
右京
左京
朱雀大路
唐招提寺
薬師寺
元興寺
大安寺
西市
東市
（西京極）
四坊大路
三坊大路
二坊大路
一坊大路
羅城門
一坊大路
二坊大路
三坊大路
四坊大路
（東京極）

京都・伏見付近地図
丹波
山城
近江
摂津
河内
貴船山
鞍馬山
鞍馬寺
貴船神社
寂光院
大原
三千院
静原
雲ケ畑
堅田
横川中堂
大雲寺
八瀬
日吉神社
延暦寺
栂尾
高山寺
高尾
槙尾
神護寺
賀茂別雷神社
(上賀茂神社)
鹿苑寺
(金閣寺)
修学院離宮
比叡山
衣笠山
鳴滝
竜安寺
北野天満宮
賀茂御祖神社
(下鴨神社)
高野
崇福寺
唐崎
琵琶湖
滋賀里
小倉山
大覚寺
宇多
仁和寺
北白川
山中
知恩寺
相国寺
大内裏
慈照寺
(銀閣寺)
錦織
清凉寺
大沢池
広沢池
双岡
新羅神社
白河
鹿ケ谷
園城寺
(三井寺)
嵯峨
太秦
南禅寺
打出の浜
嵐山
天竜寺
粟田口
鏡山
大津
知恩院
平安京
建仁寺
逢坂山
粟津
大枝
西芳寺
(苔寺)
清水寺
逢坂の関
元慶寺
音羽山
葉室
桂
東寺
東福寺
国分寺
瀬田
山科
賀茂川
稲荷山
鳥羽
勧修寺
西山
鳥羽離宮
深草
三宝院
石山寺
国府
小栗栖
醍醐
笠取
長岡故宮
伏見
桂川
清滝川
瀬田川
醍醐山
笠取山
長岡天満宮
木幡
天王山
万福寺
巨椋池
宇治川
三室戸寺
山崎
喜撰山
御牧
伊勢田
水無瀬宮
橋本
宇治
平等院
大峰山
広野
泉川
禅定寺
石清水八幡宮
津屋
男山
淀川
久世
木津川
0
3km

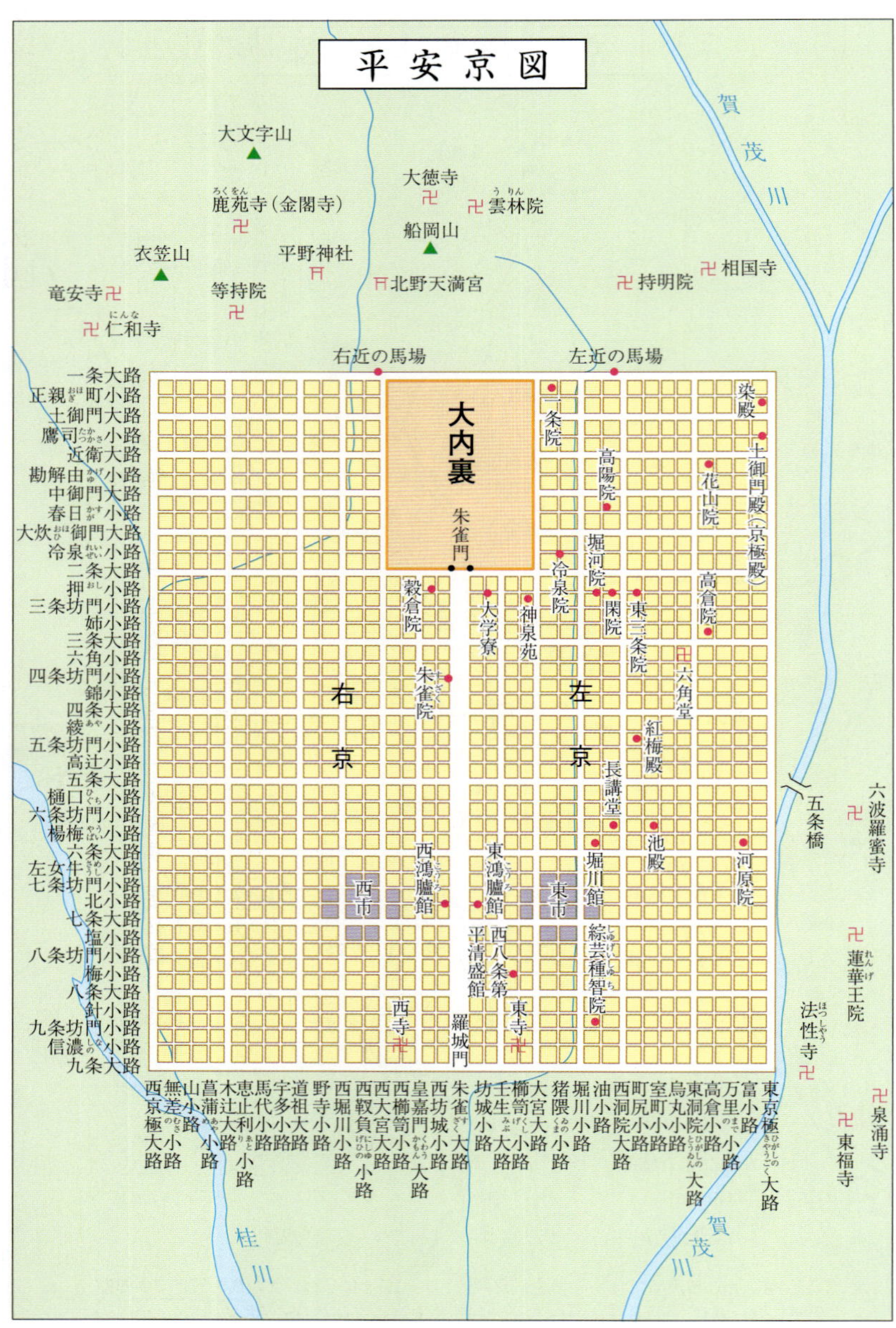
平安京図
大文字山
大徳寺
鹿苑寺（金閣寺）
雲林院
船岡山
衣笠山
平野神社
北野天満宮
持明院
相国寺
竜安寺
等持院
仁和寺
賀茂川
右近の馬場
左近の馬場
大内裏
朱雀門
一条院
高陽院
花山院
染殿
土御門殿（京極殿）
堀河院
冷泉院
閑院
東三条院
高倉院
穀倉院
大学寮
神泉苑
朱雀院
六角堂
右京
左京
紅梅殿
長講堂
池殿
堀川館
河原院
西鴻臚館
東鴻臚館
西市
東市
綜芸種智院
西八条第
平清盛館
西寺
東寺
羅城門
五条橋
六波羅蜜寺
蓮華王院
法性寺
泉涌寺
東福寺
桂川
一条大路
正親町小路
土御門大路
鷹司小路
近衛大路
勘解由小路
中御門大路
春日小路
大炊御門大路
冷泉小路
二条大路
押小路
三条坊門小路
姉小路
三条大路
六角小路
四条坊門小路
錦小路
四条大路
綾小路
五条坊門小路
高辻小路
五条大路
樋口小路
六条坊門小路
楊梅小路
六条大路
左女牛小路
七条坊門小路
北小路
七条大路
塩小路
八条坊門小路
梅小路
八条大路
針小路
九条坊門小路
信濃小路
九条大路
西京極大路
無差小路
山小路
菖蒲小路
木辻大路
恵止利小路
馬代小路
宇多小路
道祖大路
野寺小路
西堀川小路
西靫負小路
西大宮大路
西櫛笥小路
皇嘉門大路
西坊城小路
朱雀大路
坊城小路
壬生大路
櫛笥小路
大宮大路
猪隈小路
堀川小路
油小路
西洞院大路
町尻小路
室町小路
烏丸小路
東洞院大路
高倉小路
万里小路
富小路
東京極大路

平安京大内裏図

▶南北約1400m、東西約1200m。天皇の居所である内裏をはじめ、大内裏の正庁である朝堂院や二官・八省（　　）および弾正台・左右の衛府などの官庁が並んでいた。

平安京内裏図

この図は、31ページ図中の「内裏」にあたる。

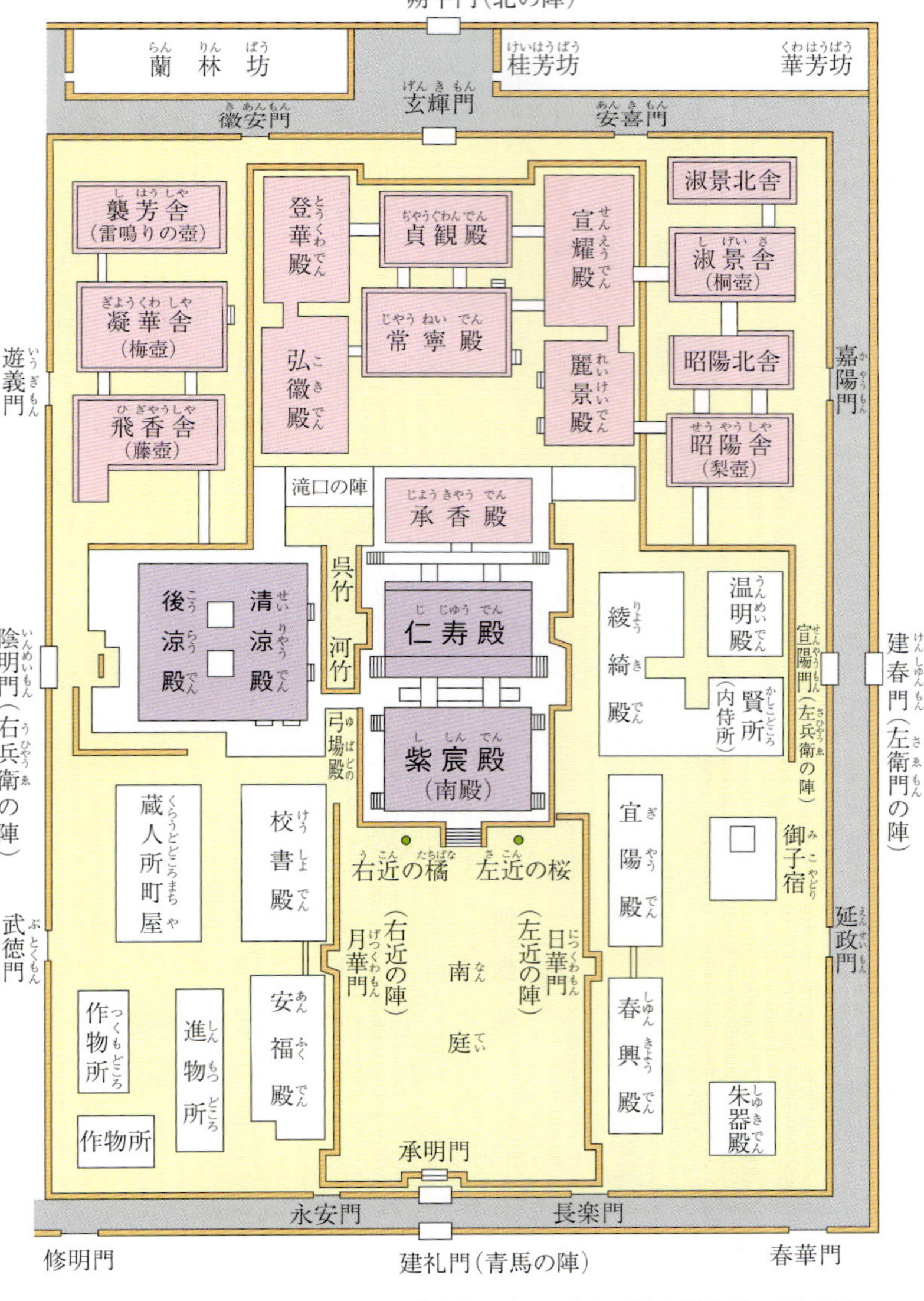

▶南北約330m、東西約230m。正殿である紫宸殿をはじめ、古くは天皇の居所であった仁寿殿、天皇が日常生活を送る清涼殿などがあった。［ピンク色の枠］は後宮十二舎（七殿五舎）。

編者のことば

——第五版の刊行にあたって——

日本には、一千年以上の歳月の風化に耐えて、読み継がれてきた古典があります。追体験ではあっても、自分の目で一語一語を追い、一千年以上の人生を味わうことができるとしたら、すばらしいことではありませんか。古典の学びはじめは、この一千年以上にも及ぶ人生の扉を開く瞬間だと言えましょうか。

古典の学びはじめに、引きやすく、わかりやすく、覚えやすい古語辞典がほしい——。こんな声に応じて『旺文社全訳古語辞典』が生まれたのは、一九九〇年十一月のことです。

古典の学びはじめの辞書だからこそ、ささいな誤りも許されません。

初版以来、改訂の作業は一日も怠ることなく、続けてきました。研究の深化によって、古典は日々に新たに生まれ変わっているからです。古い時代に作られたものなのですから、古典が日々に生まれ変わっているというと、意外に感じられるかもしれません。伝えられているものは変わらないにしても、それをどう読み解くかは、現在がどうあるかで変わります。源氏物語のように、伝えられている写本がたくさんある作品の場合は、多くの写本を見比べて、本文を定めることがまず問題になります。本文が定まると、それをどう解釈するかが問題になります。学界では、新たな解釈がつぎつぎに出されます。新たな解釈がこれまでの解釈を超えるものとして広く受け入れられるようにならなければ、辞書には採用することができません。それぞれの解釈を慎重に見極め、学界の成果を反映させるようにしてきました。

また、学習辞書では、教科書に載る教材作品が代わり、大学入試問題に採られる作品が変わるのに応じて、収録する語を見直さなければなりません。今回の改訂でも、削るべきは削り、新たに百数十語を加えました。

よりいっそうこの辞書に親しんでいただくために、今回の改訂では、次の工夫をしました。
①「名文解説」、「敬語ガイド」、「語の広がり」の欄を設けたこと。
②主要な語の「類語パネル」に、「共通義」を置いたこと。
③口絵に「平安時代の天皇・貴族・女房の一日」を加え、「古典文学の展開」を充実したこと。
④付録に「和歌・俳句修辞解説」「和歌・俳句修辞一覧」を加えたこと。
末尾ながら、この辞書のために、惜しみなくお力をお貸しくださった諸先生、困難な編集作業に校正にと力を注いでくれた辞書編集部の皆さんに心より御礼申し上げます。

この『旺文社全訳古語辞典 第五版』がこれまで以上に古典を学ぼうとする多くの方々に活用され、豊かな古典の扉を開く助けとなることを願っております。

二〇一八年 秋

宮腰 賢

〔第五版執筆〕 石井久美子 今井 亨 内堀瑞香 小林大輔 小林宣彦 坂倉貴子 桜井宏徳 佐多芳彦 高橋久子 瀧 康秀 多比羅拓 冨岡豊英 平田彩奈恵 丸山哲哉 丸山裕美子 諸井彩子 安田吉人 山中悠希 吉村逸正
〔編集協力〕 杉山純子 玄冬書林 ことば舎 そらみつ企画
〔図版作成〕 長崎訓子 松原巖樹 さくら工芸社
〔デザイン〕 小川 純 髙屋博一（ライトパブリシティ）
（敬称略 五十音順）

■初版・第二版　編者　桜井　満

■初版・第二版　校閲　近田孝雄　野本寛一　林田孝和

■初版から第四版までにご協力いただいた方々

青木俊明　秋元　誠　安達雅夫　飯島　稔　飯塚幸司　石垣栄蔵　伊東昭彦　井上久美
岩内健二　植松　潔　鵜城紀元　梅田秀男　大久保晴雄　大越喜文　大野一志　尾崎洋右
香取良夫　金子善光　神谷一郎　川口祥子　川田　聰　神田正美　木本恵美子　熊谷春樹
熊木成夫　倉田　実　小松広一　小室善弘　近藤健次　斉藤金司　坂田敏文　相良浩文
佐々木勝浩　佐藤雅通　佐藤元信　鮫島　満　柴田三郎　島田良夫　白石昭臣　杉本芳則
鈴木　泰　鈴木　隆　鈴木功真　鈴木由次　節丸恭生　高橋あかね　高橋正幸　立平幾三郎
土淵知之　土屋由美子　土橋　通　中川隆博　中澤伸弘　長沢和彦　中野沙恵　中山　崇
西原和夫　沼尻利通　橋本万平　花輪茂道　林　精一　速水延光　日田　正　藤澤るり
細川　修　堀川　昇　松尾哲朗　松下　進　宮崎弘一　山下ともこ　山田裕次　吉田正子
和田義一

（敬称略　五十音順）

この辞典の特色と編集意図

「旺文社全訳古語辞典　第五版」は、高等学校における古典学習を中心に、大学入試にも役立つように編集されています。はじめて古文にふれる人にも親しみやすい古語辞典となるよう心を砕く一方、古文を確実に読みこなす力がつくようさまざまな工夫を盛り込みました。

1 教科書・入試問題に密着

1　編集に先立ち、最新の国語教科書・副読本を精査しました。多くの教科書にとりあげられる主要な古典から使用頻度の高い語を選定し、さらに語義・用法の理解を深めるのに適した用例を採録しました。

2　あわせて過去五年間の大学入試問題を綿密に調査しました。近年の頻出語彙（ごい）や出題傾向を明らかにし、学習上の重要度や、読解に不可欠な要素を客観的な側面から検証しています。

3　これら最新の調査結果を、「語義パネル」「識別ボード」「類語パネル」「助詞・助動詞ガイド」「慣用表現」などの特設記事に反映させ、重点的に解説して学習の整理・確認に役立つよう配慮しました。

2 正確な逐語訳（ちくごやく）

1　原文そのものの理解を深められるよう、用例の現代語訳は、助詞・助動詞まで一語一語を可能な限り正確に訳出する「逐語訳」を重んじています。

2　現代日本語では消滅した、古文特有の用法や語の機能を認識できるよう、次のような言い回しもあえて訳出しています。

仮定・婉曲（えんきょく）の「む」　…とすれば、その。…ような。

「思は **む** 子 を 法師 に なし たら **む** こそ 心苦しけれ」訳 愛する子がいる**として**、**その**子を法師にしている**としたら、それは**気の毒だ。（枕草子）

最高敬語「せ給ふ」　お…になられる。…なされる。

「夜 の 御殿（おとど） に 入ら **せ 給ひ** て も、まどろま **せ 給ふ** こと かたし」訳（桐壺帝は）ご寝所に**お**入り**になられ**ても、うとうと**お**眠り**になられる**こともむずかしい。（源氏物語）

3 読解力を伸ばす丁寧な解説

1　古文は、現代日本語とは異なる文法にのっとって書かれています。古典を読む際は、古文特有の文法を踏まえることが不可欠です。本書では、最重要語・重要語の用例と、見出し和歌・俳句とを中心に、訳出のポイントとなる文法事項を多岐に示しました。

2 短い用例からでも作品世界のまとまった一場面をイメージできるよう、文脈に応じて動作主や状況の説明などを(　)で丁寧に補足しています。また、逐語訳だけで意味をつかみにくい場合は、(=　)でさらに詳しい訳を補っています。

3 主要な作品については、作品別に全用例を抽出し、内容を検討しました。人物関係や記述の整合性を吟味することで、訳文の精度をよりいっそう高めています。

4 資料の充実

1 文章による説明だけでは理解しにくい事柄を、豊富な図・絵によって視覚的に解説しました。

2 巻頭には「カラーページ」を設けました。当時の慣習や風俗が理解できるよう、資料性の高い図版・図表を多数収録し、本文の関連する見出し語からも参照できるようになっています。また、「古典文学の展開」では、時代・ジャンル別に文学史を一覧できるようにまとめました。

3 表見返しには「引き方ガイド」、裏見返しには「動詞・形容詞・形容動詞活用表」を掲載し、初学者が日常的に参照できるよう配慮しました。

この辞典のきまりと使い方

収録語

(1) 本書に収録した語は、約二二五〇〇語である。上代から近世までのわが国の主要な古典から、使用頻度の高い語を中心に選んで収録した。さらに、古典の学習に欠くことのできない、複合語・連語・慣用句のほか、古典によくみられる特有の言い回しも収録した。

(2) 古典の読解や文学史の理解のために必要な、人名・地名・作品名などの固有名詞、枕詞・文芸用語などを豊富に収録した。

(3) 教科書にのっている作品などを中心に、著名な和歌(百人一首全首を含む)・歌謡三九一首、俳句・川柳一六五句を収録し、巻末付録にその索引(分類別・五十音順)を収載した。

見出し語の立て方と表記

(1) 見出し語は、歴史的仮名遣いにより、太字で表記した。

(2) 国語・漢語は平仮名、外来語は片仮名で示した。

(3) 人名・地名・作品名などの固有名詞は、漢字表記によって見出しを示した。

(4) 学習上の重要度により、文字の大きさと色とを変え、全体の見出し語を三段階に分けて示した。

最重要語（二行どり　赤色表示）　約八六〇語

重要語（一行どり　赤色表示）　約二二〇〇語

一般語（一行どり）　約一九五〇〇語

(5) 二通りの仮名遣いのあるものは、両方を見出しとして掲げ、より一般的なもののほうに語釈を付けた。

いはけ・な・しイワケ—【稚けなし】（形ク）｛から・く（かり）・し・き（かる）・けれ・かれ｝………

いわけ・な・し【稚けなし】（形ク）｛から・く（かり）・し・き（かる）・けれ・かれ｝→いはけなし

(6) 歴史的仮名遣いと現代仮名遣いとが相違する語のうち重要な語、ならびに漢字熟語を構成する漢字には、現代仮名遣いによる見出しをも掲げて、検索の便をはかった。

あわし【淡し】⇩あはし

おうりょうし【押領使】⇩あふりゃうし

おとこ【男】⇩をとこ

かい【会・回・灰・廻・槐・懐】⇩くわい

清少納言（せいしょうなごん）⇩清少納言（せいせうなごん）

(7) 見出し語を構成する要素を、「-」で区切って示した。ただし、枕詞・漢字表記による見出し語などには示さなかった。

あがた-めし【県召し】（名）

べ-く-も-あら-ず

あしひきの【足引きの】《枕詞》

(8) 接頭語はそのあとに、接尾語はその前に「-」を付けて示した。さらに、重要なものには【例語】欄を設けて列挙した。

うち-【打ち】（接頭）

………。

-そ-む【初む】（接尾マ下二型）（動詞の連用形に付いて）……

【例語】相見初む（＝互いに恋心をいだきはじめる）・言ひ初む・生ひ初む………

(9) 重要な敬語動詞・補助動詞を次のような形で立項し、かつ、その【例語】をも列挙し、語構成の観点から語彙（ごい）力が豊かに身につくように配慮した。〈項目一覧は二一ページ参照〉

おぼし-【思し・覚し】（他サ四連用形）（動詞の上に付いて）………。

【例語】思し急ぐ・思し営む（＝心をこめて行いなさる）……

-あり-く【歩く】（補動カ四）｛か・き・く・く・け・け｝（動詞の連用形の下に付いて）………。

【例語】憧（あく）がれ歩く・歩（あゆ）み歩く・言ひ歩く………

(10) 動詞・形容詞・助動詞・活用のある接尾語は終止形で示し、助動詞を除いて、語幹と活用語尾とに分けられるものは、その間を「・」で区切った。

あか・す【明かす】（他サ四）

あたら・し【惜し】（形シク）

らる（助動下二型）

-が・る（接尾ラ四型）

(11) 形容動詞は語幹で示した。

なのめ【斜め】（形動ナリ）

(12) 主要な助動詞については、終止形以外の各活用形をも見出しとして掲げた。

し　助動詞「き」の連体形。

な　助動詞「ぬ」の未然形。

(13) 和歌・歌謡・俳句・川柳は、第一句を見出しとして掲げた。

あさぼらけ…　和歌

はしけやし…　歌謡

しづかさや… 俳句

くじふくは… 川柳

(14) 複合語・連語・慣用句などは、そのままの形を見出しとし、わかりにくいものには なりたち を付けた。

(15) 人名は原則として姓名で引くようにし、名または号で呼びならわされているものは、それをも見出しとし、解説は姓名の見出しのほうで行った。

西鶴(さいかく)『人名』→井原西鶴(ゐはらさいかく)

見出し語の配列

配列は、表記の仮名の五十音順とした。また、漢字表記の見出し語は、その読み(＝歴史的仮名遣い)の五十音順とした。なお、五十音順で定まらない語は、次の方針によって配列した。

①濁音・半濁音は清音のあと、拗音(ようおん)・促音は直音のあと。

②品詞などの順は、接頭語・接尾語・名詞・代名詞・動詞・形容詞・形容動詞・連体詞・副詞・接続詞・感動詞・助動詞・助詞・連語・慣用句・枕詞・和歌(歌謡)・俳句(川柳)の順。(ただし、接頭語・接尾語は関連の深い同じ表記の単語がある場合、その語の直前におく)

③和歌・歌謡・俳句・川柳で、第一句が同じ場合には、第二句以下の表記の五十音順。

見出し漢字と読み方の表示

(1) 見出し語の仮名に相当する漢字を【 】内に示した。二種以上の漢字表記があるものについては併記し、一般的なものから先に掲げた。また、送り仮名などは、平仮名・歴史的仮名遣いで示した。

(2) 見出し語の仮名遣いが現代仮名遣いと相違するものには、見出し語の直下(二行どりの最重要語はその右側)に、現代仮名遣いに準じて小字の片仮名で示した。その際、現代仮名遣いと同じ部分は「—」で示した。また、慣用的な読み方のあるものは( )を用いて併記した。

あなづらは・し(アナズラワシ)【侮らはし】(形シク){しから・しく(しかり)・し・しき(しかる)・しけれ・しかれ}

いへ・あるじ(イエ—)【家主】(名)

うかが・ふ(ウカガウ(ゴウ))【伺ふ】(他ハ四)

品詞および活用の表示

(1) 品詞名は略語によって( )で示した。動詞には活用の種類を示し、その活用表を{ }で掲げた。形容詞・形容動詞には、それぞれ「ク活用・シク活用」、「ナリ活用・タリ活用」の別を示し、その活用表を{ }で掲げた。活用のある接尾語には活用の型を示した。〈略語は扉裏参照〉

おこ・る【起こる】(自ラ四){ら・り・る・る・れ・れ}

うとま・し【疎まし】(形シク){しから・しく(しかり)・し・しき(しかる)・しけれ・しかれ}

あら・らか(形動ナリ){なら・なり(に)・なり・なる・なれ・なれ}

-ば・む(接尾マ四型)

(2) 助動詞は活用の型を( )で示すとともに、おもな助動詞では全活用形を表にして示した。動詞のうち、特殊な活用をするものについても活用形を表で示した。〔 〕内は上代のもの、あるいは用例の少ないものを示し、（ ）内はそのように表記されることもあるものを示す。用法の限られる活用形は〈 〉で併記した。また、下に続くおもな語を表中の（ ）の中に片仮名で示した。

き（助動特殊型）

活用	未然	連用	終止	連体	已然	命令
	〔せ〕（バ）	○	き（○）	し（コト）	しか（ドモ）	○

けむ（ケン）（助動四型）

活用	未然	連用	終止	連体	已然	命令
	○	○	けむ（けん）（○）	けむ（けん）（コト）	けめ（ドモ）	○

く【来】（自カ変）

活用	未然	連用	終止	連体	已然	命令
	こ（ズ）	き（タリ）	く（○）	くる（コト）	くれ（ドモ）	こ〈こよ〉（○）

(3) 品詞の分類および活用の種類については、現行の学校文法教科書の最も一般的なものに従った。ただし、普通名詞の中で、サ行変格活用動詞や形容動詞の語幹、または副詞としても用いられるものについては、その品詞名および語尾の活用を並記した。

そう-らん【奏覧】（名・他サ変）
あん-をん（ノン）【安穏】（名・形動ナリ）
ひ-ごろ【日頃】（名・副）

(4) 動詞は、自動詞・他動詞・補助動詞を区別し、（自カ四）（他ラ下二）（補動ラ変）などのように示した。なお、本書では、敬語となる補助動詞（連語は除く）は別見出しとして立項した。

たてまつ-る（1）【奉る】■一（他ラ四）{ら・り・る・る・れ・れ}………
たてまつ-る（2）【奉る】（補動ラ四）{ら・り・る・る・れ・れ}………
たてまつ-る（3）【奉る】（他ラ下二）{れ・れ・○・○・○・○}………
たてまつ-る（4）【奉る】（補動ラ下二）{れ・れ・○・○・○・○}………

さらに、右の「たてまつる」のほか、「きこえさす」「きこゆ」「たまふ」「まゐらす」の最重要敬語には、利用の便をはかって意味・用法別の「識別ガイド」（本文参照）を特設した。

(5) 助詞は、次の六分類に従った。
①格助詞　②接続助詞　③副助詞
④間投助詞　⑤係助詞　⑥終助詞

(6) 固有名詞のうち、物語・随筆・日記などの作品名、作家・歌人・俳人・作中人物などの人名、山・川を含めた地名については、それぞれ『作品名』『人名』『地名』と表示した。

(7) 枕詞・歌枕は、《枕詞》[歌枕]と表示した。

(8) 連語・慣用句などは特に連語表示をせず、無印とした。

語釈および解説

(1) 語釈および解説は的確・明瞭を旨とし、助詞・助動詞・敬語動詞・その他の重要語については、特に詳しく解説した。また、最重要語では、学習上特に重要な語義は太字で示した。さらに、必要に応じて [なりたち] [接続] [文法] [語法] [注意] [修辞] [解説] [参考] [冒頭文] の欄を設けた。

(2) 重要語一二二語には「語義パネル」欄を、主要助詞七〇語と主要助動詞三九語には「助詞・助動詞ガイド」欄を、それぞれ見出し語の直後に設けた。

▼**語義パネル**　その語の原義や語史、現代語との違いなどを簡潔に解説するとともに、必要に応じて、冒頭には、その語の中核となる意味を●**重点義**として示した。また、検索および学習の整理・確認に役立つよう、語義の一覧を示した。

あり‐がた‐し【有り難し】(形ク)〔から・く(かり)・し・き(かる)・けれ・かれ〕

語義パネル

●**重点義**　**あることがむずかしい。**

存在する意の「あり」についての「難し」が①で、めったにないことから、②④⑤に転じ、さらに近世以降の感謝したい気持ちだ、の意が生じる。一方、生存する意の「あり」についての「難し」が③。

❶**めったにない。**珍しい。
❷(めったにないほど)**すぐれている。**感心である。
❸**生活しにくい。**生きてゆくのがむずかしい。
❹むずかしい。困難だ。しにくい。
❺尊い。もったいない。

▼**助詞・助動詞ガイド**　助詞については、種類・意味・語義・どのような語や活用形に付くかという接続を、助動詞については、意味・語義・接続・活用を一覧で示した。なお、接続の例外や細則があるものは、文法欄に詳細な解説を加えた。

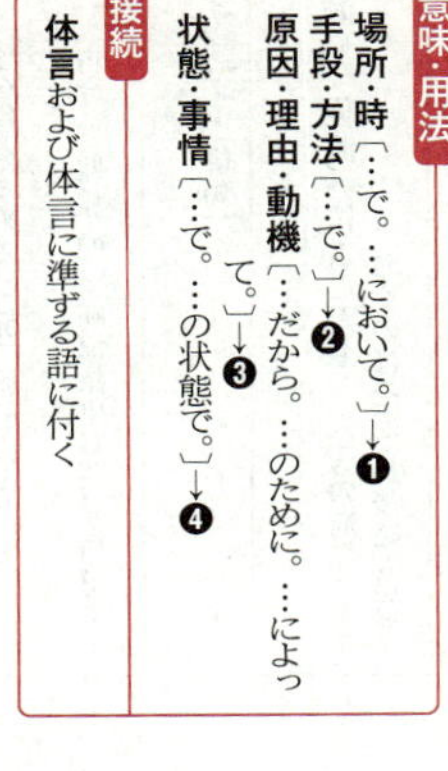
で(格助)〔格助詞「にて」の転〕

意味・用法
場所・時〔…で。…において。〕→❶
手段・方法〔…で。〕→❷
原因・理由・動機〔…だから。…のために。…によって。〕→❸
状態・事情〔…で。…の状態で。〕→❹

接続
体言および体言に準ずる語に付く

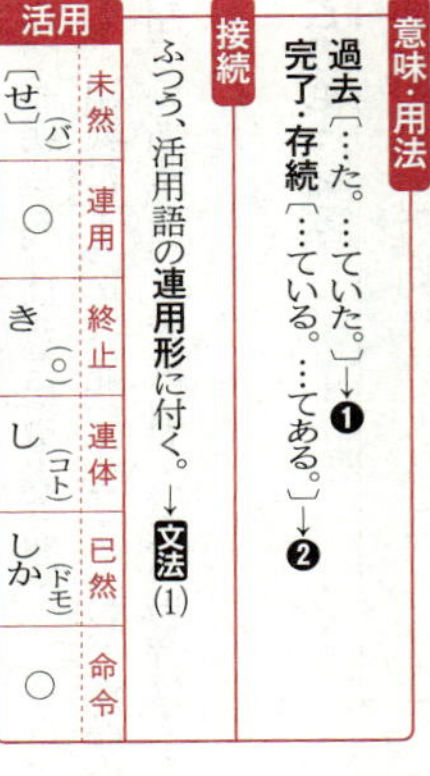
き(助動特殊型)

意味・用法
過去〔…た。…ていた。〕→❶
完了・存続〔…ている。…てある。〕→❷

接続
ふつう、活用語の**連用形**に付く。→文法(1)

活用

未然	連用	終止	連体	已然	命令
〔せ〕(バ)	○	き(○)	し(コト)	しか(ドモ)	○

(3) 同一見出しで品詞が異なる場合、活用の種類が異なる場合は、一 二……によって示した。

(4) 一つの見出し語に意味が二つ以上ある場合は、❶❷……によってわけて示した。❶❷……の中をさらに細分する場合は、㋐㋑……によってわけて示した。

(5) 必要な語については、解説にさきだって、その語についての語源・原義・転化・なりたちの形などを〔 〕で、語の位相を仏教語、上代語、近世語などと限定できるものは《 》で囲んで示した。なお、語形変化の説明は、原則として音韻変化による場合を「転」、複合語・連語などの一部の省略による場合を「略」とした。

(6) 説明または補足的なものは、( )に囲んで示した。

(下に打消の語を伴って)……

(…の意から)……

(7) 係助詞とおもな副詞では、係り結びの関係や呼応の関係が明確に理解できるように、その典型的な形を図で示した。

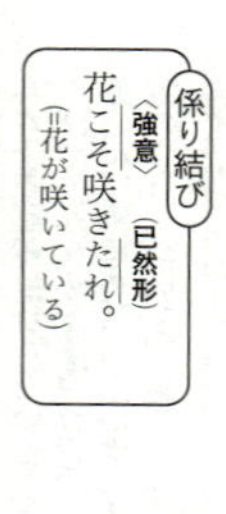

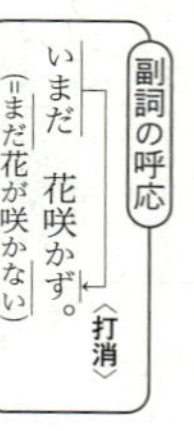

(8) 解説文中、難解な語句には、(=)で注をほどこした。

あか-くちば【赤朽ち葉】(名)染め色の名。朽ち葉色(=赤みを帯びた黄色)の赤みの強いもの。

(9) 対義語がある場合は、↔の記号を付けて示した。語義の一部に該当する対義語は、その語義の用例・訳のあとに示し、語義の全体に共通する対義語は、その見出し語の項末に《↔》の形で示した。

(10) 省略記述として、次のような記号を用いた。

→…他の見出し語の語釈やその語に関する事項などを参照させる場合。

⇩…現代仮名遣いによる見出しから歴史的仮名遣いの見出しへ指示する場合。また、見出し語に関連する種々の囲み記事や巻頭カラーページ・付録などの該当事項を参照させる場合。

❶❷❸……で区別された語義のすべてに関わる参照を示す場合は、《→》《⇩》の形で示した。

(11) 見出しとした和歌・歌謡・俳句・川柳は本文全形を枠囲みで示し、通釈をほどこした。なお、歌中・句中に含まれる修辞および季語・切れ字は、本文に傍線を付して明示し、通釈のあとに、修辞については【修辞】欄で、季語・切れ字については( )で囲んで説明した。〈記号は扉裏参照〉

なお、出典によって表記の異なるもの、作品の成立事情、解釈に諸説のあるもの、本歌取りの歌の場合はその本歌を、【解説】欄で解説した。

からころも…【和歌】

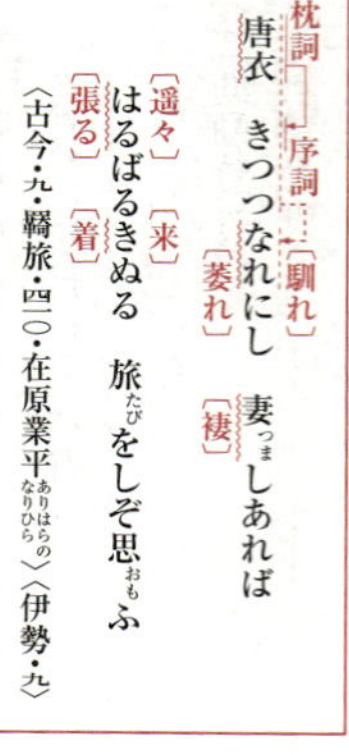

あらうみや…【俳句】

荒海や　佐渡によこたふ　天の河
秋
〈おくのほそ道・越後路・芭蕉〉

(12) 必要に応じて、以下の欄を設けて解説をほどこしたり、写真・図版を掲載したりした。

▼なりたち　なりたち
連語・慣用句・古文特有の言い回しなどについては、組成・語形の変化など、その構成を明らかにした。

▼接　続　接続
助詞・助動詞について、その語が文法上どのような語、また、どのような活用形に付くかを説明した。

▼文　法　文法　文法
文法 主要な助詞・助動詞には、その文法的機能・意味用法などについて、詳細な解説をほどこした。
文法 最重要語・重要語の用例と見出し和歌・俳句とを中心に、訳出するうえでポイントとなる文法事項を指摘した。

▼語　法　語法
見出し語の実際の用いられ方や用法などについて特に注意を要する点を指摘した。

▼注　意　注意
その見出し語を理解するうえで、また、学習上特に注意を要する点や誤りやすい点などを指摘した。

▼修　辞　修辞
見出しとした和歌・歌謡に含まれる枕詞・序詞・掛詞・縁語などの表現技法を解説した。

▼解　説　解説
見出しとした和歌・歌謡・俳句・川柳の、成立事情、主題、作者の表現意図などを解説した。

▼参　考　参考
見出し語についての理解をいっそう深めるため、語義の補足説明、時代による語の盛衰・語義の移り変わりなどの語史的説明、類似語との比較説明、その他古語・古典を理解するうえで参考となる事柄について解説を加えた。

▼冒頭文　冒頭文
著名な作品は見出しでとりあげ、解説のあとに冒頭の一節とその通釈とを収めた。〈掲載作品は二一ページ参照〉

▼枕詞・歌枕・季語
①枕詞は次のように示した。
あまのはら【天の原】《枕詞》「富士」にかかる。……
②歌枕は次のように示した。
明石(あかし)『地名』歌枕 今の兵庫県明石市。……
③見出し語のうち、俳句の季語となるものには、その語釈のあとに、春夏秋冬の記号を付けてその季を示した。また、見出し語から派生した季語は、次のように( )に囲んで示した。
あし【葦・蘆】(名)………。秋。(葦茂る夏・葦の花秋)

▼写真・図版
写真一二葉、図版約六〇〇点を掲載し、視覚的理解の一助とした。

用　例

(1) 語義・用法の理解を助ける適切な用例を、次の基準によって採録した。
①著名な古典を中心として、さらに教科書・大学入試問題などによくとりあげられ、親しまれているもの。

②文脈がわかりやすく、文意がひとまとまりであるもの。

(2) 表記は、歴史的仮名遣いによった。むずかしい漢字は、読み仮名を付けたり仮名書きに改めたりした。また、必要に応じて送り仮名や句読点を補って読みやすくした。

(3) 用例中の見出し語にあたる部分は「―」で示した。なお、見出し語が動詞・形容詞・形容動詞である場合は、その語幹にあたる部分を「―」で示し、語尾は「・」で区切ってそのあとに示し、かつその活用形をも「用」などの略号で示した。連語の類もこれに準じて示した。

ただし、語幹・語尾の区別のない動詞(上一・下一・カ変・サ変・下二の「得ぅ」)および助動詞については、それらが活用して変化した語形を、助詞についてはその語形をそのまま赤色太字で示したうえで、「未」などの略号で活用形を示した。

なお、各活用形の略号は次の通りである。

未→未然形　用→連用形　終→終止形

体→連体形　已→已然形　命→命令形

す・ぐ【過ぐ】(自ガ上二){ぎ・ぎ・ぐ・ぐる・ぐれ・ぎよ}……。万葉一・二八「春―・ぎ用て夏来きたるらし白栲しろたへの……」

みる【見る】(他マ上一){み・み・みる・みる・みれ・みよ}……。土佐「……女もしてみ未むとてするなり」

ぬ(助動ナ変型)……。古今冬「わが待たぬ年は来ぬれ已ど冬草のかれに用し人はおとづれもせず」

なべて・なら・ず【並べてならず】……。方丈二「―・ぬ体法ども行はるれど、更にそのしるしなし」

(4) 用例の一部分を省略する場合、省略した部分を「…」を用いて示した。

用例の訳

用例には原則として現代語訳をほどこし、訳の記号で表示した。現代語訳をほどこすに際しては、次の方針によった。

(1) 訳文は、学習上の観点から、できうる限り文法に忠実な逐語訳であるように心がけ、助詞・助動詞・敬語なども的確に訳し込むようにつとめた。さらに、訳文中の見出し語の訳にあたる部分を赤色で示し、語釈と対照できるようにした。

(2) 文体は、原則として「だ・である」体を用いた。会話文・韻文などでも、原文に敬語が含まれていなければ、通常の文体で訳をほどこした。ただし、見出し和歌・俳句の訳については、一つの作品ととらえて、適宜「です・ます」体を用いた。

(3) 時制については、原文の時制と訳文の時制とが一致することを原則とし、文脈上通常は過去形の訳をあてるような場合においても、原文が現在形であれば訳文も現在形とした。

(4) 文脈をわかりやすくするための、主語・客語・その他の状況説明などの補足は、( )に囲んで補った。

(5) 訳文中、意味のむずかしい語・部分については、該当する語・部分の直下に(＝)の形で説明を補った。

(6) 用例が短くかつ容易で、現代語訳を必要としないと認めたものについては、訳を省いた場合もある。また、むずかしい語のみに補注または部分訳を付して全文訳を省いた場合もある。

(7) とりあげた用例中に、枕詞・掛詞・序詞・縁語が含まれていればその詳細の説明を、また、別解・補足説明などを、訳文のあとに( )に囲んで示した。

(8) 用例としてとりあげた和歌・歌謡・俳句・川柳が見出しとして立項されている場合は、訳を付けず見出しの通釈を参照するようにした。

出典の表示

(1) 用例の出典の示し方は、次の方針によった。

教科書・大学入試問題などに頻出する重要20作品については、特に次のような略称の記号で表示し、目立たせた。

竹取（竹取物語）　大鏡（大鏡）
伊勢（伊勢物語）　方丈（方丈記）
土佐（土佐日記）　宇治（宇治拾遺物語）
大和（大和物語）　平家（平家物語）
蜻蛉（蜻蛉日記）　著聞（古今著聞集）
枕（枕草子）　徒然（徒然草）
源氏（源氏物語）　細道（おくのほそ道）
堤（堤中納言物語）　万葉（万葉集）
更級（更級日記）　古今（古今和歌集）
今昔（今昔物語集）　新古（新古今和歌集）

(2) 右にあげた作品のほか、次の作品も略称で示した。

古事記→〔記〕　落窪物語→〔落窪〕
日本書紀→〔紀〕　栄花物語→〔栄花〕
日本霊異記→〔霊異記〕　十訓抄→〔十訓〕
うつほ物語→〔うつほ〕　雨月物語→〔雨月〕

(3) (1)・(2)以外の出典は、原則として作品名をそのまま掲げた。ただし、歌集は「和歌集」の部分を省略して示した。

(4) 和歌には歌集名・部立て（主として勅撰集に）を、俳句には句集名・作者名を示した。なお、「万葉集」は、巻数と国歌大観番号を示した。「万葉集」本文の訓読は、「新編日本古典文学全集」によった。

〔拾遺〕冬　〔猿蓑〕芭蕉　万葉 二・一四二

(5) 著名な出典には、「巻名」「巻数」「段数」「編名」「小見出し」「説話番号」などを付記した。（「枕草子」の段数、小見出し、説話番号などは、「日本古典文学大系」のそれによった）

(6) ジャンル名・種類の表示は、次のような略称で示した。

①芸能に関するもの

浄瑠璃→浄　謡曲→謡　狂言→狂
歌舞伎→伎

②近世の小説類のうち、次にあげたジャンル名は略称で示し、その他は作品名のみを示した。

浮世草子→浮　仮名草子→仮名　御伽草子→伽
黄表紙→黄　洒落本→洒

特設記事およびまとめ欄

古典学習に役立つ以下の諸項目を枠囲みで掲載した。〈項目一覧は一五〜二三ページ参照〉

▼発　展

見出し語に関連して、知っておきたい周辺知識や読解に役立つ古典常識などを一九四項目とりあげ、詳しく解説した。

▼古語ライブラリー

国語・文法に関する知っておきたい事項四八項目を、実際の用例をあげ、詳しく解説した。

▼名文解説
用例として採録されている古典の名文を一〇二項目とりあげ、作品の背景や当時のものの見方を理解できるよう解説した。

▼語の広がり
現代使われている語が、どのような語に由来するかを、語の成り立ちの面から五三項目とりあげ、詳しく解説した。

▼敬語ガイド
古典作品の中で対照的に使い分けられる重要敬語を意味別に一一項目とりあげ、尊敬語・謙譲語・丁寧語に分けて示した。敬語の補助動詞が付いてできた複合語は**〔見給ふ〕〔見奉る〕**の形で示した。

▼図解学習
文章による説明では理解しにくい事項二七項目を、図・絵によって解説し、具体的・視覚的に理解できるようにした。

▼類語パネル
「きよら」と「きよげ」など、意味が似ている語四六組、一三八語をとりあげ、その語感・使われ方の違いなどを簡潔に示した。必要に応じて、冒頭には、その類義語に共通する意味を●**共通義**として示した。

▼識別ボード
入試に頻出する「語の識別」のポイントを、二一項目、七〇語選び、用例に即してわかりやすく解説した。

▼慣用表現
古典の世界観を理解するうえで重要なテーマを三二選び、それぞれの代表的な項目に、よく見られる慣用連語や言い換えの表現をまとめた。また、それらの表現に関する特徴や文化的背景などを、ポイント欄で解説した。

巻頭カラーページ

古典の世界に親しめるよう、巻頭には「**カラーページ**」を設けた。はじめに、「平安時代の天皇・貴族・女房の一日」として、古典の世界の人々がどのような一日を送っていたのかをイラストを用いて示した。ついで、「古典文学の展開」で上代から近世の主要作品をジャンル別に系統化し一覧にした。

そのほか、色・服装・武具・動植物・地図など豊富な図版を配置し、本文の関連する見出し語にも参照ページを示して活用の便をはかった。〈目次は表見返し参照〉

付録

巻末には、付録として「主要助動詞活用表」「主要助詞一覧」「主要敬語動詞一覧」「古文解釈のための　文法要語解説」などの文法事項、「官位相当表」「年中行事・歳事一覧」などの一覧資料、「和歌・俳句修辞解説」「和歌・俳句修辞一覧」「小倉百人一首一覧」「古典文学参考図」などの古典文学の理解に役立つ事項を多数収載した。

また、本文の見出し項目および用例として収録した和歌・歌謡・俳句・川柳のうち、一首および一句全体に解釈をほどこしたものを検索できるよう、「和歌・俳句索引」を設けた。〈目次は一三六三ページ参照〉

❖ 特設記事項目一覧 ❖

▽この一覧は、本文中の「図解学習」「慣用表現」「敬語ガイド」「名文解説」「類語パネル」「語の広がり」「古語ライブラリー」「例語」「識別ボード」「冒頭文掲載作品」「発展」を検索するためのものである。

図解学習

慣用表現

・古典によく現れる慣用的な言い回しや類表現をテーマ別に集め、代表する見出し語の末尾に示した。〈　〉内の語はテーマを表す。

敬語ガイド

・〈　〉内の語の意味を表す敬語を集め、尊敬語・謙譲語・丁寧語に分けて掲げ、代表的な見出し語の末尾に示した。

名文解説

・有名作品の中から古典の名文をとりあげ、名文解説の記号を付して解説を施した。
・とりあげた例文を作品のおおよその成立年代順に配列し、掲載した見出し語を示した。

▲奈良時代▼

古事記

・その火打ちもちて、火をうち出でて向かひ火をつけて焼き退けて〈中〉……**むかひび**①

▲平安時代▼

竹取物語

・いまは昔、竹取の翁といふ者ありけり。野山にまじりて竹を取りつつ、よろづのことに使ひけり。名をば、さかきの造となむいひける〈かぐや姫の生ひ立ち〉……**たけとりものがたり**
・いかでこのかぐや姫を得てしがな、見てしがなと、音に聞きめでてまどふ〈貴公子たちの求婚〉……**おとにきく**①
・国王の仰せごとを、まさに世に住み給はむ人の、承り給はでありなむや〈御門の求婚〉……**うけたまはる**②
・み心をのみ惑はして去りなむことの、悲しく堪へがたく侍るなり〈かぐや姫の昇天〉……**たへがたし**

古今和歌集

・生きとし生けるもの、いづれか歌をよまざりける〈仮名序〉……**いきとしいけるもの**
・男女のなかをも和らげ、猛きもののふの心をもなぐさむるは歌なり〈仮名序〉……**やはらぐ**[二]②

伊勢物語

・むかし、男、うひかうぶりして、平城の京、春日の里にしるよしして、狩りに往にけり〈一〉……**いせものがたり**
・昔人は、かくいちはやきみやびをなむしける〈一〉……**いちはやし**①
・草の上におきたりける露を、「かれは何ぞ」となむをとこに問ひける〈六〉……**とふ**(問ふ)①
・その河のほとりに群れゐて、思ひやれば、限りなく遠くも来にけるかなとわびあへるに〈九〉……**むれゐる**
・女はこの男をと思ひつつ、親のあはすれども、聞かでなむありける〈二三〉……**あはす**[二]②

土佐日記

・男もすなる日記といふものを、女もしてみむとてするなり。それの年の、十二月の二十日あまり一日の日の戌のときに門出す。そのよし、いささかにものに書きつく……**とさにっき**
・かみ・なか・しも、酔ひ飽きて、いとあやしく、潮海のほとりにてあざれ合へり……**あざれあふ**
・この家にて生まれし女子の、もろともにかへらねば、いかがは悲しき……**いかがは**③

大和物語

・この山の上より、月もいとかぎりなく明かくていでたるをながめて、夜一夜ねられず〈一五六〉……**よひとよ**

蜻蛉日記

・世の中にいとものはかなく、とにもかくにもつかで、世にふる人ありけり〈上〉……**とにもかくにも**①
・出でし日使ひしゆするつきの水は、さながらありけり。上に塵ゐてあり〈上〉……**ゐる**(居る)④

枕草子

・春はあけぼの。やうやうしろくなり行く山ぎはすこしあかりて、むらさきだちたる雲のほそくたなびきたる。夏は夜。月のころはさらなり。……〈一〉……**まくらのさうし**
・にくきもの　いそぐことある折に来てながごとするまらうど〈二六〉……**まらうと**
・すべて、人に一に思はれずは、何にかはせむ〈一〇一〉……**いち**(一)③
・さては、扇のにはあらで、海月のななり〈一〇二〉……**ななり**①
・人の心にはつゆをかしからじと思ふこそ、またをかしけれ〈一三〇〉……**つゆ**[三]
・うつくしきもの　瓜にかきたる稚児の顔〈一五一〉……**うつくし**②
・御手のはつかに見ゆるが、いみじうにほひたる薄紅梅なるは、かぎりなくめでたし〈一八四〉……**うすこうばい**①
・世の中になほいと心憂きものは、人ににくまれむことこそあるべけれ〈二六七〉……**こころうし**①
・「少納言よ、香炉峰の雪いかならむ」と仰せらるれば、御格子あげさせて、御簾を高くあげたれば、わらはせ給ふ〈二九九〉……**かうろほう**

源氏物語

・いづれの御時にか、女御・更衣あまたさぶらひ給ひけるなかに、いとやむごとなき際にはあらぬが、すぐれて時めき給ふありけり〈桐壺〉……**げんじものがたり**
・前の世にも御ちぎりや深かりけむ、世になく清らなる玉のをのこ御子さへうまれ給ひぬ〈桐壺〉……**さきのよ**
・月影ばかりぞ、八重葎にもさはらずさし入りたる〈桐壺〉……**さはる**
・女の、これはしもと難つくまじきは難くもあるかな〈帚木〉……**まじ**⑤
・雀の子を、犬君が逃がしつる。伏せ籠の

うちにこめたりつるものを〈若紫〉……**ふせご**
- ひとり目をさまして、枕をそばだてて四方の嵐を聞き給ふに、波ただここもとに立ちくる心地して〈須磨〉……**ここもと**①
- わりなき心地の慰めに、猫を招き寄せてかき抱きたれば、いとかうばしくて〈若菜上〉……**わりなし**②
- 千年をもろともにとおぼししかど、限りある別れぞいと口惜しきわざなりける〈御法〉……**かぎりあるわかれ**
- 霧りふたがりて、道も見えぬ繁木の中を分け給ふに、いと荒ましき風のきほひに、ほろほろと落ちみだるる木の葉の露の散りかかるも〈橋姫〉……**しげき**

和泉式部日記
- 夢よりもはかなき世の中を嘆きわびつつ明かし暮らすほどに……**よのなか**⑥

紫式部日記
- あはれ、この宮の御しとに濡るるはうれしきわざかな……**しと**
- 男だに才がりぬる人は、いかにぞや、はなやかならずのみ侍るめるよ……**ざえがる**
- 一といふ文字をだに書きわたし侍らず、いと手づつにあさましく侍り……**てづつ**

堤中納言物語
- 明け暮れは耳挟みをして、手のうらにそへふせてまぼり給ふ〈虫めづる姫君〉……**みみはさみ**

更級日記
- あづまぢの道のはてよりも、猶おくつかたに生ひいでたる人、いかばかりかはあやしかりけむを、いかに思ひはじめけることにか、世の中に物語といふもののあんなるを、いかで見ばやと思ひつつ……〈かどで〉……**さらしなにっき**
- 人もまじらず、几帳の内にうち臥して引き出でつつ見る心地、后の位も何にかはせむ〈物語〉……**なににかはせむ**
- われはこのごろわろきぞかし。盛りにならば、かたちも限りなくよく、髪もいみじく長くなりなむ〈物語〉……**わろし**②
- 昔より、よしなき物語、歌のことをのみ心にしめで、夜昼思ひて、おこなひをせましかば、いとかかる夢の世をば見ずもやあらまし〈夫の死〉……**よしなし**⑤

大鏡
- さいつころ雲林院の菩提講にまうでて侍りしかば、例人よりはこよなう年老い、うたてげなる翁二人、嫗といきあひて、同じところに居ぬめり〈序〉……**おほかがみ**
- おぼしきこと言はぬは、げにぞ腹ふくるる心地しける〈序〉……**はらふくる**
- 我をばはかるなりけり〈花山院〉……**はかる**⑦
- 駅長驚くことなかれ、時の変改〈時平〉……**えきちゃう**（駅長）
- かばかりの詩をつくりたらましかば、名のあがらむこともまさりなまし〈頼忠〉……**な**（名）②
- 影をば踏まで、面をやは踏まぬ〈道長上〉……**つら**（面）①
- さるべき人は、疾うより御心魂のたけく、御まもりもこはきなめりとおぼえ侍るは〈道長上〉……**とし**（疾し）①
- 道長が家より帝・后立ち給ふべきものならば、この矢あたれ〈道長上〉……**たつ**（立つ）[一]⑫

今昔物語集
- よく射たりつるものかな、といふこと、かけても言ひ出でずして、「その馬引き出でよ」と言ひければ〈二五・一二〉……**かけても**②
- 「受領は倒るる所に土をつかめ」とこそいへ〈二八・三八〉……**ずりゃう**①

▲鎌倉時代▼

無名草子
- この文字といふものなからましかば、今の世の我らが片端も、いかでか書き伝へまし……**もじ**①
- 宮のめでたく盛りに時めかせ給ひしことばかりを、身の毛も立つばかり書き出でて……**めでたし**②

無名抄
- これほどになりぬる歌は、景気を言ひ流して、ただ空に身にしみけんかしと思はせたるこそ、心にくくも優にもはべれ……**いひながす**②

方丈記
- ゆく河の流れは絶えずして、しかも、もとの水にあらず。淀みに浮かぶうたかたは、かつ消えかつ結びて、久しくとどまりたる例なし。世の中にある、人と栖と、またかくのごとし〈一〉……**はうぢゃうき**
- いとけなき子の、なほ乳を吸ひつつ臥せるなどもありけり〈二〉……**いとけなし**
- 世にしたがへば、身苦し。したがはねば、狂せるに似たり〈三〉……**ねば**②
- 仏の教へ給ふおもむきは、事にふれて執心なかれとなり〈五〉……**しふしん**

平家物語
- 祇園精舎の鐘の声、諸行無常の響きあり。娑羅双樹の花の色、盛者必衰のことわりをあらはす。おごれる人も久しからず、ただ春の夜の夢のごとし〈一・祇園精舎〉……**へいけものがたり**
- 賀茂川の水、双六の賽、山法師、これぞわが心にかなはぬもの〈一・願立〉……**やまぼふし**
- やがて討手を遣はし、頼朝が首をはねて、わが墓の前に懸くべし〈六・入道死去〉……**うって**
- 今は西海の浪の底に沈まば沈め、山野にかばねをさらさばさらせ、うき世に思ひ置くこと候はず〈七・忠度都落〉……**おもひおく**②

・日ごろはなにともおぼえぬ鎧が、けふは重うなったるぞや〈九・木曽最期〉……おもし（重し）①
・武芸の家に生まれずは、何とてかかるうき目をばみるべき。情けなうも討ち奉るものかな〈九・敦盛最期〉……なさけなし③
・しばしは虚空にひらめきけるが、春風に一もみ二もみもまれて、海へさっとぞ散ったりける〈一一・那須与一〉……ひらめく②
・二位殿やがて抱き奉り、「波の下にも都のさぶらふぞ」と慰め奉って、千尋の底へぞ入り給ふ〈一一・先帝身投〉……ちひろ
・いざうれ、さらば、おれら死出の山の供せよ〈一一・能登殿最期〉……いざうれ

宇治拾遺物語
・あはれ、しつる所得かな。年ごろはわろく書きけるものかな〈三・六〉……せうとく

建礼門院右京大夫集
・「いかでものをも忘れん」と思へど、あやにくに面影は身に添ひ……おもかげ②

うたたね
・昼より用意しつる鋏、箱の蓋などの、ほどなく手にさはるもいとうれしくて、髪を引き分くるほどぞ、さすがそぞろ恐ろしかりける……おそろし①

十訓抄
・御簾より半らばかり出でて、わづかに直衣の袖を控へて〈三〉……ひかふ[二]①
・花園の大臣の御もとに初めて参りたる侍の名簿のはし書きに、能は歌よみと書きたりけり〈四〉……みゃうぶ（名簿）

歎異抄
・善人なほもちて往生をとぐ、いはんや悪人をや……わうじゃう①

徒然草
・つれづれなるままに、日暮らし硯に向かひて、心に移りゆくよしなしごとを、そこはかとなく書きつくれば、あやしうこそものぐるほしけれ〈序〉……つれづれぐさ
・人は、かたち・ありさまのすぐれたらんこそ、あらまほしかるべけれ〈一〉……あらまほし[二]
・かげろふの夕べを待ち、夏の蟬の春秋を知らぬもあるぞかし〈七〉……かげろふ（蜻蛉）②
・何事も、古き世のみぞしたはしき。今様は、むげにいやしくこそなりゆくめれ〈二二〉……いまやう①
・この雪いかが見ると、一筆のたまはせぬほどの、ひがひがしからん人の仰せらるること、聞き入るべきかは〈三一〉……ひがひがし①
・名利に使はれて、閑かなる暇なく、一生を苦しむるこそ、愚かなれ〈三八〉……みゃうり（名利）
・すこしのことにも、先達はあらまほしきことなり〈五二〉……せんだつ③
・大事を思ひ立たん人は、去りがたく、心にかからんことの本意を遂げずして、さながら捨つべきなり〈五九〉……だいじ（大事）[二]②
・しやせまし、せずやあらましと思ふことは、おほやうはせぬはよきなり〈九八〉……まし（助動）③
・花はさかりに、月はくまなきをのみ見るものかは〈一三七〉……くまなし①

▲室町時代▼

増鏡
・はるばると見やらるる海の眺望、二千里の外も残りなき心地する、今更めきたり〈新島守〉……いまさらめく

風姿花伝
・この花はまことの花にはあらず。ただ時分の花なり……じぶんのはな
・秘すれば花なり。秘せずは花なるべからず……はな（花）⑥

花鏡
・初心忘るべからず……しょしん②

▲江戸時代▼

西鶴諸国ばなし
・人はばけもの、世にないものはなし……ひと（人）[二]①

おくのほそ道
・月日は百代の過客にして、行きかふ年もまた旅人なり。舟の上に生涯をうかべ、馬の口とらへて老いをむかふる者は、日々旅にして旅を栖とす〈出発まで〉……おくのほそみち
・予もいづれの年よりか、片雲の風に誘はれて、漂泊の思ひやまず〈出発まで〉……へんうん
・前途三千里の思ひ胸にふさがりて、幻のちまたに離別の泪をそそく〈旅立〉……まぼろしのちまた
・造花の天工、いづれの人か筆をふるひ詞を尽くさむ〈松島〉……ざうくゎ①
・三代の栄耀一睡の中にして、大門の跡は一里こなたにあり〈平泉〉……えいえう
・雨もまた奇なりとせば、雨後の晴色また頼もしきと〈象潟〉……せいしょく（晴色）
・松島は笑ふがごとく、象潟はうらむがごとし〈象潟〉……うらむ[二]

曾根崎心中
・この世のなごり、夜もなごり。死にに行く身をたとふれば、あだしが原の道の霜……たとふ

去来抄
・柴戸にあらず、此木戸なり。かかる秀逸は一句も大切なれば、たとへ出板に及ぶとも、いそぎ改むべし〈先師評〉……しゅっぱん

玉勝間
・師の説なりとて、必ずなづみ守るべきにもあらず……なづむ③

類語パネル

・収録したすべての語を五十音順に掲げた。
・**太字**は、類語パネルが掲載されている見出し語を表す。

語の広がり

・現代使われている語が、どのような単語に由来するかを、語の成り立ちの面から解説した。
・〈 〉内の語は見出し語とつながりのある現代語の例を表す。

特設記事項目一覧

古語ライブラリー

例語

識別ボード

冒頭文掲載作品

発展

・見出し語に関連する周辺知識や古典常識などを解説した。
・太字は見出し語を表し、その五十音順に配列した。

特設記事項目一覧

歴史的仮名遣い一覧

▽本辞典の収録語から、歴史的仮名遣いによる表記のうち、検索に迷いやすい和語の読みを示した。配列は、現代仮名遣いによる五十音順とした。

▽第一段には現代仮名遣い(カタカナ)を、第二段には歴史的仮名遣いを、第三段には相当漢字を示した。なお、第一段で、現代仮名遣いと異なった発音がふつう行われているもの、また、第二段で、歴史的仮名遣いが二通りあるものは(　)に入れて示した。

▽漢字の字音仮名遣いについては、本文の該当箇所に現代仮名遣いによる見出し語を掲げた。

あ行

アイ	あひ	会・合・相・間・逢
アイダ	あひだ	間
アエ	あへ	饗
アオ	あを	青・襖
アオイ	あふひ	葵
アオグ	あふぐ	仰
アオル	あふる	煽
アキナイ	あきなひ	商
アキュウド	あきうど	商人
アゲツラ(ロ)ウ	あげつらふ	論
アザナ(ノ)ウ	あざなふ	糾
アジ	あぢ	味・鯵
アシラ(ロ)ウ	あしらふ	
アズキ	あづき	小豆
アズク	あづく	預
アズサ	あづさ	梓
アズマ	あづま	東
アタイ	あたひ	価・値
アタ(ト)ウ	あたふ	与・能
アツラ(ロ)ウ	あつらふ	誂
アナズル	あなづる	侮
アヤウシ	あやふし	危
アラワス	あらはす	表・現・顕
アワ	あは	粟
	あわ	泡・沫
アワイ	あはひ	間
アワシ	あはし	淡
アワス	あはす	合
アワセ	あはせ	袷
アワレ	あはれ	
イ	い	寝・睡
	ゐ	井・亥・猪
イイ	いひ	言・飯
イエ	いへ	家
イエドモ	いへども	雖
イオ	いほ	五百・庵・廬
イオリ	いほり	庵・廬
イカズチ	いかづち	雷
イキ	いき	息・粋
イキオイ	いきほひ	勢
イキドオル	いきどほる	憤
イコウ	いこふ	憩・息
イサカ(コ)ウ	いさかふ	諍
イザナ(ノ)ウ	いざなふ	誘
イサヨイ	いさよひ	十六夜
イシズエ	いしずゑ	礎
イズ	いづ	出
イズコ	いづこ	何処
イズミ	いづみ	泉
イズレ	いづれ	何
イタズラ	いたづら	徒
イタワシ	いたはし	労
イツワル	いつはる	偽・詐
イトウ	いとふ	厭
イナカ	ゐなか	田舎
イナズマ	いなづま	稲妻
イヌイ	いぬゐ	乾・戌亥
イノシシ	ゐのしし	猪
イヤ	いや	弥
	ゐや	礼
イラ(ロ)ウ	いらふ	応・答
イル	いる	入・炒・射・煎・鋳・焦・沃
	ゐる	居・率
イワ	いは	石・岩・磐・巌
イワオ	いはほ	巌
イワク	いはく	曰・稚
イワユル	いはゆる	所謂
イワレ	いはれ	謂
イワンヤ	いはむや	況
ウイ	うひ	初
ウエ	うへ	上・表
ウカガ(ゴ)ウ	うかがふ	伺・窺
ウグイス	うぐひす	鶯
ウケガ(ゴ)ウ	うけがふ	肯
ウケタマワル	うけたまはる	承
ウジ	うぢ	氏
ウシナ(ノ)ウ	うしなふ	失
ウズタカシ	うづたかし	堆
ウズム	うづむ	埋
ウズラ	うづら	鶉
ウッタ(ト)ウ	うつたふ	訴
ウツロウ	うつろふ	映・移
ウツワ	うつは	器
ウナイ	うなゐ	髫・髫髪
ウバ(ボ)ウ	うばふ	奪
ウラナ(ノ)ウ	うらなふ	占・卜
ウルウ	うるふ	閏・潤
ウルオウ	うるほふ	潤
ウルワシ	うるはし	麗・美・愛
ウレウ	うれふ	憂・愁
ウレワシ	うれはし	憂
ウワ	うは	上・表
エ	え	江・枝
	へ	上・戸・重・家・辺
	ゑ	餌
エイ	ゑひ	酔
エマ(モ)ウ	ゑまふ	笑
エム	ゑむ	笑
エル	ゑる	彫・鐫
オ	お	御
	を	小・夫・牡・男・苧・尾・峰・雄・緒・丘・麻
オイ	おい	老
	おひ	生・追・笈
オウ	おふ	生・追・負
オウギ	あふぎ	扇
オウチ	あふち	樗・楝
オウミ	あふみ	近江
オオ	おほ	大・凡
オオウ	おほふ	被・覆
オオシ	おほし	多
オオジ	おほぢ	祖父・大路
オオヤケ	おほやけ	公
オオン	おほん	御・大御
オカ	をか	丘・岡
オカス	をかす	犯・侵・冒
オガム	をがむ	拝
オギ	をぎ	荻
オキナ	おきな	翁
オコ	をこ	痴・烏滸・尾籠
オサ	をさ	長
オサナシ	をさなし	幼
オサム	をさむ	収・治・納・蔵
オシ	をし	惜・愛
オジ	をぢ	伯父・叔父・小父
オシウ	をしふ	教
オシドリ	をしどり	鴛鴦
オス	をす	食
オズ	おづ	怖
オチ	をち	復・遠・彼方
オトコ	をとこ	男
オドシ	をどし	威・縅
オトズル	おとづる	訪
オトツイ	をとつひ	一昨日
オトメ	をとめ	乙女・少女
オドル	をどる	踊
オトロウ	おとろふ	衰
オノ	をの	斧
オノコ	をのこ	男・男子
オノズカラ	おのづから	自
オミナ	おみな	嫗
	をみな	女
オミナエシ	をみなへし	女郎花

発音	歴史的仮名遣い	漢字
オメク	をめく	喚
オモウ	おもふ	思
オリ	をり	折・居
オル	おる	下・降
オル	をる	折
オロチ	をろち	大蛇
オワス	おはす	御座
オワル	をはる	終
オン	おん	御
オンナ	をんな	女

か行

発音	歴史的仮名遣い	漢字
カ	か	日・香・彼・鹿・処
カイ	かひ	交・貝・峡・匙・甲斐・効
カイナ	かひな	肱・腕
カエス	かへす	反・返・帰・還
カエデ	かへで	楓
カエル	かへる	反・返・帰・還・孵
ガエンズ	がへんず	肯
カオ	かほ	顔
カオル	かをる	薫
カゲロウ	かげろふ	陽炎・蜉蝣・蜻蛉
カジ	かぢ	梶・楫・鍛冶・加持
カシワ	かしは	柏・槲
カズク	かづく	被・潜
カズサ	かづさ	上総
カズラ	かづら	葛・鬘
カゾウ	かぞふ	数
カタイ	かたゐ	乞丐・乞食
カタラ(ロ)ウ	かたらふ	語
カタワラ	かたはら	傍・側
カツオ	かつを	鰹
カナエ	かなへ	鼎・釜
カナズ	かなづ	奏
カノエ	かのえ	庚
カマ(モ)ウ	かまふ	構
カヨウ	かよふ	通
カレイ	かれひ	餉
カワ	かは	川・皮・河・革
カワズ	かはづ	蛙
カワヤ	かはや	厠
カワラ	かはら	川原・河原
カンガ(ゴ)ウ	かんがふ	考・勘
キオイ	きほひ	競
キサイ	きさい	后
キズ	きず	疵・瑕
キズナ	きづな	絆
キノウ	きのふ	昨日
キノエ	きのえ	甲
キョウ	けふ	今日
キワ	きは	際
キワム	きはむ	究・極・窮
キワメテ	きはめて	極
クウ	くふ	食
クズ	くず	葛
クツガエル	くつがへる	覆
クモイ	くもゐ	雲居・雲井
クライ	くらゐ	位
クルウ	くるふ	狂
クレナイ	くれなゐ	紅
クロウド	くらうど	蔵人
クワ	くは	桑・鍬
クワ(オ)ウ	くはふ	加・銜
クワシ	くはし	美・細・詳・精
クワタツ	くはたつ	企
ケガラ(ロ)ウ	けがらふ	穢・汚
ケズル	けづる	削・梳
ケワイ	けはひ	
ケワシ	けはし	険
コイ	こひ	恋
コウ	こふ	乞・恋・請
コウシ	かうし	格子
コウジ	かうじ	柑子
	こうぢ	小路
コウバシ	かうばし	香・芳
コウブリ	かうぶり	冠
コウベ	かうべ	首・頭
コウムル	かうむる	被・蒙
コエ	こゑ	声
コオリ	こほり	氷・郡
コオロギ	こほろぎ	蟋蟀
コシラ(ロ)ウ	こしらふ	拵・喩・慰・誘
コトジ	ことぢ	琴柱
コトワリ	ことわり	理・断
コトワル	ことわる	理・断
コワシ	こはし	強

さ行

発音	歴史的仮名遣い	漢字
サイワイ	さいはひ	幸
サエズル	さへづる	囀
サオ	さを	竿・棹
サカイ	さかひ	境・堺
サカズキ	さかづき	杯・盃
サブライ	さぶらひ	侍
サブラ(ロ)ウ	さぶらふ	侍・候
サムラ(ロ)ウ	さむらふ	侍・候
サワグ	さわぐ	騒
サワヤカ	さはやか	爽
サワリ	さはり	障
サワル	さはる	障
ジ	ぢ	路
シイ	しひ	椎
シイテ	しひて	強
シウ	しふ	強・誣
シエタグ	しへたぐ	虐
シオ	しほ	入・汐・塩・潮
シオニ(ン)	しをに	紫苑
シオラシ	しをらし	
シオリ	しをり	栞・撓・枝折
シオル	しをる	栞・枝折・萎
シズ	しづ	賤・倭文
シズカ	しづか	静・閑
シズム	しづむ	沈・鎮・静
シタ(ト)ウ	したふ	慕
シュウト	しうと	舅
シュウトメ	しうとめ	姑
ショウト	せうと	兄人
シワシ	しはし	吝
	(しわし)	
シワス	しはす	師走
シワブク	しはぶく	咳
スエ	すゑ	末・陶・須恵
スオウ	すあを	素襖
スクウ	すくふ	掬
スジ	すぢ	筋
ズズ	ずず	誦・数珠
スズシ	すずし	生絹・涼
スズシロ	すずしろ	清白・蘿蔔
スズナ	すずな	菘
スズリ	すずり	硯
スズロ	すずろ	漫
スナオ	すなほ	素直
スナワチ	すなはち	乃・即・則
スマ(モ)ウ	すまふ	住・争・辞
スワヤ	すはや	
セワシ	せはし	忙
ソイ	そひ	添
ソウ	さう	左右
ソウ	そふ	副・添
ソウラ(ロ)ウ	さうらふ (さぶらふ)	候
ソナワル	そなはる	備・具
ソワ	そは	岨

た行

発音	歴史的仮名遣い	漢字
タイマツ	たいまつ	松明
タイラ	たひら	平
タ(ト)ウ	たふ	耐・堪・遮
タエ	たへ	妙・栲
タオヤカ	たをやか	嫋
タオル	たふる	倒
タガ(ゴ)ウ	たがふ	違
タグイ	たぐひ	比・類
タズ	たづ	田鶴・鶴
タズキ	たづき	方便
タズサ(ソ)ウ	たづさふ	携
タズヌ	たづぬ	訪・尋
タタ(ト)ウ	たたふ	称・湛
タタズム	たたずむ	佇・彳
タダヨウ	ただよふ	漂
タトイ	たとひ	喩・譬・縦・仮令
タトウガミ	たたうがみ	畳紙
タトエ	たとへ	喩・譬
タマ(モ)ウ	たまふ	給・賜
タユウ	たいふ	大夫・太夫
タライ	たらひ	盥
タワク	たはく	戯
タワム	たわむ	撓
タワヤスシ	たはやすし	
タワル	たはる	狂・戯
チカ(コ)ウ	ちかふ	誓
チガ(ゴ)ウ	ちがふ	交・違
ツイ	つひ	終
ツイエ	つひえ	費・弊
ツイジ	ついぢ	築地

ツイタチ　ついたち　朔日
ツイデ　ついで　序
ツイニ　つひに　遂・終
ツイヤス　つひやす　費・弊
ツイユ　つひゆ　費・弊
ツエ　つゑ　杖
ツカイ　つかひ　使・遣
ツカ(コ)ウ　つかふ　仕・使・遣
ツガ(ゴ)ウ　つがふ　番
ツクエ　つくえ　机・案
ツクバ(ボ)ウ　つくばふ　踞・蹲
ツクロウ　つくろふ　繕
ツタ(ト)ウ　つたふ　伝
ツヅミ　つづみ　鼓
ツヅル　つづる　綴
ツドウ　つどふ　集
ツワモノ　つはもの　兵
テズカラ　てづから　手
テラ(ロ)ウ　てらふ　衒
トウ　とふ　問・訪
トウトシ　たふとし　尊・貴
トウブ　たうぶ　食・給・賜
トオ　とを　十
トオシ　とほし　遠
トオル　とほる　通・透・徹
トキワ　ときは　常磐・常盤
トコシエ　とこしへ　長・常
トコシナエ　とこしなへ　長・常
トズ　とづ　閉
トドコオル　とどこほる　滞
トトノウ　ととのふ　調・整
トナ(ノ)ウ　となふ　唱・調・整
トノイ　とのゐ　宿直
トブラ(ロ)ウ　とぶらふ　弔・訪

な行

ナイ　なゐ　地震
ナ(ノ)ウ　なふ　萎
ナオ　なほ　尚・直・猶
ナオシ　なほし　直衣
ナオス　なほす　直
ナジョウ　なでふ
ナズ　なづ　撫
ナズム　なづむ　泥
ナズラ(ロ)ウ　なずらふ　準・准・擬
ナニワ　なには　難波
ナラ(ロ)ウ　ならふ　習・慣・馴
ナラワシ　ならはし　習・慣
ナリワイ　なりはひ　生業
ナワテ　なはて　畷・縄手
ナンジ　なむぢ　汝
ニエ　にへ　牲・贄
ニオ　にほ　鳰
ニオイ　にほひ　匂
ニオウ　にほふ　匂
ニギワ(オ)ウ　にぎはふ　賑
ニナ(ノ)ウ　になふ　担・荷
ニワ　には　庭
ニワカ　にはか　俄
ヌエ　ぬえ　鵺・鵼
ネガ(ゴ)ウ　ねがふ　願
ネジク　ねぢく　拗
ネズ　ねづ　捻・捩
ノウシ　なほし　直衣
ノゴウ　のごふ　拭
ノタマ(モ)ウ　のたまふ　宣
ノロウ　のろふ　呪

は行

ハイ　はひ　灰
ハウ　はふ　這・延
ハエ　はえ　映・栄
ハジ　はぢ　恥・辱
ハジラ(ロ)ウ　はぢらふ　恥
ハズ　はず　筈・弭
　　はづ　恥・羞
ハズス　はづす　外
ハダエ　はだへ　肌・膚
ハニュウ　はにふ　埴生
ハライ　はらひ　祓
ハラ(ロ)ウ　はらふ　払・祓・掃
ヒイナ　ひひな　雛
ヒキイル　ひきゐる　率
ヒジ　ひぢ　肘・泥
ヒシオ　ひしほ　醬・醢
ヒタイ　ひたひ　額
ヒトエ　ひとへ　単・一重
ヒトエニ　ひとへに　偏
ヒノエ　ひのえ　丙
ヒュウガ　ひうが　日向
ヒルガエス　ひるがへす　翻・飜
ヒワ　ひわ　鶸
ビワ　びは　琵琶
ヒワダ　ひはだ　檜皮
フジ　ふぢ　藤
フルウ　ふるふ　振・震
ヘツラ(ロ)ウ　へつらふ　諂
ホドライ　ほどらひ　程

ま行

マイ　まひ　舞・幣
マイル　まゐる　参
マウ　まふ　舞
マエ　まへ　前
マガ(ゴ)ウ　まがふ　紛
マカズ　まかづ　罷
マギラワシ　まぎらはし　紛
マグワシ　まぐはし　目細
マジウ　まじふ　交・雑
マジワル　まじはる　交
マズ　まづ　先
マツロウ　まつろふ　服・順
マツワル　まつはる　纏
マトイ　まとゐ　団居・円居
マトウ　まとふ　纏
マドウ　まどふ　惑
マトワス　まとはす　纏
マナカイ　まなかひ　目交・眼間
マヨウ　まよふ　迷
マラウト　まらうと　客人・賓
マワス　まはす　回・廻
マワル　まはる　回・廻
ミオ　みを　水脈・澪
ミギワ　みぎは　汀
ミサオ　みさを　操
ミズ　みづ　水・瑞
ミズウミ　みづうみ　湖
ミズカラ　みづから　自
ミズノエ　みづのえ　壬
ミズノト　みづのと　癸
ミズラ　みづら　鬟・角髪・角子
ミソナワス　みそなはす　見
ムカ(コ)ウ　むかふ　向・迎・対
ムクイ　むくい　報
ムスボオル　むすぼほる　結
ムツカシ　むつかし　難
メオト　めをと　女夫・夫婦・妻夫
メクワス　めくはす　目
メズ　めづ　愛
メズラシ　めづらし　珍
モウ　もふ　思
モウク　まうく　設・儲
モウス　まうす　申
モウズ　まうづ　参・詣
モジル　もぢる　捩
モズ　もず　百舌・鵙
モチイル　もちゐる　用
モチウ　もちふ　用
モトオル　もとほる　回・徘徊
モミジ　もみぢ　紅葉・黄葉
モヨオス　もよほす　催

や行

ヤイバ　やいば　刃
ヤオラ　やをら
ヤスラ(ロ)ウ　やすらふ　休
ヤマイ　やまひ　病
ヤラ(ロ)ウ　やらふ　遣
ヤワラグ　やはらぐ　和
ユイ　ゆひ　結
ユウ　ゆふ　夕・木綿・結
ユウベ　ゆふべ　夕
ユエ　ゆゑ　故
ユオビカ　ゆほびか
ユズル　ゆづる　譲
ヨイ　よひ　宵
ヨウ　ゑふ　酔
ヨウナシ　やうなし　益無
ヨウヤク　やうやく　漸
ヨズ　よづ　攀・捩
ヨソオウ　よそほふ　装
ヨロイ　よろひ　甲・鎧
ヨロウ　よろふ　具・鎧
ヨロズ　よろづ　万
ヨロボウ　よろぼふ　蹌踉
ヨワイ　よはひ　齢
ヨワシ　よわし　弱

わ行

ワ　は　羽
ワキマ(モ)ウ　わきまふ　弁
ワザオキ　わざをき　俳優
ワザワイ　わざはひ　災・禍
ワズカ　わづか　僅
ワズラ(ロ)ウ　わづらふ　煩
ワズラワシ　わづらはし　煩
ワラワ　わらは　妾・童

あ ア

「あ」は「安」の草体
「ア」は「阿」の偏

あ【足】(名)《上代語》足。万葉 一四・三三八七「―の音せず行かむ駒もが葛飾の真間の継ぎ橋やまず通はむ」訳→あのおとせず…和歌
参考 平安時代以降は、「あうら(足占)」「あが(足搔)き」「あゆ(足結)ひ」など、複合した形で用いられた。

語の広がり「足」
「あぐらをかく」の「あぐら」は「足+座」で、もとは古代貴族が座る「胡床」という床の高い台のこと。また、乗馬の際に足をかける「鐙」は「足踏み」の意。

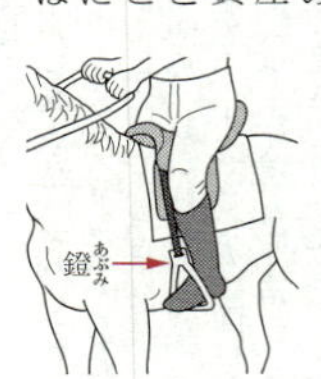

あ【吾・我】(代)自称の人代名詞。私。われ。万葉 二・一〇八「―を待つと君が濡れけむあしひきの山の雫にならましものを」訳→あをまつと…和歌
参考 上代に多く用いられ、中古には「あこ」「あが」など限られた形で使われた。「わ」も同じ意味の語だが、「あ」は「あが君」など親愛の気持ちをこめて言い、「わ」は「わが大君」など改まった気持ちで用いた。→吾が

あ【彼】(代)遠称の指示代名詞。あれ。大和 一四五「浜千鳥飛びゆくかぎりありければ雲立つ山を―はとこそ見れ」訳 浜千鳥は飛んでゆくのに限度があったので、雲がかかる山を、あれは阿波の国かと(遠くから)ぼんやりと見ることであるよ。(「浜千鳥」は遊女である自分自身を、「雲立つ山」は天皇のいる席を暗示する。「あは」に「あれは」の意と「阿波」「淡(=ぼんやりと)」とをかける)

あ(感)❶感動や驚きを表す語。あっ。今昔 二六・二一「人の声にて『―』とばかり言ふ声あり」訳(やぶに矢を射ると)人の声で「あっ」とだけ言う声がする。
❷人に呼びかける語。おい。
❸呼ばれて答え、承知する語。はい。〔去来抄〕先師評「凡兆『―』と答へて、いまだ落ちつかず」訳 凡兆は「はい」と答えて(感嘆はしたものの)、まだ納得がゆかない。

ああ(感)❶喜び・嘆き・驚きなどを表す語。ああ。〔雨月〕菊花の約「―、軽薄の人と交はりは結ぶべからずとなん」訳 ああ、軽薄な人間と交わりは結んではならないということだ。
❷応答の語。はい。はあ。〔狂・花子〕「―、かたじけなうござりまする」訳 はい、かたじけないことでございます。
❸人に呼びかける声。もし。おい。〔謡・安宅〕「―、暫く〔待て〕。あわてて事を為損ずな」

ああ-まうし【ああ申し】人に呼びかける語。あのう。ああ、もし。〔浄・国性爺合戦〕「―御堪忍、御免御免と手を合はせ」訳(役人たちは)ああ、もしお許し(を)、お助けお助けと手を合わせ。

あい【愛】(名)❶《仏教語》ものに対する激しい欲望。執着。〔性霊集〕「―に纏はるること葛の旋るが如し」訳 激しい欲望にとらわれることは、つる草が茂り広がるようなものである。
なりたち 感動詞「ああ」+感動詞「申し」
❷親子・兄弟などが互いにいつくしみ合う心。〔太平記〕三九「親にも超えてむつましきは、同気兄弟の―なり」訳 親に対する以上に親密であるのは、兄弟のいつくしみ合う心である。
❸男女間の愛情。〔梁塵秘抄〕「遊女の好むもの、…男の―祈る百大夫」訳 遊女が好むもの、…男の愛情(が自分に向くこと)を祈念する遊女たちの守り神。
❹大切にすること。愛玩。〔炭俵〕「かれが―を受くるや、石台にのせられて、竹縁のはしのかたにあるは、上々の仕合はせなり」訳 あれ(=とうがらし)が(ひとたび)愛玩を受けると、盆栽に植えられて、竹の縁台の端の方に(置かれて)あるのは、この上もない幸運である。

あい【会い・合い・相・逢い・間】⇩あひ

あい-きゃう【愛敬・愛嬌】(名)《近世語》愛らしさ。愛想のよいさま。〔柳多留〕「―はこぼれてへらぬ宝なり」訳 愛想のよいことは(いくら笑顔がこぼれ出ようと)こぼれても減らない宝である。→愛敬 参考

あい-ぎゃう【愛敬】(名)❶(性格・言語・動作などの)温和でやさしい魅力。徒然 一「ものうち言ひたる、聞きにくからず、―ありて、言葉多からぬこそ、飽かず向かはまほしけれ」訳 ちょっとものを言っているのが、聞きづらくなく、やさしく穏やかなところがあって、口数の多くない人とは、飽きることなく向かい合っていたいものだ。文法「こそ…まほしけれ」は、係り結び。
❷(仏教語「愛敬の相(=やさしく情け深い仏の顔)」から)顔かたちのかわいらしさ。枕 三七「梨の花、世にすさまじきものにして、…―おくれたる人の顔などを見ては、たとひに言ふも」訳 梨の花は、まことに興ざめなものとして、…かわいらしさが足りない人の顔などを見ては、たとえにして言うが、それも。
❸結婚をほのめかしていう語。源氏 葵「げに、―の初めは、日選りして聞こし召すべきことにこそ」訳 なるほど、結婚の初めは、吉日を選んで(祝いの餅を)召し上がるのがよいことでございます。文法 文末の係助詞「こそ」のあとに結びの語「侍れ」が省略されている。
参考「敬」は呉音「きゃう」。「あいぎゃう」はその連濁したもの。古くは「あいぎゃう」と濁音、室町時代には「あいぎゃう」「あいきゃう」の清濁両形が併存したが、やがて清音形のみ残り、「愛嬌」の字が当てられるようになった。

発展 光源氏の「愛敬」
「男は度胸、女は愛敬」などというが、「愛敬」は「愛想のよいこと」を意味している。しかし、本来の用法は現代語より奥深く、「源氏物語」では、光源氏の姿を、「御指貫の裾まで、なまめかしう愛敬のこぼれ出づるぞ」〈松風〉と述べる。この「愛敬」は「優美な魅力」を表している。

あいぎゃう-づ-く【愛敬付く】(自カ四)｛か・き・く・く・け・け｝愛らしくなる。(表情や態度に)魅力が備わる。枕 四一「夜深くうち出でたる声の、らうらうじう―・き

(用)たる、いみじう心あくがれ、せむかたなし」訳 夜更けに鳴き出した(ほととぎすの)声が、上品で美しく魅力が備わっているのは、とても心がひかれ、どうしようもない。

あい-げう(ギョウ)【愛楽】(名・他サ変) ❶《仏教語》仏の教えを信じ求めること。
❷親しみ愛すること。徒然 一三四「すべて、人に―・せ(未)られずして衆(しゅ)にまじはるは恥なり」訳 総じて、人々に親しみ愛されないで、多くの人々と付き合うのは恥ずかしいことである。

あい-さつ【挨拶】(名・自サ変) ❶返答。受け答え。〔仮名・浮世物語〕「親しきやうにて打ち解けず、気の毒なるやうにて―面白く」訳 (遊女は)親しいようすでいて冷たく、迷惑そうなようすでいて受け答えが巧みで。
❷人と出会ったときなどに社交的・儀礼的に取り交わすことばや動作。〔狂・右近左近〕「御門には門番衆が居(ゐ)らるるによって、―をいうて通らずはなるまい」訳 (地頭殿の)御門には門番衆がいらっしゃるので、挨拶を述べて通らなければならないだろう。
❸間柄。仲。〔浄・五十年忌歌念仏〕「そなたとわが身は実事(じつごと)にて口舌(くぜつ)などする―か」訳 あなたと私は真実の仲で、口論などする間柄か(いや、そうではない)。
❹取りもつこと。仲介。仲裁。〔浮・日本永代蔵〕「夫婦最前の薬師(くすし)を念に思ひ、―・せ(未)し人に面目かへりみず頼み」訳 夫婦はさきほどの医者を心に思い、(その医者を)仲介した人に面目もかえりみずに頼り。
❺縁を結ぶこと。夫婦となること。
参考 本来の意味は互いに押し合うこと。禅宗で、門下僧に口頭試問をして、その悟りの程度を確かめることから出た語。

あいさつ-き・る【挨拶切る】人との関係を断つ。縁を切る。絶交する。〔浄・心中天の網島〕「―・る(終)と取り交(か)はせしその文(ふみ)を反故(ほうご)にし」訳 (私=小春が治兵衛とは)縁を切ると(妻おさんと)やり取りしたその手紙を無効にし。

あいさつ-よ・し【挨拶よし】仲むつまじい。〔浮・日本永代蔵〕「一生すこしのわづらひなく、ことさらいづれも―・く(用)」訳 一生の間少しの苦労もなく、格別にいずれ(の夫婦)も仲むつまじく。

あい-しふ(シュウ)【愛執】(名)《仏教語》煩悩(ぼんのう)の一つ。愛するものに執着すること。愛着。平家 一〇・首渡「閻浮(えんぶ)―の綱つよければ、浄土を願ふもものうし」訳 現世の(妻子への)愛着の綱が強いので、極楽浄土を願うのもなんとなく気が重い。

あい-しゃう(ショウ)【哀傷】㊀(名・自サ変)(人の死などを)悲しみ嘆くこと。哀惜。哀悼。万葉 一・八・左注「所以(このゆゑ)に因(よ)りて歌詠(うた)をつくりて―・し(用)給ふといふ」訳 この事情によってお歌をつくって哀悼しなさると言う。
㊁(名)「あいしゃうか」に同じ。

あいしゃう-か(アイショウカ)【哀傷歌】(名)人の死を悼み、また故人を追慕する歌。「万葉集」「古今集」以降の勅撰(ちょくせん)集の部立ての一つ。「万葉集」の「挽歌(ばんか)」にあたる。哀傷。

あい・す【愛す】(他サ変){せ・し・す・する・すれ・せよ}❶いとおしく思う。かわいがる。堤 虫めづる姫君「この虫どもを朝(あした)夕べに―・し(用)給ふ」訳 (姫君は)この数々の虫を朝夕にかわいがりなさる。
❷大切にする。大事に思う。執着する。徒然 三八「誉(ほまれ)を―・する(体)は、人の聞きを喜ぶなり」訳 名誉を大事に思うのは、世間の人の(よい)評判を喜ぶことである。
❸機嫌をとる。また、適当にあしらう。平家 九・二度之懸「『よしよし、しばし―・せよ(命)』とて、討たんといふ者なかりけり」訳 「まあよい、しばらく適当にあしらえ」と言って、(二人の武士を)討ちとろうという者はなかった。

あい-ぜん【愛染】(名)《仏教語》❶深く愛して執着する心。愛欲。今昔 二・二九「この婆羅門(ばらもん)の妻(め)の美麗なるを見て―の心を起こして」訳 (盗賊の一人は)この僧侶の妻が美しいのを見て、愛欲の気持ちを起こして。
❷「愛染明王(みょうおう)」の略。

(あいぜんみゃうわう)

あいぜん-みゃうわう(ミョウオウ)【愛染明王】(名)《仏教語》大日如来(にょらい)、または金剛薩埵(さった)を本地とする明王。全身が赤く、三つの目、六本の腕があり、怒りの相を示すが、敬愛の心で衆生(しゅじょう)を解脱(げだつ)させるという。近世では、愛欲・色事の守護神とされた。愛染。

あいだち-な・し(形ク){から・く(かり)・し・き(かる)・けれ・かれ}❶無愛想だ。つれない。源氏 夕霧「心よからず―・き(体)ものに思ひ給へる、わりなしや」訳 (夫の夕霧が私=雲居(くもい)の雁(かり)を)気だてがよくなく無愛想な女だと思っていらっしゃるのは、道理にあわないことだよ。
❷遠慮がない。ぶしつけだ。源氏 宿木「『世を思ひ給へ乱るることなむまさりにたる』と、―・く(用)ぞ愁へ給ふ」訳 「男女の仲を思い悩みますことが(以前より)つのってしまっている」と、(薫(かおる)は)無遠慮に嘆き訴えなさる。
参考 語源を「愛立ち無し」「間(あひ)立ち無し」「あひだちなし」などとする説がある。仮名遣いも「あいだちなし」「あひだちなし」の二説があり、確定的でない。

あいだて-な・し(形ク){から・く(かり)・し・き(かる)・けれ・かれ}《近世語》〔「あいだちなし」の転か〕❶度が過ぎている。途方もない。〔醒睡笑〕「それやうにあいだてな(語幹)ざうに物は言はぬものぢゃ」訳 そのように度が過ぎているように(ひどく叱る)ことばは言わないものだよ。
❷無分別である。道理にはずれている。
❸むやみにかわいがるようすだ。猫かわいがりだ。〔浄・女殺油地獄〕「あんまり母が―・い(終)(口語)。かうばりが強うて、いよいよ心が直らぬと」訳 あまりにも母親が猫かわいがりだ。かばいだてが過ぎて、ますます心が直らないと。

あい-だ・る(自ラ下二){れ・れ・る・るる・るれ・れよ}〔「愛垂る」の意か〕甘える。おっとりとして甘えて見える。源氏 夕顔「『海人(あま)の子なれば』とて、さすがにうちとけぬさまいと―・れ(用)たり」訳 (光源氏が夕顔に名前を尋ねても)「身分の低い者だから」と言って、やはり打ち解けないようすはたいへんおっとりと甘えた印象である。

あいたん-どころ【朝所】(名)〔「あしたどころ」の転〕「あいたどころ」とも。太政(だいじょう)官庁の北東の隅にある建物。儀式のときなどに参議以上の人々が会食をしたり、政務をとったりした所。

あい-ぢゃく(ジャク)【愛着】(名)《仏教語》物にとらわれ、

執着すること。特に、男女が愛欲に執着すること。徒然 九「まことに、―の道、その根ふかく、源(みなもと)遠し」訳 ほんとうに、男女が愛欲に執着するという方面のことは、その根は深く、起源は遠い。

あいな-さ（名）〔形容詞「あいなし」の語幹「あいな」に接尾語「さ」の付いたもの〕つまらなさ。不都合であること。徒然 二四〇「知られず、知らぬ人をむかへもて来たらん―よ」訳（こちらは向こうに）知られず、（こちらも向こうを）知らない（そんな）女を（仲人が）迎えて連れて来たような場合のつまらなさよ。

あい-な・し（形ク）〔から・く(かり)・し・き(かる)・けれ・かれ〕

語義パネル

●重点義 **不調和で筋が通らないさま。興味がもてず不快な感じ。**

中古から「あいなし」「あひなし」の両形がある。語源についても、「愛無し（＝おもしろみがない）」「合ひ無し（＝不調和だ）」「敢(あ)へ無し（＝こらえられない）」「文(あや)無し（＝筋が通らない）」などの諸説があり定まらない。

❶**不調和だ。そぐわない。**
❷**気にくわない。感心できない。**困ったことだ。
❸**おもしろみがない。興ざめだ。つまらない。**
❹（連用形の形で）**むやみやたらに。わけもなく。**ただもう。

❶**不調和だ。そぐわない。**徒然 一五一「衆に交(まじ)はりたるも―・く(用)見苦し」訳（老人が）多くの人と交際しているのも不調和で見苦しい。

❷**気にくわない。感心できない。**困ったことだ。枕 二七〇「おのづから聞きつけて、うらみもぞする、―・し(終)」訳（人がするうわさ話を本人が）自然と耳にして、うらんだりもする、（それは）困ったことである。文法「もぞ」は、悪い事態を予測し、そうなっては困るという気持ちを表す。

❸**おもしろみがない。興ざめだ。つまらない。**徒然 七三「世に語り伝ふること、まことは―・き(体)にや、多くはみな虚言(そらごと)なり」訳 世間で語り伝えることは、事実ではおもしろみがないのだろうか、多くはみなつくり話である。文法「まことはあいなきにや」は挿入句で、「にや」のあとに結びの語「あらん」が省略されている。徒然 五六「わが方にありつる事、数々に残りなく語り続くるこそ、―・けれ(已)」訳 自分のほうにあったことを、あれこれとすべてしゃべり続けるのは、興ざめだ。文法「こそ、あいなけれ」は、係り結び。

❹（連用形「あいなく」「あいなう」の形で）**むやみやたらに。わけもなく。**ただもう。枕 四九「愛敬(あいぎやう)おくれたる人などは、―・く(用)かたきにして、御前(ごぜん)にさへぞあしざまに啓する」訳 かわいらしさの乏しい人などは、（藤原行成(ゆきなり)を）わけもなく敵視して、中宮様にまで悪いように申し上げる。源氏 須磨「―・う(用)（ウ音便）起きゐつつ、鼻を忍びやかにかみわたす」訳（光源氏のお供の人々は悲しさをこらえきれず）わけもなく起きて座っては、鼻水をめいめいがそっとかむ。

あいな-だのみ【あいな頼み】（名）〔「あいな」は形容詞「あいなし」の語幹〕あてにならない期待。そら頼み。また、法外な期待。源氏 明石「世ごもりて過ぐす年月こそ、―に行く末心憎く思ふらめ」訳（自分＝明石(あかし)の君が）年若く世に出ないで過ごす年月こそ、（親たちは）あてにもならない期待に将来を奥ゆかしく（頼みに）思っているだろうが。文法 係り結び「こそ…らめ」は、ここは逆接で下に続く。

あいべつり-く【愛別離苦】（名）《仏教語》八苦(はっく)の一つ。肉親など愛する人と別れる苦しみ。平家 灌頂・六道之沙汰「人間のことは、―、怨憎会苦(をんぞうゑく)、ともに我が身に知られてさぶらふ」訳 人間界のことは、愛別離苦も、怨憎会苦（＝怨(うら)み憎む者と会う苦しみ）も、ともにわが身に思い知られております。→八苦(はっく)

あい-ら・し【愛らし】（形シク）〔しから・しく(しかり)・し・しき(しかる)・しけれ・しかれ〕かわいらしい。〔沙石集〕「わらはが養ひ姫は、御見目(みめ)のうつくしく、御目は細々(ほそぼそ)として、―・しく(用)おはしますぞや」訳 私の育てている姫君は、御容貌がうるわしく、御目はほっそりとして、かわいらしくていらっしゃるのだよ。

あう【会う・合う・逢う・敢う・饗う】⇩あふ

あう-・い・く【奥行く】（自カ四）〔か・き・く・く・け・け〕奥のほうへ行く。さらに先へ行く。枕 九九「人目も知らず走られつるを、―・か(未)むことこそ、いとすさまじけれ」訳（ここまでは遅れまいと）人目もかまわず走らないではいられなかったが、さらに先へ行くようなことは、ひどく興ざめだ。

奥羽（あうう）（オウウ）《地名》陸奥(むつ)と出羽。今の東北六県。

あう-ぎ【奥義】（名）学問・武術・芸能などで、最も奥深いところにある事柄。極意(ごくい)。〔風姿花伝〕「老人の物まね、この道（＝猿楽）の―なり」

奥州（あうしう）（オウシュウ）《地名》「陸奥(むつ)」の異称。勿来(なこそ)・白河の関以北の地で、今の福島・宮城・岩手・青森の四県。

あうしう-かいだう【奥州街道】（名）江戸時代の五街道の一つ。江戸日本橋を起点とし、千住(せんじゅ)を経て白河に至る街道。宇都宮(うつのみや)までは日光街道と重なる。広義には陸奥(むつ)の三厩(みんまや)までをいう。

あうしゅく-ばい【鶯宿梅】（名）梅の名木の名。鶯(うぐいす)の宿る梅の意。参考 村上天皇の時、清涼殿(せいりょうでん)の梅の木が枯れたので、代わりの木をさがし求め、西の京のある家の梅をもらい受けたところ、その枝に「勅なればいともかしこし鶯の宿はと問はばいかが答へむ」（訳→ちょくなれば…和歌）〈拾遺・雑下〉の歌が結び付けられていた。その家のあるじの素性を調べさせると、紀貫之(きのつらゆき)の娘の紀内侍(きのないし)であったという話が「大鏡」に見える。

あう-な・し【奥無し】（形ク）〔から・く(かり)・し・き(かる)・けれ・かれ〕深い考えがない。あさはかである。思慮が浅い。源氏 真木柱「『―・き(体)ことやのたまひ出(い)でむ』とつき交はすに」訳「（近江(おうみ)の君が）あさはかなことをお言い出しになるのではないか」と（女房たちはひざなどを）互いにつつき合うと。

あうむ【鸚鵡】（名）鳥の名。おうむ。人のことばをまねる。中国では霊鳥とされた。枕 四一「鳥は 異所(ことどころ)のものなれど、―、いとあはれなり」訳 鳥は、異国のものであるけれども、おうむが、まことにしみじみと心を打つ。

あう-よ・る【奥寄る】（自ラ四）〔ら・り・る・る・れ・れ〕❶奥のほうへ寄る。枕 一八四「―・り(用)て三、四人さしつどひて絵など見るもあめり」訳（部屋の）奥のほうへ寄って三、四人集まって絵などを見ている者もいるようだ。

❷古めかしくなる。昔風になる。源氏 玉鬘「御手の筋、ことに―・り用にたり」訳（末摘花のご筆跡の趣は、格段と古風になってしまっている。

❸年をとる。老ける。蜻蛉 下「ことに今めかしうもあらぬうちに齢なども―・り用にたべければ」訳（女は特に現代風な魅力も発揮しないうちに年齢なども老けてしまっているはずなので。文法「にたべければ」の「た」は、助動詞「たり」の連体形「たる」の撥音便「たん」の撥音「ん」の表記されない形。

あ-うら【足占・足卜】（名）「あしうら」に同じ。

あえか（形動ナリ）｛なら・なり（に）・なり・なる・なれ・なれ｝いかにも弱々しい。きゃしゃだ。源氏 御法「年月重なれば、頼もしげなく、いとど―・に用なりまさり給へるを」訳（紫の上は病が長い年月にわたるので、いかにも心もとなく、いよいよ弱々しくなる一方でいらっしゃったので。源氏 若菜下「細く―・に用うつくしくのみ見え給ふ」訳（女三の宮は）ほっそりとしてきゃしゃでただもうかわいらしくお見えになる。

参考「あえか」は動詞「あゆ（＝こぼれ落ちる）」と同根の語とされる。特に「源氏物語」「紫式部日記」に、おもに女性についての表現に用いられている。

あえしらう ⇩あへしらふ

あえず〘敢えず〙⇩あへず

あえなし〘敢え無し〙⇩あへなし

あえ-もの【肖え物】（名）（幸福になるための）あやかりもの。また、手本。大鏡 師輔「やがて『―にも』とて、奉らせ給ふを」訳（父君＝忠平は魚袋をそのまま、「あやかりものにでも（なさい）」と言って、（息子＝師輔に）差し上げなされるのを。

あお〘青・襖〙⇩あを

あおい〘葵〙⇩あふひ

あおうま〘青馬・白馬〙⇩あをうま

あ-おと【足音】（名）あしおと。〔雨月〕浅茅が宿「いにしへの継ぎ橋も川瀬に落ちたれば、げに駒の―もせぬに」訳 昔から有名な継ぎ橋も川の瀬に落ちてしまったので、なるほど（万葉の歌のように）馬の足音もしないが。

あか【閼伽】（名）《梵語の音訳》〔価値あるもの、の意〕仏前に供える物。特に、神聖な水。源氏 若紫「―奉り、花折りなどするもあらはに見ゆ」訳（召使の少女たちが）仏前の水をお供えしたり、（仏様に供える）花を折ったりなどするのもすっかり見える。

あ-が【吾が・我が】■《上代語》❶（「が」が主格を示す場合）私が。私は。万葉 一五・三六三三「安眠も寝ずて―恋ひわたる」訳 安眠もしないで私は恋しつづけることだ。

❷（「が」が連体格を示す場合）私の。万葉 五・八九二「天地は広しといへど―ためは狭くやなりぬる」訳 →かぜまじり…和歌

■（連体）私の。源氏 玉鬘「―姫君、…当国の受領の北の方になし奉らむ」訳 私の姫君（＝玉鬘）を、…この（大和の）国の国司の奥方にし申しあげよう。

参考 上代では代名詞「吾」＋格助詞「が」であったが、中古では連体詞となり親愛感を表して使われた。

あか-あか-と【明明と】（副）非常に明るく。〔讃岐典侍日記〕「御枕上に大殿油近く参らせて、―あり」訳 御枕元に灯火を近々とおともし申しあげて、（あたりは）たいそう明るい状態である。

あかあかと… 俳句

> あかあかと　日はつれなくも　あきの風（秋）
> 〈おくのほそ道・金沢・芭蕉〉

訳（もう秋だというのに）赤々と日はどこが秋かというようすで（旅にある私を）照らしているが、あたりをわたる風には、まぎれもなく秋の気配が感じられることだ。（秋の風 秋）

解説「途中吟」と前書きがある。

あか-いろ【赤色】（名）❶緋・紅・朱などの総称。また、染め色の名で、ややくすんだ赤色。服色としては「禁色」の一つ。

❷織り色の名。縦糸・横糸とも赤、または縦糸は紫、横糸は赤。

❸襲の色目の名。表裏ともに赤、表は赤、裏は二藍（＝紅がかった青色）など諸説がある。

❹「赤色の袍」の略。源氏 少女「同じ―を着給へれば、いよいよ一つものとかかやきて見えまがはせ給ふ」訳（光源氏も帝と）同じ赤色の袍をお召しになっているので、ますます同一人物（であるか）のように照り輝いて見まがうばかりでいらっしゃる。

あかいろ-の-はう【赤色の袍】赤色に染めた袍（＝上着）。上皇の正装で、時には天皇や摂政・関白も着用した。「赤色の御衣」「赤色」とも。

あが-おもと【吾が御許】（名）女性、特に宮中などに仕える女房を親しみをこめて呼ぶ語。あなた。源氏 玉鬘「―にこそおはしましけれ。あなうれしともうれし」訳 あなたでいらっしゃったの。ああうれしいこと、うれしいこと。

あか-かがち【赤酸漿】（名）熟して赤くなった、ほおずき（＝植物の名）の実。秋

あか-がね【銅】（名）〔赤金の意〕銅。枕 一二三「暑げなるもの　…また、同じころの―の鍛冶」訳 暑そうであるもの、…また、同じころ（＝陰暦七月ごろ）の銅を鍛える職人。

あか-がり【皹・皸】（名）あかぎれ。冬。平家 八・緒環「手足に大きなる―ひまなくわれければ」訳 手足に大きなあかぎれがすきまもなくひび割れていたので。

あか-ぎ【赤木】（名）❶皮を削った木。白木。源氏 野分「よしある黒木、―のませを結ひまぜつつ」訳 趣のある皮のついたままの木や、皮を削った木のませ垣（＝低く目の粗い垣）をまぜて作り構えては。↔黒木

❷材質が赤い色の木。梅・蘇芳・紫檀などの類。

あ-がき【足掻き】（名）❶（牛馬などが）足で地面をかくこと。転じて、馬などの歩み。万葉 一二・三一三六「青駒が―を速み雲居にぞ妹があたりを過ぎて来にける」訳 青駒（＝青みがかった黒色の馬）の歩みが速いので、はるか遠く妻のいる所から離れて来てしまったことだ。

❷生活が苦しくて、もがくこと。あくせくすること。

あか-ぎぬ【赤衣】（名）❶赤色、または桃色の狩衣。下衆や召使などが着用する。枕 三三「―うち着たる者どもなどの連れ立ちて来るを」訳 赤色の狩衣を着た数人の者などが連れ立って来るのを。

❷緋色の袍。五位の人の着る朝服。緋衣。

あがき-の-みづ【足掻きの水】牛馬などが、水をけった時にはねる水。万葉 一七・四〇二二「鵜坂川渡る瀬

多みこの吾が馬の―に衣濡れにけり」訳 鵜坂川は渡る瀬が多いので、この私の馬の川底をけった時にはねる水で、着物が濡れてしまったことだ。

あが‐きみ【吾が君】相手を親しみ敬って呼びかける語。あなた。いとしい人。〔源氏〕夕顔「―、生き出で給へ」訳 いとしい人(＝夕顔)よ、生き返ってください。〔なりたち〕連体詞「吾が」＋名詞「君」〔参考〕「わが君」より、少し敬意の度が低く、より親しみをこめた言い方。

あ‐が・く【足掻く】(自カ四)(か・き・く・く・け・け)❶(牛馬などが)足で地面をかく。また、そのようにして歩む。〔平家〕八・猫間「車をやれと言ふと心得て、五六町こそ―・か㊌せたれ」訳 牛車を走らせろと(義仲が)言っていると思いこんで、(牛飼いは)五、六町も(牛を)走らせた。❷手足を動かしてもがく。〔宇治〕一二・一九「虎、さかさま伏して、倒れて―・く㊍を」訳 虎が、さかさまにひっくり返って、倒れてもがくところを。❸気をもんで働く。あくせくする。〔浄・女殺油地獄〕「蔵の一軒も建てるやうにと―・い㊊(イ音便)ても」

あか‐くちば【赤朽ち葉】(名)染め色の名。朽ち葉色(＝赤みを帯びた黄色)の赤みの強いもの。〔源氏〕少女「―の羅(＝薄絹)の汗衫」

あがこころ【我が心・吾が心】《枕詞》心が明るい、清く澄むの意から、地名の「明石」「清隅」にかかる。また、心を尽くすの意から、地名の「筑紫」にかかる。

あか‐さ【明かさ】(名)〔「さ」は接尾語〕明るいこと。〔万葉〕一五・三六二七「―明石の浦に船泊めて」

明るさ。〔竹取〕かぐや姫の昇天「家の辺り昼の―にも過ぎて光りわたり」訳 家の付近は昼の明るさよりもまさってあたり一面光り。

あかざ‐の‐あつもの【藜の羹】あかざ(＝野草の名)の葉を入れた吸い物。粗末な食物をたとえていう。〔徒然〕五八「紙の衾、麻の衣、一鉢のまうけ、―、いくばくか人の費えをなさん」訳 紙の夜具、麻の衣服、一鉢の食物、あかざの吸い物、(これだけのものが)どれほど(施しをする)人の出費(＝負担)となるだろうか(いや、ごくわずかなものである)。

あかし【明かし・灯】(名)ともしび。灯火。〔今昔〕一五・二八「火を打ちて仏前に―・香を置き」訳 切り火を打って仏前に灯明や香を置いて。→御明かし

明石(あかし)『地名』〔歌枕〕今の兵庫県明石市。その海岸が「明石の浦」で、景勝地として名高い。

あか・し【赤し】(形ク)(から・く(かり)・し・き(かる)・けれ・かれ)色が赤い。赤みを帯びている。〔伊勢〕九「白き鳥の、嘴と脚と―・き㊍、鴫の大きさなる、水の上に遊びつつ魚を食ふ」訳 白い鳥で、くちばしと足とが赤い鳥で、鴫の大きさである鳥(＝都鳥)が、水の上で遊んでは魚を食べている。〔参考〕「明るい」の感覚が「赤色」の感覚を生んだとされ、本来は同じ語源であったといわれる。

あか・し【明かし】(形ク)(から・く(かり)・し・き(かる)・けれ・かれ)❶明るい。明らかである。〔土佐〕「月―・けれ㊋ば、いとよくありさま見ゆ」訳 月が明るいので、とてもよく(邸内の)ようすが見える。↔暗し

❷偽りがない。私心がない。心が清い。〔万葉〕二〇・四四六五「―・き㊍心を皇辺に極め尽くして」訳 偽り・私心のない心を天皇のおそばにきわめ尽くして。

あかし‐くら・す【明かし暮らす】(自サ四)(さ・し・す・す・せ・せ)夜を明かし日を暮らす。日々を送る。〔徒然〕一一一「囲碁・双六好みて―・す㊍人は、四重・五逆にもまされる悪事とぞ思ふ」訳 囲碁や双六を愛好して毎日を過ごす人は、四重罪・五逆罪にもまさった悪事だと思う。〔参考〕「夜を明かし、日を暮らす」が縮まってできた語。

明石の浦(あかしのうら)『地名』〔歌枕〕今の兵庫県明石市の海岸。明石大門をへだてて淡路島に対している。

明石の君(あかしのきみ)『人名』「源氏物語」中の人物。明石の入道の娘。光源氏が明石の浦にいた折に契って一女(＝明石の姫君)を生み、のち上京して六条院に住んだ。

あか・す【明かす】(他サ四)(さ・し・す・す・せ・せ)❶明るくする。〔万葉〕一五・三六四八「海原の沖辺にともし漁る火は―・し㊊てともせ大和島見む」訳 広い海の沖のほうでともして漁をする火は明るくしてともせ。(その光で)大和の国(奈良県)の山々を見よう。❷物事を明らかにする。説明する。〔大鏡〕道長上「この殿より次、さまざま―・し㊊たれば、こまかに申さじ」訳

古語ライブラリー①

六つの活用形

文語の活用する語を活用表に整理するとき、ふつうは、未然形・連用形・終止形・連体形・已然形・命令形の六つの活用形とする。

例えばカ行四段活用の動詞「咲く」であれば、「咲か・咲き・咲く・咲け」の四とおりの形にしか活用しないのだから、語形の違いで整理するなら、四つの活用形に整理すればよいはずだが、なぜ六つにするのだろうか。

ナ行変格活用の動詞「死ぬ」は次のように、六とおりの語形になっている。

◇家にありて母がとり見ば慰むる心はあらまし死な㊌ば死ぬ㊎とも　〈万葉 五・八八九〉

◇帰りける人来たれりと言ひしかばほとほと死に㊊き君かと思ひて　〈万葉 一五・三七七二〉

◇恋ひ死な㊌ば恋ひも死ね㊐とやほととぎすもの思ふときに来鳴きとよむる　〈万葉 一五・三七八〇〉

◇恋ひわびて死ぬる㊍薬のゆかしきに雪の山にや跡をけなまし　〈源氏 総角〉

◇いくさはまた親も討たれよ、子も討たれよ、死ぬれ㊋ば乗り越え乗り越え戦ふ候ふ(＝戦うのでございます)　〈平家 五・富士川〉

助詞の「ば」に続く形「死な」、助詞の「とも」に続く形「死ぬ」、助動詞「き」に続く形「死に」、命令(放任)で言い切る形「死ね」、体言に続く形「死ぬる」、助詞の「ば」に続く形「死ぬれ」の六とおりの語形である。

なお、例えば「死な」の形は「死なず・死なしむ・死なむ・死なまし」のように助動詞「ず・しむ・む・まし」などに続く用法も見られる。

こうした用法による六とおりの語形の違いに注目し、これに準じて、四つの語形、五つの語形にしか活用しないものも、六つの活用形に整理することにしたのである。

⇩五七ページ②

この殿(＝冬嗣)からあとは、いろいろと説明したので、こまかに申すまい。
❸(秘密などを)打ち明ける。白状する。[源氏]手習「さなむありしなど―・し(用)給はむ事は、なほ口重き心地して」[訳]そのようなことがあったなどと打ち明けなさるようなことは、やはり口に出しにくい気持ちがして。
❹夜を明かす。(何かをしながら)徹夜する。[徒然]一三七「あだなる契りをかこち、長き夜をひとり―・し(用)」[訳]むなしく破られた約束を恨み嘆き、長い夜をひとりで明かし。
❺(動詞の連用形の下に付く場合)→次項「＝あかす」参照

∷あか・す【明かす】(他サ四){さ・し・す・す・せ・せ}(動詞の連用形の下に付いて)「夜が明けるまで…」「…続けて夜を明かす」「一晩中…続ける」の意を表す。[枕]一三〇「夜一夜降り―・し(用)つる雨の今朝はやみて」[訳]一晩中降り続けた雨が今朝はやんで。
【例語】遊び明かす(＝詩歌・管弦などをして夜を明かす)・起き明かす・行ひ明かす・思ひ明かす・語らひ明かす(＝一晩中語り明かす)・恋ひ明かす(＝恋いこがれて眠れずに夜を明かす)・眺め明かす・居明かす

あか-ず【飽かず】

語義パネル

●重点義　**満足しないさま。**
①では、「もっとその状態を続けたい」と好ましい状態にいう場合と、「不満だ」と好ましくない状態にいう場合とがある。
❶**満足しないで。もの足りなく。名残惜しく。**
❷**飽きないで。**いやになることなく。

❶**満足しないで。もの足りなく。名残惜しく。**[源氏]桐壺「鈴虫の声の限りを尽くしても長き夜―ふる涙かな」[訳]→すずむしの…[和歌]。[更級]足柄山「さばかり恐ろしげなる山中に立ちて行くを、人々―思ひて皆泣くを」[訳](遊女たちが)それほど恐ろしそうな山の中に立ち帰って行くのを、人々は名残惜しく思ってみな泣くけれども。
❷**飽きないで。**いやになることなく。[徒然]一「愛敬ありて、言葉多からぬこそ、―向かはまほしけれ」[訳]やさしく穏やかなところがあって、口数の多くない人とは、飽きることなく向かい合っていたいものだ。[文法]「こそ…まほしけれ」は、係り結び。
[なりたち]四段動詞「飽く」の未然形「あか」＋打消の助動詞「ず」の連用形「ず」。→飽く

赤染衛門(あかぞめえもん)【人名】(生没年未詳)平安中期の女流歌人。大江匡衡の妻。藤原道長の妻倫子と、その娘上東門院(＝彰子)に仕えた。歌風は穏健で、屏風歌・歌合歌に秀歌が多い。「小倉百人一首」に入集。家集「赤染衛門集」。⇩女房「発展」

あがた【県】(名)❶上代、大化の改新以前、国造の支配した「国」の下部組織。また、大和朝廷が直接治めた土地をもいう。[常陸国風土記]「古には、相模の国足柄の岳坂より東の諸々の―は、すべてあづまの国と称ひき」[訳]昔は、相模の国(神奈川県)足柄の山より東のもろもろの県は、みんな東の国といった。
❷平安時代、国司など地方官の任国。また、地方官として勤務すること。[土佐]「ある人、―の四年五年果てて」[訳]ある人(＝紀貫之)が、国司としての地方勤務の四年、五年が終わって。
❸地方。田舎。

あがた-ありき【県歩き】(名)律令制で、地方官勤務のこと。地方回り。また、その人。[蜻蛉]上「たのもし人は、この十余年のほど、―にのみあり」[訳](私が)頼りにする人(＝父の藤原倫寧)は、この十年余りの間、(受領としての)地方官勤務ばかりしている。

あか-だな【閼伽棚】(名)仏前に供える水や花などを置く棚。[徒然]一一「―に菊・紅葉など折り散らしたる、さすがに住む人のあればなるべし」[訳]閼伽棚に菊の花や紅葉の枝などを折って乱雑に置いてあるのは、やはり(この庵に)住む人があるからであろう。→閼伽

閼伽棚—住吉物語絵巻

あがた-ぬし【県主】(名)❶上代、大化の改新以前の、県を治める長官。[記]中「大県小県の―を定め給ひき」[訳](成務天皇は)大きな県や小さな県の県を治める長官をお決めになった。
❷上代の姓の一つ。大化の改新後①が廃止され、氏族を示す姓として残った。→姓①

あがた-めし【県召し】(名)「県召しの除目」の略。[栄花]こまくらべの行幸「新玉の年立ち返る春の―にかずまへとどめ申す」[訳]年が改まる春の県召しの除目に(私を)もらさず数に入れておいていただきたいと申し上げる。(「新玉の」は「年」にかかる枕詞。)[文法]「とどめ」の下に「給へ」を補って解すべきところか。

あがためし-の-ぢもく【県召しの除目】(名)地方官を新たに任命する行事。毎年陰暦正月十一日から三日間行われる。正月下旬から二月にかけて行われた例も多くある。春の除目。[春]。→除目

あか-ぢ【赤地】(名)赤い織り地。赤い地色。
あかぢ-の-にしき【赤地の錦】赤い織り地の錦。[千載]秋下「もみぢ葉に月の光をさしそへてこれや―なるらむ」[訳]紅葉した木々の葉に月が光をさし加えて、これこそ赤い織り地の錦なのであろうか。

あか・つ【頒つ・班つ】(他タ四){た・ち・つ・つ・て・て}分ける。分配する。分散させる。[大鏡]道長上「女房・侍・家司・下人まで別に―・ち(用)あてさせ給ひて」[訳](故女院詮子が姫君のために)女房・侍・家司(＝家政を司る職の者)・下男まで別個に分けてお付けになられて。

あか-つき
【暁】(名)[「あかとき」の転。上代は「あかとき」、中古以降は「あかつき」]**夜明**

け前。未明。「あけぼの」より早い時刻をいう。徒然 六〇「わが食ひたき時、夜中にも—にも食ひて」訳 自分が食べたいときは、夜中にでも未明にでも食べて。

図解学習 「あかつき」と「あけぼの」
上代にも、「あさ」に始まり「ゆふ」に終わる「ひる」の生活があるが、一方に、作品によく描かれる「ゆふべ」に始まり「あした」に終わる「よる」の生活があった。男はまだ夜の明けきらぬ「あかとき(中古以降「あかつき」)」のうちに女の家を出る。夜がほのぼのと明ける「あけぼの」になると人目につくからである。中古に下ると、別れのときの「あけぼの」をさらに微細に表現するようになり、「あかつき」に近いころを「しののめ」、「あした」に近いころを「あさぼらけ」といったと推定される。

ゆふべ	よひ	よなか	あかつき	(しののめ)あけぼの(あさぼらけ)	あした
夕方	夜		(未明)	明け方	朝

あか-つき【閼伽坏】(名)仏前に供える水を入れる碗とその皿。多くは銅製。中に花や紅葉などを散らして入れる。源氏 鈴虫「花奉るとて、鳴らす—の音、水のけはひなど聞こゆる、さまかはりたる営みに」訳 (尼たちが仏に)花を差し上げるというので、(からからと)鳴らす閼伽坏の音や水をさす音などの聞こえる、(俗人とは)ようすの違った営みに。

あかつき-おき【暁起き】(名)夜明け前に起きること。特に、夜明け前に起きて勤行(ごんぎょう)すること。平家 灌頂・大原御幸「—の袖の上、山路の露もしげくして」訳 夜明け前の早起き(をして山道に分け入る女院)の袖の上には、山道の露もしっとりかかって。

あかつき-がた【暁方】(名)夜明け前のまだ暗いころ。未明。源氏 東屋「物語などし給ひて、—になりてぞ寝給ふ」訳 (中の君と浮舟の二人は)お話などしなさって、夜明け近いころになっておやすみになる。

あかつき-づくよ【暁月夜】(名)〔上代は「あかときづくよ」〕月の残っている夜明け方の空のようす。また、その月。土佐「—いともおもしろければ、舟を出だして漕ぎ行く」訳 夜明け方の月がほんとうに趣深いので、舟を出して漕いで行く。

あか-で【飽かで】もの足りなく。満足しないで。不満で。古今 離別「むすぶ手のしづくに濁る山の井の—も人に別れぬるかな」訳 →むすぶての…和歌
なりたち 四段動詞「飽く」の未然形「あか」＋打消の接続助詞「で」

あか-とき【暁】(名)《上代語》〔「明時(あかとき)」の意。中古以降は「あかつき」〕「あかつき(暁)」に同じ。万葉 六・一〇〇〇「沖つ渚に鳴くなる鶴(たづ)の—の声」訳 沖の州で鳴くのが聞こえる鶴の未明の声。⇩暁(あかつき)「図解学習」

あかとき-くたち【暁降ち】(名)「あかときぐたち」とも。夜が更けきって暁近くなるころ。万葉 一〇・二二六九「今夜(こよひ)の—鳴く鶴(たづ)の思ひは過ぎず恋こそまされ」訳 今夜の暁近くなるころ鳴く鶴(つる)のように、私の思いは消え去らず、恋しさはつのるばかりだ。(第三句までは、比喩による序詞)

あかとき-づくよ【暁月夜】(名)「あかつきづくよ」に同じ。万葉 一〇・二三〇六「時雨(しぐれ)降る—紐(ひも)解かず恋ふらむ君と居(を)らましものを」訳 時雨が降る、月の残る夜明け方に、下紐も解かないで(私を)恋しく思っているというあなたと(いっしょに)いられたらよかったのに。

あかとき-つゆ【暁露】(名)〔のち「あかつきつゆ」〕明け方の露。夜中過ぎにおく露。万葉 二・一〇五「わが背子(せこ)を大和(やまと)へやるとさ夜ふけて—にあが立ち濡(ぬ)れし」訳 →わがせこを…和歌

あか-なく-に【飽かなくに】❶まだ名残惜しいのに。古今 雑上「—まだきも月のかくるるか山の端(は)にげて入れずもあらなむ」訳 →あかなくに…和歌
❷まだ飽き足りないことだなあ。万葉 九・一七二二「苦しくも暮れ行く日かも吉野川清き川原(かはら)を見れど—」訳 あいにくにも暮れて行く日よ。吉野川の清らかな川原をいくら見ても見飽きないことだなあ。
なりたち 四段動詞「飽く」の未然形「あか」＋打消の助動詞「ず」のク語法「なく」＋助詞「に」。→なくに
参考 ふつう①のように逆接の意で下に続くが、②のように文末にきた場合には、強い詠嘆や感動の意を含む。

あかなくに… 和歌

> あかなくに　まだきも月(つき)の　かくるるか
> 山(やま)の端(は)にげて　入(い)れずもあらなむ
> 〈古今・一七・雑上・八八四・在原業平(ありはらのなりひら)〉〈伊勢・八二〉

訳 まだ(眺め)飽きないのに、もう月が隠れるのか。山の端よ、逃げて(月を)入れないでほしい。文法 「なむ」は、他に対する願望の終助詞。
解説 宴席なかばにして退席しようとする惟喬(これたか)親王を、折から西の山に沈もうとしていた月にたとえたもの。

あがな-ふ【贖ふ】(アガナウ)(他ハ四)〔は・ひ・ふ・ふ・へ・へ〕「あがふ」に同じ。

あか-ぬ【飽かぬ】満足しない。源氏 葵「うちそばみて恥ぢらひ給へる御さま—所なし」訳 ちょっと横を向いて恥ずかしがっていらっしゃる(紫の上の)ごようすは満ち足りないところがない(=申し分ない)。
なりたち 四段動詞「飽く」の未然形「あか」＋打消の助動詞「ず」の連体形「ぬ」

あか-ぬ-わかれ【飽かぬ別れ】飽き足りない別れ。名残つきない別れ。新古 恋三「待つ宵にふけゆく鐘の声聞けば—の鳥はものかは」訳 (来るはずの恋人を)待つ宵に(待つ人は来ないまま)夜更けを告げる鐘の音を聞くと、(そのつらさに比べれば)名残つきない別れ(の夜明け)を知らせる鶏の声(を聞いたときのつらさ)はものの数ではないことだ。文法 「かは」は、反語の係助詞。
なりたち 四段動詞「飽く」の未然形「あか」＋打消の助動詞「ず」の連体形「ぬ」＋名詞「別れ」

慣用表現 「別れ」を表す表現
《男女の別れ》飽かぬ別れ・袖の別れ
《死別》限りある別れ・避(さ)らぬ別れ・終(つひ)の別れ

あかね【茜】(名)つる草の名。初秋に白色の花が咲く。

根から赤色の染料をとる。また、それで染めた、やや くすんだ赤色。秋。⇩巻頭カラーページ10

（あかね）

あかねさす【茜さす】《枕詞》あかね色に美しく輝く意から「日」「紫」「昼」「照る」「月」「君」などにかかる。一説に、実景とも。万葉 二・一六九「―日は照らせれど」。万葉 一・二〇「―紫野行き標野行き」。万葉 一六・三八五七「―昼は田賜びて」。万葉 二〇・四四五五「―君が心し」

あかねさす… 和歌

枕詞
あかねさす 紫野行き 標野行き 野守は見ずや 君が袖振る
〈万葉・一・二〇・額田王〉

訳 紫草を栽培している御料地の野をあちらこちらに行き来して、(そんなことをなさったら)野の見張り番が見ではありませんか。あなたが袖をお振りになっているのを。

修辞 「あかねさす」は「紫」にかかる枕詞。

解説 「標野」は、一般の人の入れない皇室の領有地のこと。「行き」の主語を「野守」とする説、「見ずや」の「や」を、反語ではなく疑問の意にとる説がある。「袖振る」は、愛情を示す行為。天智天皇が蒲生野で薬草狩りをしたときの宴会で詠まれた歌。天皇の弟で作者の前の夫であった大海人皇子(=後の天武天皇)が唱和している。→むらさきの(にほへる妹を)… 和歌

あがひ【贖ひ】(名)〔古くは「あかひ」〕金品を出して罪をつぐなうこと。つぐない。賠償。宇治 二・一「酒、くだものなど取り出ださせて、―せん」訳 (あだ名で呼んだ者には)酒やつまみなどを取り出させて、つぐないをしよう。

赤人(あかひと)『人名』→山部赤人

あが・ふ【贖ふ】(他ハ四)〔は・ひ・ふ・ふ・へ・へ〕〔古くは「あかふ」。「あがなふ」の古形〕❶金品を出して罪をつぐなう。万葉 一七・四〇三一「中臣の太祝詞言ひはらへ―・ふ(体)命も誰がために汝」訳 中臣の太祝詞を言って祓えをし、酒をささげて罪を免れようとする命も、誰のためであろうか、みなあなたのためなのだ。❷買い求める。買い取る。霊異記「人に勧めて―・ひ(用)て放てり」訳 (禅師弘済は亀を)人に頼んで買い取って放してやった。

あか・ぼし【明星】(名)〔上代は「あかほし」〕明け方、東の空に見える金星。明けの明星。山家集「めづらしな朝倉山の雲居より慕ひ出でたる―の影」訳 珍しいことだなあ。朝倉山の雲の間から(神楽歌の)「明星」の曲に誘われるように)ひかれて出て来た明けの明星の光よ。↔長庚

あかぼしの【明星の】《枕詞》明星が明け方に出ることから「明く」に、また同音の「飽く」にかかる。万葉 五・九〇四「―明くる朝は」。〔古今和歌六帖〕「―飽かぬ心に」

あが・ほとけ【吾が仏】(名)(自分の信仰する仏の意から)自分が大事に思う人に呼びかける語。私の大切なお方よ。竹取 かぐや姫の昇天「―、何事思ひ給ふぞ」訳 私(=竹取の翁)の大切なお方(=かぐや姫)よ、何事をお思い悩みになっているのか。

あか・ほん【赤本】(名)江戸時代の草双紙の一種。延宝(一六七三―一六八一)ごろから享保(一七一六―一七三六)ごろにかけて流行した、表紙の赤い子供向けの絵本。「桃太郎」「鼠の嫁入り」などのおとぎ話などを題材とした。赤表紙。→草双紙

あか・む【赤む】❶(自マ四)〔ま・み・む・む・め・め〕赤くなる。赤みを帯びる。〔落窪〕「面も―・み(用)て、げに苦しげなるまで、御目も泣きはれ給へり」訳 (姫君は)顔は赤みを帯びて、実に苦しそうに見えるくらい、御目も泣きはらしていらっしゃる。❷(他マ下二)〔め・め・む・むる・むれ・めよ〕赤くする。赤らめる。源氏 手習「面―・め(用)給へるも、いと愛敬づきうつくしげなり」訳 (浮舟が)顔を赤らめなさっているのも、とても魅力的でかわいらしいようすである。

あが・む【崇む】(他マ下二)〔め・め・む・むる・むれ・めよ〕❶尊敬する。崇拝する。平家 七・願書「いかなる神を―・め(用)奉るぞ」訳 どのような神を敬い申しあげているのか。❷大切にする。寵愛する。源氏 若菜上「昨日まで高き親の家に―・め(未)られかしづかれし人の女の」訳 昨日まで身分の高い親の家でかわいがられ大切に養い育てられていた娘が。

あか・もがさ【赤疱瘡】(名)はしか(=病名)。〔栄花〕みねの月「今年は―といふもの出で来て、上中下分かず病みののしるに」訳 今年ははしかというものが発生して、身分の上中下の区別なく感染し大騒ぎするが。

あから・さま (形動ナリ)〔なら・なり(に)・なり・なる・なれ・なれ〕

語義パネル

●重点義 **満足できないうちに散り散りになるさま。あっけない感じ。**

近世以降、「山蟻のあからさまなり白牡丹」〈新花摘・蕪村〉のように、「あらわ、あきらか」の意に用いるが、本来は動詞「あかる」(ラ下二)の派生語。

❶急に。たちまち。
❷**ちょっと。かりに。ほんのしばらく。**
❸(「あからさまにも…ず」の形で)かりにもまったく…(しない)。

❶急に。たちまち。〔紀〕雄略「逐はれたる嗔猪、草中より―・に(用)出でて人を逐ふ」訳 追われてたけり立った猪が、草の中から急にとび出してきて人を追う。

❷**ちょっと。かりに。ほんのしばらく。** 枕 一五一「―・に(用)いだきて遊ばしうつくしむほどに」訳 (かわいらしい赤ん坊を)ほんのちょっと抱いて遊ばせかわいがるうちに。方丈 四「この所に住み始めし時は、あからさま(語幹)と思ひしかども」訳 この場所(=日野)に住み始めたときは、ほんのしばらくと思ったが。

❸(「あからさまにも…ず」の形で)かりにもまったく…(しない)。平家 七・経正都落「あひいたはることの候はん外は、―・に(用)も御前を立ちさることも候はざりしに」訳 病気にかかることがありますようなほかは、ほんの少しも御前を立ち去ることもありませんでしたのに。文法「候はん」の

「ん」は、仮定・婉曲の助動詞。

類語パネル	
●共通義	一時的であるさま。
あからさま	時間的に短くあっけないさま。突然であるさま。
かりそめ	本格的ではなく、仮・暫定的であるさま。軽々しいさまにも用いられる。

あからひく【赤らひく】《枕詞》赤みを帯びるという意味から「日」「朝」「肌」にかかる。一説に、実景とも。〔万葉〕四・六二九「―日も暮るるまで」。〔万葉〕一一・二三九九「―膚も触れずて」

あから・む【赤らむ】(自マ四)〔ま・み・む・む・め・め〕赤くなる。赤く色づく。〔笈の小文〕「上野とおぼしき所は、麦の穂浪あからみあひて」〔訳〕上野と思われる所は、波のようにゆれ動く麦の穂がみんな赤く色づいて。

あから-め【あから目】(名・自サ変)❶わき見をすること。わき目。よそ見。〔徒然〕一三七「花の本には、ねぢ寄り立ち寄り、―もせずまもりて」〔訳〕花のもとには、にじり寄って近寄り、わき目もふらずに見つめて。
❷(他に目を転ずる意から)男女が他の異性に心を移すこと。浮気。〔大和〕一五七「もとのごとく、―もせで添ひ居にける」〔訳〕(女をいったん捨てて去った男が、今ではもとのように、浮気もしないで夫婦として暮らしていた。
❸急に姿が見えなくなること。雲隠れ。〔栄花〕花山たづぬる中納言「わが宝の君は、いづくに―・せ(未)させ給へるぞや」〔訳〕私の大切なご主君は、どこに姿をお隠しなされたのだろうか。〔文法〕「させ給へ」は、最高敬語。

あかり【明かり】(名)〔四段動詞「明かる」の連用形から〕❶明るさ。光。〔新撰六帖〕「影暗き槙の繁山つれづれといつを月日の―とも見ず」〔訳〕光も(届かず)暗い(この)檜などの茂った山中はしみじみともの寂しく、いつが月、いつが日の光とも見分けがつかない。
❷ともしび。灯火。〔浮世風呂〕「―をつけやあがれ(＝つけやがれ)と言ひながら」
❸潔白であることの証明。証拠。

あがり【上がり・揚がり・騰がり】(名)❶(音・地位・値段などが)高くなること。〔徒然〕二二〇「寒暑に随ひて―・下がりあるべき故に」〔訳〕(鐘の音は)寒暖によって高くなることや低くなることがあるはずであるから。
❷しあがり。また、できばえ。〔浮世風呂〕「鼠色縮緬だっけが伊予染に黒裏さ。とんだ能い―だった」〔訳〕(さっきの人の着物は)鼠色縮緬だったが、伊予染で裏地は黒だよ。とてもいい(染色の)できばえだった。
❸収入。収益。〔浮・西鶴織留〕「西国米大分買ひ込み、―請けたらば」〔訳〕九州地方の米をたくさん買い入れ、(その)収益を得たならば。

あがり-うま【上がり馬・騰がり馬】(名)前足をはね上げて後ろ足で立つくせのある馬。はね馬。〔梁塵秘抄〕「姿婆にゆゆしく憎きもの、法師のあせる―に乗りて」〔訳〕この世で忌まわしく不快であるものは、法師がいらだつはね馬に乗って(いる場合)。

あかり-さうじ【明かり障子】(名)「あかりしゃうじ」とも。室内に外光を取り入れられるように紙を一重に張った障子。今の、障子。〔徒然〕一八四「すすけたる―の破ればかりを、禅尼手づから、小刀して切り回しつつ張られければ」〔訳〕すすけた障子の破れた所だけを、禅尼が自身の手で、小刀であちこち切ってはお張りになったので。

あがり-さわ・ぐ【上がり騒ぐ】(自ガ四)〔が・ぎ・ぐ・ぐ・げ・げ〕馬などがはねてあばれる。〔枕〕三「馬の―・ぐ(体)などもいとおそろしう見ゆれば」〔訳〕馬がはねてあばれるのなどもたいそう恐ろしく思われるので。

あかり-しゃうじ【明かり障子】(名)「あかりさうじ」に同じ。

あがり-たる-よ【上がりたる世】遠い昔。大昔。「あがりてのよ」とも。〔源氏〕若菜下「時ならぬ霜雪を降らせ、雲雷を騒がしたるためし、―にはありけり」〔訳〕(すばらしい琴の音によって)季節はずれの霜や雪を降らせ、雲や雷を騒がせた前例は、大昔にはあったそうだ。⇩古
「慣用表現」

あがり-て-の-よ【上がりての世】「あがりたるよ」に同じ。〔大鏡〕道長上「またあらじ、―に、かく大臣・公卿七、八人、二、三月の中にかき払ひ給ふこと」〔訳〕また、大昔にも、このように大臣や公卿が七、八人も、二、三か月の間に一度にお亡くなりになることは。

あか・る【赤る】(自ラ四)〔ら・り・る・る・れ・れ〕赤くなる。熟して赤くなる。〔万葉〕一九・四二六六「―・る(体)橘髻華にさし」〔訳〕(官人たちが)赤く色づく橘を、冠の飾りとして挿し。

あか・る【明かる】(自ラ四)〔ら・り・る・る・れ・れ〕明るくなる。〔枕〕一「やうやうしろくなりゆく、山ぎは少し―・り(用)て」〔訳〕だんだんと白くなっていく、山に接するあたりの空が少し明るくなって。⇩枕草子の「名文解説」
〔参考〕「明かる」と「赤る」は同源。「明かる」は光についていうのに対して、「赤る」は色についていう。右の用例も「赤りて(＝赤みを帯びて)」とも解釈できる。

あか・る【別る・散る】(自ラ下二)〔れ・れ・る・るる・るれ・れよ〕(その場所を)離れる。退出する。別れる。別々になる。〔源氏〕空蟬「うちそよめく心地して人々―・るる(体)けはひなどすなり」〔訳〕そよそよと(衣ずれの)音がする気がして人々が散り散りになる気配などもするようだ。〔文法〕「なり」は、音から推測する推定の助動詞。

〔図解学習〕「あかる」と「わかる」
「あかる」は「つどふ」に対する語で、一つに集まった場所から別々に離れていく意が原義。「わかる」は「あふ」に対する語で、一つのものが別々になる意が原義。なお、「たらちねの母を別れて」〈〔万葉〕二〇・四三四八〉のように、「…を別る」ともいう点が現代語と異なる。

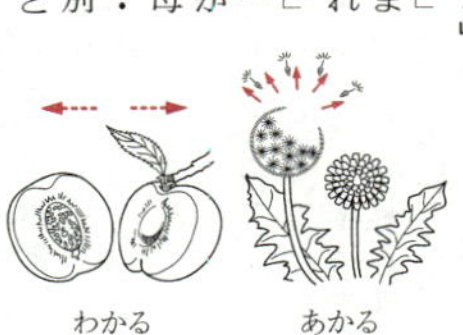

あが・る【上がる・揚がる・騰がる】㊀(自ラ四) ㊁(他ラ四)

語義パネル

●**重点義　上のほうへ移動する。**

一 ❶上に移る。高くなる。
❷**官位が進む。**
❸学問・技芸などが上達する。腕が上がる。
❹**時代がさかのぼる。**昔になる。
❺(馬が)はねる。あばれる。
❻のぼせる。
❼宮中・殿中などに参上する。まいる。
❽完成する。終わる。止む。
二「飲む」「食ふ」の尊敬語。召し上がる。

一(自ラ四){ら・り・る・る・れ・れ}❶上に移る。高くなる。〔万葉〕一九・四二九二「うらうらに照れる春日にひばり―・り(用)心悲しもひとりし思へば」〔訳〕→うらうらに…〔和歌〕

❷**官位が進む。**〔平家〕一・鹿谷「位正二位、官大納言に―・り(用)、大国あまた給はって」〔訳〕(藤原成親は)位階は正二位、官職は大納言に進み、大国をたくさんいただいて。

❸学問・技芸などが上達する。腕が上がる。〔風姿花伝〕「―・る(体)は三十四五までのころ、下がるは四十以来なり」〔訳〕(能が)上達するのは三十四、五歳までのころで、退歩するのは四十歳以降である。

❹**時代がさかのぼる。**昔になる。〔大鏡〕道長上「―・り(用)ても、かばかりの秀歌え候はじ」〔訳〕時代がさかのぼっても、これほどの優れた歌はあり得ないでしょう。〔文法〕「え候はじ」の「え」は副詞で、下に打消の語(ここでは「じ」)を伴って不可能の意を表す。

❺(馬が)はねる。あばれる。〔著聞〕五二五「臆して手綱を強くひかへたりけるに、やがて―・り(用)て投げけるに」〔訳〕おじけづいて手綱を強く引っぱったところ、たちまち(馬は)はねて(乗り手を)投げ出したので。

❻のぼせる。〔徒然〕四二「気の―・る(体)病ありて、年のやうやう闌くるほどに、鼻の中ふたがりて」〔訳〕(行雅僧都は)血の気ののぼせる持病があって、年がしだいに盛りを過ぎるにつれて、鼻の中がふさがって。

❼宮中・殿中などに参上する。まいる。
❽完成する。終わる。止む。

二(他ラ四){ら・り・る・る・れ・れ}「飲む」「食ふ」の尊敬語。召し上がる。

図解学習　「あがる」と「のぼる」

上のほうへの移動を意味する点では同じであるが、結果として上にあるという状態に重点があるのが「あがる」、上に到達するという経過に重点があるのが「のぼる」の原義である。「あがる」に対する語は「さがる」、「のぼる」に対する語は「くだる」である。

のぼる　あがる

あかれ【別れ・散れ】(名)❶散会すること。別れ別れになること。また、退出すること。〔源氏〕花宴「弘徽殿の御―ならむと見給へつる」〔訳〕(北の陣から出た車は)弘徽殿からの御退出であろうと存じました。
❷分散した、それぞれの集団。所属する分。系統。〔源氏〕若菜下「上の御方の五つ、女御殿の五つ、明石の御―の三つ」〔訳〕(お供の者の乗る車は)紫の上の御方が五台、女御殿(=明石の姫君)のが五台、明石の御方の御(一行の)分が三台。

あかれあかれ-に【別れ別れに】(副)散り散りに。別々に。〔大鏡〕為光「男君たちの御母、みな―おはしましき」〔訳〕(七人の)男君たちのお母上は、すべて別々でいらっしゃった。

あか-をどし【赤縅】(名)鎧の縅の一種。黒みがかった赤色の細い革や糸で鎧の札をつづり合わせたもの。〔平家〕四・宮御最期「萌黄・緋縅・―、いろいろの鎧の浮きぬ沈みぬ揺られけるは」〔訳〕薄緑や朱色の縅や赤の縅(など)、さまざまの(色の)鎧が(宇治川の中で)浮いたり沈んだりして揺られていたのは。

あき【秋】(名)四季の一つ。陰暦七月から九月までの季節。〔古今〕秋上「―来ぬと目にはさやかに見えねども風の音にぞおどろかれぬる」〔訳〕→あききぬと…〔和歌〕
〔参考〕和歌では「飽き」にかけて用いることが多い。

安芸(あき)『地名』旧国名。山陽道八か国の一つ。今の広島県西半部。芸州。

あぎ【腭】(名)「あぎと①」に同じ。

あきうど【商人】(名)(「あきびと」の転)商人。

あき-かけ-て【秋掛けて】秋を待ち受けて。秋になったら。〔伊勢〕九六「―言ひしながらもあらなくに木の葉降りしくえにこそありけれ」〔訳〕秋になったら(逢おうと言ったのに)そのとおりにならず(終わったのは)、木の葉が一面に降って浅くなる江のように、浅い縁だったのだなあ。(「えに」は「江に」と「縁」との掛詞)

あき-かぜ【秋風】(名)秋に吹く風。和歌では、「飽き」にかけて男女の愛情のさめるのにたとえる。〔秋〕。〔新古〕恋四「忘れじの言の葉いかになりにけん頼めし暮れは―ぞ吹く」〔訳〕忘れまいと(言ったあの人)のことばはどうなってしまったのだろう。(約束してあてにさせた夕暮れには、(あの人が私に飽きたことを暗示する)秋風が吹くことだ。

あきかぜに…〔和歌〕

> **秋風に　しばしとまらぬ　露の世を**
> **誰か草葉の　うへとのみ見む**
> 〈源氏・御法〉

〔訳〕秋風に吹かれて少しの間もとどまっていない露のような無常なこの世を、誰が草葉の上のことだけと見るでしょうか(無常なのは誰の身にとっても同じなのです)。
〔解説〕病床の紫の上の見舞いに訪れた、明石の中宮の歌。紫の上の「おくと見る程ぞはかなきともすれば風に乱るる萩の上露」(〔訳〕→おくとみる…〔和歌〕)〈源氏・御法〉、光源氏の「ややもせば消えを争ふ露の世におくれ先だつ程へずもがな」(〔訳〕→ややもせば…〔和歌〕)〈源氏・御法〉に唱和して詠まれた。

あきかぜに… 和歌《百人一首》

> 秋風に たなびく雲の たえまより もれいづる月の 影のさやけさ 〈新古今・四・秋上・四一三・藤原顕輔〉

訳 秋風に吹かれてたなびいている雲の切れ間から、もれてくる月の光の澄みきった明るさよ。修辞 体言止め。

あきかぜに… 和歌

> 秋風に 初かりがねぞ 聞こゆなる たが玉づさを かけて来つらむ 〈古今・四・秋上・二〇七・紀友則〉

訳 秋風の中に、初雁の声が聞こえるようだ。誰の手紙を携えて、(雁は)飛んで来たのだろう。文法「なる」は推定の助動詞「なり」の連体形で、係助詞「ぞ」の結び。
解説 昔、中国で漢の蘇武が胡国(=匈奴の国)にとらわれの身となっていたとき、雁の足に手紙をつけて故国に伝えたという故事をふまえている。

あきかぜや… 俳句

> 秋
> 秋風や むしりたがりし 赤い花 〈おらが春・一茶〉

訳 秋風に(死んだ娘の墓前の)赤い花が揺れている。(生前、好きで)よくむしりたがったその赤い花が。(秋風 秋。切れ字は「や」)
解説「さと女三十五日墓」と前書き。長女さとは疱瘡のため、一歳余りのかわいい盛りで死んだ。

あきかぜや… 俳句

> 秋
> 秋風や 藪も畠も 不破の関 〈野ざらし紀行・芭蕉〉

訳 ああ秋風が吹きめぐる。あの藪もこの畑も何も語りはしないが、ここがあの(古歌にも詠まれ、かつて旅人でにぎわった)不破の関の跡なのだ。(秋風 秋。切れ字は「や」)
解説 不破の関は古代三関の一つで、今の岐阜県不破郡関ケ原町にあった歌枕。奈良時代末期(七八九年)に廃止されたが、その荒廃のあわれが詠み継がれた。

あき-がた【飽き方・厭き方】(名)いや気がさしてくる時分。飽きぎみ。伊勢 一二三「深草に住みける女を、やうやう—にや思ひけむ」訳 深草(=地名)に住んでいた女を、しだいに飽きぎみに思ったのだろうか。

あききぬと… 和歌

> 秋来ぬと 目にはさやかに 見えねども 風の音にぞ おどろかれぬる 〈古今・四・秋上・一六九・藤原敏行〉

訳 秋がやって来たと、目にははっきり見えないけれども、風の音で(秋が来たなと)自然にはっと気づいてしまったことだよ。文法「おどろかれ」の「れ」は、自発の助動詞「る」の連用形。「ぬる」は、完了の助動詞「ぬ」の連体形で、係助詞「ぞ」の結び。
解説 立秋の日に詠んだ歌。「目には」と視覚をとりあげ、ついで「風の音にぞ」と聴覚での印象をとりあげて、その二つを対比させる。目に見えないものによって季節の到来を知るという、繊細な感覚が示されている。

あきぎりの【秋霧の】《枕詞》秋霧が立つ意から「立つ」「立田山」などに、また、霧の状態から「晴る」「おぼつかなし」などにかかる。〔躬恒集〕「—立つたびごとに」。古今 恋二「—晴るる時なき心には」

あきくさの【秋草の】《枕詞》草を結んで幸運・繁栄を祈ったことから、「結ぶ」にかかる。万葉 八・一六一二「—結びし紐を解かば悲しも」

あき-さ【秋沙】(名)「あいさ」とも。水鳥の名。鴨の一種。十一月ごろ日本に渡って来る。万葉 七・一一二二「山のまに渡る—のゆきて居むその川の瀬に波立つなゆめ」訳 山の間に飛び渡るあきさ鴨が行って降り立つであろうその川の瀬に、波よ立つな、決して。

あきさり-ごろも【秋さり衣】(名)秋になって着る衣服。万葉 一〇・二〇三四「棚機の五百機立てて織る布の—誰か取り見む」訳 織機の数多くを設けて織る布でできた秋の衣をだれが手に取って見るのだろうか。

あき-さ・る【秋さる】(自ラ四)〔ら・り・る・る・れ・れ〕〔「さる」はその時が来るの意〕秋になる。秋が来る。万葉 三・四六四「—・ら未ば見つつ偲へと妹が植ゑし屋前の石竹花咲きにけるかも」訳 秋になったら(花を)見ては(私を)恋いなつかしんでくださいと(今は亡き)妻が植えた、庭のなでしこが咲いたことだなあ。

あきすずし… 俳句

> 秋
> 秋涼し 手毎にむけや 瓜茄子 〈おくのほそ道・金沢・芭蕉〉

訳 さわやかな初秋の涼しさよ。さあみんなでそれぞれに、瓜や茄子の皮をむいていただこうではないか(草庵の主の素朴な厚意に感謝をこめて)。(秋涼し 秋。切れ字は「し」と「や」。「し」は形容詞の終止形活用語尾)
解説 金沢の俳人斎藤一泉の松玄庵に招かれた際の即興(挨拶)の句。

あき-た【秋田】(名)稲の実った田。万葉 八・一五五六「—刈る仮廬もいまだ壊たねば雁が音寒し霜も置きぬがに」訳 稲の実った田を刈るための仮小屋もまだ取り壊さないのに、(早くも)雁の鳴く声が寒く聞こえる。霜さえも置いたかのように。

あき-た・く【秋闌く】秋がふける。秋が深まる。〔金槐集〕「—・け用て夜ふかき月の影見れば荒れたる宿に衣うつなり」訳 秋が深まって真夜中の月の光を見ていると、荒れ果てた家で衣を打つ音が聞こえる。

あき-た・し【飽きたし】(形ク)〔(から)・く(かり)・し・き(かる)・けれ・かれ〕〔「飽き甚し」の転。「甚し」は程度がはなはだしい意〕飽き飽きしているさま。ひどくいやである。うんざりだ。源氏 帚木「さしあたりて見むにはわづらはしく、よくせずは—・き体こともありなむや」訳 (指食いの女も)当面(妻として)世話をするとしたらその時にはやっかいで、悪くするとひどくいやなこともきっとあるだろうなあ。文法「見むには」の「む」は、仮定・婉曲の助動詞。「ありなむ」の「な」は、助動詞「ぬ」の未然形で、ここは確述の用法。

あき-た・つ【秋立つ】秋になる。立秋になる。万葉 一・三八「春へには花かざし持ち—て㊁ば黄葉かざせり」訳（吉野の宮の周囲の山々は）春のころには花を頂にかざり、秋になると黄葉を頂にかざっている。

あき-だ・る【飽き足る】（自ラ四）〔ら・り・る・る・れ・れ〕十分に満足する。万葉 五・八三六「梅の花手折り挿頭して遊べども—ら㊅ぬ日は今日にしありけり」訳 梅の花を手で折って髪に挿して遊んでも、十分に満足しない日は今日（のこの宴会）であった。

参考 多く、打消や反語の語を伴って用いられる。

あき-づ【蜻蛉・秋津】（名）〔中古以降は「あきつ」〕とんぼの古名。秋。〔記〕下「—来て、そのあむをくひて飛びき」訳 とんぼがやって来て、その虻をくわえて飛んだ。

あき-つ-かみ【現つ神】（名）（現世に姿を現している神の意から）天皇の尊称。現人神。「あきつみかみ」とも。万葉 六・一〇五〇「—わが大君の天の下八島のうちに国はしも多くあれども」訳 現人神であるわが天皇の（治める）天の下の八島（＝日本）の中に、国はたくさんあるが。⇩御門「慣用表現」

あき-づ・く【秋づく】（自カ四）〔か・き・く・く・け・け〕秋らしくなる。秋めく。秋。万葉 一〇・二一六〇「庭草にむら雨降りて蟋蟀の鳴く声聞けば—き㊊にけり」訳 庭草ににわか雨が降ってこおろぎの鳴く声を聞くと、秋めいてきたことだ。

あきづ-しま【秋津島・秋津洲・蜻蛉洲】（名）〔中古以降は「あきつしま」〕「大和の国」「日本国」の異称。〔記〕下「そらみつ（＝枕詞）倭の国を—とふ（＝という）」⇩大八州「慣用表現」

あきづしま【秋津島・秋津洲・蜻蛉洲】《枕詞》「やまと」にかかる。万葉 一・二「—大和の国は」

あきづ-ひれ【蜻蛉領巾】（名）とんぼの羽のように薄く透き通った美しく細長い布。上代、女性が首にかけて飾りとした。万葉 一三・三三一四「我が持てる真澄鏡に—負ひ並め持ちて馬買へ我が背」訳 私が持っているきれいに澄んだ鏡に、とんぼの羽のように薄く美しい領巾をいっしょに背負い持って行って、（それを代金として）馬を買いなさい、あなた。

あき-つ-みかみ【現つ御神】（名）「あきつかみ」に同じ。

あぎ-と（名）❶【腭門・腭・腮】あご。おとがい。「あぎ」とも。〔太平記〕二九「落つれば首を搔き切って、—を喉へ貫き」訳（敵が馬から）落ちると首をかき切って、（刀を）あごから喉へ突き通し。❷【鰓】魚のえら。宇治 一三・八「草刈り鎌といふものをもちて、—をかき切りて」訳（魚が大きくてうちとれないので）草刈り鎌というものをもって、えらをかき切って。

あきととせ…【俳句】

> 秋
> 秋十とせ　却って江戸を　指す故郷
> 〈野ざらし紀行・芭蕉〉

訳（江戸をたって故郷のほうに旅立つのであるが思えば江戸に住んで十年の秋を重ねたことだ。今では私の心にはかえって（住みなれて、また心の許せる門人たちがいる）江戸が故郷を指すように思えることだ。（秋 秋）

解説 送別の門人たちへの挨拶の句。中唐の詩人、賈島の「桑乾を渡る」の詩の一節「却って幷州を望めば是故郷」をふまえている。

あきなひ【商ひ】（名）商売。売買。竹取 火鼠の皮衣「世にあるものならば、この国にも持てまうで来なまし。いと難き—なり」訳（火鼠の皮衣が）世の中にあるものならば、この国（＝唐）にも（天竺の人たちが）持って参ったでしょうに。（これは）たいへん難しい交易である。

あきなひ-ぐち【商ひ口】（名）《近世語》商品を売るときの巧みな口上。〔浄・艶狩剣本地〕「効能を—にぞ陳べにける」訳 効能を巧みな口上で述べた。

あきな・ふ【商ふ】（他ハ四）〔は・ひ・ふ・ふ・へ・へ〕商売する。今昔 二九・三六「年ごろ役と—ひ㊊ければ、大きに富みて」訳 長年の間もっぱら（水銀を）売り買いしたので、たいそう富んで。

秋成《人名》→上田秋成

阿騎野《地名》「安騎野」「吾城野」「阿紀野」とも書く。今の奈良県宇陀市西部、大宇陀付近の野。上代の狩猟地。

あき-の-くる-かた【秋の来る方】「右衛門府」の別名。大内裏の西の方角にあり、中国の五行説で秋を西に配するところからいう。古今 雑体「近きまもりの身なりしを誰かは—にあざむき出でて」訳（私は）近衛府の役人の身であったが、だれかが右衛門府に導き転出させて。

あき-の-こころ【秋の心】❶「愁」の字を上下に分けたことば。秋に感じるもの寂しい情感。秋の気分。〔拾玉集〕「旅の空に月見る夜半の思ひこそ—のかぎりなりけれ」訳 旅先の空に月を眺める夜ふけの気持ちは、秋の情感の極致であるなあ。❷秋を擬人化して、その秋の心。〔後撰〕秋中「吹く風に深きたのみのむなしくは—を浅しと思はむ」訳 吹きわたる秋風によって、深くみのった田の実（＝稲）ならぬ深い頼み（＝期待）がむなしくなるならば、（その時は）秋の心を浅いものであると思うことにしよう。（「たのみ」は「田の実」と「頼み」との掛詞。「秋の心」の「秋」に「飽き」をひびかせ、薄情な相手をたとえる）

あきのたの…【和歌】《百人一首》

> 秋の田の　かりほの庵の　とまをあらみ
> わがころもでは　露にぬれつつ
> 〈後撰・六・秋中・三〇二・天智天皇〉

訳 秋の田のほとりにつくった仮小屋の屋根にふいた草の編み目があらいので、（田の番をしている）私の袖は、（幾度払っても）しきりに夜露に濡れることだ。文法「とまをあらみ」の「み」は、原因・理由を表す接尾語。「…を…み」の形で、「…が…ので」の意。「つつ」は、反復・継続を表す接続助詞で、和歌の第五句末では余情をこめて用いる。

解説 この歌の原歌は、「秋田刈る仮庵を作りあが居れば衣手寒く露そ置きにける」〈万葉・一〇・二一七四・作者未詳〉。これが伝承されているうちに天智天皇の作とされ、本文にも変化が生じたもの。天皇が農民の立場になり、その辛苦を思いやって詠んだ歌と解されていた。

あきのたの… 和歌

> 秋の田の　穂の上に霧らふ　朝霞　いつへの方に　あが恋やまむ
> 〈万葉・二・八八・磐姫皇后〉

訳 秋の田の稲穂の上に立ちこめている朝霧のように、私の恋心はいつになったら消えるのだろう。文法「霧らふ」は四段動詞「霧る」の未然形「きら」に上代の反復・継続の助動詞「ふ」が付いたもの。解説 仁徳天皇を慕って詠んだ四首の中の一つ。いずれの歌もままならない恋の思いを述べている。上代には、「霧」と「霞」は厳密な区別がなかった。

あき-の-たもと【秋の袂】物思いにふける秋の、涙で濡れている衣の袖。新古 恋四「物思はでただおほかたの露に濡るれば濡るる―を」訳 なんの物思いもなくて、ただふつうの露によってでさえも、濡れると濡れる秋の袂であるのになあ(まして、恋の思いに悩む私の袂が涙で濡れるのは当然である)。

あき-の-ちぎり【秋の契り】❶秋に逢うという男女の約束。〔続後拾遺〕秋上「天の川―の深ければ夜半にぞ渡す鵲の橋」訳 天の川では(牽牛と織女の)秋に逢うという約束が深いので、夜ふけにかけることだ、(二人を渡すための)鵲の橋を。❷(「秋」に「飽き」をかけて)さめてきた男女の仲。

あき-の-ななくさ【秋の七草】→ななくさ②

あきのひのあめ… 俳句

> 秋の日の雨　江戸に指折らん　大井川
> 〈野ざらし紀行・千里〉　秋

訳 秋雨が今日も降り続く(街道きっての難所の大井川を前にしては待つしかない)。江戸では(門人たちが)日数を指折り数えているであろう。今日あたりは大井川の川越えをするころと。(秋の雨 秋。切れ字は「ん」)

解説「大井川越ゆる日は終日雨降りければ」と前書き。「千里」は芭蕉の門人。この紀行の供をした。

安芸の宮島(あきのみやじま)〔地名〕「厳島」の別称。

あき-の-ももよ【秋の百夜】(一夜でも長い秋の夜を)百夜も重ねたような非常に長い夜。万葉 四・五四八「今夜の早く明けなばすべを無み―を願ひつるかも」訳 この夜が早く明けてしまうならば、(思いを交わす)方法がないので、(今は春だが)秋の長い夜を願ったことだ。

あき-はぎ【秋萩】(名)(秋の、花が咲くころの)萩。また、その花。秋。古今 秋上「―の花咲きにけり高砂の峰の上の鹿は今や鳴くらむ」訳 秋萩の花が咲いてしまったことだ。高砂(＝地名)の山の上にいる鹿は今ごろ鳴いているだろうか。

あき-びと【商人】(名)(のち「あきうど」「あきんど」)商人。徒然 一〇八「―の一銭を惜しむ心、切なり」訳 商人が一銭を惜しむ気持ちは、切実である。

あきふかき… 俳句

> 秋深き　隣は何を　する人ぞ
> 〈笈日記・芭蕉〉　秋

訳 秋も深まったことだなあ。隣の家は(物音一つしないが)どんな人が住み、どういう生活をしているのであろうか。(自分は旅にあり寂しさも身にしみるが、隣人のひっそりした暮らしぶりにも心ひかれる)。(秋深き 秋。切れ字は「ぞ」)。文法「秋深き」は詠嘆を示す連体形止め。解説 芭蕉が、死の十数日前、旅先(大坂)で病に臥していた時の作。

あき-ま【空き間・明き間】(名)物と物との間のわずかなすきま。平家 九・木曽最期「鎧よければ裏かかず、―を射ねば手も負はず」訳 鎧がじょうぶなので裏まで通らず、(札と札との)すきまを射ないので負傷もしない。

あき-み-つ【飽き満つ】(自タ四)〔た・ち・つ・つ・て・て〕十分に満足する。土佐「―・ち(用)て、舟子どもは腹鼓をうちて(喜び)」訳(ごちそうで)満腹して、水夫どもは腹鼓をうって(喜び)。

あき-もの【商物】(名)商売の品物。商品。また、商売。〔雨月〕浅茅が宿「―買ひて京にゆくといふをうたてきことに思ひ」訳(夫が)商売の品物を買い入れて京に上るということを(妻は)困ったことに思い。

あき-やま【秋山】(名)美しく照り映える秋の山。万葉 一・一六「―の木の葉を見ては黄葉をば取りてぞ偲ふ」訳 秋の山の木の葉を見ては、黄色く色づいた葉を手に取って賞美する。

あきやまの【秋山の】〔枕詞〕秋の山の木の葉が色づくことから、「したふ(＝紅葉する)」にかかる。万葉 二・二一七「―したへる妹」

あきやまの… 和歌

> 秋山の　黄葉を茂み　迷ひぬる　妹を求めむ　山道知らずも
> 〈万葉・二・二〇八・柿本人麻呂〉

訳 秋の山の黄葉が(ひどく)茂っているので、(山中に)迷い入った妻を探し求めようとする、その山道がわからないことよ。文法「黄葉を茂み」の「み」は、原因・理由を表す接尾語。「…を…み」の形で「…が…ので」の意。解説 妻の死を悲しんで詠んだ長歌「天飛ぶや…」(→あまとぶや…和歌)の反歌二首のうちの一首。もう一首は「黄葉の散りゆくなへに玉梓の使ひを見れば逢ひし日思ほゆ」(訳→もみちばの…和歌)〈万葉・二・二〇九〉。「迷ひぬる妹」という言い方に、妻の死を認めたくないという心理がはたらいている。初二句がかかるのが、第三句か第四・五句か、両説ある。

あきら-か【明らか】(形動ナリ)〔なら・なり(に)・なり・なる・なれ・なれ〕❶明るい。くもりがない。源氏 椎本「夜深き月の―・に(用)さし出でて」訳 真夜中の月が(雲間から)明るく輝き出て。❷明白だ。はっきりしている。徒然 一六七「一道にも誠に長じぬる人は、みづから―・に(用)その非を知る故に」訳 一つの道にも真に秀でた人は、自分自身はっきりとその欠点を知っているために(自慢しない)。❸ものの道理に明るい。その道に通じている。徒然 一九四「―・なら(未)ん人の、まどへる我らを見んこと、掌の上の物を見んが如(ごと)し」訳 道理に明るいような人が、思い悩んでいるわれわれを見るならそのことは、手のひらの上の物を見ることのよう(に容易)だ。

❹はればれとしている。明朗である。源氏 若菜下「むつかしく物おぼし乱れず、―・に用もてなし給ひて」訳(あなた=女三の宮は)重苦しく思い悩みなさらず、明るくふるまいなさって(養生なさい)。

あきら-け・し【明らけし】(形ク){から・く(かり)・し・き(かる)・けれ・かれ} ❶明らかである。はっきりしている。万葉 一六・三八八六「―・く用わが知ることを」訳 はっきりと私が知っていることなのに。

❷潔白である。清浄である。万葉 二〇・四四六六「磯城島(しきしま)の大和(やまと)の国に―・き体名に負ふ伴(とも)の緒(を)心つとめよ」訳 大和の国(奈良県)に清らかな名を持つ(大伴)一族の者よ、(いっそう)心して努めよ。(「磯城島の」は「大和」にかかる枕詞)

❸賢明である。源氏 若菜上「末の世の―・き体君として、来(き)しかたの御面(おもて)をも起こし給ふ」訳(冷泉(れいぜい)帝が)末世の賢明な君主として、前代の(私=朱雀(すざく)院の)御面目をも回復してくださるのはうれしいことだ。

あきら・む【明らむ】(他マ下二){め・め・む・むる・むれ・めよ}

語義パネル

●重点義 **明らかにする。**

「諦める」と書かれ、断念する意で用いる現代語の「あきらめる」は、①から転じた近世以降の用法。

❶物事をよく見る。事情・理由を見きわめ、**明らかにする。**

❷心の中をあかす。気持ちを晴らす。

❶物事をよく見る。見きわめる。事情・理由を見きわめ、**明らかにする。** 徒然 一三五「ここもとのあさきことは、何事なりとも―・め用申さん」訳 身近で卑近なことは、何事であっても明らかにし申しあげよう。

❷心の中をあかす。気持ちを晴らす。源氏 早蕨「嘆かしき心のうちも―・む終ばかり」訳(薫(かおる)の)悲嘆にくれる心の中をも晴らすほどに。

あき・る【呆る・惘る】(自ラ下二){れ・れ・る・るる・るれ・れよ} 意外なことに驚き途方にくれる。呆然(ぼうぜん)とする。平家 三・御産「『こはいかにせん、いかにせん』とぞ―・れ用給ふ」訳(平清盛と妻の二位殿は、中宮にお産の気配がないので)「これはどうしよう、どうしよう」と途方にくれなさる。

参考 現代語の「あきれる」とは少し異なり、軽蔑・嘲笑・非難の意はない。

あきれ-いた・し【呆れ甚し】(形ク){から・く(かり)・し・き(かる)・けれ・かれ}(「甚(いた)し」は程度がはなはだしい意)事の意外さに呆然(ぼうぜん)として、どうしたらよいかわからない。途方にくれている。〔夜の寝覚〕「世に知らず乱り心地(ごこち)―・き体に、何事も思ひ給へわかれず」訳 並々でなく取り乱した心は途方にくれているので、何事も判断いたしかねます。

-あく(接尾)《上代語》(活用語の連体形に付いて)「…こと」の意の名詞をつくる。音の変化により「あく」の形で現れることはない。形式名詞とする説もある。万葉 七・一三九四「潮(しほ)満てば入りぬる磯(いそ)の草なれや見らく少なく恋ふらくの多き」訳 潮が満ちてくるといつも水中に入ってしまう磯の海草だからであろうか、(恋しい人に)逢(あ)うことが少なく、恋しく思うことが多いのは。

参考 四段・ラ変には未然形に「く」が、他の活用の語には未然形・終止形に「らく」が付いたものだとされていたク語法(活用語の語尾が「く」になって体言のように用いられる用法)を統一して説明するために設定されたもの。「散る(四段)・あく→散らく」「見る(上一段)・あく→見らく」「老ゆる(上二段)・あく→老ゆらく」「寝(ぬ)る(下二段)・あく→寝らく」「散らむ(推量の助動詞)・あく→散らまく」「経(へ)ぬる(完了の助動詞)・あく→経ぬらく」などとなる。ただし、助動詞「き」だけは「し・あく→せく」とならず、連体形「し」に「く」の付いた「しく」の形になる。

あく-【悪】(接頭)(人名などに付いて)激しく恐ろしい、荒々しく勇猛であるなどの意を表す。「―源太(げんた)義平」「―七兵衛(しちびやうゑ)景清(かげきよ)」「―僧」

あく【悪】(名)❶正義・道徳・良心などに反すること。徒然 九一「吉日(きちにち)に―をなすに必ず凶なり」訳 縁起のよい日に悪事を行うと(結果は)必ず凶である。

❷毒気。邪気。悪気。〔うつほ〕俊蔭「―を含める(=持っている)毒蛇(どくじや)に向かひて」

あく【灰汁】(名)灰を水に浸してできたうわずみの水。洗濯や染め物に用いる。

あ・く【開く・空く】 ■(自カ四){か・き・く・く・け・け} ❶閉じてあるものなどが開く。あく。すき間・切れ目などができる。竹取 かぐや姫の昇天「立て籠めたるところの戸、すなはち、ただ―・き用に―・き用ぬ」訳(かぐや姫を中に入れて)閉めきっておいた場所(=塗籠(ぬりごめ))の戸は、即座に、ただもうすっかり開いてしまった。文法「開きに開きぬ」の「に」は格助詞で、同じ動詞の間にあって、動作・作用を強めて表現する。

❷(禁止や制限などが)解除される。終わりになる。源氏 松風「今日は六日の御物忌み―・く体日にて、必ず参り給ふべきを」訳 今日は六日間の御物忌みがあける日なので、必ず(光源氏は)参内(さんだい)なさるはずなのに。

❸官職や地位に欠員ができる。更級 富士川「この国来年―・く終べきにも」訳 この(駿河(するが)の)国が来年は(国司が)欠けるはずであるのに対しても。

■(他カ下二){け・け・く・くる・くれ・けよ} 閉じられているものなどを開ける。すき間・切れ目などをつくる。枕 一六〇「遠き所より思ふ人の文(ふみ)を得て、かたく封(ふん)じたる続飯(そくひ)など―・くる体ほど、いと心もとなし」訳 遠方から恋しく思う人の手紙を受けとって、かたく封をしてあるのりづけなどを開ける間は、ほんとうにじれったい。

あ・く【飽く】(自カ四){か・き・く・く・け・け}

❶**じゅうぶん満足する。満ち足りる。** 今昔 二六・一七「あはれ、いかで芋粥(いもがゆ)に―・か未ん」訳 ああ、なんとかして芋粥にじゅうぶん満足したいものだ。土佐「かみ・なか・しも、酔(ゑ)ひ―・き用て」訳(身分の)上の人、中の人、下の人も、(みんな)酔ってじゅうぶん満足して。⇨戯(あざ)れ合ふ「名文解説」

❷**あきあきする。** いやになる。いとわしくなる。枕 一四三「大輪(おほわ)など舞ふは、日一日(ひひとひ)見るとも―・く終まじきを」訳(駿河舞(するがまい)の手ぶりである)大輪などを舞うのは、一日じゅう見ていてもいやにならないであろうに。方丈 四「魚(いを)は水〔の中の生活〕に―・か未ず」

参考 中古以降は未然形「あか」に打消の助動詞「ず」が付いた「あかず」の形で用いられることが多い。

あ・く【明く】(自カ下二){け・け・く・くる・くれ・けよ} ❶夜が明ける。明るくなる。古今 秋上「秋の夜の—・くる㊍も知らず鳴く虫は」訳 秋の夜の明けるのも気づかずに鳴く虫は。
❷年・月・日などが改まる。源氏 桐壺「—・くる㊍年(=翌年)の春」

あ・ぐ【上ぐ・挙ぐ・揚ぐ】(他ガ下二){げ・げ・ぐ・ぐる・ぐれ・げよ} ❶上へやる。高くかかげる。枕 二九九「御格子—・げ㊍させて、御簾を高く—・げ㊊たれば、笑はせ給ふ」訳 (他の者に)御格子をあげさせて、(私が)御簾を高くかかげたところ、(中宮は)お笑いになられる。文法「せ給ふ」は、最高敬語。⇨香炉峰「名文解説」
❷官位・名声などを**高くする**。平家 六・入道死去「さしも日本一州に名を—・げ㊊、威をふるっし人なれども」訳 (平清盛は生前)あれほどまでに日本国中に名声を高くし、勢威をふるった人であるが。
❸(声を)高くする。方丈 三「嘆き切なる時も、声を—・げ㊊て泣くことなし」訳 悲嘆が痛切であるときも、声を高くして泣くことはない。
❹**髪を結いあげる**。伊勢 二三「くらべこし振り分け髪も肩すぎぬ君ならずして誰か—・ぐ㊌べき」訳 →くらべこし…和歌
❺献上する。奉納する。〔増鏡〕あすか川「両社にて、馬—・げ㊍させられけり」訳 (北野・平野の)両神社において、馬をご奉納しなさったのだった。
❻**なしとげる**。(動詞の連用形に付いて)**すっかり…する**。平家 四・競「屋形に火かけ焼き—・げ㊊て、三井寺へこそ馳せたりけれ」訳 家に火をつけすっかり焼きはらって、三井寺へ(馬を)走らせたのだった。

あく-えん【悪縁】(名) ❶《仏教語》前世の悪業が原因で生じる現世の悪い出来事。悪い宿縁。平家 一一・先帝身投「—にひかれて、御運すでに尽きさせ給ひぬ」訳 (安徳帝は)悪い因縁にひかれて、御運はもはや尽きておしまいになられた。
❷思うままにならない男女の間柄。また、結ばれることによって、不幸な結果を招く男女の縁。〔浄・生玉心中〕「かかる契りの—と、帰らぬ道をたどりゆく」訳 このような(二人の)契りをままならない男女の間柄として、帰らぬ(=死出の)道をたどりゆく。

あくがら・す【憧らす】(他サ四){さ・し・す・す・せ・せ}〔「あくがる」の他動詞形〕❶(美しいものなどが)人の心をひきつける。心を浮かれさせる。心を落ち着かなくさせる。〔千載〕春上「梅が香におどろかれつつ春の夜の闇こそ人は—・し㊊けれ」訳 梅の花の香りに何度もはっとさせられて(花のありかを探すけれども見えず)、春の夜の闇は人を落ち着かなくさせるのだなあ。
❷本来の居所を離れてさまようようにさせる。さすらわせる。源氏 帚木「煩はしげに思ひまとはす気色見えましかば、かくも—・さ㊍ざらまし」訳 (女が、私=頭の中将を)うるさいくらい慕ってつきまとうようすがもし見えたら、こんなふうにもさすらわせなかっただろうに。

あくが・る【憧る】(自ラ下二){れ・れ・る・るる・るれ・れよ}

語義パネル
●重点義 魂が身から離れる。
❶魂が身から離れる。**うわの空になる**。
❷心がひかれて、落ち着かない。**思いこがれる**。
❸居所を出て、**浮かれ歩く**。**さまよい歩く**。
❹仲がしっくりせず離れる。疎遠になる。

❶魂が身から離れる。**うわの空になる**。源氏 葵「物思ふ人の魂はげに—・るる㊍ものになむありける」訳 物思いをする人の霊魂はなるほどからだから離れ出るものであったなあ。
❷心がひかれて、落ち着かない。**思いこがれる**。枕 四一「夜深くうちいでたる声の、らうらうじう愛敬づきたる、いみじう心—・れ㊊、せむかたなし」訳 夜ふけに鳴き出した(ほととぎすの)声が、上品で美しく魅力があるのは、たまらなく心がひかれて落ち着かず、どうしようもない。
❸居所を出て、**浮かれ歩く**。**さまよい歩く**。平家 一〇・横笛「ある暮れ方に都を出でて、嵯峨の方へぞ—・れ㊊ゆく」訳 ある(日の)夕暮れ時に都を出て、嵯峨のほうへさまよい歩いてゆく。
❹仲がしっくりせず離れる。疎遠になる。源氏 真木柱「御仲も—・れ㊊て程経にけれど」訳 御夫婦仲も疎遠になって月日が経ってしまったけれども。

あくがれ-あり・く【憧れ歩く】(自カ四){か・き・く・く・け・け}(何かに心がひかれて)ふらふらとさまよい歩く。(うわの空で)浮かれ回る。堤 思はぬ方にとまりする少将「按察使の大納言の御もとには心とどめ給はず、—・き㊊給ふ君なれば」訳 (この少将は、正妻の)按察使の大納言(の娘)の御ところには心をお寄せにならず、(ほうぼうの女性の所へ)浮かれさまよいなさるお方であるので。

あくがれ-まど・ふ【憧れ惑ふ】(自ハ四){は・ひ・ふ・ふ・へ・へ} ひどく心が乱れる。心が落ち着かず、そわそわする。源氏 若紫「かかる折だにと心も—・ひ㊊て、いづくにもいづくにもまうで給はず」訳 (光源氏は)せめてこのような(里下がりの)機会だけでも(逢いたい)と心もひどく乱れて、(他の女性の所へは)どこへもどこへも参上なさらず。

あく-ぎゃう【悪行】(名)神仏の戒めにそむく悪い行い。また、悪事。平家 八・法住寺合戦「—ばかりで世をたもつことはなきものを」訳 悪い行いばかりで国を治めることはないものなのだ。

あく-ぎゃく【悪逆】(名) ❶律令に定める罪名の一つ。親など、尊属を殺す罪。八逆の第四。→八逆
❷人の道にそむくはなはだしい悪事。平家 七・木曽山門牒状「—を鎮めんがために義兵を発す処に」訳 (平氏一門の)人の道にそむく悪事を鎮定するために正義の兵を挙げるところに。
❸いたずら。乱暴。

あくぎゃく-ぶたう【悪逆無道】(名・形動ナリ)人の道にはずれたひどい悪事をすること。思うさま悪事を働くこと。平家 三・医師問答「親父入道相国の体を見るに、—・に㊊して、ややもすれば君を悩まし奉る」訳 (私、重盛の)父親(である)入道相国(=平清盛)のようすを見ると、思うさま悪事を働いていて、どうかすると帝を悩ませ申しあげる。

あく-ごふ【悪業】(名)《仏教語》後世に苦しい報い

を受けるべき悪事。今昔 七・三「我が身に―のみ有りて、全く少分の善根なし」訳 私の身にのちに報いを受けるような悪い行いばかりあって、まったく少しばかりの善い行いもない。↔善業

あく-しゃう【悪性】(名・形動口・自サ変)《近世語》浮気。遊蕩。〔浄・女殺油地獄〕「―・する体年でもなし」

あく-しょ【悪所】(名) ❶道の険しい所。難所。平家 五・富士川「―を馳すれども馬を倒さず」訳 難所を駆けても馬を転倒させない。
❷《近世語》遊郭。遊里。

あくしょ-おとし【悪所落とし】(名) 険しい坂道を、馬に乗ったままで駆け下ること。また、それに巧みな者。平家 九・木曽最期「究竟の荒馬のり、―」訳 (巴は)きわめてすぐれた荒馬を乗りこなす達人、険しい所を馬に乗って駆け下るのに巧みな者で。

あく-じん【悪神】(名) 人間をおびやかし、災いをもたらす神。徒然 一九六「眷属の悪鬼・―をおそるる故に」訳 (神の)家来の悪魔・悪神を恐れるために。

あく-そう【悪僧】(名) ❶武芸に秀でた、勇猛な僧。荒法師。平家 五・奈良炎上「―をこそほろぼすとも、伽藍を破滅すべしや」訳 たとえ荒法師を滅ぼしても、寺院の建物を破壊し滅ぼしてよいか(いや、よくはない)。
❷仏道にそむいて悪事を行う僧。

あくた【芥】(名) ごみ。ちり。くず。古今 物名「散りぬれば後は―になる花を思ひしらずも惑ふ蝶かな」訳 散ってしまうとあとはごみになる花だのに、それに気づくこともなく(花の美しさに)惑う蝶であることよ。(「あくたに」に「くたに(=植物の名)」を詠みこむ)

あく-だう【悪道】(名) ❶《仏教語》現世で悪事を行った者が、死後に落ちるという所。地獄道・餓鬼道・畜生道。「悪しき道」とも。平家 一・祇王「後生でだに―へおもむかんずることの悲しさよ」訳 あの世でさえ地獄道へ(おまえが)おもむくであろうことの悲しさよ。
❷道徳に反する悪い行い。特に、酒色にふけること。放蕩。〔浄・生玉心中〕「人の小息子(=若い息子)唆かし、―(=酒色の遊び)に引き入れる」

芥川《地名》歌枕 (「芥河」とも書く) 今の大阪府高槻市を流れる、淀川の支流。

あく-ぢょ【悪女】(名) ❶顔の醜い女。〔曽我物語〕「当腹(=現在の妻から生まれた子)二人は、ことのほか―なり」
❷性質のよくない女。

あく-にち【悪日】(名) 暦の上で、その日に物事をすると悪い結果になるという日。運の悪い日。凶の日。徒然 九一「―に善を行ふに必ず吉なり」訳 凶の日に善いことをすると(結果は)必ず吉である。↔吉日

あく-ねん【悪念】(名) 悪事をたくらむ心。悪心。徒然 二一七「我をほろぼすべき―きたれりと、かたく慎みおそれて」訳 (欲望が心に生じたならば)自分を滅ぼすにちがいない悪心が生じてきていると、厳重に用心し恐れて。

あく-ぶ【欠ぶ】(自バ四) あくびをする。枕 一四四「供なる男・童など、…いとむつかしかめれば、長やかにうち―・び用て」訳 供の男や童子などは、…(待ちくたびれて)たいそう不快のようなので、長々とあくびをして。

あく-まで【飽くまで】(副) 〔四段動詞「飽く」の連体形に助詞「まで」が付いたもの〕 ❶あきあきするほど十分に。いやになるほど。源氏 帚木「ただ時々うち語らふ宮仕へ人などの、―されぱみすきたるは」訳 ほんの時々親しくつき合う宮仕え人などで、いやになるほどしゃれたふうにふるまい風流ぶっている女は。
❷思う存分。心ゆくまで。どこまでも。大鏡 道隆「入道殿は、―なさけおはします御本性にて」訳 入道殿(=道長)は、どこまでも思いやりのおありになるご性格で。

あ-ぐま-ふ【足組まふ】(自ハ下二) 〔四段動詞「足組む」の未然形に上代の反復・継続の助動詞「ふ」が付いて一語化したもの〕 座って、組んだ足で締めつけるようにする。また、あぐらをかく。今昔 二三・二四「足を以て後ろより―・へ用て抱きて居たり」訳 (男は)足で後ろから締めつけるようにして(人質の女を)抱いて座っていた。

あく-みゃう【悪名】(名) 悪いうわさ。悪い評判。平家 一・殿下乗合「かやうに尾籠を現じて、入道の―を立つ」訳 このように無作法をさらして、入道(=平清盛)の悪評を立てる。

あぐ-む【倦む】(自マ四) 難しいことをなしとげられず、いや気がさす。うんざりする。〔太平記〕八「この大勢を見て、敵もさすがに―・ん用(撥音便)でや思ひけん」訳 この(六波羅の)おびただしい軍勢を見て、敵もさすがにいや気がさして考えたのだろうか。

あ-ぐ-む【足組む・趺む】(自マ四) 足を組む。あぐらをかく。〔記〕上「逆に浪の穂に刺し立て、その剣の前に―・み用坐して」訳 (建御雷神は)逆に(剣の柄を)波頭に突き立て、その剣の先に足を組み座っていらっしゃって。

あく-め【悪馬】(名) 「あくば」とも。性質の荒い馬。癇の強い荒馬。大鏡 道長上「高名のなにがしといひし御むま、いみじかりし―なり」訳 評判の高い、なんとかといった御馬は、たいへんなあばれ馬であった。

あぐら【胡床・呉床】(名) 〔「あ」は足、「くら」は座の意〕 ❶上代、貴人が足を組んで座ったり、寝たりした、床の高い台。〔記〕下「我が大君の猪鹿待つと―にいまし」訳 わが大君が猪や鹿(が出てくるの)を待つといって、床の高い台にいらっしゃり。
❷腰掛けの一種。脚を交差させ、座に革や布を張った、折り畳み式のものが多い。枕 二七八「御桟敷の前に―立ててゐたるなど、げにぞめでたき」訳 (勅使が)御桟敷の前に腰掛けを置いて座っているようすなど、いかにもすばらしい。
❸高い所へのぼるための足場。竹取 燕の子安貝「まめならむ男どもを率てまかりて、―を結ひ上げて」訳 忠実だと思われる家来どもを連れて出向いて、足場を組み上げて。

あく-りゃう【悪霊】(名) たたりをする霊。大鏡 伊尹「代々の御―とこそはなり給ひたれ」訳 (伊尹の子孫)代々にわたってたたる御霊とはなりなさっている。

あくる【明くる】(連体) 〔下二段動詞「明く」の連体形から〕 (次にくる日・月・年などに付いて)次の。翌。平家 一・俊寛沙汰 鵜川軍「―卯の剋におしよせて、時をどっとつくる」訳 (僧徒らは)翌日の卯の刻(=午前六時ごろ)に押し寄せて、鬨の声をどっとあげる。

あけ【朱・緋・赤】(名)〔「あか」の転〕❶赤。赤い色。朱色、緋色などもいう。万葉三・二七〇「旅にして物恋しきに山下の―のそほ船沖を漕ぐ見ゆ」訳→たびにして…和歌

❷「緋衣」の略。大和四「たまくしげ二年逢はぬ君が身を―ながらやはあらむと思ひし」(後撰・雑一にも所収)訳二年も逢わないあなたの身の上を、(五位の)緋色の袍のままでいるだろうと思ったか(いや、思いもしなかった)。(「たまくしげ」は「ふた」にかかる枕詞)

あけ-あは・す【開け合はす】(他サ下二){せ・せ・す・する・すれ・せよ}隔ての戸などを両方から互いに開ける。更級宮仕へ「かたらふ人どち、局のへだてなるやり戸を―・せ用て物語など暮らす日」訳親しくしている者どうしが、(局と)局の隔てとなっている引き戸を両方から互いに開けて話などして日が暮れるまで過ごす日。

あげ-おとり【上げ劣り】(名)元服して、髪を上げたとき、顔かたちが前よりも見劣りすること。源氏桐壺「きびはなるほどは、―やと疑はしくおぼされつるを」訳幼い年ごろでは、髪上げをしたら見劣りするのではないかと(桐壺帝は光源氏を)おぼつかなくお思いになられたが。↔上げ優り

あけ-がた【明け方】(名)夜が明けようとするころ。源氏総角「はかなく―になりにけり」訳特にどうということもないまま夜明け方になってしまったのだった。

あけ-く【明け来】(自カ変){こ・き・く・くる・くれ・こ(こよ)}しだいに夜が明けてくる。万葉二〇・四三九八「―・くれ已ば浪こそ来寄れ夕されば風こそ来寄れ」訳しだいに夜が明けてくると波が寄せてくる、夕方になると風が寄せてくる。

あげ-く【挙げ句・揚げ句】(名)❶連歌・連句の最後の七・七の句。↔発句 ❷物事の終わり。とどのつまり。結局。〔浄・曽根崎心中〕「理屈につまって―には、死なずがひな目に逢うて」訳理屈につまって結局は、死ななかったのがまだしもという目にあって。

あけ-くら・す【明け暮らす】(他サ四){さ・し・す・す・せ・せ}日々を過ごす。月日を送る。源氏橋姫「公私にいとまなく―・し用」訳公私ともに時間の余裕もなく日々を過ごし。

あけ-く・る【明け暮る】(自ラ下二){れ・れ・る・るる・るれ・れよ}日々が過ぎる。月日がたつ。源氏野分「心もとなくおぼしつつ―・るる体に」訳(秋好中宮は)気がかりに思い続けなさって一日一日が過ぎていくと。

あけ-くれ【明け暮れ】━(名)夜明けと夕暮れ。朝と晩。転じて、毎日。日常。源氏薄雲「まらうども、ただ―のけぢめしなければ」訳お客たちも、(人の出入りの多さは)ただもう常日ごろと変わりがないので、特に目立ちもしなかった。

━(副)明けても暮れても。しじゅう。源氏桐壺「このごろ、―御覧ずる長恨歌の御絵」訳(桐壺帝が)このごろ、明けても暮れてもご覧になる長恨歌の御絵。

あけ-ぐれ【明け暗れ】(名)夜がまだ明けきらない、うす暗いころ。源氏野分「さやかならぬ―のほど、いろいろなる姿はいづれともなくをかし」訳物がはっきり見えない夜明けのうす暗い時分のころ、(女性たちの)さまざまな(くつろいだ)姿は、どの人がということもなく(皆)趣がある。

あけ-ごろも【緋衣・緋袍】(名)五位の官人が着る緋色の袍。転じて、五位の称。あけ。赤衣。

あげ-じとみ【上げ蔀】(名)上下二枚の戸からなり、上部をつり上げて開閉するようにした蔀。釣り蔀。→蔀

（あげじとみ）

あげ-ず【上げず】(「…にあげず」の形で)…の間をおかないで。大和一五二「二、三日に―御覧ぜぬ日なし」訳(帝は)二、三日と間をおかないで(手飼いの鷹を)ご覧にならない日はない。なりたち下二段動詞「上ぐ」の未然形「あげ」+打消の助動詞「ず」の連用形「ず」

あげ-す・う【上げ据う】(他ワ下二){ゑ・ゑ・う・うる・うれ・ゑよ}高い所に上げて、そこに置く。高い所にのぼらせて、そこにいさせる。竹取燕の子安貝「まめなる男ども二十人ばかりつかはして、あななひに―・ゑ未られたり」訳忠実な家来どもを二十人ほど派遣して、足場(の上)にのぼらせてそこにいさせなさった。

あげ-た【上げ田・高田】(名)高い所に作った、水はけのよい田。〔紀〕神代「兄、―を作らば、汝は窪田を作りませ」訳兄が高い所の田を作るならば、あなたは低い所の田を作りなさい。↔窪田

あけ-た・つ【明け立つ】(自タ四){た・ち・つ・つ・て・て}〔「立つ」は時が経過する意〕夜が明け始める。夜明けになる。枕二九三「―・て已ばさし出づる文の見えぬこそさうざうしけれ」訳夜明けになるといつも(召使が)差し出す(後朝の)手紙が見えないのは、何とも物足りないことだ。

あげ-ちら・す【上げ散らす】(他サ四){さ・し・す・す・せ・せ}(格子などを)乱暴に上げる。枕一八四「ゐざり帰るにや遅きと―・し用たるに、雪降りにけり」訳(御前から局に)ひざをすって帰るやいなや格子を乱暴に上げたところ、雪が降っていた。

あげ-つら・ふ【論ふ】(他ハ四){は・ひ・ふ・ふ・へ・へ}物事の是非を議論する。よしあしを言いたてる。〔記〕上「しばらく黄泉神と―・は未む」訳しばらく黄泉の国の神と(可否を)論じ合おう。

あげ-て【挙げて】(副)❶一つ一つ取りあげて。いちいち。方丈三「心を悩ます事は、―数ふべからず」訳心を悩ます事は、いちいち数えることができない。❷残らず。ことごとく。〔うつほ〕藤原の君「納め殿あけて、よき果物、乾物、―出だす」訳納戸を開けて、上等な果物や干物を残らず取り出す。

あけぬれば…和歌《百人一首》

明けぬれば　くるるものとは　知りながら
なほうらめしき　朝ぼらけかな
〈後拾遺・一三・恋二・六七二・藤原道信〉

訳夜が明けてしまうと、また日が暮れるものとはわかっているものの、(だから必ずあなたに逢えると知っていながらも、今朝の別れがつらくて)やはり恨めしく思われる夜明け方であることよ。文法「ぬれば」は「已然形+ば」で、ここ

は恒常条件を表す。「…と、いつもきまって」の意。

[解説] 詞書に、女のもとから、雪の降った朝、帰ってきて詠んで贈った歌とある。後朝の歌。

あけ-の-とし【明けの年】あくる年。翌年。〔浮・日本永代蔵〕「―の涅槃(=涅槃会)のころまでは」

あけ-は・つ【明け果つ】(自タ下二)〔て・て・つ・つる・つれ・てよ〕夜がすっかり明ける。[源氏] 須磨「―・て用ならば、はしたなかるべきにより、いそぎ出で給ひぬ」[訳] 夜がすっかり明けてしまったならば、(人目に立って)具合が悪いにちがいないので、(光源氏は二条院を)急いでお出になった。

あけ-はな・る【明け離る】(自ラ下二)〔れ・れ・る・るる・るれ・れよ〕夜がすっかり明ける。[徒然] 一三七「―・れ未ぬほど、忍びて寄する車どものゆかしきを」[訳] 夜の明けきらないころ、そっと人目を避けて(桟敷へ)寄せてくる多くの物見車(の主)が(だれなのか)知りたいので。

あけばまた… [和歌]

> 明けばまた　越ゆべき山の　峰なれや
> 空ゆく月の　末の白雲
> 〈新古今・一〇・羇旅・九三九・藤原家隆〉

[訳] 夜が明けたらまた、越えて行かなければならない山の峰なのだろうか。空をわたる月が行き着く先の、あの白雲のある辺りは。[文法]「なれや」は、本来「なればや」の意であるが、ここでは「なりや」にあたる用法。

[解説] 後鳥羽院主催の「老若五十首歌合」で詠まれた歌。題詠だから作者の実際の体験ではないが、やがて越えるべき険しい山を見ての不安が的確に表現され、しかもまだ見ぬ前途への憧れを感じ取ることもできる。

あけぼの【曙】(名)夜がほのぼのと明けようとするころ。**夜明け方。**[枕] 一「春は―。やうやうしろくなり行く、山ぎはすこしあかりて」[訳] 春は夜明け方(が趣がある)。だんだんと白くなっていく、その山ぎわ(=山の稜線に接するあたりの空)が少し明るくなって。(「あかりて」は「赤みを帯びて」と解釈する説もある)。⇩枕草子の「名文解説」・暁「図解学習」

あけぼのや… [俳句]

> あけぼのや　白魚白き　こと一寸
> 〈野ざらし紀行・芭蕉〉

[訳] (旅の床で目ざめ、浜に出てみると)まだ夜は明けきっていない。(そのほのかな光の中で、引き上げられた網の中にすきとおるような白魚の、ほのかな白さはほんの一寸ほどであることよ。(切れ字は「や」)

[解説] 白魚は春の季語であるが、「冬一寸、春二寸」といわれるので、冬の句とする。初案は第一句が「雪薄し」であった。今の三重県桑名での句。杜甫の「白小」の詩の一節「天然二寸の魚」もふまえている。

あげ-まき【揚げ巻・総角】(名) ❶子供の髪の結い方の一つ。髪を中央から左右に分け、両方の耳の所で丸く結い上げたもの。また、髪をそのように結っている子供。また、その年ごろ。[源氏] 蓬生「放ち飼ふ―の心さへぞ目ざましき」[訳] (牛馬を)放し飼いするあげまき髪の少年(=牧童)の心までも気にくわない。

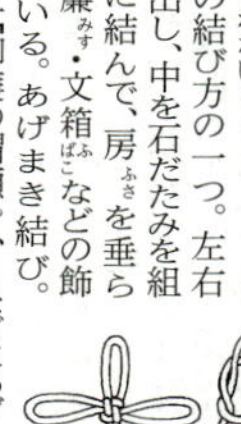

(あげまき①)

❷ひもの結び方の一つ。左右に輪を出し、中を石だたみを組むように結んで、房を垂らす。御簾・文箱などの飾りに用いる。あげまき結び。

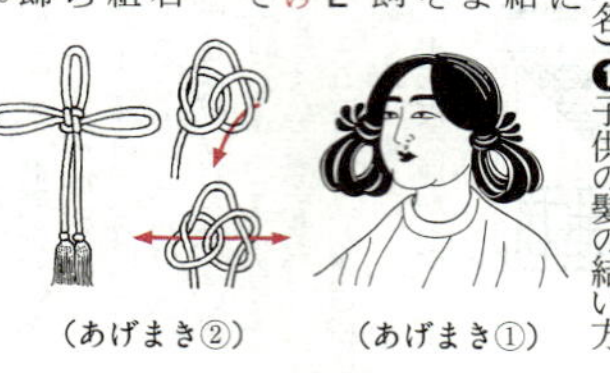

(あげまき②)

[枕] 二〇一「御簾の帽額も、―などにあげたる鉤のきはやかなるも、けざやかに見ゆ」[訳] 御簾の上部に張った布や、あげまき結びなどで巻きあげた鉤(=巻き上げたすだれをかけてとめておくかぎ形の金物)のくっきりしたのも、鮮明に見える。

❸鎧の背の逆板に付けたあげまき結びの飾りひも。

あけまく-をし-み【明けまく惜しみ】夜の明けるのが惜しさに。夜の明けるのを惜しがって。[万葉] 九・一七六二「朝月夜―あしひきの山彦とよめ呼び立て鳴くも」[訳] (鹿は妻と寝ようと)月の残っている夜の明けるのを惜しがって、山にこだまさせて呼び立てて鳴くことだ。(「あしひきの」は「山」にかかる枕詞)

[なりたち] 下二段動詞「明く」の未然形「あけ」に推量の助動詞「む」の付いた「あけむ」のク語法「あけまく」＋形容詞「惜し」の終止形「をし」＋接尾語「み」

あげ-まさり【上げ優り】(名)元服して、髪を上げたとき、顔かたちが前よりもすぐれて見えること。↔上げ劣り

曙覧(あけみ)『人名』→橘曙覧

あけ-むつ【明け六つ】(名)明け方の「六つ」の時刻。卯の刻。今の午前六時ごろ。また、その時刻に寺でつき鳴らす鐘の音。↔暮れ六つ

あけ-もてゆ・く【明けもて行く】(自カ四)〔か・き・く・く・け・け〕(「もてゆく」は動詞の連用形に付いて、しだいに…てゆくの意を表す)しだいに夜が明けてゆく。[伊勢] 八一「夜一夜酒飲みし遊びて、夜―・く体ほどに」[訳] 一晩中酒を飲み音楽を奏して、夜がしだいに明けてゆくころに。

あげ-や【揚げ屋】(名)遊里で、客が遊女屋から高級な遊女を呼んで遊興する店。

あけ-ゆ・く【明け行く】(自カ四)〔か・き・く・く・け・け〕しだいに夜が明けてゆく。[源氏] 夕顔「にはかに雲隠れて、―・く体空いとをかし」[訳] 突然(月が)雲に隠れて、しだいに夜が明けてゆく空(のようす)はじつに趣がある。

朱楽菅江(あけらくわんかう)『人名』(一七三八～一七九八)江戸後期の狂歌師。本名山崎景貫。江戸の人。四方赤良(大田南畝)・唐衣橘洲とともに天明狂歌三大家の一人。著に狂歌撰集「故混馬鹿集」や洒落本「大抵御覧」など。

あげ-わた・す【上げ渡す】(他サ四)〔さ・し・す・す・せ・せ〕(蔀・格子などを、ある範囲にわたって)残らず上げる。[源氏] 夕顔「上は半蔀四五間ばかり―・し用て、簾なども いと白う涼しげなるに」[訳] 上のほうは半蔀(=上半分を外側につり上げるようにした蔀)を四、五間ほど残らず上げて、簾などもたいへん白く涼しそうであるところに。

あけ-を-そそ・ぐ【朱を注ぐ】(激しい怒りなどで)顔が真っ赤になる。〔雨月〕白峯「―・ぎ用たる竜顔に、荊の髪膝にかかるまで乱れ」[訳] 真っ赤になったお顔で、ぼうぼうと伸び放題の髪は膝に届くほどに乱れ。

あ-こ【吾子】(上代は「あご」)㊀(名)わが子や近しい人を親しんでいう語。万葉 一九・四二四〇「この―を唐国へ遣る斎へ神たち」訳このいとし子を唐の国へ行かせることだ。守ってください、神々よ。㊁(代)対称の人代名詞。目下の者に対し、親しんで呼ぶ語。おまえ。あなた。源氏 帚木「―は知らじな」訳おまえ(=小君)は知らないだろうなあ。

あ-ご【網子】(名)(「あ」は網、「こ」は人の意)地引き網を引く人。万葉 三・二三八「大宮の内まで聞こゆ網引きすと―調ふる海人の呼び声」訳宮殿の中まで聞こえる。網を引くといって、網の引き手を指揮する漁夫の掛け声が。

あ-こぎ【阿漕】(名・形動ナリ)❶物事がたび重なること。たびたび。〔浄・丹波与作待夜小室節〕「阿漕の海士の―に(用)も、過ぎにし方を思ひ出て」訳(たびたび網を引いた)阿漕が浦の漁夫のように何度も、過去のことを思い出して。❷ずうずうしいこと。あつかましいこと。〔浄・夕霧阿波鳴渡〕「―・な(体)(口語)申しごとなれど」訳あつかましいお願いごとであるが。
参考 阿漕が浦の伝説をふまえた「逢ふことを阿漕の島に引く網のたび重ならば人も知りなむ」〈古今和歌六帖〉の歌から生じた語。→阿漕が浦

阿漕が浦(あこぎがうら)『地名』歌枕 今の三重県津市阿漕町の海岸一帯。伊勢神宮に供える魚をとる所だったため、殺生禁断の地となっていた。ある漁夫がたびたびその禁を犯したため、海に沈められたという伝説がある。

あこめ【衵・袙】(名)❶男子が束帯・直衣をつけるときに下襲と単衣の間に着る衣服。綾の地で、裏は平絹。色は表裏ともに紅。ただし、年齢によって色が違い、壮年は萌黄や薄色、老人は白色を着た。源氏 若菜下「紅深き―の袂の、うちしぐれたるに気色ばかり濡れたる」訳紅の濃い衵の袂が、折から時雨がさっと降りかかるのにほんの少し濡れた趣は。❷婦人・童女が肌近くに着た衣服。童女は汗衫の下に着るが、これを表衣とすることもあった。源氏 絵合「童六人、赤色に桜襲の汗衫、―は紅に藤襲の織物なり」訳(女の)童が六人、赤色(の袿の上)に桜襲の汗衫、衵は紅に藤襲の織物である。

あさ【朝】(名)夜が明けてからしばらくの間。万葉 一・四「たまきはる宇智の大野に馬並めて―踏ますらむその草深野」訳宇智の広々とした野に馬を並べて、朝の野をお踏みになって(狩りをして)いるだろう。その草深い野よ。(「たまきはる」は「うち」にかかる枕詞)

発展 「あさ」は昼の時間の始まり

「あさ」は、一日を昼と夜に分けたときの、昼の時間の始まりで、「あさ→ひる→ゆふ」と続き、後に「あさ→ひる→ばん」ともなる。「あさかげ」「あさつゆ」など複合語となることが多く、単独では「あした」が使われた。⇩暁「図解学習」・朝「発展」

あざあざ-と【鮮鮮と】(副)あざやかに。はっきりと。平家 一一・卒都婆流「波にも洗はれず、―してぞ見えたりける」訳(卒塔婆に刻みつけた文字は)波にも消されずに、はっきりとして見えたことであった。

あさ-い【朝寝】(名)朝寝。更級 かどで「夕霧立ち渡りて、いみじうをかしければ、―などもせず」訳夕霧が一面にたちこめて、非常に趣が深いので、(翌朝は)朝寝などもしないで。

浅井了意(あさいりょうい)⇩浅井了意(あさゐれうい)

あさ-かう【朝講】(名)「あさざ」に同じ。枕 三五「―果てなば、なほいかで出でなむと」訳朝の説経が終わったならば、(密集している聴聞の牛車の奥から)やはりなんとかして出てしまおうと。

あさ-かげ【朝影】(名)❶朝、鏡や水に映る姿。万葉 一九・四一九二「―見つつ少女らが手に取り持てるまそ鏡」訳朝の姿を映して見ては、おとめたちが手に取り持っている、きれいに澄んだ鏡の。❷(朝日に照らされて映る影が細長いところから)やせ細った姿のたとえ。万葉 一一・二三九四「―にあが身はなりぬ玉かきるほのかに見えて去にし子ゆゑに」訳朝影のようにやせ細った姿に私のからだはなってしまった。ほんのちょっと会って行ってしまったあの子のために。(「玉かきる」は「ほのか」にかかる枕詞)❸朝の日の光。⇔夕影

あさがすみ【朝霞】《枕詞》「鹿火屋」「春日」などにかかる。万葉 一〇・二二六五「―鹿火屋が下に鳴くかはづ」。万葉 一〇・一八七六「―春日の暮れば」

安積の沼(あさかのぬま)『地名』歌枕 今の福島県郡山市にある安積山の麓にあったという沼。

あさ-がほ【朝顔】(名)❶朝起きたばかりの顔。〔紫式部日記〕「御さまのいと恥づかしげなるに、わが―の思ひ知らるれば」訳(道長の)お姿がたいそうこちらが恥ずかしくなるほどりっぱであるのに、私の朝起きたばかりの顔(の見苦しさ)を身にしみて感じずにはいられないので。❷草木の名。中世以前は、早朝に花の咲く植物。桔梗・槿・牽牛子(=今の朝顔)など諸説がある。近世以降は、今の朝顔。(秋)。⇩巻頭カラーページ9

あさがほに… 俳句

> 秋
> 朝顔に　釣瓶とられて　もらひ水
> 〈千代尼句集・千代女〉

訳(朝、水を汲みに井戸端に出てみると)朝顔のつるが釣瓶にからんで花を咲かせている。(つるを切るのがかわいそうで)よそへ水をもらいに行ったことだ。(朝顔(秋))
解説「釣瓶」は深い井戸の底から水を汲む仕掛け。縄やさおをつけた桶で水を汲み上げる。

あさがほや… 俳句

> 秋
> 朝顔や　一輪深き　淵のいろ
> 〈蕪村句集・蕪村〉

訳(朝露の中)一輪咲く朝顔は(濃い藍色をしていて)、底深く水をたたえた淵のようで(心が吸い込まれそうで)ある。(朝顔(秋)。切れ字は「や」)
解説「澗水(=谷川の水)湛へて藍の如し」と前

書き。色とりどりに咲く朝顔の中で、藍色の一輪は深淵の色のようだ、とする説もある。

あさがみの【朝髪の】《枕詞》寝起きの髪は乱れていることから、「乱る」にかかる。万葉 四・七二四「―思ひ乱れて」

安積山（あさかやま）『地名』歌枕 今の福島県郡山市にある山。安積の沼とともに有名。

あさ-がれひ【朝餉】（名）❶（「大床子の御膳」（＝正式の食事）に対して）天皇の日常略式の食事。朝食とは限らない。源氏 桐壺「物などもきこし召さず、―のけしきばかりふれさせ給ひて」訳（桐壺帝は）食事なども召し上がらず、朝餉にはほんの形だけ箸をおつけになられて。文法「させ給ひ」は、最高敬語。❷「朝餉の間」の略。大鏡 師尹「―のかたに出でさせ給ひて」訳（皇太子は）朝餉の間のほうにお出ましになられて。文法「させ給ひ」は、最高敬語。

あさがれひ-の-ま【朝餉の間】（名）天皇が略式の食事をとる、清涼殿の西の廂にある部屋。

あさ-ぎ（名）❶【浅葱】㋐ねぎの若芽のような淡い青色。藍より薄く、水色より濃い。薄青。枕 三五「二藍の指貫、直衣、―の帷子どもぞすかし給へる」訳（上達部たちは）二藍色（＝紅色がかった青色）の指貫、直衣に、薄青の帷子などを（直衣の下に）透かして（着て）いらっしゃる。⇩巻頭カラーページ10。㋑六位の官人の着る浅葱色の袍。転じて、六位の称。源氏 少女「―にて殿上に帰り給ふを」訳（夕霧が）六位の浅葱姿で殿上の間にお帰りになるのを。❷【浅黄】染め色の一つ。きわめて薄い黄色。

あさ-きた【朝北】（名）朝吹く北風。土佐「―の出で来ぬさきに綱手はや引け」訳朝の北風が吹き出してこない前に、引き綱を早く引っぱれ。

あさ-ぎぬ【麻衣】（名）❶麻の布で仕立てた粗末な衣服。「あさのころも」とも。万葉 九・一八〇七「葛飾の真間の手児奈（＝伝説上のおとめ）が―に青衿（＝青い襟）つけ」❷喪のときに着る麻の衣服。万葉 一三・三三二四「宮の舎人も栲の穂の―着れば」訳宮中の舎人も真っ白な麻の喪服を着ているので。

あさ-ぎよめ【朝浄め】（名）朝の掃除。大鏡 師尹「―つかうまつることなければ、庭の草も茂りまさりつつ」訳（下男が）朝の掃除をお勤め申しあげることがないので、庭の草も茂りはびこり続け。

あさ-ぎり【朝霧】（名）朝、たちこめる霧。秋。万葉 一九・四二二四「―のたなびく田居に鳴く雁を」

あさぎりの【朝霧の】《枕詞》「思ひ惑ふ」「乱る」「おほに（＝ほのかに）」「八重山」などにかかる。万葉 一三・三三四四「―思ひ惑ひて」。万葉 一七・四〇〇八「―乱るる心」。万葉 四・五九九「―おほに相見し人ゆゑに」。万葉 一〇・一九四五「―八重山越えて」

あさ-け【朝明】（名）（「あさあけ」の転）明け方。早朝。万葉 三・三六一「秋風の寒き―をさぬの岡越ゆらむ君に衣貸さましを」訳秋風の寒い明け方をさぬの岡を越えているであろうあの方に、着物を貸せばよかったものを。

あさ-け【朝食】（名）〔後世は「あさげ」。「け」は食事の意〕朝の食事。あさめし。〔新後撰〕夏「山がつの―の煙雲そへて晴れぬ庵の五月雨のころ」訳山に住む人の朝の食事の炊事の煙に雲まで加えて、晴れることのない庵の五月雨のころ（のたたずまい）よ。↔夕食

あざけ・る【嘲る】[一]（他ラ四）｛ら・り・る・る・れ・れ｝嘲笑する。悪く言う。徒然 四一「これを見る人、―・り㊊あさみて」訳これ（＝法師が木の上で居眠りしているさま）を見る人々は、嘲笑しばかにして。[二]（自ラ四）｛ら・り・る・る・れ・れ｝声をあげて詩歌を吟じる。また、あたりかまわず大声をあげる。〔後拾遺〕序「月に―・り㊊、風に―・る㊍こと絶えず」訳（今も昔も）月を見て和歌を詠じ、風の音に興じて和歌を吟じることは絶えず。

あさ-ごほり【朝氷・浅氷】（名）初冬や初春の朝に張る薄い氷。〔源順集〕「―吹き解く風はさむけれど」

あさ-ざ【朝座】（名）《仏教語》法華八講などの法会で、朝行う講座・説経。朝講。源氏 蜻蛉「五日といふ―に果てて、御堂の飾り取りさけ」訳五日目という（日の）朝の講座で（法会も）終わって、御堂の飾りを取りのけ。↔夕座

あさ-さむ【朝寒】（名・形動ナリ）「あさざむ」とも。秋が深くなって、朝の寒さを感じること。また、その寒さ。また、その季節。秋。源氏 野分「今朝の―・なる㊍うちとけわざにや」訳今朝の（急な）肌寒さ（ゆえ）の内輪の仕事であろうか（綿入れを作る準備をしている）。↔夜寒

あさ-さ・る【朝さる】（自ラ四）｛ら・り・る・る・れ・れ｝〔「さる」はその時がくるの意〕朝になる。万葉 一五・三六二七「―・れ㊁ば妹が手にまく鏡なす」訳朝になると妻がその手に（紐を）巻いて持つ鏡のように。↔夕さる

あさ・し【浅し】（形ク）｛から・く（かり）・し・き（かる）・けれ・かれ｝❶（水などの）深さがあまりない。浅い。徒然 五五「深き水は涼しげなし。―・く㊊て流れたる、はるかに涼し」訳深い水は涼しそうでない。浅くて流れているのが、はるかに涼しい。❷考えが浅い。情などが薄い。源氏 若紫「あさか山―・く㊊も人を思はぬになど山の井のかけ離るらむ」訳浅香山の「あさ」ではないが、浅くもあなた（＝紫の上）を思っていないのに、どうして山の井に影が映らないように、あなたは私（＝光源氏）からかけ離れているのだろう。（「かけ離る」は「影離る」との掛詞）❸色が薄い。香りが淡い。源氏 明石「―・から㊌ずしめたる紫の紙に」訳淡くなく香をたきしめた紫色の紙に。❹風情・趣が劣る。平凡だ。源氏 若紫「これはいと―・く㊊侍り」訳これ（＝北山の風情）はたいそう趣がなく平凡でございます。❺地位や家柄が低い。源氏 梅枝「位―・く㊊何となき身のほど」訳（あなた＝夕霧は）位が低くなんということもない身の上。❻学識を必要としない。卑近だ。やさしい。徒然 一三五「ここもとの―・き㊍ことは、何事なりとも明らめ申さん」訳身近で卑近なことは、何事であっても明らかにし申しあげよう。

あさ-じめり【朝湿り】（名）朝、霧や露などで物がしっとりと湿っていること。新古 秋上「うす霧の籬の花の―秋は夕べと誰かいひけん」訳（秋の朝の）薄い霧の中、垣根に咲く花がしっとりと湿っていることよ。秋は夕方（がよいなど）とだれが言ったのだろうか。

あさしもの【朝霜の】《枕詞》朝の霜は消えやすいことから、「消」に、また、地名「御木」にかかる。万葉 七・一三七五「―消やすき命」。〔紀〕景行「―御木のさ小橋」

あさ‐すずみ【朝涼み】(名)❶夏の朝の涼しいころ。源氏 椎本「―のほどに出(い)で給ひければ」訳 (薫(かおる)は)夏の朝の涼しい時分のうちに(京を)お立ちになったので。❷夏の朝、涼しい風に吹かれること。夏。〔七車〕鬼貫「結髪(ゆひがみ)や鏡はなれて―」訳 髪が結いあがり、鏡の前を離れて夏の朝、涼しい風に吹かれることだ。

あさ‐だ‐つ【朝立つ】(自タ四)(た・ち・つ・つ・て・て)朝早く旅立つ。万葉 二〇・四四七四「群鳥(むらとり)の―・ち(用)往(い)にし君が上はさやかに聞きつ思ひしごとく」訳 朝早く旅立って行ったあなたのことは(お元気だと)はっきりと聞いた。思っていたとおりに。(「群鳥の」は「朝立つ」にかかる枕詞)

あさ‐ぢ【浅茅】(名)たけの低い茅萱(ちがや)。「むぐら」「よもぎ」とともに、荒れ果てた場所の描写によく用いられる。枕 一二九「秋ふかき庭の―に、露のいろいろ、玉のやうにて置きたる」訳 秋も深まったころの庭のたけの低い茅萱に、露がさまざまの色に、玉のように光っておりているの(もしみじみとした趣がある)。

あさぢ‐が‐はら【浅茅が原】(名)茅萱(ちがや)の生えている野原。雑草の生い茂った荒れ野をもいう。「あさぢはら」とも。平家 五・月見「古き都を来て見れば―とぞ荒れにける」訳 古い(京の)都に来て見ると、雑草の生い茂った野原となって荒れていたことだ。

あさぢ‐が‐やど【浅茅が宿】(名)茅萱(ちがや)が生い茂って、荒れた家。徒然 一三七「―に昔を偲(しの)ぶこそ、色好むとはいはめ」訳 茅萱の茂った荒れた家で(恋人と逢った)昔を追懐するのを、恋の情趣を解するとはいうのだろう。⇩苫屋(とまや)「慣用表現」

あさぢ‐はら【浅茅原】(名)「あさぢがはら」に同じ。〔紀〕顕宗「倭(やまと)はそそ茅原(ちはら)―弟日(おとひ)、僕(やつこら)ま」訳 大和(やまと)の国は、さやさやと音をたてる茅原、その茅萱(ちがや)の生えている原の若き弟王ぞ、わたくしめは。

あさぢはら【浅茅原】《枕詞》「ちはら」と「つはら」の音の類似から、「つばらつばら(=しみじみ)」にかかる。万葉 三・三三三「―つばらつばらにもの思へば」

あさぢ‐ふ【浅茅生】(名)〔「ふ」は草などの生えている所の意〕茅萱(ちがや)の茂っている所。源氏 桐壺「いとどしく虫の音(ね)しげき―に露おきそふる雲の上人(うへびと)」訳 →いとどしく…和歌

あさぢふの… 和歌《百人一首》

> 序詞
> 浅茅生の　小野(をの)の篠原(しのはら)　忍(しの)ぶれど
> 余(あま)りてなどか　人(ひと)の恋(こひ)しき
> 〈後撰・九・恋一・五七七・源等(ひとし)〉

訳 茅萱(ちがや)の生えている小野の篠原、その「しの」ということばのように、じっとこらえ忍んできたけれど、(あなたへの思いは)外にあふれ出て、どうして(こんなにも)あなたが恋しいのか。修辞 第二句までは「しの」を導きだす序詞。文法 「恋しき」は疑問の係助詞「か」の結びで連体形。解説 「浅茅生の」を枕詞とする説もある。上句は、「浅茅生の小野の篠原忍ぶとも人知るらめや言ふ人なしに」〈古今・恋一〉の表現をふまえている。

あさ‐づきよ【朝月夜】(名)「あさづくよ」に同じ。

あさ‐づくよ【朝月夜】(名)「あさづきよ」とも。❶〔「つくよ」は月の意〕明け方の月。万葉 一・七九「わが宿(ね)たる衣(ころも)の上ゆ―さやかに見れば」訳 私が仮寝している衣の上から照らす明け方の月(の光)ではっきり見ると。❷月の残っている夜明け。万葉 九・一七六一「―明けまく惜しみあしひきの山彦(やまびこ)とよめ呼び立て鳴くも」訳 (鹿は妻と寝ようと)月の残っている夜の明けるのを惜しがって、山にこだまさせて呼び立てて鳴くことだ。(「あしひきの」は「山」にかかる枕詞)

あさ‐つゆ【朝露】(名)朝、草木においた露。消えやすくはかないもののたとえに用いられる。秋。伊勢 五〇「―は消えのこりてもありぬべし誰(たれ)かこの世を頼みはつべき」訳 消えやすい朝露でも(時には)消え残ることもあるにちがいない。(ところが)この(はかない)二人の仲をだれが頼りきることができようか(いや、頼りきることはできない)。

あさつゆの【朝露の】《枕詞》朝露は消えやすいこと、草木におくことから、「消(け)」「命」「おく」にかかる。一説に、比喩または実景とも。万葉 一二・三〇四〇「―消(け)なば消ぬべく」。万葉 一一・二六六六「―命は生けり」。古今 恋三「―おきてわかれし」

あさ‐で【浅手】(名)浅い傷。軽傷。〔太平記〕三六「深手―負はぬ者も無かりければ」訳 重い傷や浅い傷を負わない者もなかったので。

あさ‐と【朝戸】(名)朝、起きて開ける戸。万葉 一〇・二三一八「夜を寒み―を開き出(い)で見れば庭もはだらにみ雪降りたり」訳 夜が寒いので、朝戸を開けて出て(外を)見ると、庭にもうっすらとまだらに雪が降り積もっている。

あさと‐で【朝戸出】(名)朝、戸を開けて家を出ること。万葉 一〇・一九二五「―の君が姿をよく見ずて長き春日を恋ひや暮らさむ」訳 朝、戸を開けて家を出るあなたの姿をよく見ないで、長い春の一日を(あなたを)恋しく思って暮らすことだろうか。

あさとりの【朝鳥の】《枕詞》朝、鳥がねぐらを飛び立ち、あちこち通うことから、「朝立つ」「通ふ」「音(ね)泣く」にかかる。万葉 九・一七八五「―朝立ちしつつ」。万葉 二・一九六「―通はす君が」。万葉 三・四八三「―音のみや泣かむ」

あざ‐な【字】(名)❶中国で、元服のときに実名のほかにつけた名。日本でもその風習にならって、学者・学生(がくしやう)などがつけた。源氏 少女「―つくることは、東(ひむがし)の院にてし給ふ」訳 (夕霧に)字(あざな)をつける儀式は、(二条院の)東の院でとり行いなさる。❷他人が呼びならわしている名。通称。宇治 二・一〇「―袴垂(はかまだれ)となん言はれさぶらふ」訳 (私は)通称は袴垂と言われております。

あさな‐あさな【朝な朝な】(副)毎朝。朝ごとに。「あさなさな」とも。古今 春上「鶯(うぐひす)の鳴くなる声は―聞く」訳 鶯の鳴いているらしい声は毎朝聞くことだ。文法 「鳴くなる」の「なる」は、推定の助動詞。↔夜(よ)な夜(よ)な

あさ‐なぎ【朝凪】(名)朝、風がやんで海上の波が穏やかになること。夏。万葉 四・五〇九「―に水手(かこ)の声呼び夕なぎに梶(かぢ)の音(おと)しつつ波の上をい行きさぐくみ」訳 朝凪に水夫は声をあげ、夕凪には櫓(ろ)の音をしきりに響かせては、波の上を縫って進んで行き。↔夕凪(ゆふなぎ)

あさな‐けに【朝な日に】(副)〔「あさにけに」の転か〕朝に昼に。いつも。〔後撰〕雑二「―世の憂きことを偲(しの)びつつながめせし間に年は経(へ)にけり」訳 朝に昼に俗世がつらいことをくり返し思い出してはぼんやりとものの思いにふけ

っていた間に、年は過ぎてしまったことだ。

あさな-さな【朝なさな】(副)〔「あさなあさな」の転〕「あさなあさな」に同じ。万葉二〇・四四三三「―あがる雲雀(ひばり)になりてしか都に行きてはや帰り来(こ)む」訳朝ごとに上がるひばりになりたいものだなあ。(そうして)都に行ってすぐ帰って来よう。

あざな-ふ アザナ(ノ)ウ【糾ふ】(他ハ四)〔は・ひ・ふ・へ・へ〕二つのものを一つにより合わせる。縄をなう。〔太平記〕三九「吉凶は―・へ(已)る縄のごとく、哀楽(あいらく)時を易(か)へたり」訳吉と凶はより合わせた縄のようなもので、悲しみと楽しみとが交互にやってくる。

あさな-ゆふな ―ユウナ【朝な夕な】(副)朝に夕に。朝晩。万葉一一・二七九八「伊勢(いせ)の海人(あま)の―に潜(かづ)くといふ鰒(あはび)の貝の片思(かたも)ひにして」訳(私の恋は)伊勢の海人が朝に夕に潜ってとるというあわびの貝のように片思いであって。(第四句までは「片思ひ」を導きだす序詞)

あさに-けに【朝に日に】(副)朝ごと日ごとに。いつも。万葉三・三七七「―常に見れどもめづらしあが君」訳朝も昼もいつも見るけれども心ひかれるあなたよ。

あさ-の-ころも【麻の衣】「あさぎぬ①」に同じ。徒然五八「紙の衾(ふすま)、―、一鉢のまうけ、あかざの羹(あつもの)、いくばくか人の費(つひ)えをなさん」訳紙の夜具、粗末な麻の衣服、一鉢の食物、あかざ(=野草の名)の吸い物は、どれだけ人の出費となるだろうか(いや、ごくわずかなものである)。

あさ-はか【浅はか】(形動ナリ)〔なら・なり(に)・なり・なる・なれ・なれ〕❶奥が深くない。奥行きがない。源氏夕霧「―・なる(体)廂(ひさし)の軒は程もなき心地すれば」訳奥行きがない廂の間(ま)の軒は幅もない(=端近(はしちか)な)感じがするので。
❷思慮・愛情・心づかいなどが深くない。軽薄だ。源氏若紫「うちつけに、―・なり(終)と御覧ぜられぬべきついでなれど」訳だしぬけで、軽薄(な申しよう)だと(あなた=尼君が)きっと御覧になるに違いない折であるが。
❸重大でない。源氏須磨「―・なる(体)ことにかかづらひてだに、公(おほやけ)のかしこまりなる人の」訳重大でないことにかかわりを持ってさえ、朝廷のとがめを受けている人が。

あさ-ばかま【麻袴】(名)麻布で作った夏用の質素なはかま。夏

あさ-はふ-る【朝羽振る】朝、鳥が羽ばたくように風や波が立つ。万葉六・一〇六二「浜辺を近み―・る(体)波の音騒(おと)き」訳浜辺が近いので、朝、鳥が羽ばたくように立つ波の音はざわめき。↔夕羽振(ゆふはふ)る

あさひ-こ【朝日子】(名)〔「こ」は親愛の意を表す接尾語〕朝日。朝の太陽。〔古今和歌六帖〕「―が射(さ)すや岡辺の松が枝(え)のいつとも知らぬ恋もするかな」訳朝日が射している岡のあたりの松の枝のように、いつになったら冷めるともわからない恋をすることだよ。(第三句までは「いつとも知らぬ」を導きだす序詞)

あさひなす【朝日なす】《枕詞》朝日のように美しいの意から、「まぐはし(=うるわしい)」にかかる。一説に、枕詞でなく実景とも。万葉一三・三二三四「―まぐはしも夕日なすうらぐはしも」

あさひ-の-しゃうぐん ―ショウグン【朝日の将軍】(名)〔朝日の昇るように栄える将軍の意〕木曾義仲(きそよしなか)(=源義仲)の異称。自称といわれる。平家九・木曾最期「今は見るらん(=見るであろう)、左馬(さま)の頭(かみ)兼(けん)伊予(いよ)の守(かみ)―源義仲ぞや(=だぞ)」

あさ-びらき【朝開き】(名)停泊していた船が、早朝、出港すること。万葉一五・三五九五「―漕(こ)ぎ出て来れば武庫(むこ)の浦の潮干の潟(かた)に鶴(たづ)が声すも」訳朝早く港を出て舟を漕ぎ出してくると、武庫の浦の潮が引いた干潟に鶴の声がすることだ。

あさ-ふ アサ(ソ)ウ【浅ふ】(自ハ下二)〔へ・へ・ふ・ふる・ふれ・へよ〕〔下に完了の助動詞「たり」を伴って〕❶(地位・身分などが)低い。源氏竹河「まだ位なども―・へ(用)たるほどを」訳(蔵人(くろうど)の少将は)まだ位なども低くている状態なので。
❷浅はかである。思慮が足りない。源氏幻「さやうに―・へ(用)たることは、かへりて軽々しきもどかしさなども立ち出(い)でて」訳そのように浅はかであったこと(=軽率な出家)は、かえって軽はずみだという非難なども起こって。

あざ-ふ アザ(ソ)ウ【糾ふ・叉ふ】(他ハ下二)〔へ・へ・ふ・ふる・ふれ・へよ〕組み合わせる。からみ合わせる。〔太平記〕四「筆を抛(なげう)って手を―・へ(用)、座を直し給ふとぞ見えし」訳筆を投げ捨てて手を組み合わせ、居ずまいを正しなさると見えた。

あさ-ぶすま【麻衾】(名)麻布で作った粗末な寝具。夏。万葉五・八九二「寒くしあれば―引きかがふり」訳→かぜまじり…和歌

あさ-ぼらけ【朝朗け】(名)朝、ほのぼのと明るくなったころ。夜明け方。古今冬「―有り明けの月と見るまでに吉野(よしの)の里に降れる白雪」訳→あさぼらけ…和歌。
⇒暁(あかつき)「図解学習」

あさぼらけ… 和歌《百人一首》

> 朝ぼらけ　有(あ)り明(あ)けの月(つき)と　見(み)るまでに
> 吉野(よしの)の里(さと)に　降(ふ)れる白雪(しらゆき)
> 〈古今・六・冬・三三二・坂上是則(さかのうへのこれのり)〉

訳ほのぼのと夜が明けていくころ、有り明けの月(が地上を照らしているのか)と見まちがうほどに、吉野の里に降り積もっている白雪だなあ。
解説大和(やまと)の国へ行ったときに、雪の降るのを見て詠んだ歌。この歌には李白(りはく)の詩「牀前(しゃうぜん)月光を看(み)る、疑ふらくは是(これ)地上の霜かと、頭(かうべ)を挙げて山月を望み、頭を低(た)れて故郷を思ふ」の影響があるといわれる。

あさぼらけ… 和歌《百人一首》

> 朝ぼらけ　宇治(うぢ)の川霧(かはぎり)　たえだえに
> あらはれわたる　瀬々(せぜ)の網代木(あじろぎ)
> 〈千載・六・冬・四二〇・藤原定頼(さだより)〉

訳ほのぼのと夜が明けていくころ、宇治川の川霧がとぎれとぎれになって、(その切れ間から)しだいに広々と現れてくるあちこちの瀬の網代木よ。
解説「網代木」は「網代(=魚をとる仕掛けの一つ)」を支える杭(くい)。

あさ-ま【浅ま】(形動ナリ)〔なら・なり(に)・なり・なる・なれ・なれ〕❶浅い。平家一一・勝浦付大坂越「無下に―・に(用)候ふ。潮の干(ひ)て候ふ時は、陸(くが)と島の間は馬の腹もつかり候はず」訳(海は)非常に浅いのです。潮が引いていますときは、陸と島との間は馬の腹も(海水に)つかりません。
❷あらわだ。奥深くなく、むきだしだ。〔太平記〕三四「今の皇居は余りに―・なる(体)所にて候へば」訳現在の皇居

はあまりに奥深くない所でございますので。
❸浅薄だ。また、粗末だ。〔浮・好色一代男〕「ここで外はよろづ―・に㊞なりぬ」訳ここ(=京都の島原)で遊んだらよそ(の遊里)はすべて粗末になってしまう。

あさま・し（形シク）{しから・しく(しかり)・し・しき(しかる)・しけれ・しかれ}

語義パネル
●重点義　意外で驚きあきれる感じ。
❶**驚きあきれるばかりだ。意外だ。**
❷**興ざめだ。嘆かわしい。情けない。**
❸考えが浅はかだ。**話にならない。**
❹程度がはなはだしい。**ひどい。**見苦しい。
❺みすぼらしい。貧乏である。
❻品性がいやしい。さもしい。

❶(事のよしあしにかかわらず)**驚きあきれるばかりだ。意外だ。**びっくりすることだ。竹取 蓬莱の玉の枝「かく―・しき㊍そらごとにてありければ、はやとく返し給へ」訳このように驚きあきれる作りごとであったのだから、すぐにさっさと(この木を)お返しください。源氏 桐壺「かかる人も世に出でおはするものなりけりと、―・き㊍まで目をおどろかし給ふ」訳このような(すばらしい)人もこの世に生まれていらっしゃるものだったのだと、あきれるほど驚いて目を見張りなさる。
❷**興ざめだ。嘆かわしい。情けない。**徒然 七「世をむさぼる心のみ深く、もののあはれも知らずなりゆくなん―・しき㊍」訳名誉や利益を欲しがる心ばかりが深く、ものの情趣も解さないようになってゆくのは嘆かわしいことだ。文法「なんあさましき」は係り結び。
❸考えが浅はかだ。**話にならない。**更級 物語「夕顔、…浮舟の女君のやうにこそあらめと思ひける心、まづいとはかなく―・し㊎」訳(年ごろになれば)夕顔や、…浮舟の女君のようになるだろうと思っていた(私の)心は、(今思うと)なんといってもまったくたわいがなく浅はかである。文法「こそあらめ」の「め」は推量の助動詞「む」の已然形で、係助詞「こそ」の結び。
❹程度がはなはだしい。**ひどい。**見苦しい。徒然 一五二「むく犬の、―・しく㊞老いさらぼひて、毛はげたるを引かせて」訳むく犬で、ひどく年老いてよぼよぼになって、毛が抜けたのを(人に)引かせて。文法「むく犬の」の「の」は、いわゆる同格の格助詞で、「…で」の意。
❺みすぼらしい。貧乏である。〔浮・西鶴諸国ばなし〕「―・しき㊍身なればとて(=身の上だからといって)、小判一両持つまじき(=持っているはずがない)ものにもあらず」
❻品性がいやしい。さもしい。

慣用表現「驚く」を表す表現
《意外だ》あさまし・覚え無し・思はざる外・思はず・思ひの外・思ほえず・心の外・心より外
《恐れる》色を失ふ・恐る・怖づ・怯ゆ・肝消ゆ・肝潰る・肝を潰す・魂消る・身の毛立つ・身の毛よだつ
《どきどきする》胸潰る・胸走る・胸拉ぐ
ポイント「肝」「魂」「身の毛」を使って「ひどく驚く、恐れる」意を表す表現、「胸」を使って「どきどきする」意を表す表現が作られる。

類語パネル
●共通義　予想外であるさま。

あさまし	物事が予想外で驚きあきれるばかりだ。よい意にも悪い意にも用いられるが、期待に反する結果に落胆する意に用いられることが多い。
めざまし	下位の者の言動・状態が予想外にすばらしい。感嘆の気持ち、気にくわないと思う気持ちの、どちらにも用いられる。

あさまし-が・る（自ラ四）{ら・り・る・る・れ・れ}
〔「がる」は接尾語〕驚きあきれはてる。びっくりする。竹取 燕の子安貝「人々―・り㊞て、寄りて抱へ奉れり」訳(鼎の上に落ちた中納言を)人々はびっくりして、そばに寄って抱きかかえ申しあげた。

あさまし-げ（形動ナリ）{なら・なり(に)・なり・なる・なれ・なれ}
〔「げ」は接尾語〕あきれるほどひどいと感じられるさま。枕 九「―・なる㊍犬の、わびしげなるが、わななきありけば」訳あきれるほどひどい姿をした犬で、つらく苦しそうなのが、ふるえて歩きまわるので。

あさ-まだき【朝まだき】（副）
〔「まだき」は、まだその時期にはなっていない意〕まだ夜の明けきらないころ。朝早く。〔拾遺〕秋「―嵐の山の寒ければ紅葉の錦着ぬ人ぞなき」訳朝早く、嵐山のあたりは山から吹きおろす風で寒いので、散りかかる紅葉を錦の衣として着ない人はいない。(「嵐の山」に山を吹きおろす風の「嵐」を響かせる)

あさ-まつりごと【朝政】（名）
❶朝早く、天皇が正殿に出て、政務をとること。また、天皇の政務。源氏 桐壺「なほ―は怠らせ給ひぬべかめり」訳(桐壺帝は)やはり朝の政務は怠りなさってしまうにちがいないようだ。
❷役人が早朝から執務すること。今昔 二七・九「今は昔、官の司に―といふこと行ひけり」訳今では昔のことだが、太政官で早朝からの執務ということを行っていた。

浅間山（あさまやま）『地名』歌枕
今の長野県・群馬県にまたがる火山。古歌にその噴煙が詠まれた。浅間の山。

あさ-みどり【浅緑】（名）
うすい緑色。また、浅葱色。枕 三〇六「―打ちたるをひきわたしたるやうにて」訳(海面は)うす緑色の、(砧で)打ってつやを出したの(=衣)を一面に張ったようで。

あさみどり… 和歌

浅緑　糸縒り掛けて　白露を
珠にも貫ける　春の柳か
〈古今・一・春上・二七・僧正遍昭〉

訳うす緑色の糸をよりあわせてかけ、白露を玉として貫いている春の柳よ。文法「柳か」の「か」は詠嘆・感動の終助詞。
解説 芽ぶいた柳の枝に白い露が置いている情景。柳の枝を糸に、白露を玉に見立てる。うす緑と白の色彩の対照が鮮やかな歌。

あさみ‐わら・ふ ラ(ロ)ウ―ワ【浅み笑ふ】(他ハ四){は・ひ・ふ・ふ・へ・へ}軽蔑して笑う。ばかにして笑う。更級 初瀬「『あれはなぞ、あれはなぞ』と、やすからず言ひ驚き、ー・ひ用、あざける者どももあり」訳 (物詣でに行くわれわれ一行を)「あれは何だ、あれは何だ」と、不安そうに言って驚き、ばかにして笑い、軽蔑する者たちもいる。

あさ・む(自マ四){ま・み・む・む・め・め}驚きあきれる。びっくりする。宇治 八・三「さて飛び行くほどに、人々、見ののしり、ー・み用騒ぎ合ひたり」訳 そうして(鉢が)飛んで行くから、人々は大騒ぎして見、驚きあきれてわいわい言い合った。

あさ・む【浅む】(他マ四){ま・み・む・む・め・め}あなどる。ばかにする。徒然 四一「これを見る人、あざけりー・み用て、『世のしれ者かな…』と言ふに」訳 これ(=法師が木の上で居眠りしているさま)を見る人々は、そしり笑いばかにして、「この上ないばか者だなあ…」と言うので。

あざむ・く【欺く】(他カ四){か・き・く・く・け・け}❶よくないほうへ誘う。そそのかす。だます。古今 夏「はちす葉の濁りにしまぬ心もてなにかは露を玉とー・く体」訳 →はちすばの…和歌

❷あざける。あなどる。みくびる。平家 一・殿下乗合「かかることよりして、人にはー・か未るるぞ」訳 このような(小さな)ことがもとになって、人には軽く見られるのだぞ。

あさもよし【麻裳よし】《枕詞》麻で作った裳の名産地であったことから、地名「紀(紀国・紀人・紀方)」「城上」にかかる。万葉 九・一六八〇「ー紀へゆく君が」

あさ‐もよひ モヨイ―【朝催ひ】(名)朝食のしたく。また、朝食時。今昔 三〇・一四「ーとはつとめて(=朝早く)物食ふ時を云ふなり」

あざ‐やか【鮮やか】(形動ナリ){なら・なり(に)・なり・なる・なれ・なれ}❶(色・容姿などが)きわだって美しい。美しさが印象的である。枕 二三「うへには濃き綾のいとー・なる体を出だしてまゐり給へるに」訳 上には濃い綾の(衵で)、とても鮮やかなのを出だし衣にして参内なさったところ。

❷(線・形などが)きわだっている。はっきりしている。徒然 二五「行成の大納言の額、兼行が書ける扉、ー・に用見ゆるぞあはれなる」訳 (藤原)行成の大納言の(書いた堂の)額、(源)兼行が書いた扉(の字)が、(今でも)はっきりと鮮明に見えるのが感慨深い。

❸(性質・言動などが)きちんとしている。てきぱきしている。源氏 総角「ー・に用居直り給ひて」訳 (薫は)きちんと居ずまいを正しなさって。

❹新鮮である。生きがいい。今昔 一二・二七「ー・なる体鯔八隻(=ぼらの幼魚八匹)を買ひ取りて」

参考 本来、④の魚や肉の新鮮さに関しては「あざらか」を用いた。「らか」と「やか」の区別が失われ、「あざらか」が消滅して、「あざやか」が新鮮な、の意にも用いられるようになった。

あざ‐や・ぐ【鮮やぐ】㊀(自ガ四){が・ぎ・ぐ・ぐ・げ・げ}❶(色などが)はっきりしていて目立つ。鮮やかになる。きわだつ。源氏 浮舟「侍従も、あやしき褶着たりしを、ー・ぎ用たれば」訳 侍従も、みっともない上裳を着けていたが、(着替えて)はなやかになったので。

❷(態度・動作などが)てきぱきしている。はっきりしている。源氏 宿木「もののしくー・ぎ用て、心ばへもたをやかなる方はなく」訳 (六の君は)おおげさにもったいぶりてきぱきしていて、気立てもしとやかなところはなく。

㊁(他ガ下二){げ・げ・ぐ・ぐる・ぐれ・げよ}鮮やかにする。〔栄花〕ゆふしで「宮たちの御衣ばかりをぞー・げ未させ給ひて」訳 (堀河の女御は)皇子たちのお召し物だけを(喪服の色を改めて)鮮やかなものにさせなさって。

あさ‐ゆふ ユウ―【朝夕】㊀(名)❶朝と夕。朝と晩。源氏 桐壺「ーの宮仕へにつけても、人の心をのみ動かし」訳 (桐壺の更衣は)朝晩の宮仕えにつけても、人の気をもませてばかりいて。

❷朝夕の食事。また、暮らし。生活。

㊁(副)毎日。いつも。徒然 三七「ーへだてなく馴れたる人の」訳 いつもへだてなく馴れている人が。

あさ‐よひ ヨイ―【朝宵】(名)朝と夕。朝晩。万葉 二〇・四四八〇「畏きや天の御門をかけつれば音のみし泣かゆーにして」訳 畏れ多いことだ。天皇を心にかけてお慕いしてしまったので、ただもう泣けてくる、朝晩に。

あさ‐らか【浅らか】(形動ナリ){なら・なり(に)・なり・なる・なれ・なれ}〔「らか」は接尾語〕浅いさま。薄いさま。あっさりしたさま。万葉 一二・二九六六「紅の薄染め衣ー・に用相見し人に恋ふる頃かも」訳 紅花で薄く染めた衣のように、あっさりとした気持ちで会った人に恋いこがれるこのごろであることよ。(第二句までは「浅らかに」を導きだす序詞)

あざ‐らか【鮮らか】(形動ナリ){なら・なり(に)・なり・なる・なれ・なれ}〔「らか」は接尾語〕(魚や肉などが)新鮮である。生きがいい。土佐「ある人、ー・なる体物(=鮮魚)もて来たり(=持ってきた)」→鮮やか 参考

あざらけ・し【鮮らけし】(形ク){から・く(かり)・し・き(かる)・けれ・かれ}(魚や肉などが)新鮮である。〔雨月〕夢応の鯉魚「ー・き体鱠を作らしめ給ふ」訳 新鮮ななますをお作らせになる。

あさり【浅り】(名)海や川の浅い所。浅瀬。著聞 二六「山川のーにならで」訳 山川が浅瀬にならないように、私が阿闍梨(=僧職の一つ)にならないで。(「あさり」は「浅り」と「阿闍梨」との掛詞)

あさり【漁り】(名・他サ変)❶魚介や海藻などをとること。万葉 七・一一六七「ー・す終と磯に吾が見し莫告藻をいづれの島の海人か刈りけむ」訳 漁をするということで、磯で私が見つけたほんだわら(=海藻の一種)を、どこの島の漁師が刈り取ったのだろうか。

❷(動物が)えさをさがすこと。万葉 七・一一六五「夕凪にー・する体鶴潮満てば沖波高み己が妻呼ぶ」訳 夕凪のときに(岸辺で)えさをさがす鶴は、潮が満ちてくると沖の波が高くなるので、自分の妻を呼んでいることだ。

あざり【阿闍梨】(名)「あじゃり」に同じ。源氏 夕霧「ー一人とどまりてなほ陀羅尼読み給ふ」訳 高僧一人が居残って、依然として陀羅尼(=経文の名)をお読みになる。

あさ・る【漁る】(他ラ四){ら・り・る・る・れ・れ}❶(動物が)えさを求める。万葉 八・一四四六「春の野にー・る体雉の妻恋ひにおのがあたりを人に知れつつ」訳 春の野でえさを求めるきじが妻を慕って鳴いて、自分の居場所を人に知られていることだ。

❷(人が)魚介や海藻などをとる。源氏 須磨「伊勢島や潮干の潟にー・り用ても言ふかひなきはわが身なりけり」訳 伊勢の海の潮の引いた干潟で貝拾いをしても何

の貝もないように、(今さら)何を言ってもかいのないものは私の身の上であることよ。(「かひなき」は「貝なき」と「甲斐なき」との掛詞)
❸物をさがし求める。さがし歩く。[徒然] 五四「掘らぬ所もなく山をー・れ(已)ども、なかりけり」[訳] 掘り起こさない所もないくらい山をさがし歩くが、(埋めた箱は)なかった。

あざ・る【狂る・戯る】■一■(自ラ四){ら・り・る・る・れ・れ}《上代語》とり乱して騒ぐ。うろたえる。[万葉] 五・九〇四「神のまにまにと立ちー・り(用)吾乞ひ祈のめど」[訳] (病気が治るのも治らないのも)神様のおぼしめしのままと、立ちうろたえて私は祈願するが。
■二■(自ラ下二){れ・れ・る・るる・るれ・れよ}❶ふざける。[大鏡] 道長上「さらぬ人だに、ー・れ(用)たる物のぞきは、いと便なきことにするを」[訳] それほどでもない人でさえも、ふざけたのぞき見は、たいへん不都合なこととするのに。
❷うちとける。くつろぐ。[源氏] 紅葉賀「ー・れ(用)たる袿姿にて、笛をなつかしう吹きすさびつつ」[訳] (光源氏は)くつろいだ袿姿で、笛を慕わしさをそそるように吹き興じては。
❸風雅だ。しゃれる。[枕] 八七「返しはつかうまつりけがさじ。ー・れ(用)たり」[訳] 返歌は(下手に)おつくり申しあげて(あなたの歌を)けがすまい。(この歌は)しゃれている。

あざ・る【鯘る】(自ラ下二){れ・れ・る・るる・るれ・れよ}魚肉などが腐る。〔紀〕仁徳「海人の苞苴、かよふあひだにー・れ(用)ぬ」[訳] 漁夫のこもに包んだ魚の贈り物が、行き来する間に腐ってしまった。

あざれ-あ・ふ【戯れ合ふ】(自ハ四){は・ひ・ふ・ふ・へ・へ}ふざけ合う。だらしなく乱れ合う。[土佐]「かみ・なか・しも、酔ひ飽きて、いとあやしく、潮海のほとりにてー・へ(已)り」[訳] 上・中・下すべての身分の者が、いやというほど酔っぱらって、まったく不思議なことに、(物の腐るはずのない塩のきいた)海のそばでふざけ合っている。(「あざれ」に魚肉などが腐る意の「鯘る」をかけ、海水の塩分で「あざる」はずがないのに「あざれ合ふ(=ふざけ合う)」としゃれている)。
(名文解説)「戯る(=ふざける)」と「鯘る(=腐る)」の掛詞を用いて、身分の「かみ・なか・しも」を問わずに酔ってふざけ合う人々をおもしろおかしく描いた一文。歌人の紀貫之らしい、和歌の修辞を用いた冗談が「土佐日記」には多く見られる。

あざれ-がま・し【戯れがまし】(形シク){しから・しく(しかり)・し・しき(しかる)・しけれ・しかれ}〔「がまし」は接尾語〕ふまじめなようすである。[源氏] 胡蝶「すきずきしうー・しき(体)今様の人の、便ない事し出でなどする」[訳] 色好みでふまじめそうな当世風の人が、不都合なことをしでかしたりなどするのは。

あざれ-ば・む【戯ればむ】(自マ四){ま・み・む・む・め・め}〔「ばむ」は接尾語〕ふざけているように見える。[源氏] 夕霧「例は、かやうに長居して、ー・み(用)たる気色も見え給はぬを」[訳] (夕霧は)いつもは、このように長居をして、ふざけているようすもお見せにならないのに。

あざ-わら・ふ【あざ笑ふ】(自ハ四){は・ひ・ふ・ふ・へ・へ}❶大声で笑う。高笑いする。[源氏] 手習「われ賢ににうちー・ひ(用)て語るを」[訳] (母尼君が)自分だけが賢そうにちょっと高らかに笑って語るのを。
❷人を軽蔑して笑う。嘲笑する。[宇治] 三・六「『わたうたちこそ、させる能もおはせねば、物をも惜しみ給へ』と言ひて、ー・ひ(用)てこそ立てりけれ」[訳]「おまえさんがたは、これという才能もおありでないから、物をも惜しみなさるのだ」と言って、嘲笑して立っていた。

浅井了意(あさゐれうい)《人名》(一六九二?)江戸前期の仮名草子作者。摂津(大阪府)の人。京都に住み、僧となる。和漢の学や仏教に通じ、著書は「伽婢子」「東海道名所記」「江戸名所記」「浮世物語」など。

あし【足・脚】(名)❶身体を支え、また、歩行に用いる器官。あし。[伊勢] 九「白き鳥の、嘴と足と赤き、鴫の大きさなる」[訳] 白い鳥で、くちばしと足とが赤い鳥で、鴫の大きさである鳥(=都鳥)が。[文法]「白き鳥の」の「の」は、いわゆる同格の格助詞で、「…で」の意。
❷歩くこと。**歩み**。〔うつほ〕春日詣「この御前に遊ばす御琴の音する方に向きて、疾きーをいたして走る」[訳] (忠こそは)この(春日神社の)御前で(あて宮が)お弾きになる御琴の音がする方角に向かって、急ぎの歩みをして走る(=大急ぎで走って行く)。
❸人間や動物の器官としてのあしと、位置や作用が同じようなもの。㋐**物の下の支え**。[源氏] 行幸「かすかなるー弱き車など輪を押しひしがれ、あはれげなるもあり」[訳] みすぼらしい下部(=車輪)がしっかりしていない牛車などは車輪を押しつぶされ、いかにも無残なかっこうのもある。㋑雨脚。[枕] 一九八「雨のー横さまにさわがしう吹きたるに」[訳] 雨脚が横になるほどに(風が)音を立てて吹きつけているときに。㋒船の速度。㋓船の水につかっている部分。喫水。〔義経記〕「〔船の〕ーは浅し」

あし【葦・蘆】(名)植物の名。イネ科の多年草。水辺に生え、秋、細かい紫色の小花からなる大きな穂を出す。よし。[秋]。(葦茂る[夏]・葦の花[秋])。[新古] 春上「夕月夜潮満ち来らし難波江のーの若葉に越ゆる白波」[訳] →ゆふづくよ…[和歌]
[参考] 屋根を葺いたり垣・簾を作ったりするのに用い、また食用や薬用にもされた。昔から難波江の景物として和歌によく詠まれた。「よし」は、「葦」が「悪し」に通じるのを嫌って「良し」に通わせた言い方。

あし【銭】(名)金銭のこと。おあし。[徒然] 五一「多くのーを給ひて、数日に営み出だして」[訳] 多額のお金をお与えになって、(水車を)数日かかって作りあげて。
[参考] 金銭は世に通用して歩き回ることから、「足」の転義として派生した。

あ・し【悪し】(形シク){しから・しく(しかり)・し・しき(しかる)・しけれ・しかれ}

> **語義パネル**
> ●**重点義** 他と比べるまでもなく、絶対的・本質的に悪いさま。
> ❶**悪い。**
> ❷**みにくい。** みっともない。
> ❸**卑しい。** みすぼらしい。
> ❹**不快である。憎い。不都合である。**
> ❺**下手だ。** まずい。
> ❻(天候・性格などが)険悪である。荒々しい。

❶**悪い**。[源氏] 帚木「公私の人のたたずまひ、良き

―・しき(体)ことの目にも耳にもとまるありさまを」訳 公私につけての人のようすや、よいことや悪いことで目にも耳にもとまるふるまいを。
❷**みにくい。**みっともない。徒然 二三二「ある人の子の、見ざまなど―・しから(未)ぬが」訳 ある人の子供で、容姿なども見苦しくない者が。文法「(ある人の)子の」の「の」は、いわゆる同格の格助詞で、「…で」の意。
❸**卑しい。**みすぼらしい。枕 八六「なり―・しく(用)、物の色よろしくてまじらはむは、いふかひなきことなり」訳 身なりがみすぼらしく、衣服の色が平凡な状態で(殿上に)まじわるとしたら、それはつまらないことだ。文法「まじらはむは」の「む」は、仮定・婉曲の助動詞。
❹**不快である。憎い。不都合である。**伊勢 二三「このもとの女、―・し(終)と思へるけしきもなくて、出だしやりければ」訳 この前からの妻は、不快であると思っているようすもなくて、(男を新しい女のもとへ)送り出してやったので。
❺**下手だ。**まずい。枕 一〇三「真名も仮名も―・しう(用)(ウ音便)書くを、人の笑ひなどすれば、隠してなむある」訳 (信経は)漢字も仮名も下手に書くのを、人が笑ったりするので、隠しているのだ。
❻(天候・性格などが)険悪である。荒々しい。更級 富士川「外の海は、いといみじく―・しく(用)波高くて」訳 外海は、たいそうひどく荒々しく波が高くて。

類語パネル

あし	本質的に悪い。だれが見ても悪いと認められ、とても容認できないさま。
わろし	他と比較してよくない。主観的に普通より劣ると評価され、不満が残るさま。
よろし	他と比較して悪くない。まあまあの程度であるさま。
よし	本質的によい。最高度に優れていると認められるさま。

あ-じ【阿字】(名)《仏教語》梵語(=古代インド語)の字音表の第一の文字。宇宙一切は本来、不生不滅、すなわち空であるという奥深い道理を表す文字とされる。方丈 二「額に―を書きて、縁を結ばしむるわざをなんせられける」訳 (隆暁法印は死者の)額に阿の字を書いて、(成仏するための)縁を結ばせる善行をなさった。

(阿字)

あじ【鶍】⇨あぢ

あし-うら【足占・足卜】(名)「あうら」とも。古代の占いの一種。目標までの歩数が奇数か偶数かで物事の吉凶を占ったというが、諸説がある。万葉 一二・三〇〇六「月夜よみ門に出で立ち―してゆく時さへや妹に逢はざらむ」訳 月がよいので門前に出て、(ただ逢いに行くのではなく)歩数による占いをして行く時までも、おまえに逢わないのだろうか。

あし-かき【葦垣】(名)〔後世は「あしがき」〕葦を編んで作った垣。万葉 二〇・四三五七「―の隈処に立ちて我妹子が袖もしほほに泣きしぞ思はゆ」訳 葦を編んだ垣根の陰になるすみの所に立って、かわいいおまえが袖もぐっしょりと濡れるほどに泣いた姿が思われる。

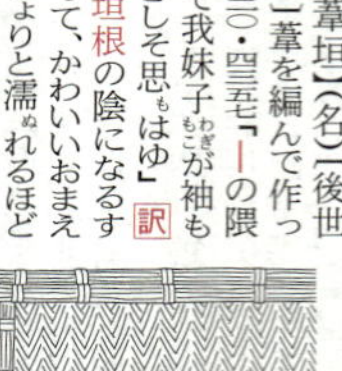
(あしかき)

あしかきの【葦垣の】《枕詞》葦垣は、すぐ古くなり乱れやすいことから「古る」「思ひ乱る」に、間隔をつめて作ることから「間近」に、垣は内と外とを区切ることから「外」に、また、葦の異称「よし」と同音をもつ地名「吉野」にかかる。万葉 六・九二八「―思ひ乱れて」。万葉 一七・三九七七「―古りにし郷と」。万葉 一三・三二七二「―ほかに嘆かふ吾し悲しも」。〔続後撰〕春中「―吉野の山の」

あし-がた【足形】(名)「あしかた」とも。足跡。枕 一〇三「かかる雨にのぼり侍らば、―つきて、いとふびんにきたなくなり侍りなむ」訳 このような雨(の日)に(敷物に)上がりますならば、足跡がついて、とても不都合で、きっと汚くなってしまいましょう。

あしがちる【葦が散る】《枕詞》葦の群生地「難波」にかかる。万葉 二〇・四三六二「―難波に年は経ぬべく思ほゆ」

あし-がなへ【足鼎】(名)底に三本足のついた金属製の釜。食物を煮るのに用いる。徒然 五三「傍らなる―を取りて、頭にかづきたれば」訳 そばにある足のついた鼎を(手に)取って、頭にかぶったところ。

あし-かび【葦牙】(名)葦の若芽。〔記〕上「―の如く萌え騰がる物に因りて」訳 葦の若芽のようにすくすくと芽を吹き出す生命力によって。

あし-がも【葦鴨】(名)(葦の生えている水辺にいるところから)鴨の異名。冬。古今 恋一「―のさわぐ入り江の白波の知らずや人をかく恋ひむとは」訳 鴨の騒ぐ入り江に立つ白波ではないが、知らないのだろうか、(私が)あなたをこのように恋い慕っていようとは。(第三句までは「知らず」を導きだす序詞)

あしがもの【葦鴨の】《枕詞》「うち群れ」にかかる。土佐「―うち群れてこそわれは来にけれ」

足柄(あしがら)《地名》歌枕 今の神奈川県南西部の地名。
足柄山(あしがらやま)《地名》歌枕 今の神奈川県南足柄市にあり、東南は箱根山に連なる山。東西交通の要路にあたる。

あし-かり【葦刈り】(名)葦を刈ること。また、その人。秋。万葉 二〇・四四五九「―に堀江漕ぐなる楫の音は大宮人の皆聞くまでに」訳 葦刈りに(出かけて)、堀江を漕ぐのが聞こえる舟の楫の音は、大宮人が皆聞くほどに(高く響いてくる)。

あしかり-をぶね【葦刈り小舟】(名)葦を刈り取るのに用いる小舟。また、刈り取った葦を運ぶ小舟。〔後撰〕雑四「玉江漕ぐ―さし分けて誰を誰とか我は定めむ」訳 玉江を漕ぐ、刈り取った葦を積んだ小舟が棹をさして葦を分けて進むように、だれをだれと区別して、私は(交際相手を)定めたりしようか(いや、定めたりしない)。(第二句までは「さし分け」を導きだす序詞)

あし-がる【足軽】(名)平安末期から現れた雑兵。武家に雑役などで仕え、戦時には歩兵となった。

あじきなし【味気無し】⇨あぢきなし

あしき-みち【悪しき道】(名)《仏教語》「悪道(あくだう)」の訓読」「あくだう①」に同じ。〔源氏〕帚木「なまうかびにては、かへりて—にも漂ひぬべくぞおぼゆる」〔訳〕(出家しても)なまはんかな悟りであっては、かえって悪道にもさまよってしまうにちがいないと思われる。

あしく【悪しく】〔形容詞「悪(あ)し」の連用形〕まちがえて。下手に。〔徒然〕一〇六「口引きける男、—引きて聖(ひじり)の馬を堀へ落としてげり」〔訳〕(馬の)口(の手綱)を引いていた男が、下手に引いて上人(しやうにん)の馬を堀へ落としてしまった。

あし-げ【葦毛】(名)馬の毛色の名。白毛に黒色・濃褐色の毛のまじったもの。黒葦毛・白葦毛・赤葦毛・連銭(れんぜん)葦毛などがある。〔今昔〕二九・二一「—の馬に乗りて来たる人あらば」

あし-げ【悪し気】(形動ナリ){なら・なり(に)・なり・なる・なれ・なれ}〔「げ」は接尾語〕悪いようす。下手なようす。〔源氏〕夕顔「手は—・なる(体)をまぎらはし」〔訳〕(軒端(のきば)の荻(をぎ)の)筆跡は下手な感じであるのをごまかして。

あし-こ【彼処】(代)遠称の指示代名詞。場所をさす。あそこ。〔梁塵秘抄〕「—に立てるは何人(なにびと)ぞ」〔訳〕あそこに立っているのはだれだ。

あし-ざま【悪し様】(形動ナリ){なら・なり(に)・なり・なる・なれ・なれ}悪いようすである。〔源氏〕総角「—・に(用)は聞こえじ」〔訳〕(匂宮(にほうのみや)との縁談も)悪いようにはとりはからい申しあげないだろう。↔善様(よざま)

あしじろ-の-たち【足白の太刀】(名)足金(あしがね)(=太刀の緒を通す金具)を銀で作った太刀。〔平家〕一一・那須与一「萌黄縅(もよぎをどし)の鎧(よろひ)着て、—をはき(=腰につけ)」

あし-ずり【足摺り】(名)(激しい怒りや悲しみなどで)じだんだを踏むこと。〔伊勢〕六「—をして泣けどもかひなし」〔訳〕(男は)じだんだを踏むことをして泣くけれども、どうしようもない。

あした【朝】(名)❶あさ。〔方丈〕一「—に死に、夕べに生まるるならひ、ただ水の泡にぞ似たりける」〔訳〕朝に死に、(また一方では)夕方に生まれるという(人の)世の常(の姿)は、ちょうど(水面に消えては現れる)水の泡に似ていることだ。↔夕(ゆふ)べ

❷(何か事が起こった次の朝の意にいう)翌朝。あくる朝。〔徒然〕一九「野分(のわき)の—こそをかしけれ」〔訳〕秋の台風の(吹き荒れた)翌朝は趣がある。〔文法〕「こそをかしけれ」は、係り結び。

発展 「あした」は夜の時間の終わり

「あさ」の意に近いが、「あさ」が一日を昼と夜に分けた、昼の時間の始まりを表すのに対して、「あした」は「ゆふべ→よひ→よなか→あかつき→あけぼの→あした」と続く、夜の時間の終わりを表す。⇨暁(あかつき)「図解学習」・朝(あさ)「発展」

あし-だ【足駄】(名)歯のついた木の台に鼻緒(はなを)をすげた履き物。今の下駄(げた)の類。歯の低いものを平足駄(ひらあしだ)、高いものを高足駄という。

あし-だか【足高】(形動ナリ){なら・なり(に)・なり・なる・なれ・なれ}足が長く見えるさま。〔枕〕一五一「鶏のひなの、—・に(用)、白うをかしげに」〔訳〕鶏のひなが、足長で、白くかわいらしいようすで。

あし-だち【足立ち】(名)足が立つ所。足場。〔平家〕一一・勝浦付大坂越「馬(むま)の—、鞍爪(くらづめ)浸るほどにならば」〔訳〕馬の(立つ)足場が、鞍の下端が(水に)浸るほどになったら。

あし-たづ【葦鶴】タズ(名)(葦の生えている水辺にいるところから)鶴(つる)の異名。〔万葉〕六・九六一「湯の原に鳴く—は我(あ)がごとく妹(いも)に恋ふれや時わかず鳴く」〔訳〕湯の原で鳴く鶴は、私のように妻を恋しく思っているからか、時を選ばず鳴いていることだ。

あしたづ-の【葦鶴の・葦田鶴の】アシタズノ《枕詞》「音(ね)なく」にかかる。〔万葉〕三・四五六「—音(ね)のみし泣かゆ」

あした-の-つゆ【朝の露】朝、草葉などに置く露。はかなく消えやすいもののたとえに用いる。〔源氏〕夕顔「—に異(こと)ならぬ世を」〔訳〕朝の露に変わらぬ(はかない)この世なのに。

あした-ゆふべ【朝夕べ】ユウベ 朝夕(あさゆふ)。いつも。常々。〔堤〕虫めづる姫君「この虫どもを—に愛し給ふ」〔訳〕(姫君は)この数々の虫を朝夕にかわいがりなさる。

あし-で【葦手】(名)〔「手」は筆跡で、葦のように書いた筆跡の意〕「葦手書き」の略。平安時代に行われた仮名書き書体の一つ。水の流れを絵に描き、そばに歌を草仮名(さうがな)で葦の生い茂っているように細く書いたもの。のちには石・家・鳥などの形にもかたどって書いた。〔源氏〕梅枝「—の冊子(さうし)どもぞ、心ごころにはかなうをかしき」〔訳〕葦手書きのいくつかの冊子は、思い思いで(=おのおの思うままに書いてあって)、どこということもなく趣がある。

(あしで)

あして-かげ【足手影】(名)〔「かげ」は姿・形の意〕❶手足の影。すがた。面影。〔謡・隅田川〕「都の人の—も懐(なつ)かしう候へば」〔訳〕都の人の手足の影でも懐かしゅうございますので。
❷(「人の足手影」の形で)人の往来の激しい所。〔浮・西鶴織留〕「諸国の城下、又は入り舟の湊(みなと)などは、人の—にて、さまざますぎはひの種もあるぞかし」〔訳〕諸国の城下町、または舟が入る港などは、人の往来が激しい所であって、いろいろ生計を立てる手段もあるものだよ。

あし-なが【足長】(名)足が非常に長いという、想像上の人物。〔枕〕二三「清涼殿(せいりやうでん)の丑寅(うしとら)のすみの、北のへだてなる御障子(みさうじ)は、…手長—などをぞ書きたる」〔訳〕清涼殿の北東のすみの、北の端に仕切りとして立ててある御衝立障子(おついたてさうじ)には、…手長や足長などを描いてあるのが。→手長(てなが)・荒海(あらうみ)の障子(さうじ)

あし-な-る【足馴る】歩くことに慣れている。〔源氏〕玉鬘「少し—・れ(用)たる人は、とく御堂(みだう)に着きにけり」〔訳〕いくらか歩き慣れている人(=右近(うこん))は、早くも(長谷寺(はせでら)の)ご本堂に着いてしまった。

あしねはふ【葦根はふ】アシネハ(ホ)ウ《枕詞》「下(した)」にかかる。〔拾遺〕雑下「—下にのみこそしづみけれ」

あし-の-かりね【葦の仮寝】〔葦の「刈り根」を「仮

寝」の意にかけたもの〕ちょっと寝ること。かりそめに一夜を過ごすこと。〔千載〕恋三「難波江の―の一よゆゑみをつくしてや恋ひわたるべき」訳→なにはえの…和歌

あし-の-け【足の気】足の病気。特に、脚気。源氏夕霧「―ののぼりたる心地す」訳脚気が(頭に)のぼった気がする。

あし-の-つの【葦の角】(動物の角に似ていることから)葦の若芽。葦かび。「あしづの」とも。〔太祇句選〕太祇「見え初めて夕潮満ちぬ―」訳(萌え出た姿が)見え始めた所に、夕方の満ち潮がひたひたと打ち寄せて来たことだ、その葦の若芽に。

あしのねの【葦の根の】《枕詞》音から「ねもころ」に、意味から「短き」「うき(泥土・憂き)」、節と節の間の意の「よ」と同音の「夜」「世」にかかる。万葉七・一三二四「―ねもころ思ひて」。〔続後撰〕夏「―短き夜半の」。〔後拾遺〕恋四「―うき身のほどと知りぬれば」。〔後撰〕恋四「―夜の短くて」

あし-の-ふし-の-ま【葦の節の間】(葦の節と節との間が短いことから)時間の短いことのたとえ。短い期間。新古恋一「難波潟短き―も逢はでこの世を過ぐしてよとや」訳→なにはがた…和歌

あし-の-まろや【葦の丸屋】葦で屋根を葺いた粗末な小屋。葦の屋。〔金葉〕秋「夕されば門田の稲葉おとづれて―に秋風ぞ吹く」訳→ゆふされば…和歌。⇩苫屋「慣用表現」

あし-の-や【葦の屋】「あしのまろや」に同じ。伊勢八七「―の灘の塩焼きいとまなみつげの小櫛もささず来にけり」(新古今・雑中にも所収)訳葦で屋根を葺いた粗末な小屋のある蘆屋灘の塩を焼く仕事は、暇がないので、黄楊の小櫛もささないで来てしまったことだ。(「あしのや」に地名「蘆屋」をかける)

あし-はら【葦原】(名)葦の生い茂っている広い原。〔記〕中「―のしけしき(=荒れた)小屋に」

あしはら-の-なかつくに【葦原の中つ国】〔高天原から見て、黄泉の国との中間にあり、葦の生い茂る未開の国の意〕現実の地上世界。また、日本国の異称。〔記〕上「―にあらゆるうつしき青人草の」訳日本国に住むすべての生きている人民の。⇩大八州「慣用表現」

あしはら-の-みづほ-の-くに【葦原の瑞穂の国】〔高天原から見て、葦原にあるみずみずしい稲穂の実る国の意〕日本国の異称。万葉一八・四〇九四「―を天降り領らしめしける天皇の神の命の」訳日本国を天から降りてお治めになった皇祖の神々が。⇩大八州「慣用表現」

あし-び【葦火】(名)「あしひ」とも。干した葦を燃料として燃やす火。万葉一一・二六五一「難波人―焚く屋の煤してあれど己が妻こそ常めづらしき」訳難波の人が葦火をたく家のように、すすけてはいるけれども、自分の妻はいつまでもかわいいことよ。(第二句までは「煤して」を導きだす序詞)

> **発展　葦火を焚く家の妻**
> 古代では、「照る・かかやく・かがよふ(=きらめく)・光る・にほふ(=照り輝く)」などの語で美しさが語られる。古代人にとっては、あたりを明るくするようなはなやかな美しさこそが理想のものだったのだろう。だからこそ、前項の用例に引いた「万葉集」の歌が胸を打つ。難波の葦を燃料に煮炊きをする煙で家がすすけるように、妻は顔がすすけて身づくろいもしていないが、そのためにかえっていっそういとしいのである。

あしび【馬酔木】(名)あせび(=木の名)。春、つぼ形の白い小花をふさ状につける。葉に毒素があって、牛馬が食うと中毒する。あせみ。春。万葉二〇・四五一二(?)「磯の上におふる―を手折らめど見すべき君がありと言はなくに」訳→いそのうへに…和歌。⇩巻頭カラーページ8

あしひきの【足引きの】《枕詞》〔上代は「あしひきの」、のち「あしびきの」とも〕「山」「峰」、また、山と同義の「尾の上」「やつを」に、さらに、「あしひきの山の」の意で「岩根」「岩」「木」「あらし」「野」「遠面」にかかり、のちには固有の山の名「葛城山」「笛吹山」「岩倉山」などにもかかる。万葉一七・三九二五「―山谷越えて」。万葉一九・四一五一「―峰の上の桜」。〔夫木〕雑二「―笛吹山の」。万葉一一・二六七九「―あらし吹く夜は」。

あしひきの…和歌

> 枕詞
> あしひきの　山川の瀬の　響るなへに
> 弓月が嶽に　雲立ち渡る
> 〈万葉・七・一〇八八・柿本人麻呂歌集〉

訳山中の川の瀬音が激しくなるにつれて、弓月が嶽一帯に雲がわき立っていく。修辞「あしひきの」は「山」にかかる枕詞。

解説ここの「山川」は、今の奈良県桜井市を流れる穴師川のこと。巻向川ともいう。「弓月が嶽」は巻向山の峰。第三句は水量の増したことをいう。

あしひきの…和歌《百人一首》

> 枕詞　序詞
> あしひきの　山鳥の尾の　しだり尾の
> ながながし夜を　ひとりかも寝む
> 〈拾遺・一三・恋三・七七八・柿本人麻呂〉

訳山鳥の長く垂れさがった尾のように長い長い秋の夜を、たったひとりでさびしく寝るのだろうかなあ。修辞「あしひきの」は「山」にかかる枕詞。第三句までは「ながながし」を導きだす序詞。文法「ながながし」は、上代の語法で、終止形(厳密には語幹にあたる)を体言に付け複合名詞としたもの。「ひとりかも寝む」の「か」は、疑問の係助詞で、結びは「む」。

解説山鳥は谷をへだてて雌雄別々に寝ると考えられており、この序詞が独り寝のわびしさを象徴している。夜長といえば、秋。恋人と逢えないさびしさは、いっそううつり、秋の夜がさらにさらに長く感じられるのである。

あしひきの…和歌

> 枕詞
> あしひきの　山の雫に　妹待つと
> あれ立ち濡れぬ　山の雫に
> 〈万葉・二・一〇七・大津皇子〉

訳 山の木々からしたたり落ちるしずくで、あなたを待とうと私は立っていてすっかり濡れてしまった。山の木々のしずくで。修辞「あしひきの」は「山」にかかる枕詞。解説 作者が石川郎女とひそかに逢っていたときの歌。第四句に、待つ身のつらさが訴えられていると共に、待った時間の長さが示されている。

あしびなす【馬酔木なす】《枕詞》馬酔木の花がこぼれるばかりに咲くようすから「栄ゆ」にかかる。万葉 七・一一二八「―栄えし君が掘りし井の」

あし-ぶみ【足踏み】(名)(舞などの)足の運び。また、足で拍子をとること。枕 一四二「―を拍子(=笏拍子)にあはせて…うたひて舞ひたるは」

あし-べ【葦辺】(名)古くは「あしへ」とも。葦の生えている水辺。万葉 六・九一九「若の浦に潮満ち来れば潟を無み―をさして鶴鳴き渡る」訳→わかのうらに…和歌

あしへゆく… 和歌

> 葦辺ゆく　鴨の羽がひに　霜降りて
> 寒き夕へは　大和し思ほゆ
> 〈万葉・一・六四・志貴皇子〉

訳 葦の茂っている水辺を行く鴨の翼に霜が降りて、(そんな)寒い夕暮れは、(郷里の)大和が思い出されてならないことだ。文法「大和し」の「し」は、強意の副助詞。解説 文武天皇の難波の宮への行幸に随行して詠んだ歌。難波は沼沢地で、葦が多く生い茂っていた。

あじ-ほんふしょう【阿字本不生】(名)《仏教語》「あじほんぷしゃう」「あじほんぶしゃう」とも。密教の根本の教えで、万物は生ぜず、滅せず、その本質は空であるという真理を、「阿字(=梵語の第一字母)」が象徴していること。徒然 一四四「こはめでたきことかな。―にこそあなれ」訳 これは結構なことだなあ。(唱えているのは)阿字本不生であるようだ。

あし-ま【葦間】(名)葦の茂みの間。新古 雑上「住む人もあるかなきかの宿ならし―の月のもるにまかせて」訳 住む人もいるかいないかわからないほど荒れている宿であるらしい。葦の茂みの間からもれてくる月の光が守るのにまかせて。(「もる」は「洩る」と「守る」との掛詞)

あし-まゐり【足参り】(名)→みあしまゐり

あしみ-す【悪しみす】(自サ変){せ・し・す・する・すれ・せよ}(気分などが悪くなる。土佐「おきなびとひとり、たうめひとり、あるがなかに心地―・し(用)て」訳 おじいさん一人と、おばあさん一人とが、この一行の中で気分が悪くなって。

あし-もと【足下・足元】(名)❶足のあたり。古今 仮名序「遠き所も、出で立つ―よりはじまりて」訳 遠い所へも、出発する足もとの第一歩から始まって。❷身のまわり。手近なところ。浄・鑓の権三重帷子「然らば―の妻敵なぜ討たぬ」訳 それなら身近にいる妻と密通した男をどうして討たないのか。❸足の運びぐあい。足つき。謡・遊行柳「ただよふ―も、よろよろ弱々と」訳 ただよい歩く足つきもよろよろと弱々しく。

蘆屋《地名》今の兵庫県芦屋市。「万葉集」の菟原処女の伝誦歌で知られる。

あじゃら-く【戯く】(自カ下二){け・け・く・くる・くれ・けよ}ふざける。おどける。難波土産「昔のやうなる子供だましの―・け(用)たることは取らず(=承知しない)」

あじゃり【阿闍梨】(名)《梵語の音訳》(「手本」「規範の師」の意)「あざり」とも。❶弟子を導き、その師範となる徳の高い僧。❷天台宗・真言宗で、僧職の一つ。細道 出羽三山「坊に帰れば、―のもとめによって、三山巡礼の句々短冊に書く」訳 宿坊に帰ると、阿闍梨の依頼で、三山を順に参拝してできた句々を短冊に書く。❸修法(=加持・祈禱)を行う導師。

あしゅら【阿修羅】(名)《梵語の音訳》「あすら」とも。帝釈天と戦う悪神。また、その住む所。のち、仏法の守護神となる。略して「修羅」ともいう。

あしらふ(他ハ四){は・ひ・ふ・ふ・へ・へ}❶取り扱う。待遇する。応対する。浮・好色一代男「もとより商ひの得意ことさらに―・ひ(用)」訳 もとより商売上のお得意を格別に応対し。❷景物や料理をとり合わせる。配合する。

あ-じろ【網代】(名)〔「あ」は網、「しろ」は代わりで、網の代わりの意〕❶氷魚(=鮎の稚魚)などをとる仕掛け。晩秋から冬にかけて、川の瀬に杭を打ち、網の代わりに竹・柴などを編んで並べ、その一端に簀をつけてとる。宇治川にかけたものが名高い。図。枕 二三「すさまじきもの　昼ほゆる犬、春の―」訳 不調和で興ざめなもの、昼ほえる犬、春の(=春に仕掛けてある)網代。❷檜・竹・葦などを薄く削って、縦横または斜めに編んだもの。笠・屏風・車の屋形・輿・うちわ・垣根・天井などに張る。❸「網代車」の略。

(あじろ①)

(あじろ②)

あじろ-ぎ【網代木】(名)「あじろき」とも。「あじろ①」を支えるために打つ杭。図。万葉 三・二六四「もののふの八十氏河の―にいさよふ波のゆくへ知らずも」訳→もののふの…和歌

あじろ-ぐるま【網代車】(名)牛車の一種。「あじろ②」を屋形に張ったもの。大臣・納言・大将などが略式・遠出用とし、四位・五位以下が常用した。

あじろ-びと【網代人】(名)夜、かがり火をたいて「あじろ①」の番をし、魚をとる人。網代守り。万葉 七・一一三五「―舟呼ばふ声をちこち聞こゆ」訳 網代で魚をとる人の舟を呼び続ける声が、あちこちで聞こえる。

あじろ-びょうぶ【網代屏風】(名)「あじろ②」を

張った屛風。源氏 浮舟「―など、御覧じも知らぬしつらひにて」訳（その家は）網代屛風など、（匂宮(にほうのみや)が）ご覧になったこともない調度類で。

あしわけ-をぶね(オブネ)【葦分け小舟】（名）葦の生い茂っている間を押し分けて漕いで行く小舟。万葉 一一・二七四五「みなと入りの―障(さは)り多みあが思ふ君に逢(あ)はぬころかも」訳 港にはいる葦の間を押し分けて漕いで行く小舟のように、障害が多いので、私が恋しく思うあなたに逢うことのないこのごろだよ。（第二句までは「障り多み」を導きだす序詞）

あし-を-そら【足を空】あわてて足が地に着かないさま。徒然 一九「ことことしくののしりて、―にまどふが」訳 大げさにわめき立てて、足も地に着かないほどあわてたようすであちこち走りまわるのが。

あ-す（自サ下二）〔せ・せ・す・する・すれ・せよ〕❶【浅す】海や川などが浅くなる。水がかれる。［金槐集］「山はさけ海は―せ(用)なん世なりとも君にふた心わがあらめやも」訳 たとえ山が裂け海が浅くなってしまうような世であるとしても、上皇に背く心を私が持つことがあろうか（いや、決して持たない）。文法「あせなん」の「な」は、助動詞「ぬ」の未然形で、ここは確述の用法。
❷【褪す】色などが淡く、さめてくる。影などが薄くなる。源氏 桐壺「結びつる心も深き元結(もとゆ)ひに濃き紫の色し―せ(未)ずは」訳（娘＝葵(あおい)の上と光源氏との末長い縁を約束した心を（私＝左大臣が）深く結びこめたこの元結いの、濃い紫の色がさめない（ように光源氏の心が変わらない）ならば（うれしい）。文法「色し」の「し」は強意の副助詞。「ずは」は、打消の順接の仮定条件を表す。

明日香（あすか）『地名』歌枕（「飛鳥」とも書く）今の奈良県高市(たかいち)郡明日香村付近一帯の地。北に大和(やまと)三山があり、中央部を飛鳥川が流れる。推古天皇以後八世紀初めまで約百年間、皇居が置かれた。「明日香」にかかる枕詞「飛ぶ鳥の」から、「飛鳥」の字をあてる。

飛鳥川（あすかがは アスカガワ）『地名』歌枕 今の奈良県高市(たかいち)郡南部の高取山に源を発し、明日香(あすか)地方を貫流して大和(やまと)川に注ぐ川。古来、淵瀬(ふちせ)の定まらないことで知られ、世の無常にたとえて歌に詠まれた。

あずかる【与る・預かる】⇨あづかる

飛鳥井雅経（あすかゐまさつね アスカイマサツネ）『人名』→藤原雅経(ふぢはらのまさつね)

あす-しら-ぬ【明日知らぬ】明日はどうなるかわからない。古今 哀傷「―我が身と思へど暮れぬ間(ま)の今日は人こそかなしかりけれ」訳 明日の命はわからない我が身と思うけれども、日が暮れない間の今日（のこの日）は、（亡くなった）あの人のことが悲しく思われることだ。

あす-とて-の【明日とての】明日何事か行われるという、その前日の。源氏 宿木「―日、藤壺(ふぢつぼ)に上(うへ)渡らせ給ひて」訳（薫(かおる)の住む三条宮へのお渡りは）明日という、その前日の日、（女二の宮の住まう）藤壺（＝飛香舎(ひぎょうしゃ)）に（父の帝(みかど)が）お越しになられて。
なりたち 名詞「明日」＋格助詞「とて」＋格助詞「の」

あす-は-ひのき【明日は檜・翌檜】（名）〔「明日は檜になろう」の意〕檜に似た常緑樹の名。翌檜(あすなろ)。枕 四〇「なにの心ありて―とつけけむ」訳 どういうつもりがあってあすはひのきと名をつけたのだろう。

あずま【東】⇨あづま

あすら【阿修羅】（名）「あしゅら」に同じ。

あ-せ【吾兄】（代）男子を親しんで呼ぶ語。多く、間投助詞「を」を伴い、歌謡のはやしことばとして用いられる。〔記〕中「尾津の崎なる一つ松、―を」訳 尾津の岬にある一本松、あなたよ。

あぜ【何】（副）《上代東国方言》❶なぜ。どうして。❷どう。どのように。万葉 一四・三五一七「白雲の絶えにし妹(いも)を―せろと心に乗りてここばかなしけ」訳（仲の）絶えてしまったあの娘なのに、どうしろというのか、心にかかってひどく悲しいことよ。（「白雲の」は「絶ゆ」にかかる枕詞）

あぜ-くら【校倉】（名）「あぜぐら」とも。上代建築の一様式。断面が三角形の長い木材を井桁に組んで外壁とした、高床の倉。東大寺正倉院などに見られる。

（あぜくら）

あぜち【按察使】（名）奈良時代に設けられた官職。地方行政を監督・視察した。畿内・西海道を除く諸国に置かれたが、平安時代以降は陸奥(むつ)（青森・岩手・宮城・福島県）・出羽(でわ)（秋田・山形県）を主とした。のち、名義ばかりとなり、大・中納言の兼官となった。

あせ-は-つ【褪せ果つ】（自タ下二）〔て・て・つ・つる・つれ・てよ〕すっかり荒れる。すっかり衰える。徒然 二五「かばかり―て(未)んとはおぼしてんや」訳（法成寺(ほうじょうじ)がこれほどすっかり荒れるだろうとは（道長は）お思いになったであろうか（いや、お思いにならなかったにちがいない）。

あそ-こ【彼処】（代）遠称の指示代名詞。あの所。あそこ。平家 九・老馬「源氏は、―に陣取って」

あそば-か-す【遊ばかす】（他サ四）〔さ・し・す・す・せ・せ〕（「かす」は接尾語）遊ばせる。今昔 二七・二九「若君を―し(用)奉りつる程に」訳 若君を遊ばせ申しあげていたところ。

あそば-す【遊ばす】（他サ四）〔さ・し・す・す・せ・せ〕〔動詞「遊ぶ」の未然形「あそば」に上代の尊敬の助動詞「す」の付いたもの〕❶遊宴・狩猟・管弦・詩歌・碁(ご)などの遊びをする意の尊敬語。なさる。お弾きになる。お詠みになる。源氏 若紫「ただ御手ひとつ―し(用)て、同じうは、山の鳥も驚かし侍らむ」訳（琴を）ほんのご一曲お弾きになって、同じことなら、山の鳥も驚かしましょう。文法「侍らむ」の「む」は勧誘の助動詞。大鏡 兼通「和歌などこそ、いとをかしく―し(用)しか」訳（朝光(あさてる)は）和歌などを、たいへん趣深くお詠みになった。文法「しか」は、過去の助動詞「き」の已然形で、係助詞「こそ」の結び。
❷広くいろいろな動作をする意の尊敬語。なさる。お…になる。平家 四・源氏揃「御手跡(しゅせき)うつくしう―し(用)、御才学(さいかく)すぐれてましましければ」訳（高倉宮以仁王(もちひとおう)は）ご筆跡も立派にお書きになり、ご学問もすぐれていらっしゃったので。
参考 ①は上代・中古の用法。②は中世以降の用法で、尊敬の助動詞「る」が付いた「あそばさる」も用いた。

あそば-す【遊ばす】（補動サ四）〔さ・し・す・す・せ・せ〕〔動詞「遊ばす」から〕（多く、接頭語「お」を付けた動詞の連用形、あるいは名詞(漢語)に付いて)尊敬の意を表す。お…になる。…なさる。〔浄・女殺油地獄〕「あれへお通り―・せ㊀」訳 あそこへお通りなさってください。参考 近世からの用法。

あそび【遊び】(名)

> **語義パネル**
>
> ●重点義　**心楽しく時を過ごすこと。**
> 何によって心楽しく時を過ごすかは時代によって異なる。上代では①、中古では②。
>
> ❶神事としての芸能・狩り。行楽。遊宴。
> ❷**管弦のあそび**。また、詩歌・舞などで楽しむこと。遊興。
> ❸「遊び女」の略。

❶神事としての芸能・狩り。行楽。遊宴。万葉 五・八三五「春さらば逢はむと思ひし梅の花今日の―に相見つるかも」訳 春になったなら逢おうと思っていた梅の花よ、(その梅の花に)今日の宴で逢ったことよ。

❷**管弦のあそび**。また、詩歌・舞などで楽しむこと。遊興。源氏 桐壺「かうやうの折は、御―などせさせ給ひしに、心ことなる物の音をかき鳴らし」訳 このような(夕月の美しい)ときには、(桐壺帝は)管弦の御遊びなどをなされたが、(桐壺の更衣は)格別趣深い琴の音を弾き鳴らして。文法「せさせ給ひ」の「させ」は、尊敬の助動詞。

❸「遊び女」の略。更級 足柄山「ふもとに宿りたるに、…―三人、いづくよりともなく出で来たり」訳 (足柄山の)ふもとに宿泊したところ、…遊び女が三人、どこからともなく出て来た。

あそび-がたき【遊び敵】(名)遊び相手。遊び友達。源氏 若紫「御―の童べ、児ども」訳 (若紫の)お遊び相手の女の子や子供らは。

あそび-ぐさ【遊び種】(名)遊びの材料。また、遊び相手。源氏 桐壺「いとをかしう打ち解けぬ―に誰も誰も思ひ聞こえ給へり」訳 (若宮=光源氏のことを)たいそうかわいらしく(しかも一方では)気の許せない遊び相手として、どなたもどなたもお思い申しあげていらっしゃる。

あそび-な・る【遊び馴る・遊び慣る】(自ラ下二){れ・れ・る・るる・るれ・れよ}遊んで物や人になじむ。遊び慣れる。更級「年ごろ―・れ㊀つるところを、あらはにこぼち散らして」訳 数年来遊び慣れた所(=家)を、外からすっかり見えるようにこわし散らかして。

あそび-ののし・る【遊び罵る】(自ラ四){ら・り・る・る・れ・れ}〔「ののしる」は、大声をあげて騒ぐ意〕遊び騒ぐ。音楽を演奏し、歌い騒ぐ。源氏 末摘花「今年、男踏歌あるべければ、例の所々―・り㊀給ふに」訳 今年は男踏歌があることになっているので、いつものように方々で管弦を演奏し、歌い騒ぎなさ(って練習す)るので。

あそび-ひろ・ぐ【遊び広ぐ】(他ガ下二){げ・げ・ぐ・ぐる・ぐれ・げよ}遊び道具などをいっぱいに広げて遊ぶ。源氏 紅葉賀「所せきまで―・げ㊀給へり」訳 (若紫は)部屋いっぱいになるほど(人形の御殿を)広げて遊んでいらっしゃる。

あそび-ほふし【遊び法師】(名)歌舞音曲を業とする僧侶。徒然 五四「能ある―どもなど語らひて」訳 才能ある遊芸を演ずる僧侶らなどを仲間に引き入れて。

あそび-め【遊び女】(名)歌舞音曲などで遊興の相手をした女。遊女。うかれめ。遊び者。「あそび」とも。

あそび-めぐ・る【遊び回る】(自ラ四){ら・り・る・る・れ・れ}遊びまわる。徒然 五四「〔法師たちは〕うれしと思ひて、ここかしこ(=あちらこちらと)―・り㊀て」

あそび-もの【遊び物】(名)❶遊び道具。おもちゃ。源氏 若紫「をかしき絵、―ども取りにつかはして見せ奉り」訳 (光源氏は)おもしろい絵やおもちゃをあれこれ取りに(使いを)おやりになって(若紫に)お見せ申しあげ。❷楽器。源氏 常夏「多くの―の音、拍子をととのへとりたるなむいとかしこき」訳 (和琴は)たくさんの楽器の音色や、拍子をうまく合わせる点がまったくすばらしい。

あそび-もの【遊び者】(名)「あそびめ」に同じ。平家 一・祇王「―の推参は常の習ひでこそ候へ」訳 遊女がおしかけて参るのはよくある習慣でございます。

あそび-わざ【遊び業】(名)遊びごと。なぐさみごと。枕 二二五「―は　小弓。碁。さまあしけれど、鞠もをかし」

> **古語ライブラリー②　活用形の名称**
>
> ◇めづらしき君が来まさば鳴けと言ひし山ほととぎす何か来鳴かぬ　〈万葉 一八・四〇五〇〉
>
> 右の用例「鳴け」は、ほととぎすに命じたというのだから、活用形が命令形だというのはよくわかる。だが、「何か来鳴かぬ」の「鳴か」は打消の助動詞「ず」の連体形「ぬ」に接続しているから、否定形とか打消形とかいうのならいいが、未然形だといわれると、どうしてだろうと感じるのではないか。
>
> ◇わが背子が国へましなば(=おいでになってしまったら)ほととぎす鳴かむ五月はさぶしけむかも　〈万葉 一七・三九九六〉
>
> この用例のように、「鳴か」は推量の助動詞に接続して「鳴かむ」の形でも用いられる。「鳴かむ」であれば、これから鳴こうとするのであるから、「鳴か」の形は将来のことをいう語形だということになる。推量形とか未来形とかと呼ばなければならないのではないか。
>
> さらに、「鳴か」には、「鳴かまし／鳴かば／鳴かなむ」などの用法も見られる。そのような用法のなかから「鳴かむ／鳴かず」に代表される用法をとらえて名づけたのが「未然形」という名称なのだ。
>
> 「鳴かず」という用法に注目すれば、否定形・打消形でもよいだろうが、「鳴かむ」の場合は否定ではない。将来そうなるということなのだ。だが、将来そうなるということは、今はまだそうなっていないということでもある。「鳴かず」にしても、まだ「鳴く」という状態になっていないと見ることができる。「未然形」であれば、「鳴かず／鳴かむ」のどちらにもあてはまる。
>
> 未然・連用・終止・連体・已然・命令という名称は、それぞれの活用形の用法の一端に注目して名づけられたものなのである。
>
> ⇩八三ページ③

し」訳 遊びごとは、小弓(がおもしろい)。碁(もよい)。かっこうは悪いけれども、蹴鞠も趣がある。

あそびをせんとや… 歌謡

> 遊びをせんとや　生まれけん　戯れせんとや　生まれけん　遊ぶ子供の　声聞けば　我が身さへこそ　ゆるがるれ
> 〈梁塵秘抄・二・雑・三五九〉

訳 (子供は)遊びをしようということで生まれてきたのだろうか、戯れをしようということで生まれてきたのだろうか。遊ぶ子供の声を聞くと、(大人である)自分の身体までが自然に動き始めることだよ。文法「るれ」は、自発の助動詞「る」の已然形で、係助詞「こそ」の結び。解説「我が身」を遊女とみて、無心に遊んでいる子供の声を聞いて、わが身の罪業の深さに悔恨を覚えた歌だと解する説がある。それによれば、第四句までの主語は遊女自身のこととなり、「ゆるがるれ」も、罪障の深さを思って魂がゆさぶられるという意になる。

あそ・ぶ【遊ぶ】■一(自バ四)〔ば・び・ぶ・ぶ・べ・べ〕❶好きなことをして心を慰める。狩り・行楽・遊宴などをして楽しむ。万葉 七・一〇七六「ももしきの大宮人の退り出て—・ぶ㊍今夜の月の清けさ」訳 宮中に仕える人々が退出して(月見の)宴をする今夜の月の澄みきった明るさよ。(「ももしきの」は「大宮」にかかる枕詞)
❷**詩歌・管弦などを楽しむ。音楽を奏する。** 枕 七七「をかしう—・び㊊、笛吹き立てて」訳 (賀茂の臨時の祭りの試楽で)趣深く音楽を奏し、笛を音高く吹いて。
❸遊戯・娯楽を楽しむ。また、働かずに過ごす。徒然 五三「童の法師にならんとする名残とて、おのおの—・ぶ㊍ことありけるに」訳 (ある)稚児が僧になろうとする惜別にということで、(僧たちが)めいめい芸などをすることがあった折に。
❹鳥獣や魚などが、動きまわる。伊勢 九「白き鳥の、嘴と脚と赤き、鴫の大きさなる、水の上に—・び㊊つつ魚を食ふ」訳 白い鳥で、くちばしと足とが赤い鳥で、鴫の大きさである鳥(=都鳥)が、水の上を動きまわっては魚を食べている。文法「白き鳥の」の「の」は、いわゆる同格の格助詞で、「…で」の意。
■二(他バ四)〔ば・び・ぶ・ぶ・べ・べ〕音楽を演奏する。舞楽をする。源氏 椎本「遊びに心入れたる君たち誘ひて、さしやり給ふほど酣酔楽—・び㊊て」訳 (薫は)管弦の遊びに熱中している貴公子方を誘って、船を(向こう岸に)進ませなさる間、酣酔楽(=雅楽の一種)を演奏して。

あそみ【朝臣】(名)天武天皇のときに定められた八色の姓のうち、第二位の称。→八色の姓

あそん【朝臣】(名)〔「あそみ」の転。中世以降、「あっそん」とも〕❶五位以上の人の姓名に付ける敬称。三位以上には姓の下に付けて名は記さず、四位には姓名の下に付け、五位には姓と名との間に記した。「菅原—(=道真)」「在原行平—」「藤原—定家」
❷宮廷の臣下が、たがいに親しんで呼ぶ語。源氏 藤裏葉「—や、御やすみ所もとめよ」訳 朝臣(=柏木)よ、(客人の)お泊まりになる所を探せ。

あた【仇・敵・賊】(名)〔近世の中ごろから「あだ」〕❶害をなすもの。自分に向かって攻めてくるもの。敵。かたき。万葉 二〇・四三三一「しらぬひ筑紫の国は—守る鎮への城そと」訳 筑紫の国(九州地方)は外敵を防ぐ防備のとりでだぞと。(「しらぬひ」は「筑紫」にかかる枕詞)
❷害。危害。「—をなす」
❸恨みの種。古今 恋四「形見こそ今は—なれこれなくは忘るるときもあらましものを」訳 (あの人の)思い出の品こそ今となっては恨みの種だ。これがなければ、(あの人のことを)忘れる時もあるだろうに。

> **発展**「あた」と「あだ」
> 「あた」は「害をなすものや敵」、「あだ」は「浮気なさまやはかないさま」の意味で、別のことばであった。しかし、近世以降、かたき討ちを「あだ討ち」というように、「あた」が「あだ」になったため、混乱を生じた。

あだ【徒】(形動ナリ)〔なら・なり(に)・なり・なる・なれ・なれ〕

> **語義パネル**
> ●重点義　一時的で永続性のないさま。
> ❶まことのないさま。浮気なさま。
> ❷はかないさま。かりそめなさま。
> ❸いいかげんなさま。疎略なさま。
> ❹むだなさま。むなしいさま。

❶**まことのないさま。浮気なさま。** 古今 春上「—・なり㊎と名にこそ立てれ桜花年にまれなる人も待ちけり」訳 (散りやすく)移り気であるとうわさには立っているが、桜の花は、一年にたまにしか来ない人をも待っていたことだ。文法「名にこそ立てれ」の係り結び「こそ…れ」は、ここは強調逆接となって下に続く。
❷**はかないさま。かりそめなさま。** 方丈 二「わが身と栖との、はかなく—・なる㊍さま、またかくのごとし」訳 わが身と住居とが、頼りなくかりそめなものであるようすは、やはりこの(地震に見る)とおりである。
❸**いいかげんなさま。** 疎略なさま。源氏 葵「『確かに御枕上に参らすべき祝ひの物に侍る。あなかしこ、—・に㊊な』と言へば」訳 (惟光が)「まちがいなく(紫の上の)御枕もとに差し上げねばならない祝いの品です。決して、いいかげんに扱いなさるな」と言うので。文法 副詞「な」のあとに「し給ひそ」などが省略されている。
❹**むだなさま。むなしいさま。** 無益なさま。徒然 一三七「逢はで止みにし憂さを思ひ、—・なる㊍契りをかこち」訳 逢わないでそのままになってしまったつらさを思い、むなしい約束を嘆き。〔⇩仇「発展」〕

類語パネル

●共通義	不安定で、頼りないさま。
あだ	不誠実で移ろいやすく、頼りないさま。
はかなし	はっきりせず弱々しくて、頼りないさま。

あだ【婀娜】(形動ナリ・タリ){なら・なり(に)・なり・なる・なれ・なれ／たら・たり(と)・たり・たる・たれ・たれ}(女性の)しなやかで美しいさま。また、なまめかしく色っぽいさま。〔謡・卒都婆小町〕「翡翠の髪ざしは一・と㊊(タリ)たをやかにして」訳 かわせみの羽色のような髪は美しくしなやかで。

あた-あた【熱熱】(感)〔「あつあつ」の転か〕熱さに苦しんで発する悲鳴。熱い熱い。平家 六・入道死去「ただのたまふこととては、『一』とばかりなり」訳 (清盛が)ただもうおっしゃることとしては、「熱い熱い」とそれだけである。

あだあだ-し【徒徒し】(形シク){しから・しく(しかり)・し・しき(しかる)・しけれ・しかれ}誠実でない。浮気だ。移り気である。〔紫式部日記〕「色めかしく一・しけれ㊇ど、本性の人柄くせなく」訳 色っぽく移り気であるが、生来の人柄は素直で。

あた-かたき【仇敵】(名)〔近世以降は「あだがたき」〕憎い相手。かたき。源氏 桐壺「いみじき武士、一なりとも、見てはうち笑まれぬべきさまのし給へれば」訳 たいそう恐ろしい武士や憎い相手であっても、(若宮＝光源氏のことを)見てはついほほえまずにいられないようなようすをしていらっしゃるので。

安宅の関(あたかのせき)『地名』今の石川県小松市安宅町の梯川左岸にあった関所。謡曲「安宅」、歌舞伎十八番「勧進帳」で知られる。

あたか-も【恰も】(副)まるで。ちょうど。万葉 一九・四二〇四「わが背子が捧げて持てる厚朴一似るか青き蓋」訳 あなたが捧げ持っている朴の木はちょうど似ているなあ。青い蓋(＝絹を張った柄の長い傘)に。

あだ-く【徒く】(自カ下二){け・け・く・くる・くれ・けよ}〔形容動詞「徒なり」の語幹「あだ」を動詞化した語〕うわつく。浮気めく。源氏 朝顔「うち一・け㊊好きたる人の年積もりゆくままに」訳 ちょっと浮気めいて好色である人が年齢を重ねてゆくのに従って。

あだ-くらべ【徒比べ】(名)❶男女が互いに相手を浮気者だと言い合うこと。伊勢 五〇「一かたみにしける男女の、忍びありきしけることなるべし」訳 浮気の非難の応酬を互いにしていた男女が、こっそりと(別の人の所へ)出かけていたこと(をとがめる歌のやりとり)なのであろう。
❷互いにはかなさを競い合うこと。

あだ-け【徒気】(名)浮気なふるまい。浮気。好色。源氏 朝顔「今さらの御一も、かつは世のもどきをも思しながら」訳 (光源氏は)今となっての浮気な御ふるまいも、一方では世間の非難をもお思いになるものの。

あだ-ごころ【徒心】(名)浮気な心。移りやすい心。「あだしごころ」とも。竹取 貴公子たちの求婚「深き心も知らで、一つきなば、後くやしきこともあるべきを」訳 (相手の)心の奥底も知らないで(結婚して)、(相手に)浮気心がついてしまったら、あとで悔やまれることもあるにちがいないのに。

あだ-ごと【徒言】(名)「あだこと」とも。実のないことば。うそのことば。〔建礼門院右京大夫集〕「一にただ言ふ人の物がたりそれだに心まどひぬるかな」訳 ただうそのことばとして(冗談で)言う人の話、それにさえも心が乱れてしまったことだ。

あだ-ごと【徒事】(名)ちょっとしたたわむれごと。つまらないこと。また、浮気な行為。色事。源氏 帚木「一にもまめごとにも、我が心と思ひ得ることなく」訳 たわいない遊びごとでも実生活上のまじめなことでも、自分の考えで判断することもなく。↔忠実事

愛宕山(あたごやま)『地名』今の京都市右京区の、嵯峨の北にある山。山頂に防火の神をまつる愛宕神社があり、愛宕大権現の名で民間の信仰を集めた。

あだし-(接頭)❶【徒し】(「心・言葉・契り・名・波・情け・身・みやび・世・男」などの名詞に付いて)はかない、あてにならないなどの意を表す。〔続千載〕恋五「結びけん一契りぞ憂かりける」訳 (あなたと)交わしたというはかない約束がつらかったことだ。
❷【他し・異し】〔古くは「あたし」〕(「国・心・手枕・人・野・男」などの名詞に付いて)別の、異なっているの意を表す。〔雨月〕蛇性の婬「一人の言ふことをまことしくおぼして」訳 他人の言うことを本当らしくお思いになって。

あだ-し【徒し】(形シク){しから・しく(しかり)・し・しき(しかる)・しけれ・しかれ}はかない。むなしい。あてにならない。むなしい。〔伽・小男の草子〕「言の葉の末もいとあはれなるさまを、一・しく㊊なさん事は」訳 歌の下の句もたいそう情のあるようすなのに、それを、むなしくするようなことは。〔浄・日本蓬莱山〕「それ人界の一・しき㊍は」訳 そもそも人間世界のはかないことは。
参考 中世以降にできた語。

あだし-くに【他し国】(名)ほかの国。異郷。〔記〕上「すべて一の人は、産む時になれば、もとつ国の形をもちて産むなり」訳 すべて他国の者は、子を産むときになると、その本国での形で産むのである。

あだし-ごころ【徒し心】(名)「あだごころ」に同じ。古今 東歌「君をおきて一をわが持たば末の松山波も越えなむ」訳 あなたをさしおいて、ほかの人を思う気持ちを私が持つなら、あの末の松山を海の波も越えてしまうであろう(そんなことは決してありえないことだ)。

化野(あだしの)『地名』〔「徒し野」「仇し野」とも書く〕今の京都市右京区、小倉山のふもとの地。火葬場があった地として鳥部野とともに有名。転じて、火葬場・墓地にもいう。

あだし-み【徒し身】(名)うつろいやすい身。はかない命。〔仮名・竹斎〕「まことにこの世は電光朝露夢幻の一」訳 本当にこの世(を生きること)は稲妻や朝露や夢幻のようにはかない命。

安達が原(あだちがはら)『地名』歌枕 今の福島県中部にある安達太良山のふもとの原。阿武隈川の東岸にあたる。鬼女がこもったという黒塚の伝説で知られる。

あだ-な【徒名・仇名】(名)❶色恋のうわさ。浮気だという評判。源氏 夕顔「またも一立ちぬべき御心のすさびなめり」訳 (光源氏は)またもや色事のうわさが立ってしまいそうな気まぐれなお気持ちのようである。
❷うそつきであるといううわさ。〔弁内侍日記〕「花咲かぬ花や一に立ちぬらん」訳 花の咲かない花にうそつきであるという評判が立ってしまうだろうか。

あだ-なみ【徒波】(名)むやみに立ち騒ぐ波。変わりやすい人の心にたとえる。古今 恋四「底ひなき淵やは騒ぐ山川の浅き瀬にこそ一は立て」訳 果てしなく深い淵は(波が立って)騒ぐだろうか(いや、騒ぎはしない)。山あいを流れる川の浅い瀬にこそむやみに立ち騒ぐ波が立つのであるよ(＝いいかげんな人ほど、愛しているなどとすぐに言ったりするのだ)。

あたは-ず【能はず】❶できない。今昔 三一・二三「池は

るかに深ければ、人おりて網を置くこともあたはず(終)」訳 池がたいそう深いので、人がおりて網をすえることもできない。

❷適当でない。また、納得がいかない。今昔 三一・一八「これ汝が着る物にあたはず(終)」訳 これ(=美しい手織りの布で作った着物)はおまえが着る衣服としてふさわしくない。(→能ふ)

なりたち 四段動詞「能ふ」の未然形「あたは」＋打消の助動詞「ず」

あたひ【価・値】(名) ❶値段。代金。徒然 九三「買ふ人、明日その―をやりて牛を取らんと言ふ」訳 買う人が、明日その代金を払って牛を引き取ろうと言う。

❷(人や物の)値打ち。価値。徒然 九三「牛の―、鵞毛よりも軽し」訳 牛の価値は、鵞鳥の羽よりも軽い。

あだ-びと【徒人】(名) 心の変わりやすい人。浮気者。源氏 帚木「すきがましき―なり」訳 (頭の中将は)好色めいた浮気者である。↔忠実人。⇩忠実人「発展」

あた・ふ【能ふ】(自ハ四){は・ひ・ふ・ふ・へ・へ}(多く下に打消の語を伴って) ❶できる。方丈 二「深くよろこぶことあれども、大きにたのしむに―・は(未)ず」訳 (権勢家の隣に住む者は)深く喜ぶことがあっても、(気兼ねして)思いきり楽しむことはできない。

❷適している。ふさわしい。〔十訓〕一「十徳なからん人は、判者に―・は(未)ず」訳 十の徳の備わっていないような人は、(歌合わせの)審判としてふさわしくない。文法「なからん人」の「ん」は、仮定・婉曲の助動詞。

❸納得がいく。理にかなう。〔落窪〕「北の方いと―・は(未)ず思ひて」訳 奥方はそれほど納得がいかなく思って。

参考 平安時代の仮名文学では、不可能の表現は「え…ず」という形で行われた。「能ふ」は漢文訓読に由来する表現なので、もっぱら男性が用いた。この場合、「…ことあたはず」「…にあたはず」の形をとる。

あた・ふ【与ふ】(他ハ下二){へ・へ・ふ・ふる・ふれ・へよ}(事物や影響などを)与える。徒然 一二八「彼に苦しみを―・へ(用)、命を奪はんこと、いかでかいたましからざらん」訳 彼(=生き物)に苦しみを与え、命を奪うようなことは、どうしてかわいそうでないことがあろうか(いや、かわいそうなことだ)。⇩賜ぶ「敬語ガイド」

あだ・ふ【徒ふ】(自ハ下二){へ・へ・ふ・ふる・ふれ・へよ}たわむれる。ふざける。今昔 二八・四「この君達の―・へ(用)し気色は」訳 この貴族の子弟がたわむれたようすは。

あたま【頭】(名) ❶頭部。また、頭髪。

❷物事の初め。最初。〔浄・博多小女郎波枕〕「知らずば知らぬと―から言うたがよい」訳 知らなければ知らないと最初から言ったほうがよい。

あた・む【仇む】(他マ四){ま・み・む・む・め・め}うらむ。かたきとする。敵視する。平家 七・主上都落「これによって一門には―・ま(未)れて平家にへつらひけるが」訳 このことによって(源氏の)一門には憎まれて平家にへつらったが。

あだ-め・く【徒めく・婀娜めく】(自カ四){か・き・く・く・け・け}〔「めく」は接尾語〕浮気っぽくふるまう。また、そのように見える。うわつく。源氏 少女「人がらまめやかに、―・き(用)たる所なくおはすれば」訳 (夕霧は)人柄はまじめで、うわついたように見えている所もなくいらっしゃるので。

あだ-もの【徒物】(名) はかないもの。古今 恋二「命やは何ぞは露の―を」訳 命など何だというのだ、露のようにはかなく消え去るものではないか。

あたら【惜】〔形容詞「惜し」の語幹〕「あったら」とも。━(連体) 惜しむべき。大切な。**もったいない。せっかくの。** 方丈 五「いかが要なき楽しみを述べて、―時を過ぐさん」訳 (これ以上)どうして役にも立たない楽しみを述べて、惜しむべき時を過ごそうか(いや、過ごすつもりはない)。

━(副) **もったいないことに。惜しくも。** 源氏 葵「―、重りかにおはする人の、ものに情けおくれ」訳 惜しいことに、重々しく落ち着いていらっしゃる方(=葵の上)が、何かと思いやりが足らないで。(→惜し 参考)

あたら・し【惜し】(形シク){しから・しく(しかり)・し・しき(しかる)・しけれ・しかれ}惜しい。もったいない。(そのままにしておくのが惜しいほど)りっぱだ。〔増鏡〕おどろのした「若くて失せにし、いといとほしく―・しく(用)なん」訳 (宮内卿が)若くて亡くなってしまったのは、たいへん気の毒で惜しいことでしたよ。文法 係助詞「なん」のあとに結びの語「侍りける」などが省略されている。

参考 中古以降、新しいの意の「あらたし」と混同して新しいの意にも用いるが、本来は別語。惜しいの意の「あたらし」は、形容詞「惜し」に押されてやがて用いられなくなるが、その語幹は「**あたら**青春を無為に過ごす」のように、「惜しいことに」の意の副詞、または「惜しむべき」の意の連体詞として、現代語にも残っている。

類語パネル

●共通義　残念であるさま。

あたらし(惜し)	優れたものが失われるのを惜しむさま。
くちをし	物事が期待はずれでがっかりするさま。
くやし	自分の行為を反省して後悔するさま。
をし(惜し)	強い愛着を感じているものが失われるのを惜しむさま。

あたら・し【新し】(形シク){しから・しく(しかり)・し・しき(しかる)・しけれ・しかれ}新しい。新鮮である。枕 四二「あてなるもの…削り氷に甘葛入れて、―・しき(体)金鋺に入れたる」訳 上品なもの、…削った氷にあまずら(=甘葛の葉や茎を煎じた甘い汁)を入れて、(それを)新しい金属製のわんに入れてあるの。(→惜し 参考)

あたらし-が・る【惜しがる】(他ラ四){ら・り・る・る・れ・れ}〔「がる」は接尾語〕惜しいと思う。残念がる。源氏 手習「『口惜しきわざかな』と、―・り(用)つつ」訳「(浮舟の出家は)がっかりすることであるなあ」と、(女房が)しきりに残念がって。

あたり【辺り】(名) ❶付近。近い所。万葉 一五・三六〇八「明石の門より家の―見ゆ」訳 明石海峡から(なつかしい)家のあたりが見える。

❷遠まわしに家や人などをさす語。徒然 二三四「おのづから聞きもらす―もあれば」訳 (世間に知れわたった事件も)たまたま聞きもらすむき(=人)もあるので。

参考 四段動詞「当たる」と同根の語とされ、原義は「見当を付けた場所」の意という。類義語「ほとり」はある物の周辺、特に山や水のそばをいう。

あたり-あたり【辺り辺り】(名) ❶あちこち。そこかしこ。源氏 蓬生「いとはなやかにさし入りたれば、—見ゆるに」訳 たいそうきらびやかに(月の光が)さしこんでいるので、どこもかしこも見えるが。❷遠まわしに家や人などをさす語。あの人この人。大鏡 師輔「—に、あるべきほどほど過ぐさせ給はず御かへりみあり」訳 (中宮安子は、身辺にお仕えする)人々に、相応する身分身分に応じてお見過ごしなさることなく、ご配慮がある。

あたり-を-はら-ふ(ハラ ―(ロ)ウ)【辺りを払ふ】❶周囲に人を近づけない。宇治 一四・一「—・ひ用て、なるることなかれ」訳 (女を)周囲に近づけないで、(女に)なれ親しんではならない。❷近寄れないほど威勢がある。平家 一一・能登殿最期「およそ—・っ用(促音便)てぞ見えたりける」訳 (能登殿の姿は)おおかた他を圧倒して見えたことだ。

あた・る【当たる】(自ラ四){ら・り・る・る・れ・れ} ❶触れる。ぶつかる。出合う。今昔 二七・五「面(おもて)に物の冷ややかに—・り用ければ、…驚くままに、起き上がりて捕らへつ」訳 顔に何かがひやりと触れたので、…目を覚ますやいなや、起き上がって捕らえた。❷(ちょうどその方向・日時などに)相当する。位置する。源氏 賢木「ことに建てられたる御堂の、西の対(たい)の南に—・り用て、少し離れたるに渡らせ給ひて」訳 (藤壺(ふじつぼ)は)特別にお建てになった御堂で、西の対の屋の南の方角に相当して、少し離れている建物にお移りになられて。文法「御堂の」の「の」は、いわゆる同格の格助詞で、「…で」の意。「せ給ひ」は、最高敬語。❸任ぜられる。役につく。源氏 梅枝「いと苦しき判者(はんざ)にも—・り用て侍るかな」訳 (薫(た)き物比べで)なんともつらい(立場の)審判にも任ぜられておりますなあ。❹待遇する。対処する。今昔 三・二三「その人のために太子、ねんごろに—・り用給ふことあれども、思ひ知りたる心なし」訳 その人(=妻の一人の耶輸多羅(やしゅだら))のために(悉達(しっだ))太子は、大切に待遇しなさることがあるけれども、(耶輸多羅にはそれを)理解している心がない。❺あてはまる。思い当たる。徒然 一二一「その思ひ、我が身に—・り用て忍び難くは、心あらん人、これを楽しまんや」訳 (飼われて自由を失った鳥・けだものの)その(つらい)思いが、わが身にあてはまって堪えがたいなら、情けのあるような人は、これ(=飼うこと)を楽しむだろうか(いや、楽しむまい)。文法「心あらん人」の「ん」は、仮定・婉曲(えんきょく)の助動詞。「や」は、反語。❻匹敵する。対抗する。張り合う。大鏡 道長上「南京(なんきやう)のそこばくの多かる寺ども、なほ—・り用給ふなし」訳 奈良の都の数知れないほどの多くの寺々も、やはり(この無量寿院(むりようじゆいん)に)匹敵しなさるものはない。❼命中する。的中する。徒然 一七一「我が手もとをよく見て、ここなる聖目(ひじりめ)を直(す)ぐにはじけば、立てたる石必ず—・る終」訳 自分の手もとをよく見て、手近の聖目(せいもく)(=碁盤の上の黒点)を(見ながら)まっすぐにはじくと、置いた石は必ず(向こうの石に)命中する。

あだ-わざ【徒業】(名) ❶役に立たない行い。むだなこと。無益なこと。源氏 手習「念仏よりほかの—なせそ」訳 (老人は)念仏以外のむだなことはするな。❷うわついたこと。色事。浮気。〔落窪〕「むべなりけり。男君の—し給はぬはと思ふ」訳 もっともであるなあ。男君(=中将)が浮気をしなさらないのは、と(乳母(めのと)は)思う。

あぢ(アジ)【鶴】(名) 水鳥の名。鴨(かも)の一種。ともえがも。

あぢき-な・し(アジキ)【味気無し】(形ク){から・く(かり)・し・き(かる)・けれ・かれ}

語義パネル

●重点義 望ましい結果が得られそうになく、あきらめる感じ。

❶ 正常でなく、乱れている。道理に反している。不当だ。

❷ かいがない。無益だ。

❸ おもしろくない。苦々しい。情けない。

〔上代では「あづきなし」。「味気」はあて字〕❶正常でなく、乱れている。道理に反している。不当だ。〔紀〕神代「汝(いまし)、甚だ—・し終。以(もっ)て宇宙(あめのした)に君たるべからず」訳 おまえは、はなはだ非道である。それゆえこの天下に君臨するのに適当でない。❷かいがない。無益だ。方丈 二「宝を費やし、心を悩ますことは、すぐれて—・く用ぞ侍る」訳 (危うい都に家を建てようと)財産を消費し、神経を使うことは、特につまらないことでございます。❸おもしろくない。苦々しい。情けない。源氏 桐壺「やうやう天(あめ)の下にも、—・う用(ウ音便)人のもて悩みぐさになりて」訳 だんだん世間でも、苦々しく人々の悩みの種になって。

あぢさはふ(アジサワ(オ)ウ)《枕詞》「目」「夜昼」にかかる。万葉 二・一九六「—目言(めこと)も絶えぬ」。万葉 九・一八〇四「—夜昼といはず」

あぢ-はひ(アジワイ)【味はひ】(名) ❶味わうこと。味。❷趣。おもしろみ。源氏 須磨「心にまかせてこの世の—をだに知ること難(かた)うこそあなれ」訳 気ままに世間のおもしろみを知ることさえ難しいようなのに。❸食べ物。〔浜松中納言物語〕「松の葉を—にて過ぐすやうなるに」訳 (私=母尼君は)松葉を食べ物として生活するような状態であるが。

あ・つ【当つ】(他タ下二){て・て・つ・つる・つれ・てよ} ❶ぶつける。当てる。平家 九・一二之懸「飼ひに飼うたる大の馬どもなり、ひとあて—・て未ば、みな蹴たふされぬべき間」訳 (熊谷(くまがい)と平山の馬はいずれも)十分に飼いこんだ大きな馬どもであり、ひとぶつけぶっつけるならば、きっとみな蹴倒されてしまいそうなので。文法「蹴たふされぬべき」の「ぬ」は、助動詞「ぬ」の終止形で、ここは確述の用法。❷(火・光・風・雨などに)当たらせる。さらす。〔謡・鉢木〕「これなる鉢(はち)の木を切り、火に焚(た)いて—・て用申し候ふべし」訳 ここにある盆栽の木を切り、火にくべて(その火に)当たらせ申しあげましょう。❸あてがう。触れさせる。平家 二・少将乞請「少将袖を顔に—・て用て、泣く泣く罷(まか)り出(い)でられけり」訳 (丹波(たんば)の)少将(=藤原成経(なりつね))は袖を顔にあてがって、泣く泣く退出なさった。

❹割り当てる。分配する。源氏 橘姫「四季に—・て用てし給ふ御念仏を、…七日のほどおこなひ給ふ」訳（八の宮は）四季に割り当てて（一度ずつ）しなさる御念仏会を、…七日の間お勤めになる。

❺（視線を）向ける。（矢などを）命中させる。方丈 二「変はりゆくかたちありさま、目も—・て未られぬこと多かり」訳（腐って）変わってゆく（死体の）容貌やようすには、目も向けられないことが多い。

❻（「思ひあつ」の形で）推しはかる。源氏 葵「大将の君の御通ひ所ここかしことおぼし—・つる体に」訳 大将の君（＝光源氏）がお通いになる女性はあそここことと左大臣家では推しはかりなさると。

あつ-あつ（-と）【厚厚（と）】（副）厚ぼったいさま。宇治 八・三「太き糸して、—とこまかに強げにしたるを持ちて来たり」訳（姉の尼君は）太い糸で、厚ぼったくきめ細かで丈夫そうにしてある衣服を持って来た。

あつ-いた【厚板】（名）❶厚い板。❷「厚板織」の略。生糸を横糸とし、練り糸を縦糸として、地紋を織り出した厚地の絹織物。

あづかっ-し【与っし】（目上の人から）受けた。いただいた。平家 一・殿上闇討「かへって叡感に—うへは、敢へて罪科の沙汰もなかりけり」訳（忠盛はとがめを受けるどころか）かえって（上皇から）おほめをいただいた以上は、特に処罰の命令もなかった。

なりたち 四段動詞「与る」の連用形「あづかり」＋過去の助動詞「き」の連体形「し」＝「あづかりし」の促音化したもの

あつかは-し【扱はし】（形シク）{しから・しく(しかり)・し・しき(しかる)・しけれ・しかれ}【動詞「扱ふ」に対応する形容詞】めんどうを見ずにいられないようす。源氏 総角「人知れず（中の君の行く末の）—・しく用おぼえ侍れど」訳 人知れずめんどうを見ずにいられないと感じておりますが。

あつ-かは-し【暑かはし】（形シク）{しから・しく(しかり)・し・しき(しかる)・しけれ・しかれ}【動詞「熱かふ」に対応する形容詞】❶暑苦しい。枕 一九六「この生絹だにいと所せく—・しく用、とり捨てまほしかりしに」訳（夏の間はこの生絹（＝生の絹糸で織った衣服）でさえとても扱いにくく暑苦しく、脱ぎ捨てたかった（ほどである）のに。

❷わずらわしい。源氏 蛍「いとあまり—・しき体御もてなしなり」訳 まったくあまりにも（私＝光源氏を）わずらわしがっているご応対である。

あつかひ【扱ひ】（名）❶世話をすること。看護・後見・育児など。源氏 若菜上「御湯殿の—などをつかうまつり給ふ」訳（明石の君は）お湯殿の儀式（＝御子に湯あみをさせる儀式）の世話などをご奉仕なさる。

❷もてなすこと。接待すること。源氏 東屋「守、少将の—を、いかばかりめでたきことをせむと思ふに」訳 守（＝常陸の介）は、少将の接待を、たいそうりっぱなものにしようと思うが。

❸仲裁や調停をすること。また、その人。調停人。また、江戸時代、示談。〔浮・好色五人女〕「さもしくも金銀の欲にふけて、—にして済まし」訳（夫が妻の姦通を見つけても）あさましくも金銀の欲に目がくらんで、示談にして解決し。

あつかひ-ぐさ【扱ひ種】（名）❶取り上げてあれこれ言う話のたね。うわさのたね。話題。源氏 椎本「まづこの君たちの御事を—にし給ふ」訳（薫が匂宮に会うときは）まずこの（宇治の）姫君たちの御ことを話題になさる。

❷世話をすべきもの。めんどうを見る対象。養育すべき子供など。源氏 匂兵部卿「一条の宮の、さる—持給へらで」訳 一条の宮（＝落葉の宮）が、そのような世話をする子供を持っていらっしゃらないで。

あつ-か-ふ【熱かふ】（自ハ四）{は・ひ・ふ・ふ・へ・へ}❶火の熱さに苦しむ。〔紀〕神代「伊奘冉尊、火の神軻遇突智を生まむとするときに、—・ひ用なやむ」訳 伊奘冉尊は、火の神軻遇突智を生もうとするときに、熱さに苦しみわずらう。

❷もだえ苦しむ。思いわずらう。〔紀〕孝徳「心を傷りて痛み—・ふ終」訳（造媛は）心を痛めて嘆き苦しみもだえる。

あつか-ふ【扱ふ】（他ハ四）{は・ひ・ふ・ふ・へ・へ}❶世話をする。めんどうを見る。看病する。あれこれと心配する。源氏 帚木「まことに親めきて—・ひ用給ふ」訳（光源氏は小君を）ほんとうに親らしい態度で世話をしなさる。

❷話題にする。うわさする。やかましく言う。源氏 紅葉賀「人々も、思ひのほかなることかなと—・ふ終めるを」訳 人々も、思いがけないことだなあと取りざたするらしいのを。

❸処置に苦しむ。もてあます。枕 一四二「多く取らむとさわぐ者は、なかなかうちこぼし—・ふ体ほどに」訳（宴会の料理の残りを）多く取ろうと騒ぐ者は、かえって取り落としもてあますうちに。

類語パネル

●共通義 世話をする。育てる。

あつかふ（扱ふ）	身をわずらわせて、あれこれ心配し、看護したり、めんどうを見たりする。
いつく（傅く）	神に仕えるように相手をあがめ、たいせつに育てる。
うしろみる	そばにいて日常的な世話をする。また、公の立場で人を補佐・後見する。
かしづく	子供を愛情をもって育てる。
かへりみる	相手を心にかけて、援助したり、情けをかけたりする。
みる	世話をする。

あづかり【預かり】（名）❶担当者。引き受けて世話をする人。管理人。源氏 末摘花「まだ開けざりければ、かぎの—尋ね出でたれば」訳（門は）まだ開けていなかったので、鍵の管理人を捜し出したところ。

❷留守番。源氏 夕顔「—いみじく経営し歩く気色に」訳 留守番の者がたいへんよく世話し奔走しているようすから。

❸役所の事務の管理者。朝廷の御書所・御厨子所・絵所などに置かれた奉行。古今 仮名序「御書のところの—、紀貫之」訳 御書所(=宮中の書物の保管事務を扱う役所)の管理者、紀貫之。

あづかり-てがた【預かり手形】(名)江戸時代、無利子の借金の借用証書。

あづか・る【与る】(自ラ四){ら・り・る・る・れ・れ}❶かかわる。関係する。徒然 七五「身をしづかにし、事に—・ら㊍ずして心を安くせんこそ、暫く楽しぶとも言ひつべけれ」訳 身を静かにし、俗事にかかわらないで心を安らかにするようなことが、一時的に(しろ、生を)楽しむとも言ってよかろう。文法「安くせんこそ」の「ん」は、仮定・婉曲の助動詞。「こそ…べけれ」は係り結び。❷仲間になる。分配を受ける。源氏 若菜下「賤しく貧しき者も、高き世に改まり、宝に—・り㊊、世に許さるるたぐひ多かりけり」訳 身分が低く貧しい者も、高貴な身分に変わり、財宝の分配を受け、世間に認められる例が多かった。❸こうむる。いただく。平家 二・教訓状「神明の加護に—・り㊊」訳 神の加護をこうむり。

あづか・る【預かる】(他ラ四){ら・り・る・る・れ・れ}責任をもって引き受ける。管理する。保管する。土佐「中垣こそあれ、一つ家のやうなれば、望みて—・れ㊋るなり」訳(私の家と隣家との間には)隔ての垣根こそあるけれども、一軒の屋敷のようであるので、(先方から)希望して管理したのである。

あづき-がゆ【小豆粥】(名)小豆を米にまぜてたいたかゆ。陰暦一月十五日にこれを食べると一年中の邪気を除くとされた。

あづき-な・し(形ク){から・く(かり)・し・き(かる)・けれ・かれ}「あぢきなし」に同じ。

あつきひを… 俳句

> 夏
> 暑き日を　海にいれたり　最上川
> 〈おくのほそ道・酒田・芭蕉〉

訳 今日の暑い一日を海に流し入れてしまったことよ(赤い夕陽とともに)。(水量豊かな)この最上川の流れは。(暑き日夏。切れ字は「たり」)

解説「暑き日」の「日」は「一日」と「陽」をかけて、夕陽を海に流し入れたことも連想させている。初案は「涼しさや海に入れたる最上川」であった。

あづ・く【預く】(他カ下二){け・け・く・くる・くれ・けよ}❶人に世話や管理をまかせる。預ける。竹取 かぐや姫の生ひ立ち「妻の嫗に—・け㊊て養はす」訳(かぐや姫を)妻である嫗にまかせて養育させる。❷縁づける。結婚させる。源氏 夕顔「むすめをばさるべき人に—・け㊊て、北の方をば率て下りぬべしと聞き給ふに」訳 娘(=軒端の荻)をしかるべき男に縁づけて、北の方(=空蟬)は連れて(任国へ)下ってしまうだろうと(光源氏は)お聞きになると。

あつ-ご・ゆ【厚肥ゆ】(自ヤ下二){え・え・ゆ・ゆる・ゆれ・えよ}厚くふくらむ。厚ぼったくなる。枕 二三八「胡桃色といふ色紙の、—・え㊊たるを」訳 胡桃色という色紙で、厚ぼったくなっているのを。

あづさ【梓】(名)❶木の名。今の夜糞峰榛の別名という。材は弓を作り、また版木に用いる。❷「梓弓」の略。❸梓弓を鳴らして行う、神おろしや口寄せの呪術。また、それを行う巫女。梓巫女。

あづさ-ゆみ【梓弓】(名)梓の木で作った弓。梓。
⇩巻頭カラーページ16

あづさゆみ【梓弓】《枕詞》弓の縁で、「い」「いる」「ひく」「はる」「本」「末」「弦」「おす」「寄る」「かへる」「ふす」「たつ」「や」「音」にかかる。古今 雑上「—いそべの小松」。源氏 花宴「—いるさの山に」。万葉 一一・二六四〇「—引きみ弛へみ」。万葉 一〇・一八二九「—春山近く」。新千載 雑下「—もとのすがたは」。古今 春上「—おして春雨けふ降りぬ」。万葉 一四・三四八九「—末は寄り寝む」。万葉 一四・三四九〇「—よらの山辺の」。金葉 恋下「—かへるあしたの」。後拾遺 春上「—伏見の里の」。玉葉 夏「—やたの広野の草しげみ」。記 下「—たてりたてりも」。万葉 二・二〇七「—声に聞きて」

あづさゆみ… 和歌

> 枕詞
> 梓弓　引けど引かねど　むかしより
> 心は君に　よりにしものを
> 〈伊勢・二四〉

訳 あなたが私の心を引こうが引くまいが、どちらにしろ、昔から私の心はあなたに慕い寄っていましたのに。修辞「梓弓」は「引く」にかかる枕詞。「より」は「弓」の縁語。

解説 次項の歌の返歌。前の夫はそれでも立ち去り、女はあとを追うが死ぬという物語。第二句を「私があなたの心を引こうが引くまいが」、または「他の男が私の心を引こうが引くまいが」と解する説もある。

あづさゆみ… 和歌

> 序詞
> 梓弓　ま弓槻弓　年を経て
> わがせしがごと　うるはしみせよ
> 〈伊勢・二四〉

訳 長年の間私が(あなたに)してきたように、(あなたも新しい夫と)仲むつまじく暮らしなさい。修辞「梓弓ま弓槻弓」は、梓・檀・槻で作った弓のことで、「年」を導きだす序詞。「槻」に「月」をかけて「年」を導く。弓の形が月を連想させることによるとする説もある。

解説 宮仕えで、夫が家を留守にしていた間に、夫を待ちくたびれて別の男と結婚することになった妻に対して、結婚当夜に帰ってきた前夫が詠んだ歌。前項の歌は、この歌の返歌。

あつ・し【厚し】(形ク){から・く(かり)・し・き(かる)・けれ・かれ}❶厚みがある。厚い。枕 八八「広き庭に雪の—・く㊊降り敷きたる」訳 広い庭に雪が厚く降り敷いたの(もすばらしい)。↔薄し ❷(愛情や恩恵が)深い。はなはだしい。沙石集「情け深くめぐみ—・き㊍心」訳 思いやりが深くいつくしみが深い心。

あつ・し(形ク){から・く(かり)・し・き(かる)・けれ・かれ}❶【熱し】温度が高い。また、病気などで熱がある。源氏 夕顔「みぐしも痛く、身も—・き㊓心地して」訳（光源氏は）御頭も痛く、からだも熱がある感じがして。

❷【暑し】気温が高い。暑い。伊勢 四五「時は水無月のつごもり、いと—・き㊓ころほひに」訳 時は陰暦六月の末、たいそう暑いころに。

あつ・し【篤し】（形シク）｛しから・しく（しかり）・し・しき（しかる）・しけれ・しかれ｝「あづし」とも。**病気がちである。**病弱である。また、病気が重い。源氏 桐壺「恨みを負ふつもりにやありけむ、いと—・しく㊥なりゆき」訳（桐壺の更衣は他の女御や更衣たちの）恨みを背負うことの積み重なった結果であっただろうか、たいそう病弱になってゆき。文法「や」は疑問の係助詞で、結びは「けむ」。〔増鏡〕藤衣「中宮も御もののけに悩ませ給ひて、常は—・しう㊥（ウ音便）おはしますを」訳 中宮も御もののけにお悩みになられて、いつもは病気がちでいらっしゃるのを。文法「せ給ひ」は、最高敬語。

慣用表現　「体調」を表す表現

《**体調が悪い・病気になる**》篤し・労く・労る・心地悪しみす・心地違ふ・悩まし・悩む・病づく・病む・例ならず・煩ふ

《**病気**》労き・労り・薬の事・邪気・所労・恙・悩み・乱り心地・乱れ心地・物病み・病・煩ひ

《**治る・快方に向かう**》癒ゆ・怠る・爽やぐ・平らぐ・直る・止む・治まる

《**妊娠する**》徒ならず・つはる・腹高し・孕む・身持ち・宿す

あっそん【朝臣】（名）「あそん」が中世になって変化したもの。→朝臣

熱田（あつた）『地名』今の愛知県名古屋市熱田区。草薙の剣を神体とする熱田神宮がある。東海道五十三次の一つ。

篤胤（あつたね）『人名』→平田篤胤

あったら（連体・副）〔「あたら」の促音化〕「あたら」に同じ。〔平治物語〕「—武者、平賀討たすな」訳 惜しい武将だ、平賀を討たせるな。

安土（あづち）『地名』今の滋賀県近江八幡市の地名。琵琶湖の東岸。織田信長築城の安土城の跡がある。

あつち-じに【あつち死に】（名）〔「あつち」は跳ねる意〕はねまわって苦しみ死ぬこと。悶死。平家 六・入道死去「つひに—ぞし給ひける」訳（清盛は）ついに悶死をしなさった。

あっぱれ【天晴れ】（感）〔「あはれ」の転〕❶感動して発する語。ああ。おお。平家 一・殿下乗合「—、その人ほろびたらばその国はあきなん」訳 ああ、その人が死んだらその国はきっと（国司に）欠員ができるだろう。文法「あきなん」の「な」は、助動詞「ぬ」の未然形で、ここは確述の用法。

❷ほめたたえて発する語。ああ、すばらしい。平家 四・競「—馬や。馬はまことによい馬でありけり」訳 ああ、すばらしい馬だなあ。馬はまことによい馬であったことよ。

あづま【東】（名）**東国。**❶京都から見て本州東方諸国の総称。伊勢 八「京や住み憂かりけむ、—の方に行きて住み所求むとて」訳 京が住みづらかったのだろうか、東国のほうに行って住む場所を探そうということで。文法「や」は疑問の係助詞で、結びは「けむ」。

❷**鎌倉幕府**の称。または、京都から**鎌倉**を称した語。〔増鏡〕久米のさら山「—の聞こえやいかがと思ひ給ふれど、なんでふことかは」訳 鎌倉への評判がどんなものかと存じますが、どういうこともありますまい。（「なんでふ」は「何といふ」の転じた語）。文法「給ふれ」（已然形）は、下二段活用の謙譲の補助動詞。係助詞「かは」のあとに結びの語「候はん」などが省略されている。

❸「東琴」の略。

参考 ①の範囲は文献や時代によって、逢坂の関以東、箱根山以東など、説が一定しない。「源氏物語」〈常夏〉には「あづまとぞ、名も立ちくだりたるやうなれど」とあり、文化の遅れた土地と考えられていたことがわかる。

あづま-あそび【東遊び】（名）歌舞の名。宮廷舞楽の一つ。東国の民間舞踊だったものが、平安時代になって宮廷・神社・貴族などに取り入れられたもの。源氏 若菜下「—の耳なれたるは、なつかしくおもしろく」訳 東遊びの耳なれた音色は、親しみ深く興をそそって。

（あづまあそび）

あづま-うた【東歌】（名）東国地方の歌。「万葉集」巻十四には遠江から陸奥までの各国の歌二百三十首、また「古今集」巻二十には伊勢地方の歌も含めて十四首ほどが収められている。日常生活を素材にした素朴な歌が多く、東国方言を伝えている。

あづま-うど【東人】（名）〔「あづまびと」の転〕東国の人。徒然 一四一「—こそ、言ひつることは頼まるれ」訳 東国の人こそ、言ったことは信頼できるが。

吾妻鏡（あづまかがみ）『作品名』〔「東鑑」とも書く〕鎌倉幕府編纂の歴史書。治承四年（一一八〇）の源頼政の挙兵から、文永三年（一二六六）までの、八十七年間を漢文日記体で記す。鎌倉時代の史料として重要。

あづま-くだり【東下り】（名）京都から東国へ行くこと。（特に、中世では）鎌倉へ行くこと。海道下り。

発展　「伊勢物語」の「東下り」

「伊勢物語」第九段は、役に立たない身だと思い込んだ「男」が、和歌を詠みながら、三河・駿河・武蔵と下るようすを描いている。物語の主人公は、多く苦難の旅を経験しなければならなかったが、この「男」も例外ではなかった。「伊勢物語」の「東下り」は、謡曲の「隅田川」をはじめ、後世の東海道文学に計り知れない影響を与えた。

あづま-ごと【東琴】（名）わが国固有の六弦琴。和琴・大和琴ともいう。東。

あづま-ごゑ【東声】（名）東国の発音やことば。東国なまり。源氏 東屋「賤しき—したる者どもばかりのみ出で入り」訳 身分の低い東国なまりをしている者どもだけがもっぱら出入りし。

あづま‐ぢ【東路】(名)京都から東海道、または東山道を経て関東・奥羽地方へ通う道筋。東国路。転じて、東国地方をもいう。[更級]かどで「―の道のはてよりも、なほ奥つ方に生ひいでたる人」[訳]東国路の終点(である常陸の国)よりも、もっと奥のほうである上総の国で育った人(である私)は。⇩更級日記「名文解説」

あづま‐びと【東人】(名)東国の人。また、田舎者。

春満(あづままろ)『人名』→荷田春満

あづま‐や【東屋・四阿】(名)屋根を四方に葺きおろした、粗末な小家。のちには、庭園の休憩所などとして設置された。[枕]二九「屋は　まろ屋。―」[訳]建物は、まろ屋(=葦や茅で屋根を葺いた粗末な家)。東屋(が趣がある)。

あづま‐をとこ【東男】(名)❶「あづまをのこ」とも。東国地方の男。多く、田舎者、粗野な男などの意を含む。[平家]一一・先帝身投「めづらしき―をこそ御覧ぜられ候はんずらめ」[訳]めずらしい東国の男をご覧になられるでしょうよ。❷(京女に対して)江戸生まれの男。粋な江戸っ子。

あづま‐をのこ【東男】(名)「あづまをとこ①」に同じ。[万葉]二〇・四三三一「鳥が鳴く(=枕詞)―は出で向かひ」

あづま‐をみな【東女】(名)東国地方の女。田舎くさい娘。[万葉]四・五二一「庭に立つ麻手刈り干し布さらす―を忘れ給ふな」[訳]庭に生い立つ麻を刈って干し、布をさらす田舎娘(である私)を、お忘れになるな。

あつ‐む【集む】(他マ下二){め・め・む・むる・むれ・めよ}集める。[源氏]絵合「かう絵ども―・め(未)らると聞き給ひて」[訳]このようにたくさんの絵を(光源氏が)お集めになると(権中納言は)お聞きになって。

あつ‐もの【羹】(名)〔熱物の意〕「あついもの」とも。魚・鳥の肉や野菜などを煮た熱い汁。吸い物。[うつほ]蔵開中「大いなる白銀の提子(=注ぎ口のある鍋に似た容器)に、若菜の―一鍋」

あつ‐らか【厚らか】(形動ナリ){なら・なり(に)・なり・なる・なれ・なれ}厚ぼったいさま。[宇治]一・一六「練り色の衣の、綿―・なる(体)、三つひき重ねて持て来て」[訳]薄い黄色の着物で、綿がふっくらと厚いのを、三枚重ねて持って来て。

あつら‐ふ【誂ふ】(他ハ下二){へ・へ・ふ・ふる・ふれ・へよ}頼む。注文して作らせる。[今昔]七・六「人に―・へ(用)て書写せしむ」[訳](尼は)人に頼んで(法華経を)書写させる。

あつらへ‐つ・く【誂へ付く】(他カ下二){け・け・く・くる・くれ・けよ}相手に頼んで、自分の思うとおりにさせる。注文を付ける。[古今]春下「吹く風に―・くる(体)ものならばこの一本は避きよと言はまし」[訳]吹く風に注文を付けることができるものならば、この(満開の桜の)一本は避けてくれと言うだろうに。

あて【貴】(形動ナリ){なら・なり(に)・なり・なる・なれ・なれ}❶**身分が高い。高貴である。**[伊勢]四一「ひとりはいやしき男の貧しき、ひとりは―・なる(体)男もたりけり」[訳](姉妹のうち)一人は身分が低い男で貧しい者を、一人は高貴な男を(夫として)持っていた。[文法]「いやしき男の」の「の」は、いわゆる同格の格助詞で、「…で」の意。❷**上品だ。優雅だ。**[源氏]若紫「四十余ばかりにて、いとしろう―・に(用)やせたれど、つらつきふくらかに」[訳](尼君は)四十歳ちょっとぐらいであって、たいそう色白で上品でやせているけれども、ほおのあたりがふっくらとして。

類語パネル

●**共通義**　身分の高いさま。

あて	身分が高く、上品・優雅なさま。
けだかし	身分が高く、品位・風格があって、おかしがたいさま。
やむごとなし	最上、第一等であり、最高度に尊重されるさま。

あて‐おこな・ふ【宛行ふ】(他ハ四){は・ひ・ふ・ふ・へ・へ}❶それぞれ割り当てる。[落窪]「とかくせさすべき事、―・ふ(終)とても」[訳]あれこれと(家来に)させなければならないことを、割り当てるという場合にも。❷(土地や品物を功労に対する恩賞として)授ける。あてがふ。[浄・凱陣八島]「勲功厚く―・ふ(終)べきものなり」[訳]功績は大きく(処分どころか)恩賞を授けるのが妥当なものである。

あてがひ【宛行】(名)❶割り当てること。また、そのもの。[浮・けいせい色三味線]「路銀(=旅費)も旦那からの―にて候へば(=割り当てですので)」❷扶持。禄。生活費。[浮・新色五巻書]「月に十五匁づつの―(=生活費)受けて裏屋住まひ」❸心配り。配慮。取り計らい。[風姿花伝]「この―を、よくよく心得べし」[訳]この(物まねする際の)配慮を、十分に心得なければならない。

あて‐が・ふ【宛がふ】(他ハ四){は・ひ・ふ・ふ・へ・へ}❶(金銭・品物などを)適当に割り当てて与える。[栄花]たまのかざり「宮の御装束、女房の事などしげうおぼし―・ふ(終)」[訳]一品の宮のお召し物、女官のものなど、頻繁に(それぞれの者に)考えてお与えになる。❷うまくあてはめる。[風姿花伝]「この分け目をば―・は(未)ずして、ただ幽玄にせんとばかり心得て」[訳]この区別をあてはめないで、ただ幽玄にしようとのみ思って。

あて‐こと【当て言】(名)❶いやみ。皮肉。[浮・西鶴織留]「にくげに(=にくらしそうに)―を言へば」❷それとなく遠回しに言うことば。[浄・山崎与次兵衛寿門松]「与次兵衛命助けよといふ―」[訳]与次兵衛の命を助けろという(意味で)それとなく言ったことば。

あて‐ど【当て所・宛て所】(名)❶当てる所。当てるべき箇所。[古活字本保元物語]「涙にくれて太刀の―もおぼえねば」[訳](主人の首を斬らねばならず)涙に目が曇って、太刀の当てるべき箇所もわからないので。❷目当てとする所。心当たり。[浄・博多小女郎波枕]「落ち着く方なく―なく」

あて‐はか【貴はか】(形動ナリ){なら・なり(に)・なり・なる・なれ・なれ}〔「はか」は接尾語〕「あてやか」に同じ。[伊勢]一六「人がらは心うつくしく―・なる(体)ことを好みて」[訳](紀有常の)人柄は心やさしく上品でみやびやかなことを好んで。

あて‐びと【貴人】(名)高貴な人。上品な人。[源氏]帚木「なまめきたるさまして―と見えたり」[訳](小君は)若々しく優美なようすをして、高貴な人と見えた。

あて・ぶ【貴ぶ】(自バ上二){び・び・ぶ・ぶる・ぶれ・びよ}〔「ぶ」は接尾語〕優雅なようすをする。上品ぶる。［源氏］東屋「若き君たちとて、すきずきしく—・び(用)てもおはしまさず」［訳］（左近の少将は）若い貴公子だからといって、好色でも上品ぶってもおいでにならず。［文法］「すきずきしく」は対偶中止法で、下の否定が及ぶ。

あて・やか【貴やか】(形動ナリ){なら・なり(に)・なり・なる・なれ・なれ}〔「やか」は接尾語〕高貴なさま。優美なさま。上品なさま。「あてはか」とも。［竹取］かぐや姫の昇天「心ばへなど、—・に(用)うつくしかりつることを見ならひて」［訳］（かぐや姫の）性格などが、上品で愛らしかったことをいつも見なれているので。

あと【後】(名)❶うしろ。後方。背後。［源氏］末摘花「われも行く方あれど、—につきてうかがひけり」［訳］（頭の中将は）自分にも行く所があるのに、（光源氏の）後について（行き先を）うかがった。
❷以後。のち。［源氏］桐壺「なき—まで、人の胸あくまじかりける人の御おぼえかな」［訳］亡くなった後まで、人の心が晴れそうになかった（あの）人（=桐壺の更衣）のご寵愛の受けようだこと。
❸以前。過去。〔浮世風呂〕「子どもでござい。しかも（=もっとも）三十年—は」
❹死後。［徒然］一四〇「『我こそ得め』など言ふ者どもありて、—に争ひたる、さま悪し」［訳］「（遺産を）私が（当然）もらおう」などと言う者どもがいて、人の死後に争っているのは、みっともない。［文法］「得め」の「め」は、意志の助動詞「む」の已然形で、係助詞「こそ」の結び。

あと【跡】(名)〔「足処」の意〕❶足。足もと。足のほう。［万葉］五・八九二「父母は枕の方に妻子どもは—の方に囲みゐて」［訳］→かぜまじり…［和歌］
❷足跡。［徒然］一三七「泉には手・足さしひたして、雪には下り立ちて—つけなど」［訳］泉には手や足をつっ込んで濡らして、雪には下り立って足跡をつけるなど。
❸（訪問の）形跡。往来。〔増鏡〕三神山「草深く苔むして、人の通へる—もなし」［訳］草は茂り苔が生えて、人が行き来した形跡もない。
❹ゆくえ。［源氏］明石「なほこれより深き山を求めてや—絶えなまし」［訳］いっそここ（=須磨の渚）より深い山を探してゆくえをくらましてしまおうか。［文法］「絶えなまし」の「な」は、助動詞「ぬ」の未然形で、ここは確述の用法。「なまし」は、上に疑問の語（ここでは「や」）を伴って、ためらいを含んだ意志を表す。
❺形見。遺跡。痕跡。［徒然］二五「見ぬいにしへのやんごとなかりけん—のみぞ、いとはかなき」［訳］見たこともない昔の尊かったとかいう（住居の）遺跡はとりわけて、ほんとうにはかないものだ。［文法］「ぞ…はかなき」は、係り結び。
❻筆跡。〔狭衣物語〕「古の名高かりける人の—は、千歳を経れど変はらぬに」［訳］昔の、その名を知られていた人の筆跡は、千年たっても（価値は）変わらないけれども。⇩鳥の跡「慣用表現」
❼先例。しきたり。手本。一定の様式。［源氏］蛍「思ひあまり昔の—をたづぬれど親にそむける子ぞたぐひなき」［訳］思案にあまって昔の先例を探すけれど、親にそむいた子というのは例がない。
❽家のあとめ。家督。［平家］一・鱸「清盛嫡男たるによって、その—を継ぐ」［訳］清盛は嫡男であるので、その（=忠盛の）家督を継ぐ。

あど(名)❶相手の話に調子よく応答すること。あいづち。［大鏡］道長下「ただ殿のめづらしう興ありげにおぼして—をよく打たせ給ふに」［訳］ただ殿（=話を聞く侍）が（私たち=大宅世継と夏山繁樹の話に）珍しくおもしろそうだとお思いになってあいづちを上手にお打ちになるのに。
❷狂言で、シテ（=主役）の相手をするわき役。アド。→仕手・脇・連れ

あど(副)《上代東国方言》なぜ。何と。どうして。［万葉］一四・三三九七「常陸なる浪逆の海の玉藻こそ引けば絶えすれ—か絶えせむ」［訳］常陸の国（茨城県）にある浪逆の海の玉藻は引けば切れもするが、（私たちの仲は）どうして切れようか（いや、切れるはずがない）。

あと‐あがり【後上がり】(名)月代を小さく剃り、髻の位置を高くして、鬢がうしろ上がりになるように結った髪形。江戸時代初頭に流行した。〔浮・日本永代蔵〕「風俗律義に、あたまつき—に」［訳］身なりは質素で、髪形はうしろ上がりの結い方で（やぼったく）。

あど‐う・つ【あど打つ】あいづちを打つ。［大鏡］序「人目にあらはれてこの侍ぞ、よく聞かむと—・つ(終)めりし」［訳］特に目立ってこの侍が、よく（話を）聞こうとしてあいづちを打つようであった。

あと‐ごし【後輿】(名)輿のうしろのほうをかつぐこと。また、その人。〔浄・女殺油地獄〕「兄弟の男子に先輿・—かかれて」［訳］兄弟の男子に（それぞれ）輿の前と輿のうしろをかつがれて。↔先輿

あと‐た・ゆ【跡絶ゆ】(自ヤ下二){え・え・ゆ・ゆる・ゆれ・えよ}❶人の行き来が絶える。〔千載〕春上「雪深き岩の懸け道—・ゆる(体)吉野の里も春は来にけり」［訳］雪の深い、岩の桟道のため人の行き来が絶えている吉野の里にも、春は訪れたことだ。
❷ゆくえをくらます。世間と交渉を絶つ。［源氏］若菜下「わが身も世に経るさまならず、—・え(用)て止みなばや」［訳］自分もこの世間で暮らし続ける状態でなく、ゆくえをくらまして死んでしまいたい。

あと‐と・ふ【跡訪ふ】(自ハ四){は・ひ・ふ・ふ・へ・へ}❶ゆくえをたずねる。［平家］三・有王「沙頭に印を刻む鷗、沖の白洲にすだく浜千鳥のほかは、—・ふ(体)者もなかりけり」［訳］砂浜に足跡をつける鷗や、沖の白い砂の州に群がる浜千鳥以外は、ゆくえをたずねる者もなかった。
❷死後をとむらう。［徒然］三〇「さるは、—・ふ(体)わざも絶えぬれば、いづれの人と名をだに知らず」［訳］その上、死後をとむらう仏事も絶えてしまうと、（墓の主が）どこの人かと名前をさえわからず。

あと‐と・む【跡求む】(自マ下二){め・め・む・むる・むれ・めよ}❶ゆくえをたずね求める。あとを追う。〔山家集〕「雪凌ぐ庵のつまをさし添へて—・め(用)て来ん人を止めん」［訳］雪が押しふせる草庵の軒端を（柴などで）葺き加えて、たずね求めて来るかもしれない人を引きとめよう。
❷昔のことをたずね考える。先例を求める。［新古］雑中「嵯峨の山千代の古道—・め(用)てまた露分くる望月の駒」［訳］嵯峨の山の、（古歌に詠まれた）千代の古道をたずね、先例にならって今また（私も）露を分けて（引いて）行く望月の駒（=望月の牧場から宮中に奉った馬）よ。

あと-と-む【跡留む】(自マ下二){め・め・む・むる・むれ・めよ}「あととどむ」とも。❶この世に生き長らえる。源氏 真木柱「かく心うき宿世(すくせ)、今は見果てつれば、この世に—・む㊇べきにもあらず」訳 (夫に見放されるという)このようにつらい前世からの因縁を、今ではすっかり見てしまったので、(これ以上)この世に生き長らえるべきでもなく。

❷もとのままに残しておく。痕跡を残す。方丈 三「つひに—・むる㊍ことを得ず」訳 とうとう(その家を)もとのままに残しておくことができず。

あと-な-し【跡無し】(形ク){から・く(かり)・し・き(かる)・けれ・かれ}❶人の訪れがない。〔山家集〕「訪(と)へな君夕暮れになる庭の雪を—・き㊍よりはあはれならまし」訳 訪ねてくださいあなたよ、夕暮れとなる庭の雪を。人の訪れがないのよりはしみじみとした趣があるだろうに。

❷跡形がない。万葉 三・三五一「世間(よのなか)を何に譬(たと)へむ朝びらき漕(こ)ぎ去(い)にし船の—・き㊍ごとし」訳 世の中を何にたとえようか。(それは)朝早く、漕ぎ出して行った船が、跡形もないようなものだ。

❸根拠がない。事実でない。徒然 五〇「はやく—・き㊍ことにはあらざめりとて」訳 (鬼がいるといううわさは)もともと根拠のないことではないようだと思って。

❹前例がない。比類がない。〔おらが春〕「—・き㊍俳優(わざをぎ)見るやうに、なかなか心の皺(しわ)を伸ばしぬ」訳 比類がない(ほどすばらしい)役者の演技を見るように、大いに気分が晴れた。

あど-な-し(形ク){から・く(かり)・し・き(かる)・けれ・かれ}あどけない。子供っぽい。たわいない。著聞 六九六「あからさまにも、—・き㊍ことをばすまじきことなり」訳 ちょっとでも、子供っぽいことをしてはならないことだ。⇨幼(いとけ)なし「類語パネル」

あとはか-な-し(形ク){から・く(かり)・し・き(かる)・けれ・かれ}❶痕跡がない。跡形もない。源氏 若紫「尋ね聞こえ給へど、—・く㊊て、あたらしかりし御かたちなど恋しく悲しとおぼす」訳 (父兵部卿(ひょうぶきょう)の宮は若紫の行方を)尋ね申しあげなさるけれど、跡形もないので、もったいないほど美しかったお顔立ちなどを恋しく悲しいとお思いになる。

❷たよりない。はっきりしない。源氏 玉鬘「いと—・き㊍心地して、うつぶし臥(ふ)し給へり」訳 (玉鬘(たまかずら)は)たいそうたよりない気持ちがして、うつぶして横になっていらっしゃる。

あと-び【跡火】(名)葬式で、出棺の後に家の門の前でたく火。送り火。枕 一四二「—の火箸(=取り柄のないもののたとえ)」

あと-へ【脚辺】(名)(のちに「あとべ」)(寝ている)足のほう。足のあたり。〔紀〕神代「枕辺(まくらへ)に腹ばひ、—に腹ばひて、泣きいさち悲しび給ふ」訳 枕のあたりに腹ばいになり、足のあたりに腹ばいになって、はげしく泣き叫んで悲しみなさる。

あと-まくら【後枕・跡枕】(名)❶足もとと枕もと。平家 六・入道死去「男女(なんにょ)の君達(きんだち)—にさしつどひて、いかにせんと嘆き悲しみ給へども」訳 (清盛の)ご子息や姫君は(病床の)足もとや枕もとに寄り集まって、どうしたらよかろうと嘆き悲しみなさるけれども。

❷前後。あとさき。

あとまくら-べ【後枕辺】(名)頭の先から足(尾)の先までの長さ。体長。平家 八・緒環「—は十四、五丈(ぢゃう)(=約四二～四五メートル)もあるらんとおぼゆる大蛇にて」

あども-ふ(アドモウ)**【率ふ】**(他ハ四){は・ひ・ふ・ふ・へ・へ}(上代語)引き連れる。一説に、声をかけて隊列などを整える意とも。万葉 二・一九九「御軍士(みいくさ)を—・ひ㊊給ひ」訳 皇軍を引き連れなさり。

あとら-ふ(アトラ(ロ)ウ)**【誂ふ】**(他ハ下二){へ・へ・ふ・ふる・ふれ・へよ}頼んで、ある事をさせる。〔紀〕履中「瑞歯別皇子(みつはわけのみこ)、ひそかに刺し領巾(ひれ)を召して—・へ㊊て曰(のたま)はく」訳 瑞歯別皇子が、こっそりと(隼人(はやと)である)刺し領巾をお呼びになって頼んで、ある事をさせ(ようとし)ておっしゃることには。

あと-を-かく-す【跡を隠す】行方が知れないようにする。俗世間を逃れて隠遁(いんとん)する。方丈 三「いま、日野山の奥に—・し㊊てのち」訳 いま、日野山の奥に俗世間を逃れて隠遁して以来。

あと-を-た-る【跡を垂る】❶(「垂迹(すいじゃく)」の訓読)仏・菩薩(ぼさつ)が衆生(しゅじょう)を救うために、仮に神の姿となってこの世に現れる。源氏 明石「まことに—・れ㊊給ふ神ならば助け給へ」訳 本当に衆生を救うために現れなさる神であるならばお助けください。

❷(転じて)他の地に移り住む。更級 竹芝寺「これも前(さき)の世にこの国に—・る㊇べき宿世(すくせ)こそありけめ」訳 こうなったのも前世でこの(武蔵(むさし)の)国に(都から)移り住むことになっている因縁があったのだろう。

あな

(感)**ああ。あら。**まあ。徒然 二三六「—めでたや。この獅子(しし)の立ちやう、いとめづらし」訳 ああ、すばらしいことだ。この獅子の立ち方は、大変めずらしい。

参考 喜怒哀楽いずれの感動をも表し、多く、あとに形容詞の語幹(シク活用では終止形)を伴う。強めて、「あな…や(感動の間投助詞)」の形をとることも多い。

あ-ない【案内】(「あんない」の撥音「ん」の表記されない形)■一(名)❶文書の内容。草案。〔紫式部日記〕「頭の弁して—は奏せさせ給ふめり」訳 (天皇は)頭の弁に命じて、(加階の)草案は奏上させなさるようだ。文法「させ給ふ」の「させ」は、使役の助動詞。

❷物事の事情や内容。大鏡 花山院「大臣(おとど)にも、変はらぬ姿今一度見え、かくと—申して、必ず参り侍らむ」訳 (父の)大臣にも、変わらない姿(=出家前の姿)をもう一度見せ、こういうわけでと(出家する)事情を申し上げて、必ず(ここに)参上しましょう。

■二(名・他サ変)❶取り次ぎを頼むこと。来意を告げること。徒然 三二「思(おぼ)し出(い)づる所ありて、—・せ㊌させて入り給ひぬ」訳 (ある人が)思い出しなさるところがあって、取り次ぎを請わせて(その家に)お入りになった。

❷事情を明らかにすること。また、問いただすこと。枕 二七七「宮の辺(へん)に—・し㊊に参らまほしけれど」訳 中宮のあたりに事情を問いただしに参上したいけれども。

❸人をある場所に導くこと。

参考「あンない」と読む。平安時代は「ん」を発音しても表記しないのがふつうであった。

あな-う【あな憂】ああつらい。ああいやだ。古今 雑下「事しあればまづ嘆かれぬ—世の中」訳 何か事があるとまっ先に嘆息してしまう。ああつらい、この世の中は。

なりたち 感動詞「あな」+形容詞「憂(う)し」の語幹「う」

あな-かしこ❶ああ、恐ろしい。ああ、畏れ多い。徒然 二三〇「しかしかのことは、—。あとのため忌(い)むなることぞ」訳 これこれのことは、ああ、恐ろしいことだ。遺族のために

(不吉だから)避けるということだ。❷手紙の終わりに用いて、敬意を表す語。かしこ。❸(元来の「ああ、畏れ多い」の意が失われ、下に禁止を表す語を伴って副詞的に)決して(…するな)。平家 五・咸陽宮「このことー、人に披露すな」訳 このことは決して人に伝え広げるな。

なりたち 感動詞「あな」＋形容詞「畏し」の語幹「かしこ」

参考 ②は、古くは男女ともに用いた。

あながち【強ち】一(形動ナリ)二(副)

語義パネル

●重点義　**他人の迷惑を気にせず思いのままにするさま。**

一❶**むりやりなさま。**相手の意向にかまわず一方的だ。身勝手だ。❷**度を越している。いちずだ。**異常だ。❸**ひたむきだ。**たって。❹適切でない。あまりにひどい。

二必ずしも。いちがいには。めったに。決して。

一(形動ナリ){なら・なり(に)・なり・なる・なれ・なれ}❶**むりやりなさま。**相手の意向にかまわず一方的だ。身勝手だ。源氏 桐壺「ー・に御前去らずもてなさせ給ひし程に」訳 (桐壺帝が桐壺の更衣を)むりやりに御前から離さずお世話しなされた間に。文法「せ給ひ」は、最高敬語。❷**度を越している。**異常だ。源氏 夕顔「ー・に用たけ高き心地ぞする」訳 (女たちは)異常なまでに背が高い感じがする。❸**ひたむきだ。いちずだ。**たって。竹取 貴公子たちの求婚「ー・に用心ざし見えありく」訳 (貴公子たちは)いちずに愛情(のあるところ)を見せてまわる。❹適切でない。あまりにひどい。枕 二八「ー・なる体所に隠し伏せたる人の、いびきしたる」訳 (人を隠すには)適切でない場所に隠して寝かせておいた人が、いびきをかいたの(は不快だ)。

二(副)(下に打消の語や反語表現を伴って)必ずしも。いちがいには。めったに。決して。平家 一〇・首渡「範頼・義経が申し状、ー御許容あるべからず」訳 範頼や義経の申すことは、どんなことがあってもお許しになってはいけない。

あな-かま(人の発言を制止して)ああ、やかましい。しっ、静かに。更級 大納言殿の姫君「ー、人に聞かすな」訳 しっ、静かに、人に知らせてはいけない。

なりたち 感動詞「あな」＋形容詞「かまし(=やかましい)」の語幹「かま」。(一説に、「かまびすし」の「かま」とも)

あな-かま-たま・へ【あなかま給へ】ああ、やかましい、静かにしなさい。源氏 玉鬘「ー。大臣たちもしばし待て」訳 ああ、静かにしなさい。大臣たち(とおっしゃるの)も、ちょっと待って。

なりたち 感動詞「あな」＋形容詞「かまし」の語幹「かま」＋四段動詞「給ふ」の命令形「たまへ」

あな-ぐ・る【探る】(他ラ四){ら・り・る・る・れ・れ}探し求める。さぐり調べる。〔増鏡〕草枕「詳しくー・り用見聞かんの謀にてありける」訳 (諸国のようすや人々の愁訴を)つぶさに探し求め見聞きしようというもくろみであった。

あなずらわし【侮らわし】⇩あなづらはし

あ-な-すゑ【足末】(名)〔「足の末」の意。「な」は「の」の上代の格助詞〕❶足の先。〔うつほ〕忠こそ「頭よりーまでに、綾や、錦を裁ち切りて」訳 頭(の先)から足の先までに、綾や錦を裁断して着せるほどに贅を尽くして)。❷子孫。末裔。〔うつほ〕国譲下「臣下ども、御ーにて、やむごとなくてものせらるめるを」訳 臣下たちは、(国母の)御子孫で、高貴でいらっしゃるようなので。

あなた【彼方】(代)❶遠称の指示代名詞。㋐方向をさす。向こうのほう。かなた。あちら。伊勢 八二「山崎のーに、水無瀬といふ所に宮ありけり」訳 山崎の向こうに、水無瀬という所に離宮があった。㋑時間を示す。以前。昔。枕 二九二「昨夜も、昨日の夜も、そがーの夜も、すべて、このごろうちしきり見ゆる人の」訳 昨夜も、一昨夜も、その前の夜も、ずっと、このごろひき続いて顔を見せる人が。❷〔「貴方」とも書く〕人称代名詞。①の転用で、敬意を含んで用いる。㋐他称。あちらの人。あのかた。〔落窪〕「この落窪の君の、ーにのたまふことに従はず、悪しかんなるはなぞ」訳 この落窪の君が、あのかた(=継母)のおっしゃることに従わないで、悪いということ(だがそれ)はどうしてだ。文法「悪しかんなる」は「悪しかるなる」の撥音便。「なる」は、伝聞の助動詞「なり」の連体形。㋑対称。現代語より敬意が高い。あなた様。あなた方。

あなた-おもて【彼方面】(名)向こう側。あちら側。古今 雑上「飽かずして月の隠るる山本はーぞ恋しかりける」訳 まだ見飽きないうちに月が隠れる山の麓では、(山の)向こう側が恋しいことだ。

あなた-がた【彼方方】(名)あちらのほう。あちら側。枕 一四三「宮の辺には、ただーに言ひなして」訳 中宮のお側では、(私を)むやみとあちら側(=道長側)に(付いたように)あえて言い立てて。

あなた-こなた【彼方此方】(代)あちらこちら。また、あれこれ。枕 一五三「ーに住む人の子の、四つ五つなるは、あやにくだちて」訳 (局の)あちらこちらに住む人の子供で、四歳、五歳であるのは、身勝手にふるまって。

あなた-ざま【彼方様】(代)あちらのほう。向こうのほう。源氏 宿木「ーに向きてぞ添ひ臥しぬる」訳 (浮舟は)向こうのほうを向いて物にもたれかかり横になった。

あなづらは・し【侮らはし】(形シク){しから・しく(しかり)・し・しき(しかる)・しけれ・しかれ}

語義パネル

●重点義　**軽蔑したくなるさま。**

軽蔑する意の動詞「あなづる」(ラ四)に対応する形容詞。②は、軽蔑するにふさわしい→尊敬しなくてよい→遠慮がいらないという関連で生じたもの。

❶**あなどってよい。**
❷**遠慮がいらない。**気が許せる。

❶**あなどってよい。**源氏 玉鬘「よからぬ生者どもの、

—・しう(用)(ウ音便)するもかたじけなきことなり」訳 性質のよくない未熟な者たちが、軽蔑するように扱うのも畏れ多いことである。

❷遠慮がいらない。気が許せる。〔栄花〕浦々の別「ただ右近をば、むつまじう—・しき(体)方にてと」訳 もっぱら(私)右近を、親密で遠慮のいらない者として(使うように)と。

あなづ・る【侮る】(他ラ四)〔ら・り・る・る・れ・れ〕〔「あなどる」の古形〕軽蔑する。ばかにする。見下げる。あなどる。枕 二七「人に—・ら(未)るるもの 築土のくづれ。あまり心よしと人に知られぬる人」訳 人から軽蔑されるもの、土塀のくずれ。あまりにもお人よしだと世間の人に知られてしまった人。

あななひ【麻柱】(名)高い所にのぼる足場。足がかり。竹取 燕の子安貝「—に、おどろおどろしく二十人の人ののぼりて侍れば」訳 足場に、おおげさに二十人の人がのぼっておりますので。

あな-に(感)感動を表す語。ああ。ほんとうに。万葉 八・一四二九「敷きませる国のはたてに咲きにける桜の花のにほひはも—」訳 (天皇の)お治めになっている国の果てまで咲いてしまった桜の花の美しさよ、ああ。

あな-にく【あな憎】ああ、憎い。蜻蛉 下「なほあらむよりは、—とも聞き思ふべけれど、つれなうてある」訳 そのまま(黙って)いるよりは、ああ、憎いとも(その話を)聞いて思うはずだが、(自分は)知らないふりでいる。

なりたち 感動詞「あな」+形容詞「憎し」の語幹「にく」

あなみにく… 和歌

> あなみにく　賢しらをすと　酒飲まぬ
> 人をよく見ば　猿にかも似る
> 〈万葉・三・三四四・大伴旅人〉

訳 ああ、みっともない。利口ぶって酒を飲まない人をよく見たら、猿に似ていることよ。

解説「酒を讃むる歌」十三首の中の一首。

あな-や(感)〔感動詞「あな」に間投助詞「や」の付いたもの〕強い驚きや感動を表す声。あれえっ。ああ。あら。伊勢 六「『—』と言ひけれど、神鳴るさわぎにえ聞かざりけり」訳 (女は)「あれえっ」と叫んだけれども、(男は)雷の鳴る音のやかましさに聞き取ることができなかった。

あ-なり ❶〔「なり」が推定の場合〕多く、声や音など聴覚による判断を表してあるようだ。源氏 野分「中将の声こわづくるにぞあなる(体)」訳 中将(=夕霧)がせきばらいをしているのであるようだ。

❷〔「なり」が伝聞の場合〕あるそうだ。あるということだ。竹取 ふじの山「駿河の国にあなる(体)山の頂に持て着くべきよし仰せ給ふ」訳 (帝は)駿河の国(静岡県)にあるという山の頂に(不死の薬を)持ってたどり着くようにとご命令なさる。

なりたち ラ変動詞「有り」の連体形「ある」+伝聞・推定の助動詞「なり」=「あるなり」の撥音便「あんなり」の撥音「ん」の表記されない形。ふつう「あ(ン)なり」と読む。

あに【豈】(副)❶〔下に打消の語を伴って〕決して。万葉 四・五九六「八百日行く浜の沙も吾が恋に—まさらじか沖つ島守」訳 多くの日数をかけて行く長い浜辺の砂(がいくら無数でも)も、私の恋の(おびただしさ)には決してまさりはしないだろうね、沖の島守よ。

❷〔下に反語表現を伴って〕どうして。なんで。万葉 三・三四五「価無き宝といふとも一坏の濁れる酒に—まさめやも」訳 (仏教では無上の法を)無価宝珠(=評価を超越した宝玉)といっても、一杯の濁り酒にどうしてまさるだろうか(いや、まさりはしない)。

あね-おもと【姉御許】(名)〔「おもと」は親愛の意を表す〕姉君。源氏 玉鬘「—は、類ひろくなりてえ出で立たず」訳 姉君は一族が多くなって(都へ)出かけることができない。

姉歯(あねは)『地名』歌枕 今の宮城県栗原市の地名。「姉歯の松」で名高い。「伊勢物語」などに詠まれた。

あ-の【彼の】遠くにあるものや心理的に隔たりのあるものをさす。あの。そこにいる。そこの。更級 竹芝寺「『—男、こち寄れ』と召しければ」訳「そこの男よ、こちらへ来い」と呼び寄せなさったので。

なりたち 代名詞「彼」+格助詞「の」

あのおとせず… 和歌

> 足の音せず　行かむ駒もが　葛飾の
> 真間の継ぎ橋　やまず通はむ
> 〈万葉・一四・三三八七・東歌〉

訳 足音を立てないで行くような馬があればなあ。(そうしたら)葛飾の真間(=地名)の継ぎ橋を絶えず(渡って恋人のもとに)通おう(のに)。文法「駒もが」の「もが」は上代の願望の終助詞。

解説 左注に「下総国の歌」とある。「継ぎ橋」の「継ぎ」に継続して通う意をこめる。

あのくたら-さんみゃく-さんぼだい【阿耨多羅三藐三菩提】(名)《梵語の音訳》〔このうえなくすぐれ、正しく平等円満であるの意〕仏の知恵のこと。仏のすぐれた知徳をたたえて唱える語。平家 二・山門滅亡「—の仏たちに祈り申されけることを思ひ出でて」訳 (昔、伝教大師が)すぐれた知徳の仏たちにお祈り申しあげなさったことを思い出して。

安房(あは)『地名』旧国名。東海道十五か国の一つ。今の千葉県房総半島の南部。房州。

阿波(あは)『地名』旧国名。南海道六か国の一つ。今の徳島県。阿州。

あはあは・し【淡淡し】(形シク)〔しから・しく(しかり)・し・しき(しかる)・しけれ・しかれ〕うわついて軽々しい。軽率だ。落ち着かない。枕 二四「宮仕へする人を、—・しう(用)(ウ音便)悪きことに言ひ思ひたる男などこそ、いとにくけれ」訳 宮仕えする女性を、軽率でいけないことだと言ったり思ったりしている男性などは、ほんとうに気にいらない。

あは-うみ【淡海】(名)〔「潮海」に対して、塩分を含まない〕淡水の海。湖。

あは-ざら-め-やも【会はざらめやも・逢はざらめやも】会わないことがあろうか(いや、きっと会える)。万葉 一五・三七四一「命をし全くしあらばあり衣のありて後にも—」訳 命さえ無事であるなら、時を経て後にも、会わないことがあろうか(いや、きっと会える)。〔「あり衣の」は「あり」にかかる枕詞〕。→やも(終助)

なりたち 四段動詞「会ふ」の未然形「あは」+打消の助

動詞「ず」の未然形「ざら」＋推量の助動詞「む」の已然形「め」＋終助詞「やも」

あは・し【淡し】アワシ（形ク）｛(から)・く(かり)・し・き(かる)・けれ・かれ｝❶色や味などが薄い。❷あっさりしている。淡白である。［徒然］一七二「老いぬる人は、精神おとろへ、―・く㊥おろそかにして、感じ動くところなし」［訳］老いてしまった人は、気力が弱くなり、心はあっさりと大ざっぱであって、感情の動揺することがない。❸軽薄である。人情が薄い。［源氏］澪標「なのめなることをだに、少し―・き㊍方に寄りぬるは、心とどむるたよりもなきものを」［訳］通りいっぺんのこと（＝色恋）でさえも、少し軽薄なほうに心が傾いてしまった相手は、心を惹かれるよりどころもないのになあ。

あはしまの【粟島の】アワシマノ《枕詞》同音のくり返しから、動詞「逢ふ」の未然形「あは」にかかる。［万葉］一五・三六三三「―逢はじと思ふ」

あは・す【合はす】アワス 一（他サ下二）｛せ・せ・す・する・すれ・せよ｝❶一つにする。合計する。［竹取］かぐや姫の昇天「六衛の司―・せ㊥て二千人の人を、竹取が家に遣はす」［訳］（帝は）六衛府（の官人）合計して二千人の人々を、竹取（の翁）の家に派遣なさる。❷**夫婦にする。結婚させる。**［伊勢］二三「女はこの男をと思ひつつ、親の―・すれ㊀ども、聞かでなむありける」［訳］女はこの男を（夫にしたい）と思い続け、親が（他の人と）結婚させ（ようとし）ても、承知しないでいた。［名文解説］幼なじみの男と相思相愛であった女が、親が望んだ相手との結婚を拒んだという話。結婚相手は親が決めるものであった時代に、親の意向に背いてまで思いを貫こうとしているところに、女の男への愛の深さが読み取れる。❸ふさわしくする。適合させる。［枕］八「家のほど、身のほどに―・せ㊥て侍るなり」［訳］（狭い門は）家柄の程度、身分の程度にふさわしくしているのです。❹楽器の調子をととのえる。また、合奏する。［源氏］若菜上「琴の緒もいとゆるに張りて、…響き多く―・せ㊥てぞかき鳴らし給ふ」［訳］（致仕の大臣は和琴の弦もたいそう緩く張って、…余韻多くととのえて弾き鳴らしなさる。❺**夢の吉凶を判断する。夢合わせをする。**［大鏡］師輔「いみじき吉相の夢も、あしざまに―・せ㊥つれば、たがふ」［訳］非常によい前兆の夢も、悪いように夢合わせをしてしまうと必ず外れる。❻**比べ合わせる。**対抗させる。［源氏］絵合「物語の出で来はじめの親なる竹取の翁に、宇津保の俊蔭を―・せ㊥て争ふ」［訳］物語のできはじめの元祖である「竹取物語」（の絵）に、「うつほ物語」の俊蔭（の絵）を対抗させて（優劣を）争う。❼鳥をねらって鷹を放す。［万葉］一九・四一五四「遠近に鳥踏み立て白塗りの小鈴もゆらに―・せ㊥やり」［訳］あちらこちらで地面を踏んで鳥を追い立て、（尾に付けた）銀めっきの小鈴もからから鳴る鷹を放しやり。❽香や薬などを調合する。［源氏］梅枝「正月の晦日なれば、公私のどやかなる頃ほひに、薫き物―・せ㊥給ふ」［訳］陰暦正月の月末なので、公私につけて暇のある時節に、（光源氏は明石の姫君の裳着の支度として）薫き物（＝練り香）を御調合なさる。
二（補動サ下二）｛せ・せ・す・する・すれ・せよ｝動詞の連用形に付いて）互いに…する。いっしょに…する。［平家］四・信連「身をば心得て造らせたるを抜き―・せ㊥て、さんざんにこそ斬ったりけれ」［訳］刀身をば入念に造らせたのを互いに抜き合って、思いっきり斬りまくった。

あはせ【袷】アワセ（名）裏地を付けた着物。［夏］。［源氏］夕顔「白き―、薄色のなよよかなるを重ねて」［訳］（夕顔は）白い袷に、薄紫色の柔らかな上着を重ね着して。

あはせ【合はせ】アワセ（名）❶二つの物を比べ合わせて優劣を競い合う遊び。歌合わせ・絵合わせなど。❷飯にそえるもの。おかず。副食物。［うつほ］蔵開上「御粥の―〔として〕、魚の四種」❸男女を結婚させること。

あはせ-たきもの【合はせ薫き物】アワセ―（名）香の一種。沈香・麝香などを砕き、貝殻の粉末を加え、蜜で練り合わせたもの。練り香。［うつほ］蔵開上「よき沈・―多くくべて」［訳］（香炉に）すばらしい沈香や練り香をたくさんくべて。

あはせ-て【合はせて】アワセテ（…と）時を同じくして。（…と）同時に。［竹取］燕の子安貝「燕、尾をささげていたくめぐるに―、手をささげて探り給ふに」［訳］つばめが、尾を高く上げてさかんに回るのと同時に、（中納言が）手を高く上げて（巣の中を）お探しになると。
［なりたち］下二段動詞「合はす」の連用形「あはせ」＋接続助詞「て」

あは-そか アワ―（形動ナリ）｛なら・なり(に)・なり・なる・なれ・なれ｝〔「あは」は淡の意。「そか」は接尾語〕軽々しい。軽率だ。［大鏡］道長下「―・に㊥申すべきに侍らず」［訳］軽々しく申し上げてよいはずはありません。

粟田口（あはたぐち）アワタグチ『地名』今の京都市東山区の地名。大津への出口、東海道の京都への入り口となった地。刀工と粟田焼で知られる。

淡路（あはぢ）アワジ『地名』旧国名。南海道六か国の一つ。今の兵庫県淡路島。淡州。

淡路島（あはぢしま）アワジシマ『地名』［歌枕］今の兵庫県淡路島。瀬戸内海東端にあり、古来、多くの和歌に詠まれた。

あはぢしま…［和歌］《百人一首》

> 淡路島　かよふ千鳥の　なく声に
> 幾夜ねざめぬ　須磨の関守
> 〈金葉・四・冬・二七〇・源兼昌〉

［訳］淡路島から飛び通ってくる千鳥の（ものがなしく）鳴く声で、幾夜目を覚ましたことか、ここ須磨の関の番人は。
［文法］「ねざめぬ」の「ぬ」は諸説あるが、完了の助動詞「ぬ」の終止形とみる。「幾夜」のような疑問語を受けて終止形で結ぶ例はほかにもある。
［解説］「関路の千鳥」という題を詠んだ歌。「友千鳥もろ声になくあかつきはひとりねざめの床も頼もし」〈源氏・須磨〉をふまえる。

粟津（あはづ）アワヅ『地名』今の滋賀県大津市東南の地。寿永三年（一一八四）木曽義仲が戦死した粟津の松原はこの地。「粟津の晴嵐」は、近江八景の一つ。また、義仲寺があり、義仲や芭蕉の墓がある。

あは-つか アワ―（形動ナリ）｛なら・なり(に)・なり・なる・なれ・なれ｝思慮の足りないさま。ぼんやりしているさま。［源氏］帚木「『何事ぞ』など

―・に㊥さし仰ぎゐたらむは」訳「何事か」などとぼんやりと(妻が夫を)仰ぎ見て座っていたとすればそれは。

あはつけ・し（アワツケシ）(形ク)｛から・く(かり)・し・き(かる)・けれ・かれ｝軽々しい。うわついている。源氏 初音「うしろめたく、―・き㊍心もたる人なき所なり」訳(紫の上方は)気を許せず、軽率な心を持った人は(一人も)いない所だ。

あは-に（アワ）(副)多く。たくさん。万葉 二・二〇三「降る雪は―な降りそ」訳降る雪はたくさん降るな。

あは-に（アワ）【淡に】(副)はかなく。たよりなく。薄く。ゆるく。枕 九〇「うは氷―結べるひもなればかざす日かげにゆるぶばかりを」訳表面だけ薄く張った氷なので、さす日の光があたってとけただけのことだ(ゆるく結んである紐なので、日蔭のかずらをさしたために解けただけだ)。(「ひも」に「氷面」と「紐」とを、「かざす(挿頭す)」に「(日の光が)さす」意を、「日かげ」に「日影」と「日蔭のかづら」とをかける)

阿波の鳴門（あはのなると）（アワノナルト）『地名』歌枕 今の鳴門海峡。淡路島と四国との間にある。潮流が激しく鳴るところからこの名がある。

参考 和歌では多く「泡」にかけて詠む。

あはひ（アワイ）【間】(名) ❶(二つの事物の)あいだ。すきま。伊勢 七「伊勢・尾張の―の海づらを行くに」訳伊勢の国(三重県)と尾張の国(愛知県)とのあいだの海辺を行くときに。

❷(人と人との)仲。間柄。源氏 初音「げにめでたき御―どもなり」訳なるほどすばらしいお二人(=光源氏と紫の上)の仲である。

❸形勢。情勢。都合。平家 一一・逆櫓「―悪しければ引くは常の習ひなり」訳形勢が悪いときはいつも退却するのはあたりまえの作戦だ。

❹色の組み合わせ。調和。配色。源氏 浮舟「濃き衣に紅梅の織物など、―をかしく着替へて居給へり」訳(浮舟は)濃い紫の袿に紅梅の織物など、色の調和もおもしろく着替えて座っていらっしゃる。

語の広がり「間」

「うまくいけば」の意の「あわよくば」は、「あはひよし(=都合がよい)」の「ひ」が脱落した「あはよし」に、係助詞「は」の転じた「ば」が付いたもの。「ば」は仮定条件を表す。

あは・む（アワム）【淡む】(他マ下二)｛め・め・む・むる・むれ・めよ｝うとんじる。また、たしなめる。源氏 帚木「式部を―・め㊥憎みて」訳(光源氏や頭の中将は)式部(=藤式部の丞)をうとんじ憎んで。

あは-め-やも（アワ）【会はめやも・逢はめやも】会うことがあろうか(いや、会いはしない)。万葉 一・三一「ささなみの志賀の大わだ淀むとも昔の人にまたも―」訳→ささなみの…和歌。→やも(終助)

なりたち 四段動詞「会ふ」の未然形「あは」＋推量の助動詞「む」の已然形「め」＋終助詞「やも」

あは-や（アワ）(感)驚いたりほっとしたりしたとき、また、危ういときに発する声。ああ。それっ。平家 一一・能登殿最期「判官の舟に乗り当たって、―と目をかけて飛んでかかるに」訳(能登殿が)判官(=源義経)の船に(うまく)乗り当たって、それっと(判官を)目ざして飛びかかると。

あは-ゆき（アワ）【淡雪】(名)春先などに降る、消えやすい雪。古今 恋一「―のたまればかてに砕けつつわが物思ひのしげきころかな」訳淡雪が積もるとその重みに耐えられずに砕け散るように、私の心も千々に砕けて物思いがしきりに起こるこのごろである。(第二句までは「砕け」を導きだす序詞)。→沫雪 参考

あばら【荒ら】(形動ナリ)｛なら・なり(に)・なり・なる・なれ・なれ｝❶(建物などが)破れくずれているさま。すき間の多いさま。荒れて戸や障子などのないさま。伊勢 四「―・なる㊍板敷きに、月のかたぶくまでふせりて」訳(戸や障子もなく)がらんとした板の間に、月が(西に)傾くころまでふせっていて。

❷人などがまばらなさま。平家 七・篠原合戦「高橋、心はたけくおもへども、うしろ―・に㊥なりければ、力及ばで引き退く」訳高橋は、気は強くもつが、うしろ(の味方)がまばらになったので、力が及ばず撤退する。

あば・る【荒る】(自ラ下二)｛れ・れ・る・るる・るれ・れよ｝荒れ果てる。荒廃する。枕 一七八「女のひとりすむ所は、いたく―・れ㊥て築土なども全からず」訳女が一人で住む家は、ひどく荒れ果てて土塀なども完全でなく。

あはれ（アワレ） 一(感) 二(形動ナリ) 三(名)

語義パネル

●重点義 **感動の嘆声「ああ」。**

感動詞「ああ、はれ」に由来すると考えられる。

一 感動詞	ああ。
二 形容動詞	❶**しみじみと心を動かされる。**感慨深い。 ❷**しみじみとした情趣がある。**美しい。 ❸**さびしい。悲しい。**つらい。 ❹**かわいそうだ。ふびんだ。**気の毒だ。 ❺**かわいい。いとしい。**なつかしい。 ❻**情が深い。**愛情がゆたかだ。 ❼尊い。**すぐれている。**みごとだ。
三 名詞	❶**しみじみとした感動。** ❷悲哀。哀愁。さびしさ。 ❸**愛情。**人情。好意。

一(感)賛美・悲哀・驚嘆などのさまざまな感動の気持ちを表すときに発することば。**ああ。**枕 九「―、昨日翁丸をいみじうも打ちしかな」訳ああ、昨日は翁丸(=犬の名)をひどく打ったものだなあ。

二(形動ナリ)｛なら・なり(に)・なり・なる・なれ・なれ｝❶**しみじみと心を動かされる。**感慨深い。大鏡 時平「見聞く人々、目もあやにあさましく―・に㊥もまもりゐたり」訳(世継の話を)見聞きする人々は、目もくらむように驚きあきれ、しみじみと心をも動かされて見つめて座っていた。

❷**しみじみとした情趣がある。**美しい。枕 二〇〇「野分のまたの日こそ、いみじう―・に㊥をかしけれ」訳秋の台風の翌日(の景色)は、たいそうしみじみとした情趣が

あり風情があるものだ。文法「こそ…をかしけれ」は、係り結び。

❸さびしい。悲しい。つらい。更級 梅の立枝「わがものの悲しきをりなれば、いみじく―・なり(終)と聞く」訳 自分がなんとなく悲しいときであるので、(奥方を亡くした藤原長家の悲嘆を)ひどく悲しいことだと聞く。

❹かわいそうだ。ふびんだ。気の毒だ。枕 三「得たるはいとよし、得ずなりぬるこそいと―・なれ(已)」訳 (官職を)手にした者はほんとうによいけれど、手に入れずじまいになってしまった者はひどく気の毒である。文法「こそ…あはれなれ」は、係り結び。

❺かわいい。いとしい。なつかしい。源氏 桐壺「もの心ぼそげに里がちなるを、いよいよあかず―・なる(体)ものに思ほして」訳 (桐壺の更衣が病弱になり)なんとなく心細いようすで実家に下がることが多いのを、(桐壺帝は)いっそうもの足りなくいとしいものにお思いになって。

❻情が深い。愛情がゆたかだ。更級 梅の立枝「―・なり(用)つる心のほどなむ、忘れむ世あるまじき」訳 (親子の)情が深かった(あなたの)気持ちの程度を、忘れるようなときはないだろう。文法「なむ…まじき」は、係り結び。

❼尊い。すぐれている。みごとだ。源氏 桐壺「御子(みこ)もいと―・なる(体)句を作り給へるを」訳 若宮(=光源氏)も実にみごとな詩句をお作りになったので。

三(名)❶しみじみとした感動。しみじみとした風情や情趣。徒然 一九「若葉の梢(こずゑ)涼しげに茂りゆくほどこそ、世の―も、人の恋しさもまされ」訳 若葉の梢がいかにも涼しそうに茂ってゆくころは、世の中のしみじみとした風情も、人へのなつかしさもつのってくるものだ。

❷悲哀。哀愁。さびしさ。蜻蛉 下「いと―深きながめをするよりは、残らむ人の思ひ出(い)でにも見よとて、絵をぞかく」訳 ひどく悲哀のつのる物思いに沈むよりは、後に残るであろう人の思い出(のよすが)としても見てくれと思って、絵をかく。

❸愛情。人情。好意。徒然 一四二「子ゆゑにこそ、万(よろづ)の―は思ひ知らるれ」訳 子供(があること)によってこそ、すべての(人の)情愛は理解できる。文法「こそ…思ひ知らるれ」は、係り結び。

類語パネル

●共通義 対象に共感するさま。

あはれ	対象に同情・同感し、身にしみて心が動かされるさま。
なさけ	対象を大切なものとして思いやる心。
をかし	対象が興味深く、心がひかれて賞されるさま。(「あはれ」が主観的・情緒的な感動を表すのに対し、「をかし」は理知的な価値判断を表す)

あはれ-が・る アワレ (他ラ四)(ら・り・る・る・れ・れ)「「がる」は接尾語」❶悲しく思う。竹取 ふじの山「ひろげて御覧じて、いといたく―・ら(未)せ給ひて、物もきこしめさず」訳 (帝(みかど)はかぐや姫の手紙を)ひろげてご覧になって、たいへんひどく悲しくお思いになられて、何も召し上がらない。

❷めでる。いとおしむ。更級 物語「『いとうつくしう、生(お)ひなりにけり』など、―・り(用)」訳 (叔母(おば)は)「たいそうかわいらしく、成長してしまったことよ」などと、いとおしみ。

❸同情する。いたましく思う。枕 九「『かかる目見むとは思はざりけむ』など―・る(終)」訳 「こんな目にあおうとは思わなかったであろう」などといたましく思う。

あはれ-げ アワレ (形動ナリ)(なら・なり(に)・なり・なる・なれ・なれ)「「げ」は接尾語」いかにも「あはれ」だと感じられるさま。しみじみと心を打たれるさま。〔野ざらし紀行〕「三つばかりなる捨て子の、―・に(用)泣くあり」訳 三歳くらいである捨て子で、いかにも悲しそうに泣く子がいる。

あはれしる… 和歌

あはれ知る　友(とも)こそかたき　世(よ)なりけれ
ひとり雨(あめ)聞(き)く　秋(あき)の夜(よ)すがら
〈正徹物語・藤原為秀(ためひで)〉

訳 ものの情趣を理解する友というものが、めったにいない世の中であることよ。ひとりで雨の音を聞いている秋の一晩中(に思ったことは)。

あはれとも… 和歌〈百人一首〉

あはれとも　いふべき人(ひと)は　思(おも)ほえで
身(み)のいたづらに　なりぬべきかな
〈拾遺・一五・恋五・九五〇・藤原伊尹(これまさ)(謙徳公(けんとくこう))〉

訳 (恋のつらさで死んだとしても)かわいそうだと、言ってくれそうな人は思い浮かばないので、私の身はきっとむなしく死んでしまうのだろうなあ。文法「思ほえで」の「思ほえ」は、下二段動詞「思ほゆ」の未然形。「で」は、打消の接続助詞。「なりぬべき」の「ぬ」は、助動詞「ぬ」の終止形で、ここは確述の用法。

解説 詞書(ことばがき)によると、親しかった女がつれなくなり、逢(あ)えなくなったときの歌。「あはれともいふべき人」は、相手の女のこと。広く世の中の人をいうとする説もある。

あはれ-ぶ アワレブ (他バ四)(ば・び・ぶ・ぶ・べ・べ)「「ぶ」は接尾語」「あはれむ」に同じ。古今 仮名序「花をめで、鳥をうらやみ、霞(かすみ)を―・び(用)」訳 花を賞美し、鳥の声をうらやましく思い、霞をしみじみとしたものに思い、

あはれ-む アワレム (他マ四)(ま・み・む・む・め・め)「「あはれぶ」とも。❶しみじみと情趣を感じる。方丈 三「おそろしき山ならねば、梟(ふくろふ)の声を―・む(体)につけても」訳 (日野は)恐ろしい山ではないので、ふくろうの声に情趣を感じるにつけても。

❷いつくしむ。愛する。平家 七・維盛都落「前世(ぜんぜ)の契りありければ、人こそ―・み(用)給ふとも」訳 前世からの約束があったので、あなた(=維盛(これもり))は愛してくださっても。

❸気の毒に思う。方丈 四「他の俗塵(ぞくぢん)に馳(は)することを―・む(終)」訳 他の人が世間の名利に(とらわれて)あくせくすることを気の毒に思う。

あひ- アイ【相】(接頭)(動詞に付いて)❶いっしょに。源氏 葵「はた人―乗り給へるにつつまれて」訳 やはり(光源氏と)女がいっしょに(牛車(ぎっしゃ)に)乗っていらっしゃるのに遠慮されて。

❷互いに。更級 子忍びの森「たひらかに―見せ給へ」

訳 無事に互いに(顔を)見させ(=会わせ)てください。
❸語調を整え、重みを加える。古今 離別「たらちねの親の守りと―添ふる心ばかりは関などどめそ」訳(ともに行くことのできない)親が守りとして(我が子に)添えてやる心だけは、関所よ、とめてくれるな。(「たらちねの」は「親」にかかる枕詞)

あひ【間】(名)物と物とのあいだ。あいま。

あび【阿鼻】(名)《梵語の音訳》〔無間(=間断なく苦痛を受けるの意)〕「阿鼻地獄」の略。八大地獄の一つ。大罪を犯した者が死後に落ちる、地獄の中で最も苦しみの激しい所。絶え間なく剣山や釜ゆでなどの責め苦を受けるという。無間地獄。→八大地獄

あひ-おひ【相生ひ】(名)いっしょに生育すること。同じ根から二本の幹が生えることなどにいう。のちに「相老い」と解して夫婦がともに長生きする意に用いた。

あひおもはで… 和歌

> あひ思はで　離れぬる人を　とどめかね
> わが身はいまぞ　消えはてぬめる
> 〈伊勢・二四〉

訳 私が思っているのに思ってくれず、よそよそしくなった人を引きとめられないで、私の身は今にもすっかり消えて(=死んで)しまうようです。文法「める」は推量の助動詞「めり」の連体形で、係助詞「ぞ」の結び。

あひおもはぬ… 和歌

> 相思はぬ　人を思ふは　大寺の
> 餓鬼のしりへに　額つくごとし
> 〈万葉・四・六〇八・笠女郎〉

訳 (私を)思ってもくれない人を思うのは、大寺の餓鬼像の後ろで、額を地につけて拝むようなものだ。
解説 大伴家持に贈った歌。「餓鬼」は、餓鬼道に落ちた亡者の像のこと。拝んでも甲斐がなく、しかも背後から拝むのはさらに甲斐のないことである。

あひ-おも-ふ【相思ふ】(他ハ四){は・ひ・ふ・ふ・へ・へ}〔「あひ」は接頭語〕互いに思う。思い合う。伊勢 四六「片時さらず―・ひ(用)けるを」訳(男とその友は)少しの間も離れず思い合ったが。

あひ-がた-し【会ひ難し・逢ひ難し】(形ク){(から)・く(かり)・し・き(かる)・けれ・かれ}(相手の身分や立場、その他の事情から)会うことが困難である。会いにくい。伊勢 五三「むかし、男、―・き(体)女にあひて」

あひ-かたら-ふ【相語らふ】(他ハ四){は・ひ・ふ・ふ・へ・へ}〔「あひ」は接頭語〕❶互いに語る。語り合う。古今 雑体「たぎつ心を誰にかも―・は(未)む」訳(恋に)高ぶる心をだれと語り合おうか。
❷親しく交際する。恋愛関係になる。伊勢 一六「ねむごろに―・ひ(用)ける友だちのもとに」訳 親密に交際していた友人の所に。

あひ-かまへ-て【相構へて】(副)〔「あひ」は接頭語〕❶十分用心して。十分注意して。平家 一一・逆櫓「―、夜を日につぎて、勝負を決すべし」訳 十分用心して、昼も夜も休まず、勝負を決めるがよい。
❷(下に禁止・命令などの語を伴って)絶対に。決して。きっと。〔伽・浦島太郎〕「亀が与へし形見の箱、―開けさせ給ふなと言ひけれども」訳 亀が与え(てくれ)た形見の箱は、決してお開けになられるなと言ったが。

あ-びき【網引き】(名)〔「あ」は、「網」の意〕魚を取るために、網を引くこと。万葉 三・二三八「大宮の内まで聞こゆ―すと網子ととのふる海人の呼び声」訳 宮殿の中まで聞こえる。網を引くといって網子(=網を引く人)を指揮する漁夫の掛け声が。

あひ-ぐ-す【相具す】〔「あひ」は接頭語〕㊀(他サ変){せ・し・す・する・すれ・せよ}伴う。いっしょに連れてゆく。〔平治物語〕「五百余騎を―・し(用)て押しよせのたまひけるは」訳 五百余騎を伴って押し寄せおっしゃったことには。
㊁(自サ変){せ・し・す・する・すれ・せよ}夫婦になる。連れ添う。平家 四・若宮出家「宰相殿と申す女房に―・し(用)て」訳(頼盛は)宰相殿と申し上げる女房と夫婦になって。

あひ-くち【相口・合ひ口】(名)❶〔「匕首」とも書く〕鍔がなく、柄と鞘の口がぴったりと合う短刀。
❷互いに話がよく合うこと。また、気の合う相手。〔狂・千鳥〕「酒屋の亭主と―なといふに依って」訳 酒屋の主人と気が合う仲だということだから。

あひ-ごと【会ひ事・逢ひ事】(名)男女が会って語り合うこと。伊勢 六九「夜ひと夜酒飲みしければ、もはら―もえせで」訳 ひと晩中酒宴をしたので、(愛する人とは)まったく会って語り合うこともできないで。

あひ-しらひ(名)❶「あへしらひ」に同じ。
❷能役者が互いに相手の演技に合わせること。〔風姿花伝〕「脇の為手に花を持たせて、―のやうに少なとすべし」訳(若い)助演者に見せ場をゆずって、(自分は)つきあい程度に控え目にするのがよい。
❸能楽で、シテに応答するワキやツレなどの相手役。〔風姿花伝〕「―を目がけて細かに足手を使ひて」訳(シテは)相手役に向かって細かに足や手を使って。

あひ-しら-ふ(他ハ四){は・ひ・ふ・ふ・へ・へ}「あへしらふ」に同じ。徒然 七三「おほかたはまことしく―・ひ(用)て」訳(神や仏の話は)だいたいは本当のこととして応答して。

あひ-し-る【相知る】(自ラ四){ら・り・る・る・れ・れ}〔「あひ」は接頭語〕互いに知る。交際する。源氏 帚木「―・れ(已)る人来とぶらひ」訳 互いに知っている人が来て見舞い。

あひ-ずみ【相住み】(名)同じ所にいっしょに住むこと。また、その人。同居。源氏 玉鬘「―にも、忍びやかに心よくものし給ふ御方なれば」訳(花散里は)同居においても、控え目で気だてがよくていらっしゃるお方なので。

あひ-す-む【相住む】(自マ四){ま・み・む・む・め・め}〔「あひ」は接頭語〕いっしょに住む。同居する。徒然 一九〇「いかなる女を取り据ゑて―・む(終)」訳 どういった(=これこれの)女を家に置いていっしょに暮らしている(などと聞くと)。

あひ-せん【間銭】(名)《近世語》手数料。口銭。〔浮・世間胸算用〕「火桶買うて来るにも、はや―取りて只は通さず」訳(母親に頼まれて)火鉢を買って来るときでも、もう手数料を取ってただでは承知しない。

あひ-そ-ふ【相添ふ】(自ハ四){は・ひ・ふ・ふ・へ・へ}〔「あひ」は接頭語〕共に生活する。付き添って世話をする。連れ添う。大和 一五六「をばなむ親のごとくに、若くより―・ひ(用)てあるに」訳(親が早くに死んだので)おばが親のように、若いころから付き添って世話をして暮らしているが。

あひだ【間】(名) ❶空間的に二つのものの間。すきま。平家 一一・勝浦付大坂越「潮の干て候ふ時は、陸と島の―は馬の腹もつかり候はず」訳 潮が引いていますときは、陸と島との間は馬の腹も(海水に)つかりません。
❷時間的にある範囲内。万葉 五・八三二「梅の花折りてかざせる諸人は今日の―は楽しくあるべし」訳 梅の花を折って挿頭(=髪飾り)にしている多くの人々は、今日一日の間は楽しいことであろう。
❸時間の休止。絶え間。〔紀〕斉明「飛鳥川みなぎらひつつ行く水の―も無くも思ほゆるかも」訳 飛鳥川のいっぱいに流れ続ける水のように絶え間もなく(亡き建王のことが)思い出されることよ。
❹人と人との間柄。仲。今昔 二九・五「いみじく親しく語らひたりける―なりければ」訳 (貞盛はこの法師と)きわめて親しくつき合っていた間柄だったので。
❺人や事物を選択する範囲。…のうちで。…のいずれか。徒然 二三八「『佐理・行成の―疑ひありて、いまだ決せずと申し伝へたり』と」訳 「(古い額の書き手は)佐理と行成のどちらか疑問があって、まだ決着しないと申し伝えている」と。
❻(接続助詞のように用いて)…ので。平家 七・忠度都落「この二、三年は京都の騒ぎ、国々の乱れ、しかしながら当家の身の上のことに候ふ―」訳 この二、三年は京都の騒ぎや、諸国での反乱、すべて当家(=平家)の身の上のことでございますので。
参考 ⑥の用法は中世以降一般化し、のちには候文の接続助詞としてさかんに用いられた。

あひだち-な・し(形ク){(から)・く(かり)・し・き(かる)・けれ・かれ}→あいだちなし

会津〔地名〕[古くは「相津」とも]今の福島県西部、会津盆地を中心とする地域。

あひ-づち【相鎚・相槌】(名) ❶鍛冶などで、親方の打つ鎚の合間に弟子が打つ鎚。
❷相手の話に調子を合わせて応答すること。

あひ-な・し(形ク){(から)・く(かり)・し・き(かる)・けれ・かれ}→あいなし

あひ-な・る【逢ひ馴る】(自ラ下二){れ・れ・る・るる・るれ・れよ}夫婦となって互いに親しむ。伊勢 一六「年ごろ―・れ用たる妻、やうやう床離れて」訳 長年夫婦として互いに親しんできた妻が、しだいに寝床を共にしなくなって。

あひ-の・る【相乗る】(自ラ四){ら・り・る・る・れ・れ}[「あひ」は接頭語]同じ乗り物にいっしょに乗る。伊勢 三九「女車(=女房などが乗る牛車)に―・り用て出でたりけり」訳 (男が)女車にいっしょに乗って出かけた。

あひ-は・つ【相果つ】(自タ下二){て・て・つ・つる・つれ・てよ}[「あひ」は接頭語]終わる。死ぬ。〔浮・好色五人女〕「米屋の八左衛門長病なりしが、今宵―・て用申されしに」訳 米屋の八左衛門は長患いであったが、今夜亡くなられましたが。

あひ-びき【相引き】(名) ❶引っぱり合うこと。また、互いに弓を引き合うこと。平家 四・橋合戦「敵射るとも―すな」訳 敵が(矢を)射ても応戦するな。
❷戦場で、敵と味方がともに兵を引き上げること。〔太平記〕三三「軍はやんで敵御方―に京白河へぞ帰りにける」訳 戦いは終わって敵も味方もともに兵を引いて京都白河へ帰ってしまったそうだ。

あひ-み・す【相見す】(他サ下二){せ・せ・す・する・すれ・せよ}[「あひ」は接頭語]顔を見せるようにさせる。対面させる。〔夜の寝覚〕「またふたたび―・せ用奉り給はじ」訳 (女一の宮を)もう二度と(右大臣と)対面させ申しあげなさらないつもりである。

あひみての… 和歌〔百人一首〕

> あひ見ての　のちの心に　くらぶれば
> 昔はものも　思はざりけり
> 〈拾遺・一二・恋二・七一〇・藤原敦忠〉

訳 逢って契りを結んでからのちの(かえって苦しく切ない)胸の思いに比べると、あなたに逢う前は、もの思いもしなかったの(に等しい)なあ。文法 「くらぶれば」は、「已然形＋ば」で、順接の確定条件を表す。「…と」の意。
解説 「拾遺集」では「題知らず」となっているが、その母胎となった「拾遺抄」では、はじめて女のもとを訪れて、翌朝詠んで贈った歌とある。後朝の歌。「小倉百人一首」では、第四句を「昔はものを」とする。

あひ-み・る【相見る・逢ひ見る】(他マ上一){み・み・みる・みる・みれ・みよ}[「あひ」は接頭語] ❶対面する。会見する。源氏 葵「めぐりても絶えざなれば、―・みる体ほどありなむと思ほせ」訳 生まれ変わっても(特別に関係の深い親子の縁は)絶えないということだから、(再び)対面するときがきっとあるだろうとお思いなさい。文法 「ざなれ」は、「ざるなれ」の撥音便「ざんなれ」の「ん」の表記されない形。「なれ」は伝聞・推定の助動詞。「ありなむ」の「な」は、助動詞「ぬ」の未然形で、ここは確述の用法。
❷男女が関係を結ぶ。徒然 一三七「男女の情けも、ひとへに―・みる体をばいふものかは」訳 男女の恋愛も、ひたすら関係を結ぶこと(だけ)をいうものであろうか(いや、そうではない)。文法 「ものかは」は、反語の終助詞。

あひ-ゐる【相居る】(自ワ上一){ゐ・ゐ・ゐる・ゐる・ゐれ・ゐよ}[「あひ」は接頭語]いっしょに座る。いっしょに住む。徒然 三〇「便あしく狭き所にあまた―・ゐ用て」訳 不便で狭いところに大勢いっしょに住んで。

あ・ふ【合ふ】■(自ハ四){は・ひ・ふ・ふ・へ・へ} ❶一つになる。いっしょになる。一致する。蜻蛉 上「夜、目も―・は未ぬままに、嘆き明かしつつ」訳 夜、目も合わない(=眠れない)ままに、悲しみ泣き明かしては。
❷調和する。**似合う**。**つり合う**。枕 一四二「水の流るる音、笛の声など―・ひ用たるは」訳 (橋の板を踏み鳴らして舞いながら合唱する声に)川の水が流れる音や、笛の音色などが調和しているのは。
■(補動ハ四){は・ひ・ふ・ふ・へ・へ}(動詞の連用形に付いて)複数のものが同じ動作をする意を表す。**みんな…する**。**…しあう**。源氏 若紫「山の鳥どももそこはかとなくさへづり―・ひ用たり」訳 山の鳥どもがどこでともなくさえずり交わしている。(⇒集ふ「図解学習」)

あ・ふ【会ふ・逢ふ・合ふ】(自ハ四){は・ひ・ふ・ふ・へ・へ} ❶**出会う**。対面する。来あわせる。竹取 蓬莱の玉の枝「『旅の御姿ながらおはしたり』と言へば、―・ひ用奉る」訳 「旅のお姿のままでいらっしゃった」と言うので、(翁が)お会い申しあげる。伊勢 九「宇津の山にいたりて、…すずろなるめを見ることと思ふに、修行者―・ひ用たり」訳 宇津の山にさしかかって、…思いがけないめにあうことよと思っていると、修行者が**来あわせ**た。

❷〔時節・機会に〕出くわす。あたる。適合する。[徒然]三「才(ざえ)ありとて頼むべからず。孔子も時に－・は(未)ず」[訳]学才があるといって頼ることはできない。孔子でも時勢に**適合し**ない。

❸男女が契る。**結婚する。**[伊勢]二三「つひに本意(ほい)のごとく－・ひ(用)にけり」[訳]〔幼なじみの二人は〕とうとうかねての望みどおり**結婚し**たのだった。

❹**たち向かう。対抗して争う。**[万葉]一・一四「香具山(かぐやま)と耳梨山(みみなしやま)と－・ひ(用)し時立ちて見に来(こ)し印南国(いなみくに)原」[訳]香具山と耳梨山とが**あい争っ**たとき、〔阿菩(あぼ)の大神が〕立って見に来たこの印南国原〔＝兵庫県印南地方〕よ。〔⇒集(つど)ふ「図解学習」〕

あ・ふ ア(オ)ウ【敢ふ】㊀〔自ハ下二〕{へ・へ・ふ・ふる・ふれ・へよ}❶**たえる。もちこたえる。**こらえる。[万葉]一九・四二二〇「面影にもとな見えつつかく恋ひば老いづく吾(あ)が身けだし－・へ(未)むかも」[訳]〔娘の眉が〕面影にしきりにちらついていて、このようにいとしがっていたら、老いゆくわが身は、〔その恋しさに〕はたして**もちこたえる**だろうか。

❷まあ、よしとする。[大鏡]時平「『ちひさきは－・へ(用)なむ』と、おほやけも許させ給ひしぞかし」[訳]「幼い者は〔筑紫(つくし)に同行しても〕きっと**よしとする**〔＝差し支えない〕だろう」と、〔醍醐(だいご)〕天皇もお許しになられたのであるよ。

[文法]「あへなむ」の「な」は、助動詞「ぬ」の未然形で、ここは確述の用法。「ぞかし」は、文末に用いて強く念をおす意。

㊁〔補動ハ下二〕{へ・へ・ふ・ふる・ふれ・へよ}〔動詞の連用形に付いて〕**終わりまで…しおおせる。完全に…しきる。**また、しいて…する。[万葉]二〇・四二九六「天雲(あまくも)に雁(かり)そ鳴くなる高円(たかまと)の萩(はぎ)の下葉はもみち－・へ(未)むかも」[訳]天の雲の中で雁の鳴く声が聞こえる。高円山の萩の下葉は**すっかり**紅葉**しきっている**だろうかなあ。[文法]「鳴くなる」の「なる」は、推定の助動詞「なり」の連体形で、係助詞「そ」の結び。

[語法]「あへず」「あへなむ」と、助動詞を伴って用いられることが多い。

あ・ふ ア(オ)ウ【饗ふ】〔他ハ下二〕{へ・へ・ふ・ふる・ふれ・へよ}〔食事を出して〕人をもてなす。接待する。〔紀〕推古「使ひ人等(ら)に朝(みかど)に－・へ(用)給ふ」[訳]使者たちに宮殿で**接待し**なさる。

あ・ぶ【浴ぶ】〔他バ上二〕{び・び・ぶ・ぶる・ぶれ・びよ}〔湯や光を〕浴びる。浴む。[枕]二五「寝おきて－・ぶる(体)湯は、はらだたしうさへぞおぼゆる」[訳]目覚めて起き上がって〔すぐ〕**浴びる**湯は、〔おもしろくないどころか〕腹立たしくさえ感じられる。

あふぎ オウギ【扇】〔名〕あおいで風を起こす道具。おうぎ。古くは団扇(うちわ)を、平安時代以降、扇子(せんす)をいう。また、特に檜扇(ひおうぎ)をさすこともある。涼をとるだけでなく、礼装用として用いられた。[夏]。→蝙蝠(かはほり)・檜扇(ひあふぎ)

発展 扇の種類

扇は、檜扇(ひおうぎ)と蝙蝠扇(かわほりおうぎ)とに大別される。檜扇は檜(ひのき)の薄板をつづったもので、「冬扇」とも呼ばれた。蝙蝠扇は、紙や絹の地紙を骨にはったもので、その形が蝙蝠(こうもり)に似ることからこう言われ、「夏扇」とも呼ばれた。

あふぎ-ちら・す アオギ【扇ぎちらす】〔他サ四〕{さ・し・す・す・せ・せ}むやみに扇であおぐ。[枕]二六「ゐむとする所を、まづ扇してこなたかなた－・し(用)て、塵(ちり)掃きすて」[訳]〔自分が〕座ろうと思うところを、はじめに扇であちこち**むやみにあおい**で、ごみを掃き捨てて。

あふ・ぐ アオグ【仰ぐ】〔他ガ四〕{が・ぎ・ぐ・ぐ・げ・げ}❶顔を上に向ける。見上げる。[源氏]蓬生「おき所なきまで、女ばらも空を－・ぎ(用)てなむ、そなたに向きて喜び聞こえける」[訳]〔うれしさの〕おき場所がないほどに、女房たちも空を**見上げ**て、そちら〔＝光源氏の邸(やしき)〕に向いてお礼を申し上げた。

❷尊敬する。敬う。[徒然]一五七「－・ぎ(用)てこれをたふとむべし」[訳]**敬っ**てこれ〔＝仏前の形ばかりの勤行(ごんぎょう)〕を尊重しなくてはならない。

阿武隈川(あぶくまがは) アブクマガワ〖地名〗[歌枕]今の福島県中央部を流れ、宮城県に流れ入って太平洋にそそぐ川。

あふご オウゴ【朸】〔名〕「あふこ」とも。てんびん棒。[古今]雑体「人恋ふることを重荷とになひもて－なきこそわびしかりけれ」[訳]人を恋することを重荷として担いながら、**朸**ならぬ会ふ期(ご)〔＝会う機会〕がないのはつらいことだ。

[参考]和歌では、多く「会ふ期(ご)」にかけて用いる。

あふ-ご ア(オ)ウ【会ふ期】〔名〕会う機会。[伊勢]二八「などてかく－かたみになりにけむ」[訳]どうしてこんなに**会う機会**が得がたいことになってしまったのだろう。

[参考]和歌では、多く「朸(あふご)」にかけて用いる。

あふことの… [和歌]《百人一首》

> 逢ふことの　絶(た)えてしなくは　なかなかに
> 人(ひと)をも身(み)をも　恨(うら)みざらまし
> 〈拾遺・一一・恋一・六七八・藤原朝忠(あさただ)〉

[訳]「逢う」ということがまったくないのならば、かえって〔つれない〕あの人をも、〔それをつらく思う〕自分をも恨まないだろうに。[文法]「絶えて」は副詞で、下に打消の語〔ここでは「なく」〕を伴って、強い否定表現となる。「し」は、強意の副助詞。「なくは」は、仮定条件を表す。

[解説]「天徳四年内裏(だいり)歌合(うたあわせ)」の歌。まだ一度も逢うことのできない「未逢恋(いまだあはざるこひ)」の歌ととるか、逢ったものの、さまざまな障害があってたまにしか逢えない「逢不逢恋(あひてあはざるこひ)」の歌ととるかで、趣がちがってくる。歌合わせでこの歌と番(つが)えられた歌は「未逢恋」を詠んだものであり、「拾遺集」の配列から考えても「未逢恋」の歌であると思われる。しかし「小倉百人一首」では後者ととるのが普通で、本書の解もこれに従う。

あふことも… [和歌]

> 逢ふことも　なみだ〔無み〕〔涙〕に浮(う)かぶ　わが身(み)には
> 死(し)なぬ薬(くすり)も　何(なに)にかはせむ
> 〈竹取・ふじの山〉

[訳]〔かぐや姫に〕逢うこともないので、〔悲しみの〕涙に浮かんでいるような私の身には、〔永遠に〕死なない薬も何になろうか〔いや、何にもなりはしない〕。[修辞]「なみだ」は「〔逢ふことも〕無み」と「涙」との掛詞。

[解説]月の世界に帰ったかぐや姫の残していった不死の

薬と手紙とを見て、帝(みかど)が詠んだ歌。

逢坂の関(あふさかのせき)(オウサカノセキ)『地名』歌枕 今の京都府と滋賀県との境の逢坂山にあった関所。鈴鹿(すずか)・不破(ふわ)とともに三関の一つ。大化二年(六四六)に設置され、延暦(えんりゃく)十四年(七九五)に廃止。東関。→三関(さんかん)①

あふさかは… 和歌

> 逢坂は 人(ひと)越(こ)えやすき 関(せき)なれば 鳥(とり)鳴(な)かぬにも 開(あ)けて待(ま)つとか
> 〈枕・一三六・藤原行成(ゆきなり)〉

訳 逢坂(の関)は人が越えやすい関なので、鶏(にわとり)が鳴かないうちにも(関の)戸を開けて(来る人を)待っているとか(言いますよ)。

解説 清少納言の「夜をこめて鳥(とり)の空音(そらね)ははかるともよに逢坂の関(せき)はゆるさじ」(訳→よをこめて… 和歌)への返歌。「あなたとはお逢いしません」という拒絶に対し、「本当は私を待っているのでしょう」と返した。

逢坂山(あふさかやま)(オウサカヤマ)『地名』歌枕 今の滋賀県大津市西部、京都府との境にある山。逢坂の関が設けられ「関山」と呼ばれた。

あふさ-きるさ(アオ(オ)ウサー—)(形動ナリ){なら・なり(に)・なり・なる・なれ・なれ} ❶行ったり来たりするさま。行きちがうさま。〔大木〕冬三「雪雲の—・に(用)月ざえたる」訳 雪雲が(月の前を)行きちがって(そのたびに)月の光が澄み渡っていることだ。❷一方がよければもう一方が悪いようす。ちぐはぐなようす。源氏 帚木「とあればかかり、—・に(用)て」訳 一方がああであると他方はこうで、ちぐはぐな状態であって。❸あれこれと思い迷うようす。徒然 三「心のいとまなく、—・に(用)思ひ乱れ」訳 心の安まる時がなく、あれやこれやと思案にくれて。

参考 「さ」は動詞の終止形に付き、時・折などの意を表す接尾語。「会う時、離れる時」などの意といわれる。

あふさわ-に(ア(オ)ウサワー—)(副)《上代語》会うとすぐに。軽率に。万葉 一一・二三六二「山背(やましろ)の久世(くせ)の若子(わくご)が欲しといふわれ—われを欲しといふ山背の久世」訳 山背(京都府)の久世の若君が欲しいという(この)私。軽率に私を欲しいという山背の久世の若君よ。(五七七・五七七の旋頭歌(せどうか))

参考 「あふさきるさ」の「あふさ」と、「あわつ」「あわたたし」の「あわ」を語幹とする副詞「あわに」との複合語か。

あぶ・す【浴ぶす】(他サ四・下二){さ・し・す・す・せ・せ}{せ・せ・す・する・すれ・せよ} 「あむす」とも。(湯や水を)注ぎかける。あびせる。今昔 二・二六「いだき上げて湯を—・し(用)(四段)て見るに、ただ人と見えず」訳 (男の子を)抱き上げて湯をあびせかけて見ると、普通の人と思えない。今昔 一九・二「湯をわかして大衆(だいしゅ)に—・せ(未)(下二段)むとして」訳 湯をわかして衆徒に湯浴(ゆあ)みをさせようとして。

あふ-せ(アオ(オ)ウー—)【逢ふ瀬】(名)会う機会。特に男女についていう。源氏 玉鬘「初瀬川はやくのことは知らねども今日の—に身さへながれぬ」訳 (私=玉鬘(たまかずら)は)流れの速い初瀬川のその昔のことは知らないけれども、今日はあなた(=右近(うこん))に会う機会があったので、うれし涙にこの身までも流れるように泣けてしまう。(「ながれ」は「流れ」と「泣かれ」との掛詞。「はやく」「瀬」「流れ」は「川」の縁語)

あふち(オウチ)【楝・樗】(名)❶木の名。せんだん。初夏、薄紫の小さな花が咲く。(楝の花(夏)・楝の実(秋))。枕 三七「木のさまにくげなれど、—の花いとをかし」訳 木の姿はみにくいけれど、せんだんの花はまことに趣深い。❷襲(かさね)の色目の名。表は薄紫、裏は青。夏に用いる。一説に、表は紫、裏は薄紫。⇩巻頭カラーページ11

阿仏尼(あぶつに)『人名』(一二?~一二八三)鎌倉中期の女流歌人。安嘉門院(あんかもんいん)に仕え、藤原為家(ためいえ)の側室となって為相(ためすけ)・為守(ためもり)を生んだ。剃髪(ていはつ)して阿仏尼という。為相のための訴訟で鎌倉に下ったときの紀行文が「十六夜(いざよい)日記」。ほかに日記「うたたね」、歌論書「夜の鶴」など。

あふな-あふな(オウナオウナ)(副)身のほどにしたがって。分相応に。伊勢 九三「—思ひはすべしなぞへなく高き卑しき苦しかりけり」訳 分相応に恋はすべきものだ。比べようもなく身分の高い者と低い者と(の恋)は苦しいものだなあ。

参考 「あぶなあぶな」と読んで「恐る恐る」の意とする説もある。

あふのき(アオノキ)【仰のき】(名)(顔やからだなどが)上を向くこと。あおむけ。〔阿羅野〕除風「—に寝て見ん野辺(のべ)の雲雀(ひばり)かな」訳 (いっそのこと)あおむけに寝て見ることにしよう。(広々とした春の)野原の空高くに雲雀が楽しそうにさえずっていることだ。

あふの・く(アオノク)【仰のく】(他カ下二){け・け・く・くる・くれ・けよ} (顔やからだなどを)上に向ける。あおむけにする。平家 九・敦盛最期「取って押さへて頸(くび)をかかんと甲(かぶと)をおし—・け(用)て見ければ」訳 (熊谷次郎直実(くまがいのじろうなおざね)が若武者を)とり押さえて首をかき斬ろうと甲をむりにあおむけにして(顔を)見たところ。

あふのけに… 俳句

> 仰のけに 落(お)ちて鳴(な)きけり 秋(あき)のせみ
> 〈八番日記・一茶〉 秋

訳 初秋の冷気で動きの鈍った蝉(せみ)が、(木にとまる力もなく)落ちてあおむけになったまま、(弱々しい声で)なおも鳴いていることだ。(秋のせみ(秋)。切れ字は「けり」)

解説 一茶の小動物・弱者への親近感が見られる。

あふひ(アオイ)【葵】(名)❶植物の名。ふたばあおい。「賀茂(かも)の祭り」に飾られる。和歌では、多く「逢(あ)ふ日」にかけて用いる。(夏)。枕 一五一「—のいとちひさき」訳 あおいのごく小さいの(は、かわいらしい)。❷襲(かさね)の色目の名。表は薄青、裏は薄紫。夏に用いる。⇩巻頭カラーページ11

(あふひ①)

あふひ-かつら(アオイ—)【葵鬘】(名)「あふひかづら」とも。葵祭り(=京都の賀茂(かも)神社の祭礼)の日に、冠や烏帽子(えぼし)、また牛車(ぎっしゃ)や見物の桟敷(さじき)の簾(すだれ)の飾りとした。(夏)。→賀茂の祭り

葵の上(あふひのうへ)(アオイノウエ)『人名』「源氏物語」中の人物。左大臣の娘。光源氏の正妻となるが、光源氏とうちとけない。六条御息所(みやすどころ)の生き霊に悩まされつつ夕霧を生み、二十六歳で急死。

あふひ-まつり【葵祭り】(名)「かものまつり」に同じ。夏

近江〖地名〗〔古くは「淡海」とも書く〕旧国名。東山道八か国の一つ。今の滋賀県。「淡海(=湖)」のある国の意。「近江」は、「遠江」に対して「近つ淡海(=都に近い淡海、すなわち琵琶湖)」と称したことからの名。江州。

あ-ぶみ【鐙】(名)〔「足踏み」の意〕馬具の名。鞍の両わきに垂らして、足を踏みかけるもの。平家 九・宇治川先陣「左右の—を踏みすかし、手綱を馬の結髪に捨て」訳 (梶原景季は)左右のあぶみに足をふんばって馬の腹から離し、手綱を馬の束ねたたてがみにほうり出して。⇩巻頭カラーページ17

近江の海〖地名〗歌枕〔「近江の湖」とも書く〕「あふみのみ」とも。今の琵琶湖。→琵琶湖

あふみのうみ… 和歌

> 近江の海　夕波千鳥　汝が鳴けば
> 心もしのに　古思ほゆ
> 〈万葉・三・二六六・柿本人麻呂〉

訳 近江の海(=琵琶湖)の夕波に飛ぶ千鳥よ、おまえが鳴くと、心もしおれて昔のことが思われてならないのだ。

解説 「古」は、近江に都のあった天智天皇の時代をさす。「み」の音と「な」の音の配列の妙による音楽性が感じられる。

近江八景〖地名〗近江(滋賀県)の琵琶湖南西岸の八つの名勝。中国洞庭湖の瀟湘八景に擬して近世初期に選ばれた。比良の暮雪・矢橋の帰帆・石山の秋月・瀬田の夕照・三井の晩鐘・堅田の落雁・粟津の晴嵐・唐崎の夜雨。

あぶら【油・脂】(名)植物の種子などからしぼりとったあぶら。また、動物の脂肪。

あぶら-づ・く【脂付く】(自カ四)〔か・き・く・く・け・け〕太って皮膚がつややかになる。徒然 八「手足・肌へなどの清らに、肥えあぶらづき—・き用たらんは」訳 手足や肌などが美しく、肥えてつやつやしているようなのは。

あぶら-ひ【油火】(名)〔のちに「あぶらび」とも〕油に灯心を浸してともしたあかり。灯火。〔浮・西鶴諸国ばなし〕「朝の薪にことを欠き、夕べの—をも見ず」訳 朝の(炊事用の)まきも不足し、夕方(ともすはず)の灯火をも目にしない。

あふり【障泥】(名)馬具の名。泥はねを防ぐため、馬の両わきや腹におおい垂らすもの。漆塗りの革で作る。

あふりゃう-し【押領使】(名)令外の官の一。地方にあって兵を率い、暴徒などを鎮圧する役。国司・郡司などの中から武芸のすぐれた者を任命した。

あふ・る【煽る】(他ラ四)〔ら・り・る・る・れ・れ〕❶馬を急がせようとして、乗り手が鐙(=馬具の名)で馬の両わき腹をける。平家 九・木曽最期「—・れども—・れども、打てども打てどもはたらかず」訳 わき腹をけってもわき腹をけっても、(鞭を)打っても打っても(馬は)動かない。
❷おだてる。そそのかす。〔八笑人〕「思ひいれ—・り用つけておごらせてやらうではねえか」訳 思いっきりおだてあげておごらせてやろうではないか。

あぶ・る【溢る】(自ラ下二)〔れ・れ・る・るる・るれ・れよ〕❶落ちぶれる。さまよう。源氏 東屋「見苦しきさまにて世に—・れ未むも」訳 見苦しいようすで世間に落ちぶれるようなのも。
❷いっぱいになってこぼれる。あふれる。
❸ちりぢりになる。平家 二・烽火之沙汰「—・れ用ゐたる兵どもは」訳 ちりぢりになっている兵士たちは。

あへ【饗】(名)もてなし。ごちそう。万葉 二〇・四五一六・題詞「—を国郡の司等に賜ふ宴の歌一首」訳 ごちそうを国や郡の役人たちにくださる宴の歌一首。

あ-べか-めり あるようである。ありそうに思われる。更級 宮仕へ「いとはしたなく、悲しかるべきことにこそ—・めれ已と思へど」訳 (宮仕えは)とてもきまりが悪く、悲しいにちがいないことであるようだと思うけれども。
なりたち ラ変動詞「有り」の連体形「ある」+推量の助動詞「べし」の連体形「べかる」+推量の助動詞「めり」=「あるべかるめり」の撥音便「あんべかんめり」の撥音「ん」の表記されない形。ふつう「あンべかンめり」と読む。

あ-べかり あるにちがいない。あるだろう。源氏 帚木「ののちに思へば、をかしくもあはれにもあべかり用けることの」訳 後になって思うと、おもしろくもしみじみとした感動が深くもあるにちがいなかったことが。
なりたち ラ変動詞「有り」の連体形「ある」+推量の助動詞「べし」の連用形「べかり」=「あるべかり」の撥音便「あんべかり」の撥音「ん」の表記されない形。ふつう「あンべかり」と読む。
語法 「あべかりき」「あべかりけり」などのように、過去・回想の助動詞とともに使われることが多い。

あへ・く【喘く】(自カ四)〔か・き・く・く・け・け〕〔中世以降「あへぐ」〕息を切らす。せわしく呼吸する。あえぐ。万葉 三・三六六「勇魚取り海路に出でて—・き用つつわが漕ぎ行けば」訳 海路に出て息を切らし息を切らしして私が漕いで行くと。(「勇魚取り」は「海」にかかる枕詞)

あ-べし あるにちがいない。いるにちがいない。あるのが当然だ。源氏 行幸「いとこまかに、あべき体ことども教へ聞こえ給へば」訳 (光源氏は)実に細やかに、(内大臣との対面に)心得ておくべきあれこれのことを(玉鬘に)お教え申しあげなさるので。
なりたち ラ変動詞「有り」の連体形「ある」+推量・当然の助動詞「べし」=「あるべし」の撥音便「あんべし」の撥音「ん」の表記されない形。ふつう「あンべし」と読む。

あへ-しらひ(名)「あひしらひ」とも。応答。あいさつ。もてなし。源氏 若菜下「かくことなる事なき—ばかりを慰めにてはいかが過ぐさむ」訳 このように通りいっぺんのあいさつぐらいを気休めにしていては、どうして過ごすことができるだろうか(いや、過ごせない)。

あへ-しら・ふ(他ハ四)〔は・ひ・ふ・ふ・へ・へ〕「あひしらふ」とも。❶相手をする。受け答えする。応答する。源氏 若紫「言少なに言ひて、をさをさ—・は未ず」訳 (少納言は)ことば少なに言って、ほとんど相手をせず。
❷ほどよくとりなす。適当に扱う。あしらう。蜻蛉 上「『いとかうしもあるは、われを頼まぬなめり』なども—・ひ用」訳 「まったくこんなにも(嘆いて)いるのは、私(=兼家)を頼りにしていないようだ」などともほどよくとりなし。
文法 「なめり」は、「なるめり」の撥音便「なんめり」の「ん」の表記されない形。
❸取り合わせる。付け合わせる。あえる。蜻蛉 上「切り

大根(おほね)、物の汁してー・ひ㊊て」 訳 きざんだ大根を、何かの汁であえて。

あへ-ず【敢へず】 ❶たえられない。こらえきれない。万葉 一五・三六九九「秋されば置く露霜にあへず㊊して」 訳 秋になるとおりる露霜にたえられないで。
❷(「あふ」が補助動詞の場合)…しきれない。…しようとしてできない。古今 春上「心ざしふかく染めてし居(を)りければ消えあへぬ㊍雪の花と見ゆらむ」 訳 心を深く寄せて(待って)いたので、消えきれない雪が花に見えるのだろう。
なりたち 下二段動詞「敢(あ)ふ」の未然形「あへ」＋打消の助動詞「ず」

あへ-て【敢へて】(副)〔下二段動詞「敢(あ)ふ」の連用形「あへ」に接続助詞「て」の付いたもの〕❶押し切って。むりに。力いっぱいに。万葉 三・三八八「いざ子どもー漕(こ)ぎ出むにはも静けし」 訳 さあ皆の者よ、押し切って漕ぎ出そう。海面も静かだ。
❷(下に打消の語を伴って)㋐決して。まったく。宇治 一〇・一「人のきはめたる大事なれば、ー口より外(ほか)に出(い)ださず」 訳 人の(身に関する)この上なく重大な事柄だから、決して口外しない。㋑進んで。わざわざ。〔栄花〕かがやく藤壺「成り出(い)で清げならぬをばーつかうまつらせ給ふべきにもあらず」 訳 成長して(まだ)すっきりと美しい感じになっていない人を、わざわざ(妃(きさき)として)お仕えさせなさってよいはずでもなく。

あへ-な-し【敢へ無し】(形ク)｛から・く(かり)・し・き(かる)・けれ・かれ｝

> **語義パネル**
> ●重点義　もちこたえることができないと、あきらめる感じ。
> ❶はりあいがない。かいがない。あっけない。期待はずれだ。
> ❷どうにもしようがない。お手あげだ。
> ❸もろい。見るも無惨である。

〔下二段動詞「敢(あ)ふ」の連用形「あへ」に形容詞「無し」の付いたもの〕❶はりあいがない。かいがない。あっけない。期待はずれだ。枕 一八四「ー・き㊍まで御前(まへ)許されたるは、さおぼしめすやうこそあらめ」 訳 あっけないほどに御前(に伺候すること)を許されたのは、(中宮が)そうお思いになるわけがきっとあるのだろう。文法「あらめ」の「め」は、推量の助動詞「む」の已然形で、係助詞「こそ」の結び。
❷どうにもしようがない。お手あげだ。源氏 帚木「みづから額髪(ひたひがみ)をかき探りて、ー・く㊊心細ければ、うちひそみぬかし」 訳 自分で(切り落とした)額髪をなで探ってみても、どうしようもなく心細いので、泣きっつらになってしまうものだよ。文法「かし」は、文末にあって強く念をおす意の終助詞。⇩詮(せん)無し「慣用表現」
❸もろい。見るも無惨である。〔義経記〕「ここにて切られたらば、ー・く㊊討たれたるとぞ言はれんずる」 訳 ここで切られたら、見るも無惨に討たれたことだときっと言われよう。文法「んずる」は推量の助動詞「んず(むず)」の連体形で、係助詞「ぞ」の結び。

あへ-な-む【敢へなむ】差し支えないだろう。なんとかがまんできるだろう。よしとしよう。源氏 手習「京に出(い)で給はばこそあらめ、ここまではー・む㊎」 訳 京においでになるなら、そう(＝誓い破り)であろうが、ここ(＝小野)までなら差し支えないだろう。源氏 初音「山伏の蓑代衣(みのしろごろも)にゆづり給ひてー・む㊎」 訳 (古ぼけた皮衣は)山伏の蓑の代わりの着物としてお譲りになってよいだろう。
なりたち 下二段動詞「敢(あ)ふ」の連用形「あへ」＋完了(確述)の助動詞「ぬ」の未然形「な」＋推量・意志の助動詞「む」

あへ-ぬ-く【合へ貫く】(他カ四)｛か・き・く・く・け・け｝合わせて貫く。いっしょにして通す。万葉 八・一四六五「ほととぎすいたくな鳴きそ汝(な)が声を五月(さつき)の玉にー・く㊍までに」 訳 ほととぎすよ、あまりひどく鳴かないでおくれ。おまえの声を五月の薬玉(くすだま)に交ぜて緒(お)に通す(日が来る)までは。

安倍仲麻呂(あべのなかまろ)『人名』(七〇一?～七七〇?)奈良時代の遣唐留学生。姓は、阿倍とも。養老元年(七一七)に唐に留学、玄宗(げんそう)皇帝に仕え、李白(りはく)・王維(おうい)らの詩人とも親交を結んだ。海難のため帰国できず、唐で生涯を終えた。詩は唐の「文苑英華(ぶんえんえいが)」に収められている。「小倉百人一首」に入集。

あへ-む【敢へむ】❶もちこたえるだろう。がまんできるだろう。万葉 一九・四二二〇「面影(おもかげ)にもとな見えつつかく恋ひば老いづく吾(あ)が身けだしあへむ㊍かも」 訳 (娘の美しい眉が)面影にしきりにちらついていて、このように恋しく思うならば、年老いていく私の身ははたして(その恋しさに)もちこたえるだろうか。
❷(「あふ」が補助動詞の場合)すっかり…するだろう。…しおおせるだろう。万葉 一〇・二〇六五「足玉も手珠(ただま)もゆらに織る機(はた)を君が御衣(みけし)に縫ひもあへむ㊍かも」 訳 足に付けた飾りの玉も手に付けた飾りの玉も揺り鳴らして(一生懸命に)織る布を、あの方のお召し物としてすっかり縫いあげる(ことができる)だろうか。
なりたち 下二段動詞「敢(あ)ふ」の未然形「あへ」＋推量の助動詞「む」

あへ-らく【会へらく】出会ったこと。生まれ合わせていること。万葉 六・九九六「天地(あめつち)の栄ゆる時にー思へば」 訳 天地の栄える時に生まれ合わせていることを思うと。
なりたち 四段動詞「会ふ」の已然形「あへ」＋完了の助動詞「り」＝「あへり」のク語法

あま【天】(名)天(てん)。空。万葉 一五・三六〇二「たなびけるーの白雲」 訳 たなびいている空の白雲。
参考「あめ」の古形という。多く、「天の」「天つ」「天飛ぶ」など、他の語に付いた形で用いられる。

あま【尼】(名)❶出家して仏門に帰依(きえ)した女性。尼法師。比丘尼(びくに)。源氏 若紫「持仏据(す)ゑ奉りて行ふーなりけり」 訳 持仏をお据え申して勤行(ごんぎょう)するの(＝人)は尼であった。
❷《近世語》童女・女性をいやしめていう語。

あま【海人・海士・蜑】(名)❶漁業や製塩に従事する人。漁師。漁夫。あまびと。〔千載〕恋四「見せばやな雄島(をじま)のーの袖だにもぬれにぞぬれし色は変はらず」 訳 →みせばやな…和歌
❷「海女」とも書く〕海にもぐって貝・海藻などをとる女性。枕 三〇六「海はなほいとゆゆしと思ふに、まいてーの

かづきしに入るは憂きわざなり」訳 海はなんといってもやはりたいそう気味が悪いと思うのに、まして海女がもぐって貝などをとるために(海に)入るのはつらい仕事だ。

あまえ-いた・し【甘え甚し】(形ク){から・く(かり)・し・き(かる)・けれ・かれ}[「甚し」は程度がはなはだしい意]甘えすぎて気がとがめる。ひどく気恥ずかしい。親しみすぎて気ままである。蜻蛉 中「今は—く(用)て、まかり帰らむことも難かるべき心地しける」訳 今ではひどく気恥ずかしくて、(おことばどおりに)おいとまして帰るようなこともしにくいような気持ちがしたことだ。〔栄花〕みはてぬゆめ「かくてはおはしますも、さすがに—く(用)やおぼされけむ」訳(花山院は)こうしていらっしゃるのも、やはり気まますぎるとお思いになったのだろうか。

あま-おほひ オオイ【雨覆ひ】(名)鳥の風切り羽の根元をおおっている羽毛。徒然 六六「—の毛を少しかなぐり散らして」訳(雉の)雨覆いの毛を少しむしり散らして。

あま-が・ける【天翔る】(自ラ四){ら・り・る・る・れ・れ}(神や人の霊が)空を走り飛ぶ。万葉 五・八九四「ひさかたの天の御空ゆ—り(用)見渡し給ひ」訳 大空を走り飛んで見渡しなさり。(「ひさかたの」は「天」にかかる枕詞)

あま-かぜ【雨風】(名)雨を降らせそうな湿気を含んだ風。雨をともなった風。枕 一九七「三月ばかりの夕暮れにゆるく吹きたる—」訳 陰暦三月ごろの夕暮れ時にゆるやかに吹いている雨を降らせそうな風(も趣がある)。

あま-がつ【天児】(名)幼児のお守り。三歳まで身近に置き、身代わりで災難を負う形代の役をさせる人形。源氏 薄雲「あてやかなる人ばかり、御佩刀、—やうの物取りて乗る」訳 上品な女房だけが(お守りの)刀や天児のような物を(手に)取って(明石の姫君の乗った車に)乗る。

あま-かは カワ【雨皮】(名)「あまがは」とも。❶牛車や輿の雨おおい。表は薄青染めの練り絹に油をひき、裏は白の生絹とした。公卿以上の車に用いる。蜻蛉 下「やがてそこもとに、—張りたる車さし寄せ」訳 さっそくそこに雨おおいを張った牛車を寄せて。❷厚紙に桐油を塗ったカッパ。山伏などが用いた。

あま-ぎみ【尼君】(名)尼を敬っていう語。尼様。源氏 若紫「いとなやましげに読みゐたる—、ただ人と見えず」訳 たいそう苦しそうに(経を)読んで座っている尼君は、なみの身分の人と見えない。

あま-ぎら・す【天霧らす】(他サ四){さ・し・す・す・せ・せ}空を一面に曇らせる。万葉 八・一六四三「—し(用)雪も降らぬか」訳 空を一面に曇らせて雪でも降らないかなあ。

あまぎら-ふ アマギラ(ロ)ウ【天霧らふ】(雲や霧などがかかって)空が一面に曇る。万葉 一三・三二六八「あまぎらひ(用)風さへ吹きぬ」訳 空が一面に曇り風までも吹いてきた。
なりたち 四段動詞「天霧る」の未然形「あまぎら」+上代の反復・継続の助動詞「ふ」

あま-ぎ・る【天霧る】(自ラ四){ら・り・る・る・れ・れ}(雲や霧などがかかって)空が一面に曇る。新古 春下「山高み嶺の嵐に散る花の月に—る(体)明け方の空」訳 山が高いので、山頂を吹く強い風で散る花がかかって(有り明けの)月のもとで一面に曇って(見えて)いる、明け方の空よ。

天草本伊曽保物語(あまくさぼんいそほものがたり)『作品名』→伊曽保物語①

あまく・す【甘くす】(他サ変){せ・し・す・する・すれ・せよ}美味だと感じる。おいしいと思って食べる。方丈 四「糧乏しければ、おろそかなる報いを—す(終)」訳 食糧がとぼしいので、粗末なさずかり物(=食物)をおいしいと思って食べる。

あまくだり-びと【天降り人】(名)天上の世界から地上におりてきた人。天人。枕 八八「いづこなりし—ならむとこそ見ゆれ」訳 どこにいた(=どこからおりてきた)天人であろうと思われる。

あまくだ・る【天降る】(自ラ四){ら・り・る・る・れ・れ}天上の世界から地上におりる。万葉 一八・四〇九四「葦原の瑞穂の国を—り(用)しらしめしける天皇の神の命の」訳 葦原の瑞穂の国(=日本)を天からおりてお治めになった皇祖の神々が。

あま-ぐも【雨雲】(名)「あまぐも」とも。雨を降らせる雲。雨気を含んだ雲。枕 二五五「雲は 白き。…風吹く折の—」訳 雲は、白いの(がいい)。…風が吹くときの雨雲(もいい)。

あま-ぐも【天雲】(名)[上代は「あまくも」]空にある雲。雲。万葉 一〇・二三二七「—はれて月夜さやけし」訳 空にある雲が晴れて月の光が明るく澄んでいる。

あまぐもの【天雲の】《枕詞》[上代は「あまくもの」]「たゆたふ」「ゆくらゆくら」「行く」「別る」「奥」「よそ」「たどきも知らず」などにかかる。万葉 一一・二八一六「—たゆたふ心」。万葉 一三・三二七二「—ゆくらゆくらに蘆垣の」。万葉 九・一八〇四「—別れし行けば」。万葉 四・五四七「—外に見しより」。万葉 一七・三八九八「—たどきも知らず」

あま-ごぜ【尼御前】(名)[「ごぜ」は「ごぜん」の転]尼を敬っていう語。尼様。尼前。徒然 四七「—、何事をかくはのたまふぞ」訳 尼様、なんのことをこのようにはおっしゃるのか。

あま-ごも・る【雨隠る・雨籠る】(自ラ四){ら・り・る・る・れ・れ}雨のため家にとじこもる。雨に降りこめられる。万葉 八・一五六八「—り(用)情いぶせみ出で見れば春日の山は色づきにけり」訳 長雨で家の中にとじこもっていて気分がうっとうしいので、外に出て見ると、春日の山は色づいてしまっていたことよ。

あまざかる【天離る】《枕詞》「あまさかる」とも。天空のはるかかなたに離れていることから、「ひな(=田舎)」にかかる。万葉 五・八八〇「—鄙に五年住まひつつ」

あまざかる… 和歌

> 枕詞
> 天離る　ひなの長道ゆ　恋ひ来れば
> 明石の門より　大和島見ゆ
> 〈万葉・三・二五五・柿本人麻呂〉

訳 都から遠く離れた田舎の長い道中を、(都を)恋しく思いながら来ると、明石海峡から大和の山々が見える。修辞「天離る」は「ひな」にかかる枕詞。文法「長道ゆ」の「ゆ」は、経由点を示す上代の格助詞。解説「大和島」は、大和の方角に見える生駒・葛城連峰をさす。長い旅路のはてに、故郷の山を見た喜びを歌った歌。

あま-さへ サエ【剰へ】(副)[「あまりさへ」の促音便「あまっさへ」の促音「っ」の表記されない形]「あまっさへ」に同

じ。〔落窪〕「―、憂き恥の限りこそ見せつれ」訳そのうえ、つらい恥のすべてをかかせた。

あま・し【甘し】(形ク){から・く(かり)・し・き(かる)・けれ・かれ}❶甘味がある。〔霊異記〕「ああ母の―・き㊍乳を捨てて我死なむか」訳ああ母の甘い乳を捨てて私は死ぬのだろうか。❷うまい。おいしい。今昔 二六・四「その味―・き㊍こと並びなし」訳その味のうまいことは並ぶものがない。❸切れ味がわるい。〔東北院職人歌合〕「なまし刀の鉄あま(語幹)み」訳未熟な刀の刃の切れ味がわるいので。❹ことばが巧みだ。〔将門記〕「人の口の―・き㊍に依り」訳人の口のことばが巧みであるため。❺間がぬけている。愚かだ。〔浄・百日曽我〕「武士に似合はぬ―・い㊍(口語)こと」

あま・す【余す】(他サ四){さ・し・す・す・せ・せ}❶残す。また、取り逃がす。平家 九・木曽最期「只今名乗るは大将軍ぞ。―・す㊌な、者ども」訳ただいま名乗っているのは大将軍だぞ。取り逃がすな、みなの者。❷もてあます。見捨てる。平家 一・禿髪「世に―・さ㊍れたるいたづら者などの」訳世間から見捨てられたろくでなしなどが。

あま・ぜ【尼前】(名)「尼御前」の略。平家 一一・先帝身投「『―、われをばいづちへ具して行かんとするぞ』と仰せければ」訳(幼い安徳帝が)「尼様(=二位の尼)、私をどこへ連れて行こうとするのか」とおっしゃったので。

あま・そぎ【尼削ぎ】(名)少女の髪形。尼のように垂れ髪を肩や背中のあたりで切りそろえたもの。枕 一五一「頭は―なるちごの、目に髪のおほへるをかきはやらで」訳頭髪はあまそぎである幼女が、目に髪の毛がかぶさったのを払いのけもしないで。

（あまそぎ）

発展 少女の尼削ぎ 女性は成人式がすむと、髪をどんどん伸ばした。長く豊かで、美しい髪を持つことが美質とされたのである。しかし、年をとったり、病気になったりすると、出家して尼になる場合が多かった。その際、長い髪を剃ってしまうことはなく、肩のあたりで切りそろえた。その姿に似ているところから、少女の髪形を「尼削ぎ」と呼んだのである。

あま・そそぎ【雨注ぎ】(名)〔中世までは「あまそそき」〕雨だれ。雨のしずく。源氏 蓬生「―も、なほ秋の時雨めきてうちそそけば」訳雨のしずくも、やはり秋の時雨めいて降りそそぐので。

あま・そそ・る【天聳る】(自ラ四){ら・り・る・る・れ・れ}天空に高くそびえ立つ。万葉 一七・四〇〇三「白雲の千重を押し別け―・り㊊高き立山」訳白雲がいくえにも重なる中を押し分けて、天空高くそびえ立ち、高い立山よ。

あまた【数多】(副)❶数多く。たくさん。源氏 桐壺「いづれの御時にか、女御・更衣―さぶらひ給ひける中に」訳どの帝の御代であっただろうか、女御や更衣が大勢お仕えしていらっしゃった中に。⇩源氏物語「名文解説」❷非常に。はなはだ。万葉 三・三六八四「草枕旅行く君を人目多み袖振らずして―くやしも」訳旅に出発するあなたに、人目が多いので、袖も振らずに(別れてしまった、それが)たいへん悔しいことだ。(「草枕」は「旅」にかかる枕詞)。文法「人目多み」は「人目を多み」の「を」のない形。「み」は原因・理由を表す接尾語。「…を…み」の形で「…が…ので」の意。

参考「万葉集」には①の数量、②の程度ともに用例があるが、中古以降はほとんど①の例に限られる。

あまた・かへり【数多返り】(副)何度も。くり返し。源氏 総角「御文は、明くる日ごとに、―づつ奉らせ給ふ」訳(匂宮は)お手紙は、毎日毎日、何度も何度も(中の君に)差し上げなされる。

あまた・くだり【数多具・数多領】(名)〔「くだり」は衣装などを数える語〕多くのそろい。幾そろい。源氏 少女「―いと清らに仕立て給へるを」訳(大宮が夕霧のための装束を)幾そろいもたいそうきれいに仕立てなさったのを。

あまた・たび【数多度】(副)何度も。たびたび。源氏 若紫「まじなひ、加持などまゐらせ給へど、しるしなくて、―起こり給ひければ」訳(光源氏は)まじないや加持祈禱などを(法師に)おさせになるが効き目がなくて、何度も(発作が)お起こりになったので。

あまたら・す【天足らす】天に満ち満ちていらっしゃる。万葉 二・一四七「天の原ふり放け見れば大君の御寿は長く―・し㊊たり」訳大空はるかに仰ぎ見ると、天皇のお命は長く天に満ち満ちていらっしゃった。

なりたち 四段動詞「天足る」の未然形「あまたら」＋上代の尊敬の助動詞「す」

あま・だり【雨垂り】(名)雨だれ。また、雨だれの落ちる所。

あま・ぢ【天路・天道】(名)❶天にのぼる道。万葉 五・八〇一「ひさかたの(=枕詞)―は遠し」❷天上にあるという道。万葉 一〇・二〇一〇「夕星も通ふ―をいつまでか仰ぎて待たむ月人壮子」訳宵の明星も通う天上の道を(私は)いつまで仰いで待つことであろうか、月よ。

あま・つ【天つ・天津】(連体)〔「つ」は「の」の意の上代の格助詞〕天の。天にある。「―風」「―神」「―空」「―少女」

あまつ・かぜ【天つ風】(名)空を吹く風。古今 雑上「―雲の通ひ路吹き閉ぢよをとめの姿しばしとどめむ」訳→あまつかぜ… 和歌

あまつかぜ… 和歌《百人一首》

> 天つ風　雲の通ひ路　吹き閉ぢよ
> をとめの姿　しばしとどめむ
> 〈古今・一七・雑上・八七二・良岑宗貞(遍昭)〉

訳天上の風よ、(天女たちが帰っていく)雲の中の通り道を、吹き閉ざしてくれ。天の舞姫たちの(あでやかな)姿を、もうしばらくの間(ここに)とどめておきたいのだ。

解説 宮中で、五節の舞が催されたときの歌。舞姫た

ちを天女にたとえ、幻想的な気分を出している。「雲の通ひ路」は、天女が帰っていくときに通る道としていう。

あまつ-かみ【天つ神】(名)天上の国(=高天原たかまのはら)の神。また、高天原から下った神。万葉 五・九〇四「—仰ぎ乞ひ祈のみ国つ神伏して額ぬかつき」訳 天上の神を仰いで祈り、地上の神を伏して額づき拝み。↔国つ神

あまっ-さへサエ【剰へ】(副)[「あまりさへ」の促音便]そのうえに。おまけに。そればかりかさらに。平家 一・鱸「(清盛は)中納言、大納言に経へあがって(=成り上がって)、—丞相じょうしょう(=大臣)の位にいたる」

参考 中世までは、促音を表記しない形「あまさへ」と表記された。現代語では「あまつさえ」。

あまつ-しるし【天つ印】(名)❶天上にある境界線。天の川をさす。万葉 一〇・二〇九二「ひさかたの—と定めてし天の河原に」訳 天上にある境界として定めたその天の川の川原で。(「ひさかたの」は「天あま」にかかる枕詞)

❷「天あまつ神」の子孫としての証拠の品。皇位のしるし。〔紀〕神武「長髄彦ながすねひこその—を見てますます畏れかしこまることを懐うだく」訳 長髄彦はその天つ神の御子であるしるしの品を見て、ますます圧倒されて、つつしんだ気持ちをいだく。

あまつ-そで【天つ袖】(名)天人の羽衣の袖。また、「五節ごせちの舞姫」の衣の袖。源氏 少女「少女子をとめごも神さびぬらし—ふるき世の友齢よはひ経ぬれば」訳 (かつての)うら若いおとめ(=筑紫つくしの五節)もきっと年をとってしまったであろう。舞姫姿の袖を振って舞ったあのころの古い友人(である私=光源氏)も、年をとってしまったのだから。(「ふる」は「(袖を)振る」と「古」との掛詞)

あまつ-そら【天つ空】(名)❶天。空。源氏 薄雲「—にも、例に違たがへる月日星の光見え」訳 天空にも、いつもとは違った月や日や星の光が見えて。

❷空のようにはるかに遠い所。古今 恋一「夕暮れは雲のはたてにものぞ思ふ—なる人を恋ふとて」訳 ↓ゆふぐれは…和歌

❸宮中。天皇。古今 雑体「身は下しもながら言ことの葉を—まで聞こえあげ」訳 (柿本人麻呂かきのもとのひとまろは)身分は低いが和歌を天皇(のお耳)にまでお届け申しあげ。⇩内裏だい「慣用表現」・御門みかど「慣用表現」

❹心の落ち着かないさま。うわのそら。有頂天。万葉 一二・二八八七「あが心—なり土は踏めども」訳 私の心はうわのそらだ。(足は)土を踏んでいるが。

あま-づた・ふタ(ト)ウ【天伝ふ】(自ハ四)〔は・ひ・ふ・ふ・へ・へ〕大空を伝わる。万葉 三・二六一「ひさかたの—・ひ(用)来る雪じもの」訳 大空を飛び来る雪のように。(「ひさかたの」は「天あま」にかかる枕詞)

あまづたふアマツタ(ト)ウ【天伝ふ】《枕詞》「入り日」「日」にかかる。万葉 二・一三五「—入り日さしぬれ」。万葉 一三・三二五八「—日の暮れぬれば」

あまつ-ひつぎ【天つ日嗣ぎ】(名)天照大神あまてらすおおみかみの系統を受け継ぐこと。皇位継承。また、天皇の位。天あまの日嗣ぎ。〔記〕上「天つ神の御子の—知らしめす」訳 天の神の御子である天皇がお治めになる。

あまつ-みかど【天つ御門】(名)皇居の門。転じて、皇居。⇩内裏だい「慣用表現」

あま-づらズラ【甘葛】(名)❶つる草の一種。今の、つるあまちゃのことともいう。

❷①のつるや葉の汁を煮つめて作った甘味料。枕 四二「あてなるもの …削り氷ひに—入れて、あたらしき金鋺かなまりに入れたる」訳 上品なもの、…削った氷にあまずらを入れて、(それを)新しい金属製のわんに入れてあるの。

あまつ-をとめオトメ【天つ少女】(名)❶天女にょ。新古 雑中「ひさかたの—が夏衣なつごろも雲居くもゐにさらす布引ぬのびきの滝」訳 天女が夏衣を空にさらす(ように見える)布引の滝よ。(「ひさかたの」は「天あま」にかかる枕詞)

❷(天女のように見えることから)五節ごせちの舞姫。

あまてらす-おほみかみオオミカミ【天照大神・天照大御神】(名)高天原たかまのはらの主神。伊奘諾尊いざなきのみことの子で女神。弟の素戔嗚尊すさのおのみことの乱行に怒って天あまの岩屋に隠れたという神話で有名。伊勢いせの皇大神宮に祭られ、皇室の祖神との信仰がある。

あま-て・る【天照る】(自ラ四)〔ら・り・る・る・れ・れ〕大空にあって照る。万葉 一五・三六五〇「ひさかたの—・る(体)月は見つれども吾あが思ふ妹いもに逢あはぬ頃かも」訳 大空にあって照る月は見たが、私が思うあの子に逢っていないこのごろであるよ。(「ひさかたの」は「天あま」にかかる枕詞)

あまてるや【天照るや】《枕詞》空に照る意で、「日」にかかる。万葉 一六・三八八六「—日の異けに(=日ごとに。「日に異に」のなまりか)干し」

あま-と・ぶ【天飛ぶ】(自バ四)〔ば・び・ぶ・ぶ・べ・べ〕大空を飛ぶ。万葉 一一・二六七六「ひさかたの—・ぶ(体)雲にありてしか」訳 大空を飛ぶ雲であったらなあ。(「ひさかたの」は「天あま」にかかる枕詞)

あまとぶや【天飛ぶや】《枕詞》空を飛ぶの意から「鳥」「雁かり」に、また、「雁」に似た音の地名「軽かる」にかかる。万葉 一五・三六七六「—雁を使ひに」。万葉 二・二〇七「—軽の路みちは」

あまとぶや… 和歌《長歌》

天飛ぶや　軽かるの路みちは　吾妹子わぎもこが　里さと
にしあれば　ねもころに　見みまく欲ほしけど
止やまず行ゆかば　人目ひとめを多おほみ　まねく
行ゆかば　人ひと知しりぬべみ　さね葛かづら　後のち
も逢あはむと　大船おほぶねの　思おもひたのみて
玉たまかぎる　磐垣淵いはかきふちの　隠こもりのみ　恋こ
ひつつあるに　渡わたる日ひの　暮くれぬるがご
と　照てる月つきの　雲隠くもがくるごと　沖おきつ藻も
の　なびきし妹いもは　黄葉もみちばの　過すぎて去い
にきと　玉梓たまづさの　使つかひの言いへば　梓
弓あづさゆみ　声おとに聞ききて　言いはむすべ　為せむ
すべ知しらに　声おとのみを　聞ききてあり得え
ねば　あが恋こふる　千重ちへの一重ひとへも　慰
なぐさもる　情こころもありやと　吾妹子わぎもこが　止や

まず出で見し　軽の市に　あが立ち
聞けば　玉だすき［枕詞］　畝火の山に　鳴
く鳥の［序詞］　声も聞こえず　玉桙の［枕詞］　道
行き人も　一人だに　似てし行かね
ば　術を無み　妹が名喚びて　袖
そ振りつる
〈万葉・二・二〇七・柿本人麻呂〉

訳 あの軽の道は、私の妻の里であるので、よくよく見たいものだと思うけれど、いつも(その道を)行ったなら人目が多いので(目につき)、たびたび行ったらきっと人が知るだろうから、後にでも会おうと(それを)頼みに思い、岩垣淵のように、心の中でだけ(ひそかに)恋い続けていると、空を渡る日が暮れてしまうように、照る月が雲に隠れるように、(私に)なびき寄った妻は亡くなってしまったと、使いの者が言うので、(その)知らせを聞いて、(何か)言おうにもその方法(＝ことば)が、しようにもその方法(＝どうしたらよいか)がわからず、(かと言って)知らせだけを聞いて、(そのままで)いることはできないので、私が恋しく思う心の千分の一でも、慰み晴れる心もあろうかと思って、妻がいつも出ては見ていた軽の市に(行って)たたずんで聞くと、畝火の山に鳴いている鳥の声も聞こえないように(妻の)声も聞こえず、道を行く人も一人だって(妻に)似た人が通らないので、どうしようもなくて、妻の名を呼んで袖を振ったことだ。

修辞 「天飛ぶや」は「軽」に、「さね葛」は「後も逢ふ」に、「大船の」は「思ひたのむ」に、「玉かぎる」は「磐垣淵」に、「沖つ藻の」は「なびく」に、「黄葉の」は「過ぐ」に、「玉梓の」は「使ひ」に、「梓弓」は「声」に、「玉だすき」は「畝火」に、「玉桙の」は「道」に、それぞれかかる枕詞。「玉かぎる磐垣淵の」は「隠り」を、「玉だすき」から「鳴く鳥の」までは「声も聞こえず」を導きだす序詞。 文法 「人知りぬべみ」の「ぬ」は助動詞「ぬ」の終止形で、ここは確述の用法。「べ」は推量の助動詞「べし」の語幹相当部分、「み」は原因・理由を表す接尾語。「為むすべ知らに」の「に」は、打消の助動詞「ず」の連用形の古形。

解説 妻が亡くなった後にひどく泣き悲しんで作った歌と題詞にある。「渡る日の…雲隠るごと」までは文脈上「過ぎて去にき」にかかる。「袖を振る」のは霊や心を招く所作といわれる。この長歌には反歌二首が続く。→あきやまの… 和歌・もみちばの… 和歌

あまな・ふ【甘なふ・和ふ】(自ハ四){は・ひ・ふ・ふ・へ・へ}仲よくする。同意する。また、甘んじる。〔雨月〕菊花の約「清貧を―・ひ用て、友とする書の外はすべて調度のわづらはしきを厭ふ」 訳 清貧に甘んじて、友のように親しむ書物のほかはいっさい諸道具のわずらわしいのを嫌う。

あまね・し【遍し・普し】(形ク){(から)・く(かり)・し・き(かる)・けれ・かれ}すみずみまで行きわたっている。 方丈 二「火の光に映じて、―・く用紅なる中に」 訳 (大火事で舞い上がった灰が)火の光に映って、あたり一面にまっ赤である中に。

あま-の【天の】(連体)〔名詞「天」に格助詞「の」が付いたもの〕「あめの」とも。天の。天にある。天空、または宮廷に関係のある事物に冠する語。「―岩戸」「―河原」「―原」

参考 「天の」の古形とする説がある。

あま-の-いざり【海人の漁り】夜、漁夫が魚を集めるために船上でともす火。漁り火。 万葉 一五・三六七二「ひさかたの月は照りたりいとまなく―はともし合へり見ゆ」 訳 (海上では)たえまなく漁り火をともしあっている、そのようすが見えることだ。(「ひさかたの」は「月」にかかる枕詞)

あまの-いはと【天の岩戸】(名)高天原にあるという岩屋の戸。弟の素戔嗚尊の乱暴に怒った天照大神が岩屋にこもったとき、手力雄神が引き開けたという神話で有名。天の戸。

あまの-いはや【天の岩屋・天の石窟】(名)「あめのいはや」とも。高天原にあるという大殿。天照大神が弟の素戔嗚尊の乱暴に怒ってこもったという岩屋。〔紀〕神代「―に入りまして、磐戸を閉してこもりましぬ」 訳 (天照大神は)天の岩屋にお入りになって、天の岩戸を閉じてお隠れになった。

あまの-うきはし【天の浮き橋】(名)「あめのうきはし」とも。神代に、天地の間にかかっていたという橋。〔記〕上「二柱の神、―に立たして」 訳 二柱の神(＝伊邪那岐命と伊邪那美命)は、天の浮き橋にお立ちになって。

参考 伊邪那岐命・伊邪那美命の二神が、国土創成の際、高天原から降るときに渡ったといわれる。

天の香具山(あまのかぐやま)『地名』 歌枕 〔上代の仮名書き例では「あめのかぐやま」〕今の奈良県橿原市の東部にある山。大和三山の一つ。天(＝高天原)から降った山だという言い伝えからこの名がある。→大和三山

あまの-がは【天の川・天の河】(名)銀河。 秋。 細道 芭蕉「荒海や佐渡によこたふ―」 訳 →あらうみや… 俳句

あまの-かはら【天の河原】(名)❶高天原(＝天上)にあるという安の河の河原。 万葉 二・一六七「ひさかたの―に八百万千万神の神集ひ」 訳 安の河の河原に多くの神々が集まって。(「ひさかたの」は「天」にかかる枕詞)
❷天の川の河原。 古今 羇旅「狩り暮らしたなばたつめに宿からむ―に我は来にけり」 訳 →かりくらし… 和歌

あま-の-かる-も【海人の刈る藻】漁夫が刈りとる海藻。 古今 雑下「幾世しもあらじ我が身をなぞもかく―に思ひ乱るる」 訳 幾世代も生きてはいられないだろうわが身なのに、どうしてまあこのように漁夫が刈りとる海藻のように、心が思い乱れるのか。

あま-の-こ【海人の子】❶漁夫の子。 万葉 五・八五三「漁りする―どもと人はいへど見るに知らえぬ良人の子と」 訳 漁をしている漁夫の子らだとあなたがたは言うが、一目見てわかった。良家の娘であると。
❷身分の低い者のたとえ。 源氏 夕顔「『―なれば』とて、さすがにうちとけぬさまいとあいだれたり」 訳 (光源氏が夕顔に名前を尋ねても)、「身分の低い者だから」と言って、やはり打ち解けないようすはたいへんおっとりとして甘えて見える。

あまの-さかて【天の逆手】(名)人を呪い恨んだり、呪術を施したりするときにする手の打ち方。背後で手を打つ、手の甲と甲を合わせるなど、諸説ある。 伊勢 九六「か

の男は—を打ちてなむのろひ居るなる。むくつけきこと」訳 例の男は呪術的な柏手を打って呪っているということだ。気味悪いことよ。

あま-の-さへづり【海人の囀り】(鳥のさえずりのようで)聞きとりにくい漁夫のことば。源氏 松風「鵜飼ひども召したるに、—思し出でらる」訳 (光源氏は)鵜匠らをお招きになったときに、(須磨での)漁師の聞きとりにくいことばが自然に思い出されなさる。

あま-の-つりぶね【海人の釣舟】漁夫が釣りをする船。古今 羇旅「わたの原八十島かけてこぎ出でぬと人には告げよ—」訳 →わたのはら…和歌

あまの-と【天の門】(名) ❶天を海に見立てて、天上にある月や太陽の渡る道。大空。古今 恋三「さ夜ふけて—渡る月影に」訳 夜がふけて大空を渡っていく月の光に照らされて。
❷天の川の渡し場。〔後撰〕秋上「棚機の—渡る今宵さへ」訳 彦星が(年に一度)天の川の渡し場を渡っていく今夕までも。
❸〔「天の戸」とも書く〕「あまのいはと」に同じ。万葉 二〇・四四六五「ひさかたの—開き高千穂の岳に天降りし皇祖の神の御代より」訳 天の岩戸を開いて高千穂の岳に天下った天孫の神の御代から。(「ひさかたの」は「天」にかかる枕詞)

あま-の-とまや【海人の苫屋】苫(=菅や茅を編んだもの)でつくった粗末な漁夫の小屋。細道 象潟「—に膝を入れて、雨の晴るるを待つ」訳 漁夫の苫ぶきの小屋に身を入れて、雨が晴れるのを待つ。

あまの-ぬぼこ【天の瓊矛】(名)神代にあったという、玉で飾った神聖なほこ。〔紀〕神代「—をもて、指し下ろして探る」訳 天の瓊矛を用いて(下の世界へ)さしおろして(海水を)探る。

あまの-はごろも【天の羽衣】(名)天人の着るという衣服。竹取 かぐや姫の昇天「ふと—うち着せ奉りつれば、翁をいとほしくかなしと思しつることも失せぬ」訳 さっと天の羽衣を(かぐや姫に)お着せ申しあげたところ、翁を気の毒でいとおしいとお思いになった気持ちもなくなってしまった。

天の橋立(あまのはしだて)『地名』歌枕 今の京都府宮津市の江尻から宮津湾に突き出た砂州。白砂青松の美で知られ、松島・安芸の宮島とともに日本三景の一つ。

あまの-はら【天の原】(名) ❶広々とした大空。古今 羇旅「—ふりさけ見れば春日なる三笠の山に出でし月かも」訳 →あまのはら…和歌
❷「天つ神」が住むとされた天上界。高天原。

あまのはら… 和歌 《百人一首》

> 天の原　ふりさけ見れば　春日なる
> 三笠の山に　出でし月かも
> 〈古今・九・羇旅・四〇六・安倍仲麻呂〉

訳 (異郷中国の)大空をはるかに仰ぎ見ると、(今まさに月がのぼってくるが、この月は、なつかしい故国日本の)春日にある三笠の山からのぼった(のと同じ)月だなあ。文法「春日なる」の「なる」は、断定の助動詞で、存在を表す。「…にある」の意。「かも」は、詠嘆の終助詞。
解説「古今集」の左注によると、長年中国に渡っていた仲麻呂が、ようやく帰国することになり、当地の人々が別れの宴を開いてくれた。折からのぼった月を見て詠んだ歌という。しかしその帰国の船は暴風に遭い、再び中国に漂着し、仲麻呂はついにかの地で没した。

あまの-ひつぎ【天の日嗣ぎ】(名)「あまつひつぎ」に同じ。万葉 一八・四〇九四「—と知らし来る君の御代御代」訳 天皇の位として、ずっとお治めになっている天皇の御代ごとに。

あまのやは… 俳句

> 海士の屋は　小海老にまじる　いとどかな　秋
> 〈猿蓑・芭蕉〉

訳 漁師の家の土間では(干してある)小えびの中に、いとど(=えびこおろぎ・かまどうまとも)がまぎれこんでいることよ。(いとど秋。切れ字は「かな」)
解説 和歌の洗練された世界では採られなかった、俗な

古語ライブラリー③

活用形の名称の由来

動詞の活用の種類を、現在でいう四段・上一段・上二段・下二段の四種とカ変・サ変・ナ変の三変格とに整理したのは、本居春庭(一七六三—一八二八)であった。文化三年(一八〇六)に成り、文化五年(一八〇八)に刊行された『詞の八衢』においてである。下一段「蹴る」は下二段「くうる」として、ラ変「あり・をり」はラ行四段に含め「ある・をる」として扱われている。

春庭は、活用形についても、「てにをは」との接続関係から整然と五段(表では区別がないが、命令形については別に説明しているので、実質上は六段)に分けたのだが、それぞれの活用形には名称をつけなかった。

東条義門(一七八六—一八四三)は『和語説略図』(一八三三)で、春庭の整理した六つの活用形に、将然言(または未然言)・連用言・截断言・連躰言・已然言・希求言と名づけた。それぞれの活用形にはさまざまな用法があるが、そのさまざまな用法の一端に注目して名づけたものであった。言い切る形である截断言を中心に、将然言と已然言が対応し、連用言と連躰言が対応する配置になっている。

将然言　まさにそうなろうとする形
已然言　すでにそうなった形
連用言　用言に連なる形
連躰言　体言に連なる形

今日の活用形の名称は、ほぼ義門の名づけによっているが、「截断言・希求言」は用いられていない。三番目の活用形の名称の「終止形」は、黒川真頼(一八二九—一九〇六)の『詞の栞打聴』(一八九〇)に「終止言」とあるのによったものであり、六番目の名称の「命令形」は、大槻文彦(一八四七—一九二八)の『広日本文典』(一八九七)に「命令法」とあるのによったものである。

⇩一〇九ページ④

世界に材料を求めた句。「去来抄」〈先師評〉にこの句と「病雁の夜寒に落ちて旅寝かな」（訳→びゃうがんの…〔俳句〕）の句についての逸話を載せる。

あまのやや… 〔俳句〕

> 蜑の家や　戸板を敷きて　夕涼み　夏
> 〈おくのほそ道・象潟・低耳〉

訳（象潟の）漁師の家の素朴さよ。（縁台の代わりに）戸板を敷いて夕涼みをしているよ。（夕涼み〔夏〕。切れ字は「や」）

〔解説〕低耳は、今の岐阜県の商人で俳人。象潟でよく行商をした。芭蕉一行に宿所を紹介したりもしている。地方の簡素で自由な生活への共感。

あま-びこ【天彦】（名）こだま。やまびこ。〔菟玖波集〕「―か谷と峰とのほととぎす」訳（どちらか一方は）やまびこなのだろうか。谷と峰との両方からほととぎすの鳴き声が聞こえることよ。

あま-びこ【雨彦・馬陸】（名）虫の名。やすでの古名。筬虫。〔夏〕

あまびこの【天彦の】《枕詞》こだまの意から、「おと」にかかる。〔古今〕雑下「―おとづれじとぞ」

あまびさし-の-くるま【雨庇の車】（名）「あままゆのくるま」に同じ。

あま-びたひ【尼額】（名）尼になって前髪を切った額。尼削ぎ（＝肩のあたりで切りそろえた髪形）にした額。また、その額髪。〔源氏〕少女「御―ひきつくろひ」訳（大宮は）尼削ぎにした御額髪を梳きととのえ。

あま-びと【天人】（名）「あめひと」とも。天上界の人。天人。〔源氏〕宿木「いにしへ―の翔りて、琵琶の手教へけるは」訳昔天人が空を飛び降って、琵琶の曲を教えたというのは。

あま-びと【海人・蜑人】（名）「あま（海人）①」に同じ。

あま-ひれ【天領巾】（名）「あまつひれ」とも。天女が肩にかける装飾用の布。天女の羽衣。〔万葉〕二・二一〇「白たへの―隠り鳥じもの朝立ちいまして」訳真っ白な羽衣に身を隠して、鳥のように朝早く出発なさって。

あま-ぶね【海人舟・蜑舟】（名）漁夫の乗る舟。漁船。〔万葉〕六・九三八「鮪釣ると―騒き」訳鮪（＝魚の名）を釣ろうとして漁夫の乗る舟が入り乱れ。

あま-ま【雨間】（名）雨の晴れ間。〔新古〕哀傷「桜散る春の末にはなりにけり―も知らぬながめせしまに」訳桜の花が散る春の末にはなってしまったことだ。晴れ間もなく降りつづく長雨に、物思いに沈んで（亡き帝を）偲んでいるうちに。（「ながめ」は「長雨」と「眺め」との掛詞）

あままゆ-の-くるま【雨眉の車】（名）牛車の一種。車の屋根が唐破風（＝八の字形に反った破風）造りのもの。院・親王・摂関・大臣などが略儀に用いる。「雨庇の車」とも。

あま・ゆ【甘ゆ】（自ヤ下二）〔え・え・ゆ・ゆる・ゆれ・えよ〕❶甘い味や香りがする。〔源氏〕常夏「いと―・え㊊たるたきものの香を、かへすがへすたきしめ居給へり」訳（近江の君は）たいそう甘い香りがしている薫き物の香りを、くり返したきしめて座っていらっしゃる。

❷（相手の好意に）なれなれしくする。甘える。〔今昔〕五・三〇「舎脂夫人、―・え㊊て帝釈と戯る」訳舎脂夫人（＝帝釈天の妻）は、甘えて帝釈天とたわむれる。

❸てれる。はずかしがる。〔大鏡〕道長下「『遺恨のわざをもしたりけるかな』とて、―・え㊊おはしましける」訳（村上天皇は）「（他人の庭の梅の木を持って来させるとは）遺憾なことをもしたものだなあ」とおっしゃって、はずかしがっていらっしゃったことだ。

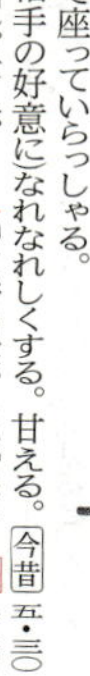
（あままゆのくるま）

-あまり【余り】（接尾）「まり」とも。❶（数詞に付いて）その数より少し多いことを示す。〔枕〕二三八「九月二十日―のほど」訳陰暦の九月二十日過ぎのころ。〔源氏〕手習「八十―の母、五十ばかりの妹ありけり」訳（横川の僧都には）八十歳過ぎの母と五十歳ほどの妹がいた。

❷十以上の数を数えるとき、十位と一位との間に入れる語。〔土佐〕「十二月の二十日―一日の日の戌のときに門出す」訳陰暦十二月二十日と一日（＝二十一日）の日の午後八時ごろの時刻に出発する。⇩土佐日記「名文解説」。「みそもじ―ひともじ（＝三十一文字。短歌）」

あまり

【余り】■一（名）❶あまったもの。残り。余分。〔徒然〕一〇八「その―の暇いくばくならぬうちに、無益のことをなし」訳（食事・睡眠などで多くの時間を失って）その残りの暇がたいしてありもしない中で、無益のことをして。

❷（行為や気持ちなどが）程度を超えること。抑えきれないこと。**過度になった結果。…のあまり。**〔土佐〕「京の近づくよろこびの―に、ある童のよめるうた」訳京が近づくうれしさのあまりに、ある子供が詠んだ歌。

■二（副）❶**はなはだしく。非常に。**〔源氏〕桐壺「まうのぼり給ふにも、―うちしきる折々は」訳（桐壺の更衣が）参上なさる場合でも、はなはだしくたび重なる時々には。

〔文法〕「まうのぼる」は「参上る」のウ音便で、「上る」の謙譲語。

❷（下に打消の語を伴って）**たいして。それほど。**〔栄花〕月の宴「わざと迎へ奉り給ひければ、―は、えものせさせ給はざりける程に」訳（后＝安子は）正式に（登子を）お迎え申しあげなさったけれども、（登子は帝の所へ）それほどは参内なさることができないでいらっしゃった間に。（「ものす」は、婉曲表現で、ここでは「行く」の意）。

〔文法〕「え…給はざり」の「え」は副詞で、下に打消の語（ここでは「ざり」）を伴って不可能の意を表す。

■三（形動ナリ）〔なら・なり（に）・なり・なる・なれ・なれ〕**あんまりだ。ひどい。**〔枕〕一四三「ここにてさへ、ひき忍ぶるも―・なり㊞」訳（遠慮する必要のない）ここ（＝私の里）でまで、人目をはばかるのもあんまりだ。

あまり-ごと【余り事】（名）あまりなこと。分に過ぎたこと。あまりにも虫がよすぎること。〔源氏〕真木柱「『いかに面目あらまし』と―をぞ思ひてのたまふ」訳「（この鬚黒の子がもし冷泉帝の皇子であったならば）どれほど(玉鬘にとって)名誉なことであろう」と、(柏木は)あまりにも虫のよいことを考えておっしゃる。

あまりことばのかけたさに… 歌謡

> あまり言葉のかけたさに　あれ見さいなう
> 空ゆく雲の速さよ　〈閑吟集〉

訳 ただもうことばをかけたいばっかりに(特に興味もない空を見上げて)、「ほらご覧なさいな、空をゆく雲はなんて速いことでしょう」。

解説 「さい」は、軽い敬意を伴って相手に要求する意の助動詞。今の京都府相楽郡和束町の民謡「踊歌」に、「十七八を先に立て、余り言葉がかけたさに、あれ見をよのさ、空ゆく雲の早さよ早さよ」として残る。

あまり-さへ【剰へ】(副)「あまっさへ」に同じ。方丈「明くる年は立ち直るべきかと思ふほどに、ー疫癘うちそひて」訳 翌年は(飢饉から)立ち直ることができるかと思っているうちに、おまけに流行病まで加わって。

あまり-の-こころ【余りの心】(名)「余情」の訓読(歌論で)言外にただよう情趣。余情。余韻。

あま・る【余る】(自ラ四){ら・り・る・る・れ・れ}❶多すぎて残る。程度を超える。古今 仮名序「在原業平は、その心ー・り用てことば足らず」訳 (六歌仙の一人である)在原業平は、歌の(中に表そうとする)感動があり余っていて(表現することばが足りない。

❷(多く、「身に余る」の形で)分に過ぎる。源氏 桐壺「身にー・る体までの御心ざしのよろづにかたじけなきに」訳 分に過ぎるほどの(娘=桐壺の更衣に対する桐壺帝の)お気持ちがすべてにつけてもったいないために。

❸能力を超える。〔太平記〕三「一息に討たんとせば、手にー・っ用(促音便)て討たれぬ事あるべし」訳 一気に討とうとすれば、技量が及ばないで討つことのできないことがあるはずだ。

❹あふれる。源氏 須磨「忍び給へど、御袖よりー・る体も所せうなむ」訳 (朧月夜は恋しさを)がまんなさるが、(涙が)御袖からあふれるのもやっかいである。

あま-をとめ【海人少女・蜑少女】(名)海女である少女。

あま-をぶね【海人小舟・蜑小舟】(名)漁夫が乗る小舟。漁船。

あまをぶね (枕詞)舟が泊まることを「泊つ」ということから、「はつ」にかかる。万葉 一〇・二二四七「ー泊瀬の山に」

あまん・ず【甘んず】(他サ変){ぜ・じ・ず・ずる・ずれ・ぜよ}(「あまみす」の転)満足する。楽しむ。細道 跋・素龍「ひとたびは坐して、まのあたり奇景をー・ず終」訳 しばらくの間は腰をおろして、眼前に広がる奇景を楽しむ。

あみ-うど【網人】(名)(「あみびと」の転)網を使って漁をする人。漁師。平家 三・有王「(俊寛僧都は)片手にはあらめ(=海藻の一種)を拾ひ持ち、片手には網人に魚をもらうて(=もらって)持ち」

あみ-がさ【編み笠】(名)菅・藺草などで編んだ、頭にかぶる笠。台笠・菅笠・檜笠などがある。〔浮・世間胸算用〕「諸鳥(=いろいろな鳥)をおどすために案山子をこしらへ、古きーを着せ(=かぶせ)」

あみだ【阿弥陀】(名)❶《梵語の音訳》(「無量寿」「無量光」の意)西方浄土に住む仏。衆生を救うため四十八の大願を立てているとされ、平安中期から盛んに信仰された。この名号を唱えると、極楽往生できるとされる。浄土宗・浄土真宗の本尊。弥陀。阿弥陀仏。阿弥陀如来。

❷「阿弥陀笠」の略。

あみだ-がさ【阿弥陀笠】(名)笠をうしろのほうに傾けてかぶること。笠の内側の骨が、阿弥陀仏の光背のように見えることからいう。阿弥陀。

あみだ-きゃう【阿弥陀経】(名)「仏説阿弥陀経」の略。浄土三部経の一つ。阿弥陀仏の名号を唱えるものは極楽浄土に往生できると説いた経典。

あみだ-の-ひじり【阿弥陀の聖】阿弥陀の名号を唱えながら、人々に念仏を勧めて歩くこと。また、それをする僧。今昔 二九・九「その寺にーといふことして歩く法師ありけり(=いたそうだ)」

あみだ-ぶつ【阿弥陀仏】(名)「あみだ①」に同じ。

あみだ-ぼとけ【阿弥陀仏】(名)「あみだ①」に同じ。

あみ-ど【編み戸】(名)竹・葦・片木(=薄い板)などを編んでつくった粗末な戸。徒然 四「あやしの竹のーのうちより」訳 粗末な竹の編み戸の中から。

あ・む【浴む】(他マ上二){み・み・む・むる・むれ・みよ}湯や水を浴びる。「あぶ」とも。古今 離別・詞書「源実が筑紫へ湯ー・み未むとてまかりける時に」訳 源実が筑紫(=九州)に温泉を浴びようといって下っていったときに。

あむ・す【浴むす】(他サ四・下二){さ・し・す・す・せ・せ}{せ・せ・す・する・すれ・せよ}湯や水を浴びせる。入浴させる。「あぶす」とも。万葉 一六・三八二四「櫟津の檜橋より来む狐にー・さ未(四段)む」訳 櫟津の檜橋を渡って、こんこんと鳴いて来るであろう狐に(湯を)浴びせてやろう。(「来む」に狐の鳴き声を響かせる。) 宇治 一三・九「湯わかしてー・せ用(下二段)奉らんとて」訳 湯を沸かして(僧を)入浴させ申しあげようと思って。

あめ【天】(名)空。また、天上の世界。〔記〕下「雲雀はーに翔る」訳 ひばりは天空を高く飛ぶ。↔地

あめ【雨】(名)雨。また、涙のたとえ。源氏 若紫「ー少しうちそそき、山風ひややかに吹きたるに」訳 雨が少し降り、山から吹きおろす風がひんやりと吹いているうえに。⇩潮垂る「慣用表現」

あめ-うじ【黄牛】(名)(近世以降は「あめうし」)毛があめ色(=暗黄色)の牛。上等な牛とされた。枕 四五「さる車にーかけたる」訳 そんな(粗末な)牛車に、あめ牛をつないでいるの(は似つかわしくない)。

あめ-が-した【天が下】(名)「あめのした」に同じ。

参考 和歌では、多く「雨が下」にかけて用いる。

あ-め・く【叫く】(自カ四){か・き・く・く・け・け}わめく。さけぶ。枕 二「酒のみてー・き用」訳 酒を飲んでわめき。

あめ-つち【天地】(名)❶天と地。古今 仮名序「この歌、ーのひらけはじまりける時より出で来にけり」訳 この和歌は、天と地が生まれ(この世界がはじまったときから詠み出されたということだ。

❷天の神と地の神。万葉 二〇・四四八七「ーの固めし国そ大倭島根は」訳 天地の神々が固めた国だぞ、大和の国(=日本)は。

あめつちの… 和歌《長歌》

天地の　分かれし時ゆ　神さびて　高く貴き　駿河なる　富士の高嶺を　天の原　振り放け見れば　渡る日の　影も隠らひ　照る月の　光も見えず　白雲も　い行きはばかり　時じくそ　雪は降りける　語り継ぎ　言ひ継ぎ行かむ　富士の高嶺は
〈万葉・三・三一七・山部赤人〉

訳 天と地がわかれたときから、神々しく高く貴い駿河にある富士の高い峰を、大空はるかに振り仰いで見ると、(富士山のために、空を)渡る日の光も隠れつづけ、照る月の光も見えず、白雲(の流れ)もとどこおって、時期に関係なく雪は降っていることだ。語り継ぎ、言い継いでいこう、富士の高い峰のことは。

解説 富士山の荘厳なたたずまいをたたえた歌。その姿を、天地がはじめてわかれた創世の昔から変わらずにあるというのは、神話的な言い方。この長歌の反歌が、「田子の浦ゆうち出でて見れば真白にそ富士の高嶺に雪は降りける」(訳→たごのうらゆ…和歌)〈万葉・三・三一八〉

あめつち-の-ことば【天地の詞】平安初期に成立した手習い歌の一つ。「いろは歌」以前のもので、「あめ・つち・ほし・そら」で始まる。発音の違うかな四十八字からなる。

あめ-の【天の】(連体)「あまの」に同じ。万葉 一・二「ー香具山登り立ち国見をすれば」訳 天上から降った香具山に登り立って、国見をすると。

あめ-の-あし【雨の脚】〔漢語「雨脚」の訓読〕❶長くすじを引くように降る雨。雨足。源氏 明石「やうやう風なほり、ーしめり」訳 しだいに風もおさまり、雨足が衰えてゆき。❷ひっきりなしであることのたとえ。源氏 夕顔「内より御使ひーよりもけにしげし」訳 帝(=桐壺帝)からお使いが絶え間のない雨足よりもまさって頻繁にある。

あめの-した【天の下】(名)「あめがした」とも。❶この世の中。天下。源氏 桐壺「やうやう、ーにも、あぢきなう人のもて悩みぐさになりて」訳 だんだんと、世間でも、(桐壺の更衣に対する桐壺帝の寵愛ぶりが)苦々しく人々の悩みの種になって。❷日本の国土。万葉 一・三六「やすみししわが大君のきこしをすーに」訳 わが天皇のお治めになる国土に。(「やすみしし」は「わが大君」にかかる枕詞)

あめの-のりごと【天の詔琴】(名)「あまののりごと」とも。「天つ神」に詔(=託宣)を請うときに用いたという琴。

あめの-ひ【天の火】(名)天から降ってくる火。万葉 一五・三七二四「君が行く道のながてを繰り畳ね焼き滅ぼさむーもがも」訳 →きみがゆく…和歌

あめの-みかど【天の御門】(名)朝廷。転じて、天皇の尊称。万葉 二〇・四四八〇「畏きやーをかけつれば音のみし泣かゆ朝夕にして」訳 畏れ多いことだ。天皇を心にかけて(お慕いして)しまったので、ただもう泣けてくる、朝も夕も。⇩御門「慣用表現」

あめ-ひと【天人】(名)❶「あまびと」とも。天上界の人。天人。万葉 一〇・二〇九〇「ーの妻問ふ夕ぞわれも偲はむ」訳 (今夜は)天上界の人(=彦星)が求婚する夜である。私も遥かにそれを思いやろう。❷都の人。万葉 一八・四〇八二「天ざかる鄙の奴にーしかく恋すらば生ける験あり」訳 遠い田舎のわたくしめに、都の人がこのように恋しているとすれば、生きている甲斐がある。(「天ざかる」は「鄙」にかかる枕詞)。文法「恋すらば」は、サ変動詞「恋す」の終止形＋存続の助動詞「り」の未然形「ら」＋接続助詞「ば」と見られるもので、他に類例はない。「恋すらむは」の意とする説もある。❸天皇の統治下にある人。

あめ-まだら【飴斑・黄斑】(名)牛の毛色で、あめ色(=暗黄色)でまだらのあるもの。また、その毛色の牛。宇治 一〇・五「その河内の前司がもとに、ーなる牛ありけり」訳 その河内(大阪府東部)の前任の国司のところに、あめ色でまだらである牛がいたそうだ。

あめ-も-よ-に【雨もよに】(副)〔「よに」は「よよに」の略〕雨の激しく降るときに。源氏 椎本「木幡の山のほども、ーいとおそろしげなれど」訳 木幡山のあたりも、激しく雨の降るときでたいそう恐ろしい感じであるが。

あめ-やま【天山】(名)(天や山ほど大きいの意から)はかり知れないほど大きいこと。また副詞的に用いて、大いに。平家 四・源氏揃「湛増は平家の御恩をーとかうむつたれば、いかでか背き奉るべき」訳 湛増(=人名)は平家のご恩をはかり知れないほど大いに受けているから、どうして背き申しあげることができようか(いや、できまい)。

あ-めり あると見える。あるようだ。あるらしい。徒然 一九「いまひときは心も浮きたつものは、春の気色にこそあめれ(已)」訳 さらにいちだんと心も浮き浮きするものは、春の景色であるようだ。
なりたち ラ変動詞「有り」の連体形「ある」＋推量の助動詞「めり」＝「あるめり」の撥音便「あんめり」の撥音「ん」の表記されない形。ふつう「あンめり」と読む。

あも-しし【母父】(名)《上代東国方言》父母。万葉 二〇・四三七六「旅行きに行くと知らずてーに言申さずて今ぞ悔しけ」訳 長い旅に行くと知らないで、父母に何も申し上げないで、今になって後悔される。

あもりつく【天降り付く・天降り著く】《枕詞》香具山は天から降ったという伝説から、「天の香具山」「神の香具山」にかかる。万葉 三・二五七「ー天の香具山霞立つ」。万葉 三・二六〇「ー神の香具山打ち靡く」

あも・る【天降る】(自ラ上二){り・り・る・るる・るれ・りよ}〔「天降る」の転か〕❶天上からおりる。天下る。万葉 二〇・四四六五「高千穂の岳にー・り(用)し皇祖の神の御代より」訳 高千穂の峰に天下った天孫の神の御代から。❷行幸する。万葉 二・一九九「行宮にー・り(用)いまして天の下治め給ひ」訳 仮に造った宮殿に行幸していらっしゃって、天下をお治めになり。

あや【文】(名)❶物の表面に現れる線や形の模様。土佐「さざれ波寄するーをば青柳の影の糸して織るかとぞ見る」訳 さざ波が寄せて(水面に)描く模様を、(水に映る)青柳の影が糸となって織り出しているのかと見ることだ。(「文」「糸」「織る」は縁語)

❷物事の筋道。道理。わけ。〔平中物語〕「などて寝られざらむ。もしーやある」訳どうして寝られないのだろう。ひょっとするとわけがあるのか。文法「ある」は疑問の係助詞「や」の結びで連体形。❸文章の飾り。修辞。

あや【綾】(名)いろいろな模様を織り出した絹織物。綾織物。

あや(形動ナリ){なら・なり(に)・なり・なる・なれ・なれ}「目もあやなり」の形で用いられる。→目もあやなり

あやかり‐もの【肖り者】(名)自分もあやかりたいほどの幸福を得た人。果報者。〔浮・西鶴諸国ばなし〕「おのおの、『それは、ー』といふ」訳各人は「それは(=援助の金を受けたとは)、あやかりたいほどの果報者だ」と言う。

あやか・る【肖る】(自ラ四){ら・り・る・る・れ・れ}影響を受けて変化する。ものに感化されてそれに似る。〔拾遺〕雑恋「風はやみ峰の葛葉のともすればー・り用やすき人の心か」訳風が速いので、山の峰のくずの葉が裏返るように、ややもすれば影響を受けて変わりやすい人の心だなあ。

あや・し(形シク){しから・しく(しかり)・し・しき(しかる)・しけれ・しかれ}

語義パネル

●重点義　**自分には理解しにくく異様なものに対して不審に思う感じ。**

貴族にとって、当時の庶民の生活は自分たちの世界と直接関係のない奇異なものに感じられたことから、②が派生。

❶奇し・怪し・異し	㋐不思議だ。神秘的だ。 ㋑異常だ。並々でない。 ㋒疑わしい。不審だ。 ㋓けしからぬ。不都合だ。
❷賤し	㋐見苦しい。粗末だ。 ㋑身分が低い。いやしい。

❶【奇し・怪し・異し】㋐**不思議だ。神秘的だ。**源氏 桐壺「げに御かたち有り様ー・しき体までぞおぼえ給へる」訳(藤壺は)なるほどお顔もお姿も不思議なくらい(亡き桐壺の更衣に)似ていらっしゃる。㋑**異常だ。並々でない。**伊勢 一〇一「なさけある人にて、瓶に花をさせり。その花の中にー・しき体藤の花ありけり」訳(行平は)風流を解する人で、瓶に花を挿してある。その花の中に異様な藤の花があった。㋒疑わしい。不審だ。竹取 かぐや姫の昇天「かた時とのたまふにー・しく用なり侍りぬ」訳ほんのしばらくの間とおっしゃるので疑わしくなりました。㋓けしからぬ。不都合だ。枕 二八「遣り戸を荒くたてあくるもいとー・し終」訳引き戸を乱暴に閉めたり開けたりするのもまことにけしからぬことだ。

❷【賤し】㋐**見苦しい。粗末だ。**枕 四一「ー・しき体家の見どころもなき梅の木などには、かしがましきまでぞ鳴く」訳(宮中では鳴かない鶯が)粗末な民家の見ばえもしない梅の木などでは、やかましいくらいに鳴く。㋑**身分が低い。いやしい。**徒然 一〇九「ー・しき体下臈なれども、聖人の戒めにかなへり」訳いやしい身分の低い者であるが、(そのことばは)聖人の教えに匹敵している。

あやし‐が・る【怪しがる】(他ラ四){ら・り・る・る・れ・れ}〔「がる」は接尾語〕不思議に思う。変だと思う。竹取 かぐや姫の生ひ立ち「その竹の中に、本光る竹なむ一筋ありける。ー・り用て寄りて見るに、筒の中光りたり」訳その竹の中に、根元の光る竹が一本あった。(翁が)不思議に思って近寄って見ると、筒の中が光っている。

あやし‐げ(形動ナリ){なら・なり(に)・なり・なる・なれ・なれ}〔「げ」は接尾語〕❶【怪しげ】いかにも怪しいようすだ。蜻蛉 中「会ふ者、見る人、ー・に用思ひて、ささめき騒ぐぞいとわびしき」訳出会う人や見る人が不審に思って、ひそひそとうわさをするのがひどくやりきれない。文法「ぞ…わびしき」は、係り結び。❷【賤しげ】いかにもみすぼらしいさま。更級 初瀬「いとー・なる体下衆の小家なむある」訳たいそうみすぼらしい身分の低い者の小家がある。

あやし‐の‐しづ【賤しの賤】身分の低い者。貧しい者。徒然 一四「ー・山がつのしわざも、言ひ出でつればおもしろく」訳身分の低い者や樵のすることも、(歌に)表現してしまうと趣深くなり。

あやし・ぶ【怪しぶ】(他バ四){ば・び・ぶ・ぶ・べ・べ}「あやしむ㊀」に同じ。源氏 桐壺「相人驚きて、あまたたびかたぶきー・ぶ終」訳人相見は(若宮=光源氏を見て)驚いて、何度も首をかしげて不思議がる。

あやし・む【怪しむ】㊀(他マ四){ま・み・む・む・め・め}不思議に思う。疑わしく思う。「あやしぶ」とも。徒然 一九四「なほ誤りもこそあれと、ー・む体人あり」訳やはり(自分の推定に)まちがいがあるといけないと、疑っている人がいる。文法「もこそ」は、危惧の念を表し、「…したら困る」の意。㊁(他マ下二){め・め・む・むる・むれ・めよ}怪しく思う。不審に思う。とがめる。細道 尿前の関「この路旅人稀なる所なれば、関守にー・め未られて」訳この道は旅人がめったに通らない所なので、関所の番人に不審に思われて。

あや・す【落す】(他サ四){さ・し・す・す・せ・せ}(血・汗・涙などを)流す。したたらせる。平家 一〇・横笛「この身さへとらはれて、父のかばねに血をー・さ未んことも心憂し」訳この自分までも捕らえられて、父の死骸に血をしたたらせる(=父の名をはずかしめる)ようなこともつらい。

あやつ・る【操る】(他ラ四){ら・り・る・る・れ・れ}❶楽器を巧みに弾く。方丈 三「水の音に流泉の曲をー・る終」訳(流れる)水の音に(合わせて)流泉の曲(=琵琶の秘曲)を巧みにかなでる。❷道具やことばなどを巧みに操作する。〔去来抄〕先師評「いか様に、さしてなき事を句上にてー・り用たるところあり」訳いかにも、特にどうということもない事柄を句の(表現の)上で巧みに操作したところがある。

あや‐な・し【文無し】(形ク){から・く(かり)・し・き(かる)・けれ・かれ}(模様・筋目がはっきりしない意から)❶道理がたたない。すじが通らない。わけがわからない。古今 春上「春の夜のやみはー・し終梅の花色こそ見えね香やはかくるる」訳→はるのよの…和歌 ❷むなしい。つまらない。とるにたりない。源氏 明石「などてー・き体すさびごとにつけても、さ思はれ奉りけむ」訳どうして(自分=光源氏は)つまらない慰み事につけても、そう(=そんな浮気者と)思われ申したのだろう。⇩言ふ甲斐無し「慣用表現」

［参考］「道理がたたない」の意を原義とし、対象のはっきりしない状態についていう。

あや-に（副）言いようもなく。わけもなく。むしょうに。［万葉］一四・三五三七「柵越しに麦食む子馬のはつはつに相見し子らし―愛しも」［訳］→くへごしに…［和歌］

あや-にく（形動ナリ）｛なら・なり(に)・なり・なる・なれ・なれ｝〔感動詞「あや」に形容詞「憎し」の語幹「にく」が付いた「あやにく」が形容動詞化したものという〕❶**意地が悪い**。きびしい。［大鏡］時平「帝の御おきて、きはめて―・に(用)おはしませば」［訳］(醍醐天皇のご処置が、きわめてきびしくていらっしゃるので。

❷自分の思い通りにならないさま。**どうにもならない。ままならない**。［源氏］竹河「いとどかう―・なる(体)心はそひたるならむ」［訳］ますますこのようにどうにもならない(姫君への)思いはつのったのだろう。

❸**おりが悪い。あいにくだ**。都合が悪い。〔落窪〕「暗うなるままに、雨いと―・に(用)、頭さし出づべくもあらず」［訳］暗くなるにしたがって、雨がほんとうにおり悪く(どしゃぶりで)、頭をつき出すこともできない。

> **語の広がり「あやにく」**
> 「あいにく」は、「あやにく」から転じたもの。予想や期待に反する事態を憎く思う気持ちから転じて、「都合が悪い」の意を表すようになった。

あやにく-が・る（自ラ四）｛ら・り・る・る・れ・れ｝〔「がる」は接尾語〕意地を張って逆らう。また、いやだと思う。だだをこねる。［大鏡］道兼「習はせ給ふほども、―・り(用)、すまひ給へど」［訳］(道兼が長男の福足君に舞をお習わせになる間も、(この君は)だだをこね、いやがりなさるけれど。

あやにく-ごころ【あやにく心】（名）意地を張って人を困らせようとする気持ち。強情で困った心。［源氏］行幸「いとけしからぬ御―なりかし」［訳］まったくはなはだしい(内大臣の)強情で困ったお心であるよ。

あやにく-だ・つ（自タ四）｛た・ち・つ・つ・て・て｝〔「だつ」は接尾語〕意地を張って人を困らせる。身勝手にふるまう。［枕］一五二「あなたこなたに住む人の子の四つ五つなるは、―・ち(用)て、ものとり散らしそこなふを」［訳］あちこち(の局)に住む人の子で四歳、五歳であるのは、身勝手にふるまって、物を散らかし壊すのを。

あやふ-が・る【危ふがる】（自ラ四）｛ら・り・る・る・れ・れ｝〔「がる」は接尾語〕あぶながる。不安に思う。［枕］一四四「―・り(用)て、猿のやうにかいつきてをめくもをかし」［訳］(木に登っている童が)あぶながって、猿のようにしがみついてわめくのもおもしろい。

あやふ-げ【危ふげ】（形動ナリ）｛なら・なり(に)・なり・なる・なれ・なれ｝〔「げ」は接尾語〕いかにも危険そうなさま。あぶなそう。［宇治］二・一〇「さいふ者ありと聞くぞ。―・に(用)、希有のやつかな」［訳］そういう者(＝袴垂という名の盗賊)がいると聞くぞ。物騒で、とんでもないやつだよ。

あやふ・し【危ふし】（形ク）｛から・く(かり)・し・き(かる)・けれ・かれ｝❶あぶない。危険だ。［徒然］四一「かく―・き(体)枝の上にて、安き心ありて睡るらんよ」［訳］こんなにあぶない枝の上で、どうして安らかな気持ちで眠っているのだろうよ。［文法］助動詞「らん」は、ここでは、原因・理由を疑問をもって推量する気持ちを表す。

❷気がかりだ。心配だ。不安だ。［源氏］若紫「恋しくも、また、見ば劣りやせむとさすがに―・し(終)」［訳］(光源氏は若紫を)恋しくも(あり)、またいっしょになったら(予想に反して)劣って見えることもあろうかとやはり不安だ。

あやぶみ【危ぶみ】（名）あやぶむこと。また、危険。危難。［徒然］一四六「これすでに、その―の兆しなり」［訳］これがすでに、その(傷害を受ける)危難の前兆である。

あやぶ・む【危ぶむ】■一（他マ四）｛ま・み・む・む・め・め｝危険だと思う。不安に思う。［源氏］浮舟「宇治橋の長き契りは朽ちせじを―・む(体)方に心さわぐな」［訳］宇治橋が長いように末長い契りは朽ちないだろうから、橋を踏むではないが、不安に思う方面に動揺するな。(「あやぶむ」に橋の縁語の「踏む」をかける)

■二（他マ下二）｛め・め・む・むる・むれ・めよ｝危険な状態にする。危険にさらす。［徒然］一七二「身を―・め(用)てくだけやすきこと、珠を走らしむるに似たり」［訳］身を危険にさらして破滅しやすいことは、玉を速くころがすのに似ている。

あやまた-ず【過たず】ねらいたがわず。まちがいなく。案の定。［徒然］八九「音に聞きし猫また、―足許へふと寄り来て」［訳］うわさに聞いた猫また(＝想像上の怪獣)が、ねらいたがわず足元へつっと寄ってきて。

［なりたち］四段動詞「過つ」の未然形「あやまた」＋打消の助動詞「ず」の連用形

あやまち【過ち】（名）❶しくじり。失敗。また、男女間の過失。［徒然］一〇九「―は、やすき所に成りて、必ず仕ることに候ふ」［訳］失敗は、たやすい所になって、必ずいたすものでございます。

❷過失の結果の罪。とが。［今昔］二八・四「何の罪の―のあれば、かく翁をば歌に作りては歌ふべき」［訳］(私に)どういう罪のとががあるから、このように老人を歌に作って歌ってよいというのか。

❸けが。負傷。［徒然］一七五「馬・車より落ちて―しつ」［訳］(泥酔して)馬や牛車から落ちてけがをしてしまう。

あやま・つ【過つ・誤つ】（他タ四）｛た・ち・つ・つ・て・て｝❶まちがえる。とりちがえる。［古今］春上「みよし野の山べに咲けるさくら花雪かとのみぞ―・た(未)れける」［訳］吉野の山のほとりに咲いている桜の花は、雪かとばかりついまちがえてしまったなあ。［文法］「あやまたれける」の「れ」は、自発の助動詞「る」の連用形。

❷罪を犯す。不正な行いをする。［源氏］明石「我は位にありし時、―・つ(体)ことなかりしかど」［訳］私(＝桐壺院)は帝位についていた時、不正を行うことはなかったが。

❸そむく。［源氏］桐壺「故大納言の遺言―・た(未)ず」［訳］(母君が)亡き(按察使)大納言の遺言にそむかず。

❹害する。傷つける。殺す。［宇治］一一・八「このたびは、われは―・た(未)れなんず」［訳］今度は、私はきっと殺されてしまうだろう。［文法］「なんず」の「な」は、助動詞「ぬ」の未然形でここは確述の用法。「んず」は推量の助動詞。

あやまり【誤り】（名）❶道理にはずれたこと。正しくないこと。まちがい。失敗。［徒然］三三「木にて縁をしたりければ、―にて、直されにけり」［訳］(新しい内裏の櫛形の窓は)木で縁を付けてあったので、(作り方が)まちがいであって、(昔のとおりに)お直しになった。

❷正しくない行為。特に、男女間の過失。［源氏］紅葉賀「怪しかりつる程の―をまさに人の思ひ咎めじや」［訳］(我ながら)わけがわからなかった(あの)ときの過ち(＝光源

氏との密会)を、どうして人が気づいて責めないことがあろうか(いや、きっと気づくに違いない)。

あやま・る【誤る】㊀(自ラ四){ら・り・る・る・れ・れ}❶しそこなう。まちがえる。徒然 一九四「達人の人を見る眼は、少しも―・る㊍所あるべからず」訳 道理に深く通じた人が人間を見抜く眼力は、少しもまちがう所があるはずがない。❷病気で心が乱れる。源氏 真木柱「思ひ乱れ給ふに、いとど御心地も―・り㊐て」訳 (鬚黒の北の方は)思い悩みなさるので、いっそうご気分も悪くなって。㊁(他ラ四){ら・り・る・る・れ・れ}約束などをたがえる。あざむく。伊勢 一二三「昔、男、ちぎれること―・れ㊋る人に」訳 昔、ある男が、約束したことをたがえた女に。

あやま・る【謝る】(自ラ四){ら・り・る・る・れ・れ}《近世語》❶わびる。謝罪する。❷降参する。恐れ入る。閉口する。〔東海道中膝栗毛〕「おや酒か、江戸者と見るとどこでもかうする(=酒を出す)には―・る㊎(=閉口する)」

あや・め【文目】(名)❶模様。源氏 蛍「常の色もかへぬ―も」訳 いつもの色も変えない(=ふだんと同じ色の)(衣服の)模様も。❷形や色合いの区別。枕 二〇一「長炭櫃の火に、ものの―もよく見ゆ」訳 長炭櫃の炭火(の明るさ)で、ものの区別もはっきり見える。❸物事のすじみち。道理。分別。源氏 帚木「何の―も思ひしづめられぬに」訳 なんの分別も落ち着いて考えられないときに。

あやめ【菖蒲】(名)❶植物の名。しょうぶ。葉は剣の形で、香気が強いので邪気を払うものとされ、端午の節句に軒にさしたり、湯に入れたりする。あやめぐさ。夏。❷植物の名。花あやめ。初夏に紫や白の花をつける。夏 徒然 一九「五月、〔軒に〕―ふくころ」

あやめ-ぐさ【菖蒲草】(名)「あやめ(菖蒲)①」に同じ。古今 恋一「ほととぎす鳴くや五月の―あやめも知らぬ恋もするかな」訳 →ほととぎす…和歌

あやめぐさ【菖蒲草】《枕詞》根を賞することから「ね」にかかる。〔金葉〕夏「―ねたくも君は」

あやめぐさ… 俳句

夏
あやめ草　足に結ばん　草鞋の緒
〈おくのほそ道・仙台・芭蕉〉

訳 (折しも端午の節句、世間では菖蒲を軒にさしたり、身につけたりして魔除けにする)そのあやめ草(のような紺染めの緒)よ。これを足に結ぼう。(旅の無事を祈りつつ、この風流な贈り物の)草鞋の緒をしっかりと。(あやめ草夏。切れ字は「ん」)

解説 仙台の風流人で、画工の加右衛門から、紺の染め緒の草鞋を贈られ、それに応えた作。

あやめ-の-くらうど【菖蒲の蔵人】〔―クロウド〕陰暦五月五日の端午の節会に、宮中で親王・公卿らに菖蒲で作った薬玉を分け配った女蔵人。

あやめ-の-せっく【菖蒲の節句】陰暦五月五日の端午の節句。

あやめ-も-しら-ず【文目も知らず】物事のけじめもわからない。分別がない。「文目も分かず」とも。古今 恋一「ほととぎす鳴くや五月のあやめ草―・ぬ㊍恋もするかな」訳 →ほととぎす…和歌。⇩心無し「慣用表現」

なりたち 名詞「文目」＋係助詞「も」＋四段動詞「知る」の未然形「しら」＋打消の助動詞「ず」

あやめ-も-わか-ず【文目も分かず】「あやめもしらず」に同じ。

なりたち 名詞「文目」＋係助詞「も」＋四段動詞「分く」の未然形「わか」＋打消の助動詞「ず」

あや-ゐがさ〔―イガサ〕【綾藺笠】(名)藺草を綾に編んで作った笠。中央に髻を入れるための突出部がある。武士が狩り・旅行・流鏑馬などのときにかぶった。夏。今昔 一九・二「年四十〔歳〕ばかりなる男のひげ黒きが、―を着て(=かぶって)」⇩巻頭カラーページ16

(あやゐがさ)

あゆ【鮎・香魚・年魚】(名)淡水魚の名。鮎。古くから食用として珍重された。

あゆ【東風】(名)東の風。「あゆの風」とも。万葉 一九・四二一三「―をいたみなごの浦みに寄する波いや千重しきに恋ひ渡るかも」訳 東の風がひどく吹くので、なごの浦辺に寄せる波のように、いよいよ幾重にもしきりに恋し続けることよ。(第三句までは、「いや千重しきに」を導きだす序詞)

あ・ゆ【肖ゆ】(自ヤ下二){え・え・ゆ・ゆる・ゆれ・えよ}似る。あやかる。源氏 帚木「長き契りにぞ―・え㊌まし」訳 (七夕の)長く変わらぬ(夫婦の)縁にあやかればよかったのに。

あ・ゆ【落ゆ】(自ヤ下二){え・え・ゆ・ゆる・ゆれ・えよ}❶落ちる。こぼれ落ちる。万葉 一〇・二二七二「秋づけば水草の花の―・え㊐ぬがに」訳 秋になると水草の花が散り落ちてしまうように。❷(汗や血などが)したたり流れる。にじみ出る。枕 三「すずろに汗―・ゆる㊍心地ぞする」訳 (歌をほめられて)むやみに冷や汗がしたたり落ちる気がする。

年魚市潟(あゆちがた)《地名》歌枕 今の愛知県名古屋市の熱田付近から西北に湾入した潟。現在は陸地。

あゆ-の-かぜ【東の風】「あゆ(東風)」に同じ。万葉 一七・四〇〇六「―いたくし吹けば水門には白波高み」訳 東の風がひどく吹くから、河口では白波が高いので。

あゆば・す【歩ばす】(他サ四){さ・し・す・す・せ・せ}歩かせる。今昔 二五・一二「いたくも走らせずして、水をつぶつぶと―・し㊐て行きけるに」訳 (馬盗人は、盗んだ馬を)それほど走らせないで、水(の中)をざぶざぶと歩かせて行ったところ。

あ-ゆひ〔―ユイ〕【足結ひ】(名)「あよひ」とも。上代、男子の服装で、活動しやすいように袴をひきあげ、ひざの下あたりでくくるように結んだひも。

あ-ゆ・ふ〔―ユウ〕【足結ふ】(自ハ四){は・ひ・ふ・ふ・へ・へ}袴の裾をくくる。万葉 七・一一一〇「新墾の小田を求めむと―・ひ㊐出で濡れぬ」訳 新たに開墾する田を探そうと、袴の裾をくくって出かけて濡れてしまったことだ。

あゆ・ぶ【歩ぶ】(自バ四){ば・び・ぶ・ぶ・べ・べ}「あゆむ」に同じ。

あゆまひ〔アユマイ〕【歩まひ】(名)〔四段動詞「歩む」の未然形「あゆま」に上代の反復・継続の助動詞「ふ」の付いた「あゆまふ」の名詞形〕歩くようす。歩きぶり。足の運び。源氏 行幸「いと宿徳に、おももち、―、大臣といはむに

足らひ給へり」訳（内大臣は）たいそう威厳があり、顔つきや足どりも、大臣と呼ぶならそれに十分の資格を備えていらっしゃる。

あゆみ【歩み】（名）❶歩くこと。足の運び。行列。万葉 六・一〇二〇「馬の―押さへ止めよ」❷（拝賀のために）列をなして練り歩くこと。〔紫式部日記〕「勧学院の衆ども、―してまゐれる、見参の文ふみどもまた啓す」訳 勧学院の学生たち、拝賀の歩みで参入したのが、参会者の諸名簿をまた奏上する。

あゆみ-あり・く【歩み歩く】（自カ四）{か・き・く・く・け・け}あちこち歩き回る。枕 四三「水の上などを、ただあゆみに―・く(体)こそをかしけれ」訳（蟻ありは身軽で）水の上などを、ひたすらどこまでも歩き回るのはおもしろい。

あゆみ-い・づ イズ【歩み出づ】（自ダ下二）{で・で・づ・づる・づれ・でよ}歩き出す。出かける。枕 八三「半蔀はじとみあげて、『ここに』といへば、めでたくてぞ―・で(用)給へる」訳 半蔀をあげて、（私が）「こちらに（どうぞ）」と言うと、（頭の中将は）すばらしい姿で歩き出しなさった。

あゆ・む【歩む】（自マ四）{ま・み・む・む・め・め}一歩一歩歩く。「あゆぶ」とも。枕 二三「人などの―・む(体)に走りあがりたる、いとをかし」訳 供の者などが歩くのにつれて（水が）はねあがったのは、たいそうおもしろい。⇩歩ありく「図解学習」

あら-【荒・粗】（接頭）❶こまやかでない、目があらい、の意を表す。「―垣がき」「―籠こ」「―栲たへ」❷荒廃した、人気ひとけのない、の意を表す。「―野」「―山」❸勢いが激しい、の意を表す。「―磯いそ」「―波」

あら-【現】（接頭）世に現れている、の意を表す。「―人神ひとがみ」「―神かみ」

あら-【新】（接頭）新しい、の意を表す。「―田」「―身」

あら（感）感動したときなどに発する声。ああ。あらあら。細道 芭蕉「―たふと青葉若葉の日の光」訳 →あらたふと…俳句

あら-あら【荒荒】（副）乱暴に。荒っぽく。〔謡・春栄〕「ただ今の者をば―と申して追っ帰して候ふ」訳 今の者を荒々しくしかりつけて追い返しました。

あら-あら【粗粗】（副）おおよそ。ざっと。今昔 一九・一「忍びて仏に申すことども―聞こゆ」訳 ひそかに仏にお願い申し上げる数々のことがだいたい聞こえる。

あらあら・し【荒荒し】（形シク）{しから・しく(しかり)・し・しき(しかる)・しけれ・しかれ}乱暴だ。荒々しい。激しい。源氏 夕顔「夜中も過ぎにけむかし、風のやや―・しう(用)(ウ音便)吹きたるは」訳 夜半もきっと過ぎてしまったのだろうよ、風がしだいに激しく吹いているのは。

あらあら・し【粗粗し】（形シク）{しから・しく(しかり)・し・しき(しかる)・しけれ・しかれ}ひどく粗い。粗雑だ。粗末だ。徒然 二八「布の帽額もかう―・しく(用)」訳 布製の帽額（=御簾みすの上部に横長に引く幕）は粗末で。

あら-いそ【荒磯】（名）「ありそ」に同じ。更級 初瀬「―はあされど何なにのかひなくて潮うしほにぬるるあまの袖かな」訳 荒波の寄せる磯は獲物を探し求めてもひとつの貝もなくて、海水に海人あまの袖がぬれることだ（つらい宮仕えはなんの甲斐かいもなく、ただ涙で袖がぬれることだ）。（「かひ」は「貝」と「甲斐」との掛詞）

あらいそ-なみ【荒磯波】（名）荒磯に寄せる波。更級 初瀬「袖ぬるる―と知りながらともに潜かづきをせしぞ恋しき」訳 袖がぬれる荒磯の波（=涙で袖がぬれるほどつらい宮仕え）と知っていながら、いっしょに水にもぐった（=宮仕えをした）昔が恋しいことだ。

あら-うみ【荒海】（名）波の荒い海。荒海ある。細道 芭蕉「―や佐渡さどによこたふ天あまの河」訳 →あらうみや…俳句

あらうみ-の-さうじ ソウジ【荒海の障子】（名）「あらうみのしゃうじ」とも。清涼殿せいりょうでんの東の広廂ひろびさしの北に置いてあった衝立ついたて。高さは約三メートル。表に墨絵で、荒海の浜に手長・足長の怪物がいる場面を描き、裏に宇治うじ川の網代あじろの絵がある。→足長あしなが・手長てなが

裏　（あらうみのさうじ）　表

あらうみや… 俳句

> 荒海や‖佐渡さどによこたふ　天あまの河がは　秋
> 〈おくのほそ道・越後路・芭蕉〉

訳 眼前に揺れる暗夜の荒海。（そのかなたにある、流人の悲痛な歴史を秘めた）佐渡島さどがしまへかけて、澄んだ夜空に横たわる天の川（は歴史も海も届かない高みにあって、冴さえ返っている）。（天の河(秋)。切れ字は「や」）

解説 越後えちご（新潟県）出雲崎いずもざきでの句。

あら-えびす【荒夷】（名）京都の人が、東国人をさげすんで呼んだ語。転じて、荒々しい人。荒々しい田舎武士。徒然 一四二「ある―の、恐ろしげなるが」訳 ある荒武者で、恐ろしそうなようすの男が。

あらが・う【争う・諍う】⇩あらがふ

あらかじめ【予め】（副）前々から。さきだって。かねて。万葉 六・九四八「―かねて知りせば（=知っていたならば）」

あら-かね【粗金】（名）「あらがね」とも。❶採掘して、まだ精錬していない金属。鉱石。〔紀〕持統「―一籠ひとこ奉る」訳 精錬していない鉱石をかご一杯分差し上げる。❷鉄。

あらかねの【粗金の】《枕詞》「土」にかかる。古今 仮名序「―土にしては」

あらがひ アラガイ【争ひ・諍ひ】（名）❶言い争い。論争。徒然 一三五「興ある―なり。同じくは、御前ごぜんにて争はるべし」訳 おもしろい論争だ。同じことなら、（天皇の）御前で争いなさるがよい。❷賭けごと。

あらがひ-ごと アラガイ―【諍ひ事】（名）❶争いごと。論争。枕 二四「常に試みごとをし、―をして」訳 いつも知恵試しをし、争いごとをしかけて。❷賭けごと。大鏡 道隆「この帥殿そちどのは花山院と―申させ給へりしはとよ」訳 この帥殿（=藤原隆家たかいえ）は花山院と賭けごとをし申しあげなさったのだったよ。

あらが・ふ（アラガ(ゴ)ウ）【争ふ・諍ふ】(自ハ四){は・ひ・ふ・ふ・へ・へ} ❶言い争う。言い張る。反対する。[徒然]七三「わがため面目あるやうに言はれぬる虚言は、人いたく―・は(未)ず」[訳]自分にとって名誉になるように言われた嘘には、人はたいして抗弁しない。❷競争する。賭けをする。[宇治]二・八「さりともよもせじと思ひければ、かたく―・ふ(終)」[訳]そうはいってもまさかやるまいと思ったので、かたく賭け(の約束)をする。

あらかん【阿羅漢】(名)《梵語の音訳》〔尊敬を受けるに値する人の意〕仏教の修行者の位の一つ。悟りをひらいて、功徳が備わり、最高位に達し得た者。羅漢。

あら-き【殯・荒城】(名)古代、貴人の死後、埋葬の行われるまで、遺体を棺に納めて安置しておくこと。また、その場所。殯。

あら-き【新墾】(名)新しく土地を開くこと。開墾すること。また、その土地。[万葉]七・一一一〇「湯種蒔く―の小田を求めむと」[訳]発芽を促すためぬるま湯に浸した(清めた)種をまくための新たに開墾する田を探そうと。

荒木田守武（あらきだもりたけ）『人名』(一四七三―一五四九)室町末期の連歌・俳諧師。伊勢神宮の神官。俳諧の連歌を唱え、山崎宗鑑とともに俳諧の創始者とされる。作品に「守武千句」(「誹諧之連歌独吟千句」とも)など。

あら-くま・し【荒くまし】(形シク){しから・しく(しかり)・し・しき(しかる)・しけれ・しかれ} 荒々しい。乱暴だ。[枕]四〇「枝ざしなどは、いと手触れにくげに―・しけれ(已)ど」[訳](あすなろの木は)枝ぶりなどは、とても手を触れるのもいやなほどに荒々しいけれども。

あら-げ【荒気】(形動ナリ){なら・なり(に)・なり・なる・なれ・なれ}〔「げ」は接尾語〕荒れ模様だ。[土佐]「海―・に(用)て、磯に雪降り」[訳]海は荒れ模様であって、磯には(白波の)雪が降り。

あらけ-な・し【荒けなし】(形ク){から・く(かり)・し・き(かる)・けれ・かれ}〔「なし」は「はなはだしい」の意の接尾語〕非常に荒々しい。乱暴だ。〔浮・世間胸算用〕「独鈷・錫杖にて仏壇を―・く(用)打てば(=乱暴に打つと)」

あら-こ【粗籠】(名)粗く編んだかご。[竹取]燕の子安貝「―に人をのぼせて(=乗せて)釣りあげさせて」

あら-ごと【荒事】(名)歌舞伎で、武人や鬼神などを主人公にした、荒々しく勇ましい演技をするもの。また、その演出法。元禄(一六八八―一七〇四)のころ江戸の役者初代市川団十郎が確立した。江戸歌舞伎の特色の一つ。「暫」「鳴神」などにみられる。↔和事

あら-ごも【荒薦・粗薦】(名)「あらこも」とも。あらく編んだむしろ。[宇治]一〇・一「庭に―をしきて」

あらざらむ… [和歌]《百人一首》

あらざらむ　この世のほかの　思ひ出でに
今一度の　逢ふこともがな
〈後拾遺・一三・恋三・七六三・和泉式部〉

[訳]私はもうこの世にあることもわずかだろうが、あの世にゆく思い出に、せめてもう一度あなたに逢うことができたらなあ。[文法]「ざらむ」は、打消の助動詞「ず」の未然形「ざら」＋推量の助動詞「む」の連体形。「もがな」は、願望の終助詞。[解説]詞書に、病気が重くなったころ、人に贈った歌とある。「人」は恋人であろう。

あらし【嵐】(名)強い風。激しい風。[徒然]三〇「―にむせびし松も千年を待たで薪にくだかれ」[訳]激しい風に吹かれてむせぶような音をたてていた松の木も、千年を待たないで薪として細かくされ。[参考]静かに吹く風に対していうが、現在使われている「あらし」ほど強くはない。

あら・し【荒し】(形ク){から・く(かり)・し・き(かる)・けれ・かれ} ❶(風や波、また物音などが)強く激しい。猛烈だ。[土佐]「海―・けれ(已)ば、船出ださず」[訳]海が荒いので、船を出さない。❷(性質・態度・ことばなどが)乱暴だ。荒々しい。[枕]二八「遣り戸を―・く(用)たてあくるもいとあやし」[訳]引き戸を乱暴に閉めたり開けたりするのもまことにけしからぬことだ。❸(山道などが)けわしい。[源氏]浮舟「おはしまさむことは、いと―・き(体)山越えになむ侍れど」[訳](宇治へ)いらっしゃるとしたらそれは、たいへんけわしい山越えでございますが。[文法]「おはしまさむ」の「む」は、仮定・婉曲の助動詞。係助詞「なむ」の結びは、接続助詞「ど」が付いて「侍れど」とさらに下に続くため消滅(=結びの流れ)している。

あら・し【粗し】(形ク){から・く(かり)・し・き(かる)・けれ・かれ} こまかでない。まばらである。粗雑だ。[後撰]秋中「秋の田のかりほの庵のとまを―(語幹)みわがころもでは露にぬれつつ」[訳]→あきのたの…[和歌]

あ-らし あるらしい。あるようだ。あるにちがいない。[万葉]一五・三六〇九「武庫の海の庭よく―(終)」[訳]武庫の海の海面は穏やかであるにちがいない。[なりたち]ラ変動詞「有り」の連体形「ある」＋推定の助動詞「らし」＝「あるらし」の転。→らし

あらしふく… [和歌]《百人一首》

嵐吹く　三室の山の　もみぢ葉は
竜田の川の　錦なりけり
〈後拾遺・五・秋下・三六六・能因〉

[訳]山風が吹きおろして三室山のもみじの葉を散らしているが、そのもみじ葉は(山すそを流れる)竜田川に一面に浮かんでさながら錦のようであるなあ。[修辞]「三室山」「竜田川」は歌枕で、紅葉の名所。[解説]永承四年(一〇四九)内裏歌合の歌。

嵐山（あらしやま）『地名』[歌枕]今の京都市西部にある山。紅葉・桜の名所で、保津川(大堰川)に臨み、亀山・小倉山に対する景勝地。

あらし-を（オ）【荒し男・荒し雄】(名)勇敢な荒々しい男。[万葉]一七・三九六二「かくしてや―すらに嘆き臥せらむ」[訳]このようにして勇敢で荒々しい男でさえも、嘆いて伏しているのだろうか。

あら・す【荒す】(他サ四){さ・し・す・す・せ・せ} ❶荒れるにまかせる。損なわれるまま放っておく。[万葉]二〇・四四七七「夕霧に千鳥の鳴きし佐保路をば―・し(用)やしてむ見るよしをなみ」[訳]夕霧の中で千鳥の鳴いた佐保の道を、荒れるにまかせてしまうのだろうか、(これからは)見る縁がないので。❷損なう。傷つける。[細道]忍ぶの里「往き来の人の麦草を―・し(用)て」[訳]往来の人が(畑の)麦を傷つけて。

あら-ず ■一 ❶ない。いない。存在しない。[万葉]三・三四三「なかなかに人と―(用)は酒壺に成りにてしかも酒

に染(し)みなむ」訳中途半端に人間でいないで酒壺になってしまいたいものだ。(そうすれば)酒に浸っていられるだろう。
❷…ない。源氏 桐壺「いとやむごとなき際(きは)にはあらぬ 体 が、すぐれて時めき給ふありけり」訳たいして重々しい家柄の出ではない方で、格別に(帝(みかど)の)ご寵愛(ちょうあい)を受けて栄えていらっしゃる方があったそうだ。⇩源氏物語「名文解説」
なりたち ラ変動詞「有り」の未然形「あら」＋打消の助動詞「ず」
二(感)相手のことばに応答して、打ち消すときに言う語。いいえ。いや。枕 一六「その声どももみな聞き知りて、『それぞ』『かれぞ』など言ふに、また、『ー』など言へば」訳その多くの(御前駆(さき)の)声をすべて聞いて知っていて、「その人だ」「あの人だ」などと言うと、また、(他の女房が)「いいえ(ちがう人よ)」などと言うので。

あらそ・ふ(アラソウ)【争ふ】(自ハ四){は・ひ・ふ・ふ・へ・へ}❶抵抗する。さからう。万葉 一〇・一八六九「春雨にー・ひ 用 かねてわがやどの桜の花は咲きそめにけり」訳(咲けと促す)春雨にさからうことができずに、私の家の桜の花は咲き始めてしまったことよ。
❷張り合う。競争する。方丈 一「棟(むね)を並べ、甍(いらか)をー・へ 已 る、高き、いやしき、人の住まひは」訳棟を並べ、かわらぶきの屋根(の高さ)を競っている、身分の高い人や低い人の住居は。
❸言い争う。議論する。徒然 二一「またひとり、『露(つゆ)こそあはれなれ』とー・ひ 用 しこそ、をかしけれ」訳もう一人が、「(月よりも)露が趣がある」と言いあったのは、おもしろい。文法「こそあはれなれ」「こそ、をかしけれ」は係り結び。
❹戦う。戦闘する。平家 一〇・戒文「ここに戦ひ、かしこにー・ひ 用」訳ここで戦い、あちらで戦い。

あらた(形動ナリ){なら・なり(に)・なり・なる・なれ・なれ}(神仏などの霊験が)著しいさま。あらたか。源氏 玉鬘「初瀬なむ、日の本(もと)の中(うち)にはー・なる 体 験(しるし)顕(あら)はし給ふ」訳初瀬(の観音)は、日本の中で著しい霊験をおあらわしになる。

あらた【新た】(形動ナリ){なら・なり(に)・なり・なる・なれ・なれ}新しいさま。細道 平泉「四面ー・に 用 囲みて、甍(いらか)を覆(おほ)ひて風雨をしのぐ」訳(中尊寺の金色堂の)四方を新しく囲んで、かわらぶきの屋根でおおって風雨を防ぐ。

あらた・し【新たし】(形シク){しから・しく(しかり)・し・しき(しかる)・しけれ・しかれ}新しい。新鮮である。万葉 二〇・四五一六「ー・しき 体 年の始めの初春の今日(けふ)降る雪のいやしけ吉事(よごと)」訳→あらたしき…和歌
参考 平安時代以降は、「新(あら)たし」と「惜(あたら)し」とが混同され、「新しい」意の場合も「あたらし」となった。

あらたしき… 和歌

> 新たしき 年(とし)の始(はじ)めの 初春(はつはる)の
> 今日(けふ)降(ふ)る雪(ゆき)の いやしけ吉事(よごと)
> 〈万葉・二〇・四五一六・大伴家持(おほとものやかもち)〉

訳新しい年のはじめの、新春の今日降る雪のように、いよいよ重なってくれ、よいことよ。
解説 因幡(いなば)の守(かみ)であった作者が、陰暦正月一日に庁舎で新春の宴を催したときの歌。元日の雪は豊年のしるしであると考えられていた。

あら-だ・つ【荒立つ】一(自タ四){た・ち・つ・つ・て・て}荒くなる。荒々しくふるまう。源氏 帚木「鬼神(おにがみ)もー・つ 終 まじきけはひなれば」訳鬼神も手荒くふるまいそうにない(光源氏の美しい)ようすなので。
二(他タ下二){て・て・つ・つる・つれ・てよ}荒だてる。荒くする。源氏 真木柱「この頃ー・て 用 てば、いみじきこと出(い)で来(き)なむ」訳この場合、(事を)荒だてたら、たいへん面倒なことがきっと起こるだろう。

あらたなる-つき【新たなる月】あざやかな月。特に、陰暦八月十五夜の月。中秋の名月。源氏 鈴虫「今宵(こよひ)のーの色には、げになほ我が世のほかまでこそよろづ思ひながさるれ」訳今宵のあざやかに輝く月の色からは、(白居易(はくきょい)が詠じたように)なるほどほんとうにこの世の外のことまでが、すべて自然にそれからそれへ思いめぐらされることだ。
参考 唐の詩人白居易の詩句「三五夜中新月の色、二千里外故人の心」にもとづく。

あらたふと… 俳句

> あらたふと 青葉(あをば)若葉(わかば)の 日(ひ)の光(ひかり) 夏
> 〈おくのほそ道・日光・芭蕉〉

訳ああ、なんと尊く感じられる風光よ。生気あふれる青葉・若葉の濃淡の緑に降りそそいでいる日の光は。(さすがに東照宮権現の神域であり、弘法大師ゆかりの地であることよ。)「日の光」に「日光東照宮」の意をかける。(若葉 夏)。文法「あら」は感動したときに発する語で、感動詞。「たふと」は、形容詞「たふとし」の語幹で、詠嘆の用法。

あら-たへ(タエ)【荒栲・粗栲・荒妙】(名)❶藤などの繊維で織った目のあらい織物。粗末な布。万葉 五・九〇一「ーの布衣(ぬのきぬ)をだに着せかてに」訳粗末な布の着物でさえも、(子供に)着せてやれないで。↔和栲(にきたへ)
❷中古以降、(絹織物に対して)麻織物。

あらたへ-の(アラタエノ)【荒妙の】《枕詞》「あらたへ」は藤の繊維で織ったことから「藤」にかかる。万葉 一・五〇「ー藤原がうへに」。万葉 三・二五二「ー藤江の浦に」

あらたま-の【新玉の・荒玉の】《枕詞》「年」「月」「日」「春」などにかかる。万葉 三・四四三「ー年経(ふ)るまでに」。万葉 八・一六二〇「ー月立つまでに」。〔堀河百首〕「ー春たつ風に」

あらたまの… 和歌

> 枕詞
> あらたまの 年(とし)の三年(みとせ)を 待(ま)ちわびて
> ただ今宵(こよひ)こそ 新枕(にひまくら)すれ
> 〈伊勢・二四〉〈続古今・一四・恋四・一三二〇・よみ人しらず〉

訳(あなたの帰ってこない)三年間を待ちくたびれて、ちょうど今夜、(新しい夫と)新枕をかわすのです。修辞「あらたまの」は「年」にかかる枕詞。
解説 宮仕えに出たきり帰ってこない夫を待ち疲れた女が、別の男と結婚することになったその夜、前の夫が不意

に帰ってきたので詠んだ歌。律令制の規定では、逃亡などによって三年間不在が続けば離婚が認められた。

あらたま・る【改まる】(自ラ四){ら・り・る・る・れ・れ}変わる。新しくなる。徒然 二五「変はらぬ住家は人—・り(用)ぬ」訳(昔と)変わらない住居は(住む)人が変わってしまった。

あらた・む【改む】■一(他マ下二){め・め・む・むる・むれ・めよ}❶改める。変える。徒然 一二七「—・め(用)て益なきことは、—・め(未)ぬをよしとするなり」訳改めても利益のないことは、改めないのをよいとするものである。❷調べる。吟味する。〔浮・世間胸算用〕「おほかた煤もはきしまひて、屋根裏まで—・め(用)ける時」訳ほぼ煤もはき終わって、屋根裏まで調べたとき。■二(自マ下二){め・め・む・むる・むれ・めよ}改まる。細道 松島「月海に映りて、昼の眺めまた—・む(終)」訳月が海に映って、昼間の眺めとはまた改まる(=違った趣がある)。

愛発山(あらちやま)『地名』歌枕〔「有乳山」「荒血山」とも書く〕今の福井県敦賀市にある山。古代には三関の一つ愛発の関が置かれた。

あら-づくり【粗造り・荒造り】(名)下ごしらえのままで、仕上げをしていないこと。更級 春秋のさだめ「その折、—の御顔ばかり見られし折思ひ出でられて」訳その(=上京の)折、(仏像の)仕上げをしていない状態のお顔だけが見られた時(のこと)が自然と思い出されて。

あら-て【新手・荒手】(名)まだ戦っていない、無傷の軍勢。平家 九・木曽最期「また—の武者五十騎ばかり出で来たり(=五十騎ほど現れた)」

あら-で【有らで】…なくて。〔後拾遺〕雑一「心にも—憂き世に長らへば恋しかるべき夜半の月かな」訳→こころにも…和歌

なりたち ラ変動詞「有り」の未然形「あら」＋打消の接続助詞「で」

あら-な【有らな】あってほしいものだ。ありたいものだ。万葉 三・三四九「この世にある間は楽しくを—」訳この世に生きある間は楽しくね、ありたい(=暮らしたい)ものだ。

なりたち ラ変動詞「有り」の未然形「あら」＋上代の願望の終助詞「な」

あら-なく-に【有らなくに】❶ないことよ。ないのだなあ。万葉 一七・三九一九「あをによし奈良の都は古りぬれどもとほととぎす鳴かず—」訳奈良の都はさびれてしまっているが、昔からのほととぎすが鳴かないわけではないことよ。(「あをによし」は「奈良」にかかる枕詞)❷ないことなのに。万葉 三・二六五「苦しくも降りくる雨か神の崎狭野のわたりに家も—」訳困ったことに降ってくる雨だなあ。神の崎の佐野の渡し場には(雨宿りする)家もないことなのに。

なりたち ラ変動詞「有り」の未然形「あら」＋打消の助動詞「ず」のク語法「なく」＋助詞「に」。→なくに

あら-なむ【有らなむ】…あってほしい。…ほしい。古今 雑上「あかなくにまだきも月のかくるるか山の端にげて入れずも—」訳→あかなくに…和歌

なりたち ラ変動詞「有り」の未然形「あら」＋願望の終助詞「なむ」

あら-ぬ(連体)〔ラ変動詞「有り」の未然形「あら」に打消の助動詞「ず」の連体形「ぬ」が付いたもの〕❶ほかの。ちがった。専門外の。枕 四九「なほ説孝なめりとて見やりたれば、—顔なり」訳やはり説孝であろうと思ってその方を見たところ、ほかの(人の)顔である。徒然 一六七「一道に携はる人、—道のむしろに臨みて」訳一つの分野に従事する人が、専門外の分野の席に出て。❷望ましくない。不都合な。平家 七・経正都落「—さまなるよそほひにまかりなりて候へば、はばかり存じ候ふ」訳(私=経正は、御前へ参上するには)不都合な状態の装い(=弓矢を帯びた甲冑姿)になっておりますので、ご遠慮いたします。

あらぬ-いそぎ【あらぬ急ぎ】予想していなかった急用。徒然 一八九「今日はそのことをなさんと思へど、—まづ出で来てまぎれ暮らし」訳今日はそのことをなさんと思っても、意外な急用がまずできて(そのほうに)気をとられて一日を暮らし。

あらぬ-さま【あらぬ様】ちがったようす。源氏 夕顔「御畳紙にいたう—に書きかへ給ひて」訳(光源氏は)御懐紙に(ご自分の筆跡とは)たいそうちがったようすにお書きかえになって。

あらぬ-よ【あらぬ世】別世界。あの世。源氏 夕顔「我にもあらず—によみがへりたるやうに」訳(自分ながら)自分の身のようでもなく、別世界に生き返ったように。⇩後世「慣用表現」

あら-の【荒野】(名)人けのないさびしい野。荒れはてた野。万葉 一四・三三五二「信濃なる須賀の—にほととぎす鳴く声聞けば時すぎにけり」訳信濃にある須賀の荒野でほととぎすの鳴く声を聞くと、(田植えの)時が過ぎてしまったのだなあ。

阿羅野(あらの)『作品名』〔「曠野」とも書く〕俳諧集。山本荷兮編。元禄二年(一六八九)三月の芭蕉の序がある。「芭蕉七部集」の一つ。蕉門の俳人を中心とした百七十九人の発句七百三十五句と、歌仙十巻を収める。→芭蕉七部集

あらは(アラワ)【露・顕】(形動ナリ){なら・なり(に)・なり・なる・なれ・なれ}

語義パネル

●重点義　おおいかくすものがないさま。

❶丸見えだ。露骨であるさま。外に現れているさま。
❷はっきりしている。明らかである。
❸公然としている。表だっている。
❹遠慮しないさま。ぶしつけである。

❶**丸見えだ。露骨であるさま。**外に現れているさま。源氏 若紫「高き所にて、ここかしこ、僧坊ども—・に(用)見おろさるる」訳高い所なので、あちらこちらに、僧侶の住まいがいくつも丸見えに見おろされる場所で。

❷**はっきりしている。**明らかである。平家 六・祇園女御「運命の末になること—・なり(用)しかば、…随ひつく者なかりけり」訳運命が終わりになることが明らかであったので、…(平家に)つき従う者はなかった。

❸**公然としている。**表だっている。源氏 行幸「氏神の御勤めなど—・なら(未)ぬほどなればこそ、年月は紛れ過ぐし給へ」訳(玉鬘は)氏神への御参詣などが表だっていない(=しなくてもよい)間であるからこそ、長い歳月(私

＝光源氏の娘として素性をあいまいにしてお過ごしになるけれど。文法 係り結び「こそ…給へ」は、ここは強調逆接となって下の文に続く。

❹遠慮しないさま。ぶしつけである。枕 二七「『あれは誰たぞ。―・なり㊟』など、ものはしたなくいへば」訳「あれはだれだ。ぶしつけだ」などと、無愛想に言うと。

あら-ば-こそ【有らばこそ】❶(裏に「ない」という反語の気持ちを含んで)あったならば、それこそ。万葉 一二・二六六五「玉くしろ纏まき寝ぬる妹いもも―夜の長けくも嬉うれしかるべき」訳 手枕てまくらをして共寝する恋人でもあったならば、それこそ、夜の長いのもうれしいであろうに。(「玉くしろ」は「纏く」にかかる枕詞)

❷(多く文末に用いて)強い否定の意を表す。ありはしない。ありっこない。〔謡・安宅〕「もとより勧進帳は―、笈おひの中より往来の巻物取り出だし」訳 もともと勧進帳はありはしない、(だが弁慶は)笈の中から手紙文の巻物を取り出して。

なりたち ラ変動詞「有り」の未然形「あら」＋接続助詞「ば」＋係助詞「こそ」

文法 ①の用例のように、下に推量の表現(ここでは「べき」)を伴って、「あるならば…だろう(けれどもないので…)」の意を表すが、これが慣用的になり、推量の表現が省略されると②のように強い否定の意になる。

あらは・す【現す・顕す・表す】(他サ四){さ・し・す・す・せ・せ}❶はっきり示す。隠れていたものを表面に出す。平家 一・祇園精舎「娑羅双樹しゃらさうじゅの花の色、盛者必衰ひっすいの理ことわりを―・す㊟」訳 (釈迦しゃか入滅とともに白く変じたという)娑羅双樹の花の色は、勢いの盛んな者も必ず衰えるものだという道理を表している。⇩平家物語「名文解説」

❷打ち明ける。隠さず語る。源氏 若紫「つつましさに、思ひ給ふるさまをもえ―・し㊐果て侍らずなりにしをなむ」訳 はずかしさに、(自分＝光源氏が)存じますことをも十分に打ち明けることができなくなってしまいましたことを(残念に思います)。文法「給ふる」(連体形)は、下二段活用の謙譲の補助動詞。「え…侍らず」の「え」は副詞で、下に打消の語(ここでは「ず」)を伴って不可能の意を表す。

❸書きしるす。描く。

❹(仏像などを)新しく造り出す。〔うつほ〕菊の宴「金色こんじきの御像みかたを新しく―・し㊐奉たてまつらむ」訳 金色の御像(＝仏像)を新しくお造り申しあげよう。

あらは・る【現る・顕る】(自ラ下二){れ・れ・る・るる・るれ・れよ}❶表に出てくる。出現する。徒然 二三五「木霊こだまなどいふ、けしからぬ形も―・るる㊍ものなり」訳 (主人のいない家には)樹木の精霊などという、奇怪な姿のものも出没するものだ。

❷人に知られる。露見する。徒然 七三「かつ―・るる㊍をもかへりみず、口にまかせて言ひ散らすは」訳 たちまち(嘘うそが)ばれるのをも気にかけず、口から出まかせにしゃべり散らすのは。

❸(神仏が)この世に姿を現す。宇治 二・四「その木の上に、仏―・れ㊐ておはします(＝姿を現していらっしゃる)」

あらひ-かは【洗ひ革】(名)❶さらして白くした鹿のなめし革。

❷「洗ひ革縅をどし」の略。鎧よろいの縅の一種。①で鎧の札さねをつづりあわせたもの。

あらひきぬ【洗ひ衣】《枕詞》洗った衣に取り替えるところから「とりかひ川」にかかる。万葉 一二・三〇一九「―取替とりかひ川の川淀かはよどの」

あらひと-がみ【現人神】(名)❶仮に人の姿をして現れた神。また、天皇を尊んでいう語。〔紀〕景行「吾あれはこれ、―の子みこなり」訳 私は、天皇の子であるぞ。⇩御門みかど「慣用表現」

❷霊験あらたかな神。特に、住吉や北野の神をさす。大鏡 時平「ただいまの北野の宮と申して、―におはしますめれば」訳 (菅原道真すがわらのみちざねの公は)現在の北野天神と申し上げて、霊験あらたかな神でいらっしゃるようだから。

あら・ぶ【荒ぶ】(自バ上二){び・び・ぶ・ぶる・ぶれ・びよ}❶あばれる。乱暴する。〔記〕中「―・ぶる㊍神どもを言向ことむけ平和やはし」訳 あばれる神々を説得し平定し。

❷未開である。荒れている。〔紀〕神代「葦原あしはらの中つ国はもとより―・び㊐たり」訳 葦原の中つ国(＝日本)はもともと未開であった。

❸気持ちが荒れすさぶ。また、親しみが薄れる。うとくなる。万葉 四・五五六「筑紫船つくしぶねいまだも来こねばあらかじめ―・ぶる㊍君を見るが悲しさ」訳 (あなたが乗って)筑紫へ行く船がまだ来もしないのに、早くも(私から)気持ちが離れていくあなたを見るのが悲しいことよ。

あらまし ■(名)❶こうありたいという願い。計画。予定。予期。徒然 一八九「かねての―、みな違たがひゆくかと思ふに、おのづから違はぬ事もあれば」訳 前もっての予定がすべて食い違ってゆくかと思うと、まれには違わないこともあるので。

❷概略。全体のあらすじ。〔浮・好色一代男〕「近々尋ねて、無事の―をも聞かせ申すべし」訳 近いうちに(あなたの親を)訪ねて、(あなたが)無事であるおおよそのようすをお話し申しあげよう。

■(副)おおよそ。だいたい。〔浮・世間胸算用〕「既すでにその年の大晦日おほつごもり(＝おおみそか)に、―に正月の用意をして」

参考 ラ変動詞「有り」の未然形「あら」に反実仮想の助動詞「まし」の付いた形から生じたかと推定され、本来は■①の意。動詞「あらます」(サ四)は、中世以降、「あらまし」を活用させたもの。

あらま・し【荒まし】(形シク){しから・しく・しかり・し・しき・しかる・しけれ・しかれ}❶波や風、また言動などが荒々しい。激しい。源氏 若紫「乳母めのとは、後ろめたなうわりなしと思へど、―・しう㊐(ウ音便)聞こえ騒ぐべきほどならねば、うち嘆きつつ居たり」訳 乳母は、気がかりで困ったことだと思うが、荒々しく(光源氏に)何か申し上げ騒ぎたててよい場合ではないので、ため息をついては座っている。

❷道がけわしい。源氏 宿木「ゆききのほど、―・しき㊍山道に侍れば」訳 往復の行程も、けわしい山道でございますので。

あら-まし【有らまし】事実に反することを仮に想像して、こうあったらなあと希望する気持ちを表す。(…であったらよかったのに。万葉 一二・二八六七「かくばかり恋ひむものぞと知らませばその夜よはゆたにあらまし㊍ものを」訳 これほど恋しくなるはずだと知っていたならば、あの夜、ゆっくりしていたらよかったのになあ。

なりたち ラ変動詞「有り」の未然形「あら」＋反実仮想

の助動詞「まし」

あらまし-ごと【あらまし事】(名)予期する事柄。こうあったらなあと希望する事柄。平家 三・足摺「僧都乗っては下りつ、下りては乗っつ、―をぞし給ひける」訳(俊寛)僧都は(船に)乗っては下りたり、下りては乗ったりして、こうありたいと思うこと(=自分も乗って行きたいというそぶり)をしなさった。

あらま・す(他サ四){さ・し・す・す・せ・せ}【名詞「あらまし」を活用させた語】予期する。期待する。徒然 一八八「行く末久しく―・す体ことども心にはかけながら」訳長い将来にわたって計画するいろいろなことを心にはかけながら。

あら-まほ・し ■一 あること、いることが望ましい。そうありたい。徒然 五二「少しのことにも、先達はあらまほしき体ことなり」訳ちょっとしたことにも、先達(=案内者)はあってほしいものである。⇩先達「名文解説」
なりたち ラ変動詞「有り」の未然形「あら」＋希望の助動詞「まほし」
■二 (形シク){しから・しく(しかり)・し・しき(しかる)・しけれ・しかれ}【■一が一語として用いられたもの】そうあることが望ましいと思われるような状態だ。好ましい。理想的だ。徒然 一「人は、かたち・ありさまのすぐれたらんこそ、―・しかる体べけれ」訳人は、容貌や容姿がすぐれているとしたらそのほうが、望ましいことであろう。文法「すぐれたらんこそ」の「ん」は、仮定・婉曲の助動詞。「こそ…べけれ」は、係り結び。名文解説 人は見た目ではない、とはいうものの、やはり「かたち・ありさま」もすぐれているほうが理想的である、というのである。貴族文化の伝統を重んじた兼好の、美しいものをよしとする価値観への深い共感がうかがわれる。

あらまほし-げ(形動ナリ){なら・なり(に)・なり・なる・なれ・なれ}【「げ」は接尾語】そうあってほしいようすだ。望ましいさまだ。枕 一本・二四「やむごとなう、おぼえあるこそ、法師も―・なる体わざなれ」訳重々しく、信望のあるのが、法師(として)も望ましいさまである生き方である。

あら-みたま【荒御魂】(名)荒々しい力を示す神霊。↔和御魂

あら-むず-らむ ―ン ズラン (…で)あるだろう。(…に)なるだろう。宇治 二・六「このことさも―・らん終、行きてみんと思ひて」訳このこと(=池から竜がのぼるという自分の作り話)が、(実際に)そのようにも起こるかもしれない、行ってみようと思って。→むず・らむ(助動)
なりたち ラ変動詞「有り」の未然形「あら」＋推量の助動詞「むず」の終止形「むず」＋推量の助動詞「らむ」

あら-め【荒布】(名)海藻の一種。食用になる。

あら-ゆる【所有】(連体)【ラ変動詞「有り」の未然形「あら」に、上代の自発の助動詞「ゆ」の連体形「ゆる」の付いたもの】世に存在する限りの。すべての。〔記〕上「葦原の中つ国に―うつしき青人草の」訳葦原の中つ国(=日本)に住むすべての生きている人民が。

あら-らか(形動ナリ){なら・なり(に)・なり・なる・なれ・なれ}【「らか」は接尾語】❶【荒らか】荒々しいさま。徒然 一〇六「『何といふぞ、非修非学の男』と―・に用いひて」訳「何というのだ、修行もせず、学問もしない男よ」と荒々しく言って。
❷【粗らか】粗悪なさま。また、大ざっぱだ。源氏 東屋「ただ、―・なる体東絹どもを、押しまろがして投げ出でつ」訳(常陸の介は)ただ、粗末な東国産の絹のいくつかを、無造作に丸めてほうり出した。

あら-る【在らる】存在することができる。生きていられる。徒然 一一「かくてもあられ用けるよと」訳こんなふうでも生活することができたのだなあと。
なりたち ラ変動詞「在り」の未然形「あら」＋可能の助動詞「る」

あられ【霰】(名)❶水蒸気が空中で凍って降る小さい氷のかたまり。あられ。冬。枕 二五〇「降るものは 雪。―」訳降るものでは、雪。あられ(が趣がある)。
❷「霰地」の略。

あられ-ぢ ―ジ【霰地】(名)織物などの模様の名。あられをかたどった小紋を織り出したもの。源氏 行幸「むらさきのしらきり見ゆる―の御小袿と」訳紫色の白っぽく見えるあられ模様の御小袿と。

あられ-ばしり【あられ走り】(名)(歌舞のあとに「よろづよ、あられ(=万年もあられよ)」とはやして走りながら退出することから)「踏歌②」の異称。〔紀〕持統「この日に、漢人ら―仕へ奉る(=催し申しあげる)」

あらわ【露・顕】⇩あらは

あらわす【現す・顕す・表す】⇩あらはす

あらわる【現る・顕る】⇩あらはる

新井白石（あらゐはくせき）アライハクセキ【人名】(一六五七〜一七二五)江戸中期の儒者・政治家。木下順庵の門下。名は君美、白石は号。江戸の人。徳川家宣に仕え、幕政に参与して功績が大きかった。著書に自伝「折たく柴の記」、史論書「読史余論」「古史通」のほか、「藩翰譜」「西洋紀聞」「采覧異言」など。

あら-をだ ―オダ【荒小田・新小田】(名)荒れたままにしてを入れていない田。一説に、新しく開いた田。新古 春上「―の去年の古跡の古よもぎ今は春べとひこばえにけり」訳荒れたままにして手を入れていない田の、去年茂っていたあたりに残る古よもぎが、今は春のころだと新しく芽が生え出たことだなあ。

あらをだを アラオダヲ【荒小田を】《枕詞》田をすき返す意から、「かへす」にかかる。新古 春上「―かへすがへすも」

あ・り【有り・在り】■一 (自ラ変) ❶存在する。(人が)いる。(物・事・所などが)ある。伊勢 五「昔、男―・り用けり。東の五条わたりにいと忍びて行きけり」訳昔、ある男がいたという。東五条のあたりにたいそう人目を忍んで通ったそうだ。⇩坐します「敬語ガイド」
❷**生きている**。無事でいる。伊勢 九「名にし負はばいざこと問はむ都鳥わが思ふ人は―・り終やなしやと」訳→なにしおはば…和歌
❸**住む。暮らす。生活する**。徒然 八九「連歌しける法師の、行願寺の辺に―・り用けるが」訳連歌をたしなんでいた法師で、行願寺の辺に住んでいた者が。文法「法師の」の「の」は、いわゆる同格の格助詞で、「…で」の意。
❹その場にいる。竹取 かぐや姫の昇天「望月の明かさを十合はせたるばかりにて、―・る体人の毛の穴さへ見ゆるほどなり」訳満月の明るさを十倍したぐらいで、その場にいる人の毛の穴までも見えるくらいである。
❺**過ごす**。時が経過する。源氏 帚木「さて、五六日―・り用てこの子ゐて参れり」訳それから、五、六日たって(紀伊の守が)この子(=小君)をつれて参上した。
❻(ことば・行為・美点などが)ある。言う。する。すぐれ

る。[徒然]二三五『夜なれば異様なりとも疾く』と―・り(用)しかば」[訳]「夜なので、変な服装であっても(よいから)はやく(おいでください)」と言ったので。[源氏]若紫「御供に声―・る(体)人して歌はせ給ふ」[訳](光源氏は)御供のうちで声のすぐれている人に命じて歌わせなさる。

❼(「世にあり」の形で)**栄える**。時めいて暮らす。[平家]一・文之沙汰「われ世に―・り(用)し時は、娘どもをば女御・后とこそ思ひしか」[訳]自分が世に栄えていたときには、娘らをば女御・后に(しよう)と思っていた。[文法]「思ひしか」の「しか」は、過去の助動詞「き」の已然形で、係助詞「こそ」の結び。

二(補動ラ変)❶(形容詞・形容動詞の連用形、副詞、および一部の助動詞の連用形に付いて)状態・存在の表現を助ける。[徒然]一〇五「有り明けの月さやかなれども、隈なくは―・ら(未)ぬに」[訳]夜明け方の残月がはっきりしているが、曇りなく照っているほどではないところに。[竹取]貴公子たちの求婚「かの家に行きてたたずみありきけれど、かひあるべくも―・ら(未)ず」[訳]あの(かぐや姫の)家に行って行きつ戻りつうろつくけれども、効果がありそうにもない。

❷(助詞「て」「つつ」の付いた語に付いて)動作・作用の存続の状態を表す。…いる。…ある。[竹取]かぐや姫の昇天「かくさし籠めて―・り(終)とも、かの国の人来ば、みな開きなむとす」[訳]このように閉じ込めていても、あの(月の)国の人が来たら、みなきっと開いてしまうことだろう。[文法]「開きなむ」の「な」は、助動詞「ぬ」の未然形で、ここは確述の用法。

❸(断定の助動詞「なり」「たり」の連用形「に」「と」に付いて)指定の意を表す。…である。[徒然]三八「伝へて聞き、学びて知るは、誠の智に―・ら(未)ず」[訳](人から)教わって聞き、(人から)学んで知ることは、ほんとうの知恵ではない。

❹(尊敬を含む名詞、また、「御出家」など尊敬の接頭語をもつ名詞に付いて)全体で尊敬の表現となる。お…になる。ご…になる。…なさる。[平家]灌頂・大原御幸「法皇これを御覧じて、『あれは何者ぞ』と御尋ね―・れ(已)ば」[訳](後白河)法皇はこれ(=二人の尼)をご覧になって、「あれは何者だ」とお尋ねなさるので。

活用

未然	連用	終止	連体	已然	命令
ら (ズ)	り (タリ)	り (○)	る (コト)	れ (ドモ)	れ (○)

[参考] (1) 二は、接続する際に係助詞「ぞ」「こそ」「は」「も」などの語を間に介することが多い。(2)「あり」の連体形「ある」に助動詞「なり」「べし」「めり」が付いた「あるなり」「あるべし」「あるめり」は、撥音便をおこして「あんなり」「あんべし」「あんめり」となり、さらに「ん」が表記されず、「あなり」「あべし」「あめり」と書かれるのがふつう。「あなり」「あべし」「あめり」と書かれてあっても、発音は「あンなり」「あンべし」「あンめり」であったと考えられる。助動詞「らし」が付く場合は、「あらし」となる。(3) ラ行変格活用の動詞には、「あり」「居り」「侍り」「います(そ)がり」がある。

あり-あけ【有り明け】(名)❶陰暦で十六日以後の、月がまだ空にあるままで、夜が明けようとするころ。[枕]七八「―のいみじう霧りわたりたる庭に」[訳]夜が明けようとするころのあたり一面にひどく霧が立ちこめている庭に。

❷夜が明けても空に残っている月。陰暦で、十六日以後の月。有り明け月。有り明けの月夜。[秋]。[古今]恋三「―のつれなく見えし別れより暁ばかり憂きものはなし」[訳]→ありあけの…[和歌]

❸「有り明け行灯」の略。

ありあけ-あんどん【有り明け行灯】(名)「ありあけあんど」とも。夜が明けるまでつけておく行灯。有り明け。

ありあけの… [和歌]《百人一首》

> 有り明けの　つれなく見えし　別れより
> 暁ばかり　憂きものはなし
> 〈古今・一三・恋三・六二五・壬生忠岑〉

[訳]あの人のつれない態度に落胆して別れた朝、有り明けの月が(夜明けだというのに)平然と空に残っていた、そのときから暁ぐらいつらいものはない。[文法]「ばかり」は、程度を表す副助詞で、「…ぐらい」の意。

[解説]「つれなく見えし」を月だけとみるか、月も女もとみるかで解釈が分かれる。前者だとすれば、愛をかわしたあと、立ち去りがたい気持ちで帰っていく自分にくらべて、夜明けだというのに、月は平然と空に残っているのが恨めしいという後朝の歌になる。「小倉百人一首」の撰者藤原定家は、このように理解していた。しかし「古今集」では、女のもとを訪ねたものの、逢えずに帰る歌を配列した部分にあり、女が冷淡な態度をとったために、むなしく帰らなければならなかったと考えるべきであろう。

ありあけ-の-つくよ【有り明けの月夜】(名)「ありあけ②」に同じ。

ありあけや… [俳句]

> 有り明けや(秋)　浅間の霧(秋)が　膳をはふ
> 〈七番日記・一茶〉

[訳]月がまだ残っている早朝、浅間の山裾を流れる霧が(早立ちの朝食の)膳のあたりにまで這うように流れ込んでくることだ。(有り明け・霧[秋]。切れ字は「や」)

[解説]江戸から信州の柏原(=一茶の郷里)へ向かう途中、軽井沢での句。

あり-あは・す【在り合はす】(自サ下二){せ・せ・す・する・すれ・せよ}❶ちょうどその場に居合わせる。たまたま行き合わせる。〔浮・武道伝来記〕「折節(=ちょうどその時)〔大殿の〕御前に、豊田隼人といふ大目付―・せ(用)」

❷ちょうどよくそこにある。持ち合わせる。〔浮・好色五人女〕「幸ひ遣ひ銀(=旅費)は―・す(終)」

あり-あ・ふ【在り合ふ】(自ハ四){は・ひ・ふ・ふ・へ・へ}❶ちょうどそこに居合わせる。[土佐]「いたれりし国にてぞ、子生める者ども―・へ(已)る」[訳](京へ帰る人々の中に)着任していた(土佐の)国で、子を生んだ者らが居合わせている。

❷出あう。行きあう。〔栄花〕はつはな「路の程などに、夜行の夜などもおのづから―・ふ(終)らむ」[訳]道の途中などで、百鬼夜行の夜などにもまれに行きあうだろう。

ありあり(-と)(副)❶ありのままに。あるがままに。また、もっともらしく。〔古事談〕「覚え悟らぬ事をも、さる事ーと言ひて」訳 よく知らないことをも、しかじかのこともっともらしく言って。

❷はっきりと。あきらかに。〔浄・平家女護島〕「正八幡大菩薩とーしるせし(=記した)源氏の白旗」

ありあり-て【在り在りて】❶生きながらえて。このまま引き続いて。万葉 三・三二三「ー後も逢はむと言のみを堅く言ひつつ逢ふとはなしに」訳 生きながらえて後でも逢おうとことばだけは固く約束しながらも、逢うということはなくて。

❷とどのつまり。結局。更級 子忍びの森「ーかく遥かなる国になりにたり」訳 結局このように(都から)遠い国(の国司)になってしまった。

なりたち ラ変動詞「在り」の連用形「あり」を重ねた「ありあり」＋接続助詞「て」

慣用表現 「結局」を表す表現

在り在りて・結句・然しながら・始終・所詮・詮ずる所・終に・とても・果ては

あり-う【在り得】(自ア下二)〔え・え・う・うる・うれ・えよ〕この世に存在することができる。居ることができる。万葉 一五・三六〇一「しましくも独りー・うる㊍ものにあれや島のむろの木離れてあるらむ」訳 しばらくでも一人で居ることができるものであろうか。(それで)島のむろの木は(あのように)離れているのだろう。

あり-か【在り処・在り所】(名)物のある所。人のいる所。源氏 夕顔「ーさだめぬ者にて、ここかしこたづねける程に」訳 (光源氏の家来の惟光は)居場所を定めない者なので、こちらあちらと探していた間に。

あり-かず【有り数】(名)人や物の存在する数。また、人がこの世に生きる年数。寿命。古今 賀「わたつうみの浜の真砂を数へつつ君が千歳のーにせむ」訳 大海の浜辺の砂を(一粒一粒)数え数えして、(その一粒一粒を)あなたの千年もの寿命としよう。

ありがた-げ【有り難げ】(形動ナリ)〔なら・なり(に)・なり・なる・なれ・なれ〕「げ」は接尾語〕めったにないほどすばらしいようす。珍しいさま。源氏 宿木「うつぶし給へる、髪のかかり髪ざしなど、なほいとー・なり㊉」訳 (中の君の)うつむいておいでになる、その髪の下がりぐあいや髪かたちなど、やはり実にめったにないほど美しいようすである。

あり-がた-し【有り難し】(形ク)〔から・く(かり)・し・き(かる)・けれ・かれ〕

語義パネル

●重点義　あることがむずかしい。

存在する意の「あり」についての「難し」が①で、めったにないことから、②④⑤に転じ、さらに近世以降の感謝したい気持ちだ、の意が生じる。一方、生存する意の「あり」についての「難し」が③。

❶めったにない。珍しい。
❷(めったにないほど)すぐれている。感心である。
❸生活しにくい。生きてゆくのがむずかしい。
❹むずかしい。困難だ。しにくい。
❺尊い。もったいない。

❶めったにない。珍しい。枕 七五「ー・き㊍もの　舅にほめらるる婿」訳 めったにないもの、舅からほめられる婿。

❷(めったにないほど)すぐれている。感心である。源氏 桐壺「后の宮の姫宮こそ、…ー・き㊍御かたち人になむ」訳 后の宮の姫宮(=藤壺)こそは、…すぐれたご容貌の美しい方で(ございます)。文法 係助詞「なむ」のあとに結びの語「侍る」などが省略されている。

❸生活しにくい。生きてゆくのがむずかしい。源氏 東屋「世の中はー・く㊐、むつかしげなるものかな」訳 世の中は生きてゆくのがつらく、わずらわしい感じがするものだなあ。

❹むずかしい。困難だ。しにくい。源氏 行幸「さるべきついでなくては対面もー・けれ㊇ば」訳 適当な機会がなくては(内大臣と)会うこともむずかしいので。

❺尊い。もったいない。平家 一二・泊瀬六代「昔もかかるためし多しといへども、ー・かり㊐しことどもなり」訳 (観音の恵み深い慈悲は)昔もこのような例が多いというけれども、もったいなかったことごとである。

類語パネル

●共通義　稀少ですぐれているさま。

ありがたし	めったにないさま。
めづらし	新鮮で心ひかれるさま。

あり-がほ【有り顔】(名・形動ナリ)❶そうでありそうな顔つき・ようす。源氏 竹河「うちしめりて思ふことーなり㊉」訳 (蔵人の少将は)物思いに沈んで、(いかにも)心配ごとがありそうなようすである。

❷本当であるかのような顔つき・ようす。〔栄花〕ころものたま「『いとうつくしうおはす』と、ー・に㊐聞こえなして」訳 (死産であったのを)「たいそうかわいくいらっしゃる」と、生きているかのようにとりつくろって申し上げて。

あり-がよ-ふ【あり通ふ】(自ハ四)〔は・ひ・ふ・ふ・へ・へ〕「あり」は継続の意〕通い続ける。万葉 一七・四〇〇二「行く水の絶ゆることなくー・ひ㊐見む」訳 流れゆく水のように、(私も)絶えることなく通い続けて(この山を仰ぎ)見よう。

ありき【歩き】(名)歩きまわること。外出。源氏 若紫「このすき者どもは、かかるーをのみして」訳 この好色な連中は、このような(忍びの)出歩きばかりをして。

ありき-ちが-ふ【歩き違ふ】(自ハ四)〔は・ひ・ふ・ふ・へ・へ〕行き来する。行きかう。蜻蛉 上「ー・ひ㊐騒ぐめり」訳 (脛を布で巻いた者たちが)行き来して騒ぐようだ。

あり・く【歩く】■(自カ四)〔か・き・く・く・け・け〕(人・動物などが)移動する。歩く。歩きまわる。歩行に限らず、乗り物による移動も表す。また、乗り物自体の移動も表す。竹取 竜の頸の玉「舟に乗りて海ごとにー・き㊐給ふに」訳 舟に乗ってあちこちの海を漕ぎまわりなさるうちに。枕 二三三「五月ばかりなどに山里にー・く㊍、いとをかし」訳 陰暦五月のころなどに、山里を(牛車に)乗ってまわるのは、たいそう風情がある。

■(補動カ四)(動詞の連用形の下に付く場合)→次項「=ありく」参照

ありく【歩く】(補動カ四)〔か・き・く・く・け・け〕(動詞の連用形

の下に付いて)❶「…てまわる」「あちこちで…する」の意を表す。方丈 二「よろしき姿したる者、ひたすらに家ごとに乞ひー・く(終)」訳 まあまあの(身分らしい)身なりをした者が、ただただ(ひもじさのあまり)家ごとに物乞いをしてまわる。平家 一一・能登殿最期「たがひに目を見かはして泳ぎー・き(用)給ふ程に」訳 互いに目を見あって泳ぎまわりなさるうちに。

【例語】憧れ歩く・歩み歩く・言ひ歩く・為し歩く・好き歩く・佇み歩く・突き歩く・飛び歩く・走り歩く・這ひ歩く・紛れ歩く・惑ひ歩く・揺るぎ歩く

❷「(あれこれ)…続ける」意を表す。…て過ごす。…て月日を送る。源氏 総角「中納言殿聞き給ひて、あいなく物を思ひー・き(用)給ふ」訳 中納言殿(=薫)は(縁談のことを)お聞きになって、困ったことだとあれこれ物を思い続けなさる。

【例語】為し歩く

「ありく」と「あゆむ」

図解学習

「ありく」は中古になって用いられるようになった語で、広くあちこちを巡って移動する意を表す。足で一歩一歩移動する意を表すのは「あゆむ」である。なお、上代には、移動一般に「あるく」が用いられ、歩行の意の「あゆむ」とは使い分けられている。

あゆむ　ありく

あり・く【在り来】(自カ変){こ・き・く・くる・くれ・こ(こよ)}同じ状態が続く。万葉 一七・四〇〇三「白栲に雪は降り置きて古ゆー・き(用)にければ」訳 真っ白に雪は降り積もって、昔から変わらずに時を経てきてしまったので。

あり・げ【有りげ・在りげ】(形動ナリ){なら・なり(に)・なり・なる・なれ・なれ}いかにもありそうなようすである。ありそうに見える。源氏 桐壺「聞こえまほしげなることはー・なれ(已)ど、いと苦しげにたゆげなれば」訳 (桐壺の更衣は桐壺帝に対して)申し上げたそうな事柄は(まだまだ)ありそうなようすであるが、たいそう苦しそうでだるそうなので。

あり・ける【有りける】(連体)〔ラ変動詞「有り」の連用形「あり」に過去の助動詞「けり」の連体形「ける」が付いたもの〕前からいた。例の。以前の。さっきの。土佐「ー女童なむ、この歌をよめる」訳 例の女の子が、この歌を詠んだ。

あり・こす【有りこす】そうあってほしいと思う。万葉 二・一一九「吉野川行く瀬の早みしましくも淀むことなくありこせ(未)ぬかも」訳 吉野川の流れが速い所のように、(二人の仲も)少しの間もとどこおることなくあってくれないかなあ。(第二句までが第三・四句を導きだす序詞)

なりたち ラ変動詞「有り」の連用形「あり」+上代の、他に対する希望の助動詞「こす」

あり・さま【有り様】(名)❶ようす。状態。土佐「月明かければ、いとよくー見ゆ」訳 月が明るいので、たいそうよく(邸内の)ようすが見える。❷容姿。態度。ふるまい。また、身分。境遇。徒然 一「人は、かたち・ーのすぐれたらんこそ、あらまほしかるべけれ」訳 人は、容貌や容姿がすぐれているとしたらそのほうが、望ましいことであろう。⇩あらまほし「名文解説」

類語パネル

ありさま	事物のようすや状態を表す。人については容姿・態度をいう。
かたち	物の形状・輪郭を表す。人については容貌・顔だちをいう。
すがた	服装を含む人の外見的・全体的なようすや印象を表す。また、事物の風情や趣をいう。

あり・さ・る(自ラ四){ら・り・る・る・れ・れ}〔「あり」は継続して存在する意、「さる」は物事が移動・推移する意〕生きながらえる。このまま時が経つ。万葉 一七・三九三三「ー・り(用)て後も逢はむと思へこそ露の命も継ぎつつ渡れ」訳 このまま時を過ごして、将来お逢いしたいと思うからこそ、露のようにはかない命もつなぎ続けて年月を送っているのだ。

あり・し【有りし・在りし】(連体)〔ラ変動詞「有り」の連用形「あり」に過去の助動詞「き」の連体形「し」が付いたもの〕(過去にあったの意から)もとの。昔の。前世の。生前の。源氏 夕顔「ー雨夜の品定めののち」訳 以前の雨の夜の(女性についての)品評以来。→有りつる

参考

あり・し・よ【在りし世】❶生前。新古 哀傷「ーにしばしも見ではなかりしを」訳 (能因法師が)生きていた時には、しばらくでも会わないでいることはなかったのに。❷昔。以前。特に、かつてある地位にいて栄えていたころ。源氏 絵合「限りなくあはれと思すにぞ、ーをとり返さまほしく思ほしける」訳 (朱雀院は返歌をご覧になり、)このうえなくしみじみ趣深いとお思いになるにつけ、かつての在位の御世を取り戻したいとお思いになった。
⇩古「慣用表現」

なりたち 連体詞「ありし」+名詞「世」

あり・そ【荒磯】(名)〔「あらいそ」の転〕岩の多い、荒波の寄せる海岸。万葉 二・一三一「和多津のーの上にか青く生ふる玉藻沖つ藻」訳 →いはみのうみ… 和歌

ありそ・うみ【荒磯海】(名)岩が多く、波の荒い海。

ありそ・なみ【荒磯波】《枕詞》同音のくり返しから「あり」にかかる。万葉 一三・三二五三「ーありても見むと」

有磯の海(ありそのうみ)『地名』歌枕 今の富山県高岡市から氷見市に至る近海の古名。「ありそうみ」とも。

あり・そ・む【有り初む】(自マ下二){め・め・む・むる・むれ・めよ}存在しはじめる。居はじめる。源氏 浮舟「わが心もてー・め(用)しことならねども、心憂き宿世かな」訳 (匂宮との関係は)自分(=浮舟)の気持ちによって生じはじめたことではないが、情けない宿命であることよ。

あり・た・つ【あり立つ】(自タ四){た・ち・つ・つ・て・て}❶ずっと立ち続ける。変わらず立つ。万葉 一・五二「埴安の堤の上にー・た(未)し見し給へば」訳 埴安の池の堤の上にいつもお立ちになってご覧になると。

❷いつも出かける。〔記〕上「麗し女を有りと聞こしてさ婚ひに—・た(未)し」[訳] うるわしい女性がいるとお聞きになって、求婚にくり返しお出かけになり。

ありつき-がほ【有り付き顔】(名・形動ナリ)落ち着いた顔つき。ものなれたようす。[更級] 宮仕へ「〔宮仕えに〕なれたる人は、こよなく(=このうえなく)、何事につけても—・に(用)」

あり-つ・く【在り付く】(自カ四){か・き・く・く・け・け}❶住みつく。落ち着く。[今昔] 二六・三「夫など儲けて—・き(用)て過ぐしけり」[訳] 夫などを持って落ち着いて過ごしたそうだ。❷そういう身分に生まれつく。[源氏] 蓬生「もとより—・き(用)たるさやうの並々の人は」[訳] もともとそういう身分に生まれついている、そのような平凡な身分の人は。❸似合う。[源氏] 手習「古代の心どもには—・か(未)ず、今めきつつ」[訳] (尼たちが)種々の古風な考えには似合わず、現代風にふるまっては。❹暮らしを立てる。[今昔] 二七・二四「年ごろ身貧しくして、世に—・く(体)方もなかりけるほどに」[訳] 長年身が貧しくて、世の中で生活していく方法もなかったころに。
[参考] 中世後期から、他動詞下二段の例もみえる。

あり-つる【有りつる・在りつる】(連体)〔ラ変動詞「有り」の連用形「あり」に完了の助動詞「つ」の連体形「つる」が付いたもの〕さっきの。先刻の。[枕] 二五「—文、立て文をも結びたるをも、いときたなげにとりなしふくだめて」[訳] 先刻の(持たせてやった)手紙を、(それが)正式の書状にしろ(略式の)結び文にしろ、ひどくきたならしく扱ってけばだたせて。
[参考]「ありつる」は比較的近い過去にあったことをいい、「ありし」は、遠い過去にあったことをいう。→有りし

あり-てい【有り体】(名)❶ありのまま。〔伎・切られ与三〕「緩めてやるから、—に言へ言へ」❷ありきたり。〔浮・西鶴置土産〕「『ばばさま、ここを通ります』と、—の礼儀(=挨拶)をのべて」

あり-と-ある【有りと有る】〔「ある」を強めた言い方〕あらんかぎりの。すべての。[竹取] 竜の頸の玉「わが家に—人召し集めてのたまはく」[訳] 自分の家に(仕える)すべての人をお呼び集めになっておっしゃることには。
[なりたち] ラ変動詞「有り」の連用形「あり」＋格助詞「と」＋ラ変動詞「有り」の連体形「ある」

あり-どころ【在り処・在り所】(名)物のあり場所。人の居場所。[伊勢] 四「—は聞けど、人の行き通ふべき所にもあらざりければ」[訳] (その人の)居場所は(人づてに)聞くが、(そこはふつうの身分の)人が行き来することのできそうな所でもなかったので。

あり-と-し-ある【有りとし有る】〔「ありとある」をさらに強めた言い方〕あらんかぎりの。すべての。[方丈] 二「—人は皆浮き雲の思ひをなせり」[訳] あらんかぎりの人はみな不安定な思いをしている。
[なりたち] ラ変動詞「有り」の連用形「あり」＋格助詞「と」＋強意の副助詞「し」＋ラ変動詞「有り」の連体形「ある」

あり-なし【有り無し】㊀(名)あるかないか。生きているかいないか。[今昔] 二四・五〇「すべて本の妻の—をも知らざりければ」[訳] (男は)まったくもとの妻が無事でいるかどうかをも知らなかったので。
㊁(形動ナリ){なら・なり(に)・なり・なる・なれ・なれ}❶あるかないかわからないほどかすかなようす。〔浮・好色五人女〕「雨戸のすきまより月の光も—・に(用)静かなるをりふし」[訳] 雨戸のすきまから(射し込む)月の光もあるかないかわからないほどかすかで静かな時。❷あるかないかわからないほど軽く扱うようす。〔浮・好色一代女〕「殿様我を—・に(用)あそばし」[訳] 殿様は私をあるかないかわからないほど軽く扱いなさり。

あり-なみ【有りなみ】(名・自サ変)〔「あり否み」の転か〕拒み続けること。一説に男女あい並ぶこと、または、し続けることの意とも。[万葉] 一三・三三〇〇「言ひづらひ—・すれ(已)ど」[訳] あれこれ言って否定し続けるけれど。

あり-な-む【有りなむ・在りなむ】❶推量・予測の意を表す。きっとあるだろう。あるにちがいない。[古今] 春下「春ごとに花の盛りは—・め(已)どあひ見むことは命なりけり」[訳] 春がくるたびに花の盛りはきっとあるだろうけれども、(それと)対面することは命あってのことなのだなあ。❷可能・容認の意を表す。(…であっても)よいだろう。[徒然] 一二一「家ごとにあるものなれば、ことさらに求め飼はずとも—・ん(終)」[訳] (犬は)どの家にもいるものだから、わざわざ手に入れて飼わなくてもよいだろう。
[なりたち] ラ変動詞「有り」の連用形「あり」＋完了(確述)の助動詞「ぬ」の未然形「な」＋推量の助動詞「む」

あり-にく・し【在りにくし】(形ク){から・く(かり)・し・き(かる)・けれ・かれ}〔「にくし」は接尾語〕生きていくのが難しい。住みにくい。[方丈] 二「すべて、世の中の—・く(用)、わが身と栖との、はかなく、あだなるさま、またかくのごとし」[訳] すべて、世の中が住みにくく、わが身と住居とが、頼りなく、かりそめなものであるようすは、やはりこの(地震に見る)とおりだ。

あり-ぬ-べし【有りぬべし・在りぬべし】きっとあるだろう。あるにちがいない。あるはずだ。[徒然] 一二「まめやかの心の友には、はるかにへだたる所の—・べき(体)ぞ、わびしきや」[訳] (自分と気持ちのぴったりしない友は)真の心の友よりは、はるかにかけ離れたところがあるにちがいないのが、やりきれないことであるよ。→ぬべし
[なりたち] ラ変動詞「有り」の連用形「あり」＋完了(確述)の助動詞「ぬ」の終止形「ぬ」＋推量の助動詞「べし」

あり-の-ことごと【有りの悉】あるかぎり。ありったけ。[万葉] 五・八九二「布肩衣—着そへども」[訳] →かぜまじり…[和歌]

あり-の-すさび【有りのすさび】あることに慣れて、それをなんとも思わないこと。「ありのすさみ」とも。〔古今和歌六帖〕「あるときは—に語らはで恋しきものと別れてぞ知る」[訳] 生きているときにはいることに慣れて、それをなんとも思わずに語り合わないでいて、恋しいものだと死別してから知ることだ。

あり-の-すさみ【有りのすさみ】「ありのすさび」に同じ。

あり-の-み【有りの実】(名)梨の実をいう。[秋]
[参考]「梨」が「無し」に通じるのを嫌って言ったもの。

ありのみち…[俳句]

蟻の道　雲の峰より　つづきけん　〈おらが春・一茶〉　夏

訳（炎天下に）ひと筋の長い蟻の列。この列は（ずっとどこまでもさかのぼると）、あの遠くにわきあがっている入道雲の峰のあたりから続いてきたのだろうか。（雲の峰夏）。切れ字は「けん」。文法「けん」は、過去推量の助動詞。

あり‐は・つ【在り果つ】（自タ下二）{て・て・つ・つる・つれ・てよ} ❶いつまでも生きながらえる。〔和泉式部日記〕「なほ世の中に**―・つ**終まじきにや」訳やはりこの世の中にいつまでも生きながらえることができないのだろうか。
❷いつまでもその状態である。更級 宮仕へ「まめまめしく過ぐすとならば、さても**―・て**未ず」訳実直に日を送るというなら（それはそれでいいのに）、そういうふうにもいつまでもそのままではいないで。

在原業平（ありはらのなりひら）アリワラノナリヒラ『人名』（八二五～八八〇）平安初期の歌人。六歌仙・三十六歌仙の一人。平城天皇の皇子阿保親王の第五子。右馬の頭・右近衛の権の中将となる。世に在五中将と呼ばれた。情熱的な歌風で、家集に「業平集」がある。「伊勢物語」は、彼の歌を中核とした歌物語の傑作。「小倉百人一首」に入集。

在原行平（ありはらのゆきひら）アリワラノユキヒラ『人名』（八一八～八九三）平安初期の歌人。平城天皇の皇子阿保親王の第二子。業平の兄。在原の姓を賜り、在原氏の子弟教育のために奨学院を建てた。「在民部卿家歌合」は行平が民部卿のとき行われた現存最古の歌合わせ。「小倉百人一首」に入集。

あり・ふ【在り経】（自ハ下二）{へ・へ・ふ・ふる・ふれ・へよ}生き長らえる。年月を過ごす。新古 恋三「何となくさすがに惜しき命かな**―・へ**未ば人や思ひ知るとて」訳なんとなく、（諦めていても）やはり惜しい命であるなあ。生き長らえていたら、（つれない）あの人が（私の思いを）わかってくれるかと思って。

有間（ありま）『地名』「有馬」とも書く〕今の兵庫県神戸市北区有馬町。平安時代から名高い温泉地。

有間皇子（ありまのみこ）『人名』（六四〇～六五八）孝徳天皇の皇子。斉明天皇四年（六五八）、謀反を図ったが裏切られ、藤白の坂（＝和歌山県海南市）で処刑された。護送の途次の歌二首が「万葉集」に残されている。

有間山（ありまやま）『地名』歌枕〔「有馬山」とも書く〕今の兵庫県、有間温泉付近の山々の総称。

ありまやま… 和歌《百人一首》

有馬山　猪名の笹原　風吹けば（序詞）
いでそよ人を　忘れやはする
〔そよそよ〕〔それですよ〕
〈後拾遺・一三・恋二・七〇九・大弐三位〉

訳 有馬山に近い猪名の笹原に風が吹くと、（そよそよと笹の葉が鳴る、その音のように）そう、「そよ（＝それですよ）」、（忘れたのはあなたのほうであって、私が）あなたを忘れましょうか（いや、忘れはしません）。修辞 第三句までが「そよ」を導きだす序詞。「有馬山」「猪名」は歌枕。「そよ」は、笹の葉ずれの音「そよそよ」と、「そよ（＝それですよ）」との掛詞。文法「やはする」の「やは」は、反語の係助詞。「するは、サ変動詞で、「やは」の結びで連体形。解説 詞書に、足の遠のいた男が、「私を忘れているのではないかと気がかりです」と調子のいいことを言ったときに詠んだ歌だとある。この男のことばを受けて「そよ（＝それですよ）」と鋭く切り返した。

あり‐めぐ・る【在り巡る】（自ラ四）{ら・り・る・る・れ・れ} ❶あちらこちらと巡り歩く。巡り続ける。万葉 二〇・四四〇八「海原の畏き道を島伝ひい漕ぎ渡りて**―・り**用わが来るまでに」訳海原の恐ろしい道を島伝いに漕ぎ渡って、巡り巡って私が帰って来るまでに。
❷生き続ける。生き長らえる。〔栄花〕はつはな「世に従ひ、物覚えぬ追従をなし、名簿うちしなどせば、世に片時**―・ら**未せじとす」訳世間に従い、心にもない追従をし、名札を送って臣下になるなどするなら、この世に片時も生き長らえさせまいと思う。

あり‐も‐つか‐ず【在りも付かず】落ち着かない。住みなれない。更級 梅の立枝「**―・ず**用、いみじうもの騒がしけれども」訳（帰京したばかりで）落ち着かず、（家の内が）ひどく騒がしいけれど。
なりたち ラ変動詞「在り」の連用形「あり」＋係助詞「も」＋四段動詞「付く」の未然形「つか」＋打消の助動詞「ず」

あり‐やうヨウ【有り様】（名）❶ありさま。ようす。方丈 三「仮の庵の**―**、かくのごとし」訳かりそめの草庵のようすは、このようである。
❷ありのまま。本当のこと。〔狂・佐渡狐〕「**―**（＝本当のところ）は、狐は居りませぬ」

あり‐や‐なし‐や【有りや無しや】生きているかいないか。無事でいるかどうか。伊勢 九「名にし負はばいざこと問はむ都鳥わが思ふ人は**―**と」訳→なにしおはば…和歌
なりたち ラ変動詞「有り」の終止形「あり」＋終助詞「や」＋形容詞「無し」の終止形「なし」＋終助詞「や」

発展 **生死を意味する「あり」「なし」**

「伊勢物語」の「わが思ふ人はありやなしやと」の「ありやなしや」は、「生存しているか死亡しているか」の意味である。「あり」「なし」には、そうした意味があるので、「ありのすさび」は「生きているのに慣れて疎かにする気持ち」、「なき数に入る」は「死者の仲間に入る」、「あるかなきか」は「生死が不明であるほど衰弱した状態」を意味する。

あり‐わた・る【在り渡る】（自ラ四）{ら・り・る・る・れ・れ}ずっとそのままの状態で過ごす。大和 一二六「歳月かくて**―・り**用けるを、純友が騒ぎにあひて」訳長い間このようにしてずっと過ごしてきたが、（藤原）純友の乱にあって。

あり‐わ・ぶ【在り侘ぶ】（自バ上二）{び・び・ぶ・ぶる・ぶれ・びよ}〔「わぶ」は苦痛に思う意〕❶いづらくなる。住みにくくなる。伊勢 七「京に**―・び**用て、東国に行きけるに」訳（男が）京都にいづらくなって、東国へ行ったときに。
❷生きるのがつらくなる。長らえにくく思う。徒然 二四〇「世に**―・ぶる**体女の」訳この世に生きづらく思う女が。

あ・る【生る】（自ラ下二）{れ・れ・る・るる・るれ・れよ}《上代語》（神々や天皇など神聖なものが）生まれる。出現する。万葉 三・三七九「ひさかたの天の原より**―・れ**用来る神の命」

［訳］天上の世界から生まれてきた祖先の神よ。(「ひさかたの」は「天」にかかる枕詞)

あ・る【荒る】(自ラ下二){れ・れ・る・るる・るれ・れよ}❶(天気や波風が)荒れさわぐ。あばれる。［万葉］七・一三〇九「風吹きて海は―・る(終)とも」［訳］風が吹いて海は荒れさわいでも。❷(建物や人の心が)荒廃する。すさむ。［徒然］三二「―・れ(用)たる庭の露しげきに」［訳］荒れ果てている庭で露がいっぱいおりているところに。❸興ざめがする。しらける。［平家］五・文覚被流「御遊もはや―・れ(用)にけり」［訳］管弦のお遊びはもうしらけてしまった。

あ・る【散る】(自ラ下二){れ・れ・る・るる・るれ・れよ}遠のく。離散する。［竹取］燕の子安貝「二十人の人の上りて侍れば、―・れ(用)て寄りまうで来ず」［訳］(足場に)二十人の人が上っていますので、(つばめは)遠のいて寄ってまいりません。

ある【或】(連体)〔ラ変動詞「有り」の連体形「ある」から〕不確定の人や物や所を漠然とさす語。ある。［土佐］「―人、あがたの四年五年果てて」［訳］ある人が、国司としての地方勤務の四年、五年が終わって。

ある-い-は【或いは】㊀(多く「あるいは…、あるいは…」の形で)ある時は。あるものは。［方丈］一「―去年焼けて、今年作れり。―大家亡びて小家となる」［訳］あるもの(＝家)は、去年焼失して、今年(新しく)作っている。あるものは、大きな家が没落して小さな家となる。

［なりたち］ラ変動詞「有り」の連体形「ある」＋間投助詞「い」＋係助詞「は」

㊁(接)〔ラ変動詞「有り」の連体形「ある」に間投助詞「い」、係助詞「は」の付いたもの〕または。もしくは。［徒然］六六「枝の長さ七尺―(＝または)六尺〔で〕」

［参考］漢文訓読文に多く、和文では「あるは」が多い。「あるひは」と表記するのは中世以降の誤り。

ある-かぎり【有る限り】❶そこにあるだけすべて。ありったけ。全部。全員。［更級］かどで「物語の多く候ふなる、―見せ給へ」［訳］(都には)物語が多くありますと聞いている、(それを)全部見せてください。❷生きている間。［蜻蛉］上「女親といふ人―はありけるを」［訳］母親という人が生きている間はどうにか過ごしていたのに。

ある-が-なか-に【有るが中に】多くの中で特に。とりわけ。［伊勢］四四「この歌は―おもしろければ、心とどめて詠まず」［訳］この歌は(多くの歌の中で)とりわけおもしろいので、心にとめて(口に出しては)詠まず。

［なりたち］ラ変動詞「有り」の連体形「ある」＋格助詞「が」＋名詞「中」＋格助詞「に」

ある-か-なき-か【有るか無きか】❶あるかないかわからないほどささやかなさま。ひそやかなさま。［枕］一二九「ただ―に聞きつけたるきりぎりすの声」［訳］ほんのあるかないかの程度に聞きつけたこおろぎの声(は、趣がある)。❷生きているのかいないのかわからないほど衰弱しきったさま。［源氏］桐壺「―に消え入りつつものし給ふを御覧ずるに」［訳］(桐壺の更衣が)生きているのかいないのかわからないほどに意識を失い失いしていらっしゃるのを(桐壺帝は)ご覧になると。

［なりたち］ラ変動詞「有り」の連体形「ある」＋係助詞「か」＋形容詞「無し」の連体形「なき」＋係助詞「か」

あるき【歩き】(名)❶歩きまわること。あちこち動くこと。［土佐］「海賊は夜―せざなりと聞きて」［訳］海賊は夜動きまわることをしないそうだと聞いて。❷江戸時代、村の庄屋などの使い走りをする者。

あるじ ㊀【主・主人】(名)主人。一家の長。主君。〔拾遺〕雑春「東風吹かば匂ひおこせよ梅の花―なしとて春を忘るな」［訳］→こちふかば…［和歌］

㊁【饗】(名・自サ変)主人として人をもてなすこと。饗応。ごちそう。［枕］二五「すさまじきもの　…方違へに行きたるに、―・せ(未)ぬ所」［訳］興ざめなもの、…方違えに出かけて行ったところ、もてなしをしない家。

発展「主」と「饗」

主人である「主」が、客をもてなすことを「饗」と呼び、この二つは語源が同じだった。例えば、「土佐日記」の「この人の家、よろこべるやうにて、①あるじしたり。この②あるじの、また③あるじのよきをみるに、うたておもほゆ」の場合、①は「ごちそうする」の意味の動詞、②は「主人」の意味の名詞、③は「もてなし」の意味の名詞である。

あるじ-が・る【主がる】(自ラ四){ら・り・る・る・れ・れ}〔「がる」は接尾語〕主人ぶる。主人らしくふるまう。［源氏］蜻蛉「常陸の守来て、―・り(用)居るなむ、あやしと人々見ける」［訳］常陸の介が来て、主人ぶっているのを、見苦しいと人々は見るのであった。

あるじ-ぶり【主ぶり・饗応】(名)客のもてなし方。饗応ぶり。〔雨月〕菊花の約「賢弟が信ある―をなどいなむべきことわりやあらん」［訳］賢弟の心のこもったもてなしをどうして拒まなければならない理由があろうか(いや、拒む理由はない)。

あるじ-まうけ【饗設け】(名・自サ変)主人として客をもてなすこと。ごちそう。［伊勢］一〇一「藤原良近といふをなむ、まらうどざねにて、その日は―・し(用)たりける」［訳］藤原良近という人を正客として、その日はもてなしの宴をしたのだった。

ある-ぞ-かし【有るぞかし】(強く念をおし、断定する気持ちをこめて)…あるのだよ。［徒然］七「かげろふの夕べを待ち、夏の蟬の春秋を知らぬも―」［訳］(朝生まれた)かげろうが夕方を待って(死に)、夏の蟬が春や秋を知らない(で死ぬという)こともあるのだよ。(「待ち」を対偶否定法とみて、「待たないで死に」ととる説もある)。⇩蜻蛉

［なりたち］ラ変動詞「有り」の連体形「ある」＋係助詞「ぞ」＋終助詞「かし」

「名文解説」。→ぞかし

ある-に-も-あら-ず【有るにもあらず】❶生きていても生きていないのと同じだ。はかない。［伊勢］六五「さりともと思ふらむこそ悲しけれ―・ぬ(体)身を知らずして」［訳］そうであっても(＝今は逢えなくても)(そのうちに逢えるかもしれない)と(あの人は)思っているだろう、それが悲しいことだ。(蔵に閉じ込められて)生きているともいえないような(私の)身の上のことも知らないで。❷(正気を失って)生きている心地がしない。無我夢中である。〔十訓〕一「おのおの心も失ひて、―・ぬ(体)けしきなるに」［訳］(女房たちは)それぞれ(みな)気も遠くなって、生き

ている心地もしないようすであるのに。⇩我かの気色「慣用表現」

ある-は【或は】㊀（多く「あるは…、あるは…」の形で）あるものは。ある時は。平家 八・鼓判官「—馬をすてて、はふはふ逃ぐる者もあり、—うち殺さるるもありけり」訳ある者は馬を捨てて、ほうほうのていで逃げる者もあり、（また）ある者は打ち殺される者もあった。

なりたち ラ変動詞「有り」の連体形「ある」＋係助詞「は」

㊁（接）〔ラ変動詞「有り」の連体形「ある」に係助詞「は」の付いたもの〕または。もしくは。細道 草加「ゆかた・雨具・墨筆のたぐひ、—さりがたき餞などしたるは、さすがにうち捨てがたくて」訳ゆかた・雨具・墨や筆の類、または辞退しにくい餞別などを（私＝芭蕉に）した品々は、やはり捨てがたいので。（→或いは 参考）

ある-べう-も-な・し【有るべうもなし】とんでもない。もってのほかだ。平家 八・猫間「木曽は、官加階したる者の、直垂で出仕せんこと—・かり(用)けりとて」訳木曽（義仲）は、官位の進んだ者が、直垂で（御所へ）勤めに出ることはとんでもないことだと言って。

なりたち ラ変動詞「有り」の連体形「ある」＋適当・当然の助動詞「べし」の連用形「べく」＋係助詞「も」＋補助形容詞「なし」＝「あるべくもなし」のウ音便

ある-べか・し【有るべかし】（形シク）〔ラ変動詞「有り」の連体形「ある」に適当・当然の助動詞「べかし」の付いたもの〕そうあるのがよい。ふさわしい。理想的だ。源氏 行幸「人がら花やかに—・しき(体)十余人集ひ給へれば」訳人品がきわだっていて理想的な人が十人あまりお集まりになったので。

ある-べき【有るべき】❶適当な。それ相応の。大鏡 道長上「おほやけざまの公事作法ばかりには、—ほどにふるまひ」訳宮中における公式の行事や儀式だけには、分相応のようすにふるまい。

❷当然しなければならない。源氏 玉鬘「右近に、—ことのたまはせて」訳（光源氏は）右近に、（玉鬘に対して）当然しなければならないことを仰せになって。

なりたち ラ変動詞「有り」の連体形「ある」＋適当・当然の助動詞「べし」の連体形「べき」

ある-べき-かぎり【有るべき限り】できるかぎり。十二分に。このうえもなく。源氏 若菜上「—気高う恥づかしげに整ひたるに添ひて」訳（紫の上は）このうえもなく気品が高く（見る人が）恥ずかしくなるほどに整っているのに加えて。

なりたち ラ変動詞「有り」の連体形「ある」＋可能の助動詞「べし」の連体形「べき」＋名詞「限り」

ある-まじ【有るまじ】❶あるはずがない。ないだろう。徒然 一二「世のはかなきことも、うらなく言ひ慰まんこそうれしかるべきに、さる人あるまじけれ(已)ば」訳ちょっとした世間話も、隔てなく語って心が晴れるならば、それはうれしいだろうに、そういう（気の合った）人はあるはずがないので。

❷あってはならない。とんでもない。源氏 桐壺「かかる折にも、あるまじき(体)恥もこそと心づかひして」訳こうした時（＝自分の病気が重篤で宮中から退出する時）にも、あってはならない不面目なことが起こると（桐壺の更衣は）心配りをして。

❸生きていられそうにない。竹取 仏の御石の鉢「この女見では、世にあるまじき(体)心地のしければ」訳この女（＝かぐや姫）と結婚しなくては、この世に生きていられそうにない気持ちがしたので。

なりたち ラ変動詞「有り」の連体形「ある」＋打消推量の助動詞「まじ」

あるみ【荒海】（名）〔「あらうみ」の転〕「あらうみ」に同じ。万葉 七・一二六六「大船を—に漕ぎ出で」

ある-やう【有る様】❶ありさま。ようす。更級 かどで「その物語、かの物語、光源氏の—など、ところどころ語るを聞くに」訳その物語やあの物語、（とりわけ）光源氏の（物語の）ありさまなど、ところどころを（姉や継母などが）話すのを聞くと。

❷わけ。事情。宇治 三・一「せめて物のおそろしかりければ、『—あらん。こよひは入らじ』とて、帰りにけり」訳（盗人の一味は）非常に気味が悪かったので、「事情があるのだろう。今夜は入るまい」と言って、帰ってしまった。

あれ【吾・我】（代）自称の人代名詞。私。万葉 五・八九二「—をおきて人はあらじと誇ろへど」訳→かぜまじり…

和歌

参考 中古以降は「われ」が用いられ、「あれ」は慣用的に用いられるだけになった。

あれ【彼】（代）❶遠称の代名詞。遠い位置の人・事物・場所・時をさす。あの人。あれ。あそこ。あの時。また、少し離れた場所をさすこともある。平家 九・木曽最期「—に見え候ふ、粟津の松原と申す」訳あそこに見えますのが、粟津の松原と申します。

❷対称の人代名詞。あなた。宇治 一・一「人のけはひのしければ、『—はたれぞ』と問ひければ」訳人の気配がしたので、「あなたはだれだ」と尋ねたところ。

あれ-か-に-も-あら-ず【吾かにもあらず】〔あれ（＝自分）か人（＝他人）かの区別がつかないの意〕夢のような気持ちである。ぼうぜんとしている。更級 宮仕へ「立ち出づるほどの心地、—・ず(用)、現ともおぼえで」訳（宮中に）出仕するときの気持ちは、夢のような状態で、現実のこととも思われなくて。⇩我かの気色「慣用表現」

なりたち 代名詞「吾」＋係助詞「か」＋断定の助動詞「なり」の連用形「に」＋係助詞「も」＋ラ変補助動詞「あり」の未然形「あら」＋打消の助動詞「ず」

あれ-か-ひと-か【吾か人か】〔自分か他人かの意〕自分が自分であるような気がしないようす。ぼうぜんとするようす。蜻蛉 中「心地はあきれて、—にてあれば」訳（私の）気持ちはあきれて、ぼうぜんとした状態でいると。⇩我かの気色「慣用表現」

あれ-てい【彼体】（名）対象を卑しめていう語。あのような状態。あの程度。あれくらい。あれしき。〔風姿花伝〕「我は—に悪き所をばすまじきものをと」訳自分はあのように悪いところ（＝下手な芸）をするはずがないものをと。

あれ-ど（「…はあれど」の形で）…はともかく。…はさておき。万葉 二・九三「君が名は—わが名し惜しも」訳あなたの浮き名(が立つの)はともかく、私の名が惜しいことよ。 なりたち ラ変動詞「有り」の已然形「あれ」＋接続助詞「ど」

あれ-に-も-あら-ず【吾にもあらず】〔自分が自分でないような気持ちだの意〕われを忘れている。無我夢中である。 枕 一八四「ただいそがしに出だしたつれば、―・ぬ体心地すれど」 訳 (部屋の女房が)ひたすらせきたてて出仕させるので、無我夢中の気持ちがするけれども。 ⇩我かの気色「慣用表現」

なりたち 代名詞「吾」＋断定の助動詞「なり」の連用形「に」＋係助詞「も」＋ラ変補助動詞「あり」の未然形「あら」＋打消の助動詞「ず」

あれ-は-た-そ-どき【彼は誰そ時】(名)「あれはたれどき」に同じ。 今昔 二七・一三「―に館に馳せ着きたれば」 訳 夕暮れ時に屋敷にかけもどったところ。

あれ-は-たれ-どき【彼は誰時】(名)〔薄暗くて、あれは誰であるかと見定めにくい時の意〕夕暮れ時。たそがれ時。「あれはたそどき」とも。 源氏 初音「―なるに、物の調べども面白く」 訳 夕暮れ時であるので、管弦の音調もさまざま興趣があり。

あれ-は・つ【荒れ果つ】(自タ下二)〔て・て・つ・つる・つれ・てよ〕すっかり荒れてしまう。 源氏 蓬生「かく恐ろしげに―・て用ぬれど」 訳 このように(この常陸の宮邸は)恐ろしいさまにすっかり荒れてしまったが。

あれはもや… 和歌

> 我はもや　安見児得たり　みな人の
> 得かてにすといふ　安見児得たり
> 〈万葉・二・九五・藤原鎌足〉

訳 私は、おお、安見児を手に入れた。(宮中の)人々が皆手に入れがたいという、その安見児を手に入れた。 文法「もや」は、詠嘆・感動を表す上代の間投助詞。

解説 采女の安見児という女性を妻にできた喜びを詠んだもの。采女は後宮の女官で、地方の豪族の娘から選ばれて天皇の身辺の世話をした。采女との結婚は禁止されていたが、鎌足は天皇の許しを得たものであろう。天智天皇の寵愛のほどがわかる。

あれ-まさ・る【荒れ勝る】(自ラ四)〔ら・り・る・る・れ・れ〕❶(建物や庭などが)ますます荒れる。〔古本説話集〕「そののち、いよいよ―・り用て、松の木も一年の風に倒れにしかば」 訳 (屋敷はその後、ますますいっそう荒れて、松の木も先年の風で倒れてしまったので。

❷(気持ちが)ますますすさむ。 蜻蛉 上「心のとくる世なきに、―・り用つつ」 訳 (夫の兼家と)心のうち解けるときがないので、気持ちがますますすさんでいっては。

あれ-ま・す【生れます】「生る」の尊敬語。お生まれになる。出現なさる。 万葉 一・二九「橿原のひじりの御代ゆ―・し用し神のことごと」 訳 橿原の天皇(=神武天皇)の御代から、お生まれになった天皇のすべては。

なりたち 下二段動詞「生る」の連用形「あれ」＋尊敬の補助動詞「ます」

あれ-まど・ふ【荒れ惑ふ】(自ハ四)〔は・ひ・ふ・ふ・へ・へ〕ひどく荒れる。荒れ狂う。 更級 富士川「雪降り―・ふ体に、物の興もなくて」 訳 雪が降り(空が)ひどく荒れるので、(途中は)何のおもしろいこともなくて。

あわ【泡・沫】(名)(水の)あわ。あぶく。 方丈 一「朝に死に、夕べに生まるるならひ、ただ水の―にぞ似たりける」 訳 朝に死に、(また一方では)夕方に生まれる(という人の)世の常(の姿)は、ちょうど(水面に消えては現れる)水のあわに似ていることだ。

あわ【淡・粟】⇩あは

あわい【間】⇩あはひ

あわし【淡し】⇩あはし

あわす【合わす】⇩あはす

あわたた・し【慌たたし】(形シク)〔しから・しく(しかり)・し・しき(しかる)・しけれ・しかれ〕〔近世初期からは「あわただし」〕❶心がせわしい。落ち着かない。 平家 七・主上都落「一年都うつりとて俄にに―・しかり用しは」 訳 先年遷都ということで急であわただしかったのは。

❷にわかである。突然である。 源氏 野分「いとうたて、―・しき体風なめり」 訳 まったくいやな、突然の風であるようだ。

あわ・つ【慌つ】(自タ下二)〔て・て・つ・つる・つれ・てよ〕うろたえる。あわてる。 竹取 かぐや姫の昇天「おほやけに御文奉り給ふ。―・て未ぬさまなり」 訳 (かぐや姫は)帝にお手紙を差し上げなさる。あわてない(落ち着いた)ようすである。

あわつけし ⇩あはつけし

あわ-ゆき【沫雪・泡雪】(名)泡のようにやわらかく消えやすい雪。 万葉 八・一四二〇「―かはだれに降ると見るまでに流らへ散るは何の花そも」 訳 泡のような雪がはらはらと降るのかと見るほどに、しきりに流れ散るのは何の花であろうか。

参考 平安時代になると用いられ、春の消えやすい雪の意の「あはゆき(淡雪)」とは別語。

あわゆきの【沫雪の・泡雪の】《枕詞》「あわゆき」の消えやすいところから、「消」にかかる。 万葉 八・一六六二「―消ぬべきものを」

あわゆきの… 和歌

> 沫雪の　ほどろほどろに　降り敷けば
> 奈良の都し　思ほゆるかも
> 〈万葉・八・一六三九・大伴旅人〉

訳 泡のように消えやすい雪がうっすら降り積もると、奈良の都が思われることだなあ。

解説 作者が九州大宰府の長官として赴任していたときの歌。雪の少ない九州でたまに雪が降ると、故郷平城京が自然に思い出されるのである。

あわれ ⇩あはれ

あゐ【藍】(名)❶植物の名。秋、紅色の小花をつける。葉・茎から染料をとる。たであい。夏。(藍植う春・藍の花秋)

❷①から作る染料。また、藍色。青より濃く、紺より薄い色。

あゐ-ずり【藍摺り】(名)紙や布に「藍②」で花鳥などの模様をすりつけて染めたもの。「青摺り」とも。 平家 九・樋口被討罰「〔樋口次郎は〕―の水干、立烏帽子でわたされけり(=引き回された)」

あを-【青】(接頭)(名詞に付いて)未熟なこと、幼いことを表す。「―侍」「―道心」「―童」

あを【青】(名) ❶色の名。本来、黒と白の間の広い範囲の色をいい、おもに青・緑・藍をさす。❷馬の毛色の名。青みがかった黒。また、その馬。

あを【襖】(名)〔字音「あう」の転〕❶武官の礼服。位階によって色が定まっている。「闕腋の袍」「脇明け」とも。❷狩衣に裏を付けたもの。[枕] 二九「むらさきのいと濃き指貫、しろき―、山吹のいみじうおどろおどろしきなど着て」[訳] 紫色のとても濃い指貫に白い狩衣、山吹色のひどく派手なの(=袿)などを着て。❸袷の衣。綿入れもあった。〔無名草子〕「―などいふもの干しに、外に出づとて(=外に出るといって)」

あを-いろ【青色】(名) ❶「あを(青)①」に同じ。❷染め色の名。黄色がかった萌黄色。❸「青色の袍」の略。平安時代、天皇の常服。六位の蔵人なども許されて着用した。[枕] 五「この日―着たるこそ、やがて脱がせでもあらばやとおぼゆれ」[訳] (蔵人になりたがっている人が)この日(=葵祭りの日)青色の袍を着ているのは、そのまま脱がせずにもおいてやりたいと思われることだ。

あを-うま【青馬・白馬】(名) ❶《上代語》青毛(=つやのある青みがかった黒い毛)の馬。青みがかった灰色の馬とも。[万葉] 二〇・四四九四「水鳥の鴨の羽色の―を今日見る人は限り無しといふ」[訳] 水鳥の鴨の羽色をした青馬を今日(=白馬の節会の日)見る人は(寿命が)限りないという。❷(平安時代、「白馬の節会」で白馬を用いるようになってから)白馬、または葦毛の馬。❸「白馬の節会」の略。

あをうま-の-せちゑ【白馬の節会】上代からの宮廷年中行事の一つ。陰暦正月七日、左右の馬寮から庭に引き出した白い馬を天皇が観覧し、そののちに群臣に宴を賜る儀式。[春]

発展 「白馬の節会」の起源
馬は陽の獣、青は春の色であり、これを見ると一年の邪気を除くことになるという中国の故事による。古くは「青馬」を引き出したが、醍醐天皇のころから白馬となり、「白馬」と書かれるようになったという。

あを-かき【青垣】(名)山が青々と垣のようにめぐっていること。大和の国をほめたたえる慣用語。〔記〕中「倭は国のまほろばたたなづく―山ごもれる倭しうるはし」[訳] →やまとは…[歌謡]

あをかき-やま【青垣山】(名)垣根のようにまわりを囲んでいる青々とした山々。[万葉] 三・三八七「たたなづく―の隔りなばしばしば君を言問はじかも」[訳] 幾重にも重なる青い垣根のような山々が隔てとなったなら、たびたびあなたを訪れることができないだろうかなあ。

あをき-まなこ【青き眼】(気の合う人の来訪を歓迎する)柔和な目つき。[徒然] 一七〇「阮籍が―、誰にもあるべきことなり」[訳] 阮籍の(気の合う友を迎える)柔和な目つき(のようなこと)は、だれにでもありそうなことである。

[参考] 中国の晋の時代、竹林の七賢人のひとりである阮籍が、気の合う客には青い眼で対し、気にいらない客には白い眼で対したという故事による。

あを-くちば【青朽ち葉】(名)襲の色目の名。表は青、裏は朽ち葉色または黄色。初夏のころに着る。秋にも用いることがある。

あを-くび【青衿】(名)青い襟。[万葉] 九・一八〇七「葛飾の真間の手児奈が麻衣に―着け」[訳] 葛飾の真間(=地名)の乙女が麻の衣に青い襟をつけ。

あを-くも【青雲】(名)灰色、または青みを帯びた雲。[万葉] 二・一六一「北山にたなびく雲の―の星離れ行き月を離れて」[訳] 北山にたなびく雲の、うす青い雲が、星を離れて去り、月を離れて(去って行く)。

あをくもの【青雲の】《枕詞》「出づ」「白」にかかる。[万葉] 一四・三五一九「―出で来吾妹子」

あを-ざし【青挿し・青刺し】(名)菓子の名。青麦を煎って臼でひき、糸のようによったもの。[夏]

あを-さぶらひ【青侍】(名)「あをざむらひ」とも。❶(六位の者が着用する袍が青色だったところから)貴族に仕える六位の侍。❷〔「あを」は接頭語〕身分の低い若侍。[宇治] 七・五「父母、主もなく、妻も子もなくて、ただ一人ある―ありけり」[訳] 父母も(仕える)主人もなく、妻も子もなくて、ただ一人で暮らす若侍がいた。

あを・し【青し】(形ク){から・く(かり)・し・き(かる)・けれ・かれ}青い。[大鏡] 道長上「的のあたりにだに近くよらず、無辺世界を射給へるに、関白殿色―・く㊥なりぬ」[訳] (伊周の矢が)的の付近にさえも近く寄らず、とんでもない方向を射なさったので、(父の)関白殿(=道隆)は顔色が青くなった。

あを-すそご【青裾濃】(名)青色で上を淡く、裾にいくにしたがって濃く染めたもの。[枕] 一〇四「番の采女の、―の裳、唐衣、裙帯、領巾などして」[訳] 当番の采女が青裾濃の裳に、唐衣、裙帯(=裳の左右に垂らした幅広いひも)、領巾などをつけて。

あを-ずり【青摺り】(名)「あゐずり」に同じ。[源氏] 少女「―の紙よく取りあへて」[訳] (筑紫の五節の返事は)青摺りの紙をよく折に合わせて。

あを-だうしん【青道心】(名)〔「あを」は接頭語〕❶出家したばかりで、まだ仏道修行の浅い僧。❷いいかげんな気持ちで起こした信仰心、また、慈悲心。

あを-つづら【青葛】(名)つる草の一種。青葛藤。和歌では、多く、つづらのつるをたぐるところから、「くる」を導きだす序詞として用いられる。[古今] 恋四「山がつの垣ほにはへる―人はくれども言つてもなし」[訳] 山里に住む人の垣根にまつわりついている青つづらをたぐるように、他の人は(このあたりに)来るけれど、(あの人から私への)伝言もない。(「くれ」は「繰れ」と「来れ」との掛詞。第三句までは「くれ」を導きだす序詞)

あを-に【青丹】(名)〔「に」は土の意〕❶青黒い土。❷岩緑青の古名。染料や絵の具に用いた。❸染め色の名。濃い青色に黄をかけた色。❹襲の色目の名。表裏ともに黄色味を帯びた濃い青色。〔うつほ〕春日詣「下仕へは―に柳襲着たり」[訳] 貴人の家で雑事を務める女性は青丹色(の唐衣)に柳襲(の表着)を着ている。

あを-にび【青鈍】(名) ❶染め色の名。青みがかった縹色(=薄い藍色)。仏事などの服や調度に用いる。⇩巻頭カラーページ10　❷襲の色目の名。表裏ともに濃い縹色。

あをによし【青丹よし】《枕詞》「奈良」「国内」にかかる。上代、奈良から青丹(=青土)が出たことによるという。万葉 三・三二八「―奈良の都は」。万葉 五・七九七「―国内ことごと見せましものを」

あをによし… 和歌

> 枕詞
> 青丹よし　奈良の都は　咲く花の
> 薫ふがごとく　今盛りなり
> 〈万葉・三・三二八・小野老〉

訳 奈良の都は、咲く花が色美しく映えるように、今、(繁栄の)盛りであるよ。修辞「青丹よし」は「奈良」にかかる枕詞。

解説 大宰府で催された宴会で詠まれた歌。遠い九州の地にあって、故郷平城京をなつかしみ憧れる気持ちを詠んだもの。なお、作者は大宰府に赴任してきたばかりで、ごく最近の平城京の雰囲気を伝えたものとする説もある。「にほふ」は色の美しさの形容。

あをはたの【青旗の】《枕詞》「木幡」「忍坂の山」「葛城山」にかかる。万葉 二・一四八「―木幡の上を」。万葉 一三・三三三一「―忍坂の山は」。万葉 四・五〇九「―葛木山にたなびける」

あを-ひとくさ【青人草・蒼生】(名)人民。人の多く生まれるのを草の茂るのにたとえたもの。万葉 五・八〇〇・序「況むや世間の―、誰か子を愛せざらめや」訳 ましてや世間の一般の人々は、だれが子供を愛さずにいられようか(いや、だれもが愛するのだ)。

あを-へど【青反吐】(名)(激しく吐きちらす)生々しく汚いへど。竹取 竜の頸の玉「―を吐きてのたまふ」訳(船酔いをして)生々しいへどを吐いておっしゃる。

あを-ほん【青本】(名)「あをぼん」とも。江戸中期の草双紙の一種。歴史・歌舞伎などのあらすじを絵解きしたもの。赤本に次いで、延享から安永(一七四四―一七八一)のころに黒本とともに流行した。萌黄色の表紙であったところからこの名がある。→草双紙

あをまつと… 和歌

> 枕詞
> 吾を待つと　君が濡れけむ　あしひきの
> 山の雫に　ならましものを
> 〈万葉・二・一〇八・石川郎女〉

訳 私を待つといって、あなたが濡れたという、その山のしずくになることができたらよかったのに。修辞「あしひきの」は「山」にかかる枕詞。

解説 大津皇子の歌「あしひきの山の雫に妹待つとあれ立ち濡れぬ山の雫に」(訳 →あしひきの… 和歌)〈万葉・二・一〇七〉にこたえた歌。皇子の歌の「山の雫」が待つことのつらさを表すものであるのを、この歌では皇子の身に触れるうらやましいものとして表した。

あをみ-わた・る【青み渡る】(自ラ四){ら・り・る・る・れ・れ}一面に青くなる。栄花 つぼみ花「垣根の草も―・り(用)」

あを・む【青む】(自マ四){ま・み・む・む・め・め}❶草木が青く茂る。細道 平泉「国破れて山河あり、城春にして草―・み(用)たり」訳 国は破れ滅びても山河は(昔に変わらず)残り、城は春になって草が青く茂っている。❷青くなる。顔色が青ざめる。徒然 一三七「暁近くなりて待ち出でたるが、いと心深う、―・み(用)たるやうにて」訳 明け方近くなって待ちに待ってやっと出てきたの(=月)が、たいそう趣深く、青みを帯びているようであって。

あを-やか【青やか】(形動ナリ){なら・なり(に)・なり・なる・なれ・なれ}(「やか」は接尾語)青々としているさま。和泉式部日記「築地のうへの草―・なる(体)も、人はことに目もとどめぬを」訳 土塀の上の草が青々としているのにも、人は特に(=特別なものとして)目もとめないが。

あを-やぎ【青柳】(名)❶青い芽をふいた柳。春。万葉 五・八一七「梅の花咲きたる園の―は蘰にすべくなりにけらずや」訳 梅の花が咲いている庭園の青く芽をふいた柳は、髪飾りにすることができそうになってしまったではないか。❷襲の色目の名。表裏とも濃い青。一説に、表は濃い青、裏は紫。春に用いる。

あをやぎ-の-いと【青柳の糸】(名)青柳の細い枝葉を糸にたとえた語。万葉 一〇・一八五一「―の細しさ春風に乱れぬい間に見せむ子もがも」訳 青柳の糸のきめこまかな美しさよ。春風に乱れないうちに、見せてやるような恋人があったらなあ。

あん【案】(名)❶手紙や文書の下書き。草案。伊勢 一〇七「かのあるじなる人、―を書きて、書かせてやりけり」訳 例の主人である男が、(手紙の)下書きを書いて、(それを女に書かせて(男のもとに)おくった。❷考え。思案。予想。著聞 六九九「煮かへりたる湯を穴の口にくみ入れたりける程に、―にたがはず、くちなは出でて」訳 煮えかえっている湯を穴のふちから流し込んだところ、予想どおりに、蛇が出てきて。❸物などをのせる台。机。

あん-ぎゃ【行脚】(名・自サ変)(「あん」「ぎゃ」は唐音)❶僧が諸国を巡って修行すること。また、その僧。❷諸国を旅すること。細道 草加「奥羽長途の―ただかりそめに思ひ立ちて」訳 奥羽地方への遠路の旅をただふと思い立って。

あん-ぐう【行宮】(名)(「あん」は唐音)天皇が旅行の折、その地に仮に設ける御所。行在所。仮宮。

あん-ご【安居】(名)《仏教語》陰暦四月十六日から三か月間、僧が一か所にこもって修行すること。「夏」「夏安居」「夏行」とも。夏

あんじ-さだ・む【案じ定む】(他マ下二){め・め・む・むる・むれ・めよ}よく考えて決定する。思い定める。徒然 一八八「いづれかまさるとよく思ひくらべて、第一のことを―・め(用)て」訳 どれがすぐれているかとよく考えくらべて、第一のことを思い定めて(そのことだけに励まねばならない)。

あん-じつ【庵室】(名)「あんじち」とも。僧・尼や世を捨てた隠者などのすまい。いおり。平家 灌頂・大原御幸「女院の御―を御覧ずれば、軒には蔦槿はひかかり」訳 女院の御いおりを(法皇が)ご覧になると、軒にはつたや朝顔がはいかかって。

あんじ-つ-・く【案じ付く】(他カ下二){け・け・く・くる・くれ・けよ}思い至る。よい考えが浮かぶ。〔去来抄〕先師評「病雁は、格高く趣かすかにして、いかでかここを—・け(未)む」訳(芭蕉の)病雁(の句)は、品格が高く情趣も幽玄であって、(私などは)どうしてこの句境を考え及ぼうか(いや、とても考え及ばないことだ)。

あんしょう-の-ぜんじ【暗証の禅師】禅僧が座禅にばかりふけって教理をおろそかにすることを、他宗があざけっていう語。徒然 一九三「文字の法師・—、たがひに測りて、己にしかずと思へる、ともに当たらず」訳 学問専修の僧と座禅専念の僧とが、互いに(相手のことを)推測して、(相手が)自分には及ばないと思っているのは、どちらも当たっていない。

あんじ-ゐる【案じ居る】(自ワ上一){ゐ・ゐ・ゐる・ゐる・ゐれ・ゐよ}考え考えしている。思案している。徒然 一四一「頼むにもあらず、頼まずもあらで、—・ゐ(用)たる人あり」訳(うその話を)信用するのでもなく、信用しないのでもなくて、思案している人がいる。

あん-じん【安心】(名)《仏教語》信仰によって心を定め、心が動かないこと。

あん-・ず【按ず】(他サ変){ぜ・じ・ず・ずる・ずれ・ぜよ}【「按」はおさえる意】❶琴などの奏法で、音を上げるために弦を押す。源氏 若菜下「なほ一度も揺し—・ずる(体)暇も心あわたたしければ」訳(昼間は)やはり一度でも(琴の弦を)ゆすったり押したりする間も気ぜわしいので。❷手でさする。特に、刀の柄に手を掛ける。〔太平記〕三「右の御手には御剣を—・じ(用)て」訳(後醍醐天皇は)右の御手は御剣の柄に掛けて。

あん-・ず【案ず】(他サ変){ぜ・じ・ず・ずる・ずれ・ぜよ}❶あれこれ考える。くふうする。徒然 一一〇「いづれの手か疾く負けぬべきと—・じ(用)て、その手を使はずして」訳(双六の上手な人は)どのやり方が早く負けてしまうだろうかとあれこれ考えて、そのやり方を使わずに。文法「負けぬべき」の「ぬ」は、助動詞「ぬ」の終止形で、ここは確述の用法。❷心配する。気づかう。平家 五・福原院宣「『頼朝またいかなる憂き目にかあはんずらん』と、思はじ事なう—・じ(用)つづけておはしけるところに」訳「(私)頼朝がまたどんなひどい目にあうだろうか」と、考えつかないだろうこともなく(すべて考えつくして)心配し続けていらっしゃったところに。文法「あはんずらん」の「んず」「らん」は、ともに推量の助動詞。

あん-ち【安置】(名・他サ変)【後世は「あんち」】神仏の像などを据えて祭ること。細道 平泉「三尊の仏(=弥陀・観音・勢至の仏像)を—・す(終)」

あん-ちゅう【闇中・暗中】(名)くらやみの中。暗がりの中。細道 象潟「—に模索して、雨もまた奇なりとせば」訳 暗がりの中に手さぐりで物を探(すように雨の中の見えない風景を想像)して、雨(の景色)もまた一風変わっておもしろいとするならば。

あん-ど【安堵】㊀(名・自サ変)❶土地に安住すること。著聞 四四一「叔父を殺してけり。それより八幡にも—・せ(未)ずなりて」訳(小殿は)叔父を殺してしまった。それ以来(石清水)八幡宮にも安住できなくなって。❷心が落ち着くこと。安心すること。平家 一〇・三日平氏「御一家の君達の、西海の波の上にただよはせ給ふ御事の心憂くおぼえて、いまだ—・し(用)ても存じ候はねば」訳 ご一家(=平家)の若君たちが、西海の波の上を流浪していらっしゃる御ことが(私=宗清には)つらく思われて、まだ心が落ち着いてもおりませんので。㊁(名・他サ変)中世、将軍や領主が武士・寺社の土地の領有権を認めること。また、その文書。

あん-どん【行灯】(名)「あん」は唐音「あんどう」とも。灯火をともす器具。木や竹などのわくに紙を張り、中に置いた油皿の灯心に火をともす。

(あんどん)

あん-ない【案内】(名・他サ変)「あない」に同じ。

あんない-しゃ【案内者】(名)❶道案内をする人。先導する人。平家 九・老馬「先打ちせさせて—にこそ具せられけれ」訳(義経は義久を馬で先頭を行かせて案内人としてお連れになった。❷土地や内情についてよく知っている人。平家 七・願書「敵は—、我らは無案内なり。とりこめられてはかなふまじ」訳 敵は地理に明るい者(であり)、われわれは詳しくない者である。(敵に)取り囲まれてはかなわないだろう。

あん-なり あると聞いている。あるそうだ。あるようだ。更級 かどで「世の中に物語といふもののあんなる(体)を、いかで見ばやと思ひつつ」訳 世の中に物語というものがあると聞いているけれども、(それを)なんとかして見たいものだと思い続けて。⇩更級日記「名文解説」。→あなり

なりたち ラ変動詞「有り」の連体形「ある」＋伝聞・推定の助動詞「なり」＝「あるなり」の撥音便。中古では、ふつう「あなり」と表記される。

あん-ばい【塩梅・按排】(名)❶食物の味かげんを調えること。また、その味かげん。〔浄・菅原伝授手習鑑〕「さて—(=結構な味かげん)ぢゃ味いわ味いわ」❷物事のほどあい。また、からだのぐあい。〔浄・傾城反魂香〕「武士の刀の—(=切れ味)見よと」(→塩梅)

参考

あんぷく-でん【安福殿】(名)「あんぷくでん」とも。内裏の殿舎の名。紫宸殿の西南、校書殿の南にある。西廂に薬殿(=侍医の控え所)があった。⇩巻頭カラーページ32

あん-べし 当然あるはずだ。あるにちがいない。→あべし

なりたち ラ変動詞「有り」の連体形「ある」＋推量・当然の助動詞「べし」＝「あるべし」の撥音便。中古では、ふつう「あべし」と表記される。

あん-めり あると見える。あるようだ。あるらしい。宇治 三・八「あはれ、世にもあひ、年なども若くて、みめもよき人にこそあんめれ(已)」訳 ああ、(この少将は)時勢にも合い、年なども若くて、顔かたちも整っている人であるようだ。→あめり

なりたち ラ変動詞「有り」の連体形「ある」＋推量の助動詞「めり」＝「あるめり」の撥音便。中古では、ふつう「あめり」と表記される。

安楽庵策伝(あんらくあんさくでん)【人名】(一五五四〜一六四二)安土桃山時代・江戸初期の説経僧・茶人・文人。京都誓願寺竹林院の僧。俗名は平林平太夫。笑話集「醒睡笑」を著す。

あん-をん（ノンオ）【安穏】（名・形動ナリ）安らかで穏やかなこと。平穏無事。［著聞］四二「われその用途をとらんと思はば、汝（なんぢ）一人―・に（用）てあらせてんや」［訳］もし私がその（布を買うためにあずかった）代金をとろうと思うならば、おまえ一人を無事でいさせるだろうか（いや、いさせない）。

い　イ

「い」は「以」の草体
「イ」は「伊」の偏

い-（接頭）《上代語》動詞に付いて、調子を整えたり意味を強めたりする。［万葉］三・三一七「白雲（しらくも）も―行（ゆ）きはばかり時じくそ雪は降りける」［訳］→あめつちの…［和歌］
［例語］い懸かる・い隠る・い通ふ・い刈る・い組む・い漕（こ）ぐ・い掘（こ）ず（＝掘りとる）・い副（そ）ふ・い立つ・い辿（たど）る・い回（た）む・い繋（つな）がる・い継ぐ・い積もる・い泊（は）つ・い這（は）ふ・い拾ふ・い触る・い行き会ふ・い行き憚（はばか）る・い行き回（もとほ）る・い行き渡る・い行く・い寄る・い別る・い渡る

い-【斎・忌】（接頭）（神事に関する名詞に付いて）清浄な、神聖な、の意を表す。「―垣（かき）」「―串（ぐし）」「―杭（くひ）」

語の広がり　「斎（い）」
「祈る」は、「斎（い）」に動詞「宣（の）る（＝言う）」が付いたもので、もとは神仏の名やまじないのことばを口にして、幸いを願う意であった。

い【衣】（名）身にまとうもの。着物。ころも。

い【糸・網】（名）くもの巣。くもの糸。〔十訓〕一「蜘蛛（くも）の―をくりかけて、まきころさんとしける時」［訳］くもが糸をたぐりよせかけて、（蜂を）まき殺そうとしたとき。

い【寝・睡】（名）眠ること。睡眠。［万葉］一五・三六六五「妹（いも）を思ひ―の寝（ね）らえぬに暁（あかとき）の朝霧隠（ごも）り雁（かり）がねそ鳴く」［訳］妻を恋しく思って寝ることができないでいると、未明の朝霧の中に隠れて雁が鳴くことだ。
［参考］単独では用いられず、助詞を介して動詞「ぬ（寝）」とともに、「いの寝らえぬに」「いも寝ず」などの句として用いられる。また、「熟寝（うまい）」「安寝（やすい）」などの語を作る。

い【異】（名・形動口）❶ふつうとは違っていること。変わっていること。不思議なこと。〔きのふはけふの物語〕「―・な（体）ことぢゃ、見えぬ」［訳］不思議なことだ、（目じるしが）見えない。
❷（仏教語）この世に存在している物が絶えず変化していくこと。［徒然］一五五「生（しゃう）・住（ぢゅう）・―・滅（めつ）の移りかはる実（まこと）の大事は、たけき河のみなぎり流るるがごとし」［訳］万物が生じ、存続し、変化し、滅び去るという現象の移り変わる真の重大事は、勢いの激しい川があふれて流れて行くようなものだ。

い《上代語》㊀（格助）主語を強調する。［万葉］三・二三七「いなと言へど語れ語れと詔（の）らせこそ志斐（しひ）―は奏（まを）せ強（し）ひ語りと言ふ」［訳］いやだと言うのに、語れ語れとおっしゃるから、（私）志斐はお話し申しあげるのに、（それを）強い語り（＝無理に話を聞かせること）だと言う。
［接続］体言に付く。
㊁（間助）連体修飾語を強調する。［万葉］一〇・一八五一「青柳（あをやぎ）の糸の細（くは）しさ春風に乱れぬ―間（ま）に見せむ子もがも」［訳］青柳の糸のきめこまかな美しさよ。春風に乱れないうちに、見せてやるような恋人があったらなあ。［文法］「もがも」は、願望の終助詞。
［接続］動詞・助動詞の連体形に付く。
［文法］上代に用いられ、平安時代には、漢文の訓読など特殊な文献にしか現れない。㊀は多くの場合、主語に付くので、主語を示す格助詞と考えられるが、副助詞とする説もある。また、㊀㊁をともに間投助詞とする説もある。なお、㊀㊁とも形容詞には付かない。

い（終助）❶呼びかけの意を表す。…よ。〔浄・ひらかな盛衰記〕「これこれ申し。山吹様―なう」［訳］もしもし。山吹様よ、ねえ。
❷強めの意を表す。〔狂・末広がり〕「末広がりといふは、地体（ぢたい）、扇のことぢゃ―やい」［訳］末広がりというのは、本来、扇のことだぞよ。
［接続］①は体言（人名など）に、②は文末に付く。
［参考］いずれも中世以降、特に近世に用いられた。

い【井・亥・位・囲・居・威・猪・率・韋・遺・藺】⇩ゐ

いい【言い・飯】⇩いひ

飯尾宗祇（いいおそうぎ）⇩飯尾宗祇（いひをそうぎ）

いう（ユウ）【優】（形動ナリ）（なら・なり（に）・なり・なる・なれ・なれ）❶すばらしくよい。すぐれている。りっぱだ。［源氏］帚木「取るかたなく口惜しき際（きは）と、―・なり（終）とおぼゆばかり勝（すぐ）れたるとは」［訳］なんの取り柄もなくつまらない程度（の女性）と、すばらしいと感じられるほど優れている女性とは。
❷優雅だ。上品だ。しとやかだ。奥ゆかしい。風流だ。［徒然］三二「なほ事ざまの―・に（用）おぼえて、物のかくれよりしばし見ゐたるに」［訳］それでもやはり事のようすが優雅に思われて、物陰からしばらく見ていたところ。

類語パネル
●共通義　優美であるさま。

いう（優）	上品、優雅で、すぐれていて、理想的であるさま。
えん（艶）	あでやかで魅力あふれるさま。人の気を引くさま。
なまめかし	若々しく清新でみずみずしいさま。
らうらうじ	知的に洗練されていて、心がゆきとどいているさま。

いう【言う】⇩いふ

いう-えん（ユウ）【優艶】（名・形動ナリ）優美で風情のあるさま。〔六百番歌合〕「おほよそは歌は―・なら（未）んことをこそ、庶幾（しょき）すべきを」［訳］そもそも歌は優美で風情のあるようなことをこそ、こい願うべきであるのを。
［参考］歌論用語。「優にして艶」の意で、王朝的風雅の最高理念であった二つの語をあわせ、最もすぐれた情趣や姿を意味する。→優（いう）・艶（えん）

いう-きょ【幽居】(名)俗世間との交渉を絶って静かな所で暮らすこと。また、その住まい。閑居。〔細道〕象潟「先づ、能因島に舟をよせて、三年—の跡をとぶらひ」〔訳〕まず、能因島に舟をつけて、(能因法師が)三年間静かに暮らしたその住まいの跡を訪ね。

いう-きょう【遊興】(名)遊び楽しむこと。〔去来抄〕同門評「一日—騒動のうちに聞きて、さびしからずといふは、一己の私なり」〔訳〕たまたま楽しい遊びの騒ぎの中で(晩鐘を)聞いて、(それが)寂しくないというのは、一個人の(例外的な)私情である。

いう-くん【遊君】(名)「いうぢょ」に同じ。

いう-げん【幽玄】(名・形動ナリ)❶神秘的で奥深くはかりしれないこと。〔古今〕真名序「或いは、事神異に関り、或いは、興—に入る」〔訳〕あるいは、事が神秘的なものにかかわり、あるいは、内容が奥深く知りがたい境地に至る。

❷深い味わいがあること。上品で優雅なこと。〔徒然〕一二二「詩歌に巧みに、糸竹に妙なるは、—の道」〔訳〕詩歌に巧みで、管弦(の技)にすぐれているのは、深い趣のある風流の道(であって)。

❸中世の歌論・連歌論・能楽論における美的理念。歌論では余情のある静寂な美、連歌論では優艶な美、能楽論では上品で優雅な美をいう。〔無名抄〕「—の体…詮はただ詞にあらはれぬ余情、姿に見えぬ景気なるべし」〔訳〕幽玄(の歌)の風体(とは)…結局はもっぱらことばにあらわれない余情、歌全体の構成に見えない心象上の情景であろう。

いうげん-たい【幽玄体】(名)「いうげんてい」とも。歌体の一つ。「幽玄」の趣をもつもの。初めは言外に奥深く静寂な余情のある歌体をさしたが、のちには優美妖艶な歌体をさすようになった。

いう-し【遊子】(名)家を離れて他国にいる者。旅人。〔枕〕三三『—なほ残りの月に行く』と誦し給へる、またいみじうめでたし」〔訳〕(伊周が)「旅人は依然として残月の中を歩き行く」と(いう漢詩を)口ずさみなさったのは、また言いようもなくすばらしい。

いう-し【猶子】(名)「いうじ」とも。❶兄弟の子。甥または姪。〔性霊集〕「—の義は礼家の貴ぶところなり」〔訳〕兄弟の子の喪に服するのは儒家の礼として尊ぶところである。❷養子。〔著聞〕五三「麗景殿の女御、僧正(=僧官の最高位)を御—にして」

いう-しょく【有識・有職】(名・形動ナリ)「いうそく」に同じ。

いうぜんとして… 〔俳句〕

> いうぜんとして　山を見る　蛙哉
> 〈おらが春・一茶〉
> 春

〔訳〕(前足をつっぱり)ゆったりとしてこだわらない(つらがまえで)、(遠くの)山を眺めている蛙がいることだ。(蛙〔春〕。切れ字は「哉」)

〔解説〕陶淵明(=中国、東晋の詩人)の「飲酒詩」中の「悠然として南山を見る」をふまえた句。

いう-そく【有識・有職】━(名)❶知識のある人。学者。「いうしき」「いうしょく」「いうそこ」とも。〔源氏〕藤裏葉「君は、末の世にはあまるまで天の下の—にものし給ふめるを」〔訳〕あなた(=夕霧)は、末世には過ぎるほど天下の物知りでいらっしゃるようだが。(「ものす」は婉曲表現で、ここでは「いる」の意)

❷音楽・芸能に秀でていること。また、その人。〔源氏〕若菜下「ただ今、—のおぼえ高きその人かの人、御前などにて、たびたび試みさせ給ふに」〔訳〕現在、名手の評判の高いだれかれを、(帝が)御前などで、たびたび(演奏を)お試しになられる際に。〔文法〕「させ給ふ」は、最高敬語。

❸朝廷の儀式・先例などに関する知識・学問。また、それに精通していること。また、その人。〔大鏡〕伊尹「その中納言、文盲にこそおはせしかど、御心魂いとかしこく、—におはしまして」〔訳〕その中納言は、無学ではいらっしゃったが、ご思慮才覚がまことにすぐれ、儀式・作法などに通じた方でいらっしゃって。〔文法〕係助詞「こそ」の結びは、「(おはせ)しかど」と接続助詞「ど」が付いてさらに下に続くため消滅(=結びの流れ)している。

❹才知・容貌のすぐれた人。〔大鏡〕道長下「いかでかさる—をば、ものげなき若人にてはとりこめられしぞ」〔訳〕どうしてそんなすぐれた女を、たいしたこともない若者の身では手に入れなさったのか。

━(形動ナリ)〔なら・なり(に)・なり・なる・なれ・なれ〕教養があるさま。諸道・諸芸に通じてすぐれているさま。〔大鏡〕実頼「おほよそ、何事にも—に用、御心うるはしくおはしますことは」〔訳〕(実頼は)だいたい、何事にもよく通じてすぐれ、お心が端正でいらっしゃることは。

> **発展**　「有識」の尊重
>
> 現代では「有識」を「ゆうしき」とも読むが、かつては「いうそく」だった。「有識」は朝廷の儀式・先例などに関する知識、またはそれに精通した人をさす。平安時代の貴族にとっては必須の教養であり、そうした知識を持つ人は一目置かれた。歌人の藤原公任は「北山抄」、大江匡房は「江家次第」といった有職故実書を残している。

いう-ぢょ【遊女】(名)歌舞などを演じ、客の遊び相手をする女。「あそびめ」「遊君」とも。

いう-ひつ【右筆・祐筆】(名)❶筆をとって文章を書くこと。❷文筆によって仕える者。文官。〔平家〕一・殿上闇討「われ—の身にあらず、武勇の家に生まれて」〔訳〕私は文官の身ではなく、武士の家に生まれて。❸武家の職名。文書や記録を作成する役目。

いえ【家】⇩いへ

いお【庵・廬・五百】⇩いほ

いお【魚】⇩いを

いおり【庵・廬】⇩いほり

いか【紙鳶・凧】(名)「いかのぼり」に同じ。

い-か【五十日】(名)❶五十日。〔土佐〕「ひく船の綱手のながき春の日を四十日五十日までわれは経にけり」〔訳〕船をひく綱のように長い春の日を四十日、五十日まででも、私は(つらい船旅で)過ごしてしまったことだ。(「ひく

船のつなでの」は「ながき」を導きだす序詞）
❷「五十日の祝ひ」の略。〔紫式部日記〕「御—は霜月のついたちの日」 訳 御五十日の祝いは陰暦十一月一日。
❸「五十日の餅」の略。〔栄花〕月の宴「御—は里にてぞきこしめす」 訳 御五十日の餅は自宅で召し上がる。

いか【如何】(形動ナリ)｛なら・なり(に)・なり・なる・なれ・なれ｝**どのようだ。どういうふうだ。** 万葉 一一・二四六六「浅茅原小野に標結ひ空言を—・なり㊄と言ひて君をし待たむ」 訳 浅茅の生えている野に標(＝土地領有を示す標識)を結ぶようなむなしいうそを、どうと言いつくろってあなた(の訪れ)を待とう。(第二句までは「空言」を導きだす序詞)。 文法 「君をし」の「し」は、強意の副助詞。 徒然 二五「—・なら㊄ん世にも、かばかりあせ果てんとはおぼしてんや」 訳 (道長は)どのような時代においても、(法成寺が)これほど衰え果てるだろうとはお思いになったであろうか(いや、お思いにならなかっただろう)。 文法 「おぼしてん」の「て」は、助動詞「つ」の未然形で、ここは確述の用法。→如何ならむ・如何なる・如何なれば・如何に
参考 終止形「いかなり」の用例はきわめて少なく、連用形「いかに」、連体形「いかなる」の用例が多い。本書では「いかに」を副詞とする。

いか・い【厳い】(形口)〔「いかし」の口語形〕並外れているようす。はなはだしい。また、多い。大きい。〔狂・鈍根草〕「聞きおようだより—・い㊍川ぢゃ」 訳 聞き及んでいたより大きい川だ。

伊賀(いが)『地名』旧国名。東海道十五か国の一つ。今の三重県北西部。伊州。賀州。

いが・いが(副)「いかいか」とも。赤ん坊の泣く声の擬声語。おぎゃあおぎゃあ。〔栄花〕月の宴「みこ—と泣き給ふ」 訳 内親王はおぎゃあおぎゃあとお泣きになる。

いかう【厳う】(副)〔口語形容詞「厳い」の連用形「いかく」のウ音便〕はなはだしく。ひどく。〔浄・冥途の飛脚〕「さては(＝では)—お急ぎか」

いかう・に【一向に】(副)〔「いっかうに」の促音「っ」の表記されない形〕もっぱら。ひたすら。 源氏 玉鬘「—つかうまつるべくなむ心ざしを励まして」 訳 ひたすら(玉鬘に)おつかえ申しあげようと気持ちを励まして。

いか・が【如何】(副)〔「いかにか」の転〕❶疑問を表す。**どのように…か。どんなに…か。どう…か。** 徒然 三一「この雪—見ると一筆のたまはせぬほどの、ひがひがしからん人」 訳 この雪をどう見るかと(手紙で)ひとこともおっしゃらないほどの、無風流であるような人。 文法 「ひがひがしからん人」の「ん」は、仮定・婉曲の助動詞。⇩僻僻し「名文解説」
❷反語を表す。**どうして…しようか(いや、…しない)。** 方丈 五「—要なき楽しみを述べて、あたら時を過ぐさん」 訳 どうして役に立たない楽しみを述べて、惜しむべき時を過ごそうか(いや、過ごすつもりはない)。
❸ためらい、あやぶむ気持ちを表す。どうかと思う。よくないだろう。 徒然 二三一「たやすくうち出でんも—とためらひけるを」 訳 心やすく口に出して言うようなのもどんなものかとためらっていたところ。 文法 「うち出でんも」の「ん」は、仮定・婉曲の助動詞。
❹相手に問う語。どうか。どのようか。どう…か。 竹取 燕の子安貝「『御心地は—思さるる』と問へば」 訳 「ご気分はどんな具合にお感じになられるか」と尋ねると。
文法 「いかが」は「いかにか」の転のため、係助詞「か」を受けて、結びは連体形となる。

語の広がり「如何」
「いかが」は単に疑問を表す語であるが、実際の使用では危惧・非難の場面に用いられることも多く、室町時代になると「あまりよくない」の意を表す形容詞「いかがし」が現れた。現代語の「いかがわしい」は、これが近世に「いかがはし」と転じたもの。「は」は、「うたがはし」などの語形に引かれて挿入されたものといわれる。

いかが・し・けむ【如何しけむ】どうしたのだろうか。 竹取 竜の頸の玉「—、疾き風吹きて、世界暗がりて、舟を吹きもてありく」 訳 どうしたのだろうか、疾風が吹いて、あたり一面暗くなり、舟を吹いてあちこちめぐらせる。
なりたち 副詞「如何」＋サ変動詞「為」の連用形

古語ライブラリー④
已然形から仮定形へ

已然形というのは、すでにそうなった形ということで、まだそうなっていない形という意味の未然形に対する名称である。

順接の条件句を作る場合、「未然形＋ば」は仮定条件に、「已然形＋ば」は確定条件になる。仮定条件は「…なら・…たら」の意しかないが、確定条件には、①「…ので・…から」、②「…と・…(た)ところ」、③「…と、いつも・…ときには、いつも」の意になる場合がある。

◇家にあれば(＝家にいるときには、いつも)笥に盛る飯を草枕旅にしあれば(＝旅に出ているので)椎の葉に盛る　〈万葉 二・一四二〉
◇熟田津に船乗りせむと月待てば(＝待っていると)潮もかなひぬ今は漕ぎ出でな　〈万葉 一・八〉

特に、②③の用法が仮定条件と紛れがちで、時代が下るにつれて、「已然形＋ば」の用法に変化が生じ、仮定条件を示すものかと疑われる用例が見られるようになる。

◇若し、余興あれば、しばしば松の響きに秋風楽をたぐへ、水の音に流泉の曲をあやつる。　〈方丈 三〉

この「あれば」は、仮定条件と呼応する副詞の「もし」のあることとから考えても、「あるなら」の意であると見られよう。口語の文法に変わりつつあったのである。

近世、江戸時代になると、「已然形＋ば」は確定条件としてのはたらきを失い、仮定条件を示すようになった。すなわち、「仮定形＋ば」になったのだ。次の用例などは、すでに已然形ではなく、仮定形と見られるものである。

◇人手に渡ればわしゃ生きてゐぬぞや。金借ったとて返せば恥にもならぬこと。　〈浄・博多小女郎波枕〉

「し」＋推量の助動詞「けむ」の連体形「けむ」

いかが-し-て【如何して】なんとかして。どうにかして。著聞 五四五「この島の僧たちは、水練を業(わざ)としておもしろきことにて侍るなる、―見るべき」訳 この島(=竹生島(ちくぶしま))の僧たちは、水泳の術にたけていてすばらしい見物(みもの)であるそうですがそれを、なんとかして見よう。

なりたち 副詞「如何(いかが)」＋サ変動詞「為(す)」の連用形「し」＋接続助詞「て」

いかが-す-べから-む【如何すべからむ】どうしたらよいだろうか。大鏡 花山院「ありあけの月のいみじくあかかりければ、『顕証(けんしょう)にこそありけれ。―』とおほせられけるを」訳 明け方の月がとても明るかったので、(花山(かざん)天皇は)「はっきりと見えるなあ。どうしたらよいだろうか」とおっしゃられたが。

なりたち 副詞「如何(いかが)」＋サ変動詞「為(す)」の終止形「す」＋推量の助動詞「べし」の未然形「べから」＋推量の助動詞「む」の連体形「む」

いかが-す-べき【如何すべき】(問いかける気持ちで)どうしたらよいだろうか。どうしようか。竹取 燕の子安貝「聞き給ひて、―とおぼし煩(わづら)ふに」訳 (返事を)お聞きになって、どうしたらよいだろうかと思い悩みなさると。

なりたち 副詞「如何(いかが)」＋サ変動詞「為(す)」の終止形「す」＋推量の助動詞「べし」の連体形「べき」

いかが-せ-む【如何せむ】❶疑問を表す。どうしようか。徒然 一七七「雨降りて後、いまだ庭のかわかざりければ、―と沙汰ありけるに」訳 (蹴鞠(けまり)の会の折に)雨が降ったあとで、まだ庭がかわかなかったので、どうしようかと評議があったところ。

❷反語を表す。どうしたらよいだろうか(いや、どうしようもない)。どうにもならない。しかたがない。古今 恋五「思ふとも離(か)れなむ人を―あかず散りぬる花とこそ見め」訳 いくら恋しく思っても、(私から)離れていくような人をどうしようか(いや、どうしようもない)。見あきないうちに散ってしまった花と思うことにしよう。(「離れ」は「枯れ」を連想させる。) ⇩詮(せん)無し「慣用表現」

なりたち 副詞「如何(いかが)」＋サ変動詞「為(す)」の未然形「せ」＋推量の助動詞「む」の連体形「む」

いかが-は【如何は】❶反語を表す。どうして…か(いや、…ない)。どのように…か(いや、…ない)。述語が略されている場合には補って考える。竹取 竜の頸の玉「君の仰せ言をば、―背(そむ)くべき」訳 主君の命令に、どうして背くことができるだろうか(いや、できない)。

❷疑問を表す。どのように。どうして。〔うつほ〕菊の宴「さ思ひてこそたびたび聞こえしか、つねには―、と思ひて」訳 そう(=お返事を申し上げようと)思うからこそ、たびたび申し上げたのに、いつも(お返事を申し上げるの)はどう(だろう)か、と思って。文法「いかがは」の下に「あらむ」などが省略されている。

❸強意を表す。どうしてまあ。どんなにかまあ。土佐「この家にて生まれし女子(をんなご)の、もろともにかへらねば、―悲しき」訳 この家で生まれた女の子が、いっしょに(土佐から)帰らないので、どんなにかまあ悲しいことだ。名文解説 土佐から帰京した後、任国で幼い娘を失った悲しみをつづった一節。亡き娘への哀悼と追慕は「土佐日記」の主題の一つであり、ここでも、娘を生まれたわが家に連れ帰れなかった親の悲痛な思いが切々と述べられている。

なりたち 副詞「如何(いかが)」＋係助詞「は」

いかが-は-せ-む【如何はせむ】❶反語を表す。どうしようか(いや、どうしようもない)。しかたがない。竹取 竜の頸の玉「さらば―。難(かた)きことなりとも、仰せごとに従ひて求めにまからむ」訳 それならばしかたがない。困難なことであっても、御命令に従って(竜の首の玉を)さがしにまいろう。⇩詮(せん)無し「慣用表現」

❷疑問を表す。どうしようか。なんとかして。どうしたらよいだろうか。徒然 二三一「酒宴ことさめて、―とまどひけり」訳 酒宴の興もさめて、どうしたらよいだろうかと途方にくれた。

なりたち 副詞「如何(いかが)」＋係助詞「は」＋サ変動詞「為(す)」の未然形「せ」＋推量の助動詞「む」の連体形「む」

い-かか-る【い懸かる】(自ラ四)〔ら・り・る・る・れ・れ〕〔「い」は強意の接頭語〕かかる。万葉 一四・三四〇八「岩の上(へ)に―る(体)雲の」訳 岩の上にかかる雲のように。

い-がき【斎垣・忌垣】(名)〔「い」は神聖な、の意の接頭語〕「いかき」とも。神社など神聖な場所の周囲にめぐらした垣。古今 秋下「ちはやぶる神の―にはふ葛も秋にはあへずうつろひにけり」訳 神の威光に守られた神社の垣にからみつく葛も、秋にはこらえきれず色が変わってしまったことだ。(「ちはやぶる」は「神」にかかる枕詞)

い-か-く【沃懸く】(他カ下二)〔け・け・く・くる・くれ・けよ〕そそぎかける。浴びせかける。〔後鳥羽院御口伝〕「五尺のあやめ草に水を―け(用)たるやうに歌は詠むべし」訳 五尺(=約一・五メートル)のあやめ草に水をそそぎかけているように(のびのびと)歌は詠むのがよい。

い-かく-る【い隠る】(自ラ四)〔ら・り・る・る・れ・れ〕〔「い」は強意の接頭語〕隠れる。万葉 一・一七「あをによし奈良の山の山の際(ま)に―る(体)まで」訳 →うまさけ… 和歌

いかけ-ぢ【沃懸地】(名)「いっかけぢ」とも。蒔絵(まきえ)の技法で、漆塗りの上に金粉や銀粉を流しかけ、さらに漆を重ねて研ぎだしたもの。平家 九・忠度最期「黒き馬の太うたくましきに、―の鞍(くら)置いて乗り給へり」訳 (忠度(ただのり)は)黒い馬でがっしりとしてたくましいのに、沃懸地の鞍を置いて乗っていらっしゃる。

いか-さま【如何様】㊀(形動ナリ)〔なら・なり(に)・なり・なる・なれ・なれ〕どのようだ。どんなふうだ。万葉 一・二九「―に(用)思ほしめせか」訳 どのようにお考えになってか。

㊁(副)〔「いかさまにも」の略〕❶どうみても。きっと。平家 一・祇王「―これは、祇(ぎ)といふ文字を名について、かくはめでたきやらん」訳 きっとこれ(=白拍子(しらびょうし)の祇王(ぎおう)が栄えていること)は、祇という文字を名前に付けているので、このようには(幸運が)すばらしいのだろうか。

❷ぜひとも。なんとかして。〔謡・羽衣〕「―取りて帰り、…家の宝となさばやと存じ候ふ」訳 (羽衣を)ぜひとも取って帰り、…家の宝としたいと存じます。

㊂(感)まったくそのとおり。なるほど。いかにも。〔東海道中膝栗毛〕「『はあ、ねっから(=全然)酒が足らぬやうだ。もう二合やらかさう(=飲もう)』『―なあ』」

いかさまに-も【如何様にも】❶(強い依頼や意志をこめて)ぜひ。なんとか。平家 二・小教訓「―御声の出(い)づべう候ふ」訳 なんとかお声が出るはずです。

❷(判断・推量の確実さを表して)きっと。どうみても。平家 二・小教訓「―今夜(こよひ)首をはねられんこと、しかるべ

うも候はず」訳 どうみても今夜首をおはねになるようなことは、適当でもありません。

なりたち 形容動詞「如何様なり」の連用形「いかさまに」＋係助詞「も」

いか・し【厳し】(形ク){から・く(かり)・し・き(かる)・けれ・かれ} ❶いかめしい。おごそかである。りっぱだ。❷恐ろしい。激しい。荒々しい。源氏 葵「たけく—・き㊍ひたぶる心出できて、うちかなぐる」訳 気が強く荒々しい一途な心(=恨み心)が出てきて、(葵の上を)乱暴につかんで引っぱる。

参考 上代には、シク活用であったと考えられる。その場合多くは終止形(=語幹)に名詞の付いた「いかし穂」「いかしほこ」などの形で用いられた。

語の広がり「厳し」
「雷」「いかつい」「いかめしい」「怒る」などの「いか」は、「いかし」の語幹「いか」と同じもので、人を恐れさせる威圧的な力を表している。

いかずち【雷】⇩いかづち

い-かた【鋳型】(名)「いがた」とも。鋳物を造るための、溶かした金属を流しこむ型。徒然 二三八「行房朝臣清書して、—にうつさせんとせしに」訳 (藤原)行房朝臣が(つき鐘の銘の文章を)清書して、鋳型にうつし取らせようとしたときに。

いかだ-し【筏師】(名)いかだを操って、川を下るのを職業とする人。いかだ乗り。新古 冬「—よ待てこと問はん水上はいかばかり吹く山の嵐ぞ」訳 いかだ乗りよ。待て、尋ねよう。(大井川の)上流はどんなに(はげしく)吹いている山の嵐であるのか。

いかづち【雷】(名)かみなり。雷神。「鳴る神」とも。枕 一五三「—は名のみにもあらず、いみじうおそろし」訳 かみなりは名前だけでもなく、(実際に)たいそう恐ろしい。

いか-で【如何で】(副)❶願望を表す。**なんとかして。どうにかして。**土佐「男も女も、—とく京へもがなと思ふ心あれば」訳 男も女も、どうにかして早く京へ帰りたいものだと思う気持ちがあるので。

文法「もがな」は、願望の終助詞。更級 かどで「世の中に物語といふもののあんなるを、—見ばやと思ひつつ」訳 世の中に物語というものがあると聞いているけれども、(それを)なんとかして見たいものだと思い続けて。

副詞の呼応
いかで　見ばや。〈願望〉
(=なんとかして見たい)

文法「ばや」は、願望の終助詞。⇩更級日記「名文解説」

❷疑問を表す。**どうやって。**どのようにして。どういうわけで。宇治 一〇・一「まうとは、—情けなく幼きものをかくはするぞ」訳 あなたは、どういうわけで情け容赦もなく幼い者をこのようにはする(=死ぬほどに踏みつける)のか。

❸反語を表す。**どうして(…か、いや、…ない)。**竹取 かぐや姫の昇天「—月を見ではあらむ」訳 どうして月を見ないではいられよう(か、いや、いられない)。

参考 述部に助動詞「む」「じ」、助詞「ばや」「てしがな」「にしがな」「もがな」など、願望に関係する語がくるときは①、述部に助動詞「む」「けむ」「らむ」「べし」「まし」、助詞「ぞ」「か」など、疑問・反語に関係する語がくるときは②または③の意となる。

いかで-か【如何でか】❶疑問を表す。どうして…か。伊勢 九「『かかる道は—いまする』と言ふを見れば、見し人なりけり」訳「こんな道にはどうしておこしか」と言う人を見ると、(以前)会った人であった。

❷願望を表す。なんとかして。どうにかして。枕 二三八「はづかしく心づきなきことは、—御覧ぜられじと思ふに」訳 きまりが悪くいやなことは、なんとかして(中宮の)お目にはかけまいと思うのに。

❸反語を表す。どうして…か(いや、…ない)。徒然 三二「あとまで見る人ありとは、—知らん」訳 あとまで見る人がいるとは、どうして知ろうか(いや、知るはずはない)。

なりたち 副詞「如何で」＋係助詞「か」

文法 係助詞「か」を受けて結びは連体形になる。

いかで-かは【如何でかは】❶疑問を表す。どうして…か。伊勢 五三「—鳥の鳴くらむ人知れず思ふ心はまだ夜深きに」訳 どうして(夜明けを告げる)鶏が鳴くのだろうか。人に知られずに(あなたを)思う心の中ではまだ夜が深(く、思いをうち明けきれていな)いのに。

❷願望を表す。なんとかして。どうにかして。源氏 明石「いと興ありけることかな。—聞くべき」訳 たいそう興味のあったことだなあ。(伝統ある琴の奏法を)なんとかして聞くつもりだ。

❸反語を表す。どうして…か(いや、…ない)。源氏 末摘花「かやうの御やつれ姿を、—御覧じつけむ」訳 こんな(光源氏の)お忍びの姿(=狩衣姿)を、(桐壺帝は)どうしてお見つけになるだろうか(いや、お見つけになるまい)。

なりたち 副詞「如何で」＋係助詞「かは」

文法 係助詞「かは」を受けて結びは連体形になる。

いかで-も【如何でも】どうにでも。どのようにでも。平家 三・法印問答「心を費やしても何かはせんなれば、—ありなんとこそ思ひなって候へ」訳 気をつかってもどうしようもないことなので、どうにでもなってしまおうと思うようになっています。

なりたち 副詞「如何で」＋係助詞「も」

いかでも-いかでも【如何でも如何でも】[「いかでも」を重ねて強めた語]願望を表す。なんとしてでも。源氏 常夏「ただ—、御方々に数まへ知ろしめされむことをなむ」訳 (私=近江の君は)ただなんとしてでも(弘徽殿の女御をはじめ)、皆さま方に人並みに扱われお知りいただくようなことを(願っていた)。

いか-な【如何な】[「いかなる」の転]㊀(連体)どのような。どんな。〔狂・竹の子〕「—畠でも、種をまかいで、物ができるものでござるぞ」訳 どんな畑でも、種をまかないで、作物ができるものでございますか。

㊁(副)(下に打消の表現を伴って)どうしても。どうにも。〔浄・心中天の網島〕「—(=どうしても)にっこりと笑顔も見せず、一言のあいさつもなく」

いかな-いかな【如何な如何な】(副)[「いかな」を重ねて強めた語](下に打消の語を伴って)どうしてどうして。決して決して。〔狂・花子〕「この体(=ありさま)を見ましては、—お見舞い申さずにはおられませぬ」

いかな-こと【如何な事】❶(多く、「これはいかなこと」の形で)どうしたことか。〔狂・瓜盗人〕「これは—。人の〔瓜を〕取ったあとがある」

❷(下に打消の語を伴って)どうしても。どんなことがあっても。〔浄・国性爺合戦〕「—ならぬ、ならぬとねめ付くる」訳どうしてもならぬ、ならぬとにらみつける。

いかなら‐むン —【如何ならむ】❶(推測して)どうであろう。どんなだろう。枕 二九九「少納言よ、香炉峰の雪いかならむ㊏」訳少納言(=清少納言)よ、香炉峰の雪はどうであろう。⇨香炉峰「名文解説」
❷(あやぶむ気持ちを表して)どうなることであろう。源氏 夕顔「これもいかならむ㊏と心そらにてとらへ給へり」訳この人(=右近)もどうなることだろうと光源氏は夢中でつかまえなさっている。
❸(連体修飾語として)どんな。どのような。徒然 二一六「いかならん㊏世にも、かばかりあせ果てんとはおぼしてんや」訳(道長は)どのような時代においても、(法成寺が)これほど衰え果てるだろうとはお思いになっただろうか(いや、お思いにならなかっただろう)。
なりたち 形容動詞「如何なり」の未然形「いかなら」+推量の助動詞「む」

いか‐なる【如何なる】〔形容動詞「如何なり」の連体形〕どのような。どういう。徒然 七五「つれづれわぶる人は、—心ならん」訳することもなく手持ち無沙汰を嘆く人は、どういう気持ちなのだろう。
参考 連体詞とする説もある。

いかなれ‐ば【如何なれば】どういうわけで。どうして。平家 三・足摺「—赦免の時、二人は召し返されて、一人ここに残るべき」訳どうして赦免のときに、二人は(都へ)召し返されて、一人(俊寛だけ)がここ(=鬼界が島)に残らなければならないのだ。
なりたち 形容動詞「如何なり」の已然形「いかなれ」+接続助詞「ば」

いか‐に【如何に】■一(副)状態や程度、また理由などを疑い、推測するときに用いる。❶どのように。どう。竹取 かぐや姫の昇天「我を—せよとて捨てては昇り給ふぞ」訳私を(このあと)どうしろと言って捨てて(空へ)お昇りになるのか。〔建礼門院右京大夫集〕「今や夢昔や夢と迷はれて—思へどうつつとぞなき」訳今(のわびしい暮らし)が夢なのか、昔(の栄華)が夢なのかと迷われて、どのように考えても現実とは思われない。
❷どんなに(…だろう)。さぞ(…だろう)。枕 五「—心もとなからむ」訳どんなに気がかりだろう。
❸なぜ。なにゆえ。徒然 一〇九「かばかりになりては、飛びおるともおりなん。—かく言ふぞ」訳これ(=軒の高さ)ほどになっては、きっと飛び降りたって降りられよう。どうしてそう(=「用心しろ」などと)言うのか。文法「おりなん」の「な」は、助動詞「ぬ」の未然形で、ここは確述の用法。
❹どんなに。どれほど。徒然 一四「ただ—言ひすてたる言種も、皆いみじく聞こゆるにや」訳(昔の人の歌は)なんということもなくどんなに無造作に言ったことば(=歌句)でも、みんなりっぱに聞こえるのであろうか。文法 係助詞「や」のあとに結びの語「あらん」が省略されている。
❺感動を表す。なんとまあ。大鏡 序「世は—興あるものぞや」訳世の中はなんとまあおもしろいものであるよ。文法「や」は、間投助詞。
■二(感)相手に呼びかける語。おい。なんと。さて。もし。平家 九・宇治川先陣「—佐々木殿、高名せうどて不覚し給ふな」訳なんと佐々木殿、手柄を立てようとして思わぬ失敗をしなさるな。
参考 ■一は形容動詞「如何なり」の連用形とも考えられる。→如何 参考

いかに‐いかに【如何に如何に】〔「いかに」を重ねて強めた語〕どうしたのか。どうだろうか。枕 八「『そこにさぶらはむは—』と言へば」訳「そこ(=あなたがたのお部屋)に参上するとしたらそれはどうだろうか」と言うので。

いかに‐いはむや ワンヤ —イ【如何に況むや】〔「いはむや」を強めた形〕まして。いうまでもなく。もちろん。方丈 四「もの憂しとても、心を動かすことなし。—、常に歩き、常に働くは、養生なるべし」訳(からだが)なんとなく大儀であるといっても、心を悩ませることはない。まして、いつも出歩き、いつもからだを動かすのは、健康にいいはずだ。⇨言ふもおろかなり「慣用表現」

いかに‐か【如何にか】❶疑問を表す。どのように。どういうふうに。なぜ。どうして。万葉 二・一〇六「二人行けど行き過ぎがたき秋山を—君がひとり越ゆらむ」訳→ふたりゆけど…和歌
❷反語を表す。どうして…か(いや、…ない)。万葉 九・一七五四「今日の日に—しかむ筑波嶺に昔の人の来けむその日も」訳今日の(楽しい)日にどうして及ぼうか(いや、及ばない)。筑波山に昔の人が来たというその日でも。
なりたち 副詞「如何に」+係助詞「か」
文法 係助詞「か」を受けて結びは連体形となる。

いかに‐かは【如何にかは】反語を表す。どうして…か(いや、…ない)。今昔 二四・三「汝はいみじく算置きつべき者なりけり。日本にありては—せむとする」訳おまえはとても上手に算を置く(=算木を置いて吉凶などを占う)ことができる者であるなあ。(しかし)日本にいてはどうして(立身)しようか(いや、しない)。
なりたち 副詞「如何に」+係助詞「かは」
文法 係助詞「かは」を受けて結びは連体形となる。

いかに‐し‐て【如何にして】❶どのようにして。枕 三〇二「—過ぎにしかたを過ぐしけむくらしわづらふ昨日今日かな」訳(今まで)どのようにして過ぎた時を過ごしたのだろう。(あなたがいないので)どう暮らしてよいか困っている昨日今日であるよ。
❷なんとかして。どうにかして。源氏 明石「—都の高き人にたてまつらむと思ふ心深きにより」訳どうにかして(娘=明石の君を)都の尊い方に差し上げようと思う心が深いので。
なりたち 副詞「如何に」+サ変動詞「為」の連用形「し」+接続助詞「て」

いかに‐し‐て‐かは【如何にしてかは】❶疑問を表す。どうして…か。どのようにして…か。源氏 橋姫「—聞こし召し伝ふべきと」訳どのようにしたら(あなた=薫が)お聞き伝えなさることができるかと。
❷反語を表す。どうして…か(いや、…ない)。〔後撰〕恋二「あやしくも厭ふにはゆる心かな—思ひやむべき」訳不思議なことに(あなたが)いやがることに対してはいっそう燃え上がる(私の)心であることよ。どうして思いとどめることができようか(いや、思いとどめられそうもない)。
なりたち 副詞「如何に」+サ変動詞「為」の連用形「し」+接続助詞「て」+係助詞「かは」

いかに‐せ‐むン —【如何にせむ】❶思い迷うさまを表

す。どうしよう。どうしたらよいだろう。[新古] 夏「—・ん㊚こぬ夜あまたの郭公待たじと思へば村雨の空」[訳] どうしよう(=待とうか、待つまいか)。来ない夜の多い郭公。待つまいと決めると村雨模様の(郭公の来そうな)空になったよ。

❷嘆きあきらめる気持ちを表す。どうしようもない。[新古] 雑下「—・ん㊚身をうき舟の荷を重みつひの泊まりやいづこなるらん」[訳] どうしようもないことだ。わが身をつらいと思い、浮き舟の積み荷のように背負っている(罪の)荷が重いので、最後に落ち着く所はどこだろうか。(「うき舟」に「憂き」と「浮き舟」とをかける。「舟」と「泊まり」とは縁語)。⇩詮無し「慣用表現」

いかに-ぞ【如何にぞ】 状態・ようす・原因などを問う。どうだろうか。どんなであるか。どうしてか。[枕] 三三「『—。ことなりぬや』といへば、『まだ、無期』などいらへ」[訳]「(祭りの行列は)どんなであるか。始まったか」と言うと、「まだ、いつのことやら」などと答え。

[なりたち] 副詞「如何に」＋サ変動詞「為」の未然形「せ」＋推量の助動詞「む」

いかに-ぞ-や【如何にぞや】 ❶不満や不審の気持ちを表す。なぜか。どうしてだろうか。[徒然] 一四「このごろの歌は…古き歌どものやうに、—、ことばの外にあはれに、けしき覚ゆるはなし」[訳] このごろの歌は…古い諸歌のように、なぜか、言外にしみじみと、趣が感じられるものはない。

❷状態や理由がはっきりしないので問う。どんなようすか。どうしているか。[枕] 一本・三「—、さはやかになり給ひたりや」[訳](気分は)どんなようすか、さっぱりした気分になっていらっしゃるか。

[なりたち] 副詞「如何に」＋係助詞「ぞ」＋係助詞「や」

いかに-まれ【如何にまれ】〔「いかにもあれ」の転〕「いかにもあれ」に同じ。[大和] 一四七「今日—、このことを定めてむ」[訳] 今日、(結果が)どうなろうと、このこと(=二人の男のうちどちらと結婚するかということ)を決めてしまおう。

いかに-も【如何にも】 ❶どのようにでも。「女のなき世なりせば、衣文も冠も、—あれ、ひきつくろふ人も侍らじ」[訳] 女のいない世の中だったら、装束の着け方も冠も、どのようであっても、ととのえる人もありますまい。

❷(下に願望の語を伴って)なんとか。ぜひとも。[徒然] 五八「人と生まれたらんしるしには、—して世をのがれんことこそ、あらまほしけれ」[訳] 人間に生まれたとしたらそのしるしとしては、なんとか(出家)して俗世間をのがれようとすることこそ、望ましい。

❸(下に打消の語を伴って)どんなことがあっても。どうしても。決して。[平家] 三・六代被斬「—かなふまじ。はやはや出家し給へ」[訳] どうあってもだめだろう。早く早く出家しなさい。

❹きわめて。まったく。[宇治] 一・三「—山の中にただ一人ゐたるに」[訳] まったく山の中にたった一人で座っていると。

❺そうだ。そのとおりだ。確かに。〔狂・末広がり〕「『こちのことでござるか。何事でござる』『—そなたのことぢや』」[訳]「私のことでございますか。何事でございますか」「そうだ、おまえのことだ」

[なりたち] 副詞「如何に」＋係助詞「も」

いかに-も-あれ【如何にも有れ】 いずれにせよ。どうなろうと。[土佐]「悪しくもあれ、—、便りあらばやらむ」[訳](歌のできが)悪くあろうと、どうであろうと、ついでがあれば(歌を)送ろう。

[なりたち] 副詞「如何に」＋係助詞「も」＋ラ変動詞「有り」の命令形「あれ」

いかにも-いかにも【如何にも如何にも】〔「いかにも」を重ねて強めた語〕❶どのようにしても。[源氏] 椎本「みづからのことにては、—深う思ひ知る方の侍らぬを」[訳](私=薫は)自分のことについては、どのようにしても深く心得ていることがございませんが。

❷(下に打消の語を伴って)どんなことがあっても。[源氏] 蛍「すべて女子と言はむものなむ、—目放つまじかりける」[訳] だいたい女の子というようなものは、どんなことがあっても目を離してはならないものであったのだ。

❸いずれにしても。[源氏] 東屋「—、二心なからむ人のみこそ、目安く頼もしきことにはあらめ」[訳] いずれにしても、浮気心を抱かないような男だけが、無難で頼りにできるものではあろう。

❹なるほど。そのとおり。〔浄・冥途の飛脚〕「—大坂でもその取り沙汰(=評判)」〔が立っている〕」

いかに-も-な・る【如何にも成る】(「どうにでもなる」の意から)「死ぬ」を婉曲にいう表現。[平家] 六・入道死去「われ—・り㊊なん後は、堂塔をもたて、孝養をもすべからず」[訳] 私(=清盛)が死んでしまったあとは、仏堂や塔をも建ててはならないし、供養をもしてはならない。

[文法]「堂塔をもたて」は対偶中止法で、下の否定が及ぶ。⇩果つ「慣用表現」

[なりたち] 副詞「如何に」＋係助詞「も」＋四段動詞「成る」

いかに-や【如何にや】 どうか。どうしたのか。どんなぐあいか。[平家] 一・祇王「母や妹これを見て、『—いかに』と問ひけれども」[訳] 母や妹はこれ(=祇王が泣くようす)を見て、「どうしたのかどうしたの」とたずねたけれども。

[なりたち] 副詞「如何に」＋係助詞「や」

いか-の-いはひ【五十日の祝ひ】 子供が生まれて五十日目にする祝い。餅を赤子の口に含ませる儀式。略して「五十日」とも。

いか-のぼり【烏賊幟・紙鳶】(名) 凧。[春]。〔蕪村句集〕蕪村「—きのふの空のありどころ」[訳](ふと空を見上げると)たこが一つ高く上がっている。それはきのうの空に上がっていた位置と同じあたりである。

いか-の-もちひ【五十日の餅】「五十日の祝ひ」のとき、赤子の口に含ませる餅。略して「五十日」とも。[大鏡] 醍醐「村上か朱雀院かの生まれおはしましたる御—、殿上に出ださせ給へるに」[訳] 村上天皇か朱雀院(のどちら)かがお生まれになった(ときの)御五十日の餅を、殿上の間にお出しになられたところ。

いか-ばかり【如何ばかり】(副)〔形容動詞「如何なり」の語幹「いか」に副助詞「ばかり」の付いたもの〕❶状態や程度を推測する。どれほど。どれくらい。[竹取] 御門の求婚「多くの人の身をいたづらになしてあはざなるかぐや姫は、—の女ぞ」[訳] たくさんの男の身を滅ぼして(なお)結婚しないというかぐや姫は、どれほどの女か。文法「ざなる」は「ざるなる」の撥音便「ざんなる」の「ん」の表記されない形。

❷程度のはなはだしさをいう。どんなに。たいそう。非常に。徒然 一八「手にむすびてぞ水も飲みける。―心のうちすずしかりけん」訳 手ですくって水も飲んだ。どんなに心の中がすがすがしかったことだろう。

伊香保(いかほ)『地名』歌枕 今の群馬県渋川市南西部にある地。「伊香保の沼」は榛名湖の古称という。

いか-ほど【如何程】(副)どれくらい。どれだけ。平家 二・嗣信最期「源氏が勢ひ―あるぞ」訳 源氏の勢力はどれくらいあるのか。

いか-め-し【厳めし】(形シク){しから・しく(しかり)・し・しき(しかる)・しけれ・しかれ}【形容詞「いかし」と同源】❶おごそかだ。威厳がある。また、盛大である。竹取 御門の求婚「仕うまつる百官の人々、あるじ―・しう 用(ウ音便)仕うまつる」訳 (帝に)お仕え申しあげる多くの官人たちに、おもてなしを盛大にして差しあげる。

❷激しい。荒々しい。恐ろしい。源氏 明石「―・しき 体 雨風、いかづちの驚かし侍りつれば」訳 激しい雨風や雷が(私=明石の入道に)注意を促しましたので。

いかもの-づくり【怒物作り・厳物作り】(名)太刀のこしらえがいかめしく作ってあること。また、その太刀。平家 一一・能登殿最期「赤地の錦の直垂に、唐綾縅の鎧着て、―の大太刀抜き」

いか-やう(ヨウ)【如何様】(形動ナリ){なら・なり(に)・なり・なる・なれ・なれ}どのよう。どんなふう。枕 一〇二「『―・に 用 かある』と問ひ聞こえさせ給へば」訳 「(その扇の骨は)どのようであるか」と(中宮が隆家に)おたずね申しあげなされると。

いから-か-す【怒らかす】(他サ四){さ・し・す・す・せ・せ}【「かす」は接尾語】目を角ばらせたり、毛を逆立てたり、声を荒立てたりする。いかついようすをする。いからす。今昔 二〇・一〇「毛を―・し 用 て走り懸かりて食らふ」訳 (猪が怒って)毛を逆立てて走りかかって食いつく。

いかり【碇・錨】(名)❶船をとめておくために、綱や鎖につけて水底に沈めるおもり。万葉 一一・二七三八「大船のたゆたふ(=揺れ動く)海に―下ろし」

❷物にかけて留めるようにした、①の形のおもり。枕 八九「―の緒を、組のながきなどつけて引きありくも」訳 (猫が綱の先に)いかり形のおもりのついた紐で、組み糸の長いのなどをつけて引っぱって歩くのも(優美である)。

いか-る【怒る】(自ラ四){ら・り・る・る・れ・れ}❶腹を立てる。おこる。いきどおる。徒然 一二八「子を思ひ、親をなつかしくし、夫婦をともなひ、嫉み、―・り 用、欲多く」訳 (あらゆる生き物は)子を思い、親を慕い、夫婦相伴い、ねたみ、おこり、欲が多く。

❷かどばる。ごつごつしている。宇治 三・五「碁盤の足の―・り 用 さしあがりたるに、しりぼねを荒うつきて」訳 碁盤の足がごつごつして突き出ているところに、(鳥羽僧正は)尻の骨をひどく打ちつけて。

❸激しく動く。荒々しくふるまう。源氏 帚木「荒海の―・れ 已 る魚のすがた」訳 荒海の(障子に描かれた)荒々しく動いている魚のすがた。

いかるが【斑鳩】(名)小鳥の名。いかる。

斑鳩(いかるが)『地名』今の奈良県生駒郡斑鳩町。法隆寺付近の地名。

いか-ん【如何】(副)【「いかに」の転】疑問を表す。どのようか。どんなであるか。なぜか。方丈 四「われ、今、身のために結べり。人のためにつくらず。ゆゑ―となれば」訳 私は、今、自分のために(方丈の庵を)結んだ。他人のために造っていない。理由はどうであるかというと。

いかん-が【如何が】(副)【「いかにか」の転】疑問・反語を表す。どのように…か。どうして…か(いや、…ない)。平家 二・康頼祝言「ここに利益の地をたのまずんば、―歩みを険難の路にはこばん」訳 このときに利益の大地(のような菩薩)を頼みとしないならば、どうして歩みを(こんな)険しい道に進めようか(いや、進めはしない)。

いき【息】(名)❶呼吸。源氏 夕顔「―は疾く絶えはてにけり」訳 (夕顔の)呼吸はとっくに絶え果ててしまっていた。

❷命。万葉 一四・三五三九「崩岸の上に駒をつなぎて危ほかど人妻児ろを―にわがする」訳 断崖の上に馬をつないだように危ういけれど、人妻であるあなたを命のように私は思うことだ。

いき【粋】(名・形動ナリ)【「意気」の転】いやみがなくさっぱりとしていること。あかぬけして気がきいていること。世情、特に遊里の事情などに精通し、人情の機微を心得ていること。↔野暮

> **発展 「粋」は江戸町人の美意識**
> 「粋」は、近世中期ごろから、江戸の町人の間で発展した美意識で、さっぱりとした都会的な感覚としゃれた色気に特色がある。遊里を舞台とした洒落本や人情本に、多く描かれている。対義語は「野暮」。⇩粋
> 「発展」・通「発展」

壱岐(いき)『地名』旧国名。西海道十二か国の一つ。今の長崎県壱岐市。壱岐島のこと。壱州。

いき-あか-る【行き別る】(自ラ下二){れ・れ・る・るる・るれ・れよ}「ゆきあかる」とも。別れて行く。離散する。源氏 夕顔「見すてて―・れ 用 にけりとつらくや思はむ」訳 (私=光源氏が夕顔を)見捨てて別れて行ってしまったのだと、(私を)薄情に思うであろうか。

いき-あ-ふ(オウ)【行き逢ふ】(自ハ四){は・ひ・ふ・ふ・へ・へ}「ゆきあふ」とも。出くわす。ばったり会う。伊勢 六三「狩りしありけるに―・ひ 用 て」訳 狩りをしてあちこち回っていたのに出くわして。

いき-い-づ(イズ)【生き出づ】(自ダ下二){で・で・づ・づる・づれ・でよ}生き返る。息を吹き返す。源氏 夕顔「あが君、―・で 用 給へ」訳 いとしい人(=夕顔)よ、生き返ってください。

いき-かよ-ふ(カヨウ)【行き通ふ】(自ハ四){は・ひ・ふ・ふ・へ・へ}「ゆきかよふ」とも。行き来する。かよって行く。伊勢 二三「高安の郡に、―・ふ 体 所出で来にけり」訳 高安の郡に、かよって行く所(=女の家)ができてしまった。

いき-ざし【息差し】(名)息づかい。呼吸。特に、不平や嘆きなどの、激しい感情がこめられた息づかい。蜻蛉 下「さまざまに嘆く人々の―を聞くも、あはれにもあり、やすからずもあり」訳 さまざまに心配し嘆く人々のため息を聞くのも、しみじみと心を打たれもし、心穏やかでなく思われもする。

いき-すだま【生き霊】(名)「いきずたま」とも。他の人に取りついて悩ます、生きている人の霊魂。「生き霊」とも。枕 一五三「名おそろしきもの……ー。くちなはいちご。おにわらび」訳 名前のおそろしいもの、……生き霊。蛇いちご。鬼わらび。

い-ぎたな-し【寝汚し・寝穢し】(形ク){から・く(かり)・し・き(かる)・けれ・かれ}寝坊である。なかなか目をさまさない。枕 二八「そら寝をしたるを、わがもとにあるもの、おこしにより来て、ー・し終とおもひ顔にひきゆるがしたる、いとにくし」訳 寝たふりをしているのを、自分のところにいる者(=侍女)が起こしに寄って来て、寝坊だと思っているような顔つきでゆすったのは、とても不快だ。↔寝聡し

いき-ちが・ふ【行き違ふ】(自ハ四){は・ひ・ふ・ふ・へ・へ}すれちがう。更級 初瀬「ー・ふ体馬も車も、徒歩人も」訳 すれちがう馬も牛車も、歩いている人も。

いきづき-あか・す【息づき明かす】(他サ四){さ・し・す・す・せ・せ}ため息をつきながら夜を明かす。万葉 五・八九七「夜はもー・し用年長く病みし渡れば」訳 夜は夜でため息をつきながら夜を明かし、長年ずっと患っているので。

いき-つ・く(自カ四){か・き・く・く・け・け}「ゆきつく」とも。❶【行き着く】目標・目的地に到達する。更級 竹芝寺「七日七夜といふに、武蔵の国にー・き用にけり」訳 七日七晩という(日数を経た)時に、武蔵の国に到着した。❷【行き付く】まんべんなく付く。枕 三「しろき物ー・か未ぬ所は、雪のむらむら消え残りたるここちして」訳 (黒い顔に)おしろいがまんべんなく付いていない所は、雪がまだらに消え残っている感じがして。❸【行き着く】精力や資力が尽きる。ゆきづまる。〔浄・心中天の網島〕「治兵衛身代ー・い用(イ音便)ての金に詰まって(=困って)なんどと、〔太兵衛が〕大坂中を触れ回り」

いき-づ・く【息づく】(自カ四){か・き・く・く・け・け}苦しそうに長い息をつく。あえぐ。また、ため息をつく。嘆く。竹取 竜の頸の玉「大納言、南海の浜に吹きよせられたるにやあらむと、ー・き用伏し給へり」訳 大納言は、南海の浜に吹き寄せられたのであろうかと思って、あえいでふせっていらっしゃる。

いき-づ・む【息詰む】(自マ四){ま・み・む・む・め・め}息をとめて腹に力を入れる。いきむ。著聞 五四六「尿をー・ま未ば、一定もろともに出でぬべくて」訳 小便を(しようと)いきめば、(屁も)きっと一緒に出てしまいそうで。

いき-と-し-いけ-る-もの【生きとし生けるもの】この世に生を受けているすべてのもの。あらゆる生物。古今 仮名序「ー、いづれか歌をよまざりける」訳 あらゆる生きものは、どれが歌を詠まなかっただろうか(いや、詠まないものなどない)。名文解説 和歌の発生と本質を論じる中で、うぐいすやかえるの鳴き声を例として、人間に限らず、この世に生を受けたすべてのものが歌を詠むことを説いた一節。歌がいかに普遍的なものであるかを、広い視野から述べている。なりたち 四段動詞「生く」の連用形「いき」＋格助詞「と」＋強意の副助詞「し」＋四段動詞「生く」の已然形「いけ」＋存続の助動詞「り」の連体形「る」＋名詞「もの」

いきどほ・る【憤る】(自ラ四){ら・り・る・る・れ・れ}❶不平をいだく。鬱屈する。万葉 一九・四一五四「ー・る体心のうちを思ひのべ」訳 晴れない心のうちをのびのびとさせて。❷腹を立てる。怒る。平家 四・競「『天下の笑はれ草とならんずるこそ安からね』とて、大きにー・ら未れければ」訳「天下の笑われものになるようなことは不愉快だ」とおっしゃって、たいへん腹を立てなさったので。

いき-とま・る【生き止まる】(自ラ四){ら・り・る・る・れ・れ}生き長らえる。生き残る。源氏 手習「さばかりにてー・り用たる人の命なれば」訳 それほど(の重病)であって生き長らえた人(=浮舟)の命なので。

いき-の-した【息の下】息が絶え絶えになって、弱々しい声でものを言うさま。虫の息。平家 六・入道死去「まことに苦しげにて、ーにのたまひけるは」訳 たいへん苦しそうなようすで、息も絶え絶えにおっしゃったことには。

いき-の-を【息の緒】(名)〔「緒」は長く続くものの意〕命。万葉 四・六八一「かくばかりーにしてわれ恋ひめやも」訳 これほど命がけで私は恋をするだろうか(いや、しないであろうに)。参考 ふつう「息の緒に」の形で、「命の綱として」「命がけで」の意を表す。息・呼吸の意に転じた例もある。

いき-はぎ【生き剝ぎ】(名)「いけはぎ」に同じ。

いき-ぶれ【行き触れ】(名)「ゆきぶれ」とも。死者などに行き合って、その汚れを身に受けること。源氏 夕顔「いかなるーにかからせ給ふぞや」訳 (あなた=光源氏は)どのような行きずりの汚れにおかかわりになられたのか。

いき-ほひ【勢ひ】(名)❶元気。活力。力。伊勢 四〇「人の子なれば、まだ心勢ひなかりければ、とどむるーなし」訳 (男は)親がかりの身なので、まだ(主張を通す)心の張りがなかったので、(女を)ひきとどめる力がない。❷人を支配する権力。権勢。威勢。徒然 五八「さすがに一度道に入りて世をいとはん人、たとひ望みありとも、ーある人の貪欲多きに似るべからず」訳 なんといってもいったん仏道に入って世俗を嫌って避けるような人は、たとえ欲望があっても、権勢ある人の欲望の盛んなのとは比べものにならない。❸物事のなりゆき。ようす。形勢。源氏 少女「おほかた世ゆすりて、所せき御いそぎのーなり」訳 (夕霧の元服について)世間一般が大騒ぎして、おおげさなご準備のようすである。

いきほひ-まう【勢ひ猛】威勢が盛んなようす。また、富み栄えるさま。竹取 かぐや姫の生ひ立ち「翁竹を取ること久しくなりぬ。ーの者になりにけり」訳 翁は(黄金の入っている)竹を取ることが長いこと続いた。富み栄える者になった。⇩幸はふ「慣用表現」

いき-ほ・ふ【勢ふ】(自ハ四){は・ひ・ふ・ふ・へ・へ}❶勢いが盛んになる。栄える。時めく。源氏 玉鬘「いかめしくー・ひ用たるを羨みて」訳 (国守の夫人が)堂々として権勢づいているのを(三条が)うらやんで。⇩幸はふ「慣用表現」❷勇み立つ。活気づく。更級 夫の死「そのほどのありさまは、物さわがしきまで人多く、ー・ひ用たり」訳 その(門出の)ときのようすは、騒々しいほどに人が大勢で、活気づいていた。

いき-ま・く【息巻く】(自カ四){か・き・く・く・け・け}❶勢力をふるう。栄える。源氏 若菜上「大后の、坊のはじめの女御にてー・き用給ひしかど」訳 (弘徽殿の)大后が、(故桐壺院が)東宮(であったころ)の最初の女御として

勢力をふるいなさったけれど。 ❷息を荒くして怒る。いきり立つ。⇩幸ふ「慣用表現」 徒然 一〇六「上人なほ—・き用て、『何と言ふぞ、非修非学の男』とあららかに言ひて」 訳 上人はいっそういきり立って、「何と言うか、修行も学問もせぬ男め」と荒々しく言って。 ❸勢いこむ。気勢をあげる。 今昔 二五・五「『さればこそ、我に手向かひはしてむや』など—・き用て」 訳 「思ったとおりだ、私に手向かいはするだろうか(いや、しないだろう)」などと気勢をあげて。

いき‐めぐ・る【生き廻る】(自ラ四)〔ら・り・る・る・れ・れ〕生き長らえる。生き続ける。 今昔 四・一七「なまじひに—・り用て世間を思ひ侘びて」 訳 なまじっか生き長らえて世の中(のつらさ)を思い悩んで。

い‐きゃう【異香】(名)この世のものとは思えないほどのよい香り。 今昔 六・四〇「—寺の内に満ちたり」

い‐ぎゃう【異形】(名)ふつうとは異なる不気味な姿・形。怪しい姿。 今昔 六・六「人にはあらで、—の鬼どもの、極めて怖ろしげなる者どもの歩くなりけり」 訳 人間ではなくて、不気味な姿の鬼どもで、非常に恐ろしい感じの者たちが歩くのであった。

いき‐りゃう【生き霊】(名)「いきすだま」に同じ。 今昔 二七・二〇「近江の国におはする女房の—に入り給ひたるとて」 訳 近江の国(滋賀県)にいらっしゃる奥様が生き霊として(ご主人に)とりつきなさったことだといって。 ↔死霊

いき‐わか・る【行き別る】(自ラ下二)〔れ・れ・る・るる・るれ・れよ〕別れて行く。別れ別れになる。 更級 太井川「—・るる体ほど、行くもとまるも、みな泣きなどす」 訳 別れて行くときは、行く者もとどまる者も、みな泣いたりする。

いき‐を‐の・ぶ【息を延ぶ】(緊張がとけて)安心する。ほっとする。 源氏 夕顔「この人に—・べ用給ひてぞ、悲しきことも思されける」 訳 (光源氏はこの人(=惟光)(の参上)にほっとしなさって、(夕顔の死の)悲しいことも自然と思われなさった(=悲しみが急にこみ上げなさった)。

いき‐を‐はな・つ【息を放つ】大きく息を吐き出す。大息をつく。 宇治 一一・九「—・つ体やうにして、集ひたるものどものかほを見わたせば」 訳 大きな息をつくようにして、集まっている者たちの顔を見わたすと。

いく‐【幾】(接頭)数量や程度が不定の意を表す。どれほど。「—日」「—夜」

いく‐【生く】(接頭)(名詞に付いて)生命が永久である、生き生きしている、などの意を添えてほめたたえる気持ちを表す。「—太刀」「—御魂」「—弓矢」

い・く【生く】㊀(自カ四・上二)〔か・き・く・く・け・け／き・き・く・くる・くれ・きよ〕生きる。命を保つ。また、生き返る。助かる。 源氏 桐壺「限りとて別るる道の悲しきに—・か未(四段)まほしきは命なりけり」 訳 →かぎりとて…和歌。 徒然 五三「たとひ耳鼻こそ切れ失すとも、命ばかりはなどか—・き未(上二段)ざらん」 訳 たとえ耳や鼻が切れてなくなっても、命だけはどうして助からないことがあろうか(いや、助かるはずだ)。 文法 係助詞「こそ」の結びは、接続助詞「とも」が付いて下に続くため、消滅(=結びの流れ)している。
㊁(他カ下二)〔け・け・く・くる・くれ・けよ〕生かす。生存させる。命を助ける。 宇治 七・五「この馬、—・け用てたまはらん」 訳 (観音様に)この馬を、生き返らせていただこう。
参考 ㊀の四段活用はおもに中古までで、上二段活用は中世以降の用法。

い・く【行く・往く】(自カ四)〔か・き・く・く・け・け〕「ゆく」とも。(ある方向や場所に)でかける。進み動く。 万葉 一五・三七二二「大伴の御津の泊まりに船はてて竜田の山をいつか越え—・か未む」 訳 大伴の御津の船着き場に船をとどめて、竜田の山をいつ越えて行くのだろうか。⇩参づ「敬語ガイド」
参考 「いく」と「ゆく」はともに上代から用いられたが、「ゆく」のほうが多く使われた。→行く

いく‐いく(‐と)(副)いくつもいくつも。あれこれと。 宇治 二・一「折敷を、桶、櫃などに入れて、—と置きて食はせさせ給ひければ」 訳 (米十石分の御飯を)四角い盆、桶、櫃などに入れて、いくつもいくつも置いて(聖に)食べさせなさったところ。

いく‐か【幾日】(名)何日。いくにち。 土佐 「ただ日の経ぬる数を、けふ—、二十日、三十日と数ふれば、指もそこなはれぬべし」 訳 (苦しくて不安なので)ただ日が経過した数を、今日で何日、二十日、三十日と数えるので、指も痛められてしまいそうだ。

いく‐かへり【幾返り】(副)何度。なんべん。いくたび。 新古 恋二「—咲き散る花をながめつつ物思ひくらす春にあふらん」 訳 いくたび、咲いては散る花を見入っては、物思いをして暮らす春に逢うことだろう。

いくさ【軍】(名) ❶軍勢。兵隊。 今昔 二六・二「千人の—の中に馬を走らせて入らむことは」 訳 千人の(敵の)軍勢の中に馬を馳せて飛び込むようなことは。 文法 「入らむこと」の「む」は、仮定・婉曲の助動詞。
❷合戦。戦争。 徒然 一三七「兵の—に出づるは、死に近きことを知りて、家をも忘れ、身をも忘る」 訳 武士が戦陣に出て行くときには、死に近いことを知って、家のことをも忘れ、わが身のことをも忘れる。

いくさ‐がみ【軍神】(名)武運を守る神。武神。〔梁塵秘抄〕「関より東の—、鹿島〔神宮〕、香取〔神宮〕、諏訪の宮」

いくさ‐だち【軍立ち】(名) ❶戦場に向かって出発すること。出陣。〔紀〕斉明「大唐の蘇定方、船師を率て、尾資の津に—す」 訳 唐の蘇定方が、兵船の軍隊を率いて、尾資の津に出陣する。
❷戦い。戦いぶり。
❸戦場における軍勢の配置。陣立て。〔太平記〕八「勢の多少も—の様も見分かざれば」 訳 軍勢の多い少ないも陣立ての状況もはっきりしないので。

いくさ‐びと【軍人】(名)兵士。〔紀〕継体「—・兵器をつどへて(=集めて)、新羅を逼せむ(=攻める)」

いくさ‐よばひ【軍呼ばひ】(名)戦場で、両軍があげる喚声。鬨の声。 平家 灌頂・六道之沙汰「明けても暮れても—の声絶えざりし(=絶えなかった)事」

い‐くし【斎串】(名)〔「い」は接頭語〕「いぐし」とも。神聖な串。榊、または篠でつくり、玉と幣とをかけて神前に供えた。玉串。 万葉 一三・三二二九「—立て神酒すゑ奉る神主部の髻華の玉蔭見れば羨しも」 訳 斎串を立て、神酒をお供え申しあげる神官の、髪飾りに挿したひかげのかずら(=植物の名)を見ると、心がひかれることよ。

いく‐せ【幾瀬】㊀(名)いくつの瀬。どれほど多くの瀬。

新古 夏「大井川かがりさし行く鵜飼ひ舟ーに夏の夜を明かすらむ」訳 大井川にかがり火をたき棹をさして行く鵜飼い舟は、どれほど多くの瀬に夏の(短い)夜を明かしているのだろう。

二(副)どんなに。多く。〔浄・夕霧阿波鳴渡〕「去年の暮れから丸一年(足かけ)二年越しに訪れなく、それはーの物案じ(=どれほどの心配をしたことか)」

いく-そ【幾十】(副)(多く下に「の」を伴って)どれほど多く。どんなにたくさん。数限りなく。〔拾遺〕恋五「限りなき思ひの空に満ちぬればーのけぶり雲となるらむ」訳 限りない(あなたへの)思いの炎が空に満ちてしまったので、どれほど多くの煙が雲になっているのであろう。(「思ひ」の「ひ」は「火」との掛詞)

いくそ-たび【幾十度】(副)どれくらい(多く)の回数。何度も。伊勢 九二「葦辺こぐ棚無し小舟ー行きかへるらむ知る人もなみ」訳 葦の生えているあたりをこいで行く舟棚のない小さな舟は、何度行ったり帰ったりすることだろう、(葦に隠れて)知る人もないので。

いくそ-ばく【幾十許】(副)(数・量・程度のいずれにも用いて)どれくらい数多く。どれほど。土佐「その松の数ー、幾千年経たりと知らず」訳 その松の数はどれほどで、何千年がたっているとわからない。

いく-だ【幾許】(副)(多く、下に助詞「も」を付け、打消の語を伴って)いくら。どれほど。万葉 二・一三五「さ寝し夜はーもあらず」訳 ともに寝た夜はいくらもなくて。

生田川(いくたがは)イクタガワ『地名』今の兵庫県神戸市にある摩耶山に源を発し、布引の滝を経て市内を流れ、神戸港にそそぐ川。菟原処女の伝説で知られる。

生田の森(いくたのもり)『地名』歌枕 今の兵庫県神戸市の生田神社境内の森。源平の一の谷合戦や、新田・足利氏の湊川の戦いで戦場となった。

いくだ-も【幾許も】どれほども。いくらも。→幾許
なりたち 副詞「幾許」+係助詞「も」

いく-ちとせ【幾千年】(名)何千年。土佐「その松の数幾十許、ー経たりと知らず」訳 その松の数はどれほどで、何千年がたっているとわからない。

いく-つ【幾つ】(名)「つ」は接尾語】どれだけの数。何個。また、どれだけの年齢。何歳。今昔 二六・九「いくらばかりの軍を具して、船ーばかりに乗りて来るぞ」訳 (攻めてくる人はどれほどの軍勢を率いて、船は何隻ほどに乗って来るのか。

生野(いくの)『地名』歌枕 今の京都府福知山市生野。山陰道の街道筋にあり、丹後(京都府北部)の天の橋立におもむく通路にあたる。

いくはう-もん【郁芳門】イクホウー(名)平安京大内裏の東面南端にある門。⇨巻頭カラーページ31

いく-ばく【幾許】(副)❶どれほど。どのくらい。方丈 三「その、改めつくること、ーの煩ひかある」訳 そのような、(簡便な家を)建てなおすことに、どれほどのめんどうがあるか(いや、ない)。文法「か」は、反語の係助詞。
❷(多く「いくばくも」の形で、下に打消の語を伴って)それほど。いくらも。万葉 九・一八〇七「ーも生けらぬものを」訳 いくらも生きていないのに。

いくばく-なら-ず【幾許ならず】(数・量・程度などが)いくらでもない。源氏 少女「子の大人ぶるに、親のたち変はり痴れ行くことは、ー・ぬ体齢ながら、かかる世にこそ侍りけれ」訳 子が成長するのに、親が代わりに耄碌してゆくことは、(私=光源氏は)さほどでない年齢ではあるが、このような世間(のならい)でございましたね。
なりたち 副詞「幾許」+断定の助動詞「なり」の未然形「なら」+打消の助動詞「ず」

いくばく-も-な-し【幾許も無し】それほど時間・日数もたたない。まもない。伊勢 七八「ー・く用て持て来ぬ」訳 まもなく(庭園に置く石を)持って来た。
なりたち 副詞「幾許」+係助詞「も」+形容詞「無し」

いく-ほど【幾程】(副)どれほど。なにほど。宇治 六・四「そののち、ーなくして、この負け侍ひ、思ひかけぬことにて捕らへられて、獄にゐにけり」訳 その後、どれほども経ないうちに、この(双六に)負けた侍は、予期しないことで捕らえられて、獄舎に入ってしまった。

い-く-む【射組む】(他マ四){ま・み・む・む・め・め}敵味方が互いに矢を射かわす。射合う。今昔 二五・三「今日の合戦は各軍を以てー・ま未せば、その興侍らじ」訳 今日の合戦はそれぞれの軍勢をもって射合わせるなら、そのおもしろみはないでしょう。

いく-よ【幾世・幾代】(名)どれほど多くの年代。何代。古今 雑上「我見ても久しくなりぬ住吉の岸の姫松ーへぬらむ」(伊勢・一一七にも所収)訳 私が見はじめてからでも長い年月がたった。住吉(=地名)の岸の愛らしい松はどれほど多くの年代を経ているのだろう。

いく-よ【幾夜】(名)どれほどの夜。幾晩。〔金葉〕冬「淡路島かよふ千鳥のなく声にーねざめぬ須磨の関守」訳 →あはぢしま…和歌

いく-ら【幾ら】(副)「ら」は接尾語】❶どれほど。どれくらい。〔落窪〕「四の君はー大きさになり給ひぬる」訳 四の君はどれくらいの年齢におなりになったか。
❷(「いくらも」の形で)たくさん。いくらでも。宇治 二・一「召しつべくは、ーも召せ」訳 召し上がれるならば、いくらでも召し上がれ。
❸(「いくらも」の形で、下に打消の語を伴って)たいして。どれほども。古今 恋三「むばたまの闇のうつつはさだかなる夢にーもまさらざりけり」訳 (夜の)闇の中での現実(=恋人との逢瀬)ははかなくて、はっきりと見た夢(の中での逢瀬)にくらべてたいしてまさっていないことだなあ。(「むばたまの」は「闇」にかかる枕詞)

いくら-と-も-な-し【幾らとも無し】数多い。大量だ。〔十訓〕一「御ふところより、櫛をー・く用とり出でて」訳 御ふところから、くしをたくさん取り出して。
なりたち 副詞「幾ら」+格助詞「と」+係助詞「も」+形容詞「無し」

いくら-ばかり【幾らばかり】どのくらい。どれほど。今昔 二三・二三「蛇の力の程、人ーの力にか有りけると試みむ」訳 蛇の力の程度は、人のどれほどの力であったのかと試してみよう。
なりたち 副詞「幾ら」+副助詞「ばかり」

いくら-も【幾らも】❶たくさん。いくらでも。→幾ら②
❷(下に打消の語を伴って)たいして。どれほども。→幾ら③
なりたち 副詞「幾ら」+係助詞「も」

いくり【海石】(名)海の中にある岩。暗礁。〔記〕下

「由良の門の門中の—に」〔訳〕由良海峡の海峡の中の岩礁に。

い‐くゎん【衣冠】(名) ❶衣服と冠。〔徒然〕二「—より馬・車にいたるまで、あるにしたがひて用ゐよ」〔訳〕衣服と冠をはじめとして馬や牛車にいたるまで、ありあわせのもので間に合わせて使え。❷正装の束帯に準じて着用された略式の装束。冠・袍・指貫を着け、下襲・裾・石帯は着けない。⇩巻頭カラーページ13

い‐げ【以下・已下】(名) それより下。以下。〔平家〕五・都帰「太政大臣—の公卿・殿上人、われもわれもと供奉せらる(=お供なさる)」↔以上

いけ‐ながら【生けながら】生かしたままで。〔宇治〕四・七「猪を—おろしけるを見て」〔訳〕(生け贄として)猪を生かしたままで切りさばいたのを見て。

〔なりたち〕下二段動詞「生く」の連用形「いけ」＋接続助詞「ながら」

いけ‐にへ【生け贄】(名) 生き物を生きたまま神に供えること。また、その供え物。〔宇治〕一〇・六「その神〔には〕、年ごとの祭りに、かならず—を奉る(=奉納する)」

いけ‐はぎ【生け剝ぎ】(名)「いきはぎ」とも。生きている動物の皮をはぎとること。「天つ罪(=天上界で犯した罪)」の一つ。

いけ‐め‐く【池めく】(自カ四)〔か・き・く・く・け・け〕〔「めく」は接尾語〕池のようになる。〔土佐〕「さて、池めいたる所あり」…「さて、—・い(用)(イ音便)てくぼまり、水つけるところあり」〔訳〕さて、池のようになって(地面が)くぼんで、水のたまっている所がある。

い‐こ‐ぐ【い漕ぐ】(他ガ四)〔が・ぎ・ぐ・ぐ・げ・げ〕〔「い」は強意の接頭語〕漕ぐ。〔万葉〕二〇・四四〇八「海原の畏き道を島伝ひ—・ぎ(用)渡りて」〔訳〕広い海の恐ろしい道のりを島伝いに漕いで渡って。

いこ‐ふ【息ふ・憩ふ】■(自ハ四)〔は・ひ・ふ・ふ・へ・へ〕休む。休息する。〔霊異記〕「〔牛は〕車を駕け薪を載せ、—・ふ(体)ことなく追ひ使はれ」

■(他ハ下二)〔へ・へ・ふ・ふる・ふれ・へよ〕休ませる。平安に保つ。〔今昔〕二六・三八「されば国の政をも—・へ(用)、物をもよく納めさせ給ひて」〔訳〕それゆえ国政をも平安に保ち、租税をもきちんと収納させなさって。

生駒山(いこまやま)『地名』〔歌枕〕今の奈良県生駒郡と大阪府東大阪市との境にある山。大和から河内に通じる重要路。「いこまのたけ」ともいう。

いさ ■(感) 答えにくいことをぼかしたり、相手のことばを否定的に軽く受け流したりするときに使う。**さあねえ。いや知らない。**〔万葉〕一一・二七一〇「犬上の鳥籠の山なるいさや川—とを聞こせわが名告らすな」〔訳〕犬上の鳥籠の山を流れるいさや川ではないが、さあ知らないとおっしゃい、私の名をおっしゃるな。(第三句までは「いさ」を導きだす序詞)

■(副)(多く下に「知らず」を伴って)**さあ、どうであろうか。**〔古今〕春上「人は—心も知らずふるさとは花ぞ昔の香ににほひける」〔訳〕→ひとはいさ…〔和歌〕

> **副詞の呼応**
> いさ　知らず。〈打消〉
> (=さあ〈どうだか〉わからない)

> **発展「いさ」と「いざ」**
> 現代語では「小学生ならいざ知らず、高校生にもなって」などというので混同しがちであるが、元来、「さあ(どうだか。わからない)」の意の「いさ」と、「さあ(…しよう)」の意の「いざ」とは別語で、明確に使い分けられていた。中世以降、「いさ知らず」という表現に限って混同が始まった。

いざ(感) ❶人を誘うときに発する語。**さあ。**〔竹取〕かぐや姫の昇天「—、かぐや姫、きたなき所にいかでか久しくおはせむ」〔訳〕さあ、かぐや姫よ、けがれた所(地上の界)にどうしていつまでもいらっしゃることがあろうか(いや、いらっしゃることはない)。〔文法〕「いかでか」の「か」は反語の係助詞で、結びは「む」。

❷自分から何かを始めようとするときに発する語。**さあ。さて。どれ。**〔伊勢〕九「名にし負はば—こと問はむ都鳥わが思ふ人はありやなしやと」〔訳〕→なにしおはば…〔和歌〕

> **語の広がり「いざ」**
> 「誘う」は、「いざ」にその行為をする意の動詞を作る接尾語「なふ」が付いたもの。

いざ‐いざ(感)〔感動詞「いざ」を重ねて強めた語〕さあさあ。〔枕〕一三七「—、これまづ殿上にいきて語らむ」〔訳〕さあさあ、このことをまず殿上の間に行って話そう。

いざうたへ…〔和歌〕

> いざ歌へ　我立ち舞はん　ひさかたの
> 今宵の月に　寝ねらるべしや
> 〈良寛〉
> (枕詞)

〔訳〕(皆さん)さあ、歌いなさい。私は立って舞いましょう。今夜のような(美しい)月に、寝ていられるものでしょうか(いや、寝ていられませんよ)。〔修辞〕「ひさかたの」は「月」にかかる枕詞。〔文法〕「や」は、反語の係助詞。

いざ‐うれ(感)〔「うれ」は対称の代名詞「おれ」の転〕さあ。いざ。〔平家〕一一・能登殿最期「—、さらば、おれら死出の山の供せよ」〔訳〕さあ、それなら、きさまらは死出の山(=冥土にあるという山)への供をしろ。〔名文解説〕壇の浦の戦いで、平教経が敵の安芸の太郎・次郎兄弟を両脇に挟み、道連れにして入水する際に発したことば。猛将として恐れられる自分に果敢に挑んできた安芸兄弟への親しみさえも感じさせる、平家一門きっての豪傑にふさわしい死にざまを伝える一言である。

〔参考〕「うれ」は「おれ(=おのれ、きさま)」の転じたものとみられるが、代名詞としてのはたらきを失い、「いざうれ」で熟した感動詞になっている。

いざ‐かし「いざ給へかし」の略。さあ、いらっしゃいよ。さあ、行きましょうよ。〔源氏〕若紫「乳母にさし寄りて、『—、ねぶたきに』とのたまへば」〔訳〕(若紫は)乳母に近寄って、「さあ、行きましょうよ、眠たいから」とおっしゃるので。

〔なりたち〕感動詞「いざ」＋終助詞「かし」

いさかひ【諍ひ】(名)けんか。言い争い。口論。〔うつほ〕蔵開中「この春、いみじき御ーありて、御衣引き破られ」訳 この春に、ひどい御(夫婦)けんかがあって、(東宮は嵯峨院の小宮に)お着物を引き破られ。

いさか-ふ【諍ふ】(自ハ四){は・ひ・ふ・ふ・へ・へ}激しく言い争う。けんかする。徒然 五四「聞きにくくー・ひ用、腹立ちて帰りにけり」訳(法師たちは)聞くにたえないほどに言い争い、腹を立てて帰ってしまった。

いさか-ふ【叱ふ】(他ハ四){は・ひ・ふ・ふ・へ・へ}しかる。責める。〔十訓〕七「客人の前には犬をだにもー・ふ終まじとこそ、文にも見えたれ」訳 お客の前では飼い犬をさえもしかってはならないと、古書にも見えている。

いざ-かまくら【いざ鎌倉】(鎌倉幕府に大事が起これば、諸国の武士はまず鎌倉へはせ参じるということから)大事が起こった場合にいう語。さあ、一大事。
参考 謡曲「鉢木」に由来する語。鎌倉幕府が危機になったとき、北条時頼の召集に応じて、約束どおり、佐野常世がやせ馬に乗って真っ先に駆けつけたことによる。

いさぎよ-し【潔し】(形ク){(から)・く(かり)・し・き(かる)・けれ・かれ}❶清らかだ。すがすがしい。汚れがない。潔白だ。新古 神祇「ありきつつ来つつ見れどもー・き体人の心をわれ忘れめや」訳 ずっと長い間この世にあって(多くの人の心を)見ているが、(おまえのように)汚れのない人の心を私は忘れるだろうか(いや、決して忘れない)。❷思いきりがよい。未練がない。さっぱりとして気持ちがよい。徒然 一二五「死を軽くして、少しもなづまざるかたのー・く用覚えて」訳 死をなんとも思わず、少しも(生死に)こだわらないところが思いきりがよく思われて。

いさ-ご【砂・砂子】(名)すな。細道 象潟「山を越え、磯を伝ひ、ーをふみて、その際(=その間)十里」

いざこども… 和歌

> いざ子ども　早く日本へ　大伴の
> 御津の浜松　待ち恋ひぬらむ
> 〈万葉・一・六三・山上憶良〉

訳 さあ、皆の者よ、早く日本の国へ(帰ろう)。大伴の御津の浜松が(われわれを)待ちこがれていることだろう。
解説 題詞に「大唐(=中国)にあるとき、本郷を憶ひて作る歌」とある。原文が「やまと」を「日本」と表記しているのは、唐にあって故国を強く意識したもの。「子ども」は、年下や目下の者をいう。「大伴の御津」は難波の津のことで、遣唐使船はここから出発した。

いささ-(接頭)(名詞に付いて)小さな、わずかな、ささやかな、の意を表す。「ー小笹」「ー川」「ー水」「ー群竹」

いささ-か【聊か・些か】㊀(形動ナリ){なら・なり(に)・なり・なる・なれ・なれ}わずかである。ほんの少し。竹取 かぐや姫の昇天「ー・なる体功徳を翁つくりけるによりて」訳 わずかばかりの善根を翁がつくったことによって。㊁(副)❶わずかばかり。少し。枕 七五「かたち・心・ありさま優れ、世に経るほど、ーのきずなき」訳 容貌・性質・態度がすぐれ、この世を過ごす間、少しの欠点もない人(はめったにいない)。❷(下に打消の語を伴って)まったく。全然。少しも。枕 二五「蟬の声しぼり出だして誦みゐたれど、ー去りげもなく」訳(修験者が)蟬の鳴くような声をしぼり出して読経しているけれども、まったく(物の怪が)立ち去るようすもなく。

いささけ-わざ【聊け業】(名)わずかなこと。ちょっとしたこと。土佐「物持てくる人に、なほしもえあらで、ーせさす」訳(餞別に)物を持ってくる人に、そのままもらいっぱなしにもしておけないので、心ばかりの返礼をさせる。

いざ-させ-たまへ【いざさせ給へ】さあ、なさってください。さあ、行きましょう。さあ、いらっしゃい。宇治 一・一八「ー(=さあ、いらっしゃい)、湯あみに。大夫殿」
なりたち 感動詞「いざ」＋サ変動詞「為」の未然形「せ」と尊敬の助動詞「さす」の融合した動詞「さす」の連用形「させ」＋尊敬の補助動詞「給ふ」の命令形「たまへ」
参考「いざ給へ」より敬意が強い。

いささ-むらたけ【いささ群竹】(名)〔「いささ」は接頭語〕小さな竹の茂み。万葉 一九・四二九一「わが宿のー吹く風の音のかそけきこの夕へかも」訳 →わがやどの… 和歌

いささめ-に(副)かりそめに。いいかげんに。万葉 七・一三五五「真木柱つくる杣人ー仮廬のためと造りけめやも」訳 りっぱな柱をつくる樵は、いいかげんに、仮小屋をつくるためと思って柱をつくったのであろうか。

いささ-をざさ【いささ小笹】(名)〔「いささ」は接頭語〕ちょっとした笹の茂み。平家 灌頂・大原御幸「うしろは山、前は野辺、ーに風騒ぎ」訳 うしろは山で、前は野原となり、ちょっとした笹の茂みに風が音を立て。

いさ-しら-ず【いさ知らず】さあ、どうであろうか。→いさ㊁

いざ-たまへ【いざ給へ】さあ、いらっしゃい。さあ、行きましょう。徒然 二三六「ー、出雲拝みに」訳 さあ、いらっしゃい、出雲大社をお参りに。
なりたち 感動詞「いざ」＋四段動詞「給ふ」の命令形「たまへ」
参考「いざさせ給へ」の省略と考えられ、「給へ」の上に、「行く・来」などの意を補って訳す。

いさ-ちる(自タ上二){ち・ち・ちる・ちる・ちれ・ちよ}(上代語)涙を流して激しく泣く。泣き叫ぶ。〔記〕上「何しかも汝は事寄させし国を治らずて、泣きー・ちる体」訳 なんだっておまえは(私の)委任なさった国を治めないで、泣きわめくのか。
文法「事寄させ」は、自敬表現。
参考 上二段活用「いさつ」とみられる例もある。「いさつる体こと児のごとし」〈紀・垂仁〉

い-ざと-し【寝聡し】(形ク){(から)・く(かり)・し・き(かる)・けれ・かれ}目がさめやすい。目ざとい。枕 一二四「はづかしきもの 色このむ男の心の内。ー・き体夜居の僧」訳 気おくれして気はずかしいもの、好色な男の心の中。目がさめやすい夜居の僧。↔寝汚し

いさ-と-よ(感)〔感動詞「いさ」に助詞「と」「よ」が付いたもの〕問われて、はっきり返答ができないときに発する語。さあねえ。いやもう。平家 六・葵前「ー。そこに申すことはさることなれども」訳 さあねえ。あなたの申すことはもっともだけれども。

いさ-な【鯨・勇魚】(名)〔「な」は魚の意〕くじら。

いさなとり【鯨取り】《枕詞》鯨をとる意から「海」「浜」「灘」にかかる。万葉 二・一三一「—海辺をさして」。万葉 六・九三一「—浜辺を清み」

いざ-な・ふ【誘ふ】(他ハ四){は・ひ・ふ・ふ・へ・へ}連れて行く。伴って行く。さそう。古今 羇旅・詞書「東の方へ、友とする人ひとりふたり—・ひ㊊て行きけり」訳 東国の方に、連れとする者を一人二人さそって行った。

いさま・し【勇まし】(形シク){しから・しく(しかり)・し・しき(しかる)・しけれ・しかれ}【動詞「勇む」に対応する形容詞】勇ましい。また、乗り気になっている。徒然 五八「何の興ありてか、朝夕君に仕へ、家を顧みる営みの—・しから㊍ん」訳 何のおもしろさがあって、朝夕主君に仕えたり、家のことを心配したりする仕事に乗り気になろうか(いや、ならないはずだ)。

いさみ【勇み】(名) ❶乗り気。気力。勇気。平家 一〇・首渡「これより穢土をいとふに—なし」訳 今からこの現世をきらう(＝出家する)のに気力がない。
❷侠気のあること。また、その人。

いさ・む【勇む】一(自マ四){ま・み・む・む・め・め}気が進む。はやり立つ。心がふるい立つ。徒然 一一七「友とするにわろき者、…たけく—・め㊇る兵」訳 友とするのによくない人、…勇ましくはやり立った武士。
二(他マ下二){め・め・む・むる・むれ・めよ}【「慰む」とも書く】元気づける。励ます。慰める。〔浮・日本永代蔵〕「町の衆を舟あそびにさそひ、琴弾く女を呼び寄せ、女房一門(＝妻の親類)を〔招いて〕—・め㊊(＝慰め)」

いさ・む(他マ下二){め・め・む・むる・むれ・めよ}❶【禁む】禁止する。伊勢 七一「恋しくは来ても見よかしちはやぶる神の—・むる㊍道ならなくに」訳 恋しいのなら、会いにやって来いよ。(恋の道は)神が禁止する道ではないのだから。(「ちはやぶる」は「神」にかかる枕詞)
❷【諫む】忠告する。意見する。諫言する。徒然 二三四「『細道ひとつ残して、皆畠につくり給へ』と—・め㊊侍りき」訳「細い道を一本残して、全部畑につくりなさい」と忠告しました。

いさめ(名) ❶【禁め】禁制。戒め。〔和泉式部日記〕「あふ道は神の—にさはらねど法のむしろにをればたたぬぞ」訳 (男女の)逢う道は神の禁制には触れないけれど、(私は今)仏事の席にいるから出かけていかないのだよ。
❷【諫め】意見。忠告。諫言。源氏 桐壺「この御方の御—をのみぞなほわづらはしう心苦しう思ひ聞こえさせ給ひける」訳 このお方(＝弘徽殿の女御)のご意見だけを、(桐壺帝は)やはり遠慮されて、気の毒なこととお思い申しあげていらっしゃるのだった。

いさ-や 一(感)【感動詞「いさ」に間投助詞「や」が付いたもの】知らないときや答えにくいときに発する語。さあねえ。そうねえ。源氏 帚木「『さて、その文のことばは』と問ひ給へば、『—、異なることもなかりきや』」訳「それで、その手紙のことばは(どうだったのか)」と(光源氏が)お聞きになると、(頭の中将は)「さあねえ、変わったこともなかったよ」(と答え)。
二(副)【副詞「いさ」に間投助詞「や」が付いたもの】(いぶかる気持ちで)どうか知らないが。さあ、どうであろうか。徒然 一四「歌の道のみ、いにしへに変はらぬなどいふこともあれど、—」訳 歌の道だけは、昔と変わらないなどということもあるけれど、さあ、どうであろうか。

いざ-や(感)【感動詞「いざ」に間投助詞「や」が付いたもの】人を誘ったり、自分が何かを始めようとしたりするときに発する語。さあ。〔保元物語〕「鎮西八郎こそ生け捕られて渡さるるなれ。—見ん」訳 鎮西八郎が生け捕りにされて引き渡されるぞ。さあ見よう。

不知哉川(いさやがは)イサヤガワ『地名』歌枕 今の滋賀県彦根市を流れ、琵琶湖に注ぐ川。芹川の古名。和歌では「いさ」を導きだす序詞となることが多い。

いさよひ イサヨイ(名)【中世以降は「いざよひ」】ためらうこと。ためらい。古今 恋四「君や来こむ我や行かむの—にまきの板戸もささず寝にけり」訳 あなたが来るだろうか、私が出かけて行こうかというためらいのために(＝ためらっているうちに)、十六夜の月も出て、槙の板戸も閉めずに寝てしまったなあ。(「いさよひ」は「十六夜」との掛詞)

いさよひ イサヨイ【十六夜】(名)【中世以降は「いざよひ」】
❶陰暦十六日。また、その夜。
❷「十六夜の月」の略。秋

十六夜日記(いざよひにつき)イザヨイニツキ『作品名』鎌倉中期の旅日記。阿仏尼作。弘安三年(一二八〇)ごろ成立。夫藤原為家の死後、正妻の子とわが子為相との間に領地相続争いが起き、その訴訟のために鎌倉へ下ったときの紀行文。弘安二年(一二七九)十月十六日に京都を出発したので、こう名づけられた。

いさよひ-の-つき イサヨイ—【十六夜の月】【ためらうように出てくる月の意】陰暦十六日の夜の月。特に、陰暦八月十六日の月。「十六夜」とも。秋。源氏 末摘花「—をかしきほどにおはしたり」訳 (光源氏は)十六夜の月の美しいころに、(末摘花の邸に)いらっしゃった。

いさよ・ふ イサヨウ(自ハ四){は・ひ・ふ・ふ・へ・へ}【中世以降は「いざよふ」】ぐずぐずして進みかねる。ためらう。万葉 三・二六四「もののふの八十氏河の網代木に—・ふ㊍波のゆくへ知らずも」訳 →もののふの…和歌

いさよふ-つき イサヨウ—【いさよふ月】出ようとして、または没しようとしてためらっている月。また、陰暦十六日の夜の月。秋。万葉 七・一〇七一「山の端にいさよふ月を出でむかと待ちつつ居るに夜ぞ更けにける」訳 山の端でためらっている月を、(いま)出るだろうかと待ち続けているうちに、夜が更けてしまった。

いさら-ゐ —イ【いさら井】(名)水の少ない井戸。また、小さな水の流れ。源氏 藤裏葉「なき人の影だに見えずつれなくて心をやれる—の水」訳 亡くなった人(＝大宮)の影さえ映すことがなく、そ知らぬ顔で平気で澄んでいる浅井戸の水よ。

いざり【漁り】(名・自サ変)【中世以降は「いさり」】魚や貝をとること。漁をすること。万葉 一五・三六二三「—・する㊍海人の灯火沖になづさふ」訳 漁をする漁師の舟の火が、沖(の波間)にただようことだ。

いざり-び【漁り火】(名)【中世以降は「いさりび」】「いざりひ」とも。魚をさそうために、夜、漁船でたく火。万葉 一二・三一六九「能登の海に釣りする海人の—の光にいませ月待ちがてり」訳 能登(石川県)の海で釣りをする漁師の漁り火の光をたよりにいらっしゃい。月の出を待ちながら。

いざり-ぶね【漁り船】(名)【中世以降は「いさりぶね」】魚をとる船。漁船。

いざ・る【漁る】(他ラ四){ら・り・る・る・れ・れ}【後世は「いさる」】魚

や貝をとる。漁をする。万葉 一五・三六四八「海原うなはらの沖辺へにともし—る(体)火は明かしてともせ大和島やまとしま見む」訳 広い海の沖のほうでともして漁をしている火は、明るくしてともせ。(その光で)大和の国の山々を見よう。

いざる【居ざる】⇩ゐざる

いさを イサオ【功】(名)功績。てがら。〔記〕下「吾あがためには大き—あれども」訳 私のためには大きなてがらを立てるけれども。

いさを・し イサオシ(形シク){しから・しく(しかり)・し・しき(しかる)・しけれ・しかれ}❶勤勉である。〔紀〕孝徳「中臣鎌子連なかとみのかまこのむらじ(=鎌足かまたり)は、—・しき(体)誠を懐いだく」訳 中臣鎌子連は、勤勉な誠実さをもっている。

❷功績がある。てがらがある。〔紀〕垂仁「天皇すめらみことは、厚く野見宿禰のみのすくねの—・しき(体)ことを賞ほめ給ひて」訳 天皇は、深く野見宿禰がてがらのあることを賞賛なさって。

❸勇ましい。雄々しい。〔うつほ〕俊蔭「俊蔭としかげが、—・しき(体)心、はやき足をいたして行くに」訳 俊蔭が、勇ましい心と速い足とを尽くして行くと。

いし【石】(名)❶鉱石・岩石のこと。「岩いは」が大きい石をいうのに対し、小さい石をさしていう。土佐「くさぐさ(=いろいろ)のうるはしき貝、—など多かり」

❷宝石。

❸碁石ごいし。徒然 一八八「例へば、碁を打つ人、…三つの—を捨てて、十とをの—につく(=相手の十の碁石を取りにゆく)ことは易やすし(=容易である)」

❹墓石。

い-し【倚子】(名)天皇や貴人、また中世には禅僧が用いた腰かけの一種。背によりかかりがあり、左右にひじかけが付いている。

参考 禅宗の渡来に伴い、中世以降唐音で「いす」と発音するようになった。

（倚　子）

い-し【美し】(形シク){しから・しく(しかり)・し・しき(しかる)・しけれ・しかれ}❶よい。すぐれている。好ましい。〔義経記〕「さしも—・しかり(用)つる湛海たんかいだにも斬かくなりたり」訳 あれほどすぐれていた湛海でさえも、こうなって(=討ち死にして)しまった。

❷おいしい。美味だ。〔太平記〕三「—・しかり(用)し斎ときは」訳 おいしかった食事は。

❸りっぱだ。感心だ。巧みだ。じょうずだ。平家 九・三草合戦「—・しう(用)(ウ音便)申させ給ふ田代殿かな」訳 りっぱに申し上げなさる田代殿であることよ。

語の広がり 美いし

「美味だ」の意の「いし」は女性が多く用い、のちに接頭語「お」を付けて「おいしい」となり、それが一般化して現在に残る。

いし-うち【石打ち】(名)「石打ちの羽はね」の略。鷹たかや鳶とびが尾を広げたとき、両端に出る羽。堅く強いので矢羽として用いる。

い-しき-を・る オル【い敷き折る】(他ラ四){ら・り・る・る・れ・れ}〔「い」は接頭語〕酒や食物を盛るために草木の葉を広げて折る。万葉 一九・四二〇五「皇神祖すめろきの遠とほき御代御代みよみよは—・り(用)酒飲むといふぞこの厚朴ほほがしは」訳 天皇の遠い昔の御代御代には葉を広げ折って酒を飲むということだ。この厚朴(=ほおの木)は。

いし-げ【美しげ】(形動ナリ){なら・なり(に)・なり・なる・なれ・なれ}〔「げ」は接尾語〕いかにも上手そうだ。いかにも巧みだ。〔無名抄〕「—・に(用)よめるとこそ見えたれ」訳 (「都には」の歌は)いかにも巧みに詠んでいることだと思われた。

いし-ずゑ ズエ【礎】(名)〔「石据すゑ」の意〕❶家屋の土台の下にすえる石。土台石。徒然 二五「おのづから—ばかり残るもあれど、さだかに知れる人もなし」訳 たまたま土台石だけが残っているのもあるけれど、(それが何であったのか)はっきり知っている人もない。

❷物事の基礎となるもの。また、その人。〔浄・伽羅先代萩〕「そなたの命は、…誠に国の—ぞや(=柱石だぞ)」

いし-だたみ【石畳・甃】(名)❶道路や庭で、四角く平らな石を敷きつめた所。敷石。

❷「いちまつもやう」に同じ。

いし-づき【石突き】(名)❶太刀たちの鞘尻さやじりを包む金物。こじり。大鏡 忠平「御太刀の—をとらへたりければ」訳 (何者かが)御太刀のこじりをつかまえたので。⇩巻頭カラーページ17

❷槍やり・なぎなたなどの柄の先端を包む金具。

❸建築物の土台とする石を突き固めること。

いし-ばし(名)❶【石橋】川の浅瀬に石を置き並べて橋としたもの。川の中の飛び石。「岩橋いはばし・いははし」とも。万葉 七・一一二六「年月もいまだ経へなくに明日香あすか川瀬々ゆ渡しし—もなし」訳 年月もまだたたないのに、明日香川のあちこちの瀬に渡した石橋も(すでに)ない。

❷【石階】石の階段。石段。蜻蛉 中「一町のほどを、—おりのぼりなどすれば」訳 一町(=約一〇九メートル)の間を、石段をおりたりのぼったりなどするので。

いし-はじき【石弾き】(名)❶「石弓いしゆみ」の古称。

❷小石や碁石ごいしを指先ではじいて相手方の石に当てて取り、数を競いあう遊戯。おはじき。

いしばしの【石橋の】《枕詞》「いしばし①」の間隔の意から、「間近し」「遠し」などにかかる。万葉 四・五九七「—間近き君に」。万葉 一一・二七〇一「—遠き心は」

いしばひ-の-だん イシバイ【石灰の壇】清涼殿せいりょうでんの東廂ひがしびさしの南隅にあって、床ゆかと同じ高さまで土を盛り、石灰でぬり固めてつくった壇。天皇が毎朝、伊勢いせ神宮と内侍所ないしどころを遥拝ようはいした。

いし-びや【石火矢】(名)近世初頭に、外国から伝来した大砲。はじめ、弾丸に石を用いたことからいう。

いし-ぶし【石伏・石斑魚】(名)淡水魚の一種。鰍かじかに似た小魚。川底の石の間にいるところからこの名がある。秋。源氏 常夏「近き河の—やうのもの、御前にて調てうじてまゐらす」訳 近くの川のいしぶしのようなものを、(光源氏たちの)御前で料理して差し上げる。

いし-ぶみ【碑・石文】(名)後世に事跡を伝えるため、文字を彫りつけて建てておく石。石碑。細道 壺の碑「壺つぼの—は、高さ六尺余り、横三尺ばかりか」訳 壺の石碑(=多賀城跡にある石碑)は、高さ六尺(=約一・八メートル)あまり、横三尺(=約九〇センチメートル)ぐらいか。

い-じゃう ジョウ【以上・已上】■(名)❶それより上。ある基準より上。⇔以下いげ

❷手紙などの末尾に用いて、「これで終わり」の意を表す。おもに男性が用い、女性の「かしこ」にあたる。

❸「御目見得以上」の略。江戸時代、幕臣のうち、将軍に謁見する資格のある者。また、その資格。
❷その結果。それより後。〔古活字本平治物語〕「親類みな梟せられ、―義朝一人にまかりなり候へば」訳その結果、(源氏の直系は)義朝一人になっていますので。
□三(自サ変)〔せ・し・す・する・すれ・せよ〕芸道などで、高度の技能や境地に達する。〔至花道〕「是を集め、非を除けて、―・し用て」訳良い所を集積し、悪い所を除いて、高度の境地に達して。
□二(接)❶合わせて。合計。全部で。平家七・北国下向「悪七兵衛景清を先として(=先頭に)、―大将軍六人」

いしゃう-まく【衣裳幕】(名)花見などのとき、立ち木の間に綱を張り、女性の着物をかけ渡して幕としたもの。「小袖幕」とも。〔浮・西鶴諸国ばなし〕「―のうちには、小歌まじりの女中姿〔も見えて〕」

石山(いしやま)『地名』歌枕 今の滋賀県大津市、瀬田川西岸の地。観音信仰で名高い石山寺がある。月の名所で、「石山の秋月」は近江八景の一つ。

石山寺(いしやまでら)(名)今の滋賀県大津市にある、真言宗東寺派の寺。聖武天皇の勅により良弁が開基。月の名所。

いしやまの… 俳句

> 石山の　石より白し　秋の風　秋
> 〈おくのほそ道・那谷・芭蕉〉

訳(この那谷寺の)石は(風雪にさらされて)白々としているが、その石よりも白く感じられることだ。今吹きわたっている(清澄な)秋風は。(秋の風秋。切れ字は「し」で、形容詞の終止形活用語尾)

解説「白」は秋の色。秋風を「白」とするのは、古来詩歌の伝統であるが、芭蕉は「鴨の声ほのかに白し」など、心象的な表現を用いる。那谷寺は今の石川県小松市にある寺。

いしやま-まうで【石山詣で】(名)石山寺(=今の滋賀県大津市にある寺)に参詣すること。特に、陰暦十月甲子の日に参詣すること。

い-しゅ【意趣】(名)❶考え。意見。意図。今昔六・五「聖人、―をつぶさに語り給ふ」訳聖人は、考えを詳しくお話しになる。❷意地。著聞三四七「従者一人うしなひてんずることは損なれども、―なればと思ひて」訳従者一人を失ってしまうようなことは損だけれども、意地だから(あとには引けない)と思って。❸恨み。遺恨。徒然七〇「いかなる―かありけん」訳どんな恨みがあったのだろうか。

いし-ゆみ【石弓・弩】(名)武器の一種。ばねを用いて石を発射する装置。また、石を城壁などにくくりつけておき、敵が近づくと綱を切って落下させる装置。

い-しょく【衣食】(名)❶衣服と食物。方丈四「―のたぐひ、またおなじ」訳衣服と食物のたぐいについても、(他人の力を借りないという点では)やはり同じである。❷(①より転じて)暮らし向き。徒然一四二「―尋常なる上に僻事せん人をぞ、まことの盗人とはいふべき」訳暮らし向きが世間なみである(のに、その)上に悪事をするような人をこそ、ほんとうの盗人とは言えよう。

い-しらま・す【射白ます】(他サ四)〔さ・し・す・す・せ・せ〕矢を激しく射て、敵の勢いをくじく。射すくめる。射白まかす。平家一一・鶏合 壇浦合戦「楯も鎧もこらへずして、さんざんに―・さ未る」訳楯も鎧もちこたえられずに、さんざんに射られて勢いをくじかれる。

いし-ゐ【石井】(名)岩間にわく清水。また、石で囲った井戸。更級 東山なる所「山寺なる―に寄りて、手にむすびつつ飲みて」訳山寺にある石で囲った井戸に立ち寄って、手で(水を)すくっては飲んで。

いず『出ず』⇩いづ

いずく『何処』⇩いづく

いずこ『何処』⇩いづこ

い-ずし【貽鮨】(名)貽貝(=貝の名)のすし。貽貝の肉を酢につけて貯蔵し、酸味が生じてから食べる。

五十鈴川(いすずがは)『地名』歌枕 今の三重県伊勢市を流れる川。皇大神宮(=伊勢神宮内宮)の境内を通り、御手洗となっている。「御裳濯川」とも。

いずち『何方・何処』⇩いづち

いずみどの『泉殿』⇩いづみどの

いずら『何ら』⇩いづら

いずれ『何れ』⇩いづれ

伊勢(いせ)『地名』旧国名。東海道十五か国の一つ。今の三重県の大部分。勢州。

伊勢(いせ)『人名』(生没年未詳)平安前期の女流歌人。三十六歌仙の一人。伊勢の守藤原継蔭の娘。宇多天皇に愛され伊勢の御と称された。「古今集」時代の代表的歌人で、歌風は優美。「小倉百人一首」に入集。家集「伊勢集」

いせ-ごよみ【伊勢暦】(名)近世、伊勢神宮の神主の藤浪家が刊行した細長い折本の暦。御師が全国に配り歩いた。本暦。

いせ-さんぐう【伊勢参宮】(名)伊勢神宮に参詣すること。伊勢参り。江戸時代、貴賤上下の区別なく一度は参詣するものとされた。細道 市振「―するとて、この関まで男の送りて」訳(女たちが)伊勢参りをするというので、この(市振の)関まで男が送ってきて。

伊勢神宮(いせじんぐう)(名)今の三重県伊勢市にある皇室の宗廟。皇大神宮(=内宮)と豊受大神宮(=外宮)との総称。二十年ごとに遷宮の式を行う。

伊勢の海(いせのうみ)『地名』歌枕 今の三重県の志摩半島と愛知県の伊良湖崎に囲まれた内海。伊勢湾。

伊勢大輔(いせのたいふ)『人名』(生没年未詳)平安中期の女流歌人。「いせのおほすけ」とも。上東門院(=藤原彰子)に仕え、紫式部・和泉式部らと交友があった。「小倉百人一首」に入集。家集「伊勢大輔集」

いせ-へいじ【伊勢瓶子】(名)伊勢の国(三重県)産の瓶子(=とっくり)。品質が悪いため酒が入れられず、酢のかめに用いたという。伊勢壺。平家一・殿上闇討「―はすがめなりけり」訳伊勢産の瓶子は酢がめであったよ(伊勢平氏(=忠盛)は斜視であったよ)。(「瓶子」に「平氏」を、「酢がめ」に「眇」をかける)

伊勢物語(いせものがたり)『作品名』平安前期の仮名文の歌物

語。作者未詳。歌を中心とする百二十五の小話は、在原業平(ありわらのなりひら)とみられる主人公の一代記風にまとめられている。「在五(ざいご)が物語」「在五中将の日記」「在中将」とも。

冒頭文 むかし、男(をとこ)、うひかうぶりして、平城(なら)の京(きやう)、春日(かすが)の里にしるよしして、狩りに往(い)にけり。訳 昔、ある男が、元服をして、奈良の都の、春日の里に領地を持っている縁故があって、狩りに出かけた。

名文解説 「伊勢物語」の主人公は、多くの段が「むかし、男」で始まることから「昔男」と通称される。ここでは「昔男」の元服が語られており、その一生を描くこの物語の幕開けを告げるにふさわしい一文になっている。

いそ【磯】(名)海・湖などの波打ちぎわの岩石の多い所。〔金槐集〕「大海(おほうみ)の―もとどろに寄する波われて砕けてさけて散るかも」訳 →おほうみの…和歌

図解学習 「いそ」と「はま」 荒磯(ありそ)の語もあるように、波打ちぎわの岩石の多い所が「いそ」であり、砂浜の語もあるように、海や湖に沿った陸の平地が「はま」である。「浜の真砂(まさご)」は浜にある砂で、数の多いものの比喩として用いられた。「**浜の真砂の数多く積もりぬれば**」〈古今 仮名序〉

いそ
はま

いそ・がく・る【磯隠る】(自ラ四・下二){ら・り・る・る・れ・れ／れ・れ・る・るる・るれ・れよ}海辺の岩や石のかげに隠れる。〔万葉〕三・三八八「潮さゐの波を恐(かし)こみ淡路島―り(用)(四段)居(ゐ)て」訳 満ち潮の立ち騒ぐ波が恐ろしいので、淡路島の磯の岩かげに隠れていて。〔源氏〕行幸「うらめしや沖つ玉藻(たまも)をかづくまで―れ(用)(下二段)けるあまの心よ」訳 うらめしいことだ。沖の美しい藻を水にもぐってとるまで、海辺の石のかげに隠れていたあまの心よ(=裳着(もぎ)の日まで、私(=内大臣)にあわずに隠れていた娘(=玉鬘(たまかずら))の心よ)。(「藻(も)」は「裳(も)」との、「かづく」は「潜(かづ)く」と「被(かづ)く」との掛詞)

参考 四段活用は上代に用いられた。

いそ・かげ【石影】(名)《上代語》(「いそ」は石・岩の意)水面に映る岩の姿。〔万葉〕二〇・四五一三「―の見ゆる池水照るまでに咲ける馬酔木(あしび)の散らまく惜しも」訳 (池のほとりの)岩の姿が映っている池の水が輝くほどに(白く)咲いている馬酔木の花の散るのが惜しいことだ。

いそがし・た・つ【急がし立つ】(他タ下二){て・て・つ・つる・つれ・てよ}せきたてる。うながして急がせる。〔源氏〕澪標「よろしき日なりければ、―て(用)給ひて」訳 (旅立ちに)悪くない日だったので、(光源氏は宣旨の娘の出発を)お急がせになって。

いそが・す【急がす】(他サ四){さ・し・す・す・せ・せ}急ぐようにうながす。せきたてる。〔枕〕九九「『とく遣(や)れ』といとど―し(用)て」訳 「速く走らせよ」と(牛車(ぎっしゃ)を)いっそう急がせて。

いそがは・し イソガワシ【忙はし】(形シク){しから・しく(しかり)・し・しき(しかる)・しけれ・しかれ}忙しそうだ。気ぜわしい。〔徒然〕七五「走りて―しく(用)、ほれて忘れたること、人皆かくのごとし」訳 走り回ってせわしなく、ぼんやりとしてわれを忘れていることでは、人はみなこのような状態である。

いそぎ【急ぎ】(名)

語義パネル
現代語ではもっぱら①の「急ぐこと」の意で用いるが、古くは②の「用意」「準備」の意でよく用いられる。
❶**急ぐこと**。せくこと。急用。
❷**したく。用意。準備**。

❶**急ぐこと**。せくこと。急用。〔徒然〕一八九「今日はそのことをなさんと思へど、あらぬ―まづ出(い)で来てまぎれ暮らし」訳 今日はこれこれのことをしようと思っていても、思いがけない急用が先にできて(そちらに)気を取られて一日を送り。

❷**したく。用意。準備**。〔枕〕二六「たゆまるるもの　精進(さうじ)の日のおこなひ。遠き―」訳 自然と気のゆるむもの　精進潔斎(しょうじんけっさい)の日の勤行(ごんぎょう)。(当日まで)まだ先のあることのしたく。

いそぎ・あ・ふ ―アウ【急ぎ合ふ】(自ハ四){は・ひ・ふ・ふ・へ・へ}みんなが忙しそうに動く。みんなが気ぜわしく準備する。〔徒然〕一九「年の暮れはてて、人ごとに―へ(已)るころぞ、またなくあはれなる」訳 年がすっかりおしつまって、どの人も皆忙しくしているころは、この上なく感慨深いものだ。

いそぎ・い・づ ―イズ【急ぎ出づ】(自ダ下二){で・で・づ・づる・づれ・でよ}急いで出る。〔源氏〕夕顔「はしたなきほどにならぬさきにと、例の―で(用)給ひて」訳 (明るくなって人目につきやすく)体裁の悪いことにならない前に(出よう)と、(光源氏は夕顔の家を)いつものように急いでお出になって。

いそぎ・た・つ【急ぎ立つ】(自タ四){た・ち・つ・つ・て・て}❶(準備などを)急いでする。したくにとりかかる。〔源氏〕東屋「北のかたは人知れず―ち(用)て」訳 北の方はだれにも知られずに(娘(=浮舟(うきふね))の結婚の)準備にとりかかって。
❷急いで出発する。〔蜻蛉〕中「御嶽(みたけ)にとて、―つ(終)」訳 御嶽(=奈良県の吉野(よしの)にある金峰山(きんぷせん))詣でに(行くつもりだ)と言って、急いで出発する。

いそ・ぐ【急ぐ】㊀(自ガ四){が・ぎ・ぐ・ぐ・げ・げ}物事を早くしようとする。いそぐ。〔枕〕二八「にくきもの　―ぐ(体)ことあるをりに来て長言(ながごと)するまらうど」訳 不快なもの、いそぐことがあるときにやって来て長話をする客。⇩客人(まらうど)「名文解説」

㊁(他ガ四){が・ぎ・ぐ・ぐ・げ・げ}用意する。したくをする。〔更級〕夫の死「いかがはせむにて、ほどもなく、下るべきことども―ぐ(体)に」訳 (任国は都から遠いところであったが)しかたがないので、すぐに、(任地へ)下るのに必要なことをいろいろ用意するが。

いそ・し【勤し】(形シク){しから・しく(しかり)・し・しき(しかる)・しけれ・しかれ}熱心に勤めている。勤勉である。〔源氏〕行幸「いとかやすく、―しく(用)、下臈(げらふ)、童(わらは)べなどのつかまつりたらぬ雑役(ざふやく)をも、たち走りやすく」訳 たいそう気軽に、勤勉に、下級の女房や小間使いの子供などがお勤め申しあげていない雑役でも、こまめに走りまわり。

いそ・ぢ ―ジ【五十】(名)(「ぢ」は接尾語)❶五十(ごじふ)。〔後拾遺〕序「たへなる歌、ももちあまり―を書き出(い)だし」

訳 すばらしい歌、百五十(首)を書き出して。❷五十歳。五十年。方丈 三「すなはち、ーの春を迎へて、家を出で、世を背けり」訳 そこで、五十歳の春を迎えて、出家して、隠遁した。

いそ-な【磯菜】(名)磯辺に生える海藻で、食用となるものの総称。いそなぐさ。古今 東歌「ー摘むめざしぬらすな沖にをれ波」訳 磯菜を摘んでいるめざし髪の少女をぬらすな。沖(の方)にいてくれ、波よ。

いそ-に-ふ・る【磯に触る】海岸の岩にぶつかる。万葉 二〇・四三二八「大君の命かしこみーり用 海原渡る父母を置きて」訳 →おほきみの… 和歌

いそのうへに… 和歌

> 磯の上に　おふる馬酔木を　手折らめど
> 見すべき君が　ありと言はなくに
> 〈万葉・二・一六六・大来皇女〉

訳 岩のほとりに生えている馬酔木の花を手折ろうと思うけれども、(それを)見せるべきあなたが生きているとは(だれも)言わないことだよ。

解説 作者の弟大津皇子は、反逆を企てたとして捕らえられ、刑死。その遺骸が二上山に移葬されたときに、弟をしのんで詠んだ歌。第五句については、当時死者に会ったといって縁者を慰める習慣があったが、大津皇子は罪人なのでだれもそう言って慰めてくれる人はいない、という意に解く説がある。

石上(いそのかみ)『地名』歌枕 今の奈良県天理市石上町。

いそのかみ【石上】《枕詞》石上は大和(奈良県)の地名で、ここに布留という地があることから、同音の「降る」「古る」にかかる。万葉 四・六六四「ーふるとも雨につつまめや」。古今 夏「ーふるき宮この」

石上私淑言(いそのかみささめごと)『作品名』江戸中期の歌論書。国学者の本居宣長著。三巻。宝暦十三年(一七六三)に成立するが完成せず、没後の文化十三年(一八一六)に刊行された。問答体で構成され、歌の本質を「物のあはれをしる」ことにあるとする。

いそ-ぶり【磯触り】(名)「いそぶり」とも。磯に打ち寄せる荒波。土佐「ーの寄する磯には年月をいつともわかぬ雪のみぞ降る」訳 荒波が打ち寄せる磯には、年月をいつの季節とも区別しない(季節はずれの)雪が降るばかりだ。(磯に砕け散る白波を雪に見立てたもの)

いそ-べ【磯辺】(名)磯のほとり。磯の付近。土佐「わが髪の雪とーの白波といづれまされり沖つ島守」訳 →わがかみの… 和歌

伊曽保物語(いそほものがたり)『作品名』❶「イソップ物語」の翻訳書。別称「天草本伊曽保物語」。文禄二年(一五九三)天草学林刊。当時の口語で訳し、ローマ字表記で、七十話を収録。❷江戸時代の仮名草子。「国字本伊曽保物語」とも。訳者未詳。「イソップ物語」中、九十四話を漢字平仮名まじりの文語に訳したもの。

いそ-まつ【磯松】(名)磯辺に生えている松。

いそ-み【磯回・磯廻】(名)〔「み」は湾曲している所の意〕❶磯の曲がって入り込んだ所。万葉 一七・三九六一「白波の寄するーを漕ぐ船の楫取る間なく思ほえし君」訳 白波が寄せてくる湾曲した磯を漕ぐ船の櫓をあやつる絶え間がないように、絶え間なく心にかかっていたあなたであることよ。(第三句までは「間なく」を導きだす序詞)❷磯をめぐること。万葉 三・三六八「大船に真梶繁貫き大君の命かしこみーするかも」訳 大船に櫓を左右に多くとりつけ、天皇のおことばを謹んでうけたまわって、磯めぐりをすることであるよ。

いそ-もと【磯もと】(名)磯の波打ちぎわ。磯辺。磯ぎわ。万葉 七・一二三九「大き海のーゆすり立つ波の」訳 大海の磯ぎわをゆるがして立つ波のように。

いそ-や【磯屋・磯家】(名)海岸にある漁師などの家。磯館。新古 恋二「藻塩やく海人のーの夕煙立つ名もくるし思ひたえなで」訳 藻塩を焼いている海人の磯辺の小屋の夕方の煙が立つように、浮き名が立つのも苦しい。恋しく思う火が絶えないで。(第三句までは「立つ」を導きだす序詞。「立つ」は「煙が立つ」と「浮き名が立つ」を、「思ひ」の「ひ」に「火」をかける。「火」「やく」「煙」は縁語)

い-そん・ず【射損ず】(他サ変){ぜ・じ・ず・ずる・ずれ・ぜよ}矢を的に当てそこなう。射はずす。平家 一一・那須与一「これをー・ずるものならば、弓切り折り自害して、人に二たび面を向かふべからず」訳 これ(=扇の的)を射そこなうものであるならば、弓を切り折って自害して、人に二度と顔を合わせないつもりだ。

いた【板】(名)❶薄く平らにした木材。❷「板敷き」の略。枕 三六「いとつややかなるーの端ちかう、あざやかなる畳一ひらうち敷きて」訳 たいそうつやつやとした板敷きの端近くに、あざやかな色の畳を一枚ちょっと敷いて。❸まないた。❹版木。

いた【甚】(副)〔形容詞「甚し」の語幹〕ひどく。激しく。〔記〕下「ー泣かば人知りぬべし」訳 ひどく泣くなら(自分たちの仲を)他人が知ってしまうだろう。

いたい-け【幼気】(形動ナリ){なら・なり(に)・なり・なる・なれ・なれ}〔「痛き気」のイ音便か〕あどけなくかわいらしい。いじらしい。小さくて愛らしい。〔伽・三人法師〕「姉は九つ弟は六つなり。…かたち(=姿は)ー・に用 見えたり」

いたいけ・す【幼気す】(自サ変){せ・し・す・する・すれ・せよ}かわいらしく見える。あどけなくかわいらしいようすをしている。平家 六・小督「門を細めにあけ、ー・し用 たる小女房、顔ばかりさし出だいて」訳 門を細めにあけて、かわいらしく見えた小女房が、顔だけさし出して。

いたう(イトウ)【甚う】(副)〔形容詞「甚し」の連用形「いたく」のウ音便〕「いたく」に同じ。徒然 一九「晦日の夜、ー暗きに、松どもともして」訳 (陰暦十二月の)晦日の夜、たいそう暗いときに、たいまつをいくつもともして。

いた-がき【板垣】(名)板で作った垣根。板塀。源氏 蓬生「めぐりの見苦しきにーといふ物うちかためつくろはせ給ふ」訳 (屋敷の)周囲がみっともないので、(光源氏は)板塀というものをしっかり作りつけて修理させなさる。

いた-がね【板金・板銀】(名)室町末期から江戸初期にかけて、金・銀を薄くのばし適当に切って使用した貨幣。地金そのもので、量目は不統一だった。

いだか・ふ(イダカ(コ)ウ)【抱かふ】(他ハ下二){へ・へ・ふ・ふる・ふれ・へよ}抱きか

かえる。竹取 かぐや姫の昇天「嫗、塗籠の内に、かぐや姫をー・へ㊊て居り」訳 嫗は、塗籠(=厚い壁で囲った部屋)の中で、かぐや姫を抱きかかえている。

いた-が・る【甚がる・痛がる】(自ラ四)〔ら・り・る・る・れ・れ〕〔「がる」は接尾語〕すばらしいとほめる。感心する。土佐「これをのみー・り㊊、ものをのみ食ひて、夜更けぬ」訳 これ(=歌)をすばらしいとほめるばかりで(返歌をせず)、ごちそうだけを食べて、夜が更けた。

いたく【甚く】(副)〔形容詞「甚し」の連用形から。ウ音便で「いたう」とも〕❶ひどく。非常に。はなはだしく。源氏 夕顔「大弐の乳母のーわづらひて尼になりにけるとぶらはむとて」訳 (光源氏は)大弐の乳母がひどく病気が重くなって尼になってしまったのを見舞おうと思って。

❷(下に打消の語を伴って)たいして。それほど。徒然 七三「わがため面目あるやうに言はれぬる虚言は、人ーあらがはず」訳 自分にとって名誉となるように言われたうそには、人はたいして抗弁しない。

いだ・く【抱く・懐く】(他カ四)〔か・き・く・く・け・け〕❶抱く。かかえる。土佐「人みな、船のとまる所に、子をー・き㊊つつ降り乗りす」訳 人はみな、船の停泊する所で、それぞれ子供を抱いて(船を)降り乗りする。

❷とり囲む。保護する。〔紀〕欽明「任那をー・き㊊守ること、懈り息むこと無し」訳 任那(=地名)を保護し守ることを、ゆるがせにすることがない。

❸心の中にある考えをもつ。今昔 二・三〇「母となりて子の殺さるるを見て、悲しびをー・け㊁るなり」訳 母となって(自分の)子供が殺されるのを見て、悲しみの情を心にもっているのである。

いた-ごし【板輿】(名)屋根と両側面を白木の板で張り、前後にすだれを下げた輿。輿のうち、最も簡単なもので、主として貴人や僧が小旅行のときに用いた。

（いたごし）

いた・し(形ク)〔から・く(かり)・し・き(かる)・けれ・かれ〕

語義パネル

●重点義　**程度がはなはだしく、究極に達するさま。**

究極に達する意の動詞「いたる」(ラ四)と同根。原義に近いのは㊀で、その②は特によい面でのはなはだしいさまにいう。はなはだしいさまが肉体・精神に与える感じを表すのが㊁で、これに対応する動詞が、苦痛を感じる意の「いたむ」(マ四)。

㊀甚し	❶**程度がはなはだしい。**激しい。 ❷非常によい。**すばらしい。**
㊁痛し	❶(からだに)痛みを感じる。 ❷(精神的に)**苦痛である。**つらい。 ❸いたわしい。いとしい。

㊀【甚し】❶**程度がはなはだしい。**激しい。竹取 かぐや姫の昇天「八月十五日ばかりの月に出でゐて、かぐや姫いとー・く㊊泣き給ふ」訳 陰暦八月十五日近くの月(の夜)に(縁先に)出て座って、かぐや姫はとても激しくお泣きになる。

❷非常によい。**すばらしい。**源氏 明石「造れるさま木深く、ー・き㊍所まさりて見所ある住まひなり」訳 (岡辺の宿の)屋敷の構えは木立が深く、すぐれている所が(海辺の家より)一段とよくて見がいのある住まいである。

㊁【痛し】❶(からだに)痛みを感じる。源氏 夕顔「頭いとー・く㊊て苦しく侍れば」訳 頭がひどく痛くて苦しゅうございますので。

❷(精神的に)**苦痛である。**つらい。〔落窪〕「おのれが昔憎まざらましかば、しばらくにても恥を見、ー・き㊍めは見ざらまし」訳 私が昔もし憎まなかったなら、一時でも恥を受け、つらい目にあわなかったろうに。文法「ましかば…まし」は反実仮想で、「もし…なら…だろうに」の意。

❸いたわしい。いとしい。堤 ほどほどの懸想「ほどほどにつけては、かたみにー・し㊎など思ふべかめり」訳 それぞれの分に応じては、互いにいとしいなどと思うようである。文法「べかめり」は、「べかるめり」の撥音便「べかんめり」の「ん」の表記されない形。

いだし-あこめ【出だし衵】(名)衵の裾を外から見えるように少し出して着ること。→出だし衣①

いだし-うちき【出だし袿】(名)袿の裾を外から見えるように少し出して着ること。→出だし衣①

いた-じき【板敷き】(名)床が板張りになっている所。板の間。すのこ。縁がわ。伊勢 四「あばらなるーに月のかたぶくまでふせりて」訳 (戸や障子もなく)がらんとした板の間に月が(西の方に)傾くまでふせっていて。

いだし-ぎぬ【出だし衣】(名)❶貴人の男性が、直衣・狩衣の下から衵・袿などの下着の裾を少し出すようにして着ること。晴れのときの服装。

❷室内の御簾や牛車の下簾から、女房や童女の袖口や裾などを出すこと。また、その出ている衣。

（いだしぎぬ①）

発展　男女の「出だし衣」

「出だし衣」には男女の違いがあった。男性は下に着た袿や衵の裾を出して着たが、これはちょっとしたおしゃれだったらしい。一方、女性は襲の褄や袖などを簾の下から出して、牛車や建物の飾りとしたので、「打ち出で(の衣)」ともいった。牛車の場合は中に乗る女性を想像して、男性が心を躍らせたが、晴れの儀式に建物を飾る場合は、その家の権力と富を示した。

いだし-ぐるま【出だし車】(名)「いだしぎぬ②」をしている牛車。行幸、賀茂の祭りなどに女官や女房が乗る。

いだし‐た・つ【出だし立つ】(他タ下二){て・て・つ・つる・つれ・てよ}❶用意して送り出す。出発させる。促して出す。〔源氏〕桐壺「夕月夜ゆふづくよのをかしき程に—て㊆させ給ひて」〔訳〕夕月の趣深いころに、(桐壺帝は使いを)出発させなされて。❷宮仕えさせる。〔源氏〕桐壺「ただかの遺言ゆいごんをたがへじとばかりに—て㊒侍りしを」〔訳〕ただあの(亡夫の)遺言にそむくまいと思うだけで、(娘=桐壺の更衣を)宮仕えさせましたが。

(いだしぐるま)

いだし‐や・る【出だし遣る】(他ラ四){ら・り・る・る・れ・れ}送り出してやる。行かせる。〔伊勢〕二三「このもとの女、悪あしと思へるけしきもなくて、—り㊒ければ」〔訳〕この前からの妻は、(男の行動を)不快だと思っているようすもなくて、(男を新しい女のもとへ)送り出してやったので。

いた・す【致す】(他サ四){さ・し・す・す・せ・せ}❶至らせる。とどかせる。もたらす。(結果として)まねく。〔太平記〕七「落ち重なって手を負おひ、死を—す㊍者、一日が中うちに五、六千人に及べり」〔訳〕(寄せ手の坂から)重なって落ちて傷を負い、死をまねく者は、一日のうちで五、六千人に達した。❷尽くす。努力する。〔伊勢〕四一「心ざしは—し㊒けれど、さるいやしきわざも習はざりければ、上うへの衣きぬの肩を張り破やりてけり」〔訳〕注意は尽くしたけれども、そのような下賤げせんな仕事にも慣れていなかったので、上着の肩を(洗い張りのときに)張り過ぎて破いてしまった。❸サ変動詞「為す」の謙譲語。いたす。させていただく。〔平家〕一・清水寺炎上「山門の大衆だいしゅ、狼藉らうぜきを—さ㊆ば手むかへすべき所に」〔訳〕山門(=延暦寺えんりゃくじ)の衆徒が、乱暴をいたすならば(興福寺こうふくじからも)抵抗するはずのところを。❹サ変動詞「為す」の丁寧語。します。〔狂・粟田口〕「まづはお声から—い㊒(イ音便)て、くゎっとお大名と聞こえまする」〔訳〕まずはお声からしまして、ぱっとしてお大名らしく聞こえます。

〔参考〕平安時代にはおもに漢文訓読体で用いられ、中世以降は敬語として広く用いられた。

いた・す【致す】(補動サ四){さ・し・す・す・せ・せ}❶謙譲の意を表す。…させていただく。〔狂・麻生〕「新地(=新たな領地)を過分に拝領—し㊒」❷丁寧の意を表す。…します。〔浄・鑓の権三重帷子〕「落馬—し㊒た」(→致す(他サ四)〔参考〕)

いだ・す【出だす】■(他サ四){さ・し・す・す・せ・せ}❶外へ出す。〔竹取〕かぐや姫の生ひ立ち「帳ちゃうのうちよりも—さ㊆ず、いつき養ふ」〔訳〕(翁おきなはかぐや姫を)帳とばりの内からも出さないで、たいせつに養い育てる。❷声に出す。歌う。〔源氏〕賢木「高砂たかさごを—し㊒てうたふいとうつくし」〔訳〕(右大臣の孫が催馬楽さいばらの)高砂を(高く)声に出してうたうのが、たいそうかわいらしい。❸色や形に表す。描き出す。〔平家〕一一・那須与一「みな紅ぐれなゐの扇あふぎの日—し㊒たるが、白波のうへにただよひ」〔訳〕真紅の地の扇で(中央に金色の)日の丸を描き出してあるのが、白波の上にただよって。〔文法〕「扇の」の「の」は、いわゆる同格の格助詞で、「…で」の意。❹生じさせる。起こす。〔平家〕一一・剣「尊みことまた火を—さ㊆れたりければ、風たちまちに異賊の方かたへ吹きおほひ」〔訳〕日本武尊やまとたけるのみことが次に火をおこしなさったところ、風はにわかに賊徒の(いる)方向に吹きわたって。■(補動サ四)(動詞の連用形の下に付く場合)→次項「=いだす」参照

‥いだ・す【出だす】(補動サ四){さ・し・す・す・せ・せ}(動詞の連用形の下に付いて)「外に向かって行う」または「外に表し出す」意を表す。〔更級〕梅の立枝「いみじく泣きくらして見—し㊒たれば」〔訳〕ひどく一日中泣いて過ごして外を見たところ。〔土佐〕「言ことの心を、男文字に様さまを書き—し㊒て」〔訳〕歌の意味を、漢字で(だいたいの)趣旨を書き表して。

〔例語〕言ひ出だす・選えり出だす・行ひ出だす・仰おほせ出だす・傅かしづき出だす(=たいせつに育てあげる)・たづね出だす・眺め出だす・まねび出だす・詠み出だす

いたずら【徒ら】 ⇩いたづら

いただき【頂】(名)❶頭のてっぺん。〔著聞〕四三九「この弓取りの法師が—におちて」〔訳〕(熟した柿の実が)この弓を持って見張りをする役の法師の頭のてっぺんに落ちて。❷物のいちばん上の部分。頂上。〔竹取〕ふじの山「駿河するがの国にあるなる山の—に持て着くべきよし、仰おほせ給ふ」〔訳〕駿河の国(静岡県)にあるという山(=富士山)の頂上に(不死の薬を)持ってたどり着くようにということを、(帝みかどは)命じなさる。

いただき‐もちひ―モチイ**【戴き餅】**(名)平安時代、年初に貴族の家で行った、小児の頭に餅を触れさせて将来を祝福し祝言を唱える儀式。〔紫式部日記〕「ことし正月三日まで、宮たちの、御—に日々にまうのぼらせ給ふ」〔訳〕今年は陰暦正月三日まで、若宮たちが、御戴き餅の儀式のために毎日(清涼殿せいりょうでん)に参上なされる。

いただ・く【頂く・戴く】(他カ四){か・き・く・く・け・け}❶頭の上に載せる。〔宇治〕一三・八「こと魚などしたためて、桶をけに入れて、女どもに—か㊆せて、わが坊に帰りたれば」〔訳〕(別当は)他の魚などをとり集めて、桶に入れて、女たちに頭上に載せさせ(運ばせて)、自分の僧坊に帰ったところ。❷敬ってたいせつに扱う。仰ぎ尊ぶ。〔源氏〕真木柱「石山の仏をも、弁のおもとをも、並べて—か㊆まほしう思へど」〔訳〕石山寺の仏をも、(玉鬘たまかずらの女房の)弁のおもとをも、いっしょに仰ぎ尊びたいと思うけれども。❸「もらふ」の謙譲語。ちょうだいする。〔太平記〕九「足利あしかが殿は代々だいだい相州さうしうの恩を—き㊒徳をになって」〔訳〕足利殿(=尊氏たかうじ)は代々相州(=北条高時)の恩をちょうだいしお陰をこうむって。❹「飲む」「食ふ」の謙譲語。

いたち【鼬】(名)小獣の名。からだは赤褐色で細長く、ねずみなどを捕らえて食う。〔図〕(鼬罠いたちわな〔図〕)

いたち‐の‐みち‐を‐き・る【鼬の道を切る】往来や交際・音信の絶えることのたとえ。いたちの道。

い‐た・つ【射立つ】(他タ下二){て・て・つ・つる・つれ・てよ}❶さかんに矢を射る。〔太平記〕一六「両方の峰なる大勢に—て㊆られ、北なる峰へ引き退く」〔訳〕両方の峰にいる(敵の)大軍にさかんに射続けられ、北にある峰に後退する。

❷矢を射当て、突き立たせる。平家 七・篠原合戦「矢七つ八つー・て未られて、立ち死ににこそ死ににけれ」訳 矢を七本、八本(からだに)突き立てられて、立ち往生(の姿)で死んでしまった。

いたつかは・し【労かはし】(形シク){しから・しく(しかり)・し・しき(しかる)・しけれ・しかれ}【動詞「労く」に対応する形容詞。室町時代以降は「いたづかはし」「いたづがはし」】ご苦労さまだ。骨を折るようすだ。徒然 九三「愚かなる人、この楽しびを忘れて、ー・しく用外の楽しびを求め」訳 愚かな人は、この(生きているという)楽しみを忘れて、ご苦労なことにそれ以外の楽しみを求め。

いたつき【労き・病き】(名)【室町時代以降は「いたづき」】❶骨折り。苦労。大和 一四七「あるは遠き所よりいまする人あり。あるはここながらそのーかぎりなし」訳 (娘に求婚するため)ある人は遠い所からいらっしゃる人がある。(また)ある人はこの土地の人であるけれども、その苦労はこのうえもない。

❷病気。古今 仮名序「咲く花に思ひつく身のあぢきなさ身にーのいるも知らずて」訳 咲く花に心がひかれるわが身の無益なさまよ。わが身に病気が入りこむのも知らないで。(「思ひつく身」「あぢきなさ」「いたつき」には鳥の名「つぐみ」「あぢ」「たづ」が詠み込まれている。「いたつき」は「平題箭(=矢じりの一種)」を隠す。「いる」に「入る」と「射る」を掛けるともいう)。⇩篤し「慣用表現」

いた-つき【平題箭】(名)先をとがらせていない、練習などに用いる矢じり。宇治 一五・四「はやく左の目に、ーたちにけり」訳 驚いたことに(海賊の首領の)左の目に、実戦用でない矢がささっていた。

いたつ・く【労く・病く】━(自カ四){か・き・く・く・け・け}【室町時代以降は「いたづく」】❶骨を折る。気を配って尽力する。蜻蛉 上「とかうものすることなど、ー・く体人多くて、みなし果てつ」訳 あれこれ(葬儀の前後に)することなどは、骨を折って世話する人が大勢いて、すべてし終えた。

❷疲れる。病気になる。紀 雄略「筋力精神、一時にー・き用ぬ」訳 筋力も精神も、一度に疲れてしまった。⇩篤し「慣用表現」

━(他カ四){か・き・く・く・け・け}世話をする。いたわる。伊勢 六九「かくてねむごろにー・き用けり」訳 このようにして心をこめて世話をした。

いたづら【徒ら】(形動ナリ){なら・なり(に)・なり・なる・なれ・なれ}

> **語義パネル**
>
> ●重点義　努力に見合った結果が得られないで、むだであったと失望する感じ。
>
> ❶役に立たない。むだである。
> ❷むなしい。はかない。
> ❸何もない。なんの趣もない。
> ❹することがない。ひまである。

❶**役に立たない。むだである。** 徒然 五一「とかく直しけれども、終に回らで、ー・に用立てりけり」訳 あれこれと修理したが、(水車は)とうとう回らなくて、むだに立っていたのだった。

❷**むなしい。はかない。** 古今 春下「花の色は移りにけりなー・に用我が身世にふるながめせし間に」訳 →はなのいろは…和歌

❸**何もない。** なんの趣もない。更級 富士川「入り江のー・なる体州すどもにこと物もなく」訳 入り江のなんの趣もないあちこちの州に(松以外の)ほかの物もなくて。

❹**することがない。ひまである。** 土佐「舟も出いださでー・なれ已ば、ある人の詠める」訳 舟も出さなくてひまなので、ある人が詠んだ歌。

類語パネル

●共通義　甲斐がないさま。

いたづら	役に立たず、むだであるさま。
かひなし	とった行動になんの効果もないさま。
むなし	あるべき事物が存在せず、空疎なさま。

いたづら-ごと【徒ら事】(名)❶役に立たないこと。むだなこと。〔千載〕雑下「鳴尾の松のつれづれとーを書き集めて」訳 鳴尾の松のようにひとり物思いに沈んで、むだなこと(=述懐歌)を書き集めて。(「鳴尾の松の」は「つれづれと」を導き出す序詞)

❷みだらなこと。うわついたこと。〔娘節用〕「ーの心(=うわついた心)から、御恩の深いおとっさんを都に残して」

いたづらに-な・す【徒らに成す】❶役に立たなくする。むだにする。今昔 一・三六「我ら、心をもって二世をー・せ已り」訳 われわれは、心がけによって(自らの)現世と来世とをむだにした。

❷死なせる。滅ぼす。竹取 御門の求婚「多くの人の身をー・し用てあはざなるかぐや姫は、いかばかりの女ぞ」訳 たくさんの男の身を滅ぼして(なお結婚しないという)かぐや姫は、どれほどの女か。

いたづらに-な・る【徒らに成る】❶むだになる。だめになる。〔うつほ〕藤原の君「仏に奉る物はー・ら未ず。来世、未来の功徳なり」訳 仏に差し上げる物はむだにならない。来世、未来にわたって果報をもたらすよい行いである。

❷死ぬ。〔拾遺〕恋五「あはれともいふべき人は思ほえで身のー・り用ぬべきかな」訳 →あはれとも…和歌。⇩果つ「慣用表現」

いたづら-びと【徒ら人】(名)❶役に立たない人。おちぶれた者。源氏 明石「ーをばゆゆしきものにこそ思ひ捨て給ふらめ」訳 (私=光源氏のような)おちぶれた者を、(明石の入道は)縁起が悪いものとして思い捨てなさっているであろう。

❷死んだ人。故人。死んだも同然の人。源氏 夕霧「ーに見なし奉るべきにやと」訳 (落葉の宮を)死んだ人とみなし申しあげなければならないのだろうか(=亡くなるようなことになりはしないか)と。

いたづら-ぶし【徒ら臥し】(名)恋人と会えずに、寂しくひとり寝をすること。源氏 帚木「君は、解けても寝られ給はず、ーと思さるるに御目覚めて」訳 (源氏の)君はくつろいでもおやすみになることができず、つまらないひとり寝よとついお思いになると、お目が覚めて。

いたづら‐もの【徒ら者】(名)❶役に立たない者。[著聞] 一六七「今はつかさもなき—になれるよしなり」[訳] 今は官職もない無用の者になっているとのことである。❷悪人。ろくでなし。[平家] 一・禿髪「世にあまされたる—なんどの」[訳] 世間から見捨てられたろくでなしなどが。❸浮気者。みだらな者。

いた‐で【痛手】(名)戦いで受けた深い傷。深手。重傷。[平家] 二・嗣信最期「—なれば死ににけり」

い‐たど・る【い辿る】(自ラ四)〈ら・り・る・る・れ・れ〉《上代語》「い」は強意の接頭語〕探し求めて行く。たどりつく。たどる。[万葉] 五・八〇四「少女らがさ寝す板戸を押し開き—・り(用)寄りて」[訳] 少女たちが寝ていらっしゃる(家の)板戸を押し開いて(少女のもとに)さぐり寄って。

いたは・し【労し】(形シク)〈しから・しく(しかり)・し・しき(しかる)・しけれ・しかれ〉〔動詞「労はる」に対応する形容詞〕❶苦労が多い。骨が折れる。〔紀〕景行「臣、—・し(終)といふとも、頓にその乱れを平けむ」[訳] 私めは、骨が折れる(ことだ)とはいっても、ひたすらその乱れを平定しましょう。❷(病気などで)苦しい。苦痛だ。[万葉] 五・八八六「おのが身し—・しけれ(已)ば…草手折り柴取り敷きて床じものうち臥い伏して」[訳] 自分の身が(病気で)苦しいので…草を手で折り、柴をとって敷いて寝床のようにして倒れ伏して。[文法]「おのが身し」の「し」は、強意の副助詞。❸気の毒だ。かわいそうだ。[平家] 灌頂・大原御幸「さこそ世を捨つる御身といひながら、御—・しう(用)(ウ音便)こそ」[訳] いくら(出家して)世を捨てている御身だといっても、お気の毒でございます。[文法]「さこそ」は、逆接の条件句に用いられて「いくら…といっても」の意。係助詞「こそ」のあとに結びの語「候へ」などが省略されている。❹たいせつに世話したい。大事にしたい。[枕] 二六七「親などのかなしうする子は、目たて耳たてられて、—・しう(用)(ウ音便)こそおぼゆれ」[訳] 親などがかわいがる子は、(世間から)注目され聞き耳を立てられて、大事に世話したいと感じる。[文法]「目たて」は対偶中止法で、下の受身が及ぶ。

いたはし‐げ【労しげ】(名)〔形容詞「いたはし」の終止形に接尾語「げ」が付いたもの〕思いやりのあること。いたわるようす。〔義経記〕「—もなく、続け打ちに散々に打ちたりける」[訳] (弁慶は)いたわるようすもなく、(義経を)続けざまに激しく打った。

いたはり【労り】(名)❶骨を折ること。苦労してたてた手柄。功績。〔紀〕推古「これみな汝が—なり」[訳] これ(=金銅仏を元興寺に無事に安置したこと)はすべておまえの功績である。❷心をかけること。心づかい。[源氏] 澪標「乳母にも、ありがたうこまやかなる御—のほど浅からず」[訳] (明石の姫君の)乳母に対しても、めったにないくらい行きとどいたお心づかいのようすは並々のものではない。❸たいせつに扱うこと。[源氏] 初音「この—なき白妙の衣は、七重にもなどか重ね給はざらむ」[訳] このたいせつに扱うこともない(=傷んでも惜しくない)白地の着物は、何枚も何枚もどうして重ね着なさらないのだろうか。❹病気。[平家] 九・木曽最期「山吹は—あって、都にとどまりぬ」[訳] 山吹(=人名)は病気にかかって、都に残った。⇩篤しい「慣用表現」

いたは・る【労る】**一**(自ラ四)〈ら・り・る・る・れ・れ〉❶苦労して努める。骨を折る。[源氏] 少女「『典侍あきたるに』と申させたれば、さもや—・ら(未)ましと、大殿もおぼいたるを」[訳] (惟光は)「典侍が欠員になったところに(私の娘を任命してほしい)」と申し上げたので、そのように骨を折ろうかと、大殿(=光源氏)もお思いになったのを。❷病む。病気になる。[平家] 一〇・三日平氏「をりふし—・る(体)こと候ひて、下り候はず」[訳] (宗清は)ちょうど今病むことがございまして、(関東に)下って来ません。⇩篤しい「慣用表現」

二(他ラ四)〈ら・り・る・る・れ・れ〉❶たいせつに扱う。(心をこめて)世話する。[伊勢] 六九「つねの使ひよりは、この人よく—・れ(命)」[訳] いつもの勅使よりは、この人をよく世話せよ。❷(病気などを)治療する。養生する。[平家] 三・御産「それにてよくよく身—・っ(用)(促音便)て、春になって上り給へ」[訳] そこ(=九州)で十分にからだを養生して、春になってからご上京なさい。

いた‐びさし【板庇】(名)板葺き屋根の庇。[新古] 雑中「人住まぬ不破の関屋の—荒れにしのちはただ秋の風」[訳]→ひとすまぬ… [和歌]

いた‐ぶき【板葺き】(名)板で屋根をふくこと。また、そうして造ってある家。[源氏] 蓬生「はかなき—なりしなどは骨のみわづかに残りて」[訳] (下屋の)ちょっとした板葺きであった建物などは、(野分に飛ばされて)骨組みだけがかろうじて残っていて。

いた‐ぶ・る【甚振る】**一**(自ラ四)〈ら・り・る・る・れ・れ〉〔形容詞「甚し」の語幹に動詞「振る」の付いたもの〕激しく揺れ動く。荒れる。[万葉] 一一・二七三六「風をいたみ—・る(体)波の間なくあが思ふ君は相思ふらむか」[訳] 風が激しいので激しく立つ波のように、絶え間なく私が思っているあの方は、(私を)ともに思ってくれているであろうか。(第二句までは「間なく」を導きだす序詞)

二(他ラ四)〈ら・り・る・る・れ・れ〉(人から金銭などを)せびる。ねだる。まきあげる。〔浮世風呂〕「伯父御でも—・ら(未)ねえきやあ。出所がねえわな」[訳] おじさんにでもねだらなくちゃあ。(お金の)出所がないなあ。

いた‐ま【板間】(名)(板葺きの屋根の)板と板とのすき間。[平家] 三・少将都帰「ふるき軒の—より、もる月影ぞ隈もなき」[訳] 古い軒の板のすき間から、漏れてくる月の光は曇る所もない(ほど明るい)。

いたま・し【痛まし・傷まし】(形シク)〈しから・しく(しかり)・し・しき(しかる)・しけれ・しかれ〉〔動詞「痛む」に対応する形容詞〕❶心が痛む。かわいそうだ。ふびんである。[徒然] 一二八「彼に苦しみを与へ、命を奪はんこと、いかでか—・しから(未)ざらん」[訳] 彼(=生き物)に苦しみを与え、命を奪うようなことは、どうしてかわいそうでないことがあろうか(いや、かわいそうだ)。[文法]「奪はんこと」の「ん」は、仮定・婉曲の助動詞。❷つらい。迷惑である。[徒然] 一「—・しう(用)(ウ音便)するものから、下戸ならぬこそ男はよけれ」[訳] (酒をすすめられて)迷惑であるようにしながらも、酒が飲めないわけではないのが男としてはよい。

いた・む【痛む・傷む】**一**(自マ四)〈ま・み・む・む・め・め〉❶からだに痛みを感じる。〔紀〕神武「時に五瀬命の矢瘡—・み(用)ますことはなはだし」[訳] そのときに五瀬命の矢の傷が痛みなさることははなはだしい。

❷悲しむ。なげく。[万葉]二・一四一・題詞「有間皇子(ありまのみこ)、自(みづか)ら―・み㊊て松が枝(え)を結ぶ歌」[訳]有間皇子が、自ら悲しんで松の枝を結ぶ(ときの)歌。

❸迷惑がる。[徒然]一七五「いたう―・む㊍人の、しひられて少し飲みたるも、いとよし」[訳]ひどく迷惑がる人が、強制されて(酒を)少し飲んだのも、たいそうよい。

❹傷がつく。そこなわれる。[平家]二・烽火之沙汰「再び実なる木は、その根必ず―・む㊎とみえて候ふ」[訳](一年に)二度実がなる木は、その根が必ずそこなわれると(古典に)みえております。

□(他マ下二){め・め・む・むる・むれ・めよ}❶心身に痛い思いをさせる。痛めつける。[平家]二・西光被斬「足・手をはさみ、さまざまに―・め㊊問ふ」[訳](西光法師の)足や手をはさみ、あれこれと痛めつけ問いただす。

❷こわす。傷つける。[徒然]一二八「生ける物を殺し、―・め㊊、闘はしめて遊び楽しまん人は、畜生残害の類(たぐひ)なり」[訳]生きているものを殺し、傷つけ、闘わせて遊び楽しむような人は、互いにかみついて傷つけ合う動物と同類である。[文法]「遊び楽しまん人」の「ん」は、仮定・婉曲(えんきょく)の助動詞。

い-た-む【い回む】(自マ上二){み・み・む・むる・むれ・みよ}[「い」は強意の接頭語]めぐる。まわる。[万葉]二〇・四四〇八「岡の岬(さき)―・むる㊍ごとに万度(よろづたび)顧(かへり)みしつつ遥々(はろはろ)に別れし来れば」[訳]岡の端をめぐるたびに、幾度も振り返って見ては、はるばると(家を)別れて来ると。

いた-も【甚も】(副)[副詞「いた」に助詞「も」の付いたもの]はなはだしくも。非常に。[万葉]三・四五六「君に恋ひ―すべなみ葦鶴(あしたづ)の音(ね)のみし泣かゆ朝夕(あさよひ)にして」[訳](亡くなった)あなたを恋い慕い、まったくどうしようもないので、鶴(つる)が声をあげて鳴くように、(私も)声に出して泣かずにはいられない。朝にも晩にも。

いた-や【板屋・板家】(名)板でふいた屋根。また、屋根を板でふいた粗末な家。[源氏]夕顔「八月十五夜、隈(くま)なき月かげ、ひま多かる―残りなく漏(も)り来て」[訳]陰暦八月十五夜の、曇る所もない月の光が、すき間が多い板でふいた屋根の(すき間の)すべてから漏れて来て。

いたり【至り】(名)❶思慮・経験などが深くゆきとどいていること。また、その程度。[源氏]帚木「深き―なからむはいと口惜しく」[訳](妻が)深い思慮がないとしたらそれはたいそう残念で。

❷至り着くところ。極致。きわみ。[徒然]二一九「短慮の―、きはめて荒涼(くわうりやう)のことなれども」[訳](私が申し上げることは)浅はかな考えのきわみで、このうえなくぶしつけなことであるけれども。

いたり-たる【至りたる】極意を体得している。このうえない。[花鏡]「―上手(じやうず)の能をば、師によく習ひては似すべし」[訳]奥義(おうぎ)をきわめた達人の(演ずる)能を、師匠(＝達人)についてよく稽古してからは似せてもよい。

[なりたち]四段動詞「至る」の連用形「いたり」＋完了の助動詞「たり」の連体形「たる」

いたり-て【至りて】(副)きわめて。はなはだしく。[徒然]八五「―愚かなる人は、たまたま賢なる人を見て、これを憎む」[訳]きわめて愚かな人は、たまに賢い人を見て、これを憎む。

いたり-ふか・し【至り深し】(形ク){から・く(かり)・し・き(かる)・けれ・かれ}❶思慮・配慮がゆきとどいている。学問・芸術などに造詣が深い。[源氏]帚木「私ざまの世に住まふべき心おきてを思ひめぐらさむ方(かた)も―・く㊊」[訳]私的な、この世間で暮らしていくのにふさわしい心がけを工夫するような点においても、(この女は)思慮深く。

❷趣が深い。[源氏]若紫「播磨(はりま)の明石(あかし)の浦こそなほ殊(こと)に侍れ。何の―・き㊍隈(くま)はなけれど」[訳]播磨(兵庫県)の明石の浦がやはり格別でございます。どうという趣深い所はないけれども。

いた・る【至る】(自ラ四){ら・り・る・る・れ・れ}❶行き着く。到達する。[伊勢]九「三河(みかは)の国、八橋(やつはし)といふ所に―・り㊊ぬ」[訳]三河の国(愛知県)の、八橋という所に行き着いた。

❷(あるときが)やってくる。[徒然]一〇八「命を終(を)ふる期(ご)、たちまちに―・る㊎」[訳](一瞬一瞬をたいせつにしないと)寿命が尽きるときは、すぐさまやってくる。

❸ゆきとどく。思い及ぶ。[源氏]帚木「などかは女と言はむからに、世にあることの公私(おほやけわたくし)につけて、むげに知らず―・ら㊌ずしもあらむ」[訳]どうして女だからといって、世間にあることの公的私的な面に関して、まったく知らず思い及ばないことがあろうか(いや、そんなことはない)。

❹きわまる。極致に達する。[徒然]六〇「尋常(よのつね)ならぬさまなれども、人にいとはれず、よろづ許されけり。徳の―・れ㊋りけるにや」[訳](盛親僧都(じょうしんそうず)の行いは)ふつうでないようすであるけれども、人から嫌われず、すべて許されていた。人徳がきわまっていたからなのであろうか。[文法]係助詞「や」のあとに結びの語「あらん」が省略されている。

いたわし【労し】⇩いたはし

いたわる【労る】⇩いたはる

いた-ゐ―【板井】(名)板で囲った井戸。[古今]神あそびの歌「わが門(かど)の―の清水里遠み人し汲(く)まねば水草(みくさ)生(お)ひにけり」[訳]私の家の門の前にある板囲いの井戸の清水は、人里から遠いので、人が汲まないから、水草が生えてしまったことだ。

いち-【逸】(接頭)[副詞「いた」「いと」と同根という]程度がはなはだしい、すぐれているの意を表す。「―足」「―しるし」「―早し」

いち【一】(名)❶数の名。ひとつ。

❷(順序などの)一番目。最初。[更級]物語「この源氏の物語、―の巻よりしてみな見せ給へ」[訳]この「源氏物語」を、最初の巻から始めて全部見せてください。

❸最もすぐれていること。第一。最高。[枕]一〇一「すべて、人に―に思はれずは、何にかはせむ」[訳]総じて、人から第一に思われないとしたら、(いったい)何になろうか(なんのかいもない)。[名文解説]清少納言は、中宮定子の御前でこのように語っていたという。清少納言の負けん気の強さを示すことばとして有名であるが、それは、敬愛する定子に誰よりもかわいがられたい、という彼女の切実な願いの表れでもある。

いち【市】(名)人が集まって物品を売買する所。また、人が多く集まるにぎやかな所。[方丈]二「頼む方(かた)なき人は、自(みづか)らが家をこぼちて、―に出(い)でて売る」[訳]あてのない人は、自分自身の家をこわして、市に出て行って(たきぎとして)売る。

い-ぢジ―【意地】(名)❶気だて。気性。

❷自分の考えを押し通そうとする心。我意(がい)。〔葉隠〕

「武士の―を立つることは、過ぐる程にするものなり」訳武士が我意を押し通すことは、やりすぎ(と思われ)るほどにするものだ。

❸連歌で、句を作る本質をつかんだ心のはたらき。〔連理秘抄〕「骨(こつ)のある人は、―によりて句がらの面白きなり」訳(歌人としての)すぐれた素質をもっている人は、心のはたらきによって句風が魅力的なのである。

いち‐いち【一一】 ■一(名)❶一つ一つ。一つずつ。〔栄花〕わかばえ「『はべりしやうしかじか』と―に申させ給へば」訳「事の趣(おもむき)はこうこう(でした)」と、一つ一つ申し上げなされると。

❷ひとりひとり。各人。〔栄花〕わかばえ「あるは刀自(とじ)・すましなど、―に言ひわたす」訳あるいは刀自(=雑役を務める女官)・すまし(=洗濯などをする女官)など、めいめいに言いわたす。

■二(副)(多く、下に助詞「に」を伴って)一つ残らず。全部。すっかり。〔平家〕六・祇園女御「事の体(てい)―にあらはれぬ」訳事情がすっかり明らかになった。

いち‐う【一宇】(名)(「宇」は「軒(のき)」の意)一軒。一棟(ひとむね)の家や堂塔。〔平家〕一・清水寺炎上「仏閣僧坊―ものこさず焼きはらふ」訳(延暦寺(えんりゃくじ)の衆徒は清水寺の)仏閣や僧侶の宿所を一棟も残さず焼き払う。

いち‐え【一衣】(名)一枚の衣服。着物などの一枚。〔細道〕草加「紙子(かみこ)―は夜の防ぎ」訳紙子(=渋紙製の衣服)一枚は夜の(寒さの)防ぎ(として)。

いち‐が‐の‐ながれ‐を‐く‐む【一河の流れを汲む】 見知らぬ旅人どうしが同じ川の流れの水をくみ合うというかりそめの間柄も、前世からの因縁であるという仏教の教え。一樹の陰に宿る。〔義経記〕「―む(体)も皆これ他生(たしょう)の契りなり」訳同じ川の流れの水をくみ合うのも、これはみな前世からの約束である。

市川団十郎(初代)(いちかはだんじふらう/イチカワダンジュウロウ)〔人名〕(一六六〇〜一七〇四)江戸中期の歌舞伎俳優。荒事(あらごと)の創始者。屋号は成田屋。江戸の歌舞伎界で活躍し、和事(わごと)を得意とする上方の坂田藤十郎(とうじゅうろう)と好対照をなした名優。

いち‐がん【一眼】(名)❶一方の目。片目。〔浄・国性爺合戦〕「―をくって韃靼(だったん)王に奉る」訳片目をえぐりとって韃靼王に差し上げる。

❷一度見ること。一目(ひとめ)。一望。〔細道〕象潟「風景―の中(うち)に尽きて」訳風景は一目ですっかり見渡せて。

いち‐ぐ【一具】(名)道具などのひとそろい。ひと組。〔徒然〕八三「物を必ず―にととのへんとするは、つたなきもののすることなり」訳物を必ずひとそろいに整えようとするのは、おろかな人のすることである。

いち‐ぐら【肆】(名)(「市座(いちくら)」の意)市で商品を並べて置く所。〔平家〕七・聖主臨幸「今日は―の辺(へん)に水を失ふ枯魚(こぎょ)の如(ごと)し」訳(平家一門は)今日は店先のあたりで水を失っている魚の干物のようである。

いち‐げい【一芸】(名)一つの芸能や技能。〔徒然〕一五〇「かくいふ人、―も習ひ得ることなし」訳このように言う人は、一つの技芸も習得することがない。

いち‐げん【一見】(名)はじめて会うこと。初対面。特に、遊里で客がその遊女とはじめて会うこと。〔浄・心中天の網島〕「この孫右衛門(まごえもん)はたった今―にて女の心の底を見る」訳この孫右衛門(=私)はたった今初対面で女の心の底(まで)を見てとる(のだぞ)。

いち‐ご【一期】(名)生まれてから死ぬまでの間。一生。生涯。〔徒然〕五九「少し心ある際(きは)は、皆このあらましにてぞ―は過ぐめる」訳少し分別心のあるほどの人は、みなこの(出家の)心づもりで一生は過ぎるようだ。

いち‐こつ【壱越】(名)十二律(=雅楽の音階)の第一音。→十二律(じゅうにりつ)

いち‐こつ‐でう【壱越調】ジョウ(名)「いちこつてう」とも。雅楽の六調子の一つ。十二律のうち壱越を主音とした音階。〔源氏〕椎本「―の心に、桜人あそび給ふ」訳(薫(かおる)たちは)壱越調の調子で、桜人(=催馬楽(さいばら)の曲名)を演奏なさる。

いち‐ざ【一座】(名)❶第一の上席。上座(かみざ)。また、その席につくこと。〔宇治〕一三・一三「諸僧、―より次第に鉢を飛ばせて、物を受く」訳僧たちは、上座(の者)から順々に(自分の)鉢を(念力で)飛ばして、食べ物を受け取る。

❷同席すること。同座。〔浄・冥途の飛脚〕「近日―致したい」訳(なじみの遊女が会いたがっているので)近いうちに同席いたしたい。

❸同席の者全部。満座。

いち‐じ【一時】(名)わずかの時間。ひととき。〔徒然〕一八八「―の懈怠(けだい)、すなはち一生の懈怠となる」訳わずかの時間の怠りが、そのまま一生の怠りとなる。

いちじょう【一定】 ⇩いちぢゃう

いちじょう‐の‐ほふホウ**【一乗の法】**《仏教語》(「一乗」は衆生(しゅじょう)を彼岸に渡す乗り物の意。唯一絶対の乗り物の意)一切衆生を成仏させる唯一無二の教法。法華(ほけ)経をさす。〔枕〕一〇一「『二、三にては死ぬともあらじ。一にてをあらむ』などいへば、『―なり』など」訳「第二、第三(の存在)では死んでもありたくない。第一でありたい」などと言うと、「(まるで唯一無二の)一乗の法であるようだ」などと。

いち‐しる‐し【著し】(形ク){から・く(かり)・し・き(かる)・けれ・かれ}(「いち」は接頭語。「しるし」は顕著であるの意)明白である。はっきりしている。〔源氏〕若菜下「はふり子が木綿(ゆふ)うち紛(まが)ひ置く霜はげに―き(体)神のしるしか」訳神官の(持つ榊(さかき)にかけた)木綿と見まちがえるほど(白く)おりている霜は、なるほど(願いを聞きとどけたという)はっきりした神の(ご利益(りやく)の)証拠か。

参考 古くは「いちしろし」。中世以降「いちじるし」となり、シク活用の例がみられるようになる。

いち‐しろ‐し【著し】(形ク){から・く(かり)・し・き(かる)・けれ・かれ}「いちしるし」の古形。〔万葉〕一二・三〇二三「―く(用)人の知るべく嘆きせめやも」訳(恋しているのを私が)はっきりと人が知るに違いないように嘆息をするだろうか(いや、するものか)。

いち‐じん【一人】(名)(「じん」は漢音)(天下にひとりの人の意から)天皇。〔平家〕一・鱸「太政(だいじゃう)大臣は―に師範として、四海に儀刑(ぎけい)せり」訳太政大臣は天皇に対して師範となって、天下に対して模範となっている。⇩御門(みかど)「慣用表現」

いち‐だい【一代】(名)❶人の一生。生涯。〔万葉〕五・沈痾自哀の文「―の懽楽(くわんらく)、未(いま)だも席前(せんぜん)に尽きねば、千年の愁苦さらに座後に継ぐ」訳一生の楽しみはまだ目前に尽きないのに、千年の苦しみはもう背後に続く。

❷君主や家長が国・家督を継いで治めている期間。

[更級] 初瀬「―に一度の見物にて、田舎世界の人だに見るものを」[訳] (大嘗会の御禊は)帝の在位期間に一度の見ものであって、地方の人だって(わざわざ上京して)見るものなのに。

いち-だいじ【一大事】(名) ❶《仏教語》衆生に悟りを開かせるという、仏がこの世に出現する重大な目的。転じて、仏道に入って悟りを開くこと。[徒然] 一八八「―の因縁をぞ思ふべかりける」[訳] 悟りを開くという大切なことの機縁を考えなければならないのであった。❷一つの大切な事件・事実。重大事。〔太平記〕六「正成、不肖の身として、この―を思ひ立ちて候ふ事」[訳] 正成が、未熟者の身で、この(後醍醐帝に味方するという)重大事を思い立っておりますことは。

いち-だう【一道】(名) 学問や芸術などでの一つの専門分野。一つの芸道。[徒然] 一六七「―にも誠に長じぬる人は、みづから明らかにその非を知る故に」[訳] 一つの専門分野においてでも真に秀でた人は、自分自身がはっきりと自分の欠点を理解しているために。

いち-だん【一段】■(名) ❶(文章などの)ひとくぎり。一段落。〔太平記〕六「不思議の記文(=記録文)―あり。その文にいはく(=言うことには)」❷場面。事柄。■(副) ひときわ。いっそう。〔伽・あきみち〕「この人―有徳の人にてわたらせ給ふ」[訳] この人はひときわ富裕な人でいらっしゃる。

いち-ぢ【市路】(名) 市へ通じる道。市にある道路。[万葉] 三・二八四「駿河なる阿倍の―に逢ひし児らはも」[訳] 駿河(静岡県)にある阿倍の市の道で出会った少女はなんとまあ(忘れられないことだ)。

いち-ぢゃう【一定】■(名・形動ナリ) 確実であること。一つに定まっていること。[徒然] 三九「往生は、―と思へば―、不定と思へば不定なり」[訳] 極楽往生は、確実だと思うといつも確実だし、不確かだと思うといつも不確かである。■(副) 確かに。きっと。必ず。[平家] 一一・那須与一「この若者―つかまつり候ひぬとおぼえ候ふ」[訳] この若者はきっといたして(=やってのけて)しまいますと思われます。[文法]「候ひぬ」の「ぬ」は、助動詞「ぬ」の終止形で、ここは確述の用法。

いち-ぢん【一陣】(名) ❶第一の陣。先陣。[平家] 九・河原合戦「―破れぬれば残党まったからず」[訳] (敵は)第一陣が破れてしまったので、残りの軍勢は完全でない。❷最初に敵陣へ攻め入ること。先駆け。一番のり。[平家] 一〇・三日平氏「敵をも攻めに御くだり候はば、―にこそ候ふべけれども」[訳] 敵を攻めに(鎌倉に)お下りなさいますならば、(私=宗清は軍勢の)先駆けでなければなりませんが。❸さっとひとしきり風が吹くこと。「―の風」

いち-づ【一途】(名・形動ナリ) 一つに定まること。ひたすらに思うこと。〔太平記〕三「おのおの死罪に行はるべしと評定―に定まって」[訳] それぞれ死罪に処せられるのが適当であると評議が一つに定まって。

いち-でう【一条】(名) 一つにつながっていること。ひとすじ。[徒然] 三八「可・不可は―なり」[訳] よいこととよくないことはひとつながりのことである(=明確に識別することはできない)。

一条兼良(いちでうかねら)『人名』(一四〇二～一四八一) 室町中期の政治家・学者・歌人。「かねよし」とも。摂政・関白を歴任。博学多識で、特に神道・仏教に通じ、古典の研究にもすぐれていた。歌学書「歌林良材集」、「源氏物語」の注釈書「花鳥余情」、注釈書「古今集童蒙抄」「伊勢物語愚見抄」など。

いち-ど【一度】(名) ❶一回。いっぺん。❷さかずき一ぱいの酒を飲むこと。また、その酒。[徒然] 八七「口付きの男に、まづ―せさせよ」[訳] (馬の)口取りの男に、(酒を)まず一ぱい飲ませよ。

いちどう-に【一同に】(副) 全員がいっしょに。口をそろえて。[平家] 一・殿上闇討「殿上人―申されけるは」[訳] 殿上人が口をそろえて申し上げなさったことは。

いち-なか【市中】(名) 町の中。〔猿蓑〕凡兆「―は物のにほひや夏の月」[訳] 町の中は(むせかえるような)物のにおいがただようが、(その暑苦しさの中でふと見上げると)空には夏の月が(涼しそうに)かかっている。

いち-なん【一男】(名) 長男。[大鏡] 実頼「このおとどは、忠平のおとどの―におはします」[訳] この大臣(=藤原実頼)は、忠平の大臣の長男でいらっしゃる。

いちにち-ぎゃう【一日経】(名) 供養のため、大勢が集まって、法華経などの経文を一日で写し終えること。また、その経。[平家] 一一・嗣信最期「手負ひのただ今落ち入るに、―書いて弔へ」[訳] 負傷者がたった今息をひきとったので、一日経を書いてとむらえ。

いちに-の-たい【一二の対】一の対の屋と二の対の屋のこと。寝殿造りで、東西の対の屋の後方(北方)に新しい対の屋を設けた場合に、前方のものを「一の対」、後方のものを「二の対」という。

いち-にん【一人】(名) ❶ひとりの人。[平家] 四・信連「御前に人―も候はざらんが、無下にうたてしうおぼえ候ふ」[訳] (高倉の宮を逮捕しにくるのに、その際)御所に(しかるべき)人が一人もおりませんようなら、それがはなはだ嘆かわしく思われます。❷天皇の別称。⇩御門「慣用表現」❸第一人者。たぐいまれな者。

いちにん-たうぜん【一人当千】(名) ひとりで千人の敵に当たるほどの力量や勇気をもっていること。一騎当千。[平家] 四・橋合戦「堂衆の中に筒井の浄妙明秀といふ―の兵ぞや」[訳] (自分は)三井寺の堂衆(=僧兵)の中で筒井の浄妙明秀という一騎当千の勇士であるぞ。

いち-ねん【一念】(名) ❶《仏教語》きわめて短い時間。一瞬。刹那。[徒然] 一〇八「ただ今の―、むなしく過ぐることを惜しむべし」[訳] 現在の一瞬が無駄に過ぎることを惜しまなければならない。❷《仏教語》念仏を一回唱えること。[平家] 一〇・戒文「―十念の心を致せば来迎す」[訳] 一回の念仏十回の念仏(であっても、唱えよう)という信仰心を起こすといつも仏は極楽から迎えに来る。❸一心に思いつめること。執心。[源氏] 横笛「かの今はのとぢめに、―のうらめしきにも、もしはあはれとも思ふにまつはれてこそは、長き夜の闇にもまどふわざななれ」[訳] あの臨終のときにあたって、執心(となるほど)の恨めしさにも、あるいはしみじみいとしいとも思う情にとりつかれて(いることは、長い煩悩の闇に迷うしわざであるようだ。

いちねん-ほっき【一念発起】(名・自サ変)《仏教語》❶仏を信じ、悟りを求める心を起こすこと。〔歎異抄〕「―・する(体)とき、金剛の信心をたまはりぬれば」訳仏を信じ悟りを求める心を起こすとき、(阿弥陀如来から)堅固の信心を頂戴したので。❷悪心をしりぞけて善心を起こすこと。〔浄・心中重井筒〕「徳兵衛〔悔い改めて〕―・し(用)て」

いち-の【一の】(連体)❶一番目の。最初の。枕二七八「―御車は唐車なり」訳(十五両の車の中で)一番目の御牛車は唐廂の車である。❷最もすぐれた。何よりも価値がある。平家五・物怪之沙汰「この御馬は…東八箇国―馬とて、入道相国に参らせたり」訳このお馬は…関東八か国で最もすぐれた馬だというので、入道相国(=平清盛)に献上した。

いちの-おとど【一の大臣】「いちのかみ」に同じ。

いちの-かみ【一の上】左大臣の異称。ただし、左大臣が摂政・関白となった場合は右大臣をさす。「一の大臣」とも。徒然八三「『めづらしげなし。―にてやみなん』とて、出家し給ひにけり」訳(西園寺公衡は)「(太政大臣の位も)めずらしいこともない。左大臣(のまま)で終わってしまおう」と言って、出家なさってしまった。

いちの-きさき【一の后】第一の后。皇后の異称。

いちの-くに【一の国】最上の任国。枕一八五「したり顔なるもの …除目にその年の―得たる人」訳得意顔であるもの、…除目(=官職を任命する行事)でその年の最上の任国を手に入れた人。

いちの-ざえ【一の才】習得した芸能の中で最も得意とするもの。源氏絵合「琴ひかせ給ふことなむ―にて」訳七弦琴をお弾きになられることが(あなた=光源氏の)最も得意とする芸能であって。

一の谷(いちのたに)〘地名〙今の兵庫県神戸市須磨区の西方にある谷。北に鵯越がある。寿永三年(一一八四)、源義経が平家の軍を屋島に敗走させた古戦場。

いちの-ところ【一の所】「いちのひと①」に同じ。源氏手習「世の中の―も何とも思ひ侍らず」訳この世の第一の人(=関白)でも、(私=紀伊の守は)なんとも思いませんで。

いちの-ひと【一の人】❶最高権力者。おもに摂政・関白をいう。太政大臣をさす場合もある。「一の所」とも。徒然一「―の御有り様はさらなり、ただ人も、舎人など給はるきはは、ゆゆしと見ゆ」訳摂政・関白のごようすはいうまでもなく、一般の貴族でも、警護のための随身などを(朝廷から)いただく身分の者は、すばらしいと思われる。❷第一にすぐれた人。

いちの-ふで【一の筆】戦陣で、最初に敵の首を取った手柄を首帳(=討ち取った敵の首の数と、その手柄を立てた者の氏名を記す帳簿)の一番目に記録されること。また、第一の殊勲。筆頭。平家九・越中前司最期「その日の高名の―にぞ付きにける」訳その日の高名帳の筆頭に記録されたということだ。

いちの-みこ【一の御子・一の皇子】一番目に生まれた皇子。第一皇子。源氏桐壺「―は、右大臣の女御の御腹にて」訳第一皇子は、右大臣の(娘である)女御からのご出生で。

いちの-みや【一の宮】❶一番目に生まれた皇子・皇女。源氏若菜下「六条の女御の御腹の―、坊にゐ給ひぬ」訳六条院(=光源氏)の(娘である)女御(=明石の女御)からのご出生の第一皇子は、皇太子の位におつきになった。❷その国で第一位に格づけされている神社。

いちの-や【一の矢】最初に射る矢。また、矢を射るとき、手に持つ二本の矢のうち最初に射る矢。平家四・鵺「―に変化の物を射損ずるものならば」訳最初の矢で怪物を射そこなうものであるならば。

いちの-ゐん―イン【一の院】院(=上皇・法皇)が二人以上いるとき、最初に院になった者をいう。一院。本院。源氏若菜上「内裏、春宮、―、后の宮、次々のゆかりいつくしきほど」訳天皇・皇太子・最初の院(=朱雀院)・后(=秋好中宮)、それに続く(光源氏の)ご縁者がりっぱであるようすは(すばらしくて)。

いち-ばい【一倍】㊀(名・自サ変)今でいう二倍。倍。今昔二四・三八「一年を経たるに、借れる所の銭―・し(用)ぬ」訳一年を経過したところ、借りているところの金が二倍になってしまった。㊁(副)《近世語》いっそう。よりいっそう。ひとしお。〔浄・女殺油地獄〕「人に言はれじ悟られじと―横柄な何くわぬ顔」訳(自分が下手人であると)人に言われまい悟られまいと、いっそう横柄な何くわぬ顔。

いち-はや・し【逸早し】(形ク)〔から・く(かり)・し・き(かる)・けれ・かれ〕【「いち」は程度がはなはだしい意の接頭語】❶激しい。熱烈である。伊勢一「昔人は、かく―・き(体)みやびをなむしける」訳昔の人は、このように激しい優雅なふるまいをしたのであった。名文解説 優美な姉妹をかいま見て心を動かされ、着ていた狩衣の裾を切り、それに歌を書いて贈った主人公「昔男」の若々しく情熱的なふるまいを称えた一文。「伊勢物語」の基調をなす「みやび」の美学を、象徴的に示している。❷厳しく容赦がない。恐ろしい。源氏須磨「さしあたりて、―・き(体)世を思ひはばかりて参り寄るもなし」訳当面、厳しい世間(=右大臣一派の権勢)に気がねして、(光源氏の屋敷に)参上し立ち寄る人もない。❸すばやい。性急である。蜻蛉下「なほここにはいと―・き(体)心地すれば、思ひかくることもなきを」訳(養女の結婚については)やはりこちら(=私)としてはたいそう性急な気持ちがするので、(具体的な日取りなど)気にかけることもないのに。

いち-ばん【一番】㊀(名)❶(能・狂言・歌舞伎などの)一曲。平家一・祇王「この定では舞もさだめてよかるらん。―見ばや」訳このようすでは舞もきっと上手であろう。一曲見たいものだ。❷(碁・相撲・歌合わせなどの)一勝負。一組。❸最初。まっ先。〔太平記〕六「明日の合戦に先駆けして(=一番乗りをして)、―に討ち死にして」❹第一。最もすぐれたもの。平家一一・鶏合壇浦合戦「兵藤次秀遠は、九国―の勢兵にてありけるが」訳兵藤次秀遠は、九州第一の強い武士であったが。㊁(副)試みに。いっぺん。ちょっと。

いちぶ-きん【一分金・一歩金】(名)江戸時代の金

貨の一種。形は長方形。一両の四分の一に当たる。「一分判金」「一分小判」とも。

いちぶ-ぎん【一分銀・一歩銀】(名)江戸末期の銀貨の一種。形は長方形。一両の四分の一に当たる。

(いちぶきん)

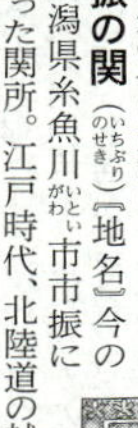
(いちぶぎん)

市振の関(いちぶりのせき)『地名』今の新潟県糸魚川市市振にあった関所。江戸時代、北陸道の越後(新潟県)と越中(富山県)の境の要所として設けられた。

いち-ぶん【一分】(名)❶面目。体面。〔浄・大経師昔暦〕「家一軒を両方へ質入れたが顕れては、この岐阜屋道順が一がすたるとて」訳一軒の家を二重に借金の抵当に入れたのが人に知られては、この岐阜屋道順の面目がつぶれると言って。

❷それと同然。…同様。〔浮・好色一代男〕「我とは兄弟一に申しかはせしに」訳(亡くなったご主人と)私とは兄弟同様だと申しかわしたのに。

いちぶん-みせ【一分見世・一分店】(名)独立して自分で経営する店。〔浮・日本永代蔵〕「この弟子大人しくなりて(=一人前になって)一を出しけるに」

いちまい-かんばん【一枚看板】(名)❶上方歌舞伎で、芝居の題名や役者の名前などを書いた、大きな飾り看板。

❷(①に書かれた役者の意から)一座の中心的役者。

いちまつ-もやう【市松模様】(名)地紋の一種。碁盤の目のような格子を一つ置きに色違いにした模様。「石畳」とも、略して「市松」ともいう。

参考 元文(一七三六—一七四一)のころ、歌舞伎役者佐野川市松がこの染め模様の裃を愛用したことからいう。

(いちまつもやう)

いち-み【一味】一(名)《仏教語》仏の教えは、時・所・人によって多様であるが、結局は、大海の味がどこでも一様であるように、差別なく平等であるということ。

二(名・自サ変)心を同じくして協力すること。味方すること。また、その仲間。平家七・木曽山門牒状「必ず一同心なることは候はず」訳(比叡山の僧兵三千人全員が)必ずしも力を合わせ心を同じくしている(という)ことはございません。

いち-め【市女】(名)市で物をあきなう女。物売り女。源氏 玉鬘「あやしき一、商人の中にて、いぶせく世の中を思ひつつ」訳(豊後の介一行は)いやしい物売り女や商人の(住む町の)中で、気が晴れず身の上を思い思いして。

いちめ-がさ【市女笠】(名)平安時代から江戸時代にかけて、女性が用いた笠。菅などで凸字形に編み、漆を塗ったもの。もと、市女が用いたが、平安中期以降には高貴な女性の外出用となった。今昔 一六・一八「いと若くはなき女房の、気高げなる、一を着て」訳それほど若くはない女性で、上品な感じがする人が、市女笠をかぶって。⇩巻頭カラーページ14

(いちめがさ)

いち-めん【一面】(名)❶(両面のうちの)片面。一つの方面。

❷一度の面会。また、初めて出会うこと。

いちめん-に【一面に】(副)全部そろって。いっぺんに。いっせいに。平家 一一・能登殿最期「甲の錣をかたぶけ、太刀を抜いて一うってかかる」訳甲の錣を(首を防護するために)傾け、太刀を抜いてそろってうちかかる。

いち-もう【一毛】(名)一本の毛。転じて、きわめて軽いもの。ごくわずかなこと。徒然 二一一「ゆるくしてやはらかなるときは、一も損ぜず」訳(心が)ゆったりとしておだやかなときは、ほんの少しも(身を)そこなわない。

いち-もち【逸物】(名)「いちもつ」に同じ。

いち-もつ【逸物】(名)「いちもち」とも。群をぬいてすぐれているもの。多く、馬・牛・犬・鷹などについていう。今昔 一六・五「万の人の欲しがりて買はむと申せども、馬の極めたる一なれば、売らずして持て侍るなり」訳多くの人が欲しがって買おうと申すが、馬がこの上なくすぐれたものであるので、売らずに持っているのです。

いち-もん【一門】(名)❶一族。一家。平家 七・忠度都落「君既に都を出でさせ給ひぬ。一の運命はや尽き候ひぬ」訳天皇はもう都をお出になられた。(平家)一族の運命はすでに終わってしまいました。

❷(仏教の)同じ宗派。著聞 四一「その後一の僧、相継ぎて居住して」訳その後同じ宗派の僧が、相ついで住みこんで。

いち-もんじ【一文字】(名)❶一つの文字。❷一という文字。〔無名草子〕「かたほにて、一をだに引かぬさまなりければ」訳未熟で、一という文字さえ書かないようすであったので。

❸(多く助詞「に」を伴って)一の字のように横にまっすぐなこと。一直線。平家 九・宇治川先陣「宇治河はやしといへども、一にざっとわたいてむかへの岸にうちあがる」訳宇治川は(流れが)速いというけれども、一直線に(馬を)ざっと渡らせて向かいの岸にあがる。

いちや-づけ【一夜漬け・一夜付け】(名)(一夜で作った早漬けの意から)歌舞伎で、社会のできごとをすぐ脚色し、芝居にすること。また、その出し物。

いち-らふ【一臈・一臘】(名)❶《仏教語》「「臈」は「臘」の俗字で、僧侶が受戒してからの年数を表す」もっとも多く年功を積んだ長老格の僧。今昔 二八・一八「古は、金峰山の別当は彼の山の一をなむ用ゐける」訳昔は、金峰山の別当にはその山の最長老の僧を登用した。

❷(転じて)最古参の者。最上席の者。平家 五・文覚被流「安藤武者、文覚組んだる勧賞に、当座に一を経ずして、右馬允にぞなされける」訳安藤武者は、文覚を組み討ちで捕らえた功労により、即座に、(武者所の)最上席を経ないで、右馬允に任じられた。

いち-ろく【一六】(名)❶(双六や博奕で)二つのさいころを振って、一と六の目が出ること。

❷毎月、一と六のつく日(一日、六日、十一日、十六日、二十一日、二十六日)。江戸時代、この日は休日、

稽古日、会合日などであった。一六日(いちろくび)。

いち-ゑん【一円】(副) ❶(多く助詞「に」を伴って)すべて。すっかり。〔伽・三人法師〕「ただ—に人の物を取り給ひしも、今はかなはず」訳 ただもうすべて人の物を盗みなさったのに、今はできなくて。❷(下に打消の語を伴って)少しも。全然。〔きのふはけふの物語〕「このごろ—暇なきゆゑ」訳 このごろは全然暇がないので。

いつ【何時】(代) ❶はっきりと定まらない日・時を表す。どのとき。徒然 二九「このごろある人の文(ふみ)だに、久しくなりて、いかなる折、—の年なりけんと思ふは、あはれなるぞかし」訳 (亡き人はもちろん)今生きている人の手紙だって、長い時が経過して、(あれは)どういう季節、(また)どの年(のもの)だったろうと思うのは、しみじみと趣が深いものであるよ。❷(下に格助詞「より」を伴って)ふだん。いつも。〔落窪〕「これは—よりもよく縫(ぬ)はれよ」訳 これ(＝袴(はかま))はいつもよりも上手に縫いなさいよ。

い・つ【凍つ・冱つ】(自タ下二)〔て・て・つ・つる・つれ・てよ〕こおる。いてつく。平家 五・文覚荒行「雪降り積もり、つらら—・て用、谷の小川も音もせず」訳 (那智(なち)の滝は)雪が降り積もり、氷がいてつき、谷の小川も音もたてないで。

伊豆(いづ) イズ『地名』旧国名。東海道十五か国の一つ。今の静岡県東部の伊豆半島と東京都の伊豆諸島。豆州(ずしゅう)。

い・づ イズ【出づ】**一**(自ダ下二)〔で・で・づ・づる・づれ・でよ〕❶(中から外へ)**出る**。(表面に)**現れる**。伊勢 八七「女(め)の子ども—・で用て、浮き海松(みる)の浪(なみ)によせられたる拾ひて、家の内に持(も)て来ぬ」訳 女の子たちが(海辺に)出て、浮いている海松(＝海藻の名)が波で打ち寄せられたのを拾って、家の中に持って来た。❷出発する。土佐「和泉(いづみ)の灘(なだ)といふところより—・で用てこぎゆく」訳 和泉(大阪府南部)の灘という所から出発して(船を)こいで行く。❸**離れる**。**のがれる**。方丈 三「国々の民、或(ある)いは地を棄(す)てて境を—・で用、或いは家を忘れて山に住む」訳 (相次ぐ飢饉(ききん)のために)諸国の人々は、ある者は土地を捨てて国境(くにざかい)からのがれ、ある者は家をあきらめて山に住む。

二(他ダ下二)〔で・で・づ・づる・づれ・でよ〕❶外に出す。表す。古今 春下「花見れば心さへにぞうつりける色には—・で未じ人もこそ知れ」訳 (散りゆく)花を見ると(自分の)心までもが移ろい変わっていくことだ。(しかしそれを)顔色には出すまい、人が知ると具合が悪いから。文法「もこそ」は、不安・危惧の気持ちを表す。❷(「うち出づ」「言(こと)に出づ」などの形で)**口に出して言う**。**うちあける**。源氏 桐壺「いとあはれとものを思ひしみながら、言に—・で用ても聞こえやらず」訳 (桐壺の更衣は)たいそう悲しいと身にしみて思うものの、(それを)口に出しても(桐壺帝に)すっかり申し上げず。

三(補動ダ下二)(動詞の連用形の下に付く場合)→次項「(＝いづ)」参照

"い・づ【出づ】(補動ダ下二)〔で・で・づ・づる・づれ・でよ〕❶(動詞の連用形の下に付いて)㋐「…はじめる」「…だす」の意を表す。源氏 紅葉賀「常夏(とこなつ)のはなやかに咲き—・で用たるを」訳 撫子(なでしこ)(の花)が美しく咲きはじめているのを。【例語】生き出づ・輝き出づ・香り出づ・匂ひ出づ・開け出づ(＝咲きはじめる)・吹き出づ・降り出づ・萌(も)え出づ ㋑「…て(外に)出る」の意を表す。徒然 五六「あからさまに立ち—・で用ても」訳 ちょっと立って外に出(＝外出し)ても。【例語】歩み出づ・走り出づ・はひ出づ・舞ひ出づ・ゐざり出づ ❷(動詞の連用形の下に付いて)外に向かって行う、または外に表し出す意を表す。…出す。枕 一四三「ただここもとにおぼえながら、言ひ—・で未られぬは、いかにぞや」訳 すぐこのあたり(＝喉)まで思い出しながら、言い出すことができないのは、どういうわけだろうか。徒然 八七「によひ伏したるを求め—・で用て」訳 うめいて倒れているのを捜し出して。【例語】誘(いざな)ひ出づ・抱(いだ)き出づ・思ひ出づ・傅(かしづ)き出づ(＝大切に育ててあげる)・語り出づ・聞き出づ・漕(こ)ぎ出づ・捜し出づ・たづね出づ・調(てう)じ出づ(＝食事をととのえて出す)・問ひ出づ・眺め出づ・引き出づ・待ち出づ・見出づ・迎へ出づ・呼び出づ

いつ-か【何時か】❶未来のある時点についての疑問を表す。いつになったら…か。古今 夏「わが宿の池の藤なみ咲きにけり山郭公(やまほととぎす)—来(き)鳴かむ」訳 わが家の池の(ほとりの)藤の花が咲いたことだ。山ほととぎすはいつになったら来て鳴くのだろうか。❷過去のある時点についての疑問を表す。いつの間に…か。古今 秋下「ぬれてほす山路(やまぢ)の菊の露のまに—千歳(ちとせ)を我は経(へ)にけむ」訳 (仙人の住まいに行く)山路の菊の露にぬれた衣服を乾かすほどのわずかな間に、いつの間に、千年もの歳月を私は過ごしてしまったのだろうか。(「つゆ」は「菊の露」と「つゆの間」との掛詞) ❸反語を表す。いったいいつ…か(いや、そんなことはない)。〔金葉〕恋上「ひとよとは—ちぎりし河竹の流れてとこそ思ひそめしか」訳 一夜(だけでよい)とはいったいいつ約束しただろうか(いや、そんなことはない)。長く続くようにと恋しはじめたことなのに。(「河竹の」は「流る」にかかる枕詞。「よ(節)」は、「竹」の縁語) なりたち 代名詞「何時(いつ)」＋係助詞「か」

いっ-かう コウ【一向】(副) ❶ひたすら。いちずに。〔毎月抄〕「—有心(うしん)の躰(たい)をのみさきとして詠めるばかりを選び出(い)だして侍るなり」訳 (「有心体」としてあげたのは)いちずに有心の姿(であること)だけを第一として(心がけて)詠んだの(＝歌)だけを選び出したのです。❷すべて。ことごとく。平家 一〇・三日平氏「大小事—なんぢにこそ言ひあはせしか」訳 大事も小事もすべておまえに相談してきたのに。文法 係り結び「こそ…しか」は、ここは強調逆接となって下の文に続く。❸(下に打消の語を伴って)全然。まったく。平家 八・妹尾最期「—前が暗うて見えぬぞ」

いっかう-せんじゅ イッコウ—【一向専修】(名)《仏教語》ひたすら念仏を唱え修行すること。平家 一・祇王「〔祇王・祇女(ぎにょ)の母親は〕二人(ににん)の娘もろともに、—に念仏して」

いつか・し【厳し】(形シク)〔しから・しく(しかり)・し・しき(しかる)・しけれ・しかれ〕【動詞「斎(いっ)く」に対応する形容詞】いかめしい。おごそかでりっ

ぱだ。源氏 澪標「かのくだり給ひし大極殿の—・しかり㊊し儀式に」訳 あの(斎宮が伊勢に)下りなさった(日の)大極殿におけるおごそかでりっぱであった(別れの)儀式で。

いづ-かた【何方】(代) ❶(方向や場所についての)不定称の指示代名詞。どちら。どこ。方丈 一「知らず、生まれ死ぬる人、—より来たりて、—へか去る」訳 はてさて、(この世に)生まれ(そして)死ぬ人(というもの)は、どこから来て、どこへ去るのか。
❷不定称の人代名詞。どのかた。どなた。源氏 藤袴「わが身はかくはかなきさまにて、—にも深く思ひとどめられ奉るほどもなく」訳 私(=玉鬘)の身はこのように頼りないようすで、どなた(=光源氏や実父の内大臣)からも(娘として)深く愛情をかけられ申しあげるわけでもなく。

いつか-の-せちゑ【五日の節会】宮中の年中行事の一つ。毎年陰暦五月五日に、天皇が武徳殿に出御して群臣に薬玉を与え、後に宴会と騎射が行われた。

いつ-かは【何時かは】❶時についての疑問を表す。いつになったら…か。細道 旅立「上野・谷中の花の梢、また—と心細し」訳 上野や谷中の桜の花の梢を、再びいつになったら(見ることができるだろうか)と(思うと前途が)頼りなく不安である。
❷反語を表す。いつそんなことがあろうか(いや、決してない)。古今 雑下「君をのみ思ひこしぢの白山は—雪の消ゆるときある」訳 あなただけを思って越の国(北陸)から来たが、その越路の白山はいつ雪の消えるときがあろうか(いや、決して消えることはない。私の気持ちも同様に変わることはない)。(「思ひこし」の「こし」は「来し」と「越路」の「越」との掛詞)

い-つが・る【い繋る】(自ラ四){ら・り・る・る・れ・れ}「い」は強意の接頭語〕つながる。関係を持つ。万葉 九・一七六七「豊国の香春は吾宅紐の児に—・り㊊居れば香春は吾家」訳 豊国の香春(=地名)は私の家。紐の児(=女性の名)につながっているので、香春は私の家。(「いつがり」は「紐」の縁語)
なりたち 代名詞「何時」+係助詞「かは」

いつき【斎き】(名)〔四段動詞「斎く」の連用形から〕❶心身を清めて神に仕えること。また、その場所。
❷「斎きの皇女」の略。源氏 賢木「賀茂の—には、孫王の居給ふ例多くもあらざりけれど」訳 賀茂神社の斎きの皇女(=斎院)には、孫王(=天皇の孫である女王)がおつきになる例は多くもなかったけれども。

い-つき【斎槻】(名)〔「い」は接頭語〕神霊が宿るとされる槻の木。

一休(いっきゅう)〖人名〗(一三九四—一四八一)室町中期の臨済宗の僧。名は宗純。一休は字。狂雲子と号した。京都大徳寺の住職となり、奇行が伝えられ、逸話が多い。詩・書画・狂歌をよくした。詩集に「狂雲集」がある。

いっき-たうぜん【一騎当千】(名)一騎で千騎の敵を相手にするほど強いこと。また、その人。一人当千。太平記 五「その勢(=軍勢)わづか三十二人、これ皆—の兵(=武者)とはいへども」

いつき-の-みこ【斎きの皇女】(名)天皇の即位のとき、伊勢神宮や賀茂神社に天皇の名代として奉仕した未婚の皇女・女王の称。伊勢は斎宮、賀茂は斎院という。斎きの宮。

いつき-の-みや【斎きの宮】(名)❶大嘗会のときの斎忌・主基の両神殿。
❷伊勢・賀茂の斎きの皇女の居所。
❸「いつきのみこ」に同じ。

いつき-むすめ【斎き娘・傅き娘】(名)たいせつに育てている娘。秘蔵の娘。源氏 少女「限りなき帝の御—も、おのづからあやまつためし、むかし物語にもあめれど」訳 (男女のことでは)このうえなく尊い帝のご秘蔵の娘でも、つい過ちを犯す例は、昔物語にもあるようだが。

いつき-やしな・ふ【傅き養ふ】(他八四){は・ひ・ふ・ふ・へ・へ}たいせつに養い育てる。竹取 かぐや姫の生ひ立ち「帳のうちよりも出いださず、—・ふ㊎」訳 (翁はかぐや姫を)帳(=囲いの垂れ絹)の内からも出さないで、たいせつに養い育てる。

いっ-きょう【一興・逸興】(名・形動ナリ)❶ちょっとおもしろいこと。筑波問答「ただ当座の—を催すまでなれば」訳 (連歌は)ただその場かぎりのおもしろみを誘い

古語ライブラリー⑤

あめつちの詞

日本語の「かな一覧表」として古くから知られていたのが「あめつちの詞」である。

十世紀半ばには成立していたとみられる『うつほ物語』〈国譲上〉にその名が見えるから、この時代にはすでに「あめつちの詞」が手習いの手本として用いられていたようであるが、それがどんなものであったかは、わからない。

源順(九一一—九八三)の歌を集めた『源順集』には「あめつちの詞」を歌の初めと終わりにおいた沓冠歌が春夏秋冬思恋の部立のもとにそれぞれ八首ずつ収められている。

◇**あ**らさじと打ち返すらし小山田の苗代水にぬれて作る**あ**(=畔)

◇**め**もはるに雪間も青くなりにけり今こそ野辺に若菜摘みて**め**

『源順集』によって、「あめつちの詞」を復元すると、次のようになる。

あめつちほしそら　やまかはみねたに
くもきりむろこけ　ひといぬうへすゑ
ゆわさるおふせよ　えのえをなれゐて

冒頭から「さる」までは「天地星空山川峰谷雲霧室苔人犬上末硫黄猿」という語を並べたものとみられるが、以下の部分は「生ふせよ榎の枝を馴れ居て」の意とする説、「負ふ為よ良箆(または江野)愛男汝偃」の意とする説などがあって、定まらない。

「えのえを」の部分、「え」が二つあるのは、ア行のエとヤ行のエ(イェと発音)で、この二つのエの区別を示すものと考えられる。源順より年上の紀貫之(八七二?—九四五?)は『土佐日記』で二つのエを区別して用いているが、すでに源順にはこの別が意識されなかったらしく、「えのえを」の部分に置かれた歌は、二首とも副詞の「え」、すなわちア行のエで始まる歌になっている。

⇩一六二ページ⑥

起こすだけ(のこと)であるから。❷(反語的に用いて)驚きあきれることだ。とんでもないことだ。〔浄・心中重井筒〕「これは—。この子はいとしうござらぬか」訳(自害しようなんて)これはとんでもないことだ。この子はかわいくございませんか。

いつ・く【斎く】(自カ四)｛か・き・く・く・け・け｝汚れを除き、心身を清めて神に仕える。〔霊異記〕「その女の家の内に、神聖な場所を囲う垣根を立てて—・く㊇」訳その女の家の内に、忌籬を立てて心身を清めて仕える。

いつ・く【傅く】(他カ四)｛か・き・く・く・け・け｝たいせつに育てる。源氏 若紫「故大納言、内裏に奉らむなどかしこう—・き㊊侍りしを」訳(娘は)亡き大納言が宮中に差し上げようなどと並々でなくたいせつに育てましたけれども。⇩扱ふ「類語パネル」

い-つ・く【射付く】(他カ下二)｛け・け・く・くる・くれ・けよ｝❶矢を射当てる。今昔 二五・六「いみじく弓勢射る者なりとも、—・け㊍ずして、箭は道に落つべきなり」訳すばらしく強い力で矢を射る者であっても、(力の弱い弓で重い蟇目の矢を射ると)射当てないで、矢は途中で落ちるにちがいないのだ。❷矢で物を射通し、他の物に刺し留めて動けなくする。今昔 二七・三四「大きなる野猪、木に—・け㊍られてぞ死にてありける」訳大きな猪が、木に矢でくし刺しにされて死んでいた。

一九〈いっく〉『人名』→十返舎一九

い-つ・ぐ【い次ぐ・い継ぐ】(自ガ四)｛が・ぎ・ぐ・ぐ・げ・げ｝《上代語》〔「い」は強意の接頭語〕続く。万葉 一〇・二二四五「小牡鹿の声—・ぎ㊊—・ぎ㊊恋こそまされ」訳雄鹿の声が引き続き引き続きして恋心が(いっそう)つのる。

いづ-く〈イズ〉【何処】(代)〔「く」は場所を表す接尾語〕場所についての不定称の指示代名詞。どこ。万葉 五・八〇二「—より来りしものそ眼交にもとなかかりて安眠し寝さぬ」訳→うりはめば…和歌

参考「いづこ」の古形であるが、上代では「いづく」のみが用いられ、中古以降は両形が併用された。

いつくさ-の-たなつもの【五種の穀】〔「五穀」の訓読〕稲・粟・稗・麦・豆の五種の穀物。五つの穀物。

いつく・し【厳し】(形シク)｛しから・しく(しかり)・し・しき(しかる)・しけれ・しかれ｝❶神威がいかめしい。霊妙である。万葉 五・八九四「そらみつ倭の国は皇神の—・しき㊍国言霊の幸はふ国と」訳大和の国(日本)は皇祖神の神威がいかめしい国(であり、また)、ことばの霊力が幸いをもたらす国(である)と。(「そらみつ」は「倭」にかかる枕詞)❷威厳がある。おごそかである。源氏 若菜上「御裳着のこと思し急ぐさま、来し方行く先ありがたげなるまで—・しく㊊ののしる」訳(朱雀院が、娘の女三の宮の)御裳着の準備をはやくとお思いになるようすは、今までにもこれから先にもめったにないようすである(と思われる)くらいおごそかに大騒ぎをする。❸整っていて美しい。端麗で威厳がある。今昔 三〇・八「形・有り様・けはひの世に似ず—・しかり㊊けるを見て」訳(大納言の姫君の)顔立ち・容姿・雰囲気がこの上なく整っていて美しかったのを見て。

参考元来は神や天皇の威厳についていう語であったが、後には貴人のようすをもいうようになった。室町時代以降には「美し」と混同して用いられた。

厳島〈いつくしま〉『地名』今の広島県廿日市市宮島町。広島湾南西にある島。島の北部に厳島神社がある。安芸の宮島の名で知られ、日本三景の一つ。

いつくし・む【慈しむ】(他マ四)｛ま・み・む・む・め・め｝(幼少の者を)たいせつにする。かわいがる。〔伽・二十四孝〕「郭巨が老母、かの孫を—・み㊊、わが食事を分け与へけり」訳郭巨(=男の名)の年老いた母は、あの孫をかわいがり、自分の食物を分け与えた。

参考「うつくしむ」の転。室町時代以降用いられた。

いづく-は-あれ-ど〈イズク〉【何処はあれど】他の場所はともかく。古今 東歌「陸奥は—塩釜の浦こぐ舟の綱手かなしも」訳陸奥(青森・岩手・宮城・福島の四県)の地は、他の場所はともかく、塩釜の浦をこいで行く舟の引き綱が心にしみて感じられることだなあ。

なりたち代名詞「何処」+接続助詞「ど」の已然形「あれ」+係助詞「は」+ラ変動詞「有り」

いづく-へ〈イズク〉【何処辺】(名)〔「へ」は「あたり」の意の接尾語〕どのあたり。万葉 一二・三一七「眠も寝ずにあが思ふ君は—に今夜誰とか待てど来まさぬ」訳眠りもせずに私が恋しく思うあなたは、どのあたりで、今夜は誰と(ともにいるの)か。待ってもいらっしゃらないことだ。

いづく-を-おもて-にて〈イズク〉【何処を面にて】〔「いづく」は「いづこ」の古形〕「いづこをおもてにて」に同じ。

いっ-けん【一見】(名・他サ変)一度見ること。ひととおり見ること。〔謡・井筒〕「在原寺とかや申し候ふほどに、立ち寄り—・せ㊍ばやと思ひ候ふ」訳(この寺は)在原寺とか申しますので、ちょっと訪れてひととおり見たいと思います。

いづ-こ〈イズ〉【何処】(代)場所についての不定称の指示代名詞。どこ。大和 一六八「—にかあらむといふことさらにえ知らず」訳(出家した良岑宗貞が)どこにいるだろうかということはまったく知ることができない。

文法「え知らず」の「え」は副詞で、下に打消の語(ここでは「ず」)を伴って不可能の意を表す。→何処

いっこう『一向』⇩いっかう

いづこ-と-も-な・し〈イズコ〉【何処とも無し】どこへというあてもない。どこともしれない。源氏 夕顔「道いと露けきに、いとどしき朝霧に、—・く㊊惑ふ心地し給ふ」訳道がたいそう露っぽいうえに、いっそうはなはだしい朝霧で、(夕顔の葬送を終えて帰邸する光源氏は)どこへというあてもなく途方にくれる気持ちがしなさる。

なりたち代名詞「何処」+格助詞「と」+係助詞「も」+形容詞「無し」

いづこ-を-おもて-にて〈イズコ〉【何処を面にて】何の面目があって。「いづくをおもてにて」とも。源氏 賢木「—かはまたも見え奉らむ」訳何の面目があって(藤壺に)再びお目にかかれようか(いや、お目にかかれはしない)。

いづこ-を-はか-と〈イズコ〉【何処をはかと】「いづこをはかりと」に同じ。更級 野辺の笹原「のぼりけむ野辺は煙もなかりけむ—尋ねてか見し」訳(火葬の煙が空に)のぼったであろう野辺には(形見の)煙も(残ってい)なかっただろうに、(乳母は)どこを目当てとして(姉の墓を)探し出して見つけたのか。(「はか」は「目当て」の意の「はか」と

「墓」との掛詞)

いづこ‐を‐はかり‐と【何処をはかりと】どこを目当てとして。「いづこをはかと」とも。伊勢 二一「いづかたに求め行かむと門に出でて、とみかうみ見けれど、―も覚えざりければ」訳(家出した女を)どちらの方へ捜しに行こうかと門口に出て、あちらこちら見まわしたけれども、どこを目当てとして(捜そう)とも思われなかったので。
参考「はかり」は「量り」で「目当て」の意。「はか」とも。

いっ‐こん【一献】(名)❶酒とともに出す最初の料理。徒然 二一六「あるじまうけられたりけるやう、―にうちあはび、二献にえび、三献にかいもちひにてやみぬ」訳(北条時頼を足利義氏がおもてなしになったようすは、最初の肴には薄くのばした干しあわび、二番目にはえび、三番目にはぼたもちですんでしまった。
❷ちょっとした酒宴。〔太平記〕五「ある夜―のありけるに」訳ある夜ちょっとした酒宴があったときに。

一茶(いっさ)『人名』→小林一茶

いっさい‐きゃう【一切経】(名)《仏教語》仏教の教えと解釈を説くすべての経典の総称。

いっさい‐しゅじゃう【一切衆生】(名)《仏教語》この世に生を受けた、あらゆる生き物。特に、すべての人間。平家 一〇・維盛入水「三世の諸仏は、―を一子のごとくにおぼしめして」訳前世・現世・来世のもろもろの仏様は、すべての人間を(たった)一人の子供のようにお思いになって。

いっ‐さう【一双】(名)二つで一組のもの。一対。徒然 六六「盛りなる紅梅の枝に、鳥―を添へて」訳花盛りの紅梅の枝に、雉一つがいを付けて。

いっ‐さく【一作】(名)ひとくふう。一つの趣向。〔浮・西鶴諸国ばなし〕「それにつき、上書きに―あり」訳それについて、(金包みの)上書きに一つの趣向がある。

いっ‐しう【一州】(名)国全体。全国。〔太平記〕五「聖徳太子自ら日本―の未来記を留め給へり」訳聖徳太子が自ら日本全国の(将来を予言した)未来記をお残しなさった。

いつ‐し‐か【何時しか】■一(連語)■二(副)■三(形動ナリ)

語義パネル

●重点義「いつ…か」。

現代語の副詞「いつしか」はもっぱら■二①の「いつのまにか。知らないまに。早くも」の意で用いられるが、古くは願望の表現と呼応して「早く」の意を表す■二②の用法がある。

■一 連語	時についての疑問を表す。いつ…か。
■二 副詞	❶いつのまにか。知らないまに。早くも。❷(下に多く願望の表現を伴って)早く。
■三 形容動詞	あまりにも早い。早すぎる。

■一時についての疑問を表す。いつ…か。万葉 一八・四〇三八「玉櫛笥―明けむ布勢の海の浦を行きつつ玉も拾はむ」訳いつ夜が明けるだろうか。(夜が明けたら)布勢の海の浦を行き行きして玉も拾おう。(「玉櫛笥」は「明く」にかかる枕詞)

なりたち 代名詞「何時」+強意の副助詞「し」+係助詞「か」

■二(副)❶いつのまにか。知らないまに。早くも。蜻蛉 下「鶯―音したるを、あはれと聞く」訳うぐいすだけが早くもおとずれて鳴いたのを、しみじみとした趣があると聞く。

❷(下に多く願望の表現を伴って)早く。更級 梅の立枝「―梅咲かなむ、来むとありしを、さやあると、目をかけて待ちわたるに」訳早く梅が咲いてほしい、(継母がその)ころには来ようと言っていたが、ほんとうにそう(=来る)だろうかと、(梅の木を)見守って待ち続けていると。文法「梅咲かなむ」の「なむ」は、他に対する願望の終助詞。

■三(形動ナリ)(なら・なり(に)・なり・なる・なれ・なれ)あまりにも早い。早すぎる。平家 四・厳島御幸「新帝今年三歳、あはれ、―・なる(体)譲位かな」訳新帝(=安徳天皇)は今年三歳(になったばかり)、ああ、あまりにも早い(高倉天皇の)譲位だなあ。

いつしか‐と【何時しかと】❶いつのまにか早くも。思いがけなく早くも。源氏 初音「―けしきだつ霞に木の芽もうちけぶり」訳早くも(春らしい)風情をきざして立つ霞(とともに)に、木の芽も萌え出るように。
❷(待ち望む気持ちをこめて)早く。古今 秋上「けふよりは今こむ年の昨日をぞ―のみ待ちわたるべき」訳今日(=陰暦七月八日)からは、これからやって来るだろう年の昨日(=来年の七月七日)を早く来てほしいとばかり(思って)待ち続けなければならないのか。

いつしか‐も【何時しかも】❶いつになったら…か。いつ…か。万葉 八・一四七八「わが屋前の花橘は―珠に貫くべくその実なりなむ」訳私の家の(庭先の)花橘は、いつになったら(陰暦五月五日の)薬玉として糸に通すことができるように、その実がなるのだろうか。
❷(待ち望む気持ちをこめて)早く。伊勢 一三四「わが宿に蒔きしなでしこ―花に咲かなむよそへても見む」訳私の家の(庭)に蒔いたなでしこは早く花に(なって)咲いてほしい。(恋しいあなたに)せめてなぞらえて眺めよう。

いっし‐に【一時に】(副)(「し」は漢音)たちまち。いちじに。平家 一一・先帝身投「波の下に御命を―ほろぼし給ふこそ悲しけれ」訳(安徳天皇が)波の下にお命をたちまちにほろぼしなさるのは悲しいことだ。

いつ‐しば【いつ柴】(名)(「いつ」は勢い盛んな意)生い茂った雑木。万葉 八・一六四三「この―に降らまくを見む」訳この生い茂った雑木に(雪が)降るのを見よう。

いつしば‐はら【いつ柴原】(名)「いつ柴(=雑木)」がたくさん茂っている原。和歌で、「いつもいつも」を導く序詞を構成する。万葉 一一・二七七〇「道の辺の―のいつもいつも人の許さむ言をし待たむ」訳道ばたの雑木がたくさん生い茂るいつ柴原ではないけれど、いつでもあなたの(私からの求婚を)聞き入れよう(という)ことばを待とう。

いっしゃう‐しゃうじん【一生精進】(名)一生、肉食をしないという戒律。また、生涯修行に励むこと。大鏡 伊尹「おほかた―を始め給へる、まづありがたきことぞかし」訳およそ一生精進を始めなさったことは、実にめったにないことだよ。

いっ‐しゅ【一朱】(名)江戸時代の貨幣の単位。一両の十六分の一。一分の四分の一。一朱金または一朱銀のこと。

いっ‐しょ【一所】(名)❶一か所。また、同じ場所。平家 九・木曽最期「これまでのがれくるは、汝と一で死なんと思ふためなり」訳 ここまで逃げて来るのは、おまえと同じ場所で死のうと思うためである。❷「一人」の敬称。お一人。平家 八・太宰府落「小松殿の君達の一むかはせ給ひて」訳 小松殿(=平重盛)のご子息がお一人お出かけになられて。

いっしょ‐けんめい【一所懸命】(名)(多く「一所懸命の地」の形で)中世、武士がただ一つの領地を命をかけて守ること。また、その領地。転じて、一家の生計をささえるたいせつなもの。〔太平記〕三「さしたる罪科ともおぼえぬことに一の地を没収せらる」訳 それほどの罪科とも思われないことによって、命をかけて守ってきた領地を召し上げられる。

参考 近世以降、「一所」から「懸命」に語義の重点が移り、「命がけで物事をする」意として用いられるようになり、それにつれて語形も「一生懸命」に変化した。

いっ‐しん【一心】(名)(多く助詞「に」を伴って)心を一つのことに集中すること。専念。今昔 三・四〇「一に法華経を誦す(=唱える)」

いっ‐すい【一睡】(名)ひと眠り。また、短い時間のたとえ。細道 平泉「三代の栄耀一の中にして、大門の跡は一里こなたにあり」訳 (奥州藤原氏)三代の栄華はわずかひと眠りのようにつかのまの間(のこと)であって、大門の跡は一里もこちら側にある。⇨栄耀「名文解説」

いっすい‐の‐ゆめ【一炊の夢・一睡の夢】人生の栄華のはかないことのたとえ。「邯鄲の夢」「邯鄲の枕」「黄粱一炊」などとも。〔謡・邯鄲〕「げに(=まことに)何事も一」

参考 「一睡」は「一炊」から転じたもの。唐の邯鄲(=地名)の茶店で盧生という貧しい若者が、仙人から枕を借りて眠り、仕官して栄華を極めた五十年にわたる人生を夢にみるが、気が付くとそれは黄粱(=粟)の飯も炊き上がらないほどのつかのまのできごとであったという、小説「枕中記」の故事に基づく。

いっ‐せ【一世】(名)❶(仏教語)前世・現世・来世の三世の中の一つ。とくに、現世。〔沙石集〕「まことにこれも一のことにあらじ。さだめて昔の契りも深くこそ」訳 ほんとうにこれ(=二人がこの世で会ったこと)も現世(においてのみ)の因縁ではないだろう。きっと前世の宿縁も深いのだろう。❷一生。一生涯。終生。❸父から子へと代を数える語。父が一世、子が二世。

いっ‐せい【一声】(名)❶能で、シテが登場して最初にその場所の情景や自分の心情をうたう短い曲節。また、シテが登場する時に奏する囃子。❷歌舞伎で、幕あき、道具替わり、役者の登場・退場などに奏する囃子。

いっ‐せつ【一切】(副)(下に打消の語を伴って)まったく。いっさい。平家 五・奈良炎上「一用ゐ奉らず」訳 (奈良の僧徒は摂政殿の言うことを)まったくお聞き入れ申しあげない。

いっ‐せつな【一刹那】(名)〔「刹那」は、きわめて短い時間の意〕ほんの一瞬。徒然 九二「いはんや一のうちにおいて、懈怠の心あることを知らんや」訳 ましてほんの一瞬のうちにおいて、怠け心がある(という)ことを知っているだろうか(いや、知るまい)。

いっせ‐の‐げんじ【一世の源氏】皇子で臣籍に降り「源氏」の姓を賜った人。源氏 薄雲「一、…位にもつき給ひつるも、あまたの例ありけり」訳 臣籍に降り第一代の源氏となった皇子が、…(改めて親王に任ぜられ)皇位にもおつきになったことも、多くの前例があったのだ。

発展 「源氏物語」の源氏幻想

「源氏物語」では、桐壺帝の皇子として生まれた主人公光源氏が、一世の源氏となっている。光源氏の場合、藤壺とのあやまちによって生まれた子が冷泉帝として即位する。のちに、冷泉帝は光源氏が実父であることを知り、光源氏は准太上天皇に任ぜられて最高位を極める。歴史的には藤原氏が絶対的権力を確立していた時代の、物語の中だけの源氏幻想であった。

いっ‐せん【一銭】(名)❶〔「銭」は貨幣の最小単位〕一貫の千分の一。一文。❷わずかな金額。徒然 九三「万金を得て一を失はん人、損ありといふべからず」訳 万金(よりも尊い一日の命)を手に入れて(その一方で)わずかな金額(=売約済みの牛の代金)を失うとしても、その人は、損をしていると言うことはできない。

いつ‐ぞ‐や【何時ぞや】(副)〔代名詞「何時」に係助詞「ぞ」と係助詞「や」が付いたもの〕いつだったか。さきごろ。徒然 七一「かかることの一ありしかと覚えて、いつとは思ひ出でねども」訳 こういうことがいつだったかあったなあと思われて、(しかしそれが)いつ(のこと)だとは思い出さないけれども。

いっ‐たん【一旦】〔「旦」は朝の意〕一(名)❶ひと朝。ある朝。また、ある日。今昔 一・三「財宝を愛惜して、さらに無常を悟らず、今は一にこれを捨てて死ぬ」訳 財宝を惜しんで、まったくこの世のはかなさを悟らず、今はある日にこれ(=財宝)を投げ捨てる(ようにし)て死ぬ。❷しばらくの間。ひととき。平家 一・祇王「一の楽しみにほこって、後生を知らざらんことの悲しさに」訳 ひとときの富貴に得意になって、死後の安楽を知らないようなことが悲しいので。

二(副)❶いちど。ひとたび。徒然 一二九「一恥ぢ恐るることあれば、必ず汗を流すは、心のしわざなりといふことを知るべし」訳 いちど恥じたり恐れたりすることがあると、必ず冷や汗を流すのは、心のはたらき(によるもの)だということを知りうるのである。❷一時的に。ひとまず。ひととおり。平家 七・福原落「汝等は一したがひつく門客にあらず、累祖相伝の家人なり」訳 おまえたちは、一時的に従いついている食客ではなく、先祖代々の家来である。

いづ‐ち【何方・何処】(代)〔「ち」は場所を表す接尾語〕方向についての不定称の指示代名詞。どの方角。

どちら。どこ。源氏 早蕨「—ならむと思ふにも」訳（京は）どの方角であろうと（中の君は）思うにつけても。

いづち-も-いづち-も【何方も何方も・何処も何処も】どこへでも。どこへなりとも。竹取 竜の頸の玉「—、足の向きたらむ方へ往なむず」訳どこへなりとも、足が向いたら、そのほうへ行こう。

いっ-ちゃう【一町】(名)❶（「町」は土地の面積の単位）十反歩。百畝。約九九・二アール。❷（「町」は距離の単位）六十間。約一〇九メートル。平家 八・妹尾最期「あまりに太って—ともえ走らず」訳あまりに太って一町と（いうほど）も走ることができず。❸ひとつの町。

いっ-ちゃう【一張】(名)弓・琴・琵琶・幕・蚊帳・皮・紙などの一つ。ひと張り。方丈 三「かたはらに琴・琵琶おのおの—を立つ」訳そばに琴・琵琶それぞれひと張りを置く。

いつ-つ【五つ】(名)❶五。五個。五歳。❷「五つ時」の略。今の午前八時ごろ、または午後八時ごろ。〔浮・日本永代蔵〕「年中の足余り、元日の—前ならでは知れず」訳一年中の収支決算は、元日の午前八時ごろ近くでないとわからない。

いづつ【井筒】⇩ゐづつ

いつつ-ぎぬ【五つ衣】(名)平安時代の女房装束の一種。表着と単の間に袿を五枚重ねたもの。後世には簡略化し、一枚の衣で、袖口と裾だけを五枚重ねたように仕立てた。⇩巻頭カラーページ14

いつつ-の-にごり【五つの濁り】《仏教語》（「五濁」の訓読）「ごぢょく」に同じ。源氏 蓬生「—深き世になどて生まれ給ひけむ」訳（光源氏のような方が）なぜお生まれになったのだろう。五つのけがれの深いこの世に

いつつ-を【五つ緒】(名)牛車の簾の一種。上部から五筋の革緒を垂らしたもの。また、その簾をかけた牛車。

いっ-てん【一天】(名)❶大空。空一面。〔保元物語〕「—かくれて（=曇って）月日の光を失ひ」❷「一天下」の略。細道 日光「今この御光—にかかやきて」訳今この（=日光東照宮の）ご威光は天下に輝いて。

いっ-てん【一点】(名)❶一つの点。また、ごくわずかなこと。❷漏刻（=水時計）で、一時（=今の約二時間）を四分した、最初の三十分。平家 七・北国下向「寿永二年四月十七日辰の—に都を立ちて」訳（平家の軍勢は）寿永二年陰暦四月十七日辰の刻（=午前七時ごろから午前九時ごろ）の初めの三十分に都を出発して。

いっ-てんか【一天下】(名)「いってんが」「いちてんげ」とも。天下。全世界。世の中全体。〔うつほ〕俊蔭「—の人、皆いひあさみて」訳世の中すべての人が皆驚きあきれて言い騒いで。

いってん-しかい【一天四海】(名)天下全体。全世界。平家 一・祇王「入道相国、—を掌のうちに握り給ひしあひだ」訳入道相国（=平清盛）は、天下全体を掌中におさめなさったので。

いってん-の-あるじ【一天の主】「いってんのきみ」に同じ。〔太平記〕四「まさしき—を、下として流し奉ることのあさましさよ」訳正真正銘の天皇を、臣下の立場で流罪にし申しあげることの嘆かわしさよ。

いってん-の-きみ【一天の君】天下を治める君主。天皇。「一天の主」とも。平家 八・法住寺合戦「そもそも義仲、—にむかひ奉りて軍には勝ちぬ」訳さて（この）義仲は、天皇に敵対し申しあげて戦いには勝った。⇩御門「慣用表現」

いってん-ばんじょう【一天万乗】(名)（「乗」は兵車を数える語）（天子は兵車一万台を出す広さの国土を支配する意から）天下を統治する天皇の位。天皇。⇩御門「慣用表現」

いっ-とき【一時】(名)❶一日を区分した時間の単位。一日を十二等分したもので、現在の二時間にあたる。〔太平記〕二「海道三十五里の間を—に歩ませ給ひし履なり」訳（これは性空上人が）海沿いの道三十五里の間を（ほんの）二時間以内でお歩きになられた高足駄である。❷しばらくの間。わずかの時間。〔曾我物語〕「『—も急げや』とて、駒（=馬）をはやめて〔むちで〕打つ程に」❸同時。〔伎・三人吉三〕「双方—に花道へ留まる」

いつ-と-も-な・し【何時とも無し】いつと日時をかぎることもない。いつもそうだ。源氏 若紫「みだり心地は、—・く用のみ侍るが、かぎりのさまになり侍りて」訳（私=尼君の）気分の悪さ（=病気）は、ただもういつと日時をかぎることもない（状態な）のでございますけれども、（いま）臨終のようすになりまして。

なりたち 代名詞「何時」+格助詞「と」+係助詞「も」+形容詞「無し」

いつ-と-も-わか・ず【何時とも分かず】いつといって区別することもない。いつでも。古今 恋一「夕月夜さすや岡辺の松の葉の—・ぬ体恋もするかな」訳夕月が照らす岡辺の松の葉は、いつも緑で色が変わらない。そのように、いつという区別のない（いちずな）恋もすることだ。（第三句までは「いつともわかぬ」を導きだす序詞）

なりたち 代名詞「何時」+格助詞「と」+係助詞「も」+四段動詞「分く」の未然形「わか」+打消の助動詞「ず」

いつ-に-も【何時にも】どんなときにも。いつになく。いつもより特に。宇治 一・三「こよひの御遊びこそ、—すぐれたれ」訳今宵の御宴は、いつになくまさっている。

なりたち 代名詞「何時」+格助詞「に」+係助詞「も」

いっ-ぱ【言っぱ】（「…といっぱ」の形で）…（と）いうのは。〔狂・靭猿〕「無心と—別なることでもない」訳（私の）遠慮のない頼みというのは特別なことでもない。

なりたち 四段動詞「言ふ」の連体形「いふ」+係助詞「は」=「言ふは」の促音化したもの。

いつはり【偽り・詐り】(名)うそ。そらごと。徒然 八五「人の心すなほならねば、—なきにしもあらず」訳人間の心は正直ではないから、虚偽がないわけでもない。

いつは・る【偽る・詐る】(他ラ四)〔ら・り・る・る・れ・れ〕うそを言う。あざむく。だます。徒然 八五「大きなる利を得んがために、少しきの利を受けず、—・り用飾りて名を立てんとす」訳大きな利益を得ようとするために、少しばかりの利益を受けないで、（本心を）あざむき（表面を）つくろって（よい）評判を立てようとする。

いっ-ぴつ【一筆】(名)❶一本の筆。❷墨つぎをしないでひとふでで書くこと。ひとふでで書き。❸同一人の筆跡。また、一人で最初から最後まで書くこと。著聞 六八「年来大般若―書写の志ありけれども」訳 数年来、大般若経を全部自らの筆で書写したいという願いがあったが。❹簡単にさっと書くこと。また、その書いた文章。❺一通の書面。〔浄・五十年忌歌念仏〕「あの仁(=人)から―取っておくならば」

いつ-へ【何時辺】(代)時間についての不定称の指示代名詞。いつ。いつごろ。万葉 二・八八「秋の田の穂の上に霧らふ朝霞―の方にあが恋やまむ」訳→あきのたの…和歌

いづ-へ【何方・何辺】(代)場所についての不定称の指示代名詞。どちら。どのあたり。万葉 一九・四一九五「わがここだ偲はく知らにほととぎす―の山を鳴きか越ゆらむ」訳 私がこんなにも慕っているのを知らないで、ほととぎすはどのあたりの山を鳴きながら越えているのだろうか。

いつへ-の-あふぎ【五重の扇】檜扇の両端の板を薄様紙で五重に包み、色糸でとじ飾ったもの。異説もある。源氏 手習「髪は―を広げたるやうにこちたき末つきなり」訳 (浮舟の)髪は五重の扇を広げたように(豊かで)、うるさいほどのすそのようすである。

いつへ-の-おんぞ【五重の御衣】五枚重ねの袿の敬称。〔紫式部日記〕「大宮は葡萄染めの―、蘇芳の御小袿奉れり」訳 中宮は、葡萄染め(=襲の色目の名)の五重の御衣に、蘇芳(=紫赤色)の御小袿をお召しになっている。

一遍《人名》(一二三九〜一二八九)鎌倉中期の僧。時宗の開祖。伊予(愛媛県)の人。はじめ浄土宗を学び、衆生済度のため念仏踊りを勧めて全国を行脚したことから、「遊行上人」ともいう。近世、法語などを集録した「一遍上人語録」が刊行された。(一遍忌秋)

いっ-ぽん【一品】(名)❶四品までである親王の位階の第一位。平家 一・祇園精舎「桓武天皇第五の皇子、―式部卿葛原親王」❷《仏教語》経典中の一つの章。〔讃岐典侍日記〕「法華経を日に―づつ講ぜさせ給ふ(=講義をおさせになる)」。(→品)

いっぽん-きゃう【一品経】(名)法華経の二十八品を一品ずつ書写し、それぞれ一軸の巻物にしたもの。また、それを読誦すること。

いつま【暇】(名)《上代東国方言》いとま。ひま。万葉 二〇・四三二七「わが妻も絵にかきとらむ―もが旅行く吾は見つつしのはむ」訳 私の妻を絵にかきとるひまがあればなあ。旅に行く私は(その絵を)見ては思い慕うであろうに。

和泉《地名》旧国名。畿内五か国の一つ。今の大阪府南部。泉州。

泉川《地名》歌枕 今の京都府南部相楽郡や木津川市を流れる木津川の古名。

和泉式部《人名》(生没年未詳)平安中期の女流歌人。大江雅致の娘。和泉の守橘道貞の妻となって小式部内侍を生み、のちに上東門院(=藤原彰子)に仕えた。為尊親王およびその弟敦道親王との激しい恋、さらに藤原保昌との再婚など、恋愛経験が豊富で情熱的な歌を詠んだ。「小倉百人一首」に入集。著に「和泉式部日記」、家集「和泉式部集」。⇩女房「発展」

和泉式部集《作品名》和泉式部の家集。編者・成立年代未詳。正集と続集からなり、正集は約九百首、続集は約六百五十首を収めるが、両集の間で約七十首が重複している。

和泉式部日記《作品名》平安中期の日記。和泉式部作。寛弘元年(一〇〇四)以降に成立。他作説もある。敦道親王との十か月にわたる恋愛の経過を、百四十余首の贈答歌を中心に物語風に記したもの。「和泉式部物語」とも。

いづみ-どの【泉殿】(名)邸宅内で、泉のわき出るところに造られた建物。一説に、寝殿造りで、東の対からつながる南端の池に臨んで造られた建物。

出雲《地名》旧国名。山陰道八か国の一つ。今の島根県東部。雲州。

いつ-もじ【五文字】(名)❶五つの文字。伊勢 九「かきつばたといふ―を句の上にすゑて旅の心をよめ」訳 か・き・つ・ば・たという五つの文字を(一字ずつ)各句の頭に置いて、旅の思いを(和歌に)詠め。❷和歌や連歌などの最初の五音節の句。第一句。著聞 一九〇「―を詠みたりける時、右方の人、声々に笑ひけり」訳 (歌合わせで友則が)歌い始めの第一句を詠んだとき、右方の人は、それぞれ声を出して笑った。

出雲の阿国《人名》(生没年未詳)安土・桃山時代の女性芸能者。歌舞伎の祖といわれる。出雲大社の巫女と称し、慶長八年(一六〇三)ごろ京へのぼって歌舞伎踊りを始め、一世を風靡した。

いづも-の-かみ【出雲の神】出雲大社の祭神、大国主命。縁結びの神として信仰される。

出雲国風土記《作品名》奈良時代の地誌。和銅六年(七一三)、元明天皇の勅命で編まれ、天平五年(七三三)成立。出雲国の国名の由来・地理の大略を記し、出雲系神話が多く収められている。現存する五つの風土記のうち、唯一の完本。→風土記

い-つも・る【い積もる】(自ラ四)｛ら・り・る・る・れ・れ｝〔「い」は強意の接頭語〕積もる。積み重なる。万葉 一・一七「道の隈―・るまでにつばらにも見つつ行かむを」訳→うまさけ…和歌

いづ-ら【何ら】〔「ら」は場所・方向を示す接尾語〕❶(代)場所・方向についての不定称の指示代名詞。どこ。どちら。どのあたり。土佐「あるものと忘れつつなほ亡き人を―と問ふぞ悲しかりける」訳 (まだ)生きているものと(思い、死んでしまったことを)忘れては、やはり死んだ人(=娘)をどこ(にいるか)と尋ねるのが実に悲しいことだ。❷(感)相手に問いかけたり、うながしたりするときに用いる語。どうした。さあ。枕 九九「『―、歌は』と問はせ給へば、かうかうと啓すれば」訳 (中宮が)「(ところで)どうしたの、歌は」とお尋ねになられるので、これこれ(こういうことです)と申し上げると。文法「せ給へ」は、最高敬語。

いづ-れ【何れ】❶(代)不定称の指示代名詞。事物・時・場所などについて、二つ以上の中から不定の一つを選び出して示す意を表す。どれ。どの。いつ。どこ。源氏 桐壺「―の御時にか、女御・更衣あまたさぶらひ給ひけるなかに」訳 どの帝の御代であっただろう

か、女御や更衣が大勢お仕えしていらっしゃった中に。⇩源氏物語「名文解説」

□(副)いずれにしても。どうせ。どのみち。〔狂・粟田口〕「『ちとむさいなあ』『ー、きれいにはござりませぬ』」訳「(古いのはよいが)ちょっときたないなあ」「どのみち、きれいではございません」

いづれ-と-な・し【何れと無し】どれがどうということがない。優劣つけがたい。源氏 若菜下「四人ながらー・く用、高き家の子にて、かたちをかしげに」訳(万歳楽を舞うのは)四人ともすべて優劣つけがたく、高貴な家の子で、顔立ちも美しい感じで。

なりたち 代名詞「何れ」+格助詞「と」+形容詞「無し」

いづれ-と-も-な・し【何れとも無し】どちらということもない。どれも同じである。源氏 賢木「御子どもは、ー・く用、人柄目やすく世に用ゐられて、心地よげにものし給ひしを」訳(左大臣の)それぞれのご子息は、どなたも等しく、人柄がりっぱで世間に(重く)用いられて、満足そうに暮らしていらっしゃったが。

なりたち 代名詞「何れ」+格助詞「と」+係助詞「も」+形容詞「無し」

いづれ-も【何れも】どれも。どっちも。また、だれも。みんな。源氏 夕顔「ーー若きどちにて、言はむ方もなけれど」訳(光源氏と惟光の)どちらもどちらも若い者どうしで、(その困惑ぶりは)言いようもないけれども。

なりたち 代名詞「何れ」+係助詞「も」

いづれ-も-ある-を【何れもあるを】どれもそうであるのに。どれも同じなのに。枕 四〇「常磐木はー、それしも、葉がへせぬ例にいはれたるもをかし」訳常緑樹はどれもそうなのに、それ(=椎の木)に限って、落葉しない例に言われているのもおもしろい。

なりたち 代名詞「何れ」+係助詞「も」+ラ変動詞「有り」の連体形「ある」+接続助詞「を」

いで(感)❶相手に行動をうながすときに用いる語。さあ。源氏 若紫「『ー君も書い給へ』とあれば、『まだようは書かず』とて」訳(光源氏から)「さあ、あなたもお書きなさい」と(おことばが)あると、(若紫は)「まだ上手には書かない」と言って。

❷みずから思い立って行動するときに発する語。さあ。どれ。源氏 夕顔「いかでさは知るぞ。ー見む」訳(おまえ=女童は)どうしてそう(=それが頭の中将の牛車だとは)わかるのだ。どれ、(私=右近も)見(てみ)よう。

❸感動や驚きを表す語。いやもう。いやはや。ほんとうに。源氏 若紫「ー、あなをさなや。いふかひなうものし給ふかな」訳いやもう、なんとまあ子供っぽいことよ。たわいなくいらっしゃることよ。(「ものす」は婉曲表現で、ここは「いる」の意)

❹否定や反発の気持ちを表す語。いや。さあ。源氏 帚木「ー、およすけたる事は言はぬぞよき」訳いや(ねえ)、大人びた(=ませた)ことは(子供は)言わないのがよい。

❺改めて話し始めるときに用いる語。さて。ところで。大鏡 道長下「ー、またいみじく侍りしことは」訳さて、またすばらしゅうございましたことは。

いで(接助)打消の意を表す。…ないで。…ずに。〔天草本平家・二〕「なぜに声を見聞かないであらうぞ」訳どうして(姿を)見、声を聞かないでいようか。

接続 動詞および助動詞の未然形に付く。

参考 関西系のことばで、中世に使われた。

いで-あ・ふ【出で会ふ・出で逢ふ】(自ハ四)❶出て人に会う。面会する。竹取 かぐや姫の昇天「御使ひに竹取ー・ひ用て、泣くことかぎりなし」訳(帝からの)ご使者に竹取(の翁)が面会して、泣くことはこのうえもない。

❷でくわす。めぐりあう。〔紫式部日記〕「かの院にまじらひ侍らば、そこにて知らぬ男にー・ひ用、ものいふとも」訳あの院(=斎院)に宮仕えしますならば、そこで知らない男にでくわし、たとえ何か言うとしても。

❸立ち向かう。徒然 八七「『山だちあり』とののしりければ、里人起こりてー・へ已ば」訳「山賊がいる」と大声で騒いだので、村人が大勢出てきて立ち向かうと。

いで-いで(感)〔感動詞「いで」を重ねて強めた語〕いやもう。さあさあ。どれどれ。大鏡 後一条院「ー、いといみじうめでたしや」訳いやもう、(これまでのお話は)たいそうすばらしく見事なことだなあ。

いで-いり【出で入り】(名)❶出ることとはいること。ではいり。〔保元物語〕「外より鎖をさし、供御参らするほかは、人のーあるべからず」訳(崇徳上皇の配流先の建物には)外から錠をかけ、お食事を差し上げる以外は、人のではいりがあってはならない。

❷立ち居ふるまい。身のこなし。土佐「家の人のー、にくげならずゐややかなり」訳家の人の立ち居ふるまいは、感じがよく礼儀正しい。

❸いざこざ。訴訟ごと。でいり。〔浮・日本永代蔵〕「その約束をのばし、ーになることなりしに」訳(金銭の貸し借りでは)その約束を延期し、訴訟ごとになること(が多いの)であったけれども。

いでいり-な・る【出で入り慣る】(自ラ下二)出入りしなれる。事に習熟する。場なれする。枕 三五「実方の兵衛の佐、長命侍従など、家の子にて、いますこしー・れ用たり」訳実方の兵衛の佐や長命侍従などは、(同じ小一条家の)子弟であるので、(他の人よりは)もう少し場なれしている。

いで-い・る【出で入る】(自ラ四)出たりはいったりする。源氏 若紫「清げなるおとな二人ばかり、さては童べぞー・り用遊ぶ」訳(尼君のそばに)こぎれいで美しい感じの女房が二人ほど(いて)、そのほかには童女たちが出たりはいったりして遊ぶ。

い-てう【異朝】(名)外国の朝廷。また、外国。異国。特に、中国。平家 一・祇園精舎「遠くーをとぶらへば」訳遠く外国(の例)を尋ねると。↔本朝

いで-おはしま・す【出で御座します】(自サ四)❶「出で行く」の尊敬語。外へ出ていらっしゃる。お出かけになる。竹取 かぐや姫の昇天「かぐや姫は、重き病をし給へば、えー・す終まじ」訳かぐや姫は、重い病気にかかっていらっしゃるので、外へお出になることはできないだろう。

❷「出で来」の尊敬語。この世に出ていらっしゃる。お生まれになる。源氏 松風「若君のかうー・し用たる御宿世の頼もしさに」訳若君(=明石の姫君)がこのようにお生まれになった前世からのご宿命の(この先も)あてにできる心強さによって。

いで-か-つ【出でかつ】(自タ下二)〔て・て・つ・つる・つれ・てよ〕〔「かつ」は、できる・耐える意の上代の下二段補助動詞〕出ることができる。[万葉] 七・一三三二「岩が根の凝しき山に入り初めて山なつかしみ ー・て(未)ぬかも」[訳] しっかり根をおろした岩がごつごつと険しい山にはじめてはいって(みたら)、山に心がひかれて出ることができないことだ。

[参考] 多く、下に打消の語を伴って用いられる。

いで-が-て-に-す【出でがてにす】出ることができないでいる。出かねている。[古今] 雑下「憂き世には門閉させりとも見えなくになどかわが身の ー・する(体)」[訳] (この)つらい世の中には門が閉めてあるとも見えないのに、どうして私は(憂き世から外へ)出ることができないで(=出家しかねて)いるのか。

[なりたち] 下二段動詞「いでかつ」の未然形「いでかて」+打消の助動詞「ず」の上代の連用形「に」+サ変動詞「為」=「いでかてにす」が濁音化したもの。↓がてに

い-てき【夷狄】(名)(古代中国で、東方の異民族を「夷」、北方の異民族を「狄」と呼んだことから)未開人。野蛮人。〔笈の小文〕「像花にあらざる時は ー にひとし」[訳] 姿(=目にうつるすべての物)が花でない(=美しさを見いだせない)場合は野蛮人と同じである。

いで-ぎえ【出で消え】(名)人前に出ると、(いつもに比べ)見劣りがすること。できばえの悪いこと。[源氏] 若菜下「かかる折節の歌は、例の上手めき給ふ男たちもなかなか ー して」[訳] この(=神前で詠む)ような場合の歌は、例によって上手なようにふるまいなさる男の方々もかえって見劣りがして。↕出で映え

いで-く【出で来】(自カ変)〔こ・き・く・くる・くれ・こ(こよ)〕❶出てくる。現れる。[更級] 足柄山「遊女三人、いづくよりともなく ー・き(用)たり」[訳] 遊女が三人、どこからともなく現れた。

❷(事態や出来事が)発生する。起こる。(子供が)生まれる。[方丈] 三「都の東南より火 ー・き(用)て、西北に至る」[訳] 京の都の南東から火事が起こって、(火は)北西に達する。

❸できる。しあがる。[伊勢] 三「高安の郡に、行きかよふ所 ー・き(用)にけり」[訳] (男には)高安の郡に、通って行く所(=女の家)ができてしまった。

❹(時や機会が)めぐってくる。[源氏] 須磨「三月の朔日に ー・き(用)たる巳の日」[訳] 陰暦三月の上旬にめぐってきた巳の日(=上巳の祓えの節日)に。

いで-さ-す【出で止す】(自サ四)〔さ・し・す・す・せ・せ〕〔「さす」は接尾語〕❶外に出ようとしてやめる。[更級] 春秋のさだめ「外に人々参り、内にも例の人々あれば、ー・い(用)(イ音便)て入りぬ」[訳] (局の)外に人々が参上し、(局の)中にもいつもの女房たちがいるので、(内緒の話はできそうもないので)出ようとしたのをやめて(中に)入ってしまった。

❷出たばかりの穂が開ききらない状態にある。[源氏] 宿木「尾花の…まだ穂に ー・し(用)たるも」[訳] 穂すすきの…まだ花穂に開ききらないでいるのも。

いで-たち【出で立ち】(名)❶旅に出ること。出立。[源氏] 賢木「不定なりつる御 ー を、うれしとのみおぼしたり」[訳] (斎宮は)確かでなかった(母君の伊勢へのご)出立がこのように決まっていくのを、ただもう喜ばしいとお思いになっている。

❷世の中に出て身を立てること。立身出世。[源氏] 若紫「大臣ののちにて、ー もすべかりける人の、世のひがものにて、まじらひもせず」[訳] (前の播磨の守は)大臣の子孫で、立身出世もするはずであった人で、(それが)世間のひねくれ者であって、人づきあいもせず。

❸装い。身ごしらえ。扮装。〔雨月〕菊花の約「五十あまりの武士、二十あまりの同じ ー なる」[訳] 五十歳すぎの武士と、二十歳すぎの同じ身ごしらえである者が。

❹物の姿。たたずまい。〔紀〕雄略「隠国の泊瀬の山は ー のよろしき山」[訳] 泊瀬の山はたたずまいが好ましい山。(「隠国の」は「泊瀬」にかかる枕詞)

いでたち-いそぎ【出で立ち急ぎ】(名)〔「いそぎ」は準備の意〕❶旅立ちのしたく。出発の準備。[土佐]「このごろの ー を見れど、何事も言はず」[訳] (任国で幼い娘を亡くした悲しみで)近ごろの(帰京のための)出発の準備を見ても、何事も言わない。

❷死出の旅立ちの用意。[源氏] 椎本「世に心とどめ給はねば、ー をのみおぼせば」[訳] (八の宮は)この世に心を残しなさらないから、あの世への旅立ちの用意ばかりをお思いになるので。

いで-た-つ【出で立つ】(自タ四)〔た・ち・つ・つ・て・て〕❶出て行ってそこに立つ。[万葉] 一九・四一三九「春の苑紅にほふ桃の花下照る道に ー・つ(体)をとめ」[訳] →はるのその…

[和歌]

❷出かける。出発する。[源氏] 賢木「よろづのあはれをおぼし捨てて、ひたみちに ー・ち(用)給ふ」[訳] (六条御息所は光源氏に対する)さまざまの情愛をふり捨てなさって、ひたすらな思いで(伊勢に)出発しなさる。

❸装う。身じたくする。[平家] 五・富士川「馬・鞍…刀にいたるまで、照り輝くほどに ー・た(未)れたりしかば」[訳] (平忠度は)馬・鞍…刀に及ぶまで、光り輝くばかりに身ごしらえをしなさっていたので。[文法]「いでたたれ」の「れ」は、尊敬の助動詞「る」の連用形。

❹立身出世をする。[今昔] 二四・一八「これが ー・ち(用)なば、主計・主税の頭・助にも大夫の史にも、異人は更に競ふべき様無きなめり」[訳] この男が立身出世したならば、主計寮や主税寮の長官や次官でも大夫の史でも、ほかの者はまったく競争できるはずもないようだ。

❺宮仕えに出る。出仕する。[更級] 宮仕へ「今の世の人は、さのみこそは、ー・て(命)」[訳] 当世の人は、そのように(家の中にひきこもって)ばかりでは(すむだろうか、いや、すむまい)、(あなたも)宮仕えに出よ。[文法]「出で立て」を已然形(「こそ」の結び)にとると、「現に見るとおりどんどん宮仕えに出ているよ」の意となる。

❻出る。[源氏] 浮舟「催さるる涙ともすれば ー・つ(体)を」[訳] (浮舟は)自然にもよおされる涙がややもするとあふれ出るのを。[文法]「催さるる」の「るる」は、自発の助動詞「る」の連体形。

いで-つか-ふ【出で仕ふ】(自ハ下二)〔へ・へ・ふ・ふる・ふれ・へよ〕宮仕えに出る。出仕する。[源氏] 澪標「治まれる世には白髪も恥ぢず ー・へ(用)けるをこそ、まことの聖にはしけれ」[訳] (中国の故事では)よく治まった世の中では、白髪(の老齢)も恥じないで朝廷に出仕したとい

うが、それをこそ真の聖賢とは称したのであった。

いで‐ばえ【出で映え】(名)人前に出ると、(いつもに比べ)いっそうよく思われること。見ばえがすること。［源氏］葵「目もあやなる御さまかたちのいとどしうーを見ざらましかばと思さる」［訳］まぶしいほどりっぱな(光源氏の)お姿やお顔がいっそう人前で見ばえがするのを、もし見ることがなかったなら(やはり残念であっただろう)と(六条御息所は)自然とお思いになる。↕出で消え

いで‐まう・く【出で参で来】(自カ変){こ・き・く・くる・くれ・こ(こよ)}「出で来」の丁寧語。出て参ります。起こります。［源氏］蜻蛉「かしこに侍りける下童の、ただこのごろ、宰相が里にー・き㊐て」［訳］あそこ(＝宇治)におりました下仕えの子供が、つい近ごろ、小宰相(＝女房の名)の実家にやって参りまして。

いで‐まし【行幸】(名)(天皇・皇子・皇女などが)お出かけになること。特に、行幸。みゆき。［万葉］一・五「遠つ神わが大君のーの山越す風の」［訳］わが大君(＝天皇)がお出かけの山を越して来る風が。(「遠つ神」は「大君」にかかる枕詞)

いで‐まじら・ふ【出で交じらふ】(自ハ四){は・ひ・ふ・ふ・へ・へ}世間に出て交際する。［徒然］七「そのほど過ぎぬれば、かたちを恥づる心もなく、人にー・は㊍んことを思ひ」［訳］その年(＝四十歳)のころを過ぎてしまうと、容貌(の醜さ)を恥ずかしいと思う気持ちもなく、人中に出て交際するようなことを考え。

いで‐ま・す【出で座す】(自サ四){さ・し・す・す・せ・せ}(「ます」は、尊敬の意を表す補助動詞)❶「出づ」の尊敬語。お出になる。お出かけになる。いらっしゃる。〔記〕中「それよりー・し㊐て能煩野に到りまししとき」［訳］(倭建命は)そこ(＝三重の村)からお出になって能煩野(＝地名)にお着きになったとき。
❷「来」の尊敬語。(こちらへ)おいでになる。いらっしゃる。［土佐］「講師、むまのはなむけしにー・せ㊀り」［訳］国分寺の住職が、餞別をするためにおいでになった。
❸「あり」の尊敬語。おいでになる。いらっしゃる。［万葉］二〇・四三二六「父母が殿の後方の百代草百代ー・せ㊌わが来るまで」［訳］父母のお住まいの裏にある百代草ではないけれども、百代までも(お二人はすこやかで)おいでなさい。私が帰ってくるまで。(第三句までは「百代」を導きだす序詞)

いで‐まど・ふ【出で惑ふ】(自ハ四){は・ひ・ふ・ふ・へ・へ}しきりに出かける。むやみに出かける。［徒然］五〇「日ごとに京・白川の人、鬼見にとてー・ふ㊏」［訳］毎日、京都や白川の人が、(うわさの)鬼を見物にといってやたらに出歩く。

いで‐みる【出で見る】(他マ上一){み・み・みる・みる・みれ・みよ}(その場所に)出て行って見る。［万葉］三・二〇七「吾妹子が止まずー・み㊐し軽の市にあが立ち聞けば」［訳］→あまとぶや…［和歌］

いで‐もの・す【出で物す】(自サ変){せ・し・す・する・すれ・せよ}(この世に)現れ出る。出現する。生まれる。［源氏］横笛「この人のー・し㊐給ふべき契りにて、さる思ひのほかのこともあるにこそはありけめ」［訳］この人(＝薫)が(この世に)生まれなさるはずの宿縁のために、あのような意外なこと(＝柏木と女三の宮の密通)もあったのではあろう。

いで‐や(感)【感動詞「いで」に間投助詞「や」が付いたもの。「いで」の意を強める】❶感慨や詠嘆を表す語。いやもう。さてまあ。［徒然］一「ー、この世に生まれては、願はしかるべきことこそ多かめれ」［訳］いやもう、この世に生まれたからには、(こうありたいと)望むにちがいないことが多いようだ。［文法］「多かめれ」は、「多かるめれ」の撥音便「多かんめれ」の「ん」の表記されない形。
❷不満や反発の気持ちを表す語。いやいや。さあ。〔栄花〕月の宴「ー、よにさるけしからぬことあらじ」［訳］いやいや、決してそのようなあやしいことはないだろう。

いで‐ゆ【出で湯】(名)温泉。［今昔］一四・七「その谷に百千のーあり」

いで‐ゐ【出で居】(名)❶部屋の、外に近い端に出て座ること。出ていること。［枕］八七「昼つかた、縁に人々ーなどしたるに」［訳］昼ごろ、縁側に女房たちが出て座ったりなどしていると。
❷客と対面する座敷。客間。寝殿造りで、母屋の外側の南廂の内部に設けた。「出居」とも。［源氏］柏木「『こなたに入らせ給へ』とあれば、大臣の御ーの方に入り給へり」［訳］「こちらにお入りください」と言うので、(夕霧は)寝殿の御客間のほうへお入りになった。
❸宮中で、賭弓や相撲などの儀式のとき、庭に臨時に設ける座。［枕］一三三「暑げなるもの……ーの少将」［訳］いかにも暑そうに見えるもの、…臨時の座に着いて威儀を正している近衛の少将。

いで‐ゐる【出で居る】(自ワ上一){ゐ・ゐ・ゐる・ゐる・ゐれ・ゐよ}(内から外へ)出て座る。［更級］大納言殿の姫君「縁にー・ゐ㊐て、姉なる人、空をつくづくとながめて」［訳］縁先に出て座って、姉である人が、空をしみじみと物思いにふけったようすで見て。

いと【糸】(名)❶糸。また、糸のように細く長いもの。特に、蜘蛛の糸や青柳の枝などについていう。［古今］春上「浅緑ーよりかけて白露を珠にも貫ける春の柳か」［訳］→あさみどり…［和歌］
❷琴や琵琶などの弦楽器の弦。また、それらの弦楽器。→糸竹①

いと(副)

> **語義パネル**
> ❶ **たいそう。非常に。**
> ❷ **まったく。ほんとうに。**
> ❸ (下に打消の語を伴って)**たいして。それほど。**

❶程度がはなはだしいことを示す語。**たいそう。非常に。**［伊勢］一「その里に、ーなまめいたる女はらから住みけり」［訳］その(＝春日の)里に、たいそう若々しく美しい姉妹が住んでいた。
❷事態がふつうの程度を超えていることに対する感慨を示す語。**まったく。ほんとうに。**［方丈］二「にはかに都遷り侍りき。ー思ひの外なりしことなり」［訳］(治承四年六月のころ)突然遷都がございました。まったく思ってもいなかったことである。
❸(下に打消の語を伴って)**たいして。それほど。**［源氏］桐壺「ーやむごとなき際にはあらぬが」［訳］たいして重々しい家柄の出ではない方で。⇩源氏物語「名文解説」

類語パネル	
●共通義	程度が大きいさま。
いと	程度がはなはだしいさま。たいそう。非常に。
いとど	はなはだしい程度が、さらにいっそう進むさま。その上、さらに。いっそう。
いよいよ	程度のはなはだしさが増し、極限に近づくさま。なお、その上に。とうとう。
うたた	事態が進行し続けて、だんだん程度がはなはだしくなってゆくさま。ますます。

いと-いと 非常に。まったく。［大鏡］道長下「―あさましくめづらかに、つきもせず二人語らひしに」［訳］まったくもうあきれるほどにまれにみる(熱っぽい)ようすで、際限もなく二人(の翁)が(昔のことを)語り合っていたが。
［なりたち］副詞「いと」を重ねて強めたもの。

いとう【厭う】 ⇩いとふ

伊藤仁斎『人名』(一六二七〜一七〇五)江戸前期の儒者。名は維楨。京都の人。朱子学を学んだが、のちに孔孟の原典に戻るべきであると説き、古義学派を創始した。主著に「論語古義」「孟子古義」「童子問」など。

いとおし ⇩いとほし

いとき-な-し【幼きなし】(形ク)〔(から)・く(かり)・し・き(かる)・けれ・かれ〕「いとけなし」に同じ。［徒然］五九「そのとき、老いたる親、―き(体)子、君の恩、人の情け、捨てがたしとて捨てざらんや」［訳］そのとき(=死が迫ってきたとき)、年をとった親や、幼い子供や、主君の恩や、(自分に対する)人情を、捨てにくいからといって捨てないだろうか(いや、捨てるだろう)。

いとけ-な-し【幼けなし】(形ク)〔(から)・く(かり)・し・き(かる)・けれ・かれ〕「いときなし」とも。幼い。あどけない。また、子供っぽい。［方丈］二「―き(体)子の、なほ乳を吸ひつつ臥せるなどもありけり」［訳］幼い子が、(母親が死んだとも知らないで)依然として乳房を吸いつづけて横たわっていることなどもあった。
［名文解説］京の都が飢饉に見舞われた際、鴨長明が目の当たりにした凄惨な光景。それは、母がすでに死んでいることも理解できず、その亡骸にすがって乳を吸う幼児の姿であった。「方丈記」のすぐれたルポルタージュとしての一面を伝える記述である。

類語パネル	
●共通義	幼いさま。
いとけなし	(実際の年齢が)幼少であるさま。
いはけなし	(精神的に)子供っぽくて、あどけないさま。
をさなし	(実際の年齢よりも)幼稚・未熟であるさま。
あどなし	幼く、無邪気なさま。鎌倉時代以降の語。

いとげ-の-くるま【糸毛の車】 屋形を色糸で飾った牛車。青糸毛・紫糸毛・赤糸毛などがある。おもに更衣以上の身分の女性が乗用した。

いと-こ【愛子】(名) 人を親しんで呼ぶ語。親愛なる人。いとしい人。［万葉］一六・三八八五「―吾背の君」［訳］親愛なるあなたよ。

いど-こ【何処】(代)〔「いづこ」の転〕どこ。［土佐］「『ここや―』と問ひければ、『土佐のとまり』と言ひけり」［訳］「ここはどこか」と尋ねたところ、「土佐という船着き場」と言った。

(いとげのくるま)

いと-ざくら【糸桜】(名) しだれざくらの異名。［春］

いと-し【愛し】(形シク)〔(しから)・しく(しかり)・し・しき(しかる)・しけれ・しかれ〕〔「いとほし」の転〕❶かわいい。いとおしい。［浄・五十年忌歌念仏］「打ちたいが、ああ―しい(体)(口語)が因果の種」［訳］(つれないあなたを)たたきたいけれども、ああいとおしいと思うのが不幸の原因。
❷かわいそうである。ふびんだ。［浮・世間胸算用］「あんな気の短い男に添はしゃるお内儀が、縁とは申しながら―しい(体)(口語)ことぢゃ」［訳］あれほど気が短い男とつれ添っていらっしゃるおかみさんが、縁(があってのこと)とは申すもののかわいそうなことだ。

いと-しも ❶たいそう。十分に。［紫式部日記］「ことに―物のかたがた得たる人は難し」［訳］とりわけ十分に物事のあれやこれやを心得ている人はめったにいない。
❷(下に打消の語を伴って)それほどには。たいして。［枕］二五「―おぼえぬ人の、おし起こしてせめてもの言ふこそいみじうすさまじけれ」［訳］(ひどく眠たいと思っているときに)それほどには(親しく)思われない人が、揺り起こしてむりに何か話しかけるのはひどく興ざめだ。
［なりたち］副詞「いと」+副助詞「しも」

いと-せめて ひどくさしせまって。きわめて切実に。［古今］恋二「―恋しき時はむばたまの夜の衣を返してぞ着る」［訳］→いとせめて…［和歌］

いとせめて…［和歌］

> いとせめて　恋しき時は　むばたまの（枕詞）
> 夜の衣を　返してぞ着る
> 〈古今・一二・恋二・五五四・小野小町〉

［訳］本当にどうしようもなく恋しく思われるときは、夜の衣を裏返しにして着て(寝る)ことだ。［修辞］「むばたまの」は「夜」にかかる枕詞。
［解説］「夜の衣」は寝間着のことで、それを裏返しに着て寝ると、思う人に夢で逢えるという俗信があった。

いと-たけ【糸竹】(名)〔「糸竹」の訓読。「糸」は琴・琵琶・三味線などの弦楽器、「竹」は笙・笛などの管楽器〕❶弦楽器と管楽器。楽器の総称。〔増鏡〕月草の花「―のしらべをのみ聞こしめしならひたる御心どもに、めづらかにうとましければ」訳弦楽器と管楽器の(奏でる)音律ばかりを聞きなれていらっしゃる(帝をはじめとする)方々のお心には、(武士の鬨の声は)めずらしいようすで(もあり、また)気味が悪いので。
❷管弦の音楽。〔謡・経政〕「おのおの楽器を調へて、―の手向けを勧むれば」訳それぞれが(自分の)楽器の調子をあわせて(合奏し)、管弦の音楽の供え物を(死者の霊に)献上すると。

いとど【竈馬】(名)虫の名。こおろぎの一種。かまどうまの異名。秋。〔猿蓑〕芭蕉「海士の屋は小海老にまじる―かな」訳→あまのやは…俳句

いと-ど(副)〔「いといと」の転〕❶程度がいっそうはなはだしいさま。**ますます。いよいよ。**さらにいっそう。更級かどで「ところどころ語るを聞くに、―ゆかしさまされど」訳(物語の)ところどころを話すのを聞くと、ますます読みたい気持ちがつのるけれども。
❷**そのうえさらに。**そうでなくても(…なのに)。大鏡序「これは四十たりの子にて、―五月にさへ生まれて、むつかしきなり」訳この子は(父親が)四十歳のときの子であって、そのうえさらに陰暦五月にまで生まれ(合わせ)ているので、(縁起が悪く)いやなのである。(⇩いと「類語パネル」)

いとど・し(形シク){しから・しく(しかり)・し・しき(しかる)・しけれ・しかれ}〔副詞「いとど」に対応する形容詞〕❶ますます激しい。いよいよはなはだしい。源氏夕顔「道いと露けきに、―・しき体朝霧に、いづこともなく惑ふ心地し給ふ」訳道がたいそう露っぽいうえに、いっそうはなはだしい朝霧で、(夕顔の葬送を終えて帰邸する光源氏は)どこへというあてもなく途方にくれる気持ちがしなさる。
❷そうでなくても…なのに、いっそう。源氏薄雲「隈なき夕日に―・しく用清らに見え給ふを」訳(光源氏の姿は)陰になるところもなく照らしている夕日で、ただでさえ美しいのに、いっそう美しいようすに見えなさるのを。

いとどしく… 和歌

> いとどしく　虫の音しげき　浅茅生に
> 露おきそふる　雲の上人
> 〈源氏・桐壺〉

訳虫の鳴く声がしきりであるこの草深い侘び住まいに、(そうでなくても悲しみの涙にくれているのに)いっそう涙の露を加える大宮人であるよ。修辞「露」は「浅茅生」の縁語で、「涙」を暗示。
解説桐壺の更衣の死後、光源氏は亡き母の里の邸で祖母と寂しく暮らしている。この歌は、祖母君が桐壺帝からの見舞いの使者に対して詠んだもの。「雲の上人」はその使者をさす。「いとどしく」は「おきそふる」にかかる。「虫の音」に「泣く音」を暗示する。

いと-な・し(形ク){から・く(かり)・し・き(かる)・けれ・かれ}〔「いと」は暇の意〕ひまがない。絶え間がない。せわしい。古今恋五「あはれとも憂しとももものを思ふときなどか涙の―・かる体らむ」訳しみじみいとしいとも、また、つらいとも物思いをするとき、どうして涙が絶え間なく流れるのであろうか。(「いとなかる」に「流る」をかける)

いとな・ぶ【営ぶ】(他バ四){ば・び・ぶ・ぶ・べ・べ}「いとなむ」に同じ。

いとなみ【営み】(名)❶勤め。仕事。特に、生活のためにする仕事。生業。源氏夕顔「いとあはれなるおのがじしの―に、起き出でてそそめき騒ぐも」訳たいそう同情すべき各自の生業のために、(朝早くから)起き出してざわざわと音を立てて忙しくしているのも。
❷用意。準備。したく。平家一・鹿谷「外人もなき所に兵具をととのへ、軍兵をかたらひおき、その―の外は他事なし」訳(成親はよその人もいない所で武器をそろえ、兵士を味方に引き入れておき、その(=平家討伐の)準備のほかは他のことを顧みない。
❸仏に仕える行い。仏事。勤め。源氏匂兵部卿「月ごとの御念仏、年に二度の御八講、折々の尊き御―ばかりをし給ひて」訳(女三の宮は、今は)毎月のお称名と、一年に(春秋)二回の法華御八講、(そのほかに)時節時節の尊いご仏事だけをしなさって。

いとなみ-あ・ふ(アフ)【営み合ふ】(自ハ四){は・ひ・ふ・ふ・へ・へ}それぞれが互いに行う。みんなでいっしょに行う。徒然三〇「便あしく狭き所にあまたあひ居て、後のわざども―・へ已る、心あわたたし」訳不便で狭い所に大勢寄りあっていて、死者への追善供養をいろいろとみんなでいっしょに行っているのは、気ぜわしい。

いとなみ-いだ・す【営み出だす】(他サ四){さ・し・す・す・せ・せ}作り出す。こしらえあげる。「いとなみいづ」とも。徒然五一「数日に―・し用て、掛けたりけるに、大方廻らざりければ」訳数日で(水車を)こしらえあげて、(大井川に)掛けたところ、まったく回らなかったので。

いとなみ-い・づ(イズ)【営み出づ】(他ダ下二){で・で・づ・づる・づれ・でよ}「いとなみいだす」に同じ。徒然五四「風流の破子やうのもの、ねんごろに―・で用て」訳しゃれた感じの弁当箱のような物を、念を入れてこしらえあげて。

いとなみ-つかうまつ・る(ツコウマツル)【営み仕う奉る】(自ラ四){ら・り・る・る・れ・れ}心を尽くして奉仕する。努力してお世話申しあげる。源氏明石「月日の光を手に得奉りたる心地して、―・る体こともことわりなり」訳(光源氏を自邸に迎えた明石の入道は)月や日の光を手に入れ申しあげた(ような)気持ちがして、心を尽くして奉仕することも道理である。

いとなみ-ま・つ【営み待つ】(他タ四){た・ち・つ・つ・て・て}働いてその成果を期待する。勤め励んで将来に期待する。徒然一六六「人の命ありと見るほども、下より消ゆること、雪のごとくなるうちに、―・つ体事甚だ多し」訳人の命が(まだ)あると思っているうちにも、(その命が)内側から消えていくことは、(まるで)雪のようである(が、そのようにはかない)中で、勤め励んで成果を期待することがまことに多い。

いとな・む【営む】(他マ四){ま・み・む・む・め・め}「いとなぶ」とも。❶忙しく物事をする。努める。徒然七四「夕べに寝ねて、朝に起く。―・む体所何事ぞや」訳夕方に(なると)寝て、朝に(なると)起きる。(そのようにして人間が)努めることはどういうこと(を目的としているの)だろうか。
❷作る。ととのえる。用意する。方丈三「いはば、旅人の一夜の宿をつくり、老いたる蚕の繭を―・む体がごと

し」訳(余命少ない今、新たに家を造ったが、それは例えて言うならば、旅人が一夜の宿をつくり、老いた蚕が繭をこしらえるようなものである。

❸(仏事などを)とり行う。平家 灌頂・女院死去「折々の御仏事—・み用給ふぞあはれなる」訳(女房たちが女院の死後、ゆかりの人々の)命日命日の御仏事をとり行いなさるのは心にしみて感じ入ることである。

類語パネル

いとなむ	日々の仕事や物事の準備などを忙しくする。
おこなふ	物事を、決まった仕方や順序にのっとってする。特に仏道修行をする。

いと-のき-て(副)[「のきて」は四段動詞「除のく」の連用形「のき」に接続助詞「て」が付いたもの]とりわけ。特別に。万葉 五・八九二「—短きものを端はし切るといへるがごとく」訳→かぜまじり…和歌

いとは・し イトワシ【厭はし】(形シク){しから・しく(しかり)・し・しき(しかる)・しけれ・しかれ}[動詞「厭いとふ」に対応する形容詞]いやだ。嫌いだ。わずらわしい。源氏 手習「かかるかたち有り様を、などて身を—・しく用思ひ始め給ひけむ」訳(浮舟うきふねは)このような(美しい)顔立ち・容姿であるのに、どうして(自分の)身をいやだと(=出家したいと)思い始めなさったのだろう。

いとはし-げ イトワシー【厭はしげ】(形動ナリ){なら・なり(に)・なり・なる・なれ・なれ}[「げ」は接尾語]いやそうなさま。好ましくないさま。わずらわしく思うさま。徒然 一七〇「—・に用言はんもわろし」訳いやそうに話すようなのもよくない。

いと-びん【糸鬢】(名)江戸時代の役者・侠客きょうかくなどの間で流行した男子の髪形。頭頂から左右、後方にかけて深く剃そりおろし、糸のように細く剃り残した左右の鬢を後方で髷まげに結うもの。

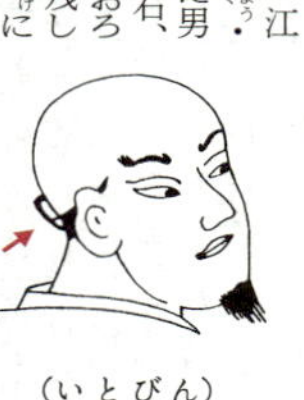
(いとびん)

いと・ふ イトウ【厭ふ】(他ハ四){は・ひ・ふ・ふ・へ・へ}❶いやだと思う。嫌う。うとましく思う。徒然 六〇「尋常よのつねならぬさまなれども、人に—・は未れず、万よろづ許されけり」訳(盛親僧都じょうしんそうづの行動は)世間なみではないようすであるけれども、他の人から嫌われず、すべて許されていた。❷(多く「世をいとふ」の形で)世俗を嫌って避ける。隠遁いんとんする。出家する。源氏 夕霧「世の憂きにつけて—・ふ体はなかなか人悪わろきわざなり」訳(真実の求道心からでなく)この世がつらい(という)ことにかこつけて出家するのは、かえって外聞がよくないことである。⇩世を背く「慣用表現」

❸(危険や障害をいとう意から)いたわる。大事にする。〔浮世風呂〕「〔たいこもちも年をとると〕斯かうしちゃあお客のおためにならねえとか言って、客人を—・ふ体(=むやみに金を使わせない)気になりますから」

いとほ・し イトオシ (形シク){しから・しく(しかり)・し・しき(しかる)・しけれ・しかれ}

語義パネル
●重点義 弱い者に対する同情の気持ち。
②は動詞「いとふ」(八四)から派生。
❶かわいそうだ。気の毒だ。ふびんだ。
❷困る。いやだ。
❸かわいい。いとしい。いじらしい。

❶かわいそうだ。気の毒だ。ふびんだ。平家 九・敦盛最期「熊谷くまがへあまりに—・しく用て、いづくに刀をたつべしともおぼえず」訳熊谷(次郎直実なおざね)は(首を打とうとした敦盛あつもりが)あまりにもふびんであって、どこに刀をあてるのがよいともわからなくて。

❷困る。いやだ。源氏 蛍「人の上を難つけ、落としめざまのことといふ人をば、—・しき体ものにし給へば」訳(光源氏は)他人の身の上について欠点を指摘し、さげすむようなことを言う人を、困った人間と考えなさるので。

❸かわいい。いとしい。いじらしい。源氏 少女「宮はいと—・し終と思おぼすなかにも、男君の御かなしさはすぐれ給ふにやあらむ」訳大宮は(孫たちを)たいそうかわいいとお思いになるなかでも(特に)、男君(=夕霧)のおかわいさは(他の子よりも)まさっていらっしゃるのだろうか。

いとほし-が・る イトオシー(他ラ四){ら・り・る・る・れ・れ}[「がる」は接尾語]かわいそうに思う。気の毒に思う。源氏 賢木「かうことさらめきて籠こもりゐ、おとづれ給はぬを、命婦みょうぶなどは—・り用聞こゆ」訳(光源氏がこのようにわざとらしく家にとじこもっていて、(藤壺ふじつぼに)お手紙もお出しにならないのを、命婦などは(藤壺を)気の毒だとお思い申しあげる。(光源氏を気の毒だと思うとする説もある)

いとほし-げ イトオシー(形動ナリ){なら・なり(に)・なり・なる・なれ・なれ}[「げ」は接尾語]かわいそうに感じられるさま。気の毒だ。枕 二三七「さらぬ者の見も入れられぬなどぞ—・なる体」訳それほどでない者で(人に)見向きもされない者などは気の毒だ。

いとほし-さ イトオシー(名)気の毒であること。かわいそうであること。また、かわいらしく感じること。竹取 蓬萊の玉の枝「親ののたまふことを、ひたぶるに辞いなび申さむことの—に」訳親のおっしゃることを、むやみにおことわり申しあげるようなことが気の毒なので。

いとほし-み イトオシー(名)❶愛情。寵愛ちょうあい。平家 灌頂・大原御幸「さしも御—深うこそさぶらひしに」訳あれほどご寵愛が深うございましたのに。❷同情。憐憫れんびん。源氏 若菜下「消え残りたる—に渡り給ひて」訳(光源氏は私=紫の上が)一命をとりとめたことをかわいそうに思う気持ちから(私の所へ)お越しになって。

いとま【暇】(名)❶仕事などのない時間。ひま。余裕。万葉 一〇・一八八三「ももしきの大宮人は—あれや梅をかざしてここに集つどへる」訳宮中に仕える人たちはひまがあるから(なのだろう)か、梅を飾りとして髪に挿してここに集まって(遊んで)いる。(「ももしきの」は「大宮」にかかる枕詞)❷休み。休暇。源氏 桐壺「まかでなむとし給ふを、—さらに許させ給はず」訳(桐壺の更衣は病気のため里に)退出してしまおうとなさるけれども、(桐壺帝は)休暇をまったくお許しにならない。文法「まかでなむ」の「な」は助動詞「ぬ」の未然形で、ここは確述の用法。「せ給は」は、

最高敬語。❸喪に服すこと。忌引き。❹勤めをやめること。辞職。辞任。❺別れ去ること。離別。死別。また、その際の挨拶。いとまごい。[源氏] 蓬生「忍びて、対の上に御ー聞こえて出で給ふ」[訳]（光源氏は）目立たないようすで、対の屋に住んでいる方（=紫の上）にいとまごいを申し上げてお出かけになる。❻夫婦の関係を絶つこと。離縁。離婚。❼絶え間。すきま。[万葉] 一五・三六七二「ーなく海人の漁火はともし合へり見ゆ」[訳]絶え間なく海人の漁り火をともし合っている、そのようすが見える。

いとま-い・る【暇入る】（自ラ四）{ら・り・る・る・れ・れ}時間がかかる。[源氏] 若菜下「うるさく煩はしくてー・る(体)わざなれば、教へ奉らぬを」[訳]（琴の稽古は）やっかいでめんどうで時間がかかることであるので、（誰にでも）お教え申しあげないけれども。

いどま・し【挑まし】（形シク）{しから・しく(しかり)・し・しき(しかる)・しけれ・しかれ}競争心が強い。張り合うさまである。[源氏] 若菜下「おのおのー・しく(用)尽くしたるよそほひどもあざやかに、二なし」[訳]（女房たちが）それぞれ競い合うようにしてきわめた装束の数々はきわだって美しく、他に比べるものがない。

いとま-ぶみ【暇文】（名）病気などのために休暇や辞職を願い出る文書。[うつほ] 嵯峨の院「脚病のわづらひてなむ、日ごろ、ー奉りて参らず侍る」[訳]脚気で苦しんで、数日来、休暇願いを差し上げて（宮中に）参上しないでおります。

いとま-まう・す【暇申す】（他サ四）{さ・し・す・す・せ・せ}❶休暇をお願い申し上げる。[竹取] 蓬莱の玉の枝「おほやけには、『筑紫の国に湯あみにまからむ』とて、ー・し(用)て」[訳]（くらもちの皇子は）朝廷には、「筑紫の国（福岡県）に湯治に参ろうと思います」と言って、休暇をお願い申し上げて。❷別れを告げ申し上げる。おいとまごいをする。[平家] 七・忠度都落「（忠度は）『さらば（=それでは）ー・し(用)て』とて、馬にうち乗り」

いどみ【挑み】（名）いどむこと。張り合うこと。競争。[源氏] 紅葉賀「この御仲どものーこそ、怪しかりしか」[訳]このお二人（=光源氏と頭の中将）の間の（女性に関する）競争は、不思議で変わっていたことだ。

いどみ-かは・す【挑み交はす】（他サ四）{さ・し・す・す・せ・せ}互いに競争する。競い合う。[源氏] 若菜上「みなー・し(用)給ひしほど、御なからひども、えうるはしからざりしかば」[訳]みなが（朱雀院のご寵愛を）競い合いなさったときには、（藤壺の女御と承香殿の女御との）お二人の間柄がむつまじくはいられなかったので。

いどみ-どころ【挑み所】（名）競い合う場所。張り合う場所。[源氏] 藤裏葉「殿上人なども、めづらしきーにて」[訳]殿上人なども、（明石の姫君の方を）めったにない（風流を）競い合う所として。

いと-みや【幼宮】（名）幼少の皇子や皇女。[紫式部日記]「『ー抱き奉らむ』と、殿のたまふを」[訳]「幼い宮をお抱き申しあげよう」と、殿がおっしゃるのを。

いど・む【挑む】（他マ四）{ま・み・む・む・め・め}❶競争する。張り合う。[枕] 二三六「物合はせ、なにくれとー・む(体)ことに勝ちたる、いかでかうれしからざらむ」[訳]物合わせとか何やかやと張り合うことに勝ったのは、どうしてうれしくないことがあろうか（いや、うれしいにきまっている）。❷挑戦する。特に、異性に対して、恋をしかける。言い寄る。[平中物語]「ながめゐたる間に、なまー・み(用)て、ものなどいふ人のもとより」[訳]（男が）物思いに沈んでぼんやりしている間に、なんとなく言い寄って、話などをする人（=女）のところから（手紙が届いた）。

いと-も ❶まったく。ほんとうに。[徒然] 一「帝の御位はーかしこし」[訳]天皇のお位は（申すのも）ほんとうに畏れ多い。❷（下に打消の語を伴って）たいして。あまり。[徒然] 五七「すべて、ー知らぬ道の物語したる、かたはらいたく、聞きにくし」[訳]総じて、たいして（よく）知らない方面の話をしているのは、そばで聞いているのもにがにがしく、聞いていて不愉快である。

[なりたち] 副詞「いと」＋係助詞「も」

いと-ゆふ【糸遊】（名）❶春の晴れた日、地面から立ちのぼる蒸気。かげろう。[春]。[和漢朗詠集]「霞晴れみどりの空ものどけくてあるかなきかにあそぶー」[訳]霞が晴れて青い空もうららかで、あるのかないのかわからないようすでゆらめいているかげろうであることだ。❷「糸遊結び」の略。[栄花] おむがく「ーなどの末濃の御几帳」[訳]糸遊結びなどで飾った、垂れ布の下のほうをだんだん濃い色に染めた御几帳。

[参考]「糸遊」の歴史的仮名遣いは、正しくは「いといふ」で、「いとゆふ」は平安時代以降の慣用である。

いとゆふ-むすび【糸遊結び】（名）ひもを花形に結び垂らして、几帳や唐衣・狩衣などの飾りとしたもの。「糸遊」とも。

い-と・る【射取る】（他ラ四）{ら・り・る・る・れ・れ}❶弓矢で射殺す。[平家] 九・木曽最期「ただ『ー・れ(命)や』とて…雨の降るように射けれども」[訳]ひたすら「射殺せよ」と言って…（今井兼平に向かって）雨の降るように矢を放ったが。❷競射に勝って賭けた品物を自分のものにする。[源氏] 若菜下「舎人どものうけばりてー・る(体)、無心なりや」[訳]近衛の官人どもが得意になって競射の賞品を手に入れるのは、風流心のないことよ。

い-な【異な】（連体）変な。妙な。[浮・西鶴諸国ばなし]「一座ーものになりて、…おのおの立ちかねられしに」[訳]一座は妙な雰囲気になって、…皆席を立つこともできずにいたので。

[参考] 形容動詞「異なり」の連体形「異なる」の「る」が脱落したもの。

いな【否】（感）❶人の言動に対して不同意・拒否の意を表すときに用いる語。いいえ。いやだ。[徒然] 一四一「初めよりーと言ひてやみぬ」[訳]（関東人はできそうもないことは）初めからいやだと言ってすましてしまう。❷相手の問いを否定するときに用いる語。いえ。いいえ。[竹取] 竜の頸の玉「『竜の頸の玉や取りておはしたる』『ー、さもあらず』」[訳]「（大伴の大納言は竜の首の玉を取っていらっしゃったのか」「いいえ、そうではない」

いなおほせ-どり【稲負鳥】（名）（=『古今集』の難解語句に関する注釈の秘伝）中の三鳥の一つ。古歌に多く詠まれ、せきれい・とき・すずめなどにあてる説があるが不明。[秋]。[古今] 秋上「わが門にーの鳴くなへにけさ吹く風に雁は来にけり」訳 わが家の門口に稲負鳥が鳴くそのときに、今朝吹く(秋)風とともに雁は飛来したことだ。

いな-がら【稲茎・稲幹】(名)稲の茎。秋。〔記〕中「なづき田の——に——に匍ひ廻ろふ野老蔓」訳 →なづきたの…歌謡

いな-き【稲置・稲寸】(名) ❶大和朝廷の地方官で屯倉の長官。稲穀の収税の管理などをした。❷天武天皇のときに定められた八色の姓のうち、第八位の姓。→八色の姓

い-な・く【嘶く】(自カ四){か・き・く・く・け・け}馬が高く鳴く。いななく。蜻蛉 上「かたがひの駒や恋ひつつ——・か(未)せむと」訳 飼いならし方の十分でない子馬(=父親が不在がちの道綱をさす)を、(親を)恋しく思っていななかせる(ことになる)だろうかと。

いな-ぐら【稲倉】(名)稲を納めておく倉庫。〔雨月〕浅茅が宿「広く造りなせし奥わたりより、端の方、——まで好みたるままの形なり」訳 ことさら広く造った奥の間あたりから、端のほう、稲を納めておく倉まで、気に入っていたままの(わが家の)ありさまである。

いなご-まろ【稲子麿】(名)いなご(=虫の名)を擬人化した呼び名。堤 虫めづる姫君「けらを・ひきまろ・いなかたち・——・雨彦なむなどつけて召し使ひ給ひける」訳 (姫君は下男に)けら男、ひき麿(=ひき蛙)、いなかたち(=不詳)、稲子麿、雨彦(=やすで)などと名付けて召し使っていらっしゃった。

いな-せ【否諾】(名)〔「せ」は「然」の転で、承諾の意〕❶否と諾。不承知と承知。〔後撰〕恋五「——ともいひ放たれず憂きものは身を心ともせぬ世なりけり」訳 (あなたの誘いに)不承知とも承知ともはっきり言うことができなくてつらいのは、(親の監視があるせいで)わが身をわが心のままにできない世の中であることよ。❷安否。便り。〔浄・出世景清〕「かりそめに御上りましまして、——の便りもし給はぬは」訳 ついちょっと(都に)お上りなさって(から)、安否の知らせもなさらないのは。

いな-づま【稲妻】(名)いなびかり。電光。また、動作がすばやいこと、瞬間的なものやはかないもののたとえ。

秋。古今 恋二「秋の田の穂の上を照らす——の光の間にもわれや忘るる」訳 秋の田の稲穂の上を光って照らす稲妻の光のようなほんの少しの間でも、私は(あなたを)忘れるだろうか(いや、忘れはしない)。

参考 「稲の夫」の意。稲の花が咲くころ稲妻が多いことから、これによって稲の穂が膨らむと考えられていた。

いなのめの《枕詞》「明く」にかかる。万葉 一〇・二〇二二「——明けさりにけり」

因幡(いなば)《地名》旧国名。山陰道八か国の一つ。今の鳥取県東部。因州。

因幡の山(いなばのやま)《地名》歌枕 今の鳥取県鳥取市国府町にある山。因幡山。

稲日野(いなびの)《地名》→印南野

いな・ぶ【辞ぶ・否ぶ】(他バ上二・四){び・び・ぶ・ぶる・ぶれ・びよ}{ば・び・ぶ・ぶ・べ・べ}〔感動詞「いな」に接尾語「ぶ」が付いたもの〕「いなむ」とも。承知しない。断る。源氏 末摘花「人のいふことは強うも——・び(未)(上二段)ぬ御心にて」訳 (末摘花は)他人の言うことに対しては強くも断らないご性質で。今昔 三一・三五「蔵人、定めて一切は——・ば(未)(四段)むずらむと思ひつるに」訳 蔵人は、(僧が天皇のお召しを)きっとひたすらに断るだろうと思っていたのに。

いな-ぶね【稲舟】(名)刈り取った稲を積んで運ぶ小舟。最上川のものが有名。秋。古今 東歌「最上川のぼれば下る——のいなにはあらずこの月ばかり」訳 →もがみがは…和歌

参考 「いなぶねの」の形で、「否」「軽し」を導きだす序詞とも、また枕詞とする説もある。

印南野(いなみの)《地名》歌枕 今の兵庫県南部、加古川市から明石市にわたる台地。稲日野。

いな・む【辞む・否む】(他マ上二){み・み・む・むる・むれ・みよ}「いなぶ」に同じ。宇治 五・九「『これを着よ』と言はれければ…——・み(用)けるを」訳 (僧正が)「この装束を着よ」とおっしゃったので…(童は)辞退したが。

いな-や【否や】㊀(感)〔「や」は間投助詞〕❶感動詞「いな」を強めていう語。いやいや。いやもう。古今 雑体「思へども思はずとのみいふなれば——思はじ思ふかひなし」訳 (私はあの人のことを)思っているけれども、(あの人は私を)思っていないとばかり言っているようなので、いやいや、(私は)もう思わないことにしよう。思うかいがない(から)。❷驚いて発する語。おやまあ。いやはや。これはこれは。堤 花桜をる少将「古びたる声にて、『——、こは誰ぞ』とのたまふ」訳 年とった(しわがれた)声で、「おやまあ、これはだれだ」とおっしゃる。

㊁(副)(「…やいなや」「…といなや」の形で)…するとすぐに。…すると同時に。〔浮・世間胸算用〕「大晦日の朝めし過ぎると——、羽織・脇差しさして」訳 おおみその朝飯が終わるとすぐに、羽織を着、脇差しをさして。

いなり【稲荷】(名)「稲荷神社」の略。五穀を司る神の宇賀御魂命。また、それを祭る神社。今の京都市伏見区の伏見稲荷大社が総本社で、全国に末社がある。狐を神の使いとし、商売繁盛の神として庶民の信仰を集める。

いな-を-かも【否をかも】そうではないのだろうか。違うのだろうか。万葉 一四・三三五一「筑波嶺に雪かも降らる——かなしき児ろが布干さるかも」訳 →つくはねに…和歌

なりたち 感動詞「いな」＋間投助詞「を」＋疑問の係助詞「かも」

いに-し【往にし】(連体)〔ナ変動詞「往ぬ」の連用形「いに」に過去の助動詞「き」の連体形「し」が付いたもの〕過ぎ去った。去る。「往んじ」(撥音便)とも。〔拾遺〕雑春「——年根こじて植ゑしわが宿の若木の梅は花咲きにけり」訳 去る年(=先年)根がついたまま掘りとって(移し)植えたわが家の若い梅の木は、花が咲いたことだ。

いにし-へ【古】(名)〔ナ変動詞「往ぬ」の連用形「いに」に過去の助動詞「き」の連体形「し」、名詞「方」の付いたもの〕❶**遠く過ぎ去った世。ずっと昔。** 徒然 一四「歌の道のみ、——に変はらぬなどいふこともあれど、いさや」訳 歌の道だけは、昔と変わらないなどということもあるけれど、さあ、どうであろうか。❷過ぎ去った時。**過去。昔。** 伊勢 八三「やや久しくさぶらひて、——のことなど思ひ出で聞こえけり」訳 (出家なさった惟喬親王を訪ね)いくらか長い間おそばに伺候して、昔のことなどを思い出してお話し申しあげた。

慣用表現「**昔**」**を表す表現**

上がりたる世・上がりての世・在りし世・古(いにしへ)・往(い)んじ・上(かみ)・上(かみ)つ世・来(き)し方・来(こ)し方・其(そ)の上(かみ)・前(まへ)・本(もと)

ポイント 過去は「かみ」「あがる」「来し」「本」で、未来・後の世は「しも」「くだる」「行く」「末」で表す。

いにしへの… 和歌

序詞
いにしへの　しづのをだまき　くりかへし
昔(むかし)を今(いま)に　なすよしもがな
〈伊勢(いせ)・三二〉

訳 遠い昔の倭文(しづ)を織るための苧環(をだまき)、その苧環をたぐってはまたたぐるように、もう一度たぐりもどして(仲むつまじかった)昔を今にする方法があればなあ。 修辞 第二句までは「くりかへし」を導きだす序詞。

解説「しづ」は上代の日本固有の織物の名で、「倭文」と書く。「をだまき」は麻糸を球形に巻いたもの。糸を繰るところから「くりかへし」の序詞となる。

いにしへの… 和歌〈百人一首〉

いにしへの　奈良(なら)の都(みやこ)の　八重桜(やへざくら)
けふ九重(ここのへ)に　にほひぬるかな
〈詞花・一・春・二九・伊勢大輔(いせのたいふ)〉

訳 遠い昔の奈良の都で咲いた八重桜が、今日は九重(=宮中)で色美しく咲いたことだなあ。

解説 詞書(ことばがき)に、一条天皇の御代(みよ)に奈良の八重桜が宮中に献上された折、この花を題にして歌を詠めと命じられて、中宮彰子(しやうし)の前で即興的に詠んだとある。「いにしへ」と「けふ」、「八重」と「九重」の対比が作者の当意即妙の才気を思わせる。「にほふ」は視覚的な意。

いにしへ‐びと【古人】(名) 昔なじみの人。昔の恋人。以前の夫。〔謡・蘆刈〕「ただ今の蘆(あし)売りつる人は、わらはが一にて候ふ」訳 たった今の蘆を売った人は、私の以前の夫でございます。

いにしへ‐ぶみ【古典】(名) 昔の書物。古典(こてん)。〔玉勝間〕「おのれ一をとくに師の説とたがへること多く」訳 私(=本居宣長(もとおりのりなが))が古典を解釈すると、師(=賀茂真淵(かものまぶち))の説と違っていることが多く。

いぬ【犬】(名) ❶動物の名。いぬ。徒然 一二一「一は、守り防ぐつとめ、人にも勝りたれば、必ずあるべし」訳 犬は、(家を)守り(盗人を)防ぐ役目が、人間よりもすぐれているので、必ずある(=飼う)のがよい。❷まわしもの。密偵。〔浄・冥途の飛脚〕「こなたのことでこの在所は大坂(おほさか)から一が入り、代官殿から詮議ある」訳 おまえ様のことで、この村には大坂から密偵が入り、代官様から取り調べがある。

いぬ【戌】(名) ❶十二支の十一番目。→十二支(じふにし) ❷方角の名。西北西。❸時刻の名。今の午後八時ごろおよびその前後約二時間(午後七時ごろから午後九時ごろ)。土佐「それの年の十二月(しはす)の二十日あまり一日(ひとひ)の日の一の時に、門出す」訳 ある年の陰暦十二月の二十一日の日の午後八時ごろの時刻に、出発する。⇨土佐日記「名文解説」

い・ぬ【寝ぬ】(自ナ下二)(ね・ね・ぬ・ぬる・ぬれ・ねよ)〔名詞「寝(い)」と下二段動詞「寝(ぬ)」とが複合したもの〕寝る。眠る。万葉 八・一五一一「夕されば小倉(をぐら)の山に鳴く鹿は今夜(こよひ)は鳴かず一・ね(用)にけらしも」訳 →ゆふされば… 和歌

い・ぬ【往ぬ・去ぬ】(自ナ変) ❶**行ってしまう。去る。** 伊勢 二三「いささかなることにつけて、世の中を憂しと思ひて、出(い)でて一・な(未)むと思ひて」訳 ちょっとしたことがもとで、夫婦の間柄をいやだと思って、(家から)出て(どこかへ)行ってしまおうと思って。❷**過ぎ去る。** 時が移る。〔千載〕雑上「契りおきしさせもが露を命にてあはれ今年の秋も一・ぬ(終)めり」訳 →ちぎりおきし… 和歌 ❸**世を去る。死ぬ。** 万葉 九・一八〇九「黄泉(よみ)に待たむと隠沼(こもりぬ)の下延(したは)へ置きてうち嘆き妹(いも)が一・ぬれ(已)ば」訳 (二人の男の求婚にはいずれにも応じられないので)あの世で待つつもりだとそっと(母親に)言い残して、嘆き悲しんで(その)娘がこの世を去るので。(「隠沼の」は「下」にかかる枕詞。) ⇨果(は)つ「慣用表現」

活用

未然	連用	終止	連体	已然	命令
な(ズ)	に(タリ)	ぬ(○)	ぬる(コト)	ぬれ(ドモ)	ね(○)

参考 ナ行変格活用の動詞は「死ぬ」「往(い)ぬ」の二語だけ。

語の広がり「往(い)ぬ」

「いなす」は、「往ぬ」の他動詞形で、もとは「行かせる」「去らせる」の意。相撲では、すばやく身をかわして相手の体勢を崩すことをいい、転じて、相手の攻撃や追及を軽くかわす意でも用いられる。

いぬい【犬居・戌亥・乾】⇨いぬゐ

いぬ‐おふもの【犬追物】(名) 馬で行う射術の一種。竹垣で囲んだ馬場に犬を放し、武士が馬上から犬を傷つけない蟇目(ひきめ)の矢で射る。平安末期から鎌倉時代にかけて騎射の練習のために行われた。

いぬ‐じま【犬島】(名)「いぬしま」とも。犬を追放する場所。一説に、平城(へいぜい)天皇の時代に犬を流させたという備前(岡山県)の離れ島。枕 九「この翁丸(おきなまろ)打ちてうじて一へつかはせ。ただいま」訳 この翁丸(=犬の名)を打ちこらしめて犬島へ追放せよ。すぐに。

いぬ‐じもの【犬じもの】〔「じもの」は、…のようなものの意の接尾語〕一(名) 犬のようなもの。二(副) 犬のように。万葉 五・八八六「世の中はかくのみならし一道に臥(ふ)してや命過ぎなむ」訳 世の中はただもうこのような(不運な)ものであるらしい。犬のように道に倒れて命を終えてしまうのであろうか。

犬筑波集(いぬつくばしふ)『作品名』→新撰犬筑波集(しんせんいぬつくばしふ)

いぬ‐はりこ【犬張り子】(名) 犬の形をした張り子細

工。中世までは箱型に作って中に守り札を入れたので、犬箱ともいった。邪霊や魔を払うものとして、婚礼や誕生の祝いの贈り物とした。

いぬ-ふせぎ【犬防ぎ】(名)仏堂内で本尊を安置する内陣と、参詣者の着席する外陣とを仕切る丈の低い格子の柵。〔枕〕二〇「―のうち見入れたる心地ぞ、いみじう尊く」〔訳〕(本尊を安置してある)犬防ぎの内側をのぞきこんだ気持ちは、たいへん尊く(思われ)。

いぬる【往ぬる】(連体)〔ナ変動詞「往ぬ」の連体形から〕過ぎ去った。去る。〔うつほ〕蔵開中「―年の十五夜に」〔訳〕去る年の十五夜に。

いぬる-がほ【往ぬる顔】行くそぶり。行ってしまうふり。〔伊勢〕二三「前栽の中に隠れゐて、河内へ―にて見れば」〔訳〕(男は妻にほかの男がいるのではないかと疑って庭の植え込みの中に隠れてすわって、河内の国(大阪府東部)へ行ったふりをして見ると。

〔なりたち〕ナ変動詞「往ぬ」の連体形「いぬる」＋名詞「顔」

いぬ-ゐ【犬居】(名)犬がうずくまるように伏せること。また、しりもちをついてすわること。〔平家〕一一・嗣信最期「童が腹巻の引き合はせをあなたへつっと射ぬかれて、―に倒れぬ」〔訳〕召使の少年(＝菊王)の腹巻(＝略式の鎧)の胴の合わせ目を向こうへつっと射抜かれて、(菊王は)しりもちをついた姿勢で倒れた。

いぬゐ【戌亥・乾】(名)方角の名。北西。〔方丈〕三「都の東南より火出で来て、―に至る」〔訳〕京の都の南東から火事が起こって、(火は)北西に達する。

いね-か-つ【寝ねかつ】(自タ下二)〔て・て・つ・つる・つれ・てよ〕〔「かつ」は、できる・耐える意の上代の下二段補助動詞〕寝ることができる。眠れる。〔万葉〕四・六〇七「皆人を寝よとの鐘は打つなれど君をし思へば―・て(未)ぬかも」〔訳〕すべての人に対して(もう)寝ろと告げる(合図の)鐘は打つのが聞こえるけれども、あなたのことを思っているので、(私は)寝ることができないことだなあ。

〔参考〕下に打消の助動詞を伴って用いられる。

いね-がて-に-す【寝ねがてにす】寝ることができないでいる。〔古今〕秋上「秋萩の下葉色づく今よりやひとりある人の―・する(体)」〔訳〕秋萩の下葉が色づくこれからは、(私のような)ひとりでいる者は寝ることができないでいる(季節になる)のか。

〔なりたち〕下二段動詞「いねかつ」の未然形「いねかて」＋打消の助動詞「ず」の上代の連用形「に」＋サ変動詞「為す」＝「いねかてにす」が濁音化したもの。→がてに〔参考〕

いねつけば…〔和歌〕

> 稲つけば　かかる吾が手を　今夜もか
> 殿の若子が　取りて嘆かむ
> 〈万葉・一四・三四五九・東歌〉

〔訳〕(毎日)稲をつくのであかぎれができた私の手を、今夜もまたお屋敷の若様が(手に)取って嘆くのだろうか。

〔解説〕当時、米は籾の状態で貯蔵し、必要な分をそのつど臼でついた。籾殻には細かいとげとげした毛があるので、ひびがきれやすい。古代の身分を超えた恋の歌。集団でうたわれた労働歌と考える説もある。

いのち【命】(名)❶生命。寿命。〔新古〕恋三「忘れじの行く末までは難ければ今日を限りの―ともがな」〔訳〕→わすれじの…〔和歌〕

❷一生。生涯。〔伊勢〕一一三「長からぬ―のほどに忘るるはいかに短き心なるらむ」〔訳〕長くない一生の間に愛しあった人を忘れるとは、どんなに長続きしない(＝変わりやすい)心なのであろう。

❸生命を支えるもの。唯一のよりどころ。〔後撰〕夏「常もなき夏の草葉に置く露を―とたのむ蟬のはかなさ」〔訳〕変わりやすい(＝すぐ枯れる)夏の草の葉に置く(はかない)露を命の支えと頼りにする蟬のはかないことよ。

いのち-い-く【命生く】生きながらえる。命をとりとめる。〔平家〕一・祇王「二人の娘どもにおくれなんのち、年老い衰へたる母、―・き(用)ても何にかはせんなれば」〔訳〕二人の娘たちに先立たれてしまったとしたらその後、年をとり、からだが弱った(この)母が、生きながらえても何になろうか、いや何にもならないのだから。

いのちこそ…〔和歌〕

> 命こそ　絶ゆとも絶えめ　さだめなき
> 世の常ならぬ　なかの契りを
> 〈源氏・若菜上〉

〔訳〕命というのは絶えるとなれば絶えもしようが、この無常の世の中とはちがう、(変わることのない)二人の間の縁なのですよ。〔文法〕係り結び「こそ…め」は、強調逆接となって下に続く。

〔解説〕紫の上の詠んだ「目に近く移れば変はる世の中を行く末遠く頼みけるかな」(〔訳〕→めにちかく…〔和歌〕)〈源氏・若菜上〉への光源氏の返歌。源氏の愛の頼みがたさを恨む紫の上に、自分の愛は変わらないと訴える。

いのち-ながさ【命長さ】(名)長命であること。長生きであること。〔源氏〕桐壺「―のいとつらう思ひ給へ知らるるに」〔訳〕長命であることがたいそう堪えがたく身にしみて存ぜられますので。

いのちの…〔歌謡〕

> 命の　全けむ人は　畳薦　平群の
> 山の　くまかしが葉を　うずに挿せ　そ
> の子
> 〈古事記・中・倭建命〉

（枕詞：畳薦→平群）

〔訳〕命が無事であろう人は、(ふるさと大和の国(奈良県)の)平群山の大きな樫の葉を髪飾りとして挿せ、おまえたちよ。〔修辞〕「畳薦」は「平群」の「へ」の音にかかる枕詞。〔文法〕「全けむ」は、形容詞「全し」の古い未然形「またけ」に推量の助動詞「む」の連体形「む」が付いたもの。

〔解説〕「古事記」によれば、東征の帰途死を目前にした倭建命が詠んだ「国思歌」とされている。無事な部下たちに対し、帰郷ののち楽しく生きよと希望する歌であるが、もともとは独立した歌謡であったと思われる。

い-の-ね-らえ-ぬ-に【寝の寝らえぬに】眠ることができないでいると。〔万葉〕一五・三六七八「妹を思ひ―秋の野にさを鹿鳴きつ妻思ひかねて」訳（故郷の）妻を思って眠ることができないでいると、秋の野で雄鹿が鳴いた。（鹿も）妻を求める思いに堪えかねて。

なりたち 名詞「寝」＋格助詞「の」＋下二段動詞「寝」の未然形「ね」＋上代の可能の助動詞「らゆ」の未然形「らえ」＋打消の助動詞「ず」の連体形「ぬ」＋接続助詞「に」

いの・る【祈る】（他ラ四）｛ら・り・る・る・れ・れ｝〔神聖の意を表す接頭語「い（斎）」に動詞「宣る」が付いたもの。神仏の名やまじないのことばを口に出し、幸いを求める意〕（神仏に）願いをかける。土佐「雨風止まず。日一日、夜もすがら、神仏をー・る㊦」訳 雨や風が止まない。一日中、夜通し、神仏に願いをかける。

いは（イワ）【岩・石・巌・磐】（名）❶石の大きなもの。岩石。徒然 二「ーにくだけて清く流るる水のけしきこそ、時をもわかずめでたけれ」訳 岩に砕け散って澄みきって流れる水のありさまは、四季の区別もなくすばらしい。

参考 古くは「神仏を祈る」の形で用いられた。

❷（もと岩石が用いられたところから）碇。また、魚網のすそにつけるおもり。

いは（イワ）【家】（名）《上代東国方言》「いへ」に同じ。万葉 二〇・四四三「足柄の御坂に立して袖振らばーなる妹は清に見もかも」訳 足柄山の御坂（＝神のいます坂）に立って（私が）袖を振るならば、（故郷の）家にいる妻ははっきりと見るだろうかなあ。

いは-がき（イワ）【岩垣】（名）❶岩石が垣根のように重なって続いている所。源氏 総角「見し人もなき山里のーに心長くも這へる葛かな」訳（かつて）眺めた人（＝故八の宮）もいない山里の垣根のように連なる岩に、（あわただしく他界した八の宮とは違って）気長にも這っている葛であることよ。

❷石垣。

いは-がく・る（イワ）【岩隠る】（自ラ四）｛ら・り・る・る・れ・れ｝《上代語》〔岩城（＝岩でつくった墓）に葬られて姿が見えなくなる意〕（貴人が）お亡くなりになる。お隠れになる。万葉 二・一九九「神さぶとー・り㊥ますやすみしわが大君の」訳（今ではますます）神々しくなるということでお隠れになっていらっしゃるわが大君（＝天武天皇）が。（「やすみしし」は「わが大君」にかかる枕詞。⇩果つ「慣用表現」

いは-がくれ（イワ）【岩隠れ】（名）岩のかげに隠れている場所。岩かげ。源氏 総角「ーに積もれる紅葉の朽ち葉少しはるけ」訳（薫は）岩かげに積もっている紅葉の腐った落ち葉を少し払い除き。

いは-が-ね（イワ）【岩が根】（名）土の中にしっかり根をおろしたような岩。岩根。万葉 三・三〇一「ーのこごしき山を越えかねて」訳 土中にしっかり根をおろした岩がごつごつして険しい山を越えることができなくて。

いは-き（イワ）【岩木・石木】（名）岩と木。多く、岩や木のように非情の（＝感情のない）もののたとえにいう。伊勢 九六「ーにしあらねば、心苦しとや思ひけむ、やうやうあはれと思ひけり」訳（女も）岩や木のように非情ではないので、（思いを寄せる男の気持ちを）気の毒だと思ったのだろうか、しだいにしみじみいとしいと思（うようにな）った。

磐城（いはき）（イワキ）『地名』旧国名。東山道十三か国の一つ。今の福島県東部と宮城県南部を含む地域。明治元年（一八六八）に陸奥の国から分かれた。磐州。

いは・く（イワク）【稚く】（自カ下二）｛け・け・く・くる・くれ・けよ｝子供っぽいことをする。あどけないようすだ。源氏 蛍「まだー・け㊥たる御雛遊びなどのけはひの見ゆれば」訳（明石の姫君は）今でもなおあどけないお雛遊びなど（がお気に入り）のようすが見えるので。

参考 仮名遣いは「いわく」ともする。多く「いはけたる」の形で用いられる。

いはく（イワク）【言はく・曰く】㊀言うこと。言うことには。土佐「楫取りまたー、『幣には御心のいかねば、御船もゆかぬなり…』と言ふ」訳 船頭が再び言うことには、「幣（を手向けただけ）では（住吉の明神が）満足なさらないので、御船も進まないのである…」と言う。

なりたち 四段動詞「言ふ」のク語法

㊁（名）〔動詞「言ふ」のク語法の転じたもの〕事情。わけ。〔浄・心中天の網島〕「ーを御存じない故、御不審の立つはず」訳（あなたは）事情をご存じないから、お疑いが起こって当然である。

いは-くら（イワ）【磐座】（名）〔「いは」は堅固なの意〕神が宿る聖なる岩石。転じて、神が宿る場所。〔記〕上「天のーを離れ…天降りまさしめき」訳（天照大御神は瓊瓊杵尊を）高天原の聖なる御座所から降りさせて…（高千穂の峰に）お降りにならせた。

いはけ-な・し（イワケ）【稚けなし】（形ク）｛から・く（かり）・し・き（かる）・けれ・かれ｝〔「なし」は接尾語〕子供っぽい。幼稚である。あどけない。源氏 若紫「ー・く㊥かいやりたる額つき、髪ざしいみじううつくし」訳（若紫が）あどけなく（髪を）手でかき上げた額の形や髪のようすはたいそうかわいらしい。⇩幼けなし「類語パネル」

いは-ざ（イワ）【岩座】（名）仏像や御幣を置く台で、岩の形をしたもの。〔浮・世間胸算用〕「立ておきたるーに壺ありて」訳 立てておいた（御幣の）岩形の台座（の中）に壺があって。

参考 仮名遣いは「いわざ」ともする。

いは-じ-と-に-も-あら-ず（イワ）【言はじとにもあらず】言うまいというわけでもない。徒然 一九「同じこと、また、今さらにー・ず㊦」訳（古人と）同じことを、もう一度、こと新しく言うまいというわけでもない。

なりたち 四段動詞「言ふ」の未然形「いは」＋打消意志の助動詞「じ」の終止形「じ」＋格助詞「と」＋断定の助動詞「なり」の連用形「に」＋係助詞「も」＋ラ変補助動詞「あり」の未然形「あら」＋打消の助動詞「ず」

いは-しみづ（イワシミズ）【石清水】（名）❶岩の間からわき出る清水。夏。古今 恋一「逢坂の関に流るるーいはで心に思ひこそすれ」訳 逢坂の関所に（わき出して）流れている石清水の「いは」ではないけれども、（そのように私は）口に出して言わないで心の中で（あなたのことを）思っているのだ。（第三句までは「いはで」を導きだす序詞）

❷「石清水八幡宮」の略。

石清水八幡宮（いはしみづはちまんぐう）（イワシミズハチマングウ）（名）京都府八幡市にある神社。祭神は応神天皇・神功皇后・比売大神の三神。伊勢神宮・賀茂神社とともに三社といわれ、朝廷や武家の崇敬を集めた。陰暦三月の中の午の日に行われる臨時の祭りは、賀茂神社の「北祭り」に対して「南祭り」として有名。

岩代（いはしろ）（イワシロ）『地名』旧国名。東山道十三か国の一つ。

今の福島県西部。明治元年(一八六八)に陸奥の国から分かれた。

いはしろの… 和歌

> 磐代の　浜松が枝を　引き結び
> ま幸くあらば　またかへり見む
> 〈万葉・二・一四一・有間皇子〉

訳 今、この磐代の浜辺の松の枝を結んで(幸いを祈るが)、無事であったならまた帰ってきて(この松を)見よう。

解説 磐代は、今の和歌山県日高郡みなべ町の地名。有間皇子は孝徳天皇の皇子。斉明四年(六五八)、謀反のかどで捕らえられ、護送される途上で詠んだ歌。のち、藤白の坂(=和歌山県海南市)で絞殺された。

いは-せ イワ【岩瀬・石瀬】(名)岩や石の多い浅瀬。

岩瀬の森(いはせのもり) イワセノモリ『地名』歌枕 今の奈良県生駒郡斑鳩町にあったという森。ほととぎす、紅葉の名所。

いは-そそ-く イワ【岩注く・石注く】(自カ四){か・き・く・く・け・け}水が岩の上に勢いよくふりかかる。[「そそく」は近世以降「そそぐ」]〔続後拾遺〕冬「水上に氷むすべば―・く(体)滝の白糸乱れざりけり」訳 上流に氷が張っているので、(いつもは)岩の上に勢いよくふりかかる滝の水も(今は)入り乱れ(るほど激しく流れ落ち)ないのだなあ。

いは-つつじ イワ【岩躑躅】(名)石や岩の間に生えるつつじ。古今 恋一「思ひ出づる常盤の山の―いはねばこそあれ恋しきものを」訳 (あなたへの)恋しい思いがあふれ出る時は、常盤の山の岩つつじの「いは」ではないが、口に出しては言わないからこそ人にはわからないけれど、やはりあなたが恋しいのになあ。(第二句と第三句は「いはねば」を導きだす序詞。「常盤」は「時は」との掛詞)

いは-と イワ【岩戸】(名)岩屋の入り口の戸。堅固な岩の戸。また、古墳の棺を安置した石室の戸。「岩屋戸」とも。万葉 三・四一九「―破る手力もがも手弱き女にしあれば術の知らなく」訳 お墓の岩の戸を破る腕力があったらなあ。(私は)か弱い女なので(岩戸を破ってあなたを迎えに行く)方法がわからないことである。

いは-とこ イワ【岩床】(名)表面が平らな岩。万葉 一・七九「―と川の氷凝り寒き夜を息むことなく通ひつつ」訳 平らな岩のように川の氷がはりつめ、寒い夜を休むことなくいつも通って。

いは-なし イワ【岩梨】(名)ツツジ科の常緑小低木。夏に薄紅の花をつけ、実は食用となる。苔桃。

いは-なみ イワ【岩波】(名)岩に打ち寄せる波。平家 九・宇治川先陣「―甲の手先へざっと押し上げけれども」訳 岩にあたって打ち返す波がかぶとの吹き返しの先端へざぶんと(寄せて)押しかぶさったが。

いは-ね イワ【岩根】(名)「いはがね」に同じ。

いは-の-かけみち イワ【岩の懸け道】岩伝いの険しい道。岩伝いの桟道。古今 雑下「世に経れば憂さこそまされみ吉野の―踏みならしてむ」訳 俗世で過ごしているとつらさだけが増すことだ。(いっそ)吉野の山の岩伝いの桟道を踏みならして(奥山へ入って)しまおう。

いは-ば イワ【言はば】言ってみれば。言うならば。方丈 一「その、主と栖と、無常を争ふさま、―朝顔の露に異ならず」訳 そのように、(はかない世の中にある)主人と住居とが、無常であることを競いあうようすは、言うならば朝顔の(花とその上に置く)露(との関係)と違わない。

なりたち 四段動詞「言ふ」の未然形「いは」＋接続助詞「ば」

いは-ばし イワ【石橋・岩橋】(名)「いははし」とも。❶「いしばし①」に同じ。❷役の行者が葛城の神に命じてかけさせようとした伝説上の石の橋。神は容貌の醜いのを恥じて夜だけ仕事をしたため完成しなかったということから、男女の仲が中途で絶えることのたとえとされる。新古 恋五「葛城や久米路に渡す―の絶えにし仲となりやはてなん」訳 葛城の久米に通じる道にかけてある岩橋のように、(あなたと私は)関係のとだえた間柄にすっかりなってしまうのだろうか。(第三句までは「絶えにし」を導きだす序詞)

いは-ばし・る イワ【石走る】(自ラ四){ら・り・る・る・れ・れ}水が岩の上を激しく走り流れる。万葉 六・九九一「―・り(用)激ち流るる泊瀬川」訳 水が岩の上を走って激しく流れる泊瀬川。

いはばしる イワバシル【石走る】《枕詞》「滝」「垂水」、地名「近江(淡海)」にかかる。一説に、実景とも。万葉 一五・三六一七「―滝もとどろに鳴く蟬の」。万葉 七・一一四二「―垂水の水を」。万葉 一・二九「―淡海の国の」

いはばしる… 和歌

> 石走る　垂水の上の　さわらびの
> 萌え出づる春に　なりにけるかも
> 〈万葉・八・一四一八・志貴皇子〉

訳 岩の上を激しく流れて落ちる滝のほとりの蕨が、芽を出す春に(早くも)なってしまったことだなあ。

解説 雪がとけて水量が多くなり、たぎり落ちる滝の響きに、春を迎えたはずむような喜びの鼓動が重なりあうような歌。「石走る」は「垂水」にかかる枕詞であるが、この歌では、枕詞ではなく実景を写したものとする説が有力。

いは-はな イワ【岩端・岩鼻】(名)岩の突き出た先端。〔笈日記〕去来「―やここにもひとり月の客」訳 →いははなや…

いははなや… 俳句

> 岩はなや　ここにもひとり　月の客　秋
> 〈笈日記・去来〉

訳 (中秋の名月に誘われて山野を歩いていると)岩の先端に出たが、ここにもひとり(自分と同じように)月を賞でている風流人がいたことだ。(月秋。切れ字は「や」)

解説 「去来抄」〈先師評〉には、右のような「情景」を詠んだとする去来に対して、芭蕉が「ここにもひとり」を去来自身のこととし、もうひとり私という風流の士がいると、月に対して名のり出る趣に解したほうがどれほど風流が深いかわからないと評したと記されている。

いはひ イワイ【斎ひ】(名)❶けがれを忌み、心身を清めて神を祭ること。❷神を祭る所。また、祭る人。〔紀〕神代「斎主、これをば―といふ」訳 神を祭る人は、(ここでは)これを斎いという。

いはひ-うた―【祝ひ歌】(名)和歌の六義の一つ。御代を祝い、ことほぐ歌。頌歌。→六義②

いはひ-こ―【斎ひ児】(名)(神聖なものとして)たいせつに育てている子。万葉 九・一八〇七「錦綾の中につつめる―も妹に及しかめや」訳 錦や綾の中につつんでたいせつに育てている子も、その娘(=真間の手児奈)にどうして及ぼうか(いや、及びはしない)。

いはひ-づき―【斎ひ月・祝ひ月】(名)けがれを避け、忌みつつしむべき月。正月・五月・九月をさす。

いは-びと―【家人】(名)《上代東国方言》「いへびと①」に同じ。万葉 二〇・四三七五「松の木の並みたる見れば―のわれを見送ると立たりしもころ」訳 松の木が並んでいるのを見ると、家族が私を見送るということで立っていたのと同じように見える。

いはひ-べ―【斎ひ瓮】(名)「いはひへ」とも。神に供える酒を入れる神聖な瓶。多くは、陶製で底がまるく、地面を掘って据えたらしい。万葉 一七・三九二七「草枕旅ゆく君を幸くあれと―据ゑつ吾が床の辺に」訳 旅に出るあなたが無事であるようにと(神様に酒を供えて祈るための)神聖な瓶を据えたことだ。私の床の近くに。(「草枕」は「旅」にかかる枕詞)

いは・ふ(他ハ四)❶【斎ふ】㋐忌みつつしんで吉事を祈る。斎戒して無事を願う。万葉 一九・四二六三「櫛も見じ屋中も掃かじ草枕旅行く君を―・ふ終と思ひて」訳 櫛も見まい、家の中も掃くまい。旅に出るあなたのことを(そのように)忌みつつしんで無事を願うのだと思って。(「草枕」は「旅」にかかる枕詞)。㋑神としてあがめ祭る。万葉 一〇・二三〇九「祝らが―・ふ体社の黄葉も標縄越えて散るといふものを」訳 神職たちがあがめ祭る神社の黄葉も、神域を区切る境界の縄を越えて散るというのに(=親の保護や監視からいつしか抜け出してしまうのが恋というものであるのに)。
❷【祝ふ】めでたいことばを述べて将来の幸せを祈る。源氏 初音「乱れたることども少しうちまぜつつ、―・ひ用聞こえ給ふ」訳 (元旦に光源氏は)うちとけたこと(=冗談)のいくつかも少し加えては、(祝い歌を歌い、紫の上の)将来の幸せ(=長寿)をお祈り申しあげなさる。

いは-ふね―【岩船・磐船】(名)神を乗せて天空を航行するという、岩で作られた船。また、堅固で神聖な船。「天の岩船」とも。万葉 三・二九二「ひさかたの天の探女が―の泊てし高津は浅せにけるかも」訳 天の探女の(乗った)岩船が(天から降りて来て)停泊した高津は浅くなってしまったことだ。(「ひさかたの」は「天」にかかる枕詞。「天の探女」は記紀神話に登場する神)

いは-ほ―【巌】(名)そびえたった大きな岩。万葉 二〇・四四五四「高山の―に生ふる菅の根のねもころごろに降り置く白雪」訳 高い山にある大きな岩に生える菅の根が細かくたくさん張っているように、すき間もなく一面に降り積もる白雪であるなあ。(第三句までは「ねもころごろに」を導きだす序詞)

いはほ-の-なか―【巌の中】不便で人が住めそうもない所や俗世間を離れた所をたとえていう語。古今 雑下「いかならむ―に住まばかは世の憂きことの聞こえ来ざらむ」訳 どのような俗世間から離れた所に住んだならば、世の中のいやな話が聞こえてこないのだろうか。

いは-ま―【岩間】(名)岩と岩との間。伊勢 七五「―より生ふる海松藻しつれなくは潮干潮満ち貝もありなむ」訳 岩と岩との間から生える海松藻(=海藻の名)が変わらずに生えつづけるならば(=あなたとこれからも顔を合わせていれば)、潮が引いては満ちて貝も付着するようになるだろう(=その甲斐あってあなたの思いを受け入れるときがあるだろう)。(「海松藻」は「見る目」との、「貝」は「甲斐」との掛詞)

いは-まく-も―【言はまくも】ことばに出して言うようなことも。万葉 六・九四八「かけまくもあやに畏く―ゆゆしくあらむと」訳 心にかけて思うことも実に畏れ多く、口にするようなこともはばかられるだろうと。
なりたち 四段動詞「言ふ」の未然形「いは」+推量の助動詞「む」=「言はむ」のク語法「いはまく」+係助詞「も」

いは-まくら―【石枕】(名)石の枕。また、石を枕に旅寝すること。千載 秋上「七夕のあまの河原の―かはしもはてずあけぬこの夜は」訳 織女星と彦星が天の川の河原で石の枕をかわして(=共寝をして)も、満足しきれずに明けてしまったよ、この夜は。⇩草枕「慣用表現」

石見(いはみ)『地名』旧国名。山陰道八か国の一つ。今の島根県の西半部。石州。

いはみのうみ… 和歌《長歌》

石見の海　角の浦廻を　浦なしと　人
こそ見らめ　潟なしと　人こそ見ら
め　よしゑやし　浦はなくとも　よしゑや
し　潟はなくとも　鯨魚取り　海辺
をさして　和多津の　荒磯の上に　か
青く生ふる　玉藻沖つ藻　朝はふ
る　風こそ寄せめ　夕はふる　波こ
そ来寄れ　波のむた　か寄りかく寄る
玉藻なす　寄り寝し妹を　露霜
の　置きてし来れば　この道の　八十隈
ごとに　万たび　かへりみすれど　いや
遠に　里は離りぬ　いや高に　山
も越え来ぬ　夏草の　思ひしなえて
偲ふらむ　妹が門見む　なびけこの
山

〈万葉・二・一三一・柿本人麻呂〉

訳 石見の海の角の入り江を、(船泊まりによい)浦がないところと人は見るだろうし、(貝などをとるにはよい)潟がないと人は見るだろうが、たとえよい浦がなくとも、たとえよい潟はなくとも、海辺に向かって、和多津の荒磯のあたりに(茂る)、真っ青な美しい藻や沖の藻は、朝吹きつける風が寄せるだろうし、夕方押し寄せる波で寄って来るだろう。その波とともに、あのように寄りこのように寄る美しい藻のように、寄り添って寝た妻を、(角の里に)置いて来たので、この(都への)道のいくつもの曲がりかどごとに、何度も何度も振り返って見るが、ますます遠く里は離れてしまった、ますます高く山も越えて来てしまった。(今ごろは)夏草のように打ちしおれて、(私のことを)思っているのであろう妻の家の門を見よう。(平たく)なびけよ、(眼前の)この山よ。修辞「鯨魚取り」は「海」に、「露霜の」は「置く」に、「夏草の」は「思ひしなゆ」にかかる枕詞。文法「よしゑやし」の「ゑ」も「やし」も、「よし」を強める間投助詞。「いや遠に」「いや高に」の「遠に」「高に」は、副詞・形容動詞の連用形の両説がある。

いはみのや… 和歌

石見のや　高角山の　木の間より
あが振る袖を　妹見つらむか
〈万葉・二・一三二・柿本人麻呂〉

訳 石見の国(島根県西部)の高角山の木々の間から、(別れを惜しんで)私が振る袖を妻は見たであろうか。

解説 石見の国に妻を残して上京して来るときの長歌(→いはみのうみ…和歌)の反歌二首のうちの一首。「高角山」は、都野津にある高い山の意とも、今の江津市の島の星山をさす固有名詞ともいわれている。袖を振ることは、この時代の愛情表現であった。

いは-む-かた-な-し【言はむ方無し】なんとも言いようがない。言うに言われない。〔紫式部日記〕「秋のけはひの立つままに、土御門殿のありさま、―・く用をかし」訳 秋の気配がし始めるにつれて、土御門の邸(=藤原道長邸)のようすは、なんとも言いようがなく風情がある。⇩えも言はず「慣用表現」

なりたち 四段動詞「言ふ」の未然形「いは」＋推量(婉曲)の助動詞「む」の連体形「む」＋名詞「方」＋形容詞「無し」

いは-む-や【況むや】(副)〔動詞「言ふ」の未然形「いは」に推量の助動詞「む」の連体形「む」と反語の係助詞「や」の付いたもの〕(上に述べたことを受けて、下のことについて、どうして改めて言う必要があろうか(いや、ない)という意から)言うまでもなく。まして。竹取 竜の頸の玉「この玉たはやすくえとらじを、―、竜の頸の玉はいかが取らむ」訳 この玉は簡単に取ることはできないだろうに、まして、竜の首の玉はどうして取れようか(いや、とても取れそうにない)。

参考 漢文訓読で用いられ、平安中期以降「いはむや」の下文は述語を省略して「…をや」と結ぶ形が多い。

いは-や【岩屋】(名)岩に横穴を掘って作った住居。また、岩の間に自然にできた洞穴。岩室。万葉 三・三〇八「常磐なす―は今もありけれど住みける人そ常なかりける」訳 永久に変わらない岩室は今もそのままあるけれど、(ここに)住んでいた人は変わって(=死んで)しまったのだなあ。

いば-ゆ【嘶ゆ】(自ヤ下二){え・え・ゆ・ゆる・ゆれ・えよ}馬が鳴く。いななく。源氏 総角「御供の人々起きて声づくり、馬どもの―・ゆる体音も…をかしく思さる」訳 お供の人々が起きて咳払いをし、何頭かの馬がいななく声も…(薫は)自然と趣深くお思いになる。文法「思さる」の「る」は、自発の助動詞。

いは-ゆる【所謂】(連体)〔動詞「言ふ」の未然形「いは」に上代の受身の助動詞「ゆ」の連体形「ゆる」の付いたもの〕世間で言われている。世に言うところの。いわゆる。方丈 三「かたはらに琴・琵琶おのおの一張をたつ。―折り琴・継ぎ琵琶これなり」訳 そばに琴と琵琶それぞれ一張りを立ててある。世に言うところの折り琴(=折りたたみができる琴)・継ぎ琵琶(=柄のとりはずしができる琵琶)がこれである。

いばら【茨・荊】(名)〔古くは「うばら」「むばら」とも〕とげのある低木植物の総称。特に、野生の薔薇。夏。細道 白川の関「卯の花の白妙に、―の花の咲き添ひて」訳 (白河の関は)卯の花の白妙の(ように真っ白である)うえに、(白い)茨の花が咲き加わって。

井原西鶴 ⇩井原西鶴

いは-れ【謂はれ】(名)〔動詞「言ふ」の未然形「いは」に受身の助動詞「る」の連用形「れ」が付いて名詞化したもの〕ある事物について世に言われていること。由来。理由。〔浮・日本永代蔵〕「今日の七草(=七草粥)といふ―は、いかなることぞ(=どういうことか)」

磐余 『地名』歌枕 今の奈良県桜井市南西部、香具山の東麓一帯の古称。

いは-れ-ぬ【言はれぬ】❶(なんとも言うことができないの意から)道理に合わない。むちゃな。竹取 御門の求婚「―ことなし給ひそ」訳 (国王の命令を聞き入れないなどという)道理に合わないことをなさいますな。
❷よけいな。無用な。〔浄・女殺油地獄〕「耆婆でも行かぬ死病、―気骨折らるる」訳 (古代インドの名医)耆婆でも治せない死病に、よけいな心配をなさるなあ。

なりたち 四段動詞「言ふ」の未然形「いは」＋可能の助動詞「る」の未然形「れ」＋打消の助動詞「ず」の連体形「ぬ」

磐余の池 『地名』歌枕 今の奈良県桜井市付近にあった池。

いは-ろ【家ろ】(名)《上代東国方言》〔「ろ」は接尾語〕家。万葉 二〇・四四一九「―には葦火焚けども住みよけを筑紫に到りて恋しけもはも」訳 (私の)家では葦火をたいている(から、煤けている)けれども住みよいので、筑紫(九州地方)に行ってから恋しいだろうなあ。

いは-ゐ【岩井・石井】(名)岩の間から湧く清水の井戸。また、岩石で囲った井戸。「いしゐ」とも。

いは-ん-や【況んや】(副)→いはむや

いひ【家】(名)《上代東国方言》家。万葉 二〇・四三四三「わろ旅は旅と思ほど―にして子持ち痩すらむ我が妻かなしも」訳→わろたびは…和歌

いひ【飯】(名)米などを蒸したもの。のちには炊いたものにもいう。飯。ごはん。万葉 二・一四二「家にあれば笥に盛る―を草枕旅にしあれば椎の葉に盛る」訳→いへにあれば…和歌

いひ-あつか-ふ【言ひ扱ふ】(他ハ四){は・ひ・ふ・ふ・へ・へ}
❶あれこれ言って世話をする。源氏 夕霧「かの遺言は違へじと思ひ給へて、ただかく―・ひ用侍るなり」訳 あの(母一条御息所の)遺言は裏切るまいと存じまして、ただこのように(娘落葉の宮を)あれこれ言って世話をするのです。
❷人のことをあれこれ言う。うわさをする。源氏 若菜上「世の中の人も、あいなう、かばかりになりぬるあたりのことは、―・ふ体ものなれば」訳 世間の人も、困ったことに、

これほど(高い身分)になってしまった方々のこと(=紫の上と女三の宮の関係)については、あれこれ言うものなので。

いひ-あは・す【言ひ合はす】(他サ下二){せ・せ・す・する・すれ・せよ} ❶互いに語りあう。源氏 桐壺「すべて、近うさぶらふかぎりは、男女、『いとわりなきわざかな』と—・せ用つつ嘆く」訳 (桐壺帝の悲嘆のさまを)すべて、おそば近くお仕えする者は残らず、男も女も、「たいそう困ったことだなあ」と語りあってはため息をつく。❷前から申しあわせる。口約束をする。枕 三元「返りごと書かむと—・せ用」訳 返事を書こうと口約束をし。❸親しく相談する。今昔 二六・二「この三人の兵—・せ用て、いかでか今日物は見るべきとはかりけるに」訳 この三人の武士が親しく相談して、なんとかして今日は(賀茂祭りの帰りの)行列を見物しようと計画したが。

いひ-あらは・す【言ひ表す】(他サ四){さ・し・す・す・せ・せ} ❶つつみ隠さずにはっきりと言う。白状する。源氏 葵「さまざまのすきごとどもをかたみに隈なく—・し用給ふ」訳 (三位の中将と光源氏は)いろいろな色事(の体験)のあれこれを互いに残らず白状しなさる。❷ことばで表現する。〔新千載〕釈教「いかにして—・さ未ん法の道」訳 どのようにしてことばで表現しよう、仏法の教えを。

いひ-いだ・す【言ひ出だす】(他サ四){さ・し・す・す・せ・せ} ❶内から、外にいる人に向かって言う。また、取りつぎに外へ伝えさせる。源氏 総角「『さらば、こなたに』と—・し用給へり」訳 (宇治の大君は見舞いに訪れた薫に)「それでは、こちらにお入りください」と、(女房を介して)内から外に向かって言いなさった。↔言ひ入る ❷口に出して言う。古今 仮名序「見るものきくものにつけて—・せ已るなり」訳 (心に思うことを)見るもの聞くものに託して口に出して言った(のが歌な)のである。❸言い始める。徒然 一四七「神事にけがれありといふこと、近くの人の—・せ已るなり」訳 (灸をすえた所が多くなると)祭祀の行事にけがれがある(から遠慮すべきだ)ということは、最近の人が言い始めたのである。

いひ-い・づ【言ひ出づ】(他ダ下二){で・で・づ・づる・づれ・でよ} ことばに出して言う。口に出す。枕 一三七「おのづから人の上などうち言ひそしりたるに、幼き子どもの聞きとりて、その人のあるに—・で用たる」訳 たまたまある人のことに関する悪口などを言ったところが、幼い子らが聞き覚えて、当人がいる時に口に出したの(は、ばつが悪い)。

いひ-いひ-て【言ひ言ひて】くり返し言って。互いにあれこれ言いあって。源氏 葵「あはれなる世を—うち泣きなども給ひけり」訳 (三位の中将と光源氏は)しみじみと無常が感じられるこの世(のありさま)についてあれこれ言いあって、ふっと泣いたりなどもなさるのであった。

なりたち 四段動詞「言ふ」の連用形「いひ」を重ねた「いひいひ」+接続助詞「て」

いひ-い・る【言ひ入る】(他ラ下二){れ・れ・る・るる・るれ・れよ} ❶外から、内にいる人に向かって言う。また、取りつぎに内へ伝えさせる。著聞 一八三「『丹後へ遣はしける人は、参りにたるや』と—・れ用て」訳 「丹後に派遣なさった人は、(帰って)参上しているか」と(局の)外から内に向かって言って。↔言ひ出だす ❷耳に入れる。ささやく。枕 六三「夜言ひつることの名残、女の耳に—・れ用て」訳 (翌朝、男は)昨夜話したことのまだ引き続いている気持ちを、女の耳にささやいて。

いひ-お・く【言ひ置く】(他カ四){か・き・く・く・け・け} 言っておく。言い残す。更級 梅の立枝「『これが花の咲かむ折は来むよ』と—・き用て渡りぬるを」訳 (継母は)「この(梅の)花が咲くようなころには来るつもりだよ」と言い残して行ってしまったのを。

いひ-おこ・す【言ひおこす】(他サ下二){せ・せ・す・する・すれ・せよ} 言ってよこす。手紙などで言ってくる。徒然 一七〇「文も、『久しく聞こえさせねば』などばかり—・せ用たる、いとうれし」訳 手紙(の場合)も、「長い間差し上げていないので」などとだけ言ってよこしたのは、たいそううれしい。

いひ-おと・す【言ひ落とす】(他サ四){さ・し・す・す・せ・せ} 悪く言う。けなす。枕 八二「頭の中将の、すずろなる空言を聞きて、いみじう—・し用」訳 頭の中将が、とりとめもない作り話を聞いて、(私のことを)ひどくけなし。

いひ-おほ・す【言ひ果す】(他サ下二){せ・せ・す・する・すれ・せよ} 言いつくす。残るところなく表現する。〔去来抄〕先師評「先師曰く、『—・せ用て何かある』」訳 先師(=芭蕉)が言うことには、「残るところなく表現して何になるか(それよりも余情のあるほうがよいのだ)」。

いひ-おもむ・く【言ひ趣く】(他カ下二){け・け・く・くる・くれ・けよ} 説きふせる。説得する。堤 花桜をる少将「光季参りて、『—・け用て侍り。今宵ぞよく侍るべき』と申せば」訳 光季が(中将のところへ)参上して、「説得してあります。今夜が(女のもとに忍び込むのに具合が)ようございましょう」と申すので。

いひ-かかづら・ふ【言ひかかづらふ】(自ハ四){は・ひ・ふ・ふ・へ・へ} ❶相手に言えなくて悩む。言いあぐねる。竹取 仏の御石の鉢「耳にも聞き入れざりければ、—・ひ用て帰りぬ」訳 (かぐや姫は話を)耳にも聞き入れなかったので、(石つくりの皇子は)言いあぐねて帰ってしまった。❷言ってかかわる。言い寄る。源氏 夕霧「とかく—・ひ用出でむも、煩はしう聞き苦しかるべうよろづにおぼす」訳 (夕霧が)あれこれ言い寄って来るとしたらそれも、めんどうで人聞きも悪いにちがいないと(落葉の宮は)何かにつけてお思いになる。

いひ-かか・る【言ひ掛かる】(自ラ四){ら・り・る・る・れ・れ} ❶ことばをかけてかかわりを持とうとする。言い寄る。竹取 貴公子たちの求婚「家の人どもに物をだに言はむとて、—・れ已どもこともせず」訳 (かぐや姫の)家の人々にせめて話だけでもしようと思って、ことばをかけてかかわりを持とうとするけれども(相手は)問題にもしない。❷「いひがかる」とも。言いがかりをつける。難くせをつける。〔浮・世間胸算用〕「この銀をあそばして置きたる利銀を、きっと母屋からすまし給へ、と—・り用」訳 (私に)この金をあそばせておいた(間の)利息を、必ず母屋から返済しなさい、と言いがかりをつけ。

いひ-か・く【言ひ掛く】(他カ下二){け・け・く・くる・くれ・けよ} ことばをかける。話しかける。源氏 東屋「尋ね思す心ばへのありながら、うちつけにも—・け用給はず」訳 (薫は、浮舟を)尋ね求めなさる(=求愛したくお思いになる)気持ちがあるのに、軽々しくもことばをかけなさらないで。

いひ-かけ【言ひ掛け】(名) ❶難くせをつけること。言いがかり。〔浄・曽根崎心中〕「まったくこの徳兵衛が—したるでさらになし」訳 まったくこの徳兵衛が言いがかりをつけたのでは決してない。❷和歌などに多く用いられた修辞技巧の一つ。同音異義の語を用いて、一語に二重の意味を持たせること。掛詞。「難波江の葦のかりね(刈り根・仮寝)の一よ(一節・一夜)ゆゑみをつくし(澪標・身を尽くし)てや恋ひわたるべき」(訳 →なにはえの… 和歌)〈千載・恋三〉の「かりね」「一よ」「みをつくし」の類。

いひ-かた・む 【言ひ固む】(他マ下二){め・め・む・むる・むれ・めよ}(口に出して)約束をする。宇治 二・一「『酒・くだものなど取り出ださせて、あがひせん』と—・め(用)て」訳「(あだ名で呼んだ者には)酒や酒の肴などを取り出させて、つぐないとしよう」と(全員が)約束をして。

いひ-かたら・ふ 【言ひ語らふ】(他ハ四){は・ひ・ふ・ふ・へ・へ}語りあう。話しあう。更級 初瀬「世の中の憂きもつらきもをかしきも、かたみに—・ふ(体)人、筑前に下りてのち」訳 世間のつらいことも苦しいこともおもしろいことも、互いに語りあう人が、筑前(福岡県)に下ったあと。

いひ-かな・ふ 【言ひ叶ふ】(他ハ下二){へ・へ・ふ・ふる・ふれ・へよ}うまく表現する。その場に合った表現をする。徒然 一四「このごろの歌は、一節をかしく—・へ(用)たりと見ゆるはあれど」訳 近ごろの歌は、一節は、どこか一点趣深くうまく表現していると思われるものはあるけれど。

いひ-かは・す 【言ひ交はす】(他サ四){さ・し・す・す・せ・せ}❶互いにことばをかわす。言いあう。語りあう。徒然 七八「こともとに言ひつけたることくさ、物の名など、心得たるどち、片端—・し(用)、目見あはせ、笑ひなどして」訳 仲間うちで言い慣れている話の種や、物の名前などを、理解している者どうしが、その一部分だけを言いあい、目を見かわしたり、笑ったりなどして。❷手紙や歌のやりとりをする。枕 二七六「ものの折、もしは人と—・し(用)たる歌の聞こえて、打ち聞きなどに書き入れらるる」訳 何かのとき、あるいはだれかとやりとりした歌が世間で評判になって、聞き書き帳などに書き込まれるの(はうれしい)。❸ことばで誓う。口約束をする。特に、夫婦になる約束をする。伊勢 二一「ありしより異に—・し(用)て」訳 以前よりいっそうかたく(将来を)約束して。

いひ-がひ 【飯匙】(名)飯を盛る杓子。しゃもじ。伊勢 二三「手づから—とりて、笥子のうつは物に盛りけるを見て」訳 (女が)自分の手でしゃもじを取って、(飯を)笥子という器に盛ったのを(男は)見て。

いひがひ-な・し 【言ひ甲斐無し】(形ク){から・く(かり)・し・き(かる)・けれ・かれ}「いふかひなし」の転。「いふかひなし」に同じ。

いひ-かま・ふ 【言ひ構ふ】(他ハ下二){へ・へ・ふ・ふる・ふれ・へよ}言いつくろう。口実をつけてごまかす。源氏 浮舟「かどかどしき人にて、とかく—・へ(用)て、尋ね逢ひたり」訳 (匂宮の家司の)時方は機転のきく人で、あれこれ口実をつくろって、(侍従を)さがし出して会った。

いひ-きか・す 【言ひ聞かす】(他サ下二){せ・せ・す・する・すれ・せよ}言って聞かせる。わかるように説明する。徒然 二三四「うららかに—・せ(用)たらんは、おとなしく聞こえなまし」訳 (質問に対して)はっきりとわかるように説明したならそれは、きっとおだやかに聞こえたであろうに。

いひ-き・す 【言ひ期す】(他サ変){せ・し・す・する・すれ・せよ}口に出して約束する。枕 一三七「殿上にて—・し(用)つる本意もなくては、など帰り給ひぬるぞ」訳 殿上の間で口約束した本来の目的も遂げないで、どうしてお帰りになってしまったのか。

いひ-くく・む 【言ひ含む】(他マ下二){め・め・む・むる・むれ・めよ}「いひふくむ」とも。言いふくめる。わかるようによく言って聞かせる。枕 能因本・九一「『これに白からむ所、ひと物入れて持て来。きたなげならむは、かき捨てて』など—・め(用)てやりたれば」訳 「この中に(雪の)白そうな所をいっぱい入れて持っておいで。汚らしそうな所はかき捨てて」などと(使いの者に)言いふくめて行かせたところ。

いひ-くた・す 【言ひ腐す】(他サ四){さ・し・す・す・せ・せ}悪く言う。けちをつける。源氏 少女「このころ紅葉を—・さ(未)むは、竜田姫の思はむこともあるを」訳 (秋である)今(の季節に)紅葉を悪く言うとしたらそれは、(秋の女神である)竜田姫が思うようなこと(=怒るようなこと)もあるので。文法「いひくたさむは」「思はむこと」の「む」は、仮定・婉曲の助動詞。

いひ-くん・ず 【言ひ屈ず】(他サ変){ぜ・じ・ず・ずる・ずれ・ぜよ}がっかりして言う。しょげて言う。愚痴をこぼす。枕 八七「『昨日までさばかりあらむものの、夜の程に消えぬらむこと』と—・ずれ(已)ば」訳「昨日まであれほどあったものの(=雪)が、一夜のうちに消えてしまっただろうことよ」と(私が)がっかりして言うと。

いひ-け・つ 【言ひ消つ】(他タ四){た・ち・つ・つ・て・て}❶人のことばを打ち消す。否定する。源氏 松風「わざとはなくて—・つ(体)さま、みやびかによしと聞き給ふ」訳 (明石の尼君が)ことさらにそうするのではなくて(自らの出自のよさを)否定するようすは、風雅ですぐれていると(光源氏は)聞きなさる。❷言いかけて途中でやめる。言いさす。源氏 早蕨「ところどころ—・ち(用)て、いみじく物あはれと思ひ給へるけはひなど」訳 (話の)ところどころを言いかけて途中でやめて、ひどくしみじみ寂しいと思いなさっている(宇治の中の君の)ようすなどは。❸悪く言う。非難する。徒然 一六七「をこにも見え、人にも—・た(未)れ、禍をも招くは、ただこの慢心なり」訳 愚かにも見え、人からも非難され、災難をも招き寄せるのは、もっぱらこのおごり高ぶる心(のため)である。

いひ-けらく 【言ひけらく】言ったことには。土佐「そが—、『…』と言ひて、詠める歌」訳 それ(=船に乗り合わせていた女)が言ったことには、「…」と言って、詠んだ歌。なりたち 四段動詞「言ふ」の連用形「いひ」+過去の助動詞「けり」=「いひけり」のク語法

いひ-こしら・ふ 【言ひ拵ふ】(他ハ下二){へ・へ・ふ・ふる・ふれ・へよ}ことばでうまくなだめる。とりつくろって言う。源氏 若菜下「果て果ては腹立つを、よろづに—・へ(用)て」訳 (小侍従が、話の)最後の最後には腹を立てるのを、(柏木は)いろいろに言いなだめて。

いひ-ごと 【言ひ事】(名)❶話題。話の種。大鏡 伊尹「興じ奉りて、そのころの—にこそし侍りしか」訳 (人々は行成のことばを)おもしろがり申しあげて、そのころの話題にしましたよ。❷言っていること。言い分。宇治 一二・二三「にくき男の—かな」訳 気にいらない男の言いぐさであることよ。

❸口論。言いがかり。〔浮・西鶴織留〕「我が非分とはわきまへながら、―の種をこしらへ」訳自分が不当であることは承知しつつ、口論の原因をつくり。

いひ・さ・す〔イイ〕【言ひ止す】(他サ四)〔さ・し・す・す・せ・せ〕［「さす」は接尾語］言いかけて中止する。話を途中でやめる。源氏 手習「心もなきこと啓してけりと思ひて、詳しくも、その程のことをば―・し用つ」訳(横川の僧都は)思慮もないことを(明石の中宮に)申し上げたものだなあと思って、つぶさにも、そのときのことを言いかけて途中でやめてしまった。

いひ・さだ・む〔イイ〕【言ひ定む】(他マ下二)〔め・め・む・むる・むれ・めよ〕口約束をする。話しあって決める。徒然 一一五「ここにて対面し奉らば、道場をけがし侍るべし。前の河原へ参りあはん。…」と―・め用て、二人河原へ出であひて」訳「ここでお相手申したら、(尊い)仏道修行の場所を(血で)汚すでしょう。前の河原へ参って立ちあおう。…」と話しあって決めて、二人は河原へ出て立ちあって。

いひ・さわ・ぐ〔イイ〕【言ひ騒ぐ】(自ガ四)〔が・ぎ・ぐ・ぐ・げ・げ〕❶あれこれ言って騒ぐ。口々に言う。源氏 夕霧「御物の怪のたゆめけるにやと人びと―・ぐ終」訳(一条御息所の気分がよく見えたのは)御物の怪が油断させていたのであろうかと女房たちは口々に言い騒ぐ。

❷しきりにうわさをする。源氏 夕顔「悲しきことをばさるものにて、人に―・が未れ侍らむがいみじきこと」訳(夕顔の死が悲しいことはもちろんのこととして、(その原因が自分=右近にあるなどと)女房たちにあれこれうわさをされましたらそれがひどくつらいことだ。

いひしら・ず〔イイシラ〕【言ひ知らず】(よい意味にも悪い意味にも用いて)言いようもない。格別だ。また、言うに足りない。つまらない。更級 梅の立枝「いひしらず用をかしげに、めでたく書き給へるを見て」訳言いようもなくいかにも趣があるさまに、りっぱに書きなさってあるの(=筆跡)を見て。枕 三元「九重の御殿の上をはじめて、いひしらぬ体民のすみかまで」訳宮中の御殿の屋根をはじめとして、言うに足りない人民の住宅(の屋根)まで。⇩えも言はず「慣用表現」

なりたち 四段動詞「言ひ知る」の未然形「いひしら」＋打消の助動詞「ず」

いひ・し・る〔イイ〕【言ひ知る】(他ラ四)〔ら・り・る・る・れ・れ〕適切な言い方を知っている。伊勢 一〇七「若ければ、文もをさをさしからず、ことばも―・ら未ず」訳(女は)若いので、手紙もしっかりしていないし、ことばも言い方を知らない。

いひ・しろ・ふ〔シイ・シロウ〕【言ひしろふ】(他ハ四)〔は・ひ・ふ・ふ・へ・へ〕［「しろふ」は互いに事をしあう意］❶言いあう。語りあう。徒然 五四「あはれ紅葉を焼かん人もがな。験あらん僧達、祈り試みられよ」など―・ひ用て」訳「ああ、紅葉を焚くような(風流な)人がいればなあ。霊験のありそうな坊さんたち、試みに祈ってくだされ」などと言いあって。文法「焼かん人」「験あらん僧達」の「ん」は、仮定・婉曲の助動詞。

❷言い争う。口論する。〔無名抄〕「ますほの薄といふはいかなる薄ぞ」と―・ふ体ほどに」訳「ますほの薄というのはどのような薄か」と言い争ううちに。

いひ・すぐし〔イイ〕【言ひ過ぐし】(名)度を越えて言うこと。言い過ぎ。枕 三九「人のために便なき―もしつべき所々もあれば」訳人のために都合の悪い言い過ぎもしてしまいそうなところもいくつかあるので。

いひ・す・つ〔イイ〕【言ひ捨つ】(他タ下二)〔て・て・つ・つる・つれ・てよ〕❶返答を待たないで言いっ放しにする。源氏 藤裏葉「翁いたう酔ひすすみて無礼なれば、まかり入りぬ」と―・て用て入り給ひぬ」訳(内大臣は)「(このじじいは)ひどく酔い過ぎて失礼であるから、退出して(奥へ)入ってしまいます」と言いっ放しにして(奥へ)お入りになった。

❷何気なしに言う。徒然 一四「昔の人は、ただいかに―・て用たる言種も、皆いみじく聞こゆるにや」訳昔の人(の歌)は、ただもうどんなに無造作に言ったことば(=歌句)でも、すべてりっぱに聞こえるのであろうか。

いひ・そ・す〔イイ〕【言ひ過す】(他サ四)〔さ・し・す・す・せ・せ〕［「そす」は度を過ごす意の接尾語］度を過ごして言う。強く言う。源氏 帚木「かしこく教へたつるかなと思ひ給へて、我たけく―・し用侍るに」訳(我ながら)上手に教え込んだものだなと存じまして、得意になって言い過ぎますと。

いひ・そ・む〔イイ〕【言ひ初む】(他マ下二)〔め・め・む・むる・むれ・めよ〕❶はじめてことばをかける。はじめて言い寄る。万葉 一三・三二五五「何しか妹に相―・め用けむ」訳どうしてあの娘と互いにことばをかけはじめたのだろうか。

❷言い出す。枕 八七「さはれ、さまでなくとも、―・め用てむことはとて」訳ええままよ、それまで(雪が残って)いなくとも、(いったん)言い出したようなことは取り消すまいと思って、強く言い張った。

いひ・た・つ〔イイ〕【言ひ立つ】[一](自タ四)〔た・ち・つ・つ・て・て〕❶言いながら立っている。宇治 三・一「わぬし、まづ入れ入れ」と、―・ち用て、今宵もなほ、入らずなりぬ」訳「おまえが、まず入れ入れ」と、(盗人たちが)言いながら立っていて、今宵もやはり、入らずに終わった。

❷言い出す。〔源平盛衰記〕「木曽は張り魂の男にて、―・ち用ぬることをひるがへらぬ者なり」訳木曽(義仲)は一徹な気質の男で、言い出したことを変えない者である。

❸評判やうわさがたつ。宇治 二・三「この岩のある故ぞ」と―・ち用にけり」訳「(多くの僧が死んだのは、竜が口を開けた形の)この岩があるためだぞ」と評判がたってしまった。⇩聞こえ「慣用表現」

[二](他タ下二)〔て・て・つ・つる・つれ・てよ〕とりたてて言う。特にとりあげて言う。徒然 一四「この歌に限りてかく―・て未られたるも知りがたし」訳(貫之の)この歌に限ってこのように(歌屑と)とりたてて言われたわけもわからない。

いひ・たは・る〔イイタワブル〕【言ひ戯る】(自ラ下二)〔れ・れ・る・るる・るれ・れよ〕ふざけて言う。冗談を言う。徒然 一一三「言にうち出でて、男・女のこと、人の上をも―・るる体こそ、にげなく見苦しけれ」訳(四十歳をこえた人が)ことばに出して、男女の仲のことや、他人の身の上をもふざけて言うのは、(年齢に)不似合いで見苦しい。

いひ・ちぎ・る〔イイ〕【言ひ契る】(他ラ四)〔ら・り・る・る・れ・れ〕口に出して誓いあう。口約束する。伊勢 一二二「ねむごろに―・り用ける女の、ことざまになりにければ」訳心をこめて(変わらぬ愛を)誓いあった女が、心変わりしてしまったので。

いひ・ちら・す〔イイ〕【言ひ散らす】(他サ四)〔さ・し・す・す・せ・せ〕❶言いふらす。言い広める。〔紫式部日記〕「いみじくなむ才ある」と、殿上人などに―・し用て、日本紀の御局とぞつけたりける、いとをかしくぞ侍る」訳「たいそう漢学の知識がある」と、殿上人などに言いふらして、(私に)日本紀の御局と(あだ名を)つけたのは、はなはだ笑止なことです。

❷あたりかまわず言う。やたらに言う。放言する。徒然七三「かつあらはるるをも顧みず、口にまかせて―・す㊍は、やがて浮きたることと聞こゆ」訳(話す)そばから(うそが)ばれるのもかまわず、口から出まかせに放言するのは、すぐに根拠のないことだとわかる。

いひ-つか・ふ【言ひ使ふ】(他ハ四){は・ひ・ふ・ふ・へ・へ}仕事を言いつけて使う。土佐「この人、国に必ずしも―・ふ㊍者にもあらざなり」訳この人は、国府で必ずしも仕事を言いつけて使う者でもないようだ。

いひつが・ふ【言ひ継がふ】《上代語》つぎつぎに言い伝える。万葉五・八九四「言霊の幸はふ国と語り継ぎいひつがひ㊀けり」訳(大和の国(日本)は)ことばの霊力で豊かに栄える国であるとつぎつぎと語り伝え、つぎつぎに言い伝えてきた。

なりたち 四段動詞「言ひ継ぐ」の未然形「いひつが」＋上代の反復・継続の助動詞「ふ」

いひ-つ・く【言ひ付く】■(自カ四){か・き・く・く・け・け}❶言い寄る。言いかける。古今 離別・詞書「道にあへりける人の車に物を―・き㊀て別れけるところにて」訳途中で出会った(女の)人の車にものを言いかけて別れたところで。

❷(男女が)親しくなる。近い間柄になる。大和一〇三「その武蔵なむ後は返り事はして―・き㊀にける」訳その武蔵(=武蔵の守の娘)は後には(好色で有名な平貞文に)返事はしていい仲になってしまった。

■(他カ下二){け・け・く・くる・くれ・けよ}❶命じる。頼む。ことづける。大和一六八「宮の御かへりも人々の消息も、―・け㊀てまた遣りければ」訳宮のお返事も人々の伝言も、ことづけてまた行かせたところ。

❷名づける。あだ名などを付ける。〔栄花〕ひかげのかづら「大宰相の君などいふ人、おばおとどなど―・け㊀給ひ」訳大宰相の君などという人を、(人々が)おばあちゃんなどと命名しなさり。

❸告げ口をする。密告する。枕一六二「『人に恥ぢがましきことと―・け㊀たり』とうらみて」訳「人に(自分の)外聞が悪いことを告げ口した」と(源中将は私を)うらんで。

❹言い慣れる。いつもことばに出す。徒然七八「ここもとに―・け㊀たることくさ、物の名など」訳仲間うちで言い慣れている話の種や、物の名前などを。

❺叱りつける。

いひ-つ・ぐ【言ひ継ぐ】(他ガ四){が・ぎ・ぐ・ぐ・げ・げ}❶言い伝える。語り伝える。万葉三・三一七「語り継ぎ―・ぎ㊀行かむ富士の高嶺は」訳→あめつちの…和歌

❷取り次ぐ。伝言する。

いひ-つた・ふ【言ひ伝ふ】(他ハ下二){へ・へ・ふ・ふる・ふれ・へよ}❶語り伝える。言い伝える。竹取ふじの山「その煙いまだ雲の中へ立ちのぼるとぞ―・へ㊀たる」訳(不死の薬を焼く)その煙はいまでも雲の中へ立ちのぼっていると言い伝えている。

❷取り次ぐ。伝言する。源氏帚木「幼き人のかかること―・ふる㊍はいみじく忌むなるものを」訳子供がこのようなこと(=恋文)を伝言するのは世間ではひどく嫌うということなのに。

いひ-とぢ・む【言ひ閉ぢむ】(他マ下二){め・め・む・むる・むれ・めよ}言い切る。断言する。枕一〇二「―・め㊀つることは、さてこそあらめ」訳(一度)言い切ったことは、そのまま(貫くの)がよい。

いひ-ととの・ふ【言ひ調ふ】(他ハ下二){へ・へ・ふ・ふる・ふれ・へよ}命じてきちんとさせる。指示して物事を整える。源氏夕霧「ありさま心とどめて、わづかなる下人をも―・へ㊀」訳(大和の守は、宮内の)ようすに注意を払って、小人数の召使に対してもよく言い聞かせて統率し。

いひ-とほ・る【言ひ通る】(自ラ四){ら・り・る・る・れ・れ}筋の通った話をする。もののわかった話をする。源氏帚木「世のすき者にて、ものよく―・れ㊁るを」訳(左の馬頭と藤式部の丞は)世間で評判の粋人で、物事のよくわかった話をしているので。

いひ-と・む【言ひ留む】(他マ下二){め・め・む・むる・むれ・めよ}ことばに表して残しておく。〔三冊子〕「物の見えたる光、いまだ心に消えざる中に―・む㊎べし」訳対象の(中に)見えてきた(感興の)ひらめきが、まだ心(の中)に消えないうちにことばに表して残しておく(=句作する)のがよい。

いひ-なが・す【言ひ流す】(他サ四){さ・し・す・す・せ・せ}❶世間に言い広める。後世に言い伝える。源氏藤裏葉「あさき名を―・し㊀ける河口はいかがもらしし関のあらがき」訳軽々しい浮き名を世間に言い広めた河口(ならぬあなたの口)は、どういうつもりで関の荒垣(ならぬ私たちの仲)をもらしたのか。

❷(和歌・謡曲などで)さらりと詠む。さらりとうたう。〔無名抄〕「これほどになりぬる歌は、景気を―・し㊀て、ただ空に身にしみけんかしと思はせたるこそ、心にくくも優にもはべれ」訳これほどに(よく)詠まれた歌は、(具体的な)景色をさらりと詠んで、ただなんとなく感銘が深く身にしみたのだろうよと(読む者に)思わせているのが、奥ゆかしくも優美でもございます。名文解説「無名抄」の作者鴨長明の師である俊恵は、藤原俊成の自賛歌「夕されば野辺の秋風身にしみてうづら鳴くなり深草の里」(訳→ゆふされば…和歌)について、「身にしみて」という句が残念であるとして、このように述べたという。せっかく情趣の深い秀歌なのだから、直接「身にしみて」と詠まずに、それとなく感銘を読み取らせるほうが奥ゆかしい、というのが俊恵の言い分である。ともにすぐれた歌人であった俊恵と俊成の和歌観の違いを伝える、貴重な証言。

❸言い捨てる。言いっ放しにする。

いひ-なぐさ・む【言ひ慰む】■(他マ下二){め・め・む・むる・むれ・めよ}あれこれ言って人を慰める。枕二六五「心地などのむつかしきころ、まことまことしき思ひ人の―・め㊀たる」訳気分などがすぐれないとき、いかにも誠実な恋人があれこれ言って慰めたの(は頼みになることだ)。

■(自マ四){ま・み・む・む・め・め}あれこれ言って心が晴れる。徒然一二「をかしき事も、世のはかなき事も、うらなく―・ま㊄んこそうれしかるべきに」訳興味のあることでも、世の中のつまらないことでも、隔てなく話しあって心が晴れるならば、それこそうれしいだろうに。文法「いひなぐさまん」の「ん」は、仮定・婉曲の助動詞。係助詞「こそ」の結びは、「べきに」とさらに下に続くため、消滅(=結びの流れ)している。

いひ-な・す【言ひ做す】(他サ四){さ・し・す・す・せ・せ}❶事実は

そうでないことをそれらしく言う。また、とりなして言う。言いまぎらわす。徒然 七三「あるにも過ぎて人は物を―・す体に」訳 事実よりも大げさに人は話をこしらえて言いたてるけれども。更級 大納言殿の姫君「なま恐ろしと思へるけしきを見て、異事ことに―・し用て笑ひなどして」訳 なんとなく恐ろしいと思っている(私の)ようすを見て、(姉は)ほかのことに言いまぎらわして笑ったりして。
❷ことさらに言う。とりたてて言う。源氏 東屋「世の中のもの憂くなりまさる由よしを、あらはには―・さ未で、かすめ愁へ給ふ」訳 (薫かおるは中の君に)この世の中がいよいよいやになっていく趣を、露骨にはあえて言わないで、ほのめかし嘆き訴えなさる。

いひ-な・る【言ひ成る】(自ラ四)〔ら・り・る・る・れ・れ〕話のゆきがかりでそのように言う結果になる。言うようになる。蜻蛉 中「『これをかの北の方に見せ奉らばや』と―・り用て」訳 「これ(=和歌)をあの奥方様にお見せ申しあげたい」と言うようになって。

いひ-な・る【言ひ馴る】(他ラ下二)〔れ・れ・る・るる・るれ・れよ〕❶言うことになれる。呼びなれる。枕 能因本・五九「若くてよろしき男の、下衆女げすをんなの名―・れ用て呼びたるこそ、いと憎けれ」訳 若くてまずまずの(身分の)男が、下女の名を言いなれて呼んでいるのは、たいそう気にくわない。
❷言い寄ってなれ親しむ。源氏 末摘花「言こと多く―・れ用たらむ方にぞなびかむかし」訳 ことば多く言い寄ってなれ親しんだならそのほうに(末摘花すえつむはなは)なびくであろうよ。

いひ-ののし・る【言ひ罵る】(他ラ四)〔ら・り・る・る・れ・れ〕声高に言う。口々に言いたてる。騒ぎたてる。大和 八〇「『桃園ももぞのの宰相さいしやうの君なむすみ給ふ』など―・り用けれど」訳 「(右近うこんの所に)桃園の宰相の君(=藤原師氏もろうじ)が通っていらっしゃる」などと(世間で)騒ぎたてたが。

いひ-はげま・す【言ひ励ます】(他サ四)〔さ・し・す・す・せ・せ〕激しく言いたてる。強い口調で責める。源氏 帚木「腹立たしくなりて、憎げなることどもを―・し用侍るに」訳 (私=左の馬頭うまのかみが)腹立たしくなって、憎らしく思うようなことをあれこれ激しく言いたてますと。

いひ-は・つ【言ひ果つ】(他タ下二)〔て・て・つ・つる・つれ・てよ〕終わりまで言い尽くす。言いきる。源氏 蛍「ひたぶるに空言そらごとと―・て未むも、事の心違たがひてなむありける」訳 (物語を)まったくつくりごとと言いきるとしたらそれも、真相に外れているのだった。

いひ-はづかし・む【言ひ辱む】(他マ下二)〔め・め・む・むる・むれ・めよ〕言って恥ずかしい思いをさせる。からかう。徒然 一二九「いときなき子をすかし、おどし、―・め用て興ずることあり」訳 (大人は)幼い子供をだまし、おどかし、からかっておもしろがることがある。

いひ-はな・つ【言ひ放つ】(他タ四)〔た・ち・つ・つ・て・て〕(思ったことを)遠慮しないで言いきる。きっぱり言う。徒然 一四一「人の言ふほどのこと、けやけく否いなびがたくて、よろづえ―・た未ず、心弱くことうけしつ」訳 (都の人は)他人が言うほどのことは、きっぱりと断りかねて、何事も遠慮なく言うことができず、気弱く承諾してしまう。

いひ-はや・す【言ひ囃す】(他サ四)〔さ・し・す・す・せ・せ〕❶話をはずませて言う。おだてる。源氏 帚木「『さあるにより、かたき世とは定めかねたるぞや』と―・し用給ふ」訳 「そんなわけで、(理想的な妻選びは)むずかしい世の中だとは(思い)、(自分の妻を)決めかねているのだよ」と(頭の中将は)興を添えて話しなさる。
❷言いふらす。〔雨月〕浅茅が宿「古郷ふるさとの辺ほとりは干戈かんくわみちみちて、涿鹿たくろくの岐ちまたとなりしよしを―・す終」訳 故郷のあたりは武器(を持った兵士)が満ち満ちて、戦場になった旨を言いふらす。

いひ-ひら・く【言ひ開く】(他カ四)〔か・き・く・く・け・け〕釈明する。今昔 三〇・二「ありつるありさまも―・き用なむ」訳 (女を訪ねなかった)これまでの事情も釈明してしまおう。

いひ-ひろ・む【言ひ広む】(他マ下二)〔め・め・む・むる・むれ・めよ〕多くの人に言い広める。言いふらす。徒然 七八「今様いまやうの事どもの珍しきを―・め用」訳 当世風のいろいろなことで珍しいことを言いふらし。

いひ-ふく・む【言ひ含む】(他マ下二)〔め・め・む・むる・むれ・めよ〕「いひくくむ」に同じ。〔浮・世間胸算用〕「お内儀によくよく―・め用て」訳 おかみさんによくよく言い聞かせて。

いひ-ふ・る【言ひ触る】(他ラ下二)〔れ・れ・る・るる・るれ・れよ〕❶ことばをかける。相談する。源氏 紅葉賀「たはぶれごと―・れ用て試み給ふに」訳 (光源氏は源典侍げんのないしのすけに)冗談を言いかけてお試しになると。
❷人々の間に言い広める。言いふらす。〔浮・好色五人女〕「『これ(=七百両の小判)はお夏に盗み出させ、清十郎とりて逃げし』と―・れ用て」

いひ-ぶん【言ひ分】(名)❶言いたい事柄。主張したい事柄。また、不平。
❷言いがかり。口論。〔浮・世間胸算用〕「箱屋の九蔵今のさきに掛け乞ひと―いたされまして」訳 さしもの細工屋の(職人)九蔵が、ついさっき掛け取り(=掛け売りの代金を取りたてる人)と口論をされまして。

いひ-ぼ【飯粒】(名)めしつぶ。土佐「ある人、あざらかなる物持て来たり。米よねして返りごとす。男どもひそかに言ふなり。『―してもつ釣る』とや」訳 ある人が、新鮮な物(=鮮魚)を持って来た。米で返礼をする。男たちが小声で言っているようだ。『めしつぶでもつ(=魚の名。むつのことか)を釣る(ような大もうけ)』というのだな。

いひ-まが・ふ【言ひ紛ふ】(他ハ下二)〔へ・へ・ふ・ふる・ふれ・へよ〕言いまちがえる。徒然 六七「人の常に―・へ用侍れば」訳 世間の人がいつも言いまちがえますので。

いひ-まぎらは・す【言ひ紛らはす】(他サ四)〔さ・し・す・す・せ・せ〕本筋をはぐらかして言う。ごまかして言う。源氏 若菜上「異事ことごとに―・し用て、おのおの別れぬ」訳 (夕霧は女三の宮の話題から)ほかの事に話をはぐらかして、(柏木かしはぎと)それぞれ別れてしまった。

いひ-まは・す【言ひ回す】(他サ四)〔さ・し・す・す・せ・せ〕❶うまく言い表す。巧みに表現する。源氏 帚木「いと清げに消息文せうそこぶみにも仮字かんなといふもの書きまぜず、むべむべしく―・し用侍るに」訳 (博士の娘は)たいそうきちんとした感じの筆跡で手紙にも仮名というものを書きまぜず、もっともらしく(漢字ばかりで)巧みに表現しますので。
❷言い広める。知らせる。宇治 三・一「同類どもに、『かかる所こそあれ』と―・し用て」訳 (盗人の大太郎は仲間どもに、「こんな所(=物が多くある家)があるぞ」と知らせて。

いひ-みだ・る【言ひ乱る】(他ラ四)〔ら・り・る・る・れ・れ〕よけいなことを言って迷わせる。口を出して邪魔をする。源氏 手習「かばかりにし初そめつるを、―・る体ものしと思ひて」訳（僧都は）これほどにし始めてしまった（浮舟の剃髪なのに、（いまさら）あれこれ言って心を乱すのもおもしろくないと思って。

いひ-むか・ふ イイムカ（コ）ウ【言ひ向かふ】（他ハ下二）〔へ・へ・ふ・ふる・ふれ・へよ〕さからってものを言う。言い争う。源氏 紅葉賀「ともすれば事のついでごとに—・ふる㊎くさはひなるを」訳（頭の中将にとって、光源氏と源典侍との一件は）ともすると折あるごとに言い争う原因であるのを。

いひ-もてゆ・く イイ【言ひもて行く】〔「もてゆく」は動詞の連用形に付いて、時間の経過を表す〕❶順を追って話していく。せんじつめていく。源氏 蛍「方等経の中に多かれど、—・け㊀ば、一つ旨にありて」訳 方等経の中に（方便説は）多いが、せんじつめていくと、一つの趣旨に帰着して。

❷言いながら行く。徒然 四七「道すがら『くさめ、くさめ』と—・き㊊ければ」訳（尼さんが）道中「くさめ、くさめ」と言いながら行ったので。

いひ-もよほ・す イイモヨオス【言ひ催す】（他サ四）〔さ・し・す・す・せ・せ〕言って催促する。そそのかす。源氏 蓬生「この侍従も常に—・せ㊀ど」訳 この侍従も（末摘花に）いつも（受領の屋敷へ移るように）言って催促するけれども。

いひ-や・る イイ【言ひ遣る】（他ラ四）〔ら・り・る・る・れ・れ〕❶（手紙や使いを通して）言い送る。歌を詠んで送る。伊勢 一「『春日野の若紫のすり衣しのぶの乱れ限り知られず』となむ追ひ付きて—・り㊊ける」訳「春日野の萌え出たばかりの紫草で摺ったすり衣の忍摺りの乱れ模様のように、（あなたがたを）恋い忍ぶ（私の心の）乱れは限りがない」と間を置かずに詠んでやった。

❷（多く下に打消の語を伴って）すらすらと言う。最後まで言う。源氏 桐壺「言ひもやら㊍ずむせかへり給ふほどに夜も更けぬ」訳（母君は）最後までも言わず（涙に）むせかえっておいでになるうちに、夜も更けてしまった。

いひ-よ・る イイ【言ひ寄る】（自ラ四）〔ら・り・る・る・れ・れ〕❶ことばをかけながら近寄る。枕 三「『ここなる物とり侍らむ』など—・り㊊て」訳「ここにある物をとりましょう」などと言いながら近寄って。

❷異性にことばをかけて近づく。結婚を申し込む。源氏 帚木「主人の女ども多かりと聞きたまへて、はかなきついでに—・り㊊て侍りしを」訳 主人の娘たちが大勢いると聞かせていただいて、ふとした機会に言い寄っておりましたのを。

❸申し込む。頼み込む。更級 大納言殿の姫君「長恨歌といふ文を、…いみじくゆかしけれど、え—・ら㊍ぬに」訳 長恨歌という詩を、…たいそう見たいけれど、（貸してほしいと）頼み込むことができないでいるけれども。文法「え言ひ寄らぬ」の「え」は副詞で、下に打消の語（ここでは「ぬ」）を伴って不可能の意を表す。

いひ-わ・く イイ【言ひ分く】㊀（他カ四）〔か・き・く・く・け・け〕道理を説いて事をはっきりさせる。〔うつほ〕俊蔭「我が領ずる荘々、はた多かれど、誰かは—・く㊎人あらむ」訳 私が領有しているいくつかの荘園は、また多いけれど、だれが（俊蔭の荘園だと）道理を説いて事をはっきりさせる人があろうか（いや、あるわけがない）。

㊁（他カ下二）〔け・け・く・くる・くれ・けよ〕❶道理を説いて話す。

❷言いわけをする。説明する。〔浄・傾城反魂香〕「これならで覚え候はずと詳かにぞ—・くる㊎」訳 これ以外に思いあたるふしはございませんと、詳しく説明する。

いひ-わた・る イイ【言ひ渡る】（自ラ四）〔ら・り・る・る・れ・れ〕❶言い続けて日を過ごす。大和 一四八「女は『男を捨ててはいづちか行かむ』とのみ—・り㊊けるを」訳 女は「夫のあなたを捨ててはどこへ行こうか（いや、どこへも行くまい）」とばかり言い続けて日を過ごしていたが。

❷求婚し続ける。恋文などを送り続ける。徒然 四〇「何の入道とかやいふ者の娘、かたちよしと聞きて、人あまた—・り㊊けれども」訳 某の入道とかいう者の娘が、器量がよいと聞いて、男が大勢求婚し続けたが。

❸言いつけて自分のもとから別のところへ遣わす。

いひ-わづら・ふ イイワズラ（ロ）ウ【言ひ煩ふ】（他ハ四）〔は・ひ・ふ・ふ・へ・へ〕言い出しかねる。言いあぐねる。源氏 手習「中将、—・ひ㊊て帰りにければ」訳 中将は、言い出しかねて帰ってしまったので。

いひ-わ・ぶ イイ【言ひ侘ぶ】（他バ上二）〔び・び・ぶ・ぶる・ぶれ・びよ〕言いにくく思う。言い悩む。〔平中物語〕「上衆めきければ、男、—・び㊊て、ものも言はざりければ」訳（女が）貴人ぶっていたので、男は、（どうことばをかけたらよいか）言い悩んで、手紙もやらなかったところ。

いひ-ゐる イイイル【言ひ居る】（他ワ上一）〔ゐ・ゐ・ゐる・ゐる・ゐれ・ゐよ〕言って座る。徒然 一二三「大方聞きにくく見苦しきこと、老人の若き人に交はりて、興あらむとものー・ゐ㊊たる」訳 一般に聞こえも悪く見苦しいことは、老人が若者の仲間に入って、おもしろがらせようとして何かを言って座っているようす。

飯尾宗祇（いひをそうぎ）イイオソウギ『人名』（一四二一〜一五〇二）室町後期の連歌師。心敬らに学び、全国を旅して連歌を広め、連歌の大成者といわれる。編著に連歌撰集「新撰菟玖波集」、連歌論書「吾妻問答」がある。

い・ふ イウ【言ふ】㊀（他ハ四）〔は・ひ・ふ・ふ・へ・へ〕❶ことばで表現する。話す。徒然 二五「桃李ものー・は㊍ねば、誰とともにか昔を語らん」訳（昔と変わらずに咲いている）桃や李はことばを話さないので、だれといっしょに昔を語ろうか（いや、だれとも語れない）。文法「か」は反語の係助詞で、結びは「ん」（連体形）。⇨宣はす「敬語ガイド」

❷**名付ける**。称する。呼ぶ。伊勢 九「そこを八橋と—・ひ㊊けるは、…橋を八つ渡せるによりてなむ八橋と—・ひ㊊ける」訳 そこを八橋と呼んだのは、…橋を八つかけてあるので八橋と名付けたのだ。

❸うわさする。評判を立てる。大和 一〇五「浄蔵大徳を験者にしけるほどに、人とかく—・ひ㊊けり」訳 浄蔵大徳を（病気の娘の）祈禱師にしたところ、世間の人はあれこれ評判を立てた。

❹詩歌を詠む。吟ずる。土佐「和歌、主も客人も、こと人も—・ひ㊊あへりけり」訳 和歌を、主人もお客も、その他の人々も詠みかわしたのだった。

㊁（自ハ四）〔は・ひ・ふ・ふ・へ・へ〕❶**言い寄る。求婚する。** 伊勢 八六「昔、いとわかき男、わかき女をあひ—・へ㊀りけり」訳 昔、とても若い男が、若い女と求婚しあっていた。

❷（動物が）鳴く。蜻蛉 中「『こはなにぞ』と問ひたれば、『鹿の—・ふ㊌なり』と言ふ」訳「これは何か」と尋ねたところ、「鹿が鳴いているようだ」と言う。文法「鹿の言ふなり」の「なり」は、推定の助動詞。

❸区別する。わきまえる。(多く「…といはず」の否定の形で用いられる)。万葉 四・七三「ぬばたまの夜昼とー・は㊍ず思ふにしあが身はやせぬ」訳(わが娘を)夜昼と区別せず思うにつけ、わが身はやせてしまった。(「ぬばたまの」は「夜」にかかる枕詞)。文法「思ふにし」の「し」は、強意の副助詞。

いふ-いふ【言ふ言ふ】(副)言いながら。いくども言って。源氏 夕顔「『火危ふし』とー、預かりが曹司のかたに往ぬなり」訳(滝口の武士が)「火の用心」と言いながら、留守番の部屋のほうに去って行くようだ。

いぶか・し【訝し】(形シク)〔しから・しく(しかり)・し・しき(しかる)・しけれ・しかれ〕〔上代は「いふかし」〕

語義パネル

●重点義　はっきりしないので、気が晴れない感じ。

❶気がかりである。心もとない。
❷もっとよく知りたい。見たい。聞きたい。
❸不審である。疑わしい。

❶**気がかりである。**心もとない。万葉 四・六四八「相見ずて日長くなりぬこのころはいかにさきくやー・し㊇吾妹」訳会わないで日数がたってしまった。このごろはいかがか、元気か、気がかりだ。あなたよ。

❷もっとよく知りたい。**見たい。聞きたい。**源氏 夕顔「ありし雨夜の品定めののち、ー・しく㊊思ほしなる品々あるに」訳いつかの雨夜の品定め以来、もっとよく知りたく思うようになりなさるいろいろな階層(の女)があるので。

❸不審である。疑わしい。徒然 二一九「横笛の五の穴は、いささかー・しき㊍所の侍るかと」訳横笛の五の穴については、少々不審な点がございますかと。

いふ-かた-な・し【言ふ方無し】言いようがない。源氏 桐壺「御覧じだに送らぬおぼつかなさをー・く㊊思ほさる」訳(桐壺帝は)お見送りさえもしない心もとなさを言いようもなく(悲しく)お思いにならずにはいられない。

⇩え も言はず「慣用表現」

いふ-かひ【言ふ甲斐】言うだけの値うち。言いがい。なりたち 四段動詞「言ふ」の連体形「いふ」+名詞「方」+形容詞「無し」

源氏 初音「かばかりのーだにあれかし」訳(末摘花も)せめてこれ(=空蟬)くらいの言うだけの値うちでもあってほしいよ。

いふ-かひ-なく-な・る【言ふ甲斐無く成る】「死ぬ」の婉曲表現。死んでしまう。死ぬ。源氏 夕顔「若き御心にて、ー・り㊊ぬるを見給ふに、やるかたなくて」訳(光源氏はまだ)若いお気持ちであって、(夕顔が)死んでしまったのをご覧になると、たまらなくて。⇩果つ「慣用表現」

なりたち 四段動詞「言ふ」の連体形「いふ」+名詞「甲斐」+形容詞「無し」の連用形「なく」+四段動詞「成る」

いふ-かひ-な・し【言ふ甲斐無し】❶言っても何にもならない。言ってもはじまらない。どうにもならない。土佐「聞きしよりもまして、ー・く㊊ぞこぼれ破れたる」訳(留守中預けておいた家は)聞いていたよりもいちだんと、言いようがなく壊れ傷んでいる。⇩詮無し「慣用表現」

❷とりあげて言うほどの価値がない。㋐子供っぽく、わきまえがない。たわいない。源氏 若紫「いで、あな幼や。ー・う㊊(ウ音便)ものし給ふかな」訳いやもう、なんとまあ子供っぽいことよ。たわいなくいらっしゃることだなあ。(「ものす」は婉曲表現で、ここは「…ている」の意)。㋑取るに足りない。つまらない。いやしい。枕 二八「かかることは、ー・き㊍者のきはにやと思へど、すこしよろしき者の式部の大夫などいひしがせしなり」訳こうした(無作法なことは、取るに足りない身分の者(の行為)であろうかと思うけれど、まずまずの身分の者で(たとえば)式部の大夫などといった者がしたのである。文法「きはにや」の「や」は疑問の係助詞。結びの語「あらむ」が省略されている。㋒みじめでふがいない。みっともない。伊勢 二三「女、親なくたよりなくなるままに、もろともにー・く㊊てあらむやはとて」訳女が、親がなくなり頼りとするものがなくなるにつれ、

古語ライブラリー⑥　あめつちの詞と『源順集』

私家集の一つである『源順集』には、「あめつちの歌、四十八首。もと藤原有忠、あざな藤あむ、詠める返しなり。もとの歌は上の限りにその文字をするゑたり。返しは下にもするゑ、時をも分かちて詠めるなり」という詞書のもとに、「あめつちの詞」を歌の初めと終わりにおいた沓冠歌が春夏秋冬思恋の部立で、それぞれ八首ずつ収められている。春の部の八首と、二つの「え」の歌が副詞の「え」で始まっている恋の部の「えのえを」の部分を紹介しておこう。

◇**あ**らさじと打ち返すらし小山田の苗代水にぬれて作る**あ**(=畔)
◇**め**もはるに雪間も青くなりにけり今こそ野辺に若菜摘みて**め**
◇**つ**くば山咲ける桜の匂ひをば入りて折らねどよそながら見**つ**
◇**ち**くさにもほころぶ花の錦かないづら青柳縫ひし糸す**ぢ**
◇**ほ**のぼのと明石の浜を見渡せば春の波分け出づる舟の**ほ**
◇**し**づくさへ梅の花笠しるきかな雨にぬれじと君や隠れ**し**
◇**そ**こ寒み結びし氷うちとけて今や行くらむ春のたのみ**ぞ**
◇**ら**に(=蘭)も枯れ菊も枯れにし冬の夜のもえにけるかな佐保山のつ**ら**　(以上、春の部)
◇**え**も言はで恋のみまさる我が身かないつとや岩に生ふる松の**え**(=枝)
◇**の**こりなく落つる涙は露けきをいづら結びし草むらのし**の**
◇**え**も堰かぬ涙の川のはてはてやしひて恋しき山は筑波**え**
◇**を**ぐら山おぼつかなくもあひぬるか鳴く鹿ばかり恋しきもの**を**　(以上、恋の部)

(男は、この女と)ともに**みじめな暮らしをして**いられようか(いや、そうはありたくない)と思って。文法 「やは」は、反語の係助詞。

なりたち 四段動詞「言ふ」の連体形「いふ」＋名詞「甲斐」＋形容詞「無し」

慣用表現 **「取るに足りない・たいしたことではない」を表す表現**

文無し・言ふ甲斐無し・数無し・数ならず・甲斐無し・事にもあらず・事も無し・事よろし・然しも無し・然らぬ・然るまじ・其の物と無し・なでふことかあらむ・なでふこと無し・何と無し・何とには無し・何とは無し・何ならず・果無し・ものかは・物げ無し・物ならず・物にもあらず

いぶか・る【訝る】(自ラ四)〔ら・り・る・る・れ・れ〕〔上代は「いふかる」〕気がかりに思う。事情を知りたいと思う。不審に思う。万葉 九・一七五三「筑波嶺をさやに照らして**―・り**用し国のまほらをつばらかに示し給へば」訳 筑波山をはっきりと照らして、**どんなようすであるか知りたいと思っ**た国のすぐれた所をこまかにお示しになるので。

伊吹山『地名』歌枕 今の滋賀県と岐阜県にまたがる山。古くから修験道の霊地として有名。また、ここで産するさしも草(＝よもぎ)から作るもぐさが名高い。

い‐ぶ・く【息吹く】(自カ四)〔か・き・く・く・け・け〕〔上代は「いふく」〕❶息を吹く。呼吸する。〔紀〕雄略「**―・く**体気息、朝霧に似たり」訳 **呼吸する**息は、朝霧に似ている。❷風が強く吹く。万葉 二・一九九「渡会の斎の宮ゆ神風に**―・き**用惑はし」訳 渡会(＝郡の名)の伊勢神宮から神風で**強く吹きつけ**(敵軍を)まどわし。

いぶせ‐げ(形動ナリ)〔なら・なり(に)・なり・なる・なれ・なれ〕〔形容詞「いぶせし」の語幹に接尾語「げ」の付いたもの〕きたならしそうだ。むさくるしそうだ。徒然 二三八「裏は塵つもり、虫の巣にて**―・なる**体を、よく掃きのごひて」訳 (額の)裏は塵が積もり、虫の巣で**きたならしそうなの**を、よく払いふきとって。

いぶせ‐さ(名)〔形容詞「いぶせし」の語幹に接尾語「さ」の付いたもの〕❶気持ちが晴れないこと。うっとうしいこと。源氏 桐壺「**―**を限りなくのたまはせつるを」訳 (桐壺帝は)**晴れない気持ち**をしきりに仰せになっていたが。❷不快なこと。きたならしいこと。平家 八・猫間「猫間殿は、合子の**―**に召さざりければ」訳 猫間殿は、ふたつきの椀の**きたならしさ**に召し上がらなかったところ。❸恐ろしさ。平家 九・坂落「あまりの**―**に、目をふさいでぞ落としける」訳 あまりの**恐ろしさ**に、目をつぶって(馬を)駆け下ろした。

いぶせ・し(形ク)〔から・く(かり)・し・き(かる)・けれ・かれ〕

> **語義パネル**
>
> ●**重点義** 思いどおりにならず、不愉快で気が晴れない感じ。
>
> ❶ 気持ちが晴れない。うっとうしい。
> ❷ 気がかりだ。
> ❸ 不快である。きたならしい。むさくるしい。

❶**気持ちが晴れない。うっとうしい。**万葉 一〇・二二六三「九月の時雨の雨の山霧の**―・き**体吾が胸誰を見ば息まむ」訳 陰暦九月の時雨の雨の山霧のように**うっとうしい**私の心は、誰と会ったら晴れるだろう。(第三句までは「いぶせき」を導きだす序詞)

❷**気がかりだ。**源氏 夕顔「いま一たび、かの亡骸を見ざらむが、いと**―・かる**体べきを」訳 もう一度、あの(夕顔の)遺体を見ないとしたらそれが、とても**気がかりである**にちがいないから。

❸**不快である。きたならしい。むさくるしい。**平家 一〇・千手前「道すがらの汗**―・かり**用つれば、身をきよめて失はんずるにこそと思はれけるに」訳 道中の汗が**きたならしかっ**たので、からだを清めてから殺そうとするのだろうと思われたが。文法 係助詞「こそ」のあとに結びの語「あらめ」などが省略されている。

いふ‐に‐たら‐ず【言ふに足らず】言うだけの価値・必要がない。言うまでもない。〔桂園遺文〕「かたなりなるは**―・ず**用」訳 未熟であるのは**言うまでもない**(が)。⇩言ふもおろかなり「慣用表現」

いふ‐ばかり‐な・し【言ふばかり無し】何とも言いようがない。言い尽くせない。平家 灌頂・女院出家「かなしとも**―・し**終」訳 悲しいとも**何とも言いようがない**。⇩えも言はず「慣用表現」

なりたち 四段動詞「言ふ」の連体形「いふ」＋断定の助動詞「なり」の連用形「に」＋四段動詞「足る」の未然形「たら」＋打消の助動詞「ず」

なりたち 四段動詞「言ふ」の連体形「いふ」＋副助詞「ばかり」＋形容詞「無し」

いふ‐べき‐かた‐な・し【言ふべき方無し】言いようがない。ことばに尽くせない。枕 四一「ほととぎすは、なほさらに**―・し**終」訳 ほととぎすは、なんといってもまったく**ことばに尽くせない**(ほどすばらしい)。⇩えも言はず「慣用表現」

なりたち 四段動詞「言ふ」の終止形「いふ」＋可能の助動詞「べし」の連体形「べき」＋名詞「方」＋形容詞「無し」

いふ‐べき‐に‐も‐あら‐ず【言ふべきにも有らず】言うまでもない。ことばで言い表せない。枕 一「冬はつとめて。雪の降りたるは**―・ず**用」訳 冬は早朝(が趣がある)。雪が降っているのは**言うまでもなく**。⇩言ふもおろかなり「慣用表現」

なりたち 四段動詞「言ふ」の終止形「いふ」＋可能の助動詞「べし」の連体形「べき」＋断定の助動詞「なり」の連用形「に」＋係助詞「も」＋ラ変補助動詞「あり」の未然形「あら」＋打消の助動詞「ず」

いふ‐べく‐も‐あら‐ず【言ふべくも有らず】「いふべきにもあらず」に同じ。竹取 竜の頸の玉「内しつらひには、**―・ぬ**体綾織物に絵をかきて」訳 屋内の装飾には、**ことばで言い表せない**(ほど豪華な)綾織物に絵を描いて。

なりたち 四段動詞「言ふ」の終止形「いふ」＋可能の助動詞「べし」の連用形「べく」＋係助詞「も」＋ラ変補助動詞「あり」の未然形「あら」＋打消の助動詞「ず」

いふ‐も‐おろか・なり【言ふもおろかなり】〔「おろか」は「おろそか」の意〕言っても言い尽くせない。言うまでもない。枕 三六「闇もまたをかし。有り明け、はた**―・な**

り(終)」 [訳] (残暑のころは)闇の夜も同様に趣がある。有り明けの月(の趣の深さ)は、改めて言うまでもない。
[なりたち] 四段動詞「言ふ」の連体形「いふ」＋係助詞「も」＋形容動詞「おろかなり」
[慣用表現] 「言うまでもない」を表す表現
如何に況むや・言ふに足らず・言ふべきにも有らず・言ふべくも有らず・言ふもおろかなり・言ふも更なり・言へばおろかなり・言へば更なり・理なり・左右無し・更なり・更にもあらず・更にも言はず・然るものにて・子細に及ばず・子細にや及ぶ・是非無し・論無し

いふ-も-さら・なり【言ふも更なり】「いへばさらなり」に同じ。
[なりたち] 四段動詞「言ふ」の連体形「いふ」＋係助詞「も」＋形容動詞「更なり」

いへ【家】(名) ❶**住宅**。住まい。家族が生活を営むところ。[枕] 八「大進生昌が—に、宮の出でさせ給ふに」[訳] 大進である生昌の家に、宮(=中宮定子)がお出かけになられるときに。[文法] 「させ給ふ」は、最高敬語。
❷**一族。家族。家人**。また、**妻**。[万葉] 九・一六九六「衣手の名木の川辺を春雨にあれ立ち濡ると—思ふらむか」[訳] 名木の川のほとりで春雨に私が立ち濡れていると家族は思っているだろうか。(「衣手の」は「名木」にかかる枕詞)
❸**血すじ。家系**。(高い)**家柄**。名門。[徒然] 三八「愚かにつたなき人も、—に生まれ時にあへば」[訳] 愚鈍で劣っている人でも、高い家柄に生まれて時勢に乗ると。

いへ-あるじ【家主】(名) 家の主人。「家主」とも。[枕] 八「—なれば、案内を知りてあけてけり」[訳] (生昌はこの)家の主人であるから、内部のようすを知っていて(女房たちの部屋の襖を)あけてしまった。

いへ-かぜ【家風】(名) ❶故郷の家のほうから吹いて来る風。[万葉] 二〇・四三五三「—は日に日に吹けど吾妹子が家言持ちて来る人もなし」[訳] 故郷の家のほうから吹く風は毎日吹いて来るけれども、いとしい妻の家からの伝言を持って来る人もいない。
❷〔「家風」を訓読した語〕「いへのかぜ」に同じ。

いへ-ざくら【家桜】(名) 人家の庭などに植えてある桜。[春]。[新古] 雑上「かきごしに見るあだ人の—花ちりばかりゆきて折らばや」[訳] 垣根越しに見る、浮気な人の家の庭に植えてある桜を、ほんの少しばかり行って折りたいものだ。

いへ-ざま【家ざま】(名)〔「ざま」は接尾語〕自分の家の方角。[宇治] 三・二〇「夕暮れに館を出でて、—に行きけるに」[訳] 夕暮れに屋敷を出て、わが家の方向に行ったときに。

いへ-たか・し【家高し】家柄がよい。[源氏] 行幸「なほ—・う(用)(ウ音便)、人のおぼえ軽からで」[訳] やはり家柄がよく、世間の評判が軽くなくて。

いへ-ぢ【家路】(名) ❶家のほうへ向かう道。[万葉] 五・八五六「鮎釣ると立たせる子らが—知らずも」[訳] 鮎を釣ろうとして立っていらっしゃる子ら(=あなた方)の家のほうへ向かう道がわからないことよ。[文法] 「立たせる」の「せ」は、上代の尊敬の助動詞「す」の已然形。
❷わが家へ帰る道。帰路。[万葉] 一三・三三四七「草枕この旅の日に妻放り—思ふに生けるすべなし」[訳] この旅の間に妻と死別して、わが家へ帰る道を思うと生きているすべもないことだ。(「草枕」は「旅」にかかる枕詞)

いへ-づと【家苞】(名) 家へのみやげ。[方丈] 三「蕨を折り、木の実を拾ひて、かつは仏に奉り、かつは—とす」[訳] (春は)蕨を折りとり、(秋は)木の実を拾って、一つには仏にお供えし、また一つには家へのみやげとする。

いへ-で【家出】(名) ❶よそへ行くこと。外出。
❷ひそかに家を出ること。家出。〔狂・石神〕「今日は—を致いて(=いたして)、これより親里へ戻りまする」[文法] 「こんにった」は「こんにちは」の連声。
❸俗世間を捨てて仏門に入ること。出家。[万葉] 一三・三二六五「世の中をうしと思ひて—せしわれや何にか還りて成らむ」[訳] 世間をつらいと思って出家した私は(今さら)俗世間にかえって何になろうか(いや、何にもならない)。

いへ-とうじ【家刀自】(名)〔「とうじ」は「とじ」の転〕「いへとじ」とも。一家の主婦。[伊勢] 四四「うとき人にしあらざりければ、—さかづきさささせて」[訳] 縁の浅い人でもなかったので、主婦が(送別の)杯を勧めさせて。

いへ-とじ【家刀自】(名)「いへとうじ」に同じ。

いへ-ども【雖も】(接助)〔動詞「言ふ」の已然形「いへ」に接続助詞「ども」の付いたもの〕(「…といへども」の形で)…(と)いっても。…けれども。…であっても。[源氏] 桐壺「いみじき絵師といへども、筆限りありければ」[訳] すぐれた絵かきといっても、筆力には限界があったので。

いへ-に-あ・り【家に在り】(僧にならず)出家しないで俗世間にいる。[徒然] 五八「—・り(用)、人に交はるとも、後世を願はんに難かるべきかは」[訳] (仏道に励む心があれば)在家のままで俗世間にいて、人と交わっても、来世の極楽往生を祈願するのに難しいはずがあろうか(いや、難しいはずはない)。

いへにあれば… [和歌]

[枕詞]
家にあれば　笥に盛る飯を　草枕
旅にしあれば　椎の葉に盛る
〈万葉・二・一四二・有間皇子〉

[訳] 家にいるときはいつも器に盛る飯を、(囚われの)旅の途上なので、椎の葉に盛(って道の神に供え)ることだ。
[修辞] 「草枕」は「旅」にかかる枕詞。
[解説] 「自ら傷みて松が枝を結ぶ歌二首」のうちの第二首。捕らえられて護送される途上での作。その事情については、「磐代の浜松が枝を引き結びま幸くあらばまたかへり見む」(訳 →いはしろの…[和歌])〈万葉・二・一四一〉を参照。「飯」を自分が食べる食事と解して、囚われの身を嘆いた歌とみる説もある。

いへ-ぬし【家主】(名) ❶「いへあるじ」に同じ。
❷《近世語》上方で、貸家の持ち主。江戸では貸家の管理をする人。〔浮・好色五人女〕「お—殿の井戸替へ」[訳] お家主殿の井戸掃除(をする)。

いへ-の-かぜ【家の風】〔「家風」を訓読した語〕その家に、代々伝わる習慣や作法。その家の伝統。家風。〔山家集〕「—吹き伝へけるかひありて散る言の葉のめづらしきかな」訳 家門の歌風を代々伝えてきたかいがあって、世に散り広まることば(=和歌)はすばらしいものであるよ。(「吹き」「散る」「葉」は「風」の縁語)

いへ-の-きみ【家の君】家の主人。

いへ-の-こ【家の子】(名)❶同じ家門の子。特に名門の子。大鏡 道長上「末の―におはしませば、同じ君と頼み仰ぎ奉る」訳 (道長は私のかつての主君の)子孫にあたる名門の子でいらっしゃるから、同じ主君と頼み仰ぎ申しあげる。

❷武士の家で、分家の者が本家の家来となったもの。平家 九・宇治川先陣「『木曽殿の―に、長瀬判官代重綱』と名のる」訳「木曽殿と血縁のある家来で、長瀬判官代重綱」と名のる。→郎等②

❸家臣。召し使われる者。枕 一三〇「内外許されたる若き男ども、―など、あまた立ちつづきて」訳 出入りを許されている若い男たちや、召し使われる者などが、大勢あとに続いて。

いへ-の-しふ【家の集】個人の歌集。私家集。「貫之集」「山家集」など。

いへ-ば-え-に【言へば得に】口に出して言おうとすると言えないで。伊勢 三四「―言はねば胸に騒がれて心ひとつに嘆くころかな」(新勅撰・恋二にも所収) 訳 口に出して言おうとすると言えないで、言わないでいるときっと胸の中に思い乱れて、(私の)心の中だけで嘆くこのごろだよ。

なりたち 四段動詞「言ふ」の已然形「いへ」+接続助詞「ば」+下二段動詞「得」の未然形「え」+打消の助動詞「ず」の上代の連用形「に」

いへ-ば-おろか-なり【言へばおろかなり】「いふもおろかなり」に同じ。宇治 一・一八「かくて万の事、たのしと―・なり(終)」訳 こうして万事につけて、裕福であると言っても言い尽くせない。

なりたち 四段動詞「言ふ」の已然形「いへ」+接続助詞「ば」+形容動詞「おろかなり」

いへ-ば-さら-なり【言へば更なり】いまさら言うまでもない。もちろんである。源氏 薄雲「面つき、まみの薫れるほどなど―・なり(終)」訳 (明石の姫君のふっくらとした)顔つきや目もとのつやつやとした美しさがあふれているぐあいなどはいまさら言うまでもない。⇩言ふもおろかなり「慣用表現」

なりたち 四段動詞「言ふ」の已然形「いへ」+接続助詞「ば」+形容動詞「更なり」

いへ-びと【家人】(名)❶同じ家の人。家族。万葉 九・一六九七「―の使ひにあらし春雨の避くれどあれを濡らさく思へば」訳 家族の使いであるにちがいない。春雨がいくら避けても、私を濡らすことを思うと。

❷貴人の家に仕えている人。源氏 関屋「昔のやうにこそあらねど、なほ親しき―のうちには数へ給ひけり」訳 昔のようではないけれども、やはり(光源氏は右衛門の佐を)親しい家来の中には数え入れていらっしゃった。

いへ-ひろ・し【家広し】一族が富み栄えて親族が多い。竹取 火鼠の皮衣「宝豊かに、―・き(体)人にぞおはしける」訳 (あべの右大臣は)財産も豊かで、一族が富み栄えて親族の多い人でいらっしゃった。⇩幸ふ「慣用表現」

いへ-らく【言へらく】言ったこと。言ったことには。万葉 九・一七四〇「明日のごとわれは来なむと言ひければ妹が―」訳 明日のように(=すぐにでも早く)私は来ようと言ったところ、妻が言ったことには。

なりたち 四段動詞「言ふ」の已然形「いへ」+完了の助動詞「り」(=「いへり」)のク語法

いへ-ゐ【家居】(名)❶住居。すまい。徒然 一〇「―のつきづきしく、あらまほしきこそ、仮の宿りとは思へど、興あるものなれ」訳 すまいが(その主人に)似つかわしく、理想的なのは、一時の宿(にすぎない)とは思うものの、趣深いものである。

❷家に住むこと。古今 春上「野辺近く―しせれば鶯の鳴くなる声は朝な朝な聞く」訳 (人里離れて)野辺近くに居住しているので、鶯の鳴いているらしい声は毎朝聞くことだ。文法「家居しせれば」の「し」は強意の副助詞、「せ」はサ変動詞「為す」の未然形。「鳴くなる」の「なる」は、推定の助動詞。

いへ-を-い・づ【家を出づ】出家する。仏門に入る。源氏 御法「ひとたび―・で(用)給ひなば、仮にもこの世をかへりみむとは思しおきてず」訳 (光源氏は)一度出家しなさったならば、仮にもこの俗世を心にかけようとははじめからお考えにならず。⇩世を背く「慣用表現」

いほ【庵・廬】(名)「いほり」とも。草や木などでつくった粗末な仮の家。農事などに用いる仮の小屋。僧侶や世捨て人の仮ずまい。更級 かどで「―なども浮きぬばかりに雨降りなどすれば」訳 粗末な仮の家なども浮いてしまうほどに雨が降ったりするので。

い-ほ【五百】(名)(多く、接頭語的に用いて)五百。また、数の多いこと。「―枝」「―日」「―年」「―機」「―夜」

いほ-え【五百枝】たくさんの枝。万葉 三・三二四「三諸の神名備山に―さしじに生ひたるつがの木の」訳 (神のいる)三諸の神名備山にたくさんの枝が萌え出ていっぱいに生い茂っているつがの木のように。

いほ-か【五百日】(名)五百日。竹取 蓬莱の玉の枝「舟の行くにまかせて海にただよひて、―といふ辰の時ばかりに」訳 舟が行くのにまかせて海を漂流して、五百日目という辰の時ごろ(=午前八時ごろ)に。

いぼ-じり【蟷螂】(名)「いぼうじり」とも。虫の名。かまきりの異称。堤 虫めづる姫君「―・かたつぶりなどを取り集めて」

いほ-ち【五百個】(名)(「ち」は接尾語)五百個。また、数の多いこと。たくさん。万葉 一八・四一〇一「鮑玉―もがも」訳 真珠がたくさんあったらなあ。

いほ-つ【五百つ】数の多いのをいう語。たくさんの。万葉 一七・四〇一一「朝狩りに―鳥立て」訳 朝の狩りでたくさんの鳥を追い立て。

なりたち 名詞「五百」+「の」の意の上代の格助詞「つ」

いほ-へ【五百重】(名)いくえにも重なっていること。万葉 一〇・二〇二六「白雲の―に隠り遠くとも夕去らず見む妹があたりは」訳 白雲がいくえにも重なるのに隠れて遠くても、夜ごとに見よう、妻のいるあたりは。

いほへ-なみ【五百重波】(名)いくえにも重なって立つ波。万葉 四・五六八「み崎廻の荒磯に寄する―」訳 岬のまわりの荒磯にうち寄せるいくえにも重なって立つ波。

いほり【庵・廬】(名)❶(「万葉集」では、多く「いほりす」の形で)旅先などで、仮小屋に泊まること。[万葉] 一〇・二二四九「鶴が音の聞こゆる田居にーして」[訳] 鶴の鳴き声が聞こえる田んぼで仮屋ずまいをして。❷「いほ(庵)」に同じ。[新古] 冬「寂しさに堪へたる人のまたもあれなーならべん冬の山里」[訳]→さびしさに…[和歌]

いほ・る【庵る・廬る】(自ラ四){ら・り・る・る・れ・れ}仮のすまいをつくって宿る。[万葉] 六・一〇二九「河口の野辺にー・り用て夜の経れば妹が手本し思ほゆるかも」[訳] 河口(=今の三重県津市の地名)の野辺で仮小屋に宿って、幾晩もたったので、妻の手枕が恋しく思われることよ。

いま【今】一(名)❶(過去・未来に対して)現在。[伊勢] 三二「いにしへのしづのをだまきくりかへし昔をーになすよしもがな」[訳]→いにしへの…[和歌]
❷新しいもの。また、新しいこと。[万葉] 一四・三三九九「信濃路はーの墾道刈株に足踏ましむな履はけわが背」[訳]→しなぬぢは…[和歌]
二(副)❶**すぐに**。**ただいま**。[古今] 恋四「ー来むと言ひしばかりに長月の有り明けの月を待ち出でつるかな」[訳]→いまこむと…[和歌]
❷**まもなく**。**やがて**。近いうちに。[枕] 四三「ー秋風吹かむ折ぞ来むとする」[訳] 近いうちに秋風が吹くようなころには(迎えに)来よう。[文法]「吹かむ折」の「む」は、仮定・婉曲の助動詞。
❸**さらに**。**もう**。[徒然] 一九「ーひときは心も浮き立つものは、春の気色にこそあめれ」[訳] さらにいちだんと心も浮き浮きしてくるものは、春のようすであるようだ。[文法]「あめれ」は、「あるめれ」の撥音便「あんめれ」の「ん」の表記されない形。「こそ…めれ」は、係り結び。
❹新しく。今度。[土佐]「ほとりに松もありき。…。ー生ひたるぞまじれる」[訳](池らしき所の)ほとりに松もあった。…。新しく生えたのがまじっている。

いま-いま【今今】(副)❶現在から近い将来。[大鏡] 道長上「ーも、さこそは侍るべかんめれ」[訳] これからも、そのような(=道長の子孫のみが摂政・関白となるような)状態ではあるにちがいないようです。
❷ただちに。すぐに。〔落窪〕「『ー』と言ひて、さらに思ひもたたねば」[訳]「すぐに」と言って、いっこうに決心もしないので。
❸待ち望む気持ちを表す。今か今か。[枕] 一六〇「ーと苦しうゐ入りて、あなたをまもらへたる心地」[訳](急ぎの仕立物ができ上がるのを)今か今かとつらい気分で座り込んで、遠くのほうをじっと見つめている心持ち(は、ほんとうにじれったい)。
❹恐れ危ぶむ気持ちを表す。今が最後。今が限り。臨終を表すことが多い。[古今] 哀傷・詞書「道なかにてにはかに病をしてーとなりにければ」[訳] 途中で急に病気になって臨終となってしまったので。

いまいま・し【忌ま忌まし】(形シク){しから・しく(しかり)・し・しき(しかる)・しけれ・しかれ}

語義パネル

●**重点義**　**けがれや不吉な事柄に触れないように、行動に気をつける感じ。**

動詞「忌む」(マ四)から派生した語。「忌み慎む」が原義。中世以降、③から「憎らしい」「腹立たしい」の意に転じる。

❶**忌み慎まなければならない**。はばかられる。
❷**不吉である**。**縁起が悪い**。
❸**いまわしい**。不快である。

❶**忌み慎まなければならない**。はばかられる。[源氏] 桐壺「ゆゆしき身に侍れば、かくておはしますも、ー・しう用(ウ音便)かたじけなくなむ」[訳](娘に先立たれた母という立場で)不吉な身でございますから、(孫である若宮=光源氏が)こうして(そばに)いらっしゃるのも、はばかられてもったいないことで(ございます)。[文法] 係助詞「なむ」のあとに結びの語「侍る」などが省略されている。
❷**不吉である**。**縁起が悪い**。[源氏] 行幸「聞こえむにもー・しき体有り様を、今日は忍びこめ侍れど」[訳](玉鬘の裳着の祝いを)申し上げようにも(私=大宮は)縁起の悪い(尼の)姿なので、今日は胸にしまいこんでおりますが。
❸**いまわしい**。不快である。[平家] 六・小督「禁中ー・しう用(ウ音便)ぞ見えける」[訳] 宮中は陰気に見えた。

類語パネル

●共通義	忌みはばかられるさま。
いまいまし	何か不吉なことが起こりそうで、忌み慎まれるさま。
いみじ	よいにつけ悪いにつけ、不吉なほど程度がはなはだしいさま。
ゆゆし	神聖なものに対して、畏れ多く、禁忌に触れないようはばかられるさま。

今鏡(いまかがみ)『作品名』平安末期の歴史物語。作者は藤原為経か。嘉応二年(一一七〇)ごろ成立か。後一条天皇から高倉天皇までの十三代、百四十六年間の歴史を仮名まじり文の紀伝体で記したもの。「大鏡」「水鏡」「増鏡」とともに「四鏡」の一つ。

いま-きさき【今后】(名)(すでに后の位についている人に対して)新しく皇后・皇太后などの后の位についた人。[源氏] 葵「ーは心やましう思すにや」[訳] 新しく后の位についた方(=弘徽殿の皇太后)は不愉快にお思いになるのであろうか。

いまこむと…[和歌]《百人一首》

> **今来むと　言ひしばかりに　長月の**
> **有り明けの月を　待ち出でつるかな**
> 〈古今・一四・恋四・六九一・素性〉

[訳]「すぐに行くよ」と(あなたが)言ったばかりに、陰暦九月の(長い長い夜を待ち明かして、あなたのかわりに)有り明けの月の出を待ってしまったことだよ。[文法]「ばかり」は、限定の意の副助詞。
[解説]「題知らず」の歌ではあるが、作者が女の立場にな

って詠んだもの。「小倉百人一首」の撰者藤原定家は、一晩ではなく何か月も男が訪れるのを待って秋も暮れ、長月も下旬の、有り明けの月のころになってしまったと解する。

いまこんと… 俳句

> 今こんと　いひしば雁の　料理かな　秋
> 〈梅翁宗因発句集・宗因〉

訳 (素性法師の「今来むと」の和歌ではないが、)今にも来るだろうというほどに待ち望んでいる雁の料理であることだよ。(雁 秋。切れ字は「かな」)

解説 「今来むと言ひしばかりに長月の有り明けの月を待ち出でつるかな」(訳→いまこむと… 和歌)〈古今・恋四〉を踏まえる。「ば雁」は「雁」と「ばかり」との掛詞。

いまさう・ず【坐さうず】(自サ変){ぜ・じ・ず・ずる・ずれ・ぜよ}【四段動詞「坐す」に複数のものの動作を表す「あふ」の付いた「いましあふ」が転じて四段動詞「坐さふ」となり、その連用形「いまさひ」にサ変動詞「為」の付いた「いまさひす」のウ音便。「ず」は連濁】いらっしゃる。おいでになる。大鏡 道長下「いとよく参りたる御房たちも—・じ用けり」訳 (かゆを)非常にたくさん召し上がったお坊さまたちもいらっしゃった。

語法 この語の主語は、複数であるのが普通。

いまさう・ず【坐さうず】(補動サ変){ぜ・じ・ず・ずる・ずれ・ぜよ}【サ変動詞「坐さうず」から】…ていらっしゃる。大鏡 道長上「『…』とのたうび—・じ用ける」訳 (乳母たちは)「…」とおっしゃっていらっしゃったことだ。→坐さうず(自サ変)語法

いま-さら【今更】■一 (副) ❶今となって。今改めて。平家 七・忠度都落「忠度のありし有り様、言ひ置きし言の葉、—思ひ出でて哀れなりければ」訳 忠度の生前のようすや、言い残したことばを、今改めて思い出ししてしみじみと心打たれたので。❷今あらたに。はじめて。改めて。徒然 七八「—の人などのある時」訳 はじめての(=新参の)人などがあるとき。

■二 (形動ナリ){なら・なり(に)・なり・なる・なれ・なれ}(多く、否定的な気持ちを含み)今となってはもう必要がないさま。源氏 浮舟「人の物言ひの安からぬに、—・なり終」訳 世間のうわさが安心できないので、いまさら(長居を)しないほうがよい。

参考 ■二の語幹が副詞化して、■一の形で、下に打消や反語の表現を伴って用いられることがある。

いまさら-め・く【今更めく】(自カ四){か・き・く・く・け・け}【「めく」は接尾語】今改めて新しく感じる。こと新しく言うのも気がひける。増鏡 新島守「はるばると見やらるる海の眺望、二千里の外も残りなき心地する、—・き用たり」訳 はるかに遠くまで眺めやられる海の見晴らしは、二千里のかなたもあますところがない気持ちがするのは、(白居易の詩の心が)今改めて新しく感じられ(るほどであっ)た。

名文解説 承久の乱に敗れ、隠岐に流された後鳥羽院の閑居から見える、はるか遠くまで広がる海の眺めを、白居易の詩の「二千里外故人の心(二千里のかなたにいる友の心を思う)」という一節を引用して述べたもの。「源氏物語」の須磨の巻にも光源氏がこの詩句を口ずさむ場面があり、流罪となった後鳥羽院に、須磨に退去した光源氏のイメージを重ねようとする作者の意図も読み取れる。

いまし【汝】(代)《上代語》対称の人代名詞。あなた。おまえ。万葉 一一・二五一七「たらちねの母に障らばいたづらに—もあれも事そなるべき」訳 お母さんに邪魔されたなら、(すべて)むだに、おまえも私も(二人の間の)事はなるにちがいない。(「たらちねの」は「母」にかかる枕詞)

いま-し【今し】(副)【「し」は強意の副助詞】❶たった今。今ちょうど。今こそ。土佐「—、羽根といふ所に来ぬ」訳 今ちょうど、羽根という所に(船が)至った。❷今になって。万葉 一五・三七四三「かく恋ひむものと知りせば吾妹子に言問はましを—悔しも」訳 これほど恋しく思うであろうものと知っていたなら、いとしい人に(もっと)ことばをかけるのだったのに、今になって後悔されることよ。

いまし-が・り【在しがり】(自ラ変){ら・り・り・る・れ・れ}「いましかり」とも。「いますがり」(自ラ変)に同じ。

いまし・む【戒む・警む】(他マ下二){め・め・む・むる・むれ・めよ}【「忌ましむ」で、慎ませるの意】❶忌みきらう。(禁止されていることを)慎ませる。(しないようにと)教えさとす。うつほ 藤原の君「人の—・むる体五月は去ぬ。今はかの事なし給へ」訳 世間の人が(結婚を)忌みきらう陰暦五月は過ぎた。さああのこと(=あて宮との結婚の仲介)に尽力してください。

❷(こうせよと)指示する。注意を与える。源氏 絵合「すぐれたる上手どもを召し取りて、いみじく—・め用て、…描き集めさせ給ふ」訳 (権中納言は)すぐれた(絵の)名人たちをお呼び寄せになって、厳重に注意して、…たくさん描かせなさる。(「いましむ」は絵の内容について注文する意のほかに、口外を禁じる指示の意とする説もある)

❸(そうならないように)用心する。警戒する。徒然 九「みづから—・め用て、恐るべく慎むべきは、この惑ひなり」訳 自ら用心して、恐れもし慎まなくてはならないのは、この(色欲の)迷いである。

❹縛る。閉じこめる。自由を奪う。徒然 一四二「盗人を—・め用、僻事をのみ罪せんよりは」訳 盗人を縛り、悪事ばかりを罰するようなことよりは。文法「罪せん」の「ん」は、仮定・婉曲の助動詞。

❺罰する。宇治 九・六「罪にまかせて、重く軽く—・むる体ことありければ」訳 (職務にだらしない折には、その)罪に従って、重くも軽くも罰することがあったところ。

いましめ【戒め・警め】(名)❶教えさとすこと。注意。教訓。徒然 九二「この—、万事にわたるべし」訳 この教訓は、何事にも通じるはずだ。

❷禁制。徒然 一八三「これみな科あり。律の—なり」訳 これはみな罪になる。(昔から)律(=刑法)が禁じることだ。

❸縛ること。こらしめること。処罰。平家 二・阿古屋之松「大納言一人にもかぎらず、—をかうぶる輩多かりけり」訳 大納言一人にもかぎらず、処罰を受ける連中は多かった。

❹用心して守ること。警備。警戒。枕 八七「これがうしろめたければ、おほやけ人、すまし・長女などして、たえず—にやる」訳 これ(=雪の山)が気がかりなので、宮仕えの女官、(すなわち)すまし(=下級女官)・長女(=雑用係の下級女官)などを使って、ひっきりなしに警戒に行かせる。

い-ま・す【坐す・在す】〔上代の尊敬の動詞「坐す」に接頭語「い」の付いたもの〕■一■（自サ四・サ変）{さ・し・す・す・せ・せ}{せ・し・す・する・すれ・せよ}❶「あり」の尊敬語。**いらっしゃる。おいでになる。** 万葉 二〇・四四〇八「あり巡りわが来るまでに平らけく親は一・さ㊍（四段）ね障みなく妻は待たせと」訳 巡り巡って私が帰ってくるまで、無事で親はいらっしゃってほしい。さわりなく妻は待っていなさいと。文法「いまさね」の「ね」は、上代の他に対する願望の終助詞。大鏡 円融院「一・せ㊍（サ変）ぬあとなれど、この世の光はいと面目ありかし」訳（外祖父藤原経邦が）従三位を贈られたのはこの世に（いらっしゃらなくなってからであるが、（経邦の）この世における光栄は実に名誉があることよ。文法「かし」は、強く念をおす意の終助詞。⇩坐します「敬語ガイド」

❷「行く」「来」の尊敬語。**おでかけになる。おいでになる。**いらっしゃる。源氏 浮舟「右大将の宇治へ一・する㊍（サ変）ことなほ絶え果てずや」訳 右大将（＝薫）が宇治へおでかけになることは今もなおすっかり絶えていないのか。⇩参づ「敬語ガイド」

■二■（他サ下二）{せ・せ・す・する・すれ・せよ}「あらしむ」「行かしむ」の対象になる者を尊敬していう。**いらっしゃるようにさせる。おいでにならせる。**いらっしゃらせる。万葉 一五・三七四九「他国に君を一・せ㊊ていつまでか吾が恋ひをらむ時の知らなく」訳 他国にあなたをお行かせして、いつまで私は恋いこがれているのだろうか、その時がわからないことだ。文法「か」は疑問の係助詞で、結びは「む」。「知らなく」の「なく」は、打消の助動詞「ず」のク語法で、「…ないこと」の意。

参考 ■一■の自動詞は上代では四段、中古から「おはす（サ変）」に類推してサ変に転じていく。■二■の他動詞の用法は、自動詞を下二段に活用させ、使役の意を持たせたもの。用例は少ない。

い-ま・す【坐す・在す】（補動サ四・サ変）{さ・し・す・す・せ・せ}{せ・し・す・する・すれ・せよ}〔四段・サ変動詞「坐す」から〕（動詞・助動詞「なり」の連用形、助詞「て」に付いて）尊敬の意を表す。**…て（で）いらっしゃる。…て（で）おいでになる。** 万葉 一九・四一六九「直向かひ見む時までは松柏の栄え一・さ㊍（四段）ね尊き吾が君」訳 面と向かって会う時までは、どうか松や柏のように（変わらず）栄えていらっしゃってほしい。尊いわが母上よ。文法「いまさね」の「ね」は、上代の他に対する願望の終助詞。枕 二七八「をこなりと見てかく笑ひ一・する㊍（サ変）がはづかし」訳 ばかだと思ってそんなふうに笑っておいでなのがはずかしい。→坐す（自サ四・サ変）参考

います-が・り【在すがり】（自ラ変）{ら・り・り・る・れ・れ}「いましがり」「いますかり」「いまそがり」とも。「あり」の尊敬語。いらっしゃる。おいでになる。おありになる。竹取 貴公子たちの求婚「翁のあらむ限りは、かうても一・り㊊なむかし」訳（この）翁の生きている間は、こうして（独身のままで）もきっといらっしゃることができようよ。文法「なむかし」の「な」は、助動詞「ぬ」の未然形で、ここは確述の用法。「かし」は、強く念をおす意の終助詞。⇩坐します「敬語ガイド」

参考 ラ行変格活用の動詞には、「あり」「居り」「侍り」「います（し・そ）がり」がある。

います-が・り【在すがり】（補動ラ変）{ら・り・り・る・れ・れ}「いますかり」「いまそがり」とも。（動詞・形容詞・助動詞「なり」の連用形、助詞「て」に付いて）尊敬の意を表す。…て（で）いらっしゃる。…て（で）おいでになる。宇治 一四・九「かの大将は、才もかしこく一・り㊎」訳 あの大将（＝藤原実頼）は、学識もすぐれていらっしゃる。

いまそ-が・り【在そがり】（自ラ変）{ら・り・り・る・れ・れ}〔「いますがり」の転〕「いまそかり」とも。「いますがり」（自ラ変）に同じ。

いまそ-が・り【在そがり】（補動ラ変）{ら・り・り・る・れ・れ}「いまそかり」とも。「いますがり」（補動ラ変）に同じ。

いま-だ【未だ】（副）❶（下に打消の語、または打消の表現を伴って）その動作をするときが来ていないことを示す。**まだ。** 方丈 三「古京はすでに荒れて、新都は一成らず」訳 古い都（＝平安京）はもはや荒れているのに、新しい都（＝福原）はまだ完成しない。

副詞の呼応
いまだ　花咲かず。〈打消〉
（＝まだ花が咲かない）

❷今になってなお続いていることを示す。**今でも。まだ。** 竹取 ふじの山「その煙一雲の中へ立ちのぼるとぞ言ひ伝へたる」訳（不死の薬を焼く）その煙は今でも雲の中へ立ちのぼっていると言い伝えている。

いま-だいり【今内裏】（名）皇居が焼失したり破損したりしたときなどに、仮に設けた御所。「里内裏」とも。枕 二四五「一条の院をば一とぞいふ」訳 一条大宮の院を仮御所という。

いまだ・し【未だし】（形シク）{しから・しく（しかり）・し・しき（しかる）・しけれ・しかれ}まだその時期ではない。未熟である。〔玉勝間〕「一・しき㊍学者の、心はやりて言ひ出づることは」訳 未熟な学者が、せっかちに言い出すこと（＝説）は。

参考 副詞「いまだ」に対応する形容詞。漢文訓読の影響を受けた文章に用いられる。和文や和歌では「まだし」を用いることが多い。

いま-に【今に】（副）❶今でも。今だに。今になっても。源氏 横笛「一その故をなむえ思ひ給へより侍らねば」訳 今でも（亡き柏木が光源氏に恐縮していた）その理由を存じることができませんので。

❷そのうちに。近いうちに。やがて。〔狂・狐塚〕「おのれ一皮をはいでくれうぞ」訳 おまえそのうちに皮をはいでやろうぞ。

いま-の-うへ【今の上】当代の天皇。今上天皇。源氏 少女「一に御かはらけ参り給ふ」訳（蛍兵部卿の宮は）今上天皇（＝冷泉帝）にお杯（＝酒）をおすすめなさる。

いま-の-まさか【今の目前】〔「まさか」は現在の意〕今、この時。今、現在。万葉 一八・四〇八八「さ百合花後も逢はむと思へこそ一もうるはしみすれ」訳 将来も会いたいと思うからこそ、今この時も親しくすることだ。（「さ百合花」は「後」にかかる枕詞）

いま-の-よ【今の世】❶今の時代。当世。現代。竹取 火鼠の皮衣「一にも、昔の世にも、この皮はたはやすくなき物なりけり」訳 現在の世の中にも、昔の世の中にも、この皮衣はめったにないものであった。

❷今の天皇の治世。徒然 二七「一のこと繁きにまぎれて、院には参る人もなきぞ寂しげなる」訳 新帝の治世に

おける政務の多忙なのにとりまぎれて、上皇の御所には参上する人もないのは寂しそうだ。

いま-の-わかれ【今の別れ】しばしのいとま。今しばらくの別れ。〔雨月〕菊花の約「菽水(しゅくすい)の奴(やつこ)に御恩(めぐみ)を返し奉るべし。ーを給へ」訳(故郷から帰ったら貧しくとも一心につとめてご恩をお返し申しあげるつもりである。しばしのいとまをください。(「菽水の奴」は、中国の故事で、貧しさの中で懸命に仕えること)

いま-は【今は】(名)臨終。死にぎわ。源氏 桐壺「故大納言、ーとなるまで」⇩果つ「慣用表現」

いま-は【今は】(「今はもうかぎりだ」の意から)今となっては。もうこれまで。竹取 かぐや姫の昇天「ーとて天(あま)の羽衣着る折ぞ君をあはれと思ひ出(い)でける」訳→いまはとて…和歌

なりたち 名詞「今」＋係助詞「は」

いま-は-かう【今は斯う】(「いまはかく」のウ音便)今となっては、もはやこれまで。これが最後。平家 二・能登殿最期「ーと思はれければ、太刀(たち)・長刀(なぎなた)海へ投げ入れ、甲(かぶと)も脱いで捨てられけり」訳(能登(のと)の守(かみ)教経(のりつね)は)もはやこれまでとお思いになったので、太刀・長刀を海へ投げ入れ、甲も脱いでお捨てになった。

いま-は-かぎり【今は限り】❶今となっては、もうこれでおしまい。古今 秋下「散らねどもかねてぞ惜しきもみぢ葉はーの色と見つれば」訳 散ってはいないけれども、散る前から惜しまれてならない。(このもみじの葉は、もうこれで最後の(美しさの極みの)色と思って見たので。❷臨終。源氏 夕霧「ーの御心に、やがて思(おぼ)し入りて」訳(一条御息所(みやすどころ)は)臨終の(苦しい)お心に、そのまま思いつめなさって。⇩果(は)つ「慣用表現」

いま-は-かく【今は斯く】「いまはかう」に同じ。

いまは-し【忌まはし】(形シク){しから・しく(しかり)・し・しき(しかる)・しけれ・しかれ}不吉で、うとましい。宇治 二・六「悪(あ)しき方(かた)より出(い)ださんこと、ことに然(しか)るべからず。かつは、あまたの御子達のため、ことにー・しかる㊇べし」訳(死者を)悪い方角から送り出すことは、格別によくない。そのうえ、(残された)大勢のお子様方にとって、格別に不吉でうとましいことであろう。

いま-はた【今将】今はまた。今となっては。源氏 桐壺「ー、かく世の中のことをも思ほしすてたるやうになりゆくは、いと怠々(たいだい)しきわざなり」訳(桐壺の更衣のことになると)今もまた、(桐壺帝が)このように政務をも見放しなさったようになっていくのは、実に不都合なことである。

なりたち 名詞「今」＋副詞「はた」

いまはただ… 和歌(百人一首)

> 今はただ　思(おも)ひ絶(た)えなむ　とばかりを
> 人(ひと)づてならで　いふよしもがな
> 〈後拾遺・一三・恋三・七五〇・藤原道雅(みちまさ)〉

訳 今はただもう、「(あなたを)きっぱりと思いあきらめてしまいましょう」ということだけを、人づてでなくて、じかに言う方法があればなあ。文法「思ひ絶えなむ」の「な」は、助動詞「ぬ」の未然形で、ここは確述の用法。「ばかり」は限定の副助詞。「もがな」は、願望の終助詞。

解説 詞書(ことばがき)に、もと伊勢(いせ)の斎宮であった当子(とうし)内親王のもとに、作者がひそかに通っていたことを知った内親王の父三条院が、守り女(め)をつけて二人の仲を裂いたとある。「栄花物語」にも、この悲恋が語られている。逢(あ)う手だてを失った悲しみが直線的に詠まれている。

いまはとて… 和歌

> 今はとて　天(あま)の羽衣(はごろも)　着(き)る折(をり)ぞ
> 君(きみ)をあはれと　思(おも)ひ出(い)でける
> 〈竹取・かぐや姫の昇天〉

訳 今はもうこれでお別れですと、天の羽衣を着るまさにその時に、あなた様を慕わしく思い出したことよ。

解説 かぐや姫が、昇天しようとするときに、帝(みかど)に贈った歌。天の羽衣は、それを着ると人間的な感情を失ってしまうというもの。帝の求愛を拒み続けたかぐや姫は、昇天の直前に、帝への思慕の情に気づいた。その感情も天の羽衣を着たとたんに失われたのである。「折ぞ」の係助詞「ぞ」が、まさにその時ということを表す。

いまは-の-きは【今はの際】死にぎわ。臨終のとき。〔増鏡〕藤衣「ーまで持たせ給ひける桐(きり)の御数珠(ずず)なども」訳 臨終のときまでお持ちになられた桐のお数珠なども。⇩果(は)つ「慣用表現」

いま-は-むかし【今は昔】物語・説話の冒頭に用いられる慣用句。今からみると昔。今ではもう昔のことだが。竹取 かぐや姫の生ひ立ち「ー、竹取の翁(おきな)といふ者ありけり」訳 今ではもう昔の話(であるが)、竹取の翁という者がいた(という)。⇩竹取物語「名文解説」

参考 一説に、「今」をその話の時点において「その時は昔だが」の意ともする。

発展 物語の冒頭句「今は昔」

「今は昔」は、「竹取物語」の他「うつほ物語」「落窪(おちくぼ)物語」に見られ、物語文学の冒頭句として知られる。説話文学の「今昔物語集」ではすべての話が「今は昔」で始まる。単に「昔」とあるのに比べて、「今」の現実世界に生きる読者を「昔」の物語世界に導き入れる働きを、この句がより明確に果たすといえよう。

いま-ほど【今程】(副)近ごろ。このごろ。〔申楽談儀〕「ーの書き手、あるまじきことを書き入るるなり」訳 このごろの作者は、とんでもないことを書き入れるものだ。

いま-まゐり【今参り】(名)新しく仕えること。また、新しく仕えた人。新参者。枕 二六「ーのさし越えて、もの知り顔に教へやうなること言ひうしろみたる、いとにくし」訳 新参者が(古参の人を)さしおいて、もの知り顔で教えるようなことを言って人の世話をやいているのも、たいそう不快だ。

発展「今参り」の緊張感

新しく宮仕えに出ること、またはその人を「今参り」といった。例えば、清少納言は「枕草子」で、中宮定子に初めて仕えたころ、中宮に斜めからでも顔を見られるのが恥ずかしくて、朝の仕事の一つである格子を上げることもできなかったなどと記している。才気

煥発な言動で知られる彼女でさえ、最初はそれほど緊張していたのである。

いま-めか・し【今めかし】(形シク){しから・しく(しかり)・し・しき(しかる)・しけれ・しかれ} ❶**現代風ではなやかだ。当世風である。** 徒然 一〇「─・しく㊊きららかならねど、木立ものふりて」訳 当世風でなく、けばけばしくないが、(邸内の)木立はなんとなく年代がたってい て。文法「いまめかしく」には、対等の関係にある「きららかならねど」の打消の助動詞「ね」(「ず」の已然形)が及び、対偶中止法となっている。

❷今さらのような感じである。わざとらしい。平家 三・法印問答「─・しき㊍申し事にて候へども、七代までは この一門をば、いかでか捨てさせ給ふべき」訳 今さらのような申しようでございますが、(今後)七代まではこの(平氏)一門を、どうしてお見捨てになられてよいものか(いや、よくはない)。文法「させ給ふ」は、最高敬語。

いま-め・く【今めく】(自カ四){か・き・く・く・け・け}〔「めく」は接尾語〕現代風である。当世風である。目新しく、はなやかな感じをいう。土佐「『この住吉の明神は、例の神ぞかし。欲しきものぞおはすらむ』とは、─・く㊍ものか」訳「この住吉の明神は、例の(＝欲しい物のあるとき波風を立てる)神だよ。欲しいものがおありなのだろう」とは、当世風な(欲の深い)ことよ。文法「ぞかし」は、文末に用いて強く念をおす意を表す。源氏 紅梅「北の方、いとはればれしく─・き㊊たる人にて」訳 北の方(＝真木柱)は、たいそうさっぱりして当世風な人であるので。

今物語(いまものがたり)『作品名』鎌倉前期の説話集。一冊。歌人・絵師として知られる藤原信実編。延応元年(一二三九)以降まもなく成立。和歌や連歌にまつわる機知に富んだ小話五十三編からなる。

いま-やう(ヨウ)【今様】(名) ❶現代風。当世風。徒然 二二「何事も、古き世のみぞしたはしき。─は、むげにいやしくこそなりゆくめれ」訳 何事でも、古い時代ばかりがなつかしく思われる。現代風は、むやみに下品になっていくようだ。名文解説 平安時代の貴族文化に強い憧れを抱いていた兼好の目には、彼が生きた鎌倉時代末期は、何もかもが軽薄で下品になってゆく嘆かわしい時代としか映らなかった。殺伐とした乱世の訪れを嘆き、古きよき時代に理想を求めた兼好の考え方を象徴的に伝える一節である。

❷「今様歌」の略。

いまやう-うた(イマヨウ─)【今様歌】(名)神楽歌・催馬楽・風俗歌・朗詠などの古い形式の歌謡に対し、平安中期に起こり、鎌倉時代にかけて流行した新様式の歌謡。多く七五調の四句から成る。白拍子や遊女によって謡われた。後白河院撰の「梁塵秘抄」にも収められている。今様。

いまやう-だ・つ(イマヨウ─)【今様立つ】(自タ四){た・ち・つ・つ・て・て}〔「だつ」は接尾語〕当世風を帯びる。現代風に見える。源氏 手習「山ごもりの御羨みは、なかなか─・ち㊊たる御物まねびになむ」訳 山ごもりをうらやみなさることは、かえって当世風を帯びているお人まねで(ございましょう)。

いま-ゆくする(─クスエ)【今行く末】(名)これから先。今後。源氏 澪標「─のあらましごとを思すに」訳(光源氏は)これから先の予想される事柄を思い描きなさると。

いまよう〔今様〕⇩いまやう

いみ【忌み・斎み】(名)〔四段動詞「忌む」の連用形から〕❶神事にかかわる者が、けがれを避けて慎むこと。❷はばかりがあること。遠慮があること。源氏 絵合「長恨歌、王昭君などやうなる絵は、おもしろくあはれなれど、事の─あるはこたみは奉らじ」訳 長恨歌や王昭君などのような絵は、興味深くしみじみと心打たれるけれども、内容にはばかりのあるもの(＝不吉なことを描いたもの)は、このたびは差し上げまい。❸けがれや不浄に触れて慎むこと。特に、喪の期間や産後の一定期間などにいう。源氏 若紫「─など過ぎて、京の殿になど聞き給へば」訳(尼君の)喪の期間などが過ぎて、(若紫は今は)京の邸宅に(帰った)など(光源氏は)お聞きになるので。❹忌み避けるべき方角や日取り。

いみ-あけ【忌み明け】(名)「いみあき」とも。❶喪に服する期間が終わること。❷産後のけがれの期間が終わること。

いみ-き【忌寸】(名)天武天皇のときに定められた八色の姓のうち、第四位の称。主として渡来系の氏族に与えられた。→八色の姓

いみ-ことば【忌み詞・忌み言葉】(名)信仰上の理由や縁起が悪いという理由で、使用を避けることば。また、その代わりに使うことばをもいう。

いみ・じ(形シク){じから・じく(じかり)・じ・じき(じかる)・じけれ・じかれ}

> **語義パネル**
>
> ●**重点義** よいにつけ悪いにつけ、不吉なほど**程度がはなはだしいさま**。
>
> 不吉として避ける意の動詞「忌む」(マ四)と同根の形容詞と考えられる。
>
> ❶**はなはだしい。なみなみでない。**
>
> ❷**よい。すぐれている。すばらしい。りっぱだ。うれしい。**
>
> ❸**大変だ。ひどい。恐ろしい。悲しい。**

❶(程度がふつうでない場合に使う)**はなはだしい。なみなみでない。** 徒然 二三八「昔の人は、いささかのことをも、─・じく㊊自賛したるなり」訳 昔の人は、ちょっとしたことについてでも、たいへん自慢したものだ。

❷(望ましい場合に使う)**よい。すぐれている。すばらしい。りっぱだ。うれしい。** 源氏 桐壺「─・じき㊍絵師といへども、筆限りありければ」訳 すぐれた絵かきといっても、筆力には限界があったので。

❸(望ましくない場合に使う)**大変だ。ひどい。恐ろしい。悲しい。** 枕 九「あな─・じ㊎。犬を蔵人二人して打ち給ふ。死ぬべし」訳 まあひどい。犬を蔵人が二人がかりでなぐっていらっしゃる。(きっと)死ぬだろう。(⇩忌ま忌まし「類語パネル」)

いみじ-げ(形動ナリ){なら・なり(に)・なり・なる・なれ・なれ}〔「げ」は接尾語〕程度がはなはだしいと認められるさま。とてもひどいさま。また、たいへんすばらしいさま。枕 九「─・に㊊腫れ、あさましげなる犬の、わびしげなるが、わななき歩りけば」訳 と

てもひどいようすに腫れあがり、あきれるほどひどい姿をした犬で、つらく苦しそうなのが、ふるえて歩きまわるので。

今昔 二〇・二「震旦の天狗、―・なる㊍老いたる法師になりて、石の卒都婆の傍らにかがまりをり」訳 震旦（＝中国）の天狗は、たいへんりっぱな姿の年老いた法師に化けて、石の卒都婆のわきにしゃがんでいる。

いみ‐な【諱】（名）〔「忌み名」の意〕❶貴人の生前の実名。〔増鏡〕おどろのした「後鳥羽院と申すおはしまし き。御―尊成」訳 後鳥羽院と申し上げる方がいらっしゃった。生前のお名前は尊成。
❷死後、生前の行状によって贈る称号。諡。大鏡 後一条院「太政大臣になり給ひぬる人は、うせ給ひてのち必ず―と申すものあり」訳 太政大臣におなりになった方は、お亡くなりになってのち必ず諡と申すものがある。
❸貴人の実名の敬称。〔太平記〕一三「かたじけなくも（＝畏れ多くも）天子の御―の字をくだされて」

い‐みゃう【異名】（名）別名。あだな。徒然 二三六「信濃の前司行長…七徳の舞をふたつ忘れたりければ、五徳の冠者と―をつきにけるを」訳 信濃国（長野県）の前任の国司である行長は…七徳の舞のうち二つを忘れてしまったので、五徳の冠者と（人々が）あだなをつけてしまったのを。

いむ【妹】（名）《上代東国方言》「いも（妹）」に同じ。万葉 二〇・四三二一「畏きや命被り明日ゆりや草がむた寝む―なしにして」訳 畏れ多い天皇のご命令をいただいて、明日からは、草とともに寝るのだろうか、妻もいないままで。

い・む

【忌む・斎む】
一（自マ四）{ま・み・む・む・め・め}身を清め慎む。災禍やけがれなどを避けて清める。今昔 二六・二二「必ず死ぬべき報のありて『所を去りて―・め㊎』とも言ひて」訳 きっと死なねばならない前世の報いがあって（陰陽師が）「この家を立ち去って物忌みせよ」とも言って。
二（他マ四）{ま・み・む・む・め・め}忌みはばかる。不吉として避ける。竹取 かぐや姫の昇天「ある人の、『月の顔見るは―・む㊍こと』と制しけれども」訳 そこにいる人が、「月の面を見るのは不吉で避けることだ」と止めたけれども。

> **語の広がり「忌む」**
> 貴人の生前の実名や死後の尊称などを意味する「諱」は、「忌み名」の意で、本来は口に出すことがはばかられる名のこと。

> **発展　月を見るのは不吉**
> 中秋の名月を賞美することは平安貴族の年中行事の一つであったが、その一方で、月を見ること、月の光にさらされることは不吉だとする俗信が民間にはあったようだ。「源氏物語」〈宿木〉では、匂宮が、中の君に「一人、月な見給ひそよ。心空になれば、いと苦し」と言い残す場面がある。月を見ると、「心空になる」、すなわち魂が奪われると信じられていたらしい。また、匂宮の去ったあと、月を見つつ物思いに沈む中の君に老女房は、「今は、入らせ給ひね。月見るは、忌み侍るものを」とも言っている。前項二の「竹取物語」の用例に見られた俗信は、「源氏物語」の世界でも生きているのである。

いむけ‐の‐そで【射向けの袖】（敵に矢を放つとき、弓を持つ左手を相手に向けることから）鎧の左側の袖。平家 九・河原合戦「―ふきなびかせ、黒煙けりたてて馳せまゐる」訳 鎧の左側の袖を（風に）はためかせ、黒い土けむりをけり上げて駆けて参上する。

いむ‐こと【忌む事】仏教の戒律。源氏 夕顔「頭かしそり―受けなどして、そのしるしにやよみがへりたりしを」訳（私＝光源氏の乳母が）剃髪し仏の定めた戒律を受けたりして、そのききめであろうか、持ち直していたが。

いむ‐べ【斎部・忌部】（名）〔「いみべ」の転〕「いんべ」とも。上代の姓の一つ。祭器を作り、祭事に仕えた氏族。竹取 かぐや姫の生ひ立ち「名を三室戸―のあきたを呼びてつけさす」訳 名前を三室戸（にいる）斎部のあきた（という人）を呼んでつけさせる。→姓①

いむ‐べから‐ず‐の‐こと【忌むべからずの事】〔忌み避けることができないことの意〕死を婉曲にいう語。〔雨月〕菊花の約「もし―あらば、誰をして社稷を守らしめんや」訳 もし（おまえに）万一の事があったなら、だれに国を守らせたらよいのか。⇩果つ「慣用表現」
なりたち 四段動詞「忌む」の終止形「いむ」＋可能の助動詞「べし」の未然形「べから」＋打消の助動詞「ず」の終止形「ず」＋格助詞「の」＋名詞「事」

い‐め【夢】（名）《上代語》〔「寝目」の意か〕ゆめ。万葉 一五・三七一四「秋されば恋しみ妹を―にだに久しく見むを明けにけるかも」訳 秋になると恋しいので、妻をせめて夢にだけでも長く見ていたいのに、夜が明けてしまったなあ。
文法「恋しみ」の「み」は、原因・理由を表す接尾語。「見むを」の「を」は、逆接の接続助詞。

い‐め【射目】（名）《上代語》狩りで、鳥獣を射るために射手が身を隠す所。万葉 六・九二六「み山には―立て渡し」訳 山には射手が身を隠す所を一面に設け。

いめたてて【射目立てて】《枕詞》「跡見（＝獣の足跡を調べること）」をして「射目」を設けることから、地名「跡見」にかかる。万葉 八・一五四九「―跡見の丘辺の」

いも

【妹】（名）男性から、年齢の上下にかかわりなく、妻・恋人・姉妹など女性を親しんで呼ぶ語。伊勢 二三「筒井つの井筒にかけしまろがたけすぎにけらしな―見ざるまに」訳 →つつゐつの… 和歌。↔兄
参考 ふつうは、男性から女性に対していうが、時には女性どうしが親しんで用いた。

いも【疱】（名）「いもがさ」に同じ。〔おらが春〕「あらあらしき―の神に見込まれつつ（＝とりつかれるとともに）」

いもあらふをんな… 俳句

> 秋
> 芋洗ふ女　西行ならば　歌よまん
> 〈野ざらし紀行・芭蕉〉

訳（かつて西行が庵をむすんだと伝えられる西行谷の流れで）芋を洗う女たちよ。もし私が西行であれば、きっと歌をよみかけるだろうよ。（芋 秋。切れ字は「ん」）

解説「西行谷の麓に流れあり…」の前書きがある。「西行谷」は今の三重県伊勢市、五十鈴川の支流が流れる。西行が江口の里で遊女に宿を乞い、歌のやりとりがあったとの物語をふまえた句。

いも-うと【妹】（名）〔「妹人」のウ音便〕❶男から女のきょうだいを呼ぶ語。姉にも妹にもいう。源氏 帚木「―の君のこともくはしく問ひ給ふ」訳（光源氏は小君に）姉君（＝空蟬）のことも詳しくお尋ねになる。↕兄人 ❷年下の女のきょうだい。平家 三・泊瀬六代「姉は『―に問へ』と言ふ、―は『姉に問へ』と言ふ」 参考 中古の「いもうと」は、男からみた女のきょうだいをさす。女どうしでは、姉を「このかみ」または「あね」、妹を「おとうと」といった。

いもがうむ【妹が績む】《枕詞》「妹の績む（＝紡ぐ）麻」の意から、「小」にかかる。土佐「―小津の浦なる岸の松原」

いもがかきね… 俳句

> 妹が垣根　さみせん草の　花咲きぬ　春
> 〈蕪村句集・蕪村〉

訳 いとしい人の家の垣根に、三味線草（＝なずな）の白い花が咲いたことだ（中国の故事にあるように、私の心を伝えてくれたらいいのになあ）。（三味線草 春。切れ字は「ぬ」）

解説「琴心もて美人に挑む」の前書きがあり、漢の司馬相如が卓文君に琴を弾いて恋心を伝えたという故事をふまえ、三味線草を琴に見立てている。

いもがきる【妹が着る】《枕詞》「妹」がかぶる御笠の意から、地名「三笠」にかかる。万葉 六・九八七「―三笠の山に」

いも-がさ【疱瘡】（名）天然痘。疱瘡。また、その跡。もがさ。痘。

いも-がしら【芋頭】（名）里芋の根もとのかたまり。親芋。徒然 六〇「―といふ物を好みて、多く食ひけり」訳 親芋というものを好んで、たくさん食べた。

いもがそで【妹が袖】《枕詞》「妹」の袖をまく（＝枕にする）意から、地名「巻来」にかかる。万葉 一〇・二一八七「―巻来の山の朝露に」

いも-がゆ【芋粥・薯蕷粥】（名）山芋を薄く切ったものを甘葛の汁（＝甘味料）で煮たかゆ。貴人の食べ物で、宮中の大饗（＝大きな饗宴）などにも出された。宇治 一・一八「そのおろし米の座にて、―すすりて、舌打ちをして」訳 その（大饗の）お下がりの米をいただく席で、（五位は）芋粥をすすって、舌打ちをして。

いも-がり【妹許】（名）〔「がり」は、「…の許へ」の意の接尾語〕妻・恋人など親しい女性の所（へ）。いとしい女性の許（へ）。万葉 九・一七五八「秋田刈る―遣らむ黄葉手折らな」訳 秋の稲を刈るいとしい人の許にやるつもりの黄葉を手折ろう。

いも-じ【芋茎】（名）「いもし」とも。里芋の茎を干したもの。いもがら。ずいき。秋。土佐「―、荒布も、歯固めもなし」訳（正月だというのに）いもがらも荒布（＝海藻の名）も長寿を祈って食べるものもない。

いも-せ【妹背】（名）〔「妹と背」の意〕❶夫婦。平家 九・小宰相身投「飽かで別れし―の仲らへ、必ず一つ蓮に迎へ給へ」訳 満ち足りることなく別れた（私たち）夫婦の仲（ゆえ）、（死後は）必ず同じ蓮の葉の上にお迎えください。❷妹と兄。姉と弟。今昔 二六・一〇「前生の宿世によりてこそは、…―も夫婦ともなりけめ」訳 前世の因縁によってこそ、…兄妹も夫婦にもなったのであろう。

妹背の山（いもせのやま）『地名』歌枕 ❶今の和歌山県伊都郡かつらぎ町に、紀ノ川を隔てて対する背山と妹山。❷今の奈良県吉野郡吉野町に、吉野川を隔てて対する背山と妹山。

いもとこし… 和歌

> 妹と来し　敏馬の崎を　帰るさに
> 独りし見れば　涙ぐましも
> 〈万葉・三・四四九・大伴旅人〉

訳（京からは）妻といっしょに来た敏馬の崎を、（今、京へ）帰るときに一人で見ると涙ぐまれることだよ。

解説「妹」は作者の妻、大伴郎女。神亀五年（七二八）に作者の任地大宰府で病死した。この歌は天平二年（七三〇）に作者が帰京したときの歌である。「敏馬の崎」は、今の兵庫県神戸市灘区岩屋付近。

いもとして… 和歌

> 妹として　二人作りし　わが山斎は
> 木高く繁く　なりにけるかも
> 〈万葉・三・四五二・大伴旅人〉

訳 妻とともに二人で作ったわが家の庭園は、（久しぶりにみると）木々のこずえが高く盛んに茂ったことだなあ（その妻も今はいない）。

解説 転任先の大宰府から帰京し、家に入ってすぐに作った歌三首の中の一首。

い-も-ぬ-らめ-やも【寝も寝らめやも】寝ていられようか（いや、寝ていられない）。万葉 一・四六「阿騎の野に宿る旅人うちなびき―いにしへ思ふに」訳 阿騎の野に宿っている旅人（＝軽皇子）は、手足をのばしてゆっくりと寝ていられようか（いや、寝てはいられない）。（父の草壁皇子の在世の）昔のことを思うと。

なりたち 名詞「寝」＋係助詞「も」＋下二段動詞「寝」の終止形「ぬ」＋推量の助動詞「らむ」の已然形「らめ」＋終助詞「やも」

い-も-ね-ず【寝も寝ず】寝もしない。眠りもしない。竹取 貴公子たちの求婚「夜は安き―ず」（＝安らかに眠ることもせず）、闇の夜に出でて」

なりたち 名詞「寝」＋係助詞「も」＋下二段動詞「寝」の未然形「ね」＋打消の助動詞「ず」

い-も-ね-られ-ず【寝も寝られず】眠ることもできない。更級 かどで「庵なども浮きぬばかりに雨降りなどすれば、恐ろしくて―ず㊇」訳 粗末な仮の家なども浮いてしまうほどに（激しく）雨が降ったりするので、恐ろしくて眠ることもできない。

なりたち 名詞「寝」＋係助詞「も」＋下二段動詞「寝

」の未然形「ね」＋可能の助動詞「らる」の未然形「られ」＋打消の助動詞「ず」

いもひ【斎ひ・忌ひ】(名)身を清めて飲食や行動を慎み、けがれを避けること。斎戒。精進潔斎。ものいみ。竹取 竜の頸の玉「この人々ども帰るまで、―をして我はをらむ」訳 この連中が(竜の首の玉を持って)帰るまで、精進潔斎をして私はいよう。

いも-めいげつ【芋名月・芋明月】(名)(里芋を供えることから)陰暦八月十五夜の月の異名。秋

いや-【弥】(接頭)[「いよ」の転] ❶いよいよ、ますますの意を表す。万葉 二〇・四五一六「新しき年の始めの初春の今日降る雪の―しけ吉事」訳 →あらたしき…和歌 ❷非常に、まったくの意を表す。〔記〕中「―愚にして(＝愚かで)」 ❸最も、いちばんの意を表す。〔記〕中「―先立てる兄をし枕かむ」訳 いちばん先に立っている年上の娘を妻にしよう。

いや(感) ❶驚いたり、嘆息したりするときなどに発する声。いやあ。いやはや。〔狂・花子〕「―、太郎冠者が待ちかねてをらう」 ❷呼びかけるときに発する声。やあ。よう。あいや。〔狂・宗論〕「―、申し申し」 ❸はやし立てるときに発する声。やあ。それ。〔狂・靭猿〕「―、淀の川瀬の水車」

参考 副詞とみる説もある。

いや【否】(感)否定するときに発する語。いいえ。いいや。平家 二・烽火之沙汰「―、これまでは思ひも寄りさうず」訳 いやいや、これまでは思いもよりません。文法「さうず」は「候はず」のくだけた言い方。

いや【礼】⇩ゐや

いや・し【卑し・賤し】(形シク){しから・しく(しかり)・し・しき(しかる)・しけれ・しかれ} ❶身分や地位が低い。竹取 貴公子たちの求婚「世界の男、貴なるも―・しき体も」訳 この世の男たちで、身分の高いのも身分の低いのも。 ❷みすぼらしい。貧弱だ。徒然 二三〇「何事も辺土は、―・しく用、かたくななれども」訳 何事も田舎(の物事)は、みすぼらしく、粗野であるけれども。 ❸下品だ。洗練されていない。枕 一九五「あてにも―・しう用(ウ音便)もなるは、いかなるにかあらむ」訳 (用語一つで)上品にも下品にもなるのは、(いったい)どういうわけなのであろうか。 ❹心がきたない。けちだ。卑劣である。枕 二七八「いかに―・しく用もの惜しみせさせ給ふ宮とて」訳 どれほどけちくさく物惜しみをなされる宮だといって。文法「させ給ふ」は、最高敬語。

いや-し・く【弥頻く】(自カ四){か・き・く・く・け・け}[「いや」は程度が増す意]ますます重なる。いよいよさかんになる。万葉 四・七八六「春の雨は―・き用降るに梅の花いまだ咲かなくいと若みかも」訳 春の雨はいよいよさかんに降るのに梅の花はまだ咲かないことだ。(つぼみが)たいそう若いからだろうか。

いや-しくしく-に【弥頻く頻くに】(副)[「いや」は程度が増す意]いよいよますます。いよいよしきりに。万葉 一三・三二四三「その潮のいやますますにその波の―吾妹子に恋ひつつ来れば」訳 その潮のようにいよいよますます、その波のようにいよいよしきりに、わが妻を恋しく思いながらやってくると。

いやしく-も【苟くも】(副)[卑賤で取るに足りないがと卑下する意が原義] ❶身分不相応にも。もったいなくも。平家 三・医師問答「重盛―九卿に列して三台にのぼる」訳 平重盛は身分不相応にも公卿に連なって大臣の位にのぼる。 ❷かりそめにも。かりにも。今昔 二五・一「―〔私〕将門は柏原の天皇(＝桓武天皇)の五世の末孫なり」

いやし・む【賤しむ・卑しむ】(他マ四){ま・み・む・む・め・め}見くだす。軽んじる。〔発心集〕「さこそ貧しけれど、おちぶれたるふるまひなどはせざりければ、さすがに人―・む終べき事なし」訳 そのように貧しいが、おちぶれた行いなどはしなかったので、やはり人々が軽蔑しそうなことはない。

いや・す【癒やす】(他サ四){さ・し・す・す・せ・せ}病気や傷を治す。徒然 六〇「思ふやうによき芋頭を選びて、ことに多く食ひて、よろづの病を―・し用けり」訳 思う存分によい親芋を選んで、特にたくさん食べて、あらゆる病気を治したそうだ。

いや-た・つ【弥立つ】(自タ下二){て・て・つ・つる・つれ・てよ}《上代語》[「いや」は程度が増す意]いよいよ心を奮い立たせる。万葉 一八・四〇九四「我をおきてまた人はあらじと―・て用思ひしまさる」訳 われわれをさしおいて(朝廷の御門を守護する)人はまたといないだろうと、いよいよ心を奮い立たせ、(忠勤の)思いはまさる。

いやちこ【灼然】(形動ナリ){なら・なり(に)・なり・なる・なれ・なれ}道理が明白である。また、神仏の霊験などが、あらたかである。〔紀〕神武「理実―・なり終」訳 道理は明白である。

いや-つぎつぎ-に【弥次次に】(副)[「いや」は程度が増す意]いよいよ次々に。代々受け継いで。万葉 一・二九「生れまし神のことごと樛の木の―天の下知らしめししを」訳 お生まれになった神(である天皇)のすべてが、代々受け継いで天下をお治めになったのに。(「樛の木の」は「つぎつぎ」にかかる枕詞)

いや-とほなが・し【弥遠長し】(形ク){から・く(かり)・し・き(かる)・けれ・かれ}[「いや」は程度が増す意] ❶(距離が)いよいよ遠く長い。万葉 一四・三三五六「富士の嶺の―・き体山路をも妹がりとへばけによはず来ぬ」訳 富士山のいよいよ遠く長い山路でも、いとしい人のもとへというので、息を苦しく吐くこともなくやって来た。 ❷(時間が)遠く隔たっている。永久だ。万葉 二・一九六「天地の―・く用偲ひ行かむ」訳 天地のように永久に追慕していこう。

いや-と-よ【否とよ】(感)[感動詞「否」に格助詞「と」と間投助詞「よ」が付いたもの]いやいや。いや、そうではない。〔謡・八島〕「―、弓を惜しむにあらず」

いや-ひ-けに【弥日異に】(副)日増しに。日ごとに。万葉 三・四七八「常なりし咲まひ振る舞ひ―変はらふ見れば悲しきろかも」訳 いつものことであった笑顔や行動が日ごとに変わってゆくのを見ると悲しいことだなあ。

いや-まさり-に【弥増さりに】(副)[「いや」は程度が増す意]いよいよ多く。いよいよ激しく。伊勢 四〇「さるあひだに思ひは―まさる」訳 そのうちに(互いの)恋心はいよいよ激しくつのる。

いや-まさ・る【弥増さる】(自ラ四){ら・り・る・る・れ・れ}[「いや」は程度が増す意]いよいよまさる。いよいよ多くなる。伊勢

一〇五「いとなめしと思ひけれど、心ざしは—・り(用)けり」訳（男は女を）非常に無礼だと思ったが、恋心はいよいよまさった。

いや-まし-に【弥増しに】(副)〔「いや」は程度が増す意〕よりいっそう。ますます。いよいよ多く。万葉 二・三六七二「逢(あ)はなくも憂しと思へば—人言(ひとごと)繁(しげ)く聞こえ来るかも」訳 逢わないこともつらいと思っていると、いよいよ多く（あなたについての）人のうわさがしきりに聞こえてくることよ。

いや-め【否目・嫌目】(名)涙ぐんだ目つき。悲しそうな目つき。源氏 早蕨「尽きせず思ひほれ給ひて、新しき年ともいはず—になむなり給へる」訳（薫(かをる)は）いつまでもぼんやりと気抜けなさって、新しい年であるというのに、涙ぐんだ目つきにおなりになっている。

い・ゆ【癒ゆ】(自ヤ下二){え・え・ゆ・ゆる・ゆれ・えよ}病気や傷が治る。全快する。徒然 九六「くちばみにさされたる人、かの草をもみて付けぬれば、すなはち—・ゆ(終)となん」訳 まむしにかまれた人は、その草（＝「めなもみ」という草）をもんでつけたときにはいつも、すぐに治るということである。文法 係助詞「なん」のあとに結びの語「言ふ」などが省略されている。

い-ゆき-はばか・る【い行き憚る】(自ラ四){ら・り・る・る・れ・れ}〔「い」は接頭語〕行くことをためらう。行きかねる。万葉 三・三一七「白雲(しらくも)も—・り(用)時じくそ雪は降りける」訳 → あめつちの…和歌

⇩篤(あつ)し「慣用表現」

い-ゆき-もとほ・る【い行き回る】(自ラ四){ら・り・る・る・れ・れ}〔「い」は接頭語〕行きめぐる。めぐり流れる。万葉 四・五〇九「波の上(うへ)をい行きさぐくみ岩の間(ま)を—・り(用)」訳 波の上を縫って行き、岩の間を行きめぐり。

い-ゆ・く【い行く】(自カ四){か・き・く・く・け・け}〔「い」は接頭語〕行く。万葉 一〇・一九一六「今さらに君は—・か(未)じ春雨のこころを人の知らざらなくに」訳 今さらあなたは帰って行かないだろう。（帰すまいと降る）春雨の心をあなたは知らないわけではないから。

いゆししの【射ゆ鹿の・射ゆ獣の】《枕詞》「心を痛み」「行き死ぬ」にかかる。万葉 九・一八〇四「—心を痛み」。万葉 一三・三三四四「—行きも死なむと思へども」

伊予(いよ)『地名』旧国名。南海道六か国の一つ。今の愛媛県。予州(よしう)。

いよ-いよ【愈】(副)❶なおその上に。いっそう。ますます。徒然 四五「—腹立ちて、きりくひを掘り捨てたりければ」訳（良覚僧正(りやうがくそうじやう)は）ますます腹を立てて、切り株を掘り起こして捨ててしまったところ。
❷とうとう。ついに。確かに。〔浮・西鶴諸国ばなし〕「座中居なほり、袖などふるひ、前後を見れども、—ないに極まりける」訳 一座の人々は居ずまいを正し、袖などを打ち振り、前後を見（て調べ）るが、とうとう（紛失した小判は）ないということになった。（⇩いと「類語パネル」）

いよ-すだれ【伊予簾】(名)伊予（愛媛県）に産する御器竹(ごきだけ)（＝竹の一種）で編んだすだれ。伊予簾(いよす)。夏

いよ-よ【愈】(副)〔「いよいよ」の転か〕ますます。その上に。いっそう。万葉 五・七九三「世の中は空(むな)しきものと知る時し—ますます悲しかりけり」訳 →よのなかは…和歌

い-よ・る【い寄る】(自ラ四){ら・り・る・る・れ・れ}《上代語》〔「い」は接頭語〕寄る。近寄る。万葉 一・三「朝(あした)にはとり撫(な)で給ひ夕(ゆふへ)には—・り(用)立たしし」訳（わが天皇が）朝には手に取ってなでなさり、夕べには（そばに）寄ってお立ちになった（ご愛用の梓弓(あずさゆみ)）。

いらう【答う・応う】⇩いらふ

いらえ【答え・応え】⇩いらへ

いらか【甍】(名)❶屋根の棟瓦(むながわら)。万葉 一六・三七九一「海神(わたつみ)の殿の—に飛び翔(かけ)る蜾蠃(すがる)のごとき」訳 海神の御殿の屋根の棟瓦に飛びまわる似我蜂(じがばち)のような。
❷瓦で葺(ふ)いた屋根。平家 灌頂・大原御幸「—破れては霧不断の香(かう)をたき」訳 瓦屋根が壊れては、（そこから）霧が絶え間なくたき続ける香のように入ってきて。

いらか-あらたま・る【甍改まる】改築される。細道 瑞巌寺「七堂—・り(用)て金壁荘厳(こんぺきしやうごん)光を輝かし」訳 七堂（すべての建物）が改築されて、（仏堂の）金箔(きんぱく)の壁や仏前のきらびやかな飾りは光り輝いて。

いらか-を-あらそ・ふ【甍を争ふ】屋根の高さを競う。方丈 一「棟(むね)を並べ、—・へ(已)る、高き、いやしき、人の住まひは」訳（都に）棟を並べ、屋根の高さを競っている、身分の高い人や低い人の住居は。

いらか-を-なら・ぶ【甍を並ぶ】建物が立ち並ぶ。棟(むね)を並べる。〔浮・日本永代蔵〕「数千軒(すせんげん)の問丸(とひまる)（＝問屋）、—・べ(用)」

伊良湖が島(いらごがしま)『地名』歌枕 今の愛知県、渥美(あつみ)半島の突端、伊良湖岬。半島と陸続きであるが、「万葉集」では「いらごのしま」と歌われた。

いら・つ【苛つ】㊀(自タ四){た・ち・つ・つ・て・て}いらだつ。いらいらする。〔謡・熊坂〕「—・っ(用)(促音便)て熊坂(くまさか)早足(さそく)を踏み」訳 いらだって熊坂（＝人名）はすばやく足を動かし。
㊁(他タ下二){て・て・つ・つる・つれ・てよ}せかす。いらいらさせる。〔太平記〕四「探使(たんし)襲来して—・て(用)ければ」訳 検使（＝事実を確認する使者）が突然来てせかせたので。

いら-つ-こ【郎子】(名)《上代語》男子を敬い親しんで呼んだ語。万葉 五・八七一・題詞「大伴佐提比古(おほとものさてひこの)—、特(ひと)り朝命を被(かが)ふり」訳 大伴佐提比古郎子は、単独で（特別に）天皇の命令を受けて。↔郎女(いらつめ)

いら-つ-め【郎女】(名)《上代語》女子を敬い親しんで呼んだ語。万葉 六・一〇一七・題詞「大伴坂上(おほとものさかのうへの)—、賀茂神社(かものやしろ)を拝(をろが)み奉(まつ)る時に」訳 大伴坂上郎女が、賀茂神社に参拝したときに。↔郎子(いらつこ)

いら-な・し(形ク){から・く(かり)・し・き(かる)・けれ・かれ}〔「いら」は刺(とげ)の意。「なし」は程度がはなはだしい意を表す接尾語〕❶心が痛むさま。心苦しい。〔記〕中「いらなけく(ク語法)そこに思ひ出かなしけくここに思ひ出」訳 心が痛むことにはそこで思い出し、悲しいことにはここで思い出して。
❷（程度が）はなはだしい。ひどい。大和 一六八「さぶらふ人々も—・く(用)なむ泣きあはれがりける」訳 お仕え申しあげる人々もひどく泣いていたましく思った。
❸大げさである。わざとらしい。大鏡 時平「この史(し)、文刺(ふんさ)しに文(ふみ)はさみて、—・く(用)ふるまひて、この大臣(おとど)に奉るとて」訳 この書記官が、文ばさみに文書をはさんで、わざとらしくふるまって、この大臣（＝時平）に差し上げるということで。
❹強い。鋭い。宇治 一〇・六「明け暮れは（＝毎日）、—・き(体)（＝鋭い）太刀(たち)をみがき、刀をとぎ」

いら・ふ【答ふ・応ふ】(自ハ下二){へ・へ・ふ・ふる・ふれ・へよ}答える。返答する。宇治 一・一二「いまひと声呼ばれて—・へ(未)

んと、念じて寝たるほどに」訳（児が）もう一声呼ばれて返事をしようと、我慢して寝ているうちに。

参考 一説に、「こたふ」は問いかけにきちんと答える意、「いらふ」は適当に返答したり、社交的に応答したりする意という。中世以降は、ほとんど「こたふ」だけになった。

いらへ【答へ・応へ】（名）〔下二段動詞「いらふ」の連用形から〕返事。返答。源氏 桐壺「よろづのことを泣く泣く契りのたまはすれど、御―もえ聞こえ給はず」訳（桐壺帝が）さまざまなことを泣きながら約束しおっしゃるけれど、（桐壺の更衣は）ご返事も申し上げることがおできにならず。

いら‐め・く【苛めく】（自カ四）{か・き・く・く・け・け}〔「めく」は接尾語〕角ばって見える。とがって見える。宇治 二一・一〇「くび細く、胸骨はことにさし出でて―・き用」訳（鬼は）首が細く、胸の骨は特に突き出て角ばって見え。

いらら‐か・す【苛らかす】（他サ四）{さ・し・す・す・せ・せ}「いららがす」とも。突っ張らせる。いからせる。宇治 九・一「毛を―・し用て、走りてかかる」訳（猪が）毛を逆立てて、走って襲いかかる。

いらら‐ぐ【苛らぐ】■（自ガ四）{が・ぎ・ぐ・ぐ・げ・げ}❶角だつ。とがる。源氏 手習「こはごはしう―・ぎ用たる物ども着給へるしも、いとをかしき姿なり」訳（浮舟は）ごわごわして角だっている（＝肌ざわりのよくない）ものをあれこれ着ていらっしゃるのも、たいそうかわいらしいようすである。

❷（寒さで）鳥肌が立つ。源氏 橋姫「寒げに、―・ぎ用たる顔してもてまゐる」訳（宿直人は）寒そうに、鳥肌が立った顔をして、（手紙を）持って参上する。

■（他ガ下二）{げ・げ・ぐ・ぐる・ぐれ・げよ}とがらせる。いからす。〔太平記〕一〇「思ひきらではかなふまじと思ひて、声を―・げ用色を損じて」訳（ここで）決断しなくては（事は）成就しないだろうと思って、声をいからし不機嫌な顔色になって。

いら・る【焦らる】（自ラ下二）{れ・れ・る・るる・るれ・れよ}いらいらする。気をもむ。じれる。〔落窪〕「いみじう悲しうて、おきふし泣き―・るれ已ば」訳 ひどく悲しくて、寝ても覚めても泣きじれるので。

いり‐あひ【入相】（名）❶夕暮れ時。太陽の沈むころ。日没。伊勢 四〇「けふの―ばかりに絶えいりて、またの日の戌の時ばかりになむからうじていき出でたりける」訳 この日の日没ごろに息が絶えて、翌日の戌の時ごろ（＝午後八時ごろ）にようやく息をふきかえしたのだった。

❷「入相の鐘」の略。暮れ方につく寺の鐘。また、その音。源氏 澪標「山寺の―の声々にそへても音泣きがちにてぞ過ぐし給ふ」訳 山寺の暮れ方につく鐘の音があちらこちらから聞こえてくるにつけても、（前斎宮は）声を上げて泣くことが多いありさまで（日を）過ごしなさる。

いり‐あや【入り綾】（名）舞楽で、舞人が退くとき、再び引き返して舞うこと。また、舞いながら退くこと。「入り舞」とも。源氏 若菜上「―をほのかに舞ひて」訳（夕霧と柏木が）入り綾をほんの少し舞って。

いり‐がた【入り方】（名）日や月が没しようとするころ。源氏 桐壺「月は―の、空清う澄みわたれるに」訳 月は西の空に没しようとするころで、空は曇りなく一面に澄んでいるうえに。

いり‐ぎは【入り際】（名）日や月がまさに沈もうとする時。更級 かどで「日の―の、いとすごく霧りわたりたるに」訳 日が沈もうとする時で、たいそうもの寂しく一面に霧が立ちこめている時に。

いり‐ずみ【煎り炭】（名）火にあぶって湿気をとり、火つきをよくした炭。枕 一六〇「とみにて―おこすも」訳 急ぎで煎り炭をおこすのも。

いり‐たち【入り立ち】（名）❶ある場所にはいりこむこと。親しく出入りすること。また、その人。源氏 蜻蛉「大将の君は、いとさしも―などし給はぬほどにて」訳 大将の君（＝薫）は、それほど（匂宮のように）そうも（しげしげと）親しく出入りなどなさらないようすなので。

❷宮中の台盤所（＝女房の詰め所）に出入りすることを許されること。また、その身分の人。

いり‐た・つ【入り立つ】（自タ四）{た・ち・つ・つ・て・て}❶深くはいる。はいりこむ。今昔 二九・二〇「盗人―・ち用て心にまかせて物を取りて」訳 盗賊は（家の中まで）はいりこんで思いのままに物を盗んで。

❷親しく出入りする。親しく交際する。源氏 蜻蛉「―・ち用て深く見ねば知らぬぞかし」訳（私＝薫は中の君と）親しく交際して深く理解して（いるわけでは）ないので、知らないのだよ。文法「ぞかし」は、文末に用いて強く念をおす意を表す。

❸物事に深く通じる。徒然 七九「何事も―・た未ぬさましたるぞよき」訳 どんなことでも（その道に）深く通じていないふりをしているのがよい。文法「よき」は係助詞「ぞ」の結びで連体形。

いり‐ちゃう【入り帳】（名）商家で、金銀の出納を記しておく帳面。〔浮・日本永代蔵〕「半年立たぬに百七十貫目、―のうち見えざりしに」訳 半年たたない間に百七十貫目（の金）が、出納帳の中に見えなく（＝使途不明に）なったけれども。

いり‐は・つ【入り果つ】（自タ下二）{て・て・つ・つる・つれ・てよ}すっかりはいる。はいってしまう。枕 一「日―・て用て、風の音、虫の音など、はた言ふべきにあらず」訳 日がすっかり沈みきって（のちの）、風の音や虫の鳴き声などは、また言うまでもない（＝趣が深い）。

いりひなす【入り日なす】《枕詞》「夕日のごとく」の意から、「隠る（＝死ぬ）」にかかる。万葉 二・二一〇「―隠りにしかば」

いり‐ふ・す【入り臥す】（自サ四）{さ・し・す・す・せ・せ}入って横になる。入って寝る。〔落窪〕「つい立てて、―・し用―・し用することよ」訳（几帳を）突き立て（めぐらして、その中に）入っては寝入っては寝することよ。

いり‐ふね【入り船】（名）港へはいってくる船。

いり‐まひ【入り舞】（名）「いりあや」に同じ。

いり‐まへ【入り前】（名）《近世語》〔「入り米」の転〕収入。みいり。〔浄・五十年忌歌念仏〕「清十郎といふ子を持って、老いの―暮らしよき」訳 清十郎という息子を持って、老後の収入も暮らし向きもよい。

いり‐みなと【入り湊】（名）船の停泊する港。

いり‐め・く【焦りめく】（自カ四）{か・き・く・く・け・け}〔「めく」は接尾語〕ひしめき騒ぐ。もみあって大騒ぎする。今昔 二五・四「横なばりたる音どもを以て―・き用あひて」訳 変になまった声々でひしめき騒ぎあって。

いり‐も・む【入り揉む・焦り揉む】■（自マ四）{ま・み・む・む・め・め}❶激しくもみ合う。風などが吹き荒れる。源氏 明石「ひねもすに―・み用つる雷のさわぎに」訳 一日中、荒れ狂った雷の大騒ぎのために。❷思いつめて気をいらだたせる。気をもむ。宇治 三・九「この人を妻にせばやと、―・み用思ひければ」訳この人を妻にしたいと、気をもみ思いこがれたので。

□二（他マ四）{ま・み・む・む・め・め}ぜひにと願う。一心に祈る。〔栄花〕つるのはやし「人知れぬ額をつき、仏を―・み用奉る」訳（道長の臨終を前にして人々は、仏前に）ひそかに額ずき、仏を一心に祈り申しあげる。

いり-もや【入り母屋】（名）屋根の形式の一種で、上部は切り妻として二方へ傾斜し、下部は四方へ廂を葺きおろしたもの。入り母屋造り。

い・る【入る】□一（自ラ四）{ら・り・る・る・れ・れ}❶中にはいる。はいってゆく。土佐「夜になして京には―・ら未むと思へば、急ぎしもせぬほどに、月出でぬ」訳夜になるのをわざわざ待って都にははいろうと思うので、急ぎもしないでいるうちに、月が出た。文法「急ぎしも」の「し」は強意の副助詞。

❷（日や月が）すっかり沈む。隠れる。没する。源氏 篝火「五六日の夕月夜はとく―・り用て」訳五、六日の夕方の月はすぐ没して。

❸（宮中・仏門などに）はいる。徒然 五八「さすがにひと度道に―・り用て世をいとはん人」訳なんといってもいったん仏道にはいって世を避けているような人は。文法「いとはん人」の「ん」は、仮定・婉曲の助動詞。

❹入り用である。必要である。方丈 三「車の力を報ふほかには、さらに他の用途―・ら未ず」訳車の力（を借りたこと）に対して報酬を支払う以外には、まったくほかの費用はかからない。

❺ある状態・境地に達する。徒然 一七五「酔ひて興に―・る体あまり」訳酔って興にのりすぎた結果。

❻時間・時期になる。源氏 末摘花「夜に―・り用てまかで給ふに」訳（左大臣が）夜になって（内裏を）退出なさる折に。

❼（心・力が）こもる。しみる。深くはいりこむ。万葉 一二・二九七七「何故か思はずあらむ紐の緒の心に―・り用て恋しきものを」訳どうして（あなたを）思わないでいられようか（いや、思わずにはいられない）。心の中にはいりこんで恋し（くてならな）いのに。（「紐の緒の」は「心に入る」にかかる枕詞）。文法「か」は、反語の係助詞。

❽（「来」「行く」「あり」の代用語。「せ給ふ」などの尊敬語を伴って）いらっしゃる。おいでになる。源氏 賢木「―・ら未せ給ひにけるを、珍しきこととうけたまはるに」訳（藤壺の中宮が春宮御所へ）おいでになられたのを、珍しいことだとうかがうにつけ。

□二（補動ラ四）{ら・り・る・る・れ・れ}（動詞の連用形に付いて）すっかり…する。まったく…になる。竹取 燕の子安貝「死ぬる命を救ひやはせぬ、と書き果つる、絶え―・り用給ひぬ」訳死んでゆく命を救ってはくれないのか、と書き終えるや、（中納言は）すっかり息が絶えてしまわれた。

□三（他ラ下二）{れ・れ・る・るる・るれ・れよ}❶中に入れる。加える。伊勢 三九「ほたるをとりて女の車に―・れ用たりけるを」訳ほたるをつかまえて女の牛車の中に入れたところ。

❷（心・力を）こめる。加える。古今 仮名序「力をも―・れ未ずして天地を動かし」訳（和歌は）力をも加えないで天地を動かし。

□四（補動ラ下二）{れ・れ・る・るる・るれ・れよ}（動詞の連用形に付いて）中に入れる、受け入れるの意を表す。源氏 手習「いたう患ひ給ふ人の御あたりに、善からぬものを取り―・れ用て」訳ひどく病んでいらっしゃる方（＝母尼君）のおそばに、よくない者を引っぱり込んで。

い・る【炒る・煎る・焦る】（他ラ四）{ら・り・る・る・れ・れ}食物を水分がなくなるまで火であぶる。煮つめる。〔うつほ〕国譲中「藤壺には、鮎ならぬ魚を―・り用て参り給ふ」訳藤壺には、鮎でない魚を火であぶっておすすめなさる。

いる【沃る】（他ヤ上一）{い・い・いる・いる・いれ・いよ}そそぐ。あびせる。大鏡 三条院「『大小寒の水を御ぐしにい未させ給へ』と申しければ」訳「（治療のために）小寒から大寒まで（一か月間の寒中）の水を御頭髪にあびせなさいませ」と（医師たちが）申し上げたので。→射る 参考

いる【射る】（他ヤ上一）{い・い・いる・いる・いれ・いよ}矢などを放つ。矢などを射当てる。徒然 九二「ある人、弓いる体ことを習ふに、諸矢をたばさみて的に向かふ」訳ある人が、弓を射ることを習うときに、一対二本の矢を手にはさみ持って的に向かう。

参考 ヤ行上一段活用の動詞は「射る」「沃る」「鋳る」の三語だけ。

いる【鋳る】（他ヤ上一）{い・い・いる・いる・いれ・いよ}金属をとかし、鋳型に流して器物をつくる。更級 鏡のかげ「母一尺の鏡をい未させて」訳母は直径一尺（＝約三十センチメートル）の鏡を鋳造させて。→射る 参考

いる〔居る・率る〕⇩ゐる

いるかせ【忽】（形動ナリ）{なら・なり(に)・なり・なる・なれ・なれ}「ゆるかせ」に同じ。平家 一・禿髪「この禅門世ざかりのほどは、聊か―・に用も申す者なし」訳この入道（＝平清盛）が全盛の間は、まったくおろそかにも申し上げる者はない。

いる-さ【入るさ】（名）〔「さ」は時や折などの意を表す接尾語〕（月などの）はいる時。はいりぎわ。平家 九・小宰相身投「月の―の山の端を、そなたの空とや思はれけん」訳月がはいる時の山の稜線（の方角）を、そちら（＝西方極楽浄土）の空と思いなさったのだろうか。

いれ-かたびら【入れ帷子】（名）〔「かたびら」はひとえ物の意〕衣服などを箱にしまうとき、それを包んだ布。今のふろしきにあたる。

いれ-ずみ【入れ墨】（名）❶皮膚に文字や絵を彫りつけたもの。刺青。❷江戸時代の刑罰の一種。腕や額などに傷をつけて墨をさし、前科のしるしとしたもの。❸書・絵などに筆を加えること。入れ筆。

いれ-た・つ【入れ立つ】（他タ下二）{て・て・つ・つる・つれ・てよ}出入りさせる。枕 三五「心わづらはしき北の方出で来てのちは、内にも―・て未ず」訳（男親は）気づかいされる奥方（＝後妻）ができた後は、（先妻の子を）室内にも出入りさせず。

いれ-ふだ【入れ札・入れ簡】（名）請負・売買などで、いちばんよい条件の者が契約する約束で、競合者がその見込み額を物に書いて箱などに入れること。入札。

いろ-（接頭）（親族を示す名詞に付いて）同母の関係にあることを表す。のちには、親愛の意を表した。「―せ」「―ど」「―ね」

いろ【色】□一（名）❶色あい。色彩。竹取 火鼠の皮衣「大臣、これを見給ひて、顔は草の葉の―にて

居給へり」訳大臣は、これ（＝火鼠の皮衣が焼けたものをご覧になって、顔は草の葉のような（真っ青な）色あいになって座っていらっしゃる。

❷位階によって定められている色。当色。源氏 若菜下「この頃こそ、すこしものものしく、御衣の―も深くなり給へれ」訳（あなた＝柏木は）近ごろやっと、少し重々しく、お召し物の色も濃く（＝上位の色に）おなりになったけれど。文法 係り結び「こそ…れ」は、ここは強調逆接となって下の文に続く。

❸天皇・皇族以外は、原則として身に着けることを禁じられた色。禁色。うつほ 内侍のかみ「更衣十人、―許され給へるかぎり」訳（三人の女御のほか）更衣が十人、禁色を許されなさった方々すべてが。

❹喪服の色。鈍色（＝濃いねずみ色）。また、喪服。平家 三・紺掻之沙汰「それより―の姿になりて、泣く泣く鎌倉へ入り給ふ」訳（頼朝は）そこ（＝片瀬川）から鈍色の喪服の姿になって、泣きながら鎌倉にお入りになる。

❺顔色。表情。ようす。そぶり。大鏡 道長上「的のあたりにだに近く寄らず、無辺世界を射給へるに、関白殿―青くなりぬ」訳（伊周の矢が）的のあたりにさえ近く寄らず、途方もない方向を射なさったので、（父の）関白殿（＝道隆）は顔色が青くなってしまった。

❻情趣。風情。気配。古今 春下「春の―の至り至らぬ里はあらじ咲ける咲かざる花の見ゆらむ」訳春の風情が及んだり及ばなかったりする里はないだろう。（なのに）どうして咲いている花、咲いていない花が見えるのだろう。

❼（心の）優しさ。情味。徒然 一四一「吾妻人は、わがかたなれど、げには心の―なく」訳東国の人は、私の郷里の人であるが、実際のところは心の優しさがなく。

❽表面的なはなやかさ。派手。華美。古今 仮名序「今の世の中、―につき、人の心、花になりにけるより」訳今の世の中は、華美に流れ、人の心が派手になってしまったことから。

❾恋愛。色事。情事。宇治 一・一「傅殿の子に、―にふけりたる僧ありけり」訳傅殿（＝藤原道綱）の子に、色事に夢中になっている僧があった。

❿情夫。情婦。恋人。太平記 一八「御心に染む―もなかりけるにや」訳お気に召す女性もなかったのだろうか。文法 係助詞「や」のあとに結びの語「あらん」が省略されている。

⓫種類。品。うつほ 俊蔭「目に見ゆる鳥、獣、―をも嫌はず殺し食へば」訳目にはいる鳥や獣を、種類も選ばず殺して食うので。

■二（形動ナリ）〔なら・なり(に)・なり・なる・なれ・なれ〕❶美しい。つややかだ。枕 二〇〇「髪、―に用、こまごまとうるはしう」訳髪は、つややかで、こまやかにきちんと整っていて。

❷好色である。浮気である。源氏 浮舟「この宮の、いと騒がしきまで―に用おはしますなれば」訳この宮（＝匂宮）が、たいそううるさいほどに好色でいらっしゃるようだから。文法「おはしますなれば」の「なれ」は、伝聞・推定の助動詞。

発展　色の分化

虹の色は「赤・橙・黄・緑・青・藍・紫」の七色だが、古い時代には「あか・あを」の二色だった。「紫・赤・橙・黄」は「あか」、「緑・青・藍」は「あを」の領域に入る。「橙」は柑橘類の一種の名、「緑」は草木の若芽、「藍・紫」は草の名。これらの語を「〜のような色」と用いて、領域が分化されたのである。

い-ろ【倚廬】（名）天皇が、父母の喪の初めの十三日間こもる仮の建物。徒然 二八「―の御所のさまなど、板敷きをさげ、葦の御簾をかけて」訳倚廬の御所のようすなど、床板を低く造り、葦の御簾をかけて。

いろ-あひ【色合ひ】（名）❶（衣服などの）色のぐあい。色調。徒然 四四「月影に―さだかならねど、つややかなる狩衣に」訳月の光で（見たので）色調ははっきりとしないけれど、つやがあって美しい狩衣（の上）に。

❷顔の色つや。顔色。源氏 宿木「―あまりなるまで匂ひて」訳（六の君は）顔の色つやがあまりにも（すぐれている）と思うほどつややかに美しくて。

いろ-あらたま・る【色改まる】鈍色（＝濃いねずみ色）の喪服をぬいで平常の衣服の色にもどる。喪が明ける。源氏 少女「宮の御はても過ぎぬれば、世の中―りて」訳宮（＝藤壺）のご一周忌も過ぎたので、世間は喪服の色も平服の色に改まって。

いろ-いろ【色色】■一（名・形動ナリ）❶さまざまの色。色とりどりなさま。源氏 須磨「―の紙をつぎつつ手習ひをし給ひ」訳（光源氏は）さまざまの色の紙を何度も継いではすさび書きをしなさり。

❷さまざま。あれこれ。源氏 澪標「夜一夜―のことをせさせ給ふ」訳（光源氏は神前で）一晩中さまざまなこと（＝神事）をなされる。土佐「―に用かへりごとす」訳（もてなしてくれた主人に）あれこれと返礼をする。

■二（副）さまざまに。大和 九九「もみぢ小倉の山に―いとおもしろかりけるをかぎりなくめで給ひて」訳紅葉が小倉の山にさまざまな色あいにたいそう晴れやかで趣があったのを、この上なく賛美なさって。

いろいろ・し【色色し】（形シク）〔しから・しく(しかり)・し・しき(しかる)・しけれ・しかれ〕❶好色な性質である。著聞 五五四「―しき体者にて、よきあしきをきらはず、女といへば心をうごかしけり」訳（その人は）好色な人で、美人不美人を分け隔てせず、女というと心を動かした。

❷きらびやかである。派手である。義経記「別して―しく用も出で立たず」訳とりわけきらびやかにも装わず。

いろう【色う・彩う・綺う・弄う】⇨いろふ

いろ-え【いろ兄】（名）《上代語》「いろ」は同母を表す接頭語）同母から生まれた兄。

いろ-か【色香】（名）❶（花などの）色と香り。源氏 若菜下「月やうやうさしあがるままに、花の―ももてはやされて」訳（陰暦十九日の）月がだんだんにのぼるにつれて、（梅の花の）色と香りも（月の光に）引き立てられて。

❷女性の美しい容色。あでやかさ。謡・仏原「―を飾る玉衣の」訳女性の美しい容色を引き立てる美しい衣装を（着飾って）。

いろ-かたち【色形】（名）顔色。顔の血の気。今昔 一九・二六「―もなくなりて、沓をも履き敢へずして」訳顔の血の気もなくなって、くつを履くこともできないで。

いろ-かは-る（カワル）【色変はる】喪によって鈍色（にびいろ）（＝濃いねずみ色）の衣服になる。源氏 椎本「―・る㊍袖をば露の宿りにてわが身ぞさらにおきどころなき」訳 鈍色に変わる袖を涙の宿として、（それに比べて）わが身は（この世に）おきどころがまったくない。（「おき」は「露」の縁語）

いろ-くさ【色種・色草】（名）いろいろの種類。特に、色とりどりの秋の草。源氏 野分「秋の花を植ゑさせ給へること、つねの年よりも見どころ多く、―を尽くして」訳（秋好（あきこのむ）中宮の御殿の庭前に）秋の草花をお植えになられているようすが、（今年は）例年よりも見るべき所が多く、いろいろの種類をあるだけ植えて。

いろ-くづ（クズ）【鱗】（名）「うろくづ」に同じ。

いろこ【鱗】（名）「うろこ」の古形。（魚などの）うろこ。〔記〕上「―のごと造れる宮室（みや）」訳 うろこの（重なる）ように造ってある宮。

いろ-こ・し【色濃し】❶色が濃い。特に、衣服の紫または紅の色が濃い。更級 足柄山「雪の消ゆる世もなく積もりたれば、―・き㊍衣（きぬ）に、白き衵（あこめ）着たらむやうに見えて」訳（富士山は）雪が消える時もなく積もっているので、色の濃い（紺青（こんじょう）の）着物（の上）に、白い衵を着ているように見えて。

❷しつこい。あくどい。徒然 一三七「片田舎（かたゐなか）の人こそ、―・く㊊よろづはもて興ずれ」訳 片田舎に住む人は、しつこくどんなことでもおもしろがるものだ。

いろ-ごのみ【色好み】（名）❶恋愛の情趣をよく解すること。情事を好むこと。また、そういう人。源氏 宿木「なまめかしく恥づかしげにて、いみじく気色（けしき）だつ―どもになずらふべくもあらず」訳（薫（かおる）のようすは）優美でこちらが恥ずかしくなるほどりっぱで、たいそう気取っている好き者らと比較できるものでもなく（すばらしく）。

❷風流・風雅な方面に関心・理解のある人。風流人。〔ささめごと〕「世にふたりみたりの賢き―出（い）でて、盛りにもてはやし侍るより、道ひろきことになれるとなん」訳 この世に二人、三人のすぐれた風流人が出て、盛んにほめたたえますとき以来、（連歌の）道が広まることになったということだ。文法 係助詞「なん」のあとに結びの語「いふ」などが省略されている。

> **発展　美的理念としての「色好み」**
> 現代語では「色好み」は道徳的非難を含むのに対し、平安時代では、単なる情事を超えた、恋の情趣を尊ぶという美的理念でもあった。「色好み」は男性だけでなく、女性にも使われる。歌人で国文学者の折口信夫（おりくちしのぶ）は、物語の主人公の本質を表すことばとして「色好み」を再評価した。

いろ-この・む【色好む】恋愛の情趣をよく解する。また、情事を求める。徒然 一三七「浅茅（あさぢ）が宿に昔をしのぶこそ、―・む㊎とは言はめ」訳 ちがやの茂った荒れた家で（恋人と逢（あ）った）昔をなつかしむことこそ、恋の情趣を解するとは言うのだろう。

いろ-ごろも【色衣】（名）色染めの美しい衣服。源氏 葵「あまた年今日あらためし―きては涙ぞふる心地する」訳 長い間毎年（元日の）今日着替えた色染めの美しい衣（＝晴れ着）を、（今年も）ここ（＝左大臣家）に来て着ては（悲しみの）涙がこぼれ、昔（＝葵（あおい）の上の在世中）の心持ちがすることだ。（「きて」は「来て」と「着て」、「ふる」は「（涙が）降る」と「古る」との掛詞）

いろ-ざと【色里】（名）遊女のいる所。遊里。遊郭。〔痼癖談〕「若き人の、―にかよひそめしにひとしく」訳 若い人が遊里に通いはじめた時（の気持ち）と同じで。

いろ-しな【色品】（名）❶いろいろの品物。❷いろいろの方法・手段。〔浮・西鶴置土産〕「―かへて、内儀のかたへ持たせつかはしけるに」訳 手段を変えて、女房のところへ（お金を）持たせて行かせたところが。

いろ-せ（名）《上代語》〔「いろ」は同母を表す接頭語〕同じ母から生まれた兄、または弟。万葉 二・一六五「うつそみの人なるあれや明日よりは二上山（ふたがみやま）を―とあが見む」訳 →うつそみの…和歌

いろ-づ・く【色付く】（自カ四）｛か・き・く・く・け・け｝草木の葉や花や実が季節の色を帯びる。特に、紅葉する。万葉 一五・三六九九「秋されば置く露霜にあへずして都の山は―・き㊊ぬらむ」訳 秋になると降りる露や霜にこらえきれないで、（奈良の）都の山は（秋の）色を帯びたことであろう。

いろ-ど（名）《上代語》〔「いろ」は同母を表す接頭語〕「いろと」とも。同じ母から生まれた弟、または妹。〔記〕中「―（＝弟）帯日子国忍人命（たらしひこくにおしびとのみこと）は天（あめ）の下治（し）らしめしき（＝天下を統治なさった）」↕いろね

いろ-ど・る【色取る・彩る】（他ラ四）｛ら・り・る・る・れ・れ｝❶ものに色をつける。彩色する。万葉 七・一三三九「月草に衣（ころも）―・り㊊摺（す）らめども移ろふ色といふが苦しさ」訳 露草で着物に色をつけ摺り染めにしようと思うけれども、（露草の藍色は）さめつづける色だと（皆が）言うのがつらいことだ（＝あなたは心変わりしやすい人だと聞くのが心配だ）。

❷紅（べに）や白粉（おしろい）、黛（まゆずみ）などを顔にぬる。化粧する。源氏 総角「額髪（ひたいがみ）をひきかけつつ―・り㊊たる顔づくりをよくして」訳（老女房たちは）それぞれ額髪を垂らして（顔を見られないようにし）、紅や白粉をぬった化粧を念入りにして。文法「ひきかけつつ」の「つつ」は、複数の主語が同時にその動作をする意を表す。

いろ-に-い・づ（イズ）【色に出づ】（心中の思いが）顔色やそぶりに表れる。〔拾遺〕恋一「忍ぶれど―・で㊊にけりわが恋は物や思ふと人の問ふまで」訳 →しのぶれど…和歌

いろ-ね（名）《上代語》〔「いろ」は同母を表す接頭語〕同じ母から生まれた兄、または姉。〔記〕中「この王（みこ）、二人の女（むすめ）ありき。―（＝姉）の名は蝿伊呂泥（はへいろね）、…いろど（＝妹）の名は蝿伊呂杼（はへいろど）なり」↕いろど

いろ-は【母】（名）《上代語》生みの母。実母。〔紀〕神代「その父―の二柱（ふたはしら）の神、素戔嗚尊（すさのをのみこと）に勅（ことよさ）したまはく」訳 その父母である二人の神（＝伊弉諾尊（いざなきのみこと）・伊弉冉尊（いざなみのみこと））が、素戔嗚尊にご命令なさることには。↕父（かぞ）

参考「いろ」は同母による血族関係を示す接頭語だが、この場合は「血のつながりをもつ」という意に転化したものと考えられる。

い-ろ-は【伊呂波】（名）❶「いろはうた」に同じ。❷「いろはがな」の略。「いろは歌」の平仮名四十七文字の総称。❸（手習いの最初に「いろはがな」を習うことから）物事の

はじめ。初歩。

いろは-うた【伊呂波歌】(名)❶平仮名四十七文字を一回ずつ使い、七五調四句の今様に詠んだもの。いろは。

❷「いろはたんか」に同じ。

参考「いろはうた①」は「大般涅槃経」の偈「諸行無常、是生滅法、生滅滅已、寂滅為楽」を和訳したものといわれ、「色は匂へど散りぬるを、我が世誰ぞ常ならむ、有為の奥山今日越えて、浅き夢見じ酔ひもせず」という七五調の四句から成る。弘法大師作という俗説を生んだが、現在ではこれは否定されている。文献にみえる最古の例は、「金光明最勝王経音義」(一〇七九年)に万葉仮名で記されたものである。

いろは-たんか【伊呂波短歌】(名)いろは四十七文字と「京」の字を句のはじめに置いた教訓的な和歌やことわざを集めたもの。「いろはうた」とも。

いろ-びと【色人】(名)❶美しくなまめかしい人。〔謡・羽衣〕「その名も月の―は、三五夜中の空にまた、満願真如の影となり」訳その名も月のように美しくなまめかしい人(=天女)は、十五夜の空にまた、すべての願いが満たされた真実の姿のような満月の光となり。

❷〔近世語〕遊女。〔浮・好色一代男〕「―ばかりあつまり酒のみてありしが」訳遊女だけが集まり酒を飲んでいたが。

❸〔近世語〕色遊びに通じている人。粋人。〔浮・浮世親仁形気〕「利銀取ることを、世の―の傾城狂ひするほどにおもしろく思ひこみて」訳利息をかせぐことを、世間の粋人が遊女に執心する(のと同じ)くらいにおもしろいと(一途に)思いこんで。

いろ-ふ【色ふ・彩ふ】■(自ハ四)美しい色になる。〔和泉式部集〕「いかばかり思ひ置くとも見えざりし露に―へ(已)る撫子の花」訳どれほど心にとめていても(目には)見えなかった露によって、美しく色づいた撫子の花であることよ。(「置く」は「露」の縁語)

■(他ハ下二)美しく彩る。また、(詩文や演技などに)工夫をこらす。〔平家〕一一・那須与一「褐に、赤地の錦をもって大領・端袖―へ(用)たる直垂に」訳(全体が)褐(=濃紺色)である上に、赤地の錦で前襟と袖のはしのほうを美しく彩ってある直垂に。

いろ-ふ【綺ふ・弄ふ】(自ハ四)❶かかわる。関係する。世話をする。〔源氏〕松風「惟光の朝臣、例のしのぶ道はいつとなく―ひ(用)つかうまつる人なれば」訳惟光の朝臣は、いつもの(光源氏の)人目を忍ぶ方面のこと(=忍び歩き)には、いつでもお世話し申しあげる人なので。

❷口出しする。干渉する。〔太平記〕一「御治世の御事は、朝議にまかせ奉る上は、武家―ひ(用)申すべきにあらず」訳ご政治の御事は、朝廷の意向にまかせ申しあげる以上は、武家が干渉し申しあげてよいことではない。

いろ-ぶか-し【色深し】(形ク)❶色彩が濃い。〔枕〕六七「萩、いと―う(用)(ウ音便)、枝たをやかに咲きたるが」訳萩はたいそう色が濃く、枝もしなやかに咲いているのが。

❷愛情や趣が深い。

いろ-ふし【色節】(名)❶晴れがましいこと。光栄。〔源氏〕澪標「かく口惜しき際のものだに、物思ひなげにてつかうまつるを―に思ひたるに」訳このようにつまらない身分の者でさえ、なんの心配もないようすで(光源氏に)お仕え申しあげるのを晴れがましいことと思っているのに。

❷色彩。色調。〔徒然〕一九一「よろづのものの綺羅・飾り・―も、夜のみこそめでたけれ」訳すべてのもののきらびやかな美しさ、装飾、色彩も、夜は特にすばらしい。

いろみえで… 和歌

> 色見えで　うつろふものは　世の中の
> 人の心の　花にぞありける
> 〈古今・恋五・七九七・小野小町〉

訳色が見えない状態で変わってゆくものは、世の中の人の心という花であったことだ。

解説「人の心」を「花」に見立て、「花」は色あせるのが目に見えるが、「人の心の花」は目に見えないうちに色あせるとする。人の心の本質をついた、小町らしい秀歌。

いろ-めか-し【色めかし】(形シク)【動詞「色めく」に対応する形容詞】色っぽい。なまめかしい。好色らしい。〔源氏〕藤袴「―しく(用)うち乱れたる所なきさまながら」訳(鬚黒は)好色らしく乱れたところのない性分であるものの。

いろ-め-く【色めく】(自カ四)【「めく」は接尾語】❶色がはっきり現れる。美しく色づく。〔金葉〕秋「白露や心置くらん女郎花―く(体)野辺に人かよふとて」訳白露は遠慮しているのだろうか、女郎花が美しく色づく野原に(それをめあてに)人が通ってくるというので。(「置く」は「露」の縁語)

❷好色に見える。なまめかしく見える。〔源氏〕紅葉賀「女にて見ばやと―き(用)たる御心にはおもほす」訳(光源氏を)女性として見たいと好色めいた(兵部卿の宮の)御心ではお思いになる。

❸戦いに負けるようすが見える。敗色が現れる。〔太平記〕八「互ひに人を楯にかくれんと―き(用)ける気色を見て」訳(味方どうしで)互いに他の人を盾にして、(自分は)そのうしろに隠れようという敗色が現れたようすを見て。

いろ-も(名)〔上代語〕(「いろ」は同母を表す接頭語)同じ母から生まれた妹。〔記〕中「その―に問ひて言ひけらく、『夫と兄といづれか愛しき』と言へば」訳(沙本毘古王が)その同母の妹に問うて言ったことには、「夫と兄とではどちらがいとおしいか」と言うと。文法「けらく」は過去の助動詞「けり」のク語法で、「…たこと(には)」の意。

いろ-ゆるさ-る【色許さる】禁色(=位階によって身に着けることを禁じられた色)の着用を許される。〔伊勢〕六五「むかし、おほやけおぼして使う給ふ女の、―れ(用)たるありけり」訳昔、天皇がご寵愛になって召し使いなさる女で、禁色を許された人があった。→禁色

なりたち 名詞「色」+四段動詞「許す」の未然形「ゆるさ」+受身の助動詞「る」

いろ-を-うしな-ふ【色を失ふ】(驚きや恐れで)顔色をなくす。青ざめる。〔保元物語〕「寄せ方敗け色

になりければ、…義朝・清盛 ―・ひ㊊て引き退き」訳 攻撃軍は負けそうな気配になったので、…義朝と清盛は顔色をなくして退却し。⇩あさまし「慣用表現」

いわ【岩・石・巖・磐】⇩いは

いわう【祝う・斎う】⇩いはふ

いわ・く【稚く】(自カ下二)｛け・け・く・くる・くれ・けよ｝→いはく(稚く)

いわく【言わく・曰く】⇩いはく

いわけ・な・し【稚けなし】(形ク)｛から・く(かり)・し・き(かる)・けれ・かれ｝→いはけなし

い・わた・す【射渡す】(他サ四)｛さ・し・す・す・せ・せ｝遠くのほうまで矢を射て届かせる。万葉 一九・四二六四「投げ矢持ち千尋―・し㊊」訳 投げ矢を手に取り、はるかかなたの遠くまで矢を届かせ。

いわんかたなし【言わん方無し】⇩いはむかたなし

いを【魚】(名)うお。さかな。伊勢 九「白き鳥の嘴と脚と赤き、鴫の大きさなる、水の上に遊びつつ―を食ふ」訳 白い鳥で、くちばしと足とが赤い、鴫の大きさである鳥(=都鳥)が、水の上で遊びながらさかなを食べている。文法「白き鳥の」の「の」は、いわゆる同格の格助詞で、「…で」の意。

い・を・ぬ【寝を寝】寝る。睡眠をとる。万葉 二〇・四四〇〇「家思ふと―・ね㊍ず居れば鶴が鳴く葦辺も見えず春の霞に」訳 (故郷の)家を思って眠らずにいると、鶴が鳴く葦の生えた水辺も見えない。春の霞で。

なりたち 名詞「寝」＋下二段動詞「寝」＋格助詞「を」

いん【印】(名)❶印形。印章。また、物に残された跡。しるし。平家 三・有王「沙頭に―を刻む鷗、沖の白洲にすだく浜千鳥のほかは、跡とふ者もなかりけり」訳 砂浜に足跡をつける鷗や、沖の白い砂の州に群がる浜千鳥以外は、ゆくえをたずねる者もなかった。

❷《仏教語》仏・菩薩の悟りや誓願の内容を、両手の指でいろいろな形に結んで表すもの。「印相」とも。源氏 手習「心にさるべき真言をよみ―をつくりてこころみるに」訳 (僧都は)心の中でしかるべき(=変化の正体を現す効験を持つ)真言(=梵語の呪文)を唱え、(手に)印を結んでためしてみると。

(印　②)

いん【因】(名)《仏教語》結果を生じさせる直接的な原因。平家 九・敦盛最期「つひに讃仏乗の―となるこそあはれなれ」訳 (敦盛が死に臨んで所持していた笛が)結局(直実の)仏門に入る直接の原因となっていることは、感慨深いことである。→因縁・因果

いん【陰】(名)易学で、地・月・秋・冬・北・西・夜・女など、消極的・静的な事物を表す語。↔陽。→陰陽

いん【院・韻】⇩ゐん

いん・えん【因縁】(名)「いんねん」とも。❶《仏教語》結果を生じさせる直接的な原因(=因)と、それを外部から助ける間接的な原因(=縁)。また、因と縁とによって定められたすべての存在の生滅の関係。〔沙石集〕「それ道に入る方便一つにあらず。悟りを開く―これ多し」訳 そもそも仏道にはいる手段は一つ(だけ)ではない。悟りを開く(ための)直接・間接の原因は確かに多い。

❷物事の由来。いわれ。〔浄・菅原伝授手習鑑〕「御流儀、末世に伝へる寺子屋の、敬ひ申し奉る―かくとぞ知られける」訳 (菅原道真の書道の)御流儀を、後世に伝える寺子屋が、(道真を)尊敬し申しあげるいわれはこういうことであるとわかったことだ。

語の広がり「因縁」
現代では「縁起が悪い」「縁起でもない」などのように用いられ、幸・不幸の前兆を意味する「縁起」は、もとは「因縁」によって万物が「生起」することを意味する語であった。

いんが【因果】⇩いんぐゎ

いん・きょ【隠居】■一(名・自サ変)❶俗世間を避け、山野など閑静な所に引きこもって生活すること。❷官職をやめたり、跡継ぎに家督を譲ったりして閑居すること。また、その人。■二(名)隠居所。

いん・ぐゎ【因果】(名)《仏教語》❶一切の現象は偶然ではなく、すべて原因があって結果が生じるという法則(道理)を示す語。善事をすれば善い報いがあり、悪事をすれば悪い報いがあるとする道理。徒然 一八八「学問して―のことわりをも知り、説経などして世渡るたづきともせよ」訳 (仏教の)学問をして因果の道理をも知り、説経などをして生活する手段にもせよ。

❷前世や過去に行った悪業の報い。〔きのふはけふの物語〕「いかなる―にて、われらはかやうにあさましきことや」訳 どのような悪業の報いで、私どもはこのようにいやしく貧しい状態なのだろうか。

いん・ざう【印相】(名)《仏教語》「いん(印)②」に同じ。

いん・し【隠士】(名)「いんじ」とも。俗世間を離れてひとり静かに生活する人。隠者。細道 福井「ここに等栽(=俳人の名)といふ古き(=古くからの)―あり」

いん・じ【往んじ】■一(連体)〔「往にし」の撥音便〕過ぎ去った。去る。平家 七・木曽山門牒状「義仲―年の秋、…旗をあげ剣を取って信州を出でし日」訳 (この)義仲が去る年の秋、…軍旗をかかげ剣を取って(本拠地)信州(長野県)を出陣した日。

■二(名)過ぎ去った昔。昔のこと。往事。〔太平記〕三八「『―をとがめず』と申すこと候へば、御憤り今はこれまでにてこそ候へ」訳「昔のことは非難しない」と申すことばもありますので、(あなたの)お怒りも今はこれまでである(=しずめる)のがよいのです。⇩古「慣用表現」

いんじゃ・ぶんがく【隠者文学】(名)《文芸用語》俗世間をのがれて草庵生活を営みながら、修行や思索にふける隠遁者によってつくられた文学。中世人の仏教的無常観を基調とし、内省的傾向を特色とする。また、幽玄・閑寂などの日本的美意識の形成にも影響している。代表的な作家としては、西行・鴨長明・兼好法師などがいる。

いん・ぜふ【引接・引摂】(名・他サ変)《仏教語》「引導接(摂)取」の略。念仏を唱える者の臨終のときに阿弥陀仏が迎えに来て、極楽浄土へ導くこと。平家 灌頂・女院死去「『かならず―・し㊊給へ』とて、御

念仏ありしかば」訳（建礼門院は「きっと極楽浄土へお導きください」と言って、念仏を唱えなさったので。

いん-だう【引導】(名・他サ変) ❶《仏教語》迷っている人を仏道に導くこと。今昔 一・二九「当来世に成仏して無数の衆生を—す(終)べし」訳来世で仏となって数多くの衆生を導いて仏道に入れるがよい。❷《仏教語》葬儀のとき、導師が死者を浄土に導くための法語を唱えること。❸導くこと。手引きすること。

いん-ぢ【印地】(名)〔「印地打ち」の略〕❶中世に流行した石合戦。江戸時代には、陰暦五月五日に子供が河原などで石を投げて合戦する遊戯となった。〔源平盛衰記〕「京童部の向かふつぶて、河原—のやうなり」訳京都の子供の小石投げや、河原での石合戦のようだ。❷石合戦を得意とする無頼の徒。

いん-ねん【因縁】(名)「いんえん」に同じ。

いん-ばん【印判】(名)印章。印鑑。〔浮・西鶴織留〕「我が—ひとつで銀千貫目の事もらちが明くほどに」訳私の印鑑一つで(銀)千貫目のことでもかたがつくから。

殷富門院大輔（いんぷもんゐんのたいふ）〔人名〕(生没年未詳)平安末期・鎌倉初期の女流歌人。藤原信成の娘で、後白河天皇の皇女殷富門院亮子内親王に仕えた。「小倉百人一首」に入集。

いん-やう【陰陽】(名)「おんやう」とも。易学で、万物を造りだす根源とされる相反する二つの気。消極的・静的な作用をもつ「陰」と積極的・動的な作用をもつ「陽」のこと。天・日・春・南・男などを陽とし、地・月・秋・北・女などを陰とする。

いん-ろう【印籠】(名)腰に下げる三段または五段重ねの長円筒形の小箱。緒締め・根付けをつけ、帯にはさんだ。蒔絵や螺鈿などの細工を施す。もとは印・印肉を入れるものであったが、江戸時代には救急薬を入れて携行した。

(いんろう)

う ウ

「う」は「宇」の草体
「ウ」は「宇」の冠

-う【宇】(接尾)(軒・屋根の意から)建物などを数える語。平家 灌頂・大原御幸「西の山の麓に一—の御堂あり」訳西の山の麓に一棟のお堂がある。

う【卯】(名) ❶十二支の四番目。→十二支 ❷方角の名。東。❸時刻の名。今の午前六時ごろおよびその前後約二時間(午前五時ごろから午前七時ごろ)。土佐「二十一日。—の時ばかりに船出いだす」訳(陰暦一月)二十一日。卯の時(＝午前六時)ごろに船を出す。

う【得】■(他ア下二) ❶**手に入れる**。自分のものにする。竹取 貴公子たちの求婚「いかでこのかぐや姫をえ(用)てしがな、見てしがなと」訳どうにかしてこのかぐや姫を手に入れたいものだ、結婚したいものだと。文法「てしがな」は、詠嘆を伴った願望の終助詞。⇩音に聞く「名文解説」

❷**身にうける**。身につける。会得する。古今 仮名序「しかあれど、これかれえ(用)たる所、え(未)ぬ所、互ひになむある」訳そうではあるが、この人あの人によって身につけている点、身につけていない点が、それぞれにある。

❸(多く「心を得」「意を得」の形で)**さとる**。**理解する**。徒然 一三二「この心をえ(未)ざらん人は、物狂ひともいへ」訳(老いも迫り、いっさいの俗事を捨て去るべきだという)この気持ちを理解しないような人は、(私を)気が狂った人とでも言うがよい。文法「えざらん人」の「ん」は、仮定・婉曲の助動詞。「物狂ひともいへ」の「いへ」は、命令形の放任法。

❹(用言の連体形に「を」「ことを」の付いた形を受けて)**することができる**。今昔 二・三〇「人生まれて必ず死することなり。永く相添ふことをえ(未)ず」訳人は生まれたら必ず死ぬものである。いつまでもいっしょにいることはできない。

■(補動ア下二)(動詞の連用形に付いて)…(することができる。竹取 竜の頸の玉「この玉取りえ(未)では、家に帰り来くな」訳この玉を手に入れることができなくては、家に帰って来るな。

活用	未然	連用	終止	連体	已然	命令
	え(ズ)	え(タリ)	う(○)	うる(コト)	うれ(ドモ)	えよ(○)

参考 ア行下二段活用の動詞は、「得」と、「心得」「所得」など「得」のつく語に限られる。

う(助動特殊型)

意味・用法
- 推量〔…だろう。〕→❶
- 意志〔…う。…よう。〕→❷
- 適当・当然〔…のが当然だ。…のがよい。〕→❸
- 勧誘〔…たらどうだろう。〕→❹
- 仮定・婉曲〔…とすれば、その。…ような。〕→❺

接続 活用語の未然形に付く。「よう」が発達してからは、四段・ナ変・ラ変動詞とラ変型活用語だけに付く。

活用	未然	連用	終止	連体	已然	命令
	○	○	う(○)	う(コト)	○	○

❶推量の意を表す。…だろう。〔浄・夕霧阿波鳴渡〕「さぞ馬上が寒からう(終)」訳さぞかし馬上が寒いだろう。

❷意志を表す。…う。…よう。平家 九・宇治川先陣「いかに佐々木殿、高名せう(終)どて不覚し給ふな」訳なんと佐々木殿、手柄をたてようとして思わぬ失敗をしなさるな。

❸適当・当然の意を表す。…のが当然だ。…のがよい。〔浮・好色一代男〕「せめて門口ばかりには竹樋を懸けられう(体)ことぢゃ」訳せめて門口くらいには竹の樋をお懸けになったらよさそうなものだ。

❹勧誘を表す。…たらどうだろう。平家 七・篠原合戦「いざおのおの、木曽殿へ参らう㊚」訳 さあみなさん、木曽殿へ参ろうではないか。

❺(連体形を用いて)仮定・婉曲の意を表す。…とすれば、その。…ような。平家 九・木曽最期「あっぱれ、よからう㊍敵がな」訳 ああ、よさそうな敵がいるといいなあ。文法「がな」は、願望の終助詞。

参考 助動詞「む」が平安中期から発音の変化で「ん」になり、さらに「う」と言われるようになって、現代に至っている。なお、「よう」は、たとえば「見う→見よう→見よう」のように変化してできた語で、室町後期から現れる。

うい【初】⇩うひ

ういこうぶり【初冠】⇩うひかうぶり

うい-ろう【外郎】(名)〔「うい」は唐音〕❶薬の名。江戸時代の小田原名産で痰や口臭を除くとされた。元の渡来人、礼部員外郎(=中国の官職名)陳宗敬が室町時代に伝えたという。透頂香とも。❷「外郎餅」の略。米粉に黒砂糖を入れて蒸した餅菓子。①と色が似ているところからいう。

う・う【飢う・餓う】(自ワ下二){ゑ・ゑ・う・うる・うれ・ゑよ}空腹に苦しむ。飢える。方丈 二「築地のつら、道のほとりに、―・ゑ㊐死ぬるもののたぐひ、数も知らず」訳 土塀のかたわらや、道ばたで、空腹に苦しみ死ぬ者のたぐいは、数えきれないほど多い。

参考 ワ行下二段活用の動詞は、この「飢う」と「植う」「据う」の三語だけである。

う・う【植う】(他ワ下二){ゑ・ゑ・う・うる・うれ・ゑよ}植物の種子や根を土にうめる。植える。種をまく。源氏 帚木「前栽など心とめて―・ゑ㊐たり」訳 (中川の宿は)庭の植え込みなど念入りに植えてある。→飢う 参考

うえ【上・表】⇩うへ

う-えん【有縁】(名)❶《仏教語》仏や菩薩の教えを聞き、救われる縁のあること。平家 二・康頼祝言「―の衆生を導き、無縁の群類を救はんがために」訳 仏に救われる縁のある衆生を導き、無縁の群類を救い、仏道に入る機縁のないすべての生き物を救おうとするために。❷互いの間に因縁があること。関係が深いこと。今昔 三・二「―の所(=ゆかりのある所)にこの木を運び寄せて」(↔無縁)

う-がい【有涯】(名)《仏教語》〔「涯」は限りの意〕変化してやむことのない世の中。限りある人間の一生。この世。平家 灌頂・大原入「―は秋の月、雲に伴って隠れやすし」訳 変化してやむことのない世の中は秋の月(と同じく)、雲が出るにつれて(雲間に)隠れやすい。

うかが・ふ【伺ふ】(他ハ四){は・ひ・ふ・ふ・へ・へ}「問ふ」「聞く」の謙譲語。お尋ねする。平家 五・福原院宣「院宣―・は㊍うに一日が逗留ぞあらんずる」訳 (平家討伐の)院宣を(くださるかどうか)お尋ねしようとするために、(都で)一日の滞在が必要であろう。

うかが・ふ【窺ふ】(他ハ四){は・ひ・ふ・ふ・へ・へ}❶こっそりのぞく。ひそかにようすを見る。源氏 夕顔「御使ひに人を添へ、暁の道を―・は㊍せ」訳 (夕顔は光源氏から来る手紙の)お使いに人をつけてやり、(また、光源氏が帰宅する)未明の道をひそかにようすを見させ。❷ひそかに好機を待ちうける。すきをねらう。枕 三「家の御達・女房などの―・ふ㊍を、打たれじと用意して」訳 家のおもだった女房や(その他の)女房などが(粥の木で相手の腰を打とうと)すきをねらうのを、(女君は)打たれまいと用心して。❸ひととおりようすを知っておく。徒然 一三「弓射、馬に乗ること、六芸に出だせり。必ずこれを―・ふ㊚べし」訳 弓を射ることと、馬に乗ることは、六芸の中に数えあげられている。(だから)きっとこれらについてひととおりようすを知っておくのがよい。❹調べてみる。尋ね求める。〔笈の小文〕「山野海浜の美景に造化の功を見、…風情の人の実を―・ふ㊚」訳 山野や海岸などの美しい風景に宇宙創造の神の(霊妙な)はたらきを見、…風雅を愛した(昔の)詩人の真実の心を尋ね求める。

うがち【穿ち】(名)〔四段動詞「穿つ」の連用形から〕一般には気づかれていない世間の裏の事情や、世態・人情の複雑で微妙な点を指摘すること。〔浮世風呂〕「さるたぐひの些細なる―は、ものうしとてここにしるさず」訳 そのような類のとるに足りない指摘は、めんどうだからということでここには記さない。

うが・つ【穿つ】(他タ四){た・ち・つ・つ・て・て}❶穴をあける。また、突きさす。土佐「棹は―・つ㊚、波の上の月を」訳 (船の)棹は突きさす、波の上に浮かんでいる月を。❷《近世語》物事の裏面や隠れた事実を指摘する。人生の機微を明らかにする。〔浮世床〕「人情のありさまをくはしく―・ち㊐て(=明らかにして)」

うか-ねら・ふ【窺狙ふ】(他ハ四){は・ひ・ふ・ふ・へ・へ}うかがいねらう。万葉 八・一五七六「この岳に小壮鹿ふみおこし―・ひ㊐」訳 この丘で雄鹿を追い立ててうかがいねらい。

うかねらふ【窺狙ふ】《枕詞》狩猟で、鳥獣の足跡を見てうかがいねらう役を「跡見」ということから、「跡見山」にかかる。万葉 一〇・二三四六「―跡見山雪のいちしろく(=はっきりと)」

う-かは【鵜川】(名)川で鵜(=鳥の名)を使って鮎などの川魚をとること。鵜飼い。また、その川。夏

う-かひ【鵜飼ひ】(名)飼いならした鵜(=鳥の名)を使って鮎などの川魚をとること。また、それを業とする人。鵜匠。夏。源氏 松風「―ども召したるに、海士のさへづり思し出でらる」訳 (光源氏は)鵜匠らをお招きになったときに、(昔、須磨に退去していたときの)漁師の聞きとりにくいことばが自然に思い出されなさる。

うか・ぶ【浮かぶ】「うかむ」とも。■(自バ四){ば・び・ぶ・ぶ・べ・べ}❶物の表面に浮いている。特に、水面に浮いている。方丈 一「淀みに―・ぶ㊍うたかたは、かつ消えかつ結びて」訳 (流れの)よどみに浮いているあわは、一方では消え、一方ではあらわれて。⇩方丈記「名文解説」。↔沈む ❷(水面に浮いているように)揺れ動いて定まらない。不安定である。源氏 帚木「女の宿世はいと―・び㊐たるなむあはれに侍る」訳 女の運命はたいそう(浮き草のように)不安定である(=男次第である)のがしみじみ気の毒でございます。❸(気持ちや態度が)うわついている。落ち着かない。源氏 夕顔「―・び㊐たる心のすさびに人をいたづらになしつる託言負ひぬべきが、いとからきなり」訳 うわついた(自分=光源氏の)心のままの行いによって、人(=夕顔)を死なせてしまった(という)恨みをきっと負うにちがいないの

が、たいそうつらいのである。［文法］「負ひぬべき」の「ぬ」は、助動詞「ぬ」の終止形で、ここは確述の用法。

❹物事が表面に現れる。出てくる。［蜻蛉］下「いかなるにかあらむ、あやしうも心ぼそう、涙—・ぶ(体)日なり」［訳］どういうわけなのだろうか、(今日は)奇妙にも心細く、涙が出てくる日である。

❺思いおこされる。自然と思い出す。〔無名抄〕「昔の名残面影に—・び(用)て、優になん覚え侍りし」［訳］(そこに清水のわいていた)昔の名残が眼前に思いおこされて、奥ゆかしく思われました。

❻苦しい境遇から抜け出る。立身出世する。［源氏］澪標「御子どもなど沈むやうにものし給へるを、皆—・び(用)給ふ」［訳］(左大臣が官を辞したあと、その)お子様たちなどはおちぶれるような状態でいらっしゃったけれども、(太政大臣に復帰した今は)皆出世しなさる。(「ものす」は婉曲表現で、ここは「…でいる」の意)。↔沈む

❼《仏教語》死者の霊が迷いの境界を脱して成仏する。↔沈む

■二(他バ下二){べ・べ・ぶ・ぶる・ぶれ・べよ}❶水面に浮かべる。［万葉］五・八四〇「春柳縵に折りし梅の花誰か—・べ(用)し酒杯の上に」［訳］髪飾り(にするため)に折り取った梅の花を、だれが浮かべたのか、杯の上に。(「春柳」は「縵」にかかる枕詞)。↔沈む

❷苦しい境遇から救い出す。世に出す。［源氏］明石「ふかき御うつくしみ大八州にあまねく、沈めるともがらをこそ多く—・べ(用)給ひしか」［訳］(光源氏の)深いご慈愛は日本国中にゆきわたり、おちぶれている仲間を大勢苦しい境遇から救い出しなさったのだ。［文法］「給ひしか」の「しか」は、過去の助動詞「き」の已然形で、係助詞「こそ」の結び。↔沈む

❸暗記する。暗唱する。［枕］二三「さては古今の歌二十巻をみな—・べ(未)させ給ふを御学問にはせさせ給へ」［訳］そのほかには「古今集」の歌二十巻をすべて暗記しなされることをお勉強とはなされよ。［文法］「させ給ふ」「させ給へ」は、最高敬語。

うかべ-た・つ【浮かべ立つ】(他タ下二){て・て・つ・つる・つれ・てよ}すっかり暗記する。［大鏡］後一条院「世の中を見知り、—・て(用)てもちて侍る翁なり」［訳］(私は)世の中のことを見てよく理解し、(それを)全部暗記して(胸中に)もっております老人である。

うか・む【浮かむ】■一(自マ四){ま・み・む・む・め・め}「うかぶ■一」に同じ。■二(他マ下二){め・め・む・むる・むれ・めよ}「うかぶ■二」に同じ。

うから【親族】(名)〔上代は「うがら」〕血のつながった人。身内の人。親族。［万葉］三・四六〇「問ひ放くる—兄弟無き国に渡り来まして」［訳］(新羅の国から)話しあう親族も兄弟もいない(この)国に渡っておいでになって。

うかりける…［和歌］《百人一首》

> 憂かりける　人をはつせの　山おろしよ
> はげしかれとは　祈らぬものを
> 〈千載・一二・恋二・七〇八・源俊頼〉

［訳］冷淡だったあの人を、(私になびくように)初瀬の観音様に祈りこそしたが)初瀬の山嵐よ、(おまえが激しく吹きつけるように、あの人までが、私に)つらくあたるようにとは祈らなかったのに。［修辞］「初瀬」は歌枕。［文法］「はげしかれ」は形容詞「はげし」の命令形。「ものを」は、逆接の接続助詞。

［解説］「祈れども逢はざる恋」という題で詠まれた歌。初瀬にある長谷寺の十一面観音は、恋を成就させてくれるものとして有名だった。含みの多い歌で難解だが、恋が実るように神に祈ったにもかかわらず、以前にもまして、女が冷たい態度をとるようになった嘆きを詠んだもの。

うか・る【浮かる】(自ラ下二){れ・れ・る・るる・るれ・れよ}〔四段動詞「浮く」の未然形「うか」に自発の助動詞「る」が付いたもの〕❶自然に浮く。浮かぶ。〔紀〕神代「開闢くる初めに、洲壌の—・れ(用)ただよへること」［訳］天と地が分かれた最初の時に、国土が浮かび揺れ動いていたことは。❷あてもなくさまよう。放浪する。［新古］雑下「数ならぬ身をも心のもち顔に—・れ(用)てはまた帰り来にけり」［訳］物の数にも入らないわが身であるのに、(人並みの)心をもっている顔つきで、(修行だと言って野山を)あてもなくさまよってはまた(草庵に)帰って来てしまったことだ。

❸うきうきしたり、のぼせあがったりして、心が落ち着かない。心が動揺する。［源氏］葵「ひとふしに思し—・れ(用)にし心しづまりがたう思さるるけにや」［訳］(六条御息所は、車争いの)一件のために動揺し落ち着かなくなってしまった心が、静まりにくいとお思いにならずにはいられなかったためだろうか。［文法］「思さるる」の「るる」は、自発の助動詞「る」の連体形。「けにや」の「け」は、原因・理由の意の名詞「故」。「や」は疑問の係助詞で、あとに結びの語「あらむ」が省略されている。

［参考］原義は、本来あるべき所を離れて浮きあがり、ふらふらとただよう意。同じような意味・用法の語「あくがる」は、対象物に心がひかれる意を主とする。

うかれ-た・つ【浮かれ立つ】(自タ四){た・ち・つ・つ・て・て}うきうきと出かける。ぶらりと出かける。［細道］福井「等栽もともに送らむと、裾をかしうからげて、路の枝折と—・つ(終)」［訳］等栽(＝俳人の名)も(芭蕉の出発を)いっしょに見送ろうと、(着物の)裾をおかしなふうにまくりあげて、道案内を(しよう)とうきうきと出かける。

うかれ-め【浮かれ女】(名)歌舞によって人を楽しませたり、また、色を売ったりする女性。遊女。あそびめ。

発展　教養ある「浮かれ女」

「万葉集」では、「浮かれ女」を「遊行女婦」と表記している。そのことからも推測されるように「浮かれ女」とは、定住せずにあちこちをめぐり、宴席に招かれて歌舞音曲を披露するなどした女性をいう。彼女たちは貴族の中に入って、豊かな教養と才能を発揮し、必ずしも身分の低い女性ではなかった。

うき【泥土】(名)どろの深い地。沼地。［新古］恋二「つれもなき人の心の—にはふ葦の下根のねをこそは泣け」［訳］無情な人の心のつらさに、沼地にはう葦の下根の「ね」ではないが、声(＝音)をあげては激しく泣くことだ。(「うき」は「泥土」と「憂き」との掛詞。「うきにはふ葦の下根の」は「ね」を導きだす序詞)

［参考］和歌では、多く「憂き」にかけて用いられる。

うきうき-と【浮き浮きと】(副)心が落ち着かないようす。そわそわと。〔増鏡〕むら時雨「ことのさかさまなるやうになりぬれば、よろづー、我も人もあきれいたくて」訳事態が予定とは逆のようすになってしまったので、万事がそわそわと(落ち着かず)、だれもかれもぼうぜんとして。

うき-き【浮き木】(名)❶水に浮かんでいる木片。❷舟。いかだ。源氏 松風「いくかへりゆきかふ秋を過ぐしつつーに乗りてわれ帰るらむ」訳いくたびも来ては去ってゆく秋を(この明石の浦で)ずっと過ごしてきて、どうして(いまさら、流木のように頼りない)舟に乗って私(=明石の君)は(都へ)帰るのだろう。
❸(盲目の亀が、大海を漂う浮木に遭遇するという仏典の話から)出会うことがきわめて難しいことのたとえ。↓盲亀の浮木

うき-くさ【浮き草】(名)水面に浮いて漂う草。和歌では、多く不安定で落ち着かないことのたとえ。また、「憂き」にかけて用いられる。古今 雑下「わびぬれば身をーの根を絶えてさそふ水あらばいなむとぞ思ふ」訳つらい思いで過ごしているうちに、わが身がいやになってしまったので、浮き草のように根が切れて、誘ってくれる水があるならば、(どこへでも流れて)いこうと思う。(「うき」は「浮き」と「憂き」との掛詞)

うき-ぐも【浮き雲】(名)「うきくも」とも。❶空に浮かんでいる雲。源氏 葵「雨となりしぐるる空のーをいづれの方とわきてながめむ」訳雨となってしぐれている空に浮かんでいる雲をどちらのほう(が亡き葵の上の形見の雲だ)と見分けて眺めようか。
❷物事の落ち着かず不安定な状態をたとえていう。多く、「浮き雲の思ひ」の形で用いる。方丈 二「古京はすでに荒れて、新都はいまだ成らず。ありとしある人は皆ーの思ひをなせり」訳古い都(=平安京)はもはや荒れて、新しい都(=福原)はまだ完成しない。あらゆる人は皆(どっちつかずの)落ち着かない思いをしている。

うき-す【浮き巣】(名)「にほのうきす」に同じ。

うき-せ【憂き瀬】(名)つらい境遇。苦しい立場。源氏 手習「はかなくて世にふる河のーには尋ねも行かじ二本の杉」訳頼りない状態でこの世を過ごしているつらい境遇では、(わざわざ)たずねても行くまい、初瀬川のほとりの二本の杉を。(「ふる」は「経る」と「古」との掛詞。古河は初瀬川をさす)

うき-た-つ【浮き立つ】(自タ四)〔た・ち・つ・つ・て・て〕❶空中に浮かび上がる。立ち昇る。〔謡・土蜘蛛〕「ー・つ体雲の行くへをや、風の心にまかすらん」訳立ち昇る雲の行方については まあ、風の思いどおりにさせているのだろう。
❷落ち着かずそわそわする。心がうきうきする。徒然 一九「いまひときは心もー・つ体ものは、春の気色にこそあめれ」訳さらにいちだんと心もうきうきするものは、春の景色であるようだ。
❸不安のために動揺する。騒がしくなる。方丈 二「日を経つつ世の中ー・ち用て、人の心もをさまらず」訳(福原遷都後)日がたつにつれて世の中が不安のために動揺して、人々の心も落ち着かず。

うき-な【憂き名・浮き名】(名)❶情けなくつらい評判。悪いうわさ。源氏 胡蝶「かうやうの気色の漏り出でば、いみじう人笑はれに、ーにもあるべきかな」訳(光源氏が自分=玉鬘に懸想しているこのようなようすが世間に知られ出すならば、たいそう人に笑われることであって、情けなくつらい評判でもあるにちがいないことだなあ。
❷色恋の評判。情事のうわさ。〔浮・好色一代女〕「それに身をまかせてーの立つことをやめがたく」訳その男にわが身をまかせて色恋の評判が立つことをやめられず。

うき-に-たへ-ず【憂きに堪へず】つらさに堪えられない。〔千載〕恋三「思ひ侘びさても命はあるものをー・ぬ体は涙なりけり」訳↓おもひわび…和歌

うき-ね【浮き寝】(名・自サ変)❶水鳥が水に浮かんだまま寝ること。また、そのように水上に船をとどめて寝ること。万葉 一五・三五九二「海原にー・せ未む夜は沖つ風いたくな吹きそ妹もあらなくに」訳広い海の上で船をとどめて寝るような夜は、沖の風よ、激しく吹かないでくれ。(いとしい)妻もいないことだから。文法「な(副詞)…そ(終助詞)」の形で禁止の意を表す。「あらなくに」の「なく」は、打消の助動詞「ず」のク語法で、「…ないこと」の意。
❷流す涙に身も浮かぶほどの悲しみをいだいて寝ること。万葉 四・五〇七「しきたへの枕ゆくくる涙にそーをしける恋の繁きに」訳枕から漏れ流れる涙に(この身も)浮かぶほどの悲しみにくれて寝たことだ、恋心がしきりで絶え間がないので。(「しきたへの」は「枕」にかかる枕詞)。文法「枕ゆ」の「ゆ」は、起点を表す上代の格助詞。
❸男女がはかない契りを結ぶこと。源氏 帚木「仮なるーのほどを思ひ侍るに、たぐひなく思う給へ惑はるるなり」訳(このような)かりそめのはかない契りのありさまを思いますと、(私=空蝉は)並ぶものもなく当惑せずにはいられないのです。文法「給へ」は、下二段活用の謙譲の補助動詞。「るる」は、自発の助動詞「る」の連体形。

うき-はし【浮き橋】(名)水上に、いかだや船を並べ、その上に板をわたして橋の代わりにしたもの。船橋。万葉 一七・三九〇七「淀瀬にはー渡し」訳流れのゆるやかな(下流の)瀬には浮き橋をかけて。

うき-ふし【憂き節】(名)つらく悲しいこと。源氏 横笛「ーも忘れずながらくれ竹のこは捨てがたきものにぞありける」訳つらく悲しいこと(=女二の宮と柏木との密通事件)も忘れないものの、この子(=薫)はやはり見放すことはできにくいものであったのだなあ。(「くれ竹の」は「こ」を導きだす序詞。「こ」は「此」と「子」との掛詞)
参考「ふし」が竹の「節」と同音であるので、竹の縁語として用いられることが多い。

浮舟(うきふね)『人名』「源氏物語」宇治十帖中の人物。宇治八の宮の娘。薫に愛されながら、匂宮からも愛され関係を持ち、思い悩んで宇治川に投身しようと決意するが、自殺は果たせず救われて尼となる。

うき-み【憂き身】(名)つらいことの多い身の上。源氏 若紫「世がたりに人や伝へむたぐひなくーをさめぬ夢になしても」訳世間の語り草として人は(私たち=藤壺と光源氏の密通の評判を)伝えるだろうか、並ぶものもなくつらい身の上を(永遠に)さめない夢の中のものとしても。

うき-め【憂き目】(名)つらい目。悲しい目。平家 九・敦盛最期「武芸の家に生まれずは、何とてかかるーをばみるべき」訳武芸をたしなむ家に生まれなければ、どうしてこんなつらい目をみるだろうか(いや、みるわけはない)。⇩情け無し「名文解説」

うき-め【浮き海布】(名)水の上に浮いている海藻の総称。源氏 須磨「―刈る伊勢(いせ)の海士(あま)を思ひやれもしほたるてふ須磨の浦にて」訳 浮いている藻を刈る伊勢の国(=三重県)の海士(=つらい目にあっている私=六条御息所(みやすどころ))の身の上)を思いやってくれ。あなた(=光源氏)が塩水を藻に垂らす(=涙に濡(ぬ)れている)という須磨の浦で。(「浮き海布」は「憂き目」との掛詞)
参考 和歌では、多く「憂き目」にかけて用いられる。

うき-もん【浮き紋・浮き文】(名)綾(あや)の織物で、横糸を浮かせて、模様が布地に浮き出るように織り出したもの。↔固紋(かたもん)

う-きゃう(キョウ)【右京】(名)平城京・平安京で、朱雀(すざく)大路を境に分けた西半分の地域。内裏(だいり)から南を向いて右の方に当たる。西の京。↔左京(さきやう)。⇩巻頭カラーページ30

うきゃう-しき(ウキョウ)【右京職】(名)右京を管轄(かんかつ)し、司法・行政・警察などを担当した役所。↔左京職(さきやうしき)

うきゃう-の-だいぶ(ウキョウ)【右京の大夫】(名)右京職(うきやうしき)の長官。↔左京(さきやう)の大夫(だいぶ)

うき-よ(名)■一■【憂き世】❶つらい世の中。無常の世の中。伊勢 八二「散ればこそいとど桜はめでたけれ―になにか久しかるべき」訳 →ちればこそ… 和歌
❷俗世間。新古 雑中「鈴鹿(すずか)山―をよそにふり捨てていかになり行くわが身なるらん」訳 俗世間を縁のないものとして捨てきって、鈴鹿山を越えてゆく私の身は、これからどうなってゆくのであろう。(「ふり捨て」の「ふり」に「振り」を、「なり」に「成り」と「鳴り」をかけ、「振り」「鳴り」が「鈴」の縁語)
■二■【浮き世】《近世語》❶楽しい現世。享楽的なこの世。〔仮名・恨の介〕「心の慰みは―ばかりとうちしげる」訳 心を楽しませるものは、この世の享楽的な生活ばかりとうかれ遊ぶ。
❷遊里の世界。また、遊里での遊び。〔浮・本朝二十不孝〕「にはかに(=急に)―もやめがたく」
❸(他の語の上に付けて)当世風・現代風・好色・遊里などの意を表す。「―笠(がさ)(=当世流行の笠)」「―寺(=好色な僧のいる寺)」

うきよ-ざうし(ゾウシ)【浮世草子】(名)近世小説の一種。井原西鶴(さいかく)の「好色一代男」(天和(てんな)二年(一六八二)刊)以降、約八十年間、主として上方(かみがた)で行われた庶民文学をさす。仮名草子の無常観や教訓性を捨て、現実の世相を題材にして、町人の世態・人情を描いた。西鶴の諸作や八文字屋本(はちもんじやぼん)が有名。

浮世床(うきよどこ)『作品名』江戸後期の滑稽本。式亭三馬作。第三編は滝亭鯉丈(りゅうていりじょう)の作。初編は文化十年(一八一三)刊。江戸の髪結い床に集まる町人の生活や気風を、ユーモアを交えて写実的に描いている。

浮世風呂(うきよぶろ)『作品名』江戸後期の滑稽本。式亭三馬作。文化六―十年(一八〇九―一八一三)刊。江戸の銭湯に来るさまざまな人物の会話を通して、町人の生活を巧みに描き出している。

浮世物語(うきよものがたり)『作品名』江戸前期の仮名草子。浅井了意作。寛文(かんぶん)五年(一六六五)ごろ刊。浮世草子の先駆をなす作品の一つで、放蕩(ほうとう)の果てに僧となり、諸国を放浪する主人公を通して当時の世相を写したもの。

うきよ-ゑ(エ)【浮世絵】(名)近世日本画の一種。肉筆画もあるが、木版画を主とし、遊女や役者、また一般風俗・風景など多彩な題材を描いた。寛文(かんぶん)(一六六一―一六七三)ごろ菱川師宣(ひしかわもろのぶ)の活躍によって盛んになり、以後鈴木春信(はるのぶ)・喜多川歌麿(うたまろ)・葛飾(かつしか)北斎・安藤広重(ひろしげ)などが出て、幕末まで行われた。

うきわれを… 俳句

> 憂き我を　さびしがらせよ　かんこどり　夏
> 〈嵯峨(さが)日記・芭蕉〉

訳 (西行のように)一人きりで生きたいのにまだ世間の煩わしさの中にある私を、(そのさびしい声で)徹底したさびしさに引き入れてくれ。閑古鳥よ。(かんこどり夏。切れ字は「せよ」で、使役の助動詞「す」の命令形)
解説 西行の「山里へ誰(たれ)をまたこは呼子鳥(よぶこどり)ひとりのみこそ住まんと思ふに」〈山家集〉の歌や、近世初頭の隠士木下長嘯子(ちょうしょうし)の「半日の閑」の言などにふれた前文がある。「閑古鳥」は「郭公(かっこう)」のこと。

う・く【浮く】■一■(自カ四)(か・き・く・く・け・け)❶浮かぶ。漂う。平家 一一・那須与一「白波の上にただよひ、―・き(用)ぬ沈みぬゆられければ」訳 (日の丸の扇が)白波の上に漂って、浮かんだり沈んだり揺られていたので。↔沈む
❷落ち着かない。心が安定しない。大鏡 師尹「聞かせ給ふ御心地はいとど―・き(用)たるやうにおぼしめされて」訳 (位を追われるといううわさを)お聞きになられる(敦明(あつあきら)親王の)お気持ちはいよいよ不安で落ち着かないでいるようにお思いになられて。文法「せ給ふ」は、最高敬語。
❸根拠がない。いいかげんである。徒然 八八「御相伝(ごさうでん)、―・け(已)ることには侍らじなれども」訳 (小野道風(おののとうふう)が書いたものであるという)お言い伝えは、根拠のないことではございますまいが。
■二■(他カ下二)(け・け・く・くる・くれ・けよ)浮かべる。浮くようにする。万葉 八・一五二九「ひさかたの天(あま)の河に船―・け(用)て今夜(よひ)か君が我許(わがり)来まさむ」訳 天の河に船を浮かべて、今夜はあの方が私のところにおいでになるだろうか。(「ひさかたの」は「天」にかかる枕詞)。↔沈む

う・く【受く・承く・請く】(他カ下二)(け・け・く・くる・くれ・けよ)❶受けとめる。ささえる。万葉 一〇・一九六六「風に散る花橘(はなたちばな)を袖に―・け(用)て君が御跡(みあと)と思(しの)ひつるかも」訳 風で散る橘の花を袖に受けとめて(それを)あなたの御記念としてなつかしんだことよ。
❷受け取る。もらう。徒然 六二「大きなる利を得んがために、少しきの利を―・け(未)ず」訳 大きな利益を手に入れようとするために、少ない利益を受け取らないで。⇩賜(た)ぶ(他バ四)「敬語ガイド」
❸受けつぐ。授かる。こうむる。源氏 若菜下「今こそ、かくいみじき身を―・け(用)たれ」訳 今は、このようにあさましい(物の怪(け)の)身を授かっているけれど。文法 係り結び「こそ…たれ」は、ここは強調逆接となって下の文に続く。
❹受け入れる。聞き入れる。応じる。古今 恋一「恋せじとみたらし河にせしみそぎ神は―・け(未)ずぞなりにけらし

も」訳 恋すまいとみたらし河でみそぎをして誓ったことばを、神は聞き入れなくなってしまったらしいなあ。
❺信頼する。認める。たいせつにする。今昔 二云・五「身に敵もなく、よろづの人に―・け㊀られてなむありける」訳（大君という人は身に敵（とする人）もなく、すべての人から信頼されているのだった。
❻《近世語》請け出す。金を払って引き取る。

う・ぐ【穿ぐ】（自ガ下二）{げ・げ・ぐ・ぐる・ぐれ・げよ}【上代は「うく」】穴があく。〔太平記〕一八「磯打つ波に当たりて、大きに―・げ㊜たる岩穴あり」訳 磯に打ちつける波に当たって、大きく穴があいた岩穴がある。

うぐひす【鶯】（名）小鳥の名。うぐいす。早春から美しい声で鳴きはじめるので、春の到来を告げる鳥として古来愛された。春告げ鳥。㊮春。⇩巻頭カラーページ8

うけ【浮け・浮子】（名）漁具の名。浮き。古今 恋一「伊勢の海に釣りする海人の―なれや心ひとつを定めかねつる」訳（私は）伊勢の海で釣りをする漁師の浮きだからであろうか、心一つを定めることができないでいる。

うけう〖誓う・祈う〗⇩うけふ

うけ-が・ふ【肯ふ】（他ハ四）{は・ひ・ふ・ふ・へ・へ}承諾する。引き受ける。〔雨月〕浅茅が宿「雀部いとやすく―・ひ㊜て」訳 雀部（＝人名）は（京に上りたいという男の頼みを）たいそう簡単に承諾して。

うけ-きらは-ず【受け嫌はず】受け入れることをきらわない。だれかれの区別をしない。竹取 かぐや姫の生ひ立ち「男は―・ず㊜呼び集へて、いとかしこく遊ぶ」訳（男という）男はだれかれの区別なく招き寄せて、たいそう盛大に管弦の遊びをする。

なりたち 下二段動詞「受く」の連用形「うけ」＋四段動詞「嫌ふ」の未然形「きらは」＋打消の助動詞「ず」

うけく【憂けく】いやなこと。つらいこと。万葉 一九・四二一四「世の中の―つらけく咲く花も時に移ろふうつせみも常なくありけり」訳 この世の中のいやなことつらいこと（として）は、咲く花も季節で変化し（＝散り）、この世も無常であったことだ。

なりたち 形容詞「憂し」のク語法

うけ-ぐつ【穿け沓】（名）はき古して穴のあいたくつ。

うけ-じゃう【請け状】（名）奉公人、借家人などの身元保証書。〔浄・五十年忌歌念仏〕「これ見たか、おのれが（＝きさまの）―にある親めが印判（＝はんこ）」

うけ-だ・す【請け出す】（他サ四）{さ・し・す・す・せ・せ}❶借金を返して、質物を取り戻す。〔浮・西鶴織留〕「秋より明くる年の夏まで預け、元利揃へて毎年―・し㊜」訳（夏物の着物を）秋から翌年の夏まで（質に）預け、元金と利子を揃えて（必要な時期に）毎年質物を取り戻し。
❷抱え主に前借金を支払って遊女や芸妓を引き取る。身請けする。〔浄・冥途の飛脚〕「年貢に詰まって娘を京の島原へ売り、大尽に―・さ㊀れ」訳 年貢米の上納に窮して娘を京の島原遊郭に売り、（その娘が）大金持ちの客に身請けされ。

うけ-たまは・る【承る】（他ラ四）{ら・り・る・る・れ・れ}【下二段動詞「受く」の連用形「うけ」に四段動詞「たまはる」の付いたもの】❶「受く」の謙譲語。いただく。お受けする。頂戴する。源氏 桐壺「かしこき仰せごとをたびたび―・り㊜ながら」訳（桐壺帝の）畏れ多いおことばを何度もいただきながらも。⇩賜ぶ「敬語ガイド」
❷「引き受ける」「承諾する」の意の謙譲語。お引き受け申しあげる。ご承諾申しあげる。竹取 御門の求婚「国王の仰せごとを、まさに世に住み給はむ人の、―・り㊜給はでありなむや」訳 国王のご命令を、現にこの世に住んでいらっしゃるような方が、ご承諾申しあげなさらないでいられようか（いや、いられない）。文法「住み給はむ人」の「む」は、仮定・婉曲の助動詞。「ありなむ」の「な」は、助動詞「ぬ」の未然形で、ここは確述の用法。

名文解説 帝の求婚を拒むかぐや姫を説得しようとする勅使のことば。これに対してかぐや姫は「国王のご命令に背いたなら、早く私を殺してください」と強い口調で言い返し、彼女が帝に従うべきこの世の住人ではないことを暗示している。

❸「聞く」の謙譲語。うかがう。お聞きする。拝聴する。源氏 紅梅「御琴の音をだに―・ら㊀で久しうなり侍りにけり」訳（あなた＝宮の御方の）お琴の音をさえお聞きしないで長い時間が経ってしまいました。⇩聞こす「敬語ガイド」

雨月物語（うげつものがたり）『作品名』江戸中期の読本。上田秋成作。安永五年（一七七六）刊。日本・中国の古典や伝説から取材した怪異小説九編からなり、流麗な和漢混交文で書かれている。初期読本の代表作。

うけ-と・る【受け取る・請け取る】（他ラ四）{ら・り・る・る・れ・れ}❶渡されるものを受けて取る。受領する。〔記〕中「その横刀を―・り㊜給ひし時」訳 その刀を受領しなさった時。
❷責任をもって引き受ける。源氏 若菜上「ここにはまたいくばくたちおくれ奉るべしとてか、その御後ろ見のことを―・り㊜聞こえむ」訳 私（＝光源氏）のほうでは、またどれほど（朱雀院に）死に後れ（＝生き残り）申しあげようと思って、その（女三の宮の）お世話役のことをお引き受け申しあげようか（いや、それはできない）。
❸身に受ける。こうむる。大鏡 道兼「さばかり重き病を―・り㊜給ひてければ」訳（道兼は）あれほど重い病気を身に受けなさってしまったのだから。
❹認める。納得する。〔難波土産〕「昔語りにあることに当世―・ら㊀ぬこと多し」訳 昔話にある通りに現代では納得しないことが多い。

うけ-にん【請け人】（名）保証人。〔浮・日本永代蔵〕「肝心の身を持つ時、親・―に難儀をかけ」訳（手代奉公の最終段階として）いちばん大事な、妻帯し独立するときに（なって）、親や保証人に迷惑をかけ。

うげ-の・く【穿げ除く】（自カ四）{か・き・く・く・け・け}ひきちぎられて、穴があく。えぐりとられる。平家 一・願立「左の脇の下、大きなるかはらけの口ばかり―・い㊜（イ音便）てぞ見えたりける」訳 左の脇の下が、大きな土器の口ぐらい（肉が）えぐりとられて見えていた。

うけ-ば・る【受け張る】（他ラ四）{ら・り・る・る・れ・れ}他にはばかることなくふるまう。わがもの顔にふるまう。でしゃばる。枕 七六「六位の蔵人の青色など着て、―・り㊜て、…袖うちあはせて立ちたるこそをかしけれ」訳 六位の蔵人が青色の袍などを着て、わがもの顔をして、…両袖をあわせて立っているのはいいものである。

うけ-はん【請け判】（名）保証人が保証のしるしとして

押す印。〔浮・日本永代蔵〕「預り手形に―たしかに」訳借用証書に保証人の印をたしかに(押して)。

うけ-ひ-く【承け引く】(他カ四){か・き・く・く・け・け}承諾する。承知する。源氏 桐壺「世の―・く(終)まじきことなれば、なかなか危ふくおぼしはばかりて」訳(桐壺帝は光源氏を皇太子にしたいと思ったが)世間の人が承知しそうもないことであるので、かえって危険だと遠慮なさって。

うけ-ふ【誓ふ・祈ふ】(他ハ四){は・ひ・ふ・ふ・へ・へ}❶(前もって二つのことを定めておいて、そのどちらが起こるかによって)神意をうかがう。〔記〕上「『おのおの―・ひ(用)て子生まむ』とまをしき」訳(心が清明ならば女の子が生まれるだろうと決め)「それぞれ神意をうかがって子を生もう」と申し上げた。
❷神に祈る。万葉 四・七六七「都路を遠みか妹がこのころは―・ひ(用)て寝れど夢に見え来ぬ」訳都への道が遠いからか、近ごろは、神に祈って寝るけれどもおまえが夢に現れて来ないことだ。文法「都路を遠み」の「み」は、原因・理由を表す接尾語。「…を…み」の形で「…が…ので」の意。
❸人の不幸を祈る。のろう。伊勢 三一「罪もなき人を―・へ(已)ば忘れ草おのが上にぞ生ふといふなる」訳罪もない人をのろうから、(かえって)忘れ草が自分の上に生える(=人から忘れられる)というそうだよ。文法「なる」は、伝聞の助動詞「なり」の連体形で、係助詞「ぞ」の結び。

うけ-ぶみ【請け文】(名)上からの命令などに対して、それを承諾した旨を記した文書。請け書。平家 一〇・請文「大臣殿、『この儀もっともしかるべし』とて、御―申されけり」訳大臣殿(=平宗盛)は「この意見が最も妥当だろう」と言って、ご承諾の文をお書き申しあげなさった。

うけら【朮】(名)植物の名。おけら。夏から秋に、白または薄紅のあざみに似た花が咲く。夏。万葉 一四・三三七六「恋しけば袖も振らむを武蔵野の―が花の色に出なゆめ」訳恋しいならば(私が)袖を振りもしよう。(だから)武蔵野のおけらの花の色ではないが、(私への思いを)顔色に出してはいけない、決して。(第三句・第四句は「色に出」を導きだす序詞)

う-げん【有験】(名)祈禱の効験があること。また、そのような祈禱をする僧。宇治 一三・五「それよりぞ―の名はたかく、広まりけるとか」訳それ以来、効験があるという評判は高く(なり)、広まったことだとか(いうことだ)。

うげん-ばし【繧繝縁】(名)「うげんべり」に同じ。

うげん-べり【繧繝縁】(名)「うんげんべり」「うげんばし」とも。「繧繝(=白地に種々の糸で花模様などを織った錦の織物)」でつくった畳のへり。また、そのへりをつけた畳や敷物。最上品とされ、もと天皇が用いたが、のちに上皇・親王も用いた。

羽後(うご)『地名』旧国名。東山道十三か国の一つ。今の秋田県全域と山形県の北部。明治元年(一八六八)、出羽の国から分かれた。

うご-く【動く】(自カ四){か・き・く・く・け・け}❶位置・状態が変わる。移動する。竹取 燕の子安貝「物は少し覚ゆれども、腰なむ―・か(未)れぬ」訳意識は少しあるが、腰は動くことができない。
❷揺れる。震動する。平家 一二・大地震「大地おびたたしく―・い(用)(イ音便)て、やや久し」訳大地が激しく揺れ動いて、(その震動が)かなり長く続く。
❸心が動く。動揺する。徒然 一七二「若き時は、血気うちにあまり、心、物に―・き(用)て、情欲多し」訳若い時期は、さかんな活力が体内にあり余り、心は、物事にふれて動揺して、欲望がさかんである。

う-こん【右近】(名)❶「右近衛府」の略。❷身内に右近衛府の役人がいる、女官の呼び名。

右近(うこん)『人名』(生没年未詳)平安前期の女流歌人。藤原季縄の娘で、名は父の官職に拠る。醍醐天皇の中宮穏子に仕えた。「小倉百人一首」に入集。

うこん-の-うまば【右近の馬場】(名)「うこんのばば」に同じ。

うこん-の-ぞう【右近の将監】(名)「うこんのしゃうげん」とも。右近衛府の三等官。従六位上相当。

うこん-の-だいしゃう【右近の大将】(名)右近衛府の長官。従三位相当。多く大臣・納言などが兼務した。「右近衛の大将」「右大将」とも。

うこん-の-たちばな【右近の橘】(名)紫宸殿の正面階段の下の右(=向かって左)側(=西側)に植えてある橘。朝儀の際、右近衛府の官人がここに整列した。↕左近の桜。⇩巻頭カラーページ20・32

うこん-の-ちゅうじゃう【右近の中将】(名)右近衛府の次官。従四位下相当。

うこん-の-ぢん【右近の陣】(名)内裏の月華門内にあり、儀式のとき右近衛府の武官が詰めて警戒護衛をした控え所。↕左近の陣。→陣の座。

うこん-の-つかさ【右近の司】(名)右近衛府の役所。また、右近衛府の将曹(=四等官)以下の役人。↕左近の司

うこん-の-ばば【右近の馬場】(名)「うこんのうまば」とも。右近衛府に属する馬場。京都の北野神社の南東にあった。↕左近の馬場

うこんゑ-ふ【右近衛府】(名)六衛府の一つ。左近衛府とともに、宮中の警護、行幸の供奉などに当たった役所。↕左近衛府。→近衛府。⇩巻頭カラーページ31

う-さ【憂さ】(名)〔形容詞「憂し」の語幹に接尾語「さ」の付いたもの〕物事が思うにまかせずつらいこと。徒然 一三七「逢はでやみにし―を思ひ」訳(男女が)契りを結ばずに終わってしまったつらさを思い。

うさ-の-つかひ【宇佐の使ひ】(名)天皇の即位や国家の大事に際し、豊前(大分県)の宇佐八幡宮に派遣されて幣帛を奉った勅使。

う-さん【胡散】(名・形動ナリ)〔「う」は「胡」の唐音〕怪しいこと。疑わしいこと。〔浄・平家女護島〕「―・な(体)奴ばら(=怪しいやつらは)切り捨てにせよ」(口語)

うし【牛】(名)家畜の一種。うし。縄文時代から飼育されており、中古には、牛車を引くのに使われた。

うし【丑】(名)❶十二支の二番目。→十二支 ❷方角の名。北北東。❸時刻の名。今の午前二時ごろおよびその前後約二時間(午前一時ごろから午前三時ごろ)。大鏡 道長上「かくおほせられ議するほどに、―にもなりにけむ」訳このように(花山天皇が)おっしゃり相談する間に、丑の時(=午前二時ごろ)にもなってしまったのだろう。

うし【大人】(名) ❶《上代語》土地を領する人や貴人に対する敬称。あなた様。〔紀〕履中「瑞歯別皇子、太子に啓して曰し給はく、『ー、何ぞ憂へますこと甚だしき』」訳 瑞歯別皇子が、皇太子に申し上げなさることには、「あなた様は、どうして心配なさることがそれほどにも深いのか」(と)。❷《近世語》師匠や学者に対する敬称。先生。〔玉勝間〕「県居のーの教へを承りそめしころより」訳 (私=宣長が)県居先生(=賀茂真淵)の教えをお聞きし始めたころから。

う・し【憂し】(形ク){から・く(かり)・し・き(かる)・けれ・かれ}

語義パネル

●重点義　ままならぬ思いに嘆き、いやになる感じ。

いやになる意の動詞「倦む」(マ四)と同根と見られる。

❶**つらい**。苦しい。
❷気が進まない。**わずらわしい**。**いやだ**。
❸**にくい**。気にくわない。
❹**つれない**。**無情だ**。冷淡だ。
❺(動詞の連用形に付いて)…するのがいやだ。…するのがつらい。

❶**つらい**。苦しい。万葉 五・八九三「世の中をー・し終とやさしと思へども飛び立ちかねつ鳥にしあらねば」訳 →よのなかを…和歌

❷気が進まない。**わずらわしい**。**いやだ**。更級 宮仕へ「古代の親は、宮仕へ人はいとー・き体ことなりと思ひて」訳 昔かたぎの親は、宮仕え人(になるの)はとてもわずらわしいことであると思って。

❸**にくい**。気にくわない。古今 秋上「かくばかり惜しと思ふ夜をいたづらに寝て明かすらむ人さへぞー・き体」訳 これほどまでに(明けるのが)惜しいと思う(よい月の)夜を、むなしく寝たまま明かすような人までが、(明けゆく秋の夜に加えて)気にくわないことだ。文法「明かすらむ人」の「らむ」は、仮定・婉曲の助動詞。

❹**つれない**。**無情だ**。冷淡だ。新古 恋四「人ぞー・き体たのめぬ月はめぐり来てむかし忘れぬ蓬生の宿」訳 あの人はつれないことだ。(なのに)あてにさせない月はまためぐって来て、昔を忘れない(で私が住んでいる)草深い家(を照らしている)よ。文法「たのめ」は、下二段動詞「たのむ」の未然形で「あてにさせる」の意。

❺(動詞の連用形に付いて)…するのがいやだ。…するのがつらい。源氏 夕顔「咲く花に移るてふ名はつつめども折らで過ぎー・き体けさの朝顔」訳 (美しく)咲いている花には、移る(=色があせる)ということばは慎む(ものである)けれども、(この美しさには心が移って一枝)折らずには通り過ぎづらい、けさの朝顔(=桔梗。また相手の女=中将の君の「朝の顔」)であることよ。

類語パネル

●共通義　心苦しく、いやになるさま。

うし	自分の思いどおりにならない対象や状況に対し、すっかりいやになり嘆くさま。
つらし	他者の思いやりのない仕打ちを、心苦しく感じるさま。
むつかし	好ましくない事態や、なじみのないものに対し、容認できず不快なさま。

うじ【氏】⇩うぢ

うし-かひ【牛飼ひ】(名) ❶牛を飼い、使う者。〔記〕下「身を隠し給ひて、馬甘・ーに役はえ給ひき」訳 身分を隠しなさって、馬飼い・牛飼いとして使われなさった。❷「牛飼ひ童」の略。枕 二五「すさまじきもの　昼吠ゆる犬。春の網代。…牛死にたるー」訳 (不調和で)興ざめなもの、昼吠えたてる犬。春の網代。…牛が死んでしまった牛飼い童。

古語ライブラリー⑦

たゐにの歌

貴族の子弟の教育のため、百科常識を十九門三百七十八曲に分けて記した、その歌詞集と見られるのが源為憲の『口遊』(九七〇)である。

この『口遊』の書籍門に「之を借名文字と謂ふ」と注記のある歌が収められている。原文は句切れがなく三行にわたって書かれているが、仮に五七調に整えて引用する。

大為尓伊天　奈徒武和礼遠曽
支美女須止　安佐利比由久
也末之呂乃　宇知恵倍留古良
毛波保世与　衣不祢加計奴

この歌を学界に紹介した大矢透(一八五〇—一九二八)は、「安佐利比由久」の「利」と「比」の間に「於」を補って次のように釈文を整えた。

田居に出で　菜摘む我をぞ
君召すと　求食り追ひ往く
山城の　打酔へる児ら
藻は干せよ　得船繋けぬ

源為憲はこの歌のあとに「今案世俗誦曰阿女都千保之曽里女之訛説也此誦為勝」と書いている。大矢透は「今案ずるに、世俗誦して阿女都千保之曽と曰ふは、里女の訛説なり。此の誦を勝れりとす」と訓読し、ア行のエとヤ行のエ(イェと発音)の区別のなくなった時代だから、エが二つある四十八文字の「あめつちの詞」よりも優れているとみられたのだろうと考えた。

一方、小松英雄は「たゐにの歌」が大矢透の釈文の四十七文字であったかどうかは疑問であるとする。『口遊』の原文には「於」だけでなく「江」も省かれているのではないか。末尾は「衣不祢加計奴江」ではなかったか。すでにア行のエとヤ行のエの区別も、ア行のオとワ行のヲの区別も失われていたから、源為憲が「江」と「於」を省いた可能性がある——というのである。

うしかひ-わらは【牛飼ひ童】(名)牛車の牛を扱う召使。少年とは限らず壮年の者の場合もあるが、子供のような垂れ髪で、烏帽子はかぶらず、水干や白丁(=狩衣の一種)を着ていた。「牛健児」とも。今昔 二六・一六「車の轅に付きて、―を打てば、童は牛を棄てて逃げぬ」訳(盗人どもが)車の轅にとりついて、牛飼い童をたたくので、童は牛を置き去りにして逃げた。

(うしかひわらは)

うし-ぐるま【牛車】(名)「ぎっしゃ」に同じ。源氏 薄雲「―許されて参りまかでし給ふを」訳(光源氏が)牛車(に乗ること)を許されて参内・退出をなさるのを。

うし-こでい【牛健児】(名)「うしかひわらは」に同じ。

うしとのみ… 和歌

> 憂しとのみ　ひとへに物は　思ほえで
> 左右にも　濡るる袖かな
> 〈源氏・須磨〉
> 〔ひたすら〕〔単〕

訳(帝に対し)つらいとだけ、ひたすらに物は思われないで、(つらさと懐かしさの涙で)左にしても右にしても濡れる(私の)袖だよ。修辞「ひとへ」は、「ひたすら」の意と「単」との掛詞。「単」は「袖」の縁語。解説 兄の朱雀帝を一方では「憂し」と思い、一方では懐かしく思う気持ちを詠んだ、光源氏の歌。

うし-とら【丑寅・艮】(名)方角の名。丑と寅の間に当たる方角。北東。陰陽道では鬼門としてきらわれた。枕 三三「清涼殿の―の隅の、北のへだてなる(=仕切りとしてある)御障子は」→鬼門

> **発展 「丑寅」の恐怖**
> 昔の人は、人に害をなすものは丑寅の方角から出入りすると信じていた。「大鏡」には、藤原忠平が紫宸殿で鬼につかまれたが、鬼は叱りとばされて丑寅の隅に逃げたという話があり、「今昔物語集」には、「おまえを殺害しようとする者は家の丑寅の隅に隠れている」と夢を占った話が見える。

うしな・ふ【失ふ】(他ハ四)〔は・ひ・ふ・ふ・へ・へ〕❶(いつのまにか)なくす。万葉 一五・三七五二「白栲の吾が下衣―・は㊍ず持てれわが背子直に逢ふまでに」訳 白い私の肌着をなくさないで持っていて(ください)、あなたよ。じかに逢うまで。❷亡くす。死に別れる。伊勢 一〇九「をとこ、友だちの人を―・へ㊀るがもとにやりける」訳(ある)男が、友人で妻を亡くした男の所へ届けた歌。❸(罪を)消す。消滅させる。源氏 御法「ことなる深き心もなき人さへ罪を―・ひ㊊つべし」訳 格別な深い(信仰)心のない人までがきっと罪障を消滅させるにちがいない。❹亡きものにする。殺す。平家 六・小督「小督があらんかぎりは世の中よかるまじ。召し出だして―・は㊍ん」訳 小督が生きているかぎりは(娘)夫婦の仲はうまくいかないだろう。召し出して殺そう。

うし-の-つの-もじ【牛の角文字】(名)(牛の角の形に似た文字の意から)ひらがなの「い」の字のこと。(一説に「ひ」とも)。徒然 六二「ふたつ文字―直ぐな文字歪み文字とぞ君はおぼゆる」訳 →ふたつもじ… 和歌

うしは・く【領く】(他カ四)〔か・き・く・く・け・け〕《上代語》(神が)領有し、支配する。万葉 九・一七五九「この山を―・く㊍神の昔より禁めぬ行事ぞ」訳(嬥歌は)この山(=筑波山)を領有している神が昔から禁止しない行事である。

うしほ【潮】(名)❶海水の干満。潮。❷海水。更級 初瀬「―に濡るる海人の袖かな」

うし-みつ【丑三つ】(名)時刻の名。丑の刻を四つに分けた三番目にあたる時刻。今の午前二時から二時半ごろ。転じて、真夜中。伊勢 六九「子一つより―まであるに、まだ何事も語らはぬにかへりにけり」訳 午後十一時から午前二時ごろまで(いっしょに)いるけれども、まだ何も語り合わないのに(女は)帰ってしまった。

う-じゃう【有情】(名)《仏教語》感情や意識をもつすべての生あるもの。人間と動物をさす。徒然 一二八「すべて、一切の―を見て、慈悲の心なからんは、人倫にあらず」訳 おおよそ、あらゆる生あるものを見て、慈悲の心がないような者は、人間ではない。↔非情

うしろ【後ろ】(名)❶後方。背後。徒然 四一「みな―を見返りて」訳 みんながうしろをふりかえって。❷背中。枕 一〇四「廂の柱に―を当てて、こなた向きにおはします」訳(関白道隆は)廂の間の柱に背中を当てて、こちらのほうに向いていらっしゃる。❸うしろ姿。大鏡 花山院「戸を押し開けて、御―をや見まゐらせけむ」訳(何ものかが)戸をおしあけて、(花山天皇の)御うしろ姿を拝見したのだろうか。❹(死んだり、去ったりした)あと。源氏 夕顔「みづから忍び過ぐし給ひしことを、亡き御―に口さがなくやはと」訳(夕顔)自身が隠してお過ごしになったことを、お亡くなりになったあとに(私=右近が)つつしみなくしゃべってよかろうか(いや、よいはずがない)と。文法「やは」は、反語の係助詞。あとに結びの語「漏らすべき」などが省略されている。❺下襲のうしろに引いた裾。裾。源氏 紅葉賀「御衣の御―ひきつくろひなど」訳(左大臣は光源氏の)御装束の御裾を整えたりなど。

うしろ-あはせ【後ろ合はせ】(名)❶背中あわせ。今昔 二七・二七「六角堂の―にぞ住みし」訳(白井の君という僧は)六角堂の背中あわせ(の所)に住んでいた。❷反対の方向。平家 七・一門都落「主と―に東国へこそ落ち行きけれ」訳(貞能は)主君と反対方向に東国へ逃げて行った。

うしろ-かげ【後ろ影】(名)過ぎて行く人のうしろ姿。細道 旅立「人々は途中に立ち並びて、―の見ゆるまではと見送るなるべし」訳 人々は(道の)途中に立ち並んで、

(旅に出る私たちの)うしろ姿が見えている間はと思って見送るのであろう。

うしろ-がみ【後ろ髪】(名)後頭部の髪。多く「後ろ髪引かる」の形で、未練が残って去りがたいの意で用いられる。

うしろ-ぐら・し【後ろ暗し】(形ク)〔から・く(かり)・し・き(かる)・けれ・かれ〕❶心にやましいところがある。うしろめたい。〔浮・傾城禁短気〕「—・き㊍ことをして、もしあらはれては」訳 うしろめたいことをして、もし露顕したら。
❷二心があるのではないかと疑わしい。〔源平盛衰記〕「君をも裏切りの心がおありになることと思い申しあげて。

うしろ-さま【後ろ様】(名)「うしろざま」とも。❶うしろのほう。枕 三〇二「月のかげのはしたなさに、—にすべり入るを」訳 月光の(明るさによる)きまり悪さのために、(女が牛車の)うしろのほうにすべるようにはいるのを。
❷うしろ向き。徒然 二三六「御前なる獅子・狛犬、背きて、—に立ちたりければ」訳 (社の拝殿の)御前にある獅子と狛犬(の像)が、背中を向けあって、うしろ向きに立っていたので。

うしろ-つき【後ろ付き】(名)うしろ姿。〔浄・大経師昔暦〕「お寝間へござる—、をかしいやら憎いやら」訳 ご寝所へおいでになるうしろ姿の、おかしいやら憎いやら。

うしろ-で【後ろ手】(名)❶うしろ姿。源氏 薄雲「眺め居たる様体、頭つき、—など」訳 物思いにふけって座っている(明石の君の)容姿、髪の形、うしろ姿など。
❷両手をうしろに回すこと。

うしろ-み【後ろ見】(名)❶(日常的な)世話をすること。また、その人。源氏 若紫「少納言の乳母とぞ人言ふめるは、この子の—なるべし」訳 少納言の乳母と(他の)人が呼んでいるような(この)人は、この子(=若紫)の世話をする人であるのだろう。文法 係助詞「ぞ」の結びは「めるは」とさらに下に続くため、消滅(=結びの流れ)している。
❷(公の立場で)補佐すること。また、その人。後見人。源氏 桐壺「ただ人にておほやけの御—をするなむ行くさきも頼もしげなめることと思しさだめて」訳 (光源氏が)臣下として、朝廷の御後見人をつとめることが将来もいかにも頼もしそうであるようだと、(桐壺帝は)ご決心なさって。文法 係助詞「なむ」の結びは「なめること」と下に続くため、消滅(=結びの流れ)している。

うしろみ-だ・つ【後ろ見だつ】(自タ四)〔た・ち・つ・つ・て・て〕「「だつ」は接尾語」後見人のようにふるまう。源氏 東屋「もてあがめて—・つ㊍に」訳 (私=左近の少将を)たいせつにして(浮舟の親が)後見人のように世話をする場合に。

うしろ-・みる【後ろ見る】(自マ上一)〔み・み・みる・みる・みれ・みよ〕❶(日常的な)世話をする。枕 一六「今参りのさしこえて、もの知り顔に教へやうなる事言ひ—・み㊊たる、いとにくし」訳 新参者が(古参の人を)さしおいて、なんでも知っている顔をして教えるようなことを言い、人の世話をやいているのも、たいそう不快だ。
❷(公の立場で)補佐する。後見する。大鏡 基経「帝の御末もはるかに伝はり、大臣の末もともに伝はりつつ—・み㊊申し給ふ」訳 帝(=光孝天皇)の御子孫も長く受け継がれ、大臣(=基経)の子孫も一緒にそれぞれ受け継がれて(代々)後見し申しあげなさる。文法 「つつ」は、複数の主語(「帝の御末」と「大臣の末」)が同時にある動作(「伝はる」)をする意を表す接続助詞。(⇩扱ふ「類語パネル」)

うしろ・む【後ろむ】(自マ四)〔ま・み・む・む・め・め〕【上一段動詞「うしろみる」の転】「うしろみる」に同じ。〔紫式部日記〕「われはなほ、人を思ひ—・む㊎べけれど」訳 自分(=善良な人)はやはり、(自分を憎む)人のことを思い世話をするだろうが。
参考 「うしろむる㊍人なからむよりは」〈古活字本・狭衣〉のようにマ行上二段活用と見られる例もある。

うしろめた-げ【後ろめたげ】(形動ナリ)〔なら・なり(に)・なり・なる・なれ・なれ〕「「げ」は接尾語」不安なようすである。気がかりなようすである。源氏 若菜上「見捨て奉り給はむ後の世を—・に㊊思ひ聞こえさせ給へれば」訳 (朱雀院は女三の宮を)見捨て申しあげなさる(ことになる)であろう(御出家の)後のなりゆきを、気がかりそうにお思い申しあげなさっているので。

うしろめた-さ【後ろめたさ】(名)「「さ」は接尾語」不安。気がかり。源氏 若紫「乳母は、—に、いと近うさぶらふ」訳 (少納言の)乳母は、(若紫が)気がかりなので、たいそう近くお仕え申しあげる。

うしろ-めた・し【後ろめたし】(形ク)〔から・く(かり)・し・き(かる)・けれ・かれ〕❶なりゆきが気がかりだ。不安である。更級 後の頼み「後の世も、思ふにかなはずぞあらむかしとぞ、—・き㊍に」訳 死後の世も、きっと思いどおりにはいかない(=極楽往生できない)であろうよと、気がかりであるけれども。文法 「あらむかし」の「かし」は、強く念を押す意の終助詞。
❷うしろ暗い。気がとがめる。↔後ろ安し〔増鏡〕新島守「義時、君の御ために—・き㊍心やはある」訳 (この)義時が、主君(=後鳥羽院)の御ために(尽くすことに)うしろ暗い心があるだろうか(いや、絶対にありはしない)。文法 「やは」は、反語の係助詞。
参考 「後ろ辺痛し」または「後ろ目痛し」が語源と考えられ、後方、すなわち見えない所が気にかかって不安だという感じを表す。

類語パネル

●**共通義** 対象が不明瞭であるさま。

うしろめたし	ある対象について、人の見る目やその行く末が懸念されて、不安であるさま。
おぼつかなし	対象がぼんやりしていてつかみどころがなく、不安であるさま。不審であるさま。
おぼおぼし	(視覚的に)対象がはっきり見えず、ぼんやりしているさま。また、遠く隔たっていると感じられるさま。

うしろめた-な・し【後ろめたなし】(形ク)〔から・く(かり)・し・き(かる)・けれ・かれ〕「「なし」は状態を表す接尾語」「うしろめた

し」に同じ。〔落窪〕「わがなからむ後に、かくてのみあるを、ー・し㊌…、とこそ思ひつるに」訳私が死んだとしたらその後に、(四の君が)ただこうして(独身で)いるのを、気がかりだ…、と思っていたのに。

うしろ-や【後ろ矢】(名)敵に内通して、味方をうしろから射る矢。〔太平記〕三「ー射て名を後代に失はんとは」訳敵に内通して味方のうしろから矢を射て、名誉を後世まで失うであろうとは。

うしろやす-さ【後ろ安さ】(名)〔「さ」は接尾語〕安心だ、心配はないと感じること。また、その程度。源氏真木柱「世になきしれじれしさも、またーも、この世に類なきほどを」訳世にない(ほどの私＝光源氏の)ばかさ加減でも、また(女性から見て)安心だという点でも、世間に類のないぐらいなのを。

うしろ-やす-し【後ろ安し】(形ク){から・く(かり)・し・き(かる)・けれ・かれ}(将来に)心配がない。安心できる。頼もしい。蜻蛉中「人となして、ー・から㊍む妻などにあづけてこそ、死にも心安からむとは思ひしか」訳(道綱を)成人させて、(自分が)死ぬことも気が楽であろうとは思ったことだ。↔後ろめたし

うしろ-を-み-す【後ろを見す】(敵に)背を見せて逃げる。平家九・二度之懸「死ぬるとも敵にー・す㊌な」

う-しん【有心】(名・形動ナリ)❶思慮分別のあること。〔栄花〕根あはせ「おとなびてー・に㊊ものし給ふ人にて」訳大人びて、思慮分別がおありである人で。(「ものす」は婉曲表現で、ここは「…である」の意)

❷気がきいていること。趣向をこらすこと。枕三云「とくいへ。あまりー すぎて、しそこなふな」訳早く(返事を)言え。あまり趣向をこらしすぎて、やりそこなうな。

❸(狂歌を「無心」というのに対して)伝統的な和歌。

❹「有心連歌」の略。

うしん-てい【有心体】(名)藤原定家が唱えた和歌十体のうち、最高の姿を示すもの。情趣をこらして対象をとらえ、風雅な表現を追究する歌体。

うしん-れんが【有心連歌】(名)(滑稽な連歌を無心連歌というのに対して)和歌的な情趣をたたえた優美な連歌。有心。↔無心連歌

う-す【失す】(自サ下二){せ・せ・す・する・すれ・せよ}❶なくなる。消え去る。また、いなくなる。竹取かぐや姫の昇天「翁を、いとほしく、かなしと思しつることもー・せ㊊ぬ」訳翁を、気の毒で、いとおしいとお思いになったことも(かぐや姫から)消え去ってしまった。

❷死ぬ。土佐「京にて生まれたりし女子、国にてにはかにー・せ㊊にしかば」訳京で生まれていた女の子が、(任国土佐の)国で急に死んでしまったので。⇩果つ「慣用表現」

うず【髻華】(名)《上代語》草木の枝葉や花を髪や冠に挿して飾りとしたもの。挿頭。〔記〕中「命の全けむ人は畳薦平群の山のくまかしが葉をーに挿せその子」訳→いのちの…歌謡。→かざし

参考 植物を髪に挿すのは、元来、植物の生命力を身に移して長寿を願う呪術であった。

うず(助動サ変型)

意味・用法
推量〔…だろう。〕→❶
意志〔…う。…よう。〕→❷
適当・当然〔…のがよいだろう。…べきだ。〕→❸
仮定・婉曲〔…とすれば、その。…ような。〕→❹

接続
活用語の**未然形**に付く。

活用

未然	連用	終止	連体	已然	命令
○	○	うず〔うずる〕(○)	うずる〔うず〕(コト)	うずれ(ドモ)	○

❶推量の意を表す。…だろう。〔天草本伊曽保〕「喜びと悲しみは兄弟の如くぢゃ。またこの後には喜びも来うず㊌」訳喜びと悲しみは兄弟のようなものだ。またこののちには喜びも来るだろう。

❷意志を表す。…う。…よう。〔謡・隅田川〕「いかに船頭殿、舟に乗らうずる㊍にて候ふ」訳もし船頭さん、舟に乗ろうと思うのでございます。

❸適当・当然の意を表す。…のがよいだろう。…べきだ。〔天草本伊曽保〕「老いてこそなほ丁寧をば尽くされうずる㊍ことなれ」訳年をとってからはいっそう徹底して丁寧になさるのがよいこと(なの)だ。

❹(連体形を用いて)仮定・婉曲の意を表す。…とすれば、その。…ような。〔天草本伊曽保〕「この難儀を遁れさせられうずる㊍ことを教へまらせうず」訳この難儀をお逃れになれるようなことをお教えしよう。文法「教へまらせうず」の「うず」は、②の用法。

参考 推量の助動詞「むず」が変化したもの。室町時代に広く用いられ、江戸時代の元禄のころまで用いられた。

うす-いろ【薄色】(名)❶染め色の名。薄紫または薄二藍。枕四三「あてなるもの　ーに白襲の汗衫」訳上品なもの、薄紫色(の着物)の上に白襲(＝表裏ともに白)の(童女の)表着(を重ね着しているもの)。

❷織り色の名。縦糸を紫、横糸を白で織ったもの。源氏若菜下「赤色に桜の汗衫、ーの織物の衵」訳赤色(の袿の上)に桜襲の汗衫、薄紫色に織り出した衵(を着て)。

❸襲の色目の名。表は赤みを帯びた薄縹色(＝薄い藍色)、裏は薄紫色、または白。

うす-えふ【薄葉】(名)「うすやう」に同じ。

うす-きりふ【薄切り斑】(名)「うすぎりふ」とも。白地に薄い黒の斑(＝まだら)のある鳥の羽。またはそれで作った矢羽。

うすくこき… 和歌

> 薄く濃き　野辺の緑の　若草に
> 跡まで見ゆる　雪のむら消え
> 〈新古今・一・春上・七六・宮内卿〉

訳薄かったり濃かったりしている野原の緑の若草によって、(ある所は早くある所は遅く、まだら模様に消えていった雪の)跡までが見える、その雪のむら消えであるよ。

解説 若草の濃淡から雪の消え方の早い遅いをとらえた。繊細緻密な場面を鮮やかに組み立てた歌。「千五

百番歌合」での作。「増鏡」には、若い宮内卿がこの歌で好評を博したことを、歌合わせの主催者である後鳥羽院がたいへん喜んだと記されている。

うずくま・る【蹲る・踞る】(自ラ四){ら・り・る・る・れ・れ} ❶腰をかがめてしゃがむ。今昔 七・二七「夜、庵の前に来て**―・り**㊈居て、経を読誦するを聞く」訳 (虎が)夜、庵の前に来てしゃがみ座って、経文を読むのを聞く。❷腰をかがめて相手に礼をする。宇治 五・八「扇を笏にとりて、**―・り**㊈居たり」訳 扇を笏のように持ち構えて、腰をかがめ礼をしていた。

参考 室町以降は「うづくまる」と書かれた例が見える。

うす-こうばい【薄紅梅】(名) ❶色の薄い紅梅の花。また、その色。枕 一八四「御手のはつかに見ゆるが、いみじうにほひたる**―**なるは、かぎりなくめでたし」訳 (中宮の)お手のわずかに見えるのが、(寒さのために)たいそうつややかな薄紅梅色であるのは、この上なくすばらしい。

名文解説 はじめて宮仕えに出た清少納言の目に映った、中宮定子の印象を描いた一節。寒さに赤らむ定子の手が袖から覗いた一瞬を見逃さず、その美しさを紅梅の色にたとえて表現するところに、清少納言の鋭い観察眼と感性が遺憾なく発揮されている。

❷襲の色目の名。紅梅襲(=表は紅、裏は蘇芳)の色の薄いもの。

うす-ごろも【薄衣】(名)薄い布地の着物。うすぎぬ。源氏 空蟬「かの脱ぎすべしたると見ゆる**―**を取りて出で給ひぬ」訳 (光源氏は)あの女(=空蟬)がすべらせるようにして脱いだと思われる薄い布地の着物を取ってお出になった。

うす・し【薄し】(形ク){から・く(かり)・し・き(かる)・けれ・かれ} ❶厚みがない。薄い。枕 二五五「月のいと明かきおもてに**―・き**㊍雲、あはれなり」訳 月のたいそう明るい表面に薄い雲(がかかったの)は、しみじみと趣が深い。↔厚し

❷(色・味・においなどが)薄い。淡い。枕 三七「木の花は濃きも**―・き**㊍も紅梅」訳 木に咲く花では、濃いのでも薄いのでも紅梅(が趣がある)。↔濃し

❸(愛情や思慮などが)深くない。薄情である。浅はかである。源氏 若菜下「いにしへより本意ふかき道にも、たどり**―・かる**㊍べき女方にだにみな思ひ後れつつ」訳 昔から深く願っている仏道(=出家)についても、思慮の浅そうな女性たちにさえことごとく決心がおくれて。

❹(物事が)豊かでない。とぼしい。少ない。

うす-ずみ【薄墨】(名) ❶墨付きの薄いもの。源氏 少女「まぎらはし書いたる濃墨、**―**」訳 (筆跡を)人にわからないように変えて書いてある墨の濃いところと墨の薄いところ。

❷「薄墨色」の略。薄い墨色。ねずみ色。枕 二七八「〔尼たちの〕**―**の裳・袈裟・衣、いといみじくて(=たいそうすばらしくて)」

❸「薄墨紙」の略。

❹「薄墨衣」の略。源氏 御法「『**―**』とのたまひしよりは、今すこしこまやかにて奉れり」訳 (葵の上の死に際して)「薄墨衣」とおっしゃった(=歌に詠まれた)時(のもの)よりは、(このたびの紫の上の死に際しては)もう少し濃い色の(喪服)を(光源氏は)お召しになった。

❺《女房詞》そばがき。そばのかゆ。

うすずみ-がみ【薄墨紙】(名)宮中の反故紙をすきかえしたねずみ色の紙。宣旨や綸旨を書くのに用いた。「薄墨」「宿紙」とも。⇩紙屋紙「発展」

うすずみ-ごろも【薄墨衣】(名)薄墨色(=ねずみ色)に染めた衣。喪服として用いる。源氏 葵「限りあれば**―**浅けれど涙ぞ袖を淵となしける」訳 (喪服の色には)規定があるので、(私=光源氏の)薄墨色の衣は(色が)浅いけれど、(悲しみの)涙が、袖を深い淵ではないが、藤の色にしてしまっていることだ。(「淵」は藤色の「藤」との掛詞)

うす-づ・く【臼搗く・舂く】(自カ四){か・き・く・く・け・け}「うすつく」とも。❶うすに入れてきねでつく。今昔 二・七「我**―・き**㊈炊く所に宿りす」訳 私は、うすをつき煮炊きをする所で寝起きする。

❷夕日が西の山に入ろうとする。〔父の終焉日記〕「かくて日も壁際に**―・き**㊈」訳 こうして日も壁際に沈み。

うす-で【薄手】(名)浅い傷。浅手。平家 九・敦盛「小次郎が**―**負ひたるをだに、直実は心苦しうこそ思ふに」訳 (わが子の)小次郎が浅い傷を受けたのをさえ、(私)直実はつらく思うのに。

うす-にび【薄鈍】(名)「うすにぶ」とも。❶染め色の名。鈍色(=濃いねずみ色)の薄いもの。蜻蛉 中「いときなき手して、**―**の紙にて」訳 (返歌は)あどけない筆跡で(書き)、薄鈍色の紙で。

❷薄鈍色の衣服。多く喪服や僧尼の服として用いる。源氏 総角「黒くならはし給へる御すがた、**―**にて」訳 黒い喪服を着ならわしていらっしゃった(宇治の姫君たちの)お姿が、(父八の宮の一周忌が終わった今は)薄鈍色の衣服で。

うすはな-ぞめ【薄花染め】(名)薄縹色(=薄い藍色)に染めたもの。また、染めること。

うす-ふたあゐ【薄二藍】(名)染め色の名。二藍(=紅色がかった青色)の薄いもの。

うずみび【埋み火】⇩うづみび

うずむ【埋む】⇩うづむ

うす-もの【薄物】(名)羅や紗・絽など、薄く織った絹織物。また、それで作った夏用の衣服。薄絹。㊅。枕 一五二「二藍の**―**など、衣長にてたすき結ひたるがはひ出でたるも」訳 (二歳ぐらいの幼児で)二藍(=紅色がかった青色)の薄絹の着物などを、着丈が長いようすで(着て)袖を紐でくくり上げたのがはい出たのも(かわいらしい)。

うす-やう【薄様】(名)和紙の名。薄く漉いた鳥の子紙。「薄葉」とも。枕 八九「柳の萌え出でたるに、青き**―**に書きたる文つけたる」訳 柳の芽の出はじめたの(=枝)に、青い(色の)薄様に書いた手紙を結びつけてあるの(は、優美なものである)。

うすよう【薄様】⇩うすやう

うす-らか【薄らか】(形動ナリ){なら・なり(に)・なり・なる・なれ・なれ}色や厚さが薄く感じられるようす。うっすら。源氏 朝顔「**―・に**㊈積もれる雪の光りあひて」訳 (月が照り出して)うっすらと積もっている雪が輝き合って。

うすら-ひ【薄氷】(名)〔上代は「うすらび」〕薄く張った氷。うすごおり。㊄。万葉 二〇・四四七八「佐保川に凍り渡れる**―**の」訳 佐保川に一面に張りつめている薄氷の(ように)。

うす-わた【薄綿】(名)「薄綿入れ」の略。着物に薄く

綿を入れたもの。

うす-わら・ふ【薄笑ふ】(自ハ四){は・ひ・ふ・ふ・へ・へ}かすかに笑う。相手をあざけった笑い方をする。にやにや笑う。〔宇治〕一五・四「その時、門部府生、ー・ひ㊊て」

う-せうしゃう【右少将】(名)「右近衛の少将」の略。右近衛府の次官。↔左少将

う-せうべん【右少弁】(名)太政官の判官の一つで、右弁官局の三等官。右大弁・右中弁の下位。↔左少弁。→少弁

う・せる【失せる】■(自サ下一){せ・せ・せる・せる・せれ・せろ}〔「うす」(下二)の口語形〕❶「行く」「去る」を卑しめていう語。行きやがる。〔浄・心中天の網島〕「阿呆めが夜々ー・せる㊍所ほかには知らぬか」訳ばか者めが毎晩毎晩行きやがる所をほかには知らないか。❷「来る」を卑しめていう語。来やがる。〔浄・大経師昔暦〕「御裁き所で埒あけう。さあー・せ㊌う」訳御奉行所で決着をつけよう。さあ来やがれ。❸「居る」を卑しめていう語。居やがる。
■(補動サ下一){せ・せ・せる・せる・せれ・せろ}(動詞の連用形に助詞「て」が付いたものの下に付いて)卑しめの意を添える。…て行きやがる。…て居やがる。〔浄・女殺油地獄〕「勘当ぢゃ。出てー・せ㊌う」訳勘当だ。出て行きやがれ。
参考 本来は「失す」で下二段活用であったが、口語化して下一段活用になり、それとともに卑しめの語となり、近世には広く用いられた。

羽前『地名』旧国名。東山道十三か国の一つ。今の山形県の大部分。明治元年(一八六八)、出羽の国から分かれた。

うそ【嘯】(名)口をすぼめて息を出すこと。また、その音。口笛。〔狂・柿山伏〕「貝をも持たぬ山伏が、道々ーを吹こうよ」訳法螺貝をも持たない山伏(である私)が、道すがら口笛を吹こう(と思うことだ)よ。

うそ-うそ(-と)(副)❶落ち着かないで物をうかがうようす。きょろきょろ。うろうろ。〔浄・鑓の権三重帷子〕「ー耳を敧てて小声に成り」訳うろうろ聞き耳を立てて小さな声になり。❷はっきりしないようす。まぬけなようす。のそのそ。〔柳多留拾遺〕「ーと来て物申の苛酷さ」訳(使いが)のそのそと来て案内を請う声のひどいことよ。❸空虚であるさま。中がうつろになっているさま。〔玉塵抄〕「蓮にも蜂の巣のごとくに房々穴があいてーとあるぞ」訳蓮にも蜂の巣のように房々に穴があいて中がうつろであるのだ。

うそ-ぶ・く【嘯く】■(自カ四){か・き・く・く・け・け}「うそむく」とも。❶**口をすぼめて息をふうっと吹く。**〔紀〕神代「弟の命、浜にましましてー・き㊊給ふ」訳弟の命は、浜辺にいらっしゃって口をすぼめて息を吹きなさる。❷**口笛を吹く。**〔うつほ〕内侍のかみ「この蛍をさし寄せて、包みながらー・き㊊給へば」訳(帝は直衣の袖に移しとったこの蛍を(尚侍に)近寄せて、包んだままで(照らし)口笛を吹きなさると。❸そらとぼける。平気なさまをする。〔更級〕初瀬「とみに舟も寄せず、ー・い㊊(イ音便)て見まはし」訳(船頭は)すぐに舟も近づけず、そしらぬ顔をして見まわし。❹(動物などが)ほえる。
■(他カ四){か・き・く・く・け・け}**詩歌を口ずさむ。吟じる。**〔平家〕二・徳大寺之沙汰「ただひとり月にー・い㊊(イ音便)ておはしけるところに」訳(実定が)ただひとりで月に向かって詩歌を口ずさんでいらっしゃったところに。

うた【歌・唄】(名)❶声を長くひき、節をつけて歌う詞の総称。多く音楽を伴う。〔源氏〕須磨「琴を弾きすさび給ひて、良清にーうたはせ」訳(光源氏は)七弦琴をなぐさみに弾きなさって、良清に歌を歌わせ。❷和歌や歌謡・漢詩などの総称。詩歌。〔源氏〕桐壺「大和ことの葉をも、唐土のーをも、ただその筋をぞ枕ごとにせさせ給ふ」訳日本の歌(=和歌)をも、中国の歌(=漢詩)をも、(桐壺帝は亡くなった桐壺の更衣をしのびまったくそういう(=妻に先立たれた)方面のものを口ぐせになさる。文法「させ給ふ」は、最高敬語。❸和歌。特に三十一音の短歌形式のもの。〔源氏〕常夏「三十文字あまり、本末あはぬー、口疾くうち続けなどし給ふ」訳(近江の君は)三十文字あまりで、上の句と下の句が合わない歌を、口早に詠み続けたりしなさる。⇩大和歌「慣用表現」

うた-あはせ【歌合はせ】(名)平安時代初期から鎌倉時代に流行した文学的遊戯。参加者を左右二組に分け、それぞれから決められた題を詠んだ歌を一首ずつ出して取り組み(=番)を作り、判者が「勝・負・持(=引き分け)」を判定して勝負を競った。〔十訓〕三「京にーありけるに」
参考 歌合わせの参加者を「方人」、左右それぞれの責任者を「頭」という。歌題には、前もって出される「兼題」と、その当日出される「当座」とがあり、歌は「講師」によって読み上げられた。判者は一名が普通であったが、「両判(=二名)」や「衆議判(=左右の方人全員の合議)」の場合もあった。

う-だいしゃう【右大将】(名)「右近衛の大将」の略。右近衛府の長官。↔左大将

右大将道綱の母『人名』→藤原道綱の母

う-だいじん【右大臣】(名)太政官の長官。左大臣の次に位する。「みぎのおとど」「みぎのおほいまうちぎみ」とも。↔左大臣。→太政官

う-だいべん【右大弁】(名)太政官の判官の一つで、右弁官局の長官。兵部・刑部・大蔵・宮内の四省を管轄する。↔左大弁。→大弁

うた-うら【歌占】(名)歌によって吉凶を占うこと。また、その歌。〔保元物語〕「このーを二、三度詠じて、涙をはらはらと落とし」訳(巫女は)この吉凶を占った結果の歌を二、三度詠じて、涙をはらはらと流し。

うたえ【訴え】⇩うたへ

うた-がき【歌垣】(名)❶上代、春や秋に男女が集まって歌をかけ合い、舞踏して楽しむ行事。〔摂津国風土記逸文〕「この岡の西に歌垣山あり。昔、男も女も、この上に集ひ登りて、常にーをなしき」❷①が宮廷に取り入れられて)一群の男女が並んで歌舞する風流な遊び。
参考 本来は豊作を前もって祝う農耕儀礼であったが、次第に遊興化していった。未婚の男女にとってはよい求婚の場でもあった。東国では嬥歌と言い、常陸(茨

城県)の筑波山で行われたものが名高い。

うたかた【泡沫】(名)水に浮かぶあわ。はかなく消えやすいものをたとえることが多い。方丈 一「淀みに浮かぶ―は、かつ消えかつ結びて、久しくとどまりたる例なし」訳(川の流れの)よどみに浮かぶあわは、一方では消え、一方ではあらわれて、いつまでも(そのままの姿で)とどまっている例はない。文法「かつ」は副詞で、一方で物事が進行すると同時に、他方でも別の物事が進行する意。⇩方丈記「名文解説」

うたかたの【泡沫の】《枕詞》泡沫(=水のあわ)が浮かんでは消えるところから、「消ゆ」「憂き」にかかる。一説に、比喩とも。〔続後撰〕恋五「―憂き身も今や」

うたがた-も(副)《上代語》「うたかたも」とも。❶本当に。必ず。きっと。万葉 一五・三六〇〇「離れ磯に立てるむろの木―久しき時を過ぎにけるかも」訳陸から遠く海上につき出た磯に立っているむろの木は、きっと長い時を経過してきたことよ。

❷(下に打消や反語表現を伴って)決して。かりにも。万葉 一七・三九六八「鶯の来鳴く山吹―君が手ふれず花散らめやも」訳鶯の来て鳴く山吹は、かりにもあなたの手がふれずに花が散るだろうか(いや、散ることはないだろう)。

うた-がたり【歌語り】(名)和歌にまつわる話。歌の内容や詠作事情を語ること。歌物語。源氏 賢木「すきずきしき―なども、かたみに聞こえかはさせ給ふついでに」訳好色めいた歌語りなども、(朱雀帝と光源氏は)互いに申し上げ合いなされるおりに。

うたがはし… 和歌

> うたがはし　ほかに渡せる　ふみ見れば
> 〔橋〕〔文〕〔踏み〕
> 我やとだえに　ならむとすらむ
> 〈拾遺・一八・雑賀・一二〇二・藤原道綱の母〉〈蜻蛉・上〉

訳疑わしい。他の女に渡している手紙を見ると、私の方(への訪れ)はもう途絶えようとしているのでしょうか。修辞「疑はし」の「はし」に「橋」を、「ふみ」に「文」と「踏み」を掛け、「橋」「渡せ」「踏み」「とだえ」が縁語。

解説 作者は天暦九年(九五五)八月に道綱を出産するが、翌九月に夫である藤原兼家の文箱から他の女性にあてた手紙を見つけてしまった。その手紙に書きつけた歌。「蜻蛉日記」では第四句を「ここやとだえに」とする。

うた-がま・し【歌がまし】(形シク){しから・しく(しかり)・し・しき(しかる)・しけれ・しかれ}「「がまし」は「…のようだ」の意の接尾語」ひとかどの歌のようである。すぐれた歌らしい。枕 九九「さすがに―・しう(ウ音便)、われはと思へるさまに、最初に詠み侍らむ」訳やはりすぐれた歌らしく、自分こそはと思っているようすで、最初に詠みますようなことは。

うた-がら【歌柄】(名)他の歌と比べてきわだつ点。歌の風格。〔俊頼髄脳〕「―も、優にてをかし」訳歌の風格も優雅で趣深い。

うた-ぐち【歌口】(名)❶和歌の詠みぶり。〔ささめごと〕「稽古も―も同じ程の人の、後々にことのほか勝劣の見ゆるともがら多く侍るをや」訳(和歌の)学問も詠みぶり(=技量)も(はじめは)同じぐらいである人で、後々思いのほか(歌の)優劣が見える仲間が多くいますねえ。

❷笛・尺八などの、口をあてて吹く穴。

うた-くづ【歌屑】(名)くだらない和歌。へたな歌。徒然 一四「貫之が『糸による物ならなくに』といへるは、古今集の中の―とかや言ひ伝へたれど」訳紀貫之が「糸による物ならなくに」と詠んだのは、「古今和歌集」の中のへたな歌とか言い伝えているけれど。⇩大和歌「慣用表現」

うたげ【宴】(名)酒盛り。宴会。〔記〕中「その傍らを遊び歩きて、その―の日を待ち給ひき」訳(倭建命は)その(熊襲の室の)あたりをぶらぶら歩き回って、その宴会の日を(襲撃の機会と)お待ちになった。

うた-ざま【歌様】(名)歌論で、一首全体の姿。和歌の風体。歌風。〔無名抄〕「―のよろしきによりて、その難を許せるなり」訳歌の風体が無難であることで、その(歌の心が浅いという)欠点を許したのである。

うたた【転】(副)❶いよいよ。ますます。〔式子内親王家集〕「さらぬだに雪の光はあるものを―有り明けの月ぞやすらふ」訳そうでなくても雪の(白い)輝きはあるものなのに、いよいよ(その輝きを増すように)有り明けの月(の光)が(雪の上に)とどまっている。

❷(多く「うたたある」の形で)不愉快なさま。いやになるほど。ひどく。⇩いと「類語パネル」源氏 手習「例の人にてあらじと、いと―ある世にあるまで世を恨み給ふめれば」訳ふつうの人としては(この世に)あるまい(=尼にでもなろう)と、たいそうひどいという気分になるまで(浮舟は)世の中を恨んでいらっしゃるようなので。

参考 原義は、事態が進行し続けて程度がはなはだしくなる意。語形は「うたうた」がつづまって「うたた」となり、さらに「うたて」に転じたと考えられる。

うたた-ね【仮寝】(名)眠るつもりもなくちょっと寝ること。かりね。古今 恋二「―に恋しき人を見てしより夢てふものは頼みそめてき」訳→うたたねに… 和歌

うたたね『作品名』鎌倉中期の日記。阿仏尼作。ある貴族との恋愛に破れて出家、養父に誘われて遠江に下るが、まもなく帰京するまでを記す。全体が若き日の失恋の回顧でまとめられている。

うたたねに… 和歌

> うたた寝に　恋しき人を　見てしより
> 夢てふものは　頼みそめてき
> 〈古今・一二・恋二・五五三・小野小町〉

訳うたた寝(の夢)に、恋しい人を見てしまったときから、(あてにならないはずの)夢というものを頼りにし始めてしまったことよ。文法「見てし」の「てし」、「そめてき」の「てき」は、完了の助動詞「つ」の連用形「て」に過去の助動詞「き」の連体形「し」、終止形「き」の付いた連語で、「…てしまった」の意。

解説 当時、相手が自分のことを思ってくれていると、自分の夢の中に相手の人が現れると考えられていた。

うた-づかさ【雅楽寮】(名)「うたれう」に同じ。

うたて

━(副)━〔形容詞「うたてし」の語幹〕

━(形動ナリ)

語義パネル

●**重点義** **程度が進みすぎる異常なさまに対する不快な感じ。**

副詞「うたた」の転じた語。単独用法のほかに、「うたてあり」「うたておぼゆ」の形で用いられることが多く、中古後期に形容詞「うたてし」、形容動詞「うたてなり」「うたてげなり」が派生した。

一 副詞	❶事態が進むさま。**ますます。ひどく。** ❷ふつうでないさま。**異様に。怪しく。気味悪く。** ❸**いやに。不快に。情けなく。嘆かわしく。**
二「うたてし」の語幹	気味が悪い。いやだ。いとわしい。
三 形容動詞	ひどい。情けない。

一(副)〔「うたた」の転〕❶事態が進むさま。**ますます。ひどく。** 万葉 一一・二八七七「何時(いつ)はなも恋ひずありとはあらねどもー このころ恋し繁(しげ)しも」訳 どんな時でも恋しく思わないでいるということはないけれども、ますますこのごろは恋心がつのることだ。文法「なも」は、上代の係助詞。「恋し」の「し」は、強意の副助詞。

❷ふつうでないさま。**異様に。怪しく。気味悪く。** 源氏 夕顔「ものに襲はるる心地(ここち)して…。ー おぼさるれば、太刀(たち)を引き抜きて」訳 (光源氏は)物の怪(け)におそわれる気持ちがして…。気味悪くお思いにならずにはいられないので、太刀を引き抜いて。文法「おぼさるれば」の「るれ」は、自発の助動詞「る」の已然形。

❸**いやに。不快に。情けなく。嘆かわしく。** 徒然 三〇「かばかりの中に何かはと、人の心はなほー おぼゆれ」訳 これほどの(悲しみの)中で(忌みことばを問題にして)何になろうか(いや、何にもならない)と、人の心根はやはり嘆かわしく思われる。

二〔形容詞「うたてし」の語幹〕気味が悪い。いやだ。いとわしい。源氏 若紫「あなー や。ゆゆしうも侍るかな」訳 あら困ったこと。(喪中の幼い若紫に求婚するなんて)ひどい仕打ちでもございますわ。

三(形動ナリ){なら・なり(に)・なり・なる・なれ・なれ}ひどい。情けない。宇治 二・七「ー・なり(用)ける心なしのしれ者かな」訳 実に情けない、考えなしのばか者だなあ。

うたて-あ・り【うたて有り】いやだ。嘆かわしい。不快だ。困ったことだ。竹取 竜の頸の玉「ー・る(体)主(ぬし)の御許(みもと)に仕うまつりて、すずろなる死にをすべかめるかな」訳 どうしようもないご主人の御許にお仕え申しあげて、思いがけない死に方をするにちがいないようだなあ。

うたて-が・る(自ラ四){ら・り・る・る・れ・れ}〔「がる」は接尾語〕いやがる。嫌う。今昔 三一・三二「『これはただにはあらず、物に狂ふなりけり』とー・り(用)て」訳「これは尋常ではない、何かに狂ったのだ」と(人々は)いやがって。

うたて-げ(形動ナリ){なら・なり(に)・なり・なる・なれ・なれ}〔「げ」は接尾語〕❶異様な感じである。怪しげである。大鏡 序「例人(れいひと)よりはこよなう年老い、ー・なる(体)翁(おきな)二人、嫗(おうな)といきあひて」訳 ふつうの人よりは格別に年をとり、異様な感じである老翁二人と、老女とが出会って。⇩大鏡(おほかがみ)「名文解説」

❷いやな感じである。見苦しいようすである。源氏 賢木「かたちの異様(ことざま)にてー・に(用)変はりて侍らば、いかが思(おぼ)さるべき」訳 (私=藤壺(ふじつぼ)の)姿が(今までと)違ったようすで(尼に)見苦しく変わっていますならば、(あなた=東宮は)どうお思いになるだろうか。

うたて-さ(名)〔「さ」は接尾語〕情けなさ。嘆かわしいこと。平家 七・一門都落「いつしか人の心どもの変はりゆくー よ」訳 早くも人の心がそれぞれに変わってゆく情けなさよ。

うたて・し(形ク){から・く(かり)・し・き(かる)・けれ・かれ}❶**嘆かわしい。**気にくわない。**いとわしい。**〔栄花〕月の宴「東宮(とうぐう)いとー・き(体)御物の怪(け)にて、ともすれば御心地あやまりしけり」訳 皇太子はたいそういとわしい御物の怪にとりつかれて、ともすればお心が狂った。平家 四・信連「御前に人一人(いちにん)も候はざらんが、むげにー・しう(用)(シク活用ウ音便)覚え候ふ」訳 (高倉宮の)御座所近くに(しかるべき)人が一人もおりませんとすれば、それがひどく嘆かわしく思われます。

❷**情けない。気の毒だ。**同情される。平家 三・頼豪「俊寛僧都(そうづ)一人(いちにん)、赦免(しやめん)なかりけるこそー・けれ(已)」訳 俊寛僧都一人が、赦免されなかったのは気の毒なことだ。文法「こそうたてけれ」は、係り結び。

参考 中古では語幹「うたて」だけが用いられることが多く、中古末期から形容詞の用法が一般化する。中世にはシク活用も用いられた。

うたて-や-な 嘆かわしいことだなあ。情けないなあ。〔謡・隅田川〕「ー 隅田川の渡し守ならば『日も暮れぬ舟に乗れ』とこそ承るべけれ」訳 ああ情けないなあ。隅田川の船頭ならば、(「伊勢(いせ)物語」のように)「日も暮れてしまう、(早く)舟に乗れ」と(あなたがおっしゃり、私が)お聞きするはずだ。

なりたち 形容詞「うたてし」の語幹「うたて」＋間投助詞「や」＋終助詞「な」

うた-ぬし【歌主】(名)和歌の作者。土佐「このー、『まだまからず』と言ひて立ちぬ」訳 この和歌の作者は、「まだおいとましない」と言って(座を)立ってしまった。

うたひ(ウタイ)【謡】(名)❶「うたひもの」に同じ。〔天草本平家〕二「たとひ舞をご覧じーを聞こし召されずとも」訳 かりに舞をご覧にならず、謡をお聞きにならないにしても。

❷謡曲。能楽の台本。作者は観阿弥(かんあみ)・世阿弥(ぜあみ)・金春禅竹(こんぱるぜんちく)など。観世(かんぜ)・宝生(ほうしょう)・金剛(こんごう)・金春・喜多(きた)などの流派がある。

うた-びと【歌人】(名)❶雅楽寮(うたりょう)(=歌舞をつかさどる役所)に属し、舞楽のとき、歌をうたう役の人。

❷歌を上手にうたう人。歌うたい。万葉 一六・三八八六「ーと吾(わ)を召すらめや」訳 歌うたいとして私をお召しになっているのだろうか。

❸歌人(かじん)。和歌をつくる人。歌よみ。

うたひ-もの(ウタイ)【謡物】(名)詞章に節をつけて歌うものの総称。神楽(かぐら)・催馬楽(さいばら)・朗詠・今様・宴曲・謡曲・長唄・清元など。謡(うたい)。

うた・ふ【歌ふ】（他ハ四）｛は・ひ・ふ・ふ・へ・へ｝ことばに節をつけ、声に出して唱える。詩歌を朗詠する。源氏 若紫「弁の君、扇はかなううち鳴らして、『豊浦の寺の西なるや』と―・ふ終」訳 弁の君は扇をそれとなく鳴らして、「豊浦の寺の西なるや」と（催馬楽を）歌う。

うた・ふ【訴ふ】（他ハ下二）｛へ・へ・ふ・ふる・ふれ・へよ｝［「うったふ」の促音「っ」の表記されない形］苦情を申したてる。訴える。宇治 一〇・一「かかる横ざまの罪にあたるを、思し嘆きて…天道に―・へ用申し給ひけるに」訳 （左大臣は）このような無実の罪に直面することを、思い嘆きなさって…天の神に訴え申しあげなさったところ。

うたへ【訴へ】（名）［「うったへ」の促音「っ」の表記されない形］訴えること。訴訟。徒然 二〇九「人の田を論ずるもの、―に負けて」訳 他人の田を（自分のものだと主張して）言い争う者が、訴訟に負けて。

うた-まくら【歌枕】（名）❶和歌に詠み込む歌語（＝枕詞・名所の地名など）。また、歌語を解説した書物。源氏 玉鬘「よろづの草子―、よく案内知り見つくして、そのうちの言葉を取り出づるに」訳 いろいろの（物語などの）本や歌語を解説した書物について、十分内容を理解し、すべて読んで、（歌を詠むとき）その中のことばを取り出すと。
❷（歌語のうち特に）古来、歌の中に詠み込まれてきた名所。細道 壺の碑「むかしよりよみ置ける―、多く語り伝ふといへども」訳 昔から（歌に）詠んで（後代まで）残した名所は、多く語り伝え（られてい）るというものの。

> **発展** 「歌枕」の意味の変遷
> 「歌枕」は本来は①の意であったが、平安末期にその中の名所の地名のみを収集・解説した書物（「能因歌枕」など）が作られると、やがて②の意をさすようになった。俳諧の中で詠まれる地名については、近年特に「俳枕」と呼ぶようになった。

うた-め・く【歌めく】（自カ四）｛か・き・く・く・け・け｝［「めく」は接尾語］いかにも歌らしい表現になる。土佐「あやしく―・き用てもいひつるかな」訳 不思議なことに（船頭のことばはまるで）歌らしくしても言ったものだなあ。

うた-ものがたり【歌物語】（名）❶和歌にまつわる話。歌語り。徒然 五七「人の語り出でたる―の、歌のわろきこそ本意なけれ」訳 人が話し始めた和歌にまつわる話で、歌（のでき）がよくないのは残念（なもの）である。
❷平安時代に作られた、和歌を中心にすえて構成された短編物語。「伊勢物語」「大和物語」など。

うた-よみ【歌詠み】（名）❶歌を作ること。歌を詠むこと。著聞 一九〇「名簿の端書きに、『能は―』と書きたりけり」訳 名札の端に、「（自分の）才能は歌を詠むこと（である）」と書いてあった。
❷歌を作る人。歌人。〔十訓〕三「小式部内侍、―にとられて詠みけるを」訳 小式部内侍が（歌合わせの）歌人に選ばれて（歌を）詠んだが。

うた-れう【雅楽寮】（名）律令制の、治部省の一部局で、歌舞音楽の伝習や儀式での奏楽をつかさどった。「うたづかさ」「うたのつかさ」「ががくれう」とも。

うた-ろんぎ【歌論議】（名）「うたろぎ」とも。二組に分かれて、和歌のよしあしや解釈について論じあうこと。大鏡 伊尹「殿上に―といふことといできて、その道の人々、いかが問答すべきなど」訳 殿上の間で和歌についての議論ということがおこって、その（＝歌の）道の（専門の）人たちが、どのように問答したらいいかなど。

うた-ゑ【歌絵】（名）一首の歌の意味を絵にかきあらわしたもの。また、描かれた絵にふさわしい歌を詠んで添えたもの。大鏡 実頼「御障子に―どもかかせ給ひし色紙形を」訳 御襖に多くの歌絵をおかかせになった（そのもととなる歌を書く）色紙形（＝屏風や障子に色紙の形をかいて彩色し、それに詩・歌などを書くもの）を。

うち-【打ち】（接頭）（動詞に付いて）動詞の意味を強めたり、「ちょっと」「すばやく」「すっかり」など種々の意を添えたりする。また、単に語調をととのえるためにも用いられる。「―出づ」「―驚く」「―守る」「―語らふ」「―絶ゆ」。源氏 紅梅「―も置かず御覧ず」訳 （匂宮は紅梅を）少しも置かず（手に取ったまま）ご覧になる。
参考 四段動詞「打つ」の連用形が接頭語になったもの。ただ、本来の動詞としての意味を保っている場合は接頭語とは考えない。また、「源氏物語」の例のように動詞との間に係助詞「も」が入ることもある。

うち【内】（名）❶（部屋などの）奥のほう。中のほう。内部。枕 九「おびえまどひて御簾の―に入りぬ」訳 （猫は）恐れうろたえて御簾の内がわに入ってしまった。
❷家。家の中。徒然 四四「山のきはに惣門のある―に入りぬ」訳 （男は）山のそばに総構えの門のある家の中に入ってしまった。
❸心の中。徒然 一〇八「―に思慮なく、外に世事なくして」訳 心の中には（つまらないことに）思いをめぐらすことなく、世間的には俗事にわずらわされることがなくて。↔外
❹（空間的・地域的に）国内。区域内。方丈 二「すべて、都の―、三分が一に及べりとぞ」訳 （火事は）全体で、都の域内の、三分の一に及んだということだ。文法 係助詞「ぞ」のあとに結びの語「いふ」などが省略されている。
❺（数量的に）一部分。その中。以内。〔増鏡〕おどろのした「よき歌よみ多く聞こえ侍りし―に」訳 すぐれた歌人がたくさん評判となりました中で。
❻（時間的に）期間中。あいだ。土佐「日しきりにとかくしつつ、ののしる―に夜更けぬ」訳 一日中あれこれしては、騒ぐあいだに夜が更けてしまった。
❼［「内裏」とも書く］宮中。内裏。更級 春秋のさだめ「またの年の八月に、―へ入らせ給ふに」訳 （祐子内親王は）翌年の陰暦八月に、宮中にお入りになられるときに。文法 「せ給ふ」は、最高敬語。⇩内裏「慣用表現」
❽天皇。主上。源氏 夕顔「―にも聞こしめし嘆くこと限りなし」訳 主上（＝桐壺帝）におかれても（光源氏の病気のことを）お聞きになって悲しむことはこの上もない。⇩御門「慣用表現」
❾（儒教を「外」、「外」というのに対して）仏教。平家 二・教訓状「―には五戒を保って慈悲を先とし、外には五常を乱さず」訳 仏教では五戒（＝不殺生・不偸盗・不邪淫・不妄語・不飲酒）を守って慈悲を第一とし、儒教では五常（＝仁・義・礼・智・信）を乱さ

ないで。

❿私事。〔謡・経政〕「外には仁義礼智信の五常を守りつつ、—にはまた花鳥風月、詩歌管弦をもっぱらとし」訳 公の生活では仁・義・礼・智・信の五常を守りながら、私生活ではまた花鳥風月、詩歌管弦(の風流)をいちずにして。

⓫外部の者に対して配偶者をいう語。妻。夫。〔浄・夕霧阿波鳴渡〕「伊左衛門—よりと書いても人の咎めぬこと」訳 (親類への手紙に)伊左衛門の妻よりと書いても(私が遊女だからといって)人がとがめないこと(だよ)。

うぢ【氏】(名) ❶上代社会で支配層を形成していた豪族が、自らの系統を示し、他と区別した名称。中臣・物部・大伴・蘇我など。万葉 二〇・四四六五「虚言も祖の名断つな大伴の—と名に負へる大夫の伴」訳 かりそめにも祖先の名を絶ってはならない。大伴の氏をその名として持っている勇士たちよ。

❷家の名称。名字。〔雨月〕吉備津の釜「香央は此の国の貴族にて、我は—なき田夫なり」訳 香央家はこの国の貴族で、私は名字もない農夫である。

宇治(うぢ)〖地名〗歌枕 今の京都府宇治市。平安時代、貴族の別荘地・遊楽地であった。

うち-あか・む【打ち赤む】〔「うち」は接頭語〕■一(自マ四)〔ま・み・む・む・め・め〕(ある気持ちが表れるため)顔が赤くなる。〔紫式部日記〕「げに面—・み用て給へる顔、こまかにをかしげなり」訳 (きまり悪さで)まことに表面が赤くなっていらっしゃる顔は、きめがこまかく美しいようすである。

■二(他マ下二)〔め・め・む・むる・むれ・めよ〕顔を赤くする。「怨じ給へば、顔—・め用てゐたり」訳 (光源氏が)お恨みになると、(小君は)顔を赤くして座っていた。源氏 帚木

うち-あ・ぐ【打ち上ぐ・打ち揚ぐ】(他ガ下二)〔げ・げ・ぐ・ぐる・ぐれ・げよ〕❶手を打ちならし歌い騒ぐ。酒宴をする。竹取 かぐや姫の生ひ立ち「このほど三日—・げ用遊ぶ」訳 (かぐや姫の命名を祝い)このとき三日間酒宴をして歌い騒いで楽しむ。

❷〔「うち」は接頭語〕さっと高くあげる。源氏 宿木「若き人のある、まづおりて、簾—・ぐ終めり」訳 若い女房でそばにいる(=同乗している)人が、最初に(車から)降りて、(車の)簾をさっと高くあげるようだ。

❸〔「うち」は接頭語〕声を高くはりあげる。平家 三・法皇被流「折しも法皇、御経を—・げ用—・げ用あそばされける」訳 ちょうどそのとき(後白河)法皇は、お経を声を高くはりあげはりあげお読みになっていらっしゃった。

うち-あ・つ【打ち当つ】(他タ下二)〔て・て・つ・つる・つれ・てよ〕打って物に当てる。打ちつける。大鏡 道隆「地獄の鼎のはたに頭—・て用て三宝の御名思ひ出でけむ人のやうなることなりや」訳 地獄の釜の縁に頭を打ちつけて、(ようやく)三宝(=仏法僧)の御名号を思い出したという人の(話の)ようなことだねえ。

うち-あはび【打ち鮑】(名)あわび(=貝の名)の肉を薄く長く切り、のばして干したもの。祝儀の酒のさかなとされた。のしあわび。

うち-あ・ふ【打ち合ふ】■一(自ハ四)〔は・ひ・ふ・ふ・へ・へ〕❶互いに打つ。(斬り合って)戦う。〔謡・鉢木〕「思ふ敵と寄り合ひ—・ひ用て死なんこの身の」訳 (これはと)思う敵に近づき戦って死ぬつもりのこの私が。

❷〔「うち」は接頭語〕(物事が)ぴったりと調和する。うまくいく。源氏 夕顔「御粥など急ぎ参らせたれど、取りつぐ御まかなひ—・は未ず」訳 お粥(=固粥)などを急いで(光源氏に)差し上げたけれども、取りつぐお世話をする人が(手不足で)うまくいかない。

■二(他ハ四)〔は・ひ・ふ・ふ・へ・へ〕(双六などを)互いに打つ。今昔 一六・三七「主の許にして同じ様なりける侍と双六を—・ひ用けり」訳 主人の家で同じようであった侍(=青侍)と双六を打ち合った。

うち-あ・り【打ち有り】(自ラ変)〔ら・り・り・る・れ・れ〕〔「うち」は接頭語〕何気なくある。ふつうにある。徒然 一〇「—・る体調度も昔覚えてやすらかなるこそ、心にくしと見ゆれ」訳 何気なく(置いて)ある道具類も古風に思われて落ち着いているのは、奥ゆかしいと感じられる。

うち-あん・ず【打ち案ず】(他サ変)〔ぜ・じ・ず・ずる・ずれ・ぜよ〕〔「うち」は接頭語〕思案を巡らす。考えこむ。〔増鏡〕新島守「義時、とばかり—・じ用て」訳 (北条)義時は、ほんのちょっとの間思案を巡らして。

うち-いた【打ち板】(名) ❶「うちはし②」に用いる板。

❷牛車と車寄せとの間に、乗降のために渡す板。

❸陣中などで、地上にすわるときに敷く厚い板。

うち-いだ・す【打ち出だす】(他サ四)〔さ・し・す・す・せ・せ〕〔「うち」は接頭語〕❶「うちいづ 二 ②」に同じ。〔栄花〕わかばえ「衣の褄重なりて—・し用たるは、色々の錦を枕冊子に作りてうち置きたらむやうなり」訳 (女房たちの)着物の縁が重なって(御簾の下から外へ)ちょっと出してあるのは、さまざまな色の錦を枕冊子(=身近に置く雑記帳)に仕立てて置いてあるようである。

❷声に出して吟誦する。枕 三一三「『声明王の眠りを驚かす』といふことを、高う—・し用給へる、めでたうをかしきに」訳 「声明王の眠りを驚かす」という句を、(伊周が)高く声に出して吟誦しなさったのが、すばらしく趣があるので。

うち-い・づ(イズ)【打ち出づ】■一(自ダ下二)〔で・で・づ・づる・づれ・でよ〕〔「うち」は接頭語〕❶出る。現れる。万葉 三・三一八「田子の浦ゆ—・で用て見れば真白にそ富士の高嶺に雪は降りける」訳 →たごのうらゆ…和歌

❷でしゃばる。徒然 五六「あまたの中に—・で用て、見ることのやうに語りなせば」訳 (よからぬ人は)大勢の中にでしゃばって、見(てい)ることのようにこしらえて語るので。

❸出発する。出陣する。平家 九・小宰相身投「明日—・で未んとての夜」訳 (通盛が)あす出陣しようと思っているその夜。

■二(他ダ下二)〔で・で・づ・づる・づれ・でよ〕❶(音や火を)打って出す。源氏 篝火「拍子—・で用て、忍びやかに謡ふこゑ、鈴虫にまがひたり」訳 (弁の少将が)笏拍子(=楽器の一種)を打って、ひっそりと歌う声は、鈴虫(=松虫のこと)の声とまちがえたほどである(=美しい)。

❷〔「うち」は接頭語〕ちょっと出す。特に、室内の御簾や牛車の下簾から、女房たちの袖口や裾などを少し出す。出だし衣をする。〔栄花〕歌合「女房えもいはず装束きて—・で用たり」訳 女房たちはこの上なく(美しく)装って出だし衣をしている。

❸〔「うち」は接頭語〕口に出す。言い出す。徒然 二三一「皆人、別当入道の庖丁を見ばやと思へども、たやす

く―・で(未)んもいかがとためらひけるを」訳（そこにいた）人はみんな、別当入道の庖丁さばきを見たいものだと思うが、軽々しく言い出すようなのもどうかとためらっていたところ。文法「見ばや」の「ばや」は、願望の終助詞。「うちいでんも」の「ん」は、仮定・婉曲の助動詞。

うち-いで【打ち出で】(名) ❶金・銀・銅などを薄く平たく打ち延べること。❷「打ち出での衣」の略。大鏡 師輔「つぶとえもいはぬ―ども、わざとなくこぼれ出でて」訳 びっしりと言いようもなく美しいさまざまの打ち出での衣が、わざとらしくなく（御簾の下から）こぼれ出て。

うちいで-の-きぬ【打ち出での衣】晴れの席で、女房たちの衣服の袖口や裾を御簾や几帳の下からはみ出させること。また、その袖や裾。「出だし衣」「打ち出で」とも。

うち-い・ふ【打ち言ふ】(他ハ四){は・ひ・ふ・ふ・へ・へ}〔「うち」は接頭語〕ちょっと口に出す。何気なく言う。源氏 夕顔「もの―・ひ(用)たるけはひあな心苦しと、ただいとらうたく見ゆ」訳（夕顔が）何かちょっと口に出したものごしは、ああ（しゃべらせるのは）痛々しいと、ただもうたいそう可憐に（光源氏には）見える。

うち-い・る【打ち入る】〔「うち」は接頭語〕■一(自ラ四){ら・り・る・る・れ・れ}〔「討ち入る」とも書く〕攻め入る。襲いかかる。平家 四・信連「出羽判官光長は、馬に乗りながら（＝乗ったままで）門のうちに―・り(用)」■二(他ラ下二){れ・れ・る・るる・るれ・れよ} ❶ひょいと入れる。無造作に入れる。竹取 かぐや姫の生ひ立ち「手に―・れ(用)て家へ持ちて来ぬ」訳（翁は竹の中から見つけた女の子を）掌に無造作に入れて家へ持って来た。❷勢いよく馬を乗り入れる。平家 九・宇治川先陣「その間に佐々木はつと馳せ抜いて、河へざっとぞ―・れ(用)たる」訳（梶原が馬の腹帯を直しているその間に）佐々木（高綱）はすっと馬を走らせて（梶原より）前に出て、川（＝宇治川）へざぶんと勢いよく馬を乗り入れた。❸ばくちに金品をつぎこむ。入れあげる。徒然 一二六「ばくちの負けきはまりて、残りなく―・れ(未)んとせんに会ひては、打つべからず」訳 ばくちうちがとことん負けて、（手もとの金を）残らずつぎこもうとするようなのに対しては、賭事をしてはならない。

うち-うち【内内】■一(名) ❶家の中。家庭の内部。徒然 二三五「なえたる直垂、―のままにてまかりたりしに」訳（着古して）よれよれになった直垂で、家の中そのまま（の格好）で参ったところ。❷個人的であること。内輪。非公式。源氏 若菜上「事限りありければ、―の心寄せは変はらずながら」訳（私＝朱雀院は在位中）物事に制限（＝天皇としてできないこと）があったので、（光源氏に対する）個人的な好意は変わらないものの。■二(副) ないないで。ひそかに。徒然 一五〇「―よく習ひ得てさし出でたらんこそ、いと心にくからめ」訳（技能を身につけようとする人は）ひそかに十分習い会得してから人前に出たとしたならばそれは、たいそう奥ゆかしいだろう。

うち-お・く【打ち置く】(他カ四){か・き・く・く・け・け}〔「うち」は接頭語〕❶（ちょっと）置く。源氏 須磨「―・き(用)―・き(用)書き給へる、白き唐の紙四、五枚ばかりを」訳（筆を）ちょっと置きちょっと置き（六条御息所が）書きなさった手紙は、白い中国渡来の紙四、五枚ほどを。❷そのままにしておく。ほうっておく。徒然 一三七「棺をひさくもの、作りて―・く(体)ほどなし」訳（死ぬ者が多いので）棺を売る者は、作ってそのままにしておく間がない。

うち-おこた・る【打ち怠る】(自ラ四){ら・り・る・る・れ・れ}〔「うち」は接頭語〕なおざりにする。なまける。徒然 一八八「世を長閑に思ひて―・り(用)つつ、先づさしあたりたる目の前の事にのみまぎれて月日を送れば」訳 一生をのんびりしたものと思って（とかく）なまけては、まず直面している目の前のことだけに気をとられて月日を送ると。

うち-おこな・ふ【打ち行ふ】(自ハ四){は・ひ・ふ・ふ・へ・へ}〔「うち」は接頭語〕仏道修行をする。勤行をする。枕 一二九「たてへだてて、―・ひ(用)たる暁の額など、いみじうあはれなり」訳 家族と離れた部屋にいて、勤行をしている夜明け前の礼拝などは、たいそう胸を打つ。

うちおとり-の-とめでた【内劣りの外めでた】外見はりっぱだが、内容が貧弱なこと。見かけだおし。大鏡 伊尹「その帝（＝花山天皇）をば、『―』とぞ、世の人申しし（＝申し上げた）」

うち-おどろ・く【打ち驚く】(自カ四){か・き・く・く・け・け}〔「うち」は接頭語〕❶ふと目がさめる。堤 はいずみ「男、―・き(用)て見れば、月もやうやう山の端は近くなりにたり」訳 男は、ふと目がさめて見ると、月もだんだんと山の稜線に近く（＝沈みそうに）なってしまっている。❷（意外なことに）はっと驚く。源氏 幻「おぼえなき折なれば―・か(未)るれど」訳（光源氏の訪れは）思いがけないときなので、（明石の君は）はっと驚かずにはいられないけれども。

うち-おほど・く【打ちおほどく】(自カ四){か・き・く・く・け・け}〔「うち」は接頭語〕おっとりしている。のんびりしている。源氏 帚木「かたちをかしく―・き(用)若やかにてまぎるることなきほど」訳（女が）容貌が美しくおっとりし、若々しくて（俗事に）忙しくかかわることもない間は。

うち-おほひ【打ち覆ひ】(名)〔「うち」は接頭語〕上をちょっとおおう程度の仮ごしらえの屋根。方丈 三「土居を組み、―をふきて」訳 土台を組み、簡単な屋根を葺いて。

うち-おほ・ふ【打ち覆ふ・打ち被ふ】(他ハ四){は・ひ・ふ・ふ・へ・へ}〔「うち」は接頭語〕ちょっとかぶせて隠す。おおいかぶせる。更級 野辺の笹原「いとゆゆしくおぼゆれば、袖を―・ひ(用)て」訳（月の光が幼い子の寝顔にあたるのが）たいそう不吉に思われるので、袖をちょっとかぶせて。

うち-おぼめ・く(自カ四){か・き・く・く・け・け}〔「うち」は接頭語〕ぼかしてあいまいにする。知らないふりをする。徒然 七三「げにげにしく所々―・き(用)、よく知らぬよしして」訳 いかにももっともらしく（話の）所々をぼかしてあいまいにし、よく知らないふりをして（語る嘘は）。

うち-おぼ・ゆ【打ち覚ゆ】〔「うち」は接頭語〕■一(自ヤ下二){え・え・ゆ・ゆる・ゆれ・えよ} ❶心に浮かぶ。自然と思い知られる。源氏 明石「来し方行く先のこと―・え(用)、とやかくやとはかばかしう悟る人もなし」訳 過去のことも将来のことも心に思い浮かび、あれやこれやと（天変の啓示に）はっきり感づく人もいない。❷どことなく似ている。源氏 夢浮橋「いとをかしげにて、少し―・え(用)給へる心地もすれば」訳（小君が）大変かわいらしいようすで、(浮舟に)少しどことなく似ていらっしゃる気持ちもするので。■二(他ヤ下二){え・え・ゆ・ゆる・ゆれ・えよ}思い出して言う。大鏡 序「さるべきことのさしいらへ、繁樹も—・え用侍らむかし」訳 相応なこと(=答えられそうなこと)の受け答えは、(私)繁樹も思い出して言いましょうよ。

うち-おも・ふ オモウ【打ち思ふ】(他ハ四){は・ひ・ふ・ふ・へ・へ}〔「うち」は接頭語〕ふと感じたり考えたりする。源氏 東屋「老いたる者は、すずろに涙もろにあるものぞと、おろそかに—・ふ体なりけり」訳 年をとった者は、むやみに涙もろくあるものだと、(侍従は)いいかげんにちょっと考えるのであった。

うち-か・く【打ち掛く・打ち懸く】〔「うち」は接頭語〕■一(自カ下二){け・け・く・くる・くれ・けよ}(水などが)さっとかかる。強くかかる。竹取 竜の頸の玉「浪は舟に—・け用つつ捲き入れ」訳 波は舟にさっとかかっては(舟を海中に)巻き入れ(るように激しく荒れ)。■二(他カ下二){け・け・く・くる・くれ・けよ}ちょっと掛ける。ひっかける。源氏 帚木「なえたる衣どもの厚肥えたる大いなる籠に—・け用て」訳 (着慣れて)やわらかくなった何枚かの着物で、(綿が入って)厚ぼったくなっているのを、大きな伏せ籠にちょっと掛けて。

うち-かけ【打ち掛け・裲襠】(名)❶「打ち掛け鎧」の略。朝廷の儀式に、武官が装束の上に着た服。胸と背の部分だけあって袖がない。❷「打ち掛け小袖」の略。近世、上層の女性の礼服。帯をしめた上着の上に掛けて着る長小袖。⇩巻頭カラーページ15

うち-かしこま・る【打ち畏まる】(自ラ四){ら・り・る・る・れ・れ}〔「うち」は接頭語〕威儀を正す。心より敬い慎む。源氏 葵「御ともの人々—・り用心ばへありつつ渡るを」訳 (光源氏の)お供の人たちは威儀を正し、(葵の上の牛車の前を)それぞれ心遣いをして通り過ぎるので。

うち-かす・む【打ち掠む】(他マ下二){め・め・む・むる・むれ・めよ}〔「うち」は接頭語〕それとなく言う。ほのめかす。枕 三六「『うとくおぼいたる事』など—・め用、うらみなどするに」訳 (男が)「よそよそしく思っていらっしゃることよ」などと(女に)それとなく言い、恨みごとを言ったりするうちに。

うち-がたな【打ち刀】(名)(刺すための腰刀に対し)敵を打ち斬るのに用いる長刀。平家 九・忠度最期「—をぬき、薩摩の守の右の腕を、ひぢのもとよりふつときりおとす」訳 打ち刀を抜き、薩摩の守(=平忠度)の右の腕を、肘のつけ根からぷっつりと斬り落とす。

うち-かたぶ・く【打ち傾く】〔「うち」は接頭語〕■一(自カ四){か・き・く・く・け・け}首を軽くかしげる。不審そうなようすをする。枕 一五一「頭はあまそぎなるちごの、目に髪のおほへるをかきはやらで、—・き用て物など見たるも、うつくし」訳 頭髪は尼そぎ(=髪形の名)である幼女が、目に髪がかぶさっているのを払いのけもしないで、首を軽くかしげて物などを見ているのも、かわいらしい。■二(他カ下二){け・け・く・くる・くれ・けよ}傾ける。〔古活字本平治物語〕「頼盛も甲を—・け用—・け用、あひしらはれければ」訳 頼盛も甲を傾け傾け、応戦なさったので。

うち-かたら・ふ カタラウ【打ち語らふ】(他ハ四){は・ひ・ふ・ふ・へ・へ}〔「うち」は接頭語〕語りあう。話しあう。源氏 葵「おのがどちあはれなることども—・ひ用て」訳 (若い女房たちは)自分たちどうしでしみじみとした(悲しい)ことをあれこれと語りあって。

うち-かづ・く カズク【打ち被く】〔「うち」は接頭語〕■一(他カ四){か・き・く・く・け・け}(賜った衣類などを)肩にかける。頭にかぶる。枕 二八「伊予簾などかけたるに—・き用て、さらさらと鳴らしたるも、いとにくし」訳 (忍んで来る男が)伊予(愛媛県)産の簾などが掛けてあるのを(くぐろうとして)頭にかぶって(=簾が頭にふれて)、ざらざらと音をたてたのも、たいそう不快だ。■二(他カ下二){け・け・く・くる・くれ・けよ}(衣類などをほうびとして)人の肩にかける。かずきものを与える。源氏 竹河「侍従はあるじの君に—・け用て往ぬ」訳 侍従(=薫)は(小袿を訪問先の)主人である方の肩にかけて帰る。参考 貴人よりほうびとして衣類が下される場合、受ける側は多く肩にかけた。→被く

宇治川(うぢがは) ウジガワ『地名』歌枕 今の京都府伏見の南を流れる川。上流は瀬田川、下流は淀川となる。

うち-かは・す カワス【打ち交はす】(他サ四){さ・し・す・す・せ・せ}〔「うち」は接頭語〕互いに重ね合わせる。交える。古今 秋上「白雲に羽—・し用飛ぶ雁の数さへ見ゆる秋の夜の月」訳 →しらくもに…和歌

うち-かぶと【内兜・内甲】(名)兜の正面の内側。また、そこと接する額のあたり。平家 九・忠度最期「一刀は—へつき入れられたれども」訳 (平忠度は)刀を一度は(敵の)内兜へ突き入れなさったけれども。

うち-かへし カエシ【打ち返し】(副)❶思い返して。前とは反対に。源氏 浮舟「さはり所もあるまじく、さはやかによろづ思ひなさるれど、—いと悲し」訳 (浮舟は死ぬのに)さし障ることもなさそうで、万事さっぱりした気分に自然となるけれども、(また)それとは反対に(この世に未練が残り)たいそう悲しい。❷繰り返して。何度も。源氏 薄雲「おしはかり給ふにいと心苦しければ、—のたまひ明かす」訳 (光源氏は明石の君の思いを)推測なさると、たいそう気の毒なので、繰り返して(納得がゆくよう)おっしゃって(夜を)明かす。

うち-かへ・す カエス【打ち返す】(他サ四){さ・し・す・す・せ・せ}〔「うち」は接頭語〕❶ひるがえす。ひっくり返す。枕 二八「手のうら—・し用—・し用、おしのべなどしてあぶりをる者」訳 手のひらをひっくり返しひっくり返し、(寒さでかじかんだ手を)押しのばしたりして(火に)かざしている者(は見るのも不快だ)。❷繰り返す。源氏 桐壺「『前の世ゆかしうなむ』と—・し用つつ、御しほたれがちにのみおはします」訳 (桐壺帝は)「(故桐壺の更衣との)前世(の因縁)が知りたいものだ」と繰り返し(おっしゃっ)ては、ただもう御涙にくれることが多くていらっしゃる。文法 係助詞「なむ」のあとに「ある」「おぼゆる」などの結びの語が省略されている。❸田畑をすき返す。耕す。〔金葉〕春「鴫のゐる野沢の小田を—・し用」訳 鴫がすんでいる野の沢にある田を耕して。

うち-かへ・る カエル【打ち返る】(自ラ四){ら・り・る・る・れ・れ}〔「うち」は接頭語〕ひっくり返る。枕 九七「あさましきもの、…車の—・り用たる」訳 驚きあきれるもの、…牛車がひっくり返ったの。

うぢ-がみ ウジ【氏神】(名)❶氏族の祖先として祭る神。また、氏族と関係の深い神。藤原氏の春日神社

など。伊勢 七六「昔、二条の后の、まだ春宮の御息所と申しける時、―にまうで給ひけるに」訳 昔、二条の后が、まだ皇太子の(母である)御息所と(人々が)お呼び申しあげたとき、氏神に参詣なさったところ。❷(中世以降)生まれた土地の守り神。鎮守の神。産土神。〔椿説弓張月〕「―に祈り奉りしかひありて」訳 鎮守の神に祈り申しあげた効験があって。

うち-か・む【打ち擤む】(他マ四){ま・み・む・む・め・め}「うち」は接頭語】鼻汁をかむ。源氏 葵「君も、たびたび鼻―・み㊌て」訳 (光源氏の)君も、しばしば鼻汁をかんで。

うち-かを・る【打ち薫る】(自ラ四){ら・り・る・る・れ・れ}「うち」は接頭語】よい匂いがする。ほんのり香りが漂う。徒然 三二「わざとならぬ匂ひ、しめやかに―・り㊌て」訳 わざわざ焚いたのではない(香の)匂いが、しっとりとほのかにかおって。

うち-き【袿】(名)「うちぎ」とも。❶男子が単衣の上に着た衣服。この上に直衣・狩衣などを着る。枕 一四「髪をかしげなる童の、…よき―着たる、三四人来て」訳 髪がかわいらしく見える少年で、…上等な袿を着ているのが、三、四人来て。文法「童の」の「の」は、いわゆる同格の格助詞で、「…で」の意。❷女子の衣服。正装の時にはこの上に唐衣・裳などを着る。数枚重ねて着ることが多いので「重ね袿」ともいう。のち、重ねる枚数は五枚に定まり、「五つ衣」ともよばれた。源氏 宿木「濃き―に、撫子とおぼしき細長、若苗色の小袿着たり」訳 (浮舟は)濃い紅色の袿に、撫子襲と思われる細長、(その上に)若苗色の小袿を着ていた。⇩巻頭カラーページ14 ❸(「御袿」の形で)天皇の衣服のお召し替えをすること。源氏 紅葉賀「上は御―の人召して出でさせ給ひぬるほどに」訳 帝(=桐壺帝)はお召し替えの係の女官をお呼びになって、(朝餉の間に)おでましになられたときに。文法「させ給ひ」は、最高敬語。

> **発展**「袿」と「大袿」
> 「袿」は、男性が直衣・狩衣などの下に着、女性が唐衣・裳などの下に着たものである。袿だけを着たくつろいだ格好を「袿姿」というが、その家の主人などにしか許されなかった。一方「大袿」は、祝儀として賜る、大きく作った袿をいう。着用するときはからだに合わせて仕立て直した。染めやすいように、白いままにした例も見られる。

うち-ぎき【打ち聞き】(名)❶ちょっと聞くこと。また、そのことばや話。源氏 常夏「深きすぢ思ひ得ぬほどの、―には」訳 (内容の)深い意味あいを味わい得ない程度の、ちょっとした聞き方では。❷聞いたままを記しておくこと。また、そのもの。特に、耳にした歌の記録としての私撰集。枕 二七六「ものの折、もしは、人と言ひかはしたる歌の聞こえて、―などに書き入れらるる」訳 何かの時、あるいは、だれかとやりとりした歌が世間で評判になって、打ち聞きなどに書きこまれるの(はうれしい)。

打聞集(うちぎきしふ)ウチギキシユウ『作品名』平安後期の仏教説話集。編者未詳。二十七の霊験説話を収める。「今昔物語集」「宇治拾遺物語」などと共通する説話が多い。

うち-き・く【打ち聞く】(他カ四){か・き・く・く・け・け}「うち」は接頭語】ちらっと聞く。ふと耳にする。源氏 明石「入道、さるべきことと思ひながら、―・く㊍より胸ふたがりておぼゆれど」訳 (明石の)入道は、(光源氏の京への帰還は)そうなるのが当然のことと思うものの、(その許しを)ちらりと耳にするとすぐに、胸がつまって感じられるけれども。

うち-き・す【打ち着す】(他サ下二){せ・せ・す・する・すれ・せよ}「うち」は接頭語】着せる。ひょいとかぶせる。竹取 かぐや姫の昇天「ふと天の羽衣―・せ㊌奉りつれば」訳 さっと天の羽衣を(かぐや姫に)お着せ申しあげたところ。

うちき-すがた【袿姿】(名)袿だけを着たくつろいだ姿。袿の上に着る衣(男子は直衣・狩衣、女子は裳・唐衣)を着ない姿。源氏 松風「いとなまめかしき―うちとけ給へるを」訳 (光源氏が)たいそう優美な袿姿でくつろぎなさっているのを。⇩袿「発展」

うち-ぎぬ【打ち衣】(名)平安時代、糊をひき砧で打って光沢を出した衣。女子の正装のとき、表着の下、重ね袿の上に着る。地は綾・平絹、色はふつう紅。また、男子が直衣の上、狩衣の下に着た衣服。著聞 一五〇「寝殿より―着たる女房あゆみ出でて」訳 寝殿から打ち衣を着た女房が歩き出て。

うち-きら・す【打ち霧らす】(他サ四){さ・し・す・す・せ・せ}「うち」は接頭語】空一面を(霧がかかったようにして)曇らせる。源氏 行幸「―・し㊌朝曇りせしみゆきにはさやかに空の光やは見し」訳 空一面を霧がかかったようにして朝曇りしていた(昨日の)雪空の行幸では、はっきりと空の光(=冷泉帝の顔)を見たか(いや、見ることはできなかった)。(「みゆき」は「み雪」と「行幸」との掛詞)

うち-き・る【打ち着る】(他カ上一){き・き・きる・きる・きれ・きよ}「うち」は接頭語】衣服などを身にまとう。ひょいと着る。かぶる。枕 三三「御社のかたより赤衣―・き㊌たる者どもなどのつれだちて来るを」訳 (賀茂の)上社のほうから赤色の狩衣を身にまとった(身分の低い)者たちなどが連れだって来るのを。

うち-く・す【打ち屈す】(自サ変){せ・し・す・する・すれ・せよ}「うち」は接頭語。「くす」は「屈す」の促音「っ」の表記されない形】「うちくっす」に同じ。

うち-ぐ・す【打ち具す】{せ・し・す・する・すれ・せよ}「うち」は接頭語】■一(自サ変){せ・し・す・する・すれ・せよ}そろう。十分に備わる。源氏 桐壺「親―・し㊌、さしあたりて世の思え花やかなる御方々にもいたう劣らず」訳 (桐壺の更衣は)両親がともにそろい、当面世間の評判がきわだってよい御方々(=女御・更衣たち)にもそれほどひけをとらずに。■二(他サ変){せ・し・す・する・すれ・せよ}伴う。引き連れる。源氏 須磨「―・し㊌てはつきなからむさまを思ひ返し給ふ」訳 (もしも紫の上をこの須磨に)引き連れ(て来)たとしたら、似つかわしくないようなありさまを思い返しなさる。

うち-くっ・す【打ち屈す】(自サ変){せ・し・す・する・すれ・せよ}「うち」は接頭語】「うちくす」「うちくんず」とも。ひどく気落ちする。ふさぎ込む。〔十六夜日記〕「あながちに―・し㊌たるさま、いと心ぐるしければ」訳 (子供たちの)度を越してひどく気落ちしたようすが、たいそう心苦しいので。

うち-く・ぶ【打ち焼ぶ】(他バ下二){べ・べ・ぶ・ぶる・ぶれ・べよ}「うち」は接頭語】燃やすために火の中に入れる。くべる。

竹取「火の中に—・べ用て焼かせ給ふに、めらめらと焼けぬ」訳（皮衣を）火の中にくべて焼かせなさると、めらめらと焼けた。

うち-くら【内蔵・内庫】（名）❶上代、朝廷の官物を納めた蔵。❷「うちぐら」とも。近世、母屋(おもや)の軒続きに建てた蔵。家の中から出入りができ、金銀や貴重な家財などを入れる。〔浮・日本永代蔵〕「この商人(あきんど)、—には常灯のひかり」訳この商人は、内蔵には常夜灯が輝き。❸「うちぐら」とも。金持ち。

うち-くん・ず【打ち屈ず】（自サ変）〔ぜ・じ・ず・ずる・ずれ・ぜよ〕〔「うち」は接頭語。「うちくっす」の転〕「うちくっす」に同じ。枕 能因本・九一「かかる者は、—・じ用たるこそあはれなれ」訳このような者(=乞食法師)は、ふさぎ込んでいるのこそしみじみと哀れが感じられるのに。

うち-こし【打ち越し】（名）❶連歌・俳諧で、付け句の前々句。付け句が打ち越しと同じ趣向に陥ることを、「打ち越しを嫌う」といって避けた。❷「打ち越し酒」の略。席順などによらず、自由に杯をさして飲む酒。

うち-こぼ・る【打ち零る・打ち溢る】（自ラ下二）〔れ・れ・る・るる・るれ・れよ〕〔「うち」は接頭語〕ぽろぽろこぼれる。流れ落ちる。散り落ちる。更級 竹芝寺「なほ、ところどころは—・れ用つつ、あはれげに咲きわたれり」訳（秋の末である）がそれでもやはり、所々は散り落ちながらも、（大和撫子(やまとなでしこ)の花が）ものさびしそうに一面に咲いている。

うち-こ・む【打ち込む】㊀（自マ四）〔ま・み・む・む・め・め〕ごちゃごちゃ入りまじる。集まる。〔愚管抄〕「後ろに三百余騎は—・み用てありけり」訳うしろに三百余騎はごちゃごちゃ集まっていたのだった。㊁（他マ四）〔ま・み・む・む・め・め〕❶刀などを切り入れる。また、釘(くぎ)や杭(くい)などを打って入れる。〔太平記〕二四「大友に馳(は)せかかり、青(あを)かぶのしころより本頸(もとくび)まで、鋒(きつさき)五寸ばかりぞ—・み用たる」訳大友(貞載(さだのり))に走りかかり、かぶとのしころから首の根元まで、刀先を五寸(=約一五センチメートル)ほど突き入れた。❷つぎ込む。〔浮・日本永代蔵〕「年々の元手—・み用て、残る物とては家蔵ばかり」訳年来の資金をつぎ込んで、残る物といったら家と蔵のみ(である)。❸熱中する。ほれ込む。〔浮・傾城禁短気〕「—・み用し(=ほれこんだ)鐘木町(しゆもくまち)の八雲(やくも)といふ女郎を、都の名葉(なは)法師(=法体の俗人の名)と張り合ひ」

うち-ごろも【裏衣】（名）参籠などの時、一般の僧が着る粗末な単(ひとえ)の法服。平家 一〇・熊野参詣「那智(なち)ごもりの僧どもも、みな—の袖をぞぬらしける」訳那智に籠もって修行する僧らも、みんな法服の袖を(涙で)ぬらした。

うち-ささ・ぐ【打ち捧ぐ】（他ガ下二）〔げ・げ・ぐ・ぐる・ぐれ・げよ〕〔「うち」は接頭語〕ちょっとあおむける。徒然 一七五「まばゆからず顔—・げ用てうち笑ひ」訳（酒を飲んだ女は）恥ずかしげもなく顔をちょっとあおむけて笑って。

うち-ささめ・く【打ちささめく】（自カ四）〔か・き・く・く・け・け〕〔「うち」は接頭語〕ひそひそと話す。小声で話す。源氏 野分「いとこまやかに—・き用語らひ聞こえ給ふに」訳（光源氏は玉鬘(たまかずら)と）たいそう情愛の深いようすでひそひそと話し、語り合い申しあげなさる間に。

うち-さぶらひ〔—サブライ〕**【内侍】**（名）〔「内の侍所」の意〕武家の屋敷内の、宿直・警護の侍たちの詰め所。平家 八・征夷将軍院宣「—には一門の源氏上座(じやうざ)して、末座(ばつざ)に大名小名なみゐたり」訳内侍には一門の源氏が上座について、下座には大名小名が並び座っている。

うち-しき【打ち敷き】（名）❶器物などの下に敷く装飾用の布。源氏 宿木「藤の村濃(むらご)の—に折り枝縫ひたり」訳藤色のところどころ濃淡のある打ち敷きに、（藤の）折った枝が刺繡(ししゆう)してある。❷寺院の高座や仏前の卓上をおおう布。多く、死者の衣服で作り、供養とした。

うち-しき・る【打ち頻る】（自ラ四）〔ら・り・る・る・れ・れ〕〔「うち」は接頭語〕たび重なる。続けざまである。源氏 桐壺「まうのぼり給ふにも、あまり—・る体折々は…まさなきこともあり」訳（桐壺の更衣が桐壺帝の御前に）参上なさる場合でも、はなはだしくたび重なる時々には…不都合なこともあり。

うち-し・く【打ち敷く】（他カ四）〔か・き・く・く・け・け〕〔「うち」は接頭語〕(その上に寝たり座ったりするために)広げ敷く。ちょっと敷く。枕 三六「いとつややかなる板の端ちかう、あざやかなる畳一ひら—・き用て」訳たいそうつやつやとした板敷きの端近くに、あざやかな色合いの畳を一枚ちょっと敷いて。

うち-しぐ・る【打ち時雨る】（自ラ下二）〔れ・れ・る・るる・るれ・れよ〕〔「うち」は接頭語〕❶さっとしぐれが降る。源氏 夕顔「今日ぞ、冬立つ日なりけるもしるく、—・れ用て、空の気色(けしき)いとあはれなり」訳今日がちょうど立冬の日であったのもそのとおりに、さっとしぐれが降って、空のようすはたいそうしみじみと寂しい。❷涙ぐむ。涙にぬれる。源氏 若菜上「まみのわたり—・れ用てひそみ居(ゐ)たり」訳（明石(あかし)の尼君は）目もとのあたりが涙にぬれて、べそをかいて座っている。

うち-じに【討ち死に】（名）戦場で戦って死ぬこと。戦死。平家 九・木曽最期「われは—せんと思ふなり」

うち-しの・ぶ【打ち忍ぶ】（自バ上二・四）〔び・び・ぶ・ぶる・ぶれ・びよ〕〔ば・び・ぶ・ぶ・べ・べ〕〔「うち」は接頭語〕❶人目を避けて隠れる。源氏 真木柱「宵(よひ)・暁(あかつき)の—・び用給へる出(い)で入りも艶にしなし給へるを」訳（鬚黒(ひげくろ)が）宵・夜明け前の人目をお忍びになっている（玉鬘(たまかずら)の所への）出入りにも、ことさら優美にしていらっしゃるのを。❷がまんする。耐え忍ぶ。〔浜松中納言物語〕「—・び用つつ、涙の落ち給ふよりほかのことなく」訳（尼姫君は）こらえながらも、涙がお落ちになるよりほかのこともなく。

うち-しの・ぶ【打ち偲ぶ】（他バ四・上二）〔ば・び・ぶ・ぶ・べ・べ〕〔び・び・ぶ・ぶる・ぶれ・びよ〕〔上代は「うちしのふ」と清音。連濁して「うちじのふ」とも。「うち」は接頭語〕離れている人や過ぎ去ったことを慕い思う。思い出す。源氏 柏木「かく人にも少し—・ば未れぬべき程にて」訳このように自分(=柏木(かしわぎ))が人(=女三の宮)にも少しでも思い出されるにちがいない間に(死んで)。

うち-しはぶ・く〔—シワブク〕**【打ち咳く】**（自カ四）〔か・き・く・く・け・け〕〔「うち」は接頭語〕せきばらいをする。ちょっとせきをする。枕 一三〇「三つばかりなるちごの、寝おびれて—・き用たるも、いとうつくし」訳三歳ぐらいである幼児が、寝ぼけてちょっとせきをしたのも、たいそうかわいらしい。

宇治拾遺物語（うぢしふゐものがたり）ウジシュウイモノガタリ『作品名』鎌倉初期の説話集。編者未詳。本朝（＝日本）・天竺（＝インド）・震旦（＝中国）の説話百九十七編からなり、「今昔物語集」とは約八十話が共通する。仏教的色彩が濃いが、民話や滑稽談の要素も多く取り入れる。

うち‐しめ・る【打ち湿る】（自ラ四）{ら・り・る・る・れ・れ}【「うち」は接頭語】❶水気を含みしっとりする。新古 夏「―・り用 あやめぞかをる郭公（ほととぎす） 鳴くや五月（さつき）の雨の夕暮れ」訳 雨にしめってあやめ草が香ってくることだ。ほととぎすの鳴く陰暦五月の雨の夕暮れよ。
❷物思いに沈む。しんみりする。源氏 藤裏葉「宰相（さいしやう）もあはれなる夕べのけしきに、いとど―・り用て」訳 宰相（＝夕霧）もしみじみとした趣のある夕方の風情（ふぜい）に、いよいよしんみりして。

うち‐す【打ち為】{せ・し・す・する・すれ・せよ}【「うち」は接頭語】■一（自サ変）雨などがさっと降る。蜻蛉 中「風いとさむく、しぐれ―・し用つつ」訳 風がとても寒く、時雨（しぐれ）がくり返しさっと降って。
■二（他サ変）{せ・し・す・する・すれ・せよ}ちょっとする。源氏 帚木「をりふしのいらへ心得て―・し用などばかりは、随分によろしきも多かり」訳 その時々の（手紙の）返事を心得があってちょっとしたりするぐらい（のこと）は、身分に応じて悪くはない（程度にできる）者も多い。

うち‐す・ぐ【打ち過ぐ】（自ガ上二）{ぎ・ぎ・ぐ・ぐる・ぐれ・ぎよ}【「うち」は接頭語】❶（時間的・空間的に）過ぎる。経過する。源氏 桐壺「夜なか―・ぐる体ほどになむ、絶えはて給ひぬる」訳（ま）夜中を過ぎるころに、（桐壺の更衣は）まったく息が絶えなさった。
❷基準を超える。まさる。源氏 朝顔「山里の人こそは、身のほどにはやや―・ぎ用ものの心など得つべけれど」訳（大堰（おおい）の）山里に住んでいる人（＝明石（あかし）の君）は、（低い）身分の程度にしてはいくらかまさり、物事の情理などをきっと心得ているにちがいないけれども。

うち‐ず・す【打ち誦す】（他サ変）{せ・し・す・する・すれ・せよ}【「うち」は接頭語。「うちずず」とも】「うちずんず」に同じ。源氏 若紫「『なぞ恋ひざらむ』と―・じ用給へるを」訳「どうして（若紫を）恋しく思わないことがあろう（いや、恋しく思わずにいられまい）」と（光源氏が）口ずさみなさったのを。

うち‐すすろ・ふ（スロウ）【打ち啜ろふ】（他ハ四）{は・ひ・ふ・ふ・へ・へ}【「うち」は接頭語】すすりながら飲む。万葉 五・八九二「糟湯酒（かすゆざけ）―・ひ用て」訳 →かぜまじり…和歌

うち‐す・つ【打ち捨つ】（他タ下二）{て・て・つ・つる・つれ・てよ}【「うち」は接頭語】❶捨てておく。そのままほうっておく。枕 一六〇「とみにも乗らで待たするも、いと心もとなく、―・て用ても往（い）ぬべき心地ぞする」訳（牛車（ぎっしゃ）で迎えに行ったとき）すぐにも乗らないで待たせるのも、たいそうじれったく、そのままほうっておいてでも行ってしまおうという気持ちがする。
❷（死や離別で相手を）あとに残す。置き去りにする。源氏 葵「いくばくも侍るまじき老いの末に―・て未られたるがつらうも侍るかな」訳（余命が）いくらもありそうにございません老後に、（娘の葵（あおい）の上の死で）あとに残されたのがつろうもございますなあ。

うち‐ずみ【内裏住み・内住み】（名）宮中に住むこと。大鏡 公季「昔は、みこ達も幼くおはします程は、―せさせ給ふことはなかりけるに」訳 昔は、皇子・皇女たちでも幼くていらっしゃる間は、宮中に住むことをさせなさることはなかったのに。↔里住（さとず）み

うち‐ずん・ず【打ち誦んず】（他サ変）{ぜ・じ・ず・ずる・ずれ・ぜよ}【「うち」は接頭語】「うちずす」「うちずず」とも。経文などを読み上げる。漢詩や和歌を軽く口ずさむ。源氏 夕顔「『正に長き夜』と―・じ用て臥（ふ）し給へり」訳「確かに長い夜だ」と（漢詩の一節を）軽く口ずさんで、（光源氏は）横になっていらっしゃる。

うち‐そ【打ち麻】（名）【「そ」は「麻（あさ）」の古名】「うつそ」とも。打って柔らかくした麻。万葉 一三・三二九〇「少女（をとめ）らが績（う）み麻（を）の絡垜（たたり）―かけ」訳 おとめたちが紡いだ麻糸を引っかけるたたり（＝糸巻き）に、打って柔らかくした麻を掛けて。

うち‐そ・ふ（ソウ）【打ち添ふ】【「うち」は接頭語】■一（自ハ四）{は・ひ・ふ・ふ・へ・へ}❶加わる。平家 灌頂・女院出家「つきせぬ御物思ひに、秋のあはれさへ―・ひ用て」訳 果てることのない御物思いに、秋のしみじみとした寂しさまでが加わって。
❷付き添う。連れだつ。更級 夫の死「こぞの秋、いみじくしたて、かしづかれて、―・ひ用て下りしを見やりしを」訳 去年の秋、（息子が）とてもりっぱに飾りたてられ、（供の者に）大事に世話をされて、（今は亡き夫と）連れだって（夫の任国へ）下ったのを見送ったのに。
■二（他ハ下二）{へ・へ・ふ・ふる・ふれ・へよ}つけ加える。添える。源氏 明石「声よき人に謡（うた）はせて、我も時々拍子（ひやうし）とりて、声―・へ用給ふを」訳 声がよい人に歌わせて、自分（＝光源氏）もときどき笏拍子（しやくびようし）（＝楽器の一種）を打って、声を添えなさるのを。

うち‐そむ・く【打ち背く】（自カ四）{か・き・く・く・け・け}【「うち」は接頭語】背を向ける。他を向く。源氏 澪標「我は我と―・き用ながめて」訳 私（＝紫の上）は私（である）と、（光源氏に）背を向けぼんやりと物思いに沈んで。

宇治大納言（うぢだいなごん）ウジダイナゴン『人名』→源隆国（みなもとのたかくに）

うち‐たえ【打ち絶え】（副）❶（下に打消の語を伴って）まったく。いっこうに。「うちたえて」とも。〔平治物語〕「―頼むべき者なければ、思ひ煩（わづら）ひてためらひ居（ゐ）たり」訳 まったく頼りにできる者がいないので、思案にくれて（攻撃を）躊躇（ちゅうちょ）していた。
❷ひたすら。平家 二・文之沙汰「女房なんどの―嘆くことをば」訳 女房などがひたすら嘆願することを。

うち‐だし【打ち出し】（名）❶「うちいでのきぬ」に同じ。
❷（終わりの合図に打ち出し太鼓を打つところから）芝居の終演や相撲などの終わり。〔柳多留〕「―の頃淡雪は葛を練り」訳 相撲の終わりのころになると、（店では）淡雪（＝豆腐料理の名）にかける葛を練り出し（見物帰りの客を待っ）ている。

うち‐たた・く【打ち叩く】（他カ四）{か・き・く・く・け・け}❶打って音をたてる。戸や門を強く叩く。大和 一〇三「人なむ来て―・く終。『たそ』と問へば」訳 人が来て（戸を）たたく。「だれか」と尋ねると。
❷（目を）ぱちぱちさせる。しばたたく。今昔 二七・五「縛りつけられて、目を―・き用てあり」訳（死にそうなようすの老人が）縛りつけられて、目をぱちぱちさせている。

うち‐た・つ【打ち立つ】■一（自タ四）{た・ち・つ・つ・て・て}❶【「うち」は接頭語】出発する。〔建礼門院右京大夫集〕詞

書「ここかしこと—・ち(用)たるさまなど伝へ聞くも、すべて言ふべきかたぞなき」訳(平家一門が)この場所あの場所と出立しているようすなどを伝え聞くのも、何まで言いようもな(く悲し)い。❷打つことに夢中になる。大鏡 道隆「この御博奕は、—・た(未)せ給ひぬれば、二所ながら裸に腰からませ給ひて、夜中・暁まであそばす」訳この(双六の)御ばくちは、打つことに夢中になってしまわれると必ず、お二方(=道長と伊周)とも裸で(着物を)腰にからませなさって、夜半・明け方までなさる。

[二](他タ下二){て・て・つ・つる・つれ・てよ}❶[「うち」は接頭語]立てる。平家 九・樋口被討罰「高きところには赤旗多く—・て(用)たれば」訳高い場所には赤旗を多く立てたので。❷さかんに打つ。〔浄・出世景清〕「眉間真向鎧のはづれ嫌はず余さず—・つる(体)」訳(景清は)眉間や額の中央、鎧のはしばしを選ばず残さずさかんに打つ。

うち-たの・む【打ち頼む】(他マ四){ま・み・む・む・め・め}[「うち」は接頭語]頼りにする。すがる。源氏 帚木「わが物と—・む(終)べきを選らむに、多かる中にもえなむ思ひ定むまじかりける」訳自分の妻として頼りにすることのできる人を選ぶような場合に、(女性が)たくさんいる中でも、(この人と)容易に決心できそうにもなかった。

うち-た・ゆ【打ち絶ゆ】(自ヤ下二){え・え・ゆ・ゆる・ゆれ・えよ}[「うち」は接頭語]これまで続いていた物事が絶えてしまう。すっかり絶える。とだえる。源氏 薄雲「—・え(用)聞こゆることはよも侍らじ」訳(明石の君とのご縁が)とだえ申しあげることはまさかございますまい。

うち-たゆ・む【打ち弛む】(自マ四){ま・み・む・む・め・め}[「うち」は接頭語](はりつめた)心がゆるむ。油断する。枕 一四三「さしもやあらざらむと—・み(用)たる舞人、『御前に召す』と聞こえたるに、ものにあたるばかりさわぐも」訳そんなこと(=還り立ちの舞)もないだろうかと油断していた舞人が、「(天皇が)おそばにお呼びである」と(いう仰せを)耳にしたところ、物にぶつかるほどにあわてて騒ぐのも。

うちたれ-がみ【打ち垂れ髪】(名)結い上げずに垂らした髪。女性や子供のふつうの髪形。源氏 手習「簾のひまより、なべての様にはあるまじかりつる人の、—の見えつるは」訳簾のすきまから、並一通りのようすではなさそうだった方(=浮舟)の垂らした髪が見えたのは。

うち-ち・る【打ち散る】(自ラ四){ら・り・る・る・れ・れ}[「うち」は接頭語]散り落ちる。降り散る。枕 三〇「雪すこし—・り(用)て、挿頭の花、青摺りなどにかかりたる、えもいはずをかし」訳(賀茂の臨時の祭りの日)雪が少し降り散って、髪飾りの造花や青摺りの衣などにかかったのは、なんとも言えず風情がある。

うち-つ・ぐ【打ち継ぐ】(自ガ四){が・ぎ・ぐ・ぐ・げ・げ}[「うち」は接頭語]後に続く。引き続く。源氏 若菜下「—・ぎ(用)て、世の中のまつりごとなど殊に変はるけぢめもなかりけり」訳(冷泉帝の御世に)引き続いて、世の政治などは特に異なる変化もなかった。

うち-つ-くに【内つ国】(名)[「つ」は「の」の意の上代の格助詞]❶天皇の治めている国。大和の国(奈良県)。❷(地方に対して)畿内。近畿。↔外つ国 ❸(外国に対して)日本。↔外つ国。⇨大八州「慣用表現」

うち-つけ【打ち付け】(形動ナリ){なら・なり(に)・なり・なる・なれ・なれ}

語義パネル

●**重点義**　**経過を考えるゆとりのない突然なさま、直接的であるさま。**

ぶつける意の動詞「うちつく」(カ下二)に対応する形容動詞。

❶**突然だ。だしぬけだ。**
❷**軽率だ。**深い考えがない。
❸**ぶしつけだ。**露骨だ。

❶**突然だ。だしぬけだ。**土佐「—・に(用)、海は鏡の面のごとなりぬれば」訳(荒れ狂う海に鏡を投げ込むと)たちまちに、海は鏡の面のように(静かに)なったので。❷**軽率だ。**深い考えがない。源氏 椎本「いと—・なる(体)心かな」訳まったくいきあたりばったりの心だなあ。❸**ぶしつけだ。**露骨だ。〔増鏡〕さしぐし「—・に(用)ひがひがしう言ひなす人も侍りける」訳露骨にひがみっぽく言い立てる人もございました。

類語パネル

●**共通義**　突発的に事態が生起するさま。

うちつけ	何の用意・前触れもなく、だしぬけに物事が始まるさま。
とみ(頓)	急を要することが起こるさま。
にはか	急に変化が起こるさま。

うちつけ-ごと(名)❶【打ち付け言】だしぬけに、または無遠慮に言うことば。源氏 行幸「いとわりなき御—になむ」訳(内大臣の訴えは)まったくむりなだしぬけのおことば(=恨み言)で。❷【打ち付け事】思いがけないこと。予期しない出来事。〔増鏡〕あすか川「院がた・内がたと人の心もひき別るるやうに、—ども出で来けり」訳(後深草院方、(亀山)天皇方と人の心も(二つに)分かれるようになって)、予期しないことが多く起こってきた。

うち-つづ・く【打ち続く】[「うち」は接頭語][一](自カ四){か・き・く・く・け・け}あとに続く。また、長く連なる。〔うつほ〕俊蔭「『さればこそ。天狗ななり』とて、—・き(用)て出で給ひぬ」訳(忠雅は)「やっぱりそうだ。天狗であるようだ」と言って、(兼雅と)連れ立って出ていらっしゃった。[二](他カ下二){け・け・く・くる・くれ・けよ}連続させる。継続して行う。大鏡 道長上「いでや、かうやうのことを—・け(用)申せば」訳いやもう、このような話を続け申しあげると。

うち-つぶ・る【打ち潰る】(自ラ下二){れ・れ・る・るる・るれ・れよ}[「うち」は接頭語](「胸うち潰る」の形で)(驚き・不安・悲しみ・期待などで)心が急に乱れる。どきどきする。蜻蛉 中「夜は世界の車の声に胸—・れ(用)つつ」訳夜は世間(=往来)の牛車の音に(今来るかと)胸がときめいては。

うち-つ・る【打ち連る】(自ラ下二){れ・れ・る・るる・るれ・れよ}[「う

ち」は接頭語】連れだつ。枕 二七八「殿上人、四位・五位こちたく―・れ(用)、御供にさぶらひて並みゐたり」訳 殿上人や、四位・五位の者がことごとしく連れだち、(道隆の)お供に伺候して並んで座っている。

うち-で【打ち出】(名)「うちいでのきぬ」に同じ。

うち-てう・ず【打ち調ず】(他サ変){ぜ・じ・ず・ずる・ずれ・ぜよ}打ちこらしめる。枕 九「この翁丸―・じ(用)て、犬島へつかはせ。ただいま」訳 この翁丸(=犬の名)を打ちこらしめて、犬島へ追放せよ。すぐに。

打出の浜(うちでのはま)『地名』歌枕 今の滋賀県大津市の琵琶湖の湖岸。「うちいでのはま」とも。

うぢ-でら【氏寺】(名)氏族一門が先祖を祭り、繁栄を願って建てた寺。藤原氏の興福寺や和気氏の神護寺の類。平家 七・平家山門連署「藤氏は春日の社・興福寺をもって氏社―として」訳 藤原氏は春日神社・興福寺を氏神・氏寺として。

うち-と【内外】(名)❶(家の)内と外。また、奥向きと表向き。更級 宮仕へ「今日はかくておはすれば、―人多く、こよなくにぎははしくもなりたるかな」訳 今日はこうして(あなたがここに)いらっしゃるので、家の内と外に人が多く、この上なくにぎやかにもなったことだな。
❷(仏教の立場から)内教(=仏教)と外教(=仏教以外の教え)。〔夫木〕雑一四「何として―のふみをまなびけむ」訳 どのようにして内教と外教の経典を学んだのだろう。
❸「内外の宮」の略。

うち-と・く【打ち解く】【「うち」は接頭語】■一(自カ下二){け・け・く・くる・くれ・けよ}❶(氷やつららなどが)溶ける。平家 灌頂・大原御幸「峰の白雪消えやらで、谷のつららも―・け(未)ず」訳 山のいただきの白雪は消えきらなくて、谷の氷も溶けない。
❷くつろぐ。安心する。〔和泉式部日記〕「人はみな―・け(用)寝たるに、…つくづくと目をのみ覚まして」訳 人はみな安心して寝ているのに、…(自分だけは)しみじみと(物思いにふけり)目を覚ましているばかりで。
❸(男女が)なれ親しむ。隔てがなくなる。伊勢 二三「はじめこそ心にくもつくりけれ、今は―・け(用)て」訳 (女は男と)なれそめたころは奥ゆかしくとりつくろっていたが、今はなれ親しんで。文法「心にく」は、形容詞「心にくし」の語幹か。係り結び「こそ…けれ」は、ここは強調逆接となって下の文に続く。
❹油断する。心がゆるむ。枕 八「ここにても、人は見るまじうやは。などかはさしも―・け(用)つる」訳 ここでも、人は見ないだろうか(いや、見るだろう)。どうしてそんなにも油断したのか。文法「やは」は、反語の係助詞。
■二(他カ四){か・き・く・く・け・け}紐の結び目などを解く。枕 一四六「紐―・き(用)、ないがしろなるけしきに拾ひ置くに」訳 (高貴な人は、直衣の)紐を解き、無造作なようすで(碁石を)拾って(碁盤の上に)置くが。

うちとけ-ごと【打ち解け言】(名)うちとけた話。つつみかくしのない話。枕 九六「客人などに会ひてもの言ふに、奥の方に―など言ふを、えは制せで聞く心地」訳 客などに会って何か話しているときに、奥の方であけすけな話などをするのを、とめることができないで聞いている気持ち(は、その場にいたたまれないほどのものだ)。

うちとけ-すがた【打ち解け姿】(名)くつろいだ姿。蜻蛉 下「奥まりたる女らの、裳など―にて出でてみるに」訳 奥の方に引っ込んでいた女たちが、裳など(無造作に着た)くつろいだ姿で出てみると。

うちとけ-わざ【打ち解け業】(名)うちとけた行為。立ち入った内輪の世話。源氏 末摘花「様ことにさならぬ―もし給ひけり」訳 (光源氏は末摘花のために)ふつうの場合とは違って、そうあるべきではない(ような)立ち入った内々の世話もなさるのだった。

うちと-の-みや【内外の宮】伊勢神宮の内宮と外宮。内外。新古 神祇「―に君をこそ祈れ」訳 伊勢神宮の内宮と外宮にわが君(の長久)を祈ることだ。

うち-なが・む【打ち眺む】(他マ下二){め・め・む・むる・むれ・めよ}【「うち」は接頭語】物思いにふけりながらぼんやりと見やる。伊勢 二三「この女、いとよう仮粧じて、―・め(用)て」訳 この女は、とても美しく化粧して、物思いにふけりながらぼんやりと見やって。

うち-なが・む【打ち詠む】(他マ下二){め・め・む・むる・むれ・めよ}【「うち」は接頭語】声をあげて詩歌を吟ずる。平家 六・小督「『…ただ瞻望を暁の月に寄す』と、―・め(未)させ給ふところに」訳 (天皇が)「…ただひたすら思慕の情を明け方の月に寄せる」と、声をあげてよみなされるところに。

うち-な・く【打ち泣く】(自カ四){か・き・く・く・け・け}【「うち」は接頭語】ふっと涙をこぼす。急に泣く。竹取 かぐや姫の昇天「『…恋しからむをりをり、とり出でて見給へ』とて、―・き(用)て書くことばは」訳「…(私を)恋しく思うようなときにはそのつど、(この手紙を)取り出してご覧ください」とかぐや姫が翁に言って、ふっと泣いて書くことばは。

うち-な・く【打ち鳴く】(自カ四){か・き・く・く・け・け}【「うち」は接頭語】鳴く。急に鳴く。〔うつほ〕俊蔭「鶴いとあはれに(=もの悲しく)―・き(用)て渡る」

うち-なげ・く【打ち嘆く】(自カ四){か・き・く・く・け・け}【「うち」は接頭語】(悲しみや心配などで)ふっとため息をつく。ため息まじりにつぶやく。源氏 真木柱「『さも心にかなはぬ世かな』と―・き(用)てゐ給へり」訳「いかにも思いどおりにいかない夫婦の仲だなあ」と、(鬚黒は)ため息まじりにつぶやいて座っていらっしゃる。

うち-な・す【打ち為す・打ち成す】(他サ四){さ・し・す・す・せ・せ}(多く受身の形で用いて)戦って相手の軍勢をわずかな数にする。〔太平記〕一九「七百余騎の勢(=軍勢)も、わづかに二十三騎に―・さ(未)れ(=減らされ)」

うち-な・す【打ち鳴す】(他サ四){さ・し・す・す・せ・せ}【「なす」は、「ならす」の古形】打ち鳴らす。万葉 一一・二六四一「時守が―・す(体)鼓数み見れば時にはなりぬ逢はなくも怪し」訳 時刻を知らせる役人が打ち鳴らす鼓の音を数えてみると、(逢うはずの)時刻にはなってしまった。(それなのに)逢わないのは(どうも)変だ。

うち-なび・く【打ち靡く】(自カ四){か・き・く・く・け・け}【「うち」は接頭語】❶ゆるやかに横に揺れ動く。源氏 若菜下「風に―・く(体)下簾のひまひまも」訳 風でゆるやかに横に揺れ動く(牛車の)下簾のすきま(から見える出だし衣)も。
❷人が横になる。横たわる。万葉 一・四六「阿騎の野に宿る旅人―・き(用)眠も寝らめやも古思ふに」訳 阿騎の野に宿る旅人は横たわって眠っていられようか(いや、眠ってはいられない)。昔のことを思うと。

❸考えが傾く。心がひき寄せられる。〔万葉〕四・五〇五「今更に何をか思はむ―・く(体)心は君に寄りにしものを」〔訳〕今さら何を思い迷うことがあろうか(思い迷うことはない)。ひき寄せられる(私の)気持ちはあなたに寄り添ってしまったのだから。

うちなびく【打ち靡く】《枕詞》なびくようすから「草」に、また、春の草木がなびくことから「春」にかかる。〔万葉〕八・一四二八「―草香の山を」。〔万葉〕一〇・一八一九「―春立ちぬらし」

うちなびく… 〔和歌〕

> 枕詞
> うちなびく　春来るらし　山のまの
> 遠き木末の　咲きゆく見れば
> 〈万葉・八・一四二二・尾張連〉

〔訳〕春がやって来たに違いない。山あいの遠くの梢の花が、(つぎつぎと)咲いていくのを見ると。〔修辞〕「うちなびく」は「春」にかかる枕詞。

うち-なや・む【打ち悩む】(自マ四){ま・み・む・む・め・め}〔「うち」は接頭語〕病気などで苦しむ。思いわずらう。〔源氏〕賢木「少し―・み(用)て痩々になり給へる程、いとをかしげなり」〔訳〕(朧月夜の君が)少しわずらってほっそりとお痩せになっているようすは、実にかわいらしい感じである。

うち-ならし【内慣らし・内習し】(名)うちうちの練習。下げいこ。

うち-なら・す【打ち鳴らす】(他サ四){さ・し・す・す・せ・せ}〔鐘などを〕打ちたたいて音をたてる。〔義経記〕「関寺の入相の鐘、今日も暮れぬと―・し(用)」〔訳〕関寺(＝大津市にあった寺)の夕暮れの鐘を、今日も暮れたと打ち鳴らし。

うち-ぬ【打ち寝】(自ナ下二){ね・ね・ぬ・ぬる・ぬれ・ねよ}〔「うち」は接頭語〕寝る。〔蜻蛉〕下「暗う家に帰りて、―・ね(用)たるほどに」〔訳〕暗く(なってから)家に帰って、寝ているときに。

うち-ねぶ・る【打ち眠る】(自ラ四){ら・り・る・る・れ・れ}〔「うち」は接頭語〕眠る。うとうとする。〔枕〕七「困じて―・れ(已)ば、ねぶりをのみしてなどもどかる、いと所せく」〔訳〕(修験者が)疲れてうとうとすると、(あの修験者は)居眠りばかりしてなどと非難されるのが、たいそう窮屈で。

うち-の-うへ【内の上】(名)天皇。帝。〔増鏡〕三神山「正月の五日より、―例ならぬ御事にて(＝ご病気で)」⇨御門・「慣用表現」

うち-の-おとど【内大臣】(名)「ないだいじん」に同じ。

宇治の橋姫(うぢのはしひめ)『人名』今の京都府の宇治橋にまつわる伝説上の女性。橋の守護神として橋姫神社に祭られる。

うち-の-ひと【内の人】(名)❶妻が他人に向かって、自分の夫をいう語。宅。亭主。❷人妻に向かって、その夫をさしていう語。御主人。

うち-の-へ【内の重】(名)(宮殿の)最も内側の門や垣。また、その内部。〔万葉〕三・四四三「外の重に立ち候ひ―に仕へ奉りて」〔訳〕皇居の外に立って警護に当たり、皇居の内でお仕え申しあげて。↔外の重

うち-の-みこ【内の御子・内親王】(名)「ないしんわう」に同じ。

うち-の-もの【内の者】(名)❶その家に仕える者。奉公人。下男。〔狂・水掛聟〕「さだめて(＝きっと)―の仕業であらうと存じてござれば」❷その家の人。身内。❸自分の妻。女房。

うち-は【団扇】(名)❶あおいで風を起こしたり、かざして顔を隠したりする道具。うちわ。〔夏〕。〔今昔〕一〇・三二「―を差し隠したり、天人の下れるが如し」〔訳〕(国王の后は)団扇をさしかざして(顔を)隠していて、(それはちょうど)天人が(地上に)おりたようである。❷「軍配団扇」の略。大将が軍勢を指揮するのに用いた道具。❸①を図案化した紋所の名。〔平家〕九・知章最期「―の旗さいたる(＝さした)者ども十騎ばかり」

うち-ばかま【打ち袴】(名)砧で打って光沢を出した絹の袴。

うち-は・く【打ち佩く】(他カ四){か・き・く・く・け・け}〔「うち」は接頭語〕(刀を)腰に帯びる。〔徒然〕八七「太刀―・き(用)て、かひがひしげなれば(＝勇ましそうなので)」

うち-はし【打ち橋】(名)❶板をかけ渡しただけの仮の橋。〔万葉〕四・五二八「千鳥鳴く佐保の河門の瀬を広み―渡す汝が来と思へば」〔訳〕千鳥が鳴く佐保川の渡し場の瀬が広いので、仮の橋をかけておくことだ。あなたが来ると思うので。❷建物と建物との間に渡した、取りはずしのできる板の橋。〔枕〕一〇四「殿の御さるがうごとにいみじう笑ひて、ほとほと―よりも落ちぬべし」〔訳〕殿(＝関白道隆)のご冗談にひどく笑って、すんでのことに打ち橋からも落ちてしまいそうだ。

うち-はじ・む【打ち始む】(他マ下二){め・め・む・むる・むれ・めよ}〔「うち」は接頭語〕始める。手はじめとする。〔源氏〕賢木「薪こる程より―・め(用)、同じう言ふ言の葉も、いみじう尊し」〔訳〕薪こる(の歌)のころをはじめとして、(僧たちが)同じように唱えることばもたいそう尊い。

うち-はぶ・く【打ち羽振く】(自カ四){か・き・く・く・け・け}〔「うち」は接頭語〕羽ばたきをする。〔万葉〕一九・四二三三「―・き(用)鶏は鳴くともかくばかり降り敷く雪に君いまさめやも」〔訳〕羽ばたきをして鶏は鳴いて(夜明けを告げて)はいても、これほど降り積もった雪の中をあなたは(帰って)行きなさるだろうか(いや、そんなはずはない)。

うち-はへ【打ち延へ】(副)❶ずっといつまでも続いて。引き続き。〔枕〕一〇三「雨の―(＝引き続き)降るころ」❷特別に。〔今昔〕二六・五「―(＝特に)丈高き(馬)が」

うちはへ-て【打ち延へて】(副)❶「うちはへ①」に同じ。〔源氏〕若菜下「宮も―、ものをつつましく、いとほしとのみおぼし嘆くけにやあらむ」〔訳〕宮(＝女三の宮)も引き続き、なんとなく気おくれがして、つらいとばかり思い悲しみなさるためであろうか。❷ずっとどこまでも延びていて。〔古今〕秋上「たなばたにかしつる糸の―年の緒ながく恋ひやわたらむ」〔訳〕織女に供えた糸が長く延びて(いるように)、いつまでも年月長く恋いし続けるのだろうか。

うち-は・む【打ち塡む・打ち嵌む】(他マ下二){め・め・む・むる・むれ・めよ}〔「うち」は接頭語〕❶投げ入れる。〔土佐〕「『眼もこそ二つあれ、ただ一つある鏡をたいまつる』とて、海に―・め(用)つれば」〔訳〕「(かけがえのない)眼だって二

つあるのに、たった一つある鏡を(海神に)奉納する」と言って、海に投げ入れたので。

❷閉じ込める。〔落窪〕「落窪の君とつけられて、中の劣りにて—・め㊍られてありけるものを」 訳 落窪の君と(名前を)つけられて、(姫君たちの)中で劣った者として閉じ込められていたのに。

うち-はや・む【打ち早む】(他マ下二)｛め・め・む・むる・むれ・めよ｝(馬などを)速く進める。急がせる。 源氏 椎本「駒ひきとどむる程もなく—・め㊊て」 訳 (匂宮の使者は)馬をとどめて休ませる間もなく急がせて。

うち-はら・ふ【打ち払ふ】(他ハ四)｛は・ひ・ふ・ふ・へ・へ｝【「うち」は接頭語】❶(ちりなどを)振ったりして除く。 新古 冬「駒とめて袖—・ふ㊔かげもなし佐野の渡りの雪の夕暮れ」 訳 →こまとめて… 和歌

❷(草などを)刈り除く。 源氏 宿木「いと繁くはべし道の草も、すこし—・は㊍せ侍らむかし」 訳 たいそう繁っていました(宇治への)道の草も、少し刈り除かせましょうね。 文法 「はべし」は「はべりし」の促音便「はべっし」の「っ」の表記されない形。

うちひさす【うち日さす】《枕詞》「宮」「都」にかかる。 万葉 四・五三二「—宮に行く児を」。 万葉 三・四六〇「—京しみみに(=都いっぱいに)」

うち-ひそ・む【打ち顰む】(自マ四)｛ま・み・む・む・め・め｝【「うち」は接頭語】顔をしかめて泣きだしそうになる。べそをかく。 源氏 薄雲「母君の見えぬを求めてらうたげに—・み㊊給へば」 訳 (明石の姫君は)母君(の姿)が見えないのを捜して、かわいらしいようすでべそをかきなさるので。 ⇩潮垂る「慣用表現」

うち-ふ・く【打ち吹く】【「うち」は接頭語】㊀(自カ四)｛か・き・く・く・け・け｝(風が)吹く。 蜻蛉 中「〔琵琶湖の上を〕風—・き㊊つつ波たかくなる」

㊁(他カ四)｛か・き・く・く・け・け｝(笛などを)吹き鳴らす。 源氏 横笛「この笛を—・き㊊給ひつつ」 訳 (夕霧は)この(柏木遺愛の)横笛をお吹きになっては。

うち-ぶしん【内普請】(名)家屋の内部を改造すること。〔浮・世間胸算用〕「この銀済まぬうちは、—なされた材木はこちのもの」 訳 この代金が支払われない間は、家の中の改装をなさった材木はこちらの物。

うち-ふ・す【打ち伏す・打ち臥す】(自サ四)｛さ・し・す・す・せ・せ｝【「うち」は接頭語】ちょっと横になる。寝る。 源氏 若菜下「昼の御座に—・し㊊給ひて、御物語など聞こえ給ふほどに暮れにけり」 訳 日中の御座所で(光源氏と女三の宮は)ちょっと横になりなさって、お話など申し上げなさる間に(日は)暮れてしまった。

うち-ふ・る【打ち降る】(自ラ四)｛ら・り・る・る・れ・れ｝【「うち」は接頭語】(雨・雪などが)降る。 源氏 若菜上「雪—・り㊊、空のけしきもものあはれに」 訳 雪が降り、空のようすもしみじみとして趣深いので。

うち-ふるま・ふ【打ち振る舞ふ】(自ハ四)｛は・ひ・ふ・ふ・へ・へ｝【「うち」は接頭語】動作をする。行動する。また、ことさらにようすをつくる。 源氏 総角「色どりたる顔づくりをよくして—・ふ㊇めり」 訳 紅やおしろいを塗った化粧を念入りにして、(老女房たちは)ことさらに見苦しくないようすをつくるようだ。

うち-まか・す【打ち任す】(他サ下二)｛せ・せ・す・する・すれ・せよ｝【「うち」は接頭語】❶まかせる。一任する。なすがままにする。〔風姿花伝〕「ふとし出だささむかかりを、—・せ㊊て、心のままにせさすべし」 訳 (猿楽の稽古を始めたばかりの子が)思いがけずやり出すであろう芸風を、なすがままにして、心のままにさせるのがよい。

❷ありふれている。ふつうである。 宇治 四・八「この病の(僧の)病気のありさま、—・せ㊊たることにあらず」 訳 この(僧の)病気のようすは、ありふれていることではない。

うちまかせ-て【打ち任せて】(副)ふつうに。一般に。通りいっぺんに。〔無名抄〕「『あながちに』といふ詞、—歌によむべしともおぼえぬことぞかし」 訳 「あながちに」ということばは、ふつうに歌に詠んでよいとも思われないことであるよ。

うち-まき【打ち撒き】(名)❶魔よけの祓いに米をまくこと。また、その米。散米。〔紫式部日記〕「いただきには、—の雪のやうに降りかかり」 訳 頭の上には、(安産を祈ってまく)魔よけの米が雪のように降りかかって。

❷神前に供える米。 宇治 六・六「いとほしければ、御幣紙・—の米ほどの物、たしかにとらせん」 訳 (百日も参籠している僧が)ふびんであるので、御幣紙(=幣を作る紙)と打ち撒きの米ぐらいの物を、間違いなく与えよう。

❸《女房詞》米。〔伽・一寸法師〕「姫君の、わらはがこのほど取り集めて置き候ふ—を、取らせ給ひ御参り候ふ」 訳 姫君が、私(=一寸法師)が近ごろ集めておきました米を、取り(あげ)なさり召し上がります。

うち-まぎ・る【打ち紛る】(自ラ下二)｛れ・れ・る・るる・るれ・れよ｝【「うち」は接頭語】❶気がまぎれる。 源氏 桐壺「程経ばすこし—・るる㊔こともやと」 訳 時がたてば、少し(桐壺の更衣を亡くした悲しさも)気がまぎれることもあろうかと。

❷他のものに入りまじって、目立たなくなる。〔今鏡〕「人々に—・れ㊊て遊び給ふに」 訳 人々にまじって目立たないようにしてお遊びになると。

うち-まじ・る【打ち交じる】(自ラ四)｛ら・り・る・る・れ・れ｝【「うち」は接頭語】まじり合う。いりまじる。 源氏 帚木「さるまじき御ふるまひも—・り㊊ける」 訳 (光源氏には)そうであってはならない御行動もいりまじるのであった。

うち-ま・ず【打ち交ず】(他ザ下二)｛ぜ・ぜ・ず・ずる・ずれ・ぜよ｝【「うち」は接頭語】(いろいろなものを)まぜ合わせる。まぜる。まじえる。 源氏 少女「くさぐさを植ゑて、春秋の木草、その中に—・ぜ㊊たり」 訳 さまざまなものを植えて、春秋の木や草をその中にまぜてある。

うち-まも・る【打ち守る】(他ラ四)｛ら・り・る・る・れ・れ｝【「うち」は接頭語】じっと見つめる。 源氏 若紫「幼心地にも、さすがに—・り㊊て、伏し目になりてうつぶしたるに」 訳 (若紫は)子供心にも、やはり(平気ではおられず、祖母の顔を)じっと見つめて、(やがて)目を伏せてうつむいたところに。

うち-まゐり【内参り】(名)宮中へ参上すること。参内。特に、女御や更衣として宮中に入ること。入内。 源氏 若菜上「ただ人におはすれば、よろづの事かぎりありて、—にも似ず」 訳 (光源氏は)臣下(の身分)でいらっしゃるから、万事に制限があって、(女三の宮の輿入れのようすは)入内(の儀式)とも違い。

うち-みじろ・く【打ち身動く】(自カ四)｛か・き・く・く・け・け｝【「うち」は接頭語】からだを動かす。身動きする。 源氏 若紫「ただ、絵に描きたる物の姫君のやうにしすゑられて、

ー・き㊊給ふこともかたく」訳（葵の上は）まるで絵にかいてある、何かの姫君のように座らせられて、からだを動かしなさることもむずかしく。

うち-みだ・る【打ち乱る】（自ラ下二）{れ・れ・る・るる・るれ・れよ}［「うち」は接頭語］（服装・態度・気分などが）くずれる。乱れる。くつろぐ。源氏 須磨「帯しどけなくー・れ㊊給へる御さまにて」訳（光源氏は直衣の）帯を無造作に（締め）、くつろいでいらっしゃるごようすで。

うち-みや・る【打ち見遣る】（他ラ四）{ら・り・る・る・れ・れ}［「うち」は接頭語］自然と目を向ける。少し離れた所を見る。源氏 末摘花「珍しきさまのしたれば、さすがにー・ら㊍れ給ふ」訳（末摘花が）めったにないようすをしているので、（光源氏は）やはり自然と目を向けずにはいらっしゃれない。

うち-みる【打ち見る】（他マ上一）{み・み・みる・みる・みれ・みよ}［「うち」は接頭語］ちらっと見る。目にとめる。源氏 須磨「ー・みる㊍より、珍しううれしきにも、ひとつ涙ぞこぼれける」訳（三位の中将は光源氏を）ちらっと見るやいなや、（一年ぶりの再会が）珍しくうれしいにつけても、（光源氏の逆境を嘆いたのと）同じ涙がこぼれたことだ。

うち-む・る【打ち群る】（自ラ下二）{れ・れ・る・るる・るれ・れよ}［「うち」は接頭語］大勢集まる。むらがる。枕 二七八「ー・れ㊊てだにあらば、すこし隠れどころもやあらむ」訳（女房たちが）せめて大勢集まってでもいるならば、少し隠れ場所もあるだろうが。

うち-め【打ち目】（名）光沢を出すために砧で絹布を打ち、それによってできた模様。枕 八三「くれなゐの色、ーなど、輝くばかりぞ見ゆる」訳（出だし袿の）紅の色や砧で打ち出した模様などが、輝くほどに見える。

うち-も-ね-な-なむ【打ちも寝なむ】少しの間だけでも眠ってしまってほしい。古今 恋三「人知れぬわが通ひ路の関守はよひよひごとにー」訳→ひとしれぬ…和歌

なりたち 接頭語「うち」＋係助詞「も」＋下二段動詞「寝」の連用形「ね」＋完了の助動詞「ぬ」の未然形「な」＋他に対する願望の終助詞「なむ」

うち-もの【打ち物】（名）❶刀・薙刀などの金属の武器。平家 一一・能登殿最期「ーくき短に取って、源氏の船に乗り移り乗り移り」訳刀や薙刀の柄を短めに持って、源氏の船に次々に乗り移り。

❷打って鳴らす楽器。鉦・鼓など。著聞 二五二「『さらばーをもこそつかまつらめ』とて」訳（篳篥を吹くことを許されなかった名人が）「それならば打ち物でもいたそう」と言って。

❸砧で打って光沢を出した絹布。打ち衣。〔紫式部日記〕「ーどもは、濃き薄き紅葉をこきまぜたるやうにて」訳さまざまの打ち衣は、（色の）濃いのや薄いのや（いろいろの）紅葉をとりまぜたようであって。

うち-やす・む【打ち休む】（自マ四）{ま・み・む・む・め・め}［「うち」は接頭語］休息する。気持ちが休まる。また、寝る。大和 一六八「しばしと思ひてー・み㊊けるほどに、寝過ぎにたるになむありける」訳しばらくと思って休息していた間に、寝過ごしてしまっていたのであった。

うち-や・る【打ち遣る】（他ラ四）{ら・り・る・る・れ・れ}［「うち」は接頭語］向こうにやる。投げやる。また、ほうっておく。源氏 総角「髪はけづることもし給はでほど経ぬれど、まよふ筋なくー・ら㊍れて」訳（大君の）髪は（病気のため）櫛でとくこともなさらないで時が過ぎたけれども、乱れている毛筋もなく向こうに投げやられて。

う-ちゅうじゃう【右中将】（名）「右近衛の中将」の略。右近衛府の次官。↔左中将

う-ちゅうべん【右中弁】（名）太政官の判官の一つで、右弁官局の次官。右大弁の次に位する。↔左中弁。→中弁

うち-ゆが・む【打ち歪む】（自マ四）{ま・み・む・む・め・め}［「うち」は接頭語］（行為や状態が）正しくなくなる。ゆがむ。源氏 東屋「年経ければにや、声などほとほとー・み㊊ぬべく」訳（常陸の介は東国で）長い年月を過ごしたからであろうか、発音などはほとんど調子がはずれてしまったにちがいなく。

うち-よ・す【打ち寄す】［「うち」は接頭語］■一（自サ下二）{せ・せ・す・する・すれ・せよ}❶波が岸に寄せる。古今 秋上「川風のすずしくもあるかー・する㊍波とともにや秋は立つらむ」訳川風が涼しくも吹くことよ。岸に打ち寄せる波といっしょに、秋は立つのだろうか。（波が「立つ」と秋が「立つ」とをかける）

❷馬に乗って近寄る。大鏡 道長上「御馬をおしかへして、帥殿の御うなじのもとにいと近うー・せ㊍させ給ひて」訳（道長は）御馬を引き返して、帥殿（＝伊周）の御えり首のあたりにたいそう近く馬に乗ってお近寄りになられて。

■二（他サ下二）{せ・せ・す・する・すれ・せよ}（波が物を）岸へ運ぶ。平家 三・判官都落「船ども、浦々島々にー・せ㊍られて、互ひにその行方をしらず」訳船の多くは、あちこちの海岸や島に打ち寄せられて、互いにその行方がわからない。

うちよする【打ち寄する】《枕詞》「駿河」にかかる。万葉 三・三一九「ー駿河の国と」

うち-わたし（副）［動詞「打ち渡す」の連用形から］❶（時間的・空間的に）ずっと続いて。〔後撰〕恋二「ー長き心は八橋の蜘蛛手に思ふことは絶えせじ」訳ずっとあなたを思い続けている私の）気長な心は、八橋の蜘蛛手のように心が乱れて、もの思うことは尽きないだろう（「うちわたし」と「橋」は縁語）。

❷総じて。おおかた。源氏 宿木「ー世に許しなき関川をみなれそめけむ名こそ惜しけれ」訳総じて世間に認められない、人目の関を越えての逢瀬なのに、（私＝按察の君が、あなた＝薫に）馴れそめたという評判が立つのは、とても残念なことだ。（「わたし」「水馴れ」は「川」の縁語。「水馴れ」に「見馴れ」の意をかける）

うち-わた・す【打ち渡す】（他サ四）{さ・し・す・す・せ・せ}［「うち」は接頭語］❶（馬に川などを）渡らせる。万葉 四・七一五「千鳥鳴く佐保の河門の清き瀬を馬ー・し㊊何時か通はむ」訳千鳥が鳴く佐保川の川幅が狭くなった所の澄んだ浅瀬を馬に渡らせ、いったいいつ（になったらあなたのもとへ）通う（ことができる）のだろうか。

❷ずっと並べる。一面にはりめぐらす。〔浜松中納言物語〕「水のほとりに、錦の平張りー・し㊊て」訳（川の）水辺に、錦で作った平張り（＝日よけの幕）を一面にはりめぐらして。

❸ずっと見渡す。古今 雑体「ー・す㊍遠方人にもの申すわれそのそこに白く咲けるは何の花ぞも」訳ずっと

見渡す(かなたの)遠くにいる人にお尋ね申し上げる、私は。その、そこに白く咲いているのは、いったい何の花か。枕 三

うち-わたり【内辺り】(名)内裏。宮中。「除目の頃など、―いとをかし」訳 除目のころなどは、宮中(のようす)がたいそう趣がある。⇩内裏「慣用表現」

うち-わなな・く【打ち戦慄く】(自カ四){か・き・く・く・け・け}〔「うち」は接頭語〕(手足や声などが)小刻みにふるえる。源氏 夕顔『はかなしや』と、御手も―・か㊍るるに」訳 「(私の命は)頼りないことよ」と、(光源氏の)御筆跡も自然と小刻みにふるえるので。

うち-わ・ぶ【打ち侘ぶ】(自バ上二){び・び・ぶ・ぶる・ぶれ・びよ}〔「うち」は接頭語〕思い悩む。つらく思う。困る。源氏 総角「霜さゆる汀の千鳥―・び㊐て鳴く音悲しき朝ぼらけかな」訳 霜が冷え冷えとする(凍りつくような)水ぎわの千鳥の、(寒さが)つらくて鳴く声が悲しく聞こえる夜明け方であるなあ。

うち-わら・ふ【打ち笑ふ】(自ハ四){は・ひ・ふ・ふ・へ・へ}〔「うち」は接頭語〕笑い声を立てる。笑う。源氏 常夏「若き人は、ものをかしくて、みな―・ひ㊐ぬ」訳 若い女房は、なんとなくおかしいので、皆くすくす笑った。

うち-わ・る【打ち割る】(他ラ四){ら・り・る・る・れ・れ}たたき割る。徒然 五三「息もつまりければ、―・ら㊍んとすれど、たやすく割れず」訳 息もつまったので、(かぶっている鼎を)たたき割ろうとするけれども、容易に割れない。

うち-ゑん・ず【打ち怨ず】(他サ変){ぜ・じ・ず・ずる・ずれ・ぜよ}〔「うち」は接頭語〕恨む。恨みごとを言う。源氏 宿木「わりなしと思して、―・じ㊐てゐ給へる御さま」訳 (中の君が)ひどいとお思いになって、(匂宮を)恨んで座っておいでになるごようすは。

う・つ【打つ】(他タ四){た・ち・つ・つ・て・て}❶たたく。打ちつける。万葉 一二・二五七四「面忘れだにもえ為やと手握りて―・て㊒ども懲りず恋といふ奴」訳 せめてあなたの顔を忘れることだけでもできるだろうかと、手を握って打っても懲りない。恋というやつは。文法「え為や」の「え」は、可能を表す副詞。〔記〕中「その火打ちもちて火を―・ち㊐出でて、向かひ火をつけて」訳 その火打ち石で火をたたき出して、(迫ってくる火に対して)向かい火をたきつけて。⇩向かひ火「名文解説」❷砧でたたいて布のつやを出す。枕 二七六「ものの折に衣―・た㊍せにやりて」訳 なにかの機会に着物を砧で打たせにやって。❸(くいや柱などを)打ちこむ。また、打ちこんで仮設物などを構える。幕などを張る。〔うつほ〕藤原の君「賀茂の川辺に桟敷―・ち㊐て」訳 賀茂川のほとりに桟敷を構えて。❹(立て札や額などを)打ちつける。打ちつけて掲げる。平家 一・額打論「御墓所のめぐりにわが寺々の額を―・つ㊡ことあり」訳 (天皇死去の折、奈良・京都の僧がお供をして)天皇の御墓所の周囲にそれぞれ自分の寺の額を打ちつけることがある。❺金属をきたえて物を作る。細道 出羽三山「この国の鍛冶、霊水を撰びてここに潔斎して剣を―・ち㊐」訳 この国(=出羽の国)の刀鍛冶が、霊水を探し出してここで身を清めて刀をきたえて作り。❻投げつける。撒く。宇治 三・一六「童べ、石をとりて―・ち㊐たれば、あたりて」訳 子供が、石を持って投げつけたところ、(雀に)命中して。❼(打つような動作で)耕す。万葉 一一・二四七六「―・つ㊡田に稗はしあまたありといへど」訳 耕す田には稗はたくさんあるというけれども。文法「し」は、強意の副助詞。❽(線やしるしを)つける。万葉 一一・二六四八「かにかくに物は思はじ飛騨人の―・つ㊡墨縄のただ一道に」訳 あれこれと思い悩むまい。飛騨の工匠がつける墨縄のように、ただひと筋に(あなたを信じよう)。❾斬る。断ち切る。平家 九・忠度最期「薩摩守(=平忠度)の頸を―・つ㊋」❿**勝負事や興行などをする**。行う。徒然 一一〇「勝たんと―・つ㊋べからず、負けじと―・つ㊋べきなり」訳 (双六は)勝とうと思って行ってはならない、負けまいと思って行うべきである。⓫身を投げだす。身を捨てる。〔浄・生玉心中〕「命惜しいほどなら、高で身を―・つ㊡こともない」訳 命が惜しいくらいならば、はじめから身を捨てることもない。⓬〔「討つ」「撃つ」とも書く〕**攻め滅ぼす**。うち殺す。〔記〕中「西の方の悪しき人どもを―・ち㊐につかはして」訳 西国地方の悪人どもを討伐するために派遣して。

う・つ【棄つ】(他タ下二){て・て・つ・つる・つれ・てよ}捨てる。〔記〕上「黒き御衣を…そに脱ぎ―・て㊐」訳 黒いお着物を…その場に脱ぎ捨て。

うづえ【卯杖】⇩うづゑ

う-づき【卯月・四月】(名)陰暦四月の称。夏。枕 五「―、祭りのころ、いとをかし」訳 陰暦四月は、葵祭りのころが、たいそう風情がある。

うつく・し【愛し・美し】(形シク){しから・しく(しかり)・し・しき(しかる)・しけれ・しかれ}

> **語義パネル**
>
> ●重点義　(小さくて)かわいらしい。
>
> ❶かわいい。いとしい。
> ❷(小さくて)かわいらしい。愛らしい。
> ❸きれいだ。うるわしい。
> ❹りっぱだ。みごとだ。すぐれている。

❶**かわいい**。いとしい。万葉 五・八〇〇「父母を見れば尊し妻子見ればめぐし―・し㊋」訳 父母を見ると尊い。妻子を見るといとしいし、かわいい。❷(小さくて)**かわいらしい**。愛らしい。枕 一五一「―・しき㊡もの　瓜にかきたる稚児の顔」訳 かわいらしいもの、瓜に描いた幼児の顔。名文解説 小さくて親しみやすいかわいらしさを表す「うつくし」によって形容されるものとして、幼児の顔はいかにもふさわしいが、それを瓜に描くというユーモラスな遊びを真っ先に挙げている点に、清少納言らしい「をかし」の感性の発露がある。❸**きれいだ**。うるわしい。平家 一・祇王「仏御前は髪すがたよりはじめて、みめかたち―・しく㊐」訳 仏御前は髪かっこうをはじめとして、顔かたちがきれいで。❹**りっぱだ。みごとだ**。すぐれている。徒然 二二「かの木の道のたくみの造れる、―・しき㊡うつは物も」訳 あの細工師の造った、みごとな器物も。

類語パネル	
うつくし	(小さくて、見た目が)かわいらしいさま。
うるはし	(物や人柄・態度が)整っていてりっぱであるさま。
らうたし	可憐だ、かわいいと感じられて、いたわってやりたい、守ってやりたいと思われるさま。

うつくし-が・る【愛しがる】(他ラ四){ら・り・る・る・れ・れ}[「がる」は接尾語]かわいがる。いとおしく思う。〔落窪〕「いと白う、うつくしげなる子の、三つばかりなるを膝にすゑて、—・り㊊ゐ給へれば」訳たいそう色が白くて、かわいらしいようすである子で、三歳ほどである子を膝にのせて、かわいがっていらっしゃったので。

うつくし-げ【愛しげ・美しげ】(形動ナリ){なら・なり(に)・なり・なる・なれ・なれ}[「げ」は接尾語]いかにもかわいらしいようすである。いかにも美しいようすである。源氏 若紫「髪の—・に㊊そがれたる末も」訳髪のいかにも美しいようすに切りそろえられている端も。源氏 明石「いといたうなよびたる薄様に、いと—・に㊊書き給へり」訳(光源氏は)ほんとうにとてもしなやかである薄手の紙に、たいそう美しいようすに書きなさった。

うつくし・ぶ【慈しぶ・愛しぶ】(他バ上二){び・び・ぶ・ぶる・ぶれ・びよ}「うつくしむ」に同じ。源氏 賢木「声いとおもしろく、笙の笛吹きなどするを—・び㊊もて遊び給ふ」訳(中将の御子は)声がたいそう美しく、笙の笛を吹きなどするのを、(光源氏が)かわいがり、(相手になって)遊びなさる。

うつくし-み【慈しみ・愛しみ】(名)いつくしむこと。かわいがること。慈愛。古今 仮名序「あまねき御—の波、やしまのほかまでながれ」訳すべてに行きわたっている(天皇の)ご慈愛の波は、日本の外までも及んでいき。

うつくし・む【慈しむ・愛しむ】(他マ四){ま・み・む・む・め・め}「うつくしぶ」とも。(小さい者などを)愛する。かわいがる。枕 一五一「をかしげなるちごの、あからさまにいだきて遊ばし—・む㊍ほどに、かいつきて寝たる、いとらうたし」訳かわいらしいようすである赤ん坊が、ほんのちょっと抱いて遊ばせかわいがるうちに、しがみついて寝てしまったのは、ほんとうに愛らしい。

うづくまる… 俳句

うづくまる　薬の下の　寒さかな　冬
〈枯尾花・丈草〉

訳(師の病床から離れて)薬を煎じるやかんのそばにうずくまると、(不安とともにやかんの周囲に)うすら寒い空気が立ちこめていることだ。(「うづくまる」は正しくは「うずくまる」。寒さ图。切れ字は「かな」)

解説 元禄七年(一六九四)の冬、師の芭蕉が最後の病床にあったとき、他の門人たちとともに作句したが、その中でひとり「丈草出来たり」(「できたり」と訓む説もある)と師からほめられたと、「去来抄」〈先師評〉にある。「去来抄」では中七を「薬罐の下の」として所収。

うつけ【空け・虚け】(名)ぼんやりしていること。また、そのような人。おろか者。ばか。〔醒睡笑〕「—には薬がないと笑ひし時」訳ばかには(つける)薬がないと笑ったとき。

うつし【移し】(名)❶草花の汁などを紙にすりつけておいて、後にその色を布に移し、染めること。また、その染料や紙。うつしばな。うつしがみ。万葉 八・一五四三「秋の露は—にありけり水鳥の青葉の山の色づく見れば」訳秋におりる露はうつし紙であったのだなあ、青葉の山が色づくのを見ると。(「水鳥の」は「青葉」にかかる枕詞)
❷衣服に香の香りをしみこませること。また、その香り。源氏 匂兵部卿「よろづのすぐれたる—を染しめ給ひ」訳(匂宮は)さまざまなすばらしい香の香りを(衣に)たきしめなさり。
❸「移し馬」「移しの馬」の略。官人が公用のときに、馬寮から供された乗り換え用の馬。〔うつほ〕内侍のかみ「中将—に乗りて」
❹「移し鞍」「移しの鞍」の略。③に置く鞍。大鏡 道長下「頭の中将、…—置きたる馬にのりておはするに」訳頭の中将(=実資)は、…移し鞍を置いた馬にのっていらっしゃるので。

うつ・し【現し・顕し】(形シク){しから・しく(しかり)・し・しき(しかる)・しけれ・しかれ}❶現実に存在する。この世に生きている。〔記〕上「葦原の中つ国に有らゆる—・しき㊍青人草の」訳葦原の中つ国(=日本)にいるすべての生きている人民が。
❷本気だ。正気だ。たしかだ。真実だ。万葉 四・七七二「偽りも似つきてぞする—・しく㊊もまこと吾妹子われに恋ひめや」訳うそも本当らしくつくものだ。本気で本当にあなたは私に恋するだろうか(いや、そうではないだろう)。

うつし-ごころ【現し心】(名)気が確かではっきりしていること。正気。徒然 八七「—なく酔ひたる者に候ふ。まげて許し給はらん」訳正気もなく酔っている者でございます。なんとかお許しいただきたい。

うつし-ごころ【移し心】(名)変わりやすい心。心変わり。古今 恋四「いで人は言のみぞよき月草の—は色ことにして」訳いやもうあの人はことばかりがよい。露草(で染めた色)のように変わりやすい心はうわべとは異なっていて。(「移し心」に「現し心」をかけ、「ことに」は「異に」でなく「殊に」とする説もある)

うつし-ざま【現し様】(名)❶気持ちの確かな状態。正気。源氏 賢木「男も、ここら世をもてしづめ給ふ御心みな乱れて、—にもあらず」訳男(=光源氏)も、長年(藤壺との)仲をひかえめにしていらっしゃるお心がすっかり乱れて、正気の状態でもなく。
❷ふつうと変わらない状態。源氏 須磨「おほやけのかしこまりなる人の、—にて世の中にありふるは」訳朝廷のとがめを受けている者が、ふつうと変わらない状態で世間で年月を過ごすのは。

うつし-びと【現し人】(名)❶(出家した人に対して)在俗の人。俗人。源氏 夕霧「なほ—にては、え過ぐすまじかりけり」訳やはり、俗世の人間としては、(私=雲居の雁は)とても暮らしていくことができそうもないなあ。
❷(死者に対して)この世の人。現在を生きている人。源氏 若菜下「—にてだに、むくつけかりし人の御けはひの」訳この世の人であってさえ、気味の悪かった人(=六条御息所)のごようすが。

うつ・す（他サ四）｛さ・し・す・す・せ・せ｝❶【写す】㋐**模倣する。**模造する。模写する。〔増鏡〕新島守「信実の朝臣召して、御姿―・し㊊書かせらる」訳（後鳥羽院は）信実朝臣をお呼びよせになって、お姿を模写し描かせなさる。文法「書かせらる」の「せ」は、使役の助動詞「す」の未然形。㋑**口でまねる。**同じように語る。源氏 夢浮橋「かくなむと―・し㊊語れども、ものもたまはねば」訳（使いの小君が）このように（言っている）と（妹尼君が）そのまま口写しに語るけれども、（浮舟は）ものもおっしゃらないので。

❷【映す】水などに物の形を映す。反映する。源氏 蓬生「大空の星の光を、たらひの水に―・し㊊たる心地して」訳（末摘花は光源氏の援助に対して）大空の星の光を盥の水に映した（ような身に余る）気持ちがして。

うつ・す【移す】（他サ四）｛さ・し・す・す・せ・せ｝❶（物・人・心などを）他に転じる。置き換える。源氏 桐壺「後涼殿にもとより候ひ給ふ更衣の曹司を他に―・さ㊌せ給ひて」訳 後涼殿に以前からお仕えなさる更衣の部屋を（桐壺帝は）ほかの場所にお動かしになられて。文法「せ給ひ」は、最高敬語。

❷（身分の高い人を）**流罪にする。**〔増鏡〕新島守「院の上、都のほかに―・し㊊奉るべし」訳 上皇（＝後鳥羽院）を、都の外にお流し申しあげるつもりだ。

❸**色や香りをしみこませる。**古今 春上「梅が香を袖に―・し㊊てとどめてば春は過ぐとも形見ならまし」訳 もし梅の花の香りを袖にしみこませて留めることができたならば、たとえ春は過ぎ去っても（その香りが春の）思い出の種となるだろうに。文法「とどめてば」の「てば」は、完了の助動詞「つ」の未然形「て」＋接続助詞「ば」で、仮定条件を表す。

❹（時を）過ごす。経過させる。徒然 一〇八「無益のことを思惟して時を―・す㊍のみならず」訳 むだなことを考えて時間を過ごすだけでなく。

❺（物の怪を）他に**のり移らせる。**枕 一本・二三「物の怪にいたう悩めば、―・す㊎べき人とて、おほきやかなる童の、生絹の単あざやかなる」訳（病人が）物の怪に（取りつかれて）ひどく苦しむので、（その物の怪を）のり移らせるはずの人（＝寄りまし）として、大柄な女の子で、生絹の単のあざやかなの（を着たの）が。文法「童の」の「の」は、いわゆる同格の格助詞で、「…で」の意。

うつせみ（名）〔「うつそみ」の転〕❶この世の人。また、この世。現世。万葉 一・一三「いにしへもしかにあれこそ―も妻を争ふらしき」訳（神代の）昔もそうであるからこそ、今の世の人も妻を（とりあって）争うらしい。

❷蟬のぬけがら。また、蟬。源氏 葵「―のむなしき心地ぞし給ふ」訳（左大臣は亡くなった葵の上の部屋を見て）蟬のぬけがらのようにむなしい気持ちがしなさる。

参考「目に見えて存在する」の意の「うつし（現し）」に、「臣（＝人）」の結合した「うつしおみ」から「うつそみ」→「うつせみ」と変化したもの。また、「万葉集」に「空蟬」「虚蟬」などと表記したところから②の意を生じた。

うつせみの《枕詞》「世」「命」「人」「身」などにかかる。古今 春下「―世にも似たるか花桜」。万葉 一・二四「―命を惜しみ」。万葉 三・四六六「―借れる身（＝仮の命）なれば」

うつそみ（名）〔「うつせみ」の古形〕この世の人。この世。現世。万葉 二・一六五「―の人なるあれや明日よりは二上山をいろせとあが見む」訳→うつそみの…和歌。→うつせみ参考

うつそみの…和歌

> うつそみの　人なるあれや　明日よりは
> 二上山を　いろせとあが見む
> 〈万葉・二・一六五・大来皇女〉

訳 この世の人である私は、明日からは二上山を弟として眺めることであろうか。

解説 反逆の罪で殺された弟大津皇子の遺骸を、二上山に移葬したときの歌。→いそのうへに…和歌

うづ・たか・し【堆し】（形ク）｛から・く（かり）・し・き（かる）・けれ・かれ｝高く盛りあがっている。徒然 六〇「大きなる鉢に―・く㊊盛りて」訳（親芋を）大きな鉢に高く盛りあがるほど盛って。

うっ・た・つ【打っ立つ】（自タ四）｛た・ち・つ・つ・て・て｝〔「うちたつ」の促音便〕❶立つ。平家 四・橋合戦「橋の両方のつめに―・っ㊊（促音便）て矢合はせす」訳 橋の両方のたもとに（突っ）立って矢合わせをする。

❷出発する。平家 五・富士川「やがて廿日、東国へこそ―・た㊌れけれ」訳 すぐ二十日に、東国へ（向けて）出発しなさった。

うった・ふ【訴ふ】（他ハ下二）｛へ・へ・ふ・ふる・ふれ・へよ｝苦情を申したてる。訴える。また、申し出る。平家 一・殿上闇討「おのおの―・へ㊊申されければ、上皇大きに驚きおぼしめし」訳 それぞれの人が苦情を訴え申しあげなさったので、（鳥羽）上皇は大いにお驚きになって。

うつたへ・に（副）〔下に打消、または反語表現を伴って〕決して。絶対に。ことさら。万葉 四・五一七「神樹にも手は触るといふを―人妻と言へば触れぬものかも」訳（手を触れるとたたりがあるという）神木にも手は触れるというのに、絶対に人妻というと触れないものだろうか。

う・づち【卯槌】（名）陰暦正月の最初の卯の日に、糸所（＝薬玉などを作る役所）から朝廷に奉った槌。桃の木を一寸（＝約三センチメートル）四方、長さ三寸に作り、縦に穴をあけ、五色の組み糸を貫きたらす。邪気を払うとされた。春

（うづち）

うつつ【現】（名）

語義パネル

●**重点義**　**現実に存在すること。**

現実に存在するさまをいう形容詞「現し」の語幹を重ねた「うつうつ」の略とみられる。

❶（死に対して）**生きている状態。**

❷（夢に対して）目が覚めているさま。**現実。**

❸（意識の確かでない状態に対して）気の確かな状態。**正気。**

❹（誤って用いられて）**夢ごこち。**夢か現実かわからないような状態。

❶(死に対して)**生きている状態**。源氏 葵「―のわが身ながらさるうとましきことを言ひつけらるる、宿世(すくせ)の憂きこと」訳 現実に生きているわが身のままで、そんな忌まわしいこと(=自分が物の怪(け)になって現れること)を言いたてられるのは、宿縁のつらいことよ。

❷(夢に対して)目が覚めているさま。**現実**。伊勢 九「駿河(するが)なる宇津(うつ)の山べの―にも夢にも人に逢(あ)はぬなりけり」訳 →するがなる…和歌。〔建礼門院右京大夫集〕「今や夢昔や夢と迷はれていかに思へど―とぞなき」訳 今(のこのわびしい暮らし)が夢なのか、昔(の華やかな生活)が夢なのかと思い迷われて、どのように考えても現実とは思われない。

❸(意識の確かでない状態に対して)気の確かな状態。**正気**。源氏 葵「―にも似ず、たけく厳(いか)きひたぶる心出(い)できて、うちかなぐる」訳 正気のときとも違って、気が強く荒々しい一途(いちず)な心(=恨み心)が出てきて、(葵(あおい)の上を)乱暴につかんで引っぱる。

❹(「夢うつつ」と続けて用いるところから、誤って)**夢ごこち**。夢か現実かわからないような状態。〔浮・好色一代女〕「『万事頼みあげる』など言へば、住持は―になって」訳「すべてよろしくお願いする」などと言うと、住職はもう夢ごこちになって。

うつつ‐ごころ【現心】(名)しっかりした心。正気。〔ささめごと〕「うち出(い)でぬる言の葉のすゑ、―なきことに侍れども」訳 (和歌の道について)語り出したことばのはしばしは、正気ではない(無意味な)ことでございますが。

うつつ‐な‐し【現無し】(形ク){(から)・く(かり)・し・き(かる)・けれ・かれ}正気でない。夢ごこちだ。徒然 一一二「この心を得ざらん人は、物狂ひとも言へ、―・し㊅、情けなしとも思へ」訳 (ひたすら仏道に精進しようという)この気持ちを理解しないような人は、(私のことを)気がふれた人とでも言うがいい、正気でない、人情がないとも思うがいい。文法「言へ」「思へ」は、命令形で放任法。⇩我(われ)かの気色(けしき)「慣用表現」

うつつ‐の‐ひと【現の人】❶生きている人。実在の人。源氏 蛍「―もさぞあるべかめる」訳 (物語中の人物ばかりでなく)現実の人も、(ややもすると)そうである(=軽々しく人まねをしたり、また分別がありすぎたりする)に違いないようだ。

❷正気の人。枕 九九「―の乗りたるとなむ、さらに見えぬ」訳 正気の人が乗っていることとは、まったく見えない。

❸正気を失った人。〔浮・男色大鑑〕「問へども後(のち)は物をも言はずして打ちふし、―となりぬ」訳 (ものを)尋ねるけれども、それからは何も言わないで横になり、正気を失った人となってしまった。

うっ‐て【討手】(名)〔「うちて」の促音便〕「うて」とも。敵や賊などを討ったり捕らえたりする人。追っ手。平家 六・入道死去「やがて―を遣はし、頼朝(よりとも)が首をはねて、わが墓の前に懸(か)くべし」訳 すぐさま追っ手を派遣し、頼朝の首を斬って、私(=清盛)の墓の前にかけるがよい。

名文解説 死を目前にした平清盛の遺言。極楽往生を願わず、頼朝の首を自分の墓前に捧げることこそが何よりの供養である、という清盛の壮絶なことばには、平家一門の棟梁(とうりょう)としての執念と、頼朝への激しい敵意がこめられている。

うつ‐な‐し(形ク){(から)・く(かり)・し・き(かる)・けれ・かれ}疑いない。確かだ。〔紀〕皇極「吾(われ)、兵(いくさ)を起こして入鹿(いるか)を伐(う)たば、その勝たむこと―・し㊅」訳 私が軍を起こして入鹿(=人名)を討つならば、その時に勝つだろうことはまちがいない。

うづ‐な‐ふ(ウズナ/ノウ)(他ハ四){(は・ひ・ふ・ふ・へ・へ)}(上代語)〔名詞「珍(うづ)」に接尾語「なふ」の付いたもの〕貴重なものとする。(神が)受け入れる。よしとする。万葉 一八・四〇九四「天地(あめつち)の神相(あひ)―・ひ㊥」訳 天地の神もともによしとし。

宇津山(うつのやま)〔地名〕歌枕〔「宇都山」とも書く〕今の静岡県の静岡市と藤枝市との境にある山。東海道の難所で、その山路を宇津谷(うつのや)峠という。

うつは‐もの(ウツワ)【器物】(名)❶入れ物。容器。伊勢 二三「手づから飯匙(いひがひ)とりて、笥子(けこ)の―に盛りけるを見て」訳 (女が)自分の手でしゃもじをとって、(飯を)笥子という入れ物に盛ったのを(男が)見て。

❷道具類。器具類。徒然 二二九「呂律(りょりつ)の物にかなはざるは、人のとがなり。―の失にあらず」訳 (笛の)旋律が調子に合わないのは、(吹く)人の罪である。楽器の欠陥ではない。

❸才能。能力。手腕。また、それのある人物。源氏 帚木「まことの―となるべきを取り出(い)ださむには難(かた)かるべしかし」訳 真に有能な人物となり得る者を選び出すとしたらその場合には、難しいことだろうね。

うつ‐ぶし【俯し】(名)❶下を向くこと。うつむき。平家 一〇・内裏女房「〔平重衡(しげひら)は〕袖を顔に押しあてて、―にぞなられける(=うつむきになられた)」

❷下を向いて伏すこと。うつぶせ。竹取 かぐや姫の昇天「ものに酔(ゑ)ひたる心地して、―に伏せり」訳 (造麿(みやつこまろ))は何かに酔った(ような)気分がして、うつぶせに伏している。

うつぶし‐ぞめ【空五倍子染め】(名)ぬるで(=木の名)からとった五倍子(ふし)(=虫が寄生して生じたこぶ。タンニンを含み染料や薬に用いた)で薄墨色に染めること。また、その染めたもの。古今 雑体「世をいとひ木(こ)のもとごとに立ち寄りて―の麻の衣(きぬ)なり」訳 (この衣は)世を避けて(行脚(あんぎゃ)する僧があちこちの木の下に立ち寄って)うつむいて修行する、(その)うつぶし染めの麻の衣である。(「うつぶし」は「俯(うつぶ)し」と「空五倍子(うつぶし)」との掛詞)

うつぶし‐ふ‐す【俯し伏す】(自サ四){(さ・し・す・す・せ・せ)}下を向いて横になる。うつぶせになる。源氏 夕顔「女君はさながら臥(ふ)して、右近(うこん)はかたはらに―・し㊥たり」訳 女君(=夕顔)はもとのまま横たわって、(侍女の)右近はそばにうつぶせに横になっている。

うつ‐ぶ‐す【俯す】(自サ四){(さ・し・す・す・せ・せ)}❶下を向く。うつむく。枕 一八四「袖を押しあてて、―・し㊥ゐたり」訳 袖を(顔に)押しあてて、うつむき座っていて。

❷うつぶせになる。大鏡 為光「物もつゆ参らで、―・し㊥給へるほどに」訳 (誠信(さねのぶ)は)物も少しも召し上がらないで、うつぶせになりうつぶせになりなさっているうちに。

うつほ(ウツオ(ホ))【空・洞】(名)❶中がからであること。うつろ。今昔 二九・二三「この唐櫃(からひつ)をこそ心にくく思ひつれども、これも―にて物なかりけり」訳 この唐びつを心ひかれると思っていた(=何か入っているだろうと期待していた)が、これも中がからで物がなかった。

❷岩や木にできた空洞。ほら穴。宇治 一・三「木の―のあ

りけるにはひ入りて」訳木の空洞があった所にはって中に入って。

❸上着だけで、下に重ねる衣服を着ないこと。平家八・鼓判官「短き衣―にほうかぶって、帯もせず」訳（裸の上に）短い衣を下に何も重ねない状態で頭からかぶって、帯もしない。

うつ‐ぼ【靫・空穂】（名）矢を入れて背負う筒形の武具。矢が雨にぬれたり、いたんだりするのを防ぐために納めるもの。竹製・漆塗りで、上に毛皮や鳥毛をつけたものもある。著聞三三八「（源）義家―より雁股（かりまた）（＝矢の一種）を抜きて、狐（きつね）をかけけり（＝追いかけた）」

（うつぼ）

うつほ‐ばしら（ウツオ ホー）【空柱】（名）清涼殿（せいりょうでん）の殿上の間（ま）の南端にある、雨水を受けて地上に導くための箱形の樋（とい）。

うつほ物語（うつほものがたり）『作品名』平安中期の物語。作者は源順（みなもとのしたごう）とする説もあるが、未詳。十世紀後半の成立か。琴（きん）の名手清原仲忠を中心に、音楽に関する霊験物語と貴宮（あてみや）をめぐる求婚物語を交錯させる。伝奇的要素と写実性をあわせ持ち、「源氏物語」などに影響を与えた。

うづまさ（ウズマサ）【太秦】（名）❶姓氏の一つ。雄略天皇のとき、秦酒公（はたのさけきみ）が賜った姓。❷今の京都市右京区太秦蜂岡（はちおか）町にある広隆寺。推古十一年（六〇三）、秦河勝（はたのかわかつ）が聖徳太子の命を受けて建立した。

太秦（うづまさ ウズマサ）『地名』今の京都市右京区の太秦。秦（はた）氏が「うづまさ」の姓を賜って居住したところからついた。

うづみ‐び（ウズミ）【埋み火】（名）灰にうずめてある炭火。方丈三「―をかきおこして、老いの寝覚めの友とす」訳灰にうずめてある炭火をかきたてて手をかざし、老人の、目覚めた折の（長い冬の夜を過ごす）仲間とする。

うづ・む（ウズム）【埋む】（他マ四）（ま・み・む・む・め・め）❶土の中などに入れて上をおおう。うずめる。源氏幻「―み用たる火おこし出（い）でて」訳うずめてある炭火をかきたてて。

❷気分をめいらせる。〔夫木〕雑一八「心を―む体（＝めいらせる）夕暮れの雲」

参考室町時代以降は「うずめる」という意で下二段活用の用例が出てくる。

うつ‐むろ【無戸室】（名）四面を壁でふさいだ戸口のない室。上代、出産のときに籠（こ）もった。〔紀〕神代「―を作りて、その内に入り居（こも）りて（＝入り籠もって）」

うづも・る（ウズモル）【埋もる】（自ラ下二）（れ・れ・る・るる・るれ・れよ）❶物におおわれて見えなくなる。うずまる。徒然一一「木の葉に―るる体懸樋（かけひ）の雫（しづく）ならでは、つゆおとなふものなし」訳木の葉にうずまっている懸樋の雫以外には、まったく音をたてるものがない。

❷人がその存在や才能を知られずにいる。源氏澪標「かく―れ用過ぐさむを思はむも」訳このように人に知られず過ごすようなことを考えるならそれも。

参考例は少ないが、①の意で四段活用もある。

うづら（ウズラ）【鶉】（名）鳥の名。うずら。草深い野に住むとされ、秋の景物として歌に詠まれる。秋。〔千載〕秋上「夕されば野辺の秋風身にしみて―鳴くなり深草の里」訳→ゆふされば…和歌。⇩巻頭カラーページ9

うつら‐うつら（副）この目にはっきりと。まざまざと。土佐「目も―、鏡に神の心をこそは見つれ」訳目にもはっきりと、鏡（の中）に神の心を見たことだ。

鶉衣（うづらごろも ウズラゴロモ）『作品名』江戸時代の俳文集。横井也有（やゆう）著。四編から成り、前編は天明七年（一七八七）、後編は天明八年（一七八八）、続編・拾遺は文政六年（一八二三）刊。和漢の故事その他を、機知と技巧を用いて洒脱（しゃだつ）な筆致で書いたもの。俳文の至宝といわれる。

うづらなく（ウズラナク）【鶉鳴く】《枕詞》鶉は草深い野や古びて荒れた所で鳴くところから、「ふる（旧る・古る）」にかかる。万葉八・一五五八「―古りにし里（＝旧都）の秋萩（あきはぎ）を」

うつり【移り】（名）❶移ること。今昔二七・一「その後（のち）、―有りて、その所、人の家に成りて住むといへども」訳その後、（都が）移ることがあって、その場所は、他人の家になって（人が）住むというが。

❷蕉風（しょうふう）俳諧で、連句の付け方の一つ。前句から付け句へ情趣が移ること。〔去来抄〕修行「今は―・ひびき・にほひ・くらゐをもって付くるをよしとす」訳今は、（付け句は）情趣の推移・響き合い・余情・品格によって付けるのをよいとする。

うつり‐が【移り香】（名）物に移り残った香り。古今雑上「蟬（せみ）の羽の夜の衣はうすけれど―こくもにほひぬるかな」訳蟬の羽のように夜着は薄いけれど、衣に移り残った香りは、濃くもにおっていたなあ。

うつり‐ゆ・く（自カ四）（か・き・く・く・け・け）❶【移り行く】（人や物が）移動してゆく。蜻蛉下「風吹きて、久しう―く体ほどに酉（とり）すぎぬ」訳風が吹いて、長い間に（火事が）移動してゆく（＝遠ざかる）うちに酉の刻（＝午後六時ごろ）が過ぎてしまった。

❷【映り行く】（思いなどが）浮かんでは消える。徒然序「心に―く体よしなしごとを、そこはかとなく書きつくれば」訳心の中に次々と浮かんでは消えるたわいもないことを、とりとめもなく書きつけると。⇩徒然草（つれづれぐさ）「名文解説」

うつ・る【映る・写る】（自ラ四）（ら・り・る・る・れ・れ）❶影や光などが、水面・鏡などに反射して現れる。うつる。映じる。細道象潟「南に鳥海（ちょうかい）、天を支へ、その影―り用て江にあり」訳南のほうに鳥海山が天をささえるように高くそびえ、その（山の）影は映じて入り江（の水面）にある。

❷〔近世語〕よく似合う。ぴったりする。〔浮世床〕「おちよはお千代らしい年倍（ねんぱい）の役者でなければ、―ら未ぬといって」訳（観客は）おちよ（＝近松の作品中の女性）はお千代らしい年配の役者でなければ、似合わないといって。

うつ・る

【移る】（自ラ四）（ら・り・る・る・れ・れ）❶（人や物が）移動する。移転する。細道出発まで「住める方（かた）は人に譲り、杉風（さんぷう）が別墅（べっしょ）に―る体に」訳住んでいた家は他人に譲り、（門人の）杉風の別宅に移転する際に。文法「住める」の「る」は、完了の助動詞「り」の連体形。

❷（人の心が）変わる。変化する。徒然八五「この人は下愚（かぐ）の性、―る終べからず」訳このような人は非常に愚かな性格が、（すぐれた性格に）変わることはできず。

❸（官職・地位などが）異動する。転任する。大鏡良房「貞観（じょうがん）八年に、関白に―り用給ふ」訳（良房は）貞

観八年に、関白に転任(=昇進)しなさる。❹(色・香りが)しみつく。染まる。[枕]一八四「裳・唐衣に白いもの—・り(用)て、まだらならむかし」[訳](顔に袖を押しあてて、うつむいていたので)裳や唐衣におしろいがしみついて、(顔が)きっとまだらだろうよ。[文法]「かし」は、強く念をおす意の終助詞。❺(物の怪などが)乗り移る。[源氏]葵「物の怪、生き霊などいふもの多く出できて…人にさらに—・ら(未)ず」[訳]物の怪や生き霊などというものが多く出て来て…寄りまし(=一時的に霊を乗り移らせる子供や女性)にいっこうに乗り移らないで。❻(時が)過ぎる。[徒然]二五「時—・り(用)、事さり、楽しび・悲しびゆきかひて」[訳](この世は無常なので)時は過ぎ、出来事も遠ざかり、楽しみや悲しみが去来して。❼色あせる。また、盛りがすぎる。[古今]春下「花の色は—・り(用)にけりないたづらに我が身世にふるながめせし間に」[訳]→はなのいろは…[和歌] ❽(花などが)散る。[新古]春下「今日だにも庭を盛りと—・る(体)花消えずはありとも雪かとも見よ」[訳](明日といわず)今日でさえも、庭の上を花盛りと散る花よ、その花は(雪のように)消えないでいるとしても、(はかなくも美しい)雪であるかとでも思って見よ。[文法]「ずは」は、連用修飾となって「…ないで」「…ずに」の意となる。

類語パネル	
うつる(移る)	場所・地位・状態などがほかに移動する。
うつろふ(移ろふ)	少しずつほかの状態に変わっていく。無常感を伴って用いられることが多い。

うつろ【空・洞】(名)中がからなこと。また、からになったところ。空洞。〔義経記〕「ある大木の—にぞ逃げ入りける」[訳]ある大きな木の空洞に逃げ入った。

うつろう【映ろう・移ろう】⇨うつろふ

うつろは・す【移ろはす】(他サ四){さ・し・す・す・せ・せ}移らせる。[源氏]玉鬘「覚えぬ方よりなむ聞きつけたる時にだにとて、—・し(用)侍るなり」[訳]思いもよらない方面から、(玉鬘のいどころを)聞きつけた時(=今)からでも(引き取ろう)と思って、(この六条院に)移らせるのです。

うつろひ【移ろひ】(名)〔動詞「移ろふ」の連用形から〕❶移ること。場所を変えること。転居。[源氏]玉鬘「須磨の御—のほどに」[訳]須磨への御退居のさいに。❷衰えること。力がなくなること。〔続千載〕賀「のどかなる御代の春しる色なれや雲居の桜—もせぬ」[訳]穏やかな御代の春であることがわかる色なのだろうか、宮中の桜はその色が衰えることもない。

うつろ・ふ【映ろふ】(自ハ四){は・ひ・ふ・ふ・へ・へ}〔動詞「映る」の未然形「うつら」に、動作の反復・継続を表す上代の助動詞「ふ」の付いた「うつらふ」の転〕(光や影などが)映る。照り映えている。[新古]秋上「鳰の海や月の光の—・へ(已)ば波の花にも秋は見えけり」[訳]→にほのうみや…[和歌]

うつろ・ふ【移ろふ】(自ハ四){は・ひ・ふ・ふ・へ・へ}

語義パネル
●重点義　**移り続ける。変わっていく。**
花の色や葉の色についていう②③がよく用いられる。
❶移動する。場所を変える。
❷**色が変わる。**色づく。色や香りが染まる。
❸**色がさめ続ける。色があせる。**
❹(花などが)**散る。**
❺**時が過ぎてゆく。**盛りの時が過ぎてゆく。
❻**心が他のほうに移る。心変わりする。**

〔動詞「移る」の未然形「うつら」に、動作の反復・継続を表す上代の助動詞「ふ」の付いた「うつらふ」の転〕❶移動する。場所を変える。[更級]東山なる所「さるべき故ありて、東山なるところへ—・ふ(終)」[訳]そうしなければならないわけがあって、東山にある、とある所へ移る。❷**色が変わる。**色づく。色や香りが染まる。[古今]秋下「神無月時雨もいまだ降らなくにかねて—・ふ(体)神奈備の森」[訳]陰暦十月の時雨もまだ降らないのに、前もって色づいている神奈備の森であるよ。❸**色がさめ続ける。色があせる。**[万葉]七・一三三九「月草に衣色どり摺らめども—・ふ(体)色といふが苦しき」[訳]露草で衣に色をつけ摺り染めにしようとするけれども、(露草の藍色は)さめ続ける色だと(皆が)言うのがつらいことだ(=あなたが心変わりしやすい人だと聞くのが心配だ)。❹(花などが)**散る。**[宇治]一・一三「桜ははかなきものにて、かく程無く—・ひ(用)候ふなり」[訳]桜の花はあっけないもので、このように(咲いて)間もなく散るのです。❺**時が過ぎてゆく。**盛りの時が過ぎてゆく。[万葉]六・一〇四五「世の中を常なきものと今そ知る奈良の都の—・ふ(体)見れば」[訳]世の中を無常なものだと今知ったことだ。奈良の都が時の経過とともにさびれるのを見ると。❻**心が他のほうに移る。心変わりする。**[源氏]桐壺「おのづから御心—・ひ(用)て、こよなうおぼし慰むやうなるも、あはれなるわざなりけり」[訳]自然に(桐壺帝の)お心が(亡き桐壺の更衣から藤壺に)移っていって、格別にお気持ちが慰むらしいのも、しみじみと感に打たれることであった。〔⇨移る「類語パネル」〕

う-づゑ【卯杖】(名)陰暦正月の最初の卯の日に、大学寮(のちに六衛府)から朝廷に奉った杖。梅・桃・柊などの材を長さ五尺三寸(=約一六〇センチメートル)に切って束ねたもの。邪鬼を払うまじないに用いた。[春]

う-て【討手】(名)「うって」に同じ。[大和]四「野大弐、純友が騒ぎの時、—の使ひにさされて」[訳]野大弐(=小野好古)は、純友の乱のとき、追討の使者に任命された。

うてな【台】(名)❶四方を望めるように造られた高い建物。高殿。[枕]八二「玉の—ともとめ給はましかば、いらへてまし」[訳]もし(草の庵ではなく)玉の台と(いって私を)お尋ねになるなら、きっと返事しただろうに。❷極楽往生した人が座るという蓮の花の形をした台。蓮台。

うとう【善知鳥】(名)❶ウミスズメ科の海鳥。東北・北海道沿岸にすみ、大きさは小鴨ほど。❷「善知鳥安方」の略。

うとうと・し【疎疎し】(形シク){しから・しく(しかり)・し・しき(しかる)・しけれ・しかれ}よそよそしい。冷淡だ。疎遠だ。大鏡 道長上「帥殿(=伊周)は、(女院詮子に対して)よそよそしくもてなさせ給へりけり」訳 帥殿は、(女院詮子に対して)よそよそしくふるまいなさっていた。

うとう-やすかた【善知鳥安方】(名)陸奥の国(青森県)外ケ浜にいたといわれる鳥。親が「うとう」と呼ぶと、子は「やすかた」と答え、その習性を利用して猟師が子をとらえると涙を流して鳴くという。善知鳥。〔謡・善知鳥〕「娑婆にてはーと見えしも、…冥途にしては化鳥となり」訳 現世ではうとうやすかたと見えたのも、…あの世では化け物の鳥となり。

う-とく【有徳・有得】(名・形動ナリ)金持ちであること。裕福であるさま。〔浮・日本永代蔵〕「泉州に唐かね屋とて、金銀にー・なる体人出で来ぬ」訳 和泉の国(大阪府の南部)にからかね屋といって、金に裕福である人が現れた。

うと・し【疎し】(形ク){から・く(かり)・し・き(かる)・けれ・かれ}❶交わりが浅い。親しくない。関係がうすい。伊勢 四四「ー・き体人にしあらざりければ、家刀自さかづきささせて」訳 縁の浅い人でもなかったので、主婦が(送別の)杯をすすめさせて。文法「うとき人にし」の「し」は、強意の副助詞。
❷よく知らない。その道に暗い。不案内である。徒然 〇「人ごとに、わが身にー・き体ことをのみぞ好める」訳 人それぞれに、自分に不案内のことばかりを好んでいる。
❸無関心だ。そっけない。徒然 四「後の世のこと、心に忘れず、仏の道ー・から未ぬ、心にくし」訳 死後のことを、つねに心に置いて、仏の道に無関心でないのは、奥ゆかしい。

う-どねり【内舎人】(名)「うちのとねり」「うちとねり」の転。「うち」は「内裏」の意)中務省に属し、帯刀して宮中の警備、雑役、行幸の警護にあたる職。また、その人。重臣に、随身として賜ることもある。

うとま・し【疎まし】(形シク){しから・しく(しかり)・し・しき(しかる)・しけれ・しかれ}【動詞「うとむ」に対応する形容詞】❶いとわしい。いやだ。いやな感じだ。徒然 一二八「ー・しく用、憎くおぼしめして、日ごろの御気色も違ひ、昇進もし給はざりけり」訳 (上皇は大納言を)いとわしく、憎くお思いになって、ふだんのご寵愛も変わり、(大納言は)昇進もなさらなかった。
❷気味が悪い。源氏 夕顔「手をたたき給へば、山彦の答ふる声いとー・し終」訳 (光源氏が)手をおたたきになると、こだまの反響する音がひどく無気味である。

うとまし-げ【疎ましげ】(形動ナリ){なら・なり(に)・なり・なる・なれ・なれ}【「げ」は接尾語】いかにもいとわしいと感じるようす。気味の悪いさま。源氏 澪標「木立などー・に用、いかで過ぐしつらむと見ゆ」訳 木立などは気味の悪いようすで、(こんな所に)どうやって暮らしていたのだろうと思われる。

うと・む【疎む】❶(他マ四){ま・み・む・む・め・め}いみきらう。いやだと思う。きらってそっけなくする。源氏 桐壺「なー・み用給ひそ」訳 (光源氏を)いみきらいなさるな。文法「な(副詞)…そ(終助詞)」の形で、禁止の意を表す。
❷(他マ下二){め・め・む・むる・むれ・めよ}(多く「きこゆ」「いふ」とともに用いて)きらうようにさせる。〔浜松中納言物語〕「をりをりごとに、この宮の御ありさま、くまなくあやにくにおはするよしをのみ言ひー・め用給へど」訳 折にふれて、この宮のごようすや、ぬけめがなく意地悪でいらっしゃる(という)ことばかりを言ってきらうようにさせなさるけれど。

うどん-げ【優曇華】(名)【「優曇」は梵語の音訳で「祥瑞」の意】インド原産のクワ科の木。仏典では三千年に一度花が咲き、そのとき仏が世に現れるという。きわめてまれなことのたとえに用いる。源氏 若紫「ーの花待ち得たる心地して」訳 うどんげの花を待ちつづけて手に入れた(ようなうれしい)気持ちがして。

うない【髫・髫髪】⇩うなゐ

うな-さか【海境・海界】(名)【「さか」は境の意】葦原の中つ国(=地上の国)と海神の国との境界。海の果て。万葉 九・一七四〇「ーを過ぎて漕ぎ行くに」

うなじ【項】(名)えり首。首のうしろ。宇治 一三・一九「おとがひのしたより、ーに七八寸ばかり、とがり矢を射いだしつ」訳 (虎の)あごの下から、首のうしろに七、八寸(=約二一〜二四センチメートル)ほど、先の鋭い矢を射抜いた。

うな-はら【海原】(名)【後世は「うなばら」】広々とした海。また、広々とした湖・池。万葉 七・一〇八九「ーのたゆたふ波に立てる白雲」訳 広々とした海の漂う波の上にわ

古語ライブラリー⑧

いろは歌

仮名文字の一覧表としてよく知られているのが「いろは歌」である。現存最古の「いろは歌」は『金光明最勝王経音義』(一〇七九)に収められているもので、次の上段のように真仮名(万葉仮名)で七字ずつ七行(ただし七行目は五字)に書かれている。念のため、下段に平仮名を添える。

以呂波耳本へ止　いろはにほへと
千利奴流乎和加　ちりぬるをわか
餘多連曽津禰那　よたれそつねな
良牟有為能於久　らむうゐのおく
耶万計不己衣天　やまけふこえて
阿佐伎喩女美之　あさきゆめみし
恵比毛勢須　ゑひもせす

この四十七文字は、「わかよたれそ」の部分が六音で破調だが、次のような七五調の四句からなる今様体の歌詞であるとみられる。

色は匂へど　散りぬるを
我が世誰ぞ　常ならむ
有為の奥山　今日越えて
浅き夢見じ　酔ひもせず

『大般涅槃経』の偈「諸行無常、是生滅法、生滅滅已、寂滅為楽」の意を詠んだもので、弘法大師空海(七七四—八三五)が作者であるといわれるが、空海の時代には、ア行のエとヤ行のエ(イェと発音)とには区別があり、今様体は発達していなかったから、空海が作者であるとは考えられない。

「あめつちの詞」には「えのえをなれゐて」とあり、ア行のエとヤ行のエとが区別されていたが、「いろは歌」では「越えて」の部分にヤ行のエがあるだけであること、平安時代中期になって生まれた七五調四句の新しい歌謡形式である今様体を用いていることなどから、十世紀半ばに成立したものと推定されている。

⇩二三九ページ⑨

き立っている白雲よ。

うなゐイウナ【髫・髫髪】(名)髪をえり首のあたりに垂らして切りそろえた子供の髪形。また、その髪形をした年ごろの子供。

(うなゐ)

うぬ【己】(代)〔「おの(己)」の転〕❶自称の人代名詞。おれ。自分自身。〔柳多留〕「―がため春の野に出る薺(なづな)売り」訳自分自身のために春の野に出る(=草を摘む)なずな売りだよ。❷他称の人代名詞。ののしっていう語。てめえ。〔浄・女殺油地獄〕「紙子(かみこ)着て川へはまらうが、油ぬって火にくばらうが、―が三昧(さんまい)」訳紙の衣を着て川にはまろうと、油を塗って火にとびこもうと、てめえの勝手だ。

畝傍山(うねびやま)〔地名〕歌枕 今の奈良県橿原(かしはら)市にある山。香具山(かぐやま)・耳成山(みみなしやま)とともに大和(やまと)三山といわれる。

うね-べ【采女】(名)「うねめ」に同じ。

うね-め【采女】(名)「うねべ」とも。上代、天皇の食事などに奉仕した後宮の女官。郡(こおり)の次官以上の娘で、容姿の美しい、才能のあるものから選ばれた。

うねめの… 和歌

> 采女の　袖(そで)吹き返(かへ)す　明日香風(あすかかぜ)
> 都(みやこ)を遠(とほ)み　いたづらに吹(ふ)く
> 〈万葉・一・五一・志貴皇子(しきのみこ)〉

訳 采女の(はなやかな)袖を吹きひるがえした(かつての都の)明日香の風が、(藤原遷都で)都が遠くなったので、(今は)ただむなしく吹いていることだ。文法「都を遠み」の「み」は、原因・理由を表す接尾語。「…を…み」の形で、「…が…ので」の意。

解説 明日香宮から藤原宮へ遷都した後に作られた歌。「采女」は天皇の食事などに従事する女官。

う-の-はな【卯の花】(名)❶うつぎの花。五月ごろ、釣り鐘状の白い五弁の花が群がり咲く。古くから歌人に愛された。夏。万葉 一七・三九九三「藤波は咲きて散りにき―は今ぞ盛りと」訳藤の花は咲いて散ってしまった。うつぎの花は今が盛りと(咲いていて)。❷襲(かさね)の色目の名。表は白、裏は萌黄(もえぎ)。夏に用いる。⇩巻頭カラーページ11

うのはな-くたし【卯の花腐し】(名)(長く降り続いて卯の花を腐らす意から)五月雨(さみだれ)の異称。夏

うのはなに… 俳句

> 夏
> 卯の花に　兼房(かねふさ)みゆる　白毛(しらが)かな
> 〈おくのほそ道・平泉・曽良(そら)〉

訳 卯の花が真っ白に咲いているのを見ていると、(義経(よしつね)を守って奮戦した家来、増尾十郎)兼房のふり乱した白髪がありありと目に浮かんでくることだ。(卯の花夏。切れ字は「かな」)

解説 兼房は、武蔵(むさし)坊弁慶らとともに平泉の高館(たかだち)で義経の自害を見届けたのち、壮烈な最期を遂げた。

うのはなを… 俳句

> 夏
> 卯の花を　かざしに関(せき)の　晴着(はれぎ)かな
> 〈おくのほそ道・白川の関・曽良(そら)〉

訳 (古人はこの関を越すとき冠を正し衣装を改めたというが、そんな用意もないので)せめてこの卯の花を髪に挿して、白河(しらかわ)の関を越す晴れ着としよう。(卯の花夏。切れ字は「かな」)

解説 白河の関は奥羽三関の一つ。昔、竹田大夫国行が能因法師の名歌に敬意を表し、正装して通ったという話が藤原清輔(きよすけ)の「袋草紙」に収められている。

うば(名)❶【姥】㋐年とった女。老婆。宇治 一・三「妻(め)の―『こはいかなりつることぞ』と問へば」訳妻である老婆が「これ(=翁(おきな)の顔のこぶがなくなったこと)はどうしたことか」と尋ねると。㋑能面で、老女の顔にかたどったもの。❷【祖母】そぼ。〔うつほ〕吹上上「祖父(おほぢ)、―二人居(を)り」訳祖父、祖母の二人が(養育して)いる。❸【乳母】母親に代わって乳幼児に乳を与え、養育する女性。めのと。著聞 四九七「―に、ともすればうれへ怠状(たいじやう)しけれども、なほゆるさず」訳めのとに、どうかすると嘆願しあやまったけれど、(父は)やはり聞きいれない。

うばい【優婆夷】(名)《梵語の音訳》在家のまま五戒を受けて仏門に帰依した女性。徒然 一〇六「―などの身にて、比丘(びく)を堀へ蹴(け)入れさする、未曽有の悪行なり」訳在家のまま仏門に帰依した女なんかの身で、(私のような)僧を堀の中へ蹴落とさせるのは、いまだかつてない悪い行為である。↔優婆塞(うばそく)

う-はうホウ【右方】(名)〔「右方の楽」の意〕雅楽で、高麗楽(こまがく)・渤海楽(ぼつかいがく)の総称。右楽(うがく)。↔左方(さはう)

うは-おそひオソイ【上襲】(名)上着の上におおい着る衣服。枕 八「さてこそは、―きたらむわらはも、まゐりよからめ」訳それでこそ、上襲を着たような童女も、(姫宮の御前に)参上しやすいだろう。

うは-がきウワ【上書き】(名)手紙を包んだ紙の表に書く文字や文句。〔浮・西鶴諸国ばなし〕「金子(きんす)(=金貨)十両包みて、―に、『貧病(ひんびやう)の妙薬、金用丸、よろづによし(=何にでも効く)』としるして」

うは-かぜウワ【上風】(名)草木などの上を吹きわたる風。源氏 少女「荻(をぎ)の―もただならぬ(=ふつうでないほど激しく吹く)夕暮れに」↔下風(したかぜ)

うは-がみウワ【上紙】(名)❶上包みの紙。❷書物の表紙。〔浮・日本永代蔵〕「大福帳の―に」

うは-ぎウワ【表着・上着】(名)女房装束で、袿(うちき)を重ねて着るとき、いちばん上に着る袿。ふつう五つ衣(ぎぬ)の上、小袿(こうちき)の下に着る衣。枕 三六「濃き(=紅の)ひとへがさねに二藍(ふたあゐ)(=紅色がかった青色)の織物、蘇枋(すはう)(=紫赤色)のうす物の―など」⇩巻頭カラーページ14

うは-ぐ-むウワ(自マ四)〔ま・み・む・む・め・め〕興奮する。のぼせる。また、あっけにとられる。大鏡 道隆「民部卿(みんぶきやう)殿は―・み(用)て、人々の御顔をとかく見給ひつつ」訳民部卿殿は上気して、人々のお顔をあれこれ見なさっては。

うは-ぐも-るウワ【上曇る】(自ラ四)〔ら・り・る・る・れ・れ〕表面のつやがあせる。光沢がなくなる。枕 二〇〇「いと濃き衣(きぬ)の―・り(用)たるに」訳たいそう濃い紫色の衣で、光沢がな

くなっているの(を着た上)に。

うは‐げ（ウワ）【上毛】(名)鳥獣などの表面の羽や毛。〔更級〕宮仕へ「わがごとぞ水の浮き寝に明かしつつ―の霜を払ひわぶなる」〔訳〕(物思いに眠れぬ)私のように、(あの水鳥も)水の(上のつらい)浮き寝に夜を明かしては、上毛の霜を払いかねているようだ。

うは‐こし（ウワ）【上層】(名)門・高殿の上層部。

うは‐ざし（ウワ）【上差し】(名)「上差しの矢」の略。箙や胡籙などに征矢(＝ふつうの矢)を差し、その表側に差し添えた二本の矢。上矢。〔今昔〕二五・五「征箭三十ばかり、―の雁股(＝矢の一種)二つそへ指したる(＝二本添えて差した)胡籙を負ひて」

うは‐じら‐む（ウワ）【上白む】(自マ四){ま・み・む・む・め・め}表面の色があせて白っぽくなる。〔源氏〕末摘花「ゆるし色のわりなう―・み㊊たる一襲、なごりなう黒き袿かさねて」〔訳〕(末摘花は)薄紅色のひどく色あせて表面が白っぽくなった単衣を一枚、(その上に)もとの色がわからないほど黒ずんだ袿を重ねて着て。

うばそく【優婆塞】(名)《梵語の音訳》在家のまま五戒を受けて仏門に帰依した男性。〔源氏〕夕顔「―が行ふ道をしるべにて来む世も深き契りたがふな」〔訳〕優婆塞が修行する仏道を道標にして、来世も(今生と同じように二人の)深い宿世の約束をちがえてくれるな。↔優婆夷

うばたまの【烏羽玉の】《枕詞》〔「ぬばたまの」の転〕「むばたまの」とも。「黒」「闇」「夜」「夢」などにかかる。〔古今〕物名「―わが黒髪や」。〔新古〕恋三「―夜の衣を」。〔新古〕仮名序「―夢に伝へたることまで」

うは‐て（ウワ）【上手】(名)位置や身分など、上下のあるもので、上のほう。〔平家〕四・橋合戦「強き馬をば―に立てよ、弱き馬をば下手になせ」〔訳〕強い馬を(川の)上のほうに並べよ、弱い馬を(川の)下のほうにせよ。↔下手

うは‐なり（ウワ）【後妻】(名)本妻のあとにめとった妻。ごさい。↔前妻

うは‐に（ウワ）【上荷】(名)❶車・馬・船に積んだ荷の上に、さらに積む荷物。〔万葉〕五・八九七「ますますも重き馬荷に―うつと」〔訳〕ただでさえも重い馬の荷物にさらに積む荷物をつけると。❷「上荷船」の略。荷あげ場と本船の間を往復して荷物を運ぶ二、三十石積みの小船。〔浮・日本永代蔵〕「―・茶船、限りもなく川波に浮かびしは」〔訳〕上荷船・茶船(＝十石積みの小船)が、無数に川波に浮かんでいたのは。

うは‐の‐そら（ウワ）【上の空】[一](名)空の上のほう。天空。大空。〔二〕①②の意にかけて用いることもある。〔源氏〕夕顔「山の端の心も知らで行く月は―にてかげや絶えなむ」〔訳〕山の端(のようなあなた＝光源氏)の心も知らないで渡っていく月(のような私＝夕顔)は、空の上のほうで姿が消えてしまうのであろうか。[二](名・形動ナリ)❶心が、あることに引かれて、落ち着かないこと。〔新古〕恋四「いるかたはさやかなりける月影を―・に㊊も待ちし宵かな」〔訳〕入る方角ははっきりと分かっていた月を、心も落ち着かず待っていた夜であったなあ。❷根拠のないこと。あてにならないこと。いいかげんなこと。〔平家〕六・小督「御書を給はらで申さんには、―・に㊊やおぼしめされ候はんずらん」〔訳〕(天皇の)お手紙をいただかないで(口だけで)申し上げるとしたら、その場合には、(小督は)あてにならないことだとお思いになられましょう(が、いかがでしょう)か。

うは‐ば（ウワ）【上葉】(名)草木の上のほうの葉。〔新古〕秋上「秋来ぬと松吹く風も知らせけりかならず荻の―ならねど」〔訳〕秋が来たと松に吹く風も知らせてくれたことだ。かならずしも(秋風がまず吹いて秋の訪れを知らせるという)荻の上葉ではないけれども。↔下葉

うはばみ（ウワバミ）【蟒蛇】(名)❶大蛇。❷(大蛇はよく物を飲みこむことから)大酒飲みのこと。

うば・ふ（ウバ(ボ)ウ）【奪ふ】(他ハ四){は・ひ・ふ・ふ・へ・へ}❶奪い取る。むりに取り上げる。〔徒然〕一二八「彼に苦しみを与へ、命を―・は㊍んこと、いかでかいたましからざらん」〔訳〕彼(＝生き物)に苦しみを与え、命を奪い取るようなことは、どうしてかわいそうでないことがあろうか(いや、かわいそうなことだ)。❷(多く、下に受身の助動詞「る」を伴って)心や目が引きつけられる。〔細道〕須賀川「長途の苦しみ、身心つかれ、且は風景に魂―・は㊍れ」〔訳〕長い旅の苦しみで、心身が疲れ、一方では風景に心を引きつけられ。

うは‐まい（ウワ）【上米】(名)「うはまへ」とも。❶通過する荷物に対してかけられた通行税。〔浮・日本永代蔵〕「越前の国敦賀の湊は、毎日の入舟、判金一枚ならしの―ありといへり」〔訳〕越前の国(福井県東部)敦賀の港は、毎日の入船があり、平均で大判一枚の通行税があるといっている。❷売買などの仲介人がとる代金などの一部。手数料。うわまえ。〔東海道中膝栗毛〕「あんな護摩の灰に宿を貸すからにゃあこなたも―を取るだろう」〔訳〕あんな盗人に宿を貸すからには、おまえも利益の一部を取っているのだろう。

うは‐むしろ（ウワ）【表筵】(名)帳台(＝貴人の寝所・座所)の畳の上に敷く上等の敷物。表裏を唐綾で作り、中に綿を入れ、錦で縁どりする。〔蜻蛉〕中「―、ただの筵の清きに敷きかへさすれば」〔訳〕上に敷くよい敷物を、普通の筵でこざっぱりしたのに敷きかえさせると。

うは‐もり（ウワ）【上盛り】(名)最上のもの。第一人者。〔浮・日本永代蔵〕「十年たたぬうちに、仲間商ひ(＝両替仲間)の―になって」

うばら【茨】(名)「いばら」に同じ。

うひ‐（ウイ）【初】(接頭)はじめての、最初の、の意を表す。「―学び」「―かうぶり」

うひうひ・し（ウイウイシ）【初初し】(形シク){しから・しく(しかり)・し・しき(しかる)・しけれ・しかれ}❶物慣れないようすだ。うぶだ。〔枕〕一八四「まだ―・しけれ㊁ば、ともかくもえ啓し返さで」〔訳〕まだ(新参の身で)物慣れないので、なんとも(中宮に)弁解申し上げることができなくて。〔文法〕「え啓し返さで」の「え」は副詞で、下に打消の語(ここでは「で」)を伴って不可能の意を表す。❷気がひける。気はずかしい。〔源氏〕若菜上「今はさやうのことも―・しく㊊、すさまじく思ひなりにたれば」〔訳〕今はそのようなこと(＝新しく妻を迎えること)も気はずかしく、そぐわないと思うようになってしまったから。

うひ‐かうぶり（ウイコウブリ）【初冠】(名)「うひかぶり」「うひかむり」「うひかうむり」とも。男子の成人式で、初めて髪を結い、冠をつけること。だいたい、十二歳から十六歳の間の

正月に行われた。元服。伊勢 一「むかし、男―して、平城の京、春日の里にしるよしして、狩りに往にけり」訳 昔、ある男が元服をして、奈良の都の、春日の里に領地を持っている縁故があって、狩りに出かけた。⇩伊勢物語「名文解説」・人と成る「慣用表現」

発展 「初冠」「元服」「初元結ひ」

男性は成人式で初めて冠をつけるので、「初冠」と呼んだ。「源氏物語」にこの語はなく、「元服」の用例が多いが、他に「冠」「冠す」「初元結ひ」も見られる。成人式は、初めて成人の服を着るので「元服」、初めて紫の元結いで髪を結ぶので「初元結ひ」ともいったのである。「伊勢物語」の「男」は、成人式のあと、春日の里の姉妹を見初めて歌を詠みかけただけだが、「源氏物語」の光源氏は、元服の夜、葵の上と結婚している。

うひ-かぶり 【初冠】(名)「うひかうぶり」に同じ。

うひ-ごと 【初事】(名)初めてすること。源氏 宿木「片なりなる―をも隠さずこそあれ」訳 (六の君は)未熟な習いたてのことをも(私＝匂宮に)隠さないのだ。

うひ-だち 【初立ち】(名)❶初めて旅に出ること。また、(長く引きこもっていて)久しぶりに外へ出ること。源氏 葵「いぶせさに、今日なむ―し侍るを」訳 気がかりなので、今日(宮中に)久しぶりの外出をしますが。❷雛鳥が初めて巣立つこと。❸子供が初めて立つこと。

うひ-まなび 【初学び】(名)❶学問の学びはじめ。❷未熟な学問。初歩の学問。

う-ひゃうゑ 【右兵衛】(名)「右兵衛府」の略。

うひゃうゑ-の-かみ 【右兵衛の督】(名)右兵衛府の長官。

うひゃうゑ-の-じょう 【右兵衛の尉】(名)右兵衛府の三等官。

うひゃうゑ-の-すけ 【右兵衛の佐】(名)右兵衛府の次官。

う-ひゃうゑふ 【右兵衛府】(名)六衛府の一つ。左兵衛府とともに、内裏の警護、行幸の供奉に当たった役所。↔左兵衛府。↓兵衛府。⇩巻頭カラーページ31

初山踏 (うひやまぶみ)『作品名』国学書。本居宣長著。寛政十年(一七九八)成立。門人の願いに応じて執筆した国学の入門書。

う-ふ 【右府】(名)右大臣の唐名。↔左府

うぶ-ぎぬ 【産衣】(名)生まれたばかりの子に着せる着物。うぶぎ。〔狭衣物語〕「御―のありけるを、〔姫宮は〕まづ取りて御覧ずるに(＝ご覧になると)」

うぶ-すな 【産土】(名)❶生まれ故郷。出生地。〔紀〕推古「葛城の県は、元臣が―なり」訳 葛城の土地は、本来わたくしめの生まれた土地である。❷「産土神」の略。

うぶすな-がみ 【産土神】(名)生まれた土地の守護神。鎮守の神。産土。

う-ぶね 【鵜舟】(名)鵜飼い舟。鵜飼いが鵜を使って鮎をとるのに用いる舟。夏。〔阿羅野〕芭蕉「おもしろうてやがて悲しき―かな」訳 →おもしろうて…俳句

うぶ-や 【産屋】(名)❶出産のために住居とは別に新築した建物。❷お産をする部屋。枕 二五「すさまじきもの　…ちご亡くなりたる―」訳 興ざめのするもの、…赤ん坊の死んだお産の部屋。❸「うぶやしなひ」に同じ。伊勢 七九「御―に、人々歌よみけり」訳 ご出産のお祝いに、人々は歌を詠んだ。

うぶ-やしなひ 【産養ひ】(名)貴族の家に子が生まれたとき、出産後、三夜、五夜、七夜、九夜に行う祝宴。親族から衣服や食物などが贈られた。「産屋」とも。枕 二五「すさまじきもの　…―、むまのはなむけなどの使ひに、禄とらせぬ」訳 興ざめのするもの、…お産の祝いや餞別などの使いの者に、祝儀を与えないの。

発展 「産養ひ」の祝宴

古代には出産で母や子の亡くなることが多かったため、平安貴族たちは、お産が近づくと諸寺で安産の祈禱をした。無事に生まれると、その夜から一日おきに九日目の夜まで「産養ひ」の祝宴を続けた。その後、五十日目には「五十日の祝ひ」、百日目には「百日の祝ひ」が行われ、この時は、赤子の口に餅を含ませた。「源氏物語」「紫式部日記」には、それらの儀式のようすが詳しく描かれている。

-うへ 【上】(接尾)(目上の人を呼ぶときに付けて)尊敬の意を表す。「母―」「父―」「尼―」

うへ 【上】(名)❶上位。上部。上方。平家 四・鵼「黒雲一叢立ちきて、御殿の―にたなびいたり」訳 黒雲がひとむら立ち昇ってきて、御殿の上方にたなびいた。↔下
❷物の表面。うわべ。おもて。伊勢 八七「その石の―に走りかかる水は」訳 その石の表面に流れ落ちかかる水は。源氏 帚木「―はつれなくみさをづくり」訳 (女が)うわべはさりげなく平気を装い。
❸あたり。ほとり。付近。万葉 八・一四一八「石走る垂水の―のさわらびの萌え出づる春になりにけるかも」訳 →いはばしる…和歌
❹天皇。主上。また、上皇。源氏 桐壺「さぶらふ人々の泣きまどひ、―も御涙のひまなく流れおはしますを」訳 (光源氏に)お仕えする人々が泣き悲しんでとり乱し、主上(＝桐壺帝)も御涙が絶え間なく流れておいでになるのを。⇩御門「慣用表現」
❺天皇、その他の皇族の座のあたり。更級 宮仕へ「―には時々、夜々ものぼりて」訳 (祐子内親王の)御座所には時々、夜分ごとにも参上して。
❻清涼殿の殿上の間。古今 秋上・詞書「『―に侍ふ男ども、歌奉れ』と仰せられける時に」訳「殿上の間に伺候する男ども、歌を献上せよ」と(宇多天皇が)お命じになられたときに。文法「奉れ」は自敬敬語。
❼貴婦人。奥方。枕 二四「―などいひてかしづきすゑたらむに」訳 奥方などといってたいせつに世話し(妻として)

迎えたような場合に。文法「かしづきすゑたらむに」の「む」は、仮定・婉曲の助動詞。

❽将軍。殿様。主君。〔太平記〕一〇「―の御存命の間に、今一度快く敵の中へかけ入り、思ふ程の合戦して」訳将軍がご存命のうちに、もう一度思いきりよく敵の中に突っこんで、思う存分の合戦をして。

❾貴婦人の称号の下に付けて尊敬の意を表す。源氏藤袴「北の方は紫の―の御姉ぞかし」訳(鬚黒の)奥方は紫の上の姉君であるよ。文法「ぞかし」は、文末に用いて強く念をおす意を表す。

❿その人やその物事に関する事柄。枕九六「かたはらいたきもの……聞きゐたりけるを知らで、人の―いひたる」訳その場にいたたまれないもの、…(当の本人が)聞いていたのを知らないで、その人に関することを言っているの。

⓫あることにさらに物事が加わる意。そのうえ。土佐「海賊むくいせむといふなることを思ふ―に、海のまた恐ろしければ」訳海賊が仕返しをするだろうと言っているといううわさ(があるの)を心配するそのうえに、海(の風波)がまた恐ろしいので。

⓬(下に「は」を伴って)…からには。…以上は。平家七・忠度都落「その身朝敵となりにし―は、子細に及ばずといひながら」訳その身が朝廷にそむく敵となってしまったからには、とやかく言うことはないというものの。

うべ【宜・諾】〔平安中期以降、「むべ」とも表記〕一(副)肯定の意を表す。もっともなことに。なるほど。いかにも。万葉四・七七二「夢にだに見えむとあれはほどけども相し思はねば―見えざらむ」訳せめて夢にだけでも逢いたいと私は(下紐を)ほどくけれども、互いに(は)思っていないので、なるほど(夢にも)逢えないのだろう。文法「相し思はねば」の「し」は、強意の副助詞。

二(形動ナリ)〔なら・なり(に)・なり・なる・なれ・なれ〕道理である。もっともだ。

語の広がり「宜」
「承諾する」「同意する」の意の「うべなう」は、「うべ」にその行為をする意の動詞を作る接尾語「なふ」が付いたもの。

うべうべ・し【宜宜し】(形シク)〔しから・しく(しかり)・し・しき(しかる)・しけれ・しかれ〕〔「むべむべし」とも表記〕もっともらしい。格式ばっている。また、しっかりしている。大鏡道長下「かやうに物の映え、―・しき㊍ことどもも、天暦の御時までなり」訳このように催し事が光彩を放ち、格式ばった諸事も、天暦(=村上天皇朝の年号)の御代までである。

うべ-こそ【宜こそ・諾こそ】〔「むべこそ」とも表記〕「うべ」を強めた言い方。なるほど。いかにも。〔栄花〕つるのはやし「―雪山童子(=釈迦の過去世での名)が自分の身に替え(ても教義を聞こうとし)たのであろう。

なりたち 副詞「うべ」+係助詞「こそ」

うへ-さま【上様】(名)❶天皇の尊称。〔太平記〕七「―にはいまだ知ろしめされ候はずや」訳帝(=後醍醐天皇)におかれてはまだご存じないのでございますか。⇩

❷将軍・貴人の敬称。御門「慣用表現」

うへ-ざま【上方・上様】(名)上のほう。上部。宇治六・五「ただ谷より―へのぼらんとする気色なれば」訳ただ谷から上のほうへ登ろうとするようすなので。

うべ-し【宜し】(副)〔「し」は強意の副助詞〕いかにも。なるほど。もっともなことに。万葉二〇・四三六〇「ここ見れば―神代ゆ始めけらしも」訳この景色を見ると、なるほど神代から(宮殿を営み)始めたらしいことよ。

上島鬼貫(うへじま おにつら)『人名』(一六六一〜一七三八)江戸中期の俳人。「かみじま」とも。名は宗邇。摂津(兵庫県)伊丹の人。貞門・談林にも学んだが、「まことのほかに俳諧なし」と悟り、素直で平明な句を詠んだ。編著に、「大悟物狂」、俳諧随筆「独言」など。

上田秋成(うへだ あきなり)『人名』(一七三四〜一八〇九)江戸中期の国学者・歌人・読本作家。大坂の人。博学で文才にたけ、国学では本居宣長と論争した。著書に、読本「雨月物語」「春雨物語」、歌文集「藤簍冊子」、随筆「胆大小心録」「癇癖談」など。

うへ-つぼね【上局】(名)❶中宮・女御・更衣などが、ふだんの居室のほかに、特に天皇の御座所近くに賜る部屋。「上の御局」とも。源氏桐壺「後涼殿にもとより候ひ給ふ更衣の曹司を他にうつさせ給ひて、―にたまはす」訳後涼殿に以前からお仕えなさる更衣の部屋を(桐壺帝は)他の場所にお移しになられて、(桐壺の更衣に)上の御局としてお与えになる。

❷貴人の居間近くに設けられた、女房の控えの部屋。

うべな-うべな【宜な宜な】(副)いかにももっともなことに。なるほどなるほど。まことに。万葉一三・三二九五「―母は知らじ―父は知らじ」訳なるほどなるほど、母は知るまい。なるほどなるほど、父は知るまい。

うべ-な・ふ【諾ふ】〔「なふ」は接尾語〕一(自ハ四)〔は・ひ・ふ・ふ・へ・へ〕服従する。〔紀〕天武「欺きて罪なしと申して、―・は㊄ずして、争ひ訴へば」訳(人を)だましても罪はないと申して、服従しないで、争い訴えるので。

二(他ハ四)〔は・ひ・ふ・ふ・へ・へ〕認める。承諾する。同意する。〔椿説弓張月〕「茂光が申す旨を―・は㊄せ給ひ」訳茂光が申し上げることの意を(帝は)お認めになられ。

上野(うへの)『地名』❶今の三重県伊賀市の地名。芭蕉の郷里。

❷今の東京都台東区内の地名。桜の名所。

うへ-の-おまへ【上の御前】(名)❶天皇のいる前の所を敬っていう語。枕一三五「―などにても、役とあづかりてほめ聞こゆるに」訳天皇の御前などでも、(私の)役目と受けとめて(あなたを)おほめ申しあげるのに。

❷天皇。枕三三「―の、柱に寄りかからせ給ひて」訳天皇が、柱に寄りかかりあそばされて。⇩御門「慣用表現」

うへ-の-おんぞ【上の御衣・表の御衣】(名)「うへのきぬ」の尊敬語。源氏真木柱「よき―、柳の下襲、青鈍の綺の指貫着給ひて」訳(鬚黒は)りっぱな袍(の下)に柳の下襲、(それに)青鈍色の薄絹の指貫をお召しになって。

うへ-の-きぬ【上の衣・表の衣】(名)貴人の男子が衣冠・束帯の正装のときに着用する上着。袍。⇩袍「発展」

うへ-の-ざふし【上の雑仕】(名)宮中で、五節や女御の入内のときなどに、臨時に置かれて雑役をする下級の女官。枕九二「―、人のもとなるわらはべも」訳殿上に奉仕する臨時の女官や上臈女房(=身分の高い女房)に仕える童女も。

うへ-の-にょうばう ウエノニョウボウ【上の女房】(名)天皇のそば近くに仕える女房。枕 三「御前にさぶらふ人々、—、こなたゆるされたるなどまゐりて」訳 中宮様にお仕えする女房たちや、天皇のおそば近くに仕える女房で、こちらへ来ることを許されている者などが参上して。

うへ-の-はかま ウエノハカマ【上の袴・表の袴】(名)❶男子が束帯のとき、大口袴の上にはく袴。表は白、裏は紅。位階によって材質が異なり、三位以上は綾織物で、四位以下は平絹で作った。源氏 葵「下襲の色、—の紋、馬、鞍までみなととのへたり」訳 (上達部たちは)下襲の色、上の袴の模様、馬や鞍まですべて(立派に)用意していて。⇩巻頭カラーページ12
❷少女が正装のとき、襲の袴の上にはく袴。枕 八九「をかしげなる(=かわいらしい感じの)童女の—など」

(うへのはかま①)

うへ-の-みつぼね ウエノミツボネ【上の御局】(名)「うへつぼね①」に同じ。大鏡 師輔「藤壺・弘徽殿との—は、ほどもなく近きに(=距離もないほど近いが)」

うへ-の-をのこ ウエノオノコ【上の男】(名)「てんじゃうびと」に同じ。古今 秋上・詞書「秋立つ日、—ども賀茂の河原に川逍遥しける供にまかりてよめる」訳 立秋の日、殿上人たちが、賀茂の河原で川遊びした(とき)のお供として参って詠んだ歌。

うへ-びと ウエビト【上人】(名)清涼殿の殿上の間に昇殿を許された、四位・五位の官人、および六位の蔵人。殿上人。源氏 桐壺「上達部・上人なども、あいなく目をそばめつつ」訳 公卿や殿上人などもそれぞれ困ったことだと目をそらして。

うへ-ぶし ウエブシ【上臥し】(名)「うはぶし」とも。宮中や院の御所に宿直すること。平家 二・少将乞請「〔成経は〕その夜しも院の御所〔である〕法住寺殿に—して」

うへ-みやづかへ ウエミヤヅカエ【上宮仕へ】(名)つねに天皇のそば近くにいて、その用事をつとめること。源氏 桐壺「はじめよりおしなべての—し給ふべき際にはあらざりき」訳 (桐壺の更衣は入内のはじめから世間なみの日常の用をする宮仕えをなさるはずの(低い)身分(の方)ではなかった。

うべ-も【宜も】ほんとうに。なるほど。当然。万葉 五・八三一「春なれば—咲きたる梅の花君を思ふと夜眠も寝なくに」訳 春なので、なるほど咲いた梅の花よ。あなた(=梅の花)を思うと夜も眠れないことだなあ。

なりたち 副詞「うべ」＋係助詞「も」

うへ-や ウエヤ【上屋】(名)宮中の、天皇の御座所に近い女官の詰め所。枕 八二「ゆゆしさに—に隠れふしぬ」訳 (地獄絵の屏風の)気味悪さに御座所に近い詰め所に隠れて横になってしまった。

うへ-わらは ウエワラワ【上童】(名)宮中に召し使われる少年・少女。貴族の子弟で、宮中の作法見習いのために、貴人のそば近く仕える。「殿上童」とも。源氏 夕顔「また—一人、例の随身ばかりぞありける」訳 またほかに上童一人と、いつもの随身だけがいた。

うま【午】(名)❶十二支の七番目。枕 一六八「二月—の日の暁に」訳 陰暦二月の午の日(=初午)の夜明け前に。→十二支
❷方角の名。南。
❸時刻の名。今の正午ごろおよびその前後約二時間(午前十一時ごろから午後一時ごろ)。

うま【馬】(名)「むま」とも表記。❶動物の名。うま。乗馬・農耕・運搬・競技・合戦などのために広く飼育された。万葉 一七・三九九一「思ふどち—うち群れて」訳 親しい仲間で馬を並べて。
❷双六の駒。枕 一三九「つれづれなるもの……—下りぬ双六」訳 退屈なもの、…駒が下り(て進ま)ない双六。
❸将棋の駒の名。桂馬。

発展 高価だった馬
大陸から渡来した馬は、便利な乗り物として重要な役割を果たしていたが、高価であったためだれでも持てたわけではなかった。「万葉集」には、よその夫が馬で行くのに、自分の夫は徒歩で行くので、母の形見である真澄み鏡と蜻蛉領巾で馬を買わせようとする、愛情あふれる妻の長歌がある。

うま-い【熟寝・味寝】(名・自サ変)気持ちよく寝入ること。熟睡。万葉 一一・二三六九「人の寝る—も寝ずて愛しきやし君が目すらを欲りし嘆かふ」訳 他人が寝る(ような)熟睡(=満ち足りた共寝)もしないで、ああ、いとしい、あなたの顔だけでも見たいと嘆き続けることだ。

うま-いかだ【馬筏】(名)川などを渡るために、馬を並べてつなぎ、いかだのようにすること。宇治 一五・一二「—をつくりて泳がせけるに、かち人はそれにとりつきて渡りけるなるべし」訳 馬筏を作って(馬を)泳がせたところに、徒歩の人はそれ(=馬筏)に取りついて渡ったのにちがいない。

うま-ご【孫】(名)「むまご」とも。まご。また、子孫。徒然 一「その子・—までは、はふれにたれど、なほなまめかし」訳 (高貴な人は)その子や孫までは、落ちぶれてしまっていても、やはり上品である。

うま-さけ【旨酒・味酒】(名)味のよい酒。〔常陸国風土記〕「久慈の—を飲む」

うまさけ【旨酒・味酒】《枕詞》「うまさけ」である「神酒(=神に供える酒)」から同音の「三輪」、三輪山の別名「三諸」「三室」「神名火」にかかる。「うまさけの」「うまさけを」となることもある。万葉 一・一七「—三輪の山」。万葉 七・一〇九四「—三室の山は」。万葉 一三・三二六六「—を神名火山の帯にせる」

うまさけ… 和歌《長歌》

味酒 三輪の山 あをによし 奈良の山の 山の際に い隠るまで 道の隈 い積もるまでに つばらにも 見つつ行かむを しばしばも 見放けむ山を 情なく 雲の 隠さふべしや
〈万葉・一・一七・額田王〉
(枕詞)(枕詞)

訳 (なつかしい)三輪山よ、奈良の山の山の間に隠れるま

で、道の曲がり角がいくつも積もり重なって見えなくなるまで、つくづく見ながら行きたいのに、何度も何度も望み見ようと思うその山を、無情にも、雲がくり返し隠してよいものだろうか(とても承服できないことだ)。修辞「味酒」は「三輪」に、「あをによし」は「奈良」にかかる枕詞。文法「い隠る」「い積もる」の「い」は、意味を強める接頭語。「隠さふべしや」の「隠さふ」は、四段動詞「隠す」の未然形「隠さ」に上代の反復・継続の助動詞「ふ」が付いたもの。「べし」は当然の意の助動詞。「や」は反語を表す係助詞。

解説 近江(滋賀県)の新しい都に移るときに詠んだ歌。反歌一首が続く。→みわやまを…和歌

うま・し【甘し・美し・旨し】一(形シク)〔しから・しく(しかり)・し・しき(しかる)・しけれ・しかれ〕❶りっぱだ。すばらしい。万葉 一・二「―・し(終)国そ蜻蛉島大和の国は」訳 すばらしい国だ、大和の国は。(「蜻蛉島」は「大和」にかかる枕詞。文法「うまし国」は、シク活用形容詞の終止形(厳密には語幹)が体言を修飾した上代の例。

❷満ち足りて快い。楽しい。竹取 かぐや姫の昇天「なんでふ心地すれば、かくものを思ひたるさまにて、月を見給ふぞ。―・しき(体)世に」訳 どういう気持ちがする(という)ので、こんなふうに思い悩んでいるようすで、月をご覧になるのか。(この)満ち足りた世の中に。

二(形ク)〔からく(かり)・し・き(かる)・けれ・かれ〕❶味がよい。おいしい。万葉 一六・三八五七「飯はめど―・く(用)もあらず行き行けど安くもあらず」訳 飯を食べてもおいしくもなく、どんどん歩いても心は安らかでもない。

❷都合がよい。また、お人よしだ。

うまし‐もの【甘し物・美し物】(名)美しくりっぱなもの。おいしいもの。万葉 一六・三八二二「―いづくも飽かじを」訳 おいしいものは、どなただっていやになるまいに。

うまじ‐もの【馬じもの】(副)〔「じもの」は、…のようなものの意の接尾語〕まるで馬のように。万葉 一三・三二七六「かへりも知らず―立ちてつまづき」訳 帰るにも帰れず、(私は)まるで馬のように立ったままつまずき。

うま‐ぞひ(ソイ)【馬副ひ】(名)「むまぞひ」とも。貴人の乗馬につきそう従者。枕 一二八「―のほそく白うしたてたるばかりして」訳 馬副いでほっそりとして白い装束をしている者だけを連れて。

うま‐づかさ【馬寮】(名)「うまのつかさ」とも。「めれう」に同じ。

うまにねて… 俳句

> 馬に寝て　残夢月遠し　茶のけぶり　〈野ざらし紀行・芭蕉〉　秋

訳(夜明け前に宿をたって)馬の上でうとうととして見残した夢を見つづけていたが、(ふと目ざめると)有り明けの月はすでに遠く山の端にかかっている。峠の茶屋からは朝茶の湯をわかす煙が立ちのぼっている。(月秋)。切れ字は「し」で、形容詞の終止形語尾。

解説 前書きに「杜牧が早行の残夢、小夜の中山に至りてたちまち驚く」とあり、杜牧の漢詩「早行」をふまえている。漢詩調の表現の融合に注目。

うま‐ぬすびと【馬盗人】(名)馬どろぼう。今昔 二六・二「道にして(=道中に)―ありて、この馬を見て、きはめて欲しく思ひければ」

うま‐の‐かみ【右馬の頭】(名)右馬寮の長官。従五位上相当官。「みぎのうまのかみ」とも。↔左馬の頭。→馬寮

うま‐の‐すけ【右馬の助】(名)右馬寮の次官。「みぎのうまのすけ」とも。→馬寮

うま‐の‐つかさ【馬の寮】(名)「うまづかさ」とも。「めれう」に同じ。

うま‐の‐はなむけ【餞】(名)〔「馬の鼻向け」の意〕「むまのはなむけ」とも。旅立つ人のために酒食を出したり、物を贈ったりすること。また、その品。送別の宴。餞別。はなむけ。土佐「藤原のときざね、船路なれど、―す」訳 藤原のときざねが、船の旅だ(から馬に乗るわけではない)けれど、馬のはなむけ(=送別の宴)をする。

参考 旅立つとき、乗る馬の鼻を行く先の方向に向けて、旅の安全を祈ったことからいう。

うま‐のり【馬乗り】(名)❶馬に乗ること。また、馬術にすぐれた人。徒然 一八六「城の陸奥守泰盛は、双なき―なりけり」訳 秋田城の介(兼陸奥の守)泰盛は、並ぶ者のない乗馬の名人であった。

❷馬に乗るように物にまたがること。

うま‐ば【馬場】(名)乗馬の練習をする広場。馬場。伊勢 九九「むかし、右近の馬場のひをりの日」訳 昔、右近衛府の馬場で騎射が行われた日。

うま‐ひと【貴人】(名)〔「うま」は、りっぱなの意〕身分・家柄のよい人。徳の高い人。貴人。万葉 五・八五三「漁りする海人の子どもと人はいへど見るに知らえぬ―の子と」訳 漁をする漁師の子供だとあなたがたは言うけれど、一目見てわかった。良家の娘だと。

うま‐ぶね【馬槽】(名)馬の飼料を入れておく桶。かいば桶。大和 一七〇「ただ残りたるものは、―のみなむありける(=かいば桶だけがあった)」

うま‐や【駅】(名)「むまや」とも。街道のところどころに、馬・人足などをそなえておき、旅人の用にあてた所。宿駅。駅。江戸時代は「宿」「宿場」といった。

うま‐や【馬屋・厩】(名)馬を飼っておく小屋。馬小屋。万葉 一三・三二七八「赤駒を―に立て」訳 赤い毛色の馬を馬小屋に立たせ。

うまや‐の‐をさ(オサ)【駅の長】(名)「むまやのをさ」とも。宿駅の長。「駅長」とも。大鏡 時平「明石の駅といふところに御宿りせしめ給ひて、―のいみじく思へる気色を御覧じて」訳(菅原道真は)明石の駅というところに宿をおとりになられて、(そこの)宿駅の長が(左遷の姿を)ひどく悲しんでいるようすをご覧になって。

うまら【茨・荊】(名)〔「うばら」の転〕「いばら」に同じ。万葉 二〇・四三五二「道の辺の―の末に這ほ豆のからまる君を別れか行かむ」訳 道のほとりのいばらの枝先に這う豆のように、まつわりつくあなたに別れて行くのであろうか。(第三句までは「からまる」を導きだす序詞)

うま・る【生まる】(自ラ下二)〔れ・れ・る・るる・るれ・れよ〕「むまる」とも。生まれる。方丈 一「朝に死に、夕べに―・るる(体)ならひ、ただ水の泡にぞ似たりける」訳 朝に死に、(また一方では)夕方に生まれる(という、人の)世の常(の姿)は、ちょうど水面に消えては現れる水の泡に似ていることだ。

うまれ-あ・ふ【生まれ合ふ】(自ハ四){は・ひ・ふ・ふ・へ・へ}同じ時代に生まれる。生まれ合わせる。方丈 二「濁悪の世にしも—・ひ用て、かかる心憂きわざをなん見侍りし」訳 さまざまなけがれや罪悪の(多い)時代にちょうど生まれ合わせて、このような(仏像を盗み、仏具を薪にするなど)情けないことを目にしました。

うま-れう【馬寮】(名)「めれう」に同じ。

う-まれう【右馬寮】(名)→めれう。↔左馬寮

うまれしも… 和歌 →むまれしも… 和歌

うまれ-だち【生まれ立ち】(名)❶生まれて間もないころ。生まれたて。〔浄・女殺油地獄〕「—から親はない」❷生まれつき。天性。〔浮世風呂〕「—の悪い野郎なら」

うみ【海】(名)海・沼・湖など、広く水をたたえている所。万葉 三・二六六「近江の—夕波千鳥汝が鳴けば心もしのに古思ほゆ」訳 →あふみのうみ… 和歌

うみ-が【海処】(名)(「処」は所の意)海。海辺。〔記〕中「—行けば、腰なづむ」訳 海辺を行くと、腰が(海水にひたって)歩きにくい。

うみ-がき【熟み柿】(名)熟した柿の実。著聞 四二九「下にこの法師かたて矢はげて立ちたるうへより、—のおちけるが」訳(柿の木の下にこの法師が一本の矢を弓につがえて立っている上から、熟した柿の実が落下したが、

うみくれて… 俳句

海暮れて　鴨の声　ほのかに白し　冬
〈野ざらし紀行・芭蕉〉

訳 冬の海原は暮れて、鴨の声が遠くかすかに澄んで聞こえてくる(旅愁をかきたてるように)。(鴨 冬。切れ字は「し」で、形容詞の終止形語尾)

解説「白し」を声が白いとして聴覚を視覚に転化してみせた芭蕉の手柄とする説と、「白し」を無色透明とする解釈、さらには海上の微光が「白し」とするなどの諸説がある。五・五・七の破調。

うみ-さち【海幸】(名)海の獲物。海産物。また、海の獲物をとる道具。釣り針。〔記〕上「火照命は—昆古と為て」訳 火照命は海の獲物をとる男(=漁夫)として。↔山幸

うみ-ぢ【海路】(名)海上の、船の航路。海路。「海つ路」とも。万葉 一三・三二三八「風吹けば波のささふる—は行かじ」訳 風が吹くと波がさまたげる海路は行くまい。↔陸路

うみ-つ-ぢ【海つ路】(名)(「つ」は「の」の意の上代の格助詞)「うみぢ」に同じ。万葉 九・一七八一「—の和ぎなむ時も渡らなむ斯く立つ波に船出すべしや」訳 海路の風波が静まったような時にでも渡ってほしい。こんなに立っている波に向かって船出してよいだろうか。

うみ-づら【海面】(名)❶海辺。海や湖のほとり。源氏 帚木「深き山里、世離れたる—などにはひ隠れぬるをり」訳 深い山里や遠くの海辺などに、ひそみ隠れてしまう者がいる。❷海上。海面。湖面。

うみならず… 和歌

海ならず　たたへる水の　底までに
清き心は　月ぞ照らさん
〈新古今・一六・雑下・一六九九・菅原道真〉〈大鏡・時平〉

訳 海(どころ)ではなく、(さらに深く)たたえている水の底まで清らかな、そんなやましいところのない私の心は、月が照らしてくれるだろう。

解説 左大臣藤原時平の謀略によって左遷され、九州大宰府で詠んだ歌とされる。歌の本意は、身の潔白は月が明らかにしてくれるだろうということ。「水の底」は仏説を踏まえるとの説もある。

うみ-の-こ【生みの子】(名)❶子孫。万葉 二〇・四四六五「—のいや継ぎ継ぎに」訳 子孫がいよいよつぎつぎに(受け継ぎ)。❷自分の生んだ子。

うみ-べた【海辺】(名)海のほとり。海辺。海岸。古今 恋三「おほかたはわが名もみなとこぎいでなむ世をうみべたにみるめすくなし」訳 おおまかに言えば、私の恋のうわさも(舟のように)港から漕ぎ出してしまおう(=世間に立ててしまおう)。海辺には海松藻(=海藻の名)が少ないように、世間を気づまりに思っても、逢う機会(=見る目)は少ないのだから。(「うみべた」は「倦み」と「海辺」との、「みるめ」は「見る目」と「海松藻」との掛詞)

うみ-まつ【海松】(名)❶海辺に生えている松。源氏 澪標「—や時ぞともなきかげにゐて」訳 海辺に生えている松がいつという定まった時もなく(=いつでも)陰にいて(=明石の姫君が寂しい海辺に暮らして)。❷「みる(海松)」に同じ。土佐「おぼつかな今日は子の日か海人ならば—をだに引かましものを」訳 はっきりしないことだ。今日は(本当に)子の日なのか。(もし私が)海人であるなら、(海にもぐって、小松の代わりに)せめて海松でも引くだろうのになあ。

うみ-やま【海山】(名)❶海と山。源氏 若紫「—の有り様などを御覧ぜさせて侍らば」訳 海や山のようすなどを光源氏にご覧にいれましたなら。❷(海のように深く、山のように高いことから)物事の深く、高いことのたとえ。特に、恩恵の深いことをいう。

うみ-わた・る【倦み渡る】(自ラ四){ら・り・る・る・れ・れ}世の中をいやだと思いながら過ごす。伊勢 六六「難波津を今朝こそみつの浦ごとにこれやこの世を—・る体舟」訳 難波津を今朝はじめて見たが、三津の浦のあちこちに海を渡る舟がある。この舟がまあ、この世をつらい、いやだと思いながら過ごす人の姿なのか。(「みつ」は「三津(=難波津の別名)」と「見つ」との、「うみ」は「海」と「倦み」との掛詞)

うみ-を【績み麻】(名)麻や苧(=イラクサ科の多年草)の茎を水にひたし、むしてあら皮をとり、その繊維を長くよりあわせて作った糸。績み麻。万葉 六・一〇五六「をとめ等が—懸くといふ鹿背の山時し往ければ京師となりぬ」訳 おとめたちがつむいだ麻糸を掛けるという桛(=つむいだ糸を巻きつける道具)ではないが、この鹿背の山は、時が過ぎたので(今は都となった。(第二句までは「鹿背」を導きだす序詞)

うみをなす【績み麻なす】(枕詞)「績み麻(=つむいだ麻糸)」のように長い意から、「なが」にかかる。万葉 六・九二八「—長柄の宮に」

う・む【倦む】(自マ四){ま・み・む・む・め・め}いやになる。飽きる。うん

ざりする。〔笈の小文〕「ある時は—・み[用]て放擲せんことをおもひ」訳 ある時はいやになって投げ捨てようということを思い。

う・む【績む】(他マ四){ま・み・む・む・め・め}麻や苧(=イラクサ科の多年草)などの繊維を長くよりあわせて糸とする。つむぐ。宇治 四・五「麻をやある、—・み[用]て奉らん」訳 麻はあるか、紡いで差しあげよう。

うめ【梅】(名)〔「むめ」とも表記〕❶木の名。うめ。また、その花や実。葉に先立って、白・紅・淡紅色などの香りのよい花が咲き、初春の花として愛好された。上代、中国から渡来したという。春。徒然 一九「—の匂ひにぞ、いにしへのことも立ちかへり、恋しう思ひ出でらるる」訳 梅の花の香りによって、昔のことも(その当時に)たちもどって、なつかしく思い出される。文法「らるる」は自発の助動詞「らる」の連体形で、係助詞「ぞ」の結び。⇩巻頭カラーページ8

❷「梅襲」の略。襲の色目の名。表は濃い紅梅、裏は紅梅。陰暦十一月から二月ごろまで着用。

うめいちりん… 俳句 →むめいちりん…俳句

うめ‐が‐え【梅が枝】(名)梅の木の枝。万葉 一〇・一八四〇「—に鳴きて移ろふ鶯の翼しろたへに沫雪そ降る」訳 梅の枝で鳴いては(枝から枝へ)移り行く鶯の羽に、まっ白に沫雪が降ることだ。

うめがかに… 俳句 →むめがかに…俳句

う‐め・く【呻く】(自カ四){か・き・く・く・け・け}❶嘆息する。ため息をつく。源氏 帚木「いたく—・き[用]て憂しとおぼしたり」訳(光源氏は)ひどくため息をついて、つらいとお思いになっている。

❷うなる。苦しそうに声を出す。著聞 七〇二「牛、夜ごとに必ず—・く[体]こと侍りけり(=うなることがありました)」

❸苦心して詩歌を詠む。苦吟する。大鏡 後一条院「あまたたび誦じて、—・き[用]てかへし」訳(世継は)何回も口ずさんで、苦吟して返歌をして。

うめ‐つぼ【梅壺】(名)「凝華舎」の異称。壺(=中庭)に梅が植えてあることからこの名が付いた。⇩巻頭カラーページ32

うめのはな… 和歌

> 梅の花 夢に語らく みやびたる 花とあれ思ふ 酒に浮かべこそ
> 〈万葉・五・八五二・大伴旅人〉

訳 梅の花が夢の中で言うことには、「風雅な花だと自分では思う。どうか酒の上に浮かべてほしい」と。

解説 梅の花が夢にあらわれて語った、という奇抜な発想の歌。第五句は、むだに散らさないで、酒に浮かべて賞美してほしいということ。第三・四句がその理由となる。

うめ‐の‐はながひ【梅の花貝】(名)海産の二枚貝。円形で、梅の花弁に似る。貝細工に用いる。

うも・る【埋もる】(自ラ下二){れ・れ・る・るる・るれ・れよ}〔「むもる」とも表記〕❶うずまる。おおわれる。〔紀〕天武「時に伊予の湯泉(=道後温泉)—・れ[用]て出でず」

❷ひっこみ思案である。ひかえめである。源氏 手習「いと情けなく、—・れ[用]てもおはしますかな」訳(浮舟は)たいそう人情味にとぼしく、ひっこみ思案でもいらっしゃるなあ。

❸奥まっている。陰気だ。源氏 玉鬘「すこし—・れ[用]たれど」訳(住むのには)いささか陰気であったが。

うもれ‐いた・し【埋もれいたし】(形ク){(から)・く(かり)・し・き(かる)・けれ・かれ}〔下二段動詞「埋もる」の連用形「うもれ」に、はなはだしいの意の形容詞「いたし」の付いた語。「むもれいたし」とも表記〕❶気が晴れ晴れしない。源氏 須磨「いと—・く[用]、いかで年月を過ぐさましとおぼしやらる」訳 ひどく気が晴れず、どのようにして年月を過ごしたものだろうかと、(光源氏は)思いをはせなさらないではいられない。

❷ひかえめすぎる。内気だ。源氏 真木柱「物の清らもなくやつして、いと—・く[用]もてなし給へるを」訳(鬚黒の北の方は)なんの華美さもなく粗末な身なりをして、たいそうひかえめすぎるようにふるまっていらっしゃるので。

うもれ‐ぎ【埋もれ木】(名)〔「むもれぎ」とも表記〕❶木の幹が水や土の中にうまって炭化し、化石のようになったもの。仙台地方に多く、名取川のものが有名。古今 恋三「名取川瀬々の—あらはればいかにせむとかあひ見そめけむ」訳 名取川の浅瀬浅瀬で埋もれ木が姿を現すように、(二人の仲が)あらわになったらどうしようというつもりで逢いはじめたのだろうか。(第二句までは「あらはれ」を導きだす序詞)

❷世間から忘れられ、顧みられない境遇をたとえていう語。平家 四・宮御最期「—の花咲くこともなかりしに身のなるはてぞ悲しかりける」訳 埋もれ木の花が咲くこともなかったように、世間から忘れられたもの(=私)が栄華に時めくこともなかったのに、(今こうしてわが)身が迎える最期は悲しいことだ。

うもれぎの【埋もれ木の】《枕詞》「下」にかかる。一説に、比喩とも。万葉 一一・二七二三「—下(=心の中)ゆそ恋ふる」

う‐もん【有文・有紋】(名)❶布などの地に、模様や紋のあること。また、そのもの。

❷(和歌・連歌などで)正式の型にかなって、美しさが目立つ表現。

❸(能楽で)外面的な美。表面に美を押し出すこと。〔花鏡〕「手をなすは—風、舞をなすは無文風なり」訳 動作で表現するのは有文風で、姿で表現するのは無文風である。《↔無文》

うやうや・し【恭し】(形シク){(しから)・しく(しかり)・し・しき(しかる)・しけれ・しかれ}礼儀正しい。徒然 二三三「人を分かず、—・しく[用]、言葉すくなからんにはしかじ」訳 だれかれをわけへだてせず、礼儀正しく、口数の少ないようなのには越したことはあるまい。

うら‐(接頭)なんとなく…の心持ちがする。「—悲し」「—寂し」

うら(名)心。内心の思い。万葉 一四・三四四三「—もなくわが行く道に青柳の張りて立てれば物思ひ出でつも」訳(なんの)思いもなく私が行く道に青柳が芽ぶいて立っているので、(ふとあの人を)思い出したことだ。

発展 「うら‐」という構成の語

「うら」は、「裏に隠れて見えない」という意味から、「心」の意を表し、多く「うらも無し」の形で使われる。また、心情を表す語に冠して「うら‐」という構成をもつ形容詞をつくる。例えば、「うらがなし」は「心悲しい」、「うらさびし」は「心寂しい」、「うらなし」は「無心だ」という意であり、「うらやまし」も心が病む感じをいったのが原義である。

うら【末】(名)草木の枝や葉の先。こずえ。うれ。〔讃岐典侍日記〕「尾花の**ー**白くなりて招き立ちて見ゆるが」訳尾花の穂先が白くなって(人を)招いて立っているように見えるが。

うら【占・卜】(名)吉凶を判定するため、物の形や兆候で神意を問うこと。うらない。〔雨月〕吉備津の釜「はじめより詳らにかたりて、この**ー**をもとむ」訳はじめからくわしく話して、この占いの結果を尋ねる。

語の広がり「占う」

「占う」は、「占」にその行為をする意の動詞を作る接尾語「なふ」が付いたもの。

発展 占いの伝統

占いには古く、鹿の肩の骨を焼いて割れ目を見る「太占」、亀の甲を焼いて割れ目を見る「亀の卜」があった。そのほかにも、夢を判断する「夢占」、十字路に立って、通行人のことばを聞く「辻占」、夕方、道や門に立って、通行人のことばを聞く「夕占」、歌から判断する「歌占」などがある。将来の吉凶を知りたいと思う気持ちには、長い伝統があったのである。

うら【浦】(名)❶海や湖の陸地に入りこんだ所。入り江。万葉 二・一三一「石見の海角の浦廻を**ー**なしと人こそ見らめ」訳→いはみのうみ…和歌 ❷海辺。海岸。新古 秋上「見渡せば花も紅葉もなかりけり**ー**の苫屋の秋の夕暮れ」訳→みわたせば…和歌

うら【裏】(名)❶裏面。内部。奥。徒然 二三八「**ー**は塵積もり、虫の巣にていぶせげなるを」訳(額の)裏は塵が積もり、虫の巣できたならしそうであるのを。↔表 ❷着物などの内側につける布。裏地。枕 一五五「**ー**まだつけぬ裘(=皮衣)の縫ひ目(は見苦しい)」❸連歌・俳諧で、懐紙を二つ折りにして連歌・連句を書く、その裏の面。また、そこに記した歌や句。〔三冊子〕「連歌の古式は、表十句、名残の**ー**六句」訳連歌の古い法式では、懐紙の表に十句、最終の懐紙の裏面に六句(を書く)。↔表

うら-いた【裏板】(名)❶物の裏側に張った板。❷屋根裏に張りつけた板。大鏡 時平「工たくみども、**ー**どもをいとうるはしく鉋かきて」訳大工たちが多くの屋根裏に張りつける板を、とても美しく鉋をかけて。

うら-うへ【裏表】(名)❶裏と表。枕 二九四「**ー**書きみだりたるを」訳(手紙を)裏と表(の両面)に書き散らしてあるのを。❷前後。左右。上下。両側。宇治 一・三「**ー**に二並びに居並みたる鬼、数を知らず」訳左右に二列に座って並んでいる鬼は、数えきれないほど多い。❸あべこべ。反対。逆。〔栄花〕殿上の花見「祭りの日は**ー**の色なり」訳賀茂の祭りの日は(御禊の日の着物と)反対の色である。

うら-うら(-と・に)(副)明るく静かなさま。うららか。万葉 一九・四二九二「**ー**に照れる春日にひばり上がり心悲しもひとりし思へば」訳→うらうらに…和歌。枕 四「三月三日は、**ー**とのどかに照りたる」訳陰暦三月三日(の上巳の節句)は、うららかにおだやかに陽が照っているの(が趣がある)。

うらうらに…和歌

うらうらに　照れる春日に　ひばり上がり
心悲しも　ひとりし思へば
〈万葉・一九・四二九二・大伴家持〉

訳うららかに照っている春の日に、ひばりが(さえずりながら)飛び立ってゆき、(私は)心が悲しくなるのだ。一人でもの思いにふけっていると。

解説この歌の左注に、春の日のもの悲しい気持ちを払いのけようとして詠んだ、とある。

うら-がき【裏書き】(名)巻物や書きつけなどの裏面に書いておく注記・覚え書き・証明など。徒然 二三八「行成(藤原)行成(の書)ならば**ー**あるべし。佐理ならば**ー**あるべからず」訳(藤原)行成(の書)ならば裏面の覚え書きがあるはずだ。(藤原)佐理(の書)ならば覚え書きがあるはずはない。

うら-か・く【裏かく】(自カ四){か・き・く・く・け・け}刀・矢などが裏まで貫き通る。平家 九・木曽最期「雨の降るやうに射けれども、鎧よければ**ー・か**未ず」訳(矢を)雨が降るように射たけれども、鎧がじょうぶなので、裏まで通らない。

うら-がく・る【浦隠る】(自ラ四){ら・り・る・る・れ・れ}船が風や波をさけて入り江に隠れる。万葉 六・九四五「風吹けば波か立たむとさもらひに都太の細江に**ー・り**用をり」訳風が吹くので波が立つであろうかと、ようすを見るために都太の細江に隠れている。

うら-かぜ【浦風】(名)海辺を吹く風。浜風。〔謡・羽衣〕「天の羽衣**ー**にたなびきたなびく」

うら-かた(名)❶【占形】占いで、鹿の骨や亀の甲を焼いて現れた割れ目などの形。平家 四・鵺之沙汰「この**ー**持って、〔安倍〕泰親(=陰陽寮の長官の名)がもとへ行け」❷【占方】占い。また、占いをする者。〔謡・大江山〕「大江山の鬼神の事、**ー**(=占術者)のことばに任せつつ(=まかせまかせして)」

うら-がな・し【うら悲し】(形シク){しから・しく(しかり)・し・しき(しかる)・しけれ・しかれ}〔「うら」は心の意〕なんとなく悲しい。もの悲しい。万葉 一九・四二九〇「春の野に霞たなびき**ー・し**終この夕かげにうぐひす鳴くも」訳→はるののに…和歌

うら-が・る【末枯る】(自ラ下二){れ・れ・る・るる・るれ・れよ}〔「うら」は末の意〕秋の末に、草木のこずえや葉先が枯れる。新古 秋上「**ー・るる**体浅茅が原の刈萱の乱れて物を思ふころかな」訳葉先の枯れている浅茅が原の刈萱(=草の名)が乱れるように、心乱れて物思いにふけるころだなあ。(第三句までは「乱れ」を導きだす序詞)

うら-がれ【末枯れ】(名)〔「うら」は末の意〕秋の末に、草木のこずえや葉先が枯れること。秋。万葉 一四・三四三六「白遠ふ小新田山の守る山の**ー**せなな常葉にもがも」訳小新田山の(山番が)守っている山のように、

葉が枯れることなく、常緑の葉のようにみずみずしくいたいものだ。(「白遠ふ」は「小新田山」にかかる枕詞)

うら-ぐは・し【うら細し・うら麗し】(形シク){しから・しく(しかり)・し・しき(しかる)・しけれ・しかれ}「うら」は心の意)気持ちがよい。美しくすばらしい。万葉 一三・三二二二「本辺には馬酔木花咲き末辺には椿花咲く―・し㊞山そ」訳 ふもとのほうには馬酔木の花が咲き、山頂のほうには椿の花が咲く。美しくすばらしい山だ。文法「うらぐはし山」は、シク活用形容詞の終止形(厳密には語幹)が体言を修飾した上代の例。

うら-ごひ・し【うら恋し】(形シク){しから・しく(しかり)・し・しき(しかる)・しけれ・しかれ}「うら」は心の意)心恋しい。なんとなく恋しい。万葉 一七・四〇一〇「―・し㊞我が背の君は石竹花が花にもがもな朝な朝な見む」訳 心恋しいわが君は、なでしこの花であってほしいなあ。(そうしたら)毎朝見よう。

うら-さび・し【うら寂し・うら淋し】(形シク){しから・しく(しかり)・し・しき(しかる)・しけれ・しかれ}「うら」は心の意)心さびしい。なんとなくさびしい。古今 哀傷「君まさで煙絶えにし塩釜の―・しく㊊もみえ渡るかな」訳 あなたが(死んでこの世に)いらっしゃらなくて、(塩を焼く)煙の絶えてしまった(この塩釜の浦に模した庭)は、心さびしくも全体が見えることだなあ。(「うら」は「心」と「浦」との掛詞)

うら-さ・ぶ【うら荒ぶ】(自バ上二){び・び・ぶ・ぶる・ぶれ・びよ}「うら」は心の意)心さびしく感じる。心がすさむ。万葉 二・一五九「夕さればあやに悲しみ明けくれば―・び㊊暮らし」訳 夕方になるとわけもなく悲しく思い、(夜が)明けると心さびしく感じて暮らし。

うら-だな【裏店】(名)裏通りや路地にある家。裏長屋。裏屋。〔七番日記〕前書き「―に住居して」

うら-づたひ【浦伝ひ】(名)浦から浦へ移動すること。源氏 明石「はるかにも思ひやるかな知らざりし浦よりをちに―して」訳 はるかにも(都のあなた=紫の上に)思いをはせることだなあ。見も知らなかった(須磨の)浦から、(さらに)遠く(の明石の浦)に浦伝いに移動して。

うら-て【占手】(名)❶相撲の節で、最初に手合わせをする小童。❷相撲で、最手(=力士の最上位の者)に次ぐ位の者。❸占い。また、その結果。❹歌合わせの一番はじめの歌。

うら-な・し(形ク){から・く(かり)・し・き(かる)・けれ・かれ}「うら」は心の意)❶心のうちを隠さない。隔てない。ざっくばらんだ。遠慮がない。徒然 一二「をかしきことも、世のはかなき事も、―・く㊊言ひ慰まんこそうれしかるべきに」訳 おもしろいことでも、世の中のつまらないことでも、心の隔てなく話しあって心が晴れるとすればそれこそ、うれしいにちがいないが。文法「言ひ慰まん」の「ん」は、仮定・婉曲の助動詞。係助詞「こそ」の結びは、接続助詞「に」が付いて「べきに」とさらに下に続くため消滅(=結びの流れ)している。❷気づかいをしない。思慮が浅い。うっかりしている。源氏 朝顔「かかりける事もありける世を―・く㊊て過ぐしけるよ」訳 このようであったこと(=いざこざ)も起こることのあった夫婦仲であるのに、気を許して暮らしてきたことよ。

うら-な・ふ【占ふ・卜ふ】(他ハ四){は・ひ・ふ・ふ・へ・へ}「なふ」は接尾語)物の形や兆候によって神意や吉凶を判断する。「占ふ」とも。源氏 浮舟「いと恐ろしく―・ひ㊊たる物忌みにより、京の内をさへ避りて慎むなり」訳 たいそう恐ろしく(陰陽師が)占った物忌みのために、京都の中をさえ避けて身を慎んでいるのだ。

うら-なみ【浦波】(名)海岸に打ち寄せる波。源氏 須磨「恋ひわびて泣く音にまがふ―は思ふかたより風や吹くらむ」訳 →こひわびて…和歌

うら-の-とまや【浦の苫屋】海辺にある、苫(=菅や茅を編んだもの)で屋根を葺いた粗末な家。新古 秋上「見渡せば花も紅葉もなかりけり―の秋の夕暮れ」訳 →みわたせば…和歌

うら-は【末葉】(名)「うら」は末の意)「うらば」とも。草木の茎や枝の先端の葉。万葉 八・一六五〇「池の辺の(=池のほとりの)松の―に降る雪は」。↔本葉

うら-びと【浦人】(名)海岸に住む人。漁師や潮汲みをする人。源氏 須磨「―のしほくむ袖にくらべみよ」訳 (須磨の)海岸に住む人が潮汲みをして(ぬれて)いる(ように、泣きぬれているあなたの)袖と(私=紫の上の衣を)比べてみてください。

うら-ぶ・る(自ラ下二){れ・れ・る・るる・るれ・れよ}「うらぶる」の転)「うらぶる」に同じ。古今 秋上「秋萩に―・れ㊊居ればあしひきの山下響み鹿の鳴くらむ」訳 秋の萩(の花がはかなく散るの)を見て悲しみに沈んでいるので、(あのように)山のふもとを響かせて鹿が鳴いているのであろう。(「あしひきの」は「山」にかかる枕詞)

うら・ふ【占ふ】(他ハ下二){へ・へ・ふ・ふる・ふれ・へよ}「うらなふ」に同じ。〔紀〕崇神「朕(=私は)夢をもって―・へ㊍む(=占おう)」

うら-ぶみ【占文】(名)占いの判断を記した文書。占文。

うら-ぶ・る(自ラ下二){れ・れ・る・るる・るれ・れよ}「うら」は心の意)わびしく思う。悲しみに沈む。万葉 七・一二一九「往く川の過ぎにし人の手折らねば―・れ㊊立てり三輪の檜原は」訳 この世を去った人が(髪飾りにするために)手折らないので、しょんぼりして立っていることだ。三輪の(ふもとの)檜原は。(「往く川の」は「過ぐ」にかかる枕詞)

うら-べ【卜部】(名)律令制で、神祇官に属し、占いをつかさどった者。また、その職。

卜部兼好『人名』→兼好法師

うらぼん【盂蘭盆】(名)「うらぼんゑ」に同じ。秋

うらぼん-ゑ【盂蘭盆会】(名)《仏教語》陰暦七月十五日に行う仏事。祖先や死者の霊を自宅に迎えて祭り、食物を供え、読経し、その冥福を祈る。精霊会。盂蘭盆。お盆。盆。秋

うらみ【恨み・怨み】(名)❶恨み憎むこと。源氏 桐壺「―を負ふつもりにやありけむ、いとあつしくなりゆき」訳 (桐壺の更衣は他の女御や更衣たちの)恨みを背負いこんだ結果だったのだろうか、たいそう病弱になってゆき。❷残念に思うこと。未練。源氏 夕顔「少し―残るはわろきわざとなむ聞く」訳 (この世に)少し未練が残るのは(極楽往生に)よくないことと聞く。❸嘆き。細道 草加「呉天に白髪の―を重ぬといへども」訳 遠い異郷の旅の空で(頭に)白髪の嘆きを重ねるといっても。

うら-み【浦回・浦廻】(名)海岸の曲がって入りくんだ所。湾。浦回。万葉 二・一三一「石見の海角の―を浦なしと人こそ見らめ」訳→いはみのうみ…和歌

うらみ-か・く【恨み掛く】(他カ下二){け・け・く・くる・くれ・けよ}恨みごとを言う。源氏 紅葉賀「女は、なほいと艶に―・くる(体)を、わびしと思ひありき給ふ」訳 女(=源典侍)は依然としてたいそう思わせぶりに恨みごとを言うので、(光源氏は)興ざめだと思って月日を送りなさる。

うらみ-は・つ【恨み果つ】(他タ下二){て・て・つ・つる・つれ・てよ}[「はつ」は、すっかり…するの意]恨みぬく。徹底的に恨む。古今 春下「さく花は千種ながらに徒なれど誰かは春を―・て(用)たる」訳 咲く花は種類が多くても、どれも散りやすくはかないが、だれが(花々の咲く)春を恨みぬいていることか(いや、だれも恨みぬいてはいない)。

うらみわび… 和歌《百人一首》

> 恨みわび　ほさぬ袖だに　あるものを
> 恋にくちなむ　名こそ惜しけれ
> 〈後拾遺・一四・恋四・八一五・相模〉

訳(あの人のつれなさを)恨み悲しんで、涙にぬれてかわくひまもない袖さえ惜しいのに、そのうえ恋の浮き名が立ってきっと朽ちてしまうであろう私の名が惜しいことよ。
文法「だに」は副助詞。軽いもの(=袖)を提示して、重いもの(=名)を想起させる。「ものを」は逆接の接続助詞。
解説「袖だにあるものを」は、一説に「袖さえ朽ちないであるのに」と解する。

うらみ-わ・ぶ【恨み侘ぶ】(他バ上二){び・び・ぶ・ぶる・ぶれ・びよ}恨み悩んで、悲しむ。新古 恋四「―・び(用)待たじ今はの身なれども」訳(つれない人を)恨み悩んで、悲しみ、今はもう待つまいと思うわが身ではあるけれども。

うら・む【恨む・怨む】━(他マ上二){み・み・む・むる・むれ・みよ} ❶恨みに思う。不満に思う。憎く思う。万葉 一一・二六二九「あはずともわれは―・み(未)じこの枕われと思ひて枕きてさ寝ませ」訳 会わなくても私は恨みに思うまい。この枕を私だと思って枕にしておやすみなさい。
❷恨みごとを言う。不平を言う。古今 春下「花散らす風のやどりはたれか知る我に教へよ行きて―・み(未)む」訳 桜の花を散らす風の宿所は(どこか)、だれか知っているか。私に教えてくれ、行って恨みごとを言おう。
❸恨みを晴らす。しかえしする。徒然 一二五「その人にあひ奉りて、―・み(用)申さばやと思ひて」訳(師を殺した)その人にお目にかかって、恨みを晴らし申したいと思って。
❹(自動詞的な用法で)(虫や風などが)悲しげに音をたてる。平家 五・月見「鳥の臥所と荒れはてて、虫の声々―・み(用)つつ」訳(旧都の家屋敷や庭は)野鳥の寝ぐらのようにすっかり荒れて、そこここで虫の声が悲しげに鳴きたてて。
━(他マ四){ま・み・む・む・め・め}━に同じ。細道 象潟「松島は笑ふがごとく、象潟は―・む(体)がごとし」訳 松島は(人が)笑っているようで、象潟は(人が)恨んでいるようだ。
名文解説 松島と象潟の景を擬人化し、太平洋岸の松島を笑う美人、日本海岸の象潟を憂いに沈む美人に喩える。単に両者の比較にとどまらず、「おくのほそ道」に隠された前後半の対比を芭蕉自らが種明かししてみせた箇所と言える。
参考 語源は「心見る」と考えられ、上代は上二段活用か。中古には上二段、近世には四段に活用し、現代に至っている。

うら-むらさき【うら紫】(名)紫色。和歌では、多く「恨む」にかけて用いる。平家 灌頂・大原御幸「中島の松にかかれる藤波の、―に咲ける色」訳(池の)中の島の松にかかっている藤の花の、紫色に咲いた色(も美しく)。

うらめ・し【恨めし・怨めし】(形シク){しから・しく(しかり)・し・しき(しかる)・しけれ・しかれ}[動詞「うらむ」に対応する形容詞]恨みに思われる。残念だ。万葉 二〇・四四九六「―・しく(用)君はもあるか屋戸の梅の散り過ぐるまで見しめずありける」訳 あなたは恨めしく思われる方だなあ。屋敷の梅がすっかり散ってしまうまで、(私に)見せないでいたことだ。

うらめし-げ【恨めしげ・怨めしげ】(形動ナリ){なら・なり(に)・なり・なる・なれ・なれ}[「げ」は接尾語]恨めしそうなようすである。残念そうにみえる。更級 梅の立枝「世の中―・に(用)て、外にわたるとて」訳(継母は)夫婦仲が(うまくゆかず)恨めしそうであって、よそへ移るということで。

うら-めづら・し【うら珍し】(形シク){しから・しく(しかり)・し・しき(しかる)・しけれ・しかれ}[「うら」は心の意]心の中で珍しく思う。新鮮に感じて、心ひかれる。古今 秋上「わが背子が衣のすそを吹き返し―・しき(体)秋の初風」訳 私の夫の着物のすそを吹きひるがえして美しい衣の裏を見せる、新鮮に感じて、心ひかれる秋の初風よ。(「うら」は「裏」の意をかける)
参考 和歌では多く「裏」や「浦」にかけて用いる。

うら-も-な・し[「うら」は心の意]人を疑ったり嫌ったりするような隔て心がない。何の屈託もない。無心である。源氏 帚木「例の、―・き(体)ものから、いと物思ひ顔にて」訳(女=夕顔は)いつものように、隔て心もないものの、ひどくもの思いに沈んだ顔つきで。

うら-やま・し【羨まし】(形シク){しから・しく(しかり)・し・しき(しかる)・しけれ・しかれ}[動詞「うらやむ」に対応する形容詞]ねたましい。うらやましい。枕 二三「御前にさぶらひけむ人さへこそ―・しけれ(已)」訳(天皇の)御前にお仕えしていたという人までがうらやましい。

うら-や・む【羨む】(他マ四){ま・み・む・む・め・め}[「心病む」の意]❶すぐれたものを見て自分もそうなりたいと思う。うらやましいと思う。徒然 八五「人の賢を見て、―・む(体)は尋常なり」訳 人が賢いのを見て、うらやましく思うのはふつう(の人情)である。
❷ねたむ。そねむ。〔紀〕推古「―・み(用)妬むことあることなかれ」訳(他人の善を)そねみ、ねたむことがあってはならない。

うらら-か【麗らか】(形動ナリ){なら・なり(に)・なり・なる・なれ・なれ}[「か」は接尾語]❶暖かで日の光が明るくのどかなさま。春。枕 一〇「正月一日、三月三日は、いと―・なる(体)」訳 陰暦一月一日と三月三日(の節句の日)は、たいそう明るくのどかであるの(が趣がある)。
❷(声が)朗らかなさま。源氏 若菜上「百千鳥の声もいと―・なり(終)」訳 たくさんの小鳥の声もたいそう朗らかである。
❸はっきりしているさま。隠し隔てのないさま。徒然 二三四「―・に(用)言ひ聞かせたらんは、おとなしく聞こえなまし」訳 はっきりと説明してやったならばそれは、きっと穏やか

に聞こえたであろうに。

うらら‐に【麗らに】(副)(快適な感じで)明るく。うららかに。[源氏]胡蝶「春の日の―さして行く舟は棹のしづくも花ぞ散りける」[訳]春の日の光がうららかにさして(いる中を)棹をさして行く舟は、棹のしずくも桜の花のように(美しく)散ったことだなあ。(「さし」は、日が「さし」と棹を「さし」との掛詞)

うら‐わ【浦回・浦廻】(名)「うらみ(浦回)」に同じ。

うら‐わか・し【うら若し】(形ク){から・く(かり)・し・き(かる)・けれ・かれ}❶年が若い。若々しい。幼い。[蜻蛉]下「みる人はなほいと―く(用)て」[訳]世話をしている娘はやはりたいそう幼くて。❷(草や木の先が若くみずみずしい。[万葉]一四・三五七四「小里なる花橘を引き攀ぢて折らむとすれどうらわか(語幹)みこそ」[訳]小里にある花橘を引き寄せて折ろうとするけれども、(まだあまりに)若くみずみずしいので(ためらわれることだ)。

うり‐かけ【売り掛け】(名)あとで代金を受け取ることにして商品を売ること。また、その代金。[浮・日本永代蔵]「所々の問屋をめぐり、年々の―を取る」

うりはめば…[和歌]《長歌》

> 瓜食めば　子ども思ほゆ　栗食めば
> まして偲はゆ　いづくより　来りしもの
> そ　眼交に　もとなかかりて　安眠し
> 寝さぬ
> 〈万葉・五・八〇二・山上憶良〉

[訳]瓜を食べると子供のことが思われる。栗を食べると、いっそう(子供が)しのばれる。(子供とは)どこから(どのような宿縁で生まれて)来たものなのか。目の前にしきりにちらついて、安眠させてくれないことよ。[文法]「寝さぬ」の「ぬ」は、打消の助動詞「ず」の連体形で詠嘆を示す連体形止め。「ものそ」の係助詞「そ」の結びとする説もある。この場合は「どこからか来たものが…安眠させてくれない」の訳になる。

[解説]「子らを思ふ歌」とあり、さらに漢文の序文には、あの釈迦でさえ子を愛する煩悩があったのだから、ふつうの人間たちでわが子をかわいがらない者はない、という意味のことが記されている。

雲林院(うりんゐん)(ウリンイン)(名)「うんりんゐん」とも。今の京都市北区紫野雲林院町に位置し、大徳寺の南にあった寺。

> **発展「雲林院」と文学作品**
> 雲林院は「古今集」「枕草子」「源氏物語」をはじめ、平安期の文学にしばしば登場する。歴史物語の「大鏡」は、この寺の菩提講が舞台となっている。また、謡曲の「雲林院」は、在原業平と二条の后との逃避行を扱った「伊勢物語」に題材をとっている。

うるさ・し(形ク){から・く(かり)・し・き(かる)・けれ・かれ}❶**わずらわしい。**やっかいだ。めんどうだ。[源氏]夕顔「こまかなることどもあれど、―けれ(已)ば書かず」[訳](手紙には)まだこまごまとしたこともあれこれと(書いて)あるが、わずらわしいので(ここには)書かない。❷**わざとらしく、いやみだ。**[徒然]三五「見苦しとて、人に書かするは―し(終)」[訳](字の下手な人が)みっともないということで、人に書かせるのはいやみだ。❸気配りが細かい。細心だ。[大鏡]道長下「その御社の禰宜の大夫が後ろ見つかうまつりて、いと―く(用)て候ひし宿りにまかりて」[訳](世継の父が)その御社(=伏見稲荷)の神官の五位の者のお世話をし申しあげて、とても気をつかっておりました(その人の)宿舎に参りまして。❹りっぱだ。巧みだ。[源氏]帚木「たなばたの手にも劣るまじく、その方も具して、―く(用)なむ侍りし」[訳]棚機姫の腕前にも劣りそうもなく、その方面(=裁縫の技術)も備えていて、巧みでございました。

うるせ・し(形ク){から・く(かり)・し・き(かる)・けれ・かれ}❶賢い。気がきく。[宇治]一〇・九「才かしこく、心ばへも―かり(用)ければ」[訳](男は)学問がすぐれ、性格も気がきいていたので。❷巧みだ。上手だ。[うつほ]内侍のかみ「仁寿殿は―き(体)人にこそありけれ」[訳]仁寿殿(の女御)は文字の巧みな人であった。

うるは・し(ウルワシ)【麗し・美し・愛し】(形シク){しから・しく(しかり)・し・しき(しかる)・しけれ・しかれ}

> **語義パネル**
> ●重点義　**整っていて美しい。**
> ❶**りっぱだ。美しい。**壮麗だ。
> ❷**きちんとしている。**端正だ。
> ❸格式ばっている。本格的である。正式である。
> ❹親しい。仲がよい。
> ❺正真正銘である。間違いない。

❶**りっぱだ。美しい。**壮麗だ。[竹取]火鼠の皮衣「―しき(体)皮なめり。わきてまことの皮ならむとも知らず」[訳]りっぱな皮であるようだ。(しかし、これが)特にほんとうの(火鼠の)皮衣であろうともわからない。[文法]「なめり」は、「なるめり」の撥音便「なんめり」の「ん」の表記されない形。

❷**きちんとしている。**端正だ。[源氏]若紫「ものの姫君のやうにしすゑられて、うちみじろき給ふ事もかたく、―しう(用)(ウ音便)てものし給へば」[訳](葵の上は)何かの(絵の中の)姫君のように座らせられて、からだを動かしなさることも難しく、きちんとしていらっしゃるので。(「ものす」は婉曲表現で、ここでは「いる」の意)

❸格式ばっている。本格的である。正式である。[源氏]玉鬘「―しく(用)ものし給ふ人にて、あるべきことは違へ給はず」[訳](末摘花は)格式ばっていらっしゃる方なので、当然そうあるはずのこと(=しきたり)は違えなさらず。(「ものす」は婉曲表現で、ここでは「いる」の意)

❹親しい。仲がよい。[伊勢]四六「昔、〔ある〕男、いと―しき(体)友ありけり」

❺正真正銘である。間違いない。[平家]三・紺搔之沙汰「故左馬の頭義朝の―しき(体)頭とて」[訳](頼朝の父の)故左馬の頭義朝の間違いないしゃれこうべだと言って。(⇩愛し「類語パネル」)

うるはし‐だ・つ(ウルワシ―)【麗しだつ】(自タ四){た・ち・つ・つ・て・て}〔「だつ」は接尾語〕とりすましたようすをみせる。きまじめにふるまう。[源氏] 玉鬘「好き者どもの、いと—・ち㊊てのみこのわたりに見ゆるも」[訳] 好色の者たちが、とりわけひどくとりすましたようすをしてこの辺に姿を見せるのも。

うるはしみ・す【麗しみす】(他サ変){せ・し・す・する・すれ・せよ} 親しみ愛する。仲むつまじくする。[伊勢] 二四「梓弓ま弓槻弓年を経てわがせしがごと—・せよ㊍」[訳] →あづさゆみ…[和歌]

うるふ【閏】(名) 陰暦の平年は三百五十四日であるから、暦のうえの季節と実際の季節とのずれを調節するため、間をおいて十九年に七回、ある月を二度くり返し、一年を十三か月としたもの。また、その余分に加えた月。[蜻蛉] 中「—五月にもなりぬ」[訳] 陰暦閏五月にもなってしまった。

うる・ふ【潤ふ】㊀(自ハ四){は・ひ・ふ・ふ・へ・へ} うるおう。しめる。[源氏] 葵「少しひまありつる袖ども—・ひ㊊わたりぬ」[訳] (葵の上の死後)少し(乾く)間のあった(女房たちの)それぞれの袖がすっかり(涙で)しめってしまった。
㊁(他ハ下二){へ・へ・ふ・ふる・ふれ・へよ} うるおす。しめらす。[宇治] 一五・一一「ただ今日一提ばかりの水をもて、喉を—・へよ㊍」[訳] ただ今日は提(=なべに似た容器)一杯だけの水で、(私=鮒の)のどをうるおせ。

うるふ-づき【閏月】(名) 陰暦で、十二か月以外に加わった月。→閏

うるふ-どし【閏年】(名) 陰暦で、一年を十三か月とする年。閏月のある年。→閏

うるほ・す【潤す】(他サ四){さ・し・す・す・せ・せ} ❶水気を含ませる。しめらす。[平家] 四・厳島御幸「心有る(=情けある)人々は涙を流し、袖を—・す㊎」
❷利益や恩恵を与える。豊かにする。〔浮・世間子息気質〕「身上を—・す㊍思案第一と存ずるなり」[訳] 身代を富ますくふうが第一と存じているのだ。

うるほ・ふ【潤ふ】(自ハ四){は・ひ・ふ・ふ・へ・へ} ❶水気を含む。しめる。[新古] 神祇「大御田の—・ふ㊍ばかりせきかけて井堰に落とせ川上の神」[訳] (賀茂神社の)御神田がうるおうほどに(水を)堰止め引いて井堰に落とせ、川上の(貴船の)神よ。
❷利益を得る。恩恵を受ける。〔浮・傾城禁短気〕「今日の芝居の入り目を、我々が仲間へ生で下さるると—・ふ㊍ことぢゃが」[訳] 今日の芝居の費用を、われわれの仲間へ現金で下されるとうるおうことだが。

うるわし【麗し・美し・愛し】⇩うるはし

うれ【末】(名)〔「うら」の転〕木の枝や草の葉の先端。こずえ。[万葉] 二・一四六「のち見むと君が結べる磐代の子松が—をまた見けむかも」[訳] あとで(もう一度)見ようとあなた(=有間皇子)が結んだ磐代の小松のこずえを、(あなたは)再び見ただろうかなあ。

うれ(代)〔「おれ」の転か〕対称の人代名詞。身分の低い者などを呼んだり、ののしったりするときに使う語。きさま。おまえら。[平家] 七・実盛「あっぱれ、おのれは日本一の剛の者に組んでうずな、—」[訳] あっぱれ、おまえは日本一の勇士と組もうとするのだな、おのれ。[文法]「組んでうず」は「組みてんず」の転。

うれ・し【嬉し】(形シク){しから・しく(しかり)・し・しき(しかる)・しけれ・しかれ} ❶喜ばしい。愉快だ。快い。[徒然] 一二「をかしきことも、世のはかなきことも、うらなく言ひ慰まんこそ—・しかる㊍べきに」[訳] おもしろいことでも、世の中のつまらないことでも、心の隔てなく語って心が晴れるとすればそれこそ、うれしいにちがいないが。[文法]「言ひ慰まんこそ」の「ん」は、仮定・婉曲の助動詞。係助詞「こそ」の結びは、接続助詞「に」が付いて「べきに」とさらに下に続くため消滅(=結びの流れ)している。
❷ありがたい。かたじけない。[大和] 九八「院の御消息の、いと—・しく㊊侍りて」[訳] (宇多)上皇のお手紙が、たいそうかたじけのうございまして。

うれし・ぶ【嬉しぶ】(自バ上二){び・び・ぶ・ぶる・ぶれ・びよ}「うれしむ」に同じ。[万葉] 一九・四二五四「いきどほる心のうちを思ひ伸べ—・び㊊ながら」[訳] ふさいだ心の内をのびのびと晴らし、うれしく思いながら。

うれし・む【嬉しむ】(自マ四){ま・み・む・む・め・め} うれしく思う。うれしがる。「うれしぶ」とも。〔雨月〕菊花の約「よろこび—・み㊊つつ、また日来をとどまりける」[訳] よろこびうれしく思いながら、また幾日かを滞在した。

うれ-た・し(形ク){から・く(かり)・し・き(かる)・けれ・かれ}〔「心痛し」の転〕嘆かわしい。腹立たしい。いまいましい。[万葉] 八・一五〇七「—・き㊍や醜霍公鳥暁のうら悲しきに追へど追へどなほし来鳴きて」[訳] いまいましいことだ、ばかほととぎすめが夜明け前のもの悲しいときに、追っても追ってもいっそう(橘の木に)来て鳴いて。

うれは・し【憂はし】(形シク){しから・しく(しかり)・し・しき(しかる)・しけれ・しかれ}〔動詞「憂ふ」に対応する形容詞〕嘆かわしい。憂えるべきさまだ。気がかりだ。[源氏] 若紫「しろしめしながらしのびさせ給へるを、—・しく㊊思ひ給へてなむ」[訳] (私=僧都が)この寺にいることを光源氏はご存じでいながら(私に)内密になされたのを、嘆かわしく存じましてね。[文法]「思ひ給へ」の「給へ」は、謙譲の補助動詞(ハ行下二段)。

うれひ【憂ひ・愁ひ】(名)〔「うれへ」の転〕「うれへ」に同じ。

うれひつつ…[俳句]

> 愁ひつつ　岡にのぼれば　花いばら　夏
> 〈蕪村句集・蕪村〉

[訳] やるせない思いをいだいて(初夏の)岡にのぼってみると、茨の花が白く咲き乱れていることだ(その香りが郷愁をつのらせ、むせぶようだ)。(花いばら[夏])。[文法]「愁ふ」は、本来下二段の動詞で、「愁へつつ」が正しい。

うれ・ふ【憂ふ・愁ふ】(他ハ下二){へ・へ・ふ・ふる・ふれ・へよ} ❶**不満や心の悩みを人に訴える。**嘆願する。〔発心集〕「日来より、あひ奉りて—・へ㊊申さんと思ひつるに、いと嬉しく侍り」[訳] (空也上人に)ふだんから、お目にかかって訴え申しあげたいと思っていたが、(お目にかかれて)たいへんうれしゅうございます。
❷悲しむ。嘆く。[平家] 一・祇園精舎「天下の乱れんことをさとらずして、民間の—・ふる㊍所を知らざりしかば」[訳] この世の中が乱れるだろうことを悟らないで、民衆が悲しみ嘆くところを察知しなかったので。
❸**気づかう。心配する。**[方丈] 二「これを世の人安からず—・へ㊊あへる、げにことわりにも過ぎたり」[訳] これ(=突然の福原遷都)を世間の人が心穏やかでなく心配しあったのは、まことに当然すぎることでもあった。

❹病気になる。今昔 七・三五「この人、昔は身の病を―・へ用き、今は他人の病を癒やしぬ」訳 この人は、昔は自分が病気をわずらったが、今は他人の病気を治してしまう。

うれへ ウレエ【憂へ・愁へ】(名)❶悲しみ。万葉 九・一七五七「草枕旅の―を慰もることもありやと」訳 旅の悲しみを慰めることもあるかと。(「草枕」は「旅」にかかる枕詞)❷嘆き訴えること。愁訴。竹取 蓬萊の玉の枝「かの―をしたる匠をば、かぐや姫呼びすゑて」訳 あの愁訴をした工人を、かぐや姫が呼んですわらせて。❸心配。不安。方丈 四「ただしづかなるを望みとし、―なきをたのしみとす」訳 ただ心穏やかであることを望みとし、心配がないことを楽しみとする。

う-ろ【有漏】(名)《仏教語》(「漏」は煩悩の意)煩悩のために、悟ることができないこと。また、その人。凡夫。俗人。〔太平記〕一八「なほ―の身を替へざることを嘆きて」訳 依然として悟りのひらけない凡人の身をかえないことを嘆いて。↔無漏

うろ-くづ ―クズ【鱗】(名)〔古くは「いろくづ」〕❶(魚などの)うろこ。❷魚類。〔伽・浦島太郎〕「明け暮れ(=明けても暮れても)、海の―をとりて父母を養ひけるが」

うろた・ふ ウロタ(ト)ウ【狼狽ふ】(自ハ下二)〔へ・へ・ふ・ふる・ふれ・へよ〕❶うろたえる。❷うろつく。さまよう。〔浄・冥途の飛脚〕「もし此のあたりを―・へ用て、見付けられてはいとしいことと、内外へ気をつけらるる」訳 もしこの辺をうろついて、見つけられてはかわいそうなことと、方々に気をつけなさる。

う-ろん【胡乱】(名・形動ナリ)〔「う」「ろん」は唐音〕疑わしいこと。怪しいこと。納得のいかないこと。〔浄・国性爺合戦〕「証拠なくては―・なり終」訳 証拠がなければ納得がいかない。

うわ【上・表】⇨うは

う-ゐ ―イ【有為】(名)《仏教語》因縁によって生じたこの世のいっさいの現象。平家 六・新院崩御「―無常の習ひなれども、ことわり過ぎてぞ覚えける」訳 この世のいっさいは無常なのが習いだけれども、(高倉上皇の死は)道理を越えて(悲しく)思われたことだ。↔無為

うゐ-てんぺん ―イ【有為転変】(名)《仏教語》「うゐてんぺん」とも。この世の移り変わりやすく、はかないこと。有為無常。〔太平記〕三六「―の世の習ひ、今に始めぬことなれども」訳 この世は移り変わりやすくはかないという世間の習いは、今に始めたことではないけれども。

うゑ ウエ【飢ゑ・饑ゑ】(名)苦しいほどの空腹。飢餓。徒然 五八「山林に入りても―を助け、嵐を防ぐよすがなくてはあられぬわざなれば」訳 山林に入って(出家生活をして)も、飢えをしのぎ、嵐を防ぐ手段(としての家屋)がなくては、生きていられないことであるから。

う-ゑもん ―エモン【右衛門】(名)「右衛門府」の略。

うゑもん-の-かみ ウエモン―【右衛門の督】(名)右衛門府の長官。

うゑもん-の-すけ ウエモン―【右衛門の佐】(名)右衛門府の次官。

うゑもん-の-たいふ ウエモン―【右衛門の大夫】(名)通常は従六位相当官の右衛門府の尉(=三等官)に、五位でなっているもの。

うゑもん-の-ぢん ウエモンノジン【右衛門の陣】(名)内裏の西、宜秋門のわきにある、右衛門府の役人の詰め所。また、宜秋門の別名。

う-ゑもんふ ―エモンフ【右衛門府】(名)六衛府の一つ。左衛門府とともに宮中の諸門の警護にあたった役所。↔左衛門府。→衛門府

うん【運】(名)運命。運勢。平家 一一・能登殿最期「―や尽きにけん、痛手は負うつ、敵はあまたあり」訳 運が尽きてしまったのだろうか、重傷は負ってしまったし、敵は大勢いて。

うん-か【雲霞】(名)雲と霞。また、多くの人が群がり集まるさまのたとえ。平家 九・敦盛最期「御方の軍兵―のごとく候ふ」訳 味方の軍勢が雲や霞のように大勢でございます。

うん-かく【雲客】(名)「てんじゃうびと」に同じ。
参考 公卿の意の「月卿」とあわせて、「月卿雲客」などと用いられることが多い。

うん-くゎん ―カン【雲関】(名)雲がかかるほど高い所にある関所。細道 出羽三山「さらに日月行道の―に入るかとあやしまれ」訳 (月山を登って行くと)いよいよ太陽や月の通路にある雲間の関所に入るかと疑われる(るほどで)。

うん-しゃう ―ショウ【雲上】一(名)❶雲の上。❷宮中。内裏。朝廷。〔謡・葵上〕「われ世にありしいにしへは、―の花の宴、春の朝の御遊に慣れ」訳 私が世に時めいていた昔は、宮中の花見の宴や春の朝の管弦のお遊びになれ親しみ。⇨内裏「慣用表現」
二(形動ナリ)〔なら・なり(に)・なり・なる・なれ・なれ〕❶この上なく高貴なさま。❷お高くとまっているさま。

うん-じゃう ―ジョウ【運上】(名)❶鎌倉時代、公の品物を京都へ運送すること。❷「運上金」の略。江戸時代、商・工・運送などの業者に課した税。〔浮・日本永代蔵〕「〔敦賀の港の入港税は〕淀の川舟の―にかはらず」

うんしゃう-の-りょう ウンショウ―【雲上の竜】(名)〔宮中を雲の上、天子の顔を竜顔ということから〕天子。平家 一一・先帝身投「―くだって海底の魚となり給ふ」訳 雲上の竜である天子が下って海底の魚とおなりになる。

うん・ず【倦んず】(自・他サ変)〔ぜ・じ・ず・ずる・ずれ・ぜよ〕うんざりする。いやになる。大和 五九「世の中を―・じ用て筑紫へ下りける人」訳 世の中がいやになって筑紫(=九州)へ下向した人が。

うん-すい【雲水】(名)❶雲と水。❷ただよう雲や流れる水がとどまらないように、諸所をめぐり修行して歩くこと。また、その人。行脚僧。〔東海道中膝栗毛〕「東西に走り、南北に遊行する―の楽しみ、えもいはれず」訳 東や西に行き、南や北に行脚して諸所をめぐり歩くことの楽しみは、言いようもない。

うん-でい【雲泥】(名)雲と泥。転じて、違いのはなはだしいことのたとえ。平家 四・源氏揃「源平いづれ勝劣なかりしかども、今は―交はりを隔てて」訳 源平ともにいずれも優劣がつかなかったが、今は雲と泥のように交わることもできないくらい隔たった(た境遇になって)。

うん-ぬん【云云】(名)引用した文のあとの部分を省略して、代わりに用いる語。しかじか。

参考「うんうん」が連声で「うんぬん」になる。

うんめい-でん【温明殿】(名)❶内裏の殿舎の名。紫宸殿の北東にある。神鏡を安置する賢所(=内侍所)がある。⇩巻頭カラーページ32

❷賢所。内侍所。

うん-もん【雲門】(名)〔雲の出入りする所の意〕高峰。峰の頂。〔笈の小文〕「やうやう―に入るこそ、心もとなき導師の力なりけらし」訳ようやく高峰に登り着くのは、頼りない導師(=案内の少年)のおかげであったらしい。

え エ

「え」は「衣」の草体
「エ」は「江」の旁

え【江】(名)入り江。湾。また、河をもいうことがある。細道 松島「―のうち三里、浙江の潮をたたふ」訳湾の中は三里(=約一二キロメートル)もあり、(中国の)浙江を思わせるような潮水をたたえている。

え【枝】(名)えだ。万葉 二・一四一「磐代の浜松が―を引き結びま幸くあらばまたかへり見む」訳→いはしろの…和歌

え【縁】(名)〔「縁」の撥音「ん」の表記されない形〕「えん(縁)」に同じ。

え(副)

語義パネル

●重点義 **できる。**

できる意の動詞「得う」(ア下二)の連用形が副詞化したもの。①は上代の用法で用例は少ない。

❶(下に肯定の表現を伴って)…(**することが**)**できる。**よく…(し)うる。

❷(下に打消・反語の表現を伴って)…**することができ**(**ない**)。…できようか(いや、できない)。

❶(下に肯定の表現を伴って)可能の意を表す。…(**する ことが**)**できる**。よく…(し)うる。〔記〕中「ここにその荒波おのづからなぎて、御船―進みき」訳(弟橘比売命が入水すると)そこでその荒波が自然におさまって、御船が進むことができた。

❷(下に打消または反語の表現を伴って)不可能の意を表す。…**することができ**(**ない**)。じゅうぶんに…し(ない)。…できようか(いや、できない)。源氏 桐壺「人のそしりをも―はばからせ給はず」訳(桐壺帝は)人々の非難をも気がねすることがおできにならない。文法「せ給は」は、最高敬語。徒然 一四一「人の言ふほどのこと、けやけく否びがたくて、よろづ―言ひ放たず、心弱くことうけしつ」訳(都の人は)他人が(口に出して)言うほどのことは、きっぱりとことわりにくくて、万事に言い切ることができず、気弱くうけあってしまう。→えあらじ・えさらず・えせず・えならず・えも・えもいはず

え 上代の助動詞「ゆ」の未然形・連用形。万葉 二〇・四三五六「わが母の袖もちなでてわが故に泣きし心を忘らえ(未)ぬかも」訳私の母が袖で(私を)なでて、私のために泣いた心持ちを忘れることができないことだ。万葉 五・八八〇「天ざかる鄙に五年住まひつつ都のてぶり忘らえ(用)にけり」訳田舎に五年住みつづけていて、都の風習が自然に忘れられてしまった。(「天ざかる」は「鄙」にかかる枕詞)

え ㊀(間助)《上代語》(間投助詞「よ」の東国方言)呼びかけの意を表す。…よ。万葉 二〇・四三四〇「父母え斎ひて待たね筑紫なる水漬く白玉取りて来までに」訳父母よ、心身を清めて待っていてください。筑紫(九州地方)にあって海につかった真珠を取って来るまで。

接続 体言に付く。

㊁(終助)《近世語》❶呼びかけの意を表す。…よ。〔伎・切られ与三〕「ええ、御新造さんえ、おかみさんえ」訳ええ、御新造さんよ、おかみさんよ。

❷語気をやわらげ、親しみの意を表す。〔伎・幼稚子敵討〕「皆様許さんせえ」訳皆様お許しくださいな。

接続 主に文末に付く。

参考 ㊀の用例は一つしか見つかっていない。㊁①は、近世初期の上方語で女性が用いたが、後期の江戸語では男性も用いるようになった。

え【重】⇩へ

え【会・回・廻・恵・笑・絵・餌・衛・穢】⇩ゑ

え-あら-じ【え在らじ】生きていくことができないだろう。(そこに)いることができないだろう。大和 一四八「なほいとかうわびしうては―じ(終)」訳やはりたいそうこんなに(生活が)つらくては生きていくことができまい。

なりたち 副詞「え」+ラ変動詞「在り」の未然形「あら」+打消推量の助動詞「じ」

えい【詠】(名)❶詩歌を作ること。また、その詩歌。平家 六・祇園女御「一首の御―をあそばして、くだされけり」訳(白河院は)一首の御和歌をお詠みになって、(若君=後の清盛に)下された。

❷詩歌を朗詠すること。また、その詩歌。特に、舞楽で舞人が朗詠すること。源氏 紅葉賀「―などし給へるは、これや仏の御迦陵頻伽の声ならむと聞こゆ」訳(光源氏が舞楽で)詩歌の朗詠などなさったのは、これが仏の(国の)迦陵頻伽(=極楽にいるとされる妙なる声の鳥)のお声であろうかと聞こえる。

えい【影】(名)絵にかいた姿。影像。肖像。今昔 三・八「汝が為に我が―をこの峒に留め置かむ」訳おまえのために私の絵姿をこの洞穴に残しておこう。

えい【纓】(名)冠の部分の名称。もとは巾子の根もとをしめたひものあまりを背に垂れ下げたものをいった。のちには、別に骨を入れてうすぎぬを張り、巾子にはさんだ。形により、立纓(天皇用)・垂纓(文官用)・巻纓(武官用)・細纓(六位の蔵人と六位以下の武官用)などの別がある。蜻蛉 下「―吹き上げられつつ立てる

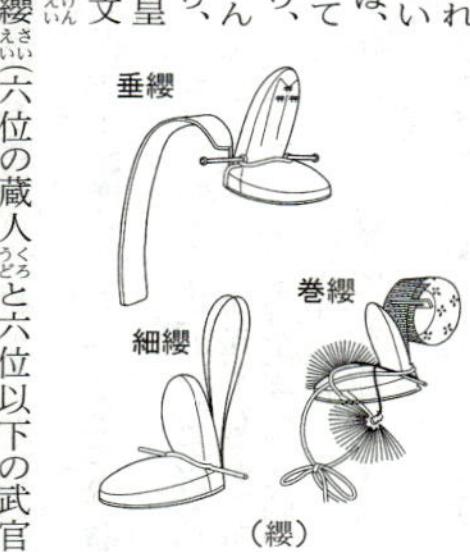

(纓)

さま、絵にかきたるやうなり」訳（風で）纓が吹き上げられては立っているようすが、絵に描いたようである。

えい（感）❶返事の声。はい。ええ。宇治 一・三「無期ののちに、『―』といらへたりければ」訳ずいぶんたったあとで、（児が）「はい」と答えたので。❷力むときに発するかけ声。よいしょ。えいっ。平家 九・越中前司最期「『―』と言ひて、…鎧の胸板をばぐっと突いて」❸感情の動揺・憤激によって発する声。ええ。まあ。あれ。〔浄・薩摩歌〕「―、よい加減な事ばかり」訳ええ、いいかげんなことばかり。❹呼びかけの声。おい。やい。

えい【酔い】⇩ゑひ

えい-えう【栄耀】（名）〔近世では多く「ええう」〕栄え時めくこと。栄華。細道 平泉「三代の―一睡の中にして、大門の跡は一里こなたにあり」訳（奥州藤原氏）三代の栄華も一睡のうち（にはかなく消えるもの）であって、表門の跡は一里（=約四キロメートル）ほど手前にある。

名文解説「おくのほそ道」は、各章段をその世界にふさわしい語調・文体で自在に書き分けている。平泉は源義経や奥州藤原氏興亡の地で、右の文に続く古戦場の列挙は雄渾な軍記物語風の文体である。さらに中国の故事「一炊の夢」や、杜甫の漢詩「国破れて山河あり…」をとりこみ、兵たちの盛衰の夢を追想する。↓いっすいのゆめ

栄花物語（えいがものがたり）⇩栄花物語

えい-かん【叡感】（名）天皇や上皇が感心してほめること。御感。平家 一・殿上闇討「かへって―にあづかっし上は、あへて罪科の沙汰もなかりけり」訳（平忠盛は）かえって（上皇の）おほめにあずかった以上は、まったく処罰の命令もなかった。

えい-きょく【郢曲】（名）〔本来は中国の春秋時代、楚の都、郢で歌われた俗曲の意〕平安後期から鎌倉初期にかけて行われた謡物の総称。神楽・催馬楽・風俗・今様・朗詠・雑芸など。

えい-ぐ【影供】（名・他サ変）神仏や故人の肖像に供物をささげて祭ること。特に、柿本人麻呂の影供のための歌会を催すこと。

えい-ぐゎ【栄華・栄花】（名）栄えること。富貴な生活をすること。伊勢 一〇二「おほきおとどの―の盛りにみまそがりて」訳太政大臣（=藤原良房）が栄華のきわみにいらっしゃって。

栄花物語（えいぐわものがたり）『作品名』〔「栄華物語」とも書く〕平安後期の歴史物語。作者は赤染衛門・出羽弁説があるが、未詳。九世紀末の宇多天皇から十一世紀末の堀河天皇にいたる十五代約二百年間の宮廷生活を物語ふうに編年体で記述。摂関家、特に藤原道長の栄華賛美が中心になり、「大鏡」に比べ批判性はとぼしい。「世継物語」ともいう。

えい-ごゑ【えい声】（名）力を入れる時や元気づけるために発する「えい」というかけ声。「えいえい声」とも。宇治 一・三「―を出だして、一庭を走りまはり舞ふ」訳（翁は）えいというかけ声をはりあげて、（宴会の）場一面を走りまわって舞う。

栄西（えいさい）『人名』（一一四一～一二一五）鎌倉初期の禅僧。「ようさい」とも。わが国の臨済宗の開祖。はじめ天台宗を学び、二度入宋、帰朝して臨済宗を伝えた。茶の種をもたらしたことでも名高い。著書に、法語「興禅護国論」、わが国初の茶の本「喫茶養生記」がある。（栄西忌夏）

えい-さう【詠草】（名）和歌や俳句の草稿。

叡山（えいざん）『地名』「比叡山」の略。

えい-しゃく【栄爵】（名）〔初めて五位に叙せられるのを「叙爵」といって栄誉としたところから〕「五位」の称。今昔 二七・一七「―尋ねて買はむと思ひて、京に上りたる者有りけり」訳五位の位をさがし求めて買おうと思って、（東国から）京に上った者がいた。

えい-ず【映ず】（自サ変）｛ぜ・じ・ず・ずる・ずれ・ぜよ｝光や影がうつる。反映する。目にうつる。方丈 二「空には灰を吹き立てたれば、火の光に―・じ用て、あまねく紅なる中に」訳空には（風が）灰を吹き上げているので、（それが）火の光にうつって、あたり一面にまっ赤になっている中で。

えい-ず【詠ず】（他サ変）｛ぜ・じ・ず・ずる・ずれ・ぜよ｝❶詩歌を声に出してうたう。方丈 三「ひとりしらべ、ひとり―・じ用て、みづから情を養ふばかりなり」訳ひとりで（琵琶を）ひき、ひとりで詩を吟じて、自分自身で心を慰めるだけである。❷詩歌をつくる。詠む。平家 六・小督「牡鹿鳴くこの山里と―・じ用けん、嵯峨のあたりの秋のころ」訳（藤原基俊が）牡鹿が鳴くこの山里と歌に詠んだとかいう、嵯峨野の付近の秋の季節は。

永福門院（えいふくもんゐん）『人名』（一二七一～一三四二）鎌倉後期の女流歌人。名は鏱子。西園寺実兼の娘で、伏見天皇の中宮。京極為兼に歌を学び、「玉葉集」「風雅集」に多くの歌が収められている。

えい-ぶん【叡聞】（名）天皇や上皇がお聞きになること。天聞。〔古活字本保元物語〕「一院崩御の後、武士ども上洛の由―に及ぶ間」訳一の院のご逝去のあと、大勢の武士が京へ上るとのことが（上皇や天皇の）お耳に入ることになるので。

えい-ゆう【英雄】（名）❶才知・武勇のすぐれた人。❷「英雄家」の略。摂関家につぎ、大臣家の上に位する公卿の家柄。清華家とも。平家 一・鹿谷「徳大寺殿は一の大納言にて、花族―、才学雄長」訳徳大寺殿（=藤原実定）は主席の大納言で、（その家柄は）華族で英雄家であり、学問にもすぐれ。

えいらく-せん【永楽銭】（名）中国、明の永楽九年（一四一一）に鋳造された青銅銭。表面に「永楽通宝」の文字がある。室町時代に輸入され、わが国でも標準的貨幣として流通した。永楽通宝。

（えいらくせん）

えい-らん【叡覧】（名）天皇や上皇がご覧になること。天覧。平家 一・殿上闇討「その刀を召し出だして―あれば」訳その（=忠盛の）刀を命じておとり寄せになって（上皇が）ご覧になると。

えい-りょ【叡慮】（名）天皇や上皇のお考え・お気持ち。天慮。平家 三・法印問答「父子ともに―に背き候ひぬること、今において面目を失ふ」訳父子ともに（法皇の）お気持ちに反してしまいましたことで、今になって面目を失うことが。

えう【要】（名）入り用。必要。また、たいせつなところ。蜻蛉 上「かう、ものの―にもあらでであるも、ことわりと思ひ

つつ」訳 このように、(夫の兼家から)何の必要でもないものと思われているのも、道理だと思っては。

えう【酔う】 ⇩ゑふ

えう-えう(副)「ゑうゑう」に同じ。

えう-えん【妖艶】(名)《歌論用語》上品な美しさ。あでやかな美しさ。〔近代秀歌〕「ことば強く姿おもしろき様を好みて、余情―の体を詠まず」訳(紀貫之は)ことばが強く趣向にたけた歌いぶりを好んで、余情(があり)妖艶の歌風(の歌)を詠まない。

えう-じ【要事】(名)重要な用件。今昔 二六・三「いみじき大切の―にて行きたる所なれども」訳 たいそうたいせつで重要な用件で行っている所だけれども。

えう-じゅ【遥授】(名・他サ変)中古、公卿などが国司に任じられながら京都にいて、介・目代などの下役人を任国に送り、実際の政務にあたらせて利益だけを得ていたこと。遥任。

えう・ず【要ず】(他サ変){ぜ・じ・ず・ずる・ずれ・ぜよ}必要とする。請求する。今昔 三一・三三「竹を取りて籠を造りて―・ずる㊀人に与へて」訳 竹を切り取ってかごを作って必要とする人に与えて。

えう-ぜん【窅然】(形動タリ){たら・たり(と)・たり・たる・たれ・たれ}奥深くて美しいさま。細道 松島「その気色―・と㊇して美人の顔をよそほふ」訳 その(松島の)ようすは深みのある美しさで美人が顔を化粧している(ようだ)。

えう-な・し【要なし】(形ク){から・く(かり)・し・き(かる)・けれ・かれ}必要がない。役立たない。つまらない。伊勢 九「その男、身を―・き㊀ものに思ひなして」訳 その男は、自分の身を役に立たないものと思いこんで。

えう-はい【遥拝】(名)遠くからはるかに神仏を拝むこと。徒然 一三三「太神宮の―は巽に向かはせ給ふ」訳 (天皇の)伊勢の大神宮への遥拝は南東(の方角)にお向きになられる。

えう-ばう【夭亡】(名・自サ変)天寿を全うせずに死ぬこと。若死にすること。著聞 二九〇「四、五日を経て、かの大納言の大別当―・し㊇にけるとなん」訳 四、五日がたって、あの大納言の(子の)大別当は若死にしてしまったということだ。

えう-もん【要文】(名)経文中の重要な文句。今昔 一五・二「諸経の―を誦して(=唱えて)」

えう-よ【腰輿】(名)「たごし」に同じ。

え-えう【栄耀】(名)〔「えいえう」の転〕❶「えいえう」に同じ。❷ぜいたく。おごり。わがまま。〔浮・万の文反古〕「ここもとにて女房持ち申し候ふこと、ゆめゆめ―にて持ち申さず」訳 こちら(=江戸)で女房を持っておりますことは、決してぜいたくで持っているのではございません。

えき【奕】(名)囲碁。〔雨月〕夢応の鯉魚「桃の実の大なるを食ひつつ、―の手段を見る」訳 桃の実の大きなのを食べながら、囲碁の打ちかたを見る。

えき【益】(名)→やく(益)

えき【駅】(名)「うまや(駅)」に同じ。

益軒『人名』→貝原益軒

えき-ちゃう【役丁】(名)律令制で、諸国から徴集されて諸官庁の労役に使われた者。仕丁。

えき-ちゃう【駅長】(名)「うまやのをさ」に同じ。大鏡 時平「―驚くことなかれ、時の変改」訳 駅長よ、(そんなに)驚いてはいけない、時勢の変わり改まることを。名文解説 無実の罪で右大臣から大宰の権帥に左遷された菅原道真が、流されてゆく途中で宿駅の長に与えた詩の一節。時勢の移り変わりに驚くな、という駅長への慰めは、同時に道真が自分自身に言い聞かせていることばでもあろう。

えき-ば【駅馬】(名)律令制で、宿駅に備えておいて、急ぎの公用の者などが用いた馬。

えき-れい【疫癘】(名)悪性の流行病。方丈 二「明くる年は立ち直るべきかと思ふほどに、あまりさへ―うちそひて」訳 次の年は(飢饉から)立ち直ることができるかと思っていたところ、おまけに流行病まで加わって。

えき-れい【駅鈴】(名)律令制で、公用の使者が旅行するときに「駅馬」を使用するための公の印として与えられた鈴。

（駅　鈴）

えこう【回向・廻向】 ⇩ゑかう

え-さす【得さす】与える。土佐「たよりごとに、物もたえずえさせ㊇たり」訳 機会の(ある)たびごとに、贈り物も絶えず与えていた。なりたち 下二段動詞「得」の未然形「え」+使役の助動詞「さす」 参考 中古の文学作品では「得さす」や「取らす」が「与ふ」という動詞よりも多く使われている。

え-さら-ず【え避らず】避けることができない。のがれられない。やむをえない。徒然 五九「―・ぬ㊀ことのみいとど重なりて、事の尽くる限りもなく」訳 やむをえないことばかりがますます重なって、俗事のなくなる際限もなく。⇩詮無し「慣用表現」
なりたち 副詞「え」+四段動詞「避る」の未然形「さら」+打消の助動詞「ず」

え・し【善し・良し】(形ク){から・く(かり)・し・き(かる)・けれ・かれ}〔「よし」の古形〕よい。いい。万葉 一四・三五〇九「栲衾白山風の寝なへども子ろが襲着の有ろこそ―・し㊈も」訳 白山の風が寒くて眠れないけれども、あの子の上着があるのはよいことよ。(「栲衾」は「白」にかかる枕詞。「有ろ」は「有る」の方言)

江島其磧『人名』(一六六六-一七三五)江戸中期の浮世草子作者。八文字屋から役者評判記や浮世草子を出版。著に「けいせい色三味線」「傾城禁短気」「世間子息気質」などがあり、気質物を開拓した。

え-しも(下に打消の語を伴って)どうしても…でき(ない)。とても…でき(ない)。伊勢 三二「憂きながら人をば―忘れねばかつ恨みつつなほぞ恋しき」訳 つらいけれどその人をどうしても忘れることができないので、一方では恨み恨みしてもやはり恋しいことだ。
なりたち 副詞「え」+副助詞「しも」

えしゃじょうり【会者定離】 ⇩ゑしゃぢゃうり

えせ-【似非】(接頭)❶見かけは似ているが、実体は違う意を表す。にせの。見せかけの。「―幸ひ」「―者」❷つまらない、くだらない、質が劣っている、などの意を表す。「―歌」「―形」「―受領」

えせ【似非】(形動ナリ){なら・なり(に)・なり・なる・なれ・なれ}取るに足りないさま。つまらないさま。枕 三〇七「右衛門の尉なりける者の、―・なる㊀男親を持たりて」訳 右衛門府の三等官だった人が、つまらない父親を持っていて。

えせ-かたち【似非形】(名)見苦しい容貌。枕 一〇九「ーは、つやめき寝腫れて、ようせずは、頰ゆがみもしぬべし」訳（夏、昼寝から起きたとき）見苦しい容貌（の人）は、（顔が）てらてら光り寝てはれぼったくなって、悪くすると、きっと頰がゆがみもするにちがいない。

えせ-ざいはひ【似非幸ひ】(名)見かけだけの幸福。幸福そうに見えて実はそうでないこと。枕 二四「おひさきなく、まめやかに、ーなど見てゐたらむ人は」訳 将来への希望もなく、（ひたすら）きまじめに、見かけだけの幸福などを（夢に）見ているような人は。

え-せ-ず できない。更級 物語「紫のゆかりを見て、つづきの見まほしくおぼゆれど、人かたらひなどもーーず㊎」訳（「源氏物語」の）紫の上にまつわる巻（＝若紫の巻）を見て、その続きが見たいと思わずにはいられないけれども、人に相談することなどもできない。

なりたち 副詞「え」＋サ変動詞「為す」の未然形「せ」＋打消の助動詞「ず」

えせ-ずりゃう【似非受領】(名)取るに足りない下級の受領。源氏 葵「何とも見入れ給ふまじきーの女などさへ、心のかぎり尽くしたる車どもに乗り」訳（光源氏が）格別目にお止めになるはずもない下級の受領の娘などまでも、思う存分飾りたてた牛車の数々に（それぞれ）乗って。

えせ-もの【似非者】(名)❶にせもの。今昔 二七・三四「まことに候ひけり。ただしーにこそ候ふめれ」訳（鬼神が出るというのは）本当でございました。ただし（その鬼神は）にせもののようでございます。文法「めれ」は推量の助動詞「めり」の已然形で、係助詞「こそ」の結び。❷身分の低い者。つまらない者。枕 一五九「よき人さらなり、ー、げすの際だに、なほゆかし」訳 身分の高い人はいうまでもなく、つまらない者や、使用人の身分（の者の場合）だって、やはり（生まれた子が男か女か）知りたい。

えぞ【蝦夷】(名)❶北関東以北に住んでいた先住民。「えみし」「えびす」とも。細道 平泉「南部口をさし堅め、ーを防ぐと見えたり」訳 南部地方からの出入り口を堅固に守り、蝦夷（の侵入）を防ぐ（のだ）と見えた。❷北海道の古称。

-えだ【枝】(接尾)❶贈り物を枝に付けて贈る習慣から）贈り物を数える語。源氏 行幸「雉一ー奉らせ給ふ」訳（冷泉帝は）雉一つがいを（柴の枝につけて光源氏に）差し上げあそばす。❷草木の枝や、細長いものを数える語。「長刀一ー」

えだ【枝・肢】(名)❶草木の枝。徒然 一一「大きなる柑子の木の、ーもたわわになりたるが」訳 大きなみかんの木で、枝もしなうほどに（実が）なっている木の。文法「木の」の「の」は、いわゆる同格の格助詞で、「…で」の意。❷（人間や獣などの）手足。四肢。〔紀〕雄略「夫婦の四つのーを木に張りて」訳 夫婦の四つの手足を木に張りつけて。❸一族。子孫。大鏡 道長上「北家の末、今にーひろごり給へり」訳（藤原氏の四家のうち）北家の子孫が、現在は一族が栄えていらっしゃる。

えだ-あふぎ【枝扇】(名)木の葉のついた枝を扇の代用としたもの。枕 一二「もとよりうちきりて、定澄僧都のーにせばや」訳（梨の木を）根元からたち切って、（背の高い）定澄僧都の枝扇にしたいものだ。

えだ-ざし【枝差し】(名)〔「ざし」は物の状態・姿を表す接尾語〕枝ぶり。枝の出たようす。枕 六七「りんだうは、ーなどもむつかしけれど（＝草花の名）は、ーなどもむつかしけれど（＝むさくるしいが）」

え-たり【得たり】(感)〔下二段動詞「得う」の連用形「え」に完了の助動詞「たり」の終止形「たり」の付いたもの〕しめた。思うつぼだ。〔謡・巴〕「敵はーと斬ってかかれば」訳 敵はしめたと思って斬ってかかるので。参考 物事が思いどおりうまくいった時に発する語。

え-たる【得たる】自分のものとした。熟達した。〔風姿花伝〕「かやうに我が身を知る心、ー人の心なるべし」訳 このように自分の身を知る心がけが、熟達した人の心なのであろう。

なりたち 下二段動詞「得う」の連用形「え」＋完了の助動詞「たり」の連体形「たる」

えだ-を-かは-す【枝を交はす】〔「長恨歌」の詩句「連理の枝」から〕男女・夫婦の契りの深いことのたとえ。源氏 桐壺「羽をならべ、ーー・さ㊍むと契らせ給ひしに」訳（桐壺帝は桐壺の更衣に）比翼の鳥となり、連理の枝となろうとお約束になられたのに。→連理

えつ【越】⇩ゑつ

え-つき【課役・役調】(名)〔「役え」は労役、「調つき」は年貢、みつぎものの意〕律令制で、朝廷が税として人民に出させた労働力と物品。〔紀〕仁徳「悉くにーを除めて、百姓の苦を息へよ」訳 すべて課役を中止して、人民の苦しみをいやせよ。

えっ-す【謁す】(自サ変)〔せ・し・す・する・すれ・せよ〕高貴な人や目上の人にお会いする。お目にかかる。〔太平記〕三「則ち参内し、竜顔にーー・し㊊奉りしかば」訳 すぐに内裏に参上し、天皇に拝謁し申しあげたところ。

え-て【得手】(名)❶得意なこと。〔風姿花伝〕「大事の申楽の日、手立てを変へてーの能をして」訳 重大な申楽（興行）の日、やり方を変えて得意の能を演じて。❷（「得手勝手」の略）自分勝手。わがまま。

え-と【干支】(名)〔「兄弟」の転。「干」は幹、「支」は枝の意〕❶陰陽道で、五行（＝木火土金水）を兄と弟とに分けた十干に十二支を組み合わせ、甲子・乙丑のようにつくった六十組。暦のうえで年・月・日を表すのに用いる。⇩巻頭カラーページ24 ❷十二支だけを指す。方位・時刻を表すのに用いる。

江戸（えど）〘地名〙今の東京の旧称。平安時代の末、江戸四郎が館を営んだ地に、室町中期、太田道灌が城を築き、十七世紀初め、徳川氏がここに幕府を開くに至って政治の中心地となった。五街道の起点。

えど〘穢土〙⇩ゑど

江戸生艶気樺焼（えどうまれうはきのかばやき）〘作品名〙江戸後期の黄表紙。山東京伝作。天明五年（一七八五）刊。醜男で大金持ちの一人息子仇気屋艶次郎が、浮き名を立てようと狂態の限りを尽くすが失敗し、ついに目が覚めるという話。黄表紙を代表する作品。

えど-だな【江戸棚・江戸店】(名)江戸時代、大坂・京都の商人が江戸に出した支店。〔浮・日本永代蔵〕「繰り綿・塩・酒は、ーの状日を見合はせ」訳 繰り綿・塩・酒（の相場）は、江戸に出した支店からの書状の着く日を待ち合わせて。

えど-まへ(マエ)【江戸前】(名) ❶(「江戸の前海」の意から)今の東京湾近海。また、そのあたりでとれる魚貝。うなぎについていわれたことから始まる。〔浮世風呂〕「―の樺焼(かばやき)は、ぽっぽと湯気の立つのを皿へ並べて出す」❷江戸の流儀。江戸風(ふう)。

え-な【胞衣】(名)胎児を包む膜や胎盤などの総称。子供が生まれた後に母体から排出される。後産(あとざん)。徒然 六一「御産(ごさん)のとき甑(こしき)落とす事は、定まれる事にはあらず。御―とどこほる時のまじなひなり」訳(高貴な方の)御出産の時に(家の棟から)甑(=米などを蒸す器具)を落とすことは、(必ずすると)定まっていることではない。御胎盤などの排出がとどこおっている時のまじないである。

え-なむ(ナン)―(下に打消の表現を伴って)容易に…できない。源氏 帚木「おほかる中にも―思ひ定むまじかりける」訳(女性が)たくさんいる中でも、(妻を選ぶとなると、)この人と容易に決心できそうにもなかった。
なりたち 副詞「え」+係助詞「なむ」

え-なら-ず なんとも言いようがないほどすばらしい。並たいていでない。なんとも言えないほどだ。徒然 一〇「唐(から)の、大和(やまと)の、めづらしく、―・ぬ(体)調度どもならべおき」訳中国のや、日本のや、珍しく、言いようもないほどすばらしい家具をいろいろと並べておいて。⇩え も言はず「慣用表現」
なりたち 副詞「え」+四段動詞「成る」の未然形「なら」+打消の助動詞「ず」
参考「なら」を、断定の助動詞「なり」の未然形とする説もある。原義は「一通りではない」「なんとも表現できない」という意で、必ずしもほめる場合だけではないが、多くはよい意味に使われる。

えに【縁】(名)〔字音「えん」の転〕ゆかり。縁故。源氏 澪標「みをつくし恋ふるしるしにここまでもめぐりあひける―は深しな」訳身をつくして(=全身全霊で)恋い慕うかいがあって、澪標(みをつくし)のあるここ(=難波(なには))に来てまでもあなた(=明石(あかし)の君)にめぐりあった縁は、入り江が深いように深いなあ。(「みをつくし」は「身を尽くし」と「澪標」との、「えに」の「え」は「縁(えに)」の「え」と「江」との掛詞。「しるし」「江」「深し」は「澪標」の縁語)
参考 多くは下に副助詞「し」を付けて「えにし」と慣用的に用いる。和歌では多く「江に」とかける。→縁(えに)し

えに-し【縁】(名)〔「し」は強意の副助詞〕えん。ゆかり。伊勢 六九「徒歩人(かちびと)の渡れど濡(ぬ)れぬ―あれば」訳歩いて人が渡っても濡れない江ではないが、それほど浅い縁であるから。(「えにし」は「縁」と「江にし」との掛詞)

榎本其角(えのもときかく)〔人名〕(一六六一～一七〇七)江戸前期の俳人。のち宝井氏。江戸の人。蕉門十哲(しょうもんじってつ)の一人。「虚栗(みなしぐり)」で江戸俳壇に登場した。才気に富む華麗な句風で、のち、その一派を江戸座という。句集「五元集」、編著「枯尾花」。(其角忌(季春))

え-はう(ホウ)【吉方】(名)→ゑはう

えはう-だな(エホウ)【吉方棚】(名)→ゑはうだな

えはう-まゐり(エホウマイリ)【吉方参り】(名)→ゑはうまゐり

えひ(エイ)【裛衣】(名)「裛衣香(えひかう)」の略。源氏 末摘花「―の香(か)いと懐かしう薫(かを)り出(い)でて」訳えい香の香りがたいそう慕わしく香り漂ってきて。

えひ-かう(エイコウ)【裛衣香】(名)香の一種。せんだんの葉や樹皮を材料として作るという。裛衣(えい)。源氏 初音「―の香(か)のまがへるいと艶なり」訳(侍従の香と)えい香の香りの入りまじっているのはたいそう優艶である。

えびす【夷・戎・蝦夷】(名)❶北関東以北に居住した人々の総称。古くは「えみし」といった。「えぞ」とも。今昔 二九・二五「―乱れたりとて陸奥(むつ)の国へも遣はさむとすなり」訳えみしが反乱を起こしたというので陸奥の国へも(私を)派遣しようとするようだ。❷もの情けをわきまえない荒々しい田舎者(いなかもの)。(都の人が軽蔑して)多く、東国の武士をさす。徒然 八〇「法師は兵(つはもの)の道を立て、―は弓ひくすべ知らず」訳僧侶は武術の道をもっぱらにし、東国の武士は弓を引く方法を知らず。❸未開の異民族。東夷(とうい)・西戎(せいじゅう)・南蛮(なんばん)・北狄(ほくてき)の総称。〔十訓〕六「―ども来たりて、国を亡(ほろ)ぼす時」

えびす【夷・蛭子・恵比須】(名)七福神の一。福をもたらす神として民間、特に商家に厚く信仰された。
参考「恵比須」は、後世の当て字。

えびす-ごころ【夷心】(名)田舎(いなか)の人の荒々しい心。情趣・風流を解さない心。伊勢 一五「さるさがなき―を見ては、いかがはせむは」訳そのような見苦しい無風流な田舎者の心を(都のみやび男が)見たって、いったいどうしようというのかねえ。

えび-ぞめ【葡萄染め】(名)❶染め色の名。ぶどうのような紫色。枕 八三「―のいと濃き指貫(さしぬき)、藤の折り枝おどろおどろしく織りみだりて」訳紫色のたいそう色濃い指貫に、折った藤の枝の模様を仰々しく織り散らして。⇩巻頭カラーページ10 ❷襲(かさね)の色目の名。表は紫、裏は赤。一説に表は蘇芳(すおう)(=紫がかった赤色)、裏は縹(はなだ)色(=薄い藍色)。❸織り色の名。縦糸は紅、横糸は薄紫。枕 二七八「―の織物の直衣(なほし)」

えびら【箙】(名)矢を差し入れて背に負う武具。革・竹などで作る。矢の数は二十四本。中に紙や小硯(こすずり)などの文房具を入れることもあった。平家 四・橋合戦「弓をばからと投げ捨て、―も解いて捨ててんげり」訳弓をからりと投げ捨てて、(そのうえ)えびらもはずして捨ててしまった。

(えびら)

えびら-を-たた-く【箙を叩く】(武士が張り切った気持ちを表すしぐさ。平家 一一・那須与一「陸(くが)には源氏―・い(用)(イ音便)てどよめきけり」訳陸地では源氏(の軍勢)が、箙をたたいてわっと歓声をあげた。

えぶ【閻浮】(名)「えんぶ」の撥音「ん」の表記されない形。「えんぶ」に同じ。

え-ぶり【杁・柄振り】(名)農具の一種。長い柄の先に横板をつけたもの。土砂をならしたり穀物の実を寄せ集めたりするのに用いる。

え-ぼうし【烏帽子】(名)「えぼし」に同じ。

え-ぼし【烏帽子】(名)〔「えぼうし」の転〕元服した男子の被

立て烏帽子　風折り烏帽子
(えぼし)

り物の一種。正装用の冠に対し、えぼしは平服に用いた。位階により、形と塗りが異なり、立て烏帽子・折り烏帽子・揉み烏帽子など多くの種類がある。風折り烏帽子・侍烏帽子は折り烏帽子の一種、引き立て烏帽子・萎え烏帽子は揉み烏帽子の一種。宇治一・三「―は鼻にたれかけたる翁の、…横座の鬼のゐたる前に躍り出でたり」訳えぼしを鼻に垂れかけた翁が、…上座の鬼の座っている前にとび出した。⇩巻頭カラーページ13・16

発展「烏帽子」と「冠」の区別

平安時代、男性は、常に烏帽子や冠などの被り物を被らなければならず、髻を見せるのは無礼とされ、はずかしいことだった。「源氏物語絵巻」を見ると、日常の場では烏帽子、公式の場では冠という使い分けがある。夕霧が柏木を見舞う場面で、夕霧は冠、病床の柏木は立て烏帽子を被っている。

えぼし-おや【烏帽子親】(名)元服する武家の男子に烏帽子をかぶらせ、烏帽子名(=元服名)を付ける人。〔太平記〕三六「我が子の―に取るべき人なしとや思ひけん」訳我が子の烏帽子親に採用できる人がいないと思ったのであろうか。

えぼし-ご【烏帽子子】(名)元服のとき、烏帽子親から、烏帽子を与えられ、烏帽子名(=元服名)を付けてもらう男子。平家九・宇治川先陣「大串次郎は、畠山には―にてぞありける」訳大串次郎は、畠山(重忠)にとっては烏帽子子であった。

えぼし-な【烏帽子名】(名)武家の男子が元服の際、それまでの幼名を改め烏帽子親に付けてもらう名前。多く、烏帽子親が自分の名の一字を与えた。元服名。

えぼし-をり【烏帽子折り】(名)烏帽子を作ること。また、その職人。〔謡・烏帽子折〕「このあたりに―は候はぬか」訳このあたりに烏帽子屋はありませんか。

えみし【蝦夷】(名)「えぞ①」に同じ。〔記〕中「ことごとに荒ぶる―どもを言向け(=服従させ)」

えむ【笑む】⇩ゑむ

え-も ❶(下に肯定の表現を伴って)よくもまあ。万葉一八・四〇七八「恋ふといふは―名づけたり」訳恋するというのはよくもまあ名付けたものだ。❷(下に打消の語を伴って)どうにも…でき(ない)。とても…でき(ない)。源氏桐壺「―乗りやらず」訳(靫負の命婦は牛車に)とても乗りこむことができない。

え-も-いは-ず【えも言はず】なりたち副詞「え」+係助詞「も」❶なんとも言いようがない。はなはだしい。更級足柄山「―・ず用茂りわたりて、いと恐ろしげなり」訳(足柄山は)言いようもなく(木々が)一面に茂っていて、ひどく恐ろしい感じである。❷(よいもの・ほめるべきものについて)言いようもなくすばらしい。枕八三「桜の直衣のいみじくはなばなと、裏のつやなど、―・ず用きよらなるに」訳桜襲の直衣がたいそうはなやかで、裏地のつやなどが、言いようもないほどすばらしく華麗であるうえに。❸(悪いもの・いやなものについて)言うねうちがない。とるにたりない。ひどい。徒然一七五「築泥・門の下などに向きて、―・ぬ体ことどもし散らし」訳(酒に酔った者が)土塀や門の下などに向かって、いろいろとひどいこと(=嘔吐など)をし散らかして。

なりたち副詞「え」+係助詞「も」+四段動詞「言ふ」の未然形「いは」+打消の助動詞「ず」

慣用表現「言いようがない」を表す表現

言はむ方無し・言ひ知らず・言ふ方無し・言ふばかり無し・言ふべき方無し・えならず・えも言はず

ポイント「とてもことばで表現できない」という意味で、よい意味でも悪い意味でも使われる。

え-もの【得物】(名)❶得意とする武器・道具。❷最も得意とする物事。〔伎・壬生大念仏〕「逃げることは―でござります」

え-もん【衣紋・衣文】(名)❶正しい装束着用の作法。〔今鏡〕「この大将殿はことのほかに―をぞ好み給ひて(=正しい装束着用の作法を好みなさって)」❷(装束着用の要所であることから)衣服のえりもと。また、転じて衣服。平家一・禿髪「―のかきやう、烏帽子のためやうよりはじめて」訳えりもとのかき合わせ方、烏帽子の折り方よりはじめて。

え-や 疑問・反語の意を表す。…できるだろうか。どうして…できようか(いや、できない)。源氏帚木「みな下屋におろし侍りぬるを、―まかりおりあへざらむ」訳(女たちは)みんな下屋(=身分の低い者のいる建物)にさがらせてしまいましたが、まださがりきることができないのであろうか。

なりたち副詞「え」+係助詞「や」

え-やは 疑問・反語の意を表す。…できるだろうか。どうして…できようか(いや、できない)。〔後拾遺〕恋一「かくとだに―いぶきのさしも草さしも知らじな燃ゆる思ひを」訳→かくとだに…和歌

なりたち副詞「え」+係助詞「やは」

え-やみ【疫病】(名)悪性の流行病。宇治四・一五「その年、この村の在家、ことごとく―をして死ぬる者多かり」訳その年、この村の民家は、残らず悪性の流行病にかかって死ぬ者が多い。

えら・ぶ【選ぶ・撰ぶ・択ぶ】(他バ四){ば・び・ぶ・ぶ・べ・べ}❶よいものを取りあげる。選択する。徒然六〇「思ふやうによきいもがしらを―・び用て、ことに多く食ひて」訳思う通りによい親芋を選んで、特にたくさん食べて。❷資料を選び集めて書物をつくる。編集する。徒然八八「四条大納言―・ば未れたるものを、道風書かんこと、時代や違ひ侍らん」訳四条大納言(=藤原公任)が編集しなさったもの(=「和漢朗詠集」)を、(それ以前の)小野道風が書くようなことは、時代が違いましょう(が、いかがでしょう)か。

えら・む【選む・撰む】(他マ四){ま・み・む・む・め・め}❶「えらぶ①」に同じ。〔柳多留〕「九十九は―・み用一首は考へる」訳→くじふくは…川柳 ❷取り調べる。吟味する。〔謡・安宅〕「国々に新関を立てて、山伏を堅く―・み用申せ」訳国々に新しい関所を設けて、山伏を厳重に取り調べ申しあげよ。

えり-い・づ【選り出づ】(他ダ下二){で・で・づ・づる・づれ・でよ}(多くの中から)選び出す。源氏蓬生「古歌とても、をかしきやうに―・で用、題をも、詠み人をもあらはし」訳古い歌といっても、趣があるように選び出し、題をも詠んだ人

をもはっきりさせ。

えり-うち【選り討ち・択り討ち】(名)強い敵を選んで攻め討つこと。平家 四・競「―なんどもし候ふべきに」訳 選り討ちなどもするつもりですが。

えり-ととの・ふ【選り整ふ】(他ハ下二)〔へ・へ・ふ・ふる・ふれ・へよ〕選び出して準備する。源氏 絵合「今めかしきはそれそれと―・へ㊍させ給ふ」訳（光源氏は）現代的なの（＝絵）はそれとあれとと選び出して準備させなさる。

え・る【選る・択る】(他ラ四)〔ら・り・る・る・れ・れ〕(多くの中から)選ぶ。よりすぐる。枕 三七「もろこしにことごとしき名つきたる鳥の、―・り㊊てこれにのみゐるらむ」訳 中国で(鳳凰という)大げさな名のついている鳥が、特に選んでこれ(＝桐の木)にだけ止まるとかいうのは。

える【彫る・鐫る】⇩ゑる

え-をとこ【好男・可愛少男】(名)《上代語》〔「え」は、よいの意の接頭語〕よい男。いとしい男。〔記〕上「あなにやし―を」訳 ほんとにまあ、いとしい男よ。

え-をとめ【好女・可愛少女】(名)《上代語》〔「え」は、よいの意の接頭語〕いとしい女。美しいおとめ。〔記〕上「あなにやし―を」訳 ほんとにまあ、美しいおとめよ。

えん【宴】(名)酒を飲み、歌舞などをして遊び興じること。酒宴。うたげ。源氏 帚木「九日の―にまづ難き詩の心を思ひめぐらし」訳（陰暦九月）九日の（重陽の節会の）宴に何はともあれ難しい漢詩の趣向を思案し。

えん【縁】(名)❶《仏教語》「因」を助けて「果」をつくるもの。直接の原因に結びついて一つの結果を生みだす作用。仏教では、生滅の原理をこれによって説明する。因縁。源氏 手習「―に従ひてこそ導き給はめ」訳 縁に従ってこそ（初瀬の観音は）お引き合わせになるのだろう。❷ゆかり。たより。手づる。縁故。源氏 宿木「世を背き給へる宮の御方に、―を尋ねつつ参り集まりてさぶらふも」訳 出家なさった宮の御方（＝女三の宮）に、手づるを求めては参集してお仕えするにつけても。❸血縁。夫婦・親子などのつながり。方丈 三「わが身、父方の祖母の家を伝へて、久しくかの所に住む。その後、―かけて身衰へ」訳 自分自身は、父方の祖母の家をひきついで、長い間その場所に住む。その後、(祖母との)つながりが切れて(わが)身も衰えて。

えん【縁・椽】(名)家の外側の細長い板敷き。縁側。すのこ。寝殿造りでは、母屋の廂の外側につけられていた。更級 大納言殿の姫君「皆人も寝たる夜中ばかりに、―に出でゐて」訳 みんなも寝入っている夜中ごろに、縁側に出て座って。⇩巻頭カラーページ21

えん【艶】(名・形動ナリ)

語義パネル

●重点義　あでやかで魅力のあふれる感じ。

❶優美なさま。しっとりとした趣のあるさま。
❷なまめかしいさま。色っぽいさま。
❸思わせぶりなさま。
❹中世以降の美的理念の一つ。深みがあり優美で、はなやかさを含んだ美しさ。

❶**優美なさま。**しっとりとした趣のあるさま。更級 春秋のさだめ「なかなかに―・に㊊をかしき夜かな」訳（月も出ず暗くて）かえってしっとりとした趣があり風情がある夜だなあ。

❷**なまめかしいさま。色っぽいさま。**源氏 夕顔「右近、―・なる㊍心地して、来し方のことなども、人知れず思ひ出でけり」訳 右近はなまめかしい気持ちがして、（頭の中将が夕顔に通って来た）昔のことなども、人知れず思い出すのだった。

❸思わせぶりなさま。源氏 末摘花「いたう言籠めたれば、『例の―・なる㊍』と憎み給ふ」訳（大輔の命婦が）ひどく口ごもっているので、「いつものように、思わせぶりなことよ」と、（光源氏は）憎まれ口をおききになる。

❹中世以降の歌論や能楽における美的理念の一つ。深みがあり優美で、はなやかさを含んだ感覚的な美しさ。〔後鳥羽院御口伝〕「あるいはやさしく―・なる㊍あり、あるいは風情をむねとするあり」訳（和歌には）あるいは優美で優雅な美しさがあるものがあり、あるいは情趣を中心とするものがある。《⇩優「類語パネル」》

えん【円・垣・怨・遠・鴛】⇩ゑん

えん-いん【宴飲】(名)酒盛り。宴会。徒然 二一七「銭つもりて尽きざる時は、―・声色をことどとせず、居所をかざらず」訳 お金がたまってなくならないときは、酒宴や音楽と女色に熱中せず、住居を飾らないで。

えんおう【鴛鴦】⇩ゑんあう

えん-がく【縁覚】(名)《仏教語》師につかず、独りで仏教の教理を悟った人。また、独りで「十二因縁」を考えて、その理法を悟った人。

えん-が・る【艶がる】(自ラ四)〔ら・り・る・る・れ・れ〕〔「がる」は接尾語〕風流ぶる。優美なようすをする。〔紫式部日記〕「人のためにしつべき人柄なり、―・り㊊よしめくかたはなし」訳（宮の内侍は）他人の手本にもしたいほどの性格であり、風流ぶり由緒ありげに気どるようすはない。

えん-ぎ【縁起】(名)❶《仏教語》事物の因縁によって万物が生じること。❷物事の由来。特に、神社・仏閣が創建された由来・歴史・霊験などの言い伝え。また、それを記した書画。細道 室の八島「―の旨、世に伝ふることも侍りし」訳（この社＝八島明神の）言い伝えの内容は、世間に伝わっていることもございました。❸吉凶の前兆。〔浄・義経千本桜〕「賤しきわが名をお譲り申したも、弥助くるという文字の―」訳（弥助という）いやしい私の名をお譲り申しあげたのも、（その名にますます助けるという文字の吉兆があるから）。

延喜式（えんぎしき）『作品名』平安中期の式（＝律令の施行細則）。五十巻。醍醐天皇の命により、藤原時平、忠平らが延喜五年（九〇五）編纂に着手し、延長五年（九二七）に完成した。

えん-きょく【宴曲・延曲】(名)〔宴会の歌曲の意〕鎌倉・室町時代の歌謡の一つ。貴族・武家・僧侶などの間に流行し、法会や宴席でうたわれた。内容は物尽くし・道行きなどで、多くは七五調で凝った修辞が用いられている。「早歌」とも。

えん-げ【艶げ】(形動ナリ)〔なら・なり(に)・なり・なる・なれ・なれ〕〔「げ」は接尾語〕優雅なようす。色っぽいようす。源氏 椎本「今やうの若人たちのやうに、ー・に㊊ももてなさで、いとめやすくのどやかなる心ばへならむ」訳（大君は）現代風の若い人たちのように、色っぽくもふるまわないで、たいそう感じがよくのんびりした性格なのであろう。

えん-ご【縁語】(名)和歌の修辞技巧の一つ。⇩付録「和歌・俳句修辞解説」

えん-しゃう【炎上】(名)火が燃え上がること。火事。炎上。方丈 二「もし、狭き地にをれば、近くーある時、その災を逃るることなし」訳 かりに家屋の密集した土地に住んでいると、近くに火災の起こったとき、その災難をまぬがれることはない。

えん-だう【筵道】(名)貴人の通行の際に、衣服の裾が汚れないように、門から母屋の間の通路などに敷くむしろ。枕 八「さはりてえ入らねば、例のー敷きて降るるに」訳（門が小さくて牛車がつかえて入ることができないので、いつものように筵道を敷いて降りるので。

えん-だ・つ【艶だつ】(自タ四)〔た・ち・つ・つ・て・て〕〔「だつ」は接尾語〕いかにも優雅にふるまう。なまめかしいふうをする。源氏 夕顔「ー・ち㊊気色ばまむ人は、消えも入りぬべきすまひのさまなめりかし」訳 いかにも優雅にふるまい気どるような女は、（むさくるしさで）消え入りそうな心地になってしまうにちがいない住居のようすであるようだね。

えん-にち【縁日】(名)〔「有縁の日」「結縁の日」の意〕神仏が衆生と縁を結ぶ日。この日に参詣・祭り・供養などを行えば、特にご利益があるとされる。

えんねん-の-まひ【延年の舞】東大寺・興福寺・延暦寺などで、大法会の後に余興として演じた歌舞の総称。延年。

参考 中古の中ごろから起こり、僧・稚児によって演じられた。能楽の発生にも影響を及ぼした。

えん-の-まつばら【宴の松原】(名)平安京大内裏の中にある広場。宜秋門の外にあり、南端には豊楽院がある。⇩巻頭カラーページ31

えん-ばい【塩梅】(名)❶調味に使う塩と梅酢。
❷食物の味加減。あんばい。
❸〔転じて〕政務を適切にとり行うこと。〔太平記〕二「地に降下っては、ーの臣と成って群生を利し給ふ」訳（天満天神は）地上に天上から降りてきては、（天子を助け）政務を適切にとり行う臣となって、多くの民衆の利益をおはかりになる。

えん-ぶ【閻浮】(名)《梵語の音訳》「えぶ」とも。❶「閻浮提」の略。
❷「閻浮樹」の略。閻浮提にあるという大木。

えん-ぷ【厭符】(名)悪いものを近づけないお札。まじないのお札。〔雨月〕吉備津の釜「身禊してーをも戴き給へ」訳 水につかって身のけがれを流し、まじないのお札をもいただきなさい。

えんぶ-だい【閻浮提】(名)《梵語の音訳》須弥山の南方海上にあるという島の名。もと、インドをさしたが、やがて、広く人間世界・現世を意味するようになった。南閻浮提。閻浮。閻浮。

えんま【閻魔】(名)《梵語の音訳》死者の生前の罪悪を審判し、懲罰するという地獄の王。「閻羅王」「閻魔王」「閻羅」「閻王」とも。

（えんま）

えんま-わう【閻魔王】(名)「えんま」に同じ。今昔 七・八「われ、死にてーの御前に参れりき」訳 私は、死んで閻魔王の御前に参上していた。

えん-ら【閻羅】(名)〔「閻魔羅社」の略〕「えんま」に同じ。

えん-り【厭離】(名・他サ変)《仏教語》「おんり」とも。「えんりゑど」に同じ。徒然 九「六塵の楽欲多しといへども、皆ー・し㊊つべし」訳 六塵（＝目・耳・鼻・舌・身・意の六根を通して感じる刺激）の欲望が多いといっても、皆厭い捨て去ることがきっとできるはずだ。

延暦寺(名)今の滋賀県大津市比叡山にある寺院。天台宗総本山。延暦七年（七八八）、最澄（＝伝教大師）の開山。

参考 三井寺（＝園城寺）を「寺門」というのに対して「山門」、奈良の興福寺を「南都」というのに対して「北嶺」という。

えんり-ゑど【厭離穢土】(名)《仏教語》「おんりゑど」とも。穢土（＝けがれたこの世）を厭って捨て去ること。〔太平記〕三「長くーの心をかきたて、とこしなへに欣求浄土の勤めを専らにし給ひける」訳（解脱上人は）長く厭離穢土の心をおこし、永遠に欣求浄土の修行に専念しなさった。→欣求浄土

えん-わう【閻王】(名)〔「閻魔王」の略〕「えんま」に同じ。

えん-を-はな・る【縁を離る】世俗の生活と縁を切る。徒然 七五「ー・れ㊊て身を閑かにし」訳 世俗との縁を切って身を静かな境地におき。

えん-を-むす・ぶ【縁を結ぶ】仏縁を結ぶ。成仏するための因縁をつくる。方丈 二「額に阿字を書きて、ー・ば㊍しむるわざをなんせられける」訳（隆暁法印は、死者の）額に阿の字を書いて、成仏するための因縁を結ばせる善行をなさった。

お　オ

「お」は「於」の草体
「オ」は「於」の草体の偏

お-【御】(接頭)❶多く、名詞の上に付き尊敬の意を表す。「ー座」「ー前」「ー物」
❷中世以降、女性の名の上に付けて、尊敬・親愛の意を表す。「ーさいの局」

お【小・夫・丘・尾・牡・男・和・苧・峰・烏・麻・雄・緒】⇩を

お-あし【御足】(名)《女房詞》ぜに。おかね。〔浄・丹波与作待夜小室節〕「ー三筋、買ひたい物買やや」訳 おかねが三筋（＝三百文）ある。買いたいものを買えや。

お…あ・り【御…有り】（「御」と「有り」の間に動詞の連用形の名詞化した語が入って）お…になる。…なさる。〔謡・松風〕「あらうれしやあれに行平のお立ちある㊍が」訳 あらうれしいこと、あそこに（在原）行平がお立ちになっているが。
なりたち 尊敬の意を表す接頭語「御」＋…＋ラ変補助動詞「有り」

おい【老い】（名）❶年をとること。老いること。徒然 七四「身を養ひて何事をか待つ。期するところ、ただ―と死とにあり」訳 身体を養生して何事を待つのか（いや、何も待つことはない）。覚悟するところは、ただ老いることと死ぬこととである。
❷老人。〔蕪村句集〕蕪村「人老いぬ人また我を―と呼ぶ」訳 友人も年をとってしまった。（その）友人が、また私を年寄りと呼ぶ（ように私も年をとった）。

おい（感）「をい」に同じ。

おい【笈・生い・追い】⇩おひ

おい-おい（感）「をいをい」に同じ。

おい-かがま・る【老い屈まる】（自ラ四）{ら・り・る・る・れ・れ}年老いて腰が曲がる。源氏 若紫「―・り㊊て室の外にもまかでず」訳 年老いて腰が曲がって僧房の外にも出かけません。

おい-かけ【老い懸け・緌】（名）武官がかぶる巻纓の冠（＝纓を内側に巻いた冠）の左右両耳の上につけた飾り。馬の毛を扇形にひろげて作る。今昔 二六・三五「狗の耳垂れたるやうなる―をせさせて」訳 犬の耳が垂れたような老い懸けをつけさせて。

（おいかけ）

おい-くづほ・る【老い頽る】（自ラ下二）{れ・れ・る・るる・るれ・れよ}年老いてよぼよぼする。老いぼれる。枕 一六三「色好みの―・れ㊊たる」訳 好き者が老いぼれてしまったの（は、昔は昔として、今はどうしようもない）。

おい-ごゑ【老い声】（名）老い衰えた声。枕 四一「〔鶯は〕夏・秋の末まで―に鳴きて」

おい-さらぼ・ふ【老いさらぼふ】（自ハ四）{は・ひ・ふ・ふ・へ・へ}年老いてよぼよぼになる。徒然 一五二「むく犬の、あさましく―・ひ㊊て、毛はげたるをひかせて」訳（資朝卿は）むく毛の犬で、ひどく年老いてよぼよぼになって、毛が抜けているのを（人に）引かせて。

おい-しらふ【老い痴らふ】（自ハ四）{は・ひ・ふ・ふ・へ・へ}もうろくする。老いぼれる。源氏 賢木「―・へ㊋る人々うち泣きつつ愛で聞こゆ」訳 老いぼれている女房たちは泣きながら（光源氏を）おほめ申しあげる。

おい-し・る【老い痴る】（自ラ下二）{れ・れ・る・るる・るれ・れよ}もうろくする。老いぼれる。〔落窪〕「我は―・れ㊊て、おぼえもなくなりゆく」訳 私は老いぼれて、（宮中での）人望もなくなっていく。

おい-づ・く【老い就く】（自カ四）{か・き・く・く・け・け}❶老人になる。年をとる。万葉 一九・四二二〇「かく恋ひば―・く㊍吾が身けだし堪へむかも」訳（嫁いだ娘のことを）こんなにいとしく思っていたら、年老いていく私の身は、はたして堪えられるだろうか。
❷老人らしくなる。年寄りじみる。〔紫式部日記〕「心と―・き㊊、やつしてやみ侍りにし」訳（宮木の侍従は）自分から老け込んで、出家をして死んでしまいました。

おい-て【於て】〔漢文の「於」の訓読〕（上に格助詞「に」を伴い「において」の形で）❶場所を示す。…で。今昔 九・一四「冥途に―母を済ひてよみがへれること」訳 死後の世界で母親を救って生き返ったこと。
❷時間・事態を表す。…で。徒然 九二「何ぞ、ただ今の一念に―、直ちにすることの甚だ難き」訳 なんと、たった今の一瞬間において、（なすべきことを）すぐに実行することが大変難しいことか。
❸（下に「は」を伴って）仮定の意を表す。…の場合は。平家 一〇・請文「還幸なからんに―は、三種の神器いかでか玉体を放ち奉るべきや」訳（安徳）天皇の（京都への）お帰りがないような場合は、三種の神器をどうして天皇のおからだからお離し申しあげることができようか。

おい-なみ【老い並み・老い次】（名）年老いたころ。老境。万葉 四・五五九「事も無く生き来しものを―にかかる恋にもあれは会へるかも」訳 何事もなく生きてきたのに、年老いた今になってこんな（つらい）恋にも私は出会ったことよ。

おいぬれば… 和歌

> 老いぬれば　さらぬ別れも　ありといへば
> いよいよ見まく　ほしき君かな
> 〈古今・一七・雑上・九〇〇・よみ人しらず〉〈伊勢・八四〉

訳 年をとってしまうと、（だれもが）避けることのできない（死の）別れもあるというので、ますます会いたいあなたですよ。
文法「見まく」の「まく」は、推量の助動詞「む」のク語法で「（会う）であろうこと」の意。
解説 在原業平が宮仕えが多忙で訪れなかったとき、離れて暮らす母親から、至急の用だといって陰暦十二月に贈ってきた歌。翌一月になれば、年齢が一つ加わり、年老いた母にとっては、それだけわが子との死別の時が近づく。「伊勢物語」では「古今集」の詞書とほぼ似た小話になっているが、こちらは業平が一人っ子であったことになっており、母の気持ちはいっそうせつなさを増す。第二句も「さらぬ別れの」となっている。

おい-の-かたうど【老いの方人】老人の味方として頼りになる人。世間に老人の価値を認めさせる人。徒然 一六八「『この人ののちには、誰にか問はん』など言はるるは、―にて、生けるもいたづらならず」訳「この人の（死んだ）後には、だれに尋ねようか」などと（他人から）言われるのは、老人の味方として頼りになる人であって、生きていることも無駄ではない。

笈の小文（おいのこぶみ）⇩笈の小文

おい-の-つもり【老いの積もり】（毎年、年を積み重ねることによって）非常に年をとったこと。老齢。〔増鏡〕北野の雪「御返しを忘れたるこそ、―も、うたて口惜しけれ」訳 御返歌を忘れてしまったのは、老齢（のせい）で、ひどく情けないことだ。

おい-の-なみ【老いの波】（年の寄るのを岸に寄せる波にたとえて、または顔のしわを波にたとえて）年をとること。老いの迫ってくること。今昔 二八・三〇「『―にいみじきわざかな』と、嘆くこと限りなし」訳「年をとっているのにひどい目にあうものだ」と、嘆くことこのうえもない。

おい-の-ねざめ【老いの寝覚め】老人が夜半、目を覚ましやすいこと。また、その目覚めたとき。〔方丈〕三「埋み火をかきおこして、ーの友とす」訳灰にうずめてある炭火を掘り出して(その火にあたり)、老人(である私)が夜半目を覚ましてしまったときの友とする。

おい-ば-む【老いばむ】(自マ四)〔ま・み・む・む・め・め〕〔「ばむ」は接尾語〕年寄りじみる。年寄りっぽくなる。〔枕〕二六「ー・みたる者こそ、火桶のはたに足をさへもたげて、もの言ふままにおしすりなどはすらめ」訳年寄りじみた人に限って、火鉢のふちに足まで持ち上げて、話をしながら(足を)こすったりなどはするようだ。

おい-びと【老い人】(名)「おいひと」とも。年をとった人。老人。〔徒然〕一三「大方、聞きにくく見苦しき事、ーの若き人に交はりて、興あらんと物言ひゐたる」訳総じて、聞きづらくみっともないことは、老人が若い人の仲間に入って、おもしろくしようと何か言っているようす。

お-いへ【御家】(名)❶大名や身分の高い人の家に対する敬称。お屋敷。〔浄・丹波与作待夜小室節〕「武家の作法といふ内に、殊にーは御法度きびしく」訳武家の作法(は厳しい)という中でも、とりわけ(このお屋敷)はお定めが厳しく。❷座敷。客間。❸他人の妻に対する敬称。おかみさん。奥さん。〔東海道中膝栗毛〕「ーはどうぢゃいな。痛み所はえいかいな」訳おかみさんはどうだね。痛い所はよくなったかね。

おいへ-りう【御家流】(名)書体の流儀の名。鎌倉時代、伏見天皇の皇子の尊円法親王が創始。江戸時代の公文書はこの書体に限られた。青蓮院流。

(おいへりう)

おい-ほ-る【老い惚る】(自ラ下二)〔れ・れ・る・るる・るれ・れよ〕「おいぼる」とも。老いぼれる。もうろくする。〔栄花〕もとのしづく「殿あさましくー・れ(用)給ひて」訳殿(=顕光)はひどく老いぼれなさって。

おい-らか(形動ナリ)〔なら・なり(に)・なり・なる・なれ・なれ〕❶(人の態度・動作・性格などが)**すなおでおっとりしている。おだやかである。**〔源氏〕夕顔「『いかでか』といとー・に(用)言ひて居たり」訳(夕顔は)「どうして(行けようか)。突然すぎるだろう」と、たいそうおっとりと言って座っている。〔文法〕「いかでか」のあとには「移らむ」などの結びが省略されている。❷**あっさりしている。率直である。**〔竹取〕貴公子たちの求婚「ー・に(用)、あたりよりだにな歩きそ、とやはのたまはぬ」訳率直に、この付近をぶらぶら歩くことさえするな、と(どうして)おっしゃらないのか。〔文法〕「な(副詞)…そ(終助詞)」の形で禁止の意を表す。「やは」は、疑問の係助詞。

類語パネル

●共通義　穏和であるさま。

おいらか	人に対して穏和・平静であるさま。
おほどか	(世馴れず)おっとりとしているさま。

おいらく【老いらく】(名)〔上二段動詞「老ゆ」のク語法「おゆらく」の転〕年をとること。老年。〔古今〕賀「桜花散りかひくもれーの来むといふなる道まがふがに」訳→さくらばな…〔和歌〕

おう【奥・鶯・鸚】⇩あう

おう【押】⇩あふ

おう【生う・負う・追う】⇩おふ

おう【王・尪・往・黄・横】⇩わう

おう【終う】⇩をふ

おう-おう(感)〔「をうをう」とも書く〕❶応答のときに発する語。はいはい。おお。〔句兄弟〕去来「ーといへど敲くや雪の門」訳→おうおうと…〔俳句〕❷感動、または泣き叫ぶ声。わあわあ。おいおい。〔おらが春〕「読み終はりて、ーと泣かれけるとかや」訳読み終わって、おいおいとお泣きになったとかいうことである。

おうおうと…〔俳句〕

> 応々と　いへど敲くや　雪の門　冬
> 〈句兄弟・去来〉

訳(雪の夜、門をたたく音がして、それに答えて)はいはいと答えるが門の外の人は聞こえないと見えて)なおもとんとんとたたいている雪の門であるよ。(雪(冬)。切れ字は「や」)

おうぎ【扇】⇩あふぎ

おう-ご【擁護】(名・他サ変)《仏教語》仏・菩薩などが衆生の祈願に応じて守ること。加護。〔平家〕六・入道死去「神明三宝の威光も消え、諸天もー・し(用)給はず」訳神仏の威光も消え、天の神々も(平清盛を)お守りにならない。

おうさきるさ⇩あふさきるさ

往生要集⇩往生要集

おうな【老女・嫗】(名)〔「おみな」の転〕老女。老婆。〔大鏡〕序「うたてげなる翁二人、ーといきあひて、同じ所に居ぬめり」訳異様な感じのする老翁二人と、老女とが出会って、同じ場所に座ったようだ。⇩大鏡「名文解説」・女「類語パネル」。↔翁

おうなおうな⇩あふなあふな

おうぼう【王法】⇩わうぼふ

おうよる【奥寄る】⇩あうよる

おうりょうし【押領使】⇩あふりやうし

おお【大・凡】⇩おほ

大海人皇子⇩大海人皇子

大鏡⇩大鏡

おおけなし⇩おほけなし

おおし【雄雄し】⇩ををし

おおじ【大路・祖父】⇩おほぢ

凡河内躬恒⇩凡河内躬恒

おおす【仰す・果す・生おす・負おす・課す】⇩おほす

おおどか⇩おほどか

おおどる⇩おほどる

太安万侶⇩太安万侶

おおやけ〖公〗⇩おほやけ

おおらか〖多らか〗⇩おほらか

おおる〖撓る〗⇩ををる

おおん〖大御・御〗⇩おほん

おか〖丘・岡〗⇩をか

おか-さま（名）《近世語》【「おかかさま」の略とも、また「おかたさま」の略とも】商家などで、他人の妻の敬称。おかみさん。多く、上方で用いられた。〔浄・冥途の飛脚〕「むむ忠三殿に―はなかったが」

おかし ⇩をかし

おかす〖犯す・侵す・冒す〗⇩をかす

お-かた【御方】（名）❶他人の敬称。お人。平家 六・紅葉「はばかしうたちやどらせ給ふべき親しい―もましまさず」訳（主人の女房には）頼りになり宿をおとりになれることのできる親しいお人もいらっしゃらない。❷貴人の妻の敬称。奥方様。源氏 総角「―はとみにも見給はず」訳 奥方様（＝中の君）は（手紙を）すぐにはご覧にならない。❸庶民の妻の敬称。お内儀。おかみさん。

おき【沖】（名）❶海や湖または川の、岸から遠く離れた水面。徒然 一五五「―の干潟はるかなれども、磯より潮の満つるがごとし」訳（死の到来は）沖の干潟はずっと遠くだけれども、（いつの間にやら）磯より潮が満ちてくるのに似ている。❷（「沖を深めて」の形で比喩的に）心の中。心の奥。

> **図解学習**「おき」と「へ」
> 沖つ風・沖つ島・沖つ波・沖つ藻など、海や湖または川の、岸から遠く離れた水上の場所が「おき」で、辺つ波・辺つ藻の「へ」が海辺・岸辺である。「海原の辺にも沖にも」〈万葉 五・八九四〉のように対照的に用いることが多い。

おき【熾・燠】（名）【「熾火」の略】❶赤くおこった炭火。おき火。❷薪などが燃え終わって炭のようになったもの。

隠岐（おき）『地名』旧国名。山陰道八か国の一つ。今の島根県北方の隠岐諸島。古くは流刑の地。隠州。

おぎ〖荻〗⇩をぎ

おき-あか・す【起き明かす】（他サ四）{さ・し・す・す・せ・せ}一晩じゅう眠らないで夜を明かす。源氏 浮舟「昨夜もすずろに―・し用てき」訳（私＝右近は）昨夜もなんということなしに眠らずに夜を明かしてしまった。

おき-あげ【置き上げ】（名）彫り物や蒔絵などで、模様を地よりも高く盛り上げる方法。〔浮・西鶴諸国ばなし〕「中にはもろもろの羅漢を彩色、金銀の―」訳（この太鼓は）内側には多くの阿羅漢（の絵）を色をつけて描き、金銀泥の盛り上げ（をしてあり）。

おき-あま・る【置き余る】（自ラ四）{ら・り・る・る・れ・れ}置ききれないほどいっぱいある。徒然 四四「心のままに茂れる秋の野らは、―・る体露に埋もれて」訳 思いのままに茂っている秋の野原（のような庭）は、置ききれないほどいっぱいある露に埋まって。

おき-い・づ【起き出づ】（自ダ下二）{で・で・づ・づる・づれ・でよ}起きあがって寝所から出る。起き出る。源氏 帚木「とりも鳴きぬ。人々―・で用て」訳 鶏も鳴いた。人々（＝光源氏の供人ら）は起き出して。

おき-さ・く【沖放く】（自カ下二）{け・け・く・くる・くれ・けよ}【「さく」は離れる意】沖の方に遠ざかる。岸から離れる。万葉 二・一五三「いさなとり近江の海を―・け用て漕ぎ来る船」訳 近江の海（＝琵琶湖）を遠く岸から離れて漕いでくる船よ。（「いさなとり」は「海」にかかる枕詞）

おき-そは・る【置き添はる】（自ラ四）{ら・り・る・る・れ・れ}（露や霜などが）その上にさらに置き加わる。古今 恋一「夕さればいとど干がたき我が袖に秋の露さへ―・り用つつ」訳 夕方になると（涙で）いよいよ乾きにくくなる私の袖に、秋の露までもがさらに置き加わることだ。

おき-そ・ふ【置き添ふ】■（自ハ四）{は・ひ・ふ・ふ・へ・へ}さらに置き加わる。源氏 御法「いにしへの秋さへ今の心地して濡れにし袖に露ぞ―・ふ体」訳（葵の上の亡くなった）昔の秋のことまでが今のことのような心地がして、（紫の上の死を悼み）涙に濡れてしまった袖に（葵の上の思い出の）露のような涙がさらに置き加わる。■（他ハ下二）{へ・へ・ふ・ふる・ふれ・へよ}さらに置き加える。源氏 桐壺「いとどしく虫の音しげき浅茅生に露―・ふる体雲の上人」訳 →いとどしく…和歌

おき・つ【掟つ】（他タ下二）{て・て・つ・つる・つれ・てよ}❶予定する。計画する。取り決める。源氏 幻「世のはかなく憂きを知らすべく、仏などの―・て用給へる身なるべし」訳 世がはかなくつらいことを知らせようと、仏などが取り決めなさった（私＝光源氏の）身の上なのだろう。❷指図する。命令する。徒然 一〇九「高名の木のぼりといひしをのこ、人を―・て用て、高き木にのぼせて梢を切らせしに」訳 有名な木登りと評判だった男が、人を指図して、高い木に登らせて梢を切らせたときに。❸取りはからう。管理する。源氏 桐壺「この御子生まれ給ひて後は、いと心ことにおもほし―・て用たれば」訳 この御子（＝光源氏）がお生まれになってからは、（桐壺帝は母君を）たいそう格別にお思いになり取りはからっているので。

おき-つ【沖つ】（連体）【「つ」は「の」の意の上代の格助詞】沖の。沖にある。新古 春上「入る日をあらふ―白波」訳 沈む夕日を洗う（ような）沖の白波よ。「―島」↕辺つ櫂

おきつ-かい【沖つ櫂】（名）沖を漕ぐ船のかい。↕辺つ櫂

おきつ-かぜ【沖つ風】（名）沖を吹く風。万葉 七・一二一九「和歌の浦に白波立ちて―寒き夕へは大和し思ほゆ」訳 和歌の浦に白波が立って、沖を吹く風が寒く感じられる夕方は大和（奈良県）のことが思い出される。↕辺つ風

おき-づきん【置き頭巾】（名）江戸時代、男子がかぶった頭巾。布を四角にたたんで頭に置いたもの。江戸時代の末には丸頭巾、ほうろく頭巾をさした。

おきつ-しま【沖つ島】（名）沖のほうにある島。

おきつ-しまもり【沖つ島守】（名）沖の離れ小島にいる番人。土佐「わが髪の雪と磯辺の白波といづれま

されり―」訳→わがかみの…和歌

おきつ-しらなみ【沖つ白波】(名)沖に立つ白い波。古今 雑下「風吹けば―たつた山夜半にや君がひとり越ゆらむ」訳→かぜふけば…和歌

参考「白波が立つ」という連想から「立田山」の序詞、「しら」と同音であることから「知らず」の序詞となる。

おきつ-す【沖つ州】(名)沖にある砂州。万葉 一四・三三四八「夏麻引く海上潟の―に船はとどめむさ夜更けにけり」訳 海上潟(=地名)の沖にある砂州に(私たちの)船はとめよう。夜が更けてしまったことよ。(「夏麻引く」は「海上」にかかる枕詞)

おきつ-たまも【沖つ玉藻】(名)沖の海中に生えている美しい海藻。万葉 七・一一六八「今日もかも―は白波の八重折るが上に乱れてあらむ」訳 今日もまた、沖に生えている美しい海藻は、白波が幾重にも折り重なる上に乱れているだろうか。

おきつとり【沖つ鳥】《枕詞》沖にいる鳥の意で「鴨」、地名「味経」にかかる。〔記〕上「―鴨どく(=鴨の寄りつく)島に」。万葉 六・九二八「―味経の原に」

おきつ-なみ【沖つ波】(名)沖の波。万葉 一五・三五八三「真幸くて妹が斎はば―千重に立つとも障りあらめやも」訳 無事でとあなたが物忌みして(私のことを)祈ってくれたら、沖の波が幾重に立ってもさわりがあるだろうか(いや、あるはずがない)。↔辺つ波・辺波

おきつなみ【沖つ波】《枕詞》沖の波がうねるさまから、「頻く」「競ふ」「撓む」「たかし」などにかかる。一説に、比喩とも。万葉 二・二五九六・或る本の歌「―しきてのみやも」。万葉 一九・四二二〇「―とをむ眉引き」

おきつ-も【沖つ藻】(名)沖の海底に生えている藻。↔辺つ藻

おきつもの【沖つ藻の】《枕詞》沖の藻が波に隠れ、なびくところから、隠れる意の「なばる」、また「なびく」にかかる。万葉 一・四三「―名張の山を」。万葉 二・二〇七「―なびきし妹は」

おきて【掟】(名)[下二段動詞「掟つ」の連用形から]

❶きまり。規則。規範。徒然 一五〇「その人、道の―正しく、これを重くして放埒せざれば」訳 その人が、その道の規範を正しく守り、これを重んじて気ままにふるまうことをしないといつも。

❷処置。取り決め。指図。命令。大鏡 時平「帝の御―、きはめてあやにくにおはしませば」訳 (醍醐)天皇の御処置が、きわめて厳しくていらっしゃるので。

❸心がまえ。心ばえ。源氏 橋姫「心深く思ひすまし給へるほど、まことの聖の―になむ見え給ふ」訳 心底から(仏道修行に)専念していらっしゃる(八の宮の)ようすは、真実の聖の心がまえとお見えになる。

❹あり方。形態。配置。源氏 少女「水のおもむき、山の―を改めて」訳 遣り水の風情や築山の形態を改めて。

おき-どころ【置き所・置き処】(名)置き場所。特に、身や心の置き場所。身のふり方。古今 恋四「頼めこし言の葉今は返してむ我が身ふるれば―なし」訳 (あなたが私に)頼みに思わせてきた手紙を、もう今は返してしまおう。私の身は年老いているので、身の置き場所もなく、手紙も置いておく意味がない。(「置き所」に「身の置き場所」と「手紙の置き場所」の意をかける)

参考 多く、下に打消の「なし」などを伴って用いる。

おきな【翁】(名)❶年とった男。老人。〔霊異記〕「この二人の―・嫗、駆ひ使ふにたよりあらず」訳 この二人の老人と老女は、追い使おうにも頼りにならない。↔老女・嫗・媼

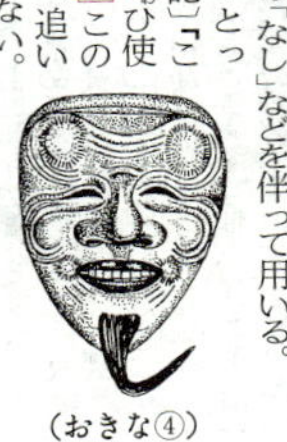
(おきな④)

❷老人が自分を謙遜していう語。じじい。竹取 貴公子たちの求婚「―の申さむことは聞き給ひてむや」訳 (このじじいの申し上げるようなことは承諾してくださらないか。

文法「申さむこと」の「む」は、仮定・婉曲の助動詞。「てむや」は相手に同意を求める意。また、勧誘する意。

❸老人を親しみ敬っていう語。大鏡 序「『いくつといふこと、おぼえず』といふめり。この―どもはおぼえたぶや」訳 (あなたは)「いくつということを覚えていない」と言うようだ。(では)こちらの御老人は覚えていらっしゃるか。文法「いふめり」の「めり」は、婉曲の助動詞。「ども」は親しみ

古語ライブラリー⑨ 生活の中の「いろは歌」

「いろは歌」は、たいそう広く親しまれた。

かつては劇場の座席番号などが「い1・い2・い3…、ろ1・ろ2・ろ3…、は1・は2・は3…」などと示されている例が見られた。一九四五年以前は「五十音順」よりも「いろは順」のほうがふつうに用いられていた。

天養年間から治承年間まで、一一四四年から一一八一年までの長期にわたって増補成立したと推測される橘忠兼編『色葉字類抄』は、語を最初の音によっていろは順に四十七部に分け、さらに意味によって二十一門に分類して、あてるべき漢字とその用法を示した辞書で、「いろは歌」がものの順序を表すのに用いられた古い時代の実例の一つである。

中世のクイズの古典『なぞだて』(一五一六)には、「ろはにほへと」とかけて「いはなし(岩梨)」と解くなぞや、また「さきをれかむな(先折れ鉋)」と解くなぞや、「いろはならへ」とかけて「かむなかけ(仮名書け→鉋掛け)」と解くなぞ、「にがみにがみゆがみ」とかけて「ははきぎ(箒木)」と解くなぞ(「いろは歌」で「に」の上には「は」、「ゆ」の上には「き」がある)などが収められている。「いろは歌」が仮名の習得に用いられ、広く親しまれたことを示すものであろう。

寛延元年(一七四八)初演の浄瑠璃「仮名手本忠臣蔵」の「仮名手本」は、手習いの手本として用いられていた「いろは歌」をさす。いろは四十七字に四十七士を響かせ、しかも七字ずつ唱えた行末「とかなくてしす」が「咎無くて死す」の意であると見たものだという。

また、「いとうり(糸瓜)」は語頭の「い」が脱落して「とうり」という名で呼ばれたが、「と」がいろは歌の「へ」と「ち」の間に位置するので「へちまうり」としゃれたのだといわれる。

を表す語。❹能楽の曲名。老人の面をつけ、能楽の最初に式典として行う演目。また、それに用いる面。

おきな-さ・ぶ【翁さぶ】(自バ上二)｛び・び・ぶ・ぶる・ぶれ・びよ｝「「さぶ」は接尾語」老人らしくふるまう。老人らしくなる。伊勢 一一四「―・び用人などがめそ狩衣(かりごろも)今日ばかりとぞ田鶴(たづ)も鳴くなる」訳(私が)老人らしくふるまい(それを)、人々よ、とがめてくれるな。狩衣(を着てお供するの)も今日が最後、鶴も今日限り(の命)と鳴いているようだ。

おきな・ぶ【翁ぶ】(自バ上二)｛び・び・ぶ・ぶる・ぶれ・びよ｝「「ぶ」は接尾語」年寄りじみる。老人らしくなる。源氏 常夏「何となく―・び用たる心地して、世間の事もおぼつかなしや」訳(私=光源氏も)なんだか年寄りじみた気持ちがして、世の中の出来事も不案内なことだよ。

おきのり-わざ【賖り業】(名)「おぎのりわざ」とも。代金は後払いの約束で物を買うこと。掛け買い。土佐「そらごとをして、―をして、(以来)代金も持って来ず」訳うそをついて、掛け買いをして、(以来)代金も持って来ないし。

おき-ふし【起き臥し】■一(名)起きたり寝たりすること。〔狭衣物語〕「―につけて、物のみ恐ろしう思(おぼ)いたるを」訳起きたり寝たりすること(=日々の生活)につけても、なんとなく恐ろしくお思いになってばかりいるのを。■二(副)寝ても覚めても。たえず。源氏 手習「ただ、このことを―おぼす」訳(薫(かおる)は)ただこのこと(=浮舟(うきふね)のこと)を寝ても覚めても考えていらっしゃる。

おき-ふ・す【起き臥す】(自サ四)｛さ・し・す・す・せ・せ｝起きたり寝たりする。古今 恋二「―・し用夜は寝(い)こそ寝(ね)られね」訳(あの人に会えない苦しさで)起きたり寝たりし、夜は安眠できないことだ。

おき-へ【沖辺・沖方】(名)沖のほう。沖の辺り。万葉 一五・三六四八「海原(うなはら)の―にともし漁(いざ)る火は明かしてともせ大和島(やまとしま)見む」訳広い海の沖のほうでともして漁をする火は明るくしてともせ。(その明かりで)大和の国(奈良県)の山々を見よう。

おき-まどは・す【置き惑はす】(他サ四)｛さ・し・す・す・せ・せ｝❶(露や霜などが)降りて、他と区別がつきにくいようにする。古今 秋下「心あてに折らばや折らむ初霜の―・せ已る白菊の花」訳→こころあてに…和歌 ❷どこかに置き忘れて見失う。源氏 夕顔「鍵を―・し用侍りて、いと不便(ふびん)なるわざなりや」訳鍵をどこかに置き忘れて見失いまして、たいそう困ったことであるよ。

おき-まよ・ふ【置き迷ふ】(自ハ四)｛は・ひ・ふ・ふ・へ・へ｝置き場所に迷うほど、露や霜がおびただしく置く。また、(露や霜が)降りたのかと見誤られる。新古 秋下「霜を待つ籬(まがき)の菊の宵のまに―・ふ体色は山の端(は)の月」訳霜(の降りるの)を待っている垣根の菊の花の、宵のうちに(その霜が)降りたのかと見誤られる色は、山の端に昇る月の光であるよ。

おきゃあがれ《近世江戸語》相手の動作をあざけってやめさせるときに言う語。やめてくれ。よせやい。〔伎・名歌徳三舛玉垣〕「『―』と文蔵と有右衛門を突き倒す」

お-ぎゃう【御形】(名)「ごぎゃう(御形)」に同じ。春

荻生徂徠(おぎゅう そらい)⇒荻生徂徠(をぎふそらい)

おき-わづら・ふ【置き煩ふ】(他ハ四)｛は・ひ・ふ・ふ・へ・へ｝置き方に迷う。〔去来抄〕先師評「下(しも)を冬の月、霜の月、―・ひ用侍るよし聞こゆ」訳下の句を冬の月・霜の月(のどちらにするか)で、置き迷っておりますとのことを申し上げる。

おき・ゐる【起き居る】(自ワ上一)｛ゐ・ゐ・ゐる・ゐる・ゐれ・ゐよ｝起きて座っている。眠らずに起きている。枕 八七「夜も―・ゐ用て言ひなげけば、聞く人、ものくるほしと笑ふ」訳夜も起きて座っていてあれこれ言って嘆くと、(そばで)聞く人が、気がふれたようだと笑う。

おく【奥】(名)❶内部に深くはいった所。〔千載〕雑中「世の中よ道こそなけれ思ひ入る山の―にも鹿ぞ鳴くなる」訳→よのなかよ…和歌 ❷**奥の間**。枕 九六「客人(まらうど)などにあひてものいふに、―の方(かた)にうちとけごとなどいふを」訳客などに会って何か話しているときに、奥の間のほうであけすけな話などをするのを。❸貴人の妻の住む所。また、貴人の妻の敬称。〔浮・好色一代女〕「この―の姿を見るに、京には目なれず」訳この奥様の容姿を見ると、都では見なれない(ほど不器量だ)し。❹物事の終わり。最後。また、書物や手紙の終わり。大和 四「よろづの事ども書きもていきて、月日など書きて―の方(かた)にかくなむ」訳(近江(おうみ)の守(かみ)公忠(きんただ)の手紙には)いろいろな事を書き続けていって、月日などを書いて、(その)最後のほうにこのように(歌が書いてあった)。❺**心の奥**。心に深く秘めていること。源氏 紅梅「心ばへありて、―推し量らるるまみ、額つきなり」訳(真木柱(まきばしら)の子の若君は)才気があって、(その)奥深さが推察される目元や額のようすである。❻将来。行く末。万葉 一四・三四一〇「伊香保(いかほ)ろの岨(そひ)の榛原(はりはら)ねもころに―をなかねそ現在(まさか)し善(よ)かば」訳伊香保の山の斜面の榛原ではないが、こまごまと行く末のことを心配するな。今さえよいならば。(第二句までは「ねもころに」を導きだす序詞)。文法「な(副詞)…そ(終助詞)」の形で禁止の意を表す。❼「陸奥(みちのく)」の略。**奥州**。細道 芭蕉「風流の初めや―の田植ゑうた」訳→ふうりうの…俳句

お・く【起く】(自カ上二)｛き・き・く・くる・くれ・きよ｝❶**眠りからさめる。めざめる。寝所から起き出る**。古今 恋三「―・き用もせず寝もせで夜をあかしては春のものとてながめ暮らしつ」(伊勢・二にも所収)訳(恋しさで)起きもせず眠りもしないで一夜を明かしては、(今日は)春の景物だということで、長雨に降りこめられ物思いにふけって日を暮らしたことだ。(「ながめ」は「長雨」と「眺め」との掛詞) ❷横になっていたものが立ちあがる。源氏 末摘花「松の木のおのれ―・き用かへりて」訳(雪の重みでたわんだ)松の木がひとりでに立ちあがり(もとの姿に)戻って。❸眠らずにいる。源氏 桐壺「ともし火をかかげ尽くして―・き用おはします」訳(桐壺帝は)灯火を終わりまでかき立てて、(深夜を過ぎても)眠らずにいらっしゃる。

お・く【置く】■一(自カ四)｛か・き・く・く・け・け｝霜や露が降りる。万葉 一五・三六九九「秋されば―・く体露霜にあへずして都の山は色づきぬらむ」訳秋がやって来たので、降りる露霜にたえきれないで、都の山はきっと紅葉してしまっているであろう。■二(他カ四)｛か・き・く・く・け・け｝❶その位置に置く。据える。設け

る。平家 九・木曾最期「黄覆輪の鞍ー・い用（イ音便）てぞ乗ったりける」訳（義仲は木曽の鬼葦毛という馬に）黄覆輪の鞍を据えて乗っていたのだった。

❷**そのままにする。**あとに残す。徒然 二二四「少しの地をもいたづらにー・か未んことは、益なきことなり」訳少しの（空いている）土地をもむだにそのままにしておくようなことは、無益なことである。文法「おかんこと」の「ん」は、仮定・婉曲の助動詞。

❸**除く。さしおく。**万葉 五・八九二「我をー・き用て人はあらじと誇ろへど」訳→かぜまじり…和歌

❹**心に隔てをおく。気がねをする。**徒然 三七「ともある時、我に心ー・き用、ひきつくろへるさまに見ゆるこそ…なほげにげにしく、よき人かなとぞおぼゆる」訳（親しい人が）ちょっとしたとき、私に気づかいをし、改まったようすに見えるのは…やはり実直で、教養のある人だなと思われる。文法 係助詞「こそ」の結びは「よき人なれ」とでもあるべきところを、「かな」が付いたため消滅している。

❺時間的・空間的に間をおく。隔てる。万葉 一五・三七八五「霍公鳥間しましー・け命」訳ほととぎすよ、（鳴く）間をしばらくおけ。

□三（補動カ四）{か・き・く・く・け・け}（動詞の連用形に助詞「て」の接続したものに付いて）あらかじめ…する。かねて…（て）おく。徒然 九六「見知りてー・く終べし」訳（草の薬効について）かねて見知っておくとよい。

おく【招く】⇩をく

おく-か【奥処】（名）（「か」は接尾語）❶奥深い所。果て。万葉 五・八八六「常知らぬ国のーを百重山越えて過ぎ行き」訳今まで見知らぬ国の奥まった所を、たくさんの山々を越えて過ぎ行き。

❷将来。行く末。万葉 一七・三八九六「家にてもたゆたふ命波の上に浮きてし居ればー知らずも」訳家にいても不安なわが身、（まして）波の上に浮いているので、将来のことがわからないことよ。

おく-ざま【奥様】（名）奥のほう。源氏 末摘花「ーへゐざり入り給ふさま、いとうひうひしげなり」訳（末摘花が）奥のほうへ座ったまま膝で移動しお入りになるようすは、たいそう物慣れない感じである。

おく-じゃうるり【奥浄瑠璃】（名）天正・文禄・慶長（一五七三—一六一五）のころ、仙台地方に伝えられた古浄瑠璃系の語り物。琵琶や扇拍子に合わせて語った。仙台浄瑠璃。御国浄瑠璃。

おく・す【臆す】（自サ変）{せ・し・す・する・すれ・せよ}気おくれがする。大鏡 道長上「つぎにぞ帥殿射給ふに、いみじうー・し用給ひて、御手もわななくけにや、的のあたりにだに近くよらず」訳次に帥殿（＝伊周）が射なさるのに、ひどく気おくれしなさって、お手もふるえるせいであろうか、（矢が）的のあたりにさえも近く寄らずに。

おく-だか・し【臆高し】（形ク）{から・く（かり）・し・き（かる）・けれ・かれ}とても臆病である。気が小さい。源氏 少女「ー・き体者どもは、ものもおぼえず」訳気が小さい者たちは、どうしてよいかわからず。

おく-つ-かた【奥つ方】（名）（「つ」は「の」の意の上代の格助詞）奥のほう。更級 かどで「あづまぢの道のはてよりも、なほーに生ひ出でたる人」訳東国路の終点（である上総の国）よりも、もっと奥のほう（である常陸の国）で育った人（である私）は。⇩更級日記「名文解説」

おく-つ-き【奥つ城】（名）《上代語》（「つ」は「の」の意の上代の格助詞。奥まった場所にある区域の意）神や霊のおさまり鎮まっている所。墓。万葉 九・一八〇七「波の音の騒く湊のーに妹が臥やせる」訳波の音が騒ぐ河口の墓に、あの娘（＝投身した真間の手児奈）が横たわっていらっしゃる。

おく-つゆ-の【置く露の】露の性質・状態から、「消え」「いのち」などを導く序詞の末尾を構成する。「消」万葉 一二・三〇四一「朝な朝な草の上白くー消なば共にといひし君はも」訳朝ごとに草葉の上に白く降りる露のように、もし消えてしまうのならばいっしょにと言ったあなたよ。

おくつゆの【置く露の】《枕詞》露の性質・状態から「たま」「かかる」などにかかる。〔玉葉〕恋一「ー玉つくり江に」。〔後撰〕恋三「ーかかるものとは思へども」

おく-て【奥手・晩生】（名）❶おそく実る稲。晩稲。秋。古今 哀傷「朝露のーの山田かりそめにうき世の中を思ひぬるかな」訳朝露の置く晩稲の山田を刈りはじめているが、（私は）かりそめのものと、このつらく悲しい世の中を思うようになったよ。（第二句までは「かりそめに」を導きだす序詞。「おくて」の「おく」は「置く」との、「かりそめ」は「刈り初め」と「仮初め」との掛詞）。↔早稲

❷時節おくれに咲く草木。万葉 八・一五四八「咲く花もをそろはいとはしーなる長き心になほしかずけり」訳咲く花も早咲きはいやだ。時節おくれに咲く草木の花のような気長な心には、やはり及ばないことだ。

おくとみる…和歌

〔置く〕
おくと見る　程ぞはかなき　ともすれば
〔起く〕
風に乱るる　萩の上露
〈源氏・御法〉

訳置いたと見るのもつかの間で、どうかするとすぐ風に乱れる萩の上の露。そのように私が起きていられるのもわずかの間で、すぐに消え果ててしまうはかない命です。修辞「おく」は、露が「置く」と「起く」との掛詞。

解説 死の床に伏した紫の上が、つかの間起きあがって、風が吹き付ける秋の庭を見ながら詠んだ歌。「露」には、はかなく消えそうな紫の上自身の命の意をこめる。

おく-ねん【憶念・臆念】（名）心に深く思いこんで忘れないこと。執念。平家 三・赦文「宇治悪左府のー」訳（物の怪の正体は）宇治悪左大臣（＝藤原頼長）の執念。

おく-の-て【奥の手】（名）❶（古代では右よりも左を尊んだことから）左の手。たいせつな手。一説に、かいな・二の腕の意とも。万葉 九・一七六六「吾妹子は釧にあらなむ左手のあがーに纏きて去なましを」訳私の妻が釧（＝腕輪）であったらいいなあ。左手である私のたいせつな手に巻きつけて行こうものを。

❷奥義。秘訣。とっておきの手段。切り札。

おくのほそ道（おくのほそみち）『作品名』江戸前期の俳諧紀行文。松尾芭蕉作。元禄十五年（一七〇二）刊。元禄二年（一六八九）三月江戸をたち奥州・北陸をへて、九月大垣

に至る六百里(=約二四〇〇キロメートル)、五か月余りにわたる旅の記録。この旅によって、芭蕉は句境に一段の深まりを見せた。文章も簡潔でこの種の紀行文中の傑作といわれる。⇩付録「古典文学参考図」

冒頭文 月日は百代の過客にして、行きかふ年もまた旅人なり。舟の上に生涯をうかべ、馬の口とらへて老いをむかふる者は、日々旅にして旅を栖とす。訳 月日は永遠に旅を続ける旅人(のようなもの)であり、(毎年)去っては来、来ては去ってゆく年も、また旅人(のようなもの)である。舟の上で一生をすごし(ている船頭や)、馬の口縄を取って老いをむかえる者(=馬子)は、毎日の生活が旅であって、(いわば)旅を自分の住む場所としている。

名文解説 李白「春夜に桃李園に宴する序」の「夫れ天地は万物の逆旅(=宿屋)なり、光陰(=時間)は百代の過客なり」〈古文真宝後集〉をふまえる。人の生涯を旅とするなら、この世に生きるすべての人が旅人である。芭蕉は、過ぎ行く時間や季節さえ旅人ととらえ、千住の旅立ちの発句(→ゆくはるやとりなき…俳句)に「行く春」、終着地大垣から再び旅立つ発句(→はまぐりの…俳句)に「行く秋」の季語を配している。

おく-びゃう【臆病】(名・形動ナリ)少しのことにもびくびくすること。また、そのさま。気おくれ。平家 九・木曽最期「それは御方に御勢が候はねば、ーでこそさはおぼしめし候へ」訳 それ(=鎧)が重く感じられることは、味方に御軍勢がございませんので、気おくれのためそのようにはお思いになるのでございます。

おく-ふか-し【奥深し】(形ク){から・く(かり)・し・き(かる)・けれ・かれ}❶奥まっている。奥深い。徒然 四三「賤しからぬ家の、ーく(用)、木立ものふりて」訳 身分の低くない家で、奥深く、木立もなんとなく古くなって。
❷深みがあって心ひかれる感じである。思慮深い。意味深長である。枕 四九「なほーき(体)心ざまを見知りたれば」訳 (私は)やはり深みがあって心ひかれるような(行成の)性質を理解しているので。

おく-ま-る【奥まる】(自ラ四){ら・り・る・る・れ・れ}❶奥に引っこんでいる。奥の間にひきこもっている。蜻蛉 下「ーり(用)たる女らの」訳 奥の間にひきこもっていた女たちが。
❷奥ゆかしい。深いたしなみがある。源氏 花宴「心にくくーり(用)たるけはひは立ちおくれ、いまめかしき事を好みたるわたりにて」訳 (右大臣家は)上品で奥ゆかしくてあるようすは劣り、当世風のことを好んでいる家なので。
❸ひかえめである。内気である。〔和泉式部日記〕「ふるめかしうーり(用)たる身なれば」訳 古風でひかえめである性質なので。

おく-やま【奥山】(名)人里離れた奥深い山。深山。徒然 八九「ーに、猫また(=年とった猫の化け物)といふものありて」。↔外山・端山

おくやまに… 和歌《百人一首》

> 奥山に もみぢふみわけ 鳴く鹿の
> 声聞く時ぞ 秋は悲しき
> 〈古今・四・秋上・二一五・よみ人しらず〉

訳 奥山で、萩の黄葉を踏みわけながら鳴く鹿の声を聞くときが、とりわけ秋は悲しい。文法「悲しき」は強意の係助詞「ぞ」の結びで連体形。
解説 作者が奥山にいるとするか、いないとするか、また、前者だとして、さらに「ふみわけ」の主体を作者とみるか、鹿とみるかでも解釈が分かれる。「古今集」では、作者が奥山で黄葉を踏み分けていると解していたらしい。なお、「もみぢ」は、「古今集」の配列からは、萩の黄葉となる。「小倉百人一首」では、作者を猿丸大夫とする。

おくやま-の【奥山の】《枕詞》「真木」「立つ木」にかかる。一説に、実景とも。万葉 一一・二六一六「ー真木の板戸を」。〔金槐集〕「ーたつきも知らぬ」

おく-ゆか-し【奥床し】(形シク){しから・しく(しかり)・し・しき(しかる)・しけれ・しかれ}❶(心ひかれてさらに)**見たい、聞きたい、知りたいと思う。**〔山家集〕「陸奥のーしく(用)ぞ思ほゆる壺の碑そとの浜風」訳 奥州のさらに奥のほうは、(行ってさらによく)知りたいと思わないではいられない。壺の碑とか、外の浜の浜風とか。(「おくゆかしく」の「おく」は、「奥」との掛詞)
❷**深い心づかいが感じられてなんとなく慕わしい。**源氏 末摘花「されくつがへる今様のよしばみよりは、こよなうーし(終)」訳 ひどくしゃれた当世風の気どり屋よりは、(古風な女が)格段に深みがあって慕わしい。

憶良《人名》→山上憶良

おくら-か-す【後らかす】(他サ四){さ・し・す・す・せ・せ}❶(先に死んだり、出発したりして)人をあとに残す。蜻蛉 中「人はみなーし(用)、さいだてなどして」訳 (供の)人はみなあとに残したり、先に行かせたりなどして。
❷あとまわしにする。おろそかにする。怠る。源氏 匂兵部卿「後の世の御勤めもーし(用)給はず」訳 (光源氏は)後世のための御勤行もおろそかにしなさらず。

おくら-す【後らす】(他サ四){さ・し・す・す・せ・せ}(先に死んだり、出発したりして)人をあとに残す。置きざりにする。源氏 若紫「生ひたたむありかも知らぬ若草をーす(体)露ぞ消えむ空なき」訳 →おひたたむ…和歌

おくらは… 和歌

> 憶良らは 今は罷らむ 子泣くらむ
> それその母も 吾を待つらむぞ
> 〈万葉・三・三三七・山上憶良〉

訳 私憶良めはもうこれで退出いたそう。(家では)子供が泣いているだろう。たぶんその子の母(=私の妻)も私を待っているだろうよ。
解説 宴席を退出する際の挨拶の歌。「憶良ら」と自分の名を言うのは謙遜の気持ちを表している。「それ」は、推量表現と呼応する「其」という漢文の助字の訓読語。第四句を「そのかの母も」と訓む説もある。

おくり【送り】(名)❶人の出発を見送ること。見送り。竹取 蓬莱の玉の枝「御ーの人々、見奉り送りて帰りぬ」訳 お見送りの人々は、お見送り申しあげて(京の都に)帰った。
❷葬送。源氏 桐壺「御ーの女房の車に慕ひ乗り給ひて」訳 (母北の方は)ご葬送の女房の牛車にあとを追いかけお乗りになって。
❸島流し。流罪。

おく-る【後る・遅る】(自ラ下二){れ・れ・る・るる・るれ・れよ}❶あとになる。おくれる。古今 物名「のちまきの

ー・れ㊊て生ふる苗なれど」訳後蒔(まき)きで、おくれて生長する苗であるが。(「のちまき」に「粽(ちまき)」を詠みこむ)
❷はなれる。あとに残る。源氏 蓬生「例の、惟光(これみつ)はかかる御忍びありきにー・れ㊍ねばさぶらひけり」訳例によって、惟光はこのような光源氏の人目をさけてのご外出にははなれないので、(今夜も)おそばに控えていたのだった。
❸死におくれる。先立たれる。源氏 若紫「十ばかりにて殿にー・れ㊊給ひし程」訳(亡き姫君は)十歳ばかりで父君に先立たれなさったころ。
❹劣る。乏しい。徒然 一四一「げには心の色なく、情けー・れ㊊、ひとへにすぐよかなるものなれば」訳(関東の人は)実際には心のやさしさがなく、人情味が乏しく、もっぱら剛直な者であるので。

おく・る (他ラ四)(ら・り・る・る・れ・れ)❶【送る】㋐(ある地点まで)案内する。ついてゆく。平家 三・六代「『鎌倉までー・り㊊つけて参って候ふ』と申すべし」訳「鎌倉まで送り届けて参っております」と申し上げるがよい。㋑見送る。万葉 一四・三五一八「吾妹子(わぎもこ)があれをー・る㊎と白栲(しろたへ)の袖漬(ひ)つまでに泣きし思ほゆ」訳いとしいあの子が私を見送るというので、袖がびっしょりぬれるほどに泣いたことが思い出される。(「白栲の」は「袖」にかかる枕詞。)㋒死者を葬送する。徒然 一三七「鳥部野(とりべの)・舟岡(ふなをか)、さらぬ野山にも、ー・る㊍数多かる日はあれど、ー・ら㊍ぬ日はなし」訳鳥部野・舟岡、そのほかの野山にも、葬送する(死者の)数が多い日はあっても、葬送しない日はない。㋓(離別して妻を実家に)送り返す。大和 一五六「この今の女(め)をばー・り㊊て、もとのごとなむ住みわたりける」訳この今の(新しい)女を送り返して、以前と同じように(前の女と)ずっと暮らしつづけたそうだ。文法「ける」は、過去の助動詞「けり」の連体形で、係助詞「なむ」の結び。㋔時を過ごす。暮らす。平家 五・都遷「帝王三十二代、星霜(せいざう)は三百八十余歳の春秋(しゅんじう)をー・り㊊迎ふ」訳(京都は)帝王は三十二代、年月は三百八十余年の歳月を過ごし迎える。㋕報いる。つぐなう。〔仮名・伊曽保〕「ただ今の恩をー・ら㊍うものを」訳ただ今受けた恩に報いたいものだなあ。
❷【贈る】㋐物を贈る。万葉 一八・四一三四「雪の上に照れる月夜(つくよ)に梅の花折りてー・ら㊍む愛(は)しき児(こ)もがも」訳雪の上に月が輝いている夜に、梅の花を折って贈るようないとしい人がいたらなあ。文法「贈らむ」の「む」は、仮定・婉曲(えんきょく)の助動詞。㋑死後に官位を賜(たま)ふ。追贈する。源氏 桐壺「三位(みつ)の位ー・り㊊給ふよし、勅使来て、その宣命(せんみやう)読むなむ、悲しきことなりける」訳(亡き桐壺の更衣に)三位(さんみ)の位を追贈しなさる旨、勅使が来て、その宣命(=和文体で書かれた勅命の文書)を読みあげるのが、悲しいことだった。

おくれ【後れ・遅れ】(名)❶おくれること。
❷負けること。失敗。〔狂・双六〕「双六(すごろく)のーを打つその心」訳双六で負けを打つ、その気持ちは。
❸気おくれすること。ひるむこと。〔浄・源氏冷泉節〕「思はぬー(=不覚)もとることあり」
❹「後(おく)れ毛」の略。結いあげられず垂れ下がった毛。

おくれ-さきだ・つ【後れ先立つ】(自タ四)(た・ち・つ・つ・て・て)
❶後になったり、先になったりする。平家 七・経正都落「あはれなり老木(おいき)若木の山桜ー・ち㊊花は残らじ」訳あわれである。老木も若木も山桜は、後になり先になり、(いずれにしても)花は残らないだろう。
❷一方は死におくれ、一方は先に死ぬ。源氏 桐壺「限りあらむ道にもー・た㊍じと契らせ給ひけるを」訳(前世の因縁で決まっているような死出の道においても、一方が先に死に、他方が生き残るようなことはしまいと(あなた=桐壺の更衣は)お約束になられたのに。

おくれ-ばせ【後れ馳せ】(名)他の人に遅れてかけつけること。平家 七・実盛「ーに出(い)できたるに」訳(手塚の郎等(らうどう)が)あとから追いかけるように出て来たのに。

おくれ・ゐる【後れ居る】(自ワ上一)(ゐ・ゐ・ゐる・ゐる・ゐれ・ゐよ)とり残されている。万葉 九・一七七二「ー・ゐ㊊てあれはや恋ひむ稲見野(いなみの)の秋萩(あきはぎ)見つつ去(い)なむ子ゆゑに」訳とり残されていて私は恋しく思うだろうか。稲見野の秋萩を見ながら去って行くこの子のために。

お-こ【御子】(名)他人の子供に対する敬称。徒然 一四二「ーはおはすや」訳お子さんはいらっしゃるか。

おこ【烏滸・痴・尾籠】⇩をこ

おこがまし【痴がまし】⇩をこがまし

おこ・す【起こす】(他サ四)(さ・し・す・す・せ・せ)❶横になっているものを立てる。万葉 一九・四一六四「梓弓(あづさゆみ)末振りー・し㊊投げ矢持ち千尋(ちひろ)射渡し」訳梓弓の弓末(ゆずゑ)を振り立て、投げ矢を手に取り千尋の遠くまで矢を届かせ。
❷眠っているものの目を覚まさせる。宇治 一・一二「いま一度ー・せ㊎かしと、思ひ寝に聞けば」訳もう一度起こしてくれよと、思いながら寝て聞いていると。文法「かし」は、強く念をおす意の終助詞。
❸(「興す」とも書く)盛んにする。奮いたたせる。古今 仮名序「古(いにしへ)のことをも忘れじ、古(ふ)りにしことをもー・し㊊給ふとて」訳昔のことをも忘れまい、すたれてしまったことをも盛んにしなさるということで。
❹新しく始める。事態を生じさせる。思い立つ。平家 三・六代被斬「謀反(むほん)ー・さ㊍ば、やがてかたうどせうずる聖(ひじり)の御房(ごばう)なり」訳(文覚(もんがく)はだれかが)謀反を思い立ったら、すぐに味方しそうな聖の御坊である。
❺炭などに火をつける。火をかきたてる。枕 一「いと寒きに、火などいそぎー・し㊊て」訳(早朝の)とても寒いときに、火などを急いでおこして。
❻(印刷するために)版木に彫る。

おこ・す【遣す】(他サ下二・四)(せ・せ・す・する・すれ・せよ／さ・し・す・す・せ・せ)❶こちらへ送ってくる。よこす。更級 梅の立枝「わざとめでたき草子ども、硯(すずり)の箱の蓋に入れてー・せ㊊(下二段)たり」訳特にすばらしい(物語の)本をいろいろと、硯箱の蓋に入れて送ってきた。
❷(補助動詞のように、他の動詞の連用形に付いて)むこうからこちらへ動作を及ぼす意を表す。こちらへ…する。こちらを…する。竹取 かぐや姫の昇天「月の出(い)でたらむ夜は見ー・せ㊊(下二段)給へ」訳月が出たような夜には(下界から月を)見やってください。文法「出でたらむ」の「む」は、仮定・婉曲(えんきょく)の助動詞。→遣(や)る
参考 上代・中古は下二段活用。室町時代ごろから四段活用がみえ、近世に四段活用が一般的になる。

おこたり【怠り】(名)❶なまけること。怠慢。無沙汰。源氏 蓬生「年ごろのー、はた、なべての世におぼし許すらむ」訳(私=光源氏の)長い年月の無沙汰は、また、(世

摘花にだけというわけではなく)どの男女の仲でも(同様と)お許しになるだろう。

❷(怠慢から起こる)あやまち。失敗。過失。[大鏡] 道隆「わが―にて流され給ふにしもあらず」[訳] 自分の過失で流罪にされなさるわけでもなく。[文法] 副助詞「しも」が下に打消の語を伴うと「必ずしも…ではない」の意となる。

❸わびること。謝罪。〔無名抄〕「我あしく心得たりけるぞと―申しにまうでたるなり」[訳] 私がまちがって考えていたのだと謝罪を申し上げるために参上したのである。

❹運命のつたなさ。不運。[蜻蛉] 上「たへがたくとも、わが宿世の―にこそあめれ」[訳] (過去の事件は)耐えがたくても、自分の宿命のつたなさ(のせい)であるようだ。

おこたり-は・つ【怠り果つ】(自タ下二){て・て・つ・つる・つれ・てよ} (病気が)すっかり治る。[源氏] 夕顔「長月二十日のほどにぞ―・て㊊給ひて」[訳] (光源氏は)陰暦九月二十日のころに(病気が)すっかり治りなさって。

おこた・る【怠る】(自ラ四){ら・り・る・る・れ・れ}

> **語義パネル**
> ●重点義　**物事の進行がとぎれる。**
> 現代語ではもっぱら上代以来の①の「なまける」の意で用いるが、中古以降は②の「病気が快方に向かう」の意でも用いられる。
> ❶なまける。とぎれる。
> ❷**病気がよくなる。快方に向かう。**

❶なまける。とぎれる。[源氏] 紅葉賀「事ぞと侍らぬ程はおのづから―・り㊊侍るを」[訳] これという用事もございません節は、自然に(参上も)とぎれますので。

❷**病気がよくなる。快方に向かう。**[枕] 二七六「おぼつかなきことをなげくに、―・り㊊たる由、消息聞くも、いとうれし」[訳] (たいせつに思う人の病気が)気がかりであることを嘆いている折に、全快した旨の便りを聞くのも、たいそううれしい。⇩篤し「慣用表現」

おこづ・く(自カ四){か・き・く・く・け・け} ❶調子づく。勢いづく。

❷強がる。力む。〔伎・韓人漢文手管始〕「『さは言へ』とちょっと―・く㊇」[訳] (伝七と大学は)「そうは言うものの」とちょっと力む。

❸ずきずき痛む。うずく。〔浄・義経千本桜〕「忌中に合戦の疵口―・き㊊、破傷風といふ病と成り」[訳] (静御前は母の)喪中に合戦の傷口がずきずき痛み、破傷風という病気になり。

おこつる【誘る】⇩をこつる

お-こと【御事】(代) 対称の人代名詞。相手を親しんで呼ぶ語。あなた。そなた。〔謡・隅田川〕「―はいづくよりいづかたへ(=どこから来てどこへ)下る人ぞ」

おこなひ【行ひ】(名) ❶行為。行動。ふるまい。[徒然] 一七二「色にふけり、情けにめで、―をいさぎよくして百年の身を誤り」[訳] 女色にふけり、恋情にほだされ、行動を思いきってして長い将来のある身をあやまり。

❷仏道の修行。仏前の勤行。[源氏] 若紫「今はこの世のことを思ひ給へねば、験方の―も捨て忘れて侍るを」[訳] 今は(私=北山の聖は)現世のことを考えておりませんから、加持祈禱の方面の修行もうち捨て忘れておりますのに。

おこなひ-あか・す【行ひ明かす】(他サ四){さ・し・す・す・せ・せ} 勤行をして夜を明かす。[更級] 春秋のさだめ「よきことならむかしと思ひて、―・す㊇」[訳] (石山寺の御堂で見た夢を)きっとよいこと(の前兆)なのだろうと思って、勤行をして夜を明かす。[文法]「かし」は、強く念をおす意の終助詞。

おこなひ-いだ・す【行ひ出だす】(他サ四){さ・し・す・す・せ・せ} 仏道修行の功徳によって、霊験を出現させる。[宇治] 八・三「すずろに、小さやかなる厨子仏を、―・し㊊たり」[訳] (法師は)思いがけなく、小さな厨子に入るほどの仏を、修行の結果出現させた。

おこなひ-さ・す【行ひ止す】(他サ四){さ・し・す・す・せ・せ}「「さす」は接尾語」勤行を中止する。[更級] 春秋のさだめ「山風おそろしうおぼえて、―・し㊊て、うちまどろみたる夢に」[訳] 山から吹きおろす風が恐ろしく思われて、勤行を途中でやめて、うとうと眠った夢の中で。

おこなひ-すま・す【行ひ澄ます】(自サ四){さ・し・す・す・せ・せ} ひたすら仏道修行にはげむ。[平家] 五・勧進帳「後には、高雄といふ山の奥に―・し㊊てぞゐたりける」[訳] のちには、高雄という山の奥でひたすらに仏道修行にはげんで住んでいた。

おこなひ-つと・む【行ひ勤む】(他マ下二){め・め・む・むる・むれ・めよ} 仏道修行にはげむ。熱心に勤行する。[源氏] 初音「―・め㊊けるさまあはれに見えて」[訳] (空蟬の)仏道修行にはげんでいたようすがしみじみと(殊勝に)見えて。

おこなひ-びと【行ひ人】(名) 仏道を修行する人。行者。修行僧。[源氏] 若紫「北山になむ、なにがし寺といふところにかしこき―侍る」[訳] 北山に、(その北山の)なんとか寺という所にすぐれた行者がおります。

おこなひ-ゆ・く【行ひゆく】(自カ四){か・き・く・く・け・け} 進行する。[徒然] 一五五「しばしも滞らず、ただちに―・く㊍ものなり」[訳] (生・住・異・滅の移りかわりは)少しの間も停滞することなく、どんどん進行するものである。

おこなひ-をさ・む【行ひ治む】(他マ下二){め・め・む・むる・むれ・めよ} 整える。管理する。[徒然] 一九〇「家の内を―・め㊊たる女、いと口惜し」[訳] 家の中をきちんと整えている女は、実につまらない。

おこな・ふ(オコナ(ノ)ウ)【行ふ】❶(自ハ四)❷(他ハ四)

> **語義パネル**
> ●重点義　**一定の順序や方式に従って事を進める。**
> 現代語では他動詞として、❷①の意に用いるが、上代以来、❶の「仏道を修行する」意でも用いられた。仏典の「修行」の訓読に採用されたことによるものとみられる。
> ❶**仏道を修行する。勤行する。**
> ❷❶(行事・儀式などを)する。とり行う。❷処理する。治める。支配する。

❶(自ハ四){は・ひ・ふ・ふ・へ・へ} **仏道を修行する。勤行する。**

源氏 若紫「ただこの西おもてにしも、持仏据ゑ奉りて―・ふ(体)尼なりけり」訳 ついその先の西向きの座敷にちょうど、持仏(=つねに安置している仏像)をお据え申しあげて勤行する人は尼なのであった。文法「しも」は、強意の副助詞。

二(他ハ四){は・ひ・ふ・ふ・へ・へ}❶(行事・儀式などを)する。とり行う。徒然 九一「吉日に悪をなすに必ず凶なり。悪日に善を―・ふ(体)に必ず吉なり」訳 吉日に悪行をすると必ず凶である。凶日に善行をすると必ず吉である。

❷処理する。治める。支配する。徒然 一四二「世の人の飢ゑず、寒からぬやうに、世をば―・は(未)まほしきなり」訳 世の人が飢えず、凍えないように、世の中を治めたいものである。(⇨営む「類語パネル」)

おこめく〖痴めく〗⇨をこめく

おご-め・く【蠢く】(自カ四){か・き・く・く・け・け}〔「をごめく」とも書く。「めく」は接尾語〕うごめく。ひくひく動く。徒然 七三「人の言ひしままに、鼻のほど―・き(用)て言ふは、その人の虚言にはあらず」訳 人が言ったとおりに、鼻のあたりがひくひく動いて(得意げに)言うのは、その人の(つくった)うそではない。

おこり【瘧】(名)〔「発作がおこる」の意〕隔日、または毎日一定時間に熱の出る病気。今のマラリアという。「わらはやみ」とも。

おごり(名)❶【驕り】思いあがること。誇りたかぶること。〔太平記〕四「上を犯さんとせし―の末」訳 天皇にさからおうとした思いあがりの結果。

❷【奢り】分にすぎたぜいたくをすること。徒然 一八「―を退けて、財をもたず、世をむさぼらざらんぞ、いみじかるべき」訳 (人は)ぜいたくをやめて、財産を持たず、世俗の欲をむさぼらないようなのが、けっこうなことであろう。

おこ・る【起こる】(自ラ四){ら・り・る・る・れ・れ}❶始まる。新たに生じる。古今 仮名序「あらかねの地にしては素戔嗚尊よりぞ―・り(用)ける」訳 (和歌は)この地上では素戔嗚尊から始まったのだ。(「あらかねの」は「地」にかかる枕詞)

❷勢いが盛んになる。〔紀〕神武「皇軍また―・る(体)ことあたはず」訳 皇軍は再び盛んになることはできない。

❸病気や発作が生じる。病気が流行する。源氏 若紫「去年の夏も世に―・り(用)て」訳 去年の夏も(この病は)世間に流行して。

❹大勢出てくる。大挙する。徒然 一六三「村のをのこども―・り(用)て入りて見るに」訳 村の多くの男がどっと集まって(寺の堂に)入って見ると。

おご・る(自ラ四){ら・り・る・る・れ・れ}❶【驕る】思いあがり得意になる。平家 一・祇園精舎「―・れ(已)る人も久しからず、ただ春の夜の夢のごとし」訳 驕り高ぶった人も(その栄華は)いくらも続くものではなく、(それは)まるで春の夜の夢のよう(なはかないもの)だ。⇨平家物語「名文解説」

❷【奢る】㋐ぜいたくをする。徒然 一四二「上の―・り(用)費やすところをやめ、民を撫で、農を勧めば」訳 上に立つ者がぜいたくをし浪費することをやめ、人民をいつくしみ、農業を奨励すれば。㋑金を出して人にごちそうする。

おさ【長・筬】⇨をさ

おさおさ ⇨をさをさ

おさなし〖幼し〗⇨をさなし

おさ・ふ【押さふ・抑ふ】(他ハ下二){へ・へ・ふ・ふる・ふれ・へよ}❶押しつける。源氏 夕顔「御帳の内に入り給ひて、胸を―・へ(用)て思ふに」訳 (光源氏は)御帳台の中にお入りになって、胸に手を押しあてて(あれこれ)考えると。

❷押しとどめる。防ぐ。枕 九三「かいつくろひ二人、童よりほかには、すべて入るまじと戸を―・へ(用)て」訳 (蔵人は舞姫の)世話をする女房二人と、童女以外には、だれも入ってはならないと戸を押さえて。

❸(痛むところを手で押さえる意から)我慢する。耐えしのぶ。源氏 若菜下「耐へがたきを―・へ(用)て明かし給ひつ」訳 (紫の上は)耐えられそうもないのを我慢して夜をお明かしになった。

おさへ【押さへ・抑へ】(名)❶敵を防ぐこと。防備。万葉 二〇・四三三一「しらぬひ筑紫の国は賊守る―の城そと」訳 筑紫の国(九州地方)は、敵を防ぐ防備のとりでだぞと。(「しらぬひ」は「筑紫」にかかる枕詞)

❷行列の終わりについて隊を整える役目。また、その人。しんがり。〔浄・丹波与作待夜小室節〕「身は―を乗り申す」訳 私は(行列の)しんがりをおつとめする。

❸念をおすこと。

おさむ〖治む・収む・蔵む・納む〗⇨をさむ

おし-【押し】(接頭)(動詞に付いて)力をこめて…する、しいて…する、の意を添える。また、単に動詞の意を強める。「―開く」「―入る」

お-し【御師】(名)〔「お」は接頭語。「師」は祈りの師の意〕❶祈禱に従事する下級の神官や社僧。

❷特に、伊勢神宮の下級神官。

おし(感)「をし」(感)に同じ。

おし〖鴛鴦・愛し・惜し〗⇨をし

おし-あ・く【押し開く】(他カ下二){け・け・く・くる・くれ・けよ}押し開ける。徒然 三二「妻戸をいま少し―・け(用)て、月見るけしきなり」訳 (その家の女主人は)妻戸(=両開きの板戸)をもう少し押し開けて、月を眺めているようすである。

おし-あ・ぐ【押し上ぐ】(他ガ下二){げ・げ・ぐ・ぐる・ぐれ・げよ}押して上へ上げる。更級 竹芝寺「御簾を―・げ(用)て、『あのをのこ、こち寄れ』と召しければ」訳 御簾を押し上げて、「そこの男よ、こちらへ来い」と呼び寄せなさったので。

おし-あ・つ【押し当つ】(他タ下二){て・て・つ・つる・つれ・てよ}❶押しつける。当てて押さえる。源氏 浮舟「この御文を顔に―・て(用)て、しばしは慎めども」訳 (浮舟は)この(匂宮の)お手紙を顔に押しあてて、しばらくは(人目を)はばかるけれども。

❷ねらいをつける。今昔 二五・三「良文、充が最中に箭を―・て(用)射るに」訳 良文は、充の(からだの)まん中に矢をねらいをつけて射ると。

おし-あて【推し当て】(名)推しはかること。あて推量。源氏 若紫「『かの大納言の御むすめものし給ふと聞き給へしは。…』と―にのたまへば」訳「その大納言の姫君がいらっしゃるとうかがったが、その方は(どうしていらっしゃるか)。…」と、(光源氏が)あて推量におっしゃると。

おし-あふの・く【押し仰のく】(他カ下二){け・け・く・くる・くれ・けよ}(頭やからだなどを)むりに上に向ける。あお向かせる。平家 九・敦盛最期「頸をかかんと甲を―・け(用)て見ければ」訳 首をかき切ろうと甲をむりにあおむけにして(顔を)見たところ。

おし-あゆ【押し鮎】(名)塩づけにしておもしで押した

鮎。正月の祝い物に用いた。〔春〕

おしいだし-ぎぬ【押し出だし衣】(名)晴れの儀式のときなど、御簾の下や牛車の下簾から、女房の衣の袖口などを出すこと。

おし-いだ・す【押し出だす】(他サ四){さ・し・す・す・せ・せ}❶押し出す。〔堤〕このついで「几帳のほころびより、櫛の箱の蓋に、…わげ入れて―・す(終)」〔訳〕几帳の縫い合わせていない所から、櫛の箱の蓋に、…(美しい髪を)曲げたわめて入れて(外へ)押し出す。
❷「押し出だし衣」をする。〔増鏡〕さしぐし「上わたらせ給へば、袖口ども心ことにて、わざとなく、―・さ(未)る」〔訳〕天皇がおいでになられると、(女房たちは)袖口をそれぞれ格別の趣で、わざとらしくなく、お出しになる。

おし-い・づ【押し出づ】(他ダ下二){で・で・づ・づる・づれ・でよ}❶押し出す。〔源氏〕東屋「心安くしも対面し給はぬを、これかれ―・で(用)たり」〔訳〕(浮舟が)気軽にも対面しなさらないのを、だれかれが(廂のきわへ)押し出した。
❷「押し出だし衣」をする。〔枕〕二三「あまた小半蔀の御簾よりも―・で(用)たるほど」〔訳〕(女房たちが)たくさん小半蔀の御簾(の下)からも袖口を押し出しているころ。

おし-い・る【押し入る】[一](自ラ四){ら・り・る・る・れ・れ}むりにはいりこむ。〔源氏〕東屋「あなづりて―・り(用)給へりけるを思ふも妬し」〔訳〕(匂宮が娘=浮舟を)軽くみてむりにはいりこみなさっていたことを思うにつけてもくやしい。
[二](他ラ下二){れ・れ・る・るる・るれ・れよ}むりに押しこむ。〔源氏〕賢木「塗籠に―・れ(未)られておはす」〔訳〕(光源氏は)塗籠にむりに押しこめられていらっしゃる。

おしう〖教う〗⇩をしふ

おし-うつ・る【推し移る】(自ラ四){ら・り・る・る・れ・れ}移り変わる。〔栄花〕みはてぬゆめ「御ありさまの―・り(用)たりしほどを」〔訳〕御時勢が移り変わっていた間を。

おし-おこ・す【押し起こす】(他サ四){さ・し・す・す・せ・せ}(眠っている人を)ゆすって目を覚まさせる。〔枕〕二五「いみじうねぶたしと思ふに、いとしもおぼえぬ人の、―・し(用)てせめて物いふこそいみじうすさまじけれ」〔訳〕ひどく眠いと思っているときに、それほどにも(親しく)思われない人が、ゆさぶり起こしてむりやり話しかけるのはひどく興ざめだ。

おし-おほ・ふ【押し覆ふ】(他ハ四){は・ひ・ふ・ふ・へ・へ}激しくおおいかぶさる。〔宇治〕三・六「家の隣より火出できて、風―・ひ(用)て迫めければ」〔訳〕家の隣から火事が起こって、(火に)風が激しくおおいかぶさってせまってきたので。

おし-かか・る【押し掛かる】(自ラ四){ら・り・る・る・れ・れ}物に寄りかかる。〔源氏〕葵「君は、西のつまの高欄に―・り(用)て」〔訳〕君(=光源氏)は西の端の欄干に寄りかかって。

おし-か・く【押し掛く】(自カ下二){け・け・く・くる・くれ・けよ}襲いかかる。押し寄せる。〔宇治〕一・一八「利仁狐を―・くれ(已)ば」〔訳〕利仁(=人名)が狐に襲いかかると。

おし-かは【韋】(名)→をしかは

おし-かへし【押し返し】(副)逆に。反対に。対照的に。〔大鏡〕道隆「必ず人のさ思ふらむことをば、―なつかしうもてなさせ給ふなり」〔訳〕(道長は)間違いなく世間の人がそのように(=冷遇するだろうと)思うようなことを、逆に親しみが感じられるようにご待遇あそばすのである。

おし-かへ・す【押し返す】(他サ四){さ・し・す・す・せ・せ}❶押しもどす。〔源氏〕花散里「ほととぎす鳴きて渡る。催しきこえ顔なれば、御車―・さ(未)せて」〔訳〕ほととぎすが鳴いて渡る。(いかにもこの家を訪ねよと)そそのかし申しあげるけはいであるので、(光源氏は)お車を押しもどさせて。
❷相手のことばに対応する。返歌をする。〔源氏〕玉鬘「これより―・し(用)給はざらむも、ひがひがしからむ」〔訳〕こちらから返歌をしなさらないとしたらそれも、情趣を解さない振る舞いであろう。
❸くり返す。〔平家〕一・祇王「―・し(用)―・し(用)三返歌ひすましたりければ」〔訳〕(仏御前は)くり返しくり返し、三回心をこめてみごとに歌ったので。
❹反対にする。あべこべにする。〔落窪〕「鏡のしきを―・し(用)て書き給ふ」〔訳〕(女君は)鏡の(箱の中の)敷き板をひっくり返して(歌を)お書きになる。

おし-がら【押し柄】(名)「おしから」とも。気の強い性質。押しの強い性質。〔今昔〕二八・二三「思量あり肝太くして、―になむありける」〔訳〕(三条の中納言は)思慮があり度胸もあって、気の強い性質であった。

おしがら-だ・つ【押し柄立つ】(自タ四){た・ち・つ・つ・て・て}〔「だつ」は接尾語〕「おしからだつ」とも。押しの強い性質である。〔宇治〕七・三「心ばへ賢く、肝太く、―・ち(用)てなんおはしける」〔訳〕(三条の中納言は)気性がすばらしく、度胸があり、押しが強くていらっしゃった。

おしき〖折敷〗⇩をしき

お-しきせ【御仕着せ】(名)「仕着せ」の丁寧語 →しきせ

おし-くく・む【押し包む・押し含む】(他マ四){ま・み・む・む・め・め}つつむ。くるむ。〔源氏〕夕顔「この人をえ抱き給ふまじければ、上蓆に―・み(用)て」〔訳〕(光源氏は)この人(=夕顔の遺骸)を抱きかかえなさることができそうにないので、(惟光が)上敷きにくるんで。

おし-け・つ【押し消つ】(他タ四){た・ち・つ・つ・て・て}圧倒する。威圧する。〔源氏〕紅葉賀「この中将は、更に―・た(未)れ聞こえじと、はかなきことにつけても、思ひいどみ聞こえ給ふ」〔訳〕この(頭の)中将は、決して(光源氏に)圧倒され申しあげまいと、ちょっとしたことにつけても心の中で張り合い申しあげなさる。

おし-こ・む【押し込む】[一](自マ四){ま・み・む・む・め・め}❶押し入る。押しかける。〔うつほ〕国譲下「君達―・み(用)入りて」〔訳〕子息たちは(塗籠の中に)押しかけて入って。
❷ぎっしりつまる。混み合う。〔紫式部日記〕「渡殿の戸口まで、隙もなく―・み(用)てゐたれば」〔訳〕(女官たちが)渡り廊下の戸口まで、すき間もなくぎっしりつまる状態で座っているので。
[二](他マ下二){め・め・む・むる・むれ・めよ}❶むりに押し入れる。〔平家〕二・西光被斬「ひとまなる所に―・め(用)てんげり」〔訳〕(武士どもが新大納言成親卿を)ひと間の部屋に監禁してしまった。
❷胸の内にしまって口に出さない。〔源氏〕末摘花「いはぬをもいふに勝ると知りながら―・め(用)たるは苦しかりけり」〔訳〕何も言わないことを言うのに勝るとわかっているけれども、(末摘花が私=光源氏への思いを)胸の内にしまって口に出さないでいるのは、つらかったことよ。

おし-こ・る【押し凝る】(自ラ四){ら・り・る・る・れ・れ}一団となる。一か所にかたまる。〔源氏〕葵「女房三十人ばかり―・り(用)て」〔訳〕女房が三十人ぐらい一か所にかたまって。

おし-さ-す【押し止す】(他サ四)｛さ・し・す・す・せ・せ｝［「さす」は接尾語］押すのを途中でやめる。[更級] 宮仕へ「箔を—・し用てなくなりにしぞ」[訳](仏像に金の)箔を押し終わらないで(前世でのあなたは)死んでしまったのだよ。

おし-す-る【押し磨る・押し摩る】(他ラ四)｛ら・り・る・る・れ・れ｝こする。おしもむ。すりあわせる。[徒然] 五四「数珠を—・り用、印ことごとしく結び出でなどして」[訳] 数珠をおしもみ、印をぎょうぎょうしく結んで形作るなどして。

おし-た-つ【押し立つ】■一(自タ四)｛た・ち・つ・つ・て・て｝❶立ちはだかる。〔沙石集〕「不動、火炎の前に—・ち用」[訳] 不動明王が火炎の前に立ちはだかり。
❷むりにする。我を張る。[源氏] 桐壺「いと—・ち用かどかどしきところものし給ふ御方にて」[訳](弘徽殿の女御は)たいそう我を張りとげとげしいところのおありになるお方で。
■二(他タ下二)｛て・て・つ・つる・つれ・てよ｝❶押し立てる。押して閉める。[源氏] 若紫「—・て用給ひつ」[訳](光源氏は屏風を)閉めなさってしまった。
❷むりにさせる。〔落窪〕「さやうなる人の—・て用てのたまはば、聞かではあらじ」[訳] そのような方がむりにおっしゃるなら、聞かないわけにはいくまい。

おし-て【押して】(副)むりに。しいて。[大鏡] 花山院「もし—人などやなしたてまつるとて、一尺ばかりの刀どもを抜きかけてぞまもり申しける」[訳] もしやむりにだれかが(道兼を)出家させ申しあげるのではないかと思って、一尺(=約三〇センチメートル)ほどの刀を(警護の武士たちが)手に手に抜きかけて(道兼を)お守り申しあげたということだ。

おし-て-る【押し照る】(自ラ四)｛ら・り・る・る・れ・れ｝くまなく照る。一面に照りそそぐ。[万葉] 一一・二六七九「窓越しに月—・り用てあしひきの嵐吹く夜は君をしぞ思ふ」[訳] 窓ごしに月の光が照りそそいで、山おろしの風が吹く夜は、あなたのことをしきりに思う。(「あしひきの」は「山」にかかる枕詞だが、ここでは「あしひきの山より吹き下ろす」の意で、「嵐」にかけてある)

おしてる【押し照る】《枕詞》「難波」にかかる。[万葉] 三・四四三「—難波の国に」

おしてるや【押し照るや】《枕詞》「難波」にかかる。[万葉] 二〇・四三六五「—難波の津ゆり(=港から)」

おしどり【鴛鴦】⇩をしどり

おし-と-る【押し取る】(他ラ四)｛ら・り・る・る・れ・れ｝むりに奪い取る。[徒然] 一七五「はては許さぬ物ども—・り用て」[訳] あげくの果てには取ってはいけないさまざまな物をむりに奪い取って。

おじなし ⇩をぢなし

おし-な-ぶ(他バ下二)｛べ・べ・ぶ・ぶる・ぶれ・べよ｝❶【押し靡ぶ】「おしなむ」とも。押しなびかせる。押しふせる。[万葉] 六・九四〇「印南野の浅茅—・べ用さ寝る夜の日長くしあれば家ししのはゆ」[訳] 印南野の短い茅を押しふせて寝る(旅の)夜が幾日も続くので、家が思われてならない。
❷【押し並ぶ】㋐押しならす。すべてを一様にする。[蜻蛉] 下「先に焼けにし憎所、此度は—・ぶる体なりけり」[訳] 先に(一部が)焼けてしまった憎いと思っている人の家を、こんどの火事はすべて同じようにする(=全焼した)のであった。㋑(多く下に助動詞「たり」を伴って)ふつうだ。平凡だ。[枕] 四九「『—・べ用たらず』など、御前にも啓し」[訳]「(頭の弁=行成は)ふつう(の人)ではない」などと、御前(=中宮)にも申し上げ。

おしなべ-て(副)［下二段動詞「押し並ぶ」の連用形「おしなべ」に接続助詞「て」の付いたもの］❶すべて。一様に。あまねく。[伊勢] 八二「—峰もたひらになりななむ山の端なくは月も入らじを」[訳] →おしなべて…[和歌]
❷(多く下に助詞「の」を伴って)ふつう。ありきたり。[源氏] 桐壺「はじめより—の上宮仕へし給ふべき際にはあらざりき」[訳](桐壺の更衣は入内のはじめから世間なみの日常の用をつとめる宮仕えをなさるはずの(低い)身分(の方)ではなかった。

おしなべて… [和歌]

> おしなべて　峰もたひらに　なりななむ
> 山の端なくは　月も入らじを
> 〈伊勢・八二〉

[訳] どこもすべて、峰々が平らになってしまってほしいものだ。山の端がなかったなら、月も(沈もうと思っても)沈めないだろうになあ。[文法]「ななむ」の「な」は、完了の助動詞「ぬ」の未然形。「なむ」は、他に対する願望の終助詞。[解説] 宴席を退出しようとする惟喬親王を引きとどめようとした在原業平の歌(→あかなくに…[和歌])に続き、紀有常が親王にかわって詠んだもの。「月」は親王をさす。この歌は、「後撰集」〈雑三〉に上野岑雄の作として載り、第五句が「月もかくれじ」とある。

おし-な-む【押し靡む】(他マ四)｛ま・み・む・む・め・め｝［「おしなぶ」の転］「おしなぶ①」に同じ。[古今] 冬「わが宿の薄—・み用降れる白雪」[訳] わが家の庭のすすきを押しなびかせ、降っている白雪よ。

おし-なら-ぶ【押し並ぶ】(他バ下二)｛べ・べ・ぶ・ぶる・ぶれ・べよ｝［「おし」は接頭語］むりに並べる。[平家] 九・敦盛最期「みぎはに打ち上がらんとするところに、—・べ用てむずと組んで、どうど落ち」[訳](敦盛が)波打ち際にあがろうとするところに、(直実が馬を)強引に並べてむんずと組んで、どっと落ち。

おし-な-る【押し成る】(自ラ四)｛ら・り・る・る・れ・れ｝［「おし」は接頭語］むりになる。強引に就任する。[平家] 八・法住寺合戦「院の御厩の別当に—・っ用(促音便)て」[訳](木曽義仲は)院の御厩の長官に強引に就任して。

おし-ね【晩稲】(名)［「おそいね」の転］おそく実る稲。おくて。[秋]

おし-のご-ふ ノゴウ【押し拭ふ】(他ハ四)｛は・ひ・ふ・ふ・へ・へ｝ぬぐう。力を入れてふく。[源氏] 若紫「『いとなむ悲しき』とて目—・ひ用給ふ」[訳](僧都は)「たいへん悲しいことだ」と言って目をぬぐいなさる。

おし-の-ぶ【押し延ぶ】(他バ下二)｛べ・べ・ぶ・ぶる・ぶれ・べよ｝押しつけてのばす。[枕] 二八「火桶の火、炭櫃などに、手のうらうち返しうち返し、—・べ用などしてあぶりをる者」[訳] 丸火鉢の火や角火鉢などに、手のひらを裏返し裏返し、押しのばしなどしてかざしている者(は見るも不快だ)。

おし-はかり【推し量り】(名)あて推量。想像。[源氏] 手習「それなりと—に聞けど」[訳] その人(=母尼君)であるようだと(中将は)あて推量に聞くけれど。

おし-はか-る【推し量る】(他ラ四)｛ら・り・る・る・れ・れ｝推量する。見当をつける。[徒然] 一〇「大方は、家居にこそ、ことざまは—・ら㊍るれ」訳 だいたいは、住まいによって、(その家の主の)人柄は自然と推測される。文法「おしはからるれ」の「るれ」は、自発の助動詞「る」の已然形で、係助詞「こそ」の結び。

おし-は・る【押し張る】(他ラ四){ら・り・る・る・れ・れ}❶押して張り出す。堤 虫めづる姫君「簾をー・り用て、枝を見はり給ふを」訳 簾を(手で)押して張り出して、(庭の)枝を目を見開いてご覧になるのを。❷あえて主張する。意地を張る。〔落窪〕「ー・り用てのたまはむことを、言ひかへすべき上達部もおはせず」訳 あえて主張しておっしゃるようなことを、言い返すことのできる公卿もいらっしゃらない。

おし-ひし・ぐ【押し拉ぐ】(他ガ四){が・ぎ・ぐ・ぐ・げ・げ}❶押しつぶす。枕 二三「蓬の、車にー・が㊍れたりけるが」訳 蓬で、牛車(の輪)に押しつぶされたのが。❷押しやる。また、押さえつける。枕 一八四「さるをりもー・ぎ用つつあるものを」訳 そのような(＝くしゃみが出そうな)ときも押さえつけてはいるものなのに。

おし-ひた・す【押し浸す】(他サ四){さ・し・す・す・せ・せ}びっしょりとぬらす。源氏 東屋「おそろしき夢のさめたる心地して、汗にー・し用て臥し給へり」訳 (浮舟は)恐ろしい夢が覚めた(ような)気持ちがして、汗に(からだを)びっしょりぬらして横になっていらっしゃる。

おし-ひら・む【押し平む】(他マ下二){め・め・む・むる・むれ・めよ}押しつけて平らにする。徒然 五三「鼻をー・め用て、顔をさし入れて」訳 鼻を(むりに)押しつけて平らにして、顔を(鼎の中に)突っ込んで。

おし-へ・す【押し圧す】(他サ四){さ・し・す・す・せ・せ}押しつぶす。枕 三〇「二藍・葡萄染めなどのさいでの、ー・さ㊍れて草子の中などにありける見つけたる」訳 二藍(＝紅色がかった青色)や、葡萄染め(＝薄紫色)などの布のきれはしが、押しつぶされて草子(＝綴じ本)の中などにあったのを見つけたの(は、昔が思い出されてなつかしい)。

おし-へだ・つ【押し隔つ】(他タ下二){て・て・つ・つる・つれ・てよ}むりに距離をおかせる。人と人との間をむりに分け離す。平家 九・木曽最期「敵にー・て㊍られ、いふかひなき人の郎等に組み落とされさせ給ひて」訳 敵に間をむりにさえぎられ、つまらない人の家来に(馬から)組み落とされなさって。

おし-ま・く【押し巻く】(他カ四){か・き・く・く・け・け}かたく巻く。源氏 若菜下「浅緑の薄様なる文のー・き用たる端見ゆるを」訳 薄緑色の薄手の鳥の子紙である手紙で、かたく巻いてある端が見えるのを。

おしまづき【几】(名)❶すわったとき、ひじをのせ、からだをもたせかけてくつろぐための道具。脇息。❷机。❸牛車の前後の口に横に渡した、低い仕切りの板。

おしむ【愛しむ・惜しむ】⇩をしむ

おし-や・る【押し遣る】(他ラ四){ら・り・る・る・れ・れ}向こう側へ押す。押してどける。押しのける。源氏 葵「人給ひの奥にー・ら㊍れて物も見えず」訳 (六条御息所の牛車は)葵の上の)お供の車の後ろに押しのけられて何も見えない。

おしゃ・る【仰しゃる】(他ラ四・下二){ら・り・る・る・れ・れ}{れ・れ・る・るる・るれ・れよ}【「仰せある」の転】「言ふ」の尊敬語。おっしゃる。〔狂・武悪〕「御朋輩が申し直さうとー・る㊍(四段)ほどに」訳 ご同輩が申し直そうとおっしゃるうちに。〔狂・貰聟〕「ここへ来ぬとー・れい㊔(下二段)」訳 ここへ来たとおっしゃい。参考 中世から近世にかけて用いられ、下二段では命令形が「おしゃれい」となることもある。

おじゃる ⇩おぢゃる

おし-よ・す【押し寄す】㊀(自サ下二){せ・せ・す・する・すれ・せよ}勢いよく近づく。押しかける。宇治 五・二「殿上人二十人ばかりー・せ用たりけるに」訳 殿上人が二十人ほど(修理大夫のもとへ)押しかけていたところ。㊁(他サ下二){せ・せ・す・する・すれ・せよ}押して近づける。源氏 椎本「几帳を二間の簾にー・せ用て」訳 几帳を仏間のすだれ(の方)へ押して近づけて。

お・す【押す・圧す】(他サ四){さ・し・す・す・せ・せ}❶力を加えて動かす。押す。宇治 二・九「集ひたる者ども、こちー・し用、あちー・し用、ひしめきあひたり」訳 集まった者どもは、こちらで押し、あちらで押し、ひしめきあっている。❷他をしのぐ。圧倒する。源氏 桐壺「右の大臣の御勢ひは、ものにもあらずー・さ㊍れ給へり」訳 右大臣の御権勢は、問題にもならないまでに(左大臣に)圧倒されなさった。❸(船や車、軍勢などを)前に進める。〔太平記〕一三「名越式部大輔を大将として、東海・東山両道をー・し用て(＝軍を進めて)攻め上る」❹押しつける。当てる。張りつける。平家 一・殿上闇討「中は木刀に銀薄をぞー・し用たりける」訳 (刀の)中身は木刀に銀箔を張りつけてあった。❺すみずみまで行き届かせる。万葉 七・一〇七四「春日山ー・し用て照らせるこの月は妹が庭にも清けかりけり」訳 春日山をすみずみまで行き届かせて照らしているこの月は、あの人の家の庭でもきよらかに照っていたなあ。❻「捺す」とも書く〕印をおす。印判をつく。

お・す【推す】(他サ四){さ・し・す・す・せ・せ}おしはかる。推測する。〔愚管抄〕「道理のー・さ㊍るるなり」訳 筋道が推測されるのである。

おす【食す】⇩をす

おず【怖ず】⇩おづ

おず・し【悍し】(形ク){から・く(かり)・し・き(かる)・けれ・かれ}「おぞし①」に同じ。〔記〕下「大后の—・き㊍に因りて、八田若郎女を治め賜はず」訳 皇后の気性の激しいことが原因で、(天皇は)八田若郎女を(妃として)受け入れなさらない。

おすひ【襲】(名)上代の衣服の一種。頭からかぶって衣服の上から全身を包むように垂らした長いきれ。男女ともに着たが、おもに、女性が神事のときなどに着た。参考 女性に関して用いられ、用例は少ない。

おずま・し【悍まし】(形シク){しから・しく(しかり)・し・しき(しかる)・しけれ・しかれ}「おぞまし」に同じ。

おせぐ・む(自マ四){ま・み・む・む・め・め}「をせくむ」に同じ。

おそ【鈍】【形容詞「おそし」の語幹】にぶいこと。愚か。万葉 二・一二六「遊士とわれは聞けるをやど貸さずわれを帰せりーの風流士」訳 (あなたは)風雅の士だと私は聞いているのに、宿も貸さずに私を帰した。愚かな風流人だなあ。

おそう【襲う】⇩おそふ

おそきひの…　俳句

> 春
> 遅き日の　つもりて遠き　むかしかな
> 〈蕪村句集・蕪村〉

訳 暮れるのが遅い春の一日(うっとりとものを思いつつ、過ごしてしまった)。思えば、そんな日が、きのうおとといと積もり積もってよみがえってくる。(私の青春も、人との出会いや思い出も、すべてが夢のように)遠い昔となってしまったんだなあ。(遅き日(春)。切れ字は「かな」)

解説 「懐旧」の前書きがある。

おそ・し(形ク){から・く(かり)・し・き(かる)・けれ・かれ} ❶【遅し】(時期に)遅れている。遅い。なかなか…しない。枕 二五「いまは持てきぬらむかし、あやしう—・き(体)、と待つほどに」訳 (手紙の返事を)今はきっと持ってきているだろうよ、(それにしても)変に遅いことだ、と待っているうちに。❷【鈍し】(頭や心のはたらきが)にぶい。のろい。〔胆大小心録〕「畠山は直にして—・し(終)。ついに北条にしてやられて跡なし」訳 畠山(重忠)は正直だが頭のはたらきがにぶい。とうとう北条(時政)にうまくだまされて(一家滅亡し)あとかたもない。

おぞ・し【悍し】(形ク){から・く(かり)・し・き(かる)・けれ・かれ} ❶「おずし」とも。気が強い。強情だ。源氏 東屋「物づつみせずはやりかに—・き(体)人にて」訳 (乳母は)遠慮をせず気が早くて強情な人であって。❷恐ろしい。こわい。源氏 蜻蛉「おどろおどろしく—・き(体)やうなり」訳 (浮舟の入水事件は驚くべき変事で)気味が悪く恐ろしいようだ。

おそ-なは・る【遅なはる】(自ラ四){ら・り・る・る・れ・れ} 遅くなる。遅れる。〔うつほ〕俊蔭「朝に見て夕べの—・る(体)ほどだに、紅の涙をおとすに」訳 (両親は俊蔭を)朝方見て、夕方(の帰り)が遅くなる程度でさえも、悲しみの涙を流すのに。

おそ-はや-も【遅早も・晩早も】(副)遅くても早くても。どんなに遅くても。万葉 一四・三四九三「—汝をこそ待ため」訳 どんなに遅くなってもあなたを待とう。

おそは・る【魘はる・襲はる】(自ラ下二){れ・れ・る・るる・るれ・れよ} 〔動詞「襲ふ」の未然形「おそは」に受身の助動詞「る」の付いたもの〕夢の中で恐ろしいものに襲われる。うなされる。源氏 帚木「物に—・るる(体)心地して、『や』とおびゆれど」訳 (空蟬は)何かの(恐ろしい)霊に襲われる感じがして、「あっ」とおびえる(ように叫んだ)が。

おそひ【襲ひ】(名) ❶物の上におおいかぶせるもの。おおい。枕 九九「—・棟などに、ながき枝を葺きたるやうにさしたれば」訳 (卯の花を牛車の屋根の)おおいや棟などに、長い枝を葺いたようにさしてあるので。❷馬の鞍。〔うつほ〕内侍のかみ「御—はいづれをか奉らむ」訳 御鞍はどちらをご用意しようか。❸上着。❹屏風などの縁にしている木。

おそ・ふ【襲ふ】(他ハ四){は・ひ・ふ・ふ・へ・へ} ❶不意に攻める。おそいかかる。徒然 六八「敵—・ひ(用)来りて囲み攻めけるに」訳 敵がおそいかかって来て(屋敷を)囲んで攻めたときに。❷〔多く「圧ふ」と書く〕押さえつける。土佐「棹はうがつ、波の上の月を。舟は—・ふ(終)、海のうちの空を」訳 棹は突きさす、波の上に浮かぶ月を。舟は押さえつける、海の中に映る空を。❸官位・家督・地位などを受け継ぐ。

おぞま・し【悍まし】(形シク){しから・しく(しかり)・し・しき(しかる)・しけれ・しかれ}「おずまし」とも。気が強い。強情だ。大鏡 道長下「おほかたその宮には、心—・しき(体)人のおはするにや」訳 だいたいその御所には、気の強い人がいらっしゃるのであろうか。

おそらく(-は)【恐らく(は)】(副)〔「恐らく」は動詞「恐る」のク語法〕❶たぶん。平家 一・吾身栄花「—は、帝闕も仙洞も是にはすぎじとぞみえし」訳 たぶん皇居も上皇の御所もこれ(=平家の邸宅)にはまさらないだろうと思われた。❷はばかりながら。〔狂・靭猿〕「—そのつれなことに怖づる猿引きではござらぬ」訳 はばかりながらその程度のことでおじけづく猿まわし(の私)ではございません。

おそり【恐り・畏り】(名)おそれ。心配。不安。土佐「このわたり、海賊の—ありといへば、神仏を祈る」訳 このあたりは、海賊の(襲ってくる)おそれがあるというので、神仏に(無事を)祈る。

おそ・る【恐る・畏る・懼る】(自ラ上二・四・下二){り・り・る・るる・るれ・りよ}{ら・り・る・る・れ・れ}{れ・れ・る・るる・るれ・れよ} ❶こわがる。徒然 九三「生ける間生を楽しまずして、死に臨みて死を—・れ(未)(下二段)ば」訳 生きている間に生を楽しまないで、死に直面して死をこわがるならば。文法「未然形＋ば」は仮定条件を表し、「もし…ならば」の意。⇩あさまし「慣用表現」❷気づかう。心配する。古今 仮名序「かつは人の耳に—・り(用)、かつは歌の心に恥ぢ思へど」訳 一方では世人への聞こえを心配し、他方では歌の本義に対して恥ずかしく思う(のだ)が。❸畏敬する。かしこまる。徒然 三七「君のごとく、神のごとく—・れ(用)(下二段)たふとみて」訳 (銭を)主君のように、神のようにかしこまり尊んで。

参考 古くは上二段・四段に活用していたが、平安時代になり下二段が使われはじめ、以降はしだいに下二段に統一されていった。

おそれ【恐れ・畏れ】(名) ❶こわがること。恐怖。著聞 六〇五「—をなして、人にもかくともいはず」訳 (子供たちは)おそれをなして、人にもこれこれだとも言わない。❷(神仏や貴人に対して)つつしみ、かしこまること。宇治 三・一七「読みは読み候ひなん。されど、—にて候へば、え申し候はじ」訳 読むことはきっと読みましょう。しかし、(天皇の前では)畏れ多いことでございますので、申し上げられますまい。❸気づかうこと。心配。方丈 四「ただ仮の庵のみ、のどけくして—なし」訳 ただ(こういう)かりそめの庵だけが、のんびりとして気づかいがない。

おそろ・し【恐ろし】(形シク){しから・しく(しかり)・し・しき(しかる)・しけれ・しかれ} ❶恐ろしい。気味が悪い。不安だ。源氏 夕顔「物をいと—・し(終)と思ひたるさま若う心ぐるし」訳 何かをひどく恐ろしいと思っている(夕顔の)ようすが子供っぽくいじらしい。〔うたたね〕「昼より用意しつる鋏、箱の蓋などの、ほどなく手にさはるもいとうれしくて、髪を引き分くるほどぞ、さすがそぞろー・しかり(用)ける」訳 昼から用意していた鋏、箱の蓋などが、すぐ近くに手に触れるのもたいそううれしくて、髪を(切ろうと)引き分けるときは、そうはいってもやはりいいようもなく恐ろしかった。名文解説 恋に傷ついて出家を志した阿仏尼の、みずから髪を切る直前の心境を描いた一文。鋏や切った髪を入れる箱の蓋が手に触れるとうれしい反面、恐ろしくも思われたという体験談は、出家を前に揺れ動く若い女性の心を、当事者ならではの真に迫った生々しさで伝えている。

❷とてつもない。驚くほどだ。平家 三・法印問答「あなー・し(終)。入道のあれほど怒り給へるに、ちっとも恐れず」訳 ああたいしたものだ。入道(=平清盛)があんなに怒っていらっしゃるのに、少しも恐れずに。

おだ・し【穏し】(形シク){しから・しく(しかり)・し・しき(しかる)・しけれ・しかれ}(心や世の中が)穏やかだ。安らかで落ち着いている。源氏 帚木「かうのどけきにー・しく(用)て、久しくまからざりしころ」訳 (女が)こんなふうにのんびりしているので(私=頭の中将は)落ち着いていて、(女のもとへ)長い間参らなかったころ。

おだまき〖苧環〗⇩をだまき

おち〖復ち・彼方・遠〗⇩をち

おち・あし【落ち足】(名)❶川の水が引き始めること。また、その時。平家 九・宇治川先陣「いかがせん、淀・一口へや回るべき、水のーをや待つべき」訳 どうしようか、淀か一口(=どちらも地名)へ回るのがよいか、(ここで)水の減るのを待つのがよいか。

❷戦いに負けて逃げていくこと。また、その足どり。〔浄・吉野都女楠〕「逃げ足、ー」

おち・あ・ふ—(オ)ウ【落ち合ふ】(自ハ四){は・ひ・ふ・ふ・へ・へ}❶一つの所で出あう。来合わす。平家 九・木曾最期「石田が郎等二人ー・う(用)(ウ音便)て、つひに木曾殿の首をばとってんげり」訳 石田の家来二人が来合わせて、とうとう木曾殿の首を取ってしまった。

❷意見が一致する。仲直りする。〔古活字本保元物語〕「兄弟の仲不快なりける間、今こそー・ふ(体)ところよ」訳 兄弟の仲は悪かったから、今こそ心をあわせるときだ。

❸(戦場で)側から加勢する。また、争いの相手となる。平家 七・篠原合戦「高橋が勢は国々の駆り武者なれば、一騎もー・は(未)ず、われ先にとこそ落ち行きけれ」訳 高橋方の軍勢は諸国からかき集めた兵士なので、一騎も加勢をしないで、われ先にと逃げていった。

おち・い・る【落ち入る・陥る】(自ラ四){ら・り・る・る・れ・れ}❶落ちこむ。はまる。宇治 一五・一一「それが飛びそこなひて、この溝にー・り(用)たるなり(=落ちこんだのだ)」

❷くぼむ。陥没する。源氏 紅葉賀「目皮らいたく黒みー・り(用)て」訳 (源典侍のは)まぶたが幾重にもひどく黒ずみ落ちくぼんで。

❸死ぬ。平家 一一・嗣信最期「手負ひのただいまー・る(体)に、一日経書いて弔らへ」訳 負傷者がたった今息絶えたので、一日経を書いて(菩提を)とむらえ。⇩果つ「慣用表現」

おちいる〖落ち居る〗⇩おちゐる

おち・う・す【落ち失す】(自サ下二){せ・せ・す・する・すれ・せよ}(戦いに負けて)逃げ去る。平家 八・法住寺合戦「軍におそれて下人ども皆ー・せ(用)たれば」訳 合戦を恐れて大勢の下人が皆逃げ去ったので。

おち・うど(オチュウド)【落人】(名)〔「おちびと」のウ音便〕「おちうと」とも。戦いに負けて逃げていく者。落ち武者。平家 七・忠度都落「『忠度』と名のり給へば、『ー帰りきたり』とて、その内さわぎあへり」訳 「忠度」と名のりなさると、「落ち武者が帰って来た」と言って、家の中は騒ぎあっている。

おぢ・おそ・る(オジ)—【怖ぢ恐る】(自ラ上二・四・下二){り・り・る・るる・るれ・りよ}{ら・り・る・る・れ・れ}{れ・れ・る・るる・るれ・れよ}こわがり恐れる。大和 一七三「国の守もー・れ(下二段)(用)て、ほかにかくれをりて」訳 国守もこわがり恐れて、ほかの所に隠れていて。→恐る 参考

おちかえる〖復ち返る〗⇩をちかへる

おち・かか・る【落ち懸かる・落ち掛かる】(自ラ四){ら・り・る・る・れ・れ}(物の上に)落ちてくる。更級 富士川「庵の上に柿のー・り(用)たるを、人々拾ひなどす」訳 仮小屋の上に柿が落ちてきたのを、人々は拾ったりする。

おち・かた【落ち方】(名)「おちがた」とも。❶物の落ちようとするころ。花の散るころ。枕 八三「御前の梅は、西は白く、東は紅梅にて、少しーになりたれど」訳 (梅壺の)お庭の梅は、西は白く、東は紅梅で、少し散りぎわになっているけれど。

❷逃げる機会。〔太平記〕三八「下の手にひかへたる者どもは、ーを失ひて惘然として居たるを」訳 (川の)下流に陣どっていた者どもは、逃げる機会を失って呆然として(その場に)とどまっているところを。

おちかた〖彼方・遠方〗⇩をちかた

おち・くぼ【落ち窪】(名)家の中で、ふつうの床より一段低くつくってある所。〔落窪〕「ーなる所の、二間なるになむ住ませ給ひける」訳 (北の方は)床の一段低い部屋である所で、(たった)二間(=柱三本分)である所に(姫君を)住まわせなさった。

落窪物語(おちくぼものがたり)〖作品名〗平安中期の物語。作者未詳。十世紀末の成立か。継母にいじめられ、落窪の間に住まわされていた姫君が、左近少将道頼を夫に得て救われ、継母は少将の報復を受けるが最後にはみな幸福になるという筋。登場人物は類型的で、内面描写に乏しいが、写実的傾向を表した作品である。

おち・ぐり【落ち栗】(名)❶熟して落ちた栗の実。秋

❷染め色の名。黒ずんだ濃い紅色。源氏 行幸「ーとかや、何とかや、昔の人のめでたうしける(=珍重した)袷の袴一具(=一そろえ)」

❸襲の色目の名。表は黒ずんだ蘇芳(=紫赤色)または濃い紅、裏は香色(=黄色がかった薄赤色)。中世以降のもの。秋に用いる。

おちこち〖彼方此方・遠近〗⇩をちこち

おち・ず【落ちず】残らず。もらさず。万葉 四・五一四「わが背子が着せる衣の針目ーこもりにけらしあが情さへ」訳 私の夫が着ていらっしゃる着物の針目に残らず入ってしまったようだ、(縫い糸だけでなく)私の心までも。なりたち 上二段動詞「落つ」の未然形「おち」＋打消の助動詞「ず」の連用形「ず」

おち・たぎ・つ【落ちたぎつ】(自タ四){た・ち・つ・つ・て・て}しぶきをあげて激しく流れ落ちる。万葉 一〇・二二六四「瀬を速みー・ち(用)たる白波にかはづ鳴くなり朝夕ごとに」訳 瀬の流れが速いので、激しく流れ落ちている白波にかじかがえるが鳴く声がする、朝夕ごとに。

おち-つ-く【落ち着く】(自カ四){か・き・く・く・け・け}❶落ちて下に着く。平家 九・忠度最期「六野太を馬の上で二刀、落ち際に一刀、三刀までぞ突かれたる」訳 (忠度は)六野太を馬の上で二度、(馬から)落ちて地面に着いたところで一度、(計)三度までもお突きになった。
❷住居が定まる。更級 鏡のかげ「東に下りし親、からうじて上りて、西山なる所に—き(用)たれば」訳 東国に下った(父)親が、(任期を終えて)やっとのことで上京してきて、西山にある家に住居が定まったので。
❸納得する。〔去来抄〕先師評「凡兆『あ』と答へて、いまだ—か(未)ず」訳 凡兆は「はい」と答えて(感嘆はしたものの)、まだ納得しない。

おち-とま-る【落ち留まる】(自ラ四){ら・り・る・る・れ・れ}❶落ちてそのままあとに残る。〔後撰〕雑四「何に消えなで—り(用)けむ」訳 (露が)どうして消えてしまわないで残っていたのであろう。
❷末長く残る。源氏 幻「—り(用)てかたはなるべき人の御文ども」訳 あとあとまで残って、(人目にふれても)見苦しいにちがいない女性のお手紙の数々も。
❸死に後れる。生き残る。源氏 宿木「ものはかなきありさまどもにて世に—り(用)さすらへむとすらむこと」訳 (私たち姉妹が)どちらも寄るべもない状態でこの世に生き残り、落ちぶれて暮らすであろうことよ。

おち-の-ひと【御乳の人】(名)❶貴人の乳母。平家 四・若宮出家「—なんどが、心をさなう具したてまって失せにけるにや」訳 乳母などが、思慮が浅くお連れ申しあげてどこかへ行ってしまったのであろうか。
❷江戸時代、貴人の子女の養育係の女性。乳を与える「お差し」、抱くだけの「抱きうば」と区別された。〔きのふはけふの物語〕「医師(=医者)の所へ、—(は)、子を連れて行き」

おぢ-はばか-る【怖ぢ憚る】(自ラ四){ら・り・る・る・れ・れ}恐れて遠慮する。源氏 玉鬘「とざまかうざまに—り(用)て、われにもあらで年を過ぐすに」訳 あれやこれやと恐れて遠慮して、心ならずも年を過ごすうちに。

おち-ぼ【落ち穂】(名)刈り取ったあとに、田に落ちこぼれている稲などの穂。(秋)。方丈 三「—を拾ひて、穂組み(=稲穂を積んで乾燥させておくもの)を作る」

おぢゃ-る(自ラ四){ら・り・る・る・れ・れ}〔「おいである」の転〕❶「来」「行く」「居る」の尊敬語。おいでになる。いらっしゃる。〔浄・心中万年草〕「これ、阿呆なことはいはずとも婿が—る(体)(=いらっしゃる)か、出て見よ」
❷「あり」の丁寧語。ございます。

おぢゃ-る(補動ラ四){ら・り・る・る・れ・れ}〔「おいである」の転〕(形容詞・形容動詞・助動詞(断定)の連用形、助詞「て」に付いて)丁寧の意を表す。…(で)あります。…(で)ございます。〔狂・薬水〕「その水はどこに出で来て—る(体)ぞ(=いますのか)」

おち-ゆ-く【落ち行く】(自カ四){か・き・く・く・け・け}❶戦いに敗れ逃げてゆく。敗走する。平家 九・木曽最期「今井がゆくへを聞かばやとて、勢田の方へ—く(体)ほどに」訳 (木曽義仲は)今井(四郎兼平)の行方を聞きたいと思って、勢田の方へ逃げてゆくうちに。
❷落ちぶれてゆく。悪くなってゆく。源氏 行幸「何事につけても末になれば、—く(体)けぢめこそやすくはべめれ」訳 何事においてもあとになると、悪くなってゆく(その)差がつきやすいようでございます。

おち-ゐる【落ち居る】(自ワ上一){ゐ・ゐ・ゐる・ゐる・ゐれ・ゐよ}心が静まる。安心する。源氏 明石「いまはかくて見るべきぞかしと御心—ゐる(体)につけては」訳 今はこうして(紫の上をいつでも)見ることができるのだねと(光源氏の)お心が落ち着くにつけては。

お-つ【落つ】(自タ上二){ち・ち・つ・つる・つれ・ちよ}❶落ちる。落下する。源氏 桐壺「車よりも—ち(用)ぬべうまろび給へば」訳 (母北の方は)牛車からも落ちてしまいそうに倒れ(伏し)なさるので。文法「おちぬべう」の「ぬ」は、助動詞「ぬ」の終止形で、ここは確述の用法。
❷(雨や雪などが)降る。(木の葉や花が)散る。古今 秋下「風吹けば—つる(体)もみぢ葉水清み散らぬ影さへ底に見えつつ」訳 →かぜふけば…和歌
❸光がさす。照らす。新古 冬「冬枯れの森の朽ち葉の霜の上に—ち(用)たる月の影の寒けさ」訳 冬枯れの森の腐った落ち葉に降りている霜の上にさしている月の光の寒々としていることよ。
❹(日や月が)沈む。〔蕪村句集〕蕪村「—つる(体)日のくくりて染むる蕎麦の茎」訳 沈む夕日がくくり染めにしているのだなあ。あのそばの茎(があんなに赤いの)は。
❺抜け落ちる。欠ける。源氏 蓬生「わが御髪の—ち(用)たりけるをとりあつめて鬘にし給へるが」訳 自分(=末摘花)の御髪の毛の抜け落ちていたのを寄せ集めて、かもじにつくりなさったものが。
❻落ちぶれる。身をもちくずす。堕落する。古今 秋上「名に愛でて折れるばかりぞ女郎花我—ち(用)にきと人に語るな」訳 →なにめでて…和歌
❼つき物が去る。病気が治る。また、精進などの期間が終わり、魚肉類を断つ食事をやめる。土佐「楫取りの昨日釣りたりし鯛に…—ち(未)られぬ」訳 船頭が昨日釣ってあった鯛で…精進落ちをしなさった。
❽戦いに敗れて逃げる。逃げ落ちる。平家 九・敦盛最期「平家の君達助け船に乗らんと、汀の方へぞ—ち(用)給ふらん」訳 平家の公達は助け船に乗ろうとして、波打ち際のほうへ敗走しなさっているだろう。
❾(城などが)敵の手にわたる。陥落する。〔太平記〕三「この城のていたらく、一日二日には—つ(終)まじかりけるぞ」訳 この城のありさまでは、一日二日ではとても陥落しそうもないことだぞ。
❿白状する。自供する。今昔 二四・一四「あながちに問ひければ、つひに—ち(用)ていはく」訳 むりやり問いただしたところ、とうとう白状して言うことには。

お-づ【怖づ】(自ダ上二){ぢ・ぢ・づ・づる・づれ・ぢよ}恐れる。こわがる。竹取 燕の子安貝「燕も、人のあまた上りゐたるに—ぢ(用)て、巣にも上り来ず」訳 燕も、人が大勢(高い足場に)上っているのに恐れて、巣にも上って来ない。
⇨あさまし「慣用表現」

おっ-かか-る【押っ掛かる】(自ラ四){ら・り・る・る・れ・れ}〔「おしかかる」の促音便〕今にもなろうとする。目前にせまる。〔浄・心中天の網島〕「三十〔歳〕に—り(用)、勘太郎・お末といふ六つと四つの子の親」

お-つかみ【押掴み】(名)〔「おしつかみ」の促音便「おっつかみ」の「っ」の表記されない形〕「をつかみ」とも。つかめる程度に伸びた頭髪。ざんぎり頭。宇治 一・二「かし

ら—なる(=頭がざんぎり頭である)法師どもの、二、三十人ばかり〔夢の中に〕出できて」

おっ-さま-に【追っ様に】(副)〔「おひさまに」の促音便〕あとを追って。ひきつづいて。平家 一〇・三日平氏「心すこし落とし据ゑて、—まゐり候ふべし」訳 心を少し落ち着けて、あとを追って参りましょう。

おったて-の-くゎんにん【追っ立ての官人】〔「おったて」は「おひたて」の促音便〕流罪人を追い立てて、流刑地に送る下級の役人。「追ひ立ての使ひ」とも。平家 二・座主流「—白河の御坊にむかひ、追ひ奉る」訳 流刑地へ護送する役人が白河の御僧坊に出向き、(明雲大僧正を)追い立て申しあげる。

おっ-つけ【追っ付け】(副)〔「おひつけ」の促音便〕まもなく。やがて。〔浄・冥途の飛脚〕「—今に戻られう」訳 やがてそのうちにお戻りになるだろう。

おっ-て【追っ手】(名)〔「おひて」の促音便〕(逃げる者や罪人を捕らえるために)追いかける人。〔浄・冥途の飛脚〕「畿内近国に—かかり」

おっと-まかせ(感)〔「おっと、まかせておけ」の意〕よしきた。引き受けた。〔浄・心中天の網島〕「『—』とむっくり起き」訳「よし、まかせておけ」とむっくり起きて。

お-つむ【御頭・天窓】(名)〔「おつむり」の略〕頭をさしていう幼児語。〔おらが春〕「—てんてん」

おてうちの… 俳句

> 御手討ちの　夫婦なりしを　更衣　‖夏
> 〈蕪村句集・蕪村〉

訳 (若侍と奥女中の恋は御法度。それが主君に知れて)お手討ちになるはずだったのに(奥方のとりなしで許されて、長屋のわび住まいでも)こうして夫婦として人なみに衣替えの季節を迎えたことよ。(更衣 夏。切れ字は「を」)。
文法「なりしを」の「を」は、逆接の接続助詞。
解説「夫婦」は、「夫婦」と読む説もある。蕪村の好む、物語的趣向の句。

おと-【弟・乙】(接頭)(人名などに付いて)年若い、愛らしいなどの意を表す。「—橘媛」

おと【弟・乙】(名) ❶弟。または、妹。万葉 九・一八〇四「箸向かふ—の命は」訳 箸が互いに向き合っているように、二人そろって育った弟は。❷末子。末っ子。〔浄・女殺油地獄〕「姉が手を引き—は抱く。中は父親肩ぐまに」訳 (お吉は)姉娘の手を引き末娘は抱く。中娘は父親の肩ぐるまに(乗り)。

おと【音】(名) ❶声。響き。古今 秋上「秋来ぬと目にはさやかに見えねども風の—にぞおどろかれぬる」訳 →あききぬと…和歌
❷(「音に聞く」などの形で)うわさ。風聞。評判。平家 四・橋合戦「日ごろは—にも聞きつらん、いまは目にも見給へ」訳 常々うわさでもきっと聞いているであろう、いまは目でも(しかと)ご覧なさい。⇩聞こえ「慣用表現」
❸便り。訪れ。音沙汰。竹取 竜の頸の玉「遣はしし人は、夜昼待ち給ふに、年越ゆるまで—もせず」訳 (竜の首の玉を取りに)派遣した者は、(大伴の大納言が)夜昼となく待っていらっしゃるのに、年が越えるまで便りもしてこない。

> **発展 「おと」と「ね」の違い**
> 「音」が楽器の音、虫・鳥の鳴き声など、心に訴える音声をさし、「声」が人や動物の発する音声などをさすのに対して、「おと」は、比較的大きい音、また広く音響一般をさす。

おと-うと【弟・妹】(名)〔「弟人」のウ音便〕「おとと」とも。男女にかかわらず年下のきょうだい。弟または妹。大和 一四「本院の北の方のみ—の、童名をおほふねといふいますかりけり」訳 本院(=藤原時平)の夫人の御妹で、幼名をおおふねという人がいらっしゃった。

> **発展 「おとうと」という呼称**
> 「おとうと」は古くは、男のきょうだいで兄が弟を、女のきょうだいで姉が妹を呼ぶ場合に用いた。一方、女からみた男のきょうだいは「せ(兄)」、男からみた女のきょうだいは「いも(妹)」といった。平安時代以降は、それぞれ「せうと」「いもうと」と呼ぶようになった。

おとがひ【頤】(名)あご。下あご。宇治 二・七「五、六寸ばかりなりければ、—よりさがりてぞ見えける」訳 (この僧の鼻は)五、六寸(=約一五～一八センチメートル)ほどであったので、下あごよりも下がって見えた。

おとがひ-お・つ【頤落つ】❶寒くてがたがた震える。枕 二九八「節分違へなどして夜ふかく帰る、寒きこといとわりなく、頤など落ち用ぬべきを」訳 節分の方違えなどをして深夜に帰るのは、寒いことはまったくたえがたく、震えてあごなども落ちてしまいそうなのを。
❷おしゃべりなことのたとえ。〔浄・艶狩剣本地〕「頤の落つる体(=あごが落ちる)ほどこっちからもしゃべるあっちからもしゃべる」
❸食べ物のおいしいことのたとえ。〔狂・附子〕「さてもさてもこれはうまいことぢゃ。頤が落つる体やうな」訳 ほんとうにまあこれはうまいことだ。あごが落ちるようだ。

おとがひ-を-はな・つ【頤を放つ】あごをはずすほど大笑いする。宇治 一・一二「諸人しょ、—・ち用て笑ひたるに」訳 みんな、あごをはずして大笑いしたところ。⇩笑壺に入る「慣用表現」

お-とぎ【御伽】(名)〔「お」は接頭語〕❶(貴人の)相手をして退屈を慰めること。〔浄・丹波与作待夜小室節〕「姫君の—に、最前の馬方をこの乗り物に連れてきて、お慰みにうたはしゃ」訳 姫君のお暇つぶしに、さっきの馬方をこの乗り物に引き付け、お慰みにうたわせよ。
❷ねや(=寝室)の相手をすること。また、その女性。妾。〔浄・義経千本桜〕「定めて—の人ならん」訳 きっと寝室の相手をする女の人だろう。
❸幼い主君に仕えて、話し相手や遊び相手をつとめた者。御伽小姓。

おと-ぎき【音聞き】(名)うわさ。評判。源氏 末摘花「世にたぐひなき御ありさまの—に罪許しきこえて」訳 世に並ぶものがない(ほどすばらしい光源氏の)ごようすとの評判のために、(光源氏の)罪をお許し申しあげて。⇩聞こえ「慣用表現」

おとぎ-ざうしゾウシ【御伽草子】(名)室町時代から江戸初期にかけてつくられた庶民的な短編物語の総称。絵(=奈良絵)入りの平易な話で、空想的・教訓的・童話的なものが多く、江戸時代の仮名草子に連なっていく。狭義には、享保年間(一七一六―一七三六)に出版された、これら二三話を含む二十三編の短編物語のこと。「酒顛童子」「鉢かづき」「一寸法師」などが有名。

伽婢子(おとぎぼうこ)オトギボウコ『作品名』江戸前期の仮名草子。浅井了意作。寛文六年(一六六六)刊。中国の「剪灯新話」「剪灯余話」などから着想を得た全六十八話の翻案小説。怪異小説の祖とされ、「雨月物語」などに大きな影響を与えた。代表作は「牡丹灯籠」。

おとこ【男】⇩をとこ

おと-ご【弟子・乙子】(名)末子。末っ子。男女のどちらにも使う。[今昔]一六・一五「子数有る中に、―なる女童の」[訳]子供がたくさんいる中で、末っ子である女の子が。

おどし【縅・威】⇩をどし

おとし-あぶ・す【落としあぶす】(他サ四){さ・し・す・す・せ・せ}価値がないとして捨てる。見下げて無視する。[源氏]玉鬘「さしも深き御心ざしなかりけるをだに、―・さ(未)ず」[訳](光源氏はそれほど深いお気持ちのなかった方をさえ、(世話する価値がないと)見下げて捨てず。

おとし-い・る【落とし入る・陥る】(他ラ下二){れ・れ・る・るる・るれ・れよ}中に落として入れる。[源氏]手習「夜、この川に―・れ(用)給ひてよ」[訳]夜、(私=浮舟を)この(宇治)川にどうか投げこんでしまってください。

おとし-ご【落とし子】(名)身分のある人が正妻以外の女性に生ませた子。落胤。「落とし種」とも。〔浮・好色一代男〕「公家の―かとおもはれて、賤しきかたちにあらず(=下品な顔立ちでない)」

おとし-だね【落とし種・落とし胤】(名)❶「おとしご」に同じ。
❷鳥などがついばんできて落とした植物の種。

おとし-む【貶む】(他マ下二){め・め・む・むる・むれ・めよ}見下げる。さげすむ。[源氏]桐壺「―・め(用)きずを求め給ふ人はおほく」[訳](桐壺の更衣を)さげすみ欠点をさがしなさる人は多く。

おと・す【落とす】(他サ四){さ・し・す・す・せ・せ}❶落下させる。勢いよく下らせる。[宇治]三・一六「ひさごの種をただ一つ、―・し(用)て置きたり」[訳]ひょうたんの種を一つだけ、(雀が)落として置いた。
❷なくす。失う。〔玉葉〕恋二・詞書「扇を―・し(用)て侍りけるを」[訳]扇をなくしていましたのを。
❸もらす。見落とす。[宇治]八・四「わがせしことどもを、一事も―・さ(未)ず、しるしつけたり」[訳]私のしたさまざまなことを、一つももらさず書きつけている。
❹逃がす。落ちのびさせる。〔太平記〕一「これは謀反の輩を―・さ(未)じがための謀なり」[訳]これは謀反の連中を逃がさないようにするための策略だ。
❺音や調子などを低くする。〔狭衣物語〕「琵琶とりよせて、衣更をひとわたり―・し(用)て」[訳]琵琶を持ってこさせて、衣更(=曲名)をひととおり低く鳴らして。
❻速さ・数量などを減らす。[大鏡]公季「おもの召す御台のたけばかりぞ一寸―・さ(未)せ給ひけるを」[訳]御食事をおとりになる御台の高さだけを一寸(=約三センチメートル)低くさせなさったのを。[文法]「おとさせ給ひ」の「せ」は使役の助動詞「す」の連用形。
❼劣った状態にする。[源氏]桐壺「よそほしかりし御ひびきに―・さ(未)せ給はず」[訳](東宮の元服が美しくりっぱであった(という)御評判に比べて劣ったようにしなさらず。[文法]「せ給ふ」は、最高敬語。
❽(「貶す」とも書く)見くだす。けなす。侮る。[源氏]行幸「人に―・さ(未)むはいと心苦しき人なり」[訳](末摘花は)他の人より軽く扱ったとすればそれはほんとうにかわいそうな人である。[文法]「おとさむは」の「む」は、仮定・婉曲の助動詞。
❾攻め取る。陥落させる。〔太平記〕七「この城を大手より攻めば、人のみ討たれて―・す(体)事ありがたし」[訳]この城を表門から攻めると、人ばかり討ち殺されて攻め落とすことはむずかしい。

おど・す【威す・嚇す】(他サ四){さ・し・す・す・せ・せ}こわがらせる。[徒然]一二九「いときなき子をすかし、―・し(用)、言ひはづかしめて興ずることあり」[訳](大人が)幼い子供をだまし、こわがらせ、からかっておもしろがることがある。

おと-づ・るズル【訪る】(自ラ下二){れ・れ・る・るる・るれ・れよ}❶訪問する。たずねる。[源氏]若紫「山里人にも、久しう―・れ(用)給はざりけるを」[訳](光源氏は)山里の人(=尼君の所)にも、久しくたずねなさらなかったことを(思い出されて)。
❷手紙でようすを尋ねる。[源氏]賢木「かんの君にも―・れ(用)聞こえ給はで久しうなりにけり」[訳]尚侍の君(=朧月夜)にも便りをし申しあげなさらないで長い時間が経ってしまった。
❸声や音をたてる。[平家]四・鵼「雲井に郭公二声三声―・れ(用)てぞとほりける」[訳]遠くの空でかっこうが二声三声鳴いて通った。

おと-と【弟・妹】(名)「おとうと」に同じ。[更級]大納言殿の姫君「姉―の中につとまとはれて」[訳](猫は)姉妹の間にぴったりとまとわりついて。

おとど【大殿】(名)❶貴人の邸宅の敬称。御殿。また、その一部もさす。[源氏]野分「人々、おはします―のあたりにこそしげけれ」[訳](警護の)人々も、(光源氏の)いらっしゃる御殿の付近には大勢いるけれども。[文法]係り結び「こそしげけれ」は、ここは強調逆接となって下の文に続く。
❷(「大臣」とも書く)大臣・公卿の敬称。[大鏡]道長上「この―(=道長)は、法興院の―(=兼家)の御五男」
❸女主人の敬称。[源氏]玉鬘「北の―をば、目ざましと心おき給へり」[訳](紫の上は)北の(御殿の)御方(=明石の君)を、気にくわないと気をお許しになっていない。
❹女房、乳母などの敬称。[源氏]玉鬘「おびえて、―色もなくなりぬ」[訳]おびえて、乳母殿は顔色もなくなってしまった。

おとと-い(名)(「い」は「兄」の転)兄弟。姉妹。[平家]一・祇王「そのころ都に聞こえたる(=評判になっている)白拍子の上手(=名手)、祇王・祇女とて―(=姉妹)あり」

おとな【大人】(名)❶成長して一人前になった人。また、男子は元服、女子は裳着をすませた人。[伊勢]二三「―になりにければ、男も女も恥ぢかはしてありけれど」[訳]一人前になってしまったので、男も女も互いに恥ずかしがっていたけれども。❷おもだった女房。また、一家の中心的人物。源氏 若紫「清げなる―二人ばかり、さては童べぞいでいり遊ぶ」訳（尼のそばに）こぎれいで美しい感じの女房が二人ほど（いて）、そのほかには童女たちが出たりはいったりして遊ぶ。更級 宮仕へ「父ててはただ我を―にし据ゑて」訳 父はもっぱら私を一家の責任者（の立場）に置いて。❸老臣。長老。平家 一一・弓流「―ども爪はじきをして」訳（源義経が海に流れた弓に執着したので）老臣どもは爪はじき（＝不快を表す動作）をして。

おとない ⇩おとなひ

おとなう ⇩おとなふ

おとなおとな・し【大人大人し】（形シク）〔しから・しく（しかり）・し・しき（しかる）・しけれ・しかれ〕大人びている。いかにも大人らしい。源氏 薄雲「御年よりはこよなう―・しう用（ウ音便）ねびさせ給ひて」訳（冷泉帝は）ご年齢よりはこの上なく大人びて成長なされて。

おとな・し【大人し】（形シク）〔しから・しく（しかり）・し・しき（しかる）・しけれ・しかれ〕

語義パネル

●重点義　**いかにも大人らしい。**

現代語では④の意で用いるが、本来は一人前の人の意の「おとな」からできた形容詞。②③④は大人に備わっているはずの状態。子供についていうと①。

❶**大人びている。**いかにも成人らしい。
❷**思慮分別に富む。**
❸**年配で頭だっている。おもだっている。**
❹穏やかだ。温和だ。

❶**大人びている。**いかにも成人らしい。源氏 澪標「十一になり給へど、程より大きに―・しう用（ウ音便）清らにて」訳（春宮は）十一歳におなりだが、年ごろよりも大きく大人びていて美しくて。❷**思慮分別に富む。**源氏 若菜上「―・しき体御乳母どもも召し出でて」訳（朱雀院は）分別のある（女三の宮の）御乳母たちをお呼び出しになって。❸**年配で頭だっている。おもだっている。**徒然 二三六「―・しく用物知りぬべき顔したる神官を呼びて」訳 年配で頭だっていてものを心得ていそうな顔つきをしている神職を呼んで。文法「物知りぬべき」の「ぬ」は、助動詞「ぬ」の終止形で、ここは確述の用法。❹穏やかだ。温和だ。徒然 二三四「うららかに言ひ聞かせたらんは、―・しく用聞こえなまし」訳 はっきりと説明してやったならばそれは、きっと穏やかに聞こえただろうに。文法「言ひ聞かせたらんは」の「ん」は、仮定・婉曲の助動詞。「なまし」の「な」は、助動詞「ぬ」の未然形で、ここは確述の用法。

参考 ③と関連のある「人の上に立って統率する人」が「長をさ」であり、この語から、いかにも長らしいの意の形容詞「をさし」「をさをさし」が派生する。「おとなし」の対義語の「をさなし」は、語源が「長無し」であると考えられるから、語の構成上は「をさし」の対義語と見なされる。

おとなぶ ← おとな → おとなし・おとなおとなし
↕　　　　　＝　　　　＝　　　　＝
をさなぶ　　を　さ → をさし・をさをさし
　　　　　　　　　　をさなし ↔

音無川（おとなしがは）オトナシガワ『地名』歌枕 今の和歌山県にある熊野川上流部の支流。熊野本宮大社付近を音無の里と称したため呼ばれた。

おとなし-やか【大人しやか】（形動ナリ）〔なら・なり（に）・なり・なる・なれ・なれ〕〔「やか」は接尾語〕❶大人びている。❷落ち着いている。思慮分別がある。平家 一二・六代「あはれ―・なら未ん者の、聖の行きあはん所まで六代を具せよといへかし」訳 ああ思慮分別のあるような者が、聖（＝文覚）が出会う所まで六代を連れて行けと言ってくれよ。平家 一二・六代「をさなけれども心―・なる体ものなり」訳（六代は）幼いけれども、心は大人びている者である。

おとな-だ・つ【大人だつ】（自タ四）〔た・ち・つ・つ・て・て〕〔「だつ」は接尾語〕大人らしい感じになる。年配で分別がありそうである。今昔 二六・三八「―・ち用たる御目代」訳 年配で分別がありそうである御代官は。

おと-なひナイ（名）❶**音。響き。**源氏 夕顔「いとあやしうめざましき―とのみ聞き給ふ」訳（光源氏は、唐臼の音を）ただもうひどく奇妙で気にくわない響きだとお聞きになる。❷（聞こえてくる）**ようす。けはい。**更級 宮仕へ「梅壺の女御ののぼらせ給ふなる―、いみじく心にくく優なるにも」訳 梅壺の女御が（清涼殿に）お上りになられるらしいけはいが、とても奥ゆかしく優雅であるのにつけても。文法「せ給ふなる」の「せ給ふ」は最高敬語、「なる」は、推定の助動詞。❸**訪れ。訪問。**〔浜松中納言物語〕「知らずとも吹きくる風の―にほはす花の香をば尋ねよ」訳 たとえ（私を）知らないでも、（唐土から）吹いてくる風の訪れによって香らせる花の香りを探し求めて（私と思って）くれ。❹騒ぎ。評判。〔増鏡〕三神山「馬・車の響きさわぐ世の―を、四辻殿にはあさましうなかなか物おぼしまさるべし」訳（皇位継承の決まった土御門殿に参集する）馬や車が響き騒ぐ世間の騒がしさを、（皇位継承からはずれた）四辻殿では驚きあきれるばかりに（期待されていただけに）かえってご心痛がつのるにちがいない。

おと-な・ふナ（ノ）ウ（自ハ四）〔は・ひ・ふ・ふ・へ・へ〕〔名詞「音」に接尾語「なふ」が付いたもの〕❶**音をたてる。響く。鳴く。**徒然 一一「木この葉に埋うづもるる懸樋かけひの雫しづくならでは、露つゆ―・ふ体ものなし」訳 木の葉に埋まっている懸樋の雫以外には、まったく音をたてるものがない。⇩目くはす「慣用表現」❷**訪れる。たずねる。**源氏 末摘花「古りにたるあたりとて―・ひ用聞こゆる人もなかりけるを」訳（常陸の宮邸は）世間から取り残されてしまっているところだということで、おたずね申しあげる人もなかったので。❸**手紙を出す。便りをする。**源氏 葵「さりとて、かき絶え―・う用（ウ音便）聞こえざらむもいとほしく」訳 そうかといって、これっきりお便りし申しあげないとしたらそれも（六条御息所が）気の毒で。文法「ざらむも」の「む」

は、仮定・婉曲の助動詞。

おとな・ぶ【大人ぶ】(自バ上二)〔び・び・ぶ・ぶる・ぶれ・びよ〕❶大人になる。大人らしくなる。源氏 絵合「いま少し—・び用おはしますと見奉りて、なほ世を背きなむ」訳 (冷泉帝が)もう少し大人におなりになられるとお見申しあげてから、やはりきっと出家しよう。
❷一人前になる。年配になる。おもだつ。源氏 椎本「—・び用たる人々召し出でて」訳 (八の宮は)年配になった女房たちをお呼び出しになって。

類語パネル

●共通義 成長する。

おとなぶ	大人になる。一人前になる。
およすく	成長する。また、実際の年齢以上に見える。
おゆ	年をとって衰える。
ねぶ	年をとる。ふける。また、実際の年齢以上に見える。

おと-に-き・く【音に聞く】❶うわさに聞く。人づてに聞く。竹取 貴公子たちの求婚「いかでこのかぐや姫を得てしがな、見てしがなと、—・き用めでてまどふ」訳 どうにかしてこのかぐや姫を手に入れたいものだ、結婚したいものだと、うわさに聞いて恋い慕い思い乱れる。文法「てしがな」は、願望の終助詞。名文解説 美しいかぐや姫のうわさを耳にした男たちが、どうにかしてかぐや姫をわが物にしたいと心を乱すようすを描いた一節。「…てしがな」の繰り返しが、恋心を持て余して、居ても立ってもいられないでいるようすをよく表している。⇩聞こえ「慣用表現」
❷有名である。うわさに高い。〔金葉〕恋下「—・く体高師の浦のあだ浪はかけじや袖の濡れもこそすれ」
訳 →おとにきく…和歌

おとにきく… 和歌《百人一首》

> 音に聞く　高師の浦の　あだ浪は　〔高し〕
> かけじや袖の　濡れもこそすれ　〔(波は)かけじ〕〔(心に)かけじ〕
> 〈金葉・八・恋下・四六九・一宮紀伊〉

訳 あのうわさに高い高師の浦の、いたずらに立ちさわぐ波をかけないようにしよう(=評判の高い浮気者のあなたのことは、心にかけないことにします)。(つらい成り行きになって、涙で)袖がぬれたら困るから。修辞「高師の浦」は歌枕。「高師」に「高し」、また、「かけじ」に「波はかけじ」と「心にかけじ」の意をかける。文法「もこそ」は将来への不安を予測し、そうなっては困るの意を表す。解説 堀河天皇の時代に催された艶書合の歌。恋文につける歌を歌合わせの形式にしたもの。「あだ浪」は、誠実でない男を暗示し、表面上は波を詠んでいながら、実は男への恨みごとをいったものになっている。「小倉百人一首」では第二句を「高師の浜の」とする。

音羽の滝(おとはのたき)『地名』今の京都市東山区にある清水寺境内の音羽川にかかる小さな滝。その水は昔から霊水とされた。

音羽山(おとはやま)『地名』❶今の京都市、東山三十六峰の一つ。中腹に清水寺がある。桜・紅葉の名所。
❷歌枕 今の京都市山科区と滋賀県との境にある山。北は逢坂山に続く。

おと-みや【弟宮・妹宮】(名)弟の宮。また、妹の宮。大鏡 道長上「—の産養ひを姉宮のしたまふ見るぞうれしかりける」訳 妹宮(=妍子)のお産祝いを姉宮(=彰子)がなさるのを見るのは、うれしいことだった。

おとめ【少女・乙女】⇩をとめ

おと-も-せ-ず【音もせず】便りもない。訪れもしない。更級 梅の立枝「待ちわたるに、花もみな咲きぬれど、—ず終」訳 ずっと待ち続けていると、花もすっかり咲いてしまったけれど、(継母からは)なんの便りもない。
なりたち 名詞「音」＋係助詞「も」＋サ変動詞「為」の未然形「せ」＋打消の助動詞「ず」

おと-や【乙矢】(名)弓術で、一手に二本持った矢のうち、二番目に射る矢。二の矢。著聞 三五二「—にてまた、後ろの串(=的を掛ける棒)を射てけり」訳 二の矢でまた、後ろの串を射てしまった。↕甲矢

おとり-ざま【劣り様】(名・形動ナリ)他と比べて劣っているさま。源氏 梅枝「よろづのこと、昔には—・に用、浅くなりゆく世の末なれど」訳 すべてのことが昔に比べては劣っているようすで、浅薄になっていく末世だけれど。↕勝り様

おとり-ばら【劣り腹】(名)家柄や地位の低いほうの女性から生まれた子。源氏 手習「この大将殿の御後のは、—なるべし」訳 この大将殿(=薫)ののちの(愛人=浮舟)は、家柄の低いほうの娘であるにちがいない。

おとり-まさり【劣り勝り】(名)優劣。竹取 貴公子たちの求婚「人の心ざし等しかんなり。いかでか、中に—は知らむ」訳 (私に求婚する五人の)人の気持ちは同じようだ。どうして、その中で優劣はわかろうか。

おとり-まさ・る【劣り勝る】(自ラ四)〔ら・り・る・る・れ・れ〕❶優劣がある。優劣がわかる。源氏 玉鬘「いづれも、—・る体けぢめも見えぬものどもなめるを」訳 どれも、優劣のつくちがいも見えない品々(=着物)であるようだが。
❷劣りがちである。源氏 藤裏葉「あてにめでたけはひや、思ひなしに—・ら未む」訳 気品高くりっぱな感じは、(冷泉帝に比べ夕霧は)気のせいで劣りがちであろうか。

おと・る【劣る・損る】(自ラ四)〔ら・り・る・る・れ・れ〕❶他に比べて価値や程度が低い。土佐「この人々の深き心ざしは、この海にも—・ら未ざるべし」訳 この人々の深い厚意は、この海(の深さ)にも劣らないだろう。↕勝る
❷減る。損失する。〔紀〕皇極「—・り用費ゆること極めて甚だし」訳 (珍財が)減りなくなることはきわめて膨大である。

おどる【踊る】⇩をどる

おどろ【棘・荊棘・藪】(名)❶草木が乱れ茂っていること。また、そういう場所。やぶ。〔霊異記〕「一つの道は—を以て塞がる」
❷髪などの乱れているようす。〔伎・四谷怪談〕「髪も—

のこの姿」

おどろおどろ・し

（形シク）｛しから・しく(しかり)・し・しき(しかる)・しけれ・しかれ｝

語義パネル

●**重点義**　**周囲をはっとさせるほどおおげさで気味悪く恐ろしいさま。**

はっとする意の動詞「おどろく」(カ四)の語根を重ねて形容詞化した語と考えられる。

❶**気味が悪い。**耳目を驚かすさまである。
❷**仰々しい。おおげさである。**ひどい。

❶**気味が悪い。**耳目を驚かすさまである。大鏡 道長上「さみだれも過ぎて、いと—・しく(用)かきたれ雨の降る夜」訳 梅雨(の季節)も過ぎたのに、たいそう気味悪く激しく雨の降る夜。

❷**仰々しい。おおげさである。**ひどい。源氏 夕顔「夜の声は—・し(終)。あなかま」訳 夜中の(泣き)声はおおげさに響く。ああ、やかましい。

類語パネル

●**共通義**　過大であるさま。

おどろおどろし	周囲をはっとさせるほどおおげさで、気味悪く恐ろしいさま。
こちたし	数や量が多く、わずらわしいさま。
ことことし	おおげさで仰々しく、非常に目立つさま。(美的でないものに対して否定的にいう)
ものものし	規模が大きくて、重々しくりっぱであるさま。(美的なものに対して肯定的にいう)

おどろか・す

【驚かす】(他サ四)｛さ・し・す・す・せ・せ｝❶**びっくりさせる。はっとさせる。**枕 三「舎人の弓どもとりて馬ども—・し(用)笑ふを」訳 (殿上人などが)舎人の(持っている)弓のいくつかをとって馬たちをおどろかして笑うのを。

❷**目をさまさせる。**起こす。宇治 一・一二「この児、定めて—・さ(未)んずらんと、待ちゐたるに」訳 この稚児は、(だれかが)きっと起こそうとするだろうと、待っていたところ。

❸**気づかせる。注意をうながす。**源氏 浮舟「うち咳きて—・い(用)(イ音便)奉り給ふ」訳 (薫は)せきばらいをして、(夕霧が出て来たことを匂宮に)お気づかせ申しあげなさる。

❹(思いがけないところに)訪れる。便りをする。源氏 浮舟「時々は、それよりも—・い(用)(イ音便)給はむこそ、思ふさまならめ」訳 時々はそちら(=浮舟)からも便りをしてくださるならそれが、(私=薫の)望みどおりであろう。文法「給はむ」の「む」は、仮定・婉曲の助動詞。

おどろ・く

【驚く】(自カ四)｛か・き・く・く・け・け｝

語義パネル

●**重点義**　**意外なことに出会って心の平静を失う。**

目がさめているときには②、眠っているときには③の意になる。

❶びっくりする。
❷**はっとして気づく。**
❸**眠りからさめる。目がさめる。**

❶びっくりする。伊勢 八四「とみのこととて御ふみあり。—・き(用)て見れば、歌あり」訳 至急の用件だということで、(母から)お便りがある。びっくりして見ると、和歌が(書いて)ある。⇩あさまし「慣用表現」

❷**はっとして気づく。**古今 秋上「秋来ぬと目にはさやかに見えねども風の音にぞ—・か(未)れぬる」訳 →あききぬと…和歌

❸**眠りからさめる。目がさめる。**源氏 夕顔「ものにおそはるる心地して、—・き(用)給へれば、火も消えにけり」訳 (光源氏が)物の怪におそわれる気持ちがして、目をおさましになったところ、ともしびも消えてしまっていた。宇治 一・一二「僧の、『もの申しさぶらはん。—・か(未)せ給へ』と言ふを」訳 僧が、「もしもし。目をおさましなさい」と言うのを。

おとろ・ふ

【衰ふ】(自ハ下二)｛へ・へ・ふ・ふる・ふれ・へよ｝❶(信望などが)弱くなる。落ちぶれる。源氏 宿木「そのかみの御おぼえ—・へ(未)ず」訳 (女三の宮は薫が万事世話をしているから)昔ながらのご人望が落ちないで。

❷(体力や容姿などが)おとろえる。源氏 蓬生「かたちなど—・へ(用)にけり」訳 (以前に比べて侍従の)容貌などはおとろえてしまった。

おな・じ

【同じ】(形シク)｛じから・じく(じかり)・じ・じき(じかる)・じけれ・じかれ｝同一である。等しい。徒然 一二「—・じ(終)心ならん人と、しめやかに物語して」訳 同一の気持ちをもつような人と、しんみりと話をして。文法「ならん人」の「ん」は、仮定・婉曲の助動詞。

参考 例文のように、体言に接続する場合、和文では連体形「おなじき」より、終止形「おなじ」を用いるほうが多い。「おなじき」は漢文訓読体の文に多く使われる。

おなじえに…　和歌

おなじ枝に　鳴きつつをりし　ほととぎす
声はかはらぬ　ものと知らずや
〈和泉式部日記・敦道親王〉

訳 (私は)同じ枝に来ては鳴いていたほととぎすなのです。声は変わらないものとおわかりにならないでしょうか。

解説 和泉式部の詠んだ歌「かをる香によそふるよりはほととぎす聞かばやおなじ声やしたると」(訳 →かをるかに…和歌)〈和泉式部日記〉への返歌。敦道親王は亡き兄為尊親王と同母兄弟なので、同じ枝のほととぎすにたとえた。

おなじき

【同じき】(連体)〔形容詞「同じ」の連体形が

固定化したもの〕同じ、その。同上の。平家 四・還御「―四月二十二日、新帝の御即位〔の儀式〕あり」

おなじく【同じく】(接)〔形容詞「同じ」の連用形から〕ならびに。同様に。〔猿蓑〕「実盛が菊から草のかぶと、―錦のきれあり」訳（多田神社の宝物として）実盛の菊唐草のかぶと、ならびに錦のきれはしがある。

おなじく-は【同じくは】(副)同じことならば。どうせするなら。徒然 五九「―、かのこと沙汰しおきて」訳 どうせなら、あのことを始末しておいてから。

参考「同じうは」とウ音便の形をとることもある。

おに-【鬼】(接頭)勇猛・異形などの意を表す。「―葦毛」「―武者」

おに【鬼】(名)恐ろしい姿をした想像上の怪物。竹取 蓬萊の玉の枝「―のやうなるもの出で来て殺さむとしき」訳 鬼のようなものが出て来て殺そうとした。

発展 日本の「おに」
漢字の「鬼」は死者の霊魂の意だが、日本の「おに」は「隠」の字音「おん」の転で、別の観念である。本来は形を見せないものであったようだ。「万葉集」では「鬼」の字を「もの」と読んでいる。確かな「おに」が登場するのは、平安時代以降で、仏教の影響を受けて、恐ろしい怪物のイメージが定着した。

おに-がみ【鬼神】(名)〔「鬼神」の訓読〕たけだけしく恐ろしい神。古今 仮名序「目にみえぬ―をもあはれと思はせ」訳（和歌は）目には見えないたけだけしく恐ろしい神をもしみじみと感動させ。

鬼貫（おにつら）『人名』→上島鬼貫

おに-の-ま【鬼の間】(名)清涼殿の西廂の南端にある部屋。壁に白沢王（＝詳細は不明。中国故事に出る神獣とも、インド故事に出る勇士ともいう）が鬼を斬る絵がかいてある。⇩巻頭カラーページ20

おに-ひとくち【鬼一口】(名)〔「伊勢物語」第六段の「鬼はや一口に（女を）食ひてけり」から出た語〕❶鬼が一口に人間を食うこと。また、鬼に食われるような危険なめにあうこと。〔謡・通小町〕「さて雨の夜は、目に見えぬ―も恐ろしや」訳 それで、雨の夜には、目に見えない鬼に一口にされることも（あるかと）恐ろしいこと（だった）よ。❷（鬼が人間を一口に食うように）物事を一気にすること。物事の容易なこと。〔鶉衣〕「―のいきほひもなく」訳 物事を一気にするような勢いもなく。

おに-もぢ【鬼綟・鬼縺】(名)織物の一種。麻や綿のより糸で織った最も目の粗い布。夏の肩衣に用いる。〔浮・日本永代蔵〕「麻袴に―の肩衣」

おに-やらひ【鬼遣らひ・追儺】(名)❶「ついな」に同じ。❷室町時代以降、民間で春の節分の夜、煎った大豆をまいて鬼を払うこと。まめまき。おにうち。图

お-ぬし【御主】(代)対称の人代名詞。同輩または目下の者に対して用いる。おまえ。そなた。〔浄・心中天の網島〕「兄貴の手へ渡りしは―から行いた文な」訳 兄貴の手に渡ったのはおまえから行った手紙だな。

おの【己】(代)（ふつう、「おのが」の形で）❶自称の人代名詞。私。われ。❷反照代名詞。自分自身。

おの-おの【各】■(代)対称の人代名詞。みなさん。かたがた。平家 二・烽火之沙汰「これを―聞き給へ」訳 これをみなさんお聞きなさい。■(副)めいめい。各自。それぞれ。徒然 四一「―下りて、埒（＝馬場の周囲の柵）のきはに寄りたれど」訳 めいめい（牛車を）降りて、埒のそばに寄ったが。

参考 ■は、同じ場にある人々がそれぞれの行動をとる、あるいは同一の行動をとるさまについていうが、代名詞との区別は明確でない場合が多い。

おの-が【己が】❶（「が」が主格を示す場合）㋐私が。源氏 夕顔「―いとめでたしと見奉るをば尋ね思ほさで」訳 私（＝物の怪の女）が（光源氏を）たいへんりっぱであると拝見しているのに、（その私を）訪ねることもお考えにならないで。㋑自分自身が。各自が。竹取 竜の頸の玉「あるいは―行かまほしき所へ往ぬ」訳 ある者は自分が行きたい所へ去る。❷（「が」が連体格を示す場合）私の。自分自身の。竹取 かぐや姫の昇天「―身はこの国の人にもあらず」訳 私（＝かぐや姫）の身はこの（地上の）国の人でもない。

なりたち 代名詞「おの」＋格助詞「が」

おの-が-さまざま【己が様様】「おのがじし」に同じ。伊勢 八六「今までに忘れぬ人は世にもあらじ―年の経ぬれば」（新古今・恋五にも所収）訳 今まで（昔のことを）忘れない人は断じていないだろう。（お互い）思い思いに（暮らして）年月が過ぎてしまったのだから。

おの-が-じし【己がじし】(副)めいめい。それぞれに。思い思いに。「己が様々」とも。〔紫式部日記〕「池のわたりの梢ども、遣り水のほとりの草むら、―色づきわたりつつ」訳 池のあたりの木々の梢、遣り水のあたりの草むら、それぞれに一様にみな色づいて。

おの-が-ちりぢり【己が散り散り】それぞれ散り散りに。てんでばらばらに。古今 雑体「秋のもみぢとひとびとは―わかれなば」訳 秋のもみじの（散る）ように人々はそれぞれ散り散りに（なって）別れてしまったならば。

おの-が-どち【己がどち】(名・副)自分たちどうし。仲間どうし。源氏 葵「―ひきしのびて見侍らむこそ栄えなかるべけれ」訳 仲間どうしで隠れて（行列を）見物しますようなことは見栄えがしないにちがいない。

おの-が-まま【己がまま】❶生まれつき。生まれついてもっている性質。〔雨月〕吉備津の釜「されど―のたはけたる性はいかにせん」訳 しかし生来の色好みの性質はどうにもならない。❷自己流。自分の思うまま。〔三冊子〕「この習へといふ所を―にとりて、終に習はざるなり」訳 この「習え」ということころを自分に都合のいいようにうけとって、結局習わない（で終わる）のである。

おの-が-よよ【己が世世】それぞれ別の生活を送ること。特に、男女が別れてそれぞれ別の生活をすること。伊勢 二一「―になりにければ、うとくなりにけり」訳（他に妻や夫を持ってそれぞれ）別々の夫婦の生活になってしまったので、（二人の間は）疎遠になってしまった。

おのこ【男子・男】⇩をのこ

おの-づ-から【自ら】(副)〔代名詞「己」に「の」の意の上代の格助詞「つ」の濁音「づ」、名詞「柄」の

付いたもの」❶自然と。ひとりでに。[更級]物語「母、物語など求めて見せ給ふに、げに―慰みゆく」[訳]母が、物語などを探して見せなさるので、なるほど自然と(私の)心が晴れていく。

❷偶然。たまたま。まれに。[方丈]四「―、事の便りに都を聞けば」[訳]たまたま、事のついでに(京の)都(のようす)を聞くと。

❸(下に仮定表現を伴って)万一。もしも。ひょっとして。[平家]一・祇王「―後まで忘れぬ御事ならば」[訳]もしのちのちまで(私=仏御前を)お忘れにならないのならば。

[参考]自己の意志でことを行うさまを表す「みづから」に対し、「おのづから」は、自己の意志によらず、自然にそうなるさまを表すところから、②の意が生じ、「まれに」の意から、③の用法が生じたと考えられる。

おの‐づま【己夫・己妻】(名)自分の夫、または自分の妻。[万葉]一三・三三一四「他夫の馬より行くに―し歩より行けば見るごとに哭のみし泣かゆ」[訳](山背への道を)他の人の夫が馬で行くのに自分の夫は徒歩で行くので、見るたびにただもう泣けてくる。

小野小町(おののこまち) ⇩小野小町(をののこまち)

小野篁(おののたかむら) ⇩小野篁(をののたかむら)

小野道風(おののとうふう) ⇩小野道風(をののたうふう)

おのれ 一(代)❶反照代名詞。自分自身。その人自身。[徒然]一三四「―を知るを、物知れる人といふべし」[訳]自分自身を知っている人を、(真に)ものを知っている人というべきである。

❷自称の人代名詞。私。謙譲の気持ちを含むことが多い。[源氏]若紫「ただ今―見すて奉らば、いかで世におはせむとすらむ」[訳]たった今にも私(=尼君)があとに残して死に申しあげるなら、(あなた=若紫は)どのようにしてこの世に生きていらっしゃろうとするのだろう。

❸対称の人代名詞。おまえ。きさま。目下の者に対して、また、相手を見下した気持ちで用いる。[竹取]かぐや姫の昇天「かぐや姫は、罪をつくり給へりければ、かく賤しき―がもとに、しばしおはしつるなり」[訳]かぐや姫は、(天上で)罪を犯しなさったので、このようにいやしいおまえ(=竹取の翁)の所に、しばらくおいでになったのだ。

二(副)自然に。おのずから。ひとりでに。[源氏]末摘花「松の木の―起きかへりてさとこぼるる雪も」[訳](雪の重みでたわんでいた)松の木がひとりでに立ちあがり(もとの姿)に戻って、さっとこぼれ落ちる雪も。

おのれ‐と【己と】(副)おのずから。ひとりでに。自然に。[徒然]一三八「―枯るるだにこそあるを、名残なく、いかが取り捨つべき」[訳](賀茂の祭りのあとの葵は)自然に枯れるのさえ名残惜しいのに、跡形もなく、どうして取り捨てることができようか(いや、できはしない)。[文法]係助詞「こそ」の結びは、接続助詞「を」が付いて「あるを」とさらに下に続くため、消滅(=結びの流れ)している。

お‐ば【祖母】(名)(「おほば」の転)❶祖母。[堤]このついで「―なる人の、東山わたりに行ひてはんべりしに」[訳]祖母にあたる人が、東山あたりで仏道修行をしておりましたが。

❷(「姥」とも書く)年とった女。老女。

お‐はぐろ【御歯黒・鉄漿】(名)「歯黒め」の女房詞。女性が歯を黒く染めること。また、それに使う液。→歯黒め

おはさう‐ず【御座さうず】(自サ変){ぜ・じ・ず・ずる・ずれ・ぜよ}[四段動詞「御座さふ」の連用形「おはさひ」にサ変動詞「為」の付いた「おはさひす」のウ音便。「ず」は連濁]

❶「あり」の尊敬語。いらっしゃる。[源氏]竹河「碁打ちさして恥ぢらひて―・ずる(体)、いとをかしげなり」[訳]碁を打つ手を休めて、(姫君二人が)恥ずかしがって(顔を隠して)いらっしゃるのは、たいそうかわいらしい感じである。⇩坐します「敬語ガイド」

❷「行く」「来」の尊敬語。おでかけになる。おいでになる。いらっしゃる。[大鏡]道長上「いま二所も、にがむにがむおのおの―・じ(用)ぬ」[訳]もうお二方(=道隆と道兼)も、苦い顔をしいしいそれぞれおでかけになった。⇩参づ「敬語ガイド」

[語法]この語の主語・修飾語・被修飾語には、多く複数を表す語(「二所」「皆」「…たち」など)が用いられる。

おはさう‐ず{ぜ・じ・ず・ずる・ずれ・ぜよ}[サ変動詞「御座さうず」から]【御座さうず】(補動サ変)(動詞・形容詞の連用形に付いて)尊敬の意を表す。…て(で)いらっしゃる。…て(で)おいでになる。[源氏]真木柱「みな深き心は思ひわかねど、うちひそみて泣き―・ず(終)」[訳](お子様たちは)みんな深い事情はわからないけれども、顔をしかめて泣いていらっしゃる。→御座さうず(自サ変)[語法]

おはさ‐ふ【御座さふ】(自ハ四){は・ひ・ふ・ふ・へ・へ}[「おはしあふ」の転]「ありあふ」「行きあふ」「来あふ」の尊敬語。いっしょにいらっしゃる。ちょうどそこにいらっしゃる。[大鏡]序「昔物語して、この―・ふ(体)人々に、『さは、いにしへは、世はかくこそ侍りけれ』と聞かせ奉らむ」[訳]昔の話をして、この来あわせていらっしゃる人々に、「それでは、昔は、世の中はこのようでございました」とお聞かせ申しあげよう。⇩坐します「敬語ガイド」

[語法]この語の主語・修飾語・被修飾語には、多く複数を表す語(「二所」「皆」「…たち」など)が用いられる。

おはさ‐ふ【御座さふ】(補動ハ四){は・ひ・ふ・ふ・へ・へ}[四段動詞「御座さふ」から](動詞の連用形に付いて)尊敬の意を表す。…て(で)いらっしゃる。…て(で)おいでになる。[うつほ]国譲中「生まれ給ひつる御子を、うつくしみ―・ふ(終)」[訳]お生まれになった皇子をかわいがっておいでになる。→御座さふ(自ハ四)[語法]

おはし【御座し】(自サ変連用形)(動詞の上に付いて)「行き」「来」「あり」の尊敬の意を表す。行き…なさる。来…なさる。い…なさる。…ていらっしゃる。[源氏]柏木「加持まゐる僧ども近う参り、上、大臣など―集まりて」[訳]加持をしてさしあげる僧たちが(危篤の柏木の)近くに参上し、母上や(父の)大臣などが来集まりなさって。[文法]「おはし集まる」は複合動詞「来集まる」の尊敬語で「来集まり給ふ」にあたる。

【例語】おはし通ふ(=行き来なさる)・おはし過ぐ(=行き過ぎなさる。通り過ぎなさる)・おはし初む(=通いはじめなさる)・おはし着く・おはし始む(=行きはじめなさる)

おはし‐あ・ふ【御座し合ふ】(自ハ四){は・ひ・ふ・ふ・へ・へ}[サ変動詞「御座す」の連用形「おはし」に複数のものの動作を表す「合ふ」の付いたもの]「おはさふ(自ハ四)」に同じ。[落窪]「この君の、さいなみしをり、―・ひ(用)て」[訳]この君(=衛門の督)が、(母上が私を)責め苦しめたときに、来あわせていらっしゃって。

おはし-つ・く オワシ—【御座し着く】(自カ四){か・き・く・く・け・け}【サ変動詞「御座(おは)す」の連用形「おはし」に四段動詞「着く」が付いたもの】「行き着く」の尊敬語。ご到着になる。源氏 手習「中将は、山に—・き(用)て、僧都(そうづ)もめづらしがりて」訳 中将は、山(=比叡(ひえい)山の横川(よかわ))にご到着になって、僧都もめずらしく思って。

おはしまさ-す オワシマサ—【御座しまさす】おいでになるようにさせる。源氏 夕顔「御馬にもはかばかしく乗り給ふまじき御さまなれば、また、惟光(これみつ)添ひ助けて**おはしまさする**(体)に」訳 (光源氏は)御馬にもしっかりとお乗りになれそうにないごようすなので、また、惟光が手助けして(馬で二条院へ)おいでになるようにさせるうちに。なりたち 四段動詞「御座(おは)します」の未然形「おはしまさ」+使役の助動詞「す」

おはしまさ・ふ オワシマソウ【御座しまさふ】(自ハ四){は・ひ・ふ・ふ・へ・へ}【「おはしましあふ」の転】「ありあふ」「行きあふ」「来あふ」の尊敬語。(人々が、ともに)いらっしゃる。おいでになる。〔うつほ〕蔵開上「上達部(かんだちめ)、皇子(みこ)たち…走り集まりて、お前にあたりたる東の簀子(すのこ)に、植ゑたるごと—・ふ(終)」訳 上達部、皇子たちが…走り集まって、(産室の)お前にあたっている東側の縁側に、(木を並べて)植えたように大勢いらっしゃる。⇩坐(ま)します「敬語ガイド」 語法 主語が複数の場合に用いられる。「おはさうず」「おはさふ」より敬意が高い。

おはしまさ・ふ オワシマソウ【御座しまさふ】(補動ハ四){は・ひ・ふ・ふ・へ・へ}【四段動詞「御座(おは)しまさふ」から】(動詞・形容詞・助動詞「なり」「ず」の連用形、助詞「て」に付いて)尊敬の意を表す。(人々が、ともに)…て(で)いらっしゃる。…て(で)おいでになる。枕 二七八「御簾(みす)のうちに、…殿の上、その御おとと三所(みところ)、立ち並(な)み—・ふ(終)」訳 御簾の中には、…殿の上、その妹君お三かたが、立ち並んでいらっしゃる。↓御座(おは)しまさふ(自ハ四) 語法

おはしまし‥ オワシマシ【御座しまし】(自サ四連用形)(動詞の上に付いて)「行き」「来(き)」「あり」の尊敬の意を表す。行き…なさる。来…なさる。い…なさる。…ていらっしゃる。源氏 蓬生「大将殿など—通ふ御宿世(すくせ)のほどを」訳 大将殿(=光源氏)などが通っていらっしゃる前世のご果報のほどを。文法「おはしまし通ふ」は複合動詞「行き通ふ」の尊敬語で「行き通はせ給ふ」にあたる。【例語】おはしまし暮らす(=一日中いらっしゃる)・おはしまし初(そ)む(=通いはじめなさる)・おはしまし着く・おはしまし離る(=行き離れなさる)・おはしまし紛らはす(=行くかのようにしてごまかしなさる)・おはしまし寄る(=お立ち寄りになる)

おはしまし-あ・ふ オワシマシア(オ)ウ【御座しまし合ふ】(自ハ四){は・ひ・ふ・ふ・へ・へ}【四段動詞「御座(おは)します」の連用形「おはしまし」に「合ふ」が付いたもの】「おはしまさふ(自ハ四)」に同じ。大鏡 道長上「それをさへ分かたせ給へば、しか—・へ(已)るに」訳 (花山天皇は)それ(=通る道筋)までも別々になされたので、(道隆(みちたか)・道兼(みちかね)・道長の三人はそれぞれ)そのように(=仰せどおりに)おいでになったが。

おはしまし-つ・く オワシマシ—【御座しまし着く】(自カ四){か・き・く・く・け・け}【四段動詞「御座(おは)します」の連用形「おはしまし」に「着く」が付いたもの】「行き着く」の尊敬語。ご到着になる。源氏 明石「二条院に—・き(用)て」訳 (光源氏は)二条院にご到着になって。

おはしまし-どころ オワシマシ—【御座しまし所】(名)貴人の居所。お住まい。宇治 七・五「京の—は、そこそこになん」訳 京のお住まいは、どこそこである。

おはしま・す オワシマス【御座します】(自サ四){さ・し・す・す・せ・せ} ❶「あり」の尊敬語。**いらっしゃる。おられる。**おありになる。伊勢 八二「むかし、惟喬(これたか)の親王(みこ)と申す親王—・し(用)けり」訳 昔、惟喬親王と申し上げる親王がいらっしゃったそうだ。⇩坐(ま)します「敬語ガイド」
❷「行く」「来(く)」の尊敬語。**いらっしゃる。おでかけになる。おいでになる。**竹取 竜の頸の玉「いと忍びて、…やつれ給ひて、難波(なには)の辺(へん)に—・し(用)て」訳 (大伴(おおとも)の大納言は)ごく内密にして、…人目につかない身なりをなさって、難波の近辺におでかけになって。⇩参(まう)づ「敬語ガイド」
参考 中古から用いられ、「おはす」より敬意が高い。

おはしま・す オワシマス【御座します】(補動サ四){さ・し・す・す・せ・せ}(動詞・形容詞・形容動詞・助動詞「なり」の連用形、助詞「て」に付いて)尊敬の意を表す。**…て(で)いらっしゃる。…て(で)おいでになる。**お…になる。竹取 かぐや姫の昇天「ここにおはするかぐや姫は、重き病をし給へば、え出(い)で—・す(終)まじ」訳 ここにいらっしゃるかぐや姫は、重い病にかかっていらっしゃるので、出ておいでになることはできないだろう。文法「え出でおはしますまじ」の「え」は副詞で、下に打消の語(ここでは「まじ」)を伴って不可能の意を表す。大鏡 清和天皇「このみかどは、御心いつくしく、御かたちめでたくぞ—・し(用)ける」訳 この(清和)天皇は、御心がりっぱで、御顔立ちが美しくていらっしゃったということだ。大鏡 道長上「高松殿のうへと申すも、源氏にて—・す(終)」訳 高松殿の上と申し上げる方も、源氏(の出)でおありになる。文法 第一例は、動詞の連用形に直接付いたもの。第二例は、形容詞の連用形に係助詞「ぞ」を介して付いた形で、結びは助動詞「けり」の連体形「ける」。第三例は、断定の助動詞「なり」の連用形「に」に助詞「て」を介して付いた形。参考 尊敬の助動詞「す」「さす」の連用形の下に付き、「せおはします」「させおはします」として用いる形がある。この形は、「おはします」よりさらに敬意が高い。

おは・す オワス【御座す】(自サ変) ❶「あり」の尊敬語。**いらっしゃる。おられる。**おありになる。竹取 かぐや姫の生ひ立ち「竹の中に—・する(体)にて知りぬ。子となり給ふべき人なめり」訳 竹の中にいらっしゃるのでわかった。(あなたは私=竹取の翁(おきな)の)子におなりになるはずの人であるようだ。文法「なめり」は、「なるめり」の撥音便「なんめり」の「ん」の表記されない形。⇩坐(ま)します「敬語ガイド」
❷「行く」「来(く)」の尊敬語。**いらっしゃる。おでかけになる。おいでになる。**源氏 若紫「御供にむつましき四五人(よたりいつたり)ばかりして、まだ暁に—・す(終)」訳 (光源氏は)お供に気心の知れた四、五人ほどを伴って、まだ夜明け前におでかけになる。⇩参(まう)づ「敬語ガイド」

活用	未然	連用	終止	連体	已然	命令
	せ (ズ)	し (タリ)	す (○)	する (コト)	すれ (ドモ)	せよ (○)

参考 中古から用いられ、「おはします」に比べて、敬意が低い。

おは・す（オワス）【御座す】(補動サ変)〔せ・し・す・する・すれ・せよ〕(動詞・形容詞・形容動詞・助動詞「なり」の連用形、助詞「て」に付いて)尊敬の意を表す。**…て(で)いらっしゃる。…て(で)おいでになる。**…て(で)おありになる。訳 源氏 帚木「『あなかま』とて、脇息に寄り―・す㊍」訳(光源氏が)「ああ、やかましい」と言って、ひじかけに寄りかかっていらっしゃるのは。平家 五・福原院宣「小松の大臣殿こそ、心も剛に、はかりこともすぐれて―・せ㊌しか」訳 小松の内大臣殿(＝平重盛)は、心も剛毅で、知略もぬきんでておいでになったのに。文法 係り結び「こそ…しか」は、強調逆接となって下に続く。

お-は-もじ【御は文字】(名)《女房詞》「「お」は接頭語。「はもじ」は、「はづかし」の「は」に接尾語「もじ」の付いたもの」恥ずかしいこと。〔浄・夕霧阿波鳴渡〕「この中で物申すは―ながら」

おひ（オイ）【笈】(名)山伏や行脚の僧などが仏具・食物・衣類などを入れて背負う道具。箱形で脚がつき、両開きの扉がある。細道 芭蕉「―も太刀も五月にかざれ紙幟」訳(弁慶の)笈も(義経の)太刀も、陰暦五月の端午の節句に、紙製ののぼりとともに飾るがよい。

(お ひ)

おひ-い・づ（オイイズ）【生ひ出づ】(自ダ下二)〔で・で・づ・づる・づれ・でよ〕❶生まれ出る。(植物が)生え出る。源氏 横笛「御歯の―・づる㊍に食ひ当てむとて」訳(若君＝薫は)御歯が生え出るところにかみ当てようとして。
❷成長する。育つ。更級 かどで「あづまぢの道のはてよりも、なほ奥つ方に―・で㊊たる人」訳 東国路の終点(である常陸の国)よりも、もっと奥のほう(である上総の国)で育った人(である私)は。⇩更級日記「名文解説」

おひ-いで・く（オイ）【生ひ出で来】(自カ変)〔こ・き・く・くる・くれ・こ(こよ)〕(植物などが)生えて出てくる。古今 恋一「春日野の雪間をわけて―・くる㊍草のはつかに見えし君はも」訳 →かすがのの…和歌

おひ-う・つ（オイ）【追ひ棄つ】(他タ下二)〔て・て・つ・つる・つれ・てよ〕追い出す。追い払う。伊勢 四〇「にはかに親、この女を―・つ㊎」訳 急に(男の)親は、この女を追い出す。

おびえ-まど・ふ（マドウ）【怯え惑ふ】(自ハ四)〔は・ひ・ふ・ふ・へ・へ〕おびえてうろたえる。枕 九「―・ひ㊊て御簾の内に入りぬ」訳(猫は)うろたえて御簾の中に入ってしまった。

おひ-かぜ（オイ）【追ひ風】(名)❶うしろから吹き抜ける風。特に、船の進む方向に吹く風。順風。細道 種の浜「僕あまた舟にとり乗せて、―時の間に吹き着きぬ」訳 下男たちを大勢舟に乗せて(出発し)、追い風を受けてわずかの時間で(種の浜に)吹き着いた。
❷着物にたきしめた香をただよわせる風。源氏 初音「御簾のうちの―なまめかしく吹きにほはかして」訳 御簾の中からそよぎ出る薫風が優雅に(香りを)吹きただよわせて。

おひかぜ-ようい（オイカゼ）【追ひ風用意】(名)通ったあとによい香りがただようように、着物に香をたきしめておくこと。徒然 四四「寝殿より御堂の廊に通ふ女房の―など」訳 寝殿から御堂(＝本堂)への廊下に通う女房の香のにおいを追い風にただよわせるたしなみなどは。

おひ・く（オイク）【追ひ来】(自カ変)〔こ・き・く・くる・くれ・こ(こよ)〕追いかけて来る。追って来る。土佐「海賊―・く㊎といふこと、たえず聞こゆ」訳 海賊が追いかけて来るといううわさが、たえず耳に入る。

おひ-こ・る（オイ）【生ひ凝る】(自ラ四)〔ら・り・る・る・れ・れ〕生い茂る。〔うつほ〕俊蔭「蓬、葎さへ(＝までも)―・り㊊て」

おひ-さき（オイ）【生ひ先】(名)成長していく先。将来。源氏 若紫「いと若けれど、―見えてふくよかに書い給へり」訳(若紫の書きぶりは)まことに幼いけれども、将来(の上達)が(目に)見えて、ふっくらとお書きになっている。文法「書い給へり」は「書き給へり」のイ音便。

おひさき-こも・る（オイサキ）【生ひ先籠る】将来が期待される。将来が有望である。源氏 帚木「親などたちそひもてあがめて、―・れ㊎る窓のうちなるほどは」訳 親などがついてまわりたいせつにして、将来が期待されている深窓育ちであるうちは。

おひ-し・く（オイ）【生ひ及く】(自カ四)〔か・き・く・く・け・け〕あとからあとから生えてくる。なりたち 名詞「生ひ先」＋四段動詞「籠る」
万葉 一〇・一九八四「夏草の刈りはらへども―・く㊍ごとし」訳(恋心がつのることは)夏草が刈りはらってもあとからあとから生えてくるようなものだ。

おひそめし… 和歌

> 生ひそめし　根も深けれは　武隈の
> 松に小松の　千代を並べむ
> 〈源氏・薄雲〉

訳 成長しはじめた(この姫君との親子の因縁の)根も深いのだから、(いずれは)あの武隈の二本の松(＝あなたと私)の間に小松(＝姫君)を並べて、末長く(ともに)あるでしょう(＝暮らすようにしよう)。修辞「武隈の松」は歌枕。
解説 紫の上のもとで養育されることになった明石の姫君との別れを嘆いている母明石の君に対して、光源氏が詠んだ歌。

おびたた・し【夥し】(形シク)〔しから・しく(しかり)・し・しき(しかる)・しけれ・しかれ〕❶数がはなはだ多い。平家 五・富士川「あな―・し㊎の源氏の陣の遠火の多さよ」訳 やあ、たいへんな数の源氏の陣の遠火(＝遠くに見えるかがり火)の多いことよ。文法「おびたたしの」は、終止形に格助詞「の」が付いて、連体修飾語となったもの。
❷程度がふつうでない。はなはだしい。宇治 二・三「七日といふ夜半ばかりに、空くもり、震動すること―・し㊎」訳 七日目という夜中ごろに、空がくもり、(大地の)揺れ動くことがはなはだしい。
❸物音や声が大きい。さわがしい。平家 七・還亡「家々に門戸を閉ぢて、声々に念仏申し、喚き叫ぶこと―・し㊎」訳 家々では門を閉めて、(人々が)いろいろに声を出して念仏を申し、大声で泣き叫ぶことがさわがしい。

❹はなはだ盛んである。非常にりっぱである。平家 五・咸陽宮「あまりに内裏の—・しき㊍を見て、秦舞陽わなわなとふるひければ」訳 あまりに内裏(=秦の始皇帝の宮殿)が壮大であるのを見て、秦舞陽(=人名)はわなわなとふるえたので。

参考 近世中期ごろから「おびただし」と濁るようになった。謡曲などでは現在も「おびたたし」と発音される。

おひたたむ… 和歌

> 生ひたたむ　ありかも知らぬ　若草を
> おくらす露ぞ　消えむ空なき
> 〈源氏・若紫〉

訳 (どこでどのように)成長していくであろう、その場所もわからない若草(のような孫)をあとに残していく露(のように老い先短い私)は、消えていく空がないのですよ。修辞 「露」は「若草」「消ゆ」の縁語。

解説 幼い孫娘の若紫に向かって、祖母の尼君が詠んだ歌。「若草」は幼い若紫をさし、「露」は尼君自身をさす。「消ゆ」は死ぬことを意味する。幼い孫娘の将来が心配で、死ぬにも死にきれない、の意。

おひ-た-つ 【生ひ立つ】(自タ四){た・ち・つ・つ・て・て}成長する。育ってゆく。源氏 夕顔「かのなでしこの—・つ㊍ありさま聞かせまほしけれど」訳 あの(忘れ形見の)いとしい子が成長するようすを(頭の中将に)聞かせたいが。

おひたて-の-つかひ 【追ひ立ての使ひ】「おったてのくわんにん」に同じ。

お-びと 【首】(名)(「大人おほひと」の転)❶部民(=大和政権に属した集団の人々)の長。首長。記 上「汝は我が宮の—任たれ」訳 おまえは私の宮の首長であれ。❷上代の姓の一つ。「忌部—黒麻呂」「宇奴—男人」→姓①

おひ-なほり 【生ひ直り】(名)成長して容貌や性格などがよくなること。うつほ 国譲中「日ごろは、近くものし給ふと承りつれば、—をもとなむ」訳 このごろは近くにお住まいだとお聞きしていたので、改まってりっぱになった姿をも(拝見したい)と思っております。

おひ-な-る 【生ひ成る】(自ラ四){ら・り・る・る・れ・れ}成長する。更級 物語「いとうつくしう—・り㊊にけり」訳 たいそうかわいらしく(いつのまにか)成長してしまったことよ。

笈の小文 おいのこぶみ〖作品名〗江戸前期の俳諧紀行文。松尾芭蕉作。宝永六年(一七〇九)刊。貞享四年(一六八七)十月江戸をたち、元禄元年(一六八八)四月まで、故郷の伊賀を経て、伊勢・吉野・高野・和歌の浦・奈良および大坂・須磨・明石にいたるまでの紀行文。

おひ-のぼ-る 【生ひ上る】(自ラ四){ら・り・る・る・れ・れ}(植物などが)生長して高く伸びる。源氏 蓬生「しげき蓬は軒を争ひて—・る㊇」訳 茂った蓬は軒(と高さ)を争うまでに生え伸びる。

おひ-まさ-る 【生ひ勝る】(自ラ四){ら・り・る・る・れ・れ}成長するにつれて美しくなる。源氏 横笛「月日にそへて、この君のうつくしう、ゆゆしきまで—・り㊊給ふに」訳 月日のたつにつれて、この若君(=薫)がかわいらしく、不吉なまでに美しく成長しなさるので。

おひ-まどは-す 【追ひ惑はす】(他サ四){さ・し・す・す・せ・せ}❶あとを追ううちに見失う。取り逃がす。源氏 夕顔「—・し㊊てなのめに思ひなしつべくは」訳 (女の)あとを追ううちに見失って、(しかも、そのまま)いい加減にあきらめてしまえるならば。❷追い散らす。源氏 玉鬘「—・し㊊て、いかがしなすらむ」訳 (大夫の監は私=豊後の介を憎んで私の妻子を)追い散らして、どのようにしている(=どんな目にあわせている)だろうか。

おび-ゆ 【怯ゆ】(自ヤ下二){え・え・ゆ・ゆる・ゆれ・えよ}こわがる。おびえる。源氏 帚木「物におそはるる心地して、『や』と—・ゆれ㊁ど」訳 (空蟬は)何かの(恐ろしい)霊に襲われる感じがして、「あっ」とおびえる(ように叫んだ)が。⇩あさまし「慣用表現」

おひ-ゆ-く 【生ひ行く】(自カ四){か・き・く・く・け・け}成長していく。源氏 若紫「初草の—・く㊍末も知らぬまにいかでか露の消えむとすらむ」訳 →はつくさの… 和歌

おび-る(自ラ下二){れ・れ・る・るる・るれ・れよ}❶内気でおっとりしている。源氏 若菜下「女御の、あまりやはらかに—・れ㊊給へるこそ」訳 (明石の)女御があまりにも柔和でおっとりしていらっしゃるのは(気がかりだ)。❷(「寝おびる」の形で)ぼんやりする。ぼける。源氏 横笛「若君の寝—・れ㊊て泣き給ふ御声にさめ給ひぬ」訳 若君が寝ぼけてお泣きになる御声で、(夕霧は夢から)お目ざめになった。→寝おびる

お-ふ 【負ふ】㊀(自ハ四){は・ひ・ふ・ふ・へ・へ}ふさわしい。似合う。古今 仮名序「文屋康秀は、言葉はたくみにて、そのさま身に—・は㊌ず」訳 文屋康秀(の歌)は、表現技巧は巧みであって、その(=歌の)姿が内容と似つかわしくない。

㊁(他ハ四){は・ひ・ふ・ふ・へ・へ}❶背負う。伊勢 六「男、弓、胡簶を—・ひ㊊て戸口にをり」訳 男は、弓(を持ち)、胡簶を背負って(倉の)戸口に立って(女を守って)いる。❷(多く「名に負ふ」の形で)名として持つ。そなえる。伊勢 九「名にし—・は㊌ばいざこと問はむ都鳥わが思ふ人はありやなしやと」訳 →なにしおはば… 和歌 ❸身に受ける。こうむる。平家 九・木曽最期「鎧よければ裏かかず、あき間を射ねば手も—・は㊌ず」訳 鎧がよいので裏まで(矢が)通らないし、(鎧の)すき間を射ないので手傷も受けない。❹借金する。物を借りる。宇治 一・八「その人は、わが金を千両—・ひ㊊たる人なり」

お-ふ 【生ふ】(自ハ上二){ひ・ひ・ふ・ふる・ふれ・ひよ}生える。生長する。のびる。万葉 六・九二五「ぬばたまの夜のふけゆけば久木—・ふる㊍清き川原に千鳥しば鳴く」訳 →ぬばたまの… 和歌

お-ふ 【追ふ】(他ハ四){は・ひ・ふ・ふ・へ・へ}❶追いかける。あとを追う。今昔 二六・一二「親は、わが子必ず—・ひ㊊て来たるらむと思ひけり」訳 親は(親で)、わが子が必ず(馬盗人を)追いかけてきているだろうと思った。❷(目的地に)向かって行く。土佐「浦戸より漕ぎ出でて、大湊を—・ふ㊇」訳 浦戸から漕ぎ出して、大湊をめざして行く。❸追い出す。追い払う。万葉 八・一五〇五「ほととぎす鳴きしすなはち君が家に行けと—・ひ㊊しは至るらむかも」訳 ほととぎすが鳴いたときすぐさま、あなたの家に行けと追いやったのは、(あなたの家に)行き着いているだろうか。

❹（多く「先（を）追ふ」の形で）貴人が通る際、道にいる人を追い払う。**先払いをする。** 源氏 野分「ことごとしく先な－・ひ用そ」訳 おおげさに先払いをするな。文法「な副詞」…そ（終助詞）」の形で禁止の意を表す。

お-ぶ【帯ぶ】（他バ四・上二）〔ば・び・ぶ・ぶ・べ・べ／び・び・ぶ・ぶる・ぶれ・びよ〕❶身につける。特に、腰に下げたり、巻いたりする。〔紀〕継体「わがおほ君の－・ば未（四段）せる細紋の御帯の結び垂れ」訳 今上天皇のおつけになっているささら（＝細かい紋様のある織物）の御帯の結びが垂れ。
❷たもつ。ふくむ。枕 三七「梨花一枝、春、雨を－・び用（上二段）たり」訳 梨の花が一枝、春（景色の中）、（やわらかな）雨（の雫）をふくんで（濡れて）いる。
参考 上代では四段に活用した。

お-ふ・す【生ふす】（他サ四）〔さ・し・す・す・せ・せ〕生やす。のばす。徒然 三三「爪を－・し用たり」訳 爪をのばしている。

お-ぶつみゃう【御仏名】（名）平安時代、宮中で行われた行事の一つ。毎年陰暦十二月十九日から三日間、清涼殿で、過去・現在・未来の三世、一万三千の仏名を僧に唱えさせ、一年中の罪を滅し、仏の加護を願う法会。仏名会。图

おふな-おふな（副）「おほなおほな」に同じ。

おほ-【大】（接頭）（名詞に付いて）❶大きいこと、広いこと、量の多いこと、程度のはなはだしいことを表す。「－袿」「－海」「－雪」
❷尊敬・賞賛の意を表す。「－内」「－君」「－宮人」

おほ【凡】（形動ナリ）〔なら・なり（に）・なり・なる・なれ・なれ〕❶ぼんやりしているさま。万葉 四・五九九「朝霧の－・に用相見し人ゆゑに命死ぬべく恋ひわたるかも」訳 ほのかに逢った（だけの）人なのに、死ぬほどに恋しく思いつづけることよ。（「朝霧の」は「おほに」にかかる枕詞）
❷ふつうだ。一通りだ。通りいっぺんだ。万葉 六・九六五「－・なら未ばかもかもせむをかしこみと振りたき袖を忍びてあるかも」訳 ふつう（のお方）ならばああもこうもしようが、畏れ多いからと振りたい袖を（振らずに）こらえていることとよ。（「袖振り」は、恋しい思いを表すしぐさ

大海人皇子（おほあまのわうじ）オオアマノオウジ『人名』天武天皇の即位前の名。→天武天皇

おほい-【大】（接頭）〔「おほき」のイ音便〕❶正一位などの位階の「正」をいう。従一位などの「従」を「ひろい」というのに対する。「－みつのくらゐ（＝正三位）」
❷同じ官職で高いほうをさす。「－ものまうすつかさ（＝大納言）」

おほい-ぎみ【大君】（名）平安時代、貴人の娘のうち長女に対する敬称。「大子」とも。源氏 藤袴「式部卿の宮の御－よ」訳 式部卿の宮のご長女よ。
参考 次女を「中の君」、三女以下を「三の君」「四の君」…という。

おほい-こ【大子】（名）「おほいぎみ」に同じ。大和 一四二「故御息所の御姉、－にあたり給ひけるなむ」訳 故御息所の御姉で、長女にあたられた方は。

おほい-ご【大御】（名）年長の女性に対する敬称。土佐「かの船酔ひの淡路の島の－、都近くなりぬといふを喜びて」訳 例の船酔いの淡路島の老女殿は、都が近くなったというのを聞いて喜んで。

おほい-どの【大殿】（名）❶大臣の邸宅の敬称。源氏 賢木「むかひの－に集ひ給ふを」訳 向かいの大臣のご邸宅（＝右大臣家）にお集まりになるのを。
❷大臣の敬称。おとど。平家 一一・腰越「－は九郎大夫の判官に具せられて、七日の暁、粟田口を過ぎ給へば」訳 大臣殿（＝平宗盛）は九郎大夫判官（＝源義経）に連れられて、七日の夜明け前、粟田口（＝地名）をお過ぎになると。

おほい-まうちぎみ【大臣】（名）〔「おほきまへつぎみ」の転〕大臣。古今 賀・詞書「堀河の－」

おほ-いらつめ【大郎女・大嬢】（名）《上代語》貴人の長女。〔記〕下「倭比売を娶して生みませる御子、－」訳（継体天皇が）倭姫を妻として迎えて、お生みになった御子は、御長女（の皇女）。

おほ-うち【大内】（名）皇居。内裏。宮中。御所。〔増鏡〕あすか川「三条院、位の御時かとよ、－造りたてられて」訳 三条院が帝位の御代（であった）かと思うが、皇居が造営されて。文法「かとよ」は係助詞「か」に、格助詞「と」、詠嘆の間投助詞「よ」の付いたもの。⇩内裏「慣用表現」

おほ-うちき【大袿】（名）禄（＝祝儀）として賜る、裄・丈を大きめに仕立てた袿。着るときはふつうの大きさに仕立て直す。源氏 桐壺「白き－に御衣一領、例のことなり」訳（御禄の物は）白い大袿に御衣一そろいで、いつものとおりである。

おほうち-やま【大内山】（名）（大内山に宇多法皇の離宮があったことから）皇居。宮中。⇩内裏「慣用表現」

大内山（おほうちやま）オオウチヤマ『地名』今の京都市右京区の御室大内にある山。宇多法皇の離宮があった。

おほ-うへ【大上】（名）貴人の母の敬称。〔栄花〕見はてぬ夢「一条の摂政の－は、九の御方ともに東の院に住ませ給ひて」訳 一条摂政（＝伊尹）の母君はお子様の九の君といっしょに東の院にお住まいになられた。

おほ-うみ【大海】（名）❶大きな海。
❷織物や蒔絵の模様の名。大波・貝・州浜・海藻などの海浜の景色を描いたもの。海浦。〔紫式部日記〕「－の摺り裳の水の色はなやかに」訳 大海の模様を摺り出した裳の、水の（部分の）色がはなやかで。

おほうみの… 和歌

> 大海の　磯もとどろに　寄する波
> われて砕けて　さけて散るかも
> 〈金槐集・雑・源実朝〉

訳 大海の磯の岩を鳴り響かせて激しくうち寄せる波が、割れて、砕けて、裂けて散ることよ。
解説 荒磯に寄せる波を的確に観察し、躍動的なことばで表現した。こうした雄大で激しい動きをもつ叙景歌は、「万葉集」以後は実朝によってはじめて詠まれた。

おぼえ【覚え】（名）❶世間から思われること。世評。**よい評判。人望。**信望。〔十訓〕三「小式部、これより歌よみの世に－出できにけり」訳 小式部は、このこと（があって）から歌人の世界で高い評判が起こってきたということだ。⇩聞こえ「慣用表現」
❷（多く「御覚え」の形で）上の人から思われること。**寵愛を受けること。** 源氏 桐壺「亡きあとまで、人の胸あ

くまじかりける人の御―かな」訳 亡くなったあとまでも、人の心が晴れそうになかった(あの)人(=桐壺の更衣)のご寵愛の受けようだこと。
❸心に思い当たること。記憶。源氏 若紫「扇を鳴らし給へば、―なきここちすべかめれど」訳 (光源氏が人を呼ぶために)扇を鳴らしなさると、(内の人々は)思い当たるふしがない気がするにちがいないようだが。文法「べかめれ」は、「べかるめれ」の撥音便「べかんめれ」の「ん」の表記されない形。
❹腕前や技能に自信のあること。また、その自信。宇治 二・一三「この尻蹴よといはるる相撲は、―ある力、他人よりはすぐれ」訳 この(行く手をふさいだ大学寮の学生の)尻を蹴れと言われている相撲取りは、腕前に自信のある力が、他の人よりはすぐれ。

おぼえ-うか・ぶ【覚え浮かぶ】(自バ四){ば・び・ぶ・ぶ・べ・べ}思い起こされる。更級 物語「これを見るよりほかのことなければ、おのづからなどは、そらに―・ぶ㊍を」訳 これ(=「源氏物語」)を読む以外のことがないので、自然と、(その文章が)そらで思い起こされるのを。

おぼえ-かた・る【覚え語る】(他ラ四){ら・り・る・る・れ・れ}思い出して話す。更級 かどで「わが思ふままに、そらにいかでか―・ら㊌む」訳 (大人たちだって)私の思うとおりに、(物語の一部始終を)そらでどうして思い出して話せようか(いや、話せはしない)。

おぼえ-ず【覚えず】(副)〔下二段動詞「覚ゆ」の未然形「おぼえ」に打消の助動詞「ず」の連用形の付いたもの〕思いがけず。いつのまにか。源氏 紅葉賀「―をかしき世をみるかな」訳 (少納言は)思いがけなく結構な(光源氏と紫の上との)間柄を見るものだな(と思う)。

おぼえ-て【覚えて】わかっていて。故意に。わざと。〔浮・好色五人女〕「―毛抜きを取りて帰り」
なりたち 下二段動詞「覚ゆ」の連用形「おぼえ」＋接続助詞「て」

おぼえ-な・し【覚え無し】(形ク){から・く(かり)・し・き(かる)・けれ・かれ}思いがけない。思いもよらない。枕 一八一「時々かやうの折に、―・く㊊見ゆる人なりけり」訳 (だれかと思えば)ときどきこういう時に、思いがけなく現れる人なのであった。⇩あさまし「慣用表現」

おぼえ-な・る【覚え成る】(自ラ四){ら・り・る・る・れ・れ}思われてくる。感じられるようになる。源氏 柏木「いとど世にながらへむ事もはばかり多う―・り㊊侍りて」訳 (私=柏木は)ますますこの世に生き長らえるようなことも(光源氏に対して)遠慮も多く思われてきまして。

大江千里(おほえのちさと)『人名』(生没年未詳)平安前期の歌人。音人の子。宇多天皇の勅命により「句題和歌(=大江千里集)」を撰進した。「古今集」の代表歌人の一人。「小倉百人一首」に入集。

大江匡房(おほえのまさふさ)『人名』(一〇四一―一一一一)平安後期の漢学者・歌人。匡衡の曾孫。江帥とも称する。朝儀・故実に通じ、詩文・和歌にもすぐれた。「小倉百人一首」に入集。著書「江家次第」「本朝神仙伝」など。説話集「江談抄」は彼の談話を藤原実兼が記したものという。

大江山(おほえやま)『地名』歌枕 ❶〔「大枝山」とも書く〕今の京都市西京区の西にある山。山城と丹波とを結ぶ交通上の要地。❷今の京都府与謝郡と福知山市の境にある山。大江山鬼退治の酒顚童子と源頼光の伝説の地。

おほえやま… 和歌《百人一首》

大江山　生野の道の　遠ければ
〔行く〕
ふみもまだ見ず　天の橋立
〔踏み〕〔文〕
〈金葉・九・雑上・五五〇・小式部内侍〉

訳 (母のいる丹後の国府は)大江山を越え、生野を通って行く道のりが遠いので、(私は)まだ踏んでみたこともありません、(その地にある)天の橋立は。もちろん母からの手紙(=文)など見ていません。修辞「橋」は「ふみ」の縁語。「生野」の「いく」に「行く」を、「ふみも見ず」に「踏みもみず」と「文(=手紙)も見ず」とをかける。
解説 作者の母和泉式部が夫とともに丹後の国(京都府北部)に下っていたころ、作者が歌合わせの歌人に指名されたのを、藤原定頼が、「歌はどうしました。代作をしてくれるというお母さんからの連絡はまだですか、気がかりでしょうね」とからかったので詠んだ歌。「小倉百人一首」では第四句を「まだふみも見ず」とする。

おぼおぼ・し(形シク){しから・しく(しかり)・し・しき(しかる)・しけれ・しかれ}❶はっきりしない。おぼろげである。ぼんやりしている。源氏 浮舟「雪のやうやう積もるが星の光に―・しき㊍を」訳 雪がしだいに積もるのが、星の光でおぼろげであるが。
❷へだてがましい。よそよそしい。源氏 夢浮橋「おぼし隔てて、―・しく㊊もてなさせ給ふには」訳 (姉の浮舟が私=小君を)うとみ遠ざけなさって、よそよそしくお扱いになられるからには。文法「せ給ふ」は、最高敬語。
❸たよりない。たどたどしい。〔増鏡〕月草の花「弓ひく道も―・しき㊍若侍などをさへぞ奉りける」訳 弓をひく方法もおぼつかない若侍などまでも(動員して)差し出した。
(⇩後ろめたし「類語パネル」)

おぼお・る【溺おる・惚おる】⇩おぼほる

大鏡(おほかがみ)『作品名』平安後期の歴史物語。作者未詳。十一世紀後半の成立。文徳天皇の嘉祥三年(八五〇)から後一条天皇の万寿二年(一〇二五)までの歴史を、藤原道長の栄華を中心に、仮名文の紀伝体で記す。後世「鏡物」と呼ばれる歴史叙述の祖となった。「今鏡」「水鏡」「増鏡」とともに「四鏡」という。別名「世継」「世継物語」。⇩付録「古典文学参考図」
冒頭文 さいつころ雲林院の菩提講にまうでて侍りしかば、例人よりはこよなう年老い、うたてげなる翁二人、媼といきあひて、同じところに居ぬめり。訳 先ごろ(私=語り手が)雲林院の菩提講に参詣しておりましたところ、ふつうの人よりは格別に年をとり、異様な感じのする老翁二人と、老女とが出会って、同じ場所に座ったようだ。
名文解説「大鏡」では、大宅世継・夏山繁樹という二人の人間離れした高齢の老人の対話によって歴史が語られてゆくが、雲林院に参詣した世継と繁樹夫婦がたまたま出会うところから、この物語は書き起こされている。

おほ-かた【大方】 一(名・形動ナリ) 二(副) 三(接)

語義パネル

現代語とほぼ同様の意を表すが、打消の表現を伴う二②の副詞の用法と三の接続詞の用法は古文特有のものである。

一 名詞・形容動詞	❶大部分。おおよそのこと。❷ふつうであるさま。通りいっぺんのこと。
二 副詞	❶一般に。およそ。だいたい。❷(下に打消の語を伴って)まったく。いっこうに。
三 接続詞	そもそも。いったい。

一(名・形動ナリ)❶**大部分。おおよそのこと。** 土佐「―のみな荒れにたれば、『あはれ』とぞ人々言ふ」訳(不在の間に、家や庭の)大部分がすべて荒れてしまっていたので、「まあ、ひどい」と人々は言う。❷ふつうであるさま。通りいっぺんのこと。源氏 末摘花「世にある人のありさまを、―・なる(体)やうにて聞き集め」訳(光源氏は)世間にいる人(=女性)の身の上を、ふつうのありふれたようにして聞き集め(ておきながら)。

二(副)❶**一般に。およそ。** だいたい。宇治 三・六「煙・炎のくゆりけるまで、―、向かひのつらに立ちて眺めければ」訳(火が自分の家に燃え移って)煙や炎が立ちのぼったころまで、おおよそ、向かいの側に立って眺めていたので。❷(下に打消の語を伴って)**まったく。いっこうに。** 徒然 五三「しばしかなでて後、抜かんとするに、―抜かれず」訳しばらく舞いを舞ってから、(頭にかぶった鼎を)抜こうとするが、いっこうに抜くことができない。

三(接)改めて言い起こすときに用いる語。**そもそも。** いったい。方丈 四「―、この所に住み始めし時は、あからさまと思ひしかども」訳そもそも、この場所(=日野)に住み始めたときには、ほんのしばらくと思ったけれども。

おほかた-の-よ【大方の世】 世間一般の関係。源氏 帚木「―につけて見るには咎なきも」訳世間一般の関係として見るときには欠点のない女性でも。

おほかた-は【大方は】(副)[名詞「大方」に係助詞「は」の付いたもの]❶ふつうは。一般には。たいていは。徒然 一六八「―知りたりとも、すずろに言ひちらすは、さばかりの才にはあらぬにやと聞こえ」訳たいていの場合は知っていても、むやみに言いちらすのは、それほどの才能(の持ち主)ではないのであろうかと聞く人に思われ。❷並たいていのことでは。通りいっぺんには。古今 雑上「―月をもめでじこれぞこの積もれば人の老いとなるもの」(伊勢・八八にも所収)訳通りいっぺんには(空の)月を愛でることはしまい。これ(=年月の「月」)こそあの積もり重なると人間の老いにつながるもの(なのだから)。

おほ-かみ【大神】(名)[「おほ」は尊敬の意の接頭語]神様。万葉 一九・四二六四「―の斎へる国ぞ」訳(大和の国は)大神がつつしみ守っている国であるよ。

おほ-かり【多かり】[ク活用形容詞「多し」の補助活用の連用形・終止形]多い。多くある。源氏 桐壺「憎み給ふ人々―・かり(終)」訳(亡き桐壺の更衣を)お憎みになる人々が多い。

参考 ふつう補助活用(カリ活用)には終止形はなく「かり」は連用形語尾であるが、中古の和文では「多かり」が本活用の終止形「多し」に代わって用いられた。なお、漢文訓読では「多し」が使われている。⇩多し「発展」

おほき-【大き】(接頭)❶(名詞に付いて)偉大である、また、大きいの意を添える。「―海」「―聖」❷「おほい」に同じ。

おほき【大き】(形動ナリ){なら・なり(に)・なり・なる・なれ・なれ}❶大きい。徒然 四五「坊の傍らに、―・なる(体)榎の木のありければ」訳僧坊のそばに、大きな榎があったので。❷(程度が)はなはだしい。たいへんだ。平家 一一・那須与一「判官(=源義経)―・に(用)怒って」

語法 多く、連用形「大きに」と連体形「大きなる」が用いられる。

おほき-おとど【太政大臣】(名)「だいじゃうだいじん」に同じ。栄花 月の宴「十二月十三日、小野宮の大臣、―になり給ひぬ(=おなりになった)」

おほき-おほいどの【太政大臣】(名)「だいじゃうだいじん」に同じ。源氏 若菜上「―の君たち(=ご子息たちは)、頭の弁、兵衛の佐、大夫の君など」

おほき-おほいまうちぎみ【太政大臣】(名)「だいじゃうだいじん」に同じ。古今 哀傷・詞書「前の―を、白川のあたりに送りける夜よめる」訳前の太政大臣(=藤原良房)を、白川のあたりに葬送した夜に詠んだ歌。

おほき-さいのみや【皇太后宮】(名)天皇の母。皇太后。また、その御殿。伊勢 四「昔、東の五条に、―おはしましける、西の対に住む人ありけり」訳昔、東の京の五条に、皇太后がいらっしゃった(御殿の)西の対の屋に住む(女の)人がいた。

おほ-きさき【大后・太后】(名)❶天皇の正妻。皇后。記 中「然れどもさらに―とせむ美人を求ぎ給ひし時」訳しかしながら、(神武天皇が)さらに皇后にするような女性をさがしなさった時。❷皇太后。源氏 賢木「―も参り給はむとするを」訳(弘徽殿の)皇太后も(桐壺院のお見舞いに)参上なさろうとするが。

おほ-きたのかた【大北の方】(名)貴人の母に対する敬称。先代の北の方。源氏 若菜上「式部卿宮の―、常にうけはしげなる事どもをのたまひ出でつつ」訳(継母である)式部卿の宮の大北の方は、いつもさまざまな呪わしい感じのことをお言い出しになっては。

おほ-きみ【大君・大王】(名)❶天皇・皇族の尊称。万葉 二・一四七「天の原振りさけ見れば―の御寿は長く天足らしたり」訳大空を振り仰いで見ると、天皇のお命は永遠に長く天に満ち満ちていらっしゃる。⇩御門「慣用表現」❷親王・諸王の尊称。平安時代以降は特に、「親王」に対して、諸王の称。源氏 椎本「―、四位の古めきたるなど」訳諸王の、四位で年老いた者などが。

おほきみ-すがた【大君姿】(名)諸王が正装でなく、直衣を着てうちとけている姿。源氏 花宴「みな人は上の衣なるに、あざれたる—のなまめきたるにて」訳(そこにいる)人は皆(正式の)袍であるのに、(光源氏は)しゃれた大君姿という優美な出でたちで。

おほきみの オオキミノ【大君の】《枕詞》大君の御笠の意から、地名「三笠」にかかる。万葉 八・一五五四「—三笠の山の」

おほきみの… 和歌

> 大君の　命かしこみ　磯に触り
> 海原渡る　父母を置きて
> 〈万葉・二〇・四三二八・防人歌・助丁丈部造人麻呂〉

訳 天皇のご命令が畏れ多いので、磯を伝いながら海を渡ってゆく。あとに父母を残して。

解説 難波から筑紫(九州地方)に出発するときの歌。「うのはら」は「うなはら」の上代東国方言。当時の航海は外洋でなく沿岸を行くものであったから、つねに座礁の危険があった。「助丁」は防人集団の次長。

おほき-やか —オオキ【大きやか】(形動ナリ)〔なら・なり(に)・なり・なる・なれ・なれ〕大きく感じられるさま。大柄。「大きらか」とも。枕 二三五「人の家につきづきしきもの…—・なる体童女、よきはしたもの」訳 ちゃんとした屋敷に似つかわしいもの、…大柄な(召使の)女の子、(顔立ちの)よい召使。

おほき-らか —オオキ【大きらか】(形動ナリ)〔なら・なり(に)・なり・なる・なれ・なれ〕「らか」は接尾語〕「おほきやか」に同じ。平家 四・競「ひやうもんの狩衣の菊とぢ—・に用したるに」訳 紋を彩って染めた狩衣で、ひもを菊の花形に大きく結んだの(の上)に。

おほ-くち —オオ【大口】(名)「大口袴」の略。平安時代、男子が正装の束帯のとき、上の袴の下にはいた袴。紅の生絹・平絹などでつくり、裾口を広く大きく仕立てたもの。枕 一三四「—、またながさよりは口ひろければ、さもありなむ」訳 大口袴(も)、また丈よりは口が広いので、いかにもそのとおり(の名称)であろう。

(おほくち)

参考 中世でも直垂・水干の下に用いられるが、形は少しずつ異なる。現在も能装束に用いられる。

おほくちの オオクチノ【大口の】《枕詞》大きな口の狼の異名の「真神」にかかる。万葉 八・一六三六「—真神の原に」

おほくにぬし-の-みこと オオクニヌシ—【大国主命】(名)出雲大社の祭神。出雲神話の中心的な神であり、素戔嗚尊の子とも六世の孫とも伝えられる。少彦名神と協力して葦原の中つ国(=日本の古称)を治めたが、天孫瓊瓊杵尊の降臨のさい、国土を譲って杵築の地(=今の出雲大社)に退いたという。

大伯皇女(おほくのひめみこ) オオクノヒメミコ『人名』(六六一〜七〇一)〔「大来皇女」とも書く〕飛鳥時代の女流歌人。天武天皇の皇女で、大津皇子と同母姉弟。伊勢神宮の斎宮となった。謀反の罪に問われて刑死した大津皇子を悼む歌が「万葉集」に収められる。

おほく-は —オオク【多くは】たいていは。大部分は。徒然 七三「世に語り伝ふる事、まことはあいなきにや、—みな虚言なり」訳 世間で語り伝えることは、事実ではおもしろみがないのであろうか、たいていはみな作り話である。

なりたち 形容詞「多し」の連用形「おほく」＋係助詞「は」

おほ-くび —オオ【大領・衽】(名)袍・狩衣・直衣などで、首のまわりを囲むようにつくった前えり。

参考 現在の「おくみ」は、この語からできたという。

おほ-くら —オオ【大蔵】(名)❶上代、皇室の財物をおさめた倉。斎蔵・内蔵とともに三蔵という。❷大きな倉。著聞 五一四「建てそめて(=建てはじめたばかりで)まだ物積まぬ—は」

おほくら-きゃう オオクラキョウ【大蔵卿】(名)大蔵省の長官。正四位下相当。おおくらのかみ。

おほくら-しゃう オオクラショウ【大蔵省】(名)律令制で、太政官に属する八省の一つ。諸国から納められる調の出納や銭・度量衡・売買の値段などをつかさどる役所。→八省。

おほけなく… 和歌 《百人一首》 ⇩巻頭カラーページ31

古語ライブラリー⑩

五十音図

五十音図というと、小学校一年のときに学んだ上図のような「かな一覧表」を思い浮かべることが多い。これは五十音図の形式を借りて現代語の表記に用いられる直音のうちの清音と撥音のかなを整理したもので、数を確かめてみればわかることだが、この「かな一覧表」は五十音図ではない。

あいうえお
かきくけこ
さしすせそ
たちつてと
なにぬねの
はひふへほ
まみむめも
や　ゆ　よ
らりるれろ
わ　　　を
ん

本来の五十音図は、次のように、一行五字(五段)ずつ、十行に配列したものである。念のため、かたかなも掲げておく。

あいうえお　アイウエオ
かきくけこ　カキクケコ
さしすせそ　サシスセソ
たちつてと　タチツテト
なにぬねの　ナニヌネノ
はひふへほ　ハヒフヘホ
まみむめも　マミムメモ
やいゆえよ　ヤイユエヨ
らりるれろ　ラリルレロ
わゐうゑを　ワヰウヱヲ

もともとの五十音図は行ごとに同じ子音を、段ごとに同じ母音を配した、整然とした「日本語に用いる音」の一覧表であった。

成立のころから、ア行とヤ行の「い」、ア行とワ行の「う」は重複していたと考えられる。

右の五十音図でも同じかながあててあるが、ア行の「え」はエ、ヤ行の「え」はイェと発音される異なる音であった。古くは、ア行の「え」には「衣」に由来するかなが、ヤ行の「え」には「江」に由来するかなが書かれていた。

⇩二九一ページ⑪

おほけなく　うき世の民に　おほふかな　わが立つ杣の　墨染めの袖
〔住み初め〕
〈千載・一七・雑中・一一三七・慈円〉

訳 身のほどをわきまえないことだが、私は、苦しみに満ちた現世に生きる人々に、(仏のご加護を祈って)おおいかけることであるよ。伝教大師がお開きになった、この比叡山に住みはじめた私の、墨染めの法衣の袖を。 修辞 「墨染め」は「住み初め」との掛詞。

解説 「わが立つ杣」は、伝教大師(=最澄)の歌「阿耨多羅三藐三菩提の仏たちわが立つ杣に冥加あらせ給へ」〈新古今・釈教〉をふまえて比叡山延暦寺をさす。「墨染めの袖でおほふ」とは、「法華経」の「法衣を以って之を覆ふ」に由来することば。「小倉百人一首」では、第四句を「わが立つ杣に」とする。

おほけ-な・し(オオケ) (形ク)〔(から)・く(かり)・し・き(かる)・けれ・かれ〕❶**身分不相応である。身のほどをわきまえない。** 枕 一八四「なほいとわが心ながらも――く㊊、いかで立ち出でしにかと」 訳 やはり本当に自分の心でありながらも身分不相応で、どうして(宮仕えに)出て来たのであろうかと。

❷**畏れ多い。もったいない。** 〔増鏡〕新島守「信頼の衛門の督、――く㊊二条院をおびやかし奉りしも」 訳 衛門府の長官の信頼が、畏れ多くも二条院をおびえさせ申しあげたのも。

発展 「源氏物語」の「おほけなし」

「源氏物語」では、光源氏と藤壺、柏木と女三の宮、匂宮と浮舟の関係を表すのに「おほけなし」の語が見られる。いずれも不義密通であり、秩序を犯す、あってはならない恋愛であることを示す。物語全体を通して重要な語であるといえよう。

おほ-ざう(ゾウ) (名・形動ナリ)「おほぞう」に同じ。

大坂(おほさか)(オオサカ)『地名』〔近世まで「おほざか」〕今の大阪市。古く難波とよばれ、近世以降、国内の経済的中心として繁栄。水陸交通の要地。江戸時代、浄瑠璃・歌舞伎などの町人文化はこの地を中心に生まれた。

参考 「大阪」は明治三年に改められたもので、それ以前は「大坂」と書いた。

おほ-さき(オオ)【大前駆】(名)先払いの、通行人などを追い払う声を長く引くこと。 枕 七八「上達部の前駆どもも、殿上人のは短ければ、――・小前駆とつけて聞きさわぐ」 訳 (参内する)上達部の先払いの声々が(聞こえるが)、殿上人のは(上達部に比べて声が)短いので、(女房たちは長いのを)大前駆、(短いのを)小前駆と名づけて大騒ぎして聞いている。↔小前駆

おぼさ-る【思さる】❶(「る」が自発の場合)自然に…お思いになる。お思いにならずにはいられない。 源氏 桐壺「ほど経るままに、せむ方なう悲しうおぼさるる㊍に」 訳 (桐壺の更衣が死んで)時がたつにつれて、(桐壺帝は)どうしようもなく自然に悲しくお思いになるので。

❷(「る」が可能の場合)お思いになることができる。 源氏 夕顔「かばかりのすさびにても過ぎぬべきことを、さらにさておぼされ㊎ず」 訳 (夕顔とのことは)それだけの気まぐれな遊びとしてでも終わってしまえることを、決してそのままですませてしまおうと(光源氏は)お思いになることができない。

なりたち 四段動詞「思す」の未然形「おぼさ」＋助動詞「る」

文法 「る」には、「受身・自発・可能・尊敬」の意味があるが、「おぼす」が「思ふ」の尊敬表現であり、「思ふ」には多く自発の「る」が付くことから、平安時代は①の用法が多い。②の用法は下に打消表現がある場合に限る。

おほ・し(オオシ)【多し】(形ク)〔(から)・く(かり)・し・き(かる)・けれ・かれ〕多い。 徒然 七「命長ければ辱多し――・し㊌」 訳 生きながらえていると必ず(それだけ)恥(をかくこと)が多い。

発展 上代語「おほし」と「多し」「多かり」

上代では「おほし」は「大し」とも書かれ、「数量が多い」「容積が大きい」「りっぱだ」「正式だ」などの意味があった。中古以降、数量的な多さには形容詞「多し・多かり」を、容積の大きさには形容動詞「大きなり」を使うようになり、中世末期には両者の区別がさらに明確になった。なお、中古までの和文では、終止形は「多かり」が一般的で、「多し」は漢文訓読語として使われた。→多かり 参考

おぼ・し【思し・覚し】(形シク)〔(しから)・しく(しかり)・し・しき(しかる)・しけれ・しかれ〕❶思われる。そうらしく見受けられる。 竹取 かぐや姫の昇天「その中に王と――・しき㊍人、家に、『宮つこまろ、まうで来』と言ふに」 訳 その(天人たちの)中に王と思われる人が家に(向かって)、「造麿、出て参れ」と言うと。

❷こうありたいと思う。 徒然 一九「――・しき㊍こと言はぬは腹ふくるるわざなれば」 訳 言いたいと思うことを言わないのは腹がふくれる(=不満がたまる)ことなので。

おぼし=【思し・覚し】(他サ四連用形)(動詞の上に付いて)「思ひ」の尊敬の意を表す。お思い…なさる。お思い…になる。 徒然 一四六「仮にも、かく――寄り㊊て尋ね給ふ」 訳 かりそめにも、このように(=剣難の相はないかと)お思いあたりになってお尋ねになるのは(災難の前兆だ。 文法 「思し寄る」は複合動詞「思ひ寄る」の尊敬語で、「思ひ寄り給ふ」にあたる。

【例語】思し急ぐ・思し営む(=心をこめて行いなさる)・思し掟つ・思し置く・思し掛く・思し返す・思し焦がる(=いちずに恋い慕いなさる)・思し定む・思し騒ぐ・思し捨つ・思し立つ・思し絶ゆ(=あきらめなさる)・思し続く(=お思い続けになる)・思し慰む・思し嘆く・思し為す・思し習ふ(=いつもそうお思いになる)・思し惚る(=放心なさる)・思し惑ふ・思し乱る・思し遣る・思し寄そふ(=思い比べなさる)・思しわづらふ

おぼし-あつか・ふ(カ(コ)ウ)【思し扱ふ】(他ハ四)〔は・ひ・ふ・ふ・へ・へ〕「思ひ扱ふ」の尊敬語。❶よく気をつけてお世話なさる。 源氏 葵「御前にて物など参らせ給ひて、とやかくやと――・ひ㊊聞こえさせ給へるさま」 訳 (桐壺院が光源氏に)御前で食事など召し上がらせなさって、あれやこれやと心を配ってお世話申しあげなさっているようすは。

❷あれこれ考えてお苦しみになる。源氏 竹河「いかに思ひ給ふらむ、と―・ふ㊙」訳（雲居の雁は）どのように思っていらっしゃるだろうと、（玉鬘は）あれこれ考えてお苦しみになる。

おぼし-あは・す（アワス）【思し合はす】（他サ下二）{せ・せ・す・する・すれ・せよ}「思ひ合はす」の尊敬語。❶比べてお考えになる。心中お比べになる。竹取 御門の求婚「こと人よりはけうらなりと思しける人の、かれに―・すれ㊁ば、人にもあらず」訳 ほかの人よりは清らかで美しいと（帝が）お思いになった人が、あの人（＝かぐや姫）と比べてお考えになると、（満足な）人とも思われない。❷思い当たりなさる。合点なさる。源氏 帚木「隈なく見あつめたる人の言ひしことは、げにと―・せ㊍られけり」訳 余すところなく（さまざまな女性と）数多く接した人（＝左の馬頭）の言ったことは、なるほど（そのとおりだ）と（光源氏は）つい思い当たりなさるのであった。

おぼし-い・づ（イズ）【思し出づ】（他ダ下二）{で・で・づ・づる・づれ・でよ}「思ひ出づ」の尊敬語。お思い出しになる。徒然 三一「―・づる㊦所ありて、案内せさせて入り給ひぬ」訳（月をいっしょに見ていた方がふと）お思い出しになる家があって、取り次ぎを求めさせて（中へ）お入りになった。

おぼし-い・る【思し入る】㊀（自ラ四）{ら・り・る・る・れ・れ}「思ひ入る」の尊敬語。深くお考えこみになる。深く心に思いこみなさる。源氏 須磨「―・り㊊たるに、いとどしかるべければ」訳（紫の上が）ひどく思いつめなさっているところに、（悲しみが）いっそうつのるにちがいないので。㊁（他ラ下二）{れ・れ・る・るる・るれ・れよ}深く心におかけになる。深くお考えになる。源氏 少女「わが身やいかがあらむ、人やいかが思はむとも―・れ㊍ず」訳（恋のため）わが身がどうなることだろうか、（また）世間の人々がどう思うだろうかとも、（雲居の雁は）深くお考えにならずに。

おぼし-うたが・ふ（ウタガ（ゴ）ウ）【思し疑ふ】（他ハ四）{は・ひ・ふ・ふ・へ・へ}「思ひ疑ふ」の尊敬語。疑念をお抱きになる。気がかりにお思いになる。源氏 桐壺「一の御子の女御は―・へ㊁り」訳（光源氏が皇太子になるのではないかと）第一皇子の（母、弘徽殿の）女御は気がかりにお思いになった。

おぼし-うつ・る【思し移る】（自ラ四）{ら・り・る・る・れ・れ}「思ひ移る」の尊敬語。心変わりなさる。大鏡 師尹「宮、和泉式部に―・り㊊にしかば」訳 宮（＝敦道親王）は、和泉式部に心変わりなさってしまったので。

おぼし-おき・つ【思し掟つ】（他タ下二）{て・て・つ・つる・つれ・てよ}「思ひ掟つ」の尊敬語。心にお決めになる。決心なさる。計画なさる。源氏 桐壺「源氏になし奉るべく―・て㊊たり」訳（桐壺帝は、若宮＝光源氏を臣籍に下して）源氏にして差しあげるのがよいとお決めになった。

おぼし-お・く【思し置く】（他カ四）{か・き・く・く・け・け}「思ひ置く」の尊敬語。❶ずっと心におとどめになる。ずっと気におかけになる。〔栄花〕浦々の別「帥殿は松君をはるかに―・き㊊つつ」訳（流罪となった）帥殿（＝伊周）は、（都にいる御子息の）松殿（＝道雅）の身をはるか遠くずっと気にかけなさりつづけて。❷あらかじめ考えておきなさる。心に決めておかれる。徒然 二五「我が御族のみ御門の御後ろ見、世のかためにて、行く末までと―・き㊊し時」訳（道長が）自分の御一族だけが天皇の御後見役、天下の守護者として、遠い将来まで（栄えるように）と考えておかれた時。

おぼし-おと・す【思し貶す】（他サ四）{さ・し・す・す・せ・せ}「思ひ貶す」の尊敬語。劣ったものとお思いになる。おさげすみになる。源氏 真木柱「人に―・し㊊、はかなきほどに見え奉り給ひて」訳（冷泉帝が玉鬘をほかの）人よりも劣ったものとお思いになり、（玉鬘が帝から）とるにたりない程度に（軽く）見られ申しあげなさって。

おぼし-おどろ・く【思し驚く】（自カ四）{か・き・く・く・け・け}「思ひ驚く」の尊敬語。お驚きになる。源氏 若菜下「〔光源氏も〕いと口惜しき（＝残念な）わざなりと―・き㊊て」

おぼし-か・く【思し懸く】（他カ下二）{け・け・く・くる・くれ・けよ}「思ひ懸く」の尊敬語。❶心におかけになる。懸想なさる。❷予期なさる。源氏 葵「御わざの急ぎなどせさせ給ふも、―・け㊍ざりしことなれば」訳（左大臣家では葵の上の）御法事の準備などをおさせになるのも、思いもかけなさらなかったことなので。

おぼし-かしづ・く（シズク）【思し傅く】（他カ四）{か・き・く・く・け・け}「思ひ傅く」の尊敬語。心にかけてたいせつにお育てになる。源氏 少女「ただこの姫君をぞ、け近うらうたき者と―・き㊊て」訳（大宮は）もっぱらこの姫君（＝雲居の雁）を、身近でいとおしい者として心にかけてたいせつにお育てになって。

おぼし-かずま・ふ（カズマ（モ）ウ）【思し数まふ】（他ハ下二）{へ・へ・ふ・ふる・ふれ・へよ}「思ひ数まふ」の尊敬語。人並みにお扱いになる。十分におとりはからいになる。源氏 明石「―・へ㊍ざらむとき、いかなる嘆きをかせむ」訳（光源氏が娘の明石の君を）十分におとりはからいにならないようなときは、（娘は）どんな嘆きをするだろうか。

凡河内躬恒（おほしかふちのみつね）（オオシコウチノミツネ）『人名』（生没年未詳）平安前期の歌人。三十六歌仙の一人。宇多・醍醐両天皇に仕え、紀貫之らと「古今集」を撰進。即興の叙景歌に長じていた。「小倉百人一首」に入集。家集「躬恒集」

おぼし-かま・ふ（カマ（モ）ウ）【思し構ふ】（他ハ下二）{へ・へ・ふ・ふる・ふれ・へよ}「思ひ構ふ」の尊敬語。ひそかに計画なさる。おたくらみになる。源氏 橋姫「朱雀院の大后のよこさまに―・へ㊊て」訳 朱雀院（の母、弘徽殿）の大后が非道にもひそかに計画なさって。

おぼし-くづほ・る（クズオル）【思し頽る】（自ラ下二）{れ・れ・る・るる・るれ・れよ}「思ひ頽る」の尊敬語。がっかりなさる。ふさぎこみなさる。源氏 須磨「かく―・れ㊊ぬる御ありさまを、嘆き惜しみ聞こえぬ人なし」訳（光源氏の）このようにふさぎこみなさったごようすを、嘆き惜しみ申しあげない人はいない。

おぼし-け・つ【思し消つ】（他タ四）{た・ち・つ・つ・て・て}「思ひ消つ」の尊敬語。むりにお忘れになる。無視なさる。源氏 桐壺「ことにもあらず―・ち㊊てもてなし給ふなるべし」訳（弘徽殿の女御は、桐壺の更衣の死や帝の悲嘆などを）たいしたことでもないと無視なさって（このように）おふるまいになるのであろう。

おぼし-さだ・む【思し定む】（他マ下二）{め・め・む・むる・むれ・めよ}「思ひ定む」の尊敬語。ご決心なさる。源氏 桐壺「ただ人にておほやけの御後ろ見をするなむ行く先も頼もしげなめることと―・め㊊て」訳（光源氏が）臣下として朝廷の御後見人をつとめることが、将来もいかにも頼もしく思われることだと、(桐壺帝は)ご決心なさって。

おぼし-さわ・ぐ【思し騒ぐ】(自ガ四)｛が・ぎ・ぐ・ぐ・げ・げ｝「思ひ騒ぐ」の尊敬語。心をお乱しになる。動揺なさる。源氏 葵「―・ぎ㊥て御祈りなどせさせ給ふ」訳 (親族たちは)あわてふためきなさってご祈禱などをさせなさる。

おぼし-しづ・むシズム―【思し沈む】(自マ四)｛ま・み・む・む・め・め｝「思ひ沈む」の尊敬語。悲しみに沈みなさる。落ちこみなさる。源氏 澪標「年頃―・み㊥つる名残なきまで栄え給ふ」訳 (左大臣家は)何年もの間悲しみに沈みなさった(ことの)跡形もないほどに繁栄しなさる。

おぼし-しづ・むシズム―【思し鎮む】(他マ下二)｛め・め・む・むる・むれ・めよ｝「思ひ鎮む」の尊敬語。(乱れた心を)お静めになる。落ち着けなさる。源氏 賢木「いと堪へがたう思さるれど、いとよう―・め㊥て」訳 (光源氏は藤壺とのことが偲ばれ)たいそう堪えがたくお思いにならずにはいられないけれども、ほんとうによく心をお静めになって。

おぼし-し・む【思し染む】「思ひ染む」の尊敬語。■一(自マ四)｛ま・み・む・む・め・め｝心に深くお考えになる。しみじみと身にしみてお思いになる。源氏 葵「世の中をいと憂きものに―・み㊥ぬれば」訳 (光源氏は)男女の仲をひどくわずらわしいものと心に深くお考えになったので。■二(他マ下二)｛め・め・む・むる・むれ・めよ｝深く思いこみなさる。源氏 夕顔「女は、いと物をあまりなるまで―・め㊥たる御心ざまにて」訳 女(＝六条御息所)は、ほんとうに物事を度が過ぎるほど思いつめなさっているご性格であって。

おぼし-し・る【思し知る】(他ラ四)｛ら・り・る・る・れ・れ｝「思ひ知る」の尊敬語。お知りになる。十分理解なさる。源氏 桐壺「御子六つになり給ふ年なれば、このたびは―・り㊥て恋ひ泣き給ふ」訳 皇子(＝光源氏)は六歳におなりになる年(のこと)なので、今度は(祖母の死を)十分に理解なさって恋い慕ってお泣きになる。

おぼし-す・つ【思し捨つ】(他タ下二)｛て・て・つ・つる・つれ・てよ｝「思ひ捨つ」の尊敬語。見捨てなさる。断念なさる。更級 春秋のさだめ「さは、秋の夜は―・て㊥つるななりな」訳 それでは、(あなたは春の夜の情趣をよしとして)秋の夜(の情趣)は見捨てなさったのであるようだね。

おぼし-た・つオオシ―【生ほし立つ】(他タ下二)｛て・て・つ・つる・つれ・てよ｝育てあげる。養い育てる。徒然 一〇七「すべて男をば、女に笑はれぬやうに―・つ㊦べしとぞ」訳 一般に男をば、女に笑われないように養育するのがいいと(いうことだ)。

おぼし-た・つ【思し立つ】(他タ四)｛た・ち・つ・つ・て・て｝「思ひ立つ」の尊敬語。(何かをしてみようと)思い立ちなさる。決心なさる。更級 初瀬「いみじく―・ち㊥て、仏の御徳かならず見給ふべき人にこそあめれ」訳 なみなみでなく(参詣を)思い立ちなさって、仏のご利益を必ずお受けになるにちがいない人であるようだ。文法「あめれ」は、「あるめれ」の撥音便「あんめれ」の「ん」の表記されない形。

おぼし-つつ・む【思し包む】(他マ四)｛ま・み・む・む・め・め｝「思ひ包む」の尊敬語。心に包み隠しなさる。はばかって心に秘めなさる。源氏 桐壺「人も心弱く見たてまつるらむと、―・ま㊤ぬにしもあらぬ御気色の心ぐるしさに」訳 (まわりの)人も(帝は)気が弱いと拝見しているだろうと、(悲しみを)胸中に秘め隠しなさらないでもない(桐壺帝の)ごようすのお気の毒さに。

おぼし-とが・む【思し咎む】(他マ下二)｛め・め・む・むる・むれ・めよ｝「思ひ咎む」の尊敬語。変だとお思いになる。不審にお思いになる。大鏡 道長下「まこと人にあひ奉りては、―・め㊥給ふことも侍らむと」訳 正式な学問をした方にお会い申しあげては、(私の話は)変だとお思いになりなさることもございましょうと。

おぼし-とど・む【思し止む】(他マ下二)｛め・め・む・むる・むれ・めよ｝「思ひ止む」の尊敬語。❶断念なさる。中止なさる。源氏 絵合「けふになりて―・む㊦べきことにしあらねば」訳 今日になって(参内を)お取りやめになってよいことではないから。❷心におとめになる。源氏 澪標「かくまでも―・め㊥たりけるを」訳 (光源氏が)これほどまでも(六条御息所を)心におとめになっていたのを。

おぼし-と・る【思し取る】(他ラ四)｛ら・り・る・る・れ・れ｝「思ひ取る」の尊敬語。❶お悟りになる。理解なさる。源氏 手習「はかなきものに―・り㊥たるも、ことわりなる御身をや」訳 (あなた(＝浮舟)が、この世は)はかないものとお悟りになったのも、むりもないお身の上だなあ。❷決心なさる。源氏 賢木「過ぐしがたう思さるれば、そむきなむ事を―・る㊍に」訳 (藤壺はこのまま毎日を)過ごすことをつらくお思いにならずにはいられないので、出家してしまうようなことを決心なさるが。

おぼし-なぐさ・む【思し慰む】「思ひ慰む」の尊敬語。■一(自マ四)｛ま・み・む・む・め・め｝心が慰められなさる。お気持ちが晴れなさる。源氏 桐壺「おのづから御心うつろひて、こよなう―・む㊍やうなるも、あはれなるわざなりけり」訳 自然に(桐壺帝の)お心が(亡き桐壺の更衣から藤壺に)移っていって、格別に心が慰められなさるようであるのも、しみじみと感に打たれることであった。■二(他マ下二)｛め・め・む・むる・むれ・めよ｝お心を晴らしなさる。源氏 明石「つひには行きめぐり来なむと、かつは―・め㊥き」訳 (光源氏は、自分は)最終的にはきっと(都に)戻ってくるだろうと(思うことで)、一方ではお心を晴らしなさった。

おぼし-なげ・く【思し嘆く】(自カ四)｛か・き・く・く・け・け｝「思ひ嘆く」の尊敬語。嘆き悲しみなさる。竹取 かぐや姫の昇天「さらずまかりぬべければ、―・か㊤むが悲しきことを」訳 どうしても(月に)おいとましてしまわなければならないから、(そのとき二人が)嘆き悲しみなさるだろうことが(私＝かぐや姫には)悲しいことを。

おぼし-な・す【思し為す】(他サ四)｛さ・し・す・す・せ・せ｝「思ひ為す」の尊敬語。しいてお思いになる。判断の決着をおつけになる。源氏 夕顔「つれなき心はねたけれど、人のためはあはれと―・さ㊤る」訳 (空蟬の)冷淡な心は恨めしいけれども、(その)夫(＝伊予の介)のためには殊勝なことだと、(光源氏は)しいてお思いにならずにはいられない。

おぼし-なほ・るナオル―【思し直る】(自ラ四)｛ら・り・る・る・れ・れ｝「思ひ直る」の尊敬語。心が元通りにおなりになる。ご機嫌がお直りになる。源氏 若紫「もし―・る㊍折もやと、とざまかうざまに試み聞こゆるほど」訳 もしかしたら(あなた＝葵の上の)ご機嫌がお直りになる時もあろうかと、(私＝光源氏が)あれやこれやとおためし申しあげているうちに。

おぼし-なや・む【思し悩む】(自マ四)｛ま・み・む・む・め・め｝「思ひ悩む」の尊敬語。心に苦しく思い悩まれる。源氏 賢木「かやうのはかなしことどもを…こなたかなたと―・め㊁り」訳 このようなつまらないさまざまなことを…(光源氏は)あれやこれやと心苦しく思い悩まれている。

おぼし-な・る【思し成る】(自ラ四){ら・り・る・る・れ・れ}「思ひ成る」の尊敬語。だんだんそう思うようにおなりになる。源氏 桐壺「なずらひに思さるるだにいとかたき世かなと、疎ましうのみよろづに—・り(用)ぬるに」訳(桐壺の更衣と同列に自然に思われなさる人さえ本当にめったにいない世の中であるなあと、(桐壺帝は)ただもういとわしく何事につけてもそう思うようにおなりになったときに。

おぼし-のたま・ふ【思し宣ふ】(自ハ四){は・ひ・ふ・ふ・へ・へ}「思ひ言ふ」の尊敬語。お思いになっておっしゃる。枕 二六六「思ふ人の人にほめられ、やむごとなき人などの、口惜しからぬ者に—・ふ(体)」訳(自分が好きだと思う人が他の人からほめられ、高貴な人などが、(その人を)何不足ない者(である)とお思いになっておっしゃるの(も、うれしい)。

おぼし-はな・つ【思し放つ】(他タ四){た・ち・つ・つ・て・て}「思ひ放つ」の尊敬語。お見捨てになる。思い切りなさる。源氏 葵「さすがにことのほかには—・た(未)ず」訳(光源氏は)そうはいってもやはり(六条御息所を)格別には(=まるっきりは)思い切りなさらない。

おぼし-はな・る【思し離る】(自ラ下二){れ・れ・る・るる・るれ・れよ}「思ひ離る」の尊敬語。関心をお捨てになる。お心が離れる。源氏 橋姫「年月に添へて世の中を—・れ(用)つつ」訳(八の宮は)年月がたつのにともなって俗世への関心をお捨てになっては。

おぼし-はばか・る【思し憚る】(他ラ四){ら・り・る・る・れ・れ}「思ひ憚る」の尊敬語。ご遠慮なさる。気がねなさる。源氏 桐壺「なかなか危ふく—・り(用)て、色にも出ださせ給はずなりぬるを」訳(桐壺帝は光源氏を皇太子にすることはかえって危険だとご遠慮なさって、顔色にもお出しにならなくなってしまったので。

おぼし-へだ・つ【思し隔つ】(他タ下二){て・て・つ・つる・つれ・てよ}「思ひ隔つ」の尊敬語。心の中でわけ隔てなさる。よそよそしくなさる。源氏 蓬生「心うく—・て(用)て、御みづからこそあからさまにも渡らせ給はね」訳(あなた=末摘花自身は叔母の私を)いやだと心の中でわけ隔てなさって、ご自身は少しも(私のところに)おいでにならないが。

おぼし-まう・く【思し設く】(他カ下二){け・け・く・くる・くれ・けよ}「思ひ設く」の尊敬語。前もって考えておかれる。源氏 少女「御賀のこと、対の上—・くる(体)に」訳(父式部卿の宮の五十の賀のお祝いのことについて、対の上(=紫の上)が前もって準備をなさるので。

おぼし-まど・ふ【思し惑ふ】(自ハ四){は・ひ・ふ・ふ・へ・へ}「思ひ惑ふ」の尊敬語。心を乱しなさる。途方にくれなさる。更級 竹芝寺「帝、后、御子失せ給ひぬと—・ひ(用)、求め給ふに」訳 天皇や皇后はお子様が姿を消しなさってしまったと心を乱しなさり、お捜しになると。

おぼし-みだ・る【思し乱る】(自ラ下二){れ・れ・る・るる・るれ・れよ}「思ひ乱る」の尊敬語。あれこれ考えてお悩みになる。思案にくれていらっしゃる。源氏 若紫「ねぶたげにもてなして、とかう世を—・るる(体)こと多かり」訳(光源氏は)眠たそうなふりをして、あれこれと男女の仲(のむずかしさ)についてお思い悩みになることが多い。

おぼし-めぐら・す【思し廻らす】(他サ四){さ・し・す・す・せ・せ}「思ひ廻らす」の尊敬語。あれこれとお考えになる。源氏 葵「いとあやしと—・す(体)に、ただかの御息所なりけり」訳(光源氏は)たいへん不思議なことだとあれこれお考えになると、まさしく(葵の上のようすは、生き霊となって取りついている)あの六条の御息所なのであったよ。

おぼしめさ・る【思し召さる】 ❶「る」が自発の場合 自然に…お思いになる。お思いにならずにはいられない。源氏 賢木「中宮は涙に沈み給へるを、見奉らせ給ふも、さまざま御心乱れておぼしめさる(終)」訳 中宮(=藤壺)は涙にくれていらっしゃったのを、(桐壺帝は)見申しあげなされるにつけても、お心が乱れて自然にいろいろとお思いになる。
❷「る」が可能の場合 お思いになれる。源氏 桐壺「あるかなきかに消え入りつつものし給ふを御覧ずるに、来し方行く末おぼしめされ(未)ず」訳(桐壺の更衣が)生きているかいないかわからないようにずっと意識を失ったままでいらっしゃるのを(桐壺帝は)ご覧になると、過去のことも将来のこともお考えになれず。
❸「る」が尊敬の場合 お思いになる。平家 二・小教訓「かやうに親しくなって候へば申すとや、おぼしめされ(用)候ふらん」訳(私=重盛が成親とこのように親しい関係になっておりますので成親の助命をお願いすると、(父上=清盛は)お思いになっているのでございましょうか。
なりたち 四段動詞「思し召す」の未然形「おぼしめさ」+助動詞「る」
参考 ③は中世以降の用法。

おぼしめし【思し召し】(他サ四連用形)(動詞の上に付いて)「思ひ」の尊敬の意を表す。お思い…になる。思い…なさる。源氏 薄雲「上のかく—悩めるを見奉り給ふもかたじけなきに」訳 帝(=冷泉帝)がこのように思い悩みなさっているのを拝見なさるにつけても、(光源氏は)畏れ多いので。文法「思し召し悩む」は、複合動詞「思ひ悩む」の尊敬語で、「思ひ悩ませ給ふ」にあたる。
例語 思し召し合はす・思し召し出づ・思し召し数まふ・思し召し企つ(=ご計画なさる)・思し召し立つ・思し召し積もる・思し召し留む・思し召し成る・思し召し設く・思し召し惑ふ・思し召し分く

おぼしめし-た・つ【思し召し立つ】(他タ四){た・ち・つ・つ・て・て}「思ひ立つ」の尊敬語。考えをお起こしになる。決心なさる。平家 九・小宰相身投「相構へて—・つ(体)ならば、千尋の底までもひきこそ具せさせ給はめ」訳 十分に考えて(死を)決心なさるのならば、果てしなく深い(海の)底までもいっしょにお引き連れくださるがよい。

おぼしめし-つも・る【思し召し積もる】(自ラ四){ら・り・る・る・れ・れ}「思ひ積もる」の尊敬語。思いが積もりなさる。お思いになることがつのっていく。今昔 一九・一一「春宮、この頭の少将を、事に触れて便なき者に—・り(用)たりけり」訳 皇太子は、この頭の少将を、何かにつけてけしからん者とお思いになることがつのっていったのだった。

おぼしめし-とど・む【思し召し留む】(自マ下二){め・め・む・むる・むれ・めよ}「思ひ留む」の尊敬語。お心におとめになる。竹取 かぐや姫の昇天「なめげなるものに—・め(未)られぬるなむ、心にとどまり侍りぬる」訳(私=かぐや姫が)無礼な者だと帝のお心におとめになられてしまったのが、心残りでございました。

おぼしめし-な・る【思し召し成る】(自ラ四)

{ら・り・る・る・れ・れ}「思ひ成る」の尊敬語。(しだいに)そのお考えになられる。そのお気持ちになられる。[大鏡] 花山院「いかに—・ら(未)せおはしましぬるぞ」[訳] どうしてそのような(未練がましい)お気持ちにおなりになられてしまったのか。

おぼしめし-まう・く【思し召し設く】(他カ下二){け・け・く・くる・くれ・けよ}「思ひ設く」の尊敬語。前もってお考えになっておく。あらかじめご配慮なさっておく。[平家] 二・先帝身投「日ごろ—・け(用)たることなれば」[訳] (二位殿は)日ごろから前もって覚悟なさっていたことなので。

おぼしめし-まど・ふ【思し召し惑ふ】(自ハ四){は・ひ・ふ・ふ・へ・へ}「思ひ惑ふ」の尊敬語。心が乱れなさる。途方にくれなさる。[源氏] 桐壺「われかの気色にて臥したれば、いかさまにと—・は(未)る」[訳] (桐壺の更衣は)正気のないようすで横になっているので、(桐壺帝は)どうしたものかと途方にくれなさらずにはいられない。

おぼしめし-よ・る【思し召し寄る】(他ラ四){ら・り・る・る・れ・れ}「思ひ寄る」の尊敬語。❶思いつきなさる。[源氏] 薄雲「位を譲らせ給はむことを—・ら(未)ずなりにけり」[訳] (桐壺院は私＝光源氏に)皇位をお譲りなさるようなことをお考えになられなくなった。

❷好意をお寄せになる。引きつけられなさる。

おぼしめし-わ・く【思し召し分く】(他カ四・下二){か・き・く・く・け・け}{け・け・く・くる・くれ・けよ}「思ひ分く」の尊敬語。分別なさる。見分けなさる。区別してお考えになる。[源氏] 桐壺「聞こしめす御心まどひ、なにごとも—・か(未)(四段)れず」[訳] (桐壺の更衣の死を)お聞きになる(桐壺帝の)お心の乱れは(言いようもなく)、何事も分別なさることができず。

おぼし-め・す【思し召す】(他サ四){さ・し・す・す・せ・せ}「思ふ」の尊敬語。**お思いになる。**[源氏] 若菜下「院も聞こし召しつけていかに—・さ(未)む」[訳] (父の朱雀院もお聞き及びになって何とお思いになることだろう。[平家] 灌頂・女院出家「憂かりし波の上、船の中の御すまひも、今は恋しうぞ—・す(体)」[訳] (あの)つらかった波の上や、船中のお暮らしも、今となっては恋しくお思いになる。⇩思す「敬語ガイド」

[参考] 動詞「おもほす→おぼす」の連用形「おもほし→おぼし」に補助動詞「めす」が付いたもの。「おぼす」「思ひ給ふ」より敬意が高い。他の動詞と複合して「おぼしめしまどふ」「おぼしめしわく」などと使うことがある。中世以降、尊敬の助動詞「る」の付いた「思し召さる」は、さらに高い敬意を表した。→思し召し＝

おぼし-やすら・ふ【思し休らふ】(自ハ四){は・ひ・ふ・ふ・へ・へ}「思ひ休らふ」の尊敬語。ためらわれる。あれこれ考えて決心がおつきにならない。[源氏] 賢木「中宮のかく添ひおはするに御心おかれて、—・ふ(体)ほどに」[訳] 中宮(＝藤壺)がこのように(桐壺院に)付き添っておいでになるのに(弘徽殿の大后は)ご遠慮なさって、(桐壺院のお見舞いを)ためらっていらっしゃるうちに。

おぼし-や・る【思し遣る】(他ラ四){ら・り・る・る・れ・れ}「思ひ遣る」の尊敬語。❶遠くに思いをはせなさる。ご想像になる。[源氏] 須磨「人々の語り聞こえし海山のありさまを、はるかに—・り(用)しを」[訳] (光源氏は)人々がお話し申しあげた海や山のようすを、(今までは都にいて)遠くのこととしてご想像になったが。

❷心をお慰めになる。気持ちをお晴らしになる。[源氏] 夕顔「われひとりさかしき人にて、—・る(体)方ぞなきや」[訳] 自分(＝光源氏)一人(だけ)がしっかりしている人であって(他の人は頼りなく)、憂いをお払いになる方法もないことよ(＝途方にくれることだ)。

おぼし-ゆる・ぐ【思し揺るぐ】(自ガ四){が・ぎ・ぐ・ぐ・げ・げ}「思ひ揺るぐ」の尊敬語。動揺なさる。お心を動かす。[大鏡] 師尹「まことにさも—・ぎ(用)てのたまはせば、いかがすべからむ」[訳] (皇太子敦明親王が)ほんとうにそう(＝退位後に、御匣殿を妻にと望むこと)もお心を動かしておっしゃられたら、どうしたらよいだろうか。

おぼし-ゆる・す【思し許す】(他サ四){さ・し・す・す・せ・せ}「思ひ許す」の尊敬語。お許しになる。ご承知になる。[大鏡] 師輔「いみじからむさかさまの罪ありとも、この人々をば—・す(終)べきなり」[訳] (たとえ)ひどい道にはずれた罪があっても、この人々をお許しになるのが当然である。

おぼし-よ・る【思し寄る】(自ラ四){ら・り・る・る・れ・れ}「思ひ寄る」の尊敬語。❶お気づきになる。思いあたられる。[徒然] 一四六「傷害の恐れおはしますまじき御身にて、仮にも、かく—・り(用)て尋ね給ふ」[訳] (あなた＝明雲座主は)傷害を受ける心配がおありになるはずのないご身分なのに、かりそめにも、このように(＝剣難の相はないかと)思いあたられてお尋ねになるのは(災難の前兆だ)。

❷好意をお寄せになる。心が引かれなさる。[源氏] 末摘花「さてもやと—・る(体)ばかりのけはひあるあたりにこそ、一くだりをもほのめかし給ふめるに」[訳] もしや(期待どおりの女かな)と、心が引かれなさるほどの雰囲気がある女に、(光源氏は)一行ほどのお便りをもそれとなくおやりになるようだが。

おぼし-よわ・る【思し弱る】(自ラ四){ら・り・る・る・れ・れ}「思ひ弱る」の尊敬語。気持ちが弱くおなりになる。[源氏] 総角「なほ、いかがはせむに—・り(用)ね」[訳] やはり、どうしようもないこととして我を折りなさって(私＝薫の願いを聞き入れて)しまいなさい。

おぼし-わ・く【思し分く】(他カ四・下二){か・き・く・く・け・け}{け・け・く・くる・くれ・けよ}「思ひ分く」の尊敬語。分別なさる。また、区別なさる。[源氏] 柏木「宮は、さしも—・か(未)(四段)ず、人、はた、更に知らぬことなれば」[訳] 宮(＝女三の宮)はそれほどにも(薫が柏木に似ているとは)判別がおつきにならず、他の人もまた(光源氏の子である薫が実は柏木の子だという事情を)まったく知らないことなので。

おぼし-わす・る【思し忘る】(他ラ下二){れ・れ・る・るる・るれ・れよ}「思ひ忘る」の尊敬語。お忘れになる。[源氏] 桐壺「年月にそへて、御息所の御事を—・るる(体)折なし」[訳] 年月につれて、(桐壺帝は亡き)御息所(＝桐壺の更衣)の御事をお忘れになる時はない。

おぼし-わた・る【思し渡る】(他ラ四){ら・り・る・る・れ・れ}「思ひ渡る」の尊敬語。ずっとお思い続けになる。〔落窪〕「いかでこの君達によき婿とりせむとおぼして見るに、さるべきがなきと—・る(体)ほどに」[訳] (左大臣は)どうかしてこの姫君たちにりっぱな婿とりをしようとお思いになって見ているが、適当な者がいないことだとお思い続けになるうちに。

おぼし-わづら・ふ【思し煩ふ】(自ハ四){は・ひ・ふ・ふ・へ・へ}「思ひ煩ふ」の尊敬語。思い悩みなさる。思案にくれなさる。[竹取] 燕の子安貝「聞き給ひて、いかがすべきと—・ふ(体)に」[訳] (中納言は返事を)お聞きになって、どうしたらよいだろうかと思い悩みなさると。

おぼし-わ・ぶ【思し侘ぶ】(自バ上二){び・び・ぶ・ぶる・ぶれ・びよ}「思ひ侘ぶ」の尊敬語。思い悩まれる。源氏 帚木「いとほしく御心にかかりて、苦しく—・び用て」訳(光源氏は空蟬の悩むことが)気の毒だと気にかかりなさって、苦しいほど思い悩まれて。

おほ・す【生ほす】(他サ四){さ・し・す・す・せ・せ}❶生えさせる。生長させる。源氏 薄雲「この春より—・す体御髪、尼のほどにて」訳この春からのばしている(明石の姫君の)御髪は、尼の(ように肩で切りそろえた)長さで。
❷育てる。養育する。更級 春秋のさだめ「二葉の人をも、思ふさまにかしづき—・し用立て」訳幼い人をも、思う存分たいせつに育てあげて。

おほ・す【仰す】(他サ下二){せ・せ・す・する・すれ・せよ}〔動詞「負ふ」の未然形「おは」に使役の助動詞「す」の付いた「おはす」の転。ことばを負わせる意〕❶言いつける。命じる。また、(尊敬語的に)お言いつけになる。竹取 かぐや姫の昇天「かの十五日、司々に—・せ用て、…二千人の人を竹取が家に遣はす」訳その(月の)十五日、(帝は)各役所に命じて、…二千人の人を竹取の(翁の)家に派遣なさる。徒然 五一「大井の土民に—・せ用て、水車を造らせられけり」訳大井の土地(=大井川に沿った土地)の住民にお言いつけになって、水車をおつくらせになったそうだ。
❷「言ふ」の尊敬語。おっしゃる。平家 一・鹿谷「法皇、『あれはいかに』と—・せ用ければ」訳(後白河)法皇が、「あれは、どうした」とおっしゃったところ。⇩宣はす「敬語ガイド」
参考「仰す」が単独で「言ふ」の尊敬語として用いられるようになったのは、中世以降と考えられる。

おほ・す【果す】(他サ下二){せ・せ・す・する・すれ・せよ}(動詞の連用形に付いて)なしとげる。やり終える。平家 一一・那須与一「射—・せ用候はんことは不定に候ふ」訳(扇の真ん中を)射とげますようなことは不確実でございます。

おほ・す【負ほす・課す】(他サ下二){せ・せ・す・する・すれ・せよ}〔動詞「負ふ」の使役形「負はす」の転〕❶背にのせる。背負わせる。〔讃岐典侍日記〕「人の背中に—・せ用てやりつ」訳女房の背中に負わせて行かせた。
❷責任を負わせる。罪をきせる。古今 春下「木伝へばおのが羽風に散る花を誰に—・せ用てここら鳴くらむ」訳(鶯が)木の枝から枝へと飛び移るので、自分の羽風で散る花を、だれにその罪を負わせ(ようとし)て、あんなに鳴いているのだろう。
❸名づける。万葉 三・三三九「酒の名を聖と—・せ用し古の大き聖の言のよろしさ」訳酒の名を聖と名づけた、昔の大聖人のことばのうまさよ。
❹(債務・傷などを)負わせる。徒然 八七「あまたして手—・せ用、打ち伏せて縛りけり」訳大勢で傷を負わせ、打ち倒して縛った。
❺当てはめる。付ける。徒然 一四五「きはめて桃尻にして、沛艾の馬を好みしかば、この相を—・せ用侍りき」訳(信願は)ひどくすわりの悪い尻つきであって、気が荒くはね上がる馬(に乗ること)を好んだので、この(落馬するという)人相を当てはめました。
❻労役・租税を課す。

おぼ・す【思す】(他サ四){さ・し・す・す・せ・せ}〔動詞「思ふ」の未然形「おもは」に上代の尊敬の助動詞「す」の付いた「おもはす」が「おもほす」→「おぼす」と転じた形〕「思ふ」の尊敬語。お思いになる。竹取 燕の子安貝「これを聞きて、かぐや姫すこしあはれと—・し用けり」訳これ(=中納言の死)を聞いて、かぐや姫は少し気の毒だとお思いになった。源氏 桐壺「風の音、虫の音につけて、もののみ悲しう—・さ未るるに」訳風の音や虫の音(を聞く)につけて、(桐壺帝は)なんということなしにただもう悲しくお思いにならずにはいられないのに。文法「おぼさるる」の「るる」は、自発の助動詞「る」の連体形。
参考「おぼしめす」より敬意が低く、他の動詞と複合して尊敬の意を表すことがある。「おぼしいづ」「おぼししる」「おぼしなげく」「おぼしやる」など。→思し=

敬語ガイド「思ふ」の敬語
尊敬語 おぼしめす・おぼす・おもほしめす・おもほす(お思いになる・お考えになる)
謙譲語 ぞんず(存ずる)

大隅(おほすみ)『地名』旧国名。西海道十二か国の一つ。今の鹿児島県東半部、大隅半島と大隅諸島。隅州。

おほせ【仰せ】(名)おことば。ご命令。お言いつけ。竹取 竜の頸の玉「おのおの—承りて、まかり出でぬ」訳(家臣たちは)それぞれご命令を承って、退出した。

おほせ-いだ・す【仰せ出だす】(他サ四){さ・し・す・す・せ・せ}「言ひ出だす」の尊敬語。ご命令をお出しになる。外に向かってお言いになる。広く告げ知らせなさる。〔太平記〕二「『…早く供奉のともがらに触れおほすべし』と—・さ未れければ」訳「…早速(行幸の)お供をする者たちに知らせ言いつけよ」とご命令をお出しになられたので。

おほせ-がき【仰せ書き】(名)天皇や貴人のおことばを書き記すこと。また、その文書。枕 一五八「心にくき所へつかはす—などを」訳奥ゆかしい方へおやりになるお手紙の代筆などを。

おほせ-くだ・す【仰せ下す】(他サ四){さ・し・す・す・せ・せ}「言ひ下す」の尊敬語。お命じになる。お言いつけになる。平家 一・殿上闇討「勧賞には闕国を給ふべき由—・さ未れける」訳恩賞には国守の欠けている国をお与えになるつもりであることをお命じになられた。

おほせ-ごと【仰せ言】(名)天皇や貴人のご命令やおことば。源氏 桐壺「目も見え侍らぬに、かくかしこき—を光にてなむ」訳(涙で)目も見えませんが、このように畏れ多いおことばを光として(拝見いたしましょう)。文法係助詞「なむ」のあとに結びの語「見奉り侍らむ」などが省略されている。

おほせ-つ・く【仰せ付く】(他カ下二){け・け・く・くる・くれ・けよ}「言ひ付く」の尊敬語。お言いつけになる。お命じになる。〔古活字本保元物語〕「六条判官ならびに子供尋ね参らすべきよし、播磨守に—・け未らる」訳六条判官ならびに子供らをお尋ね申しあげるようにとの旨を、播磨の守にお命じになられる。

おほせ-らる【仰せらる】❶おっしゃる。源氏 帚木「他人の言はむやうに心得ずおほせらる終」訳(あなた=光源氏らしくもなく)他の人が言うようなふうに、わけがわからなくおっしゃる。⇩宣はす「敬語ガイド」
❷お命じになる。源氏 夕顔「おほせられ用しのちなむ、

隣のこと知りて侍る者呼びて、問はせ侍りしかど」訳（光源氏が）お命じになったあとに、隣家のことを知っております者を呼んで、（他の者に）問わせましたけれど。
なりたち 下二段動詞「仰す」の未然形「おほせ」＋尊敬の助動詞「らる」

おほ‐ぞう【オオ】（名・形動ナリ）「おほざう」とも。いいかげんなさま。通りいっぺんだ。おおざっぱ。源氏 帚木「―・なる㊍御厨子などにうちおき散らし給ふべくもあらず」訳（光源氏が大事な手紙を）いいかげんな御厨子棚などにほうってお置きになるはずもなく。

おほ‐ぞら【オオ】【大空】■一（名）広大な空。竹取 かぐや姫の昇天「―より人、雲に乗りて下り来て」■二（形動ナリ）〔なら・なり（に）・なり・なる・なれ・なれ〕なおざりである。いいかげんである。うわの空である。〔雨月〕吉備津の釜「―・に㊐のみ聞きなして」訳うわの空で聞きながすばかりで。

おほぞらは…【和歌】

> 大空は　梅のにほひに　かすみつつ　曇りも果てぬ　春の夜の月
> 〈新古今・一・春上・四〇・藤原定家〉

訳大空は梅の花の香りでかすんでいて、（かといって）曇りきってしまうわけでもない、春の夜の（おぼろな）月よ。修辞 本歌取り。
解説 本歌は、「照りもせず曇りも果てぬ春の夜の朧月夜にしくものぞなき」（訳→てりもせず…【和歌】）〈新古今・春上〉

おほ‐たか【オオ】【大鷹】（名）❶雌の鷹。雄よりも大きい。❷「大鷹狩り」の略。①を使って冬に行う鷹狩り。雁・鴨・うさぎなどを捕らえる。徒然 一六二「小鷹によき犬、―に使ひぬれば、小鷹にわろくなるといふ」訳小鷹狩りに適した猟犬は、大鷹狩りに使ってしまうと、（その後は）小鷹狩りには適さなくなるという。↔小鷹

大田南畝（おほたなんぽ）『人名』（一七四九～一八二三）江戸後期の狂歌師・戯作者。本名覃。別号、蜀山人・四方赤良・寝惚先生など。狂歌・狂詩・黄表紙・洒落本・随筆などを作し、朱楽菅江・唐衣橘洲とともに天明狂歌三大家とされる。狂歌集「万載狂歌集」、狂詩文集「寝惚先生文集」「四方のあか」、随筆集「一話一言」

おほ‐ぢ【オオジ】【大路】（名）〔室町時代までは「おほち」〕大通り。幅の広い道路。徒然 一三七「―見たるこそ、祭り見たるにてはあれ」訳大通り（のようす）を見たことこそ、祭り（＝賀茂の祭り）を見たことではある。↔小路

おほ‐ぢ【オオジ】【祖父】（名）〔「大父」の転〕❶父または母の父。祖父。伊勢 七九「御―方なりける（＝御祖父の身内であった）翁のよめる」↔祖母 ❷年老いた男。じいさん。〔伽・一寸法師〕「津の国難波の里に、―と、姥と侍り」訳摂津の国（大阪府北部と兵庫県東部）の難波の里に、じいさんと、ばあさんとがおります。

大津（おほつ）『地名』今の滋賀県大津市。琵琶湖南西岸の地。古くから、東海・東山・北陸の三道の要地で、宿駅として発展し、三井寺・石山寺などがある。

おぼつかな‐が・る（他ラ四）〔ら・り・る・る・れ・れ〕〔「がる」は接尾語〕気がかりに思う。心配する。また、心ひかれて待ち遠しく思う。源氏 紅葉賀「若宮の御事を、わりなく―・り㊐聞こえ給へば」訳（光源氏は）幼い皇子のごようすを、むやみに気がかりにお思い申しあげなさるので。

おぼつか‐な・し（形ク）〔（から）・く（かり）・し・き（かる）・けれ・かれ〕

語義パネル
●重点義　**対象がぼんやりしていてつかみどころがない感じ。**
形容動詞「おぼろ」の「おぼ」に、「あはつか」「ふつつか」などの状態を表す「つか」、「いかにも…だ」の意を添える接尾語「なし」でできているとみられる形容詞。
❶**はっきりしない。**ぼうっとしている。
❷**気がかりだ。心配だ。**不安だ。
❸よくわからない。**疑わしい。不審だ。**
❹**待ち遠しい。**もどかしい。

❶**はっきりしない。**ぼうっとしている。徒然 一〇四「夕月夜の―・き㊍ほどに、忍びて尋ねおはしたるに」訳夕方の月がぼんやりとしているころに、人目を避けて訪ねていらっしゃったところ。
❷**気がかりだ。心配だ。**不安だ。源氏 桐壺「若宮の、いと―・く㊐露けきなかに過ぐし給ふも心苦しう思さるるを」訳若宮（＝光源氏）が、たいそう気がかり（なありさま）で、涙の露でしめっぽい（亡き母、桐壺の更衣の里の）中で過ごしていらっしゃるのも、（桐壺帝は）気の毒にお思いにならずにはいられないので。文法「思さるる」の「るる」は、自発の助動詞「る」の連体形。
❸よくわからない。**疑わしい。不審だ。**徒然 八八「道風書かんこと、時代や違ひ侍らん。―・く㊐こそ」訳（藤原公任撰の「和漢朗詠集」を小野道風が書くようなことは、年代が食い違っていましょうが、いかがでしょう）か。（そこが）不審で（ございます）。文法「書かんこと」の「ん」は、仮定・婉曲の助動詞。係助詞「こそ」のあとに結びの語「侍れ」が省略されている。徒然 二三四「世に古りぬることをも、おのづから聞きもらすあたりもあれば、―・から㊌ぬやうに告げやりたらん、悪しかるべきことかは」訳世間で言い古されたことでも、たまたま聞きもらすむきもあるので、不審でないように知らせてやったとしたらそれは、悪いことだろうか（いや、決して悪いことではない）。文法「告げやりたらん」の「ん」は、仮定・婉曲の助動詞。「かは」は、反語の係助詞。
❹**待ち遠しい。**もどかしい。〔十六夜日記〕「都のおとづれいつしかと―・き㊍ほどに」訳都（から）の便りが早く（来てほしい）と待ち遠しく思っているうちに。（⇩後ろめたし「類語パネル」）

おほ‐つごもり【オオ】【大晦日】（名）十二月の最後の日。一年の最終の日。おおみそか。图。〔浮・世間胸算用〕「―に煤はきて（＝煤払いをして）」

大津皇子（おほつのみこ）『人名』（六六三～六八六）万葉歌人。天武天皇の第三皇子。文武にすぐれ、「懐風藻」「万葉集」に作品がとられている。天武天皇の没後、謀反を企てたとして捕らえられ、自害した。

おほつ‐の‐みや【オオツ】【大津の宮】（名）近江（滋賀

県)にあった天智天皇の六年(六六七)、宮を大和(奈良県)の飛鳥から移したが、壬申の乱を経てわずかの間に荒廃した。

おほ-て【大手】(名) ❶敵の前面を攻撃する軍勢。平家 四・橋合戦「ーは長井の渡り、搦め手は故我・杉の渡りより寄せ候ひしに」訳 敵の前面を攻撃する軍勢は長井の渡り、背後を攻める軍勢は故我・杉の渡りから押し寄せましたが。❷城の表門。〔仮名・江戸名所記〕「城のー東に向かひ(=面して)」(⇔搦め手)

おほ-と【大門】(名)大きな海峡。万葉 三・二五四「ともしびの明石ーに入らむ日や漕ぎ別れなむ家のあたり見ず」訳 →ともしびの…和歌

おほ-どか (形動ナリ){なら・なり(に)・なり・なる・なれ・なれ}ゆったりとしてこせこせしないさま。おおらか。おっとり。枕 三「女、はた知らず顔にて、ー・に用て居給へり」訳 (粥の木で姫君の腰を打とうと、女房などがすきをねらうのを)女(=姫君)は、それでも知らぬふりで、おっとりとして座っていらっしゃる。(⇨おいらか「類語パネル」)

おほ-ど・く (自カ四・下二){か・き・く・く・け・け}{け・け・く・くる・くれ・けよ}おっとりしている。のんびりしている。くつろぐ。源氏 夕顔「人のけはひ、いと浅ましく柔らかにー・き用(四段)て」訳 (その)人(=夕顔)のようすは、たいそう驚きあきれるくらい従順でおっとりしていて。

おほ-どし【大年・大歳】(名)「おほとし」とも。一年の最終日。おおみそか。図。〔浮・日本永代蔵〕「手前に銀子のたまりありとも、ーの夜に入りて渡すべし」訳 手元に金銭のたくわえがあっても、(借金返済は)おおみそかの夜になって渡すのがよい。

おほとなぶら【大殿油】(名)〔「おほとのあぶら」の転〕宮中や貴人の家の正殿にともした油の灯火。枕 二三「ー参りて、夜ふくるまで読ませ給ひける」訳 (天皇は)あかりをともさせなさって、夜がふけるまで「古今集」をお読みになられた。文法「せ給ひ」は、最高敬語。

おほ-との【大殿】(名) ❶宮殿・邸宅の敬称。特に、寝殿・正殿をいう。万葉 一・二九「大宮は此処と聞けども ーは此処と言へども」訳 (天智天皇の皇居は)ここと聞くけれども、御殿はここと言うけれども。❷大臣の敬称。おとど。源氏 帚木「ーの御心いとほしければ」訳 左大臣のお気持ちが気の毒なので。❸貴人である当主の敬称。または、その父に対する敬称。〔浄・丹波与作待夜小室節〕「ー様、お袋様とお盃」訳 ご主人様、母上様と(お別れの)お杯(を)。

おほとの-あぶら【大殿油】(名)「おほとなぶら」に同じ。

おほとのごもり-すぐ・す【大殿籠り過ぐす】(他サ四){さ・し・す・す・せ・せ}「寝過ぐす」の尊敬語。寝過ごされる。源氏 桐壺「あるときには、ー・し用てやがてさぶらはせ給ひなど」訳 あるときには、(桐壺帝は)寝過ごされて、そのまま(桐壺の更衣を)おそばに控えさせなさるなど。

おほとの-ごも・る【大殿籠る】(自ラ四){ら・り・る・る・れ・れ}〔名詞「大殿(=寝殿)」に動詞「籠る」が付いて連濁したもの〕「寝」「寝ぬ」の尊敬語。**おやすみになる。**伊勢 八三「親王、ー・ら未で明かし給うてけり」訳 (惟喬親王は)おやすみにならないで(夜を)明かしておしまいになった。文法「給うて」の「給う」は「給ひ」のウ音便。「て」は完了の助動詞「つ」の連用形。

> **敬語ガイド 「寝」の敬語**
> 尊敬語(おやすみになる) 大殿籠る・御寝る・臥やす

おほともの【大伴の】(枕詞)大伴の地(大阪府あたり)の地名「御津」から「見つ」にかかる。万葉 四・五六五「ー見つとは言はじ」

大友黒主〔人名〕(生没年未詳)平安初期の歌人。六歌仙の一人。近江(滋賀県)大友郷の人。歌は「古今集」「後撰集」などにみえる。

大伴坂上郎女〔人名〕(生没年未詳)奈良時代の女流歌人。旅人の異母妹で、家持の叔母。家持の歌人としての成長に大きな影響を与えた。娘の坂上大嬢は家持の妻。

大伴旅人〔人名〕(六六五〜七三一)奈良時代の歌人。家持の父。大宰の帥在任中、筑前の守であった山上憶良と交遊があった。漢文学に通じ、特に老荘思想の影響をうけた。人事を題材にした歌が多く、「讃酒歌」の連作は現実的傾向の独特な作品。「万葉集」に七十余首収載。

大伴家持〔人名〕(七一八?〜七八五)奈良時代の歌人。三十六歌仙の一人。旅人の子。越中の守など地方・中央の諸官を経て中納言になったが、晩年は政治的に不遇であった。「万葉集」の大部分は、彼によって編集されたといわれる。繊細で優雅な叙情歌や叙景歌が多く、「万葉集」後期を代表する歌人。「小倉百人一首」に入集。

おほとりの【大鳥の】(枕詞)大鳥の「羽交」の意から、「羽易の山」にかかる。万葉 二・二一〇「ー羽易の山にあが恋ふる妹はいますと」

おほど・る 一(自ラ四){ら・り・る・る・れ・れ}乱れ広がる。「おほとる」「おぼとる」とも。万葉 一六・三八五五「皂莢に延ひおほどー・れ已る屎葛」訳 かわらふじ(=木の名)にまといついて乱れ広がっている屎葛(=つる草の名)。二(自ラ下二){れ・れ・る・るる・るれ・れよ} ❶乱れ広がる。今昔 二八・四二「髪ー・れ用たる大きなる童盗人の」訳 髪の乱れ広がっている大きな童髪の盗人が。❷しまりなくふるまう。だらける。源氏 東屋「大路近き所に、ー・れ用たる声して、いかにとか聞きも知らぬ名のりをして」訳 大通りに近いあたりで、間のびした声で、何であるとか聞いてもわからない(売り物の)名を叫んで。

おほな-おほな (副)「おふなおふな」とも。語義未詳。一説に、うっかりと。精一杯に事を行うさまを表す語か。源氏 桐壺「御心につくべき御遊びをし、ー思しいたつく」訳 (左大臣は光源氏の)お気に入るような御音楽を奏し、精一杯に大切に思っていたわりなさる。参考「あふなあふな」とは別語。

大中臣能宣〔人名〕(九二一〜九九一)平安中期の歌人。三十六歌仙の一人。梨壺の五人の一人として「後撰集」を撰進。歌は「拾遺集」以下の勅撰集に多数とられている。「小倉百人一首」に入集。家集「能宣集」

おほなめ-まつり【大嘗祭り】(名)「だいじょうさ

い」に同じ。

おほ-なゐ【大地震】(名)程度の激しい地震。大地震。方丈 二「おびたたしく―ふること侍りき」訳 激しく大地震が起こることがございました。

おほ-には【大庭】(名)❶広い庭。大きな中庭。平家 三・土佐房被斬「昌俊を―にひっすゑたり」訳 (義経は土佐房)昌俊を大庭に引きすえた。❷(清涼殿の南庭を「小庭」というのに対して)紫宸殿の南庭。〔平治物語〕「―には馬数百疋引っ立てたり」

おほ-ぬさ【大幣】(名)❶大きな串につけた幣帛。神道で、祓えのときに使うもの。祓えが終わると、参列の人々が、これで身をなでてけがれを移し、川へ流した。古今 恋四「―の引く手あまたになりぬれば思へどえこそ頼まざりけれ」(伊勢・四七にも所収)訳 (大祓えのあとの)大幣が大勢の人から引っ張られるように、(あなたは多くの女性から)引っ張りだこになったので、(私はあなたのことを)愛しているが、とうてい頼みにはできないことだ。❷(①の用例の「古今集」の和歌から)引っ張りだこであること。引く手あまた。大和 一六〇「―になりぬる人のかなしきは寄る瀬ともなくしかぞなくなる」訳 (多くの女性から)大幣のように引っ張りだこになったあなたが気の毒なのは、寄る瀬(=ほんとうに心を託せる女性)というものもなく、そのように泣いているという、そのことだ。

おほ-ぬのこ【大布子】(名)《近世語》綿のたくさん入った木綿の着物。

おほ-ね【大根】(名)だいこんの古名。图。枕 一五六「えせものの所得るをり　正月の―」訳 つまらないものがはばをきかせるとき、正月の(歯固めにつかう)大根。

おほ-のか(形動ナリ){なら・なり(に)・なり・なる・なれ・なれ}❶度を越して大きいさま。枕 九七「車のうちかへりたる。さる―・なる体ものは、所せくやあらむと思ひしに」訳 (驚きあきれるのは)牛車が転覆したの。そうしたとても大きなものは、どっしりしている(ので倒れない)であろうかと思っていたのに。❷ゆったりしている。のびのびしている。おうようだ。〔夜の寝覚〕「―・なる体ものの音を、ゆるるかにおもしろくかきならし」訳 のびのびとした楽器(=琵琶)の音色をゆっ

たりと趣深くかき鳴らして。❸おおげさだ。宇治 一・一八「あさましう―・に用も言ふものかな」訳 あきれるほどおおげさにも言うものだなあ。

太安万侶(おほのやすまろ)〖人名〗(?～七二三)奈良時代の学者。和銅四年(七一一)元明天皇の勅命を受け、稗田阿礼の誦習する神話・歴史を筆録して「古事記」を撰進。また、元正天皇の養老四年(七二〇)、舎人親王のもとで「日本書紀」の編纂にも加わったとされる。

おほ-ば【祖母】(名)〔「大母」の転〕父または母の母。祖母。方丈 三「わが身、父方の―の家を伝へて、久しくかの所に住む」訳 私は、父方の祖母の家をうけついで、長いことその場所に住む。↔祖父

大原(おほはら)〖地名〗歌枕 ❶今の京都市左京区の地名。八瀬の北の山あいの地で、寂光院・三千院・惟喬親王の墓などがある。古くは「小原」といった。❷今の奈良県高市郡明日香村小原の古称。

大原野(おほはらの)〖地名〗今の京都市西京区の地名。付近の丘陵一帯は西山とも呼ばれ、狩猟地・桜の名所として知られた。藤原氏の氏神を祭った大原野神社・小塩山(歌枕)がある。

おほ-はらへ【大祓へ】(名)宮廷の行事。陰暦六月と十二月の末日に、親王をはじめ百官が朱雀門の前に集まり、中臣・占部の両氏が祝詞を奏してけがれや罪を祓い清める。枕 一六二「六月のつごもりの日(=末日)、―といふことにて」

おほはらや… 俳句

> 大原や　蝶の出て舞ふ　朧月　〈北の山・丈草〉

訳 春の夜の大原の里よ(ここは建礼門院をはじめ不遇の貴人が隠れ住んだ里だ)。いまおぼろ月に誘われて蝶がひらひらと舞っているよ(あたかも貴人たちの霊が浄土に遊ぶかのように)。(蝶・朧月 春。切れ字は「や」)

おほ-ばん【大判】(名)室町末期から江戸末期まで流通した大型楕円形の金貨。天正大判・慶長大判など六種ある。多く、儀礼に用いられた。一枚が小判十枚に相当するが、実際的価値は時代により異なる。「大判金」とも。↔小判

（大　判）

おほ-ばん【大番】(名)❶「大番役」の略。平安末期から鎌倉時代にかけて、交代で皇居の警備にあたった諸国の武士。平家 七・聖主臨幸「―のために上洛したりける畠山の庄司重能」❷「大番組」の略。江戸幕府の職名。江戸城・大坂城・京都二条城の警固にあたった。

おほ-ひ【大炊】(名)〔「大飯」の転〕天皇が召し上がる食物を調理すること。また、その食物。

おほひ【庇ひ・覆ひ】(名)❶上にかぶせるもの。源氏 鈴虫「花づくえの―などのをかしき目染めもなつかしう」訳 花などをのせる机のおおいなどの、趣のあるしぼり染めも親しみが感じられ。❷屋根。平家 三・少将都帰「築地(=土塀)はあれども―もなく」❸保護すること。また、保護者。

おほひ-づかさ【大炊寮】(名)「おほひれう」に同じ。竹取 燕の子安貝「―の飯かしく屋の棟に」訳 大炊寮の飯をたく建物の棟に。

おほひ-どの【大炊殿】(名)貴人の屋敷で食物を調理する建物。源氏 明石「後ろの方なる―とおぼしき屋に移し奉りて」訳 (寝殿の)うしろのほうにある大炊殿と思われる建物に(光源氏を)お移し申しあげて。

おほ-ひめぎみ【大姫君】(名)貴族の長女に対する敬称。「大姫」「大君」とも。源氏 匂兵部卿「―は春宮に参り給ひて、又きしろふ人なきさまにてさぶらひ給ふ」訳 (夕霧の)長女の姫君は東宮にお輿入れなさって、ほかに競争する人はない状態でお仕えなさる。

おほひ-れう【大炊寮】(名)律令制で、宮内省に属し、諸国から運ばれる米穀を収納し、諸官庁に配給する役所。「おほひづかさ」とも。⇩巻頭カラーページ31

おほ・ふ(オオウ)【覆ふ・被ふ】(他ハ四)(は・ひ・ふ・ふ・へ・へ)❶おおいかぶせる。[源氏]野分「ー・ふ(終)ばかりの袖は、秋の空にしもこそ欲しげなりけれ」[訳](大空を)おおうほどの袖は、(春よりも)秋の空にこそ特に欲しいようであった。[文法]「しも」は、強意の副助詞。

❷包み隠す。おおい隠す。[平家]一〇・請文「小瑕(せうか)をもって、その功をー・ふ(体)ことなかれ」[訳]小さな欠点によって、その功績をおおい隠すことがあってはならない。

❸(威光・徳などを)広く行きわたらせる。[太平記]二一「威を遍(あまね)く海内(かいだい)にー・ひ(用)しかども」[訳]権勢をくまなく国内に広く行きわたらせていたけれども。

おほぶねの(オオブネノ)【大船の】《枕詞》「思ひたのむ」「渡り」「津」「たゆたふ」「ゆた」「ゆくらゆくら」「香取(かとり)」などにかかる。[万葉]二・一六七「ー思ひ頼みて」。[万葉]二・一三五「ー渡りの山の」。[万葉]二・一九六「ーたゆたふ見れば」

おぼぼ・し(形シク)(しから・しく(しかり)・し・しき(しかる)・しけれ・しかれ)「おほほし」とも。❶ぼんやりしている。はっきりしない。[万葉]六・九八二「ぬばたまの夜霧の立ちてー・しく(用)照れる月夜(つくよ)の見れば悲しさ」[訳]夜霧が立ちこめてぼんやりと照っている月を見ると悲しいことよ。(「ぬばたまの」は「夜」にかかる枕詞)

❷心が晴れない。憂鬱である。[万葉]五・八八七「たらちしの母が目見ずてー・しく(用)いづち向きてか吾(あ)が別るらむ」[訳]母に会えないで、心も晴れずにどちらを向いて私は別れて行くのであろうか。(「たらちしの」は「母」にかかる枕詞)

おぼほ・す(オボオス)【思ほす】(他サ四)(さ・し・す・す・せ・せ)「「おもほす」の転」「思ふ」の尊敬語。お思いになる。[蜻蛉]下「むまぶねはたてたるところありて、ー・す(終)なれば、給はらむにわづらはしかりなむ」[訳]飼葉桶(かいばおけ)は心の中に決めたことがあって、(貸そうと)お考えになるようだから、お貸しいただくような場合にはきっと面倒になるだろう。

おほぼたる… [俳句]

> 大蛍　ゆらりゆらりと　通(とほ)りけり　〈おらが春・一茶〉　[夏]

[訳]大きな蛍がひとつ、ゆらりゆらりと(人さまの存在などに)かかわりなく、私の鼻先の闇の中を)通って行ったことだ。(蛍[夏]。切れ字は「けり」)

[解説]一茶の句には小動物への親愛感が顕著で、自己の逆境が屈折した形で投影されているが、この句は蛍への素直な共感ないしは羨望の表出ととれる。

おぼほ・る(オボオル)(自ラ下二)(れ・れ・る・るる・るれ・れよ)❶【溺ほる】㋐水におぼれる。沈む。[源氏]絵合「俊蔭(としかげ)は、激しき波風にー・れ(用)、知らぬ国に放たれしかど」[訳](「うつほ物語」の)俊蔭は、激しい波風におぼれ、未知の国に流されたけれども。㋑涙にむせぶ。涙にくれる。[源氏]早蕨「心をさめむ方(かた)なくー・れ(用)居(ゐ)たり」[訳](弁の尼は)心を落ち着かせようとしてもその術(すべ)もなく涙にくれて座っている。⇩潮垂(しほた)る「慣用表現」

❷【惚ほる】放心する。ぼんやりする。[蜻蛉]下「御霊(みたま)など見るにも、例の尽きせぬことにー・れ(用)てぞ、果てにける」[訳](大晦日(おほみそか)の)御魂祭りなどを見るにつけても、いつものように尽きせぬもの思いにぼんやりしていて、(今年も)終わってしまった。

おほ-まし-ま・す(オオ)《上代語》(自サ四)(さ・し・す・す・せ・せ)「「おほ」は接頭語」「あり」の尊敬語。いらっしゃる。おありになる。[記]下「其(そ)の国の山方(やまがた)の地(ところ)にー・さ(未)しめて」[訳]その国(=吉備(きび)の国)の山の畑のあたりに(仁徳(にんとく)天皇を)いらっしゃらせて(=お迎えして)。

おほ-まへつきみ(オオマエツキミ)【大臣】(名)「「前(まへ)つ君(きみ)」は天皇の前に伺候する人の敬称」天皇の前に伺候する人の長。大臣(だいじん)。[万葉]一・七六「ますらをの鞆(とも)の音すなりもののふのー楯(たて)立つらしも」[訳]勇士(が弓を射る時)の鞆(の弦(つる)にあたる音が聞こえてくる。大将軍が楯を立てて(訓練をして)いるらしいよ。

おほ-み(オオミ)【大御】(接頭)(多く、神や天皇に関する事物に付いて)強い尊敬を表す。「ー饗(あへ)」「ー酒(き)」

おほみ-あへ(オオミアエ)【大御饗】(名)「「おほみ」は接頭語」天皇のお食事。[記]中「その土人(くにびと)、名は宇沙都比古(うさつひこ)・宇沙都比売(うさつひめ)の二人、…ー献(たてまつ)りき」[訳]その土地に住む人で、名は宇沙都比古、宇沙都比売の二人が、…(神武天皇に)ごちそうを差し上げた。

おほみ-いつ(オオミ)【大御稜威】(名)「「おほみ」は接頭語」天皇の御威徳。

おほみ-うた(オオミ)【大御歌】(名)「「おほみ」は接頭語」❶天皇がお詠みになった歌。御製(ぎょせい)。[記]下「そのーに答へて歌ひけらく」[訳]その天皇の御歌に答えて歌ったことには。

❷宮廷の神事・遊宴などで歌われる歌謡の総称。[うつほ]祭の使「ー仕うまつるべき殿上人(てんじゃうびと)のただ今の上手ども」[訳]神事での歌謡をお歌い申しあげるはずの殿上人で、当代の名人たちは。

おほみ-おや(オオミ)【大御祖】(名)「「おほみ」は接頭語」❶天皇の祖先。皇祖。❷天皇の御母。

おほみ-かど(オオミ)【大御門】(名)「「おほみ」は接頭語」❶皇居や貴人の家の門。ご門。[枕]一七九「ーはさしつや」[訳]ご門は閉じたか。❷宮殿。皇居。[万葉]一・五二「高照らす日の皇子(みこ)荒栲(あらたへ)の藤井が原にー始め給ひて」[訳]日の神の御子が、藤井が原に、皇居をおはじめになって。(「高照らす」は「日」に、「荒栲の」は「藤井」にかかる枕詞)

おほみ-き(オオミ)【大御酒】(名)「「おほみ」は接頭語」神や天皇などに差し上げる酒。[伊勢]八三「親王(みこ)に右馬(うま)の頭(かみ)、ー参る」[訳](惟喬(これたか)親王に右馬の頭が、お酒をお勧めする。

おほ-みぎり(オオ)【大砌】(名)寝殿の軒下にある、雨だれを受ける敷石。[徒然]六六「ーの石をつたひて、雪に跡をつけず」[訳]寝殿の軒下の敷石の石(の上)をつたって(歩いて)、雪に足跡をつけないで。

おほみ-け(オオミ)【大御食】(名)「「おほみ」は接頭語」神や天皇の召し上がる食物。[万葉]一・三八「ーに仕へまつると上(かみ)つ瀬に鵜川(うかは)を立ち」[訳](天皇の)お食事にお供え申しあげると、上流の瀬では鵜飼いを催し。

おほみ-こと(オオミ)【大御言】(名)「「おほみ」は接頭語」天皇の言われたことば。詔(みことのり)。[万葉]五・八九四「ー戴(いただ)き持ちて唐(もろこし)の遠き境に遣(つか)はされ」[訳]詔を捧(ささ)げ保って唐の遠い異境に派遣され。

おほみそか… [俳句]

冬
大晦日 定めなき世の 定めかな
〈三ケ津・西鶴〉

訳 移ろいやすく定めない世の中であるのに、(借金を払わなければならない)大晦日は、(皮肉にも確実にやってくる)「定め」の日であるよ。(大晦日(冬)。切れ字は「かな」)
解説 「徒然草」第一九段の大晦日の描写を句に重ねている。決算に右往左往する人々を描く西鶴の「世間胸算用」は、大晦日を「一年中のさだめ」と記している。

おほみ-たから【大御宝】(名)〔「おほみ」は接頭語〕(天皇が自分の宝として愛護する意から)国民。

おほみ-はふり【大御葬】(名)〔「おほみ」は接頭語〕「おほみはぶり」とも。天皇のご葬儀。〔記〕中「その歌は、天皇の―に歌ふなり(=歌うものである)」

おほみ-み【大御身】(名)〔「おほみ」は接頭語〕天皇や皇太子のおからだ。万葉 二・一九九「〔高市皇子は〕―に太刀取り佩かし(=腰におつけになり)」

おほ-みや【大宮】(名) ❶皇居・神宮の敬称。⇩内裏「慣用表現」
❷太皇太后・皇太后の敬称。中宮を「宮」というのに対して用いる。〔栄花〕ひかげのかづら「―は十二にて参らせ給ひて、十三にてこそ后に居させ給ひけれ」訳 皇太后(彰子)は十二歳でご入内になられて、十三歳で天皇の正妻としての座におつきになられた。
❸母にあたる宮(=内親王)の敬称。源氏 末摘花「―などもよろしからず思しなりたれば」訳 (葵の上の)母宮なども好ましからず思うようにおなりになっているので。

おほ-みやすんどころ【大御息所】(名)「おほみやすどころ」とも。先帝の「御息所」の敬称。天皇の母。伊勢 六五「―とていますがりけるいとこなりけり」訳 (この女は)帝の御生母様といっていらっしゃった方の従妹であった。

おほみや-つかへ【大宮仕へ】(名)宮中に仕えること。万葉 一・五三「藤原の―生れつくや処女がともは羨しきろかも」訳 藤原の宮廷に奉仕するために生まれてくる少女たちはうらやましいことよ。

おほみや-どころ【大宮処】(名)〔古くは「おほみやとところ」と清音〕皇居のある地。また、皇居。万葉 六・一〇五一「三香の原布当の野辺を清みこそ―定めけらしも」訳 三香の原の布当の野のあたりが清らかなので、皇居の地を(ここと)定めたにちがいないよ。⇩内裏「慣用表現」

おほみや-びと【大宮人】(名)〔古くは「おほみやひと」と清音〕宮中に仕える人。万葉 六・一〇六〇「三香の原久邇の京は荒れにけり―の移ろひぬれば」訳 三香の原の久邇の都は荒れてしまった。宮中に仕える人がつぎつぎに移って行ってしまったので。

おほ-む-【大御・御】(接頭)「おほん-(接頭)」に同じ。

おぼ-めか-し(形シク)〔しから・しく(しかり)・し・しき(しかる)・しけれ・しかれ〕〔動詞「おぼめく」に対応する形容詞〕❶(姿かたちやようすなどが)ぼんやりしている。はっきりしない。枕 三四「夕涼みというほど、もののさまなども―・しき(体)に」訳 夕涼みというころ、あたりのようすなどもはっきりしない時分に。
❷たどたどしい。(知識や記憶が)さだかでない。枕 三三「そのかたに―・しから(未)ぬ人、二、三人ばかり召し出でて」訳 (村上天皇は)その(=和歌の)方面に不案内でない女房を、二、三人ほどお呼び出しになって。
❸(態度などが)あいまいである。また、(その意図・意向が)よくわからない。源氏 夕霧「あまりに―・しう(用)(ウ音便)、言ふかひなき御心なり」訳 あまりにあいまいで、言ってもしかたがない(つれない落葉の宮の)お心である。

おぼ-め-く(自カ四)〔か・き・く・く・け・け〕〔「おぼ」は、「おぼろ(朧)」の「おぼ」と同じ。「めく」は接尾語〕❶はっきりせず判断に迷う。よくわからなくてまごつく。源氏 常夏「かどかどしき故もつけじ、たどたどしく―・く(体)こともあらじ」訳 (明石の姫君には)才気ばしった教養もつけ(させ)まい、(かといって何事にも)危なっかしく不案内でまごつくこともない(ように教育する)つもりだ。
❷いぶかしがる。不審に思う。源氏 若紫「うちつけなりと―・き(用)給はむもことわりなれど」訳 (私=光源氏の申し出は)だしぬけだと(あなた=尼君が)不審がりなさるならそれももっともであるが。
❸知らないふりをする。また、うすうすは知っているふうを見せる。蜻蛉 中「いかに聞こし召したるにか、―・か(未)せ給ふにも」訳 (私の物思いの絶え間なさを)どうお聞きになっているのだろうか、それとなくほのめかしなされるにつけても。文法「せ給ふ」は、最高敬語。

おほ-やう【大様】━(形動ナリ)〔なら・なり(に)・なり・なる・なれ・なれ〕❶ゆったりと落ち着いているさま。平家 一・清水寺炎上「重盛卿はゆゆしく―・なる(体)ものかな」訳 重盛の卿はたいそう落ち着いているものだなあ。
❷おおざっぱなさま。また、けちけちしないでおおらかなさま。〔浮・日本永代蔵〕「これらまで―・なる(体)こと、天下の御城下なればこそ」訳 このような人々(=職人たち)までけちけちしないのは、将軍家お膝下の地であればこそだ。
━(副)だいたい。おおよそ。おおむね。徒然 一六一「花のさかりは、…立春より七十五日、―違はず」訳 (桜の)花の盛りは、…立春の日から七十五日目で、だいたいまちがいない。

おほ-やかず【大矢数】(名)❶江戸時代、陰暦四、五月ごろ、日暮れから翌日の日暮れまで一昼夜、堂の軒下の端から端へ矢を射続け、その通し矢の数を競う行事。特に、京都の三十三間堂で行うものが有名。
❷「やかずはいかい」に同じ。

おほ-やけ【公】(名)❶**天皇**。また、**皇后・中宮**。竹取 かぐや姫の昇天「いみじく静かに、―に御文奉り給ふ」訳 (かぐや姫は)たいそう心静かに、天皇にお手紙を差し上げなさる。⇩御門「慣用表現」
❷**朝廷**。**政府**。更級 竹芝寺「論なくもとの国にこそ行くらめと、―より使ひ下りて追ふに」訳 (衛士の男は)いうまでもなく郷里に(逃げて)行っているだろうと、朝廷から使者が下って追いかけるけれども。文法「らめ」は、推量の助動詞「らむ」の已然形で、係助詞「こそ」の結び。
❸**国家**。世間。**公共**。個人的でないこと。徒然 一七五「―・私の大事を欠きて、わづらひとなる」訳 (酒を飲みすぎると)公私にわたるたいせつな用事を怠って、支障をきたすことになる。↔私

参考「大家」「大宅」（大きな家の意）から、皇居→天皇・朝廷→公共の意となった。

おほやけおほやけ・し【公公し】（形シク）〔しから・しく(しかり)・し・しき(しかる)・しけれ・しかれ〕〔「おほやけし」を強めた語〕❶儀式ばっている。形式的である。源氏 夕霧「ことわりの世の別れに、―・しき㊍作法ばかりのことを孝じ給ひしに」訳（親子の死別は当然のこの世の別れと（割り切って）、形式的な（葬送の）儀式のことだけに供養をお尽くしになったので。

❷政事むきである。源氏 浮舟「才なども、―・しき㊍方も、おくれずぞおはすべき」訳（薫は）漢学の才なども、（また）公務に関する方面のことも、（だれにも）劣らないでいらっしゃるだろう。

❸表立っている。〔落窪〕「交野の少将のわたくしものまうけむときはしも、―・しく㊊て取られむ」訳 交野の少将が私的な恋人をこしらえるとしたらそのときはきっと、（私も中納言家に）表立って（婿として）迎えられよう。

おほやけ・ごと【公事】（名）❶宮中の儀式や行事。また、政務・公務など。公事。伊勢 八三「さても侍ひてしがなと思へど、―どもありければ、え侍はで」訳 そのままでも（親王のそばに）伺候していたいものだと思うけれども、（正月で）宮中の行事があれこれあったので、伺候することができなくて。文法「てしがな」は、願望の終助詞。「え侍はで」の「え」は副詞で、下に打消の語（ここでは「で」）を伴って不可能の意を表す。↔私事

❷国家から課せられる租税・賦役など。更級 竹芝寺「竹芝のをのこに、生けらむ世の限り、武蔵の国を預けとらせて、―もなさせじ」訳 竹芝の男に、生きているとしたらその命のある限りは、武蔵の国（東京都・埼玉県および神奈川県の一部）を預け与えて、租税や賦役をも負担させまい。文法「生けらむ世」の「ら」は完了の助動詞「り」の未然形、「む」は仮定・婉曲の助動詞。

❸表向きのこと。しきたり。また、通りいっぺんの役目・仕事。源氏 宿木「声こわづかひもてなしさへ、例の―なれど、人に似ず見ゆるも」訳（薫の）声の調子や身のこなしまでも、いつもの決まりきった作法であるが、ふつうの人と違って（すぐれて）見えるのも。↔私事

おほやけ・ざま【公様・公方】（名）❶天皇・朝廷などに関する方面。源氏 若菜下「女御の君は、今は、―に思ひ放ち聞こえ給ひて」訳（光源氏は、明石の）女御の君については、今は天皇にお任せ申しあげなさって。↔私様

❷表立ったこと。源氏 少女「―の折々の御とぶらひなどは」訳 表立った折々のお見舞いなどは。

❸形式的で通りいっぺんであること。〔紫式部日記〕「おほやけの禄は、大袿、衾、腰差しなど、例の―なるべし」訳 朝廷からの祝儀は、大袿、夜具、巻き絹など、いつものように通りいっぺんであるだろう。

おほやけ・し【公し】（形シク）〔しから・しく(しかり)・し・しき(しかる)・しけれ・しかれ〕〔名詞「おほやけ」の形容詞形〕表立っている。儀式ばっている。枕 一〇四「これはた―・しう㊊（ウ音便）、唐めきてをかし」訳（女官が中宮に御手水を差し上げるようすは）これもまた格式ばって、中国風で趣深い。

おほやけ・づかひ【公使ひ】（名）朝廷・政府からの使い。勅使。更級 竹芝寺「この御子―を召して」訳 この皇女は朝廷の使いをお呼びになって。

おほやけ・どころ【公所】（名）❶朝廷。政府。枕 二六八「―に入りたちする男、家の子などは」訳 朝廷に出入りする男や、その一門の者などは。

❷朝廷の所有する地。官有地。源氏 手習「―なれど、人もなく心安きを」訳（宇治の院は）官有地だが、人もいないし安心だから。

おほやけ・の・わたくし【公の私】公務に多少の私情を入れて寛大な処置をすること。〔謡・俊寛〕「―といふことのあれば、せめては向かひの地までなりとも情けに乗せて賜び給へ」訳 公務においても多少の私情を入れた寛大な取り計らいということがあるのだから、せめては向かいの（薩摩の）地までであっても、あわれみをかけて乗せてくだされ。

おほやけ・ばら【公腹】（名）自分の利害にかかわりはないが、道理にはずれたことに対して腹を立てること。公憤。〔紫式部日記〕「すずろに心やましう、―とか、よからぬ人のいふやうに、憎くこそ思う給へられしか」訳（中将の君がある人に送った手紙を見ると）むやみやたらに不愉快で、人ごとながらのむかっ腹とか、しもじもの人が言うように、自然に憎らしいと存じました。

おほやけ・はらだた・し【公腹立たし】（形シク）〔しから・しく(しかり)・し・しき(しかる)・しけれ・しかれ〕公憤を感じ、腹が立ってならない。源氏 帚木「―・しく㊊、心一つに思ひあまることなど多かるを」訳 公憤を感じ腹立たしく、自分一人の心では処理しきれないことなどがたくさんあるのを。

おほやけ・はらだ・つ【公腹立つ】（自タ四）〔た・ち・つ・つ・て・て〕人ごとながら腹が立つ。公憤をおぼえる。枕 二六八「らうたげにうちなげきてゐたるを、見捨てていきなどするは、あさましう、―・ち㊊て」訳（女が）いじらしそうに嘆いて座っているのを、（男が）見捨てて行ったりなどするのは、あきれはてて、人ごとながら腹が立って。

おほやけ・びと【公人】（名）朝廷に仕える人。官吏。大宮人。竹取 かぐや姫の昇天「さが尻をかき出でて、ここらの―に見せて、恥を見せむ」訳 そいつ（＝姫を迎えにきた月の都の人）の尻をまくってむき出して、大勢の宮仕えの人に見せて、恥をかかせてやろう。

参考 男性だけでなく、女官などをもいう。

おほやけ・わたくし【公私】（名）公的なことと私的なこと。朝廷と個人。表向きとうちわ。枕 三「―おぼつかなからず、聞きよきほどに語りたる、いと心ゆく心地す」訳（客が）表向きのこともうちわのこともあいまいでなく、聞き苦しくない程度に語ったのは、実に心が晴れ晴れする気持ちがする。

おほ・やしま【大八州・大八洲】（名）日本の異称。源氏 明石「深き御うつくしみ―にあまねく」訳（光源氏の）深いご慈愛は日本国にすみずみまでゆきわたり。

慣用表現「日本」を表す表現

秋津島・葦原の中つ国・葦原の瑞穂の国・内つ国・大八州・敷島・東海・豊秋津島・豊葦原・豊葦原の中つ国・豊葦原の瑞穂の国・日の本・日の本の国・扶桑・本朝・瑞穂の国・八州・大和・大和島根・倭・和国

ポイント「豊」「瑞穂」の表現は稲が豊かに実る所から。「日の本」「扶桑（＝太陽の出る所にあるという神

木)」は太陽の出る所の意から。「秋津島」「敷島の」は「やまと」にかかる枕詞としても用いられる。

発展 「大八州」の原義

「古事記」などでは、本州・四国・九州・淡路・壱岐・対馬・隠岐・佐渡の八つの島の総称としているが、「八」は日本神話の神聖な数であり、本来は、多くの島から成る国の意であった。

おほ-やしろ 【大社】(名)「出雲大社」の略。出雲大社。〔徒然〕二三六「丹波に出雲といふ所あり。―を移して、めでたく造れり」〔訳〕丹波の国(京都府中部と兵庫県北東部)に出雲という所がある。出雲大社(の御神体)を移し祭って、りっぱに造営してある。

おぼ・ゆ 【覚ゆ】■一(自ヤ下二) ■二(他ヤ下二)

語義パネル

●**重点義**　「思ふ」(ハ四)**の未然形に、自発・受身・可能の助動詞「ゆ」の付いた「思はゆ」からできた動詞。**

現代語では「寒さを覚える」など■一①が他動詞化した用法と、■二②の「記憶する」の意だけが用いられ、■一④の意が名詞に残っているにすぎない。古くは「ゆ」の原義が生きていて、用法が広い。■一①は自発、②③は可能、④は受身。

■一 ❶**自然に思われる。感じる。**
❷**思い出される。**思い浮かぶ。
❸**似る。おもかげがある。**
❹(他人から)**思われる。**

■二 ❶思い出す。**思い浮かべる。**
❷記憶する。心にとどめる。
❸**思い出して語る。**

【動詞「思ふ」の未然形「おもは」に上代の自発・受身・可能の助動詞「ゆ」が付いた「おもはゆ」から「おもほゆ」→「おぼゆ」と転じた形】■一(自ヤ下二)〔え・え・ゆ・ゆる・ゆれ・えよ〕❶**自然に思われる。感じる。**〔方丈〕二「かの地獄の業の風なりとも、かばかりにこそはとぞ―・ゆる㊍」〔訳〕あの地獄に吹くという悪業の風であっても、これぐらいでは(あろう)(=これ以上ではあるまい)と思わないではいられない。〔文法〕「かばかりにこそは」のあとに「あらめ」などの結びの語が省略されている。

❷**思い出される。**思い浮かぶ。〔源氏〕夢浮橋「昔のこと思ひ出づれど、さらに―・ゆる㊍こともなく」〔訳〕昔のことを思い出すが、いっこうに思い出されることもなくて。〔枕〕二三「これに、ただいま―・え㊌む古きこと、一つづつ書け」〔訳〕これ(=白い色紙)に、いますぐ思い浮かぶならその古い和歌を、一首ずつ書け。〔文法〕「おぼえむ古きこと」の「む」は、仮定・婉曲の助動詞。

❸**似る。おもかげがある。**〔源氏〕若紫「尼君の見上げたるに、少し―・え㊊たるところあれば」〔訳〕尼君が(女の子=若紫を)見あげている顔に、(その女の子と)少し似ているところがあるので。

❹(他人から)**思われる。**〔落窪〕「この世の中に恥づかしきものと―・え㊊給へる弁の少将の君」〔訳〕この世間でこちらが恥ずかしくなるほどにりっぱな人と思われていらっしゃる弁の少将の君。

■二(他ヤ下二)〔え・え・ゆ・ゆる・ゆれ・えよ〕❶思い出す。**思い浮かべる。**〔枕〕二七六「はづかしき人の、歌の本末問ひたるに、ふと―・え㊊たる、われながらうれし」〔訳〕こちらが恥ずかしくなるほどりっぱな人が、和歌の上の句や下の句をたずねたときに、(それを)とっさに思い出したのは、われながらうれしい。

❷記憶する。心にとどめる。〔徒然〕一七五「によひ臥し、生を隔てたるやうにして、昨日のこと―・え㊌ず」〔訳〕(二日酔いのために)うめきながら寝こみ、まるで前世のことであるかのようになって、昨日のことも記憶していない。

❸**思い出して語る。**〔大鏡〕序「いと興あることなり。いで―・え㊊給へ」〔訳〕まことに興味のあることだ。さあ思い出して語ってください。

おほ-ゆか 【大床】(名)❶神社の床。神社の簀の子の縁。〔平家〕二・一行阿闍梨之沙汰「数珠どもを、十禅師の―のうへへぞ投げあげたる」〔訳〕(老僧たちは)多くの数珠を、十禅師権現の床の上へ投げ上げた。❷武家造りや寝殿造りにおける広廂(=母屋の外側の細長い部屋)。〔平家〕二・西光被斬「入道相国(=平清盛)―に立って」

おほ-よそ 【凡・大凡】■一(名)だいたい。ふつう一般。〔源氏〕御法「さしもあるまじき―の人さへ…涙落とさぬはなし」〔訳〕(縁故関係などの)それほどでもないはずの世間一般の人までも…(紫の上の死を悼んで)涙を落とさない者はない。

■二(副)❶総じて。一般に。〔今昔〕三・三〇「―、生きたる間、法華経を読み奉れる事数万部なり」〔訳〕総じて、(願西尼が)生きている間に、法華経をお唱え申しあげたことは数万部である。

❷(発語や強調の語として)そもそも。まったく。〔古今〕仮名序「―、六種に分かれむことは、えあるまじきことになむ」〔訳〕そもそも、(和歌が)六種類に分類される(という)ようなことは、ありそうにもないことである。

おほよそ-びと 【凡人・大凡人】(名)世間一般の人。特別な関係のない人。〔源氏〕葵「―だに、今日の物見には、大将殿をこそは、あやしき山がつさへ見奉らむとすなれ」〔訳〕(光源氏と)特に関係のない一般の人でさえ、今日の見物では、特に大将殿(=光源氏)を、身分の低い山に住む者までもが拝見しようとするということだ。

おほ-よろひ 【大鎧】(名)❶普通より大型の鎧。❷(胴丸や腹巻などの簡略なものに対して)武将の着る、装具の完備した正式の鎧。中世、騎射戦用に使われた。〔太平記〕一四「胴丸の上に伏し縄目(=白・青・紺で波状に染めた色革で縅したもの)の―すき間もなく着なし(=着込み)」⇩巻頭カラーページ16

おほ-らか 【多らか】(形動ナリ)〔なら・なり(に)・なり・なる・なれ・なれ〕【「ら」か」は接尾語】分量が多いさま。たくさん。〔今昔〕二七・三〇「打ち蒔きの米を―・に㊊かきつかみてうち投げたりければ」〔訳〕(悪霊を払うために)まきちらす米を(乳母が)たくさんひっつかんでぱっと投げたところ。

おぼ・る 【溺る】(自ラ下二)〔れ・れ・る・るる・るれ・れよ〕【「おぼほる」の

転」❶水におぼれる。源氏 蜻蛉「いかばかり物を思ひたちて、さる水に―・れ用けむ」訳(浮舟は)どれほど(こうと)決心して、あんな(宇治川の荒々しい)水におぼれた(=身を投げた)のであろう。❷心を奪われる。夢中になる。また、ほうけたようになる。徒然 七四「名利に―・れ用て、先途の近きことをかへり見ねばなり」訳(老いや死を恐れないのは)名誉や利益に心を奪われて、行き着く先(=死)が近いことを心にかけないからである。

おぼろ【朧】(形動ナリ){なら・なり(に)・なり・なる・なれ・なれ}ぼんやりとかすんでいるさま。ぼうっとしてはっきりしないさま。春。伊勢 六九「月の―・なる体に、ちひさき童をさきに立てて、人立てり」訳 月の光のぼんやりかすんでいる折に、小さい童女を先に立たせて、女が立っていた。

おほ-ろか【凡ろか】(形動ナリ){なら・なり(に)・なり・なる・なれ・なれ}「おぼろか」とも。いいかげんなさま。おろそか。万葉 六・九七四「―・に用思ひて行くな大夫の伴」訳 いいかげんに思って行くな。りっぱな男たちよ。

おぼろ-け(形動ナリ){なら・なり(に)・なり・なる・なれ・なれ}❶(多く、下に打消の語、または反語の表現を伴って)なみひととおりのさま。おおよそ。ふつう。平家 二・大納言死去「―・に用ては船もかよはず」訳(鬼界が島は)なみたいていでは船も行き来しない。❷(「おぼろけならず」と同じ意に用いる)なみひととおりでないさま。なみたいていでないさま。格別だ。土佐「おぼろけ(語幹)の願によりてにやあらむ、風も吹かず、よき日出で来て、こぎ行く」訳 なみひととおりでない祈願によってであろうか、風も吹かず、よい天候になったので、(船を)漕いで行く。文法「おぼろけの」は、語幹「おぼろけ」に助詞「の」を伴って、連体修飾語となる形。⇩並べてならず「慣用表現」
参考 下に打消や反語となる否定表現を伴って使ううちに、②のように「おぼろけならず」と同じ意味に使うようになった。近世中期以降「おぼろげ」と濁る。

おぼろ-づき【朧月】(名)春の夜などのほのかにかすんだ月。春。徒然 二四〇「梅の花かうばしき夜の―に佇み」訳 梅の花の香りのよい夜のほのかにかすんだ月(の光の下)にちょっと立ち止まって。

おぼろ-づくよ【朧月夜】(名)「おぼろづきよ」とも。ぼんやりかすんだ春の夜の月。また、おぼろ月の出ている夜。新古 春上「照りもせず曇りも果てぬ春の夜の―にしくものぞなき」訳 →てりもせず…和歌

おほ-わだ【大曲】(名)湖や川などが陸地に大きく入りこんでいる所。万葉 一・三一「ささなみの志賀の―淀むとも昔の人にまたも逢はめやも」訳 →ささなみの…和歌

おほ-わらは【大童】(名)髪を束ねず、ばらばらのまま垂らしたざんばら髪。多く戦場で、乱れ髪で奮戦するさまにいう。平家 一一・能登殿最期「〔教経は鎧の〕胴ばかり着て―になり、大手をひろげて立たれたり」

発展 「大童」の意味の派生
兜の下は、ふつう髪を束ねないので、兜をとって奮戦すると、子供の髪がばらばらであるのに似た「大童」の姿になる。のちに転じて、懸命に奮闘する姿や大忙しのようすをいうようになった。

大井川(おほゐがは)『地名』今の静岡県中南部を南流して駿河湾に注ぐ川。東海道の難所の一つ。江戸幕府の政策で架橋・渡船を許さず、大水でしばしば「川止め」となった。

大堰川(おほゐがは)『地名』歌枕〔「大井川」とも書く〕今の京都府中部の丹波山地に源を発し、京都市右京区嵐山のあたりへ流れ出る川。紅葉・桜の名所。亀岡盆地と京都盆地の間は保津川ともいい、下流は桂川と呼ばれる。

おほ-ん-【大御・御】(接頭)〔「おほみ」の撥音便。「おほむ」とも書く〕(神仏・天皇・貴人の所有物・行為などを表す名詞に付いて)尊敬の意を添える。伊勢 三九「そのみこ失せ給ひて、―はぶりの夜」訳 その皇女(=崇子内親王)がお亡くなりになって、ご葬送の夜に。
参考 中古では、「おほん・おん・お・ご・み」が見られるが、「おほん」がもっとも広く用いられた。「おん」の仮名書き例が現れるのは院政期ごろから。和語には「おほん・おん・お」が、漢語には「ご・ぎょ」が用いられたと考えられる。

おほ-ん【大御・御】(名)〔「おほむ」とも書く〕接頭語が名詞化したもので、「おほん」のあとの名詞を省略した表現。源氏 梅枝「対の上の―は、三種ある中に、梅花はなやかに今めかしう」訳 対の屋の方(=紫の上)の(調合した)御香は、三種類ある中で、(特に)梅花(=薫き物の名)(の香り)が派手で当世風で。

おほん-ぞ【御衣】(名)〔「おほん」は接頭語。「おほむぞ」とも書く〕「おほんそ」とも。衣服の敬称。お召し物。源氏 若紫「なよよかなる―に、髪はつやつやとかかりて」訳(着なれて)やわらかなお召し物の上に、(若紫の)髪はつややかにかかって。

おほん-とき【御時】(名)〔「おほん」は接頭語。「おほむとき」とも書く〕治世の敬称。御代。古今 仮名序「かの―に正三位柿本人麻呂なむ、歌の聖なりける」訳 その御代には正三位柿本人麻呂が、歌聖であった。

おまえ【御前】⇩おまへ

お-まし【御座】(名)〔「まし」は尊敬の四段動詞「ます(座す)」の連用形から〕❶天皇や貴人のいる所の敬称。御座所。源氏 夕顔「西の対に―などよそふ程」訳(寝殿の)西の対の屋に(光源氏の)御座所などを(管理の者が)設けている間に。❷天皇や貴人が座ったり寝たりする敷物の敬称。源氏 蜻蛉「いと繁き木の下に、苔を―にてとばかり居給へり」訳(薫は)こんもりと茂った木の下に、苔をお敷物としてしばらく腰をおろしていらっしゃった。

おまし-どころ【御座所】(名)「おまし①」に同じ。

おまし-ま・す【御座します】(自サ四){さ・し・す・す・せ・せ}〔「おほましますす」の転〕「あり」「行く」「来く」の尊敬語。いらっしゃる。おありになる。おでかけになる。〔続後撰〕賀・詞書「鳥羽院、位に―・し用ける時」訳 鳥羽院が帝位におありになった時。

おまし-ま・す【御座します】(補動サ四){さ・し・す・す・せ・せ}〔「おほまします」の転〕(多く、助動詞「なり」の連用形、助詞

「て」に付いて)尊敬の意を表す。…て(で)いらっしゃる。〔千載〕賀・詞書「御子にて—・し㊊ける時」訳(後白河院が)親王でいらっしゃった時。

おま・す(他サ四・下二)〔さ・し・す・す・せ・せ〕〔せ・せ・す・する・すれ・せよ〕「与ふ」「やる」の謙譲語。差し上げる。〔狂・入間川〕「これもそなたへ、—・する㊍(下二段)でもおりないぞ」訳これもあなたに、差し上げるものでもございませんよ。

参考「おまゐらす」→「おまらす」→「おまっす」→「おます」と転じたもので、本来は下二段活用であるが、のちには四段活用も用いられている。室町時代以降の語。

おま・す(補動サ四・下二)〔さ・し・す・す・せ・せ〕〔せ・せ・す・する・すれ・せよ〕(助詞「て」に付いて)謙譲の気持ちを表す。…(て)差しあげる。〔狂・末広がり〕「御機嫌の直る囃子物がある。それを教へて—・さ㊌(四段)うか」訳(ご主人の)ご機嫌が直る囃子物(=囃子詞の入った歌謡)がある。それを教えて差しあげようか。→おます(他サ四・下二)参考

お-まへ【御前】■一(名)❶「前」の敬称。貴人や神仏の前。おそばに近い所。〔源氏〕梅枝「—ちかき紅梅さかりに、色も香も似るものなきほどに」訳(光源氏の)おそば近く(=六条院の庭先)の紅梅の花が真っ盛りで、色も香りも比べるものもない折に。

❷**天皇や貴人の敬称**。単独で貴人その人をさす場合と、「殿のおまへ」「宮のおまへ」などの形で用いられる場合とがある。〔紫式部日記〕「『宮の—、きこしめすや。つかうまつれり』と、われぼめし給ひて」訳「中宮様、お聞きになりか。(歌を上手に)お詠み申しあげた」と、(道長は)自賛しなさって。⇩御門「慣用表現」

■二(代)❶対称の人代名詞。相手を尊敬していう。あなた様。〔更級〕春秋のさだめ「—たちも、必ずさ思すゆゑ侍らむかし」訳あなた様方も、きっとそうお思いになる理由がありましょうねえ。文法「かし」は、強く念をおす意の終助詞。

❷他称の人代名詞。他人を尊敬していう。あのお方。〔源氏〕夕顔「—にこそわりなくおぼさるらめ」訳あのお方(=夕顔)におかれては恐ろしくお思いにならずにはいられないだろう。文法「おぼさる」の「る」は、自発の助動詞。

参考 自分と対等、あるいは下位の者に対して用いるようになるのは近世後期からである。

おみ【臣】(名)❶家来。臣下。❷上代の姓の一つ。特に最有力者は、「大臣」の称を賜って「大連」とともに朝廷の最上層にのぼった。天武天皇のときに八色の姓が定められて第六位となった。→八色の姓

おみごろも【小忌衣】⇩をみごろも

おみづ-とり【御水取り】(名)「みづとり(水取り)」に同じ。

おみな【嫗】(名)「おうな(老女)」に同じ。〔万葉〕二・一二九「古りにし—にしてやかくばかり恋に沈まむ手童のごと」訳年をとってしまった老女でありながら、これほど恋に溺れるものだろうか。まるで子供のように。↔翁。⇩女「類語パネル」

参考「おきな」「おみな」のように、キとミで男女の別を表すのは、神名「いざなき」「いざなみ」の場合と同じ。

おみな【女】⇩をみな

おみなえし【女郎花・敗醤】⇩をみなへし

お・む【怖む】(自マ下二)〔め・め・む・むる・むれ・めよ〕気おくれする。おじけづく。〔保元物語〕「御辺ほどの大将軍の夢物語こそ—・め㊊たる儀にて候へ」訳貴殿ほどの大将軍が(縁起かつぎの)夢物語とは、おじけづいたことでございます。

語の広がり「怖む」
意気地がないさま、恥知らずなさまの意の「おめおめ(と)」は、「怖む」の連用形「怖め」を重ねたもの。

おむな【嫗】(名)〔「おみな」の転〕老女。〔土佐〕「わらはも—も、いつしかとし思へばにやあらむ」訳子供も老女も、早く(都に帰りたい)と思うからであろうか。↔翁

お-むろ【御室】(名)(宇多天皇が建立して退位後に御所とし、御室といったことから)仁和寺の称。また、その住職。代々法親王(=出家した親王)が継承した。

おめおめ(-と)(副)(「怖め怖め」の意から)❶相手の威力におそれて気おくれするさま。また、力およばずして不本意ながら相手に屈するさま。〔保元物語〕「景能—となりて、…怠状をしければ」訳景能は気おくれしたようになって、…わび状を入れたので。

❷恥ずかしげもなく平気に見えるさま。〔平家〕一一・志度合戦「わづかに十六騎に具せられて、—と降人にこそ参りけれ」訳(教能は)わずかに十六騎に連れ添われて、恥ずかしげもなく降参した人として参上した。

おめく【喚く】⇩をめく

お-めみえ【御目見得】(名)〔「お」は接頭語〕❶「めみえ」の丁寧語。自分より目上の人にあうこと。お目どおり。謁見。〔狂・今参〕「お白洲へ廻って—をさしめ」訳お白洲(=庭などの白い砂の敷いてある所)へまわって、お目どおりをしなさい。

❷江戸時代、将軍に謁見すること。転じて、謁見のできる資格。資格のある者を「御目見得以上」、資格のない者を「御目見得以下」といい、前者は「旗本」、後者は「御家人」をさす。

❸役者が、初めて、あるいは久々に舞台を踏むこと。

おも【母】(名)❶母親。母。〔万葉〕二〇・四四〇一「韓衣裾に取りつき泣く子らを置きてそ来ぬや—なしにして」訳→からころむ…和歌

❷乳母。〔万葉〕一二・二九二五「緑児のためこそ—は求むと言へ乳飲めや君が—求むらむ」訳赤ん坊のためにこそ乳母は探し求めるというが、(あなたは)乳を飲むだろうか(いや、飲むはずがない)。(それなのにどうして)あなたが乳母を探し求めているのだろう。

おも【面】(名)❶顔。顔つき。〔万葉〕一一・二五九一「人言の繁き間守ると逢はずあらばつひにや子らが—忘れなむ」訳人の噂のうるさい間は用心しようとして逢わずにいたら、ついにはあの子が(私の)顔を忘れてしまうだろうか。文法「忘れなむ」の「な」は完了の助動詞「ぬ」の未然形、「む」は推量の助動詞「む」の連体形で、係助詞「や」の結び。

❷表面。〔新古〕夏「庭の—はまだかわかぬに夕立の空さりげなく澄める月かな」訳庭の表面はまだかわかないのに、夕立の降っていた空は、そんなようすもなくきれいに澄み、そこに同じように澄んだ光を放っている月よ。

❸面影。〔万葉〕一四・三四七三「佐野山に打つや斧音の遠かども寝もとか子ろが—に見えつる」訳佐野山に打つ斧の音が遠く聞こえる、そのように遠く離れているが、いっ

しょに寝ようとでもいうのか、あの子の姿が面影に見えたことよ。（第二句までは「遠し」を導きだす序詞。「遠かども」は「遠けども」の、「寝も」は「寝む」の東国方言。「遠け」は、ク活用形容詞「遠し」の上代の已然形）

語の広がり「面」
ある場所や状態に向かうことを意味する「赴く」は、「面＋向く」で、もとは「顔がそちらへ向く」「心が動く」の意。対義語の「そむく」は、「背＋向く」で、もとは「背を向ける」の意。

おもいいず【思い出ず】⇩おもひいづ

おもう【思う】⇩おもふ

おもおえず【思おえず】⇩おもほえず

おもおす【思おす】⇩おもほす

おもおも・し【重重し】（形シク）{しから・しく(しかり)・し・しき(しかる)・しけれ・しかれ} ❶身分や地位が高い。また、どっしりとして、落ち着きがある。〔枕〕一八六「内裏わたりに、御乳母は内侍のすけ、三位などになりぬれば、ー・しけれ(已)ど」訳 宮中あたりで、（天皇の）御乳母（を務めた人）は典侍や三位などになってしまうと、身分が高いけれど。❷重みがある。おもだっている。〔栄花〕月の宴「御子生まれ給へるは、さる方にー・しく(用)もてなさせ給ひ」訳 皇子がお生まれになった方に対しては、（村上帝はそれ相応に重んじてお取り扱いになられ。（↔軽々し）

おもおゆ【思おゆ】⇩おもほゆ

おも-がい【面繋】（名）［「おもがき」のイ音便］馬具の名。馬の頭から耳の前後にかけて轡につないだひも。革や組み緒を使う。⇩巻頭カラーページ17

おも-がくし【面隠し】（名）「おもかくし」とも。❶（恥ずかしがって）顔を隠すこと。〔万葉〕一二・二九一六「玉かつま逢はむといふは誰なるか逢へる時さへーする」訳（私に）逢おうというのはだれなのか。逢っている時までも顔隠しするのに。（「玉かつま」は「逢ふ」にかかる枕詞）❷恥ずかしさを隠すこと。照れ隠し。〔源氏〕宿木「こまやかなることなどは、ふともえ言ひ出でで給はぬーにや」訳（匂宮は）思いやりのあることばなどは、すぐにも言い出すことがおできにならない照れ隠しであろうか。❸表面をおおって隠すこと。〔枕〕三〇二「あやしき賤の屋も雪にみなーして」訳 見苦しい身分の低い者の家も、雪ですっかり表面を隠して。

おも-がく・す【面隠す】（自サ四）{さ・し・す・す・せ・せ}「おもかくす」とも。（恥じたりきまり悪く思ったりして）顔を隠す。〔源氏〕初音「臨時客のことにまぎらはしてぞ、ー・し(用)給ふ」訳 臨時客のもてなしに取り紛らして、（光源氏は紫の上に）顔を合わさないようになさる。

おも-かげ【面影】（名）❶顔つき。顔かたち。姿。ようす。〔徒然〕七一「名を聞くより、やがてーは推し量らるる心地するを」訳 名前を聞くやいなや、すぐに（その人の）顔つきは推測できる感じがするが。文法「推し量らるる」の「るる」は、可能の助動詞「る」の連体形。自発ととり、「自然と推測される」と訳すこともできる。❷幻影。まぼろし。ぼんやりと目の前に浮かぶ人や物の姿・情景。〔源氏〕夕顔「夢に見えつるかたちしたる女、ーに見えてふと消え失せぬ」訳 夢に現れた（のとそっくりな）容貌をした女が、幻影として現れて、ふっと消えていなくなってしまった。〔建礼門院右京大夫集〕「『いかでものをも忘れん』と思へど、あやにくにーは身に添ひ」訳「どうにかしてそのこと（＝資盛が亡くなったこと）をも忘れよう」と思うけれども、意地悪く（資盛の）幻影は（私の）からだに寄り添い。名文解説 建礼門院右京大夫の恋人であった平資盛は、壇の浦の戦いで入水して果てた。右京大夫はどうにかして資盛のことを忘れ、悲しみや苦しみから解放されたいと願うが、今も資盛の幻影がわが身に寄り添っているような気がするという。亡き恋人への思いの深さを伝える、悲痛な一節である。❸歌論で、作品から余情として生じる情景や情趣。〔無名抄〕「この歌ばかりーあるたぐひはなし」訳 この歌ほど情趣や情景の浮かんでくる例歌はない。❹「面影付け」の略。連歌・俳諧で、故事や古歌をそれとなく示して付け句をする方法。〔去来抄〕修行「昔は多くその事を直に付けたり。それをーにて付くるなり」訳（句を付ける際）昔は多くそのこと（＝故事や古人にまつわること）を直接に付けていた。（今は）それをそれとなく想像される形にして付けるのである。

おもかげに…【和歌】

> 面影に　花の姿を　さき立てて
> 幾重越え来ぬ　峰の白雲
> 〈新勅撰・一・春上・五七・藤原俊成〉

訳 面影に浮かぶ桜の花の姿を導き手として、いくつ越えてきただろう、白雲のかかる高山の峰を。解説「遠く山の花を尋ぬ」という題で詠まれた歌。和歌では、白雲は桜の花の比喩としても使われる。心の中の桜の花の幻影を追って、花と見まちがえる白雲がかかった山をいくつも越えてきた、という意。

おもかげ-に-す【面影にす】連想する。思い浮かべる。〔細道〕白川の関「秋風を耳に残し、紅葉をー・し(用)て」訳（能因が詠んだ）秋風が耳に聞こえるように感じ、（源頼政の眺めた）紅葉（の情景）を思い浮かべて。

おも-かぢ【面舵・面梶】（名）❶船首を右へ向けるときの舵のとり方。〔去来抄〕野水「ーよ明石のとまり時鳥」訳 右へ舵をとるのだよ。（そちらの方角の）明石の港のほうで時鳥が鳴いたから。❷右舷。〔太平記〕一六「取り梶・ーにかい楯掻いて」訳 左舷・右舷に垣のように楯を並べて。（↔取り舵）

おも-がはり【面変はり】（名）年をとるなどして容貌が変わること。また、ようすが変わること。〔千載〕秋下「明けぬともなほ秋風は訪れて野辺のけしきよーすな」訳 一夜明けて（暦の上では冬になっ）たといってもやはり、秋風は（変わらず）吹き通ってきて、野辺の景色よ、顔つきを変えることをしないでくれ。

おもく・す【重くす】（他サ変）{せ・し・す・する・すれ・せよ} 重んじる。大事にする。〔方丈〕二「人の心みな改まりて、ただ馬・鞍をのみー・す(終)」訳 人の心はすべて改まって、ただ馬や鞍だけを大事にする。

おも-し【重し・重石】(名)〔形容詞「重し」の終止形から〕❶物を押さえるために、上に置くもの。宇治 四・五「昨日おのれが—の石をふみ返し給ひしに助けられて」訳 昨日私(=蛇)を押さえつける役割をしていた石を(あなたが)踏んで覆しなさったのに助けられて。❷(多く「世のおもし」の形で)世の中や人をおさえしずめる威力。柱石。重鎮。源氏 薄雲「太政大臣亡せ給ひぬ。世の—とおはしつる人なれば、おほやけにもおぼし嘆く」訳 太政大臣(=葵の上の父)がお亡くなりになった。天下の柱石でいらっしゃった方なので、帝(=冷泉帝)におかれても嘆き悲しまれる。

おも-し【重し】(形ク)〔から・く(かり)・し・き(かる)・けれ・かれ〕❶目方が多い。重い。平家 九・木曽最期「日ごろはなにともおぼえぬ鎧が、けふは—・う用(ウ音便)なったるぞや」訳 ふだんは何とも思われない鎧が、今日は重くなったことだよ。名文解説 粟津の戦いに敗れた木曽義仲が、側近の今井兼平に漏らしたことば。重さなど感じたこともなかった鎧が今日に限って重く感じられるという本音は、敗軍の将の万感の思いを吐露するものであろう。この後、義仲は兼平に自害を促されて戦列を離れるが、あえなく討ち死にしてしまう。❷**尊い**。重要である。地位が高い。徒然 六〇「この僧都…宗の法灯なれば、寺中にも—・く用思はれたりけれども」訳 この僧都は、…宗派の重鎮であるので、寺の人々にも重要に思われていたが。❸落ち着いている。重々しい。源氏 夕顔「いと浅ましくやはらかにおほどきて、もの深く—・き体かたはおくれて」訳 (その人=夕顔のようすは)たいそう驚きあきれるくらい従順でおっとりしていて、(それだけに)考え深く重々しい(という)面は劣っていて。❹程度が並はずれている。はなはだしい。竹取 かぐや姫の昇天「ここにおはするかぐや姫は、—・き体病をし給へば、え出でおはしますまじ」訳 ここにいらっしゃるかぐや姫は、重い病にかかっていらっしゃるので、出ておいでになれないだろう。文法 「え出でおはしますまじ」の「え」は副詞で、下に打消の語(ここでは「まじ」)を伴って不可能の意を表す。《↔軽し》

おもしろうて… 俳句

> おもしろうて　やがて悲しき　鵜舟かな　夏
> 〈阿羅野・芭蕉〉

訳 (赤々と篝火を川面に映してはなやぐ鵜飼いの光景は)たいそうおもしろいが、間もなく(火も消えて闇と静寂にかえり)悲哀に押し包まれてしまう。(それが)鵜舟の光景なのだなあ。(鵜舟 夏。切れ字は「かな」)

解説 謡曲「鵜飼」の「忘れ果てて面白や」「篝火の消えて闇こそ悲しけれ」をふまえる。今の岐阜県長良川での句。

おも-しろ-し【面白し】(形ク)〔から・く(かり)・し・き(かる)・けれ・かれ〕

> **語義パネル**
> ●**重点義** **ようすがはっきり表面にあらわれ、目の前がぱっと明るくなるような感じ。**
> ❶見て心が晴れ晴れするさま。**興味深い**。愉快だ。
> ❷(明るい感じがして)**趣深い**。風流である。

❶見て心が晴れ晴れするさま。**興味深い**。愉快だ。〔うつほ〕国譲下「学問をし侍りし時に、ここち常に—・く用頼もしく、思ふことなく侍りし」訳 (貧寒の中で刻苦して)学問をしておりましたときに、心の中はいつも楽しく将来が期待でき、心配することはありませんでしたよ。文法 文末の「侍りし」の「し」は、過去の助動詞「き」の連体形で、詠嘆・感動を表す。❷(明るい感じがして)**趣深い**。風流である。徒然 三一「雪の—・う用(ウ音便)降りたりし朝、人のがり言ふべきことありて」訳 雪が趣深く降っていた朝、(ある)人のところに言わねばならないことがあって。

おも-だか【沢瀉】(名)❶植物の名。池・沼に生える水草。三つに分かれた矢じり形の葉をもち、夏、白い花が咲く。夏 ❷模様の名。①の葉を図案化したもの。

おもだか-をどし【沢瀉縅】(名)鎧の縅の色目の一種。上を狭く下を広くおもだか(=植物の名)の葉の形に象徴化して糸の色を変えて表したもの。⇩巻頭カラーページ18

おも-だた-し【面立たし】(形シク)〔しから・しく(しかり)・し・しき(しかる)・しけれ・しかれ〕名誉だ。晴れがましい。枕 二四「をりをり内裏へまゐり、祭りの使ひなどに出でたるも、—・しから未ずやはある」訳 (妻が)ときどき宮中に参内し、賀茂の祭りの使いなどに加わったのも、名誉でないことがあるか(いや、実に名誉なことだ)。文法 「やは」は、反語の係助詞。

おもて【表】(名)〔「面」と同語源〕❶表面。外部。外に向かった側。土佐「うちつけに、海は鏡の—のごとなりぬれば」訳 とたんに、海は鏡の表面のように(波が静かに)なったので。↔裏 ❷**正面**。**前面**。ある方角に面している側。平家 二一・能登殿最期「判官もさきに心得て、—に立つやうにはしけれども」訳 判官(=義経)もあらかじめ承知して、(源氏の軍の)前面に立つようにはしたけれども。❸城や家屋の表口。今の玄関にあたる所。〔狂・墨塗〕「聞きなれた声で—に物申とある」訳 聞きなれた声で表口でごめんくださいと言っている。❹表向き。〔仮名・浮世物語〕「正直をもって—とし」訳 正直であるということを表向き(の態度)として。❺連歌・俳諧で、懐紙を二つ折りにして連歌・連句を書く、その表の面。単に「おもて」というときは、多く初折り(=一枚目)の第一面をいう。↔裏

おもて【面】(名)❶**顔**。顔面。枕 一八四「あさましきまであいなう、—ぞ赤むや」訳 あきれるほどいやな感じで、(聞いているこちらの)顔が赤くなることだよ。文法 「や」は、間投助詞を文末に用いた形で、詠嘆・感動を表す。❷**面目**。源氏 賢木「いづこを—にてかはまたも見え奉らむ」訳 何を面目にして(藤壺に)再びお目にかかれようか(いや、お目にかかれない)。文法 「かは」は、反語。❸「面形」の略。舞楽や能などの仮面。徒然 四二「二一

の舞の―のやうに見えけるが」訳(顔がはれあがって二の舞の(腫面の)面のように見えていたのが。

おもて-うた【面歌】(名)その人の代表となる秀歌。〔無名抄〕「これをなん、身にとりては―と思ひ給ふる」訳この歌(=夕されば野辺の秋風身にしみてうづら鳴くなり深草の里)こそ、私としては代表的な歌と存じます。

おもて-お・く【面置く】まともに顔を合わせる。源氏 真木柱「―・か㊍むかたなくぞおぼえ給ふや」訳(冷泉帝のおことばに玉鬘は)まともに顔を合わせるような術もなくお感じになるよ。

おもて-おこし【面起こし】(名)面目をほどこすこと。名誉を回復すること。源氏 夕霧「あだなる名をとり給うし―に」訳(昔、自分=光源氏が)浮気だという評判を取りなさった名誉の回復として。↔面伏せ

おもて-はっく【表八句】(名)百韻の連歌・連句を二つ折りにした懐紙四枚に書くとき、初折り(=一枚目)の表にしるす発句以下の八句。

おもて-ぶせ【面伏せ】(名)面目を失うこと。不名誉。面よごし。源氏 蓬生「おのれをばおとしめ給ひて、―におぼしたりしかば」訳(姉君は)私を軽蔑なさって、(一族の)面よごしに思っていらっしゃったので。↔面起こし

おもて-も-ふら-ず【面も振らず】顔を正面に向け、微動だにしないで。わき目も振らず。平家 九・二度之懸「―、命も惜しまず、ここを最後と防きたたかふ」訳(梶原源太は)わき目も振らず、命も惜しまず、ここを最後(の場)として防戦する。

なりたち 名詞「面」+係助詞「も」+四段動詞「振る」の未然形「ふら」+打消の助動詞「ず」の連用形「ず」

おもて-を-あは・す【面を合はす】❶顔を見合わせる。〔謡・安宅〕「互ひに―・せ㊐つつ、泣くばかりなる有り様かな」

❷立ち向かう。平家 一一・能登殿最期「左右にもって薙ぎ回り給ふに、―・する㊍者ぞなき」訳(能登殿=教経は太刀と長刀を)左右(の手)に持って、(敵を)切り払い回りなさるので、立ち向かう者はない。

おもて-を-おこ・す【面を起こす】面目をほどこす。〔増鏡〕おどろのした「かまへてまろが―・す㊍ばかり、よき歌つかうまつれよ」訳きっと私の面目をほどこすほど、よい歌をお詠み申しあげよ。↔面を伏す

おもて-を-ふ・す【面を伏す】面目をつぶす。源氏 若菜上「亡き親の―・せ㊐、影をはづかしむるたぐひ多く聞こゆる」訳亡くなった親の面目をつぶし、死後の霊を辱める例が多く聞こえるのも。↔面を起こす

おもて-を-むか・ふ【面を向かふ】❶顔を向ける。顔を合わせる。平家 一一・那須与一「弓切り折り自害して、人に二たび―・ふ㊎べからず」訳(扇の的を射そこなうことがあれば)弓を切り折って自害して、人に二度と顔を合わせないつもりだ。

❷立ち向かう。敵対する。平家 七・火打合戦「なに―・ふ㊎べしとも見えざりけり」訳(勢いすさまじい平家に対して)どうにも敵対することができようとも思われなかった。

お-もと【御許】■(名)❶(天皇や貴人の)御座所。〔紀〕皇極「入鹿、―に転びつきて、祈みてまうさく」訳(蘇我の)入鹿は、(天皇の)御座所にころがりついて、頭を下げてお願い申しあげることには。

❷「御許人」の略。貴人に仕える人。主として女房。大鏡 兼家「いふかひなきほどのものにもあらで、すこし―ほどのきはにてぞありける」訳(その巫女は)話にもならないほどの(低い身分の)者でもなくて、ちょっと貴人に仕える女房(という)ほどの身分の者であった。

❸女房の名や職名の下に敬称として付けた語。枕 二九二「いとをかしき小廂に、式部の―ともろともに夜も昼もあれば」訳たいそう趣のある小さな廂の間に、式部さんといっしょに夜も昼もいるので。

■(代)対称の人代名詞。親愛の意を表し、おもに女性に対して用いる。あなた。源氏 空蟬「―は、今宵は上にやさぶらひ給ひつる」訳あなたは、今夜はご主人様(=空蟬)の所に伺候していらっしゃったのか。

おも-な・し【面無し】(形ク)｛から・く(かり)・し・き(かる)・けれ・かれ｝❶人に合わせる顔がないさま。恥ずかしい。面目ない。源氏 橋姫「霧晴れ行かばはしたなかるべきやつれを、―・く㊐御覧じとがめられぬべきさまなれば」訳霧が晴れていったらきまりが悪いに違いない(私=薫の)忍び姿を、恥ずかしくも(姫君たちが)ご覧になってあやしいと思われてしまうに違いないありさまなので。文法「御覧じとがめられぬべき」の「ぬ」は助動詞の終止形で、ここは確述の用法。

❷恥じるようすがないさま。あつかましい。今昔 二四・三三「はかばかしくもなからむ言を、―・く㊐うち出でたらむは」訳たいしたこともないような和歌を、あつかましく詠んだとしたらそれは。文法「なからむ言」「うち出でたらむは」の「む」は、仮定・婉曲の助動詞。

おも-な・る【面馴る】(自ラ下二)｛れ・れ・る・るる・るれ・れよ｝見慣れる。また、慣れて平気になる。蜻蛉 中「あまた年越ゆる山べに家居して綱ひく駒も―・れ㊐にけり」訳長年、(駒ひきの馬の)越えてゆく山のほとりに住んでいるので、手綱に引かれまいと逆らう荒馬も慣れて平気になってしまったことだ。

おも-にく・し【面憎し】(形ク)｛から・く(かり)・し・き(かる)・けれ・かれ｝顔を見るだけでも憎く思われる。こ憎らしい。枕 九二「すべて入るまじと戸をおさへて、―・き㊍まで言へば」訳(世話係の女房と童女以外は)だれも入ってはならないと戸を押さえて、こ憎らしいほどに言うので。

おもね・る【阿る】(自ラ四)｛ら・り・る・る・れ・れ｝へつらう。追従する。〔太平記〕三「権勢にや―・り㊐けん、また愚案にや落ちけん」訳権力と威勢にへつらったのだろうか、あるいは愚かな意見に同意したのだろうか。

お-もの【御物・御膳】(名)❶天皇や貴人の食事の敬称。お食事。枕 二三「昼の御座の方には、―まゐる足音高し」訳天皇の昼間の御座所のほうでは、天皇のお食事をお運び申しあげる足音が高い。

❷(副食に対して)ごはん。大鏡 道長下「湯をたぎらかしつつ、―を入れて、いみじう熱くて参らせわたしたるを」訳湯を煮えたたせては、(そこへ)ごはんを入れて、たいそう熱い状態で(僧たち)一同に差し上げたところ。

おもの-やどり【御物宿り】(名)天皇や貴人などの膳を納めておく所。紫宸殿の西廂にあった。

おも-ばかり【思量り】(名)〔「おもんばかり」の撥音「ん」の表記されない形〕「おもんばかり」に同じ。今昔 二六・二「皆、見目をきらきらしく、手利き、魂太く、―ありて」訳みな、容姿が人目を引くほど優れ、武芸に長じ、豪胆で、深い思慮があって。

おもはく(オモワク)【思はく】❶(名詞的に用いて)思うこと。万葉 三・三六九「隠せども君を—止むときもなし」訳(山はあなたを)隠すけれども、あなたを思うことはやむときもない。
❷(副詞的に用いて)思うことには。万葉 九・一七四〇「あやしみとそこに—家ゆ出でて三歳の間に垣もなく家もうせめやと」訳 変だなあと感じ、そこで思うことには、家を出て三年の間に、垣根もなく家もなくなるのだろうかと。
なりたち 四段動詞「思ふ」のク語法

おもは-ざる-ほか(オモワ—)【思はざる外】思いがけないこと。意外なこと。大鏡 道長上「—の事によりて、帥にならせ給ひて」訳(高明は)思いもよらないことによって、大宰の権帥(=大宰府の次官)におなりになられて。⇩あさまし「慣用表現」
なりたち 四段動詞「思ふ」の未然形「おもは」+打消の助動詞「ず」の連体形「ざる」+名詞「外」

おもは・し(オモワシ)【思はし】(形シク)〔しから・しく(しかり)・し・しき(しかる)・しけれ・しかれ〕【動詞「思ふ」に対応する形容詞】心ひかれる気持ちだ。好ましい。枕 四九「ただ口つき愛敬づき、…声にくからざらむ人のみなむ—・しかる(体)べき」訳 ただ口元に魅力があり、…声が不快でないような人(=女)だけが好ましいにちがいない。

おもは-ず(オモワ—)【思はず】(形動ナリ)〔なら・なり(に)・なり・なる・なれ・なれ〕❶思いがけない。意外である。土佐「うつくしければにやあらむ、いと—・なり(終)」訳(歌が上手に思えるのは、詠んだ子供が)かわいいからであろうか、まったく意外である。
⇩あさまし「慣用表現」
❷期待はずれで気に入らない。心外である。枕 二〇〇「萩、女郎花などの上によころばひ伏せる、いと—・なり(終)」訳(台風で、大木が)萩や女郎花などの上に横倒しに倒れているのは、ひどく気にくわない。
参考 よい場合にも使われるが、「源氏物語」などでは、多く不快感や非難の気持ちをこめて使われている。

おもはず-げ(オモワズ—)【思はず気】(形動ナリ)〔なら・なり(に)・なり・なる・なれ・なれ〕〔「げ」は接尾語〕思いがけないさま。意外なようす。心外だ。著聞 三九「近く寄りてあひしらふに、この人—・に(用)思ひて」訳 近寄ってあれこれ言いかけると、この人は心外だと思って。

おもは-ず-は(オモワ—)【思はずは】思ったりしないで。思わずに。万葉 三・三三八「験なき物を—一坏の濁れる酒を飲むべくあるらし」訳 →しるしなき…和歌。→ずは
なりたち 四段動詞「思ふ」の未然形「おもは」+打消の助動詞「ず」の連用形「ず」+係助詞「は」

おもは-ゆ(オモワ—)【思はゆ】思われる。自然とその思いになる。万葉 一六・三七九一「誰が子そとやおもはえ(用)てある」訳(あれは)どこの人だろうと(私は人々から)思われていたものだ。
なりたち 四段動詞「思ふ」の未然形「おもは」+上代の受身・自発の助動詞「ゆ」

おも-はゆ・し【面映し】(形ク)〔から・く(かり)・し・き(かる)・けれ・かれ〕顔を合わせるのが恥ずかしい。きまりが悪い。平家 二・教訓状「あの姿に腹巻を着て向かはんこと、—・う(用)(ウ音便)はづかしうや思はれけん」訳 あの姿(=略服姿の重盛)に腹巻(=鎧の一種)を着けて対面するようなことを、(清盛は)きまりが悪く恥ずかしく思われたのであろうか。

おもひ(オモイ)【思ひ】(名)❶考え。思うこと。思慮。徒然 二一七「人間常住の—に住して、かりにも無常を観ずることなかれ」訳 世間はいつまでも変わりがないという考えにしっかり立って、かりそめにも(世の中の)無常を考えることがあってはならない。
❷願い。希望。願望。細道 出発まで「片雲の風にさそはれて、漂泊の—やまず」訳 ちぎれ雲を吹き漂わせている風に誘われて、旅に出てさすらいたいという願いがやまず。⇩片雲「名文解説」
❸愛情。恋い慕う気持ち。思慕。伊勢 四〇「さかしらする親ありて、—もぞつくとて、この女をほかへ追ひやらむとす」訳 おせっかいをする親がいて、恋心でもつくと困ると思って、この女をよそへ追い出そうとする。文法「もぞ」は、そうなっては困るという気持ちを表す。
❹心配。もの思い。源氏 若菜上「よろづの事なのめに目やすくなれば、いとなむ—なくうれしき」訳 万事無難で体裁よくいくので、(私=光源氏は)まったく心配なくうれしい。
❺推察。予想。想像。伊勢 八三「—のほかに、御髪おろし給うてけり」訳 想像もしなかったのに、(惟喬親王は)出家なさってしまった。
❻喪に服すること。古今 哀傷・詞書「—に侍りける人をとぶらひにまかりてよめる」訳 喪に服しておりました人を弔問に参りまして詠んだ歌。

おもひ-あか・す(オモイ—)【思ひ明かす】(他サ四)〔さ・し・す・す・せ・せ〕もの思いにふけって夜を明かす。大和 一〇三「心うしと—・し(用)て、又の日待てど文もおこせず」訳 つらいと夜通し思い続けて、翌日も待つが、(男は)手紙もよこさない。

おもひ-あが・る(オモイ—)【思ひ上がる】(自ラ四)〔ら・り・る・る・れ・れ〕気位を高くもつ。自負する。源氏 桐壺「はじめよりわれはと—・り(用)給へる御方々」訳(入内の)当初から、私こそは(天皇のご寵愛を得ることができるのだ)と自負していらっしゃった(女御の)御方々は。
参考 他とは次元の違うことを意識し、それをたのみにしている気位の高さをいうが、現代語のように、生意気とか高慢といった批判的な意味合いはない。

おもひ-あ・ぐ(オモイ—)【思ひ上ぐ】(他ガ下二)〔げ・げ・ぐ・ぐる・ぐれ・げよ〕実力以上に高く評価する。〔風姿花伝〕「立ち合ひ勝負にも、いったん勝つときは、人も—・げ(用)、主も上手と思ひ染むるなり」訳 競演にも、一度勝つときは、他人も実力以上に高く評価し、本人も(自分は)上手だと強く思いつめるのである。

おもひ-あ・つ(オモイ—)【思ひ当つ】(他タ下二)〔て・て・つ・つる・つれ・てよ〕❶(たしかにそれだと)推察する。源氏 夕顔「まだ見ぬ御さまなりけれど、いとしるく—・て(未)られ給へる御側目を」訳 まだ見(たことの)ないお姿であったけれども、(光源氏で)あると)ほんとうにはっきり推察されなさった御横顔を。
❷考えて割り当てる。源氏 柏木「女房のなかにも、しなじなに—・て(用)たるきはは、おほやけごとにいかめしうせさせ給へり」訳(秋好中宮は、お仕えする)女房の中にも、それぞれの身分に配慮して割り当てた賜り物のそれぞれを、公式の祝いとして盛大にしなされた。

おもひ-あつか・ふ(オモイアツカ(コ)ウ)【思ひ扱ふ】(他ハ四)〔は・ひ・ふ・ふ・へ・へ〕❶大事に世話をする。源氏 手習「よき君達を婿にして—・ひ(用)けるを」訳(娘の)婿にとって大事に世話をしたが。

❷思い悩む。源氏 東屋「おろかならず心苦しう―・ひ㊊給ふめるに」訳（母君は私＝浮舟をひとかたならず気の毒に思って思い悩んでいらっしゃるようなのに。

おもひ-あつ・む〖思ひ集む〗（他マ下二）〔め・め・む・むる・むれ・めよ〕さまざまに思い合わせる。源氏 宿木「さまざまに―・むる㊍こととし多かれば」訳（中の君は）さまざまに思い合わせることがことに多いので。

おもひ-あなづ・る〖思ひ侮る〗（他ラ四）〔ら・り・る・る・れ・れ〕軽く考える。問題にしない。源氏 帚木「いとすくすくしく心づきなしと―・り㊊つる伊予の方のみ思ひやられて」訳（空蟬は）まったく無骨で気に入らないと問題にもしなかった（夫の）伊予の介のことばかりに思いがはせられて。

おもひ-あは・す〖思ひ合はす〗（他サ下二）〔せ・せ・す・するる・すれ・せよ〕（あることに）あてはめて考える。また、思い当たる。源氏 梅枝「いま―・する㊍には、かの御教へこそ長きためしにはありけれ」訳 今、（私＝光源氏の経験に）照らし合わせて考えてみるには、（父桐壺帝の）あのご教訓こそのちのちまでの規範ではあったのだ。

おもひ-あ・ふ〖思ひ合ふ〗（自ハ四）〔は・ひ・ふ・ふ・へ・へ〕❶ともに（そのように）思う。源氏 明石「見奉る人もやすからずあはれに悲しう―・へ㊋り」訳（わび住まいの光源氏を）拝見する人（＝供人たち）も、心が落ち着かずともにしみじみと悲しく思っている。❷互いに思いあう。愛しあう。〔建礼門院右京大夫集〕詞書「しのびて心かはして、かたみに―・は㊌ぬにしもあらじと見えしかど」訳 ひそかに心を通わせて、それぞれ互いに思いあっていないのでもないだろうと見えたが。❸偶然両方の考えが一致する。〔浄・夏祭浪花鑑〕「―・ひ㊊たる悪者同士、駕籠をくるりと打ち返され」訳 偶然に考えの合った悪者どうし（に）、駕籠をくるりとひっくり返され。

おもひ-あ・ふ〖思ひ敢ふ〗（他ハ下二）〔へ・へ・ふ・ふる・ふれ・へよ〕（多く下に打消の語を伴って）よく考えて理解する。考え及ぶ。予期する。源氏 東屋「用意もなく怪しきに、まだ―・へ㊌ぬほどなれば、心騒ぎて」訳（なんの）準備もなくむさ苦しいうえに、まだ（薫の訪問が）予期できないときなので、あわてて。

おもひあまり… 和歌

> 思ひあまり　そなたの空を　ながむれば
> 霞を分けて　春雨ぞ降る
> 〈新古今・三・恋二・一一〇七・藤原俊成〉

訳 恋しい思いにたえかねて、あなたの住んでいる方角の空をながめていると、あたりに立ちこめた霞を分けるようにして、春雨が降っている。

解説 詞書に「雨降る日、女につかはしける」とあるとおり、恋人に贈った歌。

おもひ-あま・る〖思ひ余る〗（自ラ四）〔ら・り・る・る・れ・れ〕思案にあまる。伊勢 五六「昔、男、臥して思ひ、起きて思ひ、―・り㊊て」訳 昔、男が（恋しい女を）横になっては思い、起き上がっては思い、（どうしていいか）思案にあまって。

おもひ-い・づ〖思ひ出づ〗㊀（自ダ下二）〔で・で・づ・づる・づれ・でよ〕思いがあふれ出る。思いがおさえられなくなる。古今 恋一「―・づる㊍常盤の山の岩つつじいはねばこそあれ恋しきものを」訳（あなたへの）恋しい思いがあふれ出る時は、常盤の山の岩つつじの「いは」ではないが、口に出しては言わないからこそ人にはわからないけれど、やはりあなたが恋しいのになあ。（第一句と第二句は「いはね」を導きだす序詞。「常盤」は「時は」との掛詞）㊁（他ダ下二）〔で・で・づ・づる・づれ・でよ〕思い出す。竹取 かぐや姫の昇天「今はとて天の羽衣着る折ぞ君をあはれと―・で㊊ける」訳 →いまはとて…和歌

おもひいでて… 和歌

> 思ひ出でて　恋しき時は　初雁の
> なきて渡ると　人知るらめや
> 〈古今・一四・恋四・七三五・大友黒主〉

訳 あなたを思い出して恋しい時は、初雁が鳴きながら空を渡るように、私も泣きながらあなたの所に通っていると、あなたはわかっているのでしょうか（いや、わかってはいないでしょう）。文法「知るらめや」の「らめ」は現在推量の助動詞「らむ」の已然形。「や」は反語の終助詞。

解説 詞書によれば、ひそかに女性と知り合ったが逢えず、その女性の家の近くを歩き回っていた時、雁が鳴くのを聞いて詠んだ歌とある。第四句の「なきて渡る」を「雁が」と「私が」の両義に用いる。第三句の「初雁の」を枕詞とする説もある。

おもひ-い・ふ〖思ひ言ふ〗（他ハ四）〔は・ひ・ふ・ふ・へ・へ〕思ったことを口に出す。心に思い、ことばにする。源氏 澪標「女、物思ひ絶えぬを、親はよろづに―・ふ㊍こともあれど」訳 女（＝五節の姫君）は物思いが尽きないので、父親はいろいろ考えて言い聞かせることもあるが。

おもひ-い・る〖思ひ入る〗㊀（自ラ四）〔ら・り・る・る・れ・れ〕深く思いつめる。また、（…に）入る。〔千載〕雑中「世の中よ道こそなけれ―・る㊍山の奥にも鹿ぞ鳴くなる」訳 →よのなかよ…和歌 ㊁（他ラ下二）〔れ・れ・る・るる・るれ・れよ〕深く心にかける。考慮に入れる。源氏 葵「自らはさしも―・れ㊊侍らねど、親たちのいとことごとしう思ひ惑はるるが心苦しさに」訳 私自身（＝光源氏）はそれほど（病人＝葵の上のことを）深く心にかけて（＝案じて）いませんが、（病人の）親たちがたいそう大げさに思いうろたえていらっしゃることが気の毒なので。

おもひ-う〖思ひ得〗（他ア下二）〔え・え・う・うる・うれ・えよ〕考えつく。源氏 幻「かしこう―・え㊊たりと思ひてのたまふ顔のいとうつくしきにも」訳（匂宮が）うまく考えついたと思っておっしゃる顔がまことにかわいいのにつけても。

おもひ-う・ず〖思ひ倦ず〗（他サ変）〔ぜ・じ・ず・ずる・ずれ・ぜよ〕「おもひうんず」の撥音「ん」の表記されない形】「おもひうんず」に同じ。

おもひ-うたが・ふ〖思ひ疑ふ〗（他ハ四）〔は・ひ・ふ・ふ・へ・へ〕ひそかに疑う。疑わしく思う。不審をいだく。伊勢 二三「男、異心ありてかかるにやあらむと―・ひ㊊て」訳 男は、（妻には）他の男にひかれる気持ちがあって、このよう（＝自分を平気で送り出す）なのであろうかと疑わしく思って。

おもひ-うつろ・ふ〖思ひ移ろふ〗（自ハ四）〔は・ひ・ふ・ふ・へ・へ〕心が他に移る。心変わりする。源氏 若菜上「年ごろもかのわたりに心をかけて、ほかざまに―・ふ㊎べく

も侍らざりけるに」訳（夕霧は）何年も、あのお方（＝雲居の雁）を心にかけて、他の女性に心が移りそうにもございませんでしたのに。

おもひ-うと・む【思ひ疎む】（他マ四）{ま・み・む・む・め・め}愛想をつかす。いやだと思う。源氏 真木柱「ひたぶるに浅きかたに—・ま(未)れじとて」訳（冷泉帝は）まるっきり情の浅い者として（玉鬘に）いやがられまいとして。

おもひ-うん・ず【思ひ倦んず】（他サ変）{ぜ・じ・ず・ずる・ずれ・ぜよ}［「うんず」は「倦みす」の転とも］いやになる。憂鬱になる。「おもひうず」とも。また「鬱す」とも。伊勢 一〇二「あてなる女の尼になりて、世の中を—・じ(用)て、…はるかなる山里に住みけり」訳 高貴な身分の女が尼になって、世の中に対し何もかもいやになって、…遠く離れた山里に住んでいた。

おもひ-おき・つ【思ひ掟つ】（他タ下二）{て・て・つ・つる・つれ・てよ}前もって心に決める。源氏 初音「中将などをば、すくすくしきおほやけ人にしなしてむとなむ—・て(用)し」訳（息子の）中将（＝夕霧）などを実直な官吏にしてしまおうと、前々から心に決めたのは。文法「しなしてむ」の「て」は、助動詞「つ」の未然形で、ここは確述の用法。

おもひ-お・く【思ひ置く】（他カ四）{か・き・く・く・け・け}❶ずっとそのように考える。心にとどめる。源氏 蜻蛉「何事につけても、必ず忘れ聞こえじ。また、さやうにを人知れず—・き(用)給へ」訳 何事につけても、必ず（あなた＝中将の君のことは）お忘れ申しあげまい。また、（あなたも）そのようにまあ、内々（私＝薫を）ずっと思っていてください。文法「さやうにを」の「を」は間投助詞。❷あとに思いを残す。未練を残す。平家 七・忠度都落「今は西海の浪の底に沈まば沈め、山野にかばねをさらさばさらせ、うき世に—・く(体)こと候はず」訳 今となっては（この身が）西海の波の底に沈むのならば沈んでもよい、山や野に死骸をさらすのならばさらしてもよい、この世に未練を残すことはございません。文法「沈まば沈め」「さらさばさらせ」の「沈め」「さらせ」は、命令形の放任法。名文解説 平忠度は都落ちの際、和歌の師である藤原俊成を訪ねて自分の歌を一首でもよいから勅撰集に入れてほしいと頼み、俊成の快諾を得て、このことばを残して去っていった。戦乱の中での師弟のきずなを描く、感動的な場面である。

おもひ-おこ・す【思ひ起こす】（他サ四）{さ・し・す・す・せ・せ}❶心を奮い立たせる。竹取 かぐや姫の昇天「からうじて—・し(用)て、弓矢をとり立てむとすれども」訳（警固の人々は）やっとの思いで心を奮い立たせて、弓矢を取り上げようとするけれども。❷思い出す。想起する。〔紫式部日記〕「里居したる人々の、中絶えを—・し(用)つつ」訳 里さがりしていた女房たちが、（長い）無沙汰を思い出しては。

おもひ-おこ・す【思ひ遣す】（他サ下二）{せ・せ・す・する・すれ・せよ}こちらに思いをよこす。向こうからこちらを思う。更級 東山なる所「かくて眺むらむと—・する(体)人あらむや」訳 こうしてもの思いにふけっているだろうと、こちらに思いをよこす人があるだろうか。

おもひ-おと・す【思ひ落とす・思ひ貶す】（他サ四）{さ・し・す・す・せ・せ}心の中で見下げる。見くびる。源氏 少女「われよりは下臈と—・し(用)たりしだに、みなおのおの加階し」訳（夕霧が）自分よりは年功も地位も下だと見くびっていた者どもでさえ、みなそれぞれ位階が昇進し。

おもひ-およ・ぶ【思ひ及ぶ】（他バ四）{ば・び・ぶ・ぶ・べ・べ}考えつく。思いつく。源氏 若菜下「人より定かに数へ奉り仕うまつるべきよし、致仕のおとど—・び(用)申されしを」訳 だれよりもはっきりと（お年を）数え申しあげて（朱雀院の五十の賀を）お祝い申しあげなければならない旨を、致仕の大臣も考えついて申されたが。

おもひ-かか・る【思ひ掛かる・思ひ懸かる】（自ラ四）{ら・り・る・る・れ・れ}思いを寄せる。思慕の念を寄せる。枕 二六八「めでたしと思はむを、死ぬばかりも—・れ(命)かし」訳（男は、）自分がすばらしいと思う女がいるならその女に、死ぬほどにも思いを寄せるのがよいのだよ。文法「思ひかかれ」は命令形の放任法。

おもひ-か・く【思ひ掛く・思ひ懸く】（他カ下二）{け・け・く・くる・くれ・けよ}❶心にかける。また、恋い慕う。懸想する。伊勢 八九「昔、いやしからぬ男、我よりはまさりたる人を—・け(用)て」訳 昔、身分の低くない男が、自分よりは身分の高貴な女性を恋い慕って。❷予測する。予期する。源氏 帚木「宮仕へに出で立ちて、—・け(未)ぬさいはひ取り出づるためしども多かりかし」訳 宮中に出仕して、予期しない幸運（＝良縁）を引き出す先例もあれこれ多いことだよ。文法「かし」は、強く念をおす意の終助詞。

おもひ-かしづ・く【思ひ傅く】（他カ四）{か・き・く・く・け・け}心にかけてたいせつに世話をする。更級 大納言殿の姫君「この猫を北面にも出ださず、—・く(終)」訳 この猫を（使用人たちが住む）北側の部屋にも出さず、たいせつに世話をする。

おもひ-か・ぬ【思ひかぬ】（他ナ下二）{ね・ね・ぬ・ぬる・ぬれ・ねよ}❶（恋しい、または悲しい）思いにたえられない。〔千載〕哀傷「—・ね(用)きのふの空をながむればそれかと見ゆる雲だにもなし」訳（悲しい）思いにたえられなくて昨日の（火葬の煙の立ちのぼった）空をながめやると、その煙の名残かと見える雲すらもない。❷考えが及ばない。判断できない。万葉 一五・三六九六「新羅へか家にか帰る壱岐の島行かむたどきも—・ね(用)つも」訳 新羅へ（行く）か家に帰るか、行こうにも、その方法も考えつかなかったことよ。（「壱岐の島」は「行く」にかかる枕詞）

おもひ-かは・す【思ひ交はす】（自サ四）{さ・し・す・す・せ・せ}互いに恋しく思う。愛しあう。枕 一二九「—・し(用)たる若き人の中の、せくかたありて心にもまかせぬ」訳 愛しあっている若い人の間が、じゃまだてする者があって思うようにもならないの（は、しみじみと感慨深い）。

おもひ-かへ・す【思ひ返す】（他サ四）{さ・し・す・す・せ・せ}思い直す。考えをひるがえす。源氏 紅葉賀「うち過ぎなまほしけれど、あまりはしたなくやと—・し(用)て」訳 そのまま通り過ぎてしまいたかったが、（それも）あまりに無愛想かと（光源氏は）思い直して。

おもひ-かへ・る【思ひ返る】（自ラ四）{ら・り・る・る・れ・れ}考えがもとにもどる。以前と同じ気持ちになる。蜻蛉 下「かく言ひ契りつれば、—・る(終)べきにもあらず」訳 このように約束してしまったから、（いまさら）以前の考えにもどることはできそうにもない。

おもひ-がほ【思ひ顔】（形動ナリ）{なら・なり(に)・なり・なる・なれ・なれ}

(…と)思っているような顔つきである。[枕]二八「いぎたなしと―・に(用)ひきゆるがしたる、いとにくし」[訳](寝たふりをしているのを)寝坊だと思っているような顔つきで(侍女が)ゆり動かしたのは、たいそう不快だ。

おもひ-かま・ふ オモイカマ(モ)ウ【思ひ構ふ】(他ハ下二){へ・へ・ふ・ふる・ふれ・へよ}構想を練る。考え企てる。[源氏]総角「下に―・ふる(体)心をも知り給はで」[訳]内心で構想を練っている(薫(かおる)の)心をも(匂宮(におうのみや)は)お知りにならないで。

おもひ-き-や オモイ―【思ひきや】思ったであろうか(いや、思いもしなかった)。[新古]羇旅「年たけてまた越ゆべしと―命なりけりさ夜(や)の中山」[訳]↓としたけて…[和歌] [なりたち]四段動詞「思ふ」の連用形「おもひ」＋過去の助動詞「き」の終止形「き」＋反語の係助詞「や」

おもひ-き・ゆ オモイ―【思ひ消ゆ】(自ヤ下二){え・え・ゆ・ゆる・ゆれ・えよ}心も消え入るほどに思い沈む。[源氏]末摘花「いとかすかなるありさまに―・え(用)て」[訳](末摘花(すえつむはな)は)実にひっそりと心細いようすで消え入るほどに思い沈んで。

おもひ-き・る オモイ―【思ひ切る】(他ラ四){ら・り・る・る・れ・れ}❶思いを断ち切る。あきらめる。[平家]二・副将被斬「誰(たれ)も恩愛は―・ら(未)れぬことにて候へば」[訳]だれも(親子の)情愛は断ち切ることができないものでございますから。❷決心する。覚悟する。[平家]六・飛脚到来「河野四郎、―・っ(用)(促音便)たる者ども百余人あひ語らひて」[訳]河野四郎は(死を)覚悟している者たち百人余りを仲間に引き入れて。

おもひ-く・す オモイ―【思ひ屈す】(自サ変){せ・し・す・する・すれ・せよ}「おもひくっす」に同じ。[源氏]若菜下「いたく面(おも)やせて、ものを―・し(用)給へる、いとどあてにをかし」[訳](女三の宮が)ひどく面やつれして、なんとなくふさぎこんでいらっしゃるのは、ますます上品で美しい。

おもひ-くだ・く オモイ―【思ひ砕く】■一(自カ下二){け・け・く・くる・くれ・けよ}あれこれと思い乱れる。[うつほ]俊蔭「ありさまのらうたげなりしを思ひ出(い)でつつ、…千々(ちぢ)に―・くれ(已)ど」[訳](女君の)ふるまいがかわいいようすであったのを思い出しては、…さまざまにあれこれ思い乱れるが。■二(他カ四){か・き・く・く・け・け}さまざまに思案をめぐらす。[蜻蛉]中「降る雨のあしとも落つる涙かなこまかに物を―・け(已)ば」[訳]降る雨の雨足のようにも(とめどもなく)こぼれ落ちる涙であることだ。こまごまと何かにつけて思案をめぐらしているので。

おもひ-くた・す オモイ―【思ひ腐す】(他サ四){さ・し・す・す・せ・せ}心の中でけなす。軽蔑する。[徒然]一四二「なべてほだし多かる人の、よろづにへつらひ望み深きを見て、むげに―・す(体)は僻事(ひがこと)なり」[訳]総じて(妻子などの)係累の多い人が、何かにつけて追従(ついしょう)し欲が深いのを見て、むやみに軽蔑するのはまちがいである。

おもひ-くっ・す オモイ―【思ひ屈す】(自サ変){せ・し・す・する・すれ・せよ}「おもひくす」「おもひくんず」とも。気がめいる。ふさぎこむ。

おもひ-くづほ・る オモイクズオル【思ひ頽る】(自ラ下二){れ・れ・る・るる・るれ・れよ}気力を失い落ちこむ。[源氏]朝顔「山がつになりて、いたう―・れ(用)侍りし年ごろ」[訳](私＝光源氏が須磨(すま)・明石(あかし)に退去し)山里に住むいやしい者になって、ひどく気持ちがくじけていました数年間。

おもひ-ぐま オモイ―【思ひ隈】(名)思慮が行き届くこと。深い思いやり。[浜松中納言物語]「―ありて、心苦しうものせさせ給ふべきなり」[訳]深い思いやりをもって、(相手を)気の毒だとお思いになられるのがよいのである。

おもひぐま-な・し オモイグマ―【思ひ隈無し】(形ク){から・く(かり)・し・き(かる)・けれ・かれ}❶思慮が浅い。[源氏]宿木「などて昔の人の御心おきてをもて違(たが)へて―・かり(用)けむ」[訳]どうして亡き人(＝大君(おおいぎみ))のご意向に背いて(中の君を匂宮(におうのみや)に譲るほど)思慮が浅かったのだろう。❷思いやりがない。[源氏]竹河「桜ゆゑ風に心のさわぐかな―・き(体)花と見る見る」[訳](散るのではないかと)桜のせいで風に気がもめることだ。思いやりのない花だと見ていながら。

おもひ-くら・す オモイ―【思ひ暮らす】(他サ四){さ・し・す・す・せ・せ}恋しく思って日を暮らす。[源氏]真木柱「御返りなし。男胸つぶれて、―・し(用)給ふ」[訳](玉鬘(たまかずら)からの)お返事もない。男(＝鬚黒(ひげくろ))は心がひどく乱れて、(一日中)恋しく思って過ごしなさる。

おもひ-くら・ぶ オモイ―【思ひ比ぶ】(他バ下二){べ・べ・ぶ・ぶる・ぶれ・べよ}比較検討する。[徒然]一八八「一生のうち、むねとあらまほしからんことの中に、いづれかまさるとよく―・べ(用)て」[訳]一生のうちに、第一にこうありたいと思うようなことの中で、どれがすぐれているかとよく考え比較して。

おもひ-くん・ず オモイ―【思ひ屈ず】(自サ変){ぜ・じ・ず・ずる・ずれ・ぜよ}「おもひくっす」に同じ。[更級]物語「かくのみ―・じ(用)たるを、心も慰めむと、心苦しがりて」[訳](私が)このようにふさぎこんでばかりいるのを、心を慰めようと、(母は)かわいそうに思って。→屈(くん)ず[参考]

おもひ-け・つ オモイ―【思ひ消つ】(他タ四){た・ち・つ・つ・て・て}❶しいて忘れ去る。気にかけないようにする。[源氏]宿木「よろづを―・ち(用)つつ、お前にては物思ひなきさまを作り給ふ」[訳](薫(かおる)は物思いの)いっさいをしいて忘れ去り忘れ去りして、(母女三の宮の)御前ではなんの物思いもないようすをよそおいなさる。❷無視する。軽蔑する。[源氏]葵「人の―・ち(用)、無きものにもてなすさまなりし御禊(みそぎ)の後(のち)」[訳]人(＝葵(あおい)の上)が(私＝六条御息所(みやすどころ)を)軽侮し、物の数でもない者として扱うようすだった御禊(の日の車争い)の後。

おもひ-ご オモイ―【思ひ子】(名)かわいいと思う子。[うつほ]俊蔭「父母の―にて、かた時も見え給はねば、おぼし騒ぎ給ふ子なり」[訳](若小君は)両親の最愛の子で、ほんのひとときでも(姿が)お見えにならないと、(両親が)大騒ぎして心配なさる子である。

おもひ-さだ・む オモイ―【思ひ定む】(他マ下二){め・め・む・むる・むれ・めよ}よく考えて心を決める。[竹取]貴公子たちの求婚「かうのみいましつつのたまふことを、―・め(用)て、一人一人にあひ奉り給ひね」[訳](人々が)ひたすらこんなふうにおいでになっては求婚なさることを、よく考えて決心して、どなたか一人とご結婚して差しあげなさい。

おもひ-さま・す オモイ―【思ひ醒ます】(他サ四){さ・し・す・す・せ・せ}心を冷静にする。気持ちをしずめる。[源氏]幻「―・す(終)べき世なく恋ひきこゆるに」[訳](女房たちが)気持ちをしずめることのできる折もなく(亡き紫の上を)恋い慕い申しあげるが。

おもひ-さわ・ぐ オモイ―【思ひ騒ぐ】(自ガ四){が・ぎ・ぐ・ぐ・げ・げ}物思いのために心が落ち着かなくなる。[源氏]真木柱「憂き事を―・げ(已)ばさまざまにくゆる煙ぞいとど立ちそふ」[訳]

(昨夜の)つらいことを考えて落ち着かないでいると、あれやこれやと後悔の念が煙のようにますます立ち加わってくることだ。(「くゆる」は「燻くゆる」と「悔ゆる」との掛詞)

おもひ-しづま・る オモイシズマル【思ひ鎮まる】(自ラ四){ら・り・る・る・れ・れ}心が落ち着く。源氏 桐壺「やうやう—・る体にしも、さむべき方かたなく」訳(桐壺の更衣の死後)しだいに心が落ち着くにつけても、(夢ではない現実なので)覚めようにもその方法がなく。

おもひ-しづ・む オモイシズム【思ひ沈む】(自マ四){ま・み・む・む・め・め}物思いにしずむ。ふさぎこむ。源氏 澪標「月ごろ物をのみ—・み用て」訳(明石あかしの君は)ここ数か月の間何かと物思いにしずんでばかりで。

おもひ-しづ・む オモイシズム【思ひ鎮む】(他マ下二){め・め・む・むる・むれ・めよ}気持ちを落ち着かせる。源氏 明石「かうしも人に見えじと—・むれ已ど」訳こんなふうに(悲しんでいる)とも人に見られまいと(明石あかしの君は)気持ちを落ち着かせるが。

おもひ-しな・ゆ オモイ—【思ひ萎ゆ】(自ヤ下二){え・え・ゆ・ゆる・ゆれ・えよ}うちしおれる。元気がなくなる。万葉 二・一三一「夏草の—・え用て偲しのふらむ妹いもが門かど見むなびけこの山」訳→いはみのうみ…和歌

おもひ-し・ぬ オモイ—【思ひ死ぬ】(自ナ変){な・に・ぬ・ぬる・ぬれ・ね}恋いこがれて死ぬ。万葉 四・六八三「いふ言ことの恐かしこき国そ紅くれなゐの色にな出いでそ—・ぬ終とも」訳人のうわさの恐ろしい国である。顔色には出すな。恋いこがれて死ぬとも。(「紅の」は「色」にかかる枕詞)

おもひ-し・む オモイ—【思ひ染む】㊀(自マ四){ま・み・む・む・め・め}身にしみて思う。また、いちずに思いこむ。源氏 真木柱「身を憂きものに—・み用給ひて」訳(玉鬘たまかずらは)わが身を情けなくいやなものと身にしみて思いなさって。㊁(他マ下二){め・め・む・むる・むれ・めよ}心に深くしみこませる。強く思いつめる。源氏 賢木「—・め用てしことは、さらに御心に離れねど」訳強く思いつめてしまったこと(=藤壺ふじつぼへの思慕)は、決して(光源氏の)お心から離れないけれど。文法「思ひ染めてし」の「てし」は、完了の助動詞「つ」の連用形「て」+過去の助動詞「き」の連体形「し」。

おもひ-し・る オモイ—【思ひ知る】(他ラ四){ら・り・る・る・れ・れ}わきまえ知る。十分理解する。また、身にしみて悟る。更級 春秋のさだめ「今は、昔のよしなし心もくやしかりけりとのみ、—・り用はて」訳今は、以前の(物語の世界などを夢みていた)たわいもない気持ちも後悔せずにはいられないなあとただもう、すっかり身にしみて悟り。

おもひ-しを・る オモイシオル【思ひ萎る】(自ラ下二){れ・れ・る・るる・るれ・れよ}悩みや悲しみのために元気がなくなる。源氏 帚木「消息せうそこなどもせで久しく侍りしに、むげに—・れ用て」訳手紙なども出さないで長らくたちましたところが、(女は)ひどく落胆して。

おもひ-す・ぐ・す オモイ—【思ひ過ぐす】(他サ四){さ・し・す・す・せ・せ}❶見過ごす。心にとめず忘れる。「おもひすごす」とも。源氏 夢浮橋「なのめに—・す終べくは思ひ侍らざりし人なるを」訳(浮舟うきふねは私=薫かおるが)いいかげんに見過ごすことができようとは思いませんでした(そんな)人なので。❷思いながら過ごす。更級 子忍びの森「ただゆくへなきことをうち—・す体に」訳まったくあてにならないことを思いながら過ごすうちに。

おもひ-すご・す オモイ—【思ひ過ごす】(他サ四){さ・し・す・す・せ・せ}❶「おもひすぐす①」に同じ。万葉 一四・三五六四「あどすすか愛かなしけ児ころを—・さ未む」訳どのようにしながらかわいいあの子を心にとめずそのまま過ごそうか。❷必要以上に案ずる。また、先を思いやる。〔浄・冥途の飛脚〕「今から—・さ未れて(=先が思いやられて)、一日も先に(=極楽に)往生させてくだされと拝み願ふは」

おもひ-す・つ オモイ—【思ひ捨つ】(他タ下二){て・て・つ・つる・つれ・てよ}見捨てる。見はなす。源氏 宿木「世の中を—・て用給はむをも、かかるかたちにては、妨げ聞こゆべきにもあらぬを」訳(あなた=薫かおるが)この世を見捨て(=出家)なさるとしてもそれを、このような姿(=尼姿)では、おとめ申すべきでもないけれども。

おもひ-すま・す オモイ—【思ひ澄ます】(他サ四){さ・し・す・す・せ・せ}❶余念をまじえず、思いを凝らす。源氏 絵合「心のかぎり—・し用て静かに描き給へるは」訳(絵の名手=光源氏が)心の及ぶかぎり余念をまじえず心を澄ませて静かにお描きになった絵は。❷悟りすます。仏道に専念する。源氏 若菜上「世を—・し用たる僧たちなどだに、涙もえとどめねば」訳(朱雀すざく院が剃髪ていはつなさるので)現世に対して悟りすましている僧たちなどでさえ、涙もおさえかねているので。文法「えとどめねば」の「え」は副詞で、下に打消の語(ここでは「ね」(「ず」の已然形))を伴って不可能の意を表す。

おもひ-せ・く オモイ—【思ひ塞く】(他カ四){か・き・く・く・け・け}沸きかえる思いをせきとめる。蜻蛉 中「—・く体胸のほむらはつれなくて涙をわかすものにざりける」訳沸きかえる思いをこらえている胸中の(くやしい思いの)炎は、うわべはそれと見えないのに激しく燃えて、(夫兼家かねいえの訪れないいらだちゆえの)涙を沸きたぎらせるものであったのだなあ。(「思ひ」の「ひ」は「火」との掛詞。「ざり」は「ぞあり」)

おもひ-そ・む オモイ—【思ひ初む】(他マ下二){め・め・む・むる・むれ・めよ}思いはじめる。恋しはじめる。拾遺 恋一「恋すてふわが名はまだき立ちにけり人知れずこそ—・め用しか」訳→こひすてふ…和歌

おもひだすとは… 歌謡

> 思ひ出すとは　忘わするるか
> 思おもひ出ださずや　忘わすれねば
> 〈閑吟集かんぎんしふ〉

訳思い出すと言うのは、忘れているからか。思い出すわけがないよ、忘れていなければ。

解説「おまえのことを思い出す」と言った男に対して、女が「忘れたからこそ思い出すのだ」と言い返した、民謡風の歌。

おもひ-た・つ オモイ—【思ひ立つ】(他タ四){た・ち・つ・つ・て・て}❶(あることを)してみようという気を起こす。決心する。徒然 五二「ある時—・ち用て、ただ一人、徒歩かちより詣でけり」訳ある時思い立って、ただ一人、歩いてお参りした。❷意気ごむ。自負する。〔狭衣物語〕「我はと—・ち用、車どもの御簾みすおろさせて過ぎさせ給ふ、なほいと気高し」訳自分こそは(他にまさっている)と自負し、(女房たちが乗っている)さまざまの牛車ぎっしゃの御簾を下ろさせてお通りになるさまは、やはりたいそう気品をそなえている。

おもひ-たの・む オモイ—【思ひ頼む】(他マ四){ま・み・む・む・め・め}た

のみに思う。あてにする。万葉 一三・三三四「この月は君来まさむと大船の—・み用て」訳 今月はわが君が(帰って)来られるであろうとあてにして。(「大船の」は「頼む」にかかる枕詞)

おもひ-たは・る オモイタワル【思ひ戯る】(自ラ下二)〔れ・れ・る・るる・るれ・れよ〕心を寄せてたわむれる。古今 秋上「百草の花の紐解く秋の野に—・れ未む人なとがめそ」訳 さまざまな草が花を咲かせる、そんな「紐を解く」秋の野で(私は)心を寄せてたわむれよう。人よ、とがめないでくれ。(「紐を解く」に、花がほころぶ意と下紐を解き男女が親しみ合うの意をかける)

おもひ-た・ゆ オモイ—【思ひ絶ゆ】(自ヤ下二)〔え・え・ゆ・ゆる・ゆれ・えよ〕その気がなくなる。また、(他動詞的に使われて)あきらめる。源氏 朝顔「ひと言、にくしなども、人づてならでのたまはせむを、—・ゆる体ふしにもせむ」訳 たった一言、(私=光源氏のことを)気にいらないなどとでも、人づてでなく(直接に)おっしゃってくださったらそれを、(あなた=朝顔の斎院を)あきらめるきっかけにもしよう。

おもひ-たゆ・む オモイ—【思ひ弛む】(自マ四)〔ま・み・む・む・め・め〕はりつめていた心がゆるむ。油断する。源氏 葵「今はさりともと—・み用たりつるに」訳 (とにかくお産もすんだ)今はいくらなんでも(もう安心だ)と油断していた際に。

おもひ-たわ・む オモイ—【思ひ撓む】(自マ四)〔ま・み・む・む・め・め〕心の内で力を失う。気持ちがくじける。万葉 六・九三五「大夫の情は無しに手弱女の—・み用て」訳 男らしい強い心はなくて、かよわい女のように気持ちがくじけて。

おもひ-つ・く オモイ—【思ひ付く】(他カ四)〔か・き・く・く・け・け〕❶心をひかれる。また、心を寄せる。万葉 一三・三二四八「若草の—・き用にし君が目に恋ひや明かさむ長きこの夜を」訳 (私がすっかり)心をひかれてしまったあなたの目を恋しく思って、明かすことだろうか、長いこの夜を。(「若草の」は「思ひつく」にかかる枕詞)

❷思い及ぶ。思いあたる。〔平中物語〕「見てのみぞ我はもえ増す春山のよそのなげきを—・き用つつ」訳 結婚してとりわけ私は(あなたへの愛情が)燃えさかる。(草木の萌え出る)春山のどこかの投げ木ではないが、どこかの(男女の)嘆きが(われわれの結婚によって)どんなに増しているかに思いあたりながらも。(「もえ」は「燃え」と「萌え」との、「なげき」は「投げ木」と「嘆き」との掛詞)

おもひつつ… 和歌

> 思ひつつ　寝ればや人の　見えつらむ
> 夢と知りせば　覚めざらましを
> 〈古今・一二・恋二・五五二・小野小町〉

訳 (あの人のことを)思い続けて寝るので、あの人が(夢に)見えたのだろうか。もし夢だとわかっていたら、目を覚まさなかっただろうに。文法「せば…まし」は反実仮想で、現実には目を覚ましてしまったので、あの人の姿が消えてしまったの意。

おもひ-つづ・く オモイ—【思ひ続く】(他カ下二)〔け・け・く・くる・くれ・けよ〕❶思いつづける。次から次へと考える。源氏 薄雲「来し方行く末のこと残らず—・け用て」訳 (明石の君は)今までのことやこれからのことをあますところなく次から次へと考えて。

❷述懐する。感慨を歌などに詠む。平家 一〇・藤戸「左馬頭行盛、かうぞ—・け用給ふ」訳 左馬の頭行盛は、このように歌を作って述懐しなさる。

おもひ-つつ・む オモイ—【思ひ包む・思ひ慎む】(他マ四)〔ま・み・む・む・め・め〕❶心につつみ隠す。源氏 玉鬘「ひとへに物を—・み用」訳 (右近は)ひたすらにあの事件(=夕顔の死)を心につつみ隠し。

❷つつしみ控える。源氏 行幸「宮仕へは心にもあらで見苦しきありさまにや、と—・み用給ふを」訳 (玉鬘は)宮中に出仕することは自分が望んだことでもなく、みっともないさま(をさらすことになる)であろうかと、(出仕を)つつしみ控えていらっしゃるが。

おもひ-つ・む オモイ—【思ひ積む】(自マ四)〔ま・み・む・む・め・め〕思いが積もる。物思いが重なる。万葉 九・一七五七「筑波嶺のよけくを見れば長きけに—・み用来し憂へは息みぬ」訳 筑波嶺のよい景色を見ると、長い間積もりに積もってきた悩みはなくなった。

おもひ-つ・む オモイ—【思ひ詰む】(他マ下二)〔め・め・む・むる・むれ・めよ〕いちずに思い込む。源氏 薄雲「あさましうのみ—・め用てやみ給ひにしが」訳 (六条御息所が私=光源氏を)あきれるばかりただもういちずに(恨みに)思い込んで他界なさってしまったことが。

おもひ-つら・ぬ オモイ—【思ひ連ぬ】(他ナ下二)〔ね・ね・ぬ・ぬる・ぬれ・ねよ〕考えを心の中で次々に並べる。いろいろなことを思い続ける。古今 秋上「憂きことを—・ね用て雁がねの鳴きこそ渡れ秋の夜な夜な」訳 つらいことを一つ一つ思い並べるように(列をな)して、雁が鳴きながら渡って行くよ。秋の夜ごと夜ごとに。(「思ひつらね」に雁が一列に並んで飛ぶ「連ね」をかける)

おもひ-と・く オモイ—【思ひ解く】(他カ四)〔か・き・く・く・け・け〕理解して大目にみる。許す。悟る。枕 二七〇「思ひ放つまじきあたりは、いとほしなど—・け已ば」訳 ほうっておけそうにない人(について)は、(悪口を言うのも)気の毒だなどと大目にみるので。

おもひ-どち オモイ—【思ひどち】(名)互いに思い合う者どうし。また、ある人から思いを寄せられる者どうし。源氏 桐壺「上も、かぎりなき御—にて」訳 天皇(=桐壺帝)にとっても、(光源氏と藤壺の両人は)この上ないご寵愛をそそぐ者どうしなので。

おもひ-とぢ・む オモイトジム【思ひ閉ぢむ】(他マ下二)〔め・め・む・むる・むれ・めよ〕断念する。あきらめる。源氏 若菜上「老いの波にさらにたち返らじと—・め用て」訳 老年になって、決して(都に)帰るまいと(私=明石の入道は)断念して。

おもひ-とどこほ・る オモイトドコオル【思ひ滞る】(自ラ四)〔ら・り・る・る・れ・れ〕決心がにぶる。躊躇する。源氏 橋姫「出家の心ざしはもとよりものし給へるを、はかなきことに—・り用」訳 (八の宮は)出家の意向はかねがね持っておいでになったが、つまらないことのために躊躇して。

おもひ-とど・む オモイ—【思ひ止む・思ひ留む】(他マ下二)〔め・め・む・むる・むれ・めよ〕❶気持ちが先に進まないようにする。断念する。源氏 浮舟「かうまでうち出で給へれば、え—・め用給はず」訳 (浮舟獲得の計画を大内記に)こんなにまで口に出してしまわれたので、(匂宮は今さら)断念することはおできにならない。

❷心にとめる。執着する。忘れずにいる。源氏 玉鬘「かの折の心ざしばかり—・むる体人なかりしを」訳 あの当

時の(夕顔への)愛情ほど深く愛着を感じる人は(その後)いなかったけれども。

おもひ-と-る オモイ―【思ひ取る】(他ラ四){ら・り・る・る・れ・れ} ❶理解する。悟る。源氏 橋姫「世の中をかりそめのことと―・り用」訳 世の中のことをかりそめのことと悟り。❷決心する。覚悟を決める。徒然 五「かしらおろしなど、ふつつかに―・り用たるにはあらで」訳 髪をそって出家することなど、軽々しく決心したのではなくて。

おもひ-なが-す オモイ―【思ひ流す】(他サ四){さ・し・す・す・せ・せ} 次から次へと思い浮かべる。思いめぐらす。源氏 鈴虫「今宵(こよひ)の新たなる月の色には、げになほ我が世のほかまでこそよろづ―・さ未るれ」訳 今夜のあざやかな月の色には、(白居易(はくきょい)が遠く離れた友を思いやると詠じたように)なるほどほんとうにこの世の外のことまでがすべて自然にそれからそれへと思いめぐらされることだ。

おもひ-なぐさ-む オモイ―【思ひ慰む】[一](自マ四){ま・み・む・む・め・め} 心がなぐさめられる。気が晴れる。源氏 総角「この世にはいささか―・む体かたなくて過ぎぬべき身どもなめり」訳 現世では、ほんのわずかでも心のなぐさめられることもなくて死んでしまうに違いない私たち(＝大君(おおいぎみ)と中の君)であるようだ。文法「過ぎぬべき」の「ぬ」は、助動詞「ぬ」の終止形で、ここは確述の用法。[二](他マ下二){め・め・む・むる・むれ・めよ} 自分で心をなぐさめる。気を晴らす。源氏 総角「来(こ)し方のつらさはなほ残りある心地して、よろづに―・め用つるを」訳 これまでの(大君(おおいぎみ)の)薄情さは、(私＝薫(かおる)は)やはり(望みをもつ)余地がある気がして、なにかにつけて心をなぐさめていたが。

おもひ-なげ-く オモイ―【思ひ嘆く】(自カ四){か・き・く・く・け・け} 悲しんで心を痛める。嘆き悲しむ。源氏 賢木「その御ままになりなむ世を、いかならむと、上達部(かんだちめ)、殿上人(てんじょうびと)みな―・く終」訳 その(＝右大臣の)お心のままになってしまうであろう世の中を、どうなることだろうと、公卿(くぎょう)や殿上人たちはみな嘆いて心を痛める。

おもひ-なし オモイ―【思ひ為し・思ひ做し】(名) ❶思いこみなどで、それと決めてしまうこと。気のせい。源氏 賢木「殊(こと)につくろひてもあらぬ御書きざまなれど、あてに気高きは―なるべし」訳 特別にとりつくろっているのでもない御書きぶりであるが、上品で気高い(と見る)のは(光源氏の藤壺(ふじつぼ)への)思いこみのせいであろう。❷先入観をもった世間の評判。源氏 桐壺「―めでたく、人もえ貶(おと)しめ聞こえ給はねば」訳(皇女である藤壺は)評判もすばらしく、人々(＝他の女御(にょうご)や更衣)もさげすみ申しあげることはおできにならないので。

おもひ-な-す オモイ―【思ひ為す・思ひ做す】(他サ四){さ・し・す・す・せ・せ} 思いこむ。考えて…だと決める。伊勢 九「その男、身をえうなきものに―・し用て」訳 その男は、自分の身を役に立たないものと思いこんで。

おもひ-なずら-ふ オモイナズラ(ロ)ウ【思ひ準ふ】(他ハ下二){へ・へ・ふ・ふる・ふれ・へよ} 心の中でくらべ合わせる。思いくらべる。源氏 若菜下「人がらも、なべての人に―・ふれ已ば、けはひことなくおはすれど」訳(女二の宮は)人柄も、普通の人に思いくらべると、ようすは段違いにすぐれていらっしゃるけれども。→思ひ寄(よ)そふ 参考

おもひ-なだら-む オモイ―【思ひ宥らむ】(他マ下二){め・め・む・むる・むれ・めよ} 寛大、平穏に考える。源氏 若菜上「今は、世の中を、みなさまざまに―・め用て」訳 今は、男女の仲を、みなそれぞれ(十人十色)だと穏やかに考えて。

おもひ-なほ-す オモイナオス【思ひ直す】(他サ四){さ・し・す・す・せ・せ} 考えを変える。思い改める。考え直す。枕 九五「ねたきもの…書きてやりつるのち、文字一つ二つ―・し用たる」訳 くやしいもの、…(手紙を)書いて送ったあとに、文字を一つか二つ考え直したの。

おもひ-なほ-る オモイナオル【思ひ直る】(自ラ四){ら・り・る・る・れ・れ} 気持ちがもとのようになる。機嫌が直る。枕 八二「さてのちぞ、袖の几帳(きちゃう)などとり捨てて、―・り用給ふめりし」訳 それからのちは、(頭の中将は私に対し)袖を几帳のようにして顔をふさぐのなどをやめて、気持ちがもとのようになりなさるようだった。

おもひ-なら-ふ オモイナラ(ロ)ウ【思ひ習ふ・思ひ慣らふ】[一](自ハ四){は・ひ・ふ・ふ・へ・へ} いつも思う。いつも心にかける。そう思うのが習慣となる。源氏 若菜下「人より先なりけるけぢめにや、とりわきて―・ひ用たるを」訳 他の兄弟より先であった(＝先に生まれた)という違い(のため)であろうか、(両親は)特別に(私＝柏木(かしわぎ)を)いつも心にかけていたので。[二](他ハ四){は・ひ・ふ・ふ・へ・へ} 習いおぼえる。思い知る。伊勢 三八「君により―・ひ用ぬ世の中の人はこれをや恋といふらむ」訳 あなたのおかげで思い知った。世間の人はこの気持ちを恋と言っているのだろうか。

おもひ-な-る オモイ―【思ひ成る】(自ラ四){ら・り・る・る・れ・れ}(しだいに)その考えになる。そういう気になる。大和 一五六「責められわびて、さしてむと―・り用ぬ」訳 責められて困って、そうしよう(＝おばを山に捨てよう)と考えるようになってしまった。

おもひ-ね オモイ―【思ひ寝】(名) 人を恋しく思いつつ寝ること。何かを思いながら寝ること。古今 恋二「君をのみ―に寝し夢なればわが心から見つるなりけり」訳 あなたのことばかり恋しく思いつつ寝ることで見た夢なので、私の(恋)心がもとで(この夢を)見たのであったなあ。

おもひ-ねん-ず オモイ―【思ひ念ず】(自サ変){ぜ・じ・ず・ずる・ずれ・ぜよ} ❶心の中でじっとこらえる。源氏 東屋「北の方、このほどを見捨てて知らざらむもひがみたらむと―・じ用て」訳 北の方(＝中将の君)は、この(不本意な婚儀の)ありさまを見捨てて世話をしないとしたらそれもひねくれているであろうと(不快感を)じっとこらえて。❷一心に祈る。〔栄花〕さまざまのよろこび「大殿の御悩みのかくいみじきを、誰(たれ)も同じ心に―・じ用聞こえ給ふ」訳 大殿(＝兼家(かねいえ))の御病気がこのように重いのを、誰も皆同じ気持ちで(平癒を)一心に祈り申しあげなさる。

おもひ-のど-む オモイ―【思ひのどむ】(他マ下二){め・め・む・むる・むれ・めよ}(動揺する)心を落ち着かせる。気持ちをのどかにする。源氏 総角「仏を念じ給へど、いとど―・め未む方なくのみあれば」訳(薫(かおる)は)仏にお祈りになるが、いよいよ(悲嘆の)気持ちを落ち着かせるような方法がまったくないので。

おもひ-の-ほか オモイ―【思ひの外】(形動ナリ){なら・なり(に)・なり・なる・なれ・なれ} 思いがけないさま。意外だ。更級 梅の立枝「なほ頼め梅の立ち枝(え)は契りおかぬおもひのほか(語幹)の人も訪(と)ふなり」訳 今後もやはり、あてにして待て。梅の高く伸びた枝は(外からも見えるので)、前もって約束していない思いがけない人まで訪れるそうだ(から)。⇨あさ

まし「慣用表現」

おもひ-はか・る オモイ【思ひ量る・思ひ計る】(他ラ四)〔ら・り・る・る・れ・れ〕考えをめぐらす。あれこれと考慮する。竹取 火鼠の皮衣「かぐや姫のやもめなるを嘆かしければ、よき人にあはせむと―・れ已ど」訳(竹取の翁(おきな)は)かぐや姫が独身でいることが嘆かわしいので、よい人と結婚させようとあれこれ思案するが。

おもひ-は・つ オモイ【思ひ果つ】(他タ下二)〔て・て・つ・つる・つれ・てよ〕❶考えぬいて、結論を出す。(特に、悲観的に考え、思いつめる意から)見限る。源氏 宿木「あるにまかせておいらかならむと―・て用て」訳(中の君は)なりゆきにまかせて穏やかでいようと考えたうえ、わりきって(素直にふるまい)。源氏 賢木「つらきものに―・て用給ひなむもいとほしく」訳(六条御息所(みやすどころ)が自分=光源氏を薄情な者として思いあきらめておしまいになるのも気の毒で。❷最後まで愛する。思いとおす。源氏 空蟬「あこはらうたけれど、つらきゆかりにこそえ―・つ終まじけれ」訳おまえ(=小君)はかわいいけれども、冷淡な人(=空蟬(うつせみ))の縁つづきだから、最後まで愛することはできそうにない。

おもひ-はな・つ オモイ【思ひ放つ】(他タ四)〔た・ち・つ・つ・て・て〕忘れ去ってかえりみない。きっぱり断念する。見限る。源氏 柏木「かのおとども、さいふとも、いとおろかにはよも―・ち用給はじ」訳あの大殿(=光源氏)も、たとえそう(=夫婦の仲が冷たいと)いっても、(女三の宮を)ひどく疎略には、まさか捨ててかえりみないでいらっしゃらないだろう。

おもひ-はな・る オモイ【思ひ離る】(自ラ下二)〔れ・れ・る・るる・るれ・れよ〕物事から心が離れる。心にかけないでいる。源氏 明石「今はと世を―・るる体心のみまさり侍れど」訳(私=光源氏は)こんな状態の今となってはと、俗世を心にかけないでいる気持ちばかりが強くなりますが。

おもひ-はばか・る オモイ【思ひ憚る】(自ラ四)〔ら・り・る・る・れ・れ〕考えて遠慮する。気がねする。源氏 須磨「さしあたりて、いちはやき世を―・り用て参り寄るもなし」訳当面、厳しい世間(=右大臣一派の権勢)に気がねして、(光源氏の邸(やしき)に)参上し立ち寄る人もない。

おもひ-びと オモイ【思ひ人】(名)思いしたう人。恋人。愛人。枕 二六五「心地などのむつかしきころ、まことまことしき―のいひなぐさめたる」訳気分などのすぐれないとき、いかにも誠実な恋人がことばをかけて慰めてくれたの(は心強い)。

おもひ-ふ・す オモイ【思ひ臥す】■一(自サ四)〔さ・し・す・す・せ・せ〕思いながら寝る。源氏 玉鬘「その夜は御前(まへ)にも参らで、―・し用たり」訳その夜は、(右近(うこん)は紫の上の)御前にも参上せず、(玉鬘(かづら)のことを)思いながら寝た。■二(他サ下二)〔せ・せ・す・する・すれ・せよ〕信じる。思いこむ。〔新撰六帖〕「わがものと―・せ用たる人妻は」訳自分のものと思いこんでいる人妻は。

おもひ-へだ・つ オモイ【思ひ隔つ】(他タ下二)〔て・て・つ・つる・つれ・てよ〕心の中で分け隔てする。疎外する。源氏 宿木「おぼつかなく絶えこもり果てぬるは、こよなく―・て用けるなめり」訳気がかりになるほど宇治(うぢ)に交際を絶って引きこもりきりになってしまうのは、格別に(私=中の君を)疎外したのであるようだ。

おもひ-まう・く オモイモウク【思ひ設く】(他カ下二)〔け・け・く・くる・くれ・けよ〕あらかじめ用意する。前もって考えておく。源氏 浮舟「人に見つけられず出(い)でて行くべき方(かた)を―・け用つつ」訳(浮舟(うきふね)は)人に見つけられないで(家を)抜け出して行くことのできる方法を前もって考え考えして。

おもひ-まが・ふ オモイ ガ(ゴ)ウ【思ひ紛ふ】(他ハ下二)〔へ・へ・ふ・ふる・ふれ・へよ〕あるものを他のものと思い違える。錯覚する。源氏 胡蝶「あやしう、ただそれかと―・へ未らるる折々こそあれ」訳不思議に、まるで(母=夕顔)その人かと自然と思い違えられる折々がある。

おもひ-ま・す オモイ【思ひ増す】(他サ四)〔さ・し・す・す・せ・せ〕思う気持ちが増す。ますます恋しい心がつのる。伊勢 三三「葦辺(あしべ)より満ちくる潮のいやましに君に心を―・す体かな」訳葦の生えているあたりから満ちてくる潮のように、いよいよますますあなたを思う気持ちが増してくるよ。

おもひ-ま・す オモイ【思ひ優す】(他サ四)〔さ・し・す・す・せ・せ〕(あるものを)他よりすぐれていると思う。源氏 宿木「按察(あぜち)の君とて、人よりは少し―・し用給へるが局(つぼね)におはして」訳(薫(かをる)は)按察の君といって、他の者よりは多少すぐれているとお思いになっている女房の局にいらっしゃって。

古語ライブラリー⑪ 五十音図の起源

五十音図は、古代インドで使用されていた文字である悉曇(しったん)の研究、悉曇学の知識によって「日本語に用いる音」を体系だてて整理したものだとも、漢字音の反切(はんせつ)のために作られたものだともいわれる。

漢字音の反切というのは、漢字の音を示すのに、「祭　側界反」「天　他前切」のように、二つの漢字を用いることである。上の字で子音(語頭)、下の字で韻(語尾)を示す。ローマ字が知られていない時代だから、音図によって考えた。

右の例を今日の漢字音に置き換えていうなら、「側」の音はソク、「界」の音はカイ、ソの行のカの段はサ、だから「祭」の音はサイになる(sok＋kai→sai)。「他」の音はタ、「前」の音はセン(ゼンは呉音)、タ行のセの段はテ、だから「天」の音はテンになる(ta＋sen→ten)。

五十音図がいつごろできたものか、はっきりしたことはわからない。現存最古の音図は、寛弘・万寿年間(一〇〇四―一〇二八)の成立と推測される醍醐寺(だいごじ)蔵『孔雀経音義(くじゃくきょうおんぎ)』の巻末に載せられているものである。この図はア行とナ行が欠けていて、キコカケク・シソサセス・チトタテツ・イヨヤエユ・ミモマメム・ヒホハヘフ／ヰヲワヱウ・リロラレルというｉｏａｅｕ順の配列ではあるが、組織だった完成度の高い四十音図である。なお、ハ行とワ行とが並べて記されているのは、当時すでに語頭以外のハ行音がワ行音に発音される「ハ行転呼音」現象が広く行われていたためと考えられる。

五十音のそろった音図は、承暦三年(一〇七九)書写の大東急記念文庫蔵『金光明最勝王経音義(こんこうみょうさいしょうおうきょうおんぎ)』に載せられているものがよく知られている。この音図では、ラ・ワ・ヤ・ア・マ・ナ行とハ・タ・カ・サ行の順に書かれている。

⇩三一七ページ⑫

おもひ‐まど・ふ オモイマドウ【思ひ惑ふ】(自ハ四)｛は・ひ・ふ・ふ・へ・へ｝どうしてよいのか迷う。途方にくれる。更級 初瀬「風の吹きまどひたるさま、恐ろしげなること、命限りっと—・は㊄る」訳 風が吹き荒れているようすが、恐ろしそうなことは、命が終わったと思い迷わずにはいられない。

おもひ‐まは・す オモイマワス【思ひ回す】(他サ四)｛さ・し・す・す・せ・せ｝考えをめぐらす。思案する。枕 八二「たどたどしき真名に書きたらむも、いと見ぐるしと、—・す㊍ほどもなく、責めまどはせば」訳 おぼつかない漢字で書いたならばそれも、まったくみっともないと、思案するひまもなく、(返事を)せきたてて困らせるので。

おもひまはせばをぐるまの… 歌謡

思ひまはせば小車の　思ひまはせば小車の　わづかなりけるうき世かな　〈閑吟集〉

序詞　輪

訳 あれこれと何度思いをめぐらせてみても、小さな車があくせく回っているように、まったくはかないこの世の中であることよ。修辞「小車」の「車」と「回す」は縁語。「わづか」の「わ」に「輪」をかけ、「小車の輪」から同音で「わづか」を導く。解説 近江猿楽「葵の上」に「うき世は牛の小車の、巡るや報いなるらん」とあり、「車争い(=権力争い)」を皮肉ったとの見方も成立する。

おもひ‐みだ・る オモイ【思ひ乱る】(自ラ下二)｛れ・れ・る・るる・るれ・れよ｝あれこれ思って心が乱れる。思い悩む。枕 三三「などさは臆せしにか、すべて、おもてさへあかみてぞ—・るる㊍や」訳 なぜそんなには気おくれしたのであろうか、まったく、顔まで赤くなって思案にくれることだった。

おもひ‐み・る オモイミル【思ひ見る・惟る】(他マ上一)｛み・み・みる・みる・みれ・みよ｝思いめぐらす。十分考える。万葉 一二・二九八六「梓弓引きみゆるへみ—・み㊊てすでに心は寄りにしものを」訳 梓弓を引いたりゆるくしたりするように、あれこれと思案して、すっかり心は(あなたに)寄り添ってしまったのに。

おもひ‐むすぼほ・る オモイムスボオル【思ひ結ぼほる】(自ラ下二)｛れ・れ・る・るる・るれ・れよ｝「おもひむすぼる」に同じ。源氏 夕霧「尼になりなむと—・れ㊊給ふめれば」訳 (落葉の宮は)尼になってしまおうとふさぎこんでいらっしゃるようなので。

おもひ‐むすぼ・る オモイ【思ひ結ぼる】(自ラ下二)｛れ・れ・る・るる・るれ・れよ｝あれこれ思い、胸がふさがる。ふさぎこむ。「思ひ結ぼほる」とも。万葉 一八・四一一六「ねもころに—・れ㊊嘆きつつ」訳 ねんごろに(=心の底から)思いが解けずにふさぎこんでため息をくりかえし。

おもひ‐むつ・ぶ オモイ【思ひ睦ぶ】(自バ上二)｛び・び・ぶ・ぶる・ぶれ・びよ｝むつまじく思う。気を許す。愛し親しむ。源氏 夕顔「親しく—・ぶる㊍すぢはまたなくなむ思ほえし」訳 (私=光源氏が)むつまじく気を許せる人は、(あなた=乳母のほかには)またといないと思われた。

おもひ‐めぐら・す オモイ【思ひ廻らす】(他サ四)｛さ・し・す・す・せ・せ｝あれこれと考える。じっくり思案する。竹取 仏の御石の鉢「天竺にある物も持て来ぬものかはと—・し㊊て」訳 (たとえ)天竺(=インド)にある物でも、持って来ずにはおくものかとあれこれ思案して。

おもひ‐やすら・ふ オモイヤスラ(ロ)ウ【思ひ休らふ】(自ハ四)｛は・ひ・ふ・ふ・へ・へ｝あれこれ考えてためらう。源氏 夕顔「いさよふ月にゆくりなくあくがれむことを、女は—・ひ㊊」訳 (西の山の端に入りかねてためらっている月のように不意に(この家を)ふらふらとさまよい出るようなことを、女(=夕顔)は決心がつかずにためらい。

おもひ‐や・む オモイ【思ひ止む】(他マ四)｛ま・み・む・む・め・め｝思わなくなる。思い切る。万葉 二・一四九「人はよし—・む㊎とも玉鬘影に見えつつ忘らえぬかも」訳 人はたとえ(=この悲しみを)思わなくなるとしても、(私は亡き天智天皇が)いつも面影に見えて(とても)忘れることができないことだ。(「玉鬘」は「影」にかかる枕詞)

おもひ‐やり オモイ【思ひ遣り】(名) ❶(人の身の上や心中などを)推察すること。同情すること。源氏 末摘花「—少なう、御心のままならむもことわりと思ふ」訳 (光源氏が、女性に対して)同情することが少なく、御心のまま(=わがまま)であるようなのも当然だと(命婦は)思う。❷(先々のことなどに対する)思慮。分別。源氏 真木柱「—深うおはする人にて、聞きあきらめ、恨み解け給ひにたなり」訳 (蛍兵部卿の宮は)思慮深くいらっしゃる人なので、(事情を)聞いて了解し、(私=光源氏への)恨みはなくなってしまっていらっしゃるようである。

おもひ‐や・る オモイ【思ひ遣る】(他ラ四)｛ら・り・る・る・れ・れ｝❶遠くに思いをはせる。また、想像する。伊勢 九「その河のほとりに群れゐて、—・れ㊀ば、限りなく遠くも来にけるかなとわびあへるに」訳 その河のほとりにみんなで腰をおろして、(故郷のほうに)思いをはせると、限りなく遠くまでも来てしまったものだなあと互いに心細く思って嘆いていると。❷人の身の上・心情などに思いをめぐらす。おしはかって同情する。気づかう。源氏 桐壺「いはけなき人をいかにと—・り㊊つつ、もろともにはぐくまぬおぼつかなさを」訳 幼い人(=光源氏)を、(祖母であるあなたと)いっしょに育てないのが気がかりさよ。文法 文末の「を」は間投助詞で、感動・詠嘆を表す。⇩ ❸憂いの気持ちなどを払う。気を晴らす。万葉 三・三二六「—・る㊍すべのたづきも今はなし君に逢はずて年の経ぬれば」訳 胸の思いを晴らす手だての手がかりも今はない。あなたに逢わないで年がたってしまったので。

おもひ‐ゆづ・る オモイユズル【思ひ譲る】(他ラ四)｛ら・り・る・る・れ・れ｝(安心して)人にまかせる。源氏 東屋「思ふ人具したるは、おのづからと—・ら㊄れて」訳 (父親など世話してくれる人のそろっている娘たちは、自然に(良縁が得られるだろうと)ついそちらまかせになって。

おもひ‐ゆる・す オモイ【思ひ許す】(他サ四)｛さ・し・す・す・せ・せ｝考慮のうえ、許す。また、認める。源氏 夢浮橋「さまざまに罪重き御心をば、僧都に—・し㊊聞こえて」訳 さまざまに罪の重い(あなた=浮舟の)お心については、(あなたに戒を授けた僧都(の立場)を考慮して許し申しあげて。

おもひ‐よ・す オモイ【思ひ寄す】(他サ下二)｛せ・せ・す・する・すれ・せよ｝(他の物事と)結びつけて考える。思い合わせる。源氏 帚木「もてはなれたることをも—・せ㊊てうたがふも、をかしとおぼせど」 訳 見当がはずれていることをも、(頭の中将がその手紙の主に)結びつけて考えて疑うのも、(光源氏は)おもしろいとお思いになるが。

おもひ-よそ・ふ（オモイヨソウ）【思ひ寄そふ・思ひ準ふ】（他ハ下二）{へ・へ・ふ・ふる・ふれ・へよ}考え合わせて関係づける。相通じるところがあるものと見なす。徒然 七一「人も、今見る人の中に—・へ㊀らるるは、誰もかく覚ゆるにや」 訳 (物語中の)人物も、今現に見る(実在の)人の中に自然と思い合わせられるのは、(自分だけではなく)だれでもこのように感じるのであろうか。

参考 類義語「おもひなずらふ」が相異なるものの中に観念的に共通点を見出だし、それを同格に扱うのに対して、「おもひよそふ」は具象的・感覚的に相通じるものの ある両者を関係づけて考える。

おもひ-よ・る（オモイ）【思ひ寄る】（自ラ四）{ら・り・る・る・れ・れ}❶気づく。また、思いあたる。考えおよぶ。源氏 葵「うちほほゑみてのたまふ御気色を、心ときものにて、ふと—・り㊁ぬ」 訳 (光源氏が)笑みを含んでおっしゃるごようすに、(惟光は)察しのよい男なので、(これは三日夜の餅だと)さっと気づいた。徒然 一八九「頼みたる方のことはたがひて、—・ら㊀ぬ道ばかりはかなひぬ」 訳 期待していたほうのことはあてがはずれて、思いおよばないことだけはうまくいってしまう。

❷心がひかれる。また、懸想する。求婚する。源氏 若菜下「猫には思ひおとし奉るにや、かけても—・ら㊀ぬぞくちをしかりける」 訳 (真木柱を)猫よりは軽くお思い申しあげているのだろうか、(柏木が真木柱に)まるで心ひかれていないのは残念であった。源氏 夕顔「わがいとよく—・り㊁ぬべかりしことをゆづり聞こえて」 訳 自分(=惟光)がほんとうにうまく(夕顔に)言い寄ることができたにちがいないことであるのに、(光源氏に)お譲り申しあげるとは。 文法 「おもひよりぬべかりし」の「ぬ」は、助動詞「ぬ」の終止形で、ここは確述の用法。

おもひ-よわ・る（オモイ）【思ひ弱る】（自ラ四）{ら・り・る・る・れ・れ}気が弱くなる。我を折る。源氏 薄雲「『渡り給ひては勝るべし』とのみ言へば、—・り㊁にたり」 訳 (陰陽師が)「お移りになったほうが(運勢は)よくなるであろう」とばかり言うので、(明石の君は)気が弱くなってしまった。

おもひ-わ・く（オモイ）【思ひ分く】（他カ四・下二）{か・き・く・く・け・け／け・け・く・くる・くれ・けよ}分別する。また、識別する。区別して考える。源氏 帚木「ともかくも—・か㊀(四段)れず、物におそはるる心地して」 訳 (空蟬は)何とも分別することができず、何かの霊に襲われる感じがして。源氏 鈴虫「空にたくは、いづくの煙ぞと—・か㊀(四段)れぬこそよけれ」 訳 どこからともなく匂ってくるように香を焚く場合は、どこ(から)の煙であるかと識別されないのがよいのだ。源氏 東屋「母なる者も、これをこと人と—・け㊁(下二段)たることとくねり言ふ事侍りて」 訳 (浮舟の)母親である者も、この人(=浮舟)を他の人(=実の娘)と分け隔てをしていることとひがんで言うことがございまして。

参考 古くは四段活用が、後世は下二段活用が多い。

おもひ-わた・る（オモイ）【思ひ渡る】（他ラ四）{ら・り・る・る・れ・れ}思い続けて月日を送る。ずっと思い続ける。伊勢 九〇「つれなき人を、いかでと—・り㊁ければ」 訳 (男が自分の気持ちに)何の反応も示さない女を、どうかして(なびかせたいものだ)と長い間思い続けていたところ。

おもひ-わづら・ふ（オモイワズラ(ロ)ウ）【思ひ煩ふ】（自ハ四）{は・ひ・ふ・ふ・へ・へ}あれこれと思い悩む。平家 六・小督「いづくか王地ならぬ、身をかくすべき宿もなし。いかがせんと—・ふ㊃」 訳 どこが天皇の領地でなかろうか(いや、どこもすべて天皇の領地であり)、身を隠すのにふさわしい家もない。どうしようかと(仲国は)あれこれと思い悩む。

おもひわび… 和歌 《百人一首》

> 思ひ侘び　さても命は　あるものを
> 憂きに堪へぬは　涙なりけり
> 〈千載・一三・恋三・八一八・道因〉

訳 思い悩み嘆いて(そのつらさで死んでしまうかと思われたが)、それでも命はあるというのに、つらさに堪えられないのは、(むしろ)涙のほうだったのだ。 文法 「さても」は副詞。そうであってもの意。「ものを」は、逆接の接続助詞。

解説 自分につれない恋人を嘆いた歌。「命」は下の「涙」と対比表現になっており、「憂きに堪へぬ」ものが命ではなくて、むしろ意志の力で抑制できそうに思われる涙であるというところに、この歌の発見がある。

おもひ-わ・ぶ（オモイ）【思ひ侘ぶ】（自バ上二）{び・び・ぶ・ぶる・ぶれ・びよ}(どうしてよいのかわからなくなって)思い悩む。ふさぎこむ。源氏 桐壺「事に触れて、数知らず苦しきことのみまさればいといたう—・び㊁たるを」 訳 何かにつけて、数えきれないほどつらいことばかりが増えるので、(桐壺の更衣が)ほんとうにひどくめいってふさぎこんでいるのを。

おもひ-を-か・く（オモイ）【思ひを懸く】望みをかける。執着する。方丈 二「官・位に—・け㊁、主君のかげを頼むほどの人は」 訳 官職や位階に望みをかけ、主君の恩恵をあてにするぐらいの人は。

おも・ふ（オモウ）【思ふ】（他ハ四）{は・ひ・ふ・ふ・へ・へ}❶考える。思案する。徒然 二九「静かに—・へ㊂ば、よろづに過ぎにしかたの恋しさのみぞせんかたなき」 訳 静かに思案すると、何かにつけて過ぎ去ってしまったころの懐かしさばかりはどうしようもない。 文法 「ぞせんかたなき」は、係り結び。⇩思す「敬語ガイド」

❷過ぎたことを思いおこす。回想する。徒然 一三七「逢はでやみにしうさを—・ひ㊁」 訳 恋が成就しないで終わってしまったつらさを思い出し。

❸**望む。願う。**徒然 二三一「年ごろ—・ひ㊁つること、はたし侍りぬ」 訳 長年願っていたことを、果たしました。

❹**愛する。恋しく思う。**古今 恋一「行く水に数かくよりもはかなきは—・は㊀ぬ人を—・ふ㊃なりけり」 訳 流れる水に数を書きつけるのよりももっとはかないのは、いとしく思ってくれない人を恋することだったなあ。

❺**心配する。悩む。嘆く。**竹取 かぐや姫の昇天「かの都の人はいとけうらに、老いをせずなむ。—・ふ㊃こともなく侍るなり」 訳 あの(月の)都の人はたいそう美しくて、年をとらずに(おります)。悩むこともないのでございます。 文法 係助詞「なむ」のあとに結びの語「侍る」などが省略されている。

❻**推量する。予期する。**徒然 一八九「日々に過ぎゆくさま、かねて—・ひ㊁つるには似ず」 訳 日ごとに経過してゆく状態は、前もって予期していたことには似ていない。

おもふ-おもふ（オモフオモウ）【思ふ思ふ】(副)思いながら。源氏 宿木「憂き事出(い)で来(こ)むものぞとは、—過ぐしつる世ぞかし」訳 つらい出来事が起こるにちがいないことだとは思いながら過ごしてきた世だよ。

おもふ-さま（オモウ）—【思ふ様】一 (名)思うところ。考え。源氏 若紫「この人一人にこそあれ、—異(こと)なり」訳 (子どもは)この人(=明石の君)一人きりであるよ、(だから、この娘の将来について)思うところは特別なのだ。
二 (形動ナリ){なら・なり(に)・なり・なる・なれ・なれ}思う存分。思いどおりであるさま。理想的なようす。枕 七九「しぶしぶに思ひたる人を、しひて婿取りて、—・なら㊍ずとなげく」訳 気がすすまないと思っている男を、むりに婿に迎えて、(結果が)思うとおりでないと嘆くの(はつまらないものだ)。

おもふ-どち（オモウ）—【思ふどち】(名)親しい者どうし。古今 春下「—春の山辺にうち群れてそこともいはぬ旅寝してしが」訳 親しい仲間どうしが春の山辺にともに出かけて、どこというあてもない(気ままな)旅寝をしたいものだ。

おもへ-らく（オモエ）—【思へらく・以為へらく】思っていること(には)。考えること(には)。
なりたち 四段動詞「思ふ」の已然形「おもへ」+完了の助動詞「り」=「おもへり」のク語法

おもほえ-ず（オモオエ）—【思ほえず】思いがけなく。意外にも。伊勢 一「—ふるさとに、いとはしたなくてありければ、心地まどひにけり」訳 思いがけなく(さびれた)旧都に、(美しい姉妹が)たいそう似つかわしくないようすで住んでいたので、(男は)心が乱れてしまった。⇩あさまし「慣用表現」
なりたち 下二段動詞「思ほゆ」の未然形「おもほえ」+打消の助動詞「ず」の連用形「ず」

おもほ-し（オモオシ）【思ほし】(形シク){しから・しく(しかり)・し・しき(しかる)・しけれ・しかれ}心に思い考えている。願わしい。万葉 一八・四一二五「—・しき㊍言(こと)も語らひ慰むる心はあらむを」訳 心のうちに思っていることをも語りあって慰める気持ちはあろうに。

おもほし-い-づ（オモオシイズ）【思ほし出づ】(他ダ下二){で・で・づ・づる・づれ・でよ}「思ひ出づ」の尊敬語。お思い出しになる。源氏 桐壺「一の宮を見奉らせ給ふにも、若宮の御恋しさのみ—・で㊊つつ」訳 (桐壺帝は)第一皇子を拝見なさるにつけても、若宮(=光源氏)を慕わしく思うお気持ちばかりをたびたびお思い出しになって。

おもほし-おき-つ（オモオシ）—【思ほし掟つ】(他タ下二){て・て・つ・つる・つれ・てよ}「思ひ掟つ」の尊敬語。お思いになって取りはからう。思い定めなさる。源氏 桐壺「この御子(みこ)生(む)まれ給ひて後は、いと心ことに—・て㊊たれば」訳 この御子(=光源氏)がお生まれになってからは、(桐壺帝は母君を)たいそう特別にお思いになり取りはからっているので。

おもほし-め-す（オモオシ）—【思ほし召す】(他サ四){さ・し・す・す・せ・せ}〔四段動詞「思ほす」の連用形「おもほし」に尊敬の補助動詞「めす」の付いたもの〕「思ふ」の尊敬語。お思いになられる。お考えになられる。万葉 一五・三七三六「遠くあれば一日一夜も思はずてあるらむものと—・す㊍な」訳 遠くにいるので、一日一晩でも(私があなたのことを)思わないでいるであろうことだと、お考えになられるな。⇩思(おぼ)す「敬語ガイド」
参考 尊敬の動詞「思ほす」より敬意が強く、主として上代に使われた。平安時代以降は「おぼしめす」がこれに代わる。

おもほ-す（オモオス）【思ほす】(他サ四){さ・し・す・す・せ・せ}〔四段動詞「思ふ」の未然形「おもは」に上代の尊敬の助動詞「す」が付いた「おもはす」の転〕「思ふ」の尊敬語。お思いになる。万葉 一八・四〇九九「いにしへを—・す㊍らしもわご大君吉野(よしの)の宮をあり通ひ見(め)す」訳 昔(の盛んだった御代)をお思いになるにちがいないよ。わが大君は吉野の宮に絶えず通って(すぐれた景色を)ご覧になる。文法「も」は、感動を表す終助詞。「見(め)す」は、「見る」の尊敬語。⇩思(おぼ)す「敬語ガイド」
参考 主として上代に使われ、平安時代になっても使われたが、「おぼす」のほうが圧倒的に多くなっていく。

おもほ-ゆ（オモオユ）【思ほゆ】(自ヤ下二){え・え・ゆ・ゆる・ゆれ・えよ}〔四段動詞「思ふ」の未然形「おもは」に上代の自発の助動詞「ゆ」の付いた「おもはゆ」の転〕**自然に思われる。**しのばれる。万葉 五・八〇二「瓜食(は)めば子ども—・ゆ㊍栗(くり)食めばまして偲(しぬ)はゆ」訳 →うりはめば…和歌

おも-むき【趣】(名)❶ようす。ありよう。源氏 少女「心ざしの深さ浅さの—をも見定めて」訳 (夕霧の雲居(くもい)の雁(かり)への)愛情の深さ浅さのようすをも見定めて。
❷趣旨。意図。方丈 五「仏の教へ給ふ—は、事にふれて執心なかれとなり」訳 仏のお教えになる趣旨は、何かにつけて執着心を持つなということだ。⇩執心(しふしん)「名文解説」
❸風情。情趣。おもしろみ。〔去来抄〕先師評「病雁(びやうがん)は、格高く—かすかにして、いかでかここを案じつけん」訳 (芭蕉(ばしよう)の)病雁(の句)は、品格が高く情趣も幽玄であって、どうしてこの句境に考え及ぼうか(とても考え及ばないことだ)。

おも-む-く【趣く・赴く】〔「面(おも)向く」の意〕一 (自カ四){か・き・く・く・け・け}❶(ある方向に)**向く。向かう。**向かって行く。竹取 竜の頸の玉「この吹く風は、…よき方(かた)に—・き㊊て吹くなり」訳 この吹く風は、…都合のよい方向に向かって吹くのだ。(「なり」を推定の助動詞とし、「吹くようだ」とする説もある)
❷従う。同意する。源氏 玉鬘「『思ふさまになりなば…』など語らふに、二人は—・き㊊にけり」訳 「(玉鬘(たまかずら)が自分の)思うようになったら…」などと話を持ちかけると、二人は(大夫(たいふ)の監(げん)に)同意したのだった。
二 (他カ下二){け・け・く・くる・くれ・けよ}❶(ある方向に)**向かわせる。**向かって行かせる。源氏 橋姫「ことさらに仏などのすすめ—・け㊊給ふやうなるありさまにて」訳 わざわざ仏などが(出家を)勧めて仕向けてくださるようなありさまで。
❷従わせる。同意させる。〔隆信朝臣集〕詞書「いと心強かりける人を言ひ—・け㊊て」訳 ひどくつれなかった人を(あれこれ)言って同意させて。
❸意中をほのめかす。話題とする。源氏 須磨「女君は『…』と—・け㊊て、うらめしげにおぼいたり」訳 女君(=紫の上)は「…」と意中をほのめかして、(光源氏の措置を)恨めしそうに思っていらっしゃる。
参考 対義語は「そむく(=背を向ける)」。

おも-むけ【趣け・赴け】(名)〔ある方向へ向けようとする意〕仕向け。意向。源氏 手習「かかる方(かた)に、思ひ限りつるありさまになむ。心の—もさのみ見え侍るを」訳 (浮舟(うきふね)は)このようなさま(=尼姿)で、(憂き世のことを)断

念してしまったようすで〔ございます〕。心の向けようもそのように〔世を捨てるほうへと〕ばかり思われますよ。

おも‐もち【面持ち】(名)顔つき。表情。源氏 紅葉賀「おなじ舞のあしぶみ―、世に見えぬさまなり」訳 同じ(青海波の)舞が、(光源氏の舞は)足拍子も顔つきもこの世のものとは思われないありさまである。

おも‐や【母屋・主屋】(名)❶寝殿造りの建物で、廂にかこまれた中央の部分。ふつう「もや」という。竹取 かぐや姫の昇天「―の内には、嫗どもを番にをりて守らす」訳 寝殿の中央の部分の内には、嫗どもを見張り番にいさせて(かぐや姫を)守らせる。❷(離れ・物置・長屋などに対して)中心となる家屋。〔浮・世間胸算用〕「裏に隠居して当年九十二なれども、目がよく足立って、―へきたり」訳 (あるじの母親は)裏手のほうに隠居して今年九十二歳であるが、目がよく見えしっかりした足どりで、母屋に来た。❸(分家・支店に対して)本家。本店。〔浮・世間胸算用〕「―よりわかりて、…乗り物に乗りて人並みに越されし」訳 本家から分かれて、…乗り物に乗って〔親旦那は次男の家に〕ごくふつうに引っ越された。文法「し」は、過去の助動詞「き」の連体形。連体形が終止形の機能を持つようになったのは室町時代以降。

おも‐やう【面様】(名)顔だち。おもざし。源氏 朝顔「かむざし、―の、恋ひ聞こゆる人の面影にふとおぼえてめでたければ」訳 (紫の上の)髪かたちや顔だちが、お慕い申しあげる人〔＝藤壺〕の面影にふっと似ていて魅力的なので。

おも‐や・す【面瘦す】(自サ下二)〔せ・せ・す・する・すれ・せよ〕(病気や心労などで)顔がやせ細る。やつれる。源氏 桐壺「うつくしげなる人の、いたう―・せ用て」訳 かわいらしいようすの人〔＝桐壺の更衣〕が、ひどく面やつれして。

おもり‐か【重りか】(形動ナリ)〔なら・なり(に)・なり・なる・なれ・なれ〕❶(目方の)重そうなさま。源氏 末摘花「つつみに衣箱の―・に用古代なる、うち置きておし出でたり」訳 (命婦は)包むための布(の上)に衣箱で重そうで古めかしいものを置いて、さし出した。❷(態度・信望などが)重々しいさま。重厚で、落ち着いたさま。源氏 蜻蛉「―・なる体方ならで、ただ心安くらうたき語らひ人にてあらせむ」訳 (浮舟を)重々しくて軽はずみには扱えない方〔＝本妻〕でなくて、ただ気の置けないかわいい話し相手としていさせよう。

おも・る【重る】(自ラ四)〔ら・り・る・る・れ・れ〕❶(目方が)重くなる。今昔 一九・四「人多く居て屋―・り用にければ」訳 人が大勢座って(堂の)建物が重くなってしまったので。❷病気が重くなる。源氏 桐壺「日々に―・り用給ひて、ただ五六日のほどにいと弱うなれば」訳 (桐壺の更衣は)日に日に病気が重くなられて、ほんの五、六日の間にたいそう衰弱するので。

おも‐わ【面輪】(名)顔の輪郭。顔。万葉 九・一八〇七「望月の満れる―に花のごと笑みて立てれば」訳 (真間の手児奈が)満月のように丸く満ち整っている顔で花のようにほほ笑んで立っているので。

おもん‐ぱかり【慮り】(名)〔「おもひはかり」の撥音便〕「おもんばかり」「おもばかり」とも。思慮。深い考え。策略。宇治 八・六「猟師なれども、―ありければ、たぬきを射害し、そのばけをあらはしけるなり」訳 (無学な)猟師であるが、深い考えがあったので、たぬきを射殺し、そのばけの皮をはいだのである。

おや【親・祖】(名)❶父母または、養父母。古くは、特に母をいうことが多い。万葉 一九・四一六九「咲きにほふ花橘の香ぐはしき―の御言」訳 色鮮やかに咲く橘の花のように、香り高い母のおことば。❷祖先。万葉 三・四四三「玉葛いや遠長く―の名も継ぎゆくものと」訳 いよいよ将来にわたって祖先の名をも継いでゆくものであると。(「玉葛」は「いや遠長く」にかかる枕詞)❸物のできたもと。元祖。源氏 絵合「まづ、物語の出で来はじめの―なる竹取の翁に」訳 まず、物語のできはじめの元祖である「竹取の翁の物語」(の絵)に。❹人の上に立つ者。長。かしら。源氏 桐壺「国の―となりて、帝王の上なき位にのぼるべき相おはします人の」訳 一国のかしらとなって、帝王という最高の位にのぼるはずの人相がおありになる人で。

おや‐が・る【親がる】(自ラ四)〔ら・り・る・る・れ・れ〕〔「がる」は接尾語〕いかにも親だというふうにふるまう。源氏 行幸「ふと、しか受け取り、―・ら未むも便なからむ」訳 にわかに、そんなふうに(玉鬘を)引き取り、親ぶったふるまいをしたとすればそれも具合が悪いであろう。参考「おやめく」は、親きどりでふるまう意であるが、類義語「おやがる」は、親らしいようすである、また、親らしい態度を示す、の意。

おや‐ざと【親里】(名)妻・養子・奉公人などの親元。〔浄・冥途の飛脚〕「〔忠兵衛・梅川の両人は忠兵衛の〕―の新口村に着きけるが」

おや‐ざま【親様】(名)親のようにする人。親代わり。源氏 藤裏葉「世に知られたる―には、まづ思ひ聞こえ給ふべければ」訳 (明石の姫君にしても)世に知られている親代わりとしては、まず第一に(紫の上を)大事に思い申しあげなさるにちがいないので。

おや・じ【同じ】(形シク)〔(じから)・じく(じかり)・じ・じき(じかる)・じけれ・じかれ〕(上代語)「おなじ」の古形。万葉 一九・四二五四「都をもここ〔＝越中国〕も―・じ終と心には思ふものから〔＝思うものの〕」

親知らず(おやしらず)『地名』〔「親不知」とも書く〕今の新潟県糸魚川市にある、約七キロメートルにわたる海岸。また、今の静岡市清水区にある薩埵山の南の海岸。どちらも難所のため、ここを通る人は、親も子も互いにかえりみる余裕がないことからいう。親知らず子知らず。

おやぢゃ‐ひと【親ぢゃ人】(名)〔「親である人」の意〕親。〔狂・武悪〕「みどもがこの世にゐてこそ、―の五十年忌も百年忌も弔へ」訳 私が現世に生きていてこそ、親の五十回忌も百回忌も追善するのに。

おや‐はらから【親同胞】(名)親や兄弟・姉妹。肉親。親兄弟。源氏 須磨「―、かた時立ち離れがたく程につけつつ思ふらむ家をわかれて」訳 親兄弟や、わずかな間も離れにくく、それぞれの身分に応じて恋しく思っているような家から別れて。

おや‐め・く【親めく】(自カ四)〔か・き・く・く・け・け〕〔「めく」は接尾語〕親らしい態度・ようすである。親らしくふるまう。源氏 帚木「まことに―・き用てあつかひ給ふ」訳 (光源氏は小君を)ほんとうに親らしくふるまって世話をしなさる。→親がる 参考

お・ゆ【老ゆ】(自ヤ上二){い・い・ゆ・ゆる・ゆれ・いよ}❶年をとる。老いる。古今 春上「年経れば齢は—・い用ぬしかはあれど花をし見ればもの思ひもなし」訳→としふれば…和歌 ❷弱る。衰える。また、季節などの盛りが過ぎる。〔うつほ〕春日詣「山辺に冬若く、野辺に春—・い用たり」訳 山辺では冬が始まったばかりで(あるのに)、野辺では春が盛りを過ぎている。(⇩大人ぶ「類語パネル」)
参考 ヤ行上二段の動詞には、ほかに「悔ゆ」「報ゆ」がある。

お‐ゆどの【御湯殿】(名)❶貴人の家の浴室、また、貴人の「湯あみ」の敬称。❷清涼殿の西廂の北にある、湯を沸かし、天皇の食膳をととのえる部屋。また、天皇沐浴の間。❸「御湯殿の儀式」の略。❹「御湯殿の儀式」に奉仕する女性。〔紫式部日記〕「—は宰相の君」❺江戸時代、大名の浴室で奉仕する女性。
参考 平安時代には「おほんゆどの」と呼ばれたものと思われる。

おゆどの‐の‐ぎしき【御湯殿の儀式】平安時代、皇子誕生のあと、産湯をつかわせる儀式。白い装束の女性二人(一人は「迎へ湯」という)によって行われ、外では弓の弦をならして邪気を払った。御湯殿。〔紫式部日記〕「—など、かねてまうけさせ給ふべし」訳(新生児に)産湯をつかわせる儀式など、あらかじめ準備をさせなさっているにちがいない。

およす・く(自カ下二){け・け・く・くる・くれ・けよ}❶(子供が大人に)成長する。育つ。大人になる。源氏 桐壺「この御子の—・け用もておはする御かたち心ばへ」訳 この皇子(=光源氏)のだんだん成長しなさってゆくお顔かたちや性質が。
文法「もておはする」は、「しだいに…してゆく」の意の動詞「もてゆく」の尊敬語「もておはす」の連体形。
❷(年のわりに)ませる。大人びる。老成する。源氏 帚木「『世こそ定めなきものなれ』と、いと—・け用のたまふ」訳「男女の縁は定めのないものだ」と、(光源氏は)ひどく大人びておっしゃる。❸地味に見える。徒然 一九一「昼はことそぎ、—・け用たる姿にてもありなん」訳 昼は簡略にし、地味に見えている姿でもよいだろう。(⇩大人ぶ「類語パネル」)
参考「およ」は「老ゆ」と同源という。清濁については、「およすく」「およすぐ」「およずく」など諸説があって一定しない。多く、連用形「およすけ」の形で用いられる。

およそ【凡そ】(「おほよそ」の転)[一](形動ナリ){なら・なり(に)・なり・なる・なれ・なれ}いいかげんなさま。粗略なさま。〔狂・二千石〕「いいや、かかる大事の謡を—・に用しては叶ふまじと(=不都合であろうと)」[二](副)だいたい。おおかた。平家 三・法印問答「—老いて子を失ふは、枯木の枝なきにことならず」訳 だいたい年をとってから子供を亡くすのは、枯れた木の枝がないのと異ならない。

およづれ【妖・逆言】(名)「妖言」の略。人をたぶらかすことば。万葉 一九・四二一四「狂言か人の言ひつる—か人の告げつる」訳 でたらめなことばを人が言ったのか、人をたぶらかすことばを人が告げたのか。

およば‐ず【及ばず】❶届かない。至らない。かなわない。源氏 帚木「上手はいと勢ひことに、わろものは**およばぬ**体所多かめる」訳(絵の)名人はまことに(筆の)勢いが格別で、平凡な画家はかなわないところが多いようだ。❷(「…におよばず」の形で)㋐…するまでもない。必要がない。平家 一一・副将被斬「鎌倉まで具し奉るに**およばず**終」訳(若君は)鎌倉までお連れ申しあげるまでもない。㋑…できない。平家 三・僧都死去「硯も紙も候はねば、御返事にも**およばず**終」訳 硯も紙もございませんので、返事のお手紙(を書くこと)もできない。
なりたち 四段動詞「及ぶ」の未然形「およば」+打消の助動詞「ず」

お‐よび【指】(名)ゆび。枕 一五一「いとをかしげなる—にとらへて、大人などに見せたる、いとうつくし」訳 たいそうかわいらしい感じの指で(塵を)つまんで、大人などに見せているのも、とてもかわいらしい。

および【及び】(接)…ならびに。…と。今昔 七・二七「色—光、妙にして、例の花に異なり」訳(その花の)色と輝くような美しさとは、ふしぎなほどすばらしくて、普通の花と違っている。

およびかか・る【及び掛かる】(自ラ四){ら・り・る・る・れ・れ}❶前へのしかかる。徒然 一三七「人の後ろにさぶらふは、様あしくも—・ら未ず、わりなく見んとする人もなし」訳(高貴な)人の後ろに控えている者は、見苦しくも前の人にのしかからず、無理に(祭りの行列を)見ようとする人もない。❷もう少しで届きそうになる。

およびがほ【及び顔】(名・形動ナリ)願いどおりになって満足しているようす。得意になっているようす。〔紫式部日記〕「かげにいつしかと思ひしも、—・に用こそ」訳(皇子の誕生を)内心で今か今かと願っていたのが、かなえられたという得意気な面持ちで(ある)。

およびな・し【及びなし】(形ク){から・く(かり)・し・き(かる)・けれ・かれ}及びもつかない。力が及ばない。源氏 若紫「合はする者を召して問はせ給へば、—・う用(ウ音便)思しもかけぬすぢのことを合はせけり」訳(光源氏が)夢合わせ(=夢判断)をする者をお呼びになって占わせなさると、及びもつかず、ご予想もつかない方面のことを解き合わせた。

およ・ぶ【及ぶ】(自バ四){ば・び・ぶ・ぶ・べ・べ}❶届く。達する。至る。平家 二・小教訓「父祖の善悪は必ず子孫に—・ぶ終と見えて候ふ」訳 父祖の善悪は(その報いが)必ず子孫に至ると見えております。❷届くように前かがみになる。及び腰になる。源氏 宿木「簾の下より、やをら—・び用て御袖をとらへつ」訳(薫は)簾の下から、そっと及び腰になって(中の君の)お袖をとらえた。❸追いつく。源氏 紅葉賀「引き放ちて出で給ふを、せめて—・び用て」訳(光源氏が袖を)むりに振り払ってお出になるのを、(源典侍は)しいて追いすがって。❹(多く打消の表現を伴って)匹敵する。肩を並べる。〔増鏡〕久米のさら山「数ならぬ人、—・ば未ぬ身までも」訳 とるにたりない者、肩を並べるほどでない人(=身分の低い人)までも。❺(「…におよぶ」の形で)ついに…になる。平家 五・早馬「ただ今、天下の大事に—・び用なんず」訳 すぐさま、ついに天下の大事になってしまうだろう。文法「なんず」の「な」は、助動詞「ぬ」の未然形で、ここは確述の用法。❻(下に打消の語を伴い、多く「…におよばず」の形で)㋐

…ができる。方丈 二「あるいは身ひとつ、からうじて逃るるも、資財を取り出づるに—・ば(未)ず」訳 ある人はからだ一つは、やっと逃れるものの、家財道具を取り出すこと(まで)はできずに。(イ)…が必要である。平家 灌頂・六道之沙汰「一旦の嘆き、申すに—・び(用)候はねども」訳 一時の嘆きは、申す必要もありませんが。

お-よ・る【御寝る】(自ラ四){ら・り・る・る・れ・れ}「寝」の尊敬語。おやすみになる。著聞 一六一「月をも御覧ぜで—・る(終)なれば」訳 月をもご覧にならないでおやすみになるようなので。⇩大殿籠る「敬語ガイド」

参考 女房詞で、お目覚めになることを「御昼」というのに対し、おやすみになることを「御夜」という。それを活用させて動詞としたもの。

おらが春(おらがはる)『作品名』江戸後期の俳句俳文集。小林一茶著。嘉永五年(一八五二)刊。文政二年(一八一九)の正月から暮れまでの、一茶五十七歳の身辺のできごとや感想・見聞を記す。作品名は巻頭の句「目出度さもちう位なりおらが春」(訳 →めでたさも…俳句)から。

おり【折・居り】⇩をり

おりいのみかど【下り居の帝】⇩おりゐのみかど

折たく柴の記(おりたくしばのき)⇩折たく柴の記

おり-た・つ【下り立つ・降り立つ】(自タ四){た・ち・つ・つ・て・て}❶おりて(事を始める場に)立つ。記 中「御船に入れたる楯を取りて—・ち(用)給ひき」訳(神武天皇は御船に入れてあった楯を持って(船から)おりてお立ちになった。

❷自ら直接行う。懸命に…する。源氏 宿木「—・ち(用)て仕うまつらむに、何の憚りかは侍らむ」訳(宇治への道中の送り迎えも)自ら進んでご奉仕するとしたらそのときに、何の遠慮がございましょうか(いや、何の遠慮もございません)。源氏 若菜上「御孫の君たちは、…—・ち(用)て雑役し給ふ」訳(式部卿の宮の)御孫の若君たちは、…身を入れて雑用の務めをしなさる。

おり-な・い【「お入りない」の転】「ない」「ゐない」の丁寧語。ございません。ありません。浄・鑓の権三重帷子「すはといはば、刃金を鳴らすお歴々にも負けることは—・い(終)さ」訳 いざというならば、武名をとどろかす一流の武士にも負けることはございませんよ。

おりふし【折節】⇩をりふし

おり-みだ・る【織り乱る】(他ラ四){ら・り・る・る・れ・れ}模様を入り乱れたさまに散らして織る。枕 八三「藤の折り枝おどろおどろしく—・り(用)て」訳(指貫には)折った藤の枝の模様を仰々しく織り散らして。

おり-もの【織物】(名)❶絹・麻・綿などの糸を織ってつくった布。

❷特に、さまざまの文様を、浮き出すように織った絹織物。源氏 玉鬘「青鈍の—、いと心ばせあるを」訳 青みがかった縹色(=薄い藍色)の模様の浮き出た絹織物で、たいそうたしなみのあるものを。

おりゃ・る(自ラ四){ら・り・る・る・れ・れ}【「お入りある」の転】❶「行く」「来る」の尊敬語。いらっしゃる。おいでになる。狂・蚊相撲「そなたはどれからどれへ—・る(体)ぞ」訳 あなたはどこからどこへいらっしゃるのか。狂・比丘貞「ちと用のことがあるほどに、まづこちへ—・れ(命)」訳 ちょっと用事があるから、ともかくこっちへおいでなさい。

❷「ある」の尊敬語。おありになる。おられる。狂・比丘貞「なうなう、仮名法師—・る(体)か」訳 もしもし、せがれ、おられるか。(「仮名法師」は子供を呼ぶ語)

おりゃ・る(補動ラ四){ら・り・る・る・れ・れ}【四段動詞「おりゃる」から】(形容詞・形容動詞・助動詞(断定)の連用形、助詞「て」に付いて)丁寧の意を表す。…(て)います。…(で)ございます。狂・庵梅「それはかたじけなう—・る(終)」訳 それはありがとうございます。

おりゐ-の-みかど【下り居の帝】(オリイ)退位した天皇。上皇。太上天皇。源氏 若菜上「御賜ばりの御封などこそ、みな同じごと—と等しく定まり給へれど」訳(光源氏は)朝廷からいただく御封戸などは、みな同じように退位した天皇と同等に決まっていらっしゃったが。

おり-ゐる(オリイル)【下り居る】(自ワ上一){ゐ・ゐ・ゐる・ゐる・ゐれ・ゐよ}❶降りてすわる。馬や乗り物から降りてその場にいる。腰をおろす。伊勢 九「その沢のほとりの木の陰に—・ゐ(用)て、乾飯食ひけり」訳 その沢のほとりの木陰に馬から降りて腰をおろして、乾飯(=携行用の乾した飯)を食べた。

❷(天皇や斎院などが)その地位を退く。退位する。「うつほ」春日詣「その時の帝も—・ゐ(用)給ひ、春宮国知り給ひて」訳 当時の天皇も位を退きなさり、皇太子が国をお治めになって。

お・る【降る・下る】(自ラ上二){り・り・る・るる・るれ・りよ}❶(高い所や乗り物などから)降りる。外に出る。源氏 須磨「君も御馬よりも—・り(用)給ひて」訳(光源氏の君も御馬からお降りになって。

❷(貴人の前から)退出する。退く。源氏 幻「あけぼのにしも、曹司に—・るる(体)女房なるべし」訳 ちょうど明け方に、(勤務を終えて)自分の部屋に下がる女房であるにちがいない。文法「しも」は、強意の副助詞。

❸位を退く。職を辞す。大鏡 序「水尾の帝の—・り(用)おはします年」訳 水尾の帝(=清和天皇)の退位しなさる年。(⇩下る「図解学習」)

お・る【痴る・愚る】(自ラ下二){れ・れ・る・るる・るれ・れよ}【「おろか」「おろそか」の語根「おろ」を活用させて動詞化したもの】放心したようになる。ぼんやりして間が抜ける。源氏 夕霧「かばかりすくすくしう—・れ(用)て年経る人は、たぐひあらじかし」訳 これほどきまじめで間が抜けて何年も過ごす人間は、(私=夕霧以外には)例がないだろうよ。

おる【折る】⇩をる

おれ【己】(代)❶対称の人代名詞。相手をいやしめていう。おまえ。きさま。記 中「—熊曽建二人、伏はず礼なし」訳 おまえら熊曽の地の勇者二人は、(大和政権に)服従せず無礼である。

❷自称の人代名詞。わたし。俺。著聞 五五四「—が母にて候ふ者こそ、姉よりもよく候へ」訳 わたしの母でございます者(のほう)が、姉よりも美人でございます。

参考 ②は①から転じたもので、中世以降使用された。広く貴賤男女を問わず目上にも目下にも用いられたが、近世後半期ごろから女性は使わなくなる。

おれおれ・し【痴れ痴れし】(形シク){しから・しく(しかり)・し・しき(しかる)・しけれ・しかれ}【下二段動詞「痴る」の連用形「おれ」を重ねて形容詞化したもの】愚鈍だ。ぼんやりしている。間が抜けている。源氏 初音「—・しく(用)、たゆき心のおこたりに」訳(私=光源氏は)ぼんやりして行き届かず、にぶい性分で怠慢なうえに。

おれ‐ら【己等】(代) ❶対称の人代名詞。おまえら。おまえたち。〔平家〕二・能登殿最期「いざうれ、さらば―死途の山の供せよ」〔訳〕さあ、それではおまえたちは死出の山(＝冥途にあるという山)への供をせよ。⇨いざうれ「名文解説」

❷自称の人代名詞。われら。わたしたち。わたし。

おろ‐おろ(副) ❶十分に整っていないさま。大ざっぱに。〔宝物集〕「天竺・大唐・吾朝のこと―申し侍るべし」〔訳〕インド・中国・わが国のことを大まかに申し上げましょう。

❷全部に行き渡らないさま。まばらに。ぽつぽつ。〔宇治〕二・二「年七十余ばかりなる翁の、髪もはげて、白きとても―ある頭に」〔訳〕年齢は七十あまりほどである老人で、髪の毛も抜けて、白髪といってもまばらにある頭に。

❸どうしてよいかわからず、落ち着かないさま。うろうろ。おどおど。〔浮・傾城禁短気〕「客のいふやうに―と廻はりては」〔訳〕客のいいなりにおどおどとふるまえば。

❹泣いて目や声がうるむさま。うるうる。〔浄・鑓の権三重帷子〕「にらむ目の中―と」

参考 ③④は「と」を伴って用いられることが多い。

おろか【疎か・愚か】(形動ナリ){なら・なり(に)・なり・なる・なれ・なれ}

語義パネル

重点義　疎略なさま。いいかげんなさま。

「おろそか」と同根。現代語では、頭や心のはたらきの疎略なさまの③の意で用いることが多いが、②の表現、④の技能、そのほか、愛情や人間関係など、あらゆる面の疎略なさまを表す。

❶ **疎略だ。いいかげんだ。なみひととおりだ。**
❷ **それでは言い尽くせない。**十分に表しきれない。
❸ 愚かだ。頭や心のはたらきが鈍い。
❹ **未熟だ。劣る。**

❶**疎略だ。いいかげんだ。なみひととおりだ。**なおざり。〔徒然〕九二「わづかに二つの矢、師の前にて一つを―にせんと思はんや」〔訳〕たった二本の矢で、師匠の前においてその一方をいいかげんに扱おうと思うだろうか(いや、思いはしない)。〔文法〕「や」は、反語の係助詞。

❷(「…(と)は」「…といふも」「…なども」などを受けて)**それでは言い尽くせない。**十分に表しきれない。〔平家〕一一・能登殿最期「恐ろしなんども―なり(終)」〔訳〕恐ろしいなども(ことばでは)とても言い尽くせない。

❸愚かだ。頭や心のはたらきが鈍い。〔徒然〕八五「至りて―なる(体)人は、たまたま賢なる人を見て、これを憎む」〔訳〕きわめて愚かな人は、まれに賢い人を見て、(かえって)これを憎む(ことがある)。

❹**未熟だ。劣る。**〔徒然〕一九三「賢き人の、この芸に―なる(体)を見て」〔訳〕賢い人で、この芸(＝碁を打つこと)に未熟である人を見て。〔文法〕「賢き人の」の「の」は、いわゆる同格の格助詞で、「…で」の意。

類語パネル

共通義　雑で不満が残るさま。

おろか	することがいいかげんで、心配りがゆきとどかず、不満が残るさま。
おろそか	物の品質や態度などに欠点が目立つさま。粗末なさま。
なのめ	平凡でありふれていて不満が残るさま。
なほざり	特に関心を払わず、何でもない普通の事物として扱うさま。

おろがむ【拝む】⇨をろがむ

おろし(名) ❶【下ろし】神仏の供え物や貴人の飲食物・着用物のおさがり。〔枕〕二六八「いみじう仕うまつれど、まだ―の御衣一つ賜はらず」〔訳〕懸命にお仕え申しあげるが、まだおさがりのお召し物一ついただかない。

❷【颪】山から吹きおろす風。山おろし。〔古本説話集〕「船岡(山)の―の風、冷ややかに吹きたれば」

おろし‐こ・む【下ろし籠む】(他マ下二){め・め・む・むる・むれ・めよ}(御簾・格子・蔀などを)全部下ろして外から見えないようにし、中に身を閉じこめる。〔源氏〕早蕨「寄りて見給へど、この中をば―め(用)たれば、いとかひなし」〔訳〕(薫は)襖障子の穴に寄ってお覗きになるが、この(＝部屋の)中を簾など下ろして外から見えないようにしてあるので、まったくむだである。

おろし‐た・つ【下ろし立つ】(他タ下二){て・て・つ・つる・つれ・てよ} ❶おろして立たせる。牛車から牛をはずし、轅をおろして駐車する。〔蜻蛉〕上「御車―てよ(命)」〔訳〕お車を轅をおろして駐車せよ。

❷身分の低い者の中へ交わらせる。〔源氏〕帚木「まうとたちのつきづきしく今めきたらむに―て(未)むやは」〔訳〕あなたたちのように、(空蟬にふさわしく当世風であるような若者に(伊予の介が空蟬を)交わらせるだろうか(いや、交わらせはしまい)。

おろ・す【下ろす】(他サ四){さ・し・す・す・せ・せ}

❶低いほうへ移す。下げる。落とす。沈める。〔竹取〕燕の子安貝「われ物にぎりたり。今は―し(用)てよ」〔訳〕私(＝中納言)は何かをにぎった。すぐにおろしてしまってくれ。〔源氏〕若紫「いとかろらかにかき抱きて―し(用)給ふ」〔訳〕(光源氏は若紫を)とても軽々と抱きあげて(牛車から)お降ろしになる。

❷**剃髪する。**頭をそって出家する。〔伊勢〕八三「思ひのほかに、御髪―し(用)給うてけり」〔訳〕(惟喬親王は)思いもかけないことに、御剃髪しなさってしまった。

❸(風が自分自身をおろす意から)風が吹きおろす。〔千載〕秋下「三室山―す(体)嵐のさびしきに妻よぶ鹿の声たぐふなり」〔訳〕三室山から吹きおろす激しい風がさびしいのに、妻を恋い求める鹿の声がいっしょにまじって聞こえてくるよ。

❹**退出させる。**〔源氏〕帚木「みな下屋に―し(用)侍りぬるを」〔訳〕(女たちはみんな下屋(＝召使などのいる雑舎)に退出させてしまいましたが。

❺**官位や地位を下げる。**位を退かせる。〔増鏡〕新島守「七月九日、みかどをも―し(用)奉りき」〔訳〕陰暦

七月九日に、(仲恭)天皇をも退位させ申しあげた。

❻神仏の供物、または貴人の飲食物の残りや使用後の品などを、**さげわたす**。また、**おさがりをいただく**。更級 梅の立枝「御前のを―・し㊊たるとて、わざとめでたき草子ども、硯の箱のふたに入れておこせたり」訳 (親族の人が)姫宮様の(お持ちのもの)をいただいたのだと言って、特にすばらしい(物語の)本をいろいろと、硯箱のふたに入れて送ってきた。

❼**悪く言う**。**けなす**。ののしる。源氏 少女「ここにても、また―・し㊊ののしる者どもありてめざましけれど」訳 ここ(=入試の場)においてもまた、大声でこきおろす者(=儒者)たちがいて、(夕霧は)気にくわないけれども。

❽すりくだく。すりへらす。宇治 二・四「―・し㊊て見れば、きらきらとして、まことの金なりければ」訳 (箔打ち職人が)すりくだいて見ると、きらきらと輝いて、本物の黄金であったので。

❾新しい品を使い始める。取り出して使う。〔うつほ〕藤原の君「みづからの料には、三合の米―・し㊊て食ひつつ」訳 自分の食い物としては、米三合を(しまってある場所から)取り出して食っては。

❿魚や鳥・獣などを調理のために切り分ける。今昔 一九・二「猪を捕り、生けながら―・し㊊てけるを見て」訳 猪を捕らえ、生かしたまま調理してしまったのを見て。

おろ-そか【疎か】(形動ナリ)(なら・なり(に)・なり・なる・なれ・なれ) ❶すき間の多いさま。まばら。〔霊異記〕「もし軽み咲ふ者あらば、まさに世々に牙歯―・に㊊欠け、唇醜く」訳 もし(法華経を読む人を)軽んじて笑う者があるなら、必ずどの世においても歯がまばらに欠け、唇が醜悪に(なり)。

❷粗略だ。なおざり。また、粗末なさま。源氏 桐壺「おほやけ事に仕うまつれる、―・なる㊍こともぞと、とりわき仰せ言ありて」訳 お役所仕事として奉仕したのでは、粗略なことがあるといけないと、特別に(桐壺帝から)おことばがあって。文法「もぞ」の下に結びの語「ある」が省略されている。「もぞ」は、そうなっては困るという気持ちを表す。源氏 手習「若菜を―・なる㊍籠に入れて」訳 若菜を粗末な籠に入れて。

❸つたない。よくない。宇治 四・一二「前生の運―・に㊊して、身に過ぎたる利生にあづからず」訳 前世の因縁で定められた運がつたなくて、過分の利益(=仏の恵み)をさずかることがない。(⇩疎か「類語パネル」)

おろち【大蛇】⇩をろち

おわします【御座します】⇩おはします

おわす【御座す】⇩おはす

おん-【御】(接頭)(「おほん」の転)尊敬の意を表す。「―事」「―曹司」「―衣」→大御(接頭)

おん【恩】(名)❶(君主・親などの)いつくしみ。情け。恵み。平家 七・忠度都落「生涯の面目に、一首なりとも御―をかうぶらうど存じて候ひしに」訳 生涯の名誉として、たとえ一首であっても、お情けを受けよう(=勅撰集に採っていただこう)と存じておりましたのに。

❷給与・俸禄。また、恩賞。

おん【怨・遠】⇩をん

おん-あい【恩愛】(名)いつくしみ。特に、(仏教語として、「生死」の迷いの因とされる)親子・夫婦などの間の愛情。方丈 二「人をはぐくめば、心、―につかはる」訳 人を世話すると、心が情愛に支配される。参考 仏教では悟りを妨げるものとされるが、一般には、深いつながりのある者どうしの、断ちがたい情愛のせつなさを表すものとして、「恩愛の別れ」などの形で使われる。

おん…あ・り【御…あり】(「御」と「あり」の間に動詞の連用形の名詞化した語または漢語サ変動詞の語幹が入って)お…になる。…なさる。平家 七・忠度都落「御疑ひある㊍べからず」訳 お疑いになってはいけない。参考 中世以降の用法。

おん…あれ【御…あれ】→おん…あり

おんいり-さうら・ふ【御入り候ふ】「あり」「行く」「来」「入る」の尊敬語「御入りあり」の丁寧な言い方。おありになります。いらっしゃいます。おいでになります。おはいりになります。〔謡・道成寺〕「鐘の供養の―・ふ㊍よし申し候ふ」訳 (道成寺で)新しい鐘を供養する法会がございます旨を申しております。参考 謡曲の「問答」などに使われるときは、オンニリソウロウと連声される。のちには、丁寧語として、単に、あります、ございます、の意にも用いられた。

おん-ぎょく【音曲】(名)楽器で演奏するものや節をつけて歌う歌曲の総称。能楽においては謡をさし、後世、一般には、三味線などによる俗曲の類をいう。

おん-こと【御事】㊀(名)❶「事」の尊敬語。

❷貴人の死や万一のことなどをいう尊敬語。平家 六・入道死去「一天の君、万乗のあるじの、いかなる―ましますとも、これには過ぎじとぞ見えし」訳 一天万乗の天子の、どんな万一の御事(=崩御)がおありになっても、これ(=清盛の死に伴う騒ぎ)にはまさらないだろうと思われた。

❸「ひと」の尊敬語。おひと。御方。平家 八・名虎「一門公卿列してもてなし奉り給ひしかば、これもまたさしおきがたき―なり」訳 (藤原氏)一門の公卿がずらりと並んでたいせつにお取り扱い申しあげなさったので、これ(=惟仁親王)もまたないがしろにしにくい御方である。

㊁(代)対称の人代名詞。相手を敬っていう。あなたさま。〔保元物語〕「ただ―の苦しさをこそ存じ候へ」訳 ひたすらあなたさまの苦しみを心配いたしております。参考「御事」の用例は、㊀㊁ともに平安時代にもあるが、それらは「おほんこと」と読まれたと考えられる。

おん-ざうし【御曹司・御曹子】(名)(「御」は接頭語。「曹司」は部屋の意)❶まだ独立しないで部屋住みをしている貴族・武家の子息の敬称。

❷(「平家物語」などの軍記物語で)平家の「公達」に対し、源氏の嫡流の子息をいう。特に、単に「御曹司」という場合は源義経をさすことが多い。〔義経記〕「佐殿(=頼朝)は御―をつくづくと御覧じて」訳 佐殿は御曹司(=義経)をじっくりとご覧になって。

おん…さうら・ふ【御…候ふ】→おん…さぶらふ

おん…さうらへ【御…候へ】→おん…さぶらふ

おん…さぶら・ふ【御…候ふ】(「御」と「候ふ」の間に動詞の連用形の名詞化した語または漢語サ変動詞の語幹が入って)お…なさいます。平家 二・徳大寺之沙汰「徳大寺殿の御まゐり候う㊊(ウ音便)て」訳 徳大寺殿が(厳島神社に)御参詣なさいまして。参考 中世以降の用法。

おん…さぶらへ【御…候へ】→おん…さぶらふ

おん-し【恩賜】(名)天皇・主君からいただくこと。また、いただいた物。源氏 須磨「『―の御衣(ぎょい)は今ここにあり』と誦(ず)じつつ入り給ひぬ」訳 (光源氏は)「帝(みかど)からのいただき物である御衣は今ここにある」という道真(みちざね)の詩を)口ずさみながら(奥に)お入りになった。

おん-じき【飲食】(名)〔「おん」「じき」は呉音〕飲み物と食べ物。また、飲むことと食うこと。徒然 一〇八「一日のうちに、―・便利・睡眠(すいめん)・言語(ごんご)・行歩(ぎゃうぶ)、やむことを得ずして、多くの時を失ふ」訳 一日のうちに、飲み食い・用便・睡眠・会話・歩行に、やむをえずに、たくさんの時間を費やす。

おん-しゃう(シヨウ)【恩賞】(名)❶功を賞して官位・所領などを賜ること。また、そのもの。平家 一・鱸「―是(これ)おもかるべしとて、次の年正三位(じゃうざんみ)に叙せられ」訳 恩賞は重くするのが当然であるというので、(清盛は)翌年正三位に任ぜられ。❷恩返し。報恩。〔浮・日本永代蔵〕「かくやっかいになれる(=世話になった)―に、せめてはと思ひ」

おん-じゃう(ジヨウ)【音声】(名)〔「おん」「しゃう」は呉音。「おんじゃう」はその連濁〕❶(人の)声。また、節をつけて歌ったり唱えたりする声。平家 四・橋合戦「大―をあげて名のりけるは」訳 大声をあげて名のったことには。❷(管弦などの楽器の)音。〔霊異記〕「和泉(いづみ)の国(大阪府南部)の海中に楽器の―あり」

おん-ぞ【御衣】(名)〔「おほんぞ」の転〕衣服の敬称。お召し物。宇治 一三・一「『いみじき宝の―の、綿のいみじき、たまはらんものとは、あな恐ろし』」訳 (役に立たない石の代償に)たいそうりっぱな宝のようなお召し物で、綿のたくさん入ったのを、いただこうものとは、ああ畏れ多いことだ。

おんぞうし【御曹司・御曹子】⇩おんざうし

おん-で-も-な-い【恩でも無い】〔「恩に着ることでもない」の意〕言うまでもない。当然である。〔軽口露がはなし〕「この水海(みづうみ)(=琵琶湖(びわこ))がとろろ汁ならば、―・う(用)(ウ音便)食ひかねはせまい(=言うまでもなく食べられないことはないだろう)」

おんとの-ごも・る【御殿籠る】(自ラ四)〔ら・り・る・る・れ・れ〕「おほとのごもる」に同じ。

おんな【嫗】(名)〔「おみな」の転〕老女。老婆。土佐「みなひとびと、―、おきな、額に手を当てて喜ぶこと二つなし」訳 (一行の)人々みんな、老女も、翁(おきな)も、額に手を当てて喜ぶことはこの上ない。→老女(おうな)・嫗(おみな)

注意「をんな」は、女性一般をさしていう別語。⇩女(をんな)「類語パネル」

おんな【女】⇩をんな

おん-み【御身】■(名)「み(身)」の尊敬語。おからだ。ご身分。徒然 一四六「傷害(しゃうがい)の恐れおはしますまじき―にて、仮にもかくおぼし寄りて尋ね給ふ」訳 傷害を受ける心配がおありになるはずのないご身分で、かりそめにもこのように(=剣難の相はないかと)思いあたられてお尋ねになるのは(災難の前兆だ)。■(代)対称の人代名詞。軽い敬意を表す。あなた。〔義経記〕「―は三年に平家を滅ぼし給ひ、多くの人の命を失ひ給ひしかば」訳 あなたは三年間で平家を討ち滅ぼしなさって、たくさんの人命をなきものになさったので。

おん-みゃう(ミヨウ)【陰陽】(名)「おんやう」に同じ。

おん-やう(ヨウ)【陰陽】(名)〔「おん」は呉音。連声(れんじょう)で「おんみゃう」とも〕❶「いんやう」に同じ。❷「陰陽道(おんやうだう)」または「陰陽師(おんやうじ)」の略。

おんやう-じ(オンヨウ)【陰陽師】(名)「おんみゃうじ」とも。陰陽寮に所属して、暦を仕立てたり占いや土地の吉凶などをみたりする役人。のちには、民間で占いや祈禱(きとう)などをする者にもいう。枕 三一「心ゆくもの……ものよく言ふ―して、河原にいでて呪詛(ずそ)のはらへしたる」訳 気がせいせいするもの、…弁舌さわやかな占い師に頼んで、(賀茂(かも)の)河原に出て呪いの災難を避ける祓(はら)いをしたの。

(おんやうじ)

発展 説話の主人公安倍晴明
最もよく知られた陰陽師安倍晴明(あべのせいめい)は、しばしば説話に登場する。卓越した呪術を使って、庭に遊ぶ蝦蟇(がまがえる)を殺したり、献上された瓜(うり)に毒気があることを占ったり、藤原道長を呪詛(じゅそ)した人を明らかにしたりしている。和泉(いずみ)の国(大阪府南部)に伝わる「信田妻(しのだづま)」の伝説にもとづき後世脚色された説経節や浄瑠璃(じょうるり)では、晴明の母を狐(きつね)とし、親子の別れの場面を哀切に語っている。

おんやう-だう(オンヨウドウ)【陰陽道】(名)「おんみゃうだう」とも。奈良時代、中国から伝わった学問。陰陽五行の説に基づき、自然現象と社会現象との因果関係を説く。天文・暦数・方位などによって、占いや呪術を行った。〔栄花〕はつはな「―も医師(くすし)の方(かた)も、よろづにあさましきまで足らはせ給へり」訳 (具平(ともひら)親王は)陰陽道も医術の方面も、万事にあきれるほど(知識が)お備わりになられていた。文法「せ給へ」は、最高敬語。

おんやう-の-かみ(オンヨウ)【陰陽の頭】(名)陰陽寮の長官。平家 二・座主流「されども―安倍泰親(あべのやすちか)が申しけるは(=申したことには)」

おんやう-れう(オンヨウリヨウ)【陰陽寮】(名)律令制で中務省(なかつかさしょう)に属し、「陰陽道(おんやうだう)」のことをつかさどる役所。「おんやうのつかさ」とも。⇩巻頭カラーページ31

おんり-ゑど(エド)【厭離穢土】(名)〔「おんり」は「えんり」の誤読〕「えんりゑど」に同じ。

おんる【遠流】⇩をんる

か カ

「か」は「加」の草体
「カ」は「加」の偏

か-(接頭)〔主に形容詞、または動詞に付いて〕語調を整え、または語意を強める。「―青」「―弱し」「―寄る」

-か(接尾)〔物の状態・性質を表す語などに付いて〕それが目に見える状態であることを示す形容動詞の語幹をつくる。「さや―」「のど―」「ゆた―」

-か【日】(接尾)日数を表す。「十(とを)―」「百(もも)―」

語の広がり 「日」
「暦」は、「日読み」から転じたもの。「読む」は、ここでは「数を数える」の意。

-か【処】(接尾)場所の意を表す。「あり―」「奥―」「住み―」

-か【荷】(接尾)天びん棒などでになう荷物を数える語。〔うつほ〕蔵開上「ただの破子(=弁当箱)五十―」

-か【箇・個】(接尾)(漢語の数詞に付いて)物を数えるのに用いる語。平家 四・橋合戦「鬨をつくる事三―度」訳 ときの声をあげること三度。「十四―国」

か【可】(名)よいこと。善。徒然 三八「―・不可は一条なり」訳 よいことと、よくないことはひとつながりのことである(=明確に識別することはできない)。

か【香】(名)かおり。におい。古今 夏「五月待つ花たちばなの―をかげば昔の人の袖の―ぞする」訳 →さつきまつ…和歌

か【鹿】(名)鹿の古名。万葉 八・一六〇〇「妻恋ひに―鳴く山辺の秋萩は露霜寒み盛り過ぎ行く」訳 妻を恋い慕って鹿の鳴く山辺の秋萩は、(上に置く)露霜が冷たいので盛りが過ぎていく。

参考 「ゐ(猪)」→「ゐのしし」と同様、「か(鹿)」についても「かのしし」という呼び方がある。

か【彼】(代)遠称の指示代名詞。人や事物をさす語。**あの。あれ。**あちら。古今 恋三「思へども人目つつみの高ければ―はと見ながらえこそ渡らね」訳 恋い慕っても、人目を憚り慎み、堤が高いので、川だと見ていながら渡ることができないように、あの人と見えても近づけないことだ。(「つつみ」は「慎み」と「堤」、「かは」は「彼は」と「川」との掛詞)。文法 「えこそ渡らね」の「え」は副詞で、下に打消の語(ここでは「ね(「ず」の已然形)」)を伴って不可能の意を表す。「こそ…ね」は、係り結び。

参考 独立して用いた例は少なく、格助詞「の」とともに用い、「かの」となるのがふつうである。→彼の

か(副)(多く「か…かく…」の形で)あのように。ああ。万葉 二・一三三「波のむた―寄りかく寄る玉藻なす寄り寝し妹を」訳 →いはみのうみ…和歌

か

一(係助) 二(終助) 三(副助)

意味・用法

一 **係助詞**
　疑問〔…か。…だろうか。〕→❶㋐、❷、❸㋐
　反語〔…(だろう)か(いや、…で(あり)は(し)ない)。〕→❶㋑、❸㋑

二 **終助詞**
　詠嘆・感動〔…だなあ。〕

三 **副助詞**
　不定〔…か。〕

接続

一 体言・活用語・副詞・接続助詞などが主語・目的語・連用修飾語などとなっているものに付く。

二 **体言**または活用語の**連体形**に付く。

三 **体言**または活用語の**連体形**に付く。

一(係助)❶文中に用いられる場合。文末を活用語の連体形で結ぶ、係り結びの形式をとる。㋐疑問の意を表す。**…か。…だろうか。**竹取 ふじの山「いづれの山か天に近き」訳 どの山が天に近いか。万葉 七・一〇七九「まそ鏡照るべき月をしろたへの雲か隠せる天つ霧かも」訳 照るはずの月を白い布のような雲が隠したのだろうか。(それとも)大空の霧(が隠したの)かなあ。(「まそ鏡」は「照る」にかかる枕詞)。㋑反語の意を表す。**…(だろう)か(いや、…で(あり)は(し)ない)。**古今 仮名序「生きとし生けるもの、いづれか歌を詠まざりける」訳 あらゆる生きものは、どれが歌を詠まなかっただろうか(いや、詠まなかったものはない)。文法 「生きとし生けるもの」の「し」は、強意の副助詞。⇩生きとし生けるもの「名文解説」

係り結び

いづれの山か天に近き。〈疑問〉〈連体形〉
(=どの山が天に近いか)

世の中は何か常なる。〈反語〉〈連体形〉
(=世の中はどうして常であろうか〈いや、常ではない〉)

❷多く、「にか」の形で文末または句末に用いられるが、下に①の係り結び形式の、結びの語が省略される場合。疑問の意を表す。…(だろう)か。源氏 桐壺「若宮は、いかに思ほし知るにか」訳 若宮(=光源氏)は、どのように理解なさっているのであろうか。文法 「思ほし知るにか」の「に」は、断定の助動詞「なり」の連用形。

❸文末に用いられる場合。㋐疑問の意を表す。**…か。…だろうか。**竹取 燕の子安貝「子安の貝とりたるか」訳 子安貝をとったか。㋑(多く、「かは」「かも」「ものか」の形で)反語の意を表す。**…(だろう)か(いや、…ではない)。**徒然 五六「隔てなく慣れぬる人も、ほど経て見るは、恥づかしからぬかは」訳 分け隔てなく慣れ親しんだ人も、しばらくたって会うのは、気がひけないだろうか(いや、気がひけるものだ)。→かは・かも(終助)・ものか。㋒(「ぬか」「ぬかも」の形で)願望を表す。…ないかなあ。→ぬか・ぬかも

二(終助)詠嘆・感動を表す。**…だなあ。**万葉 三・二六五「苦しくも降りくる雨か神の崎狭野のわたりに家もあらなくに」訳 困ったことに降ってくる雨だなあ。神の崎の佐野の渡し場には(雨宿りができる)家もないことなのに。文法 「あらなくに」の「なく」は、打消の助動詞「ず」のク語法で、「…ないこと」の意。→かも(終助)・かな(終助)

三(副助)《中世語・近世語》不定の意を表す。…か。〔洒・遊子方言〕「どなたかお出でなさったさうな」訳 どなたかいらっしゃったようだ。

文法 (1)**「か」と「や」の違い** 疑問を表す助詞としては、ほかに「や」がある。「か」と「や」との違いは、接続の点で、文末用法の「か」は体言または連体形に、終助詞の「や」は終止形に付く。また、意味では、疑問とする点が「か」は直前の語にある。一①㋐の「雲か隠せる」の用例でいえば、「隠している」ことは明らかなのであって、それが「雲」かどうか問いかけているのである。それに対して「や」は述語を中心に文全体に対しての問いかけがなされる。だから、中古では「か」は必ず「なに」「いつ」「いかに」「いづこ」「たれ」のような疑問の意を表す語のあとに使われる。

(2)**文末の用法** □一③のように文末に用いられ、疑問を表す係助詞を終助詞とする説もある。この「か」は形の上では□三の詠嘆・感動を表す終助詞と区別できないので、文脈の上から判断しなくてはならない。

がか【火・花・和・果・華・菓・過・靴】⇩くゎ

が【賀】(名)祝い。特に、長寿の祝い。賀の祝い。古今 賀・詞書「仁和の御時、僧正遍昭に七十の賀たまひける時の御歌」訳 仁和の御代に、僧正遍昭に七十歳の長寿の祝いを催されたときの(光孝天皇の)御歌。

発展 長寿の祝いの昔と今

長寿の祝いは、古くは四十歳から十年ごとに行われ、これを「四十の賀」「五十の賀」などといった。「源氏物語」には、光源氏四十の賀の盛況が描かれている。室町時代末からは「還暦(六十一歳)」「古稀(七十歳)」「喜寿(七十七歳)」「米寿(八十八歳)」「卒寿(九十歳)」「白寿(九十九歳)」をも祝うようになった。

が

一(格助)二(接助)三(終助)

意味・用法

一 **格助詞**
 連体修飾語
  所有〔…の。〕→❶㋐
  所属〔…の。〕→❶㋑
  類似〔…のような。〕→❶㋒
  名詞を略した形〔…のもの。〕→❶㋓
  「ごとし」などに続く〔…の。〕→❶㋔
 感動文の主語〔…が。〕→❷
 主語〔…が。…の。〕→❸
 対象〔…が。〕→❹
二 **接続助詞**
 単純接続〔…が。〕→❶
 逆接〔…けれど。…が。…のに。〕→❷
三 **終助詞**
 詠嘆・確認〔…が。〕

接続

一 **体言**または活用語の**連体形**に付く。
二 活用語の**連体形**に付く。
三 文末に付く。

一(格助)❶連体修飾語を表す。㋐所有を表す。**…の。** 古今 雑下「我が庵は都のたつみしかぞ住む世をうぢ山と人はいふなり」訳→わがいほは…和歌。㋑所属を表す。**…の。** 源氏 帚木「式部がところにぞ、気色あることはあらむ」訳 式部のところに変わっている話はあるのだろう。万葉 二〇・四四九「なでしこが花とり持ちてうつらうつら見まくの欲しき君にもあるかも」訳 なでしこの花を手にとってはっきりと見たいように、よくよく会いたいあなたでもあるなあ。(第二句までは「うつらうつら見まく」を導きだす序詞)。徒然 一一「大きなる柑子の木の、枝もたわわになりたるがまはりを」訳 大きなみかんの木で、枝もたわわになりたるがまはりを」訳 大きなみかんの木で、枝もしなうほどに(実が)なっている木の周囲を。(一説に「なりたるが」の「が」を主格にとり、「…木があり、その周囲を」と補う解釈もある)。文法 「木の」の「の」は、いわゆる同格の格助詞で、「…で」の意。㋒類似を表す。**…のような。** 細道 芭蕉「象潟や雨に西施がねぶの花」訳→きさかたや…俳句。㋓(下にくるはずの名詞を略した形で)「**…のもの**」の意を表す。宇治 一・二〇「いかなれば、四条大納言のはめでたくて、兼久がは悪かるべきぞ」訳 どういうわけで、四条大納言(=藤原公任)のもの(=歌)はりっぱで、(私)兼久のものはよくないのだろうか。㋔体言・連体形の下に付き、「ごとし」「まにまに」「からに」などに続ける。**…の。** 万葉 三・三二八「青丹よし奈良の都は咲く花の薫ふがごとく今盛りなり」訳→あをによし…和歌

❷「が」+形容詞語幹(シク活用は終止形)+接尾語「さ」の形の、感動文の主語を表す。土佐「生まれしも帰らぬものをわが宿に小松のあるを見るが悲しさ」訳→むまれしも…和歌

❸主語を表す。㋐体言を受けるもの。**…が。…の。** 源氏 若紫「雀の子を犬君が逃がしつる」訳 雀の子を犬君(=召使の童女の名)が逃がしてしまったの。文法 「逃がしつる」の「つる」は、連体形止めで感動を表す。⇩伏せ籠「名文解説」。㋑体言に準じて用いられている連体形を受けるもの。**…が。** 枕 一「雁などのつらねたるが、いと小さく見ゆるはいとをかし」訳 雁などが一列に並んで(飛んで)いるのが、たいそう小さく見えるのはとても風情がある。㋒㋑と同じ形であるが、「が」の下の部分がさらに連体形で体言に準じて用いられているもの。下の部分に対して主語を表すが、訳すときには、いわゆる同格に解釈する。…で。…であって。源氏 桐壺「いとやむごとなき際にはあらぬが、すぐれて時めき給ふありけり」訳 たいして重々しい家柄の出ではない方で、格別に帝のご寵愛を受けて栄えていらっしゃる方があったそうだ。⇩源氏物語「名文解説」

❹希望や能力や感情の対象を表す。**…が。** 源氏 桐壺「女御とだに言はせずなりぬるが飽かず口惜しう思さるれば」訳 (桐壺の更衣を)女御とさえ呼ばせないままになってしまったことが、不満で残念なことだと(桐壺帝は)お思いにならずにはいられないので。文法 「思さるれば」の「るれ」は、自発の助動詞「る」の已然形。

二(接助)❶前後の事柄を単純につなぐ。**…が。** 今昔 一六・二四「落ち入りける時、巳の時ばかりなりけるが、日もやうやく暮れぬ」訳 (海に)落ちこんだときは、午前十時ごろであったが、日もしだいに暮れてしまった。

❷逆接の意を表す。**…けれど。…が。…のに。** 著聞 三九八「めでたくは書きて候ふが、難少々候ふ」訳 りっぱには書いてございますが、欠点が少しございます。

三(終助)《中世語・近世語》詠嘆や確認を表す。〔浮世風呂〕「番頭、おのし買ったらうが」訳 番頭、おまえは買っただろうが。

文法 (1)**用法の派生** □一①の連体修飾語を表す格助詞の用法が最も古い用法で、それから②の感動文の主語を表す用法や③の主語を表す用法が生まれた。したがって、②の用法は連体修飾語(見ることの悲しさよ)から主語(見ることが悲しいことよ)へ移り変わるさま

を表したものと考えられる。なお、㊀①㋓を準体助詞と呼ぶこともある。

(2)**主語を表す用法**　㊀③の主語を表す用法では、述語が終止形になることは中古までは決して無い。必ず連体形止めや、接続助詞などであとへ続く形になる。現在と同じように終止形となるのは中世以降である。

「いただきはげたる大童子の、目見しぐれて、ものむつかしう、うららかにも見えぬ**が**、この鮭の馬(＝鮭を背負わせた馬)の中に走り入りにけり㊇」〈宇治 一・一五〉

(3)**「が」と「の」**　格助詞の「が」は、「の」に比べて侮蔑の意味を含む場合があるといわれる。たとえば、準体助詞ではあるが、㊀①㋓の用例で、兼久が四条大納言の歌をいうのに「の」を用い、自分の歌をいうのに「が」を用いている。

(4)**接続助詞の発生**　㊀③㋑のような連体形が体言に準じて用いられて主語となっている文から、だんだんと「が」の上下の独立性が強くなって接続助詞が発生した。したがって、次のようなものはまだ格助詞である。

「髪いとけうらにて長かりける**が**(＝髪の、たいへん美しく長かったのが)、分けたるやうにおち細りて」〈源氏 真木柱〉

(5)㊂の終助詞の用法は、㊁の接続助詞の用法からさらに転成したものである。

◆**識別ボード「が」**◆

①**格助詞(主格)**

「雁などのつらねたる**が**、いと小さく見ゆるはいとをかし」訳 雁などが一列に並んで(飛んで)いるのが、たいそう小さく見えるのはとても風情がある。〈枕 一〉

②**格助詞(連体格)**

「左中弁にて亡せにける**が**子なりけり」訳 (この人は)左中弁で死んだ人の子なのだった。〈源氏 椎本〉

③**接続助詞**

「落ち入りける時、巳の時ばかりなりける**が**、日もやうやく暮れぬ」訳 (海に)落ちこんだときは、午前十時ごろであったが、日もしだいに暮れてしまった。〈今昔 二六・二四〉

もともと接続助詞「が」は格助詞「が」から生じたものなので、接続からは区別がつかない。用法から区別する。①は「雁などのつらねたるが」が「いと小さく見ゆる」の主語、②は「左中弁にて亡せにけるが」が「子」の連体修飾語、③は「落ち入りける時、巳の時ばかりなりけるが」と「日もやうやく暮れぬ」とが接続の関係。

かい-【掻い】(接頭)【「かき」のイ音便】(動詞、まれに形容動詞に付いて)語調を整えたり、語意を強めたりする。「—曇る」「—つらぬ」

かい【戒】(名)《仏教語》仏教上の守るべき掟。五戒・十戒など、いろいろの段階の戒がある。源氏 手習「忌む事の中に、破る—は多からめど」訳 つつしみ避けるべき戒律の中で、破る戒律は数多いであろうが。

かい【貝・卵・効・峡・匙・甲斐】⇩かひ

かい【会・回・灰・廻・槐・懐】⇩くゎい

がい【外】⇩ぐゎい

かい-えき【改易】(名・他サ変)❶官職をやめさせて、所領を没収すること。平家 二・座主流「御持僧を—・せ㊍らる」訳 (天台座主の明雲大僧正は)御持僧(としての役目)を解任される。❷江戸時代の武士に対する刑罰の一つ。士族の籍を除き、領地・家屋敷を没収する刑。

かい-き【開基】(名)❶物事のもとを開くこと。平家 五・福原院宣「朝廷—の後」訳 (神武天皇即位による)朝廷の創始ののち。❷寺または宗派を初めて開くこと。また、その人。細道 立石寺「慈覚大師の—にして、殊に清閑の地なり」訳 (立石寺は)慈覚大師の創建であって、格別に清らかでもの静かな地である。

かい-ぎゃう【戒行】(名)《仏教語》戒律をよく守って修行すること。平家 灌頂・六道之沙汰「前世の十善—の御力によって」訳 前世での十善の戒律をよく守っての修行(をしたそ)のお力によって。

かい-く・る【掻い繰る】(他ラ四){ら・り・る・る・れ・れ}【「かきくる」のイ音便。「かい」は接頭語】手元にたぐりよせる。平家 一一・那須与一「弓とり直し、手綱—・り㊊」訳 (那須与一は)弓を持ち直し、手綱を手元にたぐりよせ。

かい-け・つ【掻い消つ】(他タ四){た・ち・つ・つ・て・て}【「かきけつ」のイ音便。「かい」は接頭語】かき消す。大和 一六八「あひてものも言はむと思ひて行きければ、—・つ㊓やうに失せにけり」訳 (小野小町は)対面して話もしようと思って行ったところ、(少将大徳は)かき消すようにいなくなってしまった。

かい-げん【開眼】(名・自サ変)❶《仏教語》【仏像の眼を入れる意】新たに完成した仏像・仏画を供養して、魂を迎え入れること。また、その儀式。今昔 一七・二八「いまだ—・せ㊍ざりけるほどに、女俄かに病を受けて」訳 まだ開眼供養の儀式をしなかったうちに、(仏像を依頼した)女が急に病気になって。❷仏教の真理や物事の真髄を悟ること。

かい-こづ・む(自マ四){ま・み・む・む・め・め}【「かきこづむ」のイ音便。「かい」は接頭語】(馬などが)つまずいて倒れかかる。よろめく。著聞 三八一「ふまへられて、馬—・み㊊て、ややすとどまりにけり」訳 (引き綱の先を)踏みつけられて、馬は倒れかかって、簡単に止まってしまった。

かい-さん【開山】(名)❶初めて寺院を建てること。また、その人。また、宗派の祖師。細道 瑞巌寺「真壁の平四郎出家して、入唐帰朝の後—す」訳 真壁の平四郎が出家して、唐に渡り帰国の後(瑞巌寺を)創建した。❷ある事物の創始者。また、第一人者。

かい-し【解屍】(名)死体を解剖すること。〔蘭学事始〕「またその間(＝「ターヘルアナトミア」の翻訳をしている間)には—のこともあり」

が-い-しふ【我意執】(名)自我や物事に対する強いこだわり。執着心。〔風姿花伝〕「立ち合ひ勝負に、それほどに—を起こさず」訳 他の座の役者との競演に、あまり(勝ちたいという)執着心を起こさず。

かい-しゃく【介錯】(名・自サ変)❶身のまわりの世話や介抱をすること。また、その人。平家 一〇・千手前「この女房—・し㊊て、やや久しう浴み、髪洗ひなどしてあがり給ひぬ」訳この女房が世話をして、(重衡は)やや長い間入浴し、洗髪などをして(湯殿から)お上がりになった。

❷切腹する人に付き添って首を斬り落とすこと。また、その人。〔狂・武悪〕「やい武悪、尋常に(=素直に)腹を切れ。—は身ども(=私)がしてやろう」

かい-しら・ぶ【掻い調ぶ】(他バ下二){べ・べ・ぶ・ぶる・ぶれ・べよ}〔「かきしらぶ」のイ音便。「かい」は接頭語〕弦楽器の調子を合わせる。また、弾き鳴らす。源氏椎本「心やましく—・べ用ほのかにほころび出でたる物の音など」訳(聞く人の)心を悩ませるように弾き鳴らし、かすかにもれて聞こえてくる楽器の音色など。

かい-しろ【垣代】(名)〔「かきしろ」のイ音便。垣の代わりの意〕❶とばり。幕。

❷舞楽、特に青海波の舞のとき、舞人を垣のように取り囲んで笛を吹き、拍子をとる人々。源氏紅葉賀「四十人の—言ひ知らず吹き立てたるものの音どもに」訳四十人の垣のように並んだ楽人が、言いようもないほど美しく吹き立てたさまざまな笛の音に。

がい・す【害す】(他サ変){せ・し・す・する・すれ・せよ}殺す。傷つける。竹取竜の頸の玉「竜を捕らへたらましかば、またこともなく、我は—・せ未られなまし」訳もし竜をつかまえていたら、またあっさりと、私(=大伴の大納言)はきっと殺されただろうに。

かい-そ・ふ【掻い添ふ】〔「かきそふ」のイ音便。「かい」は接頭語〕■一(自ハ四){は・ひ・ふ・ふ・へ・へ}ぴったりと身を寄せる。寄り添う。源氏空蟬「渡殿の口に—・ひ用てかくれ立ち給へれば」訳渡り廊下の戸口にぴったりと身を寄せて、(光源氏が)隠れてお立ちになっていたところ。

■二(他ハ下二){へ・へ・ふ・ふる・ふれ・へよ}寄り添わせる。付き添わせる。〔栄花〕花山たづぬる中納言「御髪長くうつくしうて—・へ用て臥させ給へり」訳おぐしは長く美しくて、(それを)からだに寄り添わせて横におなりになられている。

かい-ぞへ【介添へ】(名・自サ変)❶付き添って世話をすること。また、その人。〔太平記〕三「—の侍二人をば、烏帽子に花田のうち絹を重ねて」訳付き添いの侍二人を、烏帽子にはなだ色のうち絹を重ねた服装で(従え)。

❷嫁入りのとき、付き添って行くこと。また、その役の女性。介添え女房。〔浮・好色一代女〕「みづから幾所か—・し用て見及びしに」訳自分自身で何箇所か嫁入りの介添え女房をしてわかったが。

かい-だう【海道】(名)❶海路。船路。

❷海辺の諸地方に通じる道。海沿いの道。〔太平記〕二「これは上人…、—三十五里の間を一時が内に歩ませ給ひし屐なり」訳これは(性空)上人が…、海沿いの道三十五里の間を(ほんの)二時間以内でお歩きになられた高下駄である。↔山道

❸「東海道」の略。平家一〇・海道下「—一の名人にて候へ」訳(平宗盛は)東海道一の(歌の)名人でございます。

❹街道。諸国の主要地を結ぶ陸路。「木曽—」

参考④は「東海道」にならって、他の主要道にも「海道」の字をあてていたが、山中の陸路にはそぐわないので、「街道」の字をあてるようになった。

かい-だう【街道】(名)→かいだう(海道)④

海道記(かいだうき)〔作品名〕紀行文。作者未詳。貞応二年(一二二三)ごろ成立か。京都白河の隠士が、京都から鎌倉まで東海道を下り、再び京都に帰りつくまでを記す。仏教的色彩が強く、文章は華麗な和漢混交文。

かい-だて【垣楯・掻い楯】(名)〔「かきだて」のイ音便〕防御のために、楯を並べて垣のようにしたもの。平家四・三井寺炎上「寺にも堀ほり、—かき、逆茂木ひいて待ちかけたり」訳三井寺においても堀を掘り、垣楯を連ね、逆茂木(=とげのある木の枝を結びつけた柵)を設けて(平家の軍勢を)待ち受けた。

(かいだて)

かい-だん【戒壇】(名)《仏教語》僧に戒を授けるために設けた壇。日本では、天平勝宝六年(七五四)、鑑真(=唐の僧の名)により東大寺に設けられたのが最初。

かい-ちゃう【開帳】(名・自サ変)厨子の扉を開いて、秘仏を一般の人に拝ませること。春。細道平泉「かねて耳驚かしたる二堂—・す終」訳前々から話に聞いて驚嘆していた(経堂・光堂の)二堂が開帳する。

かい-つ・く【掻い付く】〔「かきつく」のイ音便〕■一(自カ四){か・き・く・く・け・け}抱きつく。しがみつく。枕一五一「をかしげなるちごの、あからさまにいだきて遊ばしうつくしむほどに、—・き用て寝たる、いとらうたし」訳かわいらしい感じの幼児が、ちょっと抱いてあやしたりかわいがったりしているうちに、抱きついて寝たのは、ほんとうに愛らしい。

■二(他カ下二){け・け・く・くる・くれ・けよ}つける。ぬりつける。源氏常夏「紅といふもの、いと赤らかに—・け用て」訳(近江の君は)紅というものをたいそう赤々と(唇に)ぬりつけて。

かい-つ・く【書い付く】(他カ下二){け・け・く・くる・くれ・けよ}〔「書き付く」のイ音便〕書きつける。書きとめる。〔桂園遺文〕「また見む人のためにもと、くだくだしく—・くる体のみ」訳また(この文を)見るであろう人のためにもと思って、くどくどと書きとめるだけだ。

かい-つくろひ【掻い繕ひ】(名)〔動詞「かいつくろふ」の連用形から〕着付けや髪形などの世話をする介添え役。特に、五節の舞姫などの介添え役の女房。枕九二「—ふたり、童よりほかには、すべて入るまじと、戸を押さへて」訳(舞姫の)介添え役の女房二人と、童女以外はだれも入ってはならないと、戸を押さえて。

かい-つくろ・ふ【掻い繕ふ】(他ハ四){は・ひ・ふ・ふ・へ・へ}〔「かきつくろふ」のイ音便〕身なりや容姿の乱れをきちんと整える。今昔二五・一〇「馬の腹帯結ひ、胡簶(=矢を入れて背負う武具)など—・ひ用て」

かい-づめ【掻い詰め】(名)物のすきまを作るために、間にはさみ込むこと。また、そのもの。支え。つっかい。〔浮・世間胸算用〕「鼬の道切るとがり杭、桝落としの—」訳鼬の通路を遮る先のとがった杭、(鼠を捕る)桝落としの支え。

かい-つら・ぬ【掻い列ぬ・掻い連ぬ】(他ナ下二){ね・ね・ぬ・ぬる・ぬれ・ねよ}〔「かきつらぬ」のイ音便。「かい」は接頭語〕連れ立つ。いっしょに行動する。伊勢六七「思ふどち—・

ね用て、和泉の国へ二月ばかりに行きけり」訳気の合った者どうしが連れ立って、和泉の国(大阪府南部)へ陰暦二月ごろに出かけた。

かい-ともし【掻い灯し】(名)〔「かきともし」のイ音便〕清涼殿の夜の御殿(=天皇の御寝所)の四隅につるす灯籠にともした明かり。徒然 二三「夜の御殿のをば、『ー疾うよ』などいふ、まためでたし」訳(清涼殿内にある)天皇の御寝所の(灯火)を、「灯籠の明かりを早く(ともせよ」などと言うのは、またすばらしい。

かいどり-すがた【掻い取り姿】(名)着物の裾などを手でつまみ上げた姿。徒然 一七五「物も着あへずいだき持ち、ひきしろひて逃ぐる、ーのうしろ手」訳着物も着終わらずに抱え持って、引きずって逃げる、(その)裾をつまみ上げたかっこうのうしろ姿や。

かい-ど・る【掻い取る】(他ラ四)〔ら・り・る・る・れ・れ〕〔「かきとる」のイ音便。「かい」は接頭語〕着物の裾や褄を手でつまみ上げる。〔玉塵抄〕「先生の前へは、弟子ども衣のつまをー・っ用(促音便)て、座敷の正面からは入らぬぞ」訳先生の前へは、弟子どもは衣の褄をつまみ上げて、座敷の正面からは入らないのである。

かいな〖肱・腕〗⇩かひな

かい-な・づ【掻い撫づ】(他ダ下二)〔で・で・づ・づる・づれ・でよ〕〔「かきなづ」のイ音便〕なでる。源氏 若紫「ー・で用つつかへりみがちにて出で給ひぬ」訳(光源氏は若紫の髪を)かきなでて、何度もふり返って(邸を)お出になった。

かい-なで【掻い撫で】(名・形動ナリ)〔「かきなで」のイ音便〕並々なこと。とおりいっぺんなこと。源氏 末摘花「かうやうのー・に用だにあらましかばと返す返す口惜し」訳(末摘花の歌も)せめてこの程度の並ひととおりでさえあったなら(うれしいだろうのに)と、返す返すも残念である。文法「ましかば」のあとに「うれしからまし」などが省略されている。

かい-ねり【掻い練り】(名)〔「かきねり」のイ音便〕❶砧で打って練ったり、灰汁などで煮て糊を落としたりして、柔らかくした絹。紅や濃い紫のものが多い。❷「掻い練り襲」の略。襲の色目の名。表裏ともに紅。冬から春までに用いる。

かい-のご・ふ【掻い拭ふ】(他ハ四)〔は・ひ・ふ・ふ・へ・へ〕〔「かきのごふ」のイ音便。「かい」は接頭語〕ふき取る。ぬぐい取る。枕 二五九「いみじうおはせしを、ー・ひ用たるやうにやめ奉りたりしかば」訳(病気が)ひどく重くていらっしゃったのを、(私が)ぬぐい取ったようにお治し申しあげたので。

かい-はさ・む【掻い挟む】(他マ四)〔ま・み・む・む・め・め〕〔「かきはさむ」のイ音便。「かい」は接頭語〕かかえるようにぐいとはさむ。宇治 三・二〇「子をば、死にたれども、脇にー・み用て、家にかへりたれば」訳子供を、死んでしまっているけれども、脇にかかえるようにはさんで、家に帰ったところ。

かいば-み【垣間見】(名)「かいまみ」の転〕「かいまみ」に同じ。枕 四九「ある人の局に行きて、ーして」訳ある女房の部屋に行って、のぞき見をして。

かいば・む【垣間む】(他マ四)〔ま・み・む・む・め・め〕〔「かいまむ」の転〕「かいまむ」に同じ。〔落窪〕「少将つくづくとー・み用臥したり」訳少将はじっと静かに(几帳のすきまから)のぞき見をしてひそんでいる。

貝原益軒（かいばらえきけん）⇩貝原益軒

かい-ひ・く【掻い弾く】(他カ四)〔か・き・く・く・け・け〕〔「かきひく」のイ音便〕(弦楽器を)かき鳴らす。ひく。源氏 帚木「今めかしくー・き用たる爪音、才なきにはあらねど」訳(木枯らしの女が)現代風ではなやかにかき鳴らしている琴の音は、才気がないわけではないけれど。

かい-ひそ・む【掻い潜む】一(自マ四)〔ま・み・む・む・め・め〕隠れてひっそりとしている。ひっそりと静まっている。〔増鏡〕三神山「ー・み用て群がりゐつつ」訳(天皇がお亡くなりになった今)ひっそりと静まっていて、集まって座っていて。二(他マ下二)〔め・め・む・むる・むれ・めよ〕ひっそりと身を隠す。目立たないようにする。源氏 玉鬘「いたうー・め用て、かたみに心づかひしたり」訳ひどくひっそりと身を隠して、(相手がだれとも知れないから)お互いに気兼ねしていた。

かい-びゃく【開闢】(名)「かいびゃく」とも。❶天地の開け始め。国の始まり。〔太平記〕一六「それ日本ーの始めを尋ぬれば」訳そもそも日本の国の始まりの起こりを求めると。❷信仰の地としての山や寺を開くこと。また、その人。細道 出羽三山「当山ー能除大師はいづれの代の人といふことをしらず」訳この山(=羽黒山)の開祖の能除大師はいづれの代の人ということを知らない。

かい-ぶ【海浦・海賦・海部】(名)織物や蒔絵の模様の名。大波・州浜・貝・藻などの海浜の景色を描いたもの。大海。

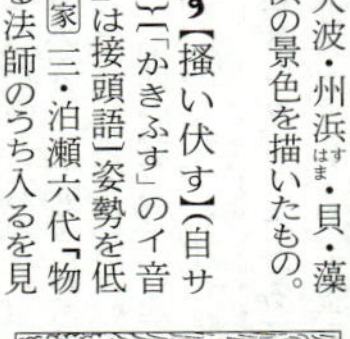

（かいぶ）

かい-ふ・す【掻い伏す】(自サ四)〔さ・し・す・す・せ・せ〕〔「かきふす」のイ音便。「かい」は接頭語〕姿勢を低くする。平家 一一・泊瀬六代「物の具したる法師のうち入るを見て、ー・い用(イ音便)て逃げければ」訳武装した法師が攻め入るのを見て、姿勢を低くして逃げたので。

かい-まく・る【掻い捲る】(他ラ四)〔ら・り・る・る・れ・れ〕〔「かきまくる」のイ音便。「かい」は接頭語〕まくり上げる。更級 初瀬「舟を待つ人の数もしらぬに心おごりしたる気色にて、袖をー・り用て」訳(楫取りたちは)舟を待つ人が数えきれない(ほど多い)のに得意になっているようすで、袖をまくり上げて。

かい-まさぐ・る【掻い弄る】(他ラ四)〔ら・り・る・る・れ・れ〕〔「かきまさぐる」のイ音便。「かい」は接頭語〕手でもてあそぶ。枕 三三「よく装束したる数珠ー・り用」訳りっぱに装飾した数珠を手でもてあそび。

かいま-み【垣間見】(名)〔「かきまみ」のイ音便〕「かいばみ」とも。物のすきまからこっそりのぞき見ること。源氏 夕顔「時々中垣のーし侍るに、げに、若き女どもの透き影見え侍り」訳(私=惟光が)ときどき隣家との間の垣根からのぞき見をしますと、なるほど、若い女たちの姿が簾越しに透いて見えます。

発展　物語の方法としての「垣間見」

「垣間見」は物語を進展させる方法の一つで、男性がふつうは姿を見ることのできない女性を見て、新しい恋が始まる。「垣間見」は視覚的な把握であるが、多くの場合、聴覚的な認識の「立ち聞き」を伴うことが多い。「源氏物語」には、光源氏が紫の上を、柏木が女三の宮を、薫が宇治の大君・中の君を見る場面などが印象深く描かれている。

かいま・みる【垣間見る】(他マ上一){み・み・みる・みる・みれ・みよ}〔「かきまみる」のイ音便〕物のすきまからこっそりのぞき見る。伊勢 一「その里にいとなまめいたる女はらから住みけり。この男、ー・み㊊てけり」訳 その里にたいそう若々しく美しい姉妹が住んでいた。この男は、垣のすきまからこっそりのぞき見してしまった。文法「てけり」の「て」は、完了の助動詞「つ」の連用形。

かいま・む【垣間む】(他マ四){ま・み・む・む・め・め}「かいばむ」とも。物のすきまなどからのぞき見る。更級 宮仕へ「立ち聞き、ー・む㊍人のけはひして、いといみじくものつつまし」訳(局の前で私の言動を)立ち聞きし、のぞき見る人のけはいがするので、たいそうひどくわけもなく気がひける。参考 上一段動詞「垣間見る」が四段化したもの。

かい-もちひ【掻い餅】(名)〔「かきもちひ」のイ音便〕飯の餅。ぼた餅の類。一説に、そばがきとも。宇治 一・一二「『いざ、ーせん』といひけるを」訳(僧たちが)「さあ、ぼた餅をつくろう」と言ったのを。

かい-やり-す・つ【掻い破り棄つ】(他タ下二){て・て・つ・つる・つれ・てよ}〔「かきやりすつ」のイ音便。「かい」は接頭語〕破り捨てる。〔浮・好色一代男〕「ー・て㊌られし中に、転合書きのあるを取り集めて」訳 破り捨てられた(草稿の)中に、いたずら書きがあるのを寄せ集めて。

かい-や・る【掻い遣る】(他ラ四){ら・り・る・る・れ・れ}〔「かきやる」のイ音便〕❶手で払いのける。源氏 若紫「いはけなくー・り㊊たる額つき、髪ざしいみじううつくし」訳(若紫が)あどけなく(髪を)手で払いのけた額の形や髪のようすは、たいそうかわいらしい。❷〔「かい」は接頭語〕やる。与える。〔浮・好色五人女〕「『…、身より』とばかり、ひき結びてー・り㊊給ひしを」訳「…、私より」とだけ、手紙の末尾を書き、結び文としてお与えになったのを。「ひき結び」は手紙の文章に結末をつける意と結び文にする意とをかける

かいらう-どうけつ【偕老同穴】(名)〔「とう」は「同」の漢音〕「かいらうどうけつ」とも。(生きてはともに老い、死んでは同じ穴に葬られる意から)夫婦が死ぬまで仲むつまじく連れ添うこと。

かいろぐ ⇩かひろぐ

かい-わぐ・む【掻い綰む】(他マ四){ま・み・む・む・め・め}〔「かきわぐむ」のイ音便。「かい」は接頭語〕たわめ曲げる。くるくると丸める。宇治 三・一二「二つながらとりて、ー・み㊊て、脇にはさみて立ちさりぬ」訳(もらった衣を)二つとも(手にとって、丸めて、脇にはさんで立ち去った。

かう【更】(名)日没から日の出までの一夜を五つに分けた時刻の単位。戌の刻を初更(=今の午後八時ごろおよびその前後約二時間)、亥の刻を二更(=今の午後十時ごろおよびその前後約二時間)、子の刻を三更(=今の午後十二時ごろおよびその前後約二時間)、丑の刻を四更(=今の午前二時ごろおよびその前後約二時間)、寅の刻を五更(=今の午前四時ごろおよびその前後約二時間)という。季節により「更」の長さは異なる。

かう【香】(名)❶沈香・白檀・伽羅・麝香・竜涎などの植物・動物からとった香料。種々の香料を練り合わせた人造のものもある。薫き物。源氏 若菜下「ーに染みたる御衣ども」訳 香にしみている御衣を幾枚も(重ね)。❷「香色」の略。やや黄色がかった薄赤色。枕 三六「ーの紙の、いみじうしめたる、にほひいとをかし」訳 香色の紙で、十分に(香が)たきしめてあるのは、匂いがたいそう趣がある。⇩巻頭カラーページ10 ❸織物の名。縦糸は香色、横糸は白色で織る。老人の着物に用いる。❹襲の色目の名。表は香色、裏は紅。四季を通じて用いる。⇩巻頭カラーページ11

かう【剛】(名・形動ナリ)強いこと。剛勇。平家 一一・能登殿最期「三十人が力持ったる、大力のーの者あり」訳(安芸の太郎実光といって)三十人の力をもっている、力持ちの剛勇の者がいる。

かう【講】(名)❶仏教の講義をする集まり。信者が集まってする法会。伊勢 七七「それうせ給ひて、安祥寺にてみわざしけり。…、ーの終はるほどに」訳 そのお方がお亡くなりになって、安祥寺で御法要を行った。…、経の講説が終わるころに。❷神仏の信者が参詣・奉加・寄進などをするためにつくる団体。講中。「伊勢ー」「大社ー」❸金銭の貯蓄・融通などのために集まってつくる組合。「頼母子ー」「無尽ー」

かう【長官】(名)〔「かみ」のウ音便〕官庁の長官。⇩長官「発展」

かう【斯う】(副)〔「かく」のウ音便〕❶**このように**。竹取 貴公子たちの求婚「この人々の年月を経て、ーのみいましつつのたまふことを、思ひ定めて」訳 この方々が長い間にわたって、ただこのようにおいでになってはおっしゃることを、考え判断して。❷**もうこれまで**。これで終わり。平家 一・祇王「祇王すでに、今はーとて出でけるが」訳 祇王はもはや、今となってはこれまでということで出発したが。❸これこれ。しかじか。平家 二・烽火之沙汰「入道にーとも申しも入れず、ざざめきつれて、皆小松殿へぞ馳せたりける」訳(兵たちは)入道(=清盛)にこれこれだとも申し上げもせずに、がやがやと連れだって、みな小松殿(=重盛)のところへ馳せ参じたのであった。

かう〔代う・交う・買う・飼う・換う〕⇩かふ

かう-い【更衣】(名)❶衣がえ。季節によって着衣をかえること。❷後宮の女官の名。女御の次位。源氏 桐壺「いづれの御時にか、女御・ーあまたさぶらひ給ひけるなかに」訳 どの帝の御代で(あっただろう)か、女御や更衣が大勢お仕えしていらっしゃった中に。文法「御時にか」の「に」は、断定の助動詞「なり」の連用形。⇩源氏物語「名文解説」

発展 「更衣」「女御」になる女性

「更衣」の②は、もと、天皇の衣がえの御用をつとめる女官の称であったが、のち、天皇の寝所に奉仕する女官の称となった。大納言以下、殿上人の娘がなる。「源氏物語」では、光源氏の母、桐壺の更衣が有名である。

摂関・大臣以下、公卿の娘や、皇女または女王の場合は「女御」になった。

かうい-ばら【更衣腹】(名)「更衣②」から生まれた子。源氏 若菜上「母方もその筋となくものはかなき―にてものし給ひければ」訳(藤壺の女御は)母方もこれという家柄ではなく、どことなく頼りない更衣から生まれた方でいらっしゃったので。

かう-うん【高運】(名)すぐれてよい運。幸運。徒然 二三八「時にあたりて、本歌を覚悟す。道の冥加なり。―なり」訳(天皇の下問のあった時に際して、典拠となる歌を記憶している。(これは)歌道の神の加護(によるもの)である。すばらしい幸運である。

かう-がい【笄】(名)〔「かみかき(髪掻き)」の転〕❶男女ともに、髪をかき上げるのに使った、細長い箸状の道具。大鏡 道隆「御櫛・―具し給へりける取り出でて、つくろひなどして」訳(道隆は)御櫛や笄をお持ちになっていたのを取り出して、身づくろいなどをして。❷近世以降、女性が髷にさした装飾品。金・銀・べっ甲などで作った。浮世風呂「―もおっつけ(=すぐに)昔形といふものがはやるだらう」❸男子が刀の鞘に差しておき、髪をかくのに用いたへらのような形のもの。のちには形式化して刀剣の付属品となる。十訓 八「守り刀より、―抜き出だして、鬢かいつくろひて」訳護身用の刀から、笄を抜き出して、耳ぎわの髪をきちんと整えて。

かうがい-わげ【笄髷】(名)江戸時代の女性の髪形の一種。特に、人妻の髪形。下髪を巻き上げ、笄をさしてとめるもの。浄・仮名手本忠臣蔵「―の三国一(の花嫁)」

(かうがいわげ)

かう-かう【皓皓・皎皎】(形動タリ){たら・たり(と)・たり/たる・たれ・たれ}白く輝くさま。平家 九・老馬「(山に)登れば白雲―・と用して(峰が)そびえ」

かう-かう【斯う斯う】(副)〔副詞「かく」を重ねた「かくかく」のウ音便〕これこれ。このようにして。伊勢 一六「―今はとてまかるを、何事もいささかなることもえせで、遣はすこと」訳これこれのわけで今は(これまで)ということで(妻は)出て行くが、何一つわずかなこともしてやれずに、出してやること(が情けない)。

かうがう-し【神神し】(形シク){しから・しく(しかり)・し・しき(しかる)・しけれ・しかれ}〔「かむがむし」の転〕尊くおごそかである。源氏 賢木「黒木の鳥居どもは、さすがに―・しう用(ウ音便)見渡されて」訳皮のついたままの木で造られた鳥居の数々は、それでもやはり尊くおごそかに自然と見渡されて。

かうかうの… 川柳

孝行の したい時分に 親はなし 〈柳多留・二二〉

訳(若い時分に道楽をして親を困らせた息子が、自分の子供を持つ年ごろになって)孝行をしたいと思う時分には、親は死んでいて、いないことが多いものだ。

かうが-ふ【考ふ・勘ふ】(他ハ下二){へ・へ・ふ・ふる・ふれ・へよ}〔「かんがふ」の転〕❶事例や暦・慣例に照らして考え、判断する。源氏 行幸「近うまたよき日なしと―・へ用申しけるうちに」訳(その日の)前後にはほかに吉日はないと、(陰陽師も)暦を見て判断し言上した間に。❷(法律に照らして処断する意から)責める。処罰する。枕 一三五「むとくなるもの …えせ者の従者―・へ用たる」訳格好がつかないもの、…たいしたことのない者が(人並みに)召使を責めているの。

がう-き【拷器】(名)拷問に用いる道具。徒然 二〇四「犯人を笞にてうつ時は、―にて結ひつくるなり」訳罪人をむちで打つ場合には、拷問用の器具にくっつけて縛りつけるのである。

がう-ぎ【嗷議】(名)❶大勢が数をたのんで無理を言い張ること。太平記 三九「大名一揆の―ども、これよりちと止みにけり」訳大名集団のさまざまな無理を言い張る議論は、この時から少しおさまったのだった。❷暴力。力ずく。宇治 二・一三「―にてこそ行かめ」訳力ずくで(押し通って)行こう。

がう-ぎ【豪儀・強気】(名・形動ナリ)❶程度のはなはだしいさま。❷威勢のよいさま。鹿の子餅「何ぞ―・な体(口語)事が書いてもらいたうごんす」訳何か威勢のよいことを書いてもらいとうございます。

かう-け【高家・豪家】(名)❶格式の高い家。権勢のある家。摂関家や武家の名門にいう。うつほ 祭の使「身の才もなくて、―を頼み」訳身にそなわった才学もないのに、名門の家柄を頼みにし。❷頼みにする権威。よりどころ。今昔 二四・五五「あやまりどもを片端より問ふに、ただ老いを―にて、答へ居たり」訳さまざまな罪過についてかたっぱしから問いただすと、ただ老齢を口実にして、答えていた。❸江戸幕府の職名。室町時代以来の名家で幕府に仕え、儀式・諸礼式をつかさどった家柄。参考「豪家」は慣用音で「がうけ」とも。

かう-げ【高下】(名)身分の上下。また、物事の優劣。保元物語「閻浮の身、貴賤―異なる事なく」訳俗世の身に、貴い者もいやしい者も、身分の高い者も低い者も違うところはなく。

がう-こ【江湖】(名)「かうこ」とも。大河と湖。多くの水をたたえたところ。宇治 一五・一一「我は河伯神の使ひに、―へ行くなり」訳私(=大きな鮒)は川の神の使者として、大河や湖へ行くのだ。

かう-ざ【高座】(名)❶説経・語り物などをする人のために設けた、一段高い席。❷①で説経すること。増鏡 老のなみ「―はてて後、楽人、酒胡子を奏す」訳高座の説法が終わったあと、雅楽を奏する人が、酒胡子(=雅楽の曲名)を演奏する。

かう-さつ【高札】(名)法度や禁令、罪人の罪状などを記して人通りの多い場所に立てた板の札。江戸時代に盛んだった。浄・五十年忌歌念仏「心にかかるはこの―。主人の金七十両盗むとは、身にとって覚えなし(=わが身には心当たりがない)」

(かうさつ)

かう-ざま【斯う様】（名・形動ナリ）〔「かくさま」のウ音便〕かようなさま。このようなようす。源氏 紅梅「源中納言は、ーに 用 好ましうは焚き匂はさで」訳 源中納言(=薫)は、このようなふうに(=匂宮のように)風流がましくは(香を)たき匂わさないで。

かうざん-すいりく【江山水陸】（名）川と山、海と陸。細道 象潟「ーの風光数を尽くして、今象潟に方寸を責む」訳 川や山、海や陸の美しい景色を残らず見てきて、今、象潟へと心がせきたてられる。

かう-し【格子】（名）〔「かくし」のウ音便〕細い角材を縦・横に細かく直角に組み合わせてつくった建具。窓や出入り口に取りつける。寝殿造りではこれを黒く塗り、上下二枚にして寝殿や対の屋などの外側四面の柱と柱の間にはめる。開ける場合は、上の戸をつりあげる。下の戸の掛け金をとり上下ともはずすこともできる。裏側に板を張ったものを蔀といい、「格子」は多く格子づくりの蔀をさす。源氏 夕顔「日たくるほどに起き給ひて、ー手づから上げ給ふ」訳 日が高くなるころに(光源氏は)お起きになって、格子を自分の手でお上げになる。→蔀

（かうし）

注意 平安女流文学などに「御格子まゐる」という言い方がよく出てくる。これは御殿の格子を、お上げ申しあげる意にも、お下ろし申しあげる意にも使われるから、その都度どちらが適切かを判断する必要がある。

かう-じ【好事】（名）よいこと。善行。徒然 一七一「ーを行じて、前程を問ふことなかれ」訳 善行を行って、(その報いなど)先のことを尋ねてはいけない。

かう-じ【柑子】（名）❶こうじみかん。今のみかんより小さく酸味が強い。秋。(柑子の花 夏)。徒然 一一「かなたの庭に大きなるーの木の、枝もたわわになりたるがまはりを」訳 向こうの庭に大きなみかんの木で、枝もしなうほどに(実が)なっている木の周囲を。❷襲の色目の名。表裏ともに濃い朽ち葉色(=赤みを帯びた黄色)。

かう-じ【勘事】（名）〔「かんじ」のウ音便〕❶責めとがめること。不興。蜻蛉 中「年月のーなりとも、今日のまゐりには許されなむとぞ覚ゆる」訳 長い年月の不興であっても、今日の(雨中の)参上に対してはきっと許されるだろうと思われる。❷拷問。宇治 二・四「身をはたらかさぬやうにはりつけて、七十度のーを経ければ」訳 からだを動かさないようにはりつけにして、七十回の拷問を加えたので。

かう-じ【講師】（名）❶(仏教語)諸国の国分寺に置かれた僧官。その国の僧尼を監督・指導し、仏教の講義を行った。もとは「国師」といったが、平安時代の初めに「講師」と改めた。土佐「二十四日。ー、馬のはなむけしに出でませり」訳 二十四日、国分寺の住職が、餞別をしにいらっしゃった。❷(仏教語)法会などのとき、高座に上がって仏典を講説する僧。源氏 鈴虫「ーまうのぼり、行道の人々まゐりつどひ給へば」訳 仏典講説の僧が参上し、読経しながら仏前を巡り歩く人々も参集なさるので。❸詩の会や歌合わせで、詩や歌などを読みあげる人。源氏 花宴「ふみなど講ずるにも、源氏の君の御をば、ーもえよみやらず」訳 (花の宴で)詩などを披講するときにも、源氏の君のお作を、披講役の人も(感動のあまり)読みきることができない。(「御」は「御作」を略した表現。)

文法「えよみやらず」の「え」は副詞で、下に打消の語(ここでは「ず」)を伴って不可能の意を表す。

参考 ②で、講師と相対して高座にのぼる僧を「読師」といい、その読師が読む経文を講師が講説する。

かうし-づくり【格子造り】（名）家の表に格子を設けること。また、その家。

かうし-の-つぼ【格子の坪】格子の一こま一こま。格子の目。枕 二〇〇「ーなどに、木の葉をことさらにしたらむやうに、こまごまと吹き入れたるこそ、荒かりつる風のしわざとはおぼえね」訳 格子の一こま一こまなどに、木の葉をわざわざ(そう)したように、こまかに吹き入れてあるのは、荒々しかった風のしわざとは思われない。

かう-しゃ【巧者】（名・形動ナリ）「こうしゃ」に同じ。

かう-しゃう【江上】（名）〔「上」はほとりの意〕大きな川のほとり。湾や入り江のほとり。細道 出発まで「去年の秋、ーの破屋に蜘の古巣をはらひて」訳 去年の秋、川(=隅田川)のほとりのあばら家に帰り、蜘蛛の古巣をはらって(住み)。

かう-しゃう【高声】（名）大きな声。高い声。平家 一〇・維盛入水「ーに念仏百返ばかりとなへつつ」

かう-しょく【好色】（名）❶美しい容貌。美人。〔謡・花筐〕「また李夫人はーの、花のよそほひ衰へて」訳 また漢の武帝に愛された李夫人は美人としての、花のような容色が衰えて。❷異性を好むこと。色好み。〔申楽談儀〕「ー、博奕、大酒、鶯飼ふ事、これは清次の定めなり」訳 色好み、ばくち、大酒、鶯を飼うこと、これは清次(=観阿弥)の(重い戒めとして定めた)掟である。❸遊女。

好色一代男（こうしょくいちだいおとこ）『作品名』浮世草子。井原西鶴作。天和二年(一六八二)刊。世之介という町人の好色生活を通じ、十七世紀後半の町人生活の諸相を写実的に描く。浮世草子の最初の作品。

好色一代女（こうしょくいちだいおんな）『作品名』浮世草子。井原西鶴作。貞享三年(一六八六)刊。生活苦と好色のために落ちぶれていく女の一生を、老尼の告白という形で描いたもの。

好色五人女（こうしょくごにんおんな）『作品名』浮世草子。井原西鶴作。貞享三年(一六八六)刊。当時の五つの恋愛事件を題材とし、お夏・おせん・おさん・お七・おまんの五人の女性が登場。西鶴のこれ以前の好色本が遊里中心であるのに対し、町人社会の恋愛を主とする。

かう-しん【庚申】（名）「かうじん」とも。❶干支の一つ。かのえさる。❷「庚申待ち」の略。源氏 東屋「腰折れたる歌合はせ、物語、ーをし」訳 (若い女房たちが)下手な歌合わせや物語や庚申待ちをして。

かう-じん【行人】（名）道行く人。通行人。また、旅人。平家 三・城南之離宮「巷を過ぐるー征馬のいそがはしげなる気色」訳 町なかの道を通り過ぎる通

行人や旅の馬の、忙しそうなようすは。

かうしん‐まち コウシン―【庚申待ち】（名）「かうじんまち」とも。庚申の日の夜、仏教では青面金剛や帝釈天、神道では猿田彦神を祭り、一晩中寝ないで過ごすこと。この夜眠ると三尸（＝人の体内に住むという三びきの虫）が天に昇り、その人の罪を天帝に告げるという道教の信仰に基づく。「庚申」とも。

かう‐す コウス【号す】（自サ変）｛せ・し・す・する・すれ・せよ｝〔近世には「がうす」〕名づける。称する。平家 四・山門牒状「ここに院宣と―・し(用)て出だし奉るべきよし、責めありといへども」訳 そこで院宣と称して高倉宮を寺からお出し申しあげよとのこと、きびしい催促があるといっても。

かう‐ず コウ―【好事】（名・形動口）《近世語》変わった物事を好むさま。物好き。風流を好むさま。また、その人。〔仮名・浮世物語〕「京・大坂の―の者潮干の遊び（＝潮干狩り）に集まり」

かう‐ず コウズ【勘ず・拷ず】（他サ変）｛ぜ・じ・ず・ずる・ずれ・ぜよ｝拷問にかける。こらしめる。宇治 二・九「これ閉ぢこめて―・ぜ(未)ん」訳 この男を閉じこめてこらしめてやろう。

かう‐ず コウズ【講ず】（他サ変）｛ぜ・じ・ず・ずる・ずれ・ぜよ｝❶経典や詩文の意味・内容などを説いて聞かせる。今昔 一一・一「高座に登りて勝鬘経を―・じ(用)給ふ」訳（聖徳太子）は高座に上がって勝鬘経を説いて聞かせなさる。❷詩の会や歌合わせで、詩歌を読みあげる。披講する。源氏 少女「短きころの夜なれば、明けはててぞ―・ずる(体)」訳 夜の短いころなので、（夜が）すっかり明けてから（光源氏や博士などの漢詩を、講師が）披講する。

かう‐ずい コウ―【香水】（名）《仏教語》仏前に供えたり、仏具やからだを清めたりするための浄水。いろいろの香を合わせてつくる。宇治 一三・一三「聖、眠りながら散杖（＝香水を壇や供物に注ぎ散らすための棒）をとりて、―にさしひたして、四方にそそく」訳 聖は眠りながら散杖を取って、香入りの浄水にひたして、四方にふりかける。

かう‐せき コウ―【行跡】（名）行った事柄。行為。また、身持ち。品行。徒然 一二二「名に二種あり。―と才芸との誉れなり」訳 名誉に二種類ある。行った事柄（について）と才芸（について）との名誉である。

かう‐ぞめ コウ―【香染め】（名）丁子（＝木の名）のつぼみをせんじた汁で染めたもの。黄色がかった淡紅色。丁子染め。今昔 三一・三「―の法服着したる僧の居たれば」訳 丁子染めの法衣を着用した僧が座っていたので。

がう‐だう ゴウドウ【強盗】（名・自サ変）暴力で他人の金品を奪いとること。また、その人。強盗。〔十訓〕六「安養の尼上のもとに、―入りて、あるほどの物の具（＝あるだけの道具）を、皆取りて出でければ」

かう‐ぢゃう コウジョウ【定考】（名）奈良・平安時代、六位以下の官吏の才芸・勤務状態などを考慮して昇進させる儀式。毎年陰暦八月十一日に太政官庁で行った。枕 一三二「官の司に―といふことすなる、何事にかあらむ」訳 太政官の役所で定考ということをすると聞いているが、（それはいったい）どんなことだろうか。

参考「定考」をそのまま音読すると、「上皇」と同音になるので、文字の順とは逆に音読したというが、確かではない。「定考」は「ぢゃうかう」、「上皇」は「しゃうくわう」と、平安・鎌倉時代にはまったく別音だった。なお、平安時代には「考定」と表記する記録もある。

上野（かうづけ）コウズケ《地名》旧国名。東山道八か国の一つ。今の群馬県。上州。

かう‐て コウ―【斯うて】（副）〔「かくて」のウ音便〕こうして。更級 鏡のかげ「―、つれづれとながむるに、などか物詣でもせざりけむ」訳 こうして、することもなく物思いに沈んでいるころ、どうして寺参りもしなかったのだろうか。

がう‐てき ゴウ―【強敵】（名）強い敵。〔風姿花伝〕「名将の案・計らひにて、思ひのほかなる手立てにて、―にも勝つことあり」訳 名将の考え、計略によって、意外な方法で、強い敵にも勝つことがある。

かうて‐さぶらふ コウテサブラ（ロウ）【斯うて候ふ】〔こうして控えておりますの意〕（挨拶のことばで）ごめんください。枕 一〇六「黒戸に主殿司来て、『―』と言へば、寄りたるに」訳 黒戸（＝清涼殿の北にある部屋）に主殿司（＝宮中の清掃・灯火などをつかさどる役人）が来て、「ごめんください」と言うので、（私が）近寄ったところ。

かう‐なぎ コウ―【巫】（名）〔「かむなぎ」のウ音便〕「かむなぎ」に同じ。〔梁塵秘抄〕「我が子は十余になりぬらん、―してこそ歩くなれ」訳 私の子は（もう）十歳あまりになってしまっているだろう。（地方まわりの）巫女をしながら諸国を）めぐっているということだ。

かう‐にん コウ―【降人】（名）降参した人。平家 八・鼓判官「甲をぬぎ弓をはづいて、―に参らせ給へ」訳（あなた＝木曾義仲は）甲をぬいで弓の弦をはずして、降参した人として（院方へ）参上なさい。

かう‐の‐きみ コウ―【長官の君】（名）〔「かみのきみ」のウ音便〕「かんのきみ」とも。官庁の「長官」の敬称。蜻蛉 下「―、なほこの月のうちにはたのみをかけて、責む」訳 長官殿（＝遠度）は、なおもこの月（＝陰暦四月）のうちには期待をかけて、せきたてる。⇨長官「発展」

かう‐の‐との コウ―【長官の殿】（名）〔「かみのとの」のウ音便〕「かんのとの」とも。官庁の「長官」の敬称。⇨長官「発展」

かう‐の‐もの コウ―【剛の者】（名）〔近世「がうのもの」とも〕すぐれて強い者。勇士。平家 七・実盛「あっぱれ、おのれは日本一の―に組んでうずな、うれ」訳 あっぱれ、おまえは日本一の勇士と組もうとするのだな、おのれ。文法「組んでうず」は「組みてんず」の転。

かう‐ばし コウバシ【香ばし・芳ばし】（形シク）｛（しから）・しく（しかり）・し・しき（しかる）・しけれ・しかれ｝〔「かぐはし」の転〕❶香りがよい。香りが高い。更級 竹芝寺「武蔵の国の衛士のをのこなむ、いと―・しき(体)物を首にひきかけて飛ぶやうに逃げけると申し出でて」訳 武蔵の国（出身）の衛士（＝宮門警備の士）の男が、とても香りのよいものを首にかけて飛ぶように逃げたと申し出（る者があっ）て。❷心引かれる。すばらしい。りっぱだ。〔保元物語〕「その跡もっとも―・し(終)といへども」訳 その（右馬の権頭の）跡目（を継ぐこと）はなるほど誉れ高いといっても。

かう‐ばり コウ―【かう張り】（名）（つっかい棒の意から）かばいだて。支援。ひいき。〔浄・女殺油地獄〕「あんまり母があいだてない。―が強うて、いよいよ心が直らぬと」訳 あまりにも母親が猫かわいがりだ。（子供への）かばいだてがすぎて、ますます心がなおらないと。

かう‐ふう コウ―【好風】（名）すばらしい風景。よい眺め。

細道 松島「松島は扶桑第一の―にして、およそ洞庭・西湖を恥ぢず」訳 松島は日本第一のすばらしい風景であって、まずもって(中国の)洞庭湖や西湖に劣らない。

かう-ふう 【高風】(名)すぐれた人格。気高い風格。高雅な風趣。〔洛東芭蕉庵再興記〕「この寺に会して、芭蕉翁の―を仰ぐこととはなりぬ」訳 この寺に集まって、芭蕉翁の高雅な風趣を敬うこととはなった。

がう-ぶく 【降伏】(名・他サ変)《仏教語》神仏の力で、悪魔や敵を押さえしずめること。調伏。平家 四・山門牒状「仏力神力も―を加へまします事などかなかるべき」訳 仏の力や神の力も、敵を押さえしずめることに加勢なさることがどうしてなかろうか(いや、あるにちがいない)。

かうぶり 【冠】(名)〔「かがふり」の転〕❶衣冠や束帯などのとき頭にかぶる物。**かんむり**。源氏 紅葉賀「しどけなき姿にて、―などうちゆがめて」訳 (光源氏は)だらしない格好で、冠などもひんまげて。⇩烏帽子「発展」 ❷**元服して初めて冠を着けること**。「初冠」とも。〔うつほ〕俊蔭「十二歳にて―しつ」訳 (俊蔭は)十二歳で元服・加冠した。❸(位に相当する朝服と同じ色の冠を賜ることから)**位階**。枕 二四「さらに官も―も賜らじ」訳 決して官職も位階もいただかないつもりだ。❹(五位に叙せられるとき、初めて冠をかぶるところから)**五位に叙せられること**。枕 九「うへにさぶらふ御猫は、―にて」訳 帝のおそばにお仕えしている(=飼われている)御猫は、従五位下に叙せられて。❺「年爵」のこと。

かうぶり-を-か-く 【冠を掛く】〔「挂冠」の訓読〕(冠を城門に挂け、官を辞して国を去ったという漢の故事から)官職を辞する。源氏 若菜下「年ふかき身の―け㊌む、なにか惜しからむ」訳 年を取った身である私(=致仕の大臣)が官職を辞するとしたらそれは、どうして惜しいことがあろうか(いや、惜しくはない)。

かうぶ-る 【被る・蒙る】(他ラ四)(ら・り・る・る・れ・れ)〔「かがふる」の転。室町時代以降は「かうむる」〕受ける。こうむる。いただく。枕 二八「『…御供にさぶらへ』と宣旨―・り㊊て」訳 「…(中宮参内の)お供にお仕えせよ」と、天皇の仰せをいただいて。平家 七・忠度都落「生涯の面目に、一首なりとも御恩を―・ら㊌うど存じて候ひしに」訳 生涯の名誉に、たとえ一首であっても御恩をこうむろう(=勅撰集に採っていただこう)と存じておりましたのに。

かう-べ 【頭・首】(名)くび。あたま。平家 十二・紺掻之沙汰「故左馬の頭義朝のうるはしき―とて」訳 故左馬の頭義朝(=源義朝)の正真の首(である)といって。

がう-ま 【降魔】(名)《仏教語》「がま」とも。悪魔を降伏させること。

がうま-の-さう 【降魔の相】「がまのさう」とも。不動明王などが悪魔を降伏させるときのような、怒りの形相。今昔 五・二「仙人、たちまちに―になりて」

かう-みゃう 【高名】■(名)評判の高いこと。名高いこと。徒然 一〇九「―の木のぼりといひしをのこ」訳 有名な木登りと評判だった男。⇩聞こえ「慣用表現」■(名・自サ変)戦場などで手柄を立てること。功名。また、面目をほどこすこと。ほまれ。平家 九・宇治川先陣「いかに佐々木殿、―・せ㊌うどて不覚し給ふな」訳 やあ佐々木(四郎高綱)殿、功名を立てようとして思わぬ失敗をしなさるな。

かうむ-る 【被る・蒙る】(他ラ四)(ら・り・る・る・れ・れ)「かうぶる」に同じ。

高野 (かうや)『地名』「高野山」の略。

かう-やう 【斯う様】(形動ナリ)(なら・なり(に)・なり・なる・なれ・なれ)〔「かくやう」のウ音便〕このよう。かよう。土佐「この―・に㊊物持て来る人に、なほしもえあらで」訳 このこういうふうに贈り物を持って来る人に、(こちらも)そのまま(もらいっぱなしに)もしておけないので。

かうや-がみ 【紙屋紙】(名)〔「かみやがみ」のウ音便〕「かんやがみ」に同じ。

高野山 (かうやさん)『地名』❶今の和歌山県伊都郡高野町にある、紀伊山地中の山。弘法大師の開いた真言宗の総本山金剛峰寺がある。❷金剛峰寺の山号。

かうらい 【高麗】(名)❶古代朝鮮の国名。十世紀はじめ新羅にかわって朝鮮を統一し、十四世紀末、李氏朝鮮にかわるまで存続。また、一般に朝鮮のこと。❷「高麗縁」の略。枕 二七七「ことさらに御座といふ畳のさまにて、―など、いときよらなり」訳 格別に(貴人の御座所に用いる)御座という畳の体裁で、高麗縁などが、たいそう華麗である。

かうらい-ばし 【高麗端】(名)「かうらいべり」に同じ。

かうらい-べり 【高麗縁】(名)白地の綾に菊・雲などの模様を黒く織り出した畳のへり。また、そのへりをつけた畳。貴族の邸宅や社寺で用いた。高麗端。

かう-らん 【高欄】(名)❶宮殿・社寺などの周囲の廊下、橋などにつけた欄干。更級 竹芝寺「『あのをのこ、こち寄れ』と召しければ、かしこまりて―のつらに参りたりければ」訳 「そこの男よ、こちらへ来い」と呼び寄せなさったので、(男が)畏れ謹しんで手すりのそばに参ったところ。⇩巻頭カラーページ21 ❷いすのひじかけ。〔今鏡〕「業平の中将と相撲とらせ給ひて、―うち折らせ給へるを」訳 (宇多天皇が)業平の中将と相撲をおとりになられて、いすのひじかけをお折りになられたのを。
参考 近世以降は「勾欄」とも表記。

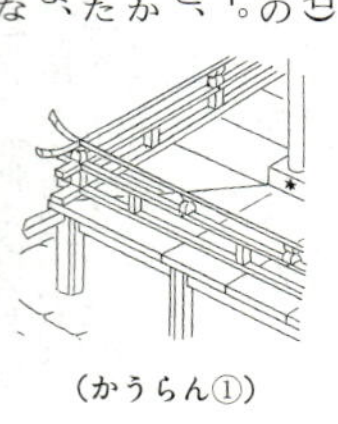
(かうらん①)

がう-りき 【強力】(名・形動ナリ)❶力の強いこと。また、その人。平家 十二・六代被斬「されども衆力に―かなはぬことなれば」訳 けれども大勢の力にたった一人の強い力はかなわないものであるから。❷修験者や山伏の荷物を運ぶ従者。また、登山者を案内し荷物を運ぶ者。細道 出羽三山「―といふ者に導かれて」

かう-りょう 【亢竜】(名)天高く昇りつめた竜。

かうりょう-の-くい-あ-り コウリョウ【亢竜の悔いあり】(天に昇りつめた竜は下降するしかないという「易経」の句から)物事が最盛の極に達すると、必ず衰えるというたとえ。〔太平記〕四「この君―・り(終)といへども、二度帝位をふませ給ふべき御相有り」訳 この君(=先帝後醍醐天皇)は、物事はその極に達すると必ず衰えるというけれども、再び帝位におつきになられるにちがいないご人相がある。

かう-ろ コウロ【香炉】(名)香をたくのに用いる器。灰を入れてその上に炭火をのせ、香をたく。陶磁器・漆器・金属器などで、形もいろいろある。

(かうろ)

香炉峰(かうろ)ホウ『地名』中国の江西省にある廬山の最高峰の名。白居易(=白楽天)の詩句「香炉峰の雪は簾を撥げて看る」によって知られる。枕 二九九「少納言よ、―の雪いかならむ」と仰せらるれば、御格子あげさせて、御簾を高くあげたれば、わらはせ給ふ」訳「少納言(=清少納言)よ、香炉峰の雪はどうであろう」と(中宮が)おっしゃられるので、(そばにいる女房に)御格子をあげさせて、(自分で)御簾を高くあげたところ、(中宮は)お笑いになられる。

名文解説 雪の降りつもった朝、中宮定子の問いかけが「香炉峰の雪は簾を撥げて看る」という漢詩を踏まえたものであることを察した清少納言が、機転をきかせて御簾をあげ、庭の雪を見せる場面。二人の息の合ったやり取りが印象的である。

かうわか-まひ コウワカマイ【幸若舞】(名)室町時代に、桃井直詮(幼名、幸若丸)が、声明などの曲節をとり入れて始めた舞。鼓に合わせて軍記物語をうたい、立て烏帽子に大口袴を着用し、扇拍子で舞う。

かえし【返し】⇩かへし

かえす【反す・返す・覆す・帰す・還す】⇩かへす

かえすがえす【返す返す】⇩かへすがへす

かえりこと【返り言・返り事】⇩かへりこと

かえりみる【顧みる】⇩かへりみる

かえる【反る・返る・覆る・帰る・還る・孵る】⇩かへる

かおる【薫る】⇩かをる

かか(名)❶【母】子供が母親のことを呼ぶ語。かあちゃん。〔浮・世間胸算用〕「おまんさらばよ。―は旦那様へ行きて、正月に来て会ふぞよ」訳 おまん(=娘の名)さようなら。母は旦那様へ(奉公に)行って、正月に帰って来て会うぞよ。⇔父(とと)
❷【嚊・嬶】庶民が、自分の妻や他人の妻を親しんで呼ぶ称。かかあ。〔浮・世間胸算用〕「この子泣きやまねば、となりの―たち問ひよりて」訳 この子が泣きやまないので、隣の女房たちが訪ね寄って。

かか(感)鷲や烏などの鳴き声の擬声語。かあかあ。枕 九七「鳥のいと近く―と鳴くに(=鳴くので)」

加賀(かが)『地名』旧国名。北陸道七か国の一つ。今の石川県南部。加州。賀州。

が-が【峨峨】(形動タリ){たら・たり(と)・たり・たる・たれ・たれ}険しくそびえ立つさま。平家 一〇・海道下「北には青山―・と(用)して、松吹く風索々たり」訳 北には青々とした山が険しくそびえ立っていて、松を吹く風もこずえを鳴らしている。

か-かい【加階】(名・自サ変)位階が加わること。転じて、単に「位」をもさす。源氏 賢木「かならずあるべき―などをだにせずなどして」訳(藤壺に仕える人々は)必ずあるはずの位階の昇進などをさえしなかったりして。

かがい【嬥歌】⇩かがひ

かか-ぐ【掲ぐ】(他ガ下二){げ・げ・ぐ・ぐる・ぐれ・げよ}(「掻き上ぐ」の転)❶**掻き上げる**。万葉 七・一二三三「娘子らが織る機の上を真櫛もち―・げ(用)栲島波の間ゆ見ゆ」訳 少女たちが織る織機の上を櫛でもって掻き上げて綰く(=束ねる)という名の、あの栲島が波の間から見える。(初句から「かかげ」までは「栲島」を導きだす序詞)
❷(簾や着物の裾などを)**巻き上げる**。まくり上げる。〔和漢朗詠集〕「香炉峰の雪は簾を―・げ(用)て看る」訳 香炉峰(=中国の廬山の最高峰の名)の(朝の)雪は簾を巻き上げて見る。
❸**灯火を掻き立てて明るくする**。枕 一四五「短き灯台に火をともして、いと明かう―・げ(用)て」訳 背の低い灯台に火をつけて、たいそう明るく灯火を掻き立てて。

かかぐ-る(自ラ四){ら・り・る・る・れ・れ}(多く、下に動詞を伴って)たどる。すがる。宇治 一〇・一「柱より―・り(用)おるる者あり」訳 柱からすがり下りる者がいる。

かかし【案山子】(名)鳥獣を田畑から追い払うため、それらの嫌う臭気を出してかがせる「嗅し」から転じて田畑に立てて、鳥獣をおどすための人形。秋

かがし(代)不定称の人代名詞。だれそれ。大鏡 伊尹「一番にはなにがし、二番には―など言ひしかど、その名こそおぼえね」訳(競べ馬の)一番にはだれだれ、二番にはだれそれなどと言ったけれど、その名は覚えていない。

かかづら-ふ カカズラ(ロ)ウ(自ハ四){は・ひ・ふ・ふ・へ・へ}❶**関係する**。かかわりあう。**かかわりを持つ**。源氏 若菜上「げに、あまたの中に―・ひ(用)て」訳(女三の宮は)なるほど、大勢の(女性たちの)中にかかわりあって。
❷こだわる。とらわれる。悩む。源氏 浮舟「かう―・ひ(用)思ほさで、さるべきさまに聞こえさせ給ひてよ」訳 こんなにこだわってお考えにならず、適当なふうに(=匂宮に)ご返事申しあげてしまいなさい。文法「給ひてよ」の「てよ」は、完了の助動詞「つ」の命令形。
❸**まといつく**。**つきまとう**。源氏 夕霧「さらがへりて懸想だち涙をつくし―・は(未)むも、いとうひうひしかるべし」訳 若返って色恋めき、涙のありったけをしぼり、(落葉の宮に)つきまとうとしたらそれも、いかにもうぶらしいにちがいない。文法「かかづらはむも」の「む」は、仮定・婉曲の助動詞。
❹(この世に関係しているの意から)生きながらえる。源氏 御法「しばしも―・は(未)む命のほどは行ひをまぎれなくと」訳 しばらくでも生きながらえたらその命の間は仏道修行を一心にしたいと。文法「かかづらはむ命」の「む」は、仮定・婉曲の助動詞。
❺世を捨てかねる。出家しないでいる。〔増鏡〕三神山「心ぼそげにて、何を待つともなく―・ひ(用)ておはしますも」訳 たよりなげで、何を待つということでもなく世を捨てかねていらっしゃるのも。文法「待つとしもなく」の「しも」は、強意の副助詞。

かかづり-のぼ-る カカズリ【かかづり登る】(自ラ四)

{ら・り・る・る・れ・れ}「かかつりのぼる」とも。伝わってのぼる。よじのぼる。今昔 二九・一八「門の上の層にやはら―・り(用)たりけるに」訳 (羅城)門の二階にそっとよじのぼったところ。

かが-なべ-て【日日並べて】(「か」は二日、十日などの「か」で日数を表す)日数を重ねて。〔記〕中「新治筑波を過ぎて幾夜か寝つる―夜には九夜日には十日を」訳 →にひばり…歌謡

加賀の千代(かがのちよ)『人名』→千代女

香川景樹(かがはかげき)『人名』(一七六八―一八四三)江戸後期の歌人。鳥取の人。号は桂園。あるがままの感情を重んじ、平易な語で自然に詠むべきだとする「しらべの説」を唱えた。その派を桂園派という。歌論書「新学異見」、家集「桂園一枝」、注釈書「古今和歌集正義」など。

かがひ【嬥歌】(名)「歌垣①」の東国での呼称。万葉 九・一七五九「未通女壮士の行き集ひかがふ―に」訳 若い男女が行き集まって歌をかけあい踊る歌垣で。→歌垣①

かかふ【襤褸】(名)ぼろ布。万葉 五・八九二「海松のごとわわけ下がれる―のみ肩にうち掛け」訳 →かぜまじり…和歌

かか・ふ【香かふ】(自ハ下二){へ・へ・ふ・ふる・ふれ・へよ}「かがふ」とも。香りがただよう。枕 三四「前にともしたる松の煙の香の、車のうちに―・へ(用)たるもをかし」訳 (牛車の前にともしているたいまつの煙のにおいが、車の中にただよっているのも趣がある。

参考 「かかゆ」とする説もある。

かか・ふ【抱ふ】(他ハ下二){へ・へ・ふ・ふる・ふれ・へよ}❶抱く。抱いて持つ。竹取 燕の子安貝「人々あさましがりて、寄りて―・へ(用)奉れり」訳 人々はびっくりして、(そばに)寄って(高い所から落ちた中納言を)お抱き申しあげた。
❷かばう。保護する。〔古活字本平治物語〕「山門の大衆あげて流罪せられよと公家に申ししかども、君―・へ(用)おほせられしを」訳 延暦寺の衆徒がこぞって流罪になされよと公家に申し上げたが、天皇がかばって(助命を)お命じになったのを。
❸家臣や召使などを雇い入れる。〔狂・惣八〕「出家と料理人を―・へ(用)てござる」訳 僧と料理人を雇い入れております。
❹自分に課せられたものとして持つ。細道 飯坂「遥かなる行く末を―・へ(用)て」訳 遠い前途を課せられて。

かが・ふ【嬥歌ふ】(自ハ四){は・ひ・ふ・ふ・へ・へ}男女が集まって飲食し、歌をかけあい踊りに興じる。万葉 九・一七五九「未通女壮士の行き集ひ―・ふ(体)嬥歌に」訳 若い男女が行き集まって歌をかけあい踊る歌垣で。

かがふ・る【被る】(他ラ四){ら・り・る・る・れ・れ}《上代語》(「かうぶる」「かうむる」の古形)❶頭からかぶる。万葉 五・八九二「寒くしあれば麻衾引き―・り(用)」訳 →かぜまじり…和歌
❷命令などを受ける。承る。いただく。万葉 二〇・四三二一「畏きや命―・り(用)明日ゆりや草がむた寝む妹なしにして」訳 畏れ多い勅命を受け、明日からは草といっしょに寝るのだろうか。妻もなしに。

かがま・る【屈まる】(自ラ四){ら・り・る・る・れ・れ}腰が曲がる。かがむ。徒然 一五二「西大寺の静然上人、腰―・り(用)(=曲がり)、眉白く」

かがみ(名)❶【鏡】㋐物の形・姿をうつすもの。かがみ。土佐「眼もこそ二つあれ、ただ一つある―をたいまつる」訳 目だって二つあるのに、たった一つある鏡を(海神に)差し上げる。㋑「鏡餅」の略。丸く平たい形の餅。正月に、大小二個を重ねて神仏に供える。㋒(形が円いことから)たるのふた。
❷【鑑】手本。模範。徒然 一「有職に公事の方、人の―ならんこそいみじかるべけれ」訳 故事・典礼と儀式・作法の面で、人の模範であるようなことはりっぱであるにちがいない。

各務支考(かがみしかう)『人名』(一六六五―一七三一)江戸中期の俳人。美濃(岐阜県)の人。蕉門十哲の一人。芭蕉の没後、蕉風の普及に努めた。美濃派の祖。俳論書「葛の松原」、追善集「笈日記」など。

かがみなす【鏡なす】《枕詞》「見る」にかかる。万葉 二・一九六「―見れども飽かず」

かがみ-もの【鏡物】(名)《文芸用語》鏡の字を書名にもつ史書の総称。「大鏡」「今鏡」など。→四鏡

鏡山(かがみやま)『地名』歌枕 今の滋賀県蒲生郡竜王町と野洲市とにまたがる山。鏡の山。

かが・みる【鑑みる】(他マ上一){み・み・みる・みる・みれ・みよ}手本や先例に照らし合わせて考える。かんがみる。平家 三・医師問答「たとひ四部の書を―・み(用)て、百療に長ずといふとも」訳 たとえ(中国の)四医書を参照して、多くの治療にすぐれているといっても。

かがみ-を-か・く【鏡を掛く】(鏡をかけて物を映すように)物事を詳しく知っている。〔今鏡〕「日記なども、―・け(用)ておはしませば」訳 日記なども、詳しく知っていらっしゃるので。

かが・む【屈む】■一(自マ四){ま・み・む・む・め・め}からだの一部が曲がる。〔撰集抄〕「それ(=手)はなにとて―・み(用)給ふにか」訳 それはどうして曲がっていらっしゃるのであるか。
■二(他マ下二){め・め・む・むる・むれ・めよ}からだの一部を折り曲げる。源氏 空蟬「指を―・め(用)て、『十、二十、三十、四十』など数ふるさま」訳 指を折って、「十、二十、三十、四十」などと(碁の目数を)数えるようすは。

かかやか・し【輝かし・赫かし・耀かし】(形シク){しから・しく(しかり)・し・しき(しかる)・しけれ・しかれ}〔近世以降は「かがやかし」〕恥ずかしい。おもはゆい。照れくさい。〔紫式部日記〕「いとどものはしたなくて、―・しき(体)心地すれば」訳 いよいよなんとなく間が悪くて、照れくさい気がするので。

かかやか・す【輝かす・赫かす・耀かす】(他サ四){さ・し・す・す・せ・せ}〔近世以降は「かがやかす」〕かがやかせる。りっぱにする。蜻蛉 中「人は、めでたくつくり―・し(用)つるところに、明日なむ、今宵なむとののしるなれど」訳 (あの)人(=兼家)は、すばらしくつくりりっぱにした新邸に、明日に(移る)、今夜に(移る)と騒ぎ立てているようだが。

かかや・く【輝く・赫く・耀く】■一(自カ四){か・き・く・く・け・け}〔近世以降は「かがやく」〕❶まばゆいほど光る。きらきらと照る。源氏 野分「朝夕露の光も世の常ならず、玉かと―・き(用)て」訳 朝夕に置く露の光も世間でいつも見るのとは違い、玉かと思うほどきらきらと光って。
❷恥ずかしがる。今昔 二七・三八「女、扇をもって顔に指し隠して、―・く(体)を」訳 女は、扇を持って顔にかざし隠して、恥ずかしがるのを。
■二(他カ四){か・き・く・く・け・け}恥をかかせる。赤面させる。枕

八四「昼も夜も来る人を、なにしにかは、『なし』とも言って恥をかかせて帰せようか(いや、帰せない)。

かがよ・ふ【耀ふ】(自ハ四){は・ひ・ふ・ふ・へ・へ}きらきらと光って揺れる。きらめく。 万葉 六・九五一「石隠りー・ふ(体)珠を取らずはやまじ」 訳 岩に隠れてきらめく玉を取らないではおくまい。 文法 「取らずは」の「ずは」は、連用修飾となって「…ないで」「…ずに」の意となる。

かからは・し(形シク){しから・しく(しかり)・し・しき(しかる)・しけれ・しかれ}ひっかかって動きがとれない。拘束されて離れにくい。 万葉 五・八〇〇「黐鳥のー・し(終)もよ行方知らねば」 訳 (肉親の情は深く)鳥もちにかかった鳥のように(互いに)離れられないことよ。行く末もわからないから。

かから・む【斯からむ】こうなるだろう。 万葉 一七・三九五九「かからむ(終)とかねて知りせば越の海の荒磯の波も見せましものを」 訳 こうなるだろう(=弟が死ぬだろう)と前もって知っていたら、越(北陸地方)の海の荒磯の波でも見せたであろうのに。→斯かり

なりたち ラ変動詞「斯かり」の未然形「かから」＋推量の助動詞「む」

かかり【懸かり・掛かり】(名)❶女性の髪の肩に垂れ下がったようす。また、その下がりぐあい。 源氏 若菜下「紅梅の御衣に、御髪のーはらはらと清らにて」 訳 (明石の女御は)紅梅襲のお召し物に、御髪のかかりぐあいがはらはらと気品のある美しさで。❷蹴鞠を行う場所。また、その垣に植えた木。四本かかりがふつうで、艮(=北東)に桜、巽(=南東)に柳、坤(=南西)に楓、乾(=北西)に松を植える。 源氏 若菜上「由あるーのほどを尋ねて立ち出づ」 訳 (若い君達たちが)風情のある蹴鞠場の樹木のぐあい(のよい所)を求めて、(そこへ)出て来る。❸寄りかかるところ。たよりとするもの。〔十訓〕一「城もなし、〔軍備の〕ー(=たよりとするもの)もなし」❹歌論・能楽論などで、風情。趣。〔風姿花伝〕「体も腰高になれば、ー失せて」 訳 からだつきも腰高になると、趣がなくなって。❺構え。つくり方。〔浄・山崎与次兵衛寿門松〕「裏門、塀のーまで」❻関係すること。また、その人。〔浄・夏祭浪花鑑〕「由縁(=血縁)、ーはなけれども」❼経費。出費。

かか・り【斯かり】(自ラ変){ら・り・り・る・れ・れ}〔副詞「斯く」にラ変動詞「有り」の付いた「かくあり」の転〕こんなだ。こうだ。かようである。 源氏 若紫「かばかりになれば、いとー・ら(未)ぬ人もあるものを」 訳 このくらい(の年齢)になると、ほんとうにこれほど(幼稚)でない方もいるのになあ。→とありかかり

かがり【篝】(名)❶篝火をたく鉄製のかご。❷「篝火」の略。 平家 一一・逆櫓「義経が舟を本船として、艫舳へのーをまもれ」 訳 (私)義経の舟を親船にして、(その)艫と舳への篝火をよく見定めよ。

かかり-しか-ども【斯かりしかども】こうであったが。 平家 九・木曽最期「木曽は…北国へとも聞こえけり。ー、今井が行く方を聞かばやとて、勢田の方へ落ち行くほどに」 訳 木曽(義仲)は…北国へ(落ちのびた)ともうわさされた。こうであったが、今井(四郎兼平)の行方を聞きたいと思って、勢田のほうへ逃げていくうちに。

なりたち ラ変動詞「斯かり」の連用形「かかり」＋過去の助動詞「き」の已然形「しか」＋接続助詞「ども」

かかり-どころ【懸かり所・掛かり所】(名)たよりとするところ。たよりとするもの。 源氏 少女「世おとろふる末には、人に軽めあなづらるるに、ーなきことになむ侍る」 訳 権勢の衰える果てには、世間の人に軽んじられればかにされるので、たよるところがないこと(になるの)でございます。 文法 「軽め」は対偶中止法で、下の受身の助動詞「るる」(「る」の連体形)が及ぶ。

かかり-ば【懸かり端・掛かり端】(名)女性の、頰の両側から肩に垂れかかっている髪の先。また、そのようす。〔落窪〕「頭つき、髪のー、いとをかしげなり」 訳 髪かたち、髪のかかりぐあいが、たいそう趣のある感じである。

かがり-び【篝火】(名)鉄製のかごにたく火。夜の警護や屋外照明、また漁の際に用いた。かがり。 源氏 若紫「月もなきころなれば、遣り水にーともし」 訳 月も出ていない(闇夜の)ころなので、庭の流れ(のほとり)に篝火をともし。

(かがりび)

かか・る【皹る】(自ラ四){ら・り・る・る・れ・れ}ひびやあかぎれが切れる。 万葉 一四・三四五九「稲つけばー・る(体)吾が手を今夜もか殿の若子が取りて嘆かむ」 訳 →いねつけば… 和歌

かか・る【懸かる・掛かる】(自ラ四){ら・り・る・る・れ・れ}❶垂れ下がる。 源氏 若紫「なよよかなる御衣に、髪はつやつやとー・り(用)て」 訳 (着なれて)やわらかなお召し物の上に、(若紫の)髪はつややかに垂れ下がって。❷寄りかかる。もたれかかる。すがる。 大鏡 道長下「杖にー・り(用)ても、かならず参り合ひ申し侍らむ」 訳 (私=繁樹は)杖にすがってでも、きっと参会申しあげましょう。❸たよる。たよりどころとする。 源氏 夕顔「空蟬の世はうきものと知りにしをまた言の葉にー・る(体)命よ」 訳 空蟬のようにはかないあなた(=空蟬)との仲はつらく苦しいものと知っていたけれど、いままたあなたのことばにたよ(って生き)る(私=光源氏の)命であることよ。❹(目や心に)とまる。つく。 細道 出発まで「三里に灸すゆるより、松島の月まづ心にー・り(用)て」 訳 (旅立ちに備えて)三里(=ひざの灸点)に灸をすえるとすぐに、松島の月がまっさきに気にかかって。❺泊まる。停泊する。 今昔 二六・一〇「ー・り(用)たる方にもなき沖に出でにければ」 訳 停泊していた所でもない沖に出てしまったので。❻(雨・雪などが)降りかかる。 新古 春上「山ふかみ春とも知らぬ松の戸にたえだえー・る(体)雪の玉水」 訳 →やまふかみ… 和歌 ❼かかわる。関係する。〔栄花〕たまのかざり「ー・り(用)仕うまつりたる人々も」 訳 (看病に)関係しお仕え申しあげている人々も。❽かかわりあう。まきぞえにあう。連座する。〔後拾遺〕雑三・詞書「静範法師、八幡の宮の事にー・り(用)て(=連座して)、伊豆の国に流されて」

❾関心が向く。熱中する。[伊勢]八二「狩りはねんごろにもせで、酒をのみ飲みつつ、大和歌に—・れ㊁りけり」[訳]鷹狩りは熱心にもしないで、酒ばかりを飲んでは、和歌(を詠むこと)に熱中していた。❿通りかかる。**さしかかる。**[細道]尿前の関「鳴子の湯より尿前の関に—・り㊊て(=さしかかって)」⓫(霊などが)のりうつる。つく。〔紀〕顕宗「月の神、人に—・り㊊て謂りてのたまはく」[訳]月の神が、人にのりうつって語っておっしゃることには。⓬襲いかかる。攻めていく。[宇治]六・九「鬼の姿になりて、大口をあきて—・り㊊けれども」[訳](女たちは)鬼の姿になって、大口をあけて襲ったけれども。⓭(「手にかかる」の形で)殺される。[平家]二一・先帝身投「わが身は女なりとも、敵の手には—・る㊎まじ」[訳]わが身は女であっても、敵の手では殺されないつもりだ。

かかる【斯かる】(連体)〔ラ変動詞「斯かり」の連体形から〕**このような。**こういう。[徒然]五三「—ことは文にも見えず、伝へたる教へもなし」[訳]このようなことは書物(=医書)にも見あたらず、(口伝えに)伝えている教えもない。

かかる‐に【斯かるに】(接)こうしているうちに。こうしていると。[蜻蛉]中「—、夜やうやうなかばばかりになりぬるに」[訳]こうしているうちに、夜がしだいに(更けて)半ばごろになったときに。

かかる‐ほど‐に【斯かる程に】こうしているうちに。[竹取]かぐや姫の昇天「—、宵うち過ぎて、子の時ばかりに」[訳]こうしているうちに、宵が過ぎて、子の刻(=午後十二時前後)ごろに。[なりたち]連体詞「斯かる」+名詞「程」+格助詞「に」

かかる‐まま‐に【斯かる儘に】こんなふうであるのに従って。[源氏]蓬生「—、浅茅は庭の面も見えず、しげき蓬は軒を争ひて生ひのぼる」[訳]こんなふうであるのに従って、ちがやは庭の面も見えないほどに(生え)、茂った蓬は軒と高さを争うまでに生えのびる。→儘に
[なりたち]連体詞「斯かる」+名詞「儘」+格助詞「に」

かかれ‐ど【斯かれど】(接)こうではあるけれど。[土佐]「船にも思ふことあれど、かひなし。—、この歌をひとりごとにしてやみぬ」[訳]船(に乗った人)にも思うことがあるが、(今となっては)どうにもならない。こうではあるけれど、この歌を独り言のように言って終わった。

かかれ‐ば【斯かれば】(接)このようであるから。だから。[源氏]若紫「—、このすきものどもは、かかる歩きをのみして、よくさるまじき人をも見つくるなりけり」[訳]このようであるから、この好色な連中は、このような(忍び)歩きばかりをして、うまく見つけられそうもないような女をも見つけるのであるなあ。

かき‐【掻き】(接頭)(動詞に付いて)語勢を強めたり、語調をととのえたりする。音便で「かい」「かっ」となることもある。「—曇る」「—暗す」→掻い
[参考]「掻き弾く」「掻き梳る」など実際に引きこする動作の意を表すときは、動詞「掻く」の連用形である。

かき【垣・牆】(名)家屋敷などの周囲にめぐらす囲い。垣根。[源氏]須磨「—のさまよりはじめてめづらかに見給ふ」[訳](光源氏は)垣根のようすをはじめとして、(ここ須磨は都とは違うので)もの珍しくご覧になる。

が‐き【餓鬼】(名)❶《仏教語》生前の罪悪によって餓鬼道に落ちて飢えと渇きに苦しむ亡者。[万葉]四・六〇八「相思はぬ人を思ふは大寺の—のしりへに額つくごとし」[訳]→あひおもはぬ…[和歌]
❷《仏教語》「餓鬼道」の略。
❸子供をいやしめていう語。

かき‐あ・ぐ【掻き上ぐ】(他ガ下二){げ・げ・ぐ・ぐる・ぐれ・げよ}❶上のほうへ引き上げる。かかげる。[宇治]三・二「御簾のすそをすこし—・げ㊊て」
❷灯心をかきたてて明るくする。[徒然]二二「いにしへは、『車もたげよ』、『火かかげよ』とこそいひしを、今様の人は『もてあげよ』、『—・げよ㊍』といふ」[訳]昔は「車もたげよ」、「火かかげよ」と言ったのを、このごろの人は「もてあげよ」、「かきあげよ(=灯心をかきたてよ)」と言う。[文法]係助詞「こそ」の結びは、接続助詞「を」が付いて「いひしを」と下に続くため、消滅(=結びの流れ)している。

かき‐あつ・む【書き集む】(他マ下二){め・め・む・むる・むれ・めよ}書いて集める。たくさん書く。書きまとめる。[枕]二五「それはゆかしきことどもをも—・め㊊、世にある事などをも聞けばいとよし」[訳]それ(=京からの手紙)はさまざまな知りたいことをもたくさん書き集め、世間で起こっているできごとなどをも聞き知るのだからまことによい。

かき‐あは・す【掻き合はす】(他サ下二){せ・せ・す・する・すれ・せよ}❶弦楽器を他の管弦楽器と合わせて弾く。合奏する。また、弦楽器の弦の調子をととのえ合わす。[源氏]帚木「よく鳴る和琴を調べととのへたりける、うるはしく—・せ㊊たりしほど、けしうはあらずかし」[訳]よい音を出す六弦の琴を(前から)調子を合わせてあったものだが、(笛と)きちんと合奏したぐあいは、そう悪くはないよ。[文法]「かし」は、強く念をおす意の終助詞。
❷手で寄せ合わせる。つくろう。[徒然]九〇「袖—・せ㊊て、…と答へ申しき」[訳](両方の)袖を(胸のあたりに)寄せ合わせて、…と返答申しあげた。

かき‐あはせ【掻き合はせ】(名)弦楽器の音調をととのえ、調子をみるために一曲試みること。また、他楽器との合奏。[源氏]紅葉賀「—ばかり弾きて、さしやり給へれば、え怨じはてずいとうつくしう弾き給ふ」[訳](光源氏が)調子合わせの一曲だけを弾いて、(箏の琴を)押しやりなさったところ、(紫の上は)いつまでも恨んですねていられず、たいそうかわいらしくお弾きになる。

かき‐いだ・く【掻き抱く】(他カ四){か・き・く・く・け・け}〔「かき」は接頭語〕両手で抱きあげる。[源氏]若紫「若君をば、いとかろらかに—・き㊊て」[訳]若君(=若紫)を、(光源氏は)たいそう軽々と抱きあげて。

かき‐い・づ【書き出づ】(他ダ下二){で・で・づ・づる・づれ・でよ}書き出す。書き表す。[源氏]夕顔「阿弥陀仏にゆづり聞こゆるよし、あはれげに—・で㊊給へれば」[訳](死んだ夕顔を)阿弥陀仏におまかせ申しあげる旨を、(願文の下書きに、光源氏が)いかにも悲しい感じに書き出しなさったところ。

かき‐い・づ【掻き出づ】(他ダ下二){で・で・づ・づる・づれ・でよ}引っぱり出す。まくり出す。[竹取]かぐや姫の昇天「さが尻を—・で㊊て、ここらの公人に見せて、恥を見せむ」[訳]そいつの尻をまくり出して、多くの官人に見せて、恥をかかせてやろう。

かき-おこ・す【搔き起こす】(他サ四)｛さ・し・す・す・せ・せ｝抱き起こす。引き起こす。源氏 夕顔「この御かたはらの人を―・さ(未)むとすと見給ふ」訳 この(=光源氏の)おそばの人(=夕顔)を(物の怪が)引き起こそうとすると、(光源氏は夢に)ご覧になる。

かき-お・ふ【搔き負ふ】(他ハ四)｛は・ひ・ふ・ふ・へ・へ｝〔「かき」は接頭語〕背負う。今昔 二五・一二「起きけるままに衣を引き、壺折りて、胡籙を―・ひ(用)て」訳 (源頼信は)起きたと同時に着物を引き寄せ、裾をはしょって、胡籙(=矢を入れて背負う武具)を背負って。

かき-かぞ・ふ【搔き数ふ】(他ハ下二)｛へ・へ・ふ・ふる・ふれ・へよ｝〔「かき」は接頭語〕数える。万葉 八・一五三七「秋の野に咲きたる花を指折り―・ふれ(已)ば七種の花」訳 秋の野に咲いている花を指を折って数えると七種類の花だ。

かきかぞふ【搔き数ふ】《枕詞》一つ二つと数えるところから、数の「二」にかかる。万葉 一七・四〇〇六「―二上山に」

かき-かは・す【書き交はす】(他サ四)｛さ・し・す・す・せ・せ｝(手紙などを)書いてとり交わす。源氏 少女「まだ片生ひなる手の、生ひ先美しきにて、―・し(用)給へる文どもの」訳 まだ十分に成長していない(幼い)筆跡が、将来は上手になる(と思われる)ようすで、(夕霧と雲居の雁とが)とり交わしなさった手紙の何通かが。

かき-き・る【搔き切る】(他ラ四)｛ら・り・る・る・れ・れ｝勢いよく切る。今昔 二〇・三四「〔鱠の〕鰓(=えら)を―・り(用)て」

かき-くづ・す【搔き崩す】(他サ四)｛さ・し・す・す・せ・せ｝〔「かき」は接頭語〕❶少しずつくずす。少しずつ散らす。〔うつほ〕楼の上下「かみな月、しぐれにもみぢ―・し(用)」訳 陰暦十月、時雨によって紅葉を少しずつ散らし。❷ぽつぽつ語ったり、思い出したりする。源氏 花散里「昔語りも―・す(終)べき人少なうなり行くを」訳 (私=光源氏は)昔の思い出話もぽつぽつ話すことのできる人が少なくなっていくので。

かき-くど・く【搔き口説く】(自カ四)｛か・き・く・く・け・け｝〔「かき」は接頭語〕くどくどとくり返して言う。平家 九・敦盛最期「『情けなうも討ち奉るものかな』と―・き(用)」訳 (敦盛を討った熊谷次郎直実は)「無情にもお討ち申しあげることよ」とくどくどくり返して言い。

かき-くも・る【搔き曇る】(自ラ四)｛ら・り・る・る・れ・れ｝〔「かき」は接頭語〕❶空が急に暗くなる。急に曇る。枕 二九四「今朝はさしも見えざりつる空の、いと暗う―・り(用)て」訳 今朝はそのようにも見えなかった空が、たいそう暗く急に曇って。❷涙で目がうるむ。涙で目の前がぼやける。源氏 椎本「―・り(用)、物も見えぬ心地し給へば」訳 (中の君は)涙で目がくもり、物も見えない気持ちがしなさるので。

かき-くら・す【搔き暗す】(他サ四)｛さ・し・す・す・せ・せ｝〔「かき」は接頭語〕❶雲が空一面を暗くする。雨や雪などがあたり一面を暗くして降る。枕 九八「五節・御仏名に雪降らで、雨の―・し(用)降りたる」訳 五節やお仏名の日に雪が降らないで、雨が空一面を暗くして降ったの(は残念だ)。❷心を暗くする。悲しみにくれる。源氏 桐壺「かかる仰せ言につけても、―・す(体)みだり心地になむ」訳 このような(桐壺帝のありがたい)おことばにつけても、悲しみにくれる取り乱した気持ちで(ございます)。文法 係助詞「なむ」のあとに結びの語「侍る」が省略されている。

かき-く・る【搔き暗る】(自ラ下二)｛れ・れ・る・るる・るれ・れよ｝〔「かき」は接頭語〕❶あたり一面暗くなる。源氏 須磨「にはかに風ふき出でて、空も―・れ(用)ぬ」訳 急に風が吹き出して、空も一面に暗くなってしまった。❷悲しみにくれる。心が沈む。また、(涙で)目の前が暗くなる。平家 二・大納言死去「水ぐきの跡は、涙に―・れ(用)て、そこはかとは見えねども」訳 (北の方の)筆跡は、涙で目の前がくもって、はっきりとは見えないけれども。⇩潮垂る「慣用表現」

かき-け・つ【搔き消つ】(他タ四)｛た・ち・つ・つ・て・て｝〔「かき」は接頭語〕さっと消す。かき消す。源氏 帚木「跡もなくこそ―・ち(用)て失せにしか」訳 (女は)跡かたもなく(姿を)かき消していなくなってしまった。

かき-こ・す【搔き越す】(他サ四)｛さ・し・す・す・せ・せ｝うしろに垂れている髪を、前へ出す。枕 二七三「頸より髪を―・し(用)給へりしが」訳 (中納言の君が)首から、髪を(肩越しに)前に垂らしなさっていたのが。

かき-こも・る【搔き籠る】(自ラ四)｛ら・り・る・る・れ・れ｝〔「かき」は接頭語〕引きこもる。閉じこもる。徒然 一七「山寺に―・り(用)て、仏に仕うまつるこそ、つれづれもなく、心の濁りも清まる心地すれ」訳 山寺に引きこもって、仏にお仕え申しあげることは、所在なさもなく、心の汚れもきれいになる気持ちがするものである。

かき-さ・す【書き止す】(他サ四)｛さ・し・す・す・せ・せ｝〔「さす」は接尾語〕書きかけて中止する。源氏 柏木「思ふこともみな―・し(用)て」訳 (柏木は)思うこともすべて書きかけて途中でやめて。

かき-ざま【書き様】(名)書いた文字のようす。書きぶり。書風。源氏 胡蝶「―今めかしうそぼれたり」訳 書きぶりは当世風ではなやかでしゃれていた。

かき-す・う【舁き据う】(他ワ下二)｛ゑ・ゑ・う・うる・うれ・ゑよ｝輿・駕籠などをかついで来てしっかりと置く。蜻蛉 上「舟に車―・ゑ(用)て、いきもていけば」訳 舟の上に牛車をかつぎ乗せて(河を渡り)、だんだんと進んでいくと。

かき-すさ・ぶ【書きすさぶ】(他バ四)｛ば・び・ぶ・ぶ・べ・べ｝「かきすさむ」とも。慰みに書く。気のむくままに書く。徒然 二九「亡き人の手ならひ、絵―・び(用)たる、見出でたるこそ、ただその折の心地すれ」訳 亡くなった人が思いつくままに字を書き、絵を慰みにかいたのを、見つけ出したときは、ただもうそのころの気持ちがするものである。

かき-すさ・む【搔きすさむ】(他マ四)｛ま・み・む・む・め・め｝手慰みにかき回す。枕 一八二「火箸して灰など―・み(用)て」訳 火箸で(火桶の)灰などを手慰みにかき回して。

かき-す・つ【書き捨つ】(他タ下二)｛て・て・つ・つる・つれ・てよ｝無造作に書き流す。書きっぱなしにする。細道 全昌寺「とりあへぬさまして、草鞋ながら―・つ(終)」訳 とり急ぐさまで、草鞋をはいたまま(句を)書き流す。

が-きだう【餓鬼道】(名)《仏教語》六道の一つ。現世の悪業により亡者がここに落ちると、飢えと渇きに苦しむという。餓鬼。平家 灌頂・六道之沙汰「潮なれば飲むこともなし。これまた―の苦とこそおぼえさぶらひしか」訳 (大海に浮かんではいても)塩水なので飲むことも(でき)ない。これはまた餓鬼道の苦しみと思われました。→六道

かき-たて【書き立て】(名)箇条書きの目録。序列を書いた書きつけ。〔枕〕二七八「四人づつ―にしたがひて、『それ、それ』と呼び立てて乗せ給ふに」〔訳〕(私たち女房を)四人ずつ序列を書いた書きつけに従って、「だれそれ、だれそれ」と呼び上げて(牛車に)お乗せになるので。

かき-た・ゆ【搔き絶ゆ】(自ヤ下二){え・え・ゆ・ゆる・ゆれ・えよ}〔「かき」は接頭語〕消息などが絶える。音沙汰がなくなる。〔更級〕初瀬「越前の守の嫁にて下りしが、―・え(用)音もせぬに」〔訳〕(親しくしていた人が)越前(福井県東部)の国司の嫁として(夫の任国に)下ったが、消息が絶えなんの便りもないので。

かき-た・る【搔き垂る】㊀(自ラ四){ら・り・る・る・れ・れ}〔「かき」は接頭語〕垂れる。〔祝詞〕「手肱に水沫―・り(用)」〔訳〕ひじに水のあわが(付いて)垂れ。㊁(自ラ下二){れ・れ・る・るる・るれ・れよ}〔「かき」は接頭語〕雲が低く垂れてあたり一面が暗くなる。雨や雪などが激しく降る。〔十訓〕七「雪の夜中ばかりより、―・れ(用)て降りければ」〔訳〕雪が夜中ごろから、雲が低く垂れて降ったので。㊂(他ラ下二){れ・れ・る・るる・るれ・れよ}髪を櫛でとかして垂らす。〔万葉〕一六・三七九一「か黒し髪をま櫛もちここに―・れ(用)」〔訳〕まっ黒な髪を、櫛を使い、ここにとかして垂らし。

かき-つ・く【搔き付く】㊀(自カ四){か・き・く・く・け・け}〔「かき」は接頭語〕❶しっかりとつく。とりつく。〔徒然〕八九「やがて―・く(体)ままに、頸のほどを食はんとす」〔訳〕(猫またが)いきなりとりつくとすぐに、首のあたりに食いつこうとする。❷たよりにする。〔源氏〕蓬生「冬になりゆくままに、いとど―・か(未)む方なく悲しげにながめ過ごし給ふ」〔訳〕冬になっていくにつれて、(末摘花は)ますますたよりにするようなところもなく、いかにも悲しそうにぼんやりもの思いにふけって過ごしなさる。㊁(他カ下二){け・け・く・くる・くれ・けよ}髪などを櫛でなでつける。〔続詞花〕「草枕ねくたれ髪を―・け(用)しその朝顔の忘られぬかな」〔訳〕草を枕にして夜を明かした旅で寝乱れた髪を櫛でなでつけた、朝顔の花のように可憐なその朝の顔が忘れられないよ。(「朝顔」は「朝の顔」と花の「朝顔」との掛詞)

かき-つ-ばた【杜若・燕子花】(名)〔上代は「かきつはた」〕❶草花の名。水辺に生え、夏に紫または白の花を開く。花しょうぶに似ている。〔夏〕。〔伊勢〕九「その沢に―いとおもしろく咲きたり」〔訳〕その沢にかきつばたがたいそう趣深く咲いている。⇩巻頭カラーページ8
❷襲の色目の名。表は二藍(=紅色がかった青色)、裏は萌黄。夏に用いる。⇩巻頭カラーページ11

かき-つ・む【搔き集む】(他マ下二){め・め・む・むる・むれ・めよ}〔「かきあつむ」の転〕かき集める。〔源氏〕明石「―・め(用)て海士のたく藻の思ひにもいまはかひなきうらみだにせじ」〔訳〕かき集めて海士が焼く藻塩火のように、(私=明石の君は)いろいろと物思いをしても、今は言ってもかいのない恨み言は言うまい。(「思ひ」の「ひ」に「火」を、「かひ」に「効」と「貝」を、「うらみ」に「恨み」と「浦見」をかける)

かき-つら・ぬ【搔き列ぬ・搔き連ぬ】(他ナ下二){ね・ね・ぬ・ぬる・ぬれ・ねよ}〔「かき」は接頭語〕それからそれへと並べる。

かきつらね…〔和歌〕

> かきつらね　昔のことぞ　思ほゆる
> 雁はその世の　友ならねども
> 〈源氏・須磨〉

〔訳〕(雁の鳴き声を聞くと)つぎからつぎへと昔のことが思い出される。雁はそのころからの友というわけではないけれども。〔修辞〕「つらね」は「雁」の縁語。
〔解説〕光源氏の「初雁は恋しき人のつらなれや旅の空とぶ声の悲しき」(〔訳〕→はつかりは…〔和歌〕)に応和して、御前にいる人々のひとりが詠んだ歌。

かき-な・す【書き成す】(他サ四){さ・し・す・す・せ・せ}(わざと)…のように書く。…として書き表す。〔源氏〕若紫「ことさら幼く―・し(用)給へるも、いみじうをかしげなれば」〔訳〕(光源氏が若紫のために)わざと子供っぽく書きなさっているのも、たいそう趣がある感じなので。

かき-な・す【搔き鳴す】(他サ四){さ・し・す・す・せ・せ}琴などの弦楽器を弾く。かき鳴らす。〔古今〕恋二「秋風に―・す(体)琴の声にさへはかなく人の恋しかるらむ」〔訳〕秋風の中にかき鳴らす琴の音にまでも、むなしいとわかっていながらどうして(こんなに)あの人が恋しいのだろう。

かき-な・づ―ナズ**【搔き撫づ】**(他ダ下二){で・で・づ・づる・づれ・でよ}手などでやさしくなでる。櫛でなでつける。〔源氏〕若紫「尼君、髪を―・で(用)つつ」〔訳〕尼君は、(女の子=若紫の)髪を何度もやさしくなでて。

かき-なで【搔き撫で】(名)「かいなで」に同じ。

かき-なら・す【搔き鳴らす】(他サ四){さ・し・す・す・せ・せ}琴などを弾き鳴らす。〔源氏〕桐壺「心ことなる物の音を―・し(用)」〔訳〕(管弦の御遊びなどの折、桐壺の更衣は)格別上手な琴の音を弾き鳴らし。

かき-の・く【搔き退く】(他カ下二){け・け・く・くる・くれ・けよ}払いのける。とりのける。〔徒然〕五四「木の葉を―・け(用)たれど、つやつや物も見えず」〔訳〕木の葉をとりのけたけれど、全然(埋めておいた)物も見えない。

かき-の-ころも【柿の衣】柿渋で染めた柿色の衣。山伏などが着る。〔増鏡〕春の別れ「―に綾藺笠といふ物着て(=かぶって)」

かき-の-もと【柿の本】(名)(歌聖柿本人麻呂にちなんで)鎌倉時代、伝統的な和歌および上品な詠みぶりの連歌をいう語。有心。↔栗の本

柿本人麻呂(かきのもとのひとまろ)『人名』(生没年未詳)万葉歌人。三十六歌仙の一人。持統・文武の両天皇に仕えた宮廷歌人。歌風は雄大で力強く、序詞・枕詞・対句などを効果的に用いているのも特徴。山部赤人とともに、歌聖と称される。「小倉百人一首」に入集。

かき-はら・ふ―ハロウ**【搔き払ふ】**(他ハ四){は・ひ・ふ・ふ・へ・へ}❶払いのける。とりのぞく。〔源氏〕須磨「涙のこぼるるを―・ひ(用)給へる御手つき」〔訳〕涙がこぼれ落ちるのを払いのけなさった(光源氏の白い)お手のようす。❷(自動詞的な用法で)すっかりなくなる。いちどになくなる。〔大鏡〕道長上「またあらじ、あがりての世に、かく大臣・公卿七、八人、二、三月の中に―・ひ(用)給ふこと」〔訳〕またとないだろう、大昔にも、このように大臣や公卿が七、八人も、二、三か月の間にいちどにお亡くなりになることは。

かき-ふ・す【搔き伏す】(他サ下二){せ・せ・す・する・すれ・せよ}抱いて寝かせる。〔源氏〕澪標「人に―・せ(未)られ給ふ」〔訳〕人(=女房)に(六条御息所は)寝かせられなさる。

かき-ほ【垣穂】(名)〔「穂」は、高く目立って見えるものの意〕垣根。古今 恋四「山がつの—に咲けるやまとなでしこ」訳 山里に住む人の垣根に咲いているやまとなでしこ(のようなあの人よ)。

かき-まぎ・る【搔き紛る】(自ラ下二){れ・れ・る・るる・るれ・れよ}〔「かき」は接頭語〕まぎれる。また、まぎれて人目につかない。ありふれている。源氏 若菜上「ともかくも—・れ用たるきはの人こそ…軽々しきに」訳 何をするにしてもまぎれて人目にもつかないでいる身分の人は…身軽なので。

かき-まさぐ・る【搔き弄る】(他ラ四){ら・り・る・る・れ・れ}(琴などを)手慰みに弾く。もてあそぶように弾く。源氏 明石「うちとけながら—・り用けるほど見えて」訳 (明石(あかし)の入道の娘が)くつろいだ(姿の)ままで、(箏(そう)の琴を)手慰みに弾いていたようすが思われて。

かきま・みる【垣間見る】(他マ上一){み・み・みる・みる・みれ・みよ}「かいまみる」に同じ。

かき-みだ・る【搔き乱る】■一 (自ラ四){ら・り・る・る・れ・れ}〔「かき」は接頭語〕(心が)乱れる。〔和泉式部日記〕「いかに侍るにか、心地の—・る体心地のみして」訳 どうしたのでしょうか、ただもう心が乱れる気持ちがして。

■二 (自ラ下二){れ・れ・る・るる・るれ・れよ}(空模様が)乱れる。源氏 澪標「雪、霙(みぞれ)〔が降り〕—・れ用荒るる日」

かき-もち【欠き餅】(名) ❶正月の鏡餅を手で欠いたもの。刃物で切ることは忌まれた。

❷なまこ形の餅を薄く切って干したもの。おかき。〔浮・好色一代男〕「手づから(=自分の手で)—を焼いて」

❸薄く切って寒気にさらし、凍らせた餅。氷餅(こおりもち)。

かき-や・る【書き遣る】(他ラ四){ら・り・る・る・れ・れ} ❶手紙などを書いて送る。源氏 浮舟「例よりも人しげきまぎれに、いかではるばると—・り用給ふらむ」訳 いつもより人の出入りが多い取り込み中で、(匂宮(におうのみや)は)どうやってはるか遠く(宇治(うじ))まで手紙を書いて送りなさるのだろう。

❷すらすらと書きつづける。源氏 御法「袖の暇(いとま)なく、え—・り用給はず」訳 (光源氏は涙をぬぐう)袖の(休む)ひまもなく、(お返事を)すらすらと書きつづけなさることができない。

かき-や・る【搔き遣る】(他ラ四){ら・り・る・る・れ・れ}手で払いのける。〔後拾遺〕恋三「黒髪の乱れも知らずうちふせばまづ—・り用し人ぞ恋しき」訳 黒髪が乱れるのもかまわずに横になると、まっ先に(顔にかかった乱れ髪を)手でかき上げた人が恋しいことだ。

かぎり【限り】(名) ❶**限度。限界。** 源氏 桐壺「いみじき絵師といへども、筆—ありければ」訳 すぐれた画家といっても、筆力には限度があったので。

❷最大限。**極限。** 古今 秋上「いつはとは時はわかねど秋の夜ぞ物思ふことの—なりける」訳 いつは(物を思い、いつは物を思わないなど)とは、時節の区別をするわけではないが、(とりわけ)秋の夜は物思うことの極みであったのだなあ。文法「わかねど」の「ね」は、打消の助動詞「ず」の已然形。

❸はて。(命の)**終わり。臨終。** 源氏 夕顔「今は—にこそはものし給ふめれ」訳 (夕顔は)今はもう臨終ではいらっしゃるようだ。(「ものす」は婉曲(えんきょく)表現で、ここは「…である」の意)。⇩果(は)つ「慣用表現」

❹ある条件の範囲。**ほど。あいだ。うち。** 古今 春上「春来(き)ぬと人はいへども鶯(うぐひす)の鳴かぬ—はあらじとぞ思ふ」訳 春が来たと人は言うけれども、鶯が鳴かないうちは、まだ(本当の)春ではないだろうと思う。

❺**あるだけ全部。** 源氏 桐壺「鈴虫の声の—を尽くしても長き夜あかずふる涙かな」訳 →すずむしの…和歌

❻**機会。** 折。新古 恋四「めぐりあはん—はいつと知らねども月な隔てそよその浮き雲」訳 めぐりあうとしたら、その機会はいつとはわからないけれども、月を隔てないでくれ、かなたの空の浮き雲よ。文法「めぐりあはん」の「ん」は、仮定・婉曲(えんきょく)の助動詞。「な(副詞)…そ(終助詞)」の形で、禁止の意を表す。

❼**…だけ。** ばかり。枕 八「されど、門の—を高う作る人もありけるは」訳 そうだけれど、門だけを高くつくる人もあったよ。文法 文末の「は」は、詠嘆の終助詞。

❽決まり。制限。源氏 桐壺「—あれば、さのみもえとどめさせ給はず」訳 (宮中には)決まりがあるので、それほども(桐壺帝は桐壺の更衣の退出を)お引きとめになることがおできになられないで。

かぎり-ある-みち【限りある道】(寿命には限度があ

古語ライブラリー⑫

活用の種類と五十音図

動詞は、その活用の種類によって、「咲く」であれば、カ行四段活用動詞などと呼ばれる。「咲く」は「か・き・く・く・け・け」と五十音図のカ行「かきくけこ」の四段分で活用するからである。

「着る」はカ行上一段活用動詞と呼ばれる。この動詞は「き・き・きる・きる・きれ・きよ」とカ行の「かきくけこ」の「く」よりも上の一段を使い、「る」や「れ」のついた活用をするからである。

「尽く」はどうか。「き・き・く・くる・くれ・きよ」とカ行「かきくけこ」の「く」から上の二段を使い、「る」や「れ」のついた活用をするから、カ行上二段活用動詞である。

「来(く)」はどうか。この動詞は「こ・き・く・くる・くれ・こ(こよ)」とカ行「かきくけこ」の三段分を使い、「る」や「れ」のついた活用をするから、カ行変格活用動詞である。

ところで、五十音図の形式を借りて現代語の表記に用いられる直音のうちの清音と撥音のかなを整理した「かな一覧表」と、本来の五十音図とは別のものだということがわかっていないと、ヤ行の「い・ゆ」の部分で活用するヤ行上二段活用であるとか、ワ行の「う・ゑ」の部分で活用するワ行下二段活用であるとかの説明がどういうことなのかわからなくなる。

老(お)ゆ・悔(く)ゆ・報(むく)ゆ
い・い・ゆ・ゆる・ゆれ・いよ
や い ゆ え よ → ヤ行上二段活用

植う・飢う・据う
ゑ・ゑ・う・うる・うれ・ゑよ
わ ゐ う ゑ を → ワ行下二段活用

同様に、「居(ゐ)る・率(ゐ)る」がワ行上一段活用だと説明されるのも、「ゐ・ゐ・ゐる・ゐる・ゐれ・ゐよ」とワ行「わゐうゑを」の「ゐ」の部分一段で活用するからである。

って、いつかは必ず行く道の意から)死出の旅路。「限りの道」とも。[源氏] 椎本「いかでかは後れじと泣き沈み給へど、ーなりければ、何のかひなし」[訳](大君(おおいぎみ)と中の君はなんとかして(父=八の宮に)死におくれまい(=ともに死んでしまいたい)と泣き沈みなさるけれど、死出の旅路であったので、なんのかいもない。⇩果(は)つ「慣用表現」

かぎり-ある-わかれ【限りある別れ】寿命には限度があるため、いつかは必ず来る別れ。死別。[源氏] 御法「千年(ちとせ)をもろともにとおぼししかど、ーぞいと口惜しきわざなりける」[訳](紫の上とは)千年をもいっしょに(過ごしたい)と(光源氏は)お思いになったが、命には限りがあるために必ず来る別れはたいそう残念なことであった。

[名文解説] 最愛の紫の上に先立たれた光源氏の悲しみを語る一文。紫の上と「千年をもろともに」過ごしたいと願っていたのに、年下の紫の上の寿命が先に尽きてしまったことに対する光源氏の悲嘆を、語り手は深い共感と同情をこめて語っている。⇩飽かぬ別れ「慣用表現」

かぎりとて… [和歌]

> 限りとて　別(わか)るる道(みち)の　悲(かな)しきに
> いかまほしきは　命(いのち)なりけり
> 〔行かまほし〕〔生かまほし〕
> 〈源氏・桐壺〉

[訳] これを(この世の)最後としてお別れする死出の道が悲しく思われるにつけても、(私が)行きたいのは、生きていたい命(の道)なのでした。[修辞]「いかまほし」に「行かまほし」と「生かまほし」をかける。

[解説] 危篤状態にある桐壺の更衣が、桐壺帝に対して詠んだ歌。死出の道を行くことではなく、生きたいというのが願いです、という意。

かぎり-な-し【限り無し】(形ク){から・く(かり)・し・き(かる)・けれ・かれ} ❶果てしがない。限りがない。[古今] 離別「ーき(体)雲居(くもゐ)よそに別るとも」[訳] 果てしない空のかなたに(行って)別れ別れになっても。

❷(程度が)このうえもない。はなはだしい。[竹取] かぐや姫の生ひ立ち「妻(め)の嫗(おう)に預けて養はす。うつくしきことー・し(終)」[訳](かぐや姫を)妻である嫗にあずけて養育させる。かわいらしいことはこのうえもない。

[参考] ②は、多く「…ことかぎりなし」の形で用いられる。

かぎり-の-たび【限りの旅】死出の旅。死。[源氏] 椎本「はかなき御なやみと見ゆれど、ーにもおはしますらむ」[訳](あなた=八の宮は)ちょっとしたご病気と見えるが、(あるいはこれが)最期でもいらっしゃることだろう。⇩果(は)つ「慣用表現」

かぎり-の-みち【限りの道】「かぎりあるみち」に同じ。

かぎ・る【限る】❶(他ラ四){ら・り・る・る・れ・れ}(日限などを)定める。範囲を定める。区切りをつける。[源氏] 蜻蛉「かかる所に日をーり(用)てこもりたればなむ」[訳] このような所(=石山寺)に日限を定めてこもっているので。

❷(自ラ四){ら・り・る・る・れ・れ}特にそのものと限定される。[徒然] 一四「この歌にーり(用)て、かく言ひたてられたるも知りがたし」[訳](貫之(つらゆき)の)この歌に特に限定して、このように(歌屑(うたくず)と)言いたてられたわけもわからない。

かぎろひ(カギロイ)【陽炎】(名)❶明け方さしはじめる光。曙光(しょこう)。[万葉] 一・四八「東(ひむがし)の野にーの立つ見えてかへり見すれば月かたぶきぬ」[訳]→ひむがしの…[和歌]

❷「かげろふ陽炎」に同じ。[春]

かぎろひ-の(カギロイノ)【陽炎の】(枕詞)「かぎろひ②」は春立つことから「春」に、また「心燃ゆ」にかかる。[万葉] 六・一〇四七「ー春にしなれば」。[万葉] 九・一八〇四「ー心燃えつつ」

か-きん【瑕瑾】(名)「瑕」はきず、「瑾」は美しい玉の意」❶きず。欠点。[徒然] 一五〇「天下の物の上手といへども、初めは不堪(ふかん)の聞こえもあり、むげのーもありき」[訳] 世間に有名な芸能の名人といっても、初めは下手だといううわさもあり、まったくひどい欠点もあった。

❷恥。不名誉。〔義経記〕「仕損じては、一門のーになるべく候ふ間(あひだ)」[訳](忠信(ただのぶ)が追討を)やりそこなったら、一族の恥辱となるに違いないことでございますので。

かく【客】(名)❶訪問者。客。[枕] 一七九「このー今や出(い)づると絶えずさしのぞきて」[訳] この訪問者は今はもう出て行くかと(家人が)絶えずのぞきこんで。

❷旅行する人。旅人。

❸客分、書生などとして、有力者などの世話になっている人。食客(しょっかく)。[枕] 一三六「孟嘗君(まうさうくん)の鶏は、函谷関(かんこくくわん)を開きて、三千のーわづかに去れり」[訳] 孟嘗君(=中国、戦国時代の王族)の鶏(の鳴きまね)は、函谷関を開いて、三千人の食客がかろうじて(逃げ)去った。

かく【格】(名)❶法則。きまり。しきたり。〔三冊子〕「五字七字書くは長歌のーなり」[訳](序文や跋文(ばつぶん)を)五字や七字(の調子)で書くのは長歌のしきたり(にならったもの)である。

❷位。身分。〔浄・義経千本桜〕「じだらく坊主のやうなれど、妻帯と言へばーが重い」[訳] 自堕落な坊主のようだが、妻を持っているというと位が重い。

❸流儀。手段。〔東海道中膝栗毛〕「江戸のーにて、杯をさしたるおやまをわが相方と思ひ」[訳] 江戸の流儀で、杯に酒をついだ遊女を自分の相手と思って。

❹品格。風格。〔去来抄〕先師評「病雁(びやうがん)は、ー高く趣かすかにして」[訳](芭蕉(ばしょう)の)病雁(の句)は、品格が高く情趣も幽玄であって。

か・く【駆く・駈く】(自カ下二){け・け・く・くる・くれ・けよ}❶馬でかける。疾走する。[平家] 一一・弓流「八十余騎をめいてーけ(用)給へば」[訳] 八十余騎でわめいて疾走しなさると。

❷(馬で)攻め入る。〔太平記〕六「ー・くる(体)も引くも折によるとは」[訳] 攻め進むのも退くのも時によるとは。

か・く【欠く】❶(他カ四){か・き・く・く・け・け}❶こわす。損じる。[今昔] 二六・九「顔などもーき(用)て血うちて出(い)で来たり」[訳] 顔なども傷つけて血をしたたらせて出てきた。

❷もらす。ぬかす。怠る。[徒然] 二三一「百日の鯉(こひ)を切り侍るを、今日ーき(用)侍るべきにあらず」[訳](願立てをして)この百日間毎日鯉を切っていますので、今日(切らないで)ぬかすわけにはゆかないのです。[徒然] 一七五「公(おほやけ)・私(わたくし)の大事をーき(用)て、患(わづら)ひとなる」[訳](酒を飲みすぎると)公・私のたいせつな用事を怠って、支障をきたすこととなる。

❷(自カ下二){け・け・く・くる・くれ・けよ}❶そこなわれる。[徒然] 五三「とかくすれば、頸(くび)のまはりーけ(用)て、血垂り」[訳](鼎(かなえ)を頭から抜こうとして)あれこれすると、首のまわりが傷ついて、血が垂れ。

❷不足する。欠ける。万葉 一三・三二三六「千歳に―・くる㊍ことなく万歳にあり通はむと」訳 千年の後までも欠けることなく、万代にわたって通いつづけようと。

か・く【舁く】(他カ四)〔か・き・く・く・け・け〕かつぐ。平家 二・蘇武「かた足は切られながら、輿に―・か㊍れて故郷へぞ帰りける」訳（蘇武＝中国、前漢の名臣は）片足は斬られたものの、輿でかつがれて故郷へ帰った。

か・く【掛く・懸く】■(他カ四)〔か・き・く・く・け・け〕《上代語》❶かける。取りつける。万葉 五・八九二「こしきには蜘蛛の巣―・き㊊て」訳 →かぜまじり…和歌 ❷関係する。万葉 二・一九六「み名に―・か㊍せる明日香河」訳（明日香皇女の）お名前に関係がありなさる明日香川。

■(他カ下二)〔け・け・く・くる・くれ・けよ〕❶ぶらさげる。取りつける。固定する。〔紫式部日記〕「小さき灯籠を、御帳のうちに―・け㊊たれば、くまもなきに」訳 小さい灯籠を、御帳のうちにつりさげてあるので、暗いところもないために。❷心にとめる。心を託す。思う。古今 恋一「ちはやぶる賀茂の社のゆふだすき一日も君を―・け㊍ぬ日はなし」訳 賀茂神社の（神官が神事の際にかける）木綿だすきではないが、一日たりともあなたを心にかけて思わない日はない。（「ちはやぶる」は「賀茂」にかかる枕詞。第三句までは「かく」を導きだす序詞）❸兼ねる。兼任する。大鏡 兼家「大納言までなりて、右大将―・け㊊給へりき」訳（兼家の次男道綱は）大納言にまでなって、右大将を兼任しなさっていた。❹はかりくらべる。伊勢 二三「筒井つの井筒に―・け㊊しまろがたけすぎにけらしな妹見ざるまに」訳 →つつゐつの…和歌 ❺だます。〔古今和歌六帖〕「今来むといひしばかりに―・け㊍られて人のつらさの数は知りにき」訳 あなたがすぐに来ようと言ったばかりにだまされて、人の仕打ちの耐えがたさ（がどれほど）の数（であるか）はわかってしまった。❻おおう。かぶせる。あびせる。徒然 五三「三足なる角の上に、帷子をうち―・け㊊て」訳（鼎の）三本足である角の上に、帷子をちょっとかぶせて。❼口に出して言う。話しかける。源氏 浮舟「さやうの戯れ言も―・け㊊給はず」訳（匂宮は）そのような（非難めいた）冗談も口にしなさらず。❽(火を)つける。放つ。平家 四・競「館に火―・け㊊焼きあげて、三井寺へこそ参られけれ」訳（競は自分の）館に火を放ち焼きはらって、三井寺へ参上なさった。❾賭けごとをする。賭けとして出す。引きかえにする。〔うつほ〕内侍のかみ「なにを―・く㊎べからむ。正頼娘ひとり―・け㊍む」訳 何を賭け物にするのがよいだろう。（私）正頼は娘を一人賭け物にしよう。❿目標にする。目ざす。古今 羇旅「わたの原八十島―・け㊊てこぎ出でぬと人には告げよあまの釣舟」訳 →わたのはら…和歌 ⓫（「手にかく」の形で）殺す。⓬ある期間にわたる。源氏 須磨「暁―・け㊊て月出づる頃なれば、まづ入道の宮にまうで給ふ」訳 夜中過ぎから夜明け前にかけて月が出るころなので、（光源氏は）まず入道の宮（＝藤壺の所）に参上なさる。⓭（動詞の連用形に付いて）こちらから…する。…かける。源氏 若菜下「琵琶をうち置きて、ただけしきばかり弾き―・け㊊て」訳（明石の君は）琵琶を前に置いて、ほんの少し弾きかけて。

か・く【掻く】(他カ四)〔か・き・く・く・け・け〕❶ひっ掻く。万葉 一一・二四〇八「眉根―・き㊊鼻ひ紐解け待つらむか何時かも見むと思へるわれを」訳 まゆを掻き、くしゃみをし、ひもがほどけて（今ごろ）待っているだろうか。いつになったら逢えるだろうかと思っている私を。❷（弦楽器を）弾く。つまびく。枕 一九三「音もたてず、爪弾きに―・き㊊鳴らしたるこそをかしけれ」訳（琵琶を）音も立てず、爪先ではじいて弾き鳴らしているのは趣深いものだ。文法「こそをかしけれ」は係り結び。❸払いのける。おしやる。万葉 二・一六七「天雲の八重―・き㊊別けて」訳 空にある雲の幾重もの重なりをおし分けて。❹切り取る。平家 九・敦盛最期「頸を―・か㊍んと甲を押しあふのけて見ければ」訳 首を斬り取ろうと甲をむりやりあおむけにして（顔を）見たところ。❺くしけずる。とかす。源氏 須磨「御鬢―・き㊊給ふとて」訳（光源氏は）御耳ぎわの髪（の乱れ）を（櫛で）とかしなさるというので。❻（食物を）かきこむ。平家 八・猫間「『聞こゆる猫おろしし給ひたり。―・い㊊（イ音便）給へ』とぞせめたりける」訳「（猫間殿は）有名な猫おろし（＝食べ残し）をしなさった。かきこみなさい」と責めた。

かく【斯く】(副)このように。こんなに。こう。徒然 四一「―危ふき枝の上にて、安き心ありてねぶるらんよ」訳 こんなにあぶない（木の）枝の上で、どうして安らかな気持ちで眠っているのだろうよ。文法 助動詞「らん」は、ここでは、原因・理由に対する疑いをこめた推量の気持ちを表す。

か・ぐ【下愚】(名)いたって愚かなこと。徒然 八五「この人は―の性移るべからず」訳 このような人はいたって愚かな性質が（すぐれた性格に）変わることができず。

か・ぐ【加供】(名・自サ変)仏に供え物をしたり、僧に布施をしたりして供養を行うこと。大鏡 道長上「おほやけより始め、藤氏の殿ばらみな―・し㊊給ふ」訳 朝廷をはじめ、藤原氏の公達はみな供養をしなさる。

がく【楽】(名)❶音楽。曲。平家 六・小督「―は何ぞと聞きければ、夫をおもうて恋ふとよむ想夫恋といふ―なり」訳 曲は何かと聞いたところ、夫を想うて恋うとよむ想夫恋という曲である。❷雅楽。源氏 紅葉賀「例の―の船ども漕ぎめぐりて」訳 いつものように（竜頭鷁首の）雅楽の船が何艘も（池を）漕ぎ巡って。

かく・かく【斯く斯く】(副)〔副詞「斯く」を重ねた語〕こうこう。しかじか。「かうかう」とも。蜻蛉 中「『いともどかしう見ゆることなれば、―思ふ』といへば」訳「たいそうはがゆく思われることなので、こうこう思う」と言うと。

かく・ご【覚悟】(名・他サ変)❶物事の道理を悟ること。〔梁塵秘抄〕「それより生死の眠りさめ、―の月をぞもてあそぶ」訳 それから後に生死流転の迷いがさめ、悟りの月（のように澄んだ境地）を楽しむのだ。❷記憶すること。覚えること。徒然 二三八「時にあたりて本歌を―・す㊎。道の冥加なり」訳（天皇の下問のあった）時に際して典拠となる和歌を記憶している。（これは)歌道の神の加護(によるもの)である。❸あらかじめ知ること。また、心構えすること。用意。[平家]一・殿上闇討「郎従小庭に祗候の由、全く―つかまつらず」[訳](私の)家来が小庭に伺候していたとのことは、まったく前もって知り申しあげていない。❹あきらめること。観念すること。

かく‐ごん【恪勤】(名)❶怠らずに勤務に励むこと。[狭衣物語]「―の薄さに、今日ばかりは慰め侍るを」[訳](私への冷遇は、私の、今姫君への)お仕えに励むことの足りなさに(よるものだと)、今日だけは気を静めますが。❷「かくご」とも。平安時代、院・親王・大臣家などの雑役を務める侍。鎌倉・室町時代では幕府の雑務を務める番衆。恪勤者。[大鏡]道隆「院の―してさぶらひ給ふ、いとかしこし」[訳](周家が小一条)院の雑役の侍としてお仕えなさるのは、たいそうもったいない。

かくさ‐ふ【隠さふ】《上代語》隠し続ける。くり返し隠す。[万葉]一・一八「三輪山をしかも隠すか雲だにも心あらなもかくさふ㊦べしや」[訳]→みわやまを…[和歌]
[なりたち]四段動詞「隠す」の未然形「かくさ」＋上代の反復・継続の助動詞「ふ」

がく‐し【学士】(名)律令制で、東宮に儒学を講義する学者。[うつほ]俊蔭「―をかへて、琴の師をつかうまつれ」[訳]学士(の役)を変更して、琴の師として(東宮に)お仕え申しあげよ。

かくし‐す・う【隠し据う】(他ワ下二)(ゑ・ゑ・う・うる・うれ・ゑよ)人目につかないように、隠して置く。[更級]子忍びの森「浮舟の女君のやうに、山里に―・ゑ㊤られて」[訳](「源氏物語」の)浮舟の女君のように、山里に隠し置かれて。

かくし‐だい【隠し題】(名)題として出した物の名をそれとわからない形で歌中に詠みこむこと。物の名。[宇治]三・一二「―をいみじく興ぜさせ給ひける御門の、ひちりきをよませられけるに」[訳]隠し題をたいそうお楽しみになられた天皇が、(人々に)ひちりき(＝笛)を(歌の中に)詠ませなさったときに。→物の名

かく‐し‐もがも【斯くしもがも】こうあったらなあ。このようでありたい。[万葉]五・八〇五「常磐なす―と思へども世のことなればとどみかねつも」[訳]いつまでも変わらぬ岩のように、こうありたいと思うけれども、(老いてゆくことは)この世のことだから、とめることができないことよ。
[なりたち]副詞「斯く」＋強意の副助詞「し」＋願望の終助詞「もがも」

がく‐しゃう【学生】(名)❶大学寮および各地方の国学(＝郡司の子弟を教育する学校)で学ぶ者。[源氏]少女「ただその才かしこしと聞こえたる―十人を召す」[訳](朱雀院は)ただその(＝漢詩の)学才がすぐれていると評判の学生十人をお呼びになる。❷大寺で、学問修行を専門にする僧。学侶。[平家]二・山門滅亡 堂衆合戦「山上には、堂衆・―、不快のこと出できて」[訳]比叡山では、僧兵と学問僧に、不和の出来事が生じて。❸学問。学識。

がく‐しゃう【学匠】(名)仏道を修めて、人の師となる資格のある者。また、学者。[徒然]二一四「―を立てず、ただ明け暮れ念仏して」[訳](是法法師は)すぐれた学者(であること)を表に出さず、ひたすら明けても暮れても念仏を唱えて。

がく‐・す【学す】(他サ変)(せ・し・す・する・すれ・せよ)学ぶ。修行する。[徒然]九二「道を―・する㊤人、夕べには朝あらんことを思ひ、朝には夕べあらんことを思ひて」[訳]道を修行する人は、夕方には翌朝があるだろうと思い、朝には夕方があるだろうことを思って。

かく‐て【斯くて】㊀(副)このようにして。こうして。[平家]一・祇王「―都にあるならば、また憂きめをも見んずらん」[訳]こうして都にいるならば、またつらいめにも遭うだろう。[文法]「見んずらん」の「んず」「らん」は、ともに推量の助動詞。
㊁(接)前文を受けて話題を転じるとき、文頭に用いる。こうして。さて。それから。[竹取]かぐや姫の生ひ立ち「―翁やうやう豊かになりゆく」[訳](黄金が入った竹をたびたび発見し)こうして翁はしだいに豊かになってゆく。

かくて‐も【斯くても】こういう状態でも。このようにしていても。[徒然]一一「―あられけるよと」[訳]このようにしていても生活することができたのだなあと。
[なりたち]副詞「斯くて」＋係助詞「も」

がく‐とう【学頭】(名)❶寺社の学事を統轄する者。❷勧学院(＝諸大寺に設けられた僧侶の学問所)の職名。「学生②」の中から学才のすぐれた者を任じた。

かくとだに…[和歌]《百人一首》

> かくとだに　えやはいぶきの　さしも草
> さしも知らじな　燃ゆる思ひを
> 〔えやは言ふ〕〔伊吹〕序詞〔火〕
> 〈後拾遺・一一・恋一・六一二・藤原実方〉

[訳]こんなに(あなたを思っています)とだけでも、口に出して言えるでしょうか、言えはしません。(だから)それほどのものともご存じないでしょうね。この伊吹山のさしも草のように燃える(私の)思いを。[修辞]「えやはいぶき」に「えやは言ふ」と「伊吹山」の「伊吹」、「思ひ」の「ひ」に「火」をかける。「いぶきのさしも草」は、同音の「さしも」を導きだす序詞。「さしも草」「燃ゆる」「火」が縁語。[文法]「えやは」の「え」は副詞で、下に打消・反語表現を伴って不可能の意を表す。「やは」は、反語の係助詞。[解説]女にはじめて贈った歌。「さしも草」は、灸に使うもぐさをつくるよもぎのことで、伊吹山の名産。じりじりと焦げていくような、熱い恋のイメージがある。

かく‐ながら【斯くながら】このままで。[源氏]桐壺「―、ともかくもならむを御覧じはてむとおぼし召すに」[訳](桐壺帝は)このままで、(桐壺の更衣が死ぬのか生きるのか)どのようにでもなろうともそれを、最後までお見届けになろうとお思いになるが。
[なりたち]副詞「斯く」＋接続助詞「ながら」

かく‐なわ【結果】(名)〔「かくのあわ」の転〕❶菓子の名。うどん粉をこねて紐を結んだ形につくり、油であげたもの。また、その形のように、あれこれと思い乱れることのたとえ。[古今]雑体「ゆく水のたゆる時なく―に思ひ乱れて」[訳]川の流れのように絶える時なく、(心は)かくなわのようにあれこれと思い乱れ

(かくなわ①)

て。

❷太刀を縦横にふりまわす使い方。平家 四・橋合戦「その後太刀を抜いて戦ふに、…蜘蛛手、―、十文字、…八方すかさず斬ったりけり」訳 その後太刀を抜いて戦うが、…蜘蛛手、かくなわ、十文字、…と八方すきまなく斬ったのだった。

がく-にん【楽人】(名)雅楽を演奏する人。伶人。源氏 末摘花「今日なむ、―、舞人定めらるべきよし、昨夜うけたまはりしを」訳 今日、(朱雀院の行幸の折の)楽を奏する人や舞人が決められるはずとのことを、昨夜お聞きしたので。

かく-の-ごと【斯くの如】このように。万葉 二〇・四三〇四「山吹の花の盛りに―君を見まくは千年にもがも」訳 山吹の花の盛りにこのようにあなたに会うことは千年も続いたらなあ。

なりたち 副詞「斯く」+格助詞「の」+助動詞「ごとし」の語幹相当部分「ごと」

かく-の-ごとく【斯くの如く】このように。古今 仮名序「この歌も―なるべし」訳 この歌(というもの)もこのように(長い年月を経て)発展したのであろう。

なりたち 副詞「斯く」+格助詞「の」+助動詞「ごとし」の連用形「ごとく」

かく-の-ごとし【斯くの如し】このようだ。こんなふうだ。方丈 一「世の中にある人と栖と、また―・ごとし㊤」訳 世の中に存在している人と(その)住居とは、やはりこの(川の流れや水の泡の)ようなものである。

なりたち 副詞「斯く」+格助詞「の」+助動詞「ごとし」

かく-の-このみ【香の木の実・香菓】(名)橘の実の古名。万葉 一八・四一一一「ときじくの―をかしこくも残し給へれ」訳 いつでも香りの高い橘の実を畏れ多くもお残しになったので。

かく-ばかり【斯くばかり】これほどまでに。こんなにも。万葉 五・八九二「―すべなきものか世の中の道」訳 →かぜまじり…和歌

なりたち 副詞「斯く」+副助詞「ばかり」

か-ぐは-し【芳し・馨し】(形シク)(しから・しく(しかり)・し・しき(しかる)・しけれ・しかれ) ❶香りがよい。かんばしい。万葉 一〇・一九六七「―・しき㊓花橘を玉に貫き送らむ妹はみつれてもあるか」訳 香りがよい橘の花を玉として糸に通して贈ろうと思うあの娘は疲れはててもいるか。

❷心がひかれる。美しい。万葉 一八・四一二〇「見まく欲り思ひしなへに縵かげ―・し㊤君を相見つるかも」訳 会いたいものだと思ったちょうどその時に、蘰飾りのような美しい君に会ったことだ。文法「見まく」の「まく」は、推量の助動詞「む」のク語法で「(会う)であろうこと」の意。「かぐはし君」は、シク活用形容詞の終止形(厳密には語幹)が体言に付いた、上代の例。

参考「かぐはし」は「香」「細し」からくる。「細し」は繊細な美しさを表す語。

かく-べつ【格別・各別】■一(名・形動ナリ)まったく異なること。また、特に優れていること。浮・西鶴諸国ばなし「かれこれ武士のつきあひ、―ぞかし」訳 あれこれと武士の交際(というもの)は、特別にりっぱなものであるよ。

■二(副)❶…(は)ともかく。浄・鑓の権三重帷子「当座の色は―、極めしことはゆめゆめなし」訳 その場限りの女はともかく、心に決めたものはまったくない。

❷特に。とりわけ。狂・柿山伏「―見事な柿ぢゃ」

かく-む【囲む】(他マ四)(ま・み・む・む・め・め)(上代語)かこむ。万葉 五・八九二「父母は枕の方に妻子どもは足の方に―・み㊥ゐて」訳 →かぜまじり…和歌

がく-もん【学問】(名)仏典や漢詩文・和歌など、広く学芸一般の知識を習得すること。また、習得した知識。枕 二三「古今の歌二十巻をみなうかべさせ給ふを御―にはせさせ給へ」訳 古今集の歌二十巻をすべて暗唱なされることを御学問にはなされよ。

がく-や【楽屋】(名)❶雅楽で、楽人が演奏する所。源氏 胡蝶「御前に渡れる廊を、―のさまにして」訳(秋好中宮の)御座所に通じている渡り廊下を、演奏する場の体裁にして。

❷能楽・歌舞伎などの舞台の陰にある控え室。

❸内幕。内情。

かく-やう【斯く様】(名・形動ナリ)このよう。今昔 一・九「―・に㊥して終に外道負けて、舎利弗勝ち給ひぬれば」訳 このようにしてついに邪教の者が負けて、舎利弗(=仏の弟子)がお勝ちになったので。

かぐや姫(かぐやひめ)『人名』「かくやひめ」とも。「竹取物語」の主人公。竹取の翁が竹の中から見つけ養い育てた女の子で、五人の貴公子の求婚、天皇のお召しにも応ぜず、八月十五夜に月の世界に帰っていった。

発展 「かぐや姫」という名前

「かぐや姫」とか「光源氏」とか、古くから有名な物語の主人公には、光に関する名のついている場合が多い。古代人には光り輝く美しさが好まれたようだ。かぐや姫の「かぐや」は、漢語の「赫奕」から出た「かくや」だとする説のほか、光を意味する「かげ」、光り輝く意の「かがよふ」、陽炎の意の「かぎろひ」などの語との関連が指摘されている。

香具山(かぐやま)『地名』歌枕 今の奈良県橿原市東部にある山。高天原にあった山が地上に降ったものだといわれ、古来、神聖視された。「古事記」に「あめのかぐやま」とあるが、一般に「天の香具山」とよばれている。耳成山・畝傍山とともに大和三山といわれる。

かく-よく【鶴翼】(名)陣立ての名。鶴が翼を広げたような形に兵を並べ、敵を中にとりこめようとする陣形。平家 七・平家山門連署「ここに魚鱗―の陣、官軍利をえず」訳 この時に、魚鱗や鶴翼の陣(をしいて戦ったが)、官軍は勝利を得ることができず。→魚鱗

(かくよく)

かぐら【神楽】(名)神を祭るときに奏する舞楽。楽器は和琴・横笛・笏拍子を用いたが、のち篳篥も加えた。天の岩戸の前で行った天鈿女命の舞が始まりといわれる。図

かぐら-うた【神楽歌】(名)神楽に合わせて歌う歌。宮廷に伝承された歌謡をさすことが多い。

かくらく【隠らく】隠れること。万葉 二・一六九「ぬばたまの夜渡る月の―惜しも」訳 夜の空を渡る月が隠れることが惜しいなあ。(「ぬばたまの」は「夜」にかかる枕詞)

[なりたち] 四段動詞「隠る」のク語法

かくら-ふ【隠らふ】《上代語》ずっと隠れている。また、見え隠れする。[万葉]三・三七「渡る日の影もかくらひ(用)照る月の光も見えず」[訳]→あめつちの…[和歌]

[なりたち] 四段動詞「隠る」の未然形「かくら」＋上代の反復・継続の助動詞「ふ」

かく・る【隠る】[一](自ラ四){ら・り・る・る・れ・れ}《上代語》❶隠れる。[万葉]三・三〇三「名ぐはしき稲見の海の沖つ波千重に―・り(用)ぬ大和島根は」[訳]名も美しい稲見の海の沖の波、その幾重もの波(のかなた)に隠れてしまった、大和の国(奈良県)は。❷「死ぬ」を避けていう語。亡くなる。[万葉]二・二〇五「王は神にし座せば天雲の五百重の下に―・り(用)給ひぬ」[訳]皇子は神でいらっしゃるので、空の雲の幾重にも重なったうちにお隠れになって(=お亡くなりになって)しまった。[文法]「神にし」の「し」は、強意の副助詞。[二](自ラ下二){れ・れ・る・るる・るれ・れよ}❶隠れる。[古今]春上「春の夜のやみはあやなし梅の花色こそ見えね香やは―・るる(体)」[訳]→はるのよの…[和歌]❷「死ぬ」を避けていう語。亡くなる。[方丈]四「やんごとなき人の、―・れ(用)給へるもあまた聞こゆ」[訳]身分の高い方で、お亡くなりになった人も多く(いると)耳に入る。[文法]「やんごとなき人の」の「の」は、いわゆる同格の格助詞で、「…で」の意。⇩果つ「慣用表現」

類語パネル	
かくる	視界から消えて見えなくなる。
こもる	中に入ったまま外部との接触を絶つ。

かくれ【隠れ】(名)❶人目につかないこと。人目につかない場所。物陰。[徒然]三「物の―よりしばし見居たるに」[訳]物の陰からしばらく見ていると。❷「(御)かくれ」の形で高貴な人が死ぬこと。[平家]六・小督「つひに御―ありけるとぞ聞こえし」[訳]とうとう(高倉天皇は)ご逝去されたことだとうわさされた。⇩果つ「慣用表現」

かくれ-が【隠れ処・隠れ家】(名)人目を避けて住む家。また、人目につかない所。[源氏]夕顔「ことさらに人来まじき―求めたるなり」[訳]わざわざ人の来そうもない隠れ家を捜したのだ。

かくれ-な・し【隠れ無し】(形ク){から・く(かり)・し・き(かる)・けれ・かれ}❶隠れたところがない。あらわだ。[源氏]夕顔「忍ぶとも世にあることと―・く(用)て」[訳]秘密にしても世間の出来事は隠しようがなくて。❷広く知れ渡っている。有名である。[平家]四・橋合戦「三井寺にはその―・し(終)」[訳](私=筒井の浄妙明秀は)三井寺では広く知れ渡っている。

かくれ-ぬ【隠れ沼】(名)草などにおおい隠された沼。[蜻蛉]上「―に生ふる数をばたれか知るあやめしらずも待たるなるかな」[訳]人目につかない沼に生えている菖蒲の数はだれが知ろうか(いや、だれにもわからない)。(端午の節会の見物席があるかどうかわからないのにむやみに(見物に出かけるのが)待たれるようだなあ。(「あやめ」は「菖蒲」と道理の意の「文目」との掛詞)

かくれぬ-の【隠れ沼の】《枕詞》「隠れ沼」の縁で「下」「底」にかかる。[古今]恋三「―下に通ひて」[拾遺]恋三「―そこの心ぞ恨めしき」

かくれ-みの【隠れ蓑】(名)着ると姿が見えなくなるという蓑。鬼や天狗の持ち物といわれた。[枕]一〇四「隔てたりつる御屏風もおしあけつれば、かいまみの人、―とられたる心地して」[訳]隔ててあった御屏風も押し開けてしまったので、のぞき見をしていた人(=私)は、隠れ蓑をとられた気がして。

かくれ-ゐ・る【隠れ居る】(自ワ上一){ゐ・ゐ・ゐる・ゐる・ゐれ・ゐよ}(物陰に)隠れ座る。[伊勢]二三「前栽の中に―・ゐ(用)て、河内へいぬる顔にて見れば」[訳]庭の植えこみの中に隠れ座って、河内へ去るふりをして見ると。

か-ぐろ・し【か黒し】(形ク){から・く(かり)・し・き(かる)・けれ・かれ}〔「か」は接頭語〕黒い。[万葉]五・八〇四「蜷の腸―・き(体)髪にいつの間か霜の降りけむ」[訳]黒い髪にいつのまに霜が降りた(=白髪が生えた)のであろうか。(「蜷の腸」は「か黒し」にかかる枕詞)

かくろ・ふ【隠ろふ】(自ハ四・下二){は・ひ・ふ・ふ・へ・へ／へ・へ・ふ・ふる・ふれ・へよ}〔「かくらふ」の転〕隠れる。ひっそりと人目につかないようにする。[伊勢]六七「きのふけふ雲のたちまひ―・ふ(体)(四段)は花の林をうしとなりけり」[訳]昨日今日と雲が舞うように漂って(生駒山が)隠れるのは、(雪で)梢に花が咲いたような林を人に見せるのがいやだと思う(からである)のだなあ。[源氏]若菜上「桐壺は若宮具し奉りてまゐり給ひにし頃なれば、こなた―・へ(用)(下二段)たりけり」[訳]桐壺の女御(=明石の女御)は若宮をお連れ申しあげて参内なさってしまったころなので、こちら(=寝殿の東面)はひっそりとしていたのだった。

かくろへ【隠ろへ】(名)〔下二段動詞「隠ろふ」の連用形から〕❶隠し事。秘密。[源氏]梅枝「何事の―あるにか、深く隠し給ふ」[訳]どんな隠し事があるのであろうか、(あなた=光源氏は)ひどくお隠しになる。❷さえぎってくれるもの。物陰。[源氏]夕霧「山おろしいと激しう、木の葉の―無くなりて」[訳](比叡山の)山おろしがたいそう激しく(吹き)、木の葉のさえぎりがなくなって。

かくろへ-ごと【隠ろへ事】(名)隠れた事情。秘密。[源氏]帚木「忍び給ひける―をさへ語り伝へけむ人のものいひさがなさよ」[訳](光源氏が)隠していらっしゃった秘密までも語り伝えたという人の口さがないことよ。

かくろへ-ば・む【隠ろへばむ】(自マ四){ま・み・む・む・め・め}〔「ばむ」は接尾語〕隠れるようにしている。[増鏡]久米のさら山「世に怨みある者など、ここかしこに―・み(用)てをる限りは、集まりつどひけり」[訳]世の中に恨みのある者などで、あちこちに隠れるようにしている者はすべて、集まり寄り合った。

かぐわし【芳し・馨し】⇩かぐはし

か-くゎん【加冠】(名)❶元服して、初めて冠をつけること。「初冠」とも。[平家]一・殿下乗合「主上明年御元服、御―、拝官の御さだめのために」[訳]帝の来年のご元服、ご加冠、拝官などのお打ち合わせのために。⇩人と成る「慣用表現」
❷元服する人に冠をかぶらせる役。また、その人。

かけ【鶏】(名)《上代語》にわとり。[万葉]一一・二八〇〇「暁〔が近い〕と―は鳴くなり(=鳴くようだ)」

かけ【掛け】(名) ❶代金はあと払いの約束でする売買。掛け売り。〔浮・好色一代女〕「棚商ひに、―は堅くせぬことなれども」訳 店商売では、掛け売りは絶対にしないことであるが。❷売り掛け金。〔浮・世間胸算用〕「人の手にあまってとりにくい―ばかりを、二十七軒わたくしうけ取り」訳 人の手にあまって取りたてにくい売り掛け金ばかりを、二十七軒私は請け負って。

かけ【駆け・懸け】(名) 騎馬で敵陣に突入すること。平家 九・一二之懸「さてこそ熊谷・平山が一二の―をば争ひけれ」訳 そのようなしだいで、熊谷と平山が一番と二番の先陣を争った。

かげ (名)

語義パネル

●重点義　日・月・灯火など光り輝くもの。転じて、光を受けることで生じるものの形や影。

❶影・景
㋐(日・月・灯火などの)空間に浮かぶ姿・形。
㋑鏡や水などに映る姿。映像。
㋒姿。形。
㋓おもかげ。
㋔物が光をさえぎることによって生じる陰影。
㋕やせ衰えたものの形容。
㋖影のように、実質的なものがない状態。
㋗(日や月などの)光。
㋘死者の霊。魂。

❷陰・蔭
㋐光や風があたらない所。
㋑物陰。隠れ場所。
㋒かばってくれる人。おかげ。恩恵。

❶【影・景】㋐(日・月・灯火などの)空間に浮かぶ姿・形。源氏 夕顔「御灯明の―ほのかに透きて見ゆ」訳 お灯明の(ともっている)形がかすかにすいて見える。㋑鏡や水などに映る姿。映像。古今 冬「大空の月の光し清ければ―見し水ぞまづこほりける」訳 大空の月の光が(冷たく)清いので、(その月の)姿を映していた水がまず凍ったことだ。文法「光し」の「し」は、強意の副助詞。㋒姿。形。徒然 二四〇「わが身は、向かひ居たらんも、―はづかしく覚えなん」訳 自分自身は、(りっぱな女性と)対座しているようなのも、きっと(そのみにくい)姿がきまり悪く思われるであろう。文法「向かひ居たらんも」の「ん」は、仮定・婉曲の助動詞。「覚えなん」の「な」は、助動詞「ぬ」の未然形で、ここは確述の用法。㋓おもかげ。源氏 桐壺「母御息所も、―だに覚え給はぬを」訳 (光源氏は)母御息所についても、おもかげさえ覚えていらっしゃらないが。㋔物が光をさえぎることによって生じる陰影。大鏡 道長上「わが子どもの、―だに踏むべくもあらぬこそ、口惜しけれ」訳 私(=兼家)の子供たちが、(藤原公任の)影法師さえ踏めそうにもない(=諸芸に劣る)のは、残念である。文法「こそ、口惜しけれ」は、係り結び。㋕やせ衰えたものの形容。古今 恋二「恋すればわが身は―となりにけりさりとて人にそはぬものゆゑ」訳 恋いこがれるのでわが身は影のようにやせ細った姿になってしまったことだ。とはいっても、あの人に寄り添え(るわけでも)ないのに。㋖影のように、実質的なものがない状態。竹取 御門の求婚「このかぐや姫、きと―になりぬ」訳 (とらえようとすると)このかぐや姫は、さっと(肉体のない)影になってしまった。㋗(日や月などの)光。新古 冬「柴の戸に入り日の―はさしながらいかに時雨るる山べなるらん」訳 柴の庵の戸に夕日の光は差し込んでいるのに、どうして(同時に)しぐれている山の辺りなのだろう。文法「ながら」は、逆接の接続助詞。㋘死者の霊。魂。

❷【陰・蔭】㋐光や風があたらない所。伊勢 九「その沢のほとりの木の―に下り居て、乾飯食ひけり」訳 その沢のほとりの木の陰に(馬から)下りて座って、乾し飯を食べたのだった。㋑物陰。隠れ場所。新古 冬「駒とめて袖うちはらふ―もなし佐野の渡りの雪の夕暮れ」訳 →こまとめて…和歌。㋒かばってくれる人。おかげ。恩恵。方丈 二「官・位に思ひをかけ、主君の―を頼むほどの人は」訳 官職や位階に望みをかけ、主君の恩恵をあてにするぐらいの人は。

図解学習「かげ」

光り輝くものをいうのが原義。「日影」は日の光、「月影」は月の光をいう。転じて、光の中に浮かびあがる姿・形、水面や鏡に映る姿・形、光の反対側にできる陰影など、光を受けることで生じる明と暗との現象を広く表す。なお、光の反対側にできる陰影の像に「影」を、光のあたらない暗い所に「陰」を用いて区別することが多い。

か-げ【鹿毛】(名) 馬の毛色の名。からだの毛は鹿の毛色に似た褐色で、たてがみと尾、脚の下部の黒いもの。

かけ-あひ【駆け合ひ】(名) 双方の兵力が正面からぶつかること。平家 七・願書「―のいくさは勢の多少によるべし(=兵力の多少で勝負が決まる)ことなり」

か-けい【佳景】(名) よい景色。すばらしい眺め。細道 立石寺「―寂寞として心澄みゆくのみ覚ゆ」訳 すばらしい景色は静まりかえっていて、ただもう心が澄んでゆくように思われる。

荷兮(かけい)『人名』→山本荷兮

かけい【筧・懸樋】⇩かけひ

かけ-う-ぐ【欠け穿ぐ】(自ガ下二)〈げ・げ・ぐ・ぐる・ぐれ・げよ〉欠けて穴があく。徒然 五三「耳鼻―・げ用ながら抜けにけり」訳 (首もちぎれるほど鼎を引っぱると)耳や鼻が欠けて穴があくものの(ようやく鼎は頭から抜けたのだった。

かけかけ・し【懸け懸けし】(形シク)〈しから・しく(しかり)・し・しき(しかる)・しけれ・しかれ〉(多く男女に関することにいって)いつも心にかけているさま。また、好色めいた気持ちを抱くさま。源氏 澪標「ー・しき㊍筋にはあらねど」訳 好色めいた方面のことではないが。

かけ-がね【掛け金・繋け金】(名)戸やふすまなどの戸締まりに用いる金具。

景樹(かげき)『人名』→香川景樹(かがわかげき)

かけ-ご【懸け子・懸け籠】(名)外箱のふちにかけて内にはめこむように作った、ひとまわり小型の箱。

かけ-ことば【掛詞・懸詞】(名)和歌などに多く用いられた修辞技巧の一つ。⇩付録「和歌・俳句修辞解説」

かけ-こひ【掛け乞ひ・掛け請ひ】(名)「かけごひ」とも。掛け売りの代金を取り立てること。また、その人。掛け取り。图

かけ-こも・る【掛け籠る】(自ラ四){ら・り・る・る・れ・れ}掛け金をかけて室内に閉じこもる。徒然 三二「やがてー・ら㊍ましかば、くちをしからまし」訳 (人を送り出して)すぐに掛け金をかけて閉じこもったなら、残念であろうに。

かけ-ず(副)〔手数をかけずにの意〕わけもなく。無造作に。簡単に。徒然 一「ーけおさるるこそ、本意なきわざなれ」訳 簡単に圧倒されるのは、残念なことだ。

かけ-だひ【掛け鯛・懸け鯛】(名)正月の飾り物。塩小鯛二匹を縄でくくり、しだやゆずりはで飾って、かまどの上や門松などに掛けたもの。陰暦六月一日に下ろして食べると、病気にかからないという。掛け小鯛。春

かけ-ぢ【懸け路】(名)「かけみち」とも。険しい山路。また、崖に木を棚のようにかけ渡してつくった道。桟道。〔千載〕雑下「恐ろしや木曽のーの丸木橋」

かけ-づくり【懸け造り】(名)傾斜地にもたせかけたり、谷川などの上に張り出したりして建物を作ること。また、その建物。「崖造り」ともいう。〔義経記〕「山を切りて、ーにしたる坊なれば」訳 山を切り開いて、崖に張り出した構造にしてある僧坊なので。

花月草紙(かげつそうし)⇩花月草紙(くわげつさうし)

かけ-て 一(副)❶心にかけて。古今 恋二「よひよひにぬぎてわが寝る狩衣ー思はぬ時のまもなし」訳 夜ごとに私が寝るときには狩衣を脱いでかけるが、(そのようにあなたのことを)心にかけて、一時たりとも思わないときはない。(第三句までは「かけて」を導きだす序詞)

❷(下に打消の語を伴って)決して。少しも。いささかも。更級 子忍びの森「ーこそ思はざりしかこの世にてしばしも君に別るべしとは」訳 少しも思わなかったよ、この世でわずかの間でもあなたと別れることになろうとは。文法「思はざりしか」の「しか」は過去の助動詞「き」の已然形で、係助詞「こそ」の結び。

二❶…を兼ねて。大鏡 道長上「ただいまの内大臣にて左大将ー、教通の大臣と聞こえさす」訳 ただ今の内大臣で左大将を兼ねていて、教通の大臣と申し上げる。

❷…にわたって。徒然 一〇四「来し方行く末ーまめやかなる御物語に」訳 過去未来にわたってまじめなお話のうちに。

❸…をめざして。万葉 六・九九八「阿波の山ー漕ぐ舟泊まり知らずも」訳 阿波の山をめざして漕ぐ舟は、泊まるところもわからないことよ。

かけて-も(副)❶少しでも。大和 一六八「このことをー言はば、女もいみじと思ふべし」訳 このこと(=出家の決心)を少しでも言うならば、女もひどく悲しいと思うにちがいない。

なりたち 下二段動詞「掛く」の連用形「かけ」＋接続助詞「て」

❷(下に打消の語を伴って)全然。まったく。今昔 二五・一二「よく射たりつるものかな、といふこと、ー言ひ出でずして、『その馬引き出でよ』と言ひければ」訳 よく射たものだなあ、ということを、まったく口に出さないで、「その馬を引き出せ」と言ったので。名文解説 源頼義は盗人を射殺して盗まれた名馬を取り返した際、父の頼信にはあえて報告せず、頼信も少しもほめことばを口にしなかった。だが、寡黙な頼信は内心では息子の手柄を喜んでおり、翌朝、馬に立派な鞍を置いて頼義に与える。武人の心がまえを鮮やかに描いた一節。

かけ-とど・む【懸け留む】(他マ下二){め・め・む・むる・むれ・めよ}(関係をつけて)引きとどめる。この世に生きながらえさせる。源氏 御法「あながちにー・め㊍まほしき御命ともおぼされぬを」訳 むりにこの世に引きとどめたい(自分の)お命であるとも(紫の上は)お考えになることができないが。

かけ-と・む【懸け留む】(他マ下二){め・め・む・むる・むれ・めよ}「かけとどむ」に同じ。源氏 御法「ー・め㊍む方なきぞ悲しかりける」訳 (紫の上の命を)この世に引きとどめるような方法がないのが悲しいことだった。

かげ-とも【影面】(名)《上代語》〔「影つ面」の転。「かげ」は「光」の意〕日の当たるほう。南側。万葉 一・五二「名ぐはしき吉野の山はーの大き御門ゆ雲居にそ遠くありける」訳 名のうるわしい吉野山は(皇居の)南側のりっぱな御門からはるか空のかなたに遠くあったことよ。↕背面(そとも)

かけ-どり【翔け鳥】(名)空を飛ぶ鳥。また、空を飛ぶ鳥を射ること。平家 一一・那須与一「ーなんど争うて、三つに二つは必ず射落とす者で候ふ」訳 空を飛ぶ鳥を射ることなどを競争して、三羽のうち二羽は必ず射落とす(弓の上手な)者でございます。

かけ-はし【懸け橋】(名)❶はしご。❷崖に板をかけ渡してつくった道。また、仮にかけた橋。

かけ-はな・る【掛け離る】(自ラ下二){れ・れ・る・るる・るれ・れよ}❶遠く隔たる。遠ざかる。源氏 末摘花「絶えて見たてまつらぬ所にー・れ㊐なむも、さすがに心細く」訳 (中務の君は、光源氏を)まったく拝見しない所に遠ざかってしまうとしたらそれも、さすがに心細くて。

❷(心理的に)隔たる。疎遠になる。源氏 御法「年頃の御契りー・れ㊐、思ひ嘆かせたてまつらむことのみぞ」訳 長年の(夫婦の)ご縁が隔たり、(光源氏を)悲しませ申しあげるようなことだけが(しみじみ悲しく)。

❸期待・予想していたことなどと大きな相違がある。かけ離れる。源氏 夕顔「いとー・れ㊐気色なく言ひなして」訳 (惟光の答えは家主の期待とは)まったくかけ離れ、何も知らないようすをして言いつくろって。

かけ-ばん【懸け盤】(名)食器をのせる台。もとは四脚の台の上に「折敷」をのせたが、のちには脚を作りつけにした。

(かけばん)

かけ-ひ【筧・懸樋】(名)中空の竹や木を地上にかけ渡して水を引く樋。徒然 一一「木の葉にうづもるるーの雫ならで

は、つゆおとなふものなし」訳 木の葉に埋もれているかけひの雫以外には、まったく音をたてるものがない。

かげ・ぼふし【影法師】(名)〔影を擬人化した語〕光をさえぎったために地面や物などに映った人の影。〔笈の小文〕芭蕉「冬の日や馬上に氷る—」訳 冬の薄日の寒々としていることよ。その中を旅して行く馬上の自分の姿はまるで凍りついた影法師のようだ。

（かけひ）

かけ・まく【懸けまく】ことばに出して言うこと。また、心にかけること。万葉 五・八一三「—はあやに畏し」訳 ことばに出して言うのは、まことに畏れ多い。

なりたち 下二段動詞「懸く」の未然形「かけ」＋助動詞「む」＝「懸けむ」のク語法

かけ・まく・も【懸けまくも】口に出して言うのも。心にかけて思うのも。万葉 三・四七五「—あやに畏し言はまくもゆゆしきかも」訳 心にかけて思うのもまことに畏れ多い。口に出して言うこともはばかられるよ。

なりたち 下二段動詞「懸く」の未然形「かけ」＋助動詞「む」＝「懸けむ」のク語法「かけまく」＋係助詞「も」

かけ・みち【懸け道】(名)「かけぢ」に同じ。

かけ・もの【賭け物・懸け物】(名)賭弓・歌・連歌などの勝負事・遊戯にかける金品。徒然 八九「連歌の—取りて、扇・小箱など懐に持ちたりけるも」訳 連歌の勝負にかけた品物を取って、(その)扇や小箱などを懐中に持っていたのも。

かけ・や【掛け屋・懸け屋】(名)「銀掛け屋」の略。江戸時代、大坂などで諸大名の蔵屋敷に出入りして、米をはじめとする蔵物の販売にあたり、その代金の出納をまかされた商人。蔵物を担保に資金の融通もした。

かけ・や・る【掛け破る】(他ラ四)〔ら・り・る・る・れ・れ〕衣服などを物にひっかけて破る。枕 一四四「いとほそやかなる童の、狩衣は—・り㊊などして」訳 たいそうほっそりとした少年で、狩衣は(どこかに)ひっかけて破りなどして。

かげゆ・し【勘解由使】(名)平安時代の令外の官の一つ。国司交代の際、前任者から後任者への事務引き継ぎを証明する文書(＝解由)の審査にあたる職。

かげゆし・ちゃう【勘解由使庁】(名)勘解由使が勤務する役所。

かけり【翔り・駆けり】(名)❶飛び、かけること。飛ぶように速く走ること。❷能楽で、修羅物や狂女物のシテの動作を表す型。❸歌舞伎の囃子の一種。狂女の出などに用い、大小の鼓、笛ではやすもの。❹連歌や俳諧で、趣向が鋭くはたらいていること。〔去来抄〕先師評「『小海老にまじるいとど』は句の—、ことあたらしさ、まことに秀逸の句なり」訳「小海老にまじるいとど」(の句)は、句の趣向の鋭いはたらきや素材の新しさにおいて、まことに秀逸な句である。

かけ・る(自ラ四)〔ら・り・る・る・れ・れ〕❶【翔る】空高く飛ぶ。竹取 かぐや姫の昇天「つゆも、物空に—・ら㊍ばふと射殺し給へ」訳 少しでも、何かが空に高く飛ぶならばさっと射殺してください。❷【駆ける】飛ぶように速く走る。源氏 明石「秋の夜の月毛の駒よ我が恋ふる雲井を—・れ㊎時のまも見む」訳 秋の夜の月ではないが、月毛(＝赤みがかった毛色)の馬よ、私(＝光源氏)が恋い慕っている雲のかなた(＝都)を駆けて行け。(恋しい人＝紫の上と)しばしの間でも会おう。(「秋の夜の」は「月毛」を導きだす序詞)

かげろふ【陽炎】(名)〔「かぎろひ」の転〕春の晴れた日に地上から水蒸気などがゆらゆらと立ちのぼる現象。転じて、はかなく消えやすいもののたとえ。㊮。〔暁台句集〕暁台「—にゆらるるけしのひとへかな」訳 (ゆらゆらと立ちのぼる)かげろうにゆられるけしの花の一重よ。

かげろふ【蜻蛉・蜉蝣】(名)❶とんぼの古名。❷虫の名。とんぼに似るが、小さく弱々しい。成虫後の生存期間が短いので、短い人生、はかないものなどにたとえる。㊙。徒然 七「—の夕べを待ち、夏の蝉の春秋を知らぬもあるぞかし」訳 (朝生まれた)かげろうが夕方を待って(死に)、夏の蝉が春や秋を知らない(で死ぬという)こともあるのだよ。文法「夕べを待ち」を対偶中止法とみて、下の打消が及び「待たないで(死に)」の意にとる説もある。名文解説 かげろうも蝉も短命な生き物の象徴として挙げられている。それらに比べれば人間ははるかに長命なのだから、むやみに俗世に執着して長寿を望み、老醜を晒すのは恥ずべきことだと兼好は説く。

かげろ・ふ【影ろふ】(自ハ四)〔は・ひ・ふ・ふ・へ・へ〕❶光が隠れてかげになる。かげる。新古 夏「よられつる野もせの草の—・ひ㊊て涼しくくもる夕立の空」訳 (強い日ざしのため)縒られたようになっていた野原一面の夏草が、日がかげって、涼しくくもる夕立の空よ。❷光がほのめく。ちらちらする。平家 一・祇王「出づる息の入るをも待つべからず、—・ふ㊡いなづまよりなほはかなし」訳 (死が迫ると)出る息が入る(わずかの)間をも待てず、ひらめく稲妻よりさらにはかない。

蜻蛉日記(かげろふにつき)『作品名』平安中期の日記。右大将藤原道綱の母の著。女流日記文学の先駆。天暦八年(九五四)から二十一年間にわたる夫藤原兼家との結婚生活が回想的に記され、女性の苦悩が内面的に描写されている。「蜻蛉の日記」とも。

かげろふの【陽炎の】《枕詞》「あるかなきか」「それかあらぬか」「ほのかに」「ほのめく」などにかかる。古今 恋四「—それかあらぬか」。〔拾遺〕恋二「—ほのかに見えし」。〔後撰〕恋四「—ほのめきつれば」

かげろふや… 俳句

春
陽炎や　名も知らぬ虫の　白き飛ぶ
〈蕪村句集・蕪村〉

訳 ゆらゆらと立ちのぼるかげろうよ。(その中を)名も知らない虫で、白いのがきらめいて飛び交っている。(陽炎㊮。切れ字は「や」)。文法「虫の」の「の」は、いわゆる同格の格助詞で、「…で」の意。

かけ・わた・す【掛け渡す】(他サ四)〔さ・し・す・す・せ・せ〕ずっと一面に掛ける。いくつも掛け並べる。また、一方から他方へ渡し掛ける。徒然 一三七「何となく葵—・し㊊て、なまめかしきに」訳 なにかぎらず(＝すべてのものに)葵を一面に掛けて、優雅な情景の中に。

かけ-わ・る【駆け割る】(他ラ四){ら・り・る・る・れ・れ}馬を駆け入れて敵陣を破る。平家 九・木曽最期「六千余騎が中を、縦様・横様・蜘蛛手・十文字に―っ(用)(促音便)て」訳(敵の)六千余騎の中を、縦に、横に、四方八方、十文字に馬を駆け入れて敵陣を破って。

か-げん【下弦】(名)満月ののちの半月。陰暦二十二、三日ごろの月。下旬の弦月。その月の出は真夜中となる。秋。↔上弦。⇩巻頭カラーページ25

か-こ【水夫・水手】(名)船乗り。船頭。水夫。万葉 一五・三六二三「月よみの光を清み夕凪に―の声呼び浦廻漕ぐかも」訳月の光が清らかなので、夕凪の海に水夫の声がひびき、浦伝いに漕いでいくよ。

かご【影】(名)《上代東国方言》かげ。万葉 二〇・四三二二「わが妻はいたく恋ひらし飲む水に―さへ見えてよに忘られず」訳→わがつまは…和歌

か-ご【加護】(名)神仏が慈悲の力を加えて守ること。細道 市振「神明の―かならず恙なかるべし」訳神の慈悲の守りできっと無事で(伊勢に着くで)あろう。

かご-か(形動ナリ){なら・なり(に)・なり・なる・なれ・なれ}「かごやか」とも。閑静なさま。ひっそりとしたさま。源氏 夕顔「あたりは人しげきやうに侍れど、いと―に(用)侍り」訳あたりは人けが多いようでございますが、たいそう閑静でございます。

かこち-がほ【託ち顔】(名・形動ナリ)嘆いている顔つき。恨みがましいようす。…のせいだというようす。〔千載〕恋五「嘆けとて月やは物を思はする―なる(体)わが涙かな」訳→なげけとて…和歌

かこち-よ・す【託ち寄す】(他サ下二){せ・せ・す・する・すれ・せよ}何かにことよせて言う。こじつける。源氏 帚木「菊の露を―せ(用)などやうの、つきなきいとなみにあはせ」訳菊の露を涙にこじつけて歌を詠むなどのような、(時や所に)不似合いな忙しいめにあわせ。

かこち-よ・る【託ち寄る】(自ラ四){ら・り・る・る・れ・れ}なんとか関係をつけて言い寄る。また、泣きつく。源氏 蛍「言ひ寄るたよりもいとほかなければ、この君をぞ―り(用)けれど」訳(玉鬘に)言い寄ってもはなはだ頼りないので、(柏木は)この君(＝夕霧)に泣きついたけれど。

かこ・つ【託つ】(他タ四){た・ち・つ・つ・て・て}

語義パネル
他にかこつけて言うことばの意の「託言」と関連の深い語。
❶関係のないことを無理に結びつける。他のせいにする。**かこつける。**
❷不平を言う。**ぐちをこぼす。**嘆く。

❶関係のないことを無理に結びつける。他のせいにする。**かこつける。**源氏 藤裏葉「酔ひに―ち(用)て苦しげにもてなして」訳(夕霧は酒の)酔いにかこつけて苦しそうにふるまって。
❷不平を言う。**ぐちをこぼす。**嘆く。徒然 一三七「逢はで止みにし憂さを思ひ、あだなる契りを―ち(用)」訳逢わないで終わってしまったつらさを思い、むなしい約束(のままで終わったこと)を嘆き。

かこつべき…和歌

> かこつべき　ゆゑを知らねば　おぼつかな
> いかなる草の　ゆかりなるらむ
> 〈源氏・若紫〉

訳何にかこつけようとおっしゃるのか、その理由を知りませんので、気がかりです。(私は)どんな草に縁があるのでしょうか。

解説 光源氏が「紫草のゆかりの人だと思うと、つい恨みごとが出てしまう」と言い、「ねは見ねどあはれとぞ思ふ武蔵野の露分けわぶる草のゆかりを」(訳→ねはみねど…和歌)と詠んだのを受けて、まだ少女のころの紫の上が書いた歌。「紫草」が藤壺を、「草のゆかり」が紫の上をさすが、光源氏と藤壺のことを知らない紫の上には、何のことだかわからない。

か-ごと【託言】(名)❶他にかこつけて言うことば。**口実。**源氏 夕顔「御返り、口ときばかりを―にてとらす」訳ご返歌は、素早く詠んだことだけを(上手でないことの)言いわけにして手渡す。
❷**恨みごと。ぐち。**不平。源氏 桐壺「『―も聞こえつべくなむ』といはせ給ふ」訳(亡き桐壺の更衣の母君は)「(かえって)恨みごとも申し上げてしまいそうで(ございます)」と、(女房に)靫負の命婦の所まで)伝えさせなさる。文法 係助詞「なむ」のあとに「侍る」など結びの語が省略されている。

かごと-がま・し【託言がまし】(形シク){しから・しく(しかり)・し・しき(しかる)・しけれ・しかれ}【「がまし」は接尾語】恨みがましい。いかにもぐちっぽい。言いわけがましい。徒然 四四「心のままに茂れる秋の野らは、置きあまる露に埋もれて、虫の音―しく(用)」訳思いのまま茂っている秋の野原(のような庭)は、置ききれないほどいっぱいの露に埋まって、虫の鳴く声が恨みがましく(聞こえ)。
参考 実際はぐちをこぼしているわけではないが、そう聞こえるという点がこの語による表現の重点。

かご-やか(形動ナリ){なら・なり(に)・なり・なる・なれ・なれ}【「やか」は接尾語】「かごか」に同じ。〔うつほ〕蔵開下「二条の院の―な(体)る家に、しばしとて据ゑ給へれば」訳二条院のひっそりとした家に、しばらくの間といって(仲頼の少将の妹を)置きなさったので。

かさ【笠・傘】(名)❶雨・雪・日光などをさえぎるために、頭にかぶるもの。細道 平泉「―うち敷きて、時の移るまで涙を落とし侍りぬ」訳笠を敷いて(腰をおろし)、時のたつのも忘れて(懐旧の)涙を流したことでした。
❷さし傘。から傘。枕 九九「一条殿より―(＝さし傘)持て来たるを〔供人に〕ささせて」

かさ【嵩】(名)❶重なった物の高さ、または大きさ。
❷高い所。上のほう。〔太平記〕一五「敵の行く先難所なる山路にては、―より落としかけて」訳敵の行く先が難所である山道では、高い所からかけ下り攻撃して。
❸相手を威圧する勢い。威厳。〔保元物語〕「八つ裂きに裂いて捨てんと、―にかかりて攻めければ」訳八つ裂きにさいてやろうと、勢いに乗って攻めたところ。

かさ【瘡】(名)できもの。はれもの。伊勢 九六「女、身に―ひとつふたつ出でにけり(＝できてしまった)」

かざ-がくれ【風隠れ】(名)風を避けるための物陰・場所。蜻蛉 中「風は払ふやうに吹きて、頭さへ痛きまであれば、─作りて、見出だしたるに」訳 風は吹き払うように吹いて、(その強さに)頭まで痛いくらいなので、風を避ける場所を作って、(そこから)外を見たところ。

笠置（かさぎ）❶〖地名〗今の京都府相楽郡笠置町。また、その地にある「笠置山」の略。❷(名)「笠置寺」の略。笠置山上にあり、修験道の道場として知られた。また、元弘の変の折、後醍醐天皇の行在所(＝仮宮)がおかれた。

かささぎ【鵲】(名)鳥の名。烏より小さく、尾が長い。七夕伝説で知られる。秋。源氏 浮舟「寒き洲崎に立てる─の姿も、所がらはいとをかしう見ゆるに」訳 寒々とした洲の先に立っている鵲の姿も、(宇治という)場所がらではとても趣深く見えるが。参考「笠鷺(＝今の青さぎとも、小さぎともいう)」と見る説があり、右の「源氏物語」の例は「鷺」とする本文もある。

かささぎの… 和歌(百人一首)

> **鵲の わたせる橋に 置く霜の 白きを見れば 夜ぞ更けにける**
> 〈新古今・六・冬・六二〇・大伴家持〉

訳 (天の川に)鵲が渡した橋におりている霜がまっ白なのを見ると、もう夜も更けてしまったのだなあ。

解説「鵲のわたせる橋」は七夕伝説に由来し、牽牛・織女の両星が天の川で逢うとき、鵲が翼をかけて渡したという想像上の橋。一説に、宮中の御階に霜のおりているようすを詠んだとする。しかし、冬の澄みきった空に輝く天の川の星々を、天上の霜と見立てて詠んだと解するほうが、はるかに規模雄大であり、幻想的な趣がある。なお、この歌は「万葉集」にはなく、家持作であるかどうか疑わしい。

かささぎ-の-はし【鵲の橋】(名)❶陰暦七月七日の夜、牽牛・織女の両星が天の川で逢うとき、鵲が翼を並べてかけ渡すという想像上の橋。中国の「淮南子」に書かれてあり、七夕伝説とともにわが国に伝わり、和歌などに多く詠まれた。秋 ❷宮中の御殿の階段。宮中を天上にたとえていう。

かざし【挿頭】(名)頭髪・冠などに草木の花や枝、または金属製の造花を挿すこと。また、そのもの。官位および儀式によってその花が異なった。上代では特に「うず(髻華)」という。伊勢 八二「枝を折りて、─にさして、上中下みな歌よみけり」訳 (桜の)枝を折って、髪飾りとして挿して、身分の高い人、中位の人、低い人がみんな歌を詠んだ。参考 造花を用いるようになったのは平安時代以降。

(かざし)

かざ-す【挿頭す】(他サ四){さ・し・す・す・せ・せ}❶草木の花や枝、造花などを髪や冠に装飾として挿す。万葉 一〇・一八八三「ももしきの大宮人はいとまあれや梅を─・し用てここに集へる」訳 宮中に仕える人たちは暇があるから(なのだろうか)、梅を飾りとして髪に挿してここに集まって(遊んで)いる。(「ももしきの」は「大宮」にかかる枕詞) ❷飾りつける。堤 ほどほどの懸想「あやしき小家の半蔀も、葵など─・し用て心地よげなり」訳 みすぼらしい小さな家の半蔀(＝戸の一種)も、葵などを飾りつけて気持ちよさそうである。

笠取山（かさとりやま）〖地名〗歌枕 今の京都府宇治市北東部にある山。紅葉の名所。

かさ-ぬ【重ぬ】(他ナ下二){ね・ね・ぬ・ぬる・ぬれ・ねよ}積み重ねる。くりかえす。源氏 明石「さりともかくてやは年を─・ね未む」訳 それにしても、こうして(こんな田舎で)年を積み重ねるのだろうか(いや、いずれは都へ帰るだろう)。

-かさね【重ね・襲】(接尾)(紙・衣服など)重ねた物、または、たたんだ物を数える語。「装束一─」

かさね【重ね・襲】(名)❶重ねること。重なったもの。枕 一本・二三「硯の箱は、─の蒔絵に雲鳥の紋」訳 硯の箱は、(二段に)重ねたもので、蒔絵で雲と鶴の模様(があるのがよい)。❷衣服を重ねて着ること。また、その衣服。〔うつほ〕俊蔭「〔女房や童女が〕─の裳、唐衣、汗衫ども着て居並みたり(＝居ならんでいる)」❸上着と下着とが一揃えになった衣服。❹「下襲」の略。❺「襲の色目」の略。

かさね-て【重ねて】(副)もう一度。徒然 九二「道を学する人、…、─ねんごろに修せんことを期す」訳 (仏の)道を修行する人は、…、もう一度念を入れて修行しよう(という)ことを予定する。

かさねとは… 俳句

> **かさねとは 八重撫子の 名なるべし** 夏
> 〈おくのほそ道・那須・曽良〉

訳 (馬についてきた少女に名を尋ねると「かさね」と答えたので)かさねとは(花びらを幾重にも重ねた)八重撫子の意の名前であろう。(八重撫子 夏。切れ字は「べし」)

解説 王朝文学では、「撫子」は子を撫でていつくしむイメージが与えられ、可憐なものにたとえられている。なお、江戸時代には撫子は夏の季語として用いられた。

かさね-の-いろめ【襲の色目】衣服の表裏、また重ねて着るときの表上下の色の配合。男女とも季節により使用する色目にきまりがある。⇩巻頭カラーページ11

笠女郎（かさのいらつめ）〖人名〗(生没年未詳)奈良時代の女流歌人。笠金村の娘とする説もあるが、伝不詳。大伴家持の若いときの愛人といわれ、「万葉集」には家持に対する恋歌が収められている。

かざ-はな【風花】(名)「かざばな」とも。初冬の風が吹き出すころ、小雨や小雪がちらつくこと。図

かざはや【風早】(名)風の激しく吹くこと。「かざはやの」の形で、枕詞のように用いられる。万葉 三・四三四「─の美保の浦廻の白つつじ」訳 風が激しい美保の浦の白つつじを。

かざ-ま【風間】(名)❶風のやんでいる間。土佐「いのりくる─と思ふをあやなくもかもめさへだに波と見ゆらむ」訳 (海路の平穏を)祈り続ける(かいがあっての)風の

絶え間だと思うのに、なぜ理不尽にもかもめまでさえ白波のように見えるのだろう。
❷風が吹いている時。〔浮世風呂〕「雨降り〔や〕—には、転んだり何か致さぬで(=転んだりなどしませんので)」

かざ-まつり【風祭り】(名)秋の収穫前の二百十日ごろ、大風の吹かぬよう風の神に豊作を祈る祭礼。

かざみ【汗衫】(名)〔字音「かんさむ」の転〕平安中期以降、内裏に奉仕する少女が用いた上着。もとは汗取りの下着であった。正装のものは、裾を長く引き、略装のものは身の丈であった。枕 八九「—ばかり着て、…、高欄のもとなどに、扇さしかくしてゐたる」訳(愛らしげな少女が)かざみだけを着て、…、欄干のあたりなどに、扇で顔を隠して座っているの(は優美である)。

(かざみ)

かさ-やどり【笠宿り】(名)軒下や木陰などで雨宿りすること。また、ちょっとの間立ち寄ること。源氏 末摘花「雨ふり出でて、所せくもあるに、—せむとはた思されずやありけむ」訳 雨が降り出して、めんどうでもあるので、(光源氏は末摘花邸で)雨宿りしよう(=わざわざ立ち寄ろう)とはやはりお思いにならなかったのであろうか。

かざり【飾り】(名)❶飾ること。装飾。徒然 三八「金玉の—も、心あらん人は、うたて愚かなりとぞ見るべき」訳 黄金や玉の装飾も、道理をわきまえているような人は、いとわしくつまらないと見るにちがいない。
❷頭髪。髪。→飾りを下ろす
❸松飾り。しめ飾り。春

かざり-たち【飾り太刀】(名)金銀や蒔絵で飾った美しい太刀。平安時代、節会・行幸など晴れの儀式の際に束帯に着用した。⇩巻頭カラーページ17

かざり-を-おろ-す【飾りを下ろす】髪をそって出家する。剃髪する。〔古活字本保元物語〕「鳥羽院御飾りおろさ(未)せ給ふ」訳 鳥羽院は御髪を剃りご出家なされる。⇩世を背く「慣用表現」

かざ・る【飾る】(他ラ四)〔ら・り・る・る・れ・れ〕❶装飾する。源氏 帚木「我は顔にて家の内を—・り(用)、人におとらじと思へる」訳(なり上がって)自慢げな顔つきで家の内を飾り立て、人に負けまいと思っている者と。
❷とりつくろう。源氏 行幸「心知らぬ人目を—・り(用)て」訳 事情を知らない人の目をとりつくろって。
❸設ける。構える。備える。〔狂・こんくゎい〕「四方に四面の壇を—・り(用)」訳 周囲に四面の祭壇を設け。

かし ㊀(終助)㊁(副助)

意味・用法
㊀終助詞
念を押す〔…よ。…ね。〕→❶
強め〔…よ。〕→❷
㊁副助詞
強め〔…や。〕

接続
㊀文の言い切りの形に付く。副詞「さ」、感動詞「いざ」に付いて言い切りとなる。
㊁副詞「さぞ」「よも」「なほ」などに付く。

㊀(終助)❶(文末に付いて)強く念を押す意を表す。…よ。…ね。宇治 一・一二「いま一度起こせかし」訳 もう一度起こせよ。
❷(副詞・感動詞に付いて)意味を強める。…よ。源氏 若菜下「さかし。…おぼつかなからぬ物の師なりかし」訳 そうよ。…(私=光源氏は)心細くない(=頼りになる)音楽の師匠だよ。文法「なりかし」の「かし」は、①の用法。源氏 若紫「いざかし、ねぶたきに」訳 さあ(寝に)行こうよ、眠いから。

㊁(副助)(副詞「さぞ」「よも」「なほ」などに付いて)意味を強める。…や。〔浄・今宮心中〕「未来はさぞかし覚束なや」訳 未来はさぞや頼りないことよ。

文法 (1) ㊀は中古から使われはじめ、「竹取物語」の例などが古い例である。
「翁のあらむ限りは(=生きている間は)、かうてもいますかりなむかし(=こうしてもいらっしゃることができようよ)」〈竹取 貴公子たちの求婚〉
中世になると命令形とともに用いられたり、多く「ぞかし」の形をとったりする。
文末に使われるが、活用語の終止形・命令形のほか、係り結びによる連体形にも付く。また、「こそ」の結びに「かし」の付く場合は、ふつうとは異なって已然形ではなく連体形となることが多い。
「人こそ心えず思ひなげかむかし」〈浜松中納言物語〉
(2) ㊁は㊀から転じたもので、「さぞかし」は現代語では一語の副詞として用いる。

かじ【梶・楫・加持・鍛冶】⇩かぢ

かしかま・し【囂し】(形シク)〔しから・しく(しかり)・し・しき(しかる)・しけれ・しかれ〕〔近世以降「かしがまし」とも〕やかましい。うるさい。枕 四一「あやしき家の見どころもなき梅の木などには、—・しき(体)まで鳴く」訳(宮中では鳴かないうぐいすが)粗末な民家の見ばえもしない梅の木などでは、やかましいくらいに鳴いている。

類語パネル

●共通義	騒がしいさま。
かしかまし	音や声が大きく、うるさいさま。
こちたし	口数が多く、わずらわしいさま。
らうがはし	乱雑で秩序がなく、騒がしいさま。

かし・く【悴く】(自カ下二)〔け・け・く・くる・くれ・けよ〕〔室町時代以

降「かじく」とも)やせ衰える。やつれる。また、(植物が)しおれる。しぼむ。〔うつほ〕蔵開中「女の童の**ー・け**㊐たるをこそ生まめ」訳(どうせ)女の子でやせ衰えた子を産むであろう。

かし・く【炊く】(他カ四){か・き・く・く・け・け}〔近世以降「かしぐ」〕米・麦・粟などを、煮たり蒸したりして飯を作る。たく。万葉五・八九二「こしきには蜘蛛の巣かきて飯**ー・く**㊍ことも忘れて」訳→かぜまじり…和歌

かしこ【恐・畏】(名)〔形容詞「かしこし」の語幹〕❶畏れ多いこと。謹むべきこと。→あなかしこ ❷主として女性が手紙の末尾に添える語。

かしこ【彼処】(代)遠称の指示代名詞。あそこ。かのところ。源氏桐壺「命婦、**ー**にまで着きて」訳(靫負の)命婦はかのところ(=桐壺の更衣の里)に宮中から参上し到着して。(「まで」は「まうで」の転)

かしこ・し (形ク){から・く(かり)・し・き(かる)・けれ・かれ}

語義パネル

人間業とは思えない霊力に対し、畏れ敬う感じを表す①が原義。転じて、中古以降、②の、並外れた学識・才能などのあるさまにいう。

❶畏し・恐し	㋐**恐ろしい。こわい。** ㋑**畏れ多い。尊い。もったいない。**
❷賢し	㋐才知に富む。**利口である。** ㋑**すぐれている。**りっぱだ。 ㋒好都合だ。運がよい。 ㋓**程度がはなはだしく。**非常に。

❶【畏し・恐し】㋐**恐ろしい。こわい。**万葉七・一二三二「大き海の波は**ー・し**㊎然れども神を祈りて船出せばいかに」訳大海の波は恐ろしい。しかしながら海神に祈って船出したらどうであろう。㋑**畏れ多い。尊い。もったいない。**〔拾遺〕雑下「勅なればいともー・し㊎鶯の宿はと問はばいかが答へむ」訳→ちょくなれば…和歌

❷【賢し】㋐才知に富む。**利口である。**源氏少女「はかなき親に、**ー・き**㊍子の勝るためしは、いと難きことになむ侍れば」訳つまらない親より才知に富んだ子がすぐれている例は、なかなかめったにはないことでございますので。文法係助詞「なむ」の結びは、接続助詞「ば」が付いて「侍れば」とさらに下に続くため消滅(=結びの流れ)している。㋑**すぐれている。**りっぱだ。大鏡時平「御心掟は)ご思慮も格別に**ー・く**㊐おはします」訳(菅原道真は)ご思慮も格別にりっぱでいらっしゃる。㋒好都合だ。運がよい。源氏若菜上「風吹かず**ー・き**㊍日なりと興じて」訳風も吹かず、(蹴鞠には)もってこいの日だと興に乗って。㋓(連用形を副詞的に用いて)**程度がはなはだしく。**非常に。竹取かぐや姫の生ひ立ち「男はうけきらはず呼び集へて、いと**ー・く**㊐遊ぶ」訳男(という男)はだれかれの区別なく招き寄せて、たいそう盛大に(管弦の)遊びをする。

類語パネル

●**共通義** 知性の点ですぐれているさま。

かしこし(賢し)	学識・才能がすぐれていて、敬服されるさま。畏敬の念をこめていう。
かどかどし(才才し)	才気が表に現れているさま。
ざえざえし(才才し)	いかにも学問(特に漢学の才)がありそうなさま。
さかし(賢し)	知能のはたらきがすぐれていて、適切に行動できるさま。りこうぶっていて生意気なさまにもいう。
さとし(聡し)	理解・判断が速いさま。

かしこ-どころ【賢所】(名)(畏れ多く、かしこまる所の意から)❶天照大神の御霊代として神鏡(=八咫の鏡)を祭る神殿。内裏の温明殿にあり、内侍が守護にあたる。「内侍所」とも。⇩巻頭カラーページ32 ❷①に祭ってある神鏡。八咫の鏡。「内侍所」とも。平家一一・鏡「内侍も女官も参り合はずして、**ー**を出だし奉るにもおよばず」訳(夜中なので)内侍も女官もみなお仕えしていなくて、神鏡をお出し申しあげることもできない。文法「参り合はず」の「合ふ」は、複数の主体の動作を表す。

かしこまり【畏まり】(名)

❶畏れ多いこと。遠慮。竹取貴公子たちの求婚「かたじけなく、きたなげなる所に、年月を経てものし給ふこと、極まりたる**ー**」訳もったいなくも、むさくるしい感じの所に、年月を経てお通いくださることは、この上なく畏れ多いこと。(「ものす」は婉曲表現で、ここは「来る」の意) ❷お礼。源氏若紫「いとむつかしげに侍れど、**ー**をだにとて」訳まことにむさくるしいようすでございますが、せめて(お見舞いの)お礼だけでもと思って。❸わびごと。言いわけ。〔うつほ〕吹上上「久しう対面給はらずなりにければ、その**ー**も聞こえむとてなむ」訳長くご対面いただかないままになってしまったので、そのわびごとも申し上げようと思って。❹おとがめ。謹慎。枕九「さて**ー**ゆるされて、もとのやうになりにき」訳そうしておとがめが許されて、もとのようになった。

かしこま・る【畏まる】(自ラ四){ら・り・る・る・れ・れ}

❶**畏れ謹む。恐縮する。**畏れ敬う。更級竹芝寺「『あの男、こち寄れ』と召しければ、**ー・り**㊐て高欄のつらに参りたりければ」訳「そこの男よ、こちらへ来い」と呼び寄せなさったので、(男が)畏れ謹んで手すりのそばに参ったところ。❷**わびる。謝罪する。**源氏初音「心まどはし給ひし世のむくいなどを、仏に**ー・り**㊐聞こゆるこそ苦しけれ」訳(あなた=空蟬が私=光源氏の)心を悩ましなさった時の(罪の)報いなどを、仏に謝罪し申しあげるのはつらいこと

だ。文法「こそ苦しけれ」は、係り結び。

❸**きちんと座る。** 正座する。平家 一一・那須与一「甲をば脱ぎ高紐にかけ、判官の前に―・る㊢」訳(与一は)兜を脱いで(鎧の両肩につけた)高紐にかけ、判官(=義経)の前に謹んで座る。

❹謹んでうけたまわる。〔謡・熊野〕『こなたへと申し候へ』『―・っ㊊(促音便)て候ふ』訳「こちらへ(来るように)と申しませ」「かしこまりました」

かしこ・む【畏む】(自マ四){ま・み・む・む・め・め}❶畏れはばかる。畏れ多いと思う。〔記〕下「大后の嫉みを―・み㊊て、本つ国に逃げ下りき」訳皇后の嫉妬を畏れはばかって、(黒日売は)故郷へ逃げ帰った。

❷謹んでうけたまわる。万葉 一・七九「天皇の御命―・み㊊」訳天皇のおことばを謹んでうけたまわり。

かしずく【傅く】 ⇩かしづく

か-じち【家質】(名)家屋敷を借金の抵当にすること。また、その家屋敷。〔浮・日本永代蔵〕「烏丸通りに〔貸し金〕三十八貫目の―を取りしが」

かしづき【傅き】(名)❶大切に養い育てること。大切に世話をすること。源氏 桐壺「人ひとりの御―に、とかくつくろひたてて」訳娘(=桐壺の更衣)一人のお世話のために、(邸内を)あれこれと手入れして。

❷世話をする人。介添え役。源氏 少女「―など、親しう身に添ふべきは、いみじう選り調へて」訳(娘の)介添え人など、親しく身近に付き添うにふさわしい人は、(父惟光が)きびしく選んでそろえて。

かしづき-す・う【傅き据う】(他ワ下二){ゑ・ゑ・う・うる・うれ・ゑよ}大切にとりあつかう。源氏 末摘花「さばかりの人の、ふるめかしう所せく―・ゑ㊊たりけむ名残なく」訳あれほどの人(=常陸の宮)が、古風で重々しく大切に世話をしたであろうあとかたもなく。

かしづき-た・つ【傅き立つ】(他タ下二){て・て・つ・つる・つれ・てよ}心をこめて養い育てる。〔栄花〕さまざまのよろこび「大姫君・小姫君、いみじく―・て㊊て、内、東宮にとおぼし心ざしたり」訳大姫君・小姫君を、非常に大切に養い育てて、天皇と皇太子に(妃として差し上げよう)とお志しになった。

かしづ・く【傅く】(他カ四){か・き・く・く・け・け}❶**大切に養い育てる。** 愛育する。堤 虫めづる姫君「親たち―・き㊊給ふこと限りなし」訳親たちが(娘の姫君を)大切に養い育てなさることはこの上ない。

❷**大切に世話をする。後見をする。** 更級 夫の死「こその秋、いみじくしたて、―・か㊍れて、うちそひて下りしを見やりしを」訳去年の秋、(息子が)とてもりっぱに飾りたてられ、(供の者に)大事に世話をされて、(今は亡き夫と)連れだって(夫の任国へ)下ったのを見送ったのに。(⇩扱ふ「類語パネル」)

かしのみの【樫の実の】《枕詞》樫の実が一つずつなることから、「ひとり」「ひとつ」にかかる。万葉 九・一七四二「―ひとりか寝らむ」

かしは【柏・槲】(名)❶落葉樹の一種。葉は大きく縁は波状で、柏餅を包むのに用いる。(柏若葉・柏落葉・柏餅㊛)

❷上代、食物を盛るのに用いた、広くて堅い葉の総称。

かしは-ぎ【柏木】(名)❶柏の木。枕 四〇「―、いとをかし。葉守の神のいますらむもかしこし」訳柏の木は、たいそう趣がある。葉守の神(=樹木の葉を守る神)が(住んで)いらっしゃるとかいうのも畏れ多い。

❷(柏の木に葉守の神が宿るという伝説から)皇居守衛の任に当たる「兵衛」「衛門」の異称。

柏木 『人名』「源氏物語」中の人物。頭の中将の長男。朱雀院が光源氏に託した女三の宮と通じ、薫の君が生まれるが、罪の恐ろしさに思い悩みながら死ぬ。

かしは-で【膳・膳夫】(名)宮中の食膳のことをつかさどる人。料理人。律令制では、大膳職・内膳司などに属した。

かしは-びと【膳人】(名)料理人。

橿原(かしはら)『地名』今の奈良県橿原市。記紀に神武天皇の皇居(=橿原の宮)のあった所と伝えられる。

かしはら-の-みや【橿原の宮】(名)記紀に神武天皇即位の宮と伝えられる所。その跡地と伝えられた所に今の橿原神宮が建てられた。

か-しふ【家集】(名)「いへのしふ」に同じ。

が-しふ【我執】(名)《仏教語》自己に執着すること。我を張ること。徒然 二三五「世を捨てたるに似て、―深く」訳俗世を捨てたようでいて、自分への執着が深く。

鹿島(かしま)『地名』歌枕 今の茨城県鹿嶋市。鹿島神宮がある。

かしま・し【囂し】(形シク){しから・しく(しかり)・し・しき(しかる)・しけれ・しかれ}やかましい。うるさい。〔落窪〕「あな―・し㊢。今は取り返すべき事にもあらず」訳ああやかましい。今はもう取り返しのつくはずのことでもない。

かしま-だち【鹿島立ち】(名)旅立ち。出立。門出。〔浮・好色五人女〕「―の日より同じ宿に泊まり」訳旅立ちの日から同じ宿に泊まって。

かしま・む(自マ四){ま・み・む・む・め・め}語義未詳。人目をぬう、やかましく思うの意か。更級 春秋のさだめ「―・み㊊て鳴戸の浦にこがれいづる心はえきや磯のあま人」訳人目をぬって、加島(=地名)を見て鳴門の浦に漕ぎ出されてゆく舟ではないが、恋いこがれて戸口の外に出た(私の)心はわかっただろうか、磯の漁師よ。(「かしまみて」は動詞「かしまむ」と「加島見て」との、「鳴戸」の「と」は「戸」との、また、「こがれ」は「漕がれ」と「焦がれ」との掛詞)

参考「やかましい」意の形容詞「囂し」の動詞化であれば、「かしましむ」となる。

かじゃ【冠者】 ⇩くわじゃ

か-しゃく【呵責】(名・他サ変)きびしくとがめ責めること。責めさいなむこと。今昔 九・一二「母いかりて杖をもって伯瑜を打ちて―・す㊢」訳母は怒って杖で伯瑜(=人名)を打ってきびしくとがめ責める。

かしら【頭】(名)❶あたま。首から上の部分。万葉 二〇・四三四六「父母が―かきなで幸くあれていひし言葉ぜ忘れかねつる」訳→ちちはは が…和歌

❷頭髪。髪の毛。古今 春上「春の日の光にあたる我なれど―の雪となるぞわびしき」訳春の日の光を浴び(=春宮のめぐみを受け)ている私だが、頭髪が雪のように(白髪に)なるのがつらいことだ。

❸物の最上部。また、先端。枕 六七「冬の末まで、―のいとしろくおほどれたるも知らず」訳(すすきは)冬の終わりまで、先端がたいそう白く乱れ広がっているのにも気づ

かないで。

❹団体の長。職人などの親方。

かしら-おろ・す【頭下ろす】頭髪をそって出家する。剃髪する。古今 哀傷・詞書「ひえの山にのぼりて、―・し用てけり」訳 比叡山に登って、髪をそって出家してしまった。⇩世を背く「慣用表現」

かしら-だか【頭高】(名・形動ナリ)矢筈が肩越しに高く見えるようにした、しゃれた矢の負い方。平家 九・木曽最期「その日のいくさに射て少々残ったるを、―・に用負ひなし」訳 その日の合戦で射て少し残ったの(=矢)を、肩越しに高く見えるようにことさら背負って。

かしら-つき【頭付き】(名)頭の格好。髪の形。枕 八「―悪き人も、いたうも繕はず」訳 髪の形の乱れた人も、十分にも手入れしないで。

かしわ【柏・槲】⇩かしは

かしわで【膳・膳夫】⇩かしはで

-か・す(接尾サ四型)(動詞の未然形に付いて)他動詞をつくり、また、使役的な意味を添える。そのような状態にする意。徒然 八七「浅ましくて、をのこどもあまた走ら―・し用たれば」訳 (主人は)おどろいて、下男たちを大勢駆けつけさせたところ。

【例語】遊ばかす・怒らかす・後らかす・かどはかす・かへらかす・腐らかす・すべらかす・たぎらかす・散らかす・にごらかす・はふらかす・光らかす・回らかす・迷はかす・転ばかす・戻らかす

かず【数】(名)❶物の数量。数。

❷多数。種々。いろいろ。〔伽・唐糸ざうし〕「―の宝を賜りて子孫ともに繁昌するなり」訳 多数の宝をいただいて子孫ともども栄えるのである。

❸取り立てて数えあげる価値のあるもの。ものの数。源氏 須磨「高き人は我を何の―にもおぼさじ」訳 (身分の)高い人は、私(=明石の君)を何のものの数にもお思いになるまい。

❹そのグループに属するもの。仲間。また、定員。新古 雑下「思はねど世をそむかんといふ人のおなじ―にや我もなるらん」訳 (心から)思っていないのに、出家しようと(口だけで)言う人と同じ仲間に私もなるのだろうか。

発展 **日本語の数詞**

日本語本来の数詞は、ヒ(ト)・フ(タ)・ミ・ヨ・イツ・ム・ナナ・ヤ・ココ・トヲ・ハタ(二十)・モモ(百)・チ(千)・ヨロヅ(万)が基本である。それ以外、例えば十三の場合は、トヲアマリミツと表す。三十とか八百とか、十や百が他と複合した場合は、それぞれソ・ホといい、ミソ・ヤホとなる。しかし漢語のイチ・ニ・サン…も、上代から相当使われていたらしく、中古の作品などでは、どちらで読んだら適切なのか、よくわからない場合が多い。

かず-お・く【数置く】数えるために置く。枕 三「碁石して―・か未せ給ふとて」訳 碁石で数を数えさせなさるというので。

かす-か【幽か・微か】(形動ナリ)〔なら・なり(に)・なり・なる・なれ・なれ〕❶はっきりしないさま。ほのか。ぼんやり。細道 旅立「不二の峰―・に用見えて」訳 富士の峰がぼんやりと見えて。

❷人けや物音のないさま。ひっそりとしてものさびしいさま。源氏 須磨「殿の内いと―・なり終」訳 建物の中はたいそうひっそりとしてものさびしい。

❸貧弱なさま。みすぼらしい。源氏 行幸「―・なる体足弱き車など輪を押しひしがれ、あはれげなるもあり」訳 みすぼらしい車輪がしっかりしていない牛車などは車輪を押しつぶされ、気の毒なようすのものもある。

❹奥深い。幽玄である。〔去来抄〕先師評「病雁は、格高く趣―・に用して」訳 (芭蕉の)病雁(の句)は、品格が高く情趣も幽玄であって。

春日(かすが)『地名』❶今の奈良市春日野町一帯。奈良公園付近。

❷今の奈良市およびその付近の称。

かず-かず【数数】(名・形動ナリ)数や種類の多いさま。いろいろ。あれこれ。一つ一つ。徒然 五六「我が方にありつること、―・に用残りなく語りつづくるこそ、あいなけれ」訳 自分のほうにあったことを、あれこれ一つ残らず語り続けるのは、興ざめだ。

春日野(かすがの)『地名』歌枕 今の奈良市の、春日山の裾野一帯。奈良公園付近。

かすがの の… 和歌

> 春日野の　雪間をわけて　生ひ出でくる
> 草のはつかに　見えし君はも
> 〈古今・一一・恋一・四七八・壬生忠岑〉

序詞

訳 春日野の残雪の消え間から萌え出てくる草(の芽)がわずかに見えるように、ほんのちらりと(姿が)見えたあなたよ。修辞 第四句の「草の」までが「はつかに」を導きだす序詞。文法「君はも」の「は」も、「も」も詠嘆の終助詞。解説 詞書に、春日の祭り見物に出たとき、見物に来ていた女に、あとで家をさがして贈った歌とある。春日の祭りは、奈良の春日神社で陰暦二月と十一月に行われる。ここは二月の祭り。

かすがの の… 和歌

> 春日野の　若紫の　すり衣
> しのぶの乱れ　限り知られず
> 〈新古今・一一・恋一・九九四・在原業平〉〈伊勢・一〉

序詞 〔忍摺りの乱れ模様〕〔恋い忍ぶ心の乱れ〕

訳 春日野の萌え出たばかりの紫草で摺ったすり衣の忍摺りの乱れ模様のように、恋い忍ぶ(私の心の)乱れは限りないのです。修辞「しのぶの乱れ」は「忍摺りの乱れ模様」と「恋い忍ぶ心の乱れ」とをかける。第三句までは「しのぶの乱れ」を導きだす序詞。解説「伊勢物語」には、元服したばかりの男が春日野に狩りに行った際に、美しい姉妹を見て詠んだ歌とある。「若紫」は、芽吹いて間もないころの紫草をいう。ここでは、美しい姉妹を暗示する。

かすがの は… 和歌

春日野は　今日(けふ)はな焼(や)きそ　若草(わかくさ)の【枕詞】
つまもこもれり　我(われ)もこもれり
〈古今・一・春上・一七・よみ人しらず〉

訳 春日野は今日だけは焼かないでくれ。(この野には)妻も隠れているし、私も隠れているのだ。修辞「若草の」は「つま」にかかる枕詞。文法「な(副詞)…そ(終助詞)」の形で禁止の意を表す。解説 早春の野焼きを舞台に、枯れ草の間に隠れてたわむれている若い夫婦のようすを詠んだもの。本来は、野焼きに際しての労働歌であったと考えられる。「伊勢(いせ)物語」〈一二〉には、初句を「武蔵野(むさしの)は」として所収。

かすが-まうで【春日詣で】(モウデ)(名) 奈良の春日神社に参詣すること。特に、春日神社を一族の氏神とする藤原氏の氏長者(うじのちょうじゃ)が参詣すること。

かすが-まつり【春日祭り】(名) 奈良の春日神社(=藤原氏の氏神)の祭礼。陰暦二月と十一月の最初の申(さる)の日に行われた。春日の祭り。申(さる)祭り。

春日山(かすがやま)『地名』歌枕 今の奈良市の春日神社の後方にある山。春日の山。

かずく〔潜く・被く〕⇩かづく

かずけもの〔被け物〕⇩かづけもの

かず-しら-ず【数知らず】数えきれないほど多い。限りなく多い。「数を知らず」とも。源氏 桐壺「事にふれて、数知らず苦しきことのみまされば」訳 何かにつけて、数えきれないほど多くつらいことばかりが増えるので。
なりたち 名詞「数」＋四段動詞「知る」の未然形「しら」＋打消の助動詞「ず」

かず-そ-ふ【数添ふ】(ソウ) 一 (自ハ四){は・ひ・ふ・ふ・へ・へ} 数が増す。数が多くなる。源氏 紅葉賀「御年の――ふ(体)しるしなめりかし」訳 (紫の上の)ご年齢が(一つ)加わる証拠であるようだよ。
二 (他ハ下二){へ・へ・ふ・ふる・ふれ・へよ} 数を増やす。

かず-な-し【数無し】❶物の数にもはいらない。つまらない。短くはかない。万葉 一七・三九六三「世間(よのなか)は――き(体)ものか春花の散りの乱(まが)ひに死ぬべき思へば」訳 この世ははかないことよ。春の花が散り乱れる中に死んでいくだろうことを思うと。⇩言ふ甲斐(かひ)無し「慣用表現」
❷数えきれないほど多い。無数である。〔後撰〕恋二「世をうみの泡と消えぬる身にしあれば怨(うら)むることぞ――かり(用)ける」訳 二人の間をつらいものと思って、海の泡のように消えてしまうわが身であるので、恨み言は数えきれないほど多くあることだ。(「海」は「倦(う)み」との掛詞。「怨むる」に「浦」をかけ、「海」「泡」と縁語)

かず-なら-ず【数ならず】ものの数ではない。取るに足りない。方丈 四「まして、その――ぬ(体)たぐひ、つくしてこれを知るべからず」訳 まして、その取るに足りないたぐい(の人々について)は、全部はこれ(=亡くなった数)を知ることができない。⇩言ふ甲斐(かひ)無し「慣用表現」
なりたち 名詞「数」＋断定の助動詞「なり」の未然形「なら」＋打消の助動詞「ず」

かずへ-れう【主計寮】(カズエリョウ)(名)〔「かずへ」は「数へ」の意〕民部省に属し、租・庸(よう)・調などの税や貢ぎ物などを数え、国の税収・支出などの会計をつかさどる役所。

かず-ま-ふ【数まふ】(モ)ウ(他ハ下二){へ・へ・ふ・ふる・ふれ・へよ} 仲間に数え入れる。人並みに取り扱う。源氏 若紫「かくわりなき齢(よはひ)過ぎ侍りて、かならず――へ(用)させ給へ」訳 (若紫が)このように分別がない年ごろを過ぎましてから、(あなた=光源氏が若紫を)きっと人並みにお取り扱いなさってください。文法「させ給へ」は、最高敬語。

かすみ【霞】(名) 微細な水滴が空中に浮遊して、空や遠方などがはっきり見えない現象。春

発展 「霞」と「霧」の違い
霞と霧とは同じ現象だが、平安時代ごろから春のものを霞、秋のものを霧と区別した。また、遠くにたなびくのを霞、近くに立ちこめるのを霧と考えた。上代では季節による区別はなく、「万葉集」〈八・一五二八〉の「霞立つ天(あま)の河原に…」は秋、七夕の歌である。

かすみ-こ-む【霞み籠む】(自マ下二){め・め・む・むる・むれ・めよ} 霞(かすみ)があたり一面にたちこめる。枕 三「正月一日は、まいて空の気色(けしき)もうらうらと、めづらしう――め(用)たるに」訳 陰暦正月一日は、(一年の中でも)とりわけ空のようすもうららかで、新鮮な感じに霞がたちこめているときに。

かすみたつ【霞立つ】《枕詞》「春日(かすが)」にかかる。万葉 八・一四三七「――春日の里の梅の花」

かすみ-の-ころも【霞の衣】❶霞(かすみ)が山などにかかるのを衣服に見立てた語。古今 春上「春のきる――ぬきを薄み山風にこそ乱るべらなれ」訳 春が着ている霞でできた衣は横糸が薄いので、山風が吹くと乱れるようだ。
❷(「墨(すみ)の衣」にかけて)喪服。源氏 柏木「木(こ)の下の雫(しづく)にぬれてさかさまに――着たる春かな」訳 (桜の)木の下の雫にぬれて(子を慕う涙にもぬれて)、(親が子の喪に服するという)逆の順序で喪服を着た春だなあ。(「木」に「子」を、「霞」に「墨」をかける)

かすみ-の-ほら【霞の洞】(仙人の住居の意から)上皇の御所。仙洞(せんとう)。〔増鏡〕おどろのした「げに千世をこめたる――なり」訳 まことに千年(の栄え)を備えている上皇の御所である。

かすみ-わた-る【霞み渡る】(自ラ四){ら・り・る・る・れ・れ} 一面に霞(かすみ)がかかる。源氏 若紫「はるかに――り(用)て、四方(よも)の梢(こずゑ)そこはかとなうけぶりわたれるほど」訳 はるか遠くまでずっと霞んで、周囲の木々の梢は(新芽が萌(も)え出て)どこということもなく一面に煙っているありさまを。

かす-む【霞む】(自マ四){ま・み・む・む・め・め} ❶霞(かすみ)がかかる。春。源氏 若紫「夕暮れのいたう――み(用)たるにまぎれて」訳 (光源氏は)夕暮れ時で、ひどく霞がかかっているのにまぎれて。文法「夕暮れの」の「の」は、いわゆる同格の格助詞で、「…で」の意。
❷(霞がかかったように)ぼんやり見える。万葉 二〇・四四八九「うち靡(なび)く春を近みかぬばたまの今宵(こよひ)の月夜(つくよ)――み(用)たるらむ」訳 春が近いから、今夜の月はぼんやりかすんで見えているのであろうか。(「うち靡く」は「春」に、「ぬばたまの」は「今宵」にかかる枕詞)。文法「春を近み」の「み」は原因・理由を表す接尾語。「…を…み」の形で、「…が…ので」の意。

かす・む【掠む】（他マ下二）〔め・めむ・むる・むれ・めよ〕❶奪い取る。盗む。〔紀〕天智「唐人、その南の界を―・むる㊍ことを得ず」訳唐人（＝唐の軍勢）は、その南の境を奪い取ることができない。❷それとなくほのめかす。あてこする。〔源氏〕東屋「あらはには言ひなさで、―・め㊊愁へ給ふ」訳（薫は）露骨にはあえて言わないで、（中の君に）それとなくほのめかし嘆き訴えなさる。

かすゆ-ざけ【糟湯酒】（名）酒かすを湯に溶かしたもの。貧しい者が酒の代用にした。〔万葉〕五・八九二「―うちすすろひて」訳→かぜまじり…〔和歌〕

かずら【葛・鬘】⇨かづら

かず-を-つく・す【数を尽くす】あるだけ全部出す。残らずそろえる。〔方丈〕二「家のうちの資財、―・し㊊て空にあり」訳家の中の家財は、残らず（舞い上がって）空にあり。

かせ【桛】（名）つむいだ糸をかけて巻きつける道具。また、それに巻いた糸。〔万葉〕六・一〇五六「をとめ等が績み麻を懸くといふ―の山時し往ければ京師となりぬ」訳おとめたちがつむいだ麻糸をかけるという桛ではないが、この鹿背の山は時が過ぎたので、（今は）都となった。（第二句までは「かせ」を導きだす序詞。「かせ」は「桛」と「鹿背」との掛詞）

かぜ【風】（名）❶空気の流動。かぜ。❷風習。ならわし。伝統。〔拾遺〕雑上「久方の月の桂も折るばかり家の―をも吹かせてしがな」訳あの月の桂も折れるばかりほど、家の風（＝家の伝統）を（大いに）吹かせ（＝繁栄させ）たいものだ。（「久方の」は「月」にかかる枕詞。〔文法〕「てしがな」は、願望の終助詞。❸風邪。感冒。古くは、腹の病気まで含んでいたという。〔竹取〕竜の頸の玉「―（の症状が）いと重き人にて」

かぜかよふ…〔和歌〕

> 風かよふ　寝ざめの袖の　花の香に
> かをる枕の　春の夜の夢
> 〈新古今・二・春下・一一二・藤原俊成女〉

訳風が吹き通い、（それで）目をさました（私の）袖にうつった桜の花の香りで枕も香り、その枕で見ていた春の夜の夢よ。
〔解説〕「千五百番歌合」の歌。そこでは梅の香として詠まれているが、「新古今集」では桜の位置に配列されている。情緒的なことばを重ねて、甘美で夢幻的な世界を創造している。

かせぎ【鹿】（名）鹿の異称。

かぜそよぐ…〔和歌〕〈百人一首〉

> 〔楢〕
> 風そよぐ　ならの小川の　夕暮れは
> みそぎぞ夏の　しるしなりける
> 〈新勅撰・三・夏・一九二・藤原家隆〉

訳風に楢の葉がそよいでいる、このならの小川の夕暮れは（もう秋の気配がしているが）、みそぎの光景だけが、（まだ）夏の証拠なのだなあ。〔修辞〕「ならの小川」は京都上賀茂神社の境内を流れる川で歌枕。「なら」に「楢」をかける。
〔解説〕「みそぎ」は、陰暦六月と十二月の末日に行われる大祓えのことで、ここは水無月祓えのこと。翌七月一日からは秋である。この歌は、「夏山の楢の葉そよぐ夕暮れは今年も秋の心地こそすれ」〈後拾遺・夏〉と、「みそぎするならの小川の川風に祈りぞわたる下に絶えじと」〈新古今・恋五〉をふまえている。

かぜ-の-たより【風の便り】❶風が吹き伝えてくること。風という使い。〔古今〕春上「花の香を―にたぐへてぞ鶯さそふしるべにはやる」訳花の香りを風という使者に添えて、鶯を（谷から）誘い出す道案内としては送ることだ。
❷（手紙を送るべき）ちょっとした機会。〔源氏〕末摘花「荻の葉も、さりぬべき―ある時は、おどろかし給ふ折もあるべし」訳軒端の荻にも、適当なちょっとした機会のあるときには、（光源氏は便りをして）気を引きなさる場合もあるようだ。
❸どこからともなく伝わってくるうわさ。風聞。

かぜふけば…〔和歌〕

> 序詞〔立つ〕〔竜（田山）〕
> 風吹けば　沖つ白波　たつた山
> 夜半にや君が　ひとり越ゆらむ
> 〈古今・一八・雑下・九九四・よみ人しらず〉〈伊勢・二三〉〈大和・一四九〉

訳風が吹くと沖の白波が立つ、そのことばと同じ名の竜田山を、この夜中にあなたが一人で越えているのだろうか。〔修辞〕第二句までは「たつ」を導きだす序詞。「たつ」は「立つ」と「竜田山」の「竜」との掛詞。
〔解説〕「古今集」の左注によると、隣の河内の国に愛人をつくった大和の男が、その女のもとに出かけたあとで、長い間連れ添っていた大和の女が、その男の道中を思って詠んだ歌という。「伊勢物語」「大和物語」にも、類似する説話とともにこの歌がみえる。

かぜふけば…〔和歌〕

> 風吹けば　落つるもみぢ葉　水清み
> 散らぬ影さへ　底に見えつつ
> 〈古今・五・秋下・三〇四・凡河内躬恒〉

訳風が吹くと散り落ちる紅葉の葉（が水面に浮かんでいる）。水がきれいなので、まだ散らずにいる（紅葉の）影まで、水底に映って見えている。〔文法〕「清み」の「み」は、原因・理由を表す接尾語。
〔解説〕当時は、ものの像は底に結ぶと考えられていた。

かぜまじり…〔和歌〕〈長歌〉

> 風交じり　雨降る夜の　雨交じり
> 雪降る夜は　すべもなく　寒くしあれ
> ば　堅塩を　取りつづしろひ　糟湯酒
> うちすすろひて　咳かひ　鼻びしびし
> に　しかとあらぬ　ひげかきなでて　我を
> おきて　人はあらじと　誇ろへど　寒

くしあれば　麻衾　引きかがふり　布肩衣　ありのことごと　着そへども　寒き夜すらを　我よりも　貧しき人の　父母は　飢ゑ寒ゆらむ　妻子どもは　乞ふ乞ふ泣くらむ　この時は　いかにしつつか　汝が世は渡る　天地は　広しといへど　我がためは　狭くやなりぬる　日月は　明かしといへど　我がためは　照りや給はぬ　人皆か　我のみやしかる　わくらばに　人とはあるを　人並に　我もなれるを　綿もなき　布肩衣の　海松のごと　わわけ下がれる　かかふのみ　肩にうち掛け　伏せ盧の　曲げ盧の内に　直土に　藁解き敷きて　父母は　枕の方に　妻子どもは　足の方に　囲みゐて　憂へさまよひ　かまどには　火気吹き立てず　こしきには　蜘蛛の巣かきて　飯炊く　ことも忘れて　ぬえ鳥の　のどよひをるに　いとのきて　短きものを　端切ると　いへるがごとく　しもと取る　里長が声は　寝屋処まで　来立ち呼ばひぬ　かくばかり　すべなきものか　世の中の道
〈万葉・五・八九二・山上憶良〉

訳（貧者の問い）風に交じって雨が降る夜で、その雨に交じって雪が降る夜は、どうしようもなく寒いので、堅塩を取っては少しずつかじったり、糟湯酒をすすったりしながら、何度も咳をし鼻をぐずぐずと鳴らし、ろくにありもしないひげをかき撫でて、俺をさしおいて(他に)能ある人はあるまいと、しきりに自慢するけれど、(それでもやはり)寒いので、麻の夜具をひきかぶり、布の袖無しをありったけ重ね着ても寒い夜なのに、自分よりも貧しい人の父や母は腹をすかしてこごえているだろう。妻や子は(食べ物を)ほしがって泣いているだろう。こんな時は、どのようにしておまえはこの世を渡っていくのか。

（窮者の答え）天地は広いというが、私のためには狭くなっているのか。太陽や月は明るいというが、私のためには照ってくださらないのか。(世の)人は皆そうなのか。私だけがそうなのか。偶然に人間として生きているのに、人並みに自分も働いているのに、綿もない布の袖無しで、海松(=海藻の名)のように破れてぶらさがったぼろだけを肩にかけて、つぶれて傾いた小屋の中で、地べたに藁をほぐして敷いて、父や母は頭のほうに、妻や子は足のほうに身を寄せあって、嘆き悲しみ、かまどには湯の気も吹き立てず、こしき(=せいろ)には蜘蛛が巣をかけて、飯をたくことも忘れて、ぬえ鳥(=とらつぐみ)のようにか細い声でうめいているのに、特別に短い物を(さらに)端を切りつめるとよく言うように、むちを持った里長の声は、寝床にまでやって来て呼び立てている。これほど仕方のないものか。世の中を生きていくことは。文法「雨降る夜の」「布肩衣の」「伏せ盧の」の「の」は、いわゆる同格の格助詞で、「…で」の意。

解説 貧窮問答歌。貧者の問いと窮者の答えとの二部構成になっている。「天地は…照りや給はぬ」は、貧者の問いが冬の雪降る夜のつらさに限定されていたのに対して、天地日月すべてが生活の悲惨を救ってくれるものではないというところに、貧者よりもさらにみじめな窮者の状態が示されている。「いとのきて短きものを端切る」は当時の諺か。「里長」は検察・収税などの任にあたり、恐ろしい存在として忌み嫌われていた。「かくばかりすべなきものか世の中の道」は、貧者の問い「いかにしつつか汝が世は渡る」に答えたもの。反歌一首が続く。→よのなかを… 和歌

鹿背山（かせやま）『地名』歌枕 今の京都府木津川市にある山。木津川に臨む。

かぜをいたみ… 和歌《百人一首》

序詞
風をいたみ　岩うつ波の　おのれのみ　砕けてものを　思ふころかな
〈詞花・七・恋上・二一一・源重之〉

訳 風が激しいので、岩をうつ波が自分だけ砕け散るように、私ひとりだけが、心を砕いてもの思いに沈んでいるこのごろだなあ。修辞 第二句までは「砕けて」を導きだす序詞。文法「風をいたみ」の「み」は、原因・理由を表す接尾語。「…を…み」の形で「…が…ので」の意。「砕けて」は、「岩うつ波が砕けて」と「心が砕けて」の両意をもつ。

か‐せん【歌仙】（名）❶和歌を詠むことにすぐれた人。歌道の達人。六歌仙・三十六歌仙など。❷連句または連歌の一形式。和歌の三十六歌仙にちなんで三十六句から成るもの。特に、蕉風俳諧の確立以降流行した。

発展 **「歌仙」と「歌聖」**
唐代の詩人李白を「詩仙」と呼んだのにならって、和歌にすぐれた人を「歌仙」と呼んだ。「古今集」仮名序が選んだ六歌人を「六歌仙」という。別に、「詩聖」と呼ばれた唐代の詩人杜甫にならって、万葉歌人の山部赤人と柿本人麻呂を「歌聖」と呼ぶ。

かぞ【父】（名）〔古くは「かそ」〕父。〔紀〕景行「多に醇き酒を設けて、己が―に飲ましむ」訳 たくさん強い酒を用意して、自分の父に飲ませる。↔母

かぞ‐いろ【父母】（名）〔古くは「かそいろ」〕「かぞいろは」の略。

かぞ‐いろは【父母】（名）〔古くは「かそいろは」〕「かぞいろ」とも。父母。両親。〔太平記〕三五「―いかにあはれと思ふらん三年になりぬ足立たずして」訳 父母はどんなにかわいそうだと思っているであろう。三年になってしまった、足が立たなく(なって)。

かそけ‐し【幽けし】（形ク）（から・く(かり)・し・き(かる)・けれ・かれ）かすかである。淡い。〔万葉〕一九・四二九一「わが宿のいささ群竹吹く風の音の―き(体)この夕へかも」訳 →わがやどの… 和歌

かぞ・ふ【数ふ】（他ハ下二）（へ・へ・ふ・ふる・ふれ・へよ）❶数える。計算する。〔万葉〕五・八九〇「出でて行きし日を―・へ(用)つつ」訳 (私が)出発した日をくり返し数えて。❷数に入れる。〔源氏〕関屋「なほ親しき家人のうちには

ー・へ㊊給ひけり」訳（光源氏は右衛門の佐(すけ)を）やはり親しい家来の中には数え入れていらっしゃった。

❸列挙する。源氏 少女『なにの親王(みこ)、くれの源氏』などー・へ㊊給ひて」訳「琵琶(びわ)の名人は）何々親王、だれだれの源氏」などと（内大臣は）数えあげなさって。

❹拍子をとって歌う。平家 一〇・千手前「白拍子をまことにおもしろくー・へ㊊すましたりければ」訳 白拍子を実に上手に心をこめて歌っていたので。

かた-【片】（接頭）❶片一方の、の意を表す。「ー枝(え)」「ー恋」 ❷不完全な、中途半端な、わずかな、の意を表す。「ー生(お)ひ(=未成熟)」「ー時」 ❸片寄った、中央を離れた、の意を表す。「ー淵(ぶち)」「ー田舎(いなか)」

かた【方】（名）❶方向。方角。向き。〔記〕中「愛(は)しけやし吾家(わぎへ)のーよ雲居(くもゐ)立ちくも」訳→はしけやし…歌謡

❷場所。位置。所。伊勢 一九「昔、をとこ、宮づかへしける女のーに」訳 昔、男が、宮仕えしていた女の所で。

❸方面。それに関する点。徒然 一「ひたふるの世捨て人は、なかなかあらまほしきーもありなん」訳 いちずな世捨て人は、かえってきっと望ましい点もあるだろう。文法「ありなん」の「な」は助動詞「ぬ」の未然形で、ここは確述の用法。

❹手段。方法。方丈 二「すべきーなき者、古寺に至りて仏を盗み、堂の物の具を破り取りて」訳（他に）なすべき方法がない者は、古寺に行き着いて仏像を盗んで、堂の道具をこわし奪って。

❺ころ。時分。枕 三〇「過ぎにしー恋しきもの　枯れたる葵(あふひ)」訳 過ぎ去ったころが恋しいもの、枯れている葵。

❻人に対する敬称。方。お方。源氏 桐壺「この御ーの御いさめをのみぞなほわづらはしう心苦しう思ひ聞こえさせ給ひける」訳 このお方(=弘徽殿(こきでん)の女御(にょうご))の御忠告だけを、（桐壺帝はやはり気遣いされて気の毒だとお思い申しあげなさるのであった。文法「させ給ひ」は、最高敬語。

かた【形・象】（名）❶物のかたち。ありさま。形状。万葉 一六・三八二〇「夕づく日さすや川辺に構(つく)る屋のーをよろしみ諾(うべ)寄そりけり」訳 夕日がさす川辺に建てた家の形がよいので、引き寄せられるのはもっともなことだ。文法「形をよろしみ」の「み」は、原因・理由を表す接尾語。「…を…み」の形で「…が…ので」の意。

❷絵。模様。図。枕 二三「北の隔(へだ)てなる御障子(みさうじ)は、荒海のー、…手長・足長などをぞかきたる」訳（清涼殿(せいりょうでん)の北東の隅の）北の仕切りである御衝立(ついたて)障子には、荒海の絵、…手長や足長などを描いてある。

❸あと。形跡。しるし。徒然 二五「無量寿院(むりやうじゅゐん)ばかりぞ、そのーとて残りたる」訳（広大であった法成寺(ほうじょうじ)も）無量寿院だけが、そのしるしとして残っている。

❹占いの結果。占形(うらかた)。万葉 一四・三四八八「生(お)ふ楉(しもと)この本山(もとやま)の真柴(ましば)にも告(の)らぬ妹(いも)が名ーに出(い)でむかも」訳 若枝の伸びるこの山裾の柴ではないが、しばしばも口に出さないあの子の名が、占形に現れるのだろうかなあ。（第二句までは「ましば」を導きだす序詞。「真柴」に「しばしば」の意の副詞「ましば(に)」をかける）

❺しきたり。様式。慣例。源氏 末摘花「いとど思ひ乱れ給へるほどにて、えーのやうにも続け給はねば」訳（末摘花(すえつむはな)は）いよいよ分別がおつきになっていない状態で、（こういう時の）形式どおりにも（文章を）続けることがおできにならないので。文法 副詞「え」は打消の語「ね」（「ず」の已然形）と呼応し、不可能を表す。

❻抵当。担保。

かた【肩】（名）❶腕とからだとをつなぐ関節の上部。鳥では翼の上部、獣・虫では前脚の上部。宇治 三・七「なえなえとなして、ーにうちかけて」訳（虎は鰐(わに)を）ぐったりと（なるほど）弱らせて、肩にちょっとかけて。

❷衣服の肩にあたる部分。万葉 七・一二六五「今年行く新島守(にひしまもり)が麻衣ーのまよひは誰(たれ)か取り見む」訳 今年出かけて行く新しい島守の麻の衣の肩のほつれは、だれが世話をする(=つくろう)のだろうか。

かた【潟】（名）❶遠浅になっている海岸で、潮の干満によって見え隠れする所。ひがた。万葉 六・九一九「若の浦に潮満ち来ればーを無(な)み葦辺(あしへ)をさして鶴(たづ)鳴き渡る」訳→わかのうらに…和歌

❷浦。入り江。また、外海に続いている湖や沼。

-がた【方】（接尾）❶ころ。時分。…し始めるころ。方丈 三「六十(むそぢ)の露消えーに及びて」訳 六十という露のようにはかない命が消えようとするころになって。

❷…側(がわ)。…の味方。「あるじー」「院ー」「男ー」

❸人を呼ぶときの敬称。「殿ー」「奥ー」

かたい【乞丐・乞食】⇨かたゐ

かた-いと【片糸】（名）より合わせていない糸。万葉 一一・二七九一「ーもち貫(ぬ)きたる玉の緒を弱み」訳 より合わせない糸で通した玉の緒が切れやすく弱いので。

かたいとの【片糸の】《枕詞》「片糸」に縁のある語の「よる」「くる」「あふ」にかかる。〔新千載〕恋三「ー夜だに安く」〔新千載〕恋三「ーくるすの小野の」

かた-うた【片歌】（名）上代歌謡の形式の一体。五・七・七の三句から成る。旋頭歌(せどうか)の半分にあたるので「片歌」といった。

かた-うど【方人】（名）〔「かたびと」のウ音便〕❶歌合わせなどで左右の組に分かれた一方の人。〔天徳四年内裏歌合〕「右の歌を読まむと欲する間、左のー申して言はく」訳 右の歌を読もうと思うとき、左の組の人が申し上げて言うには。

❷味方をする人。ひいきをする人。仲間。枕 八三「仲忠(なかただ)がーども、所を得て(=得意になって)」

かたえ【片方】⇨かたへ

かた-おひ【片生ひ】（名・形動ナリ）〔「かた」は接頭語〕十分に成長していないこと。未成熟なこと。源氏 末摘花「紫の君、いともうつくしきーにて」訳 紫の君が、とてもかわいらしい成人しきらない年ごろで。

かた-おもむき【片趣】（名・形動ナリ）考えなどが一方にばかり片寄り融通のきかないこと。いちず。平家 二・逆櫓「ー・なる㊍をば、猪(しし)武者とて、よきにはせず」訳 一方ばかり考えて融通がきかないの(=攻めてばかりで引かない者)を、猪武者といって、よいことにはしない。

かた-か・く【片掛く】（他カ下二）{け・け・く・くる・くれ・けよ}❶片方をかける。寄せかける。源氏 手習「山にー・け㊊たる家なれば」訳（小野の）山に寄せかけてある家なので。

❷頼る。あてにする。[源氏] 松風「かの殿の御かげに―・け㊐てと思ふことありて」[訳] あの殿(=光源氏)のご庇護に頼って(住もう)と思うわけがあって。

かた-かご【堅香子】(名)植物の名。かたくりの古名。(堅香子の花[春])。⇩巻頭カラーページ8

かた-かた【片方】(名)❶一対のうちの一方。かたほう。[宇治] 一・三「いま―の顔に投げつけたりければ」[訳] (鬼が)もう一方の顔に(こぶを)投げつけたので。❷片すみ。かたわら。[宇治] 一・一二「―に寄りて、寝たるよしにて、出でくるを待ちけるに」[訳] (児は)片すみに寄って、寝たふりで、(ぼた餅が)できあがるのを待ったところ。

かた-がた【方方】━(名)❶「人々」の敬称。[源氏] 桐壺「我はと思ひあがり給へる御―」[訳] 私こそは(天皇のご寵愛を得るのだ)と自負していらっしゃった(女御の)御方々は。❷ほうぼう。あちらこちら。[大鏡] 時平「皆―に流され給ひて」[訳] 皆ほうぼうへ流されなさって。

━(代)対称の人代名詞。あなた方。おのおの方。敬意をこめて複数の相手をさす。〔太平記〕三「某が胄には―のへろへろ矢は、よも立ち候はじ」[訳] 私のよろいにはおのおの方の(力のない)ひょろひょろ矢は、まさか突き立ちますまい。[文法]「よも」は副詞で、打消の語を伴い、「まさか…ないだろう」の意。

━(副)❶あれやこれや。さまざま。[源氏] 紅葉賀「恐ろしうも、かたじけなくも、嬉しくも、あはれにも、―移ろふ心地して」[訳] (光源氏は)恐ろしくも、もったいなくも、うれしくも、いとしくも、さまざまに心が移り変わる気がして。❷いずれにしても。どのみち。[平家] 二・教訓状「―恐れある申し事にて候へども」[訳] どのみち(子としては)畏れ多い申し分でございますが。

かた-かど【片才】(名)少しの才芸。一つのとりえ。[源氏] 梅枝「ただ―に、いといたう筆すみたる気色ありて」[訳] ほんの一つのとりえとして、まことにたいそう筆法がもの静かにすっきりしている感じがあって。

かたき【敵】(名)❶競争相手。相手。[源氏] 宿木「御碁の―に召し寄す」[訳] (帝は薫を)御碁の相手としてかたわらに)お呼び寄せになる。❷戦争の相手。てき。[徒然] 六八「―襲ひ来りてかこみ攻めけるに」[訳] 敵が襲来してとりかこみ攻めたときに。❸恨みのある相手。かたき。[枕] 四九「愛敬おくれたる人などは、あいなく―にして」[訳] かわいらしさの乏しい人などは、(藤原行成を)わけもなく恨みのある相手と見て(=敵視して)。❹結婚の相手。配偶者。〔うつほ〕俊蔭「御―をば知り奉らじ」[訳] お相手(の男性)については知り申しあげないだろう。

かた-ぎ【気質・形気・容気】(名)(身分・環境・職業などを表す語に付いて)それに属する人に独特の類型的な気風。「昔―」「女房―」「商人―」

かた-ぎ【形木・模】(名)〔「型となる木」の意〕❶模様や文字を彫った板。版木。布や紙にあてて染めつけるのに用いる。[枕] 九〇「いみじうやうしたる白き衣、―のかたは絵にかきたり」[訳] たいそうよくみがいてつやを出した白い衣に、(ふつうは)版木で染める図柄は、絵にかいて(=手描きで染めて)ある。❷手本。模範となる型。〔風姿花伝〕「定めて稽古すべき―もなし」[訳] (唐事は)こうだときめて稽古をするのによい手本もない。

かた-きし【片岸・片崖】(名)「かたぎし」とも。❶片側が切り立って崖になった所。[宇治] 六・五「谷の―に、高き木のあるに(=高い木がある所に)」❷かたわらにある場所。隣り合わせ。[蜻蛉] 上「われは左近の馬場を―にしたれば」[訳] 私(の家)は左近の馬場を隣り合わせにしているので。

かた-ぎぬ【肩衣】(名)❶上代の庶民の服装。肩・背などをおおうだけの短い衣服。袖無し。[万葉] 五・八九二「布―ありのことごと着そへども寒き夜すらを」[訳] →かぜまじり…[和歌] ❷室町時代以降の武士の礼服。小袖の上に着て肩から背をおおうもの。原則として下には共切れの袴をつける。江戸時代には、裃と呼ばれるようになり、町人も正装として着用した。→上下⑦

かた-ぐ【担ぐ】(他ガ下二)〔げ・げ・ぐ・ぐる・ぐれ・げよ〕❶肩にのせる。かつぐ。また、肩にかつぐようにして物を振り上げる。❷負ける。まいる。〔浄・心中二枚絵草子〕「なまなか咎めて、一本―・げ㊐立てて、(かえって)一本とられて恥かこより」[訳] なまじっかとがめ立てて、(かえって)一本とられて恥をかくより。

かたくな【頑な】(形動ナリ)〔なら・なり(に)・なり・なる・なれ・なれ〕❶心がねじけている。偏屈だ。がんこである。[源氏] 桐壺「いとど人わろう―・に㊐なり果つるも」[訳] いよいよ人聞きも悪く偏屈になってしまうにつけても。❷**ものの情趣を解さない。教養がない。**[徒然] 一三七「ことに―・なる㊍人ぞ、『この枝、かの枝散りにけり。今は見どころなし』などは言ふめる」[訳] とりわけ情趣を解さない人が、「この枝も、あの枝も(桜の花は)散ってしまった。今はもう見るべきところがない」などとは言うようだ。❸見苦しい。粗野だ。ぶこつである。[徒然] 三〇「何事も辺土は賤しく、―・なれ㊁ども」[訳] 何事につけても片田舎はみすぼらしく、粗野であるけれども。

かたくな・し【頑なし】(形シク)〔しから・しく(しかり)・し・しき(しかる)・しけれ・しかれ〕❶融通がきかずがんこである。強情だ。[源氏] 明石「いとどをこに―・しき㊍入道の心ばへもあらはれぬべかめり」[訳] いっそう愚かでがんこな(明石の)入道の気性も、きっと表に出てしまいそうだ。[文法]「べかめり」は、「べかるめり」の撥音便「べかんめり」の「ん」の表記されない形で、ここは確述の用法。「ぬ」は助動詞「ぬ」の終止形。❷見苦しい。みっともない。[源氏] 少女「うち合はず―・しき㊍姿などをも恥なく」[訳] (博士たちは借り着の装束が)身に合わず見苦しい姿(であること)などをも恥と思わず。

かた-げ【難げ】(形動ナリ)〔なら・なり(に)・なり・なる・なれ・なれ〕〔「げ」は接尾語〕むずかしそうだ。また、めったになさそうだ。[源氏] 帚木「上の品と思ふにだに―・なる㊍世を、と君は思すべし」[訳] 上流階級だと思う場合でさえ(理想的な女性は)めったにいなさそうな世の中だなあ、と(光源氏の)君はお思いになるのだろう。

かた-ごころ【片心】(名)少し心をひかれること。ちょっとした関心。[源氏] 蛍「らうたげなる姫君の物思へる見るに―つくかし」[訳] かわいらしい感じの姫君が物思いに沈んでいるのを見ると、いくらかはひかれる心が生じるものだよ。

かた-さま【方様】 一(名)「かたざま」とも。❶方角。方向。今昔 一九・四〇「忠明も刀を抜きて御堂(みだう)の方角に逃ぐるに」訳忠明も刀を抜いて御堂の—に逃げると。❷方面。向き。源氏 少女「かかる—をおぼし好みて」訳(光源氏は)こうした学問の方面をお好みになって。
二(代)《近世語》対称の人代名詞。女性が男性に対して敬意をこめていう。あなたさま。〔浮・好色一代男〕「—は何として(=どうして)ここにござります」

かた-さ・る【片去る】(自ラ四)(ら・り・る・る・れ・れ)❶片側に寄る。脇へ避ける。万葉 四・六三三「いかばかり思ひけめかも敷き栲(たへ)の枕—・る体夢(いめ)に見えける」訳どれほど(あなたが)私を思っていたからであろうか。枕、その片側に寄って寝た夢に(あなたが)見えたことよ。(「敷き栲の」は「枕」にかかる枕詞)
❷遠慮する。退く。源氏 若菜上「こなたの御けはひには—・り用憚(はばか)るさまにて」訳(光源氏の夫人たちはみな)このお方(=紫の上)のご態度には遠慮し、控えめにしているようすで。

かたし【片し】(名)対(つい)になっているものの片方。〔うつほ〕あて宮「表(うへ)の袴(はかま)をかへさま(=裏返し)に着、—に足二つ(=両足)をさし入れて」

かた・し【堅し・固し】(形ク)(から・く(かり)・し・き(かる)・けれ・かれ)❶かたい。堅固である。しっかりしている。源氏 行幸「—・き体巌(いは)ほもあわ雪になし給うつべき御気色(けしき)なれば」訳(近江(あふみ)の君は)堅固な岩も蹴散らかして柔らかい雪のようにきっとしてしまいなさるにちがいないごようすであるので。
文法「なし給うつべき」の「つ」は、助動詞「つ」の終止形で、ここは確述の用法。「給う」は「給ひ」のウ音便。
❷きびしい。厳重である。源氏 東屋「あすあさて、—・き体物忌(ものい)みに侍るを」訳明日、明後日は、きびしい物忌みの日でございますので。

かた・し【難し】(形ク)(から・く(かり)・し・き(かる)・けれ・かれ)❶容易でない。むずかしい。伊勢 四五「うち出(い)でむこと—・く用やありけむ」訳口に出して言うようなことが容易でなかったのだろうか。文法「うち出でむこと」の「む」は、仮定・婉曲(えんきょく)の助動詞。徒然 九二「何ぞ、ただ今の一念において、ただちにすることのはなはだ—・き体」訳なんと、現在の一瞬において、すぐに実行することがとてもむずかしいことか。↔易(やす)し
❷めったにない。まれである。枕 七五「女どちも、契(ちぎ)りふかくて語らふ人の、末までなかよき人—・し終」訳女どうしでも、関係が深くて親しくつきあっている人で、終わりまで仲のよい人はめったにない。文法「語らふ人の」の「の」は、いわゆる同格の格助詞で、「…で」の意。源氏 夕霧「人の御名をよざまに言ひ直す人は—・き体ものなり」訳人の御浮き名をよいように(とって)弁護する人はまれなものである。

-がた・し【難し】(接尾ク型)(動詞の連用形に付いて)そうすることの困難なさまを表す形容詞をつくる。…のが困難だ。…にくい。土佐「忘れ—・く用、口惜(くちを)しきこと多かれど」訳忘れにくく、心残りなことが多いけれど。
【例語】明かし難し(=眠れないで、なかなか朝を迎えられないでいる)・あり難し・言ひ寄り難し・怠(おこた)り難し(=病気が回復しにくい)・及び難し・かなひ難し(=思いどおりにならない)・暮らし難し・心得難し・去り難し・しづめ難し・忍び難し・過ぎ難し・過ぐし難し(=そのままにしておきにくい)・捨て難し・せき難し(=せきとめられない)・たとへ難し・堪へ難し・とけ難し(=うちとけられない)・とどめ難し・止め難し・慰め難し・なびき難し(=相手の思いどおりになりにくい)・逃(のが)れ難し・のどめ難し(=心を静めにくい)・離れ難し・旧(ふ)り難し・許し難し・分き難し(=判断しにくい)

かた-しき【片敷き】(名)自分の衣の片袖だけを敷いて一人で寝ること。さびしいひとり寝。源氏 真木柱「雪もよにひとり冴(さ)えつる—の袖」訳雪の激しく降るときに、ただ一人、寒さに冷えてしまったひとり寝の袖よ。

かた-し・く【片敷く】(自カ四)(か・き・く・く・け・け)(昔は男女が互いに袖を敷き交わして共寝(ともね)したことから)自分の衣の片袖だけを敷いてさびしくひとり寝をする。新古 秋下「きりぎりす鳴くや霜夜(しもよ)のさむしろに衣—・き用ひとりかも寝ん」訳→きりぎりす…和歌

かたじけ-な・し【辱し・忝し】(形ク)(から・く(かり)・し・き(かる)・けれ・かれ)❶恥ずかしい。面目ない。〔続日本紀〕「天(あめ)の下の百姓(おほみたから)の思へらまくも恥づかし、—・し終」訳天下の人民が思っているであろうことも恥ずかしいし、面目ない。
❷畏れ多い。源氏 桐壺「—・き体御心ばへのたぐひなきを頼みてまじらひ給ふ」訳(桐壺の更衣は)畏れ多い(桐壺帝の)御愛情の並ぶものがないことを頼みとして宮仕えをしていらっしゃる。
❸身に過ぎた恩恵を受けてうれしい。ありがたい。もったいない。源氏 桐壺「身に余るまでの御心ざしのよろづに—・き体に」訳分に過ぎるほどの(桐壺帝の)お気持ちがすべてにつけてもったいないので。

かた-しほ【堅塩】シオ(名)まだ精製していない固まったままの塩。万葉 五・八九二「寒くしあれば—を取りつづしろひ糟湯酒(かすゆざけ)うちすすろひて」訳→かぜまじり…和歌

かた-しろ【形代】(名)❶祭りのとき、神体の代わりとする人形。〔増鏡〕新島守「ただ—などを祝ひたらんやうにて(=祭っているようで)」
❷陰陽師(おんやうじ)などが、みそぎや祓(はらへ)のとき用いる人形(ひとがた)。紙などで作り、人のからだをなでて災いを移してから身代わりに川に流す。夏。〔新撰菟玖波集〕「—のながれもやらぬみそぎ川」訳(流した)人形が流れずにひっかかっているみそぎ川(のわびしい光景よ)。→人形(ひとがた)②
❸本物の代わりになるもの。身代わり。源氏 宿木「もののついでに、かの—の事を言ひ出(い)で給へり」訳(薫(かをる)は)話のついでに、あの(大君(おほいぎみ)の)身代わり(=浮舟(うきふね))のことを言い出しなさった。

(かたしろ②)

かた-そば【片傍・片側】(名)かたはし。また、一部分。源氏 蛍「日本紀などはただ—ぞかし」訳日本の正史(=六国史(りっこくし))などは社会の実相のほんの一部分であるよ。

かた-そ・ふ【片添ふ】ソウ(他ハ下二)(へ・へ・ふ・ふる・ふれ・へよ)片方に寄せる。片方につける。〔増鏡〕新島守「山陰に—・へ用て、大きやかなる巌(いは)ほのそばだてるをたよりにて」訳(後鳥羽(ごとば)院のお住まいは)山かげに片寄せて、いかにも大きく見える岩のそびえたのを頼みにして。

堅田(かただ)『地名』今の滋賀県大津市北部、琵琶(びは)湖の

南西岸の地。湖上に浮御堂(=満月寺)があり、「堅田の落雁」は近江八景の一つ。

かた-たがへ【方違へ】(名)「かたたがひ」とも。陰陽道で、外出する際、天一神・太白神などのいる方角を避けること。行く方角がこれに当たると災いを受けると信じ、前夜別の方角の家(=「方違へ所」)に泊まり、そこから方角を変えて目的地に行く。枕 二五「すさまじきもの　…―に行きたるに、あるじせぬ所」訳 興ざめなもの、…方違えに行ったときに、(ごちそうをして)もてなさない家。⇩天一神「発展」

かたたがへ-どころ【方違へ所】(名)「方違へ」のために宿泊する家。源氏 帚木「忍び忍びの御―はあまたありぬべけれど」訳 (光源氏が)人目を避けて(お出かけにな)る方違えのためのお泊まり先(=恋人の所)は、きっとたくさんあるに違いないが。

かたち【形・容・貌】(名)

語義パネル
❶物の形態。外形。姿。
❷容貌。顔つき。器量。
❸美しい顔だち。美人。
❹ようす。ありさま。

❶**物の形態。外形。姿。** 徒然 二三五「鏡に色・―あらましかば、うつらざらまし」訳 もしも鏡に色や形があったなら、(物の姿は)うつらないだろうに。文法「ましかば…まし」は反実仮想で、「もし…なら…だろうに」の意。
❷**容貌。** 顔つき。器量。源氏 桐壺「珍かなる児の御―なり」訳 めったにない、赤子(=光源氏)のご容貌である。文法「珍かなる」は「児」ではなく、「児の御かたち」にかかる。更級 物語「盛りにならば、―もかぎりなくよく、髪もいみじく長くなりなむ」訳 (私は)年ごろになるならば、きっと顔だちもこのうえなくよくなり、髪もたいそう長くなるだろう。文法「なりなむ」の「な」は助動詞「ぬ」の未然形で、ここは確述の用法。⇩悪し「名文解説」
❸美しい顔だち。美人。〔栄花〕殿上の花見「―を好ませ給ひて、今もよき若き人ども参り集まりて」訳 (女院は)美人をお好みになられて、今でも美しい若い女房たちが参上し集まって。文法「せ給ひ」は、最高敬語。
❹ようす。ありさま。〔紀〕景行「そのある―及び地形」訳 (日本武尊は)その(=熊襲の国の)ありさまと地形の状態をおさぐりになる。(⇩有り様「類語パネル」)

かたち-あ・り【容あり】容姿がすぐれている。美貌である。源氏 玉鬘「―・る(体)女をあつめて見むと思ひける」訳 (大夫の監は)器量のよい女性を集めて妻にしようと思っていたのだった。

かたち-ありさま【容有り様】(名)顔と姿。容姿。風采。徒然 一「人は、―のすぐれたらんこそ、あらまほしかるべけれ」訳 人は、容貌や容姿がすぐれているとしたらそのほうが、望ましいことであろう。⇩あらまほし「名文解説」

かたち-かは・る【形変はる】出家して僧・尼の姿となる。剃髪する。源氏 橋姫「御かたちもかはり(用)ておはしますらむが」訳 (女三の宮が)出家して尼のお姿に変わっていらっしゃるだろうことが。⇩世を背く「慣用表現」

かたち-びと【容人・貌人】(名)容貌の美しい人。源氏 桐壺「后の宮の姫宮こそ、…ありがたき御―になむ」訳 后の宮の姫宮(=藤壺)こそは、…すぐれたご容貌の美しい方で(ございます)。

かたち-を-か・ふ【形を変ふ】出家する。剃髪する。源氏 夢浮橋「―・へ(用)、世を背きにきとおぼえたれど」訳 (浮舟は)出家し、俗世を捨ててしまったと思われたが。⇩世を背く「慣用表現」

かた-つ-かた【片つ方】(名)〔「つ」は「の」の意の上代の格助詞〕❶片側。片方。枕 二〇二「几帳の―にうちかけて人の臥したるを」訳 几帳の片側に(着ているものを)ちょっと掛けて人が横になっているのを。
❷もう一方。他方。源氏 夕顔「かの―は蔵人の少将をなむ通はすと聞き給ふ」訳 あのもう一方(=軒端の荻)は蔵人の少将を通わせていると(光源氏は)お聞きになる。
❸端。片すみ。

かた-づ・く【片付く】(自カ四)〔か・き・く・く・け・け〕一方に寄って接する。一方の側に寄る。万葉 一九・四二〇七「谷―・き(用)て家居せる君が聞きつつ」訳 谷に近く接して住んでいるあなたが(ほととぎすの声を)聞いていながらも。

かた-つぶり【蝸牛】(名)かたつむり。夏。堤 虫めづる姫君「いぼじり(=かまきり)・―などを取り集めて」

かた-て【片手】(名)❶片方の手。源氏 橋姫「〔八の宮は〕経を―に持たまうて(=お持ちになって)」
❷(二人一組のうちの)一方の人。相手。また、対になるものの一方。片方。源氏 紅葉賀「―もけしうはあらずこそ見えつれ」訳 (青海波を舞った光源氏の)相手方(=頭の中将)も相当なものに見えたのだ。
❸片手間。かたわら。〔仮名・東海道名所記〕「その―にあらあら見物せばやとて」訳 その片手間にざっと見物したいと言って。
❹(片手の指の数から)五の数を表す隠語。

かたて-や【片手矢】(名)一本の矢。矢は一対(=二本)で一手という。著聞 四三九「下にこの法師―はげて立ちたる上より、うみ柿の落ちけるが」訳 (柿の木の)下にこの法師が一本の矢を弓につがえて立っている上から、熟した柿の実が落ちたが。

かた-とき【片時】(名)(一時の半分の意から)わずかの間。ちょっとの間。竹取 かぐや姫の昇天「―の間とて、かの国よりまうで来しかども」訳 ちょっとの間と思って、あの(月の)国からやって参りましたが。

かたとき-さら-ず【片時去らず】少しの間も離れることなく。いつも。伊勢 四六「―・ず(用)あひ思ひけるを」訳 (男とその親友とは)少しの間も離れることなく、互いに(相手を)思っていたが。

かたな【刀】(名)〔「な」は「刃」の意〕❶片刃の剣の称。
❷小さな刃物。小刀。宇治 一〇・六「いらなき太刀をみがき、―をとぎ、剣をまうけつつ」訳 (吾妻人は)するどい太刀をみがき、小刀をとぎ、剣を用意しながら。
❸江戸時代、武士が脇差しに添えてさした大刀。

かた-なり【片生り】(名・形動ナリ)〔「かた」は接頭語〕❶心身がまだ十分成長していないこと。幼いこと。源氏賢木「いと聡くおとなびたるさまにものし給へど、まだいと―・に㊊」訳（東宮は）とても賢く大人びているようすでいらっしゃるが、まだとても幼くて。❷（技量などが）未熟なこと。源氏 竹河「御息所の御琴の音、まだ―・なる㊍ところありしを」訳 御息所（＝大君）の（以前の）御琴の音は、まだ未熟なところがあったが。

かた-ぬ・ぐ【肩脱ぐ】（自ガ四）{が・ぎ・ぐ・ぐ・げ・げ} ❶上衣を半ば脱ぎ下衣の肩を現す。源氏 若菜下「若やかなる上達部は―・ぎ㊊ており給ふ」訳 若々しい公卿たちは袍の肩を脱ぎ下衣を出して、（庭に）下りなさる。❷衣服の上半身を脱いで肌を出す。著聞 三九八「男の―・ぎ㊊て、たつぎ振りかたげて」訳 男が上半身の肌を出して、斧を振り上げて。

交野（かたの）『地名』歌枕 今の大阪府枚方市・交野市一帯。平安時代以来皇室領の遊猟地。桜の名所。

荷田春満（かだのあずままろ）『人名』（一六六九〜一七三六）江戸中期の国学者・歌人。古典の研究によって国学隆盛のもとをつくり、復古神道を唱えた。歌は新古今調で、家集に「春葉集」、著書に「万葉集僻案抄」など。

かた-の-ごとく【形の如く】形式どおりに。形ばかり。平家 二・大納言死去「―の仏事を営み」

なりたち 名詞「形」＋格助詞「の」＋比況の助動詞「如し」の連用形「ごとく」

かた-は【片端】（名・形動ナリ）❶不完全であること。不十分なこと。欠点であるさま。今昔 三・八「この大臣は色めき給へるなむ、少し―・に㊊見え給ひける」訳 この大臣は好色でいらっしゃったことが、いくぶん欠点にお見えになった。❷からだに障害のあること。徒然 八七「腰斬り損ぜられて、―になりにけり」訳（具覚房は）腰を斬り傷つけられて、障害のある身になってしまった。❸見苦しいこと。不都合なこと。源氏 少女「かの人の御ためにもいと―・なる㊍ことなり」訳 あの人（＝夕霧）の御ためにもたいそう不都合なことである。

かた-はし【片端】（名）❶一方の端。源氏 賢木「御前のは、木綿の―に」訳 斎院からの（ご返歌）は、（榊にかけた）木綿の片端に（書いてある）。❷ごくわずか。一部分。徒然 一三五「はかばかしきことは、―も学び知り侍らねば」訳 しっかりしたことは、ごくわずかも学び得ていませんので。

かたは-づ・く【片端付く】（自カ四）{か・き・く・く・け・け} からだが不自由になる。方丈 二「身をそこなひ、―・け㊁る人、数も知らず」訳 身を傷つけ、からだが不自由になった人は、数もわからない（ほど多い）。

かた-ばみ【酢漿草】（名）草花の名。葉は三枚ずつ一本の柄につき、春から秋にかけて黄色の小花を開く。夏

かた-はら【傍ら・側】（名）❶物の側面。横側。枕 九九「卯の花のいみじう咲きたるを折りて、車の簾、―などにさしあまりて」訳 卯の花がとてもたくさん咲いているのを折り取って、牛車の簾や側面などに挿し（たけれども）あまって（しまって）。❷物や人のそば。わき。源氏 夕顔「右近は―にうつぶし臥したり」訳（侍女の）右近は、（夕顔の）そばにうつぶせに横になっている。❸そばにいる人。〔紫式部日記〕「本性の人柄くせなく、―のため見えにくきさませずだになりぬれば」訳 生来の人柄に癖がなく、周囲の人にとって会うのが気づまりなようすをしなくさえなってしまうと。

かたはら-いた・し【傍ら痛し】（形ク）{から・く（かり）・し・き（かる）・けれ・かれ}

語義パネル

●重点義　**そばで見ていてもにがにがしい。**

そばにいる人の状態についての感じが②、そばの人を意識しての感じが③とみられる。中世以降、おかしくて片方の横腹が痛いの意の「片腹痛い」だと考えられ、笑うべきさまの意で用いるようになった。

❶**そばで見ていてもにがにがしい。いたたまれない。みっともない。**
❷**気の毒だ。**心苦しい。
❸**恥ずかしい。きまりが悪い。**つらい。

❶**そばで見ていてもにがにがしい。いたたまれない。みっともない。**枕 九六「―・き㊍もの　よくも音弾きとどめぬ琴を、よくも調べで、心のかぎり弾き立てたる」訳 そばで聞くのもにがにがしいもの、十分に弾きこなせもしない琴を、十分に調律もしないで、思う存分弾き鳴らしているの。❷**気の毒だ。**心苦しい。源氏 空蟬「女も並々ならず―・し㊇と思ふに、御消息も絶えてなし」訳 女もひとかたならず（光源氏を）気の毒だと思うけれども、（その後、光源氏からの）お手紙もまったくない。❸（そばにいる人が自分をどう見るかと思うと）**恥ずかしい。きまりが悪い。**つらい。今昔 三・八「御前にて申すは―・き㊍ことには候へども」訳 御前で申し上げるのはきまりが悪いことではございますが。

かたはら-ざま【傍ら様】（名）わきのほう。かたわら。宇治 一・八「にはかに―に、ふと寄りたれば」訳（橘則光が）急にわきのほうに、すっと寄ったので。

かたはら-な・し【傍ら無し】（形ク）{から・く（かり）・し・き（かる）・けれ・かれ} 並ぶものがない。比べるものがないほどすぐれている。源氏 若菜上「人柄も―・き㊍やうにものし給ふにも」訳（夕霧は）人柄も並ぶ者もないようでいらっしゃるにつけても。

かたはら-ふ・す【傍ら臥す】（自サ四）{さ・し・す・す・せ・せ} 横になる。横向きに寝る。源氏 蛍「母屋の際なる御几帳のもとに、―・し㊊給へる」訳（玉鬘は）母屋との境にある御几帳のそばに、横になっていらっしゃる。

かたはら-め【傍ら目】（名）横から見た姿。横顔。源氏 蛍「扇をさし隠し給へる―いとをかしげなり」訳（玉鬘が）扇をかざしてお隠しになった横顔はたいそうかわいらしいようすである。

かた-ひ・く【方引く・片引く】（他カ四）{か・き・く・く・け・け} 一方ばかりをひいきにする。えこひいきする。枕 一三五「男も女も、け近き人思ひ―・き㊊、ほめ」訳 男でも女でも、身近な人（のこと）を考ええこひいきし、ほめて。

かた-びら【帷・帷子】（名）❶几帳・帳などに用いる垂れ衣。夏は生絹、冬は練り絹を用いる。❷裏を付けない衣服の総称。夏。枕 三三「いと暑きにも、―いとあざやかにて」訳 ひどく暑い時でも、（直衣の）

の下に着た)かたびらがたいへんくっきりと(透いて)。❹❸近世、麻・木綿などで作った夏用の単衣。経帷子。夏 ❹仏葬で、死者に着せる白麻の着物。

かたぶ・く【傾く・斜く】〔「かたむく」の古形〕㊀(自カ四)〔か・き・く・く・け・け〕❶かたむく。斜めになる。方丈 二「海は―・き(用)て陸地をひたせり」訳 海はかたむいて(津波を起こし)陸地を水びたしにした。❷(太陽や月が)**西に沈もうとする**。万葉 一・四八「東の野にかぎろひの立つ見えてかへり見すれば月―・き(用)ぬ」訳 →ひむがしの…和歌 ❸**終わりに近くなる。滅びる。衰える**。〔平治物語〕「父祖は年たけ齢―・い(用)(イ音便)てわづかに従三位までこそ至りしが」訳 父や祖父は年をとり寿命も終わり近くなってやっと従三位までになったが。文法 係助詞「こそ」の結びは、助動詞「き」の已然形「しか」となるところであるが、接続助詞「が」に続く形で消滅(=結びの流れ)している。❹**首をかしげて考える**。不思議がる。竹取 蓬萊の玉の枝「竹取の翁、『この匠が申すことは何事ぞ』と―・き(用)居り」訳 竹取の翁は、「この職人が申し上げることはどういうこと(なの)か」と、首をかしげ控えている。㊁(他カ下二)〔け・け・く・くる・くれ・けよ〕❶かたむける。横に倒す。徒然 一六七「角のあるものの角を―・け(用)、牙あるものの牙をかみ出だすたぐひなり」訳 (知恵を人と争うのは)角のあるものが角をかたむけ、牙のあるものが牙をむき出しにする類である。❷**衰えさせる。滅ぼす**。〔栄花〕月の宴「みかどを―・け(用)奉らむとおぼし構ふといふこと出で来て」訳 (源高明が)朝廷を滅ぼし申しあげようとひそかにお企てになるということが起こって。❸**非難する**。悪く言う。平家 一・禿髪「人の聞かぬ所にて、なにとなうそしり―・け(用)申すことは常の習ひなれども」訳 人が聞いていない所で、何という目的もなくけなし、非難し申すことはあたりまえの世の常であるが。

かた-ふたがり【方塞がり】(名)「かたふさがり」とも。陰陽道で、行こうとする方角に天一神がいて、行くのをはばかること。また、その時。〔後撰〕恋四・詞書「―とて、男の来ざりければ」訳 方塞がり(で行くのをはばかる)と言って、男が来なかったので。→方違へ

かた-ふたが・る【方塞がる】(自ラ四)〔ら・り・る・る・れ・れ〕陰陽道で、行こうとする方角に天一神がいて、行くことができなくなる。〔後撰〕恋三・詞書「―・り(用)けるころ、たがへにまかるとて」訳 方角がふさがっていたとき、方違えに参りますといって。

かた-へ【片方】(名)❶片側。片ほう。古今 夏「夏と秋と行きかふ空の通ひ路は―涼しき風や吹くらむ」訳 →なつとあきと…和歌 ❷**一部分**。一方。土佐「ほとりに松もありき。五年六年のうちに、千年や過ぎにけむ、―はなくなりにけり」訳 (池の)ほとりに松もあった。(ところが)五年、六年の間に、千年がたってしまったのだろうか、一部分はなくなってしまっていた。❸**かたわら。そば**。徒然 九三「これを聞きて、―なる者の言はく」訳 これを聞いて、そばにいる人が言うことには。❹**そばにいる人。仲間**。同輩。徒然 一四二「ある荒夷の、恐ろしげなるが、―にあひて」訳 ある荒々しい東国武士で、いかにも恐ろしそうな男が、そばの人に向かって。文法「荒夷の」の「の」は、いわゆる同格の格助詞で、「…で」の意。

かた-ほ【偏・片秀】(名・形動ナリ)物事が不完全であること。**不十分だ。未熟だ**。徒然 一五〇「いまだ堅固―・なる(体)より、上手の中に交じりて」訳 まだ(芸が)未熟なうちから、上手な人の中に仲間入りして。↔真秀

かた-ほとり【偏辺り・片辺り】(名)❶片田舎。へんぴな所。徒然 七七「ことに、―なるひじり法師などぞ」訳 特に、片田舎にいる聖法師などが。❷片すみ。平家 一三・六代被斬「都の―には置き給はで」訳 (私=文覚を)都の片すみにはお置きにならないで。

かた-ま・く【片設く】(自カ下二)〔け・け・く・くる・くれ・けよ〕時が移ってある時期になる。時節がめぐって来る。また、その時になるのを待ち受ける。万葉 五・八三八「梅の花散り乱ひたる岡辺には鶯鳴くも春―・け(用)て」訳 梅の花が散り乱れている小高い丘のほとりには鶯が鳴いていることよ、春を迎えて。文法「も」は、詠嘆の終助詞。

かだま・し【姦し】(形シク)〔しから・しく(しかり)・し・しき(しかる)・しけれ・しかれ〕〔動詞「姦む」に対応する形容詞〕心がねじけている。平家 六・紅葉「―・しき(体)者、朝(=市中)にあって罪を犯す」

かた-ま・つ【片待つ】(他タ四)〔た・ち・つ・つ・て・て〕ひたすら待つ。万葉 九・一七六三「倉橋の山を高みか夜隠りに出で来る月の―・ち(用)難き」訳 倉橋の山が高いからか、夜が更けてから出てくる月をひたすら待ちかねることだ。

かたみ【筺】(名)目の細かい竹籠。新古 春上「春の野の―に摘める若菜なりけり」訳 春の野の形見として竹籠に摘んだ若菜であるよ。(「かたみ」は、「筺」と「形見」との掛詞)

かた-み【形見】(名)❶**昔を思い出させるもの**。古今 春上「梅が香を袖にうつしてとどめてば春は過ぐとも―ならまし」訳 梅の花の香りを袖にしみこませてとどめてしまったならば、たとえ春は過ぎても、(それが春の)思い出の種となるであろうに。文法「とどめてば」の「てば」は、完了の助動詞「つ」の未然形に接続助詞「ば」が付いて、仮定の条件を強めている。❷死んだ人や別れた人などの思い出となるもの。**遺品**。竹取 かぐや姫の昇天「脱ぎおく衣を―と見給へ」訳 脱いで残しておく着物を形見の品とご覧ください。

かたみ-に【互に】(副)**互いに。かわるがわる**。交互に。枕 一七五「―恥ぢかはし、いささかのひまなく用意したりと思ふが」訳 互いに慎み合い、少しのすきもなく気を配っていると思う人が。更級 初瀬「世の中の憂きもつらきもをかしきも、―言ひ語らふ人」訳 世間のつらいことも苦しいこともおもしろいことも(何でも)、互いに語り合う人が。

かたみ-の-いろ【形見の色】喪服の色。鈍色(=濃いねずみ色)。源氏 幻「女房なども、かの御―変へぬもあり」訳 女房など(の中に)も、あの(紫の上の)御喪に服すための鈍色(の衣装)を変えない者もいる。

かたみ-の-くも【形見の雲】(空にたなびいている)火葬の煙。新古 哀傷「なき人の―やしをるらん夕べの雨に色は見えねど」訳 亡き人の、火葬の煙が(雲となり)ぬれしおれているのだろうか。夕方の雨で、それとはっきりした

ようすは見えないが。

かた・む【固む】(他マ下二)〔め・め・む・むる・むれ・めよ〕❶固める。堅固につくる。万葉 二〇・四四八七「いざ子どもたはわざなせそ天地の―・め用し国そ大和島根は」訳 さあ人々よ、おろかなことはするな。天地の神々が固めた国だぞ。この大和の国(=日本)は。

❷かたく約束する。かたく戒める。万葉 九・一七四〇「このくしげ開くなゆめとそこらくに―・め用し言を」訳 この櫛箱は開けるな決してと、あれほどにかたく戒めたことばなのに。

❸厳重に守る。警備する。平家 九・木曽最期「八百余騎で勢田を―・め用たりけるが」訳 八百騎余りで勢田を守備していたが。

❹しっかり固定する。しっかり結ぶ。枕 六三「烏帽子の緒を、元結ひ、―・め未ずともありなむ」訳 烏帽子のひもや髪の元結いを、しっかり結ばなくてもきっとよいだろう。

❺弓を引きしぼってねらいを定める。〔義経記〕「しばし―・め用てひゃうど射る」訳 しばらくねらいを定めて(矢を)ひゅうと射る。

かため【固め】(名)❶守り固めること。また、そのもの。守護。徒然 二三五「我が御族のみ、御門の御後ろ身、世の―にて、行く末までとおぼしおきし時」訳 (藤原道長が)自分のご一族だけが、天皇のご後見役、世の中の守護者として、遠い将来まで(栄えるように)と考えておかれたとき。

❷かたい約束。夫婦や主従などの約束。〔浮・好色一代男〕「『その相手は〔だれか〕』と問へども、『申さぬ―(=言わない約束だ)』と言ふ」

かた-もじ【片文字】(名)文字や名前の一部分。枕 五七「知りながらも、なにとかや、―はおぼえで言ふはをかし」訳 (身分の低い女の名前を)知っていながらも、なんと言うのだったかなと、名前の一部は思い出せない(ふり)で言うのは趣がある。

かた-もひ【片思ひ】(名)〔「かたおもひ」の転〕男女二人の一方だけが相手を慕うこと。片恋。万葉 四・七一七「つれもなくあるらむ人を―にあれは思へば苦しくもあるか」訳 (自分に)無関心であるらしい人を、片思いに私は思っているので、つらいことでもあるよ。

かた-もん【固紋・固文】(名)綾の織物の模様を、糸を浮かさず、固くしめて織り出したもの。↔浮き紋

かた-ゆふぐれ【片夕暮れ】(名)夕方になろうとするころ。著聞 六四「―に光音(=僧の名)を呼びて」

かた-より【片縒り・片撚り】(名)糸をよるとき、左右一方の向きにだけよりをかけること。万葉 一〇・一九八七「―に糸をそ我がよる」訳 一方の向きにだけよりをかけて糸を私はよる。

かたらく【語らく】語ることには。語るところでは。万葉 一九・四二一四「玉梓の道来る人の伝言にわれに―」訳 道をやってくる人が、伝言として私に語ることには。(「玉梓の」は「道」にかかる枕詞)

なりたち 四段動詞「語る」のク語法

かたらひ【語らひ】(名)❶親しく話をすること。話し合い。源氏 帚木「寝覚めの―にも、身の才つき、おほやけに仕うまつるべき道々しきことを教へて」訳 (夜、)目の覚めた折の話にも、身に学才がつき、朝廷にお仕えすることができるような学問的なことを(博士の娘は)教えて。

❷夫婦の契りを結ぶこと。男女の仲。源氏 松風「ただ、あだにうち見る人の浅はかなる―だに」訳 ただ、かりそめに契りを交わす者(どうし)の浅い男女の仲でさえ。

❸説得して味方に引き入れること。〔太平記〕五「入道やがて戸野の―に随って、我が館へ宮を入れまゐらせ」訳 入道はすぐに戸野(=人名)の説得に応じて、自分の館に(大塔の)宮をお入れ申しあげ。

かたらひ-つ・く【語らひ付く】□一(自カ四)〔か・き・く・く・け・け〕言い寄る。語り合って親しくなる。源氏 蓬生「侍従も、かの大弐の甥だつ人―・き用て」訳 侍従も、あの大弐の甥らしく見える人が言い寄って親しくなって。

□二(他カ下二)〔け・け・く・くる・くれ・けよ〕❶親しく話して頼む。源氏 夕霧「故大納言のいとよき仲にて、―・け用給へる心たがへじと」訳 亡くなった大納言(=柏木)が(夕霧と)とてもよい仲で、(柏木が死後のことを)親しく頼みなさった気持ちを(夕霧は)裏切るまいと。

❷味方に引き入れる。手なずける。枕 八七「かかる者を―・け用ておきためる」訳 こういう者を手なずけておいているようだ。

かたらひ-と・る【語らひ取る】(他ラ四)〔ら・り・る・る・れ・れ〕説き伏せて味方に引き入れる。くどき落とす。枕 八〇「さらに、よも―・ら未じ」訳 決して、よもや(女法師を)手なずけて味方に引き入れるつもりはない。

かたらひ-びと【語らひ人】(名)語り合う相手。相談相手。源氏 澪標「乳母も、この女君のあはれに思ふやうなるを―にて、世の慰めにしけり」訳 乳母も、この女君(=明石の君)がしみじみと理想的であるのを(よい)話し相手にして、憂き世の慰めとしたのであった。

語義パネル

●重点義 くり返し語る。語り続ける。語り続けて説得することから④の意が派生。

❶話し合う。相談する。事情をあれこれ話す。
❷親しくつきあう。懇意にする。
❸男女が言いかわす。
❹(説得して)仲間に引き入れる。誘い入れる。

かたら・ふ【語らふ】(他ハ四)〔は・ひ・ふ・ふ・へ・へ〕〔四段動詞「語る」の未然形「かたら」に上代の反復・継続の助動詞「ふ」が付いて一語化したもの〕❶**話し合う。相談する。**事情をあれこれ話す。源氏 若紫「かの祖母に―・ひ用侍りて聞こえさせむ」訳 あの(若紫の)祖母に相談しまして、(祖母から)申し上げさせよう。

文法 「聞こえさせむ」の「させ」は使役の助動詞「さす」の未然形。

❷**親しくつきあう。**懇意にする。枕 一六三「女どちも、契りふかくて―・ふ体人の、末までなかよき人難し」訳 女どうしでも、関係が深くて親しくつきあっている人で、終わりまで仲のよい人はめったにない。文法 「語らふ人の」の「の」は、いわゆる同格の格助詞で、「…で」の意。

❸**男女が言いかわす。**源氏 明石「そのころは夜離れ

なく―・ひ㊊給ふ」訳（光源氏は）その当時は夜の通いがとだえることなく（明石の君と）言いかわしなさる。❹（説得して）仲間に引き入れる。誘い入れる。平家 四・橋合戦「上野の国の住人新田の入道、足利に―・は㊍れて」訳 上野の国（群馬県）の住人の新田入道は、足利（の仲間）に引き入れられて。

かたり【語り】（名）❶特異な事柄として語り伝えること。また、その話。万葉 九・一八〇一「永き世の―にしつつ」訳 後の世（まで）の話題にしつづけて。❷能楽で、節をつけないで事の由来や昔の物語を語る部分。❸狂言で、間に、故事・来歴などを語る文句。また、その所作。

かたり‐あは・す【語り合はす】（他サ下二）｛せ・せ・す・する・すれ・せよ｝親しく話し合う。いろいろなことを話す。源氏 帚木「さまざまの人（＝女性）のことをあれこれと話し合いながら。

かたり‐きょう・ず【語り興ず】（自サ変）｛ぜ・じ・ず・ずる・ずれ・ぜよ｝話をしておもしろがる。はしゃいで話す。徒然 五六「息もつぎあへず―・ずる㊍ぞかし」訳 息つくひまもなくおもしろがって話すことであるよ。

かたり‐ぐさ【語り種】（名）話のたね。話題となる変わった出来事。〔雨月〕白峯「恐ろしくあやしき―なりけり」訳 恐ろしく不思議な出来事であった。

かたり‐しら・ぶ【語り調ぶ】（他バ下二）｛べ・べ・ぶ・ぶる・ぶれ・べよ｝調子にのって話す。図にのって語る。枕 二八「わづかに聞きえたることをば、我もとより知りたることのやうに、こと人にも―・ぶる㊍もいとにくし」訳 ほんの少し聞き知ったことを、自分がもとから知っていたことのように、他の人にも調子にのって話すのもたいそう不快だ。参考 語りちらす、受け売りする、つじつまを合わせて語るなどの意ともいう。

かたり‐つ・く【語り付く】（他カ下二）｛け・け・く・くる・くれ・けよ｝付け加えて話す。語り添える。徒然 一四三「愚かなる人は、あやしく異なる相を―・け㊊」訳 愚かな人は、不思議で変わったありさまを付け加えて話し。

かたり‐な・す【語り成す】（他サ四）｛さ・し・す・す・せ・せ｝❶…のように語る。源氏 明石「はかばかしうもあらず、かたくなしう―・せ㊀ど」訳（使者は）はきはきとでもなく、ぎこちないように話すけれども。❷事実をゆがめて話す。こしらえて話す。徒然 五六「見ることのやうに―・せ㊀ば、皆同じく笑ひののしる」訳（目に）見ていることのようにこしらえて話すので、皆いっしょに大笑いして騒ぎ立てる。

かた・る【語る】（他ラ四）｛ら・り・る・る・れ・れ｝❶話して聞かせる。言う。更級 かどで「その物語、かの物語、光源氏のあるやうなど、ところどころ―・る㊍を聞くに」訳 その物語やあの物語、（とりわけ）光源氏の（物語の）ありさまなど、ところどころを話すのを聞くと。❷（物語などを）節をつけて読む。徒然 二二六「平家物語を作りて、生仏といひける盲目に教へて―・ら㊍せけり」訳（行長入道は）「平家物語」を作って、生仏といった盲目の人に教えて節をつけて読ませた。

かたわら【傍ら・側】⇩かたはら

かたわらいたし【傍ら痛し】⇩かたはらいたし

かたわれ‐づき【片割れ月】（名）半分になった月。半月。弦月。弓張り月。〔拾遺〕恋三「逢ふことは―の雲隠れおぼろけにやは人の恋しき」訳（あの人に）逢うことは難しいが、半月が雲に隠れておぼろに見えるように、おぼろげな（＝並一通りの）気持ちであの人を恋しく思っているだろうか（いや、並々ならぬ気持ちで恋している）。（「片割れ月」の「かた」に「（逢ふことは）難し」の意をかける。第三句までは「おぼろけに」を導きだす序詞）

かた‐ゐ【乞丐・乞食】（名）❶物もらい。こじき。❷人をののしっていう語。また、自分を卑下していうのに用いる。ばか者。土佐「この楫取りは、日もえはからぬ―なりけり」訳 この船頭は、天気も予測できないばか者であったよ。

かた‐ゐざり【片蹇・片膝行】（名）片膝をついたまま進むこと。乳幼児がやっと這って行くこと。〔拾遺〕恋二「逢ふことは―するみどりごの立たむ月にも逢はじとやする」訳（今すぐに）逢うことは難しいが、這い歩きをする幼児が立とうとする月、すなわち来月になっても（あなたは）逢うまいとするのか。（「かたゐざり」の「かた」に「（逢ふことは）難し」の意をかける。第三句までは「立たむ月」を導きだす序詞）

かた‐ゐなか【片田舎】（名）へんぴな村里。伊勢 二四「むかし、をとこ―に住みけり」

かた‐ゑ・む【片笑む】（自マ四）｛ま・み・む・む・め・め｝ちょっと笑う。微笑する。源氏 帚木「君、少し―・み㊊て、さることとはおぼすべかめり」訳 君（＝光源氏）は少し微笑して、もっともなこと（である）とは思っていらっしゃるようである。

かた‐をか【片丘・片岡】（名）片方が低くなっている丘。また、丘の片側。新古 雑中「立ち出でて爪木折り来し―の深き山路となりにけるかな」訳 出かけて行ってたきぎを折り取って来た片丘が、（年月がたち）木々の深く茂った山道となってしまったことだなあ。

片岡〘地名〙歌枕 今の奈良県北葛城郡王寺町付近の丘陵地帯。

かた‐をりど【片折り戸】（名）一枚作りで、片側にだけ開閉できるようになっている戸。平家 六・小督「小督は嵯峨のへんに、―とかやしたる内にあり」訳 小督は嵯峨のあたりに、片折り戸とか（いうもの）をしてある（家の）中にいる。↔諸折り戸

かち （名）❶【徒・徒歩】（乗り物に乗らず）歩いて行くこと。徒歩。〔増鏡〕久米のさら山「よろしき女房も壺装束などして、―の者どももうちまじれり」訳 相当な身分の女房も壺装束などになって、徒歩の人たちもまじっている。❷【徒士】「徒士侍」の略。江戸時代、徒歩で主人の供をしたり、行列の先導を務めたりする下級武士。

かち【褐】（名）「かちん」とも。濃紺色。「勝ち」と同音なので、武具などを染めるのに用いた。⇩巻頭カラーページ

かぢ【楫・梶】（名）船をこぐ道具。櫓や櫂の総称。新古 恋一「由良の門を渡る舟人―を絶えゆくへも知らぬ恋の道かも」訳 ↓ゆらのとを…和歌

か‐ぢ【加持】（名・他サ変）《仏教語》真言密教で行う祈禱。手で印を結び、金剛杵を握り、陀羅尼を唱えて仏に祈ること。災難や物の怪を払うのに行われる。源氏 若紫「わらは病みにわづらひ給ひて、よろづ

にまじなひ、―などまゐらせ給へど」 訳 （光源氏は）おこり（＝病気の名）におかかりになって、いろいろとまじないや祈禱などをおさせになるが。文法「まゐらせ給へ」の「まゐる」は、「する」の謙譲語。「せ」は、使役。

かぢ【鍛冶】（名）金属を打ちきたえて、種々の器具を作ること。また、それを職業とする人。細道 出羽三山「この国の―、霊水を撰びてここに潔斎して剣を打ち」 訳 この国（＝出羽の国）の刀鍛冶が、清浄神聖な水を選んでここで身を清めて刀をきたえて作り。

（鍛 冶）

-がち【勝ち】（接尾ナリ型）（体言や動詞の連用形に付いて）あるほうにかたよりやすいことを表す。…（することが）多い。「里―」「嘆き―」「涙―」

かち-ありき【徒歩き】（名）乗り物に乗らず、歩いて行くこと。枕 三三「はじめつかたは、―する人はなかりき」 訳 はじめのころは、（説法を聴きに行く女性で）徒歩での行き来をする人はいなかった。

かぢ-かうずい【加持香水】（名）《仏教語》真言密教で、香水（＝仏に供える香を溶かした水）を加持によって浄化する儀式。また、その香水。

かち-ぐり【搗ち栗・勝ち栗】（名）干した栗の実を臼で搗き、殻や渋皮をとったもの。「勝ち」と同音なので、出陣や祝勝、正月の祝儀に用いられた。著聞 一〇〇「内弁―を取りて召すよしして」 訳 内弁（＝儀式の進行役）がかち栗を（手に）取って召し上がるふりをして。

かちじ【徒路】⇩かちぢ

かぢ-たくみ【鍛冶匠】（名）金属を加工して種々の器具を作る人。金属細工の職人。竹取 蓬莱の玉の枝「―六人を召し取りて（＝お呼び寄せになって）」

かち-だち【徒立ち・歩立ち】（名）徒歩。また、徒歩の戦い。平家 七・篠原合戦「矢種みな射つくして、馬をも射させ、―になり」 訳 （有国は）手持ちの矢を全部射つくして、馬をも射られ、徒歩の戦いになり。文法「射させ」の「させ」は使役の助動詞だが、ここは軍記物語特有の用法で「射られ」という受身の意。

かち-ぢ【徒路】（名）徒歩で行くこと。歩いて行く旅。枕 三〇六「―もまた恐ろしかなれど」 訳 徒歩の旅もまた恐ろしいということだけれども。

かぢ-とり【楫取り・舵取り】（名）「かんどり」とも。かじを取って船の進路を定める人。船頭。土佐「―らの、『北風悪し』と言へば、船出ださず」 訳 船頭たちが、「北風は（船出に）悪い」と言うので、船を出さない。

かち-びと【徒人・歩人】（名）徒歩で行く人。更級 初瀬「行きちがふ馬も車も徒人も」 訳 すれちがって行く馬（に乗った人）も牛車（に乗った人）も徒歩で行く人も。

かぢ-ま【楫間・梶間】（名）櫓・櫂の動きがひと漕ぎごとに止まるわずかな間。少しの間。万葉 一八・四〇四八「垂姫の浦を漕ぐ船―にも奈良の吾家を忘れて思へや」 訳 垂姫の浦（＝地名）を漕ぐ船の櫂の動きの絶え間ほどのわずかな間も、奈良のわが家を忘れていようか（いや、片時も忘れてはいない）。

かち-ゆみ【徒弓・歩射】（名）馬の上からでなく、徒歩で弓を射ること。また、その弓。源氏 若菜下「―のすぐれたる上手どもありければ」 訳 徒歩での競射が秀でている名人たちがいたので。

かち-より【徒歩より】［「より」は手段・方法を示す格助詞］徒歩で。歩いて。徒然 五三「ある時思ひ立ちて、ただ一人、―詣でけり（＝お参りした）」

発展 **「徒歩」の旅**

昔の人はよく歩いた。男性は一日四十キロ、女性は二十五キロといわれている。「徒然草」第五二段の、仁和寺の老法師が石清水八幡宮の末寺・末社だけを拝んで帰った話では、歩いた距離は往復四十キロ。年老いても健脚だったといえよう。

かぢ-を【楫緒・梶緒】（名）櫓や櫂を船に取りつける綱。〔太平記〕二二「世を浮舟の―絶え、思はぬ風に漂へり」 訳 世をつらいと思い、浮き舟の楫の綱が

古語ライブラリー⑬

五つのとまり

今日の助詞・助動詞は、古くは「てにをは」または「てには」と呼ばれていた。中世の「てにをは」の口伝書に『春樹顕秘抄』というのがある。この本では「てには」を「出葉」と書いている。春になると樹木の葉が出る。葉を見ると、何の木なのかわかる。出葉の観察が重要なのだ。「和歌は詞をもて色見えぬ心のほどをのべ侍ること」だから、「てにをは」を知ることは肝要だ。『春樹顕秘抄』というのは「てにをはの秘密を明らかにする本」ということらしい。

この本の最後に、次の歌が収められている。口伝書の最後にある歌だから、一見してわかるようにはなっていない。濁点がないとさらにわかりにくいので、濁点をつけておこう。

◇ぞるこそれ思ひきやとはりやらんこれぞ五つのとまりなりける

基本となる文の終止法がこのような「五つのとまり」として、整理されていたのである。

(1)ぞ…る
(2)こそ…れ
(3)思ひきや…とは
(4)は…り
(5)や…らん

(1)・(2)・(4)は係り結び、(3)は倒置文、(5)は疑問文である。

(1)・(2)・(4)の係り結びの「結び」に、「ら・り・り・る・れ・れ」と活用し、終止形・連体形・已然形の区別のつくラ変の語尾を用いている。歌ではラ変型活用の助動詞「けり」がよく用いられるからでもあろう。

なお、(3)の倒置文というのは、次のような歌の場合をいう。

◇忘れては夢かとぞ思ふ思ひきや雪ふみ分けて君を見むとは　〈伊勢 八三〉

切れたように、思いがけない風に漂っている。〔浮舟〕に「世を憂き」をかける)

かちん【褐】(名)〔「かち」の転〕「かち(褐)」に同じ。平家 四・橋合戦「―の直垂ひたたれに黒皮縅くろかはをどしの鎧よろひ着て」

かちん【餅】(名)《女房詞》〔「搗かち飯いひ」の転〕餅もち。〔狂・業平餅〕「餅を―といふも、このことばなり」

か・つ(補動タ下二){て・て・つ・つる・つれ・てよ}《上代語》…できる。…に耐える。万葉 四・六〇七「君をし思もへば寝いね―・て㊌ぬかも」訳 あなたを恋しく思っているので、(なかなか)寝ることができないなあ。

語法 動詞の連用形に付いて、下に助動詞「ず」の連体形「ぬ」および古い形の連用形「に」、また「まじ」の古い形「ましじ」など打消の語を伴って、「かてぬ」「かてに」「かつましじ」の形で用いられることが多い。

かつ【且つ】一 (副) ❶二つの事柄が同時に進行していることを表す。**一方では…し、他方では…する。** 方丈 一「よどみに浮かぶうたかたは、―消え―結びて、久しくとどまりたる例ためしなし」訳 (流れの)よどみに浮かぶ泡は、一方では消え、他方ではあらわれて、いつまでもそのままの姿でとどまっている例はない。⇩方丈記はうぢやうき「名文解説」

❷二つの事柄が連続して行われることを表す。**すぐに。次々に。** 徒然 七三「―あらはるるをもかへりみず、口に任せて言ひ散らすは、やがて浮きたることと聞こゆ」訳 (話す)そばから(うそが)ばれるのもかまわず、口から出まかせにしゃべり散らすのは、すぐに根拠のないことだとわかる。

二 (接)〔副詞「かつ」からの転〕また。そのうえ。細道 松島「袋を解きてこよひの友とす。―杉風さんぷう・濁子ぢよくしが発句ほっくあり」訳 頭陀ずだ袋をあけて(松島の詩歌を取り出し)今宵の友とする。また杉風・濁子(=俳人の名)の発句もある。

かつう-は【且つうは】(副)〔「かつは」の転〕一方では。平家 一〇・維盛出家「―妻子をもはぐくみ、―また維盛これもりが後生ごしやうをもとぶらへかし」訳 一方では妻子をも養い、一方ではまた(私)維盛の後生をも弔ってくれよ。

かっ-かうコウ【恰好】一 (名)かたち。姿。〔浄・生玉心中〕「ほんに―が能よう似やした(=よく似ました)」

二 (名・形動ナリ)ふさわしいこと。手ごろであること。〔浮世風呂〕「値ねは―・だ㊎(口語)が代物が少ねえわな」訳 値段は手ごろであるが、商品が少ないよなあ。

かつ-がつ【且つ且つ】(副) ❶**不十分ながらも。ともかくも。** まあまあ。源氏 明石「思ふこと―かなひぬる心地して、涼しう思ひ居ゐたるに」訳 (明石あかしの入道は)念願がともかくもかなった気がして、すっきりした思いでいたところ。

❷**とりあえず。さしあたって。** 何はさておき。平家 五・都遷「―里内裏さとだいりつくるべきよし議定ぎぢやうあって」訳 さしあたって里内裏(=仮御所)を造らなければならないという議決が行われて。

かづきカズキ【被き・被衣】(名)「かつぎ」とも。❶頭をおおうこと。頭に物をのせること。かぶりもの。

❷身分ある女性が外出するとき、顔を隠すために頭にかぶった衣服。〔浮・好色一代男〕「けふこそ人のおか様並みに―を着せて出懸でかけ」訳 今日こそ(女房に)世間のおかみさんなみに顔隠しの衣(=小袖)をかぶらせて外出し。⇩巻頭カラーページ14

かづきカズキ【潜き】(名)水中にもぐること。水中で貝や海藻をとること。また、その人。更級 初瀬「袖ぬるる荒磯浪あらいそなみと知りながらともに―をせしぞ恋しき」訳 袖がぬれる荒磯の波(=宮仕えは涙で袖がぬれるほどつらいもの)と知っているのに、いっしょに水にもぐること(=宮仕え)をした昔が恋しいことだ。

かづき-すがたカズキ―【被衣姿】(名)「かつぎすがた」とも。上流の女性が外出時に、「被かづき②」をかぶった姿。⇩巻頭カラーページ14

がっき-め【餓鬼め】(名)〔「がきめ」の転〕相手をののしっていう語。こいつめ。きさま。〔狂・入間川〕「―、お直りそい」訳 こいつめ、正座しなさい。

かづ・くカズク【潜く】一 (自カ四){か・き・く・く・け・け}水中にもぐる。水中にもぐって魚や貝などをとる。万葉 一一・二七九八「伊勢いせの海人あまの朝な夕なに―・く㊎といふ鰒あはびの貝の片思もひにして」訳 (私の恋は)伊勢の海人が朝に晩に水中にもぐってとるというあわびの一枚貝のように片思いであって。(第四句までは「片思ひ」を導きだす序詞)

二 (他カ下二){け・け・く・くる・くれ・けよ}水中にもぐらせる。万葉 一三・三三三〇「上かみつ瀬に鵜うを八つ―・け㊊下しもつ瀬に鵜を八つ―・け㊊」訳 上流の瀬に鵜を八羽もぐらせ、下流の瀬に鵜を八羽もぐらせ。

かづ・くカズク【被く】一 (他カ四){か・き・く・く・け・け} ❶**かぶる。頭にいただく。** 徒然「かたはらなる足鼎あしがなへを取りて、頭かしらに―・き㊊たれば」訳 そばにある足付きの鼎を手に取って、頭にかぶったところ。

❷(衣服などを)**ほうびとしていただく。** また、**いただいた衣服を左の肩にかける。** 源氏 若菜上「白き物どもをしなじな―・き㊊て」訳 (楽人たちはほうびの)白い衣の数々をいろいろに肩にかけて。

(被く 一②)

❸(責任などを)しょいこむ。引き受ける。

二 (他カ下二){け・け・く・くる・くれ・けよ} ❶**かぶせる。** 〔伊勢集〕「円居まとゐする身に散りかかるもみぢ葉は風の―・くる㊍錦にしきなりけり」訳 輪になって座っているわが身に散りかかる紅葉は、風がかぶせる錦であることよ。

❷**ほうびとして与える。** 祝儀を与える。源氏 明石「御使ひに、なべてならぬ玉裳たまもなど―・け㊊たり」訳 (明石あかしの入道は光源氏からの)お使いの人に、並々でない美しい(女の)衣装などを祝儀として与えた。

❸引き受けさせる。なすりつける。〔浮・日本永代蔵〕「利徳はだまりて、損は親方に―・け㊊」訳 もうけはだまって(自分のものにし)、損害は親方になすりつけ。

かづけ-ものカズケ―【被け物】(名)(目下の者に)ほうびとして与える品。祝儀。引き出物。大和 二九「これかれ酔ゑひ給ひて、物語し、―などせらる」訳 この人もあの人も酔いになって、話をし、引き出物などをお出しになる。

発展 「被け物」をもらう恥

「被け物」は身分の低い者に与えた。「大鏡」〈実頼〉には、関白藤原道隆が三蹟の一人藤原佐理に、新邸の障子に歌を書かせようとした時の話がある。遅れてきた佐理に怒った道隆は、恥をかかせようと女の装束を被け物として与えた。しかし、大宰府の次官であった佐理に対してはいき過ぎた行為だと、道隆を非難する人もいたという。

かっ-こ【羯鼓】(名)雅楽に用いる鼓の一種。台にのせて二本のばちで両面を打つ。⇨巻頭カラーページ23

上総(かづさ)『地名』旧国名。東海道十五か国の一つ。今の千葉県の中部。総州。

葛飾(かつしか)『地名』歌枕「勝鹿」とも書く]今の東京都・千葉県・埼玉県にまたがる江戸川流域の地。真間の手児奈の伝説で知られる。

かっ-せん【合戦】(名)戦うこと。戦い。戦闘。平家 四・橋合戦「秩父、足利、仲を違ひ、常は—をし候ひしに(=いつもは戦いをしておりましたが)」

かっ-ちう【甲冑】(名)鎧と兜。平家 二・西光被斬「—をよろひ、弓箭を帯し馳せ集まる」訳 鎧兜をつけ、弓矢をたずさえて走り集まる。

かつ-て【曽て・嘗て】(副)❶(下に打消の語を伴って)㋐全然。決して。万葉 一〇・一九四六「木高くは—木植ゑじほととぎす来鳴きとよめて恋まさらしむ」訳 こずえ高くは決して木を植えまい。ほととぎすが来て鳴きたてて、(私の)恋心をつのらせる(から)。㋑かねて。今まで一度も。万葉 四・六七五「—も知らぬ恋もするかも」訳 今まで一度も知らない(激しい)恋もすることよ。

❷(肯定文に用いて)以前。昔。

参考 男性語で、平安時代には、「源氏物語」や「枕草子」などの女流作品には出てこない。なお、近世以降は「かって」と促音にも発音されるようになった。

かっ-て【勝手】■(名・形動ナリ)❶有利なこと。都合のよいこと。便利なこと。〔狂・武悪〕「その方(=あなた)の広いお屋敷より、この方(=自分)の狭い屋敷が、やはり—・で㊊(口語)ござる」

❷自分の思うまま。随意。〔浄・大経師昔暦〕「括りなりと殺しなりと、—・に㊊しや」訳 しばりあげるなりと殺すなりと、思うままにしな。

■(名)❶ようす。事情。〔浄・堀川波鼓〕「内の—を知らざれば、ここにて談合無益の沙汰」訳 (家の)中のようすを知らないので、ここでの話し合いはむだな評定。

❷暮らしむき。生計。〔狂・縄綯〕「あの人も以前は—よう(=暮らしむきがよく)暮らされたと見えまして」

❸台所。

かって-づく【勝手尽く】(名・形動ナリ)自分に都合のいいように考えたりふるまったりすること。また、そのようす。〔浮・好色五人女〕「世をさへ渡らば—と、さまざま異見して」訳 (夫とする男は世渡りさえできるならば(世帯にとって)好都合と、いろいろ意見して。

がっ-てん【合点】(名・自サ変)❶和歌・俳諧などを批評して、よいものの右肩に印を付けること。著聞 三一七「定家朝臣のもとへ点をこひにやりたりければ、—・し㊊て」訳 定家朝臣のところへ(歌の)添削を求めにやったところ、よいものに印を付けて。

❷回状などで同意を示すために、自分の名前の肩に点を打ったり、かぎ印を付けたりすること。

❸「がてん」とも。承諾すること。納得。〔浮・世間胸算用〕「馳走も常にかはりてすき、—か」訳 料理もふつうのものとちがって好みがうるさいが、承知か。

かつ-は【且つは】(副)(多く「かつは…かつは…」の形で)一方では。一つには。同時に。今昔 二八・四〇「道行きける者どもこれを見て、—あやしみ、—笑ひけり」訳 道を通った人々はこの光景を見て、一方ではあやしみ、一方では笑った。

かつ-み【勝見】(名)「かつみ草」の略。まこも(=草の名)の古名か。和歌では、よく「且つ見」とかけて用いる。

かつら【桂】(名)❶木の名。カツラ科の落葉高木。春先に紅色の花を開く。高さは約三〇メートルに達する。

❷中国の伝説で、月の世界に生えているという木。伊勢 七三「目には見て手にはとられぬ月のうちの—のごとき君にぞありける」訳 目には見えても手には取ることのできない、月の中の桂のようなあなたであることだ。

桂(かつら)『地名』今の京都市西京区、桂川西岸の地域。桂離宮がある。

かづら【葛】(名)つる草の総称。

かづら【鬘】(名)❶上代、つる草や草木の枝・花などを髪に巻きつけて飾りとしたもの。万葉 三・四二三「あやめ草花たちばなを玉に貫き—にせむと」訳 あやめ草と花たちばなを、玉のように緒に通して、髪飾りにしようと。

❷(女性が)別の髪の毛を束ねて作り、髪が少ないときや短いとき、自分の髪に添えるもの。かもじ。源氏 蓬生「わが御髪の落ちたりけるを取り集めて—にし給へるが」訳 (末摘花が)自分の御髪の毛の抜け落ちたのを寄せ集めてかもじになさったものが。

❸(後世は「かつら」)能や歌舞伎などで、役柄に合わせて用いる演劇用の頭髪。

桂川(かつらがは)『地名』歌枕 今の京都市西部を流れる川。上流を大堰川、中流を保津川、嵐山付近からを桂川と呼び、南流して鴨川・宇治川に合流し淀川に注ぐ。

葛城(かづらき)『地名』今の奈良県御所市付近の地名。綏靖天皇の皇居の地と伝える。

かづらき-の-かみ【葛城の神】今の奈良県の葛城山に住むという一言主の神の異称。役の行者の命令で、葛城山と吉野の金峰山へ岩橋をかけようとしたが、醜い容貌を恥じて、夜間しか働かなかったため、完成しなかったと伝えられる。恋や物事の成就しない例や醜い容貌を恥じる例にひかれる。

葛城山(かづらきやま)『地名』歌枕 今の奈良県と大阪府との境にある金剛山地の一峰。役の行者以来、修験道の霊場。かつらぎさん。

かづら-く【鬘く】(他カ四){か・き・く・く・け・け}草木の枝・花を髪飾りとしてつける。万葉 一〇・一八五二「ももしきの大宮人の—・け㊋るしだり柳は見れど飽かぬかも」訳 宮中に仕える人が髪飾りにしているしだれ柳はいくら見ても飽きないことよ。

かつら-の-かげ【桂の影】(伝説で「桂」の木は月に生

えることから)月の光。月光。源氏 竹河「月の光に輝きたりし気色も、―に恥づるにはあらずやありけむ」訳(蔵人の少将が)月の光に恥ずかしがっていたようすも、(実は大君に恥ずかしがっていたのであって)月の光に恥じるのではなかったのであろうか。

かつら-の-まゆずみ【桂の黛】三日月のように細く引いた眉墨のたとえ。美人の眉墨のたとえ。〔謡・卒都婆小町〕「花の容輝き、―青うして」訳 花のような容貌は光り輝き、三日月のような眉墨は青々として。

かつら-をとこ【桂男】(名)月の中に住んでいるという男。美男子。転じて、月の異称。

かつら-を-を・る【桂を折る】(すぐれた人材を桂の枝にたとえた、中国の「晋書」にある故事から)官吏の登用試験に合格する。源氏 藤裏葉「かざしてもかつたどらるる草の名は―・り用し人や知るらむ」訳 頭に挿していながら、一方では(その名を思い出せず)思い迷わずにはいられない草の名は、(かつて)進士の試験に合格した人(=夕霧)は知っているだろうか。

かつを【鰹】(名)魚の名。かつお。近世の江戸では、特に陰暦四月の初鰹が賞味された。夏

かつを-ぎ【鰹木】(名)宮殿や神社の棟木の上に、直角に並べてある横木。鰹節状で、中ぶくれの円筒形であることからいう。→千木

(かつをぎ)

かて【糧・粮】(名)食糧。特に、旅行用の食糧。竹取 蓬莱の玉の枝「ある時には―尽きて、草の根を食ひ物とし(=した)」

かて-に「がてに」に同じ。

がて-に…できなくて。…しかねて。万葉 五・八五九「春されば吾家の里の川門には鮎子さ走る君待ち―」訳 春になると、わが家のある里の川の渡り場には、鮎の子が跳ね泳いでいる。あなた(の来るの)を待ちかねて。

なりたち「できる・耐える」意の上代の下二段補助動詞「かつ」の未然形「かて」＋打消の助動詞「ず」の上代の連用形「に」＝「かてに」の濁音化したもの。

参考「かてに」と清音で読むのが本来だが、しだいに形容詞「難し」の語幹に格助詞「に」の付いた意と混同され、読み方も「がてに」と濁音化した。

がて-に-す…することに耐えない。…できないでいる。古今 雑下「憂き世には門閉させりとも見えなくになどかわが身の出でがて―・する体」訳(この)つらい世の中には門が閉めてあるとも見えないのに、どうして私は(憂き世から外へ)出ることができないで(=出家しかねて)いるのか。

なりたち「できる・耐える」意の上代の下二段補助動詞「かつ」の未然形「かて」＋打消の助動詞「ず」の上代の連用形「に」＝「かてに」の濁音化した「がてに」＋サ変動詞「為」。→がてに 参考

がてら(接助)他の動作をも兼ねて行う意を表す。…かたがた。…(の)ついで(に)。…(し)ながら。古今 春上「わが宿の花見がてらに来る人は散りなむ後ぞ恋しかるべき」訳 わが家の桜の花を見るついでに立ち寄る人は、(花が)散ってしまったとしたら(もう来ないだろうから)、その後にきっと(その人が)恋しいことだろう。文法「散りなむ」の「な」は、助動詞「ぬ」の未然形で、ここは確述の用法。

接続 動詞の連用形または名詞に付く。

参考「がてり」と似た意味で、上代では「がてら」より「がてり」のほうが多い。

がてり(接助)《上代語》他の動作をも兼ねて行う意を表す。…(の)ついで(に)。…(し)ながら。万葉 三・三六九「能登の海に釣りする海人の漁火の光にいませ月待ちがてり」訳 能登の海で釣りをする海人の漁火の光を頼りにいらっしゃい、月の光を待ちながら。→がてら 参考

接続 動詞の連用形に付く。

が-てん【合点】(名・自サ変)「がってん③」に同じ。

かど【才】(名)❶才能。才気。源氏 帚木「少しも―あらむ人の耳にも目にもとまること、自然に多かるべし」訳(学習しなくても)少しでも才気のあるような人(=女性)が、聞きおぼえ見おぼえすることは、おのずから多いはずだ。❷見どころ。趣。〔栄花〕こまくらべの行幸「―ある巌石を立て並べて」訳 趣のある岩石を置き並べて。

かど【角】(名)❶物の突き出た部分。物の角ばっている所。曲がり角。平家 一〇・高野御幸「岩の―を抱へつつ、二十日にこそは登るなれ」訳 岩の突き出た所を抱えて、二十日間では登るのである。❷刀剣の刃と背との間の高くなっている部分。しのぎ。または、切っ先。

かど【門】(名)❶門。また、門のあたり。門前。万葉 一〇・一八一九「うちなびく春立ちぬらしわが―の柳の末に鶯鳴きつ」訳 春がやって来たにちがいない。私の家の門のあたりの柳の梢でうぐいすが鳴いた。(「うちなびく」は「春」にかかる枕詞)❷家。家柄。一門。一族。〔紫式部日記〕「藤原ながら―わかれたるは、列にも立ち給はざりけり」訳(同じ)藤原氏であっても一門の分かれた人々は、(拝礼の)列にもお立ちにならなかった。

かど-あんどん【門行灯】(名)「かどあんどう」とも。屋号などを書いて、門口に掛けておく行灯。

(かどあんどん)

加藤暁台(かとうきょうたい)【人名】(一七三二〜一七九二)江戸中期の俳人。本名は周挙。別号は暮雨巷。名古屋の人。蕉風復興を志し、優麗な句風で尾張(愛知県)以西の俳壇に深い影響を与えた。

かとうど【方人】⇨かたうど

かどかど・し(形シク){しから・しく(しかり)・し・しき(しかる)・しけれ・しかれ}❶【才才し】才気がある。かしこい。よく気がきく。源氏 帚木「そこはかとなく気色ばめるは、うち見るに―・しく用気色だちたれど」訳(筆遣いなども)どことなく気どっているのは、ちょっと見ると才気ばしり気がきいているようだが。⇨賢し「類語パネル」❷【角角し】㋐角立ったところが多い。〔大木〕雑四「岩の上の―・しき体もあるものを人の越ゆるをいたみだにせぬ」訳 岩の上が角立っているではないが、(自分には)かどかどしさ(=才気)もあるのに、人が追い越して出世していくのを(岩を越えるときのように)痛みにさえ感じないことだ(まして、うらやましくは思わない)。(「かどかどし」に①の意をかける)。㋑心が角ばっている。とげとげしい。源氏 桐壺「いと押したち―・しき体ところものし給ふ御方にて」

訳（弘徽殿の女御は）たいそう我を張りとげとげしいところのおありになるお方で。（「ものす」は婉曲表現で、ここでは「ある」の意）

かど-た【門田】（名）門の前にある田。〔金葉〕秋「夕されば―の稲葉おとづれて葦のまろやに秋風ぞ吹く」訳→ゆふされば…和歌

かど-たがへ【門違へ】（名）「かどたがひ」とも。行くべき家をまちがえて訪れること。門違い。

かど-ちか【門近】（名・形動ナリ）門に近いこと。また、その所。源氏 花散里「―・なる体所なれば、少しさし出でて見入れ給へば」訳（琴の音の聞こえてくる家は）門に近い所なので、（光源氏は牛車から身を）少し乗り出して（門の中を）のぞき込みなさると。

かど-で【門出】（名）旅や出陣などのため出発すること。旅立ち。出立。実際の出発に先立ち、吉日・吉方を選んで一時的によそに移ることにもいう。土佐「それの年の十二月の二十日あまり一日の日の戌の時に、―す」訳ある年の陰暦十二月の二十一日の日の戌の時（＝午後八時ごろ）に、出発する。⇩土佐日記「名文解説」。蜻蛉 上「日悪しければ、―ばかり法性寺の辺にして」訳（出発の予定の）日が悪いので、（その前日に）出立だけを法性寺のあたりにして。

発展 吉日を選んでおこなう「門出」
平安時代の旅は、吉日・吉方を選んでひとまず近くに移ることが多く、そこから旅程のつごうのよい日に出発した。「土佐日記」冒頭では、まず国守の館から船に乗る予定の場所に移り、六日後に船出している。

かど-の-をさ【看督長】（名）検非違使庁の下級役人。罪人の追捕・牢獄の管理を任務とした。

かどは-か・す【誘拐かす・勾引かす】（他サ四）｛さ・し・す・す・せ・せ｝〔四段動詞「かどふ（＝だまして誘う）」に接尾語「かす」が付いたもの〕「かどはす」に同じ。〔義経記〕「―・し用参らせ、御供して秀衡の見参に入れ」訳（義経をだまして連れ去り申しあげ、（奥州まで）お供をして、秀衡のお目にかけ。

かど-ばしら【門柱】（名）門の柱。特に、店の門口の柱。転じて、店がまえ。

かどは・す【誘拐す・勾引す】（他サ四）｛さ・し・す・す・せ・せ｝「かどはかす」とも。むりに、または、だまして人を連れ去る。〔謡・隅田川〕「人商人（＝人買い）に―・さ未れて」

かど-ひろ・し【門広し】一族や一門が繁栄している。竹取 貴公子たちの求婚「男は女にあふことをす。女は男にあふことをす。その後なむ―・く用もなり侍る」訳男は女と結ばれる。女は男と結ばれる。その後に一族が繁栄するようにもなります。⇩幸ひ「慣用表現」

かど-め・く【才めく】（自カ四）｛か・き・く・く・け・け｝〔「めく」は接尾語〕才能があるように見える。源氏 若菜上「もののみやび深く―・き用給へる人にて」訳（玉鬘は）物の風雅を深く解し、才気のおありになった人なので。

か-と-よ 不確かな事態を確認する意を表す。…であろうか。…だったか。…かと思うよ。方丈二「去んじ安元三年四月二十八日―」訳（あれは）過ぎ去った安元三年陰暦四月二十八日であったか。

なりたち 疑問の係助詞「か」＋格助詞「と」＋間投助詞「よ」

かな【鉋】（名）木の表面を平らに削る工具。かんな。大鏡 時平「工どもも、裏板どもをいとうるはしく―かきて」訳大工たちが多くの屋根裏に張りつける板を、とても美しく鉋をかけて。

かな【仮名】（名）〔「かりな」の転〕「かんな」とも。漢字を真名というのに対して、平仮名・片仮名・万葉仮名・草仮名をいい、特に平仮名をさすことが多い。

かな
（終助）〔終助詞「か」に終助詞「な」の付いたもの〕

意味・用法
詠嘆〔…だなあ。…であることよ。〕

接続
体言または活用語の**連体形**に付く。

詠嘆の意を表す。**…だなあ。…であることよ。**古今 恋一「ほととぎす鳴くや五月のあやめ草あやめも知らぬ恋もするかな」訳→ほととぎす…和歌。〔炭俵〕芭蕉「むめがかにのっと日の出る山路かな」訳→むめがかに…俳句

文法 上代の「かも」に代わって、中古以降、和歌と会話文に多く用いられた。また、上代の「かも」は用法が広いが、「かな」は詠嘆の場合が多い。俳句の「かな」は切れ字として用いられ、形式化したものである。

がな
一（終助）二（副助）

意味・用法
一 **終助詞**
願望〔…がほしいなあ。…があればなあ。〕
二 **副助詞**
例示〔…でも。…のようなものでも。〕→❶
不定〔…か。〕→❷

接続
一 体言や格助詞「を」に付き、室町時代以降は命令文にも付く。
二 体言や格助詞「を」「で」「と」などに付く。

一（終助）自己の願望を表す。**…がほしいなあ。…があればなあ。**源氏 橋姫「かの君たちをがな、つれづれなる遊びがたきに」訳あの姫君たちがほしいものだ（＝がいてくれたらなあ）、所在ないときの遊び相手に。平家 九・木曽最期「あっぱれ、よからう敵がな。最後の戦して見せ奉らん」訳ああ、よさそうな敵がいるといいなあ。最後の合戦をしてお見せ申しあげよう。

二（副助）❶例をあげてほのめかす意を表す。**…でも。…のようなものでも。**〔狂・餅酒〕「私もつれがな（＝連れでも）ほしいと申してござる」

❷疑問の語とともに用いて不定のままでおく意を表す。**…か。**宇治 九・三「何がな取らせんと思へども、取らすべき物なし」訳（女は助けてくれる女に）何かを与えようと思

うが、与えるにふさわしい物がない。

[文法] (1)「がな」の発生　㊀は中古に発生した。上代に願望を表す形であった「もがも(終助詞「もが」＋終助詞「も」)」は、中古になって「もがな(終助詞「もが」＋終助詞「な」)」の形となったが、それが「も」＋「がな」であると誤解され、「体言＋を＋がな」や「体言＋がな」といった使い方が生まれたと考えられる。中古には、「がな」よりも「もがな」が多く使われた。

(2)例示の発生　㊁は中世以降に現れ、ふつう㊀の終助詞から生じたと考えられている。近世に入るまでは㊁②のように疑問を表す語に付いている形が多い。㊁②の「がな」は、当初、係助詞的に用いられたようである。用例にあげた「宇治拾遺物語」の説話は、「今昔物語集」にも収められていて、次のようになっている。

「何をがな形見に嫗に取らせむと思ひめぐらすに、身に持ちたるものなくして」〈今昔 一六・九〉

「宇治拾遺物語」の例が「何かを与えよう」の意であるのに対し、この例では「をがな」の形になっていて、「何を形見として嫗に与えようか」の意になると考えられる。

かなう【適う・叶う】⇩かなふ

かなえ【鼎・釜】⇩かなへ

かなぐり-おと・す【かなぐり落とす】(他サ四){さ・し・す・す・せ・せ}荒々しくつかんで引っぱり落とす。引きずり落とす。[竹取] かぐや姫の昇天「さが髪を取りて、—・さ(未)む」[訳](月の世界から迎えが来たら)そいつの髪をつかんで、(空から)引きずり落とそう。

かなぐり-す・つ【かなぐり捨つ】(他タ下二){て・て・つ・つる・つれ・てよ}荒々しく脱ぎ捨てる。[平家] 一一・能登殿最期「鎧の草摺り—・て(用)、胴ばかり着て」

かなぐ・る(他ラ四){ら・り・る・る・れ・れ}荒々しくつかんで引っぱる。また、引きむしる。[今昔] 二九・一八「死にし人の髪を—・り(用)抜き取るなりけり」[訳](老婆が)死んだ人の髪を荒々しくつかんで引っぱり抜き取っているのだった。

かな-ざうし【仮名草子】(名)江戸初期の短編小説の一種。御伽草子を引き継ぎ、浮世草子に先行した。擬古文体の平易な仮名文で書かれた、庶民対象の啓蒙・娯楽の物語で、内容は多岐にわたる。主な作品は、如儡子の「可笑記」、鈴木正三の「二人比丘尼」、浅井了意の「東海道名所記」など。

かな・し(形シク){しから・しく(しかり)・し・しき(しかる)・しけれ・しかれ}

語義パネル

●重点義　**胸がつまる感じ。深く心を打たれる感じ。**

かわいがる意の動詞「かなしうす」(サ変)、「かなしくす」(サ変)、かわいいと思う、悲しく思う意の動詞「かなしがる」(ラ四)、「かなしぶ」(バ上二→四)、「かなしむ」(マ四)は派生語。

❶ 愛し	㋐かわいい。いとおしい。 ㋑身にしみておもしろい。強く心がひかれる。すばらしい。
❷ 悲し・哀し	㋐かわいそうだ。心がいたむ。 ㋑ひどい。口惜しい。しゃくだ。 ㋒《近世語》貧しい。やりくりがつかない。

❶【愛し】㋐**かわいい。いとおしい。**[伊勢] 二三「『…』と詠みけるを聞きて、限りなく—・し(終)と思ひて」[訳]「…」と(女が男の無事を祈る歌を)詠んだのを聞いて、(男は)この上なくいとおしいと思って。㋑**身にしみておもしろい。**強く心がひかれる。すばらしい。〔新勅撰〕羇旅「世の中は常にもがもななぎさこぐあまの小舟の綱手—・し(終)も」[訳]→よのなかは…[和歌]

❷【悲し・哀し】㋐**かわいそうだ。**心がいたむ。[徒然] 三〇「人の亡きあとばかり—・しき(体)はなし」[訳]人が亡くなったあとほど心がいたむものはない。㋑ひどい。口惜しい。しゃくだ。[宇治] 七・二「物もおぼえぬ腐り女に、—・しう(用)(ウ音便)いはれたる」[訳]わけもわからない無教養な女から、ひどく言われたことよ。[文法] 文末の連体形止めは、詠嘆(怒り)の会話的表現とみられる。㋒《近世語》貧しい。やりくりがつかない。〔浮・日本永代蔵〕「ひとりある倅を行く末の楽しみに—・しき(体)年を経りしに」[訳]一人いる息子を将来の楽しみに貧しい年を送って来たが。

かなしう・す【愛しうす】(他サ変){せ・し・す・する・すれ・せよ}〔「かなしくす」のウ音便〕かわいがる。いとおしむ。[伊勢] 八四「ひとつ子にさへありければ、いと—・し(用)給ひけり」[訳]一人っ子でもあったので、(母君が)大変かわいがりなさった。

かなし-が・る〔「がる」は接尾語〕㊀【愛しがる】(他ラ四){ら・り・る・る・れ・れ}かわいがる。かわいいと思う。[枕] 九六「にくげなるちごを、…うつくしみ、—・り(用)」[訳]みにくい感じの幼児を、…いつくしみ、かわいがり。

㊁【悲しがる】(自ラ四){ら・り・る・る・れ・れ}悲しく思う。[土佐]「今日はまして母の—・ら(未)るる(=お悲しみなさる)ことは」

かなしく・す【愛しくす】(他サ変){せ・し・す・する・すれ・せよ}「かなしうす」に同じ。

かなしけ【愛しけ】《上代東国方言》〔形容詞「かなし」の連体形「かなしき」の転〕いとしい。恋しい。[万葉] 二〇・四三六九「筑波嶺のさ百合の花の夜床にも—妹そ昼も—」[訳]筑波山の百合の花のように、夜の床でもいとしい妻は昼もいとしい。(第二句までは「夜」を導きだす序詞)

かなし-さ(名)〔「さ」は接尾語〕❶【愛しさ】かわいいこと。かわいさ。[源氏] 少女「をとこ君の御—はすぐれ給ふにやあらむ」[訳](孫たちの中でもこの)男君(=夕霧)のおかわいさは(特別)まさっていらっしゃるのだろうか。❷【悲しさ】悲しいこと。[源氏] 夕顔「いかにせむと思しわづらへど、なほ—のやるかたなく」[訳](夕顔の亡骸の置かれている寺に行くのを)どうしようと(光源氏は)思い悩みなさるが、やはり悲しさの晴らしようもなく。

かなしとも… [和歌]

> **悲しとも　またあはれとも　世の常に**
> **言ふべきことに　あらばこそあらめ**
> 〈建礼門院右京大夫集・建礼門院右京大夫〉

[訳]悲しいとも、またあわれとも、世間一般のように言えることであるならば、そうあってほしいけれど(とても世間一般のように言えはしない)。[文法]「べき」は可能の助動詞の

連体形。「あらばこそあらめ」の「ば」は順接仮定条件の接続助詞、「め」は意志の助動詞の已然形で、「こそ」の結び。ここは「こそ…已然形」の逆接用法。**解説** 作者の恋人の平資盛が壇の浦で没した後、ある人が「さてもこのあはれ、いかばかりか」と弔問したことを、作者がおざなりな言い方だと思って詠んだ歌。

かなし-び【悲しび】(名) 悲しく思うこと。悲しみ。源氏 明石「我かく―をきはめ」訳 私(=光源氏)がこんなふうに悲しみの限りを味わい。

かなし・ぶ(他バ四・上二)〔ば・び・ぶ・ぶ・べ・べ〕〔び・び・ぶ・ぶる・ぶれ・びよ〕❶【愛しぶ】**かわいいと思う。めでる。** 古今 仮名序「花をめで、鳥をうらやみ、霞をあはれび、露を―・ぶ(体)(四段)心ことば多く」訳 花を賞美し、鳥の声をうらやましく思い、霞をしみじみとしたものに思い、露をめでる心情や(それを詠んだ)歌は多く。❷【悲しぶ・哀しぶ】**悲しく思う。嘆く。** 新古 雑下「筑紫にも紫生ふる野辺はあれどなき名―・ぶ(体)(四段)人ぞ聞こえぬ」訳 筑紫の国(福岡県)にも紫草の生える野辺はある(=ゆかりの者がいる)けれども、(私の)無実の汚名を嘆く人は、誰も聞こえてこない。参考 上代では、バ行上二段活用だったと推定される。

かなし・む(他マ四)〔ま・み・む・む・め・め〕❶【愛しむ】**いとしいと思う。愛する。** 今昔 二九・三八「母牛、子を―・む(体)が故に、…狼に向かひて防きめぐりけるほどに」訳 母牛は、子牛を愛するがために、…狼に向かって防ぐように回っているうちに。❷【悲しむ・哀しむ】**悲しみ嘆く。** 悲しいと思う。徒然 一〇「鳥の群れゐて池の蛙をとりければ、御覧じ―・ま(未)せ給ひてなん」訳 鳥が(屋根に)群がりとまって池の蛙をとったので、(宮が)ご覧になってかわいそうにお思いになられて(屋根の棟に縄をお張りになったのだ)。文法 「せ給ひ」は、最高敬語。係助詞「なん」のあとに結びの語「縄を引かれける」などが省略されている。

かなた【彼方】(代) 遠称の指示代名詞。方向を示す。あちら。向こう。徒然 一一「―の庭に大きなる柑子の木の、枝もたわわになりたるが」訳 向こうの庭に大きなみかんの木で、枝もしなうほどに(実が)なっている木の。

かな・づ【奏づ】(他ダ下二)〔で・で・づ・づる・づれ・でよ〕❶舞を舞う。徒然 五三「しばし―・で(用)て後、抜かんとするに、大方抜かれず」訳 (鼎をかぶって)しばらく舞を舞ってから、抜こうとするが、いっこうに抜くことができない。❷音楽を奏する。弦楽器をひく。

仮名手本忠臣蔵(かなでほんちゅうしんぐら)『作品名』江戸中期の浄瑠璃。時代物。竹田出雲・三好松洛・並木千柳(宗輔)の合作。寛延元年(一七四八)、大坂竹本座初演。赤穂四十七士の仇討ちを題材とし、舞台を中世に移して脚色したもの。

かな-と【金門】(名) 門。一説に、金具を多く用いて堅固に作ってある門。万葉 一四・三五三〇「見えずとも児ろが―よ行かくし良えしも」訳 (中まで)見えなくても、あの子の家の門(の前)を通って行くことはよいものよ。

かなと-で【金門出】(名)「金門」を出ること。出立。門出。万葉 一四・三五六九「防人に立ちし朝明の―に手放れ惜しみ泣きし児らはも」訳 防人として出発した明け方の門出に、別れることを惜しんで泣いたあの子よ。

かなは-ず【叶はず】❶できない。手に負えない。また、思いどおりにならない。平家 三・足摺「都までこそかなはずとも(終)といふとも、この船にのせて、九国の地へつけ給へ」訳 (私=俊寛が)都まで(帰ること)はできないといっても、この船に乗せて、九州の地へ着けてください。❷そのままではすまない。だめである。徒然 一四〇「朝夕なくてかなはざら(未)ん物こそあらめ」訳 朝晩なくてすまないようなもの(=必需品)は持ってよかろうが。❸しなくてはならない。やむをえない。〔狂・節分〕「かなはぬ(体)用のこと(=やむをえない用事)があって参りました」なりたち 四段動詞「叶ふ」の未然形「かなは」+打消の助動詞「ず」

かな・ふ【適ふ・叶ふ】**一**(自ハ四)〔は・ひ・ふ・ふ・へ・へ〕❶**適合する。ちょうどよい。** 条件に合う。万葉 一・八「熟田津に船乗りせむと月待てば潮も―・ひ(用)ぬ今は漕ぎ出でな」訳 →にきたつに…和歌 ❷**思いどおりになる。** 願いが成就する。古今 離別「命だに心に―・ふ(体)ものならば何か別れの悲しからまし」訳 せめて命だけでも思いどおりにな(ってあなたのお帰りを待つことができ)るものならば、どうして別れが悲しいだろうか(いや、悲しくはない)。文法「何か」の「か」は反語で、「いや、悲しいことなどない」となるが、文末の反実仮想の助動詞「まし」によって、現実には命は思うままにならず、だから悲しい、という意を含んでいる。❸(多く下に否定表現を伴って)㋐**匹敵する。つりあう。** 平家 一・俊寛沙汰 鵜川軍「目代―・は(未)じとや思ひけん、夜に入りて引き退く」訳 目代はかなうまいと思ったのだろうか、夜になって退却する。㋑**できる。** 許可される。宇治 三・三「わが心ひとつにては―・は(未)じ。この由を院へ申してこそは」訳 私の一存では(決めることは)できまい。この事情を院(=陽成院)に申し上げてからは(祭るなら祭ろう)。文法 係助詞「こそ」の結びは、文脈から「祝はば祝はめ」などが考えられる。**二**(他ハ下二)〔へ・へ・ふ・ふる・ふれ・へよ〕望みどおりにさせる。源氏 若菜上「静かなる思ひを―・へ(未)む」訳 (出家して仏道修行の)静かな(生活への)念願をかなえよう。

かなへ【鼎・釜】(名) 食物を煮たり、湯を沸かしたりするために用いた金属製の器。足が三本あるのがふつうで、これを足鼎という。大鏡 道長下「御堂の南面に―をたてて、湯をたぎらかしつつ(=煮えたたせては)」

発展 **「鼎」が抜けなくなった法師**

「徒然草」第五三段は、仁和寺の法師が興に乗って、足鼎をかぶって抜けなくなる話である。医者から治療法は医書にも口伝にもないと言われ、藁を間に入れて無理やり取ったため、耳や鼻が欠けたという。

かな-まり【金椀・鋺】(名) 金属製のわん。枕 四二「削り氷にあまづら入れて、あたらしき―に入れたる」訳 削った氷にあまずら(=甘味料の一種)を入れて、新しい金属製のわんに入れたの(も、上品なものである)。

かな-やき【金焼き】(名) 鉄の焼き印を押すこと。平家 四・競「尾髪を切り、―して」訳 (馬の)尾とたてがみ(一説に、たてがみのみ)を切り、焼き印を押して。

かな-やま【金山・銀山】（名）鉱山。

かならず【必ず】（副）❶間違いなく。きっと。確かに。伊勢 八五「正月には―まうでけり」訳 陰暦正月には間違いなく（主君の隠遁所に）参上した。❷（下に打消・反語表現を伴って）必ずしも（…でない）。徒然 六四「車の五緒は、必ずしも人によらず」訳 五つ緒の簾の牛車は、必ずしも（乗る）人（の身分）によらず。

かならず-しも【必ずしも】❶「かならず①」に同じ。〔椿説弓張月〕「―人情によって公道を忘るべからず」訳 決して感情に支配されて公の道を忘れてはならない。❷「かならず②」に同じ。土佐「この人、国に―言ひ使ふ者にもあらざなり」訳 この人は、国府で必ずしも仕事を言いつけて使う者でもないようだ。

なりたち 副詞「必ず」＋副助詞「しも」

がに 一（接助）二（終助）

意味・用法	接続
一 接続助詞 程度・状態〔…ように。…ほどに。〕	一 動詞および完了の助動詞「ぬ」の終止形に付く。
二 終助詞 目的・理由〔…ために。…ように。…であろうから。〕	二 動詞の連体形に付く。

一（接助）《上代語》下の用言を修飾して、程度・状態を表す。…ように。…ほどに。万葉 一〇・一九五二「うれたきや醜ほととぎす今こそば声の嗄るがに来鳴きとよめめ」訳 いまいましいことよ。ばかほととぎす。今こそは声のかれるほどに来て鳴き響かせるとよいのに。文法 歌末の「め」は助動詞「む」の已然形で、「こそ」の結び。「…するのがよい」の意を表す。万葉 一〇・二三〇七「秋づけば水草の花の落えぬがに思へど知らじ直に逢はざれば」訳 秋になると水草の花が散り落ちてしまうように（＝消え入らんばかりに）思うけれども、（あの人は）知らないだろう。じかに逢わないので。（第二句までは「落えぬがに」を導きだす序詞）

二（終助）打消・意志・禁止・命令・願望などの表現を受けて、その目的や理由を表す。…ために。…ように。…であろうから。万葉 一四・三四五二「おもしろき野をばな焼きそ古草に新草まじり生ひは生ふるがに」訳 眺めのよい野を焼いてくれるな。古草に新しい草が交じって生えに生えるように。文法「な（副詞）…そ（終助詞）」の形で禁止の意を表す。古今 哀傷「泣く涙雨と降らなむ渡り川水まさりなば帰り来るがに」訳（私が悲しんで）泣く涙が雨となって降ってほしい。三途の川の水かさが増えたならば、（渡ることができずに、亡き妹が）帰ってくるだろうから。文法「降らなむ」の「なむ」は、他に対する願望を表す終助詞。

文法 一は自然にそうなるという意味の自動詞に付くことが多い。二は上代の終助詞「がね」の転で、「がに」の形は「万葉集」には例にあげた一例のみである。中古に入ってからは「がに」のみが使われた。一二とも和歌にしか使われない。→がね（終助）

かに-かくに（副）あれこれと。いろいろと。とやかくと。万葉 七・一二九八「―人は言ふとも織り継がむわが機物の白き麻衣」訳 あれこれと人は言っても、織り続けよう。私の織っている白い麻衣を。（恋を麻衣にたとえる）

かにも-かくにも（副）ともかくも。いずれにしても。万葉 四・六二九「何すとか使ひの来つる君をこそ―待ちかてにすれ」訳 どうして使いの者が来たのか。あなた（が直接に来るの）をともかくも待ちかねているのに。

-か・ぬ（接尾ナ下二型）（動詞の連用形に付いて）「…のがむずかしい」「…ことができない」の意の動詞をつくる。源氏 桐壺「つゆまどろまれず、明かし―・ね（未）させ給ふ」訳（桐壺帝は）少しもうとうとすることができず、（夏の短夜を）明かすことができずにいらっしゃる。

【例語】言ひかぬ・思ひかぬ・こしらへかぬ（＝なだめることができない）・定めかぬ・忍びかぬ・塞きかぬ・堪へかぬ（＝がまんできない）・とどめかぬ・飛び立ちかぬ・慰めかぬ・待ちかぬ・見かぬ・忘れかぬ

か・ぬ（他ナ下二）｛ね・ね・ぬ・ぬる・ぬれ・ねよ｝❶【兼ぬ】㋐合わせて一つにする。両方をかねる。〔毎月抄〕「所詮、心と詞と―・ね（用）たらんを、よき歌と申すべし」訳 結局、心と詞とをかね備えているような歌を、よい歌と申すことができよう。㋑ある範囲にわたる。大鏡 師輔「一町―・ね（用）てあたりに人もかけらず」訳 一町（＝約一一〇メートル四方）にわたって付近に人も走らない。❷【予ぬ】㋐将来のことを心配する。万葉 一四・三四一〇「伊香保ろの岨の榛原ねもころに将来をな―・ね（用）そ現在し善かば」訳 伊香保の山の斜面の榛原ではないが、こまごまと行く末のことを心配するな。今さえよいならば。（第二句までは「ねもころに」を導きだす序詞）。文法「な（副詞）…そ（終助詞）」の形で禁止の意を表す。㋑予想する。予定する。万葉 六・一〇四七「八百万千年を―・ね（用）て定めけむ奈良の都は」訳 何千年（後まで）を予定して定めたのであろう、奈良の都は。

かね【金】（名）❶金属の総称。また、鉱物。❷貨幣。金銭。竹取 火鼠の皮衣「もし―給はぬものならば、かの衣の質返したべ」訳 もし代金をくださらないものならば、あの預けた皮衣を返してください。

参考 近世上方では銀貨が主要な貨幣であったから、貨幣・金銭のことを「銀」と表記することが多かった。

かね【矩】（名）❶曲尺。木工職人が使う物差し。❷直角。平家 四・橋合戦「―に渡いておし落とさるな」訳（流れに）直角に渡って（水中に）おし落とされるな。

かね【鉦】（名）仏具の一つ。地に伏せたり、手に持ったりして、撞木でたたいて鳴らすもの。

かね【鐘】（名）つりがね。また、その音。源氏 浮舟「誦経の―の風につきて聞こえ来るを」訳 読経の鐘の音が風にのって聞こえて来るのを。

かね【鉄漿】（名）鉄を酒・酢などに浸して酸化させた液。歯を黒く染めるのに用いる。お歯黒。平家 九・忠度最期「あっぱれ（＝ああ）、味方には―つけたる人はないものを（＝いないのだから）」→歯黒め

-がね（接尾）（名詞に付いて）「…のためのもの」「…の候補者」の意を添える。「后―」「婿―」

がね（終助）《上代語》

意味・用法　理由・目的〔…ために。…ように。…であろうから。〕

接続　活用語の**連体形**に付く。

打消・意志・禁止・命令・願望などの表現を受けて、その理由や目的を表す。**…ために。…ように。…であろうから。** 万葉 四・五二九「佐保河の岸のつかさの柴（しば）な刈りそね在（あ）りつつも春し来（きた）らば立ち隠る**がね**」訳 佐保川の岸の小高い所の柴はどうか刈らないでくれ。このままにしておいて、春がやってきたら、(あなたに逢（あ）うときに)隠れるために。(五七七・五七七の旋頭歌（せどうか）)。文法「な(副詞)…そね(上代の終助詞)」の形で禁止を表す。万葉 一九・四一六五「大夫（ますらを）は名をし立つべし後の世に聞き継ぐ人も語り継ぐ**がね**」訳 男は名をあげるのがよい。後の世に伝え聞く人も語り伝えるだろうから。文法「名をし」の「し」は、強意の副助詞。

参考 和歌にしか使われない。

かね-う・つ【金打つ】(自夕四)〔た・ち・つ・つ・て・て〕(神仏に対して)誓いを立てるときに、鉦（かね）や鰐口（わにぐち）などの金物を打ち合わせる。宇治 一二・八「大仏の御前にて、―・ち(用)て」

かね-ぐろ【鉄漿黒】(名)歯を鉄漿（かね）で黒く染めること。平家 九・敦盛最期「年十六、七ばかりなるが、薄化粧して―なり」訳 (取り押さえた敵の武将は)年齢は十六、七歳ほどである者で、薄化粧をして歯を黒く染めているのである。→歯黒（はぐろ）め

かね-ごと【予言】(名)「かねこと」とも。前もって言っておくことば。約束のことば。また、予言（よげん）。〔後撰〕恋三「昔せし我が―の悲しきはいかに契りし名残（なごり）なるらむ」訳 昔した私の約束のことば(の結果)が悲しいのは、どのように(将来を)誓った名残なのであろう。

かね-たたき【鉦叩き】(名)鉦をたたき、歌念仏などを唱えて物を乞い歩く人。

かね-て【予ねて】一(副)**前もって。あらかじめ。** 徒然 一八九「日々に過ぎゆくさま、―思ひつるには似ず」訳 日ごとに経過してゆく状態は、前もって予期していたことには似ていない。

二(日数などを表す語の前やあとに用いて)…以前に。源氏 須磨「二、三日―、夜（よ）に隠れて大殿（おほいどの）に渡り給へり」訳 (光源氏は須磨（すま）出発の)二、三日以前に、夜の闇にまぎれて左大臣邸にお出かけになった。

なりたち 下二段動詞「予（か）ぬ」の連用形「かね」＋接続助詞「て」

兼良（かねよし）《人名》→一条兼良（いちでうかねら）

か-の【彼の】❶話し手から遠く離れた所にあるものをさす語。**あの。** 竹取 かぐや姫の昇天「―都の人は、いとけうらに、老いをせずなむ」訳 あの(月の)都の人は、たいへん美しく、老いることがありません。文法 係助詞「なむ」のあとに結びの語「侍る」などが省略されている。

❷直前に述べた物事をさしていう語。**その。例の。** 徒然 四五「この名然（しか）るべからずとて、―木を伐（き）られにけり」訳 この(榎木（えのき）の僧正という)名前は(自分に)ふさわしくないといって、その木を切ってしまわれた。

なりたち 代名詞「彼（か）」＋格助詞「の」

参考 現代語では連体詞とする。

か-の-え【庚】(名)〔「金（かね）の兄（え）」の意〕十干（じっかん）の七番目。→十干

か-の-こ【鹿の子】(名)❶鹿（しか）の子。〔笈の小文〕芭蕉「灌仏（くわんぶつ）の日に生まれあふ―かな」訳 灌仏の日(=釈迦（しゃか）の誕生日。陰暦四月八日)に生まれ合わせた(なんと仏縁の深い)鹿の子であるよ。夏

❷「鹿の子斑（まだら）」の略。❸「鹿の子絞（しぼ）り」の略。鹿の毛のように白い斑点を染め出した絞り染め。

かのこ-まだら【鹿の子斑】(名)鹿（しか）の毛のように茶褐色の地に白い斑点のあること。また、他の色地に白い斑点のあること。「鹿の子」とも。伊勢 九「時知らぬ山は富士の嶺（ね）いつとてか―に雪のふるらむ」訳 →ときしらぬ…和歌

か-の-と【辛】(名)〔「金（かね）の弟（おと）」の意〕十干（じっかん）の八番目。→十干

か-の-も【彼の面】(名)(多く「このもかのも」の形で)あちら側。あの方面。あちら。かなた。古今 東歌「筑波嶺（つくばね）のこのも―に影はあれど君がみかげにます影はなし」訳 筑波山のこちら側とあちら側に木陰は(いくらも)あるが、君のおかげ(=君の御庇護（ひご）)にまさるかげはない。↔此（こ）の面（も）

か-は（係助）〔係助詞「か」に係助詞「は」の付いたもの〕

意味・用法　**疑問**〔…か。…だろうか。〕→❶　**反語**〔…(だろう)か(いや、…ではない)。〕→❷

接続　種々の語に付く。

❶疑問を表す。**…か。…だろうか。** 古今 夏「はちす葉の濁（にご）りにしまぬ心もてなに**かは**露を玉とあざむく」訳 →はちすばの…和歌

❷反語を表す。**…(だろう)か(いや、…ではない)。** 竹取 ふじの山「逢（あ）ふことも涙に浮かぶわが身には死なぬ薬も何に**かは**せむ」訳 →あふことも…和歌。古今 春下「声絶えず鳴けや鶯（うぐひす）ひとせにふたたびとだに来（く）べき春**かは**」訳 声の絶えることなく鳴けよ、うぐいす。一年に二度とだって来るはずの春であろうか(いや、二度と来る春ではない)。→ものかは(終助)

文法「かは」が文中に用いられた場合、係り結びの法則で結びは連体形となる。また、係助詞「か」が単独で用いられるときよりも、反語となることが多い。

係り結び

花、いつかは咲かむ。〈疑問〉〈連体形〉
(=花がいつ咲くだろうか)

誰（たれ）かは春を恨みたる。〈反語〉〈連体形〉
(=だれが春を恨んだか〈だれも恨まない〉)

か-ばかり（副）❶これほど。このくらい。枕 八「さても―の家に、車いらぬ門やはある」訳 それにしてもこれほどの（身分の人の）家で、牛車の入らない門があるだろうか（いや、ない）。文法「やは」は、反語の係助詞。
❷これだけ。これきり。徒然 五二「極楽寺・高良などを拝みて、―と心得て帰りにけり」訳（仁和寺の法師は、末寺・末社である）極楽寺や高良神社などを拝んで、（石清水八幡宮は）これだけと思いこんで帰ってしまった。

かは-ぎぬ カワ【皮衣・裘】（名）「かはごろも」に同じ。

かは-くぢら カワクジラ【皮鯨】（名）鯨の皮下脂肪の部分。塩漬けにし、保存食とする。夏

かは-くま カワ【川隈】（名）川の流れの折れ曲がっている所。万葉 一・七九「―の八十隈おちず万度かへり見しつつ」訳 川の曲がり角の多くの曲がり目ごとに残らず何度も何度もふり返りふり返りして。

かは-ご カワ【皮籠】（名）まわりに皮を張った籠。のち、紙を張ったものや竹で編んだものもいう。行李。方丈 三「黒き―三合（=三つ）を置けり（=置いてある）」

（かはご）

かは-ごろも カワ【皮衣・裘】（名）獣の毛皮でつくった防寒着。「かはぎぬ」とも。竹取 火鼠の皮衣「限りなきおもひに焼けぬ―」訳（かぐや姫を愛する）限りない思いの火にも燃えない皮衣。（「思ひ」の「ひ」に「火」をかける）

かば-ざくら【樺桜】（名）❶木の名。山桜の一種。源氏 幻「八重咲く花桜盛り過ぎて、―は開け」訳 八重に咲く花桜は盛りが過ぎて、樺桜は咲き。❷「樺桜襲」の略。襲の色目の名。表は蘇芳（=紫がかった紅色）、裏は赤花（=赤色）。一説に、表は薄色（=薄紫）、裏は濃い二藍（=紅色がかった青色）。

-がは-し ガワ（接尾シク型）（体言や動詞の連用形などに付いて）「…のようすである」「…の傾向がある」の意の形容詞をつくる。源氏 夕顔「らう―・しき㊍大路に立ちおはしまして」訳 乱雑であるような（=むさくるしい感じの）大通りに（光源氏が）立って（=牛車を止めて）いらっしゃって。
【例語】恥ぢがはし（=なんとなく恥ずかしい）・みだりがはし・みだれがはし
参考 同類の接尾語「がまし」に比べると用例が限られている。「愚かなる人、この楽しびを忘れて、いたづがはしく（=ご苦労なことに）外の楽しびを求め」〈徒然・九三〉とある「いたづがはし」は、動詞「いたつく」から派生した形容詞「いたつかはし」が鎌倉末期ごろ、音が変化したもの。

かは-す カワス【交はす】■（他サ四）❶互いにやりとりする。通じあう。源氏 胡蝶「かの親王よりほかに、また言の葉を―・す㊎べき人こそ世におぼえね」訳 あの親王（=蛍兵部卿の宮）以外に、またことばをやりとりすることのできる人は世の中に思い浮かばない。文法「おぼえね」の「ね」は、打消の助動詞「ず」の已然形で、係助詞「こそ」の結び。
❷まじえる。源氏 桐壺「羽をならべ、枝を―・さ㊍むと契らせ給ひしに」訳 羽を並べ、枝をまじえよう（=比翼の鳥、連理の枝となろう）と、（桐壺帝が）お約束になられたのに。文法「せ給ひ」は、最高敬語。
❸「変はす」とも書く）変える。ずらす。万葉 一七・四〇〇八「月立たば時も―・さ㊍ずなでしこが花の盛りに相見しめとそ」訳 月が変わったなら、時も移さず、なでしこの花の盛りに（あなたに）会わせてくれと祈った。文法「相見しめ」の「しめ」は、使役の助動詞「しむ」の命令形。
■（補動サ四）（動詞の連用形に付いて）互いに…しあう。万葉 一八・四一二五「安の河中に隔てて向かひ立ち袖振り―・し㊊」訳 安の河を中に隔てて、向かいあって立ち、互いに袖を振りあい。

かは-せ カワ【川瀬】（名）川の浅瀬。川の流れが速く、浅い所。万葉 一五・三六一八「山川の清き―に遊べども」

かは-せうえう カワショウヨウ【川逍遥】（名）「かはぜうえう」とも。❶川のほとりで遊ぶこと。川辺を散歩すること。古今 秋上・詞書「秋立つ日、うへの男ども、賀茂の河原に―しける供にまかりてよめる」訳 立秋の日、殿上人たちが、賀茂の河原で川遊びした（ときに）お供として参上して詠んだ歌。
❷川舟に乗って遊ぶこと。

かは-せ-む カワセン 反語を表す。…になろうか（いや、何にもなりはしない）。…しようか（いや、しない）。竹取 ふじの山「逢ふこともなみだに浮かぶわが身には死なぬ薬も何に―」訳 →あふことも…和歌
なりたち 反語の係助詞「かは」＋サ変動詞「為す」の未然形「せ」＋意志・推量の助動詞「む」の連体形「む」

かは-たけ カワ【川竹・河竹】（名）❶竹の一種。「めだけ」「まだけ」の異称。また、特に、清涼殿の東庭、南側の御溝水の近くに植えてある竹。徒然 二〇〇「御溝に近きは―、仁寿殿のかたに寄りて植ゑられたるは呉竹なり」訳 御溝水に近いほうは河竹で、仁寿殿のほうに寄って植えられているのは呉竹である。
❷川のほとりに生えている竹。

河竹黙阿弥 カワタケモクアミ『人名』（一八一六〜一八九三）江戸末期・明治初期の歌舞伎脚本作者。二世河竹新七を襲名、引退後、黙阿弥と称した。江戸歌舞伎の大成者で、技巧にすぐれ、世話物を多く書いた。江戸末期には白浪物を得意とし、明治になって活歴物・散切物などに新しい分野を開いた。代表作「三人吉三廓初買」「青砥稿花紅彩画」など。

かは-だたみ カワ【皮畳】（名）獣の皮で作った敷物。〔記〕中「菅畳八重、―八重、絁畳八重を波の上に敷きて」訳 菅の敷物をいく重にも、皮の敷物をいく重にも、絹の敷物をいく重にも波の上に敷いて。

かは-たび カワ【革足袋】（名）鹿・山羊などのなめし革で作った足袋。

かはたれ-どき カワタレ【彼は誰時】（名）（あれはだれとはっきり見分けられない時の意）おもに明け方の薄暗い時。夕暮れ時にもいう。万葉 二〇・四三八四「暁の―に島陰を漕ぎにし船のたづき知らずも」訳 夜明け前の薄暗い時分に島かげを漕いで行ってしまった船のようすがわからないことよ。
参考 夕暮れ時を「たそかれどき」という。「かはたれどき」は夜明け前のころにいうことが多い。→誰そ彼時

河内（かはち）カワチ『地名』旧国名。畿内五か国の一つ。今の大阪府東部。河州。

かはづ【蛙】(名)❶かじかがえるの異称。形の小さいかえるで、谷川の岩間にすみ、夏から秋にかけて澄んだ美しい声で鳴く。古今 仮名序「〔春は〕花に鳴く鶯、〔秋は〕水にすむ―の声をきけば」❷かえるの異称。春。〔春の日〕芭蕉「古池や―飛びこむ水のおと」訳→ふるいけや…俳句

かは-づ【川津・河津】(名)川の渡し場。舟着き場。

かは-づか【革柄】(名)刀の柄を革や皮緒で巻いたもの。〔浮・西鶴諸国ばなし〕「―に手を掛くる時」

かは-つら【川面】(名)〔近世は「かはづら」〕❶川のほとり。川辺。蜻蛉 中「―に放ち馬どものあさりありくもはるかに見えたり」訳川辺に放し飼いの馬が何頭もえさをあさりあるくのもはるかに見えている。❷川の水面。〔仮名・竹斎〕「さて―を見渡せば」

かは-と【川門】(名)川の両岸がせまって、川幅の狭くなっている所。転じて、川の渡り場。万葉 五・八五九「吾家の里の―には鮎子さ走る」訳わが家のある里の川の渡り場には、鮎の子が跳ね泳いでいる。

かは-と【川音】(名)〔「かはおと」の転〕川の水の流れる音。

がは-と(副)「がばと」とも。突然で激しい動作を表す語。ぱっと。がばっと。平家 九・落足「馬より舟へ―飛び乗らうに」訳馬から舟へぱっと飛び乗るようなときに。

かばね【姓】(名)❶上代、氏族の家柄や世襲の職業を表した称号。臣・連・君・直・首・史・村主・造・県主など数十種ある。❷「やくさのかばね」に同じ。

かばね【屍・尸】(名)人の死体。しかばね。また、遺骨。平家 七・忠度都落「山野に―をさらさばさらせ」訳山野にしかばねをさらすなら、さらせばいい。文法「さらせ」は命令形で、ここは放任法。⇨思ひ置く「名文解説」

かばね-の-はぢ【屍の恥】(名)死後の恥。〔浮・西鶴諸国ばなし〕「生害におよびし跡にて、御尋ねあそばし、―をせめては頼む」訳(私が自害をした後で、お調べくださって、死後に残る汚名をせめてすすいでもらいたい。

かは-ばしら【川柱】(名)川の中に残って立っている橋や家などの柱。更級 かどで「朽ちもせぬこの―残らずは昔のあとをいかで知らまし」訳(今まで)腐りもしないこの川柱が残っていなかったならば、昔のあと(=まのの長者の屋敷跡)をどうして知ることができるだろう(いや、知ることはできない)。

河合曽良(かはひそら)〖人名〗(一六四九〜一七一〇)江戸前期の俳人。信濃(長野県)の人。芭蕉に師事し、「鹿島紀行」「おくのほそ道」の旅に同行した。紀行文「曽良『旅日記』(おくのほそ道随行日記)」、遺稿集「雪満呂気」などがある。

かは-ぶえ【皮笛】(名)〔唇の皮で吹く笛の意〕口笛。源氏 紅梅「―ふつつかに馴れたる声して」訳(笛と琵琶に)口笛を太く馴れた音色で(お合わせになる)。

かは-ぼり【蝙蝠】(名)「かはほり」とも。❶こうもりの異称。夏 ❷「蝙蝠扇」の略。骨の片側だけに紙や絹をはった扇。開くとこうもりの翼を広げた形に似ることからいう。源氏 紅葉賀「―のえならずゑがきたるを」訳蝙蝠扇で、たいそう美しく(絵を)描いてあるのを。⇨扇「発展」

(かはぼり②)

かは-むし【皮虫】(名)毛虫の古名。堤 虫めづる姫君「―の心ふかきさましたるこそ心にくけれ」訳毛虫が趣深いようすをしているのは奥ゆかしい。

かは-や【厠】(名)〔家のそばに設けた家「側屋」の意とも、川の上にかけ渡してつくった家「川屋」の意とも〕便所。今昔 七・三「―の前にして一人の鬼にあふ」

かは-ゆか【川床】(名)納涼のために料理屋などの座敷から川へ突き出して作られた桟敷。特に、京都の四条河原のものが有名。夏

かはゆ-し(形ク)〔(から)・く(かり)・し・き(かる)・けれ・かれ〕〔「顔映し」の転〕❶恥ずかしい。おもはゆい。〔建礼門院右京大夫集〕詞書「いたく思ふままのこと―く(用)もおぼえて、少々をぞ書きて見せし」訳あまり思っているとおりのことでは恥ずかしくも感じられて、(自分の歌集の)ほんの一端を書いて見せた。❷かわいそうだ。いたましい。今昔 二六・五「この児に刀を突き立て、矢を射立て殺さむは、なほ―し(終)」訳この子供に刀を突き刺し、矢を射立てて殺すようなことは、やはりいたましい。文法「殺さむは」の「む」は、仮定・婉曲の助動詞。❸愛らしい。かわいらしい。〔文化句帖・補遺〕一茶「蝶とんで―き(体)竹の出たりけり」訳蝶々が飛んで(いる時季になって)、かわいらしい竹(の子)が出たことだ。

かは-よど【川淀】(名)川の流れがゆるく、よどんでいる所。万葉 三・三五五「吉野なる夏実の河の―に鴨そ鳴くなる山陰にして」訳→よしのなる…和歌

かはら【川原・河原】(名)〔「かははら」の転〕❶川辺の、水がなくて砂や石の多い所。徒然 一一五「ここにて対面し奉らば、道場をけがし侍るべし。前の―へ参り合はん」訳ここでお相手いたしたら、仏道修行の場所を汚すでしょう。前の河原へ参りまして立ち合おう。❷京都の賀茂川の河原。近世では、特に歌舞伎芝居や夕涼みの行われた賀茂川の四条河原をさす。枕 三「ものよく言ふ陰陽師して、―に出でて呪詛のはらへしたる」訳弁舌のさわやかな陰陽師に命じて、賀茂の河原に出て呪いの災難を避ける祓いをしたの(も、胸がすっとする)。

かは-らか(形動ナリ)〔なら・なり(に)・なり・なる・なれ・なれ〕→かわらか

かはら-け【土器】(名)❶うわぐすりを用いない素焼きの陶器。枕 一三「上にも宮にも、あやしきもののかたなど、―に盛りてまゐらす」訳天皇にも中宮にも、見慣れない形の食物などを、素焼きの陶器に盛って差し上げる。❷素焼きの杯。酒杯。伊勢 六〇「女あるじに―とらせよ。さらずは飲まじ」訳(この家の)女主人に酒杯を与えて酌をさせよ。そうでなくては(私は)飲むまい。文法「ずは」は、打消の順接の仮定条件を表す。❸酒杯のやりとり。酒宴。源氏 匂兵部卿「御―など始まりて、ものおもしろくなりゆくに」訳ご酒宴なども始まって、なんとなく興趣が加わってゆくころに。

かはら-ばん【瓦版】(名)江戸時代、心中・仇討ちなどの事件を知らせるために、街頭で売った新聞。

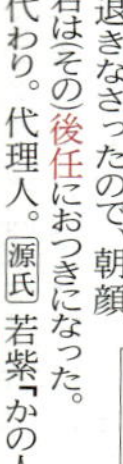

半紙一枚程度のもので、元禄のころから流行した。

（かはらばん）

かはり【代はり】(名) ❶後任。あとがま。源氏 賢木「斎院は御服にて下り居給ひにしかば、朝顔の姫君は、—に居給ひにき」訳 斎院は(桐壺院の)御服喪のため(斎院の位を)退きなさったので、朝顔の姫君は(その)後任におつきになった。❷身代わり。代理人。源氏 若紫「かの人の御—に、明け暮れのなぐさめにも見ばや」訳 あの人(=藤壺)の御身代わりとして、毎日の慰めとしても(あの娘=若紫を)見たいものだ。文法「ばや」は、願望の終助詞。❸代償。ひきかえ。また、代金。著聞 三六「ただ今—なかりければ、その草かしおけ」訳 ただ今は代金がなかった(のに気づいた)ので、その草を貸しておいてくれ。

かはり‐がはり【代はり代はり】(副) かわるがわる。交替で。源氏 夢浮橋「—に加持せさせなどなむし侍りける」訳 (私=僧都は験力のある者たちに)かわるがわるに祈禱をさせたりなどしました。

かはり‐ぎぬ【代はり絹・替はり絹】(名) 物を買うとき、金銭の代わりとして支払う絹。物々交換に用いる絹。宇治 七・五「ただ今、—などはなきを、この鳥羽の田や米などにはかへてんや」訳 今すぐは、(馬の代金の)代わりに支払う絹などはないが、この鳥羽の田や米などには交換してくれるだろうか。

‐かひ【交】(接尾) 物と物との重なり合うところ。物と物との間。「鴨の羽—」「眼—」

かひ【貝】(名) ❶貝または貝殻。上代は装身具の材料にし、のちには貝合わせなどの遊びに用いた。❷ほら貝。時報・号令などの合図に用いた。枕 二二〇「かたはらに—をにはかに吹き出でたるこそ、いみじう驚かるれ」訳 そばで(正午を告げる)ほら貝を急に吹き出したのには、ひどくびっくりしないではいられない。

かひ【卵】(名) たまご。源氏 真木柱「おなじ巣にかへりし—の見えぬかないかなる人か手に握るらむ」訳 同じ巣で孵化したかいもなく、卵が見えないなあ(=玉鬘が見えないなあ)。いったいどういう人が手に握っているのだろうか。(「卵」は「効」との掛詞)

かひ【効・甲斐】(名) ❶ききめ。効果。平家 三・足摺「天に仰ぎ、地に臥して、泣き悲しめども—ぞなき(=効果がない)」❷価値。ねうち。源氏 帚木「暑さに乱れ給へる御有様を、見る—ありと思ひ聞こえたり」訳 暑さにくつろいでいらっしゃる(光源氏の)お姿を、(若い女房たちは)見るねうちがあるとお思い申しあげている。

かひ【峡】(名) 山と山との間の狭い所。谷。古今 春上「桜花咲きにけらしもあしひきの山の—より見ゆる白雲」訳 桜の花が咲いてしまったらしいなあ。山(と山と)の間から見える白雲(のような桜だ)。(「あしひきの」は「山」にかかる枕詞)。⇩眼間「図解学習」

かひ【匙】(名) さじ。しゃくし。もと貝殻を用いたところからいう。枕 二〇一「御膳参るほどにや、箸・—など取りまぜて鳴りたる、をかし」訳 お食事を召し上がるころなのだろうか、はしやさじなどが(音を)取り混ぜて鳴っているのは、趣がある。

甲斐（かひ）『地名』旧国名。東海道十五か国の一つ。今の山梨県。甲州。

かひ‐あはせ【貝合はせ】(名) ❶遊戯の名。物合わせの一つ。左右二組に分かれて貝を出し合い、美しさや珍しさを競う。❷平安後期から行われた遊戯の名。三百六十個のはまぐりの貝殻を地貝と出し貝に分け、地貝は伏せ並べ、出し貝を一つずつ出して、これと合う地貝を多く選び取った者を勝ちとする。「貝覆ひ」とも。

かひ‐うた【甲斐歌】(名) 東歌の一種。甲斐(山梨県)でうたわれた歌謡。土佐「またある人、西国なれど、—など言ふ」訳 またある人が、(ここは)西国であるのに、(東国の)甲斐の民謡などを謡う。

かひ‐おほひ【貝覆ひ】(名)「かひあはせ②」に同じ。

かひ‐がかり【買ひ掛かり】(名)《近世語》代金後払いで物を買うこと。掛け買い。また、その代金。〔浮・世間胸算用〕「われらが—、さらりと済ましてくれるならば」訳 私どもの掛け買い代金を、さっぱりと払ってくれるならば。

かひがひ‐し【甲斐甲斐し】(形シク)〔しから・しく(しかり)・し・しき(しかる)・しけれ・しかれ〕❶効果がある。かいがある。張り合いがある。源氏 早蕨「人の御上にてさへ、袖もしぼるばかりになりて、—・しく㊊ぞあひしらひ聞こえ給ふめる」訳 (匂宮は)他人の身の上のお話にまでも、(涙で)袖もしぼるほどになって、(薫の話す)かいがあるように受け答え申しあげなさるようだ。❷頼もしい。しっかりしている。平家 二・蘇武「—・しく㊊もたのむの雁、秋は必ず越路より都へ来るものなれば」訳 頼もしいことにも、あてにされる、田の表面にいる雁は、秋には必ず北陸から都へやって来るものなので。(「たのむ」は「頼む」と「田の面」とをかける) ❸勢いがよい。てきぱきしている。きびきびしている。著聞 五二九「日ぐらし遊びこうじて物のほしかりける時にて、—・しく㊊皆食ひてけり」訳 一日じゅう遊んで疲れて食べ物がほしかったときなので、勢いよくみんな食べてしまった。

かひ‐つ・く【飼ひ付く】(他カ下二)〔け・け・く・くる・くれ・けよ〕飼いならす。徒然 一六二「池の鳥を日ごろ—・け㊊て」

かひ‐つ‐もの【貝つ物】(名)(「つ」は「の」の意の上代の格助詞) 貝類。源氏 須磨「海人ども漁りして、—もて参れるを召し出でてご覧ず」訳 漁師たちが漁をして、貝類を持って参上したのを(宰相の中将は)お呼び出しになってご覧になる。

かひな【肱・腕】(名) 肩からひじまでの部分。二の腕。また、肩から手首までの全体。著聞 七三三「馬に乗りて落ちて、右の—をつき折りて(=ついて折って)」

かひ‐な・くなる【甲斐無くなる】「死ぬ」を婉曲に言うことば。亡くなる。源氏 夕霧「もし、—・り㊊果て侍りなば」訳 もし、(私=一条御息所が)死んでしまいましたならば。⇩果つ「慣用表現」

かひ‐な・し【甲斐無し】(形ク)〔から・く(かり)・し・き(かる)・けれ・かれ〕❶効果がない。ききめがない。むだだ。竹取 ふじの山「翁・嫗、血の涙を流して惑へど—・し㊎」訳 翁と嫗は、血の涙を流して悲嘆にくれるがむだである。

❷取るに足りない。価値がない。平家 二・少将乞請「成経とても—・き体命を生きて何にかはし候ふべき」訳(私)成経としても取るに足りない命を生き長らえてどうしましょうか(いや、どうしようもありません)。文法「かは」は、反語の係助詞。⇩徒然「類語パネル」・言ふ甲斐無し「慣用表現」

貝原益軒（かひばらえきけん）『人名』(一六三〇〜一七一四)江戸前期の儒者・本草学者。本名篤信。別号損軒。筑前(福岡県北部)の人。木下順庵・山崎闇斎らに学び、朱子学を修めた。著書「慎思録」「養生訓」「楽訓」、博物書「大和本草」など。

かひろ・ぐ(自ガ四)〔が・ぎ・ぐ・ぐ・げ・げ〕(船・すすきなどが)揺れ動く。枕 六七「昔思ひ出顔に、風になびきて—・ぎ用立てる、人にこそいみじう似たれ」訳(すすきが冬の末に)昔を思い出しているようなようすで、風になびいて揺れ動いて立っているのは、人間にとてもよく似ている。

かひ-をけ【貝桶】(名)「貝合はせ②」の貝殻を入れる器。参考 八角・四角・丸形などがあり、地貝用と出し貝用の二つで一対。ふた付きで、蒔絵の装飾がしてある。中世より嫁入り道具の一つとされた。

（かひをけ）

かひ-を-つく・る【貝を作る】口をへの字形にして泣き顔になる。べそをかく。源氏 明石「—・る体もいとほしながら、若き人は笑ひぬべし」訳(明石の入道が)べそをかくのも気の毒であるものの、(その顔を)若い人はきっと笑うにちがいない。⇩潮垂る「慣用表現」

か・ふ【交ふ】■(自ハ四)〔は・ひ・ふ・ふ・へ・へ〕(動詞の連用形に付いて)互いに…しあう。入れちがいに…する。細道 出発まで「月日は百代の過客にして、行き—・ふ体年もまた旅人なり」訳 月日は永遠に旅を続ける旅人(のようなもの)であり、行きちがう年(=毎年去っては来、来ては去ってゆく年)も、また旅人(のようなもの)である。⇩おくのほそ道「名文解説」

■(他ハ下二)〔へ・へ・ふ・ふる・ふれ・へよ〕交差させる。交わす。万葉 四・五四六「敷栲の衣手—・へ用て自妻とたのめる今夜」訳 袖を交わし合って、自分の妻として頼っている今夜は。(「敷栲の」は「衣」にかかる枕詞)

か・ふ【買ふ】(他ハ四)〔は・ひ・ふ・ふ・へ・へ〕❶代金を払って物を手に入れる。竹取 火鼠の皮衣「火鼠の皮といふなる物—・ひ用ておこせよ」訳 火鼠の皮というそうだが、それを買って送ってくれ。
❷(損失などを)招く。受ける。徒然 三八「害を—・ひ用、わづらひを招くなかだちなり」訳(財産は)害を受け、めんどうなことを招くなかだちである。

か・ふ【換ふ・代ふ】(他ハ下二)〔へ・へ・ふ・ふる・ふれ・へよ〕交換する。引き換えにする。徒然 一八八「万事に—・へ未ずしては、一つの大事成るべからず」訳 すべてのことに引き換えにしなくては、一つの大事が実現するはずはない。

か・ふ【飼ふ】(他ハ四)〔は・ひ・ふ・ふ・へ・へ〕動物に飲食物を与える。また、動物を養う。飼育する。源氏 野分「虫の籠どもに露—・は未せ給ふなりけり」訳(秋好中宮は)いくつもの虫籠に露を与えさせなさるのであった。

-がふ【合】(接尾)ふたの付いた容器を数える語。方丈 三「黒き皮籠三—を置けり(=置いてある)」

が-ふ【楽府】(名)中国、漢の武帝が設置した、音楽をつかさどる役所。転じて、そこで採用・制定された歌曲。後世はその格調に擬して作った詩の称となった。日本では、多く白居易の「白氏文集」の新楽府をいう。

かふ-か【閤下】■(名)貴人や高位・高官の人に対する敬称。閣下。
■(代)対称の人代名詞。対等の人に対する敬称。あなた。大鏡 序「これはその後相添ひて侍るわらべなり。さて、—はいかが」訳 これはその後いっしょに暮らしております愚妻である。さて、あなた(の奥さん)はどうか。

かぶき【歌舞伎・歌舞妓】(名)〔動詞「かぶく」の連用形から〕❶異様な身なりやふるまいをすること。
❷「歌舞伎踊り」の略。江戸初期、出雲大社の巫女の阿国が演じたという踊り。③の源流となる。
❸歌舞伎芝居。歌舞伎狂言。元禄期に至って、それまでの踊り本位からせりふ劇へと性格を変えて完成した日本固有の民衆演劇。

かぶ・く【傾く】(自カ四)〔か・き・く・く・け・け〕❶頭を傾ける。〔六帖詠草〕「八束穂の—・き用わたりて賤の男がたのみゆたかに見ゆる秋かな」訳 たわわに実った長い稲穂が一面に頭を傾けて、農夫たちの願いが実り豊かにかなえられていると見える秋だよ。(「たのみ」は「田の実」と「頼み」との掛詞)
❷異様な身なりや勝手気ままなふるまいをする。〔伽・猫の草子〕「—・き用たる形ばかりを好み」訳 異様であった服装だけを好んで。

がふ-くゎん【合巻】(名)江戸後期の小説の一種。五丁で一冊の草双紙を、数冊とじ合わせて一巻としたもの。その一巻を一編とし、長いものでは数十編に及ぶ。作者は、山東京伝・式亭三馬・滝沢馬琴・柳亭種彦らが有名。

かぶし(名)頭つき。頭の格好。徒然 一〇五「—・かたちなど、いとよしと見えて」訳(女と話をする男の)頭つきや顔つきなどがたいへんりっぱだと見えて。

がふ-し【合子】(名)〔身とふたとが合う物の意〕ふたのある漆塗りの椀。平家 八・猫間「猫間殿は、—のいぶせさに召さざりければ」訳 猫間殿は、椀のきたならしさに召し上がらなかったところ。

かふしう-かいだう【甲州街道】(名)江戸時代の五街道の一つ。江戸日本橋から甲府を経て下諏訪に至る街道。四十四の宿駅があった。

かふち【河内】(名)〔「かはうち」の転〕川が曲折して流れている所。特に、谷あいの川の流域。万葉 六・九二三「川波の清き—そ」訳 →やすみしし…和歌

河内（かふち）『地名』旧国名「かはち」の古い形。

かぶと【兜・甲・冑】(名)❶武具の名。頭にかぶる鉄製の防具。頭頂をおおう部分を「鉢」、下に垂れて首をおおう部分を「錣」という。⇩巻頭カラーページ17
❷舞楽の舞人や楽人が頭につける冠。鳳凰の頭にかたどる。とりかぶと。

かぶら【鏑】(名)❶矢の先に付ける道具。木や鹿の角で、野菜の蕪の形に作り、中を空洞にして、表面に数個の穴をあけ、射ると音が出るようにしたもの。〔保元物

語」「こぶし高にさしあげて、―の上までからりと引き上げて放たれたり」訳（為朝は、弓矢を持った）こぶしを高くさしあげて、鏑の先まで（弓を）からりと引き上げてお放ちになった。⇩巻頭カラーページ17
❷「鏑矢」の略。

かぶら‐や【鏑矢】（名）先に「かぶら①」をつけた矢。後世には、その先に雁股（＝鏃の一種）を付けることが多い。鳴り鏑。鳴り矢。鳴る矢。宇治 三・三「山の上より、ゆゆしき―を射おこせければ」訳 山の上から、すごい鏑矢を射て寄こしたので。⇩巻頭カラーページ17

かぶり【冠】（名）〔「かうぶり」の転〕かんむり。徒然 一〇七「女のなき世なりせば、衣文も―も、いかにもあれ、ひきつくろふ人も侍らじ」訳 女のいない世の中だったら、装束の着け方も冠も、どうなろうと、ととのえる人もありますまい。

かぶり‐かぶり【頭頭】（名）〔「かぶり」はあたまの意〕（子供が）頭を左右にふって、いやいやをすること。〔おらが春〕「―ふりながら…〔風車を〕しきりにほしがりてむづかれば（＝だだをこねるので）」

かふ‐りょく【合力】（名・他サ変）力を貸したり、金品などを与えたりして援助すること。加勢。扶助。〔義経記〕「三日がうちに（＝三日間で）浮き橋を組んで、江戸太郎に―・す終（＝加勢する）」

かぶろ【禿】（名）❶頭に髪の毛のないこと。また、その頭。今昔 六・一「頭の髪なくして、―なり」訳 頭の毛はなくて、坊主頭（＝剃髪した姿）である。
❷子供の髪形の一つ。髪の末を切りそろえ、結ばずに垂らしておくもの。おかっぱ。平家 一・禿髪「十四、五六の童部を三百人そろへて、髪を―に切りまはし」訳 十四、五、六歳の子供を三百人そろえて、髪をおかっぱにまわりを切って。
❸「かむろ」とも。江戸時代、大夫・天神などの上級の遊女に仕える少女。六、七歳から十三、四歳までで、のちに遊女になる。〔浮・好色一代男〕「所ならひとて―もなく、女郎の手づから燗鍋の取りまはし」訳 その土地のしきたりというので禿もいず、遊女が自分で燗酒用の鍋を取り扱い。

（かぶろ②）

がへ（終助）（上代東国方言）反語の意を表す。…（だろう）か（いや、…ではない）。万葉 一四・三四二〇「上毛野佐野の舟橋取り放し親は離さくれど吾は離さかるがへ」訳 上野（群馬県）の佐野の舟橋を取りはなすように、親は（二人の仲を）引き離すけれど、私は（あなたと）離れるだろうか（いや、離れはしない）。（第三句までは「離さく」を導きだす序詞）
接続 用言の連体形に付く。
参考「かは」の転とも、「が上」の転ともいわれるが未詳。

か‐べい …にちがいない。…はずである。源氏 澪標「命こそ叶ひがた―ものなめれ」訳 命（だけ）は思いどおりにならないにちがいないものであるようだ。
なりたち 形容詞または形容詞型活用助動詞の連体形の一部「かる」の撥音便「かん」＋推量の助動詞「べし」の連体形「べき」のイ音便「べい」（＝「かんべい」の「ん」の表記されない形

かへ‐おとり【替へ劣り】（名）物を取り替えて前よりも悪いものを得ること。平家 八・鼓判官「平家の都におはせし時は…衣裳をはぐまではなかりしものを、平家に源氏―したり」訳 平家が都にいらっしゃったときは…着物をはぐことまではなかったのに、平家に源氏を替えて前より悪いことになってしまった。↔替へ優り

かへ‐さ【帰さ・還さ】（名）〔「かへるさ」の転。「さ」は接尾語〕帰る時。帰り道。特に、賀茂の祭りの翌日、斎王が斎院に帰る行列。枕 四「祭りの―見るとて、雲林院・知足院などの前に車を立てたれば」訳（賀茂の）祭りの帰り道の斎王の行列を見るというので、雲林院や知足院などの前に牛車を止めていると。

かへさひ‐まう・す【返さひ申す】（他サ四）{さ・し・す・す・せ・せ}ご辞退申しあげる。→返さふ③

かへさ・ふ【返さふ】（他ハ四）{は・ひ・ふ・ふ・へ・へ}〔四段動詞「かへす」の未然形「かへさ」に上代の反復・継続の助動詞「ふ」の付いたもの〕❶何度も裏返す。ひっくり返す。万葉 一八・四一二九「針袋取り上げ前に置き―・へ已ばおのともおのや裏も継ぎたり」訳 針袋を取り上げて前に置いて、裏返してみると、驚いたことに裏も継いである。
❷何度も思い返す。反省する。源氏 手習「なほ悪の心や、かくだに思はじ、など心一つを―・ふ終」訳 やはりいけない考えだなあ、このようにさえ思うまい、などと（浮舟は）自分一人、心の中で何度も反省する。
❸（「かへさひ申す」「かへさひ奏す」などの形で）辞退する。源氏 若菜上「いかめしきことは、昔より好み給はぬ御心にて、みな―・ひ用申し給ふ」訳（光源氏は儀式ばったことは昔からお好きではないご気質なので、すべてご辞退し申しあげなさる。
❹重ねて問う。繰り返し聞く。源氏 少女「寮試受けむに、博士の―・ふ終べきふしぶしを引き出でて」訳（光源氏は）大学寮の試験を受けるような時に、博士の重ねて問いそうな諸点をいろいろな所から引き出して。

かへ‐さま【返様】（名・形動ナリ）表裏・前後などがさかさまであるさま。あべこべ。裏返し。枕 九五「―・に用縫ひたるもねたし」訳（急ぎの物を縫うのに）裏返しに縫ったのもいまいましい。

かへし【返し】（名）❶返事。返答。平家 九・小宰相身投「女院、『これはいかにも―あるべきぞ』とて、…身づから御返事あそばされけり」訳 女院（＝徳子）は、「これはぜひとも返事をせねばならないぞ」とおっしゃって、…自身でご返事をお書きになられた。
❷「返し歌」の略。返歌。伊勢 八二「親王、歌を返返す誦じ給うて、―えし給はず」訳（惟喬）親王は、（馬の頭の）歌を何度もお口ずさみになって、返歌をなさることができない。文法「えし給はず」の「え」は副詞で、下に打消の語（ここでは「ず」）を伴って不可能の意を表す。
❸風・波・地震などが一度やんでまた起こること。また、風が逆に吹き返すこと。〔後拾遺〕雑五「にほひきや都の花はあづまぢに東風の―の風につけしは」訳 都の花は（あなたのいる）東国でもにおったか。東風の吹き返しの風（＝西風）に託したの（＝花の香り）は。

かへし‐あは・す【返し合はす】（自サ下二）{せ・せ・す・する・すれ・せよ}引き返して敵に向かう。平家 四・宮御最期

「父をのばさんと、—・せ用—・せ用ふせぎたたかふ」訳（源兼綱は）父を（遠くへ）逃がそうと、引き返しては手向かい引き返しては手向かって防ぎ戦う。

かへし-うた【返し歌】（名）❶贈られた歌に答えて詠み返す歌。返歌。返し。
❷「はんか」に同じ。

かへし-がたな【返し刀】（名）竹や木の端を斜めに切り、切り口を整えるために反対側から少しそぐこと。

かべ-しろ【壁代】（名）［壁の代わりに用いるものの意］寝殿造りの母屋と廂との境に、上長押から下長押まで、簾の内側に接して垂らし、間仕切りにした帳。絹や綾などで作る。

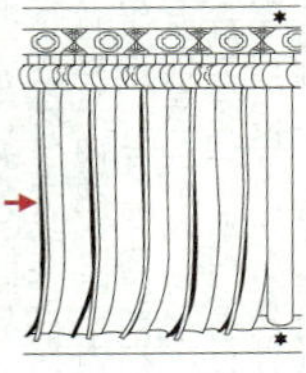

（かべしろ）

かへ-す（他サ四）{さ・し・す／す・せ・せ}❶【反す・返す・覆す】㋐ひるがえす。裏返す。ひっくり返す。古今 恋二「いとせめて恋しき時はむばたまの夜の衣を—・し用てぞ着る」訳→いとせめて…和歌。㋑田畑を耕す。掘り返す。方丈 三「むなしく春—・し用、夏植うるいとなみありて」訳むだに春に（田を）耕し、夏に苗を植える仕事（だけ）があって。
❷【返す・帰す・還す】㋐もとのようにする。もとの状態にもどす。［夫木］冬二「夕月夜そむる岡辺の松の葉を緑に—・す体むら時雨かな」訳夕月が染めている丘のほとりの松の葉の色を、もとの緑にもどすむら時雨であるなあ。㋑もとの場所や持ち主にもどす。返却する。竹取 火鼠の皮衣「もし金賜はぬものならば、かの衣の質—・し用給べ」訳もし（追加の）代金をくださらないものであるなら、例の預けた皮衣を返してください。㋒むりに帰らせる。追い返す。万葉 四・七七七「吾妹子が屋戸の籬を見に行かばけだし門より—・し用てむかも」訳あなたの家の垣根を見にいったなら、たぶん門から追い返すだろうなあ。文法「返してむ」の「て」は、助動詞「つ」の未然形で、ここは確述の用法。

かへす-がへす【返す返す】（副）❶くり返し。くり返し。何度も。念入りに。枕 一三七「頭の弁もろともに、同じことを—誦じ給ひて」訳（殿上人たちは）頭の弁といっしょに、同じ詩句をくり返しくり返し口ずさみなさって。
❷重ね重ね。つくづく。徒然 四八「『有職のふるまひ、やむごとなきことなり』と、—感ぜさせ給ひけるとぞ」訳「故実にかなった行為で、りっぱなものである」と、（後鳥羽上皇は）重ね重ね感嘆なされたことだと（いうことだ）。文法「させ給ひ」は、最高敬語。係助詞「ぞ」のあとに結びの語「言へる」などが省略されている。

かへで【楓】（名）❶［葉の形が蛙の手に似ていることからきた「かへるで」の転］植物の名。落葉高木。紅葉の美しさから、もみじの異称を得た。秋。（楓の花春）
❷襲の色目の名。表・裏ともに萌黄色。また、裏は黄とも。秋に用いる。

かへ-まさり【替へ優り】（名）物を取り替えて前よりよいものを得ること。狭衣物語「武蔵野のわたりの夜の衣ならば、げに、—もや思えまし」訳武蔵野のあたりの夜着であるなら、ほんとうに取り替えて得をしたことだとも思われるだろうに。↔替へ劣り

かへら-か・す（他サ四）{さ・し・す／す・せ・せ}［「かす」は接尾語］煮え返るようにする。煮たたせる。宇治 二・七「提に湯を—・し用て」訳ひさげ（＝つぎ口のある、鍋に似た容器）に湯を煮たたせて。

かへら-ぬ-たび【帰らぬ旅】死出の旅。死んであの世へ行くことを旅にたとえていう語。平家 六・新院崩御「常に見し君が御幸を今日問へば—と聞くぞかなしき」訳いつも見ていた上皇の御幸を今日尋ねると、（今日のは）死出の旅と聞くのが悲しいことだ。⇩果つ「慣用表現」

かへら-ぬ-ひと【帰らぬ人】死んでしまった人。土佐「都へと思ふをものの悲しきは—のあればなりけり」訳（いざ）都へ（帰るのだ）と思うのになんとなく悲しいのは、帰らない人（＝任国で死んだ娘）がいるからなのだなあ。

-かへり（接尾）回数を表す。回。たび。源氏 若紫「二—ばかりうたひたるに」訳二度ほど歌ったところ。

かへり【返り・帰り・還り】（名）❶帰ること。もどること。帰る時。帰り道。大和 一四五「しをりしてゆく旅なれどかりそめの命知らねば—しもせじ」訳（また帰ってくるつもりで）道しるべをして行く旅だけれど、はかない命（で、先のこと）はわからないから、（無事に）帰ることもないだろう。文法「しも」は、強意の副助詞。
❷「かへりこと①」の略。源氏 桐壺「夜いたう更けぬれば、今宵過ぐさず御—奏せむ」訳夜もたいへん更けたので、今夜のうちに（桐壺帝に）ご返事を奏上しよう。

かへり-あるじ【還り饗】（名）賭弓や相撲の節会などのあとで、勝ったほうの近衛の大将が、配下の人々を自邸に招いてもてなすこと。「還り立ちの饗」とも。源氏 匂兵部卿「賭弓の—のまうけ、六条院にて、いと心ことにし給ひて」訳賭弓の勝ったほうの饗宴の準備を、六条院で、たいそう格別になさって。

かへり-い・づ【帰り出づ】（自ダ下二）{で・で・づ・づる・づれ・でよ}❶帰ってきて人前に姿を現す。竹取 御門の求婚「嫗、内侍のもとに—・で用て、『くちをしく、この幼きものは、こはく侍るものにて、対面すまじき』と申す」訳嫗は、内侍のところにもどってきて、「残念なことに、この幼い者（＝かぐや姫）は、強情でございます者なので、会いそうにないことだ」と申し上げる。
❷帰るためにある所を出る。帰途につく。源氏 蜻蛉「みな、その急ぐべきものどもなどとり具しつつ、—・で用侍りにし」訳（新参の女房たちは）みなその（都移りに）用意しなければならないものなどをあれこれとりそろえては、（各自の里へ）帰っていってしまいました。

かへり-い・る【帰り入る】（自ラ四）{ら・り・る・る・れ・れ}（もといた家や部屋に）帰って入る。源氏 夕顔「—・り用て探り給へば、女君はさながら臥して、右近はかたはらにうつぶし臥したり」訳（光源氏が部屋に）もどって手探りなさると、女君（＝夕顔）はもとのまま横たわって、（侍女の）右近はかたわらにうつぶせに横になっている。

かへり-く【帰り来】（自カ変）{こ・き・く・くる・くれ・こ（こよ）}帰って来る。もどって来る。平家 七・忠度都落「『忠度』と名のり給へば、『落人—・き用たり』とて、その内さわぎあへり」訳「忠度」と名のりなさると、「落人が帰って来

た」と言って、家の中は騒ぎあっている。

かへり‐ご・つ【返り言つ】(他タ四){た・ち・つ・つ・て・て}返事をする。[源氏] 賢木「情けなからずうち―・ち(用)給ひて、御心には深う染しまざるべし」[訳](気を引こうとする方々に、光源氏は)薄情にならないようちょっとご返事をしなさって、お心には深くとめないのであろう。

かへり‐こと(カエリ)(名)【返り言・返り事】「かへりごと」とも。❶**返事。返答。**また、返歌。[竹取] 御門の求婚「翁かしこまりて、御―申すやう」[訳] 翁が恐れ入って、ご返事を申し上げることには。❷答礼。**返礼。**[土佐]「ある人、あざらかなる物もて来たり。米して―す」[訳] ある人が、新鮮な物(=鮮魚)を持って来た。米で返礼をする。❸使者が帰ってする報告。

かへり‐ざま【帰り様】(名)「かへりさま」とも。帰りがけ。[源氏] 蓬生「―に立ち寄り給ひて」[訳](禅師は)帰りがけに(末摘花の邸に)お立ち寄りになって。

かへり‐だち【還り立ち】(名)❶賀茂・石清水などの祭りが終わってのち、奉仕した祭りの使いや舞人などが宮中にもどり、天皇の前で再び舞楽を奏すること。「還り立ちの御神楽」「還り遊び」ともいう。❷「還り立ちの饗」の略。「かへりあるじ」に同じ。

かへり‐ちゅう【返り忠】(名)主君や味方にそむいて、敵に力をかすこと。寝返り。内通。[平家] 二・西光被斬「他人の口よりもれぬ先に―して」[訳](陰謀に加わったことが)他人の口からもれないうちに寝返りをして。

かへり‐て【却りて】(副)かえって。逆に。反対に。[源氏] 桐壺「横様なるやうにて、遂にかくなり侍りぬれば、―はつらくなむ、かしこき御心ざしを思ひ給へられ侍る」[訳](桐壺帝のご愛情ゆえ)異常な(=横死のような)状態で、(娘が)とうとうこんなふうになって(死んで)しまいましたので、かえってうらめしいことと、(帝の)畏れ多いご愛情を(私=桐壺の更衣の母君は)存じ上げずにはいられません。

かへり‐まうし【返り申し】(名)❶使者が帰って返事を申し上げること。〔続古今〕離別・詞書「―の暁、女房の中へ遣はしける」[訳] 使者が返事を申し上げる夜明け前に、女房のところへやった歌。❷神仏にかけた祈願がかなったお礼参りをすること。〔うつほ〕藤原の君「万の神たちに―の幣帛奉らむ」[訳] さまざまの神々にお礼のささげ物を差し上げよう。

かへり‐まうで・く【帰り詣で来】(自カ変){こ・き・く・くる・くれ・こ(こよ)}(宮中や貴人の所へ)帰って来る。[竹取] 燕の子安貝「あななひをこぼし、人みな―・き(用)ぬ」[訳] 足場をこわし、人々は皆(お屋敷に)帰って参った。

かへり‐まゐ・る【帰り参る】(自ラ四){ら・り・る・る・れ・れ}(宮中や貴人の所に)使命を終えて帰って来る。帰参する。[源氏] 桐壺「御使ひもいとあへなくて―・り(用)ぬ」[訳](桐壺帝の)お使いの者もたいへん張り合いがなくて(内裏に)帰って参った。

かへり‐み【顧み】(名)❶ふり返って見ること。[万葉] 一・四八「東の野にかぎろひの立つ見えて―すれば月かたぶきぬ」[訳]→ひむがしの…[和歌]
❷一身上のことを心配すること。気にかけること。[万葉] 一八・四〇九四「大君の辺にこそ死なめ―はせじと言立て」[訳] 天皇のそばでこそ死のう。自分の身を思うことはすまいと誓いを立てて。[文法]「死なめ」の「め」は、意志の助動詞「む」の已然形で、係助詞「こそ」の結び。
❸世話をすること。[竹取] かぐや姫の昇天「親たちの―をいささかだに仕うまつらで」[訳] 両親の世話をほんの少しさえして差しあげないで。

かへり‐み・る【顧みる】(他マ上一){み・み・みる・みる・みれ・みよ}

> **語義パネル**
> ●**重点義**　**後ろをふり返って見る。**
> 現代語では①②の意で用いるが、「人を顧みる」の形の④に留意する。
> ❶後ろをふり返って見る。
> ❷自分を反省する。
> ❸**心にかける。**懸念する。
> ❹**世話する。**

❶後ろをふり返って見る。[平家] 五・咸陽宮「こはいかに(=これはどうしたことか)と思ひて後ろを―・み(用)ければ」
❷自分を反省する。〔新葉集〕「日に三度愚かなる身を―・み(用)て仕ふる道も我が君のため」[訳] 日に三度愚かなわが身を反省してお仕えする道(を歩むの)もご主君のため(である)。
❸**心にかける。**懸念する。[宇治] 七・一「水におぼれて死なんとせし時、わが命を―・み(未)ず、泳ぎよりて助けしとき」[訳](おまえ=男が)水におぼれて死にそうになったとき、(私=鹿が)自分の命(の危険)を心にかけず、泳ぎ寄って助けたとき。[文法]「死なん」の「な」は、ナ変動詞「死ぬ」の未然形活用語尾、「ん」は推量の助動詞「ん」の終止形。
❹**世話する。**[方丈] 四「たゆからずしもあらねど、人を従へ、人を―・みる(体)よりやすし」[訳](自分の身を使うのは)疲れないわけでもないが、人を従え、人を世話するより気楽である。[文法]「しも」は、強意の副助詞。⇩扱ふ「類語パネル」

かへり‐わた・る【帰り渡る】(自ラ四){ら・り・る・る・れ・れ}帰って行く。また、帰って来る。[源氏] 初音「夜あけはてぬれば、御かたがた―・り(用)給ひぬ」[訳] 夜がすっかり明けたので、御方々(=六条院の女君たち)は帰って行かれた。

かへ・る(カエル)【反る・返る・覆る】㊀(自ラ四){ら・り・る・る・れ・れ}❶【反る・返る・覆る】㋐**裏返る。ひるがえる。**[万葉] 一〇・二〇六三「天の河霧立ちのぼる織女の雲の衣の―・る(体)袖かも」[訳] 天の川に霧が立ちのぼっている。(あれは)織女が織った雲の衣のひるがえる袖であろうか。㋑ひっくり返る。くつがえる。[万葉] 四・五五七「大船を漕ぎのまにまに磐に触れ―・ら(未)ば―・れ(命)妹によりては」[訳] 大船を漕いでゆく(勢いの)ままに、岩に触れて転覆するなら転覆しろ、あなたゆえであるなら。[文法]「かへれ」は、命令形の放任法。
❷【返る・帰る・還る】㋐もとの位置や状態にもどる。[源氏] 若菜上「若々しくいにしへに―・り(用)て語らひ給ふ」[訳](光源氏は)若々しく昔にもどって語らいなさる。㋑**年が改まる。**[源氏] 賢木「年―・り(用)ぬれど、世の中今めかしきことなく静かなり」[訳] 年が改まったが、(桐壺帝の喪中で)世間では(新年らしい)はなやかなこともなく

静かである。㋒色があせる。染め色がさめる。新古 羇旅「思ひおく人の心にしたはれて露分くる袖の―・り用ぬるかな」訳 思いを残して置いてきている人が心に恋しく思われて、(帰りたいと思う旅の道に)露を分ける袖がぬれて色が変わってしまったことよ。(「おく」と「露」は縁語。「かへり」に「帰り」をかける)

❸【孵る】卵がかえる。源氏 真木柱「おなじ巣に―・り用しかひの見えぬかな」訳 同じ巣で孵化したかいもなく、卵が見えないなあ(=玉鬘が六条院に見えないなあ)。(「かひ」は「卵」と「効」との掛詞)

□二(補動ラ四)(ら・り・る・る・れ・れ)(動詞の連用形に付いて)動作・状態のはなはだしい意を表す。すっかり…する。ほとんど…するほどになる。源氏 葵「御衣などもただ芥子の香にしみ―・り用たり」訳 (六条御息所は)お召し物などもただもう(護摩に焚く)芥子の香にすっかりしみわたっている。

かへる-さ【帰るさ】(名)〔「さ」は接尾語〕帰る時。帰りがけ。万葉 一五・三六一四「―に妹に見せむにわたつみの沖つ白玉拾ひて行かな」訳 帰りがけに、いとしい人に見せるために、海の沖の白玉を拾って行こう。

かへる-とし【返る年】翌年。次の年。更級 大納言殿の姫君「その―、四月の夜中ばかりに火の事ありて」訳 その次の年、陰暦四月の(ある日の)夜中ごろに火事があって。

がへん-ず【肯んず】(他サ変)(ぜ・じ・ず・ずる・ずれ・ぜよ)肯定する。認める。承諾する。多く、下に打消の助動詞「ず」を伴う「がへんぜず」の形で、「…することを肯定できない」の意で、漢文の「不肯」を訓読する場合などに用いられる。

参考 本来、「認めない」という否定の意を示す語であったが、肯定の意に転じ、否定の意にはさらに下に打消の助動詞「ず」を伴うようになった。

かほ【顔】(名)❶顔。顔面。顔だち。顔つき。伊勢 九九「女の―の下簾よりほのかに見えければ」訳 女の顔が(牛車の)簾の内側の帳(のすきま)からちらりと見えたので。

❷物の表面。おもて。大鏡 花山院「月の―にむら雲のかかりて」訳 月の表面にむら雲がかかって。

❸容姿。からだつき。万葉 九・一七三八「腰細のすがるをとめのその―のきらぎらしきに」訳 腰の細いすがる(=じが蜂)のような娘で、その容姿がととのって美しいうえに。

語の広がり「顔」

「かわいい」は、「顔映ゆし」が「かははゆし」を経て「かはゆし」となり、それがさらに転じてできた語。「見るに堪えない」が原義で、そこから「痛ましい。かわいそうだ」→「大事にしてやりたい」→「小さくて愛らしい」と意味が変化していった。

-がほ【顔】(接尾)(動詞の連用形その他種々の語に付いて)いかにもそのような表情やようすをしている意を表す。源氏 若菜下「いと用意あり―に」訳 (柏木が)たいそう心づかいのありそうなようすで。

かほ-かたち【顔形・容貌】(名)顔つき。容貌。一説に、容姿の意とも。伊勢 六五「この帝―よくおはしまして」訳 この天皇は顔つきがりっぱでいらっしゃって。

が-ほし(助動シク型)(がほしから・がほしく・がほし・がほし・○・○)〔上代語〕〔格助詞「が」に形容詞「欲し」が付いて一語化したもの〕希望の意を表す。…たい。万葉 三・三二四「春の日は山し見がほし終」訳 春の日は山が見たい。

接続 動詞の連用形に付く。

参考 「見がほし」「ありがほし」の形で使われる。

かほ-づくり【顔作り】(名)化粧すること。化粧。枕 四九「女は己をよろこぶ者のために―す」訳 女は自分を喜んでくれる者のために化粧をする。

か-ほど【斯程】(副)これくらい。この程度。徒然 四一「―のことわり、誰かは思ひよらざらんなれども」訳 これくらいの道理は、だれが思いつかないことがあろうか、いや、だれもが思いつくはずであるが。

かほ-どり【貌鳥・容鳥】(名)「かほとり」とも。美しい鳥の意とも、また、今の「かっこう」ともいわれる。春

かほ-の-きぬ【顔の衣】顔の地肌。顔の生地。一説に、顔に塗ったおしろいの意とも。枕 三「舎人の―にあらはれ、まことに黒きに」訳 舎人の顔の地肌があらわに見え、ほんとうに黒いうえに。

かま【囂】〔形容詞「かまし」の語幹〕→かまし

かまう〘構う〙⇩かまふ

かま-ぎ【薪・竈木】(名)かまどにたくまき。たきぎ。徒然 一七六「御―にすすけたれば、黒戸といふとぞ」訳 御たきぎのためにすすで黒くなっているので、黒戸というと(いうことだ)。→御薪

鎌倉(かまくら)〘地名〙歌枕 今の神奈川県鎌倉市。一二世紀末から一四世紀半ばに幕府が置かれ、武家政治の中心地として栄えた。

かま-し【囂し】(形ク)(から・く(かり)・し・き(かる)・けれ・かれ)さわがしい。やかましい。枕 三「『あなかま〔語幹〕』とまねき制すれども」訳 「ああ、やかましい、静かに」と手まねで制止するけれども。

参考 形容詞としての単独使用の確かな例はなく、語幹「かま」が感動詞「あな」の下に付いた「あなかま」の形で多く用いられる。また、シク活用とする説もある。

-がま-し(接尾シク型)(名詞・副詞、動詞の連用形、形容動詞の語幹などに付いて)…のようすである、…に似ている、の意の形容詞をつくる。徒然 四四「虫の音かごと―・しく用、遣り水の音のどやかなり」訳 虫の鳴く声が恨みごとのように(聞こえて)、庭を流れる水の音がのどかである。

【例語】愛敬がまし(=愛らしいようすである)・あざれがまし・歌がまし・託言がまし・痴れがまし・好きがまし・漫ろがまし(=なんとなく心ひかれる)・漫ろがまし(=なんとなく落ち着かない)・序がまし・ねぢけがまし・恥ぢがまし・隔てがまし(=うちとけないようすである)・様がまし・わざとがまし・をこがまし

かまど【竈】(名)❶土石で築き、上に鍋・釜をのせて、物を煮炊きする設備。

❷家財。源氏 玉鬘「家―をも捨て」

❸世帯。課税の単位となる家。

がま-の-さう【降魔の相】「がうまのさう」に同じ。源氏 東屋「―を出だして、つと見奉りつれば」訳 (私=乳母が)怒りの形相を現して、(匂宮を)じっとお見つめ申しあげたところ。

かまびす・し【喧し・囂し】(形シク)(しから・しく(しかり)・し・しき(しかる)・しけれ・しかれ)やかましい。うるさい。方丈 二「波の音、常に―・しく用、潮風ことにはげし」

参考 古くはク活用であったが、鎌倉初期ごろからシク活用としても用いられた。

かまひ‐て カマイ【構ひて】(副)〔「かまへて」の転〕「かまへて」に同じ。〔謡・隅田川〕「この渡りは大事の渡りにて候ふ。―静かに召され候へ」訳 この渡し場は危険な渡し場でございます。心して静かにお乗りになってくださいませ。

かま・ふ カマ(モ)ウ【構ふ】一(他ハ下二) 二(自ハ下二) 三(自ハ四) 四(他ハ四)

語義パネル
●重点義 組み立ててつくる。
一 ❶組み立ててつくる。建てる。
❷前もって準備する。
❸計画する。たくらむ。
二 ふるまう。そういうようすをする。
三 かかわる。関係する。
四 追放する。一定の地域から追い払う。

一(他ハ下二){へ・へ・ふ・ふる・ふれ・へよ} ❶**組み立ててつくる。**建てる。方丈 三「居屋ばかりを―・へ(用)て、はかばかしく屋をつくるに及ばず」訳 (自分の日常寝起きする)住まいだけを造って、しっかりと家屋を造るにはいたらない。
❷**前もって準備する。**竹取 燕の子安貝「綱を―・へ(用)て、鳥の、子産まむあひだに、綱をつりあげさせて」訳 (人を乗せた籠をつるための)綱を用意しておいて、鳥が、子を産もうとするときに、綱をつり上げさせて。
❸**計画する。**たくらむ。〔栄花〕月の宴「帝を傾け奉らむと―・ふる(体)罪によりて」訳 朝廷を滅亡させ申しあげようとたくらむ罪によって。
二(自ハ下二){へ・へ・ふ・ふる・ふれ・へよ}ふるまう。そういうようすをする。源氏 玉鬘「主とおぼしき人は、いとゆかしけれど、見ゆべくも―・へ(未)ず」訳 主人と思われる人は(誰か)、たいそう確かめたいと思うけれども、(几帳などがあり)見ることができそうなようすもしていない。
三(自ハ四){は・ひ・ふ・ふ・へ・へ}《近世語》かかわる。関係する。
四(他ハ四){は・ひ・ふ・ふ・へ・へ}《近世語》追放する。一定の地域から追い払う。〔浄・冥途の飛脚〕「孫右衛門様はとうに親子の旧離(=縁)を切り、―・は(未)ぬとはいひながら」
四(他ハ四){は・ひ・ふ・ふ・へ・へ}《近世語》追放する。一定の地域から追い払う。〔浄・夏祭浪花鑑〕「和泉(=大阪府南部)堺からご―・ひ(用)なさる」訳 (死刑を許し)和泉の国(大阪府南部)堺からご追放しなさる。

かまへ‐いだ・す カマエ【構へ出だす】(他サ四){さ・し・す・す・せ・せ} 考えてつくり出す。工夫してこしらえ出す。徒然 一九四「ある人の、世に虚言を―・し(用)て人を謀ることあらんに」訳 ある人が、世間にうそを考えてつくり出して人をだますことがあるような場合に。

かまへ‐て カマエ【構へて】(副)「かまひて」とも。❶ぜひとも。なんとかして。今昔 二七・三四「―これを射ばやと思ひけれども」訳 なんとかこれ(=いのしし)を射たいと思ったが。
❷(命令や意志を表す語と呼応して)必ず。きっと。宇治 五・一「―参り給へ」訳 必ず参上してください。
❸(下に打消や禁止の語を伴って)決して。宇治 三・二〇「かやうのものをば、―調ずまじきなり」訳 このようなもの(=きつねなど)を、決して痛めつけてはならないのである。

かまめ【鷗】(名)《上代語》海鳥の名。かもめ。万葉 一・二「海原は―立ち立つ(=飛びかっている)」

が‐まん【我慢】(名)❶《仏教語》高慢。うぬぼれ。おごり高ぶり。今昔 一・五「―より癡心を生ず」訳 高慢から愚かな心が生まれる。
❷我を張ること。強情。
❸耐え忍ぶこと。忍耐。

かみ【上】(名)❶位置の高い所。上のほう。伊勢 八七「いざ、この山の―にありといふ布引の滝見にのぼらむ」訳 さあ、この山の上のほうにあるという布引の滝を見に登ろう。
❷川の上流。川上。更級 太井川「太井川といふが―の瀬、まつさとの渡りの津に泊まりて」訳 太井川という川の上流の浅瀬(にある)、まつさとの渡しの舟着き場に泊まって。
❸**身分や官位が高位の人。**また、政府・官庁などの敬称。また、天皇の尊称。おかみ。土佐「今は、―中下の人も、かうやうに別れ惜しみ」訳 今では、身分の高い人、中位の人、低い人も、このように別れを惜しみ。⇩御門「慣用表現」
❹年上の人。年長者。源氏 若菜下「七つより―のは、皆殿上せさせ給ふ」訳 七歳より年上の子供はすべて童殿上をおさせになる。文法「せさせ給ふ」の「させ」は、使役の助動詞「さす」の連用形。
❺物の初めのほう。前の部分。〔栄花〕殿上の花見「―の巻にしるしたれば、新しくも申したてず」訳 前のほうの巻に記しておいたので、こと新しくもとりあげて申さない。
❻以前。**むかし。**〔千載〕序「―正暦のころほひより、下文治の今に至るまでのやまと歌を」訳 先の時代は正暦のころから、後の時代は文治の現在に至るまでの和歌を。⇩古「慣用表現」
❼**和歌の上の句。**また、**各句の初めの文字。**伊勢 九「かきつばたといふ五文字を句の―に据ゑて、旅の心をよめ」訳 か・き・つ・ば・た、という五文字を(和歌の)各句の初めに置いて、旅の情趣を詠め。
❽**皇居がある方向。京都。**上方。また、京都の町では北のほう。上京。〔浮・好色一代男〕「なんとその後は―(=京都)へものぼらぬか」
❾月の上旬。(↔下)
参考「うへ」が空間的な位置を示す傾向が強いのに対し、「かみ」は、時間や人の上位を示す意識が強い。

かみ【神】(名)❶人間を超えた能力を持つ存在。畏れかしこむべきもの。神。〔記〕中「この沼の中に住める―、いとちはやぶる―なり」訳 この沼の中に住んでいる神は、ひどく荒れすさぶ神である。
❷雷。伊勢 六「―さへいといみじう鳴り、雨もいたう降りければ」訳 雷までもたいそうひどく鳴り、雨も激しく降ってきたので。
❸神話で、国土を創造・支配したとされる神。〔記〕上「高天の原になれる―の名は、天之御中主の―」訳 (天上界である)高天原に生まれた神の名は、天之御中主の神。
❹天皇の尊称。万葉 一・二九「玉だすき畝火の山の橿原の日知の御代ゆ生れましし―のことごと」訳 畝火の山の橿原の天皇(=神武天皇)の御代から、お

生まれになった**天皇**のすべてが。（「玉だすき」は「畝火」にかかる枕詞）。⇨御門（みかど）「慣用表現」

語の広がり「神（かみ）」

「雷（かみなり）」は、「神鳴り」の意。雷鳴は雷神という神が雷鼓（らいこ）という太鼓を打ち鳴らす音と考えられていた。中古までは「鳴る神」の語もあり、和歌に多く用いられた。

発展 神仏習合の世界

「徒然草」第五二段は、仁和（にんな）寺の老法師が石清水八幡宮（いわしみずはちまんぐう）を訪ねたつもりで、末寺の極楽寺や末社の高良（こうら）神社を拝んで帰った話である。明治の神仏分離令以前には、末寺をあわせもつ神社はどこでも見られた。仏教が日本に定着する過程で、土着の神道を取り込んでいったのである。それを、神仏習合または神仏混交と呼ぶ。

かみ【髪】(名)髪の毛。毛髪。源氏 若紫「尼君、―をかき撫（な）でつつ」訳尼君は、(女の子=若紫の)**髪**を何度もやさしくなでて。

発展「くし(髪)」と「かみ(髪)」

「くし(髪)」は、「くし(奇し)」から転じたものとされ、髪の霊妙をたたえる語であるという。接頭語を添えて「おぐし」「みぐし」「おほんぐし」などの形で用いられることが多い。一方「かみ(髪)」は、接頭語を伴わずに、それだけで用いた例がきわめて多く、「おほんかみ(御髪)」などの例はごくまれである。

かみ【長官】(名)律令制で、四等官の最上位。各官庁の仕事を統率する。→次官（すけ）・判官（じょう）・主典（さくわん）

発展「長官（かみ）」の表記

「長官」は役所によって字が異なる。

役所	長官	役所	長官
神祇官（じんぎかん）	**伯**	弾正台（だんじょうだい）	**尹**
太政官（だいじょうかん）	**大臣**	近衛府（このえふ）	**大将**
省	**卿**	兵衛府（ひょうえふ）・衛門府	**督**
職（しき）・坊	**大夫**	国司	**守**
寮	**頭**	検非違使庁（けびいしちょう）	**別当**

かみ-あげ【髪上げ】(名)❶年ごろ(十二歳から十四、五歳)に成長した女子が、振り分けて垂らしていた髪を結び上げ、うしろに垂らして成人の髪形にする儀式。女子の成人式で、男子の元服にあたるもの。竹取 かぐや姫の生ひ立ち「よき程なる人に成りぬれば、―など左右（さう）して」訳(この子=かぐや姫は)一人前の大きさである人になったので、**髪上げの儀式**などをあれこれと手配して。⇨人と成る「慣用表現」 ❷儀式や食膳に奉仕する女房が、正装として垂れ髪を結い上げて、かんざしなどをさすこと。〔紫式部日記〕「その日の―うるはしき姿、唐絵（からゑ）ををかしげにかきたるやうなり」訳その日の**髪上げ姿**の端正で美しいようすは、中国風の絵をいかにも趣深くかいたようだ。

（かみあげ②）

かみ-いちじん【上一人】(名)「かみいちにん」とも。天皇。平家 二・土佐房被斬「―をはじめ奉り、下（しも）万民（ばんみん）に至るまで、不審をなす」訳(上は)**天皇**をはじめ申しあげ、下は一般の人々に至るまで、不審に思う。⇨御門（みかど）「慣用表現」

かみ-がき【神垣】(名)❶神社の周囲にめぐらし、その内側を神域とする垣根。玉垣。源氏 賢木「―はしるしの杉もなきものをいかにまがへて折れる榊（さかき）ぞ」訳**玉垣**には道しるべの杉もないのに、どうまちがって榊を折って、私(=六条御息所（みやすどころ）)の所においでになったのか。❷(転じて)神社。

かみがきの【神垣の】《枕詞》神の鎮座する場所である「みむろ」、および神社のある地名「みむろの山」にかかる。〔千載〕春上「―みむろの山は春きてぞ」

かみ-かぜ【神風】(名)〔「かむかぜ」の転〕神の威力によって起こるという激しい風。〔増鏡〕老のなみ「勅として祈るしるしの―によせくる浪（なみ）はかつくだけつつ」訳天皇の勅（みこと）を奉じて(伊勢（いせ）の大神に)祈るかいがあって吹く**神風**のために、(敵の船は)寄せくる波が片一方からくだけるように、たちまちくだけ散ることだ。

かみかぜの【神風の】《枕詞》〔「かむかぜの」の転〕「伊勢（いせ）」にかかる。新古 羇旅「―伊勢の浜荻（はまをぎ）」

かみかぜや【神風や】《枕詞》「伊勢（いせ）」および「五十鈴川（いすずがは）」「御裳濯川（みもすそがは）」など、伊勢神宮に関係の深い語にかかる。新古 神祇「―五十鈴の川の」。〔後拾遺〕賀「―御裳濯川のすまむかぎりは」

かみ-がた【上方】(名)(皇居のある京都を「上（かみ）」といったところから)京都・大坂およびその付近。〔浮・日本永代蔵〕「―と違ひしことは、白銀（しろかね）は見えず、壱歩（いちぶ）の花をふらせける」訳**上方**と違っていた点は、(江戸では祝儀を出すにも)銀貨は使わず、一歩金(=金貨の一種)を花が散るようにばらまいたことだ。

かみ-がら【守柄】(名)「かみから」とも。国司の長官の人柄。土佐「―にやあらむ、…心あるものは恥ぢずぞなむ来ける」訳**国司の長官の人柄**であろうか、…誠意のある者は世間体をはばかることなくやって来た。

かみ-こ【紙子】(名)和紙に柿渋（かきしぶ）を数回塗り、日にかわかして、一晩夜露にさらしたのち、もみやわらげて衣服に仕立てたもの。図。細道 草加「―一衣（いちえ）(=一枚)は夜の〔寒さの〕防ぎ」

かみ-さ-ぶ【神さぶ】(自バ上二)《び・び・ぶ・ぶる・ぶれ・びよ》〔「さぶ」は接尾語〕「かむさぶ」「かうさぶ」「かんさぶ」とも。❶神々（こうごう）しくなる。おごそかなさまになる。万葉 二〇・四三八〇「難波津を漕ぎ出て見れば―・ぶる(体)生駒高嶺に雲ぞたなびく」訳 難波津を漕ぎ出して見ると、神々しい生駒の高い峰に雲がたなびいている。❷古めかしくなる。古びる。源氏 藤裏葉「古人どもも御前に所えて、―・び(用)たることども聞こえ出づ」訳 古参の女房たちも(夕霧夫妻の)御前で得意になって、古びている話をあれこれと申し上げ出す。❸年功を積んでいる。老練で円熟している。

かみ‐ざま【上様】(名)❶上のほう。枕 一三〇「人も手ふれぬに、ふと―へ上がりたるも」訳 (萩の枝が)人も手をふれないのに、すっと上のほうへはね上がったのも。❷上流社会。また、上流階級の人々。徒然 八〇「上達部・殿上人、―まで、おしなべて武を好む人多かり」訳 公卿・殿上人、身分の高い人々まで、概して武術を好む人が多い。(↔下様)

上島鬼貫『人名』→上島鬼貫

かみ‐しも【上下】(名)❶上と下。源氏 末摘花「手はさすがに文字強う…―ひとしく書い給へり」訳 (末摘花の歌は)文字はそうは言うものの筆力が強く…(行の)上下をそろえてお書きになっている。❷上位の者と下位の者。源氏 蓬生「月日にしたがひて、―の人数少なくなり行く」訳 (常陸の宮邸では)月日(がたつ)に従って、(女房の)上位の者と下位の者の人数が少なくなっていく。❸川上と川下。夫木 冬三「大井川かはのしがらみ―に千鳥しば鳴き夜ぞ更けにける」訳 大井川の川の柵の上流にも下流にも千鳥がしきりに鳴き、夜も更けてしまった。❹上代の上衣と袴。衣と裳。祝詞「奉る御衣は―そなへまつりて」訳 献上するお着物は衣と裳をおそなえ申しあげて。❺諸事一般。いろいろの事。源氏 須磨「殿の事とり行ふべき―さだめおかせ給ふ」訳 御殿(=二条院)の事務でとり行わなければならないいろいろの事を(光源氏は)お定めおきになる。❻平安時代から室町時代、狩衣・水干・直垂・素襖などの上衣と袴が、同じ地質・色合いのもの。❼(「裃」とも書く)江戸時代の武家の通常礼装。同じ地質や染め色の肩衣と袴とを紋服・小袖の上に着る。肩衣の背と両前、袴の腰板に家紋をつける。葬礼などには無紋を用いた。町人も着用した。

肩衣

(かみしも⑦)

かみ‐しゃうじ【紙障子】(名)「かみさうじ」とも。紙を張った障子。今の障子のこと。明かり障子。今昔 二八・四二「夫の傍らにありける―の不意に倒れて」

かみ‐つ‐よ【上つ世】(名)(「つ」は「の」の意の上代の格助詞)大昔。上代。⇩古「慣用表現」

かみ‐なか‐しも【上中下】(名)身分の上位の人、中位の人、下位の人全部。土佐「―、酔ひ飽きて」訳 上中下すべての身分の者が、存分に酔って。⇩戯れ合ふ「名文解説」

かみ‐な‐し【上無し】(形ク)(から・く(かり)・し・き(かる)・けれ・かれ)これより上がない。最高である。源氏 桐壺「帝王の―・き(体)位にのぼるべき相おはします人の」訳 (この子=光源氏は)帝王という最高の位にのぼるはずの人相がおありになる人で。

かみな‐づき【神無月・十月】(名)「かむなづき」「かんなづき」とも。陰暦十月の称。図

発展「かみなづき」の起源

「かみなづき」の「な」は「の」の意の上代の格助詞で「神の月」の意、また、新穀で酒を醸す月「醸成し月」の意など、諸説がある。俗説に、神々がこの月に出雲大社に集まり、諸国の神がいなくなるので、この称があるという。そのため、出雲(島根県)では、「神有月」と呼ぶ。

かみなり‐の‐ぢん【雷鳴りの陣】(名)「かんなりのぢん」とも。平安時代、雷鳴が激しいとき、宮中に臨時に設けられた警固の陣。枕 二九六「神のいたう鳴るをりに、―こそいみじうおそろしけれ」訳 雷がひどく鳴っているときに、雷鳴りの陣はたいそうおそろしいことだ。

かみ‐の‐かかり【髪のかかり】(名)女性の髪の垂れさがっているようす。今昔 三一・七「頭つき細やかに、額つき・―、かく様の者の子と見えず」訳 頭の形は上品で、額のようすや髪のかかっているようすは、このような(身分の低い者の子供と見えず。

かみ‐の‐まち【上の町】(名)❶高台にある町。❷第一位。第一流。上流。源氏 宿木「―も、上臈とて、御口つきどもは、殊なること見えざめれど」訳 上流の人(の歌)も、身分が高いからといって、歌のお詠みぶりの多くは格別なことは見えないようだけれど。

かみ‐の‐まつ【神の松】(名)正月、神棚に供える松。浮・西鶴諸国ばなし「榧(の実)・かち栗・―・やま草(=うらじろ)の売り声もせはしく」

かみ‐の‐みかど【神の御門】(「神のいらっしゃる所」の意から)皇居。朝廷。万葉 一一・二五〇八「天皇の―をかしこみとさもらふ時に逢へる君かも」訳 天皇の御殿(=皇居)を畏れ多いことだとして(謹んで)お仕えしているときに出会ったあなたよ。⇩内裏「慣用表現」

かみ‐ぶすま【紙衾】(名)紙で藁を包んで作った夜具。図。十訓 六・三「尼上は、―といふものばかりを引き着て居られたりけるに」訳 尼上は、紙衾というものだけを引っかけて着て座っていらっしゃったので。

かみ‐べ【上辺】(名)「かみへ」とも。上のほう。上流のほう。万葉 六・九二〇「―には千鳥しば鳴く下辺にはかはづ妻呼ぶ」訳 上流のほうでは千鳥がしきりに鳴き、下流のほうではかじかがえるが妻を呼ぶ。↔下辺

かみ‐む【上無】(名)十二律(=雅楽の音階)の第十二音。→十二律

かみや‐がみ【紙屋紙】(名)「かんやがみ」に同じ。蜻蛉 中「(歌を)―にかかせて」

かみ‐よ【神代】(名)神々が国を治めたという神話時代。記紀神話の天地開闢から神武天皇治世の前までをいう。古今 秋下「ちはやぶる―もきかず竜田川

からくれなゐに水くくるとは」[訳] →ちはやぶる…[和歌]

かみ-わざ【神事・神業】(名) ❶「かむわざ」「かんわざ」とも。神に関する公事。神事。祭典。[源氏] 真木柱「十一月になりぬ。―などしげく」[訳] 陰暦十一月になった。(内裏では)神事などがしきりで。❷神のしわざ。また、神のしわざかと思うほどすぐれた技。

かみ-ゑ【紙絵】(名)〔屛風・衝立・巻き軸に描いたものに対して〕ふつうの紙に描いた絵。[源氏] 絵合「―は〔紙幅に〕限りありて」

かみ-を-おろ-す【髪を下ろす】髪をそり落とす。剃髪して仏門にはいる。〔謡・景清〕「景清は両眼盲ひましまして、せんかたなさに―・し㊞」[訳] 景清は両眼を失明なさって、しかたないので剃髪して仏門に入り。⇩世を背く「慣用表現」

か-む【醸む】(他マ四){ま・み・む・む・め・め}〔「嚙む」の意で、古くは米をかみ唾液で発酵させて酒を造ったことから〕酒を醸造する。かもす。〔記〕中「すすこりが―・み㊞し神酒にわれ酔ひにけり」[訳] すすこり(=人名)がかもした神酒で私は酔ってしまった。

かむ-あが-る【神上がる】(自ラ四){ら・り・る・る・れ・れ}「かみあがる」とも。神として天に上がる。天皇・皇族がお亡くなりになる。〔記〕中「歌ひをふるすなはち、―・り㊞ましき」[訳] (倭建命は)歌い終わるやいなや、お亡くなりになられた。

かむ-かぜ【神風】(名)〔「かみかぜ」の古形〕「かみかぜ」に同じ。

かむかぜの【神風の】《枕詞》〔「かみかぜの」の古形〕「かみかぜの」に同じ。

かむ-から【神柄】(名)神の性格・性質。神格。[万葉] 六・九〇七「み吉野の蜻蛉の宮は―か貴くあるらむ」[訳] 吉野の蜻蛉の宮は神格が貴くあるのだろうか。

かむ-さ-ぶ【神さぶ】(自バ上二){び・び・ぶ・ぶる・ぶれ・びよ}「かみさぶ」に同じ。

かむ-だち【神館】(名)「かんだち」とも。神殿の近くに設け、神事・潔斎のとき、神官などがこもる建物。[新古] 雑上・詞書「祭りの使ひにて―に泊まりて侍りける暁」[訳] 賀茂の祭りに宮中から派遣される使いとして神館に泊まっておりました未明に。

かむ-づかさ(名)「かみづかさ」「かんづかさ」とも。❶【神司・神官】神に仕える人。神官。[源氏] 賢木「―の者ども、ここかしこにうちしはぶきて」[訳] 神官の者たちがあちらこちらで咳ばらいをして。❷【神祇官】「じんぎくゎん」に同じ。

かむ-づま-る【神づまる】(自ラ四){ら・り・る・る・れ・れ}神がとどまる。鎮座する。[万葉] 五・八九四「海原の辺にも沖にも―・り㊞領き坐す諸の大御神たち」[訳] 大海原の海辺にも沖にも鎮座して支配していらっしゃる多くの神々たちは。

かむな【寄居虫】(名)〔「かみな」の転〕「かうな」「がうな」とも。やどかりの古名。[方丈] 四「―は小さき貝を好む」

かむ-ながら【神随・随神・惟神】(副)「かんながら」とも。❶神でおありになるままに。神の本性のままに。[万葉] 一八・四〇九四「食す国は栄えむものと―思ほし召して」[訳] (天皇の)統治なさる国は栄えるであろうものと、神でおありになるままにお思いになられて。❷神のみ心のままに。神の意志のままに。[万葉] 一三・三二五三「葦原の瑞穂の国は―言挙げせぬ国」[訳] 葦原の瑞穂の国(=日本)は、神のみ心のままにことばに出して言い立てない国である。

かむ-なぎ【巫・覡】(名)〔「神和」で、神をなごやかにする者の意〕「かうなぎ」「かみなぎ」「かんなぎ」とも。神に仕え、祭祀・神楽などに奉仕する人。多くは女性。みこ。[伊勢] 六五「陰陽師、―よびて、恋せじといふ祓への具してなむ行きける」[訳] (男は)陰陽師やみこを呼んで、恋をするまいというお祓いの道具を持って(川へ)行った。[参考] 男性を「をかむなぎ」、女性を「めかむなぎ」ともいう。

（かむなぎ）

かむな-づき【神無月・十月】(名)「かみなづき」に同じ。

かむ-なび【神奈備・神名火】(名)「かみなび」とも。神がいらっしゃるあたり。神霊が鎮座する山や森など。[万葉] 八・一四一九「―の伊波瀬の杜の呼子鳥いたくな鳴きそ我が恋まさる」[訳] 神のましますところである伊波瀬の森の呼子鳥よ、激しく鳴かないでくれ。私の恋心がつのる(から)。

かむなび-やま【神奈備山】(名)神の鎮座する山の称。特に、今の奈良県明日香村にある三諸山および奈良県斑鳩町にある三室山の異称。

かむ-はぶ-る【神葬る】(他ラ四){ら・り・る・る・れ・れ}神として葬る。[万葉] 二・一九九「つのさはふ磐余を見つつ―・り㊞葬り奉れば」[訳] 磐余(=地名)の地を見ながら、神として葬りお送り申しあげると。(「つのさはふ」は「いは」にかかる枕詞)

かむり【冠】(名)❶かんむり。〔謡・杜若〕「なうなう、この―、唐衣御覧候へ」[訳] もうしもうし、このかんむりや唐衣(=中古の女性の正装)をご覧なさいませ。❷俳諧で、句の初めの五文字。〔去来抄〕先師評「この句、初めに―なし。先師をはじめいろいろと置き侍りて、この―に極め給ふ」[訳] この句には、はじめ最初の五文字がなかった。先師(=芭蕉)をはじめ(皆で)いろいろと置いてみまして、この上五にお決めになる。

かむり-づけ【冠付け】(名)雑俳の一種。点者が出した上五文字(=冠)を題にして、中七文字・下五文字を付けて一句とするもの。元禄のころから行われた。たとえば、「うしろには」という冠に対して、「逃げ道のなき磯の陣」と付ける類。「笠付け」とも。→雑俳

かむろ【禿】(名)《近世語》「かぶろ③」に同じ。

かめ【瓶・甕】(名)❶水・酒・塩などを入れる底の深い容器。❷花瓶。[枕] 四「おもしろく咲きたる桜を長く折りて、大きなる―にさしたるこそをかしけれ」[訳] 美しく咲いている桜(の枝)を長く折って、大きな花瓶にさしてあるのは趣がある。❸徳利。瓶子。

か-めい【佳名・佳命】(名)よい評判。名声。[細道] 塩釜明神「渠は勇義忠孝の士なり。―今に至りて、したはずといふ事なし」[訳] 彼(=和泉三郎)は勇気があり義にあつい忠義孝行の武士である。名声は今に至って(伝えられ)、(人々が)慕わないということはない。

かめ-の-かがみ【亀の鑑】〔「亀鑑(きかん)」の訓読〕物事の善悪を考え正すべき規範。手本。〔十六夜日記〕「東(あづま)の―にうつさば」訳 関東(=鎌倉幕府)の規範(=法令)に照らせば。

亀山(かめやま)『地名』❶今の三重県亀山市。東海道五十三次の一つ。❷歌枕 今の京都市右京区にある小倉山南東の山。大堰(おおい)川を挟んで嵐山(あらしやま)に対する。

かも【鴨】(名)水鳥の一種。かも。冬のものとされる。图。⇩巻頭カラーページ9

賀茂(かも)(名)上賀茂神社・下鴨(しもがも)神社の総称。

か-も ㊀(終助)㊁(終助)㊂(係助)

意味・用法
㊀**終助詞**　**詠嘆・感動**〔…であることよ。〕
㊁**終助詞**　**疑問**〔…か。…だろうか。〕→❶　**反語**〔…(だろう)か(いや、…ではない)。〕→❷　**願望**〔…てほしいなあ。…ないかなあ。〕→❸
㊂**係助詞**　**疑問**〔…か。…だろうか。〕→❶　**確定条件の疑問**〔…からか。〕→❷

接続
㊀**体言**または活用語の**連体形**に付く。
㊁**体言**または活用語の**連体形**に付く。ただし、②は**已然形**にも付く。
㊂①は**体言**または活用語の**連体形**に付く。②は活用語の**已然形**に付く。

㊀(終助)〔終助詞「か」に終助詞「も」の付いたもの〕詠嘆・感動の意を表す。**…であることよ。** 古今 羇旅「天(あま)の原ふりさけ見れば春日(かすが)なる三笠(みかさ)の山に出(い)でし月**かも**」訳 →あまのはら…和歌

㊁(終助)〔係助詞「か」に終助詞「も」の付いたもの〕❶疑問の意を表す。**…か。…だろうか。** 万葉 九・一七一八「率(あども)ひて漕(こ)ぎ去(い)にし船は高島の阿渡(あど)の水門(みなと)に泊(は)てにけむ**かも**」訳 声をかけ合って漕いで行った船は、高島の阿渡の港に停泊したのだろうか。

❷〔助動詞「む」の已然形を受けた「めかも」の形、および、形式名詞「もの」に付いた「ものかも」の形で〕反語の意を表す。**…(だろう)か(いや、…ではない)。** 古今 仮名序「古(いにしへ)を仰ぎて、今を恋ひざらめ**かも**」訳 過去を仰ぎ見て、現代を恋しがらないだろうか(いや、きっと恋しがるだろう)。万葉 一〇・二〇八七「渡り守舟出(ふなで)し出(い)でむ今夜(こよひ)のみ相見て後は逢(あ)はじもの**かも**」訳 渡し守よ、さあ舟出しよう。今夜だけ逢って、今後は逢わないようにしようと(いう)ものであろうか(いや、そうではないだろう)。

❸〔「ぬかも」の形で〕願望の意を表す。**…てほしいなあ。…ないかなあ。** 万葉 一五・三六五一「ぬばたまの夜渡(よわた)る月は早も出(い)でぬ**かも**」訳 夜空を渡る月は早くも出ないかなあ。(「ぬばたまの」は「夜」にかかる枕詞)。→ぬかも

㊂(係助)〔係助詞「か」に係助詞「も」の付いたもの〕文中にあって係り結びとなり、文末の活用語は連体形になる。❶疑問の意を表す。**…か。…だろうか。** 万葉 五・八四四「妹(いも)が家(へ)に雪**かも**降ると見るまでにここだもまがふ梅の花かも」訳 いとしい人の家に雪が降るのかと見るほどに、こうもたくさん散り乱れる梅の花であることよ。

文法「梅の花かも」の「かも」は、㊀の用法。

❷確定条件の疑問を表す。…からか。「已然形＋ば＋かも」と同意。万葉 三・二七六「妹(いも)もあれも一つなれ**かも**三河(みかは)なる二見(ふたみ)の道ゆ別れかねつる」訳 あなたも私も一体であるからか、三河の国(愛知県)にある二見の道から別れられないことだ。

文法「かも」の用法は複雑であるが、基本は「か(終助詞・係助詞)」＋「も(終助詞・係助詞)」なので、「か」の用法に準じて判断すればよい。文末に用いられている場合は、疑問か詠嘆か、全体の文意で判断する。
　おもに上代に用いられ、㊀は中古以降「かな」にとって代わられ、その他の用法は衰えていった。また、㊂②の已然形に接続するのも上代特有の用法である。

が-も(終助)〔係助詞「も」に付いて「もがも」の形で〕願望の意を表す。…てほしい。…たらいいがなあ。万葉 五・八五〇「雪の色を奪ひて咲ける梅の花今盛りなり見む人も**がも**」訳 雪の色を奪ってまっ白に咲いている梅の花は今満開だ。(ともに見るような人がいたらいいがなあ。

参考「もがも」を「も」と「がも」とに分けて、終助詞としたもの。ただし「もがも」は、終助詞「もが」に終助詞「も」が付いたものと考えるのが一般的で、「がも」という終助詞を認めることは少ない。→もが・もがも

が-もう【鵝毛】(名)鵝鳥(がちょう)の羽毛。白いもの、また非常に軽いもののたとえに用いる。徒然 九三「一日の命、万金(まんきん)よりも重し。牛の値(あたひ)、―よりも軽し」訳 (人の)一日の命は、万金よりも重い。(それに比べ)牛の価値は、がちょうの羽毛よりも軽い。

かも-かくも(副)どのようにでも。ともかくにも。万葉 一四・三三七七「―君がまにまに我(あ)は寄りにしを」訳 ともかくにも、あなたの(言う)ままに私は従ったのに。

賀茂川(かもがは)『地名』歌枕「加茂川」「鴨川」とも書く。今の京都市東部を南北に流れ、桂(かつら)川に注ぐ川。

か-もじ【か文字】(名)《女房詞》〔「上様(かみさま)」の「か」に接尾語「もじ」の付いたもの〕妻または母。

か-もじ【髪文字】(名)《女房詞》〔「髪(かみ)」または「鬘(かつら)」の「か」に接尾語「もじ」の付いたもの〕髪。また、女性の添え髪。〔仮名・竹斎〕「さても見事なる御―かな」訳 それにしても、見事なおぐしだなあ。

かも-じもの【鴨じもの】(副)〔「じもの」は、「…のようなもの」の意の接尾語〕鴨のように。万葉 一五・三六四九「―浮き寝をすれば蜷(みな)の腸(わた)か黒き髪に露そ置きにける」訳 鴨のように水の上に船をとどめて寝ると、黒い髪の毛に露が降りたことだ。(「蜷の腸」は「か黒き」にかかる枕詞)

がも-な →もがもな

かも-の-うきね【鴨の浮き寝】鴨が浮きながら水の上で寝ていること。気が安まらないさまや、物事の不安定なさまにたとえる。万葉 一一・二八〇六「吾妹子(わぎもこ)に恋ふれにかあらむ沖に住む―の安けくもなき」訳 あの子に恋しているからであろうか、沖に住む鴨の浮き寝のように、気の安まることがない。

かも-の-くらべうま【賀茂の競べ馬】陰暦五月五日(現在は六月五日)に、京都の上賀茂神社の境内で行われる競馬。騎手二十人を左右に分け、左は赤袍、右は黒袍を着て、競走する。夏

鴨長明(かものちやうめい)カモノチヨウメイ『人名』(一一五五?〜一二一六)鎌倉前期の歌人・随筆家。法号蓮胤。賀茂御祖神社(下鴨神社)の神官の子。歌を俊恵に学び、管弦の道にも長じていた。後鳥羽上皇に召されて和歌所寄人となったが、のち出家して大原山に隠棲、また日野の外山に方丈の庵を結んで住んだ。著書に随筆「方丈記」、説話集「発心集」、歌学書「無名抄」、家集「鴨長明集」など。

かも-の-まつり【賀茂の祭り】京都の上賀茂神社と下鴨神社の祭り。陰暦四月の中(=第二)の酉の日(現在は五月十五日)に行われる。その行列は華美をきわめた。飾りに葵を用いたので「葵祭り」とも、また、石清水八幡宮の「南祭り」に対して「北祭り」ともいう。夏

発展 祭りの代表「賀茂の祭り」

古文で単に「祭り」といえば、多く、賀茂の祭りをさす。当日は、斎きの皇女の行列が下社と上社に参向した。また祭りの翌日、斎きの皇女が紫野の斎院に帰るのを「祭りのかへさ」といった。「源氏物語」の葵の上と六条御息所の車争いは、祭りの始まる前の御禊の雑踏の中で起こった。

賀茂真淵(かものまぶち)『人名』(一六九七〜一七六九)江戸中期の国学者・歌人。号は県居。遠江(静岡県)の人。荷田春満に学び、古道・古学を体得、のちに田安宗武に仕え、国学を発展させた。門人に本居宣長・加藤千蔭・村田春海・楫取魚彦など。国学の著書に「万葉考」「冠辞考」「祝詞考」など。ほかに紀行文「岡部日記」、家集「賀茂翁家集」など。

かも-の-りんじのまつり【賀茂の臨時の祭り】京都の賀茂神社の陰暦十一月の下(=下旬)の酉の日に行う祭り。四月の「賀茂の祭り」に対していう。

かも-まうで【賀茂詣で】モウデ(名)「賀茂の祭り」の前日に摂政・関白が賀茂神社に参詣する行事。枕 三九「見ものは(=見る価値のあるものは)…御―」

がも-や →もがもや

かもやまの… 和歌

鴨山の 岩根し枕ける 吾をかも 知らにと妹が 待ちつつあるらむ 〈万葉・二・二二三・柿本人麻呂〉

訳 (死を前に)鴨山の岩を枕にしている私のことを、知らずに妻は待ちつづけているのだろうか。文法「知らに」の「に」は、打消の助動詞「ず」の連用形の古形。解説 題詞に、石見の国(島根県)で死に臨んで作った歌とある。「鴨山」の所在地は不明。人麻呂の死についても、刑死説その他があり、この歌そのものも虚構であるとする説が出されている。

がも-よ →もがもよ

か-もん【勘文】(名)(「かんもん」の転)平安時代、朝廷の要請で、陰陽道の学者などが、諸事の先例を調べ、日時・方位などの吉凶を占って上申する文書。

かもん-れう【掃部寮】リョウ(名)律令制で、宮内省に属した役所。宮中の施設の管理、清掃などをつかさどった。「かんもりのつかさ」「かもんづかさ」とも。⇩巻頭カラーページ31

かや【茅・萱】(名)すすき・ちがや・すげなど、屋根を葺くのに用いる草の総称。秋。万葉 一・一一「わが背子は仮廬作らす―無くは小松が下の草を刈らさね」訳 私のいとしい人は旅の仮小屋を作っていらっしゃる。かやが足りなければ、小松の下の草をお刈りなさいな。

か-や(終助)❶[詠嘆の終助詞「か」に間投助詞「や」の付いたもの]詠嘆・感動の意を表す。…だなあ。紀 神武「うれたきかや」訳 なげかわしいことだなあ。❷[疑問の係助詞「か」に間投助詞「や」の付いたもの]㋐疑問・不定の意を表す。…であるか。猿蓑 芭蕉「一里は皆花守の子孫かや」訳 (この花垣の庄の一村の人たちは皆花守の子孫(なの)だろうか。㋑反語・反問の意を表す。…(である)か(いや、とんでもない)。醒睡笑「下手がこれやうに大きな家を持つものでござるかや」訳 下手な者がこのように大きな家を持つものでありますか(いや、とんでもないことです)。

接続 体言または活用語の連体形に付く。

参考 ①と②とはなりたちを異にしており、①から②の用法が生じたものではない。①は特に上代、②は中世以降の用法である。

か-やう【斯様】ヨウ(形動ナリ){なら・なり(に)・なり・なる・なれ・なれ}このよう。かくのごとく。源氏 夕顔「まだ―・なる(体)ことをならはざりつるを」訳 (私=光源氏は)まだこのような(女を連れ出す)ことを経験していなかったが。

加舎白雄(かやしらを)カヤシラオ『人名』(一七三八〜一七九一)江戸中期の俳人。本名は吉春。江戸で春秋庵を開き、天明期の中興俳壇で重要な役割を果たした。句風は素朴で、自然を尊んだ。著書に「白雄句集」「俳諧寂栞」など。

か-やす・し【か易し】(形ク){(から)・く(かり)・し・き(かる)・けれ・かれ}(「か」は接頭語)たやすい。また、軽々しい。万葉 一七・四〇一一「手放ちもをちも―・き(体)」訳 (この鷹が)手から飛び立つのも戻ってくるのも容易であることは。

か-やつ【彼奴】(代)他称の人代名詞。いやしんでいう語。あいつ。やつ。枕 三六「ほととぎす、おれ、―よ。おれ鳴きてこそ、われは田植うれ」訳 ほととぎす、きさま、あいつよ。きさまが鳴くので、おれは田植えをするのだ。

萱の斎院(かやのさいゐん)カヤノサイイン『人名』→式子内親王

かや-ぶき【茅葺き・萱葺き】(名)かやで屋根を葺くこと。また、その屋根。増鏡 おどろのした「―の廊・渡殿など、はるばると艶にをかしうさせ給へり」訳 かやぶきの回廊や渡り廊下など、はるかに遠くまで優美に趣向をこらしてお造りになられていた。

かや-や【茅屋・萱屋】(名)かやぶきの屋根。また、その家。源氏 須磨「―ども、葦ふける廊めく屋などをかしうしつらひなしたり」訳 (光源氏の住まいは)かやぶき屋根の家々、葦で(屋根を)葺いた渡り廊下のような家屋などが、いかにも風情あるさまに造ってある。

かやり-び【蚊遣り火】(名)蚊を追い払うためにいぶす

火。また、その煙。かやり。夏。徒然 一九「あやしき家に夕顔の白く見えて、—ふすぶるもあはれなり」訳 粗末な家に夕顔(の花)が白く(咲いて)見えて、かやり火がいぶるようすもしみじみとした風情がある。

かゆ【粥】(名)米を煮たもの。固粥(=今の飯にあたる)と、汁粥(=今の粥にあたる)の二種がある。源氏 夕顔「御—など急ぎ参らせたれど」訳 お粥(=固粥)などを急いで(光源氏に)差し上げたけれど。

参考 米を蒸したものを「飯」というのに対していう。

かゆ-づゑ【粥杖】(名)「かゆのき」に同じ。

かゆ-の-き【粥の木】(名)陰暦正月十五日の望粥を煮た薪の燃えさしで作った杖。これで子供のない女性の腰を打つと、男子が授かるという俗信があった。「かゆづゑ」とも。春。枕 三「—ひき隠して、家の御達・女房などのうかがふを」訳 粥の木を隠して、その家の古参の女房たちや若い女房などが(相手の腰を打とうと)すきをねらうのを。

かよ-ちゃう【駕輿丁】(名)貴人の輿をかつぐ召使の男。輿舁き。〔紫式部日記〕「—の、さる身のほどながら階よりのぼりて」訳 (鳳輦の)こしかきが、そんな(低い)身分の程度でありながら(帝を乗せるため)階段を上って。

かよは・す【通はす】(他サ四){さ・し・す・す・せ・せ}❶行き来させる。通わせる。特に、女性が夫・恋人を出入りさせる。更級 子忍びの森「物語にある光源氏などのやうにおはせむ人を、年に一たびにても—・し㊞奉りて」訳 物語に登場する光源氏などのようでいらっしゃる(人がいる)ならその人を、年に一回であっても通わせ申しあげて。文法「おはせむ人」の「む」は、仮定・婉曲の助動詞。

❷気心を通じさせる。手紙などで気持ちを伝える。手紙を送る。源氏 椎本「折ふしの花紅葉につけて、あはれをも情けをも—・す㊍に」訳 季節ごとの花や紅葉に託して、しみじみとした感慨をも情趣をも伝えるのに。

❸行きわたらせる。源氏 常夏「よろづのことに—・し㊞ならめて、かどかどしき故もつけじ」訳 (明石の姫君には)万事に行きわたらせて片寄らせず、才気ばしった教養もつけ(させ)まい。

かよひ【通ひ】(名)❶通うこと。行き来。往来。また、その道。源氏 夕顔「田舎の—も思ひかけねば、いと心ぼそけれ」訳 (今年は)田舎への行き来(=行商)も期待できないので、たいそう不安である。

❷飲食物の給仕をすること。また、その人。宇治 九・一「ありつる宿に—しつる郎等なり」訳 さっきの宿で食事の給仕をしていた家来である。

❸「通ひ帳」の略。掛け売りの帳面。

かよひ-す・む【通ひ住む】(自マ四){ま・み・む・む・め・め}❶出入りして住む。源氏 手習「人住まで年経ぬる大きなる所は、よからぬ物かならず—・み㊞て」訳 人が住まないで年がたった大きい屋敷は、よくない(変化の)ものがきっと出入りして住んで。

❷男が女の家に、通って暮らす。徒然 一九〇「よそながら、ときどき—・ま㊍んこそ、年月経ても絶えぬなからひともならめ」訳 よそに住んでいるままで、ときどき(女のもとへ)通って暮らすようなのが、年月がたっても縁の切れない間柄ともなるであろう。

かよひ-ぢ【通ひ路】(名)通う道。往来する道すじ。特に、恋人のもとに通う道。古今 雑上「天つ風雲の—吹き閉ぢよをとめの姿しばしとどめむ」訳 →あまつかぜ…和歌

かよ・ふ【通ふ】(自ハ四){は・ひ・ふ・ふ・へ・へ}

語義パネル

●重点義　**行き来する。**
現代語では①。男が女のもとに通う「通い婚」であることから③。

❶通る。**行き来する。往来する。**
❷行きとどく。**通じる。よく知っている。**
❸**男が女のもとに行く。**
❹共通点がある。相通じる。**よく似る。**
❺一部が重なる。**交差する。**入りまじる。

❶通る。**行き来する。往来する。**〔金葉〕冬「淡路島—・ふ㊍千鳥のなく声に幾夜ねざめぬ須磨の関守」訳 →あはぢしま…和歌

❷行きとどく。**通じる。よく知っている。**源氏 御法「女の御おきてにてはいたり深く、仏の道にさへ—・ひ㊞給ひける御心のほどなどを」訳 女のお指図としては配慮が行きとどいていて、仏事にまでも通じていらっしゃった(紫の上の)おたしなみの程度などを。

❸**男が女のもとに行く。**伊勢 二〇「むかし、をとこ、みそかに—・ふ㊍女ありけり」訳 昔、ある男が、ひそかに行き通う女がいたということだ。

❹共通点がある。相通じる。**よく似る。**細道 象潟「おもかげ松島に—・ひ㊞て、また異なり」訳 (風景の)ようすは松島に似通っているが、また違っている。

❺一部が重なる。**交差する。**入りまじる。徒然 一五五「春はやがて夏の気をもよほし、夏より既に秋は—・ひ㊞」訳 春はそのまま夏の気配をひき起こし、夏の間からもう秋(の気配)は入りまじっていて。

-から【柄】(接尾)〔連濁で「がら」とも〕(名詞に付いて)その物本来の品格・性質・身分・状態などの意を表す。万葉 三・三一五「み吉野の芳野の宮は山—し貴くあらし(=山の品格ゆえに貴くあるらしい)」。枕 一〇三「それは、時—にさも見ゆるならむ」訳 それは、その時の状態でそうも見えるのであろう。

から【故・柄】(名)〔語源的には「族」「同胞」などの「から」と同じで、血のつながりを意味した語かという〕原因・理由を示す語。ゆえ。ため。万葉 二〇・四三五六「わが母の袖もちなでてわが—に泣きし心を忘らえぬかも」訳 私の母が袖で(私を)なでながら、私のために泣いた心持ちを忘れることができないことだよ。

から【唐・韓】(名)❶中国および朝鮮の古称。「からくに」とも。

❷中国や朝鮮から渡来した事物に添えていう語。転じて、ふつうと違う珍しい物にもいう。「—車」「—琴」

発展 **「唐物」と呼ばれた舶来品**

「唐」と呼ばれた中国や朝鮮から渡来した品物を「唐物」といい、「唐-」と名づけた。

たとえば、「唐綾」「唐鏡」「唐衣」「唐猫」「唐櫃」など枚挙にいとまがない。漢字の「漢」を使った「漢詩」「漢文」の場合も同様である。平安貴族の生活は、渡来の品物や文化に彩られていたのである。

から【殻】(名) ❶中身のなくなった外皮。ぬけがら。古今 恋二「恋しきにわびて魂まどひなばむなしき―の名にや残らむ」訳 恋しさに苦しむあまり、魂がこの身からさまよい出たならば、魂の抜けたぬけがら(になった)という評判が残るだろうか。❷(「骸」とも書く)魂の抜け去った身。なきがら。死骸。徒然 三〇「―は、けうとき山の中に納めて」訳 なきがらは、人けのない山の中に埋葬して。

から ㊀(格助) ㊁(接助)

意味・用法

㊀**格助詞**
- **経由点**〔…を通って。…を。〕→❶
- **起点**〔…から。〕→❷
- **原因・理由**〔…によって。…がもとで。〕→❸
- **手段・方法**〔…で。〕→❹

㊁**接続助詞**
- **原因・理由**〔…ために。…ので。〕→❶
- **原因の強調提示**〔…以上は。…からには。〕→❷

接続

㊀**体言**および体言に準ずる語に付く。
㊁活用語の**連体形**に付く。

㊀(格助) ❶動作・作用の経由点を表す。**…を通って。…を。** 万葉 一一・二六一八「月夜よみ妹に逢はむと直道からわれは来つれど夜そふけにける」訳 月がよいので、あの娘に逢おうと近道を通って私は来たけれども、夜がふけてしまったことだ。文法「よみ」は、形容詞「良し」の語幹「よ」に原因・理由を表す接尾語「み」が付いたもの。

❷動作・作用の起点を表す。㋐空間的起点。**…から。** 古今 物名「波の花沖から咲きて散り来めり水の春とは風やなるらむ」訳 波の花が沖のほうから咲いたり散ったりして寄せてくるようだ。水の春とは風がなるものなのだろうか。(「沖から咲きて」に地名「唐崎」(滋賀県大津市)を詠み込む)。㋑時間的起点。**…から。** 蜻蛉 下「去年から山ごもりして侍るなり」訳 去年から山ごもりしているのでございます。

❸動作・作用の起こる原因・理由を表す。**…によって。…しだいで。…がもとで。** 古今 恋三「長しとも思ひぞはてぬ昔よりあふ人からの秋の夜なれば」訳 (秋の夜が)長いとも決めこんではいない。昔から逢う人しだいで(短くも長くも)感じられる秋の夜なのだから。

❹手段・方法を表す。**…で。**〔落窪〕「徒からまかりて、いひ慰め侍らむ」訳 徒歩で参って、話をして慰めましょう。

㊁(接助) ❶原因・理由を表す。**…ために。…ので。**〔伎・阿弥陀が池新寺町〕「親子の久離切りましたから、若殿をお前のお子とおぼしめしてくださんせ」訳 親子の縁を切りましたので、若様をあなたのお子とお思いになってくださいませ。

❷(係助詞「は」を伴って)特に原因を強調して提示する。**…以上は。…からには。**〔浄・女殺油地獄〕「真実の母が追い出すからは、こなたの名の立つことはない」訳 ほんとうの母が追い出すからには、あなたの名が世間のうわさにのぼることはない。

参考「から」は「より」と似た意味を持つが、中古までは「より」のほうが多く使われた。「から」は中世以降さかんに使われ、現代に至っている。「から」と「より」の違いは、「より」には比較の基準の用法があることである。だから形容詞・形容動詞とともに用いられるのは「より」に限られる。

文法 ㊀の格助詞の用法は、上代ではおもに①の経由点を表したが、中古以降②③④の意味が生じて、①の用法は衰えた。㊁の接続助詞の用法は、接続助詞「からに」とは起源の上で異なり、中世以降の発生と考えられている。なお、「から」は本来名詞であったと考えられている。→からに(接助)

から-あふひ【唐葵・蜀葵】(アオイ)(名) たちあおい(=草花の名)の古名。初夏、紅・白色などの花が咲く。夏。枕 六六「―、日の影にしたがひて傾くこそ、草木といふべくもあらぬ心なれ」訳 唐葵が、日の光(の動き)につれて傾くのは、草木ともいえない心ばせである。

から-あや【唐綾】(名) 中国から渡来した綾織物。浮き織りで、今の綸子の類。唐の綾。枕 一四〇「宮は、白き御衣どもにくれなゐの―をぞ上に奉りたる」訳 宮(=中宮定子)は、白いお召し物のあれこれに、紅の唐綾を上にお召しになっている。

からあや-をどし【唐綾縅】(オドシ)(名) 鎧の縅の一種。唐綾を細く裁ち、たたみ重ねてつづったもの。白・黒・紺・朽ち葉など種類が多い。平家 九・木曽最期「赤地の錦の直垂に―の鎧着て」

か-らう【家老】(ロウ)(名) 大名・小名の家臣の長で、主君を助けて政務を総括する人。鎌倉時代にできて、室町時代以降は職名となった。

からう-じて【辛うじて】(カロウ)(副)(「からくして」のウ音便)やっとのことで。ようやく。方丈 二「前の年、かくの如く―暮れぬ」訳 前の年は、こんなふうな状態でやっとのことで暮れた。

から-うす【唐臼・碓】(名) 地面に埋め、しかけた杵の柄を足で踏んで上下させ穀類をつく臼。踏み臼。

から-うた【唐歌・漢詩】(名) 漢詩。からのうた。もろこしのうた。土佐「―、声あげていひけり」訳 漢詩を、声をあげて吟詠した。↔大和歌

から-おり【唐織】(名) 中国から渡来した織物。また、日本でそれに似せて織ったもの。金襴・緞子・繻子・錦などの総称。唐織物。〔浮・日本永代蔵〕「このうへは、よろづの―を常住着となすべし」訳 (ぜいたくもここまでくると)このうえは、あらゆる唐織物をふだん着にするにちがいない。

から-かがみ【唐鏡】(名) 中国から渡来した上等な鏡。枕 二九「こころときめきするもの …―の少し暗き

見たる」訳 心がわくわくするもの、…舶来の上等な鏡が少し曇っているのを見たとき。

から-かさ【傘】(名)〔「唐風のかさ」の意〕細い竹の骨に油を引いた紙を張った柄のあるかさ。さしがさ。

からか・ふ(自ハ四){は・ひ・ふ・ふ・へ・へ}負けまいと張り合う。争う。著聞 六〇三「しばし―・ひ用て、腰刀を抜きてさしあてければ」訳 しばらくの間(変化のものと)争って、腰の刀を抜いて差し当てたところ。

から-かみ【唐紙】(名)❶中国渡来の上等の紙。また、それを模した、色模様を刷り出した紙。
❷「唐紙障子」の略。①を張ったふすま障子。ふすま。

から-から(-と)(副)❶高らかに笑う声。〔太平記〕二「これを見て―とうち笑うて」
❷堅い物や、かわいた物が触れ合って鳴る音。今昔 二五・二三「馬の走りて行く鐙の、人も乗らぬ音にて、―と聞こえければ」訳 馬が走って行くあぶみが、人も乗っていない(ときの)音で、からからと聞こえたので。

から-が・る【辛がる】(自ラ四){ら・り・る・る・れ・れ}〔「がる」は接尾語〕つらい、困ったという気持ちを表す。つらそうなようすをする。源氏 松風「『いとかるがるしき隠れ処見あらはされぬるこそねたう』と、いたう―・り用給ふ」訳「たいそう粗末な隠れ家を見つけられてしまったのはしゃくで」と、(光源氏は)ひどくつらそうにしなさる。

から-ぎぬ【唐衣】(名)平安時代、宮中の女子が正装する際、表着の上に裳とともに着た丈の短い衣服。錦・綾その他の織物で袷に作る。枕 二三「女房、桜の―どもくつろかにぬぎたれて」訳 女房が、桜がさねの唐衣などをゆったりと肩を脱いで片袖を垂らして。⇩巻頭カラーページ14

からき-め【辛き目】ひどいめ。つらい思い。徒然 一七五「かく―にあひたらん人、ねたく、口惜しと思はざらんや」訳 こんなふうに(むりに酒を飲まされて)つらいめにあったような人は、(飲ませた人を)恨めしく、くやしいと思わないだろうか(いや、思うにちがいない)。

からく【辛く】(副)❶必死に。一心に。土佐「―神仏を祈りて、この水門を渡りぬ」訳 一心に神仏に祈って、この海峡(=阿波の鳴門)を渡った。
❷やっと。かろうじて。ようやく。土佐「船君の―ひねり出だして、よしと思へることを」訳 船客の長がやっとひねり出して、よいと思っている歌なのに。

から・ぐ【絡ぐ】(他ガ下二){げ・げ・ぐ・ぐる・ぐれ・げよ}❶束ねくくる。しばる。宇治 一四・一〇「土器を二つ打ち合はせて、黄なる紙捻にて十文字に―・げ用たり」訳 素焼きの器を二つ合わせて、黄色のこよりで十文字にしばってある。
❷まくり上げる。はしょる。細道 福井「裾をかしう―・げ用て、路の枝折とうかれ立つ」訳 着物の裾をおかしなふうにまくり上げて、道案内を(しよう)と浮き浮きと家を出る。

からく-して【辛くして】(副)かろうじて。やっとのことで。今昔 二九・二三「―明けぬれば暁に家に帰りぬ」訳 やっとのことで夜が明けたので、明け方に家に帰った。

から-くに【唐国・韓国】(名)「から(唐)①」に同じ。

から-くり【絡繰り・機関】(名)❶仕掛け。装置。〔浮・世間胸算用〕「今時は仕かけ山伏とて、さまざま護摩の壇に―いたし」訳 最近はにせ山伏といって、いろいろと護摩壇に仕掛けをいたし。
❷計略。仕組むこと。たくらみ。〔浄・心中天の網島〕「二人の手を切らせしは、このさんが―」訳 二人の手を切らせたのは、この、さん(=人名)の計略。
❸「からくり人形」の略。仕掛けたぜんまいや糸で動くようにした人形。
❹「のぞきからくり」の略。箱に入れた絵などを仕掛けで回転させ、箱に付けためがねからのぞかせる見世物。からくりめがね。

から-ぐるま【唐車】(名)牛車の一種。大型で屋根を唐廂に作り、檳榔の葉で葺き、すだれなどで美しく飾る。皇族・准后・摂関などの、公式行事などのときの乗用車。唐廂の車。枕 二七八「御車ごめに十五、四つは尼の車、一の御車は―なり」訳 (女院=詮子の)御牛車を含めて十五(両)、(そのうち)四つは尼の牛車で、一番目の(女院の)御牛車は唐車である。

から-くれなゐ【韓紅・唐紅】(名)〔韓から渡来した紅の意〕鮮紅色。紅色のあざやかなのを賞美していう。古今 秋下「ちはやぶる神代もきかず竜田川―に水くくるとは」訳 →ちはやぶる…和歌

から-ごころ【漢心・漢意】(名)江戸時代の国学者の用語で、漢籍を学び、中国文化に心酔し、感化された精神。〔玉勝間〕「―を清くはなれて、もはら古のこころ、詞をたづぬる学問は、わが県居の大人よりぞ始まりける」訳 中国心酔をさっぱりとやめて、もっぱら古代の心やことばを研究する学問は、わが賀茂真淵翁から始まった。

から-ごと【唐琴・韓琴】(名)楽器の名。中国から伝わった琴(=七弦の琴)・箏(=十三弦の琴)の類。↔大和琴・和琴

からころむ… 和歌

> 韓衣　裾に取りつき　泣く子らを
> 置きてそ来ぬや　母なしにして
> 〈万葉・二〇・四四〇一・防人歌・他田舎人大島〉

訳 (防人としての)韓衣の裾にとりすがって泣く子を残して来てしまったことよ。(その子は)母がいないのに。文法「来ぬや」は、正しくは上の係助詞「そ」の結びで「来ぬるや」とあるべきところ。
解説「からころむ」は「からころも」の東国方言。枕詞とする説もある。「子ら」の「ら」は愛称で、複数を示すものではない。

から-ころも【唐衣・韓衣】(名)❶唐風の衣服。袖が大きく、裾が長く、上前と下前を深く重ねて着る。〔落窪〕「―着て見ることのうれしさをつつめば袖ぞほころびぬべき」訳 (りっぱな)唐風の衣服を着て(その姿を)見ることのうれしさを包むと、袖の縫い目がほころびてしまうにちがいない。文法「ほころびぬべき」の「ぬ」は、助動詞「ぬ」の終止形で、ここは確述の用法。「べき」は、係助詞「ぞ」の結び。
❷美しく、珍しい衣服。〔うつほ〕藤原の君「―解き縫ふ人もなきものを涙のみこそすすぎ着せけれ」訳 (この)美しい衣装をほどいて(洗って)縫いなおす人(=妻)もないものだから、涙だけがすすぎ洗って着せてくれたことだ。

からころも【唐衣・韓衣】《枕詞》衣をつくるために布

を裁つことから「たつ」にかかる。万葉 一〇・二二九四「—竜田の山は」

からころも… 和歌

序詞
唐衣　きつつなれにし　妻しあれば
〔馴れ〕〔萎れ〕〔褄〕
はるばるきぬる　旅をしぞ思ふ
〔遥々〕〔来〕〔張る〕〔着〕
〈古今・九・羈旅・四一〇・在原業平〉〈伊勢・九〉

訳 唐衣を着つづけて、からだになじむように、なれ親しんだ妻が(京に)いるので、はるばるやって来たこの旅を(悲しく)思っている。修辞「唐衣きつつ」は「なれ」を導きだす序詞。「なれ」は「馴れ」と「萎れ」との、「妻」は衣の「褄」との掛詞。「はるばる」の「はる」に、「はるか遠く」の意と「布を張る」の意とを、「きぬる」の「き」に「来」と「着」とをかける。「唐衣」「萎れ」「褄」「張る」「着」は縁語。各句の最初の音をつづると「かきつはた」つまり「かきつばた」となる折り句。

解説 詞書によると、東国へ旅に出た作者一行が三河の国八橋(愛知県知立市)に来たとき、沢にかきつばたが美しく咲いていたので、旅の心を詠んだという。掛詞と縁語で織りなされた、技巧的な歌。

唐衣橘洲(からころもきつしゅう) カラゴロモキッシュウ『人名』(一七四三—一八〇二)江戸後期の狂歌師。別号酔竹庵。四方赤良(大田南畝)・朱楽菅江とともに天明狂歌の三大家といわれた。作風は温雅・軽快。著書に「狂歌若葉集」、家集「酔竹集」など。

から-ごゑ ゴエ【枯ら声・嗄ら声】(名)しわがれた声。(一説に「空声」で、うつろな声の意とも)。源氏 夕顔「気色ある鳥の—に鳴きたるも、梟はこれにやとおぼゆ」訳 怪しい鳥がしわがれ声で鳴いているのも、梟(という鳥)はこれであろうかと(光源氏には)思われる。

唐崎(からさき)『地名』歌枕〔「辛崎」とも書く〕今の滋賀県大津市、琵琶湖の西岸の景勝地。「唐崎の夜雨」は近江八景の一つ。一つ松・唐崎神社で有名。

から-ざけ【乾鮭・干鮭】(名)鮭のはらわたを除いて、塩を用いずに、陰干しにしたもの。图

から・し【辛し】(形ク){から・く(かり)・し・き(かる)・けれ・かれ}

語義パネル
●重点義 (味が)ひりひりとからい。
②以下は、味覚についていう①を精神面に用いたもの。
❶(味が)ひりひりとからい。しょっぱい。
❷残酷だ。むごい。ひどい。
❸つらい。せつない。
❹いやだ。気にそまない。みっともない。
❺あぶない。

❶(味が)ひりひりとからい。しょっぱい。万葉 一六・三八八六「おし照るや難波の小江の初垂を—・く㊊垂れ来て」訳 難波の小さな入り江の、製塩の最初に垂れる濃い塩汁をからく垂らして来て。(「おし照るや」は「難波」にかかる枕詞)
❷残酷だ。むごい。ひどい。平家 五・文覚被流「奉加をこそし給はざらめ、これほど文覚に—・い㊍(イ音便)目を見せ給ひつれば」訳 寄進をなさらないのはまだしも、これほど(私)文覚に対してひどいめにあわせなさったからには。文法 係り結び「こそ…め」は、ここは強調逆接となって下に続く。
❸つらい。せつない。万葉 一五・三六九五「昔より言ひける言の韓国の—・く㊊もここに別れするかも」訳 昔から言い伝えてきたことばの韓国(の「から」)ではないが、せつなくもここで別れることよ。(第二句までは「からく」を導きだす序詞)
❹いやだ。気にそまない。みっともない。堤 虫めづる姫君「—・し㊎や。眉はしも、皮虫だちためり」訳 いやねえ。眉はちょうど、毛虫みたいに見えている。文法「眉はしも」の「しも」は、強意の副助詞。「ためり」は、「た

古語ライブラリー⑭
係助詞のはたらき

口語文法では副助詞に含めて説明されることが多いが、現代日本語にも係助詞がある。口語の係助詞の代表は「は」だ。

係助詞の特徴は、文末にまでその影響が及ぶということだ。だから文語の場合は「は・も…終止形／ぞ・なむ・や・か…連体形／こそ…已然形」というように、文末に一定の活用形が要求される。口語の場合は、形容動詞と形容動詞型の助動詞を除いて、活用する語の終止形と連体形とは同じ形だから気づきにくいのだが、文末にまで影響が及ぶという点は文語の場合と同じだ。

例文で確かめておこう。次の文のうち、どちらが不自然に感じられるか。

aわたしは十五歳で父が死んだ。
bわたしは十五歳で父を失った。

日本語を母語とする者であれば、aが不自然だと感じるだろう。係助詞「は」がついているから、「わたしは」は文末にまで及ぶ。「わたしは…死んだ」ではおかしい。「死んだ」のは「父が」だ。その点、bは自然だ。「わたしは…失った」になっているからだ。

aを次のように言い換えるとどうか。

cわたしが十五歳で父が死んだ。

やや舌足らずの言い方だが、なんとか意味は通じる。「わたしが」は「十五歳で」の部分までで収まり、文末には影響しないからだ。

aの「父が死んだ」を生かして、自然な言い方にするには、次のようにいう。

dわたしが十五歳のとき、父が死んだ。

こちらの言い方でも「わたしが」を「わたしは」にすると不自然になる。

eわたしは十五歳のとき、父が死んだ。

「とき」の下に読点を打っても、文末にまで「わたしは」の影響が及ぶからである。

⇩三九五ページ⑮

るめり」の撥音便「たんめり」の「ん」の表記されない形。❺あぶない。徒然 五三「—・き(体)命まうけて、久しく病み居たりけり」訳(法師は)あやうい命を拾い取って(=命拾いして)、長いこと病みついていたそうだ。

から-しほ【鹹塩】(名)塩水。海水。辛い塩。

烏丸光広『人名』(一五七九〜一六三八)江戸前期の公卿で、歌人・仮名草子作者。二条派歌道の中心人物の一人。歌論に「耳底記」がある。

から-と【唐櫃】(名)〔「からうと」の転〕「からびつ」に同じ。

から-なでしこ【唐撫子】(名)❶せきちく(=草花の名)の異称。夏。枕 一九二「こちたう赤き薄様を、—のいみじう咲きたるに結びつけて」訳ひどく赤い薄い紙(に書いた手紙)を、唐撫子がまっ盛りに咲いたのに結びつけて(あるのを)。❷襲の色目の名。表・裏ともに紅色。また、表は紫、裏は紅とも。夏の装束に用いる。

から-に

(接助)〔格助詞「から」に格助詞「に」の付いたもの〕

意味・用法

重大な結果を生じる軽い原因〔…だけで。ただ…だけで。〕→❶

二つの動作・状態が続いて生じる〔…と同時に。…とすぐに。…やいなや。〕→❷

逆接の仮定条件〔たとえ…だとしても。…だからといって。…たところで。〕→❸

接続

活用語の**連体形**に付く。

❶軽い原因が重い結果を生じる意を表す。**…だけで。ただ…だけで。**万葉 四・六三八「ただ一夜隔てしからにあらたまの月か経ぬると心まとひぬ」訳たった一晩間を置いただけで、一月もたったかと思って心は乱れてしまう。(「あらたまの」は「月」にかかる枕詞)

❷二つの動作・状態が続いて生じる意を表す。**…と同時に。…とすぐに。…やいなや。**古今 賀「住の江の松を秋風吹くからに声うちそふる沖つ白波」訳住の江の松に秋風が吹くとすぐに、(その松風の音に)音を添える沖の白波であることよ。

❸(おもに「むからに」の形で、逆接の仮定条件を表し)**たとえ…だとしても。…だからといって。…たところで。**源氏 帚木「などかは女と言はむからに、世にあることの公私につけて、むげに知らず至らずしもあらむ」訳どうして女というならそれだからといって、世の中にあることの公的私的な面に関して、まったく知らず思いも及ばない(という)ことがあろうか(いや、そんなことはない)。

文法「などかは」の副詞「などか」は、反語を表す。「言はむ」の「む」は、仮定・婉曲の助動詞。

参考「から」は本来、名詞だったと考えられており、上代では「手に取るがからに(=手に取るだけで)忘ると海人の言ひし恋忘れ貝言にしありけり」〈万葉・七・一一九七〉の例のように、格助詞「が」「の」に続く、体言としてのはたらきを残した例もある。

から-にしき【唐錦】(名)唐織の錦。紅色のまざった美しい模様で、紅葉などにたとえることがある。

からにしき【唐錦】《枕詞》「たつ(裁つ)」「おる(織る)」「ぬふ(縫ふ)」など、布に縁のある語にかかる。古今 雑上「—たたまく惜しき」

から-ねこ【唐猫】(名)中国渡来の猫。源氏 若菜下「—の、ここのに違へるさましてなむ侍りし」訳(女三の宮のところにいる猫は)唐猫で、ここ(=日本)のとは違った姿をしておりました。

から-の-あや【唐の綾】「からあや」に同じ。

から-は(接助)〔接続助詞「から」に係助詞「は」の付いたもの〕事実を表す語に付いて、はっきりした条件を表す。…であるからには。…する以上は。〔浄・博多小女郎波枕〕「親に隠すからは(=隠す以上は)ろくな銀とは存ぜぬ」

接続 活用語の連体形に付く。

参考「憂き身からは(=憂き身にとっては)同じ嘆かしさにこそ」〈源氏・澪標〉の例のように、体言に続く「からは」は格助詞「から」に係助詞「は」が付いたものと考えられる。

から-はし【唐橋】(名)欄干のついた、中国風の橋。

から-びさし【唐廂・唐庇】(名)唐破風(=八の字形に反った破風)造りの軒先。また、その下の部屋。あるいは唐破風造りの牛車(=唐車)の屋根。

から-ひつ【屍櫃・辛櫃】(名)〔「から」は、死骸の意〕ひつぎ。棺。宇治 六・二「塚を掘り崩すに、中に石の—あり」訳塚を掘り崩すと、(その)中に石のひつぎがある。

から-びつ【唐櫃】(名)〔中世までは「からひつ」〕「からうつ」「からうと」「からと」とも。中国風につくった長方形の櫃。各面に一本ずつの計四本、または前後に二本ずつ、左右に一本ずつ、計六本の、外に反った脚が付いていて、かぶせぶたがある。衣装・調度品などを収める。源氏 夕霧「香の御—より取うでて奉り給ふ」訳(花散里は)香(を着物にしみこませるため)の御唐櫃から(着物を)取り出して(夕霧に)差し上げなさる。⇩巻頭カラーページ22

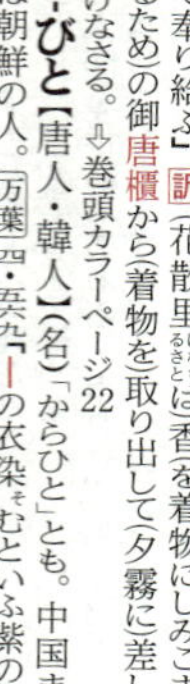

(からびつ)

から-びと【唐人・韓人】(名)「からひと」とも。中国または朝鮮の人。万葉 四・五六九「—の衣染むといふ紫の」訳唐の人が衣を染めるという紫草の。

から-ぶ【乾ぶ】(自バ上二)〔び・び・ぶ・ぶる・ぶれ・びよ〕❶乾いて水分がなくなる。干からびる。❷枯れてものさびた趣を帯びる。〔阿羅野〕越人「雁がねも静かに聞けば—・び(未)ずや」訳雁の声も(夜に)静かに聞くと、枯淡な趣がしないだろうか(いや、する)。❸声がかすれる。しわがれた声になる。今昔 二六・一七「太く—・び(用)たる声をうち出だして」訳(目代は)太くかすれた声を出して。

から-ふね【唐船】(名)「からぶね」とも。外国の船。おもに中国の船。または、その形に造った船。唐土船。

から-ぶみ【漢文】(名)中国の書籍。漢文の書物。漢籍。〔癇癖談〕「—・唐詩にあそぶ人も」訳漢文・漢詩を楽しむ人も。

から-へいじ【唐瓶子】(名)金属製、または木製黒漆塗りの中国風の徳利。

から-まきぞめ【絡巻き染め】(名)糸をからめ巻いて染めた絞り染め。また、単に絞り染めをいう。一説に、唐巻き染め(=中国風の絞り染め)の意とも。

から-む【絡む】一(自マ四)(ま・み・む・む・め・め)巻きつく。まといつく。また、まといついて困らせる。〔落窪〕「典薬助にて、身貧しきが、六十ばかりなる、さすがにたはしきに、—・み(用)まはさせておきたらむ」訳典薬寮の次官で、貧しい者で、六十歳くらいである、とはいえ(年に似ず)ふしだらな男に、(姫を)つきまとわせ、まつわりつかせておいてやろう。

二(他マ四)(ま・み・む・む・め・め)巻きつける。まといつける。大鏡 道隆「二所ながら裸に腰—・ま(未)せ給ひて、夜中・暁まであそばす」訳お二方(=道長と伊周)とも裸で腰に(だけ着物を)巻きつけなさって、夜中や明け方まで(双六を)なさる。

から-む【搦む】(他マ下二)(め・め・む・むる・むれ・めよ)とらえてしばる。伊勢 一二「盗人なりければ、国の守に—・め(未)られにけり」訳盗人であったので、国守にとらえられてしまった。

から-め-く(自カ四)(か・き・く・く・け・け)〔「から」は擬声語、「めく」は接尾語〕「がらめく」とも。からからと鳴り響く。がらがらと音をたてる。〔十訓〕一「山おびたたしく—・き(用)騒ぎて」訳山がひどくがらがらと鳴り響き騒がしくなって。

から-め-く【唐めく】(自カ四)(か・き・く・く・け・け)〔「めく」は接尾語〕中国風に見える。異国風で、しゃれて見える。源氏 須磨「住まひ給へるさま、いはむかたなく—・い(用)(イ音便)たり」訳(光源氏が)住んでいらっしゃるようすは、いいようもなく異国風でしゃれている。

からめ-て【搦め手】(名)〔中世には「からめで」とも〕❶からめとる人。捕り手。著聞 四三六「年ごろ、—向かひ候ふこと、その数を知らず候ふ」訳長年、捕り手が(私に)向かいますことは、数えきれないほど多いのです。

❷敵の背後。城・砦の裏門。また、敵や城の背後を攻める軍勢。平家 四・橋合戦「大手は長井の渡り、—は故我・杉の渡りより寄せ候ひしに」訳敵の正面を攻撃する軍勢は長井の渡し場(から)、背後から攻める軍勢は故我・杉の渡し場から攻め寄せましたが。↔大手

から-もの【唐物】(名)中国その他の外国から渡来した品物の総称。舶来品。源氏 若菜上「蔵人所、納め殿の—どもおほく奉らせ給へり」訳(冷泉帝や東宮は朱雀院に)蔵人所や納め殿のいろいろの舶来品をたくさん献上なさった。

から-もん【唐門】(名)中国風の門。屋根を唐破風(=八の字形に反った破風)造りにした門。神社・霊廟などに多く見られる。

から-やう【唐様】(名)❶中国風。唐風。からざま。〔風姿花伝〕「—といふことは、真に似せたりとも、面白くもあるまじき風体なれば」訳中国風ということは、本物に似せていても、おもしろいこともあるはずがない様式なので。

❷江戸時代、儒者や文人の間に流行した中国風の漢字の書体。〔柳多留〕「—は一字離すと読めぬなり」訳中国風の書体は一字一字離して見ると読めないものである(=何と読んでいいかわからない)。

❸鎌倉時代、禅宗とともに宋から輸入された寺院建築の一様式。

柄井川柳（からゐせんりう）【カライセンリュウ】〖人名〗(一七一八〜一七九〇)江戸中期の前句付けの点者。別号緑亭川柳・無名庵。江戸浅草の人。その選評は川柳点といわれ、のち前句付けそのものが川柳とよばれた。

発展 庶民文芸「川柳」の誕生

川柳点の万句合わせから選んで刊行されたのが「誹風柳多留」で、この二十四編までが初代川柳の撰である。俳諧の入門の手がかりとして、七・七の前句に五・七・五の付け句を詠む前句付けが行われていたが、付け句の独立性が強まり、風刺・滑稽を主とした、十七字の庶民文芸「川柳」となった。

から-ゑ【唐絵】(名)中国風の絵。中国の風物を題材にしたり、中国の画法で描いたりした絵。枕 九九「—にかきたる懸け盤して、もの食はせたるを」訳中国風の絵にかいてあるような食器台で、ものを食べさせたのを。

がらん【伽藍】(名)《梵語の音訳》「僧伽藍摩(=僧園・精舎)」の略。僧侶が住んで仏道を修行する所。寺院。また、寺院の建物の総称。

かり【仮】(名・形動ナリ)一時的であること。まにあわせ。かりそめ。方丈 三「—の庵のありやう、かくのごとし」訳かりそめの草庵のようすは、このようである。

かり【雁】(名)鳥の名。「がん」の異称。秋。古今 春上「春霞立つを見捨てて行く—は花なき里に住みやならへる」訳→はるがすみ…和歌。⇩巻頭カラーページ9

参考「帰る雁」「行く雁」は、春に日本からシベリア方面へ渡って行く雁で、春の季語。

かり【狩り】(名)❶山野で鳥獣をとらえること。特に鷹狩り。伊勢 一「春日の里にしるよして、—に往にけり」訳(男は)春日の里に領地を持っている縁故があって、狩りに出かけた。⇩伊勢物語「名文解説」

❷山野に出て、花・紅葉などを採集したり、観賞したりすること。「桜—」「紅葉—」

かり(助動ラ変型)《上代東国方言》過去の助動詞「けり」にあたる。…たなあ。万葉 二〇・四三八八「旅と言へど真旅になりぬ家の妹が着せし衣に垢つきにかり(終)」訳旅といっても本格的な旅になってしまった。家の妻が(私に)着せた着物に垢がついてしまったなあ。

かり〔形容詞、または、形容詞型に活用する助動詞「べし」「まじ」「ごとし」などの連用形の一部「く」に、動詞「あり」が付いた「くあり」のつづまったもの〕形容詞の第二活用、あるいは、補助活用と呼ばれ、形容詞(型)活用の活用語尾とする。源氏 桐壺「はしたなめ煩はせ給ふ時もおほかり(終)」訳(桐壺の更衣を)きまり悪い目にあわせ困らせなさるときも多い。

参考カリ活用は助動詞と接続するために生じた活用であるため、ふつう終止形がない。「多かり」だけは例外。→多かり 参考

-がり【許】(接尾)〔人を表す体言または体言に相当する語に付いて〕…のもとへ。…のいる所に。万葉 八・一六四一「沫雪に降らえて咲ける梅の花君—遣らばよそへてむかも」訳あわ雪に降られて咲いているこの梅の花を、あなたのもとに届けたなら人が噂するだろう

かなあ。文法「降らえて」の「え」は、上代の受身の助動詞「ゆ」の連用形。徒然 一七〇「さしたる事なくて人の―行くは、よからぬことなり」訳 これといった用事もないのに人の所に行くのは、よくないことである。

参考「行く」「通ふ」「遣(や)る」などの移動を表す動詞とともに用いられる。上代には初めの例のように体言に付き接尾語として用いられたが、後には後例のように格助詞「の」を介し、形式名詞のように用いられた。

かり-いほ(イオ)【仮庵・仮廬】(名)仮に作ったいおり。仮に泊まる小屋。かりほ。万葉 一・七「秋の野のみ草刈り葺(ふ)き宿れりし宇治(うぢ)のみやこの―し思ほゆ」訳 秋の野の草を刈り、屋根を葺いて泊まっていた、宇治のみやこの仮のいおりが思われる。

かり-うつ・す【駆り移す】(他サ四){さ・し・す・す・せ・せ}祈禱(きとう)をして物の怪(け)などを追い出し、「よりまし」に移す。源氏 葵「人に―・し 用 給へる御物の怪どもねたがり惑ふけはひいともの騒がしうて」訳 (物の怪を移すよりましの)人に(葵(あおい)の上から)追い移しなさった御物の怪どもが悔しがり騒ぐようすが、たいそう騒々しくて。

かり-が-ね(名)❶【雁が音】雁の鳴く声。古今 秋上「秋風に初(はつ)―ぞ聞こゆなるたが玉づさをかけて来(き)つらむ」訳 →あきかぜに…和歌 ❷【雁・雁金】がん。かり。秋。源氏 須磨「常世(とこ)出(い)でて旅の空なる―もつらにおくれぬほどぞ慰(なぐさ)む」訳 →とこよいでて…和歌

かり-ぎぬ【狩衣】(名)「かりごろも」とも。男性の衣服の名。もとは公家(くげ)の鷹(たか)狩り用の衣服。平安中期に公家の常用服となり、鎌倉時代以降、公家は改まった感じの常用服、武家は式服として用いた。江戸時代には模様のあるものを「狩衣」、ないものを「布衣(ほい)」と称して区別し、武士の礼服となった。袖付けは後ろを少し縫い、前は縫わず、袖にくくりがある。えりは、まるえり。下には指貫(さしぬき)(=はかまの一種)をはく。伊勢 一「男の着たりける―の裾を切りて、歌を書きてやる」訳 男が着ていた狩衣の裾を切って、歌を書いて送る。→布衣(ほい)。⇩巻頭カラーページ13

(かりぎぬ)

かり-くひ(クイ)【刈り杙】(名)鎌で刈ったあとの切り株。記 中「その小竹(しの)の―に足切り破れども」訳 そのしのだけの切り株で足を切り傷つけるけれども。

かり-くら【狩倉・狩座】(名)❶狩りをする場所。狩り場。謡・調伏曽我「赤沢山の―にて尾越しの矢に当たりて空(むな)しくなり給ひたるを」訳 (あなたの父上は)赤沢山の狩り場で峰越しに飛んできた矢に当たってお亡くなりになったが。❷狩猟。また、狩猟の競争。

かりくらし… 和歌

> 狩り暮らし　たなばたつめに　宿(やど)からむ
> 天(あま)の河原(かはら)に　我(われ)は来(き)にけり
> 〈古今・九・羇旅・四一八・在原業平(ありはらのなりひら)〉〈伊勢・八二〉

訳 日が暮れるまで一日じゅう狩りをして、織女(しょくじょ)に(今夜の)宿を借りることにしよう。(その名も)天の河原に私は来たのだなあ。修辞「天の河」は歌枕。
解説 詞書(ことばがき)に、惟喬(これたか)親王の狩りのお供をして、天の河という川のほとりで酒宴を開いたときに詠んだ歌とある。天の河は、今の大阪府枚方(ひらかた)市にある淀(よど)川の支流。天上の天の川に見立てて、ここが天の川ならば、織女に宿を借りようじゃないかとしゃれたもの。

かり-くら・す【狩り暮らす】(他サ四){さ・し・す・す・せ・せ}日が暮れるまで一日じゅう、狩りをする。新古 冬「―・し 用 交野(かたの)のましば折り敷きて淀(よど)の川瀬の月を見るかな」訳 日が暮れるまで一日じゅう狩りをし、交野の柴を折り敷いて、淀川の瀬に映る月を見ることよ。

かり-こも【刈り菰・刈り薦】(名)刈り取った真菰(まこも)(=水草の名)。また、それで織ったむしろ。万葉 一一・二五二〇「―の一重(ひとへ)を敷きてさ寝(ぬ)れども」訳 刈り菰のむしろの一重を敷いて寝るけれども。

かりこもの【刈り菰の・刈り薦の】《枕詞》刈り菰は乱れやすいところから、「乱る」にかかる。万葉 一五・三六四〇「―乱れて思ふ」

かり-ごろも【狩衣】(名)「かりぎぬ」に同じ。古今 恋三「よひよひにぬぎてわが寝(ぬ)る―かけて思はぬ時のまもなし」訳 夜ごとに私が寝るときには狩衣を脱いでかけるが、(そのように)あなたのことを心にかけて、一時たりとも思わないときはない。(第三句までは「かけて」を導きだす序詞)

かり-さうぞく(ソウゾク)【狩装束】(名)「かりしゃうぞく」とも。狩りに出るときの服装。平安時代の公家(くげ)は狩衣(かりぎぬ)・指貫(さしぬき)を着用した。のち武家は狩衣・水干(すいかん)・直垂(ひたたれ)などに行縢(むかばき)・綾藺笠(あやいがさ)を着用した。枕 二三「―・直衣(なほし)などもいとをかしうて」訳 狩装束や直衣姿などもとても趣があって。⇩巻頭カラーページ16

かり-そ・く【刈り除く】(他カ下二){け・け・く・くる・くれ・けよ}刈りのぞく。刈り取る。万葉 一一・二七六九「わが背子(せこ)に我(あ)が恋ふらくは夏草の―・くれ 已 ども生ひ及(し)くごとし」訳 あの方に私が恋をすることは、ちょうど夏草が刈り取っても次々と伸びてくるようなものだ。

かり-そめ【仮初】(名・形動ナリ)❶**一時的だ。間に合わせだ。本格的でない。はかないこと。** 徒然 四九「心戒(しんかい)といひける聖(ひじり)は、あまりにこの世の―・なる 体 ことを思ひて」訳 心戒といった聖人は、あまりにこの世がはかないものであることを思って。❷(多く、「かりそめに」の形で)**ちょっと。ふと。** 細道 草加「奥羽(あうう)長途(ちやうと)の行脚(あんぎや)、ただ―・に 用 思ひ立ちて」訳 奥羽地方への遠路の旅を、ただふと思い立って。❸軽々しいこと。いいかげんだ。狂・瓜盗人「―・な 体 (口語)ことは致すまいことでござる」訳 軽々しいことはいたしてはならないことでございます。(⇩あからさま「類語パネル」)

かり-た・つ【駆り立つ】(他タ下二){て・て・つ・つる・つれ・てよ}無理に行わせる。追い立てる。平家 四・源氏揃「公事(くじ)雑事(ざふじ)に―・て 未 られて」訳 公事やその他の私事に追い立てられて。

かり-に-も【仮にも】(副)かりそめにも。一時的にも。ほんの少しでも。平家 四・信連「弓矢取る身は―名こそ惜しう候へ」訳 弓矢を手にする身(=武士)にはほんの少しでも名前が惜しいのでございます。

かり-ね【仮寝】(名) ❶ちょっと寝ること。うたたね。「仮枕」とも。更級 宮仕へ「まして思へ水の―のほどだにぞ上毛の霜を払ひわびける」訳 あなた以上に(苦しい私のことを)思ってくれ、(あなたは自分のことを水鳥に託して)水の上のうたたねの間だって、上毛の霜を払いかねて眠れなかったというが。❷旅寝。野宿。「仮枕」とも。新古 夏「忘れめや葵を草に引き結び―の野べの露のあけぼの」訳 忘れるだろうか(いや、忘れない)。葵を草枕に結び旅寝をした野原の、露のおりたあけぼのの眺めは。⇩草枕「慣用表現」

かり-の-こ【雁の子】(名) ❶雁やかもなどの卵。枕 一五一「うつくしきもの……―。瑠璃の壺」訳 かわいらしいもの、…雁の卵。瑠璃の壺。❷雁のひな。また、雁やかもなどの水鳥。万葉 二・一八二「とぐら立て飼ひし―」訳 鳥小屋を作って飼っていた水鳥よ。

かり-の-たより【雁の便り】手紙。消息。⇩消息「慣用表現」

かり-の-つかひ【狩りの使ひ】(名)平安時代、朝廷の用にあてる鳥獣を捕獲するために、諸国に遣わされた役人。図。伊勢 六九「その男、伊勢の国(三重県)に―に行きけるに」

かり-の-つかひ【雁の使ひ】便りを運ぶ使いの雁。転じて、手紙。消息。万葉 九・一七〇八「春草を馬咋山ゆ越え来なる―は宿り過ぐなり」訳 春草を馬が食う、その咋山から越えて来るらしい雁の使いは、旅の宿の上を飛び過ぎてゆくようだ。(「春草を馬」までは、「咋山」の「くひ」を導きだす序詞。⇩消息「慣用表現」

参考 中国で前漢の時代、匈奴(=モンゴル高原一帯に栄えた民族)に捕らえられた蘇武が雁の足に手紙をつけて、漢に連絡したという「漢書」の故事による。

かり-の-やどり【仮の宿り】仮の住まい。仮の宿。転じて、この世の一時的な住居。はかない現世。徒然 一〇「家居のつきづきしく、あらまほしきこそ、―とは思へど、興あるものなれ」訳 住まいが(住む人に)似つかわしく、理想的なのは、この世における一時の宿だとは思うものの、趣深いものである。

参考 旅の一夜の住まいをさすこともあるが、暗示的に、この無常な現実の世そのものが仮の宿りだという、仏教の立場から述べられることが多い。

かり-ばか【刈りばか】(名)稲や草などを刈りとる範囲。一人の刈るべき持ち分。万葉 一六・三八八七「天なるや神楽良の小野に茅草刈り草―に鶉を立つも」訳 天上にある、(その)ささらの小野でちがやを刈り、草刈り場に鶉を飛び立たせることよ。

かり-ばね【刈りばね】(名)竹や木などを刈ったあとの株。切り株。万葉 一四・三三九九「信濃路は今の墾道―に足踏ましむな履はけわが背」訳 →しなぬぢは…和歌

かり-ほ【仮庵・仮廬】(名)「かりいほ」の転。「かりいほ」に同じ。

かり-まくら【仮枕】(名)「かりね」に同じ。新古 羇旅「篠の小笹を(=細く小さい竹の)―」

かり-また【雁股】(名)鏃の一種。蛙の股を開いたような形をし、その内側に刃をつけたもの。また、それをつけた矢。⇩巻頭カラーページ17

かり-や【仮屋】(名)仮ごしらえの家。方丈 二「舞人を宿せる―より出で来たりけるとなん」訳 (舞楽の)舞人を泊めていた仮小屋から(火が)出てきたのだということである。

かりょうびんが【迦陵頻伽】(名)(梵語の音訳)極楽浄土にいるという想像上の鳥。顔は美女のごとく、声もきわめて美しいという。仏の声のたとえに用いる。源氏 紅葉賀「これや仏の御―の声ならむ」訳 これ(=光源氏の声)が仏の迦陵頻伽のお声であろうか。

(かりょうびんが)

軽(かる)『地名』今の奈良県橿原市の地名。付近の山野は、軽大野と呼ばれた狩猟場。

か・る(自ラ下二){れ・れ・る・るる・るれ・れよ}❶【枯る・乾る・涸る】㋐植物が枯れる。水気を失う。また、虫・魚などが死んで干からびる。枕 四〇「花も、いとものはかなげに、虫などの―れ用たるに似てをかし」訳 (楓は)花も、ほんとうに頼りなさそうなようすで、虫などが干からびたのに似て風情がある。㋑芸などで、未熟さがなくなり、老練の境に達する。枯れる。❷【涸る・乾る】水が干上がる。万葉 一六・三七八八「耳成の池し恨めし吾妹子が来つつ潜かば水は―れ未なむ」訳 耳成の池は恨めしい。あの子がやって来て入水したなら、水が涸れてくれればよかったのに。❸【嗄る】声がしわがれる。源氏 帚木「―れ用たる声のをかしきにて言へば」訳 (小君が)かすれている声で、かわいい声で言うと。

参考 ①は和歌では「離る」と掛詞になることが多い。

か・る【離る】(自ラ下二){れ・れ・る・るる・るれ・れよ}❶(空間的に)離れる。遠ざかる。源氏 若紫「年ごろの蓬生を―れ用なむも、さすがに心細う」訳 長年住みなれた蓬の生いしげったあばら屋を離れてしまうとしたらそれも、やはり頼りなく不安で。文法「離れなむ」の「な」は助動詞「ぬ」の未然形で、ここは確述の用法。「む」は仮定・婉曲の助動詞。❷(時間的に)間をおく。足が遠くなる。古今 冬「山里は冬ぞさびしさまさりける人目も草も―れ用ぬと思へば」訳 →やまざとは…和歌 ❸(精神的に)うとくなる。よそよそしくなる。伊勢 二四「あひ思はで―れ用ぬる人をとどめかねわが身はいまぞ消えはてぬめる」訳 →あひおもはで…和歌

参考 和歌では「枯る」と掛詞になることが多い。

か・る【狩る】(他ラ四){ら・り・る・る・れ・れ}❶鳥獣などを追って捕らえる。宇治 三・一二「野に出で、山に入りて、鹿を―り用、鳥をとりて」❷花・紅葉などをたずね求める。方丈 三「桜を―り用(=探し求め)、紅葉をもとめ」

か・る【借る】(他ラ四){ら・り・る・る・れ・れ}借りる。借用する。万葉 一四・三四七二「人妻と何かそを言はむ然らばか隣の衣を―り用て着なはも」訳 人妻だと(いけないと)どうしてそれを言うのだろう。それなら、隣の人の着物を借りて着ないだろうか。

か・る【駆る・駈る】(他ラ四)〔ら・り・る・る・れ・れ〕❶追いたてる。追い払う。枕 九「『この翁丸うち調じて…』とおほせらるれば、あつまり―・り用さわぐ」訳「この翁丸(＝犬の名)を打ちこらしめて…」と(主上が)おっしゃるので、集まって(犬を)追いたて騒ぐ。
❷強いてさせる。せきたてる。
❸馬や車を走らせる。

-が・る(接尾ラ四型)(形容詞の語幹(シク活用は終止形)、形容動詞の語幹、あるいは名詞に付いて)「…のように思う。…のようすをする。…らしくふるまう」の意の動詞をつくる。更級 物語「『いとうつくしう生ひなりにけり』など、あはれ―・り用、めづらし―・り用て」訳「たいそうかわいらしく(いつのまにか)成長してしまったことよ」など、いとおしそうにし、めずらしそうにして。
【例語】あやにくがる・うつくしがる・興がる・口惜しがる・暗がる・希有がる(＝ふしぎに思う)・さかしがる・さかしらがる・情けがる(＝愛情があるようにふるまう)・ねたがる・ゆかしがる・らうたがる・をこがる

かる-かや【刈萱】(名)❶屋根を葺く材料とする、刈り取ったかや。
❷イネ科の多年草。秋に褐色の稲穂を出す。秋

かるかやの【刈萱の】《枕詞》刈り取ったかやの縁で「乱る」「穂」にかかる。万葉 一二・三〇六五「―思ひ乱れて」。古今 雑体「―乱れてあれど」。〔古今和歌六帖〕「―ほに出でてものを言はねども」

かる-が-ゆゑ-に【かるが故に】(接)〔「か(＝このよう)にあるがゆゑに」の転〕それゆえに。だから。大鏡 冬嗣「このおとどは…田邑の御おほぢにおはします。―、嘉祥三年…贈太政大臣になり給へり」訳 この大臣(＝冬嗣)は…文徳天皇の御祖父でいらっしゃる。それゆえに、嘉祥三年…贈太政大臣におなりになった。

かる-くち【軽口】(名・形動ナリ)口まかせにおもしろおかしく話すこと。また、その話。即興のしゃれ。〔浮・世間胸算用〕「ふるなの忠六といふ男、常に―をたたき」

かる-み【軽み・軽味】(名)蕉風俳諧で重んじた美的理念の一つ。軽妙・洒脱の味。技巧をこらさず、物にこだわらない淡泊な心境をいう。〔三冊子〕「花見の句のかかりを少し心得て、―をしたり」訳 花見の句らしい風情をいくらか会得して、軽みの句を作った。

発展　「軽み」は芭蕉晩年の理想
晩年の芭蕉が、「蕉風」の確立に安住することなくさらに求めたのが「軽み」の境地であったという。具体的にこの「軽み」がいかなる理念であったかはさだかでない。しかし、少なくとも「さび」の幽玄・閑寂の境地を否定するものではなく、「さび」に固執するあまり、句境が重苦しく渋滞することを避けて、軽く、自然に詠む境地をさすものであったと思われる。『芭蕉七部集』第六の「炭俵」が、この「軽み」を実践したものである。

かる・む【軽む】「かろむ」とも。一(自マ四)〔ま・み・む・む・め・め〕軽くなる。〔栄花〕ゆふしで「うちつけにや、少し―・ま未せ給ふやうなれば、うちたゆみて」訳 ふと見たためだろうか、(三条院の病状は)少し軽くおなりになっているようなので、ちょっと(御祈禱を)油断して。
二(他マ下二)〔め・め・む・むる・むれ・めよ〕軽くみる。あなどる。軽蔑する。源氏 若菜下「さだすぎ人をも、同じくなずらへ聞こえて、いたくな―・め用給ひそ」訳 盛りの過ぎた人(である私＝光源氏)をも、(柏木と)同じようにみなし申しあげて、あまり軽蔑しなさるな。

かる-も【刈る藻】(名)刈り取った海藻。夏。古今 雑下「いく世しもあらじわが身をなぞもかく海人の―に思ひ乱るる」訳 いく世も生きていられそうもないわが身なのに、どうしてまあこんなに漁師が刈り取った海藻のように思い乱れるのだろう。

かれ【彼】(代)❶遠称の指示代名詞。あれ。あのもの。伊勢 六「『―は何ぞ』となむ男に問ひける」訳(女は草の上に降りている露を見て)「あれは何かしら」と男に聞いた。⇩問ふ「名文解説」
❷他称の人代名詞。(男性にも女性にも用いて)あの人。源氏 桐壺「―は、人の許し聞こえざりしに、御心ざしあやにくなりしぞかし」訳 あの方(＝桐壺の更衣)は、だれもお認め申しあげなかったのに、(桐壺帝の)ご寵愛があいにくと深かったのだよ。文法「ぞかし」は、文末に用いて強く念をおす意を表す。

かれ【故】(接)《上代語》〔副詞「か」にラ変動詞「有り」の已然形「あれ」が付いた「かあれ」の転〕それゆえに。それで。そこで。さて。〔記〕中「火をその野につけき。―、欺かえぬと知らして」訳(国造が)火をその野につけた。それゆえ、(倭建命は)欺かれたとお知りになって。文法「欺かえぬ」の「え」は、上代の受身の助動詞「ゆ」の連用形。「知らし」の「し」は、上代の尊敬の助動詞「す」の連用形。
参考 文頭や、いったん切れた文章を受けるのに用いる。

か-れい【嘉例・佳例】(名)めでたい先例。吉例。平家 四・還御「ただ後三条の院の延久の―にまかせ」訳 ともかく後三条の院の(いらっしゃった)延久年間のめでたい先例に従って。

かれ-いひ【乾飯】(名)「かれひ」とも。干して乾燥させた飯。旅行の際に携帯し、水や湯にひたし、やわらかくして食べた。伊勢 九「皆人、―の上に涙おとしてほとびにけり」訳 そこにいた人はみな、乾飯の上に涙を落として(そのため乾飯は)ふやけてしまった。

発展　旅の携行食「乾飯」
「乾飯」は、本来は乾した飯のことである。平常の食事には「強飯」(米を甑で蒸したもの)や「粥」を用いたが、旅行や軍征の際には、強飯を乾した「乾飯」あるいは「乾し飯」を「餌袋」に入れて持ち歩いた。転じて、乾した飯でなくても、携行用の食品を「かれいひ」と呼ぶようになった。

かれえだに… 俳句

枯れ枝に　烏のとまりたるや‖　秋の暮れ　秋
〈東日記・芭蕉〉

訳 (葉も落ちつくし寒々とした)枯れ枝に烏がとまっているよ。秋の夕暮れ時に。(秋の暮れ 秋。切れ字は「や」) 解説 水墨画の画題「寒鴉(＝冬のさびしげな烏)枯木」を下敷きとする。滑稽・奇抜な着想を旨とする談林風から抜け出て、蕉風(＝わび・さびなどの高雅な世界)へ向かう転機の句とされる。のち中七を「烏のとまりけり」と改作。

かれ-がた【離れ方】(名・形動ナリ)遠のきがちになること。主として、男女の仲にいう。〔後撰〕恋三・詞書「—・に㊐なりける男のもとに」訳 (訪問が)途絶えがちになった男のもとに。

かれ-がれ(形動ナリ){なら・なり(に)・なり・なる・なれ・なれ}❶【枯れ枯れ】草木などが枯れそうなさま。和歌などで多く「離れ離れ」にかけていう。源氏 朝顔「—・なる㊍前栽の心ばへもことに見渡されて」訳 枯れそうな庭の植えこみの風情もとりわけ(趣あるように)自然と見渡されて。❷【嗄れ嗄れ】声のかれるさま。源氏 賢木「浅茅が原も—・なる㊍虫の音に、松風すごく吹きあはせて」訳 浅茅が原も枯れそうな中で、とぎれとぎれの虫の声に、松を吹く風がもの寂しく調子を合わせ吹いて。(「かれがれ」は①との掛詞)

かれ-がれ【離れ離れ】(形動ナリ){なら・なり(に)・なり・なる・なれ・なれ}(人の交流や手紙のやりとりなどが)途絶えがちなさま。おもに男女の仲についていう。和歌などで「枯れ枯れ」にかけていうことが多い。源氏 夕顔「—・に㊐途絶え置かむ折こそは、さやうに思ひかはることもあらめ」訳 あまり通ってやらないで途絶えを置くようなときには、あの(頭の中将との)ときのように(常夏の女＝夕顔の)気持ちが変わることもあるだろうが。文法「途絶え置かむ折」の「む」は、仮定・婉曲の助動詞。係り結び「こそ…め」は、ここは強調逆接となって下に続く。

かれ-これ【彼此】一 (代)あれとこれと。あの人この人。土佐「—、知る知らぬ、送りす」訳 あの人この人、交際がある人も交際がない人も(皆)、見送りをする。
二 (副)❶とやかく。何やかやと。平家 一〇・戒文「—恥をさらし候ふも」訳 何やかやと恥をさらしますのも。❷おおよそ。徒然 六〇「—二三万疋を芋頭の銭と定めて」訳 おおよそ二三万疋を親芋の代金と決めて。

かれ・す【枯れす】(自サ変){せ・し・す・する・すれ・せよ}枯れる。〔後撰〕恋三「—・せ㊌ぬものはなでしこの花」

かれ-なで【離れなで】離れてしまわずに。遠のいてしまわないで。途絶えることなく。古今 恋三「みるめなきわが身をうらと知らねばや—あまの足たゆく来る」訳 私はつらい思いでいる。(だから)逢う機会も(作ろうとし)ない私、それは海松布のない浦のような(かいのない)ものだが、それも知らずに遠のきもしないで、浦を行く漁夫のようにあの人は足のだるくなるまで通ってくるのか。(「みるめ」は「見る目」と「海松布」との、「うら」は「浦」と「憂」との掛詞)

かれ-の【枯れ野】(名)❶草木の枯れ果てた冬の野原。「からの」とも。冬。〔笈日記〕芭蕉「旅に病んで夢は—をかけ廻る」訳 →たびにやんで…俳句 ❷襲の色目の名。表は黄、裏は薄青。冬に用いる。⇩巻頭カラーページ11

かれ-は・つ【枯れ果つ】(自タ下二){て・て・つ・つる・つれ・てよ}残らず枯れる。源氏 御法「—・つる㊍野べを憂しとや亡き人の秋に心をとどめざりけむ」訳 残らず枯れてしまう野原(の景色)を(見るのも)つらいと思って、亡き人(＝紫の上)は秋に(格別に)心を留めなかったのであろうか。

かれ-は・つ【離れ果つ】(自タ下二){て・て・つ・つる・つれ・てよ}まったく離れる。すっかり縁が切れる。源氏 宿木「この宮—・て㊐給ひなば、われを頼もし人にし給ふべきにこそはあめれ」訳 この宮(＝匂宮)が(中の君と)すっかり縁が切れてしまわれたなら、(中の君は)私(＝薫)を頼みに思う人になさるにちがいないであろう。

かれ-ば・む【嗄ればむ】(自マ四){ま・み・む・む・め・め}(「ばむ」は接尾語)声がしわがれる。枕 八「あやしく—・み㊐さわぎたる声にて」訳 妙にしわがれ落ち着かないでいる声で。

かれ-ひ【餉】(名)「かれいひ」に同じ。

かれ-まさ・る【離れ増さる】(自ラ四){ら・り・る・る・れ・れ}ますます疎遠になる。和歌で多く「枯れ増さる」にかけていう。源氏 末摘花「六条わたりにだに—・り㊐給ふめれば」訳 六条のお方のもとにさえ、(光源氏は)ますます疎遠におなりになるようなので。

かれ-やう【離れ様】(名・形動ナリ)離れがちなさま。疎遠。古今 雑下・左注「人をあひ知りて通ひつつ、—・に㊐のみなりゆきけり」訳 (他の)女と交際して通いつづけ、(もとの妻とは)疎遠になってゆくばかりであった。

かれ-をばな【枯れ尾花】(名)枯れすすき。冬。〔蕪村句集〕蕪村「狐火の燃えつくばかり—」訳 (冬の夕暮れの野原で)青い狐火が(一面の)枯れすすきに今にも燃えつきそうだ。

かろうじて【辛うじて】⇩からうじて

かろがろ・し【軽軽し】(形シク){しから・しく(しかり)・し・しき(しかる)・しけれ・しかれ}「かるがるし」とも。❶軽い。**重要ではない。** 源氏 夢浮橋「かくまでのたまふは、—・しく㊐はおぼされざりける人にこそあめれ」訳 これほどまでに(薫が)おっしゃるのは、重要でないとはお思いになれなかった女性ではあるようだ。文法「あめれ」は、「あるめれ」の撥音便「あんめれ」の「ん」の表記されない形。「めれ」は「こそ」の結び。
❷**身分が低い。** 源氏 蓬生「などてか—・しき㊍人の家の飾りとはなさむ」訳 (調度類を売って)どうして身分の低い人の家の飾りにはしてよかろうか(いや、よいはずがない)。文法「などてか」の「か」は反語の係助詞で、結びは「む」(連体形)。
❸**軽率だ。** 真剣みがない。浮気だ。徒然 一八七「たゆみなくつつしみて、—・しく㊐せぬと、ひとへに自由なるとの等しからぬなり」訳 (専門家が必ず素人にまさるのは、専門家が)怠らずに慎重にして、軽率にしないのと、(素人が)むやみに勝手にふるまうのとが、同じでないからである。(↔重々し)

かろ・し【軽し】(形ク){から・く(かり)・し・き(かる)・けれ・かれ}❶目方が少ない。軽い。源氏 少女「風に散る紅葉は—・し㊎春の色を岩根の松にかけてこそ見め」訳 風に散る(秋の)紅葉は(いかにも)軽い(＝はかない)。(それに対して)春の趣を(永遠に変わらない)岩に根ざす松の緑に託して見るがよい。文法「見め」の「め」は勧誘の助動詞「む」の已然形で、係助詞「こそ」の結び。

❷軽薄だ。軽々しい。[源氏]真木柱「名残なう移ろふ心のいと—・き(体)ぞや」[訳]すっかり(他の女性に)心変わりしていく(自分の)心がなんとも軽薄なことだ。❸身分が低い。[源氏]桐壺「おのづから—・き(体)方にも見えしを」[訳](桐壺の更衣は)自然と身分が低い方にも見られたが。❹程度が重大ではない。強くない。激しくない。軽い。[源氏]椎本「罪—・く(用)なり給ふばかり行ひもせまほしくなむ」[訳](薫は実父の柏木の)罪障が軽くおなりになるぐらいに(供養の)勤行もしたいと(お思いになる)。[文法]係助詞「なむ」のあとに結びの語「思す」などが省略されている。❺価値が低い。値打ちがない。[方丈]二「たまたま換ふるものは、金を—・く(用)し、粟を重くす」[訳]まれに(物品と)交換する者は、黄金(の価値)を軽くし、穀物(の価値)を重くする。《⇔重し》

かろし・む【軽しむ】(他マ下二)｛め・め・む・むる・むれ・めよ｝軽んじる。あなどる。[今昔]一・二「この太子は人に勝れ給へり。ゆめゆめ—・め(用)奉ることなかれ」[訳]この太子は人よりすぐれていらっしゃる。決してあなどり申しあげるな。

かろ-とうせん【夏炉冬扇】(名)(夏のいろりと冬の扇の意で)役に立たない事物のたとえ。〔許六離別の詞〕「予が風雅は—のごとし。衆にさかひて用ふるところなし」[訳]私の俳諧は夏の炉や冬の扇のようなものだ。世の人々(の好み)にさからって何の役にも立たない。

かろび【軽び】(名)身軽なこと。[枕]四三「蟻は、いとにくけれど、—いみじうて」[訳]ありは、ひどく不快だけれど、身軽さはすばらしくて。

かろび-やか【軽びやか】(形動ナリ)｛なら・なり(に)・なり・なる・なれ・なれ｝【「やか」は接尾語】いかにも軽々としたさま。かろやか。[今昔]二三・一九「—・に(用)装束きたる男」[訳]いかにも軽快に装束を着けた男が。

かろ・ぶ【軽ぶ】(自バ上二)｛び・び・ぶ・ぶる・ぶれ・びよ｝❶軽いさまである。軽快である。[枕]三五「さばかり—・び(用)すずしげなる御中に」[訳]それほど軽装をしすずしそうである方々の中では。❷軽薄である。軽率である。[源氏]帚木「—・び(用)たる名をや流さむ」[訳](光源氏は)軽率である(という)評判を流すのであろうか。❸低い身分である。[源氏]竹河「いと—・び(用)たるほどに侍るめれど」[訳](蔵人の少将は)とても低い身分である分際のようでございますが。

かろ・む【軽む】「かるむ」とも。■一(自マ四)｛ま・み・む・む・め・め｝軽くなる。[源氏]柏木「後の世の罪もすこし—・み(用)なむや」[訳]来世での罪もきっと少し軽くなるであろうか。■二(他マ下二)｛め・め・む・むる・むれ・めよ｝❶軽くする。[源氏]賢木「われにその罪を—・め(用)て許し給へ」[訳]自分(=藤壺)に免じて、その(春宮の)罪を軽くしてお許しください。❷軽く見る。あなどる。[大鏡]道長上「大臣—・むる(体)人のよきやうなし」[訳]大臣をあなどる人が(将来)よいことはない。

かろ-らか【軽らか】(形動ナリ)｛なら・なり(に)・なり・なる・なれ・なれ｝【「らか」は接尾語】「かるらか」とも。❶いかにも軽そうなさま。軽々としたさま。[源氏]夕顔「—・に(用)うち乗せ給へれば、右近ぞ乗りぬる」[訳](光源氏が夕顔を牛車に)軽々とお乗せになったので、(いっしょに)右近が乗った。❷手軽なさま。無造作なさま。[源氏]松風「道のほども—・に(用)しなしたり」[訳](明石の君一行は都へ向かう)道中も(旅支度を)ことさら手軽にしている。❸軽率なさま。軽々しいさま。[源氏]明石「田舎人こそ…さやうに—・に(用)語らふわざをもすなれ」[訳]田舎娘なら…そんなふうに軽々しく男と契りを結ぶことをもするようだけれども。[文法]係り結び「こそ…なれ」は、ここは強調逆接となって下の文に続く。「なれ」は推定の助動詞「なり」の已然形。❹身分の低いさま。貫禄のないさま。[源氏]夕霧「齢も積もらず—・なり(用)しほどに」[訳](私=夕霧が)年齢も若く身分も低かったときに。

かろん・ず【軽んず】(他サ変)｛ぜ・じ・ず・ずる・ずれ・ぜよ｝【「かろみす」の転】❶軽くする。[平家]二・小教訓「刑の疑はしきをば—・ぜよ(命)」[訳]刑の疑わしいのは軽くしろ。❷軽くみる。あなどる。また、惜しまない。〔太平記〕一六「死を—・じ(用)名を重んずる者をこそ人とは申せ」[訳]死を軽くみて(=恐れずに)名誉を重んじる者をこそりっぱな人と申すのだ。

かわ【川・皮・河・革】⇩かは

かわき-すなご【乾き砂子】(名)乾いた砂。宮中の儀式や蹴鞠などのとき、雨後のぬかるみをなおすために庭にまかれる。[徒然]一七七「庭の儀を奉行する人、—を設くるは、故実なりとぞ」[訳](蹴鞠の)庭の整備を主人の命によって行う人が、乾いた砂を準備するのは、昔からのしきたりだと(いうことだ)。

かわす【交わす】⇩かはす

かわぼり【蝙蝠】⇩かはぼり

かわや【厠】⇩かはや

かわゆし ⇩かはゆし

かわ-らか(形動ナリ)｛なら・なり(に)・なり・なる・なれ・なれ｝【「らか」は接尾語】さわやかである。さっぱりしている。[源氏]帚木「安らかに身をもてなし振る舞ひたる、いと—・なり(終)や」[訳]安楽に身を処し行動しているのは、まことにさっぱりとしているよ。[参考]仮名遣いは「かわらか」か「かはらか」か不明。

かわらけ【土器】⇩かはらけ

かをり【香り・薫り】(名)【四段動詞「かをる」の連用形の名詞化】❶よい匂い。[源氏]花散里「近き橘の—懐かしく匂ひて」[訳](花散里邸は)そば近い橘の(花の)よい匂いがなつかしく匂って。❷(顔の)つややかな美しさ。美しい色つや。[源氏]柏木「—をかしき顔ざまなり」[訳](薫は)つややかな美しさの趣ある顔の感じである。

かを・る【薫る】(自ラ四)｛ら・り・る・る・れ・れ｝❶(霧・煙・もやなどが)立ちこめる。[万葉]二・一六二「潮気のみ—・れ(已)る国に」[訳]潮の香ばかりが立ちこめている国に。❷よい匂いがする。[徒然]一〇五「えもいはぬ匂ひのさと—・り(用)たるこそをかしけれ」[訳]なんともいえないよい匂いがさっとかおったのは趣深い。[文法]「こそをかしけれ」は、係り結び。❸つややかに美しく見える。[源氏]薄雲「つらつき、まみの—・れ(已)るほどなど言へばさらなり」[訳](明石の姫君の)顔つきや目もとのつやつやとした美しさがあふれているぐあいなどは、いまさら言うまでもない。

発展「かをる」と「にほふ」

「かをる」は「にほふ」と同様、③のように視覚的な「つややかな美しさ」にも用いることがある。しかし、「かをる」は「香」の美しさに重点がおかれるのに対し、「にほふ」は「色」の美しさに重点がおかれる語である。

かをるかに…【和歌】

かをる香に　よそふるよりは　ほととぎす
聞かばやおなじ　声やしたると
〈和泉式部日記・和泉式部〉

訳 橘の薫る香りによそえて昔の人をしのぶよりは、ほととぎすではないが、あなたの声をじかに聞きたいものだ、(亡き兄宮と)同じ声をしているのかどうかと。文法「ばや」は希望の終助詞。

解説 恋人の為尊親王を亡くした作者のもとへ、弟の敦道親王から橘の花が贈られてきた。それに対する返歌。橘の花の香りは、「五月待つ花たちばなの香をかげば昔の人の袖の香ぞする」〈古今・夏〉(訳→さつきまつ…和歌)から、昔を思い出すよすがとされ、それをふまえて、やはり夏の歌語であるほととぎすを組み合わせ、あなたが亡き兄宮と同じような声をしているのか直接お会いして聞きたいと、男を誘う素振りをしてみせた歌。

薫の君(かをるのきみ)【人名】「源氏物語」宇治十帖の男主人公。光源氏の晩年の子として育てられるが、実は、柏木と女三の宮との間に生まれた不義の子。美貌で芳香をたたえるからだを持つが、内向的性格で、宇治の大君や浮舟との恋は終始悲恋に終わり、光源氏と対照的に描かれている。

が-を-を・る【我を折る】意地を張るのをやめる。また、恐れ入る。驚きあきれて閉口する。感心する。〔浮・日本永代蔵〕「手代—・っ(用)(促音便)て、食ひもせぬ餅に口をあきける」訳 手代は驚き恐れ入って、(まだ)食いもしない餅に口をあけてあきれた。

かん【欠】(名)《近世語》「「欠」の字音「けん」の転」目方・数量などが前に量ったときよりも減ること。めべり。〔浮・日本永代蔵〕「また、目を懸けしに、思ひの外に—のたつ事」訳 もう一度、(餅の)目方を量ったところ、意外なほどめべりしていることに。

かん【感】(名)心に深く感じること。感動。感じ。〔去来抄〕先師評「行く歳近江に居給はば、いかでかこの—ましまさん」訳 (もし)年の暮れに近江(滋賀県)にいらっしゃったら、どうしてこの感動がおありになろうか(いや、おありにならないだろう)。

かん【長官】(名)「「かみ」の撥音便」役所の長官。〔源氏〕賢木「その頃—の君まかで給へり」訳 そのころ、尚侍(=内侍司の長官の君(=朧月夜))が(里に)退出していらっしゃる。→長官

かん【官・冠・貫・款・菅・勧・寛・萱・管・関・還・観・灌】⇩くゎん

がん【元・願】⇩ぐゎん

観阿弥(かんあみ)⇩観阿弥

かん-えう【肝要】(名・形動ナリ)非常に大切なこと。肝心。〔風姿花伝〕「この分け目を知る事、—の花なり」訳 この(花(=芸の魅力)になるかならないかの)分かれ目を知ることが、花について最も大切な事柄である。

かん-おう【感応】(名・自サ変)信仰の真心が通じて、神仏の加護があること。また、物事にふれて心が深く感じこたえること。〔細道〕黒羽「—殊に、しきりに覚えらる」訳 (那須与一が祈った神社だと聞くと)神のありがたさが格別に、しきりに感じられる。

かんが・ふ【考ふ・勘ふ】(他ハ下二)(へ・へ・ふ・ふる・ふれ・へよ)「「かむがふ」の転」❶調べ考える。判断する。また、占う。〔源氏〕桐壺「宿曜のかしこき道の人に—・へ(未)させ給ふにも」訳 (桐壺帝が)占星術にすぐれたその道の人に(若宮=光源氏の将来を)調べたださせなさるにつけても。
❷責めしかる。罪を問いただす。〔拾遺〕雑下・詞書「郡司の官に頭白き翁の侍りけるを召し—・へ(未)むとし侍りける時」訳 (大隅の守桜島忠信が)郡司で頭が白い(=白髪の)老人がおりましたのを、呼び出して罪を問いただそうとしました時。

かんが・みる【鑑みる】(他マ上一)(み・み・みる・みる・みれ・みよ)「「かがみる」の転」手本に照らし合わせて考える。〔太平記〕一〇「臣が忠義を—・み(用)て、…道を三軍の陣に開かしめ給へ」訳 私(=新田義貞)の(今までの)忠義に照らし合わせて考えて、…道をわが三軍(=諸侯の上中下の軍。転じて、全軍)のために開かせてください。

かん-き【勘気】(名)主君や目上の人から受けるとがめ。おしかり。〔義経記〕「功有りて御—を蒙るの間、空しく紅涙に沈む」訳 功が有りながら(主君の)おとがめを受けるので、なすことなく激しく泣く。

かん-きょ【閑居】(名・自サ変)俗世間との交渉を絶って心静かに暮らすこと。また、そうした住まい。〔方丈〕四「—の気味もまたおなじ。住まずして誰かさとらん」訳 世を離れて静かに暮らすことの味わいもまた同じである。住まないで(その境地を)だれがわかろうか(いや、だれもわからないだろう)。

閑居友(かんきょのとも)『作品名』鎌倉前期の仏教説話集。二巻。慶政編とされる。承久四年(一二二二)成立。発心談や往生談など、三十二話を収める。

かん-きん【看経】(名・自サ変)「「きん」は唐音」❶《仏教語》禅宗で、経文を黙読すること。
❷(転じて)経文を音読すること。読経。〔太平記〕一七「鎮守の御宝前に—・し(用)ておはしける」訳 (足利尊氏は)鎮守のご神前で読経していらっしゃった。

閑吟集(かんぎんしふ)『作品名』室町後期の歌謡集。編者未詳。永正十五年(一五一八)成立。室町時代の歌謡三百十一首を所収。近世歌謡の源泉となった。

かんこ-どり【閑古鳥】(名)❶鳥の名。かっこうの異名。(夏)〔嵯峨日記〕芭蕉「憂き我をさびしがらせよ—」訳→うきわれを…俳句
❷もの寂しいさまのたとえ。

かん-ざし【簪】(名)「「かみさし」の転」❶冠が落ちないように、巾子(=冠の後部に高く突き出した部分)のもとに横にさして、髻を貫いてとめる棒状のもの。
❷女性の髪にさす装飾品。〔源氏〕桐壺「なき人の住みか尋ね出でたりけむしるしの—ならましかば」訳 故人

（＝楊貴妃の魂のありかを捜し出したとかいう証拠のかんざしであったら（よかったろうに）。❸櫛。〔源氏〕絵合「昔の御━の端をいささか折りて」〔訳〕（梅壺の女御は、伊勢下向の）昔の（別れの）御櫛の端を少し折って。

かん-ざし【髪状・髪差し】（名）〔「かみさし」の転〕額の上の髪のはえぐあい。また、髪のかたち。転じて、髪。〔源氏〕若紫「いはけなくかいやりたる額つき、━いみじううつくし」〔訳〕（若紫が）あどけなく（髪を）手でかき上げた額の形や髪のようすはたいそうかわいらしい。

かん-さ-ぶ【神さぶ】（自バ上二）{び・び・ぶ・ぶる・ぶれ・びよ}〔古くは「かむさぶ」と書く〕「かみさぶ」に同じ。

かんじ-ののし-る【感じののしる】（自ラ四）{ら・り・る・る・れ・れ}感心してほめそやす。〔大鏡〕道長上「帝よりはじめ━・ら（未）れ給へど」〔訳〕（花山）天皇をはじめとして（皆）思わず感心してほめそやしなさるが。

かん-じゃう【勘状】（名）「かもん」に同じ。〔平家〕四・鼬之沙汰「きっと勘へさせて、━をとって参れ」〔訳〕必ず（占いに現れた形の吉凶を判断させて、その結果を記した文書をとって参上せよ。〔文法〕「参れ」は謙譲語で、ここでは話し手（＝後白河法皇）自身に対する自敬敬語。

かん-じゃく【閑寂】（名・形動ナリ）「かんせき」とも。ひっそりとしていること。俗世間から遠ざかったもの静かな境地。〔幻住庵記〕「ひたぶるに━を好み、山野に跡をかくさんとにはあらず」〔訳〕ひたすらもの静かな境地を好んで、山野深く遁世しようというのではない。

かん-しん【甘心】（名・他サ変）「かんじん」とも。❶快く思うこと。感心すること。〔徒然〕八三「洞院の左大臣殿、このことを━・し（用）給ひて、相国の望みおはせざりけり」〔訳〕洞院の左大臣殿（＝藤原実泰）は、このこと（＝竹林院の入道左大臣が太政大臣になることを辞退して出家したこと）を快く思いなさって、（自分も）太政大臣になろうという望みはおありにならなかった。❷納得すること。同意すること。〔太平記〕二九「将軍も師直も『この儀しかるべし』とぞ━・せ（未）られける」〔訳〕将軍も師直も「この意見はもっともだ」と同意された。

かん-じん【肝心・肝腎】（名・形動ナリ）〔肝臓と、心臓または腎臓の意〕最も大切な所。要点。急所。〔今昔〕三・二七「法華経の中に、方便・安楽・寿量・普門、この四品は、これ━・に（用）まします」〔訳〕法華経の中で、方便・安楽・寿量・普門、この四章は、たしかに最も大切なものであられる。

かん-ず【感ず】（自サ変）{ぜ・じ・ず・ずる・ずれ・ぜよ}❶心を動かされる。感動する。また、感心する。〔徒然〕四一「人、木石にあらねば、時にとりて、物に━・ずる（体）ことなきにあらず」〔訳〕人間は、木や石（のように非情のもの）ではないので、時によって、何かに感動することがないわけではない。❷過去の行為が神仏に知られて、その報いが現れる。〔今昔〕九・二二「殺生の罪は現報を━・ずる（体）なりと知るべし」〔訳〕生きものを殺す罪は、現世で受ける報いに現れるものだと知らねばならない。

かん-せい【感情】（名）しみじみとした感動。〔連理秘抄〕「優しくもげにもと覚ゆる━の浮かぶべきなり」〔訳〕優美でもあり、もっともでもあると思われるしみじみとした深い感動が浮かぶはずである。

かん-せき【閑寂】（名・形動ナリ）「かんじゃく」に同じ。〔方丈〕五「━に著するも障りなるべし」〔訳〕世を離れた静かな生活に執着するのも（仏道成就の）障害であろう。

かん-だう【勘当】（名・他サ変）❶〔罪を勘へ、法に当てる意〕罰すること。とがめ。おしかり。〔竹取〕竜の頸の玉「玉の取りがたかりしことを知り給へればなむ、━あらじ」〔訳〕玉を取ることが至難であったことをご存じでいらっしゃるのだから、おとがめはないだろう。❷親子や主従・師弟などの縁を切ること。

かんだち-べ【上達部】（名）「かんだちめ」に同じ。〔竹取〕ふじの山「大臣・━を召して」〔訳〕（帝が）大臣・公卿をお呼びになって。

かんだち-め【上達部】（名）「かんだちべ」とも。摂政・関白・太政大臣・左右大臣・内大臣・大中納言・参議および、その他の三位以上の者の称。ただし、参議は四位でもこの中に入る。公卿。〔徒然〕八〇「法師のみにもあらず、━・殿上人・上ざままで、おしなべて武を好む人多かり」〔訳〕法師ばかりでもなく、公卿や殿上人、上流階級の人々まで、一般に武芸をたしなむ人が多い。

かん-たん【肝胆】（名）〔肝臓と胆嚢の意から〕心の底。心の中。また、誠の心。〔平家〕三・一行阿闍梨之沙汰「老僧ども━をくだいて祈念しけり」〔訳〕老僧たちは誠心をつくして祈念した。

がん-とう【岩頭】（名）岩の上。岩鼻。〔去来抄〕先師評「山野吟歩し侍るに、━また一人の騒客を見付けたる」〔訳〕山野を句を案じながら歩き回っておりますと、岩鼻にもう一人の風流人を見つけた。

かん-どり【楫取り・舵取り】（名）〔「かぢとり」の転〕「かぢとり」に同じ。〔平家〕五・文覚被流「水主━ども、いかにもして助からんとしけれども」〔訳〕水夫や船頭たちは、なんとかして助かろうとしたけれども。

かん-な【仮名】（名）〔「かりな」の撥音便〕「かな（仮名）」に同じ。〔源氏〕帚木「いと清げに消息文にも━といふもの書きまぜず」〔訳〕（博士の娘は）たいそうさっぱりとした感じに、手紙の文にも仮名というものを書きまぜないで。

かん-なぎ【巫】（名）「かむなぎ」に同じ。〔雨月〕吉備津の釜「━祝部（＝みこや神主）を召しあつめて」

かんな-づき【神無月・十月】（名）「かみなづき」に同じ。

かん-なべ【燗鍋・間鍋】（名）酒の燗をするための、つぎ口・ふた・鉉のついた鍋。多くは銅製。

かんなり-の-つぼ【雷鳴りの壺】（名）「かみなりのつぼ」とも。「襲芳舎」の異称。⇩巻頭カラーページ32

かん-にち【坎日】（名）陰陽道で、諸事に凶であるとして外出などをひかえる日。〔紫式部日記〕「正月一日、━なりければ、若宮の御戴餅のこと停まりぬ」〔訳〕陰暦正月一日は、凶日であったので、若宮の御戴餅の儀式（＝小児の頭に餅を触れさせ幸福を祝う儀式）はとりやめになった。

かん-にん【堪忍】（名・自サ変）❶たえしのぶこと。もちこたえること。がまん。〔太平記〕二九「東西よりこれを攻めば、将軍京都には一日も━・し（用）給はじとおぼえしを」〔訳〕東西からこれ（＝都）を攻撃すれば、将軍（＝足利尊氏あしかが(たかうじ)は京都では一日ももちこたえなさらないだろうと思われたが。❷怒りをこらえて、人の罪を許すこと。勘弁。〔春色梅児誉美〕「そんなら私がわりいから、―・し用ておくんなさいな」訳それなら私が悪いから、勘弁してくださいな。

かん-のう【堪能】(名・形動ナリ)深くその道に通じていること。また、その人。じょうず。達人。徒然 一五〇「―の嗜まざるよりは、つひに上手の位にいたり」訳(稽古に励む者は)芸達者でもうちこんで努力しない人よりは、しまいに名手の芸位に達し。

参考 現在の「堪能」という読みは、「足んぬ」の転「たんのう(=満足すること)」に誤って字を当てたもので、本来の漢語「堪能」とは別語。

かん-の-きみ【長官の君】(名)「かうのきみ」に同じ。

かん-の-との【長官の殿】(名)「かうのとの」に同じ。

かん-ばせ【顔・容】(名)〔「かほばせ」の撥音便〕顔のさま。顔つき。顔色。細道 松島「その気色窅然として美人の―を粧ふ」訳その(松島の)ようすは深みのある美しさで美人が顔を化粧している(ようだ)。

かんぶつ【灌仏】⇩くわんぶつ

かん-ぼく【翰墨】(名)(筆と墨の意から)詩文・書画のわざ。文学や学問に関係したこと。〔雨月〕菊花の約「吾幼きより身を―に托するといへども」訳私は幼いころから身を学問の道にゆだねるといっても。

かんむり【冠】(名)〔「かうぶり」の転〕❶頭にかぶるものの総称。❷衣冠束帯姿のとき、頭にかぶるもの。頂にあたる所を額、後方に高く立ち、髻を入れる所を巾子という。位階や時代によりいろいろな形がある。❸俳句の最初の五文字。

巾子　簪　額　磯　海　纓

(かんむり②)

かんもり-の-つかさ【掃部司・掃部寮】(名)「かもんれう」に同じ。

かん-もん【勘文】(名)「かもん」に同じ。

かん-もん【勘問】(名・他サ変)罪状を取り調べること。尋問。今昔 二九・一四「夜明けてこれを―・する体に、しばしは承伏せざりけれども」訳夜が明けてから、この者を取り調べると、しばらくは白状しなかったけれども。

かん-や【紙屋】(名)〔「かみや」の撥音便〕❶「かうや」とも。平安時代、京都、紙屋川のほとりにあった朝廷所属の製紙所。紙屋院。源氏 鈴虫「―の人を召して、…心ことに清らにすかせ給へるに」訳(光源氏は)紙屋院の役人をお呼びになって、…格別にきれいに作らせなさった紙に。❷「紙屋紙」の略。

かんや-がみ【紙屋紙】(名)〔「かみやがみ」の撥音便〕「かうやがみ」とも。京都の紙屋院(=朝廷所属の製紙所)ですいた紙。紙屋紙。源氏 蓬生「うるはしき―、陸奥国紙などのふくだめるに」訳きちんとした紙屋紙や陸奥国紙などの(古くなって)けば立っているものに。

発展 「紙屋紙」の由来
「紙屋紙」の名称は朝廷所属の紙屋院で作られたことに由来する。紙が貴重であったため、平安時代以降、紙屋院では反故紙のすき返しもした。すき返しは薄墨色をしていたので「薄墨紙」ともいわれた。

かん-るい【感涙】(名)感動して流す涙。感激の涙。徒然 二三六「さし寄りて、据ゑ直して往にければ、上人の―いたづらになりにけり」訳そばに寄って、(獅子を)置き直して去って行ったので、上人の感激の涙はむだになってしまった。

かん-ろ【甘露】(名)❶甘いつゆ。中国の伝説によるもので、天下太平のしるしに天から降ったという。❷(仏教語)苦悩をいやし、長寿を授け、死者を復活させるという甘味の霊液。仏の教えにたとえられる。今昔 二・二七「神、手をさしのべて指の先より―を降らす」❸おいしいものの形容。

き　キ

「き」は「幾」の草体
「キ」は「幾」の草体の下略

き-【貴】(接頭)(漢語の名詞に付いて)身分が高い、尊いの意、または、尊敬の意を表す。「―僧」「―命」

-き【寸】(接尾)❶上代の長さの単位。後世の一寸(=約三センチメートル)ぐらいの長さ。❷馬の背の高さを示す語。四尺(=約一二〇センチメートル)を標準的な馬長とし、四尺一寸のものを一寸、四尺二寸のものを二寸といった。

参考 ②で、馬長が三尺九寸のときは、不足分を「かへり」ということばで示し、「かへり一寸」のようにいった。

き【気】(名)❶大気。空気。❷空間にみちているもの。煙・霧・かすみ・においなど。また、気配。徒然 一五五「春はやがて夏の―をもよほし」訳春はそのまま夏の気配をうながし。❸心。気分。〔笈の小文〕「時々―を転じ、日々に情をあらたむ」訳その時々に気分をかえ、毎日毎日心持ちを新たにする。❹気勢。元気。根気。精神力。

語の広がり「気」
「気の毒」は、本来「自分の心に毒になるもの」、つまり「苦痛に感じること。迷惑」の意。そこから転じて、他者への同情の意で用いられるようになった。

き【忌】(名)❶喪に服する一定の期間。忌中。❷死んだ人の命日。忌日。

き【奇】(名・形動ナリ)めずらしいこと。変わっていて興味深いさま。細道 象潟「雨もまた―・なり終とせば」訳雨(で見えない景色を想像するの)もまたふつうと違っておもしろいとするならば。⇩晴色「名文解説」

き【季】(名)❶春夏秋冬の一つをいう語。季節。源氏 玉鬘「この月は―の果てなり」訳今月(=陰暦三月)は(春の)季節の終わりである。

❷奉公人の雇用期間などを表す語。年季。一年を一季、半年を半季という。〔浮・好色五人女〕「その後は、北浜の備前屋という上問屋(=京都・伏見へ米を送った大坂の問屋)に━をかさね」
❸連歌や俳諧で、句に詠みこむ四季の景物。季題。季語。

き【城・柵】(名)敵の襲来を防ぐために、垣や堀をめぐらして内外を区切った所。とりで。さく。[万葉]二〇・四三三一「しらぬひ筑紫の国は賊守る鎮への━そと」[訳]筑紫の国(九州地方)は敵を防ぐ抑えのとりでなのだと。(「しらぬひ」は「筑紫」にかかる枕詞)
[参考]構造や種類によって、「水城(=堀をめぐらしたもの)」「稲城(=矢を防ぐために稲束を積みあげたもの)」「磐城(=石で周囲を囲ったもの)」などがある。

き【紀】(名)❶「日本書紀」の略称。❷紀伊の国。

き【記】(名)❶「古事記」の略称。❷書きしるした文章や文書。記録。

き【酒】(名)酒。「黒酒」「白酒」「御酒」などの複合語の形で用いる。

き【棺】(名)遺体を入れる箱。ひつぎ。[古今]物名「空蟬のからは━ごとにとどむれどたまのゆくへを見ぬぞ悲しき」[訳]蟬のぬけがらは木ごとに残してあるように、人のなきがらはひつぎの中に残しているけれども、(そこから抜け出た)魂の行方がわからないのが悲しいことだ。(「き」は「木」と「棺」との掛詞。第二句に「から萩」を詠みこむ)

き【綺】(名)織物の一種。錦に似た絹織物で金糸や五色の糸をまぜてこまかい模様を浮かせ織りにしたもの。[源氏]行幸「桜の唐の━の御直衣、今様色の御衣ひきかさねて」[訳](光源氏は)桜襲の唐風の綺の御直衣(の下)に、当世風の色のお召し物を重ねて。

き【驥】(名)一日に千里を行くという名馬。駿馬。[徒然]八五「━を学ぶは━の類ひ、舜を学ぶは舜の徒なり」[訳]駿馬を見習う馬は駿馬の同類であり、(中国の聖天子)舜をまねる人は舜の仲間である。

き【来】カ行変格活用の動詞「来」の連用形。[古今]春上「春きぬと人はいへども鶯の鳴かぬかぎりはあらじとぞ思ふ」[訳]春が来たと人は言うけれども、鶯が鳴かないうちは、(まだ本当の)春ではないだろうと思う。

き(助動特殊型)

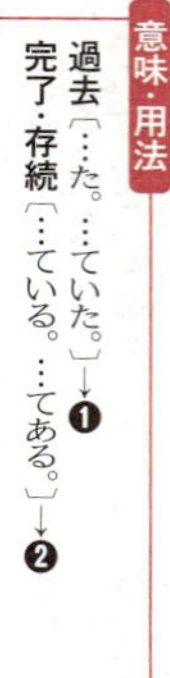

意味・用法
過去〔…た。…ていた。〕→❶
完了・存続〔…ている。…てある。〕→❷

接続
ふつう、活用語の**連用形**に付く。→[文法](1)

活用

未然	連用	終止	連体	已然	命令
〔せ〕(バ)	○	き(。)	し(コト)	しか(ドモ)	○

❶過去に直接経験した事実、または過去にあったと信じられる事実を回想していう意を表す。**…た。…ていた。**[伊勢]一二五「つひにゆく道とはかねて聞き**し**㊍を昨日今日とは思はざり**しか**㊌」[訳]→つひにゆく…[和歌]。[竹取]蓬莱の玉の枝「ある時は、…鬼のやうなるもの出で来て殺さむとし**き**㊎」[訳]ある時は、…鬼のようなものが出て来て(私=くらもちの皇子を)殺そうとした。

❷(平安末期以降の用法)動作が完了して、その結果が存続している意を表す。**…ている。…てある。**〔為忠集〕「わが園の咲き**し**㊍桜を見わたせばさながら春の錦延へけり」[訳]私の庭の今咲いている桜を見わたすと、まるで春の錦を張りめぐらしてあることだよ。

[文法](1) **接続** カ変・サ変の動詞には、次のような特別な付き方をする。

カ変(来)
こ㊎ ― し・しか
き㊒ ― き・し・しか

サ変(為)
せ㊎ ― し・しか
し㊒ ― き

(2) **過去・回想** 「き」には、過去という時を表す面と、回想という述べ方を表す面とがあるといわれるが、これは、助動詞という品詞がもつ特性で、客観的な面から見ると過去、主観的な面から見ると回想と考えられる。
過去・回想の助動詞には「**き**」と「**けり**」とがある。本来は、「き」が過ぎ去ったこととして述べ、「けり」が過ぎ去った状態が今に続いていることとして述べるものだったのであろうが、平安時代の用法では、自分で直接経験したことの回想に「き」を、他から伝え聞いたことの回想、または詠嘆に「けり」を用いる傾向がある。①の「竹取物語」の用例も、実際には体験しなかった冒険談を、「き」を用いて、事実らしく語っているところにおもしろみがある。

(3) **未然形「せ」** 未然形「せ」は、助詞「ば」とともに用いられ、「せば…まし」の形で、反実仮想の仮定条件を表すのに用いられる。
「世の中にたえて桜のなかり**せ**ば(=なかったならば)春の心はのどけからまし」〈[古今]春上〉

(4) **未然形「け」** 上代の用例から未然形「け」を認める説もある。
「根白の白ただむき纏かず**け**ばこそ(=大根のような真っ白い腕を抱かなかったなら)」〈記・下〉

(5) **「き」の由来** 未然形「せ」は、過去も回想も表さないので、サ変動詞「為」の未然形に由来するものと考える説がある。さらに連体形「し」・已然形「しか」も「為」に由来するものとする一方、未然形「け」・終止形「き」を力変動詞「来」に由来するものとする説がある。この説によるなら、「しし」「ししか」「来き」という接続がないことも、ことばが同語反復をきらうという観点から説明できる。また、その「為」に由来する活用が、助動詞「まし」の活用と通じてくるのが注目される。

	未然	連用	終止	連体	已然	命令
「為」に由来する活用	せ	○	○	し	しか	○
まし	ませ	○	まし	まし	ましか	○

⑹ サ行四段活用の動詞の連用形に、助動詞「き」の連体形「し」・已然形「しか」が付く場合、サ変からの類推によって、中世以降、「申せし」「殺せしか」などとなることがある。
⑺「し」の連体形止めの用法は、後世、詠嘆・余情の表現でなく、単に文を終止するのに用いられるようになった。
「その人、ほどなく失せにけりと聞き侍りし」〈徒然 三一〉

ぎ【義】(名) ❶儒教で説く五常(=仁・義・礼・智・信)の一つ。人の行うべき正しい道。平家 七・木曽山門牒状「〔頼政父子は〕命を軽んじ、―を重んじて」❷物事の筋道。道理。規則。徒然 二一七「この―をまぼりて利を求めん人は」訳この道理を守って利益を求めるような人は。❸意義。意味。また、教義。源氏 橋姫「阿闍梨も請じおろして、―などいはせ給ふ」訳(薫は比叡山から)阿闍梨も招き下ろして、(経文の)意味などを言わせなさる。

-ぎ【儀】(接尾)(話し手側の氏名・代名詞に付いて謙譲の意をもたせ)…こと、…に関することだが、の意を表す。〔浄・薩摩歌〕「私―は銀座に永々使はれ」訳私について言えば銀座(=銀貨鋳造所)で長い間やとわれて。

ぎ【儀】(名)❶わけ。こと。事の次第。徒然 一七七「庭の―を奉行する人」訳庭のことを上の命令で行う人。❷儀式。行事。〔太平記〕二四「朝―ことごとく廃絶して」訳朝廷の儀式はすっかりすたれ絶えて。

き-あ-ふ【来合ふ】(自ハ四)(は・ひ・ふ・ふ・へ・へ)来合わせる。蜻蛉 上「とみなる召使の、―・ひ(用)たりつればなむ」訳急用を伝える召使が、来合わせてしまったので。

き-い【奇異】(名・形動ナリ)ふつうと異なり、珍しいようす。奇妙。不思議。平家 七・実盛「光盛こそ―のくせ者組んで討って候へ」訳光盛は、不思議なおかしな者(=実盛)と組み合って討ち取りました。

紀伊(きい)『地名』旧国名。南海道六か国の一つ。今の和歌山県と三重県の南部。紀の国。紀州。

紀伊(きい)『人名』(生没年未詳)平安末期の女流歌人。後朱雀天皇の皇女祐子内親王の女房。一宮紀伊とも。歌合わせに多く出詠。「小倉百人一首」に入集。

きう【灸】(名)漢方療法の一種。もぐさを肌のつぼの上などにのせて焼き、その熱の刺激で病気を治療する方法。やいと。細道 出発まで「三里に―すゆるより、松島の月まづ心にかかりて」訳三里(=ひざ下のつぼ)に灸をすえるとすぐに、松島の月がまっさきに気にかかって。

きう-けい【九卿】(名)古代中国で主要な九つの官職をさしたことから「公卿」の別名。平家 三・医師問答「重盛いやしくも―に列して三台にのぼる」訳(私)重盛は身分不相応にも公卿の仲間に入って大臣の位にのぼっている。

きう-けう【九竅】(名)人体にある九つの穴。両眼・両耳・両鼻孔・口・前陰部・後陰部。九孔。九穴。〔笈の小文〕「百骸―の中に物あり、仮に名付けて風羅坊といふ」訳多くの骨と九つの穴(を持つ肉体)の中にある物(=霊)が宿り、(それを)仮に名づけて風羅坊(=芭蕉の別号)という。

きう-しゅ【旧主】(名)❶以前に仕えた主人。もとの主君。平家 六・妹尾最期「いま一度―を見奉らん」訳もう一度、もとの主君を見申しあげよう。❷昔の君主。平家 一・祇園精舎「これらは皆―・先皇の政にも従はず」訳これらの人々は皆、昔の君主や先代の皇帝の政治にも従わず。

きう-じん【九仞】(名)〔「仞」は中国周代の長さの単位。一仞は八尺とも七尺とも〕非常に高いこと。細道 塩釜明神「石の階―に重なり」訳石の階段が非常な高さに(まで)重なって(続き)。

きう-せい【九星】(名)古代中国で、河図・洛書の図にあるという九つの星。一白・二黒・三碧・四緑・五黄・六白・七赤・八白・九紫の九星。陰陽道では、これを方位・五行に配当し吉凶を占う。

きう-ぞく【九族】(名)高祖父母・曽祖父母・祖父母・父母・自分・子・孫・曽孫・玄孫の九代の家族。一家。一門。平家 二・先帝身投「いにしへは槐門棘路の列に―をなびかし」訳かつては大臣・公卿の列に一家一門(の者)をつき従わせ。

きう-たい【裘代】(名)〔「裘(=隠者の服)」に代わる衣の意〕僧服の一種。法皇・門跡、また参議以上の出家した人が参内のときに着る。平家 三・法皇被流「法印(=僧侶の最高位)あまりの悲しさに、―の袖を顔に押しあてて」

(きうたい)

きう-ぢ【灸治】(名)灸をすえて病気や傷を治療すること。灸療法。平家 四・橋合戦「大事の手ならねば(=重い傷でないので)、ところどころに―して」

きう-と【旧都】(名)以前、都だった所。もとの都。古都。平家 五・都遷「―をばすでにうかれぬ、新都はいまだ事ゆかず」訳(人々は)もとの都をすでにさまよい出てしまった、新都はまだ建設がはかどらない。

きう-もん【糺問・糾問】(名)罪状を問いただすこと。平家 二・西光被斬「もとよりあらがひ申さぬうへ、―はきびしかりけり」訳(西光法師は)もともと抗弁をし申しあげない上に、尋問はきびしかった。

きう-り【久離・旧離】(名)江戸時代の戸籍手続きの一つ。目上の親族が目下の親族との親族関係を断つこと。品行の悪い者に対しては、名主を通して町奉行に願い出、人別帳(=戸籍)から除名してもらい、連帯責任を免れた。のちに勘当と混同して使われた。

きうり-を-き-る【久離を切る】〔「久離」の手続きをして〕親子や親族の関係を断つ。〔浮・日本永代蔵〕「―・っ(用)(促音便)て子をひとり捨てける」

き-え【帰依】(名・自他サ変)《仏教語》仏・菩薩や高僧などを深く信じて、その教えにひたすら従い、よりどころとすること。宇治 三・一三「そののち、この地蔵菩薩を…ながく―・し(用)奉りける」訳その後、この地蔵菩薩を…長く信仰し申しあげたことだ。

きえ-あへ-ず【消え敢へず】消えきれない。消えてしまえない。古今 春上「心ざしふかく染めてし居りければ―・ぬ(体)雪の花と見ゆらむ」訳心を深く寄せて待っていたので、消えない雪が花に見えるのだろう。
なりたち 下二段動詞「消ゆ」の連用形「きえ」＋下二

段補助動詞「敢ふ」の未然形「あへ」＋打消の助動詞「ず」

きえ-い・る【消え入る】(自ラ四){ら・り・る・る・れ・れ}❶消えてなくなる。源氏 薄雲「ともし火などの―・る体やうにて果て給ひぬれば」訳 灯火などが消えてゆくようにして、(静かに、藤壺は)息をお引き取りになったので。

❷(悲嘆・苦しみ・恥などのために)意識がぼんやりする。気が遠くなる。気絶する。源氏 桐壺「あるかなきかに―・り用つつものし給ふを御覧ずるに」訳 (桐壺の更衣が)生きているのかいないのかわからないほど意識を失い失いしていらっしゃるのを(桐壺帝は)ご覧になると。(「ものす」は婉曲表現で、ここでは「いる」の意)

❸息が絶える。死ぬ。宇治 七・五「この柑子えざらましかば、この野中にて―・り用なまし」訳 もしこのみかんを手に入れなかったなら、この野原の中できっと死んでしまったろうに。文法「ましかば…まし」は反実仮想で、「もし…なら…だろうに」の意。「なまし」の「な」は、助動詞「ぬ」の未然形で、ここは確述の用法。

❹恥ずかしがってもじもじする。枕 九〇「弁のおもとといふに伝へさすれば、―・り用つつ、えも言ひやらねば」訳 弁のおもとという女房に伝えさせると、(弁は)もじもじするばかりで、どうにも言い伝えることができないので。文法「え」は副詞で、下に打消の語(ここでは「ね」)を伴って不可能の意を表す。

きえ-う・す【消え失す】(自サ下二){せ・せ・す・する・すれ・せよ}❶消えてなくなる。源氏 夕顔「夢に見えつるかたちしたる女、面影に見えてふと―・せ用ぬ」訳 夢に現れた(のとそっくりな)容貌をした女が幻影として現れて、ふっと消えていなくなった。

❷命が絶える。死ぬ。源氏 夕霧「―・せ用給ひにしことをおぼし出づるに」訳 (母君が)お亡くなりになってしまったことを(落葉の宮は)お思い出しになると。

きえ-がた【消え方】(名・形動ナリ)いまにも消えそうなようす。また、その時。枕 二五一「すこし―・に用なりたるほど」訳 (雪は)少し消えそうになったころ(が趣がある)。

きえ-がて【消えがて】(形動ナリ){なら・なり(に)・なり・なる・なれ・なれ}消えにくいさま。古今 春下「桜散る花の所は春ながら雪ぞふりつつ―・に用する」訳 桜が散るこの花の名所(＝雲林院)では、春だというのに雪が降り続いて消えにくそうにしていることだ。

きえ-かへ・る【消え返る】(自ラ四){ら・り・る・る・れ・れ}❶すっかり消える。消え失せる。源氏 夕霧「いづれとか分きて眺めむ消え―・る体露も草葉の上と見ぬ世を」訳 どちら(の人が恋しい)と、特に区別して物思いに沈むようなことがあろうか(いや、ありはしない)。消え失せてしまう露も、草の葉の上(のことだけだ)と思えない(無常な)この世であるから。

❷死ぬほどに思いつめる。人ごこちがしなくなるほど思う。古今 恋一「わが宿の菊の垣根におく霜の―・り用てぞ恋しかりける」訳 わが家の菊の垣根におく霜が消えてしまうように、私はあなたのことを死ぬほど恋しく思っていることだ。(第三句までは「消えかへり」を導きだす序詞。「消えかへり」に①の意をかける)

きえ-ぎえ(-と)【消え消え(と)】(副)❶いまにも消えそうなさま。〔謡・隅田川〕「また―となり行けば、いよいよ思ひは真澄鏡」訳 (わが子の姿が眼前から)また消えそうになってゆくので、いよいよ(子を思う)気持ちは増してきて。(「真澄鏡」に「増す」をかける)

❷(驚き・恐怖などのために)気絶しそうになるさま。〔太平記〕一〇「盛高も目くれ、心―と成りしかども」訳 盛高も目がくらみ、気を失いそうになったけれども。

きえ-のこ・る【消え残る】(自ラ四){ら・り・る・る・れ・れ}❶消えないで残る。徒然 一〇五「北の屋陰に―・り用たる雪の」訳 北側の家の陰に消えずに残っている雪が。

❷生き残る。源氏 橋姫「見し人も宿も煙になりにしをなにとてわが身―・り用けむ」訳 (かつて)世話した人(＝妻の北の方)も、(長く住んだ)邸宅も煙になってしまったのに、どうして自分(＝八の宮)は生き残ったのだろう。

きえ-は・つ【消え果つ】(自タ下二){て・て・つ・つる・つれ・てよ}❶すっかり消えてしまう。古今 羇旅「―・つる体時しなければ越路なるしら山の名は雪にぞありける」訳 (一年中雪が)すっかり消えてしまうときがないから、北陸路にある白山の名は、雪にちなんで付けられたもの)だったのだ。

❷息が絶える。死ぬ。源氏 御法「かひもなく、明け果つるほどに―・て用給ひぬ」訳 (祈禱の)かいもなく、夜がすっかり明けるころに、(紫の上は)お亡くなりになった。

❸関係が絶える。縁が切れる。

きえ-まど・ふ【消え惑ふ】(自ハ四){は・ひ・ふ・ふ・へ・へ}死ぬほどに思い迷う。ひどく途方にくれる。源氏 帚木「―・へ已るけしきいと心ぐるしくらうたげなれば」訳 ひどく途方にくれている(空蟬の)ようすはじつに気の毒でかわいらしい感じなので。

きえ-わ・ぶ【消え侘ぶ】(自バ上二){び・び・ぶ・ぶる・ぶれ・びよ}消えてほしいのに消えないことを思い悩む。身も消え入るほどに思い悩む。死ぬほどに心細く思う。新古 恋二「床の霜枕のこほり―・び用ぬむすびもおかぬ人の契りに」訳 涙は床の上では霜、枕もとでは氷となって結んだままで消えかね、(私は)身も消え入るほどに思い悩んでしまった。固く結んでくれなかったあなたとの約束のために。(「おく」は「霜」の、「むすび」は「霜」「こほり」の縁語)

きおう【競う】⇩きほふ

鬼界が島(きかいがしま)『地名』今の鹿児島県大隅諸島の硫黄島とも、九州南方の諸島の古称ともいう。流刑の地。「平家物語」にある俊寛僧都の流された島として知られる。

きかう-でん【乞巧奠】(名)〔「きっかうでん」の促音「っ」の表記されない形〕陰暦七月七日の夜、牽牛星・織女星を祭る行事。織女星に供え物をして、手芸の上達などを祈る。奈良時代、中国から渡来した風習で、宮中・民間ともに行い、宮中では清涼殿の庭に机四脚、灯台九本を立て、供え物や琴などを机の上に置き、一晩じゅう香をたいた。たなばたまつり。

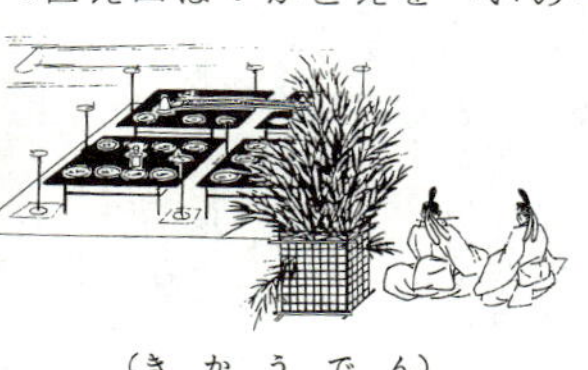

(きかうでん)

其角（きかく）〘人名〙→榎本其角

きか-す【聞かす】〘上代語〙お聞きになる。〔記〕上「賢し女を有りと**きかし**(用)て」訳（八千矛の神は）賢い女がいると**お聞きになって**。なりたち 四段動詞「聞く」の未然形「きか」＋上代の尊敬の助動詞「す」

きき【聞き】（名）❶聞くこと。見聞。万葉 一八・四〇八九「百鳥の来居て鳴く声春さればーの愛しも」訳 多くの鳥が来て止まって鳴く声は、春になると**聞くこと**がいとしいことよ。
❷他人に聞こえること。風聞。評判。徒然 三八「誉れを愛するは、人のーをよろこぶなり」訳 名誉を大事に思うのは、世間の人の**評判**を喜ぶことである。⇩聞こえ「慣用表現」
❸（酒・茶などの味を）試みること。鑑定。

きき-あきら・む【聞き明らむ】（他マ下二）{め・め・む・むる・むれ・めよ}聞いて、事実を明らかに知る。源氏 真木柱「思ひやり深うおはする人にて、ー・め(用)、恨み解け給ひにたなり」訳（蛍兵部卿の宮は）思慮深くいらっしゃる人なので、（事情を）**はっきり聞いて了解し**、（私＝光源氏への）恨みはなくなっていらっしゃるようだ。

きき-あは・す（アワス）【聞き合はす】（他サ下二）{せ・せ・す・する・すれ・せよ}❶あれこれ聞いて考え合わせる。聞いて比較する。源氏 明石「今宵の御物語にー・すれ(已)ば、げに浅からぬ前の世の契りにこそはとあはれになむ」訳 今夜のお話を**聞いて考え合わせる**と、なるほど浅くない前世からの縁ではあったのだと感無量で（ございます）。
❷いろいろと問い尋ねる。源氏 手習「僧都にあひてこそは、確かなる有り様もー・せ(用)などして」訳（横川の）僧都に会ったらその時、（浮舟の）確かな事情をも**いろいろ問い尋ね**たりして。

きき-あ・ふ（オウ）【聞き敢ふ】（他ハ下二）{へ・へ・ふ・ふる・ふれ・へよ}［「敢ふ」は完全に…するの意］十分に聞き取る。はっきり聞きつける。蜻蛉 中「いかでー・へ(用)つらむ、追ひてものしたる人もあり」訳 どうして**聞きつけ**たのだろうか、追いかけてやってきた人もいる。

きき-あらは・す（ラワス）【聞き顕す】（他サ四）{さ・し・す・す・せ・せ}聞いてはっきりさせる。（秘密などを）聞き出す。源氏 手習「かく忍ぶる筋をー・し(用)けりと思ひ給はむが」訳（薫が）このように忍び隠している方面のことを、（私＝明石の中宮が）**人から聞いてはっきり知っていた**と、（薫が）お思いになるようなことが。

きき-い・づ（イズ）【聞き出づ】（他ダ下二）{で・で・づ・づる・づれ・でよ}探って聞き知る。聞き出す。枕 二七六「いたううちとけぬ人の言ひたるふるき言の、知らぬをー・で(用)たるもうれし」訳 それほど親しくない人が言った古い詩歌のことばで、（自分が）知らないのを**聞き知っ**た場合もうれしい。

きき-い・る【聞き入る】■一（自ラ四）{ら・り・る・る・れ・れ}耳をすまして聞く。枕 一九五「わかき人はいみじうかたはらいたきことにー・り(用)たるこそ、さるべきことなれ」訳（無作法で、下品なことばを）若い人はひどくきまり悪いこととして**じっと耳にして**いるのは、当然のことだ。
■二（他ラ下二）{れ・れ・る・るる・るれ・れよ}❶聞いて心にとめる。聞き耳を立てる。枕 四一「鳶・烏などのうへは、見入れー・れ(用)などする人、世になしかし」訳 鳶や烏など（平凡な鳥）については、目をみはったり**聞き耳を立てたり**などする人は、この世間にいないことだよ。文法「なしかし」の「かし」は、強く念をおす意の終助詞。
❷聞いて承諾する。同意する。徒然 三一「ひがひがしからん人のおほせらるること、ー・る(終)べきかは」訳 情趣を解さないような人のお命じになることを、どうして**承諾すること**ができようか（いや、できない）。文法「ひがひがしからん人」の「ん」は、仮定・婉曲の助動詞。「かは」は、反語の係助詞。⇩僻僻し「名文解説」
❸聞いたことを理解する。源氏 夕顔「なにの響きともー・れ(用)給はず」訳（唐臼の音を）何の響きとも（光源氏は）**聞いておわかり**にならず。

きき-う【聞き得】（他ア下二）{え・え・う・うる・うれ・えよ}❶聞いて会得する。聞いて理解する。土佐「こころをやー・え(用)たりけむ、いと思ひのほかになむめでける」訳（歌の）意味を**聞いて理解し**たのであろうか、たいそう思いがけないほど感心したのだった。
❷聞くことができる。枕 二一八「笙の笛は月のあかきに、車などにてー・え(用)たる、いとをかし」訳 笙の笛は月の明るいときに、牛車（の中）などで**聞くことができ**たのが、たいそう趣がある。

きき-お・く【聞き置く】（他カ四）{か・き・く・く・け・け}聞いて心にとめておく。聞いて覚えている。枕 一八四「まだまゐらざりしよりー・き(用)給ひけることなど」訳（私が）まだ出仕しなかったころから（大納言殿が）**聞いて心にとめておき**なさったことなどを。

きき-おと・す【聞き落とす】（他サ四）{さ・し・す・す・せ・せ}聞いてさげすむ。聞いてけなす。源氏 若菜下「あへなくあはつけきやうにや、ー・し(用)給ひけむ、といと恥づかしく」訳（蛍兵部卿の宮は）がっかりして、（私＝玉鬘を）軽はずみな（女の）ように、**聞いてさげすみ**なさったのであろうかと、たいそう恥ずかしく。

きき-お・ふ（オウ）【聞き負ふ】（他ハ四）{は・ひ・ふ・ふ・へ・へ}自分のこととして聞く。伊勢 一〇八「常のことぐさにいひけるを、ー・ひ(用)ける男」訳（女が）平素の口ぐせのように言っていたのを、**自分のことだなと聞い**た男は。

きき-おぼ・ゆ【聞き覚ゆ】（他ヤ下二）{え・え・ゆ・ゆる・ゆれ・えよ}聞いて覚える。また、聞いて知っている。〔桂園遺文〕「人の詠める歌など、かたはらに（＝そばで）ー・え(用)て」

きき-おも・ふ（オモウ）【聞き思ふ】（他ハ四）{は・ひ・ふ・ふ・へ・へ}聞いてあれこれ考える。源氏 総角「筋ことなる際になりぬれば、人のー・ふ(体)こともつつましく」訳 素性の格別な身分になってしまうと、（世間の）人が**聞いてあれこれ思う**ことがはばかられて。

きき-およ・ぶ【聞き及ぶ】（他バ四）{ば・び・ぶ・ぶ・べ・べ}人から伝え聞く。うわさで聞き知る。竹取 火鼠の皮衣「〔火鼠の皮衣は〕西の山寺にありとー・び(用)て（＝**聞きつけて**）」

きき-がき【聞き書き】（名）❶人から聞いたことを書きしるしておくこと。また、その文書。
❷「除目」の叙位任官の理由を書いた文書。平家 四・通乗之沙汰「源以仁・頼政法師父子追討の賞とぞーにはありける」訳 源以仁・頼政法師の父子を追討した褒賞（としての昇進）と**除目の文書**にはあった。

きき-がほ（ガオ）【聞き顔】（名・形動ナリ）「ききしりがほ」に同じ。源氏 夕霧「何かはー・に(用)もとおぼいて」訳 どうして（夕霧と落葉の宮とのうわさを）**聞き知っているような**

顔つきでもいられようか(いや、いられない)と(光源氏はお思いになって。

きき-かよ-ふ カヨウ【聞き通ふ】(他ハ四){は・ひ・ふ・ふ・へ・へ}聞き伝える。伝え聞く。〔源氏〕浮舟「おのづから―・ひ㊊て、隠れなきこともこそあれ」〔訳〕自然に伝え聞いて、(こちらの)嘘(うそ)が広く知れ渡ることがあるといけない。

きき-ごと【聞き事】(名)聞くだけの価値のある事柄。〔狂・武悪〕「武悪がとりなし、―におりゃる」〔訳〕武悪(=奉公人の名)をかばうことばは、聞く価値のあることであります。

きき-こ-ふ コウ【聞き恋ふ】(他ハ上二){ひ・ひ・ふ・ふる・ふれ・ひよ}聞いて、恋しく思う。期待して耳を傾ける。〔万葉〕一〇・一九三七「里人の―・ふる㊍まで山彦(やまびこ)のあひ響(とよ)むまで」〔訳〕里人が聞いて恋しく思うほど、山彦が答えるほどに。

きき-さ-す【聞き止す】(他サ四){さ・し・す・す・せ・せ}【「さす」は中途でやめる意の接尾語】聞くのを中途でやめる。〔源氏〕帚木「異なることなければ、―・し㊊給ひつ」〔訳〕(若い女たちの話も)特別変わったこともないので、(光源氏は)聞くのを中途でおやめになった。

きぎし【雉子】(名)「きぎす」とも。きじ(=鳥の名)の古名。㊬。〔万葉〕八・一四四六「春の野にあさる―の妻恋ひにおのがあたりを人に知れつつ」〔訳〕春の野でえさを求めるきじが妻を慕って鳴き、自分の居場所を人に知られていることだ。

きき-しの-ぶ【聞き忍ぶ】(他バ四){ば・び・ぶ・ぶ・べ・べ}聞いても聞こえないふりをする。〔源氏〕横笛「心やましうち思ひて、―・び㊊給ふ」〔訳〕(雲居(くも)の雁(かり)は)不愉快に思って、聞こえないふりをしなさる。

ききしり-がほ ガオ【聞き知り顔】(名・形動ナリ)聞き知っているようす・顔つき。「聞き顔」とも。〔更級〕「例の猫にはあらず、―・に㊊あはれなり」〔訳〕ふつうの猫ではなくて、(人のことばを)聞き知っているようなようすでいとしい。

きき-し-る【聞き知る】(他ラ四){ら・り・る・る・れ・れ}聞いてそれと知る。〔徒然〕四四「笛をえならず吹きすさびたる、あはれと―・る㊇べき人もあらじと思ふに」〔訳〕笛をなんともいえないほどみごとに吹き興じているのを、すばらしいと聞いて理解しそうな人もいないだろうと思うにつけ。

きぎす【雉子】(名)「きぎし」に同じ。㊬。〔後拾遺〕春上「片岡(かたをか)の朝(あした)の原に―鳴くなり」〔訳〕片岡(=奈良県の地名)の朝の野原にきじの鳴く声が聞こえるよ。

きき-すぐ-す【聞き過ぐす】(他サ四){さ・し・す・す・せ・せ}心にとめずに聞く。聞き流す。〔源氏〕末摘花「おとど、例の―・し㊊給はで、高麗笛(こまぶえ)取り出(い)で給へり」〔訳〕左大臣は、いつものようにお聞き流しにならないで、高麗笛を取り出しなさった。

きき-そ-ふ ソウ【聞き添ふ】(他ハ下二){へ・へ・ふ・ふる・ふれ・へよ}聞いたうえに、さらに聞く。聞き足す。また、聞いて思いを増す。〔源氏〕宿木「こめかしく言少(ことずく)なるものからをかしかりける人の御心ばへかなとのみ、いど―・へ㊊給ふ」〔訳〕おっとりしてことばは少ないながら、情趣のあった(大君(おおいぎみ)の)お人柄だなあとばかり、(薫(かおる)は弁の尼の話に)いっそう感慨を添えてお聞きになる。

きき-つ-く【聞き付く】■(自カ四){か・き・く・く・け・け}耳を傾けて聞く。聞き入る。〔源氏〕薄雲「一言(ひとこと)ばかりかすめ給へるけはひ、いとなつかしげなるに、―・き㊊て」〔訳〕(斎宮の女御(にょうご)が)たった一言ほのめかしなさったようすが、たいそう心ひかれる感じであるので、(光源氏は)聞き入って。■(他カ下二){け・け・く・くる・くれ・けよ}聞きつける。聞いて知る。〔伊勢〕四五「『かくこそ思ひしか』と言ひけるを、親―・け㊊て」〔訳〕「こう(=あの方に逢(あ)いたいと)思っていた」と(娘が)言ったのを、親は聞きつけて。

きき-つ-ぐ【聞き継ぐ】(他ガ四){が・ぎ・ぐ・ぐ・げ・げ}❶人から人へと伝え聞く。人づてに聞く。〔今昔〕一九・四〇「忠明が語りけるを―・ぎ㊊てかく語り伝へたるとや」〔訳〕忠明が語ったのを人づてに聞いて、このように語り伝えたとか(いうことだ)。❷人のあとに続けて聞く。〔万葉〕一九・四一九四「ほととぎす鳴き渡りぬと告ぐれどもわれ―・が㊍ず花は過ぎつつ」〔訳〕ほととぎすが鳴いて渡ったと(人は)言うけれども、私は続けて聞いていない。(藤の)花は盛りを過ぎてゆくのに。

きき-つた-ふ ツタ(ト)ウ【聞き伝ふ】(他ハ下二){へ・へ・ふ・ふる・ふれ・へよ}人づてに聞く。伝え聞く。〔徒然〕三〇「―・ふる㊍ばかりの末々は、あはれとやは思ふ」〔訳〕(その故人のことを)伝え聞くだけの子孫たちは、感慨深いと思うか(いや、思いはしない)。

きき-とが-む【聞き咎む】(他マ下二){め・め・む・むる・むれ・めよ}❶聞いて問題にする。聞きとがめる。〔枕〕一六二「あな、あやし。いかなることをか聞こえつる。さらに―・め㊊給ふべきことなし」〔訳〕ああ、不思議だ。(私が)どんなことを申し上げたか。まったく聞きとがめなさりそうなことは(申し上げて)いない。❷聞いて心にとめる。注意して聞く。〔後撰〕雑二「鳥の音(ね)を―・め㊍ずぞ行き過ぎにける」〔訳〕鳥の声を、(あなたは)聞きとめずに行き過ぎてしまったことよ。

きき-とど-む【聞き留む】(他マ下二){め・め・む・むる・むれ・めよ}注意して聞く。聞いて心にとめる。〔源氏〕紅梅「何事も見知り、―・め㊊給はぬにはあらねど」〔訳〕(宮の御方は)どんなことでも見て理解し、聞いて心にとめなさらないわけではないけれど。

きき-と-る【聞き取る】(他ラ四){ら・り・る・る・れ・れ}聞いて心にとめる。聞いて理解する。〔枕〕一三七「おのづから人のうへなどうち言ひそしりたるに、幼き子どもの―・り㊊て、その人のあるに言ひ出(い)でたる」〔訳〕たまたまある人のことについて悪口などを言ったときに、幼い子供が聞き覚えて、その人がいるときに言い出したの(は、きまりが悪い)。

きき-な-す【聞き做す】(他サ四){さ・し・す・す・せ・せ}聞いてそれと思う。〔今昔〕一九・一「我が妻(め)にて有りし人のけはひに―・し㊊つ」〔訳〕(宗貞(むねさだ)はその声を)自分の妻であった人の雰囲気だと聞いてそう思った。

きき-なほ-す ナオス【聞き直す】(他サ四){さ・し・す・す・せ・せ}聞いて思い直す。聞いて誤りを改める。〔枕〕八二「まことならばこそあらめ、おのづから―・し㊊給ひてむと笑ひてあるに」〔訳〕(うわさが)事実ならばともかく、(嘘(うそ)なのだから)きっと自然と聞いて誤解をといてくださるだろうと笑って(すませて)いると。

きき-なら-す【聞き慣らす・聞き馴らす】(他サ四){さ・し・す・す・せ・せ}聞いて耳をならす。いつも聞いている。〔源氏〕明石「『この―・し㊊たる琴をさへや』などよろづにのたまふ」〔訳〕「このいつも(話に)聞いていた琴をまでも(お聞かせにならないの)か」などと、(光源氏は)いろいろおっしゃる。

きき-なら-ふ(ロウ)【聞き慣らふ】(他ハ四){は・ひ・ふ・ふ・へ・へ}常に聞いて耳になれる。聞きなれる。源氏 東屋「むくむくしく―・は未ぬ心地し給ふ」訳(夜回りの東国なまりの声に、薫は)気味悪く、聞きなれない気持ちがしなさる。

きき-にく・し【聞きにくし】(形ク){から・く(かり)・し・き(かる)・けれ・かれ}「「にくし」は接尾語」聞き苦しい。聞いていて不愉快である。徒然 一「ものうち言ひたる、聞きにくからず、愛敬ありて言葉多からぬこそ、飽かず向かはまほしけれ」訳 ものをちょっと言ったのが聞き苦しくなく、愛想がよくて口数が多くない人とは、いつまでも向きあっていたいものだ。

きき-にげ【聞き逃げ】(名・自サ変)うわさや物音などを聞いただけで恐れて逃げること。平家 五・五節之沙汰「いくさには見逃げといふことをだに心うきことにこそするに、これは―・し用給ひたり」訳 合戦では、敵を見て逃げるということでさえいやなことだとするのに、これは物音を聞いただけでおびえて逃げなさった。

きき-はさ・む【聞き挟む】(他マ下二){め・め・む・むる・むれ・めよ}聞きこむ。小耳にはさむ。蜻蛉 上「『見むと思はば』とあるを、―・め用て」訳「見たいと思うならば」と話しているのを、小耳にはさんで。

きき-は・つ【聞き果つ】(他タ下二){て・て・つ・つる・つれ・てよ}終わりまで聞く。源氏 帚木「中将はこのことわり―・て未むと、心入れてあへしらひ居給へり」訳(頭の)中将はこの理屈を終わりまで聞こうと、熱心に(左の馬頭に)応対していらっしゃった。

きき-はな・つ【聞き放つ】(他タ四){た・ち・つ・つ・て・て}聞き流す。聞き捨てにする。大鏡 師輔「いかなる折も必ず見過ぐし―・た未せ給はず」訳(このお后は)どんな折にも決して見過ごしたり聞き流したりなされず。

きき-はや・す【聞きはやす】(他サ四){さ・し・す・す・せ・せ}聞いてほめそやす。〔紫式部日記〕「和琴いとおもしろしなど―・し用給ふ」訳(右大臣=藤原顕光は)和琴がじつにすばらしいなどと聞いてほめそやしなさる。

きき-ひら・く【聞き開く】(他カ四){か・き・く・く・け・け}聞いて、その意味や言い分を理解する。〔曽我物語〕「なんぢが申す所、一々に―・き用ぬ(=一つ残らず聞いて納得した)」

きき-ふけ・る【聞き耽る】(他ラ四){ら・り・る・る・れ・れ}聞いて心を奪われる。一心に聞き入る。土佐「この歌どもをひとの何かといふを、ある人―・り用てよめり」訳 これらの歌を人が何やかやと批評するのを、ある人がじっと聞き入っていて(自分も歌を)詠んだ。

きき-まがは・す(ガワス)【聞き紛はす】(他サ四){さ・し・す・す・せ・せ}他の物音と入りまじって区別がつかないようにさせる。聞き間違えさせる。〔紫式部日記〕「例の絶えせぬ水の音なむ、夜もすがら―・さ未る」訳 いつものように絶え間ない遣り水の音が、一晩中(読経の声と)入りまじって区別がつかないように聞こえさせられる(=聞こえる)。

きき-みみ【聞き耳】(名)❶聞いた感じ。聞いて思うこと。枕 六「おなじことなれども―ことなるもの 法師のことば」訳 同じことばであるけれども聞いた感じが違うもの、(それは)法師のことば。
❷外聞。世間の人への聞こえ。源氏 若菜上「かく世の―もなのめならぬことの出で来ぬるよ」訳 このように世間への聞こえもひととおりでないこと(=女三の宮の降嫁)が起きてしまったことよ。

きき-も-あへ-ず(エ―ア)【聞きも敢へず】十分に聞きもしない。聞き終わらない。〔浮・世間胸算用〕「ふしあはせ言ふを―・ず用」訳 不運を話すのを十分に聞きもせず。
なりたち 四段動詞「聞く」の連用形「きき」＋係助詞「も」＋下二段補助動詞「敢ふ」の未然形「あへ」＋打消の助動詞「ず」

きき-もた・り【聞き持たり】(他ラ変){ら・り・り・る・れ・れ}「「ききもちあり」の転」聞いて心にとめる。聞いて覚えている。蜻蛉 上「必ず『今来むよ』といふも―・り用て、まねびありく」訳(夫の兼家が出て行くおりには)必ず「近いうちに来るつもりだよ」というのも(子供の道綱が)聞いて覚えていて、まねて言って回る。

きき-もら・す【聞き漏らす・聞き洩らす】(他サ四){さ・し・す・す・せ・せ}❶(うわさなど)聞いたことを他人にもらす。源氏 夕霧「人の―・さ未むこともことわり」訳 世間の人が聞いて他にもらすようなことももっともなこと(である)。
❷聞き落とす。徒然 二三四「世にふりぬることをも、おのづから―・す体あたりもあれば」訳 世間で言い古されたことをも、まれには聞き落とす向きもあるから。

参考 古語では①の「他人にもらす」の意が強い。

き-きゃう(キョウ)【桔梗】(名)「きちかう」とも。❶植物の名。秋の七草の一つ。ききょう。秋
❷襲の色目の名。表は二藍(=紅色がかった青)、裏は青。秋に用いる。⇩巻頭カラーページ11
参考「万葉集」に詠まれている「朝顔」は、今日の「ききよう」であるともいわれている。

きき-よ・し【聞きよし】(形ク){から・く(かり)・し・き(かる)・けれ・かれ}❶聞いていて気持ちがよい。万葉 九・一七五五「終日に鳴けど―・し終」訳(ほととぎすが)一日中鳴くけれど聞いていて気持ちがよい。
❷人聞きがよい。聞き苦しくない。枕 三一「おほやけわたくしおぼつかなからず、―・き体ほどに語りたる、いと心ゆく心地す」訳(世間話を)公私につけてあいまいでなく、聞き苦しくない程度に話したのは、とても晴れ晴れする気持ちがする。

きき-わ・く【聞き分く】(他カ四・下二){か・き・く・く・け・け}{け・け・く・くる・くれ・けよ}聞いて判別する。聞き分ける。また、聞いて理解する。納得する。源氏 橋姫「その琴とも―・か未れぬ物の音ども、いとすごげに聞こゆ」訳 何の弦楽器とも聞き分けることのできない楽器の音があれこれ、たいそうもの寂しそうに聞こえる。〔雨月〕蛇性の婬「あるじの君、よく―・け用(下二段)て給へ」訳 あるじの君よ、よく聞いて判断してください。
参考 中古までは四段活用。

きき-わた・す【聞き渡す】(他サ四){さ・し・す・す・せ・せ}❶絶えず聞く。聞き続ける。源氏 宿木「かの近き寺の鐘の声も―・さ未まほしくおぼえ侍るを」訳 あの(山荘に)近い寺の鐘の音もずっと聞き続けたいと思われますが。
❷あたり一帯の物音を聞く。源氏 夕顔「白妙の衣うつ砧の音も、かすかに、こなたかなた―・さ未れ」訳 白布の衣を(つやを出すために)打つ砧の音も、かすかに、あちらこちらあたり一帯から聞かれ。

きき-わた・る【聞き渡る】(他ラ四){ら・り・る・る・れ・れ}聞き続ける。つねに聞く。源氏 真木柱「年ごろ思ひうかれ給ふさま―・り用ても久しくなりぬるを」訳 数年来(髭黒が玉鬘に)うつつを抜かしなさるようすは、以前から聞い

ても久しくなってしまったが。

きき-わづら・ふ【聞き煩ふ】(他ハ四){は・ひ・ふ・ふ・へ・へ} 聞いてつらく思う。聞いて悩む。源氏 竹河「母北の方を責め奉れば、―・ひ用給ひて」訳(蔵人の少将は)母である北の方(=雲居の雁)をなじり申しあげるので、(北の方は)聞いてつらくお思いになって。

きき-ゐる【聞き居る】(自ワ上一){ゐ・ゐ・ゐる・ゐる・ゐれ・ゐよ} じっと聞いている。徒然 一三七「ひとり『さもなかりしものを』と言はんもせんなくて、―・ゐ用たるほどに」訳(自分)ひとりが「(本当は)そうでもなかったのに」と言うとしたらそれも、しかたがないので、じっと聞いていたところ。

きく【菊】(名)❶植物の名。秋に咲く。秋 ❷襲の色目の名。表は白、裏は青。一説に、裏は蘇芳(=紫がかった赤色)または紫。秋に用いる。⇩巻頭カラーページ11

参考「万葉集」には菊は詠まれていないが、中古から秋を代表する花の一つとなっている。

き・く【利く】(自カ四){か・き・く・く・け・け} ❶役に立つ。効果がある。うまくはたらく。枕 能因本・一六三「双六打つに、敵の賽の―・き用たる」訳 双六を打つときに、相手の賽の目がうまく出たの(は、うらやましい)。❷上手である。浮・日本永代蔵「宮口半内といふ男は、小刀細工―・き用ければ(=上手だったので)」

き・く【聞く・聴く】(他カ四){か・き・く・く・け・け} ❶音声を耳で知覚する。聞いて知る。古今 離別「立ち別れいなばの山の峰に生ふるまつとし―・か未ば今帰りこむ」訳→たちわかれ…和歌。⇩聞こす「敬語ガイド」 ❷人のことばに従う。聞き入れる。伊勢 二三「親のあはすれども、―・か未でなむありける」訳 親が(他の男と)結婚させ(ようとし)ても、聞き入れないでいたのだった。⇩合はす「名文解説」 ❸問う。たずねる。拾遺 春「散り散らず―・か未まほしきをふる里の花見て帰る人も逢はなむ」訳(桜の花が)もう散ってしまったか、まだ散らないかをたずねたいのだが、旧都(=奈良)の花を見て帰る人でも(いれば)、逢ってほしいものだ。文法「逢はなむ」の「なむ」は、他に対する願望の終助詞。❹(味を)ためす。(匂いを)かぐ。狂・伯母酒「よい酒か悪しい酒か、私の一つ―・い用(イ音便)てみずはなりますまい」訳 よい酒か悪い酒か、私が一つ味見をしてみなければならないでしょう。

きく-あはせ【菊合はせ】(名)物合わせの一つ。人々が左右に分かれ、双方から菊の花を出し、歌などを添えて優劣を競う遊び。秋

きく-からくさ【菊唐草】(名)模様の一種。菊の花を唐草模様(=つる草模様)にあしらったもの。

き-ぐすり【生薬】(名)まだ調剤していない薬・薬種。

き-くちば【黄朽ち葉】(名)❶染め色の名。淡黄色に淡紅色または紅をまぜた色。❷織物で、縦糸を紅、横糸を黄にしたもの。秋に着用する。枕 三〇〇「―の織物、薄物(=薄く織った絹織物)などの小袿着て」

きく-とぢ【菊綴ぢ】(名)直垂・水干・素襖などの縫い目に、ほころびを防ぐためにとじつける、菊の花の形をした飾り。

(きくとぢ)

きく-の-えん【菊の宴】陰暦九月九日の重陽の節句に行われる観菊の宴。杯に菊の花を浮かべて飲み、不老長寿を祈った。秋。大鏡 時平「去年の九月のこよひ、内裏にて―ありしに(=あった時に)」

発展「菊の宴」の由来

「菊の宴」の由来は、中国の六朝のころ、恒景という人が、陰暦九月九日に茱萸(=植物の名)の実を身につけて山に登り、菊酒を飲んで、災いをのがれたところにあるという。その後、菊の花には寿命をのばす効能があるとされ、酒に浮かべて飲む習わしが起こった。また、この日、女性たちの間では、菊にかぶせた綿で身をぬぐう「菊の綿」「菊の着せ綿」という風習も行われた。

きくのかや… 俳句

秋 菊の香や‖奈良には古き仏達　〈笈日記・芭蕉〉

訳(折しも陰暦九月九日、菊の節句ともいわれる重陽の節句なので)あたりは菊の香がいっぱいである。さすがに古都奈良にふさわしく、寺々には古い仏像が立ち並んでいらっしゃることだ(菊の香とともにその尊さが香りたつようである)。(菊秋。切れ字は「や」)

きく-の-さけ【菊の酒】陰暦九月九日の重陽の節句に、杯に菊の花を浮かべ不老長寿を祈って飲む酒。菊酒。秋

きく-の-つゆ【菊の露】菊の花の上においた露。飲むと長生きするとされた。紫式部日記「―若ゆばかりに袖ぬれて花のあるじに千代はゆづらむ」訳(いただいた着せ綿の)菊の露に、私は(ほんの少し)若やぐ程度にだけ袖が濡れるようにして、花の持ち主であるあなたに千代の寿命はゆずろう。

きく-の-わた【菊の綿】菊の花にかぶせてその露と香りを移した綿。陰暦九月九日の重陽の節句に、これで身をぬぐうと長寿を保つといわれた。「菊の着せ綿」「着せ綿」とも。

き-くわい【奇怪】(形動ナリ){なら・なり(に)・なり・なる・なれ・なれ} 「きっくわい」とも。❶不思議だ。怪しい。今昔 二七・一六「ここにはいかなる人の入りおはしたるぞ。いと―・なる体ことなり」訳 ここにはどのような人がお入りになっているのだ。まことに怪しいことだ。❷けしからぬさま。ふらちだ。徒然 二三六「さがなき童べどもの仕つかまつりける、―・に用候ふことなり」訳 いたずらな子供たちがいたしたことで、けしからんことであります。

義経記(ぎけいき)『作品名』室町前期の軍記物語。作者未詳。源義経の幼少期と、頼朝に追放された悲境の晩年を中心に、同情的に描いている。

き-げつ【忌月】(名)「きづき」に同じ。

き-げん【機嫌】(名)❶《仏教語》世の人がそしりきらうこと。

❷時機。しおどき。徒然 一五五「世に従はん人は、まづ―を知るべし」訳 世間にさからわずに生きていこうとする人は、何よりも(物事の)しおどきを知らなければならない。❸ようす。事情。〔義経記〕「京の―をぞ窺(うかが)ひける」訳 京のようすをうかがった。❹他人の意向・思わく。〔十訓〕六「然(しか)れば―をはばかりて、やはらかに諫(いさ)むべし」訳 だから相手の思わくを推しはかって、やんわりと意見するのがよい。❺気分。気持ち。また、気分のよいこと。

きげん-を-はから-ず【機嫌を測らず】時機・都合のよしあしにかかわらない。徒然 一五五「ただし、病(やまひ)を受け、子生み、死ぬることのみ、―・ず(終)」訳 ただし、病気になり、子を産み、死ぬことだけは、時機に無関係である。

き-ご【季語】(名)連歌や俳諧で、春夏秋冬の季節感を表すため、特にその季節の語として詠み込むように定めた語。季のことば。季ことば。季題。⇩付録「和歌・俳句修辞解説」

きこうでん【乞巧奠】⇩きかうでん

きこえ

きこえ【聞こえ】(名)〔下二段動詞「聞こゆ」の連用形から〕うわさ。評判。外聞。徒然 一五〇「天下の物の上手(じやうず)といへども、はじめは不堪(ふかん)の―もあり」訳 世間で有名な芸能の名人といっても、初めのうちは未熟であるという評判もあり。

きこえ-【聞こえ】(他ヤ下二連用形)(動詞の上に付いて)「言ひ」の謙譲の意を表す。言い…申しあげる。源氏 若紫「うち泣きつつ―続くる(体)に」訳 (少納言が尼君の臨終のようすを)泣きながら言い続け申しあげるので。文法「聞こえ続く」は複合動詞「言ひ続く」の謙譲語で「言ひ続け聞こゆ」にあたる。

【例語】聞こえ合はす・聞こえ置く・聞こえ交はす・聞こえ返す・聞こえ定む(=言い定め申しあげる)・聞こえ継ぐ・聞こえ漏らす(=言い漏らし申しあげる)

慣用表現「評判」を表す表現

《評判》音・音聞き・覚え・高名(かうみやう)・聞き・聞こえ・口・外聞・言(こと)・沙汰・人口・名・人聞き・人の口・響き・浮説(ふせつ)・名聞(みやうもん)・物の聞こえ・諸口(もろくち)・世語り・世の覚え・世の聞こえ・世の中

《評判になる・評判を立てる》言ひ立つ・音に聞く・口に乗る・騒ぐ・名に負ふ・名を立つ・名を取る・名を流す・罵(ののし)る・響く・世を響かす

ポイント「評判」を表す慣用表現には、「音」「口」「名」「聞く」などを用いた表現が多い。

きこえ-あは・す【聞こえ合はす】(他サ下二)(せ・せ・す・する・すれ・せよ)「言ひ合はす」の謙譲語。互いに申し上げ合う。親しくご相談申しあげる。大鏡 序「むかしの人に対面(たいめ)して、いかで世の中の見聞くことをも―・せ(未)む」訳 昔なじみの人に会って、なんとかして世の中の(今まで)見聞きすることについても互いに申し上げ合いたい。

きこえ-あ・ふ【聞こえ合ふ】(他ハ四)(は・ひ・ふ・ふ・へ・へ)「言ひ合ふ」の謙譲語。口々に申し上げる。源氏 若紫「『この世のものともおぼえ給はず』と―・へ(已)り」訳 (尼君たちは)「(光源氏は)この世の人とも思われなさらない」と口々に申し上げている。

きこえ-いだ・す【聞こえ出だす】(他サ四)(さ・し・す・す・せ・せ)「言ひ出だす」の謙譲語。(部屋の御簾(みす)などの内から外にいる人に)申し上げる。源氏 宿木「あま君は、この殿の御方にも、御消息(せうそこ)―・し(用)たりけれど」訳 尼君は、この殿(=薫(かをる))のお部屋の方にも、(女房を通じて)ごあいさつを申し上げたけれど。

参考 外にいる人が内にいる人より身分が高い場合に使う。当時の風習からして中にいる人は女性である。

きこえ-い・づ【聞こえ出づ】■一(自ダ下二)(で・で・づ・づる・づれ・でよ)〔「聞こえ」はうわさや評判になる意〕外部にもれ聞こえる。世間のうわさになる。源氏 胡蝶「おとどの君も、わざと思(おぼ)しあがめ聞こえ給ふ御気色(けしき)など、みな世に―・で(用)て」訳 (玉鬘(たまかずら)を)大臣の君(=光源氏)も特別にお思いになりたいせつにし申しあげなさるごようすなどが、みな世間にもれ聞こえて。
■二(他ダ下二)(で・で・づ・づる・づれ・でよ)「言ひ出づ」の謙譲語。(思っていることを)申し上げる。(返事などを)申し上げる。源氏 桐壺「はかなく―・づる(体)言(こと)の葉も」訳 ちょっと(桐壺帝に)申し上げることばでも。

きこえ-いな・ぶ【聞こえ否ぶ】(他バ上二)(び・び・ぶ・ぶる・ぶれ・びよ)「言ひ否ぶ」の謙譲語。ご辞退申しあげる。反対し申しあげる。源氏 若菜上「心苦しくて、え―・び(未)ずなりにしを」訳 気の毒で、ご辞退申しあげられなくなってしまったことを。

きこえ-お・く【聞こえ置く】(他カ四)(か・き・く・く・け・け)「言ひ置く」の謙譲語。(遺言や頼みごとなどを)前もって申し上げておく。蜻蛉 上「これ掘り分かたせ給はば、すこし給はらむ」と―・き(用)てしを」訳「これ(=芒(すすき))を株分けなさるなら、少しいただきたい」と前もって申し上げておいたが。

きこえ-かか・る【聞こえ掛かる】(自ラ四)(ら・り・る・る・れ・れ)「言ひ掛かる」の謙譲語。言い寄り申しあげる。話しかけ申しあげる。源氏 夕顔「さして―・れ(已)る心のにくからず」訳 (光源氏をその人と)目ざして(歌を)詠みかけ申しあげた心が感じがよく。

きこえ-か・く【聞こえ掛く】(他カ下二)(け・け・く・くる・くれ・けよ)「言ひ掛く」の謙譲語。ことばをおかけ申しあげる。枕 三三「人して、『五千人のうちには入らせ給はぬやうあらじ』と―・け(用)て帰りにき」訳 人づてに、「(あなたも)五千人の(増上慢=悟りを得たとしておごり高ぶる人の)中にお入りになられないことはないだろう」とことばをおかけ申しあげて帰ってしまった。

きこえ-かは・す【聞こえ交はす】(他サ四)(さ・し・す・す・せ・せ)「言ひ交はす」の謙譲語。互いに申し上げあう。手紙を差し上げたりいただいたりする。竹取 御門の求婚「御返りさすがに憎からず―・し(用)給ひて」訳 ご返事はそう(=帝(みかど)の仰せに背いたと)はいうもののやはり情愛こまやかにやりとり申しあげなさって。

きこえ-かへ・す【聞こえ返す】(他サ四)(さ・し・す・す・せ・せ)「言ひ返す」の謙譲語。❶ご辞退申しあげる。源氏 関屋「すさびごとぞ用なきことと思へど、えこそすくよかに―・さ(未)ね」訳 (男女の)慰みごとは何の役にも立たないことと思うけれども、(光源氏に対して)とてもそっけなくご辞退申しあげられない。❷反対し申しあげる。源氏 藤袴「かのおとどのかくし給へることを、いかがは―・す(終)べからむ」訳 あの大臣(=光源氏)がこのように(取りしきり)なさったことを、どうして反対し申しあげられようか(いや、できはしない)。

❸お答え申しあげる。ご返答申しあげる。枕 一八四「御いらへを、いささか恥づかしとも思ひたらず―・し用」訳(大納言殿＝伊周への)ご返事を、少しも恥ずかしいとも思っていないでお答え申しあげ。

きこえ-かよ・ふ カヨウ【聞こえ通ふ】(他ハ四){は・ひ・ふ・ふ・へ・へ}「言ひ通ふ」の謙譲語。ご相談申しあげる。ご交際申しあげる。お便りを差し上げる。源氏 朝顔「とある事かかる折につけて、なにごとも―・ひ用しに」訳(私＝光源氏は)事あるごと折あるごとに、何事も(藤壺に)ご相談申しあげたが。

きこえ-ご・つ【聞こえごつ】(他タ四){た・ち・つ・つ・て・て}聞こえよがしに申し上げる。枕 七四「『雨降りぬべし』など―・つ体もいとにくし」訳「雨が降ってきそうだ」などと聞こえよがしに申し上げるのも実に不快だ。

← 「きこえさす」(次項(1)~(4))の識別ガイド
きこえさす(1)→(他サ四)〔「言ひ止す」の謙譲〕**申し上げるのを途中でやめる**
きこえさす(2)→(他サ下二)〔謙譲〕**申し上げる・(手紙などを)差し上げる**
きこえさす(3)→(補動サ下二)〔謙譲〕**お…申しあげる・…して差しあげる**
きこえさす(4)→〔「聞こゆ」＋使役の「さす」〕**申し上げさせる**

きこえ-さ・す(1)【聞こえ止す】(他サ四){さ・し・す・す・せ・せ}〔「さす」は、中途でやめる意の接尾語〕「言ひ止す」の謙譲語。申し上げるのを途中でやめる。源氏 玉鬘「人々参れば―・し用つ」訳(右近は)人々が参上したので、(光源氏に)申し上げるのを途中でやめた。

きこえ-さ・す(2)【聞こえさす】(他サ下二){せ・せ・す・する・すれ・せよ}〔謙譲の下二段動詞「聞こゆ」の未然形「きこえ」に使役の助動詞「さす」の付いたもの〕「言ふ」の謙譲語。**申し上げる**。(手紙などを)**差し上げる**。源氏 末摘花「あやしきことの侍るを、―・せ未ざらむもひがひがしう思ひ給へわづらひて」訳風変わりなことがございますが、申し上げないとしたらそれもひねくれているようで、思い悩みまして。文法「ざらむも」の「む」は、仮定・婉曲の助動詞。「思ひ給へ」の「給へ」は、下二段活用の謙譲の補助動詞。⇩宣はす「敬語ガイド」

語法「聞こゆ」に比べて謙譲の意が強い。同じ形でも、本来の使役の意味が残って「だれかに、申し上げさせる」意の場合と、「さす」が接尾語で「申し上げるのを途中でやめる」意の場合とがあるので、注意が必要である。

きこえ-さ・す(3)【聞こえさす】(補動サ下二){せ・せ・す・する・すれ・せよ}〔下二段動詞「聞こえさす」から〕(動詞の連用形に付いて)謙譲の意を表す。**お…申しあげる**。…して差しあげる。枕 八三「ありつることのさま、語り―・すれ已ば」訳さっきのことのようすを、(中宮に)お話し申しあげると。→聞こえさす(他サ下二)語法

きこえ-さ・す(4)【聞こえさす】申し上げさせる。源氏 若紫「かの祖母に語らひ侍りてきこえさせ未む」訳あの(若紫の)祖母に相談しまして、(祖母から)申し上げさせよう。

なりたち 下二段動詞「聞こゆ」の未然形「きこえ」＋使役の助動詞「さす」

注意 一語の動詞「聞こえさす」と混同しないこと。

きこえ-させ-たま・ふ タマ(モ)ウ【聞こえさせ給ふ】■一〔「聞こゆ」が動詞の場合〕❶〔「聞こえさせ」(「させ」は使役の助動詞「さす」の連用形で、謙譲を強める働きもする)＋「給ふ」〕㋐(だれかを介して)申し上げさせなさる。源氏 若菜下「聞こしめしおきて、桐壺の御方よりつたへて、―・ひ用ければ」訳(春宮は柏木の話を)聞きとどめ置かれて、桐壺の女御(＝明石の姫君)を通じて、(その猫をほしいと女三の宮に)申し上げさせなさったので。㋑申し上げなさる。源氏 賢木「宮は、春宮を飽かず思ひ聞こえ給ひて、よろづの事を―・へ已ど」訳(藤壺の宮は春宮(との別れ)をなごり惜しくお思い申しあげなさって、さまざまのことを申し上げなさるけれども。❷〔「聞こえ」＋「させ給ふ」(「させ」は尊敬の助動詞「さす」の連用形で、敬意を強める働きをする。「させ給ふ」は強い尊敬を表し、尊敬の対象は、帝・皇后・皇族などであることが多く、時によっては、関白などの最高位の者の場合もある)〕お申し上げあそばす。枕 二七八「御前に居させ給ひて、ものなど―・ふ終」訳(関白道隆が)中宮の御前にお座りになられて、話などお申し上げあそばす。

■二〔「聞こゆ」が補助動詞の場合〕❶㋐(だれかを介して)お…申しあげさせなさる。源氏 若菜上「かの弁してぞかつがつ案内つたへ―・ひ用ける」訳(朱雀院は)あの左中弁を使いとして、(光源氏に)とりあえず(おぼし召しの)おもむきをお伝え申しあげさせなさったのであった。㋑お…申しあげになる。源氏 若菜上「母女御も添ひ―・ひ用てまゐり給へり」訳(春宮の)母の(承香殿の)女御も(春宮に)お付き添い申しあげになって参内なさった。❷お…申しあげあそばす。源氏 桐壺「この御方の御いさめをのみぞなほわづらはしう心苦しう思ひ―・ひ用ける」訳このお方(＝弘徽殿の女御)のご意見だけを、(桐壺帝は)やはり遠慮されて、気の毒だとお思い申しあげあそばすのであった。

なりたち 謙譲の下二段動詞、または補助動詞「聞こゆ」の未然形「きこえ」＋助動詞「さす」の連用形「させ」＋尊敬の補助動詞「給ふ」

参考 「聞こえさせ給ふ」は二人の人物を同時に敬う言い方で、現代語ではあまり使われない、古文特有の敬語表現である。■一②の「枕草子」の用例は、中宮と道隆が同時に高められている例である。「居させ給ひて」によって道隆を高め、「聞こえ」によってその動作を受ける中宮を高め、さらに「させ給ふ」によって道隆を高めている。このような敬語表現は、動作をする人と受ける人がともに身分が高い場合に用いられる。■一■二ともに、①の㋐と㋑の用法の識別のはっきりしない用例が多い。その人物が「給ふ」で待遇されるか「せ給ふ・させ給ふ」で待遇されるかを見きわめて判断する以外にない。

きこえ-しら・す【聞こえ知らす】(他サ下二){せ・せ・す・する・すれ・せよ}「言ひ知らす」の謙譲語。言い聞かせ申しあげる。説明申しあげる。源氏 若紫「僧都、世の常なき御物語、後の世のことなど―・せ用給ふ」訳僧都は、人の世の無常についてのご法話や、後世のことなどを

（光源氏に）お聞かせ申しあげなさる。

きこえ-つ・く【聞こえ付く】「言ひ付く」の謙譲語。一（自カ四）{か・き・く・く・け・け}意中を申し上げて近づく。〔うつほ〕嵯峨の院「仲忠(なかただ)、あて宮にいかで―・か(未)むと思ふ心ありて」訳 仲忠は、あて宮にどうにかして意中を申し上げて近づこうと思う気持ちがあって。
二（他カ下二）{け・け・く・くる・くれ・けよ}ご依頼申しあげる。お言いつけ申しあげる。源氏 桐壺「『なめしと思(おぼ)さで、らうたくし給へ。…』など―・け(用)給へれば」訳（桐壺帝は藤壺(ふじつぼ)に）「（光源氏があなたに馴れ親しむのを）無礼だとお思いにならないで、かわいがってやってください。…」などとお頼み申しあげなさったので。

きこえ-つ・ぐ【聞こえ継ぐ】（他ガ四）{が・ぎ・ぐ・ぐ・げ・げ}「言ひ継ぐ」の謙譲語。お取りつぎ申しあげる。お耳に達するようにお伝えする。源氏 葵「ところどころの御とぶらひの使ひなど立ち込みたれど、え―・が(未)ず」訳（左大臣邸には）方々からの御弔問の使者などが立て込んでいるが、（主人に）お取りつぎ申しあげることができず。

きこえ-つた・ふ【聞こえ伝ふ】(ツタウ)（他ハ下二）{へ・へ・ふ・ふる・ふれ・へよ}「言ひ伝ふ」の謙譲語。自分の意向をお伝え申しあげる。他の人の意向をお取りつぎ申しあげる。源氏 賢木「命婦(みやうぶ)して―・へ(用)給ふ」訳（藤壺(ふじつぼ)は命婦を介して（光源氏に）気持ちをお伝え申しあげなさる。

きこえ-な・す【聞こえ做す】（他サ四）{さ・し・す・す・せ・せ}「言ひ做す」の謙譲語。とりつくろって申し上げる。わざと申し上げる。〔和泉式部日記〕「『…さきざきはいつかは』など、はかなきことに―・す(体)ほどに、夜もやうやうふけぬ」訳「…将来とはいつのことか」などと、とりとめもないことにとりつくろって申し上げるうちに、夜もしだいにふけてきた。

きこえ-ぬ【聞こえぬ】わけがわからない。道理がとおらない。納得できない。徒然 一五六「―事ども言ひつつ、よろめきたる、いとかはゆし」訳（年老いた法師が）わけのわからないことをいろいろと言っては、よろめいているのは、とてもいたましい。
なりたち 下二段動詞「聞こゆ」の未然形「きこえ」＋打消の助動詞「ず」の連体形「ぬ」

きこえ-や・る【聞こえ遣る】（他ラ四）{ら・り・る・る・れ・れ}「言ひ遣る」の謙譲語。❶すべて申し上げる。残りなく申し上げる。源氏 桐壺「言(こと)に出(い)でても―・ら(未)ず」訳（桐壺の更衣がことばに出しても（桐壺帝に）すっかり申し上げず。
❷納得がいくように、十分ご説明申しあげる。源氏 若紫「宮の渡らせ給はむには、いかさまにか―・ら(未)む」訳 宮（＝兵部卿(ひやうぶきやう)の宮）がこちらにおいでになられるとしたらそのときには、どのようにご説明申しあげようか。
❸ことばや消息を先方にお伝え申しあげる。〔浜松中納言物語〕「中々とかくも―・る(終)べき方なければ」訳 なまじっかどうこうとも（使いをもって）お伝え申しあげるのに適切な手段もないので。

きこしめし-【聞こし召し】（他サ四連用形）動詞の上に付いて「聞き」の尊敬の意を表す。お聞き…になる。聞き…なさる。源氏 橋姫「―伝ふる(体)ことも侍らむ」訳（あなた＝薫(かをる)もうわさに）聞き伝えなさることもありましょう。文法「聞こし召し伝ふ」は複合動詞「聞き伝ふ」の尊敬語。
【例語】聞こし召し明らむ（＝お聞きになってはっきりさせる）・聞こし召し合はす・聞こし召し出(い)づ（＝聞き出しなさる）・聞こし召し入る・聞こし召し疎(うと)む（＝お聞きになっていやがる）・聞こし召し置く・聞こし召し驚く・聞こし召し知る・聞こし召し過(す)ぐす（＝お聞き過ごしになる）・聞こし召し付く

きこしめし-あは・す【聞こし召し合はす】(アワス)（他サ下二）{せ・せ・す・する・すれ・せよ}「聞き合はす」の尊敬語。お聞きになって参考になさる。大鏡 序「奏することを―・せ(用)て、世の政(まつりごと)は行はせ給ひければ」訳（昔、賢明な帝(みかど)は老人たちが奏上することをお聞きになりそれを参考になさって、国家の政治は行いなされた。

きこしめし-い・る【聞こし召し入る】（他ラ下二）{れ・れ・る・るる・るれ・れよ}❶「聞き入る」の尊敬語。お聞き入れになる。同意なさる。源氏 宿木「何事ももとのままにて、奏せさせ給ふことなどは、必ず―・れ(用)」訳 何事も（出家以前の）昔のままで、（女二の宮が）御奏上なさることなどは、（今上帝は）必ずお聞き入れになり、
❷「食ふ」「飲む」の尊敬語。お召し上がりになる。お飲みになる。〔栄花〕とりべ野「御湯など参らするに―・るる(体)やうにもあらねば」訳 御薬湯を差し上げるのに、（定子は）お召し上がりになる様子でもないので。

きこしめし-お・く【聞こし召し置く】（他カ四）{か・き・く・く・け・け}「聞き置く」の尊敬語。聞いて心におとめになる。枕 二七七「これは―・き(用)たることのありしかばなむ」訳 これ（＝りっぱな紙二十枚）は、（中宮が以前話に）聞いて心におとめになったことがあったので（贈るのです）。

きこしめし-つ・く【聞こし召し付く】（他カ下二）{け・け・く・くる・くれ・けよ}「聞き付く」の尊敬語。お聞きつけになる。伊勢 六五「帝(みかど)―・け(用)て、この男をば流しつかはしてければ」訳 帝がお聞きつけになって、この男を流罪に処してしまったので。

きこし-め・す【聞こし召す】（他サ四）{さ・し・す・す・せ・せ}［尊敬の四段動詞「聞こす」の連用形「きこし」に尊敬の四段補助動詞「めす」が付いたもの］❶「聞く」の尊敬語。お聞きになる。枕 九「わらひののしるを、うへにも―・し(用)てわたりおはしましたり」訳（女房たちが笑いさわぐのを、天皇におかれてもお聞きになって（定子皇后のお部屋に）お越しになった。⇩聞こす「敬語ガイド」
❷「聞き入る」の尊敬語。お聞き入れになる。ご承知なさる。源氏 行幸「ここにせちに申さむことは、―・さ(未)ぬやうあらざらまし」訳 私（＝内大臣）がぜひにとお願い申し上げるようなこと（＝近江(あふみ)の君の入内(じゆだい)）は、（冷泉(れいぜい)帝も）お聞き入れにならないわけはないだろうに。文法「申さむこと」の「む」は、仮定・婉曲(えんきよく)の助動詞。
❸「食ふ」「飲む」の尊敬語。召し上がる。お飲みになる。竹取 かぐや姫の昇天「きたなき所の物―・し(用)たれば、御心地悪(あ)しからむものぞ」訳（かぐや姫は）けがれた所（＝人間世界）の物を召し上がったので、ご気分が悪いにちがいない。⇩食(た)ぶ「敬語ガイド」
❹「治む」「行ふ」などの尊敬語。お治めになる。なさる。万葉 二・一九九「やすみしわが大君の―・す(体)背面(そとも)の国の」訳 わが天皇がお治めになる北方の国の。〔「やすみしし」は「わが大君」にかかる枕詞〕

〔参考〕高い敬意を表し、多く天皇・皇后などの動作に用いられる。また、「聞き入る→聞こし召し入る」「聞き置く→聞こし召し置く」「聞き付く→聞こし召し付く」のような複合語をつくる。→聞こし召し=

きこし-を・す【聞こし食す】(他サ四){さ・し・す・す・せ・せ}《上代語》〔尊敬の四段動詞「聞こす」の連用形「きこし」に尊敬の四段動詞「食す」の付いたもの〕「治む」の尊敬語。お治めになる。〔万葉〕五・八〇〇「天雲の向か伏す極みたにぐくのさ渡る極み—・す㊍国のまほらぞ」〔訳〕雲がなびき伏す(空の)果てまで、ひきがえるが渡り歩く(陸の)果てまで、(天皇が)お治めになる、国のすぐれた所だ。

〔参考〕「聞こし召す」と同じ意であると考えられるが、用例は「治む」意の尊敬の例しか見当たらない。

きこ・す【聞こす】《上代語》〔「聞かす」の転〕㊀(他サ四){さ・し・す・す・せ・せ}「聞く」の尊敬語。お聞きになる。〔記〕上「賢し女を有りと聞かして麗し女を有りと—・し㊊て」〔訳〕(八千矛の神は)賢い女がいるとお聞きになって、美しい女がいるとお聞きになって。

㊁(自サ四){さ・し・す・す・せ・せ}「言ふ」の尊敬語。おっしゃる。〔万葉〕二〇・四四九九「わが背子しかくし—・さ㊌ば天地の神を乞ひ祈み長くとそ思ふ」〔訳〕あなたがこうおっしゃるなら、天地の神々に乞い祈って長生きしようと思う。

〔文法〕「背子し」「かくし」の「し」は、強意の副助詞。

〔参考〕上代にだけ用いられ、以後は、さらに尊敬の動詞「召す」が付いた「聞こし召す」が用いられた。

〔敬語ガイド〕「聞く」の敬語

〔尊敬語〕(お聞きになる)　**きこしめす・きこす**

〔謙譲語〕(お聞きする・拝聴する)　**うけたまはる**

き-ことば【季言葉】(名)俳諧・連歌などで、四季を表す語として詠み込むように定めた語。季題。季語。

き-こ・む【着込む・着籠む】(他マ下二){め・め・む・むる・むれ・めよ}髪などを衣服の内に入れて着る。〔源氏〕玉鬘「卯月の単衣めく物に—・め㊊給へる髪の透き影」〔訳〕陰暦四月(=夏の初め)に着る単衣のようなものに髪を入れて着なさっている(その)髪の透けて見える姿が。

> ←「きこゆ」(次項(1)〜(3))の識別ガイド
> きこゆ(1)→(自ヤ下二)　**聞こえる・世に知られる・理解される**
> きこゆ(2)→(他ヤ下二)〔謙譲〕**申し上げる・(手紙などを)差し上げる**
> きこゆ(3)→(補動ヤ下二)〔謙譲〕**お…申しあげる・お…する**

きこ・ゆ (1)【聞こゆ】(自ヤ下二){え・え・ゆ・ゆる・ゆれ・えよ}〔四段動詞「聞く」の未然形「きか」に上代の受身・自発・可能の助動詞「ゆ」の付いた「きかゆ」の転〕❶音や声が耳にはいる。聞こえる。〔更級〕鏡のかげ「南はならびの岡の松風、いと耳近う心細く—・え㊊て」〔訳〕南(の方に)はならびの岡の松を吹く風が、たいそう耳の近くで心細く聞こえて。

❷**うわさされる。世に知られる。**〔土佐〕「これ、昔、名高く—・え㊊たるところなり」〔訳〕ここ(=渚の院)は、昔、評判たかく世間に知られた所である。

❸**理解される。わけがわかる。**判明する。〔徒然〕一七五「—・え㊌ぬことども言ひつつ、よろめきたる、いとかはゆし」〔訳〕(年老いた法師が)わけのわからないことをいろいろと言っては、よろめいているのは、とてもいたましい。

きこ・ゆ (2)【聞こゆ】(他ヤ下二){え・え・ゆ・ゆる・ゆれ・えよ}〔四段動詞「聞く」の未然形「きか」に上代の受身・自発・可能の助動詞「ゆ」の付いた「きかゆ」の転〕「言ふ」の謙譲語。**申し上げる。**(手紙などを)**差し上げる。**〔源氏〕賢木「御文ばかりぞ繁う—・え㊊給ふめる」〔訳〕(光源氏は紫の上に)お手紙だけはしきりに差し上げなさるようだ。⇩宣はす「敬語ガイド」

〔参考〕現代語では「きこゆ(1)」の①と、「世に聞こえた名門校」のように②の意だけが用いられるが、「相手に聞こえるようにする」ということから生じた「きこゆ(2)」の他動詞としての用法が中古以降、よく用いられた。なお、「きこゆ(2)」の用例は手紙についていう「申し上げる(=差し上げる)」なので、「やる」の謙譲語、「世の人光る君と**きこゆ**」〈源氏 桐壺〉は呼び名についていう「申し上げる(=お呼びする)」なので、「呼ぶ」の謙譲語とみることもある。

きこ・ゆ (3)【聞こゆ】(補動ヤ下二){え・え・ゆ・ゆる・ゆれ・えよ}〔下二段動詞「聞こゆ」から〕(動詞または動詞型活用の助動詞の連用形に付いて)謙譲の意を表す。**お…申しあげる。お…する。**〔竹取〕かぐや姫の昇天「竹の中より見つけ—・え㊊たりしかど」〔訳〕(あなた=かぐや姫を)竹の中からお見つけ申しあげたけれど。

〔参考〕中古の時代に「お…申しあげる」「お…する」の意を表す補助動詞として用いられた語に、「聞こゆ」「奉る」「参らす」「申す」などがある。「申す」は上代にも見られる表現。「参らす」は中古末期に「聞こゆ」に代わって広く用いられるようになった語。「聞こゆ」は、「思ふ」など心の働きを表す動詞に付くことが多く、「奉る」は「見る」など動作を表す動詞に付くことが多い。

きこゆる【聞こゆる】(連体)〔下二段動詞「聞こゆ」の連体形から〕有名な。名高い。評判の。〔平家〕八・妹尾最期「—剛の者、大力なりければ」〔訳〕名高い剛勇の者で、怪力の持ち主だったので。

き-こん【気根・機根】(名)❶《仏教語》人間の心の中にあって、仏の教法を聞いて修行しうる能力。❷根気。忍耐力。〔折たく柴の記〕「利根(=機転がきくこと)・—・黄金の三ごんなくしては」

きさい【后】(名)〔「きさき」のイ音便〕「きさき(后)」に同じ。

きさい-の-みや【后の宮】(名)〔「きさきのみや」のイ音便〕「后」の敬称。また、后の御殿。〔古今〕賀・詞書「貞保親王の、—の五十の賀奉りける御屏風に」〔訳〕貞保親王が、(母である)后の宮(=藤原高子)の五十の賀をして差しあげた時の御屏風に。

きさい-ばら【后腹】(名)〔「きさきばら」のイ音便〕皇后の腹から生まれること。また、その皇子・皇女。〔源氏〕紅葉賀「—の御子、玉光り輝きて」〔訳〕(藤壺は)后腹の皇女で、玉のように光り輝いて。

ぎ-さう【擬生】(名)「擬文章生」の略。平安時代、大学寮で、試験に及第した者の称。文章生に次ぐ職。〔うつほ〕国譲下「文人は博士よりはじめて…、—も召したり」〔訳〕漢詩文を作る人としては文章博士をはじめとして…、擬文章生もお招きになった。

象潟（きさかた）『地名』歌枕 今の秋田県にかほ市の地名。かつては入り江で、松島と並ぶ景勝地であった。

きさかたや… 俳句

> 象潟や　雨（あめ）に西施（せいし）が　ねぶの花（はな）　夏
> 〈おくのほそ道・象潟（きさかた）・芭蕉〉

訳 なんと魅惑的な象潟の風景よ。雨にけむる中に、あたかも(あの中国の薄幸の美人)西施が(憂いに沈み)目を閉じているような姿で、合歓（ねむ）の花が淡い紅（べに）色に咲いている。(ねぶの花 夏。切れ字は「や」)

解説 「ねぶ」は合歓の木。夜、葉を閉じるのでその名がある。ここでは西施が「眠る」と掛詞になっている。西施は中国春秋時代の美女。病む胸に手を置き、半ば目を閉じた姿が美しかったといわれる。

きさき【后】(名)「きさい」とも。天皇の夫人。主として皇后および中宮をいう。女御・更衣などをさす場合もある。古くは、皇后を特に「大后（おほきさき）」といって区別した。

き-さき【気先】(名)気勢。心がまえ。意気込み。〔去来抄〕同門評「俳諧は―を以（もっ）て無分別に作すべし」訳 俳諧は(感興の発したその)気勢でもって、理性で考えずに作るのがよい。

きさき-がね【后がね】(名)〔「がね」は、将来そうなるはずのものの意を添える接尾語〕后となるべき候補者。大鏡 道隆「女ぎみたちは―とかしづき奉り給ひしほどに」訳 女君たちは后の候補者として、大切にお世話申しあげなさっていたうちに。

きさき-ことば【后言葉】(名)皇后および中宮の使うことば。また、皇后および中宮としてふさわしい独特のことば。源氏 紅葉賀「人のみかどまで思ほしやれる、御―のかねても、とほほゑまれて」訳 (藤壺（ふじつぼ）の手紙には)外国の朝廷のことまで思い及ばれなさる、中宮としてのおことばが(まだ中宮にならない)今から早くも(現れなさっている)、と(光源氏は)自然にほほえまれて。

きざし【萌し・兆し】(名) ❶芽を出すこと。芽生え。〔紀〕神代「溟涬（ほの）にして―を含（ふふ）めり」訳 ほの暗くかすかに芽生えを含んでいた。

❷物事の起ころうとする兆候。前兆。徒然 一四六「これ既に、その危ぶみの―なり」訳 これはもう、その心配していることの前兆である。

きざ-す【萌す・兆す】(自サ四)〔さ・し・す・す・せ・せ〕❶草木が芽を出す。もえ出る。芽ぐむ。徒然 一五五「下より―・し(用)つはるに堪（た）へずして落つるなり」訳 (葉の)内部から芽ぐんで外に突き出ようとするのにたえられなくて(古い葉が)落ちるのである。

❷物事が起ころうとする。思いが生じる。源氏 梅枝「この殿のおぼし―・す(体)さまのいと殊（こと）なれば」訳 この殿(=光源氏)が(明石（あかし）の姫君の入内（じゅだい）を)お考えになり思い描き始めるようすが、まったく格別であるから。

きざ-はし【階】(名)階段。細道 全昌寺「若き僧ども紙硯（かみすずり）をかかへ、―のもとまで追ひ来（きた）る」訳 若い僧たちが紙と硯をかかえて、階段の下まで追いかけて来る。

き-さま【貴様】(代)対称の人代名詞。あなた様。おまえ。〔浮・好色一代男〕「―ゆゑに切ると文（ふみ）などに包み込みて送れば」訳 (女郎が)あなた様ゆえに髪や爪を切ると手紙などに包み込んで(客に)送ると。

参考 近世前期では目上の者に対する敬称であったが、後期に至り、同等以下の者をさしてぞんざいに言うときに用いるようになった。

きざみ【刻み】(名)❶階級。身分。源氏 帚木「下（しも）の―といふ際（きは）になれば、殊（こと）に耳たたずかし」訳 下流の階級という身分になると、格別耳にもとまらないよ。

❷とき。おり。場合。宇治 四・三「年老い、やまひして、死ぬる―になりて」訳 (別当僧都（そうづ）は)年をとり、病気をして、死ぬときになって。

象山（きさやま）『地名』歌枕 今の奈良県吉野（よしの）郡にある山。ここを過ぎて吉野川に入る流れを「象（きさ）の小川」という。

きさらぎ【如月・二月】(名)陰暦二月の称。春。竹取 蓬萊の玉の枝「―の十日ごろに、難波（なには）より舟に乗りて」訳 陰暦二月の十日ごろに、難波から舟に乗って。

きし【岸】(名)❶陸地が川・湖・海などの水に接する所。❷岩や地面の切り立った所。がけ。細道 立石寺「―をめぐり岩を這（は）ひて仏閣を拝し」訳 がけのふちをめぐり岩の上を這って仏殿に参拝し。

きじ【雉・雉子】(名)「きぎし」「きぎす」とも。日本特産の鳥の名。じ。春。⇨巻頭カラーページ8

き-し-かげ【岸陰】(名)岸辺の、陰になっている所。

き-し-かた【来し方】❶過ぎ去った時。過去。源氏 夕顔「右近（うこん）、艶なる心地して、―のことなども、人知れず思ひ出（い）でけり」訳 右近は、なまめかしい気持ちがして、(頭の中将が夕顔に通って来た)昔のことなどを、ひそかに思い出すのだった。⇨古（いにしへ）「慣用表現」

❷通り過ぎて来た方向。また、その所。蜻蛉 中「―を見やれば…船どもを岸にならべ寄せつつあるぞいとをかしき」訳 通って来たほうをながめやると…多くの船を岸辺にそれぞれ並べ寄せてあるのがとてもおもしろい。(→来（こ）し方（かた）参考)

なりたち カ変動詞「来（く）」の連用形「き」＋過去の助動詞「き」の連体形「し」＋名詞「方（かた）」

きしかた-ゆくさき【来し方行く先】「きしかたゆくすゑ」に同じ。源氏 賢木「―おぼし続けられて、心よわく泣き給ひぬ」訳 過去や将来を思い続けなさらずにはいられなくて、(光源氏は)心弱くお泣きになった。

きしかた-ゆくすゑ（クスエ）【来し方行く末】❶過ぎて来た方向とこれから行く先。竹取 蓬萊の玉の枝「ある時には、―も知らず、海にまぎれむとしき」訳 ある時には、来た方向も行く先もわからず、海にまぎれこもうとした(=行方不明になるところだった)。

❷過去と未来。源氏 桐壺「―思（おぼ）し召されず、よろづのことを泣く泣く契りのたまはすれど」訳 (桐壺帝は)過去のことも未来のこともお考えになれず、あらん限りのことを泣きながら約束しおっしゃるけれど。

きし-の-ひたひ（ヒタイ）【岸の額】(人の額にたとえて)岸の突き出た所。枕 六六「あやふ草は、―に生ふらむも、げに頼もしからず」訳 あやう草は、岸の突き出た所に生えるとかいうのも、(その名のとおり)なるほど安心できない感じがする。

きし・む【軋む】(自マ四)〔ま・み・む・む・め・め〕〔擬声語「きし」に接尾語「む」の付いたもの〕(物がすれ合って)きしきし音を立

てる。きしる。枕 二六「墨の中に、石のきしきしと―・み(用)鳴りたる」訳 墨の中で、石が(交じっていて、磨ると)きしきしときしんで音を立てているのは不快だ。

きし-め-く【軋めく】(自カ四){か・き・く・く・け・け}〔擬声語「きし」に接尾語「めく」の付いたもの〕きしきしと鳴る。枕 二六「―・く(体)車に乗りてありく者」訳 きしきしと鳴る牛車に乗って出歩く人(は不快だ)。

き-しゃう ―ショウ【起請】(名)❶物事を発議し、その実行を主君や上級者に請い願うこと。また、その文書。
❷神仏に誓いを立てて、それに背けば罰をうける旨を記すこと。また、その文書。起請文。誓紙。〔義経記〕「偽り申さぬ由を―を書きて参らせければ」訳 嘘を申さない(という)旨の誓紙を書いて差し上げたので。

きしゃう-もん キショウ―【起請文】(名)「起請②」を記した文書。誓紙。徒然 二〇五「いにしへの聖代、すべて―につきて行はるる政はなきを」訳 昔のすぐれた帝の御代には、いっさい起請文(の形式)に従って行われる政治はないけれど。

きしゅん-らく【喜春楽】(名)雅楽の曲名。黄鐘調の唐楽。四人で舞う。

き-しょく【気色】(名)「きそく」とも。❶気持ちが顔に表れること。顔色。平家 三・足摺「入道相国の―をもうかがうて、迎へに人を奉らん」訳 入道相国(=平清盛)の顔色をもうかがって、迎えに人を差し上げよう。
❷(「御気色」の形で)おぼしめし。意向。平家 一〇・内裏女房「しからば屋島へ帰さるべしとの御―で候ふ」訳 そうしたら屋島へ帰されるであろうとの(後白河法皇の)御意向でございます。
❸気分。特に、気分のすぐれない状態についていう。また、病状。〔狂・武悪〕「―もだんだん快うござるによって」訳 気分もしだいによくなっていますので。
参考「気色」の呉音読みは「けしき」、漢音読みは「きしょく」。「けしき」は平安時代の仮名文に多く使われたが、「きしょく」は平安末期から使われはじめた。「けしき」が外に現れたようすを広くいう語であるのに対して、「きしょく」は語義が狭く、多く気持ちについていう。

きし-る【軋る】■一(自ラ四){ら・り・る・る・れ・れ}「きしむ」に同じ。
■二(他ラ四){ら・り・る・る・れ・れ}❶すれ合うようにする。こすれ合うようにする。〔義経記〕「思ひのほかに法眼にむずと膝を―・り(用)てぞゐたりける」訳 (義経は)意外にも法眼(=人名)にむんずと膝をつき合わせるようにして座っていた。
❷(鼠などが)物をかじる。かむ。〔三冊子〕「須磨のねずみの舟(=舟板)―・る(体)音」

きしろ-ふ キシロウ【軋ろふ・競ろふ】(自ハ四){は・ひ・ふ・ふ・へ・へ}〔四段動詞「軋る」の未然形「きしら」に上代の反復・継続の助動詞「ふ」の付いた「きしらふ」の転〕競う。競争する。枕 一八五「―・ふ(体)たびの蔵人に子なしたる人のけしき」訳 (得意そうなものは)競争する(者が多い)時の蔵人にわが子を任官させた人のようす。

き-しん【鬼神】(名)〔「鬼」は死者の霊魂、「神」は天地の神霊の意〕天地万物の霊魂。古今 真名序「天地を動かし、―を感ぜしめ」訳 (和歌は)天地を動かし、万物の霊魂を感激させ。

き-しん【寄進】(名・他サ変)神社や寺に金品を寄付すること。奉納。細道 塩釜明神「かね(=鉄)の戸びらの面に『文治三年和泉三郎―』と有り」

き-じん【鬼神】(名)❶超人間的な力をもつ、目に見えないもの。神霊。平家 九・坂落「大方人のしわざとは見えず。ただ―の所為とぞ見えたりける」訳 まったく人間わざとは思われない。ただもう人間の力を超えたなにものかの所業と見えた。
❷鬼。〔謡・羅生門〕「かくて―は、怒りをなして、持ちたる兜を、かっぱと投げ捨て」訳 こうして鬼は、怒り狂って、持っていた兜を、がばっと投げ捨てて。

ぎ-しん【義臣】(名)忠義な家臣。忠実な家来。細道 平泉「さても―すぐってこの城にこもり、功名一時のくさむらとなる」訳 それにしても義経が忠義の臣をえりすぐってこの(高館の)城に立てこもり、(奮戦した)手柄もただ一時の(夢と消えて跡は)草原となっている。

き-す【帰す】(自サ変){せ・し・す・する・すれ・せよ}❶最後に、ある一つのところに落ち着く。帰着する。平家 一〇・戒文「責め一人に―・す(終)とかや申し候ふなれば」訳 責任は(大将軍)一人に帰着するとか申しているそうですから。
❷従う。帰服する。また、帰依する。平家 七・平家山門連署「久しく法相大乗の宗を―・す(終)」訳 (藤原氏は)長く法相宗の広大な教えに帰依する。

き-す【着す・著す】(他サ下二){せ・せ・す・する・すれ・せよ}着せる。身につけさせる。竹取 かぐや姫の昇天「ふと天の羽衣うち―・せ(用)奉りつれば」訳 さっと天の羽衣を(かぐや姫に)お着せ申しあげてしまったので。

き-す【期す】(他サ変){せ・し・す・する・すれ・せよ}❶(時刻や期限を)とり決める。前もって定める。枕 一三五「月秋と―・し(用)て身いづくか」訳 月は秋と時をとり決めて(秋が来れば清らかに照り輝くが、かつて月を賞したあの人の)身はどこに(あるの)か(すでにこの世にない)。
❷約束する。誓う。枕 一三七「殿上にて言ひ―・し(用)つる本意もなくては」訳 殿上の間で口に出して約束した(その)本来の目的もとげないのに。

きず【疵・瑕】(名)❶物のこわれ損じたところ。皮膚の破れ損じたところ。きず。源氏 帚木「かかる―さへつきぬれば、いよいよ交じらひをすべきにもあらず」訳 (指に、女にかまれた)こんな傷までもついてしまったので、いよいよ宮仕えのできるものでもない。
❷(人の行為・容貌・性質などの)不完全なところ。欠点。あら。源氏 紅葉賀「人の御ありさまの、かたほに、そのことの飽かぬとおぼゆる―もなし」訳 女君(=葵上)のごようすで、不完全で、そのことが満足できないことだと感じられる欠点もない。
❸恥。不名誉。平家 九・木曽最期「最期の時不覚しつれば、長き―にて候ふなり」訳 死に臨む時に不覚をとってしまうと、末永い不名誉なのでございます。

き-すぐ【生直】(形動ナリ){なら・なり(に)・なり・なる・なれ・なれ}「きすく」とも。飾りけのないさま。きまじめなさま。源氏 真木柱「―・に(用)書き給へり」訳 (鬚黒は)きまじめにお書きになっている。

きずな【絆】⇩きづな

きす-む【蔵む】(他マ四){ま・み・む・む・め・め}大切にしまう。隠しもつ。万葉 三・四一二「頂に―・め(已)る玉は二つ無し」訳 頭の上に秘蔵している玉は二つとない。

きず-を-もと-む【疵を求む】ことさらに人の欠点や過失をさがし求める。源氏 桐壺「貶しめ―・め(用)給ふ人はおほく」訳（桐壺の更衣を）さげすみ欠点をさがしなさる人は多く。

き-せい【祈誓】（名・自サ変）神仏に祈って、誓いを立てること。願立て。〔浮・世間胸算用〕「心々に諸神に—をかける」訳それぞれ心の中で諸神に誓いを立てた。

ぎ-せい【義勢・擬勢】（名）❶見せかけの威勢。虚勢。平家二・西光被斬「—ばかりではこの謀反かなふべうも見えざりしかば」訳見せかけの威勢だけではこの謀反は成功しそうにも思われなかったので。❷意気込み。気力。〔太平記〕八「皆ただあきれ迷へるばかりにて、さしたる—もなかりけり」訳皆ただ途方にくれて迷っているばかりで、さほどの意気込みもなかった。

其磧（きせき）『人名』→江島其磧

きせ-なが【着背長・着せ長】（名）大将などが着用する正式の大鎧。平家九・木曾最期「なにによってか一領の御—を重うはおぼしめし候ふべき」訳どういうわけで一領の御着背長を重いとはお思いになることがありましょうか。

きせ-わた【着せ綿・被せ綿】（名）「きくのわた」に同じ。

喜撰（きせん）『人名』（生没年未詳）平安前期の歌人。六歌仙の一人。別名醍醐法師。歌学書「喜撰式」の著者といわれる。伝記不明で、「古今集」に入集した一首だけが現存する。「小倉百人一首」に入集。

木曾（きそ）『地名』歌枕今の長野県南西部、木曾川上流の地域。畿内と関東とを結ぶ重要な交通路をなす。

きぞ【昨・昨夜】（名）「きそ」とも。昨夜。ゆうべ。万葉一四・三五六三「吾をか待つなも—も今夜も」訳（あなたは）私を待っているだろうか、ゆうべも今夜も。

きそう【着襲う・着装う】⇩きそふ

き-そく【気色】（名）「きしょく」に同じ。徒然一五二「『あなたふとの気色や』とて、信仰の—ありければ」訳「ああ、尊いようすよ」と言って、信仰の表情があったので。

き-そ-ふソウ【着襲ふ・着装ふ】（他ハ四）｛は・ひ・ふ・ふ・へ・へ｝衣服を重ねて着る。万葉五・八九二「布肩衣ありのことごと—・へ㊁ども寒き夜すらを」訳→かぜまじり…和歌

木曾義仲（きそよしなか）『人名』（一一五四〜一一八四）平安末期の武将。源頼朝の従弟。本姓は源。幼時、木曾山中で隠し育てられ、木曾義仲と呼ばれた。治承四年（一一八〇）以仁王の令旨を奉じて挙兵し、平家方を破って京都に入り、朝日将軍と称された。同年、源範頼・義経の軍と戦って近江（滋賀県）の粟津で敗死した。

きた【北】（名）❶方角の一つ。北。❷北風。図

-きだ【段】（接尾）《上代語》❶切り分かれたものを数える。〔記〕上「十拳剣を…三—に打ち折りて」❷布・織物の長さの単位を表す。反。〔紀〕天武「馬一匹・布一—」❸田畑の面積の単位を表す。段。

き-たい【希代・稀代】（名・形動ナリ）世にもまれなこと。不思議なこと。怪しむべきこと。平家二・教訓状「これ—の朝恩にあらずや」訳これは世にもまれな朝廷の御恩でないか（まさしく朝廷の御恩である）。

き-だい【季題】（名）連歌・俳諧で、四季おりおりの季節感を表すために、一句の中に詠み込む題。また、それを表す語。季ことば。季語。季。

義太夫（ぎだいふ）『人名』→竹本義太夫

ぎだいふ-ぶしギダユウ—【義太夫節】（名）近世、大坂の竹本座を創立した竹本義太夫の始めた浄瑠璃節。その後、門人豊竹若太夫が別に一派を興し、竹本・豊竹の二派に分かれて競い合い盛行した。義太夫。

き-たうトウ【祈禱】（名・自サ変）神仏に願いを告げて祈ること。また、その儀式。今昔三〇・三「かたかたに付きて—どもをせさせけれども、その験もなかりければ」訳（父母が）あれこれ手をつくしてさまざまの祈りをさせたけれども、その効験もなかったので。

きた-おもて【北面】（名）❶北に向いたほう。北向き。北側。源氏朝顔「—の人繁きかたなる御門は入り給はむも軽々しければ」訳北側の人の出入りの多い場所にあるご門は、（光源氏が）お入りになったらそれも、（身分を考えると）軽々しいので。❷北側の部屋。寝殿造りでは、家人・女房などの居室で、南面が正式の客間であった。更級大納言殿の姫君「この猫を—にのみあらせて呼ばねば」訳この猫を北側の部屋にばかりいさせて（自分たちのほうへ）呼ばないので。❸「ほくめんのぶし」に同じ。宇治一三・一三「西面、—の者ども、めんめんに」訳（院の御所を守る）西面の武士、北面の武士である者たちも、それぞれに。

きた-どの【北殿】（名）❶北側にある殿舎。❷北隣の人に対する敬称。源氏夕顔「『—こそ、聞き給ふや』など言ひかはすも聞こゆ」訳「北隣さんよ、聞いていらっしゃるか」などと（男たちが）言い交わすのも聞こえる。

きたな-げ【汚げ・穢げ】（形動ナリ）｛なら・なり（に）・なり・なる・なれ・なれ｝「げ」は接尾語）汚いようす。いかにも見苦しいようす。枕二五五「よき草子などは、いみじう心して書けど、必ずこそ—・に㊥なるめれ」訳りっぱな草子（＝綴じ本）などは、たいそう注意して書き写すけれども、間違いなく（原本は）汚らしくなるようだ。

きたなげ-な-し【汚げ無し・穢げ無し】（形ク）｛から・く（かり）・し・き（かる）・けれ・かれ｝見苦しい感じがしない。こぎれいである。更級足柄山「髪いと長く、額いとよくかかりて、色白く—・く㊥て」訳（遊女は）髪がたいそう長く、額髪がとても美しく垂れかかって、色が白くこぎれいであって。

きたな-し【汚し・穢し】（形ク）｛から・く（かり）・し・き（かる）・けれ・かれ｝❶けがれている。よごれている。見苦しい。竹取かぐや姫の昇天「—・き㊍所の物、きこしめしたれば」訳（かぐや姫は）けがれた所（＝人間世界）の物を、召し上がったので。❷腹黒い。正しくない。よこしまである。〔紀〕神代「やつかれははじめより—・き㊍心なし」訳私は、初めからよこしまな心はない。❸卑怯だ。著聞三三六「—・く㊥もうしろをば見するものかな」訳卑怯にも（敵に）背中を見せるものだな。

きたな-む【汚む・穢む】（他マ四）｛ま・み・む・む・め・め｝きたないと思う。けがらわしいといやがる。〔発心集〕「厭ひ—・む㊍人のみありて近づき扱ふ人はあるべからず」訳（この病人を）嫌い、けがらわしいと思う人ばかりいて、近づいて世話をする人はいるはずがない。

北野（きたの）『地名』今の京都市上京区の地名。大内裏の北にあるので、この名がある。菅原道真をまつる北野天満宮がある。

きた-の-かた【北の方】(名) ❶北に向いた方角。〔記〕中「御陵は畝火山の—の白檮の尾の上にあり」訳(神武帝の)御陵は畝火山の北方の白檮の尾根の上にある。❷(寝殿造りの「北の対」に住んだことから)貴人の妻の敬称。奥方。夫人。源氏 桐壺「母—なむいにしへの人のよしあるにて」訳(桐壺の更衣の)母である(大納言の)奥方は、旧家の出身者で、教養がある人であって。

きた-の-たい【北の対】(名) 寝殿造りの邸で、寝殿の北にある別棟の建物。北の対の屋。⇩巻頭カラーページ20

きた-の-ぢん【北の陣】(名) 朔平門(=内裏の北方の門)の異称。門内に兵衛府の陣(=詰め所)があった。⇩巻頭カラーページ32

きた-の-まんどころ【北の政所】(名)〔「政所」は家政をつかさどる所の意〕摂政・関白の正妻の敬称。のちには大納言・中納言の妻にもいう。まんどころ。

北畠親房『人名』(一二九三―一三五四) 南北朝時代の武将・学者・歌人。後醍醐天皇に仕え、建武の新政に功があった。のち、南朝の重臣として活躍し、「神皇正統記」を著して、南朝の正統性を主張した。

きた-まくら【北枕】(名) 頭を北に向けて寝ること。

発展 **「北枕」を忌む理由**
釈迦入滅(=死去)の際、頭を北、右脇を下にし、西に向かって横たわったことから、仏教徒の間では死者を北枕で寝かせる。そのため、一般にこの寝方を忌むようになった。

きた-まつり【北祭り】(名)(石清水八幡宮の祭りを南祭りというのに対して)京都の賀茂神社の陰暦四月の祭りおよび十一月の臨時の祭りの異称。

北村季吟『人名』(一六二四―一七〇五) 江戸前期の歌人・俳人・古典学者。近江(滋賀県)の人。松永貞徳に俳諧・歌学を学ぶ。古典の注釈書を多く著した。俳書「山之井」、注釈書「徒然草文段抄」「源氏物語湖月抄」「枕草子春曙抄」など。

北山『地名』今の京都市北方にある山々の総称。船岡山・衣笠山などの一帯をいう。

きたり-あ-ふ【来り会ふ】(自ハ四)〔は・ひ・ふ・ふ・へ・へ〕やって来ていっしょになる。来合わせる。今昔 二五・一二「郎等どもはこの事を聞きつけて、一二人づつぞ道に—・ひ(用)にける」訳 家来たちはこの出来事を聞きつけて、一人、二人と次々にやって来て途中で出会った。

ぎだ-りん【祇陀林】(名) ❶昔、中インド舎衛国にあった祇陀太子所有の林園。のち須達長者が祇園精舎をここに建立し、釈迦に寄進した。❷「祇陀林寺」の略。京都にあった天台宗の寺。

きた-る【来る】(自ラ四)〔ら・り・る・る・れ・れ〕〔「来至る」の転〕❶来る。やって来る。方丈「生まれ死ぬる人、いづかたより—・り(用)て、いづかたへか去る」訳(この世に)生まれ(そして)死ぬ人(というもの)は、どこからやって来て、どこへ去るのか。❷(近世語)役に立たなくなる。いたむ。〔浮世風呂〕「角琴柱(=かんざし)はちと—・っ(用)(促音便)たから打ち直させうと思ふよ」

参考「来く」の連用形に完了の助動詞「たり」の付いた「来たり」とは別語。

き-た-る【着垂る】(他ラ下二)〔れ・れ・る・るる・るれ・れよ〕衣服を垂れるようにして着る。枕 能因本・一六二「唐衣—・れ(用)たるほど、慣れ安らかなるを見るもうらやましく」訳(大勢いる女房が)唐衣を垂れるようにして着ているようすが、ものなれてくつろいだ感じなのを見るのもうらやましく。

きち【吉】(名)「きつ」とも。めでたいこと。縁起のよいこと。幸運。徒然 九一「悪日に善を行ふに、必ず—なり」訳 凶の日に善行をすると、(その結果は)必ず吉である。

きち-かう【桔梗】(名)「ききやう」に同じ。

きち-じゃう【吉上】(名)「きつじゃう」とも。六衛府の下役人。衛士・仕丁より上で、内舎人の下。宮中・宮門の警備、犯罪人の逮捕にあたった。

きちじゃう-てんにょ【吉祥天女】(名)〔仏教語〕「きっしゃうてんにょ」とも。インド神話の女神で、仏教にとり入れられたもの。鬼子母神の子で、毘沙門天の妻あるいは妹という。人々に福徳をあたえるという顔かたちの美しい女神。天衣・宝冠を身につけ、左手に宝珠を持つ。吉祥天。

(きちじゃうてんにょ)

きち-にち【吉日】(名)「きちじつ」とも。暦の上で、事をするのに縁起のよい日。徒然 九一「—に悪をなすに必ず凶なり」訳 縁起のよい日に悪事をすると、(その結果は)必ず凶である。↔悪日

き-ちゃう【几帳】(名) 平安時代、室内に立てて隔てとした道具。土居(=台)に柱を二本立て、横木を渡して帷子(=垂れ衣)をかけたもの。夏は生絹・綾織り、冬は練り絹を用いた。柱の高さにより、三尺(=約九一センチメートル)と四尺(=約一二一センチメートル)のものがあった。更級 物語「人もまじらず、—のうちにうち臥して引き出でつつ見る心地」訳 だれにも邪魔されず、几帳の中でちょっと横になって、(「源氏物語」を次々と)引き出し引き出しして読む気持ちは。⇩何にかはせむ「名文解説」・巻頭カラーページ22

几帳―紫式部日記絵巻

ぎ-ちゃう【毬杖・毬打】(名)「ぎっちゃう」に同じ。

ぎ-ぢゃう【議定】(名・自サ変)合議して決定すること。評議。評定。また、そこで決めたこと。平家 二・座主流「さきの座主罪科の事ーあり」訳 前の天台座主の犯した罪についての評議がある。

きちゃう【几帳】⇩きちゃう

きつ(名)《東国方言》用水桶。水槽。伊勢 一四「夜も明けばーにはめなでくたかけのまだきに鳴きて夫をやりつる」訳 夜も明けたら、水槽に投げ込んでしまわないではおくものか。鶏めがまだ夜も明けないうちに鳴いて、あの人を帰らせてしまったことよ。

き-づき【忌月】(名)「きげつ」とも。忌日のある月。命日のある月。祥月。源氏 野分「八月は故前坊の御ーなれば」訳 陰暦八月は亡き前皇太子の御祥月(=死去の月)であるから。

きっ-きょう【吉凶】(名)吉と凶。よいことと悪いこと。吉事と凶事。徒然 九一「ーは人によりて、日によらず」訳 吉と凶は、人(の行いのよしあし)に基づくのであって、日(=日どり)に基づくのではない。

き-つ-く【来着く】(自カ四){か・き・く・く・け・け}到着する。伊勢 二〇「返りごとは京にーき用てなむ持て来たりける」訳 返事は男が都に到着してから持って来たのだった。

きっ-くゎい【奇怪】(形動ナリ){なら・なり(に)・なり・なる・なれ・なれ}(「きくゎい」の強調表現)けしからぬさま。怪しくとがめるべきさま。平家 四・信連「馬に乗りながら門のうちへ参るだにもーなる体に」訳 馬に乗ったまま門の中に参るのさえもけしからぬのに。

きっ-さう【吉左右】(名)(「左右」は状況についての知らせ、便りの意)よい便り。吉報。また、縁起のよいこと。伎・壬生大念仏「ーの御使ひに参った」訳 吉報の御使いとして参上した。

きっ-さき【切っ先】(名)(「きりさき」の促音便)刃物の最先端。刃先。

ぎっ-しゃ【牛車】(名)牛に引かせた貴人の乗用車。特に、平安時代に盛んに用いられた。通常四人乗り。乗る人の身分によっていろいろな種類がある。唐廂の車・雨眉の車・檳榔廂の車・檳榔毛の車・糸毛の車・半蔀の車・網代の車・網代廂の車・八葉の車・金作りの車など。「うしぐるま」とも。大鏡 兼家「ーにて北の陣まで入らせ給へば」訳 (兼家は)牛車に乗って朔平門(=内裏の北方の門)の中までお入りになられるので。文法「せ給へ」は、最高敬語。参考 榻を踏み台にして車の後方から乗り、牛をはずして前から降りる。唐廂の車は、上皇・東宮・摂政・関白などが用いた。檳榔毛の車も同様に用いられたが、公卿・僧侶も時に用いた。糸毛の車は后・女官などの専用である。なお、手で引く車を「輦車」というが、単に「車」といえば、中古ではふつう牛車をさす。⇩巻頭カラーページ19

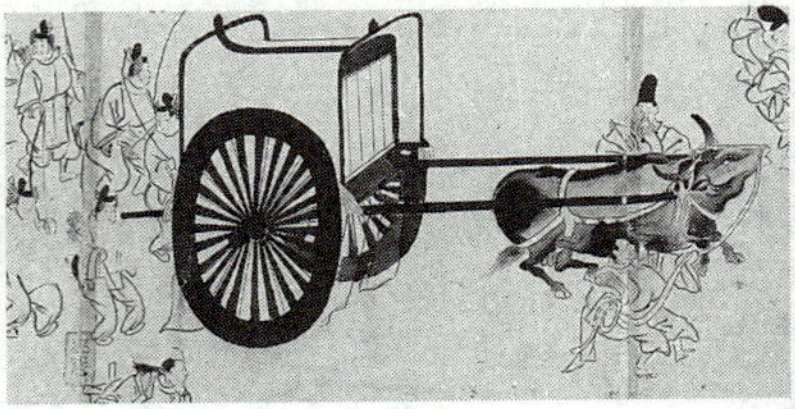

牛車―年中行事絵巻

きつ-じゃう【吉上】(名)「きちじゃう」に同じ。

ぎっしゃ-の-せんじ【牛車の宣旨】親王や摂政・関白が、牛車に乗ったまま宮中の建礼門(=内裏の南面中央の門)まで入ることを許可する宣旨。

きっ-そう【吉左右】⇩きっさう

ぎっ-ちゃう【毬杖・毬打】(名)「ぎちゃう」とも。槌の形をした杖に、色糸を巻きつけた遊び道具。また、それで木製のまりを打ち合う遊戯。正月の子供の遊びとして行われた。春

(ぎっちゃう)

きっ-と【急度・屹度】(副)❶すぐに。急に。さっと。

古語ライブラリー⑮ 係り結び

『竹取物語』はこう語り起こされている。丸囲みの数字は文の番号である。

◇①いまは昔、竹取の翁といふ者ありけり。②野山にまじりて竹を取りつつ、よろづのことに使ひけり。③名をば、さかきの造となむいひける。④その竹の中に、もと光る竹なむ一筋ありける。

文末を見ると、①文・②文は「けり」、③文・④文は「ける」になっている。助動詞の「けり」は「(けら)・○・けり・ける・けれ・○」とラ変型の活用をする。文末に用いられているから①文・②文の「けり」は終止形と考えられるが、ではなぜ③文・④文の文末は連体形の「ける」になっているのだろうか。

①文・②文と③文・④文とを比べてみると、文末が「ける」になる③文・④文には、係助詞「なむ」が用いられている。

・名をば、さかきの造といひけり。
・その竹の中に、もと光る竹一筋ありけり。

ふつうならこういえばよいのだが、「名をば、さかきの造とねいったんだよ」、「その竹の中に、もと光る竹がね一筋あったんだよ」というような念押しの感じで「なむ」を用いて、文末を連体形で結んだのが③文・④文なのである。

係助詞は文末にまでそのはたらきが及ぶので活用する語が文末になる場合は次のように特別な活用形が要求される。「係り結び」である。

は・も……………終止形
ぞ・なむ・や・か……連体形
こそ………………已然形

なお、「は・も」が他の係助詞と併用される場合、文末は他の係助詞の影響を受ける。

◇水はその山に三所ぞ流れたる。〈更級 足柄山〉

⇩四二一ページ⑯

平家 九・敦盛最期「〔熊谷次郎直実〕後ろを―見ければ(=見たところ)、土肥・梶原五十騎ばかりで続いたり」

❷必ず。まちがいなく。平家 二・西光被斬「―院の御所へ参れ」訳 必ず院の御所へ参上せよ。

❸厳重に。きびしく。きっぱりと。〔狂・鍋八撥〕「目代(=代官)殿でござらば、―仰せつけられて下されい」訳 目代殿でいらっしゃるなら、きっぱりとお言いつけになってください。

き-づな【絆】(名) ❶動物をつなぎとめるための綱。〔梁塵秘抄〕「御厩の隅なる飼ひ猿は、―離れてさぞ遊ぶ」訳 御馬屋の隅にいる飼い猿は、綱を離れてあのように遊ぶ。

❷断ちがたいつながり。離れがたい愛情。〔おらが春〕「思ひきりがたきは恩愛の―なりけり」訳 思い切ることがむずかしいのは肉親の断ちがたいつながりであったよ。

き-でん【貴殿】■一(代)対称の人代名詞。きみ。あなた。同輩やそれ以上の人に対して使う。平家 一・腰越「ひとへに―広大の慈悲を仰ぐ」訳 ひたすらあなたの広大な慈悲をお願いする。

■二(名)相手の邸宅の敬称。〔源平盛衰記〕「六波羅の―へも参ずべし」訳 六波羅のお宅へも参上しよう。

きでん-たい【紀伝体】(名)歴史書を記述する形式の一つ。本紀(=帝王の伝記)・列伝(=臣下の伝記)を中心に、志(=社会の重要現象の記録)・表(=年表の類)からなり、各個人の伝記を連ねて一代の歴史を構成する。わが国では「大鏡」「今鏡」などがこの形式をとる。→編年体

き-と(副) ❶すぐに。急に。さっと。竹取 御門の求婚「このかぐや姫―影になりぬ」訳 (とらえようとすると)このかぐや姫はさっと(肉体のない)影となってしまった。

❷ちょっと。ちらりと。今昔 二九・九「法師の着たる(=着ている)衣の袖口―見ゆ」

❸たしかに。しっかりと。きゅっと。枕 六三「烏帽子の緒を―つよげに結ひ入れて」訳 烏帽子の紐をきゅっときつめに結び入れて。

き-ど【木戸・城戸】(名) ❶城門。柵の門。〔猿蓑〕其角「この―や鎖のさされて冬の月」訳 →このきどや…俳句

❷江戸時代、警戒のために市内の要所に設けた門。

❸見せ物小屋などに設けた見物人の出入り口。

几董(きとう)『人名』→高井几董

ぎ-どう-さんし【儀同三司】(名)〔儀礼の格式は三司(=太政大臣・左大臣・右大臣)に同じという意〕「准大臣(=大臣に欠員がないために昇進できない人を待遇するための地位)」の異称。

参考 平安時代、藤原伊周が准大臣に初めて任ぜられ、これを自称としたところから始まる。

儀同三司の母(ぎどうさんしのはは)『人名』(?～九九六)平安中期の女流歌人。高階成忠の娘高階貴子。円融天皇に仕えたが、藤原道隆と結婚し、儀同三司伊周、隆家、定子を生んだ。「小倉百人一首」に入集。

きと-きと(副)〔「きと」を重ねて強めた語〕大急ぎで。きっときっと。必ず必ず。きっぱりと。著聞 五三九「ただいま内裏へきとまゐらせ給へ。なほなほ―」訳 今すぐ宮中へ急いでご参上ください。さあさあ必ず必ず。

き-と-く【来と来】〔動詞「来」を重ねて強めた表現〕❶次々と来る。あとからあとから来る。〔和泉式部集〕「春ごとの花の盛りはわが宿に―・くる(体)人の長居せぬなし」訳 いつの春も花の盛りの時には、わが家に次々とやって来る人が長居をしないことはない。

❷はるばるやって来る。やっとの思いでやって来る。土佐「―・き(用)ては河上り路の水を浅み舟もわが身もなづむ今日かな」訳 やっとの思いでやって来たが、川を上ってゆく水路の水が浅いので、船も行きわずらうし、わが身も(病に)悩み苦しむ今日であることだ。

き-どく【奇特】■一(名・形動ナリ) なりたち カ変動詞「来」の連用形「き」＋格助詞「と」＋カ変動詞「来」

❶特にすぐれていること。めったにない珍しいこと。不思議なこと。平家 五・文覚荒行「人―の思ひをなし」訳 人々は、不思議なことという思いを抱き。

❷心がけのよいこと。感心なこと。殊勝なこと。〔笈の小文〕芭蕉「桜がり―や日々に五里六里」訳 桜を見に、(我ながら)殊勝なことだよ。毎日、五里も六里も歩き回っている。

■二(名)不思議なしるし。ききめ。霊験。徒然 七三「仏神の―、権者の伝記、さのみ信ぜざるべきにもあらず」訳 仏や神の霊験、聖者の伝記は、一概に信じてはならぬ(という)ものでもない。

き-ない【畿内】(名)〔「畿」は都に近い地域の意〕京都周辺の国々の称。山城(京都府南部)・大和(奈良県)・河内(大阪府東部)・和泉(大阪府南部)・摂津(大阪府北部・兵庫県東部)の五か国。五畿内。

き-なき-とよ・む【来鳴き響む】鳥が来て鳴き声を響かせる。万葉 一五・三七八〇「恋ひ死なば恋ひも死ねとやほととぎす物思ふ時に―・むる(体)」訳 恋いこがれて死ぬならばこがれ死にでもしろというのか。ほととぎすが、(私の)物思いをしている時にやって来て鳴きたてることだ。

なりたち カ変動詞「来」の連用形「き」＋四段動詞「鳴く」の連用形「なき」＋下二段動詞「響む」

き-なき-とよも・す【来鳴き響もす】鳥が来て鳴き声を響かせる。万葉 一五・三七八二「雨隠り物思ふ時にほととぎすわが住む里に―・す(終)」訳 雨で家にこもって物思いにふけっている時に、ほととぎすが私の住む里にやって来て鳴き声を響かせる。

なりたち カ変動詞「来」の連用形「き」＋四段動詞「鳴く」の連用形＋四段動詞「響もす」

き-な・く【来鳴く】(自カ四)〔か・き・く・く・け・け〕来て鳴く。古今 夏「わが宿の池の藤なみ咲きにけり山郭公いつか―・か(未)む」訳 わが家の池の(ほとりの)藤の花が咲いたことだ。山ほととぎすはいつになったら来て鳴くのだろうか。

き-な・す【着為す】(他サ四)〔さ・し・す・す・せ・せ〕…の状態になるように着る。…のように着る。源氏 帚木「直衣ばかりをしどけなく―・し(用)給ひて」訳 (光源氏は)直衣だけをことさら無造作にはおりなさって。

き-にち【忌日】(名)その人の死んだ日。命日。枕 二九「中納言の君の、―とてくすしがりおこなひ給ひしを」訳 中納言の君(=中宮の女房)が、(だれかの)命日だといってまじめくさり経など読んでいらっしゃったのを。

きぬ【衣】(名)❶着物。衣服。ころも。竹取 かぐや姫の昇天「脱ぎおく—に包まむとすれば」訳 (壺の薬を)脱いで置(いてゆ)く着物に包もうとすると。❷皮膚。地肌。枕 三「舎人の顔の—にあらはれ」訳 舎人の顔の地肌そのままにあらわになり。

きぬ-がさ【衣笠・蓋】(名)❶絹を張った長い柄の傘。貴人の行列のとき、従者がうしろからさしかけた。万葉 三・二四〇「ひさかたの天ゆく月を網に刺しわが大王は—にせり」訳 大空を行く月を網でとらえ、わが皇子はそれをきぬがさにしている。(「ひさかたの」は「天」にかかる枕詞) ❷仏像などにかざす絹張りの笠。天蓋。

（きぬがさ①）

衣笠岡(きぬがさをか)〔地名〕歌枕 今の京都市北西部にある山。衣笠山・絹掛山・絹笠山ともいう。

きぬ-がち【衣勝ち】(形動ナリ)(なら・なり(に)・なり・なる・なれ・なれ)着物をたくさん重ねて着たさま。着ぶくれたさま。〔紫式部日記〕「—に用、みじろきもたをやかならずぞ見ゆる」訳 衣装をたくさん着重ねて、身動きもしなやかでなく見える。

きぬ-かづき【衣被き】(名)平安時代以降、貴婦人が外出時に単衣の小袖を頭からかぶり、顔を隠すようにしたこと。また、その姿をした女性。徒然 七〇「物見ける—の、寄りて放ちて、もとのやうに置きたりけるとぞ」訳 見物していた衣被き姿の女が、(琵琶の名器に)近づいて(その柱を取りはずして、もとのように置いたと(いうことだ。

きぬ-ぎぬ【衣衣・後朝】(名)❶男女が二人の着物を重ねかけて共に寝た翌朝、それぞれの着物を着て別れること。また、その朝。古今 恋三「しののめのほがらほがらと明けゆけばおのが—なるぞ悲しき」訳 夜明け方の空がほのぼのと明けてゆくと、それぞれ自分の着物を着て別れることになるのが悲しいことだ。文法「ぞ悲しき」は、係り結び。❷男女・夫婦の離別。❸別々に離れること。別れ別れ。

発展 「きぬぎぬ」の歌
中古の恋の歌には「きぬぎぬ」を歌ったものが多い。当時の貴族の結婚は、男が女の家に通う「通い婚」だった。朝の別れ難い切ない気持ちを「きぬぎぬ」のことばに託してさまざまに表現したのである。

きぬぎぬ-の-つかひ【後朝の使ひ】(名)「きぬぎぬ①」の朝、男から女のもとへやる手紙を届ける使者。大鏡 時平「その—、敦忠中納言、少将にて、し給ひける」訳 その後朝の文の使者は、敦忠中納言が、(まだ少将の位)で、おつとめになったことだ。

きぬた【砧・碪】(名)(「衣板」の転)槌で布を打って、布地のつやを出したり、やわらかくしたりするのに用いる、木や石の台。また、布を打つことやその音。秋。源氏 夕顔「白妙の衣うつ—の音も、かすかに、こなたかなた聞きわたされ」訳 白布の衣を打つ砧の音も、かすかに、あちらこちらあたり一帯から聞かれ。参考 砧が和歌や俳諧で秋の季語とされるのは、冬着の準備として、秋の夜長に打たれたからである。

（き ぬ た）

きぬたうちて… 俳句

> 秋 砧打ちて 我にきかせよや 坊が妻
> 〈野ざらし紀行・芭蕉〉

訳 (この吉野の秋の一夜の慰めに)とんとんと砧でも打って私に聞かせておくれ。宿坊の妻よ(その音に古人の詩情をしのびたいのだ)。(砧秋。切れ字は「や」) 解説「み吉野の山の秋風さ夜ふけてふるさと寒く衣打つなり」(訳→みよしのの…和歌)〈新古今・秋下〉をふまえる。砧を打つときの哀切な響きは、古くから詩歌によくうたわれている。

きぬ-だたみ【絁畳】(名)あらい絹糸で作った敷物。

きぬ-なが【衣長】(形動ナリ)(なら・なり(に)・なり・なる・なれ・なれ)着ている衣服の丈が長いようす。枕 一五一「二藍のうすものなど、—に用てたすき結ひたるがはひ出でたるも」訳 (二歳ぐらいの幼児で)二藍(=紅色がかった青色)の薄絹の着物などを、着丈が長くて袖を紐でくくり上げたのがはい出たのも(かわいらしい)。

きぬ-びつ【衣櫃】(名)衣服を入れておく大型の箱。

きぬ-みじか【衣短】(形動ナリ)(なら・なり(に)・なり・なる・なれ・なれ)着ている衣服の丈が短いようす。枕 一五一「にはとりのひなの、足高に、しろうをかしげに、—なる体さまして」訳 鶏のひなが、すねが長く、白くかわいらしいようすで、着ている着物の丈が短いような姿をして。

き-ねん【祈念】(名・他サ変)神仏に願い祈ること。祈願。平家 一一・那須与一「この矢はづさせ給ふなと心の中に—し用て」訳 (与一は諸神に)この矢をはずさせなさるなと心の中で願い祈って。

き-の-え【甲】(名)(「木の兄」の意)十干の一番目。→十干

きのえ-ね【甲子】(名)❶干支の一番目。十干の甲と十二支の子とにあたる年と月と日。物事の始まりとして重んじられた。「甲子」とも。→干支① ❷「甲子待ち」の略。甲子の日、子の刻(=夜中の十二時ごろ)まで起きていて、商売繁盛などを願って大黒天を祭る行事。

紀海音(きのかいおん)〔人名〕(一六六三〜一七四二)江戸中期の浄瑠璃作者。本名榎並喜右衛門。大坂の人。竹本座の近松門左衛門に対し、豊竹座の座付き作者。世話物に「八百屋お七」「お染久松袂の白絞」「心中二つ腹帯」、時代物に「鎌倉三代記」などがある。

紀の川(きのかは)〔地名〕今の奈良県吉野郡の山中に源を発する吉野川下流の呼称。紀伊山脈北側を西流し、和歌山市で紀伊水道に注ぐ。紀ノ川。

木下長嘯子(きのしたちやうせうし)〔人名〕(一五六九〜一六四九)安土桃山時代から江戸初期にかけての歌人。名は勝俊。尾張(愛知県)の人。豊臣秀吉に仕え、のち出家して細川幽斎に和歌を学んだ。歌風は自由清新で、和

歌革新の先駆者となった。家集「挙白集」

紀貫之（きのつらゆき）『人名』（八七二?～九四五?）平安前期の歌人。三十六歌仙の一人。「古今集」編纂の中心的役割を果たし、その「仮名序」は日本最初の歌論である。歌風は理知的・技巧的で、繊細優美な古今調を代表している。晩年の著「土佐日記」は平安朝日記文学の先駆をなした。「小倉百人一首」に入集。家集「貫之集」

き-の-と【乙】（名）〔「木の弟」の意〕十干の二番目。→十干

き-の-どく【気の毒】（名・形動ナリ）〔自分の心に毒になる意〕❶自分自身が苦痛に感じること。困ること。当惑。〔浮・好色一代男〕「少人―ここにきはまり」訳 若衆（＝世之介）の当惑はここにきわまって。
❷他人の苦労・苦痛を見て、同情すること。〔浄・五十年忌歌念仏〕「清十郎が沙汰を聞かれぬか、さてさて―笑止なこと」訳 清十郎のうわさをお聞きにならないか、それにしても心苦しく困ったことよ。

紀友則（きのとものり）『人名』（生没年未詳）平安前期の歌人。三十六歌仙の一人。貫之の従兄で「古今集」の撰者の一人。「小倉百人一首」に入集。家集「友則集」

きのふ【昨日】（名）❶前の日。きのう。徒然 一九「明けゆく空の気色、―にかはりたりとは見えねど」訳 夜が明けてゆく（元日の）空のようすは、昨日と変わっているとは見えないけれども。
❷ごく近い過去。古今 秋上「―こそ早苗とりしかいつのまに稲葉そよぎて秋風の吹く」訳 ついこの間、（苗代の）早苗を取って（田植えをし）た（ばかりだと思っていた）のに、いつのまにか稲の葉がそよいで、もう秋風が吹いている。文法 係り結び「こそ…しか」は、ここは強調逆接となって下に続く。

きのふ-けふ【昨日今日】（名）❶昨今。近ごろ。源氏 柏木「―少しよろしかりつるを、などかいと弱げには見え給ふ」訳 近ごろはいくらか（柏木の気分は）まずまずであったのに、どうしてたいそう衰弱した感じに見えなさるのか。
❷時の迫っているさま。ごく近い将来。伊勢 一二五「つひにゆく道とはかねて聞きしかど―とは思はざりしを」訳 →つひにゆく…和歌

きのまろ-どの【木の丸殿】（名）「きのまるどの」とも。木を削らないで丸木のままで建てた粗末な御殿。特に、九州朝倉にあった斉明天皇の行宮は有名。新古 雑中「朝倉や―にわが居れば名のりをしつつ行くは誰が子ぞ」訳 朝倉の丸木造りの御所に私がいると、名乗りをしながら行くのは、どこの家の子か。

き-の-みどきゃう【季の御読経】（名）宮中で陰暦二月・八月の春秋二季に、四日間にわたり、多くの僧に大般若経を読ませた儀式。

きは【際】（名）❶**端**。方丈 三「東の―にわらびのほどろを敷きて」訳（住まいの）東の端にわらびの穂が伸びてほおけたものを敷いて。
❷**境目**。仕切り。源氏 末摘花「二間の―なる障子手づからいと強くさして」訳（母屋と）二間（＝一辺の柱間が二つある部屋）との境にある襖障子に、（命婦は）みずからたいそうしっかりとかぎをかけて。
❸**限り**。極み。平家 九・六ケ度軍「手の―戦ひ、分捕り・高名しきはめて」訳（兵士たちは）力の限り戦って、略奪・手柄をしつくして。
❹最後。最期。〔増鏡〕久米のさら山「終に逃るまじき道は、とてもかくても同じこと、その―の心乱れなくだにあらば」訳 結局逃れることのできそうにない（死の）道は、どちらにしても同じことで、その死にぎわの心の乱れがなくさえあれば。
❺**辺り**。**そば**。平家 七・忠度都落「門を開かれずとも、この―まで立ち寄らせ給へ」訳 門をお開きにならなくても、このそばまでお立ち寄りください。文法「せ給へ」は、最高敬語。
❻**ほど**。**程度**。徒然 五九「少し心ある―は、皆このあらましにてぞ一期は過ぐめる」訳（世間の人を見ると）少しものの分かった程度の人は、皆この（出家の）計画で一生涯は過ぎるようだ。
❼とき。場合。大鏡 為光「中納言あく―に、我もならむなどおぼして」訳（誠信は）中納言が欠員になるおりに、私もなろうなどとお思いになって。
❽**家柄**。**身分**。徒然 一七五「物にも乗らぬ―は、大路をよろぼひゆきて」訳 車・馬にも乗らない身分の者は、大通りをよろよろ歩いて行って。
❾《近世語》盆や暮れ、または節句前の決算期。

類語パネル

	共通義　周辺部分。
きは	空間的・時間的な限界。また、身分・能力の程度・段階。
はし（端）	中心部・主要部からはずれた部分。周縁部・断片・中途。

きは-ぎは【際際】（名）❶身のほど。自分の分際。源氏 帚木「その―をまだ知らぬ初事ぞや」訳 その身のほど（に応じた恋のふるまい）をまだわきまえない初めての経験だよ。
❷《近世語》節季ごとの決算期。

きはぎは・し【際際し】（形シク）{しから・しく（しかり）・し・しき（しかる）・しけれ・しかれ} けじめがはっきりしている。きわだっている。枕 二九三「さても、―・しかり用ける心かな」訳 それにしても、はっきりした気性だなあ。

きは-こと【際殊】（形動ナリ）{なら・なり（に）・なり・なる・なれ・なれ} 格別である。きわだっている。源氏 桐壺「―・に用賢くて、ただ人にはいとあたらしけれど」訳（光源氏は）きわだって賢明なので、臣下としてはとても惜しいけれど。

き-はだ【黄蘗】（名）❶樹木の名。ミカン科の落葉高木。木の内皮は黄色で染料に、また健胃剤ややけどなどの薬として使う。実は大豆ほどの大きさで苦い。
❷染め色の名。①の樹皮で染めたうすい黄色。きはだ色。⇩巻頭カラーページ10

きは-だか【際高】（形動ナリ）{なら・なり（に）・なり・なる・なれ・なれ} ❶きわだっているさま。他と比べて特にはっきりしているさま。〔夜の寝覚〕「女の御身、たちまちにそむかせ給ひても、―・に用雲にのぼらせ給はざらむかぎりは」訳 女の御身で、急にご出家なされても、はっきりと雲に乗って浄土に

いらっしゃらないかぎりは。❷格別に気性の強いさま。気位の高いようす。〔今鏡〕「その宰相の御心ばへの―・に㊊おはしけるにや」訳その宰相のご気性が格別に強くていらっしゃったからであろうか。

きは-だか・し〖際高し〗(形ク){から・く(かり)・し・き(かる)・けれ・かれ}特にきわだっている。きっぱりしている。また、気位が高い。堤 よしなしごと「世の憂きときの隠れ処にと、―・く㊊思ひ立ちて侍るを」訳世の中がつらい時の隠れ場所に(したい)と、きっぱりと思い立っていますが。

きは-だけ・し〖際猛し〗(形ク){から・く(かり)・し・き(かる)・けれ・かれ}気が強くきびしい。源氏 少女「よからぬ世の人の言につきて、―・く㊊おぼしのたまふも、あぢきなく」訳(あなた=内大臣が)つまらない世間の人のことばを信用して、(夕霧と雲居の雁のことを)きびしくお考えになり(不満を)おっしゃるのもつまらなく。

きは-な・し〖際無し〗(形ク){から・く(かり)・し・き(かる)・けれ・かれ}❶限りがない。果てしがない。源氏 若菜下「才といふ物、いづれも―・く㊊思えつつ」訳才芸というものは、(いくら学んでも)どれも際限がないと思われては。❷たいへんすぐれている。大鏡 道長上「中宮の大夫殿こそ、かぎりなく―・く㊊おはしませ」訳中宮の大夫殿(=道長)は、この上もなくすぐれていらっしゃる。

き-はな・る〖来離る〗(自ラ下二){れ・れ・る・るる・るれ・れよ}もといた土地を離れてやって来る。万葉 二〇・四三九八「いや遠に国を―・れ㊊」訳ますます遠く故郷を離れて来て。

きは-はな・る〖際離る〗(自ラ下二){れ・れ・る・るる・るれ・れよ}きわだつ。群を抜く。源氏 若菜下「をさをさ―・れ㊍ぬものに侍るを、いとかしこく調ひてこそ侍りつれ」訳(和琴はだれが弾いても)ほとんどきわだたないもののようですのに、(紫の上の演奏は)とてもりっぱに音調が調っておりました。

きはまり-て〖極まりて〗(副)〔四段動詞「極まる」の連用形「きはまり」に接続助詞「て」の付いたもの〕きわめて。この上なく。万葉 三・三四二「―貴きものは酒にしあるらし」訳きわめて貴いものは酒であるに違いない。

きはまり-な・し〖極まり無し〗(形ク){から・く(かり)・し・き(かる)・けれ・かれ}この上ない。はなはだしい。徒然 一〇六「―・き㊍放言しつと思ひける気色にて」訳(証空上人は)この上もない悪口を言ってしまったと気付いたようすで。

きはま・る〖極まる・窮まる〗(自ラ四){ら・り・る・る・れ・れ}❶ぎりぎりの状態になる。限度に達する。徒然 一二六「ばくちの負け―・り㊊て」訳ばくちうちが負けが限度に達して。❷果てとなる。終わる。尽きる。徒然 八〇「矢―・り㊊て、つひに敵に降らず」訳矢がなくなっても、最後まで敵に降参せず。❸決まる。相違ない。〔浮・世間胸算用〕「重きものを軽う見せたるは、隠し銀に―・る㊍所」訳重いものを軽く見せているのは、隠し金に相違ないこと。❹行きづまって苦しむ。徒然 一四二「人、―・り㊊て盗みす」訳人は、行きづまって苦しんで盗みをする。

きはみ〖極み〗(名)終わるところ。果て。限り。万葉 二〇・四四八六「天地を照らす日月の―なくあるべきものを何をか思はむ」訳天地を照らす日や月のように、(天皇の繁栄は)限りがないはずなのだから、何を心配することがあろうか(いや、何も心配することはない)。

きは・む〖極む・窮む・究む〗一(自マ下二){め・め・む・むる・むれ・めよ}果てまで行く。極限に達する。徒然 六四「車の五緒は、…ほどにつけて―・むる㊍官・位に至りぬれば乗るものなり」訳五つ緒の簾をつけた牛車は、…その家格に応じて最高にあたる官位に達したときには必ず乗るものである。

二(他マ下二){め・め・む・むる・むれ・めよ}❶限度まで行かせる。極限に至らせる。平家 一・吾身栄花「吾が身の栄花を―・むる㊍のみならず」訳(清盛は)自分自身の繁栄をきわめるばかりでなく。❷終わらせる。尽くす。源氏 明石「何ばかりのあやまちにてかこの渚に命をば―・め㊍む」訳どれほどの罪によって、この(須磨の)海岸で命を終わらせるのだろうか。❸決める。決定する。〔去来抄〕先師評「先師をはじめいろいろと置き侍りて、この冠に―・め㊊給ふ」訳先師(=芭蕉)をはじめ(皆で)いろいろと(上五の文字を)置いてみまして、(結局、先師が)この上五にお決めになる。

きはめ〖極め〗(名)❶きわみ。限り。果て。〔風姿花伝〕「このころの能、盛りの―なり」訳このころ(=三十四、五歳)の能は、(一生の中での)盛りのきわみである。❷決定。契約。〔浮世風呂〕「先刻の―(=決定)ぢゃあ、私がおかみさんなはずだよ」

きは-め〖際目〗(名)時間的、また空間的なさかいめ。おり。まぎわ。源氏 手習「やうやう身の憂さをも慰めつべき―に」訳(時がたつにつれて)しだいに身のつらさをもきっと慰めることができよう(という)ときに。

きはめ-たる〖極めたる〗(連体)〔下二段動詞「極む」の連用形「きはめ」に助動詞「たり」の連体形「たる」の付いたもの〕この上ない。はなはだしい。大鏡 兼家「この母君、―和歌の上手におはしければ」訳この母君(=藤原道綱の母)は、この上ない和歌の名人でいらっしゃったので。

きはめ-て〖極めて〗(副)〔下二段動詞「極む」の連用形「きはめ」に接続助詞「て」の付いたもの〕この上なく。非常に。最も。徒然 六〇「―貧しかりけるに、師匠、死にさまに、銭二百貫と坊ひとつを譲りたりけるを」訳(盛親僧都は)非常に貧しかったので、師匠が、死にぎわに、銭二百貫と僧坊ひとつを譲ったのを。

きは-やか〖際やか〗(形動ナリ){なら・なり(に)・なり・なる・なれ・なれ}〔「やか」は接尾語〕❶きわだっているさま。めだつさま。枕 一三七「こは、誰そ。いとおどろおどろしう、―・なる㊍は」訳これは、だれだ。たいそうおおげさで、きわだってやかましいのは。❷思いきりがよいさま。枕 六三「いと―・に㊊起きて」訳たいそう思いきりよく起きて。

き-び〖気味〗(名)気持ち。感じ。味わい。きみ。方丈 四「閑居の―もまた同じ。住まずして誰かさとらん」訳閑静な住居の味わいもまた同じである。住まないで(その境地を)だれがわかろうか(いや、だれもわかるまい)。

吉備(きび)〖地名〗備前・備中・備後・美作の四か国の古称。今の岡山県と広島県の東部。

きび・し〖厳し・緊し〗(形シク){しから・しく(しかり)・し・しき(しかる)・しけれ・しかれ}❶おごそかだ。厳重だ。きびしい。徒然 一一「大きなる柑子

き はた—きひし

の木の、枝もたわわになりたるが、まはりを─・しく(用)囲ひたりしこそ」訳 大きなみかんの木で、枝もしなうほどに実がなっている木の、周囲を厳重に囲ってあったのは。
❷情け容赦がない。苛酷である。平家 一〇・千手前「されども狩野介、なさけあるものにて、いたく─・しう(用)(ウ音便)もあたり奉らず」訳 けれども狩野介(宗茂)は、温情のある人物で、(平重衡を)ひどく苛酷にも待遇し申しあげない。
❸けわしい。角立っている。〔梁塵秘抄〕「すぐれて山─・し(終)」訳 きわだって山がけわしい。
❹《近世語》けっこうだ。たいしたものだ。
参考 古くはク活用の例が見られる。

きびす【踵】(名)「くびす」とも。かかと。〔幻住庵記〕「北海の荒磯に─を破りて(=かかとを傷つけて)」

きびは(形動ナリ){なら・なり(に)・なり・なる・なれ・なれ}幼くて弱々しいさま。幼少だ。源氏 竹河「そのころ十四、五ばかりにて、いと─・に(用)幼かるべきほどよりは」訳 (薫は)そのころ十四、五歳ほどであって、たいそう子供子供していて幼いのが当然の年齢よりは大人びていて。

きびょうし【黄表紙】⇩きべうし

き-ひん【気稟】(名)先天的な気質。生まれつき。細道 仏五左衛門「剛毅・木訥の仁に近きたぐひ、─の清質最も尊ぶべし」訳 (宿の主人は、「論語」にいう意志が強くくじけず、無口で飾らない者は仁徳を備えた人に近い(といった)たぐいの人物で、生まれつきの気質の清らかな点はとりわけ尊ぶべきである。

きふ【急】㊀(名・形動ナリ)❶さし迫ったこと。また、そのさま。徒然 一五五「人みな死あることを知りて、待つこと、しかも─・なら(未)ざるに、覚えずして来る」訳 人はみな死があることを知っていながら、(死を)待つことが、それほどさし迫っていない時に、(死は)思いがけずしてやって来る。
❷短気なこと。性急。源氏 賢木「祖父大臣、いと─・に(用)さがなくおはして」訳 (朱雀帝の)祖父(の大臣)は、たいそう短気で意地が悪くていらっしゃって。
㊁(名)舞楽曲を構成する三部(=序・破・急)のうち最後の、調子が急速な楽章。→序破急

き-ふ【来経】(自ハ下二){へ・へ・ふ・ふる・ふれ・へよ}年月が来ては過ぎゆく。経過する。万葉 五・八三〇「万代に年は─・ふ(終)とも梅の花絶ゆることなく咲きわたるべし」訳 万代までも年は(毎年)やって来ては去ってゆくにしても、梅の花は絶えることなく咲き続けることだろう。

き-ぶくりん【黄覆輪】(名)「きんぷくりん」に同じ。

貴船『地名』歌枕 今の京都市左京区鞍馬貴船町。貴船山には水神を祭った貴船神社がある。

き-べうし【黄表紙】(名)江戸中期に流行した草双紙の一種。表紙が黄色または萌黄色であることからいわれた。世態・人情を描き、洒落と滑稽と風刺とを織り込んだ大人向きの読み物。恋川春町「金々先生栄花夢」が先駆的作品。他に山東京伝「江戸生艶気樺焼」など。→草双紙

き-へな・る【来隔る】(自ラ四){ら・り・る・る・れ・れ}来て遠く隔たる。万葉 一七・三九八一「あしひきの山─・り(用)て遠けども心し行けば夢に見えけり」訳 山を越え隔たって遠いけれども、心が通うので、(妻が)夢に見えたのだなあ。(「あしひきの」は「山」にかかる枕詞)

き-ぼ【規模】(名)❶手本。模範。徒然 九九「累代の公物、古弊をもちて─とす」訳 代を重ねた朝廷の器物は、古くて傷んでいることをもって模範とする。
❷ほまれ。名誉。〔太平記〕一〇「多年の所望、氏族の─とする職なれば」訳 (両探題職は)長年の希望であり、一族のほまれとする職であるので。

ぎ-ぼうしゅ【擬宝珠】(名)「ぎぼうし」「ぎぼし」とも。橋の欄干の柱の頭などに付ける金属の飾り。仏塔の相輪の上にある宝珠にかたどったもの。葱花。

(ぎぼうしゅ)

きほひ【競ひ】(名)❶競うこと。張り合うこと。源氏 鈴虫「さる─には、我も我もときしろひけれど」訳 そのような(出家をしようと)張り合うことでは、我も我もと先を争って(願い出て)いたけれど。
❷はげしい勢い。源氏 橋姫「いと荒ましき風の─に、ほろほろと落ちみだるる木の葉の露の散りかかるも」訳 たいそう荒々しい風の勢いで、はらはらと落ち乱れる木の葉の露が散りかかるのも。

きほ・ふ【競ふ】(自ハ四){は・ひ・ふ・ふ・へ・へ}❶張り合って勇み立つ。先を争う。〔増鏡〕むら時雨「もとより京にある武士どもも、われ先にと─・ひ(用)参る」訳 いうまでもなく都にいる武士たちも、われ先にと先を争って参上する。
❷(木の葉が)散り乱れる。争って散る。源氏 帚木「風に─・へ(已)る紅葉の乱れなど、あはれとげに見えたり」訳 風のために争って散っている紅葉の乱れるさまなどが、いかにもしみじみとした趣があると(私=左の馬頭には)見えた。

き-まもり【木守り】(名)「きまぶり」とも。翌年の豊作を願って、果実を全部取らずに、枝に一つ二つ残すこと。また、その果実。

-きみ【君】(接尾)(人を表す名詞に付いて)尊敬の意を表す。「尼─」「姫─」

きみ【君】㊀(名)❶天皇。天子。平家 七・忠度都落「─すでに都を出でさせ給ひぬ」訳 帝(=安徳天皇)はもう都をご出発なされてしまった。文法「させ給ひ」は、最高敬語。⇩御門「慣用表現」
❷主君。主人。枕 三「─をも我をも祝ひなどしたる、さまことにをかし」訳 (元旦に)主人をも自分をも祝ったりしているのは、ふだんのようすとはちがって趣がある。
❸貴人をさしていう語。お方。源氏 桐壺「この─をば、私物に思ほしかしづき給ふこと限りなし」訳 このお方(=光源氏)を(桐壺帝はご自分の)秘蔵っ子にお思いになり、大切に養育なさること、この上もない。
❹(人名・官名の下に「の君」「が君」の形で付いて)敬意を表す。「業平の─」「小少将の─」
❺遊女。〔浮・好色一代男〕「腰に付けたるはしたぜにを投ぐれば─たち声をあげて」訳 腰に付けていたはした金を投げ渡すと遊女たちは声をあげて。
㊁(代)対称の人代名詞。あなた。伊勢 二三「くらべこし振り分け髪も肩すぎぬ─ならずして誰かあぐべき」訳 →くらべこし…和歌
参考 ㊁は、上代では、主として女性から男性を呼ぶのに用いたが、中古以降は男女相互間に用いられた。

き-み【気味】(名)❶香りと味。❷趣。味わい。徒然 一七四「人事(じん)多かる中に、道を楽しぶより—深きはなし」訳 人の行うべきことが多い中で、仏道を楽しむより味わいの深いものはない。❸気持ち。気分。〔狂・武悪〕「汝(なん)が幽霊と言うたによって、しきりに(=むやみに)—が悪うなった」

きみがあたり… 和歌

> 君があたり　見(み)つつも居(を)らむ　生駒山(いこまやま)
> 雲(くも)なたなびき　雨(あめ)はふるとも
> 〈万葉・一二・三〇三二・作者未詳〉

訳 あなたの(家の)あたりを見つづけていよう。(だから)生駒山に雲よたなびくな。雨は降っても。修辞「生駒山」は、今の奈良県と大阪府との境にある山で歌枕。文法「雲なたなびき」の「な」は副詞で、禁止を表す。

解説 相手の家は山を隔てた向こうにあるので見えないが、山を見て相手をしのぶので、雲が山を隠してしまうのは困るのである。第二句を「見つつを居らむ」、第四句を「雲な隠しそ」として「伊勢物語」〈二三〉にある。さらにこの物語から採歌されて、「新古今集」〈恋五〉にも所収。

きみがきる【君が着る】《枕詞》「君が着る御笠(みかさ)」の意で、地名「三笠」にかかる。万葉 一一・二六七五「—三笠の山に」

きみがさす【君がさす】《枕詞》「君がさす御笠(みかさ)」の意で、地名「三笠」にかかる。古今 雑体「—三笠の山の」

きみがすむ… 和歌

> 君が住む　宿(やど)の梢(こずゑ)を　ゆくゆくと
> 隠(かく)るるまでも　かへり見(み)しはや
> 〈大鏡・時平・菅原道真(すがはらのみちざね)〉

訳 あなたが住む家の(木々の)梢を、(大宰府(だざいふ)へと)行きつつ、しだいに隠れて見えなくなるまでふり返りながら見たことですよ。文法「はや」は終助詞「は」に間投助詞「や」が付いたもので、強い感動・詠嘆を表す。

解説 左大臣時平の謀略によって、九州大宰府に左遷される際の歌。「君」は妻とも天皇とも考えられる。「拾遺集(しゅうい)」〈別〉にも第二句を「宿の梢の」、第四句を「隠るるまでに」として所収。

きみがため… 和歌《百人一首》

> 君がため　春(はる)の野(の)に出(い)でて　若菜(わかな)つむ
> わが衣手(ころもで)に　雪(ゆき)は降(ふ)りつつ
> 〈古今・一・春上・二一・光孝天皇〉

訳 あなたのために、春の野に出かけて若菜を摘む私の袖に、雪は絶え間なく降りかかっている。文法「つつ」は、反復・継続の接続助詞。ここは余情をこめる。

解説 人に若菜を贈るのに添えた歌。こんなふうにして摘んだのですよというところに、あいさつの気持ちがこめられている。春の若菜を食べて、邪気を払う習慣があった。

きみがため… 和歌《百人一首》

> 君がため　惜(を)しからざりし　命(いのち)さへ
> 長(なが)くもがなと　思(おも)ひぬるかな
> 〈後拾遺・一二・恋二・六六九・藤原義孝(よしたか)〉

訳 あなたにお逢(あ)いするためなら、惜しくないと思っていた命までもが、(こうしてお逢いできたあとでは、これからもずっとお逢いできるように)長くあってほしいと思うようになったよ。文法「さへ」は、添加の副助詞で、「…までも」の意。「もがな」は、願望の終助詞。

解説 後朝(きぬぎぬ)の歌。久しく思い続けてきた女性に初めて逢ったのちの、心理の変化を詠んでいる。恋の喜びは、かくも自分の心を変えてしまったのである。「小倉百人一首」では、第五句を「思ひけるかな」とする。

きみがゆく… 和歌

> 君が行く　道(みち)のながてを　繰(く)り畳(たた)ね
> 焼(や)き滅(ほろ)ぼさむ　天(あめ)の火(ひ)もがも
> 〈万葉・一五・三七二四・狭野弟上娘子(さののおとがみのをとめ)〉

訳 (配所へ)あなたが行く道の、その長い道のりをたぐり寄せてたたんで、(あなたが行かなくてもよいように)焼き尽くすような天の火がほしいなあ。

解説 作者の夫中臣宅守(なかとみのやかもり)は越前の国(福井県)に流罪になり、その別れのときに詠んだ歌。二人の間には一連の贈答歌があり、これはその中の一首。

きみ-が-よ【君が代】(名)❶〔「よ」は寿命の意〕あなたの寿命。万葉 一・一〇「—もわが代も知るや磐代(いはしろ)の岡の草根をいざ結びてな」訳 あなたの寿命も私の寿命も支配している、この磐代の丘の草を(幸福を祈って)さあ結んでしまおうよ。❷わが君の御代。特に、天皇の統治なさる御世。また、主君のご寿命。〔拾遺〕賀「—は天(あま)の羽衣まれにきて撫(な)づとも尽きぬ巌(いはほ)ならなむ」訳 主君のご寿命は、天の羽衣を着た天人がまれに(下りて)来て、(そのやわらかな羽衣で)なでてもつきない大きな硬い岩(のように、いつまでもつきないもの)であってほしい。

きみ-きみ【君君】(名)〔「君」の複数〕この君かの君。主君たち。枕 三〇三「おのが—の御ことめで聞こえ」訳 各自がそれぞれの主君の御ことを賛美申しあげ。

きみこむと… 和歌

> 君来むと　いひし夜(よ)ごとに　過(す)ぎぬれば
> たのまぬものの　恋(こ)ひつつぞ経(ふ)る
> 〈伊勢・二三〉〈新古今・一三・恋三・一二〇七・よみ人しらず〉

訳 あなたが「来よう」といった夜は毎夜(むなしく)過ぎてしまったので、(いらっしゃるとは、もう)あてにはしないものの、(やはり)恋しく思い思いして過ごしています。

解説「伊勢物語」によると、男がそちらへ行くと言ったので喜んで待っていたところ、たびたびむなしく過ぎてしまったので、女がこの歌を詠んだとある。初句の「来む」は、男のことばを取り入れたもの。

きみ-ざね【君ざね】(名)〔「ざね」は接尾語〕本妻。正妻。大和 一二四「春の野に緑に延(は)へるさねかづらわが—と頼むいかにぞ」訳 春の野で緑色に蔓(つる)を伸ばしているさねかずらではないが、(いつまでも共寝をしてくれる)私の本妻としてあてにしている。(あなたはどうか。(第三句までは「ざね」を導きだす序詞。

きみ‐たち【公達・君達】(名)「きんだち」に同じ。

きみならで… 和歌

> **君ならで　誰にか見せむ　梅の花　色をも香をも　知る人ぞ知る**
> 〈古今・一・春上・三八・紀友則〉

訳 あなたでなくてだれに見せようか(見せる人はいない)、この梅の花を。色も香りも(その上品な趣を)理解する人(=あなた)だけが理解するのです。文法「誰にか」の「か」は反語の係助詞で、結びは「む」(意志の助動詞)。

きみまつと… 和歌

> **君待つと　吾が恋ひ居れば　わが宿の　簾動かし　秋の風吹く**
> 〈万葉・四・四八八・額田王〉

訳 あなたを待って私が恋しく思っていると、わが家のすだれを動かして秋の風が吹く。

解説「君」は天智天皇をさす。恋人の訪れを待つ女は少しの音にも敏感になっていて、すだれがわずかに揺れるのにも、恋人の訪れかと心をときめかしている。

きみゃう‐ちゃうらい【帰命頂礼】(名)《仏教語》[仏に帰依し、頭を仏の足につけて礼拝する意]仏を礼拝するときに唱える語。

き‐むか‐ふ【来向かふ】(自ハ四){は・ひ・ふ・ふ・へ・へ}やって来る。近づいて来る。万葉 一・四九「日並皇子の命の馬並めて御狩り立たしし時は―・ふ(終)」訳(今は亡き)日並皇子の命(=草壁皇子)が馬を並べて御狩りに出発なさった時刻は近づいて来る。

きむ‐ぢ(代)「きんぢ」とも。対称の人代名詞。目下の者に対していう。おまえ。そなた。大鏡 道長下「若き者どもは、え見知らじ。―求めよ」訳 若い者たちは、(どんな木がよいかを)見分けることができないだろう。おまえが探して来い。

きも【肝・胆】(名)❶肝臓。また、内臓の総称。はらわた。今昔 五・二六「猿の―なむ腹の病の第一の薬なる」訳 猿の肝臓が腹の病気に最も効く薬である。❷心。思慮。胆力。気力。宇治 八・四「見るに、―惑ひ、倒れ伏しぬべき心地すれども」訳(二百人ほどの軍兵を)見ると、心も乱れ、きっと倒れ伏してしまいそうな気持ちがするけれども。

きも‐いり【肝煎り・肝入り】[一](名・自サ変)《近世語》世話をすること。また、その人。世話人。〔浮・世間胸算用〕「毎年の暮れに貸し入れの―・し(用)て、この間銀を取り」訳 毎年の年の暮れに貸し付けと取り立ての世話をして、この手数料を取り。[二](名)村などの長。名主・庄屋など。

きも‐い‐る【肝煎る】(他ラ四){ら・り・る・る・れ・れ}世話をする。とりもつ。〔浮・好色五人女〕「頼みにせし宿の―・ら(未)れて、はじめて奉公の身とはなりにける」訳(清十郎が)頼りにしていた家がとりもってくださって、初めて奉公の身とはなった。

きも‐き‐ゆ【肝消ゆ】非常に驚きおそれる。肝がつぶれる。竹取 蓬莱の玉の枝「御子は我にもあらぬ気色にて、―・え(用)居給へり」訳(くらもちの)皇子はぼうぜんとしたようすで、非常に驚きおそれてお座りになっている。⇨あさまし「慣用表現」

きも‐ごころ【肝心】(名)「きもこころ」とも。肝と心。精神。たましい。徒然 八九「―も失せて、防がんとするに力もなく」訳(法師は)正気も失って、防ごうとするが力もぬけてなく。

きも‐だましひ【肝魂】(名)「きもたましひ」とも。心。また、勇気。胆力。平家 九・小宰相身投「見る人聞く者、―を痛ましめずといふことなし」訳 見る人も聞く人も、心を痛ませないということがない。

きも‐つぶ‐る【肝潰る】ひどく驚く。理性を失う。徒然 一三七「おのおの―・るる(体)やうに争ひ走り上りて」訳 それぞれの者がひどく驚きあわてたようすで(祭りの見物席に)争って走り上って。⇨あさまし「慣用表現」

きも‐ふと‐し【肝太し】勇気がある。度胸がある。宇治 七・三「心ばへ賢く、―・く(用)、おしからだちてなんおはしける」訳(三条中納言は)気性がすばらしく、度胸があり、押しが強くていらっしゃった。

きもむかふ【肝向かふ】《枕詞》「きも(=肝臓)」は心臓に向かいあっているという意で「心」にかかる。万葉 二・一三五「―心を痛み」

きも‐を‐つぶ‐す【肝を潰す】ひどく驚く。驚きおそれる。〔浮・世間胸算用〕「(鶏の)細首うち落とせば、これを見て掛け乞ひ(=売り掛け金の取り立て人)ども―・し(用)」⇨あさまし「慣用表現」

き‐もん【鬼門】(名)艮(=北東)の隅。陰陽道で鬼(=たたりをする悪霊)の出入りする方角としてきらう。⇨丑寅「発展」

きゃう【京】(名)❶都。首都。伊勢 一「平城の京、春日の里にしるよしして」訳 奈良の都の、春日の里に領地を持っている縁故があって。⇨伊勢物語「名文解説」❷平安京。京都。土佐「―にて生まれたりし女子、国にてにはかに失せにしかば」訳 京の都で生まれていた女の子が、(土佐の)国で急に死んでしまったので。

きゃう【経】(名)[「きゃう」は呉音]釈迦の説いた教えを記した書物。経文。仏典。源氏 若紫「脇息の上に―を置きて、いとなやましげに読みゐたる尼君」訳 ひじかけの上に経文を置いて、たいそう苦しそうに(経を)読んで座っている尼君は。

きゃう【卿】(名)❶律令制で、太政官に属する八省の長官をいう。❷参議および三位以上の貴族。公卿。また、それらの官位の人の名の下につける敬称。平家 一・禿髪「平大納言時忠―」

きゃう【境】(名)心境。境地。〔春泥句集〕序「その人に交はるにあらざれば、その―に至ること難し」訳 その人(=良い友人)と交際するのでなければ、その(=離俗の)境地に到達することがむずかしい。

きゃう【饗】(名)酒や食べ物。酒や食べ物を用意してもてなすこと。また、その酒や食べ物。宇治 九・五「今日、―百膳ばかりぞつかまつる」訳 今日は、もてなしの酒食百人前ほどを用意いたしている。

ぎゃう【行】(名)❶《仏教語》僧や修験者のする修

行。平家 五・文覚荒行「—の試みに、聞こゆる滝にしばらく打たれてみんとて」訳 修行の試みとして、名高い(那智の)滝にしばらく打たれてみようと思って。❷律令制で、位階と官職が相当せず、任ぜられた官職の相当位がその人の位階より低い場合、位階と官職との間におく語。平家 七・平家山門連署「従三位—兼越前の守平朝臣通盛」→守 ❸書体の一つ。行書。→草・真

ぎゃう【仰】(形動ナリ){なら・なり(に)・なり・なる・なれ・なれ}大げさなさま。程度のはなはだしいさま。〔浄・丹波与作待夜小室節〕「この座敷は—・に用 滑って歩かれぬ」訳 この座敷はひどく滑って歩けない。

きゃう-えん【竟宴】(名)〔「竟」は終わるの意〕❶宮中で、書物の御前講義や、和歌集の勅撰の業などの終わったときに開いた宴。その書中のことにちなんで、詩や歌を作らせたり褒美を賜ったりする。❷祭事などがすんだあとに催す宴会。

きゃう-おう【饗応】「きゃうよう」とも。■一(名・自サ変)相手の機嫌をとって調子をあわせること。大鏡 道長上「中関白殿おぼし驚きて、いみじう—・し用 申させ給うて」訳 中関白殿(=藤原道隆)はびっくりなさって、(道長に)はなはだしく機嫌をとって調子をあわせ申しあげなさって。■二(名・他サ変)酒食を備えてもてなすこと。ご馳走。徒然 二三一「客人の—なども、ついでをかしきやうにとりなしたるも、誠によけれど」訳 客のご馳走なども、その場にふさわしいようにとりなしたのも、まことによいけれど。

きゃう-か【狂歌】(名)短歌の形式で、滑稽・洒落・風刺を盛り込んだ和歌。江戸時代の天明(一七八一—一七八九)のころが最盛期。作者は、四方赤良(大田南畝)・唐衣橘洲・朱楽菅江などが有名。

きゃう-がい【境界】(名)❶《仏教語》因果応報によって各自の受ける境遇。身の上。〔おらが春〕「おのれらは俗塵に埋もれて世渡る—ながら」訳 自分などは世間のわずらわしさにとらわれて生活している身の上であるのに。❷現在の境遇。〔浄・心中宵庚申〕「心は—に従って転じ変はる」訳 心は現在の境遇に従って変化する。❸力の及ぶ範囲。徒然 一九三「おのれが—にあらざるものをば、争ふべからず、是非すべからず」訳 自分の力の及ぶ範囲でない物事を、争ってはならないし、そのよしあしを論じてはいけない。

ぎゃう-がう【行幸】(名・自サ変)「ぎゃうかう」とも。天皇のおでかけ。お出まし。みゆき。源氏 紅葉賀「朱雀院の—は神無月の十日あまりなり」訳 (桐壺帝の)朱雀院へのお出ましは陰暦十月の十日過ぎである。⇩行幸「類語パネル」

ぎゃう-がう【行香】(名・自サ変)〔香を行ゃるの意〕「ぎゃうかう」とも。法会のとき、参会の僧たちに香を配り渡すこと。また、その役の人。〔栄花〕とりのまひ「今日の—の四位・五位庭に候ふ」訳 今日の香を渡す役の四位や五位(の者たち)が庭に伺候する。

ぎゃう-ぎ【行儀】(名)❶立ち居振る舞い。また、その作法。行い。〔太平記〕三「うたてかりける(=実に嘆かわしい)文観上人の—かな」❷手本とすべき姿。〔謡・安宅〕「それ山伏といっぱ、役の優婆塞の—を受け」訳 そもそも山伏というのは、役の行者の手本とすべき姿を受け継いで。

きゃう-きゃう【軽軽】(形動ナリ){なら・なり(に)・なり・なる・なれ・なれ}軽々しいさま。軽率なさま。大鏡 兼家「この春宮の御おとの宮たちは、少し—・に用 ぞおはしまし」訳 この皇太子の御弟の宮たちは、少し軽率でいらっしゃった。

きゃう-く【狂句】(名)❶連歌で、有心に対して無心のこと。滑稽な付け方をする連歌。❷俳諧。特に、蕉門俳諧で通俗・自由な句。〔笈の小文〕「かれ、—を好むこと久し」訳 彼(=芭蕉自身)は、俳諧を好んで久しい。❸川柳で、卑俗に走ったもの。

きゃう-くやう【経供養】(名・自サ変)経文を書き写して仏前に供え、法会を営むこと。枕 三三「なにがしにてその人のせし八講、—・せ未 しこと」訳 どこそこでだれそれのした法華八講や、(別の人が)経供養をしたこと(と比べて)。

ぎゃう-けい【行啓】(名・自サ変)「ぎゃうげい」とも。太皇太后・皇太后・皇后・皇太子・皇太子妃のおでかけ。お出まし。枕 八八「めでたきもの …后の昼の—」訳 すばらしいもの、…皇后の昼間のお出まし。⇩行幸「類語パネル」

きゃう-げう【経教】(名)経文。あるいは経文に示された教え。今昔 七・四五「石の経蔵(=経文を納める蔵)を造りて—を納め置くことを貴びて」

きゃう-げん【狂言】(名)❶道理にあわないことば。たわごと。〔太平記〕二〇「孔明が臥竜の勢ひを聞き怖ぢして、かかる—をば言ふ人なり」訳 (司馬仲達は)諸葛孔明の臥竜(=世に出ていない英雄)の威勢を聞き恐れて、このようなたわごとを言う人である。❷冗談。たわむれごと。〔義経記〕「『過ちは常のこと、孔子の倒れと申すこと候はずや』と—をぞ申しける」訳 「失敗はいつも起こることであり、孔子のような聖人でも時には失敗すると申すことがございませんか(いや、ございますよ)」と(弁慶は義経に)冗談を申し上げた。❸田楽・猿楽から起こり、能楽とともに室町時代に完成した演劇。軽妙・滑稽で、世相を風刺的に描いた。❹「歌舞伎狂言」の略。歌舞伎の出し物。

きゃうげん-きぎょ【狂言綺語】(名)〔「ぎょ」は「語」の漢音〕道理にあわないことばと、作り飾ったことば。ふつうは、仏教・儒教などの立場から小説・詩歌など文学をさしていう。平家 九・敦盛最期「—のことわりといひながら、遂に讃仏乗の因となるこそあはれなれ」訳 (音楽のような)狂言綺語の(類でも仏道に入る機縁になるという)道理があるというものの、(敦盛の笛が)結局仏道をほめたたえる(=直実が仏道に入る)直接の原因となっているのは感慨深いことだ。

きゃう-こう【向後・嚮後】(名・副)今後。以後。宇治 一四・一〇「—かかるわざすべからず」訳 今後このようなこと(=道長を呪咀すること)をしてはならない。

きゃう-ごく【京極】(名)平安京の東西の端に、南北に通る大路。単に京極という場合は、多く東京極をさす。⇩巻頭カラーページ30

京極為兼(きゃうごくためかね)『人名』(一二五四—一三三二)鎌倉後期の歌人。藤原為家の孫。為教の子。保守的な二条派

に対して、和歌の新風を主張した京極派の代表的歌人。大胆な詠歌が多い。「玉葉集」の撰者。歌集「為兼卿家集」、歌論書「為兼卿和歌抄」など。

京極為教（きやうごく ためのり）キョウゴク タメノリ『人名』(一二二七〜一二七九)鎌倉中期の歌人。藤原定家の孫、為兼の父。京極家の祖。兄為氏の二条家に対し、新風を志した。

ぎやう-ごふ ギョウゴウ【行業】(名)《仏教語》仏道の修行。〔保元物語〕「不慮の—を企つるなり」訳 思いがけない修行を実行に移すのである。

きやう-ざく キョウ—【警策】(名・形動ナリ)「かうざく」とも。(詩文や人柄などが)人を驚かすほどりっぱですぐれていること。源氏 花宴「文ども—・に(用)、舞ひ、楽、物の音どもととのほりて」訳 詩文のあれこれがすぐれていて、舞楽、管弦、楽器の音の多くもととのって。参考「警」はいましめること、「策」は馬にあてるむちの意。転じて、詩文全体をひきしめいきいきとさせるすぐれた語句のことをいった。

きやう-ざま キョウ—【京様】(名)京都の方角。宇治 七・五「—にのぼるほどに、宇治わたりにて日暮れにければ」訳 京都の方角に行くうちに、宇治のあたりで日が暮れてしまったので。

きやう-じ キョウ—【経師】(名)❶経文を書き写すことを職業とする人。のちには、経巻の表具を職とする人をいう。宇治 八・四「四巻経書き奉るべき紙、—に打ちつがせ、罫かけさせて」訳 四巻経をお書き申しあげる予定の紙を、経師に継がせ(=巻物を作り)、罫を引かせて。❷書画やふすま・屏風などを表装する職人。表具師。

ぎやう-じ ギョウ—【行事】(名)❶催しごと。年中行事。❷ある事を担当すること。また、担当者。責任者。平家 八・鼓判官「鼓判官知康が合戦の—承って」訳 鼓判官知康が合戦の責任者をお引き受けして。

きやう-しき キョウ—【京職】(名)律令制で、平安京の司法・警察・行政などをつかさどる役所。左京職と右京職とに分かれる。

きやう-しゃ キョウ—【狂者】(名)❶ふざけたことを行う人。狂言師。〔太平記〕五「—の言を巧みにする戯れにもあらず」訳 狂言師がことばをたくみにする冗談でもない。❷風流に徹した人。風狂の人。〔去来抄〕先師評「先師の意をもって見れば、少し—の感もあるにや」訳 亡き先生(=芭蕉)の考えで(この句を)見ると、少し風狂人の感じもあるのだろうか。

ぎやう-じゃ ギョウ—【行者】(名)❶仏道の修行をする人。修行者。〔栄花〕たまのうてな「弥陀如来雲に乗りて、光を放ちて—のもとにおはします(=おいでになる)」❷修験道の行者。修験者。

ぎやう-ず ギョウズ【行ず】(他サ変)〔ぜ・じ・ず・ずる・ずれ・ぜよ〕仏道を行う。修行する。徒然 四九「老い来りて、はじめて道を—・ぜ(未)んと待つことなかれ」訳 老いがやって来て、(その時に)はじめて仏道を修行しようと待っていてはならない。

ぎやう-ずい ギョウ—【行水】(名)❶《仏教語》潔斎のため、清水でからだを洗い清めること。宇治 一・一「御—も候はで読み奉らせ給へば」訳 おからだを洗い清めることもなさいませんで(経を)お読み申しあげなさるので。❷水や湯をたらいに入れ、汗を洗い流すこと。夏。〔続今宮草〕来山「—も日まぜになりぬ虫のこゑ」訳(夏の間毎日かかさなかった)行水も一日おきになったことだ。ふと気づくと、虫の声が聞こえる(秋が訪れていたことだよ)。

ぎやうずいの… 俳句

> 行水の　捨てどころなき　むしのこゑ　秋
> 〈をだまき綱目・鬼貫〉

訳 行水の湯を捨てようにも捨てる所がないほどに(夕闇の庭先一面に)鳴きすだく虫の声だよ。(むしのこゑ 秋)

きやう-ぜん キョウ—【饗膳】(名)ご馳走の膳。ご馳走の酒やさかな。徒然 六〇「出仕して、—などにつく時も、みな人の前据ゑわたすを待たず」訳(盛親僧都は、法要の)席に出て、ご馳走の膳などにつく時も、列席者全員の前に(膳を)いきわたらせるのを待たないで。

行尊（ぎやうそん）ギョウソン『人名』(一〇五五〜一一三五)平安後期の僧・歌人。修行中に諸国を遍歴し、後に天台座主となる。「小倉百人一首」に入集。家集「行尊大僧正集」

きやう-だう キョウドウ【経堂】(名)寺院で、経文を納めておく建物。経蔵。細道 平泉「—は三将の像を残し」訳 経堂には(藤原清衡・基衡・秀衡の)三代の将軍の像を残し。

ぎやう-だう ギョウドウ【行道】(名・自サ変)《仏教語》❶僧が読経しながら歩くこと。源氏 明石「月夜に出でて—・する(体)ものは、遣り水に倒れ入りにけり」訳 月の明るい夜に(戸外へ)出て読経しながら歩いているところが、なんとまあ、遣り水にころげ落ちてしまった。❷法会の一種。僧が列をつくって、読経しながら仏像や仏殿のまわりを回る儀式。

京伝（きやうでん）キョウデン『人名』→山東京伝

ぎやう-でん —【宜陽殿・儀陽殿】(名)内裏の殿舎の名。紫宸殿の東にあって、楽器・書籍などの歴代の御物を納めておく所。⇩巻頭カラーページ32

京都（きやうと）キョウト『地名』平安京。今の京都市。桓武天皇が延暦十三年(七九四)に長岡京から移して以来、明治二年(一八六九)東京遷都までの日本の首都。

ぎやう-にん ギョウ—【行人】(名)❶仏道を修行する人。修行者。今昔 一七・一四「仏道を修行する、やむごとなき(=尊い)—来り、住むこと絶えず」❷延暦寺で、雑役をする僧。堂衆。平家 二・山門滅亡 堂衆合戦「近年—とて、大衆をもこととともせざりしが、かく度々の戦ひにうち勝ちぬ」訳 最近は行人といって、衆徒をも問題にもしなかったが、このように、たびたびの合戦に勝ってしまった。❸高野山の僧のうち、大峰や葛城などの山を修行して回る者。❹乞食僧の一種。

きやう-びと キョウ—【京人】(名)都の人。源氏 常夏「ほのかに—と名のりける古大君女」訳 何やら都生まれと名のっていた皇族の血筋をひく老女。

ぎやう-ぶ ギョウ—【行歩】(名)歩くこと。歩行。平家 四・大衆揃「齢はすでに八旬にたけて、—叶ひがたう候ふ」訳 年齢がもう八十になって、歩行も困難です。

ぎやうぶ-きやう ギョウブキョウ【刑部卿】(名)刑部省の長官。正四位下相当官。

きゃう-ぶく【軽服】(名)遠い親戚の者の死去のために軽い喪に服すること。また、その時に着用する喪服。源氏 蜻蛉「后の宮の、御―の程はなほかくておはしますに」訳(明石の)中宮が、(叔父式部卿の宮の)軽い御服喪の間は、やはりこのようにして(六条院に)おいでになるが。↕重服

ぎゃうぶ-しゃう【刑部省】(名)律令制で、太政官に属する八省の一つ。裁判・処罰に関する事柄を扱う役所。のち権限が検非違使庁に移った。→八省。⇩巻頭カラーページ31

ぎゃう-ぼふ【行法】(名)仏道修行。また、その方法。特に、密教の修法をいう。徒然 一六〇「―も、法の字を澄みていふ、わろし」訳行法(という語)も、法の字を清音で発音するのは、よくない。

きゃう-よう【饗応】(名・自他サ変)「きゃうおう」に同じ。

ぎゃう-りき【行力】(名)《仏教語》仏道などの修行を積んで得た実践の力。験力。

きゃう-わく【狂惑】(名)心が狂い惑うこと。狂乱。宇治 一・六「―の法師にてありける(=あったことだ)」

きゃう-わらはべ【京童部】(名)「きゃうわらべ」「きゃうわらんべ」とも。京都の無頼の若者たち。今昔 一九・四〇「清水の橋殿にして―と諍ひをしけり」訳清水寺の舞台で京都の無頼の若者たちと喧嘩をしたのであった。

参考 好奇心が旺盛で、口やかましくいたずらずきな都会の若者という感じで使われる。

きゃう-わらんべ【京童部】(名)「きゃうわらはべ」に同じ。

ぎゃく-えん【逆縁】(名)《仏教語》❶仏道にさからう悪事がかえって仏道に入る縁となること。平家 一一・重衡被斬「願はくは―をもって順縁とし」訳どうか仏道にさからう悪事をもって仏道に入る縁とし。❷親が子の供養をしたり、縁のない者が他人の供養をしたりするなど、供養者が順当でない法事をすること。〔謡・隅田川〕「―ながら、念仏を申さうずるにて候ふ」訳(行き倒れた子とは)縁のない者の供養であるけれども、念仏を申し上げようと思うのでございます。(↕順縁)

きゃく-しき【格式】(名)「かくしき」とも。❶格と式。律令の不備を時代に合わせて補うために出された法規。❷身分や家柄によって、公に定められた儀式・服装・乗り物・住居などのきまり。平家 一・殿上闇討「兵仗を給はりて、宮中を出入するは、みな―の礼を守る」訳随身をいただいて(=召し連れることを許されて)、宮中を出入りするには、すべて公に定められたきまりの作法を守る。

きゃく-そう【客僧】(名)〔「客」は旅の意〕「かくそう」とも。旅の僧。諸国を行脚する僧。今昔 七・二八「衆僧その家に集会せる中に、一人の―あり」訳大勢の僧がその家で集まりをしている中に、一人の旅の僧がいる。

きゃ-しゃ【花車・華奢】(名・形動ナリ)《近世語》❶上品で優雅なこと。はなやかで美しいこと。〔浮・世間胸算用〕「この女も昔は千二百石取りたる人の息女、よろづを―・に用て暮らせし身なれども」訳この女も昔は千二百石を取っていた人の娘で、万事を優雅なようすで暮らしていた身の上であるけれども。❷容姿がほっそりとして上品なこと。〔浄・鑓の権三重帷子〕「〔おさいという女は〕三人の子の親でも、―骨細の生まれつき」

きゃつ【彼奴】(代)〔「かやつ(彼奴)」の転〕他称の人代名詞。ののしっていう語。あいつ。宇治 五・五「―に、悲しうはかられぬるこそとて」訳あいつに、口惜しいことにもだまされたのだと思って。

きゃら-きゃら(副)かん高く陽気に笑うさま。からから。〔おらが春〕「よくしたよくしたとほむれば誠と思ひ、―と笑ひて」訳よくやった、よくやったとほめるとほんとう(にほめられた)と思って、きゃっきゃっと笑って。

き・ゆ【消ゆ】(自ヤ下二)〔え・え・ゆ・ゆる・ゆれ・えよ〕❶(形のあるもの、見えていたものの)**形がなくなる**。消える。見えなくなる。古今 春上「けふ来ずはあすは雪とぞふりなまし―・え未ずはありとも花と見ましや」訳もし(私が)今日来なかったら、明日はきっと雪の降るように散ってしまうだろう。たとえ消えないであっても花として見るだろうか(いや、見はしない)。文法「けふ来ずは」の「ずは」は、打消の順接の仮定条件を表す。「なまし」の「な」は、助動詞「ぬ」の未然形で、ここは確述の用法。「消えずはありとも」の「ずは」は、連用修飾となって「…ないで」「…ずに」の意となる。❷**意識がなくなる**。正気を失う。また、意識されていたことがなくなる。源氏 手習「いと弱げに―・え用もていくやうなれば」訳(女=浮舟は)ひどく弱々しそうで、だんだん意識がなくなっていくようすなので。❸**死ぬ**。〔拾遺〕哀傷「秋風になびく草葉の露よりも―・え用にし人を何にたとへむ」訳秋風になびく草の葉に置く露よりも(はかなく)、亡くなってしまった人を何にたとえよう。⇩果つ「慣用表現」

きゅう【九・久・旧・灸・糺・糾・裘】⇩きう

きゅう【急】⇩きふ

きゅう-せん【弓箭】(名)❶弓と矢。平家 二・西光被斬「甲冑をよろひ、―を帯し馳せ集まる」訳鎧と兜をつけ、弓と矢を持って走り集まる。❷弓矢をとる人。武士。〔太平記〕一四「我譜代―の家に生まれ」訳私(=足利尊氏)は代々続いた武士の家に生まれ。❸いくさ。戦い。平家 一・殿上闇討「―に携はらん者のはかりことは、もっともかうこそあらまほしけれ」訳戦いに関わろうとする者の計略は、とりわけこのようにありたいものだ。

きゅう-ば【弓馬】(名)❶弓術と馬術。武芸。徒然 二二六「武士のこと・―の業は、生仏東国の者にて、武士に問ひ聞きて書かせけり」訳武士に関することや武芸の技術は、生仏(=人名)が東国の者であるので、武士に尋ね聞いて(信濃前司行長に「平家物語」を)書かせたそうだ。❷武家。武士。平家 七・願書「義仲、いやしくも―の家に生まれて、わづかに箕裘の塵をつぐ」訳(私)義仲は、身分不相応にも武士の家に生まれて、わずかに父祖の遺業のつまらぬことを継いでいる。❸いくさ。戦い。

きょ【挙】(名)推挙すること。推薦。大鏡 伊尹「前の

頭の―によりて、後の頭はなることにて侍りしなり」訳（昔は）前任の蔵人の頭の推挙によって、後任の蔵人の頭は決まるものであったのです。

きょ【虚】（名）❶むなしいこと。空虚。からっぽ。〔浮・日本永代蔵〕「その心はもと―にして、物に応じて跡なし」訳その（＝人間の）心は元来空虚であって、外界のものに応じてどうにでもなる（＝善ともなり悪ともなる）。❷備えのないこと。不用意。油断。〔浄・国性爺合戦〕「これぞ両勇戦はしめてその―をうつといふ軍法の秘密」訳これこそ二人の勇士を戦わせてその油断をつくという戦術の秘密（である）。❸事実でないこと。うそ。〔浮・傾城禁短気〕「そなたの身請けをするわが心底は、実か―か言うてみや」訳あなたの身を引き取る私の心の奥底は、まことかうそか言ってみよ。

きょ【裾】（名）束帯の下襲のうしろに長く引いた裾の部分。地紋や長さは官位や季節で異なる。⇩巻頭カラーページ12

ぎょ-【御】（接頭）（漢語の名詞に付いて）尊敬の意を表す。特に、天皇・上皇に関する事物や行為について用いられる。「―意」「―遊」「―製」

ぎょ-い【御衣】（名）天皇の衣服の尊称。平家 二・先帝身投「山鳩色の―に、びんづら結はせ給ひて」訳（安徳帝は）山鳩色（＝青みがかった黄色）のお召し物に、角髪（＝少年の髪形の一つ）をお結いになられて。

ぎょ-い【御意】（名）御心。おぼしめし。また、ご命令。仰せ。〔謡・夜討曽我〕「―を背くことはあるまじく候ふ」訳ご命令に反抗することはないつもりです。

ぎょ-いう【御遊】（名）天皇・貴人が主催する管弦などのお遊び。平家 一・殿上闇討「―もいまだ終はらざるに、ひそかにまかり出でらるるとて」訳（平忠盛は）天皇の御前で催された管弦のお遊びもまだ終わらないのに、こっそりと退出なさるということで。

き-よう【器用】（名・形動ナリ）❶役に立つ才能・能力のあること。また、その人。〔太平記〕三「誰をか追ひ手に下すべきとて、その―をぞ撰まれける」訳だれを追っ手につかわすのがよいかというので、その能力のある人をお選びになった。❷いさぎよいさま。りっぱなさま。〔謡・烏帽子折〕「あはれお―や、これぞ弓矢の大将と申すとも、不足よもあらじ」訳ああごりっぱなことよ、これこそ武士の大将軍と申し上げても、不足は決してあるまい。

きょう【興】（名）❶おもしろいこと。楽しいこと。興味。徒然 一三〇「我負けて、人を喜ばしめんと思はば、さらに遊びの―なかるべし」訳（わざと）自分が負けて、人を喜ばせようと思うなら、まったく遊びのおもしろみがないにちがいない。❷一時の座興。たわむれ。徒然 一七五「強ひ飲ませたるを―とすること、いかなる故とも心得ず」訳（酒を勧めて）むりに飲ませているのを一時の座興とすることは、どのような理由（から）ともわからない。❸漢詩の六義の一つ。ある事物に寄せて自分の感興を述べるもの。→六義①

きょう【向・狂・京・竟・経・卿・軽・境・警・嚮・饗】⇩きゃう

きょう【叫・孝・校・教・憍・驕】⇩けう

きょう【夾・脇】⇩けふ

きょう【今日】⇩けふ

ぎょ-う【御宇】（名）（「宇」は世界の意）天皇が天下を治めた期間。御治世。御代。平家 一・祇王「昔、鳥羽院の―に、島の千歳、和歌の前とて、これら二人が舞ひ出だしけるなり」訳昔、鳥羽院の御代に、（名を）島の千歳と和歌の前といって、これら二人が（白拍子を）舞い始めたのである。

ぎょう【仰・刑・行】⇩ぎゃう

ぎょう【暁・楽・澆】⇩げう

きょう-あ・り【興有り】おもしろみがある。興趣がある。趣が深い。徒然 一三五「―・る(体)あらがひなり。同じくは、御前にて争はるべし」訳おもしろい論争である。同じことなら、（天皇の）御前で争いなさるがよい。

きょう-がい【凶害】（名）人を憎んだり、傷つけて殺したりする行い。また、そのたくらみ。今昔 二〇・四二「人なほ心を風流にして、―を離るべきなり」訳人はやはり心を風流にして、他人を陥れたり傷つけたりする行為から離れなければならないのだ。

きょう-が・る【興がる】（自ラ四）{ら・り・る・る・れ・れ}（「がる」は接尾語）風変わりでおもしろいと思う。〔伽・御曹子島渡〕「七十五日と申すに、―・る(体)島につき給ふ」訳七十五日目と申す日に、風変わりでおもしろい島に（源義経は）お着きになる。

きょう-ぐ【供具】（名）「くぐ」に同じ。

きょうくゎう-きんげん【恐惶謹言】（名）男性が手紙などの終わりに記して、敬意を表す語。謹んで申し上げる意。

ぎょうくゎ-しゃ【凝華舎】（名）内裏の五舎の一つ。女官の部屋。壺（＝中庭）に梅が植えてあるので、「梅壺」ともいう。⇩巻頭カラーページ32

きょう-じ【凶事】（名）縁起の悪いこと。不吉なこと。徒然 二〇六「あへて―なかりけるとなん」訳少しも不吉なことがなかったことだ（ということである）。

きょう・ず【興ず】（自サ変）{ぜ・じ・ず・ずる・ずれ・ぜよ}興に入る。おもしろがる。徒然 一二九「いときなき子をすかし、おどし、言ひはづかしめて―・ずる(体)ことあり」訳幼い子供をだまし、おどし、からかっておもしろがることがある。

ぎょう-だう【凝当・凝濁】（名）杯の底に残った酒。また、それを捨てること。また、杯の底に残った酒で飲み口をすすぎ流すこと。「魚道」とも。徒然 一五八「―と申し侍るは、底に凝りたるを捨つるにや候ふらん」訳凝当と申しますのは、底に固まっている酒を捨てる（という）意味なのでしょうか。

きょう-と【凶徒・兇徒】（名）凶行をはたらく者。悪人。悪徒。平家 二・教訓状「入道身を捨てて―を追ひ落とし」訳（私）入道（＝平清盛）は身を捨てて悪人を追い払い。

きょう-な・し【興無し】（形ク）{から・く(かり)・し・き(かる)・けれ・かれ}つまらない。おもしろみがない。徒然 五六「をかしきことを言ひてもいたく興ぜぬと、―・き(体)ことを言ひてもよく笑ふにぞ、品のほどはかられぬべき」訳おもしろいことを言ってもたいしておもしろがらないのと、つまらないことを言ってもよく笑うのとで、人柄の程度はきっと推測できよう。

きょう-に-い・る【興に入る】おもしろがる。徒然 五三

「酔ひて―・る㊍あまり、傍らなる足鼎を取りて、頭にかづきたれば」訳 酔っておもしろがるあまり、そばにある脚のついた鼎を(手に)取って、頭にかぶったところ。

きょう‐を‐さか・す【興をさかす】興味をそそる。興趣をわかせる。源氏 明石「時々につけて、―・す㊍べき渚の苫屋」訳 (海辺には)季節季節に応じて興趣をわかせるにちがいない波打ちぎわの苫葺きの粗末な家(＝漁師の家)や。

ぎょ‐かん【御感】(名)天皇・上皇などが物事に感心すること。おほめ。平家 一・殿上闇討「上皇、―のあまりに内の昇殿を許さる」訳 (鳥羽)上皇は、ご感心のあまりに(平忠盛に)清涼殿の殿上の間へ入ることをお許しになる。

ぎょかん‐あ・り【御感有り】(天皇や貴人が)感心なさる。賞賛なさる。〔十訓〕一〇「かの三位に劣らざりければ、帝、―・り㊍て」訳 (笛を吹かせると)あの(博雅の)三位にひけをとらなかったので、帝は感心なさって。

ぎょかん‐な・る【御感なる】(貴人が)感心なさる。満足なさる。〔狂・餅酒〕「ようよみましたと有りて、―・ら㊍るる」訳 上手に(歌を)詠みましたと(おことばが)あって、感心なされる。

ぎょ‐き【御記】(名)天皇や貴人などの日記・記録。徒然 一六三「吉平が自筆の占文の裏に書かれたる―」訳 (安倍)吉平の自筆の占いを記した文書の裏にお書きになった天皇の御日記。

きよ‐きよ(副)驚くさま。ぎょっ。大鏡 道長上「さも胸つぶれて、―と覚え侍りしわざかな」訳 ほんとにまあびっくりして、ぎょっと思われたことでしたよ。

きょく【曲】(名)❶音楽・歌謡の調子や節。また、その作品。方丈 三「水の音に流泉の―をあやつる」訳 (流れる)水の音に(合わせて)流泉の曲(＝琵琶の秘曲)を巧みに演奏する。❷おもしろみ。愛想。〔謡・鉢木〕「あら―もなや、よしなき人を待ち申して候ふ」訳 ああおもしろみもないことよ、かいのない人をお待ち申しあげています。

玉葉和歌集(ぎょくえふわかしふ)『作品名』十四番目の勅撰和歌集。鎌倉後期、伏見院の院宣により京極為兼が撰進。正和元年(一三一二)成立。京極派の歌人の歌を中心に、万葉・新古今時代の歌など、約二千八百首を収める。歌風は清新で、自然観照に特色がある。→勅撰和歌集

きょくすい‐の‐えん【曲水の宴】「ごくすいのえん」とも。奈良・平安時代、宮中や貴族の邸宅で行われた行事。陰暦三月三日の上巳の節句に、曲がりくねった流れの角ごとに席を作り、上流から流された杯が自分の前を過ぎないうちに詩歌を作り、その杯を取って酒を飲み、また次へ流す遊び。春

ぎょく‐たい【玉体】(名)天皇のからだの尊称。平家 六・先帝身投「分段の荒き浪、―を沈め奉る」訳 六道に輪廻する人間の生死の運命を分ける(かのような)荒い波が、(安徳)天皇のおからだをお沈め申しあげる。

曲亭馬琴(きょくていばきん)『人名』→滝沢馬琴

きょく‐ほ【極浦】(名)遠くはるかな海岸。水平線のかなた。平家 七・福原落「―の浪をわけ、潮にひかれて行く舟は、半空の雲にさかのぼる」訳 水平線のかなたの波を分け、潮に流されて行く舟は、中空の雲にさかのぼる(ようである)。

きょく‐ろ【棘路】(名)(昔、中国で高官の座席を九本の棘を植えて表したことから)公卿の異称。九棘。平家 二・先帝身投「いにしへは槐門―のあひだに九族をなびかし」訳 かつては大臣・公卿の列に一家一門(の者)をつき従わせ。

きよ‐げ【清げ】(形動ナリ){なら・なり(に)・なり・なる・なれ・なれ}〔「げ」は接尾語〕❶さっぱりして、美しいさま。源氏 若紫「―・なる㊍おとな二人ばかり、さては、童べぞいでいり遊ぶ」訳 (尼君のそばに)こぎれいで美しい感じの女房が二人ほど(いて)、そのほかには、童女たちが出たりはいったりして遊ぶ。徒然 一九「山吹の―・に㊍、藤のおぼつかなきさましたる」訳 山吹の花がさっぱりと美しく(咲き)、藤の花がぼんやりとした姿をしているの(など)。❷きちんとしている。整っている。徒然 一四「やすくすなほにして、姿も―・に㊍、あはれも深くみゆ」訳 (昔の人の歌は)平易でくせがなくて、歌体も整っていて、しみじみとした趣も深く感じられる。

類語パネル

共通義	美しいさま。
きよげ	さっぱりして美しいさま。整えられた表面上の美をいい、美的水準は「きよら」に次ぐ。
きよし	汚れや濁りがなく清らかであるさま。
きよら	これ以上美しいものはないと思われる、輝くばかりに美しいさま。最高の美をいう。

きよ・し【清し】(形ク){から・く(かり)・し・き(かる)・けれ・かれ}

語義パネル

●重点義　少しのけがれもなく美しいさま。

❶(風景が)きれいである。清らかである。澄んでいる。
❷(容姿が)すっきりとして美しい。
❸(心が)潔い。邪念がない。潔白である。
❹(連用修飾語として)残るところなく。すっかり。

❶(風景が)きれいである。清らかである。澄んでいる。万葉 六・九二五「ぬばたまの夜のふけゆけば久木生ふる―・き㊍川原に千鳥しば鳴く」訳 →ぬばたまの… 和歌

❷(容姿が)すっきりとして美しい。〔浜松中納言物語〕「小中将の君とて…若う、かたち―・き㊍が許に」訳 小中将の君といって…若く、容貌のすっきりとして美しい人のところに。

❸(心が)潔い。邪念がない。潔白である。新古 雑下「海ならずたたへる水の底までに―・き㊍心は月ぞ照らさん」訳 →うみならず… 和歌

❹(連用形を用い連用修飾語として)残るところなく。

すっかり。枕 二七六「また人の問ふに、—・う用(ウ音便)忘れてやみぬる折ぞ多かる」訳(いつも記憶していることでも)改めて人が尋ねると、すっかり忘れてしまっている場合が多い。(⇩清げ「類語パネル」)

きょ-じつ【虚実】(名)❶ないこととあること。❷うそとまこと。〔浮・好色一代女〕「—の二つともに、皆憎からぬ男の事のみ」訳うそとまことのいずれにしても、(思い出すのは)すべていとしい男のことばかり。

きょじつ-ひにく【虚実皮膜】(名)《文芸用語》「きょじつひまく」とも。芸術は実(=まこと)を主とするが、その表現は、実そのままではなく、虚構と事実の微妙な間に、成立するということ。

発展「虚実皮膜」の演劇論
浄瑠璃作者近松門左衛門の演劇論として、三木貞成著「難波土産」序に、穂積以貫の聞き書きとしてみえる語。事実をそっくり写すことを好む時代だといっても、決してそのままに演じることはなく、芸術は虚構と事実の間に生まれるものだと説いている。

きょじつ-ひまく【虚実皮膜】(名)「きょじつひにく」に同じ。

ぎょ-しゅつ【御出】(名)貴人の外出。お出まし。平家 一・殿下乗合「殿下の—に鼻突きに参り合ふ」訳(平資盛は)摂政殿(=藤原基房)のお出まし(の行列)にばったりと参り合う。

ぎょ-しん【御寝】(名)「寝ること」の尊敬語。おやすみ。平家 六・紅葉「いつも御ねざめがちにて、つやつや—もならざりけり」訳(高倉天皇は)いつも御目を覚ましがちで、少しもおやすみにもならなかった。

ぎょしん-な・る【御寝成る】(自ラ四){ら・り・る・る・れ・れ}「寝」の尊敬語。おやすみになる。徒然 一三三「白河院は、北首に—・り用けり」訳白河院は、北枕でおやすみになった。

ぎょ-せい【御製】(名)天皇や皇族が作った詩歌や文章。平家 灌頂・大原御幸「女院の—とおぼしくて」訳女院(=建礼門院)の作られたお歌と思われて。

ぎょ-たい【魚袋】(名)節会や大嘗会などの儀式のとき、束帯姿の石帯の右腰につける飾り。鮫皮張りの長方形の小箱に、金の魚形をつけた金魚袋は三位以上、銀の魚形をつけた銀魚袋は四位・五位の人が用いた。

(ぎょたい)

ぎょ-だう【魚道】(名)「ぎょうだう」に同じ。徒然 一五八「さにはあらず。—なり。流れを残して、口のつきたる所をすすぐなり」訳そうではない。(杯の底に残った酒を捨てるのは)魚道(というの)である。(杯に)酒のしずくを残して、(自分の)口のついた所をすすぐのである。

清滝川(きよたきがは)『地名』歌枕 今の京都市右京区、高雄のあたりを流れ、保津川に合流する川。

清原深養父(きよはらのふかやぶ)『人名』(生没年未詳)平安前期の歌人。元輔の祖父、清少納言の曽祖父。「小倉百人一首」に入集。家集「深養父集」

清原元輔(きよはらのもとすけ)『人名』(九〇八〜九九〇)平安中期の歌人。三十六歌仙の一人。深養父の孫、清少納言の父。梨壺の五人の一人として、「後撰集」の撰にあたった。「小倉百人一首」に入集。家集「元輔集」

きよ-まはり【清まはり】(名)神事の儀式などのとき、心身を清めること。潔斎。〔栄花〕はつはな「ついたちには御灯の—なべければ」訳(陰暦三月)一日には(北斗星に)御灯をささげる潔斎の儀式であるはずなので。
文法「なべけれ」は「なるべけれ」の撥音便「なんべけれ」の「ん」の表記されない形。

きよ-まは・る【清まはる】(自ラ四){ら・り・る・る・れ・れ}❶物忌みして心身を清める。精進潔斎する。蜻蛉 中「人はかく—・る体ほどとて、例のやうにもかよはず」訳人(=夫の藤原兼家)はこのように精進潔斎する期間ということで、いつものようにも通って来ないで。❷清浄になる。潔白になる。源氏 若菜上「今しもけざやかに—・り用て、立ちにし我が名、今さらにとりかへし給ふべきにや」訳今になって(私=光源氏に対して)きっぱりと潔白にふるまっても、(いったん)立ってしまった(あの方=朧月夜)自身の浮き名を、今さらお取り消しになることができるだろうか(いや、できまい)。

きよ-ま・る【清まる】(自ラ四){ら・り・る・る・れ・れ}清くなる。清浄になる。潔斎して清浄になる。徒然 一七「山寺にかき籠りて、仏に仕うまつるこそ、つれづれもなく、心の濁りも—・る体心地すれ」訳山寺に引きこもって、仏にお仕えするのは、手もちぶさたな感じもなく、心の濁りも清らかになる気持ちがする。

清見潟(きよみがた)『地名』歌枕 今の静岡市清水区の海岸。三保の松原を南方にのぞみ、風光明媚。

清水(きよみづ)『地名』今の京都市東山区、東山の山腹にある清水寺を中心とする地域の称。

きよ・む【清む】(他マ下二){め・め・む・むる・むれ・めよ}❶よごれ・けがれを取り除く。平家 一〇・千手前「道すがらの汗いぶせかりつれば、身を—・め用て失はんずるにこそと思はれけるに」訳(平重衡は)道中の汗がきたならしかったので、からだを清潔にしてから(自分を)殺そうとするのだろうと思われたが。❷罪や汚名を払い除く。平家 一〇・首渡「父祖の恥を—・め未んがために(=はらそうとするために)、命を捨てて朝敵をほろぼす」

ぎょ-ゆう【御遊】⇩ぎょいう

きよ-ら

【清ら】「ら」は接尾語 一(形動ナリ){なら・なり(に)・なり・なる・なれ・なれ}**気品があって美しいさま。**華麗なさま。竹取 かぐや姫の昇天「装束の—・なる体こと、ものにも似ず」訳(天人たちの)服装が華麗であることは、たとえるものもない。源氏 桐壺「世になく—・なる体玉の男御子さへ生まれ給ひぬ」訳この世に例がないほど気品があって美しい玉のような皇子までもお生まれになった。⇩先の世「名文解説」・清げ「類語パネル」
二(名)気品のある美しさ。**華麗さ。**徒然 二「よろづに—を尽くしていみじと思ひ」訳万事に華美を極めてりっぱだと思い。

去来(きょらい)『人名』→向井去来

去来抄(きょらいせう)『作品名』江戸中期の俳論書。向井去来著。安永四年(一七七五)刊。「先師評」「同門評」「故実」「修行」の四部からなる。(版本では「故実」は除かれている)。芭蕉およびその門人の俳論を集成したもの。

きよら-を-つく・す【清らを尽くす】華美をきわめる。ぜいたくの限りを尽くす。源氏 桐壺「—・し㊊て仕うまつれり」訳(儀式の係は)華美を尽くしてお仕え申しあげた。

許六(きよりく)『人名』→森川許六

ぎょ-りょう【魚綾】(名)上質の綾織物。一説に、波に魚の紋のある綾織物とも。平家 九・宇治川先陣「—の直垂に緋縅の鎧着て」

ぎょ-りん【魚鱗】(名)陣立ての名。魚の鱗の形のように、中央に兵力を多くして突出させたもの。〔保元物語〕「—・鶴翼の陣を全うし」訳魚鱗や鶴翼の陣形を完璧に保ち。→鶴翼

（ぎょりん）

き-よ・る【来寄る】(自ラ四)〔ら・り・る・る・れ・れ〕寄って来る。寄せて来る。万葉 一三・三三三七「沖つ波—・る㊍浜辺を」訳沖の波が寄せて来る浜辺を。

き-ら【綺羅】(名)〔「綺」はあやぎぬ、「羅」はうすぎぬの意〕❶美しい衣服。平家 一・吾身栄花「—充満して、堂上花のごとし」訳美しい衣服(の人々)が満ちあふれて、御殿の中は花が咲いたようである。❷輝かしさ。はなやかさ。美しさ。徒然 一九一「万のものの—・飾り・色ふしも、夜のみこそめでたけれ」訳すべてのものの光彩・装飾・色調も、夜は特にすばらしい。❸威光の盛んなこと。栄華。平家 三・平大納言被流「世のおぼえ、時の—めでたかりき」訳世間の評判や、盛時の栄華がすばらしかった。

きらきら(-と)(副)❶光り輝くさまを表す語。きらきら。ぴかぴか。源氏 明石「人もなく、月の顔のみ—として」訳人影もなく、月のおもてだけがきらきらと輝いて。❷笑い声を表す語。けらけら。きゃあきゃあ。〔狭衣物語〕「—と、殊更び笑ひ入りつつ」訳きゃあきゃあと、わざとらしく笑いこけながら。

きらきら・し(形シク)〔しから・しく(しかり)・し・しき(しかる)・しけれ・しかれ〕「きらぎらし」とも。❶**きらきらと輝いている。**枕 四〇「茎はいと赤く—・しく㊊見えたるこそ、あやしけれどをかし」訳(ゆずり葉の)茎はたいそう赤くきらきらと輝いて見えているのが、品がないけれど趣がある。文法 係助詞「こそ」の結びは、「あやしけれど」と接続助詞「ど」が付いてさらに下に続くため消滅(=結びの流れ)している。❷**端正である。(容姿が)整って美しい。**万葉 九・一七三八「腰細のすがる娘子のその姿の—・しき㊍に」訳腰の細いすがる(=じがばち)のようなおとめで、その容姿が端正で美しいうえに。❸**堂々として威厳がある。**りっぱで美しい。枕 二九五「—・しき㊍もの　大将の御前駆追ひたる」訳堂々として威厳があるもの、(近衛の)大将がお先払いをしているの。❹**きわだっている。**格別だ。更級 宮仕へ「さりとて、そのありさまの、たちまちに—・しき㊍勢ひなどあんべいやうもなく」訳そうである(=宮仕えに出ている)からといって、その(=私の)ようすが、とたんに格別な勢いなどをもつようなはずもなく。文法「あんべい」は、「あるべし」の撥音便「あんべし」の連体形「あんべき」のイ音便。

き-らく【帰洛】(名・自サ変)都に帰ること。帰京。平家 二・康頼祝言「日ごとに熊野詣でのまねをして、—のことをぞ祈りける」訳(平康頼と藤原成経は)毎日熊野詣でのまねをして、帰京のことを祈った。

きら・す【霧らす】(他サ四)〔さ・し・す・す・せ・せ〕(空を)曇らせる。また、視界をさえぎる。源氏 行幸「あかねさす光は空にくもらぬをなどてみゆきに目を—・し㊊けむ」訳日の光は空に輝いて曇っていないのに(=冷泉帝は輝くほどお美しいのに)、どうしてあなた(=玉鬘)は行幸の日、雪に目を曇らせたのだろう(=行幸の姿を拝見しなかったのだろう)。(「あかねさす」は「光」にかかる枕詞。「みゆき」は「深雪」と「行幸」との掛詞)

きらは・し【嫌はし】(形シク)〔しから・しく(しかり)・し・しき(しかる)・しけれ・しかれ〕〔動詞「嫌ふ」に対応する形容詞〕いとわしい。いやだ。〔太平記〕三五「御心には—・しく㊊おぼし召しながら、辞するに詞や無かりけん」訳お心ではいとわしくお思いになりながら、断るのにことばが浮かばなかったのだろうか。

きらび-やか(形動ナリ)〔なら・なり(に)・なり・なる・なれ・なれ〕〔「やか」は接尾語〕❶はなやかで美しいさま。〔謡・鉢木〕「乗り替へ中間—・に㊊うち連れうち連れ上る中に」訳乗り替え用の馬や従僕をはなやかで美しいさまで引き連れ引き連れして上っていく中に。❷きっぱりとしたさま。著聞 二六五「『すみやかに流罪に行はれ候へかし』と、—・に㊊申してけり」訳「ただちに流罪に処しなさいませよ」と、きっぱりと申し上げたのだった。

きら・ふ【嫌ふ】(他ハ四)〔は・ひ・ふ・ふ・へ・へ〕❶いやがる。好まない。平家 二・西光被斬「殿上の交はりをだに—・は㊍れし人の子で」訳(あなた=平清盛は)殿上の間での交際をさえいやがられた人(=忠盛)の子で。❷区別する。分け隔てする。〔謡・隅田川〕「僧俗を—・は㊍ず人数を集め候ふ」訳僧侶と俗人とを分け隔てせずに大勢の人を集めています。

きら-ふ【霧らふ】《上代語》霧や霞が立ちこめる。霧や霞で曇る。万葉 二・八八「秋の田の穂の上に—・ふ㊍朝霞いつへの方にあが恋やまむ」訳→あきのたの…和歌

なりたち 四段動詞「霧る」の未然形「きら」＋上代の反復・継続の助動詞「ふ」

きら-め・く【煌めく】(自カ四)〔か・き・く・く・け・け〕〔「めく」は接尾語〕❶光り輝く。源氏 夕顔「前栽の露はなほかかる所も同じごと—・き㊊たり」訳植え込みの草木の露は、やはりこんな所(=五条の夕顔の家)でも(大邸宅と)同じようにきらきらと光っている。❷盛んに飾りたてる。盛装する。平家 一・一門大路渡「公卿も殿上人も、今日を晴れと—・い㊊(イ音便)てこそありしか」訳公卿も殿上人も、今日を晴れがましい日と盛んに飾りたてていた。❸盛んにもてなす。歓待する。徒然 一二三「貧しき所に、酒宴好み、客人に饗応せんと—・き㊊たる」訳(聞きづらく見苦しいことは)貧しい家で、酒宴を好み、来客に御馳走しようと盛んにもてなしていること(である)。

きら-らか【煌らか】(形動ナリ)〔なら・なり(に)・なり・なる・なれ・なれ〕きらきら

輝いて美しいさま。きらびやか。徒然 一〇「今めかしく—・なら㊅ねど、木立ものふりて」訳（身分も高く教養もある人の住まいは）当世風でなくきらびやかでないが、（邸内の）木立はなんとなく古びていて。文法「今めかしく」は対偶中止法で、対等の関係にある文節「きららかならねど」の、打消の助動詞「ね」（「ず」の已然形）が及ぶ。

きり【桐】（名）木の名。初夏に淡紫色の花を開く。材は琴・簞笥・下駄などにする。（桐の花 夏）

きり【霧】（名）【動詞「霧る」の連用形から】細かい水滴が地面や水面近くにたちこめて煙のように見えるもの。秋。枕 五「霞も—も隔てぬ空のけしきの、何となくすずろにをかしきに」訳 霞も霧もさえぎらない（初夏の）空の景色が、なんということもなく無性に風情があるころに。参考 中古以降、春立つのを霞、秋立つのを霧といって区別した。⇩霞「発展」

-きり【切り】（接尾）❶やや厚めに切ったものを数える。切れ。宇治 七・三「干し瓜を三—ばかり食ひきりて」❷「ぎり」とも。…だけ、…限り、の意を表す。〔無事志有意〕「赤い物はこれ—だ」

きり【切り】（名）❶くぎり。限り。期限。〔浮・西鶴織留〕「〔返済の〕—も定めず〔金を〕貸しける」❷能で、一曲の終末部分。キリ。❸歌舞伎・浄瑠璃で、作品または各段の最後の場や幕。また、その日の最後の出し物。

ぎ-り【義理】（名）❶物事の正しい筋道。道理。〔浮・好色五人女〕「『主人夫妻をたぶらかし、かれこれためしなき悪人』と、—をつめてそしりける」訳「〔茂右衛門は〕主人夫妻をだまし、あれやこれやで先例のない悪人（である）」と、道理をおし通して非難した。❷他人に対する面目。道徳上務めるべき道。〔浄・冥途の飛脚〕「ああ、大坂の〔亀屋への〕—は欠かれまい」❸文章・語句などの意味・内容。今昔 三・三〇「法華経を読誦して、その—を悟ること深し」訳 法華経を読み唱えて、その意味・内容を理解することが深い。

きり-かけ【切り懸け・切り掛け】（名）❶板塀の一種。柱に横板をよろい戸のように上から少しずつ重なるようにつけ、外から見えないように立てたもの。大和 四三「この大徳、房にしける所の前に—をなむせさせける」訳 この僧は、居室にしていた所の前に切り懸けを作らせた。❷①と同じように作った、室内用のついたて。

（きりかけ①）

きり-がみ【切り髪】（名）「きりかみ」とも。❶切り取った髪の毛。〔平中物語〕「『文』とて、さし出でたるを見るに、—をつつみたり」訳「手紙（です）」と言って、差し出したものを見ると、切った髪の毛を包んである。❷肩のあたりで切りそろえた少女の髪形。振り分け髪。❸江戸時代の女性の髪形。髷を結わずに束ねた髪を短く切りそろえたもの。武家の未亡人などが結った。

きり-きり（-と）（副）❶物のきしる音を表す語。きしきしと。〔仮名・恨の介〕「内より〔観音開きの〕片戸を—と細目に開け」❷強く巻いたり、引きしぼったりする形容。宇治 四・五「まだらなる小蛇の、—としてゐたれば」訳 まだらの小さな蛇が、きりきりととぐろを巻いていたので。❸てきぱきと。さっさと。〔浄・冥途の飛脚〕「なう忠兵衛、〔お金を〕—渡しゃ（＝渡しなさい）」

きりぎりす【蟋蟀】（名）こおろぎ（＝虫の名）の古名。秋。古今 秋上「—いたくな鳴きそ秋の夜の長き思ひは我ぞまされる」訳 こおろぎよ、ひどく鳴いてくれるな。秋の夜が長いように、長く尽きない物思いは私のほうがまさっているのだから。（「長き」に「夜の長き」と「長き思ひ」をかける）。文法「な（副詞）…そ（終助詞）」の形で禁止の意を表す。⇩巻頭カラーページ9

> **発展「きりぎりす」と「はたおり」**
> 中古や中世には、現在の「こおろぎ」を「きりぎりす」と呼び、現在の「きりぎりす」は、その鳴き声が機織りの音に似ていることから、「はたおり」「はたおりめ」と呼ばれた。

きりぎりす… 和歌《百人一首》

> きりぎりす　鳴くや霜夜の　さむしろに〔寒し〕〔さ筵〕
> 衣片敷き　ひとりかも寝ん
> 〈新古今・五・秋下・五一八・藤原良経〉

訳 こおろぎが鳴いている、この霜のふる夜の寒々としたむしろに、着物の片袖を敷いて、一人で（さびしく）寝るのだろうかなあ。修辞「さむしろ」は「寒し」と「さ筵」との掛詞。本歌取り。文法「鳴くや」の「や」は、間投助詞。「かも」は疑問の係助詞で、その結び「ん」は推量の助動詞「ん」の連体形。解説「衣片敷き」は、衣の片袖を敷物にして寝ることで、男女の共寝のときは、互いに袖を敷き交わすから、一人寝のさまをいう。「さむしろに衣かたしき今宵もや我を待つらむ宇治の橋姫」〈古今・恋四〉、「あしひきの山鳥の尾のしだり尾のながながし夜をひとりかも寝む」（訳↓あしひきの…和歌）〈拾遺・恋三〉を本歌とする。

きり-くひ【切り杭】（名）木の切り株。徒然 四五「かの木を伐られにけり。その根のありければ、『—の僧正』と言ひけり」訳（あだ名のもととなった）その木をお切りになってしまった。その根が残っていたので、（世間の人は今度は）「切り株の僧正」と言った。

きりしぐれ… 俳句

> 秋
> 霧しぐれ　富士を見ぬ日ぞ　面白き
> 〈野ざらし紀行・芭蕉〉

訳（箱根の山を越える今日）霧がしぐれのように薄く濃くたちこめて富士山は見えないが、それはそれで別の趣があるというものだ。（霧しぐれ 秋。切れ字は「き」で、係助詞「ぞ」の結び）

キリシタン【吉利支丹・切支丹】（名）〔Christão（ポルトガル語）の転〕天文十八年（一五四九）、イエズス会の宣教師ザビエルらが日本に伝えたカトリック系のキリスト教。天主教。また、その信者。

参考 はじめ「吉利支丹」の字を当てたが、徳川五代将軍綱吉以後「吉」の字をはばかり「切支丹」と書いた。

きり-そん・ず【切り損ず】(他サ変)｛ぜ・じ・ず・ずる・ずれ・ぜよ｝❶切るのに失敗する。切りそこなう。〔曽我物語〕「まことに—・じ㊥なば、いかなる悪霊にも成るべしと思ひより」訳(祐経の弟はほんとうに(五郎を)切りそこなったならば、どのような悪霊にもなるにちがいないと思ったので。❷切って傷をつける。徒然 八七「辛き命生きたれど、腰—・ぜ㊍られてかたはになりにけり」訳(具覚房は)かろうじて一命をとりとめたが、(太刀で)腰を切り傷つけられて障害のある身になってしまった。

きり-つぼ【桐壺】(名)「淑景舎」の異称。壺(=中庭)に桐が植えてあることから、こう呼ばれる。⇩巻頭カラーページ32

桐壺帝(きりつぼてい)『人名』「源氏物語」中の人物。桐壺の更衣を寵愛して光源氏をもうける。

桐壺の更衣(きりつぼのかうい)『人名』「源氏物語」中の人物。桐壺帝に寵愛されて光源氏を生むが、他の女御・更衣の嫉妬を受けて病気がちとなり、光源氏が三歳のとき、ついに里に帰って死ぬ。

きり-づま【切り妻】(名)❶寝殿造りで、中廊下から寝殿に入る口。切り妻戸。❷「切り妻屋根」の略。本を半開きにして伏せたような形の屋根。棟と軒の長さが等しい。

（きりづま②）

きり-ど【切り戸】(名)門の脇に設けたり、塀や扉の一部を切りあけて作ったくぐり戸。〔浮・好色一代女〕「—より内に行く」訳くぐり戸から奥のほうに行く。

きり-とほ・す【切り通す】トオス(他サ四)｛さ・し・す・す・せ・せ｝山や岩などを切り開いて、道路や水路をつける。古今 恋一「吉野の川岩—・し㊥行く水の音には立てじ恋ひは死ぬとも」訳 吉野川の岩を切り開いて(音高く)流れる水のように、(私は心中の思いを)声に出して告げはしまい。たとえ恋い死にはしようとも。(第三句までは「音には立て」を導きだす序詞)

きりのはも… 和歌

> 桐の葉も　踏み分けがたく　なりにけり
> かならず人を　待つとなけれど
> 〈新古今・五・秋下・五三四・式子内親王〉

訳 桐の葉も(散り積もって)踏み分けにくくなってしまったなあ。必ずしも(訪れてくる)人を待っているのでないけれど。修辞 本歌取り。

解説「わが宿は道もなきまで荒れにけりつれなき人を待つとせし間に」〈古今・恋五〉を本歌とし、白居易の漢詩句「秋の庭は掃はず藤杖に携はりて、閑かに梧桐の黄葉を踏んで行く」を踏まえる。本歌が、雑草が茂って道が隠れてしまったことで時間の経過をいうのに対し、この歌は桐の葉が厚く散り積もることで、過ぎていった時間の長さを表した。

きり-の-まよひ【霧の迷ひ】マヨイ ❶霧が立ちこめて、周囲の物がよく見えないこと。源氏 野分「—は、いと艶にぞ見えける」訳霧の中に見え隠れするようすは、(夕霧には)たいそう優美に見えるのであった。❷心の迷いや憂いのたとえ。源氏 橋姫「いぶせかりし—も晴るけ侍らむ」訳(姫君と会えず)不本意であった(私=薫の)憂いも晴らしましょう。

きり-ふ【切り斑・切り生】(名)(「ふ」はまだらの意)鷹の尾の白羽で、横に数条の黒い斑のあるもの。また、それを用いた矢羽。⇩巻頭カラーページ17

きり-ふたが・る【霧り塞がる】(自ラ四)｛ら・り・る・る・れ・れ｝❶霧が立ちこめて視界がさえぎられる。源氏 橋姫「入りもてゆくままに—・り㊥て」訳(山路に)だんだん入って行くにつれて霧が立ちこめて視界がさえぎられて。⇩繁木「名文解説」❷涙ではっきり見えなくなる。源氏 御法「涙の干る世なく、—・り㊥て明かし暮らし給ふ」訳(光源氏は)涙が乾くときがなく、涙ではっきり見えない(状態)で、(夜を)明かし(日を)暮らしていらっしゃる。⇩潮垂る「慣用表現」

きり-まは・す【切り回す】マワス(他サ四)｛さ・し・す・す・せ・せ｝物の周囲を切る。また、あちこちを切る。徒然 一八四「すすけたる明かり障子の破ればかりを、禅尼が手づから、小刀して—・し㊥つつ張られければ」訳すすけた障子の破れた所だけを、禅尼が自身の手で、小刀を使ってあちこちを切ってはお張りになったので。

きり-め【切り目】(名)❶切り口。〔太平記〕一〇「左の小脇に刀を突き立てて、右の傍腹まで—長く搔き破つて」訳(高重は)左の脇腹に刀を突き立てて、右の横腹まで切り口長くかき切って。❷物事の区切り。大鏡 道長下「歌いみじくとも、をりふし・—を見て仕うまつるべきなり」訳歌がすばらしくても、時と場合や物事の区切りを見きわめてお詠み申しあげるのがよいのである。

き-りゃう【器量】リョウ(名)❶才能や力量。また、それを持つ人。平家 九・敦盛最期「敦盛—たるによって持たれたりけるとかや」訳敦盛が名人であるので(先祖伝来の笛を)お持ちになっていたことだとか。❷顔だち。容姿。〔浄・夕霧阿波鳴渡〕「その—のよさ、おぼこさ」訳その顔だちのよさ、初々しさは。

き-りょ【羇旅・羈旅】(名)(「羇」「羈」はともに旅の意)❶旅。旅行。細道 日光「このたび松島・象潟の眺めともにせむことを悦び、かつは—の難をいたはらむと」訳(曽良は)今度松島や象潟を(私と)いっしょに眺めることを喜び、また一つには(私の)旅の苦労をいたわろうと。❷和歌・俳諧の部立ての一つ。旅情を詠んだもの。

きりょ-へんど【羇旅辺土】(名)辺地へ旅すること。遠方への旅。細道 飯坂「—の行脚」訳へんぴな片田舎への旅である諸国のめぐり歩き。

きり-わた・る【霧り渡る】(自ラ四)｛ら・り・る・る・れ・れ｝霧が一面に立ちこめる。更級 かどで「日の入りぎはの、いとすごく—・り㊥たるに」訳日が沈みかける時で、たいそうもの寂しく霧が一面に立ちこめている時に。

き-りん【麒麟・騏驎】(名)❶古代中国の想像上の動

物。聖人が世に出る前兆として現れるという。麒が雄、麟が雌という。
❷一日に千里を走るという名馬。駿馬。
❸すぐれた人物のたとえ。〔浄・国性爺合戦〕「日本の―これなるはと、異国に武徳を照らしけり」訳日本のすぐれた人物はこの人であることよと(いわれるほどに、国性爺は)、外国で武勇を輝かせた。

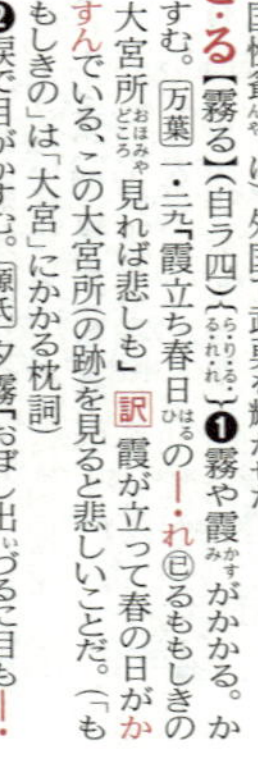
(きりん①)

き・る【霧る】(自ラ四)〈ら・り・る・る・れ・れ〉❶霧や霞がかかる。かすむ。〔万葉〕一・二九「霞立ち春日の―・れ(已)るももしきの大宮所見れば悲しも」訳霞が立って春の日がかすんでいる、この大宮所(の跡)を見ると悲しいことだ。(「ももしきの」は「大宮」にかかる枕詞)
❷涙で目がかすむ。〔源氏〕夕霧「おぼし出づるに目も―・り(用)ていみじ」訳(落葉の宮は母御息所のことを)お思い出しになると、(涙で)目もかすんで悲しい。

き・る【切る】■(他ラ四)〈ら・り・る・る・れ・れ〉❶切断する。断ち切る。〔万葉〕一四・三四九一「柳こそ―・れ(已)ば生えすれ世の人の恋に死なむをいかにせよとそ」訳柳は切るとまた生えてくるが、人の世の私が恋(の苦しみ)で死にそうなのをどうせよというのだ。
❷決着をつける。決定する。〔今昔〕二六・三五「いまだ勝負も―・ら(未)ぬに」訳まだ勝負も決まらないうちに。
❸期限を決める。〔浮・世間胸算用〕「十年―・っ(用)(促音便)て、銭一貫から三十目までにて、好きなる子供取りける」訳(年季は)十年を期限として、銭一貫から銀三十匁まで(の給金)で、好きな子供を雇ったのだ。
❹(動詞の連用形に付いて)完全に…する。すっかり…する。〔枕〕八二「今宵あしともよしとも定め―・り(用)てやみなむかし」訳今夜(こそ)悪いともよいともすっかり決めてしまおうよ。文法「かし」は、強く念をおす意の終助詞。
■(自ラ下二)〈れ・れ・る・るる・るれ・れよ〉❶切れる。分かれる。離れる。とだえる。〔記〕下「―・れ(未)む柴垣」訳(結び目も)切れるであろう柴垣。
❷尽きる。切らす。〔狂・止動方角〕「折節(=ちょうど)茶が―・れ(用)て御座りませぬ」
❸決まる。決着がつく。〔十訓〕九「とみに事―・れ(用)ざりければ」訳にわかに事が決着しなかったので。
❹それる。曲がる。〔細道〕あさか山「二本松より右に―・れ(用)て、黒塚の岩屋一見し」訳二本松から右に曲がって、黒塚の岩屋をちょっと見て。

きる【着る】(他カ上一)〈き・き・きる・きる・きれ・きよ〉❶(衣類を)身につける。着る。また、はく。頭にかぶる。〔枕〕四五「にげなきもの…下衆の紅の袴き(用)たる」訳似つかわしくないもの、…身分の低い女が紅の袴をはいているの。⇩召す「敬語ガイド」
❷(恩や罪などを)身に受ける。身に負う。〔伽・猿源氏草紙〕「また、いなと申せば、人の怨みをきる(終)と言ひ」訳また、いやと申すなら、人の怨みをこうむると言い。
参考 現在の「着る」より用法は広く、「はく」「かぶる」の意でも使われた。②は「着る」を比喩的に用いたもの。カ行上一段活用の動詞は「着る」の一語だけ。

きれ・う・す【切れ失す】(自サ下二)〈せ・せ・す・する・すれ・せよ〉切れてなくなる。〔徒然〕四二「たとひ耳鼻こそ―・す(終)とも、命ばかりはなどか生きざらん」訳たとえ耳や鼻が切れてなくなるとしても、命だけはどうして助からないことがあろうか(いや、助かるはずだ)。

きれ・じ【切れ字】(名)連歌・俳諧で、句末や句中にあって句の意味を切るはたらきをする語。助詞や活用語の終止形・命令形など。⇩付録「和歌・俳句修辞解説」

きろ・きろ(副)目などが輝くようす。きらきら。また、目玉を動かすさま。きょろきょろ。〔堤〕はいずみ「目の―として、またたきゐたり(=まばたきをして座っていた)」

きわ【際】⇩きは

きわまる【極まる・窮まる】⇩きはまる

きわむ【極む・窮む・究む】⇩きはむ

き・ゐる【来居る】(自ワ上一)〈ゐ・ゐ・ゐる・ゐる・ゐれ・ゐよ〉来てじっとしている。来てとまっている。〔古今〕春上「梅が枝に―・ゐる(体)鶯春かけて鳴けどもいまだ雪は降りつつ」訳梅の枝に来てとまっている鶯は、春を待ち望んで鳴いているけれども、いまだに雪は降りつづいていることだ。

ぎ・をん【祇園】(名)(仏教語)❶インドの舎衛国の祇陀太子の庭園にあった林。釈迦がここで説法をしたという。
❷「祇園精舎」の略。

祇園(ぎをん)〔地名〕今の京都市東山区にある祇園社(=八坂神社)。また、その付近一帯の称。

ぎをん・しゃうじゃ【祇園精舎】(名)(仏教語)〔「精舎」は寺の意〕インドの須達長者が舎衛国の祇陀太子の庭園を買って釈迦のために建てた寺。〔平家〕一・祇園精舎「―の鐘の声、諸行無常の響きあり」訳(釈迦が説法をした)祇園精舎の鐘の音は、諸行無常すなわち、すべてのものは絶えず変化してとどまることがないという響きがある。⇩平家物語「名文解説」

ぎをん・ゑ【祇園会】(名)京都の祇園社(=八坂神社)の祭礼。陰暦六月七日から十四日まで(現在は七月十七日から二十四日まで)行われる。祇園祭り。夏

きん【金】(名)❶黄色の光沢のある貴金属。こがね。
❷金貨。一分金のこと。

きん【琴】(名)奈良時代、中国から伝えられた琴の一種。七弦で琴柱がない。七弦琴。琴の琴。〔源氏〕須磨「―を少し掻き鳴らし給へるが、我ながらいとすごう聞こゆれば」訳(光源氏は)七弦琴を少しかき鳴らしなさった音が、自分ながらほんとうにもの寂しく聞こえるので。⇩巻頭カラーページ23

発展「こと」は弦楽器の総称
七弦のものを琴、十三弦のものを箏、四弦で胴の丸いものを琵琶といい、こうした弦楽器を総称して「こと」といった。琴は、琴柱がないため、音が弱く複雑な音色を出すこともできなかったので、平安中期にはすたれてしまい、「こと」はもっぱら箏をさすようになった。「源氏物語」の中でも琴を弾くことのできる人は限られている。

ぎん【吟】(名)❶詩歌・俳句を作ったり、歌ったりすること。また、その作品。〔去来抄〕先師評「これは、『猿蓑』二、三年前の—なり」訳 この句は、「猿蓑」より二、三年前の作品である。
❷謡曲で、声の強弱の程度。音調。

ぎん【銀】(名)❶白色の光沢のある貴金属。しろがね。
❷銀貨。〔浮・日本永代蔵〕「—五百貫目よりして、これを分限といへり」訳 銀貨五百貫目以上をかせぐようになると、この者を金持ちといっている。

金葉和歌集(きんえふわかしふ/キンヨウワカシュウ)『作品名』五番目の勅撰和歌集。平安後期、白河院の院宣により、源俊頼が撰進。大治元年(一一二六)から翌年の間に成立。平安後期の革新的な歌約六百五十首を収める。歌は客観的で素朴な写生表現が多い。→勅撰和歌集

きん-かい【禁戒・禁誡】(名)禁じ戒めること。また、その事柄。おきて。方丈 三「必ず—を守るとしもなくとも、境界なければ何につけてか破らん」訳 必ず(仏道修行者としての)戒律を守ろうと特に心がけることがなくても、(それを破る)状況がなければ、何に対して破ろうか(いや、破らないだろう)。

金々先生栄花夢(きんきんせんせいえいぐわのゆめ/キンキンセンセイエイガノユメ)『作品名』江戸後期の黄表紙。恋川春町作・画。安永四年(一七七五)刊。江戸に出てきた金村屋金兵衛が、粟餅屋で休んでいるうちに、栄華を尽くす夢を見、そのむなしさに気づき故郷に帰るという筋。黄表紙の先駆的作品。

金槐和歌集(きんくわいわかしふ/キンカイワカシュウ)『作品名』鎌倉初期の家集。源実朝の歌を集めたもの。建保元年(一二一三)ごろ成立。歌数約七百首。実朝は藤原定家に歌を学び、新古今風の歌を多く詠んだが、万葉調の力強い歌も注目される。「鎌倉右大臣家集」とも。

きん-ごく【禁獄】(名・他サ変)牢屋に入れること。平家 一・願立「目代近藤判官師経を—・せ(未)らるべき由奏聞す」訳 目代の近藤判官師経を牢屋に入れなさるのがよい旨を後白河法皇に申し上げる。

きん-ざ【金座】(名)江戸幕府の金貨鋳造をつかさどる役所。京都・駿府・佐渡などにもあったが、のち江戸に統一された。明治元年(一八六八)に廃止。→銀座

ぎん-ざ【銀座】(名)江戸幕府の銀貨鋳造をつかさどる役所。京都・駿府などにもあったが、のち江戸に統一された。明治元年(一八六八)に廃止。→金座

きんじ ⇩きんぢ

きん-しう シュウ**【錦繡】**(名)〔錦と、刺繡をした織物の意〕美しい衣服または織物。〔去来抄〕修行「—を飾り、御宴に侍りても、老いの姿あるがごとし」訳(老人が)美しい衣服で飾り、(主君の)御宴席に控えていても、(どことなく)老人らしい姿があるようなものである。

きん-じう ジュウ**【禽獣】**(名)鳥と獣。徒然 八〇「人倫に遠く、—に近き振る舞ひ」訳(武術は)人間に縁遠く、鳥や獣に近い行為で。

きん-じき【禁色】(名)〔衣服に使用を禁じた色の意〕位階によって着用する袍の色に規定があり、それ以外の色の着用を禁じたこと。その禁じられた色。また、天皇・皇族以外に、許可なく臣下が着用することを禁じられた色。平家 一・吾身栄花「—雑袍を許り」訳 禁じられた服色(を着ること)と略服である直衣(で参内すること)を許され。↔許し色

> **発展 禁じられた七色**
> 天皇・皇族以外の者は梔子色・黄丹色・赤色・青色・深紫色・深緋色・深蘇芳色の七色を禁じられた。ただし、天皇の許可(=禁色の宣旨)があれば禁色を着用できた。それを「色許さる」という。

きん-じゃう ジョウ**【今上】**(名)〔古くは「きんしゃう」とも〕当代の天皇。平家 一・額打論「大蔵大輔伊吉兼盛が娘の腹に、—一の宮の二歳にならせ給ふがましましけるを」訳 大蔵の大輔伊吉兼盛の娘の生んだ方に、当代の天皇の第一皇子で、二歳におなりになられる方がいらっしゃったが。

きん-じゅ【近習】(名)〔「きんじふ」の転〕主君のそば近く仕える者。近臣。近侍。徒然 一二八「院の—なる人、『ただ今、あさましきことを見侍りつ』と申されければ」訳 上皇の近臣である人が、「ただ今、あきれたことを見ました」と申し上げなさったところ。

きん-す【金子】(名)〔「す」は唐音〕金貨。また、貨幣。金銭。〔浮・世間胸算用〕「われ江戸で見し—、欲しや欲しやと思ひ込みし一念」訳 私が江戸で見た小判を、欲しい欲しいと思い込んだ一念で。

ぎん-す【銀子】(名)〔「す」は唐音〕❶銀を平らな楕円形にして紙に包んだもの。通用銀の三分にあたり、銀何枚と呼んだ。多くは丁銀をさす。〔浄・冥途の飛脚〕「巾着より—一枚取り出だし」
❷(江戸時代、関西では銀本位制であったので)金銭。貨幣。

ぎん-ず【吟ず】(他サ変){ぜ・じ・ず・ずる・ずれ・ぜよ}詩歌などを口ずさむ。または詩歌・俳句などを作る。〔去来抄〕先師評「ただ、一昨日はあの山越えつと、日々—・じ(用)行き侍るのみ」訳 ただ、「一昨日はあの山越えつ(花盛り)」と、(去来の)句を毎日口ずさんで旅をしているだけです。

きん-だい【近代】(名)最近。近ごろ。〔浮・日本永代蔵〕「—、泉州に唐かね屋とて、金銀に有徳なる人出で来ぬ」訳 最近、和泉の国(大阪府南部)に唐金屋といって、金銀に裕福である人が現れた。

近代秀歌(きんだいしうか/キンダイシュウカ)『作品名』鎌倉初期の歌論書。藤原定家著。承元三年(一二〇九)成立。源実朝の問いに応じた書。和歌の歴史、本歌取りの技法などについて説き、模範とすべき秀歌の例をあげる。

きん-だち【公達・君達】

(名)〔「きみたち」の撥音便。「たち」は尊敬の接尾語〕❶親王・摂家・清華(=公卿の家柄)などの**貴族の息子**または**娘**。平家 九・敦盛最期「平家の—助け船に乗らんと、汀の方へぞ落ち給ふらん」訳 平家のご子弟が助け船に乗ろうと、波打ち際のほうへ敗走しなさっているだろう。堤 このついで「ある—に、忍びて通ふ人やありけむ」訳 ある姫君に、こっそりと通う人があったのだろうか。
❷(代名詞的に用いて)**貴君**。**あなたさま方**。源氏 藤袴「—こそめざましくもおぼしめさめ」訳 あなたさま方(=宰相の君などの女房たち)は、(私=柏木のことを)気にくわないともお思いだろうが。

きんだちに… 俳句

> 公達に　狐化けたり　宵の春　春
> 〈夜半叟句集・蕪村〉

訳 あれ、あの貴公子は狐が化けたのだ(そう思われるほどに整った顔立ちの人が歩いている)。なまめかしくも朧な春の宵である。(宵の春(春)。切れ字は「たり」)

解説 蕪村好みの王朝絵巻を思わせる句である。

公任(きんたふ)『人名』→藤原公任

きん-ぢ(代)「きむぢ」に同じ。

きん-ちゃう【錦帳】(名)錦で作った垂れぎぬ。錦のとばり。

きん-ちゃく【巾着】(名)口をひもでくくるようにした袋。金銭や小物を入れて身につけた。〔浄・冥途の飛脚〕「━より銀子一枚取り出だし」

きん-ちゅう【禁中】(名)皇居。宮中。禁裏。徒然二「順徳院の、━のことども書かせ給へるにも」訳 順徳院が、宮中のいろいろなことをお書きになられたもの(＝「禁秘抄」)の中にも。⇩内裏「慣用表現」

きん-てい【禁廷・禁庭】(名)皇居。宮中。禁中。〔太平記〕一「山門横川の衆徒、款状を捧げて、━に訴ふる事あり」訳 比叡山横川の衆徒たちが、嘆願書を捧げ持って、宮中に訴え出る事件がある。⇩内裏「慣用表現」

きん-の-こと【琴の琴】(名)「きん(琴)」に同じ。

きん-ぷくりん【金覆輪】(名)「きんぷくりん」とも。鞍や刀の鞘などの縁を金または金色の金属でおおい飾ったもの。黄覆輪。平家九・敦盛最期「連銭葦毛(＝馬の毛色の名)なる馬に━の鞍置いて乗ったる武者一騎」

ぎん-ぽ【吟歩】(名・自サ変)詩歌を吟じながら、あるいは、詩歌を案じながら歩くこと。〔去来抄〕先師評「明月に乗じ山野━・し(用)侍るに」訳 明月の美しさにまかせて山野を句を案じながら歩いていますうちに。

ぎん-み【吟味】(名・他サ変)(詩歌を吟じ味わう意から)物事の内容・事情・罪状などをよく調べること。〔浮・好色一代男〕「わけ悪しからぬ退きやう━の上会ひ申し候ふ」訳 (その客と前の女郎とは)筋道の通った別れ方だと調査したうえでお会いしております。

きん-もん【禁門】(名)皇居の門。転じて、皇居。平家一・禿髪「━を出入すといへども、姓名を尋ねらるるに及ばず」訳 皇居の門を出入りするといっても、姓名を尋ねられることもない。⇩内裏「慣用表現」

金葉和歌集(きんようわかしゅう)⇩金葉和歌集

きん-り【禁裏・禁裡】(名)皇居。宮中。禁中。〔古活字本保元物語〕「仙洞も騒がしく、━も静かならざるに」訳 上皇の御所も騒々しく、皇居も静かでないが。⇩内裏「慣用表現」

「く」は「久」の草体
「ク」は「久」の省画

-く(接尾)《上代語》❶…することの意を表す。万葉五・八二三「梅の花散ら━はいづく」訳 梅の花が散るということはどこのことか。万葉一五・三七二三「あしひきの山路越えむとする君を心に持ちて安け━もなし」訳 山道を越えて遠い国に出かけ)ようとするあなたを、胸に抱いて(心が)安まることもない。(「あしひきの」は「山」にかかる枕詞)
❷連用修飾語になる。…することには。万葉五・八五二「梅の花夢に語ら━みやびたる花とあれ思ふ酒に浮かべこそ」訳 →うめのはな…和歌
❸文末にあって詠嘆を表す。…することよ。万葉一七・三八九二「磯ごとに海人の釣船泊てにけりわが船泊てむ磯の知らな━」訳 磯という磯に海人の釣船が停泊してしまったことだ。私の船が停泊するのによい磯がわからないことよ。(→らく(接尾))

接続 →文法 参照

文法 形のうえでは、四段・ラ変動詞の未然形、形容詞の古い未然形語尾「け」「しけ」の形に付く。また、助動詞「けり」「り」「む」「ず」の未然形と考えられた形に付き、「けらく」「らく」「まく」「なく」となり、「き」の連体形「し」に付き、「しく」などとなる。上接の語を名詞化するはたらきがあり、中古では、「いはく」「思はく」などの特定の語として残り、現代にも至っている。接尾語「らく」と補いあい、四段・ラ変以外の動詞には、「らく」が付く。この「く」と「らく」との複雑な接続を統一的に説明するため、「あく」という語を想定して、上の語の連体形にこれが付いたものとみる説があり、本書はこの説によっている。→あく(接尾)

く【句】(名)❶和歌で、五音または七音で一区切りとなっているもの。伊勢九「かきつばたといふ五文字を━の上に据ゑて、旅の心をよめ」訳 か・き・つ・ば・たという五文字を(和歌の五七五七七の)各句の最初に置いて、旅の気持ちを詠め。
❷漢詩で、五字または七字で一区切りとなっているもの。源氏 桐壺「御子もいとあはれなる━を作り給へるを」訳 若宮(＝光源氏)も実にみごとな詩句をお作りになったので。
❸連歌・俳諧で、五七五の長句、または七七の短句。また、発句。〔連理秘抄〕「〔連歌で〕花の━は最も大事のものなり」

く【来】(自カ変)❶来る。竹取「手にうち入れて家へ持ちてき(用)ぬ」訳 (翁は、かぐや姫を)手の中に入れて家へ持ってきた。徒然一九「雁鳴きてくる(体)ころ」訳 雁が鳴いてやってくるころ。
❷行く。通う。古今 恋三「限りなき思ひのままに夜もこ(未)む夢路をさへに人はとがめじ」訳 限りなく恋しい心にしたがって(せめて)夜にも通おう。(夜の)夢の通い路までを人は非難しないだろう(から)。(⇩参づ「敬語ガイド」)

活用

未然	連用	終止	連体	已然	命令
こ (ズ)	き (タリ)	く (○)	くる (コト)	くれ (ドモ)	こ〈こよ〉 (○)

参考 命令形は、中古ごろまで「こ」が普通であった。

く【消】(自カ下二){け・け・く・くる・くれ・けよ}消える。なくなる。万葉一七・四〇二四「立山の雪しく(終)らしも」訳 立山の雪がと

けているらしいよ。参考 連体形・已然形・命令形の確かな用例は見あたらない。

ぐ【具】(名) ❶連れ添う人。配偶者。源氏 浮舟「この宮の御―にてはいとよき間なり」訳 この(好色な)宮(=匂宮)の御連れ添いとしては、(浮舟は)たいそう似合いの間柄である。❷貴人の子女などの相手役。遊び相手。源氏 蜻蛉「姫宮の御―にて、いとこよなからぬ御ほどの人なれば」訳 (宮の君は)姫宮(=女一の宮)のお相手役として、それほど差のない御身分の人であるので。❸(食事などの)添え物。枕 四〇「齢を延ぶる歯固めの―にももてつかひためるは」訳 (ゆずり葉は)寿命を延ばす歯固め(の食事)の添え物にも使っているようだなあ。❹家具。道具。荷物。〔笈の小文〕「旅の―多きは道ざはりなりと、物みな払ひ捨てたれども」訳 旅の荷物が多いのは道中の邪魔であると、品物はすっかり捨て去ったけれども。

くいぜ〖株・杭〗⇩くひぜ

くう【功】(名)〔「功」の呉音「く」の転か〕てがら。功績。万葉 一六・三八五八「このころの我が恋力記し集め―に申さば五位の冠」訳 このごろの私の恋のための骨折りを記して集めて功績として申し上げるなら、五位の位(にあたるだろう)。

くう【空】(名・形動ナリ)《仏教語》世の中の物事はすべて因縁によって生じる仮の姿で、実体のないものであるということ。平家 二・大臣殿被斬「善も悪も―・なり㊇と観ずるが、まさしく仏の御心にあひかなふことにて候ふなり」訳 善も悪も実体のない仮の姿であると悟ることが、まさしく仏のお心にかなうことであるのです。

空海 (くうかい)〖人名〗(七七四〜八三五)平安初期の僧。真言宗の開祖。諡は弘法大師。讃岐(香川県)の人。延暦二十三年(八〇四)唐に留学し、帰国後、高野山に金剛峰寺を建立。詩文や書に秀で、嵯峨天皇・橘逸勢とともに「三筆」の一人。漢詩文集「性霊集」、詩論書「文鏡秘府論」など。

くう-きょ【空虚】(名)何もないこと。から。細道 平泉「すでに頽廃―のくさむらとなるべきを」訳 (光堂は)とっくに荒れはてて何もない草むらとなるはずのところを。

くう-づ-く【功付く・功就く】(自カ四)｛か・き・く・く・け・け｝「ぐうづく」とも。修行の功を積む。年功が積もる。源氏 若紫「あはれに―・き㊊て、陀羅尼読みたり」訳 しみじみと修行の功を積んだようすで、(北山の聖は)陀羅尼(=梵語の呪文)を読んでいる。

空也 (くうや)〖人名〗(九〇三〜九七二)平安中期の天台宗の僧。「こうや」とも。踊り念仏の開祖。各地を遍歴して念仏を唱え、浄土信仰の普及教化に努めるかたわら、道路の改修、造橋、堂宇の修理、難民救済などに尽力し、市聖、阿弥陀聖と称せられた。晩年、京都に西光寺(=六波羅蜜寺)を建立。

く-えう【九曜】(名)「九曜星」の略。日・月・火・水・木・金・土の七曜星に羅睺・計都の二星を加えたもの。陰陽道で、吉凶を占うのに用いる。

くが【陸】(名)陸地。平家 一一・那須与一「―には源氏くつばみを並べてこれを見る」訳 陸地では源氏が轡を並べてこれ(=那須与一が扇を射るようす)を見る。

く-がい【公界】(名)公。晴れの場所。また、世間。〔太平記〕一九「述懐は私事、弓矢の道は―の義、のがれぬ所なり」訳 不満は個人のことであるが、武道は(武士の身にとって)公のこと(であるから)、無関係で(=出陣しないで)いられないところである。

く-がい【苦界】(名) ❶《仏教語》苦しみの絶えない世界。人間界。❷《近世語》遊女の境遇。遊女のつらい勤め。〔伎・三人吉三〕「母の病気に―のつとめ」

くが-ざま【陸様・陸方】(名)陸のほう。宇治 三・七「虎、海より出で来ぬ。泳ぎて―にのぼりて」

くが-ぢ【陸路】(名)陸上の道。りくろ。〔太平記〕一六「甲斐河・三石二か所の城を構へて船路・―を支へんとす」訳 甲斐川と三石の二か所の城を構えて海路と陸路(からの攻撃)を防ごうとする。↔海路

く-がね【黄金・金】(名)《上代語》「こがね」に同じ。万葉 五・八〇三「銀も―も玉も何せむにまされる宝子にしかめやも」訳 →しろかねも…和歌

愚管抄 (ぐかんしょう)⇩愚管抄

くぎ-ぬき【釘貫】(名) ❶柱を立て並べて横に貫(=細長い板)を通した簡単な柵。更級 足柄山「関屋どもあまたありて、海まで―したり」訳 関所の番小屋がたくさんあって、海まで柵を立ててある。❷町の入り口に立てた木戸。〔浮・好色一代女〕「―木隠れにて彼の中間耳近く…と小語きければ」訳 木戸のこかげでその中間(=奉公人)の耳近く…とささやいたところ。

くき-みじか【茎短】(形動ナリ)｛なら・なり(に)・なり・なる・なれ・なれ｝槍や長刀の柄の、刃に近いほうを持って、短く柄を使うさま。平家 一一・能登殿最期「打ち物―・に㊊取って」訳 (能登の守教経は)刀の柄を短めに持って。

く-きゃう【究竟】■(名) ❶物事の究極に達すること。終極。今昔 七・一「この経を書写し誦持し読誦せむ」訳 この経を書写し、声に出して覚え、声に出して読み、世に広めるような者は、皆、天に生まれかわることができて、究極に達し悟りの境地に入るだろう。❷《仏教語》「究竟即」の略。天台宗でいう六即(=悟りの六階級)のうちの最上位。徒然 二一七「〔悟りの最上位の〕―は〔最下位の〕理即に等し」■(名・形動ナリ)「くっきゃう」に同じ。

く-ぎゃう【公卿】(名) ❶公と卿。公は太政大臣・左右大臣を、卿は大・中納言・参議およびその他の三位以上の人をいう。上達部。月卿。卿相。源氏 胡蝶「―といへど、この人のおぼえに、かならずしも並ぶまじきこそおほかれ」訳 公卿といっても、この人(=柏木)の人望に、必ずしも並びそうもない人が多い。❷「大臣・公卿」と並べていうときには、①の卿の意。方丈 二「帝より始め奉りて、大臣・―みなことごとく移ろひ給ひぬ」訳 天皇を始め申しあげて、大臣・公卿みなすべて(新しい都へ)移転なさってしまった。

くぎゃう-せんぎ【公卿僉議】(名)公卿による会議。平家 一・二代后「―あり。おのおの意見をいふ」

くぎょう〖公卿〗⇩くぎゃう

く・く【漏く・潜く】(自カ四){か・き・く・く・け・け}もれる。間をくぐり抜ける。〔記〕上「手俣より―・き(用)出でて」[訳](血が)指の間からもれ出て。

く-ぐ【供具】(名)「きょうぐ」とも。神仏に供える物。供物。また、供え物を盛る道具。[今昔] 一七・五〇「あるいは法施を奉り、あるいは―を備へて」[訳]ある者は経文をお読み申しあげ、ある者は供え物を供えて。

くぐつ【裹】(名)❶海辺に生える莎草という植物で編んだ袋。海藻などを入れるのに使う。[万葉] 三・二九三「―持ち玉藻刈るらむ」[訳](海女たちが)くぐつを持って玉藻を刈っているだろう。❷糸や、わらで編んだ網の袋。〔うつほ〕国譲下「絹、綾を、糸の(=糸で編んだ)―に入れて」

くぐつ【傀儡】(名)中古から行われた芸能の一つ。あやつり人形。また、その人形を舞わせたり曲芸や奇術を演じたりした芸人。

くぐつ-まはし【傀儡回し】―マワシ (名)各地をめぐり、あやつり人形をあやつって見せた芸人。曲芸や奇術も演じた。「傀儡」「傀儡師」とも。[春]。[今昔] 二八・二七「―の者ども多く〔国司の〕館に来りて」

（くぐつまはし）

くく・む【銜む・含む】■一(他マ四){ま・み・む・む・め・め}❶くるむ。包み持つ。〔狭衣物語〕「襁褓に―・ま(未)れ給へる、女帝にゆづり置き」[訳](まだ)産着にくるまれていらっしゃるお方に、女帝としての位を譲り残し。❷口の中に含む。[宇治] 一一・九「―・み(用)たる水を吐き捨てて」[訳](聖は)口の中に含んでいた水を吐き捨てて。■二(他マ下二){め・め・む・むる・むれ・めよ}❶口の中に含ませる。[源氏] 横笛「つぶつぶとをかしげなる胸をあけて乳など―・め(用)給ふ」[訳](雲居の雁は)ふっくらとして美しい感じの胸をあけて、乳などを(若君の)口の中に含ませなさる。❷納得させる。言い含める。[枕] 能因本・九一「『きたなげならむはかき捨てて』など、言ひ―・め(用)て遣りたれば」[訳]「きたならしいような所は捨てて(雪の白い所を持っておいで)」などと、言い含めてやったところ。

くぐ・む【屈む】■一(自マ四){ま・み・む・む・め・め}かがむ。こごむ。〔義経記〕「笛の音の近づきければ、さし―・み(用)て見れば」[訳]笛の音が近づいてきたので、かがんで見ると。■二(他マ下二){め・め・む・むる・むれ・めよ}身をかがめる。〔太平記〕一七「皆背を―・め(用)てぞ立ったりける」[訳]みな背中をかがめて立っていた。

くくもり-ごゑ【くくもり声】―ゴエ (名)「くぐもりごゑ」とも。内にこもってはっきりしない声。含み声。[徒然] 五三「ものを言ふも、―に響きて聞こえず」[訳](法師が)ものを言うのも、(頭にかぶった足鼎の)内にこもったはっきりしない声に響いて(よく)聞こえない。

くくり【括り】(名)❶袋の口、また、狩衣の袖や指貫の裾などをくくるひも。[源氏] 夕顔「徒歩より、君に馬は奉りて、―引き上げなどして」[訳](惟光は)徒歩で、君(=光源氏)に馬は差し上げて、(指貫の)くくりひもを引き上げなどして。❷わなの一種。[著聞] 五六〇「―をかけて鹿をとりけるほどに、ある日大鹿かかりたりける」[訳]わなをしかけて鹿を捕っていたところ、ある日大きな鹿がかかっていた。

くくり-ぞめ【括り染め】(名)糸で布をくくり、部分的に白く染め残す染め方。また、その模様。絞り染め。[源氏] 関屋「いろいろの襖のつきづきしき縫ひ物、―のさまも」[訳]さまざまな彩りの狩衣の、それに似つかわしい刺繡や絞り染めのありさまも。

くくり-もの【括り物】(名)「括り染め」にしたもの。[枕] 一五九「とくゆかしきもの　巻き染め・むら濃・―など染めたる」[訳]早く(結果を)知りたいもの、巻き染め・むら濃・絞り染めなどに染めたの。

くく・る【潜る】(自ラ四){ら・り・る・る・れ・れ}〔中古以降は「くぐる」〕❶物の間や下を抜けて通る。すりぬける。漏れて出る。[万葉] 四・五〇七「しきたへの枕ゆ―・る(体)涙にぞ浮き寝をしける恋の繁きに」[訳]枕から漏れ流れる涙に(この身も)浮かぶほどの悲しみにくれて寝たことだ、恋しさが絶え間ないから。(「しきたへの」は「枕」にかかる枕詞)。[文法]「枕ゆ」の「ゆ」は、起点を表す上代の格助詞。

❷(水中を)もぐって行く。[平家] 九・宇治川先陣「水の底を―・っ(用)(促音便)て、むかへの岸へぞ着きにける」[訳]水底をもぐって行って、向かいの岸へ着いた。

くく・る【括る】(他ラ四){ら・り・る・る・れ・れ}❶結んでまとめる。しばる。[平家] 二・西光被斬「宙に―・っ(用)(促音便)て西八条へ下げて参る」[訳](西光法師を)宙づりにしばって西八条へぶら下げて参上する。❷くくり染めにする。[古今] 秋下「ちはやぶる神代もきかず竜田川からくれなゐに水―・る(終)とは」[訳]→ちはやぶる…[和歌]

愚管抄(ぐくわんせう)グカンショウ〔作品名〕鎌倉前期の歴史書。慈円著。承久二年(一二二〇)成立。神武天皇から順徳天皇までの歴史を編年体で記す。仏教思想に基づく歴史観に貫かれた「道理」を論じている。

く-げ【公家】(名)❶天皇。また、朝廷。[平家] 三・紺掻之沙汰「―にもかやうのことをあはれとおぼしめして」[訳]朝廷でもこのようなことを気の毒だとお思いになって。⇩御門「慣用表現」❷(武家時代、「武家」に対して)朝廷に仕える貴族。〔風姿花伝〕「―の御たたずまひ、武家の御進退は、及ぶべき所にあらざれば」[訳]朝廷に仕える貴族のごようすや、武士のおふるまいは、(われわれ身分の低い者が)まねることができるものではないので。

く-げん【苦患】(名)《仏教語》死後、地獄道に落ちて受ける苦しみ。また、広く、苦しみ。〔太平記〕二〇「もし一時の―を語るとも、聞く人は地に倒れつべし」[訳]もしある瞬間の苦しみを語るとしても、(それを)聞く人は(そのむごさに)きっと地面に倒れてしまうにちがいない。

く-ご【箜篌】(名)「くうご」「くうこう」とも。インドから朝鮮を経て渡来した弦楽器。ハープの一種。百済琴。〔謡・羽衣〕「声添へて数々の、簫・笛・琴・―、孤雲のほかに満ち満ちて」[訳](天女の歌う)声とともに数々の簫・笛・琴・箜篌の音が、ひとひらの雲のかなたに満ちあふれて。⇩巻頭カラーページ23

ぐ-ご【供御】(名)「くご」とも。❶飲食物の敬称。天皇や将軍のものにいう。お食事。[徒然] 四八「―を出だされて食はせられけり」[訳](後鳥羽上皇は藤原光親に)

お食事をお出しになって食べさせなさった。

❷《女房詞》ごはん。飲食物。

く-ごふ【口業】(名)《仏教語》三業(＝意業・身業・口業)の一つ。口、すなわち言語によって作られる報いのもと。方丈 三「ことさらに無言をせざれども、ひとり居をれば、―を修めつべし」訳 特に無言の行をしなくても、一人で暮らしているので、きっとことばによる罪を慎むことができる。

くさ【草】(名)❶草本植物の俗称。草。枕 六六「―は菖蒲。菰。葵、いとをかし」訳 草は、菖蒲。菰。葵は、たいそう趣がある。

❷屋根葺きや壁の材料とする、わら・かやの類。

-くさ【種】(接尾)❶(数を表す語に付いて)種類の数を数える。古今 仮名序「六―に分かれむことは」訳 (和歌が)六種類に分類されるようなことは。

❷「ぐさ」とも。(動詞の連用形に付いて)動作の原因・材料などを表す。「もてなやみ―」「遊び―」「言ひ―」

くさ【種】(名)❶物事を起こすもと。原因。たね。源氏 行幸「ただなるものの―の少なきを」訳 ただ(私＝光源氏には)そのようなもののたね(＝子供)が少ないので。

❷種類。源氏 紅葉賀「唐土、高麗と尽くしたる舞ども、―多かり」訳 唐楽、高麗楽と数を尽くしたいろいろな舞楽(の曲目)は、種類が多い。

く-さ【来さ】(名)〔「さ」は時の意の接尾語〕来る時。万葉 三・二八一「白菅の真野の榛原往くさ―君こそ見らめ真野の榛原」訳 真野の(美しい)榛原を、行く時にも来る時(＝帰り)にもあなたは見るだろう(が私は見られない)。その真野の榛原を。〔「白菅の」は「真野」にかかる枕詞〕。↔行くさ

くさ-がくれ【草隠れ】(名)❶草の中に隠れること。また、その場所。〔平中物語〕「みそかに―にうかがひ寄りて」訳 (男は)こっそりと草の中の隠れ場所で(女のようすを)さぐり寄って。

❷草深い住まい。源氏 蓬生「かかる―に過ぐし給ひける年月のあはれもおろかならず」訳 このような草深い住まいでお過ごしになった年月のいたわしさもひととおりでなく。

くさ-かひ【草飼ひ】(名)馬にまぐさを与えて養うこと。平家 八・妹尾最期「備中の妹尾は、馬の―よい所で候ふ」訳 備中(岡山県西部)の妹尾は、馬の飼育に適した所でございます。

くさ-ぐさ【種種】(名)種類の多いこと。いろいろ。さまざま。古今 仮名序「あるは、春夏秋冬にも入らぬ―の歌をなむ、えらばせ給ひける」訳 あるいは、春夏秋冬(の)いずれにも入らないいろいろの歌を、(醍醐天皇は撰者に)撰ばせなさった。

くさ-ざうし【草双紙】(名)江戸時代の通俗的な絵入り小説の総称。広義には、赤本・青本・黒本・黄表紙・合巻をいい、狭義には合巻のみをさす。

-くさ-し【臭し】(接尾ク型)それに似たようすである。…らしい。〔浮・好色一代男〕「鴨の長明が孔子―き(体)身の取り置きも」訳 鴨長明の、孔子めいた堅苦しい身の持ち方も。

くさ-し【臭し】(形ク)(から・く(かり)・し・き(かる)・けれ・かれ)❶くさい。方丈 三「取り捨つるわざも知らねば、―き(体)香世界にみち満ちて」訳 (死体を)取り除く方法もわからないので、くさいにおいがあたりに充満して。

❷あやしい。うさんくさい。

くさ-ずり【草摺り】(名)鎧の胴のすそに垂らして腰から下をおおう部分。平家 一一・能登殿最期「鎧の―かなぐり捨て、胴ばかり着て」訳 鎧の草摺りをほうり出して、胴だけを着て。⇨巻頭カラーページ16

くさずり-なが【草摺り長】(名・形動ナリ)鎧の草摺りを長く見せるようにゆったりと着ること。また、そのさま。平家 二・一行阿闍梨之沙汰「黒革縅の鎧の大荒目にかねまぜたるを、―に(用)着なして」訳 黒革縅の鎧で、非常に荒く綴った札に鉄の札をまじえたものを、ことさら草摺りを長く見せるように着て。

くさなぎ-の-つるぎ【草薙の剣】(名)三種の神器の一つ。素戔嗚尊が、退治した八俣大蛇の尾から得たと伝えられる剣。日本武尊が東征の際、敵の火攻めにあったときに、この剣で草を薙ぎ払って難を逃れたという。「くさなぎのたち」「天の叢雲剣」とも。〔紀〕景行「倭姫命、―を取りて日本武尊に授けてのたまはく(＝おっしゃることには)」→三種の神器

くさ-の-いほ【草の庵】「くさのいほり」に同じ。

くさ-の-いほり【草の庵】〔「草庵」の訓読〕草ぶきの簡素な家。わび住まい。細道 松島「落穂・松笠などうちけぶりたる―、閑かに住みなし」訳 落ち葉や松笠などを焼く煙でちょっとけむっている草庵に、(世捨て人が)いかにも心静かに住んでいて。⇨苫屋「慣用表現」

くさ-の-かげ【草の陰】墓所。あの世。草葉の陰。平家 七・忠度都落「一首なりとも御恩を蒙りて、―にてもうれしと存じ候はば、遠き御まもりでこそ候はんずれ」訳 たとえ一首でも御恩をこうむって(勅撰集にのせて)いただき、草葉の陰でもうれしいと思いますならば、遠いあの世からの(あなたに対する)お守りでおりましょう。⇨後世「慣用表現」

くさ-の-たもと【草の袂】草を衣のたもとに見立てた語。古今 秋上「秋の野の―か花すすきほにいでてまねく袖と見ゆらむ」訳 秋の野の草でできた着物のたもとなのか、花すすきは。(だから)穂が出て(恋しさを)あらわにして(恋人を)招く袖と見えるのだろう。

くさ-の-と【草の戸】草ぶきのそまつな家の戸。また、そまつな住まい。「草のとざし」とも。細道 芭蕉「―も住み替はる代ぞひなの家」訳 →くさのとも…俳句。⇨苫屋「慣用表現」

くさ-の-とざし【草のとざし】❶「くさのと」に同じ。

❷生い茂った草で出入り口などが閉ざされること。また、その草。源氏 若紫「立ちとまり霧のまがきの過ぎうくは―にさはりしもせじ」訳 立ち止まって、霧の(立ち込めた、この)垣根が通り過ぎにくいならば、草で閉ざされた戸に(など)じゃまされもしないだろうに。

くさのとも… 俳句

> 草の戸も　住み替はる代ぞ　ひなの家　‖春
> 〈おくのほそ道・出発まで・芭蕉〉

訳（自分のような世捨て人の）ささやかな草庵も住み替わる時が来た。（後の住人は自分とちがって妻子もいるので）間もない陰暦三月の節句にはひな人形も飾られてはなやいだ家と変わることだ。（ひな〔春〕。切れ字は「ぞ」）解説「おくのほそ道」への旅の出発前、深川の草庵を他人に譲って出るときの句。

くさ-の-はら【草の原】 ❶雑草の茂っている野原。草原。新古 冬「霜枯れはそことも見えぬー誰にとはまし秋のなごりを」訳 霜枯れ（の今）では、（草花が咲き乱れていた場所は）どこにあるともわからない草の野原よ。だれに聞いたらよいのだろう。秋の名残（がどこにあるか）を。

❷草の茂った墓所。〔浜松中納言物語〕「ーを尋ね給はむほどのあはれ、さりとも、あさくはおぼさじ」訳（私の死後）草の茂った墓場を探し求めなさるだろう折のしみじみとした感慨は、いくらそうであっても（＝私を恨んでいらっしゃるとしても）、浅くはお思いにならないだろう。

くさ-の-まくら【草の枕】「くさまくら（名詞）」に同じ。

くさ-の-むしろ【草の筵】「くさむしろ」とも。敷物として敷く草。また、草を敷物とした寝床。そまつな旅の寝床。源氏 若紫「草の御筵も、この坊にこそまうけ侍るべけれ」訳（光源氏の）旅寝の御宿も、私の僧坊に設けるのが当然でございますのに。⇩草枕「慣用表現」

くさ-の-やどり【草の宿り】 ❶草を床として野宿をすること。草を宿とすること。〔後撰〕秋上「きりぎりすーに声絶えず鳴く」訳 こおろぎが草を宿として、（私の草庵に）声も絶えることなく鳴いているよ。（「草の宿り」に②の意をかける）。⇩草枕「慣用表現」

❷そまつな住まい。草の庵。源氏 鈴虫「心もてーを厭へども」訳（あなたは）自分から（この）そまつなすみかをいやだと思うけれども。⇩苫屋「慣用表現」

くさ-の-ゆかり【草の縁】 なんらかの縁によってつながる他のものにも、情愛が及ぶこと。また、なんらかの縁でつながるもの。紫の縁。草のたより。〔拾遺〕物名「紫の色には咲くな武蔵野の草のーと人もこそ見れ」訳 紫色に咲いてはならない。武蔵野に咲くという紫草の縁故だと、人が見るといけないから。（「咲くな武蔵野」に「さくなむざ（＝植物の名。しゃくなげ）」を詠みこむ）

参考「むらさきのひともとゆゑに武蔵野の草はみながらあはれとぞ見る」（訳 →むらさきの…）和歌〈古今・雑上〉による語。

くさ-はひ【種】（名）❶物事の原因。もと。材料。種。源氏 帚木「難ずべきーまぜぬ人は、いづこにかはあらむ」訳 非難すべきたねを混ぜ（て持ってい）ない人は、どこにいるだろうか（いや、どこにもいないだろう）。

❷種類。品々。〔落窪〕「物のーは並びたれば」訳（食膳には）食べ物の種類は（いろいろと）並んでいるので。

❸趣。風情。おもしろみ。源氏 末摘花「何のーもなくあはれげなる、まかでて人々食ふ」訳 何ほどの趣もなく気の毒な感じの食べ物を、（御前から）引き退いて女房たちが食べている。

くさ-びら【草片】（名）❶青物。野菜。

❷きのこ。〔秋〕。〔うつほ〕国譲下「御前の〔庭の〕朽ち木に生ひたるーども羹（＝吸い物）にさせ」

❸斎宮の忌み詞で、獣の肉。

くさ-まくら【草枕】（名）**草を結んで枕にして野宿すること。旅寝。**また、**旅。**「草の枕」とも。〔続詞花〕「ーねくたれ髪をかきつけしその朝顔の忘られぬかな」訳 草を枕にする旅で寝乱れた髪を櫛でなでつけた、朝顔の花のように可憐なその朝の顔が忘れられないよ。（「朝顔」は「朝の顔」と花の「朝顔」との掛詞）

慣用表現「旅寝」を表す表現

石枕・仮寝・仮枕・草の枕・草の筵・草の宿り・草枕・旅枕・枕結ぶ

ポイント 多く「石」「草」「旅」と「寝」「枕」を組み合わせて表現される。

くさまくら【草枕】《枕詞》「旅」「結ぶ」「ゆふ」「かり」「露」、地名の「多胡」などにかかる。一説に、実景とも。万葉 三・四五一「ー旅にまさりて」。新古 羇旅「ーゆふ風さむく」。万葉 一四・三四〇三「ー多胡の入野の」

くさめ（感）（くしゃみをすると早死にするという俗信から）くしゃみが出たときに唱える呪文。徒然 四七「道すがら、『ー、ー』と言ひもて行きければ」訳 道の途中、「くさめ、くさめ」と言いながら行ったので。

発展 呪文の「くさめ」

今日「くしゃみ」というと、鼻の粘膜が刺激されて、鼻や口から激しく急に息が出る反射運動をさす。昔の人は、この反射運動によって魂が飛び出し、突然の死をも招くことがあると考えていたらしい。「くさめ」は、くしゃみが出たときに唱える呪文であった。今日いう「くしゃみ」は「鼻嚔」で、「くしゃみをする」は「嚔る・鼻嚔る」といった。

くし【串】（名）細長くて先のとがったもの。また、幕などを立てるための細い棒。平家 一一・那須与一「扇もーにさだまらずひらめいたり」訳（船が波に揺られ漂うので）扇も竿に安定せずにひらめいている。

く・し【奇し】（形シク）｛しから・しく（しかり）・し・しき（しかる）・しけれ・しかれ｝「くすし（奇し）①」に同じ。

くじ【孔子】（名）〔「孔」「子」ともに呉音。「こうし」は漢音〕儒教の祖の孔子のこと。枕 一三一「ーなどかけ奉りてすることなるべし」訳 孔子など（の画像）をお掛け申しあげてすることなのであろう。

く・じ【公事】（名）❶朝廷の政務や儀式。公務。徒然 一九「ーども繁く、春の急ぎにとり重ねて催し行はるるさまぞ、いみじきや」訳（陰暦十二月には）朝廷の政務や儀式がいろいろと頻繁で、新年の準備と重複して催し行われるようすは、たいしたものであるよ。文法「や」は、間投助詞。

❷荘園制で、年貢以外の雑税。夫役。平家 四・源氏揃「ー・雑事にかりたてられて、やすい思ひも候はず」訳 夫役や雑用にせき立てられて、穏やかな気分もございません。

❸訴訟。裁判。〔狂・右近左近〕「それならばこのことをーに上げう（＝訴訟に取り上げよう）」

くし-いた・し【屈し甚し】（形ク）｛から・く（かり）・し・き（かる）・けれ・かれ｝〔「くっしいたし」の促音「っ」の表記されない形。「いたし」は程度がはなはだしい意〕「くんじいたし」とも。ひどくふさぎこむさま。源氏 若菜上「この夕べよりー・く㊊、物思はしくて」訳（柏木は、女三の宮を見たこの夕方からたいそう気がふさぎ、物思いにふけりがちで。

く-しき【九識】（名）《仏教語》人間に備わっている、あらゆるものを識別するはたらき。眼・耳・鼻・舌・身・意の六識に末那識（＝自己意識）・阿頼耶識（＝意識下の意識、根本識）・阿摩羅識（＝穢れない意識、無垢識）を加えたもの。

く-しげ【櫛笥・匣】（名）櫛などの化粧道具を入れる箱。櫛箱。万葉 九・一七七七「君なくはなぞ身よそはむー なる黄楊の小櫛も取らむとも思はず」訳 あなたがいなくては、どうしてわが身を飾ろうか（いや、飾りはしない）。櫛箱に入っている黄楊の小櫛も手に取ろうとも思わない。

（くしげ）

くじ-の-たふれ【孔子の倒れ】〔孔子（＝儒教の祖の名）ほどの聖人でも時には物事に失敗することがあるというたとえ。「くじだふれ」とも。源氏 胡蝶「恋の山にはーまねびつべき気色にうれへたるも」訳（鬚黒が）恋の山には孔子でも倒れるのまねでもしてしまいそうなようすで（恋心を玉鬘に）訴えているのも。

くじふくは… 川柳

九十九は　選み一首は　考へる
〈柳多留・三〉

訳（古今の名歌百首を厳選して百人一首を作った藤原定家は）九十九首までは選ぶ立場にあったが、自分の一首は自分で考えて作らねばならない。

くし-みたま【奇し御魂】（名）神秘的な力をもった神霊。また、神霊の宿っているもの。万葉 五・八一三「神ながら神さび坐すー今の現に尊きろかむ」訳 神そのままに神々しくあられる不思議な精霊の宿る石は、今現在も尊いことだ。

く-じゃう【公請】（名）僧が朝廷から法会や講義に召されること。また、その僧。宇治 四・一五「ーつとめて、在京の間久しくなりて」訳（奈良の永超僧都は）朝廷の命による法会の講師をつとめて、京都にいる期間が長くなって。

くじゃく-みゃうわう【孔雀明王】（名）《仏教語》四本の腕を持ち、金色の孔雀に乗った、密教の仏。その呪を唱えると、天変地異や病気など、いっさいの災いを除くという。

くじ-る【抉る】（他ラ四）（ら・り・る・る・れ・れ）穴をあける。えぐる。ほじくり出す。竹取 貴公子たちの求婚「穴をーり用、かいばみ、まどひあへり」訳（求婚者たちは垣根に）穴をあけ、のぞき見して、ともに思い悩んでいる。

くしろ【釧】（名）上代の装身具の一つ。貝・石・玉・金属などで作り、手首や腕にはめる輪。腕輪。万葉 九・一七六六「吾妹子はーにあらなむ左手のあが奥の手に纏きて去なましを」訳 わが妻は腕輪であってほしい。（腕輪なら）左手の私の大切な手に巻いて行くだろうのに。

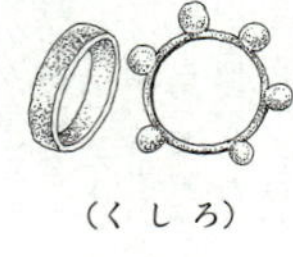

（くしろ）

く-す【屈す】（自サ変）（せ・し・す・する・すれ・せよ）〔「くっす」の促音「っ」の表記されない形〕気がふさぐ。めいる。源氏 紅葉賀「二、三日内裏にさぶらひ大殿にもおはする折は、いといたくーし用など給へば」訳（光源氏が）二、三日宮中に伺候し（そのまま左大臣邸にもいらっしゃるときは、（紫の上は）たいそうひどく気がふさいだりしなさるので。

くず【葛】（名）山野に自生するつる草。秋に紫色の蝶形の花を開く。秋の七草の一つ。つるからは葛布を製し、根からはでんぷんをとる。秋。古今 恋五「秋風の吹き裏返すーの葉のうらみてもなほ恨めしきかな」訳 秋風が吹いて裏返す葛の葉の裏が見えるように、私に飽きて急に態度を変えたあの人のことを、いくら恨んでもやはり恨めしいことだなあ。（第三句までは「うらみ」を導きだす序詞。「秋風」の「秋」は「飽き」との、「うらみ」は「裏見」と「恨み」との掛詞。）⇩巻頭カラーページ9

ぐ-す【具す】□一（自サ変）（せ・し・す・する・すれ・せよ）❶備わる。そろう。ととのう。源氏 蛍「人ざまかたちなど、いとかくしもーし用たらむとは、え推し量り給はじ」訳（玉鬘の）人柄や顔かたちなどが、たいそうこんなにも（完全に）備わっていようとは、（蛍兵部卿の宮は）とてもご推量なされないだろう。文法「え推し量り給はじ」の「え」は副詞で、下に打消の語（ここでは「じ」）を伴って不可能の意を表す。❷従う。いっしょに行く。連れ立つ。大鏡 師輔「御はらからの君達にーし用奉りて」訳（顕信は）ご兄弟の君達といっしょに行き申しあげて。❸連れ添う。夫婦となる。大鏡 師輔「その女御は…かの大臣にーし用給ひにければ」訳 その女御殿（＝婉子）におかれては…例の大臣（＝実資）に縁づかれてしまったので。

□二（他サ変）（せ・し・す・する・すれ・せよ）❶備える。そろえる。落窪「『御返り給へ』とて、…『はや、はや』と、硯紙ーし用て責め給ふ」訳「ご返事をなさい」と言って、…「早く、早く」と、硯と紙をそろえて催促なさる。❷伴う。従える。引き連れる。竹取 かぐや姫の昇天「飛ぶ車一つーし用たり」訳（空中に立っている人たちは）空飛ぶ車を一つ伴っている。❸添える。竹取 ふじの山「かの奉る不死の薬に、また壺ーし用て、御使ひに賜はす」訳 例の（かぐや姫が帝に）献上する不死の薬に、また壺を添えて、（帝はお使いにお与えになる。

ぐ-すい【愚推】（名）おろかな推測。自分の推測を謙遜していう語。毎月抄「ーをわづかにめぐらしみ侍れば」訳（私の）おろかな推測を少しめぐらせてみますと。

くずおる【頽る】⇩くづほる

くす-し【薬師】（名）〔「くすりし」の転〕医者。徒然 五三「京なるーのがり、率て行きける道すがら」訳 都にいる医者のもとに、（足鼎に頭を突っ込んだ法師を）引き連れて行った道の途中。文法「がり」は「…のもとへ」の意の接尾語。

くす-し【奇し】（形シク）（しから・しく（しかり）・し・しき（しかる）・しけれ・しかれ）❶不思議だ。神秘的だ。霊妙だ。「奇し」とも。万葉 三・二四五「聞きしごとまこと貴くーしく用も神さび居るかこれの水島」訳（評判に聞いたとおり、ほんとうに貴く不思議にも神々しくあることよ。この水島は。

❷親しみにくく窮屈だ。とっつきにくい。源氏 帚木「吉祥天女を思ひかけむとすれば、法気づき―・しからむこそ、また、わびしかりぬべけれ」訳吉祥天女を恋い慕おうとすると、(人間離れして)仏くさくなり、とっつきにくいだろうが、それはまたきっと興ざめなことにちがいない。文法「ぬべけれ」の「ぬ」は、助動詞「ぬ」の終止形で、ここは確述の用法。

くすし-が・る【奇しがる】(自ラ四){ら・り・る・る・れ・れ}[「がる」は接尾語]まじめくさる。神妙ぶる。枕 二元「中納言の君の、忌日とて―・り行ひ給ひしを」訳中納言の君(=中宮の女房)が、(だれかの)命日だといってまじめくさり経など読んでいらっしゃったのを。

くす-だま【薬玉】(名)麝香・沈香などの香料を入れた袋を菖蒲などの造花で飾り、長い五色の糸を垂らしたもの。陰暦五月五日の端午の節句に、不浄を払い、邪気を避けるために柱などにかけた。枕 三元「縫殿より御―とて、色々の糸を組み下げて参らせたれば」訳縫殿寮から御薬玉ということで、さまざまの色の糸を組んで垂らして献上したので。

(くすだま)

くず-の-うらかぜ【葛の裏風】葛の葉を裏返して吹く秋風。葉裏の白さが秋のさびしさを感じさせることからいう。新古 秋下「独り寝やいとどさびしきさを鹿の朝ふす小野の―」訳ひとり寝はますます寂しいか。雄鹿が朝寝する野の葛の葉を裏返して吹く秋風よ。

くずのはの【葛の葉の】《枕詞》葛の葉は風によく裏返って葉裏が白く目立つので、「うら」「うらみ」にかかる。〔拾遺〕冬「―うらこがる(=心に深く恋い慕う)音に」

くず-ばな【葛花】(名)「くずはな」とも。葛の花。万葉 八・一五三八「萩の花尾花―なでしこが花をみなへしまた藤袴朝顔が花」訳→はぎのはな…和歌

くす・む(自マ四){ま・み・む・む・め・め}❶飾りけがなく、地味である。質素である。〔宗五大草紙〕「人の衣装は総じて若き人も年のほどよりちと―・み用て出で立たれ候ふがよく候ふ」訳人の衣装は概して若い人も年齢より少し地味にして外出なさいますほうがよいのです。

❷きまじめである。〔閑吟集〕「―・む体人は見られぬ、夢の夢の夢の世を、うつつ顔して」訳きまじめである人は見られない、この夢の夢の夢の世を、覚めた顔つきをして。

くすり-がり【薬狩り・薬猟り】(名)陰暦五月五日に山野に出て、薬用にするために、薬草を摘んだり鹿の若い角を取ったりした行事。夏。万葉 一六・三八八五「四月と五月との間に―仕ふる(=奉仕する)時に」

くすり-こ【薬子】(名)元日に、天皇に奉る屠蘇の毒味をする少女。春。枕 一五六「えせものの所得るをり…元三の―」訳つまらない者が得意になるとき、…元日の薬子。

くすり-の-こと【薬の事】(薬を用いるべきことの意から)病気。源氏 若菜上「朱雀院の御―、なほたひらぎ果て給はぬにより」訳朱雀院のご病気は、やはり回復しきっておいでにならないので。⇩篤し「慣用表現」

くすり-の-にょうくゎん【薬の女官】平安時代、元日から三日まで、天皇に屠蘇を奉る役をした女官。〔紫式部日記〕「―にて、文屋の博士さかしだち才らきゐたり」訳薬の女官として、文屋の博士(の命婦)はりこうぶって学才があるように振る舞っていた。

くせ【癖】(名)❶片寄った好みや傾向が習慣になったもの。習癖。源氏 帚木「心づくしなることを、御心におぼしとどむる―なむあやにくにて」訳(光源氏は)心をすり減らすことを、お心に思いつめなさる習癖があいにくあって。

❷非難すべき点。欠点。〔紫式部日記〕「必ず―は見つけらるるわざに侍り」訳(注意して見ると)必ず欠点は見つけられるものでございます。

くせぐせ・し【癖癖し】(形シク){しから・しく(しかり)・し・しき(しかる)・しけれ・しかれ}ひねくれている。意地が悪い。源氏 竹河「さぶらふ人々の中に―・しき体ことも出で来などしつつ」訳(弘徽殿の女御と大君とに)お仕えする女房たちの間に意地の悪い事件もしばしば出て来たりして。

くせ-ごと【曲事】(名)❶道理にあわないこと。けしからぬこと。〔狂・餅酒〕「去年持って参る御年貢を当年まで遅なはること、―におぼしめす」訳去年持って参上する(べき)お年貢が今年まで遅れていることを、けしからぬことと(領主は)お思いになる。

❷あり得ないこと。珍しいこと。著聞 三六八「この馬に乗りて、二たび高名せられたりける、―になん申しあへりける」訳この馬に乗って、二度も名をあげられたのは、珍しいことと評判しあっていた。

❸処分。処罰。〔狂・茶壺〕「どちなりとも違うた方を―に言い付くるぞ」訳どちらであっても間違えたほうに処分を言いつけるぞ。

く-ぜち【口舌・口説】(名)「くぜつ」に同じ。

く-ぜつ【口舌・口説】(名)「くぜち」とも。口論。言い争い。苦情。また、著聞 五四七「かやうの―の絶えぬは、これゆゑにこそ」訳このような口論が絶えないのは、これのためであろう。

くせ-づ・く【癖付く】(自カ四){か・き・く・く・け・け}癖がつく。いっぷう変わっている。枕 二八〇「今様歌は長うて―・い用(イ音便)たり」訳(当世歌謡である)今様歌は(節まわしが)長くて、いっぷう変わっている。

くせ-もの【曲者・癖者】(名)❶ひとくせある者。変わり者。徒然 六〇「世を軽く思ひたる―にて」訳(盛親僧都は)世間を軽視している変わり者であって。

❷あやしい者。悪者。怪物。〔伽・唐糸ざうし〕「それなるは唐糸か。わが君の御命をねらひ奉る―なり」訳そこにいるのは唐糸(=人名)か。私の主君(=源頼朝)のお命をねらい申しあげる悪者である。

❸人並みはずれてすぐれた者。したたか者。〔謡・烏帽子折〕「ああ斬ったり斬ったり、しゃつは―かな」訳まあ斬りも斬ったものだ、そいつはすぐれた腕前の者だなあ。

ぐ-そう【供僧】(名)《仏教語》「供奉僧」の略。本尊に仕える僧。また、神社で仏事に奉仕する僧。今昔 三・八「今は昔、法性寺の尊勝院の―にて道乗といふ僧ありけり」

ぐ-そう【愚僧】(代)僧が自分自身をへりくだっていう語。拙僧。

ぐ-そく【具足】■(名・自サ変)十分に備わっていること。そろっていること。枕 二七八「僧綱の中に威儀―・し用てもおはしまさで」訳(隆円僧都は)僧官の中

に(まじって)立ち居ふるまいの作法が十分に備わってもいらっしゃらないで。

■二(名・他サ変)❶所有すること。持つこと。[今昔]一・一「四天下に七宝を満みて千の子を―・せ(未)むとす」[訳]須弥山の四方にある四大州に七宝を満たし千人の子を持つことだろう。

❷連れ立つこと。伴うこと。[平家]七・維盛都落「―・し(用)奉り、行くへも知らぬ旅の空にて憂き目を見せ奉らんも、うたてかるべし」[訳](あなたを)お連れ申しあげ、行く先もわからない旅の空でつらい経験をさせ申しあげるならそれも、情けないことだろう。[文法]「見せ奉らんも」の「ん」は、仮定・婉曲の助動詞。

■三(名)❶道具。所持品。調度。[徒然]二九「手なれし―なども、心もなくて変はらず久しき、いと悲し」[訳](亡き人が)使い慣れていた道具なども、非情で変わらずにいつまでもあるのは、たいそう悲しい。

❷武具。甲冑。後世は、鎧を簡略な形にしたもの。当世具足。

❸連れ従える者。家来。[今昔]五・二〇「会ふ狐どもを皆―に成して」[訳]会う狐たちを皆家来にして。

く-たい【裙帯】(名)〔「くんたい」の撥音「ん」の表記されない形。「裙」は裳の裾の意〕女官の正装のとき、装飾として、裳の左右に長く垂らしたひも。[枕]二七八「青裾濃の裳、―、領巾などの風に吹きやられたる、いとをかし」[訳](馬に乗った采女の)青色の裾濃の裳や、裙帯や領巾(=肩にかける細長い白布)などが風に吹き流されているのは、たいそう趣がある。

くた-かけ【腐鶏】(名)「くだかけ」とも。鶏をののしっていう語。のち、単に鶏をいう。[伊勢]一四「夜も明けばきつにはめなで―のまだきに鳴きて夫をやりつる」[訳]夜も明けたら、水槽に投げ込んでしまわないではおくものか。鶏めがまだ夜も明けないうちに鳴いて、あの人を帰らせてしまったことよ。

くだ・く【砕く・摧く】■一(他カ四)〔か・き・く・く・け・け〕❶こなごなにする。うちこわす。[徒然]三〇「嵐にむせびし松も、千年を待たで薪に―・か(未)れ」[訳]嵐のためにむせび泣くような音をたてた松も、千年を待たずに薪にうちくだかれ。

❷(多く「心をくだく」の形で)思い苦しむ。心を痛める。[源氏]須磨「人知れぬ心を―・き(用)給ふ人ぞ多かりける」[訳](光源氏の須磨への下向に)ひそかに心をお痛めになる人が多かった。

❸うちやぶる。勢いをくじく。[徒然]八〇「運に乗じて敵を―・く(体)時、勇者にあらずといふ人なし」[訳]好運に乗じて敵軍をうちやぶる時に、勇士でないという人はいない。

❹(多く「身をくだく」の形で)力を尽くす。労する。[平家]三・法印問答「身を―・い(用)(イ音便)て、度々の逆鱗をば休め参らせて候へ」[訳](平重盛が)身を労して、たびたびの天皇のお怒りをお静め申しあげています。

■二(自カ下二)〔け・け・く・くる・くれ・けよ〕❶こなごなになる。こわれる。くずれる。[徒然]二一「岩に―・け(用)て清く流るる水のけしきこそ、時をもわかずめでたけれ」[訳]岩にくだけて清く流れる水のようすは、どんな季節でもすばらしい。

❷思い乱れる。悩む。[万葉]一二・二八九四「あが胸は破れて―・け(用)て利心もなし」[訳]私の胸はわれて思い乱れてしっかりした心もない。

❸整わない。まとまりがない。[徒然]一四「まことに少し―・け(用)たる姿にもや見ゆらん」[訳](この歌は)ほんとうに少し整わないでいる歌体にも見えるのだろうか。

くた-くた(-と)(副)弱って力が抜けたさま。ぐったり。[宇治]一二・二〇「背骨を打ち切りて、―となしつ」[訳](虎の)背骨を打ち切って、ぐったりとさせた。

くだ-くだ(-に)(副)細かになるようす。ずたずた。[平家]一一・剣「尊佩き給へる十束の剣を抜いて、大蛇を―に切り給ふ」[訳]素戔嗚尊は腰につけていらっしゃった十束の剣(=刀身の長さが十握りもある大剣)を抜いて、大蛇をずたずたにお切りになる。

くだくだ・し(形シク)〔しから・しく(しかり)・し・しき(しかる)・しけれ・しかれ〕ごたごたしている。わずらわしい。[源氏]夕顔「この程のこと―・しけれ(已)ば、例のもらしつ」[訳]この間のことはわずらわしいので、いつものとおり省略した。

くださ・る【下さる】〔四段動詞「下す」の未然形「くださ」に助動詞「る」の付いたもの〕■一(他ラ下二)〔れ・れ・る・るる・るれ・れよ〕❶「与ふ」の尊敬語。お与えになる。お下しになる。[平家]一二・判官都落「頼朝の卿の申し状によ

古語ライブラリー⑯　係り結びの「結び」の流れ

一文中に係助詞の「ぞ・なむ」や「こそ」がある場合には、「ぞ・なむ…連体形。」「こそ…已然形。」の形で文が結ばれるはずなのに、結びの流れることがある。

◇後の世も、思ふにかなはずぞあらむかしとぞうしろめたきに、頼むこと一つぞありける。〈[更級]後の頼み〉

この短い文に、係助詞の「ぞ」が三回も用いられている。

a 思ふにかなはずぞあらむかし
b かなはずぞあらむかしとぞうしろめたきに
c 頼むこと一つぞありける

aは「ぞあらむ」と係り結びが成立したところに念押しの終助詞「かし」が付いた形、cは「ぞありける」と係り結びが成立した形である。

この二つには問題がない。bは「ぞうしろめたき」と結ぶはずであったが、接続助詞「に」が付いたために結びが流れてしまっている。

◇年ごろよく比べつる人々なむ別れがたく思ひて、日しきりにとかくしつつののしるうちに、夜ふけぬ。〈[土佐]〉

◇別納のかたにぞ曹司などして人住むべかめれど、こなたは離れたり。〈[源氏]夕顔〉

◇み命の危ふさこそ大きなる障りなれば、なほ仕うまつるまじきことを参りて申さむ。〈[竹取]御門の求婚〉

◇同じ心ならん人としめやかに物語して…うらなく言ひ慰まんこそうれしかるべきに、さる人あるまじければ、〈[徒然]一二〉

◇たとひ耳鼻こそ切れ失すとも、命ばかりはなどか生きざらん。〈[徒然]五三〉

右の用例のように、結びになるはずの語に接続助詞「に・を・ど・ども・ば・て・とも」などが付いて結びの流れることが多い。

⇩四四七ページ⑰

って、義経追討の院宣を―・る(終)」訳頼朝の卿の上申した文書によって、(後白河法皇は)義経追討の院宣をお下しになる。

❷「もらふ」の謙譲語。いただく。平家七・経正都落「経正、御硯―・れ(用)て」訳経正は、(法親王から)お硯をいただいて。

□(他ラ四){ら・り・る・る・れ・れ}《近世語》❶「与ふ」の尊敬語。お与えになる。〔伎・韓人漢文手管始〕「系図は戻すほどに、金を―・り(用)ませ」訳系図は戻すので、金をお与えになりませ。

❷「食ふ」「飲む」の謙譲語。いただく。〔東海道中膝栗毛〕「はい、酒は好きで、一升酒を―・り(用)ます」

参考□①と□①は尊敬の「る」が、□②と□②は受身の「る」が付いたと考えられる。近世以降四段化した。

くださ・る【下さる】〔下二段・四段動詞「下さる」から〕□(補動ラ下二){れ・れ・る・るる・るれ・れよ}(動詞の連用形、および接続助詞「て」に付いて)尊敬の意を表す。…くださる。〔狂・止動方角〕「こなたの御立身をなされたならば、この太郎冠者をも取り立てて―・るる(体)でござろう」訳あなたがご栄達をなさったならば、この太郎冠者をも引き立ててくださることでしょう。

□(補動ラ四){ら・り・る・る・れ・れ}《近世語》□に同じ。〔浄・女殺油地獄〕「そんならこの樽に油二升取り替へて―・り(用)ませ(=掛け売りにしてくださいませ)」

参考近世以降四段化した。

くだし-ぶみ【下し文】(名)院の庁・寺社・幕府など、上位の機関から、管轄下の役所や人民に下す命令文書。平家三・判官都落「院の庁の御―を一通下し預かり候はばや」訳法皇の御所からの御命令書を一通お下しいただきたいのです。

くた・す【腐す】(他サ四){さ・し・す・す・せ・せ}❶くさらせる。朽ちさせる。万葉五・九〇〇「富人の家の子どもの着る身なみ―・し(用)捨つらむ絹綿らはも」訳金持ちの家の子供たちが、(衣類ばかり多くて)着るからだが足りないので腐らせて捨てているだろう、絹よ綿よ、まあ。

文法「着る身なみ」の「な」は形容詞「無し」の語幹、「み」は原因・理由を表す接尾語。

❷そしる。非難する。けなす。〔為兼卿和歌抄〕「これを―・し(用)て寛平以往とはいふなり」訳これ(=寛平以後の悪い点)を非難して寛平以前(にならえ)とはいうのである。(「以往」は「已往」の誤用という)

❸気落ちさせる。意気ごみをくじく。源氏竹河「『あなかしこ、あやまちひき出づな』などのたまふに―・さ(未)れてなむ、煩はしがりける」訳「まあ怖いこと、まちがいをひき起こすな」などと(玉鬘が)おっしゃるのに(女房たちは)意気ごみをくじかれて、(蔵人の少将の手紙の扱いを)面倒がるのであった。

くだ・す【下す・降す】(他サ四){さ・し・す・す・せ・せ}❶高い所から低い所に移す。おろす。また、(雨などを)降らせる。竹取かぐや姫の昇天「かた時のほどとて―・し(用)しを」訳しばらくの間ということで(かぐや姫を下界に)おろしたのに。

❷**都から地方へつかわす**。平家五・富士川「勢のつかぬ先に急ぎ打手を―・す(終)べしと」訳(頼朝に)軍勢のつかないうちに急いで討伐軍をつかわすのがよいと。

❸(命令・判決などを)**申し渡す**。(物などを)**与える**。下賜する。大鏡時平「世の政をおこなふべきよし宣旨―・さ(未)しめ給へりしに」訳(左右の大臣に)国家の政治を行えという旨の勅命をお申し渡しなさっていたが。

❹筆を紙などにおろす。源氏梅枝「かかる御中に面なく―・す(体)筆のほど」訳このような(達筆の方々の)御中で、臆面もなく書きおろす筆跡の程度は。

❺調子を下げる。音を低める。源氏若菜上「琴の緒もいとゆるに張りて、いたう―・し(用)て調べ」訳(致仕の大臣は)和琴の緒もたいそう緩く張って、ずっと調子を下げて弾き。

くだ-たま【管玉】(名)古代、装身具に用いた、細長い円筒状の玉。糸を通し、首飾りなどにした。材質は碧玉が最も多く、後には水晶やめのうなども用いられた。

くた・つ【降つ】(自タ四){た・ち・つ・つ・て・て}《上代語》❶盛りを過ぎる。衰える。万葉五・八四七「わが盛りいたく―・ち(用)ぬ雲に飛ぶ薬食はむともまた復ちめやも」訳私の盛りはすっかり過ぎてしまった。雲に飛ぶ仙薬を飲んでも、再び若返ることがあろうか(いや、若返りはしないだろう)。

❷日が傾く。また、夜がふける。万葉一〇・二二八一「朝露に咲きすさびたる鴨頭草の日―・つ(体)なへに消ぬべく思ほゆ」訳朝露をあびて盛んに咲いているつゆ草が日暮れとともにしおれるように、日が傾くにつれて(あなたを待ちかねて)身も消え入ってしまいそうに思われる。(第三句までは「日くたつなへに消ぬ」までを導きだす序詞)

くたに【苦胆・苦丹】(名)「くだに」とも。植物の名。竜胆または牡丹の異称といわれるが、未詳。

くたびれて… 俳句

> 草臥れて　宿かるころや　藤の花 ‖春
> 〈猿蓑・芭蕉〉〈笈の小文〉

訳(一日の旅程を歩き尽くし)すっかり疲れ果てて宿を借りる時刻となった。(足を投げ出し)ふと見上げると、藤の花が(庭の夕闇の中に)物憂げに薄紫の房を垂れていることだ。(藤の花㊃。切れ字は「や」)

解説「猿蓑」には「大和行脚のとき」の前書きがある。藤の花と作者の物憂さとの一致が主題。

くだ-もの【果物・菓物】(名)(「く」は「木」の転、「だ」は「の」の意という)❶食用となる木の実。果実。

❷間食物の総称。菓子や果物など。枕一八四「御―参りなどとりはやして、御前にも参らせ給ふ」訳(大納言は)お菓子を召し上がりなど(して)座をとりもって、中宮様にも差し上げなさる。

❸酒のさかな。源氏行幸「六条院より、御みき、御―など奉らせ給へり」訳六条院(=光源氏)から、お酒やお酒のさかななどを(冷泉帝に)差し上げなさった。

発展 「果物」と「菓子」

「くだもの」の「く」は「木」の変化したもので、「だ」は「の」の意の古い格助詞、つまり「木ノモノ」の意だという説がある。「毛ノモノ」を「けだもの」というのと同じだというのである。この「くだもの」のことを、古くは「菓子」といった。「菓子」の「菓」と「果物」の「果」は同じ意味の字である。後には小麦や米の粉を材料に甘味を加えたものが「菓子」と呼ばれるようになり、「くだもの」は本来の果実という意味にもどったようである。

-くだり【領・襲】(接尾)装束などのひとそろいを数える語。…そろい。[源氏] 桐壺「御装束一―」

くだり【件】(名)❶文章の一部分。章。段。〔紀〕推古「初めの―に言へらく」[訳] 初めの部分に述べたことは。
❷前に記した事柄。前記。上述。

くだり【行】(名)上から下への縦の一列。文字などの並び。行。[源氏] 梅枝「ただ三―ばかりに、文字少なに好ましくぞ書き給へる」[訳](蛍兵部卿の宮は古歌一首を)ただ三行ほどに、漢字を少なく(ほとんど仮名で)形よくお書きになっている。

くだり【下り】(名)❶高い所から低い所へ移ること。(川の)上流から下流へ移動すること。↔上り
❷都から地方へ行くこと。下向。[源氏] 賢木「斎宮の御―近うなりゆくままに」[訳] 斎宮の(伊勢への)ご下向が近くなってゆくにつれて。↔上り
❸京都の町を、皇居のある北から南へ行くこと。〔平治物語〕「三条を東へ、高倉を―に、…六波羅までからめて落ちられければ」[訳](平頼盛は)三条を東へ、高倉を南に、…六波羅まで(甲のてっぺんに熊手を)からみつかせて落ちのびなさったので。↔上り
❹時が移り過ぎて終わりに近づくこと。また、そのころ。[宇治] 一・九「申の―になり候ひたり」[訳] 申の刻の終わり(=午後四時過ぎ)になってしまっています。

くだり-せば【行狭】(形動ナリ)(なら・なり(に・なり)・なり・なる・なれ・なれ)文章の行間が狭いさま。[枕] 二九四「―・に(用)裏表書き乱りたるを」[訳] 行間を狭くして、裏にも表にも書き散らしてあるの(=手紙)を。

くだ・る【下る・降る】(自ラ四)(ら・り・る・る・れ・れ)

語義パネル

●**重点義** **下のほうへ移動する。**
何がくだるかで②以下の語釈になる。

❶高い所から低い所へ移る。おりる。(川の)上流から下流へ移動する。また、(雨などが)降る。
❷**都から地方へ行く。下向する。** また、京都の町を、北から南へ行く。
❸(下位の者に)物が与えられる。(命令などが)申し渡される。
❹時刻が過ぎる。**時代が移る。**
❺(地位・身分・品性・才能などが)**劣る。** 落ちぶれる。
❻降参する。
❼へりくだる。謙遜する。

❶高い所から低い所へ移る。おりる。(川の)上流から下流へ移動する。また、(雨などが)降る。[徒然] 一八八「走りて坂を―・る(体)輪のごとくに衰へゆく」[訳] 走って坂をおりる輪のように(急速に)衰えてゆく。[万葉] 二〇・四四六〇「〔堀江を〕朝凪に楫引き上り夕潮に棹さし―・り(用)」↔上る
❷**都から地方へ行く。下向する。** また、京都の町を、北から南へ行く。[土佐]「京より―・り(用)し時に、みな人、子ども無かりき」[訳] 都から下向した時には、人はみな、子供がいなかった。↔上る
❸(下位の者に)物が与えられる。下賜される。(命令などが)申し渡される。[源氏] 若菜上「御かはらけ―・り(用)、若菜の御羹まゐる」[訳](光源氏から人々に)お杯が与えられ、(光源氏は)若菜のお吸い物を召し上がる。
❹時刻が過ぎる。**時代が移る。** [源氏] 藤裏葉「未―・る(体)ほどに、南の寝殿にうつりおはします」[訳] 未の刻(=午後二時ごろ)が過ぎるころに、(冷泉帝は)南の本殿に移っていらっしゃる。〔増鏡〕新島守「まして、世―・り(用)てのち」[訳] まして、時代が移ったあと。
❺(地位・身分・品性・才能などが)**劣る。** 落ちぶれる。[徒然] 一「品―・り(用)、顔憎さげなる人にも立ちまじりて、かけず、けおさるるこそ、本意なきわざなれ」[訳](学識がないとなると)地位が劣り、顔の憎らしげな人にも立ちまじって、わけもなく圧倒されるのは残念なことである。
❻降参する。[徒然] 八〇「兵尽き、矢きはまりて、つひに敵に―・ら(未)ず」[訳] 武器がなくなり、矢がなくなっても、最後まで敵に降参せず。
❼へりくだる。謙遜する。〔雨月〕吉備津の釜「大人の―・り(用)給ふこと甚だし」[訳] あなた様の謙遜しなさりようはひどすぎる。《⇩上る「図解学習」》

図解学習 **「くだる」と「おる」「さがる」**
下のほうへの移動を意味する点では同じであるが、下に到達するという経過に重点があるのが「くだる」、結果として下にあるという状態に重点があるのが「おる」「さがる」の原義である。「くだる」に対する語は「のぼる」であり、「おる」「さがる」に対する語は「あがる」である。

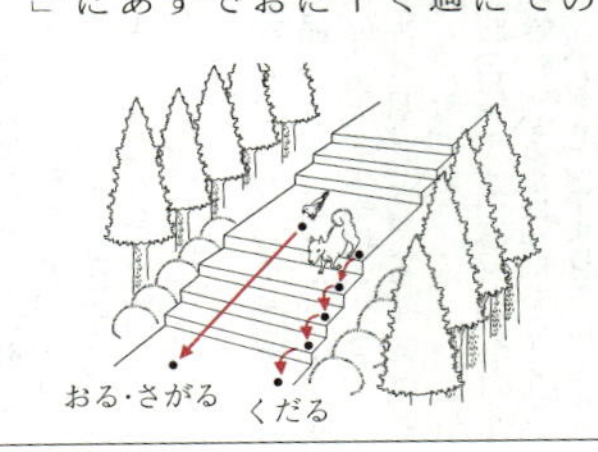

くだん-の【件の】(連体)〔「くだりの」の撥音便〕❶前述の。上述の。[平家] 三・有王「商人船に乗って、―島へ渡ってみるに」[訳](有王は)商人船に乗って、前述の島(=鬼界が島)へ渡ってみると。
❷例の。いつもの。〔古活字本保元物語〕「―大矢を打ちくはせ」[訳](為朝は)いつもの矢束の長い矢の矢筈をしっかり弓の弦にくい込ませ。

くち【口】(名)❶人や動物の口。鳥では、くちばし。
❷**ことば。ものの言い方。**〔落窪〕「―悪しき

男をのまたいへば」訳ことばが悪い男がまた言うと。
❸うわさ。評判。話の種。源氏 若菜上「すべて世の人のーといふものなむ、誰がいひ出づることともなく」訳だいたい世間の人のうわさというものは、だれが言い出すこととというわけでもなく。⇨聞こえ「慣用表現」
❹入り口。物の端。〔落窪〕「ーには宮、中の君、しりには嫁の君と我と乗り給ふ」訳（牛車の）入り口（のほうには姫君と中の君、後方には嫁の女君と（母北の方）自身とがお乗りになる。
❺種類。たぐい。〔浄・心中万年草〕「つらりと、九文、十文づつ、百のーを抜いておけや」訳ずらりと（一律に、）九文、十文ずつを、百文のものから抜いておけや。
❻就職口。職。〔浮・世間胸算用〕「奉公のーあるこそ幸ひなれ」訳奉公勤めの職があるのは幸せだ。
❼馬や牛の口縄。手綱。細道 出発まで「馬のーとらへて老いを迎ふる者は」訳馬の口縄をにぎって老年を迎える者（＝馬子）は。⇨おくのほそ道「名文解説」

語の広がり「口」
「唇」は、口の周囲を意味する「口縁」から転じたもの。また、馬の口にかませて手綱をつける金具である「轡」は、「口輪」の意。

轡

ぐ-ち【愚痴】（名・形動ナリ）❶（仏教語）貪欲・瞋恚とともに、人間の善心を害する三つの煩悩（＝三毒）の一つ。無知で仏法の道理をわきまえないこと。おろかなこと。今昔 一五・二六「弟子浄尊は、ーに用して悟る所なし」訳仏弟子浄尊は、おろかであって物の道理を理解するところがない。
❷繰りごと。ぐち。

くち-あ・く【口開く】（自カ四・下二）{か・き・く・く・け・け}{け・け・く・くる・くれ・けよ}物を言う。意見を述べる。源氏 帚木「才の際は、なまなまの博士恥づかしく、すべてーか未（四段）すべくなむ侍らざりし」訳（博士の娘の漢学の程度は、未熟な学者が気後れするほどで、何事にも（相手に物を言わせることができそうもありませんでした。

くち-あけ【口開け・口明け】（名）物事のはじめ。皮切り。口切り。〔浮・傾城禁短気〕「千少（＝大言壮語すること）のーこの鼻（＝この俺）にさせてくれ」

くち-あそび【口遊び】（名）❶思い浮かんだことをなんとはなしに口に出すこと。口ずさみ。〔うつほ〕春日詣「ただ仏の御事をのみ寝言にもーにもしつつ行ふ」訳（忠こそはただ仏道の御修行だけを寝言にも口ずさみにもして勤める。
❷冗談。むだ口。また、悪口。〔うつほ〕藤原の君「異戯れ言はのたまふとも、かかるーは、更に承らじ」訳ほかのざれごとはおっしゃっても（かまいませんが）、（あて宮へのこのような冗談は、決して承るまい。

くち-あひ【口合ひ】（名）（近世語）❶間に立って身元の保証をする人。〔浄・博多小女郎波枕〕「惣七殿には、ー・家請けもある仁」訳惣七殿におかれては、身元の保証人も借家の保証人もある方であり。
❷言いかけなどを使っておもしろく話すこと。地口・語呂合わせ・駄洒落など。〔浄・心中天の網島〕「『花車様、さらば後に青菜の浸し物』と、ーたらだら立ち帰る」訳「おかみさん、それでは後で青菜の浸し物（ではないが、会おうね）」と、駄洒落をさんざんに並べて帰って行く。（「青菜」は「会はうな」との掛詞）

くちあみ-も-もろもち【口網も諸持ち】（扱いにくい網でも、大勢で協力すれば持ち運べる、の意からかという）大勢で知恵をしぼり合い、苦心して行うことをいうことわざ。土佐「ーにて、この海辺にて、担ひ出だせる歌」訳皆が総がかりになることによって、この浜辺で、（やっとのことで）ひねり出した歌。

くち-い・る【口入る】（自ラ下二）{れ・れ・る・るる・るれ・れよ}❶口出しをする。口添えをする。源氏 常夏「大臣などもねむごろにーれ用返さひ給はむにこそは」訳大臣（＝光源氏）なども熱心にくり返し口添えしなさるとしたらそのときには。
❷仲をとりもつ。仲立ちをする。蜻蛉 下「大夫やがてはひ乗りて、後に、このことにーれ用たる人と、乗せてやりつ」訳大夫（＝道綱）がすぐに（牛車に）はい上がるように乗って、うしろに、この（養女との縁組の）ことで仲立ちをした人と、乗せて（いっしょに）行かせた。

くちおし【口惜し】⇨くちをし

くち-おほひ【口覆ひ】（名）袖や扇などで口をおおい隠すこと。また、おおうもの。源氏 末摘花「ーの側目より、なほかの末摘花、いとにほひやかにさし出でたり」訳（袖で）口をおおい隠した状態の横顔から、やはりあの紅花（のような赤い鼻）が、たいそうつややかに色づいて突き出ている。

くち-おも・し【口重し】（形ク）{から・く（かり）・し・き（かる）・けれ・かれ}❶軽々しく物を言わない。口のききかたが慎重である。徒然 一六八「よくわきまへたる道には、必ずーく用、問はぬ限りは言はぬこそいみじけれ」訳よく理解している方面のことについては、必ずことばを慎み、（相手が）尋ねない限りは言わないのがりっぱである。↔口軽し
❷言いにくい。言うのがはばかられる。源氏 手習「この人にも、さなむありしなど明かし給はむ事は、なほーき体心地して」訳（薫はこの人（＝小宰相）にも、そのようなことがあったなどと打ち明けなさるようなことは、やはり口に出しにくい気持ちがして。

くち-がた・む【口固む】（自マ下二）{め・め・む・むる・むれ・めよ}口止めをする。源氏 夕顔「『さらに心よりほかにもらすな』とーめ未させ給ふ」訳「決して心の中よりそとにもらすな」と光源氏は人を介して口止めをさせなさる。

くち-がる・し【口軽し】（形ク）{から・く（かり）・し・き（かる）・けれ・かれ}「くちがるし」とも。軽々しく物を言うさま。源氏 宿木「かくまで漏らし聞こゆるも、いとーけれ已ど」訳（父八の宮が認知しなかった浮舟のことをこうまでこっそりお教え申しあげるのも、たいそう口が軽い（ようだ）けれど。↔口重し

くち-き【朽ち木】（名）腐った木。世間からかえりみられない境遇の人のたとえ。古今 雑上「かたちこそ深山隠れのーなれ心は花になさばなりなむ」訳（私の姿こそ深山に隠れている腐った木（のよう）であるが、心は花のように美しいもの）にしようと思えば、きっとできるだろう。

くちき-がた【朽ち木形】（名）朽ち木の木目の浮き

上がった状態を図案化した文様。几帳(きちょう)の帷子(かたびら)や壁代(かべしろ)などに用いる。[枕]八九「青やかなる御簾(みす)の下より、几帳の―いとつややかにて」[訳]青々とした御簾の下から、几帳の朽ち木形の文様がたいそう光沢があって。

(くちきがた)

くち-きき【口利き】(名)❶弁舌たくみな人。口達者。〔義経記〕「しかも京童(きやうわらは)にて、―にて候ふ」[訳](工藤祐経(すけつね)は)なおその上に京都育ちの若者であって、弁舌がたくみな者でございます。❷談判・仲介などに慣れている人。顔役。〔狂・右近左近〕「あの左近殿(さこどの)は村での―にはござり(=ではございまして)」

くち-きよ-し【口清し】(形ク){から・く(かり)・し・き(かる)・けれ・かれ}「くちぎよし」とも。話し方が堂々としてりっぱだ。弁舌がたくみだ。[源氏]夕霧「心の問はむにだに、―う(用)(ウ音便)答へむとおぼせば」[訳](夕霧との浮き名がたっても)せめて良心が問い尋ねるとしたらその時だけでも、堂々とした話し方で答えようと(落葉の宮は)お思いになるので。

くち-くせ【口癖】(名)〔後世「くちぐせ」〕❶いつも口にすることば。❷句の詠みぶり。〔三冊子〕「いったんの流行に―時を得たるばかりにて」[訳]一時の流行に乗じた句の詠みぶりがその当座もてはやされただけで。

くち-ごは-し【口強し】ゴワシ(形ク){から・く(かり)・し・き(かる)・けれ・かれ}「くちこはし」とも。❶強く言い張って言うことを聞かない。[源氏]葵「『これは、さらにさやうにさし退(の)けなどすべき御車にもあらず』と、―く(用)て手触れさせず」[訳]「これは、決してそのように立ち退かせなどしてよいお車でもない」と、(六条御息所(みやすどころ)の供人は葵(あおい)の上の供人に)強く言い張って手を触れさせない。❷馬の気性があらく手綱が取りにくい。[平家]八・法住寺合戦「白葦毛(しらあしげ)なる馬(むま)の、きはめて―き(体)にぞ乗ったりける」[訳]白葦毛である馬で、非常に気性があらくて扱いにくいのに乗っていた。

くち-さがな-し【口さがなし】(形ク){から・く(かり)・し・き(かる)・けれ・かれ}物の言い方がよくない。他人の悪口を言いふらす。[源氏]行幸「―き(体)ものは世の人なりけり」[訳]他人の悪口を言いふらすものは世間の人であったのだ。

くち-すぎ【口過ぎ】(名)生計をたてること。なりわい。〔浮・好色一代男〕「一節(ひとふし)あそばしたれば、―と思はれて、舞台つとめ給へ」[訳]歌の心得がおありだから、生活するための仕事とお思いになって、舞台をおつとめなさい。

くち-ずさび【口遊び】(名)「くちずさみ」とも。❶詩歌などを、心に浮かぶままにうたうこと。[枕]一九一「経などのさるべきところどころ、しのびやかに―に読みゐたるに」[訳]経文などの(読むのに)ふさわしい所々を、ひそやかに心に浮かぶままに口にして読んでいたところ。❷うわさ。話の種。[源氏]夕顔「よからぬ童(わらは)べの―になるべきなめり」[訳]口さがない若い連中の話の種になるにちがいないようだ。

くち-ずさ-ぶ【口遊ぶ】(他バ四){ば・び・ぶ・ぶ・べ・べ}「くちずさむ」とも。詩歌などを、ふと心に浮かぶままにうたう。[源氏]紅葉賀「『入(い)りぬる磯(いそ)の』と―び(用)て」[訳]「入りぬる磯の」と(紫の上は)心に浮かぶままにうたって。

くち-すす-ぐ【嗽ぐ・漱ぐ】(自ガ四){が・ぎ・ぐ・ぐ・げ・げ}❶「くちそそぐ」とも。口をゆすぐ。うがいをする。〔春の日〕越人「―ぐ(終)べき清水ながるる」[訳]口をゆすいでもよさそうな清水が流れている。❷文章を十分に味わい理解する。

くち-そそ-ぐ【嗽ぐ・漱ぐ】(自ガ四){が・ぎ・ぐ・ぐ・げ・げ}「くちすすぐ①」に同じ。

くち-づからズカラ【口づから】(副)自分の口から。自分のことばで。〔紫式部日記〕「恥も忘れて―言ひたれば」[訳]恥ずかしさも忘れて自分の口から言ったので。

くち-つき【口付き】(名)❶口の形。口もとのようす。[枕]四九「ただ―愛敬(あいぎゃう)づき、おとがひの下、首きよげに、声にくからざらむ人のみなむ思はしかるべき」[訳]ただ口もとのようすにかわいらしさがあり、あごの下や首が美しい感じで、声が不快でないような人だけが(私には)好ましいようだ。[文法]「にくからざらむ人」の「む」は、仮定・婉曲(えんきょく)の助動詞。「なむ…べき」は係り結び。❷物の言い方。歌などの詠みぶり。[源氏]末摘花(すゑつむはな)「さても、あさましの―や」[訳]それにしても、あきれた(末摘花の)歌の詠みぶりだなあ。❸牛・馬のくつわを取って引く人。口取り。口引き。[徒然]八七「―の男(をのこ)に、(酒を)まづ一度させよ」[訳]口取りの下男に、(酒を)まず一ぱい飲ませよ。

くち-と-し【口疾し】(形ク){から・く(かり)・し・き(かる)・けれ・かれ}❶返事・返歌などがすばやい。[源氏]夕顔「書きなれたる手して、―く(用)返りごとなどし侍りき」[訳](夕顔の宿の女は)書きなれた筆跡で、すばやく返事などをよこしました。❷口が軽い。不用意に秘密などを口外するさま。〔十訓〕四「言ふまじき事を―く(用)言ひ出(い)だし」[訳]言ってはならないことを口軽く口に出して言い。

くち-とり【口取り】(名)❶牛・馬のくつわを取って引くこと。また、その人。口引き。口付き。[宇治]七・六「―を引き下げて出(い)でくるを見れば」[訳]口取りの男を引きずって出てくるのを見ると。❷正式な日本料理で最初に出される品。

くち-なし【梔子】(名)❶アカネ科の常緑低木。夏、香気のある白色の花をつける。果実は黄色の染料となる。和歌では、「口無し(=ものを言わない)」とかけることが多い。〔梔子の花[夏]〕❷「梔子色」の略。赤みをおびた濃い黄色。⇩巻頭カラーページ10 ❸襲(かさね)の色目の名。表裏ともに黄色。

くち-なはナワ【蛇】(名)蛇(へび)。[枕]二四四「二尺ばかりなる―の、ただ同じ長さなるを」[訳]二尺ほどである蛇で、まったく同じ長さであるのを。[文法]「くちなはの」の「の」は、いわゆる同格の格助詞で、「…で」の意。

くち-な-る【口慣る・口馴る】(自ラ下二){れ・れ・る・るる・るれ・れよ}言い慣れる。口癖になる。[源氏]幻「例の、ふることもかかる筋にのみ―れ(用)給へり」[訳](光源氏は)いつものように、古詩もこのような(亡き妻を偲(しの)ぶ)方面(の句)ばかり口癖になっていらっしゃる。

くち-に-の-る【口に乗る】話の種になる。評判になる。[大鏡]師輔「今に人の―り(用)たる秀歌にては侍(はべ)めり」[訳]今でも人々の話題にのぼっている秀歌ではあるようです。⇩聞こえ「慣用表現」

くち-の-は【口の端】ことばのはし。口さき。また、うわさ。〔後撰〕雑二「あはれてふことこそ常にの－にかかるや人を思ふなるらむ」訳 あわれということばは普段のことばのはしに出るものだが、こういうことが人を思うことなのであろうか。(「かかる」は「掛かる」と「斯かる」との掛詞)。文法「てふ」は「といふ」の転。

くち-ば【朽ち葉】(名) ❶腐った落ち葉。㊂。方丈 四「軒に－深く、土居に苔むせり」訳 軒に腐った落ち葉が深く(積もり)、土台に苔が生えている。❷「朽ち葉色」の略。赤みをおびた黄色。⇩巻頭カラーページ10
❸襲の色目の名。表は赤みをおびた黄色で裏は黄色。秋に用いる。⇩巻頭カラーページ11

くち-は・つ【朽ち果つ】(自タ下二){て・て・つ・つる・つれ・てよ} ❶すっかり腐って形をとどめなくなる。〔和泉式部日記〕「秋のうちは－・て㊊ぬべし」訳 (私の袖は)秋のうちには(涙で)すっかり腐ってしまうにちがいない。
❷世間に知られずむなしく終わる。むなしく死ぬ。新古 恋二「難波人いかなる江にか－・て㊍ん」訳 難波人(の私)は、どこの江で、どういう因縁で、むなしく死ぬのだろうか。(「江に」は「縁」との掛詞)

くち-ばみ【蝮】(名) まむしの異称。徒然 九六「－にさされたる人、かの草をもみて付けぬれば、すなはち癒ゆとなん」訳 まむしにかまれた人は、その草をもんで(傷口に)付けたときにはいつも、すぐに治ると(いうことである)。

くち-はや・し【口速し】(形ク){から・く(かり)・し・き(かる)・けれ・かれ} ❶物の言い方がはやい。早口だ。今昔 一七・四「極めて－・く㊊して、人の一巻を誦する程に、二三部をぞ誦しける」訳 (貞遠という僧は)ひどく早口であって、他の人が一巻を誦経する間に、二、三部を誦経したという。
❷歌の詠みぶりがはやくて達者だ。源氏 竹河「－・し㊌と聞きて」訳 (薫は)すばやく達者な詠みぶりだと(この歌を)聞いて。

くち-ひき【口引き】(名) 牛・馬のくつわを取って引くこと。また、その人。口付き。口取り。徒然 一〇六「－の男、『いかに仰せらるるやらん、えこそ聞き知らね』と言ふに」訳 口取りの男が、「どのようにおっしゃっているのであろうか、理解できない」と言うので。

くち-ふたが・る【口塞がる】(自ラ四){ら・り・る・る・れ・れ} ことばが出なくなる。物が言えなくなる。源氏 夕霧「我にもあらぬさまなれば、のたまひ出づることも－・り㊊て」訳 (夕霧は)言い出しなさることも言えなくなって。(小少将は)呆然としているようすなので、

ぐちゅう-れき【具注暦】(名) 奈良時代から存在し、平安時代に盛んに用いられた暦の一種。その日の吉凶・禁忌・干支・月齢などを漢文でくわしく注記したもので、公卿などが余白を日記帳として利用した。

くち-よせ【口寄せ】(名) 巫女や陰陽師などが、死霊や生き霊を霊媒にのり移らせて、そのことばを語らせること。巫女や陰陽師が自ら霊媒となる場合もある。

くち-を・し【口惜し】(形シク){しから・しく(しかり)・し・しき(しかる)・しけれ・しかれ}

> **語義パネル**
> ●重点義　期待はずれの落胆・不満・嫌悪などの感じ。
> ❶残念だ。情けない。
> ❷つまらない。物足りない。感心しない。
> ❸卑しい。地位が低い。

❶**残念だ。情けない。** 土佐「『眼もこそ二つあれ、ただ一つある鏡をたいまつる』とて、海にうち嵌めつれば－・し㊌」訳「目だって二つあるのに、たった一つある鏡を(海神に)差し上げる」と言って、(鏡を)海に投げ込んだので残念だ。平家 九・敦盛最期「あはれ、弓矢取る身ほど－・しかり㊊けるものはなし」訳 ああ、弓矢を取る身(＝武士)ほど実に情けないものはない。
❷**つまらない。物足りない。感心しない。** 徒然 一九〇「家の内を行ひ治めたる女、いと－・し㊌」訳 家の中をきちんと処理している女は、実につまらない。
❸**卑しい。地位が低い。** 源氏 少女「男は、－・しき㊍際の人だに心を高うこそつかふなれ」訳 男(というもの)は、卑しい身分の人でさえも気位を高く保つということだ。(⇩惜し「類語パネル」)

くちをし-が・る【口惜しがる】(他ラ四){ら・り・る・る・れ・れ} (「がる」は接尾語)残念に思う。がっかりする。源氏 紅葉賀「御方々物見給はぬことを－・り㊊給ふ」訳 (後宮の)御方々は催し物をご覧にならないことを残念に思いなさる。

くちをし-さ【口惜しさ】(名) (「さ」は接尾語)残念に思うこと。また、その気持ち。源氏 蛍「母君のおはせずなりにける－も、またとり返し惜しく悲しくおぼゆ」訳 (玉鬘は)母君(＝夕顔)がお亡くなりになってしまった(ことの)残念な思いも、改めて昔に立ち返って惜しく悲しく思い出される。

くち-を-す・ぐ【口を過ぐ】なんとか生計を立てる。〔浮・日本永代蔵〕「これまでの－・ぎ㊊、銭二貫三百延ばし」訳 ここまで(の道中)をなんとか食べて来て、(その上に)銭を二貫三百文にふやし。⇩渡らふ「慣用表現」

くつ【沓・靴・履】(名) はきものの総称。衣冠束帯用には、深沓・浅沓・靴沓などがある。庶民は藁沓をはいた。万葉 九・一八〇七「－をだにはかず行けども」訳 くつをさえはかずに歩くが。

く・つ【朽つ】(自タ上二){ち・ち・つ・つる・つれ・ちよ} ❶腐る。朽ちる。細道 平泉「珠の扉風に破れ、金の柱霜雪に－・ち㊊て」訳 (光堂の)珠玉を飾った扉が風のために壊れ、金箔をはった柱が霜や雪のために腐って。
❷すたれる。衰える。源氏 葵「人の御名の－・ち㊊ぬべきことをおぼし乱る」訳 あの方(＝六条御息所)の御名声がきっとすたれてしまうだろうことを(光源氏は)あれこれ考えてお悩みになる。文法「朽ちぬべき」の「ぬ」は、助動詞「ぬ」の終止形で、ここは確述の用法。
❸むなしく終わる。死ぬ。〔後拾遺〕恋四「恨みわびほさぬ袖だにあるものを恋に－・ち㊊なむ名こそ惜しけれ」訳 →うらみわび…和歌。⇩果つ「慣用表現」

くつ-かうぶり【沓冠】(名)「くつかぶり①」に同じ。

くつ-かぶり【沓冠】(名) ❶「くつかうぶり」「くつかむり」とも。和歌の折り句の一種。あることばを、各句の初

め(=冠)と終わり(=沓)に一音ずつ詠みこんだもの。例えば、兼好法師の「よもすずし　ねざめのかりほ　たまくらも　ま袖も秋に　へだてなきかぜ」の歌には「米(よね)賜(たま)へ(=冠)」「銭(ぜに)も欲(ほ)し(=沓)」が折り込んである。
❷雑俳(ざっぱい)の一種。課せられた七文字に、上(かみ)の五文字と下(しも)の五文字とを付けて十七文字の一句とするもの。例えば、「おなじことなり」を課題として出し、上に「口上(こうじょう)も」、下に「配餅(くばりもち)」と付けて一句とするもの。

くつ-がへ・す(ガエス)【覆す】(他サ四){さ・し・す・す・せ・せ} ❶ひっくりかえす。平家 三・城南之離宮「水よく船を浮かべ、水また船を―・す(終)」訳 水はよく船を浮かべ(もするが)、水はまた船を転覆させる(こともある)。
❷滅ぼす。倒す。平家 三・城南之離宮「臣よく君を保ち、臣また君を―・す(終)」訳 臣下はよく主君を守り支え(もするが)、臣下はまた主君を倒す(こともある)。

くつ-がへ・る(ガエル)【覆る】㊀(自ラ四){ら・り・る・る・れ・れ} ひっくりかえる。倒れる。〔紀〕孝徳「その甑(こしき)(=米などを蒸す器具)、物に触れて―・る(終)」
㊁(補動ラ四){ら・り・る・る・れ・れ}(動詞の連用形に付いて)その動作を強める。ひどく…する。源氏 竹河「名残(なごり)さへとまりたるかうばしさを、人々はめで―・る(終)」訳 (薫(かおる)の立ち去った後にまでも残っている香ばしさを、女房たちはひどくほめちぎる。

くっ-きゃう(キョウ)【究竟】(名・形動ナリ)〔「くきゃう」の促音化〕❶きわめてすぐれていること。きわめて力の強いこと。平家 九・木曽最期「―の荒馬乗り、悪所(あくしょ)落とし」訳 (巴(ともえ)は)きわめてすぐれた荒馬の乗り手で、険しい所を下ることができる者で。
❷きわめて好都合なこと。あつらえむき。〔太平記〕二六「すはや―の事こそ有りけれ」訳 やっ、(高師直(こうのもろなお)・師泰(もろやす)を滅ぼすのに)好都合なことがあったよ。

く-づくり【句作り】(名)俳句を作ること。俳句の作り方。句作。〔三冊子〕「また―に師の詞(ことば)あり」訳 また句の作り方について先生の(おっしゃった)ことばがある。

くづし-い・づ(クズシイズ)【崩し出づ】(他ダ下二){で・で・づ・づる・づれ・でよ} 話を少しずつ語り出す。源氏 明石「世の古事(ふること)ども―・で(用)て」訳 世間の古い出来事のあれこれを、(明石(あかし)の入道は)ぽつりぽつりと語り出して。

くっ-しゃう(ショウ)【屈請】(名・他サ変)〔「くつじゃう」とも〕❶神仏の来現を祈願すること。〔源平盛衰記〕「大神も小神も―の砌(みぎり)に影向(やうがう)し」訳 大神も小神も来現の祈願の折に姿を現されて。
❷僧または身分の高い人を招くこと。平家 六・慈心房「持経者を多く―・じ(用)て」訳 法華経を常に読誦(どくじゅ)する僧を多くお招きして。

くっ・す【屈す】㊀(自サ変){せ・し・す・する・すれ・せよ} ❶折れ従う。服従する。今昔 九・三〇「東海公、君が才学(さいがく)を聞きて、―・し(用)てこの官に備へむとて、君を召したるなり」訳 東海公は、あなたの学識を伝え聞いて、折れ従ってこの官(=冥府の書記)につけようと思って、あなたをお呼びになったのである。
❷気がふさぐ。めいる。源氏 若紫「夕暮れとなれば、いみじく―・し(用)給へば」訳 (若紫は)夕暮れとなるといつも、ひどく気がふさぎこみなさるので。
㊁(他サ変){せ・し・す・する・すれ・せよ} 折り曲げる。〔太平記〕三〇「膝を―・し(用)手を束(つか)ねて」訳 (兵士たちは)膝を折り曲げ手を組んで。

くづ・す(クズス)【崩す】(他サ四){さ・し・す・す・せ・せ} ❶くだきこわす。〔うつほ〕吹上下「山を―・し(用)海を埋めても」
❷整ったものを乱す。
❸ぽつりぽつりと話す。蜻蛉 上「日ごろありつるやう、―・し(用)かたらひて」訳 この数日にあったようすを、ぽつりぽつりと話し語り合って。

くつ-づけ【沓付け】(名)雑俳(ざっぱい)の一種。下(しも)の五文字を題として、それに上(かみ)の五文字、中(なか)の七文字を付け合わせるもの。例えば「とってみる」という題に、「相撲取り投げられた手を」を付けて一句とするもの。

くっ-と(副)勢いよくするさま。ぱっと。平家 四・橋合戦「―抜けて、河へざんぶと入りにけり」訳 (太刀(たち)が柄(つか)から)すぽっと抜けて、川へざぶんと入ってしまった。

ぐっ-と(副)❶物事が完全に行われるさま。すっかり。十分に。〔浄・丹波与作待夜小室節〕「夕飯すぎから眠たうて、ここで―やったもの」訳 夕飯過ぎから眠たくて、ここですっかりやって(=眠って)しまったなあ。
❷一息に、また力を入れて事を行うさま。ぐいと。〔沙石集〕「―呑(の)まれなば」訳 (蛙(かえる)が蛇に)ぐいと呑み込まれたなら。
❸何か一言、反応を示そうとして発する声。〔浄・最明寺殿百人上臈〕「殿の嗣(つ)がせ給はんに、誰(だれ)が―も申すべき」訳 あなた様が(あとを)お継ぎなさるならそれに、だれが何か一言でも申せよう。
❹大きくへだたりのあるさま。はるかに。ずっと。〔東海道中膝栗毛〕「となりの座敷には、―西国がた(=西のほうの国のお侍」
❺時をおかず、事を行うさま。すぐに。〔洒・遊子方言〕「そんなら―供を帰しがよかろう」訳 それならすぐに供(の人)を帰すのがよいであろう。

くつ-ばみ【轡・鑣・馬銜】(名)〔「口食(は)み」の意〕「くつわ①」に同じ。

くづ-ほ・る(クズオル)【頽る】(自ラ下二){れ・れ・る・るる・るれ・れよ} ❶衰える。弱る。源氏 少女「『老いねど―・れ(用)たる心地ぞするや』とひとりごちて」訳 「年を取っていないが、(このごろ)衰えた気持ちがするなあ」と(夕霧は)ひとりごとを言って。
❷気落ちする。意志がくじける。源氏 桐壺「われなくなりぬとて、口惜しう思ひ―・る(終)な」訳 私(=桐壺の更衣の父大納言)が死んだ(から)といって、情けなく志を曲げるな。

くづ・る(クズル)【崩る】(自ラ下二){れ・れ・る・るる・るれ・れよ} ❶くだけたりしてこわれる。くずれる。源氏 須磨「長雨(ながあめ)に築地(ついひ)ところどころ―・れ(用)て」訳 長雨のために土塀(どべい)がところどころくずれて。
❷集まっていた人が一度に解散する。大鏡 道長下「ゐこめたりつる人も皆―・れ(用)出(い)づるほどにまぎれて」訳 (大勢)つめて座っていた人も皆一度に解散して出るときにまぎれて。

くつろ-か【寛か】(形動ナリ){なら・なり(に・なり)・なる・なれ・なれ} くつろいださま。ゆったりしたさま。枕 三三「女房、桜の唐衣(からぎぬ)ども―・に(用)脱ぎ垂れて」訳 女房が、桜襲(さくらがさね)の唐衣などをゆったりと片袖を脱いで垂らして。

くつろぎ-がま・し【寛ぎがまし】(形シク){しから・しく(しかり)・し・しき(しかる)・しけれ・しかれ}〔「がまし」は接尾語〕くつろいだよう

すをしている。のんびりとしている。源氏 帚木「—・しく用歌誦じがちにもあるかな」訳（侍女たちは）のんびりしていて、（何かといえば）歌でも口ずさみそうであるなあ。

くつろ・ぐ【寛ぐ】■一（自ガ四）{が・ぎ・ぐ・ぐ・げ・げ}❶ゆるむ。ゆるんですきまができる。源氏 若菜上「冠の額少し—・ぎ用たり」訳（蹴鞠を何度も行ううちに）冠の額ぎわが少しゆるんで（あみだかぶりになって）いる。❷安心する。ゆったりする。著聞 四三一「夜も安くも寝ず、昼も心うち—・ぐ体ことなし」訳 夜も安心しても眠らないし、昼も心がゆったりすることがない。❸ゆとりがある。融通がきく。源氏 澪標「数定まりて—・ぐ体所もなかりければ、加はり給ふなりけり」訳（左右の大臣は員数が定まっていて（入り込む）余地のある所もなかったので、（光源氏は内大臣として大臣の列に）加わりなさるのであった。
■二（他ガ下二）{げ・げ・ぐ・ぐる・ぐれ・げよ}ゆるめる。ゆるやかにする。平家 三・小教訓「さばかり暑き六月に、装束をだにも—・げ未ず」訳（成親は）あれほど暑い陰暦六月に、装束さえもゆるめず。

くつ・わ【轡】（名）〔「口輪」の意〕❶馬の口にかませる金具。それに手綱を付けて馬を操縦する。くつばみ。徒然 一八六「—・鞍の具に危ふきことやあると見て、心にかかることあらば、その馬を馳すべからず」訳 轡や鞍の器具に危険なところがあるかと調べて、気にかかることがあるならば、その馬を走らせてはいけない。❷（近世語）遊女屋。遊里。また、遊女屋の主人。

（くつわ①）

く・でん【口伝】（名）❶学芸や武術の奥義を口頭で伝授すること。今昔 二四・二三「博雅、琵琶を具せざりければ、ただ—を以てこれを習ひて」訳 博雅は、琵琶を持って来ていなかったので、ただ口頭の伝授でこれ（＝流泉と啄木の秘曲）を習って。❷奥義を記した書物。〔風姿花伝〕「もし、別紙の—にあるべきか」訳 もしや、別紙の秘伝の書に述べておかねばならないことか。

くど【竈突・竈】（名）❶かまどのうしろにある煙を出す穴。竹取 蓬萊の玉の枝「かみ（＝上のほう）に—をあけて、玉の枝を作り給ふ（＝お作りになる）」❷かまど。〔鶉衣〕「—の燃え杭」訳 かまどの焼け残りの棒っきれ。

く・どき【口説き】（名）❶能・歌舞伎・浄瑠璃などで、恋情・哀愁などの感情をこめて相手にしみじみと心中を訴える部分。また、そのせりふ・しぐさなど。❷くり返しくどくど言うこと。泣き落とし。〔伎・お染久松〕「—がきかねえから太平楽を言ふのか」訳 泣き落としが通じないから好き勝手なことを言うのか。

く・どく【功徳】（名）《仏教語》現在、または未来に幸福を招くよい行い。善根。また、その善行によって得られる果報。竹取 かぐや姫の昇天「いささかなる—を翁つくりけるによりて」訳 わずかばかりの善根を翁がつくったことによって。

く・ど・く【口説く】（自カ四）{か・き・く・く・け・け}❶くり返しくどくど言う。ぐちをこぼす。平家 三・足摺「『せめては九国の地まで』と、—・か未れけれども」訳「せめては九州の地まで（乗せて行ってくれ）」と、（俊寛は）くり返しくどくど言いなさったけれども。❷神仏に祈願する。願いを訴える。〔讃岐典侍日記〕「経読み、仏—・き用参らせらるるほどに」訳（頼基律師らが）経を読み、仏に祈願し申しあげなさるうちに。❸（異性を自分の意に従わせようと）求愛のことばをくり返す。〔浮・好色一代男〕「この方より—・き用ても、埒のあかざることもあるに」訳 こちらから求愛のことばをくり返しても、うまく物事が運ばないこともあるのに。

くない・きゃう キョウ —【宮内卿】（名）宮内省の長官。正四位下に相当する。

宮内卿（くないきゃう） キョウ〔人名〕（一二〇四?〜?）鎌倉初期の女流歌人。源師光の娘。後鳥羽院の女房として多くの歌会・歌合わせに出詠したが、病で夭折したという。歌風は才気に富み、華麗・繊細。

くない・しゃう ショウ —【宮内省】（名）律令制で、太政官に属する八省の一つ。皇室関係の事務をつかさどる役所。→八省。⇩巻頭カラーページ31

くなど・の・かみ【岐の神】（名）「ふなどのかみ」とも。峠や辻にまつる神。道路の神。道祖神。塞の神。〔紀〕神代「—を以ちて郷の導き（＝道案内）として」

くに【国】（名）❶（天に対する）地。大地。〔紀〕景行「また、—肥えて広し」❷国土。国家。細道 塩釜明神「かかる道の果て塵土の境まで、神霊あらたにましますこそ、わが—の風俗なれといと貴けれ」訳 このような旅路の果て、辺境にまで、神霊（のご威光）があらたかでいらっしゃることこそ、わが国（＝日本）の風俗なのだ（と思うと）たいへん尊いことだ。文法 係助詞「こそ」の結びは「なれ」。「貴けれ」は、本来「貴し」とあるべきところ。❸行政上の一単位としての地域。国、または郡。大鏡 時平「播磨の—におはしまし着きて」訳（菅原道真が）播磨の国（兵庫県）にご到着になって。❹国ごとに置かれた地方行政府。国府。土佐「この人、—に必ずしも言ひ使ふ者にもあらざなり」訳 この人は、国府で必ずしも仕事を言いつけて使っている人でもないようである。文法「あらざなり」は、「あらざるなり」の撥音便「あらざんなり」の「ん」の表記されない形。「なり」は伝聞・推定の助動詞。❺地方。いなか。更級 富士川「その—の人出でて語るやう」訳 その地方の人が出て来て語ることには。❻故郷。ふるさと。万葉 一九・四一四四「燕来る時になりぬと雁がねは—偲ひつつ雲隠り鳴く」訳 つばめがやってくる時になったと、雁は、故郷をしのんでは、雲に隠れ（るほどの高みで）鳴いている。❼国政。帝位。〔うつほ〕国譲下「十一日に、御—譲り給ひて、帝は朱雀院に出で給ふ」訳 十一日に御帝位をお譲りになって、天皇は朱雀院にお移りになる。

くにが・の・みち【北陸の道】（名）「くにが」は「くが」で、陸の意。「くぬがのみち」とも。「北陸道」の古称。

くに・から【国柄】（名）〔「から」は接尾語〕国の性質・品格。特に、すぐれた性質・品格をいう。万葉 二・二二〇「玉藻よし讃岐の国は—か見れども飽かぬ」訳 讃岐の国（香川県）は、国の性質（のよさのせい）か、（いくら）見ても飽きない。（「玉藻よし」は「讃岐」にかかる枕詞）

くに‐つ‐かみ【国つ神・地祇】(名)〔「つ」は「の」の意の上代の格助詞〕❶国土を支配し守護する神。地神。万葉 五・九〇四「天(あま)つ神仰ぎ乞ひ祈(の)み―伏して額(ぬか)つき」訳 天上の神を仰いで願い祈り、国土の神を伏して拝み。⇔天(あま)つ神(かみ)
❷天孫降臨以前、この国土に土着して一地方を治めていた神。土着の豪族を神格化していったもの。〔記〕上「この国に、ちはやぶる荒ぶる―どもの多(さは)なりと思ほす」訳 この国(=葦原(あしわら)の中つ国)には、勢いが強い荒々しい土着の神があれこれたくさんいるとお思いになる。

くに‐の‐おや【国の親】❶天皇。源氏 桐壺「―となりて、帝王の上(かみ)なき位(くら)にのぼるべき相(さう)おはします人の」訳 (この子=光源氏は)天皇となって、帝王という最高の位にのぼるはずの人相がおありになる人で。⇩御門(みかど)「慣用表現」
❷皇后。または、天皇の生母。〔紫式部日記〕「かく―ともて騒がれ給ひ」訳 このように(中宮は、将来の)天皇の生母ともてはやされなさって。

くに‐の‐かみ【国の守】(名)諸国に置かれた国司(こくし)の長官。国守(こくしゅ)。源氏 須磨「―も親しき殿人(とのびと)なれば、忍びて心寄せつかうまつる」訳 (摂津(せっつ)の)国守も(光源氏に)親しく仕える家人(けにん)であるので、こっそりと好意を寄せお仕え申しあげる。

くに‐の‐つかさ【国の司】(名)「こくし」に同じ。

くに‐の‐みやつこ【国の造】(名)大化の改新以前、地方の豪族で朝廷から任ぜられ、世襲によってその国を統治していた地方官。〔記〕中「相模(さがむ)の国に至りましし時、その―いつはりてまをしく」訳 (倭建命(やまとたけるのみこと)が)相模の国(神奈川県)にお着きになったとき、その国を統治していた地方官がだまして申し上げたことには。

くに‐はら【国原】(名)国土の、広く平らな土地。平野。万葉 一・二「―は煙(けぶり)立ち立つ海原(うなはら)は鴎(かま)め立ち立つ」訳 広々とした平原にはあちこちで炊煙が立ちのぼり、広々とした海には鴎(かもめ)が飛びかっている。

くに‐びと【国人】(名)「くにひと」とも。❶その土地に住む人。土着の人。土佐「―の心のつねとして、『いまは』とて見えざなるを」訳 その土地に住む人の人情の常としては、「今は(もう別れてしまうので用はない)」と言って(挨拶にも)姿を見せないというが。
❷国民。人民。〔兼盛集〕「とみゆかの数まさりゆく君が代にあへる―たのもしきかな」訳 富んだ家の数が増えていく天皇の御代にめぐりあう国民は安心であることよ。

くに‐み【国見】(名)天皇が、高い所に登って国土を望み見ること。豊穣(ほうじょう)を祈る儀礼であった。万葉 一・三八「高殿(たかどの)を高知りまして登り立ち―をせせば」訳 (持統(じとう)天皇は)楼閣(ろうかく)をりっぱにお造りになって、登り立って国見をなさると。

くに‐ゆづり―ユズリ【国譲り】(名)天皇が退位して、位を皇太子にゆずること。譲位。源氏 澪標「御―の事にはかなれば、大后(きさき)もおぼしあわてたり」訳 (朱雀(すざく)帝の)御譲位の沙汰が突然なので、(弘徽殿(こきでん)の)皇太后はおあわてになっている。

く‐にん【公人】(名)❶鎌倉・室町幕府の政所(まんどころ)・問注所(もんちゅうじょ)・侍所(さむらいどころ)などの寄人(よりうど)以下の職員。〔太平記〕三「古(いにしへ)の―たりし人は、賄賂をも取らず」訳 昔の寄人であった人は、賄賂をも受け取らず。
❷宮中で雑用をした地下(じげ)(=昇殿を許されない身分)の役人。徒然 一九七「すべて数定まりたる―の通号(つうごう)にこそ」訳 (定額(じょうがく)とは)すべて定員が決まっている地下の役人の通称であろう。

くぬち【国内】(名)〔「くにうち」の転〕国中。万葉 五・七九七「悔(くや)しかもかく知らませばあをによし―ことごと見せましものを」訳 残念なことだなあ。このように(妻が死んでしまうと)知っていたなら、国中のすべてを見せておいただろうに。(「あをによし」は「くぬち」にかかる枕詞)

くね(名)境の垣根。垣。〔狂・瓜盗人〕「腹も立つ、〔畑の〕―をも引き抜いてくりょう(=くれよう)」

くねくね・し(形シク){しから・しく(しかり)・し・しき(しかる)・しけれ・しかれ}ひねくれている。心がねじけている。源氏 紅葉賀「―・しく(用)恨むる人の心破(やぶ)らじと思ひて」訳 ひねくれて(私=光源氏を)恨んでいる人(=女性)の機嫌をそこねまいと思って。

くね・る一(自ラ四){ら・り・る・る・れ・れ}❶折れ曲がる。うねる。〔七番日記〕一茶「涼風の曲がり―・っ(用)(促音便)て来たりけり」訳 →すずかぜの…俳句
❷すねる。ひがむ。蜻蛉 中『なほ、年の初めに腹立ちなそめそ』など言へば、少しは―・り(用)て書きつ」訳 「やはり、年の初めに腹を立て始めるな」などと(侍女たちが)言うので、少しはすねて(返事を)書いた。
二(他ラ四){ら・り・る・る・れ・れ}ぐちを言う。皮肉を言う。古今 仮名序「女郎花(をみなへし)の一時(ひととき)を―・る(体)にも、歌を言ひてぞ慰めける」訳 女郎花の(盛りが)ほんの一時であることを皮肉るのにも、和歌を詠んで気を晴らしたのだった。

く‐のう【功能】(名)ききめ。効能。功徳。徒然 一三六「今参り侍る供御(ぐご)の色々を、文字も―も尋ね下されて」訳 今差し上げておりますお召し上がり物の品々について、(どのような)文字(を書くのか)も、ききめ(はどうなのか)もご下問くださって。

く‐は―(感)相手に注意を促すための呼び声。さあ。それ。〔落窪〕「―、御覧ぜよ」訳 さあ、ご覧ください。

く‐ばう―ボウ【公方】(名)❶おおやけごと。公務。公事(くじ)。〔曽我物語〕「わ殿をもちてこそ―私(わたくし)心安く」訳 あなたを(嫡子として)持っているからこそ公務も私事も安心で。
❷朝廷。天皇。〔曽我物語〕「祐経(すけつね)在京して、―の御意さかりに候ふなる」訳 祐経は京都にいて、朝廷のおぼしめしもたいそうよいとのことです。⇩御門(みかど)「慣用表現」
❸鎌倉時代以降、幕府の敬称。また、室町時代以降、征夷(せいい)大将軍の敬称。〔太平記〕一〇「―の御恩をも蒙(かうむ)らねば」訳 幕府の御恩顧をも受けていないので。

くは‐がた―クワ【鍬形】(名)兜(かぶと)の眉庇(まびさし)の上に付けた、二本の角形(つのがた)をした金属製の飾り。⇩巻頭カラーページ17

くは‐こ―クワ【桑子】(名)蚕(かいこ)の異称。伊勢 一四「なかなかに恋に死なずは―にぞなるべかりける玉の緒(を)ばかり」訳 なまじっか恋のために死んだりしないで、蚕になればよかった。短い命の間だけでも。

くは・し(クワシ)(形シク){しから・しく(しかり)・し・しき(しかる)・しけれ・しかれ}❶【細し・美し】細やかで美しい。うるわしい。万葉 一三・三三三一「出(い)で立ちの―・しき(体)山ぞあたらしき山の荒れまく惜しも」訳 (泊瀬(はつせ)・忍坂(おさか)の両山は)たたずまい

の美しい山であるよ。このりっぱな山が荒れるのは惜しいことだ。〔文法〕「荒れまく」は「荒れむ」のク語法。

❷【精し・詳し】㋐つぶさである。細かい。〔源氏〕蓬生「ー・しく(用)は聞こえじ」〔訳〕（末摘花(すゑつむはな)の顔のことを）つぶさには申し上げまい。㋑精通している。〔鶉衣〕「世はただその道の芸ー・しから(未)ば多能はなくてもあらまし」〔訳〕世間ではただある専門の芸に精通しているならば多芸ではなくてもよいだろう。

くは・す(クワス)【食はす】（他サ下二）｛せ・せ・す・する・すれ・せよ｝❶食べさせる。飲ませる。〔宇治〕一三・一〇「これへ来たる人には、まづ物言はぬ薬をー・せ(用)て、次に肥(こ)ゆる薬をー・す(終)」〔訳〕ここ（＝纐纈城(こうけちじょう)）へ来た人には、まずしゃべらない薬を飲ませて、次に太る薬を飲ませる。

❷口にくわえさせる。〔拾遺〕賀・詞書「御巻数(ごくわんじゅ)鶴にー・せ(用)て、洲浜(すはま)に立てたりけり」〔訳〕御経文を鶴にくわえさせて、洲浜（の形の台の上）に立ててあった。

❸（「目をくはす」の形で）目を合わせる。目くばせする。〔源氏〕若菜上「中務(なかつかさ)、中将の君などやうの人々目をー・せ(用)つつ、『あまりなる御思ひやりかな』など言ふべし」〔訳〕中務や中将の君などというような女房たちは（互いに）目くばせしては、「度が過ぎた（紫の上の）お心づかいだことよ」などと言うにちがいない。

❹受けさせる。くらわせる。

❺出し抜く。だます。あざむく。〔狂・今参〕「南無三宝(なむさんぼう)、ー・せ(用)おった」〔訳〕しまった、だましやがった。

❻矢をつがえる。〔平家〕一一・遠矢「十五束(そく)ありけるをうちー・せ(用)、よっぴいてひゃうど放つ」〔訳〕十五束（の長さ）があった矢をつがえ、よく引いてひゅっと放つ。

くはた・つ(クワタツ)【企つ】（他タ下二）｛て・て・つ・つる・つれ・てよ｝〔近世以降「くはだつ」〕❶計画する。もくろむ。〔徒然〕九一「ー・て(用)たりしことならず」〔訳〕計画していたことが成功しない。

❷実行に移す。〔著聞〕三六一「法師何心なくて、例のやうにかのことー・て(未)んとて」〔訳〕法師はどんな考えもなくて、いつものようにあのことを実行に移そうとして。

桑名(くはな)(クワナ)『地名』今の三重県桑名市。「七里の渡し」の渡し場として、また伊勢路(いせじ)の起点・終点としてにぎわった。東海道五十三次の一つ。

くはは・る(クワワル)【加はる】（自ラ四）｛ら・り・る・る・れ・れ｝❶重なる。増える。〔源氏〕若菜上「今日の雪にいとど御風ー・り(用)て」〔訳〕（朱雀(すざく)院は）今日の雪のために（冷えて）たいそうお風邪(かぜ)がつのって。

❷仲間に入る。参加する。〔源氏〕若菜下「ー・り(用)たる二人なむ、近衛府(このゑづかさ)の名高き限りを召したりける」〔訳〕（楽人として、臨時に）参加した二人は、近衛府の評判の高い者だけをお召しになっているのだった。

くは・ふ(クワ(オ)ウ)【加ふ】（他ハ下二）｛へ・へ・ふ・ふる・ふれ・へよ｝❶加える。足す。〔細道〕象潟「寂しさに悲しみをー・へ(用)て、地勢(ちせい)魂(たましひ)をなやますに似たり」〔訳〕寂しさの上に悲しみを加えて、土地のようすは（美人が）心を悩ますのに似ている。

❷程度を増す。〔源氏〕浮舟「女は、今より添ひたる身の憂(う)さを嘆きー・へ(用)て」〔訳〕女（＝浮舟(うきふね)）は、これから先（匂宮(におうのみや)のために）加わったわが身のつらさをますます嘆くようになって。

❸与える。施す。〔徒然〕一四八「四十以後の人、身に灸(きう)をー・へ(用)て、三里を焼かざれば、上気(じやうき)のことあり」〔訳〕四十歳を過ぎた人が、からだに灸(きゅう)をすえて、三里（＝灸点の名）を焼かないと、のぼせあがることがある。

❹仲間に入れる。〔源氏〕松風「繕(つくろ)ふべき所、所の預(あづか)り、今ー・へ(用)たる家司(けいし)などに仰せらる」〔訳〕修繕(しゅうぜん)しなければならない所を、（光源氏は）ここの留守番や、新しく仲間に入れた家司などにお命じになる。

くは・ふ(クワ(オ)ウ)【銜ふ】（他ハ下二）｛へ・へ・ふ・ふる・ふれ・へよ｝❶口で軽くかんで持つ。くわえる。〔源氏〕梅枝「筆の尻ー・へ(用)て、思ひめぐらし給へるさま」〔訳〕筆の端をくわえて、（あれこれと）思いめぐらしていらっしゃる（光源氏の）ようすは。

❷引き連れる。身に従える。

くは・や(クワ)―（感）〔感動詞「くは」に詠嘆の終助詞「や」が付いたもの〕❶驚いたときなどに発する語。おや。これはこれは。〔神楽歌〕「明星(あかぼし)は明星(みやうじやう)はーここなりや」〔訳〕明け方の明星は、明星は、おやおや、ここに出ているよ。

❷相手の注意をうながしたり、合図したり、呼びかけたりするときに発する語。さあ。そら。ほら。それそれ。〔源氏〕末摘花「ー、昨日の返り事。あやしく心ばみ過ぐさるる」〔訳〕ほら、昨日の返事だ。妙に気をつかってならないことよ。〔文法〕「過ぐさるる」の「るる」は連体形止め。

くば・る【配る】（他ラ四）｛ら・り・る・る・れ・れ｝❶それぞれに分け与える。配置する。〔紫式部日記〕「御薫(た)き物合はせ果てて、人々にもー・ら(未)せ給ふ」〔訳〕御薫き物（＝練り香）の調合が終わってから、（中宮は）女房たちにも分け与えなされる。〔文法〕「せ給ふ」は、最高敬語。

❷（目や心などを）行きわたらせる。〔徒然〕一七一「人の袖のかげ、膝の下まで目をー・る(体)間(ま)に、前なるをば人におほはれぬ」〔訳〕（貝おおいの遊びで）人の袖の陰や、膝の下まで目を行きわたらせているうちに、（自分の）前にある貝を人におおわれてしまう。

❸結婚させる。〔源氏〕東屋「初めの腹の二、三人は、みなさまざまにー・り(用)て、おとなびさせたり」〔訳〕（中将の君は）先妻の産んだ娘の二、三人は、みなそれぞれに結婚させて、一人前にさせた。

くひ・あは・す(クイアワス)【食ひ合はす】（他サ下二）｛せ・せ・す・する・すれ・せよ｝❶歯をかみ合わせる。〔宇治〕三・四「歯をー・せ(用)て、念珠(ねんず)をもみちぎる」〔訳〕（けいとう坊という僧は、怒って）歯をかみ合わせて、数珠(じゅず)をもみにもむ。

❷いっしょに食べると害になる物を食べる。〔浮・好色万金丹〕「蕎切(そばきり)と西瓜(すいか)とー・せ(用)て死んだり」

❸つかまえる。出くわす。〔浮世風呂〕「いい日をー・せ(用)たあ」〔訳〕いい日に出くわしたものだ。

くひ・かなぐ・る(クイ)―【食ひかなぐる】（他ラ四）｛ら・り・る・る・れ・れ｝食べ散らかす。荒々しく食べる。〔源氏〕横笛「いとあわたたしうとり散らしてー・り(用)などし給へば」〔訳〕（幼い薫(かおる)が竹の子を）たいそうせわしなく取り散らかして乱暴に食べたりしなさるので。

くび・かみ【頸上・首上】（名）袍(はう)・狩衣(かりぎぬ)・水干(すいかん)などの、首のまわりを囲むように作った襟。〔平家〕八・緒環「狩衣のーに針をさし」⇩巻頭カラーページ13

くび・き【軛】（名）車の轅(ながえ)の先に横にとり付けて、牛馬の首に掛ける木。〔宇治〕八・一「牛をかきはづして、榻(しぢ)にーを置きて」〔訳〕牛を（牛車(ぎっしゃ)から）はずして、榻（＝轅を支える台）にくびきを置いて。⇩巻頭カラーページ19

くびす【踵】（名）かかと。きびす。〔曽我物語〕「御前(まへ)

の舞人は、雞婁を打って、舞行の―をそばだつ」訳御前の舞人は、雞婁(=鼓の一種)を打って、舞いの足さばきであるかかとを上げて(爪先で)立つ。

くひ-ぜ【株・杭】(名)「くひせ」とも。切り株。〔霊異記〕「その中に黒き―のごとき物ありて、涌き返り沈み、浮き出で」訳その(地獄の)中に黒い切り株のような物があって、(熱湯に)わき返り沈み、(やがて)浮き出て。

くひな【水鶏】(名)水鳥の名。くいな。鳴き声が戸をたたく音に似ているところから、この鳥が鳴くことを「たたく」という。夏。徒然一九「早苗とるころ、―のたたくなど、心細からぬかは」訳早苗を(苗代から田に)移し植えるころ、水鶏が鳴くのなどは、心寂しくないだろうか(いや、心寂しいものだ)。⇩巻頭カラーページ8

くび-ひき【首引き・頸引き】(名)二人が向かい合って、輪にした紐を双方の首に掛けて互いに引き合う遊戯。〔義経記〕「腕押し、―、すまうなどぞ好みける」

くひ-も・つ【食ひ持つ】(他タ四){た・ち・つ・つ・て・て}口にくわえ持つ。くわえる。万葉一〇・一八二一「青柳の枝―・ち用て鶯鳴くも」訳青柳の枝をくわえて鶯が鳴くことだよ。

くび・る【縊る】━(他ラ四){ら・り・る・る・れ・れ}首を絞めて殺す。大鏡時平「『所謂宮毘羅大将』とうちあげたるを、我を―・る終と読むなりけりとおぼしけり」訳(祈禱僧が)「いわゆる宮毘羅大将」と声をはり上げたのを、(保忠は「宮毘羅」を「くびる」と聞きなし、大将である)自分を絞め殺すと読むのだなあとお思いになった。

━(自ラ下二){れ・れ・る・るる・るれ・れよ}首をくくって死ぬ。〔紀〕天武「すなはち還りて山前に隠れて、自ら―・れ用ぬ」訳(逃げ所のない大友皇子はそこで引き返して山前(=地名)に隠れて、自ら首をくくって死んでしまった。

くび-を-か・く【首を搔く・頸を搔く】首をかき切る。平家九・敦盛最期「とっておさへて―・か未んと、甲をおしあふのけて見ければ」訳取り押さえて首をかき切ろうと、甲をむりにあおむけにして見たところ。

くび-を-つ・ぐ【首を継ぐ・頸を継ぐ】首を切るはずの罪を許す。平家一・鹿谷「既に誅せらるべかりしを、小松殿やうやうに申して―・ぎ用給へり」訳(藤原成親は)とっくに処刑されるはずだったけれども、小松殿(=平重盛)がさまざまに申し上げて首を切らずにお許しになった。

く・ふ【食ふ】━(他ハ四){は・ひ・ふ・ふ・へ・へ}❶食べる。飲む。徒然四〇「この娘、ただ栗をのみ―・ひ用て」訳この娘は、ただ栗ばかりを食べて。⇩食ぶ「敬語ガイド」

❷口にくわえる。源氏胡蝶「細き枝どもを―・ひ用て飛びちがふ」訳(水鳥たちが)細い枝を何本もくわえて飛び交うのや。

❸かみつく。食いつく。源氏帚木「女もえをさめぬ筋にて、指ひとつを引き寄せて―・ひ用て侍りしを」訳女もとてもこらえきれない性分であって、(私=左の馬頭の)指一本を引き寄せてかみついておりましたので。文法「えをさめぬ」の「え」は副詞で、打消の語(ここでは「ぬ」)を伴って不可能の意を表す。

━(自ハ四){は・ひ・ふ・ふ・へ・へ}うっかり信じる。だまされる。〔浮・好色一代男〕「古きことながら、この手だて一度づつは―・ふ体ことなり」訳古くさい方法であるが、この術策に一度ずつはだまされることである。

く・ふ【構ふ】(他ハ四){は・ひ・ふ・ふ・へ・へ}(鳥が巣を)作る。竹取燕の子安貝「燕の巣―・ひ用たらば、告げよ」訳つばめが巣を作ったならば、(私=中納言に)知らせろ。

く・ぶ【焼ぶ】(他バ下二){べ・べ・ぶ・ぶる・ぶれ・べよ}火の中に入れる。燃やす。くべる。竹取火鼠の皮衣「皮は火に―・べ用て焼きたりしかば」訳皮は火にくべて焼いたところ。

ぐ-ぶ【供奉】━(名・自サ変)行幸・祭礼などのお供をすること。また、その人。平家三・法皇被流「公卿殿上人、一人も―・せ未られず」訳公卿・殿上人が、一人も(後白河法皇の)お供をしなさらず。

━(名)❶「内供奉」の略。僧職の名。宮中の内道場に仕え、御斎会の奉仕や夜居の勤めなどをして、国家安泰や天皇の安穏を祈った。平家三・赦文「三条院の御目も御覧ぜざりしは、観算―が霊なり」訳三条院のお目も(また)お見えにならなかった(=ご失明なさった)のは、観算供奉の霊(のため)である。

❷本尊に奉仕する僧。供奉僧。〔栄花〕たまのうてな「さるべき下﨟男どもや、何くれの―たち」訳しかるべき身分の低い男の召使どもや、だれそれの供奉僧たち。

くぶつち-の-たち【頭椎の太刀】(名)上代の刀剣の一種。柄頭が槌の形をしたもの。⇩巻頭カラーページ16

く-ぶり【句振り】(名)句の詠みぶり。〔三冊子〕「また趣向を―に振り出だすといふことあり」訳また構想を句の詠みぶり(の表面)にうち出すということがある。

くへ【柵】(名)《上代語》柵。垣。万葉一四・三五三七「―越しに麦食む子馬のはつはつに相見し子らしあやに愛しも」訳→くへごしに…和歌

くへごしに… 和歌

> 序詞
> 柵越しに　麦食む子馬の　はつはつに
> 相見し子らし　あやに愛しも
> 〈万葉・一四・三五三七・相聞・作者未詳〉

訳柵越しに麦を食う子馬が、かろうじてほんのわずか食うように、ほんのちょっと会ったあの子がむしょうにかわいいことだ。修辞第二句までは「はつはつ」を導きだす序詞。文法「子らし」の「ら」は、親近感を表す接尾語。「し」は、強意の副助詞。解説民謡として歌われていたとみられるものの一つ。

くぼ・し【凹し・窪し】(形ク){から・く(かり)・し・き(かる)・けれ・かれ}くぼんでいる。へこんでいる。宇治二一・一「まかぶら―・く用(=目のふちがくぼんでいて)、鼻のあざやかに高く赤し」

くぼ-た【窪田・下田・凹田】(名)周囲よりも低い所にある田。くぼ地にある田。〔記〕上「その兄、―を作らば、汝命は高田を営り給へ」訳あなたの兄が、窪田を作るならば、あなたは上げ田(=高い所にある田)を作りなさい。↔上げ田

くぼま・る【凹まる・窪まる】(自ラ四){ら・り・る・る・れ・れ}周囲より低くなる。へこむ。土佐「池めいて、―・り用、水つける所あり」訳(邸内には)池のようになって、(地面が)くぼんで、水がたまっている所がある。

く-ほん【九品】(名)《仏教語》❶生前の功徳によって決まる、極楽往生の際の九つの階級。上品・中品・下品の三階級を、さらに上品上生・上

品中生・上品下生のようにそれぞれ三階級にわける。〔平家〕一〇・熊野参詣「―の浄刹(じゃうせつ)をおこなはせ給ひけん御庵室(ごあんじつ)の旧跡には」〔訳〕(花山(かざん)院が)九品の浄土に生まれ変わるためのご修行をなされたという御庵室の旧跡には。

❷「九品浄土(じやうど)」の略。

❸「九品蓮台(れんだい)」の略。

くほん-じゃうど【九品浄土】(名)《仏教語》極楽浄土。〔太平記〕三「再会は必ず―の台(うてな)にあるべし」〔訳〕(死後に)再会するのはきっと極楽浄土の蓮華(れんげ)の台座の上であろう。⇨後世(ごせ)「慣用表現」

くほん-の-ねんぶつ【九品の念仏】《仏教語》極楽浄土に生まれ変わることを願って唱える念仏。〔徒然〕一一五「ぼろぼろ(=有髪の乞食(こつじき)僧)多く集まりて、―を申しけるに」

くほん-れんだい【九品蓮台】(名)《仏教語》極楽浄土の、九階級あるという蓮(はす)の台(うてな)。九品の台。〔枕〕一〇一「『―の間(あひだ)には、下品(げぼん)といふとも』など、書きてまゐらせたれば」〔訳〕「(極楽浄土の)九品蓮台の中では、下品の位といっても(満足です)」などと書いて(中宮に)差し上げたところ。

くほん-わうじゃう【九品往生】(名)《仏教語》極楽浄土に生まれ変わること。〔平家〕三・少将都帰「三尊来迎(らいかう)便(たより)あり、―疑ひなし」〔訳〕三尊が浄土から迎えに来てくださるという手がかりがあり、(死後に)極楽浄土に生まれ変わることは疑いない。

くま【隈】(名)❶川や道などの曲がり角。〔万葉〕一・一七「道の―い積もるまでに」〔訳〕→うまさけ…〔和歌〕

❷中心地から離れた所。辺地。〔源氏〕常夏「さる田舎の―にて」〔訳〕そうした(筑紫(つくし)の)田舎のかたすみで。

❸奥まって目につきにくい場所。〔源氏〕明石「かの浦に静やかに隠ろふべき―侍りなむや」〔訳〕あの(明石(あかし)の)浦に(私=光源氏が)静かに隠れていられそうな目につきにくい場所は確かにありましょうか。〔文法〕「侍りなむ」の「な」は、助動詞「ぬ」の未然形で、ここは確述の用法。

❹心中に隠しおくこと。秘密。隠しだて。〔源氏〕宿木「まことには心に―のなければ、いと心安し」〔訳〕ほんとうには心の中に隠しおくことがないので、(私=匂宮(にほうみや)は)まったく安心だ。

❺曇り。かげり。〔源氏〕賢木「月の少し―ある立て蔀(じとみ)のもとに立てりけるを知らで」〔訳〕月光があたらず少し陰になっている立て蔀のそばに(藤少将が)立っていたのを(光源氏は)知らないで。

❻欠点。短所。映(は)えない所。〔源氏〕浮舟「見れども見れども飽(あ)かず、そのことぞとおぼゆる―なく」〔訳〕(浮舟(うきふね)の容姿は)見ても見ても飽きず、そのこと(が不足)だと思われる欠点がなく。

❼歌舞伎で、荒事(あらごと)をする役者が、顔にほどこす彩色。くまどり。

図解学習「くま」曲がり角の意が原義。曲がり角が奥まった目につきにくい場所であることから、中心地から離れた所、光の当たらない所をいい、転じて、他の人に知られたくない隠しごと、欠点の意にも用いる。なお、「くまぐまし」は薄暗くてよく見えないさま、隠しごとのあるさまを表す形容詞、「くまなし」は「隈無し」で、暗い所、隠しだてがないさまを表す形容詞である。

くま　月の隈　くまどり

くま-かし【熊樫・熊白檮】(名)「「くま」は大きいの意」大きな樫(かし)の木。〔記〕中「命の全(また)けむ人は畳薦(たたみこも)平群(へぐり)の山の―が葉をうずに挿せその子」〔訳〕→いのちの…〔歌謡〕

くま-ぐま【隈隈】(名)あちこちのすみ。すみずみ。〔徒然〕二五「紙燭(しそく)さして、―をもとめしほどに」〔訳〕紙燭(=照明用具の一つ)をともして、すみずみを捜していたうちに。

くまぐま-し【隈隈し】(形シク)〔しから・しく(しかり)・し・しき(しかる)・しけれ・しかれ〕❶隠れていてよく見えない。薄暗くてよく見えない。〔源氏〕夕顔「火はほのかにまたたきて、…ここかしこの―・しく(用)おぼえ給ふに」〔訳〕灯火はかすかにちらちらして、…あちらこちらが薄暗くてよく見えないと(光源氏は)お感じになるうえに。

❷隠しだてが多い。心に秘密があるようだ。〔源氏〕梅枝「何事かは侍らむ。―・しく(用)おぼしたるこそ苦しけれ」〔訳〕どんなことが書いてありましょうか(いや、何もありません)。(私=光源氏が)隠しだてをしているように(あなた=蛍兵部卿(ほたるひやうぶきやう)の宮が)お思いになっているのはつらい。

くま-そ【熊襲】(名)上代、九州南部一帯をさす地名。また、そこに勢力をもっていた種族の名。

くま-で【熊手】(名)❶武器の一種。長い柄の先に付けた鉄のつめが、熊のつめに似ているところからいう。〔平家〕一一・能登殿最期「御ぐしを―にかけて引き上げ奉る」〔訳〕(建礼門院の)御髪を熊手に引っかけて(海中から)お引き上げ申しあげる。

❷穀物や落ち葉などをかき集めるのに使う竹製の道具。

❸欲の深い者のたとえ。欲張り。

❹江戸時代以降、酉(とり)の市で売り出された、②の形の縁起物の飾り。幸運をかき集めるとされる。

くま-と【隈所・隈処】(名)入り込んだ所。物陰の所。曲がった所。〔万葉〕二〇・四三五七「蘆垣(あしかき)の―に立ちて吾妹子(わぎもこ)が袖もしほほに泣きしぞ思(も)はゆ」〔訳〕葦(あし)で作った垣根の物陰になるすみの所に立って、かわいいおまえが袖をびっしょりぬらして泣いた姿が思われることだ。

くま-な-し

【隈無し】(形ク)〔から・く(かり)・し・き(かる)・けれ・かれ〕❶暗い所がない。**曇りや影がない。**〔徒然〕一三七「花はさかりに、月は―・き(体)をのみ見るものかは」〔訳〕桜の花は盛りに(咲いているのだけを)、月は曇りのないだけを見るものだろうか(いや、そうとはかぎらない)。〔文法〕「かは」は、反語の係助詞。〔名文解説〕兼好(けんかう)は「花はさかりに、月はくまなきをのみ」賞美しがちな常識的な美意識に異を唱え、曇って見えない月を恋い慕う心や、落花の散った庭などにも美と情趣を見出(い)だす。無常観に裏打ちされた中世の美意識の典型である。

❷**行きとどいている。なんでも知っている。**ぬけめが

ない。源氏 帚木「―・き(体)物言ひも定めかねていたくうち嘆く」訳(女性のことは)なんでも知っている話上手(＝左の馬頭(うまのかみ))も結論を出しかねて、深くため息をつく。

❸隠しだてがない。あけっぴろげである。源氏 夢浮橋「僧都(そうづ)の御心は、聖(ひじり)といふ中にも、あまり―・く(用)ものし給へば」訳(あの)僧都のご性分は、聖僧という中でも、たいへん真正直でいらっしゃるので。(「ものす」は婉曲(えんきょく)表現で、ここは「…でいる」の意)

熊野(くまの)『地名』歌枕 今の和歌山県・三重県にまたがる熊野川流域の称。熊野神社・那智(なち)の滝が有名。

熊野三社(くまのさんしゃ)(名)今の和歌山県にある、熊野本宮大社、熊野速玉(はやたま)大社、熊野那智(なち)大社の総称。「熊野三山」「三所権現(さんしょごんげん)」とも称される。

くまの-まうで【熊野詣で】(名)熊野三社に参拝すること。また、その人。平安末期から盛んになった。

くみ-いれ【組み入れ】(名)❶「組み入れ天井」の略。「くみれ」とも。木を格子状に組んだ天井。堤 貝あはせ「この―の上よりふと物の落ちたらば」訳この組み入れ天井の上からひょっこり物(＝貝)が落ちてきたら。

❷同じ形の箱などを、大きさの順に重ねて組み入れるように作ったもの。また、その器物。入れこ。

くみ-す【与す】(自サ変){せ・し・す・する・すれ・せよ}仲間になる。味方する。関係する。平家 二・西光被斬「この一門ほろぼすべき謀反(むほん)に―・し(用)てんげるやつなり」訳この(平家)一門を滅ぼそうとする謀反に味方したやつである。

くみ-まが-ふ【汲み紛ふ】(自ハ四){は・ひ・ふ・ふ・へ・へ}何人かが入り乱れて水を汲み合う。万葉 一九・四一四三「もののふの八十少女(やそをとめ)らが―・ふ(体)寺井の上の堅香子(かたかご)の花」訳→もののふの…和歌

く-む【組む】■(自マ四){ま・み・む・む・め・め}取っ組み合って争う。組み討ちをする。平家 九・敦盛最期「よからう大将軍に―・ま(未)ばや」訳 身分の高い大将軍(たいしゃうぐん)と組み討ちをしたいものだ。文法「ばや」は、願望の終助詞。

■(他マ四){ま・み・む・む・め・め}❶糸などを打ち違いにして織る。編む。拾遺 物名「野を見れば春めきにけり青つづら籠(こ)にや―・ま(未)まし若菜摘むべく」訳 野を見ると、すっかり春らしくなったなあ。あおつづらふじ(＝つる草の名)を籠(かご)に編もうかしら。若菜を摘むことができるように。(「こにやくまし」に「こにやく(＝こんにゃく)」を詠みこんでいる。)文法「まし」は、決断しかねる意を表す助動詞。

❷組み合わせてつくる。構築する。方丈 三「土居(つちゐ)を―・み(用)、うちおほひを葺(ふ)きて」訳(方丈の庵(いほり)は)土台を築き、ちょっとおおっただけの屋根を葺いて。

く-む【汲む・酌む】(他マ四){ま・み・む・む・め・め}❶水などを器にすくいとる。竹取 蓬萊の玉の枝「銀(しろかね)のかなまりを持ちて水を―・み(用)ありく」訳(天人の衣装を着た女性が)銀製のわんを持って水を汲み歩く。

❷酒や茶を器につぐ。また、それを飲む。謡・猩猩「酒をいざや(＝さあ)、―・ま(未)うよ」

❸思いやる。推量する。源氏 蛍「げにいつはり馴(な)れたる人や、さまざまにさも―・み(用)侍らむ」訳 なるほどおっしゃるとおり作りごとを言うのに慣れている人が、さまざまにそのようにも(物語のことを)推量するのでしょうか。文法「や」は疑問の係助詞で、結びは「む」。

-ぐ-む(接尾マ四型)(名詞に付いて)きざしや特色が現れ出る意の動詞をつくる。著聞 六三「瓜(うり)を取り出(い)でたりけるが、わろくなりて、水―・み(用)たりければ」訳 瓜を取り出したところ、いたんで、水っぽくなっていたので。

例語 角(つの)ぐむ・涙ぐむ・瑞歯(みづは)ぐむ・芽ぐむ

久米の佐良山(くめのさらやま)『地名』歌枕「久米の皿山」とも書く。今の岡山県津山市にある山。

くも【雲】(名)❶(空の)雲。枕 一「紫だちたる―の細くたなびきたる」訳 紫がかっている雲が細くたなびいているのが趣がある。⇨枕草子(まくらのさうし)「名文解説」

❷雲のように見えるもの。続虚栗 芭蕉「花の―鐘は上野か浅草か」訳 雲かと見まごう桜の花盛りに、(向こうから)聞こえてくる鐘(の音)は、上野(の寛永寺(かんえいじ))の鐘だろうか、浅草(の浅草寺(せんさうじ))の鐘だろうか。

❸心が晴れないことにたとえていう語。山家集「―晴れて身に愁へなき人のみぞさやかに月の影は見るべき」訳 心のわだかまりが晴れて身に愁いのない人だけが、はっきりとこの月の光は見るにちがいない。

❹火葬の煙を雲に見たて、死ぬことにたとえていう語。新千載 哀傷「ほどもなく―となりぬる君なれど昔の夢のここちこそすれ」訳 いくほどもなくして(亡くなり)火葬の煙となってしまったあなただが、(あなたとのことが)遠い昔の夢のような気がするよ。

くもい【雲居・雲井】⇨くもゐ

くも-がく・る【雲隠る】■(自ラ四){ら・り・る・る・れ・れ}❶雲に隠れる。万葉 五・八九八「慰むる心はなしに―・り(用)鳴き行く鳥の哭(ね)のみし泣かゆ」訳(自分の)心を慰めることもなしに、雲に隠れて鳴いて行く鳥のように、ただ泣けてくるばかりだ。(第三句・第四句は「哭のみし泣かゆ」を導きだす序詞。)文法「哭のみし」の「し」は、強意の副助詞。

❷貴人が死ぬ意の婉曲(えんきょく)表現。万葉 三・四一六「ももづたふ磐余(いはれ)の池に鳴く鴨(かも)を今日のみ見てや―・り(用)なむ」訳→ももづたふ…和歌

■(自ラ下二){れ・れ・る・るる・るれ・れよ}❶雲に隠れる。源氏 橋姫「―・れ(用)たりつる月のにはかにいと明かくさし出(い)でたれば」訳 雲に隠れてしまっていた月が急にたいそう明るく輝き出たので。

❷貴人が死ぬ意の婉曲(えんきょく)表現。栄花 たまのかざり「などて君(きみ)―・れ(用)けむ」訳 どうして(我が)君はお亡くなりになったのだろう。⇨果(は)つ「慣用表現」

❸心に愁いやくもりがある。金葉 雑上「日の光あまねき空のけしきにも我が身一つは―・れ(用)つつ」訳 日の光が一面に照っている明るい空のありさまであっても、私一人は(愁いのために)心がくもりつづけていることよ。(「日の光」は天皇の恵みをたとえる)

参考 上代は四段活用、中古以降は下二段活用。

くも-がくれ【雲隠れ】(名)❶雲に隠れること。また、人が隠れて姿が見えなくなること。拾遺 恋三「秋の夜の月かも君は―暫(しば)しも見ねばここら恋しき」訳 秋の夜の月なのだろうか、あなたは。(月が雲に隠れるように)姿が見えず、ほんのしばらくの間でも目にしないでいると、たいそう恋しいことだ。

❷貴人の死。仮名・恨の介「光源氏の―、紫の別れまで、いづれか恋の種ならん」訳 光源氏の死から、紫の上の死まで、どれが恋が原因で(ないことが)あろうか(どれもが恋を原因とする)。⇨果(は)つ「慣用表現」

くも-かすみ【雲霞】(名)❶雲と霞。源氏 若菜上

「今はとてかきこもり、さる遥けき山の―にまじり給ひにし」訳（明石の入道が）今はこれまでということで閉じこもり、あのような遠い山の雲や霞の中におはいりになってしまった（その跡に）。
❷一目散に逃げて、行方をくらますこと。〔浄・伽羅先代萩〕「―砂道蹴立てて逃げたりけり」訳一目散に砂の道を埃をけたてて逃げてしまった。
❸軍勢などの数が多いことのたとえ。雲霞。〔増鏡〕むら時雨「すでに、あづま武士ども―の勢ひをたなびき上るよし聞こゆれば」訳すでに、鎌倉の武士たちは雲や霞がたなびくほど多くの軍勢を集め連ねて上京する（という）ことがうわさされるので。

くも‐かへる‐かぜ【雲返る風】雲を吹き払う風。「雲かへす風」とも。〔更級〕子忍びの森「冬になりて、日ぐらし雨降り暮らいたる夜、―はげしううち吹きて」訳冬になって、一日じゅう雨が降り続いた夜、雲を吹き払う風が激しく吹いて。文法「暮らい」はイ音便。

くもけぶり‐に‐な‐す【雲煙になす】火葬にする。「雲煙となす」とも。〔更級〕夫の死「二十三日、はかなく〔夫を〕―・す(体)夜」

くも‐ぢ【雲路】（名）（月・星・鳥などが通るという）雲の中の道。〔新古〕夏「声はして―にむせぶほととぎす涙やそそく宵の村雨」訳声は聞こえて、雲の中の道に（迷って）むせび泣いているほととぎす、（その）涙が降りそそぐのか、この宵のにわか雨は。

くも‐つ【公物】（名）公の物。官有物。朝廷の器物・調度などをいう。〔徒然〕九九「累代の―、古弊をもちて規模とす」訳代々伝えられてきた朝廷の器物は、古くて破損していることをもって模範とする。

くも‐で【蜘蛛手】（名）❶くもが八方に足を出しているような形をいう語。道や川などが幾筋にも分かれているたとえ。〔伊勢〕九「水ゆく河の―なれば」訳水の流れてゆく川が幾筋にも分かれている状態なので。
❷（「に」を伴って副詞的に用いて）あれこれと心が乱れるさま。〔後撰〕恋一「八橋の―に思ふことは絶えせじ」訳（「伊勢物語」の）八橋の蜘蛛手のようにあれこれと心が乱れて、もの思うことは尽きないだろう。

❸四方八方に駆けまわること。また、刀などを振りまわすこと。〔平家〕九・木曽最期「六千余騎が中を縦さま・横さま・―・十文字にかけわって」訳六千余騎（の武者）の中を縦の方向、横の方向、四方八方、十文字に（馬を）かけ入れて（敵陣を）ちらして。
❹戸口に木材を組んで出入りできないようにしたもの。

くも‐の‐あなた【雲の彼方】雲の向こうのはるか彼方。また、その世界。〔古今〕冬「冬ながら空より花の散りくるは―は春にやあるらむ」訳→ふゆながら…和歌

くも‐の‐い【蜘蛛の網】くもの巣。（夏）

くも‐の‐うへ【雲の上】❶雲よりも高い空。天上。〔万葉〕八・一五七五「―に鳴きつる雁の寒きなへ」訳雲よりも高い空で鳴いた雁の声が寒々と聞こえたちょうどそのころに。
❷宮中。内裏。〔源氏〕桐壺「―も涙にくるる秋の月いかですむらむ浅茅生の宿」訳宮中でも涙にくれ曇っている秋の月は、どうして（桐壺の更衣亡きあとの）浅茅の生い茂っている家で澄んで見えることがあるだろう（＝母君はどのように住んでいるだろう）。（「すむ」は「澄む」と「住む」との掛詞）。⇨内裏「慣用表現」

くも‐の‐うへびと【雲の上人】宮中に仕える貴人の総称。狭義には殿上人。〔平家〕一・殿上闇討「忠盛三十六にてはじめて昇殿す。―これをそねみ」訳（平）忠盛は三十六歳で初めて（殿上の間への）昇殿をする。殿上人たちはこれをねたみ。

くも‐の‐かけはし【雲の梯】❶雲のたなびくようすを、かけはしにたとえていう語。〔蜻蛉〕下「ふみみれど―あやふしと」訳踏んでみても雲のかけはしのように危ない、そのように、手紙を見ても通ってくることは困難だと。（「ふみみれど」は「踏みみれど」と「文見れど」との掛詞）
❷高い絶壁の谷間にかけ渡した橋。
❸宮中を「雲の上」ということから宮中の階段。

くも‐の‐かよひぢ【雲の通ひ路】雲の行き通う空の道。雲の中の道。また、天人などの通う道。〔古今〕雑上「天つ風―吹き閉ぢよをとめの姿しばしとどめむ」訳→あまつかぜ…和歌

くも‐の‐なみ【雲の波】❶波のように幾重にも重なった雲。〔万葉〕七・一〇六八「天の海に―立ち」訳広い空の海に、幾重にも重なった雲の波が立って。
❷雲のように高く立った波がしら。〔謡・海士〕「―、煙の波をしのぎつつ」訳雲のような波、煙のような波を泳ぎ越えては。

くも‐の‐ふるまひ【蜘蛛の振る舞ひ】くもが巣をかける動作。恋人の来る前兆だと喜ばれた。「蜘蛛の行ひ」とも。〔古今〕墨滅歌「わがせこが来べき宵なりささがにの―かねてしるしも」訳私の夫が来るにちがいない宵だ。くもの動きで前もって明らかであるよ。（「ささがにの」は「くも」にかかる枕詞）

くも‐の‐みね【雲の峰】峰のように高くそそり立つ夏の雲。入道雲。（夏）〔おらが春〕一茶「蟻の道―よりつづきけん」訳→ありのみち…俳句

くも‐の‐みを【雲の澪】雲の道筋。雲が続いて流れていくのを川のみお（＝水脈）にたとえていう。〔古今〕雑上「天の川―にて速ければ光とどめず月ぞ流るる」訳天の川は雲が流れる道筋になっていて、（その流れが）速いので、光をとどめることなく月が流れていく。

くも‐の‐よそ【雲の余所】雲のかなた。雲のはるか向こう。〔源氏〕須磨「心から常世を捨てて鳴く雁を―にも思ひけるかな」訳→こころから…和歌

くも‐ま【雲間】（名）❶雲の絶え間。〔万葉〕一二・二四五〇「―よりさ渡る月のおほほしく相見し子らを見むよしもが」訳雲の絶え間を渡る月のように、ぼんやりと見た子を（再び）見る手だてがあったらなあ。（第二句までは「おほほしく」を導きだす序詞）
❷雨のあがった時。晴れ間。〔源氏〕明石「―もなくて明け暮るる日数にそへて」訳晴れ間もなくて（風雨に）明け暮れる日数（が多くなる）につれて。

くもら‐は・し【曇らはし】（形シク）｛しから・しく（しかり）・し・しき（しかる）・しけれ・しかれ｝曇りがちである。また、くすんでいる。〔更級〕東山なる所「茂りわたれる空のけしき、―・しく(用)をかしきに」訳（青葉が）一面に茂っている空のようすは、曇りがちで趣があるうえに。

くも・る【曇る】（自ラ四）｛ら・り・る・る・れ・れ｝❶雲や霧などが空をおおう。〔紀〕天武「しかるに夜―・り(用)て雨降らむとす」

訳ところが夜に(なって)曇って、雨が降りそうになる。❷色や光がぼんやりする。色つやがなくなる。生気が失う。源氏 初音「山吹にもてはやし給へる御かたちなど、いと華やかに、ここぞ━・れ(已)ると見ゆるところなく」訳(玉鬘の)山吹襲で引き立てなさっているご容貌などはたいへんはなやいでいて、ここがくすんでいると見えるところもなく。

❸心が晴れ晴れとしない。心がふさぐ。更級 後の頼み「ひまもなき涙に━・る(体)心にもあかしと見ゆる月の影かな」訳絶え間なく流れる涙でふさいでいる(私の)心にとっても、明るいと思われる(今夜の)月の光であることよ。

くも-ゐ【雲居・雲井】(名)❶雲。万葉 一七・四〇〇三「朝去らず霧立ちわたり夕されば━たなびき」訳朝ごとに霧が一面に立ちこめ、夕方になると雲がたなびいて。

❷**雲のある遠くの空**。大空。天上。源氏 須磨「ふるさとを峰のかすみは隔つれどながむる空は同じ━か」訳故郷(=都)を(眺めても峰の霞はさえぎって隔てているけれども、(須磨にいる私=光源氏が)眺めやる空は(都の人々が見ている空と)同じはるかな空であろうか。

❸はるか遠くに離れた所。徒然 一三七「長き夜をひとり明かし、遠き━を思ひやり」訳長い夜をひとりで明かし、遠いはるかかなた(に離れている恋人)を思いやり。

❹(「はるか遠くの所」の意から)**宮中**。皇居。大和 一〇六「━にてよをふるころはさみだれのあめのしたにぞ生けるかひなき」訳(あなたと遠く離れた)宮中で日を送り夜を過ごしているころは、五月雨ではないが、心が乱れ、雨の降るこの世に生きているかいがないことだ。(「雲居」は「雲」と「宮中」、「よ」は「夜」と「世」、「ふる」は「経る」と「降る」、「さみだれ」は「五月雨」と心の「乱れ」、「あめ」は「雨」と「天」との掛詞。「雲」「降る」「五月雨」「雨」は縁語。文法「ぞ…かひなき」は、係り結び。⇩内裏「慣用表現」

❺皇居のある所。都。

くもゐ-の-そら【雲居の空】❶雲のある空。空。山家集「都にも旅なる月の影をこそ同じ━に見るらめ」訳都でも、(自分がこの旅先で見る月の光を同じ雲のある空に見ていることだろう。

❷宮中。増鏡 おどろのした「君は三笠の山たかみ━に交じりつつ」訳あなたは藤原氏の高貴な血すじを受けているので、宮中に宮仕えをして。(「三笠」は藤原氏の氏神の春日大社のある地で、藤原氏のたとえ。)⇩内裏「慣用表現」

くもゐ-の-よそ【雲居の余所】はるかに遠い所。古今 離別「限りなき━にわかるとも人を心におくらさむやは」訳はてしなくはるかに遠い所に別れて行くとしても、あなたを(私の)心から取り残して行くことがあろうか(いや、心の中に伴って行き、忘れずにいるのだ。

くもん-じょ【公文所】(名)❶平安時代、国衙(=諸国の政庁)に置かれ、公文書を取り扱った役所。❷院の庁・社寺・摂関家などで、その所領・年貢などに関する文書を処理した所。❸鎌倉時代の政務機関の一つ。のちに、「政所」と改められた。

く-やう【供養】(仏教語)━(名・自サ変)三宝(=仏・法・僧)や死者の霊に香・花・灯明・飲食物などを供えること。また、読経などを捧げて回向すること。枕 二五八「積善寺といふ御堂にて一切経━・ぜ(未)させ給ふに(=一切経を供養しなされるときに)」

━(名)修行者などにほどこされる飲食物。うつほ 忠こそ「去ぬる七月より修行にまかり歩くに、━絶えて、けふ三日」訳去る陰暦七月から修行のため歩いているが、ほどこしの食物も尽きて、今日で三日。

語法 ━は、古くはザ行にも活用した。

くや-し【悔し】(形シク){しから・しく(しかり)・し・しき(しかる)・しけれ・しかれ}後悔される。残念だ。無念だ。徒然 四九「すみやかにすべきことを緩くし、緩くすべきことを急ぎて、過ぎにしことの━・しき(体)なり」訳(仏道で)すぐ行うべきこと(=修行)を後まわしにし、ゆっくりと行うべきこと(=世俗の雑事)を急いで、(一生が)過ぎてしまったことが後悔されるのである。⇩惜し「類語パネル」

く-やつ【此奴】(代)他称の人代名詞。人を卑しめていう語。こいつ。落窪「年ごろ━に会はむと思ふに」訳長年の間こいつに会いたいと思っているので。

く・ゆ【悔ゆ】(自ヤ上二){い・い・ゆ・ゆる・ゆれ・いよ}くやむ。後悔する。徒然 四九「その時━・ゆ(終)とも、かひあらんや」訳その時にくやんでも、かいがあろうか(いや、かいがないだろう)。

く・ゆ【崩ゆ】(自ヤ下二){え・え・ゆ・ゆる・ゆれ・えよ}くずれる。万葉 四・六八七「愛しとあが思ふ心速河の塞きに塞くともなほや━・え(用)なむ」訳(あなたを)いとしいと思う私の心は、速い川の流れのようなもので、いくら塞きとめても、やはりくずれてしまうのだろうか。

く・ゆ【蹴ゆ】(他ヤ下二){え・え・ゆ・ゆる・ゆれ・えよ}(上代語)蹴る。紀 皇極「毬を━・ゆる(体)侶」訳毬を蹴る仲間。

くゆら-か・す【燻らかす・薫らかす】(他サ四){さ・し・す・す・せ・せ}煙や匂いなどを立ちのぼらせる。くすぶらせる。「くゆらす」とも。増鏡 あすか川「銀の伏せ籠(=伏せて置き、上に衣服をかけるかご)の中に、たき物━・し(用)て」訳銀製の伏せ籠の中に、香をくすぶらせて。

くゆり-み・つ【燻り満つ・薫り満つ】(自タ四){た・ち・つ・つ・て・て}煙でいっぱいになる。一面に煙が立つ。源氏 鈴虫「富士の峰よりもけに━・ち(用)出でたるは、本意なきわざなり」訳富士の峰(の煙)よりもいっそうまさって(部屋)一面に(香の)煙が立ちこめて出ているのは、感心しないことである。

くゆ・る【燻る・薫る】(自ラ四){ら・り・る・る・れ・れ}❶くすぶる。また、くすぶって、煙や匂いなどが立ちのぼる。源氏 花宴「空だきものいとけぶたう━・り(用)て」訳どこからか匂ってくる香がたいそうけむたくくすぶって。❷心がふさいで思い悩む。思いこがれる。大和 一七一「人しれぬ心のうちに燃ゆる火は煙は立たで━・り(用)こそすれ」訳人に知られない(私の)心の中で燃えている(恋の)火は、煙は立たないで、(くすぶるように)思い悩み後悔しているよ。(「くゆり」は「燻り」と「悔ゆ」との掛詞)

くよう【供養】⇩くやう

くら【座】(名)(「…くら」の形で)人の座る所。物を置く台。「高御━(=天皇の御座席)」「千━(多くの台)」

語の広がり「座」

「位」は、「座居」で、座る順序によって人の地位がわかることから、地位の意に転じたとされる。

くら【鞍】(名)馬の背に置いて、人や荷物をのせる道具。⇩巻頭カラーページ17

くらい【位】⇩くらゐ

くら-うど【蔵人】(名)〔「くらひと」の転〕「くらんど」とも。❶蔵人所の職員。はじめ、皇室の文書や道具類を収める蔵を管理したが、のち、天皇のそば近く仕え、御衣・御膳など起居のことに奉仕し、伝奏をはじめ、除目や諸節会の儀式など、殿上における諸事をつかさどった。平安後期には院・摂関家にも置かれた。〔枕〕九「男どもも召せば、―忠隆、なりなか参りたれば」〔訳〕(殿上の)男たちをお呼びになると、蔵人の忠隆と、なりなかが参上したので。❷「女蔵人」の略。〔栄花〕さまざまのよろこび「なべての命婦・―、宮の御方の女房、…皆品々物賜はせたり」〔訳〕(円融院は)一般の命婦・女蔵人、皇太后方の女房(たち)、…皆身分に応じて物をお与えになった。

くらうど-どころ【蔵人所】(名)蔵人が勤務する役所。宮中の校書殿の西廂にあった。のち、院・摂関家にも置かれた。

くらうど-の-ごゐ【蔵人の五位】(名)六位の蔵人のうち、六年の任期が満ちて五位に叙せられても、五位の蔵人(定員三名)に欠員がないため、やむなく殿上を退いて「地下」になった人。蔵人の大夫。〔注意〕「五位の蔵人」とは別語。

くらうど-の-せうしゃう【蔵人の少将】(名)近衛の少将で、五位の蔵人を兼ねている人。

くらうど-の-とう【蔵人の頭】(名)蔵人所の常置の重職。非常置の別当(左大臣兼任)の次位で、実質的な責任者。四位の殿上人の中から二人選ばれる。弁官から任じたものを頭の弁、近衛から任じたものを頭の中将という。

くら-が・る【暗がる】(自ラ四)〔ら・り・る・る・れ・れ〕〔「がる」は接尾語〕暗くなる。暗闇になる。〔竹取〕竜の頸の玉「いかがしけむ、疾き風吹きて、世界―・り用て」〔訳〕どうしたのだろうか、疾風が吹いて、あたり一帯が暗くなって。

くら-ぐら【暗暗】■(名)薄暗いころ。たそがれ。夕暮れ。また、未明。〔宇治〕一一・一八「急ぎ立ちて、―に行き着きぬ」〔訳〕急いで出発し、夕暮れに(家に)到着した。■(副)薄暗いさま。ぼんやりして、よく見えないさま。〔海道記〕「池田を立ちて、―行けば」〔訳〕池田(=地名)を出立して、暗くてはっきり見えないまま行くと。

くら・し【暗し】(形ク)〔から・く(かり)・し・き(かる)・けれ・かれ〕❶暗い。〔徒然〕一九「晦日の夜、いたう―・き体に、松どもともして」〔訳〕大晦日の夜、たいそう暗いときに、多くの松明をともして。↔明かし
❷はっきりしない。**わからない。**〔今昔〕一九・九「そののち、この男は跡を―・く用して失せにけり」〔訳〕その後、この男は行方をわからなくしていなくなってしまった。
❸文明が開けていない。未開だ。〔紀〕神武「運、鴻荒に属ひ、時、―・き体に鍾れり」〔訳〕世は太古に属し、時は未開のころに当たっている。
❹心に迷いがある。**悟りを得ていない。**〔拾遺〕哀傷「―・き体より―・き体道にぞ入りぬべきはるかに照らせ山の端の月」〔訳〕煩悩の迷いからいっそう迷いの暗闇の道に入ってしまいそうだ。(行くべき道を)はるかに照らしてくれ、山の端の月よ。〔文法〕「入りぬべき」の「ぬ」は助動詞「ぬ」の終止形で、ここは確述の用法。
❺**物を知らない。**愚かである。〔徒然〕一九三「―・き体人の、人を測りて、その智を知れりと思はん、さらに当たるべからず」〔訳〕愚かな人が、他人を推しはかって、その(人の)知恵(の程度)を知ったと思ってもそれは、いっこうに当たるはずがない。〔文法〕「思はん」の「ん」は、仮定・婉曲の助動詞。
❻欠けたところがある。不足だ。

くらし-か・ぬ【暮らしかぬ】(他ナ下二)〔ね・ね・ぬ・ぬる・ぬれ・ねよ〕日の暮れるまでの時間をもてあます。過ごしかねる。〔枕〕三〇一「雲の上も―・ね用ける春の日を所がらともながめつるかな」〔訳〕(中宮が宮中でも(退屈で)日の暮れるまでの時間をもてあましていた春の(長い)日を、(私は今自分のいるさびしい)場所のせいかとも思ってぼんやりと物思いにふけっていたことだ。

くら・す【暗す】(他サ四)〔さ・し・す・す・せ・せ〕悲しみなどで心を暗くする。心を曇らす。〔源氏〕総角「かたがたに―・す体心を思ひやれ人やりならぬ道にまどはば」〔訳〕あれやこれやと心を曇らせる(私=大君の)気持ちを察してください。(あなた=薫が)自分の心から道に迷う(という)のならば。

くら・す【暮らす】(他サ四)〔さ・し・す・す・せ・せ〕❶(日を暮れさせることから)日の暮れるまで時間を過ごす。〔万葉〕五・八一八「春さればまづ咲く宿の梅の花独り見つつや春日―・さ未む」〔訳〕春がくると最初に咲くわが家の梅の花を、ひとりで見ては春の日の暮れるまで過ごすのであろうか。〔文法〕「や」は疑問の係助詞で、結びは「む」。
❷毎日を送る。歳月を送る。〔徒然〕七「つくづくと一年を―・す体ほどだにも、こよなうのどけしや」〔訳〕(命の短いかげろうや蟬に比べると、人間は)しみじみと一年を送る期間でさえも、このうえなくのんびりしていることよ。
❸(動詞の連用形に付いて用いられる場合)→次項「=くらす」参照

=くら・す【暮らす】(他サ四)〔さ・し・す・す・せ・せ〕(動詞の連用形の下に付いて)「日が暮れるまで…」「…つづけて一日を過ごす」「一日じゅう…つづける」の意を表す。〔万葉〕五・八二五「梅の花咲きたる園の青柳を縵にしつつ遊び―・さ未な」〔訳〕梅の花が咲いている庭園の芽ぶいた柳を髪飾りにしては、日が暮れるまで遊ぼう。
【例語】思ひ暮らす・語らひ暮らす・恋ひ暮らす(=一日じゅう恋しく思う)・眺め暮らす・嘆き暮らす・臥し暮らす(=日暮れまで横になっている)・降り暮らす

くら-づかさ【内蔵寮】(名)「くられう」に同じ。

くら-つぼ【鞍壺】(名)鞍の上の、人が腰をおろす所。前輪と後輪との間。〔平家〕四・橋合戦「―によく乗り定まって、あぶみをつよう踏め」〔訳〕鞍壺によく腰を落ち着けて、あぶみを強く踏め。⇩巻頭カラーページ17

くら-の-かみ【内蔵頭】(名)「内蔵寮」の長官。宮中の重職で、四位・五位の殿上人から選ばれる。

くら-の-つかさ【蔵司】(名)律令制の後宮十二司の一つ。神璽(=天皇の御印)・供御(=天皇の食事)および装束・関契(=割り符)・珍宝の出納などをつかさどる役所。職員には尚蔵・典蔵・掌蔵・女孺などがあった。

くら-の-つかさ【内蔵寮】(名)「くられう」に同じ。

くら-びらき【蔵開き】(名)新年の吉日(ふつう陰暦一

月十一日)を選び、その年初めて蔵を開き祝うこと。また、その行事。

くら・ふ【食らふ】(他ハ四){は・ひ・ふ・ふ・へ・へ} ❶食べる。食う。飲む。[土佐]「おのれし酒を**ーひ**(用)つれば」[訳](船頭は)自分だけが酒を(十分)飲んでしまったので。❷生活する。〔狂・禰宜山伏〕「街道に出て茶屋をし**ーふ**(体)やつが」[訳]街道に出てきて茶屋を営んで生計を立てている男が。❸(被害を)身に受ける。〔浄・淀鯉出世滝徳〕「息杖のむね打ちを**ーふ**(体)かと振り上ぐる」[訳](駕籠かきが)息杖(=ひと休みするときに駕籠を支える杖)のみね打ちを受けるか(=杖でたたかれたいのか)と、(杖を)振り上げる。

くら・ぶ【比ぶ・較ぶ・競ぶ】(他バ下二){べ・べ・ぶ・ぶる・ぶれ・べよ} ❶二つ以上の物の差を見る。比べる。比較する。[伊勢]二三「**ーべ**(用)こし振り分け髪も肩すぎぬ君ならずして誰かあぐべき」[訳]→くらべこし…[和歌] ❷勝敗をきそう。競争する。優劣をきそう。〔うつほ〕祭の使「一番に式部卿の宮、右の大臣**ーべ**(用)給ふ。大臣勝ち給ふ」[訳]最初に、式部卿の宮と右大臣とが(騎射を)競いなさる。右大臣がお勝ちになる。❸心を通わして、親しくつき合う。[土佐]「年ごろよく**ーべ**(用)つる人々なむ別れ難く思ひて」[訳]年来たいそう親しくつき合ってきた人々はことさら別れにくく思って。

暗部山(くらぶやま)『地名』[歌枕]今の京都市左京区にある鞍馬山の古称とも、東山区の東福寺裏手の山一帯の古称ともいう。樹木が密生して暗いので、その名がある。

くらべ-うま【競べ馬】(名)馬を馬場で走らせて速さを競う競技。[夏]。→賀茂の競べ馬

くらべ-ぐる・し【比べ苦し】(形シク){しから・しく(しかり)・し・しき(しかる)・しけれ・しかれ} ❶比較しにくい。判断がむずかしい。[源氏]帚木「かくこそとりどりに**ーしかる**(体)べき」[訳](夫婦仲というものは)このようにそれぞれで(一長一短があり)比較しにくいにちがいない。[文法]係助詞「こそ」の結びは「べけれ」とあるべきところだが、ここは「べき」になっている。❷扱いにくい。つき合いにくい。[源氏]少女「老いもておはするままに、さがなさもまさりて、院も**ーしう**(用)(ウ音便)耐へがたくぞ思ひ聞こえ給ひける」[訳](母である大后(=弘徽殿の大后)は)年をお取りになるにつれて、意地悪さも一段と加わって、院(=朱雀院)も扱いにくく耐えられないとお思い申しあげなさった。

くらべこし…[和歌]

> くらべこし　振り分け髪も　肩すぎぬ
> 君ならずして　誰かあぐべき
> 〈伊勢・二三〉

[訳](あなたと長さを)比べ合ってきた(私の)振り分け髪も肩より長くなりました。あなた(のため)でなくて、だれのために(この髪を)結いあげましょうか(いいえ、あなたのためだけです)。

[解説]幼なじみの青年の求愛の歌の「筒井つつの井筒にかけしまろがたけすぎにけらしな妹見ざるまに」(→つつゐつの…[和歌])〈伊勢・二三〉に対して女性が答えた歌。あなたのために髪上げ(=女子の成人式)をするというのは、求婚を承諾したということである。

鞍馬(くらま)『地名』今の京都市左京区にある鞍馬山のふもとで、鞍馬街道の要地。鞍馬寺は修験道の霊地。

くら-まぎれ【暗紛れ】(名)暗闇にまぎれること。また、その時刻・場所。[大鏡]兼通「もののほとほとしけるが怪しさに、**ー**なれば、やをら細めにあけて見給ひければ」[訳](沓箱の中で)何かがことこと音を立てたのが不思議なので、暗闇にまぎれてのことなので、そっと細めに(沓箱を)あけてご覧になったところ。

くら-れう【内蔵寮】(名)律令制で、中務省に属する役所。いっさいの宝物、天皇・皇后の装束などの管理、儀式の準備などをつかさどる。職員は頭・助・允・属などがある。「くらのれう」「くらづかさ」「くらのつかさ」とも。⇩巻頭カラーページ31

くらゐ【位】(名)❶**天皇の位。帝位**。[大鏡]冷泉院「御年十八にて、**ー**につかせ給ふ」[訳](冷泉院は)御年十八歳で、天皇の位におつきになられる。[文法]「せ給ふ」は、最高敬語。❷宮中における席次。**位階**。親王の位を品といい、一品から四品まであり、臣下のは九位・三十階あった。[徒然]三八「ひとへに高き官・**ー**を望むも、次に愚かなり」[訳]ただただ高い官職や位階を望むのも、(名利を求めるのに)次いで愚かである。❸官職の地位。[源氏]東屋「大臣の**ー**を求めむとおぼし願ひて」[訳]大臣の地位を得ようと(左近の少将が)お望みになって。❹等級。優劣。〔浄・女殺油地獄〕「**ー**を問ふは田舎客」[訳](遊女の)等級を問題にするのは(やぼな)田舎出の客だ。❺芸道の上での**段階・程度**。〔風姿花伝〕「我が**ー**のほどを、よくよく心得ぬれば」[訳]自分の(芸の)程度のほどを、しっかりと自覚してしまうと。❻**品位。品格**。〔浄・菅原伝授手習鑑〕「武家と公家とは**ー**も格別(=品位も格段の差がある)」❼俳諧で、句の素材や境地の持つ品格。また連句で、前句の品位とつり合うように付け句を付けること。〔去来抄〕修行「前句の**ー**を知りて付くることなり」[訳](付け句の位というのは)前句の品位を理解して(それに応じて)付けることである。

くら-んど【蔵人】(名)【「くらうど」の転】「くらうど」に同じ。

く-り【庫裏・庫裡】(名)❶《仏教語》寺院で、食事の準備などの雑事をする建物。寺の台所。❷寺院で、住職やその家族の住む所。

くり-かへ・す【繰り返す】(他サ四){さ・し・す・す・せ・せ} ❶糸を何度もたぐる。何度も繰る。[伊勢]三二「いにしへのしづのをだまき**ーし**(用)昔を今になすよしもがな」[訳]→いにしへの…[和歌] ❷同じことを何度も行う。[源氏]若紫「何か、かう**ーし**(用)聞こえ知らする心のほどを、つつみ給ふらむ」[訳]どうして、このようにくりかえし何度も言い知らせ申しあげる(私=光源氏の)心の深さを(推測しないで)、遠慮なさっているのだろうか。

くり-げ【栗毛】(名)馬の毛色の名。毛が栗色(=赤茶色)のもの。色の濃淡により、黒栗毛・白栗毛などという。[今昔]二九・一三「この乗らせ給ひたる**ー**の御馬は」[訳]この(あなた=則助が)お乗りになられている栗毛の御馬

は。

くり‐ごと【繰り言】(名)同じことをくどくどと言うこと。愚痴。〔浮・世間胸算用〕「四、五度も—をいひて」

くり‐たた‐ぬ【繰り畳ぬ】(他ナ下二){ね・ね・ぬ・ぬる・ぬれ・ねよ}たぐり寄せてたたむ。〔万葉〕三七二四「君が行く道のながてを—ね㊀焼き滅ぼさむ天(あめ)の火もがも」〔訳〕→きみがゆく…〔和歌〕

くり‐た‐む【繰り溜む】(他マ下二){め・め・む・むる・むれ・めよ}糸などをたぐり寄せてためる。〔古今〕雑上「清滝(きよたき)の瀬々の白糸—め㊀て山わけごろも織りて着ましを」〔訳〕清滝川の瀬々の(白波のような)白糸をたぐり寄せてためて、修行のために入山するときの衣に織って着たいものだ。

くり‐の‐もと【栗の本】(名)(鎌倉時代、歌聖柿本人麻呂(かきのもとのひとまろ)にちなんで優雅な和歌・連歌を「柿(かき)の本」と呼ぶのに対して)滑稽・卑俗な連歌や狂歌のこと。また、それを詠む一派。↔柿の本

くり‐や【厨】(名)飲食物を調理する所。台所。また、台所をあずかる人。料理人。

くり‐わた【繰り綿】(名)綿の実を綿繰り車にかけて種子を除いただけの、精製していない綿。〔浮・日本永代蔵〕「一日に三貫目づつ、雪山のごとく、—を買ひ込み」

く‐りん【九輪】(名)《仏教語》仏塔の頂上に突き出ている柱にある九つの金属製の輪。露盤(ろばん)の上の請花(うけばな)と、水煙(すいえん)との間にある。また、露盤から最上部の宝珠までの「相輪(そうりん)」全体をさしてもいう。「空輪(くうりん)」とも。〔平家〕五・奈良炎上「—空に輝(かかや)きし二基の塔、たちまちに煙(けぶり)となるこそかなしけれ」〔訳〕九輪が空に輝いていた二つの塔が、たちまち煙となるのは悲しいことだ。

宝珠　竜車　水煙　相輪　請花　伏鉢　露盤

(九輪)

く‐りん【苦輪】(名)《仏教語》生・老・病・死などの苦しみが永久に輪廻(りんね)してやまないこと。〔平家〕三・医師問答「重盛(しげもり)が運命をつづめて、来世の—を助け給へ」〔訳〕(この世での私)重盛の寿命を縮めて、来世での永久に続く苦しみをお助けください。

く‐る【暗る・眩る】(自ラ下二){れ・れ・る・るる・るれ・れよ}❶目の前がまっ暗になる。目がくらむ。〔平家〕九・敦盛最期「目も—れ㊀心も消え果てて、前後不覚に思(おぼ)えけれども」〔訳〕目(の前)もまっ暗になり分別心もすっかりなくなって、前後不覚に思われたが。
❷(涙で)目が曇り見えなくなる。〔源氏〕桐壺「雲の上も涙に—るる㊁秋の月いかですむらむ浅茅生(あさぢふ)の宿」〔訳〕宮中でも涙に目が曇って見えなくなっている秋の月は、どうして(桐壺の更衣亡きあとの)浅茅の生い茂っている家で澄んで見えることがあるだろう(=母君はどのように住んでいるだろう)。(「すむ」は「澄む」と「住む」との掛詞。)⇩潮垂(しほ)たる「慣用表現」
❸心が乱れ惑う。理性がなくなる。〔源氏〕若菜下「さらに何事もおぼしわかれず、御心も—れ㊀て」〔訳〕(光源氏は)いっこうに何事もご分別がおつきにならず、御心も思い乱れて。

く‐る【暮る・昏る】(自ラ下二){れ・れ・る・るる・るれ・れよ}❶日が暮れる。〔徒然〕一九「—るる㊁までかく立ち騒ぎて」〔訳〕日の暮れるまでそのように立ち騒いで。
❷季節が過ぎる。年月が終わる。〔新古〕春下「—れ㊀てゆく春の湊(みなと)は知らねども霞(かすみ)に落つる宇治(うぢ)の柴舟(しばぶね)」〔訳〕→くれてゆく…〔和歌〕

く‐る【繰る】(他ラ四){ら・り・る・る・れ・れ}❶糸などの細いものを手もとに引き寄せる。たぐる。〔後撰〕恋三「名にし負はば逢坂山(あふさかやま)のさねかづら人に知られで—る㊁よしもがな」〔訳〕→なにしおはば…〔和歌〕
❷順に送る。順にめくる。〔東海道中膝栗毛〕「雨戸を—る㊁やら、窓をしめるやら」〔訳〕雨戸を(戸袋から)順に送って閉めるやら、窓を閉めるやら。

く‐る【呉る】[一](他ラ下二){れ・れ・る・るる・るれ・れよ}与える。くれる。〔徒然〕一一七「よき友三つあり。一つには、物—るる㊁友」〔訳〕よい友に三種ある。第一には、物をくれる友。
[二](補動ラ下二){れ・れ・る・るる・るれ・れよ}(動詞の連用形に助詞「て」が付いたものに付いて)❶動作をしてもらう意を表す。…(て)もらう。〔太平記〕一八「いかにもして杣山(そまやま)の城へ入れまゐらせて—れよ㊅」〔訳〕どのようにでもして杣山の城へ入れ申しあげてもらいたい。
❷動作をしてやる意を表す。…(て)やる。〔太平記〕八「追物(おもの)に射(い)に射て—れ㊀候はん」〔訳〕犬追物を射るように射てやりましょう。

くる【来る】カ行変格活用の動詞「来(く)」の連体形。〔古今〕春下「ひとめ見し君もやくると桜花けふは待ちみて散らば散らなむ」〔訳〕ちょっと見ただけのあの方でも、(ひょっとして)来るかと待っている桜花よ。今日はためしに待ってみて、それから散るのならば散ってほしい。

くる‐くる(‐と)(副)❶物事が滞りなく進むさま。すらすら。〔枕〕一五八「男も女も、—とやすらかに読みたるこそ、あれがやうにいつの世にあらむとおぼゆれ」〔訳〕(普通の)男でも女でも、(経を)すらすらと簡単に読んでいるのは、あの人のようにいつなれるだろうと思われる。
❷物の回転するさま。〔今昔〕一九・二「寂照(じゃくせう)が前なる鉢、俄(には)かにこまつぶりのごとく—とくるべきて」〔訳〕寂照(=人名)の前にある鉢が突然独楽(こま)のようにくるくると回転して。

くる・し【苦し】(形シク){しから・しく(しかり)・し・しき(しかる)・しけれ・しかれ}❶痛みや悩みでつらい。苦しい。〔竹取〕かぐや姫の生ひ立ち「翁(おきな)ここち悪(あ)しく、—しき㊁時も、この子を見れば—しき㊁こともやみぬ」〔訳〕(竹取の)翁は気分が悪く、つらい時も、この子(=かぐや姫)を見るといつも苦しいこともおさまってしまう。〔文法〕「見れば」の「ば」は、恒常条件(…すると、いつも)を表す。
❷いとわしい。**見苦しい**。不快だ。〔徒然〕一〇「前栽(せんざい)の草木まで、心のままならず作りなせるは、見る目も—しく㊀、いとわびし」〔訳〕庭の植え込みの草木までも、自然の趣のままでなく作りたてているのは、見た感じも不快で、どうにも興ざめである。
❸**さしさわりがある。不都合だ。**〔徒然〕一〇「鳶(とび)の居(ゐ)たらんは、何かは—しかる㊁べき」〔訳〕鳶がとまったとしてもそれは、どうして不都合であろうか(いや、不都合ではない)。〔文法〕「居たらんは」の「ん」は、仮定・婉曲(えんきょく)の助動詞。「かは」は反語の係助詞で、結びは「べき」。

‐ぐる・し【苦し】(接尾シク型)(動詞の連用形に付いて)…するのがつらい。…しにくい。〔源氏〕真木柱「いとわりなう聞き—し㊄とおぼいたれば」〔訳〕(玉鬘(たまかずら)は)本当に

どうしようもなく、聞くのがつらいとお思いになったので。

くるし-げ【苦しげ】(形動ナリ)｛なら・なり(に)・なり・なる・なれ・なれ｝「げ」は接尾語〕苦しそうだ。源氏 桐壺「聞こえまほしげなることはありげなれど、いとー・に㊊たゆげなれば」訳 (桐壺の更衣は)申し上げたそうな事柄は(まだまだ)ありそうであるが、ひどく苦しそうでだるそうなので。

くる・ふ【狂ふ】(自ハ四)｛は・ひ・ふ・ふ・へ・へ｝❶正気を失う。心が乱れる。万葉 四・七五一「相見ては幾日も経ぬをここだくもー・ひ㊊にー・ひ㊊思ほゆるかも」訳 会ってから幾日も経っていないが、こんなにも(私の)心は乱れに乱れて(あなたが)思われるよ。
❷(物の怪などがとりついて)気が変になる。〔うつほ〕嵯峨の院「これは物にー・ひ㊊たるにやあらむ。いと怪しきことなり」訳 これは物にとりつかれて気が変になったのであろうか。実に異様なことだ。
❸(常軌を逸して)激しく動く。あばれる。宇治 三・二「馬をいたくあふりければ、馬ー・ひ㊊て落ちぬ」訳 馬のわき腹を強く蹴ったところ、馬が激しくあばれて(元輔は)落ちてしまった。

くる-べか・す【転べかす】(他サ四)｛さ・し・す・す・せ・せ｝くるくる回す。「くるめかす」とも。宇治 一五・一三「目大きにして、見らいて、ー・す㊕」訳 (盗跖という大盗人は)目を大きく見ひらいて、(目玉を)ぎょろつかせる。

くる-べ・く【転べく】(自カ四)｛か・き・く・く・け・け｝くるくると回る。「くるめく」とも。枕 九九「また、見も知らぬー・く㊍ものの、二人して引かせて」訳 また、見も知らないくるくる回る機具(=挽き臼のことか)を、二人で引かせて。

くるま【車】(名)乗り物。平安時代、単に「車」といえば、牛車をさすのがふつう。大和 一七一「人にも知らせでーに乗りて内に参りにけり」訳 (女は)人にも知らせないで牛車に乗って宮中に参内してしまった。

発展 平安時代の「車」
平安時代「車」といえば、すなわち「牛車」を指し、人が乗って牛に引かせる屋形車をいった。乗る人の身分・用途などによって種類があり、唐廂の車・檳榔毛の車・半蔀の車・網代廂の車その他にわかれる。通常四人乗りだが、二人あるいは六人で乗ることもあり、榻という台を用いて後方から乗り、牛を外して前から降りる。牛車は、平安時代には装飾をほどこして華やかさを競ったが、鎌倉時代以降、武家社会では乗馬のほうが優勢になり、すたれていった。

くるま-あらそひ【車争ひ】(名)祭り見物などで牛車が多く集まるとき、その置き場所をめぐって従者などが争うこと。源氏 葵「はかなかりし所のーに人の御心の動きにけるを」訳 (あの)ちょっとした牛車の置き場をめぐる争いにより、人(=六条御息所)の御心が動揺してしまったのを。
参考 「源氏物語」で、賀茂の祭りの折、光源氏の正妻である葵の上の従者と、愛人である六条御息所の従者とが争った一節は、特に有名。

くるま-うし【車牛】(名)牛車を引かせる牛。宇治 一〇・五「この黄斑の御ーの力の強くて」訳 この暗黄色でまだらのある御車牛の力が強いので。

くるま-ぞひ【車添ひ・車副ひ】(名)牛車の左右にお供する従者。源氏 宿木「かの御前、随身、ー、舎人まで禄給はす」訳 (今上帝は)あの(=薫の)先導の者、随身、牛車のお供の者、近習の者にまでほうびをお与えになる。

くるま-の-しり【車の尻】牛車の中の後方の座席。牛車はうしろから乗るので、下座にあたる。源氏 空蟬「小君、御ーにて、二条院におはしましぬ」訳 小君が御牛車のうしろの座席に乗って、(光源氏は)二条院に(帰って)いらっしゃった。

くるま-の-やかた【車の屋形】牛車の、屋根のついた箱形の部分。その中に人を乗せる席がある。枕 三三「ものの枝などの、ーなどにさし入るを」訳 何かの木の枝などが、牛車の屋形などに入るのを。

くるま-やどり【車宿り】(名)❶牛車を入れておく建物。寝殿造りの屋敷では、中門の外にある。枕 二五「〔牛車を〕ーにさらに(=どんどん)引き入れて」
❷外出した際、一時牛車を止めておく所。

くるま-よせ【車寄せ】(名)貴族の邸宅で、牛車を寄せて乗り降りする所。平家 六・祇園女御「檳榔の車を率て来て、我が家のーに立つといふ夢を見て」訳 檳榔毛の車(=牛車の一種)を引いて来て、自分の家の牛車を寄せる所に止めるという夢を見て。

くる-め・く(自カ四)｛か・き・く・く・け・け｝〔「めく」は接尾語〕❶【転めく】㋐くるくると回る。「くるべく」とも。宇治 一三・三「鉢、こまつぶりのやうにー・き㊊て」訳 鉢が独楽のようにくるくると回って。㋑あわて騒ぐ。せわしく立ちまわる。宇治 九・三「いそぎー・く㊍がいとほしければ」訳 せかせかとせわしく立ちまわるのが気の毒なので。
❷【眩く】(多く、「目くるめく」の形で)目が回る。目がくらむ。徒然 一〇九「目ー・き㊊、枝危ふきほどは、己が恐れ侍れば、申さず」訳 目がくらみ、(登っている)枝が危険なうちは、自分自身が用心しますので、(何も)申さない。

くるる【枢】(名)❶開き戸を回転させ開閉する装置。戸の上下につき出た「とまら」を、敷居と梁にある穴「とぼそ」に差し込んだもの。
❷戸の桟にとりつけ、敷居の穴に差し込んで戸じまりをする木片。

くるる-ど【枢戸】(名)「くるる①」の装置で開閉する戸。源氏 花宴「奥のーも開きて、人音もせず」訳 奥の枢戸も開いていて、人の気配もしない。

くる-わ【廓・郭・曲輪】(名)❶城やとりでの周囲に築いた土や石の囲い。
❷(周囲を囲ってあったことから)遊郭。遊里。〔東海道中膝栗毛〕「目枯れぬ花のーは、いつもさかりの春のごとく賑ひ」訳 見飽きることのない花のような遊郭は、いつも盛りの春のようににぎわって。
❸俳諧で、特定の範囲・領域。〔去来抄〕修行「発句は題のーを飛び出でて作すべし」訳 発句は題の範囲から飛び出し(たところに題材を求め)て作るのがよい。

くれ【榑】(名)❶山から切り出したままの丸太。また、加工していない皮のついた材木。〔栄花〕おむがく「筏をさして(=組んで)、多くのー・材木を持て運び」
❷(屋根などを葺く)薄板。へぎ板。〔沙石集〕「『ーや

召す』といひて、馬に付けて来りける』訳「屋根を葺く薄板はお求めか」と言って、馬に(その板を)くくりつけてやって来た。

くれ(代)「何」と併用して、不定・不明の人や物を示す。なにがし。だれだれ。源氏 少女『なにの親王、―の源氏』など数へ給ひて』訳「(琵琶の名人は)何々親王、だれだれの源氏」などと(内大臣は)数えなさって。

くれ【来れ】カ行変格活用の動詞「来」の已然形。古今 春上『ときはなる松の緑も春くればいまひとしほの色まさりけり』訳(一年じゅう)変わらない松の緑色も、春が来ると、もうひと染めしたように色が濃くなったことよ。(「ひとしほ」は、染め物を一度染め汁にひたすこと)

ぐ-れう【供料】(名)「くれう」とも。供養料。(米・衣服・金品など)仏の供養のため僧に与えるもの。大鏡 実頼『夏・冬の法服を賜び、―をあて賜びて』訳(実資は僧たちには)夏冬の僧衣をお与えになり、米などの供養料を割り当ててお与えになって。

くれ-がし【某】(代)不定称の人代名詞。人の名をはっきり指さないで言う語。だれそれ。源氏 夕顔『なにがし、―』と数へしは』訳「だれだれ、だれそれ」と数えたのは。

参考「なにがし」と並べて使われる。

くれがたき… 和歌

> 暮れがたき　夏の日ぐらし　ながむれば
> そのこととなく　ものぞ悲しき
> 〈伊勢・四五〉

訳 なかなか日の暮れない夏の長い一日に、一日じゅうもの思いにふけっていると、何がどうということもなく悲しい気持ちになることだ。

解説 ひそかに自分を愛していた女が死んだと知って、喪に服していた男の詠んだ歌。

くれ-ぐれ(副)念入りに。かえすがえす。〔毎月抄〕『先哲の―書き置ける物にも、やさしく物あはれによむべきことぞと見え侍るめる』訳 むかしのすぐれた学者が念入りに書き残した物(=歌論書)にも、優美でなんとなく感慨深いさまに詠むのがよいことだと見えるようです。

くれ-ぐれ(-と)(副)〔上代は「くれくれ」〕悲しみに沈むさま。心がめいるさま。万葉 一三・三三三七『沖つ波来寄る浜辺を―とひとりそあが来る妹が目を欲り』訳 沖の波が寄せてくる浜辺を、悲しみに沈んでただひとり私は来る、あの人が一目見たくて。

くれ-たけ【呉竹】(名)〔「呉」は中国伝来の意〕竹の一種。淡竹。葉が細く、節が多い。特に、清涼殿の東庭に植えられている竹。

くれたけの【呉竹の】《枕詞》竹の節と同音の「ふし」「うきふし」「伏見」に、また、竹の節と節との間を意味する節と同音の「世」「夜」にかかる。古今 雑下『―うきふしごとに』。新古 冬『―伏見の里の』。古今 雑体『―世々のふるごと』

くれ-つ-かた【暮れつ方】(名)〔「つ」は「の」の意の上代の格助詞〕❶日の暮れるころ。夕方。源氏 柏木『宮はこの―より、悩ましうし給ひけるを』訳 宮(=女三の宮)はこの日の暮れがたからお苦しみになったので。❷年や季節の終わりごろ。徒然 四三『春の―、のどやかに艶なる空に』訳 春の終わりごろ、のどかで優美な雰囲気に。

くれてゆく… 和歌

> 暮れてゆく　春の湊は　知らねども
> 霞に落つる　宇治の柴舟
> 〈新古今・二・春下・一六九・寂蓮〉

訳 暮れてゆく春(という季節)の行きつくみなとはどこか知らないけれども、霞の中に落ちこむように消えてゆく、宇治川の柴を積んだ舟よ。あの舟の終着点が春の泊まり(=行きつく所)でもあろうか。修辞 本歌取り。

解説「年ごとにもみぢ葉ながす竜田川水門や秋のとまりなるらむ」〈古今・秋下〉、「花は根に鳥は古巣に帰るなり春の泊まりを知る人ぞなき」〈千載・春下〉を本歌とする。

くれ-なゐ【紅】(名)〔「呉の藍」の転〕❶「紅花」の異称。花から紅色の染料を作る。末摘花夏。万葉 一一・二八二七『―の花にしあらば衣手に染めつけ持ちて行くべく思ほゆ』訳(もしもあなたが)紅花であるなら、袖に染めつけて持って行けるのにと思われる。❷紅花の汁で染めた、鮮やかな赤色。紅色。万葉 一一・二六二八『―の深染めの衣を下に着ば』訳 紅色で濃く染めた衣を下に着るならば。⇨巻頭カラーページ10

くれなゐの【紅の】《枕詞》「色」「浅」「移し」などにかかる。古今 恋三『―色にはいでじ』。万葉 一一・二七六三『―浅葉(=地名)の野らに』。

くれなゐ-の-うすやう【紅の薄様】❶襲の色目の名。上から下へしだいに薄く紅色をぼかしたもの。〔十訓〕七『宮の女房の中に、―着たるが三人候ひけるを』訳 宮(=小野皇太后)の女房の中に、紅の薄様の襲を着ているのが三人お仕えしていたが。❷紅色の薄手の紙。源氏 若菜上『―にあざやかに押し包まれたるを』訳(手紙は)紅色の薄い紙に(見た目も)鮮やかに包まれているので。

くれなゐ-の-なみだ【紅の涙】〔「紅涙」の訓読〕非常に悲しんで流す涙。血の涙。〔うつほ〕俊蔭『七人、―をながして〔俊蔭との別れを〕惜しむ』

くれ-はし【呉階】(名)階段がついている長廊下。枕 一三〇『―のもとに、車引き寄せて立てたるに』訳 階段のついた長廊下の(階段の)下に、牛車を引き寄せてとめていると。

くれ-は-つ【暮れ果つ】(自タ下二)〔て・て・つ・つる・つれ・てよ〕❶日がすっかり暮れる。蜻蛉 下『心地あやしうなやましうて、―・つる(体)までながめ暮らしつ』訳 気分が妙にすぐれずつらい状態で、日がすっかり暮れるまでぼんやりふさぎこんで過ごした。❷季節や年がすっかり終わる。押しつまる。徒然 一九『年の―・て(用)て、人ごとに急ぎあへるころぞ、またなくあはれなる』訳 年が押しつまって、だれも皆(新年の支度で)忙しくしているころは、この上なく情趣の深いものである。

くれ-はとり【呉織・呉服】(名)〔「くれはたおり」の転〕❶中国の呉の国から渡来した機織り工。❷呉の国から伝えられた織り方で織った綾の織物。〔後撰〕恋三・詞書『―といふ綾を二疋包みて遣はしける」訳 くれはとりという絹織物を二むら(=布四反分)包んでおやりになった。

くれはとり【呉織・呉服】《枕詞》織物に綾があるところから「あや」にかかる。〔後撰〕恋三「―あやに恋しく」

くれ‐ふたが‐る【暗れ塞がる】(自ラ四){ら・り・る・る・れ・れ}❶(あたりが)一面に暗くなる。
❷暗い気分に閉ざされる。悲しみにくれる。〔増鏡〕あすか川「院の中―・り(用)て、暗に迷ふ心地すべし」訳 院の中は暗い気分に閉ざされて、闇の中に迷う(ような)気持ちがするにちがいない。

くれ‐まど‐ふ【暗れ惑ふ】(自ハ四){は・ひ・ふ・ふ・へ・へ}悲しみに心が暗くなり迷う。途方にくれる。源氏 賢木「聞こえ出で給ふべき方もなく、―・ひ(用)ておぼさるれど」訳 (光源氏は藤壺に)申し上げなさるべき方法もなく、途方にくれて悲しくお思いにならずにはいられないが。

くれ‐むつ【暮れ六つ】(名)暮れ方の「六つ」の時刻。酉の刻。今の午後六時ごろ。また、その時刻に寺でつき鳴らす鐘の音。↔明け六つ

くろ【畦・畔】(名)田と田の間のさかい。あぜ。〔山家集〕「誰ならん荒田の―にすみれつむ人は心のわりなかるべし」訳 だれであろう、荒れた田のあぜですみれを摘んでいる人は、心が切ないだろう。

くろ‐がい【黒柿】(名)「くろがき」のイ音便。柿の木の一種。木材の中心部に黒い縞があり、家具や床柱などに用いられる。

くろうど【蔵人】⇨くらうど

くろいと‐をどし【黒糸縅】(名)鎧の縅の一種。鎧の札を黒い糸で綴り合わせたもの。

くろ‐がね【鉄】(名)〔「黒金」の意〕鉄。徒然 一二三「金はすぐれたれども、―の益多きに及かざるがごとし」訳 金は(その値は)すぐれているが、鉄の効用が多いのに及ばないのと同様だ。

くろかは‐をどし【黒革縅】(名)鎧の縅の一種。鎧の札を黒い革紐で綴り合わせたもの。

くろかみの【黒髪の】《枕詞》乱れて解けやすいなど、髪のもつ性質から「乱れ」「長き」にかかる。〔広言集〕「―乱れてものの悲しきは」〔拾遺愚草〕「―長き闇路も」

黒髪山〔地名〕歌枕 ❶今の奈良市の北、佐保山丘陵につづく山地。一説に岡山県新見市の山とも。
❷今の栃木県日光市にある「男体山」の異称。

くろ‐き【黒木】(名)「くろぎ」とも。❶皮のついたままの木材。源氏 賢木「―の鳥居どもは、さすがに神々しう見渡されて」訳 皮つきの木の鳥居の数々は、それでもやはり尊くおごそかに自然と見渡されて。↔赤木
❷たきぎとするために、生木をかまどで蒸し焼きにし、黒くくすぶらせたもの。京都の八瀬・大原あたりで作られ、京都市中で売られた。
❸黒檀(=木の名)の異称。平家 三・六代「―の数珠の、小さう美しいをとり出だして」訳 黒檀で作った数珠で、小さく美しいのを取り出して。

くろ‐き【黒酒】(名)〔「き」は酒の意〕甘酒に、くさぎ(=植物の名)の灰を入れて作った黒い酒。のちには黒ごまの粉を入れた。新嘗祭り・大嘗祭などに供えた。万葉 一九・四二七五「天地と久しきまでに万代に仕へまつらむ―白酒を」訳 天地とともに永久に万代までもお仕え申しあげよう。黒酒白酒を(お供えして)。

くろ‐くりげ【黒栗毛】(名)馬の毛色の名。毛が黒みがかった栗色(=赤茶色)のもの。

くろ‐し【黒し】(形ク){から・く(かり)・し・き(かる)・けれ・かれ}❶色が黒い。万葉 九・一七四〇「―・かり(用)し髪も白けぬ」訳 黒かった髪も白くなった。
❷悪い。正しくない。〔うつほ〕祭の使「昨日今日入学して、―・し(終)赤しの悟りなきが」訳 昨日今日(勧学院に)入学して、(まだ)悪いよいの分別もつかない者が。

くろ‐ど【黒戸】(名)「黒戸の御所」の略。清涼殿の北、滝口の西にある、黒い板戸のついた細長い部屋。枕 一〇六「―に主殿司来て、『かうてさぶらふ』と言へば」訳 黒戸に主殿司(=宮中の清掃・灯火などをつかさどる役人)が来て、「ごめんください」と言うので。

くろ‐とり【黒鳥】(名)鳥の名。黒鴨の異称という。土佐「―のもとに、白き波を寄す」訳 黒鳥の下に、白い波がね、寄せているよ。

くろ‐ばう【黒方】(名)「くろはう」とも。薫き物の名。沈香・丁字香・甲香・麝香・白檀香・薫陸香などを練り合わせて作る。源氏 梅枝「斎院の御―、さいへども、心にくくしづやかなる匂ひ殊なり」訳 斎院の(調合なさった)御黒方は、そうは言うものの、奥ゆかしく落ち着いた匂いが格別である。

くろ‐ば‐む【黒ばむ】(自マ四){ま・み・む・む・め・め}〔「ばむ」は接尾語〕黒みを帯びる。黒ずむ。宇治 四・二「―・み(用)たる裂帛に包みたる物を取らせたりければ」訳 黒ずんだ布切れに包んであるものを手渡したところ。

くろ‐ほろ【黒母衣】(名)矢羽の名。鷲などのほろば(=両翼の下にある羽)の黒いもの。平家 四・橋合戦「二十四差いたる―の矢負ひ」訳 二十四本差した黒ほろの矢を背負い。

くろ‐ほん【黒本】(名)江戸中期の草双紙の一種。絵を主体とする読み物で、内容は浄瑠璃や歌舞伎のあらすじ、軍記物や英雄伝など。赤本に次いで青本とともに流行した。表紙は黒色。→草双紙

くろ‐みだな【黒御棚】(名)〔「御」は接頭語〕女性が手回りの道具を載せておく、黒漆塗りの棚。室町時代以降、婚礼道具の一つとなった。「黒棚」とも。

くろ‐む【黒む】㊀(自マ四){ま・み・む・む・め・め}❶黒くなる。黒みを帯びる。源氏 夕顔「船路のしわざとて、少し―・み(用)やつれたる旅姿」訳 (伊予の介は)船旅のせいで、少し(日に焼けて)黒くなり、やつれている旅姿は。
❷なんとか生活できるようになる。〔浮・西鶴織留〕「たがひに身の―・み(用)て後、またひとつの寄りあひなること」訳 お互いに暮らしが立つようになったのち、またいっしょに暮らせるということ。
㊁(他マ下二){め・め・む・むる・むれ・めよ}❶黒くする。黒く染める。〔落窪〕「薪には、蘇芳をわりて、少し色―・め(用)て」訳 (法会に用いる)薪には、蘇芳の木を割って、少し色を黒く染めて。
❷まぎらし隠す。ごまかす。〔浮・世間胸算用〕「穴を―・め(用)し古綿」訳 (ねずみが、出入りする)穴をつくろい隠した古綿。

くろ‐むぎ【黒麦】(名)蕎麦の異称。〔雨月〕菊花の約「魚が橋の―ふるまひ申さんに」訳 魚が橋(=播磨の宿駅)のそばをごちそういたすつもりであるから。

くわ【桑・鍬】⇩くは

くゎ【果】(名)❶《仏教語》仏教の真理を悟ること。悟りの境地。仏果。❷結果。報い。〔風姿花伝〕「稽古する所の因疎かなれば、―を果たす事も難し」訳(能の)稽古をするところの原因がなおざりであると、(名声を得るという)よい結果をなしとげることもむずかしい。

くゎ-あふ【花押】(名)文書で、署名の下に書く自筆の判。花押のみで署名の代わりともした。多くは、実名の文字をくずして図案化したもの。

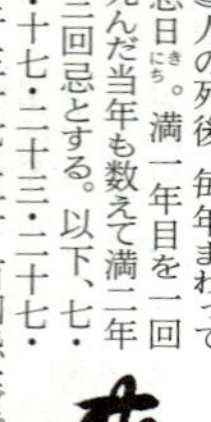

源義経　藤原定家
（くゎあふ）

くゎい-き【回忌】(名)《仏教語》人の死後、毎年まわってくる忌日。満一年目を一回忌、死んだ当年も数えて満二年目を三回忌とする。以下、七・十三・十七・二十三・二十七・三十三・三十七・五十・百回忌などがあり、法事をして供養する。周忌。年忌。

くゎいけい-の-はぢ【会稽の恥】以前に受けた恥。特に、敗戦の恥辱。〔平家〕一・清水寺炎上「これはさんぬる御葬送の夜の―を雪めんがためとぞ聞こえし」訳これ(=清水寺を焼き払ったこと)は以前のご葬送の夜に受けた恥辱をすすごうとするためとうわさされた。
参考 中国の春秋時代、越王勾践が呉王夫差と会稽山で戦い敗れて恥辱を受けたが、後年、夫差を破ってその恥をすすいだという故事による。

くゎい-し【懐紙】(名)たたんでふところに入れる紙。特に、和歌などを書くための和紙をいう。ふところがみ。

くゎい-じん【灰燼】(名)灰と燃えがら。〔方丈〕二「七珍万宝さながら―となりにき」訳あらゆる種類の宝物はすべて灰や燃えがらとなってしまった。

ぐゎい-じん【外人】(名)無関係な人。他人。疎遠な人。〔平家〕一・鹿谷「その恩を忘れて、―もなき所に兵具をととのへ」訳その恩(=重盛による助命嘆願)を忘れて、よその人がいない所に武器をそろえ。

くゎい-せん【回船・廻船】(名)江戸時代に、海上運送に用いた二百石積み以上の大船。〔細道〕石の巻「数百の―入り江につどひ」

ぐゎい-ど【外土】(名)都から遠く離れた土地。〔平家〕五・富士川「朝敵を平らげに―へ向かふ将軍は」訳朝廷にそむく賊を平定するために都から遠く隔たった地方へ向かう将軍は。

くゎい-はう【懐抱】㊀(名・他サ変)抱きかかえること。〔今昔〕二〇・一八「妻、将軍の衣を捕らへて、忽ちに―せ㊄むとす」訳妻(の亡霊)は将軍の衣服をつかまえて、すぐさま抱擁しようとする。
㊁(名)❶胸に抱く思い。〔太平記〕一「七月七日、今夜は牽牛・織女の二星、烏鵲の橋を渡して、一年の―を解く夜なれば」訳陰暦七月七日、今夜は牽牛と織女の二つの星が鵲の橋を渡して、一年間の胸に抱いていた思いを解き放す夜なので。❷ふところ。〔太平記〕三〇「父母の―を出でて浮沈を共にし」訳両親のふところを出て人生の苦楽をともにし。

懐風藻（くわいふうさう）『作品名』わが国最古の漢詩集。編者は未詳。天平勝宝三年(七五一)に成立。天智天皇の時代から奈良時代にいたる詩人六十四人の漢詩およそ百二十編を集めたもの。詩形は五言を主とし、中国六朝詩・初唐詩の影響がみられる。

くゎい-ぶん【回文・廻文】(名)❶多くの人に伝えるために、あて名を連記し、順次回し読みをする書状。触れ状。回状。「回らし文」とも。〔太平記〕三「宮方の―持って回る人にてぞあるらん」訳南朝方の触れ状を持って回る人であるのだろう。❷「回文歌」の略。

ぐゎい-ぶん【外聞・外分】㊀(名)❶世間の評判。噂。〔吾妻鏡〕「―の憚りあるにより、居を遠境に構へらる」訳世間の噂に遠慮があるので、住まいを遠隔の地に設けなさる。⇩聞こえ「慣用表現」❷世間体。体面。体裁。見栄。〔浮・世間胸算用〕「両方の―、見せかけばかりに内談と存ずる」訳(婿方、嫁方の)両方の世間への見栄から、見せかけだけで(嫁入りの持参金を多く持たせたことにする)うちうちの相談があったと存じます。❸表向き。形式。〔浮・日本永代蔵〕「―は灰まで渡し、住み家を立ちのき」訳表向きは(竈の)灰まで(債権者に)引き渡して、住居を立ち退き。
㊁(名・形動ナリ)世間体のよいさま。面目を施すこと。名誉。〔浮・世間胸算用〕「一門の広きほど―・に㊅見えける」訳(神社に連れだって参拝する)一族が多いほど見かけがよく見えたことだ。

くゎいぶん-うた【回文歌・廻文歌】(名)和歌の一体。上から読んでも下から読んでも同じ文句になる歌。「むら草に草の名はもしそなはらばなぞしも花の咲くに咲くらむ」の類。「くゎいぶん」「くゎいぶんか」とも。

くゎい-もん【槐門】(名)三公(=日本では太政大臣・左大臣・右大臣)。大臣の異称。〔平家〕二・先帝身投「いにしへは―棘路のあひだに九族をなびかし」訳かつては大臣・公卿の列に一家(=平家一門の者)をつき従わせ。
参考 中国の周代、朝廷に三株の槐(=木の名)を植え、三公がこれに面して座ったことによる。

くゎい-ろく【回禄】(名・自サ変)【中国で、火の神の名】火災。火事。〔平治物語〕「―の災あらば、朝家の御大事たるべし」訳(新造の皇居に)火災という凶事があるならば、皇室のご一大事であるにちがいない。

くゎう-いん【光陰】(名)【「光」は日、「陰」は月の意】時間。月日。年月。〔徒然〕一〇八「―何のために惜しむとならば」訳時間を何のために惜しむのかというのであるなら。

光孝天皇（くわうかうてんわう）『人名』(八三〇〜八八七)第五十八代の天皇。仁明天皇の皇子で、母は藤原沢子。藤原基経の尽力によって元慶八年(八八四)に五十五歳で即位。「仁和の帝」「小松の帝」と呼ばれた。「小倉百人一首」に入集。家集「仁和御集」

皇嘉門院別当（くわうかもんゐんのべつたう）『人名』(生没年未詳)平安末期の女流歌人。源俊隆の娘。崇徳天皇の中宮皇嘉門院聖子に仕えた。「小倉百人一首」に入集。

くゎう-ごう【皇后】(名)天皇の正妻。→中宮

発展「皇后」と「中宮」

皇后は元来、中宮とも称された。しかし、藤原道長が、兄道隆の娘定子がすでに中宮になっているのを皇后とし、自分の娘彰子を中宮にして以来、二人の后がおかれるときは、多く、もとの后を皇后、新しい后を中宮と称した。

くゎうごう-ぐう【皇后宮】(名)皇后の住む宮殿。また、皇后。〔栄花〕ゆふしで「院、—に参り給ひて」訳院は、皇后の宮殿に参上なさって。

くゎう-ごふ【曠劫】(名)《仏教語》非常に長い年月・時間。永劫。平家一・祇王「このたび泥梨に沈みなば、多生—をば隔つとも、浮かびあがらん事かたし」訳今回、地獄に沈んでしまったら、何度も生まれ変わって重ねる非常に長い時間を経過させても、(再び極楽浄土に浮かび上がるようなことは困難である。

くゎう-こん【黄昏】(名)夕方の薄暗いころ。夕暮れ。たそがれ。

くゎう-じん【荒神】(名)「三宝荒神」の略。仏・法・僧の三宝を守護するという神。不浄を嫌い火を好むことから、近世以降、かまどの神として信仰された。〔浮・日本永代蔵〕「掛け鯛を六月まで—の前に置きけるは」訳(正月の飾り物の)掛け鯛を陰暦六月までかまどの神の前に置いたのは。

くゎう-せん【黄泉】(名)(中国で「黄」は大地の色とすることから)❶地下の泉。❷地下にある死者の行くという世界。あの世。よみじ。よみ。平家五・文覚被流「—の旅に出でなん後は、牛頭・馬頭の責めをば免れ給はじものを」訳あの世への旅に出てしまったらそのあとは、(地獄の鬼の)牛頭や馬頭の責めをお逃れにはなれないだろうのに。⇩後世「慣用表現」

くゎう-たいこう【皇太后】(名)当代の天皇の生母、または、先代の天皇の皇后に贈られた称号。

くゎうたいこう-ぐう【皇太后宮】(名)皇太后の住む宮殿。また、皇太后。

くゎう-みゃう【光明】(名)❶明るい光。輝き。平家二・鏡「—赫奕として、朝の日の山の端を出づるに異ならず」訳(神鏡の)光は赤々と美しく輝いて、朝日が山の端を出るのと同じである。❷《仏教語》仏・菩薩の心身から発する尊い光。煩悩・罪悪の暗黒を照らし、信仰上の安心・知恵を与える光。平家灌頂・六道之沙汰「一念の窓の前には、摂取の—を期し」訳一度念仏を唱えてはこの窓の前に、(私を)極楽浄土に迎え取ってくださる阿弥陀仏の尊い光(がさすこと)を期待し。

くゎうみゃう-へんぜう【光明遍照】(名)《仏教語》阿弥陀仏の身から発する光明は、あまねく十方世界を照らし、称名・念仏するすべての衆生を救いとるの意。仏の広大無辺な慈悲を表す語。

くゎうもく-てん【広目天】(名)《仏教語》四天王の一。須弥山の西中腹に住み、衆生を観察し、西方を守護する善神。広目。広目天王。

（くゎうもくてん）

くゎう-もん【黄門】(名)❶中納言の唐名。徒然二一九「四条の—命ぜられていはく」訳四条中納言(=藤原隆資)がお命じになって言うことには。❷(中納言であったことから)徳川光圀の俗称。

くゎう-りゃう【広量】(名・自サ変・形動ナリ)「くわうりゃう(荒涼)②③」に同じ。

くゎう-りゃう【荒涼】(名・自サ変・形動ナリ)❶景色が荒れ果ててもの寂しいこと。また、そのさま。❷(「広量」とも書く)漠然としてとりとめのないこと。あてにならないさま。宇治一・一六「—の使ひかな」訳(狐だとは)あてにならない使いだなあ。❸(「広量」とも書く)軽率であること。うかつなこと。大鏡師輔「—・し用て、心知らざらむ人の前に、夢語りな、この聞かせ給ふ人々、しおはしまされそ」訳うっかりして、道理を知らないような人の前で、夢の話を、この(私の話を)お聞きになる人たちよ、しなさるな。文法「な(副詞)…そ(終助詞)」の形で、禁止の意を表す。❹大言をはくこと。ぶしつけなさま。平家九・生ずきの沙汰「—の申し様かな」訳ぶしつけな口のきき方だなあ。

くゎ-かく【過客】(名)通り過ぎてゆく人。旅人。細道出発まで「月日は百代の—にして、行きかふ年もまた旅人なり」訳月日は永遠に旅を続ける旅人(のようなもの)であり、(毎年)去っては来、来ては去ってゆく年もまた旅人(のようなもの)である。⇩おくのほそ道「名文解説」

くゎ-きふ【火急】(名・形動ナリ)(火がついたときのように)たいそう急なこと。徒然四九「今、—のことありて、すでに朝夕に迫れり」訳今、たいそう急な用事があって、(それをしなければならない時が)もはや明朝か今晩か(という間近)に迫っている。

花鏡(くわきやう)『作品名』室町前期の能楽論書。応永三十一年(一四二四)成立。世阿弥元清著。序破急・幽玄・劫などについて論じている。

くゎ-げつ【花月】(名)花と月。春の桜花、秋の月をめでることは、風流を楽しむ代表とされた。〔連理秘抄〕「さのみ—の句を好むべからず」訳(初心の者は)そのように花や月の句ばかりを好んで(詠んで)はいけない。

花月草紙(くわげつさうし)『作品名』江戸後期の随筆。松平定信著。文政元年(一八一八)成立。百五十六段から成り、自然・人生・社会などについて格調高い擬古の雅文体で綴る。

くゎこ-ちゃう【過去帳】(名)《仏教語》寺院で、檀家の死者の法名・俗名・死亡年月日・享年などを記録しておく帳簿。点鬼簿。鬼籍。〔太平記〕二六「如意輪堂の壁板におのおのの名字を—に(=過去帳として)書き連ねて」

くゎ-さ【過差】(名)分に過ぎたこと。ぜいたく。大鏡時平「世間の—の制きびしきころ」訳世間のぜいたくに対する禁止のおきてがきびしい時。

くゎ-ざ【冠者】(名)「くゎんじゃ」に同じ。

花山天皇(くわざんてんわう)『人名』(九六八〜一〇〇八)平安中期、第六十五代の天皇。永観二年(九八四)即位。藤原兼家の陰謀によって寛和二年(九八六)退位、東山花山寺で出家した。和歌をよくし、「拾遺集」の撰者ともいわれる。

くわし【細し・美し・精し・詳し】⇩くはし

くゎ-し【菓子】(名)常食のほかに食べるものの総称。古くは果物をさしたが、のちには米・小麦粉・砂糖などの加工品もさすようになった。〔沙石集〕「食後の―まで、至極せめ食ひて」訳 食後の果物まで、この上なく十分に食べて。⇩果物「発展」

くゎ-じつ【花実】(名)❶花と実。〔謡・高砂〕「草木心なしとは申せども、―の時を違へず」訳 草や木は(人のような)心を持たないとは申しても、花の咲く時、実のなる時をまちがえない。
❷外形と実質。歌学用語としての、ことば(表現)と心(内容)。〔無名抄〕「中ごろ古今の時、―ともに備はりて」訳 中ごろの「古今集」の時代に、表現と内容の両方がととのって。

くゎじ-ばおり【火事羽織】(名)江戸時代、火事場に行くときに着た羽織。武士のものは革・羅紗製で、一般のものは厚手の布製。

(くゎじばおり)

くゎ-しゃ【花車】(名)❶遊女屋・茶屋などの女主人。おかみ。〔浄・冥途の飛脚〕「『―内にか』とつっと入り」訳「おかみは内にいるか」と(店に)ずいと入り。
❷〔「香車」の転〕遊郭で、遊女の監督・采配をする女。遣り手。

くゎ-じゃ【冠者】(名)〔「くゎんじゃ」の撥音「ん」の表記されない形〕❶「くゎんじゃ①②」に同じ。
❷若い家来。召使の若者。〔狂・萩大名〕「まず太郎―を呼び出だいて談合いたさう」訳 まず太郎冠者を呼び出して相談いたそう。

くゎ-しゃう【和尚】(名)《仏教語》天台宗・華厳宗で、受戒者の師となる僧の称。また、高徳の僧の敬称。宇治 一五・八「叡山無動寺に、相応―といふ人おはしけり」訳 比叡山の無動寺に、相応和尚という方がいらっしゃった。
参考「くゎしゃう」は漢音。法相宗・律宗では呉音で「わじゃう」、禅宗では唐音で「をしゃう」という。

くゎ-じゃう【款状】(名)〔「くゎんじゃう」の撥音「ん」の表記されない形〕「くゎんじゃう(款状)」に同じ。

くゎ-そ【過所・過書】(名)「くゎしょ」とも。朝廷や幕府が発行した、関所を通過するための許可証。万葉 一五・三七五四「―無しに関飛び越ゆる霍公鳥」訳 関所の手形もなしに関を飛び越えるほととぎすは。

くゎ-そく【華族・花族】(名)「せいぐゎ」に同じ。

くゎ-たい【過怠】(名)❶あやまち。過失。平家 三・法印問答「やがて召され候ふことは、何の―にて候ふやらん」訳 (越前の国を)すぐにお取りあげになりますことは、どのような過失のためでございましょうか。
❷過失の償い。また、中世以降、罰金や物品・労役などを科した刑罰。

くゎ-たく【火宅】(名)《仏教語》〔煩悩が盛んで不安なこの世を、火につつまれている家にたとえた語〕迷いの多いこの世。現世。〔栄花〕花山たづぬる中納言「花山院は三界の―を出でさせ給ひて」訳 花山院は迷いの多いこの世をお出になられて。

くゎ-てう【花鳥】(名)(自然の風物としての)花と鳥。〔幻住庵記〕「たどりなき風雲に身をせめ、―に情を労して」訳 定めのない漂泊の旅に身を苦しめ、花や鳥(を詠ずるの)に心を費やして。

花伝書《作品名》→風姿花伝

くゎ-の-くつ【靴の沓】(名)束帯用の牛革製の黒塗りのくつ。位階に応じて上部に赤または青の錦のへりを付け、金銅の飾り金具の付いた革紐で足首をくくる。⇩巻頭カラーページ12

くゎ-ぶん【過分】(名・形動ナリ)❶身分不相応なこと。平家 一・清水寺炎上「平家もってのほかに―・に用候ふあひだ、天の御ぱからひにや」訳 平家がとんでもなく身分不相応に出過ぎますので、(報いを受けるのは)天のご処置なのだろうか。
❷必要以上であること。十分すぎること。著聞 五三四「『二つまでかしたる、―・なり終』とて片方をばかへして」訳 (行縢は二つで一組であるのに)「二つまで貸したのは十分すぎる」と言って片方を返して。
❸身に余ってありがたいこと。〔謡・藤栄〕「これまでの御出でに―・に用存じ候ふ」訳 ここまでのお出ましをありがたく存じます。

くゎ-ほう【果報】(名・形動ナリ)❶《仏教語》前世での行いに対する現世での報い。因果応報。今昔 一・三七「衆生の善悪の―、皆、前世の業因によりてなり」訳 人々の現在が善いか悪いかという現世での報いは、すべて、前世の行為によって(起こるの)である。
❷報いがよいこと。幸運。〔狂・布施無経〕「こなた(=あなた)ほど―・な体(口語)お方はござらぬ」

ぐゎらり(-と)(副)❶戸・障子を勢いよく開けたときの音。
❷物がくずれ落ちる音。また、堅いものがぶつかり合う音。がらがら。〔浄・吉野忠信〕「一度に―と(=がらがらと)投げ倒し」
❸物事が急に一変するようす。

くゎ-ろ【火炉】(名)火を入れて暖をとるもの。火鉢・こたつ・いろりなどの類。図。徒然 二三「御前の―に火をおく時は」訳 天皇の御前の火鉢に火種を入れるときには。

くゎん【官】(名)❶官位。官職。
❷朝廷。政府。
❸「太政官」の略。
❹官人。役人。

くゎん【貫】(名)❶銭の単位。一千文(=一文銭千枚)が一貫。近世では、九百六十文で一貫とした。
❷鎌倉時代以降、武家の知行高の換算に用いた単位。地方や時代によって一定しないが、ほぼ田地十石を一貫文とした。
❸重さの単位。一貫は、千匁(=三・七五キログラム)。

ぐゎん【願】(名)神仏に祈願すること。また、その願い事。土佐「おぼろけの―によりてにやあらむ、風も吹かず、よき日出できて、漕ぎゆく」訳 並々でない祈願によってであろうか、風も吹かないし、よい日和になったので、(船を)漕いでいく。

観阿弥（くゎんあみ）カンアミ『人名』(一三三三〜八四)南北朝時代の能役者・謡曲作者。観世流の祖。名は清次。足利義満の援助を得て、子の世阿弥とともに能楽を大成した。謡曲「卒都婆小町」「自然居士」など。

くゎん-おん カンノン【観音】(名)《仏教語》「観世音」の略。

くゎん-かう カンコウ【還幸】(名)天皇が行幸先からお帰りになること。平家 八・太宰府落「ただ主上旧都の—とのみぞ祈られける」訳 (平家一門は)いくつもの神社に)ただ天皇が旧都(=平安京)へお帰りになることをお祈りになるばかりであった。

くゎん-ぎょ 一カン【還御】(名)天皇・上皇・三后(=太皇太后・皇太后・皇后)が外出からお帰りになること。将軍・公卿にもいう。平家 三・公卿揃「法皇やがて—、御車を門前に立てられたり」訳 (後白河)法皇はそのまま外出先からお帰りなさり、御車を門前にお止めになった。

くゎん-くゎつ カンカツ【寛闊】(名・形動ナリ) ❶はでなようす。伊達。〔浮・好色一代男〕「おごり第一の世之介が肝煎るほどに、よろづ—・に用申しつけて」訳 ぜいたくの点では一流の世之介が世話するので、すべてはでに申しつけて。 ❷ものにこだわらないこと。おおらかなようす。

菅家文草（くゎんけぶんさう）カンケブンソウ『作品名』平安前期の漢詩文集。菅原道真の作。昌泰三年(九〇〇)成立。前半六巻は詩四百六十八首、後半六巻は散文百五十九編を収め、醍醐天皇に献上された。平安朝の漢詩文を代表する作品。「道真集」とも。

くゎん-げん 一カン【管弦・管絃】㊀(名)管楽器と弦楽器。楽器の総称。㊁(名・自サ変)音楽を奏すること。また、音楽。徒然 一「ありたきことは、まことしき文の道、作文、和歌、—の道」訳 身につけたいことは、本格的な学問の道、漢詩、和歌、音楽の道。

くゎん-ざ 一カン【冠者】(名)「くゎんじゃ」に同じ。

くゎん-ざう カンゾウ【萱草】(名)「くゎざう」とも。❶ユリ科の多年草。山野に自生。夏、鬼百合に似た赤黄色の花を開く。忘れ草。夏 ❷「萱草色」の略。染め色の名。①の花の色で、赤黄色。だいだい色。⇩巻頭カラーページ10

くゎん-ざく 一カン【官爵】(名)「くゎんしゃく」に同じ。

くゎん-ざし 一カン【貫差し・貫緡】(名)銭一貫文(=千文)をさし通しておく細い縄。また、そのさし通した一貫文の銭。近世では、九百六十文をさして、一貫として通用させた。〔浮・日本永代蔵〕「借銭一貫といひけるに、寺役の法師—ながら相渡して」訳 銭を一貫借りたいと言ったところ、寺務の法師が一貫分の銭を通した縄のまま渡して。

ぐゎん-ざん 一ガン【元三】(名)「ぐゎんさん」とも。❶(年・月・日の三つの元であるところから)陰暦正月一日。元日。春 ❷正月の一・二・三日の三日間。三が日。春

ぐゎんじつ-の-せちゑ ガンジツノセチエ【元日の節会】中古、元日に天皇が紫宸殿で、百官(=数多くの役人)に宴を賜る儀式。

くゎん-じゃ 一カン【冠者】(名)「くゎざ」「くゎんざ」「くゎじゃ」とも。❶元服して冠をつけた少年。また、たんに若者。今昔 二九・二「その—、しかるべき所に宮仕へしけるほどに盗みをしてけり」訳 (元服をすませた)その若者は、相当な所に宮仕えをしていたときに盗みをしたということだ。❷六位で、無官の者の称。〔十訓〕一「匡房卿いまだ無官にて、江—とてありけるを」訳 (大江)匡房卿はまだ無官で、江冠者と呼ばれていたが。❸「くゎじゃ②」に同じ。

くゎん-じゃう カンジョウ【款状】(名)〔誠を述べる書状の意〕「くゎじゃう」とも。官位の申請や訴訟の折に出す、上申書・嘆願書。徒然 二三八「九条の相国伊通公の—にも、異なる事なき題目をも書きのせて」訳 九条の太政大臣(藤原)伊通公の官位申請書にも、格別のこともない項目をも書き載せて。

くゎん-じゃう カンジョウ【勧請】(名・他サ変)神仏の霊を分けて別の所に移し祭ること。また、神仏のおいでを願うこと。平家 二・康頼祝言「この島の内に熊野の三所権現を—・し用奉って、帰洛の事を祈り申さばや」訳 この島(=鬼界が島)のうちに熊野の三所権現を移し祭り申しあげて、帰京の(願いがかなえられる)ことをお祈り申しあげたい。

ぐゎん-じゃう ガンジョウ【願状】(名)神仏への祈願の趣意を書き記した文。願書。願文。細道 太田神社「木曽義仲—にそへてこの社にこめられ侍るよし」訳 木曽義仲が祈願状に(実盛の兜などを)添えて、この(太田)神社に奉納なさいましたことや。

くゎん-しゃく 一カン【官爵】(名)「くゎんざく」とも。官位と爵位。源氏 少女「心のままなる—にのぼりぬれば」訳 思うとおりの官位爵位に昇進してしまうと。

くゎん-じゅ 一カン【貫首・貫主】(名) ❶頭だつ人。統領。最上位の人。❷「蔵人の頭」の異称。❸「天台座主」の異称。

くゎん-じん 一カン【勧進】(名・自サ変) ❶《仏教語》仏像や寺などの建立・修理のために、金品の寄付を募ること。また、その人。宇治 一三・四「堂作らん料に—・し用集めたる物どもを」訳 堂を造るならそのために寄付を募り集めたさまざまな物を。❷出家姿で、物を乞い歩くこと。また、その人。

くゎんじん-ちゃう カンジンチョウ【勧進帳】(名)《仏教語》「勧進①」を行う趣意やその寺の縁起などを記した巻物。僧が寄付を集めるときに読み聞かせる。平家 五・勧進帳「文覚これをいかにもして修造せんといふ大願をおこし、—をささげて」訳 文覚はこれ(=神護寺)をなんとかして修理しようという大願を起こし、勧進帳をささげ持って。

くゎん-ず カンズ【観ず】(他サ変)〔ぜ・じ・ず・ずる・ずれ・ぜよ〕❶《仏教語》深く思いをめぐらして真理を悟る。平家 一・大臣殿被斬「善も悪も空なりと—・ずる体が、まさしく仏の御心にあひかなふ事にて」訳 善も悪も実体のない仮の姿だと悟るのが、まさしく仏の御心にかなうことで。❷深く考える。徒然 一〇八「心つねに風雲の思ひを—・ぜ未しかば」訳 (謝霊運は)心にはいつも機会を得て出世しようとする野望を深く思っていたので。

くゎん-ぜおん 一カン【観世音】(名)《仏教語》世人がそ

の名を称える声を観じて大慈悲を垂れる菩薩。衆生を救うため三十三身に変化するといわれ、広く信仰された。観音。

参考 阿弥陀仏の右脇士が勢至菩薩、左脇士が観世音菩薩。

観世清次（くわんぜきよつぐ）カンゼキヨツグ〘人名〙→観阿弥

観世元清（くわんぜもときよ）カンゼモトキヨ〘人名〙→世阿弥

観世元雅（くわんぜもとまさ）カンゼモトマサ〘人名〙（一四〇〇?—一四三二）室町前期の能役者・謡曲作者。世阿弥の長男。非凡の才を発揮し名作を残したが、足利義教に疎んじられ、早世した。謡曲「隅田川」「弱法師」など。

くゎんぜん-ちょうあく カンゼン—【勧善懲悪】（名）善事をすすめ、悪事を懲らすこと。勧懲。

参考 儒教思想に基づく考えで、特に、文学理念として江戸時代の読本などの中心的思想となった。滝沢馬琴の「南総里見八犬伝」が有名。

くゎん-だう カンドウ【貫道】（名・他サ変）芸道などの根本精神を貫くこと。〔笈の小文〕「西行の和歌における、宗祇の連歌における、雪舟の絵における、利休が茶における、その—する㊍物は一なり」訳 西行の和歌においての、宗祇の連歌においての、雪舟の絵においての、利休の茶においての、その（芸道の）根本精神を貫いているものは、同一である。

ぐゎん-た-つ ガン—【願立つ】神仏に祈る。願をかける。土佐「和泉の国までと、たひらかに—つ㊀」訳 和泉の国（大阪府南部）までは、平穏無事であるように神仏に祈る。

くゎん-ぢゃう カンジョウ【灌頂】（名・自サ変）《仏教語》天台宗・真言宗で、受戒のときや修道者が一定の地位に上るとき、香水（=仏に供える水）を頭上に注ぐ儀式。

くゎん-ど カン—【官途】（名）「くゎんと」とも。❶官吏の職務・地位。また、官職に就いて昇進すること。平家 一・鱸「子孫の—も竜の雲に昇るよりは猶すみやかなり」訳（平清盛の）子や孫の官位の昇進も竜が雲に昇るよりはさらに速やかである。❷鎌倉時代以降、受領に対して京官（=京都の官吏）の称。

くゎん-とう カン—【関東】（名）❶古くは逢坂の関から東方の諸国の総称。後世は箱根の関から東方の八か国の総称。坂東。❷鎌倉幕府・江戸幕府の異称。また、その将軍のこと。

くゎんど-なり カンド—【官途成り】（名）官職に就いて、官名を名のること。また、その披露宴。〔狂・鱸庖丁〕「某都に、伯父を一人持ってござるが、このたび—をなさるるについて」訳 私は都に伯父を一人持っていますが、今度官職に就いた披露宴をしなさるのについて。

ぐゎん-にち ガン—【元日】（名）「ぐゎんじつ」とも。正月一日。㊍

くゎん-にん カン—【官人】（名）❶役人。官吏。竹取 燕の子安貝「かの寮の—、くらつまろと申す翁」訳 あの役所の役人で、くらつまろと申す老人。❷各省の、六位以下主典以上の諸官の総称。宇治 一三・三「我は左京（をつかさどる役所）の—なり」❸近衛の将監以下の者や検非違使庁の下級役人などの総称。源氏 若菜上「左右の馬寮、六衛府の—」

くゎん-ねん カン—【観念】（名・自サ変）❶《仏教語》心を静かにして、仏の教えの深さに思いを致すこと。方丈 三「谷しげけれど、西晴れたり。—のたより、なきにしもあらず」訳 谷は草木が茂っているが、西のほうはひらけている。（西方浄土の）仏を心に描いて瞑想することのよすがないわけでもない。❷あきらめること。覚悟。〔浄・心中重井筒〕「これ限り（=これが最後）これ限りと、逢ふたびごとの—」

くゎん-の-き カン—【貫の木・関の木・閂】（名）門が開かないように内側から固く閉じるため、左右の扉にある金具に差し通す横木。かんぬき。「関木」とも。宇治 五・九「門の—をはづして」

くゎん-の-つかさ カン—【官の司】（名）太政官の役所。太政官庁。「官の庁」とも。

くゎん-ぱく カン—【関白】（名）〔「関」はあずかる、「白」は申すで、天皇の政務に関与して意見を申し上げる意〕「くゎんぱく」とも。天皇を補佐して政治を行った最高位の令外の官。太政大臣の上位。

発展 「関白」の起源
平安時代、光孝天皇の代（八八四—八八七）、藤原基経のときに始まる。以後、藤原氏一族がもっぱら任ぜられ、通例では、天皇が幼少のときには「摂政」、成人後は「関白」が置かれた。関白が隠居すれば「太閤」、出家すれば「禅閤」という。

寛平御時后宮歌合（くわんぴやうのおほんときさいのみやのうたあはせ）カンピョウノオオントキキサイノミヤノウタアワセ〘作品名〙平安前期の歌合わせ。寛平五年（八九三）以前に成立。主催は宇多天皇の母后班子女王。春・夏・秋・冬・恋の五題各二十番、計百番二百首。ただし完全な伝本はない。詠者は紀貫之・紀友則・壬生忠岑など。二百首中、百七十首を収める「新撰万葉集」の編纂と関係が深い。

くゎん-ぷ カン—【官府】（名）朝廷。おおやけ。政府。また、役所。官庁。今昔 七・四七「多くの人来りて我を捕らへて、率て行きて—の大門に入りぬ」訳 多くの人がやって来て私を捕まえて、連れて行って役所の大きな正門に入った。

くゎん-ぷ カン—【官符】（名）「太政官符」の略。太政官から下される公文書。

くゎん-ぶつ カン—【灌仏】（名）《仏教語》❶釈迦誕生の姿の仏像に、香水（=仏に供える水）を注ぎかけること。また、その仏像。浴仏。源氏 藤裏葉「—ゐて奉りて、御導師遅くまゐりければ」訳 釈迦の誕生仏を（六条院に）お連れ申しあげて、（一方、灌仏会の）導師をつとめる御僧がなかなか参上しなかったので ❷「灌仏会」の略。

くゎんぶつ-ゑ カンブツエ【灌仏会】（名）《仏教語》釈迦の誕生日の陰暦四月八日に、誕生仏に甘茶を注ぎかけて供養する仏事。花祭り。灌仏。仏生会。㊇

参考 釈迦誕生のとき、天から梵天・帝釈が下りてきて、甘露を注ぎかけ洗い清めたという故事による。

くゎん-ぺい カン—【官幣】（名）祈年祭・月次の祭り・新嘗祭りなどのときに、神祇官が格式の高い一定の神社に対し幣帛(=供物)を奉って祭ること。また、その幣帛。[平家]六・横田河原合戦「臨時に二十二社に―あり」

くゎん-ぽ【寛歩】(名)ゆっくり歩くこと。〔笈の小文〕「―駕にかへ、晩食肉よりも甘し」[訳]駕籠に乗る代わりにゆっくり歩き、(空腹になってからとる)遅い夕食は(魚や鳥の)肉よりも美味である。

くゎん-もつ【官物】(名)「くゎんぶつ」とも。❶官(=政府)の所有物。官有物。[今昔]一・三「わが国の―をことごとく勝義が許に納むべし」[訳]わが国の政府の所有物をすべて勝義(=人名)のところに納めよ。❷諸国から政府に納められる租税や貢ぎ物。[大鏡]師尹「公家にもしろしめして、―の初穂割き奉らせ給ふめり」[訳]朝廷でも(早良親王の祟りのことを)お知りになって、諸国から奉る貢ぎ物の新穀をお分けして(親王の山陵に)お供えになられるようだ。

ぐゎん-もん【願文】(名)神仏への願いの趣旨を書きしるした文。祈願文。願状。[徒然]七二「―に作善多く書きのせたる」[訳]仏への祈願文に(自分が)善根を積んだことをたくさん書き載せてあるの(は下品に見える)。

ぐゎん-りき【願力】(名)仏が衆生を救おうとする本願の力。また、神仏に願をかけて、その願望を貫こうとする力。精神力。[竹取]蓬莱の玉の枝「大―にや、難波より、昨日なむ都にまうで来つる」[訳]大願力(の結果)だろうか、難波(=今の大阪市)から、昨日都に帰参した。

くゎん-りゃう【管領】(名・他サ変)❶「くゎんれい」とも。管理・支配すること。また、その人。[平家]七・願書「四海を―・し㊐て、万民を悩乱せしむ」[訳](平清盛は)天下を支配して、多くの人々を苦しめている。❷自分のものにすること。押領。〔太平記〕八「〔延暦寺の僧兵は〕我さきに京へ入って、…財宝を―・せ㊍んと志して(=わがものにしようと思って)」

くゎん-ろく【官禄】(名)官位と俸禄。また、官から支給される俸禄。[方丈]三「身に―あらず、何に付けてか執を留めん」[訳]自分には官位も俸禄もなく、何に対して執着を残そうか(いや、残すまい)。

くゎん-ゐ【官位】(名)官職と位階。〔うつほ〕吹上下「琴仕うまつらずとも、この―給はるべし」[訳](涼は帝の御子だから)琴を(このように見事に)お弾き申しあげなくても、この(正四位中将という)官職と位階をちょうだいするはずである。

くゑ-にち【凶会日】(名)陰陽道で、陰陽が対立し万事に凶とされる日。

ぐんき-ものがたり【軍記物語】(名)《文芸用語》合戦をおもな材料とした、和漢混交文体で描いた叙事的な文学。鎌倉時代に多く作られた。戦記物語。「保元物語」「平治物語」「平家物語」「源平盛衰記」「太平記」「義経記」など。

くん-し【君子】(名)徳と知のそなわった人。人格の高い人。[徒然]九七「―に仁義あり、僧に法あり」[訳]人格の高い人には仁や義があり、僧には仏法がある。

ぐん-じ【郡司】(名)❶律令制の地方行政官。国司の下にあって、郡内の政務をつかさどった官。また、その役所。大領・少領・主政・主帳の四等官からなる。❷特に、郡司の長官である「大領」のこと。

くんじ-いた・し【屈じ甚し】(形ク){から・く(かり)・し・き(かる)・けれ・かれ}「くしいたし」に同じ。[源氏]須磨「空しくかへらむ後ろ手もをこなるべし、と―・う㊐(ウ音便)て行かず」[訳](縁談がうまくいかず)むなしく帰ってくるとしたらその(自分の)後ろ姿も間が抜けているだろうと、たいそう気がふさいで出向いていかない。

くん-じゅ【群集】(名・自サ変)人々が群がり集まること。また、その人々。[平家]一・吾身栄花「軒騎―・し㊐て、門前市をなす」[訳]車や馬が群がり集まって、(平家の)門前は市場のよう(な繁栄ぶり)である。

くん-じゅ【薫修】(名・他サ変)《仏教語》(薫香が衣服などに自然にしみ通るように)自然に感化を受けて修養を積むこと。[平家]六・小督「三密行法の御―もつもらせ給ひけり」[訳](後白河法皇は)真言密教の行事・作法のご修養も積み重ねていらっしゃった。

くん・ず【屈ず】(自サ変){ぜ・じ・ず・ずる・ずれ・ぜよ}気がふさぐ。気がめいる。[更級]太井川「月の興もおぼえず、―・じ㊐臥しぬ」[訳]月の興趣も感じられず、心がふさいで寝てしまっ

古語ライブラリー⑰

係り結びの「結び」の省略

係助詞がありながら結びが言いさしになって省略される場合がある。

◇これなむ都鳥。〈伊勢 九〉

この例は、文末に断定の助動詞「なり」の連体形「なる」が省略されたものとみられる。

◇大願力にや、難波より、昨日なむ都にまうで来つる。〈竹取 蓬莱の玉の枝〉

この例は、文末が完了の助動詞「つ」の連体形「つる」になっているので紛れがちだが、これは「や」の結びではなく、「昨日なむ」の「なむ」の結びなのだ。「や」の結び「あらむ・ありけむ」は言いさしになっている。

◇まことや、…と人の語りしこそ、さてはいみじくこそと覚えしか。〈徒然 一〇〉

この例も紛れがちだが、文末の過去の助動詞「き」の已然形「しか」は「人の語りしこそ」とある「こそ」の結びであって、「いみじくこそ」の「こそ」の結び「あれ・ありけれ」は省略されている。

引用の格助詞「と」に留意する必要がある。

Aいづれの御時にか、女御、更衣あまたさぶらひ給ひける中に、いとやむごとなき際にはあらぬが、すぐれて時めき給ふありけり。〈源氏 桐壺〉

Bなほ飽かずやあらむ、またかくなむ。
見し人の松の千年に見ましかば遠く悲しき別れせましや〈土佐〉

C飼ひける犬の、暗けれど主を知りて、飛びつきたりけるとぞ。〈徒然 八九〉

D鳶のゐたらんは、何かは苦しかるべき。この殿の御心、さばかりにこそ。〈徒然 一〇〉

これらの例が、A「ありけむ」、B「詠める」、C「言ふ・聞く」、D「おはしけれ」の省略されたものであることは、前後の文脈から読み取ることができる。

⇩四七三ページ⑱

た。[参考]「くっす」と同じ語源。促音の表記が一定していなかったころ、撥音表記の「ん」で代用したものを、のちに文字どおり読むようになったといわれる。

くん・ず【薫ず】 ━ (自サ変){ぜ・じ・ず・ずる・ずれ・ぜよ}かおる。におう。[今昔] 七・二五「香ばしき匂ひ、室の内に―・じ(用)て消えず」[訳] かぐわしい匂いが、部屋の内にかおって消えない。━ (他サ変){ぜ・じ・ず・ずる・ずれ・ぜよ}かおらせる。におわせる。[平家] 延慶本・一・忠盛死去「本尊の御前に香を焚き、花を―・じ(用)給ひけるが(=かおらせなさったが)」

ぐん-せん【軍扇】(名)軍の指揮に用いる扇。ふつう、骨も地紙も堅牢で、骨には黒漆を塗り、地紙の表には太陽、裏には月・星などを描いた。

ぐんだり-やしゃ【軍荼利夜叉】(名)《梵語の音訳》「軍荼利夜叉明王」の略。密教の五大尊明王の一。南方を守護する。多くは、八本の腕を有し、火炎を背に怒りの形相をなす。悪鬼・災厄を取り除くという。→五大尊明王

ぐん-だん【軍団】(名)律令制で、諸国に配置された軍隊。全国の正丁(=男子の二十一歳以上六十歳以下の者)の三分の一を徴発して編成し、その中から衛士・防人が選ばれた。延暦十一年(七九二)辺境要地を除いて廃止され、「健児」の制に変わった。

くん-で-うず【組んでうず】(ヨウズ)組み打ちしようとする。[平家] 七・実盛「おのれは日本一の剛の者に―・うず(終)な」[訳] おまえは日本一の強く勇ましい武士(である実盛)と組み打ちしようとするのだな。[なりたち] 四段動詞「組む」の連用形「くみ」＋完了の助動詞「つ」の未然形「て」＋推量の助動詞「んず」＝「くみてんず」の転

ぐん-ない【郡内】(名)甲斐の国の郡内地方(山梨県東部の山地一帯)特産の、縞の絹織物。高級品とされ、夜具地や羽織の裏地などに用いた。「郡内縞」「郡内織」「郡内絹」とも。

ぐん-びゃう【軍兵】(ビヨウ)(名)兵士。軍勢。つわもの。[平家] 二・西光被斬「そのほか―雲霞のごとくに馳せつどふ」[訳] そのほか軍勢が雲や霞のようにたくさん馬を走らせて集まる。

ぐん-りょ【軍旅】(名)〔中国周代の制で、兵一万二千五百を「軍」、五百を「旅」といったことから〕❶軍勢。軍隊。[平家] 六・入道死去「忠を存ぜし数万の―は、堂上堂下に並み居たれども」[訳](清盛に)忠誠心を持っていた数万の軍勢は、御殿の内や外に並んで座っていたが。❷戦争。いくさ。〔太平記〕一六「まことに―の事は兵(=武士)に譲られよ(=任せられよ)」

け ケ

「け」は「計」の草体
「ケ」は「介」の略体

け【日】(名)《上代語》「日」の複数。二日以上の期間をいう。日々。日数。[万葉] 三・二六三「―ならべて見てもわが行く志賀にあらなくに」[訳](幾日も)日数をかけて(美しい景色を)見ても私が行ける志賀ではないことだから。[文法]「あらなくに」の「なく」は、打消の助動詞「ず」のク語法で、「…ないこと」の意。

け-【気】(接頭)(動詞・形容詞・形容動詞に付いて)「…のようすである。…の感じだ。なんとなく…だ」の意を表す。「―恐ろし」「―劣る」「―すさまじ」「―高し」[参考]「二日」「三日」の「か」と同語源といわれる。

け【気】(名)❶気持ち。気分。[源氏] 夕顔「恐ろしき―もおぼえず、いとらうたげなるさまして」[訳](夕顔の死に顔を見ても)恐ろしいという気持ちも感じず、たいそうかわいらしげなようすをしていて。❷ようす。けはい。[源氏] 椎本「夜深きほどの人の―しめりぬるに」[訳] 夜の深いときで、人のけはいが静まったときに。[文法]「夜深きほどの」の「の」は、いわゆる同格の格助詞で、「…で」の意。

け【卦】(名)陰陽道で、易の算木に現れる象。それが、天地間いっさいの変化を表したものとして、吉凶を占う。八卦が基本となる。

け【怪】(名)❶不思議なこと。怪しいこと。〔太平記〕二〇「かやうの―ども、未然に凶を示しけれども」[訳] このような不思議なことが数々、ことの起こる前に凶(の前触れ)を示したが。❷たたり。もののけ。〔栄花〕たまのむらぎく「御物のけや、また畏き神の―や、人の呪詛などさまざまに申せば」[訳](陰陽師が)御もののけや、また恐ろしい神のたたりや、人の呪いなどを、さまざまに申し上げるので。

け【故】(名)ため。せい。ゆえ。[竹取] 竜の頸の玉「千度ばかり申し給ふ―にやあらむ、やうやうかみ鳴り止みぬ」[訳](祈願のことばを)千回くらい申し上げなさるせいであろうか、やっとのことで雷が鳴りやんだ。

け【食】(名)食物。飯。また、食事。〔紀〕舒明「群臣を聚へて、大臣の家に饗す。―終はりて散れむとするに」[訳](蘇我蝦夷は)多くの臣下を集めて、大臣の家で酒食でもてなす。食事が終わって(皆が)退出しようとするときに。

> **発展 「-食」という語構成**
> 「食」は食器の意の「笥」から転じたものである。上代では「御食」「大御食」などの形で貴人の食物の意に、のち一般の食事の意に用いられた。「朝食」「夕食」の「け」もこの語である。

け【笥】(名)容器。特に、飯を盛るのに用いる器。[万葉] 二・一四二「家にあれば―に盛る飯を草枕旅にしあれば椎の葉に盛る」[訳]→いへにあれば…[和歌]

け【褻】(名)ふだん。日常。[徒然] 一九一「ことにうち解けぬべき折節ぞ、―・晴れなく引きつくろはまほしき」[訳] ことに気のゆるんでしまいそうなときこそ、ふだんと正式との区別なく、身なりをきちんと整えたいものである。↔晴れ

> **発展 「褻」と「晴れ」**
> 私的で日常的な事柄を「褻」、公的で非日常的な事柄を「晴れ」と、対立的にとらえた。歌論用語としても使われ、私的な場で詠まれる「褻の歌」と歌合わせなど公的な場でつくら

れる「晴れの歌」は区別された。現代では「晴れ」が「晴れ着」「晴れ舞台」などに残る。柳田国男にはじまる民俗学では、このことばを用いて衣食住などの生活全般を説明しようとした。

け【消】下二段動詞「消く」の未然形・連用形。古今 離別「唐衣たつ日は聞かじ朝露のおきてしゆけばけ用ぬべきものを」訳 出発する日は聞くまい。(あなたが私を)置いて行くと、(私は)消えてしまう(=死んでしまう)だろうから。(「唐衣」は「たつ」に、「朝露の」は「おく」にかかる枕詞)

け【異】(形動ナリ){なら・なり(に)・なり・なる・なれ・なれ} ❶ふつうと違っているさま。万葉 一三・三三二八「衣手葦毛の馬のいなく声情あれかも常ゆー・に用鳴く」訳 葦毛の馬のいなく声は、(人のような)心を持っているからか、いつもと違って鳴くことだ。(「衣手」は「葦毛」にかかる枕詞) ❷(多く「よりけに」の形で)きわだっているさま。まさっているさま。格別なさま。古今 恋二「ゆふされば蛍よりけー・に用もゆれども」訳 夕方になると蛍(の光)よりもまさって(私の思いは)燃えるのに。

け 上代のク活用形容詞の未然形・已然形の活用語尾。万葉 一九・四二四三「住吉に斎く祝が神言と行くとも来とも船は早け未む」訳 住吉神社にお仕えする神官のお告げとしては、行くにしても帰るにしても船は早いだろうということだ。万葉 一〇・二〇八五「天の川瀬々に白波高け已どもただ渡り来ぬ待たば苦しみ」訳 天の川の瀬ごとに白波は高いけれどもまっすぐ渡って来た。待っているのは苦しいので。

-げ【気】(接尾)(形容詞の語幹(シク活用は終止形)、形容動詞の語幹などに付いて)「いかにも…のようすである。…らしく見える」などの意の形容動詞の語幹をつくる。源氏 若紫「髪のうつくしー・に用そがれたる末も」訳 髪のいかにも美しいようすに切りそろえてある端も。
【例語】あさましげ・悪しげ・徒げ・あはれげ・怪しげ・賤しげ・危ふげ・荒げ・厳つげ・愛しなげ(=かわいそうなさま)・いとほしげ・いぶせげ・いみじげ・うけはしげ(=のろっているようなさま)・後ろめたげ・艶げ・恐ろしげ・親げ(=親らしい感じのさま)・難げ・汚げ・清げ・気疎げ・健げ(=たのもしいさま)・さうざうしげ(=物足りなさそうなさま)・心地よげ・心無げ(=薄情そうなさま)・さがなげ(=意地が悪そうなさま)・凄げ・凄じげ・鋭げ(=機敏でするどいさま)・頼もしげ・無げ・悩ましげ・憎げ・憎さげ・妬げ・はかなげ・恥づかしげ・誇らしげ・忠実しげ(=まじめそうなさま)・難しげ・物しげ・物映ゆげ(=恥ずかしそうなさま)・安げ・易げ・好げ・弱げ・らうたげ・侘びしげ・我賢げ・をかしげ・惜しげ

げ【夏】(名)《仏教語》❶陰暦四月十六日から七月十五日までの三か月間の称。❷「「夏安居」の略」「あんご」に同じ。夏。細道 芭蕉「しばらくは滝に籠るやーの初め」訳 →しばらくは…俳句

げ【偈】(名)《仏教語》梵語の音訳「偈陀」の略。仏の徳または教えなどを賛美する韻文体の経文。多くは四句から成る。「正信ー」

け-あが・る【気上がる】(自ラ四){ら・り・る・る・れ・れ}のぼせる。上気する。逆上する。「気上る」とも。〔紫式部日記〕「いささかみじろきもせられず、ー・り用て物ぞおぼえぬや」訳 まったく身動きもできず、のぼせあがって何が何だかわからないのか。

け-あ・し【気悪し】(形シク){しから・しく(しかり)・し・しき(しかる)・しけれ・しかれ}物事のようすや心が穏やかでない。すさまじい。険悪である。今昔 二〇・四〇「泉川原の風極めてー・しく用吹きて、寒きこと限りなし」訳 泉川(=今の木津川)の川原の風が非常にすさまじく吹いて、寒いことこの上もない。

げ-あんご【夏安居】(名)《仏教語》「あんご」に同じ。夏

けい【卿】(名)「きゃう(卿)」に同じ。

けい【磬・罄】(名)中国古代の楽器の名。石や銅の板をへの字形につくり、つるして打ち鳴らす。仏具として、勤行のときにも用いられた。

け-い【怪異】(名・形動ナリ)不思議なこと。怪しいこと。徒然 二〇六「おもきー・なり終とて、牛を陰陽師のもとへつかはすべきよし」訳 重大な奇怪事だとして、牛を陰陽師の所へ送り届けなければならない(という)旨を。

げい【芸】(名)学んで得たわざ。技芸。方丈 三「ーはこれつたなけれども、人の耳をよろこばしめんとにはあらず」訳 (琵琶の)技芸はこれは下手であるけれども、他人の耳を喜ばせようというのではない。

けい-えい【経営】(名・他サ変)❶建物を造ること。構築。平家 七・聖主臨幸「多日のーをむなしうして、片時の灰燼となりはてぬ」訳 (平家一門の家々は)多くの日数をかけての建造も無駄になって、あっという間にすっかり灰や燃えがらとなってしまった。❷物事を計画したり、執り行ったりすること。運営。〔太平記〕三七「御即位の大礼は四海のーにて」訳 ご即位の儀式は天下の大事業であって。❸「けいめい」とも。物事の準備に励むこと。特に、接待に奔走すること。今昔 二六・一七「房主の僧、『思ひかけず』と言ひて、ー・す終」訳 僧坊の主である僧は、「(おいでになるとは)思いがけない」と言って、接待に奔走する。

けい-き【景気】(名)❶景色。方丈 三「山中のー、折につけて、尽くることなし」訳 山中の景色は、(四季)折々につけて、(興趣の)つきることがない。❷ようす。けはい。平家 二・西光被斬「ちっとも色も変ぜず、悪びれたるーもなし」訳 (西光法師は)少しも顔色も変えず、悪びれたようすもない。❸《歌学用語》心象上の景色。詩的雰囲気。〔無名抄〕「詮は、ただ詞に現れぬ余情、姿に見えぬーなるべし」訳 (幽玄体とは)結局はもっぱらことばに表れない情趣、全体の構成に見えない心象上の景色であろう。❹活気。特に、経済的な活気にいう。

けい-こ【稽古】(名)〔「古を稽える」の意〕❶(古典を読んで)学問すること。また、身につけた学問。徒然 二三六「信濃の前司行長、ーの誉れありけるが」訳 信濃の国の前任の国司行長は、学問が深いという評判があったが。❷武術・芸能などを習い、修業すること。〔風姿花伝〕「この時分のー、すべてすべて易きなり」訳 このころ(=少年期)の修業は、どれもこれも容易である。

けい-こく【傾国】(名)❶美女。〔太平記〕一「傾城

・ーの乱、今にありぬとおぼえて」訳 美女のための国の乱れが、今に起こってしまうと思われて。
❷(転じて)遊女。〔浮・好色万金丹〕「語れども尽きぬはーの噂」
❸遊里。遊郭。
参考「一顧すれば人の城を傾け、再顧すれば人の国を傾く」〈漢書・外戚伝〉による。美人がその色香で一城・一国を傾け滅ぼす意。「傾城」も同じ出典。

経国集(けいこくしふ)ケイコクシュウ『作品名』平安初期の勅撰漢詩文集。淳和天皇の勅命により、良岑安世が中心となって天長四年(八二七)に撰進。嵯峨天皇・空海など百七十八人の漢詩文を集めたもの。

けい-し【京師】(名)みやこ。帝都。京都。

けい-し【屐子】(名)〔「けきし」のイ音便〕下駄・足駄の類。枕 三三六「ーのつややかなるが、歯に土多くつきたるをはきて」訳 足駄のつやつやしたもので、歯に土が多くついているのを履いて。

けい-し【家司】(名)〔「けし」の転〕❶親王・摂関・大臣および三位以上の家などで家政をつかさどる職。また、その職員。四位・五位の者をいい、六位以下の者は「下家司」と称した。
❷鎌倉・室町幕府で、政所・問注所などの職員の総称。

けい-しゃうショウ【卿相】(名)「くぎゃう①」に同じ。

げいしゃう-ういゲイショウ―【霓裳羽衣】(名)❶〔「霓」は虹、「裳」は裳裾の意〕虹のように美しい裳裾と羽衣。天人の衣。
❷唐の玄宗皇帝が、夢に見た天人の舞楽によって作ったという楽曲。〔太平記〕三七「玄宗皇帝は…、〔妃〕楊貴妃にーの舞をまはせて」

けい-す【啓す】(他サ変)〔せ・し・す・する・すれ・せよ〕「言ふ」の謙譲語。(皇后・中宮・皇太后・皇太子などに対して)**申し上げる**。枕 三「『よきに奏し給へ、ー・し用給へ』など言ひても」訳「(天皇にも)よろしく申し上げてください、(中宮にも)よろしく申し上げてください」などと言っても。⇩奏す「発展」・宣はす「敬語ガイド」

けい-せい【傾城】(名)❶美女。平家 一一・那須与一「大将軍矢おもてにすすんで、ーを御覧ぜば」訳 大将軍が矢のとんで来る正面に進み出て、美女をご覧になるなら。
❷「けいせん」とも。遊女。宇治 三・二四「一条の桟敷屋に、ある男泊まりて、ーと臥したりけるに」訳 一条の桟敷屋に、ある男が泊まって、遊女と夜をともにしたが。(↓傾国 参考)

けいせつ-の-こう【蛍雪の功】苦学の成果。〔沙石集〕「ー年積もり、碩学の聞こえありけり」訳(永超僧都は)苦学の成果が長年つみ重なって、碩学(=学問の深く広い人)の評判があった。
参考 中国の晋で、家が貧しく油が買えない車胤は蛍の光で、また、孫康は雪の明かりで書を読んだという故事にもとづく。

けい-せん【傾城】(名)〔「けいせい」の転〕「けいせい②」に同じ。

契沖(けいちゅう)『人名』(一六四〇—一七〇一)江戸前期の国学者・歌人。下川氏。摂津(兵庫県)尼崎の人。真言宗の僧で、「万葉集」以下、多くの古典の注釈を行い、国学研究の基礎を築いた。著に「万葉代匠記」「勢語臆断」「和字正濫鈔」など。

けい-てん【経典】(名)〔不変の道理をしるした書物の意〕中国古代の聖人・賢人の教えをしるした書物。四書・五経など。経書。

げい-のう【芸能】(名)身につけた芸。また、芸道にすぐれた才能。技芸。徒然 一八七「ー・所作のみにあらず。大方のふるまひ・心づかひも、愚かにしてつつしめるは、得の本なり」訳 芸能や仕事だけではない。一般の行動や心がけも、愚鈍でも注意深いのは、成功のもとである。

けい-はく【軽薄】(名・形動ナリ)❶心に誠実さがないこと。考えがあさはかで軽々しいこと。〔雨月〕菊花の約「交はりはーの人と結ぶことなかれ」訳 交際は、不誠実な人と結んではいけない。
❷おせじ。〔浮・好色一代男〕「亭主内儀が入り替はりー数を尽くし」訳 亭主やおかみが入れ替わりおせじをやたらと言い立て。

けい-ひち【警蹕】(名)「けいひつ」とも。天皇のもとへ膳を運ぶときや、天皇・貴人の通行のときなどに、人々に声をかけて注意し、先を払うこと。また、その声。「おお、しし、おし」または「おし、おし」と言った。枕 二三「御膳まゐる足音たかし。ーなど『おし』と言ふ声聞こゆるも」訳(天皇に)お食事を差し上げる足音が高い。先払いなど「おし」という声が聞こえるのも。

けい-ひつ【警蹕】(名)「けいひち」に同じ。

けい-ぶつ【景物】(名)❶時節に適した衣装や飲食物など。〔源平盛衰記〕「時のーたづねて、酒すすめ奉らんと支度したり」訳 その時の時節にあった物をさがして、酒をおすすめ申しあげようと支度した。
❷四季折々のながめ。風物。〔鶉衣〕「ほたるはたぐふべきものもなくーの最上なるべし」訳 蛍は(他に)比べることのできるものもなく四季の風物の最上であろう。

けい-めい【経営】(名・自サ変)〔「けいえい」の転〕「けいえい③」に同じ。徒然 一八四「兄の城介義景、その日のー・し用て候ひけるが」訳 兄の秋田城の介義景が、その日の準備につとめて控えていたが。

桂園一枝(けいゑんいっし)ケイエンイッシ『作品名』江戸後期の家集。香川景樹の自撰歌集。文政十三年(一八三〇)刊。約千首の歌を部立てを設けて収める。桂園派の歌風の特徴を示した優雅で清新な歌が多い。

けうキョウ【孝】(名)❶親孝行。枕 二四「いみじくーなる人にて、遠き所に住ませじ、一日にひとたび見ではえあるまじとて」訳 たいそう親孝行である人で、(親を)遠い所には住まわせまい、一日に一度見ないではいられまいと思って。
❷親や近親者などの死後の供養をすること。源氏 玉鬘「わが身のーをば、な思ひそ」訳 私(=大宰の少弐)の身の死後の供養は考えるな。

け-う【希有・稀有】(名・形動ナリ)❶**珍しい。めったにない。不思議だ**。大鏡 道長上「またあらじ、あがりての世に、かく大臣・公卿七、八人、二、三月の中にかき払ひ給ふこと。ー・なり用し業なり」訳 またとないだろう、大昔にも、このように大臣や公卿が七、八人も、二、三か月の間に一度にお亡くなりになることは。めったになかったことである。

❷(悪い意味で)**とんでもない。けしからぬ。**徒然一〇六「こは—の狼藉かな」訳これ(=上人の馬を堀に落としたこと)はとんでもない乱暴だなあ。

❸(よい意味で)**驚くべきである。たいしたことだ。**宇治二・一〇「露ばかりも騒ぎたる気色なし。—の人かなと思ひて」訳ほんの少しも動揺したようすがない。たいした人であるよと思って。

げう-き【澆季】(名)(「澆」は薄い、「季」は末の意)道徳が衰え、人情が薄くなり、すべてが浅はかになった世。末世。〔保元物語〕「世—に及ぶといへども」訳世の中が末世になるといっても。

教行信証(けうぎやうしんしよう)『作品名』鎌倉前期の仏教書。親鸞著。元仁元年(一二二四)成立か。念仏の要文を集め、親鸞の解釈を入れて現世での往生成仏を説いた。浄土真宗の根本聖典。正しくは「顕浄土真実教行証文類」という。

けう-くゎん【叫喚】■一(名)《仏教語》「叫喚地獄」の略。

■二(名・自サ変)わめき叫ぶこと。〔将門記〕「火を遁れて出づる者は、矢に驚きて火中に還り入りて—・す終」訳火災をのがれて(外に)出る者は、(敵の)矢に驚いて火の中にもどり入ってわめき叫ぶ。

けうくゎん-ぢごく【叫喚地獄】(名)《仏教語》八大地獄の一つ。殺生・偸盗・邪淫・飲酒の罪を犯した者がここに落ち、熱湯や猛火に苦しめられて泣き叫ぶという。→八大地獄

けう-け【教化】(名・他サ変)《仏教語》〔江戸時代以降「けうげ」とも〕衆生を教え導いて、仏道に入らせること。〔義経記〕「関東へ下りて兵衛佐を—・せ未ばやと思ひつるに」訳関東へ下って兵衛佐(=源頼朝)を仏道に入らせたいと思っていたので。

暁月(げうげつ)『人名』(一二六五〜一三二八)鎌倉後期の歌人・狂歌師。父は藤原為家、母は阿仏尼。俗名、冷泉為守。和歌に長じたが、出家ののちは狂歌を詠み、狂歌師の祖と称される。狂歌集「狂歌酒百首」の作者と伝えられる。

けう-さう【教相】(名)《仏教語》密教で、教義を学理的に解釈・研究する方面。教養部門。徒然一四三「行雅僧都とて、—の人の師する僧ありけり」訳行雅僧都といって、教養の方面で人の師範をする僧がいた。

けう-しゅ【教主】(名)宗教の一派を始めた人。教祖。特に、釈迦をいう。

けうしょ-でん【校書殿】(名)内裏の殿舎の名。清涼殿の南にあり、代々の書物を整理・保管した所。文殿。⇨巻頭カラーページ32

け-う-す【消失す】(自サ下二)〔せ・せ・す・する・すれ・せよ〕〔「きえうす」の転〕消えてなくなる。万葉九・一七四〇「たちまちに情—・せ用ぬ」訳一瞬の間に気を失ってしまった。

けう-ず【孝ず】(自サ変)〔ぜ・じ・ず・ずる・ずれ・ぜよ〕❶親孝行をする。〔うつほ〕俊蔭「今は—・ずる体と思ひて、出だし奉れ」訳今は親孝行するのだと思って、(母上を山から)お出し申しあげよ。

❷死んだ親などの供養をする。源氏賢木「後々の御わざなど、—・じ用つかうまつり給ふさまも」訳(桐壺院の)崩御後の御法事など、供養し申しあげなさる姿も。

暁台(けうたい)『人名』→加藤暁台

けうと-げ【気疎げ】(形動ナリ)〔なら・なり(に)・なり・なる・なれ・なれ〕〔「げ」は接尾語〕❶気味が悪いさま。源氏夕顔「池も水草に埋もれたれば、いと—・に用なりにける所かな」訳池も水草で埋もれているので、たいそう気味が悪いようになってしまった所だなあ。

❷そっけないさま。源氏椎本「これよりもいと—・に用はあらず聞こえ通ひ給ふ」訳こちら(=大君)からも、あまりそっけないようすではなく、(薫との手紙をやりとり申しあげなさる。

け-うと-し【気疎し】(形ク)〔から・く(かり)・し・き(かる)・けれ・かれ〕〔「け」は接頭語〕❶**親しみにくい。なじめない。うとましい。**蜻蛉中「このさるまじき御仲のたがひにたれば、ここをも—・く用おぼすにやあらむ」訳この仲たがいするはずのない御仲が気まずくなってしまっているので、私までもうとましくお思いになるのだろうか。

❷**人けがない。恐ろしい。気味が悪い。**徒然三〇「からは—・き体山の中にをさめて」訳亡骸は人里離れた山の中に葬って。

❸《近世上方語》理解できない。納得がいかない。

❹《近世語》(よい意味で)すばらしい。たいしたものだ。

類語パネル

●**共通義** 不気味であるさま。

けうとし	対象になじめず、避けたい感じがするさま。
すごし	対象から強い衝撃を受けて、ぞっとするさま。
むくつけし	対象が異様で、恐ろしく気味が悪いさま。

けうに-して【希有にして】(多く、危うく助かったときに用いて)やっとのことで。かろうじて。徒然八九「—助かりたるさまにて、這ふ這ふ家に入りにけり」訳(法師は)かろうじて助かったようすで、這うようにして家に入ってしまった。

けう-ほふ【教法】(名)《仏教語》「けうぼふ」とも。釈迦の説いた教え。仏教の教え。今昔六・一「かの仏の説き置き給へる—を伝へむがために来れるなり」訳あの釈迦牟尼仏が説教し残しなさった仏教の教えを伝えることのために来たのだ。

けう-まん【驕慢・憍慢】(名・形動ナリ)うぬぼれて、人を見くだすこと。今昔二〇・三九「我が身賢しと思ひて、—をなすべからず(=してはならない)」

けう-やう【孝養】(名)「かうやう」とも。❶親に孝行すること。徒然一四二「—の心なき者も、子持ちてこそ、親の志は思ひ知るなれ」訳親孝行の心のない者も、子供を持ってはじめて、親の愛情は身にしみて悟るのである。

❷死んだ親などの供養をすること。平家六・入道死去「我いかにもなりなん後は、堂塔をも建て、—をもすべからず」訳私が死んでしまったらその後には、仏堂や塔をも建てたり、供養をもしたりしてはならない。文法「堂塔を

も建て」は対偶中止法で、下の否定が及ぶ。

げう-よく ギョウ【楽欲】(名)《仏教語》〔「楽(げう)」は願う意〕願い欲すること。欲望。[徒然]九「六塵(ろくぢん)の―多しといへども、皆厭離(えんり)しつべし」[訳]六塵(=色・声・香・味・触・法の六種の刺激)の欲望が多いといっても、きっと皆厭(いと)い捨て去ることができるにちがいない。

けうら キョウラ【清ら】(形動ナリ){なら・なり(に)・なり・なる・なれ・なれ}清らかで美しいさま。[竹取]かぐや姫の生ひ立ち「この児(ちご)のかたち―・なる㊍こと世になく」[訳]この子(=かぐや姫)の容貌の清らかで美しいことはこの世に比類なく。

け-おさ・る【気圧さる】(自ラ下二){れ・れ・る・るる・るれ・れよ}〔「け」は接頭語〕圧倒される。勢いにおされる。[徒然]一「かけず、―・るる㊍こそ、本意(ほい)なきわざなれ」[訳](学識がないと)わけもなく、圧倒されるのは、残念なことだ。

け-おそろ・し【気恐ろし】(形シク){しから・しく(しかり)・し・しき(しかる)・しけれ・しかれ}〔「け」は接頭語〕なんとなく恐ろしい。うす気味悪い。[今昔]二七・二「女のさまの―・しく㊌おぼえければ」[訳]女のようすが、なんとなく恐ろしく思われたので。

け-おと・る【気劣る】(自ラ四){ら・り・る・る・れ・れ}〔「け」は接頭語〕どことなく劣る。[源氏]野分「昨日見し御けはひには、―・り㊌たれど、見るに笑(え)まるるさまは、立ちも並びぬべく見ゆる」[訳](玉鬘(たまかずら)は)昨日見た(紫の上の)ごようすにはどことなく劣っているけれど、見ると自然にほほえまれる姿は、(紫の上と)肩を並べることもできそうに見えるよ。

げ-かう コウ【下向】(名・自サ変)❶都から地方へ下ること。[平家]一〇・戒文「関東へ―・せ㊍らるべきにさだまりしかば」[訳]関東へお下りにならなければならないことに決まったので。↔上洛(しゃうらく)
❷〔「還向」とも書く〕神仏に参詣して帰ること。[枕]一五六「まだ未(ひつじ)に―・し㊌ぬべし」[訳]まだ午後二時ごろにきっと参詣を終えて帰途につけるだろう。

げ-かうし コウシ【下格子】(名)格子をおろすこと。[大鏡]兼家「月のあかき夜は、―もせで、ながめさせ給ひけるに」[訳](兼家(かねいえ)は)月の明るい夜は、格子をおろすこともしないで、(月を)眺めなさったが。

けが・す【穢す・汚す】(他サ四){さ・し・す・す・せ・せ}❶(名誉や神聖なものなどを)きずつける。よごす。[徒然]二二五「ここにて対面し奉らば、道場を―・し㊌侍るべし」[訳]ここでお相手し申しあげたら、道場を(血で)けがすでしょう。
❷能力のない者がその地位につく。その地位をはずかしめる。[平家]一・鱸「その人ならでは―・す㊎べき官ならねども」[訳](太政(だいじょう)大臣はその(資格がある)人でなくては、けがしてよい官職でないが。

け-かつ【飢渇】(名・自サ変)「きかつ」「けかち」とも。飢えと渇き。食糧や水が欠乏すること。[方丈]三「二年(ふたとせ)が間、世の中―・し㊌てあさましきこと侍りき」[訳]二年の間、世の中は食糧が欠乏してひどいことがありました。

けがら・ふ ケガロウ【穢らふ・汚らふ】(自ハ四){は・ひ・ふ・ふ・へ・へ}❶(死や出産など)不浄なものに触れる。けがれる。[源氏]手習「―・ひ㊌たる人とて、立ちながら追ひかへしつ」[訳](葬儀にかかわり)けがれた人だということで、(女房たちは)下衆(げす)を家の中にも入れず立ったままで追いかえした。
❷喪に服する。[栄花]みねの月「さるべき殿ばら、―・ひ㊌給へり」[訳]しかるべき殿方は、喪に服しなさった。
❸死ぬ。亡くなる。[蜻蛉]上「ある大徳(だいとこ)の袈裟(けさ)をひきかけたりしまに、やがて―・ひ㊌にしかば」[訳](母は)そこにいる高僧の袈裟をひっかけたと同時に、そのまま亡くなってしまったので。⇨果(は)つ「慣用表現」

けが・る【穢る・汚る】(自ラ下二){れ・れ・る・るる・るれ・れよ}けがれる。また、(服喪・出産・月経などで)不浄の身となる。[源氏]絵合「(かぐや姫が)この世の濁りにも―・れ㊍ず」

けがれ【穢れ・汚れ】(名)(死・出産・月経などの)不浄。不浄で、忌み避けるべきもの。[うつほ]俊蔭「いつよりか、御―は止み給ひし」[訳]いつから、御けがれ(=月経)はおやみになったか。

げき【外記】(名)❶律令制で、太政官(だいじょうかん)の役人。少納言の下にあって中務(なかつかさ)省の内記(ないき)の作る詔勅を正し、上奏文の起草や宮中の儀式をつかさどる。大外記二人、少外記二人。→内記(ないき)
❷「外記庁(げきのちょう)」の略。「外記①」が事務をとる、太政官に属する役所。

げ-ぎゃう ギョウ【顕形・現形】(名・自サ変)〔「げんぎゃう」の撥音「ん」の表記されない形〕神仏などが形を現すこと。[伊勢]一一七「おほん神、―・し㊌給ひて」[訳](住吉の)大御神(おおみかみ)が、姿を現しなさって。

げ-ぎょ【懸魚】(名)〔「げんぎょ」の撥音「ん」の表記されない形〕切り妻屋根の破風(はふ)の下に作られ、棟木の端を隠す飾り。もと、火災を避ける意味で、水に関係のある魚をかたどったという。

(げぎょ)

け-ぎよ・し【気清し】(形ク){から・く(かり)・し・き(かる)・けれ・かれ}〔「け」は接頭語〕清らかだ。さっぱりしている。はっきりしている。[枕]三一三「すべて夜昼心にかかりておぼゆるもあるが、―・う㊌(ウ音便)申し出(い)でられぬはいかなるぞ」[訳](一首の全体がいつも気になって(=忘れずに)覚えている歌もあるが、(それを)すらすらと口に出して申し上げられないのはどうしてなのか。

げき-らう ロウ【逆浪】(名)さかまく波。荒波。転じて、世の乱れ。[平家]三・教訓状「朝敵を平らげて、四海の―をしづむる事は無双(ぶそう)の忠なれども」[訳]朝敵を平定して、天下の反乱をしずめることは、並ぶもののない忠義であるが。

げき-りょ【逆旅】(名)〔「逆」は迎えるの意〕旅の宿。宿屋。転じて、旅。[浮・日本永代蔵]「天地は万物の―、光陰は百代(はくたい)の過客(くわかく)」[訳]天地は万物を泊める旅の宿、月日は永遠に行く旅人(で)。

げき-りん【逆鱗】(名)帝王の怒り。[平家]二・座主流「法皇(ほうおう)大きに―ありけり」[訳](後白河)法皇はたいそうお怒りになった。
[参考]「韓非子(かんぴし)」の故事による。竜はのどの下に逆さに向いた鱗(うろこ)があり、人がこれに触れるとたちまち怒ってその人を殺すという。天子を竜にたとえて言ったもの。

け-くゎ カ【悔過】(名・自サ変)❶《仏教語》三宝(=仏・法・僧)に向かって罪を懺悔(さんげ)し、罪の報いを免れるよう求めること。また、その儀式。
❷謝罪。[梁塵秘抄]「昨夜(よべ)も昨夜(よべ)も夜離(よが)れしき、―はしたりともしたりとも、目を見せむ」[訳]昨夜も一昨夜も(あの人は)夜の通いをしなかった、謝罪はしたとしても(謝罪はしたとしても)、こらしめてやろう。

げ-くゎんカン【下官】■一(名)下級の役人。今昔 三・四「この―の人ひそかに来りて物のひまより見るに」訳この下級の役人である人がこっそりやって来て物のすきまから見ると。■二(代)自称の人代名詞。役人が自分をさしていう謙譲語。

げ-くゎんカン【外官】(名)律令制で、地方官の称。国司・郡司や大宰府・鎮守府などの官吏。↔内官

げ-げ【下下】(名)〔しもじもの意〕❶身分の低い者。❷(身分の低い者のはき物の意で)わら草履。平家 九・二度之懸「〔河原太郎・次郎の兄弟は〕馬にも乗らず―をはき」

け-け・し(形シク){しから・しく(しかり)・し・しき(しかる)・しけれ・しかれ}親しみにくい。とりすましている。よそよそしい。〔和泉式部日記〕「その宮はいとあてに、―・しう(用)(ウ音便)おはしますなるは」訳その宮様はたいそう上品で、とりすましていらっしゃるそうね。

けけれ【心】(名)《上代東国方言》こころ。古今 東歌「甲斐が嶺をさやにも見しが―なく横ほり臥せる小夜の中山」訳甲斐(山梨県)の山をはっきりと見たいなあ。(それなのに)心なく手前に横たわって臥している小夜の中山だよ。

け-げん【化現】(名・自サ変)《仏教語》仏・菩薩などが形を変えてこの世に現れること。また、そのもの。今昔 一七・八「世に、この沙弥を地蔵菩薩の大悲の―なりとぞ言ひける」訳世間では、この僧を、地蔵菩薩の衆生済度の大慈悲がこの世に現れたものだと言った。

け-こ【笥籠・笥子】(名)「けご」とも。飯を盛る器。伊勢 二三「手づから飯匙とりて、―のうつは物に盛りけるを見て」訳(女が)自分の手でしゃもじを取って、(飯を)笥子という器に盛ったのを男は見て。

け-ご【家子】(名)「けこ」とも。家の者。妻子・家人・下男・弟子など。竹取 蓬萊の玉の枝「禄いまだ給はらず。これを給ひて、―に給はせむ」訳ごほうびをまだいただいていない。これを(あなたが)くださって弟子たちにいただかせたい。

げ-こ【下戸】(名)❶律令制で、壮丁(=壮年の男子)が三人以下の家。❷酒が飲めない人。徒然 一「いたましうするものから、―ならぬこそ男はよけれ」訳(酒をすすめられて)困ったようにしながらも、酒が飲めない人でないのが男としてはよいものだ。↔上戸

げこう【下向】⇩げかう

げ-こく【下国】■一(名)律令制で、人口・面積などによって、国の等級を大国・上国・中国・下国の四段階に分けた、最下級の国。淡路・伊賀・壱岐・伊豆・和泉・隠岐・志摩・対馬・飛驒の九国。■二(名・自サ変)国司が都から地方の任国へ行くこと。

け-ころも【毛衣】(名)「けごろも」とも。鳥の羽毛。源氏 若菜上「千年をかねて遊ぶ鶴の―に思ひまがへらる」訳(白い禄の衣を肩にかける姿は)千年の寿命を予期して遊ぶ鶴の羽毛に自然に思い違えられる。

けさ【袈裟】(名)❶《梵語の音訳》僧の服装の一つ。僧が衣の上に左肩から右わき下にかけてまとう布。更級 物語「夢にいと清げなる僧の、黄なる地の―着たるが来て」訳夢に、たいそう美しい感じの僧で、黄色い地の袈裟を着ている僧が出て来て。

（け　さ①）

❷「袈裟懸け」の略。

げ-ざ【下座】(名)❶下手の座席。末座。〔十訓〕一「大判事明兼が―に候ひて、いささか口入を申したりけるを」訳大判事明兼が末席に控えていて、いささかさしで口を申し上げたので。↔上座 ❷貴人に対する敬礼で、座をおりて平伏すること。❸歌舞伎で、舞台に向かって左方。囃子方のいる所。転じて、囃子方。外座

け-さうソウ【化粧・仮粧】(名・自サ変)顔を紅・おしろいなどでよそおい飾ること。化粧。また、着飾ること。竹取 火鼠の皮衣「御身の―いといたくして」訳(あべの右大臣は)ご自身の身づくろいをたいそうりっぱにして。

け-さうソウ【懸想】(名・他サ変)〔「けんさう」の撥音「ん」の表記されない形〕「けしゃう」とも。思いをかけること。恋いしたうこと。源氏 夕霧「げに―なき御文なりけり」訳まことに、恋心のない御手紙であった。

げ-さうソウ【外相】(名)言語・動作など外面に現れた状態。美醜など外見上の姿。徒然 一五七「―もし背かざれば、内証必ず熟す」訳外面に現れた姿がもし(道理に)そむかなければ、内心の悟りは必ずできあがる。文法「背かざれば」は上に副詞「もし」があり、仮定条件になっている。

けさう-ずケソウズ【化粧ず・仮粧ず】(自サ変){ぜ・じ・ず・ずる・ずれ・ぜよ}〔「けさうす」の語尾「す」が濁音化したもの〕→けさう(化粧)。伊勢 二三「この女、いとよう―・じ(用)て」訳この女は、とても美しく化粧して。

けさう-ずケソウズ【懸想ず】(他サ変){ぜ・じ・ず・ずる・ずれ・ぜよ}〔「けさうす」の語尾「す」が濁音化したもの〕→けさう(懸想)

けさう-だ・つケソウ【懸想だつ】(自タ四){た・ち・つ・つ・て・て}〔「だつ」は接尾語〕恋心が表面に現れる。色恋めく。源氏 末摘花「―・つ(体)すぢなく心やすきものの」訳(光源氏にとって命婦は)色恋めく方面もなく気楽なものの。

けさう-びとケソウ【懸想人】(名)人に思いをかけている人。恋をしている人。枕 一六〇「―などはさしも急ぐまじけれど」訳(自分に)思いをかけている人など(の場合)は、(返歌を)それほど急がなくてもよいだろうが。

けさう-ぶケソウ【懸想ぶ】(自バ上二){び・び・ぶ・ぶる・ぶれ・びよ}〔「ぶ」は接尾語〕思いをかけているように振る舞う。源氏 柏木「わざと―・び(用)てはあらねど、懇ろに気色ばみて聞こえ給ふ」訳(夕霧は)ことさら(落葉の宮に)思いをかけているように振る舞ってはいないが、親切に意味ありげに(一条御息所に)申し上げなさる。

けさう-ぶみケソウ【懸想文】(名)❶恋文。艶書。❷江戸時代、京都で正月に売られたお札。恋文に擬して、縁起を祝う文章が書いてある。

けさ-がけ【袈裟懸け】(名)❶袈裟をかけること。一定の年齢に達した稚児が、剃髪し、袈裟をかけて、一人前の僧になること。❷袈裟をかけるように、一方の肩から他方のわきの下へ斜めに物をかけること。❸刀で肩から反対のわきの下へ斜めに切りおろすこと。

けさぎり。〔太平記〕一〇「〔鎧の〕胸板を―に切って落とされけるほどに(=落とされたので)」

けさ-ぎり【袈裟斬り】(名)「けさがけ③」に同じ。

げ-さく【外戚】(名)「げしゃく」とも。母方の親戚。外戚。〔源氏〕桐壺「無品の親王の―の寄せなきにては漂はさじ」〔訳〕(父の桐壺帝は光源氏を)位のない親王で、母方の親戚の後見もない者としては、不安な境遇のままに打ちやっておくまい(とご決心なされて)。

げさく-ぶんがく【戯作文学】(名)《文芸用語》「「戯作」は「けさく」とも。なぐさみに作ること。また、その作品の意」江戸後期の娯楽を主とした通俗小説類の総称。読本・黄表紙・洒落本・滑稽本・人情本・合巻などをさす。

けざ-けざ(-と)(副)きわだってはっきりしているさま。くっきり。あざやかに。〔源氏〕野分「―ともの清げなるさまして居給へり」〔訳〕(玉鬘は)際立って、清らかな感じの姿で座っていらっしゃる。

け-ざやか(形動ナリ)〔なら・なり(に)・なり・なる・なれ・なれ〕はっきりしているさま。あざやか。〔枕〕一三〇「朝日いと―・に㊊さし出でたるに」〔訳〕朝日がたいそうあざやかに輝き出たころに。

け-ざや・ぐ(自ガ四)〔が・ぎ・ぐ・ぐ・げ・げ〕(態度などが)はっきりする。きっぱりする。きわだつ。〔源氏〕藤袴「うけばりてとり放ち、―・ぎ㊊給ふべきことにもあらねば」〔訳〕(内大臣は私=玉鬘を)はばかることなく引きとり、(実の娘として)はっきりさせなさるだろうことでもないので。

げ-ざん【見参】(名・自サ変)「「げんざん」の撥音「ん」の表記されない形」「げんざん」に同じ。

けし【芥子・罌粟】(名)❶カラシナの種子。護摩をたくときに用いる。〔夏〕
❷非常に細かいもの、量の少ないもののたとえ。〔浄・冥途の飛脚〕「―(=ほんの少し)ほども御損かけませぬ」
❸植物の名。ケシ。〔夏〕

け・し【怪し・異し】(形シク)〔しから・しく(しかり)・し・しき(しかる)・しけれ・しかれ〕❶異様だ。変だ。ふだんと異なる。〔記〕中「吾は―・しき㊍夢見つ」〔訳〕私は不思議な夢を見た。
❷不実だ。薄情だ。〔万葉〕一五・三五八八「はろはろに思ほゆるかもしかれども―・しき㊍心を吾が思はなくに」〔訳〕(新羅の国ははるか遠くに思われることよ。しかしながら、不実な心を私は持っていないことだ。〔文法〕「思はなくに」の「なく」は、打消の助動詞「ず」のク語法で「…ないこと」の意。
〔参考〕上代では「けしき心」という形のものがほとんどで、中古では「けしうはあらず」「けしからず」など、打消の語を伴った使い方が多い。

げ-し【下司】(名)平安末期から中世、荘園にあってその事務に従事した下役人。したづかさ。

げじ【下知】⇩げぢ

けしう【怪しう・異しう】(副)〔形容詞「怪し」の連用形「けしく」のウ音便形が副詞化したもの〕❶ひどく。非常に。〔蜻蛉〕下「―つつましきことなれど」〔訳〕ひどく遠慮されることであるが。
❷(下に否定・反語を伴って)たいして悪く(ない)。それほど劣って(いない)。〔源氏〕葵「何事もいとかう、な思し入れそ。さりとも―はおはせじ」〔訳〕何事も、ひどくこんなに思いつめなさるな。いくらなんでも(病状は)たいして悪くはいらっしゃるまい。

けしう-は-あら-ず【怪しうはあらず・異しうはあらず】❶(身分・容姿・才能・気質などが)そう悪くはない。相当なものだ。〔伊勢〕四〇「むかし、若きをとこ、―・ぬ㊍女を思ひけり」〔訳〕昔、若い男が、そう悪くはない女を恋しく思った。
❷不自然ではない。〔宇治〕七・三「大なる鋺かなと見ゆるは、―・ぬ㊍ほどなるべし」〔訳〕大きな金属製のわんだなあと見えるのは、(大きな手には)そう不自然でないほど(の大きさ)なのだろう。
〔なりたち〕形容詞「怪し」の連用形「けしく」のウ音便形「けしう」＋係助詞「は」＋ラ変補助動詞「有り」の未然形「あら」＋打消の助動詞「ず」

けしから-ず【怪しからず】❶通常の範囲をこえていてよくないさま。異常だ。〔大鏡〕伊尹「御本性のけしからぬ㊍さまに見えさせ給へば」〔訳〕(花山院は)生まれつきのご性質が常軌を逸しているようにお見えになられるので。〔文法〕「させ給へ」は、最高敬語。
❷異様だ。奇怪だ。〔源氏〕蓬生「木魂など、けしからぬ㊍物ども所を得てやうやうかたちをあらはし」〔訳〕(荒れていた宮家の邸内は)こだま(=木の精霊)など奇怪なものどもがわがもの顔をしてだんだん姿を現し。
❸なみなみでない。はなはだしい。〔謡・隅田川〕「おん出にて候ふあとの、けしからず㊊物騒に候ふは何事にて候ふぞ」〔訳〕(あなたが)おいでになりましたうしろの方が、ひどく騒がしゅうございますのは何事でございますか。
〔なりたち〕形容詞「怪し」の未然形「けしから」＋打消の助動詞「ず」
〔参考〕現代語で「けしからん行為だ」などという「けしからぬ」の源流。「異様だ。とがめるべきだ」の意の形容詞「けし」を打ち消すことにより、「けし」どころではない→はなはだ「けし」だ、という理解で生じた表現かといわれる。

けしかる【怪しかる】(連体)〔形容詞「怪し」のカリ活用の連体形から。中世以降の用法〕❶異様な。怪しい。不思議な。〔増鏡〕むら時雨「いつしか―物など住みつきて」〔訳〕いつのまにか怪しい物などが住みついて。
❷悪くない。おもしろい。〔増鏡〕おどろのした「『これも―わざかな』とて、御衣脱ぎてかづけさせ給ふ」〔訳〕(後鳥羽院は)「これも悪くないやりかただな」と言って、お召し物を脱いでほうびとしてお与えになられる。

け-しき【気色】(名)

> **語義パネル**
> ●重点義　見てとらえることのできる自然や人間のようす・ありさま。
> ❶(自然の)**ようす**。状態。ながめ。
> ❷(人や心の)**ありさま**。**態度**。**面もち**。そぶり。
> ❸**意向**。内意。
> ❹**機嫌**。気分。気うけ。おぼえ。
> ❺**きざし**。**兆候**。

❶(自然の)**ようす**。状態。ながめ。〔土佐〕「けふ、風、雲の―はなはだ悪し」〔訳〕今日は、風や雲のようすがたいへん悪い。

❷(人や心の)ありさま。態度。面もち。そぶり。[徒然]二三「馴れたるさまに上手めき、所得たる―して」[訳]物なれたようすで上手ぶり、得意げな態度で。
❸意向。内意。[平中物語]「いかなるたよりして、―見せむと思ひて」[訳]どんな方法で、(自分の)意向を伝えようと思って。
❹機嫌。気分。気うけ。おぼえ。[源氏]東屋「『しかじかなむ』と申しけるに、―悪しうなりぬ」[訳](仲人が左近の少将に)「(実は)これこれで」と申し上げたところ、(少将の)機嫌が悪くなってしまった。
❺きざし。兆候。[源氏]葵「にはかに御―ありて悩み給へば」[訳](葵の上は)急に(お産の)御兆候があらわれてお苦しみになるので。(➡気色[参考])

類語パネル

けしき	視覚によって外見から直接的にとらえられる人や物のようす。
けはひ	音やにおいなどによって間接的にとらえられる人や物のようす。雰囲気。

けしき-あ・し【気色悪し】機嫌が悪い。不機嫌なさま。[土佐]「歌主、いと―・しく(用)て怨ず」[訳]歌の作者は、たいそう機嫌が悪くてうらみごとを言う。

けしき-あ・り【気色有り】❶趣がある。味わいがある。[源氏]胡蝶「宮のには、みな―・る(体)贈り物どもせさせ給うけり」[訳](秋好)中宮に仕える女房には、(紫の上は)みな趣のある数々の贈り物をなされた。
❷怪しい。ふつうと違っている。[源氏]夕顔「―・る(体)鳥の空声に鳴きたるも、梟はこれにやとおぼゆ」[訳]怪しい鳥がしわがれ声で鳴いているのも、梟(という鳥)はこれであろうかと(光源氏には)思われる。

けしき-おぼ・ゆ【気色覚ゆ】❶趣が感じられる。おもしろいと思われる。[徒然]一四「ことばの外に、あはれに、―・ゆる(体)はなし」[訳](近ごろの和歌には)文字に表された意味以外に、しみじみと情趣があって、余情が感じられるものはない。
❷なんとなく怪しいと思う。無気味な感じがする。[大鏡]道長上「今宵こそ、いとむつかしげなる夜なめれ。かく人がちなるだに、―・ゆ(終)」[訳]今夜は特に、たいそう気味の悪い感じのする夜であるようだ。こんなに人が大勢いるときにさえ、無気味な感じがする。

けしき-だ・つ【気色だつ】(自タ四)〔た・ち・つ・つ・て・て〕「だつ」は接尾語 ❶それらしいようすが見える。きざす。[徒然]一九「花もやうやう―・つ(体)ほどこそあれ」[訳](桜の)花もしだいに咲くきざしが見えるころであるのに。[文法]係り結び「こそあれ」は、ここは強調逆接となって下の文に続く。
❷気持ちが表れる。ようすが変わる。[源氏]帚木「うち見るにかどかどしく―・ち(用)たれど」[訳](筆遣いなども)ちょっと見ると才気ばしって気持ちが外に表れている(=気がきいている)が。
❸気どったふうをする。[大鏡]序「黄なる紙はりたるあふぎをさしかくして、―・ち(用)わらふほども、さすがにをかし」[訳](世継が)黄色の紙を張った扇をかざし(顔を)隠して、気どって笑うさまも、やはりおもしろい。

けしき-たまは・る【気色賜る】意向をおうかがいする。[源氏]橋姫「まづうちうちにも―・り(用)給へ」[訳]何はともあれ、うちうちにも(八の宮の)意向をおうかがいしてください。

けしき-づ・く【気色付く】(自カ四)〔か・き・く・く・け・け〕❶前もってそれらしいようすが現れる。きざす。[源氏]須磨「風などは、吹くも―・き(用)てこそあれ」[訳]風などは吹くとしても、(そのときには)その気配が前もって現れているものだ。
❷何かありそうなようすが見える。[源氏]野分「いとおほどかに女しきものから、―・き(用)てぞおはするや」[訳](秋好)中宮はとてもおっとりしていて女らしいものの、どこか違っていらっしゃるよ。

けしき-ど・る【気色取る】(自ラ四)〔ら・り・る・る・れ・れ〕「けしきとる」とも。❶事情やようすを見てとる。ようすに感づく。[源氏]匂兵部卿「人の御けはひ有り様をも―・り(用)給ふ」[訳](匂宮は)人(=女)のお人柄や容姿までもようすを見てとりなさる。
❷機嫌をとる。[源氏]少女「追従し、―・り(用)つつ従ふほどは」[訳]へつらい、機嫌をとりとりして従ううちは。
❸意向をたずねる。[源氏]紅梅「おもひ立ちてのたまふことあらばと―・り(用)」[訳](匂宮が)中の君との結婚を思いたって、申し込みなさることがあるならばと、(按察使大納言が匂宮の)意向をさぐり。

けしき-ばかり【気色ばかり】(副)ほんの少し。ほんの形だけ。[源氏]紅葉賀「日暮れかかるほどに、―うちしぐれて」[訳]日が暮れかかるころに、ほんの少し時雨がさっと降って。

けしき-ば・む【気色ばむ】(自マ四)〔ま・み・む・む・め・め〕「ばむ」は接尾語 ❶ようすが外に現れる。きざす。[源氏]葵「菊の―・め(已)る枝に、濃き青鈍の紙なる文つけて」[訳]菊の咲きかけている枝に、濃い青鈍色の紙の手紙をつけて。
❷思いが外に現れる。意中をほのめかす。[源氏]桐壺「大臣―・み(用)聞こえ給ふことあれど」[訳]左大臣が(光源氏に娘の葵の上のことを)それとなくほのめかし申しあげなさることがあるけれども。
❸気どったふうをする。かっこうを作る。[枕]四六「―・み(用)、やさしがりて、『知らず』とも言ひ」[訳]気どったふうをし、恥ずかしがって、「知らない」とも言って。

けじめ ⇩けぢめ

け-しゃう【化生】(名・自サ変)❶《仏教語》四生の一つ。母胎や卵からでなく忽然と生まれること。天人や地獄の衆生の生まれ方をいう。→四生
❷《仏教語》仏・菩薩が形を変えてこの世に現れること。化身。[著聞]一「三界に―・し(用)て、方便をめぐらして衆生を導く」[訳](大自在王菩薩が)迷いの世界に人の姿となって現れて、手段をめぐらして衆生を導く。
❸化けること。また、化け物。変化。[謡・河水]「いかさま汝は―の者か」[訳]なんとおまえは変化の者か。

け-しゃう【懸想】(名)「けさう(懸想)」に同じ。

げ-しゃう【下生】■(名)《仏教語》極楽往生の段階の名。上品・中品・下品の三階級のそれぞれを三つに分けたときの下位のもの。[今昔]三・三「偏に極楽に廻向して、上品―に生まれむと願ふに」[訳]ひたすら極楽に廻向して、上品下生に生まれようと願うが。→九品

二（名・自サ変）神仏が天上からこの世に姿を現すこと。[今昔] 一・一「閻浮提に―・し(用)なむと思しける時に」[訳]（釈迦如来が）人間界に姿を現してしまおうとお思いになったときに。

けし-やき【芥子焼き】（名）《仏教語》加持祈禱をする際に護摩をたくこと。「芥子①」を用いるのでいう。[蜻蛉] 中「―のやうなるわざすれど、なほしるしなくて」[訳]（親などが）芥子焼きのような祈禱をするが、（私の病には）やはりききめがなくて。

げ-しゃく【外戚】（名）「げさく」に同じ。

げ-じゅつ【外術・下術】（名）外道（＝仏教徒からみて、仏教以外の教え）の術。魔法。幻術。[今昔] 二〇・九「京に―といふ事を好みて役とする下衆法師ありけり」[訳] 京に幻術ということを好んで、（それを）仕事にする身分の低い法師がいた。

け-しょう【顕証】（名・形動ナリ）〔「けんしょう」の撥音「ん」の表記されない形〕「けそう（顕証）」に同じ。

げ-じょう【下乗】（名）乗り物から下りること。馬や牛車に乗ったまま社寺の境内や城内へ入ることを禁じること。また、その標札。下馬。

け-しん【化身】（名）❶《仏教語》衆生を教化し救うために仏や高僧が形を変えてこの世に現れた姿。[平家] 六・慈心房「件の入道はただ人にあらず。慈恵僧正の―なり」[訳] 上述の入道（＝清盛）はただの人ではない。慈恵僧正の生まれ変わりである。
❷妖怪などが人間に姿を変えて現れたもの。

け・す【化す】**一**（自サ変）{せ・し・す・する・すれ・せよ}変化する。別のものになる。〔雨月〕夢応の鯉魚「いつのまにうろこ金光を備へて、ひとつの鯉魚と―・し(用)ぬ」[訳] いつのまにか、うろこが金の光を帯びて、一匹の鯉に変わった。
二（他サ変）{せ・し・す・する・すれ・せよ}教え導く。教化する。[今昔] 七・九「寺にありてもろもろの人を―・し(用)」[訳] 寺にあって多くの人々を教え導き。

け・す【消す】（他サ四）{さ・し・す・す・せ・せ}❶消滅させる。とりのぞく。とりけす。〔太平記〕二三「その殃を―・す(体)には」
❷（「肝を消す」の形で）心の平静を失う。びっくりする。[平家] 一・祇王「その時、尼どもきもを―・し(用)」[訳] その時、尼たちは心の平静を失い。《→消つ [参考]》

け・す【着す・著す】（他サ四）{さ・し・す・す・せ・せ}《上代語》〔上一段動詞「着る」の未然形「き」に上代の尊敬の助動詞「す」が付いて転じたもの〕「着る」の尊敬語。お召しになる。[万葉] 四・五一四「わが背子が―・せ(已)る衣の針目落ちずこもりにけらしあが情さへ」[訳] 私の夫がお召しになっている着物の針目の一つ一つに残らず入ってしまったようだ。（縫い糸ばかりか）私の心までも。

げ-す【下衆・下種】（名）❶身分の低い者。[更級] 初瀬「いとあやしげなる―の小家なむある」[訳] たいそうみすぼらしい身分の低い者の小家がある。↔上衆
❷しもべ。使用人。[更級] 大納言殿の姫君「これを隠して飼ふに、すべて―のあたりにもよらず」[訳] これ（＝迷い猫）を隠して飼うけれども、まったくしもべのそばにも近寄らない。

げすげす・し【下衆下衆し・下種下種し】（形シク）{しから・しく（しかり）・し・しき（しかる）・しけれ・しかれ}ひどく下品である。[源氏] 手習「―・しき(体)法師ばらなどあまた来て」[訳] ひどく下品な法師らなどがたくさん来て。

け-すさま・じ【気凄じ】（形シク）{じから・じく（じかり）・じ・じき（じかる）・じけれ・じかれ}〔「け」は接頭語〕おもしろくない。興ざめだ。[枕] 四九「『ことと人のやうに、歌うたひ興じなどもせず、―・じ(終)』などそしる」[訳]（若い女房たちは）「（藤原行成は）ほかの人のように、歌をうたいおもしろがりなどもせず、興ざめだ」などと悪口を言う。

げす-とくにん【下衆徳人・下種徳人】（名）身分は低いが、金持ちである人。[宇治] 八・三「この山の麓に、いみじき（＝はなはだしい）―ありけり」

けずる〖削る・梳る〗⇩けづる

げす-をとこ【下衆男・下種男】（名）身分の低い男。下男。[枕] 二五「宵より寒がりわななき居りける―、いとものうげに歩みくるを」[訳] 宵のうちから寒がりふるえていた下男が、ひどく憂鬱そうに歩いてくるのを。

げす-をんな【下衆女・下種女】（名）身分の低い女。下女。[枕] 五七「若くよろしき男の、―の名よび馴れて言ひたるこそにくけれ」[訳] 若くて（身分教養などが）まあまあの男が、身分の低い女の名を呼びなれたふうに言ったのは、不快だ。

け-せう【顕証】（名・形動ナリ）「けそう（顕証）」に同じ。

け-そう【顕証】（名・形動ナリ）はっきりしていること。あらわなさま。[枕] 一八四「髪の筋なども、なかなか昼よりも―・に(用)見えてまばゆけれど」[訳] 頭髪の毛筋なども、かえって昼間よりもはっきりと見えて恥ずかしいけれど。
[参考]「顕証」は字音のまま「けんしょう」と読まれたが、撥音の表記されない形「けしょう」、「しょう」を直音化した「けそう」も現れ、「けせう」「けんそう」とも使われた。

けそう〖化粧・仮粧・懸想〗⇩けさう

げそう〖外相〗⇩げさう

け-そん【家損】（名）家の恥。家の名折れ。[源氏] 常夏「かやうの事こそ、人のため、おのづから―なるわざに侍りけれ」[訳] このような事件（＝近江の君が娘だと名のり出たこと）は、（噂をたてられる）人（＝父の内大臣）のため、自然と家門の恥になることでございました。

けた【桁】（名）（家や橋などの）柱の上に渡す横木。[方丈] 二「―・柱ばかり残れる〔家〕もあり」

け-だい【懈怠】（名・自サ変）「けたい」とも。怠けること。怠ること。[徒然] 一八八「一時の―、すなはち一生の―となる」[訳] いっときの怠りが、そのまま一生の怠りとなる。

げ-だい【外題】（名）❶経巻や書物の表紙に記された題名。[宇治] 四・一二「その〔経巻の〕―に一称南無仏、皆已成仏道とかかれたり」
❷歌舞伎・浄瑠璃などの標題。名題。

げ-だう【外道】（名）❶《仏教語》仏教徒から、他の宗教やその信者をいう語。外法。異端。[平家] 一〇・維盛入水「第六天の魔王といふ―は、欲界の六天をわがものと領じて」[訳] 第六天の魔王という邪道の者は、欲界の六天を自分のものとひとりじめして。
❷真理にそむいた悪い説。邪説。また、それを説く人。〔謡・鵜〕「さてもわれ、悪心―の変化となって、仏法王法の障りとならん」[訳] さても私は、悪心や邪説をもつ化け物になって、仏法や王法のさまたげとなろう。
❸災いをもたらすもの。悪魔。悪神。〔伎・勧進帳〕「悪魔・―・死霊・生き霊」

け-だか-し【気高し】(形ク)｛から・く(かり)・し・き(かる)・けれ・かれ｝【古くは「けたかし」】身分が高い。高貴である。また、上品である。気品がある。更級 鏡のかげ「いみじう—・う用(ウ音便)清げにおはする女の」訳 たいそう気品があり美しいようすでいらっしゃる女で。⇩貴(あて)「類語パネル」

けだし【蓋し】(副)❶仮定する意を表す。もし。万葉 一五・三七二五「わが背子(せこ)し—まからば白栲(しろたへ)の袖を振らさね見つつ偲(しの)はむ」訳 あなたがもし(越前へ)下るならば、袖を振ってください。(それを)見ては(あなたを)恋いしのぼう。(「白栲の」は「袖」にかかる枕詞。文法「わが背子し」の「し」は、強意の副助詞。「振らさね」の「ね」は、上代の、他に対する願望の終助詞。

❷推量の意を表す。たぶん。おそらく。万葉 四・七七七「吾妹子(わぎもこ)が屋戸(やど)の籬(まがき)を見に行かば—門(かど)より返してむかも」訳 あなたの家の垣根を見にいったなら、たぶん門から追い返すだろうなあ。文法「返してむ」の「て」は、助動詞「つ」の未然形で、ここは確述の用法。

❸疑いながら推量する意を表す。ひょっとしたら。万葉 三・四二七「百足(もも た)らず八十隈坂(やそくまさか)に手向(たむ)けせば過ぎにし人に—逢(あ)はむかも」訳 曲がり角の多い坂で、神に供え物をしたら、亡くなった人にひょっとしたら逢えるだろうか。(「百足らず」は「八十(やそ)」にかかる枕詞)

❹強調する意を表す。ほんとうに。源氏 少女「『風の力—少なし』とうち誦(ず)じ給ひて」訳 (内大臣は)「風の力はほんとうに少ない」と(「文選(もんぜん)」の一節を)口ずさみなさって。

参考 中古以降、漢文訓読語として用いられる。

けだし-く【蓋しく】(副)おそらく。万葉 八・一四六三「吾妹子(わぎもこ)が形見の合歓木(ねぶ)は花のみに咲きて—実にならじかも」訳 あなたの形見のねむの木は花として咲くだけで、おそらく実にならない(のではない)だろうか。

けだしく-も【蓋しくも】(副)❶仮定を表す。もしも。万葉 一二・三一〇五「人目多み直(ただ)に逢(あ)はずて—あが恋ひ死なば誰(た)が名ならむも」訳 人目が多いので、直接会わずにもしも私が恋いこがれて死ぬなら、だれの名が立つのだろう。

❷万一の仮定を表す。もしかしたら。万葉 七・一一二九「琴取れば嘆き先立つ—琴の下樋(したび)に妻やこもれる」訳 琴を手に取ると嘆きが先に起こる。もしかしたら、琴の胴の内部に妻が隠れているか。

❸たぶん。おそらく。万葉 一〇・二一五四「何(な)ぞ鹿のわび鳴きすなる—秋野の萩(はぎ)や繁(しげ)く散るらむ」訳 どうして鹿が悲しそうに鳴くのが聞こえるのだろう。たぶん秋の野の萩がしきりに散っているからだろうか。

げ-だつ【解脱】(名・自サ変)《仏教語》俗世間の迷いや苦悩を脱して悟りの境地にはいること。今昔 三・二「我すでに生死(しやうじ)を離れて—を得たり」訳 自分はもはや生死(の迷い)を離れて悟りの境地を得た。

けち【結】(名)❶「賭弓(のりゆみ)」で、勝負を決すること。また、その試合。源氏 花宴「右の大殿(おほいどの)の弓の—に、上達部(かんだちめ)、親王(みこ)たちおほく集へ給ひて」訳 右大臣邸での弓の試合に、上達部や親王たちを大勢集めなさって。

❷(「闕」とも書く)囲碁の用語。終局に近づき、まだ所有の決まらない目。駄目(だめ)。源氏 空蟬「碁打ちはてて—さすわたり、心鋭(と)げに見えて」訳 碁を打ち終わって駄目を詰めるあたりは、(軒端(のきば)の荻(をぎ)は)いかにも機敏に見えて。

けち【闕】(名)「けっくゎん①」に同じ。

げ-ぢ【下知】ジ ㊀(名・自サ変)命令。さしず。平家 四・宮御最期「大将軍左兵衛督(さひやうゑのかみ)知盛(とももり)、『わたせやわたせ』と—・せ未られければ」訳 大将軍左兵衛の督(かみ)知盛が、「渡れよ、渡れ」と命令しなさったので。

㊁(名)「下知状(じやう)」の略。鎌倉・室町幕府の出した判決・所領・禁制などに関する命令の文書。義経記「鎌倉殿、御—を添へて遣(つか)はさる」訳 鎌倉殿(=頼朝より)が、(院宣に)御命令書を添えてお遣わしになる。

けち-えん【結縁】(名)《仏教語》仏門に入る縁を結ぶこと。悟りを得る因縁を結ぶこと。徒然 一四四「うれしき—をもしつるかな」訳 うれしい仏縁を結んだものよ。

発展 **「結縁(けちえん)」のあれこれ**

当面は出家しないとしても、来世の幸福を得るために、仏道に対する帰依(きえ)の心は示しておかなければならない。そのための「結縁」として、法華八講(ほつけはつこう)の法会(ほふゑ)を催したり、写経を行ったりした。また、仏堂や大寺院を建立することも有効であると考えられた。財力も権力もない下級官人や庶民にとっては、高徳の僧のありがたい説経を聞くことが結縁の機会とされ、また、勧進(かんじん)(=寄付)の手段として行われる写経や造寺には、貧しい者も加わることができた。

けち-えん【掲焉】(形動ナリ)｛なら・なり(に)・なり・なる・なれ・なれ｝非常にはっきりしているさま。いちじるしく目立っているさま。源氏 蛍「俄(にはか)にかく—・に用光れるに」訳 (蛍が急にこんなにはっきりと光ったために。

けちえん-ぎゃう【結縁経】ギョウ(名)《仏教語》「結縁」のため、人々が集まって経文(主に法華(ほけ)経)を書写して供養すること。新古 釈教・詞書「人の身まかりにけるのち、—供養しけるに」訳 ある人が亡くなってしまったのち、結縁経供養をしたときに。

けちえん-の-はっかうハッコウ【結縁の八講】《仏教語》「結縁」のために行う法華(ほっけ)八講会(え)(=法華経八巻を四日間で講じる法会(ほふゑ))。枕 三四「菩提(ぼだい)といふ寺に、—せしにまうでたるに」訳 菩提という寺に、結縁の八講があったときに参詣したところ。

け-ぢか-し【気近し】(形ク)｛から・く(かり)・し・き(かる)・けれ・かれ｝(「け」は接頭語)❶近い。身近である。源氏 蜻蛉「—・う用(ウ音便)使ひ給ひし御調度ども」訳 (浮舟(うきふね)が)身近にお使いになっていた御調度の品々。

❷親しみやすい。源氏 若菜下「—・く用おはする君にて、対面し給ふ時々も、こまやかに隔てたる気色(けしき)なく」訳 (玉鬘(たまかづら)は)親しみやすくいらっしゃるお方で、(夕霧に)会ってお話しになるときはいつも、情愛深く疎んじたようすはなく。(⇔気遠(けどほ)し)

けち-ぐゎんガン【結願】(名)《仏教語》日数を定めた願立て・修法(ずほう)・法会(ほふゑ)を終えること。また、その最後の日。平家 三・少将都帰「七日七夜、念仏申し経書きて、—には大きなる卒都婆(そとば)をたて」訳 七日七夜、念仏をお唱えし経を書き写して、満願の日には大きな卒都婆を立て。

けち-みゃく【血脈】(名)《仏教語》「けつみゃく」とも。❶仏教諸宗において、法門(＝仏の教え)を正しく、師から弟子に伝えること。また、その法門相承の系図。❷在家の俗人に与える法門相承の系図。

けぢめ(名)❶区別。相違。枕 五「上達部・殿上人も、上の衣の濃き薄きばかりの―にて」訳 上達部や殿上人も、袍(＝束帯のときの上着)の濃いのと薄いのだけの相違で。❷隔て。仕切り。源氏 若菜下「こなたかなた御几帳ばかりを―にて」訳 (廂の間は、隔ての襖を取りはずして)あちらこちら御几帳だけを仕切りとして。❸移り変わり。変化。源氏 藤裏葉「かくおとなび給ふ―になむ、年月のほども知られ侍れば」訳 (明石の姫君がこのように大人らしくなりなさる変化によって、(養育してきた)年月の長さも自然知られますので。

け-ちゃく【家嫡】(名)本家の嫡子。跡継ぎ。平家 一・鹿谷「中にも徳大寺殿は一の大納言にて、…―にてましましけるが」訳 なかでも徳大寺殿(＝藤原実定)は首席の大納言で、…本家の嫡子でいらっしゃったが。

げ-ちゃく【下着・下著】(名・自サ変)都から地方に行き着くこと。〔保元物語〕「伊豆に―・し(用)ても」

け・つ【消つ】(他タ四)〔た・ち・つ・つ・て・て〕❶消す。消滅させる。無くする。万葉 三・三一九「燃ゆる火を雪もて―・ち(用)降る雪を火もて―・ち(用)つつ」訳 (富士山は)燃える火を雪で消し、降る雪を火で消し続け。❷けなす。非難する。傷つける。源氏 若菜上「さすがに心うつくしう、人をも―・た(未)ず」訳 (紫の上は)なんといっても心がすなおで、他の人をもけなさず。❸おさえつける。圧倒する。制する。源氏 澪標「つひにこの人をえ―・た(未)ずなりなむことと心病み思しけれど」訳 (弘徽殿の大后は)とうとうこの君(＝光源氏)を圧倒することができずじまいになるだろうことと、思い通りにならず不満にお思いになるが。

参考 中古、「消つ」は和文で、「消す」は漢文訓読文で用いられ、中世以降、「消す」が一般的となった。

けっ-かい【結界】(名)《仏教語》仏道修行に障害がないように、修行の場所を一定の区域に限定すること。また、その区域。転じて、一般に区域を限定すること。

けっ-き【血気】(名)生き生きとした肉体の活力。また、激しやすい気質。若々しい気力。徒然 一七二「若き時は、―うち(＝体内)にあまり」

けっ-く【結句】[一](名)漢詩文で、起・承・転・結の最後の句。詩歌の最後の句。[二](副)❶ついには。結局。〔古活字本保元物語〕「―結局幾ほどもなくして身を亡ぼしけるこそあさましけれ」訳 ついには結局いくらもたたないで身を滅ぼしたのはあきれたことだ。⇩在り在りて「慣用表現」❷むしろ。かえって。反対に。〔狂・文山立〕「山賊をし、人の物をばえ取らずして―友同志口論し」訳 山賊をし、人の物を奪い取ることはできずに、反対に仲間どうしで口げんかをし。

げっくゎ-もん【月華門】(名)内裏の門の一つ。紫宸殿の南庭の西側、安福殿と校書殿との間にあり、右近の陣のうしろにあたる門。日華門と相対する。⇩巻頭カラーページ32

けっ-くゎん【闕官】(名・他サ変)❶官職が欠員になっていること。欠官。「闕」とも。❷官職をやめさせること。免官。解官。平家 一・殿上闇討「早く御札を削って、―停任せらるべき由、おのおの訴へ申されければ」訳 (忠盛に対しては)早く御簡(＝殿上の間に出仕する者の名札)を取り除いて、免官または職務停止になさるのがよい(という)旨を、それぞれの人が訴え申しあげなさったので。

げっ-けい【月卿】(名)公卿の異称。平家 二・一門大路渡「今日は―雲客一人も従はず」訳 今日は公卿や殿上人が一人も(お供として)従わない。

参考 天皇を日にたとえるのに対し、公卿を月にたとえる。殿上人を雲にたとえた「雲客」と並べて用いる。

けっ-こう【結構】[一](名・他サ変)❶(家などを)構えつくること。組み立てること。❷計画。はかりごと。平家 二・西光被斬「法皇の山攻めらるべきこと御―あるを」訳 (後白河)法皇が比叡山をお攻めになろう(という)ことをご計画なさるのを。❸準備。したく。用意。[二](形動ナリ)〔なら・なり(に)・なり・なる・なれ・なれ〕❶すぐれている。りっぱである。〔狂・茫々頭〕「―・な(体)(口語)提げ重を持って」訳 りっぱな提げ重箱を持って。❷人柄や気立てなどがよい。〔浄・心中天の網島〕「いかに若いとて二人の子の親、―・な(体)(口語)ばかり見目ではない」訳 いくら若いといっても二人の子の親だ、人がよいのばかりが名誉ではない。

けっこう-しゃ【結構者】(名)「けっこうじん」に同じ。

けっこう-じん【結構人】(名)人柄のよい人。転じて、お人好し。ばか正直。「結構者」とも。〔浮世風呂〕「お部屋の中で、評判のお―でございました」

けっ-こく【闕国】(名)国司が欠員になっている国。平家 一・殿上闇討「勧賞には―を賜ふべき由仰せ下されける」訳 恩賞には国司が欠員の国をお与えになるつもりであることを(鳥羽院が)お言いつけになられた。

けっ-さい【潔斎】(名・自サ変)「けさい」とも。神事や仏事を行う前に、心身のけがれを清めること。精進。大鏡 実頼「湯たびたびあみ、いみじう―・し(用)て清まはりて」訳 (佐理は)湯を何度も浴び、なみなみでなく心身のけがれを清めて清浄になって。

けつ-ぢゃう【決定】[一](名)決まっていること。疑いないこと。〔歎異抄〕「往生は―と存じ候へ」[二](副)きっと。必ず。〔太平記〕一六「味方―うち負け候ひぬとおぼえ候ふなれば」訳 味方が必ず負けましたと思われるのですから。

けっ-てき【闕腋】(名)「けつえき」とも。❶(衣服の)両わきの下を、動きやすいように縫いつけずにあけておくこと。❷「闕腋の袍」の略。

けってき-の-はう【闕腋の袍】(名)武官の正装である束帯の上に着用した袍。両わきがあけてある。闕腋。脇明け。襖。↔縫腋の袍。⇩巻頭カラーページ12

けづり-ぐし【梳り櫛】(名)髪を櫛でとかすこと。また、その櫛。枕 九「つとめて、御―、御手水など参りて」訳 翌朝、(定子皇后は)髪のお手入れや、ご洗面などをなさって。

けづり-ひ（ケズリ）【削り氷】(名) 削った氷。夏。枕 四二「あてなるもの …ーにあまづら入れて新しき金鋺に入れたる」訳 上品なもの、…削った氷にあまづら(=甘味料の一種)を入れて新しい金属製のわんに入れてあるの。

けづ-る（ケズル）【削る】(他ラ四){ら・り・る・る・れ・れ} ❶除き去る。取り除く。源氏 須磨「つひに御簡ーら㊍れ、官も取られて」訳 (光源氏に仕えていた蔵人は)とうとう御簡(=殿上の間に出仕する者の名札)を除かれ、官職も取り上げられて。
❷薄くそぐ。源氏 横笛「白くそびやかに柳をーり㊌て作りたらむやうなり」訳 (若君=薫は)色白ですらりとしていて、柳の木をそいで作った(人形の)ような姿である。

けづ-る（ケズル）【梳る】(他ラ四){ら・り・る・る・れ・れ} 髪を櫛でとく。くしけずる。源氏 若紫「ー・る㊍ことをうるさがり給へど、をかしの御髪や」訳 (若紫は)髪をとかすことをいやがりなさるが、(それにしても)美しいお髪だこと。

げ-てん【外典】(名)《仏教語》「げでん」とも。仏教以外の典籍。おもに儒教の書をいう。外書。〔太平記〕三五「ーの書に心をぞ慰むらん」訳 外典の書物で(も読んで)心を慰めているのであろう。↕内典

け-どき【食時】(名)〔「け」は食事の意〕食事の時間。平家 八・猫間「いかが、ーにおはいたるに、さてはあるべき」訳 どうして、食事どきにいらっしゃったのに、そのまま(何も出さない)ではよいだろうか(いや、よくないだろう)。

けと-ば【言葉】(名)《上代東国方言》ことば。万葉 二〇・四三四六「父母が頭かきなで幸くあれていひしーぜ忘れかねつる」訳 →ちちははが…和歌

け-どほ-し（ドオシ）【気遠し】(形ク){から・く(かり)・し・き(かる)・けれ・かれ}〔「け」は接頭語〕❶人けがなくもの寂しい。枕 七八「屋のさまも高うー・けれ㊁ど、すずろにをかしうおぼゆ」訳 屋根のようすも高く人けがなくもの寂しいのに、なんというわけもなく趣深く思われる。
❷遠く隔たっている。源氏 手習「過ぎにし方いとどー・く㊌のみなむ侍るを」訳 過ぎてしまった昔がますます遠く隔たるばかりですが。↕気近し
❸よそよそしい。近寄りがたい。源氏 朝顔「昔よりこよなうー・き㊍御心ばへなるを」訳 (朝顔の姫君は)昔からこの上なく近寄りにくいご気性であるので。↕気近し

け-ど-る【気取る】(他ラ四){ら・り・る・る・れ・れ} (物の怪などが)人の魂を奪う。源氏 夕顔「いといたく若びたる人にて、物にー・ら㊍れぬるなめり」訳 (夕顔は)たいそうひどく子供っぽい人なので、物の怪に魂を奪われてしまったようだ。

げ-な(助動特殊型)〔接尾語「げ」に断定の助動詞「なり」の付いた「げなり」の転〕❶推定の意を表す。…ようだ。…らしい。〔謡・隅田川〕「これはや隅田川の渡りにてありげに㊌候ふ」訳 これはもう隅田川の渡し場であるようでございます。
❷伝聞の意を表す。(聞くところによれば)…そうだ。…ということだ。〔浮世風呂〕「その半鐘が子分に風鈴五郎七といふがあったげな㊍が」訳 その半鐘(=人名)の子分に風鈴五郎七という者がいたそうだが。

接続 活用語の終止形または連体形に付く。

活用

未然	連用	終止	連体	已然	命令
○	げに（ゴザル）	げな（○）	げな（コト）	（げなれ）（ド）	○

け-ない【家内】(名) 家の内。また、家の者。平家 一・祇王「ー富貴して楽しいことなのめならず」訳 家の内は富み栄えて裕福なことはひととおりでない。

参考 中世以降の語で、多く会話文に使われる。

け-なが-し【日長し】(形ク){から・く(かり)・し・き(かる)・けれ・かれ} 日数が多い。時日が長く経過する。万葉 四・六四八「相見ずてー・く㊌なりぬこのころはいかにさきくやいふかし吾妹」訳 互いに会わないで日数が多くなってしまった。このごろはいかがか、元気か、気がかりだ。あなたよ。

け-なつか-し【気懐かし】(形シク){しから・しく(しかり)・し・しき(しかる)・しけれ・しかれ}〔「け」は接頭語〕なんとなく親しみやすく、心がひかれる。〔うつほ〕楼の上下「いとー・しう㊌(ウ音便)、『こちや』とのたまへば」訳 (仲忠が)たいそう親しみやすく、「ここへ」とおっしゃるので。

け-に【異に】(副) →け(異)②

げ-に【実に】(副) ❶現実に。まことに。実際に。なるほど。竹取 御門の求婚「ーただ人にはあらざりけりとおぼして」訳 (帝は)なるほど(かぐや姫は)普通の人間ではなかったのだなあとお思いになって。
❷(感動・賛成の意を表して)ほんとうに。まったく。いかにも。源氏 若紫「またゐたる大人、『ー』とうち泣きて」訳 また(もう一人)、そこに座っていた年配の女房が、「ほんとうに(ごもっとも)」と泣いて。

け-にく-し【気憎し】(形ク){から・く(かり)・し・き(かる)・けれ・かれ}〔「け」は接頭語〕❶こ憎らしい。源氏 柏木「ー・く㊌心づきなき山伏どもなどもいと多く参る」訳 こ憎らしく気にくわない山伏たちなどもたいそう多く参上する。
❷無愛想だ。そっけない。大鏡 道長下「ー・き㊍顔には、もの言ひふれにくきものなり」訳 無愛想な顔に対しては、ことばをかけにくいものだ。
❸気づまりだ。けむたい。枕 一七九「せうとの家なども、ー・き㊍はさぞあらむ」訳 (長居は)兄の家などでも、気づまりな間がらではそう(=迷惑がられる)であろう。

げに-げに【実に実に】(副)〔「げに」を重ねて意味を強めた語〕まことにまことに。なるほどもっとも。大鏡 時平「ー、いみじきすきものにもものし給ひけるかな」訳 まことにまことに、(世継は)たいへんなもの好きでもいらっしゃったなあ。

げにげに-し【実に実にし】(形シク){しから・しく(しかり)・し・しき(しかる)・しけれ・しかれ}〔副詞「げにげに」を形容詞化した語〕❶(肯定的にも否定的にも用いて)もっともらしい。いかにも真実らしい。徒然 七三「ー・しく㊌所々うちおぼめき、よく知らぬよしして」訳 いかにも真実らしく、(話の)ところどころをちょっと曖昧にして、よく知らないふりをして(語る嘘は)。
❷実直でなるほどと思わせる。まじめである。徒然 二三七「ー・しく㊌、よき人かなとぞおぼゆる」訳 実直で、りっぱな人だなあと思われる。
❸いかにもふさわしい。〔無名抄〕「和歌の会の有り様ー・しく㊌優におぼえしことは」訳 和歌の会のようすがいかにもふさわしく上品に思われたことは。

けに-ごし【牽牛子】(名)〔「けんごし」の撥音「ん」に「に」を当てたもの〕朝顔の異名。種子は薬用とした。

げに-は【実には】(副)〔「は」は係助詞〕実は。ほんとうのところは。徒然 一四二「吾妻人は、わがかたなれど、ー心

の色なく、情けおくれ」訳 東国人は、私の故郷の人であるが、実際には心の優しさがなく、人情味がとぼしく。

げに-も【実にも】(副)〔「も」は感動・詠嘆の係助詞〕「げに」を強めた言い方。なるほどそのとおりだ。もっともだ。平家 六・小督「小督の殿—とや思はれけん」訳 小督殿がなるほどもっともだと思われたのであろうか。

げにやげに… 和歌

げにやげに 冬の夜ならぬ 槙の戸も
おそくあくるは わびしかりけり
〈蜻蛉・上・藤原兼家〉

訳 なるほど、なるほど(冬の夜がなかなか明けないとおっしゃるのはそのとおりでしょうが、冬の夜ではない槙の戸でも、なかなか開けてもらえないのはつらいことです。

解説 「嘆きつつひとりぬる夜のあくるまはいかにひさしきものとかは知る」(訳 →なげきつつ… 和歌)〈蜻蛉・上〉の歌に対する返歌。嘆き続けて一人寝る夜はいつ夜明けになるかと思うくらい長く感じられます、という贈歌に対して、こちらはかなりそっけない返歌になっている。

け-にん【家人】(名)その家に仕える者。家来。平家 九・二度之懸「—の高名をもって名誉す」訳 (大名は)家来の手柄によって名声を得る。

げ-にん【下人】(名)身分の低い者。召使。下男。宇治 一・一八「—なども具すべかりけるを」訳 下男なども連れて行くはずだったが。

け-ぬ【消ぬ】消えてしまう。万葉 一二・三〇三九「夕へ置きて朝は消ぬる㊅白露の消ぬ㊇べき恋もあれはするかも」訳 夕方に置いて、朝は消えてしまう白露のように、(命が)消えてしまいそうな恋も私はすることだ。(第三句までは「けぬ」を導きだす序詞)

なりたち 下二段動詞「消く」の連用形「け」＋完了の助動詞「ぬ」

け-のこ・る【消残る】(自ラ四){ら・り・る・る・れ・れ}〔「け」は下二段動詞「消く」の連用形〕消えずに残る。万葉 一九・四二二六「この雪の—る㊅時にいざ行かな」訳 この雪が消え残っているうちにさあ行こう。

け-のぼ・る【気上る】(自ラ四){ら・り・る・る・れ・れ}(気持ちが)のぼせる。上気する。「けあがる」とも。雨月 蛇性の婬「人多き所、或は道の長手をあゆみては、必ず—・り㊊てくるしき病あれば」訳 人の多い所、または道の長い距離を歩くと、必ずのぼせて苦しくなる持病があるので。

げ-ば【下馬】■一(名・自サ変)馬からおりること。特に、貴人の通行に出会ったときや、寺社の境内にはいるときなどに、敬意を表して馬からおりること。下乗。平家 一・殿下乗合「一切—の礼儀にも及ばず」訳 (越前の守の一行は)まったく下馬の礼をとることもなく。
■二(名)「下馬先」の略。寺社の門前や城門などで、下馬すべき場所。

け-ばく【繋縛】(名)縛ること。束縛すること。「けいばく」とも。風姿花伝「我より下手をば似すまじきと思ふ情識あらば、その心に—せられて」訳 自分より下手(な者)を真似するまいと思う強情があると、その意識に束縛されて。

けは・し【険し】(形シク){しから・しく(しかり)・し・しき(しかる)・しけれ・しかれ}❶(山・坂などの)傾斜が急だ。けわしい。今昔 五・七「その道—・しく㊊たへがたきこと限りなし」訳 その道は傾斜が急で苦しいことはこのうえもない。❷非常にはげしい。荒い。更級 富士川「河風—・しく㊊吹き上げつつ、堪へがたくおぼえけり」訳 川風がたいそうはげしく吹き上げ吹き上げして、(その寒さは)たえられなく感じられた。❸あわただしい。忙しい。浮・世間胸算用「女—・しく㊊走り来て」

け-はひ(名)❶(音・声・におい・温度などから感じられる)雰囲気・ようす。和泉式部日記「近き透垣のもとに人の—すれば、誰ならむと思ふほどに」訳 ついそこの透垣のところに人の(いる)ようすがするので、だれであろうと思っているうちに。❷ものごし。態度。そぶり。源氏 夕顔「ものうち言ひたる—あな心苦しと、ただいとらうたく見ゆ」訳 (夕顔が)何かちょっと口に出したものごしはああ痛々しいと、ひたすらたいそう可憐に(光源氏には)見える。❸(人の言動から感じられる)品位・人柄。枕 一本・一「夜まさりするもの …かたちわろき人の—よき」訳 夜のほうが昼よりよく思われるもの、…容貌がよくない人で品がよいの。文法「かたちわろき人の」の「の」は、いわゆる同格の格助詞で、「…で」の意。❹亡き人の面影。なごり。源氏 宿木「あやしきまで昔人の御—に通ひたりしかば」訳 (浮舟は)不思議なくらい亡くなった人(=姉の大君)の御面影に似ていたので。❺血縁。ゆかり。源氏 竹河「六条院の御—近うと思ひなすが心ことなるにやあらむ」訳 六条院(=光源氏)のご血縁に近いとことさら思うので、(薫を)格別(すぐれた方)だと思うのだろうか。❻化粧。義経記「児を具したる旅なれば、—の具足を持つまじきいはれがあらばこそ」訳 稚児を連れた旅なので、化粧の道具を持ってはならない理由があるはずがない。(⇨気色「類語パネル」)

け-はれ【褻晴れ】(名)〔「褻」と「晴れ」の意〕日常のときとあらたまったとき。公私。徒然 一九一「ことにうちとけぬべき折節ぞ、—なく引きつくろはまほしき」訳 ことに気のゆるんでしまいそうなときこそ、公私の区別なく身なりをきちんと整えたいものである。

けびゐ-し【検非違使】(名)〔「けんびゐし」の撥音「ん」の表記されない形〕令外の官の一つ。平安時代、京都の犯罪を取り締まり、秩序の維持にあたった。しだいに訴訟・裁判をもつかさどるようになり、のちには諸国や伊勢神宮などにも置かれた。長官を別当とよぶ。

けびゐし-ちょう【検非違使庁】(名)検非違使の役所。略して「使庁」「庁」ともいう。

けびゐし-の-べったう【検非違使の別当】検非違使庁の長官。中納言または参議で衛門の督を兼ねた者が任命された。単に、「非違の別当」「別当」とも。

けふ【今日】(名)この日。本日。きょう。万葉 一八・四〇七九「三島野に霞たなびきしかすがに昨日も—も雪は降りつつ」訳 三島野に霞がたなびき、それなのにやはり、昨日も今日も雪は降り続いていることだ。

けふ-あす【今日明日】今日明日のうち。まもなく。源氏 若紫「おのがかく—におぼゆる命をば何ともおぼしたらで」訳 私(=尼君)のこのように今日明日のうちかと思われる命を、(あなた=若紫は)なんともお思いになっていないで。

けふからは… 俳句

> **けふからは日本の雁ぞ楽に寝よ** 秋
> 〈七番日記・一茶〉

訳 (はるばる北の空からの道中はつらかったであろう)さあ、今日からは(私のような思いやりのある人が住む)日本の雁なのだ。気を楽にして寝るがいい。(雁 秋。切れ字は「ぞ」)

けふ-さん【夾算・夾竿】(名)竹や木を薄く削り、頭部を割って、糸または紙捻で結んだもの。読みかけの巻物や本にはさんで目印として使った。今のしおりにあたる。

(けふさん)

けふ-じ【夾侍・脇士】(名)(仏教語)「夾侍菩薩」の略。本尊の左右に立つ二体の仏像。釈迦仏の文殊・普賢菩薩、阿弥陀仏の観音・勢至菩薩、薬師仏の日光・月光菩薩など。脇士。

けふ-そく【脇息】(名)座ったときに横に置いてひじをかけ、からだを安楽に支える道具。ひじかけ。源氏 若紫「中の柱に寄り居て、—の上に経を置きて、いとなやましげに読み居たる尼君」訳 中央の柱に近寄り座って、脇息の上に経文を置いて、たいそう苦しそうに(経を)読んで座っている尼君は。

(けふそく)

けぶた-し【煙たし】(形ク)❶けむい。けむたい。源氏 花宴「空だきものいと—・う(用)(ウ音便)くゆりて」訳 どこからか匂ってくる香がたいそうけむたくくすぶって。❷気づまりである。窮屈である。源氏 梅枝「いと苦しき判者にも当たりて侍るかな。いと—・し(終)や」訳 まことにつらい(役目の)判者にも任ぜられておりますなあ。ほんとうに気づまりであるよ。

けふ-の-あした【今日の朝】今朝。万葉 二・二三九一「玉かぎる昨日の夕へ見しものを—に恋ふべきものか」訳 昨日の夕方会ったのに、今朝(になってもう)恋しく思ってよいものだろうか。(「玉かぎる」は「夕」にかかる枕詞)

けふ-の-つき【今日の月】今宵の月。特に、陰暦八月十五夜の月。中秋の名月。〔一茶句集〕一茶「小言いふ相手もあらば—」訳 口やかましく小言を言う妻でもいてくれたら、今日のこの中秋の名月がさぞかしすばらしく感じられたろうに。

けぶり【煙・烟】(名)❶けむり。竹取 ふじの山「その煙いまだ雲のなかへたち上るとぞ言ひ伝へたる」訳 (不死の薬を焼く)その煙は、今でも雲の中へ立ちのぼっていると言い伝えている。❷**火葬の煙**。また、**火葬**。死ぬことのたとえ。源氏 桐壺「母北の方、同じ—に上りなむと泣き焦がれ給ひて」訳 母北の方が、(死んだ娘=桐壺の更衣と)同じ火葬の煙になって(空に)上ってしまいたいと泣いて恋い慕いなさって。文法「上りなむ」の「な」は、助動詞「ぬ」の未然形で、ここは確述の用法。⇨果つ「慣用表現」❸飯をたくかまどの煙。転じて、暮らし。源氏 蓬生「—たえて、あはれにいみじきこと多かり」訳 (末摘花の邸は)炊事の煙もとだえて、気の毒でひどいことが多い。❹(霞・水蒸気・新芽などが)**煙のようにたなびいたり、立ち上ったり、また、かすんで見えたりするもの**。徒然 一九「霜いと白うおける朝、遣り水より—の立つこそをかしけれ」訳 霜がとても白くおりている早朝、庭に引き入れた流れから(煙のような)水蒸気が立つのは趣深い。文法「こそをかしけれ」は、係り結び。❺地獄の業火の煙。源氏 鈴虫「いかなる—の中にまどひ給ふらむ」訳 (母の六条御息所は)どのような地獄の業火の中に今ごろさまよいなさっているだろう。

> **発展 「煙」と死**
> 仏教とともに火葬の風習が一般化すると、「煙」が人の死を象徴するようになった。わが国における火葬は、「続日本紀」によると、文武天皇四年(七〇〇)に道照という高僧を荼毘に付したのが始まりとされるが、それ以前から渡来人など仏教信者の間には広まっていたと考えられる。文芸作品ではしばしば、人の死を明言せず「煙」によって暗示する。

けぶり-あ-ふ【煙り合ふ・烟り合ふ】(自ハ四)〔は・ひ・ふ・ふ・へ・へ〕一面に煙が立ちこめたようになる。更級 足柄山「—・ふ(体)にやあらむ、清見が関の浪も高くなりぬべし」訳 (潮煙が)一面に立ちこめているのであろうか、清見が関の波もきっと高くなるにちがいない。

けぶり-に-な-す【煙になす】「けぶりとなす」とも。❶火葬にする。平家 六・入道死去「愛宕にて—・し(用)たてまつり」訳 愛宕(の火葬場)で火葬にし申しあげ。❷燃やす。〔浮・世間胸算用〕「はしたになりて是非もなく、けふ—・す(体)事よ」訳 (下駄が)半端になってやむをえず、今日火に燃やすことだ。

けぶり-の-なみ【煙の波】遠く煙のようにかすんで見える波。また、波のように重なって見える煙。平家 二・康頼祝言「南を望めば、海漫々として、雲の波—ふかく」訳 南を眺めると、海は果てしなく広がって、雲のように重なる波や煙のようにかすんで見える波が深々として。

けぶ-る【煙る・烟る】(自ラ四)〔ら・り・る・る・れ・れ〕❶煙が立ち上る。けむったりかすんだりしているように見える。源氏 若紫「四方の木ずゑそこはかとなう—・り(用)わたれるほど」訳 周囲の木々の梢が(新芽が萌え出て)どことなく一面にけむっているありさまを。❷ほんのりと美しく見える。源氏 若紫「つらつきいとらうたげにて、眉のわたりうち—・り(用)」訳 (若紫は)ほおのあたりがたいへんかわいらしいようすで、眉のあたりがほんのりと美しく見え。❸火葬にされて煙となる。〔夫木〕雑一八「むかひ居て見るにも悲しー・り(用)にし人を思ひの灰によそへて」訳 向かって座って見るにつけても悲しい。火葬の煙となってしまった人を、(激しい思慕の)思いの火の灰になぞらえて。(「思ひ」の「ひ」は「火」との掛詞)

げ-べん【外弁】(名)朝廷で、即位式や節会などの公事の際、承明門の外で事務をとり行う公卿。多く第二の大臣が任命された。↔内弁

げ-ほくめん【下北面】(名)六位の「北面の武士」。平家 一・俊寛沙汰 鵜川軍「ーより上北面にあがり、上北面より殿上のまじはりをゆるさるる者もあり」訳 下北面から上北面(=四・五位の「北面の武士」)に昇進し、上北面から(さらに昇進して)殿上人としての交際を許される者もいる。↔上北面。→北面の武士

げ-ほふ【外法】(名)《仏教語》仏法以外の教法。外道。また、その行法や呪術。平家 一・鹿谷「かのーおこなひける聖を追出せんとしければ」訳 あの外道の妖術を行った行者を追い出そうとしたところ。

げ-ぼん【下品】(名)❶《仏教語》九品(=極楽往生のときの九つの段階)のうちの下位にある下品上生・下品中生・下品下生の総称。枕 一〇一「九品蓮台の間にはーといふとも」訳 (極楽浄土の)九品蓮台の中では下品といっても(不足はない)。→九品 ❷下等。〔連理秘抄〕「ーの句と思へども」

けまく…たということ(には)。…たであろうこと(には)。万葉 一八・四一〇六「うち嘆き語りけまくは」訳 (いとしい妻と)嘆いて語ったであろうことには。

なりたち 過去推量の助動詞「けむ」のク語法

け-まり【蹴鞠】(名)貴族の間で行われた遊戯の一つ。鹿の革で作ったまりを蹴り上げ、地上に落とさないように数人で蹴り合って受け渡しをする。平安時代末から鎌倉時代にかけてもっとも盛んであった。「まり」とも。

(けまり)

け-まん【華鬘】(名)❶古代インドで装身具として使われた生花の飾り。❷仏堂内陣の装飾具。金・銅または革などでうちわ形に作り、花鳥・天女を浮き彫りにして欄間などにかける。

(けまん②)

けみ・す【検す・閲す】(他サ変){せ・し・す・する・すれ・せよ}調べる。吟味する。よく見る。細道 壺の碑「今眼前に古人の心をー・す(終)」訳 いま目の前に先人の心をありありと見る(思いがする)。

け-みゃう【仮名】(名)実名のほかに、かりにつけた名。通称。俗称。平家 二・卒都婆流「ー実名、二首の歌をぞ書いたりける」訳 (康頼入道は)通称と実名と、二首の歌を書いたのだった。↔実名

げ-みゃうぶ【外命婦】(名)律令制で、五位以上の官人の妻。→命婦①

けむ(助動四型)

意味・用法

過去の推量〔…ただろう。…ていただろう。〕→❶

過去の原因推量〔(どうして)…たのだろう(か)。…ていたのだろう(か)。〕→❷

伝聞・婉曲〔…たという。…たとかいう。〕→❸

接続

活用語の**連用形**に付く。→文法

活用

未然	連用	終止	連体	已然	命令
○	○	けむ(けん) (○)	けむ(けん) (コト)	けめ (ドモ)	○

〔諸説あるが、過去の助動詞「き」の古い未然形といわれる「け」に推量の助動詞「む」が付いたものか。「けん」とも表記される〕❶過去のある動作・状態を推量する意を表す。…ただろう。…ていただろう。万葉 三・三一二「昔こそ難波田舎と言はれけめ(已)今は京引き都びにけり」訳 昔こそ難波田舎と言われたただろうが、今は都を移して都らしくなったことだ。文法 係り結び「こそ…けめ」は、強調逆接となって下に続く。

❷(疑問語とともに用いて)過去の事実について、時・所・原因・理由などを推量する意を表す。(どうして)…たのだろう(か)。…ていたのだろう(か)。源氏 蜻蛉「我に、などかいささかのたまふことのなかりけむ(体)」訳 私(=右近)に、どうして少しでも(浮舟はその悩みを打ち明けて)おっしゃることがなかったのだろうか。

❸過去の事実を人づてに聞き知ったように婉曲に表す。…たという。…たとかいう。枕 三八「『寝くたれ髪を』と人丸が詠みけむ(体)ほどなど思ふに」訳 「寝くたれ髪を」と人麻呂が詠んだという(その時の)光景などを想像すると。徒然 五三「向かひ居たりけん(体)ありさま、さこそ異様なりけめ」訳 (足鼎をかぶった法師が医師と)向かい合って座っていたとかいうようすは、さぞかし風変わりだっただろう。文法「異様なりけめ」の「けめ」は、①の用法。

文法 上代には、形容詞に付いた例がない。さらに、上代・中古には、形容動詞に付いた例がない。また、助動詞「ず」に付く場合、中古からは、「ざり」に付いて「ざりけむ」と用いられるが、上代では、「ず」に付いて、

「まつがへり(=枕詞)しひにてあれかも(=ぼんやりしているからか)さ山田の翁がその日に求めあはずけむ(=求め得なかったのだろう)」〈万葉 一七・四〇一四〉

のように、「ずけむ」の形が用いられた。上代、「けむ」は形容詞に付くことはなかったので、

「なかなかに死なば安けむ(=かえって死んだなら安らかであろう)君が目を見ず久ならば為方なかるべし」〈万葉 一七・三九三四〉

のように、形容詞の上代の未然形「ーけ」に助動詞「む」の付いたものと混同しないこと。

けむ〔「けん」とも表記される〕助動詞「けむ」の連体形。万葉 四・四九七「古にありけむ人もあがごとか妹に恋ひつつ寝ねかてずけむ」訳 昔生きていたという人も私の

ように恋人を恋しく思っては寝ることができなかったのだろうか。

け-むつか・し【気難し】(形シク)〔しから・しく(しかり)・し・しき(しかる)・しけれ・しかれ〕〔「け」は接頭語〕うす気味悪い。そら恐ろしい。今昔二六・一四「人の骨などを入れて、埋みたりけるにかと、—・しく㊥おぼえけれども」訳人の骨などを入れて、(川底に)埋めてあったのだろうかと、うす気味悪く思われたが。

けめ 助動詞「けむ」の已然形。更級 竹芝寺「この国に跡を垂るべき宿世こそありけめ」訳この(武蔵の)国に移り住むはずの前世からの因縁があったのだろう。参考 接続助詞「ど」「ども」が続く例はあるが、「ば」が続く例はない。係助詞「こそ」の結びとなるときは、逆接の意になることが多い。

げ-もん【解文】(名)「げぶみ」とも。❶地方や下級の官庁から、上級の諸官庁に出す公文書。解。解状。枕 一三三「添へたる立て文には—のやうにて、…とて月日書きて」訳添えてある正式の書状には解文のような形式で、…とあって月日を書いて。❷推薦状。〔栄花〕うたがひ「かれ進まねども、阿闍梨の—を放たせ給ふ」訳本人は気が進まないが、阿闍梨(=僧職の名)に推挙するための推薦状を出させなさる。

けもん-りょう【花文綾】(名)花の模様を織り出した綾。

けやけ・し (形ク)〔から・く(かり)・し・き(かる)・けれ・かれ〕

語義パネル
●重点義　著しく他と違っていて目立つ感じ。
❶他のものよりきわだっている。すばらしい。
❷(不快感をおこさせるほど)異様だ。
❸(相手の感情を害するほど)きっぱりしている。強引である。
❹こしゃくだ。しゃくにさわる。

❶他のものよりきわだっている。すばらしい。大鏡 道長下「貫之召し出でて、歌つかうまつらしめ給へり。…それをだに、—・き㊍ことに思ひ給へしに」訳(醍醐天皇は)貫之をお呼び出しになって、歌をお詠み申しあげさせなさった。…それをさえ、すばらしいことだと存じておりましたのに。文法「思ひ給へしに」の「給へ」は、下二段活用の謙譲の補助動詞。

❷(不快感をおこさせるほど)異様だ。源氏 藤裏葉「いと—・う㊥(ウ音便)も仕うまつるかな」訳(弁の少将は、娘を盗むという歌を)まことに場違いにもうたい申しあげるものよ。

❸(相手の感情を害するほど)きっぱりしている。強引である。徒然 一四一「人のいふほどのこと、—・く㊥否びがたくて」訳(都の人は人情があるので)他人が(頼みに思って)言う程度のことは、きっぱりと断りきれずに。

❹こしゃくだ。しゃくにさわる。宇治 二一・八「わきにはさみて逃ぐるを、『—・き㊍やつかな』と言ひて」訳(橘則光が太刀を)脇にはさんで逃げるのを、(盗人が)「こしゃくなやつだなあ」と言って。

け-やす・し【消易し】(形ク)〔から・く(かり)・し・き(かる)・けれ・かれ〕〔「け」は下二段動詞「消く」の連用形〕消えやすい。はかない。万葉 七・一三七五「朝霜の—・き㊍命誰がために千歳もがもとわが思はなくに」訳消えやすい命を、(あなた以外の)だれかのために千年も生きたいと私は思わないことだなあ。(「朝霜の」は「消け」にかかる枕詞)

げ-ゆ【解由】(名)「解由状」の略。国司交代のとき、事務引き継ぎが完了したことの証明として、前任者が後任者から受け取る公文書。帰京後、これによって任を果たしたことを太政官に申告し、勘解由使の審査を受けた。土佐「例のこと(=国司交代の際の引き継ぎ)どもみなし終へて—など取りて」

けら 助動詞「けり」の未然形。万葉 二・三二「妻もあらば摘みて食げまし佐美の山野の上のうはぎ過ぎにけらずや」訳妻でも(そばに)いるなら、摘んで食べただろうのに。佐美の山の野のあたりの嫁菜も(食べるべき時期が)過ぎてしまったではないか。

け-らい【家礼】(名)❶親や目上の人に敬意を表すること。源氏 藤裏葉「文籍にも—といふことあるべくや」訳文献にも家礼ということがあるはずではないか。❷〔「家来」とも書く〕貴族や武家に仕える人。家臣。

けらく…たことには。…たこと。土佐「そが言ひ—、『…』と言ひて、詠める歌」訳それ(=船に乗り合わせていた女)が言ったことには、「…」と言って、詠んだ歌。なりたち 過去の助動詞「けり」のク語法

け-らし (助動特殊型)

意味・用法
過去の推定〔…たらしい。〕→❶
過去の婉曲〔…たことよ。〕→❷

接続
活用語の連用形に付く。

活用

未然	連用	終止	連体	已然	命令
○	○	けらし(○)	けらし《結ビ》〔けらしき〕	けらし《結ビ》	○

〔過去の助動詞「けり」の連体形「ける」に推定の助動詞「らし」の付いた「けるらし」の転〕❶過去の動作・状態について、ある根拠によって推定する意を表す。…たらしい。万葉 七・一一六三「年魚市潟潮干にけらし㊦知多の浦に朝漕ぐ舟も沖に寄る見ゆ」訳年魚市潟は潮がひいてしまったらしい。知多の浦で朝漕いで行く舟も、沖に寄っているのが見える。

❷「けり」というところを婉曲に表す。…たことよ。細道 市振「『…』と言ひ捨てて出でつつ、あはれさしばらくやまざりけらし㊦」訳「…」と言い捨てて(宿を)出かけるものの、ふびんな気持ちがしばらくやまなかったことよ。

文法 (1) なりたち　なりたちを「けり」の形容詞形とする説もある。これは、動詞「なつく」の形容詞形が「なつかし」であるとするのと同様に考えるもので、これに従うなら、「あらし」「ならし」も「あり」「なり」の形容詞形ということになる。

(2) **「こそ」の結び**　活用については、「こそ」の結びとして「けらしき」の形が「万葉集」にあるほかは、語形変化した例がなく、すべて文の終止に用いられる。
「白沙(=白い砂の)清き浜辺は往き還り見れども飽かずうべしこそ(=なるほどそれだから)見る人ごとに語り継ぎ偲ひ**けらしき**(=語りつぎ美しさをたたえてきたらしい)」〈万葉 六・一〇六五〉

(3) 語義②は、平安時代の末期に始まり、近世の擬古文によく見られる。

けら-ず-や…たではないか。万葉 五・八一七「梅の花咲きたる園の青柳は縵にすべくなりに―」訳 梅の花が咲いている庭園の青く芽ぶいた柳は、髪飾りにすることができそうに(長く)なってしまったではないか。

なりたち 過去の助動詞「けり」の未然形「けら」+打消の助動詞「ず」の終止形「ず」+係助詞「や」

参考 過去のことを反語「や」で強めながら回想する上代特有の表現。平安時代以降は「けり」に「ず」が付くときは「ざりけり」の形になり、「けらず」の形は用いられない。

げ-らふ〔―ロウ〕【下臈】(名) ❶修行を少ししか積んでいない、地位の低い僧。今昔 一五・二七「延昌僧正といひける人の、いまだ―にて修行しける時に」訳 延昌僧正といった人が、まだ地位の低い僧として修行していた時に。
❷官位の低い者。源氏 桐壺「同じほど、それより―の更衣たちはまして安からず」訳 (桐壺の更衣と)同じ身分の、(または)それよりも低い地位の更衣たちは、(身分の高い女御よりも)いっそう穏やかでない。
❸身分の低い者。下衆。下郎。徒然 一〇九「あやしき―なれども、聖人の戒めにかなへり」訳 いやしい身分の低い者であるが、(ことばは)聖人の教えに一致している。

け・り【来り】(自ラ変)〔ら・り・り・る・れ・れ〕〔カ変動詞「来」の連用形「き」にラ変動詞「あり」の付いた「きあり」の転〕来ている。来た。万葉 一七・三九五七「玉梓の使ひの―・れ㊁ばうれしみと」訳 (都から)使者が来ているので、うれしくて。(「玉梓の」は「使ひ」にかかる枕詞)

け・り【着り・著り】(他ラ変)〔ら・り・り・る・れ・れ〕〔上一段動詞「着る」の連用形「き」にラ変動詞「あり」の付いた「きあり」の転〕着ている。万葉 六・九七九「わが背子が―・る㊍衣薄し佐保風はいたくな吹きそ家に至るまで」訳 私の甥(=大伴家持)の着ている着物はうすい。佐保の風よ、ひどく吹かないでおくれ、家に着くまでは。

けり (助動ラ変型)〔「来有り」の転〕

意味・用法
気づき〔…たのだ。…たなあ。〕→❶
伝聞〔…たという。…たそうだ。…たとさ。〕→❷
回想〔…た。…たのであった。〕→❸
詠嘆〔…たことよ。…ことよ。〕→❹

接続
活用語の**連用形**に付く。

活用

未然	連用	終止	連体	已然	命令
〔けら〕(ズ)	○	けり(。)	ける(コト)	けれ(ドモ)	○

❶今まで気づかなかった事実に、気がついて述べる意を表す。…**たのだ**。…**たなあ**。万葉 三・四五一「人もなき空しき家は草枕旅にまさりて苦しかり**けり**㊎」訳 (妻が死んで)人もいないがらんとした家(に住むの)は、旅をするのにもまさって苦しいことだったのだ。(「草枕」は「旅」にかかる枕詞)。源氏 桐壺「かかる人も世に出でおはするものなり**けり**㊎」訳 このような(すばらしい)人もこの世に生まれていらっしゃるものだったのだ。
❷人づてに聞き知った過去の事実を伝聞として述べる意を表す。…**たという**。…**たそうだ**。…**たとさ**。伊勢 八四「昔、男あり**けり**㊎。身はいやしながら、母なむ宮なり**ける**㊍」訳 昔、ある男がいたという。身分は低いものの、母親は皇族であったそうだ。
❸以前から現在まで続いている事柄や伝承を回想する意を表す。…**た**。…**たのであった**。万葉 五・八九四「神代より言ひ伝って来らくそらみつ倭の国は皇神のいつくしき国言霊の幸ふ国と語り継ぎ言ひ継がひ**けり**㊎」訳 神代の昔から言い伝えて来ていることは、(この)大和の国は皇祖の神が厳然としている国、言霊の力が幸福をもたらす国であると、ずっと語り継ぎ言い継いできた。(「そらみつ」は「倭」にかかる枕詞)。文法「来らく」は力変動詞「来」のク語法で「来ること」の意。
❹詠嘆の意をこめて、これまであったことに今、気づいた意を表す。…**たことよ**。…**ことよ**。源氏 桐壺「限りとて別るる道の悲しきにいかまほしきは命なり**けり**㊎」訳 →かぎりとて…和歌

文法 (1) **未然形「けら」**　未然形「けら」は上代にだけ用いられた。また、上代には「ざりけり」でなく、「ずけり」という接続のしかたもあった。
「梅の花咲きたる園の青柳は縵にすべくなりに**けら**ずや(=髪飾りにすることができそうに(長く)なってしまったではないか)」〈万葉 五・八一七〉
「ぬばたまの夢にはもとな相見れどただにあらねば恋ひ止まず**けり**(=夜の夢にはしきりに妻と逢っているけれども、直接逢うことがないので恋しさはやむときがないことだ)」〈万葉 一七・三九八〇〉

(2) **変遷**　なりたちから考えると、「けり」は本来「…してきている」という動作、または、その結果の存続を表す意味だったと考えられる。したがって、③の用法がまずあり、それが②の事柄の述べ方を表す用法に変わり、さらに①の用法を生じ、ついには④の用法に移ったものと思われる。近世以降、俳諧の「切れ字」として、
「道のべの木槿は馬にくはれ**けり**」〈野ざらし紀行・芭蕉〉
などと用いられる「けり」は、④の用法に含めて考えられる。→き(助動)文法

け-りゃう〔―リョウ〕【仮令】〔漢文で「たとひ」と訓読する語「仮令」を音読したもの〕■一(名)かりそめ。かり。〔浄・ひらかな盛衰記〕「薬飲むは―の見せかけ、はなもひかぬ達者(=風邪もひかない健康者)」
■二(副) ❶だいたい。おおよそ。〔吾妻鏡〕「参加者、―五万騎に及ぶべし(=及ぶだろう)」
❷たとえば。〔風姿花伝〕「―、木樵・草刈り・炭焼き・汐汲みなどの、風情にもなるべきわざをば(=趣ある所作にもなり得る姿態は)」
❸たまたま。都合よく。

ける【蹴る】(他カ下一)足先でつきとばす。〔落窪〕「かの典薬の助は**け**㊍られたりしを病にて死にけり」訳 あの典薬の助は蹴られたことがもとで病気となり死んだ。

活用

未然	連用	終止	連体	已然	命令
け (ズ)	け (タリ)	ける (○)	ける (コト)	けれ (ドモ)	けよ (○)

参考 下一段活用の語は「蹴る」一語だけ。古形に「くう」(ワ行下二)、「くゑる」(クヮ行下一)などがあり、それの転じた「ける」が用いられるのは、平安時代中期以降。近世中期からラ行四段の形がみられる。

ける 助動詞「けり」の連体形。古今 仮名序「生きとし生けるもの、いづれか歌を詠まざり**ける**」訳 すべての命あるものは、どれが歌を詠まなかったか(いや、詠まなかったものはない)。⇩生きとし生けるもの「名文解説」

ける-なり-けり …たのであった。…だったのだなあ。源氏 浮舟「あやしと見ければ、道にてあけて見**ー・けり**終」訳 (浮舟が、きちんと返歌もせずに薫からの手紙をつき返すのを、右近は)おかしいと思ったので、途中であけて見たのであった。

なりたち 過去の助動詞「けり」の連体形「ける」＋断定の助動詞「なり」の連用形「なり」＋詠嘆の助動詞「けり」

文法 過去の助動詞「けり」に断定の助動詞「なり」が接続し、その上の「…ける」を強調している。さらに「けり」が接続して、詠嘆や何かに気づいた意味が加わる。したがって、この「けるなりけり」は単に過去のことを述べたものではなく、作者(または物語の語り手)が読者に顔を向けて、感情を表した表現とみることができる。

けれ 助動詞「けり」の已然形。古今 秋下「同じ枝をわきて木の葉の移ろふは西こそ秋のはじめなり**けれ**」訳 同じ木の枝なのに区別して(西の枝の)木の葉が色づくのは、西が秋の初めだったのだ。⇩けれ「識別ボード」

◆識別ボード「けれ」◆

①動詞(カ四)の已然形語尾＋助動詞「り」の已然形
「秋の野をにほはす萩は咲**けれ**ども見るしるしなし旅にしあれば」訳 秋の野をほんのりと彩る萩は咲いているけれども、見るかいもない。(家を離れて)旅先にいるので。〈万葉 一五・三六七七〉

②形容詞の已然形語尾(シク活用はその一部)
「心にうつりゆくよしなしごとを、そこはかとなく書きつくれば、あやしうこそものぐるほし**けれ**」訳 心の中に次々と浮かんでは消えるたわいもないことを、とりとめもなく書きつけると、妙に気が変になるような感じがする。〈徒然 序〉

③助動詞「けり」の已然形
「竜は鳴る神の類にこそあり**けれ**」訳 竜は雷神の仲間であったのだ。〈竹取 竜の頸の玉〉

語形から③にとりがちだが、助動詞「けり」は活用語の連用形に付くから、①は「咲きけれ」ではない点で、②は「ものぐるほしかりけれ」ではない点で見分ける。なお、「蹴る」(カ下一)とラ四・ラ変の動詞を除いて、中古以前には「エれ」の形になる一語の動詞は存在しないことからも、①は「け」と「れ」の部分で分けられるはずと推測できる。

げろう【下臈】⇩げらふ

けわい ⇩けはひ

け-をさめ【褻納め】(名)ふだん着と晴れ着。今昔 二六・一七「ーの装束あまたくだり調へて渡しけり」訳 ふだん着や晴れ着の衣服をいくそろいも調えて渡した。

けん【券】(名)田地・邸宅・荘園などの所有権を証明する書付。土地の権利書。

けん【間】(名)❶建物の柱と柱との間。源氏 紅梅「〔間口〕七ーの寝殿広く大きにつくりて」
❷長さの単位。一間は六尺。約一・八メートル。平家 六・入道死去「臥し給へる所、四、五ーが内へ入る者は、熱さ堪へがたし」訳 (熱病にかかった清盛の)寝ていらっしゃる所の、四、五間の内へ入る者は、熱さにたえられない。

けん【賢】(名・形動ナリ)賢いこと。また、賢人。徒然 八五「人のーを見て羨むは尋常なり」訳 他人の賢いのを見てうらやむのはふつう(の人情)である。

けん(助動四型)平安時代の中ごろから「けむ」の「む」が「ん」と発音されるようになったために「けん」と表記されるようになったもの。→けむ(助動)

げん【監】(名)❶上代、太政官の判官(＝三等官)。大監と少監とがあった。❷大宰府が直轄した国。

げん【験】(名)❶仏道修行のしるし。加持・祈禱などの効果。霊験。枕 二五「あな、いとーなしや」訳 ああ、まったく祈りの効果がないなあ。
❷しるし。効果。〔浮・好色五人女〕「はや揚げ屋にはーを見せて、手叩きても返事せず」訳 はやくも揚げ屋では(勘当の)効果を見せて、手をたたいても返事をしない。

けん-えい【巻纓】(名)冠の纓を内側に巻き、先端を夾木ではさんで留めておくこと。また、その纓。武官が着用した。「巻き纓」とも。→纓

げん-かう【験効】(名)神仏のご利益。効験。ききめ。細道 出羽三山「霊山霊地のー、人貴びかつ恐る」訳 神聖な山地(＝出羽三山)のご利益を、人々は尊び、また(その霊威を)畏れつつしむ。

兼好法師(けんかうほふし)〖人名〗(生没年未詳)鎌倉末期・南北朝時代の歌人・随筆家。本名卜部兼好。後二条天皇の蔵人として出仕したが、出家して兼好と称し、京都西郊の双が丘などで遁世生活をし、随筆「徒然草」を著した。頓阿・浄弁・慶雲とともに二条派の和歌四天王と称された。家集「兼好法師家集」

げん-がた【験方】(名)加持・祈禱など、現世の利益を願う方面のこと。源氏 若紫「今はこの世のことを思ひ給へねば、ーの行ひも捨て忘れて侍るを」訳 今は(私＝行者は)現世のことを考えておりませんから、加持・祈禱の方面の修行もうち捨て忘れておりますのに。

げん-かん【阮咸】(名)(竹林の七賢人の一人、阮咸が愛用したという)中国の弦楽器。胴は円形・長円形・方形・八角形など。四弦で、明・清代の類似の「月琴」より棹が長い。⇩巻頭カラーページ23

げん-き【験気・減気】(名)病気が治るきざしが見える

こと。[今昔]一三・三「日ごろを経てこの病少し━有り」[訳]数日たって、この病気は多少回復のきざしが見える。

げんき-もん【玄輝門・玄暉門・玄亀門】(名)平安京内裏の内郭十二門の一つ。北側の中央の門で、外郭の朔平門と相対している。⇩巻頭カラーページ32

源空（げんくう）〘人名〙→法然

げん-くらべ【験競べ】(名)僧や修験者が、お互いに修行して身につけた法力(=仏法の威力)の効果を競い合うこと。[金葉]雑上・詞書「年ひさしく修行し歩きて熊野に━しけるを」[訳]長年の間修行して歩いて、(その後に)熊野で通力競べをしたときに。

けん-くゎ【喧嘩・諠譁】㊀(名)騒がしいこと。喧騒。㊁(名・自サ変)いさかい。争い。けんか。[太平記]三「古より今に至るまで、━不慮に出で来る(=思いがけずに起こる)こと多しといへども」

げん-け【幻化】(名)〘仏教語〙幻のように実体のないこと。幻。仮象。[徒然]九一「人の心不定なり。物みな━なり」[訳]人間の心は不確かで定まらないものである。物はすべて幻のように実体のないものである。

けん-げう【検校・撿挍】㊀(名・他サ変)❶物事を検査し、監督すること。❷社寺の事務を監督すること。また、その職。㊁(名)盲人に与えられた最高の官名。

けん-けん(副)ぶあいそうにすげなく言うさま。つっけんどん。[浄・女殺油地獄]「向かひどしの━ともならず」[訳](町内での)向かいどうしがぶあいそうにもできない。

けん-ご【堅固】㊀(名・形動ナリ)❶(意志などが)堅くしっかりしていること。[宇治]一三・四「道心━の人なり」[訳](内記上人は)仏を信仰する心がしっかりした人である。❷健康であること。丈夫なこと。[浮・日本永代蔵]「第一、人間━なる(体)が、身を過ぐるもとなり」[訳]第一に、人間は健康であるのが、世を渡るもとである。㊁(副)❶いっこうに。まったく。[徒然]一五〇「いまだ━かたほなるより、上手の中にまじりて」[訳]まだまったく(芸が未熟であるときから、上手な人の中にまじって。

❷必ず。きっと。[義経記]「御辺の膝のふるひやうを見るに、━かなふまじ」[訳]あなたさまの膝のふるえかたを見ると、(川をとび越えることは)きっとできないだろう。

けん-こん【乾坤】(名)❶天と地。[三冊子]「━の変は風雅の種なり」[訳]天地自然の変化は俳諧の根源である。❷陰と陽。❸乾と坤の方角。北西と南西。

げん-ざ【験者】(名)「げんじゃ」とも。修験道の修行をして秘法などを修め、祈禱により病気を治したり物の怪などを退散させたりする人。修験者。山伏。行者。[枕]二五「━の物の怪調ずとて、いみじうしたり顔に独鈷や数珠などもたせ」[訳]修験者が物の怪をおさえしずめるといって、たいそう得意顔で独鈷や数珠などを(よりましに)持たせて。

発展「験者」と「物の怪」

生き霊や死霊など、人間にわざわいをもたらすものを総称して「物の怪」といった。物の怪をとり除くための祈禱をするのは、多く験者と呼ばれる、山中で修行を積んだ山伏である。験者は女性や子供を「よりまし」に仕立てて祈り、護法童子を使い、病人についた物の怪をよりましに移す。首尾よく物の怪を調伏すると、よりましはふるえて卒倒したり、怨念をわめきちらしたりする。その結果、物の怪が病人から退散すると、病気全快ということになる。

げん-ざい【現在】(名)❶〘仏教語〙未来・過去に対して、この世。現世。❷(下に「の」を伴い、または直接体言の上に付いて)確かなこと。実際。ほんとう。[平治物語]「相伝の主と━の聟を討ち」[訳]代々仕えた主君と実の婿を討ち。

げん-ざん【見参】(名・自サ変)「げざん」とも。❶節会・宴会などに参上すること。また、出席者が名前を名簿に書くこと。また、その名簿。[源氏]梅枝「内の大殿の頭の中将、弁の少将なども、━ばかりにてまかづるを」[訳]内大臣家の頭の中将や弁の少将なども(明日の招宴のあいさつに来て)名前の記帳だけで退出するのを。❷(貴人に)**お目にかかること**。拝顔。[今昔]二六・一七「御覧ぜよ、昨日の狐の━する(体)を」[訳]ご覧ください、昨日の狐がお目にかかりに参っているのを。❸(目下の者に)**会ってやること**。**引見**。[平家]一・祇王「いでいで、わごぜがあまりにいふことなれば、━し(用)てかへさん」[訳]どれどれ、おまえ(=祇王)があまりに言うことだから、(仏御前に)会ってやって帰そう。

げんざん-に-い・る【見参に入る】㊀(「入る」が自動詞(ラ四)の場合)貴人にお目にかかる。[平家]一〇・内裏女房「今一度━り(用)、昔語りをも申して」[訳]もう一度(三位の中将に)お目にかかり、思い出話をも申し上げて。㊁(「入る」が他動詞(ラ下二)の場合)貴人に人や物をお目にかける。[平家]九・敦盛最期「九郎御曹子の━れ(用)たりければ」[訳](敦盛の首を)九郎御曹子(=義経)のお目にかけたところ。

けん-じ【剣璽】(名)三種の神器のうち、八咫鏡を除いた草薙の剣と八尺瓊の曲玉。

げん-じ【源氏】(名)❶源の姓を持った氏族。弘仁五年(八一四)、嵯峨天皇がその皇子を臣籍に降下して源の姓を与えてから、清和・村上・宇多などの諸源氏が出た。多くは藤原氏の権勢下にあって勢いふるわず、地方に下り武家の棟梁となった。❷「源氏物語」の略。

源氏物語（げんじものがたり）〘作品名〙平安中期の長編物語。五十四帖。紫式部作。十一世紀初めに成立。光源氏を中心に、さまざまな恋愛とその苦悩を、宮廷貴族の生活を背景に描いたもの。五十四帖の各巻には美しい文学的な名がつけられていて、全体を三部に分けることができる。第一部は桐壺(一帖)から藤裏葉(三十三帖)まで。光源氏の恋愛遍歴が中心で、理想の女性紫の上を得て栄華の絶頂に立つ、光源氏の青壮年期を描く。第二部は若菜上(三十四帖)から幻(四十一帖)まで。運命の悲劇に苦悩する光源氏の晩年を描く。第三部は匂兵部卿(四十二帖)から夢浮橋(五十四帖)まで。光源氏の死後、源氏の子、薫が信仰と愛との矛盾に苦悩する姿を描く。宇治に舞台が移った最後の十帖を「宇治十帖」という。古典文学の最高傑作として後世の文学に与えた影響は大きい。⇩付録「古典文学参考図」

参考 五十四帖の巻名は、桐壺・帚木・空蟬・夕顔・若紫・末摘花・紅葉賀・花宴・葵・賢木・花散里・須磨・明石・澪標・蓬生・関屋・絵合・松風・薄雲・朝顔・少女・玉鬘・初音・胡蝶・蛍・常夏・篝火・野分・行幸・藤袴・真木柱・梅枝・藤裏葉・若菜上・若菜下・柏木・横笛・鈴虫・夕霧・御法・幻・匂兵部卿・紅梅・竹河・橋姫・椎本・総角・早蕨・宿木・東屋・浮舟・蜻蛉・手習・夢浮橋。以上のほか、幻と匂兵部卿の間に雲隠の巻があり、光源氏の死を暗示するが、巻名だけで本文はない。

冒頭文 いづれの御時にか、女御・更衣あまたさぶらひ給ひけるなかに、いとやむごとなき際にはあらぬが、すぐれて時めき給ふありけり。訳 どの帝の御代であっただろうか、女御や更衣が大勢お仕えしていらっしゃった中に、たいして高貴な家柄ではない方で、格別に帝のご寵愛を受けて栄えていらっしゃる方があったそうだ。

名文解説 「源氏物語」は、主人公光源氏の母であり、低い身分ながらも帝の寵愛を受ける桐壺の更衣の紹介から始まる。物語はふつう「いまは昔」などのようにまず時が単に昔であることを示すが、「いづれの御時にか」と某帝の御代のこととして語り出したのは斬新である。

源氏物語玉の小櫛(げんじものがたりたまのをぐし) ゲンジモノガタリタマノオグシ『作品名』「源氏物語」の注釈書。本居宣長著。寛政八年(一七九六)成立。「源氏物語」の本質が「もののあはれ」にあることを論じている。

げん-じゃ【験者】(名)「げんざ」に同じ。

げん-じゃう【玄上・玄象】ジョウ(名)「げんじゃう」「げんしゃう」とも。宝物として、宮中に伝わっていた琵琶の名器。九世紀前半に遣唐使が持ち帰り、霊物とされたが、南北朝期に紛失したという。徒然 七〇「—は失せにしころ、菊亭の大臣、牧馬を弾じ給ひけるに」訳 (琵琶の名器)玄上は紛失してしまったころ、菊亭の大臣が(もう一つの名器)牧馬を弾奏しなさった折に。

けん-じゃう【勧賞】ジョウ(名)「けじゃう」とも。功労を賞して官位や土地・物品などを授けること。平家 一・殿上闇討「—には闕国を給ふべき由仰せ下されける」訳 恩賞には国司が欠員になっている国をお与えになるつもりである旨を(鳥羽院が)お命じになられた。

げんじゃう-らく【還城楽】ゲンジョウ—(名)舞楽の曲名。中国の西域の人が蛇を見つけ捕らえて喜ぶようすを舞にしたもの。「見蛇楽」とも呼ばれた。

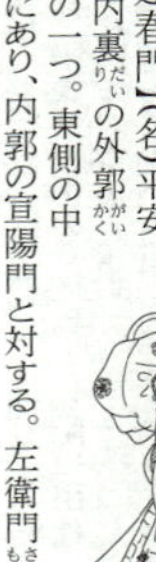

(げんじゃうらく)

けんしゅん-もん【建春門】(名)平安京内裏の外郭門の一つ。東側の中央にあり、内郭の宣陽門と対する。左衛門の陣。⇩巻頭カラーページ32

けん-じょ【見所】(名)「けんしょ」とも。❶見物する場所。観客席。〔十訓〕一「かねて—を取りて」訳 前々から見物席を確保しておいて。❷見物人。観客。〔風姿花伝〕「—の御意見を待つべきをや」訳 見物の人々のご意見を待つのがよいのである。❸見た目。また、見どころ。〔花鏡〕「—面白くは、これ、舞の幽玄にてあるべし」訳 見た目におもしろければ、それが、舞の幽玄であろう。

けん-しょう【顕証】(名・形動ナリ)「けそう(顕証)」に同じ。

けん-じょう【見証】(名・自サ変)「けんぞ」に同じ。

源信(げんしん)『人名』→恵心

けん-ず【献ず】(他サ変)〔ぜ・じ・ず・ずる・ずれ・ぜよ〕❶差し上げる。献上する。奉る。細道 壺の碑「今も年々十符の菅菰を調へて国守に—ず(終)といへり」訳 今でも毎年十符の(=編み目が十ある)菅のむしろを作って、藩主に献上するといっている。❷献杯する。

げん-ず【現ず】一(自サ変)〔ぜ・じ・ず・ずる・ずれ・ぜよ〕現れる。平家 二・遠矢「これは八幡大菩薩の—じ(用)給へるにこそ」訳 これはきっと八幡大菩薩が現れなさったのだ。二(他サ変)〔ぜ・じ・ず・ずる・ずれ・ぜよ〕現し出す。〔うつほ〕俊蔭「すべて仏の—じ(用)給へる所なれば」訳 (ほら穴一帯は)すべて仏が出現させなさったところであるから。

げん-ぜ【現世】(名)《仏教語》三世の一つ。現在の世。この世。〔梁塵秘抄〕「—はかくてもありぬべし、後生のわが身をいかにせん」訳 (殺生を業とする鵜飼の私は)この世はこのようでも生きることができよう、来世はわが身をどうしたらよいだろう。↔前世・来世

けん-ぞ【見証】(名・自サ変)「けんじょ」「けんじょう」とも。碁・双六などの勝負を、第三者が判定すること。源氏 竹河「侍従の君、—し(用)給ふとて近うさぶらひ給ふに」訳 侍従の君が(碁の)審判をしなさるというので、(姫君たちの)近くにお仕えしていらっしゃるところに。

けん-そう【顕証】(名・形動ナリ)「けそう(顕証)」に同じ。

けん-ぞく【眷属・眷族】(名)❶一族。身内の者。方丈 四「世の人の住みかを作る習ひ…あるいは妻子・—のために作り」訳 世の人が家を造る(ときの)常(として)は…ある者は妻子や一族のために造り。❷家来。従者。平家 三・有王「四、五百人の所従・—に囲繞せられてこそおはせしか」訳 (俊寛は)四、五百人の従者や家来に取り囲まれていらっしゃったのに。

げん-ぞく【還俗】(名・自サ変)一度僧尼になった者が、俗人にもどること。今昔 一・二五「我が国を半国譲らむ、—せよ(命)」訳 わが国を半分譲ろう、俗人にもどれ。

幻住庵記(げんぢゅうあんのき) ゲンジュウアンノキ『作品名』江戸前期の俳文。松尾芭蕉作。元禄三年(一六九〇)成立。「猿蓑」に所収。「おくのほそ道」の旅のあと滞在した、近江(滋賀県)の幻住庵での生活・心境などを和漢混交文で綴ったもの。芭蕉俳文の代表作。

げん-とく【験得・験徳】(名)加持・祈禱などのきき

め。霊験。今昔 三〇・三「—あらたなる事、仏のごとくなりければ」訳 (この僧の)霊験あらたかなことは仏のようであったので。

けん-どん【慳貪】(名・形動ナリ) ❶欲が深くけちなようす。今昔 二・四「家、富めりといへども、長者—の心深くして」訳 家が富んでいるといっても、長者は欲ばりでけちな心が深くて。
❷情がなく冷たいようす。じゃけん。ぶあいそう。〔浄・夕霧阿波鳴渡〕「それはお前の—と申すもの」
❸うどん・そば・酒・飯などを売るとき、一杯盛り切りでお代わりを出さないもの。

けんびゐ-し【検非違使】(名)「けびゐし」に同じ。

げん-ぶく【元服】(名)〔「元」は頭、「服」は着る意〕男子の成人の儀式。服を改め、髪をゆい、はじめて冠をつける。女子の「髪上げ」「裳着」にあたる。年齢は十二歳から十六歳ぐらいまでが多く、幼名を廃して実名をつける。中世以降、武家では冠の代わりに烏帽子が用いられた。源氏 桐壺「十二にて御—し給ふ」訳 (光源氏は)十二歳で御元服しなさる。⇩初冠・「発展」・人と成る「慣用表現」

源平盛衰記(げんぺいじょうすいき)『作品名』軍記物語。作者未詳。成立は南北朝のころか。「平家物語」を増補改訂した異本の一つ。謡曲・浄瑠璃などに大きな影響を与えた。「げんぺいせいすいき」とも。

けん-みつ【顕密】(名)《仏教語》顕教と密教。今昔 二・二「我、唐に渡りて、—の法を習ひ極めむ(=学びきわめよう)」

げん-む【玄武】(名)「げんぶ」とも。四神の一。北方の守護神で、亀に蛇が巻きついた形をしている。

(げんむ)

けんめい-の-ち【懸命の地】主君から賜った、一家の生計を支えるたいせつな領地。〔太平記〕二「勅免あって—をぞ安堵せられける」訳 天皇のお許しがあって領地の所有権を公認された。

けん-もつ【監物】(名)中務省に属し、大蔵・内蔵などの諸庫の出納の監察をつかさどる官職。

けん-もん【権門】(名)官位が高く権勢の盛んな家。方丈 三「おのれが身、数ならずして、—のかたはらにをる者は」訳 自分の身分が、とるにたりなくて、権勢のある家のそばにいる者は。

けんらう-ぢじん【堅牢地神】(名)《仏教語》大地をささえ、これを堅牢にして力を与える神。地神。

建礼門院(けんれいもんいん)『人名』(一一五五―一二一三)平徳子。平安末期・鎌倉初期の人で、高倉天皇の中宮。安徳天皇の母。平清盛の次女。壇の浦で安徳天皇を追って入水したが、源氏方に救われ、のち、出家して洛北の大原寂光院に余生を送った。「平家物語」や謡曲「大原御幸」などで知られる。

建礼門院右京大夫(けんれいもんいんうきやうのだいぶ)『人名』(生没年未詳)平安末期・鎌倉初期の女流歌人。藤原伊行の娘。高倉天皇の中宮徳子(=建礼門院)に仕え、平家滅亡ののち後鳥羽院に出仕した。家集「建礼門院右京大夫集」

建礼門院右京大夫集(けんれいもんいんうきやうのだいぶしふ)『作品名』鎌倉初期の家集。建礼門院右京大夫作。貞永元年(一二三二)ごろ成立。平資盛との恋の歌が中心であるが、詞書が長く、平家滅亡という変転の時代を生きた女性の自伝的日記という性格も濃い。

こ コ

「こ」は「己」の草体
「コ」は「己」の略体

こ-【小】(接頭) ❶小さい、こまかいの意を表す。「—家」「—石」
❷量や程度がわずかである意を表す。「—雨」「—降り」
❸(数量などが)それに近いが、やや及ばない意を表す。「—一里」「—一時」
❹なんとなくの意を表す。「—粋」「—寒し」
❺少し軽蔑していう意を表す。「—ざかし(=なまいきだ)」「—せがれ」

こ-【故】(接頭)(姓名や官職名などに付いて)その人がすでに死亡していることを表す。「—敦忠の権中納言」「—関白殿」

-こ【子】(接尾) ❶親愛の気持ちを表す。「背—」「我妹—」
❷その仕事をする人の意を表す。「田—」「舟—」
❸親しみの気持ちから人の名に付ける。古くは男女とも用いたが、中古以降は多く女子の名に用いた。「小野妹—」「内侍中臣のふさ—」

こ【子・児】(名) ❶(親に対して)子供。おさなご。万葉 五・八〇三「銀も金も玉も何せむにまされる宝—にしかめやも」訳 →しろかねも…和歌
❷人を親しんで呼ぶ語。男から愛する女性に対して用いられることが多い。万葉 一四・三三七三「多摩川にさらす手作りさらさらになにそこの—のここだ愛しき」訳 →たまがはに…和歌

こ【蚕】(名)かいこ。春。万葉 一二・二九九一「たらちねの母が養ふ—の繭隠りいぶせくもあるか妹に逢はずして」訳 母の養うかいこが繭にこもるように、心が晴れないことだなあ。いとしい妻に逢わないで。(「たらちねの」は「母」にかかる枕詞。第三句までは「いぶせくもあるか」を導きだす序詞)

こ【籠】(名) ❶かご。竹取 かぐや姫の生ひ立ち「いと幼ければ、—に入れて養ふ」訳 (かぐや姫が)たいそう小さいので、かごに入れて養育する。
❷「ふせご」に同じ。

こ【此・是】(代)近称の指示代名詞。自分に近い事物や場所をさす。これ。ここ。万葉 八・一四七六「ひとり居て物思ふ夕にほととぎす—ゆ鳴き渡る心しあるらし」訳 ただ一人座って物思いにふける宵の口に、ほととぎすがここを鳴き渡って行く。(ほととぎすにも)心があるらしい。

こ【来】カ行変格活用の動詞「来」の未然形。古今 春上「けふこずはあすは雪とぞふりなまし」訳 もし(私が)今日来なかったら、(この桜は)明日は雪の(降る)ように散っ

てしまうだろう。

こ【来】カ行変格活用の動詞「来く」の命令形。堤 虫めづる姫君「いと興あることかな。こち持てこ」訳（これはたいそうおもしろいことだなあ。（その毛虫を）こちらへ持って来い。

参考 カ変動詞「来く」の命令形は、「来こよ」もあるが、平安末期ごろまで「よ」を伴わず、「来こ」が用いられた。

ご-【御】（接頭）（多く、漢語の名詞に付いて）尊敬の意を表す。「―所」「―斎会」

-ご【御】（接尾）（人を表す名詞に付いて）軽い尊敬の意を表す。「父―」「親―」「嫁―」

ご【御】（名）〔「御前」の略か〕女性に対する敬称。大和 一「伊勢の―の書きつける〔歌〕」→御達

ご【期】（名）❶時。折。特に、死ぬ時。末期。徒然 一〇八「刹那覚えずといへども、これを運びて止まざれば、命を終ふる―、たちまちに至る」訳 一瞬（の短い時間）は意識されないといっても、この一瞬を（次々に）経過させて止めないときっと、生涯を終える時（＝末期）が、たちまちのうちにやって来る。文法「ざれば」の「ば」は恒常条件（…すると、いつも）を表す。

❷限度。際限。期限。大鏡 道長下「まただ申すべきことは―もなく侍るを」訳 もっともっと申し上げなければならないことは際限もなくございますのに。

ご-あく【五悪】（名）《仏教語》五つの悪事。殺生・偸盗（＝ぬすみ）・邪淫・妄語（＝うそをつくこと）・飲酒の五つをいう。

ご…あ・り【御…あり】→おん…あり。平家 一・鹿谷「主上御元服あっ用（促音便）て」訳 帝（＝高倉天皇）は元服なさって。

ご…あれ【御…あれ】→おん…あり

こい【恋】⇩こひ

こ-いたじき【小板敷き】（名）清涼殿の殿上の間の南側の小庭から御殿にのぼる所にある板敷き。蔵人や職事が伺候する所。

こい-ふ・す【臥い伏す】（自サ四）{さ・し・す・す・せ・せ}横になる。寝ころぶ。万葉 一七・三九六二「うち靡き床に―・し用」訳 寝倒れ伏し（病の）床に横になり。

こいへ-がち【小家がち】（名・形動ナリ）小さな家が多いこと。また、そのさま。源氏 夕顔「げにいと―・に用、むつかしげなるわたりの」訳 なるほどまったく小さな家が多く、むさくるしい感じのするあたりの。

こい-まろ・ぶ【臥い転ぶ】（自バ四）{ば・び・ぶ・ぶ・べ・べ}（悶え苦しむように）ころげまわる。万葉 九・一七四〇「立ち走り叫び袖振り―・び用足ずりしつつたちまちに心消失せぬ」訳（浦島の子は）立って走り、叫んで袖を振り、ころげまわり、何度もじだんだを踏み、たちまちのうちに気を失ってしまった。

-こう【公】（接尾）❶（身分の高い人の名に付けて）尊敬の意を表す。「道長―」「清盛―」

❷（近世以降、同輩あるいは目下の人の名に付けて）親しみや軽い軽蔑の気持ちを表す。「熊―」

こう【公】（名）❶朝廷。おおやけ。

❷大臣の称。「三公」といった場合は、太政大臣・左大臣・右大臣、のちには左大臣・右大臣・内大臣をさす。「公」の下の位が「卿」。

こう【功】（名）❶（よい結果をもたらす）長期の努力・修行・経験など。年功。功徳。平家 灌頂・大原御幸「難行苦行の―によって、遂に成等正覚し給ひき」訳（釈迦は）困難で苦しい修行の功徳によって、最後に迷いを去って悟りをお開きになった。

❷てがら。功績。また、効果。ききめ。源氏 末摘花「重き―に、御心のうちにおぼし出づ」訳（光源氏は自分が玉鬘のゆくえを知っていることを）大きなてがらと、お心の中でお思い出しになる。

こう【亢・号・巧・好・江・行・更・幸・庚・柑・香・剛・格・降・高・皎・皓・豪・講・斯う】⇩かう

こう【甲・合・閤】⇩かふ

こう【広・光・皇・荒・黄・曠】⇩くわう

こう【劫・乞う・請う・恋う】⇩こふ

ごう【拷・降・強・嗷・豪】⇩がう

ごう【合】⇩がふ

ごう【業】⇩ごふ

こう-あ・り【功あり】効果がある。成功する。徒然 一八八「敏き時はすなはち―・り終」訳 敏速であるときはたちまち成功する。

こう-あん【公案】㊀（名）《仏教語》禅宗で、師が弟子に悟りを開かせるために課する研究問題。

㊁（名・自サ変）深く思案し工夫をこらすこと。思案。工夫。〔風姿花伝〕「―・し用て思ふべし」訳 深く思案し工夫をこらして思わなければならない。

こう-いん【後胤】（名）子孫。後裔。平家 九・宇治川先陣「宇多の天皇より九代の―」

こう-ぎ【公儀】（名）世間への表向き。おおやけ。また、朝廷や幕府。役所。おかみ。将軍家。〔太平記〕三四「畠山入道は、元来上に―を借かって、下に私の権威を貪らんと思へる心ありければ」訳 畠山入道は、もともと表面上は将軍としての公的な立場を利用して、内々は私的な権勢を貪り求めようと思っている下心があったので。

こう-ぎゃう【興行】（名・他サ変）❶行うこと。催すこと。平家 三・大塔建立「後七日の御修法・大元の法・灌頂―・せ未らるべき由仰せくださる」訳（仁和寺の守覚法親王は）後七日の御修法・大元の法・灌頂（の儀式）を催しなさるつもりであることをご下命なさる。

❷はじめて興すこと。創建。〔謡・道成寺〕「道成の―の寺なればとて、道成寺とは名付けたりや」訳（橘道成が創建の寺だからということで、道成寺とは名を付けたのだよ。

こう-きゅう【後宮】（名）〔天皇の住む正殿のうしろにある御殿の意〕❶皇后や中宮などの住む御殿。天皇の常の御所であった仁寿殿の後方にあり、承香殿・常寧殿・貞観殿・弘徽殿・登華殿・麗景殿・宣耀殿の七殿と、昭陽舎・淑景舎など五舎の総称。⇩巻頭カラーページ32

❷皇后・中宮・女御・更衣・御息所・御匣殿などの、天皇の夫人の総称。

こうざま【斯う様】⇩かうざま

孔子（こうし）『人名』（前五五一～前四七九）「くじ」とも。中国、春秋時代の思想家。名は丘、字は仲尼。魯の国の人。儒教の祖。魯に仕え、のちに諸国を巡って政治の理想を説い

たが用いられず、晩年は魯に戻って弟子の教育と古典の編纂に尽力した。その思想は「仁」を中心とする。「論語」は弟子の集録した言行録。

こうし【格子】⇨かうし

こうじ【好事・柑子・勘事・講師】⇨かうじ

こう‐しゃ【功者】(名・形動ナリ)物事に巧みなこと。また、その人。巧者。〔三冊子〕「―に病ひあり」訳(句をつくるのが)巧みな人には病弊(=欠点)がある。

こう‐じゃう【口上・口状】(名)❶直接口で述べることば。また、話しぶり。もの言い。〔軽口露がはなし〕「亭主(=家の主人)慇懃に(=丁重に)かしこまり、手をつき、まき舌の―(=口調)にて高々と申しけるは」❷劇場などで、演劇の筋や襲名のあいさつを観客に述べること。また、その人。

好色一代男(こうしょくいちだいおとこ)⇨好色一代男(かうしょくいちだいをとこ)

好色一代女(こうしょくいちだいおんな)⇨好色一代女(かうしょくいちだいをんな)

好色五人女(こうしょくごにんおんな)⇨好色五人女(かうしょくごにんをんな)

こう‐しん【後心】(名)「ごしん」とも。(初心に対して)芸の道で深い経験を積んだ境地。また、老成者。〔花鏡〕「初心を忘れずは、―は正しかるべし」訳習いはじめに習得した境地を忘れないならば、経験を積んで得た境地は正しいにちがいない。

こう・ず【困ず】(自サ変)❶悩む。苦しむ。困る。源氏 若菜下「いかにいかにと日々に責められ―・じ用て」訳(小侍従は柏木に)どうかどうかと、毎日のように責められ困って。❷くたびれる。からだが弱る。枕 六「このごろ物の怪にあづかりて、―・じ用にけるにや」訳近ごろ(あちこちの)物の怪を調伏することに関係して、くたびれてしまったのであろうか。文法「にや」のあとに結びの語「あらむ」が省略されている。

こう・ず【薨ず】(自サ変)「死ぬ」の尊敬語。皇族および三位以上の人にいう。お亡くなりになる。平家 六・祇園女御「去々年小松のおとど―・ぜ未られぬ」訳一昨年小松の内大臣(=平重盛)がお亡くなりになられた。⇨果つ「慣用表現」

こうず【好事・勘ず・拷ず・講ず】⇨かうず

こう‐せい【後生】(名)後から生まれてきた人。のちの世の人。後進。後輩。徒然 一三〇「先達、―を畏るといふこと、このことなり」訳すでにその道に達した者が、後進の者をおそれるということは、このことである。

こ‐うた(名)❶【小歌】㋐平安時代、民間で歌われた、今様などの歌謡。㋑室町時代、民間で歌われた短い歌謡。狂言などの中にもとり入れられている。❷【小唄】江戸初期に流行した隆達節・投げ節などの歌謡。また、江戸末期に流行した端唄の一種。

こう‐たう【勾当】(名)〔もっぱらそのことを担当して処理する意〕❶「勾当の内侍」の略。掌侍四人のうち第一位の者。天皇への奏上や勅旨の伝達をつかさどる。❷摂政・関白家の侍所や真言宗・天台宗などの寺で、別当の下に属して事務をとった人。❸盲人の官名。検校・別当の下、座頭の上位。

こう‐ぢ【小路】(名)「こみち」の転。幅の狭い道。↔大路

こ‐うちき【小袿】(名)高貴な女子の日常服。裳・唐衣などを着ないときに、上にうち掛けて着た上着。下に着る袿より少し短く仕立ててある。表は浮き織物、裏は平絹。源氏 少女「うるはしき御―など奉り添へて」訳(大宮は)きちんとした御小袿などを(上に)添えてお召しになって。⇨巻頭カラーページ14

こう‐ばい【紅梅】(名)❶花が紅色の梅。平安時代、単に梅というときは多く白梅をさした。春。源氏 末摘花「階隠しのもとの―、いと疾く咲く花にて、色づきにけり」訳階隠し(=寝殿の正面階段前の車寄せ)のわきの紅梅は、たいそう早く咲く花で、(もう)色づいてしまった。❷染め色の名。紅梅色。古くは桃色の濃いもの。のちに紫のかかった色。枕 二七八「御返し、―の薄様に書かせ給ふが」訳御返事は、紅梅色の薄い鳥の子紙にお書きになられるが。⇨巻頭カラーページ10 ❸襲の色目の名。表は紅色、裏は蘇芳色(=黒みを帯びた紅色)。または表が紅色、裏が紫色。初春に用いる。紅梅襲。枕 二五「すさまじきもの 昼ほゆる犬、…三四月の―の衣」訳(不調和で)興ざめなもの、昼ほえる犬、…(時期はずれの)陰暦三、四月(=晩春から初夏)の紅梅襲の衣服。⇨巻頭カラーページ11 ❹織物の色の名。縦糸が紫、横糸が紅色のもの。年少者が着用した。

こうばい‐がさね【紅梅襲】(名)「こうばい❸」に同じ。

こう‐ふく【口腹】(名)飲み食い。飲食。また、生活。〔雨月〕菊花の約「―のために人を累はさんや」訳暮らし向きのために他人を煩わせようか(いや、煩わせまい)。

興福寺(こうふくじ)(名)〔古くは「こうぶくじ」とも〕今の奈良市登大路町にある寺。法相宗の大本山で、南都七大寺の一つ。藤原氏の氏寺として、その氏神春日神社をも管理した。

こうぶり【冠】⇨かうぶり

こうぶる【被る・蒙る】⇨かうぶる

こう‐ふん【紅粉】(名)紅とおしろい。脂粉。〔太平記〕三七「粧ひ―を尽くしたる美麗の童八人」訳飾りたてたさまは紅とおしろいを尽くしたあでやかで美しい稚児が八人。

こうべ【頭・首】⇨かうべ

弘法大師(こうぼうだいし)『人名』→空海

こう‐みゃう【功名】(名)てがら。てがらを立てたことによる名声。細道 平泉「さても義臣すぐってこの城にこもり、―一時の叢となる」訳それにしても(義経が)義勇の家臣をえりすぐってこの(高館の)城にたてこもり、(奮戦したときの)てがらもただ一時の(夢と消え、そこは今や一面の草むらとなっている。

こうむる【被る・蒙る】⇨かうむる

こうよう【斯う様】⇨かうやう

こうらう‐でん【後涼殿】(名)「こうりゃうでん」とも。内裏の殿舎の名。清涼殿の西にある御殿。女御などの住む所。⇨巻頭カラーページ32

こう‐らん【勾欄】(名)「かうらん」に同じ。

こうろ‐くゎん【鴻臚館】(名)奈良・平安時代、外国からの使節を接待するために設けられた建物。京都・難波(大阪)・太宰府に置かれた。

こえ【声】⇨こゑ

こえ・く【越え来】(自カ変){こ・き・く・くる・くれ・こ(こよ)}越えて来る。源氏 玉鬘「いよいよ危ふがりて、おしてこの国に―・き用ぬ」訳（大夫の監は）ますます不安に思って、むりにこの（肥前の）国まで（野山を）越えて来た。

ご・えふ【五葉】ヨウ(名)「五葉松」の略。松の一種。針葉が五本ずつ小枝に密生する。徒然 一三九「家にありたき（＝あってほしい）木は、松・桜。松は―もよし」

ご・えん【後宴】(名)踏歌や元服などの大宴会の終わったあと、改めて行う小宴会。

こおし【恋し】⇨こほし

こおり【郡】⇨こほり

ご・かい【五戒】(名)《仏教語》在家の人（＝出家していない人）が守るべき五つの戒め。五悪（＝殺生・偸盗・邪淫・妄語・飲酒）を禁じること。→五悪

ご・かいだう【五街道】ーカイドウ(名)江戸時代、江戸の日本橋を起点とした五つの主要な街道。東海道・中山道・奥州街道・日光街道・甲州街道をいう。

小督（こがう）ゴウ《人名》(生没年未詳)平安末期、高倉天皇の女房。小督の局。藤原成範の娘。天皇の寵愛を受けたために中宮徳子の父平清盛に憎まれ、嵯峨野に隠れ住んだ。源仲国が勅を奉じて再び宮中に迎えたが、清盛に捕らえられ尼となった。その事跡は「平家物語」や謡曲「小督」にくわしい。

ご・かう【五更】コウ(名)❶一夜を五つに区別した称。初更・二更・三更・四更・五更の総称。五夜。❷時刻の名。①の五番目。今の午前四時ごろ、およびその前後約二時間（午前三時ごろから午前五時ごろ）。寅の刻。戊夜。（→更）

ご・かう【御幸】ゴウ(名)院政時代以降、上皇・法皇・女院のおでかけ。平家 灌頂・大原御幸「法皇夜をこめて大原の奥へぞ―なる」訳（後白河）法皇は夜も深いうちに大原の奥へお出ましになられる。文法「御幸なる」の「なる」は、高貴な人の動作を表す語（「行幸」「御寝」など）に付いて、補助動詞的に用いられ、尊敬の意を表す。⇨行幸「類語パネル」

こ・がく・る【木隠る】(自ラ下二){れ・れ・る・るる・るれ・れよ}木のかげに隠れる。古今 恋一「あしひきの山下水の―・れ用てたぎつ心をせきぞかねつる」訳 山のふもとを流れる水が木の間に隠れて激しく流れるように、（私も人に知られず）心中にわきたつような恋心をおさえかねたことだ。（「あしひきの」は「山」にかかる枕詞。第三句までは、「たぎつ」を導きだす序詞）

こが・す【焦がす】(他サ四){さ・し・す・す・せ・せ}❶火や太陽の熱で焼く。〔伽・二十四孝〕「火をもって木像の面を―・し用たれば」訳 火によって木像の顔をこがしたところ。❷香をたきしめる。源氏 夕顔「白き扇のいたう―・し用たるを」訳 白い扇でたいそう香をたきしめてあるのを。❸胸をこがす。恋いこがれて胸をいためる。〔後撰〕恋二「涙にも思ひの消ゆるものならばいとかく胸は―・さ未ざらまし」訳 涙によっても恋の思いの火が消えるものであるならば、このようにひどく胸はこがさなかったであろうに。（「思ひ」の「ひ」は「火」との掛詞）

こ・かた【子方】(名)❶子分。手下。〔浮世床〕「子分・―（＝手下）を両方から引き連れて」❷能楽・歌舞伎などで、子供の演じる役がら。

こ・がね【黄金・金】(名)〔上代は「くがね」〕❶黄金。金。竹取 かぐや姫の生ひ立ち「節を隔ててよごとに―ある竹を見つくること重なりぬ」訳 節をへだてて空洞ごとに黄金の入った竹を見つけることがたび重なった。❷金でつくった貨幣。金貨。〔雨月〕貧福論「庁上なる所に許多の―を布き班べて」訳 一室にたくさんの金貨を敷き並べて。❸「黄金色」の略。金色。竹取 蓬萊の玉の枝「―・銀（＝銀色）・瑠璃色の水、山より流れ出でたり」

こ・がひ【子養ひ・子飼ひ】ガイ(名)❶動物を子の時から飼い育てること。子を飼うこと。枕 二九「心ときめきするもの　雀の―」訳 胸がわくわくするもの、雀のひなを飼うこと。❷幼い時から引き取って育てること。商家の奉公人などにいう。〔浄・心中重井筒〕「余のお山衆と違うて十の年から―にて」訳 他の遊女たちと違って、十歳の年から引き取って育てた者であって。

こ・がらし【木枯らし・凩】(名)秋の末から冬にかけて吹く冷たい風。冬。源氏 夕霧「―の吹きはらひたるに」訳 木枯らしが吹きはらってしまうと。

こがらしの… 俳句

> 冬
> 凩の　果てはありけり　海の音
> 〈新撰都曲・言水〉

訳（梢を鳴らし駆けぬけていくあの）木枯らしにも果てる所があったことよ。冬の湖の波の音のするあたりでかき消されて。（凩冬。切れ字は「けり」。）文法「けり」は、詠嘆の助動詞。解説「海」は琵琶湖をさす。池西言水は江戸初期の俳人。奈良の人。別号紫藤軒。

こがらしや… 俳句

> 冬
> 凩や　何に世わたる　家五軒
> 〈蕪村句集・蕪村〉

訳 木枯らしが吹き荒れている。〔荒涼とした荒地の中に〕貧しげな家が五軒身を寄せ合っている。あの家々は何で生計を立てているのであろうか。（凩冬。切れ字は「や」）

こが・る【焦がる】(自ラ下二){れ・れ・る・るる・るれ・れよ}❶火や日光に焼けて色が変わる。こげる。源氏 真木柱「昨夜の焼けとほりて、疎ましげに―・れ用たる匂ひなども異様なり」訳 昨夜の（火取りの灰をかけられた直衣は）焼けて穴があいて、気味が悪いようすでこげたにおいなどもふつうとは変わったようすである。❷身・胸・心などが、焼かれるようになる。思いこがれる。源氏 帚木「折々人やりならぬ胸―・るる体夕べもあらむ」訳（私＝頭の中将を思い出しては）ときどき自分の心ながらどうにもならない、胸がこがれる夕暮れもあるだろう。❸香がたきしめられている。

こ・き【国忌】(名)〔「こくき」の転〕皇祖および天皇の父母などの命日。この日は政務を休んで謹慎し、寺で仏事を行う。源氏 賢木「霜月の朔日ごろ、御―な

るに雪いたう降りたり」訳 陰暦十一月の上旬ごろ、(桐壺帝のご命日である折に雪がひどく降った。

こ-ぎ【狐疑】(名)(狐が疑い深いということから)相手を疑うこと。猜疑心をもつこと。〔雨月〕菊花の約「智を用うるに—の心多くして」訳(尼子経久は)智略をめぐらすうえで疑い深い心が多くて。

ご-き【御器】(名)食物を盛るふたつきの器。後世、特に椀をいう。

こぎ-あり・く【漕ぎ歩く】(自カ四)(か・き・く・く・け・け)(舟で)あちこちと漕ぎまわる。枕 三〇六「はし舟とつけて、いみじう小さきに乗りて—・く(体)、つとめてなどいとあはれなり」訳 はし舟と名づけて、とても小さな舟に乗ってあちこちと漕ぎまわるのは、早朝などはたいそうしみじみとして趣深い。

こぎ-い・づ【漕ぎ出づ】(自ダ下二)(で・で・づ・づる・づれ・でよ)舟を漕いで沖に出る。古今 羈旅「わたの原八十島かけて—・で(用)ぬと人には告げよあまの釣舟」訳→わたのはら…和歌

こき-い・る【扱き入る】**一**(他ラ下二)(れ・れ・る・るる・るれ・れよ)しごきとって入れる。古今 秋下「もみぢばは袖に—・れ(用)てもて出でなむ」訳 もみじの葉は袖にしごきとって入れて(都に)持って出よう。
二(自ラ四)(ら・り・る・る・れ・れ)〔「こき」は接頭語〕入る。〔狂・烏帽子折〕「まづこちへ(=こちらへ)—・っ(用)(促音便)て」

こぎ-かく・る【漕ぎ隠る】(自ラ四)(ら・り・る・る・れ・れ)漕いでいった舟が物陰に隠れる。万葉 一七・四〇一七「東風いたく吹くらし奈呉の海人の釣りする小舟—・る(体)見ゆ」訳 東風がひどく吹いているにちがいない。奈呉の海で漁夫が釣りをする小舟が漕いでいって隠れるのが見える。

こぎ-く【漕ぎ来】(自カ変)(こ・き・く・くる・くれ・こ(こよ))(舟を)漕いで来る。土佐「かくうたふを聞きつつ—・くる(体)に」訳 このように(少年が船唄を)歌うのを聞きながら(舟を)漕いで来ると。

こぎ-そ・く【漕ぎ退く】(他カ下二)(け・け・く・くる・くれ・けよ)(舟を)漕いで、物を押しのける。漕ぎ分ける。土佐「難波潟葦—・け(用)て御船来にけり」訳 難波潟に、葦を漕ぎ分けて御船が来たことだなあ。

こぎ-た・む【漕ぎ回む】(自マ上二)(み・み・む・むる・むれ・みよ)(舟で)漕ぎめぐる。万葉 一・五八「いづくにか船泊てすらむ安礼の崎—・み(用)行きし棚無し小舟」訳(いまごろ)どこに船泊まりをしているのであろうか。(この夕方)安礼の崎を漕ぎまわって行ったあの船棚のない小さな舟は。

こき-た・る【扱き垂る】(自ラ下二)(れ・れ・る・るる・るれ・れよ)(稲穂から稲の粒をしごき落とすように、雨や涙がはらはらとしきりにこぼれ落ちる。古今 恋三「明けぬとて帰る道には—・れ(用)て雨も涙も降りそほちつつ」訳 夜が明けたというので、(女の家からしかたなく)帰る道では、雨も涙もはらはらとしきりにこぼれて、(私の衣が)ぐっしょりぬれるほど降っていることよ。

こき-ちら・す【扱き散らす】(他サ四)(さ・し・す・す・せ・せ)しごきとって散らす。まき散らす。源氏 澪標「松原の深緑なるに、花紅葉を—・し(用)たると見ゆる表の衣の濃き薄き」訳 松原の深緑色である中に、花や紅葉をまき散らしてあるよと見える袍(=束帯の表着)の色が濃い人や薄い人は。

こぎ-づ【漕ぎづ】(自ダ下二)(で・で・づ・づる・づれ・でよ)〔「こぎいづ」の転〕「こぎいづ」に同じ。万葉 一二・三一七一「難波潟—・づる(体)舟のはろはろに別れ来ぬれど忘れかねつも」訳 難波潟を漕ぎ出る舟のように、はるばると(遠く)別れて来てしまったけれど、(妻を)忘れることができないよ。(第二句までは「はろはろ」を導きだす序詞)

こき-でん【弘徽殿】(名)「こうきでん」とも。内裏の殿舎の名。後宮七殿の一つ。清涼殿の北にある。皇后・中宮や有力な女御の居所。また、そこに住む皇后・中宮や女御。⇩巻頭カラーページ32

弘徽殿女御(こきでんのにょうご)〖人名〗『源氏物語』中の人物。桐壺帝の女御で、第一皇子朱雀院の母。

こき-ま・ず【扱き混ず】(他ザ下二)(ぜ・ぜ・ず・ずる・ずれ・ぜよ)〔「こき」は接頭語〕かきまぜる。まぜあわせる。古今 春上「見渡せば柳桜を—・ぜ(用)て都ぞ春の錦なりける」訳→みわたせば…和歌

こ-ぎみ【小君】(名)平安時代、貴族の子弟に対する愛称。源氏 帚木「またの日、—召したれば」訳 翌日、(光源氏が)小君をお呼びになったので。

こ-ぎみ【故君】(名)亡くなった貴人に対する敬称。源氏 夕霧「—の御ことも少し聞こえ出でて」訳(夕霧は)亡くなった方(=柏木)の御ことも少し申し上げて。

こ-きゃう【故郷】(名)生まれ育ったところ。ふるさと。郷里。徒然 八四「法顕三蔵の、天竺に渡りて、—の扇を見ては悲しび」訳 法顕三蔵(=中国東晋時代の僧)が、インドに渡って、ふるさとで作られた扇を見ては悲しみ。

ご-きゃう【五経】(名)儒教で尊重する五部の経書。「易経」「書経」「詩経」「春秋」「礼記」をいう。

ご-ぎゃう【五行】(名)❶古代中国の学説で、天地の間に絶えず運行して万物を構成するという五つの元素。木・火・土・金・水の総称。❷〖仏教語〗菩薩が修行する五種の行法。大乗経では布施・持戒・忍辱・精進・止観の五つ。❸陣立ての名。地形により、方・円・曲・直・鋭の五つの陣形をしく。

参考 ①については、木は火を、火は土を、土は金を、金は水を、水は木を生ずるとして、これを「相生」という。また、木は土に、土は水に、水は火に、火は金に、金は木に剋つとして、これを「相剋」という。天と地の五行は互いに連絡・影響しあう。これを五行説といい、陰陽道の根本理念になっている。

ご-ぎゃう【御形】(名)「おぎゃう」とも。母子草の異称。春の七草の一つ。春。⇩巻頭カラーページ8

後京極殿(ごきゃうごくどの)〖人名〗→藤原良経

ご-ぎゃく【五逆】(名)〖仏教語〗「五逆罪」の略。

ご-ぎゃく-ざい【五逆罪】(名)〖仏教語〗五種の大罪。父を殺すこと、母を殺すこと、阿羅漢(=最高位の修行者)を殺すこと、僧の和合を破ること、仏身を傷つけることの総称。これを犯す者は無間地獄に落ちるとされた。五逆。

こ-きゅう【胡弓・鼓弓】(名)弦楽器の一種。中国から渡来したという。形は三味線に似て小さく、弦は三本または四本で、馬の尾毛を張った弓でひく。⇩巻頭カラーページ23

ごぎょう【五行・御形】⇩ごぎゃう

こき・る【扱きる】(他ラ下二){れ・れ・る・るる・るれ・れよ}〔「こきいる」の転〕しごき取って入れる。万葉 二〇・四五一二「池水に影さへ見えて咲きにほふ馬酔木の花を袖に―・れ㊍な」訳池の水に(美しい)影までも見せて色鮮やかに咲く馬酔木の花を、袖にしごき取って入れようよ。

こぎ-わた・る【漕ぎ渡る】(自ラ四){ら・り・る・る・れ・れ}(舟を)漕いで渡る。土佐「影見れば波の底なるひさかたの空―・る㊍われぞわびしき」訳(水に映る)月影を見ると、波の底に空があるが、その空を漕いで渡る私はわびしいことだ。(「ひさかたの」は「空」にかかる枕詞)

古今和歌集(こきんわかしふ)『作品名』最初の勅撰和歌集。平安前期、醍醐天皇の命を受けて、紀貫之・紀友則・凡河内躬恒・壬生忠岑らが撰進。延喜五年(九〇五)成立(延喜十三年(九一三)ごろとする説もある)。六歌仙・撰者らの歌およそ千百首を収め、七五調を基本に縁語・掛詞などを多用し、歌風は繊細・優美。紀貫之の「仮名序」と紀淑望の「真名序」(=漢文で書かれた序文)があり、仮名序は日本で最初の歌論として価値がある。→勅撰和歌集

こく【石・斛】(名)❶容積の単位。一石は一升の百倍。約一八〇リットル。❷和船の積載量や、木材の容積の単位。一石は十立方尺。約二七八リットル。「千―船」❸大名・武士の禄高を表す単位。

こく【刻】(名)昼夜二十四時間を十二支に配当していう時刻の単位。公式の場合の水時計による定時法と、民間などで一日を昼夜に二分し、それぞれを六等分する不定時法がある。一刻はほぼ今の二時間にあたる。また、それを三分して「上刻」「中刻」「下刻」、四分して「子の一刻」「丑三つ」などという。

こ・く【扱く】(他カ四){か・き・く・く・け・け}しごく。しごき落とす。枕 九九「そのわたりの家のむすめなど、ひきゐてきて、五、六人して―・か㊍せ」訳そのあたりの家の娘などを、ひき連れて来て、五、六人で(籾を)しごき落とさせ。

こ・ぐ【漕ぐ】(他ガ四){が・ぎ・ぐ・ぐ・げ・げ}櫓や櫂を使って船を進める。土佐「船疾く―・げ㊎。日のよきに」訳船を速く漕げ。天気がいいから。

こ-くう【虚空】㊀(名)❶大空。空間。徒然 二三五「―よく物を容る」訳空間は(何でも)よく物を中におさめ入れる。❷《仏教語》実体のないこと。空。㊁(形動ナリ){なら・なり(に)・なり・なる・なれ・なれ}思慮分別がないようす。むてっぽう。むやみ。〔鹿の子餅〕「長崎の唐人屋敷(=中国人居留地)へ遊びに行った時、日本人と見ると、―・に㊌(=むやみに)相撲を取りたがる」

こく-がく【国学】(名)❶律令制で、諸国に設けられた、郡司の子弟を教育するための機関。❷江戸時代の中ごろに、漢学・儒学に対抗して起こった学問。「古事記」「日本書紀」「万葉集」「祝詞」「源氏物語」「古今集」などの古典を研究し、古代日本の思想・文化を明らかにしようとしたもの。戸田茂睡・下河辺長流・契沖らによって始まり、国学の四大人といわれる荷田春満・賀茂真淵・本居宣長・平田篤胤によって完成された。

こく-げつ【黒月】(名)陰暦で、満月の翌日から晦日までの称。↔白月

ごく-げつ【極月】(名)〔年が極まる月の意〕陰暦十二月の異称。図

こくさう-ゐん【穀倉院】(名)平安時代、朝廷の倉庫の一つ。畿内諸国から調として納められた銭や、諸国の官有田などからとれた穀物を保管した所。

こく-し【国司】(名)律令制の地方官の一つ。大化の改新後、設置された。諸国を治めるために中央政府から派遣され、行政・警察・司法をつかさどった。守・介・掾・目の四等官がある。「くにのつかさ」とも。

> **発展 国司の就任と任期**
>
> 国司は、広義には四等官全体をいうが、狭義には守(=長官)のみをさす。守には中央の貴族が県召しの除目で就任し、任期ははじめ六年、のちに四年になった。

こく-しゅ【国守】(名)国司の長官。国の守。

古語ライブラリー⑱ 係り結びの衰退

◇ここにもひとり月の客と、己と(=自分から)名乗り出でたらんこそ、いくばくの風流ならん。〈去来抄・先師評〉

係助詞の「こそ」があるのに、結びが已然形の「め」ではなく「ん」になっている。すでに室町時代から「こそ」による係り結びを除いて、結びが乱れていたのであるが、江戸時代になると、右の例のように「こそ」の結びまでも乱れるようになる。ただし、擬古文として、古くからの文法に従っている用例もある。

◇双林(=娑羅双樹)の枯れたる跡も、まのあたりにこそ覚えられけれ。〈笈の小文〉

◇今日この柳のかげにこそ立ち寄り侍りつれ。〈細道 蘆野〉

「こそ」を除く係り結びが衰えたのは、活用する語の終止形と連体形とが同じ形になるという変化が起きたことの影響が大きい。

室町時代に生まれた即興劇として知られる狂言は、当時の口語を伝える貴重な資料だ。大蔵流狂言にはこんな用例が見られる。仮名遣いは歴史的仮名遣いに改めて引用する。

◇ゆるりと見物致さうと存ずる。〈狂・末広がり〉

◇それは満足する。〈狂・米市〉

◇うまうて(=うまくて)死ぬる。〈狂・附子〉

◇御機嫌の直る囃子物がある。〈狂・末広がり〉

◇まだ言ひをる。〈狂・末広がり〉

「存ずる・満足する」はサ変、「死ぬる」はナ変、「ある・をる」はラ変で、これまでの連体形が終止形として用いられている。

終止形と連体形とが同じ形になると、係助詞「ぞ・なむ」を用いて連体形で結んでも、強調の表現としての効果は薄れることになろう。連体形による文の終止の一般化とともに、係り結びは衰退したのである。

⇩四九九ページ⑲

ごくすい-の-えん【曲水の宴】「きょくすいのえん」に同じ。春

国性爺合戦（こくせんやかっせん）『作品名』江戸中期の時代物浄瑠璃。五段。近松門左衛門作。正徳五年(一七一五)大坂竹本座初演。中国の明の遺臣、鄭芝竜と日本人女性との間に生まれた鄭成功(=国性爺)が明朝を復興しようと活躍する話で、構想雄大な傑作。

こ-ぐそく【小具足】(名)鎧・かぶとの付属具。籠手・臑当て・脇楯など。また、これらを身につけていること。⇩巻頭カラーページ16

ごく-そつ【獄卒】(名)❶《仏教語》地獄で、罪人を責める鬼。平家 六・入道死去「閻王あはれみ給ひて、ーを相添へて焦熱地獄へ遣はさる」訳 閻魔大王が(法蔵僧都を)かわいそうにお思いになって、地獄の鬼をつき添わせて焦熱地獄へお遣わしになる。❷人情を解さない者をののしっていう語。〔浄・源平布引滝〕「ヤイ天罰しらぬー(=人でなし)め」

こく-だち【穀断ち】(名)修行や立願成就のため、一定期間、穀類を食べないこと。宇治 一三・九「『ーいくとせばかりになり給ふ』と問はれければ」訳 (公達が)「穀類を食べない期間は何年くらいになられるか」と(聖に)お尋ねになったところ。

ごく-ねち【極熱】(名)「ごくねつ」とも。きわめてあついこと。酷暑。高熱。〔うつほ〕国譲中「日頃はかくーのころに侍れば、苦しうて内裏にも参り侍らず」訳 ここ数日はこのように酷暑の時節でございますので、苦しくて内裏にも参りません。

こく-ふ【国府】(名)「こくぶ」「こふ」とも。律令制で、諸国に置かれた国司の役所。また、その所在地。

こく-も【国母】(名)「こくぼ」とも。❶天皇の母。皇太后。平家 一・吾身栄花「入道相国の御娘なるうへ、天下のーにてましましければ」訳 (平徳子は)入道相国(=平清盛)の御息女であるうえに、天下にゆるぎない帝の御生母でいらっしゃったので。❷(国民の母の意で)皇后。

ごく-らく【極楽】(名)❶《仏教語》「極楽浄土」の略。枕 一六七「遠くて近きもの ー」❷《仏教語》「極楽往生」の略。この世を去り、極楽浄土に生まれかわること。源氏 明石「入道(=明石の入道)もーの願ひをば忘れて」❸この上なく安楽な状態のたとえ。〔浮世風呂〕「寝酒の一盃つつも呑んで、快く寝るのがーよ」

ごくらく-じゃうど（ージョウド）【極楽浄土】(名)《仏教語》西方十万億土の彼方にあるという、阿弥陀如来の居所。生死・寒暑、その他いっさいの苦悩がなく、平和安楽な世界。西方浄土。十万億土。極楽。平家 一一・先帝身投「この国は心憂き境にて候へば、ーとてめでたき所へ具しまゐらせ候ふぞ」訳 この国はいやな場所でございますから、極楽浄土といってすばらしい所へお連れ申しあげますよ。⇩後世「慣用表現」

こ-ぐら・し【小暗し】(形ク){から・く(かり)・し・き(かる)・けれ・かれ}【「こ」は接頭語】うす暗い。ほの暗い。蜻蛉 中「ー・く(用)なりぬれば、鵜舟ども、かがり火さしともしつつ」訳 うす暗くなったので、鵜飼いの舟々が、かがり火をともしながら。

こ-ぐら・し【木暗し】(形ク){から・く(かり)・し・き(かる)・けれ・かれ}木立が茂りあっていて暗い。源氏 若紫「荒れたる家の、木立いとものふりて、ー・う(用)(ウ音便)見えたるあり」訳 荒れている家で、木立がたいそう古びて、うっそうと茂って暗く見えている家がある。

こ-くゎんじゃ（ーカンジャ）【小冠者】(名)「こくわじゃ」とも。元服をしたばかりの、年若い少年。若者。弱冠。平家 一一・鶏合 壇浦合戦「心こそたけくとも、そのー、何ほどのことかあるべき」訳 心は勇猛でも、その若者は、どれほどのことがあろうか(いや、どれほどのこともあるまい)。

こけ【苔】(名)土や木・岩などに生える蘚苔類や地衣類、一部の藻類などの称。

こ-け【虚仮】(名・形動ナリ)❶《仏教語》真実でないこと。心の中と外面とが合わないこと。〔歎異抄〕「ひとへに賢善精進の相を外に示して、内にはーをいだけるものか」訳 ひたすら善事を行い、仏道に励むようすを表面に示して、心の中にはうそ偽りをいだいているのではないか。❷考えの浅いこと。〔無名抄〕「『泣かれぬる』といふ詞こそ、あまりー過ぎて、いかにぞや聞こえ侍れ」訳「泣かれぬる(=自然と泣けてきてしまう)」ということばは、あまりにも浅薄すぎて、いかがであろうかと聞こえます。❸愚かなこと。また、その人。

ご-けい【五刑】(名)中国古代の五種の刑。墨(=いれずみ)・劓(=鼻切り)・剕(=足切り)・宮(=男は去勢、女は幽閉)・大辟(=首切り)。のち、隋の時、笞(=むちで打つ)・杖(=つえで打つ)・徒(=懲役)・流(=流罪)・死(=死罪)となり、日本でも、律令制でこれにならった。

ご-けい【御禊】(名)天皇即位ののち、陰暦十一月の大嘗会に先立って十月下旬に賀茂川で行われるみそぎの儀式。また、伊勢の斎宮や賀茂の斎院が賀茂川で行うみそぎにもいう。大鏡 花山院「その日は、冷泉院の御時の大嘗会のーあり」訳 (花山院ご誕生の)その日は、(父君である)冷泉院の御代の大嘗会の御禊の儀式がある。

ご-けにん【御家人】(名)❶鎌倉時代、将軍家直属の家臣の敬称。〔太平記〕一三「諸国のーの称号は頼朝卿の時よりあって」❷江戸時代、将軍家の直参(=直属の臣)で、将軍に面会を許されない御目見得以下の武士。→旗本③

こけ-の-ころも【苔の衣】❶僧侶や隠者などの着る粗末な衣服。〔うつほ〕吹上下「木の皮、ーを着て、いふばかりなきものから、ただの人に見えず」訳 (忠こそは)木の皮や、苔で作ったような粗末な衣を着て、言いようもない(ひどい身なりではある)ものの、並の人物に見えない。⇩世を背く「慣用表現」❷苔が一面に生えているようすを衣に見たてていう語。〔玉葉〕冬「岩の上のーも埋もれずただひとへなる今朝の白雪」訳 岩の上に一面に広がる苔の衣もおおい隠されることはない。ただうっすらと降り積もった今朝の白雪であるよ。

こけ-の-した【苔の下】墓の下。草葉の陰。新古 哀傷「稀に来る夜半も悲しき松風を絶えずやーに聞くらん」訳 (私が亡き妻の墓所に)まれにやって来る夜でさえも悲しく聞こえる松風を、(妻は)絶えることなく草葉の陰で聞いているのであろうか。⇩後世「慣用表現」

こけ-の-したみづ（ータミズ）【苔の下水】苔の下を流れる

水。新古 春上「岩間とぢし氷もけさはとけそめて—道もとむらん」訳 岩の間を閉ざしていた氷も、(立春の)今朝はとけ始めて、苔の下を流れる水は(流れていくべき)道をさがし求めているのであろう。

こけ-の-たもと【苔の袂】僧侶や隠者などの着る粗末な衣の袂。また、その衣。古今 哀傷「皆人は花の衣になりぬなり—よ乾きだにせよ」訳 すべての人は(忌み明けとともに)はなやかな衣服になってしまったということだ。(私の涙にぬれた)僧衣の袂よ、せめて乾きだけでもしてくれよ。⇩世を背く「慣用表現」

こけ-の-むしろ【苔の筵】苔が一面に生えているさまを敷物に見たてていう語。徒然 五四「ここかしこ遊びめぐりて、ありつる—に並み居て」訳 (法師たちは)あちらこちら遊びまわって、さっきの苔が一面に生えている所に並んで座って。

こけ-む・す【苔産す・苔生す】(自サ四)〔さ・し・す・す・せ・せ〕苔が生える。転じて、古めかしくなる。平家 三・少将都帰「古里の軒の板間に—・し用て思ひしほどは漏らぬ月かな」訳 古いなじみの地(である私の山荘)の軒の板と板とのすきまには苔が生えて、思ったほどには漏れてこない月(の光)であるよ。

こけら【杮】(名)❶材木を斧などで削ったときに出る細片。削りくず。著聞 三九八「ただ今散りたる—ばかりにて、前に散りつもりたるなし」訳 (大木を半分以上切り込んでいるのに)たった今落ちた削りくずだけで、前に落ち積もったのがない。
❷檜・さわら・杉などの材木を薄くそいだもの。屋根を葺くのに用いる。そぎ板。

こ-こ【此処】(代)❶近称の指示代名詞。事物・場所をさす。ここ。この場所。こちら。この点。このこと。
❷自称の人代名詞。この身。私。竹取 かぐや姫の昇天「—にも、心にもあらでかくまかるに、昇らむをだに見送り給へ」訳 私においても、心ならずもこうしておいとまするのだから、せめて(空へ)昇るのだけでも見送ってください。
❸対称の人代名詞。あなた。源氏 梅枝「かの君と、前斎院と、—にとこそは書き給はめ」訳 あの君(＝朧月夜)と、前の斎院(＝朝顔の姫君)と、あなた(＝紫の上)とは(みごとに)お書きになるだろう。
❹他称の人代名詞。こちらの方。〔落窪〕「『…』と、—にのたまふめればなむ」訳「…」と、こちらの方(＝落窪の君)がおっしゃるようなのでね。文法「のたまふめればなむ」の「めれ」は婉曲の助動詞「めり」の已然形。「なむ」は強調の係助詞で、結びは省略されている。
参考 ②③④の人代名詞と考えられる用法は、①の場所をさし示す用法から派生したもので、多く「ここに」の形で現れる。同様の語に、「そこ」(対称・あなた)、「かしこ」(他称・あちらの人)がある。

ご-ご【御後】(名)「うしろ」の敬称。神社または宮殿などのうしろをいう。特に、紫宸殿の賢聖の障子の北側の広廂をいう。平家 一・殿上闇討「横だへ差されたりける刀をば、紫宸殿の—にして」訳 (忠盛は)横にして差していらっしゃった刀を、紫宸殿の賢聖の障子の北側の広廂において。

ごこう〘五更・御幸〙⇩ごかう

ここ-かしこ【此処彼処】(代)あちらこちら。枕 二〇一「女房—に群れゐつつ、物語うちし」訳 女房があちらこちらに何人かずつ集まり座って、話をちょっとし。

こ-こく【胡国】(名)古代、中国北方の異民族の国。漢の時代には、ふつう匈奴の国をさす。

ご-こく【五穀】(名)五種の穀物。米・麦・黍(一説に麻とも)・粟・豆。また、穀物の総称。宇治 一三・九「昔、久しく行ふ上人ありけり。—を断ちて年来になりぬ」訳 昔、長い間修行している上人がいたそうだ。穀類(を食べること)を断って長い年月になった。

ここ・し【子子し・児児し】(形シク)〔しから・しく(しかり)・し・しき(しかる)・しけれ・しかれ〕子供のように初々しい。おおらかである。おっとりしている。堤 はいずみ「あてに—・しき体人の、日ごろものを思ひければ」訳 上品で子供のように初々しい人が、この数日もの思いに沈んでいたので。

こご・し(形シク)〔しから・しく(しかり)・し・しき(しかる)・しけれ・しかれ〕《上代語》岩がごつごつと重なり、険しい。万葉 七・一一三〇「神さぶる磐根—・しき体み吉野の水分山を見ればかなしも」訳 神々しい岩のごつごつとして険しい吉野の水分山を見ると、心ひかれることよ。

ここ-だ【幾許】(副)《上代語》❶(数や量について)たくさんに。万葉 六・九二四「み吉野の象山の際の木末には—もさわく鳥の声かも」訳 →みよしのの…和歌
❷(程度について)たいへんに。たいそう。万葉 一四・三三七三「多摩川にさらす手作りさらさらになにそこの児の—愛しき」訳 →たまがはに…和歌

ここだ-く【幾許】(副)《上代語》(こんなにも)多く。(こんなにも)ひどく。万葉 四・六六六「相見ぬは幾久さにもあらなくに—我は恋ひつつもあるか」訳 互いに会わないのはそれほど長い間でもないことなのに、こんなにもひどく私は(あなたを)恋し続けてもいることよ。

ここ-ち【心地】(名)❶**心持ち。気持ち。**気分。竹取 かぐや姫の生ひ立ち「翁、—悪しく苦しきときも、この子を見れば苦しきこともやみぬ」訳 (竹取の)翁は気分がすぐれずつらい時も、この子(＝かぐや姫)を見るといつも苦しいことも治まってしまう。文法「見れば」は「已然形＋ば」で、恒常条件(…すると、いつも)を表す。
❷心。**考え。思慮。**配慮。源氏 空蟬「まだいと若き—に、さこそさしすぎたるやうなれど、えしも思ひわかず」訳 (軒端の荻の)まだひどく若い考えでは、あれほどでしゃばったようであっても、とても分別をつけることができない。文法「えしも」の「しも」は強意の副助詞。「え」は副詞で、打消の語(ここでは「ず」)を伴って不可能の意を表す。
❸感じ。ありさま。ようす。源氏 帚木「なよ竹の—して、さすがに折るべくもあらず」訳 (光源氏には空蟬が)しなやかな竹のような感じがして、さすがに折る(＝契る)ことはできそうもない。
❹**気分の悪いこと。病気。**源氏 蜻蛉「いかなる—にてか、はかなくなり給ひにし」訳 どんな病気によって、(浮舟は)お亡くなりになってしまったのか。

ここち-あし-み-す【心地悪しみす】気分が悪くなる。体調がよくないと訴える。土佐「翁人ひとり、たうめひとり、あるがなかに—・し用て」訳 老翁一人と老女一人が、一行の中で気分を悪くして。(「あるがなかに」

を「なかんずく」「とりわけ」の意とする説もある)。⇩篤あつし「慣用表現」

なりたち 名詞「心地」＋形容詞「悪あし」の終止形「あし」＋接尾語「み」＋サ変動詞「す」

ここち-たが-ふ【心地違ふ】気分がふだんと異なる。気分が悪くなる。気持ちが乱れる。今昔 二六・三「男、…―ひ用頭痛けれども」訳 男は、…気分が悪くなり頭が痛いけれども。⇩篤あつし「慣用表現」

ここち-つ-く【心地付く】❶物心がつく。蜻蛉 下「そこにあらむ子はいかがなりにたる。大きなりや、―き用にたりや」訳 そちらにいるならその子供はどのようになったか。大きくなっているか、物心がついたか。❷意識がはっきりする。〔義経記〕「北の方御―き用て、『あら心憂や』とて」訳 北の方は御意識がはっきりして、「ああつらいことよ」と言って。

ここち-な-し【心地無し】(形ク){から・く(かり)・し・き(かる)・けれ・かれ}思慮分別がない。心ない。源氏 椎本「宮仕へなれにたれど、―から未ぬ者に宮もおぼして」訳 (弁は)宮仕えに慣れてしまっているけれど、思慮分別がなくはない者として宮(＝八の宮)もお思いになって。⇩心無し「慣用表現」

ここち-まど-ふ【心地惑ふ】気持ちが動揺する。心が乱れる。伊勢 一「思ほえずふる里に、いとはしたなくてありければ、―ひ用にけり」訳 思いがけなく(さびれた)旧都に、ひどく不似合いな感じで(美しい姉妹が)住んでいたので、(男は)心が乱れてしまった。⇩我かの気色「慣用表現」

ここち-ゆ-く【心地ゆく】気持ちが晴れ晴れする。満足に思う。源氏 絵合「鳥のさへづるほど、―き用、めでたき朝ぼらけなり」訳 鳥がさえずるころは、気持ちが晴れ晴れし、すばらしい夜明け方である。

ここちよ-がほ【心地良顔】(名)気持ちよさそうな表情・態度。源氏 夕霧「この御文もけざやかなる気色にもあらで、目ざましげに―に」訳 この(夕霧の)お手紙も(落葉の宮への愛が)はっきりした態度でもなくて、心外な感じがしていい気な態度で。

ここちよ-げ【心地良げ】(形動ナリ){なら・なり(に)・なり・なる・なれ・なれ}〔「げ」は接尾語〕気持ちよさそうなようす。源氏 夕顔「いと青やかなるかづらの―に用はひかかれるに」訳 たいそう青々したつる草で、気持ちよさそうにはいかかっているつるに。

ここ-な〔「ここなる」の転〕■一(連体)❶ここにある。ここにいる。〔謡・船弁慶〕「やあら―人は、最前舟にお乗りやる(＝お乗りになる)ときから、何ごとぞひと言おしゃりさうな口もとぢゃと思うたれば(＝思っていたが)」❷ののしりの気持ちを込めて、人や物をさしていう語。この。〔狂・武悪〕「ヤイ、―うろたへ者」■二(感)意外なことに驚き発する語。これはこれは。〔狂・茶壺〕「いえ、―、何者やら、道ばたにふせってをる」訳 おや、これはこれは、何者かが、道ばたでふせっている。

ここ-に【此に・茲に】■一(副)この時に。この場合に。徒然 一三四「貪ることの止まざるは、命を終ふる大事、今―来たれりと、確かに知らざればなり」訳 欲ばることが絶えないのは、命を終える大事件(＝死)が、今この時にやって来ていると、はっきりと自覚していないからである。■二(接)前文を受けて次のことを言い起こす語。さてそこで。それで。それゆえ。土佐「―人々の言はく、『これ、昔、名高く聞こえたるところなり』」訳 さてそこで(同行の)人々が言うことには、「ここ(＝渚の院)は、昔、その名も高く世に知られていた所である」。

ここぬか-の-せっく【九日の節句】陰暦九月九日の節句。重陽の節句。

ここの-しな【九品】(名)〔「九品」の訓読〕「くほん」に同じ。源氏 夕顔「さてこそ―の上にもさはりなく生まれ給はめ」訳 そうして(＝長生きして)こそ、(極楽浄土の)九品のうちの上品上生(＝最高の位)にも障害もなくお生まれになるだろう。

ここの-そ-ぢ【九十】(名)〔「ぢ」は接尾語〕❶きゅうじゅう。❷九十歳。九十年。〔増鏡〕老のなみ「かぎりなき齢はいまだ―」訳 (あなたの)限りのない寿命は、まだ九十歳(までしか数えていない)。

ここの-つ【九つ】(名)❶九。❷九歳。❸「九つ時」の略。今の午前十二時ごろ、および午後十二時ごろ。

ここの-へ【九重】(名)❶九つ重なること。いく重にも重なること。また、そのもの。〔後拾遺〕秋下「朝まだき八重咲く菊の―に見ゆるは霜のおけばなりけり」訳 朝早く八重に咲く菊がこの宮中で九重に見えるのは、(花の上に)霜が(白く)降りているからだったのだなあ。(「九重」に②の意をかけている)❷宮中。皇居。枕 三九「―の御殿の上をはじめて、いひしらぬ民のすみかまで」訳 宮中の御殿の(軒の)上をはじめとして、言うに足りない庶民の住居に(いたる)まで。⇩内裏「慣用表現」❸皇居の所在地。都。

ここ-ば【幾許】(副)こんなにひどく。たいそう。たくさん。万葉 一五・三六八四「秋の夜を長みにかあらむ何そ―眠の寝らえぬもひとり寝ればか」訳 秋の夜が長いためであろうか。どうしてこんなにひどく寝られないのかなあ。一人で寝るから(だろう)か。

ここば-く【幾許】(副)こんなにひどく。たいそう。たくさん。万葉 一七・三九九一「島廻には木末花咲き―も見の清けきか」訳 島のめぐりでは梢に花が咲き、こんなにも景色の清くすがすがしいことだなあ。

こごめ-づと【小米苞】(名)砕けた米をわらで包んだもの。〔浮・世間胸算用〕「―まで、二日路ある所をくはへて運びければ」訳 小米入りの苞まで、(ねずみが)二日の道のりの所をくわえて運んだので。

ここ-もと【此処許】(代)❶身近な所。すぐ近く。源氏 須磨「ひとり目をさまして、枕をそばだてて四方の嵐を聞き給ふに、波ただ―に立ちくる心地して」訳 (光源氏は)ひとり目をさまして、枕を斜めに高くして辺りを吹く激しい風(の音)をお聞きになると、波がほんのすぐ近くにうち寄せてくる気がして。名文解説 光源氏の須磨でのわび住まいを、光源氏自身の聴覚を通じて印象的に描いた一節。都の人々を思い、寂しくて寝つけない光源氏の耳に、秋の激しい風の音が聞こえ、波がすぐ近くに寄せてくる気がするというのである。❷こちら側。こちら。私のほう。源氏 総角「―にただ一言聞こえさすべきことなむ侍るを」訳 私(＝薫)のほうで、(大君に)ただ一言申し上げなければならないことがございますが。文法 係助詞「なむ」の結びは、接続助詞「を」が付いて「侍るを」とさらに下に続くため消滅(=結びの流れ)している。

ここ-ら (副) ❶(数や量について)たくさん。徒然 一三七「かの桟敷の前をー行きかふ人の、見知れるがあまたあるにて」訳 その桟敷の前をたくさん行き来する人で、顔を見知っている人が大勢いることで。文法「行きかふ人の」の「の」は、いわゆる同格の格助詞で、「…で」の意。

❷(程度について)たいへん。**たいそう**。拾遺 恋三「秋の夜の月かも君は雲がくれ暫しも見ねばー恋しき」訳 秋の夜の月なのだろうか、あなたは。(月が雲に隠れるように)姿が見えず、ほんのしばらくの間でも目にしないでいると、たいそう恋しいことだ。

参考 上代に用いられた「ここだ」「ここば」の中古以降の語形。「そこば」に対する「そこら」も同じ。

こころ 【心・情】(名) ❶精神。意識。徒然 序「ーにうつりゆくよしなしごとを」訳 心の中に次々と浮かんでは消えるたわいもないことを。⇩徒然草「名文解説」

❷気持ち。気分。感情。徒然 二一「山沢に遊びて、魚や鳥を見ればー楽しぶ」訳 山や水辺に遊んで、魚や鳥を見るといつも、気持ちが楽しくなる。

❸意志。意向。心がまえ。古今 離別「命だにーにかなふものならば何か別れの悲しからまし」訳 命だけでも思いのままになるものなら、どうして別れが悲しいことがあろうか(いや、悲しくはない)。

❹**思いやり**。**情け**。万葉 二〇・四四八二「堀江越え遠き里まで送り来ける君がーは忘らゆましじ」訳 堀江を越えてこの遠い里まで送ってきたあなたの情けは忘れることができないだろう。文法「忘らゆ」の「ゆ」は、上代の可能の助動詞「ゆ」の終止形。「ましじ」は助動詞「まじ」の古形。

❺**情趣**。情趣を解する気持ち。伊勢 九「かきつばたといふ五文字を句の上にすゑて、旅のーをよめ」訳 か・き・つ・ば・たという五文字を(和歌の五七五七七の)各句の第一字に置いて、旅の情趣を詠め。

❻**思慮**。分別。道理。源氏 浮舟「ーも無かりける夜のあやまちを思ふに」訳 (右近は)思慮もなかった(=不注意だった)昨夜の失態を考えると。

❼**意味**。趣旨。土佐「言のーを、男文字に様を書きいだして」訳 歌の意味を、漢字で趣旨を書き出して。

❽趣向。源氏 帚木「まづ難き詩のーを思ひめぐらし」訳 何はともあれむずかしい漢詩の趣向に工夫をこらし。

❾事情。内情。源氏 夕顔「このわたりのー知れらむ者を召して問へ」訳 この辺りの事情を知っていそうな者を呼んで聞け。文法「知れらむ者」の「ら」は、存続の助動詞「り」の未然形、「む」は仮定・婉曲の助動詞。

❿ものの中心。源氏 桐壺「池のー広くしなして」訳 池の中心(=面)を広くつくりあげて。

語の広がり「心」
「志」は、動詞「こころざす」の連用形が名詞化したもの。「こころざす」は、「心＋指す」で、心がある方向へ向かう意。

こころ-あがり 【心上がり】(名) 思い上がること。気位が高いこと。枕 六六「おもだかは、名のをかしきなり。ーしたらむと思ふに」訳 沢瀉(=水草の名)は、名前がおもしろいのだ。(面高すなわち)思い上がりをしているのだろうと思うので。

こころ-あさ・し 【心浅し】(形ク){(から)・く(かり)・し・き(かる)・けれ・かれ} 思慮が浅い。また、情が薄い。源氏 浮舟「ー・く(用)怪しからず人笑へならむを」訳 思慮が浅く、よくない(女)として、世間のもの笑いになるようなのを。文法「人笑へならむ」の「む」は、仮定・婉曲の助動詞。↔心深し

こころ-あ・し 【心悪し】(形シク){(しから)・しく(しかり)・し・しき(しかる)・しけれ・しかれ} ❶気立てがよくない。根性が悪い。枕 一四一「とり所なきもの かたちにくさげに、ー・しき(体)人」訳 とりえがないもの、容貌が醜く、気立てがよくない人。

❷気分がすぐれない。

こころ-あて 【心当て】(名) ❶心の中でこれと見当をつけること。あて推量。源氏 夕顔「ーにそれかとぞ見る白露の光そへたる夕顔の花」訳 心の中で見当をつけてあの方(=光源氏)かと見ることだ。白露が光を添えた(一段と美しい)夕顔の花(のような美しい顔)を。

❷あてにすること。心づもり。

こころあてに… 和歌《百人一首》

> 心あてに　折らばや折らむ　初霜の
> 置きまどはせる　白菊の花
> 〈古今・五・秋下・二七七・凡河内躬恒〉

訳 心の中で見当をつけて折るならば折ってみようか。初霜が(一面に降りて、どれが本当の花か)見分けがつかないようにさせている白菊の花を。文法「折らばや」の「ば」は順接の仮定条件を表す接続助詞、「や」は疑問の係助詞で、結びの「む」は連体形。ここでは「む」を意志に解したが、「折ることができようか」と可能性の強い推量の意にも解せる。

解説 詞書に「白菊の花を詠める」とある。初霜が地上を白くおおって、白菊の花が見分けられなくなったというのは誇張であるが、花の白さを強く印象づける。

こころ-あやまり 【心誤り】(名) ❶心得違い。過失。伊勢 一〇三「ーやしたりけむ、親王たちの使ひ給ひける人をあひいへりけり」訳 心得違いをしたのであろうか、親王たちが召し使っていらっしゃった女と契りを結んでしまった。

❷気分がすぐれないこと。源氏 総角「ーして、わづらはしくおぼゆれば」訳 (大君は)気分のすぐれない状態になって、いとわしく思われるので。

❸心が正常でないこと。乱心。源氏 真木柱「時々ーして、人に疎まれぬべきことなむ、うちまじり給ひける」訳 (物の怪のために北の方は)時折乱心して、きっと人に嫌われてしまうにちがいないふるまいが、いりまじりなさるのであった。

こころ-あ・り 【心有り】❶思いやりがある。人情がある。万葉 一・一八「三輪山をしかも隠すか雲だにもー・ら(未)なも隠さふべしや」訳 →みわやまを…和歌。↔心無し

❷物の道理がわかる。思慮分別がある。徒然 五九「少しー・る(体)際は、皆このあらましにてぞ一期は過ぐめる」訳 少し物の道理を解するほどの人は、皆この(出家

の)計画(の段階)で一生は過ぎるようだ。↔心無し
❸情趣を解する。[枕]二〇〇「『むべ山風を』など言ひたるも、—・ら(未)むと見ゆるに」[訳](外を眺めやって)「なるほど(それで)山風を(嵐と言うのであろう)」などと言っているのも、情趣を解するのであろうと思われるが。↔心無し
❹思うところがある。下心がある。また、二心がある。[古今]恋四「絶えず行く飛鳥の川のよどみなば—・る(体)とや人の思はむ」[訳]絶えず流れ行く飛鳥川がよどんでしまったら(=あなたのもとに通うことがとどこおってしまったら)、(私に)二心があるとあなたは思うだろうか。
❺趣や風情がある。[枕]三七「雨うち降りたるつとめてなどは、世になう—・る(体)さまにをかし」[訳](橘の花に)雨が降っている早朝などは、またとないほど風情があるようすで趣がある。

こころ-ある-もの【心有る者】物の道理をわきまえた人。物の情趣を解する人。[土佐]「国人の心の常として、『今は』とて見えざなるを、—は恥ぢずぞなむ来ける」[訳]その土地に住む人の人情の通例として、「今はもう(別れてしまうので用はない)」と言って(あいさつにも)やってこないというが、物事の道理をわきまえている人は(世間体を)はばかることなくやって来た。

こころ-あわたた・し【心慌し】(形シク){しから・しく(しかり)・し・しき(しかる)・しけれ・しかれ}「こころあわただし」とも。心が落ち着かず、気ぜわしい。いらだたしい。[徒然]一九「折しも雨風うちつづきて、—・しく(用)散り過ぎぬ」[訳]折も折雨風がうち続いて、気ぜわしく(桜の花は)すっかり散ってしまう。

こころ-いきほひ—イキオイ【心勢ひ】(名)心の張り。気力。[伊勢]四〇「人の子なれば、まだ—なかりければ、とどむる勢ひなし」[訳](男は)親がかりの身なので、まだ(意志を通す)気力がなかったから、(女を)ひきとめる力がない。

こころ-い・る【心入る】■(自ラ四){ら・り・る・る・れ・れ}心が引かれる。熱心になる。[源氏]末摘花「かの紫のゆかりたづねとり給ひては、そのうつくしみに—・り(用)給ひて」[訳](光源氏は)あの(藤壺の)縁者(=若紫)を探して引き取りなさってからは、その方をかわいがることに熱中しなさって。
■(他ラ下二){れ・れ・る・るる・るれ・れよ}心を傾ける。熱心にする。〔紫式部日記〕「書(=漢学)に—・れ(用)たる親は」

こころ-いれ【心入れ】(名)❶心を打ち込むこと。熱意。〔浮・日本永代蔵〕「一歩三百贈られしも、我らが一角も、—は同じ事ぞかし」[訳](大尽客が遊女の野風に)一歩金を三百お贈りになったのも、私などの一歩金も、熱意は同じことであるよ。
❷心づかい。好意。〔浮・好色五人女〕「あなたこなたの—、清十郎身にしては嬉しかなしく」[訳]あちらこちらからの好意も、清十郎の身にとっては嬉しくもあり悲しくもあって。
❸心づもり。心がけ。〔浮・日本永代蔵〕「借銭の分は、初めから済ます—にあらず」[訳]借金のほうは、初めから返済する心づもりではない。

こころ・う【心得】(自ア下二){え・え・う・うる・うれ・えよ}❶事情などをのみこむ。**悟る。理解する。**[徒然]五二「極楽寺・高良などを拝みて、かばかりと—・え(用)て帰りにけり」[訳](法師は石清水八幡宮の末寺・末社である)極楽寺や高良神社などを拝んで、(石清水八幡宮は)これだけと思いこんで帰ってしまった。
❷用心する。[徒然]二一三「ころび落ちぬやうに、—・え(用)て炭をつむべきなり」[訳](火種が)ころがり落ちないように、用心して炭を積まなければならないのである。
❸**心得がある。**たしなみがある。[徒然]七九「片田舎よりさし出でたる人こそ、よろづの道に—・え(用)たるよしのさしいらへはすれ」[訳]片田舎から出て来た人こそ、すべての方面に心得を持っている(という)ふりの返答はする。
❹引き受ける。承知する。〔狂・末広がり〕「『早う戻れ』『—・え(用)(=承知し)ました』」
[参考]ア行下二段活用の動詞には、「心得」「所得」「得」などがある。

こころ-う-が・る【心憂がる】(自ラ四){ら・り・る・る・れ・れ}〔「がる」は接尾語〕しみじみつらく思う。つくづく情けなくなる。[枕]九「『二人して打たむには、侍りなむや』など申せば、—・ら(未)せ給ふ」[訳]「(男が)二人で(犬を)打ったとしたらその時には、生きているでしょうか(いや、きっと生きてはいないでしょう)」などと申し上げると、(定子皇后は)しみじみ嘆かわしいことだと思いなされる。

こころ-うご・く【心動く】(自カ四){か・き・く・く・け・け}心が感じ動く。心が騒ぐ。[源氏]蛍「はかなしごとと知りながら、いたづらに—・き(用)」[訳](物語に書いてあるのは)たわいもないことと知りながら、(読者は)わけもなく心が動き。

こころ-う・し【心憂し】(形ク){から・く(かり)・し・き(かる)・けれ・かれ}❶**つらい。情けない。**嘆かわしい。[枕]二六七「世の中になほいと—・き(体)ものは、人ににくまれむことこそあるべけれ」[訳]世の中でなんといってもたいそうつらいものとしては、人に憎まれるようなことがあろう。[文法]「にくまれむこと」の「む」は、仮定・婉曲の助動詞。(名文解説)人に憎まれるほどつらいことはない、という時代を問わない普遍的な人情を言い当てた名言である。清少納言のこのことばの背景には、宮仕え先で多くの人と接する女房ならではの、複雑な人間関係をめぐる苦悩があろう。
[徒然]五二「年寄るまで、石清水を拝まざりければ、—・く(用)おぼえて」[訳](法師は)年をとるまで、石清水八幡宮を参詣していなかったので、嘆かわしく思われて。
❷**いやだ。不愉快だ。**[枕]三一〇「いふかひなき下衆の、うち歌ひたるこそ、いと—・けれ(已)」[訳](自分が書きとめておいた気に入った歌を)つまらない身分の者が、口に出して歌っている(の)を聞くのは、たいそう不快だ。

こころ-う・す【心失す】(自サ下二){せ・せ・す・する・すれ・せよ}驚いて気が遠くなる。失神する。[宇治]二・一〇「心も失せ(用)て、吾にもあらでつい居られぬ」[訳](袴垂は)気も遠くなって、何がなんだかわからなくなってひざまずいてしまった。

こころ-うつく・し【心愛し】(形シク){しから・しく(しかり)・し・しき(しかる)・しけれ・しかれ}心がかわいらしい。素直である。[源氏]初音「—・し(終)といひながら、あまりうちとけ過ぎたりとおぼせど」[訳](末摘花は)心がかわいらしいというものの、あまりにうちとけすぎていると(光源氏は)お思いになるが。

こころ-おきて【心掟】(名)❶気だて。性格。気性。[源氏]少女「殿の御—を見るに…御心とは忘れ給ふまじきにこそ、いと頼もしけれ」[訳]殿(=光源氏)の御気性を見ると…(見そめた人を自分の)お心からはお忘れになるまいとなさるので、実に頼もしい。
❷心に決めたこと。心得。心構え。配慮。思慮。[源氏]

帚木「私ざまの世に住まふべき—を思ひめぐらさむ方も」訳 私的な、この世間で暮らしていくのにふさわしい心得を思案するような方面についても。文法「思ひめぐらさむ方」の「む」は、仮定・婉曲の助動詞。大鏡 時平「御—もことのほかにかしこくおはします」訳（菅原道真は）御思慮も格別にすぐれていらっしゃる。

こころ-お・く【心置く】（自カ四）〔か・き・く・く・け・け〕❶心を残す。執着する。源氏 澪標「故御息所のいとうしろめたげに—・き(用)給ひしを」訳 亡き（六条）御息所がたいそう気がかりなようすで心残りにしなさったことを。❷気をつける。用心する。源氏 帚木「すきたわめらむ女に—・か(未)せ給へ」訳 浮気なたちで相手になびいてしまうような女にお気をつけなさい。文法「すきたわめらむ女」の「ら」は、完了の助動詞「り」の未然形、「む」は仮定・婉曲の助動詞。「せ給へ」は最高敬語。❸心に隔てを置く。気がねをする。遠慮する。伊勢 二一「—・く(終)べきこともおぼえぬを、何によりてかかからむと、いと、いたう泣きて」訳（女が自分に対して）心に隔てを置くようなことも思い浮かばないのに、どうしてこうなのであろうかと、（男は）たいそうひどく泣いて。

こころ-おく・る【心後る】（自ラ下二）〔れ・れ・る・るる・るれ・れよ〕❶愚かである。気がきかない。源氏 帚木「推しはからず詠み出でたる、なかなか—・れ(用)て見ゆ」訳（女が、折にふさわしいかどうかを）推測せずに（歌を）詠みかけたのは、かえって（歌を詠まないよりも）気がきかないように見える。❷気おくれする。弱気になる。源氏 梅枝「あやしく—・れ(用)ても進み出でつる涙かな」訳 不思議なことに、弱気になってもあふれ出てしまう涙であるなあ。

こころ-おくれ【心後れ】（名）❶ひるむこと。気おくれ。〔源平盛衰記〕「いたく—せぬ男とこそ世に知られたるに」訳（平忠盛は）それほど気おくれしない男と世間で知られているのに。❷思慮が足りないこと。愚かなこと。徒然 一三四「かたちみにくく、—にして出で仕へ」訳 容貌が醜く、愚かでありながら（世に）出て（人に）仕え。

こころ-おごり【心驕り】（名・自サ変）得意になること。思いあがること。慢心。源氏 若菜上「我が身かばかりにてなどか思ふことかなはざらむとのみ—をするに」訳（柏木は）自分はこれほどでありながら、どうして心に思うことが実現しないであろうか（いや、必ず実現するはずだ）とばかり慢心をするにつけても。

こころ-おそ・し【心鈍し】（形ク）〔から・く(かり)・し・き(かる)・けれ・かれ〕❶心がこもらない。いいかげんである。万葉 一二・二八五六「山背の石田の社に—・く(用)手向けしたれや妹に逢ひがたき」訳 山背の石田神社に心をこめずいいかげんに幣を奉ったからか、恋人に逢うことができない。❷頭の働きがにぶい。気がきかない。源氏 蓬生「さやうのことにも—・く(用)ものし給ふ」訳（末摘花は）そのようなこと（＝古歌や物語など）にもにぶくて（＝たしなむことはなくて）いらっしゃる。↔心疾し

こころ-おとり【心劣り】（名・自サ変）思っていたよりも劣っていると感じられること。見劣り。期待はずれ。徒然 一「めでたしと見る人の、—・せ(未)らるる本性見えんこそ、口惜しかるべけれ」訳 りっぱだと思う人が、予想に反して劣っていると感じられる本来の性質を（人に）見られるようなのは、残念であろう。↔心勝り

こころ-がまへ【心構へ】（名）心の準備。心づもり。物事への取り組み。

こころ-から【心から】自分の心が原因となって。自分から求めて。心の底から。枕 二七七「—思ひ乱るることありて里にあるころ」訳 自分の心が原因で思い悩むことがあって自宅にいるころ。⇩手づから「慣用表現」

こころから… 俳句

> 心から　しなのの雪に　降られけり
> 〈文化句帖・一茶〉

訳（はるばる帰って来たのに、家人や村人は冷たく）心の底まで冷え切ったうえ、故郷信濃（長野県）の雪にまで降られたことだ。（雪 冬。切れ字は「けり」）

解説 遺産分けの話し合いで帰郷したが決裂し、村人にまで冷たくあしらわれ、四日滞在したのみで江戸に去った、その折の作。遊民俳諧師の業が歓迎されなかったのである。信州柏原は豪雪の地として知られる。

こころから… 和歌

> 心から　常世を捨てて　鳴く雁を
> 雲のよそにも　思ひけるかな
> 〈源氏・須磨〉

訳 自分から進んで常世を捨てて、（つらい旅に）鳴いている雁を、（今までは）雲のむこうの、自分とはまったく無関係のことと思っていたのだなあ。

解説 心細げに鳴きながら、つれだって飛んでいく雁に、都を離れて須磨（兵庫県神戸市）に退去している自分たちの境遇を重ねて詠んだ、光源氏の供人の歌。「常世」は、海のかなたにある不老不死の仙境で、雁はそこを本拠としているという考えがあった。また、雁は北方から来る鳥であり、須磨から見て京は北にあたる。

こころ-がら【心柄】（名）❶性格。気質。〔落窪〕「さとくらうらうしく、—もいとかしこければ」訳 聡明で物事に巧みで、性格もたいそうすぐれているから。❷自分の心がけが原因で生じた結果。自業自得。〔浮・新色五巻書〕「『これにて堪忍し給へ、これも欲しくば遣りませう』と、丸裸になるは—なり」訳「これで許してください、これも欲しいならばやりましょう」と、丸裸になるのは自分の心がけが悪いからである。

こころ-かる・し【心軽し】（形ク）〔から・く(かり)・し・き(かる)・けれ・かれ〕「こころかろし」とも。軽薄である。心が移ろいやすい。伊勢 二一「出でて去なば—・し(終)と言ひやせむ世のありさまを人は知らねば」訳 もし（私が）出て行くなら、（世間の人は）軽薄だと言うだろうか。夫婦の間のようすを人は知らないから。

こころ-きたな・し【心汚し】（形ク）〔から・く(かり)・し・き(かる)・けれ・かれ〕心がいやしい。心が潔くない。源氏 帚木「仏もなかなか—・し(終)と見給ひつべし」訳（尼になったことを悔やんでいたら）仏も、（俗人の時よりも）かえって心が潔くないときっとご覧になるにちがいない。

こころ-ぎは【心際】（名）心持ち。心ざま。著聞 四三九「さほどの—にて、かくほどの振る舞ひしけん愚かさこ

そ」 訳 その程度の心持ちで、これほどの行動をとったという愚かさよ。

こころ-ぎも【心肝】(名) ❶心。胸中。 大和 一五三「―をまどはして求むるに、さらにえ見出でず」 訳 (逃げた鷹を)心を乱して捜し求めるものの、いっこうに見つけ出すことができない。
❷考え。思慮。 大鏡 道長下「やをらひき隠してあるべかりけることを、―なく申すかな」 訳 そっと秘密にしていなければならなかったことを、思慮分別なく申すものだ。

こころ-きよ・し【心清し】(形ク)〔から・く(かり)・し・き(かる)・けれ・かれ〕心が純粋である。邪念がない。さわやかな心境である。 源氏 夕顔「今なむ阿弥陀仏の御光も―・く(用)待たれ侍るべき」 訳 今は阿弥陀仏の御光(=来迎)をもさっぱりとした心境で待つことができるでしょう。

こころ-ぐ・し【心ぐし】(形ク)〔から・く(かり)・し・き(かる)・けれ・かれ〕心が晴れ晴れしない。せつなく苦しい。 万葉 八・一四五〇「―・き(体)ものにそありける春霞たなびく時に恋の繁きは」 訳 せつなく苦しいものであったことだ。春霞のたなびくときに恋心がしきりであるのは。

こころ-ぐせ【心癖】(名)生まれながらの癖。性癖。 大鏡 師輔「いと色なる御―にて」 訳 (村上天皇は)たいそう色好みの御性癖であって。

こころ-ぐる・し【心苦し】(形シク)〔しから・しく(しかり)・し・しき(しかる)・しけれ・しかれ〕❶(自分にとって)心に苦しく思われる。**つらい**。 万葉 九・一八〇六「あしひきの荒山中に送り置きて帰らふ見れば―・し(終)も」 訳 荒れた山の中に野辺の送りをして、(なきがらを)置いて帰ってくるのを見ると胸が苦しいことよ。(「あしひきの」は「山」にかかる枕詞)
❷**気がかりである。心配である**。 徒然 一八九「わづらはしかりつることはことなくて、安かるべきことは、いと―・し(終)」 訳 めんどうだと思っていたことはなんでもなくて、容易であるはずのことは、(実際には)非常に気がかりである。
❸(相手に対して)見る目に苦しく思われる。**気の毒だ**。かわいそうだ。 枕 七「思はむ子を法師になしたらむこそ―・しけれ(已)」 訳 愛する子がいるとしてその子を、法師にしているとしたらそれは、気の毒だ。 文法 「思はむ子」「なしたらむこそ」の「む」は、仮定・婉曲の助動詞。

こころぐるし-が・る【心苦しがる】(他ラ四)〔ら・り・る・る・れ・れ〕〔「がる」は接尾語〕気の毒に思う。気遣う。 更級 物語「かくのみ思ひくんじたるを、心も慰めむと、―・り(用)て、母、物語などもとめて見せ給ふに」 訳 (私が)このようにふさぎ込んでばかりいるので、(私の)心も慰めようと、気遣って、母が、物語などを探して見せなさるので。

こころぐるし-げ【心苦しげ】(形動ナリ)〔なら・なり(に)・なり・なる・なれ・なれ〕〔「げ」は接尾語〕気の毒そうなさま。痛々しいさま。 枕 二〇〇「立て蔀・透垣などの乱れたるに、前栽どもいと―・なり(終)」 訳 (野分の翌日は)立て蔀や透垣などが乱雑になっているうえに、庭の植え込みのいろいろな草木もたいそう痛々しいようすである。

こころ-げさう【心化粧】(名・自サ変)相手を意識して、自分の言動や姿態に気を遣うこと。緊張すること。心配り。 源氏 若菜下「大将、いといたく―・し(用)て、…今日の心づかひはことにまさりておぼえ給へば」 訳 大将(=夕霧)はたいそうひどく緊張して、…今日の気苦労は格別にまさっているように思われなさるので。

こころ-ごころ【心心】(名・形動ナリ)各自の考え。人それぞれの心。また、思い思いであるさま。 源氏 帚木「中の品になむ、人の―おのがじしの立てたる趣も見えて」 訳 中流階級には、女性の各自の考えや、めいめいの抱いている心のありよう(=好みや主張)も見えて。

こころ-こと【心異・心殊】(形動ナリ)〔なら・なり(に)・なり・なる・なれ・なれ〕(心構えや気配り、内容や趣などが)他と比べてきわだっているさま。格別であるさま。 枕 三「世にありとある人は、皆姿かたち―・に(用)つくろひ」 訳 (元日は)世の中のすべての人は、皆身なりや顔つきを格別に装って。

こころ-ごは・し【心強し】(形ク)〔から・く(かり)・し・き(かる)・けれ・かれ〕強情である。かたくなである。 源氏 少女「故宮にも、しか―・き(体)ものに思はれ奉りて」 訳 亡き宮(=父式部卿の宮)にも、(私=朝顔の姫君は)そのように強情な者に思われ申しあげて。

こころ-さか・し【心賢し】(形シク)〔しから・しく(しかり)・し・しき(しかる)・しけれ・しかれ〕気持ちがしっかりしている。 竹取 かぐや姫の昇天「中に―・しき(体)者、念じて射むとすれども」 訳 その中で気持ちがしっかりしている者は、がまんして(天人を)射ようとするけれども。

こころ-ざし【志】(名) ❶心を向けるところ。心持ち。**意向**。注意。 伊勢 四一「―はいたしけれど、…うへのきぬの肩を張り破りてけり」 訳 注意はいたしたけれども、…上着(=袍)の肩を強く張り過ぎて破ってしまった。
❷心を寄せること。誠意。愛情。 徒然 一四二「孝養の心なき者も、子持ちてこそ、親の―は思ひ知るなれ」 訳 親孝行の気持ちのない者も、子供を持ってはじめて、親の愛情は身にしみて悟るのである。
❸(好意・感謝などの気持ちを表して)物を贈ること。**贈り物**。 土佐 「いとはつらく見ゆれど、―はせむとす」 訳 (相手の態度は)ひどく薄情だとは思われるけれども、(お礼の)贈り物はしようと思う。
❹供養。追善。〔浄・女殺油地獄〕「三十五日お逮夜の―、お同行衆寄り集まり、勤めもすでに終はりける」 訳 三十五日前夜の追善供養、ご信徒の衆が寄り集まって、(供養の)勤行もすっかり終わったのだった。

こころ-ざ・す【志す】(他サ四)〔さ・し・す・す・せ・せ〕❶**心に決めてめざす**。目的・目標を立てる。 徒然 一四〇「後は誰にと―・す(体)物あらば、生けらんうちにぞ譲るべき」 訳 死後はだれそれに(与えよう)と心に決めている物があるなら、生きているような間に譲るがよい。 文法 「生けらんうち」の「ら」は存続の助動詞「り」の未然形、「ん」は仮定・婉曲の助動詞。
❷(好意・感謝などを表して)**物を贈る**。 今昔 一三・三「この食物は彼の仙人の―・し(用)遣はす物なり」 訳 この食べ物はその仙人が贈ってくださるものである。
❸死者を供養する。追善する。〔謡・定家〕「今日は―・す(体)日にあたりて候ふほどに、墓所へ参り候ふ」 訳 今日は追善供養する日にあたっておりますので、墓地へお参りします。

こころ-ざま【心様】(名)心のあり方。気持ち。性格。気だて。 大鏡 師尹「この大将は、父おとどよりも、御―わづらはしく、くせぐせしきおぼえまさりて」 訳 この大将(=済時)は、父の大臣(=師尹)よりも、ご性格が気むずかしく、ひねくれている(という)評判が高くて。

こころ-しらひ【心しらひ】(名)心配り。配慮。〔浜松中納言物語〕「思ひいたらぬことなく、こまごまとこちたきまである御—の、世の常ならぬを」訳 思い及ばないことがなく、こまごまとしてわずらわしいほどであるお心配りが、なみなみでないのを。

こころ-しら-ふ【心しらふ】(自ハ四){は・ひ・ふ・ふ・へ・へ}気を配る。気をきかす。注意をはらう。〔栄花〕月の宴「よろづに—ひ(用)聞こえさせ給ふも」訳 万事に心を配り申しあげなさるにつけても。

こころ-しり【心知り】(名・形動ナリ)❶互いに気心を知ること。また、その人。〔和泉式部集〕「花薄まねくたよりはかもなし—なる(体)人し見えねば」訳 花薄は(穂を出して恋人を)招くというが、その頼みはききめもない。互いに心を知る人(の姿)が見えないので。❷事情を知っていること。また、その人。源氏 賢木「—の人二人ばかり、心を惑はす」訳 事情を知っている女房が二人ほど、(光源氏と朧月夜との密会の露見を恐れて)心を悩ませる。

こころ-し-る【心知る】(自ラ四){ら・り・る・る・れ・れ}事情を知る。物の道理、または情趣を解する。土佐「なほ悲しきにたへずして、ひそかに—れ(已)る人と言へりける歌」訳 やはり悲しい思いに耐えられなくて、こっそりと気持ちを理解している人と詠んでいた歌。

こころ-す【心す】(自サ変){せ・し・す・する・すれ・せよ}気をつける。用心する。注意する。徒然 一〇九「過ちすな。—し(用)て降りよ」訳 失敗するな。用心して降りよ。

こころ-すご-し【心凄し】(形ク){(から)・く(かり)・し・き(かる)・けれ・かれ}ものさびしい。人けがなく、気味が悪い。源氏 須磨「月も雲がくれて、森の木立こぶかく—し(終)」訳 月も雲に隠れて、森の木々も奥深くおい茂って気味が悪い。

こころ-そら【心空】(形動ナリ){なら・なり(に)・なり・なる・なれ・なれ}気もそぞろであるさま。うわのそら。夢中であるさま。源氏 夕顔「これもいかならむと—に(用)てとらへ給へり」訳 この人(=右近)もどうなることだろうと(光源氏は)夢中でつかまえなさっている。

こころ-たか-し【心高し】(形ク){(から)・く(かり)・し・き(かる)・けれ・かれ}理想が高い。また、気位が高い。源氏 若菜上「はかなき夢に頼みをかけて、—く(用)ものし給ふなりけり」訳 (父明石の入道は)頼りない夢に期待をかけて、理想を高くもっていらっしゃるのであった。

こころ-だましひ【心魂】(名)❶精神。正気。源氏 明石「炎燃えあがりて廊は焼けぬ。—なくてある限り惑ふ」訳 炎が燃えあがって渡り廊下は焼けてしまった。正気も失せて、(その場に)いる者すべてが取り乱す。❷思慮才覚。大鏡 伊尹「御—いとかしこく、有識におはしまして」訳 (中納言は)ご思慮才覚はたいそうすぐれ、物事によく通じた方でいらっしゃって。

こころ-づかひ【心遣ひ】(名・他サ変)心を働かせること。心配り。用心。枕 二六六「これが答へは必ずせむと思ふらむと、常に—せ(未)らるるもをかしきに」訳 (相手が)この仕返しはきっとしようと思っているだろうと、いつも心配りしないではいられないのもおもしろいのに。

こころ-づから【心づから】(副)〔「づから」は接尾語〕自分の意志で。自分の心から。源氏 柏木「—もて損なひつるにこそあめれ、と思ふに、恨むべき人もなし」訳 自分の心のなすがままに(わが身を)衰弱させてしまったようだと思うにつけても、恨むべき人もいない。⇩手づから「慣用表現」

こころづきな-げ【心付き無げ】(形動ナリ){なら・なり(に)・なり・なる・なれ・なれ}〔「げ」は接尾語〕不愉快なさま。気にくわないようす。〔和泉式部日記〕「はかなきこと聞こゆるも—に(用)こそおぼしたれ」訳 (私=敦道親王が)ちょっとしたことを申し上げるのもあなた(=和泉式部)は気にくわないようにお思いになっている。

こころづき-な-し【心付き無し】(形ク){(から)・く(かり)・し・き(かる)・けれ・かれ}❶心がひかれない。おもしろみがない。徒然 一七〇「—き(体)ことあらん折は、なかなかそのよしをも言ひてん」訳 (他人と会うのに)気のりしないことがあるようなときは、かえってその理由をも言ってしまおう。文法「言ひてん」の「て」は、助動詞「つ」の未然形で、ここは確述の用法。❷気にくわない。不愉快である。源氏 若紫「例の、心なしのかかるわざをしてさいなまるるこそいと—けれ(已)」訳 いつものように、不注意者がこのような(雀の子を逃がす)ことをしでかしてしかられるのは、とても気にくわない。文法「こそ…心づきなけれ」は、係り結び。

こころ-づ-く【心付く】一(自カ四){か・き・く・く・け・け}気がつく。また、分別がつく。「こころつく」とも。堤 虫めづる姫君「在る人々は—き(用)たるもあるべし」訳 (そこに)いる人々(の中に)は気づいた者もいるだろう。二(他カ下二){け・け・く・くる・くれ・けよ}❶気づかせる。注意させる。徒然 一八四「物は破れたる所ばかりを修理して用ゐることぞと、若き人に見ならはせて、—け(未)んためなり」訳 物は破れている所だけをつくろって使うものだと、若い人に見習わせて、気づかせよう(という)ためなのだ。❷執心する。思いを寄せる。大和 付載説話「女も—け(用)ていふことありけり」訳 女も(男に対して)好意を持って話すことがあった。

こころ-づくし【心尽くし】(名)いろいろと物思いすること。気をもむこと。古今 秋上「木の間よりもりくる月の影見れば—の秋は来にけり」訳 →このまより…和歌

こころ-づけ【心付け】(名)❶他の人などへの心づかい。配慮。〔伽・二十四孝〕「幼き心にてかやうの—、古今まれなり」訳 幼い心(=年少者)でこのような心づかい(をすると)は、昔も今もめったにないことだ。❷謝礼のためや祝いごとの折に与える金品。祝儀。手当て。〔きのふはけふの物語〕「毎年、二季(=盆と暮れ)に—いたさうが(=手当てを出そうと思うが)、それでもいやか」❸連歌・連句での句の付け方の一つ。前の句に詠み込まれた物やことばにとらわれず、前の句全体の表現する意味や心情に応じて付け句をするもの。

こころ-づよ-し【心強し】(形ク){(から)・く(かり)・し・き(かる)・けれ・かれ}❶意志が固い。気丈である。源氏 夕顔「—く(用)、『…あなかま』といさめ給ひて」訳 (光源氏は)気丈に、「…ああやかましい、静かに」と(右近を)たしなめなさって。❷人情味がない。つれない。竹取 かぐや姫の昇天「—く(用)うけたまはらずなりにしこと」訳 (帝の仰せを)強情にお受け申しあげないままになってしまったことを。(⇔心弱し)

こころ-と【心と】(副)自分の心から。自分から。新古 雑下「つくづくと思へばやすき世の中を―なげく我が身なりけり」訳よくよく考えてみると、とりたてて難しいこともない世の中であるのに、自分から(わざわざ)嘆いているわが身の上であることだ。⇩手づから「慣用表現」

こころ-ど【心ど】(名)しっかりした心。気力。万葉 三・四五七「遠長く仕へむものと思へりし君しまさねば―もなし」訳いつまでもお仕えするものだと思っていた主人が(もはや)おいでにならないので、気力もない。

こころ-ときめき【心ときめき】(名・自サ変)(期待や不安に)胸がどきどきすること。わくわくすること。源氏 若菜上「よももて離れてはあらじかしと―もしつべけれど」訳よもや(女三の宮の婿の候補から)はずれてはいないだろうよと、(夕霧は期待で)胸がわくわくすることもあったにちがいないけれども。文法「あらじかし」の「かし」は、強く念をおす意の終助詞。「しつべけれど」の「つ」は、助動詞「つ」の終止形で、ここは確述の用法。徒然 八「えならぬ匂ひには、必ず―・する体ものなり」訳なんとも言えないよい匂いには、必ず心がわくわくするものである。

こころ-と・く【心解く】(自カ下二)(け・け・く・くる・くれ・けよ)緊張がゆるむ。気がゆるむ。源氏 夕顔「人離れたるところに―・け用て寝ぬるものか」訳人の気配のない所で、気を許して寝込むことがあろうか(いや、あってはならない)。

こころ-と・し【心疾し】(形ク)(から・く(かり)・し・き(かる)・けれ・かれ)察しがよい。機敏である。源氏 葵「うちほほゑみてのたまふ御気色を、―・き体ものにて、ふと思ひよりぬ」訳(光源氏が)ちょっとほほえんでおっしゃるごようすを(見て)、(惟光これみつは)察しのよい男なので、(これは結婚祝いの三日夜みかよの餅だと)さっと気づいた。↔心鈍おそし

こころ-とど・む【心留む】(自マ下二)(め・め・む・むる・むれ・めよ)❶気をつける。念入りにする。心を込める。源氏 須磨「―・め用てあはれなる手など弾き給へるに」訳(光源氏が)心を込めてしみじみとした趣のある曲などを(琴きんで)お弾きになったので。

❷心を寄せる。愛着を感じる。うつほ 内侍のかみ「―・め用てかの親王みこの言ひ戯たはぶれむには、いかがはいとまめにしもあらむ」訳心を寄せてあの親王が言い寄るような場合には、(多少でも人情を解する女性ならば)どうしてひどくまじめくさってもいられようか(いや、いられない)。

こころ-とま・る【心留まる】(自ラ四)(ら・り・る・る・れ・れ)心がひかれる。心残りがする。源氏 須磨「ほかよりもおもしろきわたりなれば―・る体に」訳(須磨すまは)ほかの所よりも趣のある場所なので、心がひかれるうえに。

こころ-なが・し【心長し】(形ク)(から・く(かり)・し・き(かる)・けれ・かれ)気が長い。辛抱強い。長い間心が変わらない。源氏 関屋「今はおぼし忘れぬべきことを、―・く用もおはするかなと思ひ居ゐたり」訳(空蟬うつせみとのことは)今はもう忘れておしまいになりそうなことなのに、(光源氏は)長い間心が変わらずにもいらっしゃることだなあと(右衛門の佐すけは)思って座っている。↔心短し

こころ-ながら【心ながら】❶自分の心でありながら。われながら。源氏 夕顔「わが―、いとかく人に染しむことはなきをいかなる契りにかはありけむ」訳自分の心でありながら、まったくこんなに人に執着することはないのに、(夕顔への執着は)どのような因縁ではあったのだろうか。

❷その心のままで。伊勢 一六「貧しく経ても、なほ昔よかりし時の―、世の常のことも知らず」訳(紀有常きのありつねは)貧しく生活していても、やはり昔(の羽振り)のよかった時の気持ちのままで、世間の常識的なことも知らない。

なりたち 名詞「心」+接続助詞「ながら」

こころなき… 和歌

> 心なき　身みにもあはれは　知しられけり
> 鴫しぎ立たつ沢さはの　秋あきの夕暮ゆふぐれ
> 〈新古今・四・秋上・三六二・西行〉

訳ものの情趣を感じる心のない(出家した)この身にも、しみじみとした情趣はおのずと実感されることだ。鴫が飛び立っていく沢の秋の夕暮れには。文法「知られけり」の「れ」は、自発の助動詞「る」の連用形。

解説「心なき身」を、自分を卑下した言い方とみる説もあるが、感情を超越した僧である自分ととらえたほうが、身にしみこんでいくような秋の情景にふさわしいといえる。「三夕さんせきの歌」のうちの一首。→三夕の歌

こころ-なし【心無し】(名)思慮分別のないこと。また、その人。不注意者。源氏 若紫「例の、―のかかるわざをしてさいなまるこそいと心づきなけれ」訳いつものように、不注意者がこのような(雀すずめの子を逃がす)ことをしでかしてしかられるのは、とても気にくわない。

こころ-な・し【心無し】(形ク)(から・く(かり)・し・き(かる)・けれ・かれ)❶道理を解さない。思慮や分別がない。大鏡 道隆「帥殿そちどのは、この内うちの生むまれさせ給へりし七夜に、和歌の序代じよだい書かせ給へりしぞ、なかなか―・き体ことやな」訳帥殿(=伊周これちか)は、この天皇(=後一条天皇)がお生まれになられたお七夜のお祝いに、和歌の序文をお書きになられたことは、かえって思慮のないことだね。

❷人情を解さない。思いやりがない。つれない。平家 二・一門大路渡「―・き体あやしの賤しづの男を・賤の女めにいたるまで、涙を流し袖をしぼらぬはなかりけり」訳人情を解さない、いやしい身分の低い男や身分の低い女にいたるまで、涙を流して袖をしぼらない者はなかった。

❸情趣を解さない。風流心がない。徒然 一四二「―・し終と見ゆる者も、よき一言言ふものなり」訳情趣を解さないと見える者も、よい一言を言うものである。(↔心有り)

慣用表現 **「分別がない」を表す表現**

文目あやめも知らず・文目も分かず・心地無し・心無し・筋すぢ無し・物も覚えず・わりなし

こころ-なら-ず【心ならず】❶本心と違って。意志に反して。不本意に。竹取 かぐや姫の昇天「されどおが―・ず用、まかりなむとする」訳けれども自分の意志に反して、おいとましてしまおうとする。

❷われ知らず。無意識に。〔沙石集〕「しつけたる事にて、―・ず用、『南無阿弥陀仏なむあみだぶつ』と申しけるを」訳(女めの童わらはは)しなれたことなので、無意識に、「南無阿弥陀仏」と申し上げたところ。

❸(「心も心ならず」の意)気が気でない。不安でたまらない。〔浄・神霊矢口渡〕「―・ね已ば(=気が気でないので)、女房〔の〕湊みなと、思ひのほか早いお帰り」

なりたち 名詞「心」+断定の助動詞「なり」の未然形「なら」+打消の助動詞「ず」

こころ-ならひ【心習ひ】(名)心のならわし。習

慣。くせ。源氏 若菜下「わがあやしき—にや」訳（夕霧の、紫の上への恋心を疑うのは、人妻に思いを寄せる）自分（=柏木）のけしからぬ心ぐせ（によるもの）であろうか。

こころ-に-い・る【心に入る】[一]（「入る」が自動詞四段の場合）❶深く心にしみる。気に入る。心にかなう。源氏 総角「愛敬づきてもののたまへるさまの、なのめならず—・り(用)て」訳（宇治の大君は）愛らしさがあって、ものをおっしゃっているようすが、ひとかたならず（薫の）心にしみ入って。❷興に入る。気のりする。熱中する。源氏 若菜下「—・り(用)し盛りには、…後々は師とすべき人もなくてなむ、好み習ひしかど」訳（私=光源氏が七弦琴に）熱中した盛りの時には、…しまいには師匠にすることのできる人もないほどに、好んで練習したけれど。[二]（「入る」が他動詞下二段の場合）深く心にとめる。関心をもつ。源氏 橋姫「後に生まれ給ひし君をば、候ふ人々も、…—・れ(用)てもあつかひ聞こえざりけれど」訳 のちにお生まれになった姫君（=中の君）を、お仕え申しあげる人たち（=女房たち）も、…（それほど）深く心にとめてもお世話をし申しあげなかったけれど。

こころ-にく・し【心憎し】（形ク）｛から・く（かり）・し・き（かる）・けれ・かれ｝

語義パネル

●重点義　**ねたましく感じるほどに相手がすぐれているさま。**

相手の心の働きのすばらしさがうらやましい→自分には理解できない心の働きだ、ということから、中世以降②の意が、近世以降③の意が生じる。

❶心ひかれる。**奥ゆかしい。**上品だ。
❷恐るべきだ。警戒すべきである。
❸いぶかしい。不審だ。

❶心ひかれる。**奥ゆかしい。**上品だ。源氏 夕顔「木立、前栽などなべての所に似ず、いとのどかに—・く(用)住みなし給へり」訳（屋敷は）木立や庭の植え込みなどが普通の所とは違って、（六条あたりに住む女は）とてもゆったりと奥ゆかしく住んでいらっしゃった。❷恐るべきだ。警戒すべきである。平家 四・競「定めて討手向けられ候はんずらん。—・う(用)（ウ音便）も候はず」訳（頼政は）きっと討手の兵をお寄こしになるでしょう。（しかし）恐れるほどでもございません。文法「候はんずらん」の「んず」「らん」は、ともに推量の助動詞。❸いぶかしい。不審だ。〔浮・世間胸算用〕「—・し(終)。重き物を軽う見せたるは、隠し銀に極まるところ」訳 どうもあやしい。重いものを軽く見せかけているのは、隠し金に相違ないこと。

こころ-に-し・む【心に染む】[一]（「染む」が自動詞四段の場合）深く心にしみこむ。心深く印象に残る。古今 離別「別れてふことは色にもあらなくに—・み(用)てわびしかるらむ」訳 別れということは色でもないのに、（色が布にしみこんでいくように）どうして（私の）心に深くしみこんでつらいのであろう。[二]（「染む」が他動詞下二段の場合）深く心にとどめる。心に深く刻みつける。更級 夫の死「昔より、よしなき物語、歌のことをのみ—・め(未)で、夜昼思ひて、おこなひをせましかば」訳 昔から、くだらない物語や、和歌のことばかりを深く心にとどめないで、夜昼心にかけて、勤行をしていたなら。⇩由無し「名文解説」

こころ-に-つ・く【心に付く】[一]（「付く」が自動詞四段の場合）心にかなう。気に入る。今昔 二五・一二「つとめて見て、—・か(未)ば速やかに取れ」訳 明朝（その馬を）見て、（おまえの）気に入るならば、さっさと取れ。[二]（「付く」が他動詞下二段の場合）心にかける。関心を寄せる。源氏 匂兵部卿「わざと御—・け(用)て思す方は殊になかりけり」訳（匂宮には）とりたてて心にかけて（妻にしたいと）お思いになる方は格別なかった。

こころにも…　和歌（百人一首）

> 心にも　あらで憂き世に　長らへば
> 恋しかるべき　夜半の月かな
> 〈後拾遺・一五・雑一・八六〇・三条院〉

訳 心ならずもこのつらい世に生き長らえるならば、（その時には）恋しく思うにちがいない、この夜更けの（美しい）月であることよ。文法「長らへば」の「ば」は未然形に接続しているので、順接の仮定条件を表す接続助詞。解説 眼病に苦しみつつ、退位を決意したころの作。このころは藤原道長が、自分の娘彰子が生んだ後一条天皇を擁立するために、三条天皇に圧迫をくわえていたころでもある。在位わずか五年、悲運の天皇であった。天皇が眼病に苦しんでいたことは「大鏡」に見える。

こころ-に-も-あら-ず【心にもあらず】❶無意識である。思わず。源氏 明石「いたう困じ給ひにければ、—・ず(用)うちまどろみ給ふ」訳（光源氏は）ひどくお疲れになってしまったので、思わずうとうととお眠りになる。❷不本意である。心ならず。宇治 一・三「雨風はしたなくて、帰るに及ばで、山の中に—・ず(用)とまりぬ」訳 雨風がはげしくて、（翁は）帰ることができずに、山の中に不本意ながら泊まった。なりたち 名詞「心」＋断定の助動詞「なり」の連用形「に」＋係助詞「も」＋ラ変動詞「有り」の未然形「あら」＋打消の助動詞「ず」

こころ-ね【心根】（名）心の奥底。本心。本性。〔和泉式部集〕「—の程を見するぞ菖蒲草のゆかりに引きかけねども」訳 心の奥の本心のほど（がどれほどのものであるのか）を見せるよ。菖蒲草よ。縁者であるということ）を引き合いに出さないけれども。（「心根」の「根」と「引きかけ」は「菖蒲草」の縁語）

こころ-の-あき【心の秋】「秋」に「飽き」をかけ、秋になると木の葉の色が変わるように、飽きて心変わりすること。心に訪れる秋。古今 恋五「時雨れつつ紅葉づるよりも言の葉の—に逢ふぞわびしき」訳 時雨が降っては紅葉していく（秋）よりも、（あなたの）ことばが心の秋（=飽き）に逢って（変わって）いくのがつらい。

こころ-の-いとま【心の暇】心が休まる時。心配事がたえて、心のどかな時。心のひま。徒然 三「親のいさめ、世のそしりをつつむに—なく」訳 親の忠告や、世間の非難をはばかるために心の休まる時がなく。

こころ-の-いろ【心の色】❶心のさま。特に、身にしみて深く思うようす。〔太平記〕四「人知れず思ひそめける—、日にそひて深くのみなりゆけども」訳（中納言は）人知れず思い始めた深い恋心が、日ましに深くなっていくばかりだけれども。
❷心のやさしさやうるおい。情味。徒然 一四一「げには—なく、情けおくれ、ひとへにすくよかなるものなれば」訳（関東の人は実際には情味がなく、情緒が乏しく、ひたすらぶっきらぼうなものであるので。

こころ‐の‐うら【心の占】心の中で占い、推しはかること。予感。推量。古今 恋四「かく恋ひむものとは我も思ひにき—ぞまさしかりける」訳 このように（はげしく）恋することになろうものとは、私も（たしかに）思った。（あの時の）心の中での占いは正しかったことよ。

こころ‐の‐おきて【心の掟】心構え。心の持ち方。宇治 一五・一三「人の世にある様（やう）は、道理をもちて身の飾りとし、—とするものなり」訳 人が世に生きるようすは、道理をもって身の飾りとし、心構えとするものである。

こころ‐の‐おに【心の鬼】❶やましく思う心。良心の呵責（かしゃく）。源氏 若菜下「宮は、御—に、見え奉らむも恥づかしうつつましくおぼすに」訳 宮（＝女三の宮）は、（柏木（かしわぎ）との密通による）ご良心の呵責で、（光源氏に）お目にかかろうにもきまりが悪く気づまりにお思いになるので。
❷疑い恐れる心。疑心暗鬼。源氏 柏木「いかなる御—にかは。さらにさやうなる御気色（けしき）もなく」訳 どんな疑心暗鬼のお気持ちなのであろうか。（父光源氏には）まったくそのような（不快な）ごようすもなく。

こころ‐の‐かぎり【心の限り】❶心のありったけ。心全部。源氏 若紫「おもかげは身をも離れず山桜—とめて来（こ）しかど」訳（山桜＝若紫の美しい）おもかげは私（＝光源氏）の身を離れない。山桜のもとに（私の）心のすべてを置いて来たけれど。
❷思う存分。枕 九六「よくも音（ね）弾きとどめぬ琴を、よくも調べで、—弾きたてたる」訳 十分に弾きこなせもしない琴を、十分に調律もしないで、思う存分弾き鳴らしているのは、にがにがしい。

こころ‐の‐くま【心の隈】心の奥。心中の秘密。源氏 総角「つつみ給ふ御—残らずもてなし給はむなむ」訳（大君（おおいぎみ）が）包み隠しなさるお心の奥を残らず打ち明けなさるとしたらそれは、

こころ‐の‐すさび【心のすさび】心の進むにまかせた行動。気まぐれ。源氏 葵「—に任せてかくすきわざするは、いと世のもどき負ひぬべき事なり」訳（光源氏が）気まぐれにまかせてこのように浮気なことをするのは、まことに世間の非難をきっと負うにちがいないことである。

こころ‐の‐つね【心の常】人情の常。土佐「国人（くにびと）の—として、『いまは』とて見えざなるを」訳 その土地に住む人の人情の常として、「今はもう別れてしまうので用はない」と言って（姿も）見せないというが。

こころ‐の‐とも【心の友】❶互いに心を知り合っている友。徒然 一二「まめやかの—には、はるかにへだたる所のありぬべきぞ、わびしきや」訳 真実の互いに心を知り合っている友には、大きく隔たっているところがきっとあるにちがいない点が、さびしいことであるよ。
❷心を慰めてくれるもの。〔謡・松虫〕「草葉に集（すだ）く虫までも、聞けば—ならずや」訳 草の葉に集まって鳴く虫までも、（その声を）聞くと心を慰めてくれるものでないことがあろうか（いや、きっと慰めてくれる）。

こころ‐の‐なし【心の做し】気のせいでそう見えること。思いなし。気のせい。更級 大納言殿の姫君「顔をうちまもりつつ、和（なご）う鳴くも、—、…例の猫にはあらず」訳（私の）顔をじっと見ながら、なごやかに鳴くのも、気のせいか、…ふつうの猫ではなくて。

こころ‐の‐はな【心の花】❶変わりやすい心を花の散りやすいのにたとえていう語。あだごころ。古今 恋五「色見えでうつろふものは世の中の人の—にぞありける」訳 →いろみえで…和歌
❷美しい心を花にたとえていう語。〔謡・卒都婆小町〕「われも卑しき埋もれ木〔同様の身〕なれども、—のまだあれば」

こころ‐の‐ひま【心の暇】「こころのいとま」に同じ。

こころ‐の‐ほか【心の外】❶期待や予想に反すること。不本意。意外。源氏 須磨「世を御—にまつりごちなし給ふ人のあるに」訳 国政を（朱雀（すざく）帝のご）期待に反するさまにことさら執り行いなさる人がいるので。⇩あさまし「慣用表現」
❷心に留めないこと。無関心。新古 恋四「今はただ—に聞くものを知らず顔なる荻（をぎ）の上風（うはかぜ）」訳（かつては荻の葉音に、思う人の訪れかと心が騒いだが）今はただもう心に留めずに聞くのに、（そんなことも）知らないようすで荻の葉の上を吹き渡る風であるよ。

こころ‐の‐やみ【心の闇】❶分別を失った心を闇にたとえていう。煩悩（ぼんのう）に迷う心。古今 恋三「かきくらす—にまどひにき夢うつつとは世人（よひと）さだめよ」（伊勢・六九には、第五句を「今宵（こよひ）定めよ」として所収）訳 何もかもわからなくなって分別をなくした（暗闇のような）心のために（私は）迷ってしまった。（あの逢瀬（おうせ）が）夢であるのか現実であるのかは、世間の人が決めてくれ。
❷子を思うあまりに理性を失って迷う親の心。子ゆえの迷い。源氏 桐壺「くれ惑（まど）ふ—も堪（た）へ難（がた）き片はしをだに、晴るくばかりに聞こえまほしう侍るを」訳（娘＝桐壺の更衣を亡くした）悲しみにくれて分別を失う子ゆえの迷いも、せめて（悲しみに耐えきれない（ほんの）一部をだけでも、晴らすほどにお話し申しあげとうございますので。

発展 「心の闇」の引き歌
②の意は「人の親の心は闇にあらねども子を思ふ道に惑（まど）ひぬるかな」〈後撰・雑一〉による。②の用例の他にも、「源氏物語」〈桐壺〉には「これもわりなき心の闇になむ」と、子ゆえの迷いをこの歌を下敷きにして表現した場面がある。だれでも知っている歌の一部を引用して言外に意味と効果とをもたらす方法を「引き歌」というが、「源氏物語」ではこれが重要な表現方法となっている。

こころ‐ば【心葉】（名）❶饗膳（きょうぜん）の折敷（おしき）（＝盆）などに添える造花。金・銀または飾り糸で松や梅などの形に作る。
❷香壺（こうご）や贈り物の上を覆う綾絹（あやぎぬ）の、四隅と中央に飾る造花。銀・銅で作った松や梅に、組みひもを結ぶ。

こころばえ【心ばえ】⇩こころばへ

こころ-ばせ【心馳せ】(名) ❶性格や性質にもとづく心の働き。気だて。気性。源氏 桐壺「—のなだらかに目やすく憎みがたかりしことなど、今ぞおぼし出づる」訳 (ものの情理を知っていらっしゃる人は、桐壺の更衣の)気だてが温和で感じがよく、憎めなかったことなどを、今になって思い出しなさる。

❷日常の生活や処世に対する心がけ。心構え。たしなみ。分別。源氏 帚木「—まことにゆゑありと見えぬべく、うち詠み、走り書き、かい弾(ひ)く爪音(つまおと)、手つき口つき、みなたどたどしからず」訳 たしなみもほんとうに風情があると思われるに相違なく、(歌を)詠み、(文を)すらすらと書き、(琴を)弾く爪音まで、腕前も詠みぶりもみな未熟でなく。文法「見えぬべく」の「ぬ」は、助動詞「ぬ」の終止形で、ここは確述の用法。

❸その場の状況に応じた心づかい。配慮。気ばたらき。才覚。今昔 二八・一六「装束をみな解きて隠し置きて、しか言はむと思ひける—、さらに人の思ひ寄るべきことにあらず」訳 着衣をすべて脱いで(あらかじめ)隠しておいて、(強盗に出会ったら)そのように(=すでに他の強盗に身ぐるみ奪い取られたと)言おうと考えた才覚は、まったく(世間の)人が思いつくことができることではない。

こころばせ-びと【心馳せ人】(名) 心づかいのある人。気だてのすぐれた人。源氏 夕霧「年頃人に違(たが)へる—になりて」訳 (私=夕霧は)この何年もの間、普通の人と違った心づかいのある人になって。

こころ-はづか・し【心恥づかし】(ズカシ)(形シク){しから・しく(しかり)・し／しき(しかる)・しけれ・しかれ} ❶(相手がりっぱなので、こちらが)気恥ずかしく感じる。気おくれがする。気がひける。枕 二六「あなづりやすき人ならば『後(のち)に』とてもやりつべけれど、さすがに—・しき(体)人、いと憎く、むつかし」訳 いいかげんに扱ってもよい人ならば「あとで」と言ってでも帰してしまえようが、なんといっても(相手がりっぱでこちらの)気がひける人(の場合は、(疎略にもできないので)たいそう不快で、わずらわしい。

❷(こちらが気おくれするほど、相手が)りっぱである。すぐれている。源氏 若紫「法師なれど、いと—・しく(用)、人がらもやむごとなく世に思はれ給へる人なれば」訳 (僧都(そうず)は)出家の身ではあるけれど、たいそうりっぱで、品性も尊く、世間で信頼されなさっている人であるので。

こころ-ばへ(バエ)【心ばへ】(名) ❶心のようす。心づかい。気だて。源氏 葵「御ともの人々うちかしこまり—ありつつ渡るを」訳 (光源氏の)お供の人たちは威儀を正し、(葵(あおい)の上の牛車(ぎっしゃ)の前を)それぞれ心づかいをして通り過ぎるので。

❷趣向。おもむき。風情(ふぜい)。源氏 帚木「水の—など、さる方(かた)にをかしくなしたり」訳 (庭に引き入れた)遣(や)り水の風情など、それなりにことさら風流に造ってある。

❸趣意。意味。伊勢 一「『みちのくのしのぶもぢずり…』といふ歌の—なり」訳「陸奥(みちのく)のしのぶもじずり(のように)…」という歌の趣意をとったのである。

こころ-ば・む【心ばむ】(自マ四){ま・み・む・む・め・め}「ばむ」は接尾語 ❶気張る。気どる。源氏 夕顔「—・み(用)たる方(かた)を少しそへたらばと見給ひながら」訳 (夕顔が)気どった面を少し加えたならば(よいのに)と、(光源氏は)ご覧になりながら。

❷気をつかう。心配する。源氏 末摘花「『くはや、きのふの返り事。あやしく—・み(用)過ぐさるる』とて投げ給へり」訳「ほら、昨日の返事だ。妙に気をつかってならないことよ」とおっしゃって、(光源氏は手紙を)投げなさった。

こころひとつ-を-や・る【心一つを遣る】(他人の考えを待たないで)ひとりよがりの考えに固執する。もっぱら一つのことだけを考える。枕 三「おのが身の賢き由など、—・り(用)て説き聞かするを」訳 自分自身がすぐれているわけなどを、ひとりよがりに熱を入れて(女房などに)説明して聞かせるのを。

こころふか-さ【心深さ】(名)「さ」は接尾語 思慮の深いこと。また、情趣の深いこと。源氏 幻「さまで思ひのどめむ—こそ、浅きに劣りぬべけれ」訳 そうまで心を落ち着けているような思慮の深さは、(かえって)軽率なのにきっと劣るであろう。

こころ-ふか・し【心深し】(形ク){から・く(かり)・し・／き(かる)・けれ・かれ} ❶思慮深い。情愛が深い。源氏 蓬生「あはれに—・き(体)契りをし給ひしに、わが身は憂(う)くて、かく忘られたるにこそあれ」訳 (光源氏が私=末摘花(すえつむはな)に)しみじみと情愛の深い約束をなさったのに、わが身は情けなくて、このように(光源氏に)忘れられているのだ。文法 係り結び「こそあれ」は、ここは強調逆接となって下の文に続く。↔心浅し

❷趣や味わいが深い。風情(ふぜい)がある。徒然 一三七「暁(あかつき)近くなりて待ち出でたるが、いと—・う(用)ウ音便、青みたるやうにて」訳 明け方近くになって、ずっと待っていてようやく姿を現したの(=有り明けの月)が、たいそう趣深く、青みがかったようであって。

こころ-ぼそ・し【心細し】(形ク){から・く(かり)・し・／き(かる)・けれ・かれ} ❶頼りなくて不安だ。心細い。源氏 夕顔「年ごろの頼み失ひて—・く(用)思ふらむ慰めにも」訳 (あなた=右近(うこん)も)長年の頼み(としている人=夕顔)を失って頼りなく思っているだろう、その慰めとしても。

❷ものさびしい。心さびしい。徒然 一九「早苗(さなへ)とるころ、水鶏(くひな)のたたくなど、—・から(未)ぬかは」訳 早苗を(苗代(なわしろ)から田に移し植えるころ、くいな(=水鳥の名)が(戸をたたくような声で)鳴くのなどは、ものさびしくないだろうか(いや、実にものさびしい)。文法「かは」は、反語の係助詞。

こころ-まうけ(モウケ)【心設け】(名) 前もってする心の準備。心構え。計画。大鏡 師輔「疾(と)うよりさる御—は思(おぼ)し寄らせ給ひにけるにや」訳 (馬の頭(かみ)殿=顕信(あきのぶ)は)早くからそのような(出家をする)ご計画はお考えつきなさっていたのであろうか。

こころ-まさり【心勝り】(名・自サ変) ❶予期していたよりもすぐれて感じられること。著聞 三三一「いよいよ—・し(用)て、愛(め)でおぼしめしけり」訳 (藤原教通(のりみち)は小式部内侍(こしきぶのないし)を)ますます予想以上にすぐれていると感じて、いとしくお思いになった。↔心劣り

❷(姿より)心がしっかりしていること。

こころ-まどひ(マドイ)【心惑ひ】(名) 思い乱れること。正気を失って取り乱すこと。竹取 かぐや姫の昇天「さきざきも申さむと思ひしかども、必ず—し給はむものぞと思ひて」訳 以前にも(私は月の都の人であると)申し上げようと思ったけれども、(竹取の翁(おきな)と嫗(おうな))がきっと取り乱しなさるにちがいないものだと思って。

こころ-みえ【心見え】(名・形動ナリ)心中を見透かされること。また、心中を見せること。源氏 蛍「継母の腹きたなきむかし物語もおほかるを、―・に(用)心づきなしとおぼせば」訳 継母の意地の悪い(ことを書いた)昔の物語も多いが、(それは継母の)心中を(こういうものだと)見せるようでおもしろくないと(光源氏は)お思いになるので。

こころ-みじか・し【心短し】(形ク){から・く(かり)・し・き(かる)・けれ・かれ}気が短い。また、あきっぽい。移り気だ。枕 一六四「たのもしげなきもの ―・く(用)、人忘れがちなる婿の、常に夜離れする」訳 頼りにできそうもないもの、あきっぽく、相手を忘れがちである婿が、しょっちゅう夜離れ(=妻のもとへ通って来ないこと)するの。↔心長し

こころ・みる【試みる】(他マ上一){み・み・みる・みる・みれ・みよ}ためしてみる。また、ようすを見る。竹取 火鼠の皮衣「『なほこれを焼きて―・み(未)む』と言ふ」訳「やはりこれを焼いて(本物の火鼠の皮衣かどうか)ためしてみよう」と言う。

こころ・む【試む】(他マ上二){み・み・む・むる・むれ・みよ}「こころみる」に同じ。〔古活字本平治物語〕「当家の浮沈をも―・む(終)べしとこそ存じ候へ」訳 当家の浮沈をもためしてみるのがよいと存じます。

参考 上一段活用の「試みる」が上二段活用化した語。

こころ-むき【心向き】(名)心のあり方。性質。平家 四・競「鹿毛なる馬のならびなき逸物、乗り走り、―、またあるべしともおぼえず」訳 鹿毛である馬で比類のないすぐれた馬で、乗り心地や走り具合、性質は、ほかに(このような馬が)いるだろうとも思われない。

こころ-むけ【心向け】(名)心づかい。意向。源氏 胡蝶「ひとへに、うちとけ頼み聞こえ給ふ―など、らうたげに」訳 (玉鬘が光源氏に)ひたすら心を許しお頼り申しあげなさる心づかいなどは、かわいらしいようすで。

こころ-も-しのに【心もしのに】心もうちしおれて。しんみりして。万葉 三・二六六「近江の海夕波千鳥汝が鳴けば―古思ほゆ」訳 →あふみのうみ…和歌

こころ-もちゐ【心用ゐ】(名)心の用い方。心づかい。心がけ。源氏 少女「人がらいとすくよかに、きらきらしくて、―なども賢くものし給ふ」訳 (内大臣の)人柄はたいそう意志が強く、堂々と威厳があって、心づかいなども賢明でいらっしゃる。

こころ-もて【心もて】(副)自分の心から。源氏 柏木「およすけたりし身を、―失ひつるよ」訳 (柏木は)老成していた身を、自分の心から滅ぼしてしまったなあ。

こころもとな-が・る【心許ながる】(自ラ四){ら・り・る・る・れ・れ}〔「がる」は接尾語〕待ち遠しく思う。じれったく思う。源氏 桐壺「いつしかと―・ら(未)せ給ひて、急ぎ参らせて御覧ずるに、めづらかなる児の御かたちなり」訳 (桐壺帝は)早く(対面したい)と待ち遠しく思いなされて、(若宮=光源氏を)急いで参内させてご覧になると、(この世には)めったにない赤子のご容貌である。

こころもとな・し【心許なし】(形ク){から・く(かり)・し・き(かる)・けれ・かれ}

語義パネル
●重点義 **心がやたらに動きまわって落ち着かない感じ。**
「心」に「根拠なく。やたらに」の意の副詞「もとな」の付いた「心もとな」が形容詞化した語とみられる。

❶ **待ち遠しくて心がいらだつ。じれったい。**
❷ **気がかりだ。不安だ。**
❸ **ぼんやりしている。はっきりしない。**
❹ 不十分でもの足りない。

❶**待ち遠しくて心がいらだつ。じれったい。** 枕 一六〇「かたく封じたる続飯などあくるほど、いと―・し(終)」訳 (恋人からの手紙の)固く封をしてある糊づけなどを開ける間は、とてもじれったい。

❷**気がかりだ。不安だ。**〔栄花〕もとのしづく「よろづいみじうおぼつかなう―・う(用)(ウ音便)おぼされて」訳 (大殿=道長は)何事もひどく心細く不安にお思いにならずにはいられなくて。文法「おぼされ」の「れ」は、自発の助動詞「る」の連用形。

❸**ぼんやりしている。はっきりしない。** 枕 三七「せめて見れば、花びらのはしに、をかしき匂ひこそ―・う(用)(ウ音便)つきためれ」訳 (梨の花は)しいて(注意して)見ると、花びらの端に、趣ある色つやがはっきりわからないぐらいについているようだ。文法「ためれ」は、「ためり」が係助詞「こそ」の結びで已然形となったもの。「ためり」は、「たるめり」の撥音便「たんめり」の「ん」の表記されない形。

❹不十分でもの足りない。源氏 葵「少納言がもてなし―・き(体)ところなう心にくしと見給ふ」訳 (光源氏は)少納言(の乳母)のはからいは足りないところがなく、奥ゆかしいとご覧になる。

こころ-やす・し【心安し】(形ク){から・く(かり)・し・き(かる)・けれ・かれ}❶心配や気づかいがない。安心である。気楽である。源氏 桐壺「源氏の君は、上の常に召しまつはせば、―・く(用)里住みもえし給はず」訳 源氏の君は、帝(=父桐壺帝)がいつも(自分のそば近くに)招き寄せて付き従わせなさるので、(内裏から退出して)気楽に自分の家に住むこともおできにならない。文法「えし給はず」の「え」は副詞で、打消の語(ここでは「ず」)を伴って不可能の意を表す。

❷遠慮がなく親しい。気さくである。気軽である。源氏 帚木「宮腹の中将は、なかに親しくなれ聞こえ給ひて、…人よりは―・く(用)なれなれしく振る舞ひたり」訳 皇女を母宮とする中将(=頭の中将)は、(兄弟の)中でも(光源氏に)親しくうち解け申しあげなさって、…他の人よりは気軽に親しく振る舞っている。

❸たやすい。容易である。平家 七・維盛都落「道にも敵待つなれば、―・う(用)(ウ音便)通らんことも有り難し」訳 (西国へ落ちて行く)道中にも敵が待つというので、たやすく通るようなことも困難である。文法「待つなれば」の「なれ」は、伝聞・推定の助動詞。「通らんこと」の「ん」は、仮定・婉曲の助動詞。

こころ-やま・し【心疚し・心疾し】(形シク){しから・しく(しかり)・し・しき(しかる)・しけれ・しかれ}思いどおりにならず不満なさま。また、劣等感から不快を感じるさま。おもしろくない。大鏡 師輔「女御の御かたちいとうつくしくめでたくおはしましければ、…いとど―・しく(用)ならせ給ひて」訳 女御(=芳子)のご容貌がたいそうかわいらしく(また)すばらしくていらっしゃったので、…(安子は)ますます不快におなりになって。

こころ-やり【心遣り】(名)不快な気持ちを発散させ

ること。気晴らし。土佐「男どちは、ーにやあらむ、漢詩などいふべし」訳 男たちは、気晴らしであろうか、漢詩などを吟ずるようである。

こころ-や・る【心遣る】(他ラ四)〔ら・り・る・る・れ・れ〕「こころをやる」に同じ。

こころゆき-は・つ【心行き果つ】心がすっかり晴れる。すっかり満足する。竹取 蓬萊の玉の枝「かぐや姫のー・て用て」訳 かぐや姫の心がすっかり晴れて。

こころ-ゆ・く【心行く】(自カ四)〔か・き・く・く・け・け〕❶心が晴れ晴れする。せいせいする。枕 三「公私おぼつかなからず、聞きよきほどに語りたる、いとー・く体心地す」訳 (世間話を)公私ともに不明確でなく、聞き苦しくない程度に話したのは、たいそう晴れ晴れする気持ちがする。
❷満足する。気がすむ。源氏 紅葉賀「御いらへも聞こえ給はねば、ー・か未ぬなめりといとほしくおぼしめす」訳 (光源氏がご返答も申し上げなさらないので、(葵の上との結婚に)満足しないのであるようだと、(桐壺帝は)ふびんにお思いになられる。

こころ-ゆるび【心弛び】(名)心の緊張がとけること。気がゆるむこと。気が休まること。〔栄花〕松のしづえ「女御の御方につと春宮おはしませば、若き御心地にーなく苦しくおぼしめしたり」訳 女御(=賢子)のおそばにじっと春宮(=貞仁親王)がいらっしゃるので、(父の左大臣藤原師実の)若いお心にとっては緊張がとけることもなく苦しくお思いになっている。

こころ-よ・し(形ク)〔から・く(かり)・し・き(かる)・けれ・かれ〕❶【快し】㋐愉快である。楽しい。うれしい。気持ちよい。大鏡 道長上「御口はー・く用笑ませ給ひて、『あはや、宣旨くだりぬ』とこそ申させ給ひけれ」訳 (藤原詮子が)お口もとは気持ちよくにっこりなさって、「ああ、宣旨が下った」と(道長に)申し上げなさった。㋑病気が快方に向かい気分がよい。〔狂・武悪〕「気色もだんだんー・う用(ウ音便)ござるによって、近々には出勤をも致そう」訳 (病気による不快な)気分もだんだん心地ようございますので、近いうちには奉公にも出ましょう。
❷【心良し】気だてがよい。お人好しである。枕 二七「人にあなづらるるもの　築土のくづれ。あまりー・し㊇と人に知られぬる人」訳 人からばかにされるもの、土塀のくずれ。あまりにお人好しだと世間の人に知られてしまった人。

こころ-よ・す【心寄す】(自サ下二)〔せ・せ・す・する・すれ・せよ〕思いをかける。好意を寄せる。源氏 須磨「国の守も親しき殿人なれば、忍びてー・せ用仕うまつる」訳 (摂津の)国守も(光源氏に)親しく仕える家人であるので、こっそりと好意を寄せお仕え申しあげる。

こころ-よせ【心寄せ】(名)❶好意や愛情を寄せること。ひいきにすること。源氏 藤裏葉「御とぶらひども所せきまで、御ーいとめでたし」訳 (賀茂の祭りの使者の労をねぎらう)御慰問の品々がいっぱいになるほど(あって)、(冷泉帝・東宮・光源氏などの惟光の娘に対する)ご好意はたいそうすばらしい。
❷期待を寄せること。あてにすること。宇治 一・一二「僧たち、宵のつれづれに、『いざ、かいもちひせん』と言ひけるを、この児ーに聞きけり」訳 僧たちが、宵の所在なさに、「さあ、ぼた餅を作ろう」と言ったのを、この稚児が期待する気持ちで聞いたのであった。

こころ-より-ほか【心より外】❶思いもかけないこと。意外。源氏 夕顔「ーにをかしきまじらひかなと、かの夕顔の宿りを思ひ出づるも」訳 (右近は二条院を見て)思いがけないことに、趣のある(御殿での)奉公だなあと、あの(みすぼらしい)夕顔の家を思い出すのも。⇩あさまし「慣用表現」
❷思いどおりではないこと。不本意。枕 三九「よう隠しおきたりと思ひしを、ーにこそ漏り出でにけれ」訳 (この草子を)うまく隠しておいたと思ったのに、不本意にも(世間に)漏れ出てしまった。

こころ-よわ・し【心弱し】(形ク)〔から・く(かり)・し・き(かる)・けれ・かれ〕❶意志が弱い。気が弱い。古今 恋五「つれなきを今は恋ひじと思へどもー・く用も落つる涙か」訳 つれない人を今はもう恋しく思うまいと思うけれども、気弱にも落ちる涙であるよ。
❷情にもろい。源氏 柏木「いみじき過ちありとも、ー・く用許しつべき御さまかな」訳 ひどい過ちがあっても、情にほだされて許してしまいそうな(女三の宮の可憐な)ごようすであることよ。《⇔心強し》

こころ-わか・し【心若し】(形ク)〔から・く(かり)・し・き(かる)・けれ・かれ〕❶幼稚である。うぶだ。枕 四二「山鳥、友を恋ひて、鏡を見すれば慰むらむ、ー・う用(ウ音便)、いとあはれなり」訳 山鳥は、友を慕って(悲しむが)、鏡を見せると(映った姿を友かと思って)心が晴れるとかいうのは、純真で、たいそういじらしい。
❷気持ちが若々しい。源氏 玉鬘「ー・う用(ウ音便)おはせしものを、かかる道をも見せ奉るものにもがな」訳 (夕顔は)気が若くていらっしゃったのだから、こんな(旅の)道中をもお見せ申しあげるものであればなあ。

こころ-を-いた・す【心を致す】心をつくす。源氏 夕霧「などてか、かくなにがしがー・し用て仕うまつる御修法にしるしなきやうはあらむ」訳 どうして、このように私(=律師)が心をつくして奉仕するご祈禱に効果がないことはあろうか(いや、効果がないはずはない)。

こころ-を-おこ・す【心を起こす】❶心をふるい起こす。源氏 若菜下「いといみじく心苦しければ、ー・し用て祈り聞こゆ」訳 (光源氏が)たいそうひどく気の毒であるので、(高僧たちは)心をふるい起こして(紫の上の平癒を仏に)お祈り申しあげる。
❷信仰心を起こす。発心する。源氏 蜻蛉「人のー・さ未せむとて、仏のし給ふ方便は」訳 人の信仰心を起こさせようとして、仏のしなさる方便(=人を仏道に導くための便宜上の手段)は。

こころ-をか・し—オカシ【心をかし】(形シク)〔しから・しく(しかり)・し・しき(しかる)・しけれ・しかれ〕おもしろいと思う。かわいらしいと感じる。源氏 若菜下「ー・しく用人馴れたるはあやしく懐しきものになむ侍る」訳 (女三の宮の唐猫のように)かわいらしく人なつこくなっているのは不思議と心ひかれるものでございます。

こころ-を-くだ・く【心を砕く】あれこれと悩む。気をもむ。源氏 須磨「ほのかに見奉り通ひ給ひし所々、人知れぬー・き用給ふ人ぞ多かりける」訳 ほのかに(光源氏を)拝見したり、(光源氏がかつて)お通いになったりしたあちこちの所では、ひそかに心を痛めなさる人が多かった。

こころ-をさな・し—サナシ—オ【心幼し】(形ク)

{から・く(かり)・し・き(かる)・けれ・かれ}考えが幼稚である。思慮が浅い。無分別である。源氏 若紫「うしろやすく仕うまつれ。ー・く㊥もてなし聞こゆな」訳 心配のないように(若紫に)お仕え申しあげよ。無分別にお扱い申しあげるな。

こころ-を-た・つ【心を立つ】❶志を立てる。心をふるい起こす。源氏 若菜上「頼む陰どもに別れぬるのち、ー・て㊥て世の中に過ぐさむ事も」訳 頼みとする保護者たちと死別してしまった後に、志を立てて(独身で)世の中を過ごしてゆくようなことも。

❷主張を立て通す。我を張る。源氏 夕霧「彼も、いとわがー・て㊥て強うものものしき人のけはひには見え給はねど」訳 あの人(=落葉の宮)も、まことに自分の主張を立て通して強気で動じない人柄にはお見えにならないが。

こころ-を-つ・く【心を付く】❶思いや関心を寄せる。執着する。源氏 橋姫「年ごろよからぬ人のー・け㊥たりけるが」訳 (この)数年来、(性質の)よくない人で、(私=弁に)思いを寄せていた男が。

❷物思いの心やある感情を起こさせる。新古 秋上「おしなべて物を思はぬ人にさへー・くる㊍秋の初風」訳 一様に、物思いをしない人にまでも、物思いの心を起こさせる秋の初風よ。

❸気を配る。注意する。〔浮・好色五人女〕「きびしく鳴る時は、『耳ふさげ』など、ー・け㊥給ひける」訳 (雷が)ひどく鳴るときは、「耳をふさげ」などと、気を配りなさった。

こころ-を-つく・す【心を尽くす】❶まごころをこめる。精魂をかたむける。源氏 末摘花「ー・し㊥て詠み出で給へらむほどをおぼすに」訳 (末摘花が)精魂こめて(歌を)詠み出しなさっただろうありさまを(光源氏が)お思いになると。

❷いろいろと気をもむ。限りなく心を悩ませる。万葉 四・六九二「うはへなき妹にもあるかもかくばかり人のー・さく(ク語法)思へば」訳 愛想のない恋人でもあることよ。これほど人(=私)の心を限りなく悩ませることを思うと。

こころ-を-と・る【心を取る】機嫌をとる。源氏 帚木「大和なでしこをばさし置きて、まづ塵をだになど親のー・る㊤」訳 大和なでしこ(=娘玉鬘)のことは後回しにして、真っ先に、(二人の床には)塵をさえ(つもらせない)などと(頭の中将は)母親(=夕顔)の機嫌をとる。

こころ-を-や・る【心を遣る】❶心中にわだかまっている憂さ・つらさ・苦しさを晴らす。心を慰める。万葉 三・三四六「夜光る玉といふとも酒飲みてー・る㊍にあにしかめやも」訳 (宝物として珍重される)夜光の玉といっても、酒を飲んで心を慰めることにどうしてまさるだろうか(いや、まさることはない)。

❷自分の心を満足させる。心にまかせてする。得意がる。源氏 帚木「我が心得たることばかりを、おのがじしー・り㊥て、人をば貶しめなど、かたはらいたきこと多かり」訳 (女というものは)自分の会得していることばかりを、各自が得意になってして、他の人をさげすむなど(して)、見苦しいことが多い。

❸思いをはせる。思いやる。源氏 蓬生「行く道にー・り㊥ていと心地よげなり」訳 (栄転して赴任して)行く道中に思いをはせて、(末摘花の叔母は)たいそう満足そうである。

ここ-を-もちて【是を以て】こういうわけで。それゆえに。〔記〕上「この二柱の神の容姿いとよく相似たり。故ー過ちき」訳 このお二人の神の容姿がたいそうよく似ている。ゆえにこういうわけで間違えた。

参考 漢文訓読から生じた語。「ここをもって」「ここをもて」も同じ。

ここ-を-もて【是を以て】「ここをもちて」に同じ。

古今著聞集(ここんちょもんじゅう)〔作品名〕鎌倉中期の説話集。橘成季編。建長六年(一二五四)成立。二十巻。日本の約七百の説話を神祇・釈教・政道忠臣・文学など、三十編に分類し、年代順に配列する。

ご-ざ【御座】(名)❶「座」の尊敬語。貴人の席。「おまし」とも。〔うつほ〕蔵開上「皇子はをぢ宮たちのーのしもにつき給ひぬ」訳 皇子は叔父にあたる宮がたのお席の下座にご着席なさった。

❷貴人の御座所の畳の上にさらに重ねて敷く畳。「御座畳」「上げ畳」とも。枕 二七七「ことさらにーといふ畳のさまにて」訳 とりわけ御座という畳の体裁で。

❸貴人がいること・行くこと・来ることの尊敬語。いらっしゃること。お出まし。〔太平記〕一一「これにーのことは、いかなる人も知り候はじとこそ存じて候ふに」訳 (あなたが)ここにお出ましのことは、どのような人も知りますまいと存じておりますのに。

ござ-あ・り【御座あり】(自ラ変){ら・り・り・る・れ・れ}❶「あり」「居る」の尊敬語。いらっしゃる。おいでになる。おありになる。平家 三・御産「法皇は…錦帳近くー・っ㊥(促音便)て」訳 (後白河)法皇は…錦の帳の近くにいらっしゃって。

❷「行く」「来」の尊敬語。いらっしゃる。おいでになる。〔太平記〕三七「かの雲景に、『御身はいづくへー・る㊍人ぞ』と問ひければ」訳 (老山伏が)その雲景(=人名)に、「あなた様はどちらへいらっしゃる人か」と尋ねたところ。

参考 「おはす」「おはします」に「御座」をあて、音読した「ござ」にラ変動詞「あり」がついてできた「御座あり」は鎌倉時代から用いられるようになり、ラ変動詞「あり」の四段活用化に伴い、室町時代には「御座ある」(ラ四)を生じ、これがつづまって「御座る」(ラ四)を生み出していく。こうした過程で、「御座ある」には丁寧語としての用法、すなわち、丁寧の本動詞(「ある」「居る」の丁寧語として「あります」「ございます」の意を表す)、丁寧の補助動詞(「ある」の丁寧語として「…(で)あります」「…(で)ございます」の意を表す)の用法を生じ、「御座る」は尊敬語としても丁寧語としても用いられた。

ござ-あ・り【御座あり】(補動ラ変){ら・り・り・る・れ・れ}「あり」「居る」の尊敬語。…(で)いらっしゃる。〔太平記〕三「新帝は幼主にてー・る㊍上、君崩じ給ひたる後」訳 新帝は幼い帝でいらっしゃるうえ、帝が崩御なさったあとは。↓御座あり(自ラ変)参考

ござ-あ・る【御座ある】(自ラ四){ら・り・る・る・れ・れ}「御座あり(ラ変)」の四段活用化したもの。↓御座あり(自ラ変)参考

ご-さいゑ【御斎会】(名)宮中の行事の一つ。毎年陰暦正月八日から七日間、大極殿で金光明最勝王経を講じて、国家の安寧と五穀豊穣を祈る儀式。後世は清涼殿で行われた。㋭

ご-ざう【五臓・五蔵】(名)❶漢方で、体内にある五つのはらわた。心臓・肝臓・肺臓・脾臓・腎臓。

❷身体。全身。〔曽我物語〕「鹿毛なる馬の、―太くたくましきに」訳鹿毛である馬で、身体が太くたくましい馬に。

こ-さうじ【小障子】(名)丈の低いついたて。源氏 野分「東の渡殿の―の上より」訳東の渡り廊下の小さいついたての上から(=ついたて越しに)。

ご…さうら-ふ【御…候ふ】→おん…さぶらふ

ご…さうらへ【御…候へ】→おん…さぶらふ

こ-ざか-し【小賢し】(形シク){しから・しく(しかり)・し・しき(しかる)・しけれ・しかれ}〔「こ」は接頭語〕❶りこうぶっている。なまいきである。まませている。た、大人びている。〔沙石集〕「『―・し㊦』とて、枕を持ちて打ちけるが」訳(念仏を勧めると)「なまいきだ」と言って、枕を持って打ったが。

❷ぬけめがない。油断ができない。〔浮・好色五人女〕「さても(=なんとまあ)―・しき㊍浮き世(=世の中)や」

こ-さき【小前駆】(名)先払いが、通行人などを追い払う声を、上達部のときより短く引くこと。枕 一六「上達部の前駆ども、殿上人のは短ければ、大前駆・―とつけて聞きさわぐ」訳上達部の先払いの声々が(聞こえるが)、殿上人のは(上達部に比べて声が)短いので、(女房たちは長いのを)大前駆、(短いのを)小前駆と名づけて大騒ぎして聞いている。↔大前駆

ござ-さうら-ふ【御座候ふ】(自ハ四){は・ひ・ふ・ふ・へ・へ}❶「御座あり」の丁寧語。いらっしゃいます。おいでになります。おありになります。〔太平記〕一〇「御一門太略御自害候ふなり。大殿ばかりこそ、いまだ葛西谷に―・へ㊁」訳ご一族はたいていご自害なさっているようです。大殿だけが、まだ葛西の谷においでになります。

❷「あり」の丁寧語。あります。ございます。〔芭蕉書簡〕「折節は御書状もと存じ、心懸けも―・へ㊁ども」訳折節にはお手紙も(差し上げたいと存じ、心がけもございますけれども。

参考 尊敬語「御座あり」の「あり」を「候ふ」に替えて、尊敬の意にさらに丁寧の意を添えたもの。のちには丁寧語としてもっぱら書簡文に用いられるようになった。

ござ-さうら-ふ【御座候ふ】(補動ハ四){は・ひ・ふ・ふ・へ・へ}❶「御座あり」の丁寧語。…(で)いらっしゃいます。〔謡・蘆刈〕「頼み奉り候ふ人の若子の御乳の人にて―・ふ㊦」訳(私が主人と)頼りにし申しあげます人の若様の御乳母にあたる人でいらっしゃいます。

❷「あり」の丁寧語。…(で)あります。…(で)ございます。〔謡・蘆刈〕「それがしは忠の者にて―・ふ㊦よ」訳私は忠義の者でございますなあ。(→御座候ふ(自ハ四)参考)

ござ-な・し【御座無し】(形ク){から・く(かり)・し・き(かる)・けれ・かれ}❶「なし」の尊敬語。いらっしゃらない。おいでにならない。おありにならない。〔太平記〕三「まづ内裏へ参じて見奉るに、主上は―・く㊊て」訳ともかく内裏へ参上して(捜し求めて)見申しあげるけれど、主上(=後醍醐天皇)は(内裏には)おいでにならなくて。

❷「なし」の丁寧語。ありません。ございません。〔きのふはけふの物語〕「御さかなも―・けれ㊁ども、せめて御酒なりとも参らせたい」訳(これといった)酒のおさかなもございませんが、せめてお酒なりとも差し上げたい。

参考「御座あり」「御座ある」「御座る」の否定形。形容詞「なし」の活用のしかたが、「ない」に変化するとともに、「御座ない」に変化した。

ござ-な・し【御座無し】(補形ク){から・く(かり)・し・き(かる)・けれ・かれ}❶「なし」の尊敬語。…(で)いらっしゃらない。〔謡・船弁慶〕「御兄弟の御仲は、ただ日月のごとく御座あらうずると存じて候へば、さも―・く㊊て」訳(源頼朝と源義経の)ご兄弟の御仲は、ひたすら(共に並んで栄える)日と月のようでいらっしゃるであろうと存じておりますと、(実際は)そのようでもいらっしゃらなくて。

❷「なし」の丁寧語。…(で)ありません。…(で)ございません。〔天草本伊曽保〕「これはさらにむつかしい不審でも―・い㊦(口語)」訳これは決して難しい謎かけでもございません。(→御座無し(形ク)参考)

ござ-なれ〔「ごさんなれ」の撥音「ん」の表記されない形〕「ごさんなれ」に同じ。

ござ-ぶね【御座船】(名)❶貴人が乗る船。〔謡・敦盛〕「―も兵船も、遥かに延び給ふ」訳(安徳帝の)お乗りになった船も軍船も、遥か沖に落ち延びなさる。

❷川遊びの屋形船。

ご…さぶら-ふ【御…候ふ】→おん…さぶらふ

ご…さぶらへ【御…候へ】→おん…さぶらふ

ござ-めれ〔「ごさんめれ」の撥音「ん」の表記されない形。後世では、誤って「ござめれ」とも〕「ごさんめれ」に同じ。

ござ・る【御座る】(自ラ四){ら・り・る・る・れ・れ}〔「御座ある」の転〕❶「ある」「居る」の尊敬語。いらっしゃる。おいでになる。〔きのふはけふの物語〕「案のごとくつつじを眺めて和尚の―・る㊦」訳思ったとおりつつじを眺めて和尚がいらっしゃる。

❷「行く」「来」の尊敬語。いらっしゃる。おいでになる。〔狂・餅酒〕「聊爾な申しごとながら、こなたはどれからどれへ―・る㊍ぞ」訳ぶしつけな申し分ながら、あなたはどこからどこへおいでになるのか。

❸「ある」「居る」の丁寧語。あります。ございます。〔狂・末広がり〕「末広がり(=扇)と申す物は、つひに見たことも―・ら㊌ぬ(=ございません)」

ござ・る【御座る】(補動ラ四){ら・り・る・る・れ・れ}〔四段動詞「御座る」から〕❶「ある」「居る」の尊敬語。…(で)いらっしゃる。〔狂・福の神〕「『案内』とは誰そ、どなたで―・る㊍」訳「案内(願います)」と(言ったの)はだれか、どなたでいらっしゃるのか。

❷「ある」「居る」の丁寧語。…(で)あります。…(で)ございます。〔狂・佐渡狐〕「これは私の寸志(=ささやかな志)で―・る㊦」

ご-さん【五山】(名)禅宗の五大寺の称。時代によって変遷があるが、十四世紀後半からは、京都五山は、天竜寺・相国寺・建仁寺・東福寺・万寿寺。鎌倉五山は、建長寺・円覚寺・寿福寺・浄智寺・浄妙寺。中国の「五山」の制にならったもの。

ごさん-なれ〔「にこそあるなれ」の転。近世中期以降、誤って「ござんなれ」とも〕「ごさなれ」とも。…であるようだな。…であるなあ。…だな。平家 八・妹尾最期「神妙のこと申す―」訳感心なことを申すものだな。

参考「なれ」は、伝聞・推定の助動詞「なり」の已然形。多く、相手の話やうわさなどを聞いて判断を下す意を表す。

ござん-なれ〔「ごさんなれ」の「ごさん」を、「御座る」の

変化したものと誤解した語」「ごさんなれ」に同じ。

ごさん-めれ【「にこそあるめれ」の転】「ごさめれ」とも。…であるように見える。…であるようだな。…だな。平家 七・実盛「あっぱれ、これは斎藤別当である―」訳 ああ、これは斎藤別当であるのだな。参考 相手や対象を見て、そのようすから判断を下す意を表す。

こし【越】(名)北陸地方の古称。今の福井・石川・富山・新潟の四県にあたる。→北陸道

こし【腰】(名)❶身体の一部分。腰。竹取 かぐや姫の昇天「〔翁は〕鬚も白く、―もかがまり(=曲がり)」❷衣服や袴などの腰に当たる部分。また、そのあたりに結ぶひも。源氏 空蟬「紅の―引き結ゆへるきはまで」訳 (軒端の荻の)紅の(袴の)腰のひもを引き結んでいるところまで。❸山のふもとのあたり。山裾。平家 五・富士川「富士の―より搦め手にやまはり候ふらん」訳 富士の山裾を通って(わが軍勢の)背後にまわっているでしょうか。❹和歌の第三句。腰の句。

こし【層】(名)二階建て以上の建物の一つ一つの階。今昔 二九・一八「門の上の―に和ら搔かかつり登りたりけるに」訳 (羅城)門の上の階にそっとよじ登ったところ。

こし【輿】(名) 乗り物の名。二本の轅に屋形を載せ、その中に人を乗せて運ぶもの。肩にかつぐ輦と、手で腰のあたりの高さに支える腰輿(手輿)とがある。屋形の形によって、鳳輦・葱花輦・板輿・

輿

網代輿・四方輿などがある。平安時代以前はおもに天皇の乗り物であったが、以後、腰輿は皇族・摂関にも使用が許され、中世には、簡単な形のものが一般にも用いられるようになった。⇩巻頭カラーページ19

こ・し【濃し】(形ク)〔から・く(かり)・し・き(かる)・けれ・かれ〕❶(色・味・香気・関係などが)濃い。深い。古今 物名「うちつけに―・し㊦と見てなるほど濃いと花の色を見るであろうか。(朝顔の花の色は花の上に)置く白露が染めているだけなのに。(「うちつけにこし」に朝顔の異名「牽牛子」を詠みこんで、それにさらに「げに濃し」をかける。また、露が秋の草木の色を染めるという通念にもとづく)。↔薄し ❷特に、紫または紅の色が強い。枕 五「うへのきぬの―・き㊍うすきばかりのけぢめにて」訳 上着(=束帯の袍)の(色が、紫や紅の)濃いか淡いかだけの相違で。❸(液体などの)濃度・純度が高い。宇治 三・一八「沈、丁子を―・く㊒煎じて入れたり」訳 沈香や丁子(といった香料)を、濃く煮つめて入れてある。

こ-じ【巾子】(名)冠の後部の頂上に高く突き出した部分。髻をこの中に入れ、根元にかんざしを挿す。⇩巻頭カラーページ12

こ-じ【居士】(名)《仏教語》❶出家しないで、仏門に入った男子。〔太平記〕三「大臣・公卿・刹利(=武士)・―、皆宮中に逃げ籠る」❷出家していない男子の死後、法名の下につける称号。↔大姉

こしおれ【腰折れ】⇩こしをれ

こ-し-かた【来し方】❶通り過ぎて来た方向。通って来た場所。源氏 須磨「うちかへり見給へるに、―の山はかすみはるかにて」訳 (光源氏が)振り返ってご覧になると、通って来た方角の山は霞がはるか遠く(になっ)て。❷過ぎ去った時。過去。新古 雑下「―をさながら夢になしつればさむる現のなきぞ悲しき」訳 過ぎ去った時をそのまますべて夢にしてしまったので、(夢から)覚め(て帰)る現実のないのが悲しいことよ。⇩古「慣用表現」

なりたち カ変動詞「来く」の未然形「こ」+過去の助動詞「き」の連体形「し」+名詞「方」

参考 過去の助動詞「き」の連体形「し」は、カ変動詞にはその未然形「こ」にも連用形「き」にも接続する。したがって、「こしかた」と「きしかた」の両形が存在する。平安中期までは、①の意には「こしかた」、②の意には「きしかた」と区別して用いられる傾向があったが、平安末期から使い分けが乱れ、やがて「こしかた」が多く用いられるようになった。

こし-がたな【腰刀】(名)(供の者に持たせる太刀に対して)つねに腰に差している鍔のない小刀。鞘巻。腰差し。平家 四・橋合戦「たのむところは―、ひとへに死なんとぞ狂ひける」訳 頼りにするのは腰刀(だけで)、ひたすらに死のうと激しくあばれ(て戦っ)た。⇩巻頭カラーページ16

こしかた-ゆくさき【来し方行く先】「こしかたゆくする」に同じ。

こしかた-ゆくする【来し方行く末】❶過ぎて来た方向とこれから行く方向。❷過去と未来。平家 一〇・海道下「浦々島々かすみわたり、―のことども思ひつづけ給ふに」訳 多くの入り江や島が一帯にかすんで、過去と未来のあれこれを思い続けなさるにつけても。

こしき【甑】(名)米などを蒸す器具。古くは瓦で作り、のちには木で作った。底に小穴があり湯釜にのせて蒸す。今の蒸籠に当たる。万葉 五・八九二「―には蜘蛛の巣かきて飯炊くことも忘れて」訳 →かぜまじり…和歌

(甑)

こしき【轂】(名)牛車の車輪の中央にある円木。筒。⇩巻頭カラーページ19

古事記(こじき)『作品名』現存する日本最古の歴史書。天武天皇が稗田阿礼に誦習させた「帝紀」「旧辞」を、元明天皇の命により太安万侶が撰録。和銅五年(七一二)成立。神代から推古天皇までを記す。⇩付録「古典文学参考図」

ご-しき【五色】(名)❶青・黄・赤・白・黒の五つの色。五彩。土佐「所の名は黒く、松の色は青く、磯の波は

雪のごとくに、貝の色は蘇芳に、―に今ひと色ぞ足らぬ」訳（黒崎という）場所の名は黒く、松の色は青く、磯の波は（白い）雪のようで、貝の色は蘇芳（＝紫赤色）であって、五色にあと一色（黄色が）足りない。
❷五種の色。また、五種類。
❸多種多様。いろいろ。〔浮・男色大鑑〕「折節神送りの空おそろしげに、―の雲さわぎて」訳ちょうどその時陰暦十月の空模様は恐ろしいようすで、さまざまの雲が群がり立ち。

古事記伝（こじきでん）『作品名』「古事記」の注釈書。本居宣長著。執筆にかかってから三十余年後の寛政十年（一七九八）成立。実証的な本文校訂・訓詁注釈によって古代精神を解明しようとした。

小式部内侍（こしきぶのないし）『人名』（?〜一〇二五）平安中期の女流歌人。和泉式部の娘。母とともに上東門院（＝藤原彰子）に仕えた。才気あふれる歌人であったが、早世した。「小倉百人一首」に入集。

こし-ぐるま【腰車】（名）「てぐるま」に同じ。著聞 五三〇「―にひかれて参りけるに」

ごじ-けう【五時教】（名）《仏教語》天台宗で、釈迦が、一代の五十年間に説いた教法を、五つの時代に区分した称。大鏡 序「法華経一部を説きたてまつらむとてこそ、まづ余教をば説き給ひけれ。それを名づけて―とはいふにこそはあなれ」訳（釈迦は）法華経一部をお説き申しあげようというので、まずそれ以外の経典をお説きになった。それを名づけて五時教とはいうのであるという。
参考 華厳時は二十一日、阿含時は十二年、方等時は八年、般若時は二十二年、法華涅槃時は八年と一日一夜で、約五十年間の説法とする。

こし-ざし【腰差し】（名）❶ほうびとして賜る、巻き絹。腰にさして退出するところからいう。源氏 胡蝶「物の師どもは、白き一襲、―など次々に給ふ」訳（秋好中宮は）専門の楽師たちには、白い衣一襲や巻き絹などを順次お与えになる。
❷「こしがたな」に同じ。

こし-だか【腰高】（名）❶人の腰の位置が高いこと。〔風姿花伝〕「体も―になれば、かかり失せて」訳（十七、八歳からは）からだつきも腰高になるので、（少年期の姿の）趣がなくなって。
❷器物などの腰の部分や足を高くしたもの。高坏など。〔浮世床〕「―のたらひへ湯をくみ」

こした-やみ【木下闇】（名）木が茂って暗い所。夏。〔笈の小文〕芭蕉「須磨寺やふかぬ笛きく―」訳須磨寺の木が茂った暗がりにいると（平敦盛がしのばれ）、もはや吹かれることのない遺愛の笛の音が聞こえてくる気がする。

古事談（こじだん）『作品名』鎌倉初期の説話集。源顕兼編。建暦二年（一二一二）から建保三年（一二一五）ごろの成立。上代から平安中期までの説話約四百六十話を収め、漢文体や仮名まじり文体で記す。仏教説話が多く、のちに「宇治拾遺物語」などの典拠となった。

こし-ぢ【越路】（名）「越」へ行く道。また、北陸道（＝今の北陸地方のほぼ全域）の古称。→北陸道

ご-しちにち【後七日】（名）《仏教語》陰暦正月八日から十四日までの七日間。宮中で、神事を行う「前七日」に対して、仏事を行う期間をいう。

ごしちにち-の-みすほふ【後七日の御修法】「ごしちにちのみしほ」とも。真言宗の儀式の一つで、後七日（＝陰暦正月八日から七日間）に宮中の真言院で行われる法会。天皇の健康や国土安泰を祈る。

こ-じつ【故実】（名）〔古くは「こしつ」とも〕昔の朝廷などの儀式・法令・作法などの例。古来の慣例・作法。また、それに通じた人。徒然 一五六「大臣の大饗は、…女院の御所など借り申す、―なりとぞ」訳新任の大臣が催す披露の宴は、…女院の御所などをお借り申しあげることが、古来の作法であると（いうことだ）。

こ-じとみ【小蔀】（名）❶小さな窓に蔀のあるもの。明かりとりなどのために設け、上下にかけはずしできる。大鏡 道隆「登花殿の細殿の―に押し立てられ給ひて」訳（藤原伊周は）登花殿の細殿の小蔀に立ったまま押しつけられなさって。
❷清涼殿の昼の御座と殿上の間との境にある蔀の付いた窓。そこから天皇が殿上の間を見る。

大鏡 時平「帝、―より御覧じて、御けしきいと悪しくならせ給ひて」訳（醍醐）天皇は、小蔀からご覧になって、ご機嫌がたいそう悪くおなりになられて。（→蔀）

こし-なづ・む【腰泥む】（自マ四）｛ま・み・む・む・め・め｝物が腰にまつわりついて、進むことが困難である。行き悩む。〔記〕中「浅小竹原―・む㊇」訳丈の低い篠竹の原は（篠竹が）腰にまつわりついて難渋する。

こし-の-く【腰の句】（名）和歌の第三句。〔無名抄〕「いかにも歌は、―の末に『て』文字据ゑたるに、はかばかしきことなし」訳まったく和歌は、第三句の最後に「て」という文字を置いてあると、きちんとしていることがない。

こ-しば【小柴】（名）❶小さな柴。細い木の枝。万葉 二〇・四三五〇「庭中の阿須波の神に―さし吾は斎はむ帰り来までに」訳庭の中の阿須波の神に小さな柴をさして、私は斎戒して祈ろう。（あなたが無事に）帰って来るまでは。
❷「小柴垣」の略。源氏 若紫「同じ―なれど、うるはしうしわたして」訳（他と）同じ小柴垣であるけれど、きちんと整えてぐるりとめぐらして。

こしば-がき【小柴垣】（名）雑木の細い枝で作った丈の低い垣。「小柴」とも。源氏 若紫「夕暮れのいたう霞みたるにまぎれて、かの―のもとにたち出で給ふ」訳（光源氏は）夕暮れ時で、ひどく霞がかかっているのにまぎれて、あの小柴垣のところへお出かけになる。

小柴垣―源氏物語絵巻

こし-ふり【輿振り】（名）神輿をかつぎ込んで強訴すること。〔増鏡〕新島守「一とせ、―の時、情けなく防かせ給ひしかば」訳先年、神輿をかつぎ込んでの強訴のとき、無情にも防がせなさったので。

後拾遺和歌集（ごしふゐわかしふ）『作品名』四番目の勅撰和歌集。平安後期、白河天皇の勅命を受けて、藤原通俊が撰進。歌数千二百十八首。応徳三年

（一〇六）成立。主な歌人は和泉式部・相模・赤染衛門などで、女流歌人の歌が多い。→勅撰和歌集

こし-もと【腰元】（名）❶腰のあたり。〔仮名・浮世物語〕「―たをやかにして、糸を束ねしごとくにして」訳 腰のあたりはしなやかであって、糸を束ねたようであって。❷身近。身のまわり。〔仮名・犬枕〕「小さくて良き物、―にて使ふ（＝召し使う）小姓」❸貴人や大家の主人のそば近くに仕え、身のまわりの世話をする女性。侍女。〔浮・世間胸算用〕「ことわりなしに高枕して、―に足の指をひかせ」訳 遠慮もなしに高枕をして（横になり）、侍女に足の指を引っぱらせて。

ご-しゃ【五舎】（名）内裏にある五つの殿舎。女御・更衣などが住む。昭陽舎（＝梨壺）・淑景舎（＝桐壺）・飛香舎（＝藤壺）・凝華舎（＝梅壺）・襲芳舎（＝雷鳴りの壺）の称。⇩巻頭カラーページ32

こ-しやう【小姓・小性】（名）❶子供。少年。こわっぱ。〔謡・橋弁慶〕「―一人をきればとて、手並みにいかで洩らすべきと」訳 こわっぱ一人を斬るからといって、（この）腕前でどうしてとり逃がそうか（いや、とり逃がしはしない）と。❷武家で、貴人のそば近くに仕え、雑用をつとめる少年。また、寺院で、住職に仕える少年。

ご-しやう【五障】（名）《仏教語》❶女性が生まれつき持っている五つの障害。梵天王・帝釈天・魔王・転輪聖王・仏の五つになれないこと。平家 二・座主流「―の女人跡絶えて、三千の浄侶居を占めたり」訳 五つの障害のある女性の行き来はなくて、三千人の清浄な僧侶が住居を占めている。❷仏道修行の妨げとなる五つの障害。煩悩・業・生・法・所知。

ご-しやう【後生】（名）❶《仏教語》死後に生まれ変わること。また、死後に生まれ変わって住む世界。後世。来世。〔栄花〕うたがひ「現世は御寿命延び、―は極楽の上品上生にのぼらせ給ふべきなり」訳（道長はこの世では御寿命が延び、死後の世界では極楽浄土の上品上生（の地位）に到達なされるにちがいないのだ。文法「せ給ふ」は、最高敬語。↕前生・今生。⇩後世「慣用表現」❷《仏教語》死後の世界での安楽。極楽往生。平家 一・祇王「一旦の楽しみに誇って、―を知らざらんことのかなしさに」訳 一時の富貴に得意になって、死後の世界での安楽をわきまえ知らないようなことが悲しいので。文法「知らざらんこと」の「ん」は、仮定・婉曲の助動詞。❸相手に折り入って頼みごとをするときに使う語。お願い。〔浄・女殺油地獄〕「大坂へ連れて行って下され。―でござる（＝お願いでございます）」

ご-じやう【五常】（名）儒教で、人が常に守るべき五つの正しい道。仁・義・礼・智・信の五徳。平家 六・新院崩御「内には十戒を保ち、外には―を乱らず、礼儀を正しうせさせ給ひけり」訳（高倉上皇は）仏教では十戒を保ち、儒教では五常を乱さないで、礼儀を正しく行いなされた。

ごしやう-ぼだい【後生菩提】（名）《仏教語》死後に仏の果報を得て、極楽浄土に成仏すること。平家 灌頂・六道之沙汰「―のためには、よろこびとおぼえさぶらふなり」訳（今あわれな身であるのも）極楽浄土に成仏することのためには、喜びと思われるのです。

ご-しよ【御所】（名）❶天皇の御座所・住居。内裏。宮廷。または、天皇の尊称。平家 八・太宰府落「その程はあやしの民屋を皇居とするに及ばねば、舟を―とぞ定めける」訳 その間（＝内裏を建てている間）は粗末な民家を皇居とすることはできないので、舟を（安徳天皇の）御座所と定めた。⇩内裏「慣用表現」❷上皇・三后・皇子の御座所・住居。または、それらの人の敬称。平家 二・西光被斬「西光法師このこと聞いて、…院（＝後白河上皇）の―法住寺殿へ馳せ参る（＝かけつけて参上する）」❸親王・将軍・大臣の住居。または、それらの人の敬称。平家 一・殿下乗合「中御門東洞院の―より御参内ありけり」訳（摂政藤原基房は）中御門（大路と）東洞院（大路の交差する所）のお屋敷からご参内になった。

ご-しよ【御書】（名）書状・筆跡の敬称。お手紙。御筆跡。平家 六・小督「あけて見給へば、まことに君の―なりけり」訳（小督が）開いてご覧になると、ほんとうに帝（＝高倉天皇）のお手紙であった。

ごしよう【五障・後生】⇩ごしやう

ごじよう【御諚・御定】⇩ごぢやう

ごしよ-どころ【御書所】（名）宮中の書籍を管理した役所。大鏡 道長下「忠岑や躬恒などは、―に召されて候ひけるほどに」訳（「古今和歌集」編纂の折）（壬生の）忠岑や（凡河内の）躬恒などは、御書所にお召しを受けて控えていたときに。

後白河天皇（ごしらかはてんわう）《人名》（一一二七～一一九二）平安末期、第七十七代の天皇。鳥羽天皇の第四皇子。在位三年で譲位したのち、三十余年にわたって院政をとった。文化面に大きく貢献し、特に今様などの歌謡に関心が深く、「梁塵秘抄」を編集した。

こしら・ふ【慰ふ・喩ふ・誘ふ】（他ハ下二）❶㋐なだめすかす。機嫌をとる。なぐさめる。源氏 花宴「若君も心苦しければ、―・へ㋯むと思して」訳（光源氏は）幼い女君（＝紫の上）も気にかかるので、なぐさめようとお思いになって。㋑説得する。さとす。教え導く。平家 八・太宰府落「やうやうに―・へ㋴給へども、維義したがひ奉らず」訳（平資盛がさまざまに（平家に従うよう）説得しなさるけれども、維義は従い申しあげない。㋒（うまく言って）だます。ことば巧みに誘う。今昔 二一・六「速やかにかの墓に行きて、―・へ㋴をこつるべきなり」訳（吉備の大臣は）すぐにあの（藤原広継の）墓に行って、ことば巧みに誘いとり入るべきである。❷【拵ふ】㋐構え造る。また、身じたくする。徒然 五一「さて、宇治の里人を召して、―・へ㋯させられければ」訳 そこで、宇治の村人をお呼びよせになって、（水車を）造らせなさったところ。㋑用意する。くふうする。ととのえる。宇治 九・三「馬の草まで、―・へ㋴持ちてきたり」訳（食物ばかりか）馬の（えさにする）草まで、（女は）用意して持って来た。㋒計画する。〔義経記〕「かねて―・へ㋴たることなれば、走りまはりて火をかけたり」訳 前々から計画して

いたことなので、あちらこちら走って火をつけた。

こじり-が-つま-る【鐺が詰まる】〔刀の鞘の先端が詰まる意〕〔生活が〕抜き差しならない窮地に陥る。〔浄・冥途の飛脚〕「当たる所が嘘八百いかう—っ(用)〈促音便〉てきた」訳 至る所で嘘八百を並べ、ひどく抜き差しならない窮地に陥ってきた。

こし-をれ【腰折れ】(オレ)(名) ❶年をとって腰が曲がっていること。また、その人。著聞 五三三「奈良坂のさかしき道をいかにして—どもの越えて来つらん」訳〔大和から山城へ通じる〕奈良坂の険しい坂道を、どのようにして腰の曲がった年寄りたちが越えて来たのだろう〔後鳥羽天皇の和歌に対する厳しい優れた眼力を、どのようにしてこれらの種々のつまらない歌はかいくぐって来たのであろう〕。〈「さかしき」は「険しき」と「賢しき」との掛詞。「腰折れ」は、②の意をかける〉
❷「腰折れ歌」の略。
❸「腰折れ文」の略。

こしをれ-うた【腰折れ歌】(コシオレ)(名) 第三句〈=腰の句〉と第四句のうまく続かない和歌。転じて、へたな歌。また、自作の和歌を謙遜していう。腰折れ。源氏 手習「今めきつつ、—好ましげに、若やぐ気色どもは」訳 現代風に振る舞っては、へたな歌を詠みたそうで、若々しくふるまうようすのあれこれは。⇩大和歌「慣用表現」

こしをれ-ぶみ【腰折れ文】(コシオレ)(名) へたな詩文。また、自作の詩文を謙遜していう。腰折れ。源氏 帚木「わづかなる—作ることなど習ひ侍りしかば」訳 とるに足りないへたな詩文を作ることなどを習いましたので。

こ-じん【古人】(名) ❶昔の人。細道 出発まで「—も多く旅に死せるあり」訳 昔の人も数多く旅の途中で死んだ人がいる。
❷老人。

こ-じん【故人】(名) ❶古くからの友人。旧友。方丈 三「もし、夜しづかなれば、窓の月に—をしのび、猿の声に袖をうるほす」訳 もしも、夜が静かであると、窓から眺める月に旧友を思い出し、猿の鳴き声に〔涙で〕袖をぬらす。
❷亡くなった人。

ご-しん【護身】(名)《仏教語》密教で、心身を守り固めるための修法。護身法。源氏 若紫「聖、動きもえせねど、とかうして—参らせ給ふ」訳 聖は、動くこともできないが、なんとかして〔光源氏に〕護身の修法をして差しあげなさる。

こ-す【越す】㊀(自サ四){さ・し・す・す・せ・せ} ❶物の上を越えて通る。越える。後拾遺 恋四「契りきなかたみに袖をしぼりつつ末の松山波—さ(未)じとは」訳 →ちぎりきな…和歌
❷前のものを抜いて先に出る。追い越す。うつほ 楼上下「大将を、人より—し(用)て、大臣になして」訳 大将〈=仲忠〉を、〔上位の〕人を追い越して、大臣に任じて。
❸〔間を隔てるものなどを越えて〕行く。また、来る。伽・唐糸ざうし「自らは藤沢の道場に隠れゐて、御身たちは鎌倉へ—す(終)べきなり」訳 私自身は藤沢の道場に隠れていて、あなた方は鎌倉へ行くのがよいのだ。
❹基準を上まわる。超過する。平家 一〇・藤戸「太腹につく所もあり、鞍壺—す(体)所もあり」訳〔馬の〕太腹に〔海の水が〕つく所もあり、鞍壺〈=鞍の、人が腰をおろす部分〉を〔水位が〕上まわる所もある。
❺時間や時節を過ぎる。年などを越す。〔浮・世間胸算用〕「〔たった〕銭八文にて年を—し(用)ける」
㊁(他サ四){さ・し・す・す・せ・せ} 越えさせる。運ぶ。〔紀〕崇神「大坂に継ぎ登れる石群を手越しに—さ(未)ば—し(用)かてむかも」訳 大坂山の頂までふもとから連なっているたくさんの石を、手渡しで運ぶならば運ぶことができるであろうかなあ。

こす (助動特殊型)《上代語》他に対して、あつらえ望む意を表す。…てほしい。…てくれ。万葉 五・八五三「梅の花夢に語らくみやびたる花とあれ思ふ酒に浮かべこそ(命)」訳 →うめのはな…和歌
接続 動詞の連用形に付く。

活用

未然	連用	終止	連体	已然	命令
こせ(ズ)	○	こす(。)	○	○	こそ(。)〈こせ〉

参考 なりたちについては、「おこす」の頭母音の脱落した形とも、「来為す」からとも、助詞「こそ」が活用したものともいい、諸説がある。

文法 (1) 終止形「こす」は、禁止の助詞「な」を伴って、「…てくれるな」の意で用いられる。「霞立つ春日の里の梅の花山の嵐に散りこすなゆめ〈=決して散らないでくれ〉」〈万葉 八・一四三七〉
(2) 命令形「こせ」は、平安時代になって生じた形。「ゆく蛍雲の上まで往ぬべくは〈=飛んで行くはずのものなら〉秋風吹くと雁に告げこせ」〈伊勢 四五〉

ご-す【期す】(他サ変){せ・し・す・する・すれ・せよ} ❶期待する。予期する。予定する。徒然 九二「道を学する人、…かさねてねんごろに修せんことを—す(終)」訳〔仏の〕道を修行する人は、…もう一度念を入れて修行しよう〔ということを〕予定する。
❷覚悟する。決意する。心に決める。平家 一一・嗣信「最期、敵の矢に当たって死なんこと、もとより—する(体)ところで候ふなり」訳 敵の矢に当たって死ぬならそのことは、もともと覚悟するところなのでございます。文法「死なんこと」の「ん」は、仮定・婉曲の助動詞。

こ-すあを【小素襖】(スオウ)(名) 素襖の袖幅の狭いもの。袴は足首までの短いものをつける。→素襖

ご-すい【五衰】(名)《仏教語》天人が死ぬときに現れるという五種の衰えの相。天衣に垢がつく、頭の華鬘がしぼむ、脇の下から汗が出る、身体に臭気を生じる、天人としての境遇を楽しまなくなる、の五相とするが、諸説がある。平家 二・大納言死去「世の変はりゆく有様は、ただ天人の—に異ならず」訳 世の中が変わってゆくようすは、まさしく天人の五衰に異ならない。

こ-ずゑ【梢】(ズエ)(名) 枝の先。こずえ。徒然 一三七「咲きぬべきほどの—、散りしをれたる庭などこそ見どころ多けれ」訳 今にも咲いてしまいそうなころの〔桜の木の〕こずえや、〔花が〕散ってしまっておれている庭などは、見て賞美すべきところが多い。

こせ 上代の助動詞「こす」の未然形。万葉 六・一〇二五「奥まへてわれを思へるわが背子は千年五百歳有りこせぬかも」訳 奥深く私を思ってくれているあなたは、

千年も五百年も(変わらずに)いてくれないかなあ。

こせ 上代の助動詞「こす」の命令形。〔伊勢〕四五「ゆく蛍雲の上まで往ぬべくは秋風吹くと雁に告げこせ」〔訳〕→ゆくほたる…〔和歌〕

〔参考〕助詞「こそ」の転とする説もある。

ご-せ【後世】(名)《仏教語》❶死後に生まれ変わって住む世界。あの世。来世。後生。〔平家〕三・僧都死去「やがて―の御供仕るべう候へども」〔訳〕(私＝有王は)このまま(俊寛僧都の行く)死後の世界へのお供をし申しあげるのがふさわしゅうございますが。❷死後の世界での安楽。極楽往生。〔平家〕一・祇王「二人のむすめもろともに、一向専修に念仏して、ひとへに―をぞ願ひける」〔訳〕(祇王と祇女との母親は)二人の娘といっしょに、いちずに念仏修行に専心して、ひたすら極楽往生を願った。

慣用表現「あの世」を表す表現

《死後の世》あらぬ世・草の陰・黄泉・黄泉・苔の下・後生・後世・此の世の外・来む世・三途の闇・下方へ・泉下・遠つ国・後の世・冥途・来世

《極楽》九品・九品浄土・極楽・極楽浄土・浄土・涼しき方・西・蓮の上・福地の園・不退の地・紫の雲路

〔ポイント〕「草の陰」「苔の下」は墓を表す表現。「後生」「後世」「後の世」「来世」は仏教でいう三世の一つで、死後に生まれ変わって住む世界。「涼し」や「蓮」は極楽浄土を表すのに用いられる。

-ご-ぜ【御前】(接尾)〔「ごぜん」の転〕(人を表す名詞に付いて)敬意を表す。おもに女性に対して用いる。「母―」「姫―」→御前(接尾)

ご-ぜ【御前】〔「ごぜん」の転〕㊀(名)貴人のおんまえ。また、貴人。

㊁(代)女性に対する敬称。〔義経記〕「大津次郎、『や、―、―』と言ひければども、音もせず」〔訳〕大津次郎が、「やあ、お前様、お前様」と声をかけたけれども、(女は)返答もしない。(→御前(名・代))

こせ-ぢ【巨勢路】(名)大和の国(奈良県)の巨勢地方(＝御所市古瀬の一帯)に通じる道。

ご-せち【五節】(名)❶朝廷で、大嘗祭および毎年の新嘗祭りに五人(新嘗祭りでは四人)の舞姫たちによって演じられる、舞楽を中心とする行事。陰暦十一月、中の丑の日から「豊の明かりの節会」のある辰の日まで四日間行われる。後世は、大嘗祭のときだけ行われた。〔図〕。〔源氏〕少女「過ぎにし年、―などとまりしが」〔訳〕過ぎ去ってしまった年(＝去年)に、五節などが中止になっていたことが。❷「五節の舞」の略。五節の舞姫の演じる舞。❸「五節の舞姫」の略。〔源氏〕少女「大殿には今年―奉り給ふ」〔訳〕大殿(＝光源氏)におかれては今年は五節の舞姫を(新嘗祭りに)献上なさる。

ごせち-どころ【五節所】(名)「五節①」のとき、常寧殿の四隅に設けた、舞姫のための臨時の控え室。五節の局。

ごせち-の-つぼね【五節の局】「ごせちどころ」に同じ。〔枕〕九〇「―を、日も暮れぬほどに、みなこぼちすかして」〔訳〕五節の舞姫の控え室を、(その)日も暮れないうちに、(帷や簾などを)残らず取り払ってすき間を作って(＝外からまる見えの状態にして)。

ごせち-の-まひめ【五節の舞姫】「五節①」のとき、舞を舞う少女。五節。

〔参考〕新嘗祭りでは、公卿から二人、殿上人・国司から二人、大嘗祭では、公卿から二人、殿上人・国司から三人の未婚の少女を召し出す。

ご-せっく【五節句・五節供】(名)一年の五度の節句。陰暦正月七日の人日、三月三日の上巳、五月五日の端午、七月七日の七夕、九月九日の重陽の総称。→節供

こせ-ぬ-かも《上代語》他に対して詠嘆的にあつらえ望む意を表す。…てくれないかなあ。〔万葉〕五・八二六「梅の花今咲けるごと散り過ぎずわが家の園にあり―」〔訳〕梅の花は、今咲いているように散ってしまわないで、(いつまでも)わが家の庭にあってくれないかなあ。

〔なりたち〕他に対する願望の助動詞「こす」の未然形「こせ」＋打消の助動詞「ず」の連体形「ぬ」＋終助詞「かも」。

〔接続〕動詞の連用形に付く。

巨勢山(こせやま)『地名』〔歌枕〕今の奈良県御所市と高市郡との境にある山。

-ご-ぜん【御前】(接尾)(人を表す名詞に付いて)敬意を表す。一般的には貴人に用いる。「姫―」「兄―」

ご-ぜん【御前】 おんまえ。㊀(名)❶貴人の前の敬称。〔徒然〕二三「―の火炉に火を置く時は、火ばししてはさむことなし」〔訳〕天皇の御前の火鉢に火種を入れるときには、火ばしではさむことはない。❷貴人を尊敬していうことば。〔枕〕八二「―おはしまさば、御覧ぜさすべきを」〔訳〕中宮がいらっしゃるならば、お目にかけることもできるだろうに。❸貴族や大名などの妻を尊敬していうことば。〔浮・好色一代女〕「ある大名の―死去の後、家中は若殿のなきことを悲しみ」〔訳〕ある大名の奥方が亡くなってのち、家中の者は(世継ぎの)若君がないことを嘆いて。❹「御前駆」の略。「前駆」の敬称。お先払い。〔源氏〕賢木「むつましき―十余人ばかり、御随身ことごとしき姿ならで」〔訳〕(光源氏は)親しいお先払いの者十人あまりと、御随身も大げさな装いでなくて。㊁(代)❶対称の人代名詞。女性に対していうことば。あなた。〔宇治〕一四・一「―たち、さは、いたく笑ひ給ひて、わび給ふなよ」〔訳〕ご婦人方、それでは、ひどくお笑いになって、お苦しみになるなよ。❷《近世語》大名・旗本などを、その家来が尊んでいうことば。殿。殿様。

〔参考〕「おんまへ」を漢字で書いた「御前」を音読した語。中世、「おまへ」「おんまへ」と並んで使われた。語尾「ん」を省いた「ごぜ」という言い方も多く用いられた。

後撰和歌集(ごせんわかしふ)『作品名』平安中期の、二番目の勅撰和歌集。天暦五年(九五一)、村上天皇の勅命により、大中臣能宣・清原元輔・紀時文・源順・坂上望城(＝梨壺の五人)が撰進。成立年代未詳。「古今集」にもれた古歌および「古今集」以後当代にいたる歌およそ千四百首を収め、撰者らの歌は含まない。→勅撰和歌集

こそ 上代の助動詞「こす」の命令形。万葉 一六・三八六六「沖つ鳥鴨といふ船の帰り来ば也良の崎守早く告げ**こそ**」訳 鴨という名の船が帰って来たら、也良の崎の番人よ、早く知らせてくれ。（「沖つ鳥」は「鴨」にかかる枕詞）

参考 終助詞「こそ」とする説もある。

こそ

一（係助） 二（終助） 三（間助）

意味・用法

一 **係助詞**
- **強調**〔…こそ。〕→❶
- **強調逆接**〔確かに…は…だが。…は…だけれども。〕→❷
- **否定接続**〔ほんとうに…ならば…だが、…ではないのだから。〕→❸

二 **終助詞**
- **希望**〔…てほしい。〕

三 **間投助詞**
- **呼びかけ**〔…よ。〕

接続

一 終助詞・間投助詞を除き、ほとんどの品詞に付く。また、主語、目的語、連用修飾語、接続表現などのほか、平安時代以降は、「思ひこそ寄らざりつれ」〈枕・二九九〉のように、複合動詞の中間にも入る。ただし、連体修飾語には付かない。

二 動詞の**連用形**に付く。

三 人名およびそれに準ずる語に付く。

一（係助）その語句を特にとり立てて強くさし示す意を表す。❶係り結び形式。文末に已然形の結びをとる。万葉 一・一「そらみつ大和の国はおしなべてわれ**こそ**居れ」訳 →こもよ…

係り結び
〈強意〉　（已然形）
花こそ咲きたれ。
（＝花が咲いている）

和歌。竹取 竜の頸の玉「これは竜のしわざに**こそ**ありけれ」訳 これ(＝暴風雨)は竜のしわざであったのだ。

❷強調逆接表現。「こそ…已然形」の形が一文中に挿入されている場合は、已然形の部分で文が終止せず、逆接の条件句となってその事態を強調し、以下に続いていく。**確かに…は…だが。…は…だけれども。** 古今 春上「春の夜のやみはあやなし梅の花色**こそ**見えね香やはかくるる」訳 →はるのよの…和歌。徒然 一「しな・かたち**こそ**生まれつきたらめ、心はなどか、賢きより賢きにも移さば移らざらん」訳 家柄と容貌は生まれついていようが、心はどうして、賢いうえにさらに賢い状態にも移すなら、移らないことがあろうか(いや、移るはずである)。文法 副詞「などか」は、反語を表す。

❸「未然形＋ば＋こそ…已然形」の形で、仮定条件を強め、逆接の条件句となって、その事態を強く否定して、以下に続いていく。**ほんとうに…ならば…だが、…ではないのだから。**「こそ」で言い放って、下文を省略する形もある。枕 八二「まことならば**こそ**あらめ、おのづから聞きなほし給ひてむ」訳 (私についてのうわさが)事実ならばしかたないが(嘘なのだから)、きっと自然と(事実を)聞いて誤解をおときくださるだろう。文法「聞きなほし給ひてむ」の「て」は、助動詞「つ」の未然形で、ここは確述の用法。

❹結びの流れ・消滅。已然形で結ばれるはずの語に、「に・を・とも・ども・ば」などの接続助詞が付くと、条件句となって以下に続いていき結びが流れる。また、已然形で結ばれるはずの語が、下の体言に引かれて連体形となり結びが消滅する場合もある。徒然 一二「同じ心ならん人と…うらなく言ひ慰まん**こそ**うれしかるべきに、さる人あるまじければ」訳 同じ心であるような人と…隠すことなく話して心が晴れるならば、それはうれしいことだろうが、そのような人はいないだろうから。文法「心ならん人」「言ひ慰まんこそ」の「ん」は、ともに仮定・婉曲の助動詞。徒然 五三「たとひ耳・鼻**こそ**切れうすとも、命ばかりはなどか生きざらん」訳 たとえ耳や鼻が切れてなくなっても、命だけはどうして助からないことがあろうか(いや、助かるはずだ)。文法「切れうすとも」の「とも」は、逆接の仮定条件を表す。副詞「などか」は、反語を表す。

❺結びの省略。多く「にこそ」の形で、「こそ」が文末にある場合は、已然形の結びが省略されたもので、「あれ」「あらめ」などの語を補う。徒然 一〇「鳶のゐたらんは、何かは苦しかるべき。この殿の御心、さばかりに**こそ**」訳 (寝殿に)鳶がとまっていてもそれは、どうして不都合であろうか(いや、不都合ではない)。この大臣殿のお心は、その程度でいらっしゃったのだ。文法「にこそ」のあとに「おはしけれ」が省略されている。「ゐたらんは」の「ん」は、仮定・婉曲の助動詞。

❻「もこそ…已然形」の形で、懸念や不安を表す。→もこそ

二（終助）《上代語》他に対する希望を表す。**…てほしい。…てくれ。** 万葉 五・八四五「鶯の待ちかてにせし梅が花散らずあり**こそ**思ふ子がため」訳 うぐいすが(咲くのを)待ちかねていた梅の花よ、散らずにい**てくれ**。いとしいあの子のために。

三（間助）親しみをこめて呼びかける意を表す。**…よ。** 源氏 夕顔「右近の君**こそ**、まづ物見給へ」訳 右近の君**よ**、ともかく物(＝牛車)をご覧なさい。

文法 一の「こそ」と同じくとり立てて強調する意を表す係助詞には、ほかに「ぞ」「なむ」がある。「ぞ」よりも「こそ」のほうが強調の程度が強い。「なむ」は会話に用いる語であったらしく和歌には用いられない。

「こそ」と已然形との呼応では、①のように係り結びの形で強く言い切るものと、②③のように逆接で続くものとは、韻文の場合は句読点が付かないので、特に見分けにくく、注意が必要である。上代では、もともと已然形だけで、「…なので」「…だけれども」という条件を表していたが、そこに「こそ」が挿入されて文意が強調され、②の強調逆接表現や③の否定接続表現が出現し、のちに已然形の部分で言い切る①の形でも用いられるようになったとされる。また、上代では、形容詞および形容詞型活用の助動詞では、已然形が未発達だったために「こそ」の結びが連体形になる。

「あまざかる鄙にしあれば山高み川とほしろし野を広み草**こそ**しげき」〈万葉 一七・四〇一一〉

二は、係助詞「こそ」から変化したとする説と、希望の

助動詞「こす」の命令形として扱う説とがあるが、今のところはっきりしない。
㊂は、中古の用法である。人名などに付くところから、中古でも接尾語として意識されることもあったらしい。

こぞ【去年】(名)去年。昨年。㊐春。古今 春上「年の内に春は来にけり一年を—とやいはむ今年とやいはむ」訳→としのうちに…和歌

こそ-あら-め ❶(文中にある場合)強調逆接の意で下に続く。…よいだろうけれども。徒然 三〇「思ひ出でてしのぶ人あらん程—、そもまたほどなくうせて」訳(故人を)思い出してなつかしむ人がいるような間はよいだろうけれども、そんな人もまた間もなく世を去って。
❷(文末にある場合)適当・勧誘の意を表す。…がよいだろう。…するがよい。更級 初瀬「いかにも、いかにも、心に—」訳どうにも、どうにも、(おまえの)心まかせにするがよい。(→こそあれ)

こそ-あれ なりたち 係助詞「こそ」＋ラ変動詞「有り」の未然形「あら」＋推量の助動詞「む」の已然形「め」
❶意味上文が終止せず、後続句とは逆接の関係で続く。㋐(「あり」が本動詞の場合)…が(は)あるけれど。…がはあるにはあるが。土佐「中垣—、ひとつ家のやうなれば」訳(わが家と隣家との間には、隔ての)中垣があるにはあるが、一つの家のようであるので。㋑(「あり」が補助動詞の場合)…であるけれど。…の状態であるけれど。…ているけれど。源氏 紅葉賀「この人々の男とてあるはみにくく—、我はかくをかしげに若き人をも持たりけるかな」訳この女房たちの夫としている男は醜いありさまであるけれど、私(=光源氏)は、このように美しい姿で若い男(=紫の上)をも(夫として)持っていたのだなあ。
❷「こそ」と「あれ」の間の、「あれ」を修飾する語・語句が省略されたもので、前後の文脈によって意味が決定される。「こそあれ」を含む句で述べられた事柄を一応は容認・肯定しておいて、後続句とは逆接の関係で続く。…は確かに…であるけれど。…はともかく。源氏 関屋「情けづくれど、うはべ—、つらきこと多かり」訳(亡き夫常陸の守の子供たちは)いかにも親切らしくふるまうけれど、(それは)表面上は確かにそうであるけれど、(実際には

空蟬にとって)耐えがたいことが多い。
❸強調表現として用いられる。ちょうど…である。まさに…である。〔発心集〕「『こは、いかがせむ』と言ふ程—、水ただまさりにまさりて、天井まで着きぬ」訳「これは、どうしようか」と言うちょうどその時である、水かさがむやみに増して、天井まで達してしまった。(→こそ(係助))
なりたち 係助詞「こそ」＋ラ変動詞またはラ変補助動詞「有り」の已然形「あれ」

こ-そで【小袖】(名)❶貴人が用いた礼服の下着。
❷平安時代から武士や庶民に用いられた服装。間着・肌着として男女が用い、中世末から上着としても使われた。近世、しだいに華美になり、現在の和服の原型となった。⇩巻頭カラーページ15

こぞ-る【挙る】(自ラ四)〔ら・り・る・る・れ・れ〕ことごとく集まる。皆いっせいに…する。伊勢 九「舟—・り㊀て泣きにけり」訳舟に乗っていた人は一人残らずそろって泣いてしまった。

こ-たい【古体】(名・形動ナリ)古めかしいこと。古風。〔栄花〕月の宴「少し—・なる㊍けはひ有り様して、見まほしきけはひやし給はざらむ」訳(保子内親王の母の正妃は)少し古風なようすや態度をしているので、(村上帝は)会ってみたい感じがしなさらないのだろうか。

こ-だい【古代】㊀(名)古い時代。昔。いにしえ。源氏 若菜上「—の僻事どもや侍りつらむ」訳(年老いた尼君の話には)昔の事実とくい違うこと(=記憶違い)があれこれあったのでしょうか。
㊁(名・形動ナリ)❶古風。昔風。昔気質。源氏 行幸「あやしうものうるはしう、さるべき事の折過ぐさぬ—の御心にて」訳(末摘花は)風変わりなほどに几帳面で、しかるべき(何かの催し)事の折節を見すごさない昔気質のご性格なので。
❷年寄りじみていること。また、そのさま。源氏 薄雲「—・に㊀うちしはぶきつつ世の中の事ども奏し給ふついでに」訳年寄りじみたようすでせきばらいをしながら、(夜居の僧都は)世の中の出来事をあれこれ(冷泉帝に)奏上なさる機会に。
参考 平安時代の文学作品の写本では、ほとんどが仮名書きで「こたい」とあるので、「古体」とする説もある。

ご-たい【五体】(名)筋・脈・肉・骨・毛皮の称。一説に、頭・首・胸・手・足、または頭と両手・両足の称とも。転じて、全身。今昔 一六・二四「〔男は〕—を地に投げて(=地にひれ伏して)、涙を流して悲しびけり(=感激した)」

ごだい-そん【五大尊】(名)《仏教語》❶「五大尊明王」の略。
❷「五大尊の御修法」の略。

ごだいそん-の-みすほふ【五大尊の御修法】《仏教語》「ごだんのみすほふ」に同じ。

ごだいそん-みゃうわう【五大尊明王】(名)《仏教語》真言密教で信奉する五神。不動明王・降三世明王・軍荼利夜叉明王・大威徳明王・金剛夜叉明王の総称。「五大尊」「五大明王」とも。

こ-だいばん【小台盤】(名)小さくて幅の狭い「台盤」。〔十訓〕八「雀になりて、殿上の—にゐて台盤を食ひけるよし、人言ひけり」訳(実方は)雀になって、殿上の間の小台盤にとまって、台盤(の上の食べ物)を食べていたとのことを、世間の人はうわさしていた。

こ-たか【小鷹】(名)❶はやぶさ・はいたか・つみなど小形の鷹の総称。㊐秋
❷「小鷹狩り」の略。①を使って秋に行う鷹狩りで、鶉・雀などの小鳥をとる。徒然 一七四「—によき犬、大鷹に使ひぬれば、—にわろくなるといふ」訳小鷹狩りによい犬は、大鷹狩りに使ってしまうと、小鷹狩りには適さなくなるという。↔大鷹

こ-だか-し【木高し】(形ク)〔から・く(かり)・し・き(かる)・けれ・かれ〕こずえが高い。木立が高い。万葉 三・四五二「妹として二人作りしわが山斎は—・く㊀繁くなりにけるかも」訳→いもとして…和歌

ご-たち【御達】(名)〔「ご」は女性の敬称。「たち」は接尾語〕宮中や貴族の家に仕える、上級の女官や女房の敬称。伊勢 一九「昔、男、宮仕へしける女の方に、—なりける人をあひ知りたりける、ほどもなく離れにけり」訳昔、男が、(自分の)仕えた女性の所で、女房であった人を恋人にしていたが、まもなく疎遠になってしまった。
注意 現代語の「子供」や「友だち」と同じように、一人で

ある場合にも使われる。

こ-たび【此度】(名)「こたみ」とも。このたび。今度。今回。〔落窪〕「ーだに御返りなくは、便なかりなむ」訳 せめて今回だけでもご返事がないならば、きっと具合が悪いであろう。

こた・ふ〔コタ(ト)ウ〕【答ふ・応ふ】(自ハ下二){へ・へ・ふ・ふる・ふれ・へよ} ❶人の問いに返事をする。答える。更級 大納言殿の姫君「『荻の葉、荻の葉』と呼ばすれど、ー・へ㊍ざなり」訳「荻の葉、荻の葉」と(従者に女の名前を)呼ばせるけれども、返事をしないようだ。文法「ざなり」は、「ざるなり」の撥音便「ざんなり」の「ん」の表記されない形。「なり」は、伝聞・推定の助動詞。

❷応じる。反応する。〔後拾遺〕雑六「いなり山みづの玉垣うちたたき我がねぎごとを神もー・へよ㊐」訳 稲荷山の三つの社の瑞垣(=神社の周囲に設けた垣)で、(手を)たたいて私がする願いごとに神も応じよ。(「みづの玉垣」に「瑞垣」の「みつ」と「三つ」をかける。稲荷神社は三つの峰それぞれに社がまつられている)

❸反響する。古今 恋一「うちわびて呼ばはむ声に山びこのー・へ㊍ぬ山はあらじとぞ思ふ」訳 思い悩んでくり返し呼んだとしたらその声に、山びこが反響して応じない山はないだろうと思う(あなたも応じてくれるはずだ)。文法「呼ばはむ声」の「む」は、仮定・婉曲の助動詞。

❹身にしみる。刺激を感じる。〔千載〕雑中「暁のあらしにたぐふ鐘の音を心の底にー・へ㊐てぞ聞く」訳 夜明け前の激しい風に入り乱れて鳴る鐘の音を、心の底にしみ入るようにして聞くことだ。

こたへ〔コタエ〕【答へ・応へ】(名)❶答えること。返事。返答。源氏 夕顔「召せば、御ーして起きたれば」訳 (光源氏がお呼びになると、(留守番の子が)お返事をして起きたので。

❷ひびき。反響。古今 恋一「つれもなき人を恋ふとて山びこのーするまでなげきつるかな」訳 つれない人を恋い慕うということで、山びこが反響をするほど(大きな)ため息をついてしまったなあ。

❸報復。むくい。

こ-たま【木霊】(名)〔近世以降「こだま」〕❶老木に宿ると信じられていた精霊。樹木の精霊。徒然 二三五「ーなどいふけしからぬ形もあらはるるものなり」訳 (主人が不在の家には)樹木の精霊などというあやしい姿のものも現れるものである。

❷こだま。山びこ。

こ-たみ【此度】(名)「こたび」に同じ。源氏 絵合「事の忌みあるはーは奉らじ」訳 (描かれている)内容にはばかりのある絵は、今回は(冷泉帝に)差し上げまい。

こ-だ・る【木垂る】(自ラ四){ら・り・る・る・れ・れ} 樹木が茂って枝が垂れる。万葉 一四・三五三三「薪樵る鎌倉山のー・る㊍木をまつと汝が言はば恋ひつつやあらむ」訳 鎌倉山の茂って枝が垂れ下がる木を松と言うように、お前が私を待つと言うなら、私はここで恋い焦がれ続けているであろうか(すぐにもお前に会いに行こう)。(「薪樵る」は「鎌倉山」にかかる枕詞。「まつ」は「松」と「待つ」との掛詞)

こだ・る(自ラ下二){れ・れ・る・るる・るれ・れよ} ❶姿勢や居ずまいなどが崩れる。倒れかかる。しなだれる。宇治 一・三「横座の鬼、盃を左の手に持ちて、笑みー・れ㊊たるさま、ただこの世の人のごとし」訳 上座に座っている鬼が、杯を左の手に持って、笑い崩れているようすは、あたかもこの世の人間のようだ。

❷勢いや力などが弱まる。ひるむ。〔幸若舞・信田〕「何とて、子どもが軍は、ー・れ㊊て今まで遅いぞ」訳 どうして、(私の)子供たちの軍勢は、ひるんで(今の)今まで(合戦の場に出るのが)遅いのだ。

ご-だん【五壇】(名)《仏教語》❶密教の修法で、五大尊明王を安置する五つの壇。

❷「五壇の御修法」の略。

ごだん-の-みすほふ〔—ミスホウ〕【五壇の御修法】《仏教語》五大尊明王を本尊として行う密教の祈禱。天皇や国家の重大事の時に行い、息災・調伏などを祈る。「五壇」「五壇の法」「五大尊の御修法」とも。

こち【東風】(名)(春に)東から吹いて来る風。東風。春。〔拾遺〕雑春「ー吹かば匂ひおこせよ梅の花主なしとて春を忘るな」訳 →こちふかば…和歌

こ-ち【此方】(代)❶近称の指示代名詞。こちら。ここ。こっち。更級 大納言殿の姫君「いづら、猫は。ー率て来」訳 どこ(にいるの)、猫は。こちらへ連れて来て。

❷自称の人代名詞。わたくし。手前。改まった気持ちで自分をさしていう語。〔狂・末広がり〕「ーのことでござるか。何事でござる」

参考 ①の用法は、平安時代には格助詞の「へ」や「に」を伴わないで使われた。②の用法は室町時代以降。

こ-ちご【小稚児・小児】(名)寺院や武家で召し使う、年少の稚児。また、小さな子供。〔沙石集〕「一人ありけるーに食はせずして」訳 一人いた年少の稚児に(飴を)食べさせないで。

こち-ごち【此方此方】(代)《上代語》あちらこちら。万葉 三・三一九「ーの国のみ中ゆ出で立てる富士の高嶺は」訳 あちらこちらの国のまん中から現れ出て立っている富士の山は。

こちごち・し【骨骨し】(形シク){しから・しく(しかり)・し・しき(しかる)・しけれ・しかれ} ごつごつしていて、洗練されていないさま。無骨である。無風流である。無作法である。土佐「船君の病者、もとよりー・しき㊍人にて、かうやうのこと、さらに知らざりけり」訳 船客の長である病人(=紀貫之)は、もともと無風流な人であって、このような(和歌を詠むという風流な)ことは、いっこうに知らなかった。

ごぢ-そう〔ゴジ—〕【護持僧・御持僧】(名)清涼殿の「二間」に侍して、天皇の守護のために祈禱する僧。東寺・延暦寺・園城寺の僧から任じられる。

こちた・し【言痛し・事痛し】(形ク){から・く(かり)・し・き(かる)・けれ・かれ}〔「こといたし」の転〕

> **語義パネル**
> ●**重点義** **人の口数が多くわずらわしい感じ。**
> 古代人の発想では「言」は「事」でもあったから、事が多くわずらわしいさまにもいう。
> ❶**うるさい。わずらわしい。**
> ❷**おおげさである。ぎょうぎょうしい。ことごとしい。**
> ❸**はなはだ多い。おびただしい。**

❶うるさい。わずらわしい。万葉 一二・二八六六「人言は まことーー・く(用)なりぬともそこに障らむわれにあらなくに」訳 人のうわさはほんとうにうるさくなったとしても、それに妨げられるような私ではないことよ。文法「あらなくに」の「なく」は、打消の助動詞「ず」のク語法で、「…ないこと」の意。

❷おおげさである。ぎょうぎょうしい。ことごとしい。源氏 宿木「いと多く引きつづき給へる、いきほひーー・き(体)を見るに」訳(上達部などがたいそう大勢従っていらっしゃる(夕霧の)威勢がぎょうぎょうしいのを見ると。

❸はなはだ多い。おびただしい。徒然 一四〇「ーー・く(用)多かる、まして口惜し」訳(死後に残った財産が)はなはだしく多いのは、なおさら感心しない。(⇒おどろおどろし「類語パネル」・囂し「類語パネル」)

こち-な・し【骨なし】(形ク)(から・く(かり)・し・き(かる)・けれ・かれ)❶無骨である。無風流である。平家 一〇・千手前「男なんどはーー・う(用)(ウ音便)もぞおぼしめす。なかなか女は苦しからじ」訳(入浴時の世話をする者が)男などでは無風流にお思いになるといけない。かえって女のほうがさしさわりがないだろう。文法「もぞ」は、悪い事態を予測し、そうなっては困るという気持ちを表す。

❷ぶしつけである。無作法である。源氏 手習「『悩ましくなむ』と、ことなしび給ふを、しひて言ふもいとーー・し(終)」訳「気分がすぐれませんので」と、(浮舟が)そしらぬふりをなさるのを、(粥などを食べるように)むりに(勧めて)言うのもたいそうぶしつけである。文法 係助詞「なむ」のあとに結びの語「侍る」などが省略されている。

こち-の-ひと【此方の人】(代)《近世語》「こち」はわたしの意」❶妻が夫をさしていう語。うちの人。〔浄・心中宵庚申〕「ーーが京からの帰りを待って、詰め開かせ、たいていで暇は取らぬ」訳 うちの人の京からの帰りを待って(姑と)談判させ、なみたいていのことでは離縁させない。

❷妻が親しみをこめて夫に呼びかける語。あなた。〔浮・世間胸算用〕「『ーー、ーー』と呼び起こしければ」

こちふかば… 和歌

> **東風吹かば　匂ひおこせよ　梅の花　主なしとて　春を忘るな**
> 〈大鏡・時平〉〈拾遺・一六・雑春・一〇〇六・菅原道真〉

訳(春になって)東の風が吹いたなら、(その風にのせて、遠く大宰府まで)香りをよこしてくれよ、(遠い京都の私の家の庭の)梅の花。(おまえの)主人がいないからといって、春を忘れるな。

解説 作者が、左大臣藤原時平らの陰謀によって、九州大宰府の権帥に左遷されたときの歌。

ご-ぢゃう【御諚・御定】(名)(貴人や主人の)ご命令。おおせ。おことば。平家 九・木曽最期「『ーーまことに忝う候ふ。…』とぞ申しける」訳(今井四郎は)「おことばはほんとうにありがたく存じます。…」と申し上げた。

ご-ぢょく【五濁】(名)《仏教語》この世が末世になるに及んで現れる五つのけがれ。劫濁(=天災などが起こること)・見濁(=人々が邪悪な考えを持つこと)・煩悩濁(=人々が煩悩に悩まされて悪徳がはびこること)・衆生濁(=人々の資質が肉体的にも精神的にも衰えて低下すること)・命濁(=人の寿命が短くなること)の五種。五つの濁り。

ごぢょく-あくせ【五濁悪世】(名)《仏教語》五濁の現れた悪い世の中。濁世。〔狭衣物語〕「げに、このーーには余らせ給ひにける」訳 ほんとうに、あなた(=狭衣)はこの五濁の現れた悪い世の中にはもったいなくていらっしゃったことだ。→五濁

ご-ぢん【後陣】(名)「こうぢん」とも。陣立てで、本陣の後方にある部隊。後軍。あとぞなえ。平家 四・橋合戦「先陣が、『…』と、どよみけれども、ーーはこれを聞きつけず」訳 先陣が、「…」と、騒ぎたてたけれども、後陣はこのことを聞きつけないで。↔先陣

こつ【骨】(名)❶火葬にした死者の骨。お骨。平家 一一・重衡被斬「頸も屍も煙になし、ーーをば高野へ送り」訳 首も胴体も(火葬の)煙にして、遺骨を高野山へ送って(納め)。

❷芸道の奥義。また、それを会得する素質。才能。徒然 一五〇「天性そのーーなけれども、道になづまず」訳 生まれつきその芸道の奥義を会得する素質がなくても、(芸を究める)道において停滞せず。

-ご・つ(接尾タ四型)❶「事す」の意)事をする。〔新花摘〕「法師しもべなどのいたく寝ーー・ち(用)たるをうちおどろかして」訳 法師や下男などでぐっすり熟睡している人たちを呼び起こして。

❷「言す」の意)ものを言う。枕 一〇四「『悪しかめり。うしろめたきわざかな』と聞こえーー・つ(体)人々もをかし」訳「(のぞき見をするなんて)具合が悪いようだ。心配なことだなあ」と聞こえよがしに申す人々(=女房たち)もおもしろい。

参考「祭り事(政)」「謀り事」「独り言」など、「…ごと(事・言)」という語形の名詞を動詞化した、「まつりごつ」「はかりごつ」「ひとりごつ」などの語末部分の「ごつ」が接尾語化したもの。

こ-づか【小柄】(名)脇差しの鞘の鯉口(=鞘の口)に添えて差しておく小刀。

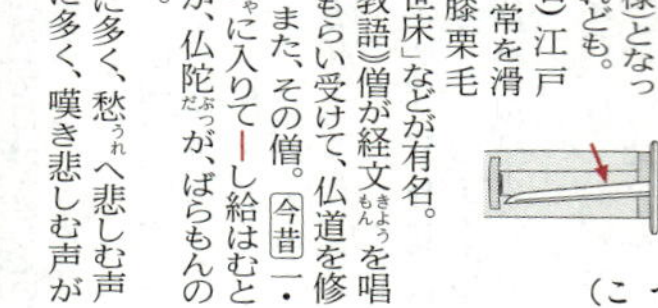
(こ づ か)

こつ-がい【乞丐】(名)こじき。物もらい。方丈 四「身のーーとなれることを恥づといへども」訳 自分がこじきとなっていることを恥ずかしいと思うけれども。

こっけい-ぼん【滑稽本】(名)江戸後期の小説の一種。庶民の日常を滑稽に描いたもの。「東海道中膝栗毛」「浮世風呂」「浮世床」などが有名。

こつ-じき【乞食】(名)❶《仏教語》僧が経文を唱えながら家々をまわり、米や銭をもらい受けて、仏道を修行すること。托鉢。頭陀。また、その僧。今昔 一・二「今は昔、仏、婆羅門の城に入りてーーし給はむとす」訳 今ではもう昔の話であるが、仏陀が、ばらもんの都に入って托鉢をなさろうとする。

❷こじき。方丈 二「ーー道のほとりに多く、愁へ悲しむ声耳に満てり」訳 こじきが道端に多く、嘆き悲しむ声が耳に満ちている。

こつ-ぜん(-と)【忽然(と)】(副)たちまち。突然。宇治

三・二「一人は立てり、一人は居りと見るに、ーとして失せぬ」訳（老僧の）一人は立っていて、一人は座っていると見ると、たちまちいなくなってしまった。

こ-づた・ふ【木伝ふ】（自ハ四）｛は・ひ・ふ・ふ・へ・へ｝木から木へ、枝から枝へと飛び移る。万葉 一〇・一八七三「鶯のーひ散らす梅の花見む」訳 鶯が枝から枝へ飛び移って散らす梅の花を見よう。

こっ-ちゃう【骨頂・骨張】㊀（名）❶この上もないこと。第一。〔浮・好色万金丹〕「犬の七兵衛…春駒の善七など、いづれも、馬鹿のー（＝第一人者）」❷張本人。中心人物。発願人。〔源平盛衰記〕「智積・覚明・仏光等のーの輩六人」㊁（名・自サ変）強く主張すること。〔折たく柴の記〕「今度張本五十八人を召されしにつきて、その余党等もっての外にー・し用」訳（幕府に訴えを起こした百姓たちの中から）今回（その）指導者五十八人を呼び寄せなさったことについて、その残りの仲間たちがとんでもないことに（訴えを認めさせようと）強く主張し。

こつ-にく【骨肉】（名）❶骨と肉。肉体。❷親子・兄弟などの肉親。今昔 二五・六「その後、〔源〕頼光、親しき兄弟・ー（＝肉親）に会ひても」

こっ-ぱふ【骨法】（名）❶礼儀や故実（＝昔の法や儀式のきまり）などの作法。平家 一・殿下乗合「礼儀ーわきまへたる者一人もなし」訳 礼儀や作法を心得ている者は一人もいない。❷技芸・学問の奥義。

こ-つみ【木積み・木屑】（名）木のくず。万葉 二〇・四三九六「堀江より朝潮満ちに寄るー貝にありせばつとにせましを」訳 堀江から朝潮が満ちるときに寄ってくる木のくずが、もし貝であったならみやげにしようものを。

こ-て（名）❶【小手】肘と手首との間。〔太平記〕六「物の具、太刀、刀を奪ひ取り、高手ーにいましめて」訳 甲冑も太刀（＝長刀）も刀（＝短刀）をも奪い取って、高手（＝肘から肩までの間）も小手も縛りあげて。↔高手

（こて②イ）

❷【籠手・小手】㋐弓を射るとき、袖に弦の当たるのを防ぐため、左の肘から手首につける革製の道具。㋑鎧に付属して、肩から手の甲までをおおい、腕を保護する武具。布に革または鉄を取りつけて鎖でつなぎ合わせたもの。⇩巻頭カラーページ16

ご-て【碁手】（名）囲碁や双六の勝負にかける金品。〔うつほ〕あて宮「ーに（＝碁のかけ金として）、銭三十貫、紙、筆、机に積みて」

こ-でい【健児】（名）〔「こんでい」の転〕役所で使われる下働きの者。平家 八・猫間「木曽、牛飼ひとはえ言はで、『やれ、子牛ー、やれ、子牛ー』と言ひければ」訳 木曽（義仲）は（牛飼い童のことを）牛飼いとは言えなくて、「おい、子牛こでい、おい、子牛こでい」と言ったので。

ご-てい【御亭】（名）「御亭主」の略。「ごて」とも。ご主人。〔軽口露がはなし〕「『さてもーは』と言へば、女房そのまま返答におよばず」訳「さてさて（あなたの）ご主人は」と言うと、女房はすぐに返答をすることができなくて。

五条（ごでう）『地名』今の京都市中央部を東西に通じる大路の一つで、北から五番目。今の五条通りは平安京の六条坊門大路の位置に当たる。

こ-でうはい【小朝拝】（名）「こてうはい」とも。元旦に、親王、関白、大臣以下、六位以上の者が清涼殿の東庭に並んで、天皇に拝賀する儀式。

こ-てふ【胡蝶】（名）❶蝶。春 ❷「胡蝶楽」の略。

こ-てふ【来てふ】来いと言う。古今 恋四「月夜よし夜よしと人に告げやらばーに似たり待たずしもあらず」訳 月が美しい、夜がすばらしいとあの人に告げてやったら、（まるで）来いと言うのに似ている。（かといってあの人を）待っていないわけでもない。

なりたち カ変動詞「来」の命令形「こ」＋格助詞「と」＋四段動詞「言ふ」＝「ことい ふ」の転

参考 和歌で「胡蝶」とかけて用いられることが多い。

こてふ-の-ゆめ【胡蝶の夢】（中国の荘子が、蝶になった夢を見たが、さめてみると自分が蝶になった夢を見たのか、蝶が夢を見て自分になったのかわからなくなったという故事から）夢と現実の区別が定かでなくなるこ

古語ライブラリー⑲

「何」の係り結び

江戸時代の国学者、本居宣長は古くから伝えられていた文の終止法に注目して、三類の係りに対する結びを次のように整理した。

は・も・徒…………「し」（終止形）
ぞ・の・や・何 ……「き」（連体形）
こそ……………「けれ」（已然形）

このうち、「徒」は助詞のない場合、「何」は「なに・など・なぞ・いかに・いかで・いかが・いつ・いづく・いづれ・いく・たれ・たがの類」をいう。係助詞「なむ・か」は挙げられていない。「なむ」は、歌には見られない係助詞だからであろう。

宣長は次のような例を「何」による係り結びであると考えたのである。

A石見潟なにかはつらきつらからばうらみがてらに来ても見よかし〈拾遺・雑恋〉

B浅茅生の小野の篠原忍ぶれど余りてなどか人の恋しき〈後撰・恋一〉

C花よりも人こそあだになりにけれいづれを先に恋ひむとか見し〈古今 哀傷〉

D君をのみ思ひこしぢの白山はいつかは雪の消ゆるときある〈古今 雑下〉

Eたれしかも尋めて（＝尋ね求めて）折りつる春霞立ち隠すらむ山の桜を〈古今 春上〉

すでに萩原広道が『てにをは係辞弁』（一八四九）で明らかにしたように、これらは「か」による係り結びであって、「何」によるものではない。

宣長は「何」があるのに終止形で結んでいる次の例などは変格だとしたが、これらは「何」があっても連体形で結ぶのではないことの証拠になる貴重な用例とみられるものである。

◇わが髪の雪と磯辺の白波といづれまされり沖つ島守〈土佐〉

◇淡路島かよふ千鳥のなく声にいく夜ねざめぬ須磨の関守〈金葉・冬〉

⇩五三五ページ⑳

と。また、人生のはかないことのたとえ。

こてふ‐らく【胡蝶楽】(名)舞楽の名。四人の子供が、蝶の羽の形をした装束を背につけて、山吹の花をかざして舞う。

(こてふらく)

ご‐てん【呉天】(名)〔呉(=中国南部にあった国)の空の意〕遠い国。はるばる遠い旅の空。細道 草加「奥羽長途の行脚、ただかりそめに思ひたちて、ーに白髪の恨みを重ぬといへども」訳 奥羽地方への遠路の旅を、ほんの軽い気持ちで思いついて、遠い異国の旅の空で白髪になる嘆きを重ねるけれども。

こと【言】(名)❶口に出して言うこと。ことば。言語。土佐「唐土とこの国とはー異なるものなれど」訳 中国とこの国(=日本)とでは言語が異なるものであるが。

❷うわさ。評判。万葉 四・七三〇「逢はむ夜はいつもあらむを何すとかその夕逢ひてーの繁きも」訳 逢おうと思うならその夜はいつでもあるだろうに、どうしたわけで、あの夜に逢って、人のうわさがひどいこと(になった)よ。⇩聞こえ「慣用表現」

❸和歌。枕 二三「これに、ただいまおぼえむ古きー一つづつ書け」訳 これ(=白い色紙)に、いますぐ思い浮かぶならその古い和歌を一首ずつ書け。文法「おぼえむ古きこと」の「む」は、仮定・婉曲の助動詞。⇩大和歌「慣用表現」

参考 語源的には「言」と「事」は同じであったと考えられるが、奈良時代以降、分化した。しかし、奈良・平安時代の「こと」には、どちらにも解せるものが見られる。

こと【事】(名)❶世の中に起こる事柄。現象。徒然 一三七「万のーも、始め終はりこそをかしけれ」訳 すべてのことも、(その)始めと終わりが趣がある。文法「こそをかしけれ」は係り結び。

❷重大なできごと。大事。事件。枕 一四三「殿などのおはしまさで後、世の中にー出で来」訳 殿(=関白道隆)がお亡くなりになって(いらっしゃらなくなってから、世の中に事件が起こって。

❸人のするいろいろな事柄。行為。動作。徒然 四九「すみやかにすべきーをゆるくし、ゆるくすべきーを急ぎて」訳 すぐにしなければならない行為(=仏道修行)をゆっくりし、ゆっくりしてよい行為(=世俗の雑事)を急いで。

❹仕事。任務。政務。源氏 帚木「受領といひて、人の国のーにかかづらひ営みて」訳 受領といって、地方の政務にたずさわり勤めて。

❺行事。儀式。源氏 桐壺「三つになり給ふ年、御袴着のー、…いみじうせさせ給ふ」訳 (光源氏が)三歳におなりになる年に、御袴着の儀式を、…(桐壺帝は)盛大にとり行いあそばす。文法「させ給ふ」は、最高敬語。

❻事情。わけ。意味。平家 七・忠度都落「俊成卿『さるーあるらん。…いれ申せ』とて、門をあけて対面あり」訳 俊成卿は「(たずねて来る)それ相当なわけがあるのだろう。…お入れ申しあげよ」と言って、門を開けて(忠度と)対面する。

❼(用言および助動詞の連体形に付いて)動作・作用・状態を表す名詞をつくる。…すること。…であること。宇治 一・一二「僧たち笑ふーかぎりなし」

❽(文を止めて)感動の意を表す。…であることよ。…だなあ。伊勢 九六「かの男は、天の逆手を打ちてなむのろひをるなる。むくつけきー」訳 例の男は、天の逆手(という呪い)を打って呪っているということだ。気味がわるいことよ。(→言 参考)

こと【琴】(名)❶琴・箏・琵琶など弦楽器の総称。のち、「箏」をさす。源氏 横笛「故君の常に弾き給ひしーなりけり」訳 (これは)亡くなった君(=柏木)がいつもお弾きになった和琴だった。

❷琴を弾くこと。また、その曲。平家 六・小督「この女房(=小督)は…、宮中一の美人、ーの上手にておはしける(=琴を弾くことの達人でいらっしゃったことよ)」

こと‐【異】(接頭)(名詞に付いて)別の、他の、の意を表す。「ー国」「ー所」「ー人」

こと【異】(名)別のもの。違うもの。枕 二三「明日にならば、ーをぞ見給ひ合はするとて」訳 (村上天皇は)明日になったら、(女御が)別のもの(=「古今集」の他の本)をお見比べになるとお考えになって。

こと【異・殊】(形動ナリ){なら・なり(に)・なり・なる・なれ・なれ}❶ほかとは違っている。相違しているさま。竹取 かぐや姫の昇天「衣着せつる人は、心ー・に用なるなりといふ」訳 (天人が)羽衣を着せてしまった人は、心が(下界の人と)違うようになるのだという。

❷格別である。特別だ。更級 竹芝寺「今は武蔵の国になりぬ。ー・に用をかしき所も見えず」訳 今は武蔵の国になった。格別に趣のある所も見えない。

こと【如】(副)〔「こと…ば」の形で仮定の表現を導いて〕同じく(…なら)。どうせ(…するなら)。万葉 一〇・二三一七「ー降らば袖さへ濡れてとほるべく降らなむ雪の空に消につつ」訳 同じく降るのなら袖までもぬれて通るほどに降ってほしい。(その)雪が空中で消えていることだ。文法「降らなむ」の「なむ」は、他に対する願望の終助詞。

こ‐ど【小戸】(名)小さな戸。妻戸。

‐ごと【毎】(接尾)…のたびに。毎…。どの…も。竹取 かぐや姫の生ひ立ち「我、朝ー夕ーに見る竹の中におはするにて、知りぬ」訳 私が毎朝毎夕に見る竹の中にいらっしゃるので、わかった。徒然 一九「『もののあはれは秋こそまされ』と、人ーに言ふめれど」訳「しみじみとした情趣は秋が(一番すぐれている)」と、どの人も言うようだが。

ごと【如】〔比況の助動詞「ごとし」の語幹相当部分〕❶(連用修飾語となって)…ように。源氏 夕顔「前栽の露はなほかかる所も同じごときらめきたり」訳 植え込みの草木の露は、やはりこんな所(=五条の夕顔の家)でも(大邸宅と)同じようにきらきらと光っている。

❷(述語となって)…ようだ。万葉 一四・三三五八「さ寝らくは玉の緒ばかり恋ふらくは富士の高嶺の鳴沢のごと」訳 共寝することはほんの短い時間だけであり、恋いこがれていることは富士の高嶺の鳴沢のよう(に限りないこと)だ。文法「さ寝らく」「恋ふらく」は「さ寝」「恋ふ」のク語法。(→如し)

接続 体言および副詞「かく」「さ」に助詞「の」が付いたものや、活用語の連体形および代名詞「吾」「我」に助詞「が」が付いたものに付く。

参考 ①は、「ごとし」の連用形「ごとく」と同じく連用修飾語を作るが、中古の和文調の文章では、「ごとく」はあまり用いられず、語幹にあたる「ごと」が多く用いられた。

こと-あげ【言挙げ】(名・他サ変)ことばに出してはっきり言うこと。[万葉] 一三・三二五〇「あきづ島大和の国は神からと—・せ(未)ぬ国」[訳] 大和の国(日本)は神意のままに、(人は自分の考えを)ことばに出してはっきり言わない国である。(「あきづ島」は「大和」にかかる枕詞)
[参考] 古代では「ことあげ」は不吉なものとされた。

こと-あたら・し【事新し】(形シク){しから・しく(しかり)・し・しき(しかる)・しけれ・しかれ} ❶ことさらめいている。わざとらしい。[平家] 一〇・千手前「近ごろ源氏の運かたぶきたりしことは、—・しう(用)(ウ音便)初めて申すべきにあらず」[訳] 最近源氏の運が傾いてきたことは、ことさら改めて申すべきことではない。
❷ようすが改まっている。〔浮・好色一代男〕「『酒とってこい』とまた調へに遣はし、—・しく(用)して焼き塩にて飲み出し」[訳]「酒をとってこい」とまた用意させるために行かせ、改めて調えて焼き塩を肴にして飲み始めて。

こと-あ・ふ【事合ふ】(自ハ四){は・ひ・ふ・ふ・へ・へ} 物事が思いどおりに運ぶ。都合よくいく。[源氏] 葵「—・ひ(用)たる心地して、大臣も嬉しういみじと思ひ聞こえ給へるに」[訳] (若君=夕霧の誕生など)事が望みどおりになった気がして、左大臣もうれしくすばらしいとお思い申しあげなさったけれども。

こと-あやまり【言誤り】(名)言いまちがい。[源氏] 夕顔「—しつべきも、言ひまぎらはして」[訳] (子供が)言いまちがいをしてしまいそうなときも、(女房が)ごまかしを言って。

ことあり-がほ【事有り顔】(名・形動ナリ)何か事情がありそうな顔つき。わけのありそうなようす。[源氏] 若紫「夜深う出で給ふも—・なり(終)や」[訳] 夜の深いうちに(光源氏が若紫の邸を)お出になるのも、(若紫と)何かあったようなようすであるよ。

ことある-とき【事ある時】何か事が生じたとき。大事なとき。[源氏] 桐壺「取り立ててはかばかしき後ろ見しなければ、—は、なほ拠り所なく心細げなり」[訳] (桐壺の更衣には)これといって、しっかりした後ろ盾がないので、いざという大事なときには、やはり頼るあてもなくいかにも心細そうである。[文法]「後ろ見し」の「し」は強意の副助詞。

こと-いみ(名・自サ変)❶【言忌み】不吉なことばを慎むこと。[源氏] 早蕨「尽きせぬ御物語なども、今日は—・す(終)べくや」[訳] 尽きることのない(故大君の)思い出のお話なども、今日は慎むのがよかろうよ。
❷【事忌み】不吉な行いを忌み慎むこと。[源氏] 紅葉賀「今日は—・し(用)て、な泣い給ひそ」[訳] 今日は(元日だから)不吉な行いを忌み慎んで、泣きなさるな。

こと-うけ【言承け】(名)承諾すること。うけこたえ。返答。[徒然] 一四一「都の人は、—のみよくて、実なし」[訳] 都の人は、うけこたえばかりがよくて、誠実さがない。

こと-うるは・し【事美し】(形シク){しから・しく(しかり)・し・しき(しかる)・しけれ・しかれ} 端正である。きちんとしている。[大鏡] 師輔「—・しく(用)松の枝につけさせ給へり」[訳] (忠平は魚袋を)きちんと松の枝におつけになられていた。[文法]「させ給へ」は、最高敬語。

こと-うるはし-げ【事美しげ】(形動ナリ){なら・なり(に)・なり・なる・なれ・なれ}〔「げ」は接尾語〕きちんとしているさま。折り目正しいさま。[源氏] 宿木「いと—・なる(体)あたりに取りこめられて」[訳] (匂宮は)たいそう折り目正しい(夕霧の)家に(婿として)閉じこめられて。

こと-えり【言選り】(名)ことばを選ぶこと。[源氏] 帚木「文を書けど、おほどかに—をし、墨つきほのかに心もとなく思はせつつ」[訳] 手紙を書いても、ゆったりとことば選びをし、墨のつきぐあいもかすかで(よく読めず)、(相手の男に)じれったく思わせては。

こと-か・く【事欠く】(自カ下二){け・け・く・くる・くれ・けよ} ものが不足する。なくて不自由する。[徒然] 九八「なきに—・け(未)ぬやうを計らひて過ぐる、最上のやうにてあるなり」[訳] (ものが)ないことに不自由しない方法を心がけて暮らすのが、(世捨て人の)最もよいやり方であるのだ。

こと-かた【異方】(名)別のほう。違った所。[源氏] 葵「しばし—に休らひて参りこむ」[訳] しばらく別の所(=別の部屋)で休んでから、(またこちらに)参上しよう。

こと-がま・し(形シク){しから・しく(しかり)・し・しき(しかる)・しけれ・しかれ} ❶【言がまし】口やかましい。[大和] 付載説話「女の親、…いと—・しき(体)者なりければ」
❷【事がまし】ぎょうぎょうしい。おおげさだ。〔曽我物語〕「ことにその体、—・しく(用)出で立ちたり」[訳] とりわけその姿はおおげさに装っている。

こと-がら(名)❶【事柄】㋐事のようす。事の内容。[平家] 七・実盛「十万余騎にて都を立ちし—は、なに面を向かふべしとも見えざりしに」[訳] 十万余騎で都を出陣したその時のようすでは、だれも正面から立ち向かうことができるとも思われなかったのに。㋑体格。また、人柄。人品。[宇治] 一三・六「みめ—よりはじめて、いみじかりし相撲なり」[訳] (大井光遠は)外見や人柄をはじめとして、すぐれた相撲とりである。
❷【言柄】(歌などの)表現されたようす。ことばづかい。[徒然] 一四「今の世の人の詠みぬべき—とは見えず」[訳] (貫之の歌は)今の世の人が詠むことのできそうなことばづかいとは思われない。

こと-き【異木】(名)ほかの木。別の木。[枕] 三七「—どもと等しういふべきにもあらず」[訳] (桐の木は)ほかのいろいろな木と同等に言ってはならない(ほどすばらしい)。

ごとき【如き】助動詞「ごとし」の連体形。[万葉] 三・四七七「あしひきの山さへ光り咲く花の散りぬるごときわが王かも」[訳] 山までも輝いて咲く花が散ってしまったようなわが大王よ。(「あしひきの」は「山」にかかる枕詞)

こと-き・る【事切る】(自ラ下二){れ・れ・る・るる・るれ・れよ} ❶息が絶える。死ぬ。〔浮・好色五人女〕「さまざま薬あたへける甲斐なく、万事の—・れ(用)てうたてし」[訳] いろいろ薬を与えた甲斐なく、まったく息が絶えて嘆かわしい。⇩果つ「慣用表現」
❷事が終わる。決着がつく。〔十訓〕九「汝が訴へ申す東国の庄のこと、今まで—・れ(未)ねば、口惜しとや思ふ」[訳] おまえが訴え申している東国の荘園のことが、今まで決着がつかないので、残念だと思うか。

ごとく【如く】助動詞「ごとし」の連用形。[方丈] 二「扇をひろげたるがごとく末広になりぬ」[訳] (火が)扇を広げた形のように末広がりになった。

こと-ぐさ【言種・言草】(名)❶口ぐせ。話の種。話題。源氏 桐壺「朝夕の—に、はねをならべ、枝をかはさむと契らせ給ひしに」訳（桐壺帝は桐壺の更衣に）朝夕の口ぐせに、比翼の鳥、連理の枝となろうとお約束になられたのに。文法「せ給ひ」は、最高敬語。
❷ことば。徒然 一四「昔の人は、ただいかに言ひすてたる—も、皆いみじく聞こゆるにや」訳 昔の人（の歌の場合）は、ただもうどんなに無造作に言い放ったことばでも、（今の世の人には）皆すばらしく聞こえるのであろうか。文法 係助詞「や」のあとに結びの語「あらん」などが省略されている。

ごとく‐なり【如くなり】（助動ナリ型）〔助動詞「如し」の連用形「ごとく」に断定の助動詞「なり」の付いたもの〕❶ある事柄を、他の似ている事柄に比べてたとえる意を表す。まるで…（の）ようだ。〔伽・酒顚童子〕「臥したるは、さながら死人のごとくなり㊀」訳（鬼どもが酔って）横になっている姿は、まるで死人のようだ。
❷ある状態が他の状態とよく似ているか同じである意を表す。…（と）同じだ。…（の）とおりだ。土佐「海の上、きのふのごとくに㊥、風波見えず」訳 海の上は昨日と同じで、風も波も見えない。
接続 活用語の連体形、またはそれに助詞「が」の付いたものや、体言に助詞「の」「が」が付いたものに付く。

活用

未然	連用	終止	連体	已然	命令
ごとく なら（ズ）	ごとく なり（ケリ）（ごとく に）（テ）	ごとく なり（○）	ごとく なる（コト）	ごとく なれ（ドモ）	ごとく なれ（○）

参考 形容詞には補助活用（いわゆるカリ活用）があるが、「ごとし」は形容詞型活用でありながら、「ごとかり」のような補助活用を持たないので、「ごとくなり」が、補助活用と同じ役目をしている。

こと‐くに【異国】（名）❶（日本の中の）よその国。他国。宇治 四・四「おのが国にはあらで、—に田を作りけるが」訳 自分の国にではなくて、よその国に田を作ったが。
❷外国。異邦。源氏 常夏「広く—のことを知らぬ女のためとなむおぼゆる」訳（大和琴は広く外国のこと（＝音楽）を知らない女性のため（に作られた）と思われる。

ごとくに【如くに】助動詞「ごとくなり」の連用形。古今 仮名序「大空の月を見るがごとくに、古を仰ぎて今を恋ひざらめかも」訳 大空の月を見るように、過去を仰ぎ見て現代を恋しく思わずにいられるだろうか（いや、恋しく思うだろう）。

こと‐くは・ふ【言加ふ】（自ハ下二）〔へ・へ・ふ・ふる・ふれ・へよ〕❶口出しする。助言や批評を言う。枕 三三「男こそは—・へ㊥さぶらふべきにもあらず」訳 男子は口出ししてよいことでもありません。
❷声を合わせる。唱和する。

こと‐ごころ【異心】（名）❶他の異性にひかれる心。浮気心。伊勢 二三「男、—ありて、かかるにやあらむと思ひ疑ひて」訳 男は（妻には）他の男にひかれる気持ちがあって、こんなふう（＝自分を平然と送り出す）なのであろうかと疑わしく思って。
❷他の事を思う心。他の考え。〔うつほ〕吹上上「—なくて、夜を昼になしてなむ、急ぎまうで来し」訳 他の事を思う心なしに、夜も昼もなくして、急いで参上した。

こと‐こそ‐あれ【事こそあれ】こともあろうに。ことにもよろうに。源氏 東屋「—、あやしくも言ひつるかな」訳（吟誦する句はほかにもあるだろうに）こともあろうに、変にもまあ口ずさんだものだ。
なりたち 名詞「事」＋係助詞「こそ」＋ラ変動詞「有り」の已然形「あれ」
参考 同様の表現に「ことしも（こそ）あれ」がある。

こと‐ごと【尽・悉】■（名）全部。すべて。万葉 二・二〇四「昼はも日の—夜はも夜の—」訳 昼は日のあるかぎり、夜は夜じゅう。
■（副）❶ある限りすべて。残らず。万葉 五・七九七「悔しかもかく知らませばあをによし国内—見せましものを」訳 残念であることよ。こう（妻が早く死ぬと知って）いたなら、この国（＝九州）の内を、すべて見せてやったのだがなあ。（「万葉集」中、枕詞「あをによし」が「なら」でなく、「くぬち」にかかる唯一の例。文法「ませば…まし」は、反実仮想で「もし…なら…だろうに」の意。
❷完全に。まったく。〔栄花〕根あはせ「二葉より—疑ひなく后がねとかしづき聞こえ給へるに」訳（娘の生子を）幼少のころからまったく疑いなく后候補として大切にご養育申しあげなさってきたのに。

こと‐ごと【事事】（名）あの事この事。いちいちのこと。源氏 夢浮橋「—には、みづからさぶらひて申し侍らむ」訳 いちいちのことに関しては、私（＝横川の僧都）自身（小野に）伺候して申し上げましょう。

こと‐ごと【異事】（名）別の事。ほかの事。更級 大納言殿の姫君「なま恐ろしと思へるけしき見て、—に言ひなして笑ひなどして」訳 なんとなく恐ろしいと思っている（私の）ようすを見て、（姉は）ほかの事に言いまぎらわして笑ったりして。

こと‐ごと【異異】■（副）別々に。まちまちに。古今 冬「梅の香の降りおける雪にまがひせばたれか—わきて折らまし」訳 もし梅の香りが降り積もった雪にまぎれるとしたら、だれが（梅を雪と）別々に区別して折り取れるだろうか。
■（形動ナリ）〔なら・なり（に）・なり・なる・なれ・なれ〕それぞれに異なるさま。まちまちだ。〔紫式部日記〕「よろづのこと、人によりて—・なり㊀」訳 すべてのことは、人によってまちまちである。

ことごと‐く【尽く・悉く】（副）全部。すっかり。まったく。方丈 二「大風・洪水など、よからぬことどもうち続きて、五穀—ならず」訳 台風や水害など、よくないことがあれこれと続いて、穀物はまったく実らない。

ことこと‐し【事事し】（形シク）〔しから・しく（しかり）・し・しき（しかる）・しけれ・しかれ〕「ことごとし」とも。おおげさだ。ぎょうぎょうしい。徒然 一九「何事にかあらん、—・しく㊥ののしりて」訳 何事であろうか、おおげさにわめきたてて。⇩おどろおどろし「類語パネル」

ことごと‐な・し【異事無し】ほかの事ではない。更級 物語「親の太秦に籠り給へるにも、—・く㊥、この事を申して」訳 親が広隆寺に籠りなさったときにも、（私は）ほかの事ではなく、この事（＝「源氏物語」全巻を読むこと）を（仏に）申し上げて。

こと‐この・む【事好む】（自マ四）〔ま・み・む・む・め・め〕風流なことを好む。物好きである。源氏 夕顔「男は田舎にまかりて、女なむ若く—・み㊥て」訳 夫は田舎に下っていて、

(都に残った)妻は若く風流なことを好んで。

こと-こ・む【言籠む】(自マ下二){め・め・む・むる・むれ・めよ}言い出しかねる。口ごもる。源氏 末摘花「『これはいと聞こえさせにくくなむ』と、いたうー・め用たれば」訳「これはほんとうに申し上げにくくて」と、(命婦は)ひどく口ごもっているので。

ことさへく【言さへく】《枕詞》[「さへく」は「さへづる」の意]外国のことばがわかりにくいことから、「百済」「韓」にかかる。万葉 二・一九九「ー百済の原ゆ」。万葉 二・一三五「ー韓の崎なる」

こと-ざま【事様】(名)物事や心のようす。人柄。徒然 一〇「おほかたは、家居にこそ、ーは推しはからるれ」訳だいたいのところは、住居によって、(その主人の)人柄は自然と推測される。文法「るれ」は、自発の助動詞「る」の已然形で、係助詞「こそ」の結び。

こと-ざま【異様】(名)❶ふつうと違ったようす。源氏 宿木「寝殿を失ひて、ーにも造りかへむの心にてなむ」訳寝殿を取りのけて、違った趣にも造りかえようとの心づもりで(ございます)。文法 係助詞「なむ」のあとに結びの語「侍る」などが省略されている。
❷他の方面。他の人。源氏 総角「軽々しくーに靡き給ふこと、はた、世にあらじと」訳軽々しく他の男になびきなさることは、おそらくないだろうと。

こと-ざまし【事醒まし】(名)興をさますこと。興ざめ。源氏 紅葉賀「他事に目もうつらず、かへりてはーにやありけむ」訳他の事(=青海波と秋風楽以外の舞)は見る気もせず、かえっては興ざめであっただろうか。

こと-さ・む【事醒む】(自マ下二){め・め・む・むる・むれ・めよ}興がさめる。その場がしらける。徒然 一七五「酒宴ー・め用て、いかがはせんとまどひけり」訳酒宴はしらけて、どうしようかと途方にくれた。

こと-さら【殊更】■(形動ナリ){なら・なり(に)・なり・なる・なれ・なれ}❶事改めてするさま。わざわざ。源氏 夕顔「ー・に用人来まじき隠れ家求めたるなり」訳わざわざ人が来そうにもない隠れ家を探したのだ。
❷とりわけはなはだしいさま。格別。特別。源氏 若紫「小さきかぎり、ー・に用まゐれ」訳小さい者(=女の童)だけ、特別に参上せよ。
■(副)❶わざと。故意に。源氏 若紫「ー幼く書きなし給へるも、いみじうをかしげなれば」訳(光源氏が若紫のために)わざといかにも子供っぽくお書きになっているのも、たいそう趣がある感じなので。
❷とりわけ。格別に。源氏 若菜下「うすものの裳のはかなげなるひきかけて、ー卑下したれど」訳(明石の君は)薄絹の裳で、目立たないのをまとって、とりわけ卑下しているが。文法「裳の」の「の」は、いわゆる同格の格助詞で、「…で」の意。

ことさら・ぶ【殊更ぶ】(自バ上二){び・び・ぶ・ぶる・ぶれ・びよ}[「ぶ」は接尾語]わざとらしく見える。格別にする。源氏 帚木「さすがに忍びて笑ひなどするけはひー・び用たり」訳(若い女たちがさすがに(光源氏に遠慮して)人目を避けて笑いなどするようすは、わざとらしい感じがしている。

ことさら-め・く【殊更めく】(自カ四){か・き・く・く・け・け}[「めく」は接尾語]わざとらしく見える。格別にする。源氏 夕顔「いとー・き用て、御装束をもやつれたる狩の御衣を奉り」訳(光源氏は)たいそう特に気を遣って、御装束をも、質素にした御狩衣をお召しになり。

ことじ【琴柱】⇩ことぢ

ごとし【如し】(助動ク型)

意味・用法

同一〔…(と)同じだ。…(の)とおりだ。〕→❶
比況〔…(の)ようだ。…に似ている。〕→❷
例示〔たとえば…(の)ようだ。〕→❸

接続

活用語の連体形に直接、またはそれに助詞「が」の付いたものや、体言に助詞「の」「が」が付いたものに付く。中世以降、体言にも直接付くようになった。

活用

未然	連用	終止	連体	已然	命令
○	ごとく (シテ)	ごとし (○)	ごとき (コト)	○	○

❶ある事柄が他のある事柄と同じである意を表す。**…(と)同じだ。**…(の)とおりだ。土佐「六日。きのふのごとし終」訳六日。昨日と同じだ。
❷ある事柄を他の似ている事柄に比べたとえる意を表す。**…(の)ようだ。…に似ている。**平家 一・祇園精舎「おごれる人も久しからず、ただ春の夜の夢のごとし終」訳驕り高ぶった人も長く続くものではなく、(そのはかなさは)まるで春の夜の夢のようだ。⇩平家物語「名文解説」
❸(平安末期以降)多くの中からあるものを例示する意を表す。たとえば…(の)ようだ。方丈 三「和歌・管弦・往生要集ごとき体の抄物を入れたり」訳たとえば和歌や音楽(に関する書物)や、「往生要集」のようなものの抜き書きした書物を入れてある。

文法 (1) 「ごとし」は、語幹にあたる「ごと」が単独で用いられ、また助詞「の」「が」に付く点で、他の助動詞と異なるので、形式用言(形式形容詞)とする説もある。
(2) **未然形「ごとく」** 未然形に「ごとく」を認める説もある。
「当時のごとくは(=現在の情勢ならば)郎等どもこそ候ふなれ(=源氏の家来が世に多くいるようです)」〈平家 一〇・維盛出家〉
この「ごとくは」の「は」を、仮定条件を示すという意味用法のうえからも、連用形に係助詞「は」の付いたものとみないで、接続助詞「ば」の清音化したものが付いたと考えるためである。
なお、平安時代の漢文訓読語には、「**ごとけむ**」のように未然形に「ごとけ」という形があった。
(3) **「ごと」** 上代・中古では、語幹にあたる「ごと」だけで連用形や終止形と同じように用いられた。→如
「梅の花今咲ける**ごと**(=今咲いているのと同じに)散り過ぎず(=散ってしまわないで)わが家の園にありこせぬかも(=ずっとあってほしいものだなあ)」〈万葉 五・八一六〉

参考 平安時代には、「ごとし」と同じ意味を表す語に「やうなり」があり、「ごとし」は漢文調の文章で用いられ、「やうなり」は仮名で書かれた和文調の文章で用いられ

た。「ごとくなり」も「ごとし」と同様に漢文調の文章で用いられたが、語幹にあたる「ごと」だけは別で、逆に、もっぱら和文調の文章で用いられた。

こと-しげ・し（形ク）{から・く(かり)・し・き(かる)・けれ・かれ} ❶【事繁し】することが多い。いそがしい。徒然 二七「今の世のー・き㊑にまぎれて、院には参る人もなきぞ寂しげなる」訳 新帝の治世の(仕事が)いそがしいのにとりまぎれて、(退位した)上皇の御所には参上する人もないのが寂しそうだ。

❷【言繁し】うわさがうるさい。万葉 八・一五一五「ー・き㊑里に住まずは」訳 うわさがうるさい里に住まないで。

こと-しも【事しも】(副)【名詞「事」に副助詞「しも」の付いたもの】(「ごとし」「やうなり」など比況の表現と呼応して)ちょうど。あたかも。今昔 二五・一二「ーそこそこにもとより契りたらむやうに」訳 ちょうどどこそこで(追いつくことを)はじめから約束していたように。

こと-ずくな【言少な】(形動ナリ){なら・なり(に)・なり・なる・なれ・なれ}あまりしゃべらないさま。口数が少ないさま。源氏 帚木「ー・に㊐て、とかくまぎらはしつつとり隠し給ひつ」訳 (光源氏は)ことば少なであって、あれこれとごまかしては、(女性からの手紙を)お隠しになってしまった。

こと-ぞ-かし【事ぞかし】(強く断定する気持ちで)…ことであるよ。…ことなのだよ。枕 三三「これは知りたることー。などかうつたなうはあるぞ」訳 これは知っていることなのだよ。どうしてこんなにおぼえが悪いのか。→ぞかし

なりたち 名詞「事」＋係助詞「ぞ」＋終助詞「かし」

こと-そ・ぐ【事削ぐ】(自ガ四){が・ぎ・ぐ・ぐ・げ・げ}簡略にする。簡素にする。徒然 一九一「昼はー・ぎ㊐、およすけたる姿にてもありなん」訳 昼は簡略にし、地味に見えている姿でもよいだろう。

こと-たか・し【言高し】(形ク){から・く(かり)・し・き(かる)・けれ・かれ}話す声が大きい。声高だ。枕 一〇二「『まことにかばかりのは見えざりつ』とー・く㊐のたまへば」訳 「ほんとうにこれほどの(すばらしい扇の骨)は目にしたことがなかった」と(隆家が)声高におっしゃるので。

こと-だ・つ【事立つ】(自タ四){た・ち・つ・つ・て・て}ふつうと変わったことをする。特別なことをする。伊勢 八五「正月なればー・つ㊎とて、大御酒賜ひけり」訳 陰暦正月だから特別なことをするということで、(親王は)お酒をくださった。

こと-だて【言立て】(名)(心の中にあること、うわさ・誓いなどを)はっきりと言うこと。誓い言。万葉 一八・四〇九四「人の祖の立つるー」訳 祖先の立てた誓い言。

こと-だま【言霊】(名)ことばに宿っていると信じられた神秘的な力。万葉 一一・二五〇六「ーの八十のちまたに夕占問ふ占まさに告る妹相寄らむと」訳 ことばの霊力のはたらく多くの道の行き合う辻で夕方の辻占いをして尋ねる。占いはまさに告げる。あの娘は(おまえに)なびき寄るだろうと。

> **発展 「言霊」の信仰**
> 古代日本人は、ことばには霊力があり、口に出したことが独立の存在として活動し、現実を動かしたり、人の運命を左右したりすると考えていた。このような信仰は、呪文や神託などのもつ威力を、それらに宿る霊の力とみなしたことによるものであろう。

ことだま-の-さきはふ-くに【言霊の幸ふ国】言霊の力で幸福がもたらされる国。万葉 五・八九四「ーと語り継ぎ言ひ継がひけり」訳 (大和の国(日本)は)ことばの霊力で幸福がもたらされる国だと語り伝え、長く言い伝えてきた。

こと-た・ゆ【言絶ゆ】(自ヤ下二){え・え・ゆ・ゆる・ゆれ・えよ} ❶ことばで表せないほどである。万葉 四・七四六「生ける世に吾はいまだ見ずー・え㊐てかくおもしろく縫へる袋は」訳 生きているこの世で私はまだ見ていない。ことばで表せないほどにこのようにすばらしく縫ってある袋は。

❷音信が絶える。蜻蛉 中「いと憎くて、言ひ返しなどして、ー・え㊐て二十余日になりぬ」訳 たいそう憎らしくて、(頼まれたこともできませんと)言って返したりして、音信が途絶えて二十日あまりになった。

こと-た・る【事足る】(自ラ四){ら・り・る・る・れ・れ}十分だ。不自由しない。徒然 二一五「『ー・り㊐なん』とて、心よく数献に及びて、興にいられ侍りき」訳 「(少しの味噌でも酒の肴として)きっと十分であろう」と言って、快く数献(杯を)かさねて、よい機嫌におなりでした。

こと-ぢ【琴柱】(名)琴の胴の上に立てて弦をささえ、音を調節する器具。紫式部日記「『雨ふる日、ー倒せ』などもいひ侍らぬままに」訳 「雨の降る日は、琴柱を倒せ」などとも言わないものですから。

(ことぢ)

ことぢ-に-にかは-さ・す【琴柱に膠さす】(琴に、膠で琴柱を付けてしまうと音の調子を変えられないことから)物事にこだわって融通のきかないことのたとえ。紫式部日記「むかしはよき若人、いまはー・す㊑やうにてこそ里居して侍るなれ」訳 以前は美しい若女房、(しかし)今は琴柱を膠でつけるようになって(＝かたくなで)、実家に引きこもっているそうです。

こと・づ【言出】(自ダ下二){で・で・づ・づる・づれ・でよ}(「ことい づ」の転)ことばに出す。拾遺 雑下「ー・で㊐しも誰ならなくに」訳 言上したのも、だれでもない(私であった)のに。

こと-づ・く【言付く・託く】「ことつく」とも。㊀(自カ下二){け・け・く・くる・くれ・けよ}かこつける。口実にする。源氏 総角「いと心地惑ふばかりの御悩みにもあらねど、ー・け㊐て、対面し給はず」訳 ひどく気分がすぐれない(という)ほどのご病気でもないが、(大君は病気に)かこつけて、(薫に)お会いにならない。

㊁(他カ下二){け・け・く・くる・くれ・けよ}人に託して物事を言いやる。伝言する。平家 一〇・内裏女房「『契りは朽ちせぬものと申せば、後の世には必ず生まれあひ奉らん』と泣く泣くー・け㊐給へば」訳 「夫婦の縁は(この世だけでは)なくならないものと申すので、後の世ではきっと生まれあわせてお会いしよう」と泣きながらことづけしなさるので。

こと-づけ【言付け・託け】(名)「ことつけ」とも。❶かこつけること。口実。徒然 二三一「勝負の負けわざにーなどしたる、むつかし」訳 (人に物を与える際)勝負事に負けた賭け物にかこつけなどしているのは、いやだ。

❷ことづけること。伝言。枕 八三「職へなむ参る。ーやある」訳 中宮職(＝役所の名)へ参上する。伝言はあるか。

こと‐つ・つ【言伝つ】(他タ下二)〔て・て・○・○・○・てよ〕「ことづつ」とも。ことづけする。伝言する。[古今] 夏「やよや待て山ほととぎす—・て㊍むわれ世の中に住みわびぬとよ」[訳] まあ待ってくれ、山ほととぎすよ。(山ごもりしている人に)伝言を頼もう。私もこの世に住みにくくなってしまったとね。
[参考] 未然・連用・命令の三形しかない。

こと‐つて【言伝て】(名)「ことづて」とも。ことばの取りつぎ。伝言。[古今] 恋四「山がつの垣ほにはへる青つづら人はくれども—もなし」[訳] 山里に住む人の垣根にまつわりついている青つづらをたぐるように、他の人は(このあたりに)来るけれど、(あの人から私への)伝言もない。(「くれ」は「繰れ」と「来れ」との掛詞。第三句までは「くれ」を導きだす序詞)

こと‐と【事と】(副) ❶特に。とりわけ。格別。[蜻蛉] 上「このごろは、—久しう見えず」[訳] 最近は、とりわけ長い間姿を見せない。
❷どんどん。また、すっかり。[蜻蛉] 下「『いかがすべき』などいふほどに、—明けはてて、『蓑(みの)、笠(かさ)や』と人は騒ぐ」[訳] (雨が降り出して)「どうしたものだろうか」などと言っているうちに、(夜が)すっかり明けきって、「蓑だ、笠だ」と供人はあわてふためく。

こと‐と‐いへ‐ば〔エ—イ〕【事と言へば】とりたてて言うと。何かと言うと。[源氏] 椎本「—、限りなき御心の深さになむ」[訳] 何かと言うと、(あなた＝大君(おおいぎみ)は)際限もない遠慮深さで(ございます)。
[なりたち] 名詞「事」＋格助詞「と」＋四段動詞「言ふ」の已然形「いへ」＋接続助詞「ば」

こと‐とき【異時】(名)ほかの時。別の時。[枕] 九九「—は知らず、今宵(こよひ)は詠め」[訳] ほかの時は別として、今夜は(歌を)詠め。

こと‐どころ【異所・異処】(名)別の場所。他国。[竹取] かぐや姫の昇天「また、—にかぐや姫と申す人ぞ、おはすらむ」[訳] また、別の所にかぐや姫とお呼びする方が、いらっしゃるのであろう。

こと‐と‐す【事とす】そのことをもっぱらにする。専念する。熱中する。[徒然] 二一七「銭(ぜに)につもりて尽きざる時は、宴飲(えんいん)・声色(せいしょく)を—・せ㊍ず」[訳] 金銭がたまってなくならないときは、酒宴や、音楽と女色に熱中しないで。
[なりたち] 名詞「事」＋格助詞「と」＋サ変動詞「為(す)」

こと‐どひ〔ドイ〕【言問ひ】(名)物を言いかわすこと。語り合うこと。[万葉] 二〇・四四〇八「今日(けふ)だにも—せむと惜しみつつ」[訳] せめて今日だけでも(存分に)語り合うことをしようと(別れを)惜しんでは。

こと‐と・ふ〔トウ〕【言問ふ】(自ハ四)〔は・ひ・ふ・ふ・へ・へ〕 ❶ものを言う。話をする。ことばをかける。[万葉] 六・一〇〇七「—・は㊍ぬ木すら妹(いも)と兄(せ)とありといふをただ独り子にあるが苦しさ」[訳] ものを言わない木でさえも兄妹があるというのに、(人である私が)たった独りっ子であるのがつらいことよ。
❷尋ねる。質問する。[伊勢] 九「名にし負はばいざ—・は㊍む都鳥(みやこどり)わが思ふ人はありやなしやと」[訳] →なにしおはば…[和歌]
❸見舞う。訪れる。[徒然] 三〇「夕べの嵐、夜の月のみぞ、—・ふ㊍よすがなりける」[訳] 夕方の嵐と夜の月だけが、(故人の墓を)訪れる縁者であることだ。

こと‐と‐も‐せ‐ず【事ともせず】平気である。問題にしない。[平家] 九・宇治川先陣「岩浪(いはなみ)甲(かぶと)の手先へざっと押し上げけれども、—・ず㊊」[訳] 岩にくだけ散る波が兜(かぶと)の吹き返しの前の部分へざぶんと押しかぶさったけれども、問題にしないで。
[なりたち] 名詞「事」＋格助詞「と」＋係助詞「も」＋サ変動詞「為(す)」の未然形「せ」＋打消の助動詞「ず」

こと‐な・し【事無し】(形ク)〔から・く(かり)・し・き(かる)・けれ・かれ〕 ❶何事もない。平穏無事だ。[宇治] 三・一七「帝(みかど)ほほ笑ませ給ひて、—・く㊊てやみにけり」[訳] (嵯峨(さが))天皇はほほえみなされて、何事もなくてすんだのであった。
❷なんでもない。容易だ。[徒然] 一八九「わづらはしかりつることは—・く㊊て、やすかるべきことはいと心ぐるし」[訳] めんどうだと思っていたことはなんでもなくて、容易であるはずのことは(実際には)たいへん気がかりである。
❸非難すべき所がない。欠点がない。[万葉] 一一・二七五七「ありつつ見れど—・き㊍吾妹(わぎも)」[訳] ずっと見続けていても、何も欠点のない我が妻よ。

ことなし‐がほ〔ガオ〕【事成し顔】(名・形動ナリ)事を成し遂げそうな、自信ありげな顔。[枕] 一六四「そらごとする人の、さすがに人の—・に㊊て大事請(う)けたる」[訳] うそをつく人が、そうはいってもやはり、人の(頼む)物事を成し遂げそうな顔でたいせつなことを引き受けたの(は頼りない)。

こと‐なしび【事無しび】(名)何気ないふり。[枕] 一〇六「宰相(さいしやう)の御いらへを、いかでか—にいひ出(い)でむ」[訳] 宰相へのお答え(＝御返歌)を、どうして何気ないふう(＝いいかげん)に言い出せようか(いや、言い出せない)。

こと‐なし・ぶ【事無しぶ】(自バ上二)〔び・び・ぶ・ぶる・ぶれ・びよ〕【「ぶ」は接尾語】何気ないふりをする。知らないふりをする。[源氏] 手習「賄(まかな)ひもいと心づきなく、…『悩ましくなむ』と、—・び㊊給ふを」[訳] (浮舟(うきふね)は母尼君の)給仕もたいそう気に入らず、…「気分がすぐれません(ので)」と、そしらぬふりをしなさるのを。[文法] 係助詞「なむ」のあとに結びの語「侍る」などが省略されている。

こと‐な・す【言成す】(他サ四)〔さ・し・す・す・せ・せ〕あれこれうわさする。[万葉] 七・一三八六「そこもか人の吾(わ)を—・さ㊍む」[訳] そのことで、人が私をあれこれ言うだろうか。

こと‐なほ・る〔ナオル〕【事直る】(自ラ四)〔ら・り・る・る・れ・れ〕 ❶事態がもとのようになる。復旧する。[源氏] 若菜上「かく憎げなくさへ聞こえかはし給へば、—・り㊊てめやすくなむありける」[訳] (紫の上と女三の宮は)このように憎しみ合うようすもなくまでもお話を申し交わしなさるので、(うわさも)もとのように(立たなく)なって感じよく見えたのだった。
❷特に、罪が許される。[千載] 雑中・詞書「—・り㊊て京にのぼりて後」[訳] 罪が許されて京にのぼってのち。

こと‐なら‐ば【如ならば】同じことならば。できることなら。[古今] 春下「—咲かずやはあらぬ桜花見るわれさへに静心(しづごころ)なし」[訳] (どうせ散ってしまうのだから)同じことならいっそ咲かずにいてくれないか。桜の花よ、(あわただしく散るのを)見る私まで落ち着いた気持ちがしない(から)。
[なりたち] 副詞「如(こと)」＋断定の助動詞「なり」の未然形「なら」＋接続助詞「ば」。↓如(こと)

こと‐な・る【事成る】(自ラ四)〔ら・り・る・る・れ・れ〕 ❶物事が成就する。成功する。[源氏] 葵「平らかに—・り㊊はてぬれば」[訳] (葵(あおい)の上は)無事に(後産(あとざん)も)すっかりすんでしまったので。

❷その時になる。事が始まる。枕 一六〇「物見に遅く出でて、—・り用にけり」訳（祭りの行列）見物に遅く出かけて、もう（行列は）始まってしまっていた。

こと-に【異に・殊に】（副）❶ふつうと違って。とりわけ。格別に。伊勢 八二「その院の桜—おもしろし」訳その邸宅（＝渚の院）の桜は格別に趣深い。❷なお。その上に。しかも。〔狂・伯母酒〕「七つ下がって、—女の身としてこの離れ家に一人居るは」訳午後四時を過ぎて、しかも女の身でこの人里離れた家に一人いるのは。

こと-に-あづか-る【事に与る】物事に関係する。徒然 七五「—・ら未ずして心を安くせんこそ、しばらく楽しぶともいひつべけれ」訳俗事に関係しないで心を安らかにするようなことが、一時的にしろ（生を）楽しむとでも言うことができよう。

こと-に-い-づ【言に出づ】ことばに出して言う。言い出す。古今 恋二「—・で用て言はぬばかりぞ」訳（私の恋は）ことばに出して言わないだけだ。

こと-にが-し【事苦し】（形ク）{から・く（かり）・し・き（かる）・けれ・かれ}気まずい。おもしろくない。大鏡 道長上「饗応しもてはやし聞こえさせ給ひつる興もさめて、—・う用（ウ音便）なりぬ」訳（関白道隆が弟道長の）機嫌をとり、歓待し申しあげなされていた興もうすらいで、気まずくなってしまった。

こと-に-す【事にす】よいこととする。それに満足する。宇治 三・六「ただ逃げ出でたるを—・し用て、むかひのつらに立てり」訳（良秀は）ただもう逃げ出したのをよいこととして、（燃える自宅の）向かいの側に立っていた。
なりたち 名詞「事」＋格助詞「に」＋サ変動詞「為」

こと-に-づ【言に出】人のうわさにのぼる。万葉 一四・三四九七「さ寝さ寝てこそ—・で用にしか」訳たびたび共寝をしてうわさにのぼってしまったよ。

こと-に-ふれ-て【事に触れて】何かにつけて。源氏 桐壺「—、数知らず苦しきことのみまされば」訳何かにつけて、数えきれないほど多くつらいことばかりが増えるので。

こと-に-も-あら-ず【事にもあらず】たいしたことではない。何程のことでもない。徒然 一二九「おとなしき人は、まことならねば、—・ず用思へど、幼き心には、身にしみて恐ろしく」訳大人は、本当のことではないから、たいしたことではなく思うが、幼い（者の）心には、身にしみて恐ろしく。⇩言ふ甲斐無し「慣用表現」
なりたち 名詞「事」＋断定の助動詞「なり」の連用形「に」＋係助詞「も」＋ラ変補助動詞「有り」の未然形「あら」＋打消の助動詞「ず」

こ-どねり【小舎人】（名）❶蔵人所に属し、殿上の雑役をする者。❷「小舎人童」の略。

こどねり-わらは【小舎人童】（名）近衛の中将、少将などが召し連れる少年。牛車の先などに立つ。転じて、一般に貴人に仕える少年。

こ-との【故殿】（名）故人となった殿。亡き殿。源氏 竹河「—、なさけ少しおくれ」訳亡くなった殿（＝鬚黒）は、人情味が少し乏しく。

こと-の-こころ【事の心】❶物事の意味。趣旨。古今 仮名序「歌のさまを知り、—を得たらむ人は」訳歌の形式を知り、物事の意味を理解しているような人は。❷内情。事情。真相。源氏 胡蝶「—知る人は少なうて」訳内情（＝光源氏の好色）を知る人は少なくて。

こと-の-さま【事の様】事のようす。状態。枕 二三「はたさもえ書くまじき—にや、などぞおぼゆる」訳（若い女房ならばきっとそんなふうにも書けそうにない事のようす（＝歌の内容）であろうか、などと思われる。

こと-の-たより【事の便り】何らかの便宜。また、物事のついで。方丈 二「その時おのづから—ありて、津の国の今の京に至れり」訳その時たまたま何かのついでがあって、摂津の国（大阪府・兵庫県）の新しい都（＝福原）に行き着いた。

こと-の-ついで【事の序】何かの機会。物事のついで。〔後撰〕春上・詞書「春の日—ありてよめる」

こと-の-は【言の葉】（名）❶ことば。古今 恋四「いつはりのなき世なりせばいかばかり人の—うれしからまし」訳もしもうそのない世の中だったなら、どんなにかあなたのことばはうれしいだろうに。文法「…せば…まし」は、反実仮想で「もし…たなら…だろうに」の意。❷歌。和歌。古今 仮名序「やまと歌は人の心を種として、よろづの—とぞなれりける」訳和歌（というもの）は人の心を種として（生い茂り）、いろいろな（ことばの葉すなわち）歌となった（ものである）。⇩大和歌「慣用表現」

こと-の-は-ぐさ【言の葉種・言の葉草】（名）❶和歌。和歌の草稿。〔新続古今〕雑中「よしあしを君しわかずは書きたむる—のかひやなからん」訳良し悪しをあなたが区別できないならば、書きためている和歌の効果はないのだろうか。❷うわさ。話のたね。〔浄・曽根崎心中〕「今年の心中よしあしの、—や繁るらん」訳今年の情死（事件）の良し悪しの（評価をする）うわさ話がしきりにされているのだろうか。（「よしあし」に「良し悪し」と「葭葦」をかけてあとの「草」を引き出している）

こと-の-ほか【事の外・殊の外】（形動ナリ）{なら・なり（に）・なり・なる・なれ・なれ}❶予想外のさま。思いのほか。新古 雑中「山里は世の憂きよりも住みわびぬ—・なる体峰の嵐に」訳山里は、つらい憂き世よりも住みにくく思った。思いのほかの（寂しい）山の嵐で。❷格別。とりわけ。徒然 一九「鳥の声なども—・に用春めきて」

こと-の-よし【事の由】事情。理由。〔うつほ〕俊蔭「—を委しく問ひ給ふ（＝お尋ねになる）」

こと-は【如は】（副）同じことなら。できることなら。古今 離別「かき暗し—降らなむ春雨に濡れ衣着せて君を留めむ」訳同じことなら空をまっ暗にして（大いに）降ってほしい。（そうすれば）春雨にぬれぎぬを着せて（＝春雨のせいにして）あなたを引き留めよう。↓如

こと-ば【言葉・詞】（名）❶言語。また、言語を文字に書き表したもの。万葉 一三・二九六一「うつせみの常の—と思へども継ぎてし聞けば心まとひぬ」訳世間の通りいっぺんのことばだと思うけれども、何度も聞くと（本当のことかと）心が乱れてしまう。文法「し」は、強意の副助詞。❷表現技巧。修辞。ことばのあや。古今 仮名序「文屋康秀は、—はたくみにて、そのさま身におはず」訳文屋康秀（の歌）は、表現技巧は巧みであって、その（＝歌

の)姿が内容と似つかわしくない。❸謡曲や語り物で、音楽的な節をつけずに語る部分。❹物語のような文章で、地の文に対する会話の部分。❺和歌や絵巻物につけた、前書きや説明文。詞書。[大鏡]師尹「言ひ違へたまふこと、―にても歌にても、なかりけり」[訳](宣耀殿の女御は)言いまちがえなさることは、詞書でも和歌でも、(一つも)なかったという。

ことば-がき【詞書】(名)❶和歌の前書き。おもに、和歌の成立事情を書く。題詞。「ことがき」とも。❷絵巻物などの、内容を文字で説明した部分。

こと-はかり【事計り】(名)事のはからい。処置。配慮。[万葉]四・七五六「外にゐて恋ふれば苦し吾妹子を継ぎて相見む―せよ」[訳]よそに離れていて恋しく思うと苦しい。あなたに続けて会えるような手だてを考えよ。

ことば-じち【言葉質】(名)他人のことばを押さえて、のちの証拠にすること。言質。〔浮・世間胸算用〕「無分別者に―取られてはむつかし(=面倒だ)と」

こと-はじめ【事始め】(名)❶新しく物事を始めること。[平家]五・月見「六月九日、新都〔造営〕の―」❷正月の準備を始める日。上方では陰暦十二月十三日、江戸では陰暦十二月八日をさした。[図]。〔浮・世間胸算用〕「万事の入り用を、はや極月十三日に―とてつかはしける」[訳]万事の費用を、もう陰暦十二月十三日に正月の準備にかかる日ということで与えた。

ことば-だたかひ【言葉戦ひ】(名)❶戦いの前に、敵の戦意をくじくため、互いに言い合うこと。[平家]一一・嗣信最期「そののちは互ひに―とまりにけり」[訳]それからのちは互いに言葉戦いはやんでしまった。❷口論。

後鳥羽天皇(ごとばてんわう)ゴトバテンノウ『人名』(一一八〇～一二三九)平安末期・鎌倉初期の、第八十二代の天皇。高倉天皇の第四皇子。譲位後も院政をとり、討幕を企て失敗した承久の乱(一二二一)で、隠岐に配流、その地で没した。和歌に秀で、「新古今和歌集」を撰ばせた。「小倉百人一首」に入集。家集に「後鳥羽院御集」、歌論に「後鳥羽院御口伝」がある。

ことば-に-か-く【言葉に掛く】ことばにする。口に出す。[方丈]二「月日かさなり、年経にしのちは、―・け(用)て言ひ出づる人だになし」[訳]月日が重なり、年が経ってしまった後では、(地震のことなど)口に出して言い出す人さえもない。

ことば-の-はな【言葉の花】❶はなやかなことば。巧妙な修辞。〔風雅〕雑上「なほざりの―のあらましを待つとせしまに春も暮れぬる」[訳]かりそめの巧みなことばがあったらよかったのに、(そのことばの花を)待っていた間に春も暮れてしまったことだ。❷和歌を品よくいうことば。〔保元物語〕「手跡もなだらかに、―も尋常なり」[訳]筆跡もゆったりとして、和歌もふつうである。⇩大和歌「慣用表現」

こと-はら【異腹】(名)父が同じで、母が違うこと。腹違い。[蜻蛉]下「―の兄も京にて法師にてあり」[訳]腹違いの兄も都で僧侶としている。

こと-ひと【異人】(名)ほかの人。別の人。[伊勢]一〇「父は―にあはせむと言ひけるを」[訳]父は別の人と結婚させようと言ったが。

こと-ぶき【寿】(名)❶ことばで祝うこと。また、そのことば。祝言。祝辞。[源氏]竹河「盃をのみすすむれば、『―をだにせむや』とはづかしめられて」[訳](藤侍従は)酒杯を重ねているばかりなので、「せめて祝言の歌だけでも謡ってはどうか」となじられて。❷命。寿命。また、長命であること。〔雨月〕菊花の約「およそ疫は日数あり。そのほどを過ぎぬれば―をあやまたず」[訳]一般に流行病は(経過に一定の)日数がある。その期間を過ぎてしまうと命に別状はない。❸祝いの儀式。特に、婚礼。

こと-ぶ-く【寿く】(他カ四){か・き・く・く・け・け}〔「ことほく」の転〕祝いを言う。祝福する。〔浄・国性爺合戦〕「国安全と―・く(終)」[訳]国は平穏無事であると祝いを述べる。

こと-ふ-る【事旧る・言旧る】(自ラ上二){り・り・る・るる・るれ・りよ}事柄が古くさくなる。言いふるされる。[徒然]一九「言ひ続くれば、みな源氏物語・枕草子などに―・り(用)にたれど」[訳](季節の情趣について)言い続けると、すべて「源氏物語」や「枕草子」などで言いふるされてしまっているが。

こと-ぶれ【事触れ】(名)❶物事を世間に広く言いふらすこと。また、その者。〔浄・鑓の権三重帷子〕「〔不義の証拠を〕国中に沙汰(=うわさ)をした―は川側伴之丞」❷「鹿島の事触れ」の略。江戸時代、今の茨城県鹿嶋市にある鹿島神宮の神託を諸国にふれ回った神官。また、それをまねた物ごい。

こと-ほ-く【言祝く・寿く】(他カ四){か・き・く・く・け・け}〔後世は「ことほぐ」〕ことばで祝う。祝福する。〔記〕中「ここに―・き(用)て白しく」[訳]そこで(神のことばを)祝福して申し上げたことには。

こと-む-く【言向く】(他カ下二){け・け・く・くる・くれ・けよ}説得して従わせる。服従させる。[万葉]二〇・四四六五「ちはやぶる神を―・け(用)まつろはぬ人をも和し」[訳]荒々しい神を説得して従わせ、服従しない人をも帰順させて。

こ-ども【子供・子等・児等】(名)〔「ども」は複数を表す接尾語〕❶若い人々や年下の人々を親しんで呼ぶ語。[万葉]一・六三「いざ―早く日本へ大伴の御津の浜松待ち恋ひぬらむ」[訳]→いざこども…[和歌] ❷(親に対して)子供。子供たち。[万葉]五・八〇二「瓜食めば―思ほゆ栗食めばまして偲はゆ」[訳]→うりはめば…[和歌] ❸幼い子供。[枕]一二七「をさなき―の聞きとりて、その人のあるにいひ出でたる」[訳](人の悪口を言ったのを)幼い子供が聞き覚えていて、その人がいるときに言い出したの(は、ばつが悪い)。

[参考]一人でも「こども」という場合もある。

こと-も-な-し【事も無し】❶何事もない。無事である。[万葉]四・五五九「―・く(用)生き来しものを老いなみにかかる恋にも我はあへるかも」[訳]何事もなく生きてきたのに、老年になってこんな(苦しい)恋に私は出会ったことよ。❷非難すべき所がない。無難である。[源氏]帚木「見る目も―・く(用)侍りしかば」[訳](容貌が)見た目にも無難でありましたので。❸とりたてていうほどのこともない。平凡である。[著聞]五三三「―・き(体)女房のありけるが」[訳]とりたてていうほどのこともない女房で、そこにいたのが。⇩言ふ甲斐無し「慣用表現」

❹たやすい。容易である。竹取 竜の頸の玉「まして竜を捕らへたらましかば、また―・く(用)我は害せられなまし」訳 まして竜を捕らえていたならば、またたやすく私はきっと殺されてしまったことだろうに。

こと-もの【異物】(名)他の物。別の物。竹取 火鼠の皮衣「さればこそ、―の皮なりけり」訳 思ったとおりだ、(火鼠の皮衣とは)別の物の皮だったのだ。

こと-やう【異様】(名・形動ナリ)ふつうとは違っていること。風変わりなさま。徒然 五三「向かひ居たりけんありさま、さこそ―・なり(用)けめ」訳(足鼎をかぶった法師が医師と)向かい合って座っていたとかいうようすは、さぞかし風変わりなものだっただろう。

こと-ゆ・く【事行く】(自カ四)〔か・き・く・く・け・け〕(多く、下に打消の表現を伴って)事が思いどおりにゆく。らちがあく。竹取 竜の頸の玉「『かくつきなきことを仰せ給ふこと』と、―・か(未)ぬものゆゑ、大納言をそしりあひたり」訳「こんな無理なことをご命令なさるとは」と、らちのあかないことなので、(家来たちは)大納言を非難しあっている。

こと-ゆゑ【事故】(名)さしさわり。事故。徒然 二八「法師はあまた所食はれながら、―なかりけり」訳 法師は多くの箇所を(狐に)食いつかれながらも、(命に)さしさわりはなかった。

こと-よう【異用】(名)別の用事。他の用件。徒然 六〇「―に用ゐることなくて、その銭みなになりにけり」訳 ほかの用途に使うことはなくて、その銭がすっかりなくなってしまった。

こと-よ・す【言寄す・事寄す】(自サ下二)〔せ・せ・す・する・すれ・せよ〕❶ことばを添えて助ける。はからう。万葉 四・五四六「天地の神―・せ(用)て敷栲の衣手交へて己妻と頼める今夜」訳 天地の神がことばを添えてくれるので、袖を互いに交わして、わが妻として頼みに思う今夜は。(「敷栲の」は「衣」にかかる枕詞)

❷かこつける。言いわけにする。源氏 椎本「老人どもに―・せ(用)て、御誦経などのことも思ひやりきこえ給ふ」訳 年老いた女房たちに贈るということにかこつけて、御誦経のお布施などのことも(薫は)お心遣いし申しあげなさる。

❸うわさを立てる。万葉 七・一一〇九「君が手取らば―・せ(未)むかも」訳(川を渡るとき)あなたの手を取ったら、(人々が)うわさを立てるだろうか。

こと-よ・る【事寄る】(自ラ四)〔ら・り・る・る・れ・れ〕同じ方向に寄る。一方にかたよる。源氏 若菜上「昔も、かうやうなるえらびには、何事も人に異なるおぼえあるに―・り(用)てこそありけれ」訳 昔も、こうした(皇女の)婿選びには、万事につけ、常の人と異なる声望ある者にかたよる(=落ち着く)ものであったそうだ。

こと-よろ・し【事よろし】(形シク)〔しから・しく(しかり)・し・しき(しかる)・しけれ・しかれ〕❶事が適当である。たいしたことでない。さしつかえない。更級 子忍びの森「―・しき(体)時こそ腰折れかかりたることも思ひ続けけれ」訳(通常の)たいしたことではない時は、腰折れかかった(下手な)歌も思い続けていたが。⇩言ふ甲斐無し「慣用表現」

❷かなりよい。ふさわしい。〔十訓〕七「この殿の亭の前を―・しき(体)女の通りけるを」訳 この殿の屋敷の前をかなりよい女が通ったが。

こと-わざ【事業】(名)しわざ。仕事。出来事。古今 仮名序「世の中にある人、―繁きものなれば」訳 この世に生きている人々は、することがたくさんあるので。

こと-わざ【異業】(名)ほかのこと。別の行い。大和 一四九「わがかく歩きするを妬まで、―するにやあらむ」訳 自分がこのように(他の女の所へ)通ってゆくのをねたまないで、ほかの(男を通わせる)ことをしているのだろうか。

こと-わり【理】■一(名)❶**すじみち。ものの道理。**徒然 一四一「聖教の細やかなる―、いとわきまへずもやと思ひしに」訳(尭蓮上人は)仏典の微妙な道理を、たいして心得ていないのであろうかと思ったが。文法 係助詞「や」のあとに結びの語「あらん」などが省略されている。

❷**理由。わけ。**〔続古今〕雑下「今までもあるは思ひのほかなれば身をなげくべき―もなし」訳 現在までも生きているというのは予期していないことなので、わが身(のはかなさ)を嘆かねばならない理由もないことだ。

■二(形動ナリ)〔なら・なり(に)・なり・なる・なれ・なれ〕**当然である。もっともである。もちろんである。**源氏 賢木「したり顔におはするをあぢきなしと思したる、―・なり(終)」訳(右大臣が)得意顔でいらっしゃるのを、(左大臣が)苦々しいとお思いになっているのは、もっともである。⇩言ふもおろかなり「慣用表現」

こと-わり【断り】(名)❶判断。判定。源氏 須磨「よろづのことを泣く泣く申し給ひても、その―をあらはにえ承り給はねば」訳(光源氏が故桐壺院に)すべてのことを泣く泣く訴え申しあげなさっても、その判断をはっきりお聞きすることがおできにならないので。

❷弁解を言うこと。言いわけ。〔浮・好色五人女〕「折節悪しく、この事―立ちかね」訳 時期も悪く、この事の申し開きができないで。

❸辞退すること。拒絶すること。〔狂・猿座頭〕「―を申して参りませぬ」

こと-わ・る【理る・断る】(他ラ四)〔ら・り・る・る・れ・れ〕

> **語義パネル**
> ●**重点義**「言割る」の意で、**事の是非・善悪・因果などを分け、道理を明らかにする。**
> ❶**判断する。**判定する。
> ❷事のわけを説明する。

❶**判断する。**判定する。源氏 帚木「とりどりに―・り(用)て中の品にぞ置くべき」訳 それぞれに判断して、中流階級に位置づけるのがよい。

❷事のわけを説明する。徒然 一四一「『にぎはひ豊かなれば、人には頼まるるぞかし』と、―・ら(未)れ侍りしこそ」訳「(東国の人は)富み栄え裕福なので、人からは頼みにされるのだよ」と、(尭蓮上人が)道理を明らかにしなさいましたのは。文法「ぞかし」は、文末に用いて強く念をおす意を表す。

こと-を・か・く【事を欠く】不足する。なくて不自由する。事欠く。〔浮・西鶴諸国ばなし〕「朝の薪にも―・き(用)、夕べの油火をも見ず」訳 朝の(炊事用の)薪にも不自由し、夕方(ともすはず)の灯火も目にしない。

こと-をは・る【事終はる】(自ラ四)❶物事の決着がつく。何かの事が終わる。〔仮名・伊曽保〕「そのたびの議定—・ら㊍で退散しぬ」訳 そのときの相談は、決着がつかないで退散した。❷息をひきとる。死ぬ。〔謡・隅田川〕「念仏〔を〕四、五遍唱へ、終に—・っ㊊(促音便)て候ふ(=息をひきとりました)」。⇩果つ「慣用表現」

こと-をり【異折】(名)ほかの時。別の折。枕 三九「いつかは、—にさはしたりし」訳 いつ、ほかの時にそんなふうにはしただろうか(いや、しなかった)。

こ-な【子な】(名)《上代東国方言》〔「な」は接尾語〕子供たち。子ら。また、男性が妻や恋人を親しんでいう語。万葉 二〇・四三五八「吾ぬ取りつきて言ひし—はも」訳 私にすがりついて訴えたあの子よ。

ご-なう【御悩】(名)貴人の病気。ご病気。平家 六・小督「かやうのことどもに—はつかせ給ひて、遂に御隠れありけるとぞ聞こえし」訳 (高倉上皇は)このようないろいろの出来事のためにご病気におなりになられて、とうとうお亡くなりになったことだとうわさされた。

こ-なぎ【小水葱】(名)水葱(=水草の一種)の別称。葉を食用にする。秋

こな-さま【此方様】(代)《近世語》〔「こなたさま」の転〕対称の人代名詞。おもに、女性が敬意・親愛の気持ちをこめて用いる。あなたさま。〔浮・傾城禁短気〕「かうした座敷で—と酒飲むも今日ばかり」

こなた【此方】(代)❶過去のある時から現在までの期間をさす。**それ以来。それよりのち。** 源氏 明石「別れ奉りにし—、さまざま悲しきことのみ多く侍れば」訳 (桐壺院に)死別し申しあげてしまったそれ以来、いろいろと悲しいことばかり多くございますので。❷未来のある時から現在までの間をさす。それより前。**以前。** 源氏 藤裏葉「大臣も、長からずのみおぼさるる御世の—にとおぼしつる御参り」訳 大臣(=光源氏)も、(そう)長くないとばかりお思いにならずにはいられない(自分の)御寿命のある間に(行おう)とお思いになっていた(明石の姫君の)御入内を。文法「るる」は、自発の助動詞「る」の連体形。❸近称の指示代名詞。**こちら。** こっち。徒然 一〇四「『—』と言ふ人あれば、たてあけ所狭げなる遣り戸よりぞ入り給ひぬる」訳「こちらへ」と言う人があるので、開け閉ての窮屈そうな引き戸からお入りになった。❹他称の人代名詞。この人。**このかた。** 源氏 夕顔「まづ—の心見はててとおぼすほどに」訳 (光源氏がさしあたって、こちらの人(=空蝉)の気持ちを見とどけてからとお思いになるうちに。❺自称の人代名詞。**わたし。われ。**〔謡・羽衣〕「なう、その衣は—のにて候ふ」訳 もし、その衣はわたしのでございます。❻対称の人代名詞。あなた。〔狂・宗論〕「いかにも—のことでござる」訳 たしかに、あなたのことでございます。

こなた-かなた【此方彼方】(代)❶こちらとあちら。両方。源氏 桐壺「—心を合はせてはしたなめ」訳 こちら側とあちら側でしめし合わせて(桐壺の更衣を)きまり悪い目にあわせ。❷あちこち。ほうぼう。枕 二八「居むとする所を、まづ扇して—あふぎちらして、塵はきすて」訳 (自分の)座ろうとする所を、最初に扇であちこちあおぎ散らして、ごみを払いのけ。

こなた-ざま【此方様】(代)こちらのほう。堤 虫めづる姫君「日にあぶらるるが苦しければ、—に来るなりけり」訳 (毛虫は)日に照りつけられるのがつらいので、こちらのほうにやって来るのだよ。

こ-なみ【前妻】(名)もとからの妻。本妻。先妻。大和 一四一「このうはなり・—、ひと日ひと夜よろづのことを言ひ語らひて」訳 この後妻と先妻は、一日一晩いろいろなことを語りあって。↔後妻

こ-には【小庭】(名)❶小さな庭。狭い庭。宇治 一・五「侍の、立て蔀の内の—に立ちけるを」訳 (山伏が)侍所の、立て蔀の中の小さな庭に立っていたのを。❷(紫宸殿の南にある「大庭」に対して)清涼殿の南にある庭。平家 一・殿上闇討「殿上の—に畏まってぞ候ひける」訳 (平家貞は)清涼殿の小庭にかしこまって伺候していた。❸能楽で、狭い演能場。〔花鏡〕「—などならば御前を遠くなすべし」訳 狭い舞台などであるならば貴人席を遠くとる(=所作をひかえめにして、遠くで演じているように印象づける)ようにしなければならない。

こぬひとを… 和歌《百人一首》

> 来ぬ人を　まつほの浦の　夕なぎに
> 焼くや藻塩の　身もこがれつつ
> 〈新勅撰・一三・恋三・八四九・藤原定家〉
>
> 〔待つ〕〔松帆〕 序詞

訳 (待っても待っても)来ない人を待って、松帆の浦の夕なぎのときに焼く藻塩草のように、私の身も(恋の思いに)焦がれ続けていることだよ。修辞「まつほ」に地名「松帆」と「待つ」をかける。「松帆」は歌枕。第二句から第四句までは、「こがれ」を導きだす序詞。本歌取り。文法「焼くや」の「や」は、間投助詞。「つつ」は、反復・継続の意の接続助詞。解説「万葉集」の長歌「淡路島松帆の浦に朝凪に玉藻刈りつつ夕凪に藻塩焼きつつ」〈六・九三五〉を本歌にしている。男を待つ女の立場で詠んだ歌。

こぬれ【木末】(名)《上代語》〔「このうれ」の転〕こずえ。木の枝の先。万葉 六・九二四「み吉野の象山の際の—にはここだもさわく鳥の声かも」訳 →みよしのの… 和歌

こ-の【此の】❶自分に最も近いものを指示する。この。ここの。このような。万葉 一・一「—岡に菜摘ます児家告らせ名告らさね」訳 →こもよ… 和歌 ❷(前に話題にしたことがらや人をさす)**あの。** その。徒然 一四「その世の歌には、すがた・言葉、—たぐひのみ多し」訳 その当時(=「古今集」の時代)の歌には、格調と用語において、その種のもの(=趣の深いもの)だけが多い。❸**それ以来**(ずっと)。それ以後(ずっと)。源氏 明石「住吉の神を頼み始め奉りて、—十八年になり侍りぬ」訳 (私=明石の入道が)住吉明神をお頼み申しあげはじめて、それ以来十八年になりました。

なりたち 代名詞「此」+格助詞「の」

このあきは… 俳句

参考 現代語では一語の連体詞とするが、古語では、「こ」の下に他の助詞も付くことから、連語に扱う。

> 秋
> この秋は　何で年よる　雲に鳥
> 〈笈日記・芭蕉〉

訳（旅先で何度も秋を迎えたが）この秋ばかりはどうしてこんなにも衰えが意識されるのであろうか。見上げる晩秋の空の雲に、遠く消え入るように鳥の影が漂っている。（秋 秋）

解説 前書きに「旅懐」とある。この半月後に芭蕉は病没した。「雲」「鳥」は漂泊の象徴でもある。

こ-の-あひだ【此の間】（名）❶さきごろ。先日。〔東海道中膝栗毛〕「―の晩夜更けて、路次の戸をわれるやうにたたいたとって（＝といって）」❷このごろ。近ごろ。〔狂・萩大名〕「―はつっと無掃除なによって、お目にかくることは成るまい」訳このごろはずっと掃除をしていないので、お目にかけることはできまい。

こ-の-かた【此の方】（名）❶こちらのほう。こちら側。〔万葉〕一三・三二九九「見わたしに妹らは立たし―にわれは立ちて」訳こちらから見渡せる所にあの人はお立ちで、こちら側に私は立って。↔彼方 ❷それ以後。それ以来。〔古今〕仮名序「かの御時より―、年は百年あまり、代は十継になむなりにける」訳あの帝（＝平城天皇）の御代からそれ以来、年は百年あまり、歴代は十代になってしまった。

こ-の-かみ【兄】（名）〔「子の上」の意〕❶長男。総領。また、兄弟姉妹のうちの兄または姉。〔伊勢〕八七「この男の―（＝兄）も衛府の督（＝長官）なりけり」❷年長。年上の人。〔源氏〕柏木「かの君は、五六年のほどの―なりしかど」訳あの君（＝亡くなった柏木）は、（夕霧より）五、六歳程度の年長者であったが。❸人の上に立つ者。ある集団内の実力者。〔源氏〕若菜下「その―と思へる上手どもいくばくえまねび取らぬにやあらむ」訳その（道の）実力者と思っている名人たちも、（実際には、音楽の道を）いくらも会得することができないのであろうか。文法「えまねび取らぬ」の「え」は副詞で、打消の語（ここでは「ぬ」）を伴って不可能の意を表す。

このかみ-ごころ【兄心】（名）年長者らしい心遣い。兄や姉のような思いやりのある気持ち。〔源氏〕東屋「―に思ひ扱はれ給ふ」訳（姉の中の君は）年長者らしい心遣いで（浮舟を）自然と大事に思って世話なさる。文法「思ひ扱はれ給ふ」の「れ」は、自発の助動詞。

このきどや… 俳句

> この木戸や　鎖のさされて　冬の月
> 〈猿蓑・其角〉

訳（黒々とそびえる城門の）この木戸の重厚さよ。重々しく錠がかけられ、空には氷のような冬の月がかかっている。（冬の月 冬。切れ字は「や」）

解説「猿蓑」編集の際に「此木戸」の上二字を一文字として「柴戸」と誤読してしまい、芭蕉の厳命によって版木を改めたといういきさつが「去来抄」〈先師評〉に見える。「柴戸」は草庵の意で、この句の凄味とは異質な句となる。其角は、蕉門十哲の一人。⇩出板「名文解説」

こ-の-きみ【此の君】（名）竹の異称。此君。参考 中国、晋代の王徽之が竹を愛し、「何ぞ一日も此の君無かるべけんや」と言った故事による。

こ-の-くれ【木の暗れ・木の暮れ】（名）木が茂って暗いこと。また、その暗い所。木の暗れ茂。木の暗れ闇。夏。〔万葉〕八・一四八七「ほととぎす思はずありき―のかくなるまでになにか来鳴かぬ」訳ほととぎすよ、（私は）思いもしなかった。木の茂った暗がりがこんなに（深く）なるまでに、どうして来て鳴かないのか。

こ-の-ごろ【此の頃】（名）〔上代は「このころ」〕❶近ごろ。〔徒然〕一四「―の歌は、一ふしをかしく言ひかなへたりと見ゆるはあれど」訳近ごろの歌は、一箇所は趣深く上手に表現していると思われるものはあるが。❷まもなく。近日。〔源氏〕野分「今―のほどに参らせむ」訳やがてまもなくの間に（雲居の雁を）伺わせよう。❸今ごろ。今時分。〔新古〕雑下「ながらへばまた―やしのばれん憂しと見し世ぞ今は恋しき」訳→ながらへば… 和歌

このごろ-やう【此の頃様】（名）当世風。現代風。〔徒然〕二〇八「これは―の事なり」訳これ（＝経文のひもの巻き方）は現代風のやり方である。

こ-の-した-つゆ【木の下露】（名）木の枝葉から落ちる露。木の下におく露。〔古今〕東歌「みさぶらひ御笠と申せ宮城野の―は雨にまされり」訳お供の人よ、（ご主人に）御笠を（お召しください）と申し上げよ。宮城野の木の枝葉からしたたり落ちる露は雨よりまさっている（のだから）。

こ-の-した-やみ【木の下闇】（名）枝葉が茂って木の下が暗いこと。また、その場所。夏。〔細道〕尿前の関「―茂りあひて夜行くがごとし」訳木の下の暗がりは（枝葉が）茂りあって、まるで夜道を行くようである。

このたびは… 和歌《百人一首》

> 〔度〕〔旅〕　　　　　　　　〔手向け〕
> このたびは　幣も取りあへず　手向山
> もみぢの錦　神のまにまに
> 〈古今・九・羇旅・四二〇・菅原道真〉

訳今回の旅は（急なことなので）、幣（＝神への供え物）を用意するひまもありませんでした。この手向山の（美しい）紅葉の錦を奉納いたしますので、神の御心のままに（お受け取りください）。修辞「たび」に「度」と「旅」を、地名「手向山」に動詞「手向け」をかける。文法「まにまに」は副詞で、「…のままに」の意。

解説 宇多上皇が奈良に御幸した際に随行して詠んだ歌。「手向山」は、京から奈良へ行く途中にある奈良山の峠とも、道祖神をまつる山のこととも言う。神に幣を捧げるのは、道中の安全を祈るため。第二句を、持参した幣など、紅葉の美しさに比べると、みすぼらしくて奉納できないという意に解する説もある。また、副詞「取り敢

へず」をかけるとする説もある。

このて-がしは【児の手柏】(名)木の名。現在の児の手柏とは異なるというが、諸説があって未詳。

このは-ぐも-る【木の葉曇る】(自ラ四){ら・り・る・る・れ・れ}「このはくもる」とも。月や日の光などが木の葉にさえぎられる。新古 冬「吹き払ふ嵐ののちの高嶺より―ら(未)で月や出づらん」訳(木の葉を)吹き払う激しい風の(吹いた)あとの高峰から、木の葉にさえぎられずに(さえざえと)月が出るのだろうか。

こ-の-ほど【此の程】(名)このごろ。近ごろ。源氏 帚木「―は大殿にのみおはします」訳(光源氏は)近ごろは左大臣邸にばかりいらっしゃる。

こ-の-ま【木の間】(名)木々のあいだ。古今 秋上「―よりもりくる月の影見れば心づくしの秋は来にけり」訳→このまより…和歌

このま-し【好まし】(形シク){しから・しく(しかり)・し・しき(しかる)・しけれ・しかれ}〔動詞「好む」に対応する形容詞〕「このもし」とも。❶好きだ。心がひかれる。源氏 帚木「うちつけのすきずきしさなどは―しから(未)ぬ御本性にて」訳(光源氏は)軽々しい色事などは好きでない御性質で。

❷好感がもてる。感じがいい。すてきだ。枕 三三「藤・山吹など、色々―しう(用)(ウ音便)て、あまた小半蔀の御簾よりもおしいでたるほど」訳(女房たちの)藤襲や山吹襲など(の唐衣の)、それぞれの色あいが好感がもてて、たくさん小半蔀の御簾(の下)からも(袖口など)を押し出してある時に。

❸好色らしい。浮気っぽい。堤 ほどほどの懸想「君の御方に若くて候ふ男、―しき(体)にやあらむ」訳主君(=頭の中将)のお屋敷に若くしてお仕えしている男は、浮気っぽいのであろうか。

このまより… 和歌

> 木の間より　もりくる月の　影見れば
> 心づくしの　秋は来にけり
> 〈古今・四・秋上・一八四・よみ人しらず〉

訳 木の間からもれてくる月の光を見ると、あれこれと物思いをして心をくだく秋は来たのだなあ。

文法 光や音については、四段活用「もる」を用いるのが古例。

解説 月の光を見ることによって、「秋は来ぬ」ということに気づいた。「心づくし」は「心を尽くす」ことで、心も消えはててしまうほどに物思いをすること。

このみ【好み】(名)❶好きなこと。好み。趣味。平家 三・六代被斬「上の―に、下は随ふ間」訳上に立つ者の好みに、下の者は追随するから。

❷希望。注文。源氏 帚木「人の有り様をあまた見あはせむの―ならねど」訳女性のようすを数多く見比べようという希望(から)でないけれど。

このみ-ごころ【好み心】(名)好色な心。浮気心。源氏 紅葉賀「つきせぬ―も見まほしうなりにければ」訳(源典侍の)つきない浮気心も(頭の中将は)見たくなってしまったので。

このみちや… 俳句

> この道や　行く人なしに　秋の暮れ　秋
> 〈笈日記・芭蕉〉

訳(夕闇の中へ続く)この一筋の道よ。ともにたどる人もいないままに、暮れやすい秋の夕闇が迫り、寂しさが私を包むことだ。(秋の暮れ(秋)。切れ字は「や」)

解説 前書きに「所思(=思う所)」とある。「この道」には芭蕉の生涯をかけた俳諧の道の意がこめられ、「行く人」には、その境地を真に理解する門人がだれもいないことを暗示するというのが通説となっている。

このみ-な-す【好みなす】(他サ四){さ・し・す・す・せ・せ}注文をつける。特に趣向を凝らす。徒然 八一「用なきことどもし添へ、わづらはしく―せ(已)るを言ふなり」訳(道具類に)余計なことをあれこれとつけ加え、うるさく特に趣向を凝らしているのを(ここでは)言うのである。

この-む【好む】(他マ四){ま・み・む・む・め・め}❶好く。愛好する。徒然 一一一「囲碁・双六―み(用)て明かし暮らす(=毎日を過ごす)人は」

❷注文をつける。えり好みする。選ぶ。浮・日本永代蔵「娘持ちたる親は、おのれが分限より過分に、先の家を―み(用)」訳(年ごろの)娘を持っている親は、自分の資産より以上に、嫁入り先の家をえり好みし。

こ-の-も【此の面】(名)こちら側。こちら。万葉 一四・三三九三「筑波嶺の彼面―に守部据ゑ」訳筑波山のあちらこちらに山の番人を置いて。↔彼の面

このも-かのも【此の面彼の面】(名)❶こちら側とあちら側。古今 東歌「筑波嶺の―に影はあれど君がみ影にます影はなし」訳筑波山のこちら側とあちら側に木陰は(いくらも)あるが、君のおかげ(=君の御庇護)にまさるかげはない。

❷あちらこちら。そこここ。増鏡 久米のさら山「君も御簾少しかきやりて、―御覧じわたしつつ」訳帝(=後醍醐天皇)も御簾を少し払いのけて、あちらこちら遠くまでご覧になっては。

このも-し【好もし】(形シク){しから・しく(しかり)・し・しき(しかる)・しけれ・しかれ}「このまし」に同じ。浮・日本永代蔵「餅はつきたての―しく(用)(=好ましいようすで)、春めきて見えける」

このもし-が-る【好もしがる】(他ラ四){ら・り・る・る・れ・れ}〔「がる」は接尾語〕好ましく思って、それをようす・態度で表す。竹取 火鼠の皮衣「むべ、かぐや姫―り(用)給ふにこそありけれ」訳なるほど、(これぞ)かぐや姫が好ましく思いなさるのももっともな品物であったよ。

こ-の-もと【木の下】(名)木の下。転じて、頼りになる所や人。万葉 一一・二四五七「大野らに小雨降りしく―によりより寄り来あが思ふ人」訳広大な野原に小雨が降りしきっている。(私が雨宿りしている)この木の下に、折々寄ってきなさい。わが愛する人よ。

こ-の-よ【此の世】(名)❶現世。人の生きている世。徒然 一「いでや、―に生まれては、願はしかるべきことこそ多かめれ」訳さてまあ、現世に生まれたからには、(こうありたいと)願うはずのことがたくさんあるようだ。

❷今の世の中。当代。古今 仮名序「貫之らが―に同じく生まれて、この事の時にあへるをなむよろこびぬる」訳紀貫之ら(撰者一同)が当代に同じく生まれて、この(=「古今集」の勅撰)の時代にめぐり会ったのを喜んだ。

❸世間。世の中。枕 四〇「あすはひの木、―に近くも見え聞こえず」訳 あすなろの木は、世間では身近にも見聞きしない。

このよにし… 和歌

> この世にし　楽しくあらば　来む世には
> 虫に鳥にも　われはなりなむ
> 〈万葉・三・三四八・大伴旅人〉

訳 この世で楽しくある(=酒が飲める)ならば、来世では虫にでも鳥にでも私はなってしまおう。文法「なむ」の「な」は完了の助動詞「ぬ」の未然形で、ここは確述の用法、「む」は意志の助動詞で、「きっと…しよう」の意。解説「酒を讃むる歌」十三首の中の一首。「来世には虫や鳥にもなろう」というのは、仏教の輪廻転生の思想を踏まえている。飲酒は仏教五戒の一つ。破れば畜生道に落ちるとされる。

このよ-の-ほか【此の世の外】死後の世。あの世。来世。〔後拾遺〕恋三「あらざらむ―の思ひ出でに今一度の逢ふこともがな」訳 →あらざらむ…和歌。⇩後世「慣用表現」

このゑ【近衛】(名)〔「近衛」の転〕❶「近衛府」の略。❷近衛府の役人。「近衛」とも。

このゑ-づかさ【近衛司】(名)❶「このゑふ」に同じ。❷近衛府の役人。

このゑ-ふ【近衛府】(名)六衛府の一つ。皇居の守護、天皇のお供・警備を役目とした役所。左近衛府と右近衛府に分かれ、大将・中将・少将・将監・将曹の官があった。「このゑ」「このゑづかさ」とも。→六衛府

こは-【強】(接頭)強い、固い、きびしい、などの意をそえる。「―飯」「―戯れ」「―張る」「―者」

こ-は【此は】(感動・驚嘆の気持ちを表す場合に用いて)これはまあ。竹取 かぐや姫の昇天「―、なでふことのたまふぞ」訳 これはまあ、なんということをおっしゃるのか。

こ-は-いかに【此は如何に】これはどうしたことだ。著聞 一八三「『―』とばかり言ひて、返しにも及ばず」訳 (定頼の中納言は)「これはどうしたことだ」とだけ言って、返歌(を詠むこと)もできない。なりたち 代名詞「此」＋係助詞「は」＋副詞「如何に」

なりたち 代名詞「此」＋係助詞「は」

こは-いひ【強飯】(名)米を、甑(=今のせいろ)でむして作った飯。こわめし。源氏 薄雲「はかなき果物、―ばかりは聞こしめす時もあり」訳 (光源氏は)ちょっとした菓子やこわめしぐらいは召し上がるときもある。

発展「飯」の種類

古くは「強飯」を常食とした。釜で軟らかく炊いた今のようなご飯は「姫飯(固粥)」といい、今の粥にあたるものは「汁粥」と呼んだ。旅行用の携行食品「乾飯」は、「強飯」を干して作ったものである。

ご-ばう【御坊・御房】(名)❶寺院や僧の住む所に対する敬称。平家 二・座主流「僧正泣く泣く―を出でて」訳 (明雲)僧正は泣きながらお寺を出て。❷僧の敬称。お坊さま。徒然 八七「―は口惜しきことし給ひつるものかな」訳 お坊さまは残念なことをしなさったことよ。

こ-はぎ【小脛】(名・形動ナリ)すね。また、袴を少しまくり上げて、すねを見せているさま。枕 一四四「―・に用て半靴はきたるなど、木の下に立ちて」訳 すねを出して浅いくつをはいた子などが、木の下に立って。

こ-はぎ【小萩】(名)小さな萩(=植物の名)。また、萩の美称。秋。古今 恋四「宮城野のもとあらの―露を重み風を待つごと君をこそ待て」訳 宮城野の、下葉のまばらな萩が、露が重いので、(それを吹き払う)風を待っているように、(私もあなたのおいでを(ひたすら)待っている。

こ-ばこ【籠箱】(名)底が板で、他の面を絽や紗で張った箱。古くから虫かごなどに用いた。堤 虫めづる姫君「これが成らむさまを見むとて、さまざまなる―どもに入れさせ給ふ」訳 (姫君は)これ(=虫)が成長するようすを見ようとして、いろいろな虫かごどもに入れさせなさる。

こはごは-し【強強し】(形シク)〔しから・しく(しかり)・し・しき(しかる)・しけれ・しかれ〕❶こわばっている。ごわごわしている。源氏 手習「―・しう用(ウ音便)いららぎたる物ども着給へるしも、いとをかしき姿なり」訳 (浮舟は)ごわごわして角ばった(=肌ざわりのよくない)ものをあれこれ着ていらっしゃるのも、たいそうかわいらしいようすである。❷ごつごつしている。無骨である。大鏡 伊尹「桜の花は優なるに、枝ざしの―・しく用、幹の様などもにくし」訳 桜の花は優美だが、枝ぶりがごつごつしていて、幹のかっこうなども見苦しい。

こは-し【強し】(形ク)〔から・く(かり)・し・き(かる)・けれ・かれ〕❶強い。強情だ。がんこで執念深い。徒然 二一一「勢ひありとて頼むべからず。―・き体ものまづ滅ぶ」訳 権勢があるといって頼みにすることはできない。(権勢の)強い者がまっ先に滅びる。枕 一五七「くるしげなるもの　…―・き体物の怪にあづかりたる験者」訳 苦しそうに見えるもの、…がんこな物の怪(の調伏)にかかわった修験者。❷かたくごわごわしている。無骨でごつごつしている。堤 虫めづる姫君「いと―・く用、すくよかなる紙に書き給ふ」訳 (姫君は)とてもごわごわとして、かざり気のない紙に(返事を)お書きになる。❸堅固でしっかりしている。大鏡 道長上「さるべき人は、疾うより御心魂のたけく、御守りも―・き体なめりとおぼえ侍るは」訳 そうなる(=のちに偉くなる)はずの人は、早くからご胆力が強く、神仏の御加護もしっかりしているものであるようだと思われますよ。文法「なめり」は、「なるめり」の撥音便「なんめり」の「ん」の表記されない形。⇩疾し「名文解説」❹急で険しい。大鏡 道長下「幼きほどにて、坂の―・き体を登り侍りしかば」訳 幼い年齢であるのに、坂で険しいのを登りましたので。文法「坂の」の「の」は、いわゆる同格の格助詞で、「…で」の意。

こ-はじ【木端】(名)「こはし」とも。すだれを巻き上げるしんにする細長い薄板。一説に、巻き上げたすだれを掛けるための金具とも。枕 二八「帽額の簾は、まして、

ーのうちおかるる音いとしるし」訳帽額のすだれは、とりわけ、(忍んで来る者がぶつかって)こはじが下に置かれる音がとても耳に立つ。

こ-はじとみ【小半蔀】(名)小型の半蔀。清涼殿の北廊にある。枕 二三「あまたーの御簾よりも押し出でたるほど」訳(女房たちが着ている唐衣の袖口を)たくさん小半蔀の御簾(の下)からも押し出してあるときに。→半蔀

こはちえふ-の-くるま コハチヨウー【小八葉の車】「こばちえふのくるま」とも。網代車の一種。屋形に八弁の蓮の花(=八葉)をかたどった紋の小さいものを散らした牛車。もと、四位・五位の者が用いたが、平安時代以降は、身分や男女に関係なく用いられた。平家 一〇・内裏女房「ーに先後の簾をあげ」訳小八葉の紋の車で前とうしろのすだれをあげて。→八葉の車

こ-は-な-ぞ【此は何ぞ】これはどうしたことか。源氏 夕顔「ー、あなものぐるほしのものおぢや」訳これはどうしたことか、なんともまあ気が変になりそうな(ほどの)怖がりようだね。

なりたち 代名詞「此」+係助詞「は」+代名詞「何」+係助詞「ぞ」=「こはなにぞ」の転

小林一茶(こばやし いっさ)『人名』(一七六三〜一八二七)江戸後期の俳人。信州(長野県)柏原の人。継母との不和のため十五歳で江戸に出て、葛飾派の俳諧を学ぶ。以後各地を放浪し、五十一歳で故郷に定住。俗語・方言を用いて感情を自由に表現し、独自の句境を開いた。句文集「おらが春」「我春集」「七番日記」「父の終焉日記」など。(一茶忌図)

こは-らか コワ【強らか】(形動ナリ){なら・なり(に)・なり・なる・なれ・なれ}〔「らか」は接尾語〕❶(紙・布などが)かたくごわごわしている。今昔 三・七「練り色の衣のー・なる(体)を着て」訳(娘の母は)黄をおびた白色の着物でごわごわしたのを着て。❷無骨だ。荒々しい。平家 一・殿下乗合「片田舎の侍どもの、ー・に(用)て入道殿の仰せより外は、またおそろしき事なしと思ふ者ども」訳片田舎の侍たちで、無骨であって、入道殿(=平清盛)のおことば以外は、ほかにおそろしいことはないと思う者たちを。

こ-はる【小春】(名)初冬の、春のように暖かい日和。图。徒然 一五五「〔陰暦〕十月はーの天気、草も青くなり、梅もつぼみぬ(=つぼみをつけてしまう)」

こ-ばん【小判】(名)室町時代末期から江戸時代末期まで流通した、薄い楕円形の金貨。一枚が一両に相当する。↔大判

(こばん)

こひ コイ【恋】(名)目の前にない人や事物を慕わしく思うこと。また、恋愛。〔後拾遺〕恋四「恨みわびほさぬ袖だにあるものをーにくちなむ名こそ惜しけれ」訳→うらみわび…和歌

こひ-か-ぬ コイ【恋ひかぬ】(他ナ下二){ね・ね・ぬ・ぬる・ぬれ・ねよ}恋しさに耐えられない。更級 東山なる所「秋の夜のつまー・ぬる(体)鹿のねは遠山にこそ聞くべかりけれ」訳秋の夜の、妻恋しさに耐えられない(と鳴く)鹿の声は、遠い山に(鳴くものとして)聞くのがふさわしいことよ。

恋川春町(こいかわ はるまち) コイカワハルマチ『人名』(一七四四〜一七八九)江戸後期の黄表紙作者・狂歌師・浮世絵師。駿河(静岡県)の小島藩士。自作の絵の入った「金々先生栄花夢」を書き、黄表紙の創始者となった。

こ-びさし【小廂・小庇】(名)小さな廂。小さな廂の間。枕 二九三「いとをかしきーに、式部のおもとともろともに夜も昼もあれば」訳たいそう趣のある小さな廂の間に、式部さんといっしょに夜も昼もいるので。

こひ-し コイシ【恋し】(形シク){しから・しく(しかり)・し・しき(しかる)・しけれ・しかれ}〔古くは「こほし」とも〕目の前にない人や事物が慕わしい。なつかしい。恋しい。竹取 かぐや姫の昇天「ー・しから(未)む折々、取り出でて見給へ」訳(私=かぐや姫を)恋しく思うような時々に、(この手紙を)取り出してご覧なさい。徒然 一九「梅の匂ひにぞ、いにしへのことも立ちかへりー・しう(用)(ウ音便)思ひ出でらるる」訳梅の香りによって、過去のことも(その当時に)たちかえってなつかしく思い出される。文法「らるる」は、自発の助動詞「らる」の連体形で、係助詞「ぞ」の結び。

こひ-し-ぬ コイ【恋ひ死ぬ】(自ナ変){な・に・ぬ・ぬる・ぬれ・ね}恋いこがれて死ぬ。伊勢 八九「人知れずわれー・な(未)ばあぢきなくいづれの神になき名おほせむ」訳人に知られることなく私が(あなたに)恋いこがれて死ぬなら、不本意にも(神の祟りだと人々がうわさして)どの神に無実の罪を負わせるのだろう。

こひすてふ… 和歌〈百人一首〉

恋すてふ　わが名はまだき　立ちにけり
人知れずこそ　思ひそめしか
〈拾遺・一一・恋一・六二一・壬生忠見〉

訳恋をしているという私のうわさが、もう立ってしまったことだ。人に知られないように、(ひそかに)慕いはじめたのに。文法「てふ」は「といふ」の転。「しか」は、過去の助動詞「き」の已然形で、係助詞「こそ」の結び。ここでは「…なのに」という強調逆接の意で、上の句につづく倒置法。

解説「天徳四年内裏歌合」の歌。この時、同じ「小倉百人一首」にもある平兼盛の歌「忍ぶれど色に出でにけりわが恋は物や思ふと人の問ふまで」(訳→しのぶれど…和歌〈拾遺・恋一〉)と合わせられたが、判者にも優劣がつけがたく、天皇の判定を仰いだところ、兼盛の歌を口ずさんだので負けとなった。このため作者は、落胆のあまり死んだという伝説が生まれた。第五句を「思ひそめしが」とする説もあるが、接続助詞「が」の登場は、もっと時代が下る。

こ-ひぢ ヒジ【小泥】(名)〔「こ」は接頭語〕どろ。土。更級 竹芝寺「浜も砂子白くなどもなく、ーのやうにて」訳浜辺も砂が白いことなどもなく、どろのようで。

参考 和歌では「恋路」にかけることが多い。

こひ-ぢ コイジ【恋路】(名)恋の道。恋。源氏 葵「袖ぬるるーとかつは知りながらおりたつ田子のみづからぞ憂き」訳(物思いの涙で)袖のぬれる恋の道と一方では知りながら、もう一方ではどろ田の水中に下り立つ農夫のように、その恋の道に足を踏み入れる自分(=六条御息所)が、われながらつらい。(「恋路」に「小泥」を、「みづから」の「みづ」に「水」をかける。「ぬるる」「こひぢ」「田子」「みづ」は縁語)

こひ-な-く コイ 【恋ひ泣く】(自カ四)〔か・き・く・く・け・け〕恋いこがれて泣く。恋い慕って泣く。〔落窪〕「北の方、しばしば見苦しきまでー・き㊊けれど」訳 (母)北の方は、たびたび見苦しいほど(四の君を)恋い慕って泣いたけれど。

こひねがはく-は コイネガワクー【冀はくは・庶幾はくは】こい願うことには。なにとぞ。平家 七・木曽山門牒状「ー…源氏に同心して」訳 なにとぞ…源氏に味方して。

なりたち 四段動詞「こひねがふ」のク語法「こひねがはく」＋係助詞「は」

こひ-ねが-ふ コイネガ(ゴ)ウ【冀ふ・庶幾ふ・請ひ願ふ】(他ハ四)〔は・ひ・ふ・ふ・へ・へ〕ひたすら願い求める。切に願い望む。源氏 幻「行く末長きことをー・ふ㊍も、仏の聞き給はむことかたはらいたし」訳 (光源氏の命が)将来長いことを(導師が仏に)ひたすら願うのも、(それを)仏が(この世に執着していると)お聞きになるならそのことがきまり悪い。文法 「給はむ」の「む」は、仮定・婉曲の助動詞。

こひ-の-む コイ 【乞ひ祈む・請ひ祈む】(他マ四)〔ま・み・む・む・め・め〕神仏に願い祈る。祈願する。万葉 二〇・四四九九「天地の神をー・み㊊長くとそ思ふ」訳 天地の神々に祈願して長く(生きよう)と思う。

こひ-の-やつこ コイ 【恋の奴】❶恋にとらわれ分別のつかない人。恋の奴隷。恋のとりこ。万葉 一二・二九〇七「大夫の聡き心も今は無しーにあれは死ぬべし」訳 りっぱな男としての分別心も今はない。恋の奴隷として私は死ぬに違いない。
❷恋慕の思いのおさえきれないのを憎んでいう語。恋というやつ。万葉 一六・三八一六「家にありし櫃に鎖刺し蔵めてしーがつかみかかりて」訳 家にあった箱にかぎをかけてしまっておいた恋というやつが、(抜け出して私に)つかみかかって(苦しめていることだ)。

こ-ひめ【小姫】(名)少女を親しみをこめて言う語。細道 那須「ひとりはーにて名をかさねといふ」訳 一人は女の子で名前をかさねという。
参考 芭蕉の自筆本では「小娘」と表記する。「小姫」は清書本を作成した素龍が書いたもの。

こ-ひゃう ヒョウ【小兵】(名)❶からだが小さいこと。平家 一一・那須与一「与一宗高こそ、ーで候へども、手利きで候へ」訳 与一宗高は、小柄でありますが、(弓の)達人でございます。↔精兵
❷弓を引く力が弱い射手。

こひ-や-む コイ 【恋ひ止む】(自マ四)〔ま・み・む・む・め・め〕恋い慕う気持ちが消える。万葉 一三・三二〇六「いかにしてー・む㊍ものそ」訳 どのようにして恋がさめるもの(だろう)か。

こひ-らし コイ 【恋ひらし】〔「恋ふらし」の上代東国方言〕恋い慕っているらしい。万葉 二〇・四三二二「わが妻はいたくー飲む水に影さへ見えてよに忘られず」訳 ↓わがつまは…和歌

こひわすれ-がひ コイワスレガイ【恋忘れ貝】(名)拾うと恋の思いや苦しさを忘れるという貝。二枚貝の片方にいう。忘れ貝。万葉 六・九六四「わが背子に恋ふれば苦しいとまあらば拾ひて行かむー」訳 あの人に恋しているので苦しい。もしひまな時があったら拾って行こう。恋を忘れるという忘れ貝を。

こひわすれ-ぐさ コイワスレー【恋忘れ草】(名)摘むと恋の苦しさを忘れるという草。古今 墨滅歌「道知らば摘みにも往かむ住吉の岸に生ふてふー」訳 道がわかっているなら摘みにも行こう。住吉の岸に生えているという恋の苦しさを忘れさせるという草を。
参考 歌語で、実在する草の名ではない。

こひ-わた-る コイ 【恋ひ渡る】(自ラ四)〔ら・り・る・る・れ・れ〕恋い慕いつづける。〔千載〕恋三「難波江の葦のかりねの一よゆゑみをつくしてやー・る㊎べき」訳 ↓なにはえの…和歌

こひわびて… 和歌

> 恋ひわびて　泣く音にまがふ　浦波は
> 思ふかたより　風や吹くらむ
> 〈源氏・須磨〉

訳 恋しさに耐えかねて泣く、その泣き声かと聞こえる(須磨の)浦波(の音)は、(私=光源氏が)恋しく思う方角(=都)から風が吹いてくるからそんなふうに聞こえるのであろうか。

解説 須磨に退居している光源氏が、波の音を聞きながら都を恋しく思って詠んだ歌。「恋ひわびて泣く」の主語は、都に残してきた人たち。光源氏を思って泣く人々の声を都から吹く風が運んでくるのだろうか、という意。

こひ-わ-ぶ コイ 【恋ひ侘ぶ】(自バ上二)〔び・び・ぶ・ぶる・ぶれ・びよ〕恋い悩む。恋いわずらう。古今 恋二「ー・び㊊てうち寝るなかに行きかよふ夢の直路はうつつならなむ」訳 恋い悩んで、まどろんだ中で(あの人のもとへ)行き来した、あの夢の中のまっすぐな道は、現実であってほしい。

こふ コウ【劫】(名)❶《仏教語》非常に長い時間。〔梁塵秘抄〕「宝光なぎさに寄る亀は、ーを経てこそ遊ぶなれ」訳 極楽浄土の七宝の池の光り輝く渚に寄る亀は、長い年月を経て遊ぶという。↔刹那
❷囲碁で、一目を双方で交互に取りうる形になること。劫争い。源氏 空蝉「そこは持にこそあらめ、このわたりのーをこそ」訳 そこは勝ち負けなしであろう、この辺の劫争いのところを(先に打ちなさい)。

こ-ふ コウ【乞ふ・請ふ】(他ハ四)〔は・ひ・ふ・ふ・へ・へ〕❶求める。ねだる。望む。平家 三・六代「『平家の子孫といはん人、尋ね出だしたらん輩においては、所望ー・ふ㊍によるべし』と披露せらる」訳 「平家の子孫というような者を、捜し出したとしたら、その者については、望みの物を求めるのに応じ(て与え)よう」とお触れを出しなさる。
❷神仏に祈願する。万葉 一五・三六八二「天地の神をー・ひ㊊つつ吾待たむ早来ませ君待たば苦しも」訳 天地の神々に祈願しながら私は待っていよう。早くお帰りなさい、あなた。待っていたらつらいことよ。

こ-ふ コウ【恋ふ】(他ハ上二)〔ひ・ひ・ふ・ふる・ふれ・ひよ〕❶目の前にない人や事物を思い慕う。なつかしく思う。徒然 一三七「雨にむかひて月をー・ひ㊊」訳 雨(の空)に向かって(見えない)月を思い慕い。
❷(異性を)恋しく思う。恋慕する。万葉 一二・二九四四「人言を繁みと妹に逢はずして心のうちにー・ふる㊍このころ」訳 人のうわさがうるさいからと、あの娘に会わないで、心の中で恋しく思っているこのごろだ。文法 「…を…み」の形で「…が…ので」の意。「人言を繁み」の「み」は原因・理由を表す接尾語。

こ-ぶ【媚ぶ】(自バ上二)〔び・び・ぶ・ぶる・ぶれ・びよ〕❶人の機嫌をとる。

へつらう。こびる。徒然 一三四「人に恐れ、人に—・ぶる(体)は、人の与ふる恥にあらず、貪る心にひかれて、みづから身をはづかしむるなり」訳 人に恐れを抱き、人にへつらうのは、他人が与える恥ではなく、(自分の)欲張る心にひかれて、自分で自分の身に恥をかかせるのである。❷なまめく。なまめかしい態度をとる。平家 一〇・熊野参詣「露に—・び(用)たる花の御姿」訳 露になまめいている花のような(維盛卿の)お姿。

ごふ【業】(名)《仏教語》❶身・口・心によって起こす善悪の行為。(来世に現れる善悪の報いの原因となる)現世でのいっさいの行為。今昔 一四・八「冥途にはおのおの—によりて罪を受くれば」訳 あの世ではそれぞれ善悪の行為に応じて罪を受けるので。❷前世での行為の善悪が原因となって、現世で受ける報い。応報。宿命。源氏 手習「それにとまらずは、—尽きにけりと思はむ」訳 それで(=加持祈禱をして)命が助からないならば、前世の応報として持って生まれた寿命が尽きてしまったのだなと思おう。文法「ずは」は、打消の順接の仮定条件を表す。

ご-ふ【後夫】(名)のちぞいの夫。〔浮・西鶴諸国ばなし〕「〔夫の〕ほかに男を思ひ、または死に別れて—(=再婚相手)を求むるこそ、不義とは申すべし」

ごふ-いん【業因】(名)《仏教語》未来にそれぞれ善悪の報いとなって現れる、人のいっさいの行為。前世の悪業の場合にいうことが多い。細道 市振「定めなき契り、日々の—、いかにつたなしと」訳 夜ごとに変わる(客との)契りを結び)、毎日を送っている(自分たち遊女の)前世の業は、どんなに罪深いかと。

こ-ぶか・し【木深し】(形ク){から・く(かり)・し・き(かる)・けれ・かれ}木が茂って奥深い。源氏 帚木「すくよかならぬ山の気色、—・く(用)世離れてたたみなし」訳 険しくない山のようすを、木々が茂って奥深く世間から離れて幾重にも重なるようにして(描き)。

ごふ-く【業苦】(名)《仏教語》前世で行った悪業によって、現世で苦しみを受けること。また、その苦しみ。

ごふ-くゎ【業火】(名)《仏教語》地獄で罪人を焼き苦しめる猛火。転じて、悪業のはたらきを火にたとえていう語。〔太平記〕一五「—盛んに燃えて、修羅の闘諍四方に聞こゆ」訳 地獄の火が勢いよく燃えて、阿修羅の戦い争う声が四方に聞こえる。

ごふ-くゎ【業果】(名)《仏教語》前世で行った悪業によって受ける報い。〔太平記〕三五「ありさま、—法然の理とは言ひながら、あまりに心憂くぞおぼえける」訳 (その)ようすは、前世の悪業の報いで自然の道理とはいうものの、あまりにつらく感じられた。

こ-ぶさ【小房・小総】(名)(馬具の鞦などに付ける)小さなふさ。平家 一一・那須与一「黒き馬の太うたくましいに、—の〔付いた〕鞦〔を〕かけ」

こふ・し【恋し】(形シク){しから・しく(しかり)・し・しき(しかる)・しけれ・しかれ}《上代東国方言》「こひし」に同じ。万葉 一四・三四七六「うべ児なは吾に恋ふなも立と月のぬがなへ行けば—・しかる(体)なも」訳 もっともだ、妻は私を恋い慕っているだろう。新しい月になって日がたってゆくので、恋しく思っていることだろう。

ごふ-ふう【業風】(名)《仏教語》地獄で吹くという暴風。業の風。平家 三・颰「かの地獄の—なりとも、これには過ぎじとぞ見えし」訳 あの地獄の暴風であっても、これ(=つむじ風)以上ではあるまいと思われた。

こふらく【恋ふらく】恋い慕うこと。万葉 七・一三九四「潮満てば入りぬる磯の草なれや見らく少なく—の多き」訳 (私は)潮が満ちるといつも海の中に入ってしまう磯の藻だからなのだろうか、(あなたと)会うことは少なく、恋い慕うことの多いことよ。

なりたち 上二段動詞「恋ふ」のク語法

こ-へい【古弊】(名)古くて傷んでいること。徒然 九九「累代の公物、—をもちて規模とす」訳 代を重ねた朝廷の器物は、古くて傷んでいることをもって模範とする。

ご-へい【御幣】(名)「幣束」の敬称。裂いた麻や細長く切った紙を、細長い木にはさんで垂らしたもの。神前に供えたり、おはらいに用いたりする。〔太平記〕一三「和気真綱を勅使として、—種々の物供をもって竜王を祭らせらる」訳 和気真綱を勅使として(命じ)、御幣や種々の供え物をささげて、竜王を祭らせなさる。

ごべうとしへて… 俳句

> 御廟年経て　忍ぶは何を　しのぶ草 秋
> 〈野ざらし紀行・芭蕉〉

訳 年月を経て荒れはてた(後醍醐帝の)御廟には忍ぶ草が生え茂っているが、この忍ぶ草はいったい何を思い偲ぶよすがとしているのだろうか。(しのぶ草 秋)

解説「しのぶ草」に「偲ぶ種(昔を偲ぶよすが)」をかけた表現。

ご-へん【御辺】(代)対称の人代名詞。あなた。貴殿。平家 三・法印問答「—の心にも推察し給へ」訳 そなたの心でも(そのようすを)ご推察ください。

こ-ほう【戸部】(名)〔「ほう」は漢音〕「こぶ」とも。民部省の唐名。また、その役人。

ごぼう【御坊・御房】⇨ごばう

ごほ-ごほ(副)物が鳴りひびく音を表す語。ごろごろ、ごとごと、がさがさなど。源氏 夕顔「—と鳴る神よりもおどろおどろしく、踏みとどろかす唐臼の音も枕上とおぼゆる」訳 ごろごろと雷よりも大げさに踏み鳴らす唐臼の音も、(あまりに近く聞こえて)枕もと(でしているか)と思われるが。

参考「こほこほ」「こぼこぼ」と発音された可能性もある。

こほ・し【恋し】(形シク){しから・しく(しかり)・し・しき(しかる)・しけれ・しかれ}〔「こひし」の古形〕慕わしい。恋しい。なつかしい。万葉 五・八三四「梅の花今盛りなり百鳥の声の—・しき(体)春来たるらし」訳 梅の花は今がまっ盛りだ。いろいろな鳥のさえずる声の恋しい春がやってきたらしい。

こぼ・す【零す・溢す】(他サ四){さ・し・す・す・せ・せ}❶あふれさせる。こぼす。伊勢 八五「雪—・す(体)がごと降りて」訳 雪が(器の水を)こぼすように降って。❷すきまからはみ出させる。枕 七六「いろいろの衣ども—・し(用)出でたる人の」訳 さまざまの色の何枚もの着物(の裾)を外から見えるように現し出して(=「出だし衣」にして)いる人が。

こほち-ちら・す【毀ち散らす】(他サ四){さ・し・す・す・せ・せ}「こ

ぼちちらす」とも。乱雑に取りこわす。取りはずす。更級「年ごろ遊びなれつる所を、あらはに**－・し**用て」訳数年来遊び慣れた所(=家)を、外からすっかり見えるように取りこわし散らかして。

こほ・つ【毀つ】(他タ四){た・ち・つ・つ・て・て}〔中世以降は「こぼつ」〕❶**こわす。くずす。**更級竹芝寺「勢多の橋を一間ばかり**－・ち**用て」訳瀬田の橋を橋桁一つ分くらいこわして。❷削る。落とす。〔浄・義経千本桜〕「道にて頭をそり**－・ち**用」訳途中で頭の毛をそり落とし。

ご-ほふ【護法】(名)《仏教語》❶四天王・帝釈天などの、仏法を守護する善神。護法善神。〔霊異記〕「時に法師呼びていはく、『なぞ－なきか』と言ふ」訳その時に法師を呼んで言うことには、「どうして仏法を守護する神がいないのか」と言う。❷①から遣わされる鬼神。童子の形をしており、法力のある人に使われて、物の怪などを調伏する。護法童子。護法天神。枕二五「蟬の声しぼり出だして誦みゐたれど、いささかさりげもなく、**－もつかねば**」訳(修験者が)蟬の鳴くような声をしぼり出して読経しているけれども、まったく(物の怪が)去るようすもなく、護法童子も乗り移らないので。

こ-ほふし【小法師】(名)❶小さい僧。年少の僧。枕二三〇「－ばらの持ちあるくべうもあらぬに、屛風の高きをいとよく進退して」訳小法師たちが、持ち歩くことができそうにもないのに、屛風の(丈の)高いのをとても上手に取り扱って。❷中世、宮中の清掃などをした者。

ごほ-め・く(自カ四){か・き・く・く・け・け}〔「めく」は接尾語〕「こほめく」とも。ごとごと音がする。ごろごろと鳴る。枕二九〇「いみじう寒き夜中ばかりなど、ごほごほと**－・き**用、沓すり来て」訳たいそう寒い夜中ごろなどに、ごとごとと音がして、沓をすってやって来て。

こほり【郡】(名)律令制で、国の下に属した地方行政区画。郷・里・町・村などを含む。

こほり-がさね【氷襲】(名)襲の色目の名。表は白のみがき(=光沢のある白)、裏は白。冬に着用する。

こほ・る【毀る】(自ラ下二){れ・れ・る・るる・るれ・れよ}〔のちに「こぼる」とも〕くずれる。こわれる。土佐「聞きしよりもまして、言ふかひなくぞ**－・れ**用破れたる」訳(京の家は)聞いていたよりもいっそう、言いようがなくこわれいたんでいる。

こぼ・る【零る・溢る】(自ラ下二){れ・れ・る・るる・るれ・れよ}❶こぼれる。流れ出る。あふれ出る。枕一三〇「前栽の露**－・る**終ばかりぬれかかりたるも、いとをかし」訳庭の植え込みの露がこぼれるほどにぐっしょりとぬれているのも、とても風情がある。❷(表情として)外に現れる。源氏紅葉賀「愛敬**－・るる**体やうにて」訳(紫の上は)愛らしい魅力が(あざやかに)顔かたちに現れ出ているようすで。❸散る。落ちる。源氏末摘花「松の木のおのれ起きかへりてさと**－・るる**体雪も」訳(雪の重みでたわんでいた)松の木がひとりでに起きあがり(もとの姿に)戻って、さっと落ちる雪も。

こぼれ-い・づ【零れ出づ】(自ダ下二){で・で・づ・づる・づれ・でよ}❶涙や水があふれ出る。源氏幻「例の涙のもろさは、ふと**－・で**用ぬるもいと苦し」訳いつもの涙もろさでは、さっと涙があふれ出てしまうのも(光源氏は)たいそう苦しい。❷はみ出す。更級鏡のかげ「几帳押し出でたる下より、いろいろの衣**－・で**用」訳几帳を(端近く)押し出した下から、色とりどりの衣(の裾)がはみ出し。

こぼれ-かか・る【零れ掛かる】(自ラ四){ら・り・る・る・れ・れ}❶(髪などが)落ちてかかる。垂れかかる。源氏若紫「伏し目になりてうつ伏したるに、**－・り**用たる髪つやつやとめでたう見ゆ」訳(若紫が)目を伏せてうつむいたところに、(顔に)垂れかかった髪がつやつやかに美しく見える。❷涙や水がこぼれ落ちて降りかかる。〔太平記〕一二「菅丞相御顔にはらはらと**－・り**用ける御泪を押しのごはせ給ひて」訳菅原道真公はお顔にはらはらと流れ落ちた御涙を押しぬぐいなされて。

こほろぎ【蟋蟀】(名)虫の名。こおろぎ。万葉八・一五五二「夕月夜心もしのに白露の置くこの庭に－鳴くも」訳月の出ている夕暮れ、心もうちしおれるばかりに、白露の置いているこの庭でこおろぎが鳴いているよ。参考中古・中世では、今の「こおろぎ」のことを「きりぎりす」とよんだという。また、「こほろぎ」は、こおろぎ・きりぎりす・松虫など秋に鳴く虫の総称とする説もある。

古本説話集(こほんせつわしふ)編者未詳。平安末期の大治五年(一一三〇)ごろから鎌倉初期までに成立。上巻は和歌説話、下巻は仏教説話から成り、全部で七十話を収める。

こま【駒】(名)❶小さい馬。子馬。今昔二〇・九「いづれの馬にか－なき」訳どの馬に子馬が生まれないだろうか(いや、どの馬にも生まれる)。❷馬。古今春下「－並めていざ見に行かむふるさとは雪とのみこそ花は散るらめ」訳馬を連ねて、さあ見に行こう。昔なじみのあの土地では、今ごろ雪とばかりに花は散っているだろう。❸すごろく・将棋の盤上で動かすこま。参考平安時代以降、「うま」の歌語として意識され使用された例が多い。

こ-ま【木間】(名)木と木の間。木の間。万葉二〇・四四九五「うちなびく春ともしるく鶯は植木の－を鳴き渡らなむ」訳春になったとはっきりわかるように、鶯は、植えた木の木の間を鳴き渡ってほしい。〔「うちなびく」は「春」にかかる枕詞〕

こま-【高麗】(接頭)〔名詞に付いて〕「高麗」から伝来したことを表す語。「－剣」「－錦」「－笛」

こま【高麗】(名)古代、朝鮮半島の北部にあった国。高句麗。また、広く朝鮮半島をいう語。

発展 「高麗」の文化の影響

「高麗」、つまり高句麗は、朝鮮半島北部に位置し、日本との交渉もはじめは深くなかった。しかし、新羅が強大化するに及び百済と高句麗が次々に滅亡すると、多くの人々が日本に渡来した。高度の技術や教養をもつ彼らは優遇され、貴族の列に加えられた者もあった。また、農耕技術にもすぐれていたため、未開の東国を開拓する目的で集団移住させられている。今も神社で見かける「狛犬」や、雅楽の一種である「高麗楽」、そのほか「高麗錦」「高麗笛」などのことばは、そこからの伝来であることを示している。「源氏物語」には、「高麗人(こまうど)」の人相見が、光源氏の運命を予言する場面がある。

ごま【護摩】(名)《仏教語》密教の秘法の一つ。不動明王の前に設けられた壇上で、ぬるでの木などを焼いて祈る。その火で、いっさいの煩悩(ぼんのう)・悪業(あくごう)の根本を焼き滅ぼすという。[徒然]一六〇「『―たく』といふも、わろし。『修(しゅ)する』、『―する』などいふなり」[訳]「護摩をたく」というのも、よくない。(正しくは)「(護摩を)修する」とか、「護摩する」などというのである。

こま-いぬ【狛犬】(名)〔「高麗(こま)」から渡来した犬の意〕獅子(しし)に似た獣の像。木彫りまたは石彫りで、宮中の帳台や神社の社殿の前などに、一方が口を開き、他方が口を閉じた形(=阿吽(あうん)の相)の二像を向かいあわせて置き、威厳を添え魔よけとした。二像のうち口の開いたほうを獅子、他方を狛犬ともいった。[徒然]二三六「御前(おまへ)なる獅子・―、背(そむ)きて、うしろさまに立ちたりければ」[訳](神社の)御前にある獅子と狛犬が、背中を向けあって、うしろ向きに立っていたので。

（こまいぬ）

こ-まう【虚妄】(名)《仏教語》迷いから生じる現象で、真実でないこと。うそ。そらごと。[徒然]一二九「おとなしき人の、喜び、怒り、悲しび、楽しぶも、皆―なれども」[訳]成人した人が、喜び、怒り、悲しみ、楽しむのも、すべて心の迷いから生じる現象であるが。

こま-うど【高麗人】(名)〔「こまびと」の転〕「高麗(こま)」の国の人。また、「高麗」からの渡来人。[源氏]桐壺「そのころ、―の参れる中に、賢き相人(さうにん)ありけるを聞こし召して」[訳]そのころ、高麗の人が来朝していた中に、すぐれた人相見がいたのを(桐壺帝は)お聞きになって。

こま-か【細か】(形動ナリ)〔なら・なり(に)・なり・なる・なれ・なれ〕❶微細なさま。こまごましているさま。[徒然]五五「―・なる(体)物を見るに、遣(や)り戸は蔀(しとみ)の間(ま)よりも明かし」[訳]こまごまとした物を見るときには、引き戸(の部屋)は蔀(=格子組みの裏に板を張った戸)の部屋よりも明るい。❷詳しいさま。詳細なさま。[源氏]須磨「道のほどもあやふければ、―・に(用)は聞こえ給はず」[訳](手紙を届ける)道の途中も(弘徽殿(こきでん)の女御方に見られる)危険があるので、(光源氏は手紙で)詳細には申し上げなさらない。❸念を入れて、綿密であるさま。[源氏]鈴虫「かの宮をもいと―・に(用)清らにつくらせ給ひ」[訳]あの宮邸(=三条の宮)をもたいそう念を入れて美しく(光源氏は)お造りになられ。❹親密であるさま。[伊勢]九四「子ある仲なりければ、―・に(用)こそあらねど、時々もの言ひおこせけり」[訳]子供のいる仲だったので、(さほど)親密ではないが、(男は女のもとに)時々手紙をよこした。❺きめこまかで美しいさま。[源氏]梅枝「高麗(こま)の紙の、膚(はだ)―・に(用)なごうなつかしきが」[訳]高麗渡来の紙で、きめがこまかで美しく、やわらかく親しみのある紙質のもので。

こま-がね【細金・細銀】(名)近世に使われた小粒の銀貨。小粒・豆板・豆板銀・小玉銀ともいう。

こま-がへ・る(ガエル)【こま返る】(自ラ四)〔ら・り・る・る・れ・れ〕若返る。[源氏]玉鬘「まめ人の、ひきたがへ、―・る(体)やうもありかし」[訳]実直な人が、予想に反して、若返るような(色めいた)こともあるのだよ。

こま・す 一(他サ四)〔さ・し・す・す・せ・せ〕近世の上方で、「与ふ」「やる」をいやしめていう語。くれてやる。〔浄・太平記忠臣講釈〕「百両の目くさり金、ほしか―・そ(未)」[訳]百両はした金、ほしければくれてやろう。

二(補動サ四)〔さ・し・す・す・せ・せ〕(多く助詞「て」を伴って)自分の意志を表す。…してやる。〔伎・韓人漢文手管始〕「何でも外(ほか)のねりものであらうが俄(にはか)であらうが、叩(たた)き砕いて―・せ(命)」[訳]何でも他の山車(だし)であろうと俄狂言であろうと、たたきこわしてやれ。

[語法]未然形に「こまさう」が変化した「こまそ」「こませ」の形もある。

小町(こまち)『人名』→小野小町(をののこまち)

こ-まつ【小松】(名)小さな松。[源氏]初音「童(わらは)、下仕(しもづか)へなど御前の山の―引き遊ぶ」[訳]女(め)の童(=召使の少女)や雑事をする女などがお庭の築山(つきやま)の小松を引いて遊ぶ。

[参考]平安時代、正月の最初の子(ね)の日に、野で若菜を摘み小松を引き抜いて長寿を祈る行事が行われた。これを「小松引き」または「子の日の遊び」という。

こま-つぶり【独楽】(名)おもちゃの「こま」の古名。

こま-つるぎ【高麗剣】(名)上代、「高麗(こま)」から伝来した剣。高麗風の柄(つか)に環(わ)のある剣。

こまつるぎ【高麗剣】《枕詞》柄(つか)に環(わ)があることから、「わ」にかかる。[万葉]二・一九九「―和蹔(わざみ)が原の」

こまとめて… [和歌]

> **駒とめて　袖(そで)うちはらふ　かげもなし**
> **佐野(さの)の渡(わた)りの　雪(ゆき)の夕暮(ゆふぐ)れ**
> 〈新古今・六・冬・六七一・藤原定家〉

[訳]馬をとめて、(雪の降り積もった)袖をはらう物陰もない。佐野の渡し場の雪の降る夕暮れよ。[修辞]「佐野の渡り」は歌枕。本歌取り。

[解説]「苦しくも降りくる雨か神(みわ)の崎狭野(さの)の渡りに家もあらなくに(=ないのに)」〈万葉・三・二六五〉を本歌とする。本歌の雨を雪にかえて冬の歌とした。三輪の崎の「狭野」は和歌山県新宮市の地名だが、定家のころには大和(やまと)(奈良県)と考えられていた。

こま-どり【小間取り・駒取り】(名)勝負事などで、人を左右に分けてたたかわせるとき、一・三・五番目の人は右、二・四・六番目の人は左というように、たがい違いに分けること。[源氏]賢木「殿上人(てんじやう)も大学のもいと多う集(つど)ひて、左右に―に片分かせ給へり」[訳]殿上人も大学寮の(学者)もたいそう多く集まって、左右にたがい違いに(光源氏は)二方にお分けになられた。

こま-にしき【高麗錦】(名)上代、「高麗(こま)」から伝来した錦。また、高麗風の錦。紐(ひも)や剣の袋などに用いた。〔うつほ〕楼の上上「楼の天井には、鏡形、雲の形を織りたる―を張りたり」訳 楼の天井には、鏡形(=円の周りに花弁状の角が八つある形)や雲の形を織り出した高麗製の錦を張っている。

こまにしき【高麗錦】《枕詞》高麗錦が紐に用いられたことから、「ひも」にかかる。万葉 一四・三四六五「―紐解き放けて」

こま-ぶえ【高麗笛】(名)高麗楽(=「高麗」から伝来した雅楽)に用いる横笛。歌口のほかに指穴が六つある。東遊びにも用いられた。細笛。源氏 梅枝「いみじき―そへて奉れ給ふ」訳 (光源氏は唐の本に)りっぱな高麗笛を添えて(侍従に)差し上げなさる。

こま-ぶね【高麗舟】(名)朝鮮半島から来た船。また、異国の船。〔蕪村句集〕蕪村「―の寄らで過ぎ行くかすみかな」訳 (霞の中から現れた)異国の船が、港にも寄らないで過ぎ去り、また霞の中に消えていったよ。

ごまめ【鱓・田作】(名)小さな片口いわしを干したもの。「まめ(=健康)」に通じるところから、祝儀・正月などの料理に用いる。たづくり。小殿原。春。〔浮・世間胸算用〕「春の用意とていかな事(=正月の用意といってもどうしたことか)、餅ひとつ―一疋もなし」

こま-やか【細やか・濃やか】(形動ナリ)(なら・なり(に)・なり・なる・なれ・なれ)❶**きめのこまかなさま。** 源氏 胡蝶「手つきのつぶつぶと肥え給へる、身なり肌つきの―・に(用)美しげなるに」訳 (玉鬘の)手のかっこうがふっくらと肥えていらっしゃるようすで、からだつきや肌のようすがきめこまかでかわいらしい感じであるので。❷行き届いて丁寧なさま。詳細なさま。**綿密なさま。** 源氏 夕霧「奥に人や添ひ居たらむと後ろめたくて、え―・に(用)も語らひ給はず」訳 (御簾の)奥に他の女房が(落葉の宮と)一緒にいるだろうかと(夕霧は)気になって、(少将の君に)こまごまとお話しになることもできない。文法「え」は副詞で、打消の語(ここでは「ず」)を伴って不可能の意を表す。徒然 一四一「聖教の―・なる(体)理いとわきまへずもやと思ひしに」訳 (この聖は)仏教の精細な道理を、あまり心得てもいないのだろうかと思ったが。❸**情に厚いさま。** 親密なさま。**ねんごろである。** 源氏 賢木「御文、つねよりも―・なる(体)は、おぼしなびくばかりなれど」訳 (光源氏の)お手紙がいつもよりもしみじみと情がこもっていることは、(そのために六条御息所の離別の)ご決心もくずれそうなほどだが。❹**色が濃くて美しいさま。**〔栄花〕月の宴「御衣の色などもいと―・なる(体)もあはれなり」訳 御喪服の色などもたいそう濃いのもしみじみと悲しい。❺からだつきが小さくてかわいいさま。小柄である。源氏 帚木「―・に(用)をかしとはなけれど」訳 (小君は)からだつきが小柄で美しいというほどではないが。

こ-みかど【小御門】(名)小門(=正門以外の門)の敬称。小さなご門。

こ-みや【故宮】(名)亡くなった宮。〔和泉式部日記〕「誰ならむと思ふ程に、―にさぶらひし小舎人童なりけり」訳 誰だろうと思っていると、亡くなった宮にお仕えしていた小間使いの少年であった。

こ・む【込む・籠む】㈠(自マ四)(ま・み・む・む・め・め)❶すきまなく詰まる。**群れ集まる。混雑する。**〔紫式部日記〕「人げ多く―・み(用)ては、いとど御心地も苦しうおはしますらむとて」訳 人の気配が多く混雑したら、いっそう(中宮の)ご気分も苦しくていらっしゃるだろうというので。❷入り組む。細部までゆきとどく。〔狂・子盗人〕「手の―・う(用)(ウ音便)だよい普請でござる」訳 仕事がゆきとどいている、よい普請でございます。㈡(他マ四)(ま・み・む・む・め・め)❶**中に入れる。詰め込む。こめる。** 平家 三・公卿揃「余りに人まゐりつどひて、たかんなを―・み(用)、稲麻竹葦のごとし」訳 あまりに多く人が参集して、たけのこを密生させ、稲・麻・竹・葦の(群れ生えている)ようだ。❷《近世語》「呑み込む」の略。承知する。理解する。〔浮世風呂〕「おっと、皆まで言はんすな。―・ん(用)(撥音便)でゐる」訳 おっと、終わりまでおっしゃるな。承知している。㈢(自マ下二)(め・め・む・むる・むれ・めよ)(霞などが)**あたりを一面におおう。たちこめる。** 源氏 若菜上「故ある庭の木立のいたく霞み―・め(用)たるに」訳 風情ある(六条院の)庭の木立で、ひどく霞がたちこめている木立(のあたり)に。文法「木立の」の「の」は、いわゆる同格の格助詞で、「…で」の意。㈣(他マ下二)(め・め・む・むる・むれ・めよ)❶**中に入れる。閉じこめる。** 源氏 若紫「雀の子を犬君が逃がしつる。伏せ籠のうちに―・め(用)たりつるものを」訳 雀の子を犬君(=召使の童女の名)が逃がしてしまったの。伏せ籠(=伏せて置き、上に衣服をかけるかご)の中に閉じこめておいたのに。文法「逃がしつる」の「つる」は、連体形止め。⇩伏せ籠「名文解説」❷(心の中に)深くしまう。口に出さずにおく。源氏 蛍「後の世にも言ひ伝へまほしき節々を、心に―・め(用)がたくて」訳 (物語の始まりは)後世にも言い伝えておきたいあれこれを、心にしまっておききれないで。

こ-む-よ(―ン)【来む世】(名)(「この世」に対して)あの世。来世。死後の世界。後世。万葉 三・三四八「この世にし楽しくあらば―には虫に鳥にもわれはなりなむ」訳 →このよにし…和歌。⇩後世「慣用表現」

こむら【腓】(名)「こぶら」とも。すねのうしろの肉のふくれた部分。ふくらはぎ。今昔 二〇・三〇「―ただれて骨あらはなる見ゆ」訳 ふくらはぎがただれて骨がむき出しになっているのが見える。

こ-むら【木叢・木群】(名)木が群がり生えている所。森。更級 子忍びの森「水をかしく流れたる野の、はるばるとあるに、―のある、をかしき所かな」訳 川が風情があるようすで流れている野原が、はるかに広がっていて、森がある、趣のある所だなあ。

こ-むらご【紺村濃】(名)「こんむらご」とも。染め方の一種。淡い紺色の地に、部分的に濃い紺色でまだらに染めたもの。

こ-めか・し【子めかし】(形シク)(しから・しく(しかり)・し・しき(しかる)・しけれ・しかれ)子供っぽい。あどけない。おっとりしている。源氏 夕顔「わがもてなしありさまは、いとあてはかに―・しく(用)て」訳 当人(=夕顔)のふるまいやようすは、とても上品でおっとりしていて。

こ-め・く【子めく】(自カ四)(か・き・く・く・け・け)〔「めく」は接尾語〕子供っぽいようすをしている。おっとりしている。源氏 帚木「ただひたぶるにー・き㊥てやはらかならむ人を」訳たいちずにおっとりしていて素直であるような女性を。

こめ-さし【米刺し】(名)米俵に刺し込んで、中の米を抜き出し、米の品質を検査するのに用いる、先をななめにそいだ小さな竹筒。

こめ-す・う【籠め据う】(他ワ下二){ゑ・ゑ・う・うる・うれ・ゑよ}外出させず、閉じこめる。更級 宮仕へ「親たちも、いと心得ず、ほどもなくー・ゑ㊥つ」訳親たちも、まったく理解できないが、まもなく(私を宮仕えにも出さず)家に閉じこめた。(「籠め据ゑつ」は、具体的には「結婚させた」ことを意味するという説がある)

こめ-どひや【米問屋】(ドイヤ)米を小売商に卸(おろ)す仲買業者。米問屋(こめどんや)。〔浮・日本永代蔵〕「ーの売り買ひを聞き合はせ」訳米問屋の売り買いの相場(そうば)を問い合わせ。

こも【菰・薦】(名)❶植物の名。まこも。イネ科で、水辺に群生する。万葉 七・一三四八「三島江の玉江のーを標(し)めしよりおのがとぞ思ふいまだ刈(か)らねど」訳三島江の玉江に生えているまこもを、(私が)しるしをつけたときから自分の(もの)だと思っている。まだ刈りとってはいないけれど。(恋する相手を「こも」にたとえている) ❷粗く織ったむしろ。もと、まこもで作ったことからいう。万葉 一一・二五三八「独り寝(ぬ)とー朽(く)ちめやも」訳一人で寝たとて、むしろがいたむだろうか(いや、いたみはしない)。

こ-もの【小者】(名)❶年少者。〔太平記〕九「おのれほどのーと組んで勝負はすまじきぞ」訳お前みたいな若造と組み討ちして勝負するつもりはないぞ。❷武家で、雑役などをした召使。のちに、商家の下男・丁稚(でっち)。〔浮・世間胸算用〕「堀川の材木屋のー」

こ-もの【籠物】(名)(果物など)籠(かご)に入ったもの。木の枝などにつけ、儀式のとき人に献上するのに用いる。源氏 桐壺「その日の御前の折り櫃(びつ)物、ーなど」訳その日の(桐壺帝の)御前に供する折り櫃に盛った食べ物や籠に入った献上品などは。

こも-まくら【薦枕】(名)まこも(=草の名)を束ねて作った枕。旅寝のときに枕とした。

こもまくら【薦枕】《枕詞》「薦枕」が普通の枕より高いことから、「たか」にかかる。〔紀〕武烈「ー高橋過ぎ」

こもよ… 和歌《長歌》

籠(こ)もよ　み籠(こ)持ち　掘串(ふくし)もよ　み掘串(ぶくし)
持ち　この岡(をか)に　菜(な)摘(つ)ます児(こ)　家(いへ)告
のらせ　名(な)告(の)らさね　そらみつ　大和(やまと)の
国(くに)は　おしなべて　われこそ居(を)れ　しき
なべて　われこそ座(いま)せ　われこそば　告(の)
らめ　家(いへ)をも名(な)をも
枕詞
〈万葉・一・一・雄略(ゆうりゃく)天皇〉

訳かごよ、すてきなかごを持って、掘串(=土を掘るへら)よ、すてきな掘串を持って、この岡で菜をお摘みになっている娘よ、家をおっしゃい、名をおっしゃい。この大和の国は、すべて私が従えている。すべて私が治めている。私のほうから明かそう、(私の)家も、名も。修辞「そらみつ」は「大和」にかかる枕詞。文法「籠もよ」「掘串もよ」の「もよ」は、感動を表す間投助詞。「す」は、上代の尊敬の助動詞で、「摘ます児」の「す」は連体形、「告らせ」の「せ」は命令形、「告らさね」の「さ」は未然形。「こそば」は係助詞「こそ」に係助詞「は」が付き、濁音化したもの。
解説「家告らせ名告らさね」には、「家聞かなのらさね」などの訓(よ)み方もある。春の野で若菜を摘む娘に詠みかけた歌。女に名を聞くことは、求婚の行為であった。

こ-もり【木守】(名)庭園などの樹木の番をすること。また、その番人。枕 八七「ー、いとかしこう守りて、わらはべも寄せ侍らず」訳木守が、たいそうしっかり監視して、子供たちも近づかせません。

こもり-え【隠り江】(名)島や岬の陰に隠れて見えない入り江。伊勢 三三「ーに思ふ心をいかでかは舟さす棹(さを)のさして知るべき」訳人目につかない入り江のようにひそかに恋い慕う(私の)心を、どうしてそれと指し示して(あなたは)知ることができようか(いや、できはしないだろう)。(「舟さす棹の」は「さして」を導きだす序詞。「隠り江」「舟さす棹」「さして」は縁語)

こもりくの【隠りくの】《枕詞》〔「隠りく」は山に囲まれた所の意〕地名「泊瀬(はつせ)」にかかる。万葉 三・四二〇「ー泊瀬の山に」

こもり-づま【隠り妻】(名)人目をはばかって隠れている妻。万葉 一一・二八〇三「里中に鳴くなる鶏(かけ)の呼び立てていたくは鳴かぬーはも」訳里の中で鳴く声の聞こえる鶏(にわとり)のように、声を立ててひどくは泣かない(いとしい)隠り妻よ。(第二句までは「呼び立て」を導きだす序詞)

こもり-ど【隠り処】(名)岩・草木などの陰になっていて、人目につかない場所。万葉 一一・二四四三「ーの沢泉(さはいづみ)なる岩根(いはね)をも通してぞ思ふあが恋ふらくは」訳物陰になって人目につかない場所の、渓谷の泉にある大岩をも貫き通すばかりに(激しく)思っている。私の恋いこがれていることは。

こもり-ぬ【隠り沼】(名)草などが茂って、隠れて見えない沼。また、水が流れ出る口のない沼。和歌で、やり場のない鬱々とした心情にたとえる。万葉 三・二〇一「埴安(はにやす)の池の堤のーの行くへを知らに舎人(とねり)は惑(まと)ふ」訳埴安の池の堤の隠り沼のように、行く末のこともわからずに舎人は迷っている。(第三句までは「行くへを知らに」を導きだす序詞)

こもりぬの【隠り沼の】《枕詞》「隠り沼」が草などの下にあって見えないことから、「下」にかかる。万葉 一一・二七一九「ー下に恋ふれば」

こもり・ゐる【籠り居る】(コモリイル)(自ワ上一){ゐ・ゐ・ゐる・ゐる・ゐれ・ゐよ}❶じっと引きこもっている。竹取 竜の頸の玉「あるいはおのが家にー・ゐ㊥」訳ある者は自分の家に引きこもり。❷(祈願のために)寺社にこもる。参籠する。源氏 絵合「しづかにー・ゐ㊥て、後の世のことをつとめ、かつは齢(よはひ)をも延べむ」訳静かに寺にこもって、来世のために勤行(ごんぎょう)をし、一方では命をも延ばそう。

こも・る

こも・る【籠る・隠る】(自ラ四){ら・り・る・る・れ・れ}❶囲まれている。中にはいっている。〔記〕中「倭(やまと)は国のまほろばたたなづく青垣(あをかき)山ー・れ㊁る倭しうるはし」訳→やまとは…歌謡
❷隠れる。ひそむ。古今 春上「春日野(かすがの)は今日(けふ)はな焼きそ若草のつまもー・れ㊁り我もー・れ㊁り」訳→かすがのは…和歌

❸**閉じこもる。** 伊勢 六五「蔵にこめてしをり給うければ、蔵にー・り(用)て泣く」 訳 (御息所が女を)蔵の中に閉じこめて折檻しなさったので、(女は)蔵に閉じこもって泣く。

❹神社や寺に泊まって祈る。**参籠する。** 更級 物語「親の太秦にー・り(用)給へるにも」 訳 親が広隆寺に参籠しなさったときにも。(⇩隠る「類語パネル」)

こ‐や これはまあ。これこそ。源氏 帚木「うきふしを心ひとつに数へきてー君が手をわかるべきをり」 訳 (あなた=左の馬頭の)つらくいやな点を(私=指食いの女の)胸一つにおさめて数えてきた(=我慢してきた)が、これはまあ、(今度こそ)あなたとの関係を断たなければならない時であることだ。

なりたち 代名詞「こ」＋感動の間投助詞「や」

ご‐や【五夜】(名)❶一夜を五つに区別した称。甲夜(=初更、今の午後八時ごろ、およびその前後約二時間)・乙夜(=二更、今の午後十時ごろ、およびその前後約二時間)・丙夜(=三更、今の午後十二時ごろ、およびその前後約二時間)・丁夜(=四更、今の午前二時ごろ、およびその前後約二時間)・戊夜(=五更、今の午前四時ごろ、およびその前後約二時間)。

❷特に、戊夜をいう。五更。寅の刻。

参考 ①の区分は目安で、冬は長く、夏は短くなる。

ご‐や【後夜】(名)❶「六時」の一つで、一夜を初夜・中夜・後夜の三つに区分したうちの最後の称。夜半から早朝前まで。源氏 松風「入道、例のーより深う起きて」 訳 (明石の)入道は、いつもの後夜(の刻限)よりも早く起きて。→初夜・中夜

❷「後夜①」に行う仏前でのお勤め。枕 一三〇「ーなどが終わって、少しうち休みたる寝耳に」 訳 後夜の勤行などが終わって、少しうとうとしている寝耳に。

ごや‐おき【後夜起き】(名)勤行のために、明け方に起きること。今昔 一五・二三「暁に我がいまだーせざらむ程に」 訳 夜明け前で私がまだ勤行のための起床をしていないような間に。

こ‐やく【巨益】(名)大きな利益。徒然 二二二「称名を追福に修してーあるべし」 訳 念仏を追善のために行って大きな利益があるにちがいない。

こや‐す【臥やす】(自サ四)〔さ・し・す・す・せ・せ〕《上代語》「臥ゆ」の尊敬語。おやすみになる。横におなりになる。万葉 九・一八〇七「波の音の騒く湊の奥津城に妹がー・せ(已)る」 訳 波音のやかましい港の墓に、この女(=真間の手児奈)が横たわっていらっしゃることだ。⇩大殿籠る「敬語ガイド」

こや‐す【肥やす】(他サ四)〔さ・し・す・す・せ・せ〕❶太らせる。豊かにする。また、土地を肥えさせる。

❷喜ばせる。楽しませる。更級 初瀬「一時が目をー・し(用)て何にかはせむ」 訳 ほんのしばらくの間の目を楽しませて何になろうか(いや、何にもなりはしない)。

こやす‐がひ【子安貝】(名)タカラガイ科の巻き貝。産婦の安産のお守りであった。竹取 燕の子安貝「ーを取らむとおぼし召さば、たばかり申さむ」 訳 子安貝を取ろうとお思いになるならば、(よい)工夫をめぐらし申しあげよう。

(こやすがひ)

こ‐やつ【此奴】(代)人をいやしんでいう語。こいつ。〔八笑人〕「ー何事をか言ふ(=なんということを言うのか)」

こや‐る【臥やる】(自ラ四)〔ら・り・る・る・れ・れ〕《上代語》臥す。横になる。〔記〕下「槻弓のー・る(終)ー・り(用)も梓弓起てり起てりも」 訳 横になって伏しているときも、立っているときも。(「槻弓の」は「臥やる」に、「梓弓」は「起つ」にかかる枕詞)

こ‐ゆ【肥ゆ】(自ヤ下二)〔え・え・ゆ・ゆる・ゆれ・えよ〕肥える。太る。枕 五八「若き人、ちごもなどは、ー・え(用)たるよし」 訳 若い女や幼児たちなどは、ふっくらとしているのがよい。

こ‐ゆ【臥ゆ】(自ヤ上二)〔い・い・ゆ・ゆる・ゆれ・いよ〕《上代語》横になる。伏す。万葉 一七・三九六二「うちなびき床にー・い(用)伏し」 訳 ぐったりと(病の)床に倒れ伏して。

参考 「こいふす」「こいまろぶ」などの複合動詞として使われる。四段活用とする説もある。

こ‐ゆ【越ゆ・超ゆ】(自ヤ下二)〔え・え・ゆ・ゆる・ゆれ・えよ〕❶(ある場所・境界・障害物・時点などを)越える。通り過ぎる。竹取 竜の頸の玉「遣はしし人は、夜昼待ち給ふに、年ー・ゆる(体)まで音もせず」 訳 (竜の首の玉を取りに)派遣した者は、(大伴の大納言が)夜昼となく待っていらっしゃるのに、年が越えるまで便りもしてこない。徒然 一八六「足をそろへて閾をゆらりとー・ゆる(体)を見ては」 訳 (馬が)足をそろえて敷居をひらりと越えるのを見ては。

❷(水準・程度・限度などを)上回る。まさる。平家 一・吾身栄花「平家知行の国三十余箇国、既に半国にー・え(用)たり」 訳 平家の支配する国は三十か国あまり(になり)、もはや日本全国の半数を上回った。

❸(官位などで)他を抜いて上位に就く。大鏡 道長上「大臣ー・え(未)られたることだに、いといとほしく侍りしに」 訳 (道長が伊周に)大臣の位で先を越されたことでさえ、ほんとうに気の毒でございましたのに。

こ‐ゆき【粉雪】(名)こな雪。图。徒然 一八一「『ふれふれー、たんばのー』といふこと、米つきふるひたるに似たれば、ーといふ」 訳 (童謡で)「ふれふれ粉雪、たんばの粉雪」ということは、(雪の降るようすが)米をついてふるいにかけているのに似ているので、粉雪という。

こ‐ゆみ【小弓】(名)遊戯用の小さな弓。また、その弓を用いた遊戯。

小余綾(こゆるぎ)《地名》歌枕 今の神奈川県中郡大磯町から小田原市国府津にかけての海辺。

こゆるぎ‐の【小余綾の】《枕詞》「小余綾の磯」と続くことから、「いそ」と同音を含む「いそぎ」などにかかる。〔拾遺〕恋四「ー急ぎ出でても」

ご‐よう【御用】(名)❶用事・入用の尊敬語。今昔 一七・九「これを米に交易して、ーにあてらるべし」 訳 これ(=絹)を米と交換して、御入用のものに充当なさるのがよかろう。

❷(宮中・幕府・奉行所・諸藩などの)公用・公務の尊敬語。「ー船」「ー取次」「ー金」

❸「御用聞き」の略。商家の小僧など。〔柳多留〕「よこさずは泣けと古参のーいふ」 訳 (代金を)よこさないなら、泣き落として払ってもらえと古参の小僧が言う。

こよな‐し (形ク)〔から・く(かり)・し・き(かる)・けれ・かれ〕

語義パネル

●**重点義**　**違いがはなはだしいさま。**

連用形が「はなはだ。比べもののないほど。この上なく」の意で用いられることが多い。

❶**はなはだしく違う。格段(の差)である。**
❷**はなはだしくすぐれている。**
❸**はなはだしく劣っている。**

❶(他と比較して)**はなはだしく違う。格段(の差)である。** 更級 初瀬「また初瀬に詣づれば、はじめにーく(用)ものたのもし」訳 再び長谷寺に参詣すると、最初の時に比べて格段に違ってなんとなく心強い。❷**はなはだしくすぐれている。** 〔落窪〕「やむごとなき人のし給へることは、ー・かり(用)けりとよろこぶ」訳 高貴な方(=左大臣)が取りはからってくださったこと(=婚儀)は、実に格別であるなあと喜ぶ。❸**はなはだしく劣っている。** 〔うつほ〕嵯峨の院「限りなくめでたく見えし君たち、この今見ゆるにあはすれば、ー・く(用)見ゆ」訳 この上なく美しく見えた女君たちが、この今目にする人(=九の君)に比べると、ひどく劣って見える。

こ-よひ(ヨイ)【今宵】(名)❶今晩。今夜。万葉 一・一五「わたつみの豊旗雲に入り日見しーの月夜さやけかりこそ」訳 →わたつみの…和歌 ❷(夜が明けてから)前日の夜のことをいう。昨夜。昨晩。源氏 夕顔「夜中、あかつきといはず御心に従へる者の、ーしもさぶらはで」訳 真夜中、夜明け前の区別なく(光源氏の)御意志に従っている者(=惟光)が、昨晩に限って伺候しないで。

参考 古くは日没から一日が始まると考えられていたので、②のように、夜が明けた後、昨夜のことをいった。

こよみ【暦】(名)四季や月・日、日の出・日の入り、月の満ち欠け、日の吉凶などをしるしたもの。

こよみ-の-はかせ【暦の博士】(名)律令制で、陰陽寮の職員。暦をつくり、また、暦道を教えた。暦博士。源氏 葵「『今日はよき日ならむかし』とて、ー召して」訳 (光源氏は)「今日は髪を削ぐのに縁起のよい日であろうよ」とおっしゃって、暦の博士をお呼びになって。

こ-より【紙縒り】(名)和紙を細長く切って細いひものようによったもの。紙捻り。かんぜより。

こ-ら【子等・児等】(名)〔「ら」は接尾語〕❶子供たち。万葉 五・八九九「術もなく苦しくあれば出で走り去ななと思へどーに障りぬ」訳 →すべもなく…和歌 ❷人、特に女性を親しみ呼ぶ語。万葉 三・二八四「駿河なる阿倍の市道に逢ひしーはも」訳 駿河の阿倍の市の道で会った女性(が忘れられないことだ)よ。

古来風体抄(コライフウテイショウ)『作品名』鎌倉初期の歌論書。式子内親王の命により、藤原俊成が撰述。初撰本は建久八年(一一九七)に、再撰本は建仁元年(一二〇一)に成立。「万葉集」から「千載集」にいたる歌風の変遷を述べ、秀歌を抜き出して短評を付す。

こ-らう(ロウ)【虎狼】(名)虎と狼。残酷なもの、貪欲なもののたとえ。〔雨月〕浅茅が宿「たまたまに残りたる人は、多くーの心ありて」訳 偶然に残っている人は、多くは虎や狼のような(欲深い)心があって。

ごらんじ=【御覧じ】(他サ変連用形)(動詞の上に付いて)「見」の尊敬の意を表す。見…なさる。枕 三「『君をし見れば』と書きなしたる、ーくらべ(用)て」訳 「君をし見れば」とわざと書きかえ(て差し出し)たのを、(中宮は)見比べなさって。文法「御覧じ比ぶ」は、複合動詞「見比ぶ」の尊敬語で「見比べさせ給ふ」にあたる。

【例語】御覧じ当つ(=見当てなさる)・御覧じ合はす・御覧じ出だす(=見つけなさる)・御覧じ入る・御覧じ置く・御覧じ送る・御覧じ遣す(=こちらをご覧になる)・御覧じ驚く(=見てお驚きになる)・御覧じ止す(=途中で見るのをおやめになる)・御覧じ定む・御覧じ知る・御覧じ過ぐす(=見過ごしなさる)・御覧じ付く・御覧じ咎む・御覧じ留む・御覧じなす(=そのようにご覧になる)・御覧じ直す・御覧じ馴る・御覧じ始む・御覧じ果つ・御覧じ回す(=あちこちをご覧になる)・御覧じ遣る(=遠くをご覧になる)・御覧じ許す・御覧じ分く(=見分けなさる)・御覧じ渡す

ごらんじ-あは-す(アワス)【御覧じ合はす】(他サ下二)(せ・せ・す・する・すれ・せよ)「見合はす」の尊敬語。❶ご覧になる。目をお向けになる。枕 二七六「我にー・せ(用)てのたまはせたる、いとうれし」訳 私に目をお向けになっておっしゃったのは、たいそううれしい。❷照らし合わせなさる。徒然 二三六「そらに申し侍らば、本草にー・せ(未)られ侍れかし」訳 (法皇の御下問に)そらで(お答え)申し上げましたら、本草学の書物と御照合なされませよ。文法「られ」は、尊敬の助動詞「らる」の連用形。

ごらんじ-い-る【御覧じ入る】(他ラ下二)(れ・れ・る・るる・るれ・れよ)「見入る」の尊敬語。❶目におとめになる。注意してご覧になる。源氏 若紫「御文なども、例の、ー・れ(未)ぬよしのみあれば」訳 (藤壺への)お手紙なども、いつものように、ご覧にならない(という)趣旨の返事があるだけなので。❷お世話なさる。源氏 匂兵部卿「おはします御殿ちかき対を曹司にしつらひなど、みづからー・れ(用)て」訳 (いつも)いらっしゃる御殿に近い対の屋を(薫の)部屋に設備するなど、(冷泉院は)自分でお世話なさって。❸召し上がる。お飲みになる。平家 九・小宰相身投「この四五日は湯水をだにはかばかしうー・れ(用)給はぬ人の」訳 この四、五日は湯水をさえ思わしくお召し上がりにならない人が。

ごらんじ-し-る【御覧じ知る】(他ラ四)(ら・り・る・る・れ・れ)「見知る」の尊敬語。ご覧になっておわかりになる。理解なさる。源氏 若紫「おしなべたらぬ心ざしの程をー・ら(未)ば、いかにうれしう」訳 並一通りでない(私=光源氏の)気持ちのほどをおわかりくださるなら、どんなにかうれしく(思う)だろう。

ごらんじ-つ-く【御覧じ付く】「見付く」の尊敬語。
■(自カ四)(か・き・く・く・け・け)見なれていらっしゃる。ご覧になって好ましく思われる。源氏 絵合「弘徽殿には、ー・き(用)たれば、むつましうあはれに心安く思ほし」訳 (冷泉帝は)弘徽殿(の女御)には見なれ(=なじみ)なさっているので、親しくかわいく気がねがいらないとお思いになり。

二(他カ下二){け・け・く・くる・くれ・けよ}お見つけになる。源氏 末摘花「かやうの御やつれ姿を、いかでかは—・け㊍む」訳 こんな(光源氏の)お忍びの姿を、(桐壺帝は)どうしてお見つけになるだろうか(いや、お見つけにならないだろう)。

ごらんじ-とが・む【御覧じ咎む】(他マ下二){め・め・む・むる・むれ・めよ}「見咎む」の尊敬語。お見とがめになる。見てお気づきになる。徒然 二三六「いかに殿ばら、殊勝のことは—・め㊍ずや」訳 なんと皆さん、(この)すばらしいことは見てお気づきにならないか。

ごらんじ-は・つ【御覧じ果つ】(自タ下二){て・て・つ・つる・つれ・てよ}「見果つ」の尊敬語。最後までお見届けになる。残らずご覧になる。源氏 桐壺「かくながら、ともかくもならむを—・て㊍むとおぼし召すに」訳 このままで、(桐壺の更衣の生死が)どうなろうとも、そのなりゆきを最後までお見届けになろうと(桐壺帝は)お思いになるが。

ごらんじ-ゆる・す【御覧じ許す】(他サ四){さ・し・す・す・せ・せ}「見許す」の尊敬語。大目に見なさる。お見のがしになる。源氏 桐壺「乱りがはしきを、心をさめざりける程と—・す㊎べし」訳 (手紙の文面が)無作法であるのを、(母君が)心を乱していた時(だから)と(桐壺帝は)大目に見なさるであろう。

ごらん・ず【御覧ず】(他サ変){ぜ・じ・ず・ずる・ずれ・ぜよ}「見る」の尊敬語。ご覧になる。徒然 一〇「鳥の群れゐて池の蛙をとりければ、—・じ㊊悲しませ給ひてなん」訳 鳥が(屋根に)群がりとまって池の蛙をとったので、(それを)ご覧になりかわいそうだとお思いになって(縄をお張りになったのである)。文法 係助詞「なん」のあとに「縄を引かせ給ひける」などが省略されている。

参考 「見給ふ」より敬意の程度が高い。

敬語ガイド 「見る」の敬語

尊敬語 (ご覧になる)
ごらんず・ごらんぜらる・みそなはす・〔見給ふ〕・めす(見す・看す)

謙譲語 (拝見する)
〔見奉る〕

ごらんぜ-さす【御覧ぜさす】お目にかける。ご覧にいれる。源氏 桐壺「かの贈り物ごらんぜさす㊎」訳 (靫負の命婦は)あの贈り物を(桐壺帝に)ご覧にいれる。

なりたち サ変動詞「御覧ず」の未然形「ごらんぜ」＋使役の助動詞「さす」

参考 「見さす」の尊敬表現。相手が「ご覧」になるようにしむける、という言い方。謙譲表現を用いた「見せたてまつる」より古い言い方で、敬意も高い。

ごらんぜ-らる【御覧ぜらる】❶(「らる」が受身の場合)お目にかける。ご覧いただく。枕 二三八「恥づかしく心づきなきことは、いかでかごらんぜられ㊍じと思ふに」訳 みっともなく不愉快なことは、なんとかして(中宮の)お目にはかけまいと思うのに。
❷(「らる」が尊敬の場合)ご覧になる。平家 四・還御「池の中納言頼盛卿の山庄、あら田までごらんぜらる㊎」訳 (新院は)池の中納言頼盛卿の別荘、新しく開墾された田までご覧になる。⇩御覧ず「敬語ガイド」

なりたち サ変動詞「御覧ず」の未然形「ごらんぜ」＋受身・尊敬の助動詞「らる」

参考 ①は、「見らる」の尊敬表現。相手が「ご覧」になるようにこちらがされる、という言い方。直訳すると「ご覧になられる」であるが、これでは受身の意にとりにくいので、「お目にかける」「見ていただく」と訳す。②は、中世以降の用法。

こ-り【垢離】(名)《仏教語》神仏に祈願するとき、冷水を浴び、心身を清めること。真言宗・修験道などで行う。水垢離。〔山家集〕「あらたなる熊野詣での霊験をば氷の—に得べきなりけり」訳 霊験あらたかな熊野詣でのご利益をば、(那智の滝にこもってする)氷の垢離によって得ることができるのだったなあ。

こり-あつま・る【凝り集まる】(自ラ四){ら・り・る・る・れ・れ}寄り集まる。徒然 二〇七「大きなる蛇、数もしらず(=数えきれないほど)—・り㊊たる塚ありけり」

こりずま-に【懲りずまに】(副)失敗にこりもせずに。しようこりもなく。古今 恋三「—またもなき名はたちぬべし人にくからぬ世にし住まへば」訳 しょうこりもなく、またも身に覚えのない(恋の)うわさが立ってしまいそうだ。人を憎く思えない世に住んでいるのだから。文法 「たちぬべし」の「ぬ」は、助動詞「ぬ」の終止形で、ここは確述の用法。「世にし」の「し」は、強意の副助詞。

こり-つ・む【樵り積む】(他マ四){ま・み・む・む・め・め}木を切って積む。切りためる。蜻蛉 中「君もなげきを—・み㊊て」訳 あなたも投げ木を切りためるように、嘆きを積み重ねて。(「なげき」は「投げ木」と「嘆き」との掛詞)

こり-に-か・く【垢離に搔く】垢離の行をおこなう。「垢離を取る」「垢離を搔く」とも。平家 二・康頼祝言「沢辺の水を—・い㊊(イ音便)ては」訳 沢の辺の水を(を汲んで)垢離の行をおこなっては。

ごりゃう-ゑ【御霊会】(名)疫病の神や、怨みを残して死んだ者の霊などを鎮めるための祭り。京都・東山の祇園御霊会などが有名。御霊祭。

こ・る【凝る】(自ラ四){ら・り・る・る・れ・れ}❶寄り集まる。密集する。固まる。徒然 一五八「凝当と申し侍るは、底に—・り㊊たるを捨つるにや候ふらん」訳 (杯に飲み残した酒を捨てるのを)凝当と申しますのは、底に固まっている酒を捨てる(という)意味なのでしょうか。
❷凍る。〔紀〕允恭「大中姫の捧げたる鋺の水、溢れて腕に—・れ㊀り」訳 大中姫が捧げ持っている器の水が、あふれて腕に凍りついた。
❸深く思い込む。熱中する。

こ・る【懲る】(自ラ上二){り・り・る・るる・るれ・りよ}こりる。古今 恋二「頼めつつあはで年ふるいつはりに—・り㊍ぬ心を人は知らなむ」訳 (逢おうと言って)あてにさせておきながら逢うこともなく年月が過ぎた(そのあなたの)偽りの約束に、こりない(私の)心をあなたは知ってほしい。

こ・る【伐る・樵る】(他ラ四){ら・り・る・る・れ・れ}木を切る。伐採する。万葉 一四・三三三二「木—・り㊊来て筏に作り」

これ【此・是・之】**一**(代)❶近称の指示代名詞。㋐話し手に近い事物、話し手の話題にのぼっている事物を指す。このもの。このこと。万葉 二〇・四二九三「あしひきの山行きしかば山人のわれに得しめし山づとそ—」訳 山(の道)を歩いていたところ、山村の人が私に授けてくれた山のみやげだ、この品は。(「あしひきの」は「山」にかかる枕詞)。㋑近い場所を指す。ここ。土佐「—、昔、名高く聞こえたる所なり」訳 ここ(=渚の院)は、昔、評判高く世間にうわさされた所である。㋒近い時を指す。今。この時。古今 仮名序「―より先の歌を集めてなむ、万葉集と名づけられたりける」訳この時より以前の歌を集めて、「万葉集」と名づけられたのだった。

❷近称の人代名詞。この方。この人。伊勢 六三「『―は色好むといふすき者』と、すだれの内なる人の言ひけるを聞きて」訳「この人は色好みだと評判の風流人だ」と、すだれの内側にいる人(=女)が言ったのを(男は)聞いて。

❸自称の人代名詞。私。宇治 一・五「―は日ごろ白山に侍りつるが」訳私はふだん白山におりましたが。

❹対称の人代名詞。おまえ。あなた。妻や夫が互いに相手をさしていう。今昔 二六・七「―はいかなる者ぞ」

❺(漢文の助字「之」「是」などを「これ」と訓読したことから)漢文訓読体で、語調をととのえたり、強めたりする語。平家 二・教訓状「日本は―神国なり」訳日本はたしかに神国である。

□二(感)人に呼びかけて注意をうながすときなどに用いる語。おい。こら。これこれ。

ご-れう(リヨウ)【御料】(名)❶貴人の使用する衣服・飲食物・器物などの尊敬語。源氏 玉鬘「かの末摘花(すゑつむはな)の―に、柳の織物の、よしある唐草(からくさ)を乱れ織れるも」訳あの末摘花のお召し物に、柳襲(やなぎがさね)の織物で、由緒ある唐草模様を乱れ織りしてあるのも。

❷(貴人の)御ため。御こと。源氏 賢木「はじめの日は先帝(せんだい)の―、次の日は母后(ははきさき)の御ため(の供養)」

これがまあ… 俳句

> 是がまあ　つひの栖(すみか)か　雪(ゆき)五尺(ごしやく)　冬
> 〈七番日記・一茶〉

訳(長い漂泊生活に別れを告げ、故郷に帰ってきたが)これがまあ私の終生の栖なんだなあ。雪が五尺も積もってうずもれているこの家が。(雪図。切れ字は「か」。)文法「栖か」の「か」は、詠嘆の終助詞。

解説 五十歳で柏原(かしはら)(長野県)に帰郷し、異母弟らとの遺産分配の争いが決着をみようとするころの句。

これ-かれ【此彼】(代)この事あの事。この人あの人。あれこれ。土佐「この歌を―あはれがれども、ひとりも返しせず」訳この歌をこの人あの人が感心するが、一人も返歌をしない。

これ-ぞ-この【此ぞ此の】(歌語として)これが例の。これこそあの。古今 雑上「おほかたは月をもめでじ―積もれば人の老いとなるもの」(伊勢・八八にも所収)訳通りいっぺんには(空の)月を愛(め)でまい。これ(=年月の「月」)こそあの積もり重なると人間の老いとなるもの(なのだから)。

これはこれは… 俳句

> これはこれはとばかり　花(はな)の吉野山(よしのやま)　春
> 〈一本草(ひともとぐさ)・安原貞室(やすはらていしつ)〉

訳ただもう「これはこれは」としか言いようもない(ほどみごとな)、桜の花におおわれた吉野山の景観であることよ。(花春。)文法「ばかり」は、程度や限定を示す副助詞。

解説「これはこれはとばかり」は古浄瑠璃で感動を表す常套(じようとう)表現で、驚いたときの当時の流行語でもある。

惟光(これみつ)【人名】「源氏物語」中の人物。光源氏の乳母(めのと)の大弐(だいに)の子で、源氏の無二の侍臣。その娘藤典侍(とうないしのすけ)は源氏の子夕霧と結婚する。

これ-や-この【此や此の】これがまあ(あの…か)。万葉 一・三五「―大和(やまと)にしてはあが恋ふる紀路(きぢ)にありといふ名に負ふ背(せ)の山」訳これがまあ大和にいては私が恋い慕っている、紀州路にあるという名高い背の山なのか。

これやこの… 和歌《百人一首》

> これやこの　行(ゆ)くも帰(かへ)るも　別(わか)れつつ
> 知(し)るも知(し)らぬも　逢坂(あふさか)の関(せき)　〔逢ふ〕
> 〈後撰・一五・雑一・一〇八九・蟬丸(せみまる)〉

訳これがまあ、(京から東国へ)行く人も(東国から京へ)帰る人も(ここで人ごとに)別れ、(お互いに)知っている人も知らない人も、また(ここで)出逢(であ)うという逢坂の関だなあ。修辞「逢坂の関」の「逢」に「逢(あ)ふ」をかける。

解説 詞書(ことばがき)に、逢坂の関に庵(いほり)を作って住み、行きかう人を見て詠んだとある。「逢坂の関」は東国への関門。「行く」「帰る」、「知る」「知らぬ」は対句表現で、それぞれ下に「人」が省略されている。別離と邂逅(かいこう)のドラマが、たたみかけるようなリズムで歌われている。「小倉百人一首」では、第三句を「別れては」とする。

これ-ら(代)❶「これ」の複数。この者ども。大鏡 序「―うち笑ひ、見交はして言ふやう(=言うことには)」

❷このあたり。この辺。徒然 八九「―にも猫の経(へ)あがりて、猫またになりて、人とることはあなるものを」訳この辺でも猫が年をとって変化して、猫また(=化け物の名)になって、人(の命)をとることはあるそうだからなあ。

これ-を-もちて【是を以て】このことからして。こういうわけで。

参考 漢文訓読から生じた語。

ころ【頃】(名)❶おおよその時をいう語。時分。徒然 一一「神無月(かみなづき)の―、栗栖野(くるすの)といふ所を過ぎて」訳陰暦十月の時分、栗栖野という所を通り過ぎて。

❷時節。季節。徒然 四四「しかしかの宮のおはします―にて、御仏事など候ふにや」訳これこれの宮が滞在なさっている時節であって、(今夜は)御仏事などがあるのでしょうか。文法 係助詞「や」のあとに結びの語「あらん」などが省略されている。

❸(「年」「月」「日」などの下に付いて、「ごろ」と濁り)長い期間の経過を表す。…もの間。源氏 桐壺「はかなく日―過ぎて」訳(桐壺の更衣の死後)なんということもなく数日もの間(=幾日か)が過ぎて。→年頃(としごろ)・日頃(ひごろ)

こ-ろ【子ろ】(名)《上代東国方言》「ろ」は親愛の意を表す接尾語〕子供や女性を親しんでいう語。万葉 一四・三五六五「かの―と寝ずやなりなむはだ薄(すすき)宇良野(うらの)の山に月(つく)片寄るも」訳あの子と(今夜は)寝ないでしまうのだろうか。宇良野の山に月が傾いていることよ。(「はだ薄」は「うら」にかかる枕詞)

ころおい【頃おい・比おい】⇩ころほひ

ころ-しも【頃しも】ちょうどそのころ。徒然 八九「ひとり歩(あり)かん身は、心すべきことにこそと思ひける―」訳ひ

とりで出歩くような者は、気をつけなければならないことだと思っていたちょうどそのころ。→しも(副助)

ころ・ふ【嘖ふ】(他ハ四)〔は・ひ・ふ・ふ・へ・へ〕《上代語》叱る。責める。万葉 一四・三五二九「をさをさも寝なへ児ゆゑに母に嘖はえ」訳 少しも寝ない子のために、母に叱られて。

なりたち 名詞「頃」＋副助詞「しも」

ころ-ほひ【頃ほひ・比ほひ】(名) ❶ころ。時節。伊勢 四五「時は水無月のつごもり、いと暑き—に」訳 時は陰暦六月の末、とても暑いころに。❷今の時節。当節。源氏 竹河「殿上の若人どもの中に、物の上手多かる—なり」訳 殿上の若い君達たちの中に、歌舞音曲にすぐれた者が多い当節である。

ころも【衣】(名) ❶着物。衣服。万葉 一・二八「春過ぎて夏来るらし白栲の—ほしたり天の香具山」訳 →はるすぎて…和歌
❷僧の着る法衣。僧服。源氏 橋姫「袈裟、—など、すべて一領のほどづつ」訳 袈裟や僧服など、すべて一そろいほどずつ。

参考 平安時代の仮名文では、衣服のことをいうときはふつう「きぬ」を使い、「ころも」は歌語や②の意味で用いられた。

発展 衣や袖の俗信

小野小町は、こういう歌を詠んでいる。
「いとせめて恋しき時はむばたまの夜の衣を返してぞ着る」〈古今 恋二〉
衣を裏返しに着て寝ると、恋する人の夢が見られるという俗信によるものである。
「わぎもこに恋ひてすべなみ白たへの袖返ししは夢に見えきや」〈万葉 一一・二八一二〉
この歌は、袖を折り返すことによって、思う相手の夢のなかに自分が現れるという俗信によっている。

ころも-う・つ【衣打つ】布を、つやを出したり、糊をやわらかくするために、砧で打つ。新古 秋下「み吉野の山の秋風さ夜ふけてふるさと寒く—・つ㊤なり」訳 →みよしのの…和歌

ころも-かたし・く【衣片敷く】着物の片袖を敷いてひとり寝をする。一説に、自分の着物だけを敷いてひとり寝をする意とも。新古 秋下「きりぎりす鳴くや霜夜のさむしろに—・き㊥ひとりかも寝ん」訳 →きりぎりす…和歌

衣川〔ころもがは〕『地名』歌枕 今の岩手県奥州市を流れ、北上川に注ぐ川。

ころも-がへ【衣更へ】(名)季節に応じてその季節の衣服にかえること。陰暦四月一日と十月一日とに行われるが、一般には四月に夏物にかえることをいう。平安時代には畳・几帳などもかえた。夏。源氏 明石「四月になりぬ。—の御装束、御帳の帷子などよしあるさまにし出づ」訳 陰暦四月になった。(明石の入道は)衣がえのお召し物や、御寝所の垂れ衣などを、風情のあるように調える。

ころも-で【衣手】(名)袖。古今 春上「君がため春の野に出でて若菜つむわが—に雪は降りつつ」訳 →きみがため…和歌

ころもでの【衣手の】《枕詞》袖が風にひるがえる意から「かへる」、袖の縁の手から「た」音のある「田上」「高屋」に、その他「真若」「名木」にかかる。万葉 一三・三三七六「—かへりも知らず」。万葉 一・五〇「—田上山の」。万葉 九・一七〇六「—高屋の上に」。万葉 一二・三一六八「—真若の浦の」。万葉 九・一六九六「—名木の川辺を」

ころもでを【衣手を】《枕詞》砧で打つことから「うつ」にかかる。万葉 四・五八九「—打廻の里に」

ころも-を-かへ・す【衣を返す】寝るときに着物を裏返しに着る。そうすると恋人の夢が見られるという俗信があった。古今 恋二「いとせめて恋しき時はむばたまの夜の—・し㊥てぞ着る」訳 →いとせめて…和歌

こわ〔強〕⇩こは

こわ-だか【声高】(名・形動ナリ)声の大きいこと。大声。土佐「今宵、『かかること』と、—・に㊥ものも言はせず」訳 今夜は、(従者たちに)「こんな(ひどい)こと」と、大声でものも言わせない。

こわ-づかひ【声遣ひ】(名)声の調子。口調。源氏 若紫「のたまふ御もてなし、—さへ目もあやなるに」訳 おっしゃる(光源氏の)御態度や声の調子までもが、まぶしいほどりっぱであるので。

こわ-づく・る【声作る】(自ラ四)〔ら・り・る・る・れ・れ〕❶わざと声をつくろう。作り声をする。源氏 賢木「ただここにしも、『宿直申し候ふ』と—・る㊤なり」訳 ほんのすぐそばで、「宿直申し(=宮中で宿直した者が自分の姓名を名のること)でございます」と声をつくろうのが聞こえる。
❷(相手の注意を引くために)咳ばらいをする。源氏 浮舟「—・り㊥給へば、あてなるしはぶきと聞き知りて」訳 (匂宮が)咳ばらいしなさると、(右近は)上品な咳ばらいだと聞き分けて。⇩目くはす「慣用表現」
❸ことさらに声を出す。源氏 夕顔「随身も弦打ちして絶えず—・れ㊦」訳 護衛の者も(魔物を退散させるため)弓の弦を鳴らして、絶えず声を出せ。

こ-わらは【小童】(名)小さい子供。大鏡 序「みづからが—にてありしとき」訳 私が(まだ)ほんの子供であったときに。

ご-ゐ【五位】(名)宮中の位階で、五番目の位。また、その位の人。枕 三「四位・—、若やかにここちよげなるはいとたのもしげなり」訳 四位・五位で、若々しくて満足そうなようすである人はとても頼もしそうに見える。

発展「殿上人」と「地下人」

四、五位で清涼殿の殿上の間に昇殿を許された人を「殿上人」と呼び、許されない「地下人」との差は大きかった。五位の人を「大夫」という。六位の人はふつう「地下人」だが、「蔵人」の場合は昇殿を許された。

ごゐ-の-くらうど【五位の蔵人】(名)蔵人所の次官。五位の殿上人の中から、家柄・人物ともにすぐれた者を選んだ。定員はふつう三人。

こ-ゐん【故院】(名)亡くなった上皇・法皇。源氏 明石「—ただおはしましさまながら立ち給ひて」訳 (光源氏の夢に)亡き上皇(=桐壺院)がまさしく(この世に)生きていらっしゃった姿のままでお立ちになって。

ご-ゐん【後院】(名)天皇の在位中に、譲位後の住居と定められた宮殿。〔栄花〕みはてぬゆめ「一条の太政大臣の家をば…みかどの―におぼしめすなるべし」訳(亡き)一条の太政大臣の家を…天皇の譲位後の宮殿にお考えになっているのであろう。

こゑ【声】(名)❶人の声や動物の鳴き声。方丈三「愁へ悲しむ―耳に満てり(=満ちている)」❷物の立てる音。新古 秋下「ふけにけり山の端近く月さえてとをちの里に衣打つ―」訳(夜が)更けてしまったことだ。山の端近くの月が寒々と澄み、遠くから十市の里で衣を打つ音が聞こえてくる。(「とを」は「十市」の「十」と「遠」とをかける)❸鐘や楽器の音色。源氏 須磨「琴の―風につきてはるかに聞こゆるに」訳(光源氏の弾く)七弦琴の音色が風にのって遠くから聞こえるので。❹発音。アクセント。徒然 一四一「この聖、―うちゆがみ、あらあらしくて」訳この(尭蓮)上人は、発音がちょっとなまり、荒っぽくて。❺(「訓」に対して)漢字の音。字音。〔うつほ〕蔵開中「ひとたびは訓に、ひとたびは―に読ませ給ひて」訳一度は訓読みで、一度は音読みで読ませなさって。

こゑ-あ・り【声有り】声がよい。源氏 若紫「御供に―・る㊍人して歌はせ給ふ」訳(光源氏は)お供のうちで声のよい人に命じて(自分の歌を)歌わせなさる。

こゑ-た・つ【声立つ】声に出す。声をはりあげる。源氏 若紫「さすがに―・て㊊てもえ泣き給はず」訳(若紫は)なんといってもやはり声に出しても泣くことがおできにならない。

-こん【献】(接尾)❶客をもてなすとき、食物を出す度数を数える語。膳に杯・銚子を出し、三杯飲ませて膳を下げることを一献という。徒然 二一六「一―にうちあはび、二―にえび、三―にかいもちひにてやみぬ」訳一献には干しあわび、二献にはえび、三献にはぼた餅で(ごちそうが)終わってしまった。❷酒杯を飲みほす回数を数える語。徒然 二一五「心よく数―におよびて興にいられ侍りき」訳気持ちよく(杯を重ねること)数献になってよい機嫌におなりでした。

ごん-【権】(接頭)❶(「権」は仮の意)定員外に仮に任じた官位を表す。「―大納言」「―の帥」❷次の位であることを表す。「―の北の方(=正妻に準ずる地位)」

こん-がう【金剛】(名)〔梵語の意訳。「堅固」の意〕❶鉱物の名。金剛石。ダイヤモンド。❷きわめて堅固で、破れないこと。また、そのもの。〔栄花〕たまのうてな「―の身なれば」❸「金剛杵」「金剛杖(=修験者が持つ、八角または四角の杖)」「金剛力士」などの略。

こんがう-かい【金剛界】(名)《仏教語》❶密教で、宇宙の本体である大日如来の知徳の面を表した部門。その知徳があらゆる煩悩を打破する堅固な力を持つことから金剛という。↔胎蔵界 ❷「金剛界曼荼羅」の略。金剛頂経の説に基づいて、金剛界を図示したもの。

こんがう-しょ【金剛杵】(名)《仏教語》古代インドの武器。転じて、密教で煩悩を打ち破り悪鬼を降伏させる象徴として用いる法具。金属製で、両端の枝の数により独鈷・三鈷・五鈷などにわかれる。金剛。

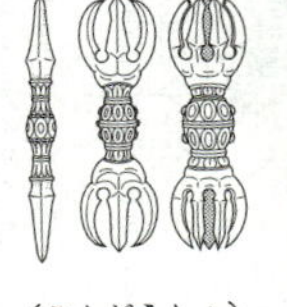

(こんがうしょ)

こんがう-じん【金剛神】(名)「こんがうりきし」に同じ。

こんがう-どうじ【金剛童子】(名)《仏教語》密教で、仏教守護神の一。童子形・怒りの相で、手に金剛杵を持つ。平家 二・康頼祝言「南無権現―、願はくは憐れみをたれさせおはしまして」訳南無権現、金剛童子、なにとぞあわれみをお施しになられて。

(こんがうどうじ)

古語ライブラリー⑳ 疑問の副詞「なに・など・いかが」

疑問の副詞「なに」があっても文末は連体形にならない(ただし、中古以降、散文では連体形で結ぶ例がみられるようになる)。「なに」の結びは「む・らむ・けむ」など終止形と連体形の区別のつかない語になる場合が多い。係助詞「か」を含む疑問の副詞「なにか」になると連体形で結ぶ。

◇春霞なに隠すらむさくら花散る間をだにも見るべきものを　〈古今 春下〉

◇あしひきの山も近きをほととぎす月立つまでになにか来鳴かぬ　〈万葉 一七・三九八三〉

また、疑問の副詞「いかが」があると連体形で結ぶ。「いかが」は「いかにか」が転じたもので、係助詞「か」を含んでいるからである。

◇御心地はいかがおぼさるる。　〈竹取 燕の子安貝〉

同様に、疑問の副詞「なぞ」があると連体形で結ぶ。「なぞ」は「なにぞ」の転じたもので、係助詞「ぞ」を含んでいるからである。

◇幾世しもあらじ我が身をなぞもかく海人の刈る藻に思ひ乱るる　〈古今 雑下〉

◇なぞ、かう暑きにこの格子はおろされたる。　〈源氏 空蟬〉

よくわからないのは、「なにと」からできたとされる疑問の副詞「など」の場合である。

A夏草は茂りにけれど郭公などわが宿に一声もせぬ　〈新古 夏〉

B上こそ(=おばあさま)。この寺にありし源氏の君こそおはしたなれ(=いらっしゃったそうよ)。など見給はぬ。　〈源氏 若紫〉

Cなどか久しく見えざりつる。遠ざかる昔のなごりにもおもふを。　〈和泉式部日記〉

係助詞「か」のついた「などか」になって連体形で結ぶのは当然だが、「など」だけであっても、A・Bの用例のように、連体形で結ばれている。

⇩五二一ページ㉑

こんがう-りきし【金剛力士】(コンゴウ—)(名)《仏教語》手に金剛杵(しょ)を持ち、仏法を守護する神。像を寺の門の左右に置き、左を密迹(みっしゃく)金剛、右を那羅延(ならえん)金剛とする。金剛神。力士。仁王。

こん-かき【紺搔き】(名)「こうかき」とも。藍を用いて布を染めること。また、それを業とする者。紺屋(こうや)。染め物屋。

こんがら【矜羯羅・金伽羅】(名)《梵語の音訳》不動明王に従う八大金剛童子の一。制吒迦(せいたか)とともに脇立ちの童子で知徳の神。矜羯羅童子。

こん-ぐ【金鼓】(名)《仏教語》「こんく」とも。仏教で用いる楽器。銅製で、円くて平たく、中空。寺の門や本堂の正面にかけた大型のもの(後世「鰐口(わにぐち)」という)や、胸にさげてばちで叩(たた)く小型のものなどがある。枕 一二〇「侍(さぶら)ひめきてほそやかなる者など具して、—うつこそをかしけれ」訳 侍のようでほっそりした者などを引き連れて、(お寺の)金鼓を鳴らすのは趣がある。

ごん-ぐ【欣求】(名)《仏教語》喜んで願い求めること。

ごんぐ-じゃうど【欣求浄土】(—ジョウド)(名)《仏教語》死後、極楽浄土に往生することを願い求めること。平家 三・少将都帰「さすが—の望みもおはしけり」訳 (父大納言＝成親(なりちか)は)やはり極楽浄土に往生したいという願いもおありであったのだ。↔厭離穢土(えんりえど)

こんくゎうみゃうさいしょうわう-きゃう【金光明最勝王経】(コンコウミョウサイショウオウキョウ)(名)仏教の経典の名。国王が正法をもって国を治めれば、四天王がその国を守護すると説く。鎮護国家の経典として尊重され、仁王経(にんのうきょう)・法華経(ほけきょう)とともに護国の三経として尊ばれた。最勝王経。金光明経。

ごん-げ【権化】(名)《仏教語》神仏が衆生(しゅじょう)を救うために、仮に人間などに姿を変えて、この世に現れること。また、その現れたもの。権現(ごんげん)。徒然 一四三「この大事は、—の人も定むべからず」訳 この(臨終という)重大事は、神仏の化身のような人でも(その優劣を)決定することはできない。

ごん-げん【権現】(名)《仏教語》❶「ごんげ」に同じ。❷如来(にょらい)・菩薩(ぼさつ)にならって用いた神の尊号。仏が日本の神々に姿をかえて現れるという本地垂迹(ほんじすいじゃく)の思想から生まれたもの。〔梁塵秘抄〕「熊野(くまの)の—は、名草(なぐさ)の浜にこそ降り給へ(＝お降りになる)」

ごん-ご【言語】(名)「ごん」「ご」とも呉音「げんご」。ことば。話すこと。徒然 一〇八「一日のうちに、飲食(おんじき)・便利・睡眠(すいめん)・—・行歩(ぎゃうぶ)、やむことを得ずして、多くの時を失ふ」訳 一日の間に、食事・用便・睡眠・会話・歩行に、やむを得ずに、多くの時間を費やす。

ごんご-だうだん【言語道断】(—ドウダン)(名)〔言語で説明する道の絶えた意〕(よい意にも悪い意にも用いて)ことばでは言い表せないほどであるさま。言いようもないほどすぐれていること。また、もってのほかであるさま。

ごん-ざ【権者】(名)「ごんじゃ」に同じ。

こん-じき【金色】(名)きんいろ。こがねいろ。更級 後の頼み「仏の御丈(たけ)六尺(＝約一・八メートル)ばかりにて、—に光り輝(かかや)き給ひて」

ごん-じゃ【権者】(名)《仏教語》「ごんざ」とも。神仏が衆生(しゅじょう)を救うために、仮に人間の姿となって現れたもの。徒然 七三「仏神(ぶっしん)の奇特(きどく)、—の伝記、さのみ信ぜざるべきにもあらず」訳 仏や神の霊験、神仏の化身(＝聖者)の伝記は、そう一概に信じてはならない(という)ものでもない。

こん-じゃう【今生】(—ジョウ)(名)《仏教語》この世に生きている間。この世。現世。平家 六・入道死去「—の望み、一事も残る所なし」訳 この世での望みは(すべて達せられ)、何一つも残るものがない。↔後生(ごしゃう)・前生(ぜんしゃう)

こん-じゃう【紺青】(—ジョウ)(名)濃いあざやかな藍色の顔料。また、その色。宇治 二・一〇「長(たけ)七尺(＝約二・一メートル)ばかりの鬼、身の色は—の色にて」

ごん-じゃう【言上】(—ジョウ)(名・自サ変)申し上げること。〔源平盛衰記〕「軍士(＝兵士)等の申し状をもって(＝言い分によって)—する(体)ばかりなり」

今昔物語集(こんじゃくものがたりしふ)(コンジャクモノガタリシュウ)『作品名』平安末期の説話集。編者は宇治大納言源隆国(たかくに)とする説もあるが、未詳。十二世紀前半成立か。天竺(てんじく)(＝インド)・震旦(しんだん)(＝中国)・本朝(ほんちょう)(＝日本)の三部からなり、一千余の説話を集める。各説話の冒頭が、「今は昔」とあり、この書名が生じた。中心は仏教説話であるが、本朝の部に収められている世俗説話には、あらゆる階層の人間の生活がいきいきと描かれている。文章は俗語を取り入れた和漢混交文。表記は片仮名宣命体。

ごん-じゅ【勤修】(名・他サ変)《仏教語》「ごんしゅ」とも。仏道を修行すること。〔霊異記〕「常に身を浄(きよ)めて善を—し(用)(＝善行につとめ)」

こん-じん【金神】(名)陰陽道(おんようどう)で祭る方位の神。戦乱・ひでり・流行病・死などをつかさどるといわれ、この神がいる方角に向かって工事・外出などすることを忌む。年によってその方位は異なる。〔浄・大経師昔暦〕「今年はここが—(のいる方角)に当たった」

ごん-す(自サ変)(せ・し・す(する)・する(す)・すれ・せ)《近世語》【「ござります」から転じた「ござんす」の転】❶「行く」「来(く)」「居(を)る」の尊敬語。おいでになる。いらっしゃる。〔東海道中膝栗毛〕「そしたらそのお客連れて—せ(命)」訳 それならそのお客を連れていらっしゃい。❷「あり」の丁寧語。あります。ございます。〔浄・山崎与次兵衛寿門松〕「変はった咄(はなし)が—する(終)」訳 変わった話があります。

ごん-す(補動サ変)(せ・し・す(する)・する(す)・すれ・せ)【サ変動詞「ごんす」から】軽い丁寧の意を表す。…(で)あります。…(で)ございます。〔浄・大経師昔暦〕「勤めの身はな、全盛するほど世間が張ってつらいもので—す(終)」訳 遊女勤めの身はね、羽振りがよくなるほど世間体を保つための費用がかさんでつらいものでございます。

ごん-だいなごん【権大納言】(名)定員外に仮に任じられた大納言。

こんたい-りゃうぶ【金胎両部】(—リョウブ)(名)《仏教語》「金剛界」と「胎蔵界」の二つを併称していう。密教で、本尊と仰ぐ大日如来(だいにょらい)の知徳・理徳の二つを表す。

こん-だう【金堂】(—ドウ)(名)寺で本尊を安置する堂。本堂。徒然 二五「大門(だいもん)・—など近くまでありしかど」訳 (法成(ほうじょう)寺の)総門や金堂などは最近まであったが。

こん-でい【金泥】(名)金粉をにかわの液でといたもの。書画をかくのに用いる。宇治 四・二「鳳輦(ほうれん)の中に—の経、一巻たたせおはしましたり」訳 鳳輦(＝天皇の乗る輿(こし)の中に金泥で書いた経典一巻が立っていらっしゃった。

こん-でい【健児】(名)「こでい」とも。❶平安時代、諸国に配置されて国府・関所などを守護した兵士。郡司など地方の有力者の子弟から採用された。❷「健児童(こんでいわらは)」の略。

こんでい-わらは【健児童】(名)武家の下級の使用人。中間(ちゅうげん)・足軽など。健児。〔平家〕一・俊寛沙汰 鵜川軍「―、もしは恪勤者(かくごしゃ)なんどにて召し使はれけるが」〔訳〕下僕、あるいは武士などとして召し使われていたが。

こんどう【金堂】⇩こんだう

こんにち-の-うへ【今日の上】現在の身の上。また、実際に体験した情景。実感。〔去来抄〕先師評「湖水朦朧(もうろう)として春を惜しむに便りあるべし。殊に―に侍る」〔訳〕(近江(おうみ)だからこそ)琵琶(びわ)湖がぼうっとかすんでいて、春を惜しむのによりどころがあるにちがいない。その上(この句は)眼前の実景を詠んだものであります。

こんにっ-た【今日た】(「こんにちは」の連声(れんじょう))きょうは。〔謡・隅田川〕「―舟を急ぎ、人びとを渡さばやと存じ候ふ」〔訳〕今日は舟を急いで(こいで)、人々を向こう岸に渡したいと思っております。

〔参考〕能・狂言や仏教の声明(しょうみょう)などで用いられる。「せついん→せっちん(雪隠)」と同じ発音上の現象。

ごん-の-かみ(名)❶【権頭】定員外に仮に任じられた諸寮の長官。❷【権守】仮に任じられた国司。

ごん-の-そち【権帥】(名)「ごんのそつ」とも。→だざいのごんのそち

金春禅竹(こんぱるぜんちく)『人名』(一四〇五〜一四七〇?)室町中期の能役者・能作者。世阿弥(ぜあみ)の娘婿。金春流中興の祖。世阿弥の論を受け継いで、能楽論書「六輪一露之記(ろくりんいちろのき)」を著した。作品は「雨月」「芭蕉(ばしょう)」など。

こん-むらご【紺村濃】(名)「こむらご」に同じ。〔増鏡〕おりゐる雲「―の指貫(さしぬき)をさへ着たりける」〔訳〕(中将は)紺色のむら染めの指貫までも着けていた。

こんめいち-の-しゃうじ(ヨウジ)【昆明池の障子】(名)「こんめいちのさうじ」とも。清涼殿(せいりょうでん)の東の広廂(ひろびさし)(=孫廂)に置かれた衝立(ついたて)障子。高さ六尺(=約二・八メートル)、幅九尺(=約二・七メートル)で、表に昆明池(=中国の長安城の南西にある池)、裏に嵯峨(さが)の小鷹狩(こたかがり)の図を描いたもの。

こん-りふ(リュウ)【建立】(名・他サ変)(寺院・塔などを)造り建てること。〔平家〕五・勧進帳「高雄山の霊地に一院(=一つの寺院)を―し⑩」

こんりん-ざい【金輪際】㊀(名)(仏教語)大地の最下底。〔平家〕七・竹生島詣「閻浮提(えんぶだい)の内に湖あり、その中に―より生ひ出でたる水精輪(すいしょうりん)の山あり」〔訳〕閻浮提(=須弥山(しゅみせん)南方の島)の中に湖があり、その中に大地の最下底から生じた水晶の山がある。

㊁(副)底の底まで。とことんまで。〔東海道中膝栗毛〕「聞きかけたことは、―聞いてしまはねば、気がすまぬ」

〔参考〕「金輪」はこの世界を支えている三輪の一つで、大地をいう。この下に水輪、風輪、さらに虚空(こくう)があるとされ、「金輪際」は金輪が水輪と接する所の意。

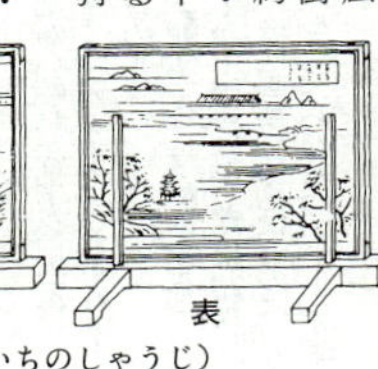

(こんめいちのしゃうじ)

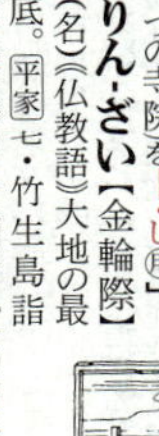

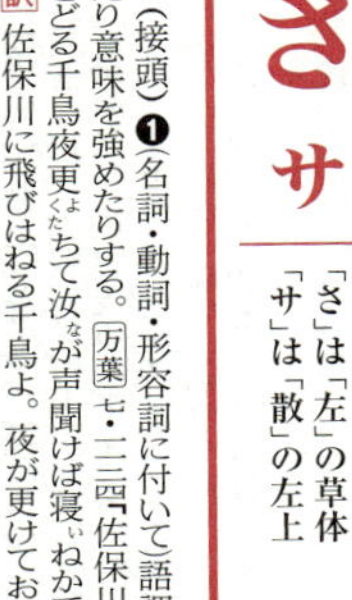

さ-(接頭)❶(名詞・動詞・形容詞に付いて)語調を整えたり意味を強めたりする。〔万葉〕七・一一二四「佐保川(さほがは)に―をどる千鳥夜更(くた)ちて汝(な)が声聞けば寝(い)ねかてなくに」〔訳〕佐保川に飛びはねる千鳥よ。夜が更けておまえの鳴く声を聞くと、眠れないことだなあ。

〔例語〕さ霧・さ遠し・さ鳴る・さ寝(ぬ)・さまねし・さ身・さ乱る・さ百合(ゆり)・さ夜・さ青(を)・さ躍(をど)る・さ小舟(をぶね)

❷(名詞に付いて)「若々しい」の意を添える。〔万葉〕八・一四一八「石走(いはばし)る垂水(たるみ)の上の―わらびの萌(も)え出づる春になりにけるかも」〔訳〕→いはばしる…〔和歌〕

〔例語〕さ苗(なへ)・さ乙女(をとめ)

〔参考〕①には「小」、②には「早」をあてることがある。

-さ(接尾)❶(形容詞の語幹(シク活用は終止形)、形容動詞の語幹に付いて)程度・状態の意を表す名詞をつくる。〔源氏〕帚木「琴(こと)の音すすめけむかどかどし―も、すきたる罪重かるべし」〔訳〕琴の演奏が上手であったという(女の)才気も、(一方で浮気な性格なのだからその)浮気の罪は重いだろう。

〔例語〕危(あや)ふさ・いみじさ(=はなはだしさ)・憂(う)さ・かなしさ・口惜(くちを)しさ・心もとなさ(=不安さ。待ち遠しさ)・繁(しげ)さ・尊(たふと)さ・露けさ・つれなさ(=冷淡さ)・ねたさ(=いまいましさ)・はしたなさ(=間の悪さ)・ゆかしさ・らうたさ(=かわいらしさ)・わびしさ・わりなさ(=しかたなさ)・をかしさ(=おもしろさ)

❷(「…の…さ」「…が…さ」の形で文末に用いて)感動の意を表す。…ことよ。〔万葉〕七・一一〇二「大君の三笠(みかさ)の山の帯にせる細谷川の音のさやけ―」〔訳〕三笠の山が帯にしている(=山すそを流れている)細い谷川の音のすがすがしいことよ。(「大君の」は「三笠」にかかる枕詞。)〔万葉〕二〇・四三三八「たたみけめ牟良自(むらじ)が磯(いそ)の離り磯の母を離れて行くが悲し―」〔訳〕牟良自の磯の離れ磯のように、母から離れて(防人(さきもり)に)行くのが悲しいことよ。(「たたみけめ」は「むら」にかかる枕詞。第三句までは「離れ」を導きだす序詞)

❸(移動性の意をもつ動詞の終止形に付いて)「…とき」「…場合」の意の名詞をつくる。〔万葉〕一五・三六一四「帰る―に妹(いも)に見せむにわたつみの沖つ白玉拾(ひり)ひて行かな」〔訳〕帰るときに妻に見せるために、海の沖の白玉を拾って行こう。〔文法〕「見せむに」の「む」は仮定・婉曲(えんきょく)の助動詞。「行かな」の「な」は願望を表す上代の終助詞。

❹(名詞に付いて)「…の方向」の意の名詞をつくる。

〔例語〕あふさきるさ・来(く)さ・行くさ

万葉 一六・四一三「縦ーにもかにも横ーも奴とぞ吾はありける主の殿門に」訳縦の方向から見ても、このように横の方向から見ても奴で私はあった、ご主人であるあなた様に(お仕えして)。

【例語】逆さ

参考 ④には「様」をあてることがある。

さ(代)他称の人代名詞。そいつ。竹取 かぐや姫の昇天「ーが髪をとりて、かなぐり落とさむ」訳そいつの髪をつかんで、(空から)引きずり落としてやろう。

参考 格助詞「が」を伴って、「さが」の形で用いられる。

さ【然】(副)(前述されたことをさして)**そう。そのとおりに。そのように。** 源氏 若菜下「ー言ひつつも、ふたとせばかりになりぬれば」訳そう言いながらも二年ほどになってしまったので。徒然 四一「まことにーにこそ候ひけれ」訳ほんとうにそのようでございましたね。

参考 上代では、一般に「然」が用いられた。

ざ【座】(名)❶すわる場所。座席。また、すわるときに敷く畳など。方丈 四「ほどせばしといへども、夜臥す床あり、昼居るーあり」訳面積が狭いといっても、夜に寝る床があり、昼にすわる場所がある。

❷集まりの席。集会の席。著聞 九六「太政大臣は管弦のーに必ず候ふべき人にておはしけるに」訳太政大臣は管弦の集まりの席に必ず伺候しなければならない人でいらっしゃったが。

❸田楽・能楽・歌舞伎などの劇場。また、その団体。〔風姿花伝〕「これ、大和の国円満井のーなり」訳これ(=こうした伝統を持つの)が、大和の国(奈良県)の円満井の座(=金春座の古名)(なの)だ。

❹中世、朝廷・貴族・寺社などの保護下に、特定の商品の製造・販売の独占権を得ていた同業組合。

❺江戸時代、貨幣やその他の特許品を製造した公設の場所。「金座」「銀座」「枡座」など。

さ-あら-ぬ【然あらぬ】そしらぬ。なにげない。〔浄・出世景清〕「いやいや武士の妻となり、心弱くてかなはじとー体にもてなし」訳いやいや武士の妻となり、気弱であるのはいけないとなにげないふうをよそおい。

なりたち 副詞「然」+ラ変動詞「有り」の未然形「あら」+打消の助動詞「ず」の連体形「ぬ」

さい【采・賽】(名)〔古くは「さえ」〕さいころ。平家 一・願立「賀茂川の水、双六のー、山法師、これぞわが心にかなはぬもの」訳賀茂川の水、すごろくのさいころの目、(そして)延暦寺の僧兵、これが私の思いどおりにならないもの。⇩山法師「名文解説」

さい【斎】(名)《仏教語》❶心身の不浄を慎むこと。潔斎。

❷仏家で、正午以降は食事を慎むこと。

❸(午前中の)僧の食事。また、供養として信徒が僧にふるまう食事。斎。

❹仏教でする法会。

さい-いん【斎院】⇩さいゐん

さい-えい【細纓】(名)冠の纓の一種。古くは幅の細い布を用いたが、のちには鯨のひげを輪にして用いた。六位以下の武官、六位の蔵人が着用した。↓纓

さい-かい【西海】(名)❶西国の海。特に、瀬戸内海。平家 七・忠度都落「今はーの浪の底に沈まば沈め」訳今となってはこの身が西国の海の波の底に沈むのなら沈むがいい。文法「沈め」は命令形の放任法。

⇩思ひ置く「名文解説」

❷「西海道」の略。

さいかい-だう【西海道】(名)五畿七道の一つ。今の九州・沖縄地方。筑前・筑後(福岡県)、豊前(福岡県・大分県)、豊後(大分県)、肥前(佐賀県・長崎県)、肥後(熊本県)、日向(宮崎県)、大隅・薩摩(鹿児島県)、壱岐・対馬(長崎県)、琉球(沖縄県)の十二か国の称。

ざい-がう【在郷】(名)都から離れた地方。田舎。村里。在。〔浮・西鶴置土産〕「はや(=すでに)その人はーへ立ち退き、空き家となりぬ」

さい-かく【才覚】■(名)❶学才。学識。徒然 一七九「江帥は如何なるーにてか申されけん、覚束なし」訳江帥(=大宰の帥の大江匡房)はどのような学識によって申されたのであろうか、わからない。→才学 参考

❷工夫。分別。機知。徒然 一〇二「又五郎男を師とするより外のー候はじ」訳(儀式の順序については)又五郎めを師匠として教わる以外の工夫はありますまい。

■(名・他サ変)工面すること。やりくり。算段。〔浮・世間胸算用〕「欲からーし(用)てすますこと、手にとったやうなり」訳欲につられて(金を)工面して返済することは、すぐにも実現しそうである。

■(名・形動ナリ)機転がきくさま。工夫の上手なこと。

西鶴(さいかく)《人名》→井原西鶴

さい-がく【才学】(名)「さいかく」とも。学才。学識。源氏 絵合「ーといふもの、世にいと重くするものなればにやあらむ」訳学識というものは、世間でたいそう重んじるものだからだろうか。

参考「才学」は漢語であるが、日本では、中世以降「才覚」とも表記されるようになって、学識よりも、頭のはたらきの良さを表す語となった。

西鶴大矢数(さいかくおほやかず)サイカクオオヤカズ《作品名》江戸前期の俳諧集。井原西鶴作。延宝九年(一六八一)刊。矢数俳諧の記録を更新しようとして、延宝八年(一六八〇)に大坂生玉の本覚寺において興行した連句を収めたもの。句数四千。「大矢数」とも。

西鶴織留(さいかくおりどめ)《作品名》江戸前期の浮世草子。六巻。井原西鶴の第二遺稿集。北条団水編。元禄七年(一六九四)刊。二十三編から成る。町人の生活の種々相を描き、「日本永代蔵」から「世間胸算用」への過渡的作品として注目される。

西鶴諸国ばなし(さいかくしよこくばなし)《作品名》江戸前期の浮世草子。井原西鶴作。貞享二年(一六八五)刊。諸国の怪異奇談三十五編を収録する。「人は化物の世にない物はなし」という序文の言は、単なる怪異談を超える西鶴の視点を示す。

西行(さいぎやう)サイギョウ《人名》(一一一八〜一一九〇)平安末期の歌人。俗名佐藤義清。法名、円位。鳥羽上皇に仕える北面の武士であったが、二十三歳で出家。諸国を遍歴、修行して多くの秀歌を残した。歌風は平明枯淡で自在。自然や人生に強い憧憬と愛着を示した。家集「山家集」。「小倉百人一首」に入集。(西行忌 季春)

さい-く【細工】(名)❶手のこんだ器具・飾り物を作る

こと。また、その職人。細工人。徒然 二三九「よき—は、少しにぶき刀をつかふといふ」訳 りっぱな細工人は、少し切れ味の悪い刀を使うという。
❷手先を利かせて細かい物を作ること。また、その物。徒然 一二二「次に—、万に要おほし」訳 次に手細工は、万事に役立つことが多い。

さい‐ぐう【斎宮】(名)「さいくう」とも。天皇の名代として伊勢神宮に奉仕した未婚の内親王、または皇族の女性。天皇の即位のたびに選ばれた。斎王。斎の皇女。斎きの宮。転じて、斎宮の居所。源氏 賢木「—の御下り近うなり行くままに、御息所もの心ぼそく思ほす」訳 斎宮の(伊勢への)ご下向が近くなっていくにつれて、(六条)御息所はなんとなく心細くお思いになる。→斎院

ざい‐くゎ【罪科】(名)つみ。とが。また、それに対する刑罰。平家 一・殿上闇討「かへって叡感にあづかっしうへは、敢へて—の沙汰もなかりけり」訳 (平忠盛はとがめを受けるどころか)かえって上皇のおほめにあずかった以上は、まったく処罰の命令もなかった。

ざい‐け【在家】(名)❶《仏教語》普通の生活をしながら仏教に帰依すること。また、その人や家。在俗。今昔 二・三九「この人—なりし時も、衣食に乏しくして得難かりき」訳 この人は在俗の身であったときも、衣食が欠乏して手に入れることが難しかった。↔出家
❷民家。平家 六・小督「嵯峨の—いく程かあるべき」訳 嵯峨の(里の)民家はどれくらいあろうか(たいしたことはあるまい)。

さい‐げい【才芸】(名)才能と技芸。また、学問と芸能。徒然 一〇七「品の高さにても、—のすぐれたるにても、…人にまされりと思へる人は」訳 家柄の高さでも、学問と芸能のすぐれていることでも、…(自分が)人よりひいでていると思っている人は。

さい‐ご【最後・最期】(名)❶物事の終わり。最終。平家 九・木曽最期「—のいくさしてみせ奉らん」訳 最後の合戦をして(殿に)お見せ申しあげよう。
❷命の終わるとき。臨終。平家 四・宮御最期「西にむかひ、高声に十念となへ、—の詞ぞあはれなる」訳 西に向かい、声高らかに十ぺん念仏を唱え、最期のことばがあわれである。⇨果つ「慣用表現」

在五が物語(さいごがものがたり)【作品名】→伊勢物語

さい‐こく【西国】(名)「さいごく」とも。❶西の方にある国。畿内以西の国々。平家 八・法住寺合戦「平家は—に、兵衛佐は東国に、木曽は都に張り行ふ」訳 平家は西国に、兵衛の佐(=源頼朝)は東国に、木曽(義仲)は都に勢力を張る。↔東国
❷特に、九州地方。平家 六・嗄声「鎮西の謀叛をたひらげに—へ発向す」訳 (平貞能は)九州の謀反を平定するために九州地方へ向かって出発する。
❸「西国巡礼」の略。近畿地方を中心とした、三十三か所の観音霊場を巡礼すること。

在五中将(さいごちゅうじゃう)ザイゴチュウジョウ【人名】→在原業平

在五中将の日記(さいごちゅうじゃうのにっき)ザイゴチュウジョウノニッキ【作品名】→伊勢物語

ざい‐ごふ【罪業】(名)《仏教語》(後世で)報いを受ける罪の原因となる行い。悪業。平家 一一・重衡被斬「—まことに深しといへども(=深いけれども)」

ざいざい‐しょしょ【在在所所】(名)ここかしこ。あちらこちら。方丈 二「都のほとりには、—、堂舎塔廟、一つとして全からず」訳 京都の近郊では、ここかしこ、社寺の堂や塔も、一つとして完全なものはない。

さい‐さき【幸先】(名)(「さきさき」の転)物事を行うときの前ぶれ。前兆。また、吉兆。

さい‐し【妻子】(名)❶妻と子。平家 二・大納言流罪「再び故郷に帰りて、—を相見んことも有りがたし」訳 再び故郷に帰って、妻と子に会うこともむずかしい。
❷妻。源氏 若紫「ふかき里は人離れ心すごく、若き—の思ひわびぬべきにより」訳 深い山里(に住むの)は人気がなく気味わるく、若い妻がきっとつらく思うにちがいないから。

さい‐し【釵子】(名)平安時代、宮廷で女性が正装のとき髪上げに用いた飾り。金属製の、かんざしの類。枕 九二「色々のさいでを、物忌みのやうにて—につけたるなども」訳 色とりどりの小ぎれを、物忌みのときのように釵子につけているのなども。

さいしなや(感)催馬楽などの古代歌謡のはやしことば。〔催馬楽〕「真金吹く吉備の中山(=地名)、帯にせる、なよや、らいしなや、—」(「真金吹く」は「吉備」にかかる枕詞。「なよや」「らいしなや」もはやしことば

さい‐しゃう【宰相】(名)❶古代中国で、君主を助けて政治を行った最高の官職。
❷参議の唐名。

ざい‐しゃう【罪障】(名)《仏教語》成仏・往生の妨げとなる悪い行い。平家 一〇・維盛入水「出家の功徳莫大なれば、先世の—みなほろび給ひぬらん」訳 出家の功徳は莫大だから、(あなたの)前世の悪い行いはすべて消滅なさっただろう。

ざい‐しょ【在所】(名)❶住んでいる所。居所。今昔 三一・二「若く盛りなりし時は、—を定めずして、所々に修行しき」訳 (私=聖人は若く血気盛んであったときは、居所を定めないで、あちらこちらと修行した。
❷国もと。故郷。〔浄・曽根崎心中〕「—の母は継母なるが、我に隠して親方と談合極め」訳 国もとの母は継母であるが、私にかくして親方と相談をきめ。
❸地方。いなか。〔狂・粟田口〕「都の東に、粟田口という—がある」

さいしょう‐かう【最勝講】(名)毎年陰暦五月の吉日の五日間に、清涼殿で行われた法会。高僧を召し、金光明最勝王経全十巻を、朝夕二回、一巻ずつ講じさせて、国家の平穏を祈った。夏

さいしょう‐わうきゃう【最勝王経】(名)「金光明最勝王経」の略。

さいしょう‐ゑ【最勝会】(名)金光明最勝王経を講じて国家の平穏を祈る法会。奈良の薬師寺では陰暦三月七日から七日間、京都の円宗寺では陰暦二月に五日間行われた。

さい‐じん【才人】(名)学問・文芸などの方面にすぐれた人。才能ある人。平家 五・都遷「大臣・公卿・諸道の—等に仰せあはせ」訳 (桓武天皇は)大臣・公卿や諸々の道のすぐれた人たちにご相談なさって。

さい‐ぜん【最前】(名)❶いちばん前。
❷さきほど。〔浮・西鶴諸国ばなし〕「—の難儀を救はん

ために、御出だしありしは疑ひなし」訳さきほどの難儀を助けるために、(どなたかがご自分の小判を)お出しになったことは間違いない。

ざい-ぞく【在俗】(名)出家しないで、俗人の姿でいること。また、その人。在家。今昔 二六・一八「それが若くして―なりける時」訳その人(=観硯聖人)が若くて出家しないで俗人であったとき。

さい-たん【歳旦】(名)❶元旦。〔去来抄〕故実「詞に季なしといへども、一句に季と見ゆる所ありて、あるいは―とも、名月とも定まるあり」訳ことばに季語はないといっても、一句(全体)に季節を感じるところがあって、ある場合は元旦(の句)とも、名月(の句)とも決まることがある。
❷正月の吉日に開く句会で作る句。

最澄（さいちょう）『人名』(七六七―八二二)平安初期の僧。日本の天台宗の開祖。諡は伝教大師。近江(滋賀県)の人。延暦七年(七八八)比叡山寺(のちの比叡山根本中堂)を建立。同二十三年(八〇四)空海とともに入唐、天台の教理を学んで翌年帰国し、やがて天台宗を開いた。著書は宗論書「顕戒論」など。

さい-つ-ころ【先つ頃】(名)〔「さきつころ」のイ音便〕先日。さきごろ。源氏 若紫「―、まかり下りて侍りしついでに」訳さきごろ、(私=良清が播磨へ)下向しておりました機会に。

さい-で【裂帛】(名)〔「裂き出で」の転か〕布のきれはし。枕 三〇「二藍・葡萄染めなどの―の、おしへされて草子の中などにありける見つけたる」訳(過ぎ去ったころが恋しいものは)二藍(=紅色がかった青色)やえび染め(=薄紫色)などの布のきれはしが、押しつぶされて綴じ本の中などにあったのを見つけたの。

さい-ど【済度】(名・他サ変)《仏教語》〔「済」は救う、「度」は渡す意〕迷いの世界に苦しむ衆生を救い、悟りの世界に導くこと。平家 三・灯籠之沙汰「三界六道の衆生をあまねく―し用給へ」訳三界六道の諸々の生きものをすべてお救いください。

さい-とう【柴灯・斎灯】(名)神仏の前でたいて灯明とする柴のかがり火。著聞 二七「熊野に、盲の者―をたきて、眼の明らかならんことを祈るありけり」訳熊野神社で、盲人が柴のかがり火をたいて、眼が開くことを祈ることがあった。

さい-な-む【苛む・嘖む】(他マ四)〔「さきなむ」のイ音便〕責める。しかる。いじめる。源氏 若紫「例の、心なしのかかるわざをして―ま未るるこそいと心づきなけれ」訳いつものように、不注意者がこのような(雀の子を逃がす)ことをしてしかられるのは、とても気にくわない。
文法「こそ…心づきなけれ」は、係り結び。

さい-はう【西方】(名)❶西の方。特に、極楽浄土のある方角。方丈 三「春は藤波を見る。紫雲のごとくして、―に匂ふ」訳春は藤の花が波うつのを見る。(それは)紫色の雲のようで、西の方に照り映えている。
❷《仏教語》「西方浄土」の略。

さいはう-じゃうど【西方浄土】(名)《仏教語》人間世界の西方十万億土の地にあるという阿弥陀如来のいる世界。極楽浄土。平家 灌頂・六道之沙汰「―の来迎にあづからんとおぼしめし、西にむかはせ給ひて御念仏さぶらふべし」訳極楽浄土からの仏・菩薩のお迎えをいただこうとお思いになり、西にお向きになられてお念仏をなさいませ。

さい-はて【最果て】(名)最後。最終。「さいはち」とも。今昔 三・二四「―の門には、金の女、金の床に座して金の糸を懸けたり」訳(天にある四十九重の垣根の)最後の門では、黄金の(衣を着た)女が、黄金の床に座って黄金の糸をかけていて。

さい-はひ【幸ひ】(名・形動ナリ)〔「さきはひ」のイ音便〕しあわせなこと。幸運。源氏 帚木「宮仕へに出でたちて、思ひかけぬ―取り出づるためしども多かりかし」訳宮仕えに出て、予期しない幸運(=良縁)を引き出す先例もあれこれ多いことだよ。

さいはひ-びと【幸ひ人】(名)幸運な人。特に、高貴な人の愛情を一身に受けている女性。平家 六・祇園女御「祇園女御と聞こえし―おはしける」訳(白河院には)祇園女御と申し上げたご寵愛の女性がいらっしゃったことだ。

さいばら【催馬楽】(名)古代歌謡の一種。もと民謡だったが、平安時代に宮廷に取り入れられた。舞はなく、笏拍子・和琴・笛・ひちりき・笙・箏・琵琶などを伴奏に宴席・儀式などで盛んに歌われた。

さい-まく-る(自ラ四・下二)〔「さきまくる」のイ音便〕「さいまぐる」とも。先走りする。出しゃばる。差し出口をする。枕 二八「物語するに、さし出でして、我ひとり―る体(四段)者」訳話をするときに、出しゃばって、自分ひとり先走りする者(も不快だ)。

在民部卿家歌合（ざいみんぶきゃうけうたあはせ）『作品名』現存する最古の歌合わせ。一巻。在原行平が民部卿であった元慶八年(八八四)から仁和三年(八八七)の間に、同家で行われた。題は「ほととぎす」「逢はぬ恋」の二題十二番。

さい-もん【祭文】(名)❶祭りのときに、節をつけて読んで神仏に告げることば。枕 二五八「ことばなめげなるもの　宮のべの―読む人」訳ことばが(きたなくて)無礼な感じのするもの、宮のべ(=吉祥を求めて陰暦正月・十二月の初午の日に行われる祭り)の祭文を読む人。
❷山伏が錫杖を振り、法螺貝を吹き、神仏の霊験、祭りの由来を語ったもの。
❸②が発展した江戸時代の俗曲の一種。世間の事件を三味線に合わせて語るもの。歌祭文。

さい-ら-く【才らく】(自カ四)学才がありそうにふるまう。〔紫式部日記〕「文屋の博士さかしだち―き用ゐたり」訳文屋の博士(=女官文屋時子)はりこうぶって学才があるようにふるまっていた。

さい-りゃう【宰領】(名)❶荷物を運送する人夫などを指揮・監督する役。また、その人。〔浄・丹波与作待夜小室節〕「―ども、さあ御立ちと催す(=用意をする)ところに」
❷多人数の旅行などで、世話や監督をすること。また、その人。

さい-ゐん【斎院】(名)天皇の名代として、京都の賀茂神社に奉仕した未婚の内親王、または皇族の女性。伊勢の斎宮にならって天皇即位のたびに選ばれた。斎王。斎きの皇女。転じて、京都紫野にあった斎院の居所。→斎宮

> **発展 斎院の歴史**
> 嵯峨(さが)天皇の弘仁元年(八一〇)、皇女有智子(うちこ)内親王が選ばれたのが最初で、鎌倉前期の後鳥羽(ごとば)天皇の皇女礼子内親王まで続いた。特に、文芸サロンを形成した村上天皇の皇女選子内親王がよく知られる。この内親王は円融天皇から後一条天皇まで、五代五十七年間斎院となり、大斎院と呼ばれた。

西園寺公経(さいをんじきんつね) サイオンジキンツネ〘人名〙→藤原公経(ふぢはらのきんつね)

さう【姓】(名)「しゃう」とも。姓(せい)。氏(うじ)。更級 竹芝寺「その宮の産み給へるこどもは、やがて武蔵(むさし)といふ—を得てなむありける」訳 その姫宮がお産みになった子供たちは、そのまま武蔵という姓を得て(その土地に)住んだ。

さう【相】(名)❶姿。形。ようす。徒然 一四三「愚かなる人は、あやしく異(こと)なる—を語りつけ」訳 愚かな人は、(人の臨終を語るのに)不思議で普通と違ったようすをつけ加えて話し。❷外面に表れて、吉凶を示すもの。人相・家相など。源氏 桐壺「帝王の上(かみ)なき位にのぼるべき—おはします人の」訳 (この子=光源氏は)帝王という最高の位にのぼるはずの人相のおありになる人で。

さう【草】(名)❶書体の一つ。行書をさらにくずした書体。草書。源氏 葵「—にも真字(まな)にも、さまざま珍しきさまに書きまぜ給へり」訳 (光源氏は)草書にも楷書にも、さまざまにけっこうな書きぶりでまぜてお書きになっている。→行(ぎゃう)・真(しん) ❷草稿。下書き。徒然 二三八「常在光院のつき鐘の銘(=銘文)は、在兼卿(ありかねのきやう)(=菅原(すがはらの)在兼)の—なり」❸「草仮名(さうがな)」の略。枕 二四一「唐(から)の紙のあかみたるに、—にて、『山ちかき…』とぞ書かせ給へる」訳 (中宮は)中国製の紙で赤みを帯びているのに、草仮名で、「山ちかき…」とお書きになられている。

さう【荘・庄】(名)「しゃう」とも。「しゃうゑん」に同じ。源氏 夕霧「栗栖野(くるすの)の—近からむ、秣(まぐさ)などとり飼はせて」訳 (ここから)栗栖野の(私=夕霧の)荘園が近いだろうし、(そこで馬に)秣などを与えさせて。

さう【笙】(名)「しゃう(笙)」に同じ。

さう【箏】(名)「しゃう」とも。弦の十三本ある琴。現在の琴。箏の琴。源氏 明石「昔より—は女なむ弾きとるものなりける」訳 昔から箏は女が奏法を習い取るものであった。⇩巻頭カラーページ23

さ-う【左右】(名)❶左と右。さゆう。源氏 若菜上「舞台の—に、楽人(がくにん)の平張(ひらばり)(=天幕張りの控え所)うちて」❷あれこれ言うこと。平家 四・還御「九条殿の御ぱからひのうへは、—に及ばず」訳 九条殿(=九条兼実(かねざね))のおとりはからいである以上は、あれこれ言うこともできない。❸あれこれの指図。命令。平家 一・殿上闇討「刀の実否(じっぷ)について咎(とが)の—あるべきか」訳 刀の真偽によって罪(にするかしないか)の指図を下すべきではないか。❹あれこれの状況。ようす。〔平治物語〕「軍(いくさ)の—を待つとみるはひがことか」訳 戦いの状況をうかがっていると推察するのは間違いか。❺あれこれの音信。知らせ。〔太平記〕八「その—を今や今やと待ちける所に」訳 その知らせを今か今かと待っていたところに。

さう【候】(「さうらふ」の転)(丁寧の気持ちを表して)…ます。…であります。平家 九・宇治川先陣「腹帯(はるび)の伸びて見え—ぞ。締め給へ」訳 (馬の)腹帯(おび)がゆるんで見えますよ。お締めなさい。

参考 もっぱら補助動詞として用いられる。

さう-あん【草庵】(名)草ぶきのいおり。粗末な仮住まい。方丈 五「今、—を愛するも咎(とが)とす」訳 今、粗末ないおりを愛するのも(仏道からすれば)罪悪とする。⇩苫屋(とまや)「慣用表現」

さう-か【早歌】(名)鎌倉・室町時代に、武家・貴族・僧侶などの間で流行した歌謡。調子が速いのでこの名があるという。早歌(はやうた)。「宴曲(えんきょく)」とも。徒然 一八八「—といふことを習ひけり」

草加(さうか) ソウカ〘地名〙今の埼玉県草加市。奥州街道の宿駅。

さう-かく【騒客】(名)〔「騒」は古代中国の韻文の一体〕詩歌などを作る風流人。文人。詩人。〔去来抄〕先師評「山野吟歩(ぎんぽ)し侍るに、岩頭また一人の—を見付けたる」訳 山野を句を案じながら歩き回っていますと、岩の先端に(自分と同じような)もう一人の風流人を見つけた。

さう-がな【草仮名】(名)万葉仮名の草書体をさらにくずした仮名の字体。現在のひらがなに先行する字体。枕 一八四「人の—書きたる草子(さうし)など、とり出(い)でて御覧(らん)ず」訳 (中宮は)だれか人が草仮名を書いた綴(と)じ本などを、とり出してご覧になる。

ざう-くゎ【造化】(名)❶万物を創造し支配する神。造物主。細道 松島「—の天工(てんこう)、いづれの人か筆をふるひ詞(ことば)を尽くさむ」訳 造物主の神わざは、どんな人が絵筆をふるい、詩文で表現し尽くすことができようか(いや、だれにもできはしない)。名文解説 漢詩風の対句で描写してきた松島の絶景を、宇宙を創った造物主「造化」の工夫として賛美し、筆舌に尽くしがたいものとする。芭蕉(ばしょう)は、朱子学の想定する人為を超えた造物主の根源的創造力と一体になり、自然の美を追求するのが風雅の道と考えた。❷天地自然。〔笈の小文〕「—にしたがひて四時(しいじ)を友とす」訳 (俳諧は)天地自然にしたがって四季(の移り変わり)を友とする。

さう-くゎん【主典・佐官】(名)「さくゎん」に同じ。

さうざう-し(形シク)(しから・しく(しかり)・し・しき(しかる)・しけれ・しかれ)(あるべきものがなくて)なんとなく物足りない。心さびしい。張り合いがない。源氏 若紫「—・しき(体)夕暮れなどばかりぞ、尼君を恋ひ聞こえ給ひて、うち泣きなどし給へど」訳 (若紫は)心さびしい夕暮れなどだけは、尼君をお慕い申しあげなさって、ちょっと泣いたりなさるけれど。大鏡 道隆「かやうのことに権(ごん)中納言のなきこそ、なほ—・しけれ(已)」訳 こういうこと(=遊宴)に権中納言(=隆家(たかいえ))がいないのは、やはり物足りない。

参考 漢語索漠(さくばく)・索然(さくぜん)などの「索」を重ねて形容詞にした「さくさくし」の音便形かといわれる。

類語パネル

●共通義　心が満たされず、おもしろくないさま。

さうざうし	あるべきものがなくて、満ち足りないさま。(心の状態を主観的にいう)
さびし	状況・情景が寂寞としているさま。(寒々とした周囲の状態を客観的にいう)。また、そこからくる心細い気持ちをも表す。
つれづれなり	することがなく手持ちぶさたなさま。変化がなく、退屈で心が満たされないさま。
わびし	思うように物事がはかどらず、つらくてやりきれないさま。

ざう-さく ゾウ【造作】(名)❶家を建てること。建築。建物。[徒然]五五「―は、用なき所を作りたる、見るも面白く、万の役にも立ちてよし」[訳]建築は、用途のない所を造ってあるのが、見た目にも趣があり、いろいろの役にも立ってよい。❷家の内部に建具や装飾を取り付けること。また、その取り付けた物。内装。

さう-し ソウ【冊子・草子・草紙・双紙】(名)〔「さくし」のウ音便。「冊」は綴じることの意。「子」は物の名に添える接尾語〕❶(巻物に対して)歌や文章を書くために、紙を重ねて糸で綴じたもの。綴じ本。[枕]三一九「この―、目に見え心に思ふ事を…書き集めたるを」[訳]この綴じ本(=「枕草子」)は、(私の)目に見え心に思う事を…書き集めたのを。❷物語・日記・随筆・歌集など仮名書きの書物の総称。[更級]梅の立枝「わざとめでたき―ども、硯の箱のふたに入れておこせたり」[訳]特にみごとな冊子をいろいろと、硯箱のふたに入れてよこした。❸下書き。草稿。❹絵草紙・草双紙など、通俗的な絵入り小説の略称。

荘子 (さうじ) ソウシ『人名』「そうじ」とも。中国、戦国時代の思想家。生没年未詳。名は周、字は子休。宋の国の人。老子の教えを継承して、無為自然の道を説いた。「荘子」三十三編は荘子の書いた哲学書。内編で自己の根本思想を、外編・雑編でその思想を詳述する。比喩や寓話を使った表現が特色。

さう-じ ソウ【障子】(名)「しゃうじ(障子)」に同じ。

さう-じ ソウ【精進】(名・自サ変)〔「さうじん」の撥音「ん」の表記されない形〕「しゃうじん(精進)」に同じ。

ざう-し ゾウ【曹司】(名)❶宮中や官庁に設けられた役人や女官などの部屋。また単に、部屋。そこに住む人を指すこともある。[源氏]桐壺「後涼殿にもとよりさぶらひ給ふ更衣の―を他にうつさせ給ひて」[訳](桐壺帝は)後涼殿に以前からお仕えなさる更衣の部屋を、他にお移しになられて。[文法]「せ給ひ」は、最高敬語。❷平安時代の大学寮の教室。〔神皇正統記〕「大学寮に東西の―あり」❸(「御曹司」の形で)独立しないで部屋住みしている貴人の子弟の称。→御曹司

さうじ-ぐち ソウジ【障子口】(名)「障子」が立っている出入り口。[大鏡]師尹「御―まで持ておはしまして」[訳](道長ご自身が)御障子口まで(食事を)持っておいでになって。

ざうし-ずみ ゾウシ【曹司住み】(名)❶宮中や官庁で、部屋を与えられて住んでいること。また、その自分の部屋に下がって休息すること。[宇治]一・一八「四、五日ばかりありて、―にてありけるところへ」[訳]四、五日ほどたって、(五位が)自分の部屋に下がって休息していたところへ。❷まだ独立せず部屋住みの身分であること。また、その人。[今昔]二六・二四「官も成らで、四郎君といひて、―にてありける時に」[訳]官職にも任ぜられず、四郎君といって、部屋住みの身分であったときに。

さう-じみ ソウ【正身】(名)〔「正身」の転〕その当人。本人。[源氏]末摘花「―は、何の心げさうもなくておはす」[訳](末摘花)本人は、なんの緊張もないようすでいらっしゃる。

さう-じゃ ソウ【相者】(名)人相を見る人。「相人」とも。[徒然]一四六「明雲座主、―に逢ひ給ひて、『己もし兵仗の難やある』と尋ね給ひければ」[訳](天台座主明雲が、人相見に対面なさって、「私は、もしかしたら武器で危害を受ける災難があるか」と尋ねなさったところ。

さう-じょう ソウ【相承】(名)次々に受け継ぐこと。[平家]四・南都牒状「宮々―の庄園を取るといへども、権威にはばかって物いふ事なし」[訳]皇族方が代々受け継いでいる私有地を(平氏が)奪い取るけれども、権勢を恐れはばかって(だれも意見を言うことがない。

さう-じん ソウ【精進】(名・自サ変)「しゃうじん(精進)」に同じ。

さう-す ソウス【相す】(他サ変){せ・し・す・する・すれ・せよ}人相・手相・家相などを占い、吉凶を判断する。[今昔]六・二「人の形の有り様を見て、行く先にあるべき身の上の善悪を―・し(用)」[訳]人の顔だちのようすを見て、将来に起こるはずの身の上の善悪を占い。

さう-す ソウス【左右す】(他サ変){せ・し・す・する・すれ・せよ}あれこれ手配する。[竹取]かぐや姫の生ひ立ち「よき程なる人に成りぬれば、髪上げなど―・し(用)て」[訳](成人式をあげるのにふさわしい大きさである人になったので、髪上げの祝いなどをあれこれ手配して。(一説に、「相す(=吉凶を占う)」の意に解して、「よい日を選び定めて」とする)

さう-ず ソウズ【請ず】(他サ変){ぜ・じ・ず・ずる・ずれ・ぜよ}「しゃうず」とも。招く。招待する。[源氏]葵「山の座主、何くれの僧都たちも、え―・じ(用)あへ給はず」[訳](夜半なので)比叡山(=延暦寺)の座主、だれそれの僧都たちも、(左大臣家では)とても招くことはおできにならない。

さう-ず ソウ【候ず】…ません。…ではありません。[平家]二・烽火之沙汰「いやいや、これまでは思ひも寄りさうず(終)」[訳]いやいや、これまでは思いもよりません。

[なりたち]四段動詞または四段補助動詞「候ふ」の簡略形「さう」＋打消の助動詞「ず」

[参考]「平家物語」に多く例がみられる。

さう-ず ソウ【候ず】…ましょう。…でしょう。〔浄・出世

景清〕「さもさうず㊅、さもあらん」 訳 そうでしょう、(たぶん)そうだろう。

なりたち 四段動詞または四段補助動詞「候ふ」の簡略形「さう」＋推量の助動詞「うず」＝「さうらうず」の転

参考 浄瑠璃などに多く例がみられる。

ざう-す【蔵主】(名)《仏教語》❶禅寺で、経蔵を管理する僧。❷(広く出家した者をさして)僧。また、僧名に添える語。〔太平記〕一六「宗応ーといふ僧」

ざうず-め・く【上衆めく】(自カ四)｛か・き・く・く・け・け｝「じゃうずめく(上衆めく)」に同じ。〔紫式部日記〕「上臈中臈のほどぞ、あまりひき入りー・き用てのみ侍るめる」 訳 上級・中級女房の身分(の人々)は、あまりに引っこみすぎて上品ぶってばかりいるようでございます。

さう-せい【早世】(名・自サ変)若くして死ぬこと。若死に。早死に。細道 金沢「去年の冬ー・し用たりとて、その兄追善を催すに」 訳 (一笑＝俳人の名は)去年の冬に若死にしたということで、その兄が追善供養(の句会)を開くので。

さう-ぜん【生前】(名)「しゃうぜん」とも。❶(死後に対して)生きている間。存命中。生前。❷生まれる前。前世。堤 虫めづる姫君「ーの親ならむ。な騒ぎそ」 訳 (この蛇は私の)前世の親であろう。騒ぐな。

さうぞき-た・つ【装束き立つ】**一**(自タ四)｛た・ち・つ・つ・て・て｝きれいに着飾る。枕 二七八「まことに寅の時かとー・ち用てあるに、明けはて、日もさし出でぬ」 訳 ほんとうに寅の刻(＝午前四時ごろ)(にお出かけするの)かと(思って)着飾っているのに、(夜は)すっかり明け、日も昇ってしまった。

二(他タ下二)｛て・て・つ・つる・つれ・てよ｝きれいに着飾らせる。枕 一五一「おほきにはあらぬ殿上童の、ー・て未られてありくもうつくし」 訳 (体格が)大きくはない殿上童が、きれいに着飾らせられて歩きまわるのもかわいらしい。

さうぞき-わ・く【装束き分く】(他カ下二)｛け・け・く・くる・くれ・けよ｝それぞれ色や模様の違った衣服をつける。装束を別にする。源氏 胡蝶「鳥、蝶にー・け用たる童べ八人」 訳 鳥(の姿)と蝶(の姿)とに装束を別々にした(舞の)童女八人。

さう-ぞく【装束】(名・自サ変)「しゃうぞく」とも。❶**衣服。服装。**また、衣服をつけること。源氏 桐壺「御ー、いとよし」 訳 (夜は)派手な服装が、はなはだよい。徒然 一九一「はなやかなるー一くだり(＝ひとそろい)」。❷**したく。**用意すること。大鏡 花山院「車にー・せよ命」 訳 牛車に(牛をつけて、外出の)用意をせよ。❸**飾り。**また、**飾ること。**枕 三三「よくー・し用たる数珠かいまさぐり」 訳 りっぱに飾った数珠を手でもてあそび。

さうぞ・く【装束く】(自カ四)｛か・き・く・く・け・け｝〔名詞「装束」を動詞化した語〕「しゃうぞく」とも。❶身じたくする。装う。更級 鏡のかげ「いみじう気高う清げにおはする女の、うるはしくー・き用給へるが」 訳 たいそう上品で美しい感じでいらっしゃる女性で、きちんと装っていらっしゃる人が。文法「女の」の「の」は、いわゆる同格の格助詞で、「…で」の意。

❷したくする。飾りつけ、整える。源氏 胡蝶「唐めいたる舟つくらせ給ひける、急ぎー・か未せ給ひて」 訳 唐風である舟を(光源氏がかねて)作らせなさったのを、急いで飾りつけ整えさせなさって。

さう-そつ【早卒・倉卒】(形動ナリ)｛なら・なり(に)・なり・なる・なれ・なれ｝急で、落ち着かないさま。あわてるさま。細道 全昌寺「けふは越前の国へと、心ー・に用して、堂下に下るを」 訳 今日は越前の国(福井県)へ(入ろう)と、心もあわただしく(全昌寺の)堂の下におりると。

さう-でう【双調】(名)十二律(＝雅楽の音階)の第六音。源氏 紅梅「うち笑みて、ー吹かせ給ふ」 訳 (按察使大納言は)にっこり笑って、(笛で)双調を(若君に)お吹かせになる。→十二律

さう-でん【相伝】(名・自サ変)代々受け伝えること。代々受け継ぐこと。徒然 八八「御ー、浮けることには侍らじなれども」 訳 お言い伝えは、根拠のないことではございますまいが。

さうど・く【騒動く】(自カ四)｛か・き・く・く・け・け｝〔名詞「騒動」を動詞化した語〕騒ぎたてる。はしゃぐ。源氏 常夏「氷水召して、水飯などとりどりにー・き用つつ食ふ」 訳 氷水をお取り寄せになって、(それをかけた)水漬けの飯などを思い思いに皆はしゃぎながら食べる。

さうな(助動特殊型)

意味・用法

様態〔…ようだ。…らしい。〕→❶
伝聞〔…そうだ。…ということだ。〕→❷
推量〔…ようだ。…らしい。〕→❸

接続

①は体言、動詞の連用形、形容詞の語幹などに付き、形容詞「なし」「よし」などに付く場合には、語幹にさらに接尾語「さ」を間に入れて続ける。②③は活用語の連体形(のち終止形)に付く。

活用

未然	連用	終止	連体	已然	命令
○	さうに(テ)	さうな(○)	さうな(コト)	さうなれ(ドモ)	○

❶様態の意を表す。…ようだ。…らしい。〔天草本平家・一〕「殿上までも切りのぼりさうな体者の面魂のぼるような者の面がまえであったから。〔狂・武悪〕「そなた(＝武悪)も段々気色もよささうな体程に、早う出勤をしたならばよからう」 訳 あなたもだんだんと気分もよくなっているようだから、早く出勤をしたらよいだろう。

❷伝聞の意を表す。…そうだ。…ということだ。〔浮世風呂〕「江戸も昔は踊ったさうな体が」 訳 江戸でも昔は(盆踊りを)踊ったということだが。

❸推量の意を表す。…ようだ。…らしい。〔洒・辰巳之園〕「あいつは…西村の船頭か、あいつも見忘れたさうな終、きつく年寄りになったさうな終」 訳 あいつは…西村の船頭か、あいつも(私を)見忘れたらしいが、ひどく年寄りになったようだ。

参考 中世末から近世にかけて用いられた。近世以降「そうな」とも書かれる。体言の「さう」(「相」または「左

右」とも)に断定の助動詞「なり」の付いた「さうなり」から生じたもの。一語の助動詞として確立する前には、次のように、「さうなる」の形もみられる。

「いかにもうま**さうなる**飯、いづくともなく出でにけり」〈伽・一寸法師〉

さう-なう【左右無う】〔形容詞「さうなし」の連用形「さうなく」のウ音便〕ためらわずに。簡単に。軽率に。平家 八・法住寺合戦「―上って軍すべき様もなし」訳 軽率に(京に)上って合戦をすることができようすでもない。

さうなく-な・し【左右無く無し】たやすくはない。〔花鏡〕「幽玄なる為手して、―・し終」訳 幽玄なシテ(=曲の主役)は、めったにいない。

なりたち 形容詞「左右無し」の連用形「さうなく」＋形容詞「無し」

さう-な・し【双無し】(形ク)〔「双」は並ぶの意〕比べるものがない。並ぶものがないくらいすぐれている。徒然 一八五「城の陸奥守泰盛は、―・き体馬乗りなりけり」訳 秋田城の介(兼)陸奥の守の泰盛は、並ぶ者のない馬の乗り手であった。

さう-な・し【左右無し】(形ク)〔「左右」はあれこれの意〕❶**どうともきまらない。** 枕 能因本・二〇「なほ、このこと―・く用て止まむ、いとわろかるべし」訳 やはり、このこと(=歌を覚えているのかどうかの勝負)がどうともきまらない(まま)でやめるようなことは、はなはだ具合がよくないことだろう。❷**あれこれと考えるまでもない。言うまでもない。**ためらわない。無造作だ。容易だ。徒然 二〇七「古くよりこの地を占めたるものならば、―・く用掘りすてられがたし」訳 (蛇が)昔からこの土地を住みかとしているものなら、無造作に(蛇の塚を)掘ってお捨てになることはむずかしい。

⇩言ふもおろかなり「慣用表現」

さう-にん【相人】(名)人相を見る人。人相見。「相者」とも。大鏡 道長上「―ならねど、よき人はものを見給ふなり」訳 人相見でないが、身分教養のある人は物事を予知なさるのだ。

さう-の-こと【箏の琴】(名)「さう(箏)」に同じ。

さう-の-ふえ【笙の笛】(名)「しゃう(笙)」に同じ。枕 九三「まろがもとに、いとをかしげなる―こそあれ」訳 私のところに、とてもすばらしい感じの笙の笛がある。

さう-はく【糟粕】(名)❶酒のかす。❷(良いところを取り去った)残りかす。〔笈の小文〕「道の日記といふものは、紀氏・長明・阿仏の尼の、文をふるひ情をつくしてより、余は皆俤似かよひて、その―を改むることあたはず」訳 紀行文というものは、紀貫之・鴨長明・阿仏尼(といった人)が、文を十分に書いて旅情を述べつくしてから、その後のものはみな情趣が似通って、その残りかす(である状態)を改めることができない。

さう-び【薔薇】(名)「しゃうび」とも。❶植物の名。ばら。夏。源氏 賢木「階のもとの―けしきばかり咲きて」訳 階段のもとの薔薇がわずかばかり咲いて。❷襲の色目の名。表は紅、裏は紫。夏に用いる。

さう-ぶ【菖蒲】(名)「しゃうぶ」とも。❶植物の名。しょうぶ。あやめ草。夏。枕 六六「草は―。菰。葵、いとをかし」訳 草は、菖蒲。真菰。葵はたいそう趣がある。❷襲の色目の名。表は萌黄、裏は紅。夏に用いる。⇩巻頭カラーページ11

さうぶ-の-かづら【菖蒲の鬘】陰暦五月五日の端午の節句に、邪気をはらうため、男は冠につけ、女は髪に挿した菖蒲の飾り。あやめのかずら。枕 八九「五月の節のあやめの蔵人。―、赤紐の色にはあらぬを」訳 陰暦五月五日の節会のあやめの(薬玉を配る)女蔵人(は優美である)。(髪に)菖蒲のかずら(をつけ)、赤い紐の派手ではないのを(つけて)。

さうぶ-の-こし【菖蒲の輿】陰暦五月五日の端午の節句に菖蒲を積んで宮中に運ぶ輿。あやめの輿。枕 三三九「五日の―などもて参り、薬玉参らせなどす」訳 (陰暦五月)五日の菖蒲の輿などを持って参上し、薬玉を差し上げたりする。

さうぶ-の-さしぐし【菖蒲の挿し櫛】陰暦五月五日の端午の節句に、邪気をはらうため女性が挿した菖蒲。枕 三九

「わかき人々―さし」

さうふ-れん【相府蓮・想夫恋】(名)「さうぶれん」とも。雅楽の曲名。もと晋の王倹が、家に蓮を植えて楽しんだときの曲といわれるが、日本では「夫を想う恋」の曲と解されて有名になった。

ざう-め【象馬】(名)象と馬。貴重な財産の代表とされる。方丈 四「心もし安からずは、―・七珍もよしなく」訳 心がもし安らかでないならば、(貴重であるはずの)象や馬、七種の宝物も無意味であり。

さう-もん【相聞】(名)〔互いに消息を述べあう意〕「相聞歌」の略。雑歌・挽歌とともに、「万葉集」における三大分類の一つ。男女・親子・兄弟姉妹・友人などの親しい間がらでの贈答の歌。特に、恋愛歌をさしていうことが多い。

さう-もん【桑門】(名)僧。出家して仏道を修行する者。方丈 五「―の蓮胤、外山の庵にして、これをしるす」訳 仏道修行者の蓮胤(=鴨長明の法名)が、(日野の)外山の庵で、これ(=「方丈記」)を記す。

さうらは-むず-らむ【候はむずらむ】「さうらはんずらん」に同じ。

さうらは-んず-らん【候はんずらん】❶(「さうらふ」が動詞「あり」の丁寧語の場合)ございましょう。ありましょう。平家 七・忠度都落「世しづまり候ひなば、勅撰の御沙汰―・らん終」訳 世の中が静まりましたならば、勅撰集の撰進のご命令がございましょう。❷(「さうらふ」が丁寧語の補助動詞の場合)…でしょう。…ましょう。平家 六・小督「御書を給はらで申さんには、うはの空にやおぼしめされ―・らん体」訳 (天皇の)お手紙をいただかないで(口頭で)申し上げるとしたら、その場合には、(小督は)あてにならないこととお思いになりましょう(が、いかがでしょう)か。

なりたち 四段補助動詞「候ふ」の未然形「さうらは」＋推量の助動詞「んず(むず)」＋推量の助動詞「らん(らむ)」

さうら・ふ【候ふ】(自ハ四)〔「さぶらふ」の転〕❶貴人のそばに仕える意の謙譲語。**お仕え申しあげる。伺候する。**おそばにいる。

平家 一・殿上闇討「左兵衛の尉家貞といふ者ありけり。…殿上の小庭に畏まってぞー・ひ(用)ける」 訳 左兵衛の尉家貞という者がいた。…清涼殿の小庭にかしこまって伺候していた。❷「あり」の丁寧語。**あります。ございます。おります。** 平家 七・実盛「故郷へは錦を着て帰れといふことのー・ふ(終)」 訳 故郷へは錦を着て帰れということがございます。(⇩坐します「敬語ガイド」)

参考 「さぶらふ」から音が変化して生じた語で、中世から用いられた。さらに、「さうらふ」の音が変化して「そうろう」の形、「そうろう」のつづまった「さう」「そろ」の形なども用いられるようになった。「平家物語」では、男性は「さうらふ」を、女性は「さぶらふ」を使っている。なお、「さうらふ」が口頭語として用いられるのは中世だけで、以後は、文章語として用いられた。

さうら・ふ ソウラ(ロ)ウ 【候ふ】(補動ハ四){は・ひ・ふ・ふ・へ・へ}〔四段動詞「さうらふ」から〕❶(動詞・形容詞・形容動詞・助動詞「る」「らる」「す」「さす」「なり」「べし」の連用形、助詞「て」に付いて)丁寧の意を表す。**…ます。…でございます。**…です。平家 七・忠度都落「別の子細候ふはず。三位殿に申すべきことあって、忠度が帰り参ってー・ふ(終)」 訳 特別の理由はございません。三位殿(＝藤原俊成)に申し上げなければならないことがあって、(私)忠度が帰り参っております。❷尊敬の意を表す「御…あり」の形の丁寧表現。**…(なさい)ます。(お…になり)ます。** 平家 九・木曽最期「あれに見え候ふ、粟津の松原と申す。あの松の中で御自害ー・へ(命)」 訳 あそこに見えますのが、粟津の松原と申します。あの松の中でご自害なさいませ。(→候ふ(自ハ四)参考)

ざうら・ふ ソウラ(ロ)ウ 【候ふ】(補動ハ四){は・ひ・ふ・ふ・へ・へ}〔「にさうらふ」の転〕(名詞、形容動詞の語幹、副詞、動詞・助動詞の連体形に付いて)…でございます。…です。平家 九・生ずきの沙汰「『それはたが御馬ぞ』『佐々木殿の御馬ー・ふ(終)』」 訳 「それはだれの御馬か」「佐々木殿の御馬でございます」。

さうらふ-やらん ソウラ(ロ)ウ―【候ふやらん】〔「さうらふにやあらん」の転〕…でしょうか。徒然 二四三「人は何として仏には成りー」 訳 人はいかにして仏にはなるのでしょうか。

なりたち 四段補助動詞「候ふ」の連体形「さうらふ」＋「やらん」。→やらん

ざう-り ゾウ―【草履】(名)「じゃうり」とも。藺草や藁・竹皮などで編み、鼻緒を付けたはきものの総称。

さえ【采・賽】(名)「さい(采)」に同じ。

さえ ⇩さへ

ざえ【才】(名)〔「才」の字音「ざい」(呉音)の転〕❶**学問。**特に、**漢学。学才。** 徒然 二八「雅房大納言は、ー賢く、よき人にて」 訳 雅房大納言は、学問がすぐれ、りっぱな人であるので。❷**芸能。技能。** 徒然 一六八「年老いたる人の、一事すぐれたるーのありて」 訳 年をとっている人が、一つの事にすぐれた技能があって。❸「才の男」の略。

さえ-かへ・る ―カエル【冴え返る】(自ラ四){ら・り・る・る・れ・れ}❶(光や音などが)澄みきる。澄み渡る。〔謡・八島〕「月も今宵に一・り(用)」 訳 月も今宵(の空)に澄みきり。❷寒さが身にしみる。〔新後拾遺〕冬「しぐれつる宵のむら雲ー・り(用)」 訳 しぐれの降った夜の群雲はひどく寒々として。❸春になって寒さがぶり返す。春。〔浄・国性爺合戦〕「まだー・る(体)(＝余寒がきびしい)春の夜の」

ざえ-が・る【才がる】(自ラ四){ら・り・る・る・れ・れ}〔「がる」は接尾語〕学問・教養があるようにひけらかす。〔紫式部日記〕「男だにー・り(用)ぬる人は、いかにぞや、はなやかならずのみ侍るめるよ」 訳 男性だって学識をひけらかしてしまう人は、どういうものか、きまって栄達しないようですよ。

名文解説 少女の頃、弟が習う漢籍をそばで聞いていて暗誦してしまい、女であることを父に惜しまれるほどであった紫式部が、ふと耳にしたことば。このことばを聞いて以来、紫式部は漢学の素養があることをひたすら隠すようになったという。漢籍は女性の読むべきものではないとされていた時代に生まれながら、漢学の才能に恵まれていた紫式部の苦悩を伝えるエピソードである。

さえ-こほ・る ―コオル【冴え凍る】(自ラ四){ら・り・る・る・れ・れ}冷えて凍りつく感じである。更級 宮仕へ「いみじく冷えとして凍りつく感じである。烈しくー・る(体)暁がたの月の、…袖にうつれるも」 訳 (寒さで)たいそうはなはだしく凍りつく感じである夜明け前の月が、…袖に照り映えているのも。

ざえざえ・し【才才し】(形シク){しから・しく(しかり)・し・しき(しかる)・しけれ・しかれ}いかにも学問があるようすだ。才知がおもてにあらわれている。源氏 若菜下「ただ走り書きたるおもむきの、ー・しく(用)はかばかしく、仏神も聞き入れ給ふべき言の葉あきらかなり」 訳 (明石の入道が)ほんの少し走り書きした(願文の)趣旨が、才知があらわれしっかりしていて、仏や神も聞き入れなさるにちがいない文句(であること)は明らかである。⇩賢し「類語パネル」

さえずる【囀る】⇩さへづる

さ-えだ【小枝】(名)〔「さ」は接頭語〕木の枝。また、こえだ。万葉 二〇・四五〇一「常磐なる松のーをわれは結ばな」 訳 常緑である松の小枝を(永遠の願いをこめて)私は結ぼう。

ざえ-の-をのこ ―オノコ【才の男】(名)内侍所の神楽などで歌を歌ったり、滑稽な芸を演じたりする人。略して「才」とも。枕 一四二「ー召して、声ひきたる人長の心地よげさこそいみじけれ」 訳 才の男を呼び寄せて、(長く)声を引いた人長(＝舞人の指揮者)の満足そうなようすもすばらしい。

さえ-まさ・る【冴え勝る】(自ラ四){ら・り・る・る・れ・れ}寒気がいよいよきびしくなる。寒さがつのる。古今 恋二「ささの葉に置く霜よりもひとり寝るわが衣手ぞー・り(用)ける」 訳 笹の葉におりている霜よりも、一人寝る私の袖のほうが(凍った涙で)いちだんと冷たいことよ。

さえ-わた・る【冴え渡る】(自ラ四){ら・り・る・る・れ・れ}❶一面に凍る。一面に冷える。万葉 一三・三二八一「わが衣手に置く霜も氷にー・り(用)」 訳 私の袖におりる霜も氷のように一面に冷え。❷(光や音などが)一面に澄みきる。更級 春秋のさだめ「冬の夜の、空さへー・り(用)いみじきに」 訳 冬の夜の、空までが一面に澄みきってひどく寒いのに。

さおしか【小牡鹿】⇩さをしか

さおとめ【早乙女・早少女】⇩さをとめ

さおひめ【佐保姫】⇩さほひめ

さ-か【然か】(前の語句や文を受けて)そうであるか。そうか。〔更級〕春秋のさだめ「横笛の吹きすまされたるは、何ぞの春とおぼゆかし。また、—と思へば」訳(秋の月夜に横笛が澄んだ音色で吹かれているのは、何の春だ(＝どうして春が良いのか)と思われるよ。また、そうかと思うと。

なりたち 副詞「然」＋係助詞「か」

釈迦(さか)〔人名〕→釈迦(しゃか)

さが【性・相】(名)❶**性質。生まれつき**。〔源氏〕椎本「いとくまなき御心の—にて、おしはかり給ふにや侍らむ」訳(匂宮は好色の面でたいそう抜け目ない御心の性質だから、憶測なさるのでございましょうか。❷**運命**。宿命。また、ならわし。〔源氏〕柏木「あはれなることは、その常なき世の—にこそは」訳しみじみと悲しいことは、(あなた＝夕霧のいう)その無常の世のならわしである。

文法「こそは」のあとに「あれ」などの結びの語が省略されている。〔野ざらし紀行〕「汝が—のつたなきを泣け」訳おまえの宿命の悪さを泣け。

嵯峨(さが)〔地名〕歌枕 今の京都市右京区の地名。桂川の上流大堰川を隔てて嵐山に対する。平安時代は朝廷の狩猟地、貴族の別荘地・遊楽の地。

さかい【堺・境】⇩さかひ

さかえ-をとめ【栄え少女】(名)美しい盛りの少女。〔万葉〕一三・三三〇九「つつじ花にほえ少女桜花—」訳つつじの花のように色美しい少女よ、桜の花のように美しい盛りの少女よ。

さか-き【榊・賢木】(名)❶常緑樹の総称。ときわ木。特に、神事に用いる木。❷ツバキ科の常緑樹の名。枝葉を神事に用いる。

さか-さま【逆様】(名・形動ナリ)「さかしま」とも。❶方向・順序などが逆であること。逆の方向。〔源氏〕須磨「天の下を—・に(用)なしても」訳(たとえ)世の中を逆さにしても。
❷道理に反すること。道にはずれること。〔大鏡〕師輔「いみじからむ—の罪ありとも」訳(たとえ非常な道にはずれた罪があっても。

さか・し【賢し】(形シク){しから・しく(しかり)・し・しき(しかる)・しけれ・しかれ}

語義パネル
●重点義 **知能の働きがすぐれているさま。**反発を感じるほどであるのが❹。
❶**かしこい。**才知がある。
❷**じょうずだ。**すぐれている。
❸**気丈である。**しっかりしている。
❹**こざかしい。**りこうぶっている。

❶**かしこい。**才知がある。〔徒然〕二三二「父の前にて、人ともの言ふとて、史書の文をひきたりし、—・しく(用)は聞こえしかども」訳父親の前で、人と何か話をするということで、歴史書の文を引用していたのは、かしこくは聞こえたけれども。
❷**じょうずだ。**すぐれている。〔土佐〕「異人々のもありけれど、—・しき(体)もなかるべし」訳ほかの人たちの歌もあったけれど、気の利いたじょうずなのもないようだ。
❸**気丈である。**しっかりしている。〔源氏〕明石「落ちかかりぬとおぼゆるに、ある限り—・しき(体)人なし」訳(雷が頭上に)落ちかかったと思われるので、(光源氏のそばに)いる者すべて気の確かな人はいない。
❹**こざかしい。**りこうぶっている。〔源氏〕若菜下「—・しき(体)やうにや思さむとつつまれて」訳りこうぶって生意気なように(光源氏がお思いになるだろうかと、(紫の上は自然に遠慮されて。(⇩賢し「類語パネル」)

さ-かし【然かし】同意を示したり、念を押したりするときに用いる語。そうだね。そのとおりですよ。なるほど。もっともだ。〔源氏〕浮舟「—。昔も一度二度通ひし道なり」訳そうだね。昔も一度か二度は通った道だ。

なりたち 副詞「然」＋終助詞「かし」

さが・し【険し・嶮し】(形シク){しから・しく(しかり)・し・しき(しかる)・しけれ・しかれ}❶(山などが)けわしい。〔うつほ〕俊蔭「いただき天につきて—・しき(体)山、遥かに見ゆ」訳頂上が天に達してけわしい山が、はるかに見える。
❷あぶない。危険である。〔落窪〕「女君『いと—・しき(体)ことなり』とて、笑ひ給ふ」訳女君は「(埋み火をふところに抱くとは)たいへん危険なことだ」と言って、お笑いになる。

さかし-が・る【賢しがる】(自ラ四){ら・り・る・る・れ・れ}(「がる」は接尾語)かしこそうにふるまう。りこうぶる。こざかしくふるまう。〔枕〕二三「おしはかりごとうちし、すずろなるものうらみし、われ—・る(体)」訳あれこれ憶測し、わけもないうらみごとを言い、自分こそはとりこうぶるのも、ひどく気にくわない。

さかし-だ・つ【賢しだつ】(自タ四){た・ち・つ・つ・て・て}(「だつ」は接尾語)りこうぶる。かしこそうなふりをする。〔紫式部日記〕「さばかり—・ち(用)、真字書き散らして侍るほども、よく見れば、まだいとたへぬこと多かり」訳(清少納言は)あれほどりこうぶって、漢字を書き散らしておりますその程度も、よく見ると、まだたいして能力があるとはいえない点が多い。

さか-しま【逆しま・倒しま】(名・形動ナリ)「さかさま」に同じ。

さかし-ら【賢しら】(名・形動ナリ)(「ら」は接尾語)❶りこうぶること。〔万葉〕三・三四四「あなみにく—をすと酒飲まぬ人をよく見ば猿にかも似る」訳→あなみにく… 和歌
❷差し出がましいことをするさま。おせっかい。〔伊勢〕四〇「—する親ありて、思ひもぞつくとて、この女をほかへ追ひやらむとす」訳おせっかいをする親がいて、恋心でもつくと困ると思って、この女をよそへ追い出そうとする。
❸人をおとしいれるための告げ口。讒言。〔雨月〕吉備津の釜「人の—にあひて領る所(＝所領)をも失ひ」

さかしら-が・る【賢しらがる】(自ラ四){ら・り・る・る・れ・れ}(「がる」は接尾語)りこうぶって出しゃばる。〔源氏〕紅梅「忍びて、母君ぞ、たまさかに—・り(用)聞こえ給ふ」訳こっそりと、母君(＝真木柱)は、ときたま出しゃばって(匂宮に)お返事を差し上げなさる。

さかしら-ごころ【賢しら心】(名)りこうぶる心。出しゃばる心。〔源氏〕若紫「人の程もあてにをかしう、なかなかの—なく」訳(若紫は)人柄も上品でかわいらしく、な

まはんかなりこうぶった心がないので。

さかしら-びと【賢しら人】(名)おせっかいな人。また、りこうぶる人。源氏 手習「尼になし給ひてよと言はむ、—少なくてよき折にこそ」訳(私=浮舟を)尼にしてしまってくださいと言おう、よけいな口出しをする(=反対する)人も少なくてちょうどよい折だから。

さか・す【栄す・盛す】(他サ四){さ・し・す・す・せ・せ}❶興をわかせる。関心をおこす。源氏 明石「時々につけて、興を—・す㊇べき渚の苫屋」訳 季節季節に応じて興趣をわかせるにちがいない波打ちぎわの苫屋(があり)。❷もてはやす。ひけらかす。〔紫式部日記〕「さる所にて才—・し㊀出で侍らむよ」訳(どうして)そのような所(=宮中)で漢学の才をひけらかし出しましょうよ。

酒田(さかた)『地名』今の山形県酒田市。最上川の河口に位置する港町。

さか-だ・つ(自夕四){た・ち・つ・つ・て・て}病気が快方に向かう。さわやかになる。〔うつほ〕国譲中「藤壺には、御心地も今は—・ち㊀給ひにたれど」訳 藤壺(=あて宮)におかれては、ご気分も今はさわやかにおなりになっていたけれども。

さか-づき【杯・盃】(名)〔「酒坏(=器)」の意〕❶酒を飲む器。ちょこ。徒然 一五七「—を取れば酒を思ひ」訳 杯を持つと酒を思い浮かべ。❷「杯事」の略。杯を取り交わすこと。酒宴。源氏 幻「—など常の作法よりも、さし分かせ給ひて」訳(光源氏は)杯事など、いつものしきたりよりも、特別に丁重になされて。

さか-て【逆手】(名)❶「あまのさかて」に同じ。❷刀や短刀などを、通常とは逆に、刃先が小指のほうにくるように持つこと。今昔 二三・二四「男、大きなる刀の恐ろしげなるを—に取りて」訳 男は、大きな刀で(見るも)恐ろしそうなのを逆手に取って。

さか-て【酒手】(名)❶酒の代金。酒代。〔浮・世間胸算用〕「—の借りどころ(=借りるあて)なく」❷駕籠・馬方などに料金のほかに与える金銭。心づけ。〔黄・金生木〕「—はやり次第と決めたから」訳 心づけは勝手次第にやるものだと決めたから。

さか-な【肴】(名)〔「酒菜」の意〕❶酒を飲むときの副食物。酒のさかな。徒然 一七五「よからぬ人は—取りて口にさしあて、みづからも食ひたる、さまあし」訳 下品でたしなみのない男は酒のさかなを(手に)取って(他人の)口に押しつけ(て食べるように強制し)、自分も(それを)食べているのは、みっともない。❷酒席での余興。〔狂・棒縛〕「みどもが一つ受け持ったほどに、何ぞ—をさしめ」訳 私が(杯のほうは)一つ引き受けたから、何か余興をなさい。❸食用の魚類。

さが-な・し(形ク){から・く(かり)・し・き(かる)・けれ・かれ}❶**性質がよくない。たちが悪い。意地が悪い。**大和 一五六「このをばの御心—・く㊀悪しきことを言ひ聞かせければ」訳 このおばのお心が意地が悪く不快であることを(妻は男に)言い聞かせたので。❷**口が悪い。口やかましい。**源氏 末摘花「着給へる物どもをさへ言ひたつるも、もの言ひ—・き㊁やうなれど」訳(末摘花が)着ていらっしゃるもののあれこれまでとりたてて言うのも、ものの言い方が口うるさいようであるけれど。❸**いたずらで、手に負えない。**徒然 二三六「—・き㊁童べどものつかまつりける、奇怪に候ふことなり」訳 いたずらな子供たちがいたしたことで、けしからぬことであります。

さがな-め【さがな目】(名)〔「さがな」は形容詞「さがなし」の語幹〕意地悪な目。あら探しをする目。大鏡 道長上「翁らが—にも、ただ人とは見えさせ給はざめり」訳(道長は、私たち)老人たちのあら探しをする目にも、普通の人とは見えなさらないようである。

さがな-もの【さがな者】(名)〔「さがな」は形容詞「さがなし」の語幹〕たちの悪い者。また、口やかましい人。源氏 帚木「かの—も、思ひ出である方に忘れがたけれど」訳 あの口やかまし屋も、思い出(の種)がある(という)向きで忘れにくいけれども。

嵯峨日記(さがにっき)『作品名』俳文。松尾芭蕉作。宝暦三年(一七五三)刊。洛西嵯峨にある、門人向井去来の別荘落柿舎に滞在した、元禄四年(一六九一)四月十八日から五月四日までの日記。門人たちとの交渉のようすや自身の心境などを記し、多くの句を含む。

嵯峨野(さがの)『地名』歌枕 今の京都市右京区の嵯峨一帯の称。古くから花・紅葉・虫の名所で知られる。

坂上郎女(さかのうへのいらつめ)サカノウエノイラツメ『人名』→大伴坂上郎女

坂上是則(さかのうへのこれのり)サカノウエノコレノリ『人名』(生没年未詳)平安前期の歌人。三十六歌仙の一人。「小倉百人一首」に入集。「古今集」の代表歌人。家集「是則集」

さか-ばえ【栄映え】(名)栄えに栄えること。栄え輝くこと。万葉 一八・四一一一「霜置けどもその葉も枯れず常磐なすいや—に」訳(橘は)霜がおりてもその葉も枯れず、永久不変の岩のように、ますます栄え輝いて。

さかひサカイ【境】(名)❶境界。さかい目。更級「しもつさの国と、武蔵との—にてあるふとゐ川」訳 下総の国(千葉県・茨城県)と武蔵(東京都・埼玉県・神奈川県)との境界である太井川(=江戸川)。❷地域。場所。徒然 七三「年月過ぎ、—も隔たりぬれば」訳 年月が経過し、場所も(遠く)隔たってしまうと。❸境遇。境地。心境。徒然 三八「もとより賢愚・得失の—にをらざればなり」訳(聖人は)もともと賢愚や利害という(人間の低い)境地にいないからである。❹(「境に入る」の形で)おもしろい境地。熟達の境地。佳境。徒然 一八八「二つのわざ、やうやう—に入りければ、いよいよよくしたく覚えて」訳(法師は乗馬と早歌の)二つの技芸が、しだいに熟達の境地に入ったので、ますますよいものにしたいと感じて。

堺(さかひ)サカイ『地名』今の大阪府堺市。室町時代、明との貿易港として発展し、自由都市を形成した。

さかひサカイ(接助)《近世上方語》(活用語の連体形に付き、多く「さかひに」「さかひで」の形で)原因・理由を表す。…ので。…から。〔伎・傾城壬生大念仏〕「こな様の(=あなた様が)死なう死なうと言はしゃる—で(=言いなさるから)、このやうになった」

さか-びん【逆鬢】(名)鬢に油気がなく、毛がほつれて前向きにそそけ立っているさま。〔浮・日本永代蔵〕「—にして頭つきをかしく」訳 鬢がそそけた状態で髪のかっこうもおかしく。

さか・ふサカ(コ)ウ【逆ふ】(自八四・下二){は・ひ・ふ・ふ・へ・へ}{へ・へ・ふ・ふる・ふれ・へよ}

❶さからう。そむく。反する。平家 四・南都牒状「片言耳に―・ふれ㊁(下二段)ば、公卿といへどもこれをかへらむ」訳(権力を手にした平氏は)わずかなことばでも聞いて意に反すると、公卿であってもこれを捕縛する。徒然 一五五「ついで悪しきことは、人の耳にも―・ひ㊊(四段)、心にもたがひて、その事成らず」訳(事の運ばれる)順序が悪いことは、人の耳にもさからい、心にもそむいて、その物事が成就しない。

❷敵対する。はむかう。著聞 三八二「『今一度―・ふ㊎べし』とて歩み寄るに」訳(弘光が)「もう一度立ち合おう」と言って歩み寄ると。

さか・ふ【境ふ】(他ハ四){は・ひ・ふ・ふ・へ・へ}境をつける。区切る。しきりをする。万葉 六・九五〇「大君の―・ひ㊊賜ふと山守すゑ守るといふ山に入らずは止まじ」訳天皇が境界をお定めになるといって、山番を置いて見張っているという山に(私は)入らないではおくまい。

さか-ぶね【酒槽】(名)酒を入れておく大きな木製の器。〔記〕上「そのさずきごとに―を置きて」訳その(八つの)台ごとに酒を入れる器を置いて。

さか-ま・く【逆巻く】(自カ四){か・き・く・く・け・け}流れに逆らって波が立つ。平家 九・宇治川先陣「―・く㊍水もはやかりけり」訳(宇治川の)流れに逆らい波立つ水勢も速かった。

相模(さがみ)『地名』【古くは「さがむ」とも】旧国名。東海道十五か国の一つ。今の神奈川県の大部分。相州。

相模(さがみ)『人名』(生没年未詳)平安中期の女流歌人。相模の守大江公資に嫁して相模と称された。公資と離別後、脩子内親王に出仕した。「小倉百人一首」に入集。家集「相模集」

さか-みづ・く【酒水漬く】(自カ四){か・き・く・く・け・け}【「酒にひたる」の意】酒宴をする。酒をたくさん飲む。万葉 一八・四一二六「菖蒲草蓬かづらき―・き㊊遊び慰ぐれど」訳あやめ草やよもぎを髪飾りとしてつけ、酒宴を開き、音楽を奏して心を慰めるけれども。

さか-むかへ【坂迎へ・境迎へ・酒迎へ】(名)❶平安時代、新任の国司を任地の官民が国境で出迎えて酒宴をすること。今昔 二八・三九「はじめてその国に下りけるに、―の饗をしたりければ」訳初めてその任国に下向したときに、(国の人々が)国境での歓迎の酒宴のもてなしをしたので。

❷「さかむかひ」とも。旅から帰った者を国境まで迎えて酒宴をすること。特に、京の人が、伊勢参詣帰りの人を逢坂山で迎えること。〔浄・源氏烏帽子折〕「盛長仰せを蒙りて、御―と聞こえける」訳盛長は(頼朝の)仰せを受けて、(義経を)逢坂の関でお出迎え(いたしましょう)と申し上げた。

さか-もぎ【逆茂木】(名)とげのある木の枝を外に向けて垣に結った、敵を防ぐ柵。平家 九・宇治川先陣「水のそこには乱ぐひ打って大綱はり、―つないで流しかけたり」訳(宇治川の)水底には乱ぐいを打って(それに)大綱を張り、逆茂木を結びつけて流し漂わせている。

(さかもぎ)

さか-やき【月代・月額】(名)❶古く、成人男子が冠や烏帽子などをかぶったとき、頭髪のはえぎわが見えないように額ぎわを半月形にそりあげたこと。また、その部分。〔太平記〕三九「―の跡有りて、…髪長々と生ひたる、なましき(=なまなましい)入道の頸」

❷近世に行われた風習で、成人男子が額から頭の中央にかけて髪をそり落とすこと。また、その部分。〔浄・国性爺合戦〕「我が家来になるからは日本流に―そって元服させ」

(さかやき②)

さか・ゆ【栄ゆ】(自ヤ下二){え・え・ゆ・ゆる・ゆれ・えよ}繁栄する。また、繁茂する。万葉 六・九九六「御民われ生ける験あり天地の―・ゆる㊍時に遇へらく思へば」訳天皇の民である私は生きている甲斐がある。天地が栄えている(この)時に生まれあわせていることを思うと。⇩幸ふ「慣用表現」

さか-ゆ・く【栄行く】(自カ四){か・き・く・く・け・け}ますます栄えてゆく。徒然 七「夕べの陽に子孫を愛して、―・く㊍末を見んまでの命をあらまし」訳夕日の傾きかけたような老年に子や孫をかわいがり、(その)栄えてゆく将来を見とどけるまでの命を期待し。⇩幸ふ「慣用表現」

さかり【盛り】(名・形動ナリ)❶活動力や勢いが盛んなさま。また、その時期。徒然 一三七「花は―・に㊊、月はくまなきをのみ見るものかは」訳(春の)桜の花は盛りに(咲いているのだけを)、(秋の)月は曇りのないのだけを見るものであろうか(いや、そうとはかぎらない)。文法「さかりに」は、連用形中止法。「さかりなるを」の意で、「くまなきを」と対をなして「のみ」にかかる。「かは」は、反語の係助詞。⇩隈無し「名文解説」

❷人間として充実しているさま。また、その時期。若い盛り。男盛り。女盛り。更級 物語「―にならば容貌もかぎりなくよく、髪もいみじく長くなりなむ」訳(私は)女盛りになったらきっと顔だちもこの上なくすばらしく、髪もたいそう長くなるだろう。文法「なむ」の「な」は、助動詞「ぬ」の未然形で、ここは確述の用法。⇩悪し「名文解説」

さがり【下がり】(名)❶下がること。低くなること。徒然 三〇「寒暑に随ひて、上がり・―あるべき故に」訳(鐘の音は)寒暖につれて、高くなることや低くなることがあるはずであるから。

❷ある時刻が過ぎること。〔太平記〕三一「日すでに酉の―に成りて」訳太陽はすでに酉の刻(=午後六時ごろ)過ぎになって。

❸神前の供物をさげたもの。また、目上の人などからのおさがり。〔浮・新色五巻書〕「身はなまくらものと人にいはれ、―くふ身は我ながら知らず」訳自分はのらくら者と人に言われ、おさがりを食べる身だとはわれながら知らない(でいた)。

❹物価などの下落。値下がり。〔浮・日本永代蔵〕「〔商品の〕買ひ置きすれば―をうけ」

❺未払い金。借金。〔黄・文武二道万石通〕「〔ひどいぜいたくをして〕三万両の―が出来」

さがり-ば【下がり端】(名)垂れ髪の端。また、その垂れぐあい。特に、肩のあたりで切りそろえた、女性の額髪のようす。〔枕〕一五八「髪いとながくうるはしく、―などめでたき人」〔訳〕髪がたいそう長くととのっていて、垂れ髪の先などがすばらしい人(は、うらやましい)。

(さがりば)

さか・る【離る】(自ラ四)〔ら・り・る・る・れ・れ〕(対象から自然に)遠く離れる。遠ざかる。〔万葉〕二・一三一「いや遠に里は―・り㊌ぬ」〔訳〕→いはみのうみ…〔和歌〕

さが・る【下がる】(自ラ四)〔ら・り・る・る・れ・れ〕❶垂れ下がる。ぶら下がる。〔万葉〕五・八九二「綿もなき布肩衣の海松のごとわわけ―・れ㊋るかかふのみ肩にうち掛け」〔訳〕→かぜまじり…〔和歌〕

❷位置が後ろになる。遅れる。〔太平記〕五「村上彦四郎義光、遥かのあとに―・り㊌、宮に追っつき参らせんと急ぎけるに」〔訳〕村上彦四郎義光は、遥か後に遅れ、宮に追いつき申しあげようと急いだが。

❸(目上の人の所から)退出する。〔浮世風呂〕「お師匠様から―・る㊎と、毎日行きまあす」〔訳〕お師匠様(の所)から帰ると、毎日(芝居へ)行きます。

❹低くなる。〔平家〕四・橋合戦「あがる矢をばついくぐり、―・る㊍矢をばをどり越え」〔訳〕高く(飛んで)くる矢をさっとくぐり、低く(飛んで)くる矢をとび上がって越え。

❺劣る。悪くなる。(魚などが)くさる。〔風姿花伝〕「もし極めずは、四十より能は―・る㊎べし」〔訳〕もし(能の真髄を)極めないならば、四十歳以降(その人の)能はきっと悪くなるであろう。

❻ある時刻が過ぎる。遅れる。〔宇治〕一一・五「辰の時とこそ催しはありしか、―・る㊎といふ定、午未の時には、渡らんずらんものを」〔訳〕辰の時(=午前八時ごろ)と計画はされていたが、遅れるとはいっても、午(=正午ごろ)から未(=午後二時ごろ)の時には、(行列が)やってくるはずなのに。(⇩下る「図解学習」)

さか・ろ【逆櫓】(名)舟を後ろ向きにも進められるように、(船尾のほかに)舟の舳先に取り付けた櫓。〔平家〕一一・逆櫓「今度の合戦には、舟に―をたて候はばや」〔訳〕今度の合戦には、舟に逆櫓をたてたいものです。

さかん【主典】⇩さくゎん

さき【先・前】(名)❶先端。はし。末端。〔記〕上「矛の―よりしただり落つる塩」

❷先頭。前。先陣。〔平家〕九・生ずきの沙汰「宇治川で死にて候ふときこしめし候はば、人に―をせられてんげりとおぼしめし候へ」〔訳〕(私=高綱が)宇治川で死にましたと(鎌倉殿=頼朝が)お聞きになりましたならば、ほかの人に先陣をつとめられてしまったとお思いください。〔文法〕「てんげり」は「てけり」に撥音「ん」が挿入され、「け」が濁音化したもの。

❸第一。上位。〔徒然〕一三〇「わが身を後にして、人を―にするにはしかず」〔訳〕自分(のこと)を後回しにして、他人を第一に立てるのにこしたことはない。

❹**前途**。**将来**。〔徒然〕八三「万のこと、―のつまりたるは、破れに近き道なり」〔訳〕何事でも、将来がゆきづまっているのは、破綻に近い(という)道理である。

❺**以前**。**過去**。〔源氏〕総角「―の春も、花見にたづね参り来しこれかれ」〔訳〕以前の春にも、(宇治の山荘に)花見(のお供)に訪れ参上しただれかれが。

❻「先追ひ」「先払ひ」の略。貴人の外出のとき、道の前方にいる人々を追い払うこと。また、それをする人。〔大鏡〕師尹「御―の音もおどろおどろしうひびきて」〔訳〕お先払いの(立てる)声もおおげさに響いて。

さき【幸】(名)さいわい。幸福。〔万葉〕一八・四〇九五「大夫の心思ほゆ大君の御言の―を聞けば貴み」〔訳〕りっぱな男子の(ふるいたつ)心が思われる。天皇のおことばのさち(=ありがたいおことば)を聞くと、尊いので。

さき【崎】(名)❶山・丘が平地に突き出た部分。〔万葉〕二〇・四四〇八「岡の―い廻むるごとに万度顧みしつつ」〔訳〕岡の端をめぐるたびに、幾度も振り返って見ては。

❷山・丘などの海や湖に突き出た部分。岬。〔万葉〕三・二七三「磯の―漕ぎ廻み行けば近江の海八十の湊に鶴多に鳴く」〔訳〕磯の崎を漕ぎめぐって行くと、近江の海(=琵琶湖)のあちこちの船着き場に鶴がたくさん鳴いていることだ。

語の広がり「崎」

古代、主に東国から徴発されて九州沿岸などの防備にあたった「防人」は、「崎守」で、「辺境を守る人」の意。

さき・うち【先打ち】(名)馬に乗って先頭を進むこと。また、その者。〔平家〕九・老馬「是をば鷲尾の三郎義久と名のらせ、―せさせて」〔訳〕(義経は)この男を鷲尾三郎義久と名乗らせ、馬に乗って先頭を進む役をさせて。

さき・お・ふ【先追ふ・前追ふ】(自ハ四)〔は・ひ・ふ・ふ・へ・へ〕貴人の外出のとき、道の前方にいる人々を追い払う。先払いをする。〔枕〕二五「―・ふ㊍声々などして、上達部などみな出で給ひぬ」〔訳〕(従者の)先払いをする声などがいくつもして、上達部なども全員(宮中から)お出になってしまう。

さき・く【幸く】(副)無事に。しあわせに。変わりなく。〔万葉〕二〇・四三六八「わが背子は―坐すと還り来てあれに告げ来む人も来ぬかも」〔訳〕私の夫は無事でいらっしゃると、帰って来て私に告げに来るような人も来ないかなあ。

さき・くさ【三枝】(名)植物の名。枝や茎が三つに分かれているという。山ゆり・みつまた・じんちょうげなど諸説がある。〔万葉〕一〇・一八九五「春さればまづ―の幸くあらば後にも逢はむな恋ひそ吾妹」〔訳〕春になるとまず咲くという三枝の名のように、無事でいたならば、後にも逢おう。(だからそんなに)恋しく思うな、わが妻よ。(「さきくさの」の「さき」は「咲き」との掛詞。第二句までは同音の「幸く」を導きだす序詞)

さきくさの【三枝の】《枕詞》「三つ」「なか」にかかる。〔古今〕仮名序「―三つ葉四つ葉に」。〔万葉〕五・九〇四「―中にを寝むと」

さき・ごし【先輿】(名)輿の前のほうをかつぐこと。また、その人。〔平家〕二・一行阿闍梨之沙汰「人はかはれども、祐慶はかはらず、―かいて」〔訳〕他の者は(疲れて)交代するけれども、祐慶は交代することなく、輿の先棒をかついで。↔後輿

さき-ざき【先先】(名)❶以前。まえまえ。竹取 かぐや姫の昇天「—も申さむと思ひしかども」訳 まえまえにも申し上げようと思ったが。
❷将来。あとあと。〔太平記〕一七「たとい—抜群の忠(=忠功)ありといふとも」

さき-すさ・ぶ【咲きすさぶ】(自バ上二){び・び・ぶ・ぶる・ぶれ・びよ}〔「すさぶ」は、思いのままにするの意〕「さきすさむ」とも。咲き乱れる。万葉 一〇・二二八一「朝露に—・び用たる鴨頭草(つきくさ)の日くたつなへに消(け)ぬべく思ほゆ」訳 朝露をあびて盛んに咲いているつゆ草が日暮れとともにしおれるように、日が傾くにつれて(あなたを待ちかねて)身も消え入ってしまいそうに思われる。(第三句までは「日くたつなへに消ぬ」を導きだす序詞)

さき-そ・ふ【咲き添ふ】(ソウ)(自ハ四){は・ひ・ふ・ふ・へ・へ}咲き加わる。細道 白川の関「卯(う)の花の白妙(しろたへ)に、茨の花の—・ひ用て、雪にも越ゆる心地ぞする」訳 卯の花のまっ白に(咲いているうえに)、茨の(白い)花が咲き加わって、雪の中をも越えているような感じがする。

さき-だ・つ【先立つ】■(自タ四){た・ち・つ・つ・て・て}❶前に立つ。先に行く。蜻蛉 中「いたり着きたれば、—・ち用し人々、いとよく休み涼みて、心地よげにて」訳 (私たちが)到着したところ、先に行った人々は、たいそう十分に休息し涼んで、気持ちよさそうなようすで。
❷まっ先に起こる。先んずる。伊勢 一六「姉の—・ち用てなりたる所へ行くを」訳 (紀有常(きのありつね)の妻は)姉の先んじて(尼に)なっている所へ行くのだが。
❸先に死ぬ。方丈 二「親子あるものは、定まれることにて、親ぞ—・ち用ける」訳 (飢饉(ききん)のとき)親子で暮らしている者は、決まりきったことで、親が先に死んだ。
■(他タ下二){て・て・つ・つる・つれ・てよ}❶先に行かせる。源氏 浮舟「—・て用てつかはしたりける、夜ふくる程にまゐれり」訳 あらかじめ先立てて(準備に)遣わしておいた者(=時方(ときかた))が、夜の更けるころに帰参した。
❷先に死なせる。〔十訓〕二「二十一にて兄にわかれ、二十三にて弟を—・て用しかば」訳 (小野小町は)二十一歳で兄に別れ、二十三歳で弟を先に死なせたので。

さ-ぎちゃう【三毬杖・左義長】(ギチョウ)(名)〔三本の「毬杖(ぎっちゃう)」を立てたところからいう〕陰暦正月十五日と、十八日に行われた悪魔払いの行事。宮中では、清涼殿(せいりょうでん)の庭に青竹をたばね、それに扇子(せんす)・短冊(たんざく)・天皇の書き初めなどを結びつけ、陰陽師(おんようじ)らが歌いはやしながら焼いた。民間では、門松・書き初め・しめなわなどを集めて焼いた。どんど焼き。春

(さぎちゃう)

さき-づ【咲き出づ】(サキ ズ)(自ダ下二){で・で・づ・づる・づれ・でよ}〔「さきいづ」の転〕花が咲きはじめる。万葉 一〇・二二七六「雁(かり)がねの初声聞きて—・で用たる屋前(やど)の秋萩(あきはぎ)見に来(こ)わが背子(せこ)」訳 雁の初声を聞いて咲きはじめた(私の)家の秋萩を見においで、私のいとしい人よ。

さき-つ-とし【先つ年】(名)〔「つ」は「の」の意の上代の格助詞〕前の年。前年。万葉 四・七八三「をとしの—より今年まで恋ふれど何(な)ぞも妹(いも)に逢(あ)ひがたき」訳 一昨年の前年(=三年前)から今年まで、恋いこがれているのに、どうしてあの娘(こ)に逢うのがむずかしいのか。

さき-にほ・ふ【咲き匂ふ】(ニオウ)(自ハ四){は・ひ・ふ・ふ・へ・へ}〔「にほふ」は色が美しく映えるの意〕色鮮やかに美しく咲く。万葉 一〇・一八七二「見渡せば春日(かすが)の野辺(のへ)に霞(かすみ)立ち—・へ已るは桜花かも」訳 見渡すと春日の野辺に霞が立って、色鮮やかに咲いているのは桜の花だろうか。

さき-の-たび【先の度】前のとき。前回。源氏 橋姫「—霧にまどはされ侍りしあけぼのに、いと珍しき物の音(ね)、一声承りし」訳 前回(ここに伺って)、霧に(道を)迷わされました夜明け方に、(姫君たちの)ほんとうにすばらしい音曲の音を(ほんの)一声お聞きした。

さき-の-よ【先の世・前の世】この世に生まれる前の世。前世。源氏 桐壺「—にも御ちぎりや深かりけむ、世になく清らなる玉のをのこ御子(みこ)さへうまれ給ひぬ」訳 前世でも(桐壺帝との)ご宿縁が深かったのであろうか、(桐壺の更衣には)この世に類例がないほど美しい玉のような皇子までもお生まれになった。名文解説「源氏物語」の主人公、光源氏の誕生を語る一文。光源氏の誕生は、父母の前世からの深い宿縁によるものと推量され、その絶世の美しさは、「清ら」「玉」という最上級の気品ある美を表す語を用いて称(たた)えられている。

さき-ばしり【先走り】(名)❶先に立って走り役を務める供人。先触れをする従者。〔浄・ひらかな盛衰記〕「折から告ぐる(=ちょうどその時告げる)—〔の〕、ただ今殿様御帰館と、呼ばはる声に」
❷何かが起こる前兆。前触れ。〔中華若木詩抄〕「まづ—に清風がざざめき渡りて」訳 まず(夕立の)前兆に涼しい風がざわざわとあたり一帯に吹いて。
❸先まわりした判断や言動。早合点。

さき-はひ【幸ひ】(ワイ)(名)幸福。さいわい。万葉 七・一四一一「—のいかなる人か黒髪の白くなるまで妹(いも)が声を聞く」訳 どのような幸せの人なのか。(妻を亡くした私とちがい)黒い髪が白くなるまで妻の声を聞くとは。

さき-は・ふ【幸ふ】(オウ)■(自ハ四){は・ひ・ふ・ふ・へ・へ}豊かに栄える。幸運にあって栄える。万葉 五・八九四「言霊(ことだま)の—・ふ体国と語り継ぎ言ひ継がひけり」訳 (大和(やまと)の国は)ことばの霊力で豊かに栄える国だと語り伝え、長く言い伝えてきた。
■(他ハ下二){へ・へ・ふ・ふる・ふれ・へよ}栄えさせる。幸運を与える。〔祝詞〕「いかし御世(みよ)に—・へ用まつるが故(ゆゑ)に」訳 勢い盛んな御世に栄えさせ申しあげているために。

慣用表現「栄える」を表す表現
勢(いきほ)ひ猛(まう)・勢ふ・息巻く・家広し・門(かど)広し・栄(さか)ゆ・栄行(さかゆ)く・幸(さき)はふ・立ち栄ゆ・時に当たる・時に会ふ・時めく・所得(ところう)・賑(にぎ)はし・賑はし・賑はふ・匂ふ・罵る・花めく・花やぐ・流行(はや)る・世に合ふ・世に有り

さき-ばらひ【先払ひ】(バライ)(名)貴人の通行のとき、道の前方にいる人々を追い払うこと。また、それをする人。「先」「先追ひ」とも。

さき-もり【防人】(名)〔「崎守(さきもり)(=辺境を守る人)」の意〕上代から平安初期にかけて、壱岐(いき)・対馬(つしま)・筑紫(つくし)など、辺境の防備についた人。三年ごとの輪番で、お

もに、東国出身者が徴発された。彼ら、あるいはその家族のつくった歌を「防人歌」といい、「万葉集」に収められている。

さきもりに… 和歌

> **防人に　行くは誰が背と　問ふ人を**
> **見るが羨しさ　物思ひもせず**
> 〈万葉・二〇・四四二五・防人歌〉

訳 防人に行くのはだれの夫かと尋ねている人を見るのがうらやましいことよ。(その人は)物思いもしないで(=何の気遣いもしないで)。

解説 防人として徴発される夫を見送る妻の歌。防人の多くは、辺境の地に赴き、二度と帰れなかった者もいた。それを見送る妻には、激しい不安と悲しみがあった。

さ-きゃう【左京】(名)平城京・平安京を、朱雀大路を境に分けた東半分の地域。内裏から南を向いて左のほうにあたる。東の京。↔右京。⇩巻頭カラーページ30

> **発展 左京と右京**
> 平安京の、朱雀大路を境として、東を左京、西を右京といった。貴族たちの邸宅や人家が集まり都市として栄えたのはもっぱら左京のほうで、右京は荒涼とした田畑であったらしい。藤原道長の邸宅である土御門殿も、「源氏物語」の中で、光源氏が建てた六条院も、すべて左京にあった。

さきゃう-しき【左京職】(名)左京を管轄し、司法・警察・行政などを担当した役所。↔右京職

さきゃう-の-だいぶ【左京の大夫】(名)左京職の長官。↔右京の大夫

さき-ら【先ら】(名)(「ら」は接尾語)才気が表に現れたもの。弁舌・筆勢などにいう。〔浜松中納言物語〕「唐の薄紫の紙に書ける文字のつくり、筆の―、いとかしこくおもしろき奥のかたに」訳 唐風の薄紫の紙に書いてある文字の形や筆の勢いの、たいそうすぐれていて趣深い(その)奥のほうに。

さきわう【幸う】⇩さきはふ

さき-わた-る【咲き渡る】(自ラ四){ら・り・る・る・れ・れ}(「わたる」は時間的にも空間的にも続く意)咲き続ける。また、一面に咲く。万葉 五・八三〇「万代に年は来経とも梅の花絶ゆることなく―る(終)べし」訳 万代まで年は毎年やってきては過ぎ去ってゆくにしても、梅の花は絶えることなく咲き続けてゆくであろう。

さき-を-お-ふ【先を追ふ】「さきおふ」に同じ。徒然 一九六「この殿の大将にて、―は(未)れけるを」訳 この殿が近衛の大将として、先払いをしなさったのを。

さき-を-す【先をす】戦の先陣をつとめる。平家 九・生ずきの沙汰「人に―せ(未)られてんげりとおぼしめし候へ」訳 他人に先陣をつとめられてしまったとお思いください。

なりたち 名詞「先」＋格助詞「を」＋サ変動詞「為す」

さき-をを-る【咲き撓る】(自ラ四){ら・り・る・る・れ・れ}(「ををる」はたわむ意)枝がたわむほど、花がたくさん咲く。万葉 六・九二三「春へには花―り(用)秋へには霧立ち渡る」訳 →やすみしし…和歌

さく【朔】(名)陰暦で、月の第一日。ついたち。

さく【笏】(名)「しゃく(笏)」に同じ。

さ-く【放く・離く】□一(他カ四){か・き・く・く・け・け}放つ。遠くへやる。万葉 三・四五〇「行くさには二人わが見しこの崎をひとり過ぐれば見も―か(未)ず来ぬ」訳 行く時には(妻と)二人で私が見たこの(敏馬の)崎を、(今は)一人で通るので、(悲しさのために)見やりもしないで来た。

□二(他カ下二){け・け・く・くる・くれ・けよ}❶離す。放つ。遠くへやる。〔紀〕允恭「ささらがた錦の紐を解き―け(用)て」訳 細かい模様の錦の紐を解き放って。❷仲を引き離す。古今 恋四「天の原ふみとどろかし鳴る神も思ふなかをば―くる(体)ものかは」訳 大空を踏みとどろかし鳴る雷でも、愛しあう(二人の)仲を引き離すことができようか(いや、できはしない)。❸(動詞の連用形に付いて)㋐(「見る」「語る」などに付いて)…をして心を慰める。…をして思いを晴らす。万葉 一九・四一五四「語り―け(用)見―くる(体)人目乏しみと思ひし繁し」訳 話をして心を晴らし、逢って心を慰める人の訪れも少ないからと、物思いが多い。文法「思ひし」の「し」は、強意の副助詞。㋑(「見さく」「振りさく」の形で)遠くはるかに見やる。万葉 一・一七「しばしばも見―け(未)む山を情なく雲の隠さふべしや」訳 →うまさけ…和歌。古今 羇旅「天の原ふり―け(用)見れば春日なる三笠の山に出でし月かも」訳 →あまのはら…和歌

さ-く【割く・裂く】□一(他カ四){か・き・く・く・け・け}二つに切り離す。ひきやぶる。平家 二・西光被斬「『しゃつが口を―け(命)』とて、口を―か(未)れ」訳「そいつの口を裂け」と(清盛が)言って、(西光法師は)口を裂かれ。

□二(自カ下二){け・け・く・くる・くれ・けよ}裂ける。切れて分かれる。万葉 一〇・一九九五「六月の地さへ―け(用)て照る日にもわが袖乾めや君に逢はずして」訳 陰暦六月の、大地まで裂けるほどに照りつける太陽の光にも、私の袖は乾くだろうか(いや、乾くはずがない)。あなたに逢わないで。

さく【幸く】(副)(上代東国方言)「さきく」に同じ。万葉 二〇・四三四六「父母が頭かきなで―あれていひし言葉ぜ忘れかねつる」訳 →ちちははが…和歌

さ-ぐ【下ぐ】(他ガ下二){げ・げ・ぐ・ぐる・ぐれ・げよ}❶ぶら下げる。つるす。〔神楽歌〕「銀の目貫き(=刀身を固定する金具)の太刀を―げ(用)佩きて(=腰につけて)」❷上から下へ位置を変える。また、前から後ろへ位置を変える。竹取 燕の子安貝「鼎の上より、手取り足取りして、―げ(用)おろし奉る」訳 鼎の上から、手とり足とりして、(中納言を)下げおろし申しあげる。❸地位・格式などを低くする。平家 一・祇王「座敷をさへ―げ(未)らるることの心憂さよ」訳 座席までも(格式を)低くされることのつらさよ。❹見下げる。あなどる。平家 七・実盛「わ殿を―ぐる(体)にはあらず」訳 あなたを見下げるのではなく。

さく-い【作意】(名)❶詩歌・文章などの創作の意図・趣向。〔三冊子〕「そのものより自然に出づる情にあらざれば、…その情誠に至らず。私意のなす―なり」訳 その物から自然にわき起こる感動でないと、…その感動は

真実に達しない。私心がこしらえる趣向である。
❷たくらみ。機転。工夫。〔仮名・竹斎〕「『さても―の竹斎(さいかな)』と、ほめぬ人こそ無かりけれ」訳「なんともまあ工夫の(すぐれた)竹斎(=人名)だなあ」と、ほめない人はなかった。

さぐく・む(他マ四){ま・み・む・む・め・め}間を縫うようにして進む。〔万葉〕四・五〇九「波の上をい行きさ―み(用)岩の間(ま)をい行き廻(もとほ)り」訳 波の上を縫って進んで行き、岩の間をめぐって進み。

さく-さく【索索】(形動タリ){たら・たり(と)・たり・たる・たれ・たれ}音の響くさま。風が木のこずえを渡る音や、琴の音などにいう。〔平家〕一〇・海道下「北には青山(せいざん)峨々(がが)として、松吹く風―・たり(終)」訳 北には青々とした山が険しくそびえ立っていて、松を吹く風も音を響かせている。

さくじ・る(自ラ四){ら・り・る・る・れ・れ}こざかしくふるまう。差し出がましくふるまう。〔源氏〕少女「宮にあづけ奉りたる後(うしろ)ろやすけれど、いと―・り(用)およすけたる人立ち交じりて」訳 大宮に(雲居(くもゐ)の雁(かり)を)お預け申しておくのは安心だが、たいそうこざかしくふるまいませた人(=夕霧)が出入りして。

さくたん-とうじ【朔旦冬至】(名)陰暦十一月一日が冬至に当たること。十九年ごとにめぐり、中古以来、めでたいしるしとして宮中では祝宴が行われた。この朝儀を「朔旦の旬(しゅん)」という。图

さく-びょう【作病】(名・他サ変)病気だと偽ること。仮病。〔狂・しびり〕「イヤ、―を起こいて、参るまいと存ずる」訳 いや、仮病を起こして、(主人の使いには)参らないことにしようと存じます。

さく-べい【索餅】(名)小麦粉と米の粉とを練り、縄形にねじって油で揚げた菓子。宮中の晴れの儀式の膳に供する。また、陰暦七月七日、おこり(=熱病の一種)よけのまじないとして、内膳司(ないぜんし)から宮中に奉った。麦索(むぎなは)。秋

さく・む(他マ四){ま・み・む・む・め・め}踏みわけて行く。〔万葉〕二・二一〇「岩根(いはね)―・み(用)てなづみ来(こ)し」訳 岩を踏みわけて難儀してやって来たことだ。

さく-もん【作文】(名)❶漢詩を作ること。また、その漢詩。〔徒然〕一「ありたきことは、まことしき文(ふみ)の道、―、和歌、管弦(くわん)の道」訳(男として)身につけたいことは、本格的な学問の道、漢詩、和歌、管弦の道。
❷文章を作ること。〔難波土産〕「加賀掾(かがのじょう)より筑後掾(ちくごのじょう)へうつりて―せしより」訳 宇治(うじ)加賀掾(の一座)から竹本筑後掾(の一座)へ移って(座付き作者として浄瑠璃の)文章(=脚本)作成をしたときから。
参考 平安時代、知識人にとって漢詩を作ることは、必須の教養であった。近世になって、単に文章を作ることも「作文」というようになった。

さくら【桜】(名)❶木の名。さくら。春に淡紅色の花を開く。平安時代以降、春を代表する花とされた。春。〔伊勢〕八二「世の中にたえて―のなかりせば春の心はのどけからまし」訳 →よのなかに…和歌
❷「桜襲(さくらがさね)」の略。

さくら-がさね【桜襲】(名)襲(かさね)の色目の名。表は白、裏は赤、濃い紫、二藍(ふたあい)(=紅色がかった青色)など諸説ある。春に用いる。桜。〔蜻蛉〕下「にほふばかりの(=照り輝くほどの)―の綾(あや)」⇩巻頭カラーページ11

さくら-がり【桜狩り】(名)「「狩り」は、尋ね求める意」桜の花を尋ねて山野を歩くこと。花見。春。〔新古〕春下「またや見ん交野(かたの)のみ野の―花の雪散る春のあけぼの」訳 →またやみん…和歌

さくらだへ…和歌

> **桜田へ　鶴(たづ)鳴き渡(わた)る　年魚市潟(あゆちがた)　潮(しほ)干(ひ)にけらし　鶴(たづ)鳴き渡(わた)る**
> 〈万葉・三・二七一・高市黒人(たけちのくろひと)〉

訳 桜田の方へ、鶴(つる)が鳴きながら飛んでいく。年魚市潟の潮が引いたらしい。鶴が鳴きながら飛んでいく。文法「干にけらし」の「に」は、完了の助動詞「ぬ」の連用形。
解説「桜田」は今の名古屋市南区あたり。「年魚市潟」はそれに続く入り海。そこへ餌をあさりに鶴が飛んでいくのを見て、干潮になったらしいと推測した。単純にして素朴な中に、リズムと力感の快い叙景歌。

さくらばな…和歌

> **桜花　散(ち)りかひくもれ　老(お)いらくの　来(こ)むといふなる　道(みち)まがふがに**
> 〈古今・七・賀・三四九・在原業平(ありはらのなりひら)〉〈伊勢・九七〉

訳 桜の花よ、散り乱れて(あたり一帯を)曇らせてくれ。老いがやってくるだろうと言われている道が、まぎれてわからなくなるように。文法「老いらく」は、動詞「老ゆ」のク語法「老ゆらく」の転。「なる」は、伝聞・推定の助動詞。「がに」は、目的・理由を表す終助詞。
解説 藤原基経(もとつね)の四十の賀に詠んだ歌。長寿を祝う儀式で「散る」「曇る」「老いらく」と、縁起の悪いことばが続々出てくるのを聞いて、人々は仰天したであろう。それを第五句でみごとに賀にふさわしい歌に転じた。

さくらばな…和歌

> **桜花　散(ち)りぬる風(かぜ)の　なごりには　水(みづ)なき空(そら)に　波(なみ)ぞ立(た)ちける**
> 〈古今・二・春下・八九・紀貫之(きのつらゆき)〉

訳 桜の花が散っていった、その風の名残には、水のない空に(花びらの)波(=余波)が立っていることだ。文法「ける」は、詠嘆の助動詞「けり」の連体形で、係助詞「ぞ」の結び。
解説 水のないはずの空に、風が散らせた花びらの残像が余波として立っているという、幻想的構成。「なごり」は、「名残」と、波の引いたあとの意の「余波(なごり)」の両方の意味をいかしている。

さくり【噦り・吃逆】(名)❶しゃっくり。
❷しゃくりあげて激しく泣くこと。

さくり-あ・ぐ【噦り上ぐ】(自ガ下二){げ・げ・ぐ・ぐる・ぐれ・げよ}しゃくりあげる。〔宇治〕一・一三「―・げ(用)て、よよと泣きければ」訳 (児(ちご)が)しゃくりあげて、おいおいと泣いたので。⇩潮垂(しほた)る「慣用表現」

さぐり-あし【探り足】(名)足でさぐりながら歩くこと。〔細道〕最上川「この道に―して、新古ふた道にふみまよふ

といへども」訳 この道(=俳諧の道)にさぐり足して、新風古風二つの道に踏み迷っているけれども。

さくり-も-よよと【噦りもよよと】しゃくりあげて激しく泣くさま。源氏 総角「—泣き給ふ」訳 (薫は)しゃくりあげてお泣きになる。

なりたち 名詞「噦り」＋係助詞「も」＋副詞「よよと」

さぐ・る【探る】(他ラ四)❶指先などで触って、さがし求めたり、調べたりする。万葉 三・二九一四「愛しと思ふ吾妹を夢に見て起きて—・る(体)に無きがさぶしさ」訳 かわいいと思うあの子を夢に見て、目が覚めて(あたりを)手探りするが、(だれも)いないのは寂しいことよ。❷尋ね求める。著聞 六三「諸宗の奥旨—・り(用)きはめずといふことなし」訳 諸宗派の奥深い教義を探求しつくさないということはない。

さ-くゎん【主典】(名)「さうくゎん」とも。律令制で、四等官の最下位。文案を草し、公文書を管理する。→長官・次官・判官

発展 「主典」の表記

「さくゎん」は、役所によって字が異なる。

太政官……………史	近衛府……………将曹
省…………………録	兵衛府・衛門府・
職・坊・寮………属	検非違使庁……志
弾正台……………疏	勘解由使…………主典
大宰府……………典	国司………………目

さけ【酒】(名)米などから醸造するアルコール性飲料。万葉 三・三四二「極まりて貴きものは—にしあるらし」訳 きわめて貴いものは酒であるに違いない。

語の広がり「酒」

「酒」は、複合語を作るときには「さか」となる。「肴」は、「酒＋菜」で、本来は「酒のおかず」の意。その中心が魚であったため、「魚(=魚類の総称)」を、やがて「魚」と呼ぶようになった。

さ-こそ【然こそ】❶そのように。あんなに。徒然 一四二「それは—おぼすらめども」訳 あなたはそのようにお思いになっているだろうが。❷(下に推量の表現を伴って)さぞかし。さだめて。徒然 五三「向かひゐたりけんありさま、—異様なりけめ」訳 (足鼎をかぶった法師が医者と)向かい合って座っていたとかいうようすは、さぞかし奇妙であっただろう。❸(逆接の条件句に用いて)どんなに(…であっても)。いくら(…でも)。平家 灌頂・大原御幸「—世を捨つる御身といひながら、御いたはしうこそ」訳 いくら世を捨てている(出家の)お身の上といっても、お気の毒でございます。

さ-こそ-いへ【然こそ言へ】「さこそいへども」の意)逆接を表す。そうは言うものの。伊勢 四〇「この女をほかへ追ひやらむとす。—、まだ追ひやらず」訳 (男の親が)この女をよそに追い払おうとする。そうは言うものの、まだ追い払わない。→然こそ

なりたち 副詞「然」＋係助詞「こそ」＋四段動詞「言ふ」の已然形「いへ」

さ-ごろも【狭衣】(名)〔「さ」は接頭語〕ころも。衣服。新古 秋下「秋風は身にしむばかり吹きにけり今や打つらん妹が—」訳 秋風は身にしみるほど吹いたことだ。今ごろは(砧で)打っているだろうか。妻が、ころもを。

さごろも-の【狭衣の】《枕詞》衣の「緒」の意から、同音の「小」にかかる。万葉 一四・三三九四「—小筑波嶺ろの山の崎」

狭衣物語(さごろもものがたり)『作品名』平安後期の物語。作者は源頼国の娘、禖子内親王宣旨といわれる。十一世紀後半に成立か。狭衣大将の、従妹の源氏の宮に対する許されない恋を中心に、さまざまな悲恋を描く。「源氏物語」の影響を強く受けた作品。

さ-こん【左近】(名)❶「左近衛府」の略。❷身内に左近衛府の役人がいる、女官の呼び名。

さこん-の-さくら【左近の桜】(名)紫宸殿の正面階段の下の左(向かって右)側(=東側)に植えてある桜。南殿の桜。朝儀の際、左近衛府の官人がここに整列した。徒然 一三九「吉野の花、—、みな一重にてこそあれ」訳 吉野山の山桜も、左近の桜も、みな一重である。↔右近の橘。⇩巻頭カラーページ20・32

さこん-の-ぢん【左近の陣】(名)紫宸殿で儀式が行われるとき、警護のため左近衛府の武官が詰めた控え所。紫宸殿東側の日華門内にある。↔右近の陣。→陣の座。⇩巻頭カラーページ32

さこん-の-つかさ【左近の司】(名)左近衛府の役所。また、左近衛府の将曹(=四等官)以下の役人。↔右近の司

さこん-の-ばば【左近の馬場】(名)「さこんのうまば」とも。左近衛府に属した馬場。京都の一条西洞院にあった。↔右近の馬場

さこんゑ-ふ【左近衛府】(名)六衛府の一つ。右近衛府とともに、宮中の警護、行幸の供奉などに当たった役所。↔右近衛府。→近衛府。⇩巻頭カラーページ31

ささ-【細・小】(接頭)細かい、小さい、わずかな、などの意を表す。「—竹」「—波」

ささ【酒】(名)〔もと、女房詞〕酒。〔狂・比丘貞〕「わらはが方には方々より貰うて、—はたくさんにあれども」訳 私の所ではあちらこちらからもらって、酒はたくさんにあるけれども。

ささ【笹・小竹】(名)丈が低く、茎の細い竹の総称。万葉 二・一三三「—の葉はみ山もさやにさやげども我は妹思ふ別れ来ぬれば」訳 →ささのはは…和歌

ささ【然然】(副)〔副詞「然」を重ねた語〕具体的な事柄を省略して言うときに用いる。これこれ。しかじか。蜻蛉 下「—のところに月ごろはものせらるる」訳 (源兼忠の娘は)しかじかの所(=志賀の禅師のところ)に数か月来は住んでいらっしゃる。

ささ(-と)(副)「さざ」とも。❶多くの人が口々にものを言ったり物音を立てたりするさま。ざわざわ。がやがや。大鏡 道長下「人々の—と走れば、あやしくて見候ひしかば」訳 人々がざわざわと走るので、(私=世継は)不思議に思って見ましたところ。❷水が勢いよく流れたり、はねかかったりするさま。ざっと。また、風の吹くさま。さっと。徒然 一一四「あがきの水、前板まで—とかかりけるを」訳 (牛が)足で掻いてはねかえした水が、(牛車の屋形の)前板までざざっとかか

ったので。

❸大勢の人が一度に笑うさま。どっと。わっと。[大鏡]道長下「これはまた聴聞衆ども、—と笑ひてまかりにき」[訳]これにはまた説法を聞きに来た人々も、どっと笑って退出した。

ささ-がに【細蟹】(名)蜘蛛の異称。また、蜘蛛の巣。蜘蛛の糸。[源氏]賢木「風吹けばまづぞ乱るる色かはる浅茅が露にかかる—」[訳]風が吹くと真っ先に乱れる(=落ちついていられない)。(枯れて)色の変わる浅茅(=草の名)の露にかかっている蜘蛛の糸は(=お心の移りやすいあなた=光源氏を頼みにしている私=紫の上は)。

ささがにの【細蟹の】《枕詞》「くも」「いと」「いづく(こ)」などにかかる。[古今]墨滅歌「—くものふるまひ」。[新古]雑下「—いとかかりける」。[後拾遺]恋四「—いづこに人をありとだに」

さざき【鷦鷯】(名)鳥の名。みそさざい。[記]下「高行くや速総別—取らさね」[訳](隼の名を持つ)速総別(=人名)よ、さざき(の名を持つ大雀命=仁徳天皇)をとって(=殺して)ください。(「高行くや」は「はやぶさ」にかかる枕詞)

ささ・ぐ【捧ぐ】(他ガ下二){げ・げ・ぐ・ぐる・ぐれ・げよ}[「さしあぐ」の転]❶手で上へ高く持ち上げる。[蜻蛉]上「とばかりあれば、文—げ(用)てくるものあり」[訳]しばらくすると、手紙をささげ持って来る者がいる。

❷高く上げる。[竹取]燕の子安貝「燕の子産まむとする時は、尾を—げ(用)て七度めぐりてなむ、産み落とすめる」[訳]つばめが子を産もうとするときは、尾を高く上げて七度まわって、(卵を)産み落とすようだ。

❸奉る。献上する。[源氏]明石「いろいろのみてぐら—げ(未)させ給ひて」[訳](光源氏は住吉の神に)種々のささげ物を奉納させなさって。

❹声を高くする。[栄花]もとのしづく「おとど御声を—げ(用)て泣きののしり給へど」[訳](父)左大臣殿(=顕光)はお声を張り上げて泣き騒ぎなさるけれども。

ささげ-もの【捧げ物】(名)❶神仏への供物。また、貴人などへの献上物。元来は木の枝につけた。[伊勢]七七「そこばくの(=たくさんの)—を木の枝につけて、堂の前に立てたれば(=立てたので)」

❷大切に扱うもの。[栄花]月の宴「えもいはず美しき姫君を、—にしてかしづき給ふ」[訳]何とも言えぬほど美しい姫君を、大切なものとしてお世話なさる。

ささ-なみ【細波・小波】(名)[後世は「さざなみ」]風のために水面に立つ細かな波。また、小さな波。

楽浪《地名》今の滋賀県の琵琶湖の南西部沿岸地方一帯の古名。

ささなみの… [和歌]

> **ささなみの　志賀の大わだ　淀むとも**
> **昔の人に　またも逢はめやも**
> 〈万葉・一・三一・柿本人麻呂〉

[訳]楽浪(=地名)の志賀の大きな入り江の水は(昔のままに)淀んでいても、昔の大宮人たちに再び逢えようか(いや、逢えはしない)。[文法]「とも」は、逆接の仮定条件を表すが、ここは確実な事態を仮定条件で表して意味を強めている。「やも」は、反語の終助詞。

[解説]「近江の荒れたる都に過る時」作った長歌の反歌二首のうちの一首。

ささなみの… [和歌]

> **ささなみの　志賀の辛崎　幸くあれど**
> **大宮人の　船待ちかねつ**
> 〈万葉・一・三〇・柿本人麻呂〉

[訳]楽浪(=地名)の志賀の辛崎は、「さき」というその名のように、昔のまま変わらずにあるけれども、(往時ここで船遊びをした)大宮人の船はいくら待っても再び見ることはできないのだ。

[解説]「近江の荒れたる都に過る時」作った長歌の反歌二首のうちの一首。

ささなみや【細波や】《枕詞》「さざなみや」とも。琵琶湖周辺の地名に関連させて「近江」「志賀」「長等の山」「比良の高嶺」にかかる。[拾遺]哀傷「—志賀の浦風」

さざなみや… [和歌]

> 枕詞
> **さざなみや　志賀の都は　荒れにしを**
> 〔長等(山)〕
> **昔ながらの　山桜かな**
> 〈千載・一・春上・六六・よみ人しらず〉

[訳]志賀の古い都は荒れ果ててしまったが、昔のままの(美しく咲き誇っている)長等山の山桜だなあ。[修辞]「さざなみや」は「志賀」にかかる枕詞。「昔ながら」の「ながら」に「長等山」をかける。

[解説]「志賀の都」は、壬申の乱で滅んだ大津京のこと。長等山はその背後に位置する。人間のはかなさと悠久の自然とを対比した。「平家物語」(七・忠度都落)によれば、平忠度が都落ちの際に、藤原俊成に託した歌の中の一首。平家滅亡後、俊成は「千載集」にこの歌を入集させたが、忠度が勅勘の身だったため、作者名は「よみ人しらず」とした。

ささ-にごり【小濁り・細濁り】(名)[「ささ」は接頭語](水が)少しにごること。

ささのはは… [和歌]

> **小竹の葉は　み山もさやに　さやげども**
> **我は妹思ふ　別れ来ぬれば**
> 〈万葉・二・一三三・柿本人麻呂〉

[訳]笹の葉は山全体にざわざわと鳴っているけれども、(それに心を乱されることなく)私は(ひたすら)妻を思っている。別れてきたので。

[解説]石見の国(島根県)から妻と別れて上京した時の長歌(→いはみのうみ…[和歌])の反歌二首のうちの一首。第二句、第三句を山のすがすがしいさまを描写したものと解する説もあるが、古代人にとって、笹の葉ずれの音は、畏怖の念を呼びおこすものであったと解したい。しかし、そうした神秘的な力への畏れよりも、この場合は妻への思いのほうが強い。

ささ・ふ【支ふ】(他ハ下二)〔へ・へ・ふ・ふる・ふれ・へよ〕❶支える。もちこたえる。徒然 三八「身の後には、金をして北斗を―・ふ(終)とも、人のためにぞわづらはるべき」訳 自分の死後には、金で北斗星を支える(ほど財産を残す)としても、(残された)人のためには迷惑がられるにちがいない。❷防ぎとめる。はばむ。平家 九・宇治川先陣「宇治橋固めたる勢ども、しばし―・へ(用)て防ぎけれども」訳 宇治橋を守っている兵士らは、しばらくはばんで防いだが。

ささめき-あ・ふ【ささめき合ふ】(自ハ四)〔は・ひ・ふ・ふ・へ・へ〕ひそひそ語り合う。源氏 明石「しるべして聞こえ出でし初めの事など―・へ(已)るを、ただならず思へり」訳 (明石の君のことを)仲立ちして(光源氏に)申し上げた最初のいきさつなどを(人々が)ひそひそと語り合っているのを、(少納言=良清は)穏やかならず思っている。

ささめき-ごと【私語】(名)ひそひそ話。内緒話。「ささめごと」とも。源氏 若菜上「うちうちにのたまはする御―どもの、おのづから広ごりて」訳 (朱雀院が)こっそりとおっしゃる御内緒話のあれこれが自然に広まって。

ささ-め・く(自カ四)〔か・き・く・く・け・け〕ささやく。ひそひそ話す。枕 二七五「そばにある人の、『この中将に扇の絵のこと言へ』と―・け(已)ば」訳 そばにいる人が、「この中将(=源成信)に扇の絵のことを言え」と(私に)ささやくので。

ざざ-め・く(自カ四)〔か・き・く・く・け・け〕「さざめく」とも。声をたてて騒ぐ。がやがやと騒ぐ。ざわざわと音をたてる。平家 四・宮御最期「しばしあって兵物どもの四、五百騎、―・い(用)(イ音便)てうち帰りける中に」訳 しばらくして兵たちが四、五百騎、がやがやと騒いで帰ってきた中に。

ささめ-ごと【私語】(名)「ささめごと」とも。「ささめきごと」に同じ。

ささめごと『作品名』室町中期の連歌論書。心敬著。寛正四年(一四六三)成立。和歌・連歌同一論で、仏道の心の修行が歌道にも通じると説く。幽玄体を理想とするが、技術よりも心のあり方に重点を置く。

ささ-やか【細やか】(形動ナリ)〔なら・なり(に)・なり・なる・なれ・なれ〕「やか」は接尾語)小さくこぢんまりしているさま。細かいさま。源氏 花散里「―・なる(体)家の、木立などよしばめるに」訳 小さな家で、(庭の)木立など風情のありそうな家で。

ささやけ-びと【細やけ人】(名)小柄な人。紫式部日記「宣旨の君(=女官の称)は、―の、いと細やかにそびえて」訳 宣旨の君は、小柄な人で、たいへんほっそりと、背がすらりとしていて。

ささら-【細ら】(接頭)小さい、細かいの意を表す。「―荻」「―波」

ささら【簓・編竹・編木】(名)❶田楽などで用いる楽器の一種。竹を細かく割って束ねたもの。これを、細い棒にきざみ目をつけた「ささらこ」とすり合わせて音を出す。栄花 御裳ぎ「また田楽といひて、…笛吹き、―といふもの突き」訳 また田楽といって、…笛を吹き、ささらというものを打ち鳴らして。❷「編木子」の略。田楽法師などの用いる楽器の一種。薄い小さな板を数十枚重ねて一端を糸でとじたもの。板を打ち合わせて鳴らす。

ささら-えをとこ【ささらえ壮士】(名)「ささら」は接頭語。「えをとこ」は愛すべき男の意)月の異名。秋。万葉 六・九八三「山の端の―天の原門渡る光見らくしよしも」訳 山の端を出た月が天空を渡りゆく、その光を見るのはよいものだ。

ささら・ぐ(自ガ四)〔が・ぎ・ぐ・ぐ・げ・げ〕水がさらさらと澄んだ音を立てて流れる。更級 東山なる所「心地よげに―・ぎ(用)流れし水も」訳 気持ちよさそうにさらさらと音を立てて流れていた水も。

さざれ-【細れ】(接頭)細かい、小さいなどの意を表す。「―石」「―波」

さざれ-いし【細れ石】(名)「さざれ」は接頭語)小石。細かい石。古今 賀「わが君は千代に八千代に―の巌となりて苔のむすまで」訳 →わがきみは…

さざれ-なみ【細れ波】(名)「さざれ」は接頭語)さざ波。土佐「―よする文をば青柳の影の糸して織るかとぞ見る」訳 さざ波が寄せて(水面に)描く(緯糸との)模様を、青柳の影が経糸となって織り出しているのかと見ることよ。(「文」「糸」は「織る」の縁語) 和歌

さざれなみ【細れ波】《枕詞》さざ波が立つことから、「立つ」にかかる。万葉 一七・三九九三「―立ちても居ても」

さし-【差し】(接頭)(動詞に付いて)語勢を強めたり語調をととのえたりする。「―仰ぐ」「―受く」「―くもる」

さ・し【狭し】(形ク)〔から・く(かり)・し・き(かる)・けれ・かれ〕せまい。万葉 五・八九二「天地は広しといへど我がためは―・く(用)やなりぬる」訳 →かぜまじり… 和歌

-ざし(接尾)(おもに名詞に付いて)その物の状態や姿を表す。「枝―」「面―」「眼―」

さし-あが・る【差し上がる】(自ラ四)〔ら・り・る・る・れ・れ〕「さし」は接頭語)(太陽や月が)昇る。枕 二七八「朝日のはなばなと―・る(体)ほどに」訳 朝日がはなやかに昇るころに。

さし-あ・ぐ【差し上ぐ】(他ガ下二)〔げ・げ・ぐ・ぐる・ぐれ・げよ〕「さし」は接頭語)❶上へ高く上げる。平家 九・木曽最期「太刀の先につらぬき、高く―・げ(用)」訳 (木曽義仲の首を太刀の先に貫き、高く上へ掲げ。❷声を高く出す。宇治 九・七「らうたげなる声を―・げ(用)て」訳 (女は)かわいらしい感じの声を高く出して。❸「与える」の謙譲語。献上する。太平記 二「鬢髪と消息とを―・げ(用)て声も惜しまず泣きければ」訳 (後藤助光は俊基の)鬢の毛と手紙とを(北の方に)献上して声の限りに泣いたので。

さしあたり-て【差し当たりて】(副)当面。現在のところ。更級 初瀬「―嘆かしなどおぼゆることどもないままに」訳 当面嘆かわしいなどと思われるもろもろのこともないのにまかせて。

さし-あた・る【差し当たる】(自ラ四)〔ら・り・る・る・れ・れ〕❶(光などが)直接当たる。枕 能因本・七「日の―・り(用)たるに、うちねぶりて居たるを」訳 日が当たっている所で、(猫が)眠っていたのを。❷「さし」は接頭語)その時に直面する。当面する。源氏 若菜上「―・り(用)たるただ今のことよりも、後の世のためしともなるべきことなるを」訳 (内親王の婿選びは)直面している現在の問題(という)よりも、後世の先例ともなるはずのことであるから。

さし-あ・つ【差し当つ】(他タ下二)〔て・て・つ・つる・つれ・てよ〕「さし」は接頭語)❶押し当てる。直接に当てる。今昔 二八・四二「夫の耳に―・て(用)て、ひそかに…と言ひければ」訳 (妻が夫の耳に(口を)押し当てて、こっそり…と言ったと

ころ。

❷(命じて)事にあたらせる。任務につける。[源氏]浮舟「宿直に—・て(用)などしつつ」[訳](荘園の人々を)宿直の役にあたらせたりしては。

❸ねらいを定める。目指してそれと決める。[今昔]一七・四〇「持経者の腹に—・て(用)て射るに」[訳]持経者(=常に法華経を読誦する僧)の腹にねらいを定めて(矢を)射ると。

さし-あは・す【差し合はす】〔「さし」は接頭語〕[一](他サ下二){せ・せ・す・する・すれ・せよ}一つにする。重ね合わせる。また、いっしょに行う。[源氏]行幸「御心を—・せ(用)てのたまはむことと思ひ寄り給ふに」[訳](大宮と光源氏が)御心を合わせておっしゃるようなことと(内大臣は)思い至りなさるので。

[二](自サ下二){せ・せ・す・する・すれ・せよ}重なる。かち合う。[大鏡]師尹「おほやけごと—・せ(用)たる日なれば」[訳]朝廷の行事が重なっている日なので。

さし-あひ【差し合ひ】(名)❶さしつかえ。さわり。〔浄・心中天の網島〕「—ありて今急に請け出すことも叶はず(=身請けすることもできず)」

❷連歌・俳諧で、類似・同種のことばを近接させたり何度も用いたりすること。また、それを禁じた規定。

❸他人の前で遠慮すべき言動。さしさわり。

さし-あ・ふ【差し合ふ】(自ハ四){は・ひ・ふ・ふ・へ・へ}〔「さし」は接頭語〕❶出あう。行きあう。[源氏]東屋「車なども例ならでおはしますに、—・ひ(用)て、おしとどめて立てたれば」[訳](匂宮が)車などもいつもとはちがうもので帰っていらっしゃるところに、(中将の君が)ばったり出あって、(自分の牛車を)ひきとめて停車していると。

❷加わる。一つになる。[源氏]真木柱「かたがたの大臣たち、この大将の御いきほひさへ—・ひ(用)」[訳](玉鬘の参内には)お二方の大臣たち(=光源氏と内大臣)に、この(鬚黒の)大将の御勢力までもが加わり。

❸事がかちあっていて、さしさわりがある。さしつかえる。[新古]雑上・詞書「これかれ誘ひけるを、—・ふ(体)ことありて、とどまりて申しつかはしける」[訳](花見に)この人あの人が(私を)誘ったが、さしつかえることがあって、(家に)とどまって申し贈った歌。

❹映りあう。[源氏]若菜上「山際よりさし出づる日のはなやかなるに—・ひ(用)」[訳]山の稜線に近いあたりの空からさしかけてくる朝日のはなやかな光に(光源氏の姿が)映じあって。

さし-あ・ふ【指し合ふ】(他ハ四){は・ひ・ふ・ふ・へ・へ}(欠点を)指摘し、非難しあう。〔太平記〕二七「喩へば山賊と海賊と寄り合ひて、互ひに犯科の得失を—・ふ(体)がごとし」[訳]たとえば山賊と海賊とが寄りあって、互いに犯した罪科のよしあしを言い争うようなものである。

さし-あふ・ぐ【差し仰ぐ】(自ガ四){が・ぎ・ぐ・ぐ・げ・げ}〔「さし」は接頭語〕上を向く。仰ぐ。[竹取]かぐや姫の昇天「え止むまじければ、ただ—・ぎ(用)て泣きをり」[訳](かぐや姫をとどめることができそうもないので、(嫗は)ただ(姫を)仰ぎ見て泣いている。

さし-あぶら【差し油】(名)灯火用の油皿に油をつぎ足すこと。また、その油。

さし-あゆ・む【差し歩む】(自マ四){ま・み・む・む・め・め}〔「さし」は接頭語〕歩く。[源氏]松風「いとよそほしく—・み(用)給ふほど」[訳](光源氏が)たいそう威儀を整えてお歩きになるとき。

さし-い・づ【差し出づ】[一](自ダ下二){で・で・づ・づる・づれ・でよ}❶〔「射し出づ」とも書く〕光がさす。(日・月が)輝き出る。[源氏]須磨「月おぼろに—・で(用)て」[訳]月の光がおぼろにさしてきて。

❷外に出る。**人前に出る。現れる。**[徒然]一五〇「うちうちよく習ひ得て—・で(用)たらんこそ、いと心にくからめ」[訳]内々でりっぱに習得してから人前に出(てやってみせ)たとしたらそれは、たいへん奥ゆかしいだろう。[文法]「さしいでたらんこそ」の「ん」は、仮定・婉曲の助動詞。

❸**出しゃばる。**[枕]能因本・二五「物語などするに、—・で(用)て、われ一人さいまくる者」[訳]話などをするときに、出しゃばって、自分ひとり先走りする者(も不快だ)。

[二](他ダ下二){で・で・づ・づる・づれ・でよ}出す。さし出す。[源氏]葵「扇を—・で(用)て人をまねき寄せて」[訳](女車から)扇をさし出して、人(=光源氏の供人)を招き寄せて。

さし-いで【差し出で】(名)出しゃばり。[枕]二八「すべて—は、わらはもおとなもいとにくし」[訳]総じて出しゃばりは、子供でも大人でもひどく不快だ。

さし-いらへ【差し答へ】(名)❶返答。受け答え。[徒然]七九「片田舎よりさし出でたる人こそ、万の道に心得たるよしの—はすれ」[訳]片田舎から(都に)出て来た人は、あらゆる方面のことに精通している(という)ふりの返答をする。[文法]「こそ…すれ」は、係り結び。

❷演奏・唱歌などの相手をつとめること。[源氏]若菜下「さらに、今日の御遊びの—にまじらふばかりの手づかひなむおぼえず侍りける」[訳](私=夕霧には)とても、今日のご演奏の相手に仲間入りするほどの技量があるとは考えられずにおりました。

さし-い・る【差し入る】[一](自ラ四){ら・り・る・る・れ・れ}❶〔「射し入る」とも書く〕(光が)さしこむ。[枕]三〇二「簾をいと高うあげたれば、奥まで—・り(用)たる月に」[訳](牛車の)すだれをたいそう高く上げてあるので、奥までさしこんだ月の光で。

❷〔「さし」は接頭語〕入る。[徒然]四三「—・り(用)て見れば、南面の格子、皆おろしてさびしげなるに」[訳](邸の中に)入って見ると、寝殿の南側の格子を、全部おろしてさびしいようすであるが。

[二](他ラ下二){れ・れ・る・るる・るれ・れよ}〔「さし」は接頭語〕中に入れる。[源氏]葵「御硯の箱を御帳の内に—・れ(用)ておはしにけり」[訳](光源氏は)御硯の箱を(紫の上の)御寝所の中にさし入れて行っておしまいになった。

さし-う・く【差し受く】(他カ下二){け・け・く・くる・くれ・けよ}〔「さし」は接頭語〕受ける。[徒然]八七「酒を出だしたれば、—・け(用)、—・け(用)、よよと飲みぬ」[訳]酒を出したところ、(その男は杯を)何杯も受け、ぐいぐいと飲んでしまった。

さし-お・く【差し置く・差し措く】(他カ四){か・き・く・く・け・け}〔「さし」は接頭語〕❶置く。[源氏]明石「まくなぎつくらせて—・か(未)せけり」[訳](五節の君は使者に)目くばせをさせて(手紙を光源氏のもとに)置かせた。

❷そのままにしておく。あと回しにする。[徒然]二一七「人は万を—・き(用)て、ひたふるに徳をつくべきなり」[訳]人はいっさいのことをあと回しにして、いちずに富を得なくてはならないのである。

さし・かく・す【差し隠す】(他サ四){さ・し・す・す・せ・せ}(扇や袖などをかざして)顔を隠す。枕 八九「高欄のもとなどに、扇—・し用てゐたる」訳(愛らしげな童女が)欄干のあたりなどに、扇で顔を隠して座っているの(は優美である)。

さし・かた・む【鎖し固む・差し固む】(他マ下二){め・め・む・むる・むれ・めよ}❶門や戸を固く閉ざす。〔落窪〕「『こなた、我が開けざらむ限りは、開くな』とて、—・め用おはしぬ」訳「この部屋は、私が開けない限りは、開けるな」と言って、固く錠をおろしてしまわれた。
❷厳重に警備する。細道 平泉「衣が関を隔てて、南部口を—・め用、夷を防ぐと見えたり」訳 衣が関を前に置いて、南部地方からの出入り口を厳重に警備し、蝦夷(の侵入)を防ぐように見えている。
❸厳重に身じたくをする。〔古活字本平治物語〕「腹巻に小具足—・め用て」訳 腹巻(=鎧の一種)に小具足(=鎧の付属具)で厳重に身じたくをして。

さし・か・ふ【指し交ふ】(他ハ下二){へ・へ・ふ・ふる・ふれ・へよ}互いにさしのべる。さし交わす。万葉 三・四八一「白栲の袖—・へ用て」訳 袖を互いにさし交わして。(「白栲の」は「袖」にかかる枕詞)

さし・かへ・る【差し返る】(自ラ四){ら・り・る・る・れ・れ}棹を差しかえては(船が)行き来する。また、岸に着いた船がすぐひき返す。源氏 橋姫「—・る体宇治の河長朝夕のしづくや袖を朽たし果つらむ」訳 棹を差しかえては行き来する宇治川の渡し守は、朝夕の(棹の)しずくが袖をすっかりくさらせてしまっているだろうか(そのように、私=大君の袖も涙でくちはててしまうのだろうか)。

さ・じき【桟敷】(名)❶儀式などの見物のために一段高く設けた床。源氏 葵「式部卿の宮、—にてぞ見給ひける」訳 式部卿の宮は、桟敷でご覧になっていた。
❷芝居や相撲で、土間の左右に高く設けた見物席。

ざ・しき【座敷】(名)❶座るべき所。着座の場所。座席。平家 一・祇王「はるかにさがりたる所に—しつらうて置かれたり」訳 ずっとさがった所に座席を用意して(祇王たちは)座らせられた。
❷会席。宴席。また、宴会の取り持ち。〔浮・好色一代女〕「男ざかりの—へは少しぬる過ぎて見えける」訳(少女の芸人は)男ざかりの人々の宴席には少々もの足りなく見えた。
❸客間。
参考 古くは室内の床は板張りで、そこに円座・しとね・畳などを敷いて座ったことからいう。

さし・ぐし【挿し櫛】(名)女性が、髪飾りとして挿した櫛。枕 三「かしら一所にゆるぎあひて、—も落ちて」訳(牛車に乗っている人々の)頭が一方向に揺れ合って(鉢合わせをし)、挿し櫛も落ちて。

さしぐみ・に(副)「さしくみに」とも。いきなり。前置きもなしにふっと。源氏 橋姫「—、古物語にかかづらひて夜を明かし果てむも、こちごちしかるべければ」訳(会って)いきなり、昔話にかかわりあって夜をすっかり明かしてしまうようなのも、無作法であろうから。

さし・く・む【差し汲む】(他マ四){ま・み・む・む・め・め}(水などを)手にすくってとる。蜻蛉 中「雲ゐよりこちくのこゑを聞くなへに—・む終ばかり見ゆる月かげ」訳 天上からこちらへ胡竹(=笛の一種)の音が近づいてくるのを聞くとともに、(家の前にある泉水に)手で汲みとれるほどに見える月の光よ。(「こちく」は「胡竹」と「此方来」との掛詞)

さし・ぐ・む【差し含む】(自マ四){ま・み・む・む・め・め}「さしくむ」とも。(涙が)わいてくる。にじみ出る。源氏 帚木「語りも合はせばやと、うちも笑まれ、涙も—・み用」訳 語りあってもみたいものだと、自然にほほえまれ、涙もにじみ出て。

さし・くも・る【差し曇る】(自ラ四){ら・り・る・る・れ・れ}〔「さし」は接頭語〕曇る。万葉 一一・二五一三「雷神のしまし動もし—・り用雨も降らぬか君を留めむ」訳 雷が少しだけ(空を)とどろかしてかき曇り雨も降らないかなあ、(そうしたら)あなたを引き留めよう。

さし・こみ【差し込み】(名)❶入れ知恵。さしでぐち。〔浄・心中重井筒〕「皆おか様の—と思ふも」訳(徳兵衛が来ないのは)みなおかみさんの入れ知恵(のせい)だと思うのも。
❷かんざしの一種。花模様などの飾り物を作りつけにせず、別にこしらえたのを差し込むようにしたもの。〔浮世風呂〕「この頃は括り猿(=布に綿を縫い込み、猿のような形にしたもの)の—が流行るさうだのう」
❸胸や腹などに急に起こる激しい痛み。癪。

さし・こ・む【差し込む】(自マ四){ま・み・む・む・め・め}❶〔「さし」は接頭語〕込み合う。源氏 横笛「女房も—・み用て臥したる、人気にぎはしきに」訳 女房も込み合って寝ているようすは、人のけはいが(多くて)賑やかで。
❷〔「射し込む」とも書く〕(光や水などが)入り込む。
❸わきから口出しする。入れ知恵する。
❹胸や腹が激しく痛む。

さし・こ・む【鎖し籠む】(他マ下二){め・め・む・むる・むれ・めよ}門や戸などをかたく閉ざす。門や戸を閉ざして閉じ込める。竹取 かぐや姫の昇天「かく—・め用てありとも、かの国の人来ば、みな開きなむとす」訳 このように(私を塗籠の中に)閉じ込めていても、あの国(=月の都)の人が来たら、きっとみんな開いてしまうだろう。

さし・こも・る【鎖し籠る】(自ラ四){ら・り・る・る・れ・れ}門や戸をかたく閉ざして中にひきこもる。〔記〕上「天の石屋戸を開きて—・り用坐しき」訳(天照大御神は)天上にある岩屋の戸を開いてひきこもりなさった。

さし・す・ぐ【差し過ぐ】(自ガ上二){ぎ・ぎ・ぐ・ぐる・ぐれ・ぎよ}〔「さし」は接頭語〕❶出過ぎる。度を越す。源氏 空蟬「まだいと若き心地に、さこそ—・ぎ用たるやうなれど」訳(軒端の荻の)まだひどく若い考えには、あれほど出しゃばったようであっても(分別がつかない)。
❷通り過ぎる。通過する。平家 一〇・熊野参詣「佐野の松原—・ぎ用て、那智の御山に参り給ふ」訳(維盛の一行は)佐野の松原を通り過ぎて、那智権現にお参りになる。

さし・すぐ・す【差し過ぐす】(自サ四){さ・し・す・す・せ・せ}〔「さし」は接頭語〕出過ぎる。度を越す。源氏 若紫「乳母のいと—・し用たる心ばせのあまり」訳(少納言の)乳母のまったく出過ぎた考えの結果。

さ・し・たる(連体)〔副詞「然」にサ変動詞「為」の連用形「し」、完了の助動詞「たり」の連体形「たる」の付いたもの〕❶(下に打消の語を伴って)さほどの。これというほどの。徒然 一七〇「—ことなくて人のがり行くは、よからぬことなり」訳 これというほどの用件がないのに他人のもとへ行くのは、よくないことである。

❷特に心に思い決めた。重要な。[宇治]一四・六「―ことなん言はんと思ふ」[訳]大事なことを話そうと思う。

さし‐だる【指し樽】(名)高さ約三〇センチメートルの、箱形で漆塗りの酒樽。儀式の時などに用いる。

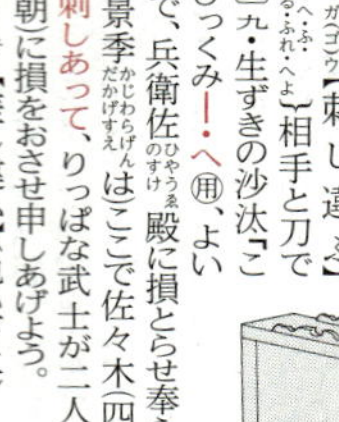
(さしだる)

さし‐ちが・ふ【刺し違ふ】(自ハ下二){へ・へ・ふ・ふる・ふれ・へよ}相手と刀で刺しあう。[平家]九・生ずきの沙汰「ここで佐々木にひっくみ―・へ[用]、よい侍(さぶらひ)二人死んで、兵衛佐(ひやうゑのすけ)殿に損とらせ奉らん」[訳](私=梶原源太景季(かじわらげんだかげすゑ)は)ここで佐々木(四郎高綱(たかつな))と組みあい刺しあって、りっぱな武士が二人死んで、兵衛佐殿(=頼朝)に損をおさせ申しあげよう。

さし‐ちが・ふ【差し違ふ】(他ハ下二){へ・へ・ふ・ふる・ふれ・へよ}たがいちがいにする。交錯させる。[枕]二六「三尺の御几帳(みきちやう)一よろひを―・へ[用]て、こなたのへだてにはして」[訳]三尺(=約九〇センチメートル)の御几帳一双を(表裏)たがいちがいに立てて、こちらとの仕切りとはして。

さし‐づ【指図】(名)❶図面・地図・設計図など。[太平記]三〇「国の―を見候ふに、奥州五十四郡あたかも日本の半国に及べり」[訳]国の地図を見ますと、奥州(=陸奥(みちのく)の別称)の五十四郡はちょうど日本の(面積の)半分に達している。❷命令。指示。[浮・好色五人女]「『ともかくもいづれもが―は漏れじ』と」[訳]「ともかくも皆さま方の指示にはそむかないようにしよう」と。

さし‐つかは・す【差し遣はす】(他サ四){さ・し・す・す・せ・せ}(「さし」は接頭語)差し向ける。派遣する。[平家]二・蘇武「百万騎を―・す[終]」

さし‐つぎ【差し次ぎ】(名)すぐ次。次の地位。[源氏]若菜上「かたちも、―には、いとよしといはれ給ひし人なりしかば」[訳](藤壺(ふぢつぼ)の女御(にようご)は)容貌も、(姉宮の薄雲女院の)次には、たいそう美しいといわれなさっていた方であったから。

さし‐つ・く【差し着く】(「さし」は接頭語)■一(自カ四){か・き・く・く・け・け}舟が岸に着く。[源氏]浮舟「かの岸に―・き[用]ており給ふに」[訳](匂宮(にほうみや)は宇治(うぢ)川の向こうの岸に着いて(舟から)お降りになるときに。■二(他カ下二){け・け・く・くる・くれ・けよ}舟を岸に着ける。[源氏]澪標「岸に―・くる[体]ほど見れば」[訳](住吉(すみよし)の)岸に舟を着けるときにふと見ると。

さし‐つ・く【差し付く】(他カ下二){け・け・く・くる・くれ・けよ}(「さし」は接頭語)物に押しつける。押しあてる。[枕]一〇六「下襲(したがさね)・うへのきぬなども、人よりよくて着たるを、紙燭(しそく)―・け[用]焼き」[訳]下襲や袍(はう)なども、人よりりっぱなようすで着ているのに、紙燭(=照明具)を押しつけて焦がし。

さし‐つ・ぐ【差し次ぐ】(自ガ四){が・ぎ・ぐ・ぐ・げ・げ}(「さし」は接頭語)すぐあとに続く。[源氏]若菜下「この院、大殿に―・ぎ[用]奉りては、人もまゐり仕うまつり」[訳](式部卿(しきぶきやう)の宮はこの院(=光源氏)や大殿(=太政(だいじやう)大臣)のすぐあとに続き申しあげ(る方とし)ては、人々も参上してお仕え申しあげ。

さし‐つど・ふ【差し集ふ】(自ハ四){は・ひ・ふ・ふ・へ・へ}(「さし」は接頭語)寄り集まる。[枕]一八四「奥寄(あうよ)りて三、四人―・ひ[用]て絵など見るもあめり」[訳](部屋の)奥のほうに寄って三、四人(の女房)が寄り集まって絵などを見ている者もいるようだ。

さしつめ‐ひきつめ【差し詰め引き詰め】矢を次々に弓につがえては手早く射るさま。[平家]四・橋合戦「弓の上手(じやうず)どもが矢さきをそろへて、―さんざんに射る」[訳]弓の名手たちが矢先をそろえて、矢をつがえては引き、つがえては引きして、激しく射る。

さ‐し‐て(副)❶これとはっきり指して。ことに。[平家]三・泊瀬六代「鎌倉殿に―申すべき大事ども候ふ」[訳]鎌倉殿(=頼朝)にとりわけ申し上げなければならない重大な事がいくつもございます。❷(下に打消の語を伴って)さほど。これといって。[徒然]一九一「―異(こと)なることなき夜」[訳]これといって特別なことがない夜。

さし‐とら・す【差し取らす】(他サ下二){せ・せ・す・する・すれ・せよ}(「さし」は接頭語)受け取らせる。手渡す。[うつほ]蔵開上「典侍(ないしのすけ)に―・せ[用]て、拭(のご)はせ給ふ」[訳](大宮を)典侍に手渡して、(小便で濡れた衣を)ぬぐわせなさる。

さ‐し‐ながら【然しながら】(副)〔副詞「然(さ)」にサ変動詞「為(す)」の連用形「し」、接続助詞「ながら」の付いたもの〕❶そのまま。ことごとく。全部。[うつほ]内侍のかみ「この御族(ぞう)、君(きん)だち、女君たち、―御かたちいと清らなり」[訳]このご一族は、男君たちも姫君たちもすべてお顔立ちがたいそう美しい。❷あたかも。まるで。

さし‐なは【差し縄】(名)馬の口に付けて引いたりつないだりする縄。[今昔]一六・二四「馬の―を結びて投げ遣(や)りたれば」[訳]馬の差し縄を結んで投げ与えたところ。⇩巻頭カラーページ17

さし‐なべ【さし鍋】(名)「さすなべ」に同じ。

さし‐なほ・す【差し直す】(他サ四){さ・し・す・す・せ・せ}❶(「さし」は接頭語)直す。改める。[源氏]帚木「わが心あやまちなくて見過ぐさば、―・し[用]てもなどか見ざらむ」[訳](夫として)自分の心に過失がなくて(妻を)大目に見るなら、(妻の不心得を)改めてでも、どうして接しないことがあろうか(いや、接することもできるだろう)。❷改めてきちんと差す。[源氏]葵「紐(ひも)ばかりを―・し[用]給ふ」[訳](光源氏は直衣(なほし)の)紐だけを改めてきちんと差し入れなさる。

さし‐ぬき【指貫】(名)袴(はかま)の一種。裾を紐(ひも)で指し貫くところからいう。裾のまわりに通した紐をしばり、くるぶしの上でくくる。布袴(ほうこ)・衣冠・直衣(なほし)・狩衣(かりぎぬ)を着たときに着用する。地質(ぢしつ)・色・紋様などは多様で、身分・年齢などで異なる。活動しやすく、広く用いられた。[枕]二三「濃きむらさきの固紋(かたもん)(=織物の紋様

(さしぬき)

を糸を固く締めて織り出したもの)の—」

さしぬきを… 俳句

> さしぬきを　足でぬぐ夜や　朧月　春
> 〈蕪村句集・蕪村〉

訳 (春の宵、貴公子が足を使ってけだるそうに指貫を脱いでいる。外は朧月にかすんでいる。(なまめかしく、暖かい風も流れこんでくる。)(朧月春。切れ字は「や」)

解説 「指貫」は平安貴族の着用する袴で、裾を紐でくくる。蕪村得意の、王朝に材をとった句。

さし‐の・く【差し退く・差し除く】**一**(自カ四){か・き・く・く・け・け}❶しりぞく。離れる。今昔 一四・四「—き用て、そばみて居ぬ」訳 (女は大臣から少し離れて、横向きになって座った。
❷関係が遠のく。縁が遠くなる。宇治 三・五「うち—き用たる人にもおはしまさず」訳 (お坊様はご主人様と縁が遠のいた人でもいらっしゃらない。
二(他カ下二){け・け・く・くる・くれ・けよ}去らせる。立ちのかせる。源氏 葵「雑々の人なき隙を思ひさだめてみな—け未さする中に」訳 (牛車につき添う)身分の低い従者たちのいない空き地を(見つけ、ここにと思い決めて、(あたりの牛車を)みなしりぞけさせる中に。

さし‐のぞ・く【差し覗く】(他カ四){か・き・く・く・け・け}【「さし」は接頭語】❶ちょっと顔を出す。立ち寄る。源氏 末摘花「台盤所に—き用給ひて」訳 (光源氏が)台盤所にお立ち寄りになって。
❷ちょっとのぞいて見る。徒然 二三〇「狐、人のやうについゐて、—き用たるを」訳 狐が人のように膝をついて座って、のぞいているのを。

さし‐は【翳】(名)「さしば」とも。貴人の顔が人に見えないようにするため、儀式や外出のときにさしかける、長い柄のついたうちわのようなもの。鳥の羽・絹織物・菅などで作る。

(さしは)

さし‐はさ・む【差し挿む・差し挟む】(他マ四){ま・み・む・む・め・め}❶間にはさみこむ。さしこむ。源氏 若菜下「御しとねの下に—み用給ひつ」訳 (女三の宮は柏木の手紙を)御敷物の下にさしこみなさった。
❷ある考えを心中に隠し持つ。心に抱く。平家 二・腰越「野心を—ま未ざる旨」訳 (私=義経が)野心を心に抱かない(という)趣旨を。

さし‐はな・つ【差し放つ】(他タ四){た・ち・つ・つ・て・て}【「さし」は接頭語】ほうっておく。相手にしない。遠ざける。更級 宮仕へ「時々の客人に—た未れて、すずろなるやうなれど」訳 時折出仕する客分(の女房)としてほうっておかれて、用のない状態であるが。

さし‐はな・る【差し離る】(自ラ下二){れ・れ・る・るる・るれ・れよ}【「さし」は接頭語】❶距離が離れる。隔たる。源氏 若紫「御かたちは、—れ用て見しよりも、いみじう清らにて」訳 (若紫の)お顔だちは、離れて見たのよりも、たいそう美しいので。
❷血縁関係が離れる。源氏 夕霧「—れ用たるならひにてだにあらで」訳 (夕霧と致仕の大臣は)血縁関係の離れた間柄でさえもなくて。

さし‐は・ふ【指し延ふ】(自ハ下二){へ・へ・ふ・ふる・ふれ・へよ}わざわざする。ことさらそれと目指してする。源氏 空蟬「—へ用たる御文にはあらで、畳紙に手習ひのやうに書きすさび給ふ」訳 わざわざ書いたお手紙(というの)ではなくて、(光源氏は)懐紙にすさび書きのように気のむくままお書きになる。

さしま・す(他サ四){さ・し・す・す・せ・せ}《中世語》【「させおはします」の変化した「させます」の転】「為す」の尊敬語。なさる。しなさる。〔狂・文相撲〕「その段はちっとも気遣ひを—す終な」訳 そのことについては少しも気遣いをしなさるな。

さします(助動四型)【「させおはします」の変化した「させます」の転】尊敬の意を表す。お…になる。…なさる。〔狂・花子〕「なうなう、これのは、内に居さします体か」訳 もしもし、おまえさんは、内に居なさるか。

接続 上一・上二・下一・下二段活用の動詞の未然形に付く。→します

活用

未然	連用	終止	連体	已然	命令
さしまさ(ズ)	さしまし(ケリ)	さします(○)	さします(コト)	さしませ(ドモ)	さしませ(○)

参考 一説に、尊敬の助動詞「さす」の連用形「させ」に丁寧の助動詞「ます」が付いた「させます」の転とも。この場合は、「…なさいます」の意。

さし‐むか・ふ【差し向かふ】(自ハ四){は・ひ・ふ・ふ・へ・へ}【「さし」は接頭語】❶向かい合う。対座する。徒然 一七五「へだてなきどち—ひ用て、多く飲みたる、いとをかし」訳 気の合った親しい者どうしが向かい合って、(酒を)たくさん飲んでいるのは、たいそう愉快だ。
❷さし当たっている。また、(夫と向かい合う意から)正妻である。源氏 薄雲「親王たち、大臣の御腹といへど、なほ—ひ用たる」訳 親王たちや大臣の姫君から生まれた子といっても、やはり正妻である者(から生まれてこそ価値があるよ)。文法「さしむかひたる」のあとに「こそよけれ」などが省略されている。

さしめ《中世語》助動詞「さしも」の命令形。軽い尊敬の意を表す。…なさい。〔狂・文荷〕「早う結び付けさしめ」訳 早く(手紙を竹に)結い付けなさい。

さ‐しも【然しも】(副)【副詞「然」に副助詞「しも」の付いたもの】❶あんなに。あれほど。それほどまでに。方丈 二「人の営み、皆愚かなるなかに、—危ふき京中の家をつくるとて」訳 人間のすることは、みんな愚かしい(もの)であるが、その中で、あれほど危険な都の中の家をつくるといって。
❷(下に打消・反語を伴って)㋐それほど。たいして。あまり。平家 六・祇園女御「このもの、—猛きものとは見ず」訳 この(怪しい)ものは、たいして強いものとは思わない。㋑そのようにも。そうも。枕 四一「『人のさなむある』と言ひしを、—あらじと思ひしに」訳 ある人が「そう(=うぐいすは宮中で鳴かないもの)である」と言ったけれども、(私は)そうでもないだろうと思っていたのに。

さしも(助動特殊型){さしも・さしも・○・さしも・さしも・さしめ}《中世語》【尊敬の助動詞「さす」の連用形「させ」に補助動詞「給ふ」の付いた「させ給ふ」が「さしまふ」「さしもう」を経て変化し

たもの〕軽い尊敬の意を表す。…なさる。〔史記抄〕「景帝は孝景の七年に生じさしも(用)たぞ」訳景帝は孝景の七年に生まれなさったのだ。

接続 四段・ナ変以外の動詞の未然形に付く。四段・ナ変の動詞には「しも」が付く。

参考 中世の口語で、特に狂言などに多くみえる。

さし-もぐさ【さしも草】(名)よもぎ(=草の名)の異称。葉でもぐさを作る。させもぐさ。(春)。〔後拾遺〕恋一「かくとだにえやはいぶきのさしも草さしも知らじな燃ゆる思ひを」訳→かくとだに…(和歌)。⇩巻頭カラーページ8

さしも-な-し【然しも無し】そうでもない。たいしたことはない。〔枕〕四二「夜鳴くもの、なにもなにもめでたし。ちごどものみぞ―・き(体)」訳夜鳴くものは、なにもかもすばらしい。(だが、)赤ん坊たちが泣くのだけはそうでもない。⇩言ふ甲斐無し「慣用表現」

なりたち 副詞「然しも」+形容詞「無し」

さし-もの【指し物・差し物】(名)❶戦場で武将が目印にした旗や飾り物。小さい物は鎧の背の受け筒に差し、大きい物は従者が持った。❷箱・机・たんすなど、木をさし合わせて作った家具や器具。〔浮・日本永代蔵〕「この所は、桑の木の―、竹細工名人あり」訳この土地には、桑の木で作った指し物や竹細工の名人がいる。

(さしもの①)

さしも-やは【然しもやは】反語の意を表す。そうも…かそんなことはないだろう。まさかそうとは。〔増鏡〕北野の雪「入道殿の御孫の姫君も、参り給ふべき聞こえあれど、―とおしたち給ふ」訳入道殿の御孫の姫君(=嬉子)も、参内なさるはずとのうわさはあるけれど、そんなことはないだろうとむりに事をおはこびになる。

なりたち 副詞「然しも」+係助詞「やは」

さし-や【差し矢】(名)矢つぎばやに矢を射ること。また、その矢。一説に、近距離を射る射法とも。〔平家〕一一・嗣信最期「あるは遠矢に射る舟もあり、あるは―に射る船もあり」訳あるいは遠矢で射る舟もあり、あるいは差し矢で射る船もあり。

さし-や-る【差し遣る】(他ラ四){ら・り・る・る・れ・れ}❶(「さし」は接頭語)差し出す。押しやる。〔源氏〕夢浮橋「広げながら、尼君に―・り(用)給へれば」訳(浮舟が手紙を)広げたままで、尼君に押しやりなさったところ。❷棹をさして船を進ませる。〔源氏〕椎本「遊びに心入れたる君たち誘ひて、―・り(用)給ふほど」訳(薫は)管弦の遊びに熱中している貴公子たちを誘って、船を(宇治川の向こう岸に)進ませなさる間。

さしゃ-る(助動下二・四型){さしゃれ・○・さしゃる・○・○・さしゃれい}{さしやら・さしやり(さしやつ)・さしやる・さしやる・さしやれ・さしやれ(さしやい)}【尊敬の助動詞「さす」に「らる」の付いた「させらる」→「させらるる」の転】「さっしゃる」(助動下二・四型)に同じ。

さしゃん-す(他サ特殊型)《近世語》「為す」の尊敬・丁寧語。なさいます。〔浄・大経師昔暦〕「それは気遣ひ―・す(終)な。とうから覚悟決めてゐる」訳それ(=いさぎよく死ぬこと)については心配なさいますな。ずっと前から覚悟を決めている。

さしゃんす(助動特殊型)《近世語》【「さしゃる」に丁寧の助動詞「ます」の付いた「さしゃります」の転】尊敬と丁寧の意を表す。…なさいます。〔浄・心中天の網島〕「なう旦那殿、起きさしゃんせ(命)」訳もし旦那さま、お起きなさいませ。

接続 四段・ナ変以外の動詞の未然形に付く。四段・ナ変の動詞には「しゃんす」が付く。→しゃんす

活用

未然	連用	終止	連体	已然	命令
(ズ)	(テ)	(○)	(コト)	(ドモ)	(○)
さしゃんせ	さしゃんし	さしゃんす	さしゃんす	さしゃんすれ	さしゃんせ

さし-よ-す【差し寄す】(他サ下二){せ・せ・す・する・すれ・せよ}(「さし」は接頭語)そばに寄せる。〔土佐〕「住の江に船―・せよ(命)忘れ草しるしありやと摘みてゆくべく」訳住の江(の岸)に船を寄せてくれ。(物思いを忘れるという)忘れ草を、ききめがあるか(どうか)と、摘んで行けるように。

さし-より【指し寄り】(名)初め。最初。〔風姿花伝〕「―の一日なんどは、手を貯ひてあひしらひて」訳(三日間にわたって能を演じるときは)最初の一日などは、演技を蓄えて(=余裕を残して)ほどよくあしらって。

さし-よ-る【差し寄る】(自ラ四){ら・り・る・る・れ・れ}(「さし」は接頭語)そばへ寄る。近寄る。〔徒然〕二三六「―・り(用)て、すゑなほして去にければ」訳(神官は)近寄って、(獅子と狛犬をもとのように据え直して行ってしまったので。

さし-わ-く【差し分く】【「さし」は接頭語】■一(他カ四){か・き・く・く・け・け}他と区別する。特別に扱う。ことさらにする。〔紫式部日記〕「おほかりし豊の宮人―・き(用)てしるき日かげをあはれとぞ見し」訳大勢いた豊の明かりの節会に奉仕する宮人の中できわだって目立つ日の光のような日蔭の鬘(のあなた)を感慨深く見たことだ。(「さしわきて」の「さし」に「(日の光が)射し」を、「日かげ」に「日蔭の鬘」と「日影」とをかける。「射す」と「日影」は縁語)

■二(他カ下二){け・け・く・くる・くれ・けよ}❶■一に同じ。〔後撰〕雑四「玉江漕ぐ葦刈り小舟―・け(用)て誰を誰とか我は定めむ」訳玉江を漕ぐ、刈り取った葦を積んだ小舟が棹をさして葦を分けて進むように、だれをだれと区別して、私は(交際相手を)定めたりしようか(いや、定めたりしない)。(第二句までは「さし分け」を導きだす序詞)❷分ける。分割する。〔太平記〕七「その勢三千余騎を―・け(用)て、水の辺に陣を取らせ」訳その軍勢三千騎あまりを(大将に)分け与えて、水辺に陣をしかせた。

さし-わた-す【差し渡す】■一(自サ四){さ・し・す・す・せ・せ}❶直接向かい合う。面と向かう。〔浮・好色一代男〕「更け行くまで―・し(用)、かしらから物毎しらけてかたりぬ」訳(夜の)更けゆくまで面と向かい、はじめから物事を(隠さず)うちあけて語った。❷直接自分でする。〔浮・世間胸算用〕「―・し(用)て弟をつれて…芸子に出して」訳直接自分で弟をつれて…芸子(=歌舞伎若衆)に出して。❸血が直接つながる。■二(他サ四){さ・し・す・す・せ・せ}❶一方から他方へかけ渡す。〔万葉〕一・三八「下つ瀬に小網―・す(終)」訳下の瀬にすくい網を張り渡す。

❷棹をさして舟を渡す。〔増鏡〕内野の雪「それより新宮の川舟に奉りてー・す㊍ほど」訳そこから新宮(＝地名)へ下る川舟にお乗りになって舟を対岸へ渡す間。

さし‐わた・る【差し渡る】(自ラ四){ら・り・る・る・れ・れ}棹をさして対岸へ渡る。舟をこいで渡る。源氏 浮舟「小さき舟に乗り給ひて、ー・り用給ふほど」訳(浮舟は)小さい舟にお乗りになって、棹をさして対岸へ渡りなさる間。

‐さ・す(接尾サ四型)(動詞の連用形に付いて)動作をしかけて中途でやめる、また、動作が中途である意を表す。…しかける。…しかかる。源氏 幻「花はほのかに開けー・し用つつ」訳(紅梅の)花はちらほら咲きかけながら。

さ・す【射す・差す・指す】一(自サ四){さ・し・す・す・せ・せ}❶光が照り入る。さす。枕 一「夕日のー・し用て山の端いと近うなりたるに」訳夕日がさして山のふちにとても近くなっているころに。(「山の輪郭がくっきりと浮き出て、近く感じるころ」と解する説もある)

❷草木がもえ出る。芽が出る。万葉 六・九〇七「滝の上の御舟の山に瑞枝ー・し用繁に生ひたる栂の木の」訳激流のほとりの御舟の山にみずみずしい枝がもえ出て、ぎっしりと生え伸びた栂の木のように。

❸潮が満ちてくる。新古 雑上「わかの浦に月の出で潮のー・す㊍ままに夜鳴く鶴の声ぞかなしき」訳和歌の浦に月が出て潮が満ちてくるにつれて、夜鳴く鶴の声が悲しげに聞こえる。

❹(雲が)わく。立ちのぼる。万葉 三・四三〇「八雲ー・す㊍出雲の子らが黒髪は吉野の川の沖になづさふ」訳出雲の少女の黒髪は吉野川の沖に浮いて漂っている。(「八雲さす」は「出雲」にかかる枕詞)

二(他サ四){さ・し・す・す・せ・せ}❶事物をさし示す。㋐指さす。大鏡 道長下「指をー・し用てものを申ししかば」訳指でさして何かを申したので。㋑目指す。土佐「大津より浦戸をー・し用て漕ぎ出づ」㋒それと確かに定める。指定する。徒然 一八八「日をー・さ㊍ぬことなれば、西山の事は、帰りてまたこそ思ひ立ためと思ふ故に」訳日を指定しないことだから、西山の用事は、帰ってまた思い立とうと思うために。㋓指名する。任命する。竹取 かぐや姫の昇天「勅使少将高野のおほくにといふ人をー・し用て」訳勅使には少将(＝近衛府の次官)高野のおおくにという人を指名して。

❷かざす。さしかける。竹取 かぐや姫の昇天「羅蓋をー・し用たり」訳(天人の飛ぶ車には)羅蓋(＝大型の日傘)をさしかけてある。

❸物を設ける。方丈 三「東に三尺あまりの庇をー・し用て、柴折りくぶるよすがとす」訳東に三尺(＝約九〇センチメートル)あまりの庇をつけて、柴を折りくべ(て炊事など)をするよりどころとする。

❹物を前方へさし出す。〔謡・高砂〕「ー・す㊍腕には、悪魔を払ひ」訳さし出す腕では、悪魔を払いのけ。

さ・す【注す・点す】(他サ四){さ・し・す・す・せ・せ}❶そそぐ。水や酒をつぐ。酒をついで人に勧める。伊勢 八二「…歌よみて盃はー・せ命」とのたまうければ」訳(親王は)「…歌を詠んでから杯は勧めよ」とおっしゃったので。

❷火をともす。灯をかかげる。徒然 二一五「紙燭ー・し用て、くまぐまをもとめしほどに」訳紙燭(＝照明具)に火をともして、すみずみを探していたうちに。

❸塗りつける。色をつける。

さ・す【刺す】(他サ四){さ・し・す・す・せ・せ}❶突きさす。平家 八・妹尾最期「刀の柄も拳もとほれとほれと、三刀ー・い用(イ音便)て(＝三度さして)首を取る」

❷棹で水底をついて船を進める。土佐「棹ー・せ已ど底ひも知らぬわたつみの深き心を君に見るかな」訳棹を突き立てても底もはかり知れない海のように深い心をあなたに感じることだ。(第三句までは「深き」を導きだす序詞)

❸もちざおで鳥を捕らえる。〔仮名・伊曽保〕「竿の先にとりもちを付けて、かの鳩をー・さ㊍んとす(＝捕らえようとする)」

❹虫がさす。蛇などがかむ。徒然 九六「くちばみにー・さ㊍れたる人、かの草を揉みてつけぬれば、すなはち癒ゆとなん」訳まむしにかまれた人は、その(めなもみという)草をもんで(傷口に)つけたら必ず、すぐなおると(いう)。

❺(針で)縫う。万葉 一六・三八八五「その皮を畳にー・し用」訳その(虎の)皮を敷物に縫い。

さ・す【挿す】(他サ四){さ・し・す・す・せ・せ}❶さし入れる。さしはさ

古語ライブラリー㉑

不定の語による疑問文の結び

「など…連体形」以外は、中古の時代も韻文では不定の語による疑問文が終止形で結ばれる。

◇たぎつ瀬の中にも淀はありてふを**など**わが恋の淵瀬ともなき体 〈古今 恋一〉

◇よそにのみ雲居の月に誘はれて待つと言はぬが来たる**たれ**なり終 〈和泉式部続集〉

◇来や来やと待つ夕暮れと今はとて帰る朝と**いづれ**まされり終 〈後撰・恋二〉

だが、散文では「たれ・何・いづく・いづこ・など・いかに・いかなり」などの不定の語による疑問文が連体形で結ばれるようになる。

◇**たれ**と聞こえし体。訳(お父上を)誰と申し上げた。 〈うつほ・俊蔭〉

◇**何**をもちてとかく申すべき体。訳どうしてあれこれ申すことができよう。 〈竹取 蓬萊の玉の枝〉

◇**いづこ**より入り来つる体。訳どこから入ってきた。 〈紫式部日記〉

◇**など**いらへもせぬ体。訳どうして応答もしない。 〈伊勢 六二〉

◇**いかにいかに**懲じ給ひし体。訳どのようにどのようにこらしめなさった。 〈落窪〉

◇**いかなれ**ば、かうなきかと尋ぬばかりまでは見えざりつる体。訳どういうわけで、このようにいないのかと探すほどまで(長い間)姿を見せなかった。 〈枕 二七八〉

これらの用例から、中古以降の散文において、不定の語による疑問文の結びは連体形と見ることができる。副詞「いかに」に係助詞「か」の付いた「いかにか」から生じた副詞「いかが」の結びが連体形になることからの連想で、副詞「など」による疑問文も結びが連体形になり、さらに不定の語による疑問文も連体形で結ぶようになったのであろう。

⇩五七七ページ㉒

む。枕 三「御草子に夾算ー・し㊊て」訳 (「古今集」の)綴じ本にしおりをさしはさんで。

❷髪にさす。枕 九「〔犬に〕桃の花をかざしに(=髪飾りとして)ー・さ㊍せ」

さ・す【鎖す】(他サ四)〔さ・し・す・す・せ・せ〕かぎをかける。門や戸を閉ざす。宇治 八・三「倉の戸をー・し㊊て立ち帰りぬるほどに」訳 倉の戸をしめて(主人が)帰ってしまった間に。

さす (助動下二型)

意味・用法

使役〔…させる。〕→❶
尊敬〔お…になられる。…なされる。〕→❷
謙譲〔申し上げる。お…申しあげる。〕→❸
受身の「らる」の代用〔…られる。〕→❹

接続

上一・上二・下一・下二・カ変・サ変の動詞の**未然形**に付く。四段・ナ変・ラ変に接続する「す」と対応する。→す(助動下二型)

活用

未然	連用	終止	連体	已然	命令
させ (ズ)	させ (タリ)	さす (○)	さする (コト)	さすれ (ドモ)	させよ (○)

❶使役の意を表す。**…させる。** 源氏 桐壺「この人の宮仕への本意、かならず遂げ**させ**㊊奉れ」訳 この人(=桐壺の更衣)の宮仕えの宿願を、きっと成し遂げさせてさしあげよ。徒然 一〇「後徳大寺大臣の、寝殿に鳶ゐ**させ**㊍じとて縄をはられたりけるを」訳 後徳大寺の大臣(=藤原実定)が、寝殿に鳶をとまらせまいとして縄をお張りになっていたのを。

❷尊敬の補助動詞「給ふ」「おはします」「まします」、尊敬の助動詞「らる」などとともに用いて、尊敬の意をさらに強める。最高敬語。**お…になられる。…なされる。** 枕 八「大進生昌が家に、宮の出でさせ㊊給ふに」訳 大進(=中宮職の三等官)である平生昌の家に、中宮(=定子)がお出かけになられるときに。平家 四・厳島御幸「上皇は…玉体もいとどつくしうぞ見え**させ**㊊おはしましける」訳 (高倉)上皇は…おからだもいっそう美しくお見えになられていらっしゃった。

❸謙譲の意の「聞こゆ」とともに用いて、最高の謙譲の意を表す。**申し上げる。お…申しあげる。** 源氏 夢浮橋「みづから聞こえ**さす**㊎べきことも多かれど」訳 私(=僧都)自身で申し上げなければならないことも多いが。枕 二七八「いつしか出でさせ給はなむと待ち聞こえ**さする**㊍に、いと久し」訳 (中宮の御輿も)早くお出になられればいいなあとお待ち申しあげていると、たいそう時間がかかる。文法 「給はなむ」の「なむ」は、他に対する願望の終助詞。

❹軍記物などで、受身の「らる」に代えて用いる。「武者詞」といわれるもので、「…られる」というところを「…させる」と言い表す。平家 九・一二之懸「しころを傾けよ、内かぶと射**さす**㊎な」訳 しころを下げろ、かぶとの内側を(敵に)射られるな。平家 九・宇治川先陣「山田の次郎がはなつ矢に、畠山馬の額をのぶかに射**させ**㊊て」訳 山田の次郎が放つ矢に、畠山は(乗っていた)馬の額を矢竹の部分まで深々と射られて。

文法 「さす」がサ変動詞「す」に接続する場合、文法的には「せさす」となるべきであるが、中世以降は、

「御自害をだに**させ**らるるならばと申したれば」〈天草本平家・二〉

「これを元服**させ**て義経の義を下されて、義久と名乗った」〈天草本平家・四〉

のように「さす」がふつうになる。

同じく、サ行下二段活用動詞に接続する場合にも「…せさす」となるはずであるが、中世以降「…さす」という形が用いられるようになる。

「いかでか(=どうして)御声をも聞き、御姿をも見参**させ**給ふべき」〈平家 三・僧都死去〉

「ともかくも総並みに(=すべて)任**させ**られい」〈天草本伊曽保〉

ざ-す【座主】(名) 一山の寺務を総理する最高の僧職。のちには特に比叡山延暦寺の長。天台座主。源氏 葵「山のー、なにくれやむごとなき僧ども」訳 比叡山延暦寺の座主や、だれそれという尊い僧たちが。

ざ・す【座す・坐す】(自サ変)〔せ・し・す・する・すれ・せよ〕座る。徒然 一五七「散乱の心ながらも、縄床にー・せ㊍ば、覚えずして禅定なるべし」訳 乱れた心のままでも、縄床(=座禅の座)に座るならば、知らず知らずのうちに禅定(=心身の深く統一された状態)になるであろう。

さす-が【刺鉄】(名) 鐙を下げる革に付いている止め金。伊勢 一三「武蔵鐙ー にかけて頼むには問はぬもつらし問ふもうるさし」訳 武蔵鐙の刺鉄ではないが、さすがに、(あなたのことを)心にかけて頼りにする私としては、便りがないのもつらいし、(かといって)便りをくれるのも、わずらわしい。(「刺鉄に」は副詞「さすがに」との掛詞)

さすが

□一 (形動ナリ)〔なら・なり(に)・なり・なる・なれ・なれ〕**そうはいうもののの、そのままにしてはいられない。そうもいかない。** そうでもない。源氏 花散里「世の中なべて厭はしうおぼしならるるに、ー・なる㊍こと多かり」訳 (光源氏は)世の中のことは何もかもいやだとお思いにならないではいられないが、そうはいうものの、そのままにしてはいられないことが多い。大鏡 後一条院「あやしながら、ー・なる㊍気付きてをかしく」訳 (話の内容は)異様だが、そうでもない(=傾聴させる)ようすも添わっていて興味深く。

□二 (副)**そうはいってもやはり。なんといっても。** さすがに。平家 六・廻文「入道相国、かやうにいたく情けなう振る舞ひおかれしことを、ー恐ろしとや思はれけん」訳 入道相国(=清盛)は、このようにひどく情け容赦なくかねて行動なさったことを、そうはいってもやはり恐ろしいとお思いになったのだろうか。(→さすがに参考)

さすが-に

(副)【副詞「然」にサ変動詞「す」、接続助詞「がに」の付いたもの】それはそうだが、しかし。そうはいってもやはり。そうはいうものの。枕 四一「木高き木どもの中に、もろ声に鳴きたるこそ、ーをかしけれ」訳 (うぐいすが)高い木々の中で、(ほととぎすと)声を合わせて鳴いているのは、(当然とはいえ)やはり趣が深い。

参考 上代の「しかすがに」に代わって中古より用いられた。語尾を活用させて形容動詞となり、また「に」が脱落した「さすが」の形で副詞ともなった。

さすたけの【刺す竹の】《枕詞》「さすだけの」とも。「さす」は生えて伸びる意で、竹は勢いよく生長することから、繁栄を祝って「君」「大宮」「舎人」「皇子」などにかかる。〔紀〕推古「―君はや無き」。万葉 一六・三七九一「―舎人をとこも」。万葉 六・一〇四七「―大宮人の」。

さす-なべ【さす鍋】(名)「さしなべ」とも。柄の鉉と注ぎ口のあるなべ。万葉 一六・三八二四「―に湯わかせ子ども(=人々よ)」

さすら・ふ【流離ふ】(自ハ四・下二)〔は・ひ・ふ・ふ・へ・へ／へ・へ・ふ・ふる・ふれ・へよ〕さまよい歩く。流浪する。また、落ちぶれて寄るべのない身となる。細道 出発まで「漂泊の思ひやまず、海浜に―・へ用(下二段)」訳 旅に出てさすらいたいという思いがやまず、海のあたりをさまよい歩き。

さする 助動詞「さす」の連体形。〔落窪〕「人にも心にも願立てさするけにや、少しおこたりて」訳 人にも(また)自分の心にも(神仏に)願を立てさせるためであろうか、少し病気が治って。

さすれ 助動詞「さす」の已然形。大和 一五二「山々に人をやりつつもとめさすれど、さらになし」訳 山々に人を行かせては(鷹を)捜させるが、まったく(どこにも)いない。

させ 助動詞「さす」の未然形。源氏 夕顔「かかるとみの事には誦経などをこそはすなれとて、そのことどももせさせむ、願なども立てさせむとて」訳 (光源氏は)このような(夕顔の変死という)突然の事には読経などをするそうだというので、そうしたこともあれこれ行わせよう、願なども立てさせようと思って。

させ 助動詞「さす」の連用形。伊勢 六九「あしたには狩りに出だし立ててやり、夕さりは帰りつつ、そこに来させけり」訳 (斎宮は男を)朝には準備をして狩りに送り出し、夕方は帰ってくると、そこ(=自分の御殿)に来させた。

さ-せうしゃう【左少将】(名)「左近衛の少将」の略。左近衛府の次官。↔右少将

さ-せうべん【左少弁】(名)太政官の判官の一つで、左弁官局の三等官。左大弁・左中弁の下位。↔右少弁。→少弁

させ-おはしま・す【させ御座します】高い尊敬の気持ちを表す。お…になられる。…なされる。枕 一三七「上も聞こし召して、興ぜ―・し用つ」訳 主上(=一条天皇)もお聞きになって、おもしろがりなされた。

なりたち 尊敬の助動詞「さす」の連用形「させ」＋尊敬の補助動詞「御座します」

させ-たま・ふ【させ給ふ】❶(「さす」が尊敬の場合)高い尊敬の意を表す。お…あそばす。**お…になられる。…なされる。** 地の文に使われている限り最高尊貴の人に対する高い敬意を表し、主として天皇・皇后・中宮・皇太子・皇太后に関して用いるが、会話文・手紙文においてはその限りではない。枕 二三「宮の御前の御几帳をおしやりて、長押のもとに出でて―・へ已るなど」訳 中宮様が御几帳をおしやって、長押のあたりにお出になられたようすなどは。

❷(「さす」が使役の場合)使役する人を敬った表現。**お…させになる。…させなさる。** 枕 二三「いみじうおぼしさわぎて、御誦経などあまたせ―・ひ用て」訳 (父、左大臣ははなはだご心配になり、(娘である女御に対する、天皇の和歌の試験が無事にすむように寺々に依頼して御読経などたくさんあげさせなさって。

なりたち 尊敬・使役の助動詞「さす」の連用形「させ」＋尊敬の補助動詞「給ふ」

参考 ①と②の区別は文脈上から行う。①は、「させ給ふ」に付いている動詞「出づ」の動作者が「させ給ふ」を含む文節の主語であるのに対して、②は、その動詞「す」の動作者がその文節の主語ではない、という点が違う。

させ-たまへ【させ給へ】(多く「いざさせ給へ」の形で)おいでなさい。いらっしゃい。なさいませ。宇治 一・一六「いざ―(=さあ、いらっしゃい)、湯あみに。大夫殿」

なりたち サ変動詞「為」の未然形「せ」と尊敬の助動詞「さす」の融合した動詞「さす」の連用形「させ」＋尊敬の補助動詞「給ふ」の命令形「たまへ」

参考 人をうながしたり、指図したりするときに慣用的に使われる尊敬語で、場面に応じた解釈が必要である。

させも(名)「させもぐさ」の略。〔千載〕雑上「契りおきし―が露を命にてあはれ今年の秋もいぬめり」訳 →ちぎりおきし…和歌

させ-もぐさ【させも草】(名)「さしもぐさ」に同じ。

させよ 助動詞「さす」の命令形。大和 一四八「車のもと近く荷ひ寄せさせよ。見む」訳 (その男に)車のそば近く(葦を)かついで持って来させろ。(私=女が)見よう。

さ-せる(連体)(多く、下に打消の語を伴って)これというほどの。宇治 三・六「わたうたちこそ、―能もおはせねば、物をも惜しみ給へ」訳 おまえさんがたは、これという才能もおありでないから、物をも惜しみなさるのだ。

さ-せん【左遷】(名・他サ変)(古く中国で、左をいやしみ右を尊んだことから)官職・地位を落とすこと。また、官位を下げて僻地へ移すこと。平家 三・康頼祝言「―の愁へをやすめて、帰洛の本懐を遂げしめ給へ」訳 左遷(の身)の愁いをやすらかにして、帰京したいという(われらの)本望を遂げさせてください。

さ-ぜん【作善】(名)《仏教語》仏道での善根を積むこと。仏像を造り、堂・塔を建て、写経するなど、善事を行うこと。徒然 七二「賤しげなるもの、…願文に―多く書きのせたる」訳 いかにも下品なようすに見えるもの、…神仏への祈願文の中に(自分の)善根を積んだことをたくさん書いて載せてあること。

さ-ぞ【然ぞ】■一 そのように。源氏 須磨「げに―思さるらむ」訳 なるほど、(紫の上は)そのようにお思いになられているのであろう。

■二(副)さだめし。さぞや。きっと。平家 二・逆櫓「沖は―〔強い風が〕吹いて候ふらん(=吹いておりましょう)」

なりたち 副詞「然」＋係助詞「ぞ」

さぞ-な【然ぞな】❶いかにも。ほんとうに。そのように。平家 六・小督「―昔の名残もさすがゆかしくて」訳 ほんとうに昔の思い出もなんといってもやはりなつかしくて。

❷さだめし。きっと。〔千載〕恋四「これもみな―昔の契りぞと思ふものからあさましきかな」訳 これ(=こうした仲になること)もみなきっと前世の因縁なのだと思うものの、驚きあきれることだ。

なりたち 副詞「然ぞ」＋感動の終助詞「な」

さそ・ふ【誘ふ】(他ハ四)〔は・ひ・ふ・ふ・へ・へ〕❶連れていく。いざなう。源氏 玉鬘「われをあはれと思さば、おはすらむ所に―・ひ用給へ」訳 (初瀬の観音様よ)私(=玉鬘)を、不憫であるとお思いになるのなら、(亡き母上=夕顔

が)いらっしゃるであろう所に連れていってください。❷促す。勧誘する。そそのかす。〔後撰〕春上「鶯の鳴きつる声に―・は(未)れて花のもとにぞ我は来にける」訳 鶯の鳴いた声に誘われて、(いつの間にか梅の)花の下に私は来てしまったことよ。

さ-た【沙汰】(名・他サ変) ❶処置。始末。徒然 五九「同じくはかのこと―・し(用)おきて」訳 同じことなら(=どうせ出家するなら)あのことを始末しておいて。❷評議。評定。また、訴訟。徒然 一七七「いまだ庭の乾かざりければ、いかがせんと―ありけるに」訳 (雨後)まだ(蹴鞠をする)庭がかわかなかったので、どうしたらよいだろうかと評議があった時に。❸命令。指図。平家 一〇・三日平氏「院の御―にて、内裏にはしろしめされずとぞ聞こえし」訳 (遷宮は)上皇のご命令であって、天皇方ではご存じないとうわさされた。❹評判。うわさ。平家 四・競「三井寺にはをりふし競が―ありけり」訳 三井寺ではちょうどそのころ競(=人名)のうわさをしていた。⇩聞こえ「慣用表現」 ❺報告。音信。知らせ。連絡。〔浄・仮名手本忠臣蔵〕「必ず此の事殿へ御―致すな」訳 けっしてこのことを殿に御報告いたしてはならない。❻手配。したく。平家 六・小督「綸言なれば、雑色・牛・車きよげに―・し(用)て」訳 天皇のおことばであるから、従者や牛や牛車をりっぱな感じにしたくして。

さだ(名)〔「しだ」の転〕時。機会。また、盛りの年ごろ。壮齢。「さだ過ぐ」の形で用いられる。→さだ過ぐ

さ-だ【蹉跎】(形動タリ){たら・たり(と)・たり・たる・たれ・たれ}つまずいてよろけるさま。また、前に進めないさま。転じて、物事がうまくいかなかったり、失意のまま過ごしたりするさま。徒然 一三「わが生すでに―・たり(終)」訳 自分の一生は、もう思うようにいかないありさまだ。

さ-だいしゃう【左大将】(名)「左近衛の大将」の略。左近衛府の長官。↔右大将

さ-だいじん【左大臣】(名)太政官の長官。太政大臣がいるときはその次位に属する。右大臣の上位でいっさいの政務の最高責任者。「ひだりのおとど」「ひだりのおほいまうちぎみ」とも。↔右大臣。→太政官

さ-だいべん【左大弁】(名)太政官の判官の一つで、左弁官局の長官。中務・式部・治部・民部の四省を管理する。↔右大弁。→大弁

さだ-か【定か】(形動ナリ){なら・なり(に)・なり・なる・なれ・なれ}確かなさま。はっきりしているさま。徒然 一七三「小野小町がこと、きはめて―・なら(未)ず」訳 小野小町(=平安前期の女流歌人)の事蹟は、はなはだはっきりしない。

さださだ-と【定定と】(副)確かに。はっきりと。源氏 葵「何にさることを―けざやかに見聞きけむ」訳 なぜあんなこと(=六条御息所の生き霊の出現)を(私=光源氏は)はっきりとあざやかに見も聞きもしたのであろう。

さだ-す・ぐ【さだ過ぐ】(自ガ上二){ぎ・ぎ・ぐ・ぐる・ぐれ・ぎよ}〔「さだ」は時の意〕時が過ぎる。時機を失う。また、盛りの年が過ぎる。老いる。万葉 一一・二七三二「沖つ波辺波の来寄る左太の浦のこの―・ぎ(用)て後恋ひむかも」訳 沖の波や岸辺の波が寄せて来る左太の浦(=地名)の「さだ」ではないが、この時機を逃して後で恋しく思うことであろうか。(第三句までは「さだ」を導きだす序詞)。枕 八三「いと―・ぎ(用)、ふるぶるしき人の」訳 ひどく盛りの年を過ぎて、年をとっている人が。

さた-な・し【沙汰無し】問題にしない。問題外である。徒然 二〇五「起請文といふこと、法曹にはその―・し(終)」訳 起請文(=神仏に対する誓約文)ということは、法律家の間では、なんの問題にもなっていない。

さ-だに【然だに】❶(下に希望の表現を伴って)せめてそのようにでも。堤 はいずみ「親、『―あらせ給へ』とおし立ちて言へば」訳 (女の)親は、(男に)「せめてそのようにでも(=男の家に娘を移すことだけでも)してください」と押し付けるように言うので。❷(下に仮定の表現を伴って)万一そのようにでも。大鏡 師尹「―あらば、いとどわが思ふことえせじ」訳 万一そのようにでもなったなら(=道長の娘寛子を妃として迎えたら)、ますます自分の思うことができないだろう。

なりたち 副詞「然」＋副助詞「だに」

さた-の-かぎり【沙汰の限り】〔理非を判定すべき範囲の意〕もってのほか。不都合。言語道断。〔狂・千鳥〕「そのような―なことがあるものでおりゃるか」訳 そのような不都合なことがあるものでございますか。

さだま・る【定まる】(自ラ四){ら・り・る・る・れ・れ}❶決まる。決定する。徒然 一五五「四季はなほ―・れ(已)るついであり」訳 四季(の推移)には、それでもやはり決まった順序がある。❷慣例となる。習慣化する。源氏 御法「―・り(用)たる念仏をばさるものにて、法華経など誦ぜさせ給ふ」訳 慣例になっている念仏はいうまでもないことで、(そのほかに)法華経などを(光源氏が僧たちに)読誦させなさるのは。文法「させ」は、使役の助動詞。❸安定する。落ち着く。静まる。源氏 澪標「事移り世の中―・ら(未)ぬをりは」訳 事情が変わり国政が安定しないときには。

さだ・む【定む】(他マ下二){め・め・む・むる・むれ・めよ}❶決める。決定する。竹取 御門の求婚「帝にはかに日を―・め(用)て、御狩りに出で給うて」訳 帝は急に日を決めて、(かぐや姫を見る目的で)御狩りにご出発になって。❷評議する。議論する。また、判定する。源氏 帚木「中将待ちとりて、この品々をわきまへ―・め(用)あらそふ」訳 (頭の)中将は(訪問者を)待ちかまえ迎えて、このさまざまの(女の)階級について区別し判定し議論する。❸治める。平定する。万葉 二・一九九「天の下治め給ひ食す国を―・め(用)給ふと」訳 (天武天皇は)天下をお治めになり、ご統治なさるこの国を平定しなさるということで。

さだめ【定め】(名)❶決めること。決定。源氏 少女「楽人舞人の―などを、御心に入れていとなみ給ふ」訳 楽人や舞人の選定などを、(光源氏は)ご熱心におつとめになる。❷論議。評議。判定。更級 春秋のさだめ「唐土などにも、昔より春秋の―は、えし侍らざなるを」訳 中国などでも、昔から春と秋の(優劣の)判定は、(明確に)できないそうですけれども。文法「えし侍らざなる」の「え」は副詞で、打消の語(ここでは「ざ」)を伴って不可能の意を表す。「ざなる」は「ざるなる」の撥音便「ざんなる」の「ん」の表記されない形。❸おきて。きまり。規則。基準。

❹安定。源氏 蓬生「世の中のかく―もなかりければ」訳 世の中がこのように安定もしなかったから。

さだめ-あ・ふ【定め合ふ】(他ハ四){は・ひ・ふ・ふ・へ・へ}皆で批評し合う。皆で論議し合う。源氏 絵合「これはかれはなど―・へ已るを、この頃のことにすめり」訳 これは、あれはなどと(絵を)批評し合っているのを、(帝づきの女房は)このごろの日課にするようである。

さだめ-か・ぬ【定め兼ぬ】(他ナ下二){ね・ね・ぬ・ぬる・ぬれ・ねよ}「「かぬ」は接尾語」定めることができない。決めかねる。古今 恋一「伊勢の海に釣りする海人の浮けなれや心ひとつを―・ね用つる」訳 (私は)伊勢の海で釣りをする漁師の浮き(=漁具)だからであろうか、心一つを定めることができないでいた。

さだめ-て【定めて】(副)〔下二段動詞「定む」の連用形「さだめ」に接続助詞「て」の付いたもの〕必ず。きっと。徒然 二三六「この御社の獅子の立てられやう、―ならひあることに侍らん」訳 この御社の獅子の立てなさり方は、きっと由緒があることでございましょう。

さだめ-な・し【定め無し】(形ク){から・く(かり)・し・き(かる)・けれ・かれ}決まりがない。変わりやすい。一定しない。また、無常である。枕 六二「河は 飛鳥川。淵瀬も―・く用、いかならむとあはれなり」訳 河は、飛鳥川(が趣がある)。(深い)淵と(浅い)瀬とが変わりやすく、(人の世の無常が思われ)どうなるのだろうと心うたれる。

さち【幸】(名)❶漁や狩りで獲物の多いこと。また、その獲物。〔紀〕神代「ともに―を得ず。空手して来帰る」訳 (兄も弟も)どちらも獲物を得ない。手に何も持たずに帰ってくる。
❷獲物を取る道具。弓矢や釣り針など。〔記〕上「火遠理命、その兄火照命に『各―をあひ易へて用ゐむ』と言ひて」訳 火遠理命が、その兄火照命に「お互いに獲物を取る道具を取りかえて使おう」と言って。
❸幸福。さいわい。

発展 「さち」の語源
一説によると、「さち」あるいは「さつ」とは、獲物を得る力を生じる霊力のことだという。霊力の宿った弓矢のことを「さつ弓」「さつ矢」といい、霊力を身につけた者が「山さち彦」「海さち彦」なのである。そこから、「さち」は霊力を得た結果としてもたらされる獲物の意になり、さらにはそれを抽象化した幸福などの意味を派生させたと考えられる。

さ-ちゅうじゃう【左中将】(名)「左近衛の中将」の略。左近衛府の次官。↔右中将

さ-ちゅうべん【左中弁】(名)太政官の判官の一つで、左弁官局の次官。左大弁の次に位する。↔右中弁。→中弁

さ-つき【皐月・五月・早月】(名)陰暦五月の称。夏。古今 夏「―待つ花たちばなの香をかげば昔の人の袖の香ぞする」訳 →さつきまつ…和歌

さつき-あめ【五月雨】(名)陰暦五月ごろ降り続く長雨。さみだれ。梅雨。夏。〔猿蓑〕芭蕉「日の道や葵傾く―」訳 さみだれにぬれて、葵が傾いて咲いている。日は出ていないが、葵の傾いている方向が日の道(=太陽の通る道)にあたるのであろう。

さつき-の-せち【五月の節】端午の節句。夏

さつき-の-みさうじ【五月の御精進】陰暦五月に行われる精進潔斎。枕 九九「―のほど(=ころ)」

さつきまつ… 和歌

> 五月待つ 花たちばなの 香をかげば
> 昔の人の 袖の香ぞする
> 〈古今・三・夏・一三九・よみ人しらず〉〈伊勢・六〇〉

訳 陰暦五月を待って咲く橘の花の香りをかぐと、昔親しんだ人の袖の香りがすることだ。
解説「昔の人」は、以前恋愛関係にあった人。衣類にたきしめる香は、各人が自分の好みによって調合した独自のものであったから、その香りをかげば、親しい人にはすぐにだれとわかったのである。

さつき-やみ【五月闇】(名)五月雨のころの夜の暗いこと。また、その暗闇。夏。新古 夏「おのがつま恋ひつつなくや―神なび山のやま郭公」訳 自分の妻を恋いしたっては鳴くのか。陰暦五月の夜の暗闇の中、神奈備山の山ほととぎすよ。

さつきやみ【五月闇】《枕詞》暗いところから「くら」にかかる。〔拾遺〕夏「―くらはし山の時鳥」

さつ-さつ【颯颯】(形動タリ){たら・たり(と)・たり・たる・たれ・たれ}風が軽く吹く形容。さあっと。平家 七・青山之沙汰「涼風―・たり用し夜なか半に」訳 涼風がさあっと吹いた夜半に。

ざっ-しゃう【雑掌】(名)中世、官庁や社寺・貴族の荘園などの、年貢や種々の雑事を扱った役人。また、武家で雑事や修理・造営などを担当した者。

さっしゃ・る(他ラ下二・四){れ・れ・る・るる・るれ・れ(れい・い)}{ら・り・る・る・れ・れ(れい・い)}《近世語》〔サ変動詞「為」の未然形「せ」に尊敬の助動詞「さす」「らる」が付いた「せさせらる」→「せさせらる」の変化したもの〕「為」の尊敬語。なさる。〔浮世風呂〕「おまはん、何のまねを―・る体(四段)のだエ」訳 あなたさま、何のまねをなさるのか。
参考 初めは下二段活用、のち四段活用となる。

さっしゃる(助動下二・四型)《近世語》〔尊敬の助動詞「さす」に「らる」の付いた「させらる」→「させらるる」の転〕尊敬の意を表す。…なさる。「さしゃる」とも。〔浄・大経師昔暦〕「必ず恨みさっしゃる終な」訳 決して恨みなさるな。
接続 四段・ナ変以外の動詞の未然形に付く。四段・ナ変の動詞には「しゃる」が付く。→しゃる

活用

未然	連用	終止	連体	已然	命令
さっしゃら(ズ) さっしゃれ(バ)	さっしゃり(ケリ) さっしゃれ さっしゃっ(テ)	さっしゃる(○)	さっしゃる(コト)	さっしゃれ(ドモ)	さっしゃれ(○) さっしゃい さっしゃれい

参考 本来は下二段型活用であるが、四段・下二段型の両形がみられる。

さった【薩埵】(名)《梵語の音訳》❶命あるものすべて。

衆生。❷「菩提薩埵」の略。菩薩。〔太平記〕三「善女竜王、ひとり守敏より上位のーにておはしましける」訳 善女竜王は、ただひとり守敏僧都より上位の菩薩でいらっしゃった。

ざっ-てい【雑体】(名)「ざったい」とも。和歌の部類の一つ。長歌・旋頭歌・短歌の俳諧歌の総称。

ざっ-と(副)❶勢いよく急速なさま。どっと。急に。〔平治物語〕「一村雨ーして、風ははげしく吹く間」訳 にわか雨がひとしきりざっと降り、風は強く吹くので。❷おおよそ。おおまかに。あらく。〔狂・末広がり〕「要もとしっととして、戯れ絵ーしたを求めて来い」訳 (扇の)要のつけねがしっかりと丈夫で、(扇面に)たわむれに描いた絵が(四角ばらずに)さらっとしたのを買って来い。

ざっ-ぱい【雑俳】(名)本格的な俳諧に対し、簡単卑俗な形式と内容をもつ俳諧をいう。その代表的なものに前句付けがあり、ほかに冠付け・沓付け・折り句・川柳などがある。江戸中期以降に流行した。

ざっ-ぱう【雑袍】(名)「直衣」のこと。平家 一・吾身栄花「禁色ーを許り」訳 (清盛とその一門は)着用を禁じられた服色(を着ること)と略服である直衣(で参内すること)を許され。

さつひとの【猟人の】《枕詞》猟師が弓を使うことから「弓」にかかる。万葉 一〇・一八一六「ー弓月が嶽に」

薩摩(さつま)『地名』旧国名。西海道十二か国の一つ。今の鹿児島県の西半部。薩州。

さつ-や【猟矢】(名)狩猟に使う矢。万葉 一・六一「大夫のー手挿み立ち向かひ射る円方は見るにさやけし」訳 男らしい男が、猟の矢を指の間にはさんで立ち向かい射抜く的ではないが、その名の円方の地は、見るからにすがすがしい。(「大夫の」から「射る」までは、地名「円方」を導きだす序詞)

さつ-ゆみ【猟弓】(名)狩猟に使う弓。万葉 五・八〇四「ーを手にぎり持ちて」訳 猟の弓を手に握り持って。

さつ-を【猟夫】(名)猟師。万葉 一〇・二一四九「山辺にはーのねらひかしこけど男鹿鳴くなり妻が眼を欲り」訳 山辺では猟師のねらいが恐ろしいが、(それでも)雄鹿の鳴くのが聞こえる、妻の顔が見たいと。

さ-て【然て】[副詞「然」に接続助詞「て」の付いたもの]━(副)❶**そういう状態で。そのままで。**そうしたまま。徒然 八二「し残したるを、ー打ち置きたるは、おもしろく、生き延ぶるわざなり」訳 (物事の)やり残したのを、そのままにしておいてあるのは、趣があって、命がのびるようなやり方である。❷(「さての」の形で)**それとは別。そのほか。**それ以外。蜻蛉 下「ーの日を思ひたれば、また南ふたがりにけり」訳 それ以外の日を考えたところ、また南の方角は(方塞がりで)ふさがってしまっていた。

━(接)(前の話を受けたり、話題を転じるときに用いて)**そして。それで。さて。ところで。それゆえ。**伊勢 五「行けどもえあはで帰りけり。ー詠める」訳 (男は女のもとへ通って)行ったが逢うことができずに帰った。そこで詠んだ歌。文法「えあはで」の「え」は副詞で、下に打消の語(ここでは「で」)を伴って不可能の意を表す。

━(感)(文末に用いることもある)それにしても。なんとまあ。はてさて。〔浄・曾根崎心中〕「ー巧んだり巧んだり。一杯食うたか無念やな」訳 はてさて企んだな、企んだな。いっぱいくったか、無念だわい。

さ-で【叉手・小網】(名)漁具の一つ。柄のあるすくい網。さで網。万葉 九・一七一七「ーさすに衣手濡れぬ」訳 さで網を用いて(魚をとった)ので、袖が濡れてしまった。

(さで)

さて-あり-ぬ-べし【然て有りぬべし】そのままでよいに違いない。そのままで通用するだろう。源氏 帚木「おどろおどろしく作りたる物は、…実には似ざらめど、ーー・べし㊚」訳 (鬼の顔などの)おおげさに色付けした絵は、…実際には似ていないのだろうが、それはそれとして通るものなのだろう。→ぬべし

なりたち 副詞「然て」＋ラ変動詞「有り」の連用形「あり」＋完了(確述)の助動詞「ぬ」の終止形「ぬ」＋推量の助動詞「べし」

さて-こそ【然てこそ】❶そうしてこそ。そうしてはじめて。竹取 燕の子安貝「そこらの燕、子産まざらむやは。ー取らしめ給はめ」訳 たくさんの燕が、子を産まないことがあろうか(いや、きっと産むはずだ)。そうしてこそ、(子安貝を)取らせなさるのがよい。❷そういうことで。そのようなしだいで。平家 九・一二之懸「ー熊谷・平山が一二のかけをば争ひけれ」訳 そういうわけで、熊谷(直実)と平山(季重)が一番乗りか、二番乗りかを争ったことであった。

なりたち 副詞「然て」＋係助詞「こそ」

さて-さて【然て然て】[「然て」を重ねて強めた語]━(感)驚きあきれたときに発する語。なんとまあ。いやどうも。宇治 七・二「ありのままのことを語りければ、『ー』と言ひて、笑ふ者もあり」訳 ありのままの事実を語ったところ、「なんとまあ」と言って、笑う者もあり。

━(副)問いかける気持ちを表す語。そうしてそれから。〔栄花〕わかばえ「いと心ようち笑ませ給ひて、『ー』と問ひ聞こえさせ給ひて」訳 (道長は)たいそう楽しそうににこにこなされて、「そうしてそれから」と(頼道に)お尋ね申しあげなされて。

さて-しも【然てしも】❶そのままでも。そのような状態でこそ。源氏 末摘花「あまり物のほど知らぬやうに、ー過ぐし果てず」訳 (光源氏に冷淡な女は)あまりにも物事の程あいをわきまえないようであり、(かといって)そのままの(＝生まじめな独身の)状態で押し通してしまわず。❷それにしても。ところで。〔雨月〕浅茅が宿「ー臥したる妻は、いづち行きけん、見えず」訳 それにしても(一緒に)寝ていた妻は、どこへ行ったのだろう、(姿が)見えない。

なりたち 副詞「然て」＋強意の副助詞「しも」

さて-しも-ある-べし【然てしも有るべし】そのままでよい。そうしていてよい。平家 九・敦盛最期「ーー・べき㊍ことならねば、泣く泣く頸をぞかいてんげる」訳 (いつまでも)そうしていてよいことでないので、(熊谷直実は)泣く泣く(敦盛の)首を斬ってしまった。

なりたち 副詞「然て」＋強意の副助詞「しも」＋ラ変動詞「有り」の連体形「ある」＋推量の助動詞「べし」

さて-のみ【然てのみ】そうしてばかり。そのままで。〔栄花〕花山たづぬる中納言「悲しういみじうおぼさるれど、

ーやはとて」訳(兼家は娘超子の急死を)悲しく耐えがたく思われなさるが、そうしてばかりはいられようか(いや、いられない)というので。

さて-は【然ては】なりたち 副詞「然て」＋副助詞「のみ」

もの】一(副)そのような状態では。そのままでは。竹取「この燕の子安貝は、悪しくたばかりて取らせ給ふなり。ーえ取らせ給はじ」訳この燕の子安貝(の取り方)は、下手に工夫して取らせなさっているのだ。そのようなやり方では取らせることがおできにならないだろう。文法「え取らせ給はじ」の「え」は副詞で、下に打消の語(ここでは「じ」)を伴って不可能の意を表す。

二(接)❶それでは。それならば。徒然 一四二「ー、ものの哀れは知り給はじ」訳それでは(=子供を持たないと)、ものの情味はおわかりにならないだろう。

❷それからまた。そのほかには。源氏 若紫「清げなるおとな二人ばかり、ー童べぞいでいり遊ぶ」訳(尼のそばに)こぎれいで美しい感じの女房が二人ほど(いて)、そのほかには、童女たちが出たりはいったりして遊ぶ。

❸そうして。それから。蜻蛉 中「ー夜になりぬ」

さて-また(接)それからまた。そしてまた。〔狂・法師が母〕「まづ春はわらび折る。ー夏は田を植ゑ」

さて-も【然ても】〔副詞「然て」に係助詞「も」の付いたもの〕一(副)❶そういう状態でも。そのままでも。伊勢 八三「ー侍ひてしがなと思へど、公事どもありければ」訳(馬の頭は)そのままでも(親王のそばに)お仕えしたいものだと思うけれど、宮中でのいろいろな行事があったので。文法「てしがな」は、願望の終助詞。

❷そうであっても。それでもやはり。〔千載〕恋三「思ひ侘びー命はあるものを憂きに堪へぬは涙なりけり」訳→おもひわび…和歌

二(接)ところで。さて。それにしても。枕 八「ーかばかりの家に、車入らぬ門やはある」訳それにしても、これほどの(身分の人の)家で、牛車の入らない門があるか(いや、ない)。文法「やは」は、反語の係助詞。

三(感)なんともまあ。さてさて。源氏 若紫「ー、いとうつくしかりつる児かな」訳なんとまあ、実にかわいらしかった子だなあ。

さても-あり-ぬ-べし【然ても有りぬべし】それでもまあさしつかえないであろう。そのままで十分だろう。源氏 松風「住みつかばー・べし㊚」訳(大堰の邸は)住み慣れればそれでもさしつかえないであろう。→ぬべし

なりたち 副詞「然ても」＋ラ変動詞「有り」の連用形「あり」＋完了(確述)の助動詞「ぬ」の終止形「ぬ」＋推量の助動詞「べし」

さても-さても【然ても然ても】(感)〔感動詞「然ても」を重ねて強めた語〕いやはやまったく。それにしてもまあ。〔浮・世間胸算用〕「ー、身の貧からはさまざま悪心も起こるものぞかし(=起こるものであるよ)」

さても-やは【然てもやは】そうであっても…か(いや、…ではない)。そんな状態でも…か(いや、…ではない)。徒然 一〇「ー、ながらへ住むべき」訳(住まいを飾り立てたところで)その状態のままでも、いつまでも長生きして住むことができようか(いや、できはしない)。

なりたち 副詞「然ても」＋反語の係助詞「やは」

さと【里】(名)❶人家が集まっている所。人里。万葉 三・二三二「いや遠にーは離りぬ」訳→いはみのうみ…和歌

❷上代の地方行政区画の一つ。人家五十戸を単位としたもの。のち「郷」と書いた。

❸宮中に仕える人が宮中に対して、**自分の住む実家**をいう。自宅。源氏 若紫「内裏にてもーにても、昼はつれづれとながめ暮らして」訳(光源氏は)宮中でも自宅でも、昼は所在なく物思いに沈んで過ごして。

❹妻・養子・奉公人などの実家。〔柳多留〕「ーの母髪を切るなとそっといひ」訳実家の母が(夫と死別した娘の再縁を願って)髪を切る(=尼になる)なと、そっと言い。

❺子供を預けて養育してもらう家。養家。

❻遊里。〔浄・冥途の飛脚〕「色のわけ知り、ー知りて」訳色の道に通じ、遊里(の事情)に明るく。

❼素性。育ち。〔浮世風呂〕「松づくしを唄ふ上方者ならおーが知れるわな(=お育ちがわかるよ)」

❽(寺に対して)俗世間。〔義経記〕「さなくとも稚児をーへ下すこと、おぼろげならぬにて候ふ」訳そうでなくとも稚児(=寺で召し使う少年)を俗世間へ下すことは、たやすくないことでございます。

さ-と【颯と】(副)❶動作・現象の急なさま。さっと。はっと。一時に。枕 一九八「暁に格子・妻戸をおし開けたれば、嵐のー顔にしみたるこそ、いみじくをかしけれ」訳未明に格子や妻戸をおし開けたところ、強い風がさっと顔に(冷たく)しみたのは、はなはだ趣があるものだ。文法「こそ…をかしけれ」は、係り結び。

❷大勢の人が一度に声を出すさま。どっと。わっと。今昔 二七・三「四、五十人ばかりの声なむー答へける」

佐渡〔さど〕『地名』旧国名。北陸道七か国の一つ。今の新潟県の佐渡島全域。古来、遠流の島として知られ、日蓮・世阿弥らが流されている。佐州。

ざ-とう【座頭】(名)❶盲人の琵琶法師に与えられた四官の一。検校・別当・勾当に次ぐ。

❷僧の姿で、琵琶・三味線・胡弓などを弾いて歌曲・語り物を演じたり、あんま・はりを業とした盲人。

佐藤義清〔さとうのりきよ〕『人名』→西行

さとおさ【里長】⇩さとをさ

さと-がち【里がち】(形動ナリ)｛なら・なり(に)・なり・なる・なれ・なれ｝〔「がち」は接尾語〕宮仕えの人・妻・婿・養子・奉公人などが、実家に帰っているときの多いさま。里居がち。源氏 桐壺「いとあつしくなりゆき、もの心ぼそげにー・なる㊍を」訳(桐壺の更衣は)たいそう病弱になってゆき、なんとなく心細いようすで実家に下がることが多いのを。

さとし【諭し】(名)神仏のお告げ。前兆。方丈 二「ただごとにあらず、さるべきもののーか、などぞ疑ひ侍りし」訳(旋風の吹きようは)ただごとではない、(神仏など)しかるべきもののお告げか、などと疑いました。

さと・し【聡し】(形ク)｛から・く(かり)・し・き(かる)・けれ・かれ｝聡明だ。明敏だ。賢い。覚りが早い。源氏 紅葉賀「いとー・く㊊て、かたき調子どもを、ただ一わたりに習ひ取り給ふ」訳(紫の上は)たいへん賢いので、(箏の琴の)むずかしいさまざまな調子を、たった一度だけ(の学習)で習得なさる。⇩賢し「類語パネル」

さと・す【諭す】(他サ四)｛さ・し・す・す・せ・せ｝神仏がお告げによって知らせる。前兆を示す。また、道理などを教え知らせる。

源氏 薄雲「天変しきりに―・し(用)、世の中静かならぬはこの故なり」訳 天空の変動がひっきりなしに起こって世の人に前兆を示し、世の中が穏やかでないのはこの(秘密=冷泉帝が藤壺と光源氏の子であることの)せいである。

さと-ずみ【里住み】(名) ❶宮中から出て、自分の家、あるいは妻の家に住むこと。源氏 桐壺「源氏の君は、上の常に召しまつはせば、心安く―もえし給はず」訳 源氏の君は、帝(=父桐壺帝)がいつも(そば近くに)招き寄せ付き添わせなさるので、気楽に自分の家に住むこともおできにならない。↔内裏住み ❷宮仕えをしないで、家庭で生活すること。更級 宮仕へ「なかなか定まりたらむ―よりは、をかしきことをも見聞きて、心も慰みやせむと思ふをりをりありしを」訳 かえってきまりきったような家庭生活よりは、(宮仕えのほうが)おもしろいことをも見聞きして、心も晴れるだろうかと思う時々があったけれども。❸人里に住むこと。俗世間で暮らすこと。蜻蛉 中「人にいひさまたげられて、今までかかる―をして、またかかる目を見つるかな」訳 人に(出家を)言い妨げられて、今まででこんな俗世間の暮らしをして、またしてもこんな(つらい)目にあってしまったことだ。↔山住み

さと-だいり【里内裏】(名) 皇居の火災や方違えの際などに、内裏の外に仮に設ける一時的な皇居。「今内裏」とも。

発展 「里内裏」と京都御所

里内裏の多くは、外戚である摂関家など権門の邸宅があてられた。正式の内裏は度々焼失し、ついに十三世紀半ば以降は再建されることがなかった。現在の京都御所は、足利尊氏が光明天皇を擁立し、東洞院の土御門殿を皇居とした際の里内裏であり、後小松天皇の時以来正式の内裏に定められて明治維新に至ったものである。

さと-どなり【里隣】(名) 隣近所。宇治 一〇・一「このいさかひを見るとて、―の人、市をなして聞きければ」訳 このけんかを見るということで、隣近所の人が大勢集まって聞いていたので。

さと-な・る【里馴る】(自ラ下二){れ・れ・る・るる・るれ・れよ} ❶(鳥などが)人里になれる。堤 逢坂越えぬ権中納言「山ほととぎすも―・れ(用)て語らふに」訳 山ほととぎすも人里になれて鳴きかけてくるときに。❷《近世語》遊里の風習になれる。〔浄・仮名手本忠臣蔵〕「はや―・れ(用)て(=早くも遊里なれして)、吹く風に〔あたって〕憂さをはらして居る所へ」

さと-ばな・る【里離る】(自ラ下二){れ・れ・る・るる・るれ・れよ} 人里から離れる。源氏 須磨「今はいと―・れ(用)心すごくて、海士の家だに稀に、など聞き給へど」訳 今はすっかり人里から離れものさびしくて、漁師の家さえまれで、などと(光源氏は)お聞きになるが。

さと-びと【里人】(名) ❶宮仕えをしないでいる人。民間の人。また、宮仕えをしているが自宅に下がっている人。枕 三「白馬見にとて、―は車きよげに仕立てて見に行く」訳 白馬の節会を見に(行こう)と思って、宮仕えをしないでいる人は牛車を美しく飾り立てて見物に行く。↔宮人 ❷実家の人。里方の家族。源氏 花宴「御かたがたの―侍りつる中に」訳 女御や更衣さま方の里方の家族がおりました中に。❸その里に住んでいる人。徒然 五一「宇治の―を召して、こしらへさせられければ」訳 宇治の土地の人をお呼び寄せになって、(水車を)作らせなさったところ。

さと・ぶ【里ぶ・俚ぶ】(自バ上二){び・び・ぶ・ぶる・ぶれ・びよ}〔「ぶ」は接尾語〕❶田舎風である。田舎じみる。枕 二九〇「『子九つ、丑八つ』などぞ、―・び(用)たる人は言ふ」訳 「子九つ、丑八つ」などと、里人めいた人(=民間人)は言う。↔雅ぶ ❷家庭での暮らしになじんでいる。所帯じみる。更級 宮仕へ「―・び(用)たる心地には、…心も慰みやせむと思ふをりをりありしを」訳 家庭での暮らしになじんだ(私の)心では、…(宮仕えのほうが)かえってきまりきったような家庭生活よりは、…心も晴れるだろうかと思う時々があったけれども。

さ-どほ・し【さ遠し】(形ク){(から)・く(かり)・し・き(かる)・けれ・かれ}〔「さ」は接頭語〕遠い。離れている。万葉 一四・三四二六「会津嶺の国をさどほみ逢はなば偲ひにせもと紐結ばさね」訳 会津の山の(ある)国が遠いので、会わないならば、思い出すよすがとするように、紐を結んでおくれ。

さと-み【里回・里廻】(名) 人里のあたり。里曲。万葉 七・一二四三「見渡せば近き―をたもとほり今ぞわが来る領巾振りし野に」訳 見渡すと近い人里のあたりなのに、遠まわりして、私は今やっと来たことだ。(あなたが)領巾(=女性が襟から肩に掛けた白布)を振った野に。

里村紹巴(さとむら じょうは)【人名】(一五二四～一六〇二) 室町後期・安土桃山時代の連歌師。宗祇以後の連歌界の第一人者。連歌論書「連歌至宝抄」など。

さとり【悟り・覚り】(名) ❶深く知ること。理解。源氏 橋姫「内教の御才―深くものし給ひけるかな」訳 (八の宮は)仏典のご学問に理解が深くていらっしゃったことよ。❷《仏教語》迷いを脱して、真理を知ること。平家 灌頂・六道之沙汰「異国の〔僧〕玄奘三蔵は、―の前に六道(=死後におもむく六つの世界)を見」

さと・る【悟る・覚る】(他ラ四){ら・り・る・る・れ・れ} ❶詳しく知る。物事を会得する。理解する。源氏 帚木「三史五経、道々しき方をあきらかに―・り(用)明かさむこそ愛敬なからめ」訳 (女が)三史(=史記・漢書・後漢書)や五経(=詩経・書経・易経・春秋・礼記)(といった)学問的な方面を明確に会得し明らかにするならそれは、かわいらしさがないだろうが。文法 係り結び「こそ…め」は、ここは強調逆接となって下の文に続く。❷《仏教語》迷いを去り、真理を体得する。平家 灌頂・大原御幸「過去未来の因果を―・ら(未)せ給ひなば、つやつや御嘆きあるべからず」訳 過去の原因と未来の結果をお悟りになられたならば、少しもお嘆きになるはずがない。文法「せ給ひ」は、最高敬語。❸感づく。察知する。平家 一・祇園精舎「天下の乱れんことを―・ら(未)ずして」訳 天下が乱れるだろうことを気付かないで。

さと-ゐ【里居】(名)宮仕えの人などが、自分の家に帰っていること。里下がり。枕 三九「つれづれなる―のほどに書き集めたるを」訳 手持ちぶさたで退屈な里下がりの間に書き集めたのを。

さと-をさ【里長】(名)里の長。村長。万葉 五・八九二「しもと取る―が声は寝屋処まで来立ち呼ばひぬ」訳 →かぜまじり…和歌

さなえ【早苗】⇩さなへ

さな-かづら【さな葛】(名)「さねかづら(名)」に同じ。

さなかづら【さな葛】《枕詞》さねかずらのつるがのびるさまから「のちもあふ」「いや遠長く」にかかる。万葉 一三・三二八〇「―のちも逢はむと」。万葉 一三・三二八八「―いや遠長くあが思へる君によりては」

さ-ながら【然ながら】(副)〔副詞「然」に接続助詞「ながら」の付いたもの〕❶そのまま。もとのまま。宇治 三・六「衣着ぬ妻子なども、―内にありけり」訳 (あわてふためいて)着物を着ていない妻や子供なども、そのまま(家の)中にいた。❷すべて。全部。残らず。方丈 二「七珍万宝―灰燼となりにき」訳 いっさいの珍しい宝物はすべて燃えがらとなってしまった。〔十訓〕六「取りたる物どもを、―かへし置きて、帰りにけり」訳 (強盗は)奪い取った品々を残らずそのまま返し置いて、帰ってしまった。❸(下に打消の語を伴って)まったく。全然。徒然 一七五「人に交はれば、言葉よその聞きにしたがひて、―心にあらず」訳 人と交際するときまって、(自分の)ことばが他人の思惑に屈して、まったく(自分の)本心(のまま)ではない。❹(下に比況の言い方を伴って)あたかも。ちょうど。まるで。〔謡・羽衣〕「今は―天人も、羽なき鳥のごとくにて」訳 今はまるで天人も、羽のない鳥のようで。参考 ④の意に用いられるのは中世以降である。

副詞の呼応
さながら　鳥のごとし。〈比況〉
(＝まるで鳥のようだ)

さ-なき-だに【然無きだに】そうでなくてさえ。ただでさえ。〔謡・紅葉狩〕「―人心乱るる節は竹の葉の、露ばかりだに受けじとは思ひしかども」訳 ただでさえ人の心の乱れる時は酒のせいだから、露ほど(の少量)でさえ(杯を)受けまいとは思っていたのに。(「竹の葉」は酒の異称) なりたち 副詞「然」＋形容詞「無し」の連体形「なき」＋副助詞「だに」

さ-な-なり【然ななり】そうらしい。そのようだ。枕 二五「必ず来べき人のもとに車をやりて待つに、来る音すれば、―・なり(終)と人々出でて見るに」訳 きっと来るはずの人の所に(迎えの)牛車をやって待っていると、帰って来る(牛車の)音がするので、そうらしい(＝来たようだ)と人々が出て見ると。なりたち 副詞「然」＋断定の助動詞「なり」の連体形「なる」＋伝聞・推定の助動詞「なり」＝「さなるなり」の撥音便「さなんなり」の撥音「ん」の表記されない形。ふつう「さなンなり」と読む。

さ-なへ【早苗】(名)〔「さ」は接頭語〕苗代から田に移し植えるころの稲の苗。夏。古今 秋上「昨日こそ―取りしかいつのまに稲葉そよぎて秋風の吹く」訳 ついこの間、(苗代の)早苗を取って(田植えをし)たばかりだと思っていたのに、いつのまにか稲の葉がそよいで、もう秋風が吹いている。文法 係り結び「こそ…しか」は、ここは強調逆接となって下に続く。

さ-なら-ぬ【然ならぬ】❶そうではない。それほどでもない。〔増鏡〕草枕「―女房・上達部の中にも、とりわきむつましうつかまつる人」訳 それほどでもない女房や公卿の中にも、特に親しくお仕え申しあげる人が。❷そうあるべきでない。源氏 末摘花「様ことに―うち解けわざもし給ひけり」訳 (光源氏は末摘花のために)ふつうの場合とは違って、そうあるべきではない(ような)立ち入った内々の世話もなさるのだった。なりたち 副詞「然」＋断定の助動詞「なり」の未然形「なら」＋打消の助動詞「ず」の連体形「ぬ」

さ-なり【然なり】そうだ。そのとおりだ。蜻蛉 中「男どもの、『いま来年の文月ともなひ参らむよ』と呼ばひたれば、『さなり(終)』と答へて」訳 (お供の)男たちが、「すぐに来年の陰暦七月にお供をして参るつもりだよ」と呼びかけたところ、(見送りの僧は)「そうだね」と答えて。なりたち 副詞「然」＋断定の助動詞「なり」

ざ-なり ❶(「なり」が推定の場合)…ないようだ。更級 大納言殿の姫君「『荻の葉、荻の葉』と呼ばすれど、答へざなり(終)」訳「荻の葉、荻の葉」と(従者に女の名前を)呼ばせるけれども、(女は)返事をしないようだ。❷(「なり」が伝聞の場合)…ないそうだ。…ないということだ。竹取 御門の求婚「多くの人の身をいたづらになして会はざなる(体)かぐや姫は、いかばかりの女ぞ」訳 たくさんの男の身を滅ぼして(なお)結婚しないというかぐや姫とは、どれほどの女か。なりたち 打消の助動詞「ず」の連体形「ざる」＋伝聞・推定の助動詞「なり」＝「ざるなり」の撥音便「ざんなり」の撥音「ん」の表記されない形。ふつう「ざンなり」と読む。

さにつらふ【さ丹つらふ】《枕詞》〔「さ」は接頭語。「に」は名詞「丹」、「つら」は名詞「頬」。「ふ」は動詞をつくる接尾語〕赤い頬をしている意から「妹」「君」に、また、赤く照り映えている意から「色」「ひも」「もみち」にかかる。一説に、比喩とも。万葉 一〇・一九一一「―妹を思ふと」。万葉 一三・三二七六「―君が名いはば」。万葉 一一・二五二三「―色には出でず」。万葉 四・五〇九「―ひも解き離けず」。万葉 六・一〇五三「―もみち散りつつ」

さ-にぬり【さ丹塗り】(名)〔「さ」は接頭語〕赤色に塗ること。また、赤く塗ったもの。万葉 九・一七四二「級照る片足羽川の―の大橋の上ゆ紅の赤裳裾引き」訳 片足羽川の赤く塗った大橋の上を通って、紅染めの赤裳の裾を引き。(「級照る」は「片」にかかる枕詞)

さ-ぬ【さ寝】(自ナ下二){ね・ね・ぬ・ぬる・ぬれ・ねよ}〔「さ」は接頭語〕❶寝る。万葉 一五・三六二六「あなたづたづしひとり―・ぬれ(已)ば」訳 ああ心細いことだ。ひとりで寝ているので。❷男女が共寝する。〔記〕下「愛しと―・ね(用)し―・ね(用)てば」訳 かわいいといって共寝さえしたならば。

讃岐(さぬき)『地名』旧国名。南海道六か国の一つ。今の香川県。讃州。

讃岐典侍(さぬきのすけ)『人名』(生没年未詳)平安後期の日記作者。本名藤原長子。讃岐の守藤原顕綱の娘。堀河天皇・鳥羽天皇に仕えた。著書「讃岐典侍日記」

讃岐典侍日記（さぬきのすけにっき）『作品名』平安後期の女流日記。讃岐典侍（＝藤原長子）の作。天仁年間（一一〇八—一一一〇）の成立か。上巻には堀河天皇の発病から崩御まで、下巻には鳥羽天皇の即位と先帝堀河天皇をしのぶ明け暮れが記されている。

さ-ぬらく【さ寝らく】寝ること。男女が共寝すること。［万葉］一〇・二〇七八「—は年の渡りにただ一夜のみ」［訳］共に寝るのは一年にただ一夜だけである。［なりたち］接頭語「さ」＋下二段動詞「寝」のク語法「寝らく」

さね【札】（名）鉄または革で作った細長く小さな板。ひもや革でつづって鎧を作るもの。

（札）

さね【核・実】（名）❶果実の種。［宇治］四・一七「柚の—の、ただ今しぼり出したるをまぜて」［訳］柚の種で、たった今しぼり出したのを（大豆に）まぜて。
❷骨格。壁や垣根などの骨組み。壁下地。〔続詞花〕物名「大垣は—ばかりこそ残りけれ」［訳］外囲いの垣は骨組みだけが残っていた。
❸根本のもの。本質。〔紀〕仁賢「文稍くに異なりといへども、その—一つなり」［訳］（本によって）文は少し違っているけれども、その根本のものは一つである。

さ-ね【さ寝】（名）〔「さ」は接頭語〕男女が共寝すること。［万葉］一四・三三六六「ま愛しみ—に吾は行く」［訳］とてもいとしいので、共寝をしに私は出かける。

さね【実】（副）❶ほんとうに。必ず。［源氏］薄雲「行きて見て明日も—来む」［訳］（明石の君のもとに）行って逢って、明日にもほんとうに帰って来よう。
❷（下に打消の語を伴って）決して。少しも。［万葉］九・一七九四「立ちかはり月重なりて逢はねども—忘らえず面影にして」［訳］月が移り変わり幾月も過ぎて（その間あなたに）逢わないけれども、決して忘れることができない。（あなたの）顔だちを思い浮かべて。

さ-ね《上代語》お…てください。…なさってください。［万葉］一・一「この岡に菜摘ます児家告らせ名告ら—」［訳］→こもよ…［和歌］
［なりたち］上代の尊敬の助動詞「す」の未然形「さ」＋他に対する願望の終助詞「ね」

-ざね（接尾）（名詞に付いて）その中で中心となるもの、主となるもの、の意を表す。「使ひ—（＝正使）」「まらうど—（＝主賓・正客）」

さね-かづら【真葛】（名）〔古くは「さなかづら」とも〕つる性低木の名。今の「びなんかずら」。茎からとれる粘液は、糊や髪油に使用された。

さねかづら【真葛】《枕詞》「のちもあふ」にかかる。［万葉］二・二〇七「—のちも逢はむと」

さ-ねかや【さ根萱】（名）〔「さ」は接頭語〕根のついたまま刈り取ったかや。［万葉］一四・三四九九「岡に寄せ我が刈るかやの—の」［訳］岡に寄せて私が刈るかやのさねかやのように。

さねさし《枕詞》「相模」にかかる。〔記〕中「—相模の小野に燃ゆる火の」

さねさし…［歌謡］

［枕詞］
さねさし　相模の小野に　燃ゆる火の
火中に立ちて　問ひし君はも
〈古事記・中・弟橘比売命〉

［訳］相模（神奈川県）の野原に燃えさかる火の、炎の中に立って、（私の安否を）たずねてくださったあなたよ。［修辞］「さねさし」は「相模」にかかる枕詞。［文法］「はも」は上代語で、文末に用いて強い詠嘆の意を表す。［解説］倭建命が相模の野で火攻めにされたときのことをふまえて作られた物語歌。また、春の野焼きにおける男女の恋を歌った民謡だとする説もある。

実朝（さねとも）『人名』→源実朝

佐野（さの）『地名』［歌枕］❶〔「狭野」とも書く〕今の和歌山県新宮市佐野。「佐野の渡り」があった。
❷今の群馬県高崎市上佐野町。「佐野の舟橋」で知られる。謡曲「鉢木」の主人公、佐野源左衛門常世のゆかりの地。

狭野弟上娘子（さののおとがみのをとめ）『人名』（生没年未詳）奈良時代の女流歌人。「弟上」は「茅上」とする説もある。斎宮寮の下級女官であったが、中臣宅守と通じたため、宅守は越前に流された。「万葉集」に宅守とかわした情熱的な贈答歌が収められる。

さ-のみ【然のみ】❶そうばかり。そうむやみに。［徒然］七九「よき人は、知りたることとて、—知り顔にやは言ふ」［訳］教養のある人は、知っていることだからといって、そうむやみに物知り顔に言うか（いや、言いはしない）。［文法］「やは」は、反語の係助詞。
❷（下に打消の語を伴って）それほど。さほど。たいして。［源氏］桐壺「限りあれば、—もえとどめさせ給はず」［訳］（宮中には）定めがあるので、それほども（桐壺帝は桐壺の更衣の退出を）お引きとめになることがおできにならないで。［文法］「えとどめさせ給はず」の「え」は副詞で、下に打消の語（ここでは「ず」）を伴って不可能の意を表す。「させ給は」は、最高敬語。
［なりたち］副詞「然」＋副助詞「のみ」

さ-のみ-やは【然のみやは】（下に「べき」「む」など推量の語を伴って）そうばかりも…ていられようか（いや、いられない）。［竹取］かぐや姫の昇天「かならず心惑ひ給はむものぞと思ひて、今まで過ごし侍りつるなり。—とて、うち出で侍りぬるぞ」［訳］（悲しみで）きっと心を乱しなさるにちがいないと思って、今まで（言わずに）過ごしてきたのです。（けれども）そのように（＝言わずに）ばかりいられようか（いや、いられない）と思って、うちあけてしまうのですよ。［文法］「さのみやは」のあとに結びの語「あらむ」が省略されている。
［なりたち］副詞「然」＋副助詞「のみ」＋反語の係助詞「やは」

さは（サワ）【沢】（名）❶水がたまり、草の茂った低地。湿地。［伊勢］九「その—のほとりの木の陰に下りゐて」［訳］（男は）その沢のほとりの木陰に（馬から）下りて腰をおろして。
❷渓流。谷川。

さ-は【然は】■一 そうは。そのようには。［枕］三「など—臆せしにか、すべて、おもてさへ赤みてぞ思ひ乱るるや」［訳］なぜそのようには気おくれしたのであろうか、まったく顔まで赤くなって途方にくれたことだ。文法「や」は、間投助詞を文末に用いた形で、詠嘆・感動を表す。

なりたち 副詞「然」＋係助詞「は」

■二(接)それでは。それならば。更級 後の頼み「―、このたびは帰りて、後に迎へに来む」訳 それでは、今回は帰って、あとで迎えに来よう。

さは(-に)【多(に)】(副)数多く。たくさん。万葉 一〇・二二七一「草深みこほろぎ―鳴くやどの」訳 草深いので、こおろぎがたくさん鳴く庭の。

さ-ば【散飯・生飯】(名)《仏教語》(「さんばん」の転)仏家で食事のとき、飯の上部を少し取り分けて、鬼神に供え、また鳥獣に施すもの。枕 二六六「板屋の上にて烏の斎の―食ふ」訳 板葺きの屋根の上で、鳥が僧の(まいた朝食の)散飯を食うの(は、騒々しい)。

さ-は-いへ【然は言へ】そうは言うものの。しかしながら。琴後集「―、雁のつばさの行き交ひだに絶えずは」訳 そうは言うものの、手紙の往復だけでも絶えないならば。

なりたち 副詞「然」＋係助詞「は」＋四段動詞「言ふ」の已然形「いへ」

さ-は-いへ-ど【然は言へど】そうは言っても。そうは言うものの。徒然 三〇「年月経ても、つゆ忘るるにはあらねど、…―、その際ばかりは覚えぬにや」訳(人が亡くなったときの悲しみを)年月がたっても、少しも忘れるわけではないけれども、…そうは言っても、その当座ほどには感じないのであろうか。

なりたち 副詞「然」＋係助詞「は」＋四段動詞「言ふ」の已然形「いへ」＋接続助詞「ど」

さ-はう【左方】(名)(「左方の楽」の意)雅楽で、唐楽・天竺楽の総称。左楽。↔右方

さ-ばかり【然許り】(副)(副詞「然」に副助詞「ばかり」の付いたもの)❶それほど。そのくらい。徒然 一〇「この殿の御心―にこそ」訳 この殿のお心はそのくらいでいらっしゃったのだ。文法 係助詞「こそ」の結びの語「おはしけれ」などが省略されている。

❷それほどまでに。あんなにまで。竹取 蓬萊の玉の枝「竹取の翁、―語らひつるが、さすがにおぼえて眠りをり」訳 竹取の翁は、(皇子と)あんなにまで語り合っていたことが、やはり気まずく思われて目をつむっている。

❸たいへん。非常に。徒然 三二「―寒き夜もすがら、ここかしこにねぶり居たるこそをかしけれ」訳 たいへん寒い夜を通して、あちらこちらに居眠りしているのはおもしろい。文法「こそをかしけれ」は、係り結び。

さは-さは-と【爽爽と】(副)きれいさっぱりと。はっきりと。すらすらと。正徹物語「初心の時は、ただうち向かひて、一首―理の聞こゆるやうに詠むべきなり」訳 学びはじめの時は、ひたすら集中して、一首(の意味)がすらすらと筋道のわかるように詠むのがよいのである。

さ-ばし-る【さ走る】(自ラ四)〔ら・り・る・る・れ・れ〕(「さ」は接頭語)走る。万葉 三・四七五「河瀬には年魚子―・り用」訳(春になると)川の瀬には若鮎が勢いよく泳ぎ。

さ-はふ【作法】(名)❶物事を行うやり方。きまり。

❷礼儀にかなった立ち居ふるまい。威儀。大鏡 時平「出でて歩き給ふにも、家内にも、大臣の―をふるまひ給はず」訳(顕忠は)出歩きなさるときにも、家の中でも、大臣らしい威儀にふるまいなさらない。

❸しきたりに従ったやり方。方式。徒然 二〇三「勅勘の所に靫かくる―、今は絶えて知れる人なし」訳 天皇のおとがめ(をこうむった人)の家(の門)に、靫(＝矢を入れて背負う道具)を掛ける方式は、当世ではまったく知っている人がない。

参考 仏教語の「作法」は「さほふ」で、「仏事のしきたり」の意。↓作法

さばへ-なす【五月蠅なす】《枕詞》「さばへ(＝夏の蠅)」のようにの意で、「騒く」にかかる。万葉 三・四七八「―騒く舎人は」

さは-やか【爽やか】(形動ナリ)〔なら・なり(に)・なり・なる・なれ・なれ〕(「やか」は接尾語)❶気分がさっぱりするさま。すがすがしいさま。源氏 柏木「御心地は―・に用なり給ひにたりや」訳 ご気分はさっぱりとなりなさったか。

❷はっきりしているさま。明白なさま。源氏 胡蝶「かうざまのことは、親などにも、―・に用わが思ふさまとて、語り出で難きことなれど」訳 このようなむきの(＝婿選びの)ことは、(女は)親などにも、はっきりと、自分の考えていること(はこうだ)といって、きり出しにくいことだけれども。

❸あざやかなさま。きれいなさま。太平記 一四「馬・物の具、まことに―・に用勢ひあって出で立たれたり」訳(新田義貞は)馬や武具を、とてもあざやかで威勢があるように整えて出立なさった。

さは-や-ぐ【爽やぐ】(自ガ四)〔が・ぎ・ぐ・ぐ・げ・げ〕(「やぐ」は接尾語)気分がよくなる。さっぱりとする。多く、病気回復にいう。源氏 夕霧「―・ぎ用給ふ隙もありてなむものおぼえ給ふ」訳(一条御息所は)気分がよくおなりになる間もあって、(そういうときには)意識がはっきりなさる。

さは-らか【爽らか】(形動ナリ)〔なら・なり(に)・なり・なる・なれ・なれ〕(「らか」は接尾語)さっぱりしているさま。すっきりしているさま。源氏 初音「髪の裾すこし細りて、―・に用かかれるしも、いともの清げに」訳(玉鬘の)髪の先が少し細くなって、すっきりと着物にかかっているのが特に、たいそうきれいな感じで。

⇩篤し「慣用表現」

さはり【障り】(名)❶さしつかえ。妨げ。障害。徒然 三九「念仏の時、睡りにをかされて行を怠り侍ること、いかがしてこの―を止め侍らん」訳 念仏のとき、睡魔におそわれて勤行を怠ることがございますが、どのようにしてこの妨げをなくしましょうか。

❷月経。月のさわり。うつほ 国譲中「―物し給はず、悩み給ふなり」訳(嵯峨の院の小宮は)月経がおありにならず(＝懐妊なさり)、わずらっていらっしゃるそうだ。

さはり-どころ【障り所】(名)妨げとなる場所やもの。障害。障害物。源氏 総角「かく程もなき物の隔てばかりを―にて」訳 こんなに距離もない(ささやかな御簾や屏風といった)物の隔てだけを障害物として。

さは-る【障る】(自ラ四)〔ら・り・る・る・れ・れ〕❶妨げられる。さしつかえる。都合が悪くなる。源氏 桐壺「月影ばかりぞ、八重葎にも―・ら未ずさし入りたる」訳 月光だけが、幾重にも茂った蔓草にも妨げられずさしこんでいる。

名文解説 光源氏の母・桐壺の更衣亡きあと、悲しみにくれるその母を桐壺帝の使者・靫負の命婦が訪れる場面。荒れ果てた邸を象徴する「八重葎」にも妨げられずにさしこむ月の光が印象深く、しみ

じみとした哀感と情趣を誘う。徒然 一三七「—・る体ことありてまかりで」訳 さしつかえることがあって(花見に)参りませんで。

さはれ サワレ【然はれ】(感)〔副詞「然」に係助詞「は」、ラ変動詞「有り」の命令形「あれ」の付いた「さはあれ」の転〕「さばれ」とも。❶**ままよ。どうともなれ。** 枕 一〇六「げに遅うさへあらむは、いととりどころなければ、—とて」訳 なるほど(上手でもない返歌が)そのうえ遅くまでなるようでは、まったくとりえがないので、どうともなれと思って。

❷〔接続詞的に用いて〕それはそうだけれど。それはそうとして。〔栄花〕たまのむらぎく「あが帝の御事始めに、かくなりなむことの、折しも口惜しきこと。—、さるべきやうにてしばしは山寺に納め置かせ給へれ」訳 私のいとしい帝のご即位の当初に、このように(葬儀と)なってしまうだろうことの、折も折、残念なこと。それはそうだけれど、しかるべき処置をしてしばらくは山寺に(亡骸を)納めてお置きください。

さび【寂】(名)❶閑寂な趣があること。静寂味。❷〔文芸用語〕「しをり」「ほそみ」とともに蕉風俳諧の重要な理念の一つ。落ち着いてやすらぎのある静寂・枯淡な句の情調をいう。→撓り・細み

発展 俳諧の「さび」

芭蕉の「さび」について、去来は「さびは句の色なり。閑寂なる句をいふにあらず。…賑やかなる句にも、静かなる句にもあるものなり」〈去来抄・修行〉と述べている。「さび」とは単に閑寂な句をいうのではなく、対象を見つめる作者の心が人生の無常をしみじみと感じとり、すべてをいとおしむ心の深さ、あたたかさがにじみ出る美的な気分をいう。

さび・し【寂し・淋し】(形シク)〔しから・しく(しかり)・し・しき(しかる)・しけれ・しかれ〕❶**静かで心細い。** 寒々としている。新古 羇旅「旅人の袖吹きかへす秋風に夕日—・しき体山のかけはし」訳→たびびとの…和歌

❷**必要な物が足りなくて、心細い。** もの足りない。また、貧しい。源氏 若菜下「世の中—・しく用、思はずなることありとも、忍び過ぐし給へ」訳(光源氏との)夫婦の仲が心細く、思いがけない(つらい)ことがあっても、がまんしてお過ごしなさい。(⇩さうざうし「類語パネル」)

さびしさに… 和歌

寂しさに 堪へたる人の またもあれな 庵ならべん 冬の山里 〈新古今・六・冬・六二七・西行〉〈山家集〉

訳(この山里の)寂しさにじっと耐えている人が、(自分のほかに)もう一人あってほしいなあ。草庵を並べて住もう、この冬の山里に。文法「たる」は完了(存続)の助動詞「たり」の連体形。「あれな」の「な」は、詠嘆の終助詞。

さびしさに… 和歌〈百人一首〉

さびしさに 宿を立ちいでて ながむれば いづくも同じ 秋の夕暮れ 〈後拾遺・四・秋上・三三三・良暹〉

訳 あまりのさびしさに、庵を出て(あたりを)見渡すと、どこも(さびしさは)同じことだなあ、秋の夕暮れは。解説「同じ」を連体形の特殊な形として、第五句「秋の夕暮れ」にかかるとみる見方もある。形式的には第四句で切れるとみるのが自然だが、気分的には第五句に続くと考えておく。作者は俗事を去るために山中の庵室で暮らしているのだろう。とすれば、山の秋のさびしさはひとしお身にしみたことであろう。

さびしさは… 和歌

さびしさは その色としも なかりけり まき立つ山の 秋の夕暮れ 〈新古今・四・秋上・三六一・寂蓮〉

訳 さびしさは、(それがどの色のせいだというのでもないなあ。杉や檜が立っている山の秋の夕暮れは。解説 常緑の高木がそびえ立つ山にはどこにも秋らしい色あいがなく、深い黒緑一色なのに、やはり心は秋のさびしさを感じないではいられない。どこからくるのかわからない秋の寂寥感を鋭くとらえた歌。中世の無彩色の世界(=幽玄)を象徴する歌の一つで、「三夕の歌」のうちの一首。→三夕の歌

さび-つきげ【宿月毛】(名)馬の毛色の名。赤茶色を帯びた月毛(=赤みがかった白い毛色)。平家 九・一二之懸「〔旗持ちは〕—なる馬にぞ乗ったりける」

さひづらふ サイズラ(ロ)ウ【囀らふ】《枕詞》外国人の話は鳥のさえずりのように聞こえる意から、「漢」にかかる。万葉 七・一二七三「—漢女をすゑて」

さ-ひゃうゑ —ヒヨウエ【左兵衛】(名)「左兵衛府」の略。

さひゃうゑ-の-かみ サヒヨウエ—【左兵衛の督】(名)左兵衛府の長官。

さひゃうゑ-の-じょう サヒヨウエ—【左兵衛の尉】(名)左兵衛府の三等官。

さひゃうゑ-の-すけ サヒヨウエ—【左兵衛の佐】(名)左兵衛府の次官。

さ-ひゃうゑふ —ヒヨウエフ【左兵衛府】(名)六衛府の一つ。右兵衛府とともに、内裏の警護、行幸の供奉に当たった役所。左兵衛。↔右兵衛府。→兵衛府。⇩巻頭カラーページ31

さ-ふ【左府】(名)左大臣の唐名。↔右府

さ・ふ サ(ソ)ウ【障ふ】■一(自ハ下二)〔へ・へ・ふ・ふる・ふれ・へよ〕ひっかかる。つかえる。枕 能因本・一〇三「あさましきもの 刺し櫛磨くほどに、ものに—・へ用て折りたる」訳 興ざめなもの、刺し櫛(=髪飾り用の櫛)を磨いているうちに、物にひっかかって折ったの。

■二(他ハ下二)〔へ・へ・ふ・ふる・ふれ・へよ〕さえぎる。じゃまする。妨げる。徒然 一一二「一生は雑事の小節に—・へ未られて、空しく暮れなん」訳(人間の)一生は雑多な用事のつまらない義理に妨げられて、むだに終わってしまうだろう。

-さ・ぶ(接尾バ上二型)〔上代語〕(名詞に付いて)「いかにも…らしい態度・状態になる」の意の動詞をつくる。…

らしくなる。…に見える。[万葉]三・三一七「天地の分かれし時ゆ神―・び(用)て高く貴き駿河なる富士の高嶺を」[訳]→あめつちの…[和歌]

【例語】秋さぶ・貴人さぶ(=りっぱな人に見える)・翁さぶ・茂みさぶ・夏さぶ・山さぶ・少女さぶ

さ・ぶ【寂ぶ・荒ぶ】(自バ上二)〔び・び・ぶ・ぶる・ぶれ・びよ〕❶さびしく思う。気持ちが荒れすさんでいく。[万葉]四・五七三「まそ鏡見飽かぬ君におくれてや朝夕に―・び(用)つつ居らむ」[訳](いつまでも)見飽きないあなたに(上京されて)あとに残されて、(これほど)朝に夕にさびしく思いつづけているものだろうか。(「まそ鏡」は「見る」にかかる枕詞)。[文法]「や」は、疑問の係助詞で、結びは「む」。❷古びた趣が出る。[平家]灌頂・大原入「岩に苔むして―・び(用)たる所なりければ、住ままほしうぞおぼしめす」[訳](寂光院は)岩に苔が生えて古びた趣が出ている所であったので、(建礼門院はいつまでも)住みたいとお思いになる。❸(色などが)薄くなる。色あせる。(光などが)衰える。〔風雅〕秋下「薄霧の朝げの梢色―・び(用)て虫の音残す森の下草」[訳]薄霧のかかった明け方の梢は色あせて、木々の下草の中にはまだ虫の鳴き声がすることだ。

さ・ぶ【錆ぶ】(自バ上二)〔び・び・ぶ・ぶる・ぶれ・びよ〕(金属などが)さびる。さびつく。[源氏]朝顔「錠のいといたく―・び(用)にければ開かず」[訳]錠がたいそうひどくさびついてしまったので、(門が)開かない。

ざふ【雑】(名)和歌・俳諧の分類の一つ。歌集で、四季・恋などの部立てに入らない雑多な歌を集めたものを「雑の部」、俳諧で無季の句を「雑の句」という。

ざふ-か【雑歌】(名)和歌集の部立ての一つ。「万葉集」では、相聞・挽歌に属さない歌。「古今集」以下の勅撰集では、春・夏・秋・冬・賀・離別・羇旅・物名・恋・哀傷などに属さない歌。

ざふ-ごん【雑言】(名)「ざふげん」とも。悪口。あくたい。〔曽我物語〕「酒に酔ひ候ひて、―申し候ふ」[訳]酒に酔いまして、(数々の)悪口を申します。

ざふ-さ【造作・雑作】(名)手間。迷惑。面倒。〔狂・萩大名〕「『北山より引かせましてござる』…『―なことの』」[訳]「(庭石を京都の)北の山々から引かせましてございます」…「(それは)面倒なこと(をしたもの)だな」

ざふざふ-の-ひと【雑雑の人】身分の低い従者たち。[源氏]葵「―なきひまを思ひ定めて」[訳](牛車につきそう)身分の低い従者たちのいない空き地を(見つけ、ここにと)思い決めて。

さぶ・し【寂し・淋し】(形シク)〔しから・しく(しかり)・し・しき(しかる)・しけれ・しかれ〕《上代語》「さびし」の古形。気持ちがふさいで楽しめない。さびしい。もの足りない。[万葉]一八・四〇七四「桜花今そ盛りと人は言へどわれは―・し(終)も君としあらねば」[訳]桜の花は今が満開だと人は言うけれども、私は気持ちがふさいで楽しめないことだ。あなたと一緒にいないので。

ざふ-し【雑仕】(名)宮中や上流貴族の私邸で、雑役や使い走りをつとめた下級の女官。「雑仕女」とも。[枕]二七七「台盤所の―ぞ、御使ひには来たる」[訳]台盤所の雑仕が、お使いとしては来たのであった。

ざふ-じ【雑事】(名)雑多な用事。雑事。雑用。[源氏]帚木「さるべからむ―らは承らむ」[訳]しかるべき用事のあれこれはお引き受けしよう。

ざふ-しき【雑色】(名)「ざっしき」とも。❶蔵人所や院の御所などで、雑役をつとめた無位の役人。[枕]二四六「―の蔵人になりたる、めでたし」[訳]雑色が(昇進して)蔵人になったのは、すばらしい。❷公家や武家などで、雑役や使い走りをした下男。

ざふ-ながもち【雑長持】(名)雑多な品を入れておく長持(=長方形でふた付きの大きな箱)。

ざふ-にん【雑人】(名)身分の低い者。[徒然]四一「車の前に―立ち隔てて見えざりしかば」[訳](私の乗っている)牛車の前に下々の者が立ちはだかって(賀茂の競べ馬が)見えなかったので。

ざふ-ひゃう【雑兵】(名)身分の低い兵士。〔曽我物語〕「―の手にかかり給はんより、いそぎ自害し給へ」[訳]名もない兵士に討たれなさるだろうより、すみやかに自害をなさってください。

ざふ-やく【雑役】(名)❶雑用の労役。また、その仕事に携わる者。[今昔]三一・二四「この聖人、―の空車を持ちて牛の無きを見て」[訳](正則は)この聖人が雑用に使う荷車を持っていても、(引かせる)牛がないのを見て。❷「雑役馬」の略。乗用ではなく雑用に使う馬。

ざふやく-ぐるま【雑役車】(名)雑用に使う車。雑車。

さぶらい【侍】⇩さぶらひ

さぶらう【候う・侍う】⇩さぶらふ

さぶらひ【侍】(名)「さむらひ」とも。❶貴人のそばに仕えて雑用や警護をつとめる者。従者。[古今]東歌「みさぶらひ御笠と申せ宮城野の木の下露は雨にまされり」[訳]お供の人よ、(ご主人に)御笠を(お召しください)と申し上げよ。宮城野の木の枝葉からしたたり落ちる露は雨よりまさっている(のだから)。❷武家に仕えて、警護や戦闘に従事する者。武士。さむらい。[平家]二・西光被斬「―どもよほせ」[訳]武士どもを召集しろ。❸「侍所」の略。

さぶらひ-だいしゃう【侍大将】(名)「さむらひだいしゃう」とも。侍の身分で一軍をひきいる者。[平家]四・橋合戦「平家の方の―上総守忠清」

さぶらひ-どころ【侍所】(名)「さむらひどころ」とも。❶平安時代、院・親王・摂関家などで、その家の事務をつかさどった侍の詰め所。❷鎌倉・室町幕府の役所の名。御家人の統制や進退、罪人の検察処罰、軍務などをつかさどった。室町幕府では、京都の雑事や警備などにもあたった。

さぶらひ-わらは【侍童】(名)貴人のそば近く仕える少年。[源氏]夕顔「をかしげなる―の姿このましう、ことさらめきたる」[訳]かわいらしい感じのおそばつきの少年で姿の感じがよく、念入りに(身なりを)整えたらしい者が。

さふら・ふ【候ふ・侍ふ】(自ハ四)〔は・ひ・ふ・ふ・へ・へ〕「さうらふ(自ハ四)」「さぶらふ(自ハ四)」に同じ。

さぶら・ふ【候ふ・侍ふ】(自ハ四)〔は・ひ・ふ・ふ・へ・へ〕❶貴人のそばに仕える意の謙譲語。**お仕えする。**伺候する。[源氏]桐壺「いづれの御時にか、女御、更衣あまた―・ひ(用)給ひける中に」[訳]どの帝の御代(みよ)で(あっただろう)か、女御や更衣が大勢お仕えしていらっしゃったなかに。⇩源氏物語「名文解説」・坐(ま)します「敬語ガイド」

❷「行く」「来(く)」の謙譲語。**参上する。うかがう。** 枕 八「いま静かに、御局(つぼね)に━・は(未)む」訳 あとでゆっくりと、(あなたの)お部屋に参上しよう。⇩参(まう)づ「敬語ガイド」

❸「あり」「居(を)り」の謙譲語。(貴人の手もとに)**ございます。あります。** 枕 九三「御前(ごぜん)に━・ふ(体)ものは、御琴も御笛も、みなめづらしき名つきてぞある」訳 帝(みかど)のお手もとにございますものは、お琴もお笛も、みなめずらしい名前がついている。

❹「あり」の丁寧語。**あります。ございます。おります。** 竹取 蓬莱の玉の枝「いかなる所にか、この木は━・ひ(用)けむ」訳 どんな所に、この木はございましたのだろうか。⇩坐(ま)します「敬語ガイド」

参考 丁寧語の「さぶらふ」は、多く、会話文・手紙文に用いられる。「さぶらふ」が「侍(はべ)り」よりも高い敬意を表して、中古末ごろから盛んに用いられるようになり、のち、「侍り」にとって代わった。また、中世には、「さうらふ」と変化する。《→候(さうら)ふ(自ハ四)》

さぶら・ふ [サブラ(ロ)ウ]【候ふ・侍ふ】(補動ハ四)〔は・ひ・ふ・ふ・へ・へ〕❶(動詞・形容詞・形容動詞・助動詞「る」「らる」「す」「さす」「なり」「べし」の連用形、助詞「て」に付いて)丁寧の意を表す。**…ます。** 枕 三一四「からい目を見━・ひ(用)て。誰(たれ)にかはうれへ申し侍らむ」訳 ひどい目にあいまして。どなたに訴え申しあげましょうか。文法「かは」は疑問の係助詞で、結びは「む」。

❷補助動詞「あり」の丁寧語。**…(で)ございます。…(で)あります。** 源氏 浮舟「殊に程遠くは━・は(未)ずなむ」訳 (宇治(うじ)は)たいして道のりが遠くはございません。文法 係助詞「なむ」のあとに結びの語「侍る」が省略されている。今昔 二三・一五「相構へて打ち伏せて━・ひ(用)つるが」訳 (強盗だと思い)十分注意して打ち伏せたのでございましたが。《→候(さぶら)ふ(自ハ四)参考》

さへ [サエ](副助)

意味・用法
- **添加**〔…までも。〕→❶
- **類推**〔…でも。…さえ。〕→❷
- **最小限度**〔(せめて)…だけでも。〕→❸

接続 体言、活用語の連体形、助詞などに付く。主語・目的語なども含め、連用修飾語に付く。

❶添加の意を表す。**…までも。** 万葉 六・一〇一四「一昨日(をとつひ)も昨日(きのふ)も今日(けふ)も見つれども明日(あす)**さへ**見まく欲(ほ)しき君かも」訳 一昨日も昨日も今日も会ったけれども、そのうえ明日も会いたいあなただなあ。文法「見まく」の「まく」は、推量の助動詞「む」のク語法で、「(会う)であろうこと」の意。古今 秋上「白雲に羽うちかはし飛ぶ雁(かり)の数**さへ**見ゆる秋の夜(よ)の月」訳 →しらくもに…和歌

❷程度の軽いものをあげ、重いものはなおさらだと類推させる意を表す。**…でも。…さえ。**〔曽我物語〕「まさしき兄弟**さへ**似たるは少なし。まして、従兄弟(いとこ)に似たるものはなし」訳 ほんとうの兄弟でも似ているのは少ない。まして、従兄弟で似ているものはない。

❸仮定の条件文に用いられ、それだけで条件が満足される意を表す。**(せめて)…だけでも。** 新古 雑下「命**さへ**あらば見つべき身の果てを偲(しの)ばん人のなきぞ悲しき」訳 命だけでもあるなら、(誰もが)見届けることができる私の最期を、(私の亡きあとに)偲んでくれるような人がいないのが悲しいことだ。文法「見つべき」の「つ」は、助動詞「つ」の終止形で、ここは確述の用法。「ぞ悲しき」は、係り結び。

文法 本来は①「…だけでなく、さらに…まで」のような添加の意を表したが、「だに」と混同して②のような用法が生じた。②は、中世のころから生まれた用法であり、中古までは「だに」で表されたものである。→だに

さ-べき 「さべい」とも。しかるべき。それ相応の。ふさわしい。枕 二九九「『なほ、この宮の人には、━なめり』といふ」訳「(あなたは)やはり、この宮(=中宮定子)にお仕えする人としては、ふさわしい人であるようだ」と言う。更級 宮仕へ「藤壺(ふぢつぼ)の東(ひむがし)の戸をおしあけて、━人々物語しつつ月をながむるに」訳 藤壺(=「飛香舎(ひぎょうしゃ)」の別名)の東の戸を押し開けて、(その場に)ふさわしい女房たちがよもやま話をしては月を眺めていると。なりたち ラ変動詞「然(さ)り」の連体形「さる」＋当然の助動詞「べし」の連体形「べき」＝「さるべき」の撥音便「さんべき」の「ん」の表記されない形。ふつう「さンべき」と読む。

さへづ・る [サエズル]【囀る】(自ラ四)〔ら・り・る・る・れ・れ〕❶小鳥がしきりに鳴く。さえずる。春。古今 春上「ももちどり━・る(体)春は物ごとにあらたまれども我ぞふりゆく」訳 たくさんの鳥たちがしきりに鳴く春は、すべてのものが新しくなるけれども、私だけは年老いてゆくことだ。

❷(外国語や方言など)わけのわからないことばでしゃべりたてる。早口でしゃべる。源氏 玉鬘「声いたう嗄(か)れて━・り(用)ゐたり」訳 (肥後に住む大夫(たいふ)の監(げん)は)声がひどくしわがれて、わけのわからない方言でしゃべりたてていた。

さへ-な・ふ [サエナ(ノ)ウ](他ハ下二)〔へ・へ・ふ・ふる・ふれ・へよ〕〔「障(さ)へ」に敢(あ)ふ」の転〕防ぎきる。拒みとおす。断る。万葉 二〇・四四三二「━・へ(未)ぬ命(みこと)にあれば」訳 拒みきれない天皇のご命令であるので。

さへ-に [サエ](副助)〔副助詞「さへ」に助詞「に」の付いたもの〕…までもまあ…ことだ。古今 秋下「咲きそめし宿しかはれば菊の花色**さへに**こそうつろひにけれ」訳 咲きはじめた家が変わったので(=よその家の庭に移し植えたので)、菊の花は色までもまあ変わってしまったことだ。参考「に」を格助詞とみる説もあるが、「夢路をさへに人はとがめじ」〈古今・恋三〉などと「を」にも付くので、同類の格助詞は重ね用いられることがないという点から間投助詞とみるのがよいと考えられている。また、終助詞、接続助詞、接尾語とみる説もある。

さへ-の-かみ [サエ]【塞の神・道祖神】(名)「さいのかみ」とも。峠や辻(つじ)、村境などに祭られ、その土地に悪霊が侵入するのを防いだり、通行人を守ったりすると信じられ

た神。道の神。道祖神。[今昔]二〇・三「五条の―の在ます(＝鎮座されている)所に」

佐保 (さほ)サホ(オ)『地名』今の奈良市の北部で佐保山のふもと一帯。平城京の北東にあたり、奈良時代には貴族の邸宅が多くあった。

さほ‐かぜ サオ―【佐保風】(名)今の奈良市の佐保のあたりを吹く風。[万葉]六・九七九「わが背子が着る衣薄し佐保風はいたくな吹きそ家に至るまで」[訳]私の思う人(＝甥の大伴家持)の着ている着物は薄い。佐保の風よ、ひどく吹かないでおくれ、家に着くまでは。

佐保川 (さほがは)サホ(オ)ガワ『地名』[歌枕]今の奈良市の春日山に源を発し、大和川に注ぐ川。和歌ではよく千鳥・川霧が詠み込まれる。

さほ‐ひめ サオ―【佐保姫】(名)春をつかさどる女神。佐保山は平城京の東方にあり、五行説で東は春に通じることから神格化して春の女神とした。春霞はこの神が織り出すと考えられた。[春]。→竜田姫

さ‐ほふ ホウ―【作法】(名)《仏教語》葬礼・法会・授戒など、仏事のしきたり。[源氏]桐壺「愛宕といふ所に、いといかめしうその―したるに」[訳](鳥辺野の)愛宕という所で、まことにおごそかにその(＝桐壺の更衣の)葬礼の儀式を行っているところに。→作法

佐保山 (さほやま)サホ(オ)ヤマ『地名』[歌枕]今の奈良市の北西部にある山。紅葉の名所。

‐さま【様】(接尾)「ざま」とも。❶(場所・方向を表す名詞に付いて)㋐方角や向きをいう。…のほう。…向き。「南―」「あなた―(＝向こうのほう)」「横―」㋑対象になる人などを婉曲にいう。…がた。…の方。「あなた―(＝あちらがた)」「上―(＝上層部の人々)」❷(動詞の連用形に付き、下に格助詞「に」を伴って)…のときに。…がけに。…するやいなや。「出で―に(＝出がけに)」「帰り―に」「言ひ―に(＝言うやいなや)」❸(氏名・称号などに付いて)敬意を添える。「若君―」「明神―」

さま【様】■一(名)❶**ようす。ありさま。**体裁。[竹取]かぐや姫の昇天「春のはじめより、かぐや姫、月のおもしろく出でたるを見て、常よりも物思ひたる―なり」[訳]春の初めから、かぐや姫は、月が美しく出ているのを見て、いつもよりも物思いに沈んでいるようすである。❷**容姿**。風体。[源氏]桐壺「―かたちなどのめでたかりしこと」[訳](桐壺の更衣の)容姿や容貌などがすばらしかったこと。❸**趣向**。**趣**。[源氏]帚木「時につけつつ―を変へて」[訳](もてあそび物を)その時に順応しては趣向を変えて。❹**形式**。方法。(歌の)体。[古今]仮名序「うたの―は得たれども、まことすくなし」[訳](遍昭は)歌の形式は自分のものとしているけれども、(歌の)真実味が足りない。
■二(代)《近世語》対称、または他称の人代名詞。(親しみや敬意をこめて)あなた様。あのお方。〔浮・好色一代男〕「これこれ大事の物ながら、―になに惜しかるべし」[訳]これらは大事な物であるけれど、あなた様に(差し上げるのなら)どうして惜しいことがあろうか(いや、惜しくはない)。

さ‐ま【狭間】(名)❶すきま。ひま。〔浄・心中天の網島〕「格子の―より小春が脇腹、ここぞと見極めえいと突くに」[訳]格子のすきまから小春(＝遊女の名)の横腹を、ここだと見当をつけてえいと突くが。❷城の壁・やぐら・塀などにあけた窓。外のようすを見たり、石・矢・鉄砲などを撃ち出したりする。〔太平記〕三「櫓より―の板(＝板戸)をおしひらいて名乗りけるは」❸小さな窓。〔浮・好色一代男〕「明かり取りの―より隣(の牢)を見ればやさしき女有りける」

さま‐あ・し【様悪し】(形シク){しから・しく(しかり)・し・しき(しかる)・しけれ・しかれ}見苦しい。みっともない。[徒然]一四〇「跡に争ひたる、―・し㊦」[訳](遺産を)死後に争っているのは、みっともない。↔様好し

さま‐かたち【様貌・様形】(名)容姿。姿と顔だち。[枕]四一「声よりはじめて―も、さばかりあてにうつくしき程よりは、九重のうちに鳴かぬぞいとわろき」[訳](鶯は)声をはじめとして姿かたちも、あれほど上品でかわいらしいわりには、宮中で鳴かないのがまことによくない。

さま‐かは・る カワル―【様変はる】(自ラ四){ら・り・る・る・れ・れ}❶ふつうとようすが違う。風変わりである。[源氏]若紫「これはいと―・り㊊たるかしづき種なり、とおぼいためり」[訳]この方(＝若紫)はまったくふつうとはようすの変わった秘蔵の娘だと、(光源氏は)お思いになったようだ。❷(元服したり、出家したりして)姿かたちが変わる。[源氏]若菜上「よろしきほどの人の上にてだに、いまはとて―・る㊍は悲しげなるわざなれば」[訳]ふつうの身分の者の身の上においてさえ、いよいよこれまでといって髪を下ろして出家するのは、いかにも悲しいことであるから。⇩人と成る「慣用表現」・世を背く「慣用表現」

さま‐か・ふ カウ―【様変ふ】(他ハ下二){へ・へ・ふ・ふる・ふれ・へよ}❶(元服したり、出家したりして)姿かたちを変える。[源氏]桐壺「みづら結ひ給へる面つき、顔のにほひ、―・へ㊊給はむこと惜しげなり」[訳](少年の髪形である)みずらに結っていらっしゃる(光源氏の)ほおのあたりや、顔のつややかな美しさは、(元服して、その)姿を変えなさるようなことがいかにも惜しいようすである。⇩人と成る「慣用表現」・世を背く「慣用表現」❷ふつうと趣を異にする。変わったようすにする。[源氏]玉鬘「―・へ㊊たる春の夕暮れなり」[訳]ふつうと趣を異にした(＝いっぷう変わった)春の日暮れ(の大夫の監の求愛)である。

さま‐こと【様異】(形動ナリ){なら・なり(に)・なり・なる・なれ・なれ}ふつうと違うようすである。風変わりだ。格別だ。[枕]三七「かれがれに―・に㊊咲きて」[訳](楝の花は)枯れ衰えたようすで風変わりに咲いて。

さま・す【冷ます】(他サ四){さ・し・す・す・せ・せ}❶熱いものを冷たくする。❷感情の高ぶりや激しい思いをしずめる。また、興味をそぐ。〔十訓〕二「人をしらかし、その座を―・す㊍なり」[訳]人をしらけさせ、その場の興をそぐものである。

さま・す【覚ます・醒ます】(他サ四){さ・し・す・す・せ・せ}❶目をさます。(夢や酔いからさめて)正気になるようにする。[徒然]四一「いたう睡りて、落ちぬべき時に目を―・す㊍ことたびたびなり」[訳](法師は木の股で)すっかり眠って、今にも落ちそうな時に目をさますことがたびたびである。❷心の迷いからさめるようにする。悟りあきらめるようにする。[源氏]柏木「年つもりぬる人はしひて心強う―・し㊊侍るを」[訳]年をとった(私＝一条御息所のような)人

は、無理にでも気をしっかりもって（娘の夫＝柏木の死を）あきらめるようにしておりますが。

さまた・ぐ【妨ぐ】（他ガ下二）{げ・げ・ぐ・ぐる・ぐれ・げよ}邪魔する。方丈 三「ー・ぐる㊍人もなく、また恥づべき人もなし」訳（念仏や読経を休んだり怠けたりすることを）邪魔する人もいないし、また恥じなければならない人もいない。

さまた・る（自ラ下二）{れ・れ・る・るる・るれ・れよ}だらしなくなる。今昔 二六・四「この君達、一人直しき者もなく、酔ひー・れ㊊て」訳 この（おしかけてきた）貴公子たちは、一人としてきちんとした者もなく、酔ってだらしなくなって。

さ-まで【然まで】そうまで。それほどまで。そんなにまで。源氏 夕顔「ー心とどむべきことのさまにもあらず」訳（夕顔への思いは、自分＝光源氏が）そんなにまで執着しなければならない事柄でもない。

さ-まね・し（形ク）{から・く(かり)・し・き(かる)・けれ・かれ}［「さ」は接頭語］数が多い。たび重なる。万葉 四・六五三「たまさかに見ぬ日ー・く㊊月そ経にける」訳 偶然に会わない日がたび重なって一月も経ってしまったことだ。

なりたち 副詞「然」＋副助詞「まで」

さま-の-かみ【左馬の頭】（名）左馬寮の長官。従五位上相当官。「ひだりのうまのかみ」とも。↔右馬の頭。→馬寮

さま-よ・し【様好し】（形ク）{から・く(かり)・し・き(かる)・けれ・かれ}ようすがよい。姿・形が美しい。源氏 朝顔「ー・き㊍ほどにおし拭ひ給ひて」訳（光源氏は涙を）品のよい程度におぬぐいになって。↔様悪し

さまよ・ふ【吟ふ】（自ハ四）{は・ひ・ふ・ふ・へ・へ}嘆いてうめき声を出す。嘆き悲しむ。万葉 五・八九二「父母は枕の方に妻子どもは足の方に囲みゐて憂へー・ひ㊊」訳 →かぜまじり…和歌

さまよ・ふ【彷徨ふ】（自ハ四）{は・ひ・ふ・ふ・へ・へ}❶うろうろする。また、流浪する。徒然 二一「人遠く、水草清き所にー・ひ㊊ありきたるばかり心なぐさむことはあらじ」訳 人里を遠く離れ、水や草が清く美しい所で、ぶらつき歩き回っていることほど心の安まることはないだろう。❷心が定まらない。移り気である。源氏 真木柱「色めかしうー・ふ㊍心さへ添ひて」訳（近江の君は）好色めいて浮気な気持ちまでも加わって。

さ-まれう【左馬寮】（名）→めれう。↔右馬寮

さ-みだ・る【さ乱る】（自ラ下二）{れ・れ・る・るる・るれ・れよ}［「さ」は接頭語］乱れる。和歌では、多く「五月雨る」の意をかけて用いる。拾玉集「夏びきの糸ー・れ㊊て結ぼほれ」訳 夏につむいだ糸が乱れてからまって解けにくく。

さみだ・る【五月雨る】（自ラ下二）{れ・れ・る・るる・るれ・れよ}五月雨が降る。和歌では、多く「さ乱る」の意をかけて用いる。和泉式部日記「おほかたにー・るる㊍とや思ふらむ君恋ひわたる今日のながめを」訳（あなたは時節がら）ごくふつうに五月雨が降るのだと思っているのだろうか。あなたを恋い続ける（私の）物思いの涙が今日の長雨となっているのを。（「さみだるる」に「さ乱るる」をかけ、「おほかたにさみだるる」に「ふつうに物思いで心が乱れる」の意もこめる。「ながめ」は「眺め（＝物思い）」と「長雨」との掛詞）

さみだれ【五月雨】（名）陰暦五月ごろ降り続く長雨。梅雨。夏。枕 四一「ーの短き夜に寝覚めをして」訳 五月雨の降る短夜に、（夜中に）目をさまして。

さみだれの… 俳句

> 夏
> 五月雨の　降り残してや　光堂
> 〈おくのほそ道・平泉・芭蕉〉

訳（長い年月、年ごとに降り続けた）五月雨も、さすがにこの中尊寺の光堂だけは降り残したからであろうか。光堂は（昔の栄光をそのままに）今も燦然たる輝きを放っていることだ。（五月雨夏。切れ字は「や」）

解説「五月雨や年々降りて五百たび」が初案。「残してや」の「や」は疑問の係助詞であるが、ここでは詠嘆の意も含めた切れ字にもなっている。

さみだれや… 俳句

> 夏
> さみだれや　大河を前に　家二軒
> 〈蕪村句集・蕪村〉

訳 五月雨が降り続いていることだ。水かさを増して濁流が迫る、大河の岸辺に家が二軒、（心細げに）並んでいる。（さみだれ夏。切れ字は「や」）

解説「五月雨をあつめて早し最上川」（訳 →さみだれを…俳句）〈おくのほそ道・芭蕉〉の句の動的リズム感に対し、この句は画家でもある蕪村の絵画的構図が指摘され、両者の資質の相違があらわれている。

さみだれを… 俳句

> 夏
> 五月雨を　あつめて早し　最上川
> 〈おくのほそ道・最上川・芭蕉〉

訳（山野に降りしきった）五月雨を集めて満々とみなぎり、矢のように流れて行くことよ。この最上川は。（五月雨夏。切れ字は「し」で、形容詞の終止形活用語尾）

解説 初案は「あつめて涼し」で、大石田の俳人高野一栄宅に招かれた折の挨拶の句。相手やその土地をたたえるのが礼儀であった。「涼し」にその配慮がみられる。「あつめて早し」は、描写を超えて体験をふまえた作者の心の躍動感も伝えている。

さ・む【冷む】（自マ下二）{め・め・む・むる・むれ・めよ}❶冷える。冷たくなる。熱がひく。源氏 手習「うちはへぬるみなどし給へることはー・め㊊給ひて」訳（あなた＝浮舟は）長く続いて熱があったりなさったのはおひきになって。❷（高ぶっていた感情が）しずまる。（興味が）うすらぐ。大鏡 道長上「饗応し、もてはやし聞こえさせ給ひつる興もー・め㊊て、ことにがうなりぬ」訳（関白道隆は弟道長の）機嫌をとり、おもてなし申しあげなさっていた興もうすらいで、気まずくなってしまった。文法「させ給ひ」は、最高敬語。

さ・む【覚む・醒む】（自マ下二）{め・め・む・むる・むれ・めよ}❶（眠り・夢・酔いなどから）さめる。正気にかえる。源氏 桐壺「しばしは夢かとのみたどられしを、やうやう思ひしづまるにしも、ー・む㊎べき方なく」訳（桐壺の更衣の死後）しばらくの間は、ただもう夢（ではない）かと思いまよわないではいられなかったが、しだいに心が落ち着くにつけてもかえって、（夢で

はない現実なので)さめようにもその方法がなく。文法「たどられし」の「れ」は、自発の助動詞「る」の連用形。「しも」は強意の副助詞。

❷悲しみ、迷いなどが消え去る。物思いが晴れる。源氏総角「悲しさも―・め(用)ぬべきふしをだに見つけさせ給へ」訳せめて悲しさも消え去ってしまうにちがいないところをだけでも(この目に)見つけさせてください。

さむけ・し【寒けし】(形ク){(から)・く(かり)・し・き(かる)・けれ・かれ}寒そうだ。寒々としている。徒然一九「すさまじきものにして見る人もなき月の、―・く(用)澄める二十日あまりの空こそ、心ぼそきものなれ」訳興趣のないものとして見る人もない月が、寒々と澄んでいる(陰暦十二月)二十日過ぎの空は、もの寂しいものだ。文法「こそ…なれ」は、係り結び。

さむ・し【寒し】(形ク){(から)・く(かり)・し・き(かる)・けれ・かれ}❶寒い。冷たい。万葉一七・三九四五「秋の夜は暁(=夜明け前)―・し(終)」

❷寒々としている。新古秋下「み吉野の山の秋風さ夜ふけてふるさと―・く(用)衣打つなり」訳→みよしのの…和歌

❸経済的に豊かでない。貧しい。〔浮・世間胸算用〕「酒は呑みたし、身は―・し(終)」

さ-むしろ【狭筵】(名)〔「さ」は接頭語〕むしろ。新古秋下「きりぎりす鳴くや霜夜の―に衣片敷きひとりかも寝ん」訳→きりぎりす…和歌

さむらひ【侍】(名)〔「さぶらひ」の転〕「さぶらひ」に同じ。

さむらひ-えぼし【侍烏帽子】(名)厚紙で平たく作り、黒漆塗りにして頂を三角に折りたたんだ烏帽子。武士が素襖を着たときにかぶった。→烏帽子

さむらひ-どころ【侍所】(名)「さぶらひどころ」に同じ。

さむら・ふ【侍ふ・候ふ】(自ハ四){(は)・ひ・ふ・ふ・へ・へ}〔「さぶらふ」の転〕「あり」の丁寧語。あります。ございます。〔謡・鳥追舟〕「めのとの科も―・は(未)ず」訳後見役の過失もございません。

文法「さぶらふ」「さうらふ」と違って本動詞の用例はまれで、「疾くにも参りたくはさむらひつれども」〈謡・砧〉や「その幼き者こそ…子にてはさむらへとよ」〈謡・隅田川〉は、助詞「は」を介した補助動詞である。

さむら・ふ【侍ふ・候ふ】(補動ハ四){(は)・ひ・ふ・ふ・へ・へ}〔四段動詞「さむらふ」から〕丁寧の意を添える。…(で)あります。…(て)おります。…(で)ございます。…ます。〔謡・松風〕「あまりに懐かしう―・ひ(用)て、なほ執心の閻浮の涙、ふたたび袖を濡らし―・ふ(終)」訳(行平の歌を聞いて)あまりに懐かしゅうございまして、やはりこの世に執着する心ゆえの涙に、またもや袖を濡らします。〔謡・卒都婆小町〕「これは…小野小町が成れる果てにて―・ふ(体)なり」訳私は…小野小町の落ちぶれ果てた姿でございます。

参考「さむらふ」は謡曲で女性の用いる語であるが、「さうらふ」も多く用いられており、両者の使い分けの規準ははっきりしていない。

文法用例文の三例はそれぞれ上の、形容詞「懐かしう」・動詞「濡らし」・断定の助動詞「に」(「なり」の連用形)に対して丁寧の意を添える補助動詞で、最後の用例などは本動詞と混同しやすいので注意を要する。

さ-め・く(自カ四){か・き・く・く・け・け}〔「さ」は擬声語。「めく」は接尾語〕騒がしくする。ざわざわする。枕一二八「からすの集まりて飛びちがひ、―・き(用)鳴きたる」訳からすが集まって飛びかい、騒がしく鳴いているの(も不快だ)。

ざ-めり …ないようだ。…ないように見える。竹取かぐや姫の昇天「この頃となりては、ただごとにも侍らざめり(終)」訳(かぐや姫の月を眺めるようすが)近ごろになってからは、ただごとでもないようでございます。

なりたち打消の助動詞「ず」の連体形「ざる」+推量の助動詞「めり」=「ざるめり」の撥音便「ざんめり」の撥音「ん」の表記されない形。ふつう「ざゝめり」と読む。

さ-も【然も】(副)〔副詞「然」に係助詞「も」の付いたもの〕❶そうも。そのようにも。宇治一・四「日ごろは―せぬに、ことのほかに饗応して」訳(郡司は伴善男に)つね日ごろはそのようにもしないのに、(その日は)特別にごちそうをして。

❷いかにも。ほんとうにまあ。まったく。源氏末摘花「あはれ、―寒き年かな」訳ああ、ほんとうに寒い年だなあ。宇治一・三「こよひの御あそびこそ、いつにもすぐれたれ。ただし、―めづらしからん奏でを見ばや」訳今宵の管弦の御宴は、いつになくまさっている。しかしながら、いかにも珍しいと思われるような(歌に合わせた)舞を見たいものだ。文法「めづらしからん奏で」の「ん」は、仮定・婉曲の助動詞。「ばや」は、願望の終助詞。

❸(下に打消の語を伴って)それほどにも。たいして。源氏蓬生「ただこちたき御ものづつみなれば―むつび給はぬを」訳(末摘花は)ただもう度を越したご遠慮深さであるから、(叔母と)それほど親しくなさらないので。

さも-あら-ず【然も有らず】そうではない。そんなことはない。竹取竜の頸の玉「『竜の頸の玉や取りておはしたる』『いな、―・ず(終)』」訳「(大伴の大納言は)竜の首の玉を取っていらっしゃったのか」「いいえ、そうではない」。→然も有り 参考

なりたち副詞「然も」+ラ変動詞「有り」の未然形「あら」+打消の助動詞「ず」

さも-あら-ば【然も有らば】そうであるなら。〔謡・羽衣〕「そもこの衣の御主とは、さては天人にてましますかや、―末世の奇特に留め置き、国の宝となすべきなり」訳いったいこの衣の持ち主(である)とは、さては天人でいらっしゃるのかな、そうであるなら末世の奇跡としてとどめおいて、国の宝としなければならないのである。

なりたち副詞「然も」+ラ変動詞「有り」の未然形「あら」+接続助詞「ば」

さも-あら-ば-あれ【然も有らば有れ】❶(やむを得ないという気持ちで)そうならばそうでよい。どうでもかまわない。ままよ。〔和泉式部日記〕「うち捨てて旅ゆく人は―またなきものと君し思はば」訳(私=敦道親王を)捨てて旅に出ていく人はそれはそれでもかまわない。(私のことを)このうえないもの(ほかでもない)あなた(=和泉式部)が思ってくれるならば。

❷(話題をかえる気持ちで)それはともかくとして。なにはともあれ。〔浄・平家女護島〕「助くるも道、殺すも道、―帰れ、有王」訳助けるのも道理、殺すのも道理、なにはともあれ帰れ、有王。

なりたち副詞「然も」+ラ変動詞「有り」の未然形「あら」+接続助詞「ば」+ラ変動詞「有り」の命令形「あ

れ」

文法 「あれ」は命令形で、本来は①の意味で用いられた放任法である。命令形の放任法は「も(係助詞)＋命令形」「未然形＋ば(接続助詞)＋命令形」の形をとり、事態をなりゆきに任せて放任する気持ちを表す。この場合は二つの形が複合したもので、「さもあれ」も同じ意味・用法である。

さも-あ・り【然も有り】 いかにもそのとおりである。もっともだ。〔源氏〕若菜下「物の調べ、曲のものどもはしも、げに律をば次のものにしたるは、**—・り**㊚**かし**」〔訳〕音楽の調子や歌詞のない曲の数々では特に、なるほど律を(呂の)次の楽曲にしているのは、もっともであるよ。

〔なりたち〕副詞「然も」＋ラ変動詞「有り」

〔参考〕「さもあり」に対応する表現に「さもあらず・さもなし」「さしもあらず・さしもなし」がある。

さも-あり-ぬ-べし【然も有りぬべし】 きっとそのとおりであろう。いかにもそうにちがいない。当然そうである。〔徒然〕一四二「『子ゆゑにこそ、よろづのあはれは思ひ知らるれ』と言ひたりし、**—・べき**㊍**ことなり**」〔訳〕(荒武者が)「子によってこそ、すべての情愛は理解することができる」と言っていたのは、いかにもそうにちがいないことである。

〔なりたち〕副詞「然も」＋ラ変動詞「有り」の連用形「あり」＋完了(確述)の助動詞「ぬ」の終止形「ぬ」＋推量の助動詞「べし」

さも-あれ【然も有れ】 ともかくも。ままよ。〔宇治〕一・三「**—**、ただ走り出でて舞ひてん、死なばさてありなんと思ひとりて」〔訳〕ええい、ままよ、ただ走り出て舞ってやろう、死んだらそれで(=死んだで)よかろうと(翁は)決心して。

〔なりたち〕副詞「然も」＋ラ変動詞「有り」の命令形「あれ」

文法 「あれ」は命令形の放任法である。→然も有らば有れ **文法**

さも-いは-れ-たり【然も言はれたり】 —イワ— いかにもおっしゃるとおりだ。〔竹取〕火鼠の皮衣「『なほこれを焼きてこころみむ』と言ふ。翁、『それ、**—・たり**㊚』と言ひて」〔訳〕(かぐや姫は)「やはりこれ(=皮衣)を焼いて(本物かどうかを)ためしてみよう」と言う。翁は、「それは、いかにもおっしゃるとおりだ」と言って。

〔なりたち〕副詞「然も」＋四段動詞「言ふ」の未然形「いは」＋尊敬の助動詞「る」の連用形「れ」＋完了の助動詞「たり」

さも-こそ【然もこそ】 (「さもこそ(は)あれ」「さもこそ(は)あらめ」「さもこそ(は)…め」の形で) ❶(「こそ」を受ける已然形で文が言い切りになり、係り結びが完結する場合)いかにもそうで(ある)。さぞかしそのようで(あろう)。さすがに…で(あろう)。〔宇治〕五・五「陪従はさもこそはと言ひながら、これは世になきほどの猿楽なりけり」〔訳〕陪従(=祭りに奉仕する楽人)はいかにもそう(=人を笑わせたりするもの)ではある)と言いながらも、これはたぐいまれなほどの猿楽の演者であった。(「さもこそは」は「さもこそはあれ」の略)

❷(「こそ」を受ける已然形で文が言い切りにならずに強調逆接となって下に続く場合)いかにもそうで(あるが…)。さぞかしそのとおりで(あろうが…)。さすがに…で(あろうが…)。〔古今〕恋三「うつつには**—**あらめ夢にさへ人目をもると見るがわびしさ」〔訳〕現実にはいかにもそのとおり(=人目をはばからねばならない)であろうが、夢にまで(あなたが)人目をはばかっていると見るのが悲しいことだ。

〔なりたち〕副詞「然も」＋係助詞「こそ」

さも-さう-ず【然も候ず】 —ソウ— ❶〔「さもさうらはず」の転〕いや、そうではありません。とんでもないことです。〔平家〕二・西光被斬「**—**。入道殿こそ過分のことをば宣へ」〔訳〕とんでもないことです。入道殿(=清盛)こそ身分不相応なことをおっしゃる。

❷〔「さもさうらはむず」の転〕それもそうでありましょう。いかにもそうでありましょう。〔浄・仮名手本忠臣蔵〕「砂の中の金とは貴公の御事、さもあらん**—**と、見込んで頼んだ一大事」〔訳〕砂の中の黄金とは貴殿の御こと、そうであろう、いかにもそうでありましょうと、(貴殿を)見込んで頼んだ重大事。

さも・し (形シク)〔しから・しく(しかり)・し・しき(しかる)・しけれ・しかれ〕❶みすぼらしい。見苦しい。また、身分が低い。〔浄・山崎与次兵衛寿門松〕「もしもの折は必ず必ず**—・しい**㊍(口語)者の手にかからず、清い御最期候べく候」〔訳〕もしもの時はきっときっといやしい者の手にかかることなく、いさぎよいご最期を(とげられますように)お願いします。

❷心がいやしい。あさましい。〔浮・世間胸算用〕「さまざまの〔夢の〕中に、銀拾ふ夢は**—・しき**㊍所あり」(=あさましいところがある)

さも-な・し【然も無し】 そうではない。そんなことはない。また、それほどでもない。〔徒然〕七三「皆人の興ずる虚言は、ひとり、『**—・かり**㊊しものを』と言はんも詮なくて」〔訳〕だれもがおもしろがるうそは、(自分)ひとりが、「(本当は)そうではなかったのに」と言ったとしてもしかたがないので。

〔なりたち〕副詞「然も」＋形容詞「無し」

→然も有り〔参考〕

さも-や【然もや】 ❶そのように…か。そうも…か。〔大鏡〕道長下「**—**侍りけむ。程へて、ひがごとも申し侍らむ」〔訳〕そうだったのでしょうか。時がたつので、まちがいも申しましょう。

❷「さもやあらむ」の略。(感動詞的に)そうもあろうか。そうかなあ。〔源氏〕橋姫「**—**とまた思ひ乱れ給ふ」〔訳〕それもそうかなあと、(薫は)また思い悩みなさる。

〔なりたち〕副詞「然も」＋係助詞「や」

さ-もら・ふ —ラ(ロ)ウ—モ 【候ふ・侍ふ】(自ハ四)〔は・ひ・ふ・ふ・へ・へ〕〔四段動詞「守る」の未然形「もら」に上代の反復・継続の助動詞「ふ」の付いた「もらふ」に接頭語「さ」の付いたもの〕❶ようすを見ながら好機の到来を待つ。時機をうかがう。〔万葉〕二〇・四三九八「朝なぎに舳向け漕がむと**—・ふ**㊚と」〔訳〕朝なぎに舳先を向けて漕ぎ出そうと(潮の)ようすを見ながら待っていると。

❷貴人のそばに控えて命令を待つ。伺候する。〔万葉〕二・一九九「鶉なすいはひもとほり**—・へ**㊀ど**—・ひ**㊊得ねば」〔訳〕うずらのようにはい回ってお仕えするけれども、お仕えするかいがないので。

さや【鞘】(名)刀剣類の刀身を入れる細い筒。多く木で作り、漆をぬったり鮫皮を巻いたりする。

さや (副)擬声語。ざわめくようす。ざわざわ。さわさわ。〔万葉〕二・一三三「小竹の葉はみ山も**—**にさやげども我は妹思ふ別れ来ぬれば」〔訳〕→ささのはは… 〔和歌〕

さや(-に)【清(に)】(副)❶清らかですがすがしいさま。一説に、さやかな音をたてるさまとも。〔記〕中「菅畳いやや―敷きて我が二人寝し」訳 菅で編んだ敷物をいよいよ清らかに敷いて、私は(おまえと)二人寝たことだ。
❷はっきり。明らかに。万葉 一四・三四〇二「日の暮れに碓氷の山を越ゆる日は夫なのが袖も―に振らしつ」訳 碓氷の山を越える日には、夫も袖を(私に見えるように)はっきりとお振りになった。(「日の暮れに」は「碓氷」にかかる枕詞)

さ-や【然や】疑問の意を表す。はたして、そう…(だろう)か。更級 梅の立枝「来むとありしを、―あると、目をかけて待ちわたるに」訳 (継母が、梅の花の咲くころには)来ようと言ったけれども、ほんとうにそう(=言ったとおりに来る)だろうかと、(梅の木を)見守って待ち続けていると。
なりたち 副詞「然」＋疑問の係助詞「や」

さ-やう【然様・左様】(名・形動ナリ)そのよう。そんな。竹取 御門の求婚「もはら、―の宮仕へつかうまつらじと思ふを」訳 まったく、そのような宮仕えはいたすまいと(私=かぐや姫は)思うのに。

さや-か【清か・明か・分明】(形動ナリ){なら・なり(に)・なり・なる・なれ・なれ}❶(視覚的に)**はっきりしている。明瞭である。** 古今 秋上「秋来ぬと目には―・に(用)見えねども風の音にぞおどろかれぬる」訳→あききぬと…和歌
❷(聴覚的に)**音声が高く澄んでいる。** 〔狭衣物語〕「細谷川の音―・に(用)流れて」訳 細い谷川の音が高く澄んで流れて。
❸**明るい。** 源氏 紅葉賀「入りがたの日影―・に(用)さしたるに」訳 沈もうとするころの日の光が明るくさしているところに。

さや・ぐ(自ガ四){が・ぎ・ぐ・ぐ・げ・げ}さやさやと音をたてる。そよぐ。また、ざわめく。万葉 二〇・四四三一「小竹が葉の―・ぐ(体)霜夜に」訳 笹の葉がさやさやと音をたてる霜夜に。

さやけ-さ【清明さ】(名)〔「さ」は接尾語〕澄んではっきりしていること。澄みきっていること。すがすがしいこと。新古 秋上「秋風にたなびく雲のたえまよりもれいづる月の影の―」訳→あきかぜに…和歌

さや-け・し【清けし・明けし】(形ク){から・く(かり)・し・き(かる)・けれ・かれ}❶澄みきっている。清くすがすがしい。万葉 二〇・四四六八「うつせみは数なき身なり山川の―・き(体)見つつ道を尋ねな」訳 この世にある人の身ははかないものである。山や川の清くすがすがしいのを見ては仏の道を求めよう。文法「尋ねな」の「な」は、意志や願望を表す上代の終助詞。
❷はっきりしている。明るい。大鏡 花山院「―・き(体)影をまばゆくおぼしめしつるほどに、月のかほにむら雲のかかりて」訳 (花山天皇が)明るい(月の)光をまぶしくお思いになっていたときに、月の表面にむら雲がかかって。
参考 意味用法において「清し」に近い語であるが、「清し」が対象そのものの汚れないようすを表すのに対して、「さやけし」は対象に接して呼びさまされるさわやかな感覚を表すという違いがある。具体的に言えば、「さやけし」は汚れない清らかな自然に触れて感じるすがすがしさ、人間の矜持などの澄みきった心境などを表す。

さや-さや(-と)(副)〔擬声語「さや」を重ねた語〕物が軽くふれ合って鳴る音。また、物がゆらゆら揺れること。宇治 一四・七「とくさの狩衣に襖袴着たるが、いとことうるはしく、―となりて」訳 とくさ色(=黒みがかった緑色)の狩衣に襖袴(=指貫に似た袴)を着ている人が、とても端正に、(その袴がすれて)さらさらと鳴って。

小夜の中山(さやのなかやま)『地名』歌枕 今の静岡県掛川市の東部にある峠。東海道の難所の一つ。「さよのなかやま」とも。

さ-やは【然やは】反語の意を表す。そう…か(いや、…ない)。徒然 一二「我は―思ふ」訳 自分はそう思うか(いや、そうは思わない)。
なりたち 副詞「然」＋反語の係助詞「やは」

さや-まき【鞘巻】(名)短刀の一種。つばがなく、長い下げ緒を鞘にひと巻き巻いて、腰に結びつける。腰刀。

ざや-め・く(自カ四){か・き・く・く・け・け}〔「めく」は接尾語〕「さやめく」とも。ざわざわと音をたてる。平家 二・教訓状「大文盛の指貫そば取って、―・き(用)入り給へば」訳 (平重盛は)大きな模様のついた指貫の股立ちをとって、ざわざわと(衣ずれの)音をさせてお入りになるので。

さや・る【障る】(自ラ四){ら・り・る・る・れ・れ}❶触れる。ひっかかる。〔記〕中「我が待つや鴫は―・ら(未)ずいすくはし鯨―・る(終)」訳 私が待っているとまあ、鴫はひっかからないで、鯨がひっかかる。(「いすくはし」は「鯨」にかかる枕詞)
❷さしつかえる。さまたげられる。万葉 五・八九九「術もなく苦しくあれば出で走り去いななと思へど児らに―・り(用)ぬ」訳→すべもなく…和歌

さ・ゆ【冴ゆ】(自ヤ下二){え・え・ゆ・ゆる・ゆれ・えよ}❶ひえびえとする。凍る。大鏡 道長下「大小寒のころほひ、いみじう雪ふり―・え(用)たる夜は」訳 小寒から大寒までの寒中のころ、ひどく雪がふり、ひえびえとした夜には。
❷(光・音・色などが)澄みきる。さえる。新古 秋下「大江山傾く月の影―・え(用)て鳥羽田の面に落つるかりがね」訳 大江山に沈もうとする月の光が澄みきって、鳥羽田の面に(鳴きながら)雁が下りてくることだ。

さゆりばな【小百合花】《枕詞》同音の「後」にかかる。万葉 一八・四〇八八「―後も逢はむと」

さ-よ【小夜】(名)〔「さ」は接頭語〕夜。万葉 三・二七四「わが舟は比良の湊にこぎ泊てむ沖へな離り―ふけにけり」訳→わがふねは…和歌

さよ-がらす【小夜烏】(名)夜鳴くからす。

さよ-ごろも【小夜衣】(名)夜着。寝巻き。新古 冬「まばらなる柴の庵に旅寝して時雨に濡るる―かな」訳 すきまの多い柴葺きの小屋で旅寝をして、時雨で濡れる夜着であるなあ。

さ-よなか【小夜中】(名)〔「さ」は接頭語〕夜中。ま夜中。万葉 九・一七〇一「―と夜はふけぬらし雁が音の聞こゆる空を月渡る見ゆ」訳 もうま夜中と夜はふけてしまったらしい。雁の鳴き声の聞こえる空を月の渡ってゆくのが見える。

小夜の中山(さよのなかやま)『地名』歌枕→小夜の中山

さら【更】(形動ナリ){なら・なり(に)・なり・なる・なれ・なれ}**言うまでもない。もちろんだ。** そのとおりだ。今さら言うのもおかしい。枕 一「夏は夜。月のころは―・なり(用)」訳 夏は夜(が趣がある)。月の(明るい)ころは言うまでもなく。⇩枕草子「名文解説」・言ふもおろかなり「慣用表現」
参考「言ふもさらなり」「言へばさらなり」の形で用いられるのが基本であるが、「言ふも」「言へば」が省略されて、「さらなり」だけで用いられることも多い。

ざら 助動詞「ず」の未然形。竹取 燕の子安貝「そこらの燕(つばくらめ)、子産まざらむやは」訳 たくさんの燕(つばめ)が子を産まないだろうか(いや、きっと産む)。

さら-さうじゅ【娑羅双樹・沙羅双樹】(名)「しゃらさうじゅ」に同じ。

さら-さら(-と)(副) ❶擬声語。物が軽く触れ合って出る音。さらさら。枕 二六「伊予簾(いよす)などかけたるにうちかづきて、―と鳴らしたるも、いとにくし」訳 (しのんで来る男が)伊予簾などをかけてあるのに頭が当たって、さらさらと音をたてたのも、ひどく不快だ。❷物事がとどこおりなく行われるようす。すらすら。「沙石集」「経の文(もん)を一段(=一くぎり)―とよみて」

さら-さら【更更】(副) ❶今さらに。改めて。万葉 一〇・一九二七「石上(いそのかみ)布留(ふる)の神杉(かむすぎ)神(かむ)びにしあれや―恋に逢(あ)ひにける」訳 石上の布留の社の神杉ではないが、年老いてしまった私が今さらに(思いがけない)恋に出合ってしまったのか。(第二句までは「神び(=神さび)にし」を導きだす序詞) ❷さらにさらに。ますます。万葉 一四・三三七三「多摩川にさらす手作り―になにそこの児(こ)のここだ愛(かな)しき」訳 →たまがはに…和歌 ❸(下に打消の語を伴って)決して。まったく。古今 神あそびのうた「―にわが名は立てじよろづ世までに」訳 決して私の浮き名は立てまい。末長き後の世にまで。

更科(さらしな)『地名』歌枕〔「更級」とも書く〕今の長野県千曲(ちくま)市の、千曲川沿いの地名。月の名所。姨捨(おばすて)山伝説や「田毎(たごと)の月」で名高い。

更科紀行(さらしなきこう)『作品名』江戸前期の俳諧紀行文。松尾芭蕉(ばしょう)著。元禄元年(一六八八)ごろ成立。「笈(おい)の小文(こぶみ)」の旅の帰途、門人越智越人(おちえつじん)を伴い、信州更科の姨捨(おばすて)山で月見をした際の紀行文。

更級日記(さらしなにっき)『作品名』平安中期の女流日記。菅原孝標(たかすえ)の女(むすめ)作。康平三年(一〇六〇)ごろ成立。父の任国上総(かずさ)より帰京するときから、夫橘俊通(たちばなのとしみち)と死別した晩年までの回想記。物語の世界にあこがれていた少女が、現実の生活を生き抜き、晩年にいたって信仰に生きようとするまでを描いている。⇨付録「古典文学参考図」

冒頭文 あづまぢの道のはてよりも、猶(なほ)おくつかたに生ひいでたる人、いかばかりかはあやしかりけむを、いかに思ひはじめけることにか、世の中に物語といふもののあんなるを、いかで見ばやと思ひつつ…。訳 東国路の終点(である常陸(ひたち)の国)よりも、もっと奥のほう(である上総の国)で育った人(である私)は、どんなにか田舎(いなか)じみていただろうに、どうして思いはじめたことであろうか、世の中に物語というものがあると聞いているが、それをなんとかして見たいものだと思い続けて…。

名文解説 菅原孝標の女は、京生まれでありながらみずからの東国育ちを強調し、物語への憧れを語ることから「更級日記」を起筆している。そこには、この日記を貫く「源氏物語」と常陸育ちの浮舟(うきふね)に対する並々ならぬ思いが込められている。

さら・す【晒す・曝す】(他サ四)〔さ・し・す・す・せ・せ〕❶布などを白くするために水で洗ったり、日光に当てたりする。万葉 一四・三三七三「多摩川に―・す(体)手作りさらさらになにそこの児(こ)のここだ愛(かな)しき」訳 →たまがはに…和歌 ❷雨風や日光の当たるままにしておく。平家 七・忠度都落「今は西海(さいかい)の浪(なみ)の底にしづまば沈め、山野にかばねを―・さ(未)ば―・せ(命)」訳 今となっては(この身が)西海の波の底に沈むのならば沈んでもよい、山野に死骸をさらすのならばさらしてもよい。文法「しづまば沈め」「さらばさらせ」は「未然形＋ば(接続助詞)＋命令形」の形の放任法。⇨思ひ置く「名文解説」❸人々に広く示す。人々の目に触れるようにする。平家 一〇・戒文「人知れずかれこれ恥を―・し(用)候ふも」訳 人が思いもよらないほどあれこれと恥を人目にさらしますのも。

さら・ず【去らず】離れないで。離さないで。源氏 夕顔「三位(さんみ)の君のらうたがり給ひて、かの御あたり―生(お)ほしたて給ひしを」訳 (夕顔の父の)三位の君が(私=右近を)かわいがりなさって、あの方(=夕顔)のおそばから離さずに育ててあげなさったのを。なりたち 四段動詞「去る」の未然形「さら」＋打消の助動詞「ず」の連用形「ず」

さら-ず【然らず】そうではない。新古 釈教「さらず(終)とていく世もあらじいざやさは法(のり)にかへつる命と思はん」訳 そうではないといっても(=仏法のために命を捨てなくても)幾代も(生きられる命では)あるまい。さあ、それならば仏法に代えた命と思おう。なりたち ラ変動詞「然(さ)り」の未然形「さら」＋打消の助動詞「ず」

さら-ず【避らず】避けることができないで。やむを得ず。竹取 かぐや姫の昇天「―まかりぬべければ」訳 どうしてもおいとましなければならないから。文法「ぬ」は、助動詞「ぬ」の終止形で、ここは確述の用法。なりたち 四段動詞「避(さ)る」の未然形「さら」＋打消の助動詞「ず」の連用形「ず」

さら-ず-とも【然らずとも】そうでなくても。そんなことはしなくても。徒然 二三二「賢(さか)しくは聞こえしかども、尊者の前にては、―と覚えしなり」訳 (歴史書の本文を引いたことはかしこくは聞こえたが、目上の人の前では、そんなことはしなくても(よかろう)と思われたのである。なりたち ラ変動詞「然(さ)り」の未然形「さら」＋打消の助動詞「ず」の連用形「ず」＋接続助詞「とも」

さら-ず-は【然らずは】そうでなくては。そうでないなら。伊勢 六〇「女あるじにかはらけとらせよ。―飲まじ」訳 (この家の)女主人に杯を与え(私=男に酒を勧めさせ)よ。そうでなくては(私は酒を)飲むまい。なりたち ラ変動詞「然(さ)り」の未然形「さら」＋打消の助動詞「ず」の連用形「ず」＋係助詞「は」 文法「さらず(然らず)」の仮定表現。「ずは」で打消の順接の仮定条件を表す。→ずは

さら-で【然らで】そうでなくて。それ以外で。源氏 若菜上「後(うし)ろやすき方(かた)は並びなくものせらるる人なり。―、よろしかるべき人、誰(たれ)ばかりかはあらむ」訳 (光源氏は)行く先が安心であるという点では、並ぶものがなくいらっしゃる人なのだ。それ以外で、(女三の宮の婿として)ふさわしそうな人には、だれほどの人がいようか(いや、いはしない)。なりたち ラ変動詞「然(さ)り」の未然形「さら」＋接続助詞「で」

さら-で-だに【然らでだに】そうでなくてさえ。ただでさえ。新古 哀傷「ー露けきさがの野辺に来て昔の跡にしほれぬるかな」訳 ただでさえ露が深いのが常である嵯峨野に来て、(父の)墓に参って悲しみに袖が濡れてしまったことだ。(「さが」は「性」と「嵯峨」との掛詞)
なりたち ラ変動詞「然り」の未然形「さら」＋接続助詞「で」＋副助詞「だに」

さら-で-は【然らでは】そうでなくては。そうでないなら。源氏 夢浮橋「ー、仏の制し給ふ方のことを、わづかにも聞きおよばむことはいかであやまたじと慎みて」訳(公私にわたって避けられない事情ならともかく)そうでないなら、仏が戒めなさる方面のことを、少しでも耳にするようなことは、なんとかして(戒律に)そむくまいと慎んで。
なりたち ラ変動詞「然り」の未然形「さら」＋接続助詞「で」＋係助詞「は」

さら-で-も【然らでも】そうでなくても。枕 一「霜のいと白きも、またーいと寒きに、火など急ぎおこして」訳 霜が(降りて)とても白い朝でも、またそうでなくてもたいそう寒い朝に、火などを急いでおこして。
なりたち ラ変動詞「然り」の未然形「さら」＋接続助詞「で」＋係助詞「も」

さら-に【更に】(副)

語義パネル
現代語と同じく①②の意を表すが、③の意では、現代では「さらさら」が用いられる。
❶**その上に。重ねて。**
❷**改めて。新たに。**
❸(下に打消の語を伴って)**決して。まったく。少しも。**

❶**その上に。重ねて。**竹取 燕の子安貝「ー、夜さりこの寮にまうで来」訳 もう一度、夜この役所に参上せよ。文法「まうで来」は自敬敬語。
❷**改めて。新たに。**方丈 三「ここに六十の露消えがたに及びて、ー末葉の宿りを結べることあり」訳 さて六十歳という露(のようにはかない命)の今にも消えようとするころになって、改めて晩年を過ごすための住居を造ったことがある。
❸(下に打消の語を伴って)**決して。まったく。少しも。**源氏 桐壺「暇ーいと許させ給はず」訳(桐壺帝は、桐壺の更衣の)休暇をまったくお許しにならない。

さらに-も-あら-ず【更にもあらず】いまさら言うまでもない。もちろんである。大鏡 道長上「供養の日のありさまのめでたさは、ー・ず㊈や」訳 供養の当日のようすのすばらしさは、いまさら言うまでもないことだよ。⇩言ふもおろかなり「慣用表現」
なりたち 副詞「更に」＋係助詞「も」＋ラ変動詞「有り」の未然形「あら」＋打消の助動詞「ず」

さらに-も-いは-ず【更にも言はず】いまさら改めて言うまでもない。もちろんである。源氏 帚木「やむごとなきあたりの、内々のもてなしけはひおくれたらむは一・ず㊊、何をしてかく生ひ出でけむといふかひなくおぼゆべし」訳 高貴な家柄の女性で、家庭内でのふるまいや物腰が劣っているような人はいまさら言うまでもなく、どうしてこんなふうに育ったのであろうとつまらなく思われるにちがいない。⇩言ふもおろかなり「慣用表現」
なりたち 副詞「更に」＋係助詞「も」＋四段動詞「言ふ」の未然形「いは」＋打消の助動詞「ず」

文法 文末で言い切りになることはほとんどなく、多く連用修飾句、または連用中止の形で用いられる。

さら-ぬ【然らぬ】

❶**そうでない。それ以外の。その他の。**徒然 一三七「鳥部野・舟岡、ー野山にも、送る数多かる日はあれど」訳 鳥部野・舟岡(＝ともに火葬場)、その他の野山にも、葬送する(死者の)数の多い日はあっても。
❷**なんでもない。取りたてて言うほどでもない。**平家 一二・六代「人の見参らせ候ふ時は、ーやうにもてないて」訳 人が(六代を)拝見しておりますときは、なんでもない(＝悲しくない)ようにふるまって。⇩言ふ甲斐無し「慣用表現」
なりたち ラ変動詞「然り」の未然形「さら」＋打消の助動詞「ず」の連体形「ぬ」

さら-ぬ【避らぬ】避けられない。どうしようもない。源氏 桐壺「また、ある時には、えー馬道の戸をさしこめ」訳 また、ある時には、どうしても避けられない中通路の戸を閉ざして(桐壺の更衣を)中に閉じこめ。⇩詮無し「慣用表現」
なりたち 四段動詞「避る」の未然形「さら」＋打消の助動詞「ず」の連体形「ぬ」

さら-ぬ-がほ【然らぬ顔】(名・形動ナリ)何げない顔。さりげないようす。源氏 葵「ー・なれ㊁ど、ほほゑみつつ後目にとどめ給ふもあり」訳(光源氏は)さりげないようすではあるが、(女房の乗った牛車の下簾のすき間を)微笑しては流し目でご覧になることもある。

さら-ぬ-だに【然らぬだに】そうでなくてさえ。ただでさえ。〔山家集〕「ー秋はもののみ悲しきを涙もよほす小牡鹿の声」訳 ただでさえ秋は何ごとも悲しく感じられるばかりであるのに、(いっそう)涙を誘う(妻を慕って鳴く)雄鹿の(悲しげな)声であるよ。
なりたち ラ変動詞「然り」の未然形「さら」＋打消の助動詞「ず」の連体形「ぬ」＋副助詞「だに」

さら-ぬ-わかれ【避らぬ別れ】(避けられない別れの意から)死別。伊勢 八四「世の中にーのなくもがな千代もといのる人の子のため」訳 →よのなかに…和歌。⇩飽かぬ別れ「慣用表現」
なりたち 四段動詞「避る」の未然形「さら」＋打消の助動詞「ず」の連体形「ぬ」＋名詞「別れ」

さら-ば【然らば】

〔ラ変動詞「然り」の未然形「さら」に接続助詞「ば」の付いたもの〕━(接)
❶(文中の前の語句や文意を受けて)**それならば。それでは。**徒然 一三五「『ー、あらがひ給へ』と言はれて」訳(資季の大納言に)「それでは、(私と)言い争いなさい」と言われて。
❷(下に「で」「なくして」などの打消の語を伴って)それならそうしたほうがよいのに、そうはしないで。**しかるに。そのくせ。**平家 八・鼓判官「白衣なる法師どもに具しておはしけるが、ーいそぎもあゆみ給はで、あそこに爰に立ちとどまり」訳(藤原頼輔は)白い衣を着た法師たちに

従っておいでになったが、そのくせ急いでお歩きにもならないで、あちらこちらに立ちどまり。

二(感)別れのことば。さようなら。源氏 夢浮橋「〔薫は〕—、とて〔京に〕帰り給ふ」

さらぼ・ふ(サラボウ)(自ハ四){は・ひ・ふ・ふ・へ・へ}やせて骨ばる。やせ衰える。源氏 末摘花「痩せ給へること、いとほしげに—・ひ用て」訳(末摘花の)おやせになっていることは、気の毒な感じがするほどにやせ細り骨ばっていて。

参考「老いさらぼふ」「痩せさらぼふ」のように複合動詞の形で用いられることが多い。

ざら・まし(もし…だったら)…ないであろうに。(もし…だったら)…なかったであろうに。徒然 二三五「鏡に色・形あらましかば、映らざらまし終」訳 鏡に色や形があったら、映らないであろうに。古今 恋二「思ひつつ寝ればや人の見えつらむ夢と知りせば覚めざらまし体を」訳 →おもひつつ…和歌

なりたち 打消の助動詞「ず」の未然形「ざら」＋反実仮想の助動詞「まし」

文法「…ましかば…ざらまし」「…せば…ざらまし」などの形をとり、仮定条件と呼応して用いられ、事実に反する事態を仮に想定して、その帰結となるもう一つの事実に反する事態を推量するはたらきを示す。和歌では詠嘆の間投助詞「を」を伴うことが多い。→まし(助動)

ざら・む …ないだろう。…まい。枕 二七六「なにくれと挑むことに勝ちたる、いかでかうれしからざらむ体」訳 なにやかやと勝負ごとに勝ったのは、どうしてうれしくないだろうか(いや、うれしいものだ)。

なりたち 打消の助動詞「ず」の未然形「ざら」＋推量の助動詞「む」

さら・む・に・は【然らむには】「さらんには」に同じ。

ざら・む・や …ないことがあろうか(いや、…するであろう)。徒然 九三「存命の喜び、日々に楽しま—」訳 生きていることの喜びは、毎日楽しまないことがあろうか(いや、毎日楽しむべきである)。

なりたち 打消の助動詞「ず」の未然形「ざら」＋推量の助動詞「む」の終止形「む」＋反語の終助詞「や」

参考 終止形に接続して疑問や反語を表す「や」を係助詞の文末用法とする説もある。

さら・めか・す(他サ四){さ・し・す・す・せ・せ}〔「めかす」は接尾語〕さらさらと音を立てる。宇治 二・七「それを、また同じ湯にさし入れて、—・し用わかすに」訳 それ(=鼻)を、また同じ湯に入れて、さらさらと音を立てて煮えたたせると。

さら・め・く(自カ四){か・き・く・く・け・け}〔「めく」は接尾語〕さらさらと音がする。また、音がとどろく。今昔 一〇・三六「世界—・き用ののしり合ひたり」訳 あたり一面とどろくような音がして騒がしく響き合っている。

さら・ん・に・は【然らんには】そういうことであるからには。そういうことなら。平家 四・競「『—力なし』とて」訳(宗盛は)「そういうことなら仕方がない」と言って。

なりたち ラ変動詞「然り」の未然形「さら」＋婉曲の助動詞「ん(む)」の連体形「ん(む)」＋格助詞「に」＋係助詞「は」

さり【舎利】(名)「しゃり」に同じ。

さ・り【然り】(自ラ変){ら・り・り・る・れ・れ}〔副詞「然」にラ変動詞「有り」の付いた「さあり」の転〕そうである。そのようである。源氏 玉鬘「『おい、—・り終、—・り終』とうなづきて」訳(大夫の監は)「おお、そうだ、そうだ」とうなずいて。枕 二六二「—・る体まじき人のもとに、あまりかしこまりたるも、げにわろきことなり」訳 そうである必要のないような人のところに、あまりにかしこまった手紙を書くのも、なるほどよくないことだ。

文法 各活用形が接続助詞を伴って、その全体で接続詞となる場合が多い。「さらば」「さりとて」「さるに」「されば」など。また、連体形の「さる」が体言を修飾して連体詞として扱われる。

ざり 助動詞「ず」の連用形。竹取 竜の頸の玉「竜の頸の玉をえ取らざりしかばなむ、殿へもえ参らざりし」訳 竜の首の玉を取ることができなかったので、(大納言の)お屋敷へも参上することができなかった。

ざり …である。土佐「照る月の流るる見れば天の川出づるみなとは海に—ける」訳 照る月が空を流れて(やがて海に沈んで)いくのを見ると、天の川が流れ出る河口は(やはり地上の川と同じ)海であったのだなあ。(「流るる」「みなと」「海」は「天の川」の縁語)。→ざりける

なりたち 係助詞「ぞ」＋ラ変補助動詞「あり」の連用形「あり」＝「ぞあり」の転

さり・あへ・ず【避り敢へず】避けられない。よけきれない。古今 春下「梓弓春の山辺をこえくれば道も—・ず用花ぞ散りける」訳 春の山辺を越えて来ると、山道もよけて通れないほど桜の花が散っていることだ。(「梓弓」は「春」にかかる枕詞)

なりたち 四段動詞「避る」の連用形「さり」＋下二段動詞「敢ふ」の未然形「あへ」＋打消の助動詞「ず」

さり・がた・し【去り難し】(形ク){から・く(かり)・し・き(かる)・けれ・かれ}離れにくい。別れにくい。捨て去りにくい。徒然 五九「大事を思ひ立たん人は、—・く用、心にかからんことの本意を遂げずして、さながら捨つべきなり」訳 出家入道を思い立つような人は、捨て去りにくく、気にかかることがあったとしてもその目的を果たさないで、そのまま捨てなければならないのである。文法「思ひ立たん人」「かからんこと」の「ん」は、仮定・婉曲の助動詞。⇩大事「名文解説」

さり・がた・し【避り難し】(形ク){から・く(かり)・し・き(かる)・けれ・かれ}❶避けにくい。逃れにくい。徒然 一二二「人間の儀式、いづれのことか—・から未ぬ」訳 世俗の儀礼は、どのことが避けにくくないか(いや、どれも避けにくい)。文法「か」は反語の係助詞で、結びは「ぬ」。❷断りにくい。辞退しにくい。細道 草加「あるは—・き体餞などしたるは、さすがに打ち捨てがたくて」訳 あるいは(友人たちが)断りきれない餞別などをして(くれ)たのは、(道中の重荷にはなっても)やはり捨てにくくて。

ざり・き …なかった。源氏 桐壺「はじめよりおしなべての上宮仕へし給ふべき際にはあらざりき終」訳(桐壺の更衣は、入内の)はじめから世間なみの日常の用をする宮仕えをなさるはずの(低い)身分ではなかった。

なりたち 打消の助動詞「ず」の連用形「ざり」＋過去の助動詞「き」

さり・げ【然りげ】(名・形動ナリ)〔「げ」は接尾語〕そのようなようすである。そんなふう。〔落窪〕「おぼす事やある。御けしきにこそ—・なれ已」訳 考えていらっしゃることがあるのか。ごようすではそんなふうであるよ。

さりげ・な・し【然りげ無し】(形ク){から・く(かり)・し・き(かる)・けれ・かれ}そん

なようすもない。なにげないふうである。源氏 松風「心苦しければ、―・く(用)紛らはして立ちとまり給へる戸口に」訳(光源氏は明石の君のことが)気の毒なので、なにげないふうに紛らわして立ちどまっていらっしゃる戸口に。

ざり・けむ ケン …なかった(ような)。…なかっただろう。徒然 九〇「などか、頭ばかりの見えざりけん(体)」訳 どうして、頭だけが見えなかったのだろうか。大鏡 道長上「例ならずあやしと思はざりけむ(体)心の至りのなさよ」訳 いつもと違って変だと気付かなかったような思慮の足りなさよ。
なりたち 打消の助動詞「ず」の連用形「ざり」＋過去推量の助動詞「けむ」
文法「けむ」には、過去の事実の推量を表す用法、(疑問語と呼応して)過去の原因推量を表す用法、過去の婉曲を表す用法がある。

ざり・けり …なかった。…ないのだった。…ないことよ。枕 八二「心ときめきしつるさまにもあらざりけり(終)」訳(その手紙は)胸がどきどき(するほど期待)した内容でもないのだった。古今 仮名序「生きとし生けるもの、いづれか歌をよまざりける(体)」訳 あらゆる生きものは、どれが歌を詠まなかっただろうか(いや、詠まないものなどはない)。⇨生きとし生けるもの「名文解説」
なりたち 打消の助動詞「ず」の連用形「ざり」＋過去の助動詞「けり」

ざり・ける …であった。…なのだなあ。…だったのだなあ。〔うつほ〕嵯峨の院「秋萩の下葉に宿る白露も色には出づるものに―」訳 秋萩が下葉に宿る白露で黄葉していくように、胸中に秘めていた思いも外には表れるものだったのだなあ。
なりたち 係助詞「ぞ」＋ラ変補助動詞「あり」の連用形「あり」＝「ざあり」の転の「ざり」＋過去の助動詞「けり」の連体形「ける」
文法 平安時代の和歌に「体言＋に(断定の助動詞「なり」の連用形)＋ざりける」の形で用いられ、「ける」は「ざり」に含まれる係助詞「ぞ」を受けて係り結びとなった連体形である。

さり・けれ・ど【然りけれど】そうではあったけれど。しかしながら。伊勢 二三「―、このもとの女、悪しと思へる気色もなくて、出だしやりければ」訳 そうではあったが(＝男に、他に通って行く所ができたが)、この前からの妻は、(男の行動を)不快であると思っているようすもなくて、(男を新しい女のもとへ)送り出してやったので。
なりたち ラ変動詞「然り」の連用形「さり」＋過去の助動詞「けり」の已然形「けれ」＋接続助詞「ど」

さり・けれ・ば【然りければ】そうであったので。それで。伊勢 九六「―、女の兄人、にはかに迎へに来たり」訳(女がある男の所へ行こうとしているといううわさが立ち)それで、(その)女の兄が急に迎えに来た。
なりたち ラ変動詞「然り」の連用形「さり」＋過去の助動詞「けり」の已然形「けれ」＋接続助詞「ば」

さり・じゃう ジョウ【去り状】(名)離縁するときに、夫から妻に渡す証拠の書状。離縁状。

ざり・つ …なかった。枕 三三「ひさしうあはざりつる(体)人の詣であひたる」訳 長い間会わなかった人で、参詣に来合わせた人を。
なりたち 打消の助動詞「ず」の連用形「ざり」＋完了の助動詞「つ」

さりどころ・な・し【避り所無し】(形ク)〔からく(かり)・し・き(かる)・けれ・かれ〕逃れるすべがない。避けようがない。弁解の余地がない。源氏 空蟬「人の思ひけむことも―・き(体)に、いとなむわりなき」訳(世間の)人が思ったようなこと(＝疑い)は避けようがないので、ほんとうに困る。

さり・とて【然りとて】(接)〔ラ変動詞「然り」の終止形「さり」に格助詞「とて」の付いたもの〕そうかといって。だからといって。宇治 一・一二「―、し出ださんを待ちて寝ざらんもわろかりなんと思ひて」訳 そうかといって、(ぼた餅を)作りあげるのを待って寝ないようなのもきっとよくないだろうと思って。文法「し出ださんを」「寝ざらんも」の「ん」は、仮定・婉曲の助動詞。「わろかりなん」の「な」は、助動詞「ぬ」の未然形で、ここは確述の用法。

さり・とて・は【然りとては】❶そうかといっては。それでも。だからといっては。宇治 一二・六「暗々になりて、―、かくてあるべきならねば、帰りける道に」訳(竜が現れるのを待っていると)暗くなってきて、だからといっては、こうしているわけにもいかないので、引きあげてきた途中に。❷(感動詞的に用いて)これはまた。なんとまあ。さてさて。〔浮・世間胸算用〕「今日までそれを買はずに置く事、―(＝これはまたなんと)気のつかぬ者どもよ」❸(懇願する意を含めて)そうではあろうが、どうぞ。〔謡・羽衣〕「衣なくては叶ふまじ。―まづ返し給へ」訳 羽衣がなくては(飛ぶことが)できないだろう。どうかまず返してください。
なりたち ラ変動詞「然り」の終止形「さり」＋格助詞「とて」＋係助詞「は」

さり・とて・も【然りとても】そうであるとしても。だからといって。源氏 早蕨「嘆かれ給ふこと尽きせぬを、―、また、せめて心ごはく絶えこもりても」訳(中の君は)嘆かないではいらっしゃれないことは尽きないが、だからといって、また、しいて強情をはって引きこもっても。
なりたち ラ変動詞「然り」の終止形「さり」＋格助詞「とて」＋係助詞「も」

さり・と・は【然りとは】(接)〔ラ変動詞「然り」の終止形「さり」に格助詞「と」、係助詞「は」の付いたもの〕❶そうだとは。そうとは。〔浄・心中刃は氷の朔日〕「ただしは当座まかなひに、銀取るだましの空誓文か、―悪い合点」訳 それとも一時しのぎに、かねを取るだましの嘘の誓文か、そうであるとは悪い心づもりだ。❷(感動詞的に用い気持ちを強調して)これはまた。なんとまあ。〔浮・好色五人女〕「―優しく情けの深き御方」

さり・とも【然りとも】(接)〔ラ変動詞「然り」の終止形「さり」に接続助詞「とも」の付いたもの〕前文の内容を受けて、そうした現状は認めながらも、なお別の事態を望む気持ちを表す。たとえそうであっても。いくらそうだといっても。それにしても。源氏 桐壺「限りあらむ道にも後れ先だたじと契らせ給ひけるを。―うち捨ててはえ行きやらじ」訳(前世の因縁で)決められているような死出の道においても死に後れたり、先立ったりしまいと、(あなた＝桐壺の更衣は)お約束なされたのに。いくらそのよう(に重態)だといっても(とても私＝桐壺帝を)残しては行くことができまい。文法「え行きやらじ」の「え」は副詞で、下に打消語(ここでは「じ」)を伴って不可能の意を表す。竹取 貴公子たちの求婚「—つひに男あはせざらむやは」訳(かぐや姫が結婚のことで翁の思いどおりにならないとしても)そうだからといって一生涯男と結婚させないことがあろうか(いや、必ずいつかは結婚させるはずだ)。文法「やは」は、反語の係助詞。

文法 推量・打消推量・反語の表現と呼応して用いられることが多く、副詞的な性格が強い。

さりともと… 和歌

> さりともと　思ふ心に　はかられて
> 世にもけふまで　生ける命か
> 〈雨月・浅茅が宿〉

訳 いくらそうであっても(夫はまもなく帰ってくるだろう)と思う心にあざむかれて、よくもまあ、この世に今日まで生きてきた(私の)命だなあ。

解説 都で一旗あげようと妻を置いて故郷を出た勝四郎が、七年ぶりに故郷に帰ると、荒廃した我が家で様変わりした妻が待っていた。ともに床につくが、ふと目覚めると妻がいない。探してみると、かつて寝室であったところに墓があり、そこに妻の筆跡で書き記されていたのがこの歌。「世にも」は強意の副詞に「この世に」の意を重ねる。作者である上田秋成の作ではなく、「敦忠集」の歌を利用したもの。

さり-ながら【然りながら】(接)〔ラ変動詞「然り」の連用形「さり」に接続助詞「ながら」の付いたもの〕そうではあるが。しかしながら。〔おらが春〕一茶「露の世は露の世ながら—」訳 →つゆのよは… 俳句

さり-ぬ-べし【然りぬべし】❶そうするのに適している。適当である。よさそうである。徒然 二三五「—べき体物やあると、いづくまでも求め給へ」訳(酒の肴として)よさそうな物はあるかと、どこまでもおさがしください。

❷身分などがそれ相当である。りっぱだ。源氏 夕顔「なほ、—べき体あたりのことは好ましう思ゆるものを」訳(低い身分の男でさえ)やはり、それ相当の女のことは好ましく感じるのだから。

なりたち ラ変動詞「然り」の連用形「さり」＋完了(確述)の助動詞「ぬ」の終止形「ぬ」＋推量の助動詞「べし」

語法 多く、連体形「さりぬべき」が用いられて、連体修飾語となる。

さり-や【然りや】やっぱりそうだ。ほんとうにそうだ。そのとおりだ。大鏡 道長上「—、聞こし召し集めよ。日本国には唯一無二におはします」訳 ほんとうにそうだ、(古今の摂関大臣の例を)聞き集めてごらんなさい。(道長のようなお方は)日本国にはただ一人で二人とはない存在でいらっしゃる。⇩然ればこそ「慣用表現」

なりたち ラ変動詞「然り」の終止形「さり」＋感動を表す間投助詞「や」

参考 感動詞とする説もある。

さる【申】(名)❶十二支の九番目。→十二支 ❷方角の名。西南西。❸時刻の名。今の午後四時ごろおよびその前後約二時間(午後三時ごろから午後五時ごろ)。

さる【猿】(名)❶動物の名。さる。❷ずるがしこい者、すばしっこい者などをののしっていう語。

さ・る【去る】■一(自ラ四) ■二(他ラ四)

> **語義パネル**
>
> ●重点義　**ある場所、ある時点から移動する。**
>
> 現代語ではもっぱらこの場を基点として移動する意で用いるが、上代以来、■一②の、それまで存在していた場を基点として移動する(この場から見ると「近づく」)意でも用いる。
>
> ■一 ❶**離れて行く。遠ざかる。**
> ❷(季節や時を表す語に付いて)**近づく。来る。**
> ❸変化する。移り変わる。(色が)あせる。
> ❹退位する。退く。
>
> ■二 ❶**遠ざける。離す。**
> ❷**離縁する。**

■一(自ラ四){ら・り・る・る・れ・れ}❶**離れて行く。遠ざかる。** 竹取 かぐや姫の昇天「御心をのみ惑はして—り用なむことの、悲しく耐へがたく侍るなり」訳(両親の)お心を乱してばかりいて(月へ)去ってしまうであろうことが、悲しく堪えられないのでございます。文法「去りなむ」の「な」は、助動詞「ぬ」の未然形で、ここは確述の用法。⇩堪へ難し「名文解説」

❷(季節や時を表す語に付いて)**近づく。来る。**〔金葉〕秋「夕—れ已ば門田の稲葉おとづれて葦のまろやに秋風ぞ吹く」訳 →ゆふされば… 和歌

❸変化する。移り変わる。(色が)あせる。〔貫之集〕「雨降れば色—り用やすき花ざくらうすき心を我が思はなくに」訳 雨が降ると色があせやすい桜の花よ、そのような薄情な気持ちで私は思ってはいないことなのに。文法「思はなくに」の「なく」は、打消の助動詞「ず」のク語法で、「…ないこと」の意。

❹退位する。退く。源氏 賢木「御位を—ら未せ給ふと言ふばかりにこそあれ」訳(桐壺帝は)御位をお退きになられるというだけ(のこと)であって。文法「こそあれ」は、係り結びで強調を表す。

■二(他ラ四){ら・り・る・る・れ・れ}❶**遠ざける。離す。** 源氏 桐壺「あながちに御前—ら未ずもてなさせ給ひし程に」訳(桐壺帝が桐壺の更衣を)むりやりに御前から離さずお世話しなされた間に。文法「せ給ひ」は、最高敬語。

❷**離縁する。** 宇治 四・七「よく装束きたる女の居たるを見ければ、わが—り用にしふるき妻なりけり」訳(三川入道が)りっぱに着飾った女が座っているのを見たところ、自分が離縁した先妻であった。

さ・る【戯る】(自ラ下二){れ・れ・る・るる・るれ・れよ}〔後世「ざる」とも〕❶たわむれる。ふざける。はしゃぐ。枕 九六「かたはらいたきもの　…旅だちたる所にて、下衆ども—れ用ゐたる」訳 そばで見るのもにがにがしいもの、…外泊した先で、身分の低い者たちがふざけているの。

❷気がきく。ものわかりがよい。世慣れている。源氏 絵合「ほどよりはいみじう—れ用おとなび給へり」訳(冷泉帝は)年齢よりはずいぶんものわかりがよく、大人らしくなっていらっしゃる。

❸なまめかしく色気がある。男女のことに通じている。

源氏 少女「年のほどよりは―・れ㊊てやありけむ、をかしと見けり」訳（五節は）年のほどよりは男女のことに通じていたのだろうか、（夕霧の手紙を）すばらしいと思って見た。

❹しゃれている。風情がある。源氏 浮舟「大きやかなる岩のさまして、―・れ㊊たる常磐木の影しげれり」訳（橘の小島は）大きな岩のような形をしていて、風情をただよわせた常緑樹の姿がこんもり茂っている。

さ・る【曝る】（自ラ四・下二）{ら・り・る・る・れ・れ／れ・れ・る・るる・るれ・れよ}長い間日光や風雨にさらされて、色があせたり形がくずれたりする。〔霊異記〕「久しきを経て日に―・り㊊（四段）たるも、その舌爛れずして」訳 長い時間をかけて日にさらされたが、その（どくろの）舌はくずれないで。

さ・る【避る】（他ラ四）{ら・り・る・る・れ・れ}❶避ける。よける。また、譲る。源氏 紅葉賀「わづらはしがりて、いとことに―・り㊊聞こえ給へるを」訳（親王たちでさえ光源氏を）気がおけてめんどうだと思って、たいそうことさら（お近づきするのを）避け申しあげていらっしゃるのに。

❷断る。辞退する。更級 宮仕へ「『若い人参らせよ』と仰せらるれば、え―・ら㊍ず出だし立つるにひかされて」訳（お仕えしていた宮が）「若い人（＝姪）を参上させよ」とお命じになるので、断ることもできず宮仕えに出すのに（私も）ほだされて。

さる【然る】（連体）〔ラ変動詞「然り」の連体形から〕❶（前の語や内容を受けて）そのような。あのような。これこれの。宇治 八・三「今は昔、信濃の国に法師ありけり。―田舎にて法師になりにければ」訳 今では昔のことであるが、信濃の国（長野県）に法師がいた。そのような田舎で法師になったので。

❷しかるべき。相応の。れっきとした。源氏 松風「まして、―御心してひきつくろひ給へる御直衣姿、世になくなまめかしう」訳（狩衣姿でさえ美しいのに）まして、しかるべきお心づかいをしてきちんと整えなさった（光源氏の）御直衣姿は、この世に類がないほど優美で。

❸ある。〔謡・隅田川〕「この在所に―子細候ひて」訳 この土地にある事情がありまして。

ざる 助動詞「ず」の連体形。古今 春下「春の色の至り至らぬ里はあらじ咲ける咲かざる花の見ゆらむ」訳 春の風情が及んだり及ばなかったりする里はないだろう。（なのに）どうして咲いている花、咲いていない花が見えるのだろう。

さる-あひだ【然る間】――〔アイダ〕❶そうこうするうち。そのうち。伊勢 四〇「―に、思ひはいやまさりにまさる」訳 そうこうするうちに、（二人の）恋心はますます強くなる。

❷（接）さて。それにつけて。〔謡・隅田川〕「―この辺の人びと、この人の姿を見候ふに（＝見ますと）」

なりたち 連体詞「然る」＋名詞「間」

さる-がう【散楽】〔ゴウ〕（名）〔「さるがく」の転〕❶「さるがく①」に同じ。

❷おどけ。たわむれ。また、そうしたしぐさ。枕 一四三「口をひき垂れて、『知らぬことよ』とて、―しかくるに」訳 口をへの字にゆがめて、「（そのなぞの答えは）知らないことだなあ」と言って、おどけたしぐさをしかけると。

さるがう-ごと【散楽言】〔サルゴウ―〕（名）冗談。滑稽なことば。蜻蛉 中「天の下の―を言ひののしるめれど」訳（兼家は）ひどい冗談を大声で言われたようであるが。

さる-がく【散楽・猿楽・申楽】（名）〔「散楽」の転〕❶「さるがう」とも。即席の戯れに演じた、滑稽な芸。また、それを演じる人。平安時代には、相撲・競べ馬の節会や神楽の余興として演じられた。一方、民間に入り、平安時代末期から鎌倉時代にかけて寺社に付属する職業的芸能人を生み、祭礼の際に見せ物として興行されるようになった。

❷猿楽の能。今日の能楽の母体となった芸能の一種。また、それを演じる人。①をもとに、鎌倉時代以降演劇化し、能と狂言に分化した。室町時代に、観阿弥・世阿弥の父子が出て、田楽や、優雅な歌舞をも吸収して、楽劇として完成させた。→能・能楽

発展 「猿楽」の起源と展開

「猿楽」は平安時代の芸能で、奈良時代に唐から伝来した散楽という芸能と、日本古来の物真似その他の芸能とが融合したものである。平安末期には、他の芸能の影響を受けながら、しだいに演劇としての形を整えていった。そして歌舞を中心としたまじめな要素は「能」を生み、猿楽本来のおかしみが「狂言」を生むことになるのである。

申楽談儀（さるがくだんぎ）『作品名』能楽書。世阿弥の芸談を次男元能が筆録。永享二年（一四三〇）成立。当時の能楽の実態を伝える唯一の書である。正式名称は「世子（＝世阿弥）六十以後申楽談儀」

さる-かた【然る方】その方面。そのむき。それ相応。源氏 末摘花「絹、綾、綿など…奉り給ふ。…―の後ろ見にてはぐくまむと」訳 絹、綾、綿などを…（光源氏が）末摘花に差し上げなさる。…（今後は）その方面（＝実生活に関する方面）の世話で面倒を見ようと。

なりたち 連体詞「然る」＋名詞「方」

さる-かた-に【然る方に】それ相応に。それはそれとして。それはまたそれで。徒然 五「あるかなきかに門さしこめて、待つこともなく明かし暮らしたる、―あらまほし」訳 いるのかいないのかわからないように門を閉め切って（閉じこもり）、（何かを）期待することもなく日を送っているのは、それはまたそれで好ましい。

なりたち 連体詞「然る」＋名詞「方」＋格助詞「に」

さる-が・ふ【散楽ふ】〔―ガ（ゴ）ウ〕（自ハ四）{は・ひ・ふ・ふ・へ・へ}〔名詞「散楽」の動詞化したもの〕冗談を言う。ふざける。たわむれる。枕 一四〇「男などの、うち―・ひ㊊、ものよく言ふが来たるを、物忌みなれど入れつかし」訳 男などで、冗談を言い、よくしゃべる者が来たのを、物忌みの日であっても家の中に入れてしまう（ほどだ）よ。

さる-から【然るから】（接）〔ラ変動詞「然り」の連体形「さる」に接続助詞「から」の付いたもの〕そうだから。そういうわけだから。徒然 一二「『―、さぞ』ともうち語らはば、つれづれ慰まめと思へど」訳（意見がくい違う人が）「そうだから、そうなのだ」とも語り合うならば、さびしさも慰められるだろうと思うけれども。

さる-こと【然る事】❶そのようなこと。しかじかのこと。枕 二九九「―は知り、歌などにさへ歌へど、思ひこそよら

ざりつれ」訳そのようなこと(=「香炉峰」の詩句)は知っており、歌などにまでも歌うけれど、思いつきもしなかった。
❷もっともなこと。しかるべきこと。徒然一三七「花の散り、月の傾くを慕ふならひは—なれど」訳(桜の花が散り、月が(西に)沈みかけるのを惜しみ慕う世間のならわしはもっともなことであるが。
❸もちろんのこと。言うまでもないこと。〔紫式部日記〕「裳・唐衣の縫ひものをば—にて、袖口におきぐちをし」訳裳や唐衣の刺繡は言うまでもないことで、袖口に縁飾りを付け。
なりたち 連体詞「然る」+名詞「事」

さる-こと-あり【然る事有り】他人に言われて「それだ」と思い出したときに言う語。おお、それだ。平家一一・嗣信最期「—。一年平治の合戦に…奥州へ落ち惑ひし小冠者が事か」訳そうだ、思い出した。(九郎判官=義経というのは)先年、平治の合戦で…奥州(東北)へ落ちのびていったこわっぱのことか。
なりたち 連体詞「然る」+名詞「事」+ラ変動詞「有り」の終止形「あり」

猿沢の池(さるさはのいけ)(サルサワノイケ)『地名』歌枕 今の奈良市の、興福寺の南にある池。平城天皇に仕えた采女が寵愛の衰えたことを悲しんで身を投げたという。

さる-に【然るに】(接)〔ラ変動詞「然り」の連体形「さる」に接続助詞「に」の付いたもの〕しかるに。それなのに。ところが。伊勢八四「—十二月ばかりに、とみのこととて御文あり」訳(息子は母のもとになかなか参上できない。)ところが陰暦十二月ごろに、至急の用事だといってお手紙が届く。

さる-に-て-も【然るにても】(接)〔ラ変動詞「然り」の連体形「さる」に断定の助動詞「なり」の連用形「に」、接続助詞「て」、係助詞「も」の付いたもの〕それにしても。そうであっても。それはそうとしても。今昔二〇・一〇「然らば、このこと習ひ得難し。—今一度試みむ」訳それならば(=こわがっていては)、このこと(=妖術)を習得することはむずかしい。そうであってももう一度やってみよう。

さる-は【然るは】(接)〔ラ変動詞「然り」の連体形「さる」に係助詞「は」の付いたもの〕

語義パネル

●重点義 **前に述べた内容を受けて、「そうあるのは」の意で以下を述べる場合に用いる接続詞。順接にも逆接にも用いる。**

④が原義に近いが、前の内容と後の内容とが理屈のうえで矛盾する②の逆接の用法が多い。

❶**それにしても。**
❷**それだのに。そのくせ。**しかし。
❸**そのうえに。**
❹**それというのは。そうであるのは。**

❶**それにしても。**大鏡道長下「繁樹、今生の辱号はこれや侍りけむ。—、思ふやうなる木もて参りたりとて、きぬかづけられたりしも、からくなりにき」訳(私)繁樹、一生の恥辱はこのことであったでしょうか。それにしても、望むとおりの(梅の)木を持って参ったというので、(ほうびとして)衣服を(肩に)かけられたのも、(かえって)つらくなってしまった。
❷**それだのに。そのくせ。**しかし。徒然三「あふさきるさに思ひみだれ、—独り寝がちに、まどろむ夜なきこそをかしけれ」訳あれやこれやで思い悩み、そのくせ独りで寝ることが多くて、うとうとと眠る夜がないのがおもしろい。文法「こそをかしけれ」は、係り結び。
❸**そのうえに。**徒然三〇「聞き伝ふるばかりの末々は、哀れとやは思ふ。—、跡とふわざも絶えぬれば」訳(名を)伝え聞くだけの後世の子孫は、(その故人のことを)哀れと思うか(いや、思いはしない)。そのうえ、死後を弔うこと(=法事)も絶えてしまうから。
❹**それというのは。そうであるのは。**源氏玉鬘「かいひそめて、かたみに心づかひしたり。—、かの世とともに恋ひ泣く右近なりけり」訳ひっそりとして、(相手がだれとも知れないから)互いに気がねしていた。それというのは、あのつねづね(亡き夕顔を)慕って泣く右近だったのだ。

さる-ひと【然る人】❶そのような人。徒然二三三「男女・老少、皆—こそよけれども」訳男も女も、老人も若者も、みなそのような(口数の少ない)人がよいけれども。
❷しかるべき人。相当な人。平家一・御輿振「頼政卿—にて、馬よりおり、甲をぬいで、神輿を拝し奉る」訳頼政卿(=源頼政)は相当な人で、馬よりおり、甲をぬいで、(衆徒のかつぐ)みこしを拝み申しあげる。
なりたち 連体詞「然る」+名詞「人」

さる-べき【然るべき】❶**そうなるにふさわしい。適当な。**相応な。源氏帚木「成りのぼれども、もとより—筋ならぬは、世人の思へることも、さは言へど、なほ異なり」訳高い地位に出世しても、もともとそうなるにふさわしい家柄でない人は、世間の人々の思っていることも、そうはいうものの(=位が高いとはいっても)、やはり違うものだ。
❷**そうなるはずである。**そうなる宿縁である。更級竹芝寺「かしこく恐ろしと思ひけれど、—にやありけむ」訳畏れ多く恐ろしいと思ったけれど、そうなる宿縁(=姫宮を武蔵に連れて行く因縁)であったのだろうか。
❸**れっきとした。りっぱな。**相当な。徒然一五六「大臣の大饗は、—所を申しうけて行ふ、常のことなり」訳大臣に任ぜられた人が催す披露の宴は、相当な所をお願いし拝借して行うのが、ふつうのことである。
なりたち ラ変動詞「然り」の連体形「さる」+当然の助動詞「べし」の連体形「べき」

さる-べき-に-や【然るべきにや】❶当然そうするものなのであろうか。そうするべきなのであろうか。徒然一三八「よき人のし給ふことなれば、—と思ひしかど」訳(祭りのあとの葵を御簾からはずしてしまったことは)りっぱな人のなさることなので、そうするべきものなのであろうかと思ったけれども。
❷そうなるはずだったのであろうか。そうなる宿縁だったのであろうか。源氏帚木「あながちなるすき心は更にならはぬを、—」訳強引にふるまう浮気心(を抱くこと)はまったく経験がないのに、(今、私=光源氏があなた=空蟬に執着するのは)そうなる宿縁だったのであろうか。
なりたち ラ変動詞「然り」の連体形「さる」+当然の助動詞「べし」の連体形「べき」+断定の助動詞「なり」の連用形「に」+疑問の係助詞「や」

文法 あとに係助詞「や」の結びの文節をとるもので、①の用例は下に「あらん」が、②の用例は「ありけむ」が省略された形。また、②の意味のときは「さるべきにやありけむ」「さるべきにやおはしけむ」などの形で、文の構造上から挿入句となることが多く、次はその一例である。「〔俗世を離れて〕やみぬべき心づかひをのみならひはべしに(=一生を過ごそうという心がけを常にもっておりましたのに)、**さるべきにや**侍りけむ、疎き物から〔大君を〕おろかならず思ひそめ聞こえ侍りし一節に」〈源氏 宿木〉

さる‐べく‐て【然るべくて】当然そうなるはずの運命で。当然のなりゆきで。〔増鏡〕新島守「―身の失すべき時にこそあんなれ」 訳 (前世からの)当然そうなるはずの運命で(今この)身が滅びるにふさわしい時であるようだ。

なりたち ラ変動詞「然り」の連体形「さる」＋当然の助動詞「べし」の連用形「べく」＋接続助詞「て」

ざる‐べし …ないだろう。…ないにちがいない。徒然 一七〇「『いましばし、今日は心閑かに』など言はんは、この限りにはあら**ざるべし**(終)」訳 (主人が)「もうしばらく、今日はゆっくり落ち着いて」などと言うような場合は、この限りではないだろう(=早く帰らなくてもよいだろう)。

なりたち 打消の助動詞「ず」の連体形「ざる」＋推量の助動詞「べし」

さる‐ほど‐に【然る程に】(接)〔連体詞「然る」に名詞「程」、格助詞「に」の付いたもの〕❶前の文を受け、あとの文に言い続けるときに用いる。**そうこうしているうちに**。やがて。まもなく。平家 五・月見「御所中の女房たち、みな袖をぞぬらされける。―夜も明けければ」訳 御所中の女房たちは、(大将=実定が歌う今様を聞いて)みな涙をお流しになった。そうこうしているうちに夜も明けたので。❷話題を転じるとき、または新たに文を起こすときに用いる。**さて**。ここに。平家 二・大納言死去「―、法勝寺の執行俊寛僧都、平判官康頼、この少将(=成経)相具して(=そろって)、三人薩摩潟鬼界が島へぞながされける」

さる‐まじ【然るまじ】❶そうあるべきでない。適当でない。不都合である。源氏 帚木「心づくしなることを御心に思しとどむる癖なむあやにくにて、**さるまじき**(体)御ふるまひもうち交じりける」訳 (光源氏は)心をすり減らすことをお心に思いつめなさる習癖があいにくあって、そうであってはならない御ふるまいも入り交じるのであった。❷たいしたものではない。ものの数ではない。大鏡 師輔「おほかた殿上人・女房・**さるまじき**(体)女官まで、さるべき折のとぶらひせさせ給ひ」訳 そもそも(村上天皇の中宮安子は)殿上人や女房やものの数ではない女官にまでも、しかるべき折のお見舞いをなさり。⇩言ふ甲斐無し「慣用表現」❸そうであるはずもない。そうできそうもない。源氏 若紫「このすき者どもは、かかる歩きをのみして、よく**さるまじき**(体)人をも見つくるなりけり」訳 この女好きの連中は、このような(忍びの)ぶらぶら歩きばかりをして、うまく見つけられるはずもない(美しい)人をも見つけるのだったなあ。

なりたち ラ変動詞「然り」の連体形「さる」＋打消推量・当然の助動詞「まじ」

猿丸大夫(さるまるだいふ)〔人名〕(生没年未詳)平安初期の歌人。三十六歌仙の一人で、「小倉百人一首」に入集。「猿丸大夫集」があるが、自身の作品と見られる歌はない。架空の歌人で、「古今集」前後に伝承が生まれた可能性が高い。

さる‐まろ【猿丸】(名)猿の異名。猿を人めかしていう語。宇治 一〇・六「生きたる―をとらへて」

猿蓑(さるみの)〔作品名〕江戸前期の俳諧集。向井去来・野沢凡兆の撰。元禄四年(一六九一)刊。「芭蕉七部集」の一つ。芭蕉とその門下の連句・発句、および俳文「幻住庵記」が収められ、「さび」の理念を確立したといわれる。書名は巻頭の芭蕉の句「初しぐれ猿も小蓑をほしげなり」(俳句)による。→芭蕉七部集

訳 →はつしぐれ…

さる‐もの【然るもの】❶そのような物(または、者)。そういう類の物(または、者)。枕 八四「あやしのつつみ物や。人のもとに―つつみておくるやうやはある」訳 妙な包み物だな。人の所にそんな物を包んで贈る法があるか(いや、ない)。文法 「やは」は、反語の係助詞。

古語ライブラリー㉒

「の…連体形」

本居宣長は次のようなものも係り結びだと考えた。今日では詠嘆・余情の表現としての「連体形止め」とみられるものである。

◇吹く風のさそふものとは知りながら散りぬる花のしひて恋しき〈後撰・春下〉

◇み吉野の山の白雪踏み分けて入りにし人の訪れもせぬ〈古今 冬〉

◇梅の花見にこそ来つれ鶯のひとくひとくと厭ひしもをる〈古今 雑体〉

宣長は、『古今集』『後撰集』など、八代集を中心とする歌の例を挙げているのであるが、この表現は散文にも見られる。「の…連体形」だけでなく、「が…連体形」の形式にもなる。

◇まろがもとに(=私の手元に)いとをかしげなる笙の笛こそあれ。故殿の得させ給へりし。〈枕 九三〉

◇雀の子を犬君(=童女の名)が逃がしつる。〈源氏 若紫〉

この「の…連体形」「が…連体形」の表現を生むことになるのは、『万葉集』にも多く見られる「の…体言」「が…体言」の形式による感動・詠嘆の表現である。

◇母父も妻も子どもも高高に来むと待ちけむ人の かなしさ〈万葉 一三・三三三七〉

◇たたみけめ牟良自が磯の離り磯の母を離れて行くが 悲しさ〈万葉 二〇・四三三八〉

◇葉根蘰今する妹をうら若みいざ率川の音の さやけさ〈万葉 七・一一一二〉

◇大滝を過ぎて夏身にそほり居て清き川瀬を見るが さやけさ〈万葉 九・一七三七〉

◇遠き山関も越え来ぬ今さらに逢ふべきよしのなきが さぶしさ〈万葉 一五・三七三四〉

この表現での体言は、形容詞からの派生によるものになっている。

❷しかるべき者。相当の者。重んずべき者。源氏 帚木「こよなきとだえ置かず、—にしなして長く見るやうも侍りなまし」訳 はなはだしい絶え間もおかずに、(その女を)相当の(通い所の)者にことさらしておいて、末長く世話をする方法もきっとありましただろうに。文法「なまし」の「な」は、助動詞「ぬ」の未然形で、ここは確述の用法。

❸もっともなこと。当然のこと。そのとおりであること。徒然 一九「『若葉の梢(こずゑ)涼しげに茂りゆくほどこそ、…人の恋しさもまされ』と、人の仰(おほ)せられしこそ、げに—なれ」訳「若葉の梢が涼しそうに茂ってゆく季節こそ、…人恋しさもまさる』と、ある人がおっしゃったのは、なるほどもっともなことである。

❹ぬけめのない者。したたかな者。〔曽我物語〕「八幡(やはた)三郎、—にて、『思ひまうけたり。いづくへかひくべき』とて」訳 八幡三郎はぬけめのない者であって、「かねて覚悟していた(ことだ)。どこへ退却できようか(いや、退却はできない)」と言って。

なりたち 連体詞「然(さ)る」+名詞「もの」

さる-もの-に-て【然るものにて】 ❶それはそれとして、また。一応もっともなこととして。徒然 一九「『もののあはれは秋こそまされ』と、人ごとに言ふめれど、それも—、今ひときは心も浮き立つものは、春の気色(けしき)にこそあめれ」訳「しみじみとした情趣は秋がいちばんだ」と、だれもが言うようだが、それも一応もっともなこととして、さらにいちだんと心も浮き浮きするものは、春のようすであるようだ。

❷もちろんのことで。言うまでもなく。源氏 浮舟「艶なる方(かた)は—、行く末長く人の頼みぬべき心ばへなど、こよなくまさり給へり」訳(薫(かおる)は)優美な点は言うまでもなく、将来長く女がきっと頼みにできそうな性格など、(匂宮(におうのみや)より)格段にまさっていらっしゃる。⇨言ふもおろかなり「慣用表現」

なりたち 連体詞「然(さ)る」+名詞「もの」+断定の助動詞「なり」の連用形「に」+接続助詞「て」

さる-やう(ヨウ)【然る様】 しかるべきわけ。そうなる事情。源氏 総角「—こそはとおぼして、すこししぞき給へり」訳(中の君は)しかるべきわけはあるのであろうとお思いになって、(その場を)少し退きなさった。

なりたち 連体詞「然(さ)る」+名詞「様(やう)」

さる-を【然るを】(接)〔ラ変動詞「然(さ)り」の連体形「さる」に接続助詞「を」の付いたもの〕❶それなのに。ところが。伊勢 二「をとこ女、いとかしこく思ひ交はして、異心(ことごころ)なかりけり。—いかなることかありけむ」訳 男と女は、たいそう深く思いを交わして、他の人に心を移すことはなかった。それなのにどういうことがあったのだろうか。

❷話題を変えるときに用いる。さて。ところで。〔幻住庵記〕「—、筑紫(つくし)高良山(かうらさん)の僧正は、加茂の甲斐(かひ)何がしが厳子(げんし)にて」訳 ところで、筑紫の国(福岡県)の高良山の僧正は、加茂の甲斐なにがしの令息で。

さるをきくひと… 俳句

> 猿を聞く人　捨(す)て子(ご)に秋(あき)の　風(かぜ)いかに　秋
> 〈野ざらし紀行・芭蕉〉

訳 猿の鳴く声を聞いてさえ哀愁に沈んだ人々(=中国の詩人たち)よ。捨てられて泣く幼児に吹きすぎる秋風を、どのように聞くのであろうか。(秋の風 秋)。切れ字は「いかに」で、疑問詞。

解説 古来漢詩には猿の啼(な)き声に、悲痛な旅情を託したものが多い。「富士川のほとりを行くに、三つばかりなる捨て子の哀れげに泣くあり」と前文にあるが、風流を超えた現実の姿によって漢詩の世界に抗した境地は、芭蕉(ばしょう)の新しい試みだった。

ざれ 助動詞「ず」の已然形。万葉 一五・三七五五「あらたまの年の緒(を)長く逢(あ)はざれど異(け)しき心を吾(あ)が思(も)はなくに」訳 長い年月逢わないけれど、不実な心を私が持ったりしないことだ。(「あらたまの」は「年」にかかる枕詞)

ざれ 助動詞「ず」の命令形。〔十訓〕三「心の師とはなるとも、心を師とせざれ」訳(自らの)心の師とはなっても、心を師とするな。

ざれ-ごと【戯れ言】(名)「ざれこと」とも。たわむれて言うことば。冗談。〔きのふはけふの物語〕「—ばかり言はずと、一つ参れ」訳 冗談ばかり言わないで、一杯(酒を)お飲みなさい。

ざれ-ごと【戯れ事】(名)「ざれこと」とも。冗談ごと。ふざけたこと。たわむれ。〔狂・末広がり〕「—をせずと末広がりを見せい」訳 ふざけたことをしないで扇を見せろ。

され-ど【然れど】(接)〔ラ変動詞「然(さ)り」の已然形「され」に接続助詞「ど」の付いたもの〕そうではあるが。しかし。けれども。伊勢 四七「むかし、男、ねむごろにいかでと思ふ女ありけり。—この男をあだなりと聞きて」訳 昔、男が、いちずになんとかして(恋を実らせたい)と思う女がいた。けれども(女は)この男を浮気者だと聞いて。

され-ども【然れども】(接)〔ラ変動詞「然(さ)り」の已然形「され」に接続助詞「ども」の付いたもの〕「されど」に同じ。徒然 八五「人の心すなほならねば、偽りなきにしもあらず。—、おのづから正直の人、などかなからん」訳 人間の心は素直でないから、偽りがないわけでもない。けれども、まれには正直な人が、どうしていないことがあろうか(いや、必ずいるものだ)。

され-ば【然れば】〔ラ変動詞「然(さ)り」の已然形「され」に接続助詞「ば」の付いたもの〕㊀(接)❶**それゆえ。それだから。** 宇治 三・一七「『さがなくてよからん』と申して候(さぶら)ふぞ。—、君をのろひ参らせてなり」訳(「無悪善」と書いてある立て札は)「悪(さが)(=「嵯峨(さが)」をかける)無くて善からん」と申しておりますよ。それゆえ、君(=嵯峨天皇)をのろい申しあげているのだ。

❷**そもそも。いったい。** 平家 一一・腰越「—こは何事ぞ。日本国を鎮(しづ)むること、義仲(よしなか)・義経(よしつね)がしわざにあらずや」訳 いったいこれは何事だ。日本国を鎮めることは、義仲・義経のしたことではないのか(いや、義仲と義経のしたことである)。文法「や」は、反語の係助詞。

❸話題を転じるときに用いる。さて。ところで。〔浮・西鶴織留〕「—人の渡世ほど、さまざまなるものはなし」訳 ところで、人の暮らしほど、さまざまであるものはない。

㊁(感)応答するときに用いる語。さよう。まったく。〔狂・粟田口〕「『さて何(いづ)れも粟田口(あはたぐち)を御重宝(ちようほう)なさるるは、いかやうな子細(しさい)でおりゃるぞ』『—そのことでござる』」訳「さてだれもが粟田口(=刀工の一派の名。また、その打った刀)をご珍重なさるのは、どのようなわけでございますか」「さようそのことでございます」

され-ば-こそ【然ればこそ】❶予想が的中したときに言う。やはりそうだ。思ったとおりだ。竹取 火鼠の皮衣「火の中にうちくべて焼かせ給ふに、めらめらと焼けぬ。『ー。異物の皮なりけり』と言ふ」訳 火の中に(皮衣を)くべて焼かせなさると、めらめらと焼けた。「思ったとおりだ。(火鼠とは)別のものの皮だったのだ」と言う。❷相手のことばを待ち受けて、または制して自分の考えを述べるときに言う。いえ、そのことよ。だからさ。平家 三・有王「『この御ありさまにて、今まで御命ののびさせ給ひて候ふこそ、不思議に覚え候へ』と申せば、『ー。…磯の苔に露の命をかけてこそ、今日までもながらへたれ。…』とのたまへば」訳「こんなごようすで、今までお命がながらえていらっしゃいますことが、不思議に思われます」と(有王が)申すと、「いえ、そのことよ。…磯に生えている海藻にはかない命をつないで、(やっと)今日まで生きながらえている。…」と(俊寛が)おっしゃるので。❸それだからこそ。平家 五・月見「ー汝をば遣はしつれ」訳 だからこそおまえを遣わしたのだ。

なりたち ラ変動詞「然り」の已然形「され」＋接続助詞「ば」＋係助詞「こそ」

文法 ①は、係助詞「こそ」の結びの文節が省略されたもので、下に「言ひつれ」「思ひつれ」などを補うことができる。②は「されば」を強めて感動詞的に用いたもの。①は会話文や心中表現に、②は会話文に用いる。③は通常の係り結びによる強調表現となるもの。

慣用表現 「思ったとおりだ」を表す表現

然りや・然ればこそ・然ればよ

ポイント ラ変動詞「然り」を用いて「思ったとおりだ」の意を表す慣用表現が作られる。

され-ば-む【戯ればむ】(自マ四){ま・み・む・む・め・め}【「ばむ」は接尾語】「ざればむ」とも。しゃれたふうにふるまう。風流めく。源氏 夕顔「手は悪しげなるをまぎらはし、ー・み用 て書いたるさま品なし」訳 (軒端の荻の)筆跡は下手な感じであるのをごまかし、しゃれたふうに見せて書いてあるようすは品位がない。

され-ば-よ【然ればよ】はたしてそうだ。思ったとおりだ。蜻蛉 下「いまやけふやと待たるる命、やうやう月立ちて日もゆけば、ー、よも死なじものを」訳 (陰暦八月中に死ぬと言われ)今(死ぬ)か今日(死ぬ)かと待たれる命は、(そんなようすもなくて)だんだん月が改まり日も過ぎてゆくので、思ったとおりだ、まさか死なないだろうに。⇩然れば こそ「慣用表現」

なりたち ラ変動詞「然り」の已然形「され」＋接続助詞「ば」＋間投助詞「よ」

さわ【沢・多】⇩さは

さわが・し【騒がし】(形シク){しから・しく(しかり)・し・しき(しかる)・しけれ・しかれ}❶やかましい。騒々しい。枕 四「七月ばかりに、風いたう吹きて、雨などー・しき体 日」訳 陰暦七月ごろに、風がひどく吹いて、雨(の音)などが騒がしい日。❷忙しい。とりこんでいる。あわただしい。源氏 賢木「いとー・しき体 ほどなれど、御返りあり」訳 (伊勢下向の儀式で)ひどくあわただしいときであるけれども、(六条御息所からの)ご返事がある。❸(気持ちや世情が)安らかでない。落ち着かない。徒然 二〇三「主上の御悩、大方世の中のー・しき体 時は、五条の天神に靫をかけらる」訳 天皇のご病気、(また)一般に世の中がおだやかでないときは、五条の天神に靫(=矢を入れて背に負う武具)をおかけになる。

さわぎ【騒ぎ】(名)【上代は「さわき」】❶やかましいこと。騒ぐこと。伊勢 六「『あなや』と言ひけれど、神鳴るーに、え聞かざりけり」訳 (女は)「あれえっ」と言ったけれど、雷の鳴るやかましさで、(男はその声を)聞くことができなかった。文法「え聞かざりけり」の「え」は副詞で、打消の語(ここでは「ざり」)を伴って不可能の意を表す。❷あわただしく落ち着かないこと。混雑。とりこみ。〔うつほ〕俊蔭「はかなくうち使ふ調度なども、親たちの亡くなりにけるーに…みな失せ果てにけり」訳 何気なくちょっと使う手まわりの道具類なども、両親が亡くなってしまったとりこみで…みんなすっかりなくなってしまった。❸戦乱。騒動。異変。大和 四「野大弐、純友がーの時、討手の使ひにさされて」訳 野大弐(=小野好古)は、純友の乱のとき、追討の使者に任命されて。❹遊興。遊芸。〔浄・冥途の飛脚〕「何時なりともーの節、きっと参上申すべく候ふ」訳 いつであっても遊興のおりには、必ず参上いたすつもりです。

さわ・ぐ【騒ぐ】(自ガ四){が・ぎ・ぐ・ぐ・げ・げ}【上代は「さわく」】❶やかましく声や音を立てる。騒がしくする。万葉 六・九二四「み吉野の象山の際の木末にはここだもー・く体 鳥の声かも」訳 →みよしのの…和歌 ❷忙しく動きまわる。忙しく立ち働く。今昔 二五・四「食物など持て運びー・ぎ用 ける紛れに」訳 (宿の人が)食べ物などを持ち運んで忙しく立ち働い(てい)たとりこみに(紛れて)。❸不穏な動きを見せる。騒動が起きる。平家 二・烽火之沙汰「小松殿にー・ぐ体 ことありと聞こえしかば」訳 小松殿(=平重盛邸)に騒動が起きるようすがあるといううわさが伝わったので。❹心が落ち着かなくなる。動揺する。平家 四・橋合戦「但馬すこしもー・が未 ず、あがる矢をばつい くぐり、さがる矢をばをどり越え」訳 但馬(=人名)は少しも動揺せず、上の方に(飛んで)くる矢をひょいとくぐり、下の方に(飛んで)くる矢をおどり越え。❺あれこれとうわさする。評判する。源氏 須磨「忍び忍び帝の御女をさへ過ち給ひて、かくもー・が未 れ給ふなる人は」訳 こっそりと帝の御妃とまでも間違いを起こしなさって、こんなふうにもあれこれとうわさされなさるという(そんな)人は。⇩聞こえ「慣用表現」

さわさわと【爽爽と】⇩さはさはと

さわやか【爽やか】⇩さはやか

さわやぐ【爽やぐ】⇩さはやぐ

さ-わらび【早蕨】(名)【「さ」は接頭語】❶芽を出したばかりのわらび。春。万葉 八・一四一八「石走る垂水の上のーの萌え出づる春になりにけるかも」訳 →いはばしる…和歌 ❷襲の色目の名。表は紫、裏は青。春に用いる。⇩巻頭カラーページ11

さわる【障る】⇩さはる

さわれ【然われ】⇩さはれ

さゐさゐ・し【騒騒し】(形シク){しから・しく(しかり)・し・しき(しかる)・しけれ・しかれ}騒がしいさま。さわさわと鳴るさま。源氏 初音「黒き掻い練りのー・しく用 張りたる一襲」訳（紅色が古くなった）黒い練り絹で、さわさわと音がするくらい洗い張りしたひとそろい。

さ-ゑもん【左衛門】(名)「左衛門府」の略。

さゑもん-の-かみ【左衛門の督】(名)左衛門府の長官。

さゑもん-の-すけ【左衛門の佐】(名)左衛門府の次官。

さゑもん-の-たいふ【左衛門の大夫】(名)従六位相当官の左衛門府の尉で、五位に叙せられた者。

さゑもん-の-ぢん【左衛門の陣】(名)左衛門府の役人の詰め所。内裏の東、建春門にあった。⇩巻頭カラーページ32

さ-ゑもんふ【左衛門府】(名)六衛府の一つ。右衛門府とともに、宮中の諸門の警護に当たった役所。↔右衛門府。→衛門府

-さを【棹・竿】(接尾)旗や矛、たんすや長持、三味線などを数える語。〔紀〕欽明「五色の幡二―」

さを【棹・竿】(名)❶水底や岸をついて、船を進めるのに用いる長い棒。木や竹でつくる。❷衣を掛ける細長い棒。衣紋掛け。

さを-さ-す【棹さす】棹をついて舟を進ませる。万葉 三・三四〇「速き瀬を―・し用渡り」

さ-をしか【小牡鹿】(名)〔「さ」は接頭語〕雄鹿。秋。万葉 一〇・二一五〇「秋萩の散りゆく見ればおほほしみ妻恋ひすらし―鳴くも」訳 秋萩が散っていくのを見ると気持ちがふさぐので、妻を恋い慕うらしい。雄鹿が鳴くよ。

さをしかの【小牡鹿の】《枕詞》地名「入野」にかかる。万葉 一〇・二二七七「―入野の薄」

さ-をととし【一昨昨年】(名)一昨年の前年。

さ-をとめ【早乙女・早少女】(名)❶田植えをする女。夏。〔おらが春〕棄捨「―や子のなく方へ植ゑて行く」訳 早乙女よ。(早乙女は)わが子の泣き声のするほうへ苗を植えていくことだ。❷〔「さ」は接頭語〕おとめ。少女。〔山家集〕「磯菜つむあまの―心せよ沖吹く風に波高くなる」訳 磯菜を摘む海女である少女よ、気をつけよ。沖を吹く風のために波が高くなっている。

さん【産】(名)❶出産。❷その土地の生まれ。❸資産。財産。徒然 一四二「人、恒の―なき時は、恒の心なし」訳 人は定まった財産がないときは、一定不変の(道徳)心もない。

さん【算】(名)❶和算で用いる計算用の小さな木の角棒。算木。❷占いに用いる六本の木の角棒。算木。❸計算。勘定。❹数。年齢。命数。

さん【賛・讃】(名)❶漢文の文体の一つ。人物や物事の美点をほめたたえる文章。❷絵に題することば。画賛。❸仏の徳をたたえることば。梵讃・和讃など。

さん-あく【三悪】(名)《仏教語》「三悪道」の略。

さん-あくだう【三悪道】(名)《仏教語》「さんなくだう」「さんまくだう」とも。衆生が生前の悪業の結果落ちるという死後の三つの世界。地獄道・餓鬼道・畜生道の三道。三悪。三途。

さんいん-だう【山陰道】(名)「せんいんだう」「せんおんだう」とも。❶五畿七道の一つ。京都以西の丹波(京都府・兵庫県)、丹後(京都府)、但馬(兵庫県)、因幡・伯耆(鳥取県)、出雲・石見・隠岐(島根県)の八か国の称。❷①の国々を結ぶ街道。

さん-がい【三界】(名)《仏教語》❶いっさいの衆生が業によって死んでは生まれ変わる三つの迷いの世界。欲界・色界・無色界。方丈 四「それ、―は、ただ心一つなり」訳 そもそも、三界は、ただ(人の)心一つによって存在するの(である)。❷「三千世界」の略。全世界。この世。平家 三・大臣流罪「―広しといへども、五尺の身置き所なし」訳 全世界は広いけれども、五尺の(わが)身の置き所もない。❸過去・現在・未来の三世。

さん-かう【三更】(名)時刻の名。一夜を五つに分けた三番目。今の午後十二時ごろ、およびその前後約二時間(午後十一時ごろから午前一時ごろ)。子の刻。丙夜。→更

山家集〔作品名〕平安末期の西行の家集。撰者・成立年代は未詳。歌数約千五百首。平明な歌風で、自然詠に秀歌が多い。

さん-き【山気】(名)山中のひんやりした空気。山の中の雰囲気。細道 出羽三山「雲霧―の中に氷雪を踏んでのぼること八里」訳 雲や霧の(たちこめた)山中のひんやりした空気の中を、氷や雪を踏んで登ること八里。

さん-き【三帰】(名)《仏教語》三宝(＝仏・法・僧)に帰依すること。また、その帰依することを示し唱える経文。三帰依。著聞 五六「この男すこし立ちしりぞきて(＝後退して)、―を唱へてゐたる所に」

さん-ぎ【参議】(名)太政官に置かれた令外の官。国政を審議する。大・中納言に次ぐ重職で、三位、四位の中から有能な人が任ぜられた。定員八名。宰相。八座。

ざん-ぎ【慙愧・慚愧】(名・自サ変)〔のちには「ざんき」とも〕❶心から恥じ入ること。今昔 一三・一七「罪業を滅するが故に、―の涙を流す」訳 罪となる行いを消し去ることのために、悔悛の涙を流す。❷悪口を言うこと。平家 一一・大臣殿被斬「『無下に情けなかりける者かな』とぞみな人―・し用ける」訳「はなはだ実に情けない男だなあ」と人はみな悪口を言った。

さん-きゃう【三卿】(名)徳川将軍家の分家のうち、田安・一橋・清水の三家の称。八代将軍吉宗のときに定められ、将軍家に後継者のないとき、養子を出す資格があった。→三家

さん-きょく【三曲】(名)❶箏・三味線・胡弓(のちに尺八)の称。また、その合奏。❷琵琶の流泉・啄木・楊真操の三秘曲。

さん-きん【参勤・参観】(名・自サ変)❶出仕して主君にお目どおりすること。❷「参勤交代」の略。江戸時代、諸国の大名を江戸に一定期間居住させた制度。大名を二分し、原則として一年おきに江戸勤務とした。

さん-ぐう【参宮】(名・自サ変)神社、特に、伊勢神宮に参詣すること。〔浮・世間胸算用〕「来春女房どもが―いたすつかひ銀なれども」訳来春、女房めが(伊勢神宮に)参詣いたす(折の)旅費であるが。

さん-くゎん【三関】(名)❶上代、都の防備のために設けられた三つの関所。伊勢(三重県)の鈴鹿の関、美濃(岐阜県)の不破の関、越前(福井県)の愛発の関の総称。のち、都が平安京に移ると、愛発の関が廃され、近江(滋賀県)の逢坂の関が加えられた。❷上代、蝦夷対策のために設けられた三つの関所。磐城(福島県)の白河の関と勿来の関、羽前(山形県)の念珠が関の総称。奥羽三関。細道 白川の関「中にもこの関は―の一にして、風騒の人、心をとどむ」訳中でもこの(白河の)関所は三関の一つであって、風雅の人(=詩人や文人)が心を寄せる。

さん-け【三家】(名)❶徳川家康の子を祖とする、尾張・紀伊・水戸の三家。将軍家に後継者のないとき、尾張・紀伊の両家から選び、水戸家は俗に副将軍として将軍を補佐した。御三家。→三卿❷公家の三家。閑院・花山院・中院の三家の称。別に、閑院・花山院・久我の三家とも。太政大臣にまで上りうる家柄とされた。

さん-げ【散華】(名・自サ変)《仏教語》法要などで読経しながら樒(=香木の名)の葉、または紙製の蓮の花びらなどをまき散らすこと。また、そのもの。

さん-げ【懺悔】(名・自サ変)〔近世には「ざんげ」とも〕❶《仏教語》過去の罪過を仏や衆人の前で告白し、改心を誓うこと。〔正法眼蔵〕「かくのごとく―・すれ㊁ば、必ず仏祖の冥助あるなり」訳このように過去の罪過を仏の前に告白すると、必ず仏祖(=仏と各宗の祖師)の目に見えない助けがあるのである。❷心中を打ち明けること。〔醒睡笑〕「おのれおのれ(=各自)が心に望むことを―・せよ㊀」

さん-けい【三景】(名)最も景色のすぐれている三か所。日本三景は、松島・天の橋立・厳島。

ざん-げん【讒言】(名・他サ変)「ざうげん」とも。人をおとしいれようとして、事実をまげて悪く言うこと。虚偽の告げ口。中傷。今昔 九・二〇「我…継母の―によりて、家を離れて流浪す」

さん-こ【三鈷】(名)「三鈷杵」の略。金剛杵の一つ。両端が三つまたになったもので、密教の修法に用いる。→金剛杵

さん-こう【三公】(名)太政大臣・左大臣・右大臣の称。のちには、左大臣・右大臣・内大臣。三台。

さん-こう【参候】(名・自サ変)身分の高い人のもとへ参上してご機嫌をうかがうこと。伺候。平家 一・殿上闇討「忠盛に知られずして、ひそかに―の条、力及ばざる次第なり」訳(家来の者が私)忠盛に知られないで、こっそり参上し控えていたことの件は、(私の)力の及ばない次第である。

さん-ごく【三国】(名)本朝(=日本)・唐土(=中国)・天竺(=インド)の三か国。また、全世界。天下。

> **発展** 「三国」とは全世界の意味
> 古くは、日本・中国・インドの三国が全世界という認識だったので、「三国一」は、世界一、天下第一の意のほめことばであった。

さん-ごふ【三業】(名)《仏教語》身業・口業・意業の称。動作・言語・意志によって、のちの報いのもとになるような善悪種々の行為をすること。〔太平記〕二〇「息もあらくせず、―を静めてこの経を読誦候ふべし」訳呼吸も整え、動作・言語・意志による行為を静めて(=無心になって)この経を声に出して読みなさいませ。

さんご-や【三五夜】(名)(三と五の積が十五であることから)陰暦の十五日の夜。特に、八月十五日(=中秋の名月)の夜。秋。平家 七・青山之沙汰「―中新月白くさえ」訳十五夜にのぼり始めた月は白くさえ。参考 唐の詩人白居易の詩句「三五夜中新月の色二千里外故人の心」による。

さん-ざ【参座】(名・自サ変)会合などに出席すること。参会。特に新年のあいさつに行くこと。源氏 紅葉賀「―・し㊀にとても、あまた所もありき給はず」訳新年の参賀に出かけるためにといっても、(光源氏は)それほど方々へもおまわりにならず。

さん-ざう【三蔵】(名)❶上代、朝廷が管理した三種の倉庫。内蔵・斎蔵・大蔵の総称。❷《仏教語》経蔵(=仏の説法集)・律蔵(=仏徒の戒律集)・論蔵(=経典の解説集)の総称。❸《仏教語》②に通じた高僧の敬称。徒然 八四「優に情けありける―かな」訳(法顕三蔵は)やさしく人間味のある高僧だなあ。

三冊子(さんざうし)『作品名』江戸中期の俳論書。服部土芳著。元禄十五年(一七〇二)ごろ成立。「白冊子」「赤冊子」「忘れ水(黒冊子)」の三部から成る。松尾芭蕉の晩年の主張や俳風などを記したもの。

さん-ざうら・ふ【さん候ふ】さようでございます。著聞 五三三「『ここか、武正が所は』など仰せられければ、武正『―・ふ㊁』と申して」訳(藤原忠通が)「ここか、武正の(落馬した)所は」などとおっしゃったので、武正は「さようでございます」と申し上げて。

なりたち 副詞「然」+断定の助動詞「なり」の連用形「に」+丁寧の補助動詞「候ふ」=「さにさうらふ」の転。

文法 「さにあり」「さなり」の丁寧表現で、上位者に対する丁寧な応答の語として用いられる。

さん-ざん【三山】(名)❶「大和三山」の略。❷「熊野三山」の略。熊野本宮・熊野新宮・熊野那智の三つの大社。熊野三社。❸「出羽三山」の略。月山・羽黒山・湯殿山の三つの山。

さん-ざん【散散】(形動ナリ)❶ばらばらになるさま。ちりぢり。著聞 四三九「この弓取りの法師がいただきに落ちて、つぶれて―・に㊀散りぬ」訳(熟した柿が)この弓取りの法師の頭のてっぺんに落ちて、つぶれてばらばらにとび散った。❷激しいようす。はなはだしいようす。平家 四・橋合戦「二十四差いたる矢を差しつめ引きつめ―・に㊀射る」訳(浄妙明秀は)えびらにいっぱいの二十四本さしてある矢をつがえては引きつがえては引き激しく射る。❸見苦しいようす。ひどい状態。著聞 五三四「美しき装束―・に㊀なりにけり」訳きれいな衣装がひどい状態に

なってしまった。

さんじっ‐かう【三十講】(名)《仏教語》法華経二十八品に、無量義経と普賢観経を加えて三十品とし、一日一品ずつ三十日間で講じること。また、朝夕一品ずつ十五日間で講じることもあった。

さんじふさん‐しょ【三十三所】(名)観世音菩薩を安置した三十三か所の巡礼霊場。諸国にあるが、特に近畿地方の西国三十三所が有名。

さんじふろく‐かせん【三十六歌仙】(名)平安中期、一条天皇の時代に藤原公任が選んだといわれる三十六人のすぐれた歌人。

参考 柿本人麻呂・紀貫之・凡河内躬恒・伊勢・大伴家持・山部赤人・在原業平・遍昭・素性法師・紀友則・猿丸大夫・小野小町・藤原兼輔・藤原朝忠・藤原敦忠・藤原高光・源公忠・壬生忠岑・斎宮女御・大中臣頼基・藤原敏行・源重之・源宗于・源信明・藤原仲文・大中臣能宣・壬生忠見・平兼盛・藤原清正・源順・藤原興風・清原元輔・坂上是則・藤原元真・小大君・中務の三十六人をいう。

さん‐しゃう【三障】(名)《仏教語》悟りや善根を妨げる三つの障害。煩悩障(=心のけがれ)・業障(=悪業)・報障(=悪業によって正道を踏みはずすこと)のこと。また、皮煩悩障・肉煩悩障・心煩悩障とも。〔沙石集〕「南浮の衆生は—重き故に不動を念ずべし」訳 南閻浮提(=須弥山の南方海上にあるという島)の衆生は、悟りを妨げる三つの障害が重いので、不動明王を祈願しなければならない。

さんしゅ‐の‐しんぎ【三種の神器】(名)〔近世以降は「さんしゅのじんぎ」〕皇位の象徴として、歴代天皇が継承する三種の宝物。八咫の鏡・八尺瓊の曲玉・天の叢雲の剣(=草薙の剣)。

さんじょ‐ごんげん【三所権現】(名)今の和歌山県の熊野にある三権現の総称。本宮の熊野権現、新宮の両所権現、那智の飛滝権現のこと。

さん‐す(他サ特殊型)《近世語》「為す」の尊敬・丁寧語。なさいます。〔浄・長町女腹切〕「せんかたなさに怖い事など—せ㊍ぬか」訳 どうしようもなくて恐ろしいことなどなさいませんでしたか。

さんす(助動特殊型){さんせ・さんし・さんす・さんす・さんすれ・さんせ}《近世語》〔「さしゃんす」の転〕…なさいます。お…になります。〔浄・曽根崎心中〕「大坂をせかれさんし㊊ても、盗み、衒の身ではなし」訳 大坂を追放されなさいましても、窃盗犯や、詐欺犯の身ではない。

接続 動詞の未然形(カ変は連用形)、受身の助動詞「る」の未然形に付く。

文法 「さんす」の原形「さしゃんす」は、尊敬語「さしゃる」に丁寧の助動詞「ます」の付いた「さしゃります」からできた語であるから、「さんす」にも尊敬のほかに丁寧の意も加わっていて、聞き手をも意識した表現になるが、対称の動作に用いられるときは高い敬意を表す。終止形・連体形に「さんする」の形もある。

参考 遊女の使うことば(遊里語)として発生したものであるが、元禄ごろから一般の女性も使うようになった。

さん‐ず【参ず】(自サ変){ぜ・じ・ず・ずる・ずれ・ぜよ}「行く」の謙譲語。参る。参上する。枕 一六「—ぜ㊍むとするを、今日明日の御物忌みにてなむ」訳 (内裏に)参上しようと思うが、今日明日の(二日は主上の)御物忌みで(参上できない)。

さん‐ず【散ず】一(自サ変){ぜ・じ・ず・ずる・ずれ・ぜよ}散り失せる。なくなる。また、退散する。今昔 二四・六「尻切れも履きあへず、逃げて車に乗りて—じ㊊て」訳 尻切れ草履もしっかり履ききれないで、逃げるようにして牛車に乗って退散して。
二(他サ変){ぜ・じ・ず・ずる・ずれ・ぜよ}散らす。なくす。また、疑い・不満・恨みなどを晴らす。今昔 三・三「法文の要義を問ひて、心の疑ふ所を—ず㊎」訳 経文の重要な意味をたずねて、疑問に思うところを晴らす。

さん‐ずん【三寸】(名)一寸の三倍の長さ。約九センチメートル。また、短小であることを比喩的に示す。「舌—」(=口先だけの弁説)

さん‐ぜ【三世】(名)《仏教語》前世・現世・来世の総称。今昔 九・三六「仏法の中に—の(=前世・現世・来世の間の)因果(の法則)ありと説く」

さん‐せき【三蹟・三跡】(名)平安中期の三人の能書家。小野道風・藤原佐理・藤原行成。→三筆

さんせき‐の‐うた【三夕の歌】「新古今集」巻四にある、秋の夕暮れを詠んだ三首の名歌。寂蓮の「さびしさはその色としもなかりけりまき立つ山の秋の夕暮れ」(訳 →さびしさは…和歌)、西行の「心なき身にもあはれは知られけり鴫立つ沢の秋の夕暮れ」(訳 →こころなき…和歌)、藤原定家の「見渡せば花も紅葉もなかりけり浦の苫屋の秋の夕暮れ」(訳 →みわたせば…和歌)の三首。いずれも結句は「秋の夕暮れ」。

さん‐せん【散銭】(名)神仏に供える銭。さい銭。〔浮・好色五人女〕「—投げるがうれしく、神の役に聞くなり」訳 さい銭を投げて(くれ)るのがうれしくて、(これも)神の役目だと思って(参詣者の欲張りな願いを)聞くのだ。

さん‐そう【山僧】(名)「さんぞう」とも。山中に住む僧。また、山門の僧。特に、比叡山延暦寺の僧。

ざん‐そう【讒奏】(名・他サ変)天子に人の悪口を奏上すること。転じて、告げ口。中傷。平家 八・室山「院のきり人として、様々に—せ㊍られ候ふなれ」訳 法皇のお気に入りの者を介して、さまざまに(あなた=木曽義仲のことを)悪く申し上げていらっしゃるのだそうです。

さん‐ぞん【三尊】(名)《仏教語》❶仏・法(=仏の教え)・僧の総称。三宝。❷寺などで祭る仏で、本尊とその左右の脇士の二菩薩の総称。「釈迦三尊(=釈迦如来・文殊菩薩・普賢菩薩)」「弥陀三尊(=阿弥陀如来・観世音菩薩・勢至菩薩)」「薬師三尊(=薬師如来・日光菩薩・月光菩薩)」など。

さん‐たい【三台】(名)「さんこう(三公)」に同じ。

参考 古代中国の天文学で、天帝を表す紫微星を守る「三台星」からの称。

さん‐だい【参内】(名・自サ変)内裏へ参上すること。宮中に出仕すること。平家 一・座主流「太政大臣以下の公卿十三人—し㊊て」

さんだい-しふ【三代集】(名)平安前期の勅撰和歌集、古今集・後撰集・拾遺集の総称。二十一集ある勅撰和歌集のうち、最初の三集にあたる。

さん-だん(名・自サ変)❶【賛嘆・讃歎】《仏教語》法華経の徳をほめたたえること。また、法華経の徳をたたえて唱える歌謡。[源氏]御法「たきぎこる—の声も、そこらつどひたる響き、おどろおどろしきを」[訳](僧たちの)「たきぎこり」の歌を歌いながら行道する法華経称賛の声も、多数集まっている(人々の)響きも、おおげさなのに。❷【賛談・讃談】㋐仏の徳をほめたたえる話。法話。説経。㋑事の是非を論じること。批判。〔至花道〕「非をば御—もなかりしなり」[訳]悪い所をご批判になることもなかったのである。㋒取りざた。評判。うわさ。〔閑吟集〕「(あなたの)おそばに寝たとて、皆人の—ぢゃ」

さん-ぢゃう【散杖】(名)密教で用いる仏具の一種。加持のとき、香水(=仏前に供える浄水)を壇や供物に注ぎ散らすのに使う杖の形をしたもの。

さん-づ【三途】(名)《仏教語》(「途」は道・所の意)❶現世で仏の教えにそむいた者が、死後に落ち行く三つの場所。火途(=猛火に焼かれる所。地獄道)・血途(=互いに相食む所。畜生道)・刀途(=刀・杖などで迫害される所。餓鬼道)の総称。三悪道。❷「三途の川」の略。

さんづ-の-かは【三途の川】《仏教語》死者が冥土へ行く途中、初七日に渡るという川。緩急三つの瀬があり、生前の罪業に応じて、それぞれ違う瀬を渡るという。三つ瀬川。三途。

さんづ-の-やみ【三途の闇】《仏教語》死後に行く暗黒の世界。冥土。[方丈]五「たちまちに—に向かはんとす」[訳](余命少ない私は)まもなく三途の闇の世界に向かおうとしている。⇒後世「慣用表現」

三条《地名》今の京都市を東西に走る大路の一つで、北から三番目。三条大橋は京都の東西を結ぶ交通の要路で、東海道五十三次の終着地。

三条天皇《人名》(九七六〜一〇一七)平安中期、第六十七代の天皇。冷泉天皇の第二皇子。寛弘八年(一〇一一)即位。藤原道長と対立し、長和六年(一〇一七)に出家した。「小倉百人一首」に入集。

山東京伝《人名》(一七六一〜一八一六)江戸後期の戯作者・浮世絵師。江戸深川の人。本名は岩瀬醒。洒落本の第一人者であったが、寛政の改革で処罰を受け、読本に転じた。黄表紙「江戸生艶気樺焼」、洒落本「通言総籬」、読本「桜姫全伝曙草紙」など。

さん-どく【三毒】(名)《仏教語》人の善心を害する三つの毒。貪欲(=むさぼること)・瞋恚(=怒り恨むこと)・愚痴(=愚かに迷うこと)の三種の煩悩。

さんど-びきゃく【三度飛脚】(名)江戸時代、江戸と上方(=京都・大坂)との間を毎月三度、定期的に往復した飛脚。

ざん-なり …ないようだ。…ないそうだ。→ざなり
[なりたち]打消の助動詞「ず」の連体形「ざる」+伝聞・推定の助動詞「なり」=「ざるなり」の撥音便。中古では、ふつう「ざなり」と表記される。

三人吉三廓初買《作品名》江戸末期の歌舞伎脚本。世話物。河竹黙阿弥作。安政七年(一八六〇)正月、江戸市村座初演。お坊吉三・和尚吉三・お嬢吉三の三人の盗賊が、百両の金と名刀をめぐって巻き起こす事件を描いたもの。

さん-ぬる【去んぬる】(連体)〔四段動詞「去る」の連用形「さり」に完了の助動詞「ぬ」の連体形「ぬる」の付いた「さりぬる」の撥音便〕過ぎ去った。去る。前の。[平家]四・橋合戦「これは—夜、御寝のならざりしゆゑなりとて」[訳]これ(=高倉の宮の落馬)は昨夜、おやすみにならなかったためであると考えて。

三馬《人名》→式亭三馬

さん-はかせ【算博士】(名)「さんばかせ」とも。大学寮で算道(=算術・数学)を教授した者。定員二名。

さんば-そう【三番叟】(名)❶能の最初に舞う、祝言の三つの曲(=式三番)の一つで、千歳・翁に次いで三番目に舞うもの。黒い老人の面をつけて舞う。❷歌舞伎で、顔見世や初春芝居の最初などに、序幕の前に祝儀として舞う舞。

(さんばそう①)

さん-ぴつ【三筆】(名)平安初期の三人の能書家。嵯峨天皇・空海・橘逸勢の総称。→三蹟

さん-ぷく【三伏】(名)「さんぶく」とも。夏至のあとの第三の庚の日を初伏、第四の庚の日を中伏、立秋後の最初の庚の日を末伏といい、この三つの総称。夏の盛りの酷暑の期間。[夏]
[参考]陰陽五行思想で、夏は火に、秋は金に当たる。夏至から立秋にかけては秋の金気が夏の火気を恐れて伏し、庚の日にはその状態が特に著しいとされる。

さん-ぶつじょう【賛仏乗・讃仏乗】(名)《仏教語》(「仏乗」は、衆生を悟りの境地に導く仏法を乗り物にたとえていったもの)仏の教えをほめたたえること。

さん-べき【然んべき】しかるべき。それ相応の。ふさわしい。[更級]宮仕へ「—をりふし参りて、つれづれなる、—人と物語などして」[訳]しかるべき折々に参上して、手持ちぶさたである時は、(話相手として)ふさわしい人と世間話などして。→さべき
[なりたち]ラ変動詞「然り」の連体形「さる」+当然の助動詞「べし」の連体形「べき」=「さるべき」の撥音便。中古では、ふつう「さべき」と表記される。

さん-ぼう【三宝】(名)《仏教語》❶仏(=悟りを開いた者)と法(=仏の教え)と僧(=仏の教えを信じ広める者)の三つを宝にたとえ、尊んでいう語。三尊。〔紫式部日記〕「慈悲ふかうおはする仏だに、—をそしる罪は浅しとやは説き給ふなる」[訳]慈悲深くていらっしゃる仏でさえ、仏法僧の三宝を悪く言う罪は軽いとお説きになると聞いているか(いや、お説きになると聞いていない)。❷「仏」の異称。[源氏]手習「—のいとかしこくほめ給ふことなり」[訳](出家をすることは)仏がたいそう並々でなくおほめになることである。

さん-まい【三昧】(名)《梵語の音訳》❶心を一事に集中させて乱れないこと。一心に修行を行うこと。[源氏]明石「いかめしき堂を建てて—を行ひ」[訳](明石の入

道は)おごそかな堂を建てて念仏三昧の行を行い。❷「三昧場」の略。火葬場。墓場。❸㋐(他の語に付いて「ざんまい」と濁って)その事に専念、または熱中すること。「琴—」「歌—」㋑勝手気ままにすること。〔浄・女殺油地獄〕「紙子着て川へはまらうが、油塗って火にくばらうが、うぬが—」訳紙の着物を着て川へ落ち込もうが、油をぬって火の中に入ろうが、てめえの勝手だ。

さんまい-そう【三昧僧】(名)《仏教語》三昧堂にこもって法華経を読誦したり称名念仏をしたりして、修行をする僧。徒然一三〇「高倉院の法華堂の—、なにがしの律師とかやいふ者」訳高倉院の(御陵のある清閑寺の)法華堂の法華三昧を行う僧で、なにがしの律師とかいう者。

さんまい-だう【三昧堂】(名)《仏教語》❶僧がこもって法華経の読誦や念仏に勤め、修行をする堂。多く「法華三昧堂」をいう。❷墓所にある葬式のための堂。〔雨月〕吉備津の釜「家と見しはもとありし荒野の—にて」訳家と見たのは以前からあった荒野の(中の)三昧堂で。

さん-み【三位】(名)「さんゐ」の転。宮中の位階の第三。正三位と従三位とがある。また、その位の人。

発展 位階と官職
位階は、律令制における官人の序列を示す等級のことで、臣下には一位から初位までの九等級があり、その中が正・従、上・下、大・少などに細別されて、全部で三十等級があった。おのおのの位には、相当する官職が決まっていたが、必ずしも常に位階と官職が一致していたわけではない。大臣の子弟などは、官職に比べて位階が高い場合も多かった。

さん-みつ【三密】(名)《仏教語》密教で、仏の身体・口(=言語)・意(=心)の三つの行為。また、修行者の、手に印を結び威儀を正す「身密」、口に真言を唱える「口密」、心に本尊を思い浮かべる「意密」の総称。

さんみ-の-ちゅうじゃう【三位の中将】(名)本来は四位の近衛の中将で、特に三位を授けられた人。大臣の子や孫に限られた特別待遇であった。

さんみゃく-さんぼだい【三藐三菩提】(名)《梵語の音訳》仏の、正しくいっさいの真理に通達した悟りのこと。仏の完全な悟り。

ざん-めり …ないようだ。…ないように見える。〔うつほ〕国譲上「何事も思したらざんめり(終)」訳(女一の宮は)何事も(意地悪くは)お考えになっていないように見える。→ざめり

なりたち 打消の助動詞「ず」の連体形「ざる」+推量の助動詞「めり」=「ざるめり」の撥音便。中古では、ふつう「ざめり」と表記される。

さん-もん【山門】(名)❶《仏教語》寺院の正門。❷比叡山延暦寺の称。三井寺(=園城寺)を「寺門」というのに対していう。平家二・山門滅亡 堂衆合戦「三井寺にて御灌頂あるべしとぞ聞こえける。—の大衆憤り申し」訳三井寺において(後白河法皇の)御灌頂の儀式が行われるらしいとうわさされた。延暦寺の僧たちは憤慨いたして。

さんやう-だう【山陽道】(名)「せんやうだう」とも。❶五畿七道の一つ。今の中国地方、瀬戸内海沿岸の地域。播磨(兵庫県)、美作・備前・備中(岡山県)、備後・安芸(広島県)、周防・長門(山口県)の八か国の称。❷❶の国々を結ぶ街道。

さん-よう【算用】(名・自サ変)❶計算すること。勘定。❷見積もりを立てること。目算。〔浮・世間胸算用〕「この男は、長崎の買ひ物京売りの—し(用)て、…跡先ふまへてたしかなることばかりにかかれば、—の外の利を得たること一年ともなくて」訳この男は、長崎で買った品物を京で売るときの(儲けの)計算をし(①の意)て、…前後を考えて確実な(儲けとなる)商売だけにかかわるので、目算外の利益を得たことは一年もなくて。

さんよう-なし【算用無し】(名)金銭の収支をしっかり管理しないこと。無計画に金を使うこと。また、その人。〔浮・日本永代蔵〕「惣領の新六、にはかに金銀を費やし、—の色あそび」訳長男の新六は、突然に金銀を浪費し、金に糸目をつけない遊女遊び(にふけり)。

さん-り【三里】(名)ひざ頭の下の外側のくぼんだ所。ここに灸をすえると、健脚になり、また万病にきくという。細道 出発まで「—に灸すゆるより、松島の月まづ心にかかりて」訳(旅立ちに備えて)三里に灸をすえるとすぐに、松島の月がまっさきに気にかかって。

さん-ろう【参籠】(名・自サ変)神社・仏閣に、一定の期間こもって祈願すること。平家一・鹿谷「われ当社に百日—の大願あり」訳私はこの神社(=賀茂の上の社)に百日間こもって祈願するという大願がある。

さん-ゐ【三位】(名)「さんみ」に同じ。

し シ

「し」は「之」の草体
「シ」は「之」の草体の変形

し【士】(名)❶男子。枕四九「女は己をよろこぶもののために顔づくりす。—は己を知る者のために死ぬ」訳女は自分を喜んでくれる人のために化粧する。男は自分をよく理解してくれる人のために死ぬ。❷学問・道徳に通じたりっぱな人。徒然一四三「博学の—もはかるべからず」訳学問に通じたりっぱな人も(臨終のさまを)推測することはできない。❸武士。

-し【子】(接尾)❶姓に添えて敬称を表す。「孟—」❷名前に添えて親しみを表す。〔浮世風呂〕「や、点兵衛—(=やあ、点兵衛さん)。どうなすった」❸ある語に添えて人の意を表す。「遊—」「才—」

し【子】(名)儒教の祖の「孔子」の敬称。

し【司】(名)律令制で、省に属し、寮の次に位した役所。主水司・主膳司など。

-し【師】(接尾)ある技術の専門家、また、その技術を職業とする者であることを表す。「薬—(=医者)」「絵—」

し【師】(名)学問や技芸などを人に教授する者。先生。

師匠。〈徒然〉九二「懈怠の心、みづから知らずといへども、―これを知る」〈訳〉怠け心は、自分では意識しないけれども、先生はそれをわかっている。

し【詩】(名)漢詩。「大和歌」に対し「唐歌」という。〈源氏〉帚木「九日の宴にまづ難き―の心を思ひめぐらし」〈訳〉(陰暦九月)九日の(重陽の節句の)宴に、何はともあれむずかしい漢詩の趣向に工夫をめぐらし。

参考 漢詩はふつう一句が五字または七字から成り、これを五言、七言という。平仄・脚韻などの律格がある。

し【其】(代)(下に格助詞「が」を伴って「しが」の形で)❶中称の指示代名詞。また、人代名詞。それ。かれ。〈万葉〉五・九〇四「三枝の中にを寝むと愛しく―が語らへば」〈訳〉(父母の)間に寝ようといじらしくあの子が言うので。(「三枝の」は「中」にかかる枕詞)

❷反照代名詞。自分。おのれ。〈万葉〉一八・四〇九四「老人も女童児も―が願ふ心足らひに」〈訳〉老人も女子供も、自分の願う心が満足するように。

し サ行変格活用の動詞「為」の連用形。〈古今〉夏「声はして涙は見えぬほととぎす」〈訳〉鳴き声はする(=聞こえる)が、涙は見えないほととぎすよ。⇩し「識別ボード」

し 助動詞「き」の連体形。〈万葉〉一・一四「香具山と耳梨山とあひし時立ちて見に来し印南国原」〈訳〉香具山と耳梨山とが争ったときに、(阿菩の大神が)立って見に来た印南国原よ。〈古今〉夏「宿りせし花橘も枯れなくになどほととぎす声絶えぬらむ」〈訳〉(ほととぎすが)宿とした橘の花も枯れないのに、どうしてほととぎすの声が途絶えてしまったのだろう。⇩し「識別ボード」

接続 活用語の連用形に付く。ただし、カ変動詞の場合、連用形に付くのは「来し方」の形で用いられるのみで、ほかには未然形に付いて「こし」となる。また、サ変動詞には連用形には付かず未然形に付いて「せし」となる。→き(助動)**文法**

参考 過去の助動詞「き」の連体形止めは、

「わが背子を大和へやるとさ夜ふけてあかとき露にわが立ち濡れし」〈万葉・二・一〇五〉

「まろ(=私)がもとに、いとをかしげなる笙の笛こそあれ。故殿の得させ給へりし」〈枕・九三〉

などのように、上代から現れ、中古以降も和歌や散文の会話文などに限られていたが、近世初期ごろから、擬古文の地の文にも現れるようになった。

し(副助)

意味・用法	強意
接続	体言または活用語の連体形・連用形、副詞、助詞などに付く。

語調を整え、強意を表す。〈万葉〉五・八〇二「眼交にもとなかかりて安眠し寝さぬ」〈訳〉→うりはめば…〈和歌〉。〈万葉〉五・八九二「風交じり雨降る夜の雨交じり雪降る夜はすべもなく寒くしあれば」〈訳〉→かぜまじり…〈和歌〉。〈古今〉羇旅「名にし負はばいざこと問はむ都鳥わが思ふ人はありやなしやと」〈訳〉→なにしおはば…〈和歌〉。〈土佐〉「今し、羽根といふ所に来ぬ」〈訳〉今ちょうど、羽根という所に来た。⇩し「識別ボード」

参考 中古以降、多くは「…し…ば」という条件を表す句の中か、係助詞「も」「ぞ」「か」「こそ」を伴った形で用いられた。間投助詞とする説もある。

◆**識別ボード「し」**◆

①**動詞(サ変)「す」の連用形**
「男もすなる日記といふものを、女もしてみむとてするなり」〈訳〉男も書くと聞いている日記というものを、(私のような)女も書いてみようと思ってしたためるのである。〈土佐〉

②**助動詞「き」の連体形**
「宿りせし花橘も枯れなくになどほととぎす声絶えぬらむ」〈訳〉宿とした橘の花も枯れないのに、どうしてほととぎすの声が途絶えてしまったのだろう。〈古今 夏〉

③**副助詞**
「名にし負はばいざこと問はむ都鳥わが思ふ人はありやなしやと」〈訳〉→なにしおはば…〈和歌〉〈古今 羇旅〉

①は「男もす」に対する「女もして」で自立語。②は上に動詞「す」の未然形「せ」がきているから助動詞と考えられる。③は「し」を省いて「名に負はば」としても、強めの意味がなくなるだけで、通じる。

じ【時】(名)❶とき。時刻。〈枕〉三六「―のかはるまで誦みこうじて」〈訳〉(修験者は)時の変わるまで(=二時間近くも)読み続けて疲れて。

❷勤行の時刻。また、その勤行。〈紫式部日記〉「五壇の御修法の、―はじめつ」〈訳〉五壇の御修法は定刻の勤行をはじめた。

じ【璽】(名)天子の印章。特に、三種の神器の一つである八尺瓊の曲玉のこと。

じ(助動特殊型)

意味・用法	
打消の推量〔…ないだろう。〕→❶	
打消の意志〔…まい。…ないつもりだ。〕→❷	
接続	活用語の**未然形**に付く。

活用	未然	連用	終止	連体	已然	命令
	○	○	じ(○)	じ(コト)	じ《結ビ》	○

❶打消の推量を表す。…**ないだろう**。〈伊勢〉八二「おしなべて峰もたひらになりななむ山の端なくは月も入らじ㊤を」〈訳〉→おしなべて…〈和歌〉。〈古今〉雑下「幾世しもあらじ㊤我が身をなぞもかく海人の刈る藻に思ひ乱る」〈訳〉幾世代も生きてはいられないだろうわが身なのに、どうしてまあこのように漁師が刈りとる海藻のように、心が思い乱れるのだろう。

❷主語が話し手の場合、打消の意志を表す。…**まい**。

…**ないつもりだ**。〔万葉〕一九・四二六三「櫛も見じ(終)屋中も掃かじ(終)草枕旅行く君を斎ふと思ひて」訳 櫛も見まい。家の中も掃かないようにしよう。旅に行くあなたのことを(そのように)忌みつつしんで無事を祈るのだと思って。(「草枕」は「旅」にかかる枕詞)

文法 (1) **「じ」と「む」** 対照して用いられている次の用例からもわかるように、「じ」は「む(ん)」の打消に当たる。

「〔双六は〕勝たんと打つべからず。負けじと打つべきなり」〈徒然 一一〇〉

したがって、①の第二例は体言の上にきた連体形「じ」の用例であるから、仮定・婉曲の「む」の打消に当たるものとも見られる。仮定・婉曲の「む」にぴったりする現代語がないように、この「じ」にぴったり当てはまる現代語もない。「生きていられ**ない**わが身」のように訳されることが多いのは、このためである。

(2) **特殊な「じ」** 主語が話し手の場合、ふつう意志を表すが、

「我は三巻四巻をだにえ見はて**じ**(=読み切れないだろう)」〈枕 二三〉

のように話し手が主語なのに推量を表す場合もある。

また、話し相手が主語の場合には、「…してはいけない」という意味になることがある。勧誘・適当・当然の「む」の打消に当たる用法である。

「この家にある女、出でて来て、『え出でおはせ**じ**。とどまり給へ』と言ふ」〈宇治 一・八〉

語の広がり「じ」

「惨め」は、動詞「見る」の未然形「み」に打消意志の助動詞「じ」の連体形「じ」、「境遇」の意の名詞「目」の付いたもの。「見まいとするような状態」から、「あわれで見るにしのびないさま」の意に転じた。

じ 助動詞「じ」の連体形。〔古今〕秋下「雨降れどつゆももら**じ**を笠取の山はいかでかもみぢそめけむ」訳 いつ雨が降っても、(笠を手にとり持つというその名から)少しも(雨は)もら**ないだろう**に、笠取山はどのようにして色づきはじめたのだろうか。〔竹取〕竜の頸の玉「玉の取りがたかりしことを知り給へればなむ勘当あら**じ**とて、参りつる」訳 玉を取ることが至難であったことを知っていらっしゃるので、おとがめはある**まい**と思って、参上した。

じ 助動詞「じ」の已然形。〔新続古今〕春下「人はなど訪はで過ぐらん風にこそ知られ**じ**と思ふ宿の桜を」訳 人はどうして訪ねて来ないで通り過ぎていくのだろう。風には知られ**まい**と思うが、人には知ってもらいたいと思う)わが家の桜なのに。

じ【地・治・持・除・路】⇩ぢ

し-あくしゅ【四悪趣】(名)《仏教語》悪事の報いとして死後に落ち行く六道のうちの四つの苦悩の世界。地獄・餓鬼・畜生・修羅。

し-あつか・ふ【為扱ふ】(他ハ四){は・ひ・ふ・ふ・へ・へ}処置に困る。もてあます。〔宇治〕七・五「誠に騒ぎまどひて、―・ふ(体)を見て」訳 (お供の者が)ほんとうにあわてうろたえて、**もてあますの**を見て。

し-あはせ【仕合はせ】**一**(名)事の次第。なりゆき。始末。めぐりあわせ。運。〔浮・好色一代男〕「その科のがれず、終には捕らへられてこの―」訳 その罪はのがれられず、結局はつかまえられてこの**運命**。

二(名・形動ナリ)幸福。幸運。めぐりあわせのよいさま。〔狂・末広がり〕「わごりょは―・な(体)人ぢゃ」訳 あなたは**幸福な**人だ。

参考 もとは一の意味で、「しあはせわろし」「しあはせよし」というように、不運・幸運の両方に用いた。

し-あ・ふ【為敢ふ】(他ハ下二){へ・へ・ふ・ふる・ふれ・へよ}最後まで成し遂げる。しおおせる。〔枕〕九五「とぢめも―・へ(未)ず、まどひ置きて立ちぬるが」訳 (縫い糸の)止め結びも**しおおせ**ないで、あわてて置いて立ち上がったのが。

じ-あまり【字余り】(名)和歌や俳句で、一句の音節数が定型の五音あるいは七音より多いこと。

発展 「字余り」の法則

字余りは古代・中古の時代にもよく見られたが、それらは字余りの句中に単独の母音音節を含むものが多い。たとえば、「名にし負はばいざこと問はむ都鳥わが思ふ人はありやなしやと」〈古今・羇旅〉の初句「なにしおはば」と第四句「わがおもふひとは」は字余りだが、ともに母音の「お」を含んでいる。

し-あり・く【為歩く】(自カ四){か・き・く・く・け・け}❶あることをしながら日を送る。あれこれする。〔源氏〕須磨「誇りかにもてなして、つれなき様に―・く(終)」訳 (前の右近の将監は)表面は得意そうにふるまって、平然としたようすで**あれこれする**。

❷歩きまわる。あることをしながら歩く。〔伊勢〕六五「男は女し会はねば、かく―・き(用)つつ」訳 男は女が会わないので、このように(笛を吹き歌を歌って)**歩きまわって**は。

し-い【私意】(名)自分個人の意見。自分勝手な考え。〔三冊子〕「松のことは松に習へ、竹のことは竹に習へと師の詞のありしも、―をはなれよといふことなり」訳 松のことは松に習え、竹のことは竹に習えという先生(=芭蕉)のことばがあったが、(それは)**自分勝手な考え**を離れよ(そして自然と一体となれ)ということである。

しい【椎】⇩しひ

しいか-あはせ【詩歌合はせ】(名)漢詩を詠む人と和歌を詠む人とが左右に分かれ、同じ題で一方は漢詩を、他方は和歌を作り、その優劣を判定する遊戯。

しい-じ【四時】(名)(「しじ」の慣用読み)春夏秋冬。四季。〔笈の小文〕「造化にしたがひて―を友とす」訳 (俳諧というものは)天地自然にしたがって**四季**(の移り変わり)を友とする(ものである)。

しいず【為出ず】⇩しいづ

し-いだ・す【為出だす】(他サ四){さ・し・す・す・せ・せ}❶つくり出す。つくりあげる。〔宇治〕一・一二「すでに―・し(用)たるさまにて、ひしめきあひたり」訳 (僧たちは)ぼた餅を)いよいよ**つくりあげ**たようすで、騒ぎあっている。

❷やってのける。しでかす。〔平家〕一一・文之沙汰「鎌倉の源二位何事をか―・し(用)たる」訳 鎌倉の源二位(=頼朝)は何事を**しでかし**たのか。

し-い・づ【為出づ】(他ダ下二){で・で・づ・づる・づれ・でよ}❶成し遂げる。つくりあげる。ととのえる。〔源氏〕帚木「定まれるやうあるものを難なく―・づる(体)ことなむ、なほまことの物の

上手はさまことに見え分かれ侍る」訳（道具類で）定まった型のある品物を欠点がないようにつくりあげること（にかけて）は、やはり真の名人は普通（の人）と違っていて自然と見分けがつきます。
❷ひきおこす。しでかす。〔雨月〕菊花の約「主も思ひがけぬ過り―・で用て、ここち惑ひ侍りぬ」訳主人（である私）もとんでもないあやまちをしでかして、途方にくれてしまいます。

しいて〖強いて〗⇩しひて

しう〖強う・誣う・癈う〗⇩しふ

しう-いつ シュウ【秀逸】（名・形動ナリ）他より優れているさま。また、そのもの。特に、詩歌・俳諧・音楽などにいう。〔去来抄〕先師評「『小海老にまじるいとど』は句のかけり、事あたらしさ、まことに―の句なり」訳（芭蕉の）「小海老にまじるいとど」（の句）は句の趣向の鋭いはたらき、素材の新鮮さで、ほんとうに優れた句である。

しう-か シュウ【秀歌】（名）優れた和歌。平家 七・忠度都落「―とおぼしきを百余首書きあつめられたる巻物を」訳（忠度が平生詠みおいていた和歌の中で）優れた和歌と思われるのを百余首書いてまとめなさった巻物を。

しう-く シュウ【秀句】（名）「すく」とも。❶秀逸な句。優れた詩歌。〔無名抄〕「歌は―を思ひ得たれど、本・末言ひかなふることの難きなり」訳和歌はうまい句を思いついたとしても、上の句と下の句とがつりあうように表現するのが困難なのである。
❷和歌・文章などで、言いかけを巧みにした語や句。掛詞や縁語など。
❸気のきいた言いまわし。軽口・地口（＝ごろあわせ）・洒落の類。徒然 八六「『御坊をば寺法師とこそ申しつれど、寺はなければ、今よりは法師とこそ申さめ』と言はれけり。いみじき―なりけり」訳「貴僧を寺法師と申し上げたが、（焼かれてしまって）寺はないので、今からは法師と申し上げよう」と言われた。実にうまい洒落であった。

しう-そ シュウ【愁訴】（名・自サ変）困っている実情を打ち明けてあわれみを乞うこと。嘆き訴えること。平家 一一・腰越「仏神の御助けにあらずより外は、いかでか―を達せん」訳仏や神の御助力でなくてそれ以外（の力添え）では、どうして切なる嘆きの訴えを成し遂げようか（いや、成し遂げることはできない）。

しうと シュウト【舅】（名）夫または妻の父。枕 七五「ありがたきもの ―にほめらるる婿」訳めったにないもの、舅にほめられる婿。↔姑

しう-とく シュウ【宿徳】（名・形動ナリ）❶修行を積んで、徳の高いこと。また、その人。源氏 橋姫「気遠げなる―の僧都、僧正の際は、世にいとまなく」訳親しみにくそうな徳の高い僧都や僧正という階級の者は、まったく暇がなく。
❷重々しく威厳のあること。源氏 手習「かたちもいとうるはしう清らに、―・に用て」訳（夕霧は）容貌もとても端麗で美しく、重々しく威厳があって。

しうと-め シュウト【姑】（名）夫または妻の母。枕 七五「ありがたきもの、…―に思はるる嫁の君」訳めったにないもの、…姑にかわいがられるお嫁さん。↔舅

しうふう-らく シュウフウ【秋風楽】（名）雅楽の曲名。盤渉調の舞楽曲。四人で舞う。唐から伝わり、嵯峨天皇の時代に改作されたという。源氏 紅葉賀「―舞ひ給へるなむさしつぎの見物なりける」訳（桐壺帝の第四皇子が）秋風楽をお舞いになっているさまは、（光源氏の青海波の舞に）次いでの見ものであった。

し-うん【紫雲】（名）極楽往生する人を迎えるため、阿弥陀仏が菩薩らとともに乗ってやってくるという、めでたいしるしの紫色の雲。平家 灌頂・女院死去「西に―たなびき、異香室にみち、音楽そらに聞こゆ」訳西に紫色の雲がたなびき、珍しいよい香りが室内に満ち、音楽が空から聞こえる。

し-え-たり【為得たり】思いどおりに成し遂げた。竹取「『われ、物握りたり。いまは下ろしてよ。翁―・たり終』とのたまふ」訳（石上の中納言は）「私は、何か握ったぞ。今すぐおろしてしまってくれ。翁、うまくやったぞ」とおっしゃる。
なりたち サ変動詞「為」の連用形「し」＋下二段動詞「得」の連用形「え」＋完了の助動詞「たり」

慈円（じえん）⇩慈円

しお〖入・汐・塩・潮〗⇩しほ

しおたる〖潮垂る〗⇩しほたる

しおに〖紫苑〗⇩しをに

し-おほ・す オオス【為果す】（他サ下二）｛せ・せ・す・する・すれ・せよ｝成し遂げる。やり遂げる。平家 一・俊寛沙汰 鵜川軍「この事―・せ用つるものならば、国をも庄をも所望によるべし」訳この事（＝平家討伐の計画）を成し遂げてしまうものならば、国をも荘園をも望みに従って与えよう。

しおり〖栞・撓り・枝折り〗⇩しをり

しおる〖栞る・責る・萎る・枝折る〗⇩しをる

しおん〖紫苑〗⇩しをん

しか【鹿】（名）動物の名。しか。雌を「女鹿」というのに対して、特に雄鹿をさすことが多い。秋

しか【然】（副）（前述されたことをさして）**そのように。そのとおりに。** 万葉 一・一三「いにしへも―にあれこそうつせみも嬬をあらそふらしき」訳（神代の）昔もそのようだからこそ、現世の人も妻を（とりあって）争うらしい。
文法「らしき」は、上代、形容詞型活用は、係助詞「こそ」の結びが連体形であった例。古今 雑下「我が庵は都のたつみ―ぞ住む世をうぢ山と人はいふなり」訳→わがいほは…和歌。⇩しか「識別ボード」
参考 中古以降は「然」が用いられるようになり、「しか」は漢文訓読体に用いられた。

しか 助動詞「き」の已然形。万葉 一五・三七七二「帰りける人来れりと言ひしかばほとほと死にき君かと思ひて」訳（罪を許され）帰った人が来ていると人が言ったので、（あまりのうれしさに）あやうく死ぬところだった。あなたかと思って。古今 秋上「昨日こそ早苗取りしかいつのまに稲葉そよぎて秋風の吹く」訳ついこの間、（苗代の）早苗を取って（田植えをし）た（ばかりだと思っていた）のに、いつのまにか稲の葉がそよいで、もう秋風が吹いている。⇩しか「識別ボード」
接続 活用語の連用形に付く。ただし、カ変動詞の場合、連用形に付くことはまれで、未然形に付いて「こしか」となり、サ変動詞の場合、連用形には付かず、未然形に付いて「せしか」となる。→き（助動）文法

しか（終助）〖過去の助動詞「き」の連体形「し」に願望を表す助詞「か」の付いたものか〗自己の願望を表す。…た

いものだなあ。[万葉] 一一・二三六六「まそ鏡見しかと思ふ妹も逢はぬかも玉の緒の絶えたる恋のしげきこのころ」[訳](姿を)見たいものだなあと思うあの子にでも逢わないものかなあ。一度とだえた恋心がしきりによみがえってくるこのごろだ。(五七七・五七七の旋頭歌。「まそ鏡」は「見る」に、「玉の緒の」は「絶ゆ」にかかる枕詞。万葉集で唯一の単独での「しか」の用例)。⇩しか「識別ボード」

[接続] 動詞の連用形、完了の助動詞「つ」の連用形「て」、「ぬ」の連用形「に」などに付く。

[参考] 完了の助動詞「つ」「ぬ」の連用形に付いて「てしか」「にしか」の形で用いられることが多い。中古以降「しが」と濁音化したが、歌語として用いられただけで例もあまり多くない。→てしか・てしが・にしが

◆識別ボード「しか」◆

①副詞
「我が庵は都のたつみしかぞ住む世をうぢ山と人はいふなり」[訳]→わがいほは…[和歌]〈古今 雑下〉

②助動詞「き」の已然形
「帰りける人来たれりと言ひしかばほとほと死にき君かと思ひて」[訳](罪を許され)帰った人が来ていると人が言ったので、(うれしさに)あやうく死ぬところだった。あなたかと思って。〈万葉 一五・三七七二〉

③助動詞「き」の連体形＋終助詞「か」
「かかることのいつぞやありしかと覚えて」[訳]こういうことがいつだったかあったなあと思われて。〈徒然 七一〉

④終助詞
「まそ鏡見しかと思ふ妹も逢はぬかも」[訳](姿を)見たいものだなあと思うあの子にでも逢わないものかなあ。〈万葉 一一・二三六六〉

①は自立語。②は下に「ば」がきているので未然形か已然形のはず。「ほとほと死にき」の条件だから「き」の已然形と見られる。③は「いつぞやありし」が係り結び。「し」は「き」の連体形。④は文末にあり、係助詞「こそ」の結びではない。

志賀(しが)『地名』[歌枕] 今の滋賀県大津市、琵琶湖の南西岸一帯。天智天皇の大津の宮が置かれたが、壬申の乱ののちに廃都となった。「ささなみの志賀」「志賀の都」として、懐古の情をもって和歌に詠まれた。

しが(終助)【終助詞「しか」が濁音化したもの】自己の願望を表す。…たいものだなあ。[古今] 東歌「甲斐が嶺をさやにも見しがけけれなく横ほり臥せる小夜の中山」[訳]甲斐(山梨県)の山をはっきりと見たいなあ。(それなのに)心なく手前に横たわって臥している小夜の中山だよ。(「けけれ」は甲斐の方言で「心」の意)

[接続] 動詞の連用形、完了の助動詞「つ」の連用形「て」、「ぬ」の連用形「に」などに付く。

[参考] 完了の助動詞「つ」「ぬ」の連用形に付いて「てしが」「にしが」の形で用いられることが多い。→しか(終助)

しか-あら-じ【然あらじ】そうではないだろう。[源氏] 帚木「それ―・じ(終)と、そらにいかがは推しはかり思ひくたさむ」[訳]その話はそうではないだろうと、(本人を)実際に見ないで、どうして当て推量で悪く考えようか(いや、考えはしない)。

[なりたち] 副詞「然」＋ラ変動詞「あり」の未然形「あら」＋打消推量の助動詞「じ」

しか-あれ-ど【然あれど】そうだけれど。そうではあるけれども。[古今] 仮名序「古のことをも、歌のこころをも知れる人、わづかにひとりふたりなりき。―、これかれ得たるところ、得ぬ所、互ひになむある」[訳]昔のことをも、和歌の本質をも理解している人は、たった一人二人だった。そうではあるが、この人あの人によって身につけている点、身につけていない点が、それぞれにある。

[なりたち] 副詞「然」＋ラ変動詞「あり」の已然形「あれ」＋接続助詞「ど」

し-かい【四海】(名)四方の海。転じて、天下。世の中。[平家] 七・願書「―を管領して、万民を悩乱せしむ」[訳](平清盛は)天下を支配して、多くの人々を苦しめる。

じ-がい【自害】(名・自サ変)自殺。自刃。[平家] 九・木曾最期「あれに見え候ふ、粟津の松原と申す。あの松の中で御―候へ」[訳]あそこに見えますのは、粟津の松原と申します。あの松原の中でご自害なさいませ。

し-かうコウ【四更】(名)時刻の名。一夜を五つに分けた四番目。今の午前二時ごろ、およびその前後約二時間(午前一時ごろから午前三時ごろ)。丑の刻。丁夜。→更

支考(しかう)『人名』→各務支考

しかう-してシコウ―【而して・然して】(接)【「然かくして」のウ音便】「しかして」「しかうじて」とも。それから。そうして。さて。〔狂・蛸〕「―おき上がれば」

[参考] 漢文訓読体の文に多く用いられる。

し-か・く【仕掛く・仕懸く】(他カ下二){け・け・く・くる・くれ・けよ} ❶こちらから動作を仕向ける。働きかける。[枕] 一四三「口をひき垂れて、『知らぬことよ』とて、さるがう―・くる(体)に」[訳]口をへの字にゆがめて、「(そのなぞの答えは)知らないことだなあ」と言って、おどけたしぐさをしかけると。❷(水などを)ひっかける。(息などを)吹きかける。[宇治] 三・一六「(傷ついた雀に)息―・け(用)などして物くはす」❸(装置などを)設ける。くふうする。〔浮・好色一代男〕「釘かすがひにてとぢ合はせ、中に火鉢を―・け(用)」[訳](乗り物二挺を並べて)釘やかすがいでとじ合わせて、中に火鉢をすえ付け。❹しはじめる。〔浮・日本永代蔵〕「見るを見まねに自分商ひを―・け(用)」[訳]見よう見まねで自分の判断での商売をはじめ。❺だます。ごまかす。〔浮・西鶴織留〕「―・け(用)て来るは知らず、手形極めて給銀残らず借り取り」[訳](くわせ者の乳母が)ごまかしてくるのは(雇い主は)知らず、証文も交わして(乳母は)給金を残らず前借りし。

し-がく【試楽】(名)公式に行う舞楽の予行演習。特に、賀茂・石清水の両社の祭りで行う舞楽を、事前に宮中で天皇がご覧になる行事。

しかけ-やまぶし【仕掛け山伏・仕懸け山伏】(名)《近世語》祈禱のときなどに、人をだます山伏。にせ山伏。〔浮・世間胸算用〕「今時は―とて、さまざま護摩の壇にからくりいたし」[訳]このごろは仕掛け山伏といって、いろいろと護摩壇(＝祈禱の場)に細工をいたして。

しか-じ【如かじ・若かじ・及かじ】(…に)及ばないだろう。(…に)まさるものはあるまい。[徒然] 二一七「欲を成じて楽しびとせんよりは、しかじ(終)、財なからんには」[訳]

欲を満たして楽しみとするようなのよりは、及ばないだろう、財産のないのには(=財産のないほうがましである)。

なりたち 四段動詞「如く」の未然形「しか」＋打消推量の助動詞「じ」

参考 漢文訓読体から生じた語で、「しかじ、…には」のように倒置の形で用いられることが多い。

しか-しか【然然】〔副詞「然」を重ねた語〕一(副)〔近世には「しかじか」とも〕長い文句を省略して言うときの語。かようかよう。こうこう。うんぬん。源氏 若紫「—なむと聞こゆれば、くちをしう思して」訳(若紫の事情は)こうこうと(惟光が)申し上げると、(光源氏は)残念にお思いになって。

二(感)相づちをうつ場合に用いる語。そうそう。いかにも。大鏡 序「—、さ侍りしことなり」訳 そうそう、そうだったことです。

しか-して【而して・然して】(接)「しかうして」に同じ。

しか-し-ながら【然しながら】一(副)❶すべて。いっさい。そのまま全部。平家 七・忠度都落「京都の騒ぎ、国々の乱れ、—当家の身の上のことに候ふ間」訳 京都の騒ぎ、諸国の乱れ、(それらは)すべてわが平家の身の上のことでございますので。

❷要するに。結局。〔古活字本平治物語〕「汝が母の嘆かんこと、—わが僻事なるべし」訳 おまえの母の嘆くであろうことは、結局私の罪であるにちがいない。⇩在り在りて「慣用表現」

二(接)しかし。そうではあるが。

参考 二は中世末期以降に現れた用法。

しか-しふ【私家集】(名)個人の歌を集めた本。家の集。家集。多数の歌人の歌を収める勅撰集・私撰集に対する。西行の「山家集」、源実朝の「金槐和歌集」など。

しか-ず【如かず・若かず・及かず】(…に)及ばない。(…に)越したことはない。(…が)一番だ。徒然 一三〇「わが身を後にして、人を先にするにはしかず(終)」訳 自分自身(のこと)をあとまわしにして、他人(のこと)を第一にするのには越したことはない。

なりたち 四段動詞「如く」の未然形「しか」＋打消の助動詞「ず」

参考 漢文訓読体から生じた語で、「…に(は)」を受けて用いる。

しか-す-がに【然すがに】(副)《上代語》〔副詞「然」にサ変動詞「為」の終止形「す」、接続助詞「がに」の付いたもの〕そうはいうものの。しかしながら。万葉 八・一四四一「うち霧らし雪は降りつつ—吾家の園にうぐひす鳴くも」訳 霧がかかったように空を一面にくもらせて雪は降り続いている。しかしながら私の家の庭にうぐいすが鳴いているよ(もう春だ)。

参考 中古以降は「さすがに」が用いられた。→さすがに

し-かた【仕方】(名)❶しうち。ふるまい。手段。〔浄・菅原伝授手習鑑〕「案じる女房を思はぬ—」訳 気づかう女房を思わないふるまい。

❷ものまね。身ぶりや手まね。〔去来抄〕修行「左の手にて太刀に反りかけ直す—して語り給へり」訳(先師=芭蕉は左の手で刀の刃を上にする(=刀をすぐ抜けるようにする)身ぶりをしてお話しになった。

しか-と【確と】(副)❶きちんと。はっきりと。完全に。万葉 五・八九二「—あらぬひげかきなでて」訳 →かぜまじり…和歌

❷確かに。必ず。〔謡・鉢木〕「さては—お貸しあるまじいにて候ふか」訳 それではどうあっても(私に宿を)お貸しにならないつもりでございますか。

❸すきまなく。ぎっしりと。〔太平記〕三「回廊に—並み居たり」訳(警固の武士は)回廊(=建物の周囲にめぐらした廊下)にぎっしりと並んでいた。

しが-な(終助)〔終助詞「しが」に詠嘆の終助詞「な」の付いたもの〕詠嘆のこもった願望を表す。…たいものだなあ。〔金葉〕秋「秋ならで妻よぶ鹿を聞きしがな折から声の身にはしむかと」訳 秋ではないときに妻をよぶ鹿の声を聞きたいものだなあ。(秋という)季節がらその声が身にはしみるのかどうかと(確かめるために)。

接続 動詞の連用形、完了の助動詞「つ」の連用形「て」、「ぬ」の連用形「に」などに付く。

参考 完了の助動詞「つ」「ぬ」の連用形に付いて「てしがな」「にしがな」の形で用いられることが多い。→てしがな・にしがな

しか-なり【然なり】そうである。そのとおりだ。徒然 一八九「日々に過ぎ行くさま、かねて思ひつるには似ず。…一生の間もまたしかなり(終)」訳 毎日毎日経過していく状態は、前から予想していたものとは似ていない。…一生の間もまたそのとおりだ。

なりたち 副詞「然」＋断定の助動詞「なり」

しがのうらや… 和歌

> 志賀の浦や　遠ざかりゆく　波間より
> 氷りて出づる　有り明けの月
> 〈新古今・六・冬・六三九・藤原家隆〉

訳 志賀の浦よ、(その水際から氷が張って、しだいに沖の方へ)遠ざかっていく波の間から、氷のように冷たく光りながらのぼってくる有り明けの月よ。修辞 本歌取り。

解説 「湖上の冬の月」という題で詠んだ歌合わせの歌。「志賀の浦」は琵琶湖の西岸。本歌は「さ夜ふくるままにみぎはや凍るらむ遠ざかりゆく志賀の浦波」〈後拾遺・冬〉。本歌には表されていない月を歌の中心にすえ、「氷りて出づる」という鮮やかな表現で、凍てつく硬質な冬の月の印象を刻み付けた。

しか-は-あれ-ど【然はあれど】そうではあるが。そのとおりだが。古今 春上「年経れば齢は老いぬ—花をし見ればもの思ひもなし」訳 →としふれば…和歌

なりたち 副詞「然」＋係助詞「は」＋ラ変動詞「あり」の已然形「あれ」＋接続助詞「ど」

参考 「しかあれど」を強めた言い方。もと漢文訓読体に用いられ、和文では「さはあれど」を用いることが多い。

しか-ばかり【然ばかり】(副)〔副詞「然」に副助詞「ばかり」の付いたもの〕これほどまでに。そんなに。〔後拾遺〕哀傷「—契りしものを渡り川帰るほどには忘るべしやは」訳 それほどまでに(かたい)約束をしたのに、三途の川を引き返す間には(遺言を)忘れてよいだろうか(いや、忘れずにいてほしかった)。

しか-め-やも【如かめやも】及ぼうか(いや、及びはしない)。万葉 五・八〇三「銀も金も玉も何せむにまされる宝

子に—」訳→しろかねも…和歌

なりたち 四段動詞「如(し)く」の未然形「しか」＋推量の助動詞「む」の已然形「め」＋反語の終助詞「やも」

しか-も【然も】【副詞「然(しか)」に係助詞「も」の付いたもの】■一 (副)そのように。そんなにまで。万葉 一・一八「三輪山を—隠すか雲だにも心あらなも隠さふべしや」訳→みわやまを…和歌

■二 (接)なおその上に。それでいて。方丈 一「ゆく河の流れは絶えずして、—、もとの水にあらず」訳(いつも滔々(とうとう)と)行く川の流れは絶えなくて、それでいて、(そこにある水は)もとの水ではない。⇩方丈記(はうぢやうき)「名文解説」

しから-ず-は【然らずは】そうでなければ。さもなければ。平家 九・生ずきの沙汰「組んで死ぬるか、—西国へ向かうて」訳(木曽(きそ)の四天王と)組み討ちして死ぬか、そうでなければ西国へ向かって。

なりたち ラ変動詞「然(しか)り」の未然形「しから」＋打消の助動詞「ず」の連用形「ず」＋係助詞「は」

参考 漢文訓読体の用語。

しから-ば【然らば】(接)〔ラ変動詞「然(しか)り」の未然形「しから」に接続助詞「ば」の付いたもの〕それならば。そうしたら。万葉 一四・三四七二「人妻と何(あぜ)かそをいはむ—か隣の衣(きぬ)を借りて着なはも」訳人妻(だからいけない)とどうしてそれを言うのだろうか。それならば、隣の人の着物を借りて着ないだろうか。

参考 平安時代以降は漢文訓読体の用語。女流仮名文学では「さらば」が用いられた。

しがらみ【柵】(名)❶川の中に杭(くひ)を打ち並べ、それに柴(しば)や竹などを横に渡して、水流をせきとめるもの。古今 秋下「山川に風のかけたる—は流れもあへぬ紅葉(もみぢ)なりけり」訳→やまがはに…和歌

❷物事や人をさえぎり、せきとめるもの。源氏 幻「袖の—せきあへぬまであはれに」訳袖のしがらみも(涙を)せきとめきれないほどしみじみと悲しく。

しがら・む【柵む】■一 (他マ四)〔ま・み・む・む・め・め〕❶からみつける。からませる。古今 秋上「秋萩(あきはぎ)を—・み(用)伏せて鳴く鹿の目には見えずて音のさやけさ」訳秋萩をからませ倒して鳴く鹿は、目には(姿が)見えないが、その鳴き声のすがすがしさよ。

❷「しがらみ①」を作り設ける。〔狭衣物語〕「涙川流るる跡はそれながら—・み(用)とむる面影ぞなき」訳涙の川が流れる跡は、はっきりしているが、しがらみを作ってせきとめておく(ことのできる女君の)面影はないことだ。

■二 (自マ四)〔ま・み・む・む・め・め〕からみつく。まといつく。かかわりを持つ。〔浄・十二段〕「さすが人目の—・み(用)て、あはれはかなき世の中や」訳さすがに人目がまといついて(=うるさくて)、ああ、はかない世の中だなあ。

しか・り【然り】(自ラ変)〔ら・り・り・る・れ・れ〕【副詞「然(しか)」にラ変動詞「あり」の付いた「しかあり」の転】そのとおりである。そのようだ。万葉 五・八九二「日月(ひつき)は明かしといへど我(あ)がためは照りや給はぬ人皆か我(あ)のみや—・る(体)」訳→かぜまじり…和歌

しかる-あひだ【然る間】(接)〔ラ変動詞「然(しか)り」の連体形「しかる」に名詞「間」の付いたもの〕❶そうする間に。やがて。今昔 三一・一〇「ねたみ狂ひけり。—経方(つねかた)京に上るべき要事ありて」訳(本妻は経方の浮気に)嫉妬し心が乱れた。そうする間に経方が上京しなければならない用事があって。

❷そういうわけで。それゆえ。平家 三・足摺「非常の赦(しや)行はる。—鬼界の島の流人(るにん)、少将成経(なりつね)、康頼(やすより)法師赦免」訳特別の恩赦が行われる。そういうわけで鬼界が島の流罪人、少将成経、康頼法師を赦免する。

参考 漢文訓読体から生じた語で、②は中世以降の用法。

しかる-に【然るに】(接)〔ラ変動詞「然(しか)り」の連体形「しかる」に接続助詞「に」の付いたもの〕❶そうであるのに。けれども。ところが。竹取 蓬萊の玉の枝「五穀断ちて、千余日に力を尽くしたること少なからず。—禄(ろく)いまだ賜らず」訳いっさいの穀物を断って、千余日の間に努力したことは並たいていではない。そうであるのに報酬をまだいただいていない。

❷ところで。さて。〔謡・安宅〕「互ひに面(おもて)を合はせつつ、泣くばかりなる有り様かな。—義経(よしつね)、弓馬の家に生まれ来て」訳(義経と家来たちは)互いに顔を見合わせては、ただ泣くだけというありさまであることよ。ところで義経は武士の家に生まれてきて。

参考 漢文訓読体から生じた語。

しかる-べし【然るべし】❶適当だ。ふさわしい。徒然 四五「この名しかるべから(未)ずとて、かの木を伐(き)られにけり」訳この(榎(え)の木の僧正(そうじやう)という)名前は(自分に)ふさわしくないといって、その木を伐ってしまわれた。

❷りっぱだ。すぐれている。平家 四・通乗之沙汰「さもしかるべき(体)人々は、必ず相人(さうにん)としもにあらねども」訳そのようにもすぐれた人々は、必ずしも相人(=人相を見る人)であるというわけでもないが。

❸そうなる運命だ。そういう因縁である。平家 八・山門御幸「何事もしかるべき(体)ことと申しながら」訳何事もそうなる運命であることだと申すものの。

なりたち ラ変動詞「然(しか)り」の連体形「しかる」＋適当・当然の助動詞「べし」

しかる-を【然るを】(接)〔ラ変動詞「然(しか)り」の連体形「しかる」に接続助詞「を」の付いたもの〕❶そうであるのに。ところが。方丈 五「世をのがれて山林にまじはるは、心を修めて道を行はんとなり。—、汝(なんぢ)、すがたは聖人(ひじり)にて、心は濁りに染(し)めり」訳俗世間から離れて山林に隠れ住むのは、心を静めて仏道を修めようとするからである。それなのに、おまえ(=鴨長明自身)は、外見は僧であるが、心は(俗世間の)濁りで染まっている。

❷そういう状態で。平家 七・木曽山門牒状「勝つことを咫尺(しせき)のもとに得たり。—うてば必ず伏し、せむれば必ずくだる」訳勝利を目の前で得た。そういう状態で(敵を)討つと必ず服従し、攻めると必ず降参する。

参考 漢文訓読体から生じた語。

しかれ-ども【然れども】(接)〔ラ変動詞「然(しか)り」の已然形「しかれ」に接続助詞「ども」の付いたもの〕そうではあるが。しかしながら。万葉 一二・二九三九「恋といへば薄きことなり—我は忘れじ恋ひは死ぬとも」訳恋というとなんでもない(それだけの)ことである。しかしながら、私は(あなたを)忘れまい。恋い死のうとも。

参考 平安時代以降、漢文訓読体の文章に用いられた語。和文では「されども」を用いるのが一般的である。

しかれ-ば【然れば】(接)〔ラ変動詞「然(しか)り」の已然

形「しかれ」に接続助詞「ば」の付いたもの」❶そうであるから。だから。宇治 一五・一二「悪しきことも良きことも、長くほめられ、長くそしられず。―、わが好みにしたがひてふるまふべきなり」訳 悪いこともよいことも、長い間ほめられたり、長い間非難されたりしない。だから、自分の好みに任せて振る舞うのがよいのである。

❷(話題を変えるときに)さて。ところで。〔謡・昭君〕「―胡国の戦強うして、従ふことを期し難し」訳 ところで胡国(=中国北方の匈奴の国)の軍勢が強くて、(漢に)服従することを期待しにくい。

参考 漢文訓読体から生じた語。

詞花和歌集（しかわかしゆう）⇩詞花和歌集

しき-【頻】(接頭)(名詞・動詞に付いて)しきりに、くりかえしなどの意を表す。万葉 四・七八六「春の雨はいや―降るに」「―鳴く」「―偲ぶ」「―波」

しき【式】(名)❶法式。作法。一定の体裁。決まったやり方。〔連理秘抄〕「家々の―など多く流布せり」訳 (二条家・冷泉家など歌道の)家々(で用いていた連歌)の規則などが多く世間にゆきわたった。

❷事柄。事情。次第。〔太平記〕一〇「このほどの―をば身にかへても申しなだむべく候ふ」訳 このたびの事情を(私の)身にかえてもおとりなし申しあげましょう。

❸「式神」の略。

❹律令および格の施行細則。「延喜―」

しき【職】(名)❶律令官制の一つ。役所の名称に用いられる。中宮職・春宮職・大膳職・左京職・右京職・修理職など。

❷特に、「中宮職」の略。

史記（しき）『作品名』中国、前漢の歴史書。百三十巻。司馬遷著。紀元前九十一年ごろ成立。上古の黄帝から前漢の武帝に至る三千年の歴史を紀伝体で記す。日本には推古朝に伝来したとされる。

しぎ【鴫】(名)水鳥の名。水のほとりにすみ、くちばし・足が長い。秋。新古 秋上「心なき身にもあはれは知られけり―立つ沢の秋の夕暮れ」訳 →こころなき…和歌

じき【食】(名)食べ物。食物。徒然 八四「病に臥して(は漢の―を願ひ給ひけることを聞きて」訳 (インドに渡った法顕三蔵が)病気で臥しては(故郷の)中国の食べ物を請い求めなさったことを聞いて。

じき【直】⇩ぢき

しき-がみ【式神・識神】(名)陰陽師の命令に従って、変幻自在に不思議なわざをなすという鬼神。しきじん。式の神。式。今昔 二四・一六「この晴明は、家の内に人なき時は―を仕ひけるにやありけむ」訳 この晴明(=陰陽師の名)は、家の中に人のいないときは式神を使ったのであったのだろうか。

しき-し【色紙】(名)❶色のついた紙。いろがみ。枕 一三三「ゑなどやうなるものを、白き―につつみて」訳 絵などのようであるものを、白い色紙に包んで。

❷和歌や俳句などを記す四角形の厚紙。多くは五色模様や金銀の箔などが施してある。平家 灌頂・大原御幸「諸経の要文ども―にかいて」訳 いろいろの経文の大切な文句をあれこれと色紙に書いて。

しき-じ【職事】(名)❶蔵人の頭および五位・六位の蔵人の総称。大鏡 時平「―を召して」訳 (醍醐天皇は)蔵人の頭をお呼びになって。

❷宮中の公事の日に、事務を取り扱う役人。

❸貴族の家で事務をとる人。

式子内親王（しきしないしんわう／シキシナイシンノウ）『人名』(一一四九―一二〇一)平安末期・鎌倉初期の女流歌人。「しょくしないしんわう」ともいう。別称、萱の斎院。後白河天皇の第三皇女。賀茂の斎院となり、のち出家。歌を藤原俊成に学び、藤原定家とも親交があった。情熱を内に秘めた格調高い洗練された歌風。「小倉百人一首」に入集。家集「式子内親王集」

しき-しま【敷島・磯城島】(名)❶崇神・欽明両天皇が都を置いた、大和の国の地名。今の奈良県桜井市。

❷「日本国」の異称。⇩大八州「慣用表現」

❸「敷島の道」の略。

しきしまの【敷島の・磯城島の】《枕詞》「やまと」にかかる。万葉 一三・三二五四「―日本の国は」。万葉 一三・三二六「―大和の国に」

しきしまの… 和歌

枕詞

敷島の　大和心を　人問はば

朝日ににほふ　山桜花

〈肖像自賛・本居宣長〉

訳 大和心(とは何か)を人がたずねたなら、(それは)朝の日の光をあびて咲き匂う山桜の花(のようなもの)だ(と答えよう)。修辞 「敷島の」は「大和」にかかる枕詞。

しきしま-の-みち【敷島の道】(名)和歌の道。歌道。〔千載〕序「―もさかりに(=盛んに)おこりて」⇩大和歌「慣用表現」

しき-じん【式神・識神】(名)「しきがみ」に同じ。

し-きせ【仕着せ・為着せ】(名)❶主人が奉公人に季節に応じて衣服を与えること。また、その衣服。〔浮・世間胸算用〕「がらりに八拾五匁、四度の御―まで、かたじけない事とおもはしゃれ」訳 (給金)全額前渡しで八十五匁、(年に)四度の衣服の御支給まで、ありがたいことだと思いなさい。

❷(多く「おしきせ」の形で)型にはまったやり方。おきまり。〔浄・心中刃は氷の朔日〕「挨拶もお―の」訳 あいさつもきまり口上の。

しき-だい【色代・色体・式体】(名・自サ変)「しきたい」とも。❶頭を下げてあいさつすること。えしゃく。〔太平記〕八「『後日にこそまた見参に入らめ』と―・して」訳 「後日にまたお目にかかろう」とあいさつして。

❷お世辞を言うこと。ついしょう。〔沙石集〕「―にて、『御年よりは、若く見え給ふ』と言へばうれしく」訳 お世辞で、「お年よりは、若く見えなさる」と言うとうれしくて。

じき-だう【食堂】(名)寺院の食事をする所。細道 全昌寺「〔食事の合図の〕鐘板鳴って―に入る」

しき-た-つ【敷き立つ】(他タ下二)｛て・て・つ・つる・つれ・てよ｝いかめしく建てる。堅固に建てる。新古 神祇「宮柱下つ岩根に―・て用て」訳 (伊勢神宮は)宮柱を地下の基礎の石に堅固に建てて。

鴫立沢（しぎたつさは／シギタツサワ）『地名』歌枕 今の神奈川県中郡大磯町付近の地。

しき-たへ タエ【敷き妙・敷き栲】(名)寝床に敷く布。一説に、織り目の細かい織物とも。〔後撰〕夏「夏の夜は逢ふ名のみして―の塵払ふ間に明けぞしにける」訳 夏の夜は(短いので)逢う(といっても)名ばかりで、敷き布の塵払う間(=またたく間)に夜が明けてしまったよ。

しきたへ-の シキタエノ【敷き妙の・敷き栲の】《枕詞》「しきたへ」が寝具であることから「枕」「床」「衣」「たもと」「袖」に、また「黒髪」などにかかる。万葉 五・八〇九「―枕去らずて」。万葉 五・九〇四「―床の辺去らず」。万葉 二・一三五「―衣の袖は」。万葉 二・一三八「―妹がたもとを」。万葉 二・一九五「―袖かへし君」。万葉 四・四九三「―黒髪しきて」

式亭三馬(しきていさんば)『人名』(一七七六～一八二二)江戸後期の戯作者。姓は菊地、名は久徳、または泰輔。江戸の人。写実と皮肉を特色とし、十返舎一九とともに滑稽本の二大作家といわれた。代表作は滑稽本「浮世風呂」「浮世床」、洒落本「辰巳婦言」。

しき-でん【職田】(名)「しょくでん」とも。律令制で、官職にある者が在職中に支給された不輸租田(=租税を納めなくてもよい田)。役職に応じて面積に規定があった。職分田。

しき-な・ぶ【敷き靡ぶ】(他バ下二){べ・べ・ぶ・ぶる・ぶれ・べよ}その地を領有し統治する。くまなく支配する。万葉 一・一「そらみつ大和の国はおしなべてわれこそ居れ―・べ(用)てわれこそ座せ」訳→こもよ…和歌

しき-なみ【頻浪】(名)しきりに寄せてくる波。万葉 一一・二四二七「宇治川の瀬々の―しくしくに妹は心に乗りにけるかも」訳 宇治川の瀬々のしきりに寄せる波のように、ひっきりなしにあの娘のことは(私の)心に乗りかかってきたことよ。(第二句までは「しくしく」を導きだす序詞)

しき-なみ【頻並み】(形動ナリ){なら・なり(に)・なり・なる・なれ・なれ}次から次へと続くさま。枕 三五「―・に(用)集ひたる車なれば、出づべきかたもなし」訳 次から次へと集まった牛車なので、出ようにもその方法もない。

しき-の-かみ【式の神】(名)「しきがみ」に同じ。

志貴皇子(しきのみこ)『人名』(?～七一六)万葉歌人。天智天皇の第七皇子。光仁天皇の父。歌風は明るくのびやかで、奈良時代の新歌風を開いた。

しき-の-みざうし ゾウシ【職の御曹司】(名)〔「職」は「中宮職」の略〕中宮関係の事務をとる役所内の建物。内裏の北東にあり、しばしば皇后・中宮の仮の御座所となった。⇩巻頭カラーページ31

しき-ふ【職封】(名)律令制で、大納言(のち中納言・参議)以上の官に、官職に応じて与えられた「封戸」。

しき-ぶ【式部】(名)❶「式部省」の略。❷女官の呼び名。近親者に式部省の役人がいる者にいう。「紫―」「和泉―」

しきぶ-きゃう キョウ【式部卿】(名)式部省の長官。多く四品以上の親王が任ぜられた。

しきぶ-しゃう ショウ【式部省】(名)律令制で、太政官に属する八省の一つ。宮中の儀式、文官の勤務評定や選任・叙位および大学寮の管理などを担当した役所。→八省。⇩巻頭カラーページ31

しきぶ-の-たいふ タユウ【式部の大夫】(名)式部の丞(=式部省の三等官で六位相当)で五位に叙せられたもの。

しきみ【樒】(名)植物の名。マツブサ科の常緑小高木。葉は楕円形で、春に淡黄白色の花を開く。香気があり、枝を仏前などに供える。(しきみの花 春)

しきみ【閾・閫】(名)門戸の内外の区切りのために下に敷く横木。また、戸・障子の敷居。徒然 一八五「(馬が)足をそろへて―をゆらりと(=ひらりと)越ゆるを見ては」

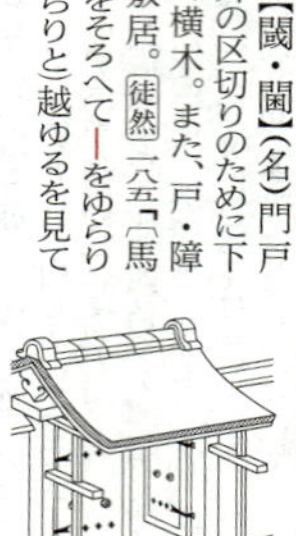

(閾)

しき-もく【式目】(名)〔「式」は法式、「目」は条目の意〕❶武家時代の箇条書きの法規。「貞永―」❷連歌または俳諧の規定。

じき-もつ【食物】(名)食べ物。また、食事。今昔 二八・四二「妻起きて―の事などせむとするに」訳 妻が起きて(朝の)食事の準備などをしようとしていると。

し-きゃう キョウ【四鏡】(名)《文芸用語》歴史物語の、「大鏡」「今鏡」「水鏡」「増鏡」の四作品の総称。

詩経(しきょう) シキヨウ『作品名』中国最古の詩集。周から春秋時代までの歌謡三百五編を、孔子が風・雅・頌に分類してまとめたとされる。日本にも早く伝来し、歌論に多大な影響を与えた。「五経」の一つ。「毛詩」とも。

しきり-がね【仕切り銀・仕切り金】(名)買手が売手に支払う代金や諸経費の総額。仕切り銀。

しきり-に【頻りに】(副)❶同じことが繰り返して起こるさま。しばしば。ひっきりなしに。源氏 薄雲「天変―諭し、世の中静かならぬはこの故なり」訳 天空の変動がひっきりなしに(起こって)前兆を示し、世の中が穏やかでないのはこの(秘密=冷泉帝が藤壺と光源氏の子であることの)せいである。❷程度のはなはだしいさま。むやみに。平家 二・大納言死去「色黒うして牛のごとし。身には―毛生ひつつ」訳 (鬼界が島の島民は)色が黒くてまるで牛のようである。からだにはむやみに毛が生えていて。

しき・る【頻る】(自ラ四){ら・り・る・る・れ・れ}たび重なる。繰り返して起こる。枕 一〇四「東宮の御使ひ―・り(用)てあるほど、いとさわがし」訳 東宮からのお使いがたび重なってあるようすは、たいそう落ち着かない。

し-く【四苦】(名)《仏教語》人生の四つの苦悩。すなわち、生・老・病・死。→八苦

し・く【及く・若く・如く】(自カ四){か・き・く・く・け・け}❶追いつく。至りつく。万葉 二・一一五「後れ居て恋ひつつあらずは追ひ―・か(未)む」訳 あとに残っていて恋い焦がれていないで、追いかけて行って追いつこう。文法「ずは」は、連用修飾となって「…ないで」の意となる。❷肩を並べる。匹敵する。及ぶ。万葉 五・八〇三「銀も金も玉も何せむにまされる宝子に―・か(未)めやも」訳→しろかねも…和歌

し・く【敷く・領く】■一(自カ四){か・き・く・く・け・け}一面に広がる。一面に散らばる。〔太平記〕七「剣戟の日に映じて輝きける有り様は、暁の霜の枯れ草に―・け(已)るがごとくなり」訳 刀剣が日の光に映えて輝いたようすは、夜明け前の霜が枯れ草に一面に降りたようである。■二(他カ四){か・き・く・く・け・け}❶物を平らに広げる。一面に置く。万葉 六・一〇一三「あらかじめ君来まさむと知らませば門に屋戸にも珠―・か(未)ましを」訳 前もってあな

たがおいでになるだろうと知っていたなら、門にも戸口にも珠を一面に敷いただろうに。
❷治める。領する。万葉 一八・四一二二「天皇の—・き用ます国の」訳 天皇がお治めになる国の。
❸広く及ぼす。広める。徒然 一七一「師を班して、徳を—・く体には及しかざりき」訳〔武力での征伐も軍隊を引き返して、徳政を広く施すのには及ばなかった。

し・く【頻く】（自カ四）{か・き・く・く・け・け}❶たび重なる。繰り返す。万葉 二〇・四五一六「新たしき年の始めの初春の今日降る雪のいや—・け命吉事」訳 →あらたしき…和歌
❷（動詞の連用形に付いて）しきりに…する。古今 賀「白雪の降り—・く体（=降りしきる）時は」

しく …（し）たこと。万葉 七・一一五三「住吉の名児の浜辺に馬たてて玉拾ひし—常忘らえず」訳 住吉の名児の浜辺に馬を止めて、珠を拾ったことがいつも忘れられない。
なりたち 過去の助動詞「き」のク語法
接続 動詞・助動詞の連用形に付く。

しく-しく【頻く頻く】（副）うち続いて。しきりに。絶え間なく。万葉 八・一四四〇「春雨の—降るに高円の山の桜はいかにかあるらむ」訳 春雨がしきりに降るが、高円山の桜はどのようであろうか。

し-くは・す【仕くはす】（他サ四）{さ・し・す・す・せ・せ}ものをかみ合うように作る。仕掛ける。〔浮・世間胸算用〕「また灯明は、台に砂時計を—・し用、油を抜き取ることぞ」訳 また灯明（の消えるの）は、台に砂時計を仕掛けて、油を抜き取るのだ。

し-くは・ふ【為加ふ】（他ハ下二）{へ・へ・ふ・ふる・ふれ・へよ}さらに手を加える。追加する。源氏 玉鬘「大御あかしの事など、ここにて—・へ用などする程に日暮れぬ」訳 仏前の御灯明のことなどを、ここ（=椿市）で追加しなどする間に日が暮れた。

しぐら・ふ（自ハ四）{は・ひ・ふ・ふ・へ・へ}「しぐらむ」に同じ。

しぐら・む（自マ四）{ま・み・む・む・め・め}❶集まる。密集する。平家 九・木曽最期「ここに—・う用（ウ音便）で見ゆるは、誰が手やらん」訳 ここに密集して見えるのは、だれの手勢だろうか。

❷空がしぐれるように暗くなる。立ちこめる。平家 一一・勝浦付大坂越「けあぐる塩のかすみとともに—・う用（ウ音便）だる中より、白旗ざっとさしあげたれば」訳（馬の）蹴け上げる海水が春霞といっしょにもうもうと立ちこめている中から、（源氏の）白旗をさっと差し上げたので。

しぐ・る【時雨る】（自ラ下二）{れ・れ・る・るる・るれ・れよ}❶しぐれが降る。図。古今 雑体「かみな月—・れ用—・れ用て」訳 陰暦十月になってしぐれが降りつづいて。
❷涙にぬれる。涙でくもる。〔うつほ〕国譲下「君により—・る体袖のふかき色を折れる紅葉と里人や見む」訳 あなたのために（血の）涙にぬれる袖の深い紅色を、手折った紅葉と里人は見るだろうか。⇨潮垂る「慣用表現」

しぐれ【時雨】（名）❶秋の末から冬のはじめにかけて、降ったりやんだり定めなく降る雨。図。古今 哀傷「神無月—にぬるるもみぢばはただわび人のたもとなりけり」訳 陰暦十月のしぐれにぬれて（赤く染まって）いる紅葉は、まるで（母の死を）悲しむ私の（血の涙で染まった）袂（のよう）であるよ。
❷涙をこぼして泣くこと。〔栄花〕いはかげ「中宮の御袖の—もながめがちにて過ぐさせ給ふ」訳 中宮（=彰子）のお袖は涙（の雨）にぬれたまま物思いに沈みがちにお過ごしになられる。（「ながめ」は「長雨」と「眺め」との掛詞）。
文法「せ給ふ」は、最高敬語。⇨潮垂る「慣用表現」

詞花和歌集（作品名）六番目の勅撰和歌集。平安後期、崇徳上皇の院宣を受けて藤原顕輔が撰進。仁平元年（一一五一）ごろ成立。歌数四百九首。→勅撰和歌集

し-くゎん【止観】（名）《仏教語》雑念を去って澄んだ心になり、正しい知恵をもってすべてのものを見分けること。天台宗で重視する修行法。細道 出羽三山「天台—の月明らかに」訳（羽黒山では）天台宗でいう止観の修行が月のように明らかに（行われ）。

し-くゎん【仕官】（名・自サ変）官職につくこと。役人になること。〔幻住庵記〕「ある時は—懸命の地をうらやみ」訳 あるときは官職につくことや生活の頼みとする領地（をもらえる身分）をうらやましがり。

しけ 上代のシク活用形容詞の未然形・已然形の活用語尾。万葉 八・一四七一「恋しけ未ば形見にせむとわが屋戸に植ゑし藤波いま咲きにけり」訳 恋しいなら（その姿をしのぶ）形見にしようとわが家の庭に植えた藤の花が、今咲いたことだ。万葉 一七・三九六九「たまきはる命惜しけ已ど為むすべのたどきを知らに」訳 命が惜しいけれど、どうしたらよいか、（その）てだてを知らないで。（「たまきはる」は「命」にかかる枕詞）

しげい-さ【淑景舎】（名）「しげいしゃ」とも。内裏の五舎の一つ。内裏の北東隅にあった殿舎。壺（=中庭）に桐があったので、「桐壺」ともいう。⇨巻頭カラーページ32

しげい-しゃ【淑景舎】（名）「しげいさ」に同じ。

しげ-き【繁木】（名）枝葉の茂った木。源氏 橋姫「霧りふたがりて、道も見えぬ—の中を分け給ふに、いと荒ましき風のきほひに、ほろほろと落ちみだるる木の葉の露の散りかかるも」訳 霧が立ちこめて視界をさえぎって、道も見えない茂った木の中を（薫が）踏み分けなさると、たいそう荒々しい風の勢いで、はらはらと落ち乱れる木の葉の露が散りかかるのも。名文解説 濃霧の中、馬に乗り、道をふさぐほど茂った木をかき分けて、宇治へと向かう薫のようすを描いた場面。薫は宇治で八の宮の美しい姫君たちを見出だすが、洗練された詩的な文体による情景の描写が、その予兆を漂わせている。

しげけく【繁けく】たくさんであること。しきりであること。万葉 一〇・一九八四「この頃の恋の—夏草の刈り払へども生ひしくごとし」訳 このごろの恋心がしきりなことは、夏草が刈り払っても次々と生えてくるようなものだ。
なりたち 形容詞「繁し」のク語法

しげ・し【繁し・茂し】（形ク）{から・く(かり)・し・き(かる)・けれ・かれ}❶草木が生い茂っている。源氏 蓬生「木立—・く用森のやうなるを過ぎ給ふ」訳 木立が生い茂って森のようになっている所を（光源氏は）通過しなさる。
❷量が多い。たくさんある。徒然 三二「荒れたる庭の露—・き体に、わざとならぬ匂ひ、しめやかにうち薫りて」訳 荒れた庭で露がいっぱいあるところに、わざわざ焚いたとも思われない（香の）匂いが、しっとりと薫って。文法

「荒れたる庭の」の「の」は、いわゆる同格の格助詞で、「…で」の意。

❸絶え間ない。**しきりである。** 源氏 朝顔「御とぶらひなどいと—・う用(ウ音便)聞こえ給ふ」 訳 (光源氏は忌中の)お見舞いなどを(朝顔の斎院に)たいそうしきりに差し上げなさる。

❹(数量・度数が多くて)わずらわしい。うるさい。万葉 四・五四二「この世には人言—・し終来む世にも逢はむわが背子今ならずとも」 訳 この世では人のうわさが多くてわずらわしい。来世にでもお逢いしよう、あなたよ。今でなくても。

しげ‐どう【重籐・滋籐】(名)下地を黒漆塗りにし、その上に籐を幾重にも巻いた弓。平家 七・実盛「切り斑(=黒い斑のある白羽)の矢負ひ、—の弓持って」

しげり‐わた・る【繁り渡る・茂り渡る】(自ラ四)〔ら・り・る・る・れ・れ〕草木が一面に茂る。更級 足柄山「えも言はず—・り用て、いと恐ろしげなり」 訳 (足柄山は)なんとも言いようもなく(木々が)一面に茂っていて、ひどく恐ろしい感じである。

しげ・る【繁る・茂る】(自ラ四)〔ら・り・る・る・れ・れ〕草木が伸びて、枝葉が重なり合う。伊勢 九「いと暗う細きに、つたかへでは—・り用」 訳 (道は)たいそう暗く細いうえに、つたやかえでは(うっそうと)茂り。

じ‐げん【示現】(名・自サ変)❶神仏がその不思議な力を示し現すこと。著聞 三三「この—聞きて、いかばかりいよいよ信仰の心も深かりけん」 訳 (大明神が)この不思議な力を示し現したことを聞いて、どんなにかいっそう信仰心も深かったのだろう。

❷《仏教語》仏・菩薩が衆生を救うため、化身となってこの世に現れること。細道 仏五左衛門「いかなる仏の濁世塵土に—・し用て」 訳 どのような仏が濁り汚れたこの世に姿を現して。

しこ【醜】(名)❶自分自身を卑下していう語。万葉 二〇・四三七三「今日よりは顧みなくて大君の—の御楯と出で立つわれは」 訳 今日からは(自分のことは)顧みないで、天皇のつたない警護役として出発するぞ、私は。

❷頑固なもの、醜いものをののしっていう語。万葉 八・一五〇七「うれたきや—ほととぎす暁のうら悲しきに追へど追へどなほし来鳴きて」 訳 腹の立つことよ、ばかほととぎすが夜明け前の物悲しいときに、追っても追ってもやはり(橘の木に)来て鳴いて。

し‐ご【死期】(名)死ぬ時期。臨終。徒然 一三七「若きにもよらず、強きにもよらず、思ひかけぬは—なり」 訳 (年が)若いことにもよらず、(からだが)強壮であることにもよらず、予想できないのは死ぬ時期である。

し‐こう【伺候・祗候】(名・自サ変)❶貴人のそばに奉仕すること。徒然 二三八「堀川大納言殿—・し用給ひし御曹司へ、用ありて参りたりしに」 訳 堀川大納言殿(=源具親)が(皇太子の)おそばにお仕えしなさっていたお部屋へ、(私=兼好が)用があって参上していたときに。

❷貴人のご機嫌うかがいに参上すること。〔浄・傾城反魂香〕「四郎二郎、桜の間に—・し用」

し‐ごく【至極】㊀(名・自サ変)❶このうえないこと。きわまり尽くすこと。最後にたどりついたところ。万葉 五・八〇二・序「—の大聖すらに、尚し子を愛したまふ心あり」 訳 至上の大聖人(=釈迦如来)でさえ、やはり子をいつくしみなさる心がある。

❷もっともだと思うこと。道理と思うこと。〔浮・西鶴織留〕「『女の大事こそ、母が言葉をひとつも忘れな』と言へば、娘もこれを—・し用て」 訳 「女として大事なのはこだ、母のことばを一つも忘れるな」と言うと、娘もこれを道理と思って。

㊁(形動ナリ)〔なら・なり(に)・なり・なる・なれ・なれ〕もっともである。理にかなっているさま。〔去来抄〕故実「『名月に明の字書くは未練』と言へり。この論—・なり終」 訳 (許六は)「(中秋の)名月に明の字を書くのは未熟である」と言った。この論はもっともなことである。

㊂(副)このうえなく。きわめて。〔沙石集〕「食後の菓子まで、—せめ食ひて」 訳 食後の果物まで、このうえなく十分に食べて。

しこ・たむ(他マ下二)〔め・め・む・むる・むれ・めよ〕《近世語》「しこだむ」とも。金などを大量にためる。むやみに蓄える。〔浮・日本永代蔵〕「その身一代に二千貫目—・め用て」 訳 その人の一代で二千貫目(もの金銭)を大量にためて。

しこ‐な【醜名】(名)❶自分の名をへりくだっていう語。大鏡 伊尹「行成が—呼ぶべきにあらず」 訳 (この)行成のつまらない名を呼ぶのは適当ではない。

❷あだな。

し‐こなし(名)❶身のこなし。ふるまい。態度。〔浮・西鶴諸国ばなし〕「座なれたる(=座なれした)客の—」

❷巧みな扱い。うまく処理すること。

し‐こ・む【仕込む・為籠む】(他マ下二)〔め・め・む・むる・むれ・めよ〕囲いを作って中にこめる。また、垣などをめぐらす。竹取 蓬莱の玉の枝「たはやすく人寄り来まじき家を作りて、かまどを三重に—・め用て」 訳 容易に人が近寄れそうもない家を造って、かまどを三重に囲んだ中にこめて。

しころ【錏・錣・鞍】(名)兜の鉢の左右とうしろに垂らし、首の部分をおおうもの。革あるいは鉄板をとじ合わせて作る。⇩巻頭カラーページ17

じ‐こん【自今】(名)〔「自」は、から・よりの意〕今から。今後。〔浮・本朝二十不孝〕「—これを止めて、よき友にまじはり、四書の素読み、ならへ」 訳 今後はこれ(=相撲)をやめて、よい友人と交わり、四書(=儒教の四つの古典)の素読を学べ。

じこん‐いご【自今以後】今から後。平家 一・殿下乗合「—も、汝らよくよく心得べし」 訳 今から後も、おまえたちはよくよく心得るがよい。

し‐さい【子細・仔細】(名)❶詳しい事情。事のわけ。いわれ。平家 七・忠度都落「別の—候はず。三位殿に申すべきことあって、忠度が帰り参って候ふ」 訳 特別のわけはございません。三位殿(=俊成卿)に申し上げなければならないことがあって、(私)忠度が帰り参っております。

❷さしつかえとなる事柄。支障。異議。平家 一一・那須与一「少しも—を存ぜん人は、とうとうこれより帰らるべし」 訳 少しでも異議を感じる人がいるならその人は、さっさとここからお帰りになるがよい。文法「存ぜん人」の「ん」は、仮定・婉曲の助動詞。

し‐ざい【死罪】(名)五刑の一つ。死刑。縛り首・打ち首の二種がある。宇治 七・二「鹿の一頭にても殺す者あらば、すみやかに—に行はるべし」 訳 鹿一頭でも殺す者がいるならば、すぐに死刑にしなければならない。

し‐ざい【資財】(名)財産。資産。〔方丈〕二「身ひとつ、からうじて逃るるも、―を取り出づるに及ばず」〔訳〕身一つで、やっとのことで(火災から)逃れても、財産を運び出すことまではできず。

じ‐ざい【自在】㊀(名・形動ナリ)思いのままであること。〔今昔〕六・四「虚空に飛び昇ること―・なり㊇」〔訳〕大空に飛び上がることは思いのままである。

㊁(名)「自在鉤」の略。炉の上に天井からつるし、鍋・鉄瓶などを自由に上げ下げさせる仕掛けのかぎ。

（じざい㊁）

しさい‐な・し【子細無し】(形ク){から・く(かり)・し・き(かる)・けれ・かれ}❶格別変わった事情はない。さしつかえない。〔伽・酒顛童子〕「御命には―・し㊇」

❷めんどうがない。わけもない。〔源氏〕帚木「男はしもなむ―・き㊍ものははべめる」〔訳〕男(というもの)は、(女のこととなると)たわいのないものではあるようです。

しさい‐に‐およ・ば‐ず【子細に及ばず】かれこれ事情を言い立てるまでもない。〔平家〕七・忠度都落「その身朝敵となりにし上は、―・ず㊇といひながら」〔訳〕その身が朝廷にそむく敵となってしまったからには、とやかく言うこともないというものの。⇩言ふもおろかなり「慣用表現」

〔なりたち〕名詞「子細」＋断定の助動詞「なり」の連用形「に」＋四段動詞「及ぶ」の未然形「およば」＋打消の助動詞「ず」

しさい‐に‐や‐およ・ぶ【子細にや及ぶ】(かれこれ事情を言えるだろうか、いや、言えないの意で)相手のことばを強く肯定する意を表す。言うまでもない。〔平家〕二・西光被斬「『さてそれをば法皇もしろしめされたるか』『―・び㊊候ふ』」〔訳〕「そしてそれを(後白河)法皇もお知りになっていらっしゃるのか」「言うまでもないことでございます」。⇩言ふもおろかなり「慣用表現」

〔なりたち〕名詞「子細」＋断定の助動詞「なり」の連用形「に」＋反語の係助詞「や」＋四段動詞「及ぶ」

しさい‐ら・し【子細らし】(形シク){しから・しく(しかり)・し・しき(しかる)・しけれ・しかれ}わけがありそうである。また、もったいぶっている。〔浮・世間胸算用〕「物を―・しく㊊、人のする事を狂言とは」〔訳〕物事をわけ知り顔に、人のすることをいんちきだと(言うの)は。

し‐さ・す【為止す】(他サ四){さ・し・す・す・せ・せ}〔「さす」は接尾語〕やりかけて中止する。し残す。〔枕〕三五「―・し㊊たることの、今日過ぐすまじきをうち置きて」〔訳〕やりかけて中止した仕事で、今日(やらずに)過ごしてはならないことをほうっておいて。

しさ・る【退る】(自ラ四){ら・り・る・る・れ・れ}「しざる」とも。しりぞく。あとずさりする。〔平家〕一二・泊瀬六代「蔵人うしろなる塗籠の内へ―・り㊊入らんとし給へば」〔訳〕蔵人(=源行家)がうしろにある塗籠(=周囲を壁で塗りこめた部屋)の内側へしりぞき入ろうとなさるので。

じ‐さん【自賛・自讃】(名・自サ変)自分で自分のことをほめること。自慢。〔徒然〕二三八「昔の人はいささかのことをも、いみじく―・し㊊たるなり」〔訳〕昔の人はちょっとしたことでも、たいそう自慢したものである。

しし【肉・宍】(名)肉。〔万葉〕一六・三八八五「あが―は御鱠はやし」〔訳〕(鹿が嘆くに)私の肉は御なます(=料理の一種)の引き立て役。

しし【獣】(名)❶野獣。食用となる獣。多く、猪や鹿をさし、両者を区別するときは「ゐのしし」「かのしし」と言った。〔万葉〕三・四七八「朝狩りに―踏み起こし」〔訳〕朝の狩りに猪や鹿を追い立て。

❷「獣狩り」の略。山野で獣をとること。〔曽我物語〕「殊に―の上手にて」〔訳〕特に山野での猟の名人で。

しし【獅子】(名)❶動物の名。ライオンの和名。〔今昔〕五・二〇「―は必ず日に一度吠ゆ」

❷神社などの前に、狛犬と一対にして置く魔よけの像。〔徒然〕二三六「御前なる―・狛犬、背きて、後ろさまに立ちたりければ」〔訳〕(拝殿の)御前にある獅子と狛犬(の像)が、背中を向けあって、うしろ向きに立っていたので。

❸「獅子頭」の略。木製の獅子の頭。また、それをかぶって行う獅子舞。〔枕〕二二二「かへらせ給ふ御輿のさきに、―・狛犬など舞ひ」〔訳〕(天皇が)お帰りになられる御輿の前で、獅子舞や狛犬舞などを舞い。

しじ【榻】⇩しぢ

しし‐い‐でん【紫宸殿】(名)「ししんでん」の撥音「ん」を「い」で表記した形。「ししんでん」に同じ。

鹿ケ谷〔ししがたに〕【地名】今の京都市左京区にある大文字山のふもとの地。「ししのたに」とも。

しじか・む【蹙かむ】(自マ四){ま・み・む・む・め・め}ちぢむ。ちぢこまる。〔源氏〕行幸「御手は、昔だにありしを、いとわりなう―・み㊊」〔訳〕(末摘花の)御筆跡は、昔でさえそうであったが、まったくはなはだしくちぢこまり。

ししこら・か・す(他サ四){さ・し・す・す・せ・せ}病気をこじらせる。治しそこなう。〔源氏〕若紫「―・し㊊つる時はうたて侍るを、とくこそ試みさせ給はめ」〔訳〕病気をこじらせてしまったときはやっかいですから、早く(聖の祈禱を)おためしになられるのがよい。

しし‐じもの【鹿じもの・猪じもの】《枕詞》〔「じもの」は、…のようなものの意の接尾語〕しし(=鹿・猪)のようにの意で、「い這ひ」「膝折り」「弓矢囲み」「水漬く」などにかかる。一説に、比喩とも。〔万葉〕二・一九九「―い匍ひ伏しつつ」。〔万葉〕三・三七九「―膝折り伏して」。〔万葉〕六・一〇一九「―弓矢囲みて」。〔紀〕武烈「―水漬く辺隠り」

しじ‐に【繁に】(副)すきまなくいっぱいに。数多く。ぎっしりと。〔万葉〕三・三二四「五百枝さし―生ひたるつがの木の」〔訳〕たくさんの枝が萌え出てこんもりと生い茂っているつがの木のように。

しじ‐ぬ・く【繁貫く】(他カ四){か・き・く・く・け・け}(船ばたに櫂などを)たくさん取り付ける。〔万葉〕三・三六八「大船に真梶―・き㊊」〔訳〕大船に櫓をたくさん取り付け。

しし‐びしほ【肉醤・醢】(名)❶塩づけにした肉。しおからの類。❷古代中国の刑罰の一つ。罪人を殺して、その肉を塩づけにするもの。〔太平記〕三「直にかの輩を召し出だして車ざきにやする、―にやすべき」〔訳〕すぐにあのやつらを呼び出して車裂きにするか、(殺して)肉の塩づけにするのがよいか。

しじふく‐にち【四十九日】(名)《仏教語》❶人の死後四十九日間。今生の死と未来の生との中間で、霊魂がさまよう期間。中有(ちゅうう)。中陰(ちゅういん)。❷人の死後四十九日目。また、その日に行う仏事。七七日(なななぬか)。徒然 三〇「人におくれて、―の仏事に、ある聖(ひじり)を請(しょう)じ侍りしに」訳 人に先立たれて、四十九日の法事に、ある高徳の僧をお招きしましたところ。

しじふ-の-が【四十の賀】四十歳になって行う、長寿を願う祝賀。源氏 若菜上「―といふことは、さきざきを聞き侍るにも、残りのよはひ久しきためしなむ少なかりけるを」訳 四十歳の賀の祝いということは、前例を聞きます場合にも、残りの寿命の長い例は少なかったから。

しじま(名)口をつぐんでいること。無言。沈黙。源氏 末摘花「幾(いく)そたび君が―に負けぬらむものな言ひそといはぬ頼みに」訳(私=光源氏は)何度あなた(=末摘花)の沈黙に負けてしまったことであろう。(私にものを)言うなと(あなたが)言わないのを頼みにして(つい、また話しかけてしまった)。

しじま・る【蹙まる】(自ラ四){ら・り・る・る・れ・れ}ちぢまる。かがまる。今昔 三・二五「男これを聞くに、肝(きも)、身―・り(用)ておそろしと思ひ居(ゐ)たる程に」訳 男はこれ(=うめき声)を聞いて、心も身もちぢこまって恐ろしいと思っていたところ。

しし-むら【肉叢】(名)肉のかたまり。肉塊。宇治 一〇・六「その―を食ひなどするものは」訳 その(人間の)肉のかたまりを食ったりするものは。

じ-しゃ【侍者】(名)貴人のそばに仕え、雑用をする人。おつき。今昔 一・三「王、一人の―を具して(=連れて)歩行(かち)にて(=徒歩で)王舎城へ向かふ」

し-しゃう【史生】(名)「しじゃう」とも。律令制で、太政官(だいじょうかん)および八省・弾正台(だんじょうだい)などの下で、公文書の書写などをつかさどった役。

し-しゃう【四生】(名)《仏教語》生まれる形態によって生物を四種に分けたものの総称。胎生(人・獣)、卵生(鳥類)、湿生(昆虫など)、化生(けしょう)(天人や地獄の衆生(しゅじょう)など、業の力によって忽然(こつぜん)と生まれるもの)。平家 九・小宰相身投「六道(ろくどう)―の間にて、いづれの道へかおもむかせ給はんずらん」訳(来世では)六道(=死後におもむくという六つの境界)における四生のうちで、どの世界へおいでになられることであろうか。

し-しゃう【死生】(名)死ぬことと生きること。生き死に。平家 九・木曽最期「―は知らず、やにはに敵(かた)八騎射落とす」訳(兼平(かねひら)は自分の)生き死にはかまわず、あっという間に敵を八騎射落とす。(「死生は知らず」は一説に、相手の生き死にはわからないが、の意とも)

じ-しゃう【時正】(名)(「昼夜等分」の意)春分(陰暦二月)と秋分(陰暦八月)。徒然 一六一「花のさかりは、冬至より百五十日とも、―の後、七日ともいへど」訳(桜の)花の満開は、冬至から百五十日とも、春分の後、七日ともいうが。

し-しゅ【旨趣】(名)「しいしゅ」とも。❶心の中で考えていること。〔源平盛衰記〕「心底に―を残すべからず」訳 心中に考えごとを残してはいけない。❷事のわけ。趣旨。平家 七・平家山門連署「―如何(いかん)となれば」訳(その)わけはどうであるかというと。

し-じゅう【始終】一(名)❶初めと終わり。すべて。❷終わり。最後。〔太平記〕一六「合戦は兎(と)ても角(かく)ても、―の勝ちこそ肝要にて候へ」訳 合戦はいずれにしても、最後の勝ちが大切でございます。
二(副)❶ついには。結局は。とどのつまりは。〔太平記〕三「当家の為(ため)に、―仇(あた)となるべきは、兵部卿親王(ひゃうぶきゃうしんわう)なり」訳 わが家にとって、結局敵となられるにちがいないのは、兵部卿親王である。⇨在(あ)り在りて「慣用表現」
❷初めから終わりまで。たえず。末長く。平家 二・少将乞請「しばらく宿所におき奉れと宣(のたま)ひつれども、―よかるべしともおぼえず」訳(兄=清盛は)しばらく(私=教盛(のりもり)の)自宅に(あなた=成経(なりつね)を)お置き申しあげよとおっしゃったが、末長くうまくいくだろうとも思われない。

じ-じゅう【侍従】(名)❶律令制で、中務(なかつかさ)省に属し、天皇のそば近くで補佐・雑事にあたった職。多く大・中納言、参議などが兼任する。❷薫(た)き物の名。沈香(じんこう)・丁子香(ちょうじこう)・麝香(じゃこう)などを練り合わせて作る。

じじゅう-でん【仁寿殿】(名)「じんじゅでん」とも。内裏(だいり)の中央にある殿舎の名。清涼殿(せいりょうでん)が御座所(おましどころ)となるまで、常の御座所となっていたが、のち宴遊などの行われる所となった。⇨巻頭カラーページ32

じ-しょう【自称】(名・自サ変)❶自分から名のり出ること。〔去来抄〕先師評「ここにもひとり月の客と、己(おの)れと名のり出(い)でたらんこそ幾ばくの風流ならん。ただ―の句となすべし」訳 ここにもひとり月の客(がいる)と、自分から名のり出た句とするなら、それこそどれほどの風流であろうか。ともかく自分から名のり出た句とするがよい。❷自分をほめること。自賛。〔戴恩記〕「―がましき事、ここにしるすも汗顔ながら」訳 自分をほめるようなことを、ここに書くのも恥ずかしいことであるが。

じじょう【治定】⇨ぢぢゃう

しじら-ふぢ【しじら藤】(名)つづらふじ(=つる性の落葉木の名)の異名。

し-じん【四神】(名)四方をつかさどる神。東の青竜(せいりゅう)・西の白虎(びゃっこ)・南の朱雀(すざく)・北の玄武(げんむ)。また、四方の意。〔太平記〕三「桓武(くわんむ)〔天皇の〕聖代この―相応の地(=四神に相応じた最良の地)を選んで」

ししん-でん【紫宸殿】(名)「ししいでん」とも。内裏(だいり)の正殿。即位・朝賀など公式の儀式を行う。正面階段の下の左右に桜と橘(たちばな)が植えられている。南殿(なんでん)。⇨巻頭カラーページ20・32

し・す【死す】(自サ変){せ・し・す・する・すれ・せよ}死ぬ。徒然 一四〇「身―・し(用)て財(たから)残ることは、智者(ちしゃ)のせざるところなり」訳 自分が死んで(あとに)財貨が残ることは、見識のある人のしないことである。

しず【賤・倭文】⇨しづ

じ・す【辞す】一(自サ変){せ・し・す・する・すれ・せよ}辞去する。引き下がる。枕 春曙抄本・六「『今しづかに御局(みつぼね)にさぶらはむ』と―・し(用)て去(い)ぬれば」訳「あとでゆっくりとお部屋に参上しよう」と(言って)辞去して行ってしまったので。
二(他サ変){せ・し・す・する・すれ・せよ}辞退する。辞職する。大鏡 兼通「御病(やまひ)も重くて、大将も―・し(用)給ひてしこそ、口惜しかりしか」訳(朝光(あさみつ)は)ご病気も重くて、大将も辞職しなさってしまったのは、残念だった。文法「こそ…しか」は係り結び。

じす【治す】⇨ぢす

し・すう【為据う】(他ワ下二){ゑ・ゑ・う・うる・うれ・ゑよ}大事にして

そこに居させる。その位置に置く。源氏 若紫「ただ、絵に書きたるものの姫君のやうに—ゑ(未)られて」訳（葵の上はまるで絵に描いてある何か（=物語）の姫君のようにそこに座らせられて。

しずえ【下枝】⇩しづえ

しずか【静か・閑か】⇩しづか

しずむ【沈む・静む・鎮む】⇩しづむ

し-せき【咫尺】（「咫」は中国周代の尺（=長さの単位）で八寸、「尺」は十寸の意）[一]（名）距離がきわめて近いこと。平家 七・木曽山門牒状「勝つことを—のもとに得たり」訳 勝利を目の前の地でおさめた。

[二]（名・自サ変）貴人などに近づくこと。平家 六・葵前「思はざる外、竜顔に—する(体)ことありけり」訳（女童が思いのほか、天皇に近づくことがあった。

じ-せつ【時節】（名）❶時候。季節。〔浮・好色一代女〕「—の外なる（=季節はずれの）朝の嵐」

❷時機。おり。場合。徒然 一〇八「我等が生ける今日の日、何ぞその—に異ならん」訳 われわれが生きている今日の日は、どうしてその（明日死ぬと宣告された）時機と違うことがあろうか（いや、違いはしない）。

❸時代。時勢。

し-ぜん【自然】[一]（名・形動ナリ）物の本来の性質。〔太平記〕二「物の相感ずること、皆—なれ(已)ば」訳 世の中の物事が（みな）相互に感応し合うのは、すべて物の本来の性質であるから。

[二]（名・副）万一。もしも。平家 九・生ずきの沙汰「—の事のあらん時、物の具して頼朝が乗るべき馬なり」訳（名馬いけずきは）万一のことが起こるようなときは、鎧をつけて（私）頼朝が乗るはずの馬である。〔伽・一寸法師〕「都へ上らばやと思ひしが、—舟なくてはいかがあるべき」訳 都へ上りたいと思ったが、もしも舟がないときはどうしたらよかろうか（どうしようもない）。

し-ぞう【祗承】（名）国司に属し、勅使が下向する途中の接待や雑事をつかさどること。また、その役人。

し-そく【紙燭・脂燭】（名）「ししょく」とも。照明用具の一つ。

（しそく）

長さ五〇センチメートル、直径一センチメートルぐらいの棒状の松の木の、先をこがしてそこに油をぬり、もとを紙で巻いたもの。源氏 夕顔「宿直人起こして、—さして参れといへ」訳 宿直を起こして、紙燭に火をつけて（持って）参れと言え。

し-ぞく【親族・親属】（名）「しんぞく」の撥音「ん」の表記されない形）親類。伊勢 一〇二「もと—なりければ、詠みてやりける」訳（男は尼になった女と）もと親類であったので、詠んでおくった歌。

し-ぞ-く【退く】（自カ四）{か・き・く・く・け・け}しりぞく。後方へひきさがる。土佐「ゆくりなく風吹きて、漕げども漕げども、後へ—き(用)に—き(用)て」訳 不意に風が吹き出して、漕いでも漕いでも、（船は後方へ）さがりにさがって。

し-そ-す【為過す】（他サ四）{さ・し・す・す・せ・せ}（「そす」は接尾語）うまくやる。なしとげる。源氏 総角「老人どもは、—し(用)つと思ひて」訳 老いた侍女たちは、（薫を大君に逢わせる企てを）うまくしとげたと思って。

し-そ-む【為初む】（他マ下二）{め・め・む・むる・むれ・めよ}しはじめる。源氏 手習「むつかしきことも—め(用)てけるかなと思ひて」訳（碁などという）めんどうなことをもしはじめてしまったものだなあと（浮舟は）思って。

した【下】（名）❶下方。した。万葉 五・八〇〇「この照らす日月の—は天雲の向か伏す極み」訳 この照らしている日や月の下は、雲のはるかにたなびく果てまで。↔上

❷目上の人の恩恵や庇護を受ける立場。もと。源氏 須磨「ありがたき御顧みの—なりつるを」訳（光源氏の）世に珍しいお世話（=ご恩恵）のもとにあったのに。

❸**地位・格式などの低いこと**。年齢の若いこと。〔浄・国性爺合戦〕「猛き者は上に立ち、弱き者は—につき」訳 強い者は上に立ち、弱い者は低い地位について。

❹内側。内部。裏。万葉 一二・二八五一「吾妹子し衣にありせば—に着ましを」訳 いとしいあの子が着物であったら、（肌につけて人目にふれぬよう）内に着ようものを。

文法「吾妹子し」の「し」は、強意の副助詞。「せば…まし」は反実仮想で、「もし…たなら…だろうに」の意。

❺**心の中**。内心。源氏 須磨「—には思ひ砕くべかめれど、ほこりかにもてなして」訳（前の右近の将監は）心の中ではいろいろ思い悩んでいるにちがいないようだが、（表面は）得意そうにふるまって。文法「べかめれ」は、「べかるめれ」の撥音便「べかんめれ」の「ん」の表記されない形。

❻代金の一部として渡す物品。下取りの品。〔浮世風呂〕「あれを—にやって、挿し込みのあるかんざしと取っ替へたがの」訳 あれを代金の一部にやって、挿し込みの飾りのあるかんざしと取り替えたがなあ。

しだ【時】（名）《上代語》とき。ころ。万葉 一四・三五一五「吾が面の忘れむ—は国はふり嶺に立つ雲を見つつ偲はせ」訳 私の顔を忘れるようなときには、国からわき上がって山の峰に立つ雲を見てはしのんでください。→さだ（名）

参考 東歌および「肥前国風土記」のみに例がある。

し-たい【四諦】（名）《仏教語》（「諦」は、真理の意）仏教の根本教理である苦・集・滅・道をいう。人生は苦であるという苦諦、苦は過去の煩悩・業の集積の結果であるという集諦、煩悩を滅し苦から解脱することが涅槃（=悟り）の境地であるという滅諦、悟りに達するために仏道を修行しなければならないという道諦。四聖諦。四真諦。

し-だい【四大】（名）《仏教語》❶万物を構成する四つの元素。地・水・火・風をいう。四大種。

❷（❶を人体の元素と考えて）人の肉体。なまみ。身体。〔浄・傾城反魂香〕「—の四苦をこの身一つに重ね」訳 肉体の四つの苦しみ（=生・老・病・死）をこの一身に受け。

❸（「四大天王」の略）「してんわう①」に同じ。

し-だい【次第】（名）❶順序。序列。枕 二七八「車の—もなく、『まづ、まづ』と乗りさわぐがにくければ」訳 牛車に乗り込む順序もなく、（皆が）「まず（私が）、まず（私が）」と騒いで乗るのが腹立たしいので。

❷事情。由来。平家 二・大納言死去「北の方の仰せ蒙つし—、こまごまと申して」訳 奥方様のおことばをいただいた事情を、こまかに申し上げて。

❸能楽で、役者が舞台に現れ登場の由来を七五調三句で唱える章節。また、その前に奏せられる囃子。

じ-だい【時代】(名) ❶年代。徒然 八八「四条大納言撰ばれたるものを、道風書かんこと、—や違ひ侍らん」訳 四条大納言(=藤原公任)が編纂なさったもの(=「和漢朗詠集」)を、(小野)道風が書くようなことは、年代が違いましょうが、いかがでしょうか。
❷年代を経て古びていること。古びて値うちのあること。

しだい-しゅ【四大種】(名)「しだい(四大)①」に同じ。方丈 二「—の中に、水・火・風は常に害をなせど、大地にいたりては異なる変をなさず」訳 (仏教でいう)地・水・火・風の四つの中で、水・火・風はいつも(人間に)害を与えるが、大地に及んでは特別な異変を起こさない。

したう【慕う】⇩したふ

した-うづ【下沓・襪】(名)〔「したぐつ」の転〕沓をはくときにつける靴下に似たはきもの。束帯のときは白平絹を用いる。足袋と違って指が分かれていない。枕 一〇八「あたらしき油単に、—はいとよくとらへられにけり」訳 新しい油引きの敷物なので、下沓はたいそうしっかりとつかまえられて(=くっついて)しまった。

(したうづ)

した-おもひ【下思ひ】(名)「したもひ」とも。心中に秘めて表に出さない思い。秘めた恋心。万葉 一一・二四六八「湖葦に交じれる草の知り草の人みな知りぬあが—は」訳 河口の葦に交じっている草の知り草(未詳)ではないが、人はみな知ってしまったことよ、私の秘めた恋心は。(第三句までは「知り」を導きだす序詞)

したがう【従う・随う】⇩したがふ

した-がさね【下襲】(名) 束帯のとき、袍・半臂の下に着た衣。背後の裾を長くして袍の下に出し、引いたまま歩いたり、また、人に持たせたりする。地紋と色目は、職階や季節によって異なる。枕 一二九「—の裾いとながく引き、所せくてさぶらひ給ふ」訳 (伊周は)下襲の裾を長く引いて、あたりも狭いほど堂々と伺候していらっしゃる。

(したがさね)

した-かぜ【下風】(名) 物の下のほうを吹く風。〔浜松中納言物語〕「忘れずは葛の下葉の—のうらみぬほどに音を聞かせよ」訳 私を忘れないなら、葛の下葉を吹く下風が葉の裏を見せるように、あなた(=中納言)を恨めしく思わない程度に便りをよこせよ。(「うらみ」は「裏見」と「恨み」との掛詞。)

した-かた【下形】(名) ❶形木。模型。ひな形。源氏 梅枝「物の—、絵様などをも御覧じ入れつつ」訳 (光源氏は)道具類のひな形や(蒔絵などの)図案などをも目をお通しになっては。
❷下地。素質。また、それの備わった人。候補者。源氏 藤袴「おほやけの御後ろ見となるべきかめる—なるを」訳 (鬚黒は)天皇のご後見役となるにちがいないような素質をもった人であるので。
❸心得。前もっての用意。源氏 鈴虫「宮にも、物の心知り給ふべき—を聞こえ知らせ給ふ」訳 (光源氏が)宮(=女三の宮)にも、法会の内容を理解することがおできになるような予備知識をお教え申しあげなさるようすは。

した-がひ【下交ひ】(名)「したがへ」とも。着物の前を重ね合わせるとき、下になるほう。下前。源氏 葵「嘆きわび空に乱るるわが魂を結びとどめよ—の褄」訳 どうしようもなく嘆いて、(わが身を抜け出て)空にさまよう私(=六条御息所)の物の怪の魂をつなぎ止めてくれ、下前の褄を結んで。

したがひ-お・づ【随ひ怖づ】(自ダ上二){ぢ・ぢ・づ・づる・づれ・ぢよ} 機嫌を損なわぬようびくびくして服従する。源氏 帚木「かうあながちに—・ぢ用たる人なめり」訳 このようにむやみに(私=左の馬頭の)機嫌を損なわぬようびくびくしている女であるようだ。

したが・ふ【従ふ・随ふ】[一](自ハ四){は・ひ・ふ・ふ・へ・へ} ❶**服従する。負ける。**相手の意のままになる。徒然 二一一「奴—・へ已りとて頼むべからず。そむき走ることあり」訳 奴僕が従っている(から)といって頼みにできない。そむいて逃げ去ることがある。
❷あとからついて行く。源氏 蓬生「皆次々に—・ひ用て行き散りぬ」訳 (女房たちは)みなつぎつぎに続いて(暇をとって)離散してしまった。
❸応じる。まかせる。更級 春秋のさだめ「時に—・ひ用見ることとしては、春霞おもしろく」訳 その時々に応じて見ることとしては、(春には)春霞が趣があり。
[二](他ハ下二){へ・へ・ふ・ふる・ふれ・へよ} ❶**服従させる。**意に従わせる。平家 一一・能登殿最期「たとひたけ十丈の鬼なりとも、などか—・へ未ざるべき」訳 たとえ背丈十丈(=約三〇メートル)の鬼であっても、どうして服従させられないことがあろうか(いや、服従させられるはずだ)。
❷連れて行く。率いる。源氏 玉鬘「人を—・へ用、事行ふ身となれるは」訳 (豊後の介が)供人を率いて、事務を処理する身分になったのは。

したがへ-もち・ゐる【従へ用ゐる】(他ワ上一){ゐ・ゐ・ゐる・ゐる・ゐれ・ゐよ} 思いのままに使う。徒然 二一七「神のごとく畏れ尊みて、—・ゐる体ことなかれ」訳 (銭を)神のように畏敬し尊んで、思いのままに使ってはいけない。

した-ぎえ【下消え】(名) 積もった雪の下のほうがとけて消えること。古今 恋二「かきくらし降る白雪の—に消えて物思ふころにもあるかな」訳 空一面を暗くして降る白雪が下のほうでは消えてゆくように、(私も心の中では消え入るまで)、物思いにふけるこのごろであるよ。(第二句までは「消え」を導きだす序詞)

した-ぎ・ゆ【下消ゆ】(自ヤ下二){え・え・ゆ・ゆる・ゆれ・えよ}「したきゆ」とも。積もった雪の下のほうがとけて消える。〔後拾遺〕恋一「—・ゆる体雪間の草のめづらしくわが思ふ人に逢ひ見てしがな」訳 下のほうからとけて消える雪の間の草のように、めったに見られないと私が思うあの人に逢いたいものだなあ。

し-たく【支度・仕度】(名) ❶あらかじめ計画すること。用意。準備。竹取 仏の御石の鉢「石つくりの皇子は、心の—ある人にて」訳 石つくりの皇子は、(先を見通す)心の用意のある人なので。
❷食事。腹ごしらえ。〔浄・夕霧阿波鳴渡〕「いやいや平でも壺でもこの方—ようござる」訳 いやいや平椀

わんでも深皿でも私は食事は十分とっております。

しだ・く一(自カ四){か・き・く・く・け・け}荒れる。乱れ散る。〔夫木〕秋二「野風に―・く(体)刈萱の」訳野原を吹く風のために乱れる刈萱(=草の名)が。
二(他カ四){か・き・く・く・け・け}多く、「踏む」「嚙む」など動詞の連用形に付いて荒らす。乱す。また、砕く。古今 物名「わが宿の花踏み―・く(体)鳥うたむ」訳私の家の庭の花を踏み荒らす鳥をうちこらしめよう。

した-くさ【下草】(名)木の下に生えている草。万葉 一六・三八二〇「春の野の―なびき」

した-ぐつ【下沓・襪】(名)「したうづ」に同じ。

した-ぐみ【下組み】(名)準備。用意。計画。竹取 かぐや姫の昇天「さしこめて、守り戦ふべき―をしたりとも、あの国の人をえ戦はぬなり」訳(私=かぐや姫を)閉じ込めて、守り戦おうとする準備をしたとしても、あの(月の)国の人を相手に戦うことはできないのである。

した-こがれ【下焦がれ】(名)心中ひそかに恋いこがれること。万葉 一一・二六四九「あしひきの山田守る翁が置く蚊火の―のみあが恋ひ居らく」訳山の田を守る老人の置く蚊遣り火が、下のほうでくすぶっているように、心中ひそかに恋いこがれるばかりで私は恋をしていることよ。(「あしひきの」は「山」にかかる枕詞。第三句までは「したこがれ」を導きだす序詞)

した-ごこち【下心地】(名)心の中。内心。枕 八三「―はいとうれしけれど」訳内心はたいそううれしいが。

した-ごころ【下心】(名)❶内心。心底。表面に表さない気持ち。万葉 七・一三〇四「天雲の棚引く山の隠りたるあが―木の葉知るらむ」訳空の雲がたなびいて(隠して)いる山のように、隠れている私の心の底は木の葉が知っているだろう。(第二句までは「隠り」を導きだす序詞)
❷あらかじめ心に期すること。かねてのたくらみ。〔狂・子盗人〕「先度―あって裏道を通ったれば」訳このあいだかねてからの思案があって裏道を通ったところ。

した-ごひ【下恋ひ】(名)心中ひそかに恋い慕うこと。忍ぶ恋。万葉 一七・三九七八「ぬえ鳥のうらなけしつつ―に思ひうらぶれ」訳嘆きながら忍ぶ恋に思いしおれて。(「ぬえ鳥の」は「うらなく」にかかる枕詞)

した-ごろも【下衣】(名)下に着る衣。下着。万葉 一五・三七五一「白栲の吾が―失はず持てれわが背子直に逢ふまでに」訳白い私の(あげた)下着をなくさないで持っていて(ください)、あなたよ。直接逢うときまで。

した-ざま【下ざま】(名)下を向くこと。下向き。細道 忍ぶの里「この谷につき落とせば、石の面―に伏したり」訳この(山陰の)谷に(しのぶもじずりの石を)突き落とすと、石の表面が下向きに(なって)横たわった。

した・し【親し】(形シク){しから・しく(しかり)・し・しき(しかる)・しけれ・しかれ}❶関係が近い。近親である。徒然 三〇「―・しき(体)者、老いたる母など、枕上に寄りゐて泣き悲しめども」訳近親の者や年老いた母などが、枕もとに近寄り座って泣き悲しむけれども。
❷交情が厚い。むつまじい。懇意である。源氏 須磨「国の守も―・しき(体)殿人なれば」訳国守も(光源氏の)親しい家来であるから。

し-だし【仕出し】(名)《近世語》❶新しく作り出すこと。くふう。新案。〔浮・世間胸算用〕「大つごもりの入れかはり男とて、近年の―なり」訳大晦日の(借金取りをだますために互いの家に入れかわる)入れかわり男といって、近年の新案である。
❷装い。おしゃれ。〔浮・世間胸算用〕「都の呉服店の奥さまといはるる程の人、皆遊女に取り違へる(=見まちがえる)―なり」
❸料理を注文に応じて調理し配達すること。また、その料理。
❹芝居で、通行人や群衆などの端役。

した-じた【下下】(名)❶身分の低い人々。庶民。下下。〔狂・猿座頭〕「―までにぎやかさ、申すもおろかな事ぢゃ」訳(世の中が安定して)庶民(に至る)までにぎわうようすは、申し尽くせないほどのことである。
❷部下の者たち。奉公人。〔浮・傾城禁短気〕「―に微塵も姿を見せ給はぬ娘たち」訳奉公人にまったく姿をお見せにならない娘たち。

し-だ・す【仕出す】(他サ四){さ・し・す・す・せ・せ}❶新たに作り出す。考え出す。〔浮・世間胸算用〕「草履のうらに木をつけてはくこと―・し(用)けれども」訳草履の裏に木を打ち付けてはくことを考案したけれども。
❷用意する。準備する。平家 三・法皇被流「かたのごとく御湯―・い(用)(イ音便)て参らせたり」訳(信業は後白河法皇に)形式どおりお湯を用意して差し上げた。
❸しでかす。りっぱなことをする。〔古活字本平治物語〕「この殿は大剛の人かな。…―・し(用)たることよ」訳この殿はすぐれて強い人だな。…たいしたことをしたものよ。
❹身なりを装う。〔浮・好色五人女〕「二十七、八の女、さりとは花車に―・し(用)」訳二十七、八歳の女、これはまたなんとも優雅に装い。
❺かせぎだす。身代を大きくする。〔浮・日本永代蔵〕「年もかさねぬうちに、これにて二百貫目―・し(用)ぬ」訳一年もたたないうちに、(長崎の貧しい町人は)これ(=金平糖を売ること)で二百貫目かせいでしまった。

した-すだれ【下簾】(名)牛車の前後の、すだれの内側にかける帳。女性や貴人が乗る際、外から見えなくするためのもので、多く生絹を用い、長さ約三メートル、二筋を並べかけて長く外へ垂らした。今昔 二六・二「―を垂れて女車のやうにて見むはいかに」訳下簾をおろして、女車のようにして(行列を)見物するのはいかが(であろう)。

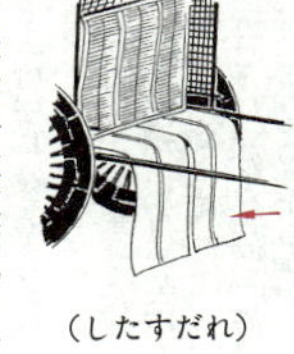
(したすだれ)

した-ぞめ【下染め】(名)本染めをする前に、準備として全体を染めておくこと。

したた-か(形動ナリ){なら・なり(に)・なり・なる・なれ・なれ}❶はなはだ強いさま。てごわいさま。頑丈なさま。著聞 三六五「―・なる(体)者ども六人してとりとどめけるに」訳頑丈な者たちが六人で捕らえ止めたが。
❷しっかりしているさま。確かなさま。源氏 宿木「女方も、いと―・なる(体)わたりにて」訳女(=六の君)のほうも、(里方が)たいそうしっかりしている所なので。枕 六三「帯いと―・に(用)結ひ果てて」訳帯をたいそうしっかりと結び終わって。
❸程度のはなはだしいさま。おおげさなさま。源氏 初音

「いと—・なる(体)みづからの祝ひごとどもかな」[訳]たいそうおおげさな各自めいめいの祝いのことばであるなあ。

❹多いさま。たくさん。じゅうぶん。〔夜の寝覚〕「国のことなど—・に(用)申し居たるさま見るに」[訳]任国のことなどをたくさん申し上げていたようすを見ると。

したたか‐もの【したたか者】(名)気丈な者。しっかり者。剛の者。[平家]一一・能登殿最期「弟の次郎も普通には優れたる—なり」[訳]弟の次郎も並よりは力のある剛の者である。

したたま・る【認まる】(自ラ四){ら・り・る・る・れ・れ}整う。すっかり治まる。[大鏡]道隆「天下のまつりごとは—・り(用)なむ」[訳]天下の政治はきっとすっかり治まるだろう。

したた・む【認む】(他マ下二){め・め・む・むる・むれ・めよ}❶整理する。処理する。きちんとまとめる。[源氏]須磨「よろづの事ども—・め(未)させ給ふ」[訳](離京にあたり光源氏は)すべてのことをあれこれ整理させなさる。[文法]「させ給ふ」の「させ」は、使役の助動詞「さす」の連用形。

❷治める。支配する。[宇治]九・六「大隅守なる人、国の政を—・め(用)おこなひ給ふあひだ」[訳]大隅の守である人が、国の政務を執りおこないなさる間に。

❸用意する。支度する。[源氏]玉鬘「日暮れぬと急ぎ立ちて、御灯のことども—・め(用)果てて」[訳](案内の者が)日が暮れてしまうと急いでしたくして、お灯明のことをあれこれすっかり用意して。

❹食事をする。食べる。〔義経記〕「菓子ども引き寄せて、思ふさまに—・め(用)て居たるところに」[訳]菓子をいろいろ引き寄せて、思う存分に食べていたところに。

❺書きしるす。[細道]市振「あすは古郷にかへす文—・め(用)て」[訳]明日は(連れの男を)故郷へ帰す(ので持たせてやる)手紙を書いて。

した‐だ・む【舌訛む】(自マ四){ま・み・む・む・め・め}ことばがなまる。〔拾遺〕物名「あづまにて養はれたる人の子は—・み(用)てこそ物は言ひけれ」[訳]東国で育てられた子女は、ことばがなまって物は言ったことだ。(「しただみ」に小さな巻き貝の「小螺」を詠みこむ)

したため【認め】(名)❶整理。処理。始末。[源氏]蜻蛉「後の—なども、いとはかなくしてけるを」[訳](浮舟の)死後の始末(=葬式)なども、(右近たちが)たいそうあっけなくしてしまったのを。

❷用意。準備。支度。[源氏]夕霧「今宵しもあらじと思ひつる事どもの—、いと程なくきはぎはしきを」[訳]まさか今夜ではないだろうと(夕霧が)思っていたあれこれのこと(=一条御息所の葬儀)の準備が、とても早く(調って)てきぱきしているのを。

❸食事。〔古活字本平治物語〕「景澄常に—しけるに、下人と一所にありて」[訳]景澄はいつも食事をとったときには、下男と同じ所にいて。

したため‐い・る【認め入る】(他ラ下二){れ・れ・る・るる・るれ・れよ}整えて入れる。丁寧に入れる。[徒然]五四「風流の破子やうのもの、ねんごろにいとなみ出でて、箱風情の物に—・れ(用)て」[訳]趣向をこらした破子(=白木の折り箱)のようなものを、念入りにこしらえあげて、箱のような物の中に整えて入れて。

したため‐は・つ【認め果つ】(他タ下二){て・て・つ・つる・つれ・てよ}かたづけ終わる。すっかり整理する。[宇治]八・三「物ども—・て(用)て」[訳](倉の中の)品々をかたづけ終わって。

したため‐まう・く【認め設く】(他カ下二){け・け・く・くる・くれ・けよ}前もって処置しておく。[徒然]五九「行く末難なく—・け(用)て」[訳]将来(人から)非難されることのないように前もって処置しておいて。

した‐たる・し【舌たるし】(形ク){から・く(かり)・し・き(かる)・けれ・かれ}❶態度や言い方などが甘えている。べたべたしている。〔浮・好色五人女〕「—・き(体)ひとりごと言ふこそをかしけれ」[訳]甘えたひとりごとを言うのがおもしろい。

❷よごれてあかじみている。くたびれている。〔猿蓑〕凡兆「ほつれたる去年の寝ござの—・く(用)」[訳](端が)ほつれている去年の寝ござがよごれてあかじみていて(どことなくわびしい)。

した‐ぢ【下地】(名)❶本来の性質。素質。〔狂・金岡〕「紅や白粉すりぬりたれど、—は(=本来は)黒き山烏」

❷下ごしらえ。準備。〔狂・悪太郎〕「酒は惜しまぬが、—もあるによって」[訳]酒は惜しまないが、下ごしらえもある(=すでに相当飲んでいる)のだから。

❸心の底。本心。〔東海道中膝栗毛〕「—より馴染みたる男に添はせよ」[訳]心の底から馴れ親しんでいる男と一緒にさせよ。

❹(味つけの下地となることから)しょうゆ。また、だし汁。〔東海道中膝栗毛〕「御無心ながら(=すみませんが)、—(=しょうゆ)がすこしあらば、どうぞ貸しておくんなせえ」

した‐ぢ【下道・下路】(名)木の下の道。[万葉]一三・三三四「松の—ゆ登らして国見あそばし」[訳]松の木の下の道を通ってお登りになって、国見をなさり。

し‐た・つ【仕立つ】㊀(他タ四){た・ち・つ・つ・て・て}すっかり…し終わる。[枕]九〇「みな装束—・ち(用)て」[訳]みんな衣装を着終わって。

㊁(他タ下二){て・て・つ・つる・つれ・てよ}❶こしらえる。飾りたてる。つくろいたてる。[枕]三「白馬見にとて、里人は車きよげに—・て(用)て見に行く」[訳]白馬の節会を見に(行こう)と思って、宮仕えしていない人々は牛車を美しい感じに飾りたてて見物に行く。

❷布を裁って縫う。仕立てる。[源氏]少女「あまたくだりいと清らに—・て(用)給へるを」[訳](大宮が、正月の装束を)幾かさねもたいそう美しく仕立てなさったのを。

❸教え込んで育て上げる。仕込む。しつける。[源氏]行幸「中宮の御たぐひに—・て(用)給はむとやおぼすらむ」[訳](秋好)中宮とご同類に(玉鬘を)育て上げなさろうと(光源氏は)お思いになっているのだろうか。

した‐つき【舌つき】(名・形動ナリ)物言いがはっきりしないさま。舌たらず。[源氏]朝顔「さすがに—・に(用)てうちされむとはなほ思へり」[訳](年老いた源典侍は)そういうものの物言いがはっきりしない状態で、(光源氏に)あだっぽくふるまおうとは(今も)やはり思っている。

した‐つゆ【下露】(名)草木からしたたり落ちる露。[秋]。[古今]東歌「宮城野の木の—は雨にまされり」[訳]宮城野の木の枝葉からしたたり落ちる露は雨よりまさっている(のだから)。

した‐て【下手】(名)「したで」とも。位置や身分などの上下で、下のほう。[平家]四・橋合戦「強き馬をば上手に立てよ、弱き馬をば—になせ」[訳]強い馬を(川の)上のほうに並べよ、弱い馬を(川の)下のほうにせよ。↔上手

した‐で‐る【下照る】(自ラ四){ら・り・る・る・れ・れ}花の色などでその下の物が美しく照り映える。万葉 一九・四一三九「春の苑紅にほふ桃の花ー・る(体)道に出で立つをとめ」訳→はるのその…和歌

した‐ど【舌疾】(形動ナリ){なら・なり(に)・なり・なる・なれ・なれ}物の言い方の早いさま。早口。源氏 賢木「のたまふけはひのー・に(用)あはつけきを」訳(右大臣の)おっしゃるようすが早口で軽々しいので。

した‐ど‐し【舌疾し】(形ク){から・く(かり)・し・き(かる)・けれ・かれ}早口である。源氏 常夏「『小賽、小賽』とこふ声ぞ、いとー・き(体)や」訳(近江の君の)「小賽(=さいころの小さい目)(出よ)、小賽(出よ)」と祈る声が、たいへん早口であるよ。

した‐なが【舌長】(名・形動ナリ)口が過ぎること。言い過ぎ。〔浮・西鶴織留〕「お口が広い、と言ふもー・な(体)(口語)こと」訳(家主の内儀の)お口が大きい、と言うのも言い過ぎなことだ。

した‐ば【下葉】(名)草木の下のほうの葉。古今 秋下「白露も時雨もいたくもる山はーのこらず色づきにけり」訳白露も時雨もひどく漏るという守山では、枝の下のほうの葉がすっかり紅葉したことだ。(「もる」は「守山」の「守」と「漏る」との掛詞)。↔上葉

した‐は‐ふ(ホ)ウ【下延ふ】(自ハ下二){へ・へ・ふ・ふる・ふれ・へよ}人知れず思う。心中深く思う。万葉 一八・四一一五「さ百合花後も逢はむとー・ふる(体)心しなくは今日も経めやも」訳後にも逢いたいと人知れず思う心がないならば、今日一日でも過ごすことができようか(いや、できはしない)。(「さ百合花」は「後」にかかる枕詞)

した‐び【下樋】(名)❶水を引くために土中に埋めた樋。埋み樋。〔記〕下「あしひきの山田を作り山高みーを走せ」訳山の田を耕し、山が高いので地中に埋めた樋をめぐらし。(「あしひきの」は「山」にかかる枕詞)
❷箏・琴などの胴の空洞部分。万葉 七・一一二九「琴取れば嘆き先立つけだしくも琴のーに妻やこもれる」訳琴を手に取ると嘆きが先に起こる。もしかしたら、琴の胴の内部に妻が隠れているか。

した‐ひも【下紐】(名)〔上代は「したびも」〕下裳・下袴などの紐。万葉 一二・三一四五「吾妹子し吾を偲ふらし草枕旅の丸寝にー解けぬ」訳私のいとしい人は、私を恋い慕っているらしい。旅のごろ寝で下紐が解けたことだ。(「草枕」は「旅」にかかる枕詞)
参考 人に恋されたり、恋人に会えたりする前兆として、下紐が解けるという俗信があった。

した‐ふ(シタ)(ト)ウ(自ハ四){は・ひ・ふ・ふ・へ・へ}木の葉が赤く色づく。紅葉する。万葉 二・二一七「秋山のー・へ(已)る妹」訳赤く色づいた(ように美しい)乙女。(「秋山の」は「したふ」にかかる枕詞)

した‐ふ(シタ)(ト)ウ【慕ふ】(他ハ四){は・ひ・ふ・ふ・へ・へ}❶心がひかれてあとを追う。ついてゆく。細道 那須「小さき者ふたり、馬の跡ー・ひ(用)て走る」訳小さい子供が二人、馬のあとを追って走ってくる。
❷恋しく思う。懐かしく思う。愛惜する。源氏 朝顔「なき人をー・ふ(体)心にまかせても影見ぬ水の瀬にやまどはむ」訳亡き人(=藤壺)を恋しく思う気持ちのままに後を追っても、その姿が見えない水の瀬、三途の川で(私=光源氏は)迷うことだろうか。(「水の瀬」に「三つの瀬(=三途の川)」をかける)。徒然 一三七「花の散り、月の傾くをー・ふ(体)ならひはさることなれど」訳(桜の)花が散り、月が(西に)沈みかけるのを惜しんで慕う(世間の)習慣はもっともなことであるが。
❸手本とすべき人物について学ぶ。師事する。〔浮・西鶴織留〕「有職の道者にー・ひ(用)」訳有職故実の専門家について学び。

した‐ぶり【舌振り】(名)❶物の言い方。話し方。舌つき。源氏 行幸「ーいとものさはやかなり」訳(近江の君は)話し方がとてもはきはきしている。
❷おそれ驚いて舌をふるわせること。〔源平盛衰記〕「東国の兵(=武者)これを見て、ーして進まざりければ」

した‐へ【下方・下辺】(名)死者の行く地下の世界。黄泉の国。万葉 五・九〇五「若ければ道行き知らじ幣はせむーの使ひ負ひて通らせ」訳(亡き子は)幼いので(あの世への)道の行き方も知らないだろう。礼はしよう、黄泉の国の使者よ、(この子を)背負って通られよ。文法「通らせ」の「せ」は、上代の尊敬の助動詞「す」の命令形。⇩後世「慣用表現」

した‐ま‐つ【下待つ】(他タ四){た・ち・つ・つ・て・て}心ひそかに待つ。心待ちにする。蜻蛉 中「もし見たるけしきもやと、ー・た(未)れけむかし」訳もしかして(この歌を)見たようす(=返事)でもあるだろうかと、内心待たれたのであろうよ。

したみ(名)❶【籭】底が四角で、上のほうが円い竹製のざる。汁や酒をこすのに用いる。
❷【湑み】「湑み酒」の略。枡などからしたたってたまった酒。

した‐みづミズ【下水】(名)物の下を流れる水。〔千載〕春上「春たてば雪のーうちとけて谷のうぐひすいまぞなくなる」訳立春になったので、雪の下を流れる水は(雪がとけて流れ)、谷のうぐいすも今こそ(春を告げて)鳴いているのが聞こえる。

した‐もえ【下萌え】(名)早春、雪や土の下から草の芽が生え出ること。また、その芽。春。〔新続古今〕春上「いつまでか降りにし雪の消えやらで野辺の若菜もーにせん」訳降り積もった雪が消えきらないで、野辺の若菜もいつまで下萌え(の状態)にしているのだろうか。

した‐もえ【下燃え】(名)燃えあがらず、物の下でくすぶること。人知れず思いこがれることのたとえ。古今 恋一「夏なれば宿にふすぶる蚊遣り火のいつまでわが身ーをせむ」訳夏なので、家でくすぶっている蚊遣り火のように、いつまで私は人知れず思いこがれることをするのだろう。(第三句までは「下燃え」を導きだす序詞)

した‐もひモイ【下思ひ】(名)〔「したおもひ」の転〕「したおもひ」に同じ。万葉 一二・三〇二二「行方無み隠れる小沼のーにあれそもの思ふこのころの間」訳水の流れゆく所もないので、こもっている小沼のように、秘めた恋に私は物思いをすることだ、このごろずっと。(第二句までは「下思ひ」を導きだす序詞)

した‐もみぢモミジ【下紅葉】(名)紅葉した樹木の下の方の葉。新古 秋下「ーかつ散る山の夕時雨ぬれてやひとり鹿の鳴くらん」訳紅葉した樹木の下葉が一方で次第に散っていく山の夕方の時雨に濡れながら、鹿がひとり(妻をしたって)鳴いているのであろうか。

した‐も‐ゆ【下萌ゆ】(自ヤ下二){え・え・ゆ・ゆる・ゆれ・えよ}地中から草の芽が出はじめる。芽ぶく。新古 春上「春日野の

―・え(用)わたる草の上につれなく見ゆる春の淡雪」訳春日野の、一面に芽ぶいているその草の上に、無情に消え残って見える春の淡雪よ。

した‐も‐ゆ【下燃ゆ】(自ヤ下二){え・え・ゆ・ゆる・ゆれ・えよ}物の下で燃えくすぶる。人知れず思いこがれることにたとえる。〔栄花〕根あはせ「―・ゆる(体)嘆きをだにも知らせばや」訳人知れず思いこがれている嘆きだけでも知らせたいものだ。

志太野坡《人名》(一六六三?〜一七四〇)江戸中期の俳人。越前(福井県)の人。蕉門十哲の一人。「炭俵」の編集に参加。句風は軽俗。

じ‐だらく【自堕落】(名・形動ナリ)身持ちに締まりがないこと。だらしないようす。〔浮・好色一代男〕「着る物も―・に(用)(=だらしなく)帯ゆるく」

し‐たり(感)〔サ変動詞「為す」の連用形「し」に完了の助動詞「たり」の付いたもの〕❶うまくやった。でかした。〔浄・神霊矢口渡〕「さても―(=それにしてもでかした)、恋の知恵はまた格別」❷しまった。やりそこなった。〔浄・伊賀越道中双六〕「これは―、大事の用をとんと(=すっかり)忘れた」❸まあ、驚いた。意外だ。〔伎・壬生大念仏〕「これは―、さても結構な邸へ来た」参考②③は、多く「これはしたり」の形で用いられる。

したり‐がほ【したり顔】(名・形動ナリ)得意顔。思いどおりになったという表情。枕二六「我はなど思ひて―・なる(体)人謀り得たる」訳われこそはなどと思って得意顔である人をだますことができたとき(もうれしい)。

しだり‐を【し垂り尾】(名)長く垂れさがっている尾。〔拾遺〕恋三「あしひきの山鳥の尾の―のながながし夜をひとりかも寝む」訳→あしひきの…和歌

し‐だ・る【し垂る】(自ラ四・下二){ら・り・る・る・れ・れ／れ・れ・る・るる・るれ・れよ}垂れさがる。長く下に垂れる。源氏蓬生「柳もいたう―・り(用)(四段で)」訳柳の枝もたいそう垂れさがって。参考中古までは四段活用。後世、下二段に転じた。

した‐わらび【下蕨】(名)草の下陰に生え出たわらび。

した‐ゑ【下絵】(名)紙・絹・綾などに下地の装飾としてかかれた絵。その上に和歌や詩文をかく。

した‐ゑま・し【下笑まし】(形シク){しから・しく(しかり)・し・しき(しかる)・しけれ・しかれ}〔「した」は「心中」の意〕心の中でうれしく思うさま。心の中でにこにこしたくなるさま。万葉六・九四一「明石潟潮干の道を明日よりは―・しけ(未)む家近づけば」訳明石潟の潮の引いた道を明日からは心の中でうれしく思うだろう。わが家が近くなるので。(「下笑ましけ」は上代の未然形)

した‐をぎ【下荻】(名)他の草の下に生えている荻。一説に、荻の下葉の意とも。源氏夕顔「ほのめかす風につけても―のなかばは霜にむすぼほれつつ」訳それとなく吹く風(のようなお手紙をあなた=光源氏が寄こして関係をちらつかせる)につけても、荻の下葉の半分は霜にあたってしおれていることだ(私=軒端の荻は蔵人の少将と結婚したが、半分はあなたを思ってふさぎこんでいることだ)。(「風」「霜」「むすぶ」は縁語)参考和歌で、「下に招く(=心の中で人を待つ)」にかけて用いることが多い。

した‐をれ【下折れ】(名)草木の下枝が折れて垂れさがること。また、その枝。

し‐たん【紫檀】(名)インド原産の木の名。材は暗赤色を帯びて堅く、器具調度用に珍重される。

し‐だん【師檀】(名)師僧と檀那。寺と檀家。また、その関係。宇治四・一七「浅井の郡司は親しきうへに、―にて」訳浅井の郡司は(慈恵僧正と)親しいうえに、師僧と檀家の関係で。

しち【質】(名)❶約束の保証として預けておく品物。借金の抵当。竹取火鼠の皮衣「もし金たまはぬものならば、かの衣の―返したべ」訳もし(あべの右大臣が残りの代金をくださらないものならば、あの預けておいたものである衣(=皮衣)を返してください。❷人質。今昔二三・二四「その妹を―に取りて、刀を差しあてて抱きて居たりけり」訳(男は)その(光遠の)妹を人質にとって、刀をつきつけて抱いていた。

しぢ【榻】(名)牛車の牛をとりはずしたとき、轅の軛を支える机形の台。乗り降りの踏み台としても使った。徒然四四「―に立てたる車の見ゆるも、都よりは目止まる心地して」訳(轅を)榻台にのせた牛車が見えるのも、都(で見る)よりは目につく感じがして。⇩巻頭カラーページ19

じち【実】(名)「じつ」とも。実際の物事。真実。事実。源氏常夏「ようせずは、―の御子にもあらじかし」訳もしかすると、(玉鬘は光源氏の)実のお子様でもないだろうよ。

し‐ちく【糸竹】(名)〔「糸」は琴・琵琶の類、「竹」は笙・笛の類〕楽器の総称。また、音楽。管弦。「いとたけ」とも。徒然一二二「詩歌に巧みに、―に妙なるは、幽玄の道」訳漢詩や和歌にすぐれ、音楽が上手なのは、深い趣のある風流の道(であり)。

しち‐だいじ【七大寺】(名)奈良にある七つの大寺。東大寺・興福寺・西大寺・元興寺・大安寺・薬師寺・法隆寺の総称。南都七大寺。

しち‐だう【七道】(名)律令制下の地方行政区画。東海道・東山道・北陸道・山陰道・山陽道・南海道・西海道の総称。畿内五か国と合わせて五畿七道という。

しちだう‐がらん【七堂伽藍】(名)《仏教語》寺院の建物の総称。七堂とはふつう金堂・講堂・塔・鐘楼・経蔵・僧坊・食堂をいうが、時代・宗派によって異なる。〔泊船集〕芭蕉「奈良七重―八重桜」訳(奈良は「七大寺」と呼ばれる、七堂伽藍をそなえた立派な古寺が多い。その奈良の七堂伽藍をかつて伊勢大輔が和歌に詠んだ八重桜が、今を盛りと幾重にもとりまいて咲いていることだ。

しち‐とく【七徳】(名)「しっとく」とも。❶武の持つ七つの徳。暴を禁じ、兵を戢め、大を保ち、功を定め、民を安んじ、衆を和し、財を豊かにすること。「春秋左氏伝」に見える。〔太平記〕三〇「武臣―の干戈を収めて、聖主万歳の宝祚を仰ぎ奉るべし」訳武家の臣は武力の持つ七徳の武器をしまって、聖主の万年も続く皇位を尊び申しあげるがよい。❷「七徳の舞」の略。

しちとく‐の‐まひ【七徳の舞】舞楽の一。唐の太宗が「春秋左氏伝」の七徳(=武の持つ七つの徳)にちなんで作った。秦王破陣楽。七徳。徒然二二六「―を二つ忘れたりければ、五徳の冠者と異名をつき

にけるを」訳 七徳の舞を(そのうち)二つ忘れてしまったので、(人々が)五徳の冠者とあだ名をつけてしまったのを。

しち-ふくじん【七福神】(名)福徳の神として信仰される七柱の神。恵比須(えびす)・大黒天・毘沙門天(びしゃもんてん)・弁財天(べんざいてん)・福禄寿(ふくろくじゅ)・寿老人(じゅろうじん)・布袋(ほてい)の総称。

(しちふくじん)

しち-ほう【七宝】(名)「しっぽう」に同じ。

しち-や【七夜】(名)子供が生まれて七日目の夜。また、その祝い。お七夜。「七日(なぬか)」とも。大鏡 道隆「帥殿(そちどの)は、この内の生(むま)れさせ給へりし—に、和歌の序代(じょだい)書かせ給へりしぞ、なかなか心なきことやな」訳 帥殿(＝伊周(これちか))は、この天皇(＝後一条天皇)がお生まれになられたお七夜の祝いに、和歌の序文をお書きになられたことは、かえって思慮のないことだね。→産養(うぶやしなひ)

し-ちゃう【使庁】(名)「検非違使庁(けびゐしちやう)」の略。

じ-ちゃう【仕丁】(名)諸国から徴集されて、諸官庁の労役や雑役に使われた下男。のちには、貴族の家や寺社などで雑役に使われた者。徒然 三六「女の方より、『—やある、ひとり』など言ひおこせたるこそ、ありがたくうれしけれ」訳 女のほうから、「下男はいるか、一人(貸してください)」などと(手紙で)言ってよこしたのは、めったになくうれしい。

し-ぢゅう【四重】(名)《仏教語》「四重罪」「四重禁戒」の略。殺生・偸盗(ちゅうとう)・邪淫・妄語の四つの戒を犯す大罪。徒然 一一一「囲碁・双六(すぐろく)好みて明かし暮らす人は、—五逆にもまされる悪事とぞ思ふ」訳 囲碁や双六を好んで毎日を過ごす人は、四重罪や五逆罪をも上まわった悪事をしているのだと思う。

じち-よう【実用】(名・形動ナリ)実直。律義。まじめ。伊勢 一〇三「いとまめに—に(用)て、あだなる心なかりけり」訳 (その男は)たいそうまじめで実直であって、軽薄な心がなかった。

慈鎮(じちん)『人名』→慈円(じえん)

しつ【失】(名)❶失敗。あやまち。徒然 一八七「巧みにしてほしきままなるは、—の本(もと)なり」訳 器用で(はあるが)勝手気ままなのは、失敗のもとである。❷欠点。きず。著聞 三六六「いかにもして—を見出(みい)ださんと思ひ給ふところに」訳 (鳥羽(とば)僧正は)なんとしても(侍法師の絵の)欠点を見つけようと思っていらっしゃるときに。❸弊害。徒然 一三〇「これみな、争ひを好む—なり」訳 以上はすべて、勝負事を好む弊害である。❹損失。徒然 一六四「世間の浮説、人の是非、自他のために—多く、得少なし」訳 世間のうわさや、他人の批評は、自分のためにも他人のためにも損失が多くて、得るものが少ない。

しつ【瑟】(名)奈良時代に伝わった中国古代の弦楽器の一種。箏(そう)に似るが、それより大きい。弦の数は二十三、二十五など。〔太平記〕二六「趙王(てうわう)力なく—を調べ給ふ(＝演奏しなさる)」

しづ【賤】(名)身分の低いこと。また、身分の低い者。徒然 一四「あやしの—・山がつのしわざも、言ひ出(い)でつればおもしろく」訳 いやしい身分の低い者や山中に住む樵(きこり)の所業も、(歌に)言い表してしまうと興趣があって。

しづ【倭文】(名)〔上代は「しつ」〕唐から輸入された「綾(あや)」に対して、日本古来の織物の名。こうぞ・麻などの繊維から作った横糸を青・赤などに染めて、乱れ模様に織りあげたもの。万葉 一七・四〇一一「神の社(やしろ)に照る鏡—に取り添へ乞ひ祈(の)みて」訳 神社に照り輝く鏡を倭文に取り添えて(奉り)、祈願して。

し-づ【垂づ】(他ダ下二){で・で・づ・づる・づれ・でよ}垂らす。垂れさげる。万葉 六・一〇三一「後(おく)れにし人を偲(しの)はく四泥(しで)の崎木綿(ゆふ)取り—で(用)て幸(さき)くとぞ思ふ」訳 後に残ってしまった人をしのぶことには、四泥の崎で木綿を取り垂らして(手向け)、無事で(あれ)と思うことだ。

じつ【実】(名)❶「じち」とも。実際の物事。真実。〔雨月〕菊花の約「欺(あざむ)くに詞(ことば)なければ、—をもて告ぐるなり」訳 だますのに(言い表す)ことばがないので、真実をも

古語ライブラリー㉓ 『万葉集』の表記

上代、奈良時代にはまだひらがなもかたかなもできていなかった。『古事記』『日本書紀』『万葉集』『風土記』など、上代の文献は漢字だけで書かれている。『日本書紀』は純粋の漢文体で書かれているが、『古事記』『万葉集』『風土記』などは純粋の漢文体ではない。とくに、日本語をそのまま書き表す必要のある歌謡などの部分は、独特の書き表し方になっている。どんなふうに漢字で書かれているか、『万葉集』の歌を例に、見慣れた漢字ひらがな交じり文に書き改めたものと原文とを並べてみよう。

A 東(ひむがし)の野に陽炎(かぎろひ)の立つ見えて返り見すれば月かたぶきぬ
a 東野炎立所見而反見為者月西渡 〈万葉 一・四八〉
B 古(いにしへ)に恋ふらむ鳥は霍公鳥(ほととぎす)けだしや鳴きし吾(あ)が思へるごと
b 古尓恋良武鳥者霍公鳥盖哉鳴之吾念流碁騰 〈万葉 二・一一二〉
C 世の中は空(むな)しきものと知る時(とき)しいよよますます悲しかりけり
c 余能奈可波牟奈之伎母乃等志流等伎子伊与余麻須万須加奈之可利家理 〈万葉 五・七九三〉

aの用法は漢字本来のものであるが、cになると漢文としては意味をなさないものになっている。もっぱら漢字の音だけを借りて日本語を書き表した用法で、このような用法の漢字を真仮名(まがな)あるいは万葉仮名という。bの例は名詞や動詞が表意性のある漢字、助詞・助動詞が真仮名であり、今日の漢字ひらがな交じり文のような用字法になっている。

ふつうは『万葉集』を原文では読まない。しかし、上代のことばについて考える場合には、原文が貴重な資料になっている。とくに一字一音の真仮名で書かれた部分は重要視される。

⇩六二九ページ㉔

って話すのである。❷本性。実体。[細道]仙台「さればこそ風流のしれもの、ここに至りてその―を顕はす」[訳]思ったとおり風流の道におけるしたたか者は、ここに至ってその本性を発揮する。

じつ-う【実有】(名)《仏教語》万物が実在すること。万物は本来空であるのに、衆生は迷いのためにこれを実在と思いこむことをいう語。[徒然]二九「皆虚妄なれども、誰か―の相に著せざる」[訳](喜怒哀楽は)すべて迷いから起こる現象であるが、だれが(そうした)実在しないものが実在しているかのような現実の状態に心をとらわれないか(いや、みなとらわれる)。

しづ-え【下枝】(名)下のほうの枝。したえだ。[万葉]五・八四二「わが宿の梅の―に遊びつつうぐひす鳴くも散らまく惜しみ」[訳]わが家の梅の木の下のほうの枝で遊んではうぐいすが鳴いていることよ。(梅の花が)散ってしまうのを惜しんで。↔上枝

しづ-か【静か・閑か】(形動ナリ){なら・なり(に)・なり／なる・なれ・なれ}❶心が落ち着いているさま。やすらかなさま。[徒然]一七三「心おのづから―・なれ(已)ば、無益のわざをなさず」[訳]心が自然に落ち着いているから、無益なことをしない。❷物音のないさま。静かだ。[枕]二〇一「声のありさま、聞こゆべうだにあらぬほどにいと―・なり(終)」[訳]声のようすが、聞こえそうにさえないほどにたいそう静かである。

じっ-かい【十戒】(名)《仏教語》沙弥(=未熟な僧)が修行上守るべき十の戒律。また、在俗の人が犯してはならないとされる「十悪」に対する戒律。

じっ-かい【十界】(名)《仏教語》迷いの世界と悟りの世界とを十に分けたもの。悟界として仏界・菩薩界・縁覚界・声聞界。迷界として天上界・人間界・修羅界・畜生界・餓鬼界・地獄界。

しっ-かう【膝行】(名・自サ変)座礼の一つ。ひざまずいて、膝頭で進んで礼拝し、膝頭で退くこと。[平家]四・南都牒状「重代の家君にかへって―の礼をいたす」[訳]代々続く家柄の主人(=藤原氏)が逆に清盛に対して膝行の礼をいたす。

しづかさや… [俳句]

> 閑かさや　岩にしみ入る　蟬の声　夏
> 〈おくのほそ道・立石寺・芭蕉〉

[訳]何という静けさであろう(この山寺の境内は)。(この静寂の中に)鳴く蟬の声も、あたりを圧する岩肌にしみ入るように感じられるさらに深い静寂が心に迫るようだ。(蟬[夏]。切れ字は「や」)
[解説]初案「山寺や石にしみつく蟬の声」。

しっか-と【確と】(副)(「しかと」を強めた言い方)しっかりと。〔仮名・伊曽保〕「かの人の足に―食ひつきければ」

じっ-かん【十干】(名)ものの順序などを示す甲・乙・丙・丁・戊・己・庚・辛・壬・癸のこと。陰陽道と結びついて、木・火・土・金・水の五行に配当し、それぞれを「兄弟」(陽と陰)に分ける。木兄(=甲)・木弟(=乙)・火兄(=丙)・火弟(=丁)・土兄(=戊)・土弟(=己)・金兄(=庚)・金弟(=辛)・水兄(=壬)・水弟(=癸)。十二支と組み合わせ、年・月・日を示すのに用いられた。干支を「えと」と称して、→干支①・十二支。⇩巻頭カラーページ24

十訓抄(じっきんせう)【作品名】鎌倉中期の説話集。編者は六波羅二臈左衛門入道といわれる。建長四年(一二五二)に成立。年少者のために教訓的説話約二百八十話を十項目に分け集成したもの。

し-つ-く【為付く・仕付く】 □一(他カ四){か・き・く／く・け・け}やりつける。し慣れる。[枕]一三〇「犬防ぎに簾さらさらとうちかくる、いみじう―・き(用)たり」[訳](小坊主たちが)犬防ぎ(=背の低い格子の柵)にすだれをさらさらと掛けるのが、実にし慣れている。□二(他カ下二){け・け・く／くる・くれ・けよ}❶作りつける。仕掛ける。[堤]虫めづる姫君「くちなはの形をいみじく似せて、動くべきさまなど―・け(用)て」[訳](帯を)蛇の形にそっくり似せて、動くことができる(ような)趣向などを仕掛けて。❷礼儀・作法を教え習わせる。しつける。❸嫁入りさせる。奉公させる。〔浮・好色一代女〕「衣類諸道具美をつくして―・け(用)る」[訳]着物や道具類など華美の限りをつくして嫁入りさせた。

しづ-く【沈く】(自カ四){か・き・く／く・け・け}❶水底に沈んでいる。[万葉]七・一三二〇「水底に―・く(体)白玉誰がゆゑに心つくしてわが思はなくに」[訳](海の)水の底に沈んでいる真珠(のようなあなた)よ。(あなた以外の)だれかのために(これほど)心を尽くして私は思わないことなのに。❷水面に映って見える。[古今]哀傷「水の面に―・く(体)花の色さやかにも君が御影の思ほゆるかな」[訳]水面に映って見える(沈んだ)花の色が鮮やかなように、ありありと亡き天皇の御面影がしのばれることだ。(第二句までは「さやかに」を導きだす序詞)

しづけ-し【静けし】(形ク){(から)・く(かり)・し・き(かる)・けれ・かれ}静かだ。[万葉]七・一二三七「―・く(用)も岸には波は寄せけるか」[訳]静かにも岸辺には波は寄せたことだなあ。

じつ-げつ【日月】(名)❶太陽と月。[細道]出羽三山「更に―行道の雲関に入るかとあやしまれ」[訳](月山を登って行くと)いよいよ太陽や月の通路にある雲の関所に入るかと疑われる(ほどで)。❷月日。歳月。〔和漢朗詠集〕「長生殿の裏には春秋富めり、不老門の前には―遅し」[訳]長生殿の内では(わが君も)若く前途が豊かであるし、不老門の前では月日(の過ぎるの)も遅い。

しっ-けん【執権】(名)❶政権を握ること。また、その人。[平家]二・小教訓「故少納言の入道信西が―の時にあひ当たって」❷「院の庁(=上皇や女院に付属し、その事務を執る役所)」の別当(=長官)。❸鎌倉幕府の職名。はじめは政所の長官をいったが、のちに幕政の最高職となり、政務を統轄した。❹室町時代、管領の異称。

じっ-けん【実検】(名・他サ変)物事の真偽や、本物かどうかを調べること。[平家]一一・志度合戦「判官は志度の浦におりゐて頸ども―・し(用)ておはしけるが」[訳]判官(=義経)は志度の浦に降り立って、いくつもの首を本物かどうか調べていらっしゃったが。

しづ-ごころ【静心】(名)静かな心。落ち着いた心。

〔古今〕春下「久方の光のどけき春の日に—なく花の散るらむ」〔訳〕→ひさかたの…〔和歌〕

じつ‐ごと【実事】(名) ❶歌舞伎で、分別・常識のある人物を主役として、日常生活に近い事件を写実的に演じること。また、その役柄。

❷真剣なこと。真実。〔浄・五十年忌歌念仏〕「そなたとわが身は—にて、口舌などする挨拶か」〔訳〕あなたと私は真実の仲で、口論などをする仲か(いや、ちがう)。

じつ‐じ【実事】(名) 実際のこと。現実のこと。本当のこと。〔難波土産〕「歌舞伎の役者なども、とかくその所作(=演技)が—に似るを上手とす」

しっ‐す【執す】(他サ変)〔せ・し・す・する・すれ・せよ〕「しふす」とも。深く心にかける。執着する。執心する。〔平家〕五・都遷「先祖の御門のさしも—・し(用)おぼしめされたる都を…他国他所へうつさるるこそあさましけれ」〔訳〕(平家の)先祖の帝(=桓武天皇)があれほど深く心にかけてお思いになっていた都(=平安京)を…(清盛が)他国他所(=福原)へお遷しになるとは驚きあきれることだ。〔文法〕「こそあさましけれ」は係り結び。

しづ‐たまき—【倭文手纏】(名)〔上代は「しつたまき」〕「倭文」で作った腕輪。

しづたまき【倭文手纏】《枕詞》〔上代は「しつたまき」〕「しづたまき」が粗末なものであることから、「数にもあらぬ」「賤しき」にかかる。〔万葉〕四・六七二「—数にもあらぬ命もて」。〔万葉〕九・一八〇九「—賤しきわがゆゑ」

しっ‐ちん【七珍】(名)《仏教語》「しっぽう」に同じ。

しっちん‐まんぼう【七珍万宝】(名)「しっちんまんぽう」とも。あらゆる種類の宝物。〔平家〕一・吾身栄花「—一つとしてかけたることなし(=欠けていることがない)」

しっ‐つい【失墜】(名・他サ変) ❶落ちたりちぎれたりして、欠け失うこと。

❷浪費すること。むだ。〔浮・万の文反古〕「人目ばかり思ひて手前の—を構はず」〔訳〕人の目ばかり気にして、暮らし向きの浪費を気にせず。

❸不足。〔浮・日本永代蔵〕「これ、観音の銭なれば、いづれも—なく返納し奉る」〔訳〕これは観音様の銭なので、どれも不足なく返納し申しあげる。

じっ‐てい【十体】(名) ❶歌論で、和歌をその表現様式から十種類に分類したもの。壬生忠岑や藤原定家などの分類法がある。

❷能楽で、さまざまな種類の役。役柄のあらゆる風体。〔風姿花伝〕「—を得たらん人は、その中の故実・工夫にては、百色にも亘るべし」〔訳〕(能の)十体を会得したような人は、その(各風体の)中の技巧・工夫によっては、百種の役柄にも通じるにちがいない。

じっ‐てい【実体】(名・形動ナリ) まじめ。正直。律義。〔痼癖談〕「昔ありしは、ひたすら—・に(用)て、頼もしかりしを」〔訳〕昔いた人(=儒学者)は、ただただまじめであって、頼もしかったが。

じっ‐てつ【十哲】(名)〔「哲」は智の意〕十人のすぐれた門人。→蕉門十哲

しづ‐の‐め—【賤の女】身分の低い女。〔狭衣物語〕「言ひ知らずあやしからむ—の腹にても」〔訳〕言いようもなくいやしいような身分の低い女から生まれたのでも。

しづ‐の‐や—【賤の屋・賤の家】身分の低い者の家。〔枕〕三〇二「あやしき—も雪にみな面隠しして、有り明けの月のくまなきに、いみじうをかし」〔訳〕粗末な身分の低い者の家も雪ですっかり表面を隠して、有り明けの月がかげりなく照っていて、たいそう情趣がある。⇩苫屋「慣用表現」

しづ‐の‐を【賤の男】身分の低い男。「しづを」とも。〔源氏〕夕顔「隣の家々、あやしき—の声々、…言ひかはすも聞こゆ」〔訳〕(夕顔の家の西)隣の家々で、いやしい身分の低い男らの声々で、…ことばをかわすのも聞こえる。

しづ‐の‐をだまき【倭文の苧環】「倭文」を織るのに用いる苧環(=糸を中を空にして球状に巻いたもの)。和歌で「繰る」などの序詞として用いられる。〔伊勢〕三二「いにしへの—くりかへし昔を今になすよしもがな」〔訳〕→いにしへの…〔和歌〕

じっ‐ぱう—【十方】(名) 東西南北の四方と、その間の艮(=北東)・巽(=南東)・坤(=南西)・乾(=北西)の四隅と上下とを加えた称。あらゆる所。

しづ‐はた—【倭文機】(名)〔上代は「しつはた」〕「倭文」を織る織機。また、それで織った布。

じっ‐ぷ【実否】(名) 真実と偽り。真偽。〔平家〕一・殿上闇討「刀の—について咎の左右あるべきか」〔訳〕(殿上で抜いた)刀の真偽(=本物かどうか)によって罪にするかしないかの指図を下すのがよいのではないか。

十返舎一九(じっぺんしゃいっく)『人名』(一七六五〜一八三一)江戸後期の戯作者。本名重田貞一。駿河(静岡県)の人。大坂で浄瑠璃作者となったが、のち江戸に出て戯作に従事し、式亭三馬とともに滑稽本の全盛時代をつくった。主著「東海道中膝栗毛」

しっ‐ぽう【七宝】(名)《仏教語》「しちほう」とも。七種の宝物。無量寿経では金・銀・瑠璃・玻璃・硨磲・珊瑚・瑪瑙を、法華経では金・銀・瑠璃・瑪瑙・硨磲・真珠・玫瑰をいう。七珍。

しづま・る【鎮まる・静まる】(自ラ四)〔ら・り・る・る・れ・れ〕❶神が鎮座する。〔万葉〕二・一九九「神ながら—・り(用)ましぬ」〔訳〕(高市皇子は)神として(そこに)鎮座しなさった。

❷騒ぎや戦乱がおさまる。静かになる。〔平家〕七・忠度都落「その後、世—・っ(用)(促音便)て」〔訳〕その後、世の中は騒ぎがおさまって。

❸気性や態度が落ち着く。〔源氏〕胡蝶「いと—・り(用)たる人なり」〔訳〕(柏木は)とても落ち着いている人である。

❹寝静まる。〔徒然〕二九「人—・り(用)て後、長き夜のすさびに」〔訳〕家人が寝静まって後、長い夜の慰みに。

❺勢力が衰える。しおれる。〔源氏〕野分「所狭かりし御勢ひの—・り(用)て」〔訳〕あたりも狭しと盛んだった(大宮の)御権勢が衰えて。

じつ‐みゃう—【実名】(名) 本名。〔義経記〕「—は祖父は為義、父は義朝、兄は義平と申しける」↔仮名

しづ・む【沈む】■(自マ四)〔ま・み・む・む・め・め〕❶水中に没する。水中に沈む。〔平家〕七・忠度都落「今は西海の浪の底に—・ま(未)ば—・め(命)」〔訳〕今となっては(この身が)西海の波の底に沈むのならば沈んでもよい。〔文法〕「しづまばしづめ」は、「未然形＋ば(接続助詞)＋命令形」の形の放任法。⇩思ひ置く「名文解説」。↔浮かぶ・浮く

❷身分・官位が下がる。落ちぶれる。〔源氏〕帚木「もとの

品(しな)高く生まれながら、身は―・み(用)」訳本来の家柄は高貴に生まれながら、身は落ちぶれ。↔浮かぶ ❸罪・苦界(くがい)などに陥る。また、死者の霊が成仏できない。悪道に沈む。〔源氏〕澪標「いかでかの―・み(用)給ふらむ罪救ひ奉ることをせむ」訳どうにかしてあの(亡き桐壺院の)成仏できないでいらっしゃるであろう罪をお救い申しあげること(=仏事)をしよう。↔浮かぶ ❹気がふさぐ。うちしおれる。〔源氏〕明石「いみじき憂(うれ)へに―・む(体)を見るにたへがたくて」訳(あなた=光源氏がひどい悲嘆にうちしおれているのを見ると、(私=亡き桐壺院は)こらえきれなくて。❺重い病気にかかる。わずらう。〔源氏〕澪標「病に―・み(用)て返し申し給ひける位を」訳(左大臣が)病にかかってお返し申しあげなさった官位を。

㊁(他マ下二)〔め・め・む・むる・むれ・めよ〕❶水中に沈める。〔平家〕一一・先帝身投「分段(ぶんだん)の荒き浪(なみ)、玉体を―・め(用)奉る」訳六道をめぐる人間の生死の(ような)荒波が、天皇の御身を水中にお沈め申しあげる。↔浮かぶ・浮く ❷身分・地位などを下げる。没落させる。落ちぶれさせる。〔源氏〕明石「かう身を―・め(用)たるほどは、行ひよりほかのことは思はじ」訳(私=光源氏は)こんなに身を落としている間(=謹慎中)は、仏道修行よりほかのことは考えまい。↔浮かぶ

しづ・む(シズム)【鎮む・静む】(他マ下二)〔め・め・む・むる・むれ・めよ〕❶神を鎮座させる。〔紀〕神功「神の教(みこと)のまにまに―・め(用)坐(す)ゑまつる」訳神のおことばに従って鎮座させ、お据え申しあげる。❷乱れをおさえる。鎮定する。〔源氏〕明石「住吉(すみよし)の神、近き境を―・め(用)守り給ふ」訳住吉の神よ、(あなたは)この近くの地域を鎮め守りなさる。❸気持ちを落ち着かせる。感情の高ぶりを抑える。〔万葉〕五・八一三「韓国(からくに)を向け平らげて御心を―・め(用)給ふと」訳新羅(しらぎ)の国を服従させ平定して、お気持ちを落ち着かせなさるといって。❹静かにさせる。寝静まらせる。〔源氏〕夕顔「夜深きほどに、人を―・め(用)て出(い)で入りなどし給へば」訳(光源氏は)夜の更けた時分に、家人を寝静まらせて(夕顔の家に)出入りなどなさるので。

しづめ(シズメ)【鎮め】(名)乱れを鎮定すること。また、しずめるための神など。鎮護。〔万葉〕三・三一九「日の本の大和(やまと)の国の―とも座(いま)す神かも」訳大和の国(=日本)の鎮護としてもいらっしゃる神であるよ。(「日の本の」は「大和」にかかる枕詞)

しづ・やか(シズ)【静やか】(形動ナリ)〔なら・なり(に)・なり・なる・なれ・なれ〕(「やか」は接尾語)もの静かなさま。穏やかで落ち着いているさま。〔更級〕春秋のさだめ「おとなしく―・なる(体)けはひにて、ものなど言ふ」訳おとなびてもの静かなようすで、話などをする。

しづ・やまがつ(シズ)【賤山賤】(名)山里に住む身分の低い者。樵(きこり)などをさしていう。〔方丈〕二「あやしき(=いやしい)―も力尽きて(薪(たきぎ)を運ばないので)、薪さへ乏(とも)しくなりゆけば」

しつらひ(シツライ)(名)部屋などに調度類を飾りつけること。装飾。設備。〔大和〕一七三「内の―見入るれば、昔おぼえて」訳(家の)中の調度や飾りつけをのぞいてみると、(栄えていた)昔が思い出されて。

しつら・ふ(シツラ(ロ)ウ)(他ハ四)〔は・ひ・ふ・ふ・へ・へ〕部屋などに調度類を飾りつける。設ける。設備する。〔枕〕九九「塗籠(ぬりごめ)の前の二間(ふたま)なる所をことに―・ひ(用)たれば、例ざまならぬもをかし」訳塗籠(=周囲を壁で塗りこめた部屋)の前の二間である部屋を特別に飾りつけたので、いつものようすでないのもおもしろい。

し・つる(思わぬもうけものだという気持ちで)うまくやった。〔宇治〕三・六「あはれ、―所得(とくせう)かな」訳ああ、うまくやったもうけものだなあ。⇩所得「名文解説」
なりたち サ変動詞「為(す)」の連用形「し」＋完了の助動詞「つ」の連体形「つる」

しづ・わ(シズ)―【後輪】(名)「しつわ」とも。鞍(くら)の後方の山形に高くなった部分。しりわ。〔愚管抄〕「鞍の―の上より腰に立ちたりけるを、後ろより引き抜ける」訳鞍の後輪の上から腰にささったの(=矢)を、うしろから引き抜いた。⇩巻頭カラーページ17

しづ・を(シズオ)【賤男】(名)身分の低い男。「しづのを」とも。〔万葉〕一八・四〇六一「堀江より水脈(みを)引きしつつ御船(みふね)さす―の徒(とも)は川の瀬申せ」訳堀江を通って水脈に従って棹(さを)をさしてはお船を進めていく身分の低い男たちは、川の瀬に(注意して)ご案内申しあげよ。

し・て【仕手・為手】(名)❶する人。やりて。〔春色梅児誉美〕「世話の―もねえが(=いないが)」❷能・狂言で、曲の主役。シテ。→脇(わき)・連れ・あど(名)

発展 **能楽の主役となった「して」**
能楽で、「して」は元来、する人・役者の意であったが、しだいに役柄による分業が固定化するようになり、主役だけをいうようになった。中入りのある曲では、前場(まえば)のほうを前ジテ、後場(のちば)のほうを後(のち)ジテという。

し・て(接)〔サ変動詞「為(す)」の連用形「し」に接続助詞「て」の付いたもの〕(多く、下に問いかけの表現を伴って)そうして。それで。では。ところで。〔狂・伊文字〕「―歌は何といふ歌ぢゃ」

して ㊀(格助) ㊁(接助) ㊂(副助)

意味・用法
㊀格助詞
使役の対象〔…に命じて。…に。…をして。〕→❶
手段・方法〔…で。…でもって。〕→❷
人数・範囲〔…で。…とともに。〕→❸
㊁接続助詞
単純接続〔…て。…で。…であって。〕
㊂副助詞

接続
㊀体言および活用語の連体形など体言に準じたものに付く。
㊁活用語の連用形に付く。
㊂副詞・格助詞「を」「に」「より」「から」に付く。

〔サ変動詞「為す」の連用形「し」に接続助詞「て」の付いたもの〕

━(格助) ❶使役の対象を表す。…に命じて。…に。…をして。〔土佐〕「楫取りして幣たいまつらするに」訳船頭に命じて、幣(=神へのささげ物)を差し上げさせると。〔源氏〕夕顔「人して惟光召させて」訳(光源氏は)人に命じて惟光を呼ばせなさって。

❷手段・方法を表す。…で。…でもって。〔伊勢〕二四「そこなりける岩に、指の血して書きつけける」訳そこにあった岩に、指の血で書きつけた歌。

❸ともに行う動作の人数・範囲を表す。…で。…とともに。〔伊勢〕九「もとより友とする人、ひとりふたりして行きけり」訳以前から友人としている人、一人二人とともに行った。

━(接助)「状態が…であって」の意で、下文に続ける。

❶(形容詞および形容詞型活用の助動詞の連用形に付く場合)…て。…で。〔万葉〕七・一二四〇「玉くしげ見諸戸山を行きしかば面白くして古思ほゆ」訳見諸戸山を歩いて行ったところ、景色がすばらしくて昔のことがしのばれる。(「玉くしげ」は「み」にかかる枕詞)

❷(形容動詞および断定の助動詞「なり」「たり」などの連用形に付く場合)…であって。…で。〔徒然〕一八七「おほかたのふるまひ・心づかひも、愚かにしてつつしめるは得の本なり」訳一般のふるまいや心の持ち方も、愚鈍で(はあるが)用心深くしているのは成功のもとである。

❸(「ずして」の形になる場合)…(ない)で。…(なく)て。〔方丈〕一「ゆく河の流れは絶えずして、しかも、もとの水にあらず」訳(いつも滔々と)行く川の流れは絶えなくて、それでいて、(そこにある水は)もとの水ではない。⇩方丈記「名文解説」。→ずして

━(副助)副詞および格助詞「を」「に」「より」「から」に付いて意味を強めたり、はっきりさせたりする。〔大鏡〕後一条院「やがてこの殿よりしていまの閑院大臣まで、太政大臣十一人続き給へり」訳そのままこの殿(=藤原良房)より現在の閑院の大臣(=藤原公季)まで、太政大臣が十一人続いていらっしゃる。

参考 二は、中古には和歌あるいは漢文訓読文以外には用いられず、和文ではふつう「て」「で」が用いられる。三は、中古の漢文訓読文や中世以降の作品に用いられる。「をして」「にして」「よりして」「からして」を格助詞と見る説、「して」を格助詞または接続助詞と見る説もある。

◆識別ボード「して」◆

①**動詞(サ変「為す」)の連用形＋接続助詞「て」**
「男もすなる日記といふものを、女もしてみむとてするなり」〈土佐〉訳男もすると聞いている日記というものを、(私のような)女もしてみようと思ってしたためるのである。

②**格助詞**
「もとより友とする人、ひとりふたりして行きけり」〈伊勢 九〉訳以前から友人としている人、一人二人とともに行った。

③**接続助詞**
「おほかたのふるまひ・心づかひも、愚かにしてつつしめるは得の本なり」〈徒然 一八七〉訳一般のふるまいや心の持ち方も、愚鈍で(はあるが)用心深くしているのは成功のもとである。

①は「男もす」に対する「女もして」で、自立語。②は体言に付く。③は「愚かなり」の連用形に付く。

し-で【垂・四手】(名)神前に供える幣の一種。玉串または注連縄などにつけて垂らすもの。古くは木綿、のちには紙を用いた。〔新古〕神祇「今日祭る神の心やなびくらん━に波立つ佐保の川風」訳今日祭っている(春日の)神の心は私の祈りを受け入れてくれているのだろうか。しでが波立つようにゆらぎなびいているよ、佐保川の川風に。

(垂)

し-で【死出】(名)死の世界へ出かけること。死んで冥途へ行くこと。〔浮・世間胸算用〕「『おのれ、━のかどでに』と、細首うちおとせば」訳「きさま、冥途への旅立ちに」と言って、(鶏の)細い首を打ち落とすと。

してう-の-わかれ【四鳥の別れ】(シチョウ—)親子の悲しい別れ。〔謡・隅田川〕「親と子の━これなれや」訳親子の悲しい別れとはまったくこのことであるよ。
参考 中国の桓山で、四羽のひなが成長して飛び立っていくとき、母鳥が悲しみ鳴いて見送ったという、「孔子家語」の故事にもとづく。

しで-の-たをさ【死出の田長】(—タオサ)(名)「ほととぎす」の異称。夏。〔伊勢〕四三「名のみたつ━は今朝ぞなく庵りあまたとうとまれぬれば」訳(浮気だという)評判ばかりがたつほととぎす(=私)は今朝泣いている。住む家が多い(=恋人が多い)と(あなたから)うとまれてしまったので。
参考 もとは「賤の田長」で田植えの時期を告げる鳥の意であったが、「しづ」が「しで」の音に転じて死出の山を越えて来る冥途の鳥の意になったという説もある。

しで-の-やま【死出の山】冥途にあるという険しい山。〔平家〕一一・能登殿最期「さらばおれら━の供せよ」訳それなら、きさまらは死出の山への供をしろ。⇩いざうれ「名文解説」

しで-の-やまぢ【死出の山路】(—ヤマジ)「死出の山」の山道。〔方丈〕三「夏はほととぎすを聞く。語らふごとに━を契る」訳夏はほととぎすが鳴くのを聞く。(ほととぎすと)語り合うたびに死出の山の山道を(案内してくれるように)約束する。

してん-わう【四天王】(—ノウ)(名)❶《仏教語》帝釈天の四人の家来。須弥山に住み、四方をかためて仏法を守るという、持国天王(=東)・増長天王(=南)・広目天王(=西)・多聞天王(=北)の四神。四大天王。❷家来・門弟、またはある分野で最も秀でた四人。

しと【尿】(名)小便。〔紫式部日記〕「あはれ、この宮の御━に濡るるはうれしきわざかな」訳ああ、この(幼い)宮のお小水で濡れるのはうれしいことだなあ。名文解説 孫の敦成親王が小水を漏らし、自分の着ていた直衣が濡れてしまったとき、藤原道長は怒るどころか、喜んでこのように述べたという。この皇子の誕生によって、将来の天皇の外祖父の座を確実にした道長の喜びを伝えて余りある一言である。

じとう【地頭】(じとう)⇩ぢとう

持統天皇(じとうてんのう)⇩持統天皇(ぢとうてんわう)

しとぎ【粢】(名)神前に供える長い卵形の餅。古くは米の粉を水でこね、のちにはもち米を蒸してついて作った。

しどけ-な・し(形ク)｛から・く(かり)・し・き(かる)・けれ・かれ｝❶**雑然としている。乱れている。しまりがない。だらしない。**［宇治］九・六「郡司の―・かり(用)ければ、『召しにやりていましめん』と言ひて」［訳］郡司がだらしなかったので、「お呼びにやって注意しよう」と(大隅の守が)言って。［文法］名詞「召し」は、この場合、会話主である大隅の守自身に対する自敬敬語。❷**無造作である。ゆったりしている。うちとけたようすだ。**［源氏］帚木「白き御衣どものなよよかなるに、直衣ばかりを―・く(用)着なし給ひて」［訳］(光源氏は)何枚か重ねた白いお召し物(＝下着)で、柔らかなのに、直衣だけをことさら無造作におはおりになって。［文法］「御衣どもの」の「の」は、いわゆる同格の格助詞で、「…で」の意。

しとど(副)びっしょり濡れるさま。［源氏］夕顔「汗も―になりて、われかの気色なり」［訳］(夕顔は)汗もびっしょりとかいて、正体を失った状態である。

しとね【茵・褥】(名)座るときや寝るときに、畳またはむしろの上に敷く敷物。［大和］一七三「簾の内より―さし出でたり。引き寄せて居ぬ」［訳］すだれの中から敷物を差し出した。(男は、それを)引き寄せて座った。⇩巻頭カラーページ21

志度浦（しどのうら）『地名』今の香川県さぬき市の海岸。「平家物語」の志度合戦の地。

しとみ【蔀】(名)寝殿造りなどで用いる建具で、柱の間に入れる戸。格子組みの裏に板を張り、日光をさえぎったり、風雨を防いだりする。ふつう、上下二枚からなり、開くときは上一枚を外側につりあげて止める。これを上げ蔀(釣り蔀)・半蔀といい。また庭に立てたり室内のついたて用としたりした立て蔀もある。→上げ蔀・格子・半蔀・立て蔀。⇩巻頭カラーページ21

（し　と　み）

しと・む(自マ四)｛ま・み・む・む・め・め｝水などに浸る。ぬれる。［平家］四・橋合戦「水―・ま(未)ば、三頭の上に乗りかかれ」［訳］(川が深くて)水に浸るなら、馬の尻の上に乗りかかれ。

しどろ(形動ナリ)｛なら・なり(に)・なり・なる・なれ・なれ｝秩序なく乱れているさま。ばらばらで整わないさま。〔玉葉〕夏「菖蒲ふくかやが軒端に風過ぎて―・に(用)おつる村雨の露」［訳］菖蒲を挿すかやぶきの軒先を風が吹きすぎて、乱れて散り落ちるにわか雨の(ような)露であるよ。

しな【品・級・科】(名)❶**種類。**たぐい。〔許六離別の詞〕「―ふたつにして用一なること感ずべきにや」［訳］(学ぶことの)種類が二つであって、(その)効用が一つであることは感心すべきことであろうか。［文法］係助詞「や」のあとに結びの語「あらん」が省略されている。❷**地位。身分。家柄。**素性。［徒然］一六七「―の高さにても、才芸のすぐれたるにても、先祖の誉れにても、人にまされりと思へる人は」［訳］家柄の高さでも、学問・芸能がすぐれていることでも、先祖の名誉あることでも、(自分が)他人よりすぐれていると思っている人は。❸**階段。**きざはし。［源氏］若菜上「御階の中の―のほどに居給ひぬ」［訳］(夕霧は)御階段(＝寝殿の南階段)の中段のあたりに腰をおかけになった。❹**品位。人柄。**［徒然］五六「をかしきことを言ひてもいたく興ぜぬと、興なきことを言ひてもよく笑ふにぞ、―のほど計られぬべき」［訳］おかしいことを言ってもたいしておもしろがらないのと、おもしろくもないことを言ってもよく笑うのとで、(その人の)品位の程度がきっと自然に推測されるにちがいない。［文法］「計られぬべき」の「ぬ」は、助動詞「ぬ」の終止形で、ここは確述の用法。❺**味わい。**趣。〔浄・用明天王職人鑑〕「すこし残るは国なまり、それも、ことばの―ならし」［訳］少し残っているのはお国なまりで、それもまた、ことばの味わいであろう。❻**事情。**立場。理由。〔浄・曽根崎心中〕「この上は徳様も死なねばならぬ―なるが」［訳］こうなった以上は徳様(＝徳兵衛)も死ななければならない立場であるが。

しな-かたち【品形・品貌】(名)家柄と容貌。品位と容姿。［徒然］一「―こそ生まれつきたらめ、心はなどか、賢きより賢きにも移さば移らざらん」［訳］家柄や容貌は生まれつきで(どうにもならないで)あろうが、心はどうして、賢いのをよりいっそう賢い状態にも移す(つもり)なら移らないことがあろうか(いや、移るものである)。

しなが-どり【息長鳥】(名)「しながとり」とも。水鳥の名。「かいつぶり」のことか。

しながどり【息長鳥】《枕詞》「しながとり」とも。地名の「安房(千葉県)」「猪名(兵庫県)」にかかるというが未詳。［万葉］九・一七三八「―安房に継ぎたる」。［万葉］一一・二七〇八「―猪名山とよに行く水の」

しなざかる《枕詞》地名「越(＝北陸地方)」にかかる。［万葉］一九・四二五〇「―越に五年住み住みて」

しな-さだめ【品定め】(名)優劣を批評し評価すること。品評。［源氏］夕顔「ありし雨夜の―ののち」［訳］いつかの雨の夜の(女性についての)品評以来。

しな-じな【品品】㊀(名)❶さまざまな階級。それぞれの身分や家柄。［源氏］帚木「その―やいかに。いづれを三つの品に置きてか分くべき」［訳］その(女性の)それぞれの身分とはどうなのか。どれを(上中下の)三つの階層に置いて分類したらよいか。❷いろいろな種類。さまざまなもの。〔花鏡〕「『その物に能く成る』と申したるは、中楽の物まねの―なり」［訳］「その(演じようとする)ものに十分になりきる」と申したのは、能楽の芸の(基本である)物まねの演技の各種についての心得なのである。㊁(副)いろいろに。さまざまに。それぞれに。［源氏］若菜上「白き物どもを―かづきて」［訳］(楽人たちが)禄としていただいた)白い衣の数々をいろいろに肩にかけて。

しなじな・し【品品し】(形シク)｛しから・しく(しかり)・し・しき(しかる)・しけれ・しかれ｝いかにも品格が高い。上品である。［宇治］一〇・六「およそ、けだかく―・しう(用)(ウ音便)をかしげなること、田舎人の子といふべからず」［訳］まずもって、(女は)気品があって上品でかわいらしい感じがすることは、田舎の人の子といえない

（ほどである）。

し-な・す【為成す・為做す】（他サ四）{さ・し・す・す・せ・せ}（ある状態に）する。作りあげる。仕立てる。源氏 蛍「明石の御方は、さやうのことをも由ありて─・し用給ひて」訳 明石の御方は、そのようなこと（＝絵や物語を書き写したりすること）をも趣あるようにお仕立てになって。

しな-たか・し【品高し】（形ク）{から・く(かり)・し・き(かる)・けれ・かれ}身分・家柄などが高い。源氏 帚木「人の─・く用生まれぬれば、人にもてかしづかれて」訳 人（＝女性）が身分高く生まれてしまうと、（周囲の）人にたいせつに世話をされて。

しなてる【級照る】《枕詞》「しなでる」とも。「片」にかかる。万葉 九・一七四二「─片足羽川の」

しなてるや【級照るや】《枕詞》「片」「鳰の湖（＝琵琶湖）」にかかる。拾遺 哀傷「─片岡山に」。源氏 早蕨「─鳰の湖に漕ぐ舟の」

しな-な・し【品なし】（形ク）{から・く(かり)・し・き(かる)・けれ・かれ}身分や家柄が低い。また、下品である。源氏 常夏「心安くうち捨てざまにもてなしたる─・き体ことなり」訳（女が）気安く投げやりなようすにふるまっているのは、下品なことである。

しなぬぢは… 和歌

> 信濃路は　今の墾道　刈株に
> 足踏ましむな　履はけわが背
> 〈万葉・一四・三三九九・東歌・作者未詳〉

訳 信濃路は新しく切り開いた道。切り株に（馬の）足を踏みつけさせるな（＝足をけがさせるな）。くつを履かせなさい、わが夫よ。文法「踏ましむな」の「しむ」は、使役の助動詞。「はけ」は、「履かせる」意の下二段動詞「はく」の、上代の命令形。

解説 信濃路は大宝二年（七〇二）に着工し、和銅六年（七一三）に開通した。遠く旅立つ夫を気づかう妻の歌。「踏ましむな」を「踏ましなむ」とする説もある。この場合、「し」は、上代の尊敬の助動詞「す」の連用形、「な」は助動詞「ぬ」の未然形で、確述の用法。「きっと足を踏みつけなさるでしょう」の意となる。

しなぬなる… 和歌

> 信濃なる　千曲の川の　細れ石も
> 君し踏みてば　玉と拾はむ
> 〈万葉・一四・三四〇〇・東歌・作者未詳〉

訳 信濃（長野県）にある千曲川の小石も、あなたが踏んだのなら玉と思って拾おう。文法「踏みてば」の「てば」は、完了の助動詞「つ」の未然形「て」＋接続助詞「ば」で、仮定の条件を強めている。

解説「玉（＝宝石）」は魂に通じ、精霊が宿る最もたいせつなものと考えられた。

信濃（しなの）『地名』旧国名。東山道八か国の一つ。今の長野県。信州。

信濃前司行長（しなののぜんじゆきなが）『人名』（生没年未詳）鎌倉前期の貴族。中山行隆の子。詳しい経歴は不明。「平家物語」の作者かといわれている。

しなひ【撓ひ】（名）しなやかにたわんでいるようす。柳の枝や藤の花などがしなやかに曲がり垂れているのをいう。枕 三七「藤の花は、─長く、色濃く咲きたる、いとめでたし」訳 藤の花は、しなやかに垂れている花房のさまが長く、色が濃く咲いているのが、とても魅力的である。

しな・ふ【撓ふ】（自ハ四）{は・ひ・ふ・ふ・へ・へ} ❶しなやかにたわむ。たおやかに美しい曲線をなす。万葉 二〇・四四四一「立ち─・ふ体君が姿を忘れずは世の限りにや恋ひ渡りなむ」訳 たおやかに立つあなたの姿を忘れずに、この命のある限りにおいて恋い続けてしまうのだろうか。
❷逆らわずに従う。平家 四・橋合戦「水に─・う用（ウ音便）て渡せや渡せ」訳（川の）水の流れに従って（馬を）渡せよ渡せ。

しな-やか【嫋やか】（形動ナリ）{なら・なり(に)・なり・なる・なれ・なれ}［「やか」は接尾語］たおやかなさま。すらりとして美しいさま。しとやかなさま。源氏 夢浮橋「いと清げに─・なる体童の、えならず装束きたるぞ歩み来たる」訳 たいそう美しい感じですらりとして品のよい童で、なんともいえないほどすばらしく装束を着けたものが歩み寄って来た。

しな・ゆ【撓ゆ・萎ゆ】（自ヤ下二）{え・え・ゆ・ゆる・ゆれ・えよ}しおれる。しぼむ。万葉 一〇・二二九八「君に恋ひ─・え用うらぶれあが居れば秋風吹きて月傾きぬ」訳 あなたに恋いこがれて、うちしおれわびしく思って私がいると、秋風が吹いて月が傾いてしまった。

し-なら・ふ【為習ふ】（他ハ四）{は・ひ・ふ・ふ・へ・へ}いつもしている。よくなれる。しなれてうまくなる。源氏 浮舟「よろづ右近ぞ、空言─・ひ用ける」訳 すべて、右近がいつもうそをついていた。

し-なん【指南】（名）❶教え導くこと。指導すること。また、その人。浮・世間胸算用「数百人子供を預かりて─いたして」
❷標準。基準。徒然 二二〇「二月涅槃会より聖霊会までの中間を─とす」訳 陰暦二月（十五日）の涅槃会から（同月二十二日の）聖霊会までの間（の鐘の音）を（楽器の音の調律の）標準とする。

しに-【死に】（接頭）❶ののしる意を表す。「─たはけ」
❷役に立たない意を表す。「─金」

しに-い・る【死に入る】（自ラ四）{ら・り・る・る・れ・れ}❶死んだようになる。気絶する。伊勢 五九「ものいたく病みて、─・り用たりければ、おもてに水そそきなどして」訳 ひどい病気になって、死んだようになってしまったので、顔に水をかけたりして。
❷死んでしまう。源氏 御法「─・る体たましひのやがてこの御骸にとまらなむ」訳 死んでしまう（紫の上の）魂がそのままこのご遺骸に留まってほしい。

しに-かへ・る【死に返る】（自ラ四）{ら・り・る・る・れ・れ}❶くりかえし死ぬ。幾度も死ぬ。万葉 四・六〇三「思ひにし死にするものにあらませば千たびそあれは─・ら未まし」訳 恋しい人を思うことで死ぬものであったなら、千回も私はくりかえし死んだだろうに。
❷疲れて死にそうになる。死に瀕する。蜻蛉 中「関うちこえて、打出の浜に、─・り用て到りたれば」訳（逢坂の）関を越えて、打出の浜に、死ぬほど疲れて到着したところ。
❸（連用形を副詞的に用いて）死ぬほど強く。源氏 夕顔「─・り用思ふ心は知り給へりや」訳 死ぬほど強く（あなた＝軒端の荻を）恋い慕う（私＝光源氏の）気持ちはおわかりになっているか。

しに・す【死にす】(自サ変){せ・し・す・する・すれ・せよ}死ぬ。万葉 四・五九八「恋にもそ人は—・する㊍」訳 恋によっても人は死ぬものだ。

しにせ【老舗・為似せ】(名)《近世語》〔下二段動詞「為似す(=家業を守り続ける。信用を得て繁盛する)」の連用形から〕❶先祖代々の家業を守り継ぐこと。〔浮・西鶴置土産〕「わづかの身代にて、親より—の商ひ」訳 わずかな財産で、親から守り継いだ商売。❷長年商売をして得た信用。また、信用を得ている店。〔浮・日本永代蔵〕「商人はただ(=ひたすら)—が大事ぞかし」❸守り続けている方針や主義。〔浄・夏祭浪花鑑〕「頼むと有ると一寸でも跡へ寄らぬが夫の—」訳 頼むと言われるとちょっとでもあとへ引かないのが夫の主義。

しに・てんがう—テンゴウ【死にてんがう】(名)《近世語》「しにてんご」とも。冗談で死ぬまねをすること。狂言自殺。

しに・びかり【死に光り】(名)❶死に際がりっぱであること。〔浮・日本永代蔵〕「この人—。さながら、仏にもなるる心地せり」訳 この人はりっぱな死に際である。そのまま仏にでもなられる感じがした。❷死後の誉れ。また、りっぱな葬式。〔浄・女殺油地獄〕「兄弟の男子に先輿・跡輿かかれて、あっぱれ—やらうと思うたに」訳 兄弟の男子に輿の前後をかつがれて、りっぱに死後の誉れを立てようと思ったのに。

しにもせぬ… 俳句

> 死にもせぬ　旅寝の果てよ ‖ 秋の暮れ　秋
> 〈野ざらし紀行・芭蕉〉

訳 どうやら死にもしないで(ここ大垣までたどり着き)江戸から重ねてきた旅寝の暮らしも終わることだ。折から秋も終わろうとしている。(秋の暮れ 秋。切れ字は「よ」)

解説 この紀行の最初の句「野ざらしを心に風のしむ身かな」(訳 →のざらしを… 俳句)に呼応した句。死を覚悟の旅であったが、「死にもせぬ」にほっと安堵の響きがある。「秋の暮れ」は「秋の夕暮れ」ではなく「晩秋」。

し・ぬ【死ぬ】(自ナ変)命を失う。息が絶える。死ぬ。徒然 四七「鼻ひたる時、かくまじなはねば—・ぬる㊍なりと申せば」訳 くしゃみをしたときは、このようにまじないをしないと命を失うのだと申すので。⇩果つ「慣用表現」

活用

未然	連用	終止	連体	已然	命令
な(ズ)	に(タリ)	ぬ(○)	ぬる(コト)	ぬれ(ドモ)	ね(○)

参考 ナ行変格活用の動詞は「死ぬ」「往ぬ」の二語だけ。

しぬ・ばかり【死ぬばかり】死ぬほど。堪えがたいほど。源氏 東屋「ただいみじう—思へるがいとほしければ、情けありてこしらへ給ふ」訳 (浮舟の)ただひどく死ぬほど(つらそうに)思っているのがかわいそうなので、(匂宮は)思いやってなだめすかしなさる。

しぬ・は・ゆ【偲はゆ】《上代語》「しのはゆ」に同じ。万葉 五・八〇二「瓜食めば子ども思ほゆ栗食めばましてしぬはゆ㊎」訳 →うりはめば… 和歌
なりたち 上代の四段動詞「偲ふ」の未然形「しぬは」+上代の自発の助動詞「ゆ」

しね・が・な・め・くじろ【死ねがな目くじろ】〔死んでほしい、そうしたら目をくりぬいてやろうの意〕はなはだしく強欲非道な心情を表す語。〔浮・世間胸算用〕「まことに—の男なり」訳 (蛸売りの八助は)本当に強欲非道の男である。
なりたち ナ変動詞「死ぬ」の命令形「しね」+願望の終助詞「がな」+名詞「目」+五段化した動詞「くじる」の未然形「くじろ」

じ・ねん【自然】〔「自然」の呉音〕㊀(名)おのずからそうあること。人為を加えず天然のままであること。今昔 五・二四「極楽界の七宝の池の—の荘厳をも我みな見る」訳 極楽浄土の七宝の池の天然の美をも私は全部見る。㊁(副)ひとりでに。自然に。平家 五・奈良炎上「西金堂におはします—涌出の観世音」訳 (興福寺の)西金堂においでになる、(地中から)自然にわき出た観音像。

じねん・に【自然に】(副)おのずから。自然に。源氏 帚木「人にもてかしづかれて隠るること多く、—そのけはひこよなかるべし」訳 (身分の高い女性は周囲の)人にたいせつに世話をされて、(欠点が)隠れることが多く、自然にその感じがこの上なくりっぱに見えるにちがいない。

しの【篠】(名)群生する細い竹の総称。やだけ・めだけの類。しのだけ。

しの・ぐ【凌ぐ】(他ガ四){が・ぎ・ぐ・ぐ・げ・げ}❶押さえつける。押しふせる。踏みわけて進む。万葉 八・一六〇九「宇陀の野の秋萩—・ぎ㊊鳴く鹿も妻に恋ふらく我にはまさじ」訳 宇陀の野の秋萩を押しふせて鳴く鹿も、妻を恋い慕うことでは私よりまさりはしないだろう。文法「恋ふらく」は「恋ふ」のク語法で「恋い慕うこと」の意。❷障害・困難を耐えしのぶ。また、それを乗り越える。細道 平泉「四面新たに囲みて、甍を覆ひて風雨を—・ぐ㊎」訳 (中尊寺金色堂の)四方を新しく囲んで、かわらぶきの屋根でおおって風雨を防ぐ。❸(相手を)凌駕する。押しのけて上に立つ。〔古活字本平治物語〕「下として上を—・ぐ㊍がゆゑに身を滅ぼし終はんぬ」訳 臣下であって天皇を凌駕することのために身を滅ぼしてしまった。❹あなどる。いやしめる。〔霊異記〕「その村の童女ら、皆心を同じくして、—・ぎ㊊あなづりていはく」訳 その村の女の子たちが、皆気持ちを一つにして、(水をくもうとする女の子を)いやしめばかにして言うことには。文法「いはく」は「言ふ」のク語法で「言うこと」の意。

しの・に(副)❶なよなよとなびいて。しおれて。また、心がしんみりとするさま。万葉 三・二六六「近江の海夕波千鳥汝が鳴けば心も—古思ほゆ」訳 →あふみのうみ… 和歌 ❷しきりに。しげく。新古 恋二「逢ふことはかたのの里のささの庵—露散る夜半の床かな」訳 (恋しい人に)逢うことはむずかしい、この交野の里の笹ぶきの庵にいると、篠竹に散る露とともにしきりに涙の散りこぼれる夜ふけの(一人寝の)床であることだ。(「かたの」は「難し」と「交野」との、「しのに」は「篠に」との掛詞)

しのの・に(副)濡れそぼつさま。しっとりと。びっしょり

と。〔万葉〕一〇・一八二三「朝霧に―濡れて呼子鳥(よぶこどり)三船の山ゆ鳴き渡る見ゆ」〔訳〕朝霧にしっとりと濡れて呼子鳥が三船山から鳴きながら飛んで行くのが見える。

しののめ【東雲】(名)夜明け方。〔古今〕夏「夏の夜のふすかとすればほととぎす鳴く一声に明くる―」〔訳〕夏の夜の、ちょっと横になったかと思うと、ほととぎすの鳴く一声で(もう白々と)明ける夜明け方よ。

〔参考〕和歌用語。類義語として「あかつき」「あけぼの」「あさぼらけ」などがあるが、時間的にはそれぞれ差異がある。⇩暁(あかつき)「図解学習」

しのは・ゆ【偲はゆ】《上代語》「しぬはゆ」とも。しのばれる。自然に思い出される。〔万葉〕六・九四〇「印南野(いなみの)の浅茅(あさぢ)おしなべさ寝(ぬ)る夜の日(け)長くしあれば家ししのはゆ㊎」〔訳〕印南野(=地名)の短い茅(ちがや)を押しふせて寝る夜が何日も続くので、わが家がしのばれる。

〔なりたち〕上代の四段動詞「偲(しの)ふ」の未然形「しのは」＋上代の自発の助動詞「ゆ」

しの-はら【篠原】(名)篠竹の生い茂っている野原。〔新古〕羇旅「世の中はうきふししげし―や旅にしあれば妹(いも)夢に見ゆ」〔訳〕世の中はつらいことが多い。篠竹の生い茂っている野原よ、(その野原で寝る)旅にいるので、妻が夢に現れる。

しのび【忍び】(名)❶人目を避けること。人目を避けて何かすること。秘密。〔古今〕恋三「いつはりの涙なりせば唐衣(からころも)―に袖はしぼらざらまし」〔訳〕(これが)偽りの涙であったならば、人目を避けて美しい着物の袖を絞るようなことはしなかっただろうに。

❷「忍びの術(=忍術)」「忍びの者(=忍者)」の略。〔太平記〕二〇「逸物(いちもつ)の―を八幡山へ入れて」〔訳〕よりすぐりの忍者を(敵の城のある)八幡山の中に入れて。

しのび-あへ-ず【忍び敢へず】こらえきれない。隠しきれない。〔平家〕灌頂・女院死去「―・ぬ㊍御涙に、袖のしがらみせきあへさせ給はず」〔訳〕(建礼門院は)こらえきれない御涙のために、袖のしがらみで(涙を)せき止めることがおできになられない。

〔なりたち〕四段動詞「忍ぶ」の連用形「しのび」＋下二段補助動詞「敢(あ)ふ」の未然形「あへ」＋打消の助動詞「ず」

しのび-ありき【忍び歩き】(名)(貴人などが)人目を避けて外出すること。〔源氏〕蓬生「例の、惟光(これみつ)はかかる御―におくれねばさぶらひけり」〔訳〕例によって、惟光はこのような(光源氏の)お忍びの外出に離れないので、(今夜も)おそばに控えていたのだった。

しのび-がへし【忍び返し】(名)門や塀の上にとがった竹・木・くぎなどをとりつけ、盗賊などが忍び込むのを防ぐもの。〔浮・西鶴織留〕「道頓堀(だうとんぼり)に、―うったる草庵(さうあん)あり」

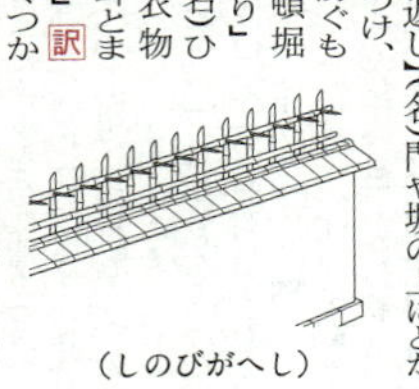
(しのびがへし)

しのび-ごと【忍び言】(名)ひそひそ話。内緒話。〔狭衣物語〕「ありつる―どもの、御耳とまりつるや交じりたりつらむ」〔訳〕先ほどの(ふと漏らした)いくつかの内緒のことばで、(藤壺(ふぢつぼ)の)お耳にとまったのがまじっていたのだろうか。

しのび-ごと【忍び事】(名)隠しごと。内緒ごと。〔源氏〕総角「かかる御―により、山里の御ありきもゆくりかにおぼし立つなりけり」〔訳〕このようなお隠しごとのために、(宇治(うぢ)の)山里のご遊覧も(匂宮(にほふのみや)は)不意に思い立ちなさるのであった。

しのび-こ・む【忍び籠む】(他マ下二){め・め・む・むる・むれ・めよ}深くつつみ隠す。胸にしまいこむ。〔源氏〕行幸「聞こえむにもいまいましき有り様を、今日は―・め㊐侍れど」〔訳〕(玉鬘(たまかづら)の裳着(もぎ)の祝いを)申し上げようにも(私=大宮は)縁起の悪い(尼の)姿なので、今日は胸にしまいこんでおりますが。

しのび-しのび(-に)【忍び忍び(に)】(副)人目を避けて。こっそりと。〔源氏〕帚木「―の御方違(かたたが)へ所はあまたありぬべけれど」〔訳〕(光源氏の)人目を避けての御方違え所(=恋人の所)はきっとたくさんあるに違いないが。

しのび-す・ぐ・す【忍び過ぐす】(他サ四){さ・し・す・す・せ・せ}❶心に秘めて暮らす。隠して過ごす。〔源氏〕夕顔「みづから―・し㊐給ひしことを」〔訳〕(夕顔)自身が隠して過ごしなさったことを。

❷耐えしのんで過ごす。こらえて日を送る。〔源氏〕若菜下「世の中淋(さび)しく、思はずなる事ありとも、―・し㊐給へ」〔訳〕(光源氏との)夫婦仲が心細く、思いがけない(つらいことがあっても、がまんしてお過ごしなさい。

❸人目を避けて過ごす。〔平家〕九・小宰相身投「もし不思議にこの世を―・す㊎とも」〔訳〕もし思いがけなく、この世を人目を避けて過ごしても。

しのび-どころ【忍び所】(名)ひそかに通う所。〔源氏〕若菜上「かの―に、いとわりなくて出(い)で給ひにけり」〔訳〕(光源氏は)例のひそかに通う所(=朧月夜(おぼろづきよ)の邸(やしき))に、とてもむりをしてお出かけになってしまった。

しのび-に【忍びに】(副)人に知られないように。ひそかに。こっそり。〔古今〕恋四・詞書「人を―あひ知りて、逢(あ)ひがたくありければ」〔訳〕ある女性とひそかに知り合って、なかなか逢えなかったので。

しのび-ね【忍び音】(名)❶ひそひそ声。小声。〔源平盛衰記〕「―に念仏申し(=お唱えし)」

❷人知れず声をおさえて泣くこと。また、その声。〔山家集〕「―の涙たたふる袖のうらになづまず宿る秋の夜の月」〔訳〕しのび泣きの涙をたたえる袖の裏に、(私の物思いには)こだわらずに宿る(ここ袖の浦の)秋の夜の月であるよ。(「袖のうら」に「袖の裏」と地名「袖の浦」とをかける)

❸(陰暦四月ごろの)ほととぎすの初音(はつね)。本格的な季節の前の、ひそめるように鳴く声をいう。〔大鏡〕道長下「四月一日なりしかば、まだ―のころにて」〔訳〕陰暦四月一日だったので、まだほととぎすの初音の時分で。

しのび-やか【忍びやか】(形動ナリ){なら・なり(に)・なり・なる・なれ・なれ}〔「やか」は接尾語〕人目につかないようにしているさま。ひそやかなさま。〔枕〕二云「待つ人ある所に、夜すこしふけて、―・に㊐門(かど)たたけば、むね少しつぶれて」〔訳〕待つ人があるときに、夜が少しふけて、ひそやかに門をたたくので、胸が少しどきっとして。

しのび-やつ・す【忍び窶す】(他サ四){さ・し・す・す・せ・せ}人目につかないように目立たない姿をする。〔源氏〕玉鬘「いみじく―・し㊐たれど、清げなる男どもなどあり」〔訳〕(一行の中にはたいそう人目につかないように目立たない姿をしているけれど、いかにもこざっぱりした男たちなどがいる。

しのぶ【忍】(名) ❶「忍草」の略。❷「忍摺」の略。

信夫『地名』歌枕 今の福島市南部の旧郡名。「しのぶずり(しのぶもぢずり)」の産地という。

しの・ぶ【忍ぶ】〔ば・び・ぶ・ぶ・べ・べ〕■一(他バ上二・四)〔び・び・ぶ・ぶる・ぶれ・びよ〕❶**こらえる。たえる。** 万葉 一七・三九四〇「万代に心は解けてわが背子がつみし手見つつ―・び(用)(上二段)かねつも」訳 いつまでもと(互いの)心は打ち解けて、あなたがつねった手を何度も見て、(思いに)たえかねたことよ。

❷**つつみ隠す。秘密にする。** 源氏 夕顔「―・ぶる(体)(上二段)やうこそはと、あながちにも問ひ出で給はず」訳 (女が自分の素性を)隠すわけは(あるのだろう)と思って、(光源氏は)むりに聞き出そうともなさらない。

■二(自バ上二・四)〔び・び・ぶ・ぶる・ぶれ・びよ〕〔ば・び・ぶ・ぶ・べ・べ〕❶**隠れる。人目を避ける。** 徒然 一三七「明けはなれぬほど、―・び(用)て寄する車どものゆかしきを」訳 夜の明けきらないころ、人目を避けて(桟敷へ)寄せてくる多くの牛車(の主)が知りたいので。

❷感情をおさえる。**こらえる。がまんする。** 源氏 桐壺「もの思う給へ知らぬ心地にも、げにこそいと―・び(用)がたう侍りけれ」訳 (私=靫負の命婦のような)ものの分別もわきまえておりません者の気持ちにも、いかにもそのとおり(気の毒で)、ほんとうに(悲しさを)こらえがたいのでございました。文法「もの思う給へ知らぬ」の「給へ」は、下二段活用の謙譲の補助動詞。「思う知る」の間に挿入された形。「思う知る」は「思ひ知る」のウ音便。(→偲ぶ 参考)

しの・ぶ【偲ぶ】(他バ四・上二)〔ば・び・ぶ・ぶ・べ・べ〕〔び・び・ぶ・ぶる・ぶれ・びよ〕〔上代は「しのふ」〕❶**思い慕う。なつかしむ。** 源氏 鈴虫「亡きにつけていとど―・ば(未)(四段)るること多く」訳 亡くなったことにつけて、(柏木を)ますます自然になつかしく思い慕われることが多く。文法「しのばるる」の「るる」は、自発の助動詞「る」の連体形。徒然 一三七「浅茅が宿に昔を―・ぶ(体)(四段)こそ、色好むとは言はめ」訳 たけの低い茅萱のしげった荒れ果てた家で(恋人に逢った)昔をなつかしむのこそ、恋の情趣を解するとは言うのだろう。文法「言はめ」の「め」は、推量の助動詞「む」の已然形で、係助詞「こそ」の結び。

❷**賞美する。** 万葉 一・一六「秋山の木の葉を見ては黄葉をば取りてそ―・ふ(体)(四段)」訳 秋の山の木の葉を見ては、黄色く色づいた葉を手に取って賞美する。

参考 上代には、「忍ぶ」はバ行上二段活用、「偲ぶ」は「しのふ」でハ行四段活用。二語は別語であったが、「人の目にとまらぬようにする」のと、「人知れず思い慕う」のとは、意味のうえで似ているので混同されるようになり、中古以降、「忍ぶ」は四段活用でも、「偲ぶ」は上二段活用でも用いられるようになった。

しのぶ-ぐさ【忍草】(名) ❶植物の名。しだ植物の一種。のきしのぶ。源氏 夕顔「荒れたる門の―茂りて」

❷植物の名。わすれぐさ。大和 一六二「同じ草を―、忘れ草といへば」訳 同じ草を忍草や、忘れ草というので。

❸(「偲ぶ」と同音であることから)昔をなつかしむ種。思い出のよすが。〔狭衣物語〕「この―のありなしをだに聞くわざもがな」訳 せめてこの(=女君の)忘れ形見の有無だけでも聞く方法があればなあ。

しのぶ-ずり【忍摺り・信夫摺り】(名) 摺り衣の一種。忍草の茎や葉で、乱れた模様を布に摺りつけたもの。信夫郡(福島市南部)から産したというが未詳。「しのぶもぢずり」とも。伊勢 一「その男―の狩衣(=公家の平服)をなむ着たりける」

しのぶ-の-みだれ【忍ぶの乱れ】人目を忍んで、ひたすら恋する気持ちの乱れ。新古 恋一「春日野の若紫のすり衣―限り知られず」訳 →かすがのの… 和歌

志濃夫廼舎歌集(しのぶのやかしふ) シノブノヤカシュウ『作品名』江戸後期の家集。橘曙覧の歌を子の井手今滋が編纂。明治十一年(一八七八)刊。八百六十首をほぼ制作順に収める。歌風は「万葉集」によりながらも写実を深める。

しのぶ-もぢずり ―モジズリ【忍捩摺り・信夫捩摺り】(名)「しのぶずり」に同じ。古今 恋四「みちのくの―誰ゆゑに乱れむと思ふ我ならなくに」訳 →みちのくの…

しのぶれど… 和歌《百人一首》

> **忍ぶれど　色に出でにけり　わが恋は**
> **物や思ふと　人の問ふまで**
> 〈拾遺・一一・恋一・六二二・平兼盛〉

訳 じっと包み隠していたけれど、とうとう顔色に表れてしまったのだなあ、私の恋は。「もの思いをしているのか」と人が尋ねるほどに。文法 第三句「わが恋は」は文脈的に「忍ぶれど」に続くので倒置法。

解説 村上天皇の「天徳四年内裏歌合」で、壬生忠見の歌「恋すてふわが名はまだき立ちにけり人知れずこそ思ひそめしか」(訳 →こひすてふ… 和歌)〈拾遺・恋一〉と合わされて勝ちになった。「拾遺集」「小倉百人一首」ともに、この両歌を並べて配列しているのは、このときの事情を意識してのことであろう。古来、忍ぶ恋の歌の双璧をなすといわれる名歌である。「沙石集」に、初句「つつめども」として入る。

しば【柴】(名) 山野に生える小さな雑木。また、その枝を切って、たきぎにしたり垣根を作ったりするもの。しばき。万葉 七・一二七四「出見の浜の―な刈りそね」訳 出見の浜の柴をどうか刈らないでくれ。

しば【莱草】(名) 荒地や道端などに生える雑草。莱草。万葉 五・八八六「草手折り―取り敷きて」訳 草を手で折り取りしばを取って敷いて。

しば【屢】(副) しばしば。たびたび。しきりに。万葉 六・九二五「ぬばたまの夜のふけゆけば久木生ふる清き川原に千鳥―鳴く」訳 →ぬばたまの… 和歌

参考「しば鳴く」「しば立つ」「しば見る」などのように、動詞に冠して用いられることが多い。

し-はう ―ホウ【四方】(名) ❶東西南北の総称。また、あらゆる方角。周囲。平家 三・六代被斬「―に竹を植ゑられたり」訳 (清盛公が)周囲に竹をお植えになった。

❷諸国。天下。

❸物をのせる台。脚部の四側面にくりぬいた穴がある。

❹→しほう。(→方 参考)

しはう-しゃ シホウ―【襲芳舎】(名)「しふはうしゃ」とも。内裏の五舎の一つ。おもに女官の居所に用いられた。

雷の際の天皇の避難所になったので、「かんなりのつぼ」ともいう。⇩巻頭カラーページ32

しはう-はい【四方拝】(名)陰暦一月一日の早朝に宮廷で行われる儀式。天皇が束帯で、清涼殿の東庭に出て、天地・四方・山陵などの神霊を拝し、天下太平や五穀豊穣を祈った。春

しはうより… 俳句

> 四方より　花吹き入れて　鳰の海　春
> 〈卯辰集・芭蕉〉

訳 四方(の山々)から桜の花吹雪を琵琶湖の上に吹き入れて匂い立つばかりの眺めである。(花 春)

解説 「鳰の海」は琵琶湖の異称。琵琶湖畔にあった門人浜田珍夕の庵、洒落堂での句。下五を「にほの波」とする句形も伝わる。

しば-がき【柴垣】(名)柴を編んで作った垣根。源氏 帚木「田舎家だつ―して」訳 (空蟬のいる中川の宿は)田舎の家のような柴で編んだ粗末な垣根を作って。

しは・し【吝し】(形ク){から・く(かり)・し・き(かる)・けれ・かれ}→しわし

しばし【暫し】(副)〔「しまし」の転〕少しの間。ちょっとの間。竹取 かぐや姫の昇天「かぐや姫『―待て』と言ふ」

しはす【師走・十二月】(名)陰暦十二月の称。冬。土佐「それの年の―の二十日余り一日の日の戌の時に、門出す」訳 ある年の陰暦十二月の二十一日の日の戌の時(=午後八時ごろ)に、出発する。⇩土佐日記「名文解説」

しば-たた・く【屡叩く】(他カ四){か・き・く・く・け・け}しきりにまばたきをする。目をぱちぱちさせる。苦しみの表情を表すことが多い。宇治 一〇・六「顔を赤くなして、目を―・き用て」訳 (殺されそうになった猿は)顔を赤くして、目をぱちぱちさせて。

しば-た・つ【屡立つ】(自タ四){た・ち・つ・つ・て・て}❶音が絶えず響く。万葉 二〇・四四六〇「音―・ち用ぬ水脈早みかも」訳 (船の櫓の)音がしばしば高く響いた。水脈の流れが速いからであろうか。❷波などがしきりに立つ。〔金葉〕恋上「島風に―・つ体波のやち返り」訳 島を吹く風のためにしきりに立つ波がくりかえし寄せて。

し-は・つ【為果つ】[一](自タ下二){て・て・つ・つる・つれ・てよ}し終わる。蜻蛉 中「鐘のこゑども―・つる体ほどにぞ、帰る」訳 諸寺の(入相の)鐘の音が鳴り終わるころに、帰る。[二](他タ下二){て・て・つ・つる・つれ・てよ}なし終える。し遂げる。源氏 須磨「御祓へも―・て未ず、立ち騒ぎたり」訳 お祓いもし終えずに、(人々は)大騒ぎをしている。

しばつみ-ぶね【柴積み舟】(名)「しばぶね」に同じ。

しば-な・く【屡鳴く】(自カ四){か・き・く・く・け・け}しきりに鳴く。万葉 六・九二五「ぬばたまの夜のふけゆけば久木生ふる清き川原に千鳥―・く終」訳 →ぬばたまの…和歌

しば-の-あみど【柴の編み戸】「しばのと」に同じ。平家 灌頂・女院死去「いにしへも夢になりにしことなれば―も久しからじな」訳 過去(の栄華)も夢になってしまったことだから、柴で編んだ戸(での生活)も長くないだろうなあ(ほどなく浄土に往生できよう)。

しば-の-いほり【柴の庵】(名)柴で屋根をふいた庵。また、粗末な小屋。源氏 若紫「おなじ―なれど、少し涼しき水の流れも御覧ぜさせむ」訳 (他と)同じ柴でふいた粗末な家だが、少し涼しい泉の流れ(=遣り水)でも(あなた=光源氏に)ご覧に入れよう。⇩苫屋「慣用表現」

しば-の-と【柴の戸】柴で作った粗末な戸。また、粗末な家。柴の編み戸。柴の枢。源氏 明石「寄せかへる浪荒きを、―おしあけて眺めおはします」訳 寄せては返す波の荒いのを、柴で作った粗末な戸を押し開いて、(光源氏は)ぼんやりと物思いに沈んで眺めていらっしゃる。⇩苫屋「慣用表現」

しば-の-とぼそ【柴の枢】「しばのと」に同じ。

しば-びと【柴人】(名)柴を刈る人。きこりなど。〔野ざらし紀行〕「―のかよふ道のみわづかにありて」

しはぶか・ふ【咳かふ】〔上代語〕しきりにせきをする。万葉 五・八九二「糟湯酒うちすすろひてしはぶかひ用鼻びしびしに」訳 →かぜまじり…和歌

なりたち 四段動詞「咳く」の未然形「しはぶか」＋上代の反復・継続の助動詞「ふ」

しは-ぶき【咳き】(名)❶せき。冬。蜻蛉 上「日ごろ、なやましうて、―などいたうせらるるを」訳 この数日、気分が悪くて、せきなどが自然とひどく出るので。❷せきばらい。こわづくり。源氏 蓬生「まづ―を先に立てて、『かれは誰ぞ。何人ぞ』と問ふ」訳 初めに(応答の)せきばらいを先にしてから、「そこにいるのはだれか。何者か」と(老女房は)尋ねる。

しはぶき-やみ【咳き病み】(名)風邪などのせきの出る病気。源氏 夕顔「―にや侍らむ、頭いと痛くて苦しく侍れば」訳 せきの出る病気でございましょうか、頭がひどく痛くて苦しゅうございますので。

しは-ぶ・く【咳く】(自カ四){か・き・く・く・け・け}❶せきをする。源氏 手習「ここかしこうち―・き用、あさましきわななきたる声にて」訳 (母尼は話の)あちこちでちょっとせきをし、あきれるほどのふるえ声で。❷(訪問などの合図に)せきばらいをする。源氏 若紫「妻戸を鳴らして―・け已ば、少納言聞き知りて出で来たり」訳 (惟光が)妻戸をたたいてせきばらいをすると、少納言は聞いてそれ(=惟光)とわかって出て来た。⇩目くはす「慣用表現」

しば-ぶね【柴舟】(名)柴を積んで運ぶ舟。柴積み舟。新古 春下「暮れてゆく春の湊は知らねども霞に落つる宇治の―」訳 →くれてゆく…和歌

しは-ぶ・る【咳る】(自ラ下二){れ・れ・る・るる・るれ・れよ}せきをする。万葉 一七・四〇一一「翔り去にきと帰り来て―・れ用告ぐれ」訳 (その老人は、鷹が)大空を飛んで行ってしまったと、帰って来て、ごほごほせきをして告げるけれども。

しはぶ・る(他ラ四){ら・り・る・る・れ・れ}しゃぶる。〔猿蓑〕芭蕉「魚の骨―・る体までの老いを見て」訳 (歯もだめになり、今では)魚の骨をしゃぶるほどの老い(をむさぼり生きる人)を見て。

しば-み・る【屡見る】(他マ上一){み・み・みる・みる・みれ・みよ}しばしば見る。たびたび見る。万葉 一〇・一九九九「あからひく色ぐはし子を―・みれ已ば人妻ゆゑにあれ恋ひぬべし」訳 ほんのり赤く美しい(顔の)女性をしばしば見ると、人妻であるのに(その人に)私は恋をしてしまいそうだ。

しばら-く【暫く】(副)〔「しまらく」の転〕❶少しの間。

一時。当分。細道 平泉「―千歳(せんざい)の記念(かたみ)とはなれり」訳(経堂と光堂は)当分遠い昔をしのぶ記念物とはなっている。❷かりそめに。一時的に。徒然 八「―衣裳(いしやう)に薫(た)き物すと知りながら、えならぬ匂ひには、必ず心ときめきするものなり」訳一時的に衣裳に香(かう)をたきしめているのだと知っているにもかかわらず、なんともいえないよい匂いには、必ず胸がわくわくするものである。

しばらくは… 俳句

しばらくは　滝(たき)に籠(こも)るや　夏(げ)の初(はじ)め　夏
〈おくのほそ道・日光・芭蕉〉

訳(裏見の滝の滝裏の岩屋に身をひそめると)しばしの夏籠(げごも)りの気になり、身も引き締まる。(折から僧たちの夏籠りが始まる)この夏(げ)の初めの時期に。(夏(げ)の初め(=夏(げ)入り)夏。切れ字は「や」)

解説「夏(げ)」は陰暦四月中旬から七月中旬の三か月間のこと。「夏籠り」は夏行(げぎやう)・夏安居(げあんご)ともいい、僧侶が夏の九十日間一室に籠り勤行(ごんぎやう)・精進すること。

しば-ゐ(イ)【芝居】(名) ❶芝生にいること。芝生に座ること。〔太平記〕九「搦(から)め手は―の長酒盛(ながさかもり)にて」訳後方の軍勢は芝生の上に座っての長い酒宴をして。❷歌舞伎を興行する建物。劇場。❸歌舞伎。演劇。
参考 古くは、猿楽(さるがく)・田楽などで、舞台と貴人の席との間の芝生の上に設けた庶民の見物席をいい、そこから②③の意味が生じた。

しひ(シイ)【椎】(名)ブナ科の常緑高木。実は食用となる。

しび【鮪】(名)魚の名。まぐろの大きなもの。古くは、サバ科・カジキ科の魚の総称。

し-び【鴟尾・鵄尾】(名)宮殿・仏殿などの棟の両端につける魚の尾の形をした飾り。仏教の伝来とともに伝わった。石・瓦などで作る。鵄(とび)の尾。

(鴟尾)

じ-ひ【慈悲】(名) ❶《仏教語》仏・菩薩(ぼさつ)が衆生(しゆじやう)に楽しみを与え(=慈)、その苦しみを除く(=悲)こと。源氏 蜻蛉「仏のし給ふ方便は、―をも隠して」訳(時に)仏のなさる方便(=手段)は、慈悲の心をも隠して。❷あわれみ。なさけ。いつくしみ。徒然 一二八「一切の有情(うじやう)を見て―の心なからんは、人倫にあらず」訳すべての生き物を見ていつくしみの心がないような人は、人間ではない。

しひ-がたり(シイ)【強ひ語り】(名)むりに話を聞かせること。また、その話。万葉 三・二三六「否(いな)と言へど強(し)ふる志斐(しひ)のが―このころ聞かずて朕(あれ)恋ひにけり」訳(聞くのは)いやだというのに強いる志斐(=人名)のばあさんの強引な話をちかごろ聞かないので、私は恋しくなったことよ。

しひ-ごと(シイ)【誣ひ言】(名)事実を曲げて言うこと。でたらめ。こじつけ。

しひ-しば(シイ)【椎柴】(名) ❶(群生する)椎の木。徒然 一三七「―・白樫(しらかし)などの濡(ぬ)れたるやうなる葉の上にきらめきたるこそ」訳椎の木や白樫などの濡れたような葉の上に(月の光が)きらきらしているのは。❷(薪(たきぎ)などにする)椎の枝。〔玉葉〕雑三「里人のいほりにたける―のけぶり吹きしく山おろしの風」訳里人の粗末な家で燃やしている薪の煙を、山から吹きおろす風があたり一面に広がらせている。❸(椎は喪服を染めるのに用いたので)喪服。喪服の色。また、喪に服していること。枕 一三八「これをだにかたみと思ふに都には葉がへやしつる―の袖」訳せめてこれ(=喪服)だけでも故円融院の形見と思って(脱ぎかねて)いるのに、都ではもう喪服の袖を脱いで(花の衣に)着かえてしまったのであろうか。

しひ-て(シイ)【強ひて】(副)〔上二段動詞「強(し)ふ」の連用形「しひ」に接続助詞「て」の付いたもの〕❶むりに。むりやりに。伊勢 八三「―御室にまうでてをがみ奉るに」訳むりに(惟喬(これたか)親王の)御庵室に参上してお目にかかると。❷むやみに。むしょうに。徒然 三八「―智(ち)をもとめ、賢を願ふ人のために言はば」訳むやみに知恵を欲し、賢くなることを願う人のために言うならば。

類語パネル

しひて	相手の意向や道理に逆らって、無理にことを行うさま。むりやり。
せめて	(事態や自分の気持ちが差し迫ったために余裕がなくなり)相手・対象に強く迫るさま。たって。

しびら【褶】(名)衣服の上から腰につける簡略な裳(も)。下級の女房が着用した。源氏 末摘花「きたなげなる―引き結(ゆ)ひたる腰つき」訳(女たちが)いかにも見苦しいしびらを巻きつけている腰つきは。

しふ(シュウ)【執】(名)あることに深くとらわれ、忘れないこと。執念。執着心。方丈 三「身に官禄(くわんろく)あらず、何に付けてか―を留(とど)めん」訳自分には官位も俸禄もなく、何に対して執着を残そうか(いや、残すまい)。

しふ(シュウ)【集】(名)詩・歌・文章などを集めた書物。枕 七五「物語・―など書き写すに(=書き写すときに)」

し・ふ(シウ)【癈ふ】(自ハ四・上二){は・ひ・ふ・ふ・へ・へ}{ひ・ひ・ふ・ふる・ふれ・ひよ}(目や耳などの器官が)機能を失う。感覚がまひする。また、老いぼれる。〔落窪〕「おのが君の―・ひ(用)、まどひ給へるは口惜しう思ひて」訳自分の主人が老いぼれ、うろたえていらっしゃるのは残念に思って。

し・ふ(シウ)【強ふ】(他ハ上二){ひ・ひ・ふ・ふる・ふれ・ひよ}むり強いをする。強いる。徒然 一七五「人に酒すすむるとて、おのれまづたべて人に―・ひ(用)奉らんとするは」訳人に酒をすすめるというので、自分がまず飲んで他人に(酒を)むり強いし申しあげようとするのは。

し・ふ(シウ)【誣ふ】(他ハ上二){ひ・ひ・ふ・ふる・ふれ・ひよ}事実を曲げて言う。だます。〔紀〕欽明「恐るらくは、―・ひ(用)欺ける網穽(あみあな)に陥(お)ち罹(かか)りて」訳恐れることは、(他人を)だまし欺いている網の穴に落ち引っかかって。

し-ぶ【四部】(名)《仏教語》仏の四種類の弟子。比丘(びく)(=僧)・比丘尼(びくに)(=尼僧)・優婆塞(うばそく)(=仏門に帰依(きえ)した在家の男)・優婆夷(うばい)(=仏門に帰依した在家の女)。

じふ-あく(ジュウ)【十悪】(名) ❶上代の十種の重罪。謀反・謀大逆・謀叛・悪逆・不道・大不敬・不孝・不睦・不義・内乱。隋・唐の制による。❷《仏教語》身・口・意の三業がつくる十の罪悪。殺生・偸盗・邪淫・妄語・両舌・悪口・綺語・貪欲・瞋恚・邪見。

しぶ・く【渋く】(自カ四){か・き・く・く・け・け}とどこおる。なめらかに進まない。〔夫木〕春四「花さそふひら山おろし荒ければ桜に—く(体)志賀の浦舟」訳 花を誘って散らす比良山おろしが激しいので、桜の花びらにとどこおる志賀の浦を行く舟よ。

しぶ・げ【渋げ】(形動ナリ){なら・なり(に)・なり・なる・なれ・なれ}〔「げ」は接尾語〕❶気が進まないようす。源氏 藤袴「この宮仕へを、—に(用)こそ思ひ給へれ」訳 今度の宮仕えを、(玉鬘は)気が進まなく思っていらっしゃるのだ(ね)。❷色つやのないようす。堤 虫めづる姫君「けづりつくろはねばにや、—に(用)見ゆるを」訳 くしでとかして整えないからであろうか、つやがないように見えるが。

じふご・や【十五夜】(名)❶陰暦で、毎月の十五日の夜。満月の夜。❷(特に)陰暦八月十五日の夜。古来、すすき・芋などを供えて月を賞美し、酒宴などを催して、詩歌を詠み、管弦を行う風習があった。中秋の名月。芋名月。(秋)。源氏 須磨「月のいとはなやかにさし出でたるに、今宵は—なりけりとおぼし出でて」訳 月がたいそう美しくさしのぼったので、(光源氏は)今夜は(陰暦八月)十五夜であったなあとお思い出しになって。

じふさんそく・みつぶせ【十三束三伏せ】(名)(「束」は親指以外の指四本を並べた幅。「伏せ」は指一本分の幅)矢の長さにいう語。普通の矢が十二束であるのに対して、長い矢をいう。

じふさんだい・しふ【十三代集】(名)二十一代集のうち、八代集に続く鎌倉時代から室町時代にかけての十三の勅撰和歌集。新勅撰・続後撰・続古今・続拾遺・新後撰・玉葉・続千載・続後拾遺・風雅・新千載・新拾遺・新後拾遺・新続古今の総称。

じふさん・や【十三夜】(名)❶陰暦で、毎月の十三日の夜。❷(特に)陰暦九月十三日の夜。また、その夜の月。陰暦八月十五日の夜に次いで月見によいとされた。のちの月。栗名月。豆名月。(秋)。〔蕪村句集〕蕪村「泊まる気でひとり来ませり—」訳 泊まる気持ちでひとりで訪れましたよ、この陰暦九月十三日の月夜に。

しぶ・しぶ【渋渋】(形動ナリ){なら・なり(に)・なり・なる・なれ・なれ}気が進まないさま。いやいやながら。更級 宮仕へ「人々ありて、—に(用)出だしたてらる」訳 (娘の宮仕えをすすめる)人々がいて、(父は)不承不承ながら(私は)宮仕えに出される。

しふ・しん【執心】(名)《仏教語》深く心にかけること。執着心。方丈 五「仏の教へ給ふおもむきは、事にふれて—なかれとなり」訳 仏がお教えになる趣意は、何事につけても執着心があってはいけないということである。

名文解説 仏の教えは、執着心を捨てよということに尽きる、と鴨長明は説く。それは長明の仏教に対する理解の到達点であるとともに、京郊外の閑静な庵での、仏を敬い、和歌に親しむ暮らしを愛した長明自身の哲学でもあろう。

しふ・す【執す】(自サ変){せ・し・す・する・すれ・せよ}「しっす」に同じ。

じふ・ぜん【十善】(名)❶《仏教語》「十戒」を守り、「十悪」を犯さないこと。平家 一・先帝身投「先世の—戒行の御力によって、今万乗の主と生まれさせ給へども」訳 (安徳天皇は)前世で十善の戒をお守りになったことのおかげで、この世では(兵車一万を出す)天子としてお生まれになられているが。❷(前世に「十善①」を行った果報によって、この世で天子の位を受けるということから)天子の位。天皇。〔讃岐典侍日記〕「この世にて—の位長くたもち」⇩御門「慣用表現」

じぶつ【持仏】⇩ぢぶつ

じふに・いんねん【十二因縁】(名)《仏教語》「じふにいんえん」とも。前世・現世・来世の三世にわたって人が生死流転するありさまを、無明・行・識・名色・六処・触・受・愛・取・有・生・老死の十二の因果関係で説明するもの。

じふに・し【十二支】(名)十二の周期・順序を表す、子・丑・寅・卯・辰・巳・午・未・申・酉・戌・亥の称。後世これにそれぞれ、ねずみ(子)・牛(丑)・虎(寅)・兎(卯)・竜(辰)・蛇(巳)・馬(午)・羊(未)・猿(申)・鶏(酉)・犬(戌)・猪(亥)と動物を配した。方位および時刻に割り当ててその名とする。また、十干と組み合わせて、「えと」と称し、暦法に用いた。↓干支・十干。⇩巻頭カラーページ24

じふに・じんしゃう【十二神将】(名)《仏教語》薬師経を行ずる人を守護する十二の神。薬師如来の十二大願に応ずるものとして、その像は薬師如来をとりまき、多く憤怒の相をする。十二神。

じふにそく・みつぶせ【十二束三伏せ】(名)(「束」は親指以外の指四本を並べた幅。「伏せ」は指一本分の幅)矢の長さにいう語。普通の矢が十二束であるのに対して、やや長い矢をいう。平家 一一・那須与一「小兵といふぢゃう—、弓は強し」訳 (与一は)小柄とはいうものの(矢の長さは)十二束三伏せ(の大矢)で、弓は強弓である。

じふに・ひとへ【十二単】(名)女官・女房の正装の俗称。白小袖に紅の袴をはき、その上に単・五つ衣・打ち衣・表着を重ね、さらに唐衣を着て、腰に裳をつける。⇩巻頭カラーページ14

じふに・りつ【十二律】(名)「じふじりつ」とも。雅楽・舞楽に用いる十二音の音律。十二音によって、八度音(=八音程)。一オクターブにわたる音律を形成する。わが国では、低い音から順に壱越・断金・平調・勝絶・下無・双調・鳧鐘・黄鐘・鸞鏡・盤渉・神仙・上無をいう。

しふね・し【執念し】(形ク){から・く(かり)・し・き(かる)・けれ・かれ}〔漢語「執念」の形容詞化したもの〕❶執念深い。しつこい。源氏 葵「例の—き(体)御物の怪一つさらに動かず」訳 いつものしつこい御物の怪一つが(葵の上にとりついて)まったく動かず。❷意志や意地を立てとおすさま。強情である。源氏 空蟬「かく—き(体)人はありがたきものを、とおぼすにしも」訳 このように強情な人(=女)はめったにいないものなのになあと(光源氏は)お思いになるにつけても。

じふ‐ねん【十念】(名)《仏教語》南無阿弥陀仏の名号を十度唱えること。また、僧が信者のためにこれを行い、仏と縁を結ばせること。平家 四・宮御最期「西にむかひ、高声に―となへ」訳 西に向かって、高い声で南無阿弥陀仏の名号を十ぺん唱えて。

しふはう‐しゃ【襲芳舎】(名)「しほうしゃ」に同じ。

じふ‐めん【渋面・十面】(名)機嫌の悪い顔つき。しかめっつら。〔浮・西鶴諸国ばなし〕「―つくって(=しかめっつらをして)、ものをも言はざりしが」

じふ‐もつ【什物】(名)❶日常用いる器具や道具。❷宝として秘蔵する伝来の器物。宝物。什宝。細道 佐藤庄司旧跡「ここに義経の太刀、弁慶が笈をとどめて―とす」訳 ここ(=古寺)に義経の太刀や弁慶の笈を保存して宝物としている。

じふ‐もんじ【十文字】(名)❶「十」の字の形。〔太平記〕二「腹―にかき切って、北枕にこそ臥したりけれ」訳 腹を十の字にかき切って、頭を北に向けて倒れふしたのだった。❷からだや武器を前後・左右にすばやく動かすさまにいう語。平家 八・法住寺合戦「縦様・横様・蜘蛛手・―にかけ破り、かけまはり戦ひけるが」訳 縦・横・四方八方・十文字に馬をかけ入れて敵を突破し、走りまわって戦ったが。❸「十文字槍」の略。穂先が十文字になった槍。

(じふもんじ③)

じふ‐や【十夜】(名)《仏教語》浄土宗の寺で、陰暦十月六日から十月十五日まで、十昼夜の間念仏を唱える法要。十夜念仏。図

しぶ‐る【渋る】(自ラ四)(ら・り・る・る・れ・れ)❶なめらかに通らない。つかえる。〔去来抄〕修行「なほ好句あらんとすれば、かへって句―り(用)、不出来なるものなり」訳 それでもなおよい句を作ろうとすると、かえって句がなめらかに進まず、出来が悪くなるものである。❷ためらう。いやがる。枕 一〇四「『今宵はえなむ』など―ら(未)せ給ふに」訳 (中宮は)「今夜はどうも(参上できない)」などとためらいなされると。

拾遺和歌集 『作品名』三番目の勅撰和歌集。撰者は花山院など諸説あるが、未詳。平安中期の寛弘二年―四年(一〇〇五―一〇〇七)ごろ成立。「古今集」「後撰集」にもれた歌約千三百五十首を収める。→勅撰和歌集

じ‐ぶん【時分】(名)時期。とき。ころ。また、よいころあい。〔風姿花伝〕「この―の稽古、すべてすべて、易きなり」訳 このころ(=少年期)の稽古は、どれもどれも、容易である。

じぶん‐がら【時分柄】(名)その時節にふさわしいさま。時節柄。〔浮・日本永代蔵〕「餅屋は―に(商売が忙しく)ひまを惜しみ」

じぶん‐の‐はな【時分の花】能楽で、役者の若さからくる一時的な芸の美しさ・魅力。〔風姿花伝〕「この花はまことの花にはあらず。ただ―なり」訳 この(=少年期の)芸の魅力は真実の芸の魅力ではない。単に若さからくる一時的な芸の魅力である。名文解説 世阿弥は少年の芸の美しさを絶賛しながらも、それは若さゆえの「時分の花」に過ぎず、「まことの花」を会得するためには演技の正確さこそが大切であると説く。若さに驕らず、基本を重んじるべきであるという教訓。⇔真の花

しべ【稭】(名)「すべ」とも。稲の穂の芯。わらしべ。徒然 五三「藁の―を(首の)まはりにさし入れて」

しへた‐ぐ【虐ぐ】(他ガ下二)(げ・げ・ぐ・ぐる・ぐれ・げよ)❶むごく扱う。つらく当たる。徒然 一二九「すべて、人を苦しめ、物を―ぐること、賤しき民の志をも奪ふべからず」訳 総じて、人を苦しめ、生き物をむごく扱うことは、身分の低い人民の意志をも奪ってはならない。❷征服する。平家 三・六代被斬「毎度に御方追ひおとされて、敵を―ぐるに及ばず」訳 (攻め寄せる)そのたびごとに味方は追い落とされて、敵を征服することができない。

-しほ【入】(接尾)染色の際、布を染料にひたす回数を表す語。万葉 一五・三七〇三「紅の八―の色に」訳 紅を何度も染めたような濃い色に。→一入

しほ【潮・汐】(名)❶海水。海水の干満。万葉 六・九一九「若の浦に―満ち来れば潟を無み葦辺をさして鶴鳴き渡る」訳 →わかのうらに…和歌 ❷よい機会。よいころあい。しおどき。〔浄・出世景清〕「この度、畠山の重忠、東大寺再興の奉行にのぼるをよき―と、まづ重忠をねらはんため」訳 今度、畠山重忠が東大寺を再興する差配役に昇進するのをよい機会と考え、まず重忠をねらうために。❸あいきょう。愛らしさ。〔浄・丹波与作待夜小室節〕「目元に―がこぼれる」

しぼ【皺】(名)❶糸のより方の工夫で、織物の表面にできる凹凸。また、なめし革・紙などにつけるしわ。❷烏帽子の表面につけたしわ。

しほ‐あひ【潮合ひ】(名)❶潮流が流れ出合う所。古今 雑上「わたつうみの沖つ―に浮かぶあわの消えぬものから寄る方もなし」訳 大海の沖の潮流が出合う所に浮かんでいる泡のように、(私はどうやら)命が消えないでいるものの、身を寄せる所もないよ。(第三句までは「消え」を導きだす序詞)❷潮の満ち引きのほどあい。しおどき。〔後拾遺〕羇旅「あなじ吹く瀬戸の―に舟出して」訳 北西の風が吹く海峡の潮のちょうどよい時に船出して。❸物事のほどあい。ころあい。時機。〔浮・好色一代女〕「仕掛くる時分の―ぬけ」訳 (色事を)しかける肝心のころあいの時機をのがし。

し‐ほう【四方】(名)❶四角。著聞 三七〇「おもての広さ六七尺ばかりなる石の、―なるをもて来たりて」訳 表面の広さが六、七尺ぐらいである石で、四角であるのをもって来て。❷→しはう。(→方 参考)

しほうはい〖四方拝〗⇩しはうはい

しほ‐うみ【潮海】(名)(「淡海」「湖」に対して、)塩分を含んでいる海。土佐「―のほとりにてあざれ合へり」訳 (物の腐るはずのない塩のきいた)海のほとりでふざけ合っている。(「あざれ」に「戯る(=ふざける)」「鯘る(=魚肉などが腐る)」の二つの意をかけたしゃれ)。⇩戯れ合ふ「名文解説」

しほ-がひ【潮貝】(名)海にすむ貝。古今 雑体「伊勢の海の浦の―拾ひあつめ」

塩釜〘地名〙歌枕〔「塩竈」とも書く〕今の宮城県塩竈市。松島湾にのぞむ港町。

しほ-ぎ【塩木】(名)「しほき」とも。製塩の際、海水を煮つめるのに用いるたきぎ。〔古今和歌六帖〕「須磨の海人の伐られる―の燃ゆれども」訳 須磨の漁師が切ってきた塩木は燃えるけれども。

しほ-くみ【潮汲み】(名)製塩のために、海水をくむこと。また、その人。

しほごしや… 俳句

> **汐越や　鶴はぎぬれて　海涼し**　夏
> 〈おくのほそ道・象潟・芭蕉〉

訳 ここ汐越の風光よ。(浅瀬に下り立っている)鶴の長い脚がひたひたと寄せる波に濡れて、いかにも涼しげな海である。(涼し夏。切れ字は「や」「し」。「し」は形容詞の終止形活用語尾)

解説「汐越」は象潟の入り江の口にある浅瀬の名。「鶴脛」は衣の丈が短く、長いすねがあらわれていることだが、ここは文字どおり鶴の脛を指して興じている。

しほ-さゐ【潮騒】(名)潮の満ちてくるとき、波が立ち騒ぐこと。万葉 一・四二「―に伊良虞の島辺漕ぐ舟に妹乗るらむか荒き島廻を」訳 潮のざわざわと波立つ中を、伊良虞の島のあたりを漕いでいる舟に、あの人は乗っているだろうか、あの荒い島のめぐりを。

しほ-しほ(-と)(副)❶涙・雨などに濡れるさま。しくしく。しとしと。〔建礼門院右京大夫集〕詞書「まづあはれとのみ聞きて、すずろに―とぞ泣かるる」訳 (雁の鳴く声を)何より先に悲しいと聞くばかりで、なんとなくしくしくと泣けてくる。
❷しょんぼりとしおれているさま。元気のないさま。悄然。〔増鏡〕内野の雪「女にておはしまさましかば、いかに―と口惜しからまし」訳 女(=皇女の御誕生)でいらっしゃったなら、どんなに悄然として残念であろうに。

参考 ②は、本来「しをしを」で、「しを」は「萎る」と同語源。

しほ-じ-む【潮染む】(自マ四)❶潮水や潮気がしみこむ。潮気になじむ。源氏 明石「世をうみにここら―・む(体)身となりてなほこの岸をえこそ離れね」訳 俗世間をいやに思い、長年海辺にのがれ住んで潮気がしみこむような(生活を送る)身となったのに、やはり(解脱の彼岸に達しないで)、この(穢土である)此岸(の明石の浦)の海岸を、(私=明石の入道は)どうも離れることができないでいる。(「うみ」は「倦み」と「海」との、「この岸(=明石の海岸)」は「此岸(=現世)」との掛詞)
❷物事になれる。なじむ。源氏 薄雲「かかる住まひに―・ま(未)ざらましかば、珍かにおぼえまし」訳 (私=光源氏が明石で)このような住まいになじんでいなかったならば、(こういう山里の風情も)さぞ珍しく思われただろうに。

しほ-じり【塩尻】(名)塩田で、砂をまるく高く塚のように積み上げたもの。これに海水をくみかけ日にさらして塩分を固着させる。伊勢 九「なりは―のやうになむありける」訳 (富士山の)形は塩尻のようであった。

しほだひの… 俳句

> **塩鯛の　歯ぐきも寒し　魚の店**　冬
> 〈薦獅子集・芭蕉〉

訳 (店先の)塩鯛がむき出している歯ぐきの白さまでが、寒さをつのらせていることだ。冬の魚屋のあたりは。(寒し冬。切れ字は「し」で、形容詞の終止形活用語尾)

解説「三冊子」に、其角の「声かれて猿の歯白し峰の月」の句に対して、自身のこの句を「ただ言ひたる(=ありのままを句にした)」と述べた芭蕉の言を伝える。

しほ-た-る【潮垂る】(自ラ下二)❶**海水に濡れてしずくが垂れる**。また、雨や露などに**濡れてぐっしょりとなる**。徒然 三「露霜に―・れ(用)て、所さだめずまどひありき」訳 露や霜にぐっしょり濡れて、どこということなくさまよい歩き。
❷(涙を海水にたとえて)**涙を流す。涙で袖が濡れる。悲嘆に沈む**。源氏 澪標「いと悲しうて、人知れず―・れ(用)けり」訳 (明石の君は)たいそう悲しくて、ひそかに涙で袖が濡れたことだ。

慣用表現「泣く」を表す表現
《涙を流す》溺ほる・搔き暗る・霧り塞がる・暗る・時雨る・潮垂る・潮どく・塞きかぬ・袖に余る・袖を絞る・袖を濡らす・露けし・涙に暗る
《涙》雨・時雨・袖の雫・袖の露・露・身を知る雨
《べそをかく》打ち顰む・貝を作る・顰む
《しゃくりあげて泣く》噦り上ぐ・咳き上ぐ
ポイント「時雨る」「袖を絞る」「袖を濡らす」「露けし」は涙で濡れることから、「搔き暗る」「霧り塞がる」「暗る」は涙で目が見えなくなることからいう。

しほたれ-がち【潮垂れがち】(形動ナリ)(「がち」は接尾語)涙で袖を濡らすことが多いさま。悲しみ嘆きがちなさま。源氏 桐壺「御―・に(用)のみおはします」訳 (桐壺帝は)ただもう御涙にひたっていらっしゃる。

しほ-ぢ【潮路】(名)❶潮が流れる道。潮流。〔千載〕春上「霞しく春の―を見わたせばみどりを分くる沖つ白波」訳 霞が一面に広がっている春の海の潮の流れをずっと見渡すと、海のみどりと霞のみどりとを分けて寄せてくる沖の白波よ。
❷船の通る道。海路。航路。〔太平記〕一六「海辺の眺望をながめて、―はるかに見渡せば」訳 海辺の眺めをじっと見て、航路遠くまで見渡すと。

し-ぼち【新発意】(名)〔「しんぼち」の撥音「ん」の表記されない形〕「しんぼち」に同じ。源氏 明石「前の守―の、御舟よそひて参れるなり」訳 前の(播磨の)国守で、出家したばかりの者(=明石の入道)が、御舟を支度して(光源氏を迎えに)参上したのである。

しほ-ど-く【潮どく】(自カ下二)❶(海水に濡れる意から)びっしょり濡れる。〔栄花〕御裳着「雨少しうち降りて、田子の袂も―・け(用)たり」訳 雨が少し降って、農夫の袂もびっしょり濡れた。
❷涙に濡れる。〔栄花〕月の宴「五月の五月雨にもあはれにて―・け(用)暮らし」訳 陰暦五月の五月雨のこ

ろにも悲しい気分で(毎日を)涙に濡れて過ごし。⇩潮垂る「慣用表現」

しほ-どけ-し【潮どけし】(形ク){から・く(かり)・し・き(かる)・けれ・かれ}(海水に濡れる意から)びっしょり濡れている。源氏 明石「寄る波にたちかさねたる旅ごろもー・し終とや人のいとはむ」訳 打ち寄せる波が幾重にも立つように、(私=明石の君が)布を裁ち重ね合わせて縫い上げた旅の衣服は、(涙で)びっしょり濡れているとあなた(=光源氏)は嫌うだろうか。(「寄る波に」は「たち」を導きだす序詞。「たち」は「(波が)立ち」と「(旅ごろもを)裁ち」とをかける)

しほ-なら-ぬ-うみ【塩ならぬ海】(塩分を含まない海の意)湖。多く、琵琶湖をいう。源氏 関屋「わくらばに行きあふみちを頼みしもなほかひなしやー」訳 偶然近江路で(私=光源氏はあなた=空蟬に)行き会い頼もしく思ったが、ここ(=琵琶湖)は貝のすまない淡水の湖なので、(逢うこともできず)やはり甲斐もないことだよ。(「あふみち」は「逢ふ路」と「近江路」との、「かひ」は「甲斐」と「貝」との掛詞)

しほ-な-る【潮馴る】(自ラ下二){れ・れ・る・るる・るれ・れよ}(衣などが)潮気に湿ってよれよれになる。転じて、あかじみてよごれる。源氏 蓬生「かたみにそへ給ふべき身馴れ衣もー・れ用たれば」訳 (末摘花が侍従に)記念として添えておやりになるつもりの普段着もあかじみてよごれているので。

しほのみつ… 和歌

> 潮の満つ　いつもの浦の　いつもいつも
> 君をば深く　思ふはやわが
> 〈枕・三・古歌〉
> (序詞：潮の満つ　いつもの浦の)

訳 潮が満ちているいつもの浦の、その名のように、いつもいつもあなたを深く思っていますよ、私は。修辞 第二句までは「いつもいつも」を導きだす序詞。文法「はや」は終助詞「は」に間投助詞「や」が付いたもので、強い感動・詠嘆を表す。

しほ-ひ【潮干】(名)潮の引くこと。また、潮の引いた海岸。万葉 一七・三八九一「荒津の海ー潮満ち時はあれど」訳 荒津の海は潮の引く時と満ちる時があるが。

しほひ-がた【潮干潟】(名)潮が引いて現れた干潟。春。平家 二・勝浦付大坂越「ーの、をりふし塩干るさかりなれば」訳 潮干潟が、おりしも潮が引く盛りなので。

しほひる-たま【潮干る珠】(名)「しほふるたま」に同じ。

じ-ほふ【実法】(名・形動ナリ)(「じっぽふ」の促音「っ」の表記されない形)まじめなさま。素直なさま。源氏 蛍「まろがやうにー・なる体痴れ者の物語はありや」訳 (昔物語の中に)私(=光源氏)のようにまじめ一方なおろか者の話はあるか(いや、ありはしないだろう)。

しほ-ぶね【潮船】(名)「しほふね」とも。潮路を漕ぎわたる船。海を行く船。万葉 二〇・四三六八「ーに真楫繁貫き」訳 海を行く船に櫓をたくさんとりつけて。

しほぶねの【潮船の】《枕詞》「しほふねの」とも。「並ぶ」「おく」にかかる。万葉 一四・三四五〇「ー並べて見れば」。万葉 一四・三五五六「ー置かれば悲し」

しほふる-たま【潮干る珠】(名)(のち「しほひるたま」とも)海水につけると潮を引かせる効力があるという玉。〔記〕上「若しそれ愁ひ請さば、ーを出だして活かし」訳 もしその人が(あなたに助けてくれと)嘆願するならば、潮干る珠を出して救い。↔潮満つ珠

しほ-ほ(-に)(副)(「しほしほ(に)」の転)涙などで、ひどく濡れるさま。ぐっしょり。びっしょり。万葉 二〇・四三五七「葦垣の隈処に立ちて吾妹子が袖もーに泣きしそ思はゆ」訳 (防人の私を見送って)葦で編んだ垣根の物陰に立って、いとしいおまえが袖も涙でひどく濡らして泣いたことが思われる。

しほみつ-たま【潮満つ珠】(名)海水につけると潮を満ちさせる効力があるという玉。〔記〕上「若しそれ然し給ふことを恨怨みて攻め戦はば、ーを出だして溺らし」訳 もしその人が、(あなたが)そのようになさることを恨んで戦いをしかけてきたならば、潮満つ珠を出して(相手を)溺れさせ。↔潮干る珠

しほ-や【塩屋】(名)海水を煮詰めて塩を作る小屋。新古 神祇「立ちのぼるーの煙浦風になびくを神の心ともがな」訳 立ちのぼる塩を作る家の煙が浦風になびくようすを、(願いを受け入れてなびく)神の心(の表れ)として見られればいいなあ。

> **発展 製塩法について**
>
> 製塩は、古く、海藻を焼いて作る方法や、海辺にたてた塩屋の中で、塩尻などの塩砂を塩釜に入れて煮る方法が行われていた。天日を利用した製塩法が進歩したのは室町時代以降で、土手を築く方法も瀬戸内海を中心にはじまり、江戸時代に発達した。

しほ-やき【塩焼き】(名)海水を煮詰めて塩を作ること。また、その人。伊勢 八七「葦の屋の灘のーいとまなみつげの小櫛もささず来にけり」(新古今・雑中にも所収)訳 粗末な葦ぶき小屋のある蘆屋の灘の塩を焼く仕事は、ひまがないので、つげの櫛もささないで来てしまったことだ。(「あしのや」に地名「蘆屋」をかける)

しほやき-ぎぬ【塩焼き衣】(名)塩焼きをする人が着る、粗末な衣。「しほやきごろも」とも。万葉 三・四一三「須磨の海人のーの藤衣間遠にしあればいまだ着なれず」訳 須磨の漁師の塩焼き衣の藤衣(=藤や葛などの繊維で織った衣)は、織目が粗いから、まだ着なれないでいる(=逢う機会が間遠であるから、まだその娘に馴れないでいる)。

しほやき-ごろも【塩焼き衣】(名)「しほやきぎぬ」に同じ。

しほら-し(形シク){しから・しく(しかり)・し・しき(しかる)・しけれ・しかれ}→しをらし

しほらしき… 俳句

> しほらしき　名や小松吹く　萩すすき
> 〈おくのほそ道・太田神社・芭蕉〉
> (秋)

訳 愛らしい地名であるなあ、小松とは。その名のとおりの小松に吹く秋風が萩やすすきをもそよがせて可憐な風

情であるよ。(「しほらしき」は本来「しをらしき」とあるべきところ。「小松」は地名の「小松」(石川県小松市)と植物の「小松」との掛詞。萩・すすき秋。切れ字は「や」)

しほり【撓り】(名)→しをり(撓り)

しぼり-いだ・す【絞り出だす】(他サ四){さ・し・す・す・せ・せ}❶絞って中の液体などを外へ出す。宇治 四・一七「柚の核のただ今ー・し用たるをまぜて」訳 柚子の種でたった今絞り出したのを(大豆に)混ぜて。

❷声や考えなどを苦しんで出す。枕 二五「せみの声ー・し用て誦みゐたれど」訳 (修験者が)蟬の鳴き声のような声を苦しそうに出して読経しているけれど。

しほ・る【一】(自ラ下二){れ・れ・る・るる・るれ・れよ}ぬれる。しめる。新古 恋二「いくよわれ浪にー・れ用てき舟川袖に玉ちる物思ふらん」訳 幾夜を私は波にぬれて貴船川を上って来て(貴船明神に恋の成就を祈り)、袖に涙の玉が散り、魂がさまよい出るほどの物思いをすることであろうか。(「しほれてき」の「き」は、「来」と「貴船川」の「貴」との掛詞)

【二】(他ラ四){ら・り・る・る・れ・れ}ぬらす。しめらせる。〔増鏡〕新島守「鎧の袖をー・る終」訳 鎧の袖を(涙で)ぬらす。

しぼ・る【絞る・搾る】(他ラ四){ら・り・る・る・れ・れ}❶強く圧したり、ねじったりして水気を出す。しぼる。〔狭衣物語〕「人知れずおそふる袖もー・る体まで時雨とともにふる涙かな」訳 (流す涙を)人に知られないようにとおさえる袖も、しぼるほど(ぬれ)、時雨とともに降るほどの涙であることよ。(「時雨」と「ふる」とは縁語)

❷声などをむりに出す。ふりしぼる。枕 一二〇「せめてー・り用出でたる声々の、さすがにまたまぎれずなむ」訳 (僧が)しいてふりしぼって出している声々が、そうはいうものの、やはり(他の人の声に)まぎれない(で聞こえる)。

❸弓を強く引く。引きしぼる。〔曽我物語〕「この矢をつがひ、ー・り用返して」訳 (弓に)この矢をつがえ、ぐっと引きしぼって。

し-ほん【四品】(名)❶親王の位階の第四位。→品①

❷臣下の位で、四位の異称。

しま【島】(名)❶周囲を水に囲まれた陸地。島。万葉 二・一三〇「をちこち(=あちこち)のーは多けど」

❷(「山斎」とも書く)庭の泉水の中の築山。また、築山・泉水のある庭園。万葉 三・四五二「妹として二人作りしわがーは木高く繁くなりにけるかも」訳 →いもとして…和歌

❸《近世語》特定の地域。特に、遊郭・色町。〔浮・世間胸算用〕「このー中に一銭も指し引きなしの男」訳 この界隈で一銭も貸し借りのない男。

志摩(しま)『地名』旧国名。東海道十五か国の一つ。今の三重県志摩半島の地域。志州。

しま-がく・る【島隠る】(自ラ四・下二){ら・り・る・る・れ・れ / れ・れ・る・るる・るれ・れよ}島陰に隠れる。万葉 六・九四四「ー・り用(四段)わが漕ぎ来れば羨しかも倭へ上る真熊野の船」訳 島陰に隠れ私が漕いで来ると、ああ、うらやましい。(わが故郷の)大和(奈良県)へ上ってゆく熊野の船よ。古今 羇旅「ほのぼのと明石の浦の朝霧にー・れ用(下二段)ゆく舟をしぞ思ふ」訳 →ほのぼのと…和歌

参考 上代は四段活用、中古以降は下二段活用。

しまし【暫し】(副)《上代語》「しばし」の古形)少しの間。ちょっとの間。万葉 一五・三七八五「霍公鳥間しまし置け汝が鳴けば吾が思ふ心いたもすべなし」訳 ほととぎすよ、間をしばらくおけ。おまえが鳴くと、私のもの思う心が、まったくどうにもしようがない(から)。

しまし-く【暫しく】(副)《上代語》しばらくの間。万葉 三・二九二「手弱女は同じ心にーも止む時も無く見てむとそ思ふ」訳 かよわい女(である私)は、(あなたと)同じ気持ちで、しばらくの間もとだえることもなく(あなたと)逢っていたいと思う。

し-ます(助動四型)《中世語》尊敬の意を表す。お…になる。…なさる。〔狂・狐塚〕「必ず酒を飲ましまま終な」訳 決して酒をお飲みになるな。

接続 四段・ナ変動詞の未然形に付く。

活用	未然	連用	終止	連体	已然	命令
	しまさ (ズ)	しまし (タリ)	します (。)	します (コト)	しませ (ドモ)	しませ (。)

参考 尊敬の助動詞「す」の連用形「せ」に、補助動詞「おはします」が付いた「せおはします」が変化した「せます」が転じたもの。一説に、尊敬の助動詞「す」の連用形「せ」に、丁寧の助動詞「ます」が付いた「せます」の転ともいう。この場合は「…なさいます」の意にとる。

し-まつ【始末】(名)❶事の次第。一部始終。事情。

❷物をたいせつにすること。倹約。節約。〔浮・日本永代蔵〕「日来はー第一の人なれど」訳 日頃は倹約を第一に重んじる人であるが。

しま-づた・ふ【島伝ふ】(自ハ四){は・ひ・ふ・ふ・へ・へ}(船が)島から島へと伝って行く。万葉 一三・三二三三「磯漕ぎ廻みつつー・ひ用見れども飽かずみ吉野の滝もとどろに落つる白波」訳 磯を漕ぎめぐっては島から島へ伝って行って見ても見飽きないことだ。吉野の激流もとどろかせて落ちる白波は。

しまつとり【島つ鳥】《枕詞》島にいる鳥の意から「鵜」にかかる。万葉 一七・四〇一一「ー鵜養が伴は」

しま-と【島門】(名)島と島、または島と陸地との間の狭い水路。島の瀬戸。万葉 三・三〇四「大君の遠の朝廷とあり通ふーを見れば神代し思ほゆ」訳 天皇の遠く離れた役所(のある所)として、人々が行き来しつづける海峡を見ると、(この島々が生み出された)神代のことが思われることだ。

しま-ね【島根】(名)(「ね」は接尾語)島。また、島国。万葉 一五・三六八八「石が根の荒きーに宿りする君」訳 根を下ろしたような岩石が広がる荒涼とした島に、(いつまでも)宿っている君よ。

島原(しまばら)『地名』❶今の長崎県島原市。江戸幕府のキリシタン弾圧に反抗して起こった島原の乱で有名。

❷今の京都市下京区にあった公認の遊郭。元禄(一六八八―一七〇四)時代に最も栄えた。

し-まひ【仕舞ひ】(名)❶物事の終わり。しまうこと。〔狂・猿座頭〕「酒がーで面白うない」

❷総決算。清算。〔浮・世間胸算用〕「世わたり楽々としてから、毎年のーには少しづつたらず」訳 日々の生活は気楽に送っていても、毎年の(年末の)総決算では少しずつ足りない。

❸したく。準備。特に、年末の勘定をすませてから行う

正月のしたく。〔浮・日本永代蔵〕「これを織り下ろして、正月—の百品にも心当て」訳この布を織り上げて(売って)、正月のしたくのいろいろな品にとの心づもり。❹化粧などの身づくろい。〔浮世風呂〕「おまへ、もうお—ができたね」

し-ま・ふ【仕舞ふ】(他ハ四)❶し終える。始末する。〔浮世床〕「隠居の頭、結ひ—ひ(用)」訳隠居の頭を結い終え。❷清算する。支払いや取り立てを終わる。〔浮・世間胸算用〕「大晦日の夜半から、われさきに—ひ(用)次第に」訳大晦日の夜中から、われさきに取り立てを終えたら直ちに(京を出発して)。

しま-べ【島辺】(名)島のあたり。島の付近。万葉一・四二「伊良虞の—漕ぐ船に」

しま-み【島回・島曲・島廻】㊀(名)島のまわり。島の周囲。万葉一七・三九九一「渚にはあぢ群騒き—には木末花咲き」訳渚ではあじがも(=水鳥の名)の群れが騒ぎ、島の周囲では梢に花が咲き。㊁(名・自サ変)島をめぐること。島めぐり。万葉七・一一一七「—す(終)と磯に見し花風吹きて波は寄すとも取らずは止まじ」訳島めぐりをするといって、磯で見た花を、風が吹いて波は寄せて来ても、取らずにはおくまい。

しま-もり【島守】(名)島を守る人。島の番人。平家三・有王「俊寛僧都一人、憂かりし島の—になりにけることそうたてけれ」訳俊寛僧都一人が、つらかったこの島の島守になってしまったことは気の毒である。

しま-やま【島山】(名)❶島と山。❷島の中の山。全体が山でできている島。また、川や水に面した、島のように見える山。万葉九・一七五一「—をい行き廻れる川そひの丘辺の道ゆ」訳島山を行きめぐって流れている川ぞいの丘辺の道を通って。❸庭の池の中につくった山。築山。万葉一九・四二六六「物部の八十伴の男の—にあかる橘髻華に刺し」訳文武百官の男たちが庭の築山で明るく色づく橘を冠の飾りにさし。

しまら-く【暫らく】(副)《上代語》〔「しばらく」の古形〕少しの間。一時。万葉一四・三四七一「—は寝つつもあらむを」訳少しの間は静かに寝てもいたいのに。

しみ【紙魚・衣魚】(名)和紙・衣類などの糊気を食害する虫。夏。源氏橋姫「古い手紙は—といふ虫のすみかになりて」

しみ-かへ・る【染み返る】(自ラ四)〔「かへる」は程度が甚だしくなる意〕❶深く染まる。(色や香りが)深くしみ込む。源氏若紫「かの御移り香のいみじう艶に—り(用)給へれば」訳あの(光源氏の)御移り香がとてもなまめかしく深くしみつきなさっているので。❷深く感動する。深くのめりこむ。〔十訓〕二「おもしろきことも、それにのみ—り(用)ては」訳(風流な)おもしろいことも、それにばかり深くのめりこんでは。

しみ-こほ・る【凍み凍る】(自ラ四)❶凍りつく。固く凍る。宇治二・一三「雨ふり、雪ふり、風吹き、いかづち(=雷)鳴り、〔道が〕—り(用)たるにも(=凍りついたときにも)」❷恐怖や心配で心が凍りつくようになる。宇治八・四「身も切るやうに、心も—り(用)て、これを聞くに、死ぬべき心地す」訳(=敏行は)身も切(られ)るように、心も凍りついて、これを聞くと、死にそうな気持ちになる。❸心を澄ませて一つのことを思いつめる。中世の芸術論で、しみじみした感じの極致に達することをいう。〔ささめごと〕「〔歌の〕道に心ざし深く—り(用)たる人は」

しみ-さ・ぶ【茂みさぶ・繁みさぶ】(自バ上二)〔「さぶ」は接尾語〕こんもりと茂っている。木や草が深く茂っている。万葉一・五二「大和の青香具山は日の経の大き御門に春山と—び(用)立てり」訳大和の国(奈良県)の青々とした香具山は東のりっぱな御門のほうに春山として、うっそうと茂り立っている。

しみ-つ・く【染み着く】(自カ四)❶(色や香りなどが)ついてとれなくなる。源氏末摘花「さもや—か(未)むとあやふく思ひたまへり」訳(紫の上は光源氏の鼻に塗った紅がそのようにもついてとれなくなるであろうかと心配にお思いになっている。❷(心が)ひきつけられる。心に深くしみこむ。また、深い間柄になる。源氏東屋「若き御どちもの聞こえ給はむは、ふとしも、—く(終)べくもあらぬを」訳若い方どうしが何か申し上げなさるならそれは、すぐにも、深い間柄になるはずもないものを。

しみ-みに【茂みみに】(副)〔「しみしみに」の転〕すきまなく。びっしりと。万葉一〇・二一二四「見まく欲りあが待ち恋ひし秋萩は枝も—花咲きにけり」訳見たいものだと思って私が待ちこがれていた秋萩は、枝いっぱいにびっしりと花が咲いたことよ。

しみら-に(副)「しめらに」とも。間もなくびっしりと。その間ずっと。終日。万葉一三・三二七〇「あかねさす昼は—ぬばたまの夜はすがらにこの床のひしと鳴るまで嘆きつるかも」訳昼は昼じゅう、夜は一晩じゅう、この床がみしみしと音を立てるほどに嘆いたことよ。(「あかねさす」は「昼」に、「ぬばたまの」は「夜」にかかる枕詞)

し-みん【四民】(名)❶すべての民衆。人民。❷江戸時代、士・農・工・商の四つの階層。細道日光「恩沢八荒にあふれ、—安堵の栖穏やかなり」訳(東照宮の)恵みは国の隅々までゆきわたり、士農工商すべての人々は安楽に暮らし、(世は)太平である。

し・む【染む・浸む】㊀(自マ四)❶(色に)染まる。色・香りがしみつく。古今夏「はちす葉の濁りに—ま(未)ぬ心もてなにかは露を玉とあざむく」訳→はちすばの…和歌 ❷ひたる。うるおう。しみ込む。万葉三・三四三「なかなかに人とあらずは酒壺に成りにてしかも酒に—み(用)なむ」訳中途半端に人間でいないで、酒壺になってしまいたいものだ。(そうしたらきっと酒にひたっていられるだろう。)文法「あらずは」の「ずは」は、連用修飾となって「…ないで」「…ずに」の意となる。「成りにてしかも」の「に」は助動詞「ぬ」の連用形で、ここは確述の用法。「てしかも」は、願望の終助詞。❸深く感じる。心にしみる。源氏葵「深き秋のあはれまさりゆく風の音身に—み(用)けるかな」訳晩秋の、悲哀の深まりゆく風の音が身に深く感じたことだなあ。❹熱心になる。関心をもつ。執着する。〔栄花〕月の宴「和歌の方にも、いみじう—ま(未)せ給へり」訳(村上天皇は)和歌の方面にも、ひどくご熱心になっていらっしゃる。

二（他マ下二）{め・め・む・むる・むれ・めよ}❶染まるようにする。染める。色・香りをしみ込ませる。源氏 明石「浅からず―・め㊊たる紫の紙に、墨つき濃く薄くまぎらはして」訳 淡くなく香をたきしめた紫の紙に、墨の付きぐあいを濃く薄く書きまぎらわして。

❷深く心にとめる。深く思いつめる。更級 夫の死「よしなき物語、歌のことをのみ心に―・め㊍で、夜昼思ひて、行ひをせましかば」訳 つまらない物語や歌のことばかりを心に深く思いつめないで、日夜心にかけて、勤行をしていたならば。⇩由無し「名文解説」

し・む【凍む】（自マ上二）{み・み・む・むる・むれ・みよ}冷気がしみる。こおる。図。源氏 若菜下「恥づかしく、かたじけなく、かたはらいたきに、…身も―・むる㊕心地して」訳（柏木は光源氏に対して）恥ずかしく、畏れ多く、きまりが悪いので、…（夏なのに）身もこおる気持ちがして。

し・む【占む・標む】（他マ下二）{め・め・む・むる・むれ・めよ}❶自分のものとする。自分の領地であることを示すしるしをつける。万葉 八・一四二七「明日よりは春菜摘まむと―・め㊊し野に昨日も今日も雪は降りつつ」訳 明日からは若菜を摘もうとしるしの標をつけた野に、昨日も今日も雪は降りつづいている。

❷敷地とする。その土地に住む。徒然 二〇七「ふるくよりこの地を―・め㊊たる物ならば、さうなく掘りすてられがたし」訳（蛇が）古くからこの地を居所としているものならば、（蛇が密集する塚を）無造作に掘って（蛇を）お捨てになることはむずかしい。

❸身に備える。心に持つ。源氏 浮舟「いとあはれと人の思ひぬべきさまを―・め㊊給へる人がらなり」訳 たいそうみごとだと、人がきっと思うにちがいない趣を身に備えていらっしゃる（薫の）人柄である。文法「思ひぬべき」の「ぬ」は、助動詞「ぬ」の終止形で、ここは確述の用法。

❹《近世語》食べる。〔浮世風呂〕「もうお昼を―・め㊊たか」訳 もう昼食を食べたか。

し・む【締む】（他マ下二）{め・め・む・むる・むれ・めよ}❶（紐などを）固く結ぶ。締める。平家 九・河原合戦「鍬形打ったる甲の緒―・め㊊」訳 鍬形（=角形の飾り）をつけたかぶとの緒を締め。

❷合計する。〔伎・助六〕「いかさま―・め㊊て三百ぐらゐ」訳 なるほど合計して三百文くらいだ。

❸取り決める。物事をまとめる。〔浄・仮名手本忠臣蔵〕「評議を―・め㊍ん」訳 相談をまとめよう。

❹物事の決着を祝って、皆で手打ちの式をする。〔伎・暫〕「めでたく一つ―・め㊍べいか（=ようか）」

❺こらしめる。とっちめる。〔浮世風呂〕「今度おめえが江戸詞を笑ったら一番（=一つ）―・め㊊てやらうと思って待ってゐたわな」

しむ（助動下二型）

意味・用法
使役〔…せる。…させる。〕→❶
尊敬〔お…になられる。…なされる。〕→❷
謙譲〔お…申しあげる。〕→❸

接続
用言の**未然形**に付く。

活用

未然	連用	終止	連体	已然	命令
しめ（ズ）	しめ（タリ）	しむ（○）	しむる（コト）	しむれ（ドモ）	しめよ〔しめ〕（○）

❶使役の意を表す。**…せる。…させる。** 万葉 二〇・四四九六「恨めしく君はもあるか屋戸の梅の散り過ぐるまで見**しめ**㊍ずありける」訳 あなたは恨めしい方だよ。庭の梅の花が散ってしまうまで（私に）見させないでいたことだ。徒然 一二九「身をやぶるよりも、心をいたま**しむる**㊕は、人をそこなふことなほ甚だし」訳 肉体を傷つけることよりも、精神を苦しませることは、人を害することではいっそうはなはだしい。

❷「給ふ」とともに用いて、程度の高い尊敬の意を表す。**お…になられる。…なされる。** 源氏 浮舟「おもく勘当せ**しめ**㊊給ふべきよしなむ仰せ言侍りつれば」訳 厳重に処罰しなされるであろう旨のご命令が（薫から）ございましたので。文法 係助詞「なむ」の結びは、接続助詞「ば」が付いて「つれば」とさらに下に続くため消滅（=結びの流れ）している。大鏡 時平「おほやけも行幸せ**しめ**㊊給ふ」訳 天皇も（北野天満宮に）お出ましなされる。

❸おもに会話文で、「聞こゆ」「申す」「奉る」「啓す」などの謙譲語に付いて、より高い謙譲の意を表す。大鏡 道長上「皇太后宮にいかで啓せ**しめ**㊍むと思ひ侍れど」訳 皇太后宮になんとかして申し上げようと思いますが。

文法 (1) **使役の「しむ」** 使役の「しむ」は、「す・さす」の発達していなかった上代に多く用いられたが、中古になると、「す・さす」で使役を表すようになり、仮名書きの日記・物語などでは、「しむ」はほとんど用いられなくなった。たまに用いられる場合も、特定の男性の会話や手紙文に集中する傾向があった。ただし、漢文を訓読する際には、平安時代でももっぱら「しむ」が用いられた。また、中世の説話や軍記物語になると、「しむ」は再びよく用いられるようになる。

(2) **尊敬の「しむ」** 尊敬の「しむ」は、「…しめ給ふ」の形で平安時代の仮名書きの文章でよく用いられている。これは、「す」「さす」の「…せ給ふ」「…させ給ふ」という用法からの類推でできたものであろう。尊敬の「しむ」か使役の「しむ」か識別のむずかしい用例も多い。

「中納言喜び給ひて、よろづの人にも知らせ給はで、みそかに寮にいまして、男どもの中に交じりて、夜を昼になして取ら**しめ**給ふ」〈竹取 燕の子安貝〉

とある用例の「しむ」は使役にも尊敬にも解釈される。中納言に対する敬語表現は、「喜び給ひ」「いまし」とあるように、最高の尊敬表現ではないから、「しむ」を使役にとるほうがよいのだが、この部分だけを見ると、中納言自身が「お取りになられる」の意にとりたくなるのである。なお、「知らせ給はで」の「せ」も使役であり、最高の敬語表現ではない。

(3) **謙譲の「しむ」** 謙譲の「しむ」は、「大鏡」などで「奉らしむ」「啓せしむ」の形で用いられている。中世になると、この「しむ」は敬意を表す意味がぼやけてきて、ただかしこまった気持ちを表す用法を生じる。

「書紙につくさず。しかしながら省略せ**しめ**候ひおはんぬ」〈平家 二・腰越〉の「しめ」などがそうで、「省略し候ひおはんぬ」と言っても変わりはない。これは、格式ばった雰囲気を好む書簡体の文などに用いられた。なお、平安時代でも「うつほ物語」には、これに近い用法が見いだされる。

「女人求めしめむとするに、艶書の和歌なきは、人あなづらしむるものなり」〈うつほ・藤原の君〉

これらは「求めむとするに」「人あなづるものなり」でよいのに、この話し手である老人の時代遅れの格式ばった性格を誇張して表現しようとしたものである。

しむる 助動詞「しむ」の連体形。徒然 三八「愚かなる人の目を喜ばしむる楽しみ、またあぢきなし」訳 愚かな人の目を喜ばせる楽しみも、またつまらない。

しむれ 助動詞「しむ」の已然形。今昔 二六・九「皆取り出だして食はしむれば」訳 (男が食物を)全部取り出して(釣り人たちに)食べさせると。

しめ【標】(名) ❶〔「占め」の意〕土地の領有や場所の区画を示し、人の立ち入りを禁じるための標識。木を立てたり縄を張ったりする。また、山道などの道しるべの標識。万葉 一八・四〇九六「大伴の遠つ神祖の奥津城はしるく―立て人の知るべく」訳 大伴氏の遠い祖先の墓には、はっきりとその標識を立てよ。人々がそれとわかるように。

❷「標縄」の略。

発展「しめ」と「しめなは」

「しめ」は下二段動詞「しむ(占む・標む)」の名詞形である。「しめ」を設置する方法としては、草や枝をひき結んだり、わら・萱などでいわゆる「しめなは」を張ったり、くいを立てたりする。そこで、「しめなは」「しめゆふ」「しめ立つ」「しめさす」などの言い方が生まれる。中古以降は「しめなは」は神域などの聖なる場所を示すものとして用いられ、それ自体に呪術的な威力を認める考え方も生まれた。

しめ 助動詞「しむ」の未然形。万葉 一九・四一七七「鳴き響め安眠寝しめず君を悩ませ」訳 (ほととぎすよ)鳴きたてて安眠させずにわが君を悩ませよ。

しめ 助動詞「しむ」の連用形。土佐「御船すみやかに漕がしめ給へ」訳 お船を速くお漕がせください。

しめ 助動詞「しむ」の古い命令形。万葉 五・九〇六「布施置きてあれは乞ひ祈むあざむかず直に率去きて天路知らしめ」訳 布施を置いて私は祈願する。間違ったほうに誘わないで、(死んだ子を)ひとすじに連れて行って天への道を知らせてやってほしい。→しめよ

しめ《中世語》助動詞「しも」の命令形。〔狂・武悪〕「いま一度頼うだお方のお目にかからしめ」訳 もう一度ご主人のお目にかかりなさい。

接続 四段・ナ変動詞の未然形に付く。このほかの動詞には「さしめ」(「さしも」の命令形)が付く。

参考 狂言などの会話文に多く用いられた。

しめ‐じめ(‐と)(副) ❶ひっそりと心沈んださま。しんみり。しめやか。〔紫式部日記〕「世の物語―としておはするけはひ」訳 (殿の三位の君=頼通が)世間話をしんみりとしていらっしゃるようすは。

❷深く心をうち込むさま。つくづく。〔十訓〕一「この侍従の君を、年ごろ―と懸想しけれど、つれなかりけり」訳 この侍従の君に、長年深く思いをかけていたけれど、なんの反応もなかった。

❸雨が静かに降るさま。うちしめったさま。しとしと。〔愚管抄〕「夜に入りて雨―とめでたくふりて」訳 夜になって雨がしとしととけっこうなぐあいに降って。

しめ・す【示す】(他サ四)〔さ・し・す・す・せ・せ〕❶表して見せる。さし示す。万葉 四・七二五「にほ鳥の潜く池水情あらば君にあが恋ふる情―・さ(未)ね」訳 にお鳥(=かいつぶり)の潜る池の水よ。(おまえにも)心があるならば、わが君に私の恋しく思う心を示しておくれ。文法「ね」は、上代の、他に対する願望の終助詞。

❷(神仏などが)告げ知らせる。(夢などで)教え告げる。徒然 五〇「その比、おしなべて、二三日人のわづらふこと侍りしをぞ、かの鬼の虚言は、このしるしを―・す(体)なりけりと言ふ人も侍りし」訳 そのころ、世の中に広く、二、三日、人々が病気をすることがございましたのを、あの鬼についての流言は、この(=病流行の)前兆を告げ知らせることだったのだと言う人もございました。

しめ‐たま・ふ(モウ)【しめ給ふ】❶(「しむ」が尊敬の場合)高い尊敬の意を表す。お…になられる。…なされる。大鏡 時平「かの筑紫にて作り集めさせ給へりけるを書きて一巻とせ―・ひ(用)て、後集と名づけられたり」訳 (道真はあの筑紫(の国)で作り集めなされていたもの(=漢詩)を書いて一巻となされて、後集(=「菅家後集」)とお名づけになった。

❷(「しむ」が使役の場合)使役する人を敬った表現。お…(さ)せになる。…(さ)せなさる。土佐「御船すみやかに漕がしめ―・へ(命)」訳 (神よ、どうか)お船を速くお漕がせください(=漕ぐようにさせてください)。

なりたち 使役・尊敬の助動詞「しむ」の連用形「しめ」＋尊敬の補助動詞「給ふ」

接続 用言の未然形に付く。

参考 ①は、語のなりたちの上から二重敬語と呼ばれ、「せ給ふ」「させ給ふ」と同じ組成と意味を持つ。また、非常に敬意の高いところから、最高敬語とも呼ばれる。

しめ‐なは(ナワ)【標縄・注連縄】(名) 区域を限ったり、出入り禁止を示したりする縄。特に、不浄や災いを避けるため、神前・神事の場に張りめぐらす縄。標。⇨標「発展」

（しめなは）

しめ‐の【標野】(名) 上代、皇室などが領有し、一般の人の立ち入りを禁じた原野。狩り場などにされた。禁野。万葉 一・二〇「あかねさす紫野行き標野行き野守は見ずや君が袖振る」訳 →あかねさす…和歌

しめ‐の‐うち【標の内】❶「標①」によって示された区画の中。神社の境内や宮中。源氏 絵合「―は昔にあらぬ心地して神代のことも今ぞ恋しき」訳 (私=斎宮の女御には)宮中は(朱雀帝御在位の)昔と異なる感じがして、(斎宮として)神に仕えた昔のことも今(となって)は恋しいことだ。↔標の外。⇨内裏「慣用表現」

❷上方で、正月の門松や松飾りを付けておく期

間。陰暦一月十五日までをいう。松の内。春

しめ-の-ほか【標の外】「標①」によって示された区画の外。神社の境内や宮中の外。転じて、男女の間がへだたっていて、会えない状態をいう。源氏 絵合「身こそかく―なれそのかみの心のうちを忘れしもせず」訳 私（＝朱雀院）はこうして宮中の外にいて、あなた（＝斎宮の女御）と隔たっているが、あの（斎宮下向の）当時の心の中を忘れはしない。↔標の内

しめ-やか（形動ナリ）{なら・なり(に)・なり・なる・なれ・なれ}【「やか」は接尾語】❶もの静かに落ち着いたさま。ひっそりと静かなさま。源氏 夕顔「寺々の初夜（＝午後七時ごろから九時ごろまでのお勤め）も皆行ひはてていと―なり(終)」訳 寺々の初夜もみなすっかりすんで、たいそうもの静かである。❷しみじみとしたさま。しんみり。徒然 一二「同じ心ならん人と―に(用)物語して」訳 気の合っているような人としみじみと話をして。文法「同じ心ならん人」の「ん」は、仮定・婉曲の助動詞。

しめよ 助動詞「しむ」の命令形。今昔 一一・二四「仙の力を以て空より飛ばしめよかし」訳 仙人の（不思議な）力で（材木に）空を飛ばせろよ。

しめ・る【湿る】（自ラ四）{ら・り・る・る・れ・れ}❶水にぬれる。しめっぽくなる。枕 三六「霧にいたう―り(用)たるを脱ぎ」訳 朝霧でひどくしめっている衣服を脱ぎ。❷（雨風などが）静まる。おさまる。源氏 野分「暁がたに（＝夜明け前ごろには）風少し―り(用)て」❸火勢が衰える。（火が）消える。蜻蛉 下「火―り(用)ぬめり」訳 火は消えてしまったようだ。❹もの思いに沈む。しんみりと考える。源氏 野分「例よりも―り(用)て居給へり」訳（夕霧は）ふだんよりももの思いに沈んでいらっしゃった。❺落ち着きがある。もの静かである。源氏 絵合「これは人ざまもいたう―り(用)恥づかしげに」訳 この方（＝斎宮の女御）は人柄もたいそう落ち着いていて、こちらが遠慮されるほどりっぱな感じで。

しも【下】（名）❶位置の低い所。下のほう。宇治 四・五「腰よりかみは人にて、―は蛇なる女の」訳 腰より上は人間（のからだ）であって、下半身は蛇である女で。↔上

❷川の下流。川下。万葉 一・三八「―つ瀬に小網さし渡す」訳 下流の瀬には小網（＝魚をすくいとる網）を張り設ける。↔上

❸**官位や身分の低い者。**また、（君主・朝廷に対して）**臣下。人民。**伊勢 八二「上・中・―みな歌よみけり」訳（供人の）官位の高い者、中ほどの者、低い者、みなが歌を詠んだ。↔上

❹**和歌の下の句。**七・七の二句。↔上

❺年下の人。年少者。うつほ 藤原の君「寝殿には、あて宮、小君たち…、年十三歳より―なり」訳 寝殿には、あて宮や（妹の）小君たちなど…、年は十三歳より年下である。↔上

❻あとの部分。終わりのほう。枕 二三「―の十巻を」訳（「古今集」の）後半の十巻を。↔上

❼のちの時代。後世。千載 序「かみ正暦のころほひより、―文治の今に至るまでのやまと歌を」訳 先の時代は正暦のころから、後世の時代は文治の現在に至るまでの和歌を。↔上

❽宮中や貴人の家で、女房の詰め所。局。源氏 空蟬「一昨日より腹を病みて、いとわりなければ―に侍りつるを」訳 一昨日から腹をこわして、たいそう苦しいので、下屋にいましたのに。

❾京都の町の南部、下京のこと。↔上

❿裏手。裏側。大和 一七三「五間ばかりなる檜皮屋の―に、土屋倉などあれど」訳 五間四方ほどである檜皮葺きの家の裏手に、土蔵などがあるが。

⓫月の下旬。↔上

しも【霜】（名）霜。また、白髪をたとえていう語。图。万葉 五・八〇四「蜷の腸か黒き髪にいつの間か―の降りけむ」訳 まっ黒い髪に、いつの間に白髪が生えたのだろうか。（「蜷の腸」は「か黒き」にかかる枕詞）

しも（助動特殊型）{しも・しも・しも・○・しめ}《中世語》軽い尊敬の意を表す。…なさる。史記抄「此れも代王の帝とならしも(用)たほどに、大后とは云ふぞ」訳 これも代王が帝とおなりになったので、大后とはいうのである。

接続 四段・ナ変動詞の未然形に付く。その他の動詞には「さしも」が付く。

参考「しも」は「しむ」ともなって現れる。抄物（＝古典や漢籍の注釈書）に多く用いられた。

しも（副助）【副助詞「し」に係助詞「も」の付いたもの】

意味・用法
強意［…それそのもの。］→❶
とりたて［よりによって。…にかぎって。］→❷
「かえって」［（…にもかかわらず）かえって。］→❸
「かならずしも」［かならずしも…ではない。］→❹

接続 体言・格助詞など種々の語に付く。用法上は、主語、連用修飾語、接続助詞に付く。

❶強意を表す。万葉 一七・三九二九「旅にいにし君しも継ぎて夢に見ゆあが片恋の繁ければかも」訳 旅に出ていったあなたが続けて夢に見える。私ひとりの思いが絶え間なくしきりであるからだろうかなあ。

❷特にその事柄をとりたてて示す意を表す。よりによって。**…にかぎって。**源氏 若紫「今日しも端におはしましけるかな」訳（光源氏一行が来ている）今日にかぎって端近なところにいらっしゃったものだなあ。

❸（活用語の連体形に付いて）（**…にもかかわらず**）**かえって**の意を表す。源氏 須磨「殊更に田舎びもてなし給へるしもいみじう、見るに笑まれて清らなり」訳（光源氏の）わざと田舎風によそおっていらっしゃるの（＝姿）がかえってすばらしく、見るからにほほえまずにいられなくて美しい。文法「笑まれて」の「れ」は、自発の助動詞「る」の連用形。

❹（打消の語と呼応して）**かならずしも（…ではない）**の意を表す。徒然 一五五「死は前よりしも来らず、かねて後ろに迫れり」訳 死はかならずしも前からやって来ず、あらかじめ背後に迫っている。

参考 本書では副助詞として扱うが、係助詞とする説もある。

しも-あら-ず 必ずしも…ではない。古今 恋四「月夜よし夜よしと人に告げやらば来てふににたり待たず—・ず(終)」訳 月が美しい、夜がすばらしいとあの人に知らせてやるならば、来いと言うのに似ている。（私もあの人を）必ずしも待っていないわけではない（けれど）。

しも-うど【下人】(名)〔「しもびと」のウ音便〕召使。下役人。しもべ。徒然 二三「諸司の—どもの、したり顔に、なれたるも、をかし」訳 諸役所の下役人どもが、得意顔で、ものなれて（宮中の仕事をして）いるのも、おもしろい。

下河辺長流（しもかうべちやうりう）〔シモコウベチョウリュウ〕【人名】（一六二七～一六八六）江戸前期の国学者・歌人。名は「ながる」とも読む。本名、小崎共平(ともひら)。大和(やまと)（奈良県）の人。国学の先駆者で、著書に注釈書「万葉集管見」、家集「晩花和歌集」など。

しも-がち【下勝ち】(形動ナリ)〔なら・なり(に)・なり・なる・なれ・なれ〕上のほうより下のほうが長く大きなさま。下ぶくれ。源氏 末摘花「額(ひたひ)つきこよなうはれたるに、なほ—・なる(体)面(おも)やうは」訳 (末摘花(すゑつむはな)の)額のようすはこの上なく広がっている上に、さらに下のほうが長い顔だちは。

しも-が-る【霜枯る】(自ラ下二)〔れ・れ・る・るる・るれ・れよ〕霜にうたれて草木が枯れる。源氏 若菜上「—・れ(用)わたれる野原のままに、馬、車のゆきちがふ音しげくひびきたり」訳 一面に霜で枯れた野原にまかせて、馬や牛車(ぎつしや)の行きちがう音がしきりにひびいている。

しも-ぎゃう【下京】〔ギョウ〕(名)今の京都市の二条通り以南の土地の称。ただし、時代によって多少区域は異なる。中小の商人・職人などが住んだ。

しもぎゃうや… 俳句

冬

下京や　雪(ゆき)つむ上(うへ)の　夜(よる)の雨(あめ)
〈猿蓑(さるみの)・凡兆〉

訳 小さな家や店が身を寄せ合っている（京都の下町の）下京。その下京の降り積もった雪の上に、夜になって雨が降り出したことだ。（雪(冬)。切れ字は「や」）
解説 この句は冠(上五)が決まらなかったのを、「下京や」と芭蕉(ばせう)が付けた。これ以上の冠がもしあったら、二度と俳諧を語らないと言い切ったという話が「去来抄」〈先師評〉にある。

じもく【除目】 ⇨ぢもく

しも-くち【霜朽ち】(名)ひび・あかぎれ・しもやけの類。蜻蛉 中「—まじなはむ」訳 しもやけを（寄せつけないように）まじなおう。

しも-ぐち【下口】(名)うしろの入り口。裏口。〔義経記〕「—などにての御尋(たづ)ねには一言も御返事は申され候はじ」訳 （中門の）裏口などでの御尋問には、（高僧の勧修坊(かんじゆばう)は）一言も御返事は申し上げなさらないでしょう。

しも-げいし【下家司】(名)家司(けいし)の中で下役の者。六位・七位の家司をいう。源氏 夕顔「睦(むつ)ましき—にて殿にも仕うまつる者なりければ」訳 （留守番は光源氏の親しい下級の家司で、殿(=左大臣)にもお仕え申しあげる者であったので。→家司(けいし)

しも-ざま【下様】(名)❶下のほう。❷身分・教養などの低い者。また、その社会。徒然 七三「—の人の物語は、耳驚くことのみあり」訳 身分が低く教養のない階層の人の世間話は、聞いて驚くことばかりである。(↔上様(かみざま))

じ-もつ【寺物】(名)寺院が所有する物品や調度品。〔発心集〕「—を露ばかりも自用の事なくてやみにけり」訳 （永観律師は）寺の物を少しばかりも自分のために用いることはなくて終わってしまった。

しも-つ-かた【下つ方】(名)〔「つ」は「の」の意の上代の格助詞〕❶身体の下のほう。源氏 夕顔「立ちさまよふらむ—思ひやるに、あながちに丈(たけ)高き心地ぞする」訳 （檜垣(ひがき)の陰で）あちこち歩いているらしい（女たちの）下半身を想像すると、むやみと背が高い感じがする。❷地位や身分の低いこと。また、その者。しもじも。徒然 一「—は、ほどにつけつつ時にあひ、したり顔なるも」訳 地位や身分の低い者は、家の格に応じて出世し、得意顔なのも。❸京都で、南のほう。下京(しもぎやう)。源氏 澪標「—の京極わたりなれば、人げ遠く」訳 （前斎宮の邸(やしき)は）下京のはずれのあたりであるので、人の気配も少なく。

しも-づかへ【下仕へ】〔ヅカエ〕(名)院の御所・宮家・摂関家などで、雑事を務める女性。

しも-つき【霜月】(名)陰暦十一月の称。(冬)

しもつけ【繡線菊】(名)植物の名。バラ科の低木。夏、樹頭に淡紅色の小花が密生する。(夏)

（繡線菊）

下野（しもつけ）【地名】旧国名。東山道八か国の一つ。今の栃木県。野州(やしう)。

しも-つ-やみ【下つ闇】(名)〔「つ」は「の」の意の上代の格助詞〕陰暦で、月の下旬の闇夜。大鏡 道長上「五月(さつき)—に、さみだれもすぎて、いとおどろおどろしくかきたれ雨のふる夜」訳 陰暦五月下旬の闇夜に、梅雨の時期も過ぎて、たいそう気味悪く激しく雨の降る夜。

しもと【笞】(名)罪人を打つのに用いる道具の一つ。木の枝で作ったむちや杖(つゑ)。万葉 五・八九二「—取る里長(さとをさ)が声は寝屋処(ねやど)まで来(き)立ち呼ばひぬ」訳 →かぜまじり…和歌

しもと【楉・細枝】(名)長く伸びた若い枝。万葉 一四・三四八八「生(お)ふ—この本山(もとやま)の真柴(ましば)にも告(の)らぬ妹(いも)が名象(かた)に出(い)でむかも」訳 若枝の伸びているこの山すその柴ではないが、しばしばも口に出さない恋しい人の名が、占形(うらかた)に現れるのだろうかなあ。（第二句までは「ましば」を導きだす序詞。「真柴」に「しばしば」の意の副詞「ましば(に)」をかける）

しもと-がち【楉がち】(形動ナリ)〔なら・なり(に)・なり・なる・なれ・なれ〕〔「がち」は接尾語〕長い若枝の多く出ているさま。枕 一四四「桃の木のわかだちて、いと—・に(用)さし出(い)でたる」訳 桃の木が若芽が出て、たいそう若い枝が多く出ているのは。

しもとゆふ【楉結ふ】〔シモトユウ〕《枕詞》たきぎなどにする細枝を、葛(かづら)で束ねる意から、「葛城(かづらき)山」にかかる。古今 大歌所御歌「—葛城山にふる雪の」

-じもの(接尾)《上代語》(名詞に付いて)「…のようなもの」の意の名詞をつくる。多く連用修飾語になり、「まるで…のように」の意で用いられるので、副詞をつくるともみ

られる。[万葉]五・八八六「犬―道に臥してや命過ぎなむ」[訳]まるで犬のように道に倒れ臥して、命が終わってしまうのだろうか。

【例語】馬じもの・床じもの(=寝床のようなもの)・雪じもの・男じもの

[参考]枕詞とみられる「鹿子じもの」「鹿じもの」「猪じもの」「鳥じもの」などの「じもの」も同類と考えられる。一方「雪じもの」は枕詞ともみられ、その境界ははっきりしない。なお、「じ」は、「時じく(=実際はその時節ではないのに、その時節であるかのように)そ雪は降りける」〈万葉・三・三一七〉、「立ち別れ君がいまさば磯城島の人は我じく(=実際は私ではないのに、私と同じように)斎ひて待たむ」〈万葉・一九・四二八〇〉の「時じ」「我じ」など、名詞に付いて、「…のようである」の意のシク活用の形容詞をつくる接尾語と考えられる。ただし、活用が未発達で「…じきもの」の形にはならなかったものとみられる。

しも-の-や【下の屋】(名)寝殿造りの母屋のうしろに設けた建物。召使など身分の低い者が住む。「下屋」とも。[源氏]蓬生「―どものはかなき板葺きなりしなどは骨のみわづかに残りて」[訳](末摘花の邸は)いくつかの下屋で、頼りない板葺きであった建物などは、(野分に飛ばされて)骨組みだけがかろうじて残っていて。

しも-びと【下人】(名)❶召使。下男や下女。[源氏]夕顔「くはしきことは、―のえ知り侍らぬにやあらむ」[訳]くわしいことは、召使が知ることのできないことでありましょうか。

❷身分の低い者。[源氏]常夏「いと鄙び、あやしき―の中に生ひ出で給へれば、もの言ふさまも知らず」[訳](近江の君は)たいそう田舎くさく、みすぼらしい身分の低い者の間でお育ちになったので、物の言い方も知らない。

下総(しもふさ)シモウサ〘地名〙[古くは「しもつふさ」とも]旧国名。東海道十五か国の一つ。今の千葉県北部と茨城県南西部。総州。

しも-べ【下辺】(名)「しもへ」とも。下のほう。下流のほう。[万葉]六・九二〇「上辺には千鳥しば鳴く―にはかはづ妻呼ぶ」[訳]上流のほうでは千鳥がしきりに鳴き、下流のほうでは河鹿がえるが妻を呼ぶ。↔上辺

しも-べ【下部】(名)❶身分の低い者。[徒然]一一九「頭は―も食はず」[訳](鰹の)頭は身分の低い者でも食べない。

❷雑事に使う者。召使。下男。[徒然]一三七「牛飼ひ、―などの見知れるもあり」[訳](物見車の中には)牛車の牛を扱う者や、召使などで顔を見知っている者もいる。

しも-ぼふし(ボウシ)【下法師】(名)雑役に使われる最下級の僧。[徒然]二一八「夜、本寺(=本堂)の前を通る―に、狐三つ飛びかかりて食ひつきければ(=かみついたので)」

しも-む【下無】(名)十二律(=雅楽の音階)の第五音。→十二律

しも-や【下屋】(名)「しものや」に同じ。

しも-よ【霜夜】(名)霜の降りる寒い夜。[新古]秋下「きりぎりす鳴くや―のさむしろに衣片敷きひとりかも寝ん」[訳]→きりぎりす…[和歌]

しも-をんな(オンナ)【下女】(名)❶身分の低い女官。[枕]四七「―の際は、さばかりうらやましきものはなし」[訳](宮中の灯火・薪炭を受け持つ主殿司は)下級の女官の地位としては、あれほどうらやましいものはない。

❷下女。[徒然]一〇七「あやしの―の見奉るも、いと恥づかしく、心づかひせらるる」[訳]いやしい下女が見申しあげるのも、ひどくきまりが悪く、気を遣わされるものよ。

しゃ-(接頭)(相手の身体の一部や持ち物を表す名詞に付いて)いやしめ、ののしる気持ちを表す。「―頭」「―首」「―冠」

しゃ【赦】(名)罪を許すこと。特に、国家・皇室に大事があったときに、朝廷や幕府が囚人の罪科を許すこと。恩赦。[平家]三・赦文「なにと申し候ふとも、非常の―に過ぎたる事あるべしともおぼえ候はず」[訳](中宮の安産祈願のためには)なんと申しましても、特別の恩赦にまさることがあろうとも思われません。

じゃ-いん【邪淫・邪婬】(名)〘仏教語〙五悪または十悪の一つ。妻または夫でない者とのみだらな行為。

しゃう-(ショウ)【正】(接頭)「じゃう」とも。同一の位階を正・従に分けたとき、その上位を表す。「―一位」「―三位」↔従

しゃう(ショウ)【正】一(名)〘近世語〙真実。本当の物事。〔浮世風呂〕「なにさ、口ぢゃあ、ああ言ふが、―(=本当)はといへば邪魔になるのさ」

二(形動口)〘近世語〙よく似ているさま。そっくり。〔浮世風呂〕「姑婆の口まねは、あの婆に―・だ(終)よ」

しゃう(ショウ)【生】(名)❶生き物。[徒然]一二八「―を苦しめて目を喜ばしむるは、桀・紂が心なり」[訳]生き物を苦しめて(自分の)目を楽しませるのは、桀・紂(=ともに中国古代の暴君)のごとき残虐な人)の心持ちである。

❷命。生命。[徒然]九三「―あるもの、死の近きことを知らざること、牛、すでにしかなり」[訳]命あるものが、(自分の)死が近くに迫っていることを知らないことでは、(この)牛が、現にそうである。

❸生きていること。命あること。[徒然]七四「―をむさぼり、利を求めて止む時なし」[訳](人は)長生きすることをやたらと願い、利益を求めてとどまるときがない。

しゃう(ショウ)【姓】(名)氏。苗字。[平家]一・祇園精舎「その御子、高望の王の時、始めて平の―をたまはって(=いただいて)」

しゃう(ショウ)【性】(名)❶本来の性質。生まれつき。性分。[徒然]一〇七「女の―は皆ひがめり」[訳]女の本来の性質はみんなねじけている。

❷魂。性根。精神。〔曾我物語〕「馬も―あるものなれば、人々の別れをや惜しみけん」[訳]馬も魂のあるものであるので、人々との別れを惜しんだのであろうか。

しゃう(ショウ)【省】(名)律令制で、太政官の統轄した中央行政官庁。中務・式部・治部・民部・兵部・刑部・大蔵・宮内の八省があった。

しゃう(ショウ)【荘・庄】(名)「さう」とも。❶「荘園」の略。[平家]一・俊寛沙汰 鵜川軍「この事しおほせつるものならば、国をも―をも所望によるべし」[訳]この事(=平家討伐の計画)を成しとげてしまうものならば、国でも荘園でも希望に従って与えよう。

❷荘園制廃止後も、なおその名を残している村の名。[細道]須賀川「右に岩城・相馬・三春の―」[訳]右手には岩城・相馬・三春という村々(があり)。

しゃう(ショウ)【笙】(名)「さう」とも。雅楽に用いる管楽器。

匏という壺状のものの上に、長短十七本の竹管を環状に立て、各管に簧をつけ、吹き口を装置したもの。笙の笛。⇩巻頭カラーページ23

しゃう【箏】(名)「さう(箏)」に同じ。

じゃう【状】(名)手紙。書状。書付。平家 四・南都牒状「山門の大衆この(三井寺からの)ーを披見して」訳 延暦寺の僧たちはこの(三井寺からの)書状を開き見て。

じゃう【城】(名)築いたとりで。しろ。城郭。平家 二・山門滅亡 堂衆合戦「さう井坂にーをしてたてごもる」訳 (堂衆は早尾坂に城郭を構えてたてこもる。

じゃう【情】(名)❶なさけ。情愛。❷感情。心のはたらき。〔去来抄〕先師評「行く春丹波に居まさば、もとよりこのー浮かぶまじ」訳 春の終わりに(芭蕉が)丹波の国にいらっしゃったら、当然この(春を惜しむという)感情は起こらないであろう。❸意味。条理。〔去来抄〕修行「蕉門の付け句は前句のーを引き来るを嫌ふ」訳 蕉門における付け句(=連句で、前句に続けて詠む句)は、前句の意味をとって付けるのを避ける。

じゃう【鎖】(名)門・戸などの開けたてする所に差し込んで開かないようにする金具。錠前。平家 六・小督「中々返事して、門たてられ、ーさされてはあしかりなんと思ひて」訳 (仲国は)なまじっか返事をして、門を閉められ、錠をおろされてはきっと具合が悪いだろうと思って。

じゃう-え【浄衣】(名)❶白地の狩衣。神事・祭礼に着用する。徒然 二三「八幡の御幸に供奉の人、ーを着て」訳 石清水八幡宮への院のご参詣にお供する人が、白地の狩衣を着て。❷僧の着用する清浄な衣。ふつうは白色。〔栄花〕たまのうてな「阿闍梨・伴僧十二人ばかりして、白きーを著て行ふ(=勤行する)」

しゃう-が【唱歌】(名・自サ変)「さうが」とも。❶琴・笛などの曲の旋律をうたうこと。竹取 貴公子たちの求婚「あるいは歌をうたひ、あるいはーをし」訳 ある者は歌をうたい、ある者は琴・笛の旋律をうたうことをし。❷音楽に合わせて歌をうたうこと。源氏 若菜上「ーの人々御階に召して」訳 (光源氏は)楽器に合わせてうたう人たちを御階段にお呼びになって。

じゃう-か【城下】(名)大名の居城を中心に発達した町。城下町。

しゃう-がい【生害】■(名・自サ変)自殺すること。自害。〔曽我物語〕「ここは、五郎殿の御ーの所」■(名・他サ変)殺すこと。〔天草本伊曽保〕「まづ犬どもをーし用て」

じゃう-かう【上綱】(名)「僧綱」の、上位。また、その僧。平家 一・願立「山門のーら、子細を奏聞のために下洛す」訳 延暦寺の上席の僧らが、詳細を奏上するために、(比叡山から都へ下りて来る。

しゃう-がく【正覚】(名)《仏教語》邪念を断って悟りを得ること。正しい悟り。仏の悟り。

しゃう-かん【傷寒】(名)激しい熱病。今のチフスの類。〔父の終焉日記〕「いはゆる陰性のーなれば、快気も万にひとつなるべし」訳 いわゆる内にこもった激しい熱病なので、病気が治るのも万に一つであろう。

しゃう-ぎ【床机・床几・将机】(名)陣中や狩り場などで用いた腰掛けの一種。革を張り、脚を斜交いに組み、折りたたんで携帯できるように作ったもの。

（しゃうぎ）

じゃう-くゎ【上果】(名)能楽で、理想的な境地や芸位。〔花鏡〕「諸道・諸事において、幽玄なるをもてーとせり」訳 諸道・諸事においては、幽玄であることを理想的境地としている。

じゃう-ぐゎい【城外】■(名)城の外。また、町の郊外。町はずれ。細道 全昌寺「大聖寺(=城下町の名)のー、全昌寺といふ寺に泊まる」■(名・自サ変)城の外へ出て行くこと。また、都から外へ出て行くこと。大鏡 道長下「ある人、『ーやし給へりし』と言へば」訳 ある人が、「地方へ出かけることをしなさったか」と言うと。

じゃう-くゎう【上皇】(名)〔古くは「しゃうくゎう」〕天皇の譲位後の尊称。太上天皇。→法皇

じゃう-くゎく【城郭】(名)城とその周囲に築いた囲い。とりで。要害。平家 一・鹿谷「〔鹿の谷は〕ゆゆしきーにてぞありける(=絶好の要害であった)」

しゃう-くゎつ【生活】(名)暮らし向き。生活。徒然 七五「ー・人事・伎能・学問等の諸縁をやめよとこそ、摩訶止観にも侍れ」訳 生計・社交・技能・学問などとのかかわりを持つなと、「摩訶止観(=中国天台宗の根本聖典)」にも説いてあります。

しゃう-ぐゎつ【正月】(名)❶「しゃうぐゎち」とも。一年の最初の月。睦月。春 ❷喜ばしいとき、また気楽にのんびり過ごすときのたとえ。〔おらが春〕「そのうちばかり母はーと思ひ、飯焚き、そこら掃きかたづけて」訳 その(幼い娘の寝ている)間だけ、母は気楽にのんびりできるときと思い、飯をたき、あたりを掃いて片付けて。

しゃう-くゎん【賞翫】(名・他サ変)〔近世には「しゃうぐゎん」〕❶めでてもてはやすこと。珍重すること。〔花鏡〕「これをのみ見所の人もーすれ已ども」訳 これ(=なみひと通りの幽玄の風体)ばかりを見物の人も、めでもてはやすけれども。❷重んずること。尊重すること。〔狂・福の神〕「別しては松の尾の大明神と御ーなされまするは、いかようなおことでござる」訳 特には、松の尾の大明神とご尊重なさいますのは、どういうご事情でございますか。

じゃう-ぐゎん【政官】(名)❶太政官の役人。特に、弁・少納言・外記・史生などの称。❷「太政官」の略。

しゃう-ぐん【将軍】(名)❶一軍を統率・指揮する武官。❷勅命を奉じ一軍を統率して出征する臨時の職。その出征地により鎮東将軍・征夷将軍・征西将軍などと称した。❸「征夷大将軍」の略。

しゃう-げ【障礙・障碍】(名・他サ変)さまたげること。障害。〔太平記〕一「いかなる悪魔、怨霊なりとも、ーをなしがたしとぞ見えたりける」訳 どのような悪魔や怨霊であっても、(御出産の)邪魔をすることはできないと思われたのだった。

じゃう-げ【上下】(名)❶上と下。かみとしも。ま

た、身分の高い人と低い人。徒然 五〇「―、ただ鬼のことのみ言ひやまず」訳 身分の高い人も低い人も、ただもう鬼のことばかりうわさしてやまない。❷街道の上り下り。上京と下向。〔曽我物語〕「心をゆきの人にかけ、身を―の輩にまかす」訳 (遊女は)思いを往来する人にかけ、身を街道を上り下りする連中にまかせる。❸裃。肩衣と袴。

しゃう-けい ショウ—【上卿】(名)朝廷の行事や評議の際に、その執行の責任者として選ばれた上席の公卿。〔栄花〕紫野「中将の中納言にて、春の春日の祭りの―せさせ給ふ」訳 (藤原忠実は)近衛の中将の中納言で、春の春日の祭りの執行の長をおつとめになられる。

しゃう-げう ショウギョウ【聖教】(名)仏の教え。また、それを記した経文。仏典。徒然 一四一「―の細やかなる理、いと弁へずもやと思ひしに」訳 (この聖は)仏教の精細な道理をあまり心得てもいないのだろうかと思ったが。

しゃう-げん ショウ—【将監】(名)近衛府の判官(=三等官)。⇩判官「発展」

じゃう-げん ジョウ—【上元】(名)節日の一つ。陰暦正月十五日の称。この日、あずきがゆを食べると、一年じゅうの大病が避けられるとされた。春

じゃう-げん ジョウ—【上弦】(名)満月以前の半月。陰暦七、八日ごろの月。↕下弦。⇩巻頭カラーページ25

しゃう-こ ショウ—【上古】(名)〔後世「じゃうこ」とも〕❶大昔。遠い昔。上代。徒然 九九「この唐櫃は、―より伝はりて、その始めをしらず」訳 この唐櫃は、遠い昔から受け継がれて(いる物で)、その始めがわからず。❷特に、歌論・連歌論において、平安時代以前。〔正徹物語〕「―も本歌を取る事をば大事にしける」訳 平安時代以前も本歌取りをすることを重んじたという。

しゃう-ご ショウ—【鉦鼓】(名)「しゃうこ」とも。雅楽や念仏に用いる打楽器。青銅製で形は皿に似る。つるしたり台座にのせたりしてたたく。⇩巻頭カラーページ23

じゃう-ご ジョウ—【上戸】(名)酒好き。大酒家。今昔 一九・二二「きはめたる―にてありければ、酒のほしさにたへずして」訳 (男は)大変な酒好きであったので、酒を飲みたい気持ちをおさえきれないで。↕下戸

しゃう-こく ショウ—【相国】(名)〔国政を相けるの意〕大臣(=太政大臣・左大臣・右大臣)の唐名。

じゃう-こく ジョウ—【上国】(名)❶律令制で、面積・人口などによって国の等級を大国・上国・中国・下国の四段階に分けた、その第二位の国。山城(京都府)・摂津(兵庫県・大阪府)など。❷近世、石高の大きい藩。大藩。

しゃう-こつ ショウ—【性骨】(名)「せいこつ」とも。(技芸などの)天性の素質。性根。徒然 二一九「穴毎に口伝の上に、―を加へて心を入るること、五の穴のみに限らず」訳 (笛は)穴ごとに口伝えの教えがある上に、(吹き手の)天性の素質を加えて精神を集中することは、五の穴だけに限らない。

しゃう-ごん ショウ—【荘厳】(名・他サ変)《仏教語》「さうごん」とも。仏像・仏殿・仏具などを厳かに美しく飾りつけること。また、その飾り。〔曽我物語〕「壇を立て、―し用て、伊東を調伏せられけるこそ、おそろしけれ」訳 (別当が修法のための)壇を造り、(そこを)厳かに美しく飾りつけて、伊東(二郎祐親)をのろい殺されたのは、おそろしいことである。

じゃう-ざ ジョウ—【上座】■(名)《仏教語》❶(上座に座る人の意から)教団の長老。徳のすぐれた僧。❷寺院の僧たちを統率して庶務をつかさどる年長・上席の僧。今昔 二六・九「禅林寺の―にて助泥といふ僧ありけり」訳 禅林寺の上席の僧で助泥という僧がいた。■(名・自サ変)かみざ。上席。また、その席につくこと。正客。〔浮・西鶴諸国ばなし〕「―から帯をとけば、その次も改めける」訳 正客から(着物の)帯を解くと(=身の潔白を示すと)、その次の男も(衣類を)改めた。↕下座

しゃう-じ ショウ—【生死】(名)❶生き死に。徒然 九三「―の相にあづからずといはば、実の理を得たりといふべし」訳 生死の状態にかかわらない(=生死を超越している)というならば、(それは仏法の)真髄を悟っているといえよう。❷「死」を強調していう語。徒然 四一「我等が―の到来、ただ今にもやあらん」訳 われわれの死がやって来ることは、今すぐのことでもあろうか。❸《仏教語》生・老・病・死の四苦のはじめから終わりまで。生まれかわり死にかわりして、尽きることのない迷いの世界。徒然 五八「げにはこの世をはかなみ、必ず―を出でんと思はんに」訳 ほんとうにこの世をはかなく思い、どうしても生死の迷いの世界から離脱しようと思うならばそのときに。文法「出でん」の「ん」は意志の、「思はんに」の「ん」は、仮定・婉曲の助動詞。

しゃう-じ ショウ—【床子】(名)宮中などで用いた机のような形の腰掛け。寄りかかりがなく、敷物を敷いて用いた。

（床　子）

しゃう-じ ショウ—【尚侍】(名)「しゃうし」とも。「ないしのかみ」に同じ。

しゃう-じ ショウ—【掌侍】(名)「ないしのじょう」に同じ。

しゃう-じ ショウ—【障子】(名)「さうじ」とも。室内の仕切りに立てる建具の総称。衝立障子・襖障子・明かり障子など種類が多い。平家 一・祇王「〔祇王は〕―に泣く泣く一首の歌をぞかきつけける」参考 現在では紙を一重に張った明かり障子をさすが、古くは衝立や襖をさすことが多い。

しゃう-じ ショウ—【精進】(名)「しゃうじん(精進)」に同じ。

じゃう-し ジョウ—【上巳】(名)五節句の一つ。陰暦三月の最初の巳の日、のちには陰暦三月三日。平安時代の貴族はこの日水辺に出て禊の祓え(=「上巳の祓え」)を行い、「曲水の宴」を催した。後世、民間では女子の節日として「ひな祭り」を行う。桃の節句。春

しゃうじ-い・る ショウジ—【請じ入る】(他ラ下二)〔れ・れ・る・るる・るれ・れよ〕(客などを)招き入れる。家の中に導き入れる。座敷へ案内する。竹取 御門の求婚「竹取の家にかしこまりて―・れ用て、会へり」訳 竹取の翁の家では謹んで(帝の使いを)招き入れて、会った。

じゃう-しき ジョウ—【情識】(名)強情。わがまま。〔風姿花伝〕「稽古は強かれ、―はなかれとなり」訳 稽古はきびしくやれ、強情はなくせということだ。

しゃうじ-ぢゃうや【生死長夜】(名)《仏教語》人間が生死の苦しみに迷うありさまを、長い闇夜にたとえた語。「生死の長夜」とも。〔謡・安宅〕「―の長き夢、驚かすべき人もなし」訳(釈迦の死後、衆生の)生死長夜の長い夢を、さますことのできる人もいない。

じゃうし-の-はらへ【上巳の祓へ】上巳の日に水辺で行われた禊の祓え。→上巳

しゃう-じゃ【精舎】(名)《仏教語》仏道を修行する所。寺院。寺。平家 三・灯籠之沙汰「六八弘誓の願になぞらへて、四十八間の―を建て」訳(平重盛は)弥陀が民衆を救おうとする四十八の誓いにちなんで、四十八間の堂を建て。

しゃう-じゃう【清浄】(名・形動ナリ)❶けがれがなく清らかなさま。今昔 六・一三「―なる(体)池あり」
❷《仏教語》煩悩・私欲・罪悪などがなく心の清いさま。今昔 一・六「菩薩は―に(用)してならぶ者なし」訳菩薩は煩悩や罪悪などがなく、心が清らかであって、(これに)匹敵する者はいない。

じゃう-しゃう【上生】(名)《仏教語》極楽往生の階級の名。上品・中品・下品の三階級のそれぞれを三つに分けた第一位。→九品

しゃうじゃう-せせ【生生世世】(名)《仏教語》何度も生きかわり死にかわりして経る多くの世。永劫。平家 二・一行阿闍梨之沙汰「いかでか我が山の貫首をば、他国へはうつさるべき。―に心うし」訳どうしてわが比叡山の座主を、他国にお移しできようか(いや、できまい)。永劫につらい(ことだ)。

じゃうしゃ-ひっすい【盛者必衰】(名)《仏教語》[「じゃうしゃ」は「しゃうじゃ」「しゃうしゃ」とも]この世は無常であるから、勢いの盛んな者も必ず衰えるということ。平家 一・祇園精舎「娑羅双樹の花の色、―の理をあらはす」訳(釈迦入滅とともに白く変じたという)娑羅双樹の花の色は、勢いの盛んな者も必ず衰えるものだという道理を表している。⇨平家物語「名文解説」

しゃうじゃ-ひつめつ【生者必滅】(名)《仏教語》この世は無常であるから、生命あるものは必ず死ぬということ。平家 一〇・維盛入水「―・会者定離は浮き世の習ひにて候ふなり」訳生命ある者は必ず死ぬということ、会う者は必ず別れるということは、この世のさだめなのでございます。

しゃう-じゅ【聖衆】(名)《仏教語》仏の弟子たち。特に、極楽浄土にいる諸菩薩。今昔 六・三〇「―、虚空(=大空)の星のごとくに光を散らす」

じゃう-じゅ【成就】(名・自サ変)思いや願いがかなうこと。完成。達成。大鏡 花山院「『わが出家は―・する(体)なりけり』とおぼされて」訳「私(=花山天皇)の出家は成し遂げられるのだな」とお思いになって。

しゃう-じょ【生所】(名)❶生まれた所。出生地。〔謡・隅田川〕「―を去って、東のはての道のほとりの土となって」訳生まれた所を去って、東国の果ての道ばたの土となって。
❷《仏教語》来世で生まれ変わる所。

しゃう-じん【生身・正身】(名)《仏教語》❶仏・菩薩が衆生を救うため、人間となってこの世に現れたもの。今昔 一七・八「地蔵小院は、これ実に―の地蔵菩薩にましましけり」訳地蔵小院(=僧の名)は、これは本当に人の姿をした地蔵菩薩でいらっしゃった。
❷生きている身。なまみ。肉体。

しゃう-じん【正真】(名)「しゃうしん」とも。偽りのないこと。真実。ほんとう。まこと。〔難波土産〕「―の形を似するうちに、またおほまかなところあるが、結句人の愛する種とはなるなり」訳(絵画や彫刻は)本物の形に似せるうちに、また、おおまかなところのあるのが、(事実そのままでないからこそ、それらしく真実の姿にでき上がって)結局人々の愛するところとはなるのである。

しゃう-じん【精進】(名・自サ変)《仏教語》「しゃうじ」「さうじん」「さうじ」とも。❶一心に仏道修行に励むこと。徒然 八六「一生―にて、読経うちして」訳(惟継の中納言は)生涯仏道修行に励んで、読経をずっと行って。
❷身を清め、不浄をさけること。潔斎すること。宇治 六・四「その日より―・し(用)て、三日といひける日」訳その日から身を清め不浄をさけて、(それから)三日といった日。

しゃうじん-けっさい【精進潔斎】(名・自サ変)身を清めて行いを慎むこと。平家 一・鱸「さばかり十戒を保ち、―の道なれども、調味して家の子・侍どもにくはせられけり」訳あれほど十戒を守り、身を清め行いを慎むことを続けた道中であるが、(清盛は、魚が船に飛びこんできたのは吉事だとして)料理して、家臣や侍たちに食べさせなさった。

しゃうじん-ばら【精進腹】(名)野菜ばかり食べている腹。また、粗末な物ばかり食べていて、力の入らない腹。〔浮・好色一代男〕「朝の豆腐売りさへまれに、なほ―のどこやらもの寂しく」訳朝の豆腐売りさえめったになくて、やはり菜食ばかりで力の入らない腹がどこかしらなんとなくさびしく。

しゃう・す【賞す】(他サ変){せ・し・す・する・すれ・せよ}ほめる。たたえる。〔去来抄〕同門評「先師にも―・せ(未)られ、世上にも沙汰ありし句なり」訳(この句は)先師(=芭蕉)にもほめられ、世間でもあれこれ話題となった句である。

しゃう・ず【請ず】(他サ変){ぜ・じ・ず・ずる・ずれ・ぜよ}「さうず」とも。招く。招待する。今昔 三・一「もろもろのやむごとなき多くの僧を―・じ(用)、めでたき音楽を奏し」訳さまざまの尊い数多くの僧を招き、すばらしい音楽を演奏し。

じゃう-ず【上手】(名・形動ナリ)❶物事に巧みな

❸肉食をさけて菜食すること。〔浮・好色五人女〕「五十年忌になれば、朝は―・し(用)て暮れは魚類になして」訳五十年忌になるので、朝は肉食をさけて夕方は魚の料理にして。

発展 仏教関係の語

「精進」ということばから、「精進料理」「精進揚げ」など動物性の材料を使わない料理を思い出すが、それは仏教で肉食を禁じていたことからきている。「精進」は仏教語という素性がはっきりしているが、すっかり日常語となって仏教語とは気づかれない語も多い。例えば「安心」「覚悟」「最後」「知識」「方便」などは、そのような仏教語の例である。

こと。また、その人。名人。[徒然] 一五〇「天下の物の—といへども、はじめは不堪の聞こえもあり」[訳] 世の中の(有名な)芸能の名人といっても、はじめはへただという評判もあり。

❷お世辞のうまいこと。愛想のいいさま。

じゃう-ず【上衆・上種】(名)身分の高い人。貴人。↔下衆

じゃう・ず【成ず】㊀(自サ変){ぜ・じ・ず・ずる・ずれ・ぜよ}成る。㊁(他サ変){ぜ・じ・ず・ずる・ずれ・ぜよ}成し遂げる。達成する。[徒然] 二一七「そもそも人は、所願を—・ぜ㊍んがために、財を求む」[訳] だいたい人間は、願いごとを達成しようとするために、財産を求める。

じゃうず-めか・し【上衆めかし】(形シク){しから・しく(しかり)・し・しき(しかる)・しけれ・しかれ}【動詞「上衆めく」に対応する形容詞】貴人らしいようすである。貴人らしくふるまっている。[源氏] 桐壺「おぼえいとやむごとなく、—・しけれ㊎ど」[訳] (桐壺の更衣は世間の)評判もなみひととおりではなく、貴人らしいようすであるが。

じゃうず-め・く【上手めく】(自カ四){か・き・く・く・け・け}【「めく」は接尾語】上手そうにふるまう。上手なように見える。[徒然] 二三三「万の咎は、馴れたるさまに—・き㊊、所得たるけしきして、人をないがしろにするにあり」[訳] すべてのあやまちは、ものなれたようすで上手そうにふるまい、得意になっているようすをして、人をあなどり軽んずることに(原因が)ある。

じゃうず-め・く【上衆めく】(自カ四){か・き・く・く・け・け}【「めく」は接尾語】「ざうずめく」とも。貴人らしくふるまう。貴人らしく見える。[源氏] 明石「手のさま書きたるさまなど、やむごとなき人にいたう劣るまじう—・き㊊たり」[訳] (明石の入道の娘の和歌は)筆跡の具合や書いてあるようすなどが、(都の)高貴な人にそれほど劣りそうもなく、上流の人らしく見えた。

しゃう-ぜい【正税】(名)律令制で、田租として徴収して国・郡の庫に貯蔵した稲。

しゃう-そう【請僧】(名)法事などに僧を招き請ずること。また、その僧。〔栄花〕たまのかざり「—みな威儀いつくしうして参りたる」[訳] (法会に)招請された僧はみな威儀を整えて参上したことだ。

しゃう-ぞく【装束】(名・自サ変)「さうぞく(装束)」に同じ。

しゃうぞ・く【装束く】(自カ四){か・き・く・く・け・け}【名詞「装束」を動詞化した語】「さうぞく(装束く)」に同じ。[宇治] 一五・四「賭弓の時着たりける装束とり出でて、うるはしく—・き㊊て」[訳] (門部府生は)賭弓の時に着ていた衣服を取り出して、きちんと装束をつけて。

じゃう-ぢゅう【常住】(名・形動ナリ)❶《仏教語》生滅変化することなく、常に存在すること。永久不変であること。[今昔] 一六・一一「菩薩の御身は—・に㊊して(=永久不変であって)、滅することなし」↔無常

❷いつも。ふだん。副詞的に用いることが多い。[平家] 六・慈心房「—の仏前にいたり、例のごとく脇息によりかかって念仏読経す」[訳] いつもの仏前に行き、ふだんと同様に脇息によりかかって念仏読経をする。

しゃう-ぢゅう-い-めつ【生住異滅】(名)《仏教語》生じ(=生)、とどまり(=住)、変化し(=異)、滅する(=滅)という、万物に普遍の四つの現象。一切が無常である事物の変化してゆくすがた。四相。[徒然] 一五五「—の移りかはるまことの大事は、たけき河のみなぎり流るるがごとし」[訳] 万物が生じ、とどまり、変化して衰え、滅するという転変する本当の重大事は、水勢の激しい川があふれるばかりに流れるようなものだ。

しゃう-つき【祥月】(名)❶一周忌以後、故人の命日のある月。忌月。

❷「祥月命日」の略。〔浮・日本永代蔵〕「去年のけふぞ親仁の—とて旦那寺に参りて」[訳] 去年の今日が父親の祥月命日ということで菩提寺に参詣して。

しゃうつき-めいにち【祥月命日】(名)一周忌以後の、故人の死んだ月日と同じ月日。祥月。

正徹(しゃうてつ)『人名』(一三八一—一四五九)室町前期の歌人。備中(岡山県)の人。歌を今川了俊に学び、定家風の余情妖艶を理想とし、象徴的・浪漫的な歌風を開いた。家集「草根集」、歌論書「正徹物語」など。

正徹物語(しゃうてつものがたり)『作品名』室町前期の歌論書。正徹著。文安五年(一四四八)から宝徳二年(一四五〇)ごろ

古語ライブラリー㉔

上代特殊仮名遣い

今日、「月」のキと「雪」のキとが異なる音だといわれても、信じられないだろう。だが、『古事記』『日本書紀』『万葉集』の時代には、確かに異なる音であった。

上代の文献の真仮名(万葉仮名)の用法を調べると、キケコソトノヒヘミメモヨロ(モは『古事記』だけ)・ギゲゴゾドビベについては、二つのグループに分かれる。

例えばキについては、次の二つのグループになる。「・」の上は音仮名、下は訓仮名。

甲　支伎妓岐吉棄(弃)枳企耆祇祁・寸杵服来

乙　幾機己忌紀記奇綺騎寄帰気基既規貴・木樹城

『万葉集』では「月」は都奇・追奇と書かれ、「雪」は由伎・由吉・由企・由岐・由棄・遊吉と書かれている。すなわち、「月」のキは乙類、「雪」のキは甲類の真仮名で書かれているのである。

「月」はトゥクウィ、「雪」はユキと発音されたもので、甲類のキと乙類のキは異なる音だと、現在では考えられている。異なる音を異なる真仮名で書くのは当然のことだ。

音と仮名との一対一の関係が成立しなくなったときに、語ごとにどの仮名を用いるのかを定めたものが「仮名遣い」だ。だから、異なる音を異なる真仮名で書いたものは仮名遣いとは言えない。

ところが、キケコ…などの真仮名に二つのグループのある事実に気づき、まとまった調査をした江戸時代の本居宣長・石塚龍麿などは、真仮名の使い分け、すなわち仮名遣いだと見ていたらしい。それで、この事実を再発見した橋本進吉(一八八二—一九四五)はふつうの仮名遣いとは異なる特殊な仮名遣いであるということで、「上代特殊仮名遣い」と名づけたのである。

⇩六五五ページ㉕

の成立。和歌の風体や歌人の逸話を記すが、幽玄を尊んだ藤原定家への崇拝を示す。

じゃう-ど【浄土】(名)《仏教語》❶煩悩を離れた清浄な国。仏・菩薩の住む所。特に、極楽浄土。今昔 六・一五「専らに―を願ふ心深くして、常にこの二仏の像を礼拝し恭敬し奉ること限りなし」訳 もっぱら極楽浄土を願う心が深くて、いつもこの二仏(=釈迦と阿弥陀)の像を礼拝し謹み敬い申しあげることはこのうえない。↔穢土。⇩後世「慣用表現」

❷「浄土宗」の略。法然を宗祖とする仏教の一派。一心に念仏を唱え、極楽往生を願う。

じゃう-とう【常灯】(名)神仏の前に常にともしておく灯火。常灯明。枕 二三〇「御あかしの、―にはあらで、うちにまた人の奉れるが、おそろしきまで燃えたるに」訳 お灯明で、(寺で)常にともしておく明かりではなくて、内陣に他の人のお供えした灯が、こわいほどに(明るく)燃えているところに。

じゃう-とうしゃうがく【成等正覚】(名)《仏教語》【等正覚(=正しい悟り。仏の境地)を成就することの意】修行を成就して、悟りを完成すること。成仏。平家 灌頂・大原御幸「難行苦行の功によって、遂に―し給ひき」訳 (釈迦は)難行苦行の果報によって、とうとう成仏しなさった。

上東門院『人名』(九八八〜一〇七四)藤原彰子。一条天皇の中宮。道長の娘。後一条・後朱雀天皇の母。女房に紫式部・和泉式部・赤染衛門らの才女を集め、藤原氏全盛期の華やかな宮廷生活を過ごした。

しゃう-とく【生得】(名)生まれつき。天性。〔後鳥羽院御口伝〕「西行は、…―の歌人とおぼゆ(=思われる)」

聖徳太子『人名』(五七四〜六二二)推古朝の政治家。厩戸王(皇子)・豊聡耳皇子・上宮太子ともいう。用明天皇の第二皇子。推古天皇の摂政となり、冠位十二階・憲法十七条の制定、遣隋使の派遣などとともに、仏教・学問の奨励、国史の編さん、法隆寺などの寺院の建立に努め、飛鳥文化形成の中心として活躍。著に「三経義疏」

しゃう-にち【正日】(名)❶死後の四十九日目。四十九日。源氏 葵「御法事など過ぎぬれど、―まではなほ籠りおはす」訳 ご法要などは終わったが、(光源氏は)四十九日まではやはりひきこもっていらっしゃる。

❷一周忌の当日。源氏 幻「御―には、上下の人々みな斎ひして」訳 (故紫の上の)御一周忌の当日には、上位の者も下位の者もみな精進潔斎して。

しゃう-にん【聖人・上人】(名)❶知徳を兼ね備えたすぐれた僧。有徳の僧。今昔 一一・八「聖武天皇の御代に、鑑真和尚といふ―ましましけり(=いらっしゃった)」

❷僧の敬称。徒然 一四一「悲田院の尭蓮―は、俗姓は三浦の某とかや、双なき武者なり」訳 悲田院の尭蓮上人は、在俗の時の姓は三浦の某とかいう、並ぶもののない武士である。

しゃう-ね【性根】(名)❶心の持ち方。根性。〔浮・日本永代蔵〕「おのれが―によって、長者にもなる事ぞかし」訳 自分の心の持ち方によって、金持ちにもなることであるよ。

❷根底。根本。〔申楽談儀〕「音曲とは能の―なり」訳 (謡など)音曲とは能の根本である。

じゃうねい-でん【常寧殿】(名)内裏の殿舎の名。後宮七殿の一つ。承香殿の北、貞観殿の南にあり、皇后・女御の居所。⇩巻頭カラーページ32

しゃう-ねん【生年】(名)生まれてからの年。年齢。平家 一一・能登殿最期「―二十六にて海へつっとぞ入り給ふ」訳 (能登殿=教経は)年齢二十六で海へさっとお入りになる。

しゃう-ねん【正念】(名)❶《仏教語》正法を心に思って忘れないこと。往生を信じ、一心に念仏すること。著聞 五三「頭北面西にて―に住して、念仏たゆむことなくて終はりにけり」訳 (永観律師は)北枕で顔を西に向けて、極楽往生を信じることに徹して、念仏を怠ることなくて一生を終わったのであった。

❷正気。本心。乱れない心。

しゃう-の-こと【箏の琴】(名)「さう(箏)」に同じ。

しゃう-の-ふえ【笙の笛】(名)「しゃう(笙)」に同じ。枕 二一八「―は月のあかきに、車などにて聞きえたる、いとをかし」訳 笙の笛は月の明るいときに、牛車(の中)などで聞くことができたのが、たいそう情趣がある。

じゃう-び【状日】(名)書状の着く決まった日。〔浮・日本永代蔵〕「江戸棚の―を見合はせ」訳 江戸支店(から)の書状の着く日を待ち合わせて。

しゃう-ぶ【菖蒲】(名)「さうぶ」とも。水辺に生じる植物の名。葉は剣状で、よい香りがある。邪気を払うものとして、端午の節句に菖蒲湯として用いたり、軒に挿したりした。あやめ草。夏

しゃう-ふう【正風】(名)❶和歌・連歌で、伝統的な立場からみて、正しい風体。

❷安永・天明(一七七二〜一七八九)以後、俳諧において、特に芭蕉の流派をいう。蕉風。→蕉風

じゃう-ふきゃう【常不軽】(名)《仏教語》❶菩薩の名。常不軽菩薩。

❷法華経の常不軽菩薩品の中の二十四字の偈(=仏の教えをたたえた経文)を唱えながら、めぐり歩くこと。また、その人。

じゃう-ぶつ【成仏】(名・自サ変)《仏教語》❶煩悩を脱し、悟りを得て仏となること。平家 一〇・維盛入水「―得脱して悟りをひらき給ひなば」訳 仏となり生死の苦悩を脱して悟りをひらきなさったならば。

❷死ぬこと。⇩果つ「慣用表現」

じゃう-ほくめん【上北面】(名)「しゃうほくめん」とも。院の昇殿を許された四位・五位の「北面の武士」。平家 一・俊寛沙汰 鵜川軍「下北面より―にあがり、―より殿上のまじはりをゆるさるる者もあり」訳 下北面(=六位の北面の武士)から上北面に昇進し、上北面から殿上人としての交際を許される者もいる。↔下北面。→北面の武士

しゃう-ぼふ【正法】(名)《仏教語》❶正しい教法。仏法。〔栄花〕うたがひ「―をもて国を治め」訳 仏法によって国を治め。

❷「正法時」の略。釈迦の死後を正法、像法、末

法の三時期に分けた第一。釈迦の死後五百年(一説に千年)間。教法が正しく行われる期間という。

正法眼蔵(しやうぼふげんざう) ショウボウゲンゾウ『作品名』鎌倉前期の仏教書。道元著。道元入滅の建長五年(一二五三)まで編集を続けたが、未完。仏法の本質をあらゆる面から論じたもので、曹洞宗の根本聖典。

じゃう-ぼん ジョウ【上品】(名) ❶《仏教語》九品(=極楽往生のときの九つの段階)のうちの上品上生・上品中生・上品下生の総称。極楽浄土の最上級。今昔 六・四「一千日の後、当に—の地に生まるべし」訳(毎日経を唱えれば)一千日の後、きっと上品の地に生まれるにちがいない。↓九品 ❷上等のもの。一級品。〔去来抄〕修行「発句は頭よりすらすらと言ひくだしくるを—とす」訳 発句は初句からすらすらと詠み下してあるのを上等とする。

じゃう-まん ジョウ【上慢】(名)《仏教語》「増上慢」の略。悟りを得ていないのに、最高の悟りを得たとおごり高ぶること。また転じて、おごり高ぶること。〔風姿花伝〕「上手にだにも、—あらば、能は下がるべし」訳 名人であってさえも、おごり高ぶることがあれば、技芸はきっと悪くなるだろう。

しゃう-みゃう ショウミョウ【声明】(名)《仏教語》法会などのときにうたう、仏徳をたたえた声楽。徒然 二二七「節博士を定めて、—になせり」訳(善観房という僧が、経文に)曲譜を定めて、声明にした。

じゃう-め ジョウ【上馬】(名)よい馬。駿馬。〔栄花〕つるのはやし「六十余国の—…奉り集めたるも」訳 日本全国のよい馬を、…献上し集めたのも。

将門記(しやうもんき) ショウモンキ『作品名』「まさかどき」とも。平安中期の軍記物語。一巻。作者未詳。天慶三年(九四〇)成立か。平将門が反乱を起こし、鎮圧されるまでの顛末を変体漢文で記す。軍記物語の先駆的作品として評価される。

しゃう-や ショウ【庄屋・荘屋】(名)江戸時代の村落の長。代官・郡代のもとに村内の政務をあずかり、納税や治安維持その他の雑務にあたる。
参考 多く、関西で「庄屋」、関東では「名主」という。藩によっては「肝煎」ともいう。

しゃう-らう-びゃう-し ショウロウビョウシ【生老病死】(名)《仏教語》人間が避けることのできない四つの苦しみ。生まれること、老いること、病むこと、死ぬことの四つ。四苦。徒然 一五五「—の移り来ること、またこれに過ぎたり」訳(人間の生涯に)生・老・病・死の四つの苦しみが順々にやって来ることは、またこれ(=自然界の変化の速度)よりまさっている。

しゃう-らく ショウ【上洛】(名・自サ変)〔近世には「じゃうらく」〕地方から京へ上ること。上京。平家 四・通乗之沙汰「木曾義仲—の時」↔下向

じゃう-らく ジョウ【常楽】(名)《仏教語》常に安楽で苦難のないこと。〔和漢朗詠集〕「いまだ—の門に到らず」訳 今なお永遠に安楽な境界(=悟りの境地)の門に至らない。

じゃう-らふ ジョウロウ【上臈】(名)「臈」は僧が受戒後、修行を積んだ年数。❶《仏教語》年功を積んだ高僧。宇治 二・二「上に僧都・僧正、—どもおはしけれども」訳 上位には僧都とか僧正とか、年功を積んだ僧たちがいらっしゃったけれども。
❷地位や身分の高い人。上流階級の人。平家 九・敦盛最期「いくさの陣へ笛持つ人はよもあらじ。—はなほもやさしかりけり」訳(東国の兵士の中で)戦陣に笛をたずさえる人はまさかあるまい。身分の高い人はやはり風流なものだなあ。
❸「上臈女房」の略。身分の高い女房。枕 二三「春の歌、花の心など、さいふいふも、—ふたつみつばかり書きて」訳 春の歌や花に寄せる思いなど、そう(=思い出せず困ったと)いいながらも、上臈女房が(古歌を)二つ三つほど書いて。
❹身分の高い女性。ご婦人。
❺美しい遊女。

性霊集(しやうりやうしふ) ショウリョウシュウ『作品名』平安初期の漢詩文集。空海の詩文を弟子真済が編集。承和二年(八三五)ごろ成立。正式名は「遍照発揮性霊集」。一部散逸したが、承暦三年(一〇七九)済暹が「続遍照発揮性霊集補闕鈔」を補った。

しゃうりゃう-ゑ ショウリョウエ(名) ❶【聖霊会】陰暦二月二十二日の聖徳太子の忌日に行う法会。四天王寺・法隆寺などのものが名高い。春。徒然 二二〇「二月涅槃会より、—までの中間を指南とす」訳 陰暦二月(十五日)の釈迦入滅の法会から、(同月二十二日の)聖霊会までの間(の鐘の音)を(楽器の音の調律の)標準とする。
❷【精霊会】「うらぼんゑ」に同じ。

しゃう-るい ショウ【生類】(名)生きもの。生物。今昔 一九・四「多くの鷲を飼ひて—を食はしめ」訳(父は)多くの鷲を飼育して生きものを食わせ。

じゃう-るり ジョウ【浄瑠璃】(名) ❶三味線に合わせて語る語り物の総称。室町時代の末にできた牛若丸と浄瑠璃姫との恋物語「浄瑠璃物語」を語ったのに始まるという。江戸初期、三味線と操り人形とが結合して人形浄瑠璃が成立し、元禄時代(一六八八—一七〇四)、竹本義太夫が従来の長所を集大成し、近松門左衛門と組んで完成させた。義太夫節・常磐津節・富本節・清元節・新内節など、多くの流派がある。
❷特に、義太夫節の称。

しゃう-ゑん ショウエン【荘園・庄園】(名)「さうゑん」とも。奈良時代から室町時代にかけて、貴族・権勢家・社寺などが領有した私有地。「荘(さう・しやう)」とも。

しゃう-を-へだ-つ ショウ【生を隔つ】死別する。あの世とこの世と別れ別れになる。徒然 一七五「—・て(用)たるやうにして、昨日の事覚えず」訳(二日酔いになり)この世とは別の前世のことであったかのようであって、昨日のことも覚えていない。

釈迦(しやか)『人名』(前五六五?—前四八五?)「さか」とも。仏教の開祖。釈迦牟尼・釈迦牟尼仏・釈迦如来・釈尊などとも呼ばれる。カピラ城浄飯王の長子。母は摩耶。姓は喬答摩、名は悉達多。二十九歳で出家し、三十五歳で悟りを開く。以後、各地で法を説き、八十歳で娑羅双樹の下で入滅。

じゃ-かう コウ【麝香】(名)麝香鹿のおすの腹部にある麝香腺から作った香料。香気が強く、乾燥させて香料・薬剤などを製する。

しゃ-かしら【しゃ頭】（名）〔「しゃ」は接頭語〕頭をののしっていう語。宇治 九・四「ねたきやつを逃がしつる。―うちわらんと思ひつるものを」訳 にくいやつを逃がしてしまったよ。やつの頭を打ち割ってやろうと思ったのになあ。

釈迦如来（しゃかにょらい）『人名』→釈迦

しゃか-ねんぶつ【釈迦念仏】（名）陰暦二月、京都市上京区の大報恩寺（通称千本釈迦堂）で行われる大念仏の法会。徒然 二三八「千本〔釈迦堂〕の―は、文永〔年間〕のころ、如輪上人、これをはじめられけり（＝お始めになった）」

釈迦牟尼（しゃかむに）『人名』→釈迦

釈迦牟尼仏（しゃかむにぶつ）『人名』→釈迦

じゃ-き【邪気】（名）「ざけ」「じゃけ」とも。❶病気を起こすような悪い気。悪気。病気。〔太平記〕三「直義朝臣俄かに―に侵され、身心悩乱して」訳 直義朝臣は突然悪気に襲われ、心身ともにもだえ苦しんで。⇩篤し「慣用表現」❷物の怪。著聞 三「はじめあゆみ来りつるものは―なり」訳 はじめに歩いて来たものは物の怪である。

しゃく【尺】（名）長さの単位。「寸」の十倍、「丈」の十分の一。曲尺の一尺は約三〇・三センチ、鯨尺の一尺は約三七・九センチ。

しゃく【笏】（名）「さく」とも。礼服または朝服のとき右手に持つ薄い板。もとはメモなどを書きつけたものだが、のちには威儀を整えるために用いた。長さ約三六センチ、幅約六センチで、木・象牙などでつくる。⇩巻頭カラーページ12

参考「笏」の音はコツであるが「骨」に通じるのを忌み、長さが一尺ほどであるから「尺」の音を借り用いたという。

じゃくす【着す・著す】⇩ぢゃくす

釈阿（しゃくあ）『人名』→藤原俊成

じゃく-くゎう【寂光】（名）《仏教語》❶寂静（＝煩悩や苦を解脱した境地）の真理によって発する知恵の光。❷「寂光浄土」の略。①に照らされる仏の住む世界。

寂光院（じゃっこういん）（名）今の京都市左京区大原草生町にある天台宗の尼寺。建礼門院が高倉・安徳両天皇の冥福を祈った所として名高い。

しゃく-し【釈氏】（名）《仏教語》釈迦。転じて、僧侶。〔太平記〕二四「―化導の正宗」訳（比叡山は）釈迦が教化し導く真正の宗教（の地であり）。

しゃくぜつ-にち【赤舌日】（名）陰陽道で、万事に凶である日。赤舌神の部下の六鬼神のうち極悪な三番目の羅刹鬼の当番する日。六日周期にこの日がある。徒然 九一「―といふこと、陰陽道には沙汰なきことなり」訳 赤舌日ということは、陰陽道では問題にしないことである。

しゃく-せん【借銭】（名）借金。借財。〔浮・日本永代蔵〕「年々につもりし―を済まし申さるべし」訳 年々たまった借金を返済申されるがよい。

しゃくせん-こひ【借銭乞ひ】（名）借金取り。〔浮・世間胸算用〕「されば世の中に、―に出あふほどおそろしきものはまたもなきに」訳 それゆえこの世で、借金取りに出会うほどおそろしいものはほかにないので。

しゃく-ぢゃう【錫杖】（名）「さくぢゃう」とも。僧や修験者が行脚のときに持つ杖。頭部の円環に数個の輪がついていて、突いたり振ったりすると鳴る。宇治 一・五「ほらがひ腰につけ、―つきなどしたる山伏の」訳 ほらがいを腰につけ、錫杖をつきなどした山伏で。

しゃ-くび【しゃ首】（名）〔「しゃ」は接頭語〕首をののしっていう語。今昔 三・一五「―取らむと思ひ給へて候ふなり」訳 あいつの首を取ろうと存じておるのでございます。

じゃく-まく【寂寞】（名・形動タリ）「せきばく」とも。もの寂しくひっそりとしていること。細道 立石寺「佳景―・と㊊して心すみゆくのみおぼゆ」訳（あたりのすばらしい景色が静まりかえっていてただもう心が澄んでいくように感じられる。

じゃく-めつ【寂滅】（名）❶《仏教語》煩悩の境界を離れ、悟りの境地に入ること。涅槃。〔沙石集〕「煩悩本空にして、―なるを菩提といふ」訳 煩悩は本来空であって、悟りの境地であるのを菩提という。❷死ぬこと。消えてなくなること。〔太平記〕八「一時に灰燼となって、…たちまちに―の煙と立ちのぼる」訳（寺や堂が）一ぺんに灰や燃えかすとなって、…（仏像や経文などが）たちまちに（燃えて）消失（してその煙として）たちのぼる。⇩果つ「慣用表現」

じゃくめつ-ゐらく【寂滅為楽】（名）《仏教語》涅槃経に説く諸行無常偈の一句。煩悩の境界を離れ、悟りの境地に至って真の安楽を得るということ。

しゃくや-うけじゃう【借家請け状】（名）江戸時代、家屋の貸借にあたって、請け人（＝保証人）が借家人と連判して家主に提供した証文。借家人の身元や家賃の支払い、家屋の明け渡しなどを保証した。

寂蓮（じゃくれん）『人名』（一一三九？～一二〇二）平安末期・鎌倉初期の歌人。本名は藤原定長。伯父藤原俊成の養子となったが、のち出家。「新古今集」の撰者の一人。歌風は繊細で技巧的。「小倉百人一首」に入集。家集「寂蓮法師集」

しゃ-け【社家】（名）神主。神職。また、神職の家柄。平家 一・鹿谷「この由を―より内裏へ奏聞しければ」訳 この次第を神職から宮中へ奏上したところ。

じゃ-け【邪気】（名）「じゃき」に同じ。平家 四・還御「主上御―によって、大極殿へ行幸かなはざりし故なり」訳（冷泉天皇がご病気によって、大極殿へのおでましができなかったためである。

じゃ-けん【邪見】■一（名）《仏教語》十悪の一つ。因果の理を無視する誤った考え。今昔 一・三四「貪欲―にして敢へて人に物を施すに心なし」訳（長者は）非常に欲が深くて因果の理をわきまえない誤った考えの持ち主であって、まったく人に物を与えることについて思いやりがない。

■二（名・形動ナリ）（「邪慳」「邪険」とも書く）よこしまであること。残酷で思いやりのないこと。無慈悲。〔うつほ〕俊蔭「昔、慳貪―・なる㊍国王ありて」訳 昔、欲が深く無慈悲な国王がいて。

しゃ-さん【社参】（名）神社に参拝すること。宮参り。徒然 二三六「最明寺入道（＝北条時頼）、鶴岡〔八幡宮〕の―のついでに」

しゃ-しょく【社稷】（名）国。国家。朝廷。〔太平記〕一「良臣のこれに則って―を守る」訳 良き臣はこれ（＝世の中が移りかわる道理）に従って国を守る。

しゃ-しん【捨身】(名)《仏教語》❶身を捨てること。わが身を投げ出して布施すること。❷俗身を捨てて仏門にはいること。出家。細道 飯坂「―無常の観念、道路に死なむ、これ天の命なりと」訳 俗身を捨てて無常の理を覚悟しているから、(旅の途中)路傍で死ぬようなことも、これは天命であると。❸自ら命を断つこと。死ぬこと。〔浄・心中天の網島〕「最期は同じ時ながら、―の品も所も変へて、おさんに立て抜く心の道」訳 死ぬのは同じ時刻だが、死ぬ方法も場所も変えて、おさん(=人名)に対して立て通す義理。

しゃしん-の-ぎゃう【捨身の行】《仏教語》身命をかえりみず仏道を求める厳しい修行。平家 灌頂・大原御幸「―になじかは御身を惜しませ給ふべき」訳 捨身の行にどうして御身を惜しみなされるだろうか(いや、惜しみなされないだろう)。

しゃ・す【謝す】■一(自サ変){せ・し・す・する・すれ・せよ}別れを告げる。辞去する。〔海道記〕「期来りて生を―・せ㊍ば」訳 (死ぬ)時期がやって来て、生を去れば。■二(他サ変){せ・し・す・する・すれ・せよ}❶謝罪する。わびる。今昔 七・一七「鬼、過を―・し㊊てのがれむ事を乞ひていはく」訳 鬼が過ちをわびて、逃れることを求めて言うことには。❷感謝する。礼を述べる。今昔 九・三六「景、深く喜び―・し㊊ていはく」訳 景(=鬼の名)が、深く喜び感謝して言うことには。❸恨みなどを晴らす。とり除く。たち切る。平家 五・勧進帳「誰か狂象跳猿の迷ひを―・せ㊍ん」訳 だれがあばれる象や跳びまわる猿のような(度し難い)迷妄をとり除けようか(いや、だれもとり除くことはできない)。

沙石集(しゃせきしふ)『作品名』「させきしふ」とも。鎌倉後期の仏教説話集。十巻。無住著。弘安六年(一二八三)成立。仏教を広める目的で、多彩な題材の説話が収められている。中世の庶民生活を知る上でも重要。

しゃつ【奴】(代)他称の人代名詞。他人をののしっていう語。あいつ。きゃつ。そいつ。平家 二・西光被斬「―が口を裂け」訳 そいつの口を引き裂け。

しゃっ-つら【しゃっ面】(名)〔「しゃつら」の転。「しゃ」は接頭語〕顔をののしっていう語。平家 二・西光被斬「物はきながら―をむずむずとぞふまれける」訳 (清盛は)履物をはいたままでそいつ(=西光)の顔を力強く踏みつけなさった。

しゃつ-ばら【奴ばら】(代)〔「ばら」は複数を表す接尾語〕他称の人代名詞。複数の者をののしっていう語。やつら。あいつら。平家 一一・逆櫓「舟つかまつらずは、一々に―射殺せ」訳 舟をお出し申しあげないなら、ひとりひとりやつらを射殺せ。文法「つかまつら」は自敬表現。

しゃ-てい【舎弟】(名)実の弟。転じて、他人の弟にもいう。宇治 一五・一二「そこの―、もろもろのあしきことの限りを好みて」訳 そなたの弟は、多くの悪事の限りを好んで。

しゃ-とう【社頭】(名)神社の前。神社のあたり。大鏡 道隆「御賀茂詣での日は、―にて三度の御かはらけさだまりてまゐらするわざなるを」訳 御賀茂詣での日には、神社の前で、三度の(お神酒の)ご酒杯を必ず差し上げるきまりであるのを。

しゃ-な【遮那・舎那】(名)《仏教語》「毘盧遮那仏」の略。平家 七・平家山門連署「―の大戒をその内に伝へてよりこのかた」訳 毘盧遮那仏(=大日如来)の教えをその(比叡山の)内に伝えて以来。
参考 密教では「遮那」、顕教では「舎那」と書く。

しゃば【娑婆】(名)《梵語の音訳》「さば」とも。人間界。俗世間。現世。平家 一・祇王「―の栄花は夢のゆめ、楽しみ栄えて何かせん」訳 現世の栄華は夢の中で見る夢(のようなはかないもの)で、楽しみ栄えたところで何になろうか(いや、何にもならない)。

じゃ-ま【邪魔】(名)❶《仏教語》仏道修行の心を妨げる悪魔。平家 三・御産「女人生産しがたからん時にのぞんで、―遮生し」訳 女性が出産し難いようなときに際して、悪魔が妨げをして。❷妨げ。支障。

しゃみ【沙弥】(名)《梵語の音訳》「さみ」とも。仏門にはいり、剃髪・得度したばかりの未熟な僧。〔霊異記〕「未だ具戒を受けざるを、名づけて―とす」訳 まだ具足戒(=比丘・比丘尼の守るべき戒律)を受けていないものを、名づけて沙弥とする。

しゃ-めん【赦免】(名・他サ変)罪を許すこと。過失を許すこと。平家 三・御産「俊寛僧都一人、―なかりけるこそうたてけれ」訳 俊寛僧都一人、許しがなかったのは気の毒なことだ。

しゃもん【沙門】(名)《梵語の音訳》「さもん」とも。出家して仏道修行する人。僧侶。〔太平記〕三「文治のころ洛陽にひとりの―あり」訳 文治(=後鳥羽天皇の御代)のころ京に一人の僧がいた。

しゃら-さうじゅ【娑羅双樹・沙羅双樹】(名)「さらさうじゅ」とも。インドのクシナガラ城外の娑羅林の釈迦の臥した床の四方に二株ずつ生えていたという娑羅の木。釈迦入滅とともに、すべて白色に変じたとも、一株ずつが枯れたとも伝えられる。娑羅はインド原産の常緑樹で、淡黄色の花をつける。平家 一・祇園精舎「―の花の色、盛者必衰の理をあらはす」訳 娑羅双樹の花の(白く変じた)色は、盛んな者も必ず衰えるものだという道理を表す。⇩平家物語「名文解説」

しゃり【舎利】(名)❶《梵語の音訳》「さり」とも。釈迦の遺骨。仏舎利。また、聖者や善行を積んだ人の遺骨。今昔 一二・一「塔を起てば、必ず仏の―を籠め奉るなり」訳 塔を建てるならば、(中には)必ず仏の遺骨をお入れ申しあげるものである。❷(形が①に似ることから)米粒。米。〔浄・鎌倉三代記〕「もう夕飯時分ぢゃが―はあるかえ」

し-や・る【為遣る】(他ラ四){ら・り・る・る・れ・れ}とどこおりなく事をすませる。すっかりし終える。源氏 浮舟「この人々も、はかなきことなどえ―・る㊎まじく」訳 この人々(=侍女たち)も、(京に移るための)ちょっとした準備などとどこおりなくすませることはできないだろうし。

しゃる(助動下二・四型)《近世語》〔尊敬の助動詞「す」に「らる」の付いた「せらる」→「せらるる」の転〕尊敬の意を表す。…なさる。〔浄・心中天の網島〕「ひょんなこと言ひ出してまた泣かしゃる㊎」訳 思いがけないことを言い出してまた泣きなさる。〔浮・日本永代蔵〕「暇とらしゃれ㊔」訳 暇をとりなさい(=離婚しなさい)。接続 四段・ナ変の動詞の未然形に付く。その他の動詞には「さっしゃる」「さしゃる」が付く。→さっしゃる(助動

下二・四型)

活用

未然	連用	終止	連体	已然	命令
しゃら(ズ) しゃれ(ズ)	しゃり(ケリ) しゃっ しゃれ(テ)	しゃる(○)	しゃる(コト)	しゃれ(ドモ)	しゃれ(○) しゃい しゃ れい

参考「しゃる」は本来下二段型活用であるが、のちに四段型活用も生じ、両活用形が見られる。

しゃ-れ【洒落】(名) ❶あか抜けした言動をすること。気がきいていること。❷当座の冗談。ある文句をもじっていう地口。ざれごと。〔おらが春〕「こや寸毫も―にあらず」訳これは少しも駄じゃれではない。❸はでなこと。なまめいた身なり。〔風俗文選〕百花の譜「傾国の風俗を見習ひ、…里帰りに―を尽くし」訳遊女のならわしをまねて、…里帰りの際にできるだけのはでな身なりをして。

しゃれ-ふう【洒落風】(名)俳諧の一風。松尾芭蕉の没後、その弟子其角を中心に、主として江戸で流行した新奇・洒落をねらった都会風の傾向のもの。

しゃれ-ぼん【洒落本】(名)江戸中期から後期にかけて、江戸で発達した小説の一つ。遊里を題材にして、会話を主とした風俗描写の短編小説で、「通」や「うがち」を表現しようとした。代表作に、田舎老人多田爺の「遊子方言」、山東京伝の「通言総籬」など。

しゃれ-もの【洒落者】(名)《近世語》❶物なれて、気のきいたことをする人。いきな人。風流人。〔浮・西鶴置土産〕「何が都の―」訳(この男は)なにしろ都育ちのあか抜けた風流人(なので)。❷はでな身なりをする人。めかしこんだ人。❸滑稽なことを言う人。「しゃれ②」の巧みな人。

しゃれ-をんな【洒落女】(名)《近世語》遊女。女郎。〔浮・日本永代蔵〕「〔大津〕柴屋町〔の遊郭〕より―呼び寄せ」

しゃんす(助動特殊型)《近世語》〔尊敬の助動詞「しゃる」に丁寧の助動詞「ます」の付いた「しゃります」の転〕尊敬と丁寧の意を表す。…なさいます。〔浄・心中天の網島〕「父様今日は寒いによう歩かしゃんす㊇」訳父様、今日は寒いのによく歩きなさいます。〔浄・今宮心中〕「由兵衛殿か、あがらしゃんせ㊀」訳由兵衛殿か、おあがりなさいませ。

接続 四段・ナ変の動詞の未然形に付く。その他の動詞には「さしゃんす」が付く。→さしゃんす(助動特殊型)

活用

未然	連用	終止	連体	已然	命令
しゃんせ(ズ)	しゃんし(テ)	しゃんす(○)	しゃんす(コト)	しゃんすれ(ドモ)	しゃんせ(○)

-しゅ【首】(接尾)和歌や漢詩を数えるのに用いる。〔万葉〕四・四八六・題詞「額田王、近江天皇(=天智天皇)を思ひて作る歌一―」

しゅ【守】(名)❶「国守」の略。❷律令制で、官職と位階が相当せず、任ぜられた官職の相当位よりその人の位階が低い場合、それを示すため位階と官職との間におく語。たとえば、大納言は正三位相当官であるが、従三位の場合には「従三位守大納言」と記した。→行

しゅ【朱・銖】(名)❶江戸時代の貨幣の単位。「両」の十六分の一、「歩」の四分の一、銀目の三匁七分五厘に当たる。❷律令制で、重量の単位。「両」の二十四分の一。

-しゅ【衆】(接尾)「しゅう(衆)(接尾)」に同じ。

しゅ【衆】(名)「しゅう(衆)(名)」に同じ。

じゅ-【従】(接頭)同一の位階を正・従に分けたとき、その下位を表す。「―三位」「―五位」↔正

じゅ【呪・咒】(名)「じゅ」とも。まじない。呪文。また、まじないの文言を記した札。多く、「陀羅尼」をいう。〔今昔〕二・三「孔雀明王の―を誦す」訳孔雀明王のまじないを唱える。

し-ゆい【四維】(名)「しゐ」とも。天地の四方の隅。乾(=北西)・坤(=南西)・艮(=北東)・巽(=南東)の四つの方位。

しゅう【主】(名)主君。主人。〔枕〕七五「ありがたきもの…―そしらぬ従者」訳めったにないもの、…主人を悪く言わない召使。

しゅう【宗】(名)仏教の各流派の根本教義。宗旨。また、宗派。宗門。〔徒然〕六〇「―の法灯なれば、寺中にも重く思はれたりけれども」訳(この僧は)宗派の重鎮であるから、寺の中でも重要に思われていたけれども。

-しゅう【衆】(接尾)「しゅ」とも。人を表す名詞に付いて、複数の人に対する親愛・尊敬の意を表す。たち。がた。「旦那―」「女房―」

しゅう【衆】(名)「しゅ」とも。多くの人。人々。〔徒然〕一五一「―に交はりたるも、あいなく、見苦し」訳(老人が)多くの人と交際しているのも、不似合いで、みっともない。

しゅう【秀・秋・愁】⇩しう

しゅう【拾・執・集・襲】⇩しふ

じゅう【十・什・渋】⇩じふ

じゅう【住・重】⇩ぢゅう

拾遺和歌集(しゅういわかしゅう)⇩拾遺和歌集

しゅう-えん【終焉】(名)死にぎわ。臨終。〔平家〕一〇・維盛入水「されども―の時、一念の菩提心を起こしによって、往生の素懐をとげたりとこそ承れ」訳しかしながら臨終の時に、いちずな求道心を起こしたことによって、極楽往生という本懐をとげたと承っている。

しゅうぎ-はん【衆議判】(名)「しゅぎはん」に同じ。

しゅう-じゅう【主従】(名)「しゅじゅう」とも。主君と家来。主人と従者。〔平家〕八・妹尾最期「妹尾の太郎ただ―三騎にうちなされ」訳妹尾太郎は味方を敵に討たれて主人と従者のたった三騎にされ。

じゅう-るい【従類】(名)一族・家来たちの総称。つき従う者ども。〔謡・望月〕「多かりし―も散り散りになり」訳多かった親族や家来も散り散りになり。

じゅう-わう【縦横】(名・形動ナリ)❶縦と横。南北と東西。〔細道〕象潟「江の―一里ばかり」訳入り江のたてよこ(の距離)は一里(=約四キロメートル)ぐらいで。❷自由自在。勝手気まま。〔細道〕飯坂「道―・に㊊踏んで伊達の大木戸をこす」訳道を勝手気ままに踏

んで(勇ましい伊達な足取りで、その名も)伊達の大木戸(=地名)を越える。

じゅ-かい【受戒】(名・自サ変)《仏教語》仏門にはいる者が戒を受けること。また、これを守ることを誓う儀式。[宇治]八・三「さる田舎(ゐなか)にて法師になりにければ、まだ―もせで」[訳]そんな田舎で法師になってしまったので、まだ受戒もしないで。↔授戒

じゅ-かい【授戒】(名・自サ変)《仏教語》仏門にはいる者に戒を授けること。〔源平盛衰記〕「―伝律ひとへに大徳に任(まか)する由(よし)勅し給ひしかば」[訳](天皇は)戒を授け律を伝えることを、もっぱら高徳の僧に任せる旨の勅命をおくだしになったので。↔受戒

しゅ-かう【趣向】(名)趣やおもしろみなどが出るように工夫すること。また、その工夫や考え。〔去来抄〕修行「句案に二品(ふたしな)あり。―より入ると、詞(ことば)道具より入るとなり」[訳]句を考えるのに二通りの立場がある。構想からはいるのと、ことばや題材からはいるのとである。

じゅ-がく【儒学】(名)中国の孔子が主張した政治道徳思想を体系化した学問。四書五経を重要な経書とする。日本には「論語」が応神朝に伝来したとされ、多大な影響を与えたが、教学として体系化されたのは江戸時代になってからである。→儒教(じゅけう)

しゅぎ-はん【衆議判】(名)「しゅうぎはん」とも。歌合わせのとき、判者をおかず、左右の方人(かたうど)(=歌の作者)全員の衆議によって、歌の優劣を判定する方法。[徒然]一四「されどこの歌も、―のとき、よろしきよし沙汰ありて」[訳]しかしながらこの歌も、衆議判の時に、(後鳥羽院(ごとばいん)から)悪くない(歌だという)旨の判定があって。

しゅ-ぎゃう【修行】(名・自サ変)「すぎゃう」とも。❶《仏教語》仏道を修め実践すること。[平家]一〇・戒文「ひとへに仏道―し(用)たう候へども」[訳]ひたすらに仏道を修行しとうございますけれども。❷《仏教語》仏道を修めるために諸国をめぐり歩くこと。巡礼。托鉢(たくはつ)。行脚(あんぎゃ)。[平家]二・卒都婆流「西国―に出(い)でたりけるが、まづ厳島(いつくしま)へぞまゐりける」[訳]西国行脚に出たが、まず厳島神社へ参拝した。❸学問・技芸などを熱心に学びとること。[徒然]二一七「徳をつかんと思はば、すべからく、まづその心づかひを―す(終)べし」[訳]富を得ようと思うならば、当然、まずその心がけを熱心に学びとらなければならない。

しゅ-ぎゃう【執行】■(名・他サ変)「しぎゃう」「しっかう」とも。事をとり行うこと。[大鏡]道隆「帥殿(そちどの)(=藤原伊周(これちか))に天下―の宣旨(せんじ)下し奉りに」[訳]帥殿に天下の大政を執行することを命じる宣旨をおくだし申しあげるために。■(名)寺の庶務や法会(ほうえ)などの実務を統括する僧職。[平家]一・鹿谷「法勝寺(ほっしょうじ)の―俊寛僧都(しゅんくわんそうづ)」

しゅぎゃう-じゃ【修行者】(名)《仏教語》「すぎゃうざ」とも。仏道の修行をする人。また、仏道修行のため諸国を托鉢(たくはつ)・巡礼する僧。

じゅ-ぎょ【入御】(名)「にふぎょ」とも。天皇・三后(=太皇太后・皇太后・皇后)が内裏(だいり)に入ることを敬っていう語。のちには貴人にも用い、内裏に限らなくなった。[平家]五・奈良炎上「高倉宮(たかくらのみや)、園城寺(をんじやうじ)へ―のとき(=お入りになるとき)」↔出御(しゅつぎょ)

しゅ-ぎょく【珠玉】(名)(海から産する珠(たま)と山から産する玉の意)真珠と玉(ぎょく)。尊く美しいもののたとえ。[徒然]一〇六「金銀―の飾りを営み(=作りつけ)」

しゅく【宿】(名)❶宿場。宿駅。[細道]草加「その日やうやう草加といふ―にたどり着きにけり」[訳]その日のうちにかろうじて草加という宿場にたどり着いたのだった。❷宿屋。旅館。❸星座。星宿。[徒然]二三九「この―、清明なるゆゑに、月をもてあそぶに良夜とす」[訳]この(婁宿(ろうしゅく)(=古代中国の天文学の二十八宿の一つ)星座は、清く明らかであるので、月を賞美するのによい夜だとする。

しゅく-い【宿意】(名)❶かねてからの考え・望み。宿志。[平家]七・木曽山門牒状「―を達せんがために、旗を挙げ剣を取って信州を出(い)でし日」[訳](私=義仲(よしなか)が)かねてからの志を達成しようということのために、旗を挙げ剣を取って信州(長野県)を出た日。❷かねてからの恨み。宿怨(しゅくえん)。〔太平記〕一八「その時の―相残って、高野・根来(ねごろ)の両寺、ややもすれば確執の心を挿しはさめり」[訳]その時の年来の恨みが互いに残って、高野と根来の両寺は、どうかすると争いがみ合う心を抱いている。

しゅく-いん【宿因】(名)《仏教語》「すくいん」とも。前世からの因縁(いんねん)。宿業(しゅくごう)。宿縁。[今昔]七・二六「二度(ふたたび)人間に生まれて―の厚き事を顕(あら)はせるなり」[訳](産武(さんぶ)は)二度人間として生まれて前世からの因縁の厚いことを示したのである。

しゅく-うん【宿運】(名)《仏教語》前世から定まっている運命。宿命。[平家]七・返牒「なんぞ当山ひとり―つきぬる平家に同心して、運命ひらくる源氏をそむかんや」[訳]どうして当山(=延暦寺(えんりゃくじ))だけが宿命のつきた平家に味方して、運の開ける源氏に背こうか(いや、背きはしない)。

しゅく-えき【宿駅】(名)中世以降、街道筋の要地にあって、旅行者の宿泊所となり、人夫や馬を中継する設備のあった所。宿。宿場。

しゅく-えん【宿縁】(名)《仏教語》前世からの因縁(いんねん)。宿因。[平家]六・祇園女御「事始めの奉行(ぶぎゃう)に参られける―の程こそめでたけれ」[訳](左少弁行隆(ゆきたか)が大仏殿建造の)起工の奉行としてお仕えなさった宿縁の深さは(まことに)すばらしいことである。

しゅく-ぐゎん【宿願】(名)かねてからの願い。前々からの願望。宿望(しゅくもう)。[平家]一〇・高野巻「熊野へ参らんと思ふ―あり」[訳](私=維盛(これもり)には)熊野に参詣しようと思うかねてからの願いがある。

しゅく-ごふ【宿業】(名)《仏教語》前世の報い。現世で報いを受ける原因となった前世での善悪の行い。[平家]二・座主流「かかるたっとき人なれども、前世(ぜんぜ)の―をばまぬかれ給はず」[訳]このような尊い方であるけれども、前世の報いはまぬがれなさらない。

じゅく-こん【熟根】(名)素性。生まれ。[平家]一・俊寛沙汰 鵜川軍「成景(なりかげ)は京の者、―いやしき下﨟(げらふ)なり」[訳]成景は京の者で、素性のいやしい身分の低い者である。

しゅく-しふ【宿執】(名)《仏教語》前世からの執着や執念。前世からの因縁(いんねん)。〔保元物語〕「父を切る子、子に切らるる父、切るも切らるるも、―の拙(つたな)きこ

と、恥づべし、恥づべし」訳 父を切る子、子に切られる父、切るのも切られるのも前世からの因縁が悪いことを恥じなければならない、恥じなければならない。

しゅく‐しょ【宿所】(名)宿泊する所。住居。住まい。平家 八・鼓判官「あれはたが家ぞ、これは何者が―ぞ」訳 あれはだれの家か、これはどういう者の住まいか。

しゅく‐す【宿す】(自サ変){せ・し・す・する・すれ・せよ}泊まる。宿泊する。大鏡 道長下「一夜は―・し用て、またの日かへり侍りしに」訳 一晩は泊まって、翌日帰りましたところ。

しゅくすい‐の‐つぶね【菽水の奴】〔「菽水」は豆と水。粗末な食事、貧しい暮らしの意。「奴」は奉仕の意〕貧しい生活の中でも一心につとめること。雨月 菊花の約「―に御恩を返し奉るべし」訳 貧しい生活の中でも一心につとめることで御恩をお返し申しあげるつもりである。

しゅく‐せ【宿世】(名)→すくせ

しゅく‐ば【宿場】(名)江戸時代、街道筋の要地にあって、人夫や馬などを中継する設備のあった所。旅行者のための宿屋が多くあった。宿駅。宿。

しゅく‐ほう【宿報】(名)《仏教語》「すくほう」とも。前世でした善業・悪業の報い。宿世の果報。今昔 二六・一「これも前生の―にこそはありけめ」訳 これ(=鷲)が乳児を生きたまま巣に落としたということも前世の因縁によって生じた報いではあったのだろう。

しゅく‐まう【宿望】(名)「しゅくばう」とも。「しゅくぐわん」に同じ。

しゅく‐らう【宿老】(名)❶年功を積んだ老人。平家 五・物怪之沙汰「座上にけだかげなる―の在ましましけるが」訳 一座の上席に気品のあるようすの年功を積んだ老人がいらっしゃったのが。
❷鎌倉・室町幕府の評定衆。また、江戸幕府の老中、諸藩の家老。
❸江戸時代の町内の年寄役。

じゅ‐けう【儒教】(名)中国の孔子を祖とする政治道徳思想。儒学の教え。四書五経を重要な経書とし、「仁」を最高の徳とした。→儒学

しゅ‐げん【修験】(名)❶山中で修行して霊験のある法を修めること。
❷「修験者」の略。細道 出羽三山「僧坊棟をならべ、―行法をはげまし」訳 僧坊は軒をつらね、山伏は仏法に精励して。
❸「修験道」の略。今昔 一七・一八「天性として―を好みて諸の山を廻り海を渡りて、難行苦行す」訳 生まれつきとして修験道を好んであちこちの山をめぐり海を渡って、苦痛や困難にたえて修行をする。

しゅげん‐じゃ【修験者】(名)修験道を修める行者。多く、髪を結わず兜巾をかぶり、篠懸け、結袈裟を着け、笈を背負い、金剛杖をつき、法螺を吹き鳴らして山野を渡り歩いて修行する。験者。山伏。修験。

(しゅげんじゃ)

しゅげん‐だう【修験道】(名)奈良時代の役小角を祖とする密教の一派。山中において難行・苦行をして験力・呪力を体得しようとするもの。修験。

しゅ‐ご【守護】❶(名・他サ変)守ること。警固。平家 二・烽火之沙汰「院の御所法住寺殿を―・し用まゐらせ候ふべし」訳(後白河)法皇の御所法住寺殿をお守り申しあげるつもりです。
❷(名)鎌倉・室町幕府の職名。源頼朝が文治元年(一一八五)治安維持のために、地頭とともに諸国に設置したもの。

じゅ‐ごう【准后】(名)「じゅさんぐう」に同じ。

しゅ‐ざや【朱鞘】(名)「しゅさや」とも。刀の鞘の朱塗りのもの。浮・西鶴諸国ばなし「―の反りをかへして」訳 朱塗りの鞘の刀の刃のほうを上に向けて(=刀を抜こうと身構えて)。

じゅ‐さんぐう【准三宮】(名)平安時代以降、親王・諸王・女御・外祖父母または名臣に授けられた称号。三宮(=太皇太后・皇太后・皇后)に準じて年官・年爵が給与されたが、のちには形式だけとなった。准三后。准后。

じゅ‐さんごう【准三后】(名)「じゅさんぐう」に同じ。

じゅ‐し【呪師・咒師】(名)「しゅし」「ずし」とも。❶呪文などを唱えて加持祈禱する法師。
❷法会のあとなどに、呪法の内容をわかりやすく伝えるため、猿楽や田楽に近い芸能を演じた者。大鏡 道長上「『よき―の装束かな』とて、笑ひ申させ給ひけり」訳(道長は)「(これは)りっぱな呪師の装束だなあ」とおっしゃって、お笑い申しあげなされた。

しゅし‐がく【朱子学】(名)中国、南宋の朱子が大成した儒学の一体系。「気」と「理」の理論に基づき、為政者には実践的な道徳の修養が必要だと説いた。日本では江戸幕府によって官学として保護された。代表的な学者は林羅山・新井白石など。→儒学

じゅ‐しゃ【儒者】(名)❶儒学を修めた人。儒学者。
❷江戸幕府の職名。儒学を進講し、文教のことをつかさどった。

しゅ‐しゃう【主上】(名)〔近世以降「しゅじゃう」〕「天皇」の尊称。かみ。平家 一一・先帝身投「―ことしは八歳にならせ給へども」訳(安徳)天皇は今年は八歳におなりになられるが。⇨御門「慣用表現」

しゅ‐じゃう【衆生】(名)《仏教語》「すじゃう」とも。仏の救済の対象となる、いっさいの生き物。特に、すべての人間。万葉 五・八〇二・序「―を等しく思ふこと、羅睺羅の如し」訳(釈迦如来が)衆生を平等に思うことは、(我が子)羅睺羅(を思うこと)と同じだ。

しゅ‐じゃく【朱雀】(名)「すざく」に同じ。

しゅじゃく‐おほち【朱雀大路】(名)「すざくおほち」に同じ。

しゅじゃく‐もん【朱雀門】(名)「すざくもん」に同じ。

しゅ‐しょう【殊勝】(名・形動ナリ)❶特にすぐれたさま。格別よいさま。徒然 一三二「元良親王の、元日の奏賀の声、はなはだ―・に用して」訳 元良親王が、元日の朝拝の賀詞を読み上げ申しあげる声が特にすぐれていて。
❷神々しいさま。心うたれるさま。徒然 二三六「いかに殿ばら、―のことは御覧じとがめずや」訳 なんと皆さん、(この)心うたれることは、ご覧になって気にとめなさらないのか。

❸けなげであるさま。感心なこと。〔細道〕末の松山「さすがに辺土の遺風忘れざるものから、—・に(用)覚えらる」［訳］（語られた奥浄瑠璃は）やはり片田舎に残っている風流を忘れずに伝えているから、自然と感心なことだと思われる。［文法］「らる」は、自発の助動詞。

しゅ・す【修す】（他サ変）｛せ・し・す・する・すれ・せよ｝修める。身につける。行う。〔徒然〕九二「道を学する人、…かさねてねんごろに—・せ(未)んことを期す」［訳］仏道を修行する人は、…もう一度念を入れて修行しよう（という）ことを予定する。

じゅ・す【誦す】（他サ変）｛せ・し・す・する・すれ・せよ｝「ずす」「ずず」「ずんず」「ずうず」とも。（経文や詩歌などを）声を出して読む。口ずさむ。唱える。〔今昔〕一三・三五「法華経を—・し(用)て、掌を合はせて入滅せり」［訳］（持経者は）法華経を唱えて、手のひらを合わせて亡くなった。

じゅ‐ず【数珠】（名）「ずず（数珠）」に同じ。

じゅ‐すい【入水】（名・自サ変）水中に身を投げて死ぬこと。身投げ。〔平家〕一〇・維盛入水「那智の奥にて—・す(終)」［訳］（平維盛は）那智の沖で身を投げる。

しゅ‐せき【手跡・手蹟】（名）書いた文字。筆跡。手。〔著聞〕二八六「これは唐人の—なり」⇩鳥の跡「慣用表現」

じゅ‐ぜん【受禅】（名）〔「禅」は、帝位を譲る意〕前帝の譲位を受けて即位すること。〔平家〕一・額打論「俄に親王の宣旨くだされて、やがてその夜—ありしかば」［訳］突然、親王にするとの天皇のおことばが言い渡されて、すぐその夜帝位を譲り受けることがあったので。

じゅ‐そ【呪詛】（名・他サ変）「しゅそ」「ずそ」とも。恨みのある人にわざわいがあるように神仏に祈ること。のろい。

じゅ‐だい【入内】（名・自サ変）皇后・中宮・女御などに決まった女性が、正式に内裏（＝宮中）に入ること。〔今昔〕一四・四〇「互ひに『死ね死ね』と—・し(用)けり」〔大鏡〕頼忠「御妹の四条宮の、后に立ち給ひて、初めて—・し(用)給ふに」［訳］ご姉妹の四条の宮（＝遵子）が、后におなりになって、初めて宮中に入りなさるときに。

しゅつ‐ぎょ【出御】（名）天皇・三后（＝太皇太后・皇太后・皇后）が外出または臣下の前に出ることを敬っていう語。おでまし。のちに将軍にもいう。〔平家〕六・小督「夜は南殿に—なって、月の光を御覧じてぞなぐさませ給ひける」［訳］（天皇は）夜は紫宸殿におでましになって、月の光をご覧になってお心をおなぐさめになられた。↔入御。

しゅっ‐くゎい【述懐】カイ（名・自サ変）〔近世には「じゅっくゎい」〕❶心中の思いを述べること。〔著聞〕一四二「—御気色悪しかりけり」［訳］（帝は、申し文が）心中の思いを述べることばを（直截に）書きすぎているために、ご機嫌が悪かった。❷不平。不満。愚痴。また、それを述べること。〔平家〕二・腰越「事あたらしき申し状、—に似たりといへども」［訳］今更改まった（この）願い出は、愚痴をこぼしているのに似ているとはいえ。

しゅっ‐け【出家】（名・自サ変）《仏教語》「すけ」とも。世俗の生活を捨てて仏門に入ること。また、その人。〔大鏡〕時平「なきことによりかく罪せられ給ふをかしこくおぼしなげきて、やがて山崎にて—・せ(未)しめ給ひて」［訳］（道真は）無実の罪によりこのように罰せられなさることをたいそうお嘆きになって、そのまま（途中の）山崎で出家しなされて。↔在家。⇩世を背く「慣用表現」

しゅっ‐し【出仕】（名・自サ変）❶官職につくこと。官に仕えること。仕官。〔平家〕一〇・横笛「世にあらん者の婿になして、—なんどをも心やすうせさせんとすれば」［訳］世に時めいているような者の婿にして、宮仕えなども気楽にさせてやろうとすると。❷勤めに出ること。出勤。また、ある席などに出ること。〔徒然〕六〇「—・し(用)て、饗膳などにつく時も」［訳］（法要の）席に出て、御馳走の膳などに座るときも。

しゅっ‐せ【出世】（名）❶《仏教語》諸仏が人々を救済するために、仮にこの世に現れること。〔仮名・夫婦宗論物語〕「慈尊弥勒の—いまだ遠しといへども」［訳］弥勒菩薩様がこの世に現れるのはまだ遠い先のことといっても。❷出家すること。また、その人。〔伽・秋夜長物語〕「—なる某の僧都やらんいふ人」［訳］出家者であるなんとかの僧都とかいう人。

出世景清（しゅっせかげきよ）『作品名』江戸前期の浄瑠璃。時代物。近松門左衛門作。貞享二年（一六八五）大坂竹本座初演。平家方の悪七兵衛景清が源頼朝を討とうとして捕らえられるが、観音と畠山重忠の霊験によって一命を助けられるという筋。

しゅっ‐たい【出来】（名・自サ変）〔「しゅつらい」の転〕❶出て来ること。事が起こること。〔花鏡〕「そもそも、舞歌といっぱ、根本、如来蔵より—・せ(未)りと、云々」［訳］いったい、舞や歌というのは、もともと、生命の根源（＝仏性をかくし持つ内臓）から生じたと、しかじか。❷物事ができあがること。完成。〔去来抄〕修行「発句は物を合はすれば—・せ(未)り」［訳］俳句は事物（＝素材）を取り合わせればできあがってしまう。

じゅつ‐な・し【術無し】（形ク）｛から・く(かり)・し・き(かる)・けれ・かれ｝「ずちなし」とも。なすべき方法がない。どうしようもない。また、つらい。切ない。〔今昔〕四・一五「我ら飢ゑ疲れて—・し(終)」［訳］私たちは飢え疲れてどうしようもない。⇩詮無し「慣用表現」

しゅつ‐なふ【出納】ノウ（名）❶文書・雑具の出し入れに当たる役。蔵人所の職の一つだが、私設の職として、有力な貴族の家司中にも置かれた。❷寺院で、被け物などの出し入れをつかさどる僧。

しゅっ‐ぱん【出板】（名）印刷その他の方法によって文書・図画等を複製し、発売または頒布すること。出版。版行。刊行。〔去来抄〕先師評「柴戸にあらず、此木戸なり。かかる秀逸は一句も大切なれば、たとへ—に及ぶとも、いそぎ改むべし」［訳］（冠の五文字は）柴の戸ではなく、此の木戸である。このようにすぐれた作品は一句でもたいせつなので、たとえ（すでに）版木が彫りあがりの状態になっているとしても、急いで改めなければならない。［名文解説］俳諧撰集「猿蓑」収録の「この木戸や鎖のさされて冬の月」（［訳］→このきどや…〔俳句〕）をめぐる逸話。編集時、原稿の「此木戸」を誤読し「柴戸」と印刷してしまった。草庵を意味する「柴戸」にさす月より、「平家物語」の一節「惣門は鎖のさされてさぶらふぞ」を連想させる「木戸（＝城門）」にさす月光を佳句と認めた芭蕉は訂正を命じる。既刊の書を直す労力も厭わぬ姿勢に、芸術に対する厳格さを見る。

しゅつ‐り【出離】（名・自サ変）《仏教語》迷いの世界

を離れること。出家すること。今昔 七・三「仏法を修行して皆―の計を求む(=方法を求める)」

しゅ‐と【衆徒】(名)「しゅうと」とも。諸大寺で使う下級の僧。平安末期ごろから特に武技をおさめ、寺院の武力の中心となった。僧兵。平家 四・競「『かひなき命の惜しさよ、―をたのんで入御あり』と仰せければ」訳「(生きたところで)かいもない命の惜しいことよ、衆徒を頼って(私は、この三井寺に)お入りになっている」と(高倉宮が)おっしゃったので。文法「入御あり」は自敬表現。

しゅ‐び【首尾】(名)❶始めと終わり。一部始終。著聞 七〇一「―あひかなひて果てけり」訳(牛の声と人の阿弥陀経を読む声とが)始めから終わりまでともにぴったり合って終わった。❷事のなりゆき。事の次第。〔浄・博多小女郎波枕〕「急に身請けをしてもらはねばならぬ―になったれど(=なりゆきになったけれど)」❸都合。工面。ようす。〔浄・曽根崎心中〕「内方の―を知らねば、便宜もならず」訳そちらのお宅のようすを知らないので、便りもできない。

しゅ‐ひつ【執筆】(名)❶文書などを書くこと。記録すること。また、その役。書記。平家 三・足摺「平家の思ひ忘れかや、―の誤りか」訳(俊寛の名が赦免状にないのは)平家の思い忘れか、書記の書き誤りか。❷連歌・俳諧の席で句を記録すること。また、記録する人。〔筑波問答〕「先づ―の人進みよりて、…紙を取りて押し折りて前に置きて、墨をする」訳まず記録の者が進み寄って、…(連歌の)懐紙を取って折って前に置いて、墨をする。

じゅ‐ぶつ【儒仏】(名)儒教と仏教。〔源氏物語玉の小櫛〕「―の教へには、背けることも多きぞかし」訳儒教や仏教の教えには、反していることも多いのだよ。

しゅ‐ほふ【修法】(名)《仏教語》「すほふ」とも。密教で、国家や個人のために加持祈禱する式。本尊を安置し、護摩をたき、真言を唱え、印を結ぶ。

じゅ‐ほふ【受法】(名・自サ変)《仏教語》弟子が師僧から仏法を受けること。平家 四・三井寺炎上「―相承の弟子はまた、経教にわかれんだり」訳師僧から仏法を受け、次々に伝える弟子はまた、経文・教法から離れてしまった。文法「わかれんだり」は、「わかれにたり」の転。

しゅみ‐せん【須弥山】(名)《仏教語》〔「須弥」は梵語の音訳〕「すみせん」とも。仏教で、世界の中心にそびえ立つという高山。金・銀・瑠璃・玻璃の四宝からなり、七山・七海が周囲をかこみ、日月がこれをめぐって、頂上には帝釈天、中腹には四天王が住むという。

しゅ‐め【主馬】(名)❶「主馬署」の略。律令制で、東宮坊に属し、皇太子の乗馬や馬具のことをつかさどる役所。今昔 二五・六「忽ちに―の御馬を召して、頼光に給ふ」訳(春宮(=後の三条天皇)は)すぐさま主馬署の御馬をお取り寄せになって、頼光にくださる。❷「主馬の頭」の略。「主馬①」の長官。

しゅ‐もく【撞木】(名)「しもく」とも。仏具の一つ。鐘や敲き鉦などを打ち鳴らす棒。丁字形のものが多い。宇治 一・二「―を(手に)取りて振り回して」

しゅもく‐づゑ【撞木杖】(名)「しもくづゑ」とも。頭部が「撞木」のような丁字形の杖。

しゅ‐ら【修羅】(名)《仏教語》「阿修羅」の略。〔太平記〕一〇「―の眷属ども天帝のために罰せられて」訳阿修羅の一族郎党どもが帝釈天によって罰せられて。

じゅ‐らく【入洛】(名・自サ変)京都に入ること。平家 三・法印問答「今度相国禅門―のことは、ひとへに基房亡ぼすべき結構にて候ふなり」訳このたび相国禅門(=平清盛)が京都に入ることは、ひたすらに(この)基房を亡き者にしようという計画なのでございます。

しゅら‐だう【修羅道】(名)《仏教語》「阿修羅道」の略。六道の一つ。阿修羅が住み、慢心・嫉妬心に満ち、常に争いの絶えない世界。→六道

しゅ‐り【修理】(名・他サ変)「すり」とも。修理・修繕をすること。徒然 一四〇「物は破れたる所ばかりを―し(用)て用ゐることぞと」訳物はこわれている所だけを修理して使うものであると。

しゅり‐しき【修理職】(名)「すりしき」とも。令外の官の一つ。平安時代、内裏(=皇居)の修理・造営をつかさどった役所。

じゅ‐りゃう【受領】(名)「ずりゃう」に同じ。平家 一・祇園精舎「国香より正盛に至るまで、六代は諸国の―たりしかども(=国守であったが)」

しゅ‐れう【衆寮】(名)禅宗で、僧堂のほかに設けられている修行僧の寮舎。読経や法話も行う。細道 全昌寺「われも秋風を聞きて―に臥せば」訳私(=芭蕉)も秋風を聞いて修行僧の寮舎で横になると。

しゅんあう‐でん【春鶯囀】(名)雅楽の曲名。壱越調(=雅楽の六調子の一つ)の唐楽。唐の高宗の命で、楽工の白明達が鶯の声を聞いて作曲したものという。源氏 少女「―舞ふほどに、昔の花の宴のほどおぼし出でて」訳春鶯囀を舞う折に、(朱雀院は)昔の花の宴の(行われた)時分をお思い出しになって。

じゅん‐えん【順縁】(名)《仏教語》❶善行が仏道に入る因縁となること。平家 一一・重衡被斬「願はくは逆縁をもって―とし、只今の最後の念仏によって九品託生をとぐべし」訳どうか仏道に逆らう悪事をもって仏道に入る縁とし、ただ今の最後の念仏によって極楽に生まれることをなしとげよう。❷老いた者から順に死ぬこと。(↔逆縁)

しゅんきゃう‐でん【春興殿】(名)「しゅんこうでん」とも。内裏の殿舎の名。紫宸殿の南東、宜陽殿の南にあって安福殿と対する。武具を納める所。⇩巻頭カラーページ32

しゅんくゎ‐もん【春華門・春和門】(名)内裏の外郭門の一つ。南面の東端にあって、西端の修明門に対する。左馬の陣。⇩巻頭カラーページ32

じゅん‐げん【順現】(名)《仏教語》「じゅんげんごふ」に同じ。平家 三・有王「業にさまざまあり。―・順生・順後業といへり」訳業にはいろいろある。現世に作った業の報いを現世で受ける順現業・(来世で受ける)順生業・(それ以降に受ける)順後業と言っている。

じゅんげん‐ごふ【順現業】(名)《仏教語》現世での善業・悪業の報いが、現世に現れること。順現。→順後業・順生業

じゅんご‐ごふ【順後業】(名)《仏教語》現世での善業・悪業の報いが、次の次の世以降に現れること。→

順現業・順生業」

しゅん-じう【春秋】(名)「しゅんしう」とも。(春と秋とで一年を代表させて)年月。歳月。方丈 二「四十あまりの一をおくれるあひだに」訳 四十年あまりの年月を過ごしてきた間に。

じゅんしゃう-ごふ【順生業】(名)《仏教語》現世での善業・悪業の報いが、次の世(=来世)に現れること。→順現業・順後業

じゅん-しゅ【巡酒】(名)まわり持ちで主催者となって酒宴を開くこと。また、酒を飲みまわすこと。平家 七・篠原合戦「日ごとに寄り合ひ寄り合ひ、一をしてぞ慰みける」訳 毎日寄り合い寄り合いしては、各自の館がまわり持ちで行う酒宴を開いて気分を晴らした。

春色梅児誉美(しゅんしょくうめごよみ)『作品名』江戸後期の人情本。為永春水作。天保三―四年(一八三二―一八三三)刊。唐琴屋丹次郎という色男と三人の女性の恋のもつれを描き、下町情緒が巧みに表現されている。

春水(しゅんすい)『人名』→為永春水

俊成(しゅんぜい)『人名』→藤原俊成

俊成の女(しゅんぜいのむすめ)『人名』→藤原俊成の女

順徳天皇(じゅんとくてんわう)『人名』(一一九七―一二四二)鎌倉前期、第八十四代の天皇。後鳥羽天皇の第三皇子。在位十一年。承久の乱後、佐渡に流され、同地で没した。和歌にすぐれていた。「小倉百人一首」に入集。家集「順徳院御集」、歌学書「八雲御抄」、有職故実書「禁秘抄」

しゅん-め【駿馬】(名)すぐれてよく走る馬。駿足。竜馬。平家 二・腰越「ある時は峨々たる巌石に一に鞭うって」訳 ある時は険しくそびえ立つ岩山ですぐれた馬に鞭打って。

じゅん-れい【巡礼・順礼】(名・自サ変)社寺・霊場を巡り拝むこと。また、その人。西国三十三番の観音霊場の巡拝、弘法大師の霊場四国八十八か所の巡拝などが名高い。

俊恵(しゅんえ)『人名』(一一一三―?)平安末期の歌人。源俊頼の子。東大寺の僧。弟子の鴨長明の著「無名抄」にその言説を記す。「小倉百人一首」に入集。家集「林葉和歌集」

しょ【書】(名)❶文字を書くこと。書法。書道。❷文書。書物。書類。❸手紙。書簡。平家 二・蘇武「一を雁のつばさにつけて旧里(=ふるさと)へ送り」

じ-よ【自余・爾余】(名)そのほか。それ以外。歎異抄「一の行もはげみて、仏になるべかりける身が」訳 それ以外(=念仏以外)の修行にも励んで、仏になるはずであった身が。

じょ【序】(名)❶はしがき。序文。枕 八八「願文、表、ものの一など作り出だしてほめらるるも、いとめでたし」訳 (学識者が)神仏への願いの文や、天皇へ奉る文や、詩文のはしがきなどを作成してほめられるのも、たいへんすばらしい。❷和歌などの前に置かれて、成立の由来を記した文。詞書。万葉 五・八〇二・題詞「子等を思ふ歌一首并せて一」❸「じょことば」に同じ。❹舞楽曲を構成する三部(=序・破・急)のうち、ゆるい調子の導入部。十訓 一〇「万秋楽(=雅楽の曲名)の一より、五帖までありけるに、涙落とさぬ人なし」→序破急 ❺人の出立する際、感想を述べてこれを送る文。太平記 二「『後会期遥かなり…』と、長編の一に書きたりしは」訳「後の再会は期しがたい…」と、長編の送別の文に書いたのは。❻「序幕」の略。歌舞伎や浄瑠璃の最初の幕。

じょ【女】⇩ぢょ

しょう【証】(名)「そう」とも。❶証拠。しるし。大鏡 道長上「『一なきこと』と仰せらるるに」訳「証拠のないことだ」と(花山天皇が)おっしゃるので。❷《仏教語》悟り。

しょう【上・正・生・庄・声・床・姓・尚・性・省・相・荘・将・祥・唱・清・笙・菖・掌・装・傷・聖・鉦・箏・精・障・請・賞】⇩しゃう

しょう【小・少・抄・肖・昭・消・笑・逍・椒・焼・焦・鈔・照・蕉・燋・蕭・簫】⇩せう

じょう【丞】(名)律令制で、八省の三等官。⇩判官「発展」

じょう【尉】(名)❶兵衛府・衛門府および検非違使の三等官。⇩判官「発展」❷能楽で、翁。老翁。また、その能面。花鏡「一にならば、老じたる形なれば、腰を折り、足弱くて」訳 (演能で)老翁になるならば、年老いた姿であるので、腰を曲げ、歩きぶりもしっかりせずに。

(尉 ②)

じょう【判官】(名)「ぞう」とも。律令制で、四等官の第三位。→長官・次官・主典

発展「判官」の表記

「じょう」は、役所によって字が異なる。

太政官……少納言・弁	近衛府……将監
省……丞	兵衛府・衛門府・検非違使庁……尉
職・坊……進	国司……掾
寮……允	勘解由使……判官
弾正台……忠	内侍司……掌侍

じょう【上・成・状・城・政・浄・常・情・盛】⇩じゃう

じょう【丈・定・貞・諚】⇩ぢゃう

じょう【条・調】⇩でう

じょう【帖】⇩でふ

しょう-いん【承引】(名・自サ変)「じょういん」とも。承諾すること。今昔 三・三「一無かりければ、かなはずしてやみにけり」訳 承諾がなかったので、(その申し出は)思いどおりにならずに終わってしまった。

しょう-か【証歌】(名)用語や語法の正しさを示す、証拠となる歌。典拠として引用する歌。無名抄「三位(=藤原範兼)はあざわらひて、『一を奉れ』と申されけるに」訳 三位はあざ笑って、「典拠となる歌をお出しせよ」と申されたところ。

じょうきゃう-でん【承香殿】(名)「しょうきゃ

うでん」「そきゃうでん」とも。内裏の殿舎の名。後宮七殿の一つ。仁寿殿の北、常寧殿の南にある。内宴・御遊などが行われた。⇩巻頭カラーページ32

しょう-くゎ【証果】(名)《仏教語》修行の結果として得られた悟り。また、悟りを得ること。宇治 三・一「この功徳によりて、忽ちに―の身となり侍るなり」訳この(一芸に達するという)功徳によって、にわかに悟りを得る身となったのです。

しょう-し【勝事】(名)「しょうじ」とも。(よい意味でも悪い意味でも)人の耳目をひくようなこと。大変なこと。珍しいこと。平家 三・公卿揃「今度の御産に―あまたあり」訳(平清盛の娘徳子の)このたびの御産について人の耳目をひくようなことがたくさんある。

じょうじ-ほふし【承仕法師】(名)寺院の仏具の管理や法事の雑用などにあたる下級の僧。承仕。平家 六・祇園女御「六十ばかりの法師なり。たとへば、御堂の―でありけるが」訳六十歳ほどの僧である。具体的にいうと、(この)御堂の雑用を務める下級の僧であったが。

しょう-じゃう【丞相】(名)「「丞」「相」とも、助ける意」「じょうしゃう」とも。❶中国で、天子を助けて国政を執行した大臣。宰相。❷大臣の唐名。平家 一・鱸「正三位に叙せられ、…あまっさへ―の位にいたる」訳(平清盛は)正三位を授けられ、…そのうえ大臣の位に達する。

じょう-しゃう【縄床】(名)縄または木綿を張ってつくった粗末ないす。禅僧が座禅に用いた。徒然 一五七「散乱の心ながらも、―に座せば、覚えずして禅定なるべし」訳乱れた心のままでも、座禅の座に座れば、知らず知らずに精神の統一による悟りが得られるにちがいない。

しょう・す【称す】(他サ変){せ・し・す・する・すれ・せよ}❶名づけて呼ぶ。また、名のる。今昔 一・七「これより釈迦と―・し用奉る」訳これより(菩薩を)釈迦とお呼び申しあげる。❷唱える。声に出して言う。今昔 五・二八「皆、各々心を一にして仏の御名を―・し用」

じょう・ず【乗ず】(自サ変){ぜ・じ・ず・ずる・ずれ・ぜよ}うまく利用する。相手のようすにうまく応ずる。徒然 八〇「運に―・じ用て敵を砕く時、勇者にあらずといふ人なし」訳好運をうまく利用して敵軍を打ち破るときに、勇者でないという人はいない。

しょう-せつ【勝絶】(名)「しょうぜつ」とも。十二律(=雅楽の音階)の第四音。→十二律

しょうそこ【消息】⇩せうそこ

しょう-ち【勝地】(名)❶地勢などの優れた土地。今昔 一七・七「その山の頂に一所の―あり」訳その山の頂上に一つの霊験あらたかな土地があり。❷景色のよい土地。方丈 三「―は主なければ、心を慰むるにさはりなし」訳景色のよい土地は所有者がいないので、(思うままに眺め)心を慰めるのに支障がない。

しょう-でん【昇殿】(名・自サ変)平安時代以降、五位以上および六位の蔵人で、清涼殿の殿上の間にのぼることを許されること。許された人を殿上人といい、許されない人を地下といった。平家 四・鵼「大内守護にて年久しうありしかども、―をば許されず」訳(源頼政は)宮中守護職として永年勤めていたが、殿上人に列せられることを許されない。

しょうと【兄人】⇩せうと

しょう-とく【所得】(名・自サ変)「「しょとく」の転」得をすること。もうけること。収入。宇治 七・五「この布を一むら取らせたれば、男、思はずなる―・し用たりと思ひて」訳(男が)この布を一段与えたところ、(身分の低い)男は思いがけないもうけをしたと思って。

しょうとく【生得】⇩しゃうとく

しょう-はく【松柏】(名)松と柏。また、常緑樹。細道 立石寺「―年旧り、土石老いて苔滑らかに」訳松や檜などの常緑樹も樹齢を経て、土や石も古びて苔がなめらかに(おおっていて)。

しょう-ばん【鐘板】(名)寺院、特に禅寺で、時刻や食事の合図としてたたく、金属製の雲形の板。雲板。

しょう-ぶ【勝負】■(名)勝ち負け。勝敗。平家 一一・那須与一「今日は日暮れぬ。―を決すべからず」訳今日は日が暮れた。勝ち負けを決することはできない。

■(名・自サ変)勝敗を決すること。平家 七・倶梨迦羅落「互ひに―をせんとはやりけれども」訳互いに勝敗の決着をつけようと勇み立ったけれども。

しょうまん-ぎゃう【勝鬘経】(名)インドの勝鬘夫人が仏陀の徳をたたえて説いたという経典。今昔 一一・一「高座に登りて―を講じ給ふ」訳(聖徳太子は)高座に上って勝鬘経を講義なさる。

しょう-みゃう【称名】(名・自サ変)《仏教語》仏の名号を唱えること。特に、阿弥陀の名を唱えること。念仏。〔霊異記〕「『願はくは我に銭を施せ』と言ひて、―・し用て願ひ求む」訳「どうか私に銭をめぐんでくれ」と言って、観音菩薩の名号を唱えて願い求める。

しょうめい-もん【承明門】(名)平安京内裏の内郭門の一つ。建礼門の内側にあり、南面中央の正門。⇩巻頭カラーページ32

しょうもんじってつ【蕉門十哲】⇩せうもんじってつ

しょう-り【勝利】(名)《仏教語》すぐれた利益。徒然 二三「亡者の追善には、何事か―おほき」訳死者の冥福を祈る供養には、どういうこと(をするの)が御利益が多いのか。

しょ-えん【諸縁】(名)《仏教語》多くのゆかり。いろいろの因縁。徒然 一一二「―を放下すべき時なり」訳すべてのかかわりを捨てなければならないときである。

しょ-かう【初更】(名)時刻の名。一夜を五つに分けた一番目。今の午後八時ごろ、およびその前後約二時間(午後七時ごろから午後九時ごろ)。戌の刻。↓更

しょ-き【庶幾】(名・自サ変)請い願うこと。切望すること。〔後鳥羽院御口伝〕「すなはち定家卿が―・する体姿なり」訳(この歌の姿はとりもなおさず定家卿が切望する(歌の)姿である。

しょ-ぎゃう【所行】(名)行い。ふるまい。しわざ。平家 一・内裏炎上「衆徒の濫悪を致すは魔縁の―なり」訳僧兵が乱暴な悪事をいたすのは魔縁(=修行をさまたげる因縁)のしわざである。

しょぎゃう-むじゃう【諸行無常】(名)《仏

教語》万物は常に移り変わり、絶えず生滅して、一時もとどまらないということ。仏教の根本思想。〔平家〕一・祇園精舎「祇園精舎の鐘の声、―の響きあり」訳（釈迦が説法をした）祇園精舎の鐘の音は、すべてのものは絶えず変化してとどまることがないという響きがある。⇨平家物語「名文解説」

じょく【濁】 ⇨ぢょく

しょくかう-の-にしき ショッコウ―【蜀江の錦】（名）中国の蜀の成都から産出したという精巧な錦。日本には奈良時代に渡来した。〔平家〕一・吾身栄花「呉郡の綾、―、七珍万宝一つとして欠けたることなし」訳呉郡（＝中国の地名）の綾、蜀江の錦など、あらゆる宝物の一つとして欠けていることがない。

蜀山人（しょくさんじん）〖人名〗→大田南畝

式子内親王（しょくしないしんのう）（しきしないしんのう）〖人名〗→式子内親王

しょく-ぢょ ジョ―【織女】（名）「織女星」の略。星の名。琴座の恒星ベガ。陰暦七月七日の夜、天の川を渡って牽牛星と会うという。たなばたつめ。〔秋〕

しょ-くゎ カ―【所課】（名）課せられること。また、課せられたもの。負担。〔徒然〕一三五「大納言入道、負けになりて、―いかめしくせられたりけるとぞ」訳大納言入道（＝藤原資季）は、（賭けが）負けになって、罰として課せられたごちそうを盛大になさったということだ。

しょ-くゎん カン―【諸官】（名）多くの役人。〔徒然〕九九「たやすく改められがたき由、故実の―ら申しければ、その事止みにけり」訳（唐櫃を）軽々しく改造なさることは難しい旨を、故実に明るい数多くの役人たちが申し上げたので、その件はとりやめになってしまった。

しょ-ぐゎん ガン―【所願】（名）願うところ。願いごと。〔徒然〕二一七「人の世にある、自他につけて―無量なり」訳人間でこの世に生きている者は、自分についても他人に対しても願望は無限である。

しょ-け【所化】（名）《仏教語》〔教化される者の意〕修行中の僧。〔徒然〕二三八「『これや覚え給ふ』と言ひしを、―皆覚えざりしに」訳（道眼上人が）「あなたがたは覚えていらっしゃるか」と言ったが、弟子の僧はみな覚えていなかったので。

しょ-げん【諸言】（名）いろいろなことば。〔蘭学事始〕「やうやくに文字を覚え、かの（＝オランダ語の）―をも習ひし（＝習得したことなり）」

じょ-ことば【序詞】（名）おもに和歌で用いられる修辞の一つ。序詞。序。⇨付録「和歌・俳句修辞解説」

しょ-さ【所作】（名）❶行い。ふるまい。しわざ。特に、読経や念仏。〔今昔〕一五・一六「化人の―と知りて、寺の人、皆、貴びけりとなむ語り伝へたるとや」訳（念仏は）化人（＝この世に人の姿で仮に現れた仏）の行いと知って、寺の人は、皆、貴んだと語り伝えているとさ。
❷仕事。なりわい。生業。〔今昔〕三一・二六「常に狩り、漁捕りを以って―とする国なり」訳（赴く先は）いつも狩猟をし、魚を捕ることをもって生業とする国である。
❸踊りなどの身のこなし。演技。また、歌舞・音曲などを演じること。〔戴恩記〕「今日の―御褒美なされ、御酒下され」訳（太鼓打ちの）今日の演技をおほめになって、お酒をくだされて。

しょ-ざい【所在】（名）❶ありか。すみか。〔今昔〕七・四三「恵珉法師の―を問ふ」
❷しわざ。ふるまい。動作。〔伎・韓人漢文手管始〕「博奕仲間へ入ったり、このような―をするも（＝しわざをするのも）」
❸身分。職業。〔浄・丹波与作待夜小室節〕「―こそ出女なれ」訳身分こそは出女（＝飯盛り女）であるが。

じょ-さい【如在・如才】（名）手抜かり。油断。疎略。〔浄・丹波与作待夜小室節〕「母に―があるものか」

しょ-し【所司】（名）❶鎌倉幕府の侍所の次官。室町幕府では、侍所の長官。→侍所
❷僧の職名。別当の下で寺務をつかさどる。

しょ-し【書紙】（名）文字を書いた紙。書付。手紙。〔平家〕二・腰越「―に尽くさず」訳（述べたい事柄を）紙に書ききれない。

しょ-し【諸司】（名）多くの役所。また、そこに属する多くの役人。〔徒然〕二三「―の下人どもの、したり顔に、なれたるもをかし」訳諸役所の下役人たちが、得意顔で、ものなれて（宮中の仕事をして）いるのも、おもしろい。

じょ-し【序詞】（名）「じょことば」に同じ。

しょし-だい【所司代】（名）❶室町時代、侍所の所司の代理として事務を執り扱った者。
❷江戸幕府の職名。京都に置かれ、朝廷に関する事務、畿内の民政などをつかさどった職。

しょ-しつ【暑湿】（名）暑さと湿気。暑気と雨天。〔細道〕越後路「―の労に神を悩まし」訳暑気や雨の苦労で気分はすぐれず。

じょ-しゃく【叙爵】（名・自サ変）はじめて従五位下に叙せられること。〔今昔〕三一・二八「惟規は…―し〔用〕て後にぞ下りけるに」訳惟規は…五位に任じられてからのちに（越中に）下ったが。

しょ-じゅう【所従】（名）家来。従者。〔平家〕一・鹿谷「大国あまた賜って、子息―朝恩にほこれり」訳（新大納言成親卿は）大国をたくさんいただいて、息子や家来は朝廷の恩寵に得意になっている。

しょ-しん【初心】（名・形動ナリ）❶学問・芸道などで、まだ学びはじめであること。初学。また、その人。未熟者。〔徒然〕九二「―の人、二つの矢を持つことなかれ。後の矢を頼みて、初めの矢になほざりの心あり」訳（弓を）学びはじめの人は、二本の矢を持って（的に向かって）はならない。（なぜなら）二本目の矢を頼みにして、初めの矢（を射るの）にいいかげんな気持ちが生じる（からだ）。
❷（世阿弥の能楽論で）芸が未完成の時期に習得した境地や未熟であることの自覚。また、修業のそれぞれの時期に得た境地。〔花鏡〕「―忘るべからず」訳初心を忘れてはいけない。〔名文解説〕若い頃に学んだ芸や、その当時の技量、修業のそれぞれの段階に応じて得た境地である「初心」を忘れてはならない、という能楽を学ぶ者への、世阿弥自身の経験に基づく戒め。能楽のみならず、修業と経験を要するあらゆる営みに通じる、普遍的な教訓である。
❸物慣れないこと。世慣れていないこと。うぶなこと。〔浮・好色一代男〕「―なる〔体〕女郎は、脇からも赤面してゐられしに」訳物慣れない遊女は、わきで（どうしたものかと）顔を赤らめていらっしゃったが。

しょ-せん【所詮】一（名）結果として行きつくところ。

究極。〔一遍上人語録〕「一代聖教の―はただ名号なり」訳仏の生涯をかけた教えの究極はただ名号(=南無阿弥陀仏)である。

□(副)結局。つまるところ。〔源平盛衰記〕「―身を全うして君に仕ふるは忠臣の法といふことあり」訳結局最後まで生き残って主君に仕えるのは忠臣の定めということがある。⇩在り在りて「慣用表現」

しょ-ぞん【所存】(名)心中に思うところ。考え。おもわく。〔太平記〕三「―を残さず申すべし」訳思うところを残らず申し上げるがよい。

しょ-たい【所帯】(名)❶身に帯びているもの。官職・地位・財産・領地など。平家三・御産「―・所職を帯するほどの人の」訳領地・官職をもっているほどの人で。❷一家を構えて独立した生計を営むこと。世帯。〔浄・心中重井筒〕「―持ってもなほ色は捨てぬぞ道理」訳世帯をもってもなお色恋ごとはやめないのが道理で。

じょ-だい【序代・序題】(名)序文。序。多く、漢詩・和歌などにいう。大鏡道長下「その日の―は、やがて貫之のぬしこそは仕うまつり給ひしか」訳その日の和歌の序は、そのまま(お供に従っていた)貫之殿がおつくり申しあげなさった。

しょ-だいぶ【諸大夫】(名)「しょだいふ」とも。❶宮中で四位・五位の者の総称。❷摂関家・大臣家などの家司に任ぜられた者で、四位・五位まで進んだ地下人。昇殿を許される者もある。源氏若菜上「殿上人、―、院司、下人までの設け、いかめしくせさせ給へり」訳(紫の上は)殿上人、諸大夫、院司、下男(に至る)までの席を、大がかりにおととのえになられた。❸武家で五位に叙せられた侍の称。

しょ-たう【所当】(名)❶割り当てられて官・領主に納める物品。〔源平盛衰記〕「年貢・―も〔都に〕上らざりければ(=上らなかったので)」❷当を得たこと。適当。相当。平家二・教訓状「―の罪科行はれん上は」訳(父上=平清盛が)それ相当の処罰を行いなさるとなればその上は。

しょ-だう【諸道】(名)さまざまな専門。諸芸。徒然一五〇「その人、道の掟正しく、これを重くして放埒せざれば、世の博士にて、万人の師となること、―変はるべからず」訳その人が、その芸道の規則を正しく守り、これを重んじて勝手なふるまいをしないときには必ず、世間に知られる権威として、多くの人々の師となることは、どの道(において)も変わるはずがない。

しょ-ち【所知】(名)領有し支配する土地。所領。領地。〔発心集〕「疑ひなく、―など望むべきなめり」訳まちがいなく、領地などを希望するはずであるようだ。

しょ-てん【諸天】(名)《仏教語》もろもろの天上界。また、そこに住んで仏法を守護する神々。〔栄花〕おむがく「―雲に乗りて遊戯し」訳(天井や欄間を見ると)もろもろの天人が雲に乗って遊びたわむれており。

じょ-は-きふ【序破急】(名)舞楽で曲を構成する三区分。「序」は一曲の最初の部分で、テンポはゆるく、「破」は中間の部分で、テンポも進み変化に富み、「急」は終わりで、急速な調子をもつ。この三つの部分を合わせて一曲が成り立つ。のちに能楽の演出作法や文章作法にも応用された。

しょ-まう【所望】(名)望むこと。ほしがること。願い。平家一・鹿谷「また花山院の中納言兼雅卿も〔左大将の位に就きたいという〕―あり」

舒明天皇(じょめいてんわう)『人名』(五九三〜六四一)飛鳥時代、第三十四代の天皇。六二九年即位。飛鳥岡本宮に都を置いた。「万葉集」に長歌と短歌が見える。

しょ-や【初夜】(名)「そや」とも。❶「六時」の一つで、一夜を初夜・中夜・後夜の三つに区分した最初の称。おおよそ午後七時ごろから午後九時ごろまで。今昔一三・一「―の程に、にはかに微風吹きて」訳初夜のころに、急にそよ風が吹いて。→中夜・後夜 ❷《仏教語》「初夜①」に行う仏前での勤行。❸漏刻(=水時計)で、亥の二刻から子の二刻までのこと。

如儡子(じょらいし)『人名』(一六〇三?〜一六七四)江戸初期の仮名草子作者。「にょらいし」ともいう。本名は斎藤親盛。儒教的な教訓を説いた「可笑記」を著す。

しょ-らう【所労】(名)病気。わずらい。〔平治物語〕「―とて常は伏見にこもりゐて」訳病気だといっていつもは伏見にこもっていて。⇩篤し「慣用表現」

しょ-りゃう【所領】(名)領地。著聞三二四「和泉国に相伝の―の候ふを、人に押し取られて候ふを」訳和泉の国(大阪府南部)に先祖代々うけついでいる領地がございますのを、人に無法に取られておりますのを。

しょ-ゐ【所為】(名)しわざ。行い。平家九・坂落「おほかた人のしわざとは見えず。ただ鬼神の―とぞ見えたりける」訳まったく人間わざとは思われない。ただもう鬼神のしわざと思われたのだった。

じょ-ゐ【叙位】(名)❶位を授けること。平家一・東宮立「―除目と申すも、ひとへにこの時忠卿のままなり」訳叙位や除目と申すことも、まったくこの時忠卿の思いのままである。❷平安時代以降、陰暦正月五日・六日または七日に、宮中で五位以上の位を授ける儀式。〔栄花〕もとのしづく「七日の―に上達部数々御位まさりなどしつつ」訳(陰暦正月)七日の叙位に上達部の多くがご昇進などしては。

しょ-ゐん【書院】(名)❶寺院や武家の邸宅の書斎。❷書院造りの表座敷。客間。❸床の間に接して縁側へ出窓のように張り出し、前に明かり障子をたてた棚。棚板は文机にした。

しょゐん-づくり【書院造り】(名)室町時代に起こり、桃山時代に完成した武家住宅の建築様式。床・棚・書院などを配し、明かり障子・襖を多く用いる。日本の住宅様式の基礎となった。

しら-あしげ【白葦毛】(名)「しろあしげ」とも。馬の毛色の名。白毛の多くまじった葦毛。平家一〇・藤戸「―なる馬に乗り」

しらあわ-かま・す【白泡嚙ます】馬の口から白い泡をふかせる。馬を勇みたたせるようすをいう。平家九・生ずきの沙汰「―・せ用、舎人あまたついたりけれども、なほ引きもためず」訳(名馬いけずきは)口から白い泡をふかせて(勇み立ち)、馬の口を取る者が大ぜいついていたけれども、それでも綱を引きとどめることもできないで。

しらうめに… 俳句

> 春
> しら梅に　明くる夜ばかりと　なりにけり
> 〈から檜葉・蕪村〉

訳 庭の白梅が咲いて(闇の中にも清らかな香りが漂う)、そのあたりからほのかに夜が明けそめるばかりの初春の日になったことだ。(しら梅春。切れ字は「けり」)

解説 「初春」と前書き。天明三年(一七八三)十二月二十五日の未明吟。辞世三句中の最後の句。

しら-え【白柄】(名)白木の柄。平家 一一・能登殿最期「—の大長刀の鞘をはづし」

しら-え-ず【知らえず】(人に)知られない。万葉 六・一〇一八「白珠は人に—・ず終知らずともよし知らずとも吾し知れらば知らずともよし」訳 ↓しらたまは… 和歌

なりたち 四段動詞「知る」の未然形「しら」＋上代の受身の助動詞「ゆ」の未然形「え」＋打消の助動詞「ず」

しら-え-ぬ【知らえぬ】知られた。わかった。万葉 五・八五三「漁りする海人の子どもと人はいへど見るに—良人の子と」訳 漁をする漁師の子だとあなたがたは言うけれど、一目見てわかった。良家の娘だと。

なりたち 四段動詞「知る」の未然形「しら」＋上代の自発・可能の助動詞「ゆ」の連用形「え」＋完了の助動詞「ぬ」の終止形

しら-え-ぬ【知らえぬ】知られない。万葉 八・一五〇〇「夏の野の繁みに咲ける姫百合の—恋は苦しきものぞ」訳 →なつののの… 和歌

なりたち 四段動詞「知る」の未然形「しら」＋上代の受身の助動詞「ゆ」の未然形「え」＋打消の助動詞「ず」の連体形「ぬ」

しら-がさね【白襲・白重ね】(名)襲の色目の名。表裏ともに白色。陰暦四月一日の衣更えから用いる。夏

しら-かし【白樫・白橿】(名)木の名。樹皮は黒色。果実はどんぐり。材が白色のためこの名がある。

しら-がなもの【白金物】(名)「しろがなもの」に同じ。

白河の関(しらかはのせき)『地名』歌枕 今の福島県白河市旗宿付近にあった古関。蝦夷に備えるため五世紀ごろ設けられた。奥羽三関の一つ。→三関②

しらかは-よふね【白川夜船】(名)熟睡して何も知らないこと。京都を見たふりをする者が、「白川(=地名)」のことを問われて川の名と思い込み、「夜船で通ったから知らない」と答えたことからという。〔浄・鎌倉三代記〕「こなたは何にも—」訳 こちらは何についても眠っていて知らない。

-しら-が・ふ(接尾ハ四型)❶(目立つように)わざと…する。源氏 竹河「若き男の心づかひせぬなう、見え—・ひ用さまよふ中に」訳 若い男で、(姫君たちに)心配りしない者はなく、わざと人目につくようにして(玉鬘邸あたりを)うろうろする中で。❷争って…する。宇治 六・九「羅刹奪ひ—・ひ用て、これを破り食ひけり」訳 鬼は争って奪って、これ(=海に落ちた商人)を引き裂いて食った。

しらぎ【新羅】(名)〔古くは「しらき」〕古代の朝鮮半島にあった国家。四世紀中ごろに成立。六世紀には、百済・高句麗とともに、三国時代を形成したが、九三五年に高麗に滅ぼされた。仏教や学問の伝来を通して飛鳥・奈良時代の日本に多くの影響を与えた。

しら・く【白く】一(自カ下二){け・け・く・くる・くれ・けよ}❶白くなる。土佐「海のまた恐ろしければ、頭もみな—・け用ぬ」訳 海(の風波)がまた恐ろしいので、頭髪もすっかり白くなってしまった。❷ぐあいが悪くなる。気まずくなる。興がさめる。〔十訓〕八「実方は—・け用て逃げにけり」訳 (無礼をたしなめられ)実方はきまり悪くなって逃げてしまった。二(他カ下二){け・け・く・くる・くれ・けよ}うちあける。あきらかにする。〔浮・好色一代男〕「かしらから物毎—・け用て語りぬ」訳 はじめからそれぞれの物事をうちあけて語った。

しら・ぐ(他ガ下二){げ・げ・ぐ・ぐる・ぐれ・げよ}棒や杖で打ちたたく。また、むち打つ。平家 一・鹿谷「その時神人白杖をもって、かの聖がうなじを—・げ用」訳 その時に(上賀茂神社の)神官が白い杖で、あの(外道の妖法を行った)僧の首を打ちたたき。

しら・ぐ【精ぐ・白ぐ】(他ガ下二){げ・げ・ぐ・ぐる・ぐれ・げよ}❶玄米をついて白くする。精米する。〔うつほ〕吹上上「臼一つに女ども八人立てり。米—・げ用たり」訳 臼一つに女たちが(まわりに)八人立っている。米をついている。❷磨きをかける。白く仕上げる。精製する。〔浮・日本永代蔵〕「あれは、よごれし時—・げ用て、一膳にて一年中あるように」訳 あれ(=正月の太箸)は、よごれたとき白く削って、一膳の箸で一年じゅう使えるように。

しらくもに… 和歌

> 白雲に　羽うちかはし　飛ぶ雁の
> 数さへ見ゆる　秋の夜の月
> 〈古今・四・秋上・一九一・よみ人しらず〉

訳 白雲の浮かぶ大空を、羽を互いに重ね合わせるようにして飛んで行く雁の、その数までが見えるほどの(明るい)秋の夜の月よ。

解説 初句と第二句を「雁が白雲に羽を重ね合わせるようにして」とする解もある。

しらくもの【白雲の】《枕詞》雲が湧きあがったり、消えたり、山にかかったりすることから「立つ」「絶ゆ」「かかる」、また「立つ」と同音の地名の「竜田山」などにかかる。古今 離別「—立ちなむ後は」。万葉 一四・三五一七「—絶えにし妹を」。万葉 六・九七一「—竜田の山の露霜に」

しら-さやまき【白鞘巻】(名)「しろさやまき」とも。柄や鞘を銀の金具で飾った鞘巻(=つばのない短刀)。平家 一・祇王「はじめは水干に立て烏帽子、—を挿いて舞ひければ、男舞とぞ申しける」訳 (白拍子は)最初は水干を着て立て烏帽子をかぶり、白鞘巻を(腰に)差して舞ったので、男舞と申した。→鞘巻

しらし-め・す【知らし召す・領らし召す】(他サ四){さ・し・す・す・せ・せ}〔四段動詞「知る」の未然形「しら」に上代の尊敬の助動詞「す」の付いた「しらす」の連用形「しらし」に尊敬の補助動詞「召す」が付いて一語となったもの〕「知る」の尊敬語。お治めになる。統治なさる。万葉 一八・四〇九八「天の下—・し用ける皇祖の神の命の」訳

天下を統治なさってきた皇祖の天皇が。↓知らす・知ろし召す

しらじら・し【白白し】(形シク)(しから・しく(しかり)・し・しき(しかる)・しけれ・しかれ)❶白く見える。いかにも白い。〔和漢朗詠集〕「ー・し(終)しらけたるとし月光に雪かきわけて梅の花折る」訳 いかにも白くてあじけない。白髪になった(この)年齢で、(白い)月光(の中)に雪をかきわけて(白)梅の花を折ることは。(「しらじらし」は②の意もかける)
❷興ざめの感じがする。あじけない。期待はずれだ。〔落窪〕「あな、ー・し(終)の世や」訳 ああ、興ざめのする世の中だねえ。枕 四八「随身なきはいとー・し(終)」訳 (風采よくりっぱな君達も)護衛の従者がついていないのはたいそうあじけない。
❸そらぞらしい。知らぬふりをする。〔浮・傾城禁短気〕「下されものが遅いと、ー・しい(体)(口語)壁訴訟」訳 くださる物が遅いと、そらぞらしい遠まわしの不平(を訴え)。

しら-す【白州・白洲】(名)❶白い砂の州。平家 三・有王「沖のーにすだく浜千鳥の外は、跡問ふものもなかりけり」訳 沖の白い砂の州に群がる浜千鳥のほかは、(有王が俊寛の)ゆくえを尋ねる相手もなかった。❷玄関前や庭などの白い砂の敷いてある所。転じて、玄関前。〔太平記〕一〇「宗徒の郎従三十余人、ーの上に物の具脱ぎ棄てて」訳 おもだった部下三十人余りが、(邸宅の)白州の上に甲冑を脱ぎすてて。❸奉行所で、罪人を取り調べる、白砂を敷いた場所。

しら-す【知らす・領らす】《上代語》「知る」の尊敬語。お治めになる。統治なさる。万葉 一九・四二六六「あをによし奈良の都に万代に国しらさ(未)むと」訳 奈良の都で万代までも国をお治めになろうと。(「あをによし」は「奈良」にかかる枕詞)
なりたち 四段動詞「知る」の未然形「しら」＋上代の尊敬の助動詞「す」

しら-ず【知らず】❶(「…は知らず」の形で)…(は)さておき。…(は)ともかく。平家 二・西光被斬「他人の前はしらず(用)、西光が聞かん所にさやうの事をば、えこそのたまふまじけれ」訳 他人の前ではさておき、(この)西光が聞くような所でそのような(謀反に加担したという)ことを、おっしゃることはできないだろう。
❷(文頭にあって、下に疑問の助詞「か」を伴って)さあ、どうだか(わからない)。はてさて。方丈 一「しらず(終)、生まれ死ぬる人、いづかたより来りて、いづかたへか去る」訳 はてさて、(この世に)生まれ(そして)死ぬ人(というもの)は、どこからやって来て、どこへ去るのか。
なりたち 四段動詞「知る」の未然形「しら」＋打消の助動詞「ず」

しらず-がほ【知らず顔】ガオ(名・形動ナリ)知らないふりをすること。そしらぬ顔。「知らぬ顔」とも。源氏 帚木「すべて、心に知れらむことをもー・に(用)もてなし」訳 何事も、(自分の)心に知っているようなことをも知らないふりでふるまい。↔知り顔

しらすげの【白菅の】《枕詞》白菅(＝草の名)の名所である「真野」にかかる。万葉 三・二八一「ー真野の榛原」

しら-ず-しも-あら-じ【知らずしもあらじ】知らないわけでもあるまい。徒然 二三四「人のものを問ひたるに、ー・じ(終)、ありのままに言はんはをこがましとにや、心まどはすやうに返り事したる、よからぬことなり」訳 人がものをたずねた場合に、知らないわけでもあるまい、ありのままに答えるのはばかげていると思うのであろうか、(相手の)心を迷わせるように返事をしているのは、よくないことである。(この用例中の「しらずしもあらじ」は挿入句)
なりたち 四段動詞「知る」の未然形「しら」＋打消の助動詞「ず」の連用形「ず」＋副助詞「しも」＋ラ変動詞「有り」の未然形「あら」＋打消推量の助動詞「じ」

しらず-よみ【知らず詠み】(名)相手の真意を理解しながら、わざとそれに気づかないふりをして返歌を詠むこと。伊勢 一八「男、ーに詠みける」訳 男が、(女からの誘いの歌の)真意にわざと気づかないふりをした詠み方で詠んだ歌。

しら-だいしゅ【白大衆】(名)官位を持たない僧たち。平家 一・御輿振「柳原・東北院の辺に、ー・神人・宮仕・専当満ち満ちて」訳 (御輿振の日、大内裏の北に当たる)柳原や東北院のあたりに、官位を持たない僧たち・下級の神官・下級の社僧・雑務に当たる身分の低い僧がいっぱいに集まって。

しら-たま【白玉・白珠】(名)❶白色の美しい玉。真珠。露・涙などにもたとえる。〔紀〕允恭「〔播磨の〕赤石の海の底に、ー(＝真珠)あり」❷たいせつな人・愛人・愛児などのたとえ。万葉 五・九〇四「わが中の生まれ出でたるーのあが子古日は」訳 私たちの中に生まれ出た白玉のようなわが子古日(＝人名)は。

しらたまか… 和歌

> 白玉か　何ぞと人の　問ひしとき
> 露と答へて　消えなましものを
> 〈伊勢・六〉〈新古今・八・哀傷・八五一・在原業平〉

訳「真珠ですか、何ですか」とあの人がたずねたときに、「露です」と答えて、(その露のように)消えて(死んで)しまっていたらよかったのになあ。修辞「消え」は「露」の縁語。文法「消えなまし」の「な」は、助動詞「ぬ」の未然形で、ここは確述の用法。
解説「伊勢物語」には、男が、盗み出した恋人を鬼に食われてしまい、嘆き悲しんで詠んだ歌とある。女は草の露も見たことのない高貴な人なので、露のその形状を見て白玉(＝真珠)を連想した。「新古今集」では、第五句が「消なましものを」。

しらたまは… 和歌《旋頭歌》

> 白珠は　人に知らえず　知らずともよし
> 知らずとも　吾し知れらば　知らずともよし
> 〈万葉・六・一〇一八・元興寺の僧〉

訳 白玉(にもひとしい自分の才能)は、人に知られていない。(しかし、人は)知らなくてもよい。(人が)知らなくても、自分だけが知っていたなら、(人が)知らなくてもよい。
文法「知らえず」の「え」は上代の助動詞「ゆ」の未然形で、ここは受身の意。「吾し」の「し」は、強意の副助詞。

解説 左注に、作者は一人修行を積んで知識も多かったが、それが世に知られず、人々が作者を軽蔑していたので、この歌を作って自分の才能を嘆いたとある。「シ」の音をくりかえし使っているところが、この歌のみどころ。

しら‐つきげ【白月毛】(名)馬の毛色の名。白みがかった月毛(=白に赤褐色が混じった色)。また、その毛色の馬。平家 九・一二之懸「小次郎は…西楼といふ〔名の〕―なる馬に乗ったりけり」

しら‐つゆ【白露】(名)(草木に降りた露が白く光って見えるところから)露。秋。万葉 八・一五五二「夕月夜心もしのに―の置くこの庭に蟋蟀鳴くも」訳 月の出ている夕暮れに、心もうちしおれるように、白露の降りているこの庭で、こおろぎが鳴くことだ。

しらつゆに… 和歌《百人一首》

> 白露に　風の吹きしく　秋の野は
> つらぬきとめぬ　玉ぞ散りける
> 〈後撰・六・秋中・三〇八・文屋朝康〉

訳 (草の葉に結んでいる)白露に風がしきりと吹きつける秋の野は、緒を通してとめていない玉が散りこぼれているのだなあ。文法「つらぬきとめぬ」の「ぬ」は、打消の助動詞「ず」の連体形。「ける」は、係助詞「ぞ」の結びで、詠嘆の助動詞「けり」の連体形。解説「玉」は宝玉や真珠のこと。草の葉に降りた露が、風が吹くたびにこぼれ落ちるのを、白玉に見立てている。澄みきった秋の空気のもと、こぼれるたびに玉と玉がぶつかる、硬質な音まで聞こえてきそうな感じがある。

しらつゆの【白露の】《枕詞》露の縁で「おく(置く・起く)」「消」「たま」にかかる。古今 恋一「―おくとは嘆き」。〔新勅撰〕夏「―玉江の葦の」

しらつゆは… 和歌

> 白露は　分きても置かじ　女郎花
> 心からにや　色の染むらん
> 〈新古今・一六・雑上・一五六六・藤原道長〉〈紫式部日記〉

訳 白露は分けへだてをして置くこともあるまい。女郎花は、(そうなろうとする)自分の心から美しい色に染まっているのだろうか。
解説 紫式部の「女郎花盛りの色を見るからに露の分きける身こそ知らるれ」(訳 →をみなへし…和歌)への返歌。女の美しさは自分の心のもちよう次第だと返す。

しらつゆや… 俳句

> 秋
> 白露や　茨の刺に　ひとつづつ
> 〈蕪村句集・蕪村〉

訳 (秋冷の朝の)なんと透明な露であることか。(しかも)鋭い茨の刺の一つ一つに、(きらきらと光りながら)宿っていることだ。(白露 秋。切れ字は「や」)

しらとりの【白鳥の】《枕詞》「しろとりの」に同じ。

しら‐なみ【白波・白浪】(名)❶白く立つ波。万葉 三・二八八「わが命し真幸くあらばまたも見む志賀の大津に寄する―」訳 わが命よ、(もし)つつがなくあれば、再び見よう、志賀の大津に寄せる(あの)白波を。❷(「後漢書」に見える賊の名「白波賊」から)盗賊の異称。方丈 三「所、河原近ければ水の難も深く、―のおそれもさわがし」訳 (私の住む)所は、河原が近いので、水害も多く、盗賊の心配も(あって)不穏である。

しらなみの【白波の】《枕詞》波の連想から、「よる」「かへる」「うち」などにかかる。〔後撰〕恋一「―よるよる岸に」

しら‐に【知らに】知らないで。知らないので。万葉 一・五「思ひ遣るたづきを―」訳 憂いを晴らす術を知らないので。
なりたち 四段動詞「知る」の未然形「しら」＋打消の助動詞「ず」の上代の連用形「に」

しらぬ‐がほ(ガオ)【知らぬ顔】(名・形動ナリ)「しらずがほ」に同じ。源氏 夕霧「年ごろもむげに見知り給はぬにはあらねど、―・に(用)のみもてなし給へるを」訳 (落葉の宮は)長い年月の間も(夕霧の気持ちに)全然お気づきにならないのではないけれども、もっぱら知らないふりでふるまいなさっていたのに。

しらぬ‐ひ(イ)【不知火】(名)陰暦七月晦日ごろの深夜に九州の有明海や八代海で見えるという無数の火影。秋。〔椿説弓張月〕「筑紫潟を見わたせば、―をよく見るとぞいふなる」訳 筑紫潟(=有明海)を見わたすと、不知火の火影をよく見るということだ。

しらぬひ(シラヌイ)《枕詞》「筑紫」にかかる。万葉 五・七九四「―筑紫の国に」

しら‐ぬり【白塗り】(名)銀めっきをしたもの。万葉 一九・四一五四「遠近に鳥踏み立て―の小鈴もゆらに合はせ遣り」訳 あちらこちらで地面を踏んで鳥を追い立て、銀めっきした小鈴を鳴らす鷹を放してやり。

しら‐はた【白旗】(名)❶白い旗。戦で降伏の印に用いた。〔紀〕欽明「新羅、また―を挙げて、兵(=武器)を投げすてて降首ふ」❷(平家の赤旗に対して)源氏の白旗。平家 七・願書「雲の中より山鳩三つ飛び来って、源氏の―の上に翩翻す」訳 雲の中から山鳩が三羽飛んで来て、源氏の白旗の上を飛び回る。

しら‐びゃうし(ヨウシ)【白拍子】(名)平安末期に起こった歌舞。また、それを舞う遊女。男装して今様を歌いながら舞った。徒然 二二五「禅師がむすめ、静と言ひける、この芸をつげり。これ―の根元なり」訳 禅師(=人名)の娘で、静といった女が、この芸(=男舞)をついだ。これが白拍子の起源である。

(しらびゃうし)

‐しら・ふ(シラ ロウ)(接尾ハ四型)「互いに…し合う」の意を表す。→しろふ

しら・ぶ【調ぶ】(他バ下二)(べ・べ・ぶ・ぶる・ぶれ・べよ)❶楽器の調子を合わせる。音律を整える。源氏 橋姫「黄鐘調に―・べ(用)て」訳 (琵琶を)黄鐘調(=雅楽の調子の一つ)に音律を整えて。❷音楽を演奏する。ひく。かなでる。方丈 三「ひとり―・

べ(用)、ひとり詠じて」[訳] ひとりで(琵琶を)ひき、ひとりで(歌を)歌って。❸調子にのる。図にのる。[枕] 二六「わづかに聞き得たることをば、我もとより知りたることのやうに、こと人にも語り—・ぶる(体)もいとにくし」[訳] ほんの少し聞き知ったことを、自分がはじめから知っていたことのように、他人にも調子にのって話すのもたいそう不快だ。

しらべ【調べ】(名)❶音律。調子。音律を整えること。また、楽曲。[源氏] 少女「文の才をまねぶにも、琴笛の—にも、音たへず及ばぬところの多くなむ侍りける」[訳] (私=光源氏は)漢学を学ぶにも、琴や笛の調子(を学ぶ)にしても、音色がしっかりとしておらず至らないところが多くございました。❷「調べの緒」の略。鼓の、革を胴に締めつけ、調子を整えるひも。

しらべ-あは・す【調べ合はす】(他サ下二){せ・せ・す・する・すれ・せよ}楽器の調子や音律を整える。[徒然] 二二〇「当寺の楽は、よく図を—・せ(用)て、物の音のめでたくととのほり侍ること」[訳] この寺(=天王寺)の舞楽は、よく(音律の標準になる)図竹(=調子笛)に楽器の調子を合わせてあって、楽器の音が立派に整っておりますことは。

しら-ぼし【素干し・白乾し】(名)魚肉・野菜などを塩につけずに干した食物。すぼし。[徒然] 一八二「鮎の—はまゐらぬかは」[訳] 鮎の白乾しは(天皇が)召しあがらないことがあろうか(いや、召しあがる)。(「まゐらぬかは」は「(天皇に)おすすめしないか、いやおすすめする」の意にも訳せる)

しら-まゆみ【白真弓・白檀弓】(名)白木の檀でつくった弓。[万葉] 九・一八〇九「—靫取り負ひて」[訳] 白い檀弓と靫(=矢を入れて背負う武具)とを背に負って。

しらまゆみ【白真弓・白檀弓】《枕詞》弓は弦を張り、それを引いて射ることから、「はる」「ひく」「い」などにかかる。一説に、比喩とも。[万葉] 一〇・一九二三「—いま春山に行く雲の」

しら・む【白む】(自マ四){ま・み・む・む・め・め}❶白くなる。明るくなる。[著聞] 六〇七「庭には雪ふりて—・み(用)わたりたるに」[訳] 庭には雪が降って一面に白くなっているところに。❷衰える。弱まる。〔うつほ〕俊蔭「手触れで久しくなりにけるに、声も—・ま(未)ず」[訳] (琴は)手を触れないで長い時間がたってしまったのに、音色も衰えないで。

白山(しらやま)『地名』[歌枕] 今の石川県と岐阜県との境にある火山。「白山」とも。

しらゆふ-ばな【白木綿花】(名)白い木綿で作った造花。滝や波の白さにたとえる。[万葉] 六・九〇九「山高み—に落ちたぎつ滝の河内は見れど飽かぬかも」[訳] 山が高いので白い木綿の花のように(白く)しぶきをあげて流れ落ちる、この激しい流れは、いくら見ても見飽きないなあ。

白雄(しらを)『人名』→加舎白雄

しり【尻】(名)腰のうしろ下の部分。臀部。[竹取] かぐや姫の昇天「さが—をかき出でて、ここらの公人に見せて、恥を見せむ」[訳] そいつの尻をまくり出して、多くの役人たちに見せて、恥をかかせてやろう。

しり【後】(名)❶うしろのほう。あと。[源氏] 空蟬「小君、御車の—にて、二条院におはしましぬ」[訳] 小君が御牛車のうしろ(の座席)に乗って、(光源氏は自邸の)二条院にいらっしゃった(=お帰りになった)。❷末。端。底。[源氏] 梅枝「筆の—くはへて、思ひめぐらし給へるさま」[訳] 筆の端をくわえて思いめぐらしていらっしゃる(光源氏の)ようすは。❸下襲の裾。裾。[枕] 八六「下襲の—ひきちらして」[訳] 下襲の裾を長く引きずって。

じ-り【事理】(名)《仏教語》因縁によってあらわれるすべての事象・現象(=事)と、その根本にある絶対的真理(=理)。現象と本体。[徒然] 一五七「—もとより二つならず」[訳] 現象と本体は元来別々のものでない。

しり-あし【後足】(名)あと足。うしろ足。[今昔] 三・三「鹿の—を取りて肩に引き掛けて」

しりう-ごと【後う言】(自タ四){た・ち・つ・つ・て・て}【名詞「しりうごと」を動詞化したもの】陰口を言う。[源氏] 若菜下「『めざましき女の宿世かな』と、おのがじしは—・ち(用)けり」[訳] 「すばらしい女(=明石の尼君)の幸運であるなあ」と、(女房たち)各自は陰口を言うのだった。

しりう-ごと【後う言】(名)陰口。陰で悪口を言うこと。〔紫式部日記〕「え知り侍らぬ心憂き—の、多う聞こえ侍りし」[訳] 知るよしもありません不愉快な陰口が、たくさん耳に入りました。[文法]「え知り侍らぬ」の「え」は副詞で、下に打消の語(ここでは「ぬ」)を伴って不可能の意を表す。

しりえ【後方】⇨しりへ

しり-お・く【知り置く】(他カ四){か・き・く・く・け・け}自分のものにしておく。愛人にしておく。[古今] 恋三・詞書「人を—・き(用)てまかり通ひけり」[訳] ある女性を自分のものにしておいて通って行った。

しり-がい【鞦】(名)【「しりがき」のイ音便】馬具の名。馬の頭・胸・尾にかけるひも。特に、尾から鞍にかけ渡すひも。また、牛車の牛の尻にかけるひも。[平家] 一一・那須与一「黒き馬の太うたくましいに、小ぶさの—かけ」[訳] 黒い馬で肥えてたくましい馬に、小さい房のついた鞦をかけ。⇨巻頭カラーページ17

しり-がほ【知り顔】(名・形動ナリ)知っているような顔つき。知ったかぶり。[枕] 八二「これが末を—・に(用)、たどたどしき真名に書きたらむも、いと見苦しと」[訳] この(詩句の)あとの句を知ったかぶりで、おぼつかない漢字で書いたとしたらそれも、たいそう見苦しい(だろう)と。↔知らず顔

じ-りき【自力】(名)《仏教語》自分自身の力によって悟りを得ようとすること。〔沙石集〕「念仏は他力と言ひながら(=言うものの)、—もあり」↔他力

しり-きれ【尻切れ】(名)わらぞうりで、うしろ半分がないもの。あしなか。[今昔] 二〇・九「履きたる足駄・—などを」[訳] 履いている下駄や尻切れなどを。

しり-くさ【知り草・尻草】(名)湿地に生える植物で、三角藺のこと。また、いぐさの異名ともいう。

しり-くち【尻口・後口】(名)(牛車などの)後方の乗り口。簾、下簾をかける。〔うつほ〕国譲下「車のすだれ高くあげて、—よりこぼれ出でつつ乗りたる人は」[訳] 牛車の簾を高くまき上げて、後方の乗り口からはみ出しながら乗っている人は。

しりくべ-なは【尻久米縄・注連】(名)「しりくめなは」に同じ。[土佐]「小家のかどの—の鯔の頭」[訳] (都の)小さな家の門口のしめなわにつけてあるぼら(=魚

の名の頭。

しりくめ-なは【尻久米縄・注連】(名)「しりくべなは」とも。入ることを禁じるしるしとして張り渡した縄。しめなわ。〔記〕上「布刀玉命、ーをその御後方に控き度して白言ししく、『これより内にな還り入りそ』とまをしき」[訳]布刀玉命が、しめなわをその(天照大御神の)御うしろに引き渡して申したことは、「これより内にひき返して入ってはいけない」と申し上げた。

しり-こた-ふ【尻答ふ・後答ふ】(自ハ下二){へ・へ・ふ・ふる・ふれ・へよ}矢が命中したという手ごたえがある。[今昔]二六・二三「弓の音すなり。ー・へ(用)ぬと聞くに合はせて」[訳]弓の音がするのが聞こえる。矢が当たったという手ごたえがあったと聞くのに合わせて。

しり-さき【尻前・後前】(名)あとさき。うしろや前。[枕]一五一「鶏のひなの…人のーに立ちてありくもをかし」[訳]鶏のひなが…人のあとさきに立って動きまわるのもかわいらしい。

しり-ざや【尻鞘】(名)太刀の鞘を雨露から保護するために覆う毛皮の袋。〔太平記〕三九「三尺二寸の豹の皮のーかけたる金作りの小太刀帯き副へて」[訳]三尺二寸(=約九七センチメートル)の豹の皮で作った尻鞘をかけた、金の金具で飾った小太刀を腰にさし添えて。⇩巻頭カラーページ17

しり-ぞ-く【退く】■一(自カ四){か・き・く・く・け・け}❶うしろにさがる。引きさがる。[源氏]藤袴「近く侍ふ人も、少しー・き(用)つつ」[訳](玉鬘の)近くにお仕え申しあげる女房も少し引きさがり引きさがりして。
❷帰る。退出する。[徒然]六六「禄を出だされれば、肩にかけて、拝してー・く(終)」[訳]祝儀(の衣)をお出しになると必ず、肩にかけて、拝舞の礼をして退出する。
❸(官職・地位などから)身を引く。引退する。[徒然]一二四「拙きを知らば、なんぞやがてー・か(未)ざる」[訳](芸の)へたなのを知るならば、どうしてすぐに引退しないのか。
❹ひかえめにする。へりくだる。[源氏]明石「ー・き(用)て咎なしとこそ、昔のさかしき人も言ひ置きけれ」[訳]ひかえめにしているときっと非難を受けることはないと、昔の賢人も言い残していることだ。
■二(他カ下二){け・け・く・くる・くれ・けよ}引きさがらせる。遠ざける。[徒然]一八「奢りをー・け(用)て、財を持たず」[訳]贅沢を退けて、財産を持たず。

しり-に-た-つ【尻に立つ】うしろについて行く。あとを追う。[伊勢]二四「女、いと悲しくてー・ち(用)て追ひ行けど、え追ひつかで」[訳]女は、とても悲しくて(男の)あとについて追って行くが、追いつくことができなくて。

しり-ぶり【後振り・後風】(名)うしろ姿。[万葉]一八・四一〇八「里人の見る目恥づかし左夫流児にさどはす君が宮出ー」[訳]里人の見る目も恥ずかしい。左夫流児(という名の遊女)に迷っていらっしゃるあなたの出勤するうしろ姿は。

しり-へ【後方】(名)❶うしろ。うしろのほう。[源氏]若紫「ーの山に立ち出でて京の方を見給ふ」[訳](聖の庵室の)うしろの山に出かけて、(光源氏は)京の方角をご覧になる。
❷競技や物合わせの時の右方の組。[蜻蛉]中「幼き人、ーのかたにとられて出でにたり」[訳]幼い人(=道綱)は、右方の組のほう(の射手)に選ばれて出場した。

しりへ-ざま【後方様】(名)うしろのほう。うしろ向き。[源氏]行幸「ーにゐざりしぞきて見おこせ給ふ」[訳](近江の君は)うしろのほうに座ったまま膝で移動してひきさがって(柏木のほうを)見やりなさる。

しり-め【尻目・後目】(名)流し目。横目。[源氏]若菜上「宮の御前のかたをーに見れば」[訳]宮(=女三の宮)の御前のほうを(柏木が)横目で見ると。

し-りゃう【死霊】(名)死人の怨霊。〔義経記〕「平家のーならば、よもたまらじ」[訳]平家の怨霊ならば、(自分の矢先には)よもや耐えられないだろう。↔生き霊

しり-ゐ【尻居】(名)しりもちをつくこと。しりもちをつく形。〔太平記〕三二「太刀の峰に当たる兵は、…或いはーにどうど打ち倒されて」[訳](大力の福間三郎の)太刀の背に打ち当たる兵は、…ある者はしりもちをつく形でどすんと倒されて。

し-る【痴る】(自ラ下二){れ・れ・る・るる・るれ・れよ}❶ばかのようになる。ぼける。ぼんやりとなる。[竹取]かぐや姫の昇天「荒れも戦はで、心地ただー・れ(用)にー・れ(用)て、まもり合へり」[訳](警護の者は)荒々しくも戦わないで、気持ちがただもうぼんやりするばかりで、(皆)じっと見つめ合っていた。
❷(多く「しれたる」の形で)いたずら好きである。[徒然]一〇七「ー・れ(用)たる女房ども、若き男達の参らるるごとに…こころみられけるに」[訳]いたずら好きな女房たちが、若い男性たちの参内なさるたびに、…(気の利いた返答ができるか)お試しになったところ。

し-る【知る】(「領る」「治る」とも書く)■一(他ラ四){ら・り・る・る・れ・れ}❶㋐治める。統治する。[源氏]桐壺「世のなかをー・り(用)給ふべき右の大臣の御勢ひは、ものにもあらずおされ給へり」[訳]天下をお治めになるはずの右大臣のご権勢は、問題にならないまでに(左大臣に)圧倒されなさってしまった。㋑領有する。占める。[伊勢]一「平城の京、春日の里にー・る(体)よしして、狩りに往にけり」[訳](男は)奈良の都の、春日の里に領地を持っている縁故があって、狩りに出かけた。⇩伊勢物語「名文解説」
❷理解する。認識する。[万葉]一一・二三七二「かくばかり恋ひむものぞとー・ら(未)ませば遠くも見べくありけるものを」[訳]これほど恋しくなるものだと知っていたならば、遠く(から)でも見ていればよかったのに。⇩知ろし召す「敬語ガイド」
❸経験する。体験する。[源氏]若菜上「みづからかかることとー・り(用)給はず」[訳](紫の上)自身はこのようなこと(=出産)を経験していらっしゃらないで。
❹世話する。めんどうをみる。[源氏]柏木「またー・る(体)人もなくて漂はむことのあはれに」[訳](自分=朱雀院よりほかに)また世話する人もなくて、(女三の宮が)あてもなく途方にくれるとしたらそのことがかわいそうで。[文法]「漂はむこと」の「む」は、仮定・婉曲の助動詞。
❺交際する。付き合う。[土佐]「かれこれ、ー・る(体)、ー・ら(未)ぬ、送りす」[訳]あの人この人、交際している人も交際していない人も(だれかれなく)、見送りをする。
■二(自ラ四){ら・り・る・る・れ・れ}わかる。[万葉]三・四一九「石戸破る手力もがも手弱き女にしあれば術のー・ら

㊍なく」訳（お墓の）岩戸を破る手の力があったらなあ。（私は）か弱い女であるので、（どうしてよいか）手だてがわからないことだ。文法「もがも」は、願望の終助詞。「女にし」の「し」は、強意の副助詞。「知らなく」の「なく」は、打消の助動詞「ず」のク語法で「…ないこと」の意。

㊂（自ラ下二）｛れ・れ・る・るる・るれ・れよ｝知られる。万葉 四・五九一「あが思ひを人に—・るれ㊀や玉匣開き明けつと夢にし見ゆる」訳 私の思いを人に知られるからか、（知られるはずもないのに）櫛の箱をあけたと夢に見えることだ。文法「夢にし」の「し」は、強意の副助詞。〔拾遺〕恋一「恋すてふわが名はまだき立ちにけり人—・れ㊍ずこそ思ひそめしか」訳 →こひすてふ…和歌

しるし（名）❶【徴・験】㋐前兆。徒然 五〇「かの鬼のそらごとは、この—を示すなりけりと言ふ人も侍りし」訳 あの鬼についての流言は、この（病気の流行する）前兆を告げ知らせるものであったのだと言う人もございました。㋑霊験。ききめ。効能。かい。源氏 若紫「よろづにまじなひ、加持などまゐらせ給へど—なくて」訳（光源氏は）いろいろとまじないや加持祈禱などをおさせになるが、効き目がなくて。文法「まゐらせ給へ」の「せ」は、使役の助動詞「す」の連用形。

❷【標・印・証】㋐他と区別のつく目じるし。源氏 須磨「いたう荒れて、松ばかりぞ—なる」訳（難波の大江殿は）ひどく荒れて、（昔と変わらぬ）松だけが目じるしである。㋑証拠。源氏 桐壺「なき人のすみか尋ね出でたりけむ—の釵ならましかばと思ほすもいとかひなし」訳（桐壺帝は）故人（＝楊貴妃）の魂のありかを捜し出したとかいう証拠のかんざしであったなら（よかったろうに）、とお思いになるのも、まことにかいがない。㋒合図。大鏡 師輔「かかる—を見せ給はずは、いかでか、見奉り給ふらむとも知らまし」訳 このような合図をお見せにならなかったなら、どうして、（斎院が親王方を）拝見していらっしゃるだろうともわかろうか（いや、わかるはずもない）。文法「見せ給はずは」の「ずは」は、打消の順接の仮定条件を表す。

❸【璽】三種の神器の一つ。神璽。八尺瓊の曲玉。平家 一一・内侍所都入「内侍所・—の御箱、鳥羽につかせ給ふと聞こえしかば」訳 神鏡・神璽の御箱が、鳥羽へお着きになられると耳に入ったので。文法「せ給ふ」は最高敬語。

しる・し【著し】（形ク）｛から・く（かり）・し・き（かる）・けれ・かれ｝❶きわだっている。はっきりしている。明白である。源氏 澪標「六位の中にも蔵人は青色—・く㊊見えて」訳 六位の中でも蔵人は（天皇より賜った袍の）青色がきわだって見えて。

❷（多く上に「も」を伴って「…もしるく」の形で）予想どおりだ。そのとおりだ。方丈 二「世の乱るる瑞相とか聞けるも—・く㊊、日を経つつ世の中浮き立ちて」訳 世の中が乱れる前兆だとか聞いていたのもそのとおりで、日がたつにつれて世間がざわついて。

> **語の広がり**「著し」
> 「著しい」は、「しるし」に程度がはなはだしい意の接頭語「いち」が付いた「いちしるし」が濁音化したもの。

しるしなき… 和歌

> 験なき 物を思はずは 一坏の
> 濁れる酒を 飲むべくあるらし
> 〈万葉・三・三三八・大伴旅人〉

訳 してもかいのない物思いなどしないで、一杯の濁り酒を飲むのがよさそうだなあ。文法「思はずは」の「ずは」は連用修飾となって、「…ないで」「…ずに」の意となる。解説「酒を讃むる歌十三首」の冒頭歌。「讃酒」という題材は「万葉集」にこの一連の歌のほかに例を見ないが、中国の詩には広くうたわれている。

しる-しる【知る知る】わかっていながら。知りつつ。源氏 若菜下「人づてならず憂きことを—、ありしながら見奉らむよ」訳 人づてでなく（直接）、つらい事件（＝柏木と女三の宮との密通）を知りながら、今までどおり（女三の宮を）お世話申しあげるのだろうよ。

しる・す（他サ四）｛さ・し・す・す・せ・せ｝❶【記す】書きとどめる。記録する。源氏 蛍「神世より世にあることを—・し㊊おきけるななり」訳（物語というものは）神代以来この世にある事実を書きとどめておいたのだということだ。

❷【徴す】きざしを見せる。前兆を示す。万葉 一七・三九二五「新たしき年のはじめに豊の年—・す㊇とならし雪の降れるは」訳 新しい年のはじめに、実り豊かな年の前兆を示すということであるに違いない。（こんなに）雪が降っているのは。

しる-ところ【領る所】治めている所。領地。徒然 二三六「しだのなにがしとかや—なれば」訳（出雲という地は）志太の某とかいう者が治めている所なので。

しる-へ 一【後方】（名）《上代東国方言》「しりへ」に同じ。万葉 二〇・四三八五「行こ先に波なとゑらひ—には子をと妻をと置きてとも来ぬ」訳 行く先に波よ高く立つな。うしろの方（＝家）には子と妻を残して来た（のだから）。

しる-べ【導・知る辺】（名）❶導き。手引き。案内すること。また、その人。源氏 若菜上「しほたるるあまを波路の—にてたづねもみばや浜の苫屋を」訳（うれし涙に）泣きぬれている尼を海路の道案内にして、訪ねもしてみたいものだ。（明石の）浜の苫で葺いた粗末な小屋（＝生まれ故郷の家）を。

❷知り合い。ゆかりのある人。〔浮・日本永代蔵〕「伝馬町の太物棚に—ありて尋ね行き」訳 日本橋伝馬町の木綿屋街に知り合いがいるので尋ねて行き。

しる-よし-して【領る由して】領地を有する縁で。伊勢 一「平城の京、春日の里に—、狩りに往にけり」訳（男は）奈良の都の、春日の里に領地を持っている縁故があって、狩りに出かけた。⇩伊勢物語「名文解説」

なりたち 四段動詞「領る」の連体形「しる」＋名詞「由」＋格助詞「して」

しれ-がま・し【痴れがまし】（形シク）｛しから・しく（しかり）・し・しき（しかる）・しけれ・しかれ｝（「がまし」は接尾語）ばかげている。ばかばかしい。愚かである。源氏 夕霧「世の中の—・しき㊍名を取りしかど」訳（私＝夕霧は）世の中の愚か（者）である（という）評判を取ったけれども。

しれ-ごと【痴れ言】（名）ばかげた話。たわごと。宇治 三・二「—な言ひそ」訳 ばかなことを言うな。文法「な（副詞）…そ（終助詞）」の形で禁止の意を表す。

しれ-ごと【痴れ事】(名) ばかげたこと。愚かなこと。[今昔] 二六・一「嗚呼(をこ)をさがして人に咲(わら)はるるは、いみじき—にはあらずや」[訳] ばかさ加減を露呈して人に笑われるのは、たいそう愚かなことではないのか(いや、愚かなことである)。

しれじれ・し【痴れ痴れし】(形シク){(しから)・しく(しかり)・し・しき(しかる)・しけれ・しかれ} ❶いかにも無知だ。愚かである。[源氏] 行幸「思ひ寄らざりける事よと、—・しき(体)心地(ここち)す」[訳] (夕霧は玉鬘(たまかずら)が恋の対象としてもよい他人だったとは)思いもよらなかったことだよと、(我ながら)愚かな気がする。

❷わざと知らないふりをしている。そらぞらしい。[枕] 一三八「『誰(たれ)が文(ふみ)を、誰か取らせし』と言へど、ともかくも言はで、—・しう(用)(ウ音便)笑(ゑ)みて走りにけり」[訳]「誰の手紙を誰が(お前に)与えたのか」と(少年に)言うけれども、なんとも答えないで、わざと知らないふりをして笑って走って(行って)しまった。

しれ-もの【痴れ者】(名) ❶ばか者。愚か者。[徒然] 四一「世の—かな。かく危ふき枝の上にて、安き心ありてねぶるらんよ」[訳] 天下のばか者だなあ。こんなに危ない枝の上で、どうして安らかな気持ちで眠っているのだろうよ。[文法] 助動詞「らん」は、ここでは、原因・理由に対する疑いをこめた推量の気持ちを表す。

❷(転じて、ただ者ではないとほめる意で)あることに心をうち込んでいる人。その道のしたたか者。達人。[細道] 仙台「さればこそ風流の—、ここに至りてその実(じつ)を顕(あら)す」[訳] 思ったとおり風流の道におけるしたたか者は、ここに至ってその本性を発揮する。

しろ【代】(名) ❶代わり。代用。[万葉] 八・一六四二「たな霧(ぎ)らひ雪も降らぬか梅の花咲かぬが—に擬(そ)へてだに見む」[訳] 空一面に曇って雪でも降らないかなあ。梅の花が咲かないのの代わりに、せめて(梅に)なぞらえて見たいものだ。

❷ある物の代わりに支払ったり受け取ったりする金品。代物。代価。〔浮・世間胸算用〕「その草履(ざうり)雪踏(せきだ)を盗み取りて、酒の—にせんと心がけしに」[訳] その草履や雪駄(せった)を盗み取って、酒の代金にしようとたくらんだのに。

しろ-あしげ【白葦毛】(名)「しらあしげ」に同じ。

しろい-もの【白い物】(名)〔「しろきもの」のイ音便〕白粉(おしろい)。[枕] 一八四「裳(も)・唐衣(からぎぬ)に—うつりて、まだらならむかし」[訳] (うつぶしていたので)裳・唐衣におしろいがついて、(きっと顔が)まだらであろうよ。

-しろう ⇨ -しろふ

しろ-うすやう【白薄様】(―スヨウ)(名) ❶白い薄手の鳥の子紙(=上等の和紙)。[平家] 一・殿上闇討「—、濃染紙(こぜんじ)の紙、巻き上げの筆」[訳] 白い薄手の鳥の子紙、濃く紫に染めた紙、軸を糸で美しく巻いた筆。

❷五節(ごせち)の舞のときなどに殿上人(てんじょうびと)などが歌う歌謡の一つ。[著聞] 六二五「人々酔(ゑ)ひてのち、—歌ひて」[訳] 人々は(酒に)酔ったあとで、白薄様の今様(いまよう)を歌って。

しろ-がなもの【白金物】(名)「しらがなもの」とも。銀製品。鎧(よろい)や腹巻などに用いる銀の金具。[平家] 三・教訓状「黒糸縅(くろいとをどし)の腹巻の、—うったる胸板せめて」[訳] 黒糸で札(さね)をつづった腹巻の、銀の金具を打ちつけた胸板をぴったりと身につけて。

しろ-かね【銀】(名)〔近世以降は「しろがね」〕❶銀(ぎん)。[万葉] 五・八〇三「—も金(くがね)も玉も何せむにまされる宝子にしかめやも」[訳] →しろかねも…[和歌]

❷銀貨。〔浮・世間胸算用〕「銭(ぜに)は水のごとくながれ、—は雪のごとし」[訳] (暮れの市の繁盛で)銭は水のように流れ、銀貨は雪のよう(に降ること)だ。

しろかねも… [和歌]

> 銀(しろかね)も　金(くがね)も玉(たま)も　何(なに)せむに
> まされる宝(たから)　子(こ)にしかめやも
> 〈万葉・五・八〇三・山上憶良(やまのうへのおくら)〉

[訳] 銀も金も宝玉も、どうしてすぐれた宝であろうか。すぐれた宝は子供に及ぼうか(いや、及びはしない)。[文法]「やも」は、反語の終助詞。

[解説]「子らを思ふ歌」(→うりはめば…[和歌])の反歌。

しろ-き【白酒】(名)〔「き」は酒の意〕新嘗祭(にいなめまつり)・大嘗祭(だいじょうさい)などに神前に供える白い酒。[万葉] 一九・四二七五「天地(あめつち)と久しきまでに万代(よろづよ)に仕(つか)へまつらむ黒酒(くろき)—を」[訳] 天地とともに永久に万代までもお仕え申しあげよう。黒酒と白酒を(お供えして)。

しろき-もの【白き物】(名)「しろいもの」とも。白粉(おしろい)。[枕] 三「—いきつかぬところは、雪のむらむら消え残りたるここちして、いと見苦しく」[訳] (黒い顔に)おしろいが十分ついていないところは、(春の)雪がまだらに消え残っている感じがして、たいそうみにくく。

しろ・し【白し】(形ク){(から)・く(かり)・し・き(かる)・けれ・かれ} ❶色が白い。[土佐]「黒鳥(くろとり)のもとに、—・き(体)波を寄す」[訳] 黒鳥の下に、白い波がね、寄せているよ。[文法]「波を」の「を」は、間投助詞。

❷生地のままで、色がついていない。〔紫式部日記〕「—・き(体)御厨子(みづし)一よろひに」[訳] 生地のまま(=白木)の御厨子一そろいに。

しろ・し【著し】(形ク){(から)・く(かり)・し・き(かる)・けれ・かれ} はっきりしている。明るい。[徒然] 二三「『主殿寮(とのもれう)人数(にんじゅ)たて』と言ふべきを、『立ち明かし—・く(用)せよ』と言ひ」[訳]「主殿寮の官人よ、人員配備(して式場を照らせ)よ」と昔なら言うはずのところを、(当世の人は)「たいまつで明るく照らせ」と言い。

[参考]「枕草子」の、「春はあけぼの。やうやうしろくなりゆく、山ぎはすこしあかりて」の「しろく」は「白く」のほかに「著く」と解釈する説がある。その場合、「だんだんはっきりしてくる、その山ぎわ(の空)が少し明るくなって」の意になる。

しろし-め・す【知ろし召す】(他サ四){さ・し・す・す・せ・せ}〔「しらしめす」の転〕「知る」の尊敬語。❶〔「領ろし召す」とも書く〕お治めになる。治めていらっしゃる。[古今] 仮名序「いま、すべらぎの、あめのした—・す(体)こと、よつのとき、ここのかへりになむなりぬる」[訳] 現在、天皇が、天下をお治めになることは、四季が(くり返すこと)、九回(=九年)になった。

❷知っていらっしゃる。ご存じである。[平家] 九・木曽最期「さるものありとは鎌倉殿(かまくらどの)までも—・さ(未)れたるらんぞ」[訳] そういう者がいるとは鎌倉殿(=源頼朝(よりとも))までもお知りになっていらっしゃるであろうぞ。

[参考]「知り給ふ」より尊敬の程度が高い。

敬語ガイド「知る」の敬語
尊敬語（お知りになる）しろしめす
謙譲語（存ずる）ぞんず

しろ-たへ【白栲・白妙】（名）❶こうぞ（＝木の名）の繊維で織った白い布。万葉 一・二八「春過ぎて夏来るらし―の衣ほしたり天の香具山」訳 →はるすぎて…和歌 ❷白い色。白いこと。万葉 一〇・一八四〇「梅が枝に鳴きて移ろふ鶯の翼―に沫雪そ降る」訳 梅の枝で鳴いて（枝から枝へ）移り行く鶯の羽にまっ白に沫雪が降ることだ。

しろたへの【白栲の・白妙の】《枕詞》白栲で衣服をつくることから「衣」「袂」「袖」「紐」「帯」などに、また、その白いことから「雲」「雪」「波」などにかかる。万葉 三・二九六「―衣も脱かじ」。万葉 二・二九二三「―手本寛けく」。万葉 四・六四五「―袖別るべき日を近み」。〔うつほ〕蔵開中「―雪間かき分け」。土佐「―波路を遠く」

しろたへの…和歌

枕詞
白妙の　袖のわかれに　露おちて
身にしむ色の　秋風ぞ吹く
〈新古今・一五・恋五・一三三六・藤原定家〉

訳（敷き重ねていた）まっ白な袖を分かつ別れ（のつらさ）に露がこぼれ落ちて、身にしみ入るような色あいの秋風が吹く。修辞「白妙の」は「袖」にかかる枕詞だが、白のイメージを与えるはたらきもする。本歌取り。解説 本歌は「吹きくれば身にもしみける秋風を色なきものと思ひけるかな」〈古今和歌六帖〉。初句と第二句は「白栲の袖の別れは惜しけども思ひ乱れてゆるしつるかも」〈万葉・一二・三一八二〉をふまえて後朝の別れをいう。「露」は悲しみの涙である「紅涙」を暗示。後朝のイメージを極限にまで純化した、定家の代表作。

しろとりの【白鳥の】《枕詞》「しらとりの」とも。白い鳥である「鷺」、白鳥が飛ぶ意から地名「飛羽山」などにかかる。万葉 九・一六八七「―鷺坂山の」。万葉 四・五八八「―飛羽山松の」

-しろ・ふ（接尾八四型）（動詞の連用形に付いて）「互いに…し合う」の意を表す。源氏 夕顔「つき―・ひ用目くはす」訳（乳母の子供たちは）互いに突っつき合い、目くばせをする。

【例語】言ひしろふ・突きしろふ・引きしろふ

しろ・む【白む】━（自マ四）{ま・み・む・む・め・め}❶白みを帯びる。白くなる。枕 二七八「まだ暗うてよくも見えざりつるを、―・み用たる者の侍りつれば」訳 まだ暗くてよくも見えなかったけれども、白みを帯びている（服装の）者がおりましたので。❷勢いがくじける。たじろぐ。ひるむ。〔太平記〕三「山名が兵ども進みかねて、少し―・う用（ウ音便）てぞ見えたりける」訳 山名の兵士たちは進むことができなくて、少しひるんで見えた。

━（他マ下二）{め・め・む・むる・むれ・めよ}白くする。枕 八七「衣も―・め未ず、おなじすすけにてあれば」訳 着物も白くしないで（＝白いのに着替えないで）、（前と）同じすすけた状態であるので。

しろ-らか【白らか】（形動ナリ）{なら・なり（に）・なり・なる・なれ・なれ}〔「らか」は接尾語〕白っぽいさま。しろじろとしたさま。堤 虫めづる姫君「いと―・に用笑みつつ」訳（姫君は）たいそうしろじろと（歯を見せて）にっこり笑いながら。

し-わざ【仕業・為業】（名）行為。働き。徒然 一五一「大かた、万の―は止めて、暇あるこそ、めやすく、あらまほしけれ」訳（五十歳以後は）だいたい、いっさいの仕事はやめて、ひまがあるのが、見た目がよく、望ましい。

しわ・し【吝し】（形ク）{から・く（かり）・し・き（かる）・けれ・かれ}〔「しはし」とも表記〕けちである。しみったれだ。〔浮・日本永代蔵〕「この男、生まれつきて―・き体にあらず（＝けちなのではない）」

しわす【師走・十二月】⇩しはす

し-わた・す【為渡す】（他サ四）{さ・し・す・す・せ・せ}一面に作り備える。作り渡す。源氏 若紫「同じ小柴なれど、うるはしう―・し用て」訳（他と同じ小柴垣（＝細い枝で作った垣根）であるけれど、きちんと整えて作りめぐらして。

しわ-の・ぶ【皺伸ぶ】（自バ上二）{び・び・ぶ・ぶる・ぶれ・びよ}若返る。若返ったようになる。源氏 総角「―・ぶる体心地して」訳 若返ったような気分がして。

し-わ・ぶ【為侘ぶ】（他バ上二）{び・び・ぶ・ぶる・ぶれ・びよ}処置に困る。途方にくれる。もてあます。宇治 一四・一一「いみじくほうけて、ものもおぼえぬやうにてありければ、―・び用て法師になりてけり」訳（俊平入道の弟は）ひどくぼけて、分別もつかないありさまであったので、途方にくれて法師になってしまった。

しわぶく【咳く】⇩しはぶく

しわ・む【皺む】（自マ四）{ま・み・む・む・め・め}しわが寄る。万葉 九・一七四〇「若かりし膚も―・み用ぬ」訳 若々しかった肌もしわが寄ってしまった。

し-ゐ【四位】（名）宮中の位階で、四番目の位。また、その位の人。枕 三「―・五位、若やかに心地よげなるは、いとたのもしげなり」訳（叙任の申請書を持って歩きまわる）四位・五位の人で、若々しくて満足そうなようすの人は、とても頼もしそうである。⇩五位「発展」

し-ゐぎ【四威儀】（名）《仏教語》行・住（＝とどまる）・座・臥（＝横になる）の四つの作法。立ち居ふるまい。平家 一〇・戒文「三業―において、心念口称を忘れ給はずは」訳 身・口・意による行為や行住座臥の四つの作法において、心に仏を念じることや口に念仏を唱えることをお忘れにならないならば。

しゐ-の-せうしゃう【四位の少将】（名）近衛の少将で、特に四位を授けられた者。少将は本来五位相当なので、名誉な地位とされた。源氏 花宴「御子の―を奉り給ふ」訳（右大臣は）お子様である四位の少将を（光源氏の迎えに）差し上げなさる。

しゑや（感）断念や決意、嘆息するときなどに発する語。ええい。ええままよ。万葉 一一・二六一九「奥山の真木の板戸を押し開き―出で来ね後は何せむ」訳 りっぱな木の板戸を押し開いて、ええい、出て来ておくれ。後では何になろうか。（「奥山の」は「真木」にかかる枕詞）

慈円（じゑん）『人名』（一一五五―一二二五）平安末期・鎌倉初期の僧・歌人。諡は慈鎮。関白藤原忠通の第六子。

九条兼実の弟。天台座主を務め、歌壇の中心人物の一人でもあった。「小倉百人一首」に入集。史論書「愚管抄」、家集「拾玉集」がある。

し‐をに【紫苑】(名)〔字音「しをん」の転〕「しをん」に同じ。〔徒然 一三九〕「秋の草は荻・薄・…―」

しをら・し(形シク){しから・しく(しかり)・し・しき(しかる)・しけれ・しかれ}❶優美だ。奥ゆかしい。上品だ。〔狂・茫々頭〕「見れば田舎人さうながら、―・し㊇や、菊の花を挿いてゐる」訳見ると田舎者のようだが、奥ゆかしいことよ、(頭に)菊の花を挿している。

❷可憐である。かわいらしい。〔細道 芭蕉〕「―・しき㊍名や小松吹く萩すすき」訳→しほらしき…俳句

❸けなげだ。殊勝だ。〔浮・日本永代蔵〕「この娘―・しく㊊かしこまり、灯心を一筋にして」訳この娘は殊勝にも(親のいいつけを)守り、灯心を一本にして(倹約し)。

参考 仮名遣いを「しほらし」とする説もある。

しをり【撓り】(名)《文芸用語》「さび」「ほそみ」とともに蕉風俳諧の重要な理念の一つ。作者の繊細で情趣をもった心が、句の余情としてかもしだされることをいう。単に「あはれ」な句ではなく、「あはれ」と思う心のはたらきが句に表れるのをいう。〔去来抄〕同門評「―は自然のことなり。求めて作すべからず」訳しおりは自然に表れるものである。求めて作り出してはならない。→寂・細み

参考「十団子も小粒になりぬ秋の風」(訳→とをだごも…俳句)〈韻塞・許六〉の句を、芭蕉は「しをり」があると評したと「去来抄」〈修行〉にある。なお、仮名遣いを「しほり」とする説もある。

し‐をり【枝折り・栞】(名)山道などで、木の枝を折って道しるべとしたもの。〔大和 一四〕「―してゆく旅なれどかりそめの命知らねばかへりしもせじ」訳(帰って来るつもりで)道しるべをして出かける旅だが、はかない命(で、先のこと)はわからないから、(無事に帰ることもないだろう。

しをり‐ど【枝折り戸】(名)竹または木の枝などで作った、簡単な開き戸。

しを・る【萎る】■(自ラ下二){れ・れ・る・るる・るれ・れよ}❶(草木などが)しおれる。〔古今 秋下〕「吹くからに秋の草木の―・るれ㊁ばむべ山風をあらしといふらむ」訳→ふくからに…和歌

❷気落ちしてぐったりする。しょんぼりする。〔源氏 真木柱〕「すくよかなる折もなく―・れ㊊給へるを」訳(玉鬘は)元気な折もなくしょんぼりとしていらっしゃるが。

■(他ラ四){ら・り・る・る・れ・れ}(草や木などを)しおれさせる。たわませる。〔増鏡〕新島守「木枯らしの隠岐のそま山吹き―・り㊊」訳木枯らしが隠岐のそま山(の木々)を吹きたわめ。

しを・る【責る】(他ラ四){ら・り・る・る・れ・れ}戒め懲らす。折檻する。〔伊勢 六五〕「蔵にこめて―・り㊊給うければ」訳(御息所は女を)蔵にとじこめて折檻しなさったので。

し‐を・る【枝折る・栞る】(他ラ四){ら・り・る・る・れ・れ}木の枝を折って道しるべとする。転じて、道案内する。〔浜松中納言物語〕「よのうさに―・ら㊀で入りし奥山に何とて人の尋ね来つらむ」訳世の憂さゆえに、道しるべも残さず入った奥山に、どうして人が尋ねて来たのであろう。

し‐をん【紫苑】(名)「しをに」とも。❶植物の名。茎の高さが一、二メートルあり、秋、淡紫色の花をつける。鬼の醜草。㊙秋

❷「紫苑色」の略。〔枕 一九〇〕「―の衣のいとあてやかなるをひきかけて」訳紫苑襲の袿でたいそう上品なのをちょっと(肩に)かけて。

しをん‐いろ【紫苑色】(名)襲の色目の名。表は薄紫、裏は青色。また、表は紫、裏は蘇芳(=紫赤色)とも。秋に用いる。⇩巻頭カラーページ11

しん【信】(名)❶いつわらないこと。信義。信実。〔徒然 三一〕「約をも頼むべからず。―あることすくなし」訳約束をも頼みにすることはできない。信実のあることは少ない(からである)。

❷信用すること。信じること。〔徒然 七三〕「道知れる人は、さらに―も起こさず」訳芸道に通じている人は、(達人と騒がれている人の芸を)いっこうに信じる気も起こさない。

❸信仰すること。帰依する心。〔徒然 二三六〕「おのおの拝みて、ゆゆしく―起こしたり」訳それぞれ(出雲神社を)拝んで、並々ならず信仰心を起こした。

しん【神】(名)❶神。神明。神霊。〔平家 三・無文〕「さてこそ、瀬尾太郎兼康をば、―にも通じたる者にてありけりと、おとども感じ給ひけれ」訳そこで、瀬尾太郎兼康を、神霊にも通じた者であったのだなあと、大臣(=重盛)も感心なさった。

❷精神。心。〔宇治 二・一〇〕「鬼に―とられたるやうにて」訳鬼に心を取られたようで。

しん【真】(名)❶真実。真理。

❷漢字の書体の一つ。楷書。真書。〔大鏡 伊尹〕「おもてのかたには、楽府をうるはしく―に書き」訳(紙の)表のほうには、楽府(=漢詩の一体)を端正に楷書で書き。→行・草

しん【親】(名)❶両親。父母。親。

❷親族。身内。〔続日本紀〕「その僧の三等以上の―に宇佐君の姓を賜ふ(=お与えになる)」

じん【仁】(名)❶儒教で説く五常(=仁・義・礼・智・信)の一つ。すべての徳の根本となる博愛の心。また、広く、いつくしみ・慈愛の心。〔著聞 三三〕「―・義・礼・智・信の五常をみだらざるを徳とすべし」訳仁・義・礼・智・信の五常を乱さないことを徳としなければならない。

❷人。人物。〔平家 一一・那須与一〕「射つべき―はみかたに誰かある」訳(あの扇を)必ず射落とすことのできそうな人物は味方の中にだれかいるか。

じん【沈・陣・塵】⇩ぢん

しん‐い【瞋恚・嗔恚】(名)《仏教語》「しんに」とも。貪欲・愚痴とともに、人間の善心を害する三つの煩悩(=三毒)の一つ。怒り恨むこと。〔宇治 一一・一〇〕「我ひとり、つきせぬ―の炎に燃えこがれて、せんかたなき苦をのみうけ侍り」訳私(=鬼)一人、つきない恨みの炎に燃え焦がれて、どうしようもない苦しみを受けてばかりいます。

新葉和歌集(しんえふわかしふ)〔作品名〕南北朝時代の準勅撰和歌集。宗良親王の撰。弘和元年(一三八一)成立。南朝方の人々の歌約千四百二十首を収める。おもな歌人は後村上天皇・後醍醐天皇・宗良親王・花山院家賢など。

しん‐えん【宸宴】(名)天皇が主催する酒宴。〔太平記 四〇〕「権中納言師頼に勅し(=命じ)て、松樹緑

久しといふ題を献ぜしめ(=献上させ)、―ありき」

しん-かう【深更】(名)夜ふけ。真夜中。深夜。平家 六・紅葉「やや―に及んで、ほど遠く人のさけぶ声しけり」訳 しだいに夜ふけになって、遠くのほうで人の叫ぶ声がした。

しん-がく【心学】(名)江戸中期、京都の石田梅岩が説いた庶民的な生活哲学。儒教を根本に、仏教・神道の教えを融合し、日常道徳を平易に説いた。

しん-ぎ【宸儀】(名)天子のおからだ。天皇。平家 五・富士川「―南殿に出御し」訳 天皇が紫宸殿にお出ましになり。⇩御門「慣用表現」

じん-ぎ【仁義】(名)❶仁と義。博愛と道理を重んずる心。孟子が強調した儒教の徳目。徒然 九七「君子に―あり、僧に法(=仏法)あり」
❷転じて、広く人の守るべき道。

じん-ぎ【神祇】(名)天神と地祇。天の神と国の神。天と地の神々。宇治 一三・一二「我が国の三宝、―助け給へ」訳 わが国の仏と天地の神々よ、お助けください。

じんぎ-くゎん【神祇官】(名)律令制で、太政官と並ぶ中央最高機関。朝廷の祭祀や卜占、諸国の神社のことなどをつかさどった。「かむづかさ」とも。

しん-きん【宸襟】(名)天皇のお心。大御心。平家 七・木曽山門牒状「悲しきかな、平氏―を悩まし」訳 悲しいことだな、平家が天皇のお心を悩ませ。

しん-く【親句】(名)和歌で、修辞法などにより、初句から結句までの続き具合が密接でわかりやすいこと。

じん-く【神供】(名)「じんぐ」とも。神への供え物。供物。徒然 七〇「―の参るほどに(=お供えされる間に)」

じん-ぐゎん【神官】(名)「しんくゎん」とも。神社に奉仕して神事にたずさわる人。神主。神職。徒然 二三六「おとなしく、もの知りぬべき顔したる―を呼びて」訳 年配で頭だっていて、確かにものを心得ていそうな顔をしている神職を呼んで。

心敬(しんけい)『人名』(一四〇六―一四七五)室町中期の歌人・連歌師。京都十住心院の住職で権大僧都。正徹に和歌を学び、幽玄を理想とし、歌道と仏道の一致を説いた。連歌論書「ささめごと」「老のくりごと」など。

しん-げつ【新月】(名)❶陰暦で月の最初に見える細い月。
❷昇りはじめた月。十五夜の月にいう。平家 七・青山之沙汰「三五夜中―白くさえ」訳 十五夜に昇りはじめた月が白くさえて。

じん-こう【人口】(名)世間のうわさ。評判。平家 七・返牒「事―にあり、委悉するにあたはず」訳 この事(=平家の悪逆非道)は世間の評判であり、細かく述べ尽くすまでもない。⇩聞こえ「慣用表現」

新古今和歌集(しんこきんわかしふ)『作品名』八番目の勅撰和歌集。鎌倉初期、後鳥羽院の院宣により、源通具・藤原有家・藤原定家・藤原家隆・藤原雅経・寂蓮(成立前に没す)らが撰進。元久二年(一二〇五)成立。歌数約千九百八十首。「仮名序」と「真名序」がある。初句切れ・三句切れ・本歌取り・体言止めなどの技巧と洗練されたことばを用いて、幽玄・妖艶の情趣を表現し、万葉風・古今風に対する新古今風を創造した。おもな歌人は西行・慈円・藤原良経・藤原俊成・式子内親王・藤原定家・藤原家隆・寂蓮など。→勅撰和歌集

しん-ごふ【賑給】(名)救済事業として、政府が人民に米や塩などを給付すること。参考 平安時代には年中行事化し、毎年陰暦五月に京中の貧民に支給した。もとは全国的に行われていたが、政府の力が衰え、京都に限られるようになった。

しん-ごん【真言】(名)《仏教語》❶真実のことば。仏・菩薩のことば。源氏 薄雲「仏のいさめ守り給ふ―の深き道をだに」訳 仏が(他にもらすことを)禁じて大切にしていらっしゃる真言の深い道をさえ。
❷「真言宗」の略。空海が唐から密教を伝えて開いた、仏教の宗派の一つ。大日如来を教主とする。

しんごん-ゐん【真言院】(名)平安京大内裏の、中和院の西に設けた鎮護国家のための真言修法(=加持祈禱)の道場。⇩巻頭カラーページ31

しん-ざん【新参】(名)新たに仕えること。また、その者。〔太平記〕三六「重恩、―の郎従ども、ここかしこより馳せ参って」訳 先祖代々仕えている者や新たに仕えた家来たちが、あちらこちらから急いで参上して。

しん-し【神璽】(名)「しんじ」とも。❶三種の神器の一つ。八尺瓊の曲玉。大鏡 花山院「さりとて、とまらせ給ふべきやう侍らず。―・宝剣わたり給ひぬるには」訳 そうは言っても、(皇位に)おとどまりになられることのできる理由がございません。神璽・宝剣が(次の帝に)お渡りになってしまったからには。→三種の神器
❷三種の神器の総称。
❸天皇の印。御璽。

しん-し【進止】(名)「しんじ」とも。❶進むことと止まること。立ち居ふるまい。挙動。
❷土地や人民を支配すること。平家 二・教訓状「田園(=荘園)ことごとく一家(=平家)の―たり」

しん-じ【神事】(名)「じんじ」とも。神を祭ること。祭祀。まつり。徒然 二〇二「十月を神無月といひて、―に憚るべきよしは、記したるものなし」訳 陰暦十月を神無月といって、神を祭ることを遠慮しなくてはならない(という)ことは、書き記したものがない。

しん-じ【進士】(名)律令制で、式部省で行った省試(=文官登用試験)に合格した者。文章生。〔うつほ〕俊蔭「そのたび(=時)、俊蔭一人―になりぬ」

しん-じち【真実】(名・形動ナリ)「しんじつ」とも。いつわりでないこと。まこと。ほんとう。伊勢 四〇「―・に(用)絶え入りにければ、まどひて願たてけり」訳 (息子が)ほんとうに息が絶えてしまったので、(親は)うろたえて神仏に祈った。

じん-じつ【人日】(名)五節句の一つ。陰暦正月七日の称。七草粥で祝う。人の日。ななくさ。春
参考 中国の文人、東方朔の「占書」に、この日に一年間の人事を占ったとあるのによる。

しん-じゃう【進上】(名・他サ変)❶奉ること。差し上げること。献上。枕 一三三「―餅餤一包み」訳 献上(いたします)。餅餤(=食品の名)を一包み。
❷目上の人に対する書状のあて名の上に書き、敬意を表す語。謹上。平家 一〇・八島院宣「―平大納言(=平時忠)殿へとぞ書かれたる(=書かれていた)」

じん‐じゃう【尋常】(形動ナリ)(なら・なりに・なり・なる・なれ・なれ) ❶ふつう。あたりまえ。まとも。[今昔]二六・四「一人として―なる(体)者なし」[訳]一人としてまともな者はいない。❷殊勝なさま。いさぎよいさま。けなげ。〔太平記〕三「敵ながらも弓矢取って―・に(用)死したる者かな」[訳]敵ではあるが弓矢を取っていさぎよく死んだ者だなあ。❸地味で品がよいさま。しとやか。〔花鏡〕「姿の幽玄ならんためには、―・なる(体)仕立ての風体を習ひ」[訳]姿が優雅で美しくあるためには、品のよい扮装のしかたを学び。❹すぐれているさま。りっぱ。[平家]一一・那須与一「沖の方より―・に(用)かざったる小舟一艘、みぎはへ向いてこぎよせけり」[訳]沖のほうからりっぱに飾った小舟が一艘、水際に向かってこぎ寄せた。❺おとなしい。すなおだ。〔狂・武悪〕「とても逃れぬところぢゃ、―・に(用)討たれい」[訳]とうてい逃れられないところだ、おとなしく討たれよ。

しんじゃう‐ゑ【新嘗会】(名)「にひなめまつり」に同じ。

しん‐しゃく【斟酌】(名・自サ変)❶事情をよくくみ取ること。推察すること。〔連理秘抄〕「一向物も知らぬ輩は、俗に混じてきたなきことをする也。それをばことに―・す(終)べし」[訳]まったく物も知らない連中は、俗に交じって汚いことをするものだ。それを特に心にとめなければならない。❷控えめにすること。遠慮すること。辞退すること。〔正徹物語〕「初心にて本歌を取ること、―あるべきことなり」[訳]学びはじめで本歌取りをすることは、控えめにしなければならないことなのだ。

しん‐じょ【寝所】(名)寝床。寝室。閨。[今昔]二六・二「夜更けぬれば、祖も―に入りて寝にけり」[訳]夜がふけたので、親も寝床に入って寝てしまった。

じん‐じょ【尋所】(名・他サ変)案内すること。また、その人。「尋承」とも。[平家]一一・勝浦付大坂越「これも八島へ参るが、いまだ案内を知らぬに、―・せよ(命)」[訳]私(=義経)も屋島へ参るが、まだ事情を知らないので、案内せよ。

じん‐じょう【尋承】(名・他サ変)「じんじょ」に同じ。〔源平盛衰記〕「屋島の―・せよ(命)(=案内せよ)」

じん‐しん【人臣】(名)臣下。家来。[平家]一・祇園精舎「上総介になり給ひしより、忽ちに王氏を出でて―に連なる」[訳](高望の王は)上総の介におなりになったときから、にわかに皇族を離れて臣下に連なる。

しん‐ず【進ず】㊀(他サ変)(ぜ・じ・ず・ずる・ずれ・ぜよ)差し上げる。奉る。[平家]二・西光被斬「海賊の張本三十余人からめ―・ぜ(未)られし賞に」[訳]海賊の張本人三十余人を捕らえて差し出されたほうびに。㊁(補助サ変)(ぜ・じ・ず・ずる・ずれ・ぜよ)(動詞の連用形に助詞「て」「で」の付いたものに付いて)…(て)あげる。…(て)さしあげる。〔浄・女殺油地獄〕「茶屋の内借って、ふり濯いで―・ぜ(用)ましょ」[訳]茶屋の内を借りて、(着物を)振り動かし洗ってあげましょう。
[参考] 活用は本来サ変であったが、室町時代以降は、連用形に「進ぜ」の形も多く認められる。

しん‐すい【薪水】(名)(薪を拾い、水をくむ意から)炊事。家事。[細道]日光「芭蕉の下葉に軒をならべて、予が―の労を助く」[訳](曾良は)芭蕉庵の近くに軒を並べて(住み)、私の炊事の仕事を助けてくれる。

じん‐ずい【神水】(名)「じんすい」「しんすい」とも。神前に供える水。また、誓いのために飲む水。〔太平記〕三「一足も引かず討ち死にすべしと、―を飲みてぞ打ち立ちける」[訳]一歩も退かずに討ち死にしようと、神前に供えた誓いの水を飲んで出発した。

しん‐ぜ【信施】(名)《仏教語》「しんせ」とも。信者が三宝(=仏・法・僧)にささげる布施。[今昔]一九・一九「いたづらに―を受けて」[訳]むやみに布施を受けて。

じん‐せき【人跡】(名)人の往来した跡。人の足跡。[平家]灌頂・大原御幸「―絶えたる程もおぼしめし知られて哀れなり」[訳]人の往来した跡の絶えてしまったようすも自然と察せられなさってしみじみと悲しい。

しん‐せつ【深切・親切】(名・形動ナリ)❶心入れが深く、ねんごろなこと。〔許六離別の詞〕「ことし五月の初め、―・に(用)(=ねんごろに)別れを惜しむ」❷思いやりがあること。親切。〔洒・傾城買二筋道〕「こんな―・な(体)(口語)客人があらうとおもひなんすか(=お思いになりますか)」

しんぜ‐むざん【信施無慙】(名)《仏教語》僧が信者から布施を受けながら、これに報いる功徳を積まないこと。[平家]三・有王「さればかの―の罪によって、今生にて感ぜられけりとぞみえたりける」[訳]それゆえあの信施無慙の罪によって、(俊寛僧都は)この世で報いを受けられたのだと思われたのだった。

しん‐せん【神仙】(名)❶神通力を持った人。仙人。[今昔]一一・三「我、汝が体を見るに、只人にあらず。これ―なめり」[訳]私が、あなたの姿を見ると、ふつうの人ではない。あなたは仙人であるようだ。❷十二律(=雅楽の音階)の第十一音。→十二律

新撰犬筑波集(しんせんいぬつくばしふ)【作品名】室町後期の俳諧集。山崎宗鑑編。大永三年(一五二三)から天文八年(一五三九)の間に成立。四季の付け句と発句、恋の付け句などから成る。近世俳諧の先駆けとなり、文芸としての俳諧の独立に寄与した。「犬筑波集」とも。

新撰髄脳(しんせんずいなう)【作品名】平安中期の歌論書。藤原公任著。長保三年(一〇〇一)ごろに成立か。和歌の本質、作者、秀歌を論じ、「心深く姿清げ」な歌、すなわち深い情趣に着想の巧みさ(=心)と、流麗な調べ(=姿)の調和した歌をすぐれたものと説いている。

新撰菟玖波集(しんせんつくばしふ)【作品名】室町中期の連歌撰集。飯尾宗祇ら撰。明応四年(一四九五)成立。高山宗砌が連歌道の中興をはかった永享元年(一四二九)以後、六十余年間の作品を集めたもの。付け句・発句など約二千句。作者は心敬・宗砌・宗祇・肖柏など。のち勅撰集に準じられた。

神泉苑(しんせんゑん)【地名】平安京の大内裏の南にあった庭園。天皇遊覧の禁苑であったが、空海が雨乞いをしてからは、祈雨・止雨の霊場とされた。

しん‐ぞ【神ぞ・真ぞ】(副)神かけて。ほんとうに。心から。〔浄・曾根崎心中〕「色に焦がれて死なうなら、―この身はなり次第」[訳]色恋にこがれて死ぬのなら、ほんとうにこの身はなりゆきのままだ(=どうなろうとかまわない)。

しん‐ぞく【真俗】(名)❶《仏教語》真諦(=絶対不

変・究極の真理)と俗諦(=俗世間の道理)。また、仏道のことと世俗のこと。徒然 一五五「―につけて、必ず果たし遂げんと思はんことは、機嫌をいふべからず」訳 仏道の修行や俗世間の処世に関して、必ずやりとげようと思うようなことは、時機(がよい、わるい)を言ってはならない。❷僧と俗人。僧俗。〔太平記〕二四「―ともに憍慢の心あるによって(=おごりたかぶる心があるので)」

しん-たい【真諦】(名)《仏教語》仏教の根本である絶対不変・究極の真理。〔太平記〕二〇「―・俗諦善願の望みを達せん」訳 (色即是空の)仏教の根本真理と(空即是色の)俗世間の道理とを結びつける善良な誓願を達しよう。

しん-だい【身代】(名)❶財産。身上。〔浮・日本永代蔵〕「―ほど高下の有る物はなしと」訳 (人の)財産ほど高下(の差)のあるものはないと。❷身分。地位。身の上。〔浮・武道伝来記〕「―は軽けれども、水主船頭にあがめられながら」訳 身分は低いけれども、船乗りや船頭に尊敬されながら。

しん-だい【進退】■(名)❶進んだり退いたりすること。進退。〔古活字本保元物語〕「―さらに自在ならず(=まったく思うようにならず)」❷立ち居ふるまい。動作。一挙一動。方丈 二「―やすからず、起ち居につけて、恐れをののくさま」訳 一挙一動が気楽でなく、ちょっとした日常の動作をするにつけて、恐れてびくびくし震えるようすは。■(名・他サ変)心のままに扱うこと。また、自由に支配すること。平家 四・南都牒状「百司を―・し用て、奴婢みな僕従となす」訳 百官(の任免)を意のままにして、(国家の)奴婢をみな個人の召使にする。

じん-たい【人体・仁体】(名)人のようす。ひとがら。人品。〔謡・西行桜〕「西行が歌を詠ずる有り様、さも不思議なる―なり」訳 (白髪の老人が現れて)西行の歌をうたうようすは、まことに不思議な人物である。

しん-だん【震旦・振旦】(名)「しんたん」とも。中国の異称。今昔 六・二「今は昔、―の後漢の明帝の時に」

しん-ぢつ【親昵】(名)親しみなじむこと。昵懇。また、親しい人。方丈 四「あるいは妻子・眷属のために作り、あるいは―・朋友のために作る」訳 ある者は(家を)妻子や一族のために造り、ある者は(家を)親しい人や友人のために造る。

しん-ぢゅう【心中】(名・自サ変)❶心。心の中。❷真心を尽くすこと。誠意。〔浄・心中宵庚申〕「ここで死なねば―が見えまらせぬ」訳 ここで死なければ真心のほどが見えません。❸相愛の男女が、その愛情の変わらないことの誓いとして相手に示すあかし。指や髪を切ったり、爪を抜いたり、誓紙を書いたりする。〔浮・好色一代男〕「女郎の―に髪を切り爪をはなち」訳 女郎が愛情のあかしとして髪を切り爪をはがして。❹情死。〔浄・曾根崎心中〕「初が―取り沙汰の、明日は在所へ聞こえなば」訳 お初(=人名)の情死のうわさが、明日はふるさとに聞こえたならば。

心中天の網島〖作品名〗江戸中期の浄瑠璃。世話物。近松門左衛門作。享保五年(一七二〇)大坂竹本座初演。大坂天満の紙屋治兵衛が遊女小春と網島の大長寺で心中した実際の事件を脚色したもの。

新勅撰和歌集〖作品名〗九番目の勅撰和歌集。鎌倉前期、後堀河天皇の命により藤原定家が撰進。文暦二年(一二三五)成立。歌数千三百七十四首。歌風は平明温雅。おもな歌人は藤原家隆・藤原良経・藤原俊成・藤原公経・慈円・源実朝など。→勅撰和歌集

じん-づう【神通】(名)《仏教語》何事も自在にできる、不可思議で霊妙なはたらき。神通力。今昔 一・三「―を現じて虚空に昇りて去りぬ」訳 (浄居天(=神の名)は)神通力を現して、空に昇って去ってしまった。

じん-でう【晨朝】(名)❶「六時」の一つ。早朝。夜明け。特に、明け六つ(=今の午前六時ごろ)。❷《仏教語》朝の勤行。今昔 一七・一七「毎日の―に、地蔵菩薩の宝号一百八反(=百八回)唱ふ」

しん-でん【神田】(名)「じんでん」とも。神社に属して、その収穫を神社の諸費用にあてるための田地。租税を免除された。

しん-でん【寝殿】(名)「寝殿造り」の中央南面の建物。主人が起居し、表座敷とするところ。⇩巻頭カラーページ20

しんでん-づくり【寝殿造り】(名)平安時代の貴族の邸宅に用いられた建築様式。中央に南面して「寝殿」があり、その東西および北に「対の屋」がある。⇩巻頭カラーページ20

しん-とう【心頭】(名)心。心の中。〔去来抄〕修行「席に望んで気先を以て吐くべし。―に落とすべからず」訳 俳席に臨んだら気勢によって作句するのがよい。心中で思案してはいけない。

じん-どう【神頭】(名)鏃の一種。中をくりぬかず、先端を平たく切ったもの。⇩巻頭カラーページ17

しん-どく【真読・信読】(名)《仏教語》(法会などで)経文を省略せずに全部読むこと。平家 一・鹿谷「―の大般若を七日よませられける最中に」訳 (成親は)大般若経(六百巻)全部の読み通しを七日読ませなさっていた最中に。↕転読

しん-にょ【真如】(名)《仏教語》事物の真実の姿。永久不変の真理。〔梁塵秘抄〕「釈迦の御法は品々に一実―の理をぞ説く」訳 釈迦のお教えはいろいろな形で唯一絶対永久不変の真理のことわりを説いている。

じん-にん【神人】(名)「じにん」とも。❶神主や宮司。神職の総称。平家 一・願立「七社の―袖を連らぬ」訳 山王七社の神職がうちそろう。❷神社に仕え、警備・雑役などに当たる下級の神職。また、神社に隷属する商工業者・芸能者。

しん-ねん【心念】(名)《仏教語》心の中に仏を念じること。平家 一〇・戒文「三業四威儀において、―口称を忘れ給はずは」訳 身・口・意による行為や行住座臥の四つの作法において、心に仏を念じることや口に仏の名号を唱えることをお忘れにならないならば。

神皇正統記⇩神皇正統記

しん-ぱい【神拝】(名)「じんぱい」とも。❶神を拝むこと。〔増鏡〕新島守「鎌倉に移し奉れる八幡の御社

に、―にまうづる」訳（源実朝は京都から）鎌倉にお還り申しあげた鶴岡八幡宮に参詣に参る。❷新任の国司が国内のおもな神社を参拝してまわること。平家 二・教訓状「先年安芸守たりし時、―のついでに」訳（清盛は）先年、安芸の守であったとき、国内の神社参拝の折に。

しんばし【暫し】（副）「しばし」を強めた言い方。

しん-は-なき-より【親は泣き寄り】親子・親類は、何かにつけて不幸をいたわりあうものだ、ということわざ。

新花摘（しんはなつみ）『作品名』江戸後期の俳諧句文集。与謝蕪村著。安永六年（一七七七）成立、寛政九年（一七九七）刊。前半は発句、後半は俳文・俳論などを随筆ふうにまとめたもの。

しん-ぴつ【宸筆】（名）天皇の直筆。著聞 二「―の宣命は、この御時はじまれり」訳天皇の直筆による宣命（=国語で書いた勅命）は、この御代に始まった。

しん-べう【神妙】（名・形動ナリ）「しんめう」に同じ。

じん-べん【神変】（名）「じんぺん」「しんぺん」とも。人知でははかり知れない不思議な変化。神の不思議な力。今昔 二・三「王の前にして飛びて虚空に昇りて―を現ず」訳王の前で（辟支仏（=悟りを得た聖者）は）飛んで空中に昇って不思議な変化を現す。

しん-ぼち【新発意】（名）《仏教語》（「しんぼつい」の転）「しぼち」とも。出家したばかりの人。新たに仏門に入った人。今昔 一九・四「念仏を唱ふれば、―手を摺り入りて貴ぶこと限りなし」訳（一同が）念仏を唱えると、出家したばかりの男は手をひたすら摺り合わせて尊ぶことこの上ない。

しん-みゃう【身命】（名）「しんめい」とも。からだと命。〔曽我物語〕「武蔵の国のものども一千余騎、三浦へおしよせ、―をすてて戦ひければ」

じんみゃう-ちゃう【神名帳】（名）「しんめいちゃう」とも。神祇官にそなえられた、朝廷の崇敬する神社名・祭神名の登載帳。多く「延喜式神名帳」をさすが、これに準じて諸国で作られた神名帳をさすこともある。「延喜式神名帳」に登載されている神社を式内の社といい、そうでないものを式外の社という。

しんみょう【神妙】⇩しんめう

しん-めい【神明】（名）❶神。平家 六・入道死去「―三宝の威光も消え、諸天も擁護し給はず」訳神や仏の威光もなくなり、天の神々も加護なさらない。❷天照大神の称。また、それを祭った神社。

しん-めう【神妙】（名・形動ナリ）「しんべう」とも。❶人知を超えたはたらき。不可思議。〔雨月〕夢応の鯉魚「その弟子成光なるもの、興義が―をつたへて時に名あり」訳その弟子で成光という人は、興義（=僧の名）のすぐれた技を受け継ぎ、時の評判である。❷けなげ。感心なようす。〔浮・武家義理物語〕「あっぱれ―なる(体)心入れ」訳あっぱれ殊勝な心構え。

潯陽の江（じんやうのえ）『地名』中国の江西省九江市付近を流れる揚子江の別名。白居易（=中国、唐の詩人。白楽天）が流された所として知られる。

しん-よ【神輿】（名）「じんよ」とも。神霊を安置する輿。みこし。平家 一・御輿振「北の門、縫殿の陣より―を入れ奉らんとす」訳（衆徒は）北の門、縫殿の陣からみこしをお入れ申しあげようとする。

親鸞（しんらん）『人名』（一一七三〜一二六二）鎌倉前期の僧。浄土真宗の開祖。法然に浄土宗を学び、その他力信仰をより深め、また僧侶の肉食・妻帯を認め、みずからも結婚した。主著に法語「教行信証」。「歎異抄」は親鸞の言行を弟子の唯円が記したもの。

じん-りん【人倫】（名）❶人間。人類。徒然 一二八「一切の有情を見て、慈悲の心なからんは、―にあらず」訳すべての生き物を見て、慈悲の心がないような者は、人間ではない。❷人として守るべき道。人道。

しん-るい【親類】（名）❶血族・姻族の総称。親戚。平家 四・鵼「平治の逆乱にも、―をすてて参じたりしかども」訳（源頼政は）平治の反乱にも、親戚一族を捨てて馳せ参じたが。❷（母方の血族をさす「縁者」に対して）父方の血族。

しん-れい【神霊】（名）❶神。徒然 一七二「風に当たり、湿に臥して、病を―に訴ふるは、愚かなる人なり」訳

古語ライブラリー㉕ 助動詞「り」の成立

英語では"be＋～ing"で表すように、日本語でも「動詞の連用形＋あり」でその動作が存在し継続していることを表した。「咲けり」を「咲有」と書いた例も見える（万葉・八・一六二一）。ただし、母音が続くことは避けられたので、「咲き＋あり→咲けり」のように、i＋a→e の変化が起きた。「し＋あり→せり」「来＋あり→けり」「着＋あり→けり」なども同じである。

明治時代になって、「来り」「着り」は一語のラ変動詞にしたが、「咲けり」「せり」を「咲け・り」「せ・り」と分けてしまった。「咲く」は「咲か・咲き・咲く・咲く・咲け・咲け」と、「す」は「せ・し・す・する・すれ・せよ」と活用するから、「咲け」は已然形、「せ」は未然形であるとした。

ところが、上代特殊仮名遣いでは已然形「咲け」と命令形「咲け」とでは「け」の真仮名が異なっていたのだ。

A本ごとに花は咲けども（左該騰模）何とかもうつくし妹がまた咲き出来ぬ（左枳涅渠農）〈日本書紀歌謡〉

Bわが屋戸に咲ける（佐家流）なでしこ幣はせむゆめ花散るないやをちに咲け（左家）〈万葉 二〇・四四四六〉

Aの「咲けども」の「け」は乙類の「該」で、Bの「をちに咲け」の「け」は甲類の「家」で書かれている。すなわち、已然形語尾の「け」は乙類、命令形語尾の「け」は甲類なのだ。Bの「咲ける」の「け」も命令形語尾と同じ「家」だから、形の上では、已然形ではなく、命令形と見なければならないことになる（「咲き（甲）＋あり→咲け（甲）り」）。

そもそもは「咲けり」を「咲け・り」と分けたことがまずかった。形の上では命令形と同じではあるが、命令の意で言い切る命令形とは違う。それで便宜上、已然形だとしているのである。

⇩六一ページ㉖

風に当たり、湿った所に寝て、病気を(治してほしいと)神に訴えるのは、愚かな人である。

❷霊妙な神徳。細道 塩釜明神「―あらたにましますこそ、吾が国の風俗なれといと貴けれ」訳 霊妙な神徳あらたかでおありになることこそ、わが国の風俗だ(と思う)とたいそう貴い。

しん-わう ―ノウ【親王】(名)天皇の兄弟・姉妹および皇子・皇女の称号。

> **発展** さまざまな「親王」
>
> 奈良時代末期以降は、天皇の兄弟・皇子であっても、宣下がなければ「親王」になれなかった。また、天皇の姉妹・皇女は「内親王」。「親王」が出家すると「入道親王」、出家後、親王の宣下があれば、「法親王」と呼ばれた。

神皇正統記(じんわうしやうとうき)ジンノウショウトウキ『作品名』南北朝時代の歴史書。北畠親房著。延元四年(一三三九)成立、興国四年(一三四三)修訂。神代から後村上天皇までの天皇の事蹟と歴史を記し、南朝が正統であることを述べたもの。後世の史観に大きな影響を与えた。

しん-ゐん ―イン【新院】(名)上皇が同時に二人以上いるとき、新たに上皇となったほうをいう。〔保元物語〕「それより後、先帝(=崇徳上皇)を―と申し(=申し上げ)、上皇(=鳥羽上皇)をば一院とぞ申しける」↔本院

す ス

「す」は「寸」の草体
「ス」は「須」の草体の旁

す-【素】(接頭)❶(名詞に付いて)他の物をつけ加えない、ありのままの、ただそれだけのの意を表す。「―手」「―顔」「―腹」「―紙子」
❷(人を表す名詞に付いて)平凡な、みすぼらしいなどの意を表す。「―町人」「―浪人」

す【州・洲】(名)海・川・湖などの中に、土砂が積もって水面に現れた所。更級 富士川「入り江のいたづらなる―どもにこと物もなく」訳 入り江のなんの趣もない州のあちこちには(松以外の)ほかの物もなく。

す【簀】(名)篠竹や葦で粗く編んだ敷物。大和 付載説話「女どもは―のうへに集まりて」

す【簾】(名)すだれ。源氏 帚木「女のものやはらかに掻き鳴らして、―の内より聞こえたるも、今めきたるものの声なれば」訳 女が穏やかに(琴を)かき鳴らして、すだれの内から聞こえてくるのも、当世風の楽の音であるから。

す【為】■(自サ変)❶ある動作・状態が起こる。ある行為がなされる。古今 夏「声はし用て涙は見えぬほととぎすわが衣手のひつを借らなむ」訳 鳴き声はしているが、涙は見えないほととぎすよ、私の袖が(涙で)ぬれているのを(おまえの涙として)借りてほしいな。文法「なむ」は、他に対する願望の終助詞。

❷さまざまの他の自動詞の代用とする。源氏 総角「時雨いたくし用て」訳 時雨がひどく降って。

■(他サ変)❶ある動作を行う。ある行為をする。源氏 総角「忍び給ふとすれ已ど、おのづから事ひろごりて」訳 (匂宮は)人目をお避けになろうとするけれども、自然とそのうわさが広まって。

❷さまざまの他の他動詞の代用とする。土佐「男もす終なる日記といふものを、女もし用てみむとてする体なり」訳 男も書くと聞いている日記というものを、(私のような)女も書いてみようと思ってしたためるのである。

文法「男もすなる」の「なる」は、終止形に接続しているので伝聞・推定の助動詞。「女も…するなり」の「なり」は、連体形に接続しているので断定の助動詞。⇩土佐日記「名文解説」

活用	未然	連用	終止	連体	已然	命令
	せ (ズ)	し (タリ)	す (○)	する (コト)	すれ (ドモ)	せよ (○)

参考 サ行変格活用の動詞には「す」「おはす」がある。「す」は体言に付いてさまざまな複合動詞をつくる。

す (助動四型)《上代語》

意味・用法

尊敬〔お…になる。…なさる。〕

接続

四段・サ変の動詞の**未然形**に付く。

活用	未然	連用	終止	連体	已然	命令
	さ (ネ)	し (テ)	す (○)	す (コト)	せ (ド)	せ (○)

軽い尊敬、親愛の意を表す。**お…になる。…なさる。**万葉 一・一「この岡に菜摘ます体児家告らせ命名告らさ未ね」訳 →こもよ…和歌。万葉 二〇・四四四四「わが背子が屋戸なる萩の花咲かむ秋の夕へはわれを偲はせ命」訳 わが君の家の庭にある萩の花が咲くであろう秋の夕べは私を思い出してください。

文法 (1) **敬語動詞「思ほす」「聞こす」** 四段動詞のうち、「思ふ」「聞く」などに「す」が付く場合には、次の例のように、「思はす」「聞かす」とならず、音韻変化を起こして、一語のサ行四段活用の敬語動詞「思ほす」「聞こす」となることがある。

「山川を中に隔りて遠くとも心を近く**思ほせ**(=思ってください)吾妹」〈万葉 一五・三七六四〉

「犬上の鳥籠の山なる不知也川いさとを**聞こせ**(=知らないとおっしゃい)わが名告らすな」〈万葉 一一・二七一〇〉

(2) **敬語動詞「寝す」など** 四段・サ変以外の動詞、「寝」「着る」「見る」「臥ゆ」には付くが、これらも音韻変化を起こして、一語のサ行四段活用の敬語動詞「寝す」「着す」「見す」「臥やす」となる。

「沖つ波来寄する荒磯をしきたへの枕と枕きて**寝せる**(=寝ていらっしゃる)君かも」〈万葉 二・二二二〉

「わが背子が**着せる**(=着ていらっしゃる)衣の針目落ちずこもりにけらしあが情さへ」〈万葉 四・五一四〉

「ありつつも**見し**給はむそ(=ご覧になりなさるだろう

よ)大殿のこのもとほり(=まわり)の雪な踏みそね」〈万葉 一九・四二三八〉

「波の音の騒く湊の奥津城に妹が**臥やせる**(=臥していらっしゃる)」〈万葉 九・一八〇七〉

(3) **尊敬の「す」** 尊敬の「す」は中古以降も「遊ばす」「遣はす」のように音韻変化しない形でも用いられるが、多くは「おぼほす」「おぼす(「おもほす」の転)」「召す(上代語の「見す」)」のように音韻変化を起こしている。

なお「**召す**」は、中古には「お呼びになる」の意となり、さらに「食べる」「着る」の意味にも転じ、「召し上がる」「お召しもの」といった語を生んでいる。また、「聞こす」「思す」について「聞こし召す」「思し召す」という敬語動詞をつくる。

これら中古の語例は、尊敬の意を持つ一語の動詞とされ、助動詞の付いたものとは考えられていない。なお、「みはかし(御佩刀)」「みとらし(御弓)」などは、「す」の連用形が敬語名詞の中に残ったものである。

す (助動下二型)

意味・用法

使役〔…せる。〕→❶
尊敬〔お…になる。〕→❷
謙譲〔差し上げる。申し上げる。〕→❸
尊敬の強め〔お…になられる。…なされる。〕→❹
「る」の代用〔…れる。〕→❺

接続

四段・ナ変・ラ変の動詞の**未然形**に付く。上一・上二・下一・下二・カ変・サ変に接続する「さす」と対応する。→さす(助動下二型)

活用

未然	連用	終止	連体	已然	命令
せ (ズ)	せ (タリ)	す (○)	する (コト)	すれ (ドモ)	せよ (○)

❶使役の意を表す。**…せる。** 竹取「妻の嫗にあづけて養は**す**(終)」訳(翁はかぐや姫を)妻の嫗にあずけて養わ**せる**。徒然 一〇九「人を掟てて、高き木にのぼせて、梢を切ら**せ**(用)しに」訳 人を指図して、高い木に登らせて、梢を切ら**せ**たところ。

❷尊敬の動詞「賜ふ」「宣ふ」などに付いて、最高の尊敬の意を表す。源氏 桐壺「朝廷よりも多くの物賜は**す**(終)」訳 朝廷からも(人相見に)たくさんの物を**お**与え**になられる**。竹取 蓬莱の玉の枝「皇子、『いと忍びて』とのたまは**せ**(用)て」訳 皇子は、「たいそうこっそりと(行くのだ)」と**おっしゃられ**て。

❸謙譲の動詞「参る」「奉る」「申す」などに付いて、謙譲の意を強める。枕 一三八「『これ奉ら**せ**(未)む』と言ひければ」訳「これ(=立て文をつけた木)を**差し上げ**よう」と言ったので。源氏 夢浮橋「『御消息を申さ**せ**(用)侍らむ』と申し給ふ」訳「ご案内を**申し上げ**ましょう」と(横川の僧都が薫に)申し上げなさる。

❹尊敬の補助動詞「らる」などとともに用いて、尊敬の意をさらに強める。最高敬語。**お…になられる。…なされる。** 源氏 桐壺「夜の御殿に入ら**せ**(用)給ひても、まどろま**せ**(用)給ふことかたし」訳(桐壺帝は)御寝所に**お**入り**になられ**ても、うとうと**お**眠り**になられる**ことも難しい。大鏡 花山院「弘徽殿の御文…とりに入ら**せ**(用)おはしましかし」訳 弘徽殿(の女御)のお手紙を…(花山天皇は)とりに**お**入り**になられ**たのだよ。文法「かし」は、強く念をおす意の終助詞。平家 四・源氏揃「御年三十にならせ(用)ましましける」訳(以仁王は)ご年齢が三十歳に**お**なり**になられ**た。〔天草本平家・二〕「すげなう仰せられて帰さ**せ**(未)られうことは不便な儀ぢゃ」訳 すげなくおっしゃって**お**帰し**になられる**ことは気の毒なことだ。文法「られう」は「られむ」の転。

❺受身の「る」に代えて用いる。**…れる。** 平家 九・知章最期「監物太郎討た**せ**(用)候ひぬ」訳 監物太郎も討た**れ**てしまいました。

文法 (1) **使役の「す」「さす」** 使役の「す」「さす」は、中古以降用いられ、上代には「しむ」が用いられた。

(2) **尊敬の「す」「さす」** 尊敬の「す」「さす」は、②④のように、他の尊敬語とともに用いられる。②の用例の「賜はす」「のたまはせて」は、「賜ふ」「のたまひて」でも十分に敬意を表せるのだが、貴人は直接に行為することなく、常に近臣に命じてその行為をさせるのがふつうだったので、その習慣をそのままことばに表したものである。したがって、人を介して「与えさせなさる」「言わせなさる」のように解釈することもある。

④の用例になると、**「…せ給ふ」「…させ給ふ」**などの表現が最高の敬意を表す形式となり、貴人の直接行った動作にも広く用いられる。しかし、「…せ給ふ」「…させ給ふ」の「す」「さす」が使役を表す用法も依然として存在し、敬意なのか使役なのかわからなくなることもあった。このような場合は、

「心にくき限りの女房四五人さぶらは**せ**給ひて、御物語せさせ給ふなりけり」〈源氏 桐壺〉

のように、「せ」が使役と尊敬の二役をするのがふつうであるが、ごくまれに、「せ」に「さす」を重ねて、

「使ひに禄とら**せさせ**給ふ」〈源氏 早蕨〉

「御鏡を持た**せさせ**給ひて御覧ずれば」〈枕 九〉

のような言い方も生じた。

なお、「らる」とともに用いられる尊敬の「す」「さす」の用例は、中世以降に見られるものである。

(3) **謙譲の「す」「さす」** 謙譲の「す」「さす」は、③のように、他の謙譲語とともに用いられる。この用法も、下位の者が貴人にものを伝達する場合、侍臣に取りつがせたので、それをそのままことばに表したものである。多くは、直接に伝達するときの謙譲表現に変わっているものと見られるが、原義どおり、人を介して「差し上げさせる」「申し上げさせましょう」と解釈することもある。

(4) **武者詞** ⑤は、軍記物特有の使役表現で、「敵に討たれた」と受動態でいうべきところを使役でいったものである。攻撃を尊び受け身になることを忌む、いわゆる武者詞である。元来、使役表現には、次の用例のように、「…するに任せる」という放任の意味があって、それが利用されたものである。

「浪に足うち洗は**せ**て」〈平家 三・足摺〉

す (助動特殊型)

{○・○・す・す・○・○}《中世語》【「さうらふ」の略「さう」の転】軽い丁寧の意を表す。…ます。〔狂・末広がり〕

「末広がり買はう、末広がり買ひす㊦終」訳 末広がり(=扇)を買おう、末広がりを買います。

接続 動詞・形容動詞の連用形に付く。

ず（助動特殊型）

意味・用法

打消〔…ない。〕

接続

活用語の**未然形**に付く。

活用

未然	連用	終止	連体	已然	命令
○	〔に〕(シテ)	〔ぬ〕(○)	ぬ(コト)	ね(ドモ)	○
○	ず(シテ)	ず(○)	○	○	○
ざら(ム)	ざり(ケリ)	〔ざり〕(○)	ざる(コト)	ざれ(ドモ)	ざれ(○)

打消の意を表す。**…ない。** 万葉 一七・三六九一「荒津の海潮干潮満ち時はあれどいづれの時かあが恋ひ**ざら**㊤未む」訳 荒津の海の潮の満ち干には定まった時があるが、どの時に私が恋しく思わないだろうか(いや、いつも恋しく思う)。文法「時か」の「か」は、反語の係助詞。伊勢 一二五「つひにゆく道とはかねて聞きしかどきのふけふとは思は**ざり**㊤用しを」訳→つひにゆく…和歌。古今 春上「春の夜のやみはあやなし梅の花色こそ見え**ね**㊤已香やはかくるる」訳→はるのよの…和歌。伊勢 九「京には見え**ぬ**㊤体鳥なれば、皆人見知ら**ず**㊤終」訳 京では見られない鳥なので、だれも見知らない。

文法 (1)**「ず」の活用** 「ず」の活用には「ぬ」の系列と「ず」の系列と「ざり」の系列の三つがある。「ぬ」の系列の「に」は、上代に次のように用いられた。

「鶯の待ちかて**に**せし梅が花散らずありこそ思ふ子がため」〈万葉 五・八四五〉

「昨日今日君に逢はずて為るすべのたどきを知ら**に**(=方法がわからないで)哭のみしそ泣く」〈万葉 一五・三七七七〉

中古以降は慣用的な用法にだけ使われた。

「ぬ」の系列の**未然形**に「**な**」を認め、次のような用例を挙げる説がある。

「真金吹く丹生の真朱の色に出て言は**な**くのみそ吾が恋ふらくは」〈万葉 一四・三五六〇〉

「わが門の片山椿まこと汝わが手触れ**な**な(=触れずに)土に落ちもかも」〈万葉 二〇・四四一八〉

本書では「なく」については、連体形「ぬ」に体言化する接尾語「あく」が付き、音韻変化によって「なく」という形になったと考えるク語法の立場をとり、未然形「な」を立てない。「なな」については、上代の東国方言に「な」で打消を表す表現のあったことは確かであるが、下にくる「な」は「に」にあたる助詞と見なされるから、未然形とは考えにくいので、未然形としないことにした。

三つの系列のうち最も基本的な活用は「ぬ」の系列で、「ず」の系列は「ぬ」の連用形「に」にサ変動詞「す」の付いた「にす」がつづまったものといわれている。「ず」の系列の**未然形**に「**ず**」を認める説がある。

「今日来**ずは**明日は雪とぞ降りなまし消えずはありとも花と見ましや」〈古今 春上〉

のような「ずは」の用例を古く「ずば」と読み、仮定条件を表すと考えたためである。今日では「ずは」と読み、「は」は係助詞、上の「ず」は連用形とされる。ただし、次のように「ずは」の下に「こそ」の付く場合もあり、係助詞の「は」は「こそ」の下に付くという原則と異なる。そこで「は」には接続助詞のものもあったと考え、「ず」の未然形を認める説もある。

「この皮衣は、火に焼かむに、焼け**ずは**こそ、まことならめと思ひて、人の言ふことにも負けめ」〈竹取 火鼠の皮衣〉

また、**「ざり」の系列**は、「ず」に「あり」が付いてつづまった形で、「ざりき」「ざりけり」「ざりけむ」のように、「き」「けり」「けむ」などの助動詞に続くときに用いられた。一般に終止形は用いず「ず」の補助活用といわれる。

なお、「ざり」の系列が十分に発達していなかった上代では、「ず」にそのまま助動詞「き」「けり」「けむ」が続いた「ずき」「ずけり」「ずけむ」という言い方があって、

「おろかにぞわれは思ひし乎敷の浦の荒磯のめぐり見れど飽か**ずけり**」〈万葉 一八・四〇四九〉

のように用いられた。

連体形「ざる」に助動詞「なり」「めり」が続くときは、「ざんなり」「ざんめり」のように撥音便となったが、「ん」を表記しないで「ざなり」「ざめり」と書かれることが多い。また、

「照る月の流るる見れば天の河出づるみなとは海**にざり**ける」〈土佐〉

のように助詞「に」に続く「ざり」は、助詞「ぞ」に動詞「あり」の付いた「ぞあり」がつづまった形で、打消の「ざり」とは区別される。

(2) **「ずて」「ずして」** 現代語では「ずに」で表すところを、上代語では、

「遠くあれば一日一夜も思は**ずて**あるらむものと思ほしめすな」〈万葉 一五・三七三六〉

「言ひつつも後こそ知らめとのしくもさぶしけめやも君いまさ**ずして**」〈万葉 五・八七八〉

のように「ずて」「ずして」で表される。

「ずして」は、平安時代になっても漢文調の文章で用いられるが、「ずて」は使われなくなり、代わりにそのつづまった形である「で」が用いられるようになる。→で(接助)

文法 「われ、昔より食ふべきものも食はず、着るべきものを着**ずして**、天の下、謗られを取り」〈うつほ・あて宮〉

「君なら**で**(=君ではなくて)誰にか見せむ梅の花色をも香をも知る人ぞ知る」〈古今 春上〉

(3) **連体形「ぬ」** 連体形「ぬ」に係助詞が付いて「ぬか」または「ぬかも」となると願望を表す表現になる。→ぬか・ぬかも

「わが命も常にあら**ぬか**(=永久であってくれないかなあ)昔見し象の小河を行きて見むため」〈万葉 三・三三二〉

ず 助動詞「ず」の連用形。古今 春下「故里となりにし奈良の都にも色は変はら**ず**花は咲きけり」訳 旧都とな

ってしまった奈良の都にも、色は変わらないで花は咲いたことだ。

ず【図・厨・頭】⇩づ

す-あをオウ【素襖】(名)「すあう」「すわう」とも。直垂の一種。室町時代は主として下級武士のふだん着であったが、江戸時代には御目見得以上で無位無官の武士の礼服となった。生地は麻地で、背・袖などに家紋をいれ、胸ひも・露・菊綴には革を用いる。袴も同生地同色で、腰ひもは共切れ。「素袍」とも。

すい【粋】(名・形動ナリ)世事・人情、特に遊里の事情に通じ、姿や態度が洗練されていること。また、その人。

> **発展　遊里で発達した「粋」**
> 遊里を背景に、近世前期の上方で発達した美的理念が「粋」である。人情の機微に通じ、都会的であかぬけた姿や態度をいう。浮世草子・浄瑠璃などに登場する「粋人」はその理想像とされる。江戸の洒落本・黄表紙などに描かれる「通」に相当する。⇩粋「発展」・通「発展」

ずい【随】(名・形動ナリ)「気随」の略。気ままにふるまうさま。勝手。〔狂・重喜〕「伜の時分から—・に㊊育つるによって(=育てるので)、あの様なことぢゃ」

すい-えき【水駅】(名)舟の停泊する所。港。〔和漢朗詠集〕「—の路は児店の月を穿つ」訳児店(=中国蘇州の地名)の港に漕ぎ入ると水路に映る月影をつらぬいて進むようだ。

すい-がい【透垣】(名)〔「すきがき」のイ音便〕「すいがき」とも。板や竹で間を少し透かしてつくった垣根。徒然 一〇「わざとならぬ庭の草も心あるさまに、簀の子・—のたよりをかしく」訳特に手を加えたというのではない庭の草も趣のあるようすで、簀の子縁と透垣のつくりぐあいが趣深く。

(すいがい)

すい-がき【透垣】(名)「すいがい」に同じ。

すい-かん【水干】(名)〔糊を用いず、水張りにして干した布で仕立てた衣の意〕狩衣に似て菊綴(=菊形の飾り)と胸ひもをつけた衣服。色は白が多く、袴は直垂の袴に似たものを使った。庶民のふだん着だったが、のち、公家・武家の私服、元服および元服以前の少年の晴れ着となった。また、白拍子はこれを着て舞った。⇩巻頭カラーページ13

(すいかん)

すいかん-ばかま【水干袴】(名)「水干」を着るときにはく袴。枕 能因本・一三「摺りもどろかしたる—にて」訳乱れ模様を摺ってつけた水干袴で。

ずい-き【随喜】(名・自サ変)《仏教語》喜んで仏を信仰すること。また、他人の善行を見て喜ぶこと。転じて、心からありがたく思うこと。宇治 二・三「さは、この翁の法師になるを—・し㊊て、天衆もあつまり給ひて」訳さては、この老人が法師になるのを喜んで、諸天の神々もお集まりになって。

すい-くゎカ【水火】(名)❶水と火。また、水難と火難。徒然 五九「無常の来ることは、—の攻むるよりも速やかに」訳死のやってくることは、水や火がおそいかかるのよりも速くて。❷水と火のように、相反すること。たいへん仲の悪いこと。〔無名抄〕「この事(=昔の歌体と今の歌体)を人—(=相容れないもの)のごとく思へるが」

すい-ごかし【粋ごかし】(名)〔「ごかし」は接尾語〕相手を粋人とおだて、自分の利益をはかること。〔浮・好色一代女〕「—そそり、人の気を取りけれど」訳(客を)粋人とおだててほめそやし、人の機嫌を取ったけれども。

すい-さうソウ【水晶】(名)「すいしゃう」とも。水晶。枕 二三「月のいとあかきに、川を渡れば、牛のあゆむままに、—などのわれたるやうに、水の散りたるこそをかしけれ」訳月がとても明るく照っているときに、(牛車で)川を渡ると、牛が歩くのにつれて水晶などがくだけたように、(川の)水が飛び散ったのは趣が深い。

ずい-さうソウ【瑞相】(名)❶めでたいきざし。吉兆。平家 一・二代后「君も国母といはれ、愚老も外祖とあふがるべき—にてもや候ふらん」訳あなた(=多子)も国母(=天皇の母)といわれ、年寄りの私め(=藤原公能)も外祖(=母方の祖父)として仰ぎ見られるようになるめでたいしるしでもありましょうか。❷(よしあしに関係なく)前兆。前ぶれ。方丈 二「世の乱るる—とか聞けるもしるく」訳(福原遷都の混乱は)世の乱れる前兆だとか聞いていたのもそのとおりで。

すい-さん【推参】㊀(名・自サ変)一方的におしかけること。平家 一・祇王「遊び者の—は、常の習ひでこそ候へ」訳遊女のおしかけて参上することは、いつもの世の常です。㊁(名・形動ナリ)差し出がましいさま。〔太平記〕一六「いかなる—の婆伽者にてかありけん」訳なんというでしゃばりのばか者であったろうか。

すい-じゃく【垂迹】(名)《仏教語》「すいしゃく」とも。仏が衆生を救うために、神の姿に形をかえて現れること。本地垂迹。平家 三・大塔建立「さては安芸の厳島、越前の気比の宮は、両界の—で候ふが」訳ところで安芸の厳島(神社)、越前の気比神宮は、両界(=金剛界、胎蔵界)の(大日如来が)神に姿をかえて現れたものでありますが。

すい-しゅ【水手・水主】(名)舟乗り。水夫。平家 一一・逆櫓「—〔や〕梶取(=船頭)申しけるは」

ずい-じん【随身】(名)❶平安時代、貴人が外出するとき、勅命によって剣や弓矢を持って警護の役をした近衛の舎人。上皇には十四人、摂政・関白には十人、大臣・大将には八人、納言・参議には六人などと人数が定められていた。枕 四八「いみじう美々しうてをかし君たちも、—なきはいとしらじらし」訳とても美しく(着飾って)すばらしい貴公子たちでも、随身がついていないのはひどく興ざめである。❷つき従うこと。また、その人。お供。〔太平記〕一八「右衛門府生、秦武文と申す―を、御迎ひに京へ上せらる」訳 右衛門府の下官である、秦武文と申す従者を、(御息所の)お迎えに京に上らせなさる。

すい-す【推す】(他サ変)｛せ・し・す・する・すれ・せよ｝おしはかる。推察する。思いやる。徒然 一九四「さまざまに―・し(用)、心得たるよしして」訳 さまざまに推測し、わかったふりをして。

すい-せき【水石】(名)水と石。泉水と庭石。流れや岩。転じて、自然の意。徒然 二一「世を背ける草の庵には、閑かに―をもてあそびて」訳 俗世をのがれ離れた草庵(の生活)では、やすらかに自然を賞美して。

ずい-そう【瑞相】⇨ずいさう

すい-たい【翠黛】(名)❶緑色のまゆずみ。また、そのまゆずみで描いた美しいまゆ。〔太平記〕二一「紅顔―の世に類なき有り様」訳 若々しく血色のよい顔と美しいまゆとが世にまたとないようすで。

❷緑色の山。また、緑色にかすんだ山の色。平家 灌頂・大原御幸「緑蘿の垣、―の山、画にかくとも筆も及びがたし」訳 緑の蔦のからまった垣、緑色にかすんだ山は、絵に描くにしても筆も及ばないほど美しい。

すいちゃう-こうけい【翠帳紅閨】スイチョウ―(名)緑色のとばりを垂れ、紅色に飾った寝室。貴婦人の寝室。平家 八・太宰府落「―にかはれるは、土生の小屋の葦簾」訳 緑色のとばりを垂らした美しい寝室にかわったのは、粗末な小屋の葦の簾(であり)。

ずい-なう【髄脳】ノウ(名)❶髄と脳。また、脳髄。〔梁塵秘抄〕「我が身の―砕きてぞ、菩薩の位得たりける」訳 (喜見菩薩は)わが身の脳髄までも砕いて、菩薩の位を得たのであった。

❷和歌の法則・奥義。和歌の奥義を述べた書物。源氏 玉鬘「和歌の―いと所せう」訳 和歌の法則や奥義がとてもぎっしりと書かれていて)。

すい-にち【衰日】(名)陰陽道で、生まれた年の十二支により決まる凶日。

すい-はん【水飯】(名)乾し飯や飯を、冷水につけて食べる夏の食べ物。夏。宇治 七・三「―を引きよせて、二度ばかり箸をまはし給ふと見るほどに」訳 (三条中納言が水飯を取りよせて、二度ほど箸をかき回しなさると見ているうちに。

すい-び【翠微】(名)〔「翠」は緑、「微」はかすかの意〕❶山の頂に近い所。山の中腹。〔幻住庵記〕「―に登ること三曲二百歩にして、八幡宮たたせ給ふ」訳 中腹に登ること三曲がりし二百歩ほど進んだ所に、八幡宮が建っておられる。

❷うす緑色にかすむ遠くの山。〔蕪村句集〕蕪村「蚊屋つりて―つくらん家の内」訳 (山に登れない私は蚊屋をつって家の中にうす緑色の山を作り、諸君と行をともにした気分になろう。

ずい-ひゃう【随兵】ヒョウ(名)「ずいびゃう」とも。供として付き従う兵士。鎌倉・室町時代、貴人や将軍などが外出する際、武装してその前後を警護した武士。

すい-ふ【水府】(名)❶水神の住むという想像上の都。水の世界。竜宮。〔雨月〕夢応の鯉魚「仮に金鯉が服を授けて―の楽しみをせさせ給ふ」訳 (水神があなたに一時的に金色の鯉の服(=姿)を授けて水の世界の楽しみをさせなさる。

❷常陸(茨城県)水戸の別称。

すい-ふろ【水風呂】(名)(近世語)桶の下に焚き口があり、水から沸かして入る風呂。据え風呂。

ずい-ぶん【随分】■(名)分相応。身分に相応していること。宇治 一一・一一「出家―の功徳とは、今にはじめたることにはあらねども」訳 出家すれば(その人の)分相応の功徳があるとは、今に始まったことではないが。

■(副)❶分に応じて。分相応に。源氏 手習「―にいたはりかしづき侍りけるを」訳 (妹尼はその女人=浮舟を)分相応に大切にし世話をしておりましたのに。

❷はなはだ。大いに。〔古活字本平治物語〕「忠宗・景宗も、―血気の(=たいそう血気盛んな)勇者にて」

❸できるだけ。極力。平家 三・法印問答「入道―悲涙をおさへてこそまかり過ぎ候へ」訳 (私)入道はできるだけ悲涙をおさえて暮らしております。

❹(下に打消の語を伴って)なかなか。容易には。〔狂・仁王〕「―見あらはさるる(=見破られる)ことではござりませぬ」

すい-めん【睡眠】(名)〔「めん」は呉音〕眠ること。眠り。すいみん。徒然 一〇八「一日のうちに、飲食・便利・言語・行歩、やむ事を得ずして、多くの時を失ふ」訳 (人は)一日の間に、食事や用便や睡眠や談話や歩行などに、やむを得ずに、多くの時間をつぶす。

すい-れん【水練】(名)水泳。また、水泳の巧みな人。平家 一一・能登殿最期「究竟の―にておはしければ、沈みもやり給はず」訳 (平宗盛・清宗親子は)すぐれた水泳の達人でいらっしゃったので、沈みきってしまいにもならない。

す・う【据う】(他ワ下二)｛ゑ・ゑ・う・うる・うれ・ゑよ｝❶置く。供える。枕 三三「高欄のもとに青き瓶の大きなるを―・ゑ(用)て」訳 欄干のもとに青い瓶で大きいのを置いて。文法「瓶の」の「の」は、いわゆる同格の格助詞で、「…で」の意。

❷(種などを)まく。植えつける。万葉 一五・三七六「世の中の常の道理かくさまになり来にけらし―・ゑ(用)し種子から」訳 世の中の当然の道理として、(私は)このようなことになってきたらしい。(自分で)まいた種によって。

❸(鳥などを)とまらせる。万葉 一九・四一五四「とぐら結ひ―・ゑ(用)てぞ我が飼ふ真白斑の鷹」訳 鳥のねぐらを作り、(そこに)とまらせて私が飼っている、まだらのある白い鷹よ。

❹(人を)座らせる。源氏 須磨「ひざに―・ゑ(用)給へる御気色、忍び難げなり」訳 (光源氏が若君=夕霧を)ひざにお座らせになったごようすは、(この若君と別れる悲しさをこらえられない感じである。

❺地位につける。大鏡 道長上「女御子を、聖武天皇の、女帝に―・ゑ(用)奉り給ひてけり」訳 女の御子(=孝謙天皇)を、聖武天皇が、女帝の地位におつけ申しあげなさったのであった。

❻設ける。設置する。源氏 常夏「勿来の関をや―・ゑ(未)させ給へらむ」訳 (私=近江の君に)勿来の関(=来るなという隔て)を(弘徽殿の女御が)設けなされているのだろうか。文法「させ給へ」は、最高敬語。

❼(判を)押す。〔浄・心中天の網島〕「紙屋治兵衛〔と〕名をしっかり〔書き〕、血判を―・ゑ(用)てさし出す」

❽(灸を)すえる。〔浄・心中天の網島〕「灸を―・ゑ(用)

薬飲んで、命の養生するわいの(=養生するよ)」

❾(動詞の連用形に付く場合)→次項「=すう」参照

すう【据う】(他ワ下二){ゑ・ゑ・う・うる・うれ・ゑよ}(動詞の連用形の下に付いて)「…て動かないようにする」「…て安定させる」「…て座らせる」の意を表す。万葉 一七・三九九一「布勢の海に船浮け─・ゑ用て」訳 布勢の湖に船を浮かべて動かないようにして。源氏 真木柱「母君みな呼び─・ゑ用給ひて」訳 母君(=鬚黒の北の方)が(子供たちを)みんな呼んで座らせなさって。

【例語】上げ据う・出だし据う(=出してそこに置く)・隠し据う・傅き据う・籠め据う・為据う・取り据う・並べ据う・揺り据う

参考 ワ行下二段活用の動詞には「据う」「植う」「飢う」がある。「すう」はもともとワ行の下二段動詞であるが、室町時代ごろから、ヤ行にも活用した。→据ゆ

すう-き【枢機】(名)[「枢」は戸の開閉装置である「くるる」、「機」は弩の引き金の意で、ともにはたらきの中心をなす]肝要なところ。要点。かなめ。〔太平記〕二四「世をしづめ、国を治め給ふ─なれば、一度も断絶すべからざる事なれども」訳 (朝廷の儀式や年中行事は)世間を落ち着かせ、国をお治めになるかなめであるので、一度も絶やしてはならないことであるが。

ずう-ず【誦ず】(他サ変){ぜ・じ・ず・ずる・ずれ・ぜよ}「ずんず」「ずず」とも。「じゅす」に同じ。

すう-ぜう【芻蕘・蒭蕘】(名)草刈りときこり。転じて、身分の低い人。〔太平記〕五「─のことばまでも捨てずと言ふはこれなり」訳 身分の低い者のことばまでも聞き捨てにしないというのはこのことだ。

すえ【末・陶・須恵】⇩すゑ

すおう【素襖】⇩すあを

すが【菅】(名)すげ(=草の名)。多く、複合語で用いられる。万葉 三・二九九「奥山の─の葉しのぎ降る雪の」訳 奥山のすげの葉を押さえるようにして降る雪が。「─畳」「─原」「─笠」

すが-がき【清搔き・菅搔き】(名)❶和琴の弾き方の一つ。詳しくは不明。源氏 常夏「ただはかなき同じ─の音に」訳 ただほんのちょっとした(だれが弾いても)同じ清搔きの音色(の中)に。❷三味線の曲の一つ。遊郭で遊女が客引きする際に弾いた。〔東海道中膝栗毛〕「両側に軒をならべて、(三味線で)ひきたつる─の音賑はしく」❸歌舞伎で、遊郭の雰囲気を出すために使う音楽。

すが-が・く【清搔く・菅搔く】(他カ四){か・き・く・く・け・け}「すがき①」をする。源氏 真木柱「あづまの調べを─・き用て」訳 (光源氏が)和琴の曲を清搔きに弾いて。

す-がき【簀搔き】(名)床に竹や板を簀の子状に張ること。また、その床。

す-がく・る【巣隠る】(自ラ下二){れ・れ・る・るる・るれ・れよ}巣の中に隠れる。巣ごもる。源氏 真木柱「─・れ用て数にもあらぬかりの子をいづかたにかはとりかへすべき」訳 巣に隠れて物の数にも入らない雁の卵(=子供の数に入らない、血のつながらない子)をひなにかえし、どこに返す必要があるだろうか(いや、どこにも返す必要はない)。(「かりの子」は「雁の子」と「仮の子(=養女で、玉鬘をさす)」、「かへす」は「孵す」と「返す」との掛詞)

すが-ごも【菅薦・菅菰】(名)菅で編んだむしろ。古くは、広く奥羽地方で作られたが、のちに、特に陸前(宮城県)利府の名産となる。細道 壺の碑「今も年々十符の─を調へて、国守に献ずといへり」訳 今でも毎年十符(=編み目が十あること)の菅菰を作って、藩主に献上するということである。

すかし-あふぎ【透かし扇】(名)透かし彫りをした薄い杉板の骨に、生絹などを張った扇。透き扇。

すがし-め【清し女】(名)清らかな女性。美しい女性。〔記〕下「言をこそ菅原と言はめあたら─」訳 ことばの上ではすげはらとは言おうが、惜しむべき清々しく美しい女性であるよ。

すか・す【賺す】(他サ四){さ・し・す・す・せ・せ}❶だます。あざむく。徒然 一二九「いときなき子を─・し用、おどし、言ひはづかしめて興ずることあり」訳 (大人が)幼い子供をだまし、おどかし、からかっておもしろがることがある。❷おだてる。調子にのせる。枕 一二四「さしむかひたる程は、うち─・し用て思はぬことをもいひ頼むるこそ、はづかしきわざなれ」訳 (男は女と)面と向かっているときは、(女を)おだてて思ってもいないことをも言い、(自分を)あてにさせるのが、(女にとっては)気おくれを感じることである。❸慰めなだめる。源氏 早蕨「さまざまに語らひ給ふ御様のをかしきに─・さ未れ奉りて」訳 いろいろにお話しになる(匂宮の)ごようすがおもしろいせいで、(薫は)慰めなだめられ申しあげて。

すか・す【透かす】(他サ四){さ・し・す・す・せ・せ}❶まばらにする。間をあける。枕 九〇「五節の局を、日も暮れぬほどに、みなこぼち─・し用て、ただあやしうてあらする、いと異様なることなり」訳 五節の舞姫の控え室を、(その)日も暮れないうちに、(簾や几帳などを)全部取りはらいすきまを作って(=外からまる見えにして)、ただもう粗末な状態にしておくのは、まことに不体裁なことである。❷透けて下のものが見えるようにする。枕 三五「二藍の指貫、直衣、浅葱の帷子どもぞ─・し用給へる」訳 (若い上達部たちは)二藍色の指貫に、直衣(を着て)、薄青色の帷子などを(その下に)透けて見えるようにしていらっしゃる。❸減らす。少なくする。〔太平記〕九「京中の勢をば、さのみ─・す終まじかりしものをと」訳 (そうと知っていれば)京中の兵力を、そんなに減らさなかっただろうにと。❹油断する。

語の広がり「透かす」

「すぐさま」の意の「すかさず」は、「すかす」の未然形「すかさ」に打消の助動詞「ず」が付いて副詞として用いられるようになったもの。「間をあけず」が原義。

すがすが(-と)【清清(と)】(副)❶とどこおりのないようす。すらすら。更級 富士川「ぬまじりといふ所も─と(=とどこおりなく)過ぎて」❷こだわりや未練のないようす。あっさり。さっぱり。源氏 桐壺「─ともえ参らせ奉り給はぬなりけり」訳 (祖母は若宮=光源氏を)あっさりとも、とても参内させ申しあげることがおできにならないのであった。

すがすが・し【清清し】(形シク){しから・しく(しかり)・し・しき(しかる)・しけれ・しかれ}❶気分がさわやかでこころよい。〔記〕上「『吾ここに来て、我が御心─・し終』とのり給ひて」訳「私はここに来

て、わが御心はさわやかだ」とおっしゃって。❷あっさりしていて思い切りがよい。源氏 玉鬘「たゆたひつつ、―・しく㊥も出でたたぬ程に、おもき病して」訳(少弐は、上京をためらい続けては、思い切りよくも出発しないでいるうちに、重い病気にかかって。❸とどこおりない。源氏 少女「―・しう㊥(ウ音便)はて給へれば」訳(夕霧は他の試験もとどこおりなくおすみになった(=及第された)ので。

すがた【姿】(名)❶衣服を身につけたようす。**身なり。容姿**。服装。源氏 葵「壺装束などいふ―にて」訳 壺装束などという身なりで。❷物の形。**ありさま**。また、趣のあるようす。枕 四〇「―なけれど、すろの木、唐めきて、わるき家の物とは見えず」訳 趣のあるようすはないけれど、しゅろの木は、中国風で、貧しい家のものとは見えない。❸歌論や俳論で、ことば(=表現)と意味(=内容)とにわたる全体的な表現様態。**歌体。句体。歌・句の格調**。〔無名抄〕「させる風情もなけれど、詞よく続けば、おのづから―に飾られてこの徳を具することもあるべし」訳 これといった趣向がなくても、ことばがうまく配列されると、おのずと歌の風体によって美的に整えられてこの徳(=幽玄の美点)を備えることもあるのだろう。(⇩有り様「類語パネル」)

すがた-かたち【姿形】(名)身なりと顔かたち。容姿。枕 三「世にありとある人は、みな―心ことにつくろひ」訳(元日は)世の中のすべての人は、みな身なりと顔つきを格別に装って。
参考「すがた」はおもに衣服を着けたからだ全体をいい、「かたち」は顔つきをいう。

すが-だたみ【菅畳】(名)菅で編んだ敷物。〔記〕中「―八重、皮畳八重、絁畳八重を波の上に敷きて」訳(弟橘比売命は)菅の敷物何枚も、皮の敷物何枚も、絹の敷物何枚も波の上に敷きつめて。

すがのねの【菅の根の】《枕詞》菅の根の状態から「長し」「乱る」に、また「ね」の同音から「ねもころ」にかかる。万葉 一〇・一九二四「―長き春日を」。万葉 四・六七九「―思ひ乱れて」。万葉 一二・二八五七「―ねもころごろに」

すが-はら【菅原】(名)「すげはら」とも。菅の生えている野原。万葉 七・一三四一「真珠つく越の―わが刈らず人の刈らまく惜しき―」訳 越(=地名か)の菅原、私が刈らずに人が刈るであろうことの惜しい菅原。(「真珠つく」は「をち」にかかる枕詞)

菅原伝授手習鑑(すがわらでんじゅてならいかがみ)『作品名』江戸中期の浄瑠璃。時代物。竹田出雲・並木宗輔(千柳)・三好松洛・竹田小出雲の合作。延享三年(一七四六)大坂竹本座初演。菅原道真配流の伝説と「北野天満宮縁起」を骨子に脚色。

菅原孝標の女(すがわらのたかすえのむすめ)『人名』(一〇〇八?〜?)平安中期の歌人・物語作者。父孝標は菅原道真の玄孫。母は藤原倫寧の娘。「蜻蛉日記」の作者である道綱の母は伯母。「源氏物語」にあこがれる少女時代から夫橘俊通と死別した晩年までの回想を「更級日記」に記した。「夜の寝覚」「浜松中納言物語」の作者ともいわれる。⇩女房「発展」

菅原道真(すがわらのみちざね)『人名』(八四五〜九〇三)平安前期の政治家・学者・漢詩人。宇多・醍醐天皇に仕えた。右大臣にまで任ぜられたが、藤原時平の中傷によって大宰権帥に左遷され、九州の配所で没した。のち天神として祭られ、学問の神様とされている。「小倉百人一首」に入集。漢詩文集「菅家文草」「菅家後集」。史書「日本三代実録」「類聚国史」の撰修に参画。

すが・ふ(ゴウ)【次ふ】(自ハ四)〔は・ひ・ふ・へ〕❶次ぐ。相並ぶ。匹敵する。源氏 紅梅「中の君も、うち―・ひ㊥て、あてになまめかしう」訳 中の君も(姉君=大君に)匹敵して、上品で優雅であり。❷行き違いになる。

すが-まくら【菅枕】(名)菅を束ねて枕としたもの。万葉 一四・三三六九「足柄の崖の小菅の―何故かまかさむ児ろせ手枕」訳 足柄の崖の小菅の菅の枕をどうしてなさるのか、娘さん、なさい私の手枕を。

すが・む【眇む】■(自マ四)〔ま・み・む・む・め・め〕片目が細くなっている。また、斜視である。平家 一・殿上闇討「その上忠盛目の―・ま㊌れたりければ」訳 そのうえ、忠盛は目が斜視でいらっしゃったので。■(他マ下二)〔め・め・む・むる・むれ・めよ〕片目を細めて見る。〔浮・新色五巻書〕「―・め㊥て見返す目の内はものかは」訳 片目を細くして見返す目つきをものともせず。

すが-め【眇】(名)❶片目が細いこと。また、斜視。平家 一・殿上闇討「伊勢平氏は―なりけり」とぞはやされける」訳「殿上人たちは伊勢の平氏(=忠盛)は斜視であったよ(伊勢産の瓶子(=徳利)は酢がめであったよ)」とはやし立てなさった。(「平氏」に「瓶子」を、「眇」に「酢がめ」をかける)❷瞳を片寄せて物を見ること。横目。流し目。今昔 一九・三「卒塔婆の方を―(=横目)に見やりつつ」

すが-やか【清やか】(形動ナリ)〔なら・なり(に)・なり・なる・なれ・なれ〕(「やか」は接尾語)❶さっぱりして思い切りのよいさま。源氏 柏木「おどろおどろしき御悩みにもあらで、―・に㊥おぼし立ちける程よ」訳(女三の宮は)大変な御病気でもなくて、思い切りよく(出家を)決心なさったことよ。❷すらすらと事が運ぶさま。大鏡 道長上「大臣までかく―・に㊥なり給へりしを」訳(藤原伊周が)内大臣までこんなにすらすらと昇進なさったことを。

-すがら(接尾)(名詞に付いて)❶初めから終わりまでずっと。その間じゅうずっと。蜻蛉 中「長き夜―(=夜どおし)鳴く虫の」❷途中。ついで。徒然 二〇九「道―の田をさへ刈りもてゆくを」訳 道の途中の(刈りとることを命じられていない)田の稲をまでもずんずん刈って行くので。❸ただそれだけ。細道 草加「ただ身―にと出で立ち侍るを」訳(荷物を持たず)ただからだだけでと思って出立しますが。

すがら-に(副)その間ずっと。通して。万葉 四・六一九「ぬばたまの夜は―赤らひく日も暮るるまで嘆けども」訳 夜はその間ずっと(=夜どおし)、(昼は)日も暮れるまで嘆いても。(「ぬばたまの」は「夜」に、「赤らひく」は「日」にかかる枕詞)

すがる【蜾蠃】(名)❶似我蜂(=虫の名)の古名。腰が細くくびれているので、女性の細腰にたとえる。万葉 一六・三七九一「飛び翔る―のごとき腰細に取り飾らひ」

訳 飛びまわる似我蜂のような細い腰に(帯を)装い飾り。❷(中世以降)鹿の異名。

す‐が・る【酸がる】(自ラ四)〔ら・り・る・る・れ・れ〕酸味を感じる。すっぱがる。枕 四五「にげなきもの　…歯もなき女の、梅くひて―・り用たる」訳 似つかわしくないもの、…歯もない女が、梅を食べてすっぱがっている顔。

すがる‐をとめ【蜾蠃少女】(名)「蜾蠃①」のような、腰の細い美しい少女。万葉 九・一七三八「腰細の―のその姿の端正しきに」訳 腰の細いすがるのような娘で、その容姿がととのって美しいうえに。

すき【好き・数寄】(名)〔「数寄」はあて字〕❶**色好み。**好色。源氏 薄雲「いにしへの―は、思ひやり少なきほどのあやまちに仏神も許し給ひけむ」訳 (光源氏の)昔の好色は、(まだ分別の少ない(若い)ころの過失として、仏や神もお許しくださったであろう。❷**風流の道に心を寄せること。**風雅の道。芸道一般にうちこむ心。〔無名抄〕「人の―と情けとは、年月に添へて衰へゆく故なり」訳 人の風流を求める心と情けとは、年月(の経つの)にしたがって衰えてゆくからである。❸物好きであること。好みがうるさいこと。〔浮・世間胸算用〕「馳走も常にかはりて―、合点か」訳 料理もふつう(のもの)とちがって好みがうるさいが、承知か。

すき【主基】(名)〔「次(＝二番目)」の意〕大嘗祭に供える新しい穀物・酒を奉るために占いで定められた二つの国郡のうち、第二のもの。→斎忌

すぎ【杉】(名)スギ科の常緑高木。古来、神木とされ、建築用材・酒だるなどに用いられた。

すき‐あふぎ【透き扇】(名)「すかしあふぎ」に同じ。

すき‐あり・く【好き歩く】(自カ四)〔か・き・く・く・け・け〕❶色事を求めて歩き回る。源氏 夕顔「なほ同じごと―・き用ければ」訳 (惟光はやはり以前と同様に、(夕顔邸の女房のもとに)色事を求めて歩き回った(＝通いつめた)ので。❷風流を好んで歩き回る。宇治 一五・五「花の下、月の前と―・き用けり」訳 (通清は、春の桜の)花の下、(秋の)月の前と、風流を求めて歩き回ったのだった。

すき‐かげ【透き影】(名)❶物のすきまや物を通して漏れる光。源氏 帚木「火ともしたる―、障子の上より漏りたるに」訳 灯火をともした、すきまから漏れる光が、襖障子の上から漏れているところに。❷物を通して透けて見えること。また、その姿や形。枕 一八四「下簾ひきふたぎて、―もやと扇をさしかくすに」訳 (牛車の)下簾を引きふさいで、(それでも)透き影も見られはしないだろうかと扇で顔をかくすけれども。

すぎ‐がて‐に【過ぎがてに】通り過ぎることができそうもなくて。通過しかねて。源氏 夕顔「前栽のいろいろ乱れたるを、―やすらひ給へるさま、げにたぐひなし」訳 庭の植え込みの色さまざまに咲き乱れているのを、(そのまま)行き過ぎ難くためらっていらっしゃる(光源氏の)ようすは、ほんとうに並ぶものがない(ほど美しい)。

なりたち 上二段動詞「過ぐ」の連用形「すぎ」＋上代の下二段補助動詞「かつ」の未然形「かて」＋打消の助動詞「ず」の上代の連用形「に」＝「すぎかてに」の濁音化したもの。

すき‐がま・し【好きがまし】(形シク)〔しから・しく(しかり)・し・しき(しかる)・しけれ・しかれ〕〔「がまし」は接尾語〕好色らしい。浮気っぽい。源氏 帚木「この君もいとものうくして、―・しき体あだ人なり」訳 この方(＝頭の中将)もたいそうおっくうがって(四の君のいる右大臣家にはあまり寄りつかず)、好色めいた浮気者である。

すき‐ごこち【好き心地】(名)色好みの心。浮気心。好き心。源氏 帚木「若き程の―には、この人をとまりにとも思ひとどめ侍らず」訳 若いころの浮気心では、この人を最後まで連れ添う妻に(しよう)とも心にとめませず。

すき‐ごころ【好き心】(名)色好みの心。浮気心。源氏 紅葉賀「―なしと、常にもて悩むめるを」訳 (光源氏には)浮気心がないと、常々(女房たちが)もてあましているようだが。

すき‐ごと【好き事】(名)❶物好きな行為。竹取 竜の頸の玉「『かかる―をし給ふこと』とそしりあへり」訳 「こんな物好きなことをしなさることよ」と(家来たちは大納言の)悪口を言い合った。❷色事。好色なこと。源氏 帚木「かかる―どもを末の世にも聞き伝へて」訳 (光源氏の)このような好色ごとの数々を後世にも聞き伝えて。

すぎ‐すぎ【次次】(副)つぎつぎ。順ぐりに。源氏 紅梅「君たち、おなじ程に、―大人び給ひぬれば」訳 姫君たちが同じ年格好で次々成人なさったので。

すきずき・し【好き好きし】(形シク)〔しから・しく(しかり)・し・しき(しかる)・しけれ・しかれ〕❶**色好みらしい。**好色めいている。枕 一九一「―・しく用てひとり住みする人の、夜はいづくにかありつらむ」訳 色好みで一人暮らしをする男が、(昨)夜はどこに泊まったのだろうか。❷**風流である。風雅なことに夢中である。凝っている。物好きである。**枕 一六一「月ごろいつしかと思ほえたりしだに、わが心ながら―・し終とおぼえしに」訳 数か月来(七夕が)早く(来てほしい)と思われたことでさえ、自分の心ながら物好きだと思われたのに。

すき‐たわ・む【好き撓む】(自マ四)〔ま・み・む・む・め・め〕浮気なたちですぐに相手になびく。源氏 帚木「―・め已らむ女に心おかせ給へ」訳 浮気なたちで相手になびいてしまうような女にお気をつけなさい。

すぎ‐はひ【生業】(名)《近世語》生計を立てるための職業。なりわい。〔浮・日本永代蔵〕「汝等、―の種を忘れな」訳 おまえたち、生計のもと(＝家業)を忘れるな。

すぎはら‐がみ【杉原紙】(名)鎌倉時代、播磨(兵庫県)杉原から産した紙。奉書紙に似るが、やや薄くやわらかい。慶弔や手紙などに用いた。〔浮・世間胸算用〕「棟木の間より―の一包みをさがし出し」

すき‐ま【透き間・隙間】(名)❶物と物とのあいだのわずかな空間。すき。源氏 空蟬「ひとへうちかけたる几帳の―に」訳 単衣(の帷子)をちょっとかけた几帳の隙間に。❷時間的な余裕。ひま。❸油断。また、つけいる機会。すき。源氏 絵合「かく―なくて二ところさぶらひ給へば」訳 (冷泉帝には)このように(割り込む)余地がない状態で、お二人(の女御)がお仕えしていらっしゃるので。

すき‐もの【好き者】(名)❶物好きな人。好事家。風流な人。源氏 若紫「例の、篳篥吹く随身、笙の笛持たせたる―などあり」訳 (迎えの人々の中には)

いつものように、篳篥を吹く随身や、笙の笛を(供の者に)持たせている風流人などもいる。

❷恋の情趣を解する人。好色な人。伊勢 六一「『これは色好むといふ―』とすだれのうちなる人のいひけるを聞きて」訳「この男は色を好むという(評判の高い)好色者よ」とすだれの内にいる人(=女)が言ったのを(男は)聞いて。⇩忠実人(まめびと)「発展」

すき-や【数寄屋】(名)茶の湯の会のために設けた小さな庵(いお)。また、茶室。

す-ぎゃう(ギョウ)【修行】(名・自サ変)「しゅぎゃう(修行)」に同じ。

ず-きゃう(キョウ)【誦経】(名)❶経文を声を出して読むこと。また、僧に経を読ませること。源氏 夕顔「かかるとみのことには―などをこそはすなれとて」訳このような(夕顔の変死という)急な出来事には、僧に経を読ませることなどをするそうだということで。

❷①の礼として僧におくる金品。布施物。枕 一二〇「きよげなる立て文もたせたる男などの、―の物うち置きて」訳清浄で美しい感じの立て文を(供の者に)持たせた男などが、経をあげてもらうための礼の物を(そこに)置いて。

すぎゃう-ざ(スギョウ-)【修行者】(名)「しゅぎゃうじゃ」に同じ。

ずきょう【誦経】⇩ずきゃう

すぎわい【生業】⇩すぎはひ

すき-わざ【好き業】(名)好色な行為。源氏 葵「心のすさびに任せてかく―するは、いと世のもどき負ひぬべきことなり」訳(光源氏が)気まぐれにまかせて、このように浮気なことをするのは、本当に世間からの非難をきっと負うにちがいないことである。

す-く【秀句】(名)「しうく」に同じ。

す・く【好く】■一(自カ四){か・き・く・く・け・け}❶**好色である。多情である。**源氏 若紫「いと―・き(用)たる者なれば、かの入道の遺言破りつべき心はあらむかし」訳(良清(よしきよ)は)たいへん好色の者だから、その(明石(あかし)の)入道の遺言をきっと破るに相違ない心(=娘を手に入れる気持ち)はあるのだろうよ。文法「破りつべき」の「つ」は、助動詞「つ」の終止形で、ここは確述の用法。「かし」は、強く念をおす意の終助詞。

❷風流の道に打ち込む。**風流である。物好きである。**徒然 一三七「よき人は、ひとへに―・け(已)るさまにも見えず」訳身分教養のある人は、やたらに風流を好もしがっているようすにも見えないで。

■二(他カ四){か・き・く・く・け・け}好む。〔狂・伯母酒〕「甘いを―・い(用)(イ音便)て参るお方もあり、また辛いを―・く(体)衆もござる」訳甘いのを好んでお飲みになるお方もおり、また辛いのを好む人々もおります。

す・く【透く・空く】(自カ四){か・き・く・く・け・け}❶すき間ができる。まばらになる。源氏 総角「歯うち―・き(用)て愛敬(あいぎやう)なげに言ひなす女あり」訳歯は(抜けて)すき間ができて、無愛想なようすで言いたてる(老いた)女がいる。

❷物を通して見える。すき通る。源氏 常夏「―・き(用)給へる肌つきなど」訳(薄い衣服を通して)透けて見えなさっている(雲居(くもゐ)の雁(かり)の)肌のようすなど。

❸物の間を通りぬける。更級 太井川「風―・く(終)まじくひきわたしなどしたるに」訳風が(小屋の中を吹いて)通りぬけないように(幕を)引きまわしなどしてあるのに。

す・く【食く・飲く】(他カ四){か・き・く・く・け・け}食べる。飲みこむ。今昔 二〇・一九「我、道にして―・か(未)むがために干飯(ほしいひ)少しあり」訳私は、道中で食べるために干飯を少し持っている。

す・く【梳く】(他カ四){か・き・く・く・け・け}髪の毛を櫛(くし)でとかす。〔浮・日本永代蔵〕「毎日、髪かしらも自(みづか)ら―・き(用)て、丸曲(まるわげ)に結ひて」

す・く【漉く】(他カ四){か・き・く・く・け・け}水にとかした原料を簀(す)の上にうすく平らに広げて、紙などを作る。源氏 鈴虫「紙屋(かんや)の人を召して、ことに仰せ言(ごと)賜(たま)ひて心ことに清らに―・か(未)せ給へるに」訳(光源氏は)紙屋院(=官営の製紙所)の役人をお呼びになって、特別にご命令を下されて、格別にきれいに作らせなさった紙に。

す・く【鋤く】(他カ四){か・き・く・く・け・け}鋤(すき)などで土を掘り返す。徒然 三〇「古き墳(つか)は―・か(未)れて田となりぬ」訳古い墓は掘り返されて田となってしまった。

す・ぐ【過ぐ】(自ガ上二){ぎ・ぎ・ぐ・ぐる・ぐれ・ぎよ}❶通り過ぎる。通過する。〔記〕中「新治(にひばり)筑波(つくば)を―・ぎ(用)て幾夜か寝つる日日(かが)なべて夜には九夜(ここのよ)日には十日を」訳→にひばり…歌謡

❷時が過ぎる。**経過する。**万葉 一・二八「春―・ぎ(用)て夏来(きた)るらし白栲(しろたへ)の衣ほしたり天(あめ)の香具山(かぐやま)」訳→はるすぎて…和歌

❸**世を渡る。生活する。**宇治 六・五「今は昔、鷹(たか)を役にて―・ぐる(体)者ありけり」訳今では昔のことだが、鷹を(とって売るのを)仕事として生活する者がいたそうだ。

❹度を越える。**まさる。**徒然 五三「聞きしにも―・ぎ(用)て、尊くこそおはしけれ」訳(石清水八幡宮(いわしみずはちまんぐう)は)聞いていたのよりもまさって、神々しくいらっしゃった。

❺**盛りが過ぎる。**終わりになる。源氏 若紫「京の花、盛りは皆―・ぎ(用)にけり」訳京の花(=桜)は、盛り(の時期)は皆過ぎてしまった。

❻**死ぬ。**蜻蛉 上「この―・ぎ(用)ぬる人、わづらひつる日ごろ、ものなども言はず」訳この亡くなった人(=母親)が病気をしていた数日は、ものなども言わないで。⇩果(は)つ「慣用表現」

す・ぐ【挿ぐ】(他ガ下二){げ・げ・ぐ・ぐる・ぐれ・げよ}❶(糸・ひもなどを)差し通す。すげる。枕 一六〇「とみのもの縫ふに、なま暗うて針に糸―・ぐる(体)」訳急ぎのものを縫うのに、うす暗い中で針に糸を差し通すの(はじれったい)。

❷柄(え)、鏃(やじり)などをすえつける。はめこむ。〔義経記〕「大の雁股(かりまた)―・げ(用)て」訳(弓矢に)大きな雁股(=鏃の一種)をはめこんで。

すぐ【直】(形動ナリ){なら・なり(に・なり)・なる・なれ・なれ}❶まっすぐなさま。〔風姿花伝〕「腰膝(こしひざ)は―・に(用)、身はたをやかなるべし」訳(女に扮(ふん)する際は)腰や膝はまっすぐで、からだはしなやかでなければならない。

❷実直なさま。正直なさま。〔謡・安宅〕「―・なる(体)人は苦しみて、讒臣(ざんしん)はいや増しに、世にありて」訳正直な人(=義経(よしつね))は苦しんで、讒臣(=景時(かげとき))はいよいよ栄えて。

❸ありのまま。平家 二・阿古屋之松「―・に(用)知らせ奉っては悪(あ)しかりなん」訳ありのままにお知らせ申しあげてはきっとぐあいが悪いだろう。文法「悪しかりなん」の「な」は、助動詞「ぬ」の未然形で、ここは確述の用法。

すく-えう ヨウ【宿曜】(名)「しゅくえう」とも。星(=二十八宿・九曜または七曜)の運行に当てて運勢や吉凶などを占う術。占星術。源氏 桐壺「—のかしこき道の人に考へさせ給ふにも」訳 占星術にすぐれたその道の人に(若宮=光源氏の将来を)調べたださせなさるにつけても。

すぐ・す【過ぐす】(他サ四){さ・し・す・す・せ・せ} ❶年月をおくる。時を過ごす。暮らす。徒然 七「千年を—・す(終)とも、一夜の夢のここちこそせめ」訳 たとえ千年を過ごしても、一晩の夢のような気持ちがすることであろう。文法「せめ」の「め」は、推量の助動詞「む」の已然形で、係助詞「こそ」の結び。❷すます。(物事を)終わらせる。源氏 若紫「初夜いまだ勤め侍らず。—・し(用)てさぶらはむ」訳 初夜の勤行をまだ勤めておりません。すませて参りましょう。❸そのままにする。ほうりっぱなしにする。源氏 帚木「言はまほしからむことをも、一つ二つのふしは—・す(終)べくなむあべかりける」訳 言いたいようなことについても、その一つ二つのことはそのままにして言わないでおくようにするのがよかったのだ。文法「あべかり」は「あるべかり」の撥音便「あんべかり」の「ん」の表記されない形。❹度を過ごす。ものの程度を越える。宇治 一〇・一「左の大臣は、—・し(用)たることもなきに、かかるよこざまの罪にあたるを、思し嘆きて」訳 左大臣(=源信)は、度を過ごしたあやまちもないのに、このような不当な罪に当たるのを、嘆き悲しみなさって。❺年長である。ふける。源氏 桐壺「女君は、すこし—・し(用)給へるほどに」訳 女君(=葵の上)は少し(光源氏より)年長でいらっしゃる年齢に比べて。❻(動詞の連用形の下に付く場合)→次項「(=すぐす)」参照

:すぐ・す【過ぐす】(他サ四){さ・し・す・す・せ・せ}(動詞の連用形の下に付いて)❶「心にとめず…」「…流す」の意を表す。大鏡 師輔「いかなる折も、必ず見—・し(用)聞き放たせ給はず」訳 (このお后は)どんなときにも、決して見過ごしなさったり聞き流しなさったりせず。

【例語】聞き過ぐす

❷「…て時を過ごす」の意を表す。方丈 三「あられぬ世を念じ—・し(用)つつ」訳 住みにくい世の中を耐え忍んで月日を過ごしては。

【例語】待ち過ぐす(=待ちながら月日を過ごす)

すくすく・し(形シク){しから・しく(しかり)・し・しき(しかる)・しけれ・しかれ} いかにもきまじめだ。愛想がない。枕 七「いかなるまめ人にかあらむ、—・しう(用)(ウ音便)さし歩みて往ぬるもあれば」訳 どういうきまじめな人なのであろうか、(そのまま)無愛想に歩いて行ってしまう人もいるので。

すく-せ【宿世】(名)《仏教語》(「しゅくせ」の転)❶前世。先の世。過去の世。今昔 一・一七「さて仏、五十人の沙弥のために、扇提羅が—の罪報を説き給ふ」訳 さて仏は、五十人の未熟な僧のために、扇提羅(=インドの最下層の階級)の前世の罪業のむくいを説きなさる。❷前世からの因縁。宿命。更級 竹芝寺「これも先の世にこの国に跡をたるべき—こそありけめ」訳 こうなるのも前世でこの国(=武蔵)に(都から)移り住むはずの因縁があったのであろう。

発展 現世を拘束する「宿世」

仏教には輪廻という考えがあり、現世の幸・不幸や運・不運はすべて、前世の行いによってすでに決まっているとする。目には見えないが、現世を拘束している不思議な力は「宿世」と考えられた。物語や日記の主人公たちは、結局はこれが宿世だと、自分の歩んだあとをふりかえることが多い。

すくな-く-も【少なくも】(副)〔形容詞「少なし」の連用形「すくなく」に係助詞「も」の付いたもの〕(下に打消の語・反語を伴って)少しばかり…どころではない。非常に…だ。万葉 一八・四一一八「かくしても相見るものを—年月経れば恋しけれやも」訳 こうして逢えるのに、(お逢いせずに)年月を送ると少しばかり恋しいどころではないよ(=とても恋しく思われるよ)。

すぐな-もじ【直な文字】(名)(まっすぐな文字の意から)平仮名の「し」の字のこと。徒然 六二「ふたつ文字牛の角文字—歪み文字とぞ君はおぼゆる」訳 →ふたつもじ…和歌

すく-ね【宿禰】(名)❶上代、貴人を親しみ尊んでその名の下に付けた語。〔記〕下「軍を興して大前小前—の家を囲みたまひき」訳 (穴穂の御子が)軍勢を興して大前小前(=人名)の宿禰の家をお囲みになった。❷天武天皇のときに定められた八色の姓のうち、第三位の称。→八色の姓

すく・ふ スクウ【掬ふ】(他ハ四){は・ひ・ふ・ふ・へ・へ}❶(手やひしゃくで液体などを)くみとる。竹取 燕の子安貝「人々、水を—・ひ(用)〔主人の口に〕入れ奉る」❷(不意に)下から上へ払うように持ち上げる。〔曽我物語〕「乗りたる馬を主ともに中に—・う(用)(ウ音便)て投げ上げ」訳 (暴走した猪は、新田四郎忠綱の)乗っている馬を主人もろともに空中に足をすくって投げ上げ。

すぐ-みち【直道・直路】(名)まっすぐな道。また、近道。細道 那須「これより野(=那須野)越えにかかりて—をゆかむとす(=行こうとする)」

すく・む【竦む】■(自マ四){ま・み・む・む・め・め}❶恐れなどのため、からだが硬直して動けなくなる。蜻蛉 上「足手など、ただ—・み(用)に—・み(用)て絶えいるやうにす」訳 手足などが、ただもう硬直し動けなくなって死ぬようになる。❷縮んで、こわばる。〔紫式部日記〕「憂きことを語らひつつ、—・み(用)たる衣どもおしやり」訳 (宮仕え生活がつらいことを語らっては、縮んで皺になった衣などを押しやり。❸(性質や態度などが)かたくなである。源氏 藤裏葉「おとどの御おきてのあまり—・み(用)て」訳 (内)大臣のお心ばえがあまりに頑固であって。■(他マ下二){め・め・む・むる・むれ・めよ}縮ませる。固くする。すくめる。〔落窪〕「白き色紙に、小指さして口—・め(用)たるかたを書き給ひて」訳 (少将は)白い色紙に、小指をくわえて口をすぼめているようすをお書きになって。

すく-やか【健やか】(形動ナリ){なら・なり(に)・なり・なる・なれ・なれ}「すくよか」に同じ。今昔 二七・二「この大臣の霊に合ひて、かくやうに—・に(用)異人はえ答へじかしとぞ」訳 この大

臣(=源融)の亡霊に会って、このように気丈に他の人では応対できないだろうよということだ。

すく-よか【健よか】(形動ナリ)｛なら・なり(に)・なり・なる・なれ・なれ｝❶からだが強くてしっかりしているさま。頑丈なさま。〔うつほ〕蔵開上「大宮見給へば、いと大きにて、首も—・なり㊕」訳大宮がご覧になると、(赤ん坊は)たいそう大きくて、首もしっかりしている。
❷心がしっかりしているさま。気丈なさま。宇治 三・一五「ただの人は、その大臣にあひて、さやうに—・に㊐は言ひてんや」訳ふつうの人は、その大臣(=源融)の亡霊に会って、そのように気丈には言うだろうか(いや、言えないだろう)。文法「言ひてんや」の「て」は、助動詞「つ」の未然形で、ここは確述の用法。「や」は、反語の係助詞。
❸きまじめでそっけないさま。無愛想だ。ぶこつだ。徒然 一四一「げには心の色なく、情けおくれ、ひとへに—・なる㊍ものなれば」訳(東国の人は)実際には心のやさしさがなく、人情味にとぼしく、ただただぶこつなものなので。

すぐ・る【過ぐる】(自ラ四)｛ら・り・る・る・れ・れ｝《上代語》過ぎる。万葉 一三・三三〇九「橘の末枝を—・り㊐」訳(背丈が)橘の枝先をこえて。

すぐ・る【勝る】(自ラ下二)｛れ・れ・る・るる・るれ・れよ｝他よりもまさる。すぐれる。徒然 一「人は、かたち・ありさまの—・れ㊐たらんこそ、あらまほしかるべけれ」訳人は、容貌や容姿がすぐれているとしたらそのほうが、望ましいことであろう。文法「すぐれたらん」の「ん」は、仮定・婉曲の助動詞。「べけれ」は、「こそ」の結び。⇩あらまほし「名文解説」

すぐ・る【選る】(他ラ四)｛ら・り・る・る・れ・れ｝選び出す。えりぬく。細道 平泉「さても義臣—・っ㊐(促音便)てこの城にこもり、功名一時の叢となる」訳それにしても(義経が)義勇の臣をえりすぐってこの城に立てこもり、(戦った)功名も一時の(夢と消えて跡は一面の)草原となっている。

すぐれ-て(副)特に。きわだって。ひどく。方丈 二「宝を費やし、心を悩ますことは、—あぢきなくぞ侍る」訳財を使い、心を悩ますことは、特につまらないことでございます。

すぐ-ろく【双六】(名)「すごろく」に同じ。

すけ【助】(名)❶助けること。援助。〔記〕中「吾はや飢ぬ島つ鳥鵜養が伴今—に来ね」訳私はああ空腹になった。鵜飼いの部民よ、今すぐ助けに来てほしい。(「島つ鳥」は「鵜」にかかる枕詞)
❷人の杯の酒を手伝って飲むこと。また、その人。

す-け【出家】(名)〔「しゅっけ」の転〕仏門に入ること。源氏 手習「泣く泣く、—の本意深きよし、ねむごろに語らひ侍りしかば」訳(浮舟が)泣きながら、出家の意向が深いわけを、熱心に語り続けましたから。

すけ【次官】(名)律令制で、四等官の第二位。→長官・判官・主典

発展 「次官」の表記
「すけ」は、役所によって字が異なる。

太政官……大納言	兵衛府・衛門府・検非違使庁……佐
省……大輔	国司……介
職・坊……亮	内侍司……典侍
寮……助	

すげ【菅】(名)「すが」とも。植物の名。種類が多く山野に自生する。葉で笠や蓑をつくる。万葉 一一・二七六八「かきつはた佐紀沼の—を笠に縫ひ」訳佐紀沼(=地名)の菅を笠に縫って。(「かきつはた」は「さき」にかかる枕詞)

すけき【隙】(名)〔「透き明き」の転か〕すきま。万葉 一一・二三六四「玉垂れの小簾の—に入り通ひ来ね」訳玉で飾ったすだれのすきまに入って通って来てほしい。

すげ-な・し(形ク)｛から・く(かり)・し・き(かる)・けれ・かれ｝愛敬がない。そっけない。冷淡だ。大和 一六八「親聞きつけて、男をも女をも—・く㊐いみじういひて」訳親が(二人の仲を)聞きつけて、男に対しても女に対しても冷淡にひどくののしって。

類語パネル

すげなし	相手が助力や愛情を求めているのに、まともに応じようとしないさま。
つれなし	相手や対象に何の関心も持たないさま。

すげ・む(自マ四)｛ま・み・む・む・め・め｝老人の歯が抜けて口がすぼまる。〔増鏡〕序「うち—・み㊐たる口うちほほゑみて」訳歯が抜けてすぼんだ口でちょっとほほえんで。

すご-げ【凄げ】(形動ナリ)｛なら・なり(に)・なり・なる・なれ・なれ｝〔「げ」は接尾語〕❶気味の悪いさま。ぞっとするほど恐ろしいさま。源氏 若紫「いと—・に㊐荒れたる所の、人ずくななるに、いかに幼き人おそろしからむと見ゆ」訳(邸は)とても気味悪そうに荒れている所で、人数も少ないので、どれほど幼い人(=若紫)は恐ろしかろうと思われる。
❷もの寂しいさま。源氏 橋姫「その琴とも聞きわかれぬ物の音ども、いと—・に㊐聞こゆ」訳何の弦楽器とも聞き分けられない楽器の音どもが、たいそうもの寂しそうに聞こえる。

すこし【少し】(副)いささか。わずか。枕 一「やうやうしろくなりゆく、山ぎは—あかりて」訳だんだんと白くなっていく、山に接するあたりの空が少し明るくなって。(「あかりて」は「赤みを帯びて」と解釈する説もある)。⇩枕草子「名文解説」

すご・し【凄し】(形ク)｛から・く(かり)・し・き(かる)・けれ・かれ｝❶恐ろしい。ぞっとする。もの寂しい。更級「日の入りぎはの、いと—・く㊐霧りわたりたるに」訳太陽が今にも沈もうとするときで、たいそうもの寂しく霧が一面に立ちこめているときに。文法「入りぎはの」の「の」は、いわゆる同格の格助詞で、「…で」の意。
❷恐ろしいくらいすぐれている。すばらしい。源氏 若菜下「なまめかしく—・う㊐(ウ音便)おもしろく、所がらはまして聞こえけり」訳(舞楽の東遊びは)優雅ですばらしく興味深く、(住吉神社の社前という)場所のせいではよりいっそう(趣深く)聞こえるのであった。(⇩気疎し「類語パネル」)

すこしき【少しき】❶(形動ナリ)｛なら・なり(に)・なり・なる・なれ・なれ｝わずかなさま。小さいさま。平家 五・勧進帳「奉加—・なり㊕、誰か助成せざらん」訳(寺院再建の)寄付金はわずかであるし、だれが援助しないことがあろうか(いや、だれもが援助するにちがいない)。
❷(副)わずか。少し。〔紀〕神代「尾に至りて剣の刃—欠けぬ」訳(ずたずたに八岐大蛇を斬ると)尾

(のところ)になって剣の刃が少し欠けた。

すご・す【過ごす】(他サ四){さ・し・す・す・せ・せ}【「すぐす」の転】❶暮らしてゆく。月日をおくる。平家 一・祇王「いかならん岩木のはざまにても、―・さ㊍んことやすかるべし」訳(あなたたちはまだ年が若いので)どのような岩や木の間でても、暮らしてゆくようなことはたやすいだろう。❷そのままにしておく。ほうりっぱなしにする。〔夜の寝覚〕「ふり離れてながめ侍りつる月影の―・し㊊難さを」訳(皆を)振り捨て離れて眺めていました月の光がそのままにしておけない(ほど美しい)ので。❸度を過ごす。〔浮・世間胸算用〕「酒ひとつ―・し㊊ましていふでは御座らぬ」訳酒を一杯飲み過ぎましていうのではありません。❹生計をたてる。養う。〔浮・日本永代蔵〕「一人のはたらきにて大勢を―・す㊍は、町人にても大かたならぬ出世」訳一人の働きで大勢を養うのは、町人であっても大変な出世(である)。⇩渡らふ「慣用表現」

すこ-ぶる【頗る】(副)❶いささか。少しばかり。ちょっと。大鏡 時平「みなこそわすれ侍りにけれ。これはただ―おぼえ侍るなり」訳(老いぼれて)みな忘れてしまいました。これはただほんの少々思い出されることなのです。❷ずいぶん。はなはだ。相当。平家 一・殿下乗合「侍ども皆、馬よりとって引きおとし、―恥辱に及びけり」訳(摂政の御供の人々は)武士どもを皆、馬からつかんで引きずりおろし、相当恥辱を与えた。

す-ごも【簀薦・食薦】(名)神膳や食卓の下に敷くむしろ。竹やこもを簀の子のように編んで作る。万葉 一六・三八二五「―敷き蔓菁煮持ち来」訳すごもを敷き青菜を煮て持って来い。

すご-ろく【双六】(名)【「すぐろく」の転】奈良時代、中国から伝わった遊戯の一種。中央部をあけて敵・味方各十二に区分した盤の上に、黒白十五個ずつの馬とよぶ石をならべ、二つの賽を振り、目の数だけ自分の石を進めるもの。先にすべての馬が敵陣に入ったものを勝ちとする。ばくちにも使われた。

(すごろく)

す-さ【朱砂】(名)「しゅさ」とも。鉱石の名。赤色の顔料の原料となる。辰砂。丹砂。枕 一四九「胡粉・―など色どりたる絵どもかきたる」訳(布屏風に)胡粉(=顔料の一種)や朱砂などで彩色した絵をいくつもかいてあるの(は、いやしい感じがする)。

ず-さ【従者】(名)【「じゅうしゃ」の転】「ずんざ」とも。供の者。召使。枕 七五「ありがたきもの…主そしらぬ―」訳めったにないもの、…主人を悪く言わない召使。

す-ざう【素姓・素性】(名)「すじゃう」に同じ。更級「宮仕へ「ありし―まさりて、人と生まれたるなり」訳(功徳によって)前世での血筋(より)もよくなって、(いちだんとりっぱな)人間として生まれたのだ。

す-さき【州崎・洲崎】(名)川や海の土砂が盛り上がって、岬のように川や海に突き出た所。平家 八・太宰府落「―にさわぐ千鳥の声は、暁恨みをまし」訳海の(遠方の)浅瀬で騒いでいる千鳥の声は、夜明け前に(なって)恨みをまし(=悲しげな声で鳴き)。

す-ざく【朱雀】(名)「すじゃく」「しゅじゃく」とも。四神の一。南方の守護神で、鳥の形をしている。

(すざく)

すざく-おほち【朱雀大路】(名)「しゅじゃくおほち」とも。平安京を二分して南北に通じる大路。大内裏の南にある朱雀門から羅城門にいたり、この大路の東を左京、西を右京と称する。⇩巻頭カラーページ30

すざく-もん【朱雀門】(名)「しゅじゃくもん」とも。平安京の、大内裏の正門。南面の中央に位置する。⇩巻頭カラーページ30・31

すさび【荒び・進び・遊び】(名)「すさみ」とも。❶(ある特定の方向に)心がひかれること。乗り気になること。気まぐれ。源氏 帚木「すきずきしき心の―にて人の有り様をあまた見あはせむの好みならねど」訳好色めいた心のおもむくままに、女性のようすを数多く見くらべようという希望(から)でないけれど。❷(心のおもむくままに)慰み半分にすること。もてあそび。徒然 一九「筆にまかせつつ、あぢきなき―にて、かつ破りすつべきものなれば」訳筆(の進むの)にまかせては、つまらない慰みごととして、(書いていく)一方では破り捨ててよいものだから。

すさび-ごと【遊び事】(名)慰みごと。気まぐれな遊び。源氏 蓬生「はかなき古歌、物語などやうの―にてこそ、つれづれをも紛らはし」訳とりとめもない古歌や物語などといった慰みごとで、退屈をも紛らわし。

すさ・ぶ【荒ぶ・進ぶ・遊ぶ】{ば・び・ぶ・ぶ・べ・べ}{び・び・ぶ・ぶる・ぶれ・びよ}■一(自バ四・上二)❶**盛んな勢いで事が起こる。状態がはなはだしくなる。**いよいよ進む。万葉 一〇・二二八一「朝露に咲き―・び㊊たる鴨頭草の日くたつなへに消ぬべく思ほゆ」訳朝露を受けて盛んに咲いているつゆ草が日暮れとともにしおれるように、日が傾くにつれて(私はあなたを待ちかねて)身も消え入ってしまいそうに思われる。(第三句までは「日くたつなへに消ぬ」を導きだす序詞)。文法「消ぬべく」の「ぬ」は、助動詞「ぬ」の終止形で、ここは確述の用法。❷**気の向くままに事を行う。興じる。慰む。**徒然 四四「笛をえならず吹き―・び㊊たる、あはれと聞き知るべき人もあらじと思ふに」訳笛をなんともいえず(巧みに)吹き興じているのを、(こんな所では)情趣深い(音色だ)と聞き分けられる人もあるまいと思うにつけても。文法「え」は副詞で、打消の語(ここでは「ず」)を伴って不可能の意を表す。❸断続的に事が起こる。また、進んだ果てに衰えやむ。新古 恋四「思ひかねうち寝る宵もありなまし吹きだに―・べ㊎庭の松風」訳恋しさに耐えかねて、つい寝る宵もきっとあるであろう。(そんなときは眠りを妨げないように)せめて吹き衰えてくれ、庭の松風よ。文法「ありなまし」の「な」は、助動詞「ぬ」の未然形で、ここは確述の用法。

■二(他バ四){ば・び・ぶ・ぶ・べ・べ}**心のままに興じる。慰む。もてあそぶ。興にまかせて…する。**徒然 二九「亡き人の手習ひ、絵描き―・び㊊たる見出でたるこそ」訳(今は亡き人が何気なく字を書いたり、絵を描き興じたりしたのを見つけ出したときは。

[参考] 多く他の動詞の連用形に付いて、複合動詞の形で用いられ、「言ひすさぶ」「歌ひすさぶ」「書きすさぶ」「弾きすさぶ」「吹きすさぶ」などの語がある。[二]では、中古まで上二段・四段の例が見え、どちらか確定しがたいところがある。のち、多く四段活用となる。

すさま・じ【凄じ】(形シク){じから・じく(じかり)・じ・じき(じかる)・じけれ・じかれ}[動詞「すさむ」に対応する形容詞]

語義パネル

●重点義 **不調和な感じから受ける不快な気持ち。**

とどめようのない状態で事態が進む意の動詞「すさむ」(マ四)に対応する形容詞。

❶その場にそぐわずおもしろくない。つまらない。**興ざめだ。**
❷**さむざむとしている。**荒涼としている。
❸程度がはなはだしい。ひどい。
❹《近世語》あきれたことだ。とんでもない。

「すさまし」とも。❶その場にそぐわずおもしろくない。つまらない。**興ざめだ。**[枕] 二五「━・じき(体)もの　昼ほゆる犬、春の網代(あじろ)」[訳] 不調和で興ざめなもの、昼ほえる犬、(時機を逸した)春の(=春にしかけてある)網代。

❷**さむざむとしている。**荒涼としている。[宇治] 一三・二四「風吹き、雨降りて、━・じかり(用)けるに、大路に、『諸行無常』と詠じて過ぐる者あり」[訳] 風が吹き、雨が降って、さむざむとしていたときに、大路に、「諸行無常」と唱えて通り過ぎる者がある。

❸程度がはなはだしい。ひどい。〔浄・傾城島原蛙合戦〕「はひ出(い)づる蛙(かへる)幾千万、数も限りもあらおびただし、━・じ(終)や」[訳] はい出る蛙幾千万、数限りもなく、ああ非常に多い、はなはだしいことだ。

❹《近世語》あきれたことだ。とんでもない。〔東海道中膝栗毛〕「あれがお屋敷に奉公してゐた〔の〕も━・じい(終)(口語)(=あきれたことだ)」

すさまじ-げ【凄じげ】(形動ナリ){なら・なり(に)・なり・なる・なれ・なれ}[「げ」は接尾語]つまらなそうだ。興ざめのようだ。殺風景だ。不愉快そうだ。[枕] 二五「来年の国々、手を折りてうちかぞへなどして、ゆるぎありきたるも、いとほしう━・なり(終)」[訳] 来年の(国司が交替する)国々を、指折り数えたりして、からだをゆすって歩き回っているのも、気の毒で興ざめのする感じである。

すさみ【荒み・進み・遊み】(名)「すさび」に同じ。

すさ・む【荒む・進む・遊む】[一](自マ四){ま・み・む・む・め・め}「すさぶ[一]」に同じ。[新古] 雑中「たれ住みてあはれ知るらん山里の雨降り━・む(体)夕暮れの空」[訳] 誰が住んでこのしみじみとした趣を味わっているのだろう。山里の、雨が盛んに降っている夕暮れの空よ。

[二](他マ下二){め・め・む・むる・むれ・めよ}❶心がひかれて愛する。気に入ってもてはやす。顧みる。[古今] 春上「山高み人も━・め(未)ぬさくら花いたくなわびそ我見はやさむ」[訳] 山が高いので、(訪れる人もなく)だれもてはやさない桜の花よ。そんなに悲しむな、私が見てほめたてよう。[文法]「山高み」の「み」は、原因・理由を表す接尾語。「な(副詞)…そ(終助詞)」の形で禁止の意を表す。

❷やめる。嫌って避ける。[源氏] 紅梅「我をば━・め(用)たりと、気色(けしき)とり、怨(ゑん)じ給へりしこそをかしかりしか」[訳] (若君=大夫(たいふ)の君は)私(=東宮)を嫌って寄りつかないでいると、(東宮が)ようすを察してうらみ言をおっしゃったのはおもしろかった。[文法]「をかしかりしか」の「しか」は、過去の助動詞「き」の已然形で、係助詞「こそ」の結び。

す・し【酸し】(形ク){から・く(かり)・し・き(かる)・けれ・かれ}酸味がある。すっぱい。[今昔] 二八・五「酒少し濁りて━・き(体)様(やう)なれども」[訳] 酒は少し濁っていてすっぱいようだけれども。

語の広がり「酸(す)し」

「すし(鮨・寿司)」は、本来は「酸し」の意。古くは、魚介類を塩漬けにし、自然発酵(はっこう)によって酸を生じさせた保存食であったために、「酸し」がそのまま名となった。

すじ【筋】⇨すぢ

す-じつ【数日】(名)何日か。数日(すじつ)。[徒然] 五一「多くの銭(あし)を給ひて、━に営み出(い)だして、掛けたりけるに」[訳] (後嵯峨(さが)上皇が大井川に沿った土地の住民に)多額のお金をお与えになって、(水車を)数日で作りあげて、(大井川に)掛けたところ。

ず-して …ないで。…なくて。[竹取] 蓬莱の玉の枝「わが御家へも寄り給は━おはしたり」[訳] (くらもちの皇子(みこ)は)自分のお屋敷へもお寄りにならないで(ここ=竹取の翁(おきな)の家に)いらっしゃった。→して(接助)

[なりたち] 打消の助動詞「ず」の連用形「ず」+接続助詞「して」

[参考] おもに漢文訓読文や和歌に用いられた。

す-じゃう(ジョウ)【素姓・素性・種姓】(名)「しゅじゃう」「すざう」とも。❶家筋。家柄。血筋。❷生まれ。そだち。〔古活字本平治物語〕「もとよりわれこの国の━(=生まれ)なれども」❸本来の性質。本性。

す・す【煤す】(自サ四){さ・し・す・す・せ・せ}《上代語》すすける。[万葉] 一一・二六五一「難波人(なにはひと)葦火(あしび)焚(た)く屋の━・し(用)てあれどおのが妻こそ常(とこ)めづらしき」[訳] 難波の人が葦で火を焚く家のようにすすけているけれども、自分の妻こそはいつまでもかわいいことよ。(第二句までは「煤して」を導きだす序詞。[文法]「こそ…めづらしき」は、上代、形容詞型活用は、係助詞「こそ」の結びが連体形であった例。

すず【篠・篶】(名)細い竹の一種。しの。すず竹。[新古] 秋上「今夜(こよひ)誰(たれ)━吹く風を身にしめて吉野(よしの)の嶽(たけ)の月を見るらん」[訳] 今宵はだれがすず竹を吹く風を身に痛切に感じて、吉野の嶽(=金峰山(きんぷせん))の月を見ているのであろう。

ず-ず【数珠】(名)「じゅず」とも。仏を拝むとき、両手でもんだり、つめで珠(たま)をくって数をかぞえたりするのに用いる仏具。珠は水晶や菩提樹(ぼだいじゅ)の実で作り、ふつう百八個つなげて輪とする。

ず・ず【誦ず】(他サ変){ぜ・じ・ず・ずる・ずれ・ぜよ}「ずす」「ずんず」「ずうず」とも。「じゅす」に同じ。

鈴鹿川(すずかがは)(スズカガワ)【地名】[歌枕] 今の三重県北部を流れる川。鈴鹿山脈に源を発し、伊勢(いせ)湾にそそぐ。

すず‐かけ【篠懸】(名)修験者が服の上に着た麻の衣。素襖のような形で露を防ぐために用いた。

（すずかけ）

すずかぜの… 俳句

> 夏
> 涼風の　曲がりくねって　来たりけり　〈七番日記・一茶〉

訳（裏長屋の奥に住んでいるので）涼風までが（入り組んだ路地のままに）曲がりくねってやっとのことで届いたことだ。（涼風 夏。切れ字は「けり」）

解説「裏店に住居して」という前書きがある。一茶の自嘲癖がよく出ている句。

鈴鹿の関（すずかのせき）『地名』今の三重県鈴鹿山にあった関所。伊賀（三重県）・伊勢（三重県）・近江（滋賀県）の国境に位置し、東西を結ぶ重要な関所であった。三関の一つ。大宝元年（七〇一）に創設され、延暦八年（七八九）に廃された。→三関①

鈴鹿山（すずかやま）『地名』歌枕 今の三重県亀山市と滋賀県甲賀市との境に連なる山々。東海道の難所の一つ。南東に鈴鹿の関があった。

すすき【薄・芒】(名)植物の名。秋の七草の一つ。山野に群生して、秋に大きな花穂を出す。茎・葉は屋根を葺くのに用いる。おばな。秋。枕 六〇「秋の野のおしなべたるをかしさは―こそあれ」訳 秋の野の全体を通じた趣は薄に代表されるようである。

鈴木正三（すずきしょうさん）『人名』（一五七九―一六五五）江戸前期の仮名草子作者。本名は重三。正三は法号。幕臣だったが出家し、曹洞禅を修めた。著には、仏教の因果を説く「因果物語」「二人比丘尼」などがある。

すす‐く【煤く】(自カ下二)（け・け・く・くる・くれ・けよ）❶すすで黒くなる。すすける。徒然 一七六「御薪に―け用たれば、黒戸といふとぞ」訳（黒戸の御所は）御薪（を焚くため）にすすけているので、黒戸というとのことだ。
❷古びてよごれ黒ずむ。源氏 蓬生「あさましう―け用たる几帳さし出でて、侍従出できたり」訳 あきれるほどに古びて黒ずんでいる几帳を差し出して、侍従が（応対に）出て来た。

すす‐ぐ【濯ぐ・漱ぐ・滌ぐ・雪ぐ】(他ガ四)（が・ぎ・ぐ・ぐ・げ・げ）❶水で洗い清める。徒然 一五六「流れを残して、口のつきたる所を―ぐ体なり」訳（杯の底にたまった）酒のしずくを残して、（それで自分の）口のついた所を洗い清めるのである。
❷（罪や恥、けがれを）清める。汚名を除き払う。そそぐ。平家 一一・腰越「朝敵をかたむけ、会稽の恥辱を―ぐ終」訳 朝敵（となった平家）を滅ぼし、会稽の恥辱（＝これまでの敗戦の恥）をそそぐ。

すずし【生絹】(名)練らない（＝灰汁などで煮ていない）生のままの絹糸。また、それで織った織物。ごわごわしているが薄くて軽いので、主として夏の衣服に用いた。枕 一九六「この―だにいと所せく暑かはしく、とり捨てまほしかりしに」訳 この（今着ている）生絹だって（夏の間は）たいそう扱いにくく暑くるしくて、脱ぎ捨てたかったのに。↔練り絹

すず‐し【涼し】(形シク)（しから・しく・しかり・し・しき・しかる・しけれ・しかれ）❶暑気が少なくひややかで快い。涼しい。夏。徒然 五五「深き水は涼しげなし。浅くて流れたる、遥かに―し終」訳 深い水は涼しそうでない。浅くて流れている水（のほう）が、ずっと涼しい。
❷澄んで清い。源氏 常夏「秋の夜の月影―しき体ほど」訳 秋の夜の月光が澄んで清らかなとき。
❸心がさっぱりする。すがすがしい。徒然 一八「いかばかり心のうち―しかり用けん」訳 どんなに心の中がすがすがしかったことだろう。
❹潔白だ。いさぎよい。太平記 二五「実に思ひ切つたる体かなと、先づ、―しく用ぞ見えたりける」訳 まことに思い切ったようすであるなあと、実に、いさぎよく見えた。

すずしき‐かた【涼しき方】極楽。西方浄土。源氏 総角「さりとも―にぞと思ひやり奉るを」訳 いくらなんでも、（八の宮は）極楽浄土に（いらっしゃるだろう）と推察申しあげていると。⇨後世「慣用表現」

すすし‐きほ・ふ【すすし競ふ】(自ハ四)（は・ひ・ふ・ふ・へ・へ）先を争って競う。万葉 九・一八〇九「血沼壮士菟原壮士の盧屋焼き―ひ用相よばひける時には」訳 血沼壮士と菟原壮士が屋根の低い小屋を焼き、先を争って互いに（菟原処女に）求婚したときには。

すずしろ【清白・蘿蔔】(名)だいこんの異称。特に、春の七草の一つとしていう場合の呼び名。春。⇨巻頭カラーページ8

すず‐どし【鋭し】(形ク)（から・く・かり・し・き・かる・けれ・かれ）❶勇敢で機敏だ。平家 一一・勝浦付大坂越「九郎は―き体をのこにてさぶらふなれば」訳 九郎（＝源義経）は、勇敢で機敏な男であるそうですので。
❷抜け目がない。悪がしこい。浮・世間胸算用「若年の時より―く用、無用の欲心なり」訳 若い時から抜け目がなく（金もうけするのは）、不必要な欲心である。

すずな【菘】(名)蕪の異称。春の七草の一つ。春。⇨巻頭カラーページ8

すす‐はき【煤掃き】(名)年中行事の一つ。年末に、新年の準備のために家内のすすを払い清める大掃除。江戸時代には陰暦十二月十三日に行われた。煤払い。冬。浮・好色五人女「餅突く宿の隣には、小笹手毎に（＝手に手に）―する（家）もあり」

すす‐ばな【洟】(名)鼻水をすすること。また、鼻水。今昔 二六・一七「穴の移りいたく湿れたるは、―をいとも、巾のごはぬなめり」訳（鼻の）穴のまわりがたいそう濡れているのは、鼻水をろくにぬぐわないとみえる。

すす‐はらひ【煤払ひ】(名)「すすはき」に同じ。冬

すす‐ぶ【煤ぶ】(自バ上二)（び・び・ぶ・ぶる・ぶれ・びよ）すすける。また、古びる。雨月 仏法僧「それがしが短句、公にも御耳―び用ましまさん」訳 私の連歌の発句は、殿下におかれてもお耳に古くさくなって（＝聞き古して）いらっしゃるだろう。

すす‐む【進む】(自マ四)（ま・み・む・む・め・め）❶前に出る。前進する。進む。平家 四・橋合戦「われ先にと―む体ほどに」訳 われ先にと進むうちに。
❷すぐれる。まさる。上達する。進歩する。源氏 絵合

「いたう—・み㊊ぬる人の、命、幸ひと並びぬるは」訳（学識の）たいそうすぐれた人で、寿命と幸運とがそろった人は。文法「人の」の「の」は、いわゆる同格の格助詞で、「…で」の意。

❸はやる。勢いづく。勇む。万葉 三・三六一「家思ふと心—・む㊎な」訳 たとえ家を思っても、心はやるな。

❹程度がはなはだしくなる。つのる。高ぶる。源氏 帚木「あはれ—・み㊊ぬればやがて尼になりぬかし」訳 感情が高ぶってしまうときっと、そのまま尼になってしまうよ。

文法「かし」は、強く念をおす意の終助詞。

すす・む【勧む・薦む】（他マ下二）｛め・め・む・むる・むれ・めよ｝❶（飲食物などを）すすめる。献じる。源氏 宿木「中納言のいたく—・め㊊給へるに、宮少しほほ笑み給へり」訳 中納言（＝薫）が（杯を）しきりにおすすめになったので、宮（＝匂宮）は少しほほえみなさった。

❷勧誘する。いざなう。細道 立石寺「一見すべきよし、人々の—・むる㊍によって」訳（立石寺を）一度は見ておくがよいと、人々がいざなうので。

❸推薦する。奨励する。徒然 一四二「民を撫で、農を—・め㊌ば、下に利あらんこと、疑ひあるべからず」訳 人民をいつくしみ、農業を奨励するならば、下々の者に利益のあろうことは、疑いのあるはずがない。

すず-むし【鈴虫】（名）松虫の古名。秋。枕 四三「虫は—。ひぐらし。てふ」訳 虫は、鈴虫（＝松虫のこと）。ひぐらし。蝶（などが趣がある）。⇩松虫「発展」・巻頭カラーページ9

すずむしの… 和歌

> 鈴虫の　声の限りを　尽くしても
> 長き夜あかず　ふる涙かな
> 〔降る〕〔振る〕
> 〈源氏・桐壺〉

訳 あの鈴虫（＝今の松虫という）のように私も声の限りを尽くして泣いても、この秋の夜長が十分でないほど、とめどなくこぼれてくる涙であるよ。修辞「ふる」は涙が「降る」と鈴を「振る」とをかけ、「振る」が「鈴」の縁語。解説 亡き桐壺の更衣の里を、桐壺帝の使者として訪れた靫負の命婦が詠んだ歌。里には遺児光源氏とその祖母が、悲しみに閉ざされながら暮らしている。

すずめのこ… 俳句

> 春
> 雀の子　そこのけそこのけ　御馬が通る
> 〈おらが春・一茶〉

訳（ほら危ないぞ）雀の子よ。そこをどいた、そこをどいた。お馬さんが通るぞよ。（雀の子春。切れ字は「のけ」で、動詞「のく」の命令形）

すずり【硯】（名）❶石などで作った、墨をする道具。すずり石。枕 二八「—に髪の入りてすられたる」訳 硯に髪の毛が入ったまますられたの（は不快だ）。

❷すずり箱。蜻蛉 上「ここなる—に、文をおしまきてうちいれて」訳 身辺にあるすずり箱（のふた）に、手紙を巻いて入れて。

すずり-がめ【硯瓶】（名）すずりで墨をするための水を入れておく器。すずり用の水入れ。

すずろ

【漫ろ】（形動ナリ）｛なら・なり（に）・なり・なる・なれ・なれ｝「すぞろ」「そぞろ」とも。

語義パネル

●重点義　事がある方向にひたすら進んでいくさま。

連用形「すずろに」が②の「むやみやたらに」の意で用いられることが多い。

❶なんとなく心が動くさま。漫然とそうなるさま。あてもないさま。なんとなく…だ。
❷むやみやたらである。
❸予期しないさま。思いがけないさま。
❹理由のないさま。何の関係もないさま。用のないさま。

❶**なんとなく心が動くさま。漫然とそうなるさま。あてもないさま。なんとなく…だ。** 伊勢 一四「むかし、をとこ、みちの国に—・に㊊行き至りにけり」訳 昔、ある男が陸奥（奥州地方）にあてもなく行き着いたのだった。

❷**むやみやたらである。** 徒然 一七五「—・に㊊飲ませつれば、うるはしき人も、たちまちに狂人となりて」訳（酒を）むやみやたらに飲ませてしまうと、きちんとした人も、たちまちに狂人となって。

❸予期しないさま。**思いがけないさま。** 伊勢 九「蔦楓は茂り、物心細く—・なる㊍目をみることと思ふに」訳 蔦や楓は茂り、なんとなく心細く思いがけない目にあうことだと思っていると。

❹理由のないさま。**何の関係もないさま。用のないさま。** 徒然 二三五「ぬしある家には、—・なる㊍人、心のままに入りくることなし」訳 住む人のいる家には、何の関係もない人が、勝手に入ってくることはない。

すずろ・く【漫ろく】（自カ四）｛か・き・く・く・け・け｝「そぞろく」とも。心がはやる。そわそわする。落ち着かない。源氏 帚木「この男いたく—・き㊊て、門近き廊の簀の子だつものに尻かけて」訳 この男はひどくそわそわして、中門の近くの渡り廊下の濡れ縁ふうのものに腰をおろして。

すずろ-ごころ【漫ろ心】（名）そわそわした心。うわついた心。更級 宮仕へ「いとよしなかりける—にても、ことのほかにたがひぬるありさまなりかし」訳（私の）ほんとうにたわいもなかったうわついた心でも、（宮仕えというものは）思いのほか予想に反したありさまであるよ。

すずろ-ごと【漫ろ言】（名）「そぞろごと」とも。とりとめのないことば。くだらない話。源氏 柏木「例は、無期にむかへ据ゑて、—をさへ言はせまほしうし給ふを」訳 いつもは、（柏木は私＝小侍従を）いつまでも対座させて、むだ話まで言わせたがりなさるのに。

すずろ-ごと【漫ろ事】（名）「そぞろごと」とも。とりとめのないこと。くだらないこと。源氏 蛍「かかる—に心を移し、はかられ給ひて」訳（あなた＝玉鬘は）こんな（絵や物語のような）とりとめのないことに気持ちを移し、だまされなさって。

すずろ-は・し【漫ろはし】（形シク）

{しから・しく(しかり)・し・しき(しかる)・しけれ・しかれ}「そぞろはし」とも。❶心がうきうきする。楽しくてそわそわする。浮き立つ。源氏 若菜下「聞く人ただならず、―・しき㊍まで愛敬(あいぎやう)づき」訳(紫の上の箏(そう)の音は)聞く人がふつうではいられず、心が浮き立つくらい愛らしい魅力がそなわっていて。❷不安で落ち着かない。なんとなく気にそまない。源氏 若菜下「なまもの憂(う)く―・しけれ㊁ど、そのあたりの花の色をも見てや慰むと思ひて参り給ふ」訳(柏木(かしはぎ)は)なんとなく気が進まず不安で落ち着かないけれども、その(女三の宮のいる)あたりの花の色でも見て心の憂(う)さを晴らそうかと思って(六条院に)参上なさる。

すすろ・ふ【啜(スス)ろ(ロウ)ふ】(他ハ四){は・ひ・ふ・ふ・へ・へ}〔四段動詞「啜(すす)る」の未然形「すすら」に、上代の反復・継続の助動詞「ふ」の付いた「すすらふ」の転〕続けてすする。万葉 五・八九二「糟湯酒(かすゆざけ)うち―・ひ㊊て」訳→かぜまじり… 和歌

すずろ・ぶ【漫ろぶ】(自バ上二){び・び・ぶ・ぶる・ぶれ・びよ}そわそわする。落ち着かないようすをする。源氏 末摘花「うちゑみ給へる気色(けしき)、はしたなう―・び㊊たり」訳(末摘花(すゑつむはな)が)ちょっとほほえみなさったようすは、どっちつかずで落ち着きなくそわそわしている。

すそ【裾】(名)❶衣服の下の端の部分。源氏 桐壺「御送り迎への人の衣(きぬ)の―堪へがたくまさなきこともあり」訳(桐壺の更衣のご送迎の女房の着物の裾が(よごれて)がまんできないほど不都合なこともあり。❷髪の毛の先。大鏡 師尹「御髪(みぐし)の―は、母屋(もや)の柱のもとにぞおはしける」訳(芳子(ほうし)は牛車(ぎつしや)にお乗りになられたが)御髪の毛の末は、(まだ)母屋の柱のもとにおありだったという。❸山のふもと。著聞 四四「山の―に、八間の屋(=建物)をつくりて」❹馬の脚。〔義経記〕「みな馬ども鞍(くら)下ろし、―洗ひなどしける」訳皆それぞれ馬の鞍を下ろし、脚を洗ってやったりした。❺物の端。末端。源氏 若菜下「箏(さう)の御琴の―少しさし出(い)でて」訳(光源氏が御簾(みす)の下より)箏の御琴(=十三弦(げん)琴)の端を少しさし出して。

図解学習「すそ」 古代の衣服の下の端の部分をいうのが原義。転じて、形の似ている山のふもと、髪の毛の先の部分をいい、さらに、末端の意で、川のしも、物の端をいう。また、原義が、衣服の膝(ひざ)から下の部分にあたることから、人の足の膝から下や、人が乗っている馬の脚の意にも用いられる。

ず-そ【呪詛】(名・他サ変)「じゅそ」に同じ。

すそ-がち【裾がち】(形動ナリ){なら・なり(に)・なり・なる・なれ・なれ}〔「がち」は接尾語〕着物の裾を長く引いているさま。小柄な女性のようすをいう。源氏 若菜上「御衣(ぞ)の―・に㊊、いと細くささやかにて」訳お召し物が裾を長々と引いたようすで、(女三の宮のからだは)とても細く小柄で。

すそ-ご【裾濃・末濃】(名)衣または鎧(よろい)の袖などを、上のほうを薄く、裾のほうをだんだん濃い色に染めたもの。鎧の縅(おどし)の糸などにも用いる。〔増鏡〕内野の雪「例の狩襖(かりあを)(=狩衣(かりぎぬ)の一種)、―の袴(はかま)など」参考 裾のほうを薄くしたものは「匂ひ」といい、同色で濃淡がまだら模様になっているものは「斑濃(むらご)」という。

すそ-び・く【裾曳く】(自カ四){か・き・く・く・け・け}衣の裾を引きずる。万葉 二〇・四四五二「をとめらが玉裳(たまも)―・く㊍この庭に秋風吹きて花は散りつつ」訳おとめたちが、美しい裳の裾を引きずる(ようにして歩む)この庭に、秋風が吹いて、しきりに花は散っていることよ。

すそ-み【裾回・裾廻】(名)ふもとのめぐり。ふもとの周囲。「すそわ」とも。万葉 二〇・四三一六「高円(たかまと)の宮の―の野司(のづかさ)に今咲けるらむ女郎花(をみなへし)はも」訳高円の宮のふもとのめぐりの野司(=野の高くなった所)で、今ごろ咲いているであろう女郎花の花よ。

すぞろ【漫ろ】(形動ナリ){なら・なり(に)・なり・なる・なれ・なれ}「すずろ」に同じ。

すそ-わ【裾回・裾廻】(名)「すそみ」に同じ。

ずだ【頭陀】⇩づだ

すだ・く【集く】(自カ四){か・き・く・く・け・け}❶集まる。群がる。万葉 一九・四二六一「大君は神にし坐(ま)せば水鳥の―・く㊍水沼(みぬま)を都となしつ」訳天皇は神でいらっしゃるから、水鳥の群がり集まる沼地を、(りっぱな)都にしたことだ。文法「神にし」の「し」は、強意の副助詞。❷(後世①の意が誤用されて)鳥・虫などが鳴く。〔雨月〕吉備津の釜「秋の虫の叢(くさむら)に―・く㊍ばかり(=ほど)の声もなし」

すた・る【廃る】(自ラ四・下二){ら・り・る・る・れ・れ}{れ・れ・る・るる・るれ・れよ}❶不用になる。〔浮・日本永代蔵〕「―・れ㊁(四段)る米を、塵塚(ちりづか)まじりにはき集めけるに」訳(こぼれて)不用になった米を、ごみといっしょに掃き集めたところ。❷衰えてかえりみられなくなる。著聞 一五六「この道―・れ㊊(下二段)ぬるにやと、かなしくおぼえて」訳この(和歌の)道が衰えてしまうのだろうかと、悲しく思われて。

す-だれ【簾】(名)❶細く削った竹や葦(あし)などを編み、掛け垂らして外界との隔てや日よけに用いたもの。夏。万葉 四・四八八「君待つと吾(あ)が恋ひ居(を)ればわが宿の―動かし秋の風吹く」訳→きみまつと… 和歌 ❷輿(こし)や牛車(ぎつしや)の出入り口に下げたもの。蜻蛉 上「川にむかへて―巻き上げて見れば、網代(あじろ)どもをしわたしたり」訳(牛車を)川の方に向かい合わせてすだれを巻き上げて見ると、網代をいくつもずらっと仕掛けてある。

すぢ【筋(スジ)】(名)❶細長い線状のもの。また、それらを数える語。枕 一八四「髪の―なども、なかなか昼よりも顕証(けそう)にみえてまばゆけれど」訳髪の毛の筋なども、かえって昼よりもはっきり見えて恥ずかしいけれど。❷血統。家柄。素性。源氏 蓬生「やむごとなき―ながらも、かうまで落つべき宿世(すくせ)ありければにや」訳(叔母は)高貴な家柄でありながらも、これほどまで零落しなければならない宿命があったからであろうか。文法 係助詞

「や」のあとに結びの語「あらむ」が省略されている。

❸素質。**性分**。気だて。源氏 帚木「女もえをさめぬ―にて」訳 女もこらえきれない性分であって。文法「えをさめぬ」の「え」は副詞で、下に打消の語(ここでは「ぬ」)を伴って不可能の意を表す。

❹**物事の道理**。すじみち。意味あい。源氏 常夏「深き―思ひ得ぬほどの、打ち聞きには」訳(内容の)深い意味あいを味わい得ない程度の、ちょっとした聞き方では。

❺方向。方角。源氏 帚木「二条院にも同じ―にて、いづくにか違へむ」訳 二条院においても(内裏からは)左大臣邸と同じ方角なので(行けないから)、どちらに方違えをしようか。

❻**その方面**。その物事に関したこと。源氏 夕顔「かかる―は、まめ人の乱るる折もあるを」訳 こういう(恋の)方面のことは、まじめな人がとり乱す折もあるが。

❼**物事の趣**。**芸風**。趣向。紫式部日記「口にいと歌の詠まるるなめりとぞ見えたる―に侍るかし」訳(和泉式部の歌は)口さきですらすらと歌が詠めてくるのだろうと思われる歌風なのですね。文法「かし」は、強く念をおす意の終助詞。

すぢ-かひ【筋違ひ・筋交ひ】(名・形動ナリ)斜めに交差しているさま。はすかい。「すぢかへ」とも。〔蕪村句集〕蕪村「ほととぎす平安城を―に用」訳 →ほととぎす…俳句

すぢ-か-ふ【筋違ふ・筋交ふ】㊀(自ハ四){は・ひ・ふ・ふ・へ・へ}❶斜めに交差する。はすかいになる。枕 二〇一「箸のいときはやかにつやめきて―ひ用立てるもいとをかし」訳 火箸がたいそうきわだってつやつやとして、(火桶の中に)斜めに交差して立っているのもたいそう趣が深い。

❷斜めに向かい合う。枕 一八四「いかでかは―ひ用御覧ぜられむとて」訳 どうして(真正面はむろんのこと)斜めに向かい合って(でも醜い私の顔を中宮に)ご覧いただけようか(いや、できない)と思って。文法「御覧ぜられむ」の「られ」は、受身の助動詞「らる」の未然形。

❸そむく。〔浜松中納言物語〕「あまり世に―ひ用て、すずろなる山籠りがちに物せさせ給ひ」訳 ひどく世間にそむいて、むやみな山籠りが多くていらっしゃって。

㊁(他ハ下二){へ・へ・ふ・ふる・ふれ・へよ}斜めにする。はすかいにする。〔中務内侍日記〕「太刀を横ざまに―へ用たるやうにつけて」訳(錦の御帳に)太刀を横向きに斜めにした状態につけて。

すぢ-な・し【筋無し】(形ク){から・く(かり)・し・き(かる)・けれ・かれ}❶道理に合わない。分別がない。〔浮・好色一代女〕「その程すぎて―き体悋気あそばし」訳 月日が経って、道理に合わない嫉妬をなさって。⇨心無し「慣用表現」

❷家柄や血統がよくない。〔浮・日本永代蔵〕「元来―き体分限、むかしより浅ましくほろびて」訳 もともと素性のよくない金持ち、(一度つまずくと)以前より(もっと)みじめにおちぶれて。

ずち-な・し【術無し】(形ク){から・く(かり)・し・き(かる)・けれ・かれ}「じゅつなし」に同じ。大鏡 時平「今日は―し終。右のおとどにまかせ申す」訳 今日はどうにもしようがない。(政務は)右大臣(=菅原道真)におまかせ申しあげる。

すぢ-め【筋目】(名)❶物事の道理。筋道。

❷家柄。家筋。素性。〔雨月〕吉備津の釜「かの家は、吉備の鴨別が裔にて、―も正しければ」訳 あの家は、吉備の鴨別の命の子孫で、素性も正しいので。

すぢり-もぢ・る(他ラ四){ら・り・る・る・れ・れ}❶身をくねらせたり、よじったりする。宇治 一・三「舞ふべきかぎり、―り用」訳(翁は)舞うことのできるかぎり、身をくねらせよじって。

❷あちこち曲がりくねる。曲がりくねって行く。〔浄・冥途の飛脚〕「里の裏路畦道を―り用て(=曲がりくねって)(たどり着いた)藤井寺」

すぢ・る【捩る】(他ラ四){ら・り・る・る・れ・れ}身をくねらす。よじる。徒然 一七五「目もあてられず―り用たるを、興じ見る人さへ、うとましく憎し」訳(酒に酔った老法師が)見ていられないくらい身をくねらせて(舞って)いるのを、おもしろがって見物する人までも、いとわしく憎らしい。

す・つ【捨つ・棄つ】(他タ下二){て・て・つ・つる・つれ・てよ}❶不用として投げやる。枕 八七「左近の司の南の築土などに、みな―て用てけり」訳 左近衛府の南の土塀(の外)などに、(とけ残った雪を)すべて捨ててしまった。

❷見捨てる。かえりみない。竹取 かぐや姫の昇天「我をいかにせよとて―て用ては昇り給ふぞ」訳 私(=翁)をどうしろと思って見捨てて昇天なさるのか。

❸世を捨てる。出家する。源氏 夕顔「惜しげなき身なれど、―て用難く思ひ給へつることは」訳 惜しげのないわが身であるが、出家しがたく存じましたことは。文法「給へ」は、下二段活用の謙譲の補助動詞。

❹気にとめないでする。無造作にする。今昔 二六・一四「木戸を急と閉てて、―て用て入りぬれば」訳 木戸をばたんと閉じて、(そのまま)かまわないで入っていったので。

❺(動詞の連用形や助詞「て」に付いて)…(て)しまう。…(て)のける。平家 三・泊瀬六代「あやしばうだる旅人のとどまったる所やある。言はずは斬って―て未ん」訳(この辺に)怪しいようすをした旅人の泊まった所があるか。言わねば斬ってのけよう。文法「あやしばうだる」は、「あやしばみたる」のウ音便。

ず-て …ないで。…なくて。万葉 二〇・四四三九「松が枝の地に著くまで降る雪を見―や妹が籠り居るらむ」訳 松の枝が地につくまで降る雪を見ないで、あなたは閉じこもっているのだろうか。

なりたち 打消の助動詞「ず」の連用形「ず」+接続助詞「て」

参考 おもに上代に用いられ、平安時代以降は和歌の用語として残った。

すて-か・く【捨て書く】(他カ四){か・き・く・く・け・け}無造作に書く。書き捨てる。源氏 末摘花「白き紙に―い用(イ音便)給へるしもぞ、なかなかをかしげなる」訳(和歌を)白い紙に無造作にお書きになったのも、かえって趣深いようすだ。

すで-に【已に・既に】(副)❶**すっかり**。**すべて**。残らず。万葉 一七・三九二三「天の下―覆ひて降る雪の光を見れば貴くもあるか」訳 この地上をすっかり覆って降る雪の光を見ると、尊く思われるなあ。文法「か」は、詠嘆の終助詞。

❷**もはや**。もう。とっくに。その時までに。方丈 二「古京は―荒れて、新都はいまだ成らず」訳 古い都(=京都)はもはや荒廃して、新しい都(=福原)はまだできあがらない。

❸いよいよ。まさに。もう少しで。平家 一・祇王「仏御前はすげなういはれ奉って、—出でんとしけるを」訳 仏御前は(清盛に)そっけなく言われ申して、もう少しで(清盛邸から)退出しようとしたところへ。❹まぎれもなく。確かに。現に。徒然 九三「生あるもの、死の近きことを知らざること、牛、—しかなり」訳 命のあるものが、(自分の)死の間近に迫っていることを知らないことでは、(この)牛が現にそうである。参考 漢文訓読文・和漢混交文で用い、中古の和文では用いられない。現代語の「すでに」が遠い過去を表すのに対して、古語では、あることが実現した瞬間やその直後を示すことが多い。

崇徳天皇（すとくてんわう）『人名』(一一一九〜一一六四)平安末期、第七十五代の天皇。讃岐院ともいう。鳥羽天皇の第一皇子。保元の乱に敗れ、讃岐(香川県)に配流され、その地で死去。和歌にすぐれ、「詞花和歌集」の撰集を命じた。「小倉百人一首」に入集。

ず-とも 打消の意の逆接仮定条件を表す。…なくても。たとえ…なくても。万葉 六・一〇一八「白珠は人に知らえず知らず—よし知らず—吾し知れらば知らず—よし」訳 →しらたまは…。和歌 なりたち 打消の助動詞「ず」の連用形「ず」＋接続助詞「とも」

すな-ご【砂子】(名)❶砂。更級 竹芝寺「浜も—白くなどもなく、こひぢのやうにて」訳 浜辺も砂が白かったりすることもなく、泥のようであって。❷蒔絵や色紙、短冊、襖紙などに吹きつけた、金銀箔の粉末。また、それをほどこしたもの。

すな-ど・る【漁る】(他ラ四)(ら・り・る・る・れ・れ)魚貝類をとる。漁をする。万葉 四・六二五「妹がためわが—・れ㊀る藻臥束鮒」訳 (ようやく今)あなたのために、私がとった藻の中にひそんでいる小鮒だ(これは)。

すなはち（スナワチ）【即ち・乃ち・則ち】■(名)❶その時。即座。万葉 八・一五〇五「ほととぎす鳴きし—君が家に行けと追ひしは至るらむかも」訳 ほととぎすが鳴いたその時、あなたの家に行けと追いやったが、それは(あなたの家に)着いているだろうか。

❷そのころ。当時。その当座。方丈 二「—は、人みなあぢきなきことをのべて、いささか心の濁りもうすらぐと見えしかど」訳 (地震があった)当座は、人々はみな、(この世が)はかなくつまらないことを話して、少しばかり心のけがれも薄らぐと見えたけれども。■(接)❶言いかえれば。つまり。とりもなおさず。古今 仮名序「近き世にその名聞こえたる人は、—僧正遍昭は」訳 近い時代にその名が世に知られている人としては、とりもなおさず僧正遍昭は。❷そこで。それゆえ。その時に。そして。方丈 三「—、五十の春を迎へて、家を出で、世に背けり」訳 (私＝鴨長明は自分の乏しい運を悟り)そこで、五十歳の春を迎えて、出家して、世間に背を向けた。❸(おもに漢文訓読文に用いて)そのような時は。平家 一・鱸「その人にあらずは、—かけよ」訳 (太政大臣として)適任者でないならば、その時は空席にせよ。文法「ずは」は、打消の順接の仮定条件を表す。■(副)すぐに。たちまち。竹取 かぐや姫の昇天「立て籠めたるところの戸、—、ただ開きに開きぬ」訳 (かぐや姫を中に入れて)閉めきっておいた場所(＝塗籠)の戸は、即座に、ただもうすっかり開いてしまった。文法「開きに開きぬ」の「に」は格助詞で、同じ動詞の間にあって、動作・作用を強めて表現する。

す-なほ（ナオ）【素直】(形動ナリ)(なら・なり(に)・なり・なる・なれ・なれ)❶ありのままで飾らない。素朴だ。古今 仮名序「ちはやぶる神世には、うたのもじもさだまらず、—・に㊊して」訳 神代の昔には、(まだ)歌の字数も定まっておらず、ありのままで飾らないので。(「ちはやぶる」は「神世」にかかる枕詞)❷心がまっすぐである。正直だ。徒然 八五「人の心—・ならぬ㊀ねば、偽りなきにしもあらず」訳 人間の心は正直でないから、虚偽がないわけでもない。文法「しも」は、強意の副助詞。❸人に逆らわず、従順だ。徒然 一九四「—・に㊊まことと思ひて、言ふままに謀らるる人あり」訳 (うそを)疑うことなく真実と思って、(人の)言うままにだまされる人がいる。

すなわち【即ち・乃ち・則ち】⇩すなはち

す-の-こ【簀の子】(名)❶竹などを編んで作った敷物。また、その床。方丈 三「南(は)、竹の—を敷き」❷寝殿造りで、廂の外側にある板敷きの縁側。雨露がはけるように間を少し透かしてある。今の濡れ縁にあたる。〔増鏡〕北野の雪「御前の—、御酒参るかはらけのうちなどに散りかかる」訳 (紅葉が)御前の縁側や、お酒を召し上がる素焼きの杯の中などに散りかかる。⇩巻頭カラーページ21

簀の子②—紫式部日記絵詞

諏訪（すは）（スワ）『地名』今の長野県諏訪市一帯の地。近世には甲州街道・中山道の宿場町として発展した。

すは（スワ）(感)❶相手の注意をうながしたり、驚かしたりするときに発する声。そら。更級 初瀬「—、稲荷より賜るしるしの杉よ」訳 そら、稲荷(神社)から下さる霊験の(あらたかな)杉(の枝)だよ。❷突然の出来事に驚いたときに発する声。あっ。やっ。それ。平家 四・競「—、きゃつを手延べにして、たばかられぬるは」訳 やっ、あいつ(＝競)を処置せぬままにして、だまされてしまったぞ。

ず-は ❶《上代語》…ないで。…せずに。万葉 二・八六「かくばかり恋ひつつあら—高山の磐根し枕きて死なましものを」訳 これほどまで恋いしたっていないで、高い山の大きな岩を枕にして死んでしまえばよかったものを。文法「磐根し」の「し」は、強意の副助詞。❷打消の順接の仮定条件を表す。もし…でないならば。竹取 火鼠の皮衣「この皮衣は、火に焼かむに、焼け━こそ、まことならめと思ひて」訳 この皮衣は火に焼こうとするときに、もし焼けなければ、本物であるだろうと思って。

なりたち 打消の助動詞「ず」の連用形「ず」＋係助詞「は」

参考 この「ずは」を、「ずば」だと考えて打消の助動詞「ず」の未然形に接続助詞「ば」の付いたものであるとする説もある。しかし、この「ず」は連用形、「は」は清音で係助詞とするのが一般的である。ただし、②の用例のように、「ずはこそ」と係助詞の「こそ」が「は」の下にくる点は説明がつかない。係助詞の「は」であれば、「こそは」となるのがふつうだからである。中世には「ずんば」という形が生じ、また、近世には仮定条件からの類推で「ずば」という形も生まれた。→ずば

ずば【「ずは」の転】…ないなら。…なかったら。〔去来抄〕玄梅「取られ━名もなかるらん紅葉鮒」訳 人にとらえられなかったら、紅葉鮒(=秋季にひれが紅色になる鮒)という優雅な名もつかなかったであろう。

なりたち 打消の助動詞「ず」の連用形「ず」＋係助詞「は」＝「ずは」を、「ず」の未然形「ず」＋接続助詞「ば」の「ずば」と誤認したもの。近世から用いられた。一説に、「ずは」を強めるために撥音の入った「ずんば」の「ん」の脱落したものともいう。→ずは 参考・ずんば

す-はう━【素袍】(名)「すあを」に同じ。

す-はう━【蘇芳】(名)❶植物の名。マメ科の落葉低木。樹幹の削り屑などを煎じて染色に用いる。❷「蘇芳色」の略。①の煎汁で染めた色。紫がかった赤色。枕 六〇「━の下簾、にほひいときよらにて」訳 (檳榔毛の車にかけた)蘇芳色の下簾は、(染め色の)ぼかしがたいそう美しくて。⇩巻頭カラーページ10
❸襲の色目の名。表は薄い蘇芳色、裏は濃い蘇芳色という。蘇芳襲。四季を通じて用いる。⇩巻頭カラーページ11

発展 「蘇芳」という色
「土佐日記」の一節に「黒崎の松原を経てゆく。所の名は黒く、松の色は青く、磯の波は雪のごとくに、貝の色は蘇芳に、五色にいまひと色ぞ足らぬ」とある。中国でいう「五色」は、青・黄・赤・白・黒。貝の色である蘇芳色は赤の領域だから、欠けている「ひと色」は黄色だということになる。

周防『地名』旧国名。山陽道八か国の一つ。今の山口県東部。防州。

すはう-いろ━【蘇芳色】(名)「すはう(蘇芳)②」に同じ。

すはう-がさね━【蘇芳襲】(名)「すはう(蘇芳)③」に同じ。枕 二六四「下襲は 冬は躑躅〔襲〕。桜〔襲〕。掻い練り襲。━〔などが趣がある〕」

周防内侍『人名』(生没年未詳)平安後期の女流歌人。平棟仲の娘で、本名は仲子。後冷泉・後三条・白河・堀河の四代の天皇に出仕した。「小倉百人一首」に入集。家集「周防内侍集」

す-はえ━【楚・楉】(名)〔後世「ずはえ」とも〕❶木の枝や幹から細長くまっすぐにのびた若枝。枕 二四四「二つを並べて、尾のかたに細き━をしてさし寄せむに」訳 (蛇)二匹を並べて、尾のほうに細い若枝をさし寄せるとすれば、そのときに。
❷むち。〔うつほ〕蔵開下「桃━してよく打たばや」訳 桃の枝のむちで十分に叩きたいものだ。

すば-すば(-と)(副)物を飲んだり吸ったりするさま。がぶがぶ。すぱすぱ。著聞 五九六「よにようげに━とみな飲みてけり」訳 (餓鬼は水を)いかにもうまそうに、がぶがぶとみな飲んでしまった。

す-はま【州浜・洲浜】(名)❶州が海中に突き出し、入り組んでいる海岸。
❷①の形に似せて作った台の上に、その時節の趣向をこらした草木・花鳥などを置き、晴れの席の飾りとするもの。後世の島台。州浜台。

(すはま②)

すは-や━(感)驚いて発する声。あっ。やっ。それ。平家 四・橋合戦「━、宮こそ南都(=興福寺)へおちさせ給ふなれ」訳 それ、宮(=高倉宮)は南都に落ちのびなされるようだ。

す-ばら【素腹】(名)妊娠しないこと。また、その女性。大鏡 頼忠「御いもうとの━の后は、いづくにかおはする」訳 御姉である素腹の后は、どこにいらっしゃるか。

すばる【昴】(名)牡牛座にある散開星団プレアデスの和名。数個の星が集まってひとまとまりになっている(=統ばる)ように見えるのでこの名がある。すばるぼし。むつらぼし。枕 二三四「星は ━。ひこぼし。ゆふづつ(=宵の明星)〔などが趣がある〕」

す-びつ【炭櫃】(名)角火鉢。一説に、いろりともいう。枕 二九九「━に火おこして、物語などして集まりさぶらふに」訳 角火鉢に火をおこして、話などをして(女房たちが)集まって(中宮のおそばに)お仕えしていると。

す-ぶ【統ぶ】(他バ下二)〔べ・べ・ぶ・ぶる・ぶれ・べよ〕❶ばらばらのものを一つに集める。まとめる。〔紀〕神代「海神、ここに海の魚を━・べ(用)集へて(=まとめ集めて)」
❷支配する。統治する。〔記〕上「乾符を握りて六合を━・べ(用)」訳 天皇であるしるし(=三種の神器)を持って天下を統治し。

ずぶぬれの…〔俳句〕→づぶぬれの…〔俳句〕

すべ【術】(名)手段。方法。仕方。万葉 二・二〇七「言はむ━為む━知らに」訳 →あまとぶや…〔和歌〕

す-べか-めり【為べかめり】…するにちがいないようだ。竹取 竜の頸の玉「すずろなる死にを━・める(体)かな」訳 不慮の死に方をするにちがいないようだなあ。

なりたち サ変動詞「為」の終止形「す」＋推量の助動詞「べし」の連体形「べかる」＋推量の助動詞「めり」＝「すべかるめり」の撥音便「すべかんめり」の撥音「ん」の表記されない形

す-べからく【須く】(副)〔サ変動詞「為」の終止形「す」に、助動詞「べし」のク語法「べからく」の付いたもの〕(多く、下に推量の助動詞「べし」を伴って)なすべきこととして。当然。徒然 二一七「徳をつかんと思はば、━、まづその心づかひを修行すべし」訳 富を身につけようと思うなら、当然、第一にその心構えを学びとらなければならない。

参考 漢文訓読から生じた語。

す-べき-かた-な-し【為べき方無し】こうすればよいという方法がない。どうしようもない。宇治 一・三「山の中に、心にもあらずとまりぬ。…恐ろしさ、—・し㊎」訳 山の中に、不本意にも泊まってしまった。…(その)恐ろしさは、どうしようもない。⇩詮無し「慣用表現」

なりたち サ変動詞「為す」の終止形「す」＋推量の助動詞「べし」の連体形「べき」＋名詞「方」＋形容詞「無し」

すべし-がみ【垂髪】(名)女性の髪形。髪を肩のうしろあたりで束ね、そのまま下に長く垂らしたもの。すべらかし。

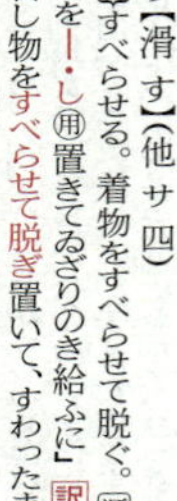

(すべしがみ)

すべ・す【滑す】(他サ四)〔さ・し・す・す・せ・せ〕すべらせる。着物をすべらせて脱ぐ。源氏 賢木「御衣を—・し㊊置きてゐざりのき給ふに」訳 (藤壺は)御召し物をすべらせて脱ぎ置いて、すわったまま膝で進んで逃げなさるが。

すべ-て【総て】(副)❶全部合わせて。全部で。古今 仮名序「—千歌(=全部で千首)、二十巻、名づけて古今和歌集といふ」

❷総じて。おしなべて。だいたい。方丈 四「—世の人の住家をつくるならひ、必ずしも身のためにせず」訳 おしなべて世間の人が住居を構える習慣は、必ずしも自分自身のためにしない。

❸(下に打消の語を伴って)全然。まったく。まるで。枕 八六「法師の才ある、—いふべくもあらず」訳 僧侶で漢学の才能があるのは、まったく言うまでもない(=すばらしいことだ)。文法「法師の」の「の」は、いわゆる同格の格助詞で、「…で」の意。

すべ-な-し【術無し】(形ク)〔から・く(かり)・し・き(かる)・けれ・かれ〕なすべき手段がない。どうしようもない。万葉 五・八九二「かくばかり—・き㊍ものか世の中の道」訳 →かぜまじり…和歌。⇩詮無し「慣用表現」

すべ-の-たづき(タズキ)【術の方便】〔「すべ」「たづき」はともに手段・方法の意〕「すべのたどき」とも。よるべき手段。万葉 一三・三二六一「思ひやる—も今はなし君に逢はずて年の経ぬれば」訳 胸の思いを晴らす方法も今はない。あなたに逢わないで年がたってしまったので。

すべ-も-すべ-なさ【術も術なさ】どうにもしようのないことだ。万葉 五・七九六「愛しきよしかくのみからに慕ひ来し妹が情の—」訳 ああ、いとしいことよ。ただこうなる(=死に別れる)だけだったのに、(私を)慕ってきた妻の心がどうしようもない(ほどにあわれな)ことよ。

すべもなく… 和歌

> 術もなく　苦しくあれば　出で走り
> 去ななと思へど　児らに障りぬ
> 〈万葉・五・八九九・山上憶良〉

訳 どうする方法もなくて苦しいので、逃げ出して走って行ってしまいたいと思うけれども、この子ら(への思い)にさまたげられてしまった。文法「去なな」の「な」は意志・希望を表す上代の終助詞。

解説 作者の没年とされる天平五年(七三三)、七四歳での作。

すべら【皇】(名)「すめら」に同じ。〔後拾遺〕雑六「—おほむ神(=皇祖神)」

語法 多く、天皇・神に関係のある語に冠して接頭語的に用いられる。

すべら-か・す【滑らかす】(他サ四)〔さ・し・す・す・せ・せ〕〔「かす」は接尾語〕❶すべらせる。著聞 五六一「強盗を—・さ㊌ん料に、…小竹の節を多くちらし置きて」訳 強盗をすべらせるために、…(夜、家に)小さな竹の一節ずつ(に切ったの)を多く散らし置いて。

❷髪を背に長く垂らす。

すべら-がみ【皇神】(名)皇室の先祖とされる神。更級 鏡のかげ「さては内侍所に、—となむおはします」訳 (天照大神は)そのほかには(宮中の)内侍所に、皇祖神として(鎮座して)いらっしゃる。

すべら-き【天皇】(名)〔「すめらぎ」の転〕「すべらぎ」とも。「すめろき」に同じ。

すべり-い・づ(イズ)【滑り出づ】(自ダ下二)〔で・で・づ・づる・づれ・でよ〕❶すべるようにして退き出る。そっと退出する。枕 二五「ひまなく居つる者ども、ひとりふたり—・で㊊て往ぬ」訳 すきまなく控えていた大勢の者が、一人二人とそっと退出して行ってしまう。

❷すべるように前に進む。にじり出る。蜻蛉 下「簀の子に—・で㊊て、おぼろなる月にあてて、久しう見ていりぬ」訳 縁側ににじり出て、かすんでいる月の光にあてて、長々と(手紙を)見て(部屋に)入った。

すべり-い・る【滑り入る】(自ラ四)〔ら・り・る・る・れ・れ〕すべるように入る。大和 一七三「日もやうやう暮れぬれば、やをら—・り㊊て」訳 日もだんだん暮れてきたので、(男は女のいる御簾の中に)そっとすべるように入って。

すべ・る【滑る・辷る】(自ラ四)〔ら・り・る・る・れ・れ〕❶なめらかに移動する。すべる。〔狭衣物語〕「取る手も—・る㊍やうなる筋の美しさなど」訳 持つ手もすべるような(髪の)毛筋の美しさなどは。

❷(天皇の)位を下りる。位を譲る。平家 四・厳島御幸「帝王位を—・ら㊌せ給ひて」訳 天皇は皇位をお譲りになられて。

❸そっと退出する。静かに座をはずす。徒然 一九一「女も、夜ふくるほどに—・り㊊つつ、鏡取りて、顔などつくろひて出づるこそをかしけれ」訳 女(の場合)も、夜がふけるころに静かに座をはずしては、鏡を(手に)取って、顔などを化粧して(もとの席に)出るのはよいものだ。

すほう【修法】⇩すほふ

すぼ・し【窄し】(形ク)〔から・く(かり)・し・き(かる)・けれ・かれ〕❶すぼんでいて細い。〔謡・清経〕「眼裏に塵あって三界—・く㊊」訳 眼のなかに(迷妄という)塵があって(広い)全世界がすぼんで細く(見え)。

❷みすぼらしい。肩身が狭い。方丈 二「貧しくして、富める家の隣に居る者は、朝夕—・き㊍姿を恥ぢて」訳 貧乏で、(財産に)富んでいる家の隣に住んでいる者は、朝に夕に自分の(みすぼらしい)姿を恥ずかしく思って。

す-ほふ(ホウ)【修法】(名)《仏教語》「ずほふ」「しゅほふ」とも。密教で行う加持・祈禱の法。源氏 賢木「—など始めて、おこたり給ひぬれば」訳 加持・祈禱などを始めて、(朧月夜は)病がよくおなりになったので。

すぼ・る【窄る】(自ラ四)(ら・り・る・る・れ・れ) ❶すぼむ。ちぢむ。細る。せばまる。〔浮・西鶴織留〕「何とやら(=なんとなく)肩身—・り(用)て」❷不景気になる。〔浮・世間胸算用〕「『近年銀と中たがひして、箱に入りたる顔を見ませぬ』と、世の—・り(用)たる物語して」訳「近年金と仲が悪くなって、金箱に入った姿を見ません」と、世の不景気になった話をして。

須磨『地名』歌枕 今の兵庫県神戸市須磨区。その海岸が「須磨の浦」で、「明石の浦」とともに白砂青松の美景で名高い。月の名所としても有名。

すまう【相撲・角力】(名)「すまひ(相撲)」に同じ。秋。〔狂・蚊相撲〕「某も—の者をあまた抱へようと存ずる」訳 私も(この度)相撲の者(=力士)を数多く抱えようと存じます。

すまう〖争う・辞う・住まう〗⇩すまふ

すまし【清まし】(名)❶洗い清めること。洗濯・洗髪など。〔うつほ〕国譲中「御—のことなどせさせ奉り給へ」訳 お洗濯のことなどをおさせ申しあげなさい。❷宮中で、洗濯や湯殿・便器の清掃などをする下級の女官。すましめ。枕 八七「これがうしろめたければ、おほやけ人、—・長女などして、たえずいましめにやる」訳 これ(=雪の山)が心配なので、宮仕えの女官、(すなわち)すまし・おさめ(=下級の女官)などに命じて、ひっきりなしに警戒に行かせる。

すま・す【澄ます・清ます】㊀(他サ四)(さ・し・す・す・せ・せ) ❶〔「洗ます」とも書く〕洗い清める。洗ってきれいにする。〔落窪〕「『まづ水』とて、御足—・さ(未)す」訳「まず水(を持ってこい)」と言って、おみ足を洗い清めさせる。❷(水・音・心などを)澄むようにする。しずめる。源氏 夕霧「今少し思ひしづめ心—・し(用)てこそともかうも」訳 もう少し気をしずめて心を冷静にしてから、(出家するのかしないのか)どのようにでも(決めればよい)。❸(「目・耳をすます」の形で)目をみはる。聞き耳をたてる。著聞 五四五「不思議のことかなと、目を—・し(用)て見ゐたる所に」訳 不思議なことだなあと、目を凝らして見ていた所に。❹人の気配がなくなるのを待つ。今昔 二八・二「大路を—・し(用)て、歩より行くべきなり」訳 大路に人の気配がなくなるのを待って、歩いて行くべきである。❺世をしずめる。平定する。平家 三・土佐房被斬「一天を鎮め、四海を—・す(終)」訳 天下を平定し、国内をしずめる。㊁(補動サ四)(さ・し・す・す・せ・せ)(動詞の連用形に付いて)❶心をこめて…する。平家 一・祇王「おし返しおし返し三辺歌ひ—・し(用)たりければ」訳 (仏御前は)くり返しくり返し、三回心をこめてみごとに歌ったので。❷うまく…する。完全に…する。…おおせる。平家 九・生ずきの沙汰「さしも御秘蔵候ふいけずきをぬすみ—・い(用)(イ音便)て」訳 あれほど大切にしていらっしゃいます(愛馬)いけずきを盗みおおせて。文法「御秘蔵候ふ」は、尊敬表現「御秘蔵ある」の丁寧表現。

須磨の浦『地名』歌枕「須磨」の海岸。

すまひ【相撲】(名)「すまう」とも。❶二人が組み合って力や技を争う競技。すもう。秋。〔紀〕垂仁「当麻蹶速と野見宿禰と—とらしむ(=取らせる)」❷「相撲の節」の略。❸「相撲人」の略。

すまひ【住まひ】(名・自サ変)住んでいる所。住居。家。また、住むこと。方丈 一「高き、いやしき、人の—は、世々を経て尽きせぬものなれど」訳 (身分の)高い人や低い人の住居は、幾世代を経てもなくならないものだが。

すまひ-の-せち【相撲の節】(名)「すまうのせち」とも。平安時代に行われた宮中の年中行事。国々から召集した相撲人(=力士)に天皇の前で勝負を競わせたもの。陰暦七月下旬に行われた。秋

すまひ-びと【相撲人】(名)すもうとり。力士。相撲。

すま・ふ(自ハ四)(は・ひ・ふ・ふ・へ・へ) ❶【争ふ】張り合う。争う。抵抗する。伊勢 四〇「女も卑しければ—・ふ(体)力なし」訳 女も身分が低いので張り合う力がない。❷【辞ふ】辞退する。ことわる。枕 二三「いみじう書きにくう、—・ひ(用)申す人々ありけるに」訳 (和歌が)ひどく書きにくくて、辞退し申しあげる人々もあったけれども。

すま・ふ【住まふ】(自ハ四)(は・ひ・ふ・ふ・へ・へ)〔動詞「住む」の未然形「すま」に上代の反復・継続の助動詞「ふ」が付いて一語化したもの〕住み続ける。暮らしていく。源氏 橋姫「世の中に—・ひ(用)給ふ人の数にもあらぬ御有り様にて」訳 (八の宮は)世の中に住み続けなさる人の仲間にも入らない(ような)ごようすで。

すみ-あか・る【住み離る】(自ラ下二)(れ・れ・る・るる・るれ・れよ)散り散りに分かれて住む。更級 後の頼み「人々はみなほかに—・れ(用)て、古里にひとり、いみじう心細く悲しくて」訳 人々は皆よそ(の土地)に分かれて住んで、住みなれたところにひとり(でいるのは)、たいそう心細く悲しくて。

すみ-うか・る【住み浮かる】(自ラ下二)(れ・れ・る・るる・るれ・れよ)一つの場所に落ち着けず、そこから出ていく。〔沙石集〕「南都を—・れ(用)て、吾妻の方にすみ侍るが」訳 (僧は)奈良を住み着けずに出ていって、東国のほうに住んでおりますが。

すみ-う・し【住み憂し】(形ク)(から・く(かり)・し・き(かる)・けれ・かれ)住みにくい。住みづらい。伊勢 八「京や—・かり(用)けむ、あづまの方に行きて住み所求むとて」訳 都が住みづらかったのだろうか、東国のほうへ行って(新しく)住む所を探すということで。

すみ-か【住み処・栖】(名)住む所。住まい。住居。方丈 一「世の中にある人と—と、またかくのごとし」訳 世の中に存在している人とその住居とは、やはりこの(川の流れや水の泡の)ようなものである。⇩方丈記「名文解説」

すみ-がき【墨書き】(名)墨だけで下書きや彩色後のふちどりを描くこと。また、その絵や、その役の人。源氏 帚木「絵所に上手多かれど、—にえらばれて」訳 絵所(=絵画のことをつかさどる役所)に絵の名人は多いが、(その中から)墨書きの役に選ばれて。参考 中世の「水墨画」は墨の濃淡によって色彩以上の効果を表現したもので、「墨書き」とは異なる。平安時代は墨絵に彩色した「作り絵」が中心であった。

すみ-す・む【住み住む】(自マ四)(ま・み・む・む・め・め)〔同語を重ねて、反復・継続を表す〕住み続ける。万葉 一六・三八五〇「世の中の繁き仮廬に—・み(用)て至らむ国のたづき知らずも」訳 人の世のうるさい仮住まいのような所に住み続

けていて、(やがて)行きつくであろう国(=あの世)のようすの、見当がつかないことよ。

すみ-ぞめ【墨染め】(名) ❶黒く染めること。また、墨のような黒色。僧衣・喪服の色。古今 哀傷「深草の野辺の桜し心あらば今年ばかりは—に咲け」訳 深草(=今の京都市伏見区の地名)の野辺の桜にあわれを解する心があるならば、今年だけは(喪服の)墨色に咲いてくれ。❷「墨染め衣」の略。

すみぞめ-ごろも【墨染め衣】(名)黒く染めた僧衣。または喪服。墨染めの衣。墨染め。〔新撰六帖〕「うきたびに余り涙をしぼるとて—袖ぞはつるる」訳 いやなことの(ある)たびに残りの涙をしぼるというので、喪服の袖がほつれることよ。⇩世を背く「慣用表現」

すみぞめ-ざくら【墨染め桜】(名) ❶桜の一種。花は白く小さく、葉・茎は青く薄墨色に見えるもの。春 ❷寛平三年(八九一)藤原基経が死んだ折、上野岑雄が悲しんで「深草の野辺の桜し心あらば今年ばかりは墨染めに咲け」〈古今・哀傷〉と詠んだため、墨染め色に咲いたという伝説の桜。今の京都市伏見区墨染町の墨染寺境内にあったという。

すみぞめの【墨染めの】《枕詞》墨染めの衣の色から「夕べ」「たそかれ」、また「暗し」と同音の地名「くらぶ」「鞍馬」などにかかる。古今 雑体「—ゆふべになれば」。大和 一〇五「—くらまのやまに」

すみぞめ-の-ころも【墨染めの衣】「すみぞめごろも」に同じ。

すみぞめ-の-そで【墨染めの袖】僧衣、または喪服の袖。〔千載〕雑中「おほけなくうき世の民におほふかなわが立つ杣に—」訳 →おほけなく…和歌。⇩世を背く「慣用表現」

隅田川(すみだがは)スミダガワ『地名』歌枕【「墨田川」「角田川」とも書く】今の東京都の東部を流れ、東京湾に注ぐ川。古くは、武蔵と下総の境となっていた。詩歌に詠まれ、謡曲や歌舞伎にもこの川を舞台にするものが多い。

隅田川(すみだがは)スミダガワ『作品名』謡曲。四番目物。観世元雅作。成立年代未詳。わが子梅若丸を人買いにさらわれ、物狂いとなって追ってきた母は、隅田川の渡し守からその死を聞き、葬られた塚に向かって念仏を唱えると、子供の亡霊が現れるという筋。

炭俵(すみだはら)スミダワラ『作品名』江戸前期の俳諧集。志太野坡・池田利牛・小泉孤屋の撰。元禄七年(一六九四)刊。「芭蕉七部集」の一つ。芭蕉が晩年に到達した「軽み」の句風を代表する撰集。→芭蕉七部集

すみ-つき【墨付き】(名) ❶墨のつきぐあい。筆跡。源氏 帚木「—ほのかに心もとなく思はせつつ」訳 (女の手紙が)墨のつきぐあいもかすかで(よく読めず)、(相手の男に)じれったく思わせては。⇩鳥の跡「慣用表現」❷将軍・諸大名が、黒印を押してのちの証拠として臣下に与えた文書。また、その黒印。おすみつき。

すみ-つ-く【住み着く】(自カ四){か・き・く・く・け・け} ❶定住する。住みなれる。源氏 手習「よき女のあまた住み給ひし所に—き(用)て」訳 (私=物の怪は)美しい女性が大勢住んでいらっしゃった所(=八の宮邸)に住みついて。❷夫婦の関係が定まって落ち着く。源氏 若菜上「太政大臣のわたりに、今は、—か(未)れにたりとな」訳 太政大臣の邸に、今は(あなた=夕霧は婿として)落ち着かれてしまっているというのだな。

すみ-つぼ【墨壺】(名) ❶大工や石工が直線を引くのに用いる道具。木をえぐったくぼみに、墨汁を含ませた真綿を入れ、糸巻き車から繰り出す墨糸が、そこを通って穴から出るようにしたもの。❷墨汁を入れる携帯用の容器。

(すみつぼ①)

すみ-ながし【墨流し】(名)「墨流し染め」の略。水面に墨汁や顔料を浮かべて模様をつくり、それを紙や布に写し取って染める方法。

すみ-な-す【住み成す】(自サ四){さ・し・す・す・せ・せ}(連用修飾語を受けて)…のようにして住む。徒然 一一「心ぼそく—し(用)たる庵あり」訳 もの寂しいようすで住んでいる草庵がある。

すみ-なは【墨縄】ナワ(名)「墨壺①」の糸巻き車に巻きつけてある麻糸。墨糸。万葉 一一・二六四八「かにかくに物は思はじ飛騨人の打つ—のただ一道に」訳 あれこれと思い悩むまい。飛騨の工匠がつける墨縄のように、ただひと筋に(あなたを信じよう)。

住江(すみのえ)『地名』歌枕【「住吉」とも書く】「住吉」の古称。

すみのえの【住江の・住吉の】《枕詞》住江が松の名所であることから、同音の「まつ」にかかる。古今 恋五「—まつほどひさになりぬれば」

すみのえの… 和歌《百人一首》

> 序詞
> 住江の 岸に寄る波 夜さへや
> 夢のかよひ路 人目よくらむ
> 〈古今・一二・恋二・五五九・藤原敏行〉

訳 住江の岸にうち寄せる波、その「よる」ということばのように、(人目のある昼はしかたがないにしても)夜までも、夢の中の通い路で、(あなたは)人目を避けているのだろうか。修辞 第二句までは、「寄る」と同音の「夜」を導きだす序詞。文法「さへや」の「さへ」は添加の意を表す副助詞で、「…までも」の意。解説「寛平の御時后の宮の歌合の歌」と詞書にある。下句は、夢の中にも相手が姿を見せてくれないことをいう。女性の立場になって詠んだ歌。

すみ-のぼ-る【澄み昇る】(自ラ四){ら・り・る・る・れ・れ} ❶くもりのない月が昇る。源氏 宿木「姨捨山の月—り(用)て」訳 姨捨山の月が明るく澄んで昇って。❷物の音や声が澄んで高く響く。源氏 若菜下「笛の音なども、艶に—り(用)はてずなむ」訳 笛の音なども、はなやかに澄んでどこまでも響き昇ってしまうこと(まで)はない。

すみ-は-つ【住み果つ】(自タ下二){て・て・つ・つる・つれ・てよ} ❶いつまでも住む。一生住み通す。源氏 夕霧「この山里に—て(用)なむと思いたり」訳 この(小野の)山里に一生住み通してしまおうと(落葉の宮は)お思いになっている。❷夫婦仲が安定する。添いとげる。源氏 若菜上「年月に添へて、かく世に—て(用)給ふにつけても」訳 年月がたつにつれて、このように(玉鬘が鬚黒と)世間で夫婦として落ち着きなさるにつけても。

すみ-はな・る【住み離る】(他ラ下二){れ・れ・る・るる・るれ・れよ}❶住居を離れる。世間から離れて住む。源氏 橋姫「いまはと—・れ(用)なむをあはれに思さる」訳 今は(これまで)と、(京を)離れてしまおうとするのを、(八の宮は)しみじみ悲しいとお思いにならずにはいられない。❷男女の愛情がさめて、互いに寄りつかなくなる。〔とりかへばや物語〕「さばかり—・れ(用)たる所ある御心に」訳 それほど愛情がさめたところがあるお心に。

すみ-まへがみ【角前髪】(名)江戸時代、元服前の少年の髪形。額のはえぎわの両側を剃りこんで額を角ばらせた髪。半元服。

すみ-やか【速やか】(形動ナリ){なら・なり(に)・なり・なる・なれ・なれ}〔「やか」は接尾語〕❶速いさま。土佐「この幣の散るかたに、み船—・に(用)こがしめ給へ」訳 (神よ、どうか)この幣が散る方角へ、お船を速くお漕がせください。❷すぐさま。たちまち。徒然 四九「—・に(用)すべきことを緩くし、緩くすべきことを急ぎて」訳 すぐさましなければならないこと(=修行)をゆっくりとやり、ゆっくりとしなければならないこと(=俗事)を急いで(やって)。

住吉(すみよし)『地名』歌枕 今の大阪市住吉区のあたり。海岸に松原の続く景勝地であった。海の守護神、和歌の神として信仰を集める住吉神社がある。古くは「すみのえ」といい、平安時代以降「すみよし」と称した。

住吉物語(すみよしものがたり)『作品名』鎌倉前期の物語。作者未詳。継子いじめの物語。同名の古本が平安前期に成立したと思われるが、現存本は鎌倉時代の改作。

すみれ【菫】(名)❶植物の名。春の野辺に咲く小さな草花。花は濃い紫。春。⇩巻頭カラーページ8 ❷襲の色目の名。表は紫、裏は薄紫。春に着る。

すみ-わた・る【住み渡る】(自ラ四){ら・り・る・る・れ・れ}❶住み続ける。万葉 九・一七五六「遠くな行きそわが屋戸の花橘に—・れ(命)鳥」訳 遠くへ行かないでくれ。私の家の花橘に住み続けよ、鳥(=ほととぎす)よ。❷男が女のもとへ通い続ける。古今 哀傷・詞書「式部卿のみこ、閑院の五のみこに—・り(用)けるを」訳 式部卿の親王が閑院の第五皇女のもとへ通い続けていたが。

すみ-わた・る【澄み渡る】(自ラ四){ら・り・る・る・れ・れ}(月や空が)一面に澄む。更級 初瀬「有り明けの月の、谷の底さへ曇りなく—・り(用)」訳 明け方に空に残っている月が、谷の底までも(照らすほど)くもりなく澄みきり。

すみ-わ・ぶ【住み侘ぶ】(自バ上二){び・び・ぶ・ぶる・ぶれ・びよ}住みにくく思う。住むことをいとわしく思う。古今 夏「やよや待て山ほととぎす言つてむわれ世の中に—・び(用)ぬとよ」訳 ねえ、お待ち、山へ帰るほととぎすよ。(山ごもりしている人への)伝言を頼もう。私は俗世間に住むことがいやになってしまったとね。

す・む【住む】(自マ四){ま・み・む・む・め・め}❶居所と定めて居つく。居住する。伊勢 九「京にはあらじ、あづまの方に—・む(終)べき国求めにとて行きけり」訳 (男は)京にはおるまい、東国のほうに住むにふさわしい地を探しに(行こう)ということで出かけて行った。❷夫として女のもとに通う。結婚生活をいとなむ。枕 二六六「いみじうしたてて婿とりたるに、ほどもなく—・ま(未)ぬ婿の、舅にあひたる、いとほしとや思ふらむ」訳 たいそう(りっぱに)仕度をして婿を迎えたのに、いくらもたたないうちに娘のもとに通わなくなった婿が、(舅を)気の毒だと思っているだろうか。文法「婿の」の「の」は、いわゆる同格の格助詞で、「…で」の意。

す・む【澄む・清む】(自マ四){ま・み・む・む・め・め}❶くもりがなく清らかになる。濁りがなく透明になる。源氏 桐壺「雲の上も涙にくるる秋の月いかで—・む(終)らむ浅茅生の宿」訳 宮中でも涙に目がくもって見えなくなっている秋の月は、どうして(桐壺の更衣亡きあとの)浅茅の生い茂っている家で澄んで見えることがある(=母君はどのように住んでいる)だろう。(「すむ」は「澄む」と「住む」との掛詞) ❷物の音がさえる。ひびきとおる。源氏 若菜下「琴や笛の音もあきらかに、—・め(已)るここちはし侍れど」訳 琴や笛の音もはっきりと、ひびきとおっている気はしますが。❸心の濁りがなくなる。迷いが去る。源氏 松風「入道は、心—・み(用)はつまじくあくがれ眺めゐたり」訳 (明石の)入道は、(俗世を捨てた)心も澄みとおせそうもなく、放心状態で(明石の君一行の舟の行方を)眺めていた。文法「まじ(く)」は、不可能の予測を表す助動詞。❹(人柄・書体・あたりのようすなどが)落ち着いてすっきりする。沈んでひっそりとなる。物静かに落ち着く。源氏 梅枝「筆のおきて—・ま(未)ぬ心地して」訳 筆運びがあかぬけしない感じがして。今昔 二六・二「人—・み(用)て後、二三人ながら車より降りぬれば」訳 (あたりに)人がいなくなってから、二三人とも牛車から降りてしまったので。❺(濁音に対し)清音で発音する。

すむや-け・し【速やけし】(形ク){から・く(かり)・し・き(かる)・けれ・かれ}はやい。すみやかだ。万葉 一五・三七四八「他国は住み悪しとそいふ—・く(用)早帰りませ恋ひ死なぬとに」訳 他国は住みづらいという。すみやかに、はやくお帰りなさい、(私が)恋しさに死んでしまわないうちに。

すめ-【皇】(接頭)「すべ」とも。神・天皇に関する語に冠して、賛美・尊敬の意を表す。「—神」「—御孫」

すめ-かみ【皇神】(名)「すべがみ」とも。❶皇室の祖先の神。皇祖神。万葉 一・七七「わが大君ものな思ほしそ—のそへて賜へるわが無けなくに」訳 わが天皇よ、ご心配なさいますな。皇祖の神々が、天皇にそえて(この世に)下し賜った私がいないわけではないのですから。❷神々を敬っていう語。万葉 一三・三二三六「山科の石田の社の—に幣帛取り向けて」訳 山科の石田(=地名)の神社の神様に幣帛を手向けて。

す-め・く(自カ四){か・き・く・く・け・け}〔「めく」は接尾語〕(多く「うめきすめく」の形で)荒い息づかいをする。一般に、詩歌を作るのに苦しむさまをいう。〔仮名・浮世物語〕「只今作りし様にもてなし、うめき—・き(用)て詠み出だす」訳 (歌を)たった今作ったように取りつくろい、苦心しうんうん言って詠み出す。

すめ-みま【皇御孫・皇孫】(名)天照大神の孫である瓊瓊杵尊の称。また、天照大神の子孫である天皇。

すめら【皇】(名)「すべら」とも。天皇の尊称。万葉 六・九七三「—朕うづの御手以ちかき撫でぞ労ぎ給ふ」訳 天皇である私は貴く美しい御手で、かき撫でて、ねぎらいなさる。文法「御手」「給ふ」は、天皇が自分自身を敬う自敬敬語。⇩御門「慣用表現」

すめら-き【天皇】(名)「すめらぎ」とも。「すめろき」に同じ。

すめら-へ【皇辺】(名)「すめらべ」とも。天皇のおそば。万葉 二〇・四四六五「明き心を——に極め尽くして」訳 偽りのない心を天皇のおそばにきわめ尽くして。

すめら-みいくさ【皇御軍】(名)天皇の軍隊を敬っていう語。皇軍。

すめら-みくさ【皇御軍】(名)〔「すめらみいくさ」の転〕「すめらみいくさ」に同じ。万葉 二〇・四三七〇「霰降り鹿島の神を祈りつつ——にわれは来にしを」訳 鹿島の神に無事を祈っては、天皇の軍の兵士として私はやってきたことよ。（「霰降り」は「鹿島」にかかる枕詞）

すめら-みこと【皇尊・天皇】(名)「すべらみこと」とも。天皇の尊称。→御門「慣用表現」

すめろ-き【天皇】(名)「すべらき」「すめらき」「すめろぎ」とも。天皇。万葉 一・二九「大津の宮に天の下知らしめしけむ——の神の尊の大宮は」訳 （近江の国の）大津の宮に（移って）、天下をお治めになったという（天智天皇の皇居は。→御門「慣用表現」

す-もり【巣守り】(名)❶孵化しないで巣に残っている鳥の卵。うつほ 藤原の君「あて宮に、『——になり始むる雁の子御覧ぜよ』とて奉れば」訳 （兵衛の君が）あて宮に、「孵らない卵になりかけている雁の卵をご覧なさい」と言って差し上げると。
❷あとに取り残されること。残って番をすること。また、その人。大和 九四「なき人の——にだにもなるべきを今はとかへる今日の悲しさ」訳 （あなたは）亡き人の（もとにとどまって）せめて番をする人にもなるはずであるのに、もうこれでと言って帰る今日の（この）悲しさよ。

ず-もん【誦文】(名・自サ変)まじないの文句を唱えること。じゅもん。枕 二八「はなひて——する㊍」訳 くしゃみをしてじゅもんを唱えるの（は不快だ）。

ず-や ❶（下に推量の表現を伴って）打消の疑問の意を表す。…ないで…だろうか。…ないで…か。徒然 九八「しやせまし、せ——あらましと思ふことは、おほやうは、せぬはよきなり」訳 することにしようか、しないですませようかと思うことは、だいたいは、しないほうがよいのである。→まし「名文解説」
❷（文末に用いて）打消の疑問、反語の意を表す。…ではないか。万葉 一・二〇「あかねさす紫野行き標野行き野守は見——君が袖振る」訳 →あかねさす…和歌
なりたち 打消の助動詞「ず」の終止形＋係助詞「や」

す-やつ【其奴】(代)他称の人代名詞。ののしっていう語。そいつ。落窪「——は、いづち行くとも、よくありなむや」訳 そいつ（＝落窪の姫君）は、どこへ行くにせよ、よいことがあろうか（いや、ありはしまい）。

す-ゆ【据ゆ】(他ヤ下二)〔え・え・ゆ・ゆる・ゆれ・えよ〕すえる。細道 出発まで「三里に灸——ゆる㊍より」訳 （旅立ちに備えて）三里（＝膝の、灸点の名）に灸をすえるとすぐに。
参考 ワ行下二段活用の「据う」が、中世以降ヤ行に変化したもの。

すら (副助)

意味・用法	
類推	〔…でさえ。…だって。〕→❶
強調	〔…までも。…でさえも。〕→❷
接続	体言、活用語の連体形、副詞、助詞などに付く。

❶ある事を特に強調して、他のものを類推させる意を表す。…でさえ。…だって。更級 宮仕へ「聖などすら、前の世のこと夢に見るは、いと難かなるを」訳 高徳の僧などだって、前世のことを夢に見るのは、たいそうむずかしいとかいうことなのに。文法「難かなる」は「難かるなる」の撥音便「難かんなる」の「ん」の表記されない形。「なる」は、伝聞・推定の助動詞「なり」の連体形。
❷ある一事を特に強調する意を表す。…までも。…でさえも。万葉 一〇・二〇〇一「大空ゆ通ふわれすら汝がゆゑに天の河路をなづみてぞ来し」訳 大空を（自由に）行き通う私（＝彦星）でさえも、あなた（＝織女星）のために天の川の道を難渋してやってきたのだ。
参考 上代に多く用いられたが、中古に「だに」にとって代わられ、和歌や漢文訓読文に残る程度になった。現代語の「すら」はこの系統のものである。中古以降、音韻変化した「そら」という形もみられる。なお、上代には「すらに」「すらを」の形でも用いられる。この「に」「を」は、本書では間投助詞としたが、「に」を副詞をつくる語尾、「を」を格助詞または係助詞とする説もある。→だに

ず-らう【受領】(名)「ずりゃう」に同じ。

すらく【為らく】すること。なすこと。万葉 八・一五七六「この岳に小壮鹿ふみおこしうか狙ひかもかも——君ゆゑにこそ」訳 この丘で雄鹿を追い立ててうかがい狙うように、あれやこれやとするのは、みんなあなたゆえなのだよ。（第三句までは「かもかもすらく」を導きだす序詞）
なりたち サ変動詞「為す」のク語法

すら-に …でさえ。…でさえも。…だって。万葉 三・三九〇「軽の池の浦廻行き廻る鴨——玉藻の上にひとり寝なくに」訳 軽の池の湾曲したところを泳ぎまわる鴨でさえも、藻の上でひとりでは寝ないことなのに。→すら 参考
なりたち 副助詞「すら」＋間投助詞「に」

すら-を 一つのことを特に取りたてて、逆接的に下に続けていう。…であっても。…であるのに。万葉 五・八九二「布肩衣ありのことごと着そへども寒き夜——」訳 →かぜまじり…和歌。→すら 参考
なりたち 副助詞「すら」＋間投助詞「を」

す-り【修理】㊀(名・他サ変)〔「しゅり」の転〕「しゅり」に同じ。
㊁(名)「修理職」の略。→しゅりしき

すり-うす【磨り臼】(名)籾をすって籾殻を除くのに用いる臼。

すり-かりぎぬ【摺り狩衣】(名)草木の汁で、種々の模様をすり出した狩衣。伊勢 一一四「——のたもとに書きつけける」訳 摺り狩衣のたもとに書きつけた歌。

すり-ぎぬ【摺り衣】(名)「すりごろも」に同じ。枕 二九五「その日、靫負の佐の——やうする」訳 その日（＝白馬の節会の日）に、靫負の佐が摺り衣をつや出しするの（も堂々として威厳がある）。

すり-こ【磨り粉】(名)米をすりつぶして粉にしたもの。

湯でといて、母乳の代わりに用いた。〔更級〕足柄山「―などを、こくて流したらむやうに、白き水、はやく流れたり」〔訳〕(大井川は)磨り粉などを、濃くして流しているかのように、白い水が勢いよく流れている。

すり-ごろも【摺り衣】(名)山藍・月草(=露草)などの汁を染料として草木花鳥の模様をすり出した衣服。摺り衣。〔新古〕恋一「春日野の若紫の―しのぶの乱れ限り知られず」〔訳〕→かすがのの…〔和歌〕

すり-しき【修理職】(名)「しゅりしき」に同じ。

すり-な・す【擦りなす】(他サ四){さ・し・す・す・せ・せ}こすって…にする。むやみにこする。〔源氏〕若紫「顔はいと赤く―・し〔用〕て立てり」〔訳〕(若紫は)顔は手でこすってひどく赤くして立っている。

すり-の・く【擦り退く】(自カ四){か・き・く・く・け・け}膝をすって引き下がる。〔徒然〕二三八「便あしと思ひて、―・き〔用〕たるに」〔訳〕具合が悪いと思って、膝をすって引き下がったところ。

すり-の-だいぶ【修理大夫】(名)「しゅりのだいぶ」とも。修理職の長官。従四位下に相当。修理大夫。〔増鏡〕おどろのした「〔母上は〕―信隆のぬし(=信隆様)の娘なり」

すり-も【摺り裳】(名)白地の絹や布に模様を型ですり染めにした裳。〔うつほ〕蔵開上「大人(=女房)は赤色の唐衣、綾の―、綾搔い練りの袿着たり」

すり-もどろか・す【摺りもどろかす】(他サ四){さ・し・す・す・せ・せ}入り乱れた模様をすり染めにする。〔枕〕一二九「―・し〔用〕たる水干といふ袴を着せて」〔訳〕入り乱れた模様をすり染めにしてある水干という袴をはかせて。

ず-りゃう【受領】(名)〔前任者から事務を受け継ぐ意〕「じゅりゃう」「ずらう」とも。❶実際に任地に赴いて政治を行う国守。地方長官。遥任(=任地へ行かずに都にいた名目だけの国守)に対していう。〔今昔〕二八・三八「『―は倒るる所に土をつかめ』とこそいへ」〔訳〕「受領(たるもの)は倒れる所で土をつかめ」というではないか。
〔名文解説〕谷底に転落したものの、木に引っかかって無事だった信濃の守藤原陳忠は、救出のために下ろされた籠に、木に生えていた平茸を詰め込んでは何度も上げさせた後、平茸を抱えて籠に乗り、ようやく上がってきた。不審がる家臣たちに陳忠が言い放ったのがこの一言である。身の危険をも顧みずに目の前の利益に執着する、受領の欲深さを物語ることばとして有名。
❷皇族・外戚などに与えられる年給の一種。国司を推挙し、それによる利益を得る権利。〔大鏡〕師尹「年に―などありてあらまほしきを」〔訳〕毎年国司を推挙する権利などを得て(その利益で)暮らしたいが。

ずりょう【受領】⇩ずりゃう

す・る(他ラ四){ら・り・る・る・れ・れ}❶【刷る・摺る】㋐模様をほった型木の上に染料をつけ、布を上にあてて模様を染め出す。〔万葉〕七・一二五五「月草に衣そ染むる君がため深色衣―・ら〔未〕むと思ひて」〔訳〕露草で着物を染める。あなたのために濃い色の着物をすろうと思って。㋑版木で印刷する。〔浄・心中天の網島〕「根掘り葉掘りを絵草紙の、版―・る〔体〕紙のその中に」〔訳〕一部始終を絵草紙の、版を印刷する紙のその中に。
❷【磨る・擦る・摩る・擂る】㋐物をこすりあわせる。〔今昔〕一九・四一「手を―・り〔用〕て、『観音助け給へ』となむ迷ひける」〔訳〕手をすりあわせて、「観音さまお助けください」と途方に暮れた。㋑とぐ。みがく。すりおろす。〔枕〕二三「御硯の墨―・れ〔命〕」

する サ行変格活用の動詞「為す」の連体形。〔源氏〕若紫「閼伽奉り、花折りなどするもあらはに見ゆ」〔訳〕(童女たちが)仏前の水をお供えしたり、(仏様に供える花を折ったりなどするのもすっかり見える。

する 助動詞「す」(使役・尊敬)の連体形。〔徒然〕三五「みぐるしとて、人に書かするはうるさし」〔訳〕(字の下手な人が)見苦しいということで、他人に書かせるのはいやみだ。

駿河【地名】旧国名。東海道十五か国の一つ。今の静岡県の中央部。駿州。

するがなる…〔和歌〕

> 序詞
> 駿河なる　宇津の山べの　うつつにも
> 夢にも人に　逢はぬなりけり
> 〈伊勢・九〉〈新古今・一〇・羇旅・九〇四・在原業平〉

〔訳〕駿河(静岡県)にある宇津の山のほとり、そのうつつ(=現実)でも、夢でもあなたにお逢いしなかったのでした。
〔修辞〕第二句までは、「宇津」と同音の「うつつ」を導きだす序詞。
〔解説〕「伊勢物語」によると、京を捨てて東国へ行こうとした男が、静岡県の宇津の山のあたりで、京に残してきた女に詠んで贈った歌ということになっている。夢の中にその人が現れるのは、相手が自分を思っていてくれるからだという俗信があったので、第四・五句は、あなたはもう私を忘れてしまったのですね、という意を含む。

するが-まひ【駿河舞】(名)東遊の中心をなす舞。上代の駿河地方の民謡である駿河歌にあわせて舞う。駿河の国(静岡県)の有度浜に天女が天下って舞った情景を写したという。

するす-み【匹如身】(名・形動ナリ)「するつみ」とも。身寄りがなく、独り身で、資産も蓄えもないこと。無一物。〔徒然〕一四二「世をすてたる人の、万に―・なる〔体〕が」〔訳〕出家した人で、すべてに無一物である人が。

すれ サ行変格活用の動詞「為す」の已然形。〔更級〕かどで「庵なども浮きぬばかりに雨降りなどすれば」〔訳〕仮小屋なども浮き上がってしまうほどに(大量の)雨が降ったりするので。

すれ 助動詞「す」(使役・尊敬)の已然形。〔枕〕八七「かたはらなる人して言はすれば」〔訳〕そばにいる女房に言わせると。

すわえ【楚・楉】⇩すはえ

すゑ【末】(名)❶物のはし。しも。終わり。終末。〔枕〕一六五「女どちも、契り深くて語らふ人の、―まで仲よき人かたし」〔訳〕女どうしでも、関係が深くて親しくつきあっている人で、終わりまで仲のよい人はめったにない。〔文法〕「語らふ人の」の「の」は、いわゆる同格の格助詞で、「…で」の意。
❷木の枝先。こずえ。〔源氏〕若菜上「うぐひすの若やかに、近き紅梅の―にうち鳴きたるを」〔訳〕鶯が初々しく、そばの紅梅のこずえで鳴いているのを。
❸晩年。〔源氏〕柏木「五十八を十とりすてたる御齢なれど、―になりたるここちし給ひて」〔訳〕(光源氏は)五十

八から十をとって捨てたご年齢(=四十八歳)であるけれども、(すっかり)晩年になった気がなさって。

❹のち。ゆくさき。**将来。未来。** 徒然 七「さかゆく―を見んまでの命をあらまし」訳(子や孫が)さかえていく将来を見とどけるまでの長命を予定し。文法「見んまで」の「ん」は、仮定・婉曲の助動詞。

❺**子孫。あとつぎ。** 徒然 六「子孫おはせぬぞよく侍る。―のおくれ給へるはわろきことなり」訳子孫がいらっしゃらないのはよいことです。子孫が(先人より)劣っていらっしゃるのはみっともないことだ。

❻**結果。あげく。**〔増鏡〕新島守「そのうらみの―などより、事起こるなりけり」訳そうした怨みの結果などから、事件が起こるのであった。

❼**和歌の下の句。** 伊勢 六九「かち人の渡れど濡れぬえにしあれば、と書きて、―はなし」訳歩いて行く人が渡っても裾が濡れない入り江ほどの浅い縁であるので、と書いて、下の句はない。(「えにし」は「江にし」と「縁し」との掛詞。)(⇩本「図解学習」)

すゑ【陶・須恵】(名)上代の、釉薬をかけない黒みをおびた焼き物。須恵器。陶物。

すゑ-ずゑ【末末】(名)❶先のほう。先端。源氏 蜻蛉「心もとなき花の―手折りて」訳(何の花ともはっきりしない花の(枝の)先を折って。❷将来。のちのち。源氏 末摘花「かかる人々の―いかなりけむ」訳このような人々(=空蝉や末摘花たち)の行く末はどうなったであろう。❸年下の者。源氏 柏木「弟の君たちも、まだ、―の若きは、親とのみ頼み聞こえ給へるに」訳弟君たちも、(特に)まだ、年下の幼い人は、(柏木を)親とばかりお頼り申していらっしゃるのに。❹子孫。枕 九九「歌よむと言はれし―は、すこし人よりまさりて」訳(世間から)歌を詠む人(=歌人)と言われた(者の)子孫は、多少(歌が)他人よりすぐれていて。❺身分の低い者。しもじも。徒然 一三七「若く―なるは、宮仕へに立ち居」訳若くて身分の低い者は、主人の用事で立ったり座ったりし。

すゑ-つ-かた【末つ方】(名)(「つ」は「の」の意の上代の格助詞)❶末のころ。終わりになろうとするころ。源氏 橋姫「秋の―(=終わりごろ)」❷末の部分。終わりの部分。源氏 横笛「ただ―をいささかひき給ふ」訳(落葉の宮は)わずかに(曲の)終わりの部分をちょっと(和琴で)お弾きになる。❸晩年。源氏 若菜上「故院の―」訳亡き院(=桐壺院)の晩年。❹末席のほう。宇治 一・三「―より鬼出で来て」

すゑつむ-はな【末摘花】(名)植物の名。紅花の異称。茎の先端から咲きはじめる花を順々に摘み取って紅の染料にするところから、この名がある。夏。⇩巻頭カラーページ8

末摘花【人名】『源氏物語』中の人物。常陸の宮の姫君。鼻が長く、先が赤いのでこの名がある。

すゑとほき… 和歌

> 末遠き　二葉の松に　引きわかれ
> いつか木高き　かげを見るべき
> 〈源氏・薄雲〉

訳(大きく成長するのはずっと遠い先の二葉の松(=幼いわが子)に別れて、いったいいつ高く生い茂った(=成長した)姿を見ることができるだろうか。修辞「松」と「引き」は縁語。

解説 紫の上の養女となる明石の姫君を車に乗せて送り出すときに、母の明石の君が詠んだ歌。「二葉の松」は芽を出したばかりの小松のことで、幼い姫君をさす。「引き」は、正月子の日に小松を引いて長寿を願う習俗をふまえて、わが子の無事を願う気持ちをこめたもの。

すゑ-なほ-す【据ゑ直す】(他サ四)正しく置きなおす。徒然 二三六「さし寄りて、―・し(用)て去にければ」訳(神官は)近寄って、(獅子と狛犬を)もとのように置きなおして行ってしまったので。

すゑ-な-む【据ゑ並む】(他マ下二)位置をきめて並べて置く。並べて座らせる。枕 二七八「ここらめでたき人々を―・め(用)て御覧ずることはうらやましけ

古語ライブラリー㉖
「水をたまへな」の解釈

どこの国の歌かはわからない東歌の「雑歌」に、こんな一首がある。

◇鈴が音の早馬駅家の堤井の水をたまへな妹が直手よ〈万葉 一四・三四三九〉

この歌の「たまへな」は、次のどちらの解釈が正しいのだろうか。

a ハ行四段活用「たまふ」の命令形に念を押す意、または感動・詠嘆の意を表す終助詞「な」の付いたもので、「くださいよ」の意。

b ハ行下二段活用「たまふ」の未然形に他に対する願望・期待を表す終助詞「な」の付いたもので、「いただきたい」の意。

『万葉集』には、命令形による言い切りの文末に、念を押す意、または感動・詠嘆の意を表す終助詞「な」の付いた用例が見当たらないので、aの解釈には不安はあるが、文法上はどちらの解釈も成り立つ。どちらかが文法上誤りだとは言えないのである。

ところが、上代特殊仮名遣いの発見で、aの解釈は誤りだということがはっきりした。

ハ行四段活用の場合、連用形・已然形・命令形に上代特殊仮名遣いの仮名が見られる。連用形の「ひ」は甲類、已然形の「へ」は乙類、命令形の「へ」は甲類なのだ。

は・ひ(甲)・ふ・ふ・へ(乙)・へ(甲)

一方、ハ行下二段活用の場合は、未然形・連用形・命令形に乙類の仮名が用いられている。

へ(乙)・へ(乙)・ふ・ふる・ふれ・へ(乙)よ

原文では「たまへな」の部分が「多麻倍奈」になっている。「倍」は乙類の仮名なのだ。だから、ハ行下二段活用「たまふ」の未然形としか考えられない。早馬駅家の堤井(=石などで囲った泉)の水をいただきたい、いとしいあなたの手から直接に――ということなのである。

れ」訳大勢の美しい人たちを並べて座らせてご覧になるのはうらやましい。

末の松山（すゑのまつやま）スヱノマツヤマ『地名』歌枕 陸奥の国の丘陵。今の宮城県多賀城市の海岸にある丘といわれるが、定かではない。和歌では、末の松山を波が越すことを、起こり得ないことの比喩に用いる。

すゑ-の-よスヱ【末の世】❶後世。のちの時代。枕八二「いとわろき名の、―まであらむこそ、くちをしかなれ」訳たいそうみっともない名前が、後世まで残るとしたらそれは、残念なことであるようだ。文法「くちをしかなれ」は「くちをしかるなれ」の撥音便「くちをしかんなれ」の「ん」の表記されない形。「なれ」は、伝聞・推定の助動詞「なり」の已然形で、係助詞「こそ」の結び。❷晩年。源氏 藤裏葉「のこり少なくなりゆく―に」訳（余命が）残り少なくなっていく晩年に。❸道徳が乱れ、人情がなくなった世。末世。末法の世。徒然二三「衰へたる―とはいへど、なほ九重の神さびたる有り様こそ、世づかず、めでたきものなれ」訳衰えた末世とはいうが、やはり皇居の神々しいありさまは、世俗の風に染まらず、りっぱなものだ。

すゑ-ばスヱ【末葉】（名）❶草木の先端の葉。うら葉。新古 秋上「きのふまでよそに忍びし下をぎの―の露に秋風ぞ吹く」訳きのうまでは人目にたたなかった物陰の荻の枝先の葉の露に、（立秋の今日は）秋風が吹いて（散らして）いることよ。❷子孫。末裔。徒然一「竹の園生の―まで、人間の種ならぬぞやんごとなき」訳皇族の子孫（に至る）まで、人間の血統でないのは尊いことだ。

すゑば-の-やどりスヱバ【末葉の宿り】人生の終わりごろの住居。晩年の住居。方丈三「ここに六十の露消え方に及びて、更に―を結べることあり」訳さて六十歳という露（のようなはかない命）の消えようとするころになって、改めて晩年を過ごす住居を造ったことがある。

すゑ-ひろスヱ【末広】（名）「すゑひろがり」とも。❶末のほうがしだいに広がっていること。方丈二「扇をひろげたるがごとく―になりぬ」訳（火は）扇を広げた形のように末広がりになった。❷（開くと先端が広がることから）扇の異称。

すゑ-ひろがりスヱ【末広がり】（名）「すゑひろ」に同じ。

すゑ-ふろスヱ【据ゑ風呂】（名）「すいふろ」に同じ。

すゑ-へスヱ【末辺・末方】（名）❶末のほう。先端。記下「本にはいくみ竹生ひ、―にはたしみ竹生ひ」訳（その木の）根もとには枝葉が組み合って茂った竹が生え、末のほうには生い茂った竹が生え。❷山の頂のほう。万葉一三・三二二二「本辺には馬酔木花咲き―には椿花咲く」訳ふもとのほうには馬酔木の花が咲き、山頂のほうには椿の花が咲く。（↔本辺）

すゑ-わた・すスヱ【据ゑわたす】（他サ四）｛さ・し・す・す・せ・せ｝一面にずらりと並べて置く。徒然六〇「皆人の前―・す体を待たず」訳（膳を）すべての人の前にすっかり並べて置くのを待たないで。

すん【寸】（名）❶長さの単位。尺の十分の一。一寸は約三・〇三センチメートル。竹取 かぐや姫の生ひ立ち「それを見れば三―ばかりなる人、いとうつくしうてゐたり」訳それ（＝竹の切り株）を見ると三寸ほどの人が、たいそうかわいらしいようすで座っていた。❷寸法。長さ。〔曽我物語〕「十郎が太刀は、すこし―のびければ」訳十郎の太刀は、少し寸法が長かったので。❸少し。わずか。〔父の終焉日記〕「父の―のゆがみをとがめて」訳（母は）父のちょっとしたまちがいを叱って。

ずん【順】（名）順番。順番にめぐること。〔紫式部日記〕「さかづきの―のくるを、大将はおぢ給へど」訳祝杯の順番が回って（即興の歌を求められる順が）くるのを、大将は恐れていらっしゃるが。

すん-いん【寸陰】（名）ほんのわずかな時間。寸暇。徒然一〇八「―惜しむ人なし。これよく知れるか、愚かなるか」訳ほんのわずかな時間を惜しむ人はいない。これは（惜しむ必要のない道理を）よく知っているからか、（あるいは）愚かであるからか。

ずん-ざ【従者】（名）〔「ずさ」の転〕供の者。家来。宇治二・九「―どもを呼びにやりてこそ、出でても行かめ」訳供の者らを迎えにやってから、出ても行こう。

ずん・ず【誦ず】（他サ変）｛ぜ・じ・ず・ずる・ずれ・ぜよ｝「ずうず」「ずず」とも。「じゅす」に同じ。〔栄花〕はつはな「左衛門の督、万歳千秋などもろ声にて―・じ用給ふ」訳左衛門の督（＝藤原公任）と右衛門の督（＝藤原斉信）が万歳千秋など声を合わせて朗詠しなさる。

ずん-なが・る【順流る】（自ラ下二）｛れ・れ・る・るる・るれ・れよ｝（宴席などで、酒杯や詠歌の番が回る場合に用いて）順を追ってめぐる。源氏 松風「大御酒あまたたび―・れ用て」訳（大饗宴の）お酒が幾度も順を追って回って。

ずん-ば…ないなら。…なかったら。平家二・康頼祝言「利益の地を頼ま―、いかんが歩みを険難の路に運ばん」訳（衆生に）利益を与える大地（＝菩薩のたとえ）を頼みとしないなら、どうして歩みを険しい道に進めようか（いや、進めないだろう）。→ずは参考

なりたち 打消の助動詞「ず」の連用形「ず」＋係助詞「は」＝「ずは」を強調するために撥音が入り、その影響で「は」が濁音化して「ずんば」となったもの。

せ　セ

「せ」は「世」の草体
「セ」は「世」の略体

せ【兄・夫・背】（名）女性から、夫・愛人・兄・弟などを呼ぶ語。また、親しい男性を呼ぶ語。万葉二〇・四四二五「防人に行くは誰が―と問ふ人を見るが羨しさ物思もせず」訳→さきもりに…和歌。↔妹

せ【瀬】（名）❶川の水が浅い所。浅瀬。更級 太井川「太井川といふが上の―、まつさとの渡りの津に泊まりて」訳太井川という川の上流の浅瀬（にある）、まつさとの渡しの舟着き場に泊まって。↔淵 ❷川の流れ。万葉七・一〇八八「あしひきの山川の―の響るなへに弓月が嶽に雲立ち渡る」訳→あしひきの…和歌 ❸物事に出あう時節。機会。源氏 葵「いかなりともかならず逢ふ―あなれば」訳どんなことがあっても、（夫婦の縁で結ばれた者は、来世でも）必ず出あう機会があるそうだから。文法「あなれ」は「あるなれ」の撥音便「あんなれ」

の「ん」の表記されない形。「なれ」は、伝聞・推定の助動詞「なり」の已然形。
❹場所。〔新古〕夏「聞かずともここを—にせん郭公(ほととぎす)山田の原の杉の群(むら)立ち」〔訳〕(おまえの声を)聞かないにしてもここを「聞く」場所にしよう。ほととぎすよ。(伊勢(いせ)の)山田の原の杉が群がり立つここを。
❺その節(ふし)。その点。〔源氏〕柏木「憂(う)きにもうれしき—はまじり侍りける」〔訳〕つらい中にもうれしい点はまじっておりました。

図解学習 **「せ」と「ふち」**

「せ」は多義語であるが、「世の中は何かつねなるあすか川きのふの淵(ふち)ぞ今日(けふ)は瀬(せ)になる」〔訳〕→よのなかは…〔和歌〕〈古今 雑下〉のように「淵」に対して用いる場合は、川の、浅くて人が徒歩で渡ることができる所をいう。水がよどんで深い所が「ふち」である。

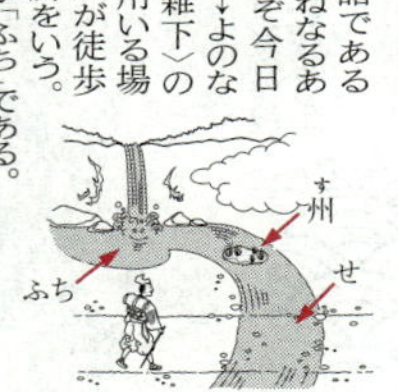

せ サ行変格活用の動詞「為(す)」の未然形。〔土佐〕「いとはつらく見ゆれど、こころざしは**せ**むとす」〔訳〕(相手の態度は)ひどく薄情だとは思われるけれども、(お礼の)贈り物はしようと思う。⇩せ「識別ボード」

せ【狭】 形容詞「狭(せ)し」の語幹。「…も狭に」の形で用いられる。→狭(せ)に

せ 助動詞「き」の未然形。つねに接続助詞「ば」を伴って「せば」の形で用いられる。〔古今〕春上「世の中にたえて桜のなかり**せ**ば春の心はのどけからまし」〔訳〕→よのなかに…〔和歌〕。→せば…まし。⇩せ「識別ボード」

せ 助動詞「す」(使役・尊敬)の未然形。〔枕〕八七「この雪の山いみじうまぼりて、童(わらは)べなどに踏み散らさ**せ**ず、こぼた**せ**で、よくまもりて十五日までさぶらへ」〔訳〕この雪の山をよく守って、子供などに踏み荒らさせず、こわさせないで、十分に監視して(陰暦正月)十五日まで残しておきなさい。⇩せ「識別ボード」

せ 助動詞「す」(使役・尊敬)の連用形。〔伊勢〕一〇七「あるじなる人、案を書きて、書か**せ**て遣(や)りけり」〔訳〕主人である人が、下書きを書いて、書かせて(女に)書かせて(男のもとに手紙を)とどけた。⇩せ「識別ボード」

◆**識別ボード「せ」**◆

①**動詞(サ変)「為(す)」の未然形**
「起きも**せ**ず寝も**せ**で夜を明かしては春のものとてながめ暮らしつ」〔訳〕(恋しさで)起きもせず眠りもしないで一夜を明かしては、(今日は)春の景物だと思って、長雨に降りこめられて物思いにふけって日を暮らしたことだ。〈古今 恋三〉

②**動詞(サ下二)の連用形語尾**
「物語のおほく候ふなる、あるかぎり見**せ**たまへ」〔訳〕物語がたくさんございますとか聞いているのを、あるだけ見せてください。〈更級 かどで〉

③**動詞(サ四)の已然形語尾**
「わが背子(せこ)が着(け)**せ**る衣の針目落ちずこもりにけらしあが情(こころ)さへ」〔訳〕私の夫が着ていらっしゃる着物の針目に残らず入ってしまったようだ、(縫い糸だけでなく)私の心までも。〈万葉 四・五一四〉

④**助動詞「き」の未然形**
「世の中にたえて桜のなかり**せ**ば春の心はのどけからまし」〔訳〕世の中にまったく桜がなかったならば、春を過ごす人の心はのんびりと落ち着いていられるだろうに。〈古今 春上〉

⑤**助動詞「す」の未然形**
「この雪の山いみじうまぼりて、童(わらは)べなどに踏み散らさ**せ**ず、こぼた**せ**で、よくまもりて」〔訳〕この雪の山をよく守って、子供などに踏み荒らさせず、こわさせないで、十分に監視して。〈枕 八七〉

⑥**助動詞「す」の連用形**
「あるじなる人、案を書きて、書か**せ**て遣(や)りけり」〔訳〕主人である人が、下書きを書いて、(女に)書かせて(男のもとに手紙を)とどけた。〈伊勢 一〇七〉

①は「せず」「せで」で一文節になる自立語。②は「見せ」で一語。「見させ」でないことに注意する。同類の語には「着す」「似す」などがある。③は「着せ」で一語の尊敬動詞。下の「る」は完了の助動詞「り」の連体形。同類の語に「見す」「召す」などがある。④は上に形容詞の連用形がきている。⑤⑥は上に動詞の未然形がきていて、⑤は下に未然形接続の打消の「ず」「で」があり、⑥は連用形接続の接続助詞「て」がある。

ぜ【是】(名)道理にかなった正しいこと。よいこと。また、満足のいくよい状態。〔徒然〕二一一「身をも人をも頼まざれば、—なるときは喜び、非なるときは恨みず」〔訳〕自分をも他人をもあてにしなければ、よい状態であるときは喜び、よくない状態であるときは嘆かない(ですむ)。

ぜ(係助)《上代東国方言》係助詞「ぞ」に相当する。〔万葉〕二〇・四三四六「父母が頭(かし)かきなで幸(さ)くあれていひし言葉(けとば)**ぜ**忘れかねつる」〔訳〕→ちちははが…〔和歌〕

世阿弥(ぜあみ)〔人名〕(一三六三?～一四四三?)室町前期の能役者・謡曲作者。姓は結崎(ゆうざき)、名は元清(もときよ)。観阿弥(かんあみ)の子。足利義満(あしかがよしみつ)の庇護(ひご)を受け、父の死後、観世座を継いで、能楽を幽玄な芸へと大成した。謡曲「高砂(たかさご)」「敦盛(あつもり)」、能楽論書に「風姿花伝(ふうしかでん)」(花伝書)「花鏡(かきょう)」「申楽談儀(さるがくだんぎ)」などがある。→能楽(のうがく)

せい【制】(名)❶制度。おきて。定め。禁制。〔うつほ〕国譲下「御馬副(みむまぞ)ひ四人、—ありて学生(がくさう)ども」〔訳〕御馬副い(=貴人の乗馬につきそう従者)は四人で、定めがあって学生たちがつき従っている。❷天皇の仰せごと。勅命。❸諫(いさ)め。〔うつほ〕忠こそ「忠(ただ)こそまろが—に従ふべくもあらねばなむ忍びて奏する」〔訳〕(父の大臣は)忠こそ(=私)の諫めに従うはずもないのでそっと申し上げる。

せい【勢】(名)❶いきおい。力。勢力。〔今昔〕三・三四「火の—いよいよ高く(=激しく)なりて」❷軍勢。兵力。〔平家〕九・木曽最期「〔木曽(きそ)〕義仲(よしなか)が—は敵(かたき)におしへだてられ」❸姿かたち。かっこう。背たけ。〔平治物語〕「中に—鞠(まり)ばかりにして音(こゑ)ある物あり」〔訳〕(箱の)中にはかたちが鞠ぐらいで音のするものがある。

せいい-たいしゃうぐん【征夷大将軍】(名)❶上代・中古に、東国の蝦夷(えぞ)征討のために任

命された臨時の官職。「征夷将軍」「征夷使」「征東使」ともいう。❷源頼朝が任ぜられて以降、幕府の首長の職名で、武門の棟梁の地位を表す。

せい-うん【青雲】(名)❶青空。また、非常に高い所のたとえ。〔万葉〕五・八〇〇・序「意気は―の上に揚がれども」❷高位高官。立身出世。〔平家〕四・南都牒状「忠盛―の翅をかいつくろふといへども」〔訳〕忠盛は高位高官にのぼり威儀を整えているけれども。

せい-が【笙歌】(名)「しゃうが」とも。笙(=雅楽に用いる管楽器)などに合わせて歌を歌うこと。また、その歌。〔平家〕灌頂・大原御幸「―はるかに聞こゆ孤雲の上」〔訳〕笙歌がはるか(遠く)に聞こえる、一ひらの雲の上から。

せいがいは【青海波】(名)❶雅楽の曲名。唐楽の一種。二人の舞人が、波に千鳥模様の袍をつけ鳥甲をかぶり剣を帯びて舞う、艶麗な舞楽。〔源氏〕紅葉賀「今日の試楽は、―に事みな尽きぬな」〔訳〕今日の舞楽の予行練習は、(あの)青海波ですべて尽きてしまったね。❷①の舞楽で舞人が着る服の波形の染め模様。また、これと同じような模様の称。

(せいがいは①)

(せいがいは②)

せい-かん【清閑】(名・形動ナリ)清らかでもの静かなさま。俗事にかかわらないで静かに暮らしていること。〔細道〕立石寺「慈覚大師の開基にして、ことに―の地なり」〔訳〕(立石寺は)慈覚大師の開基で、とりわけ清らかでもの静かな土地である。

せい-ぐゎ【清華】(名)公卿の家格の名。摂家(=摂政・関白に任ぜられる家柄)につぐ高い家柄。大臣・大将を兼ね、太政大臣にまでのぼることができた。久我・三条・西園寺・徳大寺・花山院・大炊御門・今出川(菊亭)の七家。のちに広幡・醍醐を加えて九家とした。「華族」とも。

せい-こつ【性骨】(名)「しゃうこつ」に同じ。

せい-こん【精根】(名)根気。精力。元気。〔浄・嫗山姥〕「筋骨たるんで、―尽き果て候へば」〔訳〕力が萎えて、根気も尽き果てますので。

せい-ざう【星霜】(名)「せいさう」とも。(星は一年に天を一周し、霜は年ごとに降ることから)年月。歳月。〔義経記〕「二十一年の―を経て」

せい-じ【青磁・青瓷】(名)「あをじ」とも。鉄分を含んだ淡青緑色、または淡黄色の釉薬をかけた磁器。日本には、中国から平安時代に伝来したといわれ、「秘色」と呼ばれた。

せいし-ぼさつ【勢至菩薩】(名)《仏教語》阿弥陀仏の右の脇士。知恵を表し、衆生を餓鬼・畜生・地獄の三悪道から救い、無上の力を得させるという菩薩。大勢至菩薩。勢至。→観世音〔参考〕

清少納言(せいしょうなごん)⇩清少納言

せい-しょく【声色】(名)音楽と女色。〔徒然〕二一七「宴飲―を事とせず」〔訳〕酒宴や音楽と女色に熱中せず。

せい-しょく【晴色・霽色】(名)(雨が上がって)空が晴れあがった風景。〔細道〕象潟「雨もまた奇なりとせば、雨後の―また頼もしきと」〔訳〕雨で見えない景色を想像するの(も)また一風変わっておもしろいとするならば、雨あがりの空が晴れた風景もまた期待されると。〔名文解説〕芭蕉は島々が海上に浮かぶ象潟の景から、中国の景勝地西湖を想起した。「雨もまた奇なり」は蘇東坡の詩「西湖」の一節。この詩は、西湖の景が晴雨ともにすばらしいのを、春秋時代の美人西施の化粧の濃淡ともに美しい姿に比す。芭蕉が象潟の景に西施を重ねる意図があったことは、文末の発句(→きさかたや…〔俳句〕)に西施を詠みこむことでもわかる。

せいしょ-だう【清暑堂】(名)「せいそだう」とも。平安京大内裏の豊楽院にある九堂の一つ。九間四面の堂で、大嘗祭の後、神楽が行われた。

せい-じん【聖人】(名)❶知徳が最もすぐれ、万人に手本と仰がれる人。中国では尭・舜・孔子などの称。〔徒然〕一〇九「あやしき下臈なれども、―の戒めにかなへり」〔訳〕いやしい身分の低い者であるが、(そのことばは)聖人の教訓に一致している。❷(「濁酒」を「賢人」というのに対して)清酒の異名。

せい・す【制す】(他サ変){せ・し・す・する・すれ・せよ}❶定める。きめる。〔神皇正統記〕「文字を―・する体にも『日月を明とす』といへり」〔訳〕(太陽と月ほど明るいものはないので)文字を定めるのについても「日と月とで(=日と月を組み合わせて)明とする」と言っている。❷おさえとどめる。制止する。禁止する。〔大鏡〕道長上「『なにか射る。な射そ、な射そ』と―・し用給ひて、ことさめにけり」〔訳〕(道隆が)「どうして射るのか。射るな、射るな」とおとめになって、座がしらけてしまった。

せい・す【征す】(他サ変){せ・し・す・する・すれ・せよ}攻めて従わせる。征伐する。〔徒然〕一七一「三苗―・せ未しも」〔訳〕三苗(という蛮族)を征伐したことも。

醒睡笑(せいすいしょう)〔作品名〕江戸前期の笑話集。安楽庵策伝作。元和九年(一六二三)成立。笑話千余話を集め、四十二項に分類したもの。

清少納言(せいしょうなごん)〔人名〕(生没年未詳)平安中期の女流文学者。父は清原元輔、曾祖父は深養父と、すぐれた歌人の家系に生まれた。和漢の学に通じ、一条天皇の中宮定子に仕え、紫式部と並び称された才女。定子没後の晩年は不遇であったという。「小倉百人一首」に入集。随筆「枕草子」、家集「清少納言集」がある。⇩女房「発展」

せい-ぞろへ【勢揃へ】(名)軍勢を集め整えること。〔平家〕五・富士川「浮島が原にて―あり。〔全部で〕二十万騎とぞ記いたる(=記した)」

せい-だい【聖代】(名)聖天子(=徳の高い天子)の治める世。また、その時代を尊んだ語。聖朝。〔徒然〕二〇五「いにしへの―、すべて起請文につきて行はるる政はなきを」〔訳〕遠い昔の聖天子の治める世には、いっさい起請文(という形式)によって行われる政治はないのに。

せい-てう【青鳥】(名)(前漢の文人東方朔が三本足の青鳥を見て、西王母という仙女の使者だと言った故事から)手紙を届ける使い。使者。または、書簡。〔平家〕四・南都牒状「―飛び来りて芳翰を投げたり」訳 使者がやって来てお手紙を投げた。⇩消息「慣用表現」

せい-とく【勢徳】(名) ❶めぐみ。おかげ。〔うつほ〕祭の使「望みある者の、―を蒙らむとて」訳 (将来に)野望を持っている者が、おかげをこうむろうとして。

❷威勢。財力と権力。権勢と財産。今昔 二六・七「この男は、美濃の国に―ありける者の一子にてありけるが」訳 この男は美濃の国(岐阜県)において権勢と財産のあった者の一人息子であったが。

せい-なう【細男】(名)神楽の人長の舞のあとで滑稽な舞を演じる人。また、その舞。〔風姿花伝〕「大神の御心をとらんとて、神楽を奏し、―を始め給ふ」訳 (神々が)大神(＝天照大神)のご機嫌をとろうとして、神楽を演奏し、細男の舞をお始めになる。

せい-ば【征馬】(名)〔「征」は、旅ゆくの意〕旅をするときに乗る馬。平家 三・城南之離宮「巷を過ぐる行人―のいそがはしげなる気色」訳 町中を通り過ぎる旅人や道行く馬の忙しそうなようす。

せい-ばい【成敗】(名・自他サ変) ❶政治を行うこと。政務。〔太平記〕一「鎮西に一人の探題を下し、九州の―を司らしめ」訳 九州に一人の探題(＝政務・軍事を担当した職)を下向させ、九州の政治を行わせ。

❷処置すること。とりはからうこと。計画。平家 一〇・千手前「南都炎上の事、故入道の―にもあらず」訳 奈良(の寺)を焼亡したことは、故入道(＝平清盛)のとりはからいでもない。

❸処罰すること。特に、死罪や斬罪に処すること。〔戴恩記〕「かやうの人をまどはす者は、実の神職にあらず。見せしめのためとて御―ありき」訳 このような人をたぶらかす者は、ほんとうの神職ではない。見せしめのためというのでおしおきがあった。

❹裁決。裁き。〔沙石集〕「宋朝の人、いみじき―とぞ、あまねくほめののしりける」訳 (中国の)宋朝の人は、すばらしい裁きだと、口々にほめ騒いだそうだ。

せい-びゃう【精兵】(名) ❶すぐれた強い武士。

❷強い弓の射手。平家 一一・鶏合 壇浦合戦「兵藤次秀遠は〔西海道〕九国一番の―にてありけるが」(＝強い弓の射手であったが」↔小兵

せい-めい【清明】━(名・形動ナリ・タリ)清く明らかなさま。曇りのないこと。徒然 二三九「この宿、―なる(体)故に、月をもてあそぶに良夜とす」訳 この星座は、清く明らかであるために、月を賞美するのによい夜だとする。

━(名)二十四気の一つ。陰暦三月の節で、冬至から百五日目、春分から十五日目。今の四月五日ごろ。清明節。春

せい-もん【誓文】━(名)神仏にかけて誓う文。誓約の文書。誓紙。起請文。

━(副)誓って。神かけて。絶対に。〔浄・女殺油地獄〕「わしが心は―かうぢゃとひったり抱き寄せ」訳 私の心は誓ってこうだと、(与兵衛を)ぴったりと抱き寄せ。

せい-やう【青陽】(名)〔五行説で「青」は「春」にあたるところから〕春の異称。多く、初春。平家 九・生ずきの沙汰「―の春も来たり、浦吹く風も柔らかに」訳 陽光ののどかな春もやって来て、海岸を吹く風も柔らかく。

せい-らん【晴嵐・青嵐】(名) ❶晴れた日に立ちのぼる山気。晴れた日のかすみ。

❷初夏、青葉を吹きわたる風。平家 一〇・高野巻「―梢を鳴らして」訳 (高野山は)青葉を吹きわたる山風がこずえを吹き鳴らして。

せいりゃう-でん【清涼殿】(名)「せいらうでん」とも。内裏の殿舎の名。紫宸殿の北西、校書殿の北にある。天皇の常の御座所。四方拝・小朝拝・叙位・除目・官奏などの公事も行った。⇩巻頭カラーページ20・32

参考 平安初期は仁寿殿が天皇の日常生活の御殿であったが、中期ごろに清涼殿に移った。室町時代以降は儀式専用となる。

せい-りょう【青竜】(名)「せいりゅう」「しゃうりゅう」とも。四神の一。東方の守護神で、竜の形をしている。

（せいりょう）

西王母(せいぼ) ❶『人名』中国の伝説中の仙女。漢の武帝に三千年に一度実る仙桃をすすめたという。

❷『作品名』能楽の曲名。金春禅竹作か。①が桃の実を漢の武帝に贈る故事を脚色したもの。

せう【小】(名)小さいこと。少ないこと。短いこと。細いこと。軽いこと。狭いこと。また、そういうもの。徒然 一四「大につき―を捨つる理、誠にしかなり」訳 大きいことに従い小さいことを捨てる(という)道理は、ほんとうにそのとおりである。↔大

せう【抄・鈔】(名) ❶容積の単位。勺の十分の一。約一・八ミリリ。

❷抜き書き・写本・聞き書きの類。

❸書物のむずかしいところを抜き出して注釈すること。注釈書。「源氏物語湖月―」

せう【簫】(名)管楽器の一種。長短の竹の管十本から二十三本を横に並べて一組にし、吹いて鳴らすもの。簫の笛。⇩巻頭カラーページ23

せう【少輔】(名)「せふ」に同じ。

せう【兄鷹】(名)小さい鷹。また、雄の鷹。源氏 夕霧「ものおぢしたる鳥の―様の物のやうなるは」訳 何かにおびえている鳥で、雄の鷹のような状態でいるのは。

せ-う …しよう。平家 七・篠原合戦「実盛はこの度の戦に討ち死にせう(終)ど思ひきって候ふぞ」訳 (私)実盛は今回の合戦で討ち死にしようと覚悟しておりますよ。

なりたち サ変動詞「為」の未然形「せ」＋意志の助動詞「む」＝「せむ」の転

せう-えう【逍遥】(名・自サ変)気ままにあちらこちらを遊び歩くこと。散策。伊勢 六七「昔、男、―し(用)に、思ふどちかいつらねて」訳 昔、(ある)男が、散策をするために、気のあった連中をさそいあわせて。

せう-かうじ【小柑子】(名)小さな柑子。みかんの一種。伊勢 八七「その石の上に走りかかる水は、―、栗の大きさにてこぼれ落つ」訳 その石の上に流れ落ちかかる水は、小さな柑子や栗の大きさでこぼれ落ちる。

せうけい-もん【昭慶門】(名)平安京大内裏の朝堂院の北門。

せう‐げき【少外記】(名)律令制で、太政官の役人。外記のうちの下位の者。→外記

せう‐さい【小賽】(名)双六で、ふって出たさいころの目の数が少ないこと。源氏 常夏「手をいと切にしもみて、『―、―』とこふ声ぞ、いと舌疾きや」訳 手をひどくしきりにもみ合わせて、「小賽(出よ)、小賽(出よ)」と祈る(近江の君の)声が、たいへん早口であるよ。

せう‐し【笑止】(名・形動ナリ)「勝事」の転。「笑止」は当て字という。❶気の毒なこと。かわいそうなこと。〔閑吟集〕「わが恋は、…、もの言はで―の蛍」訳 私の恋は、…、ものも言わずに気の毒な蛍(のようなもの)。❷困ったこと。〔謡・蟻通〕「あら―や。にはかに日暮れ大雨降りて」訳 あれ困ったことだ。急に日が暮れ大雨が降って。❸笑うべきこと。〔仮名・可笑記〕「おのれが心には随分善事なりと思へども、よそめ―・なる体ことあり」訳 自分の考えでは相当によいことだと思っても、他人の目からは笑うべきことがある。

せう‐しゃう【少将】(名)近衛府の次官で、中将の下に位する者。定員は左右各二名。正五位下相当官。

せう‐じょう【少判官】(名)律令制の判官の一つ。大判官の次に位する者。

発展 「少判官」の表記

「せうじょう」は、役所によって字が異なる。神祇官では「少祐」、省では「少丞」、職・坊では「少進」、寮では「少允」、衛門府・兵衛府・検非違使では「少尉」、国司では「少掾」などの漢字を当てる。

せう‐しん【少進】(名)律令制で、大膳職・修理職・左右京職・中宮職・東宮坊などの判官の一つ。大進の次に位する者。

せう‐じん【小人・少人】(名)❶少年。子供。〔愚管抄〕「この将軍と云ふはわづかに二歳の―なり」訳 この将軍(=藤原頼経)というのはやっと二歳の子供である。❷小人物。心の狭い品性のいやしい人。徒然 九七「―に財あり、君子に仁義あり」訳 品性のいやしい者には財産があり、君子には仁と義があり。❸身分の低い者。〔十訓〕五「―の家の女つつしみて身をもて、かろがろしく人にゆるすことなかれ」訳(白居易は)身分の低い者の家の女は慎んでわが身を保ち、軽々しく人に(心を)許してはいけない(と説いた)。

せう・す【抄す・鈔す】(他サ変){せ・し・す・する・すれ・せよ}❶書き写す。抜き書きする。❷抜き集めて書物を作る。編纂する。大鏡 道長下「延喜の御時に古今―・せ未られしをり」訳 醍醐天皇の御代に「古今和歌集」を編纂されたとき。

せうすい‐の‐うを【少水の魚】〔「うを」は「いを」とも〕今にも干上がりそうな水中にいる魚。死が迫っていることのたとえ。方丈 二「日を経つつきはまりゆくさま、―のたとへにかなへり」訳 日がたつにつれて窮迫していくようすは、少水の魚のたとえに適合している。

せう‐せつ【小節】(名)つまらない義理。ささいなこと。徒然 一一二「一生は雑事の―にさへられて、空しく暮れなん」訳(人間の)一生は雑事のつまらない義理に妨げられて、むだに終わってしまうだろう。

せう‐そく【消息】(名・自サ変)「せうそこ」に同じ。蜻蛉 中「はては―だになくて久しくなりぬ」訳 しまいには手紙さえよこさない状態で長い時間がたってしまった。

せう‐そこ【消息】(名・自サ変)〔「せうそく」の転〕❶**手紙**。便り。伝言。伊勢 七三「―をだに言ふべくもあらぬ女のあたりを思ひける」訳(男が)便りをさえすることができそうにない女のことを思った歌。❷**訪れること。案内を請うこと**。とりつぎを頼むこと。大鏡 兼家「殿のおはしましたりけるに、かどをおそくあければ、たびたび御―言ひ入れさせ給ふに」訳 殿(=兼家)がおいでになったおりに、(道綱の母が)門をなかなかあけなかったので、たびたび(早くあけてくれと従者をして)ご案内を内に伝えさせなさると。

慣用表現 「手紙」を表す表現

雁の便り・雁の使ひ・青鳥・消息・消息・消息文・玉梓・便宜・文・水茎・水茎の跡・藻塩草・往来

ポイント 「雁の使ひ」「青鳥」「玉梓」は「手紙を運ぶ使者」を手紙の意として用いたもの。

せうそこ‐が・る【消息がる】(自ラ四){ら・り・る・る・れ・れ}〔「がる」は接尾語〕手紙を交わそうとする。源氏 玉鬘「すいたる田舎人ども、心掛け―・る体いと多かり」訳 好色な田舎者たちで、(玉鬘を)恋慕し手紙を交わしたがる者が非常に多い。

せうそこ‐ぶみ【消息文】(名)手紙。手紙の文。源氏 帚木「いと清げに―にも仮名といふもの書きまぜず」訳(博士の娘は)たいそうさっぱりとした感じに、手紙の文にも仮名というものを書きまぜないで。⇨消息「慣用表現」

せう‐でう【蕭条】(名・形動タリ)もの寂しいさま。ひっそりしているさま。〔蕪村句集〕蕪村「―・と用して石に日の入る枯れ野かな」訳 →せうでうとして…俳句

せうでうとして… 俳句

> 蕭条として 石に日の入る 枯れ野かな 冬
> 〈蕪村句集・蕪村〉

訳 もの寂しくも(草木が枯れてあらわになった)石の向こうに、冬の赤い夕日が(少しずつ)沈み、陰って行く枯れ野の荒涼たる風景よ。(枯れ野図。切れ字は「かな」)

せう‐てん【少典】(名)律令制で、大宰府の主典。大典の次に位する者で、書記をつかさどる。

せうと【兄人】(名)〔「せひと」のウ音便〕❶女から男の兄弟を呼ぶ語。兄でも弟でもいう。伊勢 五「二条の后に忍びて参りけるを、世の聞こえありければ、―たちの守らせ給ひけるとぞ」訳(男が)二条の后のもとに忍んで参上したのを、世評が立ったので、(后の)兄たちが、(番人に)守らせなさったということだ。文法 係助詞「ぞ」のあとに結びの語「いふ」などが省略されている。❷一般に、男の兄弟。後世はもっぱら兄をさす。↔妹 徒然 四五「公世の二位の―に、良覚僧正と聞こえしは、

極めて腹あしき人なりけり」訳（藤原）公世の二位の兄弟で、良覚僧正と申し上げた方は、非常に怒りっぽい人だったということだ。

せう-とく【所得】（名・自サ変）得をすること。うまいことをすること。宇治 三・六「あはれ、しつる—かな。年ごろはわろく書きけるものかな」訳ああ、うまくやったもうけものだなあ。長年の間はつたなく描いていたものだなあ。
名文解説 絵仏師の良秀は、火事でわが家が炎上した際、妻子が取り残されているにもかかわらず、これで炎の描き方がわかったと大喜びし、このように言ったという。常人の理解を超えた、芸術家の執念を感じさせる一言である。

せう-なごん【少納言】（名）律令制で、太政官の判官。詔勅・御璽（＝天皇の印）・太政官印を管理し、侍従を兼ねる重職であった。のち、蔵人所が設置されて職権が縮小されたため、小事の奏上や官印を管理するだけの職となった。

せう-に【少弐】（名）律令制で、大宰府の次官。大弐の次に位する者で、庶務をつかさどる。

せうねつ-ぢごく【焦熱地獄・燋熱地獄】（名）《仏教語》八大地獄の一つ。殺生・偸盗・邪淫・飲酒・妄語などの罪を犯した者が落ち、猛火で苦しめられるという。平家 六・入道死去「獄卒をあひ添へて—へつかはさる」訳（閻魔大王は法蔵僧都を）部下の鬼をつき添わせて焦熱地獄にお遣わしになる。→八大地獄

せう-の-ふえ【簫の笛】（名）「せう（簫）」に同じ。

紹巴《人名》→里村紹巴

せう-ばう【椒房】（名）〔「椒」は山椒、「房」は室の意〕❶皇后の御所。椒庭。平家 七・聖主臨幸「—の嵐声悲しみ、掖庭の露色愁ふ」訳皇后の御殿（の跡）に吹く風の音も悲しく、宮女の居室（の跡）には露が悲しく降りている。❷皇后の異称。〔太平記〕三「竹園、—、禁裏、仙洞の御領までも」訳親王、皇后、天皇御所、上皇御所のご領地までも。
参考 中国で、悪気を防ぐため、また実の多いのにあやかって子孫が多く生まれるようにと、山椒を皇后の御殿の壁に塗りこんだところから、この名があるという。

せう-ばう【焼亡】（名・自サ変）「ぜうまう」に同じ。

肖柏《人名》（一四四三―一五二七）室町中・後期の歌人・連歌師。別号、牡丹花・夢庵・弄花軒。三条西実隆に古典を、宗祇に和歌・連歌を学んで古今伝授を受けた。家集と発句集に同名の「春夢草」、連歌論書「肖柏口伝抜書」、注釈書「伊勢物語肖聞抄」「弄花抄」などがある。

せう-ひつ【少弼】（名）律令制で、弾正台の次官。正五位下相当官。

せう-ふう【蕉風】（名）俳諧の一派の名。松尾芭蕉とその門人・門流の俳諧の作風。その精神は寂・撓り・細み・軽みを重んじる。また、連句の付け方に、うつり・ひびき・匂い・位を重んじる点で、談林風の斬新奇抜な俳諧とは対照的である。

せう-べん【少弁】（名）律令制で、太政官の判官の一つ。中弁の次に位し、左少弁と右少弁とがある。→弁

ぜう-まう【焼亡】（名・自サ変）「せうばう」とも。焼失すること。また、火事。火災。大鏡 伊尹「冷泉院の南の院におはしましし時、—ありし夜」訳冷泉院が南殿にいらっしゃったときに、火事のあった夜。

せう-みゃう【小名・少名】（名）❶平安時代中期ごろから中世にかけて、名田を持つ豪族で、大名よりは領地の少ない者。領地の小さな諸侯。❷江戸時代、一万石以上の武士を大名といったが、そのうちの領地の少ない者。

せう-もち【抄物】（名）「せうもつ」に同じ。

せう-もつ【抄物】（名）「せうもち」とも。抜き書きしたもの。写しとったもの。転じて、注釈書。方丈 三「和歌・管弦・往生要集ごときの—を入れたり」訳（行李には）和歌・音楽に関する書物や「往生要集」のようなものの抜き書きした書物を入れてある。

せう-もん【蕉門】（名）松尾芭蕉の門人やその門流。

せうもん-じってつ【蕉門十哲】（名）松尾芭蕉門下のすぐれた俳人十人をいう。一般には、榎本其角・服部嵐雪・各務支考・森川許六・向井去来・内藤丈草・志太野坡・越智越人・立花北枝・杉山杉風をいうが、異説もある。

せうやう-しゃ【昭陽舎】（名）内裏の五舎の一つ。女官の詰め所で、東宮の御在所ともなった。壺（＝中庭）に梨の木が植えてあるので「梨壺」ともいった。⇨巻頭カラーページ32

せう-らん【照覧・昭覧】（名・他サ変）神仏があきらかに見ること。照らし見ること。平家 二・一行阿闍梨之沙汰「両所山王、定めて—し㊥給ふらん」訳比叡山の大宮・二宮・聖真子（の神々）も、きっとご覧になっていらっしゃることであろう。

せ-おはしま・す【せ御座します】最も強い尊敬の意を表す。お…になられる。…なされる。枕 一三八「など、かくは謀ら—・し㊥しぞ」訳（中宮様は）どうして、このようにはおだましになられたのか。
なりたち 尊敬の助動詞「す」の連用形「せ」＋尊敬の補助動詞「おはします」

せ-かい【世界】（名）❶**地上界。人間界。** 竹取 かぐや姫の昇天「昔の契りありけるによりなむ、この—にはまうで来たりける」訳昔の約束があったので、（私＝かぐや姫は）この地上界には参りました。❷**世の中。世間。** 源氏 少女「—の栄華にのみたはぶれ給ふべき御身をもちて」訳（夕霧は）世の中の栄華にただもう遊び戯れなさることのできるご身分をもって。❸**世の中の人。** 世人。〔うつほ〕藤原の君「—こぞりて（＝残らずそろって）申すときに」❹**国。国土。** また、**土地。地方。** 特に、田舎。源氏 東屋「若うより、さるあづまの方のはるかなる—にうづもれて」訳（常陸の介は）若いときから、あのような東国地方の（都からずっと遠い）土地に引っ込んで。❺**あたり一帯。** そこらじゅう。大和 一六八「『いづら』と言ひて、もてこし人を—にもとむれど、なし」訳（殿上人たちは）「どこ（へ行ったのだろう）」と言って、（和歌を）持って来た人をあたり一帯に探すけれども、いない。

せ-がい【船枻】(名) 船の左右のふなべりに渡した板。ここで櫓を漕いだり、棹をさしたりする。船棚。平家 一一・那須与一「舟の―にはさみたてて、陸へむいてぞまねいたる」訳 (扇を)船の船棚に挟み立てて、陸地へ向いて手招きをしている。

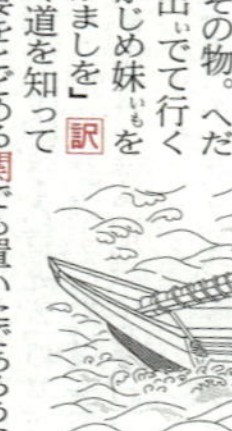
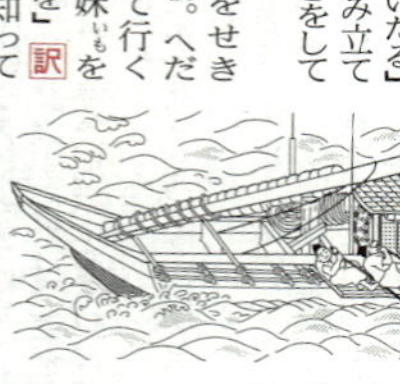
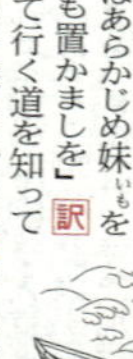
(せ が い)

せき【関】(名) ❶物事をせき止めること。また、その物。へだて。万葉 三・四六八「出でて行く道知らませばあらかじめ妹を留めむ―も置かましを」訳 (あの世へ)出て行く道を知っていたなら、前もって妻をとどめる関でも置いたであろうに。❷国境や要所に設けて、通行人または通行物を検査した所。関所。枕 一一「―は逢坂。須磨の―。鈴鹿の―〔などが趣がある〕」

せき-あ-ぐ【咳き上ぐ】(自ガ下二)〔げ・げ・ぐ・ぐる・ぐれ・げよ〕❶むせかえる。息が詰まる。源氏 葵「にはかに、例の御胸を―・げ用ていといたう惑ひ給ふ」訳 (葵の上は)急に、いつものように御胸がむせかえって、たいそうひどく惑い(苦しみ)なさる。❷(涙などが)こみあげる。(悲しみで)胸がいっぱいになる。源氏 夕顔「御胸―・ぐる体ここちし給ふ」訳 (光源氏の)御胸は(悲しみでいっぱいになり、それが)こみ上げてくる気持ちがしなさる。⇩潮垂る「慣用表現」

せき-あ-ぐ【塞き上ぐ・堰き上ぐ】(他ガ下二)〔げ・げ・ぐ・ぐる・ぐれ・げよ〕川などの水をせき止めて、水量をふやす。万葉 八・一六三五「佐保川の水を―・げ用て植ゑし田を」訳 佐保川の水をせき止めて(苗を)植えた田を。

せき-あ-ふ〔(オ)ウ―アー〕**【塞き敢ふ】**(他ハ下二)〔へ・へ・ふ・ふる・ふれ・へよ〕(涙などを)せき止めてこらえる。抑えてがまんする。〔増鏡〕月草の花「御涙も―・へ未ず、さめざらましをと思すもかひなし」訳 (後醍醐天皇は父帝を夢でご覧になり)御涙もせき止められず、(夢と知っていたなら)目を覚まさずにいただろうにとお思いになるのもむだである。

せき-いた【関板】(名)屋根をふくのに用いる粗末な幅の広い板。〔義経記〕「―をがはと踏み放し」訳 (忠信は)屋根をふく板をがばっと(内側から)踏みはがして。

せき-い・る【塞き入る・堰き入る】(他ラ下二)〔れ・れ・る・るる・るれ・れよ〕流れている水をせき止めて、他の流れへ引き入れる。〔うつほ〕国譲中「石畳のもとまで水―・れ用て」訳 石畳の所まで水を引き入れて。

せき-おくり【関送り】(名)❶京都より旅立つ人(特に、伊勢参りに行く人)を逢坂の関まで送ること。↕関迎へ ❷旅立つ人を送ること。見送ること。〔笈の小文〕「其角亭において―せんともてなす」訳 其角の住まいで(私=芭蕉の)旅立ちの見送りをしようとごちそうする。

せき-か・ぬ【塞きかぬ・堰きかぬ】(他ナ下二)〔ね・ね・ぬ・ぬる・ぬれ・ねよ〕(水流や涙などを)せき止めることができない。こらえかねる。源氏 玉鬘「二三人ながらむせかへり、いとむつかしく―・ね用たり」訳 二、三人がともにみなむせび泣き、まったくがまんできずに涙をこらえかねている。⇩潮垂る「慣用表現」

関ケ原(せきがはら)『地名』今の岐阜県不破郡関ケ原町。古代より交通の要地で、三関の一つの不破の関があった。また、関ケ原の戦いでも名高い。

せき-けん【赤県】(名)(もと中国で、王城近くの県の意から)京都。また、京都の付近。平家 一二・大地震「―のうち、白河のほとり、六勝寺はみなやぶれくづる」訳 京都の付近のうち、白河のそばの六勝寺は(地震で)すべてくずれ落ちる。

せき-ぞろ【節季候】(名)〔「節季に候ふ(=年末でございます)」の意〕近世の門付けの一種。年末に、しだの葉をさした編み笠をかぶり、赤い布で顔を隠し、われ竹をたたき、「せきぞろ」と唱えながら家ごとに歌い踊って銭を乞い歩いた。図。〔浮・世間胸算用〕「人の足音いそがしからず、上方のごとく―も来ねば」訳 (長崎は陰暦十二月になっても)人々の歩き方はせわしなくないし、上方のように門付けも来ないので。

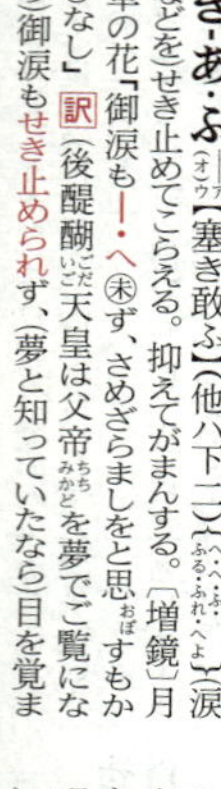
(せきぞろ)

せき-だ【席駄・雪駄】(名)「せった」に同じ。

せき-ぢ〔ジ〕**【関路】**(名)関所のある街道。関所へ通じる道。平家 四・大衆揃「時剋おしうつって、―のにはとり鳴きあへり」訳 時間は経過して、(逢坂の)関に通じる道の鶏が鳴きあった。

せき-とく【碩徳】(名)徳の高い人。学徳ともにすぐれた高僧。平家 二・座主流「誠に無双の―、天下第一の高僧にておはしければ」訳 (明雲大僧正は)まことに並ぶもののない学徳の高い僧で、天下第一の高僧でいらっしゃったので。

せき-とど・む【塞き止む・堰き止む】(他マ下二)〔め・め・む・むる・むれ・めよ〕❶流れをさえぎりとめる。せきとめる。〔平中物語〕「川避きに―・め用たる水上の見るまにまにもまさる君かな」訳 川に土で堤を築いてせきとめた上流(の水かさ)が見るまに増すように、見るごとにますますよくなるあなたであるなあ。❷引きとめる。抑える。源氏 総角「いとあはれと思ひ給へる気色なるに、いよいよ―・め用がたくて」訳 (大君で、薫は)ますます(涙を)抑えがたくて。

せき-ふ【隻鳧】(名)〔「隻」は片一方、「鳧」は鴨の意〕つがいであったものがはぐれて一羽となった鴨。親しい人と別れて一人行くことにたとえられる。細道 山中「行く者の悲しみ、残る者のうらみ、―の別れて雲に迷ふがごとし」訳 先に行く者の悲しみ、残る者の嘆き、(それは)はぐれた鴨が(仲間と)別れて雲間に迷うようなものだ。参考 前漢の武帝のころ、匈奴と戦った蘇武と李陵は匈奴に捕らえられた。のち、蘇武だけが帰国するときに、李陵に贈った惜別の詩が典拠といわれる。

せき-むかへ〔ムカエ〕**【関迎へ】**(名)来る人を関所まで迎えに出ること。多く、入京する人を逢坂の関まで迎えに出ることにいう。源氏 関屋「今日の御―は、え思ひ捨て給はじ」訳 (私=光源氏が)今日の関までお迎えに出たこ

とに対しては、(あなた=空蟬は)お思い捨てになることがおできにならないだろう。↔関送り

せき-もり【関守】(名)関所を守る役人。関所の番人。多く、男が女のもとに通うのを妨げるものにたとえる。古今 恋三「人知れぬわが通ひ路のーはよひよひごとにうちも寝ななむ」訳→ひとしれぬ…和歌

せき-や【関屋】(名)関守の住む家。関所の番小屋。新古 雑中「人住まぬ不破のーの板びさし荒れにしのちはただ秋の風」訳→ひとすまぬ…和歌

せき-やう【夕陽】(名)夕日。入り日。また、夕暮れ時。平家 一〇・三日平氏「さる程にー西に傾き、海上も暗くなりければ」訳そうこうしているうちに、夕日が西に傾き、海上も暗くなったので。

せ-きゃう【説経】(名・自サ変)〔「せっきゃう」の促音「っ」の表記されない形〕「せっきゃう」に同じ。

せき-やま【関山】(名)関所のある山。特に、逢坂の関の置かれた逢坂山のこと。更級 足柄山「からうじて越え出でて、ーにとどまりぬ」訳ようやく(足柄山を)越え抜けて、関所(=横走の関)のある山に宿泊した。

せく【節供・節句】(名)〔「せちく」の促音便「せっく」の促音「っ」の表記されない形。もとは節の日に供えるものの意〕季節の変わり目の祝いをする日。また、その日に供える食べ物。陰暦正月七日(人日)の七草の粥、三月三日(上巳)の草餅、五月五日(端午)の粽、七月七日(七夕)の索餅、九月九日(重陽)の栗飯・菊酒などがある。

せ・く【咳く】(自カ四){か・き・く・く・け・け}感情がこみあげて胸がつまる。また、せきをする。のどがふさがって、息がつかえる。平家 一〇・請文「いとど胸ー・き(用)て、湯水ものどへ入れられず」訳(私=二位殿は)ますますひどく胸がつかえて、湯水さえのどへ入れることができない。

せ・く【塞く・堰く】(他カ四){か・き・く・く・け・け}❶流れをせき止める。さえぎり隔てる。源氏 藤袴「吉野の滝をー・か(未)むよりも難きことなれば」訳(玉鬘と会うことは)吉野の滝をせき止めるようなことよりも難しいことなので。❷さえぎって会わせない。妨害する。枕 二九「思ひかはしたる若き人の中の、ー・く(体)方ありて心にもまかせぬ」訳愛しあっている若い人の間柄が、さえぎるものがあって思うようにならないの(は、しみじみと心打たれる)。

せ-くぐま・る【跼まる】(自ラ四){ら・り・る・る・れ・れ}〔「せぐくまる」とも〕背を丸めてかがむ。こごむ。多く、畏れ謹しむ態度を表す。〔鳩翁道話〕「天にー・り(用)地にぬき足して」訳天に対して背を丸めてかがみ、地に対して音をたてないように足をそっと上げて歩いて。

せ-けん【世間】(名)❶《仏教語》万物がつねに変化しながら存在する所。今昔 五・三「生死の無常を観じ、ーの受楽を厭ひて出家し給ふなり」訳(五百人の王子は)生き死にの無常を悟り、(俗)世間の楽しみを嫌って出家しなさるのだ。❷世の中。人の世。源氏 常夏「なにとなく翁びたることこちして、ーの事もおぼつかなしや」訳(私=光源氏も)なんだか年寄りじみた気持ちがして、世の中の出来事も不案内なことだよ。❸世の中の人。平家 三・法印問答「ーも落居せぬさまに成り行くこと」訳世の中の人も落ち着かないようすになっていくことを。❹あたり。周囲。大鏡 道長下「にはかに霧たち、ーもかい暗がりて侍りしに」訳突然霧が立ちこめ、あたりもまっ暗になっておりましたが。❺暮らし。財産。〔沙石集〕「武州(=武蔵の国)にーゆたかなる、所(=ある荘園)の地頭あり」

せけん-だましひ【世間魂】(名)世渡りや暮らし向きの才能。大鏡 道長下「ーはしも、いとかしこく侍るをとり所にて、えさりがたく思ひ給ふるなり」訳(妻の)世渡りの才能は、たいそうすぐれておりますのをとりえとして、(私=繁樹は)離縁しにくく存じているのだ。

世間胸算用(せけんむねさんよう)『作品名』江戸前期の浮世草子。井原西鶴作。元禄五年(一六九二)刊。大晦日を背景に町人生活の悲喜劇を描いた町人物の傑作。

せ-こ【兄子・夫子・背子】(名)〔「せ」はもと女性が兄・弟・夫などを親しんで呼んだ語。「こ」は親愛の情を表す接尾語〕❶女性が兄弟を呼ぶ語。万葉 二・一〇五「わがーを大和へやるとさ夜ふけてあかとき露にわが立ち濡れし」訳→わがせこを…和歌 ❷妻が夫を、また、女性が恋人を呼ぶ語。万葉 一・四三「わがーは何処行くらむ沖つ藻の名張の山を今日か越ゆらむ」訳私の夫は今ごろどこを旅しているだろう。名張の山を今日は越えているであろうか。(「沖つ藻の」は「なばり」にかかる枕詞) ❸男性どうしが親しんで呼ぶ語。万葉 三・二四七「沖つ波辺波立つともわがーが御船の泊まり波立ためやも」訳沖の波や岸辺の波が立とうとも、あなたの御船の泊まる港に波が立つことがあろうか(いや、立つはずがない)。文法「立ためやも」の「め」は推量の助動詞「む」の已然形、「やも」は反語の終助詞。

せ-こ【勢子・列卒】(名)狩りのときに、鳥獣をかりたてたり、逃げるのを防いだりする人夫。狩り子。

せ-ざい【前栽】(名)〔「せんざい」の撥音「ん」の表記されない形〕「せんざい(前栽)」に同じ。

せ-さす ❶(「さす」が使役の意の場合)…させる。平家 一一・那須与一「あの扇の真ん中射て、平家に見物せさせよ(命)かし」訳あの扇のまん中を射て、平家に見物させてやれよ。❷(「さす」が尊敬の意の場合。「せさせ給ふ」「せさせらる」の形で、いわゆる最高敬語として用いられて)なされる。あそばす。源氏 桐壺「かうやうの折は、御遊びなどせさせ(用)給ひしに」訳このような(夕月の美しい)ときには、(桐壺帝は)管弦の御遊びなどをなされた(ものだ)が。なりたち サ変動詞「為」の未然形「せ」+使役・尊敬の助動詞「さす」

せ-させ-たま・ふ【せさせ給ふ】 ❶(「さす」が使役の意の場合)させなさる。源氏 須磨「この国に通ひける陰陽師召して、はらへー・ふ(終)」訳(光源氏は都から)この国(=摂津)に通ってきた陰陽師をお呼びになって、祓えをさせなさる。❷(「さす」が尊敬の意の場合)なされる。あそばす。竹取 燕の子安貝「ー・ふ(終)べきやうは、このあななひをこぼちて、人みな退きて」訳(燕の子安貝を取るために)なされなければならない方法は、この足場を壊して、人間がみな退いて。なりたち サ変動詞「為」の未然形「せ」+使役・尊敬

の助動詞「さす」の連用形「させ」＋尊敬の補助動詞「たまふ」

せ・させ・たま・ふ (モ)ウ【せさせ給ふ】お…せになられる。…せなされる。…せあそばす。枕 九「御鏡を持たー・ひ用て御覧ずれば」訳 お鏡を(私に)お持たせになられて、(定子皇后が)ご覧になるので。→す(助動下二型)

文法 なりたち 使役の助動詞「す」の未然形「せ」＋尊敬の助動詞「さす」の連用形「させ」＋尊敬の補助動詞「たまふ」

せ・し【狭し】(形ク)｛から・く(かり)・し・き(かる)・けれ・かれ｝(多く「所(とこ)狭(せ)し」「…も狭(せ)に」の形で)狭い。ゆとりがない。窮屈である。→狭(せ)に・所(とこ)狭(せ)し

せ・じ【世事・世辞】(名)❶世間のこと。俗事。徒然 一〇八「内に思慮なく、外(ほか)にー なくして」訳 心の中には(つまらぬことに)思いをめぐらすことなく、世間には俗事に(わずらわされること)がなくて。❷愛想のよいことば。おせじ。〔浮世床〕「あの子は全体ー がいい」訳 あの子はいつもおせじがうまい。

ぜ・じ【禅師】(名)[「ぜんじ」の撥音「ん」の表記されない形]「ぜんじ(禅師)」に同じ。

ぜ・じゃう ジョウ【軟障】(名)[「ぜんじゃう」の撥音「ん」の表記されない形。「ぜざう」とも。]幔幕(まんまく)の一種。白絹に紫などで縁(ふち)どりをし、草花や風景などを描いた。屋内では仕切りとして用いたが、行事の際は、屋外でも用いた。源氏 須磨「いとおろそかに、ー ばかりを引きめぐらして」訳 (海岸に)たいそう粗略に幕だけを張りめぐらして。

(ぜじゃう)

せ・す【施す】(他サ変)｛せ・し・す・する・すれ・せよ｝ほどこす。他に与える。源氏 若菜上「かひなき身をば、熊、狼(おほかみ)にもー・し用侍りなむ」訳 (生きる)かいもない我が身を、熊や狼にでもほどこしてしまいましょう。

せ・ぜ【瀬瀬】(名)❶多くの瀬。あちこちの瀬。あの瀬この瀬。〔千載〕冬「朝ぼらけ宇治(うぢ)の川霧たえだえにあらはれわたるー の網代木(あじろぎ)」訳 →あさぼらけ…和歌 ❷その時その時。おりおり。源氏 東屋「見し人の形代(かたしろ)ならば身に添へて恋しきー の撫(な)で物にせむ」訳 昔会った人(=大君(おおいぎみ))の身代わりであるならば、いつもそばに置いて、(大君の恋しいおりおりに(それをなでて恋しさを移し、水に流す)なで物にしよう。〔「瀬瀬」と「撫で物」は縁語〕

せせらぎ【細流】(名)「せせらき」「せぜらき」とも。水がさらさら音をたてて流れる小川。浅瀬。

せせ・る【挵る】(他ラ四)｛ら・り・る・る・れ・れ｝❶つっつく。いじる。もてあそぶ。今昔 二七・四一「続松(ついまつ)の火を以(も)って毛もなくー・る体ー・る体焼きて」訳 たいまつの火で(きつねの)毛もなくなるほどにつつき回しながら焼いて。❷虫などが刺す。細道 飯坂「のみ、蚊(か)にー・ら未れて眠らず」訳 のみや蚊に刺されて眠らない。

せ・そう【施僧】(名)《仏教語》僧に物をほどこすこと。平家 九・三草勢揃「供仏(ぐぶつ)ー のいとなみもあるべかりしかども」訳 仏に物を供え、僧に物をほどこすという仏事もあるはずであったが。

せ・ぞく【世俗】(名)❶世のならわし。世間の風俗。徒然 一二三「ー の黙(もだ)しがたきに随(したが)ひて、これを必ずとせば」訳 世の習慣を黙って見過ごすことのできないままに、これ(=社交的儀礼)を必ず(やろう)とすると。❷世の中。世間。徒然 七三「ー の虚言(そらごと)をねんごろに信じたるもをこがましく」訳 世間のうそをまともに信じているのもばかばかしく。

瀬田(せた)《地名》今の滋賀県大津市瀬田。琵琶湖(びわこ)から流れる瀬田川の東岸にある。西岸の石山との間に瀬田橋(=瀬田の唐橋(からはし))を渡す。古来交通の要地。「瀬田の夕照(せきしょう)」は近江(おうみ)八景の一つ。

せた・の・からはし【瀬田の唐橋】(名)今の滋賀県大津市にあり、琵琶湖(びわこ)から瀬田川が流れ出るあたりにかけられた橋。「瀬田の長橋」とも。

せ・たま・ふ タマ(モ)ウ【せ給ふ】❶(「す」が使役の意の場合)お…せになる。…せなさる。源氏 桐壺「さるべき御遊びの折々、何事にも故(ゆゑ)あることのふしぶしには、まづまうのぼらー・ふ体」訳 (桐壺帝は)しかるべき管弦の御遊びの折々や、何事でも趣のあることの(催される)機会があるごとに、まっ先に(桐壺の更衣を)参上おさせになることや。❷(「す」が尊敬の意の場合)最も強い尊敬の気持ちを表す。お…になられる。…なされる。お…あそばす。源氏 桐壺「人目をおぼして夜の御殿(おとど)に入らー・ひ用ても、まどろまー・ふ体ことかたし」訳 (桐壺帝は)人目をお思いになってご寝所にお入りになられても、うとうとお眠りになられることもむずかしい。

なりたち 使役・尊敬の助動詞「す」の連用形「せ」＋尊敬の補助動詞「たまふ」

せた・む【責む】(他マ下二)｛め・め・む・むる・むれ・めよ｝ひどく責める。責めさいなむ。〔山家集〕「覚束(おぼつか)な何の報いのかへりきて心ー・むる体あたとなるらん」訳 わからないことだ。何の報いが(わが身に返ってきて、心を責めさいなむ敵となるのだろう。

せち【節】(名)「せつ」とも。❶時節。季節。〔経信母集〕「弥生(やよひ)の日かずのうちに、夏のー のきたるをわきまへ」訳 陰暦三月の日数のうちに、夏の季節が来たことを知って。❷季節の変わり目の祝いをする日。節日(せちにち)。元日(陰暦正月一日)、人日(じんじつ)(正月七日)、上巳(じょうし)(三月三日)、端午(たんご)(五月五日)、七夕(たなばた)(七月七日)、重陽(ちょうよう)(九月九日)などがある。節供(せっく)。節会(せちえ)。枕 三九「ー は五月(さつき)にしく月はなし」訳 節供は陰暦五月に匹敵するほどの月はない。❸「節振る舞い」の略。節日のごちそう。特に、正月に酒食を振る舞うこと。

せ・ち【世知・世智】[一](名)《仏教語》世俗一般の知恵。凡夫(ぼんぷ)の知恵。[二](名・形動ナリ)世渡りの知恵。また、世渡りがうまく抜け目のないこと。勘定高いこと。けちなこと。〔浮・日本永代蔵〕「(娘も)親のー・なる体こと(=けちなこと)を見習ひ、八歳より墨(すみ)に袂(たもと)を汚さず」

せち【切】(形動ナリ)｛なら・なり(に)・なり・なる・なれ・なれ｝「せつ」とも。❶ひたすらである。しきりである。竹取 火鼠の皮

衣「よき人にあはせむと思ひはかれど、—・に㊐いなといふことなれば」訳（翁は）よい人と結婚させようと考えめぐらすけれども、どうしてもいやだということなので。❷深く感にうたれるさま。すばらしい。おもしろい。源氏 藤裏葉「ものの興—・なる㊍ほどに、御前にみな御琴どもまゐれり」訳 音楽の興が盛り上がっているときに、（冷泉帝・朱雀院・光源氏の）御前にみなそれぞれお琴を用意し申しあげた。❸たいせつである。重要だ。〔うつほ〕国譲下「大納言、宰相もろともに、忍びてものし給へ。—・なる㊍こと聞こえむ」訳 大納言や宰相もいっしょに、こっそりおいでください。重大なことを申し上げよう。（「ものす」は婉曲表現で、ここは「来る」の意）

せちえ【節会】⇩せちゑ

せち-げ【節下】（名）「せつげ」とも。❶即位・御禊などの儀式のときに立てる旗。また、その旗の下。❷「節下の大臣」の略。即位・御禊などのとき、①の下で諸事を執り行う大臣。

せち-にち【節日】（名）「せつじつ」とも。季節の変わり目などに、祝いを行う日。元日・白馬・踏歌・端午・相撲・重陽・豊の明かりなど。

せち-ぶん【節分】（名）「せちぶ」「せつぶん」とも。季節の移り変わる時。立春・立夏・立秋・立冬の前日。中世以降では、特に、立春の前日をいう。参考 立春前日の節分の夜、煎った大豆をまいて厄払いをする習慣は、南北朝ごろから行われた。のちには追儺（＝鬼やらい）と同じものになった。

せちぶん-たがへ【節分違へ】（名）節分の日の方違え。平安時代は節分に方違えをする風習があった。枕 二九八「—などして夜ふかく帰る」訳 節分の方違えなどをして夜ふけにわが家へ帰るのは。

せち-み【節忌】（名）〔「せちいみ」の転〕斎日（＝在家信者が斎戒をする日）に精進すること。また、精進すべき一定の日。土佐「船君、—す」訳 船の主が、（斎日の）精進をする（＝魚などを口にしないでいる）。

せち-ゑ【節会】（名）〔もとは節日の集まりの意〕「節日」や公事のある日に、天皇が群臣に酒食を振舞う行事。大節として即位・拝賀など、中節として白馬・豊の明かりなど、小節として元日・踏歌などがある。臨時の節会には、大嘗会、立后・立太子・任大臣・相撲などがある。枕 九六「—などに、さるべき御物忌みのあたりたる」訳 節会などに、（宮中の）重大な御物忌みがぶつかってしまったときは残念だ。

せつ【切】（形動ナリ）〔なら・なり（に）・なり・なる・なれ・なれ〕「せち（切）」に同じ。

せつ-いん【雪隠】（名）「せっちん」とも。便所。厠。

せつ-がい【殺害】（名・他サ変）「せちがい」とも。人を殺すこと。殺人。〔十訓〕五「御まま子眉輪王のために—・せ㊌られ給ひにけり」訳（安康天皇は）御継子の眉輪王のために、殺されなさってしまった。

せっ-かく【折角】㊀（名）❶骨を折ること。力を尽くすこと。〔古活字本保元物語〕「大小の合戦数を知らず。中にも—の合戦二十余ケ度なり」訳（為朝は）大小の戦いは（その）数を数えきれない。その中でも力を尽くした戦いは二十余回である。❷大事なこと。気をつけなければならないこと。〔風姿花伝〕「三日のうちに殊に—の日とおぼしからん時」訳 三日（間の能興行）のうち、格別に大事な日と思われるような時。㊁（副）力の限り。つとめて。わざわざ。〔きのふはけふの物語〕「—習へ、やがて十月十三日になるぞ」訳（謡曲を）力の限り習え、じきに陰暦十月十三日（＝日蓮上人の忌日）になるぞ。

せっ-き【殺鬼・刹鬼】（名）❶人を殺し、万物を滅ぼす恐ろしい鬼。〔謡・綾鼓〕「冥途の—、阿防羅刹の呵責もかくやらん」訳 地獄の悪鬼、阿防羅刹の責め苦もこのようであろうか。❷（多く「無常の殺鬼」の形で）無常の理のたとえ。平家 六・入道死去「力にもかかはらぬ無常の—をば、暫時もたたかひ返さず」訳 力でもどうすることもできない無常という殺鬼（＝清盛の死）を、一時でも撃退しない。

せっ-き【節季】（名）❶陰暦十二月。年の暮れ。年末。歳末。㊅。〔浮・世間胸算用〕「毎年ひとつの胸算用ちがひ、—をしまひかね迷惑するは」訳 毎年一つの心づもりがはずれ、年末（の支払い）をすましかねて困るのは。❷盆・暮れ、または、各節句前などの決算期。〔浮・世間胸算用〕「—、—に帳（＝掛け取り帳）さげて」

せっき-じまひ【節季仕舞ひ】（名）決算期の支払いをすますこと。特に、大晦日の支払いをすますこと。〔浮・世間胸算用〕「これある手ながら、手のわるい—なり」訳 これはよくある（借金取り撃退の）方法だが、やり方の悪い支払いのすませ方だ。

せっ-きゃう【説経】（名・自サ変）「せきゃう」とも。経文の意味や仏教の教えを説き聞かせること。説法。徒然 一八八「学問して因果の理をも知り、—などして世渡るたづきともせよ」訳（仏教の）学問を学んで因果の理をも知り、説法などをして生活する手段ともせよ。

せっきゃう-し【説経師】（名）「せっきゃうじ」とも。経文の意味や仏の教えを説き聞かせる人。徒然 一八八「教へのままに、—にならんために、まづ馬に乗り習ひけり」訳（その子は親の）教えに従って、説経師になるために、まず乗馬を習ったそうだ。

せっ-く【節供・節句】（名）「せく（節供）」に同じ。

せつ-げ【節下】（名）「せちげ」に同じ。

せつげつか… 俳句

雪月花　一度に見する　卯木かな　夏
〈俳諧発句帳・貞徳〉

訳（「雪」のように白い「花」が咲き、名には「月」を含み、三つの季節の景物である）「雪月花」を一度に見せてくれる卯木であることだよ。（卯木㊇。切れ字は「かな」）解説「卯木」に「卯月（＝陰暦四月）」をかける。卯の花を雪に見立てる古歌は多い。

ぜっ-こん【舌根】（名）《仏教語》六根（＝人間の迷いのもととなる六つの根源）の一つ。舌。方丈 五「ただ、かたはらに—をやとひて、不請の阿弥陀仏、両三遍申してやみぬ」訳 ただ（心の）かたわらに舌を借りてきて、心の要求からではない阿弥陀仏（＝念仏）を二、三度お唱え申しあげて終わってしまった。

雪舟（せっしゅう）『人名』（一四二〇～一五〇六）室町中・後期の画僧。備中（岡山県）の人。名は等楊。京都相国寺の画僧周文に絵を学ぶ。雄渾な自然描写を特色とする画風を完成。日本水墨画の最高峰。

せっ-しゃ【拙者】（代）〔つたない者の意〕自称の人代名詞。へりくだっていう語。わたくし。それがし。〔浮・西鶴諸国ばなし〕「そのうち一両は、さる方へ払ひしに、―の覚え違へ」訳そのうちの一両は、ある所へ支払ったので、私の記憶違い（だった）。

せっ-しょう【殺生】■一（名・自サ変）《仏教語》生き物を殺すこと。狩猟・漁労などをもいう。今昔 九・二三「年ごろの―の過なりと思ひて」訳（娘の死は）数年来の狩猟の罰であると思って。
■二（名）❶むごいこと。残酷なこと。〔浄・蘭奢待新田系図〕「定めて、誠と心得て恨み嘆くはきつい―」訳きっと、真実だと思い込んで、恨み嘆く（だろう）ことはひどくむごいこと（だ）。
❷《仏教語》「殺生戒（せっしょうかい）」の略。五戒の一つ。殺生を禁じる戒め。

せっ-しょう【摂政】（名）幼帝または女帝のとき、天皇に代わって政治を行う職。もと皇族に限って任ぜられたが、平安時代からは、もっぱら藤原氏の一族が任ぜられるようになった。⇨関白「発展」

せっしょう-せき【殺生石】（名）今の栃木県那須温泉の近くにある溶岩。有毒ガスをふき出して鳥や虫を殺したのでいう。

せっ-しゅ【摂取】（名・他サ変）《仏教語》阿弥陀仏が慈悲によって、衆生を救いとって極楽浄土に連れて行くこと。平家 灌頂・六道之沙汰「一念の窓の前には―の光明を期し」訳念仏を一度唱えては窓の前に（私を）極楽に救いとってくれる仏の光を期待し。

せっしゅ-ふしゃ【摂取不捨】（名）《仏教語》阿弥陀仏が、念仏する衆生を極楽浄土へ迎えて、一人も見捨てないこと。平家 三・灯籠之沙汰「―の光もこの大臣を照らし給ふらんとぞ見えし」訳阿弥陀仏の救済の光もこの大臣（＝重盛）を照らしなさるであろうと見えた。

雪山（せっせん）『地名』ヒマラヤ山脈の異称。

せっ-た【雪駄・雪踏】（名）竹の皮のぞうりの裏に、牛馬の革をはりつけたはきもの。「せきだ」とも。

せっ-とう【節刀】（名）〔節は「符節（＝しるし）」の意〕中国の制度にならって、天皇が出征の将軍、または、遣唐使に与え、任命のしるしとした刀。〔続日本紀〕「入唐使粟田朝臣真人に―を授く」

ぜっちょうの… 俳句

> 絶頂の　城たのもしき　若葉かな　夏
> 〈蕪村句集・蕪村〉

訳 新緑の山の頂上にそびえ立つ（重厚な白壁の）城の頼もしい姿は、まばゆいばかりの若葉の波を従えていることだ。（若葉 夏。切れ字は「かな」）

摂津（せっつ）『地名』旧国名。畿内五か国の一つ。今の大阪府北部と兵庫県東部。津の国。摂州。

せつ-ど【節度】（名）❶指図。指揮。〔神皇正統記〕「征東将軍忠文朝臣が副将として彼が―を受く」訳（源経基は）征東将軍の藤原忠文朝臣の副将として、彼（＝忠文）の指図を受けた。
❷天皇が将軍に出征を命じたとき、そのしるしとして与える太刀・旗・鈴など。〔太平記〕一四「中儀の節会行はれて、―を下さる」訳中程度の節会が挙行されて、（天皇が）出征の将軍へのしるしをお下しになる。

せつど-し【節度使】（名）❶奈良時代の地方軍政官の一つ。東海道・東山道・山陰道・西海道などに置かれ、兵士の訓練や軍事施設の整備などにあたった。❷中世以降、朝敵討伐の命を受けた大将。

せつな【刹那】（名）《梵語の音訳》きわめて短い時間。瞬間。徒然 一〇八「―覚えずといへども、これを運びて止まざれば、命を終ふる期、たちまちに至る」訳一瞬（の短い時間）は意識されないといっても、この一瞬を（次々に）経過させて止めないときっと、生涯を終える時（＝死期）は、たちまちのうちにやってくる。文法「ざれば」の「ば」は恒常条件（…すると、いつも）を表す。↔劫

せつ-な-し【切なし】（形ク）｛から・く（かり）・し・き（かる）・けれ・かれ｝〔「なし」は接尾語〕❶ひたむきな気持ちでいるさま。また、深く心に思っているさま。〔義経記〕「なほも御志―・から㊍ん人に仰せられ候へ」訳やはり、（忠信を討とうという）お気持ちが深いと思われる人に仰せつけてください。
❷たえがたいほど苦しいさま。やりきれない。〔浄・曽根崎心中〕「あはれ（＝ああ）、―・き㊍涙なり」

せつ-ぶん【節分】（名）「せちぶん」に同じ。

せっ-ぽふ【説法】（名・自サ変）仏教の教義を説き聞かせること。説教。大鏡 後一条院「けふの講師の―は、菩提のためとおぼし」訳今日の説教僧の説教は、悟りのため（である）とお思いになり。

せつ-ろく【摂籙】（名）「せふろく」とも。〔天子に代わって籙（＝予言を書いたもの）を摂る意から〕「摂政」の異称。のちに「関白」をもさす。平家 一・殿下乗合「その時の御―は松殿にてましましけるが」訳その時の御摂政は松殿（＝藤原基房）でいらっしゃったが。

せ-と【瀬戸・迫門】（名）❶海峡。また、川幅が狭くなっている所。万葉 三・二四八「隼人の薩摩の―を雲居なす遠くもわれは今日見つるかも」訳隼人（＝種族名）のいる薩摩（鹿児島県）の海峡を、（空の彼方の雲）のように、はるか遠くに私は今日眺めたことだ。
❷「瀬戸際」の略。勝敗や成否の分かれ目。機会。〔浄・心中重井筒〕「止めう止めうと思ひしが、これほどの―がなうて」訳よそうよそうと思ったが、これほどの（悔い改めるべき）機会がなくて。

せ-ど【背戸】（名）裏門。裏口。勝手口。宇治 三・一六「―のかたに、米の散りたるを食ふとて、すずめの躍りありくを」訳裏口のあたりに、米つぶが散っているので、すずめが飛びまわるのを。

せどう-か【旋頭歌】（名）和歌の一形式。五七七・五七七の六句から成る。旋頭とは、頭の三句を下三句でくり返すという意。五七七の片歌を二人で唱和したことから起こった形式といわれる。内容も民謡的な色彩の濃いものが多い。上代に盛んに行われた。

せ-な【夫な・兄な】（名）〔「な」は接尾語〕❶夫、また男性を女性から親しんでいう語。万葉 二〇・四四二六「草枕旅

行く―が丸寝せばなるわれは紐解かず寝む」 訳 (つらい)旅をする夫がごろ寝をするなら、家にいる私は(約束どおり腰に結んだ)紐を解かずに寝よう。(「草枕」は「旅」にかかる枕詞)

せな-な【夫なな・兄なな】(名)〔「な」は愛称か〕「せな❶」に同じ。万葉 一四・三五四四「―と二人さ寝て悔しも」 訳 あなたと二人共寝してくやしいことよ。

❷《近世東国方言》兄。

せな-の【夫なの・兄なの】(名)〔「の」は接尾語〕「せな①」に同じ。万葉 一四・三四〇二「―が袖もさやに振らしつ」 訳 あの方が袖をはっきりとお振りになった。

せ-なふ【為なふ】《上代東国方言》…しない。万葉 二〇・四三七八「母父が玉の姿は忘れせなふ㊇も」 訳 母父の玉のような(りっぱな)姿は忘れはしないよ。

なりたち サ変動詞「為す」の未然形「せ」＋上代の打消の助動詞「なふ」

せ-に【狭に】(「…もせに」の形で)狭いほどに。いっぱいになるくらいに。〔千載〕春下「吹く風を勿来の関と思へども道も―散る山桜かな」 訳 (ここは)吹く風を、来るなとせきとどめる勿来の関だと思うが、(その名のかいもなく)道もいっぱいに散っている山桜よ。(「勿来の関」に「な来そ」の意をかける)。↓狭し

なりたち 形容詞「狭し」の語幹「せ」＋助詞「に」

ぜに【銭】(名)〔字音「銭」の転〕銅・鉄などの金属でつくられた通貨。円形で中央に穴があいている。また、貨幣。江戸時代ではふつう一文銭をいう。竹取 竜の頸の玉「殿内の絹・綿・―など、あるかぎりと り出でて添へて遣はす」 訳 御殿の内の絹・綿・銭など、あるだけ全部を取り出して(食糧に)添えておやりになる。

ぜに-さし【銭差し・銭緡】(名)「ぜにざし」とも。銭の穴に通して一束とする細い縄。〔浮・日本永代蔵〕「小口俵の廃るを拾ひ集めて、―をなはせて」 訳 俵の両端をふさぐわら蓋の不用であるのを拾い集めて、銭差しを編ませて。

（ぜ に さ し）

せ-にふ【施入】(名・他サ変)寺社などに物品・田畑などを寄進すること。また、その物。源氏 若菜上「仏にまかり申しし給ひてなむ、御堂に―・し㊊給ひし」 訳 (明石の入道は)仏様にいとまごいをなさってから、(琴や琵琶をその寺の)御堂に寄進しなさった。

ぜに-みせ【銭店・銭見世】(名)近世、金銀貨を銭と両替する、小資本の両替屋。銭屋。〔浮・日本永代蔵〕「今橋の片陰(＝ほとり)に―出しけるに」

せ-の-きみ【兄の君・背の君】(名)「せ(兄)」の敬称。男性を敬愛していう語。万葉 一七・四〇一〇「うら恋し我が―は石竹花が花にもがもな朝な朝な見む」 訳 心恋しいあなたは、なでしこの花であってほしいなあ。(そうすれば)毎朝見よう。

せば-が・る【狭がる】(自ラ四)〔ら・り・る・る・れ・れ〕〔「がる」は接尾語〕(窮屈に感じるほどに)狭いと思う。狭そうにする。窮屈がる。枕 三五「いらへもせで、しひて―・り㊊いづれば」 訳 (年老いた上達部に)返事もしないで、むりに(狭い所を)窮屈そうにして出てくると。

せは・し【忙し】(形シク)〔しから・しく(しかり)・し・しき(しかる)・しけれ・しかれ〕❶いそがしい。ゆとりがない。

❷(水の流れなどが)激しい。急である。〔堀河百首〕「山里の筧の水の―・しき㊍になほ有り明けの月ぞやどれる」 訳 山里の筧の水(の流れ)が激しいが、それでもやはり有り明けの月が水面に映っていることよ。

❸落ち着きがない。せかせかしている。〔浮・好色一代男〕「道ありくにも大足に―・しく㊊」 訳 道を歩くにも大股でせかせかとし。

❹(経済的に)余裕がない。〔浮・世間胸算用〕「よくよく―・しけれ㊁ばこそ、芝居並みの利銀にて何程でも借らるるなり」 訳 よくよく余裕がないからこそ、芝居並みの利息(＝高利)でどれほどでも借りられるのだ。

せば・し【狭し】(形ク)〔から・く(かり)・し・き(かる)・けれ・かれ〕せまい。方丈 四「ほど―・し㊇といへども、夜臥す床あり、昼居る座あり」 訳 面積がせまいといっても、夜に寝る床があり、昼に座る場所がある。

せ-ば…まし 反実仮想。事実に反することや、実現しそうにないことを仮に想定し、その仮定の上に立って推量・想像する意を表す。もし…(だっ)たら、…だろう(に)。古今 春上「世の中にたえて桜のなかりせば春の心はのどけからまし㊇」 訳 →よのなかに…和歌

なりたち 過去の助動詞「き」の未然形「せ」(一説にサ変動詞「為す」の未然形「せ」)＋接続助詞「ば」＋…＋反実仮想の助動詞「まし」

ぜ-ひ【是非】━(名)道理のあることとないこと。善悪。平家 二・烽火之沙汰「進退これきはまれり、―いかにも弁へがたし」 訳 進むのも退くのもどうしようもなく行きづまったし、道理の有無をどうにも決めにくい。

━(名・他サ変)よしあしの判断。また、批評をすること。徒然 一六四「世間の浮説、人の―、自他のために失多く、得少なし」 訳 世間の根拠のないうわさや他人の批評は、自分のためにも他人のためにも失うものが多く、得るものが少ない。

━(副)なんとしても。必ず。〔浮・世間胸算用〕「近年、百目に二十目わたすにも、―悪銀二粒はまぜてわたしける」 訳 このごろは、百匁の中で二十匁を渡す場合でも、必ず悪質の銀貨二粒は混ぜて渡すことだ。

ぜひ-な・し【是非無し】(形ク)〔から・く(かり)・し・き(かる)・けれ・かれ〕❶是非・善悪を考えない。強引である。遠慮しない。平家 五・勧進帳「ただ申し入れぬぞと心得て、―・く㊊御坪のうちへやぶり入り」 訳 ただ(周囲の者が)取り次ぎ申しあげないのだと理解して、遠慮なく御中庭の中へ乱入し。

❷やむを得ない。どうにもならない。〔浮・日本永代蔵〕「浪人売れがたき世なれば、いづれも―・く㊊里の月日を重ねぬ」 訳 浪人が再仕官しにくい時代なので、どの人もやむを得ず田舎ずまいの歳月を重ねてしまった。⇩詮無し「慣用表現」

❸当然である。言うまでもない。〔風姿花伝〕「物狂ひの出で立ち、似合ひたるやうに出で立つべき事、―・し㊇」 訳 物狂いの扮装は、(役に)似合っているように扮装しなければならないことは、言うまでもない。⇩言ふもおろかなり「慣用表現」

ぜひ-に-およ・ば-ず【是非に及ばず】しかたがない。やむを得ない。〔きのふはけふの物語〕「―・ぬ㊍。さほどにおぼし召さば、帰らう」 訳 しかたがないことだ。それほどに

お思いになるならば、帰ろう。⇩詮(せん)無し「慣用表現」

なりたち 名詞「是非」＋格助詞「に」＋四段動詞「及ぶ」の未然形「およば」＋打消の助動詞「ず」

ぜひ-も-しら-ず【是非も知らず】 我を忘れて。夢中になって。〔宇治〕一・六「尼、見るままに―、臥(ふ)しまろびて、拝み入りて、土にうつぶしたり」訳 尼は(その子供を)見るとすぐに夢中になり、ころげまわるようにひれ伏して、熱心に拝みながら、土の上にうつぶしてしまった。

なりたち 名詞「是非」＋係助詞「も」＋四段動詞「知る」の未然形「しら」＋打消の助動詞「ず」の連用形「ず」

せふ(ショウ)**【少輔】**(名)〔「せうふ」の転〕「せういう」「せう」とも。律令制で、八省(はつしやう)の次官。大輔(たいふ)に次ぐ。

せ-ぶみ【瀬踏み】(名)川の瀬の深さを、足を踏み入れて測ること。〔平家〕九・宇治川先陣「重忠(しげただ)―仕(つかまつ)らん」訳 (私)重忠がこの川の深さの測定をいたそう。

せ-まくら【瀬枕】(名)❶川の早瀬で、水中の岩などにぶつかった波が枕のように盛り上がったところ。〔平家〕九・宇治川先陣「―大きに滝鳴って、逆まく水もはやかりけり」訳 (宇治川(うぢがは)は)瀬枕も大いに滝のような激しい音を立てて、逆まき波立つ水勢も速かった。

❷船中で寝ること。〔浮・好色一代男〕「舟子の―、忍び女のある所ぞかし」訳 水夫の船中で寝る所は、忍んでくる女もいる所であるよ。

せ-まほし【為まほし】…したい。…したいと思う。〔後撰〕恋四「引き繭(まゆ)のかくふた籠(こも)りせまほし(終)み桑こきたれて泣くを見せばや」訳 繭に一匹で入っている蛹(さなぎ)がこのように二匹でこもりたいので、桑をこき落とすように、涙をしきりに流して泣く(私の)姿を見せたいものだ。(「こきたれて」にしごき落とすの意としきりに涙をこぼすの意をかける)

なりたち サ変動詞「為(す)」の未然形「せ」＋希望の助動詞「まほし」

せま-る【迫る・逼る】(自ラ四)〔ら・り・る・る・れ・れ〕❶近づく。〔徒然〕四九「無常の身に―り(用)ぬることを心にひしとかけて」訳 (人は)死がわが身に近づいてしまったことを心にしっかりととどめて。

❷貧しくて生活に困る。貧乏する。窮迫する。〔源氏〕少女「―り(用)たる大学の衆(しゅう)とて、笑ひあなづる人もよも侍らじ」訳 貧乏している大学寮の学生(がくしやう)と言って、(夕霧を)嘲笑しみくびる(世間の)人もまさかありますまい。

❸狭くなる。また、不足する。〔太平記〕二五「道―り(用)て、而(しか)も敵の行前(ゆくさき)難所なる山路にては」訳 道が狭くなって、その上、敵の行く先が難所である山道では。

❹(胸が)いっぱいになる。〔雨月〕吉備津の釜「胸―り(用)たへがたげに」

せみ【蟬】(名)❶昆虫の名。せみ。夏。〔徒然〕七「夏の―の春秋をしらぬもあるぞかし」訳 夏の(虫である)蟬が春や秋を知らない(で死ぬ)こともあるのだよ。⇩蜻蛉(かげろふ)「名文解説」

❷(その形が、樹木にとまっている蟬に似ているところから)帆柱の上についている、物を引き上げるための滑車。〔義経記〕「あの帆柱に上りて、薙(な)い鎌(=物をなぎ払う武器)にて―の綱を切れ」

せみ-ごゑ(―ゴエ)**【せみ声】**(名)絞り出すような苦しげな声。読経の声などにいう。〔堤〕虫めづる姫君「―にのたまふ声の、いみじうをかしければ」訳 絞り出すような声でおっしゃる声が、たいそう興趣深いので。

参考「蟬声(せみごえ)」の意とも、「迫め声」の転ともいう。

せ-みど【清水】(名)《上代東国方言》しみず。〔万葉〕一四・三五四六「汝(な)を待つと―は汲(く)まず立ち処(ど)ならすも」訳 あなたを待って、清水は汲まずに、立っている所を踏みならしていることよ。

せみ-の-は【蟬の羽】(名)❶蟬の羽(はね)。また、蟬の羽のように軽く薄い夏の衣のたとえ。〔枕〕三三「―よりも軽げなる直衣(なほし)・指貫(さしぬき)、生絹(すずし)のひとへなど着たるも」訳 蟬の羽よりも軽そうな直衣や指貫で、生絹の単衣(ひとえ)などを着ている人も。

❷襲(かさね)の色目の名。表は檜皮(ひわだ)(=黒みがかった暗紅色)、裏は縹(はなだ)色(=薄い藍色)。夏に用いる。⇩巻頭カラーページ11

蟬丸(せみまる)〔人名〕(生没年未詳)平安前期の伝説的歌人。醍醐(だいご)天皇の第四皇子とも宇多(うだ)天皇の皇子敦実(あつみ)親王の雑色(ぞうしき)ともいい、琵琶(びわ)の名手とされる。「小倉百人一首」に入集。

せみ-をれ(―オレ)**【蟬折れ】**(名)❶男の髪の結い方の一種。まげの先を蟬のような形にしたもの。江戸時代、天和(一六八一―一六八四)のころ流行した。

(せみをれ①)

❷横笛の名器。鳥羽院(とばいん)のとき、唐から渡来したという。〔平家〕四・大衆揃「この宮は―・小枝ときこえし漢竹(かんちく)の笛を二つ持たせ給へり」訳 この宮(=高倉宮)は蟬折れ・小枝と申し上げた漢竹の笛を二つお持ちになられていた。

せ-む【迫む・逼む】 ■(自マ下二)〔め・め・む・むる・むれ・めよ〕近づく。さしせまる。〔宇治〕三・六「家の隣より火出(い)で来て、風おしおほひて―め(用)ければ」訳 家の隣から火事が起こって、(火に)風がおおいかぶさって(火が)せまってきたので。

■(他マ下二)〔め・め・む・むる・むれ・めよ〕ぴったりと身につける。〔平家〕二・教訓状「黒糸縅(くろいとをどし)の腹巻の、白金物(しろがなもの)うったる胸板―め(用)て」訳 黒糸縅の腹巻(=略式の鎧(よろい))の、銀の金具を打ちつけた胸板をぴったりと身につけて。

せ-む【責む】(他マ下二)〔め・め・む・むる・むれ・めよ〕❶**悩ます。苦しめる。**〔古今〕雑体「冬は霜にぞ―め(未)らるる」訳 冬は霜に苦しめられる。

❷**罪過をとがめる。**なじる。〔万葉〕一一・二七六〇「あしひきの山沢(やまさは)ゑぐを採みに行かむ日だにも逢(あ)はせ母は―む(終)とも」訳 せめて山の沢のえぐ(=植物の名。黒くわい。一説に芹(せり)とも)を摘みに行く日だけでも(私に)逢ってください。たとえ母親はとがめても。(「あしひきの」は「山」にかかる枕詞)

❸**せきたてる。せがむ。**ねだる。〔更級〕梅の立枝「『物語もとめて見せよ、見せよ』と母を―むれ(已)ば」訳「物語を探して読ませて、読ませて」と母にねだるので。

❹**追究する。求める。**〔三冊子〕「―め(未)ず心をこらさざる者、誠の変化を知るといふことなし」訳 (風雅の誠を)追究せず、心を集中しない者は、本当の変化を理解するということがない。

❺馬を乗りならす。

せ-む-かた(―ン)**【為む方】**(名)〔サ変動詞「為(す)」の未然形「せ」に推量の助動詞「む」の連体形「む」と名詞

「方(かた)」の付いたもの〕なすべき方法。とるべき手段。しかた。てだて。[伊勢] 四二「ーもなくて、ただ泣きに泣きけり」[訳]（夫の着物を破ってしまった女は）なすべき方法もなくて、ただ泣くばかりであった。

せむかた-な・し【為む方無し】(形ク){(から)・く(かり)・し・き(かる)・けれ・かれ}なすべき方法がない。どうしてよいかわからない。しかたがない。[更級] 梅の立枝「乳母(めのと)も三月(やよひ)朔日(ついたち)になくなりぬ。ー・く(用)思ひ嘆くに」[訳] 乳母も陰暦三月一日に亡くなってしまった。どうしてよいかわからずに嘆き悲しんでいると。⇩詮(せん)無し「慣用表現」

せ-む-すべ【為む術】(名)〔サ変動詞「為(す)」の未然形「せ」に推量の助動詞「む」の連体形「む」と名詞「術(すべ)」の付いたもの〕なすべきてだて。対処のしかた。[万葉] 三・四七五「こいまろびひづち泣けどもーも無し」[訳] ころげまわり泥にまみれて泣くが、なすべきてだてもない。

せめ【責め】(名)❶責めること。とがめ。[源氏] 夢浮橋「かへりては、仏のー添ふべきことなるをなむ、承り驚き侍る」[訳]（出家の功徳(くどく)どころか）かえっては、仏のとがめが加わるはずのことであるのを、うかがって驚いております。❷責任。[平家] 一〇・戒文「時の大将軍にて候ひし上は、ー一人(いちにん)に帰(き)すとかや申し候ふなれば」[訳] 当時の大将軍でございました以上は、責任は一人に帰するとか申すそうですので。

せめ・ぐ【閲ぐ】(他ガ四){が・ぎ・ぐ・ぐ・げ・げ}〔古くは「せめく」〕責めさいなむ。恨み嘆く。[古今] 雑上「老いぬとてなどかわが身をー・き(用)けむ老いずはけふにあはましものか」[訳] 年を取ったといって、どうしてわが身を責めさいなんでいたのだろうか。年を取らなかったら今日（のこのうれしいこと）に出合うことがあっただろうか。

せめ-つづみ【攻め鼓】(名)攻撃の合図に打ち鳴らす太鼓。攻め太鼓。[平家] 一一・鶏合 壇浦合戦「しきりにーうって、喜びの鬨(とき)をぞつくりける」[訳] しきりに攻め太鼓をたたいて、喜びの鬨の声をあげた。

せめ-て(副)〔下二段動詞「迫(せ)む」の連用形「せめ」に接続助詞「て」の付いたもの〕❶**つとめて。むりに。しいて。**[源氏] 葵「『うち捨てられたるがつらうも侍るかな』と、ー思ひしづめてのたまふ気色(けしき)いとわりなし」[訳]「（娘葵(あおい)の上の死で）あとに残されたのがつろうもございますなあ」と、（左大臣が）むりに気持ちを落ち着かせておっしゃるようすがほんとうに切ない。❷**非常に。はなはだしく。きわめて。**[枕] 二六四「ーおそろしきもの　夜鳴る神。近き隣に盗人の入りたる」[訳] きわめて恐ろしいもの、夜鳴り響く雷鳴。近い隣家に盗人が入ったの。❸続けて。なおも。[大鏡] 道長下「人やあるともおぼしたらで、ー弾き給ふを聞こしめせば」[訳]（徽子(きし)女王は）人がいるかともお思いにならないで、なおも（琴を）お弾きになるのを（村上天皇が）お聞きになると。❹少なくとも。…だけでも。[大和] 七七「『ー今宵(こよひ)はな参り給ひそ』ととどめけり」[訳]「少なくとも、今夜は参上なさるな」とひきとめた。[文法]「な（副詞）…そ（終助詞）」の形で禁止の意を表す。（⇩強(し)ひて「類語パネル」）

せめて-の 痛切な。あまりの。また、精一杯の。[平家] 九・三草勢揃「しのびて明かし暮らし給ふにこそ、ー心ざしの深さの程もあらはれけれ」[訳]（維盛(これもり)が妻子への思いを）じっとがまんして日を送っていらっしゃるようすに、（かえって）痛切な愛情の深さの程度もあらわれていた。
[なりたち] 副詞「せめて」＋格助詞「の」

せめ-はた・る【責め徴る】(他ラ四){ら・り・る・る・れ・れ}きびしく責めたてる。（税などを）きびしく取りたてる。〔浄・国性爺合戦〕「民(たみ)百姓をー・り(用)（＝きびしく責めたて）」

せめ-ふ・す【責め伏す】(他サ下二){せ・せ・す・する・すれ・せよ}❶責めて従わせる。服従させる。〔愚管抄〕「ー・せ(未)られければ、なまじひに山科(やましな)へ向かひてけり」[訳]（頼盛(よりもり)は、内大臣の宗盛(むねもり)に）従わせられたので、しかたなしに山科へ向かった。❷詰問する。問いつめる。〔義経記〕「ことばを以(もっ)てー・せ(用)て問はんずるものをと思(おぼ)し召しけり」[訳] ことばで詰問して、問いただすのがよいだろうなあと（鎌倉殿＝頼朝(よりとも)は）お思いになった。❸疲れさせる。[平家] 五・富士川「馬も人もー・せ(用)て候ふ」[訳] 馬も人も疲れさせました。❹笛を急な調子で強く吹く。[著聞] 二七七「万秋楽はゆるるかに吹くべしと人はみな知りけれども、真実はー・せ(用)て吹くべきなり」[訳] 万秋楽（＝雅楽の曲名）はゆるやかに吹くのがよいと人はみな知っていたが、ほんとうは速く強くして吹くのがよいのである。

せめ-まどは・す【責め惑はす】(他サ四){さ・し・す・す・せ・せ}せき立てて困らす。当惑するほど責め立てる。[枕] 八二「たどたどしき真名(まんな)に書きたらむも、いと見苦しと思ひまはす程もなく、ー・せ(已)ば」[訳] おぼつかない漢字で書いたとしたらそれも、たいそう見苦しいと、あれこれ考える余裕もなく、（返事を）せき立てて困らせるので。

せよ サ行変格活用の動詞「為(す)」の命令形。[万葉] 一五・三七五三「逢(あ)はむ日の形見にせよと」[訳]（再び）逢うであろう、その日までの形見にしろと。

せよ 助動詞「す」（使役・尊敬）の命令形。[更級] 竹芝寺「言ひつること、いま一かへり我に言ひて聞かせよ」[訳]（さっき）言ったことを、もう一度私に言って聞かせろ。

せ-ろ【夫ろ・兄ろ】(名)《上代東国方言》〔「ろ」は接尾語〕「せな①」に同じ。[万葉] 二〇・四四二三「ま愛(かな)しきーがまき来(こ)む月(つく)の知らなく」[訳] いとしい夫が任務を果たして帰ってくる月が（いつか）わからないことだ。

せ-ろ《上代東国方言》〔サ変動詞「為(す)」の命令形「せよ」の方言〕しろ。[万葉] 一四・三五一七「あぜせろと心にのりてここばかなしけ」[訳] どうしろというのか、心にかかってこんなにいとしいことよ。

せ-わ【世話】■一(名)❶日常の話しことばや俗語。また、世間で用いられる平易なたとえやことわざ。〔浄・用明天王職人鑑〕「七人の子はなすとも女に心ゆるすなと申すーもあり」[訳] たとえ七人の子供は生んでいるにしても、女（＝妻）には油断してはならないと申すことわざもある。❷人のために尽力すること。めんどうをみること。また、その手数。〔春色梅児誉美〕「だれがおまはん（＝お前さん）の病気のーをしますえ」■二(形動ロ)世話がやけるさま。やっかいだ。〔浄・仮名手本忠臣蔵〕「酒(ささ)が過ぎるとたわいがない、ほんにー・で(用)ござらうの」[訳] 酒が度を越すとだらしがない、まったくやっかいでございましょうね。

せわし【忙し】⇩せはし

せをはやみ… [和歌]《百人一首》

瀬をはやみ　岩にせかるる　滝川の（序詞）
われても末に　あはんとぞ思ふ
〈詞花・七・恋上・二二九・崇徳院〉

訳 川瀬の流れが速いので、岩にせきとめられる急流が(二つの流れに)わかれても、しまいにはまた一つ(の流れ)になるように、仲を裂かれて逢えずにいても、ゆくゆくは(あなたと)逢おうと思う。修辞 第三句までは「われても」を導きだす序詞。文法「瀬をはやみ」の「み」は、原因・理由を表す接尾語。「…を…み」の形で、「…が…ので」の意。「せかるる」の「るる」は、受身の助動詞「る」の連体形。解説 激しい恋の情熱をたくみな比喩で表現している。第四句・第五句は、恋を成就させないではおかないという強い決意を示す。

せん【先】(名) ❶以前。前。また、先代。先祖。〔浮世床〕「ここでの話だけれど、—の女房といふものは(=前の女房には)苦労したものよ」
❷他に先んじて物事をすること。さきがけ。〔太平記〕一五「機早なる若大衆ども、武士に—をせられじとや思ひけん」訳 血気盛んな若い僧徒たちは、武士に先を越されまいと思ったのであろうか。
❸囲碁・将棋などで、先手。今昔 二四・六「天皇もいみじく上手に遊ばしけれども、寛蓮には—二つなむ受けさせ給ひけり」訳 天皇もたいそう上手に碁をお打ちになったけれども、(名人である)寛蓮に対しては(ご自分に)先手を二目置かせなさった。

せん【詮】(名) ❶なすべき方法。手段。てだて。著聞 四四〇「のちのちにも、さほどに—つきん時は、はばからず来りて言へ」訳 後々でも、それほどに(生活の)てだてが尽きるとしたらその時は、遠慮せずに(私の家に)来て言え。文法「つきん時」の「ん」は、仮定・婉曲の助動詞。
❷かい。ききめ。しるし。〔保元物語〕「生きても今はまた何の—かはあるべき」訳 生きながらえても今となってはまた何のかいがあるだろうか(いや、何のかいもない)。

❸つまるところ。結局。〔愚管抄〕「ただ—は仏法にて王法をば守らんずるぞ」訳 ただ結局は仏の教えによって国王の政治を守ろうとするのであるよ。
❹大事なところ。眼目。〔無名抄〕「そのことばをこそ、この歌の—とは思う給ふるに、この難はことの外に覚え侍り」訳 そのことばこそを、この歌の眼目と存じているのに、この非難は予想外に思われます。文法「思う給ふる」は「思ひ給ふる」のウ音便。「給ふる」は下二段活用の謙譲の補助動詞。

せん【銭】(名) 貨幣の最小単位。一銭は一貫の千分の一。文。徒然 九三「万金を得て一—を失はん人、損ありといふべからず」訳 巨額の金(よりも重い一日の命)を得て一銭(程度の価の牛)を失うような人は、損をしていると言うことはできない。

ぜん【禅】(名) ❶【梵語の音訳「禅那」の略】心を静め、精神を統一すること。禅定。瞑想。
❷「禅宗」の略。仏教の一派。座禅によって真理を体得することを目的とする。日本には臨済宗(栄西)・曹洞宗(道元)・黄檗宗(隠元)の三派が伝えられた。
❸天皇が位を譲ること。禅譲。

ぜん-あく【善悪】「ぜんなく」とも。■一(名) 善と悪。善人と悪人。
■二(副)(「よかれあしかれ」の意から)いずれにせよ。とにかく。何としても。〔義経記〕「—舞はせ参らせ候はんずる」訳 何としても(静御前を)舞わせ申しあげましょう。

せん-いち【専一】(名・形動ナリ)「せんいつ」とも。❶ただ一つのことに専念すること。いちずになること。
❷第一。肝要。主要。必要。平家 一〇・三日平氏「相伝—のものなりけるが」訳 (宗清は)先祖代々仕えている第一の家臣であったが。

せんえう-でん【宣耀殿】(名)「せんにょうでん」とも。内裏の殿舎の名。後宮七殿の一つ。麗景殿の北、貞観殿の東に位置する。女御などの居所。⇩巻頭カラーページ32

せん-か【泉下】(名)【「黄泉の下」の意】死後の世界。あの世。冥土。〔太平記〕四「我、遂に父祖の敵を討って、恨みを—に報ぜん事あるべからず」訳 私は、結局父祖の敵を討って、(その)恨みを冥土(の霊)に報いることはないにちがいない。⇩後世「慣用表現」

せん-かう【遷幸】(名・自サ変) 天皇が他の地に都を移すこと。また、天皇が新都に移ること。平家 五・五節之沙汰「福原には内裏つくり出だして、主上御—あり」訳 福原には皇居をつくり上げて、天皇のお移りがある。

せ-ん-かた【為ん方】(名)「せむかた」に同じ。

せんかた-な・し【為ん方無し】(形ク)「せむかたなし」に同じ。徒然 二九「よろづに過ぎにしかたの恋しさのみぞ—・き(体)」訳 何事につけても過ぎ去ってしまったころのなつかしさばかりはどうしようもない(=紛らしようがない)。

せん-ぎ【先規】(名)「せんき」とも。以前からの規定。前例。先例。平家 三・城南之離宮「かの賢王・聖主の—を追はせましましけん叡慮の程こそめでたけれ」訳 あの賢王・聖主の先例にお従いになられたのであろう帝(=高倉天皇)のお考えのほどはすばらしい。

せん-ぎ【僉議】(名・自サ変)【「僉」は皆の意】全員で評議すること。また、その評議。平家 一・内裏炎上「蔵人の左少弁兼光に仰せて、殿上にてには かに公卿—あり」訳 蔵人の左少弁である兼光に命じて、殿上の間で緊急に公卿の評議がある。

せん-ぎ【詮議】(名・自サ変)【「詮」は道理を明らかにする意】❶よく吟味・評議して物事を明らかにすること。また、その意見。〔謡・吉野静〕「義経をば落とし申せと、—を加ふる衆徒もありけり」訳 義経をお逃がし申しあげよと、意見を言い添える僧兵もいた。
❷罪人などを取り調べること。〔浮・好色五人女〕「清十郎めし出されて、思ひもよらぬ—にあひぬ」訳 清十郎は呼び出されて、(役人から)予想外の取り調べにあった。

せんき-ものがたり【戦記物語】(名)「ぐんきものがたり」に同じ。

せん-ぐ【前駆・先駆】(名・自サ変)「せんく」「ぜんく」「ぜんぐ」とも。馬に乗って先導すること。また、その者。平家 六・横田河原合戦「蔵人の頭以下の殿上人十六人—・す(終)」

せん‐ぐう【遷宮】(名)神社の神殿を新造・修理するため、神座を移すこと。また、その儀式。遷座。[細道]大垣「長月六日になれば、伊勢の―拝まむと、また舟に乗りて」[訳]陰暦九月六日になるので、伊勢神宮の遷宮式を拝もうと、また舟に乗って。

> **発展　伊勢神宮の遷宮**
> 伊勢神宮の遷宮は二十年に一度行われる。これを「式年遷宮」といい、殿舎を造りかえ調度・神宝を新しく調進して、神を移す。

せん‐ぐり(‐に)【先繰り(に)】(副)順ぐりに。つぎつぎに。〔浮・日本永代蔵〕「二百目にたらぬ元銀(=元手)にて、―に利を得て」

せん‐くゎう【先皇】〔コウ〕(名)前の天皇。先代の天皇。先帝。[平家]一・祇園精舎「これら〔の人々〕は皆旧主(=昔の君主)―の政(=政治)にも従はず」

せん‐げ【宣下】(名・自サ変)天皇・上皇がことばを宣べ下すこと。宣旨が下ること。[平家]一・願立「『非をもって理とす』とこそ―・せ(未)られて」[訳](鳥羽院は)「不正をもって道理とする」と宣べ下しなさって。

せん‐げ【遷化】(名・自サ変)(この世の教化を終えてあの世に遷るの意から)高僧・隠者などが死ぬこと。入寂。〔野ざらし紀行〕「円覚寺の大顛和尚、今年睦月(=陰暦正月)の初め、―・し(用)給ふ由(=お亡くなりになっているとのこと)」⇩果つ「慣用表現」

千五百番歌合(せんごひゃくばんうたあはせ)〔センゴヒャクバンウタアワセ〕『作品名』鎌倉前期の歌合わせ。建仁三年(一二〇三)ごろ成立。後鳥羽院以下三十人の歌人が、おのおの百首詠み、千五百番とした大規模なもの。「仙洞百番歌合」とも。

ぜん‐ごふ【善業】〔ゴウ〕(名)(仏教語)よい果報を受けるもととなるよい行い。善根。[徒然]一五七「仏前にありて数珠を取り、経を取らば、怠るうちにも―おのづから修せられ」[訳]仏前にいて数珠を手にし、経文を取り上げるならば、いいかげんにしている間にも、のちによい報いを得るべき行いが自然に身につけられ。↔悪業

ぜんご‐ふかく【前後不覚】(名・形動ナリ)前後の区別もつかなくなること。正体がなくなること。[平家]九・敦盛最期「目もくれ、心も消え果てて、―・に(用)おぼえけれども」[訳](熊谷次郎直実は)目もくらみ、分別心もすっかり消えて、前後もわからなく思われたが。

ぜん‐ごん【善根】(名)(仏教語)「ぜんこん」とも。よい果報を得るもととなるよい行い。善業。[今昔]二・三「前世にいかなる―を植ゑて、かくのごときの果報を得たるぞ」[訳]この世に生まれ出る前にどのようなよい行いを積んで、このようなよい結果を得たのか。

せん‐ざい【千載・千歳】(名)千年。また、長い年月。[細道]平泉「しばらく―の記念とはなれり」[訳](経堂と光堂は)当分長い年月の記念とはなった。

せん‐ざい【前栽】(名)「せざい」とも。❶庭先に植えた草木。また、植え込むための草木。[枕]二三〇「―の露こぼるばかりぬれかかりたるも、いとをかし」[訳]庭先に植えた草木の露がこぼれるほどにぐっしょりと濡れているのも、たいそう趣がある。❷庭の植え込み。草木を植えた庭園。[徒然]一〇「―の草木まで心のままならず作りなせるは、見る目も苦しく、いとわびし」[訳]庭の植え込みの草木まで自然の趣のままでなく作りあげてあるのは、見た感じも不快で、まことにやりきれない。❸「前栽物」の略。野菜。青物。

せんざい‐あはせ【前栽合はせ】〔アワセ〕(名)物合わせの一つ。左右に分かれ、互いに自然の風景を模して作った前栽や、それを詠んだ歌の優劣を競う遊戯。

千載和歌集(せんざいわかしふ)〔センザイワカシュウ〕『作品名』七番目の勅撰和歌集。平安末期、後白河院の院宣により、藤原俊成が撰進。文治四年(一一八八)成立。歌数約千二百八十余首。おもな歌人は源俊頼・藤原俊成・藤原基俊・崇徳院・俊恵・和泉式部など。余情・幽玄を重んじて「新古今集」への道を開いた。→勅撰和歌集

せん‐さく【穿鑿】「せんざく」とも。㊀(名・他サ変)❶さがし求めること。〔狂・鱸庖丁〕「方々と―致いて淀一番の大鯉を求めましてござる」[訳]あちこちとさがし求めることをしまして、淀で一番の大鯉を買いました。❷いろいろ調査すること。吟味すること。〔三冊子〕「詮議―責むるものは、しばらくも私意に離るる道あり」[訳](先生の心について)明らかにすること、調べ考えることを追究する者は、少しの間なりともひとりよがりな考えから離れるてだてをもつ。㊁(名)事柄。ありさま。なりゆき。

せん‐し【先師】(名)「せんじ」とも。すでに亡くなった先生・師匠。〔去来抄〕修行「―は門人に教へ給ふに、あるいは大いに変はりたることあり」[訳]亡き先生(=芭蕉)は門人を指導しなさる場合に、ときには(人によって教え方が)たいそう変わっていたことがある。

せん‐じ【宣旨】(名)❶勅命の趣旨を述べ伝えること。また、その文書。詔勅が表向きであるのに対し、うちわのもの。[枕]一二八「―の使ひにて、斉信の宰相の中将の、御桟敷へまゐり給ひしこそ、いとをかしう見えしか」[訳]天皇のことばを伝える使いとして、(藤原斉信の宰相の中将が、御桟敷へ参上なさったようすは、実にりっぱに見えたことだった。[文法]「しか」は、過去の助動詞「き」の已然形で、係助詞「こそ」の結び。❷天皇のことばや命令を蔵人に伝える役の宮中の女官。のちに、中宮・東宮・斎宮・関白などの家で、それに相当する役をつとめる女房にもいう。[源氏]澪標「故院にさぶらひし―のむすめ」[訳]故院(=桐壺院)にお仕えしていた天皇のことばを伝える役の女官の娘で。

ぜん‐じ【前司】(名)「せんじ」とも。前任の国司。[徒然]二二六「信濃の―行長、稽古の誉れありけるが」[訳]信濃の国(長野県)の前長官行長は、古典の学問のできる人だという名声があったが。

ぜん‐じ【禅師】(名)「ぜじ」とも。❶禅定(=心を統一して、悟りの境地にはいること)に達した高僧。また、一般に、法師・僧侶。[伊勢]八五「昔つかうまつりし人、俗なる、―なる、あまたまゐりあつまりて」[訳]昔(君に)お仕えした人は、俗人である者、僧侶である者、大勢参集して。❷知徳の高い僧に、朝廷から賜る称号。また、知徳の高い禅僧のこと。[細道]汐越の松「〔永平寺は〕道元―〔が

開いたところ」の御寺なり」

せんしう-らく【千秋楽】(名)❶雅楽の曲名。唐楽の一種。盤渉調の小曲で、舞はない。
❷(雅楽の終わりには、①を演奏するところから)芝居・相撲などの興行の最終日。また、物事の終わり。
❸謡曲「高砂」の一節。祝言として、宴の終わりなどにうたわれた。〔浮・西鶴諸国ばなし〕「『よい年忘れ、ことに長座』と、―をうたひ出だし」訳「よい年忘れ(の宴だったので)、格別に長居(をした)』と、千秋楽をうたい出し。

せんじ-がき【宣旨書き】(名)「せじがき」とも。❶宣旨の文書。仰せ書き。
❷(宣旨は勅命により代筆したところから)代書すること。また、代筆した手紙。源氏 夕霧「なべての―はものしとおぼしぬべく」訳ありふれた代筆では、(夕霧もきっと不愉快だとお思いになるにちがいなく。

せん-じふ【撰集】(名)詩歌や文章などを選定して編集すること。また、その詩集・歌集・文集のこと。多く勅撰集をいう。平家 七・忠度都落「―のあるべき由承り候ひしかば」訳(私=忠度は)勅撰集の編纂があるであろうことをうかがいましたので。

せん-しゃう【僭上】(名・自サ変)「せんじゃう」とも。身のほどを超えておごりたかぶること。また、見栄をはったりぜいたくをしたりすること。〔浮・好色一代女〕「若い時には遣ひたき金銀はままならず、―はしたし」訳若い時には使いたいお金は思いどおりにならず、(それでいて)身分不相応なおごりはしたくて。

ぜん-しゃう【前生】(名)《仏教語》「ぜんじゃう」とも。この世に生まれてくる前の世。先の世。前世。〔浮・西鶴織留〕「富貴の家に生まれ出づるは、―の種なり」訳富裕の家に生まれ出るのは、前世の原因(=善行)によるのである。↔今生・後生

ぜん-じゃう【軟障】(名)「ぜじゃう」に同じ。

せんじゅ-くゎんおん【千手観音】(名)❶《仏教語》六観音の一つ。千の慈手と千の慈眼をそなえ、広大無辺な慈悲で衆生を救うという。像は十一面(または二十七面)の頭部と四十二本の腕を持ち、その手中に一眼ずつを有する。千手千眼観世音。千手。
❷(①の形に似ることから)虱の異称。〔鶉衣〕「虱を―と呼ぶに、蚰蜒は梶原といへり」訳虱を千手観音と呼ぶのに加えて、蚰蜒は梶原(景時=義経を失脚させ、諸将に忌まれた武将)といっている。

せんじゅ-だらに【千手陀羅尼】(名)千手観音の功徳について説いた陀羅尼(=梵語による呪文)。唱えると、災厄をまぬかれ救済されると信じられた。

せん-じょう【先蹤】(名)「せんしょう」とも。先人の事跡。先例。前例。平家 二・大臣殿被斬「異国にはその例もやあるらん、わが朝にはいまだ―を聞かず」訳外国にはそうした例もあるだろうか、(しかし)わが国にはこれまでに先例を聞いたことがない。

ぜんじょう【禅定】⇨ぜんぢゃう

せん-ず【先ず】(自サ変){ぜ・じ・ず・ずる・ずれ・ぜよ}先だつ。先んじる。先手をとる。源氏 若菜上「おほいまうち君に―・ぜ㊌られて、ねたく覚え侍る」訳(婿取りで)太政大臣に先を越されて、残念に思われますよ。

せん-ず【撰ず】(他サ変){ぜ・じ・ず・ずる・ずれ・ぜよ}多くの詩歌や文章からよいものを選び集める。編集する。平家 七・忠度都落「千載集を―・ぜ㊌られけるに」訳(俊成卿が)「千載集」を編集しなさったときに。

せん-すい【泉水・前水】(名)「せんずい」とも。庭先に作った池。平家 灌頂・大原御幸「ふるう作りなせる―・木だち、よしあるさまの所なり」訳古びたようにことさら作ってある庭先の池や木立は、風情があるようすの所である。

せんず-まんざい【千秋万歳・千寿万歳】(名)鎌倉・室町時代から江戸初期に行われた芸能。法師姿の者が、正月、門先で家門の繁栄を祝って舞を舞い、祝儀をもらったもの。また、それを業とする人。春

せんずる-ところ【詮ずる所】(副)要するに。結局。つまり。平家 二・座主流「山門には、―、我らが敵は西光父子に過ぎたる者なしとて」訳延暦寺では、要するに、我々の敵は西光親子にまさる者はないと言って。⇨在り在りて「慣用表現」

ぜん-ぜ【前世】(名)《仏教語》「ぜんせ」とも。三世の一つ。この世に生まれ出る前の世。先の世。前生。今昔 一・二七「衆生の善悪の果報、皆、―の業因に依りてなり」訳すべての人の(現世の)善悪の報いは、皆、前の世に行った善行・悪行によって(もたらされるもの)である。↔現世・来世

せん-せき【仙籍】(名)(「仙」は殿上、「籍」は簡の意)清涼殿の殿上の間に出仕する者の官位・氏名を表示した木のふだ。「日給の簡」とも。

せんせき-を-ゆる・す【仙籍を許す】昇殿を許す。殿上人とする。平家 一・祇園精舎「殿上の仙籍をばいまだゆるさ㊌れず」訳(平国香から正盛の代まで)殿上の間に昇殿する資格をいまだ許されない。

せん-そ【践祚】(名・自サ変)(「践」は踏む、「祚」は天子の位の意)皇位を継承すること。即位。〔古活字本保元物語〕「堀川院かくれさせ給ひしかば、太子五歳にて―あり」訳堀川院がお亡くなりになられたので、皇太子は五歳で即位(の儀)が行われる。

せん-ぞく【氈褥】(名)「せんじょく」とも。毛皮や毛織りの敷物。枕 一〇三「など。―料にこそはならめ」訳(雨の降る日、訪問客が、足が汚れているからと敷物を遠慮したのに対して)どうして(遠慮なさるのか)。(汚れてこそ)氈褥が洗足に役立つものとはなるだろうに。(「せんぞく」に「氈褥」と「洗足」をかけている)

せん-だい【先帝】(名)「せんてい」とも。先代の天皇。大鏡 師輔「第一の御女、村上の―の御時の女御」訳第一の姫君(=安子)は、村上という先代の天皇の御代の女御で。

ぜん-だい【前代】(名)❶前の時代。先代。
❷「前代未聞」の略。今まで聞いたことがないほど変わったこと。〔狂・烏帽子折〕「―のくせ者」

せん-だう【山道】(名)❶山間に通じる主要道。↔海道
❷東山道。のち中山道。平家 四・源氏揃「木曽冠者義仲は…―へぞ赴きける」訳木曽冠者(=六位で無官の者の称)義仲は…東山道へと向かった。

せん-だち【先達】(名)「せんだつ」に同じ。

せん-だつ【先達】(名)「せんだち」とも。❶自分より先にその道に達した人。先輩。〔うひ山ぶみ〕「世々の―

の立ておかれたる、くさぐさの法度」訳代々のその道の先輩が定められた、さまざまな法則。❷修験道で、勤行を積み、峰入り(=奈良県の大峰山に入って修行すること)のときなど、同行の先導となる修験者。〔謡・安宅〕「弁慶は—の姿となりて」訳弁慶は先導の山伏の姿となって。❸指導者。案内者。徒然 五二「すこしのことにも、—はあらまほしきことなり」訳ちょっとしたことにも、(その道の)案内者はあってほしいものである。名文解説 石清水八幡宮に初めて詣でた僧が、付属の寺社だけを参拝し、これですべてだと勘違いして帰ってしまった逸話を紹介したのち、兼好法師が述べたことば。何事にも先導者がいてほしい、という主張は説得力に富む。

せん-だん【栴檀】(名)《梵語の音訳》❶白檀(=木の名)の異称。〔うつほ〕俊蔭「清く涼しき林の—のかげ(=木陰)に、虎の皮を敷きて」❷木の名。古名は「あふち(楝)」。→楝 ❸「栴檀の板」の略。鎧の右肩から胸に垂らして付ける小さい板。高紐(=胴のつりひも)を切られるのを防ぐもの。⇩巻頭カラーページ16

ぜん-ちしき【善知識】(名)《仏教語》「ぜんぢしき」とも。❶人を仏道に導く高徳の僧。名僧。高僧。〔太平記〕二三「夢窓(=夢窓疎石)はこのころ天下の大—にて(=このうえなくりっぱな高徳の僧で)」❷人を仏道に導く機縁。また、機縁となる人や事物。平家 一〇・横笛「これ—なり。しかじ、うき世をいとひ、まことの道に入りなん」訳これは仏道に入る機縁である。越したことはない、つらい世をきらい、仏の道に入ってしまうのに。文法「まことの道に入りなん(にはしかじ)」の倒置した形。

ぜん-ぢゃう【禅定】(名)❶《仏教語》煩悩のために散乱している考えを静め、心を統一して、真理を悟ろうとすること。また、その悟り。禅。定。徒然 一五七「散乱の心ながらも、縄床に座せば、おぼえずして—成るべし」訳(煩悩で)乱れた心のままでも、(座禅用の)縄を張った椅子に腰掛ければ、知らず知らずに心の統一による悟りが得られるにちがいない。❷修験道で、駿河(静岡県)の富士山、加賀(石川県)の白山、越中(富山県)の立山などの高山に登って修行すること。❸霊山の頂上。〔義経記〕「この山(=播磨の国の書写嶽)の西の方より、黒雲の俄に—へ切れて」

せん-ぢゃく【染着】(名・自サ変)《仏教語》俗念が心にしみついて離れないこと。執着。大鏡 道長上「—の心のいとどますますにおこりつつ」訳(俗世への)執着の心がいっそうますますわきおこっては。

千住 《地名》今の東京都足立区南部から荒川区の一部を含む地域。奥州街道最初の宿駅。

せん-ぢん【先陣】(名)❶陣立てで、本陣の前を進む部隊。先備え。先鋒。↔後陣 平家 四・宮御最期「—は粉津(=地名)にすすみ(=進撃し)」。❷さきがけ。一番乗り。平家 九・宇治川先陣「佐々木四郎高綱、宇治河の—ぞや」

せん-てい【先帝】(名)「せんだい」に同じ。

せん-ど【先度】(名)先ごろ。この間。

せん-ど【先途・前途】(名)「せんと」とも。❶〔のちに「ぜんと」とも〕これから先。行く先。前途。細道 旅立「—三千里の思ひ胸にふさがりて」訳前途三千里の(はるかな道のりへの)思いが胸にいっぱいになって。⇩幻の巷「名文解説」❷終わり。終局。最期。徒然 七四「名利に溺れて、—の近きことをかへり見ねばなり」訳(老・死を恐れないのは)名誉や利益に心を奪われて、最期が近いことを顧みないからである。⇩果つ「慣用表現」❸大事の決まるとき。勝敗の決する局面。せとぎわ。宇治 二・七「必ず—と思ふことの折にぞ、取り出でて着ける」訳きっと大事の決まるときだと思うことのおりには、(その着物を)取り出して着たのだが。❹家柄によって定まった、昇進できる最高の官職。極官。〔古活字本平治物語〕「執柄の息、英才の輩も、この職を—とす」訳摂政・関白の子、英才の人々も、この職(=大将)を昇進できる最高の官職とする。

せん-とう【仙洞】(名)❶仙人の住まい。❷仙人の住居にたとえて、上皇の御所をいう。仙洞御所。平家 八・山門御幸「法皇は—を出でて天台山に〔向かい〕」❸上皇の尊称。〔古活字本保元物語〕「主上にも—にも御弟にておはしましけり」訳(覚性法親王は)天皇にとっても上皇にとっても弟君でいらっしゃった。

せんど-の-はらひ【千度の祓ひ】「大祓へ」の祝詞を千度読みあげ、身の汚れを清めること。平家 三・公卿揃「七人の陰陽師召されて、千度の御祓ひ仕るに」訳七人の陰陽師がお招きを受けて、千度のお祓いをお勤め申しあげる際に。

せんど-まうで【千度詣で】(名)「せんにちまうで①」に同じ。宇治 六・四「清水〔寺〕へ、人まねして、—を二たびしたりけり(=二度行った)」

せん-な-し【詮無し】(形ク){(から)・く(かり)・し・き(かる)・けれ・かれ}しかたがない。かいがない。無益である。無意味である。徒然 七三「皆人の興ずる虚言は、ひとり、『さもなかりしものを』と言はんも—・く用て」訳だれもがおもしろがるうそは、自分ひとりが「(本当は)そうではなかったのに」と言ったとしても、しかたがないので。文法「言はんも」の「ん」は、仮定・婉曲の助動詞。

慣用表現 「しかたがない」を表す表現
敢へ無し・如何がせむ・如何はせむ・如何にせむ・言ふ甲斐無し・え避らず・避らぬ・術無し・為すべき方無し・是非無し・是非に及ばず・為む方無し・詮無し・力無し・遣らむ方無し・遣る方無し・わりなし

ポイント 「言ふ甲斐・術・是非・為む方・遣る方+無し」の句型や反語の「如何せむ」などで、「どうしようもない→しかたがない」の意の表現が作られる。

ぜん-に【禅尼】(名)《仏教語》在家のまま剃髪して仏門にはいった女子。徒然 一八四「相模守時頼の母は、松下—とぞ申しける(=申し上げた)」

せん-にち-まうで【千日詣で】(名)「千日参り」とも。❶祈願のため、千日間、毎日神社・寺院に参詣すること。千度詣で。❷江戸時代、一日参詣すると千日間参詣した功徳があるとされた日。

せん-にん【仙人】(名)人間界を離れて山中に住み、不老不死の法を修め、不思議な術を使うという者。徒然 八「久米の―の、物洗ふ女の脛の白きを見て、通を失ひけんは」訳 久米の仙人が、(川で)ものを洗う女のすねの白いのを見て、神通力を失ったというのは。

ぜん-の-つな【善の綱】[善所に導く綱の意]仏像の右手にかけた五色の綱。開帳・万日供養のときなどに、仏との縁を結ばせるため、参詣者に引かせる。

千利休〘人名〙(一五二二～一五九一)安土桃山時代の茶人。千家流茶道の開祖。武野紹鷗に師事し、侘茶の茶道を大成。織田・豊臣の二家に仕え、茶人として名声を博したが、のち、豊臣秀吉の怒りにふれて切腹を命じられた。(利休忌 春)

せん-ばう【先坊・前坊】(名)「ぜんばう」とも。「先東宮坊」の略。前の皇太子。源氏 葵「かの六条御息所の御腹の(=お子である)―の姫宮」

ぜん-ばう【禅房・禅坊】(名)禅宗で、寺内にある僧の住む建物。また、禅寺。

せん-ばん【千万】□一(名)「せんまん」とも。数のきわめて多いこと。非常に大きな数量。たくさん。平家 八・妹尾最期「―の敵に向かって軍するは、四方晴れておぼゆるが」訳 たくさんの敵に向かって戦をするのは、四方が晴れているように(はればれと)思われるが。
□二(形動ナリ)(なら・なり(に)・なり・なる・なれ・なれ)(接尾語的に用いて)程度のはなはだしいさま。…この上もない。平家 二・重衡被斬「後悔せんばん(語幹)悲しんでもあまりあり」訳 後悔この上もなく悲しんでも余りがある(=悲しみきれない)。
□三(副)❶状態のさまざまなことにいう。いろいろ。さまざま。〔浄・生玉心中〕「―砕く気の働き、胸のふいごに怒りの火焔」訳 いろいろと思い悩む心の動き、胸のふいご(=送風器)による怒りの炎。
❷万一。もしも。〔太平記〕一八「これは―かけ合ひの戦に打ち負くることあらば、たてこもらんための用意なり」訳 これ(=兵糧を蓄えたこと)はもしも両軍の主力戦に負けることがあったら、たてこもるための用意である。

ぜん-ぶ【膳部】(名)❶膳にのせる食物。料理。❷料理人。徒然 六六「―に尋ねられ、人々に問はせ給ひて」訳 (雉を枝に付ける作法を)料理人にお尋ねになり、(他の)人々にお聞きになられて。

せんぶ-にち【先負日】(名)陰陽道で、公事または急用などに悪いという日。先負。

せん-べう【先表・前表】(名)「せんぺう」「ぜんべう」とも。物事の起こる前ぶれ。前兆。平家 四・三井寺炎上「平家の世の末になりぬる―やらん」訳 平家の世が末になってしまう前兆だろうか。

せん-ぼふ【懺法】(名)《仏教語》経を唱えて、罪障(=罪)を懺悔する法要。唱える経により法華・阿弥陀・観音などの懺法がある。源氏 若紫「―の声、山おろしにつきて聞こえくる、いと尊く」訳 罪過を懺悔する法華経読誦の声が、山から吹きおろす風にのって聞こえてくるのが、たいそう尊く。

せん-みゃう【宣命】(名)[勅命を宣べ伝える意]漢文で書かれた「詔勅」に対して国語で書かれた、天皇の命令を宣布する文書。その書き表し方を「宣命体」「宣命書き」という。
参考 奈良時代には朝賀・即位・改元・立后・立太子などに用いたが、平安時代からは、神社・山陵(=歴代天皇の墓)への告文や、即位・大嘗祭や任大臣・贈位などの儀式に用いた。

せん-もん【占文】(名)占いの結果得られたことば。また、それを記した文書。占文。

ぜん-もん【禅門】(名)《仏教語》❶禅宗。〔沙石集〕「―は迦葉、正法眼蔵を伝へしより、…初めより文字をたてず」訳 禅宗は迦葉尊者が、仏法の真理を伝えたときから、…初めから文字で(教えを)説かない。
❷在家のまま剃髪して仏門にはいった男子。入道。平家 一・禿髪「この―世ざかりの程は、聊かいるかせにも申す者なし」訳 この(清盛)入道が全盛の間は、少しも(入道のことを)おろそかにも申し上げる者はない。

せんやう-もん【宣陽門】(名)平安京内裏の東面中央の門。建春門の裏にある。東の陣。左兵衛の陣。⇩巻頭カラーページ32

せん-やく【仙薬】(名)飲むと仙人になるという不老不死の薬。今昔 二〇・四二「―を食して、かく仙となりけり」訳 仙薬を飲んで、このように仙人となったのであった。

せん-りう【川柳】(名)江戸時代、前句付けから付け句の部分が独立した十七音の短詩。字数は俳句と同じだが、季語や切れ字などの制約はない。内容は、人情の機微をうがち、人間の弱点をつき、社会や政治の矛盾を皮肉るなど、庶民の笑いを表現した。前句付けの点者柄井川柳が創始した。→雑俳

川柳〘人名〙→柄井川柳

ぜん-りん【禅林】(名)❶禅宗の寺院。❷一般に寺院。また、そこに住む僧侶。

せん-を-こ-す【先を越す】先回りをする。機先を制する。〔東海道中膝栗毛〕「〔弥次郎兵衛は〕きた八が―・し(用)た(=先回りをした)とはつゆしらず」

そ　ソ

「そ」は「曽」の草体
「ソ」は「曽」の上画

そ【十】(名)(接尾語的に用いて)とお。じゅう。三十から九十までの数で、十の位にいう。「三十・四十・五十・六十・七十・八十・九十」「三十一文字」「八十氏人」などと用いる。

そ【衣】(名)着物。ころも。多くは「御衣」の形で用いる。→御衣・御衣

そ【其・夫】(代)❶中称の指示代名詞。それ。その人。そのこと。万葉 三・四六六「わが屋前に花ぞ咲きたる―を見れど情も行かず」訳 わが家の前庭に花が咲いている。(しかし)それを見ても心も満たされない。徒然 三〇「思ひ出でてしのぶ人あらん程こそあらめ、―もまたほどなくうせて」訳 (故人を)思い出してなつかしがる人がいるようなうちはよいであろうが、その人もまた間もなく亡くなって。
文法「あらん程」の「ん」は、仮定・婉曲の助動詞。係り結び「こそあらめ」は、ここは強調逆接となって下の文に続く。
❷特定の人やあるものをそれと明示しないで示すこと。ある人。なにがし。伊勢 九「京に、―の人の御もとにとて、

文書きてつく」訳（男は都に(あてて)、ある人の御もとへといって、手紙を書いて(修行者に)託す。

そ（係助）→ぞ

そ（終助）

意味・用法
禁止〔…な。どうか…てくれるな。〕→❶、❷

接続
動詞および助動詞「す」「さす」「しむ」「る」「らる」の**連用形**に付く。ただし、カ変・サ変の動詞には未然形に付く。

❶副詞「な」と呼応し、おもに動詞の連用形(カ変・サ変は未然形)に付いて、「な＋連用形(未然形)＋そ」の形で禁止の意を表す。**…な。どうか…てくれるな。** 万葉 一四・三四五二「おもしろき野をばな焼きそ古草に新草まじり生ひは生ふるがに」訳 眺めのよい野をどうか焼かないでくれ。古い草に新しい草がまじって生えに生えるように。文法「がに」は、目的・理由を表す終助詞。竹取 火鼠の皮衣「人ないたくわびさせ奉らせ給ひそ」訳 あの方をひどくお困らせ申しあげなさるな。伊勢 二三「君があたり見つつを居らむ生駒山雲な隠しそ雨は降るとも」(新古今・恋五にも所収) 訳 あなたの家のあたりを見ていよう。生駒山を雲よ隠してくれるな。仮に雨は降るにしても。文法「見つつを」の「を」は、間投助詞。

❷「な…そ」の「な」がなく、「そ」だけで禁止の意を表す。**…な。**〔夫木〕雑一「散りぬともほかへはやりそ色々の木の葉めぐらす谷の辻風」訳 仮に散ってしまうにしても、他の場所へは移さないでくれ。色とりどりの木の葉をあちこちにめぐらす谷のつむじ風よ。(→そね)

参考 禁止の意を表す終助詞「な」を用いた「動詞の終止形＋な」の形にくらべて、やわらかくおだやかに禁止する言い方であるという。中古では、女性は、禁止を言うのに「な…そ」の形を用いるのがふつうであった。②のような「な」を用いない言い方は、平安時代の後期から見られるようになる。→な(終助)〈禁止〉

ぞ（係助）［上代には「そ」とも］

意味・用法
強調〔…が。〕→❶㋐
〔…を。〕→❶㋑
断定〔…だ。〕→❹㋐
告知〔…だ。〕→❹㋑
問いただす〔…か。〕→❹㋒
不安・懸念〔…するといけない。…したら大変だ。〕→❺

接続
体言、活用語の**連体形**、種々の助詞などに付く。

❶文中にある場合。他の何物でもなく、まさにそのものであるという意味での強調を表す。係り結びによって、「ぞ」を受ける文末の活用語は連体形となる。㋐主語を強調する場合。**…が。** 古今 冬「大空の月の光し清ければ影見し水ぞまづこほりける」訳 大空の月の光が(冷たく)清いので、(その月の)姿を映していた水がまず凍ったことだ。文法「月の光し」の「し」は、強意の副助詞。枕 九「右近ぞ見知りたる」訳(ほかならぬ)右近が見知っている。古今 春上「春の日の光にあたる我なれど頭の雪となるぞわびしき」訳 春の日の光を浴び(＝春宮のめぐみを受け)ている私だが、頭髪が雪のように(＝白髪に)なるのがつらいことだ。㋑目的語を強調する場合。**…を。** 竹取 竜の頸の玉「杏のやうなる玉をぞ添へていましたる」訳(大納言は二つの目に)すもものような玉をつけ加えていらっしゃった。㋒種々の連用修飾語などを強調する場合。徒然 三〇「もとの住みかに帰りてぞ、さらに悲しきことは多かるべき」訳(死者の遺族は)もとの家に帰ってからこそ、いっそう悲しいことは多いに違いない。

係り結び
花ぞ咲きたる。
〈強意〉〈連体形〉
(＝花が咲いている)

❷「ぞ」を受けて連体形で結ばれるはずの語に、「に・を・と・も・ども・ど・ば」などの接続助詞が付くと、接続助詞の支配を受けて結びが消滅して、条件句となって下文に続いていく。源氏 夕顔「別納のかたにぞ曹司などして人住むべかめれど、こなたは離れたり」訳 別棟のほうに部屋などをしつらえて人が住んでいるに違いないようだが、こちら(＝西の対)は離れている。文法「べかめれ」は、「べかるめれ」の撥音便「べかんめれ」の「ん」の表記されない形。更級 後の頼み「後の世も思ふにかなはずぞあらむかしとぞうしろめたきに、頼むこと一つぞありける」訳 後世も思うとおりにはならないだろうと気がかりであるけれども、あてにすることが一つだけあった。文法「あらむかし」の「かし」は、強く念を押す意の終助詞。

❸(多く「とぞ」の形で)形の上では文末にあるが、①の係り結び形式で、「ぞ」を受ける連体形の結びが省略される場合。多くは「言ふ」または「聞く」などを補う。徒然 四六「たびたび強盗にあひたるゆゑに、この名をつけにけるとぞ」訳 何度も強盗に遭ったので、この(強盗法印という)名をつけたのだと(いう)。徒然 八九「飼ひける犬の、暗けれど主を知りて、飛び付きたりけるとぞ」訳 飼っていた犬が、暗いけれども主人(であること)をわかって、飛びついたのだと(いう)。

❹文末にある場合。㋐断定する意を表す。万葉 一・二「うまし国ぞあきづ島大和の国は」訳 すばらしい国だ、大和の国(＝日本)は。(「あきづ島」は「大和」にかかる枕詞)。万葉 三・三三七「憶良らは今は罷らむ子泣くらむそれその母も吾を待つらむぞ」訳 →おくららは…和歌。㋑告知する意を表す。竹取 かぐや姫の昇天「さのみやはとて、うち出で侍りぬるぞ」訳 そうばかりもしていられようか(いや、いられない)と思って、うちあけてしまうのでございます。文法「やは」は、反語の係助詞。㋒疑問語とともに用いて問いただす意を表す。**…か。** 徒然 一〇九「かばかりになりては、跳びおるともおりなん。いかにかく言ふぞ」訳 これほど(の高さ)になっては、跳び降りてもきっと降りられるだろう。どうしてこのように言うのか。文法「おりなん」の「な」は助動詞「ぬ」の未然形で、ここは確述の用法。〔謡・隅田川〕「おことはいづくよりいづかたへ下る人ぞ」

訳 あなたはどこから(来て)どこへ下る人か。
❺「もぞ…連体形」の形で、悪い事態を予測し、そうなっては困るという、不安や懸念の気持ちを表す。徒然 一〇四「雨もぞ降る、御車は門の下に、御供の人はそこぞこに」訳 雨が降るといけない(から)、御車は門の下に、お供の人はどこそこに。宇治 一・二「ただ一度にいらへんも、待ちけるかともぞ思ふとて」訳 たった一度呼ばれただけで返事をするようなのも、待っていたのかと(僧が)思うといけないと(児は)思って。文法「いらへんも」の「ん」は、仮定・婉曲の助動詞。→もぞ

文法 ④の文末にある用法は、終助詞とする考え方もある。また、上代では、「そ」と清音で発音されたものと考えられる。そのなごりで、「誰そ」の場合にはふつう「そ」を濁らずに読む。

(1)「ぞ」の文中の用法でやや特殊なものをあげると、「ぞ」の結びが体言になる場合。
「今は、まろぞ思ふべき人。な疎み給ひそ」〈源氏 若紫〉

(2)①の係り結びの形であるが、結びの部分が「…けれども」「…しかし」などの気持ちでつづくもの。
「緑なるひとつ草とぞ春は見し(=緑色の同じ草だと春には思っていた。けれども)秋は色々の花にぞありける」〈古今 秋上〉

(3)已然形に直接付いて、「已然形＋ば＋ぞ」と同じ意を表す上代の用法。
「時々の花は咲けども何すれぞ(=どういうわけで)母とふ花の咲き出来ずけむ」〈万葉 二〇・四三二三〉

(4)「ぞ＋あり」で「ざり」の形になったもの。
「照る月の流るる見れば(=照りかがやいている月が水面にうつって流れていくのを見ると)天の川出づるみなとは(=天の川が流れて出る川口は)海にざりける(=海だったのだな)」〈土佐〉

そ-い【素意】(名)かねてからの思い。日ごろの願い。本心。平家 二・腰越「鎌倉中へ入れられざる間、―をのぶるにあたはず」訳 (頼朝公は私=義経を)鎌倉の中へお入れにならないので、本心を述べることができず。

そう【叟】(名)老人。翁。宇治 六・八「舟に乗りたる―の、帽子したるが、舟を葦につなぎて」訳 舟に乗った老人で、帽子をかぶったのが、舟を葦につないで。

そう【証】(名)「しょう」とも。証拠。確かなしるし。大鏡 道長上「ただにて帰り参りて侍らむは、―さぶらふまじきにより、高御座の南面の柱のもとをけづりてさぶらふなり」訳 何も持たずに帰ってまいりましたならそれは、(きも試しの)証拠がございませんでしょうから、高御座の南側の柱の下を削って(持ってまいっ)たのでございます。

そう【僧】(名)《仏教語》世を捨てて仏の道にはいった人。出家。僧侶。↔俗

そう【双・早・相・草・荘・倉・桑・装・想・箏・糟・薔・騒・左右】⇩さう

そう【障う】⇩さふ

そう【添う・副う】⇩そふ

ぞう-【贈】(接頭)(官位・称号を表す語に付いて)それが死後おくられたものであることを示す。「―正一位太政大臣」「―皇太后宮」

ぞう【族】(名)「ぞく」のウ音便」一族。一門。子孫。徒然 二五「我が御―のみ、御門の御後ろ見、世のかためにて」訳 自分のご子孫だけが、天皇のご後見(=摂政・関白)で、この世の中の守り役として。

ぞう【判官】(名)「じょう(判官)」に同じ。大和 一四二「よしいゑと言ひける宰相のはらから、大和の―といひてありけり」訳 よしいえといった宰相(=参議)の兄弟が、大和の国の判官といっていた。

ぞう【造・象・蔵】⇩ざう

ぞう【雑】⇩ざふ

そう-が【奏賀】(名)元日に大極殿で行われる朝賀の儀式で、諸臣の代表者が天皇に年賀のことばを申し上げること。また、その役の人。春。徒然 一三二「元日の―の声、はなはだ殊勝にして」訳 元日の天皇に申し上げる祝賀の声が、たいそうりっぱであって。

そう-がう【僧綱】ゴウ (名)《仏教語》僧尼を取り締まったり、法務を処理したりする僧官。僧正・僧都・律師の三階級がある。のちには僧位である法印・法眼・法橋をも含め、僧官・僧位を総称した。

そうかく【騒客】⇩さうかく

宗鑑(そうかん)『人名』→山崎宗鑑

宗祇(そうぎ)『人名』→飯尾宗祇

そう-ぐ【僧供】(名)供養のため、僧におくる金銭や米。今昔 一九・二「堂を荘り、―を儲けて、ねんごろに供養し給ふに」訳 (中国の皇帝は)仏堂を飾り、供物を準備して、(この僧を)心をこめて供養しなさるが。

そう-くゎ【葱花】(名) ❶ねぎの花。❷(形がねぎの花に似ることから)「擬宝珠」の異名。❸「葱花輦」の略。平家 八・太宰府落「駕輿丁もなければ、―・宝輦はただ名のみ聞きて」訳 輿をかつぐ者もいないので、(天皇の乗り物である)葱花輦・鳳輦はただうわさに聞くだけで。

そうくゎ-れん【葱花輦】ソウカ (名)天皇の乗り物の一つ。屋形の上に、ねぎの花の形の擬宝珠を据えた輿。皇后・中宮・東宮も晴れの儀に乗用した。「葱の花の御輿」とも。

そう-こつ【痩骨】(名)やせて骨ばっていること。やせ細ったからだ。細道 草加「―の肩にかかれる物まづ苦しむ」訳 やせて骨ばったからだの肩にかかっている荷物(の重さ)が、まず(私を)苦しめる。

そうし【冊子・草子・草紙・双紙】⇩さうし

ぞうじ【障子・精進】⇩さうじ

ぞうしき【雑色】⇩ざふしき

そうじ-て【総じて・惣じて】(副)❶すべて。全部で。平家 一・祇王「―四人、ひとつ車にとりのって、西八条へぞ参りたる」訳 全部で四人(の白拍子)が一台の車に乗って、西八条(の清盛のやかた)へ参上した。❷一般に。大体。概して。〔浮・日本永代蔵〕「―北浜の米市は、日本第一の津なればこそ(=港であるので)」

そうじみ【正身】⇩さうじみ

そう-じゃう【僧正】ジョウ (名)《仏教語》僧綱の一つ。僧官の最上位。大僧正・僧正・権僧正の三階級がある。→僧綱

僧正遍昭(そうじゃうへんぜう)『人名』→遍昭

そうじん【精進】⇩さうじん

そう・す【奏す】(他サ変)《せ・し・す・する・すれ・せよ》謙譲語。❶「言ふ」の謙譲語。**天皇または上皇・法皇に申し上**

げる。奏上する。更級 竹芝寺「はや帰りておほやけにこのよしを—・せよ㊐」訳 早く(都に)帰って、天皇にこの旨を奏上しろ。⇩宣はす「敬語ガイド」

❷音楽を演奏する。かなでる。源氏 少女「楽の舟ども漕ぎまひて、調子ども—・する㊍ほどの、山風のひびきおもしろく吹き合はせたるに」訳 雅楽の舟が何艘も漕ぎ回って、管弦のしらべをいろいろと演奏するときの、山風の響きがおもしろく調子を合わせているので。

発展「奏す」と「啓す」の違い

天皇または上皇・法皇には「奏す」を用いることが多いが、「申す」「聞こえさす」なども用いる。皇后・皇太后・皇太子などに言上するときは「啓す」を用いる(上皇に「啓す」を用いることもある)。

そうず【僧都】⇩そうづ

そうぞうし ⇩さうざうし

そう-ぞく【僧俗】(名)僧侶と俗人。出家と在家。〔栄花〕さまざまのよろこび「—・殿上人・判官代」訳 僧侶と俗人、殿上人、判官代(といった人々)は、涙を流して途方にくれている。

涙を流し惑ひたり」

そうぞく〘装束・装束く〙⇩さうぞく

ぞう-ぢゃう【増長】(名・自サ変)〔「増」は横に広がる、「長」は縦に伸びる意〕増大すること。しだいにはなはだしくなること。徒然 三八「才能は煩悩の—・せ㊍るなり」訳 才能は煩悩(=欲望)が増大したものである。

そう-づ【僧都】(名)《仏教語》僧綱の一つ。僧正に次ぐ僧官。→僧綱

そう-ついぶし【総追捕使】(名)❶令外の官の一つ。平安時代、治安維持のため、諸国に置かれた職。

❷平安末期、社寺の領地や荘園内において警護に任じた職。

❸源頼朝が鎌倉幕府の創始期に諸国に置いた職。のち、守護と名称を改め、軍事・警察権、兵糧米の徴収権などを握った。

そうなし〘双無し・左右無し〙⇩さうなし

そう-ばう【僧坊・僧房】(名)寺院に付属して建てられている僧尼の起居する建物。僧の住む家。

そうび〘薔薇〙⇩さうび

そう-ぶん【処分】(名・自サ変)「そぶん」とも。遺産を分配すること。また、その遺産。源氏 柏木「御—に、ひろく面白き宮たまはり給へるをつくろひて」訳 御かたみ分けとして、(父桐壺院から)広くて趣のある御殿をいただきなさっていたのを、(朱雀院は)修理して。

そう-もん【奏聞】(名・自サ変)天皇に申し上げること。奏上すること。〔太平記〕二「—・す㊎べきことあり」訳(天皇に)申し上げなければならないことがある。

そう-もん【総門・惣門】(名)外構えの正門。総構えの門。平家 五・月見「—は鎖のさされてさぶらふぞ」訳 正門はかぎが掛けられておりますぞ。

そう-らん【奏覧】(名・他サ変)天皇のご覧に入れること。〔太平記〕一「御前にして草案をして、これを—・す㊎」訳 天皇の御前で下書きを作って、それをご覧に入れる。

そう-りゃう【総領・惣領】㊀(名)❶大宝律令施行以前、筑紫・坂東・周防・伊予など、僻遠地、または対外警備上必要な地に置かれた地方官。

❷武家社会における一族の長。鎌倉時代、地頭職の分割相続によって細分化した小地頭を統括する職。

❸家の跡目を継ぐべき子。嫡子。家督。〔浮世風呂〕「それでも御—がお一人ござらっしゃれば沢山でございます」訳 それでも御跡継ぎがお一人おいでになれば十分でございます。

❹長男または長女。

㊁(名・他サ変)すべてを受け継いで、領有・支配すること。〔愚管抄〕「代々の日記、宝物、東三条の御所にいたるまで—・し㊊て(=すべてを領有して)」

そうろう〘候ふ〙⇩さうらふ

そ-が【其が】それの。それが。竹取 竜の頸の玉「竜殺して、—頸の玉取れるとや聞く」訳 竜を殺して、それの首の玉を取ったことだと聞くか。

ぞ-かし なりたち 代名詞「其」+格助詞「が」

(文末に用いて)念を押して強く言う意を表す。…であるよ。…だよ。…だぞ。土佐「この住吉の明神は、例の神—」訳 この住吉の明神は、例の(欲ばりの)神様であるよ。更級 物語「われはこのごろわろき—」訳 私は今は(まだ)美しくないことだよ。⇩悪し「名文解説」

なりたち 係助詞「ぞ」+終助詞「かし」

そ-がひ【背向】(名)うしろのほう。背後。背中あわせ。万葉 三・四六〇「春日野を—に見つつあしひきの山辺を指して」訳 春日野をうしろに見ては、山辺をさして。(「あしひきの」は「山」にかかる枕詞)

そがふ-かう【蘇合香】(名)❶香木の名。薬用とされる。また、種々の香草を煎じた汁から製した香料。

❷舞楽の曲名。盤渉調のインド楽。①の葉をかたどった冠を着用して六人で舞う。

曽我物語(そがものがたり)〘作品名〙室町前期の軍記物語。作者・成立年代未詳。曽我十郎・五郎の兄弟が父の敵工藤祐経を討つまでを描く。後世の謡曲・浄瑠璃・歌舞伎などに多くの素材を提供した。

そぎ-す・つ【削ぎ棄つ】(他タ下二)〔て・て・つ・つる・つれ・てよ〕❶髪を短く切り落とす。髪を切り落として出家する。源氏 夕霧「いとひたぶるに—・て㊍まほしう思さるる御髪を」訳(落葉の宮は)まったくひたすらそぎ落として(て出家して)しまい)たいとお思いにならずにはいられない御髪を。⇩世を背く「慣用表現」

❷省く。簡略にする。源氏 若菜下「いみじく事ども—・て㊊て、世の煩ひあるまじくと省かせ給へど」訳(参詣にあたっては)万事はなはだ簡略にして、世間の迷惑になることがあってはならないと省略なされるけれども。

そぎ-すゑ【削ぎ末】(名)髪の毛を切りそろえた末端。枕 能因本・一六六「髪は尾花のやうなる—して」訳 髪はすすきの穂のようなすその切りそろえ(方)をして。

そきだ-く【幾許】(副)はなはだしく。たいそう。非常に。万葉 二〇・四三六〇「—もおぎろなきかもこきばくもゆたけきかも」訳(難波の海原は)非常に広大なことよ。はなはだゆったりとしていることよ。

そき-た・つ【退き立つ】(自タ四)〔た・ち・つ・つ・て・て〕《上代語》遠く離れて立つ。〔祝詞〕「国の—・つ㊍限り」訳 国が遠く離れ立つ果て(=地上の果て)。

そき-へ【退き方】(名)「そくへ」に同じ。

そきゃう-でん ソキョウー【承香殿】(名)「じょうきゃうでん」に同じ。

-そく【束】(接尾) ❶たばねたものを数える語。たば。[宇治] 一三・一「〔葦を〕四、五ー、十ー、二、三十ーなど刈りて取らす(=刈って与える)」 ❷矢の長さの単位。親指を除いた指四本の幅。[平家] 一一・遠矢「十五ーありけるをうちくはせ、よっぴいてひゃうど放つ」[訳] 十五束あった矢をつがえ、十分に引きしぼってひゅっと射放つ。→伏せ

そ・く【退く】■一(自カ四){か・き・く・く・け・け}離れる。遠ざかる。〔記〕下「倭方に西風吹き上げて雲離れー・き用居りとも我忘れめや」[訳] 大和の方角に西風が吹き上げて雲が離れ離れになるように、離れていても、私は(あなたを)忘れようか(いや忘れはしない)。■二(他カ下二){け・け・く・くる・くれ・けよ}離す。取り除く。〔記〕中「向かひ火をつけて焼きー・け用て」[訳] (野原に)向かい火をつけて(燃え迫ってくる火を)焼き退けて。⇩向かひ火「名文解説」

そ・ぐ【削ぐ・殺ぐ】(他ガ四){が・ぎ・ぐ・ぐ・げ・げ} ❶(髪の毛などの)末を切りおとす。切りそろえる。けずりとる。[源氏] 若紫「髪のうつくしげにー・が未れたる末も」[訳] 髪のいかにも美しいようすに切りそろえてある端も。❷省く。省略する。簡略にする。[源氏] 夕霧「事の俄なればー・ぐ体やうなりつることども、いかめしう人数なども添ひてなむ」[訳] 事が急であるので、(何かと)省略するようだったこと(=一条御息所の葬儀)のあれこれも、盛大に人数なども大勢でとり行われた。

ぞく【俗】■一(名) ❶世のならわし。その土地の習慣。時代の風習。[徒然] 一六五「すべてわがーにあらずして人に交はれる、見ぐるし」[訳] 総じて自分本来の習慣によらないで(外部の)人と交際しているのは、みっともない。❷(僧に対して)一般の人。俗人。[大和] 一六八「ーにいますがりける時の子どもありけり」[訳] (僧には)俗人でいらっしゃったときの子供がいた。↕僧 ❸世間一般の人。世の中の人。また、世俗。〔風姿花伝〕「もとよりーの身なれば、やすかりぬべきことなれども」[訳] (能役者は)そもそも世俗の身であるので、(同じ俗体の男の姿を演じることは)簡単であるに違いないことだが。[文法]「やすかりぬべき」の「ぬ」は、助動詞「ぬ」の終止形で、ここは確述の用法。■二(名・形動ナリ)風流でないこと。日常的・世俗的であること。[古今] 真名序「文琳は巧みに物を詠ず。然れども、その体ーに近し」[訳] 文琳(=文屋康秀の字)は巧みに物事を(歌に)詠む。しかし、その(歌の)風体は世俗的なものに近い。

発展「俗」と「雅」

「俗」とは風流でなく、ありふれていること、「雅」とは風雅で、みやびやかなことを意味するが、古典文学で「俗」や「雅」といった場合、「雅」はすでに存在する美しい表現であり、「俗」は未開拓の世界における素朴・新奇な表現をさす。その点からみると、俳諧は新しい「俗」の文学で、和歌・連歌は「雅」の文学といえよう。

ぞく【粟】(名)もみごめ。あわ。転じて、穀物。食糧。[方丈] 二「たまたま換ふるものは、金を軽くし、ーを重くす」[訳] まれに(物品と)交換する者は、黄金(の価値)を軽くし、穀物(の価値)を重くする。

ぞく-がう ゴウ【辱号】(名)〔「ぞく」は「じょく」の転〕恥辱をこうむった名。はずかしめを受けたという評判。一説に「辱詬」と書き、恥辱・はずかしい目にあうことの意とも。[大鏡] 道隆「無益のことをも言ひてけるかな。いみじきーとりつる」[訳] つまらないことを言ってしまったものだなあ。(おかげで)とんでもないはずかしい評判をとってしまったことだ。

そくけつ-の-くゎん ソッケツノカン【則闕の官】(名)太政大臣の異称。養老令の「職員令」に「太政大臣一人…其の人無ければ則ち闕く(=適任者がいなければ欠員とする)」とあることによる。

そく-さい【息災】■一(名)《仏教語》仏の力で災いを防ぎとめること。平穏であること。[枕] 二七七「いみじうやすきーの祈りななり」[訳] ひどく簡単な災難防止の(ための)おまじないであるようだ。[文法]「ななり」は、「なるなり」の撥音便「なんなり」の「ん」の表記されない形。■二(名・形動ナリ)身にさわりのないこと。健康。無事。[徒然] 一七五「ー・なる体人も、目の前に大事の病者となりて」[訳] 健康である人も、見るまに重症の病人になって。

続猿蓑(ぞくさるみの)『作品名』江戸前期の俳諧集。服部沾圃ら撰。元禄十一年(一六九八)刊。「芭蕉七部集」の一つ。「炭俵」とともに芭蕉晩年の「軽み」の俳風を志向した。→芭蕉七部集・軽み

そくさん-へんぢ ヘンジ【粟散辺地】(名)《仏教語》辺地にある粟粒の散ったような小国。(インド・中国などの大国に対して)日本のこと。

ぞく-しゃう ショウ【俗姓】(名) ❶氏姓。家柄。素性。〔浮・日本永代蔵〕「ー・筋目にもかまはず、ただ金銀が町人の氏系図になるぞかし」[訳] 家柄や血統にもこだわらず、ひたすら財力だけが町人の家系図になるのだよ。❷僧が俗人であったときの姓。[徒然] 一四一「悲田院の堯蓮上人は、ーは三浦の某とかや(=在俗のときの姓は三浦の某とかいって)」

そく-たい【束帯】(名)平安時代以降、朝廷の公事の際、天皇以下文武百官が着用した男子の正式の装束。宿直用の略装に対し、昼の装束ともいう。冠・袍・半臂・下襲・衵・単・上の袴・大口・石帯・平緒・笏・沓などで装う。⇩巻頭カラーページ12

ぞく-ぢん ジン【俗塵】(名)俗世のちり。世間のわずらわしさをたとえた語。[方丈] 四「他のーに馳することをあはれむ」[訳] 他の人が(名利などといった)世間のわずらわしさに(とらわれて)あくせくしていることを気の毒に思う。

そくば-く【許多・若干】(副)〔「そこばく」の転〕「そこばく」に同じ。

そく-ひ イ【続飯】(名)〔「そくいひ」の転〕飯粒を練って作った糊。[枕] 一六〇「遠き所より思ふ人の文を得て、固く封じたるーなどあくるほど、いと心もとなし」[訳] 遠方から恋しく思う人の手紙を受けとって、しっかりと封をしてある糊などを開く間は、ほんとうにじれったい。

そ-くび【素首・外頸】(名)〔「そ」は接頭語〕他人の首

を卑しめていう語。「そっくび」とも。[平家]五・文覚被流「なに者ぞ。—突け」[訳]何者だ。そいつの首を突け。

ぞく-ひじり【俗聖】(名)出家・剃髪をせずに、俗人の姿のままで仏道修行をする人。有髪の僧。男を優婆塞、女を優婆夷という。[源氏]橋姫「—とか、この若き人々のつけたなる」[訳](八の宮を)俗聖とか、この若い人々が(名を)つけたというのは。

そく-へ—【退く方】(名)遠く離れた所。遠方。果て。「そきへ」とも。[万葉]三・四二〇「天雲の—の極み」[訳]天雲の(たなびいている)ずっと遠くの果て。

ぞく-らう(ロウ)—(名)「しょくらう」とも。❶【続労】奈良時代、財物や金銭を官に納めて、前任の官を継続すること。また、その財貨。この制度が、②に転じる。❷【贖労】平安時代、官位を得るため、また昇進のために財物を官に納めること。また、その財物。[源氏]東屋「大臣にならむ—を取らむなどぞ、あまりおどろおどろしきことと耳とまりける」[訳]大臣になるならその贖労を調達しようなどとは、あまりに大げさなことと、(左近の少将はその話が耳に留まるのだった。

そ-くゎい(カイ)—【素懐】(名)❶前々からの願い。宿願。素志。[平家]六・廻文「平家末になる折を得て、源氏の年来の—を遂げんとす」[訳]平家が衰退する機会を得て、源氏が数年来の念願を遂げようとする。❷特に、出家・往生しようとする、前々からの願い。[平家]一・祇王「四人のあまども皆往生の—を遂げけるとぞ聞こえし」[訳]四人の尼たちは皆極楽に生まれ変わろうというかねてからの願いを貫いたことだとうわさされた。

そこ【底】(名)❶くぼんだもののいちばん下の部分。また、極まるところ。果て。[徒然]三「玉の巵の—なきここちぞすべき」[訳](恋愛の情趣を理解しない男はりっぱな杯の)底のない(ような)気持ちがするにちがいない。❷奥深い所。心の奥底。[源氏]若菜下「心の—ゆかしきさまして、そこはかとなくあてになまめかしく見ゆ」[訳](明石の君は)心の奥底をのぞいてみたい(ような)ようすをして、どこということなく上品で優雅に見える。❸そのもののもつ真の力量。底力。〔源平盛衰記〕「鎌倉殿の賜びたる薄墨にも—はまさりてこそあるらめ」[訳]鎌倉殿(=頼朝)が下さった薄墨(=馬の名)に比べても真の力量はよりすぐれているだろう。

そ-こ【其処・其所】(代)❶中称の指示代名詞。場所を示す。そのところ。その場所。**そこ**。[源氏]朝顔「女五の宮の—におはすれば、そなたの御とぶらひにことづけてまうで給ふ」[訳]女五の宮がそこ(=桃園の宮)においでになるので、そちら(=女五の宮)のお見舞いにかこつけて、(光源氏は朝顔の姫君に会いに)参上なさる。❷中称の指示代名詞。事物をさす。**それ**。**そのこと**。[万葉]三・四六六「入り日なす隠りにしかば—思ふに胸こそ痛き」[訳](妻は)夕日のように隠れてしまった(=死んでしまった)ので、そのことを思うと胸が痛むが。[文法]「こそ痛き」は、上代、形容詞型活用は、係助詞「こそ」の結びが連体形であった例。❸対称の人代名詞。親しい目下の者や友人に対して用いる。**あなた**。**きみ**。そこもと。[今昔]二六・一六「—ぞ盗人にも増さりたりける心にておはしける」[訳]あなたは実に盗人にも勝った心(の持ち主)でいらっしゃることよ。

そこ-そこ【其処其処】[一](代)❶特定の場所をそれと明示しないで示す。どこそこ。[大鏡]道長下「西の京の—なる家に」[訳]西の京のどこそこにある家に。❷なにもかも。そこもここも。〔浄・心中刃は氷の朔日〕「—気のつく職人の、銀でかす気ぞ格別なる」[訳]なにもかも気のつく職人で、金をこしらえる気構えが特別である。
[二](副)❶あわただしく落ち着かないようす。そそくさ。❷いいかげんに。中途半端に。〔浮・世間胸算用〕「銀集まればみなわがものと思ふから、—に催促せず」[訳]金が集まると全部自分のものだと思うので、いいかげんに貸した金の催促はしない。

そこ-どころ【其処所】(代)(下に打消の語を伴って)その所。そこの所。特定の一か所を取りたてて指す。[源氏]若菜下「—ともなくいみじく苦しくし給ひて」[訳](紫の上は)特にどこが悪いということもなく、ひどく苦しみなさって。

そこ-と-も-しら-ず【其処とも知らず】どこともわからない。あてもない。[新古]春上「思ふどち—・ず(用)行き暮れぬ花の宿かせ野べの鶯」[訳]親しい者どうしがどこというあてもなく行くうちに日が暮れてしまった。桜の花の宿を貸してくれ、野辺の鶯よ。
[なりたち]代名詞「其処」+格助詞「と」+係助詞「も」+四段動詞「知る」の未然形「しら」+打消の助動詞「ず」

そこ-と-も-わか-ず【其処とも分かず】どこともわからない。[細道]石の巻「雉兎芻蕘の往きかふ道—・ず(用)、終に路踏み違へて」[訳]猟師や草刈り、きこりが行き来する道で、どこがどこやらわからず、とうとう道を間違えて。
[なりたち]代名詞「其処」+格助詞「と」+係助詞「も」+四段動詞「分く」の未然形「わか」+打消の助動詞「ず」

そこ-な【其処な】(連体)(「そこなる」の転)そこにいる。そこの。〔狂・察化〕「なう、—人」[訳]やあ、そこの人。

そこな-ふ(ソコナウ)【損なふ・害ふ】(他ハ四)❶(心身を)傷つける。痛める。殺傷する。[土佐]「二十日、三十日とかぞふれば、およびも—・は(未)れぬべし」[訳]二十日、三十日と(指を折って)数えるので、指も傷つけられてしまうだろう。❷(物を)傷つける。こわす。[源氏]末摘花「几帳など、いたく—・は(未)れたるものから」[訳]几帳などがひどくこわされているものの。❸悪い状態にさせる。衰弱させる。[源氏]手習「いかなる違ひ目にてかく—・は(未)れ給ひけむ」[訳](この女(=浮舟)は)どのような間違い(=不運)で、このように衰弱させられなさったのだろう。❹(動詞の連用形に付いて)…しそんじる。…しくじる。[宇治]一五・一一「それが飛び—・ひ(用)て、この溝に落ち入りたるなり」[訳]ところが飛びそこなって、この溝に落ち込んだのだ。

そこ-ば【幾許・若干】(副)(程度について)たいそう。はなはだしく。[万葉]一七・三九八五「神柄や—貴き」[訳](二上山は)領有する神の品格のせいか、たいそう貴い。

そこはか-と(副)(多く下に打消の表現を伴って)それとはっきりしているようすを表

す。あきらかにそれはそれと。**はっきりどこそこと。** 更級 「野辺の笹原「ー知りてゆかねど先に立つ涙ぞ道のしるべなりける」 訳 そこが墓だとはっきりと知って行くのではないけれども、まず出る涙(すなわち先に立つ涙)が道の案内者であったのだ。(「そこはかと」は「そこ墓と(=そこが墓だと)」との掛詞)

そこはかと-な-し ❶どこということもない。それとはっきりしない。源氏 帚木「風涼しくて、ー・き体 虫の声々聞こえ」 訳 風が涼しくて、(どこで鳴いているとも)はっきりしない虫の声がいろいろ聞こえ。❷はっきりとした理由がない。とりとめもない。徒然 序「心にうつりゆくよしなしごとを、ー・く用 書きつくれば」 訳 心の中に次々と浮かんでは消えるたわいもないことを、とりとめもなく書きつけると。⇨徒然草「名文解説」

そこはか-な-し(形ク)〔から・く(かり)・し・き(かる)・けれ・かれ〕「そこはかとなし」に同じ。更級 子忍びの森「ー・き体 ことを思ひつづくるを役にて」 訳 とりとめもないことを思い続けるのを唯一の仕事にして。

なりたち 副詞「そこはかと」＋形容詞「なし」

そこば-く【幾許・若干】(副)「そくばく」とも。❶(数量について)**たくさん。** あれこれと。伊勢 七七「ーのささげ物を木の枝につけて、堂の前に立てたれば」 訳 たくさんのお供え物を木の枝につけて、堂の前に立てたので。❷(程度について)**たいそう。非常に。**〔狭衣物語〕「ー広き大路、ゆすり満ちて」 訳 たいそう広い大通りに、(見物の人々が)いっせいにざわめいて。

そこ-ひ(ィ)【底ひ】(名)物事の至りきわまる所。きわみ。果て。源氏 胡蝶「限りなくー知らぬ心ざしなれば」 訳 際限もなく、きわまる所も知らない(私=光源氏のあなた=玉鬘に対する)愛情であるので。

そこひ-な-し(ソコイ)【底ひ無し】(深さの)際限もない。果てしない。古今 恋四「ー・き体 淵やは騒ぐ」 訳 果てしなく深い淵は(波が立って)騒ぐだろうか(いや、騒ぎはしない)。

なりたち 名詞「底ひ」＋形容詞「無し」

そこひ-も-しら-ず(ソコイ)【底ひも知らず】果てもわからない。限りもわからない。土佐「棹させどー・ぬ体 わたつみの深き心を君に見るかな」 訳 棹を突き立てても、(深さの)果てもわからない海のように深い心をあなたに感じることだ。(第三句までは「深き」を導きだす序詞)

なりたち 名詞「底ひ」＋係助詞「も」＋四段動詞「知る」の未然形「しら」＋打消の助動詞「ず」

そこ-ほど【其処程】(代)その辺。そこらあたり。徒然 七一「昔物語を聞きても、このごろの人の家の、ーにてぞありけんと覚え」 訳 昔の物語を聞いても、(その中の出来事が)いまの人の家の、あの辺であったのだろうと思われ。

そこ-もと【其処許】(代)❶中称の指示代名詞。そのあたり。そこの所。枕 一三〇「ーは、落ちたる所侍り」 訳 そのあたりは、低くなっている所があります。❷対称の人代名詞。同輩以下に用いる。そなた。あなた。〔反故集〕「ー万事ご苦労の段、察し入り候」 訳 そなたのあらゆるご苦労のこと、推察します。

そこ-ゆゑ(-に)(ユエ)【其処故(に)】(接)それだから。そのため。万葉 八・一六二九「ここ思へば胸こそ痛きーに情和ぐやと高円の山にも野にもうち行きて遊びあるけど」 訳 これを思うと胸が痛い。そのために心がなごむかと高円の山にも野にも行って遊びまわるけれど。文法 「こそ痛き」は、上代、形容詞型活用は、係助詞「こそ」の結びが連体形であった例。

そこ-ら(副)❶(多く、下に助詞「の」を伴って)(数量について)**たくさん。多く。** 竹取 かぐや姫の昇天「ーの年ごろ、ーの金給ひて」 訳 多くの年月の間に、たくさんの金をくださって。❷(程度について)**たいそう。非常に。** 源氏 葵「こなたかなたの御送りの人ども、寺々の念仏僧など、ー広き野に所もなし」 訳 あちこちの御野辺送りの人たち、寺々の念仏僧など、たいそう広々とした野(=鳥辺野)に(会葬者が満ち満ちて)すきまもない。

そこら-く(副)(多く、下に助詞「に」を伴って)あれほど。じゅうぶん。はなはだしく。万葉 九・一七四〇「この篋開くなゆめとーに堅めしことを」 訳 この櫛箱を開くな、決してと、あれほどにかたく約束したことなのに。

そ-しょう【訴訟】(名)役所に裁判を申し出ること。また、不平不満・要求などを訴え出ること。平家 一・殿上闇討「後日のーを存知して、木刀を帯しける用意のほどこそ神妙なれ」 訳 (忠盛が公卿らからの)後日の訴訟を心得て、(真剣ではなく)木刀を帯びていた(殿上の間までの)配慮のようすは殊勝である。

そしら-は-し(ワシ)【謗らはし】(形シク)〔しから・しく(しかり)・し・しき(しかる)・しけれ・しかれ〕(動詞「そしる」に対応する形容詞)そしりたいようすだ。けなしたいさまだ。源氏 少女「やせやせに御髪少なるなどが、かくー・しき体 なりけり」 訳 (花散里の)からだつきは)やせこけて御髪も少なくなってきている点などが、こうしてけなしたくなるのであった。

そしり【誹り・誹り・譏り】(名)そしること。また、そのことば。悪口。非難。源氏 桐壺「人のーをもえはばからせ給はず」 訳 (桐壺帝は)人々の非難をも気がねすることがおできになられず。

そし-る【謗る・誹る・譏る】(他ラ四)〔ら・り・る・る・れ・れ〕人のことを悪く言う。非難する。枕 七五「ありがたきもの …主ー・ら未 ぬ従者」 訳 めったにないもの、…主人を悪く言わない召使。

-そ-す【過す】(接尾サ四型)(動詞の連用形に付いて)度を越すという意を添える。…しすぎる。しきりに…する。熱心に…する。源氏 帚木「かしこく教へ立つるかなと思ひ給へて、我たけく言ひー・し用 侍るに」 訳 (われながら)上手に教え込んだものだなと存じまして、得意になって言いすぎますと。文法 「思ひ給へて」の「給へ」は、下二段活用の謙譲の補助動詞「給ふ」の連用形。

そ-せい【蘇生】(名)生き返ること。よみがえること。細道 大垣「その外親しき人々日夜とぶらひて、ーのものにあふがごとく」 訳 そのほか親しい人々が昼も夜も訪れて、まるで生き返った人に会うかのように。

素性(そせい)『人名』(生没年未詳)平安前期の歌人。俗名、良岑玄利。遍昭の子。三十六歌仙の一人。「古今集」の代表的歌人で、歌風は軽妙で力強い。「小倉百人一首」に入集。家集「素性集」

そそ(副)かすかに吹く風の音。また、軽く物が触れたり、動いたりするときの音の形容。そよそよ。さやさや。〔無名抄〕「鳥の一声鳴き、風のーと吹くにも」

そ‐そ（感）〔代名詞「そ」を重ねた語〕それと指し示して人に注意を促す語。それそれ。そら。蜻蛉 上「あなたに人の声すれば、『—』などのたまふに」訳 向こう（の私の住まいのほう）に人（＝兼家）の声がするので、（私に）「そらそら」（戻るように）などと（登子は）おっしゃるが。

そそか・し（形シク）{しから・しく(しかり)・し・しき(しかる)・しけれ・しかれ}挙動があわただしい。せわしい。そそっかしい。源氏 横笛「いと—・しう用（ウ音便）這ひおり騒ぎ給ふ」訳（若君＝薫は）たいそうせわしなく（父である光源氏の膝から）這いおりて動きまわりなさる。

そそ・く（自カ四）{か・き・く・く・け・け}せかせか動きまわる。忙しそうにする。そわそわする。堤 貝あはせ「明日のこと思ひ侍るに…、—・き用はんべるぞ」訳 明日のことを思いますと…、そわそわしているのですよ。

そそ・く【注く・灌く】〔近世以降は「そそぐ」〕㊀（自カ四）{か・き・く・く・け・け}❶水が流れこむ。❷（雨・雪などが）降る。降りかかる。源氏 蓬生「日頃降りつる名残の雨少し—・き用て」訳 何日も降った（長雨の）名残の雨が少し降ってきて。❸（涙が）しきりに落ちる。源氏 須磨「酔ひの悲しび涙—・く終春の盃のうち」訳 酔いの悲しみよ、涙が落ちる、春の（酒の）杯の中に。㊁（他カ四）{か・き・く・く・け・け}かける。流しかける。ふりかける。伊勢 五九「死に入りたりければ、おもてに水—・き用などして」訳（男は）死んだようになってしまったので、（人々が）顔に水を注ぎかけたりして。

そそ・く㊀（他カ四）{か・き・く・く・け・け}（紙・織物などを）けばだたせる。（綿などを）ほぐす。大鏡 道長上「これかれ—・き用侍らむもうるさきに、異を厚くして参らせむ」訳 あれこれ（綿を）ほぐしますのもめんどうなので、別の（衵）を（綿を）厚くして差し上げよう。㊁（自カ下二）{け・け・く・くる・くれ・けよ}（髪・紙・織物などが）けばだつ。ほつれ乱れる。徒然 二八「鯉の羹食ひたる日は、鬢—・け未ずとなん」訳 鯉の吸い物を食った日は、耳ぎわの髪がほつれ乱れないと（いう）。

そそく・る（他ラ四）{ら・り・る・る・れ・れ}忙しく手先を動かして物事をする。もてあそぶ。また、せわしく物事をする。蜻蛉 下『めづらかなる薬玉せむ』など言ひて、—・り用ゐたるほどに」訳「めったにない薬玉を作ろう」などと言って、（いろいろの草木を）もてあそんで座っているうちに。

そそのか・す【唆かす】（他サ四）{さ・し・す・す・せ・せ}せきたてる。そその気になるように勧める。さそう。源氏 桐壺「とく参り給はむことを—・し用聞こゆれど」訳（女房たちは若宮＝光源氏が）早く参内なさるようにとのことを（祖母君に）お勧め申しあげるが。文法「参り給はむこと」の「む」は、適当・勧誘の助動詞「む」の連体形。参考 おだてて悪いほうへさそう意は近世以降の用法。

そそ‐め・く（自カ四）{か・き・く・く・け・け}〔「めく」は接尾語〕❶ざわめく。ざわざわ騒がしい音がする。枕 五六「滝口の弓鳴らし、沓の音し、—・き用出づると」訳 滝口の武士が弓弦を鳴らし、沓の音がし、ざわめいて（清涼殿の前庭に）出てくると。❷そわそわする。落ち着きなくふるまう。源氏 東屋「心のどかにゐられたらず、—・き用歩くに」訳（母中将の君は浮舟の所に）のんびりと落ち着いていられたものではなく、そわそわと動きまわっていると。

そそ‐や（感）〔感動詞「そそ」に間投助詞「や」の付いたもの〕注意をうながしたり、驚いたりするときに発する語。それそれ。そら。さあ。あれまあ。源氏 少女「こちたく追ひののしる御さきの声に、人々『—』などおぢ騒げば」訳 ことごとしく大声で先払いをする御前駆の（人々の）声に、（邸内の）人々（＝女房たち）が「それそれ（内大臣のお帰りだ）」などと恐れ騒ぐので。

そそ・る㊀（自ラ四）{ら・り・る・る・れ・れ}❶高くそびえる。そそり立つ。万葉 一七・四〇〇三「白雲の千重を押し別け天—・り用高き立山」訳 白雲の千重（に重なる中）を押し分けて、天にそそり立つ高き立山よ。❷心がうきうきする。浮かれ騒ぐ。〔浄・女殺油地獄〕「まだ肌寒き川風を、酒に凌ぎて—・り用行く」訳 まだ肌寒い川風を、酒で（からだを温め）しのいで浮かれ騒いで行く。㊁（他ラ四）{ら・り・る・る・れ・れ}揺り動かす。また、あおる。おだてる。〔神楽歌〕「ゆすり上げよ—・り用上げ」訳 揺すって（高く）上げろ、あおって（高く）上げ。

古語ライブラリー㉗

「履はけ」の解釈

信濃の国の東歌にこんな一首がある。

◇信濃路は今の墾道刈株に足踏ましむな履はけわが背 〈万葉 一四・三三九九〉

第四句の「足踏ましむな」は原文が「安思布麻之牟奈」とある部分だが、「牟奈」を「奈牟」とある本もあるので、「足踏ましなむ」にする注釈もある。「足踏ましむな」なら、「しむ」が使役の助動詞だから「足を踏み貫かせるな」の意、「足踏ましなむ」なら、「し」が尊敬、「な」が確述、「む」が推量の助動詞だから「きっと足を踏み貫きなさるだろう」の意になる。

問題は、第五句の「履はけ」。原文は「久都波気」になっている。カ行四段活用の「はく」の命令形なら、活用語尾の「け」が「いやをちに咲け（左家）」〈万葉 二〇・四四四六〉のように、上代特殊仮名遣いの甲類の仮名であるはず。「気」は乙類の仮名だから、四段活用の命令形ではなく、「はかせる」の意の下二段活用の「はく」の命令形と見なければならない。中古になると、カ行下二段の命令形語尾は「けよ」の形になることが多いが、上代には「よ」を伴わない形でも用いられた。

か・き(甲)・く・く・け(乙)・け(甲)

け(乙)・け(乙)・く・くる・くれ・け(乙)

第五句が「履をはかせよ、あなた」であるとなると、第四句は使役表現の「足を踏み貫かせるな」であるほうが理屈にあう。馬に乗っての旅で、馬にわらじをはかせてけがをさせないようにと夫に告げて、旅の無事を願った歌であるということになる。

上代特殊仮名遣いの発見によって、古くからの解釈の改められる実例の一つだが、相聞の歌としては、「足踏ましなむ」がよく、「履はけ」は夫に履をはくように勧める四段の命令形で、「波気」の「気」は異例であると見る説もある。

そぞろ【漫ろ】（形動ナリ）{なら・なり(に)・なり・なる・なれ・なれ}「すずろ」とも。❶なんという理由もない。これという当てがない。〔太平記〕二七「たださめざめと泣き居たるばかりにて、ー・に(用)時をぞ移されける」訳 たださめざめと泣いているだけで、なんということもなく時をお過ごしになった。❷**なんの関係もないさま。**つながりがない。平家 一二・紺掻之沙汰「ー・なる(体)古いかうべを白い布に包んで奉ったりけるに」訳（頼朝に、父義朝とは）関係のない古い頭(＝頭蓋骨)を白い布に包んで差し上げたところ。❸**いわれがない。むやみやたらである。**徒然 七三「かたくななる人の、その道知らぬは、ー・に(用)神のごとくにいへども」訳 教養がない人で、その道を知らない人は、（名人と騒がれる人の芸を）むやみやたらに神様のように言うけれども。文法「かたくななる人の」の「の」は、いわゆる同格の格助詞で、「…で」の意。❹心が落ち着かない。そわそわしている。〔雨月〕仏法僧「富士・筑波の嶺々を心にしむるぞー・なる(体)かな」訳 富士山・筑波山の峰々を心に深く感じるのは気が落ち着かないことだなあ。

そそろ-か【聳ろか】（形動ナリ）{なら・なり(に)・なり・なる・なれ・なれ}「そぞろか」とも。背たけのすらりと高いさま。源氏 柏木「たけだち物々しうー・に(用)ぞ見え給ひける」訳（夕霧は）背たけが堂々としてすらりと高くお見えになるのだった。

そぞろ-がみ【漫ろ神】（名）人の心を落ち着かなくさせる神。細道 出発まで「ーの物につきて心を狂はせ」訳 そぞろ神が身に取り憑いて心を浮き立たせ。

そぞろ・く【漫ろく】（自カ四）{か・き・く・く・け・け}「すずろく」に同じ。〔風姿花伝〕「いかにもいかにもー・か(未)で、しとやかに立ち振る舞ふべし」訳（老人を演じるには）いずれにしてもそわそわしないで、もの静かにふるまうのがよい。

そぞろ-ごと【漫ろ言】（名）「すずろごと(漫ろ言)」に同じ。徒然 二三八「ある御所さまのふるき女房の、ー言はれしついでに」訳 ある御所方に仕える古参の女房が、とりとめのない話をなさった折に。

そぞろ-ごと【漫ろ事】（名）「すずろごと(漫ろ事)」に同じ。徒然 一三五「これはーなれば、言ふにも足らず」訳 これはつまらないことだから、（取り上げて）言うにも及ばない。

そぞろ-さむ・し【漫ろ寒し】（形ク）{から・く(かり)・し・き(かる)・けれ・かれ}❶なんとなく寒い。うすら寒い。源氏 初音「ほのぼのと明けゆくに、雪やや散りてー・き(体)に」訳（夜が）ほのかに明けてゆくころに、雪が少し降って、うすら寒いときに。❷ぞくぞくするほどすばらしい。源氏 紅葉賀「入り綾のほど、ー・く(用)この世のことともおぼえず」訳 舞いながら舞台を退くようすがぞくぞくするほどすばらしく、この世のものとも思えない。

そぞろ-は・し【漫ろはし】（形シク）{しから・しく(しかり)・し・しき(しかる)・しけれ・しかれ}「すずろはし」に同じ。〔とはずがたり〕「常よりのどやかなる御物語も、ー・しき(体)やうにて」訳 いつもよりのんびりとするお話も、（私には）そわそわと落ち着かない感じがして。

そち【帥】（名）「そつ」とも。大宰府の長官。正と権(＝定員外に任ずる官位)とがある。平安時代以降、多くは親王が任命されたが、実際には赴任せず、権帥または大弐が現地で政務を執った。

そ-ち【其方】（代）❶中称の指示代名詞。方角をさす。そこ。そちら。そっち。万葉 二・一九九「霰なすーより来れば」訳（矢が）霰のようにそこから来るので。❷対称の人代名詞。目下の者に対して用いる。おまえ。なんじ。〔浄・丹波与作待夜小室節〕「まあまあーはけな者ぢゃ」訳 まずまずおまえは殊勝な人間だ。参考 ②は、中世以降に用いられる。

そ-ちん【訴陳】（名）「そぢん」とも。原告と被告がそれぞれ申し立てること。訴訟を起こすこと。訴状と陳状。

そつ【帥】（名）「そち(帥)」に同じ。

そつ-じ【卒爾・率爾】（名・形動ナリ）❶にわかなさま。だしぬけのこと。突然なさま。徒然 一五七「ー・に(用)して多年の非を改むることもあり」訳（経文を読み）たちまちにして長年の間違いを改めることもある。❷軽率なさま。軽はずみ。〔謡・望月〕「このよし聞こしめされ、ーのふるまひとやおぼしめしけん」訳 この次第を(将軍が)お聞きになって、軽はずみなふるまいだと思いなさっただろうか。❸失礼。無礼。〔浄・仮名手本忠臣蔵〕「何の遺恨も候はねば、ーいたさんやうもなし」訳 何の恨みもございませんので、無礼をいたそう(という)気もない(のです)。

そで【袖】（名）❶着物の、両腕をおおう部分。古くは筒袖であったが、袖の形が変わるにつれ、たもとをいうようになった。源氏 松風「寄する波に添へてーぬれがちなり」訳 寄せてくる波に(わが身を)ひきくらべて、(涙に)袖がぬれがちである。❷牛車や輿などの前後の出入り口の左右の張り出した部分。前のほうを前袖、うしろのを後袖といい、袖の内面を裏または内、外面を袖表という。〔栄花〕ひかげのかづら「ーには置き口にて蒔絵をしたり」訳（牛車の）出入り口の張り出しは飾りつきの縁にして蒔絵を施してある。⇨巻頭カラーページ19 ❸鎧の、肩からひじをおおう部分。平家 七・維盛都落「若公・姫君走り出でて、父(＝維盛)の鎧のー、草摺りに取りつき(＝しがみつき)」

そで-うち-あは・す【袖打ち合はす】着物の袖をかき合わせる。相手に対してかしこまる気持ちを表す。枕 七六「塀のかたにうしろおして、ー・せ(用)て立ちたるこそをかしけれ」訳（六位の蔵人が）塀のほうに背中を押しつけて、袖をかき合わせて立っているのは(つつしみ深いようすで)趣がある。

そで-がち【袖がち】（形動ナリ）{なら・なり(に)・なり・なる・なれ・なれ}袖が大きく目立つさま。枕 一五一「みじかきがー・なる(体)着てありくも、みなうつくし」訳（赤ん坊が）たけの短い着物で袖ばかり目立っているのを着て這いまわるのも、みなかわいらしい。

そで-かへ・す【袖返す】（他サ四）{さ・し・す・す・せ・せ}❶袖を裏返しにする。寝るときに行えば、思う人を夢に見ると信じられた。万葉 一七・三九七八「敷栲のー・し(用)つつ寝る夜落ちず夢には見れど」訳 袖を折り返しては寝る夜ごとに、欠かさず(妻を)夢には見るが。(「敷栲の」は「袖」にかかる枕詞) ❷袖をひるがえす。源氏 花宴「ー・す(体)所を一をれ気色ばかり舞ひ給へるに」訳（光源氏が春鶯囀という舞の）袖をひるがえすところを一段、ほんの形だけお舞いになったところ。

そで-ぐち【袖口】（名）着物の袖のはしで、手首の出るところ。多くは、殿中や牛車の簾の下から出された女官の衣の袖口をいう。[源氏] 初音「いたくゐ隠れて、―ばかりぞ色異なるしもなつかしければ」[訳](空蟬は几帳にすっかりからだが隠れ(るようにし)て座って、袖口だけは(几帳と)色が違っているのも(光源氏は)心ひかれるので。

そで-に-あま・る【袖に余る】涙が流れて、袖に包みきれずにこぼれる。〔千載〕恋二「人目をば包むと思ふにせきかねて―・る㊍は涙なりけり」[訳] 人の見る目から包み隠そうと思うのに、せきとめることができず流れて袖からこぼれるのは涙であることだ。⇩潮垂る「慣用表現」

そで-に-す【袖にす】おろそかに扱う。〔浄・堀川波鼓〕「いとしきわが夫を―・し㊊ての不義ではなし」

そで-の-こほり【袖の氷】涙にぬれた袖が凍ること。悲しみに閉ざされた心のたとえ。[源氏] 真木柱「よそにても、思ひだにおこせ給はば、―も溶けなむかし」[訳](あなた=鬚黒は)よそにいても、(私=北の方に)思いを寄せてさえくださるなら、涙に凍った袖もとけてしまうだろうよ。

そで-の-しがらみ【袖の柵】涙を押さえる袖を、流れをせき止める柵に見たてた語。[源氏] 幻「まして、―せきあへぬまであはれに」[訳] まして袖のしがらみも(涙を)せき止めることができないほどしみじみと悲しく。

そで-の-しづく【袖の雫】袖にかかる涙。〔和泉式部日記〕「―さへあはれに、めづらかなり」[訳] 袖にかかる涙までがしみじみとして、(いつもの涙とは)違う感じである。⇩潮垂る「慣用表現」

そで-の-つゆ【袖の露】(袖に置く露の意から)袖にかかる悲しみの涙。[新古] 秋上「暮れかかるむなしき空の秋を見ておぼえずたまる―かな」[訳] 暮れかける虚空の秋(のけはい)を見て、思わず(知らないうちに)たまる袖にかかる涙であるよ。⇩潮垂る「慣用表現」

そで-の-わかれ【袖の別れ】袖を重ね合って共寝した男女が袖を解き放して別れること。[万葉] 一二・三一八二「白栲の―は惜しけども思ひ乱れてゆるしつるかも」[訳] 袖を解いて別れるのは惜しいけれども、(私は)思い乱れて行かせてしまったことだ。(「白栲の」は「袖」にかかる枕詞)。⇩飽かぬ別れ「慣用表現」

そでひちて… [和歌]

> 袖ひちて むすびし水の こほれるを
> 春立つけふの 風やとくらむ
> 〈古今・一・春上・二・紀貫之〉

[訳](夏には)袖が濡れて、(そんなふうにして)手ですくった水が(冬になって)凍っていたのを、立春の今日の風がとかしているだろうか。

[解説]「ひちて」は「水に濡れる状態で」の意。「礼記」の「孟春の月、東風氷を解く」をふまえ、水の変化に季節の推移をとらえて立春の喜びを歌ったもの。

そで-ふくりん【袖覆輪】(名)(着物の)袖口がすり切れるのを防ぐために、別の布でくるんだり裏地を表に縫い返したりした部分。

そで-ふり-あふ-も-たしゃう-の-えん【袖触り合ふも他生の縁】《仏教語》道行く見知らぬ人と袖が触れ合う程度のわずかなつながりも、みな前世からの因縁によるものである、の意。どんなに小さな出来事もそれぞれ宿縁があってのことであるということ。[参考]「触り合ふ」は「振り合ふ」とも書く。「他生」は「多生」の誤用ともいう。

そで-ふ・る【袖振る】❶合図として、または別れを惜しんで、袖を振る。[万葉] 一・二〇「あかねさす紫野行き標野行き野守は見ずや君が―・る㊍」[訳] →あかねさす…[和歌]。⇩目くはす「慣用表現」
❷袖を振って舞う。

そで-を-しぼ・る【袖を絞る】涙に濡れた袖をしぼる。涙をひどく流す。〔後拾遺〕恋四「契りきなかたみに―・り㊊つつ末の松山波越さじとは」[訳] →ちぎりきな…[和歌]。⇩潮垂る「慣用表現」

そで-を-ぬら・す【袖を濡らす】(涙で袖を濡らす意から)泣く。[蜻蛉] 中「思ひ知りたる人は、―・さ㊌ぬといふたぐひなし」[訳](人情を)身にしみて知っている人は、泣いて袖を濡らさないという人はいない。⇩潮垂る「慣用表現」

そと【外】(名)❶外部。戸外。[枕] 三六「―のかたに髪のうちたたなはりてゆるらかなる程、長さおしはかられたるに」[訳](かぶった着物の)外のほうに髪の毛が重なり合ってゆったりと出ている具合から、(髪の)長さは推量されたが。❷(仏教を「内」というのに対して)儒教。[参考]「そと」は、中古以前にはほとんど用例がなく、多く「と」が用いられた。

そ-と(副)❶そっと。こっそりと。〔狂・釣狐〕「よいついででござるによって、―見ようと存ずる」[訳] よい機会でありますので、こっそり見ようと存じます。❷ちょっと。すこし。〔謡・熊野〕「便なう候へども、―見参に入れ候ふべし」[訳] 恐縮ですが、ちょっとお目にかけましょう。

そとば【卒塔婆・卒都婆】(名)《梵語の音訳》❶仏舎利(=仏骨)の安置や、供養・報恩のために建てる五輪の塔や石塔。塔婆。❷死者を供養するために、墓のうしろに立てる塔形の細長い板。表に梵字や経文などを記す。塔婆。[徒然] 三〇「さるべき日ばかり詣でつつ見れば、ほどなく―も苔むし」[訳] 墓参するはずの日(=命日など)にだけお参りしては見ると、間もなく石塔にも苔が生え。

(そとば②)

衣通姫(そとほりひめ)《人名》「古事記」「日本書紀」に見られる伝説上の美女。「日本書紀」では、第十九代允恭天皇の妃。名は弟姫。

発展「衣通姫」という名前

衣通姫は「古事記」「日本書紀」の時代の美女である。「古事記」の允恭天皇の条の注記に「其の身の光、衣より通り出づればなり」とあり、その肌の美しさが衣服を通して照り輝くからこの名で呼ばれていたという。かぐや姫や光源氏より前から、古代人が光り輝く美しさを好んでいたとわかる。

そと-も(名)❶【背面】〔「背つ面」の転。日光のさす南面に対して、その背面の意〕北。北側。[万葉] 一・五二

「耳成の青菅山は―の大き御門に宜しなへ神さび立てり」訳 耳成の青々とした菅の山は、北側のりっぱなご門のほうによい姿で神々しく立っている。↔影面
❷【外面】外側。家の外。新古 夏「我が宿の―に立てる楢の葉の繁みに涼む夏は来にけり」訳 わが家の外側に立っている楢の木の葉の茂み(の下)で涼をとる夏は(いよいよ)やってきたことだ。

そなた【其方】(代)❶中称の指示代名詞。**そちら。そっち。**その方面。源氏 空蟬「戸放ちつる童も―に入りて臥しぬれば」訳 (小君のために)妻戸を開けた(女の)子も、そちら(=東廂)に入って寝てしまったので。
❷対称の人代名詞。**あなた。おまえ。**〔浄・冥途の飛脚〕「我も―のおふくろに、聟ぢゃというて逢ひたい」訳 私もおまえの母親に、(私が)婿だと言って会いたい。
参考 ②は①から派生。中世では軽い敬意のある語であったが、近世中期以降は敬意を失って、対等以下の相手に用いられた。

そなた‐ざま【其方様】(代)そちらのほう。そちらの方面。枕 三三「いつしか返りごと聞かむと、あるかぎり、おとな上達部まで、みな―に見やり給へり」訳 早く返事を聞こうと、その場にいる者すべて、年輩の上達部までが、皆そちらのほうに目を向けなさった。

そなは‐る【備はる・具はる】(ソナワル)一(自ラ四){ら・り・る・る・れ・れ}❶十分にそろい、整っている。具備する。〔狭衣物語〕「三十二相も、よく―り用給ひて」訳 (源氏の宮は)三十二相(=仏が身に備えているという三十二種のすぐれた姿・形)も、よく備わっていらっしゃって。
❷その地位につく。平家 六・入道死去「武官に―り用、弓箭に携はらん人々は」訳 武官の地位につき、いくさにかかわるような人々は。
二(自ラ下二){れ・れ・る・るる・るれ・れよ}二 ①に同じ。〔後拾遺〕哀傷「―れ用し玉の小櫛をさしながらあはれ悲しき秋にあひぬる」訳 十分に整った美しい櫛を(ご主人の妍子様の御髪に)さしたままで、ああ(あなたはご主人様と死別するという)悲しい秋にめぐりあってしまったことだ。

そな‐ふ(ソナウ)(他ハ下二){へ・へ・ふ・ふる・ふれ・へよ}❶【備ふ・具ふ】ア十分にそろえ、整える。人員をそろえる。〔紀〕神代「夫の品の物悉に―へ用て」訳 それらのいろいろな物を全部そろえて。イ身につける。〔拾遺〕哀傷「三十余り二つの姿―へ用たる昔の人の踏める跡ぞこれ」訳 三十二相(=仏が備えているという三十二種のすぐれた姿・形)を身に備えた昔の人(=釈迦)の踏んだ跡なのだ、これ(=仏足石)は。
❷【供ふ】神仏や貴人などに、物を調えて差し上げる。〔祝詞〕「御年の皇神の前に、…種々の色物を―へ用まつりて」訳 御みのりをつかさどる皇祖神の前に、…いろいろな色の織物を供え申しあげて。

そ‐な‐る【磯馴る】(自ラ下二){れ・れ・る・るる・るれ・れよ}〔「そ」は「磯」の転〕❶海辺の木の枝や幹が潮風のために、傾いて生える。転じて、そこの風土に順応する。〔山家集〕「荒磯の波に―れ用て(=地面に低く傾いて)這ふ松は」
❷なじむ。見慣れる。源氏 松風「浅はかなる語らひだに、見なれ―れ用て別るるほどはただならざめるを」訳 浅い男女の仲でさえ、親しく交わりなじんで別れる折は(悲しさが)並々でないようだから。

そ‐ね(終助)《上代語》〔禁止の終助詞「そ」に、他に対する願望の終助詞「ね」の付いたもの〕「な…そね」の形で、懇願する気持ちをこめた禁止を表す。…してほしくない。…しないでほしい。万葉 二・二三一「高円の野辺の秋萩な散り**そね**君が形見に見つつ偲はむ」訳 高円山の野辺の秋萩の花よ、どうか散らないでおくれ。(亡き)皇子の形見として見ては偲ぼう。→そ(終助)

曾根崎心中(ソネザキシンジュウ)〘作品名〙江戸中期の世話物浄瑠璃。近松門左衛門作。元禄十六年(一七〇三)大坂竹本座初演。大坂の醬油屋平野屋の手代徳兵衛と天満屋の遊女お初が、曾根崎天神の森で情死した事件を脚色したもの。近松の世話物・心中物の第一作。

曽禰好忠〘人名〙(生没年未詳)平安中期の歌人。丹後の掾だったので、曾丹後または曾丹と呼ばれた。「古今集」以来の型を破った清新な歌風で、和歌史上に特異な地位を占める。「小倉百人一首」に入集。家集「好忠集」

そねみ【嫉み】(名)ねたみ。嫉妬。源氏 桐壺「人の―深くつもり、安からぬこと多くなりそひ侍りつるに」訳 (他の人々(=女御・更衣たち)の嫉妬が深く積もり、(桐壺の更衣は)不安なことが多くなり加わりましたために。

そね‐む【嫉む・妬む】(他マ四){ま・み・む・む・め・め}うらやんで憎く思う。ねたむ。源氏 桐壺「はじめよりわれはと思ひあがり給へる御かたがた、めざましき者におとしめ―み用給ふ」訳 (入内の当初から私こそは(天皇のご寵愛を得ることができるのだと自負していらっしゃった(女御の)御方々は、(桐壺の更衣を)気にくわない者として軽蔑しねたみなさる。

その【園・苑】(名)❶野菜・果樹・草花などを植えるためのひと囲いの土地。庭園。「そのふ」とも。万葉 一九・四一三九「春の―紅にほふ桃の花下照る道に出で立つをとめ」訳 →はるのその…和歌
❷物事の行われる場所。

そ‐の【其の】❶話し手から少し離れた事物・人をさしていう語。〔記〕上「八雲立つ出雲八重垣妻ごみに八重垣つくる―八重垣を」訳 →やくもたつ…歌謡
❷すでに話題にのぼった事物・人をさしていう語。万葉 一・二五「時なくそ雪は降りける間なくそ雨は降りける―雪の時なきがごと―雨の間なきがごとく」訳 いつも雪が降っていた。絶え間なく雨が降っていた。その雪がいつも降るように、その雨が絶え間なく降るように。
❸(多く下に打消の表現を伴って)不定の事物・人をさし示す語。**なんの。どの。**新古 春下「花は散り―色となくながむればむなしき空に春雨ぞ降る」訳 →はなはちり…和歌
❹わざとはっきりその名を言わずに事物・人をさし示す語。**なになにの。**枕 三三「―月、何の折、―人のよみたる歌はいかに」訳 なん月、なになにの時に、だれそれの人が詠んだ歌はどう(いう歌)か。
なりたち 代名詞「其」+格助詞「の」

そ‐の‐かみ【其の上】(名)❶**その当時。**その折。源氏 宿木「―はほかほかに侍り

て、くはしくも見給へ馴れざりき」訳 その当時は(中将の君と私=弁の尼は)別々におりまして、親しくもお付き合いさせていただくことはなかった。文法「給へ」は、下二段活用の謙譲の補助動詞「給ふ」の連用形。

❷過去。昔。細道 日光「―この御山を二荒山と書きしを、空海大師開基の時、日光と改め給ふ」訳 昔この御山を二荒山と書いたのを、空海大師が寺創建のとき、日光と改めなさる。(実際には二荒山の開基は勝道上人)。⇨古へ「慣用表現」

そ-の-こと-と-な-し【其の事と無し】❶別になんということもない。これという理由や目的もない。徒然 三二「ただ―・く(用)て取り出でたる、いとよし」訳(客人のもてなしは)ただなんということもなくて(ごちそうを)持ち出したのが、実によい。

❷特定のことに限らない。何事につけても。徒然 九九「堀川相国は、……―・く(用)過差を好み給ひけり」訳 堀川の太政大臣(=久我基具)は、…何事につけても分に過ぎたことをお好みになった。

なりたち 代名詞「其」+格助詞「の」+名詞「事」+格助詞「と」+形容詞「無し」

そ-の-こと-に-さうら-ふ【其の事に候ふ】「その事なり」の丁寧表現。応答に用いる。はい、そのことでございます。徒然 二三六「『―・ふ(終)。さがなきわらはべどもの仕りける、奇怪に候ふことなり』とて」訳(神官は)「はい、そのことでございます。いたずらな子供らがいたしたことで、けしからぬことです」と言って。

なりたち 代名詞「其」+格助詞「の」+名詞「事」+断定の助動詞「なり」の連用形「に」+補助動詞「候ふ」

そ-の-はう【其の方】(代)❶その方向。そちら。

❷対称の人代名詞。武士・僧などが目下の者に対していう。おまえ。浄・仮名手本忠臣蔵「思はずも(=思いがけなくも)―(=おまえ)が舅のかたき討ったるは」

そ-の-ひと【其の人】(名)❶すぐ前に述べた人をさしたり、故意に名を伏せていったりするときに用いる語。または氏素性が不明のときにいう語。だれだれ。だれそれ。徒然 三二「―、ほどなく失せにけりと聞き侍りし」訳 その人は、間もなく亡くなってしまったと聞きましたことよ。

❷その任に適した人。その身分の人。しかるべき人。枕 九九「むげに、かくては、―ならず」訳 まったく、こう(料理を召し上がらないのでは、その役目にふさわしい人(=客人)でない。

その-ふ【園生】(名)「その(園)①」に同じ。万葉 五・八六四「後れ居て長恋ひせずは御園生の梅の花にもならましものを」訳(梅の宴に参加できずに)あとに残っていて、長い間恋い慕っていないで、(あなたの)お庭の梅の花にでもなったらよかったのになあ。

そ-の-もの-と-な-し【其の物と無し】取り立てていうほどのものではない。枕 四〇「―・けれ(已)ど、やどり木といふ名、いとあはれなり」訳 取り立てていうほどのものではないが、寄生木という名前は、たいそうしみじみとした趣がある。⇨言ふ甲斐無し「慣用表現」

なりたち 代名詞「其」+格助詞「の」+名詞「物」+格助詞「と」+形容詞「無し」

そ-の-もの-と-も-な-し【其の物とも無し】なんともえたいが知れない。大鏡 道長上「宴の松原のほどに―・き(体)声どもの聞こゆるに」訳(大内裏の宴の松原(=宜秋門の外の広場)のあたりになんともえたいの知れない声がいろいろ聞こえるので。

なりたち 代名詞「其」+格助詞「の」+名詞「物」+格助詞「と」+係助詞「も」+形容詞「無し」

そは【岨】(名)〔近世以降は「そば」とも〕山の険しい所。がけ。平家 九・越中前司最期「山の―より寄せける児玉党使者をたてまつって」訳 山のがけより押し寄せた児玉の一党は使者を差し出して。

そ-は【其は】━それは。枕 一三七「まことに、―知らじを」訳 ほんとうに、そんなことは知らないだろうなあ。

なりたち 代名詞「其」+係助詞「は」

━(感)それ。今昔 二六・三八「『―、引けとあんなるは』と言ひて、絡り上ぐるに」訳「それ、引けと言っているようだぞ」と言って、(縄を)たぐり上げると。

そば【稜】(名)❶物のかど。宇治 六・五「石の―の、折敷の広さにて、さし出でたるかたそばに尻をかけて」訳 石のかどが、盆(ほど)の広さで、突き出ている片端に(男は)尻をかけて。

❷袴の左右の脇のあいている部分。ももだち。平家 二・先帝身投「練り袴の―高くはさみ」訳 練り絹の袴のももだちを高く(帯に)はさみ。

ぞ-は(疑問を表す語を受けて)感動をもって強調する意を表す。…だろうかなあ。…だねえ。源氏 竹河「あはれてふ常ならぬ世の一言もいかなる人にかくるもの―」訳「あわれ」という、この変わりやすい世の中の一言を、どんな人に言いかけたらよいのだろうねえ。

なりたち 係助詞「ぞ」+係助詞「は」

接続 体言、活用語の連体形などに付く。

そば-ざま【側方】(名)かたわら。側面。横のほう。宇治 二・七「―に向きて鼻をひるほどに」訳(童が)横のほうに向いてくしゃみをしたところ。

そば-そば【側側・端端】(名)はしばし。所々。源氏 行幸「その頃ほひ聞きしことの、―思ひ出でらるるは、ひが事にやあらむ」訳 その時分に聞いたことのはしばしが自然に思い出されるのは、(あるいは)記憶違いであろうか。

そばそば-し【稜稜し】(形シク)〔しから・しく(しかり)・し・しき(しかる)・しけれ・しかれ〕❶かどばっている。かどかどしい。うつほ 菊の宴「優婆塞がおこなふ山の椎がもとあな―・し(終)床にしあらねば」訳 優婆塞(=在俗のまま仏門に入った男)が修行する山の椎の木の下は、ああ、かどばっているよ、寝床ではないから。文法「床にし」の「し」は、強意の副助詞。

❷よそよそしい。親しくない。源氏 桐壺「弘徽殿の女御、また、この宮とも御なか―・しき(体)ゆゑ」訳 弘徽殿の女御は、またこの宮(=藤壺)とも御仲が親しくないため。

そば-だ-つ【峙つ・欹つ】「そばたつ」とも。━(自タ四)〔た・ち・つ・つ・て・て〕❶そびえ立つ。高くそびえる。今昔 二一・一三「さまざまの―・て(已)る石どもあり」訳 いろいろな(形で)そびえ立っている岩々がある。

❷(恐れや怒りのため髪の毛が)上向きに立つ。さか立つ。雨月 吉備津の釜「髪も生毛もことごとく―・ち(用)て、しばらくは死に入りたり」訳(恐ろしさに)髪の毛もうぶ毛もみなさか立って、しばらくの間は気を失っていた。

━(他タ下二)〔て・て・つ・つる・つれ・てよ〕❶そびえ立たせる。また、一方の端をもちあげる。斜めにする。源氏 須磨「ひとり目をさまして、枕を―・て(用)て四方の嵐を聞き給ふに」[訳](光源氏は)ひとり目をさまして、(寝床の中で)枕を斜めに高くして辺りを吹きすさぶ風(の音)をお聞きになると。⇩此処許「名文解説」
❷(聞き耳を)立てる。(耳を)すます。[著聞]一四〇「人々耳を―・て(用)て」[訳]人々は聞き耳を立てて。

そば-つき【側付き】(名)はたから見たようす。外観。[源氏]帚木「―さればみたるも、げにかうもしつべかりけりと」[訳](指物師が作った細工の)外観がしゃれているのも、なるほどこんなふうにも作れたのだなあと。

そば-ひら【側平】(名)そば。かたわら。[竹取]蓬萊の玉の枝「その山の―をめぐれば、世の中になき花の木ども立てり」[訳]その山のかたわらを回ると、この世の中には見られない花の木がいろいろ立っている。

そば・ふ【戯ふ】(自ハ下二){へ・へ・ふ・ふる・ふれ・へよ}[後世「そばゆ」とも]ふざける。戯れる。[枕]三九「―・へ(用)たる小舎人童などに、ひきはられて泣くもをかし」[訳]ふざけあっている召使の少年などに、(女の子たちが袂を)引っぱられて泣くのもおもしろい。

そば・む【側む】㊀(自マ四){ま・み・む・む・め・め}❶横向きになる。わきに寄る。[源氏]野分「柱がくれに少し―・み(用)給へりつるを」[訳](玉鬘が)柱の陰に隠れて少し横を向いていらっしゃったのを。
❷ひがむ。すねる。[源氏]蛍「何やかやとも―・み(用)聞こえ給はで」[訳](花散里は)なにやかやともおすね申しあげなさらないで。
❸かたよる。[源氏]梅枝「歌もことさらめき、―・み(用)たる古言どもを選りて」[訳](蛍兵部卿の宮は)歌もわざとらしく、かたよった古歌のいくつかを選んで。
㊁(他マ下二){め・め・む・むる・むれ・めよ}❶片寄せる。わきに寄せる。〔古活字本平治物語〕「弓をひらめ、矢を―・め(用)て通し奉る」[訳](武士たちは)弓を伏せ、矢をわきに寄せて(光頼を)お通し申しあげる。
❷(目を)そらせる。[源氏]桐壺「上達部、上人などもあいなく目を―・め(用)つつ」[訳]公卿や殿上人なども、それぞれおもしろくなく目をそらして。

そば-む・く【側向く】(自カ四){か・き・く・く・け・け}横を向く。わきを向く。[堤]はいずみ「来れば、さりげなくて、うち―・き(用)てゐたり」[訳](男が)来るので、(女は、泣いた)そぶりもみせないで、ちょっと横を向いて座っている。

そば-め【側目】(名)❶横から見ること。横目。[源氏]末摘花「この文を広げながら、端に手習ひすさび給ふを、―に見れば」[訳](光源氏が)この手紙を広げたまま、その端に気ままに落書きなさるのを、(命婦が)横目で見ると。
❷横から見える姿やかたち。横顔。[源氏]若菜上「髪のかかり給へる―、言ひ知らずあてにらうたげなり」[訳](女三の宮の)髪のかかっていらっしゃる横顔は、言いようもなく上品でかわいらしい感じである。

そば・ゆ【戯ゆ】(自ヤ下二){え・え・ゆ・ゆる・ゆれ・えよ}「そばふ」に同じ。

そば-よ・す【側寄す】(他サ下二){せ・せ・す・する・すれ・せよ}そばへ身を寄せる。[枕]七六「遣り戸のもとなどに、―・せ(用)てはえ立たで」[訳](女房の部屋の)引き戸の戸口などに、身を寄せては立つことができなくて。

そは・る【添はる】(自ラ四){ら・り・る・る・れ・れ}増し加わる。添う。[源氏]澪標「なかなかもの思ひ―・り(用)て、明け暮れくちをしき身を思ひ嘆く」[訳](明石の君は光源氏を見たため)かえって物思いが加わって、明けても暮れても情けないわが身を思い嘆息する。

そび・く【聳く】㊀(自カ四){か・き・く・く・け・け}❶高くそびえる。❷(雲・霞などが)たなびく。空にかかる。[今昔]七・一二「黒雲空に―・き(用)て甘露の雨降る事、すでに国内に満てり」[訳]黒雲が空にかかって甘露の雨が降ることが、いまや国中にいっぱいになった。
㊁(他カ下二){け・け・く・くる・くれ・けよ}高くかかげる。ひるがえす。〔霊異記〕「簾を―・け(用)て問ひ告り給はく」[訳]簾を高くかかげて尋ねておっしゃることには。

そひ-つ・く【添ひ付く】(自カ四){か・き・く・く・け・け}寄り添う。そばへ寄る。[枕]一〇四「ゐざり入らせ給ひぬれば、やがて御屏風に―・き(用)てのぞくを」[訳](中宮が)座ったまま膝で(部屋に)お入りになられたので、そのまま(私も)御屏風に寄り添ってのぞくのを。

そひ-ぶし【添ひ臥し】(名)❶そばに寝ること。また、その人。添い寝。[源氏]紅葉賀「殿の内の人々もあやしと思ひけれど、いとかう世づかぬ御―ならむとは思はざりけり」[訳]邸内の人々も変だと思ったが、まったくこのように世間なみでない(=男女関係のない)(光源氏と紫の上との)御添い寝であろうとは思わなかったのだった。
❷東宮・皇子などの元服の夜、女性が添い寝すること。また、その女性。公卿の娘などが選ばれた。[大鏡]兼家「三条院の東宮にて御元服せさせたまふ夜の御―にまゐらせ給ひて」[訳]三条院が皇太子で御元服なさる夜の御添い臥しに(綏子が)ご参上なされて。

そひ-ふ・す【添ひ臥す】(自サ四){さ・し・す・す・せ・せ}❶寄り添って寝る。添い寝する。[源氏]夕顔「―・し(用)て、『やや』とおどろかし給へど」[訳](光源氏が気を失っている夕顔に)寄り添って寝て、「これこれ」とお起こしになるけれども。
❷物に寄りかかる。[源氏]澪標「帳の東面に―・し(用)給へるぞ宮ならむかし」[訳]帳台の東側に物に寄りかかっていらっしゃるのがきっと斎宮であろうよ。

そひ-み・る【添ひ見る】(他マ上一){み・み・みる・みる・みれ・みよ}いっしょに暮らす。[徒然]一九〇「いかなる女なりとも、明け暮れ―・み(未)んには、いと心づきなく、憎かりなん」[訳]どんな女であっても、毎日いっしょに暮らしたらそのときには、ひどく不愉快で、きっと憎いことだろう。

そび-やか【聳やか】(形動ナリ){なら・なり(に)・なり・なる・なれ・なれ}[「やか」は接尾語]体つきが細く、すらりとしたさま。[源氏]竹河「いと―・に(用)なまめかしう澄みたるさまして」[訳](中の君は)たいそうすらりとして優美で落ち着いたようすで。

そび・ゆ【聳ゆ】(自ヤ下二){え・え・ゆ・ゆる・ゆれ・えよ}❶高く立つ。そびえる。[平家]一〇・熊野参詣「巌松たかく―・え(用)て」[訳]巨岩の上に生えた松が高くそびえて。
❷背が高くすらりとしている。[源氏]明石「人ざまいとあてに―・え(用)て、心恥づかしきけはひぞしたる」[訳](明石の君の)人柄はたいそう上品で背が高くすらりとしていて、こちらが気恥ずかしくなるようなものごしをしている。

そ-びら【背】(名)[「背平」の意]背中。うしろ。〔記〕上「―には千入の靫を負ひ」[訳]背中には矢がたくさん入る矢入れを背負い。

そひ-ゐる【添ひ居る】(自ワ上一){ゐ・ゐ・ゐる・ゐる・ゐれ・ゐよ}そばについている。つき添う。寄り添う。連れ添う。[徒然]一九〇

「異なることなき女をよしと思ひ定めてこそ―・ゐ(用)たらめと」[訳] 取り柄もない女をすばらしいと思いこんで連れ添っているのであろうと。

そ・ふ ソウ【添ふ・副ふ】■一(自ハ四)〔は・ひ・ふ・ふ・へ・へ〕❶**つけ加わる。** さらに備わる。[源氏] 桐壺「あさましううつくしげさ―・ひ(用)給へり」[訳] (元服した光源氏は)驚くほど愛らしい感じが加わりなさった。❷**そばに寄りついている。つき従う。** つき添う。[源氏] 桐壺「かくいまいましき身の―・ひ(用)奉らむもいと人聞き憂かるべし」[訳] このように(娘に先立たれた)不吉な私が(若宮=光源氏に)おつき添い申しあげるならそれも、はなはだ外聞が悪いにちがいない。[文法]「奉らむも」の「む」は、仮定・婉曲の助動詞。❸**夫婦として連れ添う。**〔閑吟集〕「たれになりとも―・う(用)(ウ音便)てみよ」[訳] だれにであっても連れ添ってみよ。

■二(自ハ下二)〔へ・へ・ふ・ふる・ふれ・へよ〕(「年(月・日)にそへて」の形で)**伴う。** [源氏] 橋姫「年月に―・へ(用)て宮の内ものさびしくのみなりまさる」[訳] 年月(の経つの)に伴って、(八の宮の)邸内はますますうらさびしくなるばかりである。

■三(他ハ下二)〔へ・へ・ふ・ふる・ふれ・へよ〕❶**つけ加える。** さらに備える。[徒然] 一七五「月の夜、雪の朝、花の本にても、心のどかに物語して、杯出だしたる、万の興を―・ふる(体)わざなり」[訳] (秋の)月の夜、(冬の)雪の朝、(春の)花の下でも、心もゆったりと話をして、杯をとり出して(飲んで)いるのは、いろいろの感興をつけ加える行為である。❷**つき従わせる。** [大鏡] 花山院「いみじき源氏の武者たちをこそ、御送りに―・へ(未)られたりけれ」[訳] (兼家はすぐれた源氏の武士たちを、(花山天皇の)お見送りに(警護として)つき従わせなさったのであった。❸**なぞらえる。** たとえる。[万葉] 八・一六四二「たな霧らひ雪も降らぬか梅の花咲かぬが代に―・へ(用)てだに見む」[訳] 空一面に曇って雪でも降らないかなあ。梅の花が咲かないのの代わりに、せめて梅になぞらえて見たいものだ。

そへ-うた ソエ―【諷歌】(名)和歌の六義の一つ。ある物事にこと寄せて、思う心を詠んだ歌。寄せ歌。諷喩・諷刺の歌。→六義②

そへ-ごと ソエ―【諷言・添へ言】(名)「そへこと」とも。他のものにことよせて言う軽口。機知に富んだ言い回し。[枕] 八七「『男やある』『いづくにか住む』など口々問ふに、をかしき言、―などをすれば」[訳] (若い女房たちが)「夫はいるの」「どこに住んでいるの」など口々に尋ねると、(女法師が)おもしろいことや軽口などを言うので。

そへ-ぢ ソエ―【添へ乳】(名)乳児に添い寝して乳を飲ませること。「そひぢ」とも。〔おらが春〕一茶「蚤のあとかぞへながらに―かな」[訳] (赤ん坊の肌に残っている)蚤に食われたあとを数えながら、母親は添い寝をして乳を飲ませていることだ。

そほ ソオ【赭・朱】(名)《上代語》塗料に用いた赤い粘土。また、その色。[万葉] 一四・三五六〇「真金吹く丹生の真―の色に出て言はなくのみそ吾が恋ふらくは」[訳] 金を精錬する丹生(=地名)の赤土のように、顔色に出して言わないだけだ。私の恋する気持ちは。(第二句までは「色に出て」を導きだす序詞)

そほ-づ ソオズ【案山子】(名)「そほど」とも。かかし。[古今] 雑体「あしひきの山田の―おのれさへ我を欲しといふうれはしきこと」[訳] 山田に立つかかしよ。おまえまでが私を(妻に)欲しいと言う。(どうも)困ったことだ。(「あしひきの」は「山」にかかる枕詞)

そぼ・つ【濡つ】(自タ四・上二)〔た・ち・つ・つ・て・て〕〔ち・ち・つ・つる・つれ・ちよ〕〔古くは「そほつ」「そほづ」か〕❶ぬれる。びしょびしょになる。[古今] 離別「かぎりなく思ふ涙に―・ち(用)ぬる袖は乾かじ会はむ日までに」[訳] (あなたを)どこまでも思って流す涙でぬれてしまったこの袖は、乾くまい、また会う日までに。❷雨などがしきりに降る。[蜻蛉] 上「初時雨曇りもあへず降り―・ち(用)」[訳] 初時雨が空を一面にくもらせることもなくしめやかに降りそそぎ。

そほ-ぶね ソオ―【赭舟】(名)赭(=塗料用の赤い粘土)で塗った舟。[万葉] 三・二七〇「旅にして物恋しきに山下の赤の―沖を漕ぐ見ゆ」[訳] →たびにして…[和歌]

そぼ-ふ・る【そぼ降る】(自ラ四)〔ら・り・る・る・れ・れ〕「そほふる」とも。雨がしとしとと降る。[伊勢] 八〇「三月のつごもりに、その日雨―・る(体)に」[訳] 陰暦三月の月末に、その日は雨がしとしとと降るところに。

そぼ・る【戯る】(自ラ下二)〔れ・れ・る・るる・るれ・れよ〕❶たわむれる。ふざける。[源氏] 空蟬「いよいよ誇りかにうちとけて、笑ひなど―・るれ(已)ば」[訳] (軒端の荻は)ますます得意そうに気を許して、笑ったりしてふざけるので。❷しゃれる。[源氏] 梅枝「今の世の上手にはおはすれど、あまり―・れ(用)て癖ぞ添ひためる」[訳] (朧月夜は)現在の(書の)名手ではいらっしゃるけれども、あまりにしゃれていて、(筆跡に)癖もつけ加わっているようだ。

そま【杣】(名)❶「杣山」の略。[万葉] 一一・二六四五「宮材引く泉の―に立つ民の休む時なく恋ひ渡るかも」[訳] 宮殿造営用の材木を引き出す泉(=地名)の杣山で立ち働く民のように、休む時もなく(あなたを)恋しつづけることよ。(第三句までは「休む時なく」を導きだす序詞)❷「杣木」の略。杣山から切り出した材木。❸「杣人」の略。

そま-いり【杣入り】(名)材木を伐採するために杣山にはいること。

そま-びと【杣人】(名)きこり。杣。[万葉] 七・一三五五「真木柱つくる―いささめに仮廬のためと造りけめやも」[訳] りっぱな柱をつくるきこりは、いいかげんに、仮小屋をつくるためと思って(柱を)つくったのであろうか。[文法]「けめ」は、過去推量の助動詞「けむ」の已然形。

そま-やま【杣山】(名)植林し、材木を切り出す山。杣。[今昔] 一〇・一二「この人、道を行く間、一の―を通る」

-そ・む【初む】(接尾マ下二型)(動詞の連用形に付いて)「…しはじめる」「はじめて…する」の意を表す動詞をつくる。[古今] 秋下「咲き―・め(用)し宿し変はれば菊の花色さへにこそ移ろひにけれ」[訳] 咲きはじめた家が変わったので(=よその家の庭に移し植えたので)、菊の花は色までもまあ変わってしまったことだ。

【例語】相見初む(=互いに恋心をいだきはじめる)・言ひ初む・生ひ初む・思ひ初む・聞き初む・来初む・恋ひ初む・知り初む・馴れ初む・開け初む(=咲きはじめる)・見初む・乱れ初む・見馴れ初む(=馴れ親しみはじめる)・もみぢ初む(=葉が色づきはじめる)

そ・む【染む】■一(自マ四)〔ま・み・む・む・め・め〕❶**染まる。色づく。** しみ込んで色を出す。[古今] 雑体「きみがさす三笠(みかさ)の山のもみぢ葉の色神無月(かみなづき)時雨(しぐれ)の雨の—・め㊁るなりけり」訳三笠山の紅葉の色は陰暦十月の時雨の雨がしみ込んで色を出しているのだったよ。(「きみがさす」は「三笠」にかかる枕詞。「笠」と「時雨」とは縁語)

❷影響を受けて、感化される。なじむ。感染する。源氏若菜上「この世に—・み㊊たるほどの濁り深きにやあらむ」訳この俗世に染まっている間の濁り(=煩悩(ぼんのう)や迷い)が深いせいであろうか。

❸(心に)深く感じる。(心に)深くしみこむ。〔詞花〕春「白雲は立ちへだつれどくれなゐのうすはな桜こころにぞ—・む㊍」訳白雲は立ってへだてているが、紅の色の薄い桜の花が心に深くしみることだ。

■二(他マ下二){め・め・む・むる・むれ・めよ}❶染める。〔万葉〕一〇・一八四七「浅緑—・め㊊かけたりと見るまでに春の柳は萌(も)えにけるかも」訳浅緑の色に染めて掛けてあると見えるほどに、春の柳は芽吹いたことよ。

❷思い込む。心を深く寄せる。傾ける。古今春上「心ざし深く—・め㊊てし居(を)りければ消えあへぬ雪の花と見ゆらむ」訳心を深く寄せて(待って)いたので、消えきれない雪が花に見えているのであろう。文法「消えあへぬ」の「あへ」は補助動詞「敢(あ)ふ」の未然形。「あへず」で、「完全に…しきれない」の意となる。「雪の」の「の」は、主格を示す格助詞。

そ-むき【背き】(名)❶そむくこと。反対。源氏帚木「とかく言ひ侍りしを、—もせず」訳なにやかやと言いましたが、(指食いの女は)さからうこともせず。

❷出家すること。隠遁(いんとん)。源氏鈴虫「思ひなり給ひにし御世の—なれば」訳考えて(尼に)おなりになった(女三の宮の)俗世からの御出家なので。

❸うしろ。背面。〔夫木〕雑五「なきすみのふなせを過ぎて今見れば—にかすむあはの島山」訳(播磨(はりま)の)なきすみ(=地名)の船の泊まりを過ぎて今見ると、うしろにかすんで見える、阿波(あわ)の島の山よ。

そむき-ざま【背き様・背き状】(形動ナリ){なら・なり(に)・なり・なる・なれ・なれ}反対になっているさま。あべこべである。枕九五「ゆだけの片の身を縫ひつるが、—・なる㊍を見つけで、とぢめもしあへず」訳裄丈(ゆきたけ)(=着物の背縫いから袖口までの長さ)の片身を縫ったのが、裏表になっているのに気付かないで、縫い糸の結び目もきちんとしないで。

そむき-す・つ【背き捨つ】(他タ下二){て・て・つ・つる・つれ・てよ}世間に背く。俗世を捨て出家する。源氏夕霧「いかでこの髪剃(そ)りて、よろづ—・て㊍む」訳なんとかしてこの髪を剃って、万事俗世を捨て出家しよう。

そむ・く【背く】〔「背(そ)向く」の意〕■一(自カ四)■二(他カ下二)

> **語義パネル**
> ●重点義 背を向ける。うしろを向く。
> 顔がそちらの方向に向く意の自動詞「面(おも)向く」(カ四)、顔をそちらの方向に向かせる意の他動詞「面向く」(カ下二)の対義語。人に背を向けるのが■一③、この世に背を向けるのが■一④。
> ■一❶うしろを向く。背中を向ける。
> ❷従わない。反対する。さからう。
> ❸別れる。離れる。
> ❹世を捨てる。出家する。
> ■二❶うしろを向かせる。横のほうを向かせる。
> ❷離反する。

■一(自カ四){か・き・く・く・け・け}❶うしろを向く。背中を向ける。徒然二三六「獅子(しし)・狛犬(こまいぬ)、—・き㊊て、うしろさまに立ちたりければ」訳(拝殿の前に)獅子と狛犬が、背中を向け合って、うしろ向きに立っていたので。

❷従わない。反対する。さからう。平家五・都遷「この京を他国へ移さんとせさせ給ひしを、大臣公卿(くぎやう)、諸国の人民—・き㊊申ししかば」訳(平城(へいぜい)天皇がこの都を他国へ移そうとなされたのを、大臣や公卿(をはじめ)、諸国の人民が反対し申しあげたので。文法「させ給ひ」は、最高敬語。

❸別れる。離れる。源氏夢浮橋「御心ざし深かりける御仲を—・き㊊給ひて」訳(薫(かおる)との御情愛の深かった御仲だったのを(あなた(=浮舟(うきふね))は)お別れになって。

❹世を捨てる。出家する。源氏鈴虫「さして厭(いと)はしきことなき人の、さはやかに—・き㊊離るるもありがたう」訳これといって(この世に)いやなこともない人が、きれいさっぱりと出家して(俗世を)離れることもしにくく。⇩世を背く「慣用表現」

■二(他カ下二){け・け・く・くる・くれ・けよ}❶うしろを向かせる。横のほうを向かせる。源氏帚木「火ほのかに壁に—・け㊊」訳(灯台の)火を薄暗く壁(ぎわ)にうしろを向かせ(て置き)。

❷離反する。〔増鏡〕新島守「督(かみ)は日にそへて人にも—・け㊍られゆくに」訳(左衛門府(さえもんふ)の)督(=源頼家(よりいえ))は日のたつにつれて人にも離反されていくが。

そめ-がみ【染め紙】(名)(経は黄色や紺色に染めた紙に書いたことから)仏教の経典をいう、斎宮(さいぐう)の忌みことば。経。徒然二四「経(きやう)・仏(ほとけ)など忌(い)みて、中子(なかご)・—などいふなるもをかし」訳経や仏など(ということば)を避けはばかって、中子(=仏)・染め紙などと言うそうだがそれもおもしろい。

ぞめき【騒き】(名)〔古くは「そめき」〕❶浮かれ騒ぐこと。にぎわい。〔方丈〕二「むなしく春かへし、夏植うるいとなみありて、秋刈り冬収むる—はなし」訳(旱魃(かんばつ)・洪水などのため)むだに春に(田を)耕し、夏に(苗を)植える作業(だけ)があって、秋に(稲を)刈り冬に収穫するというにぎわいはない。

❷遊里をひやかしながら騒ぎ歩くこと。また、その人。

ぞ-め・く【騒く】(自カ四){か・き・く・く・け・け}〔古くは「そめく」〕群がり、浮かれ騒ぐ。また、遊里をひやかして歩く。〔浄・心中天の網島〕「桜橋から中町くんだりを—・い㊊(イ音便)たら」訳桜橋から中町くんだりをひやかして歩いたなら。

そめ-どの【染め殿】(名)❶宮中や貴族の家で、染め物をした所。

❷藤原良房(よしふさ)の邸宅。のちに清和天皇の離宮になった。また、良房をさす。古今墨滅歌・左注「水尾帝(みづのをのみかど)の—より粟田(あはた)へ移り給うける時によめる」訳水尾帝(=清和天皇)が染め殿より粟田院にお移りになったときに詠んだ歌。

そ-も【其も・抑】■一(前の語句を受けて)それも。徒然二三〇「思ひ出(い)でてしのぶ人あらん程こそあらめ、—またほどなくうせて」[訳](故人を)思い出してなつかしむ人がいるような間はよいであろうが、そんな人もまた間もなく世を去って。[文法]「あらん程」の「ん」は、仮定・婉曲の助動詞。係り結び「こそあらめ」は、ここは強調逆接となって下の文に続く。
[なりたち] 代名詞「其」＋係助詞「も」

■二(接)今まで述べた所を受け、次を説き起こす語。そもそも。それにしても。いったい。[徒然]五二「聞きしにも過ぎて、尊くこそおはしけれ。―、参りたる人ごとに山へ登りしは、何事かありけん」[訳](石清水八幡宮は)話に聞いていたのにもまさって、尊くいらっしゃった。それにしても、お参りに来ていた人々がみな山へ登ったのは、どんなことがあったのだろうか。

ぞ-も【上代は「そも」】(疑問の語とともに用いられて)いったい…なのだろうか。[古今]雑体「うちわたす遠方人にもの申すわれそのそこに白く咲けるは何の花―」[訳]ずっと見渡す(かなたの)遠くにいる人に私はお尋ね申しあげる。その、そこに白く咲いているのは、いったい何の花か。
[なりたち] 係助詞「ぞ」＋終助詞「も」
[接続] 体言、活用語の連体形、助詞などに付く。

ぞ-も【上代は「そも」】感動の気持ちをこめて強調する意を表す。「ぞ」に感動の加わったもの。[万葉]一三・三二六四「年わたるまでにも人はありといふをいつの間に―あが恋ひにける」[訳]一年を経過するまでも人はそのまま待つというのに、いつの間に、ああ、私はこんなに恋いこがれるようになってしまったことよ。
[なりたち] 係助詞「ぞ」＋係助詞「も」
[接続] 体言、活用語の連体形、助詞などに付く。

そ-もじ【其文字】(代)《女房詞》〔「もじ」は接尾語〕対称の人代名詞。そなた。あなた。おまえ。〔浄・仮名手本忠臣蔵〕「―もまた力弥殿の顔も見たかろ」

そも-そも【抑】■一(接)物事を説き起こすときや、文の初めに用いる語。**さて。いったい。**ところで。[平家]九・敦盛最期「―いかなる人にてまします候ふぞ」[訳](あなたは)いったいどのような人でいらっしゃいますか。
■二(名)〔■一の接続詞の転〕初め。起こり。〔浮・好色一代女〕「みづから―は賤しからず」[訳]私は本来(の素性)は下賤でない。

そも-や いったいまあ。それにしてもまあ。〔浮・世間胸算用〕「―、勝手知らぬ者の取ることではござらぬ」[訳](金包みが盗まれたが)それにしてもまあ、事情を知らない者が取るはずはございません。
[なりたち] 接続詞「そも」＋間投助詞「や」

そも-や-そも「そもや」を強めた形。いったいぜんたい。〔狂・附子〕「―頼うだ人(=主人)の大切の御掛け物(=掛け軸)を、引き裂くといふ事があるものか」
[なりたち] 接続詞「そも」＋間投助詞「や」＋接続詞「そも」

そ-や【征矢・征箭】(名)戦場で用いるふつうの矢。[平家]一二・六代被斬「太刀の身のよきをも、―の尻のかねよきをも、鎌倉殿の御ためとこそこしらへもって候ひつれども」[訳]太刀の刀身のよいのをも、矢の鏃の鉄のよいのをも、鎌倉殿(=源頼朝)の御ため(=討ち申しあげるため)にとこしらえ持っておりましたが。

ぞ-や 疑問の語とともに用いる。❶自問する意を表す。**…であろうか。**[源氏]花宴「父大臣など聞きて、ことごとしうもてなされむもいかに―」[訳]父親の大臣などが聞いて、(私=光源氏が)おおげさに待遇されるとしたらそれも、どんなものであろうか。[文法]「もてなされむも」の「む」は、仮定・婉曲の助動詞。
❷相手に質問する意を表す。**…であるか。…か。**[源氏]若紫「何事―。童べと腹立ち給へるか」[訳]どうしたのか。子供たちとけんかをなさったのか。
[なりたち] 係助詞「ぞ」＋係助詞「や」
[接続] 体言、活用語の連体形、助詞などに付く。

ぞ-や ❶思いをこめて言っている意を表す。**…だなあ。…ことだ。…だよ。**[平家]九・木曽最期「日ごろはなにともおぼえぬ鎧が、今日は重うなったる―」[訳]常日ごろはなんとも思われない鎧が、今日は重くなった(と感じられる)ことだ。⇩重し「名文解説」
❷相手にやさしく言いふくめる意を表す。**…だよ。**[源氏]帚木「その際々をまだ知らぬ初事―」[訳]その身のほど(に応じた恋のふるまい)をまだわきまえない初めての経験だよ。
[なりたち] 係助詞「ぞ」＋間投助詞「や」
[接続] 体言、活用語の連体形、助詞などに付く。

そや・す(他サ四)｛さ・し・す・す・せ・せ｝《近世語》言いはやす。また、そそのかす。おだてる。〔仮名・東海道名所記〕「『一段面白き首尾にて』などほめ―・せ(已)ば」[訳]「いちだんとすばらしい結果で」などとほめ言いはやすと。

そ-やつ【其奴】(代)他称の人代名詞。人を卑しめののしっていう語。そいつ。〔浄・一谷嫩軍記〕「―めを引っ立て来たれ」[訳]そいつめを引っ立てて来い。

そよ(副)風の音や物の触れ合う音など、かすかな物音の形容。[万葉]一二・二八六五「さ夜ふけて妹を思ひ出で敷き栲の枕も―に嘆きつるかも」[訳]夜が更けて妻を思い出し、枕も物音をたてるほどに嘆いたことだ。(「敷き栲の」は「枕」にかかる枕詞)

そ-よ【其よ】■一 それだよ。〔躬恒集〕「荻の葉の―と告げずは秋風を今日から吹くと誰か知らまし」[訳]荻の葉がそよそよと音をたててそれだよと告げないならば、秋風が今日から吹くとだれが知るだろうか(いや、だれも知らない)。(「其よ」は副詞「そよ」との掛詞)
[なりたち] 代名詞「其」＋間投助詞「よ」
■二(感)ふと思い出したり、相づちを打ったり、何かを言い出したりするときに発する語。そうそう。それそれ。[源氏]宿木「―。その工匠も絵師も、いかでか心にはかなふべきわざならむ」[訳]そうそう。その職人も絵かきも、どうして(私=薫の)心には願ったとおりになるものができるであろうか(いや、できはしない)。

ぞ-よ(文末に用いて)感動をこめて強く指示する意を表す。…だぞ。…だなあ。…だよ。[堤]貝あはせ「人に勝たせ奉らむ、勝たせ奉らじは、心―」[訳]あなた(=姫君)に勝たせてさしあげようか、勝たせてさしあげまいかは、(私の)気持ち(次第)だよ。
[なりたち] 係助詞「ぞ」＋間投助詞「よ」
[接続] 体言、活用語の連体形、助詞などに付く。

そよ・ぐ【戦ぐ】(自ガ四)｛が・ぎ・ぐ・ぐ・げ・げ｝そよそよと音をたてる。〔新勅撰〕夏「風―・ぐ(体)ならの小川の夕暮れはみそぎぞ夏のしるしなりける」[訳]→かぜそよぐ…[和歌]

そよ-そよ（副）【副詞「そよ」を重ねた語】風の音および物が触れ合ってたてるかすかな音の形容。さやさや。ざわざわ。〔源氏〕浮舟「寝殿の南おもてにぞ火ほの暗う見えて、―とする音する」〔訳〕寝殿の南座敷に灯がぼんやりと暗く見えて、さらさらとする（=衣ずれの）音がする。

そよ-め・く（自カ四）｛か・き・く・く・け・け｝【「めく」は接尾語】❶そよそよ、さやさやと音がする。〔源氏〕少女「風の音の竹に待ち取られてうち―・く(体)に」〔訳〕風の音が竹に迎え取られてさやさやと鳴るときに。❷にぎやかである。ざわめく。〔源氏〕野分「わたらせ給ふとて、人々うち―・き(用)、几帳ひき直しなどす」〔訳〕（明石の姫君が）お戻りになられるというので、女房たちがざわめき、几帳を引き直したりする。

そよ-や（感）【感動詞「そよ」に間投助詞「や」が付いたもの】ふと思い出したり、相づちを打ったりするときに発する語。そうよ。そうそう。〔蜻蛉〕下「―、さる事ありきかし」〔訳〕そうそう、そういうことがあったね。

そよ-ろ（副）「そより」とも。物に触れて軽く鳴る音の形容。かさっ。こそっ。〔枕〕一三七「ものは言はで、御簾をもたげて―とさし入るる、呉竹なりけり」〔訳〕何も言わないで、御簾を持ち上げてかさっと中にさし入れるのは、呉竹（=竹の一種）であった。

そら-【空・虚】（接頭）❶「偽りの」「うその」などの意を表す。「―言」「―泣き」「―寝」❷「かいのない」「むだな」の意を表す。「―頼め」❸「なんとなく」の意を表す。「―恐ろし」「―恥づかし」

そら【空】■一（名）❶天空。天。〔源氏〕桐壺「月は入り方の、―清う澄み渡れるに」〔訳〕月は没しようとするころで、空はくもりなく一面に澄んでいるうえに。❷空模様。〔源氏〕明石「雨など降り、―乱れたる夜は」〔訳〕雨などが降って、空模様が荒れている夜は。❸上空のたたずまい。あたり一帯の**雰囲気**。〔徒然〕四三「春の暮れつかた、のどやかに艶なる―に」〔訳〕春の終わりに近いころ、のどかで優雅な雰囲気の中に。❹**方向**。**場所**。また、境遇。あてのない、不安定な感じを伴って用いられることが多い。〔源氏〕藤裏葉「乱り心地いと堪へがたうて、まかでむ―もほとほとしうこそ侍りぬべけれ」〔訳〕（私=夕霧は）気分が悪く、とても我慢できなくて、（これから）退出するとしてもその方向（=帰る道中）も、きっと危険にちがいありません。〔文法〕「まかでむ」の「む」は仮定・婉曲の助動詞。「侍りぬべけれ」の「ぬ」は、助動詞「ぬ」の終止形で、ここは確述の用法。❺**気持ち**。**心境**。〔万葉〕四・五三四「思ふ―安けなくに嘆く―苦しきものを」〔訳〕思う心も安らかでないなあ、嘆く心も苦しいのになあ。

■二（形動ナリ）｛なら・なり（に）・なり・なる・なれ・なれ｝❶**うわのそらだ**。気もそぞろである。〔源氏〕真木柱「暮れぬれば、心も―・に(用)浮きたちて」〔訳〕日が暮れてしまうと、（鬚黒は）心もうわのそらでうきうきして。❷**根拠がない**。**いいかげんだ**。〔源氏〕帚木「それ然あらじと、―・に(用)いかがは推しはかり思ひくたさむ」〔訳〕その話はそうではないだろうと、（本人を）実際に見ないで、どうして推量して悪く考えようか（いや、考えはしない）。〔文法〕「いかがは…む」は、反語表現。❸はかない。かいがない。〔兼輔集〕「春霞たちつる方をながめつつ―・なる(体)恋もわれはするかな」〔訳〕春霞が立っているほうをながめながめして、（空にあるような）はかない恋も自分はすることよ。（「そら」は「空」との掛詞）❹（連用形「そらに」の形で）**暗記して**。**そらで覚えて**。〔更級〕かどで「わが思ふままに、―・に(用)いかでかおぼえ語らむ」〔訳〕（大人たちだって）私の思うとおりに、（物語の一部始終を）そらでどうして覚えていて話せようか（いや、話せはしない）。〔文法〕「いかでか…む」は、反語表現。

曾良（そら）『人名』→河合曾良

そら（副助）…でさえ。…までも。〔今昔〕二八・六「心ばせ有る人そら物に躓きて倒るること常のことなり」〔訳〕思慮深い人でさえ物につまずいて転ぶことはふつうのことである。〔参考〕「そら」は「すら」の変化したものといわれる。「すら」と意味は同じだが、多く、漢文訓読体の文章（「今昔物語集」など）に使われた。→すら

徂徠（そらい）『人名』→荻生徂徠

そら-おそろ・し｛しから・しく（しかり）・し・しき（しかる）・しけれ・しかれ｝【空恐ろし】（形シク）【「そら」は接頭語】なんとなく恐ろしい。〔源氏〕賢木「人目も繁きころなれば、常よりも端近なる、―・しう(用)（ウ音便）おぼゆ」〔訳〕人目も多い時分なので、いつもより外に近いあがりはなであることが、なんとなく恐ろしく思われる。

そら-おぼめき【空おぼめき】（名）【「そら」は接頭語】そらとぼけること。知らん顔をすること。〔無名抄〕「まづ、え聞かぬ由に―して、たびたび問ふ」〔訳〕最初に、聞こえないそぶりで知らん顔をして、何回も尋ねる。

そらかぞふ（ソラカゾウ）【空数ふ】《枕詞》「大津」など、「おほ」を語頭にもつ地名にかかる。〔万葉〕二・二一九「―大津の子が逢ひし日に」

そら-ごと【空言・虚言】（名）**うそ**。**偽り**。〔徒然〕五〇「まさしく見たりといふ人もなく、―といふ人もなし」〔訳〕（鬼を）ほんとうに見たという人もないし、（それは）うそという人もない。

そら-ざま【空様・空方】（名）「そらさま」とも。上のほう。上向き。〔宇治〕八・三「この鉢に倉乗りて、ただ上りに、―に一、二丈ばかり上る」〔訳〕この鉢の上に倉が乗って、ひたすら上に、空のほうに一、二丈ぐらい（=三から六メートルほど）上る。

そらさむみ…〔和歌〕

> 空寒み　花にまがへて　散る雪に
> すこし春ある　心地こそすれ
> 〈枕・一〇六〉

〔訳〕空が寒いので、花が散るのかと見まちがえるように降る雪のため、少し春めいた気分がすることだ。〔文法〕「空寒み」の「み」は、原因・理由を表す接尾語。〔解説〕陰暦二月の終わりごろ、藤原公任が「白氏文集」一四「南秦の雪」の「三時雲冷やかにして多く雪を飛ばし、二月山寒うして少しく春有り」に拠って下の句を詠みかけた。これに対して清少納言が、同じ詩の「多く雪を飛ばし」をとって上の句をあざやかに詠み返し、一首の歌にしたもの。

そら-じに【空死に】（名）【「そら」は接頭語】死んだふりをすること。〔今昔〕二九・一九「―をして路のほとりに臥せ

りければ」訳（袴垂という盗人が）死んだふりをして道のほとりで横になっていたところ。

そら-しらず【空知らず】（名）〔「そら」は接頭語〕知らないふりをすること。そしらぬ顔。宇治 二・六「心中にをかしく思へども、すかしふせんとて、—して過ぎ行くほどに」訳 心の中でおかしく思うが、だまし通してやろうと思って、そしらぬ顔をして過ごしていくうちに。

そら・す【逸らす】（他サ四）{さ・し・す・す・せ・せ} ❶のがす。にがす。大和 一五二「とりかひ給ふほどに、いかがし給ひけむ、—・し㊊給ひてけり」訳（大納言は帝からあずかった鷹を）飼い養いなさるうちに、どうなさったのだろうか、にがしなさってしまった。❷人の機嫌をそこなう。❸（下に打消の語を伴って）そしらぬふりをする。何くわぬ顔をする。〔浄・曽我会稽山〕「『人違へ』と、胸は騒げど—・さ㊌ぬ顔」訳「人違いだ」と、胸の内は動揺するが、何くわぬ顔。

そら-せうそこ【空消息】（名）〔「そら」は接頭語〕いかにもその人がよこしたように見せかけた手紙や伝言。源氏 藤袴「—をつきづきしくとりつづけて、こまやかに聞こえ給ふ」訳（夕霧はあたかも光源氏からのように）作りごとの伝言を似つかわしく述べ続けて、情をこめて（玉鬘に）申し上げなさる。

そら-だき【空薫き】（名）❶どこからともなく匂ってくるように香をたくこと。香を、来客前にたきしめたり、隣室でたいたりすること。〔とはずがたり〕「—などするさまもなべてならず、ことごとしきさまなり」訳 香の空薫きなどをするようすもなみなみでなく、おおげさなようすである。❷どこからともなく匂ってくる香り。〔夫木〕夏一「にほひ来る花橘の—はまがふ蛍の火をや取るらん」訳 匂ってくる花橘のどこからとも知れぬ香りは、飛び迷っている蛍の火を取って（香をたいて）いるのであろうか。

そらだき-もの【空薫き物】（名）どこからともなく匂ってくるようにたく香。徒然 四四「夜寒の風に誘はれくる—の匂ひも、身にしむ心地す」訳 秋の夜の寒い風に誘われて漂ってくる空薫きの香の香りも、身にしみる気持ちがする。

そら-だのみ【空頼み】（名）〔「そら」は接頭語〕あてにならないことを頼りにすること。〔浄・日本武尊吾妻鑑〕「天子を学ぶ身の奢り、人もゆるさぬ万乗の—こそ危ふけれ」訳 天子のまねをする（ほどの）思い上がり、世間も認めぬ天子（になったつもり）のあてにならない期待が危ういのだ。

そら-だのめ【空頼め】（名）〔「そら」は接頭語〕あてにならないことを頼りにさせること。蜻蛉 上「さだめなく消えかへりつる露よりも—する我は何なり」訳 はかなく消え失せてしまう露よりも（もっと誠意のないあなたが私に）あてにならない期待をさせている、（そんなあなたを頼りにしている）私は（いったい）何だ。参考「だのめ」はあてにさせる意の下二段動詞「頼む」の連用形が名詞化したもの。

そら-なき【空泣き】（名）〔「そら」は接頭語〕泣くまねをすること。また、そのようす。うそ泣き。大鏡 花山院「『ただいま過ぎば、おのづから障りも出でまうで来なむ』と—し給ひけるは」訳「ただ今（の機会）が過ぎたら、（花山天皇の出家について）自然とさしさわりもきっと生じて参るだろう」と（道兼は）うそ泣きをしなさったのだったよ。

そら-なげき【空嘆き・空歎き】（名）〔「そら」は接頭語〕嘆くふりをすること。偽りの嘆息。源氏 真木柱「心げさうは進みて、—をうちしつつ、なほ装束し給ひて」訳（玉鬘への思いはつのって、（北の方のてまえ）嘆くふりをしては、やはり（外出の）装いをしなさって。

そら-に-すが・く【空に巣掻く】空に巣を作る。はかないことや無駄なことを試みるたとえ。新古 雑下「ささがにの—・く㊍も同じことまたき宿にも幾世かは経む」訳 蜘蛛が空に巣をかけるのも同じ（ようにはかない）ことである。りっぱで完全な家屋敷であっても何代も住むことができようか（いや、できはしない）。

そらに-みつ《枕詞》「そらみつ」に同じ。

そら-ね【空音】（名）〔「そら」は接頭語〕❶偽ってまねる鳴き声。鳴きまね。〔後拾遺〕雑二「夜をこめて鳥の—にはかるともよに逢坂の関はゆるさじ」訳→よをこめて…和歌 ❷聞きまちがい。そら耳。幻聴。枕 五「しのびたる郭公の、遠く—かとおぼゆばかり、たどたどしきをききつけたらむは、なに心地かせむ」訳 忍び音に鳴くほととぎすの、遠くそら耳かと思われるくらいに、はっきりしない鳴き声を聞きつけたようなときは、どんな気持ちがしようか（すばらしいにちがいない）。

そら-ね【空寝】（名）〔「そら」は接頭語〕寝たふりをすること。たぬき寝入り。枕 二八「あはでありなむと思ふ人の来たるに、—をしたるを」訳 決して会わないでいようと思う人がやって来たときに、たぬき寝入りをしているのに。

そら-ひじり【空聖】（名）〔「そら」は接頭語〕名ばかりで、ほんとうの聖でない者。似非聖。

そらみつ《枕詞》「そらにみつ」とも。「やまと（大和・倭）」にかかる。万葉 一・一「—大和の国は」

そら-みみ【空耳】（名）〔「そら」は接頭語〕実際は音がしていないのに聞こえるように感じること。空音。幻聴。〔和泉式部日記〕「—をこそ聞きおはさうじて、夜のほどろにまどはかさるる、騒がしの殿のおもとたちや」訳 幻聴をお聞きになって、夜中に（私＝下男を）あわてさせなさる、人騒がせなお屋敷の女房方だよ。

そら-め【空目】（名）〔「そら」は接頭語〕❶見まちがうこと。見そこない。源氏 夕顔「光ありと見し夕顔の上露はたそがれどきの—なりけり」訳 光り輝いていると見た夕顔の上の露（＝光源氏の顔）は、夕暮れ時の（私＝夕顔の）見まちがいであったのだ。❷見て見ぬふりをすること。〔浄・曽我会稽山〕「『—して死なせてたも、刃物たもれ』とすがり付き」訳「見ぬふりをして死なせてください、刃物をください」とすがりつき。

そら-ゑひ【空酔ひ】（名）〔「そら」は接頭語〕酔ったふりをすること。源氏 藤裏葉「おとど、ほどなく—をし給ひて、みだりがはしく強ひ酔はし給ふを」訳 内大臣は、まもなく酔ったふりをしなさって、（夕霧を）無作法にむりに酔わせなさるのを。

そり-くつがへ・る【反り覆る】（自ラ四）{ら・り・る・る・れ・れ} うしろのほうへ反りまがる。そっくりかえる。枕 七〇「物もまだ言はぬちごの、—・り㊊、人にもいだかれず泣きたる」訳 口もまだきかない赤ん坊が、そっくりかえり、人にも抱かれないで泣いているの（は気がかりだ）。

そり‐さげ【剃り下げ】(名)近世の髪形の一種で、月代を広く下まで剃り、両方の鬢を糸のように細くしたもの。糸鬢。〔浄・丹波与作待夜小室節〕「十ばかりの━の、ちっぽけな馬方が」訳十歳ぐらいの剃り下げ髪の、小さな馬子が。

そりすてて… 俳句

> 剃り捨てて 黒髪山に 衣更　夏
> 〈おくのほそ道・日光・曽良〉

訳髪を剃り捨てて墨染めの衣(=僧衣)に着がえて江戸をたち、今この(黒髪にゆかりのある)黒髪山まで来たが、折しもここで衣更えの日を迎えたことだ。(衣更へ夏)

解説 黒髪山は男体山のこと。剃り捨てた黒髪と黒髪山、衣更えと墨染めの衣に替えることをかけている。

そり‐はし【反り橋】(名)中央が高く、まるく反っている橋。源氏 藤裏葉「道のほどの━、渡殿には錦を敷き」訳(南の御殿の寝殿への途中の反り橋や渡り廊下には錦の織物を敷いて。

そ‐りゃく【疎略・粗略】(名・形動ナリ)「そらく」とも。おろそかに扱うこと。いいかげんなこと。平家 七・忠度都落「━を存ぜずといへども、常に参り寄ることも候はず」訳(私=忠度は歌道を)いいかげんなものと考え申しあげないけれども、いつも(師=俊成の)おそばに参上することもありません(でした)。

そり‐を‐う・つ【反りを打つ】「そりをかへす」に同じ。

そり‐を‐かへ・す【反りを返す】刀を抜こうとして、腰の刀の反りを上向きにする。刀を抜こうと身がまえる。「反りを打つ」とも。〔浮・西鶴諸国ばなし〕「朱鞘(=朱塗りの鞘)の━・し用て」

そ・る【逸る】(自ラ四・下二)〔ら・り・る・る・れ・れ〕〔れ・れ・る・るる・るれ・れよ〕❶思わぬ方向へゆく。他のほうにそれてゆく。〔続猿蓑〕許六「蚊遣り火の烟に━・るる体(下二段)ほたるかな」訳蚊を追い払うためにいぶす煙に(おどろいて)よそのほうへ飛んでゆく蛍であるよ。❷心・気持ちなどがほかのほうに向かう。気がそれる。〔落窪〕「この頃御心━・り用(四段)出でて、化粧ばやりたりとは見ゆや」訳このごろはお気持ちがほかのほうにそれて出て、おしゃれに専念していると見えるね。

それ【其れ】(代)❶中称の指示代名詞。やや離れた事物・場所・人物などをさしていう。また、前に述べた事物・場所・人物などをさしていう。**そのこと。そのもの。そこ。その人。** 伊勢 七七「その時の女御、多賀幾子と申すみまそがりけり。━うせ給ひて」訳そのときの女御に、多賀幾子と申し上げる方がおいでになった。その人がお亡くなりになって。❷不定称の指示代名詞。不明の事物や明示したくない事物をさしていう。**なに。なにがし。ある。** 土佐「━の年の十二月の二十日あまり一日の日の戌の時に、門出す」訳ある年の陰暦十二月の二十一日の日の戌の時(=午後八時ごろ)に、出発する。⇨土佐日記「名文解説」❸対称の人代名詞。**あなた。** 徒然 二三六「あなわびし。━、もとめておはせよ」訳ああ困ったことだ。あなた、探していらっしゃい。

それ【夫】(接)文の初めに用いて、改まった感じで新しい事柄を言い出す語。そもそも。いったい。方丈 四「━、三界はただ心ひとつなり」訳そもそも、三界(=欲界・色界・無色界の迷いの世界)はただ(人の)心一つ(によって存在するの)である。

それ‐か‐あら‐ぬ‐か【其れかあらぬか】はたしてそれか、あるいはそうでないのか。古今 夏「去年の夏なきふるしてし郭公━声のかはらぬ」訳去年の夏、聞きあきるほど声を聞かせていたほととぎすよ、(今鳴いているのは)それなのだろうか、別の(ほととぎす)なのだろうか、声が変わらないことよ。
なりたち 代名詞「其れ」＋係助詞「か」＋ラ変動詞「有り」の未然形「あら」＋打消の助動詞「ず」の連体形「ぬ」＋係助詞「か」

それ‐がし【某】(代)❶不定称の指示代名詞。名を知らない、または明示したくない人や事物をぼかしてさす語。だれそれ。某。なに。なにがし。蜻蛉 中「ただいま、━殿より御ふみもて、━なむ、まゐりたりつる」訳たった今、お屋敷からお手紙を持って、なにがしが参上していた。❷自称の人代名詞。わたくし。男性が用いる。宇治 四・二「━、多くの丈六(=約四・八五㍍)を作り奉れり」訳私は、多くの丈六の仏像をお造り申しあげた。

それ‐かれ【其れ彼】(代)不定称の人代名詞。複数の人の名を言う代わりに用いる。だれそれ。源氏 若菜下「その御前の御遊びなどに、ひときざみに選ばるる人々、━といかにぞ」訳その御前の管弦の御遊びなどに、第一流として選ばれる人たちのだれそれと比べて(優劣は)どうだろうか。

それ‐それ【其れ其れ】━(代)不定称の人代名詞。その人あの人。だれかれ。枕 一〇六「『誰々か』と問へば、『━』と言ふ」訳「(同席しているのは)どなた方か」と尋ねると、「その人あの人」と言う。
二(感)❶人に注意をうながすときに用いる語。それだぞ。そらそら。宇治 一・六「よげになりにたり。ただされ、━」訳(法師は)気持ちよさそうになってしまっている。ひたすらさすれ、そらそら。❷ふと思いついたときにいう語。ああそうだ。そうそう。大鏡 道長下「『曽禰好忠いかに侍りけることぞ』と言へば、『━、いと興に侍りしことなり…』といふ」訳(若侍が)「曽禰好忠はどんなふうでございましたことか」と言うと、(繁樹は)「そうそう、とても興味深いことでございました…」と言う。❸同意を表す語。そうだそうだ。そのとおりだ。〔仮名・浮世物語〕「和尚も聞き給ひて『━』とのたまふ」訳和尚もお聞きになって、「そうだそうだ」とおっしゃる。

それ‐と‐は‐な・し【其れとは無し】特にどうということもない。なんということもない。新古 恋二「ながめわびぬ━・し終にものぞ思ふ雲のはたての夕暮れの空」訳ぼんやりと眺めつかれてなんということもなしに物を思うことだ。雲の果ての夕暮れの空(に向かって)。
なりたち 代名詞「其れ」＋格助詞「と」＋係助詞「は」＋形容詞「無し」

それ‐に(接)【代名詞「其れ」に格助詞「に」の付いたもの】❶逆接を表す。それなのに。ところが。宇治 一・四「汝やんごとなき高相の夢見てけり。━、よしなき人に語りてけり」訳おまえは格別に高貴な相の(将来高位に昇るという)夢を見たのだ。それなのに、(それを)つまらぬ人(=妻)に語ってしまった。❷添加を表す。その上に。さらに。大鏡 道長上「―また、大臣うせ給ひにしかば」訳さらにまた、大臣(=道隆)もお亡くなりになってしまったので。❸順接を表す。そのために。それゆえに。その結果。源氏 早蕨「などかかるさまにもなし奉らざりけむ、―延ぶるやうもやあらまし」訳どうして(大君を)このような(尼の)姿にでもしてさしあげなかったのだろう、(尼になっていたならば)そのために(=その功徳で)、(寿命が)延びることもあっただろうか(、どうであろう)。

そゑ-に【其故に】(接)〔「そゆゑに」の転〕それだから。それゆえに。古今 雑体「―とてとすればかかりかくすればあな言ひしらずあふさきるさに」訳そうだからといってああすればこうなり、こうすれば(ああなる)。ああ、なんと言えばいいのかわからない、ちぐはぐにいきちがってばかりいて。

ぞんじ-つき【存じ付き】(名)「思ひ付き」の謙譲語。思いつき。気づくこと。〔狂・くじ罪人〕「私の―を申しませうか」

そん-じゃ【尊者】(名)「そんざ」とも。❶身分の高い人。目上の人。徒然 二三二「賢しくは聞こえしかども、―の前にては、さらずともと覚えしなり」訳(歴史書を引用したのは賢くは聞こえたが、目上の人の前では、そんなことはしなくても(よかろう)と思われたのである。❷大臣の大饗に正客(=第一の客)として上座に座る人。親王または位の高い人を選んだ。平家 一・俊寛沙汰 鵜川軍「やがて大饗行はる。―には、大炊御門の右大臣経宗公とぞ聞こえし」訳すぐに饗宴が行われる。正客には、大炊御門の右大臣経宗公(がなられた)とうわさされた。❸裳着の儀式(=女子の成人式)のさい、腰のひもを結ぶ役をする人。源氏 若菜上「―の大臣の御引き出で物など、かの院よりぞ奉らせ給ひける」訳(女三の宮の)裳着の儀式の腰結いの大臣への御祝儀などは、あの(六条)院(=光源氏)から差し上げなされたのであった。❹仏教で、智徳の備わった人。高僧の尊称。

ぞん-じゃう【存生】(名)生きながらえること。存命。生存。今昔 九・六「我が母―(=存命)の時」

そん-・ず【損ず】■一(自サ変)〔ぜ・じ・ず・ずる・ずれ・ぜよ〕損害が生じる。いたむ。こわれる。徒然 八二「羅の表紙は、とく―・ずる㊍がわびしき」訳薄い絹の(織物で装丁した)表紙は、すぐにいたむのが困ることだ。■二(他サ変)〔ぜ・じ・ず・ずる・ずれ・ぜよ〕❶傷つける。こわす。徒然 八一「―・ぜ㊍ざらんためとて、品なく見にくきさまにしなし」訳(道具類をただ)傷つけないためといって、わざと下品にみっともないようにこしらえ。❷悪くする。やりそこなう。平家 一・祇王「みめかたちうつくしく、声よく節も上手でありければ、なじかは舞ひも―・ず㊇べき」訳(仏御前は)顔かたちが美しく、声がよく節回しも上手であったので、どうして舞も失敗することがあろうか(いや、失敗はしない)。文法「なじかは…べき」は、反語表現。

ぞん-・ず【存ず】■一(自サ変)〔ぜ・じ・ず・ずる・ずれ・ぜよ〕生きながらえる。生存する。存在する。徒然 九三「はからざるに牛は死し、はからざるに主は―・ぜ㊍り」訳思いがけずに牛は死に、思いがけずに(牛の)持ち主は生きながらえている。■二(他サ変)〔ぜ・じ・ず・ずる・ずれ・ぜよ〕❶有する。持つ。保つ。〔太平記〕九「佐々木とても今はいかなる野心か―・ず㊇らんと、たのみ少なくおぼゆれば」訳佐々木(時信)だって今はどんな謀反の下心を持っているだろうかと、(私=仲時は)あまり信頼できないと思われるので。❷「思ふ」「考ふ」の謙譲語。存ずる。平家 七・忠度都落「生涯の面目に、一首なりとも御恩をかうぶらうど―・じ㊐て候ひしに」訳生涯の名誉に、一首だけでも御恩をいただこう(=勅撰集に入れていただこう)と存じておりましたのに。⇩思す「敬語ガイド」❸「知る」の謙譲語。存ずる。〔狂・末広がり〕「―・じ㊐てをればつっかけて参れども、―・ぜ㊍ぬによってかやうに呼ばはって歩きまする」訳(末広がりとは何か)存じていれば(売っている所へ)一気に参りますが、存じないのでこのように(買いたいと)大声をあげて歩くのです。⇩知ろし召す「敬語ガイド」

ぞん-ぢ【存知】(名・他サ変)「ぞんち」とも。知っていること。承知。心得。覚悟。平家 五・富士川「朝敵をほろぼさんとて都を出づる将軍は、三つの―あり」訳朝廷に敵対する者を滅ぼそうとして都を出発する将軍には、三つの覚悟がある。

そん-ぢゃう(連体)《中世語》「その」「それ」「そこら」「たれ」などの上に付け、具体的な名を出さないで、人・事物・場所などをさす語。しかじかの。どこそこの。平家 二・康頼祝言「この峰は本宮、かれは新宮、これは―その王子、かの王子なんど、王子王子の名を申して」訳この峰は(熊野の)本宮、あれは新宮、これはどこそこのその王子(=熊野の末社)、あの王子などと、王子王子の名を申し上げて。参考「其の定」の変化した語という。のち、「そんぢょう」「そんじゃう」「そんじょう」「そんでう」「そんぜう」、また「そんぢょ」とも表記される。

そん-まう【損亡】(名・自サ変)こわれたり、なくなったりすること。破壊。方丈 二「家の―・せ㊍るのみにあらず、これを取りつくろふ間に、身を損なひ」訳(つむじ風で)家がこわれたりなくなったりしただけでなく、これ(=こわれた家)を修理する間に、(自分の)からだを傷つけ。

「た」は「太」の草体
「タ」は「多」の上画

た-(接頭)(動詞・形容詞に付いて)意味を強めたり、語調を整えたりする。「―ばかる」「―ばしる」「―やすし」

た【他】(名)ほか。べつ。また、ほかの人。他人。方丈 四「―の俗塵に馳することをあはれむ」訳他の人が世間の名利に(とらわれて)あくせくすることを気の毒に思う。

た【誰】(代)不定称の人代名詞。(多く「たが」「たそ」の形で)だれ。源氏 空蟬「ふと人の影見えければ、『またおはするは―そ』と問ふ」訳ちらと人影が見えたので、「もう一人いらっしゃるのはだれか」と(老いた女房が)問う。

た〔係助詞「は」が字音語の入声音ツ・チに付いて、連声で「た」と発音されるもの〕…は。〔狂・附子〕「こんにっー所用あって山一つあなたへ参りまする」[訳] 今日は用事があって山ひとつ向こうの方へ参ります。

[参考] 中世から、能・狂言や仏教の声明、和讃の読誦などに現れた音韻変化で、表記するときは多く「は」と書く。能・狂言や仏教の世界では、現代でも伝承されている。「を」が「と」になるのも同じ現象。「大念仏を(＝ダイネンブット)」〈謡・隅田川〉

だ【攤】(名)双六のようにさいころを使ってする賭け事の一種。また、投げた銭の表・裏の現れ方で勝負するものもいう。[大鏡] 師輔「人々あまたさぶらひ給ひてー打たせ給ふついでに」[訳] 人々が多く伺候していらっしゃって、攤をお打ちになられるおりに。

たい【体】(名)❶からだ。身体。[平家] 一〇・請文「それ臣は君をもって心とし、君は臣をもってーとす」[訳] いったい、臣下は君主をもって(自分の)心とし、君主は臣下をもって(自分の)からだとする。
❷「てい」とも。姿。ありさま。〔毎月抄〕「ひとへにただ有心のーをのみよむべしとおぼえて候ふ」[訳] ひたすらただ有心の体(＝情趣をこらした最高の歌の姿)だけを詠むのがよいと思われます。
❸本質。本性。〔至花道〕「能にー・用のことを知るべし。ーは花、用は匂ひのごとし」[訳] 能の本体とはたらきのことを知らなくてはならない。体は花、用は(その)においのようなものだ。↔用

たい【対】(名)❶対等であること。優劣のないこと。[今昔] 二四・二六「まことには御製と文時が詩とーにおはします」[訳] ほんとうのところでは(村上)天皇の詩と(菅原)文時の詩とは、(できばえが)同等でいらっしゃる。
❷「対の屋」の略。[源氏] 若紫「〔光源氏は〕西のーに御車寄せており給ふ(＝お降りになる)」

たい【田居】⇩たゐ

だい【大】(名)大きいこと。多いこと。太いこと。広いこと。[徒然] 一七四「ーにつき小を捨つる理、誠にしかなり」[訳] 大きなことに従い、小さいことを捨てる(という)道理は、ほんとうにそのとおりである。↔小

-だい【代】(接尾)位や家督を継いだ順序を数える単位。[大鏡] 後一条院「神武天皇より四十一ー〔目〕にあたり給ふ(＝あたりなさる)持統天皇」

だい【代】(名)❶位や家督を受け継いで、その地位にある期間。〔浮世風呂〕「親のーから小間物売り(＝日用品商売)よ」
❷特に、天皇の御代。治世。
❸代わり。代償。また、代理。〔浮・西鶴織留〕「四十あまりの男、かさのーに円座を被き」[訳] 四十過ぎの男が、傘の代わりにわらで編んだまるい敷物をかぶって。
❹代金。あたい。

だい【台】(名)❶高殿。高楼。[源氏] 東屋「楚王のーの上の夜の琴の声」[訳] 楚の王が高楼のほとりで、夜ひいた琴の音(のように)。
❷殿舎と殿舎との間にある、屋根のない床張りの部分。露台。[枕] 一四三「ーの前に植ゑられたりける牡丹などのをかしきこと」[訳] 露台の前に植えられていた牡丹などのすばらしいこと。
❸物をのせるものの総称。特に、食物をのせる台。〔紫式部日記〕「その桶すゑたるーなど、みな白きおほひしたり」[訳] その(産湯の儀式のためのお湯を入れた)桶を据えた台などは、みな白い覆いがしてある。
❹(転じて)食物。食事。[源氏] 夕霧「たれもたれも御ー参りなどして」[訳] だれもがみなお食事を召し上がったりして。

だい-えい【題詠】(名)先に決めてある題によって和歌を詠むこと。万葉後期からあったようで、平安時代に流行し、のちには贈答歌以外はほとんど題詠になった。

だい-おんじゃう【大音声】(名)大きな声。[平家] 四・橋合戦「ーをあげて名のりけるは」[訳] 大声をあげて名のったことには。

だい-がく【大学】(名)❶「大学寮」の略。[源氏] 賢木「殿上人もーのもいと多う集ひて」[訳] (詩文の得意な)殿上人も大学寮の(学者)もたいそう多く集まって。
❷中国の経書。四書の一つ。

だい-かぐら【太神楽・代神楽】(名)❶伊勢神宮で、一般の人が奉納する神楽。太太神楽。
❷江戸時代の大道芸の一つ。獅子舞や品玉(＝曲芸・奇術の類)などを演じる曲芸。〔浮・好色五人女〕「人むら立ちて、曲太鼓ーのきたり」[訳] 人だかりがして、曲太鼓で太神楽がやって来た。

だいがく-れう【大学寮】(名)律令制によって設置された、中央の官吏養成機関。式部省に属する。おもに、五位以上の貴族の子弟を教育した。平安時代には、明経(＝儒学)・明法(＝法学)・紀伝(＝文学・史学)・算道(＝数学)などを教科とした。

発展 平安貴族男子の教育

平安時代、貴族男子の学問は漢学であった。幼少のころから学び、官途についてからも公文書その他すべて漢文中心であり、公卿の日記も漢文で記された。漢文の教育は、式部省管理の大学寮で行われ、各種の試験を経て叙位任官に至るが、立身出世は家柄中心で、実力相応というわけにはゆかなかった。

たい-かふ【太閤】(名)❶摂政または太政大臣の敬称。のちに、関白の位を辞して、引き続き「内覧の宣旨」を賜った人、または関白の位をその子に譲った人の称。
❷特に、豊臣秀吉の称。

だいかん【代官】⇩だいくゎん

たい-き【大気】(名・形動ナリ)《近世語》度量の広いこと。気持ちが大きいこと。〔浮・日本永代蔵〕「ー・に㊊して主人に損かけぬる程の者は、よき商売をもして、過ごしの引き負ひをも埋むることはやし」[訳] 度量が大きくて主人に損をかけてしまうほどの者は、よい商売をもして、借金の穴をもうめることがはやい。

たい-ぎ【大儀】■(名)❶(宮中における即位・拝賀などの)重大な儀式。大典。〔太平記〕三七「当年三月七日に行ふべしと沙汰ありしかども、ー事行かず」[訳] 今年陰暦三月七日に行うのがよいと命令があったが、即位の儀式はうまくいかない。
❷重大なこと。大事。〔太平記〕九「ーの前の少事にて候へば」[訳] 大事の前の小事でございますので。

二（名・形動ナリ）❶面倒で、手間のかかること。また、費用のかかること。〔浮・好色一代男〕「ー・なれ已ど、百の餅舟はととがするぞ」訳費用がかかるが、（安産のお礼にする）百のお供え餅は親父が工面するぞ。❷他人の骨折りをなぐさめいたわる語。ご苦労。〔狂・末広がり〕「それならば汝はーながら、今から都へのぼって、末広がりを求めて来い」訳それならおまえはご苦労だが、今から都へのぼって、扇子を買ってこい。

太祇（たいぎ）『人名』→炭太祇

だい-きゃう【大饗】（名）「たいきゃう」とも。平安時代、正月に宮中で行われた盛大な宴会。「二宮（＝中宮と東宮）の大饗」と「大臣の大饗」があり、臨時として大臣に任ぜられたときにも催した。枕 八八「ーのをりの甘栗の使ひなどに参りたる」訳（六位の蔵人が）大饗のときの甘栗の使い（＝天皇が下賜する甘栗などを大臣家に持参する勅使）などとして参上したのを。

だい-きゃうじ【大経師】（名）朝廷の御用で、経巻や仏画を表装する職人。後世では、単に経師屋・表具師。〔浮・好色五人女〕「ここにーのなにがし年久しくやもめ住みせられける」訳ここに大経師のだれそれは、長い間やもめ暮らしをしていらっしゃった。

だい-ぐうじ【大宮司】（名）伊勢の大神宮、尾張（愛知県）の熱田、豊前（大分県）の宇佐、肥後（熊本県）の阿蘇、筑前（福岡県）の香椎・宗像、越前（福井県）の気比などの神宮・神社の神職の長。「おほみやづかさ」とも。

たい-くつ【退屈】（名・自サ変）❶うんざりすること。疲れて気落ちすること。〔太平記〕三五「将軍もはやーの体見え給ひける所へ」訳（味方の劣勢を見て）将軍もすでに疲れて気落ちしているようすが見えなさったところへ。❷暇をもてあますこと。

たい-くゎうたいこう【太皇太后】（名）先々代の天皇の皇后。

だい-くゎん【代官】（名）❶代理として務める官職。平家 八・緒環「子息頼経朝臣をーに置かれたり」訳（頼資は）息子の頼経朝臣を（領国の）代官に置いていらっしゃった。❷江戸時代、幕府の直轄地を支配する役人。年貢・公事（＝訴訟）・戸籍などをつかさどる役人。

だい-ぐゎん【大願】（名）「たいぐゎん」とも。❶大きな願望。また、大きな祈願。源氏 明石「多くのーを立て給ふ」訳（光源氏は住吉の神に）多くの大きな祈願をお立てになる。❷（仏教語）仏・菩薩が衆生を救おうとして立てた大きな願い。

だいくゎん-しょ【代官所】（名）「代官②」が事務を執る役所。

だい-けうくゎん【大叫喚】（名）（仏教語）「大叫喚地獄」の略。八大地獄の一つ。叫喚地獄の下に位置し、より苦痛の激しい所。五戒を犯した者が落ち、責め苦にたえかねて叫びわめくという。→八大地獄

だい-げき【大外記】（名）律令制で、太政官の役人。外記のうちの上位の者。→外記

だいげん-の-ほふ【大元帥の法】（＝習慣で「帥」は読まない）陰暦正月八日から十四日までの七日間、治部省で国家鎮護のために大元帥明王を本尊として行った大法会。〔栄花〕みはてぬゆめ「ーといふことは、ただ公のみぞ昔より行はせ給ひける」訳大元帥の法会ということは、もっぱら朝廷だけが昔からとり行いなされてきた。

だい-けんもつ【大監物】（名）中務省の役人。大蔵省・内蔵寮の出納を監察した。

たいけん-もん【待賢門】（名）平安京の大内裏の東面中央の門。「中の御門」とも。⇩巻頭カラーページ31

待賢門院堀河（たいけんもんゐんのほりかは）『人名』（生没年未詳）平安末期の歌人。源顕仲の娘。鳥羽天皇の皇后待賢門院璋子に仕え、堀河と呼ばれた。永治二年（一一四二）、女院の出家に従って落飾。「小倉百人一首」に入集。

たいこう【太閤】⇩たいかふ

たい-こく【大国】（名）「だいこく」とも。❶大きな国。❷（日本を「小国」と呼んだのに対して）中国。唐土。❸律令制で、人口・面積などによって国の等級を大国・上国・中国・下国の四段階に分けた、第一位の国。大和（奈良県）・河内（大阪府）・伊勢（三重県）など。

だい-こく【大黒】（名）❶「大黒天」の略。❷僧の妻。梵妻。〔浮・好色五人女〕「この寺のーになりたくば、和尚のかへらるるまで待て」訳この寺の僧侶の妻になりたければ、和尚がお帰りになるまで待て。

だいこく-てん【大黒天】（名）❶インドの神の名。三宝（＝仏・法・僧）を守護し、五衆（＝仏門の五種の弟子）を守り、飲食を豊かにする神。また、戦闘・福徳の神。❷七福神の一。福徳を自在に扱う神。狩衣のような衣を着て、頭巾をかぶり、左肩に大きな袋を背負い、右手に打出の小槌を持って、米俵をふまえている。「大国」に通じるところから、大国主命と同一の神ともいわれた。大黒。

だいごく-でん【大極殿】（名）「だいこくでん」とも。大内裏の朝堂院（＝八省院）の北部中央にある正殿。中央に高御座がある。天皇が政務を執り、また、元旦朝賀・即位・大嘗会などの大礼を行ったが、安元三年（一一七七）焼失後は再建されなかった。⇩巻頭カラーページ31

たい-さい【大才】（名）非常にすぐれた才能。また、それを持っている人。徒然 一三四「無智にしてーに交はり、不堪の芸をもちて堪能の座につらなり」訳無学でありながらすぐれた才能を持っている人と交際し、下手な芸をもって芸のすぐれている人の座に連なって。

たいざう-かい【胎蔵界】（名）（仏教語）密教で、宇宙の本体である大日如来の慈悲の面を表した部門。↔金剛界

だい-さん【第三】（名）連歌・俳諧で、発句・脇句の次に付ける三句目の五七五の句。主題や趣向などを一転させる。細道 須賀川「脇・ーとつづけて、三巻となしぬ」訳（「風流の…」の句を発句として）脇句、第三と続けて（詠み）、（やがて）三巻（の連句）とした。

たいざん-ぶくん【泰山府君】（名）「たいさんふくん」とも。中国山東省にある泰山（＝山の名）の神。人の寿命・福禄をつかさどるという。日本では陰陽家や仏家で祭る。平家 九・知章最期「毎月の朔日ごとに、

—をぞまつられける」 訳（知盛は馬の無事を祈って）毎月一日ごとに、泰山の神を祭られた。

たい-し【太子】（名）❶天皇の位を継ぐ皇子。皇太子。東宮。春の宮。平家 四・源氏揃「—にもたち、位にもつかせ給ふべきに」訳（君＝高倉宮は）皇太子にも立ち、皇位にもおつきになられるはずなのに。❷中国古代の天子または諸侯の長男の称。源氏 賢木「白虹日を貫けり。—慴ぢたり」訳 白い虹が日を貫いた。（燕の）太子は（これを見て）恐れた。❸聖徳太子の称。

だい-し【大士】（名）《仏教語》「だいじ」とも。「菩薩」の異称。平家 一・願立「十地究竟の—たちも、力および給はぬことどもなり」訳（生あるものは必ず死ぬというきまりは）十地（＝修行の段階）をきわめた菩薩たちも、力が及びなさらないことどもである。

だい-し【大姉】（名）《仏教語》❶出家した女性、または地位のある在家の女性信者。❷女性の死後、法名の下につける称号。↕居士

だい-し【大師】（名）《仏教語》❶仏や高徳の僧の敬称。宇治 一三・二「—の智恵深くましますよしうけたまはりて」訳（竜樹菩薩という）大師が知恵深くていらっしゃることをお聞きして。❷朝廷から高僧に賜る称号。多くは死後の諡。伝教大師（＝最澄）など。❸特に、真言宗の開祖の弘法大師（＝空海）をさす。徒然 一七三「高野の—の御作の目録に入れり」訳（この書物は）高野山の弘法大師のご著作の目録にはいっている。

だい-じ【大事】㊀（名）❶重大な事柄。重大事。大事件。平家 二・小教訓「—とは天下の—をこそいへ。かやうの私事を—といふやうやある」訳 大事とは天下の重大事をいう。このような私事を大事ということがあるか（いや、ありはしない）。文法「やある」の「や」は、反語の係助詞。❷仏道に入り悟りをひらくこと。出家すること。徒然 五九「—を思ひ立たん人は、去りがたく、心にかからんことの本意を遂げずして、さながら捨つべきなり」訳 出家することを思い立つような人は、捨て去りにくく、気がかりなことがあったとしても、その目的をしとげないで、そのまま捨てなければならないのである。文法「思ひ立たん」「かからん」の「ん」は、仮定・婉曲の助動詞。名文解説 出家にあたっての心構えを説いた一文。気がかりなことを成しとげてから出家しようとしても、俗事への心残りが尽きることはないのだから、そうした未練はみな捨て去らなくてはならない、と兼好は厳しく説くのである。

㊁（名・形動ナリ）❶たやすくないこと。また、病気や傷が重いこと。平家 四・橋合戦「されども—の手ならねば」訳 しかし重い傷でないので。徒然 一七五「息災なる人も、目の前に—の病者となりて」訳 健康である人も、見るまに重症の病人になって。❷**たいせつなこと**。丁寧なこと。大鏡 師尹「やむごとなき親王の—に用し給ふことなれば」訳 身分の尊い親王（＝永平親王）が手厚く行いなさる催しなので。

だい-じ【大慈】（名）《仏教語》仏の大きな慈悲。細道 市振「衣の上の御情けに、—のめぐみをたれて結縁せさせ給へ」訳 僧衣を着ているお情けで、（私ども＝遊女たちに）仏の大きな慈悲のお恵みを現し示して、仏道に入る縁を結ばせてください。

だいじ-だいひ【大慈大悲】（名）《仏教語》広大無辺な仏の慈悲。特に、観世音菩薩の慈悲。平家 三・泊瀬六代「観音の—は、罪あるも罪なきをも助け給へば」訳 観音の広大無辺な慈悲は、罪のある者も罪のない者をもお助けになるので。

だいじ-な・い【大事無い】（形口）かまわない。心配ない。さしつかえがない。〔浄・冥途の飛脚〕「これはほんの敵の中、—・い体かといひければ」訳 ここはほんとうに敵の中、だいじょうぶなのかと言ったところ。

たい-しゃ【大赦】（名）「だいしゃ」とも。国に吉事や凶事があったとき、天皇が罪人を釈放、または減刑する恩典。平家 三・御産「待賢門院（＝鳥羽天皇の皇后）御産の時、—ありき」

だい-しゃう【大将】（名）「たいしゃう」とも。❶近衛府の長官。天皇を護衛し、皇居を警固する役。左大将と右大将がある。徒然 一二八「雅房大納言は、才賢く、よき人にて、—にもなさばやとおぼしけるころ」訳 雅房の大納言は、学識がすぐれ、りっぱな人なので、近衛の大将にもしたいものだと（上皇が）お思いになっていたころ。❷軍の指揮官。司令官。平家 七・倶梨迦羅落「平氏の—維盛・通盛、希有の命生きて（＝あぶない命を長らえて）加賀の国へ引き退く」

だいじゃう-くゎん【太政官】（名）「だじゃうくゎん」とも。律令制で、中央の八省、諸司や諸国を総括した、行政の最高機関。長官は太政大臣・左大臣・右大臣で、これを三公といい、その下に大納言・中納言・参議があって政務を分担した。

だいじゃうくゎん-ちゃう【太政官庁】（名）太政官の役所。大内裏の南東にあった。古くは、列見（＝役人の面接試験）・定考（＝役人の昇任式）などの儀式をする所であったが、中世以降には大嘗祭も行うようになった。

たい-しゃうぐん【大将軍】（名）「だいしゃうぐん」とも。❶朝廷の命により賊軍の征伐に派遣された官軍の総大将。❷全軍の指揮・統率をする人。総大将。平家 九・敦盛「あはれ、よからう—にくまばや」訳 ああ、身分の高いような大将軍に組みつきたいものだ。❸かしら。頭領。宇治 二・一〇「昔、袴垂とて、いみじき盗人の—ありけり」訳 昔、袴垂といって、すごい盗賊の首領がいた。❹「征夷大将軍」の略。❺陰陽道でいう八将神の一つ。この神のいる方角は三年間はふさがるとされ、万事にきらわれた。

だい-しゃうこく【大相国】（名）太政大臣の唐名。平家 六・慈心房「日本の平—と申す人」訳 日本の平大相国（＝平清盛）と申し上げる人は。

だいじゃう-さい【大嘗祭】（名）天皇即位の儀式後、はじめて行う新嘗祭りの称。一代一度の儀式で、陰暦十一月の中の卯の日に行われた。即位が七月以前ならば、その年に、八月以降ならば翌年に行われる。大嘗会。大嘗祭り。図。→新嘗祭

だい-しゃうじ【大床子】(名)天皇が腰をかける四脚の台。

だいしゃうじ-の-おもの【大床子の御膳】「大床子」に着座してとる天皇の正式の食事。[源氏]桐壺「―などは、いとはるかに思し召したれば」[訳](桐壺帝は)大床子での正式なお食事などは、たいそう気が進まないとお思いになっているので。

だいじゃう-だいじん【太政大臣】(名)「だじゃうだいじん」とも。太政官の最高の長官。ただし、実際の政務は、左大臣・右大臣が執った。また、適任者のないときには欠員にした。「おほきおとど」「おほきおほいどの」「おほきおほいまうちぎみ」「則闕の官」とも。

だいじゃう-てんわう【太上天皇】(名)「だじゃうてんわう」とも。天皇の譲位後の尊称。太上皇。上皇。[源氏]藤裏葉「その秋、―になずらふ御位得たまうて」[訳]その年の秋、(光源氏は)太上天皇に並ぶ御位を得なさって。

だいじゃう-にふだう【太政入道】(名)「だじゃうにふだう」とも。太政大臣でありながら出家して僧籍に入っている人の称。

だいじゃう-ほふわう【太上法皇】(名)「だじゃうほふわう」とも。太上天皇の出家後の尊称。法皇。[大鏡]醍醐天皇「これ、亭子の―(=宇多法皇)の第一の皇子におはします」→太上天皇

だいじゃう-ゑ【大嘗会】(名)大嘗祭を節会としていう語。[栄花]さまざまのよろこび「さてその日も暮れぬれば、―の御いそぎぞあるべき」[訳]さて、その日(=御禊行幸の日)も暮れてしまうと、大嘗会のご準備をするはずである。→大嘗祭

だいじゃうゑ-の-ごけい【大嘗会の御禊】天皇が大嘗祭に先立って、陰暦十月の下旬に賀茂川で身を清める儀式。[更級]初瀬「そのかへる年の十月二十五日、―とののしるに」[訳]その翌年の陰暦十月二十五日、大嘗会の御禊ということで世間が大騒ぎをしているけれども。

たい-しゃく【帝釈】(名)《仏教語》「帝釈天」の略。[源氏]蜻蛉「人のいみじく惜しむ人をば、―も返し給ふなり」[訳]人が(失うことを)たいそう惜しく思う人を、帝釈天もお返しになるということだ。

たいしゃく-てん【帝釈天】(名)《仏教語》梵天とともに仏教を守護する神。十二天の一。須弥山の山頂にある喜見城に住み、四天王を従えて阿修羅を征服するという。

たい-しゅ【太守】(名)❶親王の任国と定められていた上総(千葉県)・常陸(茨城県)・上野(群馬県)の三か国の守の称。実際には親王は遥任で赴任せず、介が代わって守の仕事を行った。❷江戸時代、国主。一国の領主。

だい-しゅ【大衆】(名)《仏教語》多くの僧たち。貴族の出身でない僧にいう。衆徒。[平家]四・橋合戦「三井寺の―・渡辺党、走りつづき走りつづき」[訳]三井寺の衆徒や渡辺氏の武士団が、次から次へと走り続き。

たい-しょう【太衝】(名)陰陽道で、陰暦九月の称。[徒然]一六三「―の太の字、点うつ、うたずといふ事、陰陽の友がら相論の事ありけり」[訳]太衝の太の字は、(太と)点をうつ、(大と点を)うたないということ(について)、陰陽道の仲間が議論し合ったことがあった。

だい-じょう【大判官】(名)律令制で判官の上位。

発展「大判官」の表記

「だいじょう」は、役所によって字が異なる。神祇官では「大祐」、省では「大丞」、職・坊では「大進」、寮では「大允」、衛門府・兵衛府・検非違使では「大尉」、国司では「大掾」などと漢字を当てる。

たいしょく-くゎん【大織冠】(名)❶大化の改新後に制定された冠位の最高位。のちの正一位に当たる。実際には、天智天皇の八年(六六九)に藤原鎌足に授けられただけである。❷藤原鎌足の称。[今昔]二二・一四「―、いまだ内大臣にもなり給はずして、ただ人にてましましける時」[訳]藤原鎌足がまだ内大臣にもおなりにならなくて、一貴族でいらっしゃったとき。

だい-しら-ず【題知らず】(名)和歌の題や詠まれた事情が明らかでないこと。「古今和歌集」に詞書としてはじめて用いられた。

だい-じん【大尽・大臣】(名)❶財産家。大金持ち。❷《遊里語》遊里で豪遊する客。

だい-じん【大臣】(名)太政官の上官。太政大臣・左大臣・右大臣・内大臣などをいう。「おほいまうちぎみ」「おほいどの」「おとど」とも。[方丈]二「―・公卿みなことごとく移ろひ給ひぬ」[訳]大臣・公卿、みな残らず(新しい都へ)移転なさってしまった。

だい-じん【大進】(名)律令制で、大膳職・修理職・左右京職・中宮職・東宮坊などの判官の一つ。少進の上に位する者。[枕]八「―生昌が家に、宮の出でさせ給ふに」[訳]中宮(=定子)がお出かけになられるときに、大進である生昌の家に。

だい-じんぐう【大神宮・太神宮】(名)天照大神を祭る宮。伊勢神宮の内宮(=皇大神宮)。また、伊勢神宮の内宮と外宮(=豊受大神宮)の総称。[平家]七・還亡「兵革しづまらば、―へ行幸なるべき由仰せ下さる」[訳]戦乱がおさまったら、伊勢神宮へ天皇がお出ましになるはずである旨を仰せ伝えられる。

だいじん-の-だいきゃう【大臣の大饗】毎年正月、または新しく大臣に任ぜられたとき、大臣が諸大臣以下殿上人を招いて催した盛大な宴会。[徒然]一五六「―は、さるべき所を申しうけて行ふ、常の事なり」[訳]新任の大臣が催す大饗宴は、しかるべき所をお願いして借り受けて行うのが、ふつうのことである。

たい・す【帯す】(他サ変){せ・し・す・する・すれ・せよ}身につける。帯びる。持つ。[竹取]かぐや姫の昇天「この(かぐや姫を)守る人々も、弓矢を―・し(用)て(=身につけて)」

だい-ず【大呪】(名)《仏教語》「だいじゅ」とも。陀羅尼(=梵語による長文の呪文)の敬称。また、長い呪文。[源氏]鈴虫「われも忍びてうち誦じ給ふ阿弥陀の―いと尊くほのぼの聞こゆ」[訳](光源氏の)自分でもおさえてお唱えになる阿弥陀の大呪が、たいそう尊くかすかに聞こえる。

だい‐せう【大小】(名) ❶大きいことと小さいこと。大きいものと小さいもの。源氏 賢木「侍りつる世にかはらず、—の事を隔てず何事も御後ろ見とおぼせ」訳(私=桐壺院が)生きておりました世と変わらず、大小の事を心を隔てないで、何事につけても(あなた=朱雀帝は光源氏を)お世話役とお思いなさい。❷刀と脇差し。〔浮・西鶴諸国ばなし〕「〔盗人は〕皆、髭男の(=髭を生やした男で)、—をさして参った」❸大鼓と小鼓。〔謡・松風〕「ツレは—前へさがり」訳ツレ(=能・狂言で、シテ・ワキの補佐として演じる者)は大鼓と小鼓の前へさがり。❹暦の大の月(=陰暦で三十日ある月)と小の月(=二十九日の月)。また、大小の月を色わけした簡単な暦。

だい‐せうねつ【大焦熱】(名)《仏教語》「大焦熱地獄」の略。八大地獄の一つ。五戒および邪見の戒や、尼を犯した者が落ち、焦熱地獄よりもさらに激しい猛火に苦しめられるという。→八大地獄

たい‐せち【大切】(名・形動ナリ)「たいせつ」に同じ。

たい‐せつ【大切】(名・形動ナリ)「たいせち」とも。❶大事なこと。貴重なこと。平家 三・足摺「なんとしても〔人の〕命は—のことなれば」❷緊急なこと。切迫したようす。今昔 二四・一八「某が—に用申すべき事ありて参りたるなり」訳私が緊急に申し上げなければならないことがあって参上したのだ。

だいぜん‐しき【大膳職】(名)律令制で、宮内省に属し、天皇の食事や、儀式の際に臣下に賜る食事などを含め、宮廷用の食料関係のことを扱った役所。⇩巻頭カラーページ31

だい‐そうじゃう【大僧正】(名)《仏教語》僧官の最高位。聖武天皇の天平十七年(七四五)、薬師寺の行基がはじめて任ぜられた。

だい‐そうづ【大僧都】(名)《仏教語》僧綱の一つ。僧都の上位。→僧都

たいだい・し【怠怠し】(形シク){しから・しく(しかり)・し・しき(しかる)・しけれ・しかれ}不都合だ。もってのほかだ。あるまじきことである。源氏 桐壺「かく世の中のことをも思ほしすてたるやうになりゆくは、いと—・しきわざなり」訳(桐壺帝が)このように政務までも見捨てなさったようになっていくのは、まったく不都合なことだ。

だい‐だいり【大内裏】(名)皇居および諸官庁のある区域。一般に、平城京・平安京の宮城をさす。⇩巻頭カラーページ31

だい‐ぢから【大力】(名)非常に力の強いこと。また、力の強い人。平家 一一・能登殿最期「安芸の太郎実光とて、三十人が力持ったる—の剛の者あり」訳安芸の太郎実光といって、三十人の力をもっている力持ちの剛勇がいる。

たいちまい… 俳句

> 夏
> 田一枚　植ゑて立ち去る　柳かな
> 〈おくのほそ道・蘆野・芭蕉〉

訳(ほんのしばらくのつもりが)西行が立ち寄り和歌に詠んだという柳の木陰で感慨にふけり、(早乙女たちが)田を一枚植え終わるまで時を過ごしてしまった。現実にもどった私は、無量の思いを残しつつ立ち去ることだ。(田植ゑ夏。切れ字は「かな」)

解説 この「柳」は西行ゆかりの遊行柳と称された。「田一枚植ゑて」を神への奉仕の気持ちを捧げる芭蕉の行為とする解、「立ち去る」の主語を田植えの人とする解もある。西行の和歌は「道のべに清水流るる柳かげしばしとてこそ立ちとまりつれ」(訳→みちのべに… 和歌)〈新古今・夏〉

たい‐てん【大典】(名)律令制で、大宰府の主典で、少典の上に位する者。

たい‐てん【退転】(名・自サ変) ❶《仏教語》修行によって得た境地を失い、転落すること。❷衰えていくこと。中絶すること。中止。平家 四・源氏揃「矢さけびの声の—もなく、鏑の鳴りやむひまもなく」訳矢が命中したときに射手のあげる声が衰えることもなく、鏑矢の鳴り響く音がやむひまもなく。❸家が破産したり断絶したりすること。また、そのためによそへ立ち退くこと。

だい‐てんもく【台天目】(名)台にのせた天目茶碗(=浅く開いたすりばち形の抹茶茶碗)。また、それを用いた茶の湯の法式。

だい‐どうじ【大童子】(名) ❶年をとった童子。相当な年なのに、童子の髪形をした者。宇治 一・一五「いただきはげたる—の…うららかにも見えぬが」訳頭のてっぺんがはげた大童子で…隠し隔てがないようにも見えない(=うさんくさい)者が。❷《仏教語》寺院で召し使う童子のうち、上童子に次いで年長の者。〔発心集〕「その僧都のもとに、年ごろつかふ—ありけり」訳その僧都のもとに、長年召し使っている大童子がいた。→童子

だい‐とく【大徳】(名)「だいとこ」に同じ。

だい‐とこ【大徳】(名)〔「だいとく」の転〕徳の高い僧。高僧。のち一般に、僧の敬称。源氏 若紫「いとたふとき—なりけり」訳(聖は)実に品位のあるすぐれた高徳の僧であった。

だい‐ないき【大内記】(名)「だいだいき」とも。中務省に属する役人。内記の上位の者。正六位相当官。→内記

だい‐なごん【大納言】(名)太政官の次官。大臣に次いで政治に参与し、宣旨の伝達をつかさどる。源氏 桐壺「〔桐壺の更衣の〕父の—は亡くなりて」

だい‐に【大弐】(名)大宰府の次官。権帥を置かないときに、帥の代行として置いた。

だいにち‐にょらい【大日如来】(名)《仏教語》密教の根本最高の仏である摩訶毘盧遮那のこと。→毘盧遮那仏

大弐三位(だいにのさんみ)『人名』(生没年未詳)平安中期の女流歌人。「藤三位」ともいう。本名藤原賢子。紫式部と藤原宣孝との娘で、大宰の大弐高階成章の妻となる。「小倉百人一首」に入集。家集「藤三位集」

だい‐ねんぶつ【大念仏】(名) ❶大勢の人が集まって「南無阿弥陀仏」と念仏を唱えること。平家 三・灯籠之沙汰「十五日の日中を結願(=法会の最終日)として—ありしに」

❷特に、京都嵯峨の清涼寺釈迦堂で、陰暦三月六日から十五日まで、多くの人々が集まって営んだ大念仏の法会をいう。

たい-の-うへ【対の上】「対の屋」に住んでいる人。対の方。源氏 蓬生「忍びて、―に御いとま聞こえて出で給ふ」訳（光源氏は）こっそりと、対の屋にいる方（=紫の上）においとまごいを申し上げて、お出かけになる。

たい-の-や【対の屋】（名）平安時代、寝殿造りの建築で、寝殿（=正殿）の左右（=東西）や背後（=北）につくった別棟の建物。寝殿とは渡殿（=渡り廊下）でつながれ、寝殿から見た位置によって「東の対」「西の対」「北の対」のように呼ぶ。東西には子女などが、北には夫人が住む。略して「たい」とも。⇨巻頭カラーページ20

たい-はい【帯佩】（名）❶太刀などを身につけること。また、その姿。平家 二・烽火之沙汰「容儀―人に勝れ」訳（平重盛は）容貌や太刀を身につけた姿が人よりすぐれ。❷武芸・芸能などの型。かまえ。作法。〔風姿花伝〕「―・身遣ひと申すも、これなり」訳身がまえ・身のこなしと申すのも、これ（=謡の文句に適した所作）である。

たい-はい【頽廃】（名）衰えすたれること。荒れはてること。細道 平泉「すでに―空虚のくさむらとなるべきを」訳（光堂は）今はもう荒れはてて何もない草むらとなるはずのところを。

だい-ばん【台盤】（名）「だいはん」とも。宮中や貴族の家などで、食器などを載せる台。四脚の食卓のようなもの。朱または黒の漆塗りで、縁が中より高い。枕 一〇八「頭着き給はぬかぎりは、殿上の―には人もつかず」訳蔵人の頭が着席なさらないうちは、殿上の間の台盤（の前）にはだれも着席しない。

（だいばん）

だいばん-どころ【台盤所】（名）❶台盤を置く所。宮中では清涼殿の一室で女房の詰め所。貴族の邸では食物を調理する台所。源氏 総角「―の方にてうけたまはりつれば」訳（私=薫が清涼殿の台盤所のあたりでお聞きしたところ。❷貴人の妻の敬称。北の方。御台所。平家 一・吾身栄花「花山院の左大臣殿の御―にならせ給ひて」訳（清盛の娘の一人は花山院の左大臣殿の奥方様におなりになられて。

だい-ひ【大悲】（名）《仏教語》❶人々を苦しみから救う仏の大きな慈悲。平家 一〇・熊野参詣「―擁護の霞は熊野山にたなびき」訳衆生を護る仏の慈悲深い心をあらわす霞は熊野山にたなびき。❷「大悲菩薩」の略。観世音菩薩の異称。↓観世音

だいひ-さ【大悲者】（名）《仏教語》〔「大慈悲者」の意〕諸仏・菩薩。特に、観世音菩薩の称。〔うつほ〕藤原の君「奈良、長谷の―（=観世音菩薩）」

たい-ふ（名）❶【大夫】律令制で、五位の者の総称。枕 一四二「―は 式部の―。左衛門の―。右衛門の―〔がよい〕」❷【大夫・太夫】㋐能・狂言・浄瑠璃・歌舞伎などの芸能を業とする者で、技芸がすぐれている者の称。㋑歌舞伎の女形の最上位。立て女形。㋒最上位の遊女。〔浮・好色一代女〕「これより美しきはこの里（=遊里）にまたとなき―」㋓伊勢神宮の下級の神官。御師。また、その神官が営む参詣者用の宿屋。〔万載狂歌集〕春上「まづひらく伊勢の―がはつ暦けふ九重のも花のお江戸も」訳（年の初めにまずひらいて見る、伊勢の大夫の（くばった）初暦を。今日、宮中でも花のお江戸でも。（「伊勢の大夫」は歌人の「伊勢大輔」と「伊勢神宮の神官」とをかける）

参考 ふつう、①は「たいふ」、②は「たゆう」と読む。なお、職の長官の場合は「だいぶ」と読み、別語。

たい-ふ【大副】（名）律令制で、神祇官の次官。

たい-ふ【大輔】（名）律令制で、八省の次官。少輔の上位。

だい-ふ【内府】（名）「ないふ」とも。内大臣の唐名。

だい-ぶ【大夫】（名）律令制で、中宮職・東宮坊・大膳職・修理職などの長官。源氏 行幸「春宮の―など今は聞こゆる御子どもも、みななり出でつつものし給ふ」訳東宮の大夫などと今では申し上げる（亡き大臣の）お子様たちも、みなそれぞれりっぱになってお供しなさる。（「ものす」は婉曲表現で、ここは「供をする」の意）。↓長官

参考 五位の人をさす「大夫」とまぎらわしいので濁って読むのが通例。

だいふく-ちゃう【大福帳】（名）商家の収入・支出の元帳。売買の記帳をした帳簿。〔浮・日本永代蔵〕「最前のすり鉢の音は、―の上紙に引く糊をすらした」訳さっきのすり鉢の音は、大福帳の表紙に（紙をはるために）引く糊をすらせていたものだ。

だいふく-ちゃうじゃ【大福長者】（名）大金持ち。平家 五・都遷「この邦綱卿は―にておはすれば」訳この邦綱卿は大金持ちでいらっしゃるので。

太平記（たいへいき）〖作品名〗室町時代の軍記物語。小島法師の作と伝えられるが、未詳。応安四年（一三七一）ごろ成立か。後醍醐天皇の討幕計画、建武の新政から五十余年に渡る南北朝期の動乱の様態を、華麗な和漢混交文で記述。

たいへい-らく【太平楽】（名）❶唐楽の一種で、大食調の舞楽の一つ。天下泰平を祝うもので、即位の大礼のときに行われる。よろいかぶとをつけ、太刀を帯びた四人の舞人が舞う。枕 一三六「―、太刀などぞうたてあれど、いとおもしろし」訳太平楽は太刀（を抜いて舞うの）などがいやであるけれども、たいそう興味深い。❷勝手なことを言ったりしたりすること。のんきでいいかげんなこと。〔伎・韓人漢文手管始〕「貴様はどこの者で〔あるからといって〕、さういふ―は言ふのぢゃ」

（たいへいらく①）

だい-べん【大弁】（名）太政官の判官の一つ。左右弁官局の長官。左大弁と右大弁とがある。↓弁

だい-ほふ【大法】（名）《仏教語》❶仏の教説の敬称。偉大な法。「大乗」の法。

❷密教で、最も重要な修法。請雨経法・孔雀経法などがある。平家 四・鵼「—・秘法を修せられけれども、そのしるしなし」訳 (高僧に命じて)大法・秘法を行いなさったが、そのききめがない。

だい‐ぼん【大犯】(名)「たいぼん」とも。大罪。また、大罪を犯した人。平家 二・重衡被斬「そもそもこの重衡卿は—の悪人たるうへ」

たいぼん‐げじょう【退凡下乗】(名)《仏教語》釈迦が霊鷲山で説法をしたとき、摩訶陀国王の頻婆沙羅が、これを聞くために通路を開き、その中間に建てたという二つの卒都婆。一つは「下乗」といい、王もここからは乗り物をおりて歩き、一つは「退凡」といって、随従する凡人を退けてこれから内には入れさせなかったという。徒然 二〇二「—の卒都婆、外なるは下乗、内なるは退凡なり」訳 (霊鷲山にある)退凡下乗の卒都婆は、外側にあるのは下乗、内側にあるのは退凡である。

たい‐まつ【松明】(名)〔「焚き松」の音便〕松のやにの多い部分、または、竹・葦などを束ねて火をつけ、照明具としたもの。略して「まつ」とも。

(たいまつ)

たいまつ‐る【奉る】(他ラ四)｛ら・り・る・る・れ・れ｝〔「たてまつる」の転〕「与ふ」「やる」の謙譲語。差し上げる。献上する。土佐「言ふにしたがひて、幣—・る(終)」訳 (船頭が)言うにしたがって、幣(=ささげ物)を献上する。→奉る(他ラ四)

たいまつ‐る【奉る】(補動ラ四)｛ら・り・る・る・れ・れ｝〔四段動詞「たいまつる」から〕(動詞の連用形に付いて)謙譲の意を表す。お…申しあげる。〔春雨物語〕「ただただひらかに都へと、朝夕海の神に幣散らして、ねぎ—・る(終)」訳 ただただ無事に都へと、朝夕海神に幣(=ささげ物)を散らして、お祈り申しあげる。→奉る(補動ラ四)

だい‐みゃう【大名】(名)❶平安中期ごろから中世にかけて、多くの名田(=私有田)を所有した者。❷鎌倉時代、広い領地と武力を持った地方豪族。守護や地頭。平家 二・逆櫓「—・小名寄り合ひて〔評議する〕」❸江戸時代、知行(=領地)一万石以上の武家。藩主。

だい‐みゃうじん【大明神】(名)神の敬称。神の名の下に付けていう。明神をさらに尊んでいう称。

だいみゃう‐そう【題名僧】(名)経供養(=経文を書写して供養する法会)のときなどに、経の題目を読みあげる役の僧。大鏡 道長下「百僧なりしかば、御堂の北の廂にこそは、—の座はせられたりしか」訳 (供養に招いたのは)百人の僧だったから、御堂の北の廂の間には、題名僧(たち)の座席は設けられていた。

たい‐め【対面】(名・自サ変)〔「たいめん」の撥音「ん」の表記されない形〕「たいめん」に同じ。源氏 紅葉賀「この君おはすと聞き給ひて、—・し(用)給へり」訳 (兵部卿の宮は)この君(=光源氏)がいらっしゃるとお聞きになって、対面しなさった。

たい‐めん【対面】(名・自サ変)「たいめ」とも。顔を合わせること。会って話すこと。枕 八「いかでさるべからむをりに、心のどかに—・し(用)て申しうけたまはらむ」訳 どうか適当なおりに、ゆっくりと会ってお話を申し上げもし、お伺いもしたい(ものだ)。

だい‐もく【題目】(名)❶(書物などの)表題。題名。❷物につける名称。名号。名目。〔謡・弓八幡〕「まづまづめでたき—なり」訳 (桑の弓とは)なかなかめでたい名前である。❸条件。箇条。項目。徒然 二三八「九条の相国伊通公の款状にも、ことなることなき—をも書きのせて、自賛せられたり」訳 九条の太政大臣伊通公の、官位や恩賞を願う上申書にも、格別なことのない項目をも書きのせて、自賛なさっている。❹《仏教語》日蓮宗で唱える「南無妙法蓮華経」の七字。お題目。

だい‐もん【大門】(名)外構えの大きな正門。寺などの総門。細道 平泉「三代の栄耀一睡の中にして、—の跡は一里こなたにあり」訳 (奥州藤原氏)三代の栄華も一睡のうちにはかなく消えるものであって、表門の跡は一里(=約四キロメートル)ほど手前にある。⇩栄耀「名文解説」

だい‐もん【大紋・大文】(名)❶大形の紋所。❷大形の模様。平家 二・教訓状「小松殿、烏帽子・直衣に、—の指貫そばとって」訳 小松殿(=平重盛)は、烏帽子・直衣姿で、大きな模様の(ついた)指貫の股立ちをつまみ上げて。❸大形の家紋を五か所に染め出した直垂。下に長袴をはく。室町時代に始まり、江戸時代には、五位以上の武家の礼服となった。⇩巻頭カラーページ13

だい‐もんじ【大文字】(名)「大文字の火」の略。陰暦七月十六日の夜、京都東山の如意嶽の西峰(=通称大文字山)の中腹に大の字形にたく送り火。秋

たい‐や【逮夜】(名)火葬の前夜。また、命日・忌日の前夜。

たい‐やく【大厄】(名)❶大きな災い。❷陰陽道で、最も忌みきらう厄年。男は四十二歳、女は三十三歳。

たい‐よう【大用】(名)大きな効用。〔風姿花伝〕「一切の事、諸道芸において、その家々に秘事と申すは、秘するによりて—あるが故なり」訳 あらゆること、もろもろの芸道において、その家々で秘密にしている大事な事柄と申すもの(があるの)は、(それを)秘密にすることによって、大きな効用があるからである。

だい‐り【大理】(名)検非違使の別当(=長官)の唐名。

だい‐り【内裏】(名)❶天皇の住む御殿。皇居。⇩巻頭カラーページ32 ❷天皇。帝。源氏 明石「—に奏すべきことあるによりなむ急ぎ上りぬる」訳 天皇(=朱雀帝)に奏上しなければならないことがあるので、急いで必ず都にのぼる。⇩御門「慣用表現」

慣用表現 「宮中・皇居」を表す表現

天・天つ空・天つ御門・内・内辺り・雲上・大内・大内山・大宮・大宮処・神の御門・禁中・禁廷・禁門・禁裏・雲の上・雲居・雲居の空・九重・御所・標の内・内裏・御門・宮・百敷

ポイント 「宮中・皇居」は、尊い所から「雲」や「天」、はばかられる所から「内」や「禁」を用いて表現される。

だい-りゃう【大領】(名)「たいりゃう」とも。律令制で、郡司の長官。多く、地方の豪族が任命された。

だい-わうじゃう【大往生】(名)苦しみや心の乱れのない安らかな死。また、りっぱな死に方。

だいゐとく-みゃうわう【大威徳明王】(名)《仏教語》五大尊明王の一。西方を守護し、衆生を害する毒蛇・悪竜を征服するという。略して「大威徳」とも。→五大尊明王

だい-ゑ【大会】(名)《仏教語》大規模な仏教の儀式。大法会。今昔 一・三「宮に―を儲けてもろもろの人を集めて問ひていはく」訳(仙道王が宮殿に大法会を催して多くの人を集めて尋ねて言うことには。

たう-【当】(接頭)(名詞に付いて)この、その、現在の、などの意味を表す。「―季」「―人」「―職」

たう【当】(名)❶《仏教語》「当来」の略。来世。未来。〔源平盛衰記〕「―には補陀洛山に生まれんと」訳来世には補陀洛山(=観世音菩薩が住むという山)に生まれたいと。
❷当番。〔狂・くじ罪人〕「某(=私)当年は祇園会の―に当たってござる」

たう-【唐】(接頭)❶中国渡来の…、外国渡来の…、の意を添える。「―船」「―模様」
❷ふつうの物とは違った…、の意を添える。「―臼」「―鍬」

たう【唐】(名)❶中国の統一王朝(六一八—九〇七)の名。隋を受けて中央集権を確立、当時世界最大の文明国で、日本からも遣唐使を派遣した。安史の乱以後衰え、のち、朱全忠に滅ぼされた。都は長安。
❷中国の称。唐土。から。もろこし。震旦。

たう【党】(名)集団。徒党。特に、中世、地方の武士が結成した軍事集団。平家 九・樋口被討罰「―も豪家も、七条・朱雀・四塚さまへ馳せ向かふ」訳(樋口の次郎を討つため)党も豪家(=由緒ある家柄の者)も、七条・朱雀・四塚のほうへ急いで向かう。

-だう【堂】(接尾)❶屋号・雅号・建物の名などに添える。〔曽我物語〕「帝釈(=帝釈天)は善法―にたてこもり」
❷敬称に用いる。多く、他人の母に対する敬意を表す。〔太平記〕六「大塔の宮(=護良親王)の御母―にて」

だう【堂】(名)❶表御殿。正殿。
❷神仏を祭る建物。源氏 夕顔「板屋のかたはらに―建てて行へる尼の住まひいとあはれなり」訳板葺きの家のそばに堂を建てて勤行している尼の住居は、たいそうものさびしい。

だう-あう【堂奥】(名)(堂内の奥まった所の意から)学問・芸道の最も奥深いところ。奥義。秘奥。〔春泥句集〕序「いづれの門よりしてか、その―をうかがはんや」訳どの流派に入ったら、その(俳諧の)奥義を知ることができようか。

道因(だういん)《人名》(一〇九〇—?)平安末期の歌人。俗名は藤原敦頼。俊恵が主催した歌林苑に集まった一人。「小倉百人一首」に入集。

たう-か【堂下】(名)「だうか」とも。❶建物の前面などの地上。建物の外。平家 六・入道死去「数万の軍旅は、堂上―になみゐたれども」訳数万の軍勢は、屋敷の内や外に並んで座っていたけれども。
❷昇殿を許されない、身分の低い者。地下。平家 三・御産「すべて堂上―、一同にあっと悦びあへる声、門外までどよみて」訳(皇子誕生の知らせに)すべての殿上人や地下人が、全員そろってわっと喜びあっている声が、門外まで響きわたって。(↔堂上)

たう-ぎん【当今】(名)今の天皇。今上天皇。平家 五・奈良炎上「この入道相国と申すは、かけまくもかたじけなく、―の外祖にておはします」訳この入道相国(=平清盛)と申し上げる人は、口にするのも畏れ多いが、今上天皇(=安徳天皇)の外祖父でいらっしゃる。

だう-ぐ【道具】(名)❶仏道修行のための用具。仏具。〔正法眼蔵随聞記〕「あるいは貧にして―調へがたしと云ひ」訳ある者は貧しくて仏具をそろえにくいと言い。
❷一般の調度。器具。〔讃岐典侍日記〕「昼つかたになるほどに、―などとりのけて」訳昼のころになるときに、(室内の)調度などをとりかたづけて。
❸武具。特に、武家で、槍・長刀・太刀・刀の称。〔浮・世間胸算用〕「人の大事の―を、何とて投げてそこなひけるぞ」訳人の大事な道具(=長刀)を、どうして投げてこわしたのか。
❹ある物(人)に備わっているもの。〔浄・丹波与作待夜小室節〕「顔の―手足まで母はかうは生み付けぬ」訳顔の目鼻だちから手足まで、母(である私)は(おまえをこの(やせた山猿の)ようには生みつけない。
❺材料。手段。方法。〔柳多留〕「お袋をおどす―は遠い国」訳お袋をおどす手段は遠い国(へ行ってしまう、の一言がいちばんだ)。

道元(だうげん)《人名》(一二〇〇—一二五三)鎌倉前期の僧。日本の曹洞宗の開祖。初め比叡山で天台宗を学び、のち栄西に師事。貞応二年(一二二三)宋に渡り、曹洞宗を修めて帰国。寛元二年(一二四四)越前(福井県)に永平寺を建立した。主著「正法眼蔵」

たう-ざ【当座】(名)❶その場。その席上。〔太平記〕二〇「―の一族三十余人、皆この議に同じける」訳その席上の一族三十余人、皆この提案に賛同した。
❷すぐそのとき。即座。即刻。〔浮・新色五巻書〕「なぜ―には(=即座には)見せなんだ」
❸当分の間。さしあたり。〔狂・千鳥〕「こなたの左様仰せられうと存じ、―の代はりは持って参りました」訳あなたがそのようにおっしゃるだろうと思い、さしあたっての代金は持ってまいりました。
❹その場で出す和歌・俳句の題。また、その場で和歌や俳句を詠むこと。即題。即詠。平家 一・御輿振「近衛院の御在位の時、―の御会ありしに」訳近衛院がご在位の時、即詠のお歌会があったときに。

たうざ-がし【当座貸し】(名)少額の金銭を、短期間貸すこと。借用証文を取らないかわりに高利であった。〔浮・日本永代蔵〕「たしかなる方へ日貸しの小判、―のはしたがね」訳確かな人へ小判の一日貸しや、小銭の当座貸しをした。

たうざ-ぎん【当座銀】(名)現金で商売をすること。即金。〔浮・日本永代蔵〕「昔は掛け算、今は―」訳昔は掛け売り、今は現金売り。

たうざ-さばき【当座捌き】(名)その場しのぎの処

置。一時のがれ。〔浮・好色五人女〕「何心もなく—に語りける」訳何気なくその場しのぎに語った。

たうざ‐ばらひ【当座払ひ】(名)その場で代金を支払うこと。現金払い。

たう‐ざん【当山】(名)この山。また、この寺。当寺。平家 四・南都牒状「〔三井寺は〕—(=比叡山)延暦寺の末寺でありながら」

たう‐じ【当時】(名)❶現在。ただいま。平家 九・敦盛最期「—みかたに東国の勢何万騎かあるらめども、いくさの陣へ笛持つ人はよもあらじ」訳現在味方に東国の兵が何万騎かいるだろうけれども、戦陣へ笛を持ってきている人はまさかいないだろう。
❷その時。そのころ。宇治 一五・一二「心のほしきままに、悪しきことをのみ事とするは、—は心にかなふやうなれども、終はり悪しきものなり」訳勝手気ままに、悪いことばかりに専念するのは、その時は満足するようであるけれども、最後は不都合なものだ。

だう‐し【道志】(名)「「道」は明法道(=律令・格式の学問)、「志」は主典の意)大学の明法道出身の者で、衛門府の「志」と検非違使の「志」とを兼ねている者。

だう‐し【導師】(名)《仏教語》〔衆生を仏道に導き入れる者の意〕❶仏・菩薩の称。
❷法会・供養などのとき、多くの僧の中心となって仏事を行う僧。徒然 一八六「—に請ぜられん時、馬など迎へにおこせたらんに、桃尻にて落ちなんは、心憂かるべし」訳法事の導師として招かれるようなとき、馬などを迎えによこしたような場合に、桃尻(=乗馬が下手ですわりの悪い尻)で落ちてしまうとしたら、それは情けなかろう。
❸葬儀の際に主となり、死者に引導を渡す僧。

だう‐しゃ【堂舎】(名)「だうじゃ」とも。大きな家(堂)と小さな家(舎)。特に、社寺の建物。平家 二・山門滅亡「—高くそびえて」訳〔延暦寺の〕諸堂諸舎は高くそびえて。

だう‐しゃ【道者】(名)❶仏道を修める者。僧。〔笈の小文〕「あるは無依の—の跡をしたひ、風情の人の実をうかがふ」訳あるいは悟りの境地に到達した仏道修行者の跡を慕い、風雅を愛した人の真情を尋ね求める。
❷連れ立って神社・仏閣を参拝・遍歴する旅人。巡礼。〔義経記〕「さし入り見たりければ、寺中には—大門に満ち満ちたり」訳入って見たところ、寺の中には参詣の人々が大門(のあたり)に満ち満ちている。

たう‐しゃう【堂上】「だうしゃう」「だうじゃう」とも。■(名)❶建物の床の上。御殿の内。平家 八・山門御幸「—・堂下・門外・門内、ひまはざまもなうぞ満ち満ちたる」訳(後白河法皇の仮御所の)御殿の内・御殿の外・門外・門内は、(人々で)すき間もないほどいっぱいになっている。
❷昇殿を許された(四位以上の)公卿の称。殿上人。平家 三・御産「すべて—堂下、一同にあっと悦びあへる声、門外までどよみて」訳(皇子誕生の知らせに)すべての殿上人や地下人が、全員そろってわっと喜びあっている声が、門外まで響きわたって。(↔堂下)
■(名・自サ変)昇殿すること。徒然 一〇二「ある人…内記の持ちたる宣命を取らずして、—・せ(未)られにけり」訳ある人が…内記(=宣命を作る役人)の持っている宣命を受けとらずに、昇殿しなさってしまった。

だう‐じゅ【堂衆】(名)「だうしゅ」とも。寺院の諸堂に属して雑役に従事した身分の低い僧。平安中期以降武力を持ち、僧兵の性格を帯びるようになった。平家 二・山門滅亡 堂衆合戦「—ら、師主の命をそむいて合戦をくはたて」訳堂衆らが、師匠の命令にそむいて合戦をくわだて(ているので)。

たう‐しょく【当職】(名)現在の職務。現職。今昔 二四・二九「これ、資業が—の受領なるに依りて」訳これは、資業が現職の受領であることによって。

たう‐じん【唐人】(名)❶中国人。
❷外国人。異人。〔仮名・犬枕〕「高き物〔は〕…東寺の塔や—の鼻」
❸ものの道理のわからない人をあざけっていう語。

だう‐しん【道心】(名)《仏教語》❶仏教を深く信仰する心。菩提心。また、慈悲心。枕 四三「さる心地に—おこしてつきありくらむよ」訳(米つき虫は)そんな(虫の)心でも仏を信仰する心をおこしてお辞儀をし(=拝むようにして)歩きまわっているようだねえ。
❷十三歳または十五歳以上で仏道に入った人。また、一般に仏道修行をする人。細道 福井「いづくよりわたり給ふ—の御坊にや」訳どこからおいでになった仏道修行のお坊様だろうか。文法 係助詞「や」のあとに結びの語「あらむ」などが省略されている。

だうしん‐じゃ【道心者】(名)「だうしんざ」とも。仏道に精進する人。徒然 六〇「まことにありがたき—なり」訳ほんとうにめったにないほど信仰心のあつい人だ。

たう‐せい【当世】(名)❶今の世の中。現代。
❷「当世風」の略。現代風。また、当世はやりの風俗・風習。〔浮・日本永代蔵〕「—着る物の縫ひ出し、すぐれて都の手利きありて」訳当世はやりの着物の仕立てに、きわだって都でも腕きき(の職人)がいて。

桃青(たうせい)《人名》→松尾芭蕉

たう‐せん【唐船】(名)中国の船。また、中国風の船。唐船。唐土船。平家 一一・鶏合 壇浦合戦「—少々あひまじれり」訳(千余りの平家の船には)中国風の船も少し交じっている。

たう‐ぜん【当千】(名)〔のちに「たうせん」とも〕一人で千人に匹敵するほどの力量や勇気があること。一人当千。一騎当千。〔浄・吉野忠信〕「—と頼みをかけし小早川」訳一人当千と頼みをかけていた小早川。

だう‐ぞく【道俗】(名)道人(=仏道を修行する人)と俗人。僧侶と俗人。平家 一〇・熊野参詣「—袖をつらねたり」訳僧侶も俗人も連れ立って(て参詣し)た。

だうそ‐じん【道祖神】(名)道中の悪霊を防いで旅人の安全を守る神。村境・峠・辻・橋のたもとなどに祭られた。さえの神。手向けの神。細道 出発まで「—の招きにあひて、取るもの手につかず」訳道祖神の(旅への)誘いにあって、取るものも手につかないで。

たう‐だい【当代】(名)❶今の世。当世。現代。〔浄・源平布引滝〕「—用ゐぬめづらしき鏑矢」訳今の時代では用いない珍しい鏑矢だと。
❷今の天皇。今上天皇。源氏 澪標「—のかく位にかなひ給ひぬることを思ひのごとうれしとおぼす」訳

今の天皇(=冷泉帝)がこのように位におつきになったことを、(光源氏は望みどおりでうれしいとお思いになる。

だう-ぢゃう【道場】(名)《仏教語》僧が仏道を修行し、説法などをする場所。寺院。徒然 二三五「ここにて対面し奉らば、―をけがし侍るべし」訳 ここでお相手申しあげたら、仏道修行の場所を(血で)けがすでしょう。

だう-ちゅう【道中】(名)❶旅の途中。また、旅。❷太夫・天神などの遊女が盛装して遊郭の中をねり歩くこと。おいらん道中。

だうちゅう-すごろく【道中双六】(名)絵双六の一種。東海道五十三次の絵図をえがき、江戸品川を振り出しに、さいころの目の数によって宿場を進め、早く京都に入った者を勝ちとする。

たう-ど【唐土】(名)中国。唐。もろこし。〔謡・白楽天〕「―の詩賦をもって我が朝の歌とす」訳 中国の詩歌をもって我が国の歌とする。

だう-どうじ【堂童子】(名)❶寺院で雑役を務める、俗体の少年。枕 一三〇「―など呼ぶ声、山彦ひびきあひてきらきらしう聞こゆ」訳 堂童子などを呼ぶ声が、(堂の中に)こだましあってはなやかに聞こえる。❷宮中の法会のとき、華筥(=散華のときにまく花をのせる器)を配る役。蔵人または五位の殿上人の中から選んだ。〔栄花〕つるのはやし「御堂の内に坊して候ひ給ふ僧達、御―に至るまで」訳 御堂の内に僧坊を設けてお仕えしていらっしゃる僧たちから、御堂童子に至るまで。

だう-にん【道人】(名)「だうじん」とも。仏門に入って悟りを開いた人。また、仏道を修行する人。徒然 一〇八「―は遠く日月を惜しむべからず。ただ今の一念、むなしく過ぐることを惜しむべし」訳 仏道の修行者は遠い将来まで月日を惜しんではならない。ただ現在の一瞬間が、むだに過ぎることを惜しまなければならない。

たう-ばり【賜ばり】(名)四段動詞「たうばる」の連用形から)たまわること。また、たまわる物。官職などの場合にいう。蜻蛉 中「この大嘗会に、院の御―申さむ」訳 今年の大嘗会に、(道綱のために冷泉院にご官位をいただくことをお願いしよう。

たうば-る【賜ばる】(他ラ四)｛ら・り・る・る・れ・れ｝〔「たまはる」の転〕「もらふ」の謙譲語。たまわる。いただく。〔うつほ〕藤原の君「御返りは必ずあらむ。―り用てまうでこむ」訳 ご返事は必ずあるだろう。(私=嫗が)いただいてまいりましょう。

たう・ぶ【給ぶ・賜ぶ】(他バ四)｛ば・び・ぶ・ぶ・べ・べ｝〔「たまふ」の転〕「与ふ」「授く」の尊敬語。**お与えになる。くださる。** 枕 能因本・九七「それは隆円に―べ命」訳 それ(=笙の笛)は(私)隆円にお与えください。⇨賜ぶ「敬語ガイド」

参考「たまふ」から転じた語には、ほかに「たぶ」がある。「たぶ」は上代から用いられたが、「たうぶ」はおもに中古で用いられた。「たまふ」よりややくだけた言い方で、男性の会話に多く用いられている。

たう・ぶ【給ぶ・賜ぶ】(補動バ四)｛ば・び・ぶ・ぶ・べ・べ｝〔四段動詞「たうぶ(給ぶ)」から〕(動詞の連用形に付いて尊敬の気持ちを表す。**お…になる。…て(で)くださる。** 大和 一五八「この鹿の鳴くは聞き―ぶ終や」訳 この鹿の鳴く声はお聞きになっているか。

参考「侍り」に付いて用いられることが多い。→侍り給ぶ

たう・ぶ【食ぶ】(他バ下二)｛べ・べ・ぶ・ぶる・ぶれ・べよ｝〔「たまふ」の転〕❶「飲む」「食ふ」の謙譲語。いただく。〔後撰〕春下・詞書「大御酒―べ用けるついでに」訳 お酒をいただいた折に。❷「飲む」「食ふ」の丁寧語。飲みます。食べます。徒然 二三五「この酒を一人―べ未んがさうざうしければ、申しつるなり」訳 この酒を一人で飲みますとしたら、それがさびしいので、(おいでなさいと)申し上げたのである。文法「たうべん」の「ん」は、仮定・婉曲の助動詞。

敬語ガイド「食ふ」「飲む」の敬語
尊敬語(召し上がる・お飲みになる) **きこしめす・たてまつる(四段)・まゐる・召す**
謙譲語(いただく) **食ぶ・食ぶ・たまふ(下二段)**
丁寧語(食べます・飲みます) **食ぶ・食ぶ**

たう-まる【唐丸・鶤鶏】(名)❶にわとりの一種。羽は黒色で形は大きい。闘鶏・愛玩用。❷「唐丸籠」の略。①を飼う釣り鐘形の竹籠。また、それと形が似た、江戸時代、重罪人を護送するのに用いた籠。

たう-め【専女】(名)❶老女。土佐「淡路の―といふ人の詠める歌」❷老いた狐の異称。

たう-やく【当薬】(名)せんぶり(=薬草の名)の異名。茎や根を干したものをせんじて胃の薬にする。秋

たう-らい【当来】(名)《仏教語》これから来ようとする時。将来。未来。来世。〔謡・安宅〕「奉財の輩は、この世にては無比の楽に誇り、―にては、数千蓮華の上に坐せん」訳 寄進した人々は、この世においてはこの上ない楽しみを誇り、来世においては、極楽の数多くの蓮華の座の上に座るであろう。

たうらい-だうし【当来導師】(名)《仏教語》未来の世に出現して衆生を救うという仏。弥勒菩薩をいう。「当来の導師」とも。

だう-り【道理】(名)物事の正しい筋道。ことわり。源氏 柏木「もしおくれ先立つ道の―のままならで別れなば」訳 もし、一方は先に死んで一方はあとに残る(死出の)道の、(老人が先に死ぬという)ことわりのとおりでなく別れてしまったならば。

たう-りう【当流】(名)❶自分の属する流派。❷当世流。現代風なやり方。〔浮・日本永代蔵〕「連俳も―の行きかたを覚え」訳 連歌・俳諧も当世流の方法を覚え。

たえ【妙・栲】⇨たへ

たえ-い・る【絶え入る】(自ラ四)｛ら・り・る・る・れ・れ｝❶気を失う。気絶する。大鏡 道長上「やがて―り用て、なき人のやうにておはしけるを」訳 (乳母は)そのまま気を失って、(まるで)死んだ人のようでいらっしゃったので。❷息が絶える。死ぬ。今昔 一六・二六「もし―り用なば、寺に穢れ出で来たりなむとす」訳 もし(ここで)死んでしまったら、寺に汚れが生じてしまうだろう。

たえ-こも・る【絶え籠る】(自ラ四)｛ら・り・る・る・れ・れ｝世間との

関係を絶って引きこもる。源氏 早蕨「ひたぶるに―・り用給へりし住まひの心細さよりも」訳 ひたすらに世間との関係を絶って引きこもっていらっしゃった(宇治の)住まいの頼りなさよりも。

たえ・す【絶えす】□一(自サ変){せ・し・す・する・すれ・せよ}絶える。尽きる。源氏 篝火「篝火(かがりび)に立ちそふ恋の煙(けぶり)こそ世には―・せ未ぬ炎なりけれ」訳 篝火といっしょに立ち昇る(私=光源氏の)恋の煙は、決して途絶えることのない炎であることよ。
□二(他サ四){さ・し・す・す・せ・せ}絶えるようにする。絶やす。〔浮・西鶴織留〕「紙入れ(=財布)に金銀を―・さ未ず」

たえ・ず【絶えず】(副)絶えることなく。つねに。いつも。土佐「海賊追ひ来(く)といふこと、―聞こゆ」訳 海賊が追いかけて来るといううわさが、いつも耳にはいってくる。

たえ・だえ【絶え絶え】(副)絶えそうになりながら、やっと続くさま。とぎれとぎれに。〔千載〕冬「朝ぼらけ宇治(うぢ)の川霧―にあらはれわたる瀬々(せぜ)の網代木(あじろぎ)」訳→あさぼらけ…和歌

たえ・て【絶えて】(副)❶(下に打消の語を伴って)いっこうに。まったく。少しも。古今 春上「世の中に―桜のなかりせば春の心はのどけからまし」訳→よのなかに…和歌

副詞の呼応
絶えて 訪(と)ふ人なし。〈打消〉
(=まったく訪ねる人がない)

❷すっかり。残らず。源氏 手習「過ぎにし方(かた)のことは、―忘れ侍りにしを」訳 過ぎてしまったころのことは、すっかり忘れてしまいましたが。
❸特に。はなはだしく。〔後撰〕恋二「玉の緒(を)の―短き命もて年月(としつき)長き恋もするかな」訳 はなはだしく短い命でもって、長い年月に渡る恋もすることであるよ。(「玉の緒の」は「絶えて」にかかる枕詞)

たえ・は・つ【絶え果つ】(自タ下二){て・て・つ・つる・つれ・てよ}❶まったく絶えてしまう。源氏 椎本「いとど人目の―・つる体も」訳(八の宮没後は)さらにいっそう人の訪れがすっかり絶えてしまうのも。
❷まったく息が絶える。死ぬ。源氏 桐壺「夜なかうち過ぐるほどになむ、―・て用給ひぬる」訳 夜中を過ぎるころに、(桐壺の更衣は)まったく息が絶えなさった。

たえ・ま【絶え間】(名)❶途絶えた間。切れ目。新古 春上「春風の霞(かすみ)吹きとく―よりみだれてなびく青柳(あをやぎ)の糸」訳 春風が吹いて霞を解き散らす切れ目から、乱れてなびく(のが見える)青柳の細い枝よ。
❷人との交わりの途絶え。無沙汰。源氏 若菜下「久しくなりぬる―を恨めしくおぼすにや」訳(女三の宮は)長くなってしまった(光源氏の訪問の)途絶えを恨めしくお思いになるであろうか。

たおやか【嫋やか】⇩たをやか

たおやめ【手弱女】⇩たをやめ

たおる【倒る】⇩たふる

たか【高】(名)❶知行(ちぎやう)・扶持(ふち)などの額。禄高(ろくだか)。〔浮世風呂〕「この子が上がりましたお屋敷様は、お―が良いせゐか、御富貴(ごふうき)でございましてね」訳 この子が奉公に上がりましたお屋敷は、ご収入が豊かなせいか、ご裕福でございましてね。
❷行きつくところ。とどのつまり。〔浄・冥途の飛脚〕「生きらるるだけ添はるるだけ、―は死ぬると覚悟しや」訳 生きられるだけ(生き)、連れ添えるだけ(連れ添うが)、とどのつまりは死ぬものと覚悟してくれ。

た・が【誰が】❶(連体修飾語として)だれの。方丈 一「仮の宿り、―ためにか心を悩まし」訳(この世の)仮の住まいについて、だれのために心を悩まし。
❷(主語として)だれが。宇治 九・五「仏師知らずは、―知らんぞ」訳 仏像を造る人が(何の仏か)知らないなら、だれが知ろうか。

たがいめ【違い目】⇩たがひめ

たがう【違う】⇩たがふ

たか・うすべう(ウスビョウ)【鷹護田鳥尾】(名)「たかうすべを」とも。矢羽の一種。鷲(わし)の羽で、上下と中央に薄黒い模様のあるもの。平家 一一・嗣信最期「二十四さいたる―の矢負ひ」訳(平教経(のりつね)は)二十四本さした鷹うすびょうの矢(の入った箙(えびら))を背負い。

たかうな(タコウナ)【筍・笋】(名)〔「たかむな」の転〕たけのこ。夏。源氏 横笛「御寺のかたはら近き林にぬき出(い)でたる―」訳 お寺のそば近くの林で引き抜いたたけのこや。

たか・がひ(ガイ)【鷹飼ひ】(名)鷹を飼育して狩猟に従事する役人。鷹師。鷹匠(たかじやう)。

たか・がり【鷹狩り】(名)飼いならした鷹・はやぶさなどを放して他の鳥やけものを捕らえさせる狩猟。冬に行うのを「大鷹狩り」、秋に行うのを「小(こ)鷹狩り」という。図

(たかがひ)

発展 **鷹狩(たかが)り**
平安時代、鷹狩りは盛んに行われた。嵯峨(さが)・宇多(うだ)・醍醐(だいご)天皇などが好み、北野・交野(かたの)・宇多野を禁野(きんや)(=天皇の狩場)と定めて一般人の狩猟を禁じた。鷹狩りは、一般の貴族たちにも好まれ、「伊勢(いせ)物語」「源氏物語」などの文学作品にもよく見られる。

高砂(たかさご)《地名》歌枕 今の兵庫県高砂市。加古川河口にあり、重要な港で景勝の地。高砂神社には有名な「高砂の松」がある。

たかさごの【高砂の】《枕詞》「まつ」「尾上(をのへ)」にかかる。〔後撰〕春中「―尾上の桜折りてかざさむ」

たかさごの… 和歌《百人一首》

高砂の 尾上(をのへ)の桜 咲(さ)きにけり
外山(とやま)の霞(かすみ) 立(た)たずもあらなむ
〈後拾遺・一・春上・一二〇・大江匡房(まさふさ)〉

訳 高い山の峰のあたりの桜が咲いたのだなあ。(花が見えなくなってしまうから)人里に近い山の霞よ、立ちこめないでほしい。文法「あらなむ」の「なむ」は、他に対する願望の終助詞。

解説 内大臣藤原師通(もろみち)の邸宅での宴で詠んだ歌。「高砂」は今の兵庫県高砂市で歌枕だが、ここは高い山の意を表す普通名詞。「高砂の尾上」と「外山」の、遠

景と近景を対比させる技巧が目立たないくらい、おおらかなゆったりした詠みぶりである。

たかさご-の-まつ【高砂の松】今の兵庫県高砂市の高砂神社境内にある松。黒松と赤松とが根元で一つになった、相生(あひ)いの松として名高い。

たか・し【高し】(形ク)(から・く(かり)・し・き(かる)・けれ・かれ)❶ずっと上のほうにある。高い。徒然 五五「天井(てんじやう)の―・き(体)は、冬寒く、灯(とも)し暗し」訳 天井が高いのは、冬は寒く、(夜は)灯火が暗い。❷空の上方にある。高い。源氏 夕顔「日―・く(用)なれど起きあがり給はねば」訳 (光源氏は)日が高くなるけれども、起きあがりなさらないので。❸身分・地位・家柄が上である。**高貴である**。源氏 夢浮橋「思ふに、―・き(体)家の子にこそものし給ひけめ」訳 想像するに、(あのお方=浮舟(うきふね)は)身分が高い家の子で、おありになったのであろうが。(「ものす」は婉曲(えんきょく)表現で、ここは「ある」の意。文法 係り結び「こそ…けめ」は、ここでは強調逆接となって下の文に続く。❹すぐれている。高尚だ。自尊心がある。源氏 少女「男は、くちをしき際(きは)の人だに心を―・う(用)(ウ音便)こそつかふなれ」訳 男(というもの)は、いやしい身分の人でさえも、気位を高く保つということだ。文法「なれ」は伝聞の助動詞「なり」の已然形で、係助詞「こそ」の結び。❺(音や声が)大きい。源氏 若紫「滝のよどみもまさりて音―・う(用)(ウ音便)聞こゆ」訳 滝のよどみ(の水かさ)も増して、(滝の響きの)音が高く聞こえる。❻**広く世に知られている**。評判である。源氏 桐壺「先帝(せんだい)の四の宮の、御かたちすぐれ給へる聞こえ―・く(用)おはします」訳 先帝の四番目の姫宮で、ご器量がすぐれていらっしゃる(という)評判が高くておいでになるお方で。❼(時間的に)遠い。老いている。宇治 二・六「年―・く(用)なりて、西の京に住みけり」訳 (下野厚行(しもつけのあつゆき)は)年老いるようになってから、西の京に住んだそうだ。

たか-し・く【高敷く】(他カ四)(か・き・く・く・け・け)❶りっぱに造る。万葉 六・九二八「績(う)み麻(を)なす長柄(ながら)の宮に真木柱(まきばしら)太(ふと)―・き(用)て」訳 長柄の宮にひのきの柱を太くりっぱに立てて。(「績み麻なす」は「長柄」にかかる枕詞)❷りっぱに治める。万葉 六・一〇四七「やすみししわが大君(おほきみ)の―・か(未)す大和(やまと)の国は」訳 わが天皇がりっぱにお治めになる大和の国(=日本)は。(「やすみしし」は「わが大君」にかかる枕詞)

たか-しこ【竹矢籠】(名)竹の筒で作った箙(えびら)(=矢を入れて背負う武具)。著聞 四一一「小殿―かき負ひて、真弓うちかたげて」訳 小殿は竹矢籠を背負って、まゆみの木で作った弓をちょっと肩にのせて。

高師の浜(たかしのはま)『地名』歌枕 今の大阪府高石市高師浜付近の海浜。「高師の浦」とも。

たか-し・る【高知る】(他ラ四)(ら・り・る・る・れ・れ)❶りっぱに建てる。りっぱに造る。万葉 一・三六「吉野川(よしのがは)たぎつ河内(かふち)に高殿を―・り(用)まして」訳 吉野川の激しく流れるほとりに高殿をりっぱに建てなさって。❷(国などを)りっぱに治める。万葉 六・九三八「やすみししわが大君(おほきみ)の神(かむ)ながら―・ら(未)せる印南野(いなみの)の」訳 わが天皇が神そのままにりっぱにお治めになっている印南野(=地名)の。(「やすみしし」は「わが大君」にかかる枕詞)

たかしるや【高知るや】《枕詞》天高くそびえる御殿は、天の日をおおって影をつくるという意から「天(あめ)の御かげ」にかかる。万葉 一・五二「―天の御蔭(みかげ)」

たかせ-ぶね【高瀬舟】(名)川船の一種。古くは小型で底が深く、後世のは大型で底が平たく浅い。〔唐物語〕「―に棹(さを)をさしつつ、心にまかせて戴安道(たいあんだう)を訪ね行くに」訳 高瀬舟で棹を(川底に)突いてはまた突いて(舟を進め)、心のおもむくままに戴安道(=人名)を訪ねて行くと。

たか-だか【高高】(形動ナリ)(なら・なり(に)・なり・なる・なれ・なれ)「たかたか」とも。(背のびをして待つ思いから)今か今かと待ちこがれるさま。万葉 一二・二九九七「―・に(用)妹(いも)が待つらむ夜そ更(ふ)けにける」訳 今か今かとあの娘が待っているであろう、夜は更けてしまった。

たか-だか(-と)【高高(と)】(副)❶目だって高いさま。宇治 三・一五「その塚一つぞ、―としてありける」❷声高く言うさま。〔狂・俄道心〕「―と読うでたもれ(=読んでください)」❸せいぜい。〔浮世風呂〕「―三文だらう」

高館(たかだち)『地名』今の岩手県西磐井(にしいわい)郡平泉町にあった城館。源義経(よしつね)が自刃した所とされる。

たか-だま【竹玉・竹珠】(名)「たかたま」とも。細い竹を管玉(くだたま)のように輪切りにして、ひもに通したもの。神事に用いた。万葉 三・三七九「―を間(ま)なく貫(ぬ)き垂れ天地(あめつち)の神をそ吾(あ)が祈(の)む」訳 竹玉をすき間なくつらぬき通して垂らし、天地の神々に私が祈る。

たか-つき【高坏】(名)❶食物を盛る、高い脚のついた器。物を盛る台の部分は、方形または円形。古くは土製、後世は木製で、漆塗り。源氏 宿木「―どもにて、粉熟(ふずく)参らせ給へり」訳 幾つかの高坏に盛って、粉熟(=もち菓子の一種)を薫(かをる)は匂宮(にほふのみや)に差し上げなさった。❷「高坏灯台」の略。①をさかさにして、台底に灯明皿を置いたもの。通常の灯台より低い所を照らす。枕 一四一「―にまゐらせたる御殿油(おほとなぶら)なれば」訳 高坏灯台におとも し申しあげた灯火なので。

(たかつき①)

たかづら-ひげ【高面髯】(名)長くのびて、高く盛り上がったほおひげ。宇治 一一・八「―にて、おとがひ反(そ)り、鼻さがりたり」訳 (男は)高く盛り上がったほおひげで、あごが反りかえり、鼻は垂れさがっている。

たか-て【高手】(名)腕のひじから肩までの部分の称。二の腕。人をしばり上げるときにいう。〔浄・五十年忌歌念仏〕「―を許し羽交(はが)ひじめ」訳 (清十郎の)二の腕はそのままにして後ろ手にしばり。↔小手(こて)

たかてらす【高照らす】《枕詞》天高く照らす意から「日」にかかる。万葉 一・四五「―日の皇子(みこ)」

たか-どの【高殿】(名)高く造った建物。高楼。また、二階以上重ねて造った家。万葉 一・三八「―を高知(たかし)りまして登り立ち国見をせせば」訳 高殿をりっぱにお造りになって、登り立って国見をなさると。文法「せせば」は、サ変動詞「す」の未然形「せ」に上代の尊敬の助動詞「す」の已然形「せ」と、接続助詞「ば」の付いたもの。

たか-ね【高根・高嶺】(名)高い峰。万葉 三・三一八「田子

たごの浦ゆうち出でて見れば真白にそ富士のーに雪は降りける」訳 →たごのうらゆ…和歌

高橋虫麻呂（たかはしのむしまろ）『人名』(生没年未詳)奈良時代の歌人。姓は連。「常陸国風土記」の編集に関与したといわれるが、伝未詳。旅と伝説の歌人で、特に伝説を叙事的に歌ったところに特色がみられる。

たかひかる【高光る】《枕詞》天に高く輝く意から「日」にかかる。万葉 二・二〇四「ー日の皇子」

たか-ひざまづき ヒザマズキ【高跪き】(名)両ひざを地につけてからだをささえ、腰をまっすぐに伸ばした姿勢。枕 五六「ーといふゐずまひに、御前のかたに向かひて」訳 (蔵人が)高ひざまずきという姿勢で、帝のいらっしゃるほうに向かって。

たがひ-に タガイ【互ひに】(副)かわるがわる。入れちがいに。土佐「これかれー、国の境のうちはとて、見送りに来る人あまたが中に」訳 この人もあの人もかわるがわる、(せめてこの国の境界の内(まで)は(送りたい)ということで、見送りに来る人が多くいる中で。
参考「違ひ」から派生。中古に、漢文訓読文で使用した語で、和文では「かたみに」が用いられた。

たがひ-め タガイ【違ひ目】(名)予想や期待などとのくいちがい。方丈 三「折々のー、おのづから短き運を悟りぬ」訳 その時々の不本意なこと(によって)、自然と(自分の)不幸な運命を悟った。

たか-ひも【高紐】(名)鎧の後胴の先端と前胴の上部とをつなぐ懸け渡しのひも。平家 一一・那須与一「甲をばーにかけ、判官の前に畏まる」訳 甲をぬいで高紐にかけ、判官(=義経)の前に謹んで座る。

たが-ふ タガ(ゴ)ウ【違ふ】■(自ハ四)（は・ひ・ふ・ふ・へ・へ）❶くいちがう。一致しない。予期に反する。竹取 蓬莱の玉の枝「かぐや姫のたまふやうにー・は㊍ず作り出でつ」訳 かぐや姫がおっしゃるとおりにくいちがわずに(玉の枝を)作り出した。
❷そむく。さからう。従わない。徒然 一「仏の御教へにー・ふ㊎らんとぞおぼゆる」訳 仏の御教えにそむいているだろうと思われる。
❸変わる。ふつうでなくなる。源氏 浮舟「御心地もー・ひ㊒たるやうにて、その日は参り給はず」訳 (匂宮は)ご気分もふつうでなくなったようなので、その日は参内なさらない。
❹行きちがいになる。入れちがう。著聞 五四五「さやうのことつかうまつる若者、ただ今、皆ー・ひ㊒候ひて」訳 そのようなこと(=水練)をいたす若者が、ただ今、みんな行きちがいになりまして(=留守にしておりまして)。
■(他ハ下二)（へ・へ・ふ・ふる・ふれ・へよ）❶ちがうようにさせる。そむく。源氏 桐壺「ただかの遺言をー・へ㊍じとばかりに」訳 ただあの(夫の)遺言にそむくまいとだけ思って。
❷まちがえる。とりちがえる。源氏 夕霧「きこえさせー・ふる㊍ことども侍りなむ」訳 (とり乱しているので)まちがって申し上げることどももございましょう。
❸「方違へ」をする。源氏 帚木「二条院にも同じ筋にて、いづくにかー・へ㊍む」訳 二条院においても(内裏から)は左大臣邸と)同じ方角なので(行けないから)、どちらに方違えをしようか。

たか-まきゑ マキエ【高蒔絵】(名)鎌倉時代に生まれた、蒔絵技法の一つ。漆などで高く盛り上げた文様に蒔絵を施したもの。→蒔絵

高円山（たかまとやま）『地名』歌枕 今の奈良市、春日山の東南に続く山。

たかま-の-はら【高天原】(名)「たかまがはら」とも。❶日本神話で、天照大神をはじめ神々の住む天上の国。
❷そら。天空。〔風雅〕賀「曇りなくーに出でし月八百万代の鏡なりけり」訳 かげりなく天空に出た月は、限りなく久しく続く御代を照らす鏡なのだなあ。

た-かみ【手上・手柄】(名)剣の柄。万葉 九・一八〇九「焼き太刀のー押しねり」訳 火で鍛えた太刀の柄を(手で)押さえてひねり。

たか-みくら【高御座】(名)天皇の座席。即位・朝賀などの重要な儀式のとき、大極殿の中央に設けた。大鏡 道長上「ただにて帰りまゐりてはべらむは、証さぶらふまじきにより、ーの南面の柱のもとをけづりてさぶらふなり」訳 何も持たずに帰ってまいりましたら、そのときには、(肝試しの)証拠がないでしょうから、(大極殿の)高御座の南側の柱の下のところを削って(持ってまいっ)たのでございます。

(たかみくら)

たか-むな【筍・笋】(名)「たかうな」「たかんな」とも。たけのこ。

たか-むら【竹叢・篁】(名)竹の林。竹やぶ。今昔 三一・三「翁また竹を取らむがためにーに行きぬ」訳 おじいさんは、また竹を取ることのために竹やぶに行った。

たか-やか【高やか】(形動ナリ)（なら・なり(に)・なり・なる・なれ・なれ）〔「やか」は接尾語〕❶いかにも高い感じを与えるさま。源氏 柏木「この聖(=葛城山の行者)も、たけー・に㊒、まぶしつべたましくて」訳 目つきが薄気味悪くて。この聖も、背たけがいかにも高く、
❷音や声が大きいさま。枕 七四『あな』とー・に㊒うち言ひ、うめきたるも」訳「ああ」と大きな声で言って、(不満そうに)ため息をついたのも。

たか-やりど【高遣り戸】(名)高く造った引き戸。特に、清涼殿南西の渡殿の南にある引き戸をいう。徒然 二三「あやしの所にもありぬべき、小蔀・小板敷き・ーなども、めでたくこそ聞こゆれ」訳 下層の者の家にもあるにちがいない、小部・小板敷き・高遣り戸なども、(宮中のものだと)りっぱに聞こえる。
参考 中世以降は類義語の「たからか」が主流となった。

たかゆくや【高行くや】《枕詞》空高く飛ぶことから「はやぶさ」にかかる。〔記〕下「ー速総別の御襲がね」

たから【宝・財】(名)❶貴重なもの。財宝。万葉 五・八〇三「銀も金も玉も何せむにまされるー子にしかめやも」訳 →しろかねも…和歌
❷金銭。財産。徒然 三八「ー多ければ、身を守るにまどし」訳 財産が多いと、(それに心を費やし)自分を守ることにおろそかになる。

たから 助動詞「たし」の未然形。平家 九・老馬「敵に会うてこそ死にたけれ、悪所に落ちては死にたからず」訳 敵に会って(戦って)死にたい、難所で落ちて(事故で)

は死にたくない。

たか‐らか【高らか】(形動ナリ)｛なら・なり(に)・なり・なる・なれ・なれ｝〔「らか」は接尾語〕❶いかにも高いさま。〔義経記〕「丈なる髪ー・に㊊結ひなして」訳(静は)身の丈ほどである長い髪を高々と結いあげて。❷音や声が大きいさま。声高々と。平家 七・忠度都落「『前途程遠し、思ひを雁山の夕べの雲に馳す』と、ー・に㊊口ずさみ給へば」訳(忠度が)「前途ははるか遠い、思いを(行く手に待つ)雁山の夕べの雲に馳せる」と、声高々と朗詠なさると。(→高やか)

たから‐ぶね【宝船】(名)宝物を積み、七福神を乗せた帆かけ船。また、それを描いた絵。節分の夜、近世では陰暦正月二日の夜に、この絵を枕の下に敷いて、縁起のよい夢を見るためのまじないとした。春

(たからぶね)

宝井其角(たからゐきかく) タカライキカク『人名』→榎本其角

たかり 助動詞「たし」の連用形。平家 一〇・維盛出家「近う参って見参にも入りたかりつれども、はばかりもぞおぼしめすとて通りぬ」訳近くに参上して(維盛の一行に)お目にもかかりたかったが、ご遠慮なさってもいけないと思って通り過ぎた。

たか・る(自ラ四・下二)｛ら・り・る・る・れ・れ｝｛れ・れ・る・るる・るれ・れよ｝群がり集まる。まといつく。土佐「船人も皆、子ー・り㊊(四段)てののしる」訳同じ船で帰ってきた人々も皆、(その周りに)子供が群がり集まって大騒ぎをする。

参考 平安初期まで下二段、以降は四段活用。

高井几董(たかゐきとう) タカイキトウ『人名』(一七四一―一七八九)江戸中期の俳人。別号は晋明など。京都の人。蕪村の門下で蕪村没後は夜半亭三世を襲名。「あけ烏」「ももすもも」など蕪村門の主要俳書の編者。句風は繊細・温厚。自撰句集「井華集」

たき【滝】(名)〔上代は「たぎ」とも〕❶急流。早瀬。夏。万葉 三・二四二「ーの上の三船の山に居る雲の常にあらむと我が思はなくに」訳急流のほとりにある三船の山にかかっている雲のように、いつまでもこの世にあろうと私は思わないことだ。(第三句までは「常にあらむ」を導きだす序詞)❷崖から流れ落ちる水。滝。垂水。夏。伊勢 七八「その山科の宮に、ー落とし、水走らせなどして」訳その山科の御殿に、滝を落とし、水の流れをつくるなどして。

図解学習 **「たき」と「たるみ」**

「たき」は上代「たぎ」ともいい、水が激しい勢いで流れる意の動詞「たぎつ」と関連があり、急流をいう。現代語の「滝」にあたるのは「たるみ」である。「石走る**垂水**の上のさわらびの萌え出づる春になりにけるかも」(訳→いはばしる…和歌)〈万葉 八・一四一八〉

たき 助動詞「たし」の連体形。徒然 六〇「わが食ひたき時、夜中にも暁にも食ひて」訳(盛親僧都は)自分が食べたいときは、夜中にでも明け方にでも食べて。

た‐ぎ【弾碁】(名)〔「たんぎ」の撥音「ん」の表記されない形〕遊戯の一種。中央の高くなっている四角の盤の両側に碁石を置き、二人が対座して指で石をはじいて相手の石にあてることを競う。

だ‐きう(キュウ)【打毬】(名)古代の遊戯。馬上から木製の杖でまりを打って争う。「まりうち」とも。

たぎう‐らく(タギュウ)【打毬楽】(名)「たきうらく」とも。雅楽の曲名。唐楽で、大食調。ふつう四人で、まりを木製の杖で打つしぐさをしながら舞う。源氏 蛍「ー、落蹲(=舞楽の一種)など遊びて(=演奏して)」

たき‐かけ【薫き掛け】(名)衣類に香をたきしめること。また、その香り。〔浮・好色五人女〕「わけらしき小袖の仕立て、ー残りてお七心にとまり」訳いわくありげな小袖の仕立てぶりで、たきしめた香の香りが残っていて、

古語ライブラリー㉘

定家仮名遣い

鎌倉時代には、すでにエとヱ、オとヲの区別はなくなっていたし、ハ行転呼音現象で語頭以外のハ行音(当時はファフィフフェフォ)はワ行音に発音されていた。仮名と発音との一対一の関係は成り立たなくなっていたのである。

例えば、川はカファと発音される語であったから、カには「か」を、ファには「は」をあてて「かは」と書いたのだが、ファがワと発音されるようになると、川を発音どおりに「かわ」と書くか、それともこれまで書かれてきた「かは」と書くかが問題になる。

藤原定家(一一六二―一二四一)は、『下官集』〈嫌文字事〉の条で、「を・お、え・へ・ゑ、ひ・ゐ・い」の三類八文字について、それぞれの仮名を用いる語例を挙げた。

定家は、当時見ることのできた物語・随筆・日記・歌集などの用例を証拠に仮名遣いを定めたが、「を・お」についてだけは当時のアクセントにより、高く発音する拍(音節)には「を」を、低く発音する拍(音節)には「お」をあてるものとした。

行阿(生没年未詳)は『仮名文字遣』(一三六三)で、定家の三類八文字に加えて「ほ、わ・は、む・う・ふ」の項を立て、多くの語例を補った。

『源氏物語』青表紙本をはじめ、定家が古典作品の保存に果たした役割は大きい。また、新古今時代の代表歌人であり、『新古今和歌集』など勅撰和歌集の撰者として、『近代秀歌』『詠歌之大概』などの歌論の著者として、家集『拾遺愚草』の作者として、和歌の方面での活躍もめざましい。したがって、定家に始まり行阿が増補した仮名遣いは、「を・お」は当時のアクセントによるものであったし、古典の用例と一致しないものもあったが、「定家仮名遣い」の名で、文人・歌人の間で、広く行われた。

⇩七五九ページ㉙

お七は心を引かれて。

たき‐ぎ【薪】(名)燃料として燃やす木。まき。徒然 三〇「嵐にむせびし松も千年を待たで一にくだかれ」訳嵐に吹かれて)むせぶように鳴った松も、千年(の寿命を待たないで燃料のまきとして割られ。

たきぎ‐こ・る【薪樵る】❶薪にする木を伐採する。
❷仏を信仰する。源氏 御法「一・る体思ひは今日を初めにて」訳(私=明石の君は)仏を信じる気持ちは今日がはじめてで。
❸法華八講会で、僧が、行基の作という「法華経をわが得しことは薪こり菜摘み水くみ仕へてぞ得し」の歌を唱えながら、薪や水おけをかついだ人を従えて巡り歩く儀式をする。この儀式を薪の行道という。源氏 御法「一・る体讃歎の声も」訳(僧たちの)「たきぎこり」の歌を歌いながら行道する法華経称賛の声も。

たきぎ‐つ・く【薪尽く】❶《仏教語》釈迦が入滅(=死去)する。〔増鏡〕序「二月の中の五日は、鶴の林に一・き用にし日なれば」訳陰暦二月十五日は、(釈迦が)沙羅双樹の林で入滅してしまった日なので。
❷人が死ぬ。源氏 御法「惜しからぬこの身ながらも限りとて一・き用なむことの悲しさ」訳(死んでも)惜しくない私(=紫の上)の身であるけれども、(今を)最期として薪が燃えつきるようにきっと死んでしまうことの悲しさよ。⇩果つ「慣用表現」

たき‐ぐち【滝口】(名)❶滝の水の落ちる所。
❷清涼殿の北東にある御溝水の落ちる所。「滝口の陣」があった。
❸蔵人所に属し、宮中の警備に当たった武士。滝口の武士。詰め所が②にあったのでこう呼ぶ。源氏 夕顔「このかう申す者は、一なりければ、弓弦いとつきづきしく打ち鳴らして」訳このころ申し上げる者は、滝口の武士であったので、鳴弦のための弦をたいそう似つかわしくうち鳴らして。

たきぐち‐の‐ぢん【滝口の陣】(名)滝口の武士(=宮中の警備の武士)の詰め所。清涼殿の北東、黒戸の東にある。滝口所。⇩巻頭カラーページ32

滝沢馬琴(たきざわばきん)『人名』(一七六七〜一八四八)江戸後期の読本作者。別号、曲亭馬琴・著作堂主人など。江戸の人。山東京伝に学んで黄表紙を書き、のち読本に転じた。雄大な構想で勧善懲悪の世界を描いた作品が多い。代表作は「椿説弓張月」「南総里見八犬伝」など。

たき‐し・む【焚き染む・薫き染む】(他マ下二){め・め・む・むる・むれ・めよ}香をたいてそのにおいを衣服などにしみ込ませる。源氏 朝顔「なつかしきほどになれたる御衣どもを、いよいよ一・め用給ひて」訳(光源氏は)着なれた感じがする程度に柔らかくなったいろいろのお召し物に、(今日は)いっそう香のにおいをしみ込ませなさって。

たぎたぎ・し(形シク){しから・しく(しかり)・し・しき(しかる)・しけれ・しかれ}❶道が曲がりくねったり、でこぼこしたりしている。〔常陸国風土記〕「車駕の経ける道狭く地は一・しかり用き」訳お車が通った道は狭く、地面はでこぼこしていた。
❷足元がおぼつかなく、足の運びのはかどらないさま。〔記〕中「しかるに、今吾が足え歩まず、一・しく用なりぬ」訳ところが、今私(=倭建命)の足は歩くことができず、足が進まなくなった。

たぎち【激ち・滾ち】(名)〔四段動詞「たぎつ」の連用形から〕水が激しく流れること。また、その流れ。激流。万葉 三・三二一「富士川と人の渡るもその山の水の一ぞ」訳富士川といって人が渡る川も、その(富士の)山の水の激しい流れであるよ。

たぎ‐つ【激つ・滾つ】(自タ四){た・ち・つ・つ・て・て}❶水が激しく流れる。水がわき上がる。万葉 六・九〇八「み吉野の清き河内の一・つ体白波」訳吉野の清らかな渓谷のさか巻き流れる白波。
❷(比喩的に)心が騒ぐ。感情が高ぶる。古今 恋一「あしひきの山下水の木隠れて一・つ体心をせきぞかねつる」訳山のふもとを流れる水が木の間に隠れて激しく流れるように、(私も人に知られず)心中にわきたつ恋心をおさえかねたことだ。(「あしひきの」は「山」にかかる枕詞。第三句までは、「たぎつ」を導きだす序詞)

たぎつ‐せ【激つ瀬・滾つ瀬】(名)「たきつせ」とも。水が激しく流れる瀬。急流。古今 恋三「一に根ざしとどめぬ浮き草のうきたる恋も我はするかな」訳急流に、根づいてとどまることがない浮き草のように、不安な恋を私はしていることよ。(第三句までは「うき」を導きだす序詞)

たぎつせ‐の【激つ瀬の・滾つ瀬の】《枕詞》「たきつせの」とも。「はやし」にかかる。〔躬恒集〕「一はやくわが見し」

たき‐どの【滝殿】(名)滝に臨んで建てた御殿。夏。〔後拾遺〕雑四・詞書「大覚寺の一を見てよみ侍りける〔歌〕」

だきに【荼枳尼】(名)《梵語の音訳》「荼枳尼天」の略。インドの密教で説く鬼神。神通力を持ち、人の死を六か月前に知り、その心臓を取って食うという。日本では中古以来、狐の精とし、稲荷権現として信仰された。平家 一・鹿谷「一の法を百日おこなはせられけるほどに」訳(諸願を成就させるという)荼枳尼天の呪法を(成親が)百日行わせなさったときに。

たきのおとは… 和歌《百人一首》

> 滝の音は　絶えて久しく　なりぬれど
> 名こそ流れて　なほ聞こえけれ
> 〈千載・一七・雑上・一〇三五・藤原公任〉〈拾遺・雑上〉

訳(水がかれて)滝の音はすっかり聞こえなくなって長い年月がたってしまったが、その評判は(世の中に)流れ伝わって、今でも知れ渡っていることだ。修辞「流れ」は「滝」の、「なり(鳴り)」と「聞こえ」は「音」の縁語。
解説 京都大覚寺の滝殿の跡を見て詠んだ歌。「た」音と「な」音をくり返し、明るく滑らかなリズム感を出している。滝という実体のあるものと抽象的な名とを対比させ、一方は消滅し一方は残っているという相反する関係の中に、過去と現在との対比を織りこんだ技巧的な一首。「拾遺集」は、初句を「滝の糸は」とする。

たき‐まさ・る【焚き増さる】(自ラ四){ら・り・る・る・れ・れ}いっそうよく燃える。新古 雑中「沖つ風夜寒になれや田子の浦の海人の藻塩火一・る終らん」訳沖の風が秋の夜の寒さで冷たくなったから、田子の浦の漁民の藻塩を焼く火がいっそう盛んに燃えているのだろうか。

たき-もと【滝本】(名)滝の水が落ちてたまる所。滝つぼ。〔平家〕五・文覚荒行「行のこころみに、聞こゆる滝にしばらく打たれてみんとて、—へぞ参りける」〔訳〕(文覚は)修行の小手調べに、有名な(那智の)滝にしばらく打たれてみようと思って、滝つぼへ参った。

たき-もの【薫き物】(名)いろいろの香をまぜ合わせて作った練り香。合わせ香。〔枕〕二九「よき—たきてひとり臥したる」〔訳〕(胸がときめくのは)上等の練り香をたいて一人で横になっているとき。

た-ぎゃう【他行】(名・自サ変)よそへ行くこと。外出。〔沙石集〕「この児、あはれ食はばや食はばやと思ひけるに、坊主—の隙に、棚より取りおろしけるほどに」〔訳〕この少年は、(僧のしまった飴を)ああ、食いたい食いたいものだ、食いたいものだと思っていたところ、僧の外出のすきに、棚から取りおろしたときに。

たぎら-か・す【滾らかす】(他サ四){さ・し・す・す・せ・せ}煮えたたせる。沸騰させる。〔大鏡〕道長下「湯を—・し用つつ、御ものを入れて、いみじう熱くて参らせわたしたるを」〔訳〕(釜に)湯を煮えたたせては、(その湯に)御飯を入れて、たいそう熱いままで(僧たちに)配ってさし上げたところ。

たぎり-ゆ【滾り湯】(名)沸騰した湯。煮え湯。〔宇治〕三・一「門に入らんとするに、—を面にかくるやうにおぼえて、ふつとえ入らず」〔訳〕門に入ろうとすると、煮え湯を顔にあびるように感じて、まったく入ることができない。

たぎ・る【滾る・激る】(自ラ四){ら・り・る・る・れ・れ}❶水がわき上がる。さかまく。〔更級〕初瀬「—・り用て流れゆく水、水晶を散らすやうに湧きかへるなど、いづれにもすぐれたり」〔訳〕さかまいて流れて行く水が、水晶をまき散らすようにわきかえったりしているのは、どこの景色にもまさっている。
❷煮えたつ。沸騰する。〔大和〕一四九「さればこの水、熱湯に—・り用ぬれば、湯ふてつ」〔訳〕するとこの水が熱湯に(なって)煮えたったので、(その)湯を捨てた。
❸気持ちが高ぶる。

たく【栲】(名)楮(=クワ科の落葉低木)の古名。樹皮の繊維から紙・布などを製する。「—綱」「—縄」

た・く【長く・闌く】(自カ下二){け・け・く・くる・くれ・けよ}❶盛りになる。ある方面に長じる。円熟する。〔徒然〕一五〇「つひに上手の位に至り、徳—・け用、人に許されて、ならびなき名を得ることなり」〔訳〕最後に達人の境地に達し、徳望も十分そなわり、世間の人に認められて、並ぶ者のない名声を得ること(となるの)である。
❷盛りが過ぎる。末になる。〔新古〕羇旅「年—・け用てまた越ゆべしと思ひきや命なりけりさ夜の中山」〔訳〕→としたけて…〔和歌〕
❸(日や月が)高くなる。〔源氏〕夕顔「日—・くる体ほどに起き給ひて、格子手づから上げ給ふ」〔訳〕日が高くなるころに(光源氏は)お起きになって、格子を自分の手でお上げになる。

た・く【焚く】(他カ四){か・き・く・く・け・け}❶燃やす。〔徒然〕五四「あはれ紅葉を—・か未ん人もがな」〔訳〕ああ、紅葉を燃やすような(風流な)人がいればよいのになあ。
❷(「薫く」とも書く)香をくゆらす。〔枕〕二九「よき薫き物—・き用てひとり臥したる」〔訳〕(胸がときめくのは)上等の練り香をたいて一人で横になっているとき。

た・く【綰く】(他カ四){か・き・く・く・け・け}《上代語》❶髪をかき上げる。髪を束ね上げる。〔万葉〕二・二四〇「青草を髪に—・く終らむ妹をしぞ思ふ」〔訳〕青草を髪に添えて束ね上げているであろう妻を恋しく思う。
❷手綱をあやつる。〔万葉〕一九・四二五四「秋づけば萩咲きにほふ石瀬野に馬—・き用行きて」〔訳〕秋になると萩が色鮮やかに咲く石瀬野に馬をあやつって行って。
❸舟をこぐ。〔万葉〕七・一二六六「大船を荒海に漕ぎ出で弥船—・け已わが見し児らが目見は著しも」〔訳〕大船を荒海にこぎ出し、船をいよいよこぐが、私の見たあの子の目もとはありありと見えることよ。

たく 助動詞「たし」の連用形。〔平家〕一一・重衡被斬「今一度たち帰りたくおぼしけれども、心弱くてはかなはじと」〔訳〕もう一度立ち帰りたいとお思いになったが、意志が弱くてはだめだろうと。〔文法〕「たけ」は、已然形だけで「たけど」の意になる上代の用法。

たぐい【類・比】⇩たぐひ

たぐう【類う・比う・副う】⇩たぐふ

たく-せん【託宣】(名)神霊が人にのり移って、その意志を告げること。神のお告げ。神託。〔謡・安宅〕「八幡大菩薩の御—かと思へば、かたじけなくぞ覚ゆる」〔訳〕八幡大菩薩(=源氏の守護神)のお告げかと思うと、ありがたく思われる。

たくづの-の【栲綱の】《枕詞》栲綱(=楮の繊維で作った綱)の色が白いところから「しろ」「しら」にかかる。〔万葉〕二〇・四四〇八「—白ひげの上ゆ」

たく-なは【栲縄】(名)楮の繊維で作った白色の縄。〔枕〕三〇六「舟に男は乗りて、歌などうちうたひて、この—を海に浮けてありく」〔訳〕(海女である妻は腰に縄をつけて海中にもぐっているのに)舟に男は乗って、歌などをうたって、この栲縄を海に浮かべてこぎまわる。

たくなはの【栲縄の】《枕詞》栲縄の長いところから「長し」「千尋」にかかる。〔万葉〕四・七〇四「—長き命を」。〔万葉〕五・九〇二「—千尋にもがと」

たぐひ【類・比】(名)❶相並ぶもの。同等の物事。匹敵するもの。同類。〔徒然〕八五「驥を学ぶは驥の—、舜を学ぶは舜の徒なり」〔訳〕驥(=一日に千里を走る馬)をまねる馬は驥の同類であり、舜(=古代中国の聖天子)をまねる者は舜(のような聖人)の仲間である。
❷いっしょにいる者。仲間。〔源氏〕若紫「同じさまにものし給ふなるを、—になさせ給へ」〔訳〕(あなた=若紫は、私=光源氏と)同じ(母のない)境遇でいらっしゃるそうだから、仲間にしてください。(「ものす」は婉曲表現で、ここは「いる」の意)
❸(境遇や性質の似た)人々。〔蜻蛉〕中「思ひ知りたる人は、袖をぬらさぬといふ—なし」〔訳〕(人情が)わかっている人は、袖を(涙で)ぬらさないという人はいない。

たぐひ-な・し【類無し・比無し】(形ク){から・く(かり)・し・き(かる)・けれ・かれ}並ぶものがない。最もすぐれている。〔源氏〕桐壺「かたじけなき御心ばへの—・き体を頼みにてまじらひ給ふ」〔訳〕(桐壺の更衣は)畏れ多い(桐壺帝の)御愛情の並ぶものがないことを頼みとして、宮仕えをしていらっしゃる。

たく-ひれ【栲領巾】(名)栲布(=楮の繊維で織った布)で作った領巾(=女性が首から肩にかけた飾りの白布)。〔謡・梅〕「緑の空にたなびく白雲は、天つをとめの天つ—」〔訳〕緑の空にたなびく白い雲は、(まるで)天女がたなびかせている天上の栲領巾(のようだ)。

たくひれの【栲領巾の】《枕詞》栲領巾は色が白く、また、肩に掛けるところから「白」「鷺」「かけ」にかかる。万葉 一一・二八二二「―白浜波の」。万葉 九・一六九四「―鷺坂山の」。万葉 三・二八五「―懸けまくほしき」

たぐ・ふ【類ふ・比ふ・副ふ】■一(自ハ四){は・ひ・ふ・ふ・へ・へ}❶同じところにいる。並ぶ。添う。万葉 四・七二八「人もなき国もあらぬか吾妹子とたづさひ行きて―・ひ(用)てをらむ」訳 人のいない国でもないかなあ。あなたと連れ立って行って、寄り添っていよう。❷いっしょに行動する。連れ立つ。源氏 夕顔「けぶりにー・ひ(用)て慕ひ参りなむ」訳 (火葬の)煙といっしょになって(私＝右近も夕顔の)あとをきっと追いかけて参ろう。文法「参りなむ」の「な」は、助動詞「ぬ」の未然形で、ここは確述の用法。❸似合う。つり合う。源氏 帚木「君だちの上なき御選びには、まして、いかばかりの人かはー・ひ(用)給はむ」訳 若様たちの最上の女性を(奥方に)という御選びでは、まして、どれほどの人がお似合いになるだろうか。■二(他ハ下二){へ・へ・ふ・ふる・ふれ・へよ}❶添わせる。連れ立たせる。古今 離別「思へども身をし分けねば目に見えぬ心を君にー・へ(用)てぞやる」訳 (別れがたく)思ってもからだを(二つに)分けることができないので、人の目には見えない(私の)心を(旅立つ)あなたに連れ添わせて行かせることだ。文法「身をし」の「し」は、強意の副助詞。❷似せる。まねる。〔謡・白楽天〕「鳥類・畜類の、人にー・へ(用)て(＝人をまねて)歌を詠む例は多く」

たく-ぶすま【栲衾】(名)栲布(＝楮の繊維で織った布)で作った夜具。〔記〕上「―さやぐが下に」訳 栲布で作った夜具のさやさやと音を立てる下で。

たくぶすま【栲衾】《枕詞》栲衾の色が白いところから「しら」にかかる。万葉 一五・三五八七「―新羅へいます」

たくま・し【逞し】(形シク){しから・しく(しかり)・し・しき(しかる)・しけれ・しかれ}からだつきががっしりしている。また、勢いが盛んである。平家 九・木曽最期「聞こゆる木曽の鬼葦毛といふ馬の、きはめて太うー・しい(体)(イ音便)に」訳 名高い木曽の鬼葦毛という馬で、たいそう太くがっしりとしているのに。

たくみ【工・匠・巧み】■一(名)❶職人。細工師。源氏「近き世に花降らせたるーも侍りけるを」訳 近い世に(造った像の霊妙さゆえに天が蓮華の)花を降らせた(ほど巧妙な)職人もございましたが。❷大工。徒然 一〇「おほくのーの心をつくしてみがきたて」訳 多くの大工が心を打ちこんで(家を)りっぱに飾りたて。❸たくらみ。はかりごと。また、工夫。〔風姿花伝〕「極めたる才学の力なけれども、ただーによりて、よき能にはなるものなり」訳 格別すぐれた学識の力はなくても、ただ工夫によって、よい能にはなるものである。■二(形動ナリ){なら・なり(に)・なり・なる・なれ・なれ}手ぎわのよいさま。器用だ。徒然 一八七「ー・に(用)してほしきままなるは、失の本なり」訳 器用であって勝手気ままなのは、あやまちのもとである。

たくみ-づかさ【内匠寮】(名)「たくみれう」に同じ。

たくみ-どり【巧み鳥】(名)みそさざい(＝鳥の名)の異称。巣を作ることが巧みであることからいう。

たくみ-の-かみ【内匠の頭】(名)内匠寮の長官。

たくみ-れう【内匠寮】(名)中務省に属し、宮中の調度の製作や殿舎の装飾などをつかさどる役所。「たくみづかさ」とも。⇩巻頭カラーページ31

たく・む【工む・巧む】(他マ四){ま・み・む・む・め・め}❶考えをめぐらす。たくらむ。くわだてる。徒然 五四「御室に、いみじき児のありけるを、いかで誘ひ出だして遊ばんとー・む(体)法師どもありて」訳 仁和寺に、すばらしい稚児がいたのを、なんとかして誘い出して遊ぼうとたくらむ法師たちがいて。❷工夫する。趣向をこらす。〔幻住庵記〕「昔住みけん人のことに心高く住みなし侍りて、ー・み(用)置ける物ずきもなし」訳 昔(ここに)住んだという人(＝幻住宗仁居士)がとりわけ心高潔にして住んでおりまして、趣向をこらしてのこした風流めいたものもない。

たく-も【焚く藻】(名)塩をとるために焚く海藻。〔千載〕夏「五月雨はーの煙うちしめり潮垂れまさる須磨の浦人」訳 五月雨の降るころは、塩をとるために焼く海藻の煙もしっとりと湿って、須磨の漁民は(いつもより)いっそう雫に濡れることだ。

た-くら・ぶ【た比ぶ・た較ぶ】(他バ下二){べ・べ・ぶ・ぶる・ぶれ・べよ}「「た」は接頭語」比べる。今昔 二・二八「その国の数の后をー・ぶる(体)に」訳 その国の多くの后と比べると。

たけ【丈・長】(名)❶背たけ。身長。伊勢 二三「筒井つの井筒にかけしまろがーすぎにけらしな妹見ざるまに」訳 →つつゐつの…和歌 ❷物の長さ・高さ。枕 八七「二十日のほどに雨降れど、消ゆべきやうもなし。少しーぞ劣りもて行く」訳 二十日のころに雨が降るけれど、(雪で作った山は)消えそうなようすもない。(ただ)少し高さが低くなっていく。❸程度。深さ。また、あるかぎり。すべて。〔正法眼蔵随聞記〕「先達の心中のー、今の学人も思ふべし」訳 先人の心奥の深さを、今の修行者も思案しなければならない。❹馬の、足もとから肩までの高さ。四尺以上五尺未満をいい、その間は十等分して「寸」で表した。宇治 七・六「黒栗毛なる馬の、ー八寸あまりばかりなる」訳 黒栗毛である馬で、肩までの高さが四尺八寸(＝約一・四五メートル)以上ほどもある馬で。文法「馬の」の「の」は、いわゆる同格の格助詞で、「…で」の意。❺勢い。今昔 一〇・一「軍のー劣りたるに依りて支へ難し」訳 軍勢の勢いが劣っていることによって持ちこたえるのがむずかしい。❻格調。崇高・壮大な趣。〔後鳥羽院御口伝〕「殊にーもあり、うるはしくして、しかも心巧みに見ゆ」訳 (大納言経信の歌は)格別に壮大な風格もあり、端正であって、しかも趣向が巧みに感じられる。↓長高し

たけ【竹】(名)植物の名。茎を利用して笛・尺八・籠などをつくる。(竹の秋(春)・竹の春(秋))

たけ【岳・嶽】(名)〔中世は「だけ」とも〕高くて険しい山。また、その山頂。万葉 五・八七三「万代に語り継げとしこのーに領巾振りけらし松浦佐用比売」訳 永遠に語り継げと、この山の頂上で領巾(＝女性が首から肩に掛けた白布)を振ったらしい、松浦佐用比売は。

たけ【茸】(名)きのこ。今昔 二八・二八「ーのありつるを見つけて、物のほしきままに、これを取りて食ひたらむ、酔ひや

せむずらむとは思ひながら」訳 きのこがあったのを見つけて、食べ物ほしさにまかせて、これを取って食べたなら、そのときには中毒になるだろうかとは思うものの。

だけ（副助）《近世語》

意味・用法
限度〔…かぎり。〕→❶
相応〔…であるからしたがって。…だけに。〕→❷
程度〔…ほど。…ぐらい。〕→❸

接続
体言あるいは活用語の**連体形**に付く。

❶限度やそれと限る範囲を表す。…かぎり。〔浄・大経師昔暦〕「のがるる**だけ**はのがれもせず、京近辺をうろたへ」訳 逃げられるかぎりは逃げる(という)こともせず、京の近くをうろつき。

❷(多く「だけに」「だけで」の形で)相応する意を表す。…であるからしたがって。…だけに。…だけのことがあって。〔浄・心中重井筒〕「小さいからの馴染み**だけ**、わが子のやうに思はれて」訳 小さい時からのなじみだけに、わが子のように思われて。

❸(多く代名詞「これ」「それ」「あれ」などに付いて)程度を表す。…ほど。…ぐらい。〔春色雪の梅〕「せめて飲み代**だけ**もとってやるがいい」

参考 名詞「丈」から転じた語で、助詞としての用法が定着したのは近世。

たけ-うる-ひ【竹植うる日】陰暦五月十三日の称。中国の「竹酔日」からきたもので、竹を植えるのによい日とされた。夏。〔笈日記〕芭蕉「降らずとも—は蓑と笠」訳 たとえ雨が降らなくとも、竹を植える日は梅雨時らしく蓑を着て笠をかぶっていよう。

たけ・し【猛し】（形ク）{から・く(かり)・し・き(かる)・けれ・かれ}❶勢いが激しい。**勢いが盛んだ。** 徒然 一五五「生・住・異・滅の移りかはる実の大事は、—・き㊍河のみなぎり流るるがごとし」訳 万物が生じ、存続し、変化し、衰滅するという現象の変移し続ける真の重大事は、勢いの激しい河があふれんばかりに流れるようなものだ。

❷強い。**勇ましい。**気丈である。**強気である。** 徒然 一一七「友とするにわろき者、七つあり。…五つには、—・く㊊勇める兵」訳 友とするのによくない者が、七つある。…第五には、勇ましく気負いたっている武士。

❸まさっている。すぐれている。たいしたものである。源氏 若菜上「わが宿世はいと—・く㊊ぞおぼえ給ひける」訳（明石の君は）自分の宿運はまことにたいしたものだと思われなさるのであった。

❹**精いっぱいである。**できるかぎりである。源氏 明石「面影添ひて忘れがたきに、—・き㊍こととはただ涙にしづめり」訳（光源氏の）面影が目先にちらついて忘れることができないので、(明石の君は)精いっぱいのことと言ってはただもう涙に沈んでいる(ばかりである)。

たけじざい-てん【他化自在天】（名）《仏教語》欲界の最上である第六位にある天。他の天の楽しみを自在に受けて楽しむことができるという。今昔 一・三「それより—に生まれてその王の子となりて、その命一万六千歳」訳 (この王子は)それから他化自在天に生まれ(変わ)ってその王の子となって、その寿命は一万六千年。

竹田出雲（二世）〖人名〗(一六九一～一七五六)江戸中期の浄瑠璃作者。名は清定。別号、千前軒など。大坂の人。竹本座の座元。近松門左衛門に師事。舞台技巧の改良にも努め、浄瑠璃の全盛期を築いた。並木宗輔らとの合作が多く、代表作は「義経千本桜」「仮名手本忠臣蔵」「菅原伝授手習鑑」など。「菅原伝授手習鑑」の作者をいう場合は初世をさす。

たけ-たか・し【長高し】（形ク）{から・く(かり)・し・き(かる)・けれ・かれ}歌論で、格調が高い。崇高・壮大な趣がある。〔毎月抄〕「俊頼は、えもいはず—・き㊍をよろしと申しためり」訳 源俊頼は、言いようもないほど格調の高い歌をよろしいと申したようだ。

たけ-だち【丈立ち】（名）背たけ。身長。大和 一七三「—いとよきほどなる人の、髪、たけばかりならむと見ゆるが」訳 背たけがたいそう申し分ないほどである人で、髪(の長さ)が、身長ぐらいであろうと見える人が。

高市黒人〖人名〗(生没年未詳)飛鳥時代の歌人。持統・文武両天皇に仕えた下級官吏で、各地を旅してすぐれた叙景歌を残した。その客観的な自然描写は山部赤人の先駆をなすといわれる。

竹取物語〖作品名〗平安前期の物語。作者未詳。九世紀末の成立か。竹取の翁が竹の中から見つけて育てたかぐや姫が、五人の貴公子の求婚をしりぞけ、時の帝の求婚にも応じず、ついに陰暦八月十五日の夜、天人の迎えを受けて月の世界に帰るという物語。羽衣伝説を中心に求婚難題説話・地名起源伝説などを付加しながら、貴族社会の現実を、風刺をまじえて描く。「竹取の翁」「かぐや姫の物語」ともいう。

冒頭文 いまは昔、竹取の翁といふ者ありけり。野山にまじりて竹を取りつつ、よろづのことに使ひけり。名をば、さかきの造となむいひける。訳 今ではもう昔の話であるが、竹取の翁という者がいた。野や山に分け入って竹を切り取っては、いろいろなことに使った。(その翁の)名をさかきの造というのだった。

名文解説 物語の祖とされる「竹取物語」は、「いまは昔」と時を提示し、かぐや姫の養い親である竹取の翁を紹介することから始まる。冒頭で時を示し、主人公あるいはその親を紹介するという形式は、その後の物語にも受け継がれていった。

たけなは【酣・闌】（形動ナリ）{なら・なり(に)・なり・なる・なれ・なれ}(酒宴など)物事のいちばん盛んなさま。まっ最中。また、やや盛りを過ぎ、衰えかけたさま。〔記〕中「その—・なる㊍時になりて、懐より剣を出だし」訳 (小碓命は)その(酒宴が)まっ盛りである時になって、懐から剣を取り出し。

たけ-の-そのふ【竹の園生】（中国の漢代、文帝の子、梁の孝王が御苑に竹を植えて「修竹苑」と名付けたことから)皇族の異称。「竹の園」とも。徒然 一「—の末葉まで、人間の種ならぬぞやんごとなき」訳 皇族の子孫(に至る)まで、人間の血筋でないのが尊い。

たけ・ぶ【猛ぶ】（自バ上二）{び・び・ぶ・ぶる・ぶれ・びよ}勇ましくふるまう。荒々しくふるい立つ。万葉 九・一八〇九「天仰ぎ叫びおらび地を踏み牙喫み—・び㊊て」訳 天を仰ぎ、叫びわめいてじだんだを踏み、歯ぎしりをして荒々しくふるまって。

建部綾足(たけべあやたり)『人名』(一七一九〜一七七四)江戸中期の俳人・歌人・国学者・読本(よみほん)作者・画家。本名喜多村久域(ひさむら)。別号、涼袋(りょうたい)など。歌人としては片歌(かたうた)(五・七・七)を提唱。読本の先駆的作品「西山(にしやま)物語」「本朝水滸伝(すいこでん)」などを著す。

竹本義太夫(たけもとぎだいふ)(タケモトギダユウ)『人名』(一六五一〜一七一四)江戸中期の浄瑠璃太夫。本名五郎兵衛。摂津(せっつ)(大阪府)の人。義太夫節(ぶし)の開祖。大坂に竹本座を創設し、近松門左衛門の作を語って上方浄瑠璃の中心となった。

たけれ 助動詞「たし」の已然形。平家 一・祇王「舞(まひ)も見**たけれ**ども、今日は紛(まぎ)るることいできたり」訳 舞も見たいが、今日は差しつかえることができた。徒然 六〇「帰り**たけれ**ば、ひとりつい立ちて行きけり」訳 (盛親僧都(じょうしんそうず)は)帰りたいときはいつも、一人でふっと立って出て行ったという。

たけ-を【猛男・猛夫】(名)強くて勇ましい男。万葉 一九・四二六二「唐国(からくに)に行き足(た)らはして帰り来(こ)む丈夫(ますら)—に御酒(みき)奉る」訳 (遣唐使として)唐へ行き、りっぱに役目を果たして帰って来るであろう強くて雄々しい男(であるあなた)に、お酒を差し上げる。

た-ご【田子】(名)田を耕す人。農民。農夫。新古 夏「いかばかり—の裳裾(もすそ)も濡(そほ)つらん雲間も見えぬころの五月雨(さみだれ)」訳 どれほど農夫の着物の裾も濡(ぬ)れていることであろう。雨雲の晴れ間も見えない今日このごろの五月雨で。

た-ごし【手輿】(名)「てごし」とも。多く前後二人で、轅(ながえ)を腰の高さに持ち上げて運ぶ乗り物。「腰輿(えうよ)」とも。竹取 竜の頸の玉「—作らせ給ひて、によふによふになはれ給ひて家に入り給ひぬるを」訳 手輿をお作らせになって、うめきうめきかつがれなさって家におはいりになったのを。

(たごし)

たこつぼや…… 俳句

> 蛸壺や ‖ はかなき夢(ゆめ)を ‖ 夏(なつ)の月(つき) 夏
> 〈笈(おひ)の小文(こぶみ)・芭蕉〉

訳 この明石(あかし)の海に蛸壺が沈められている。短夜が明けると引き上げられることも知らずに、蛸はその中ではかない夢を結んでいるのだろう。空には明けやすい夏の月が照りわたっている。(夏の月 夏。切れ字は「や」と「を」) 解説 「明石夜泊(やはく)」と前書きがある。芭蕉が実際に泊まったのは須磨(すま)までで、文学的な虚構である。

田子の浦(たごのうら)『地名』歌枕 今の静岡県富士市の海岸一帯。

たごのうらゆ…… 和歌 《百人一首》

> 田子の浦ゆ うち出(い)でて見(み)れば 真白(ましろ)にそ
> 富士(ふじ)の高嶺(たかね)に 雪(ゆき)は降(ふ)りける
> 〈万葉・三・三一八・山部赤人(やまべのあかひと)〉

訳 田子の浦を通って出て(はるか遠くを)見ると、真っ白に富士の高い峰に、雪が降り積もっていることだ。文法「ゆ」は、通過点を示す上代の格助詞。「見れば」は、已然形＋「ば」で確定条件を表す。解説 崇高・荘厳な富士山の偉容をうたった叙景歌である。「新古今集」〈冬〉および「小倉百人一首」では「田子の浦にうち出でて見れば白妙(しろたへ)の富士の高嶺に雪は降りつつ」の形でとられているが、この形では、実景による現実感はうすれ、優雅流麗で絵画的となっている。

だ-さい【大宰】(名)[のちに「だざい」とも]「大宰府(ださいふ)」の略。また、「大宰府」の官人。

ださい-の-ごんのそち【大宰の権帥】(名)[「ださい」はのちに「だざい」とも]「ださいのごんのそつ」とも。大宰府の次官で、「帥」の次位。

発展 **「大宰(ださい)の権帥(ごんのそち)」という官職**
平安時代以降、長官である「大宰の帥」には多く親王が任命されたが、遥任(ようにん)であり、実際は任地に赴かなかったので、大宰の権帥か大弐(だいに)が政務を代行した。ただし、大臣が左遷されて大宰の権帥に就いたときは、員外官として政務に関与しなかった。

ださい-の-そち【大宰の帥】(名)[「ださい」はのちに「だざい」とも]「ださいのそつ」とも。大宰府の長官。平安時代以降、親王が任命されることが多く、実務は権帥(ごんのそち)か大弐(だいに)が代行した。

ださい-ふ【大宰府】(名)[のちに「だざいふ」とも]律令制で、筑前(ちくぜん)の国(福岡県)に置かれた役所。九州・壱岐(いき)・対馬(つま)を治め、外交・国防にあたった。鎮西府(ちんぜいふ)。

たし (助動ク型)

意味・用法
希望〔…たい。〕→❶
〔…てほしい。〕→❷

接続
動詞および、完了の「つ」「ぬ」を除く動詞型活用の助動詞の**連用形**に付く。

活用

未然	連用	終止	連体	已然	命令
たから (ズ)	たく (シテ) 〈たかり〉(ケリ)	たし (。)	たき (コト) 〈たかる〉	たけれ (ドモ)	○

❶自己、またはその動作をする人の動作の実現を希望する意を表す。**…たい。** 平家 三・六代「父のおはしまさん所へぞ参り**たき**(体)」訳 父がいらっしゃるならその場所へ参りたい。平家 一〇・内裏女房「屋島へ帰り**たく**(用)は、一門の中へ言ひ送って、三種の神器を都へ返し入れ奉れ」訳 屋島へ帰りたいなら、(平家)一門の中へ連絡して、三種の神器を都へお返し入れ申しあげよ。
❷他の動作・状態について、話し手自身の希望の意を表す。**…てほしい。** 徒然 一三九「家にあり**たき**(体)木は、

松・桜」訳 家にあってほしい木は、松と桜だ。

文法 (1)**「たし」と「まほし」**「たし」は院政時代に現れ、鎌倉時代になると、同じ意味の「まほし」にとって代わるようになる。しかし、「たし」は俗語として避けられていたので、和歌や文章ではもっぱら「まほし」が用いられた。室町時代には、この「たし」も「たい」にとって代わられる。

(2)**未然形「たく」**「たし」の未然形に「たく」を認める説がある。①の第二例の「たくは」は意味上、仮定条件の表現なので、古く「たくば」と読まれていた。その後の研究で、「ば」ではなく「ワ」と発音されていたことがわかり、連用形「たく」に係助詞「は」の付いた形と考えられるようになった。ただし、「たくは」には次の用例のように仮定条件にはならないものもある。そこで、仮定条件の「たくは」は未然形に接続助詞「は」の付いたものと考えるのである。

「すなはち迎へ参らせ**たくは**おぼしめしけれども、あまりの御心憂さにやありけん」〈古活字本保元物語〉

た-じつ【他日】(名)ほかの日。後日。徒然 二二九「ーに景茂が申し侍りしは(=申しましたことには)」

たじ-な・し【他事無し】(形ク){から・く(かり)・し・き(かる)・けれ・かれ}❶他の事を顧みない。余念がない。〔太平記〕一「その間にはただ東夷を亡ぼすべき企てのほかはー・し(終)」訳 その間には、ただ東国の武士(=鎌倉の北条氏)を滅ぼそうとする計画以外は他を顧みない。

❷わけへだてがない。親しい。〔浄・博多小女郎波枕〕「この五人は我らが仲間、ー・う(用)(ウ音便)咄し明かす仲」訳 この五人は我々の仲間で、わけへだてなく(何でも)うちあけて話し合う間柄だ。

たしなみ【嗜み】(名)❶好んで熱心にすること。稽古。修行。研究。〔風姿花伝〕「およそ、女懸かり、若き為手のーに似合ふことなり」訳 一般に、女性の風姿は、若い役者の日ごろの稽古に適していることである。

❷平素の心構え。心がけ。〔浄・丹波与作待夜小室節〕「懐中の有り合ひ一歩十三袱紗に包み、これーに持ってゐやと」訳 懐中のあり合わせの一歩金(=一両の四分の一)十三枚を袱紗に包み、これを何かの用心に持っていなさいと(渡される)。

たしな・む【窘む・困む】《上代語》■一(自マ四){ま・み・む・む・め・め}苦しむ。悩む。困る。苦しみ嘆く。〔出雲国風土記〕「昼も夜もー・み(用)てをさめし所を去ることなし」訳 (父親は)昼も夜も苦しみ嘆いて(死んだ娘を)葬った所を立ち去ることがない。

■二(他マ下二){め・め・む・むる・むれ・めよ}苦しめる。〔紀〕神武「いかにぞ我を陸にー・め(用)、また我を海にー・む(終)や」訳 どうして私を陸で苦しめ、また私を海で苦しめるのか。

たしな・む【嗜む】(他マ四){ま・み・む・む・め・め}❶好む。好んで精を出す。徒然 一五〇「堪能の嗜まざるよりは、つひに上手の位にいたり」訳 (稽古に励む人は)芸達者でもうちこんで努力しない人よりは、しまいに名手の芸位に達し。

❷用意しておく。心がけて修行する。〔太平記〕三「弓馬は武家のー・む(体)道なれば」訳 弓術・馬術(の武芸)は武家が心がけて修行する道であるので。

❸慎む。がまんする。〔浄・鑓の権三重帷子〕「涙ー・む(=こらえる)(体)顔つきは泣き叫ぶより哀れにて」

但馬 ⇩但馬

た-しゃう【他生】(名)《仏教語》今生(=現世)に対して、前世または後世をいう語。〔謡・敦盛〕「これまたーの功力なれば」訳 これ(=念仏すること)はやはり後世(に成仏するため)の功徳の力なので。

た-しゃう【多生】(名)《仏教語》❶幾度も生死を重ねて生まれ出ること。著聞 四六「ここに浄蔵は、ーの行人なりといふ事を知りぬ」訳 これによって浄蔵(法師)は、何度も生まれ変わり、多くの生を経た修行者であるということを知った。

❷多くの人を生かすこと。〔謡・鵜飼〕「一殺ーの理りに任せ、かれを殺せと言ひあへり」訳 一人を殺して多くの人を生かすという道理に従って、あの(魚をとった)男を殺せと口々に言っている。

たしゃう-くゎうごふ【多生曠劫】(名)《仏教語》幾度も生死を重ねる、限りなく長い期間。平家 一・祇王「このたび泥梨に沈みなば、ーをば隔つとも、浮かびあがらん事難し」訳 今回地獄に落ちたならば、幾度も生まれ変わって重ねる、限りなく長い時間を経ても、(極楽浄土に)浮かびあがることはむずかしい。

だじゃう-くゎん【太政官】(名)「だいじゃうくゎん」に同じ。

だじゃう-だいじん【太政大臣】(名)「だいじゃうだいじん」に同じ。

だじゃう-てんわう【太上天皇】(名)「だいじゃうてんわう」に同じ。

だじゃう-にふだう【太政入道】(名)「だいじゃうにふだう」に同じ。

たしゃう-の-えん【多生の縁】《仏教語》何度も生死を重ねる間に結ばれた因縁。平家 七・福原落「同じ流れをむすぶもーなほ深し」訳 同じ流れ(の水)を手ですくって飲むのも、何度も生死を重ねる間に結ばれた因縁がやはり深い。

だじゃう-ほふわう【太上法皇】(名)「だいじゃうほふわう」に同じ。

たしょう【他生・多生】⇩たしゃう

だじょう【太政・太上】⇩だじゃう

たじろく ⇩たぢろく

たず〖鶴・田鶴〗⇩たづ

た-すき【手繦・襷】(名)❶上代、神を祭るとき、供物などに袖が触れないよう、袖を束ねるために肩に掛けたひも。万葉 五・九〇四「白栲のーを掛けまそ鏡手に取り持ちて天つ神仰ぎ乞ひ祈み」訳 たすきを掛け、澄んだ鏡を手に取り持って天上の神を仰いで祈り。(「白栲の」は「たすき」にかかる枕詞)

❷手の動きを自由にするため、袖を束ねるひも。枕 一五一「衣ながにてー結ひたるが這ひ出でたるも」訳 (二歳ぐらいの幼児で)着物の丈が長くてひもで(袖を)結び上げてあるのが這い出てきたのも(かわいらしい)。

❸ひもなどを斜めに交えること。また、その模様。徒然 二〇八「経文などのひもを結ふに、上下よりーにちがへて」訳 お経(の巻物)などのひもを結ぶときに、上下からたすきがけに交差させて。

たずき〖方便〗⇩たづき

たす・く【助く・輔く・扶く】(他カ下二){け・け・く・くる・くれ・けよ} ❶手伝い・補佐・後見などをして助ける。[源氏] 帚木「上は下にー・け(未)られ、下は上になびきて」[訳](地位が)上の者は下の者に助けられ、下の者は上の者に従って。❷危難・病苦などから救う。[徒然] 八九「『ー・けよ(命)や、猫また、よやよや』と叫べば」[訳]「助けてくれよ、猫また(=猫の怪獣)だ、おおい、おおい」と叫ぶと。❸力を添える。倒れるのを支える。[源氏] 蓬生「左右の戸もみなよろぼひ倒れにければ、男どもー・け(用)て」[訳](末摘花邸は正門の)左右の戸も全部くずれ倒れてしまったので、下男たちが支えて。

たずさわる【携わる】⇩たづさはる

た-ぜり【田芹】(名)(多く田に生じるところから)芹(=草の名)の異称。[春]

た-そ【誰そ】だれか。だれだ。[源氏] 空蟬「老いたる御達の声にて、『あれはー』とおどろおどろしく問ふ」[訳] 年とった女房の声で、「あれはだれだ」とおおげさに尋ねる。

[なりたち] 代名詞「誰」＋係助詞「そ」

[参考]「そ」は係助詞「ぞ」の古い形。

た-そ-かれ【黄昏・誰そ彼】(名)〔のちに「たそがれ」〕「黄昏時」の略。

たそかれ-どき【黄昏時・誰そ彼時】(名)〔「誰そ彼(=だれだ、あれは)」と人の顔が見分けにくくなる時刻の意。のちに「たそがれどき」〕夕方の薄暗い時。夕暮れ時。「たそかれ」とも。[源氏] 夕顔「光ありと見し夕顔の上露はーの空目なりけり」[訳] 光り輝いていると見た夕顔の上の露(=光源氏の顔)は、夕暮れ時の(私=夕顔の)見間違いであったのだ。→彼は誰時 [参考]

ただ [一](形動ナリ){なら・なり(に)・なり・なる・なれ・なれ} ❶【直】㋐まっすぐなさま。[万葉] 七・一二五六「春霞井の上ゆー・に(用)道はあれど君に逢はむとたもとほり来も」[訳] 水をくむ泉のほとりを通ってまっすぐに(行ける)道はあるが、あなたに逢おうと思って遠まわりして来ることだ。(「春霞」は「井」にかかる枕詞)。㋑直接であるさま。じか。[万葉] 四・四九六「み熊野の浦の浜木綿百重なす心は思へどー・に(用)逢はぬかも」[訳]→みくまのの…[和歌]。→ただに ❷【徒・只】㋐他と変わらない。あたりまえだ。ふつうだ。[枕] 一五八「ー・なる(体)所には目にもとまるまじきに」[訳] ふつうの所では気づきもしないだろうけれども。㋑むなしい。むだである。〔和泉式部日記〕「朝露のおくる思ひにくらぶればー・に(用)帰らむ宵はまされり」[訳] 朝露の置くころ、起きて別れる思いに比べると、(逢わないで)むなしく帰る宵は(悲しさが)まさっている。(「おくる」は「起くる」に「置く」をかける)。→ただに

[二](副)❶【直】㋐直接。まっすぐ。じかに。[徒然] 三三「ー言ふことばも、口惜しうこそなりもてゆくなれ」[訳] 直接言うことばも、だんだん情けなくなっていくようだ。[文法]「なれ」は、伝聞・推定の助動詞「なり」の已然形で、係助詞「こそ」の結び。㋑すぐに。じきに。[万葉] 一二・二九三三「ー今日も君には逢はめど人言を繁み逢はずて恋ひ渡るかも」[訳] すぐに今日にもあなたに逢いたいけれど、人のうわさがひどいので、逢わずに恋しく思い続けていることだ。[文法]「人言を繁み」の「み」は原因・理由を表す接尾語。「…を…み」の形で「…が…ので」の意。㋒両者が似ていることを表す。あたかも。まるで。まさしく。[平家] 一・祇園精舎「おごれる人も久しからず、ー春の夜の夢のごとし」[訳] 驕り高ぶっている人もいくらも続くものではなく、(それは)まるで春の夜の夢のような(はかない)ものだ。⇩平家物語「名文解説」❷【唯・只】㋐限定する意を表す。単に…ばかり。…だけ。[新古] 雑中「人住まぬ不破の関屋の板びさし荒れにしのちはー秋の風」[訳]→ひとすまぬ…[和歌]。㋑ほんの。たった。[源氏] 桐壺「日々におもり給ひて、ー五六日のほどにいと弱うなれば」[訳](桐壺の更衣は)日に日に病気が重くなられて、ほんの五、六日の間にたいそう衰弱するので。㋒ひたすら。むやみに。ただもう。[竹取] かぐや姫の昇天「立て籠めたるところの戸、すなはち、ー開きに開きぬ」[訳](かぐや姫を入れて)閉め切っておいた場所(=塗籠)の戸は、即座に、ただもうすっかり開いてしまった。[文法]「開きに開きぬ」の「に」は格助詞で、同じ動詞の間にあって、動作・作用を強めて表現する。㋓(命令や意志の表現と呼応して)ともかく。まあ、かまわずに。[徒然] 二〇七「ーみな掘り捨つべし」[訳] まあ、かまわずに(塚を)全部掘って捨てるがよい。

ただ-あり(形動ナリ){なら・なり(に)・なり・なる・なれ・なれ} ❶何の趣もない。平凡だ。[源氏] 夕霧「艶なるほどなれば、ただあり(語幹)のあはつけ人だに寝ざめしぬべき空のけしきを」[訳](更けゆく夜は)優艶な風情であるから、平凡な心の浅い人でさえきっと目覚めてしまいそうな空のようすを。❷つくろわないさま。ありのまま。[枕] 四九「をかしき筋など立てたることはなう、ー・なる(体)やうなるを」[訳](藤原行成は)風流な点などを表に出していることはなく、ありのままのようであるのを。

だ-だいこ【大太鼓】(名)雅楽に用いる大型の太鼓。周囲に火炎をかたどった装飾がついている。⇩巻頭カラーページ23

ただ-いま【只今】[一](名)現在。今。[枕] 三三「ーの関白殿、三位の中将と聞こえけるとき」[訳] 今の関白様(=藤原道隆)が、(まだ)三位の中将と申し上げたころ。[二](副)❶今すぐ。すぐさま。[徒然] 四一「我らが生死の到来、ーにもやあらん」[訳] われわれの死がやってくるのは今すぐ(のこと)でもあろうか。❷たった今。つい今しがた。[源氏] 夕霧「よべより六条院に侍ひて、ーなむまかでつると言へ」[訳](私=夕霧は)昨夜から六条院に伺候して、たった今退出したと言え。

たたう-がみ【畳紙】(名)〔「たたみがみ」のウ音便〕折りたたんで懐中に入れておき、鼻紙、または歌などを書くのに用いた紙。懐紙。[源氏] 賢木「またーの手習ひなどしたる、御几帳の下に落ちたりけり」[訳] また懐紙で習字などをしたものが、御几帳の下に落ちていたのだった。⇩巻頭カラーページ12

発展 たたうがみ

「たたうがみ」は「懐紙」とも呼ばれ、平安時代の貴族はいつも懐中に所持していた。檀紙や鳥の子紙を、横は二つ折り、縦は四つ折りにしてたたんだという。「たたうがみ」に和歌などを書き、人に贈る例が、文学作品に数多く見られる。

ただ-うど【直人・徒人】(名)〔「ただびと」のウ音便〕

「ただびと」に同じ。

ただ-か【直処・直香】(名)その人自身。その人のようす。万葉 九・一七八七「寝いも寝ずに我はそ恋ふる妹がーに」訳眠りもしないで私は恋しく思っている。いとしい人、その人のことを。

たたか・ふ【戦ふ】(自ハ四){は・ひ・ふ・ふ・へ・へ}戦う。争う。〔記〕中「楯並めて伊那佐の山の樹の間よもい行きまもらひー・へ㊁ば」訳伊那佐の山の木の間を通って行き、見守りつづけ戦うと。(「楯並めて」は「伊那佐」の「い」にかかる枕詞)

たた・く【叩く・敲く】■一(自カ四){か・き・く・く・け・け}水鶏(=水鳥の名)が戸をたたくような声で鳴く。徒然 一九「早苗とるころ、水鶏のー・く㊍など、心ぼそからぬかは」訳早苗を(苗代から田に)移し植えるころ、水鶏が戸をたたくような声で鳴くのなどは、ものさびしくないか(いや、ものさびしい)。文法「かは」は、反語の係助詞。■二(他カ四){か・き・く・く・け・け}❶打って音をたてる。つづけざまに打つ。門戸をたたいて来訪を告げる。源氏 若紫「門うちー・か㊌せ給へど、聞きつくる人なし」訳(光源氏は供人に)門をたたかせなさるが、聞きつける人もいない。文法「たたかせ給へど」の「せ」は使役の助動詞「す」の連用形。❷なぐる。ぶつ。〔浄・女殺油地獄〕「ー・く㊍片手に押しぬぐふ涙手のひまなかりけり」訳(道楽息子を)たたく片方では押しぬぐう涙に、手の休まるひまはなかった。

ただ-こえ【直越え】(名)(山などを)まっすぐに越えること。万葉 六・九七七「ーのこの道にてし押し照るや難波の海と名づけけらしも」訳(奈良から難波へ)まっすぐに越えてゆくこの道でこそ(難波の海には日の光が照りわたっているので)、なるほど「押し照るや難波の海」と名付けたらしいよ。(「押し照るや」は「難波」にかかる枕詞)

ただ-こと【直言・徒言】(名)比喩や技巧を用いないありのままのことばや表現。ふつうのことば。古今 仮名序「これはーに言ひて、ものにたとへなどもせぬものなり」訳これは(物事を)ありのままに詠んで、何かにたとえることなどもしない歌である。

ただ-ごと【徒事】(名)ふつうの事。世の常の事。方丈二「ーにあらず、さるべきもののさとしか、などぞ疑ひ侍りし」訳(このような大風は)ふつうの事ではない、しかるべきもの(=神や仏)のお告げか、などと疑いました。

ただこと-うた【直言歌・徒言歌】(名)和歌の六義の一つ。ことばを飾らずに、ありのままに詠んだ歌。古今 仮名序「五つには、ー」訳五番目は、ことばを飾らずに、ありのままに詠んだ歌。→六義②

たた-さ【縦さ】(名)〔「さ」は方向を示す接尾語〕縦。縦の方向。縦ざま。〔紀〕成務「ーのみちよこさのみちに随ひて、邑里を定む」訳縦の方向の道や横の方向の道に従って、邑里を定める。↔横さ

たた-さま【縦様】(形動ナリ){なら・なり(に)・なり・なる・なれ・なれ}❶縦で あるさま。垂直。枕 九四「琵琶の御琴をー・に㊊持たせ給へり」訳(中宮が)琵琶の御琴を縦にしてお持ちになられていた。文法「せ給へ」は、最高敬語。❷まっすぐ。枕 二二三「草生ひ茂りたるを、ながながとー・に㊊行けば」訳草が生い茂っている所を、ずっと続けてまっすぐに行くと。

ただ-し【但し】(接)〔副詞「ただ」に副助詞「し」の付いたもの〕❶前の文に添えて、条件や例外などを言い出す語。もっとも。とはいうものの。しかしながら。竹取 竜の頸の玉「仰せのことはいともたふとし。ー、この玉たはやすくえ取らじを」訳お言いつけのことはまったく畏れ多い。しかしながら、この玉は容易に取れそうにないだろうに。文法「え取らじ」の「え」は副詞で、下に打消の語(ここでは「じ」)を伴って不可能の意を表す。❷前の文を受け、推量や疑問の内容を説くのに用いる。あるいは。もしくは。ひょっとしたら。徒然 二〇二「本文も見えず。ー、当月、諸社の祭りなき故に、この名あるか」訳典拠となるべき文章も見あたらない。ひょっとしたら、この月(=陰暦十月)には、あちこちの神社の祭礼がないために、この(神無月という)名があるのか。

たた-す【立たす】《上代語》お立ちになる。〔記〕上「故れ、二柱の神、天の浮き橋にたたし㊊て」訳そこで、二柱の神(=伊邪那岐命と伊邪那美命)は、天空に浮いている橋の上にお立ちになって。なりたち 四段動詞「立つ」の未然形「たた」＋上代の尊敬の助動詞「す」

ただ・す(他サ四){さ・し・す・す・せ・せ}❶【正す】正しくする。きちんと整える。細道 白川の関「古人冠をー・し㊊衣裳を改めしことなど、清輔の筆にもとどめ置かれしとぞ」訳(白河の関を越えるとき)昔の人(=竹田国行)が(名歌を残した能因法師に敬意を表して)冠をきちんとかぶりなおし、衣服を改めたことなど、(藤原)清輔の筆(になる「袋草紙」)にも書き残されていたと(いうことである)。❷【糺す】理非を明らかにし、罪過の有無を調べる。宇治 一〇・一「かかる事は、かへすがへすよくー・し㊊て、まことと、空事あらはして、行はせ給ふべきなり」訳このような事件は、よくよく念入りに取り調べて、真実と虚偽を明らかにした上で、処理なさらなければならないのだ。

糺の森(ただすのもり)『地名』歌枕 今の京都市左京区にある下鴨神社の森。古くから、ほととぎす・納涼で有名。和歌では、多く「糺す」「正す」にかける。

たたずまひ【佇まひ】(名)ようす。ありさま。源氏 胡蝶「はかなき石のーも、ただ絵に描いたらむやうなり」訳(六条院の春の御殿の庭の)ちょっとした立石のようすも、まるで絵に描いてあるかのようである。文法「描いたらむやう」の「む」は、仮定・婉曲の助動詞。

たたずま・ふ【佇まふ】(自ハ四){は・ひ・ふ・ふ・へ・へ}〔四段動詞「佇む」の未然形「たたずま」に上代の反復・継続の助動詞「ふ」の付いたもの〕じっと立ち止まっている。枕 三「のぞきけしきばみ、奥の方にー・ふ㊍を」訳(すきをうかがう女房が)のぞき(込み)、意気ごんで、奥のほうにじっと立ち止まっているのを。

たたずみ-あり・く【佇み歩く】(自カ四){か・き・く・く・け・け}あちらこちらで立ち止まっては、あたりをうろつく。源氏 若紫「鹿のー・く㊍もめづらしく見給ふに」訳鹿があちらこちらで立ち止まっては、あたりをうろつくのも、(光源氏は)珍しいとご覧になると。

たたず・む【佇む・イむ】(自マ四){ま・み・む・む・め・め}❶しばらく立ち止まる。じっと立っている。蜻蛉 下「礼堂にー・む㊍法師ありき」訳礼堂(=礼拝・読経する仏堂)の前に立ち止まっている法師がいた。❷ぶらつく。歩き回る。堤 貝あはせ「まだ暁に門の

わたりを―・め(已)ば、昨日の子しも走る」訳 まだ夜明け前に門のあたりをぶらつくと、まさに昨日の子が走ってくる。文法 「しも」は、強意の副助詞。

ただ‐ち【直路】(名)「ただぢ」とも。まっすぐな道。古今 恋三「恋ひわびてうち寝るなかに行きかよふ夢の―はうつつならなむ」訳 恋い悩んでふとまどろむ中で(あの人のもとに)行き通った夢の中のまっすぐな道は、どうか現実のものであってほしい。

ただち‐に【直ちに】(副)❶じかに。直接に。徒然 二一三「御前の火炉に火を置く時は、火箸してはさむことなし。土器より―移すべし」訳 (天皇・上皇の)御前の火鉢に火種を入れるときは、火箸ではさむことはない。土器からじかに移さなくてはならない。❷すぐに。徒然 一五五「しばしもとどこほらず、―行ひゆくものなり」訳 (あらゆる現象の移り変わりは)少しの間も停滞することなく、すぐに実現していくものである。

たたな‐づ・く【畳なづく】(自カ四){か・き・く・く・け・け}《上代語》重なり合う。幾重にもうねり重なる。〔記〕中「倭は国のまほろば―・く(体)青垣山ごもれる倭しうるはし」訳 →やまとは…歌謡

たたなは・る【畳なはる】(自ラ四){ら・り・る・る・れ・れ}重なり合う。うねり重なる。枕 三六「そとのかたに髪のうち―・り(用)てゆるらかなる程、長さおしはかられたるに」訳 (かぶった着物の)外のほうに(女性の)髪が重なり合ってゆったりと出ているようすから、(その)長さが推測されたが。

たたなめて【楯並めて】《枕詞》【「たた」は「たて」の転】楯を並べて矢を射る意から「い」の音にかかる。〔記〕中「―伊那佐の山の」。万葉 一七・三九〇八「―泉の川の」

ただなら‐ず【徒ならず】❶ふつうでない。いわくありげである。大和 一二三「大空もただならぬ(体)かな十月我のみしたにしぐると思へば」訳 大空も(時雨模様で)ふつうではないようすであることよ。この陰暦十月、私だけが空の下で、時雨のように泣き暮らしていると思うと。(「したに」に、「空の下で」と「心の中で」の意をかける)❷心が穏やかではない。源氏 明石「しるべして聞こえ出でし初めの事などささめきあへるを、ただならず(用)思へり」訳 (明石の君のことを)仲立ちして(光源氏に)申し上げた最初のいきさつなどを(人々が)ひそひそと語り合っているのを、(少納言=良清は)穏やかならず思った。❸並々でない。すぐれている。源氏 夕顔「清げにて、ただならず(用)気色よしづきてなどぞありける」訳 (伊予の介は)さっぱりとした感じで、並々でなく態度は風格があるようすなどであった。❹妊娠している。平家 九・小宰相身投「ただならず(用)なりたることをも、日ごろは隠して言はざりしかども」訳 (私=小宰相が)妊娠したからだになっていることをも、平素は隠して言わなかったが。⇩篤し「慣用表現」

なりたち 形容動詞「徒なり」の未然形「ただなら」＋打消の助動詞「ず」

ただ‐に(副)【形容動詞「ただなり」の連用形から】❶【直に】㋐まっすぐに。〔記〕中「尾張に―向かへる尾津の崎なる一つ松吾兄を」訳 尾張の国(愛知県)にまっすぐに向かって(立って)いる、尾津の岬にある一本松、あなたよ。㋑直接に。ずばりと。万葉 一二・三〇六九「赤駒のい行きはばかる真葛原何の伝言―し良けむ」訳 赤駒が行き悩む葛の原ではないが、どうして人に伝言などするのか、直接に言えばよいだろうに。(第三句までは「何の伝言」を導きだす序詞)❷【徒に】むなしく。何もしないで。竹取 燕の子安貝「―病み死ぬるよりも、人聞き恥づかしく覚え給ふなりけり」訳 (石上の中納言は)ただむなしく病気で死ぬことよりも、人の評判(のほう)が恥ずかしいと思われなさるのであった。❸【唯に・啻に】(下に打消・反語を表す語を伴って)ただ単に。〔続日本紀〕「大保をば―卿とのみは思ほさず」訳 右大臣をただ単に卿(=宮廷に仕える高官)とばかりはお思いにならず。

たた・ぬ【畳ぬ】(他ナ下二){ね・ね・ぬ・ぬる・ぬれ・ねよ}たたむ。万葉 一五・三七二四「君が行く道のながてを繰り―・ね(用)焼き滅ぼさむ天の火もがも」訳 →きみがゆく…和歌

たたは・し(形シク){しから・しく(しかり)・し・しき(しかる)・しけれ・しかれ}❶満ち足りている。完全無欠だ。万葉 一三・三三二四「もち月の―・しけ(未)むとあが思ふ皇子の命は」訳 満月のように満ち足りて完全であろうと、私が思っているその皇子様は。文法 「たたはしけ」は上代の未然形。❷いかめしくおごそかである。堂々としている。土佐「これぞ―・しき(体)やうにて、餞したる」訳 この人(=八木のやすのり)がいかめしくおごそかな態度で、(私に)餞別をした。

ただ‐びと【直人・徒人】(名)「ただうど」とも。❶(神や仏などに対して)ふつうの人間。一般の人。竹取 御門の求婚「このかぐや姫、きと影になりぬ。はかなく、くちをしと思して、げに―にはあらざりけりと思して」訳 このかぐや姫は、急に影(のよう)に(見えなく)なってしまった。(帝は)むなしく、残念だとお思いになって、なるほどふつうの人間ではなかったのだなあとお思いになって。❷(天皇・皇族に対して)臣下。人臣。伊勢 三「二条の后のまだ帝にも仕うまつり給はで、―におはしましける時のことなり」訳 二条の后(=藤原高子)がまだ帝(=清和天皇)にも(女御として)お仕え申しあげなさらずに、臣下の身分でいらっしゃったときのことである。❸(摂政・関白などに対して)一般の貴族。官位の低い人。徒然 一「―も、舎人など給はるきははゆゆしと見ゆ」訳 一般の貴族でも、(朝廷から)護衛の官人などをいただく身分の者はすばらしいと思われる。

たた・ふ【湛ふ】㊀(自ハ四){は・ひ・ふ・ふ・へ・へ}満ちる。いっぱいになる。新古 雑下「海ならず―・へ(已)る水の底までに清き心は月ぞ照らさん」訳 →うみならず…和歌 ㊁(他ハ下二){へ・へ・ふ・ふる・ふれ・へよ}満たす。いっぱいにする。〔山家集〕「忍びねの涙―・ふる(体)袖のうらになづまず宿る秋の夜の月」訳 人知れず泣く涙を満たす袖の裏に、こだわりもなく宿っている(この袖の浦の)秋の夜の月よ。(「袖のうら」は「袖の裏」と地名「袖の浦」との掛詞)

たた・ふ【称ふ】(他ハ下二){へ・へ・ふ・ふる・ふれ・へよ}ほめたたえる。〔記〕中「その御名を―・へ(用)て、建沼河耳命と謂ふ」

たたみ【畳】(名)敷物の総称。むしろ・こも・毛皮などの類。平安時代には主として薄縁(=布の縁をつけたむしろ)・ござの類をいう。源氏 空蟬「〔小君は〕―ひろげて臥す」参考 平安時代の床は板張りで、必要に応じて薄縁を

敷いた。中世以降、現在のような畳が使用されるようになった。

ただ-み【正身・直身】(名)本人。その人自身。万葉 一六・三八二〇・左注「夫君さらに他妻を取り、―は来ずて、ただつとのみを贈る」訳 夫は新たに別の妻を迎え、(元の妻のところへ)本人はやって来ないで、ただ包んだ贈り物だけを届ける。

たたみ-こも【畳薦】(枕詞)畳にする薦を幾重にも重ねる意から「へ(重)」の音にかかる。〔記〕中「―平群の山の」

たたみ-な・す【畳みなす】(他サ四){さ・し・す・す・せ・せ}たたんで作りあげる。幾重にも重なるようにする。源氏 帚木「すくよかならぬ山の気色、木深く世離れて―・し(用)」訳 (名人は険しくない山のようすを、木々が茂って奥深く人里離れて幾重にも重なるようにし(て描き)。

たた・む【畳む】■一(他マ四){ま・み・む・む・め・め}❶折りたたむ。積み重ねる。〔うつほ〕忠こそ「冬の装束一領を、いと小さく―・み(用)て」訳 冬の衣服ひとそろいを、たいそう小さく折りたたんで。❷まとめて取り払う。かたづける。〔鶉衣〕「赤裸に、身代―・み(用)て」訳 すっかり、財産を整理して。❸いじめる。〔浮・好色一代女〕「この男、次第に―・ま(未)れて(=いじめられて)」■二(自マ四){ま・み・む・む・め・め}重なる。積み重なる。細道 松島「ある(島)は二重にかさなり、三重に―・み(用)て」

ただ-むか・ふ【直向かふ】(自ハ四){は・ひ・ふ・ふ・へ・へ}まっすぐに向かう。真正面に向き合う。万葉 六・九四六「御食向かふ淡路の島に―・ふ(体)敏馬の浦の沖辺には」訳 淡路の島に真正面に向き合う敏馬の浦の沖のほうでは。(「御食向かふ」は「淡路」にかかる枕詞)

ただ-むき【腕・臂】(名)うで。ひじから手首までの間。〔記〕下「木鍬持ち打ちし大根根白の白―」訳 木製の鍬を持って耕作した大根、その大根の根が白いように白い(女の)うで。

たた-む-つき【立たむ月】[「やがて来る月」の意]来月。源氏 宿木「例の、―の法事の料に、白き物どもやあらむ」訳 いつものように、来月の法事のために、白い衣装があれこれ(用意して)あるであろうか。

ただ-め【直目】(名)直接に見ること。まのあたり。万葉 一二・二九七九「真澄鏡―に君を見てばこそ命にむかふあが恋やまめ」訳 直接この目であなたを見たならば、命がけの私の恋の思いも静まるだろうに。(「真澄鏡」は「見る」にかかる枕詞)

ただよは・し【漂はし】(形シク){しから・しく(しかり)・し・しき(しかる)・しけれ・しかれ}不安定である。落ち着かない。源氏 玉鬘「ただ心の筋を、―・しから(未)ずもてしづめおきて」訳 ひたすら自分の信念を、定まらないようでなく落ち着けておいて。

ただよは・す【漂はす】(他サ四){さ・し・す・す・せ・せ}❶ただよわせる。万葉 一〇・二〇四一「秋風の吹き―・す(体)白雲は織女の天つ領巾かも」訳 秋風が吹きただよわせる白雲は、織女星の天上でかけている領巾(=女性の肩にかける白布)だろうか。❷不安な境遇におく。寄る辺ない状態にする。源氏 桐壺「無品の親王の外戚の寄せなきにては―・さ(未)じ」訳 (父の桐壺帝は光源氏を)位のない親王で、母方の親戚の後見もない者としては、不安な境遇のままおくまい(とご決心なされて)。

ただよ・ふ【漂ふ】(自ハ四){は・ひ・ふ・ふ・へ・へ}❶浮かんで揺れ動く。漂う。竹取 蓬萊の玉の枝「船の行くにまかせて海に―・ひ(用)て」訳 船の進むままに海上をただよって。❷あてもなくさまよう。更級 夫の死「功徳もつくらずなどして―・ふ(終)」訳 功徳を積むことなどもしないで(救いの)あてもなくさまよう。❸落ち着かない。不安定だ。源氏 常夏「その筋とも見えず―・ひ(用)たる書きざまも」訳 だれの手筋(=書風)とも見わけがつかず、不安定な書きぶりも。

たたら【踏鞴】(名)足で踏んで空気を送る大きなふいご。〔うつほ〕吹上上「男どもも集まり、―踏み」

たたり【祟り】(名)神仏・怨霊などのもたらす災い。大鏡 道兼「くちなは凌じ給ひて、その―により、頭にものはれて、うせ給ひにき」訳 (福足君は)蛇をいじめなさって、そのたたりによって、頭に腫れ物ができて、お亡くなりになってしまった。

たたり【絡垜】(名)四角形の台に柱を立てて、糸を引きかける道具。糸をよるときなどに使う。糸巻き。〔肥前国風土記〕「その夜、夢に臥機と―と儛ひ遊び出で来て」訳 その夜、夢(の中)に織機と糸巻き機が舞を舞いながら現れて。

(絡　垜)

たち-(接頭)(動詞に付いて)意味を強める。「―隠る」「―騒ぐ」「―添ふ」「―別る」

参考 動詞「立つ」の意味が残る時は接頭語としない。

-たち【達】(接尾)「だち」とも。(神や人を表す名詞・代名詞に付いて)尊敬の意を含む複数の意を表す。「君―」「神―」「男―」「友―」

類語パネル

●共通義　複数を表す。

たち	(神や人を表す名詞に付いて)尊敬の意を含む複数の意を表す。
ども	(生物・無生物を問わず種々の名詞に付いて)広く複数の意を表す。(「たち」と異なり、尊敬の意を含まない)
ばら	(職業・男女など人に関する名詞に付いて)複数の意を表す。広い対象に用いられたが、しだいに軽蔑の意が加わった。

たち【館】(名)❶貴人や役人の官舎。土佐「守の―より、よびに文もてきたなり」訳 (後任の国守の)官舎から、招待に手紙を持ってきたそうだ。文法「きたなり」は「きたるなり」の撥音便「きたんなり」の「ん」の表記されない形。「なり」は、伝聞・推定の助動詞。❷貴人の邸宅。源氏 明石「この浜の―に心やすくおはします」訳 (光源氏は)この(明石の)浜辺の邸宅に気楽においでになる。❸「たて」とも。備えを厳重にした屋敷。規模の小さな

城。徒然 六六「ーのうちに人もなかりける隙をはかりて」訳 屋敷の中に人もいなかった隙を見はからって。

たち【太刀・大刀】(名) ❶上代、刀剣の総称。〔記〕中「一つ松人にありせばー佩けましを」訳 一本松が人であったなら、太刀を身に帯びさせようものを。❷平安時代以降、儀礼用または戦闘用の、そりのある大きな刀。徒然 二八「みな人の装束、ー・平緒まで、ことやうなるぞゆゆしき」訳 すべての人の衣装や、太刀、袴の前に垂らした組み緒までが、平常と異なるようすであるのはただごとではない。⇩巻頭カラーページ17

たち-あかし【立ち明かし】(名) 地上に立てて火をともすたいまつ。人が掲げ持つ場合にもいった。「たてあかし」とも。徒然 三三「『ーしろくせよ』と言ひ」訳「たいまつで明るく照らせ」と言い。

たち-あか・す【立ち明かす】(自サ四){さ・し・す・す・せ・せ}立ったまま夜を明かす。枕 七六「ゐるべきやうもなくてー・す体も、なほをかしげなるに」訳(女房の部屋に入って)座ることもできなくて立ったまま夜を明かすのも、やはり情趣が感じられるようすであるが。

たち-い・づ【立ち出づ】(自ダ下二){で・で・づ・づる・づれ・でよ} ❶立って出ていく。立ち去る。外出する。徒然 五六「つぎざまの人は、あからさまにー・で用ても、今日ありつることとて、息もつぎあへず語り興ずるぞかし」訳(教養や品位の)一段劣っている人は、ちょっと外出しても、今日あったことだといって、息をつくひまもなく話しておもしろがるものであるよ。文法「ぞかし」は、文末に用いて強く念をおす意を表す。❷立って来る。その場所に来る。源氏 行幸「西の対の姫君もー・で用給へり」訳 西の対の屋の姫君(＝玉鬘)も(物見に)その場所に出て来られた。❸出る。表面に出る。源氏 桐壺「もとよりの憎さもー・で用て」訳 昔からの(光源氏への)憎さも表面に出て。

たち-い・る【立ち入る】(自ラ四){ら・り・る・る・れ・れ} ❶中へ入る。平家 三・少将都帰「少将のー・り用給ふ姿を一目みて」訳 少将(＝成経)が(教盛の宿所の)中へ入りなさる姿を一目見て。❷立ち寄る。徒然 二二六「足利左馬入道の許へ、まづ使ひを遣はして、ー・ら未れたりけるに」訳(最明寺の入道が)足利左馬の入道の屋敷へ、先に使いの者をやって、お立ち寄りになったときに。

たち-え【立ち枝】(名) 高く伸びた枝。〔拾遺〕春「我が宿の梅のーや見えつらむ思ひのほかに君が来ませる」訳 私の家の梅の高く伸びた枝が見えたのであろうか、思いがけなくあなたがいらっしゃったことよ。

たち-おく・る【立ち後る】(自ラ下二){れ・れ・る・るる・るれ・れよ}〔「たち」は接頭語〕❶遅れる。遅れて後につく。源氏 藤裏葉「この花のひとりー・れ用て、夏に咲きかかるほどなむ、あやしう心にくくあはれにおぼえ侍る」訳 この花(＝藤の花)が唯一(春の花に)遅れて、夏まで咲き続くようすが、妙に奥ゆかしくしみじみとした趣があるように思われます。❷死に後れる。先立たれる。源氏 若紫「むつましかるべき人にもー・れ用侍りにければ」訳(私＝光源氏は)親しくあるはずの人(＝母桐壺の更衣と祖母)にも先立たれてしまいましたので。❸劣る。ひけをとる。源氏 花宴「心にくく奥まりたるけはひはー・れ用、いまめかしきことを好みたるわたりにて」訳(右大臣家は)上品でおくゆかしいようすは劣っていて、当世風のことを好んでいる家なので。

たち-がく【立ち楽】(名) 節会の日、庭で楽人が立ったままで音楽を奏すること。また、その音楽。著聞 二六一「ーの時になりて、皇帝を吹き出ださせおはしましたりけり」訳 庭で楽人が立ったまま行う演奏の時になって、(堀河院ご自身が笛で)皇帝の曲をお吹き出しになられたのであった。

たち-かく・す【立ち隠す】(他サ四){さ・し・す・す・せ・せ}立ってさえぎり隠す。特に、霧・霞などが立ちこめて隠す。古今 春上「山桜わが見に来れば春霞峰にも尾にもー・し用つつ」訳 山桜を私が見に来ると、春霞が峰にも山のすそ野にも立って(花を)隠すことだ。

たち-かく・る【立ち隠る】(自ラ四・下二){ら・り・る・る・れ・れ}{れ・れ・る・るる・るれ・れよ}〔「たち」は接頭語。上代はおもに四段活用〕隠れる。万葉 四・五二九「佐保河の岸のつかさの柴な刈りそね在りつつも春し来たらばー・る体(四段)がね」訳 佐保川の岸の高い所の柴を刈らないでおくれ。このままにしておいて春がきたなら、(あなたに逢うときに)隠れるために。(五七七・五七七の旋頭歌。)文法「な(副詞)…そ(終助詞)」の形で禁止の意を表す。「刈りそね」の「ね」は、他に対する願望を表す上代の終助詞。「がね」は、意志・願望などの理由・目的を表す上代の終助詞。源氏 末摘花「かげにつきてー・れ用(下二段)給へば」訳(光源氏は)陰のほうに身を寄せてお隠れになると。

たち-かさ・ぬ【立ち重ぬ】(他ナ下二){ね・ね・ぬ・ぬる・ぬれ・ねよ}(波・雲・霞などが)立って幾重にも重ねる。重ねて立つ。和歌では多く、「波」の縁語、また「裁ち重ぬ」にかけて用いられる。源氏 紅葉賀「恨みてもいふ甲斐ぞなきー・ね用引きて返りし波のなごりに」訳(私＝源典侍が)恨んだにしても、それを言うかいもない。幾重にも重ねて立っては引いて返った波(＝次々とやって来ては、連れ立って帰っていった光源氏と頭の中将)のあとでは。

たち-かさ・ぬ【裁ち重ぬ】(他ナ下二){ね・ね・ぬ・ぬる・ぬれ・ねよ}裁ち重ねる。布を裁ち縫って、重ねて着る。和歌では多く、「立ち重ぬ」にかけて用いられる。源氏 明石「よる波にー・ね用たる旅ごろもしほどけしとや人のいとはむ」訳 打ち寄せる波が幾重にも立つように、(私＝明石の君が)布を裁ち重ねて縫い上げた旅の衣は、(涙で)びっしょり濡れているとあなた(＝光源氏)は嫌うであろうか。(「よる波に」は「たち」を導きだす序詞。「たちかさね」は「(波が)立ち重ね」と「(旅ごろもを)裁ち重ね」との掛詞)

たち-かは・る【立ち代はる・立ち替はる】(自ラ四){ら・り・る・る・れ・れ}〔「たち」は接頭語〕新しいもの、別のものと入れ替わる。交替する。移り変わる。万葉 六・一〇四八「ー・り用古き都となりぬれば道の芝草長く生ひにけり」訳 移り変わって(奈良も)古い都となってしまったので、道端の雑草が丈高くはえてしまったことだ。

たち-か・ふ【裁ち替ふ・裁ち変ふ】(他ハ下二){へ・へ・ふ・ふる・ふれ・へよ}布などを裁って衣服を作りかえる。源氏 夕顔「蟬の羽もー・へ用てける夏衣かへすを見ても音は泣かれけり」訳 蟬の羽のような薄物の布も裁断して作りかえてしまった夏衣を、(秋の衣替えもすんだ今になってあなた(＝光源氏)が私(＝空蟬)に)返すのを見ても、声をあげて泣かないではいられないことよ。

たち-かへり【立ち返り】(副)❶(多く返事の場合に用いて)折り返し。すぐに。蜻蛉 上「―、かへりごと(=返事)」
❷くり返し。再び。古今 恋一「―あはれとぞ思ふよそにても人に心を沖つ白波」訳くり返しつくづく恋しいと思うことだ。離れていてもあの人に(私の)心を置いてずっと思っている、沖の白波のように。(「沖」は「置き」との掛詞。「立ち返り」と「沖つ白波」とは縁語)

たち-かへ・る【立ち返る】(自ラ四){ら・り・る・る・れ・れ}❶(もとの場所に)引き返す。(昔に)立ちもどる。徒然 一九「梅の匂ひにぞ、いにしへのことも―・り用恋しう思ひ出でらる」訳梅の花の香りによって、昔のことも(その当時に)立ちもどってなつかしく思い出される。文法「らるる」は、自発の助動詞「らる」の連体形で、係助詞「ぞ」の結び。
❷くり返す。更級 初瀬「初瀬川―・り用つつたづぬれば杉のしるしもこの度や見む」訳初瀬川の川波が寄せては返すように(私は)くり返しお参りをしたのだから、(前回夢に見た)杉のご利益も今度はいただけるだろうか。文法「や」は、疑問の係助詞。
❸年が改まる。[拾遺]春「あらたまの年―・る体朝より待たるるものは鶯の声」訳年が改まる(その)朝から、しきりに待たれるものは鶯の声だよ。(「あらたまの」は「年」にかかる枕詞。文法「待たるる」の「るる」は、自発の助動詞「る」の連体形。

た-ぢから【手力】(名)手の力。腕力。万葉 七・一二八一「君がため―疲れ織りたる衣ぞ春さらばいかなる色に摺りてば好けむ」訳あなたのために疲れるまで手の力を尽くして織った着物だよ。春になったら、どんな色に摺り染めたらよいだろう。(五七七・五七七の旋頭歌)

たち-き・く【立ち聞く】(他カ四){か・き・く・く・け・け}❶立ったままで聞く。通りがかりなどにふと耳にする。源氏 蛍「幼き人の、女房などに時々読まするを―・け已ば」訳幼い人(=明石の姫君)が、女房などに時々(物語を)読ませるのを小耳にはさむと。
❷物陰でそっと聞き耳を立てる。立ち聞きする。更級 宮仕へ「―・き用、かいまむ人のけはひして」訳立ち聞きしたり、のぞき見したりする人の気配がして。

たち-く【立ち来】(自カ変){こ・き・く・くる・くれ・こ(こよ)}❶(雲・霧・風・波などが)わき起こってくる。源氏 須磨「波ただこことに―・くる体心地して」訳波がほんのすぐ近くに立って打ち寄せてくる気がして。
❷出発して来る。万葉 二〇・四四〇八「大君の任のまにまに島守にわが―・くれ已ば」訳天皇の任命のままに防人として私が出発して来ると。

たち-く・く【立ち潜く】(自カ四){か・き・く・く・け・け}〔「たち」は接頭語〕「たちぐく」とも。間をくぐる。くぐり抜ける。万葉 一七・三九一一「霍公鳥木の間を―・き用鳴かぬ日はなし」訳ほととぎすが木の間を(飛び)くぐり鳴かない日はない。

たち-くだ・る【立ち下る】(自ラ四){ら・り・る・る・れ・れ}〔「たち」は接頭語〕たち後れる。劣る。源氏 常夏「東とぞ名も―・り用たるやうなれど」訳(和琴の別名はあずま(=東琴)と、名前も(田舎じみて)劣っているようだが。

たち-こ・む【立ち込む・立ち籠む】■一(自マ四){ま・み・む・む・め・め}〔「たち」は接頭語〕混雑する。こみあう。徒然 四一「埒のきはに寄りたれど、ことに人多く―・み用て」訳馬場の柵のそばに近寄ったが、(そこは)とりわけ人が多くこみあっていて。
■二(自マ下二){め・め・む・むる・むれ・めよ}(煙・霧などが)たちこめる。平家 九・宇治川先陣「夜はすでにほのぼのと明けゆけど、川霧ふかく―・め用て」訳夜はすでにほんのりと明けていくが、川霧が濃くたちこめて。
■三(他マ下二){め・め・む・むる・むれ・めよ}(立ちふさがって)取り囲む。宇治 七・四「京童部、手ごとに刀を抜きて、忠明を―・め用て殺さんとしければ」訳京都の無頼の若者たちが、手に手に刀を抜いて、忠明を取り囲んで殺そうとしたので。

たち-さか・ゆ【立ち栄ゆ】(自ヤ下二){え・え・ゆ・ゆる・ゆれ・えよ}草木が生い茂る。また、繁栄する。万葉 七・一二八六「山背の久世の社の草な手折りそわが時と―・ゆ終とも草な手折りそ」訳山背の国(京都府)の久世神社の草を折り取るな。自分の時とばかりに生い茂っていても草を折り取るな。(五七七・五七七の旋頭歌)⇩幸ふ「慣用表現」

たち-さ・ふ【立ち塞ふ・立ち障ふ】(他ハ下二){へ・へ・ふ・ふる・ふれ・へよ}立ってさえぎりとめる。立ちふさぐ。土佐「波―・へ用て入れずもあらなむ」訳波が立ってさえぎりとめて(月を海に入れないでほしい。

たち-さわ・ぐ【立ち騒ぐ】(自ガ四){が・ぎ・ぐ・ぐ・げ・げ}❶〔「たち」は接頭語〕騒ぐ。騒ぎ立てる。古くは「たちさわく」。更級 かどで「年ごろあそびなれつるところを、あらはにこぼち散らして、―・ぎ用て」訳数年来遊び慣れた所(=家)を、外からすっかり見えるように取りこわし散らかして、大騒ぎをして。
❷風や波が激しく立つ。新古 恋五「白波は―・ぐ終ともこりずまの浦の海松はからんとぞ思ふ」訳白波が激しく立っても、こりずに須磨の浦の海松(=海藻の名)は刈ろうと思う(=世間ではやかましく噂を立てても、私は人目など気にせずにあの人に会おうと思う)。(「こりずま」の「ずま」は「須磨」との、「海松」は「見る目」との掛詞)

たち-し・く【立ち頻く】(自カ四){か・き・く・く・け・け}(波などが)しきりに立つ。万葉 一五・三六五四「志賀の浦に沖つ白波―・く終らしも」訳志賀の浦では沖から寄せる白波がしきりに立っているらしいよ。

たち-すく・む【立ち竦む】(自マ四){ま・み・む・む・め・め}❶じっと立ち続ける。源氏 宿木「やうやう腰痛きまで―・み用給へど」訳(薫は)だんだんと腰が痛くなるまでじっと立ち続けなさるが。
❷立ったまま身動きができなくなる。宇治 一〇・四「おのおの―・み用て、さらにすることなし」訳(強盗どもは)それぞれ立ったまま身動きができなくなって、まったく(どうすることも)できない。

たち-そ・ふ【立ち添ふ】(自ハ四){は・ひ・ふ・ふ・へ・へ}❶〔「たち」は接頭語〕加わる。源氏 蛍「いとどしき御匂ひの―・ひ用たれば」訳(風に)ますます強い(光源氏の衣服の)御匂いが加わったので。
❷付き添う。寄り添う。枕 一八七「男児はつと―・ひ用てうしろ見」訳男の子(の場合は(乳母の夫が)ぴったり付き添って世話をし。
❸他人のあとを追って死ぬ。源氏 夕顔「程もなく、また―・ひ用ぬべきが口惜しくもあるべきかな」訳間もなく、また(自分=光源氏もまた、(夕顔の)あとを追って死んでしま

いそうなことが残念でもあるにちがいないことよ。

たち-つ・ぐ【立ち継ぐ】(他ガ四){が・ぎ・ぐ・ぐ・げ・げ}あとを受け継ぐ。［源氏］匂兵部卿「光隠れ給ひにし後、かの御影に―・ぎ㊥給ふべき人」［訳］光源氏がお亡くなりになってしまった後、そのお姿(＝容貌・才能・心構えなど)のあとを受け継ぎなさることのできそうな方は。

たち-つけ【裁ち着け・裁ち著け】(名)「たっつけ」とも。袴の一種。裾を紐でひざの所にくくりつけ、ひざから下を脚絆のようにした旅行用の袴。

たち-つら・ぬ【立ち連ぬ】(自ナ下二){ね・ね・ぬ・ぬる・ぬれ・ねよ}並んで立つ。立ち並ぶ。［竹取］かぐや姫の昇天「大空より、人、雲に乗りて下り来て、土より五尺ばかり上がりたるほどに、―・ね㊥たり」［訳］大空から、人が雲に乗って下りて来て、地面から五尺(＝約一五〇センチメートル)ほど上がった位置に、立ち並んでいる。

たち-ど【立ち処・立ち所】(名)立つところ。足場。立っている足もと。［方丈］二「道行く馬は足の―をまどはす」［訳］道を行く馬は足の踏み場に迷う。

たち-な・む【立ち並む】(自マ四){ま・み・む・む・め・め}立ち並ぶ。並んで立つ。［枕］八九「薬玉、親王たち・上達部の―・み㊥給へるに奉れる、いみじうなまめかし」［訳］薬玉を、親王たちや上達部が立ち並んでいらっしゃるのに差し上げるのは、たいそう優美である。

たち-なら・す【立ち均す】(他サ四){さ・し・す・す・せ・せ}(立って地を踏みつけ、平らにするほど)しばしば行き来する。［万葉］九・一八〇八「葛飾の真間の井見れば―・し㊥水汲ましけむ手児奈し思ほゆ」［訳］葛飾(＝地名)の真間の井戸を見ると、(昔ここに)しばしば行き来して水をお汲みになったという手児奈(という少女のこと)がしのばれる。［文法］「汲まし」の「し」は、上代の尊敬の助動詞「す」の連用形。「手児奈し」の「し」は、強意の副助詞。

たち-なら・す【立ち馴らす】(他サ四){さ・し・す・す・せ・せ}〔「たち」は接頭語〕なれ親しませる。なじませる。［源氏］賢木「などて今まで―・さ㊤ざりつらむと、過ぎぬる方くやしうおぼさる」［訳］(光源氏は、この嵯峨野の野の宮を)どうして今まで(自分に)なれ親しませ(て通わ)なかったのだろうと、過ぎ去ったこれまでを悔しくお思いになられる。［文法］「おぼさる」の「る」は、自発の助動詞。

たち-なら・ぶ【立ち並ぶ】■(自バ四){ば・び・ぶ・ぶ・べ・べ}❶立って並ぶ。いっしょに並ぶ。［源氏］紅葉賀「―・び㊥ては、なほ花のかたはらの深山木なり」［訳］(頭の中将ほどの者でも光源氏と)いっしょに並んでは、やはり桜の花のそばの(見ばえのしない)深山に生える木(のよう)である。❷同じほどである。肩を並べる。［竹取］かぐや姫の昇天「我がたけ―・ぶ㊍まで養ひ奉りたる我が子を」［訳］私の背丈と同じほどになるまでお育て申しあげた我が子(＝かぐや姫)を。

■(他バ下二){べ・べ・ぶ・ぶる・ぶれ・べよ}同じ程度のものと考える。同等に扱う。［源氏］玉鬘「明石の並みには、―・べ㊥給はざらまし」［訳］(光源氏は)明石の君並みには(夕顔を)同等に扱いなさらなかっただろうに。

たち-な・る【立ち馴る】(自ラ下二){れ・れ・る・るる・るれ・れよ}(いつも出入りして)なれ親しむ。なじむ。［更級］宮仕へ「さても、宮仕への方にも―・れ㊥」［訳］そのまま、宮仕えのほう(＝生活)にもなじみ。

たち-ぬ・ふ【裁ち縫ふ】(他ハ四){は・ひ・ふ・ふ・へ・へ}布を裁って着物などに仕立てる。［平家］二・西光被斬「弓袋の料におくられたりける布どもをば、直垂かたびらに―・は㊤せて」［訳］弓袋(を作るため)の材料として贈られていたさまざまな布を、直垂や帷子に縫い仕立てさせて。

たち-ぬ・る【立ち濡る】(自ラ下二){れ・れ・る・るる・るれ・れよ}(雨や露に)立ったまま濡れる。［万葉］二・一〇七「あしひきの山の雫に妹待つとあれ―・れ㊥ぬ山の雫に」［訳］→あしひきの…［和歌］

たち-はき【帯刀】(名)〔「太刀佩き」の意〕「たてはき」とも。「帯刀舎人」の略。東宮坊舎人監の役人で、刀を帯びて皇太子を護衛する役。舎人の中から武芸にすぐれた者を選んで任じた。

たちはき-の-ぢん【帯刀の陣】「帯刀」の詰め所。

たち-はし・る【立ち走る】(自ラ四){ら・り・る・る・れ・れ}立ち上がって走る。走りまわる。［源氏］行幸「下臈、童べなどのつかうまつりたらぬ雑役をも、―・り㊥やすく惑ひ歩きつつ」［訳］(近江の君は)下級の女房や小間使の子供などがお勤め申しあげていない雑用でも、気軽に走りまわり、あちらこちらと動きまわっては。

たち-ばな【橘】(名)植物の名。こうじみかん。常緑樹で、香りの高い白い花をつける。果実はみかんに似て小さく、酸味が強い。［秋］。(橘飾る［春］・橘の花［夏］)

［参考］「ほととぎす」とともに和歌に詠みこまれることが多い。また、「五月待つ花たちばなの香をかげば昔の人の袖の香ぞする」(［訳］→さつきまつ…［和歌］)〈古今・夏〉から、昔を思い出すよすがとして象徴的に使われた。

橘曙覧（たちばなあけみ）『人名』(一八一二～一八六八)江戸末期の歌人・国学者。別姓は井手。号は志濃夫廼舎。越前(福井県)の人。本居宣長の学風を慕い、その門下の田中大秀について国学を修め、また生活に即した万葉調の歌を詠んだ。家集「志濃夫廼舎歌集」

橘成季（たちばなのなりすゑ）『人名』(生没年未詳)鎌倉中期の学者。博学多芸の人で、説話集「古今著聞集」の編者。くわしい伝記は不明。

たち-はな・る【立ち離る】(自ラ下二){れ・れ・る・るる・るれ・れよ}遠くへ離れる。立ち去る。［源氏］桐壺「草むらの虫の声々もよほし顔なるも、いと―・れ㊥にくき草のもとなり」［訳］(庭先の)草むらの虫の声々が涙を誘うかのように聞こえるのも、たいそう立ち去りがたい草の宿(＝桐壺の更衣の実家)である。

たち-ばら【立ち腹】(名)❶怒りやすいこと。腹を立てやすい性質。〔落窪〕「おのが心本性―に侍りて」［訳］私の心の本来の性質は怒りっぽい気性でございまして。❷立ったまま切腹すること。〔浄・傾城反魂香〕「武家に生まれた不祥には、大門口で―切り」［訳］武士の家に生まれた不運では、大門口で立ったままの切腹をし。

但馬（たぢま）『地名』旧国名。山陰道八か国の一つ。今の兵庫県北部。但州。

たち-まさ・る【立ち勝る】(自ラ四){ら・り・る・る・れ・れ}〔「たち」は接頭語〕(人柄・心・程度などが)まさる。すぐれる。［源氏］帚木「まかり通ひし所は、人も―・り㊥、心ばせまことにゆゑありとみえぬべく」［訳］(私＝左の馬頭が)通っておりました所は、(女の)人柄もまさり、たしなみもほんとうに風情があると思われるに相違なく。

たち-まじ・る【立ち交じる】(自ラ四){ら・り・る・る・れ・れ}〔「たち」

は接頭語〕入りまじる。中にはいる。加わる。徒然 一「かたち・心ざまよき人も、才なくなりぬれば、しなくだり、顔憎さげなる人にも―・り用て」訳 容貌や気だてがよい人でも、教養がなくなってしまうと(=ないとなると)、身分も劣り、顔が憎らしげな人にも入りまじって。

たち-まち(-に)【忽ち(に)】(副) ❶突然。にわかに。今昔 一三・二「―に大きなる牛、深き山の奥より出で来たりて」

❷実際に。現に。今昔 一四・九「―に今、この難に会へり」訳 (法華経を書写する願を果たさぬうちに)現に今、この災難に遭った。

❸すぐさま。一瞬の間に。万葉 九・一七四〇「足ずりしつつ―に情消失せぬ」訳 地団太を踏みながら、一瞬の間に気を失ってしまった。

たちまち-づき【立ち待ち月】(名)「たちまちのつき」に同じ。秋

たちまち-の-つき【立ち待ちの月】〔立って待つうちにほどなく出てくる月の意〕陰暦十七日の夜の月。立ち待ち月。秋。〔新撰六帖〕「我が門をさしわづらひてねるをのこさぞ―も見るらん」訳 自分の(家の)門(の戸)を閉ざしかねて寝ている男性は、さだめし(月の出の遅い)立ち待ちの月を今ごろ見ているだろう。

たち-ま-つ【立ち待つ】(他タ四)〔た・ち・つ・つ・て・て〕立ったままで待つ。万葉 五・八九五「大伴の御津の松原かき掃きてわれ―・た未むはや帰りませ」訳 大伴の御津の松原をきれいに掃いて、私は立ったままで待とう、早くお帰りなさい。

たち-ま-ふ【立ち舞ふ】(自ハ四)〔は・ひ・ふ・ふ・へ・へ〕❶立って舞う。舞を舞う。源氏 紅葉賀「もの思ふに―・ふ終べくもあらぬ身の袖うち振りし心知りきや」訳 あなた(=藤壺)を思う(恋の悩みの)ために舞うこともできそうにないこの私(=光源氏)が、(あなたの魂を招き寄せようと)袖を振って舞った心中を(あなたは)わかったか。

❷舞うように動く。漂う。新古 秋下「薄霧の―・ふ体山の紅葉葉はさやかならねどそれとみえけり」訳 薄い(秋の)霧が舞うようにかかっている山の紅葉した葉は、(霧のせいで)はっきりとは見えないけれども、それ(=紅葉)と見えることであるよ。

❸立ちまじる。入りまじる。源氏 柏木「なほ世に―・ふ終べくもおぼえぬ物思ひの」訳 やはり世間に立ちまじることができそうにも思われない苦悩が。

たち-むか-ふ【立ち向かふ】(自ハ四)〔は・ひ・ふ・ふ・へ・へ〕❶立って向かう。万葉 一・六一「大夫のさつ矢手挟み―・ひ用射る円方は見るにさやけし」訳 男らしい男が狩りの矢を手にはさみ持って立ち向かい射る的ではないが、円方の地は見るからにすがすがしいことだ。(「大夫の」から「射る」までは「円方」を導きだす序詞)

❷手向かう。宇治 五・三「舎人一二人居て、『人な入れそと候ふ』とて、―・ひ用たりければ」訳 舎人(=警護の者)が二人いて、「人を入れてはならないということでございます」と言って、手向かったので。

たち-もとほ-る【立ち徘徊る】(自ラ四)〔ら・り・る・る・れ・れ〕あちこち歩き回る。ぶらつく。万葉 一一・二八二一「木の間より移ろふ月の影を惜しみ―・る体にさ夜ふけにけり」訳 木の間を移り行く月の光が惜しいので、あちこち歩き回るうちに、夜が更けてしまったことよ。

たち-やく【立ち役】(名)歌舞伎で、男役。特に、かたき役・老け役に対して善人の男役。〔難波土産〕「―の家老職は本の家老に似せ、大名は大名に似るをもって第一とす」訳 男役の家老職の者は本物の家老に似せ、大名(役の者)は大名に似ることをいちばんたいせつなこととする。

参考 もともとは能・狂言で、舞台に座っている囃子方に対して、立って演技をする役者をいった。

たち-やすら-ふ【立ち休らふ】(自ハ四)〔は・ひ・ふ・ふ・へ・へ〕❶(ためらって)立ち止まる。たたずむ。源氏 幻「雪降りたりしあかつきに―・ひ用て、我が身も冷え入るやうにおぼえて」訳 雪が降っていた夜明け前に(格子の外に)たたずんで、(光源氏は)自分のからだも冷えきるように思われて。

❷近くを歩きさまよう。古今 雑体「せむすべなみに庭に出でて―・へ已ば」訳 なす術がないので、庭に出て歩き回っていると。文法「なみ」の「な」は形容詞「無し」の語幹、「み」は原因・理由を表す接尾語。

たち-ゆ-く【立ち行く】(自カ四)〔か・き・く・く・け・け〕旅に出かけて行く。出立する。万葉 一二・三二一〇「あしひきの片山雉子立ち―・か未む君におくれてうつしけめやも」訳 片山のきじが飛び立つように、旅に出かけて行こうとするあなたに残されて、正気でいられようか(いや、いられない)。(「あしひきの」は「山」にかかる枕詞。第二句までは「立ち」を導きだす序詞)

たち-よそ-ふ【立ち装ふ】(他ハ四)〔は・ひ・ふ・ふ・へ・へ〕〔「たち」は接頭語〕飾る。装う。万葉 二・一五八「山吹の―・ひ用たる山清水汲みに行かめど道の知らなく」訳 山吹がまわりを美しく飾っている山の清水を汲みに行こうと思うが、その道がわからないことだ。

たち-よ-る【立ち寄る】(自ラ四)〔ら・り・る・る・れ・れ〕❶波が立って打ち寄せる。竹取 燕の子安貝「年をへて浪―・ら未ぬ住吉の松かひなしと聞くはまことか」訳 いつまでも波が立って打ち寄せない住吉の松のように、(あなたは)長いこと(わが家に)立ち寄らず、私は長い間待っていたのに、貝は手に入らず、待つかいもないと聞くが、それは本当か。(「立ち寄る」に③の意をかける。「松」は「待つ」との、「かひ」は「甲斐」と「貝」との掛詞)

❷近寄る。寄り添う。徒然 一三七「花の本には、ねぢ寄り―・り用、あからめもせずまもりて」訳 (片田舎の人は)花のもとには、にじり寄って近寄り、わき目もふらずに見つめて。

❸訪れる。源氏 須磨「かくかずまへ給ひて、―・ら未せ給へること」訳 (あなた=光源氏が)このように(つまらぬ身の私=麗景殿の女御を)人並みにお扱いくださって、訪れなされたこと(はうれしい)。

たぢろき(名)〔四段動詞「たぢろく」の連用形から〕たじろぐこと。気持ちが揺れ動くこと。動揺。源氏 帚木「さやうならむ―に絶えぬべきわざなり」訳 その(夫と)仲違いをするような動揺から、(夫婦の間も)きっと終わってしまうにちがいないことだ。

たぢろ-く(自カ四)〔か・き・く・く・け・け〕〔のち「たぢろぐ」〕❶しりごみする。ひるむ。〔浜松中納言物語〕「筑紫へ放たれおはせしに、いとどよろづ―・き用」訳 筑紫の国(福岡県)へ追放されていらっしゃったので、ますますすべてにおい

てしりごみし。❷劣る。後れをとる。衰える。〔うつほ〕俊蔭「文の道は少し―・く㊙とも」訳学問の道では少し(俊蔭に)劣るにしても。❸傾く。少し動く。著聞 三六二「弘光、引きぬかんと身を動かしけれども、―・か㊍ざりければ」訳弘光は(相手の手から自分の手を)引きぬこうとからだを動かしたが、少しも動かなかったので。

たち-わか・る【立ち別る】(自ラ下二){れ・れ・る・るる・るれ・れよ}「「たち」は接頭語」別れて行く。別れて旅立つ。古今 離別「かへる山ありとはきけど春がすみ―・れ㊊なば恋しかるべし」訳(北陸には)かえる山という山があると聞いている(ので、あなたもすぐ帰ってこられると思うが、それでも春霞が立つ中を別れて旅立っていったら、恋しいだろう。「かへる」は「かへる山」と「帰る」との掛詞。「春がすみ」は「立つ」にかかる枕詞だが、ここは実景も伴っている)

たちわかれ…和歌《百人一首》

> 立ち別れ　いなばの山の　峰に生ふる
> まつとし聞かば　今帰りこむ
> 〔往なば〕〔因幡〕序詞〔待つ〕〔松〕
> 〈古今・八・離別・三六五・在原行平〉

訳お別れして(私は任国の)因幡の国(鳥取県)へ行くが、その因幡(稲羽)の山の峰に生えている松の、その「まつ」ということばのように(あなたが)私を待つと聞いたなら、すぐに帰ってくるつもりです。修辞「いなば」は「往なば」と「因幡」との、「まつ」は「待つ」と「松」との掛詞。第二句と第三句が「まつ」を導きだす序詞。文法「まつとし」の「し」は、強意の副助詞。解説「題知らず」の歌であるが、斉衡二年(八五五)正月、作者が因幡の守として任地へ赴くとき、別れを惜しんで詠んだ歌だと考えられている。旅立ちに際して、関係のある地名を詠みこむことは、この種の挨拶の歌に広く見られる型。この歌では、第三句までにそれを示し、第四句以下で惜別の情に応えるものとなっている。任地から上京する際の歌とみる説もある。

たち-わた・る【立ち渡る】(自ラ四){ら・り・る・る・れ・れ}❶(雲や霧などが)一面に立つ。一面におおう。万葉 五・八三九「春の野に霧―・り㊊降る雪と人の見るまで梅の花散る」訳春の野に霧が一面にたちこめ、降る雪かと人が見まちがえるほどに、梅の花が散ることだ。❷(車などが)ずらりと立ち並ぶ。源氏 葵「隙もなう―・り㊊たるに」訳(物見の牛車が)隙間もなくずらりと立ち並んでいるので。

たち-わづら・ふ【立ち煩ふ】(自ハ四){は・ひ・ふ・ふ・へ・へ}❶つらい思いで立つ。立ちくたびれる。大和 一七六「門をささせ給うければ、夜一夜―・ひ㊊て」訳(母御息所が)門を閉じさせなさったので、(源嘉種は)一晩じゅうつらい思いで立っていて。❷立ち去りにくく思う。源氏 夕霧「―・ひ㊊給ふも軽々しう」訳(一条御息所の葬儀の場を)立ち去りにくく思いなさるのも(夕霧の身分では)軽々しくもあり。❸車などを置くのに困る。源氏 葵「隙もなうたちわたりたるに、よそほしう引きつづきて―・ふ㊙」訳(物見の牛車が)隙間もなくずらりと立ち並んでいるので、(葵の上一行は)美しくりっぱに列をなしたまま、車を置くのに困る。

たち-ゐ【立ち居】(名)❶立つことと座ること。ちょっとした日常の動作。源氏 夕顔「―のけはひ堪へ難げにおこなふ」訳(老人が)立ったり座ったりする動作のようすもつらそうに(礼拝の)お勤めをするのが。❷(雲などが)浮かんでいること。〔雨月〕菊花の約「この日や天晴れて、千里に雲の―もなく」訳この日は空も晴れて、はるか遠くまで雲が浮かんでいることもなく。

たち-ゐる【立ち居る】(自ワ上一){ゐ・ゐ・ゐる・ゐる・ゐれ・ゐよ}❶立ったり座ったりする。源氏 東屋「手一つ弾き取れば、師を―・ゐ㊊拝みて喜び」訳(実の娘が琴や琵琶などの)曲を一曲、弾き方を習得すると、(常陸の介は)師匠を立ったり座ったりして拝んで喜び。❷(雲などが)浮かんでいる。立っている。伊勢 六七「曇りみ晴れみ、―・ゐる㊍雲やまず」訳曇ったり晴れたりして、浮かんでいる雲は絶えない。

たつ【辰】(名)❶十二支の五番目。→十二支 ❷方角の名。東南東。❸時刻の名。今の午前八時ごろ、およびその前後約二時間(午前七時ごろから午前九時ごろ)。〔紫式部日記〕「行幸は―の時と、まだあかつきより、人々けさうじ心づかひす」訳行幸は辰の時(=午前八時ごろ)ということで、まだ未明から、人々は化粧をし細かく気をくばる。

たつ【竜】(名)「りゅう」に同じ。竹取 竜の頸の玉「―の頸に、五色にひかる玉あなり(=あるそうだ)」

た・つ【立つ】■(自タ四){た・ち・つ・つ・て・て}(縦になる、縦の状態である、という意味から)❶(人や動物が)起立する。立ち止まっている。起きあがる。伊勢 四「―・ち㊊て見、居て見、見れど、去年に似るべくもあらず」訳立ちあがっては見、座っては見して、(あたりを)見るけれども、去年(のありさま)に似るはずもない。❷(植物が)生える。生えている。竹取 蓬莱の玉の枝「その山のそばひらを巡れば、世の中になき花の木ども―・て㊁り」訳その山のかたわらを回ると、この世の中にないたくさんの花の木が生えている。❸(馬・車などが)置いてある。駐車する。枕 三五「後に来たる車の、ひまもなかりければ、池にひきよせて―・ち㊊たるを見給ひて」訳後からやってきた車が、(車を置く)隙間もなかったので、池のほうに引き寄せてとまっているのを(中納言が)ご覧になって。❹退席する。立ち去る。古今 春下「今日のみと春を思はぬ時だにも―・つ㊍ことやすき花のかげかは」訳今日かぎり(で終わりだ)と春を思わない時でさえも、立ち去ることがたやすい花の陰だろうか(いや、そんな時でも立ち去りにくいものだ)。文法「かは」は、反語の係助詞。❺(旅などに)出発する。伊勢 六九「明けば尾張の国へ―・ち㊊なむとすれば、男も人知れず血の涙を流せど、え逢はず」訳夜が明けたら尾張の国(愛知県)に向かって出発しようとするので、男もひそかに血の(ような悲痛な)涙を流すが、逢うことができない。文法「たちなむ」の「な」は、助動詞「ぬ」の未然形で、ここは確述の用法。「え逢はず」の「え」は副詞で、下に打消の語(ここでは「ず」)を伴って不可能の意を表す。

❻(鳥などが)飛び立つ。飛び去る。新古 秋上「心なき身にもあはれは知られけり鴫―・つ㊍沢の秋の夕暮れ」訳→こころなき…和歌

❼(風・波・雲・霧・霞・煙などが)生じる。起こる。立ちこめる。伊勢 八「信濃なる浅間の嶽に―・つ㊍煙をちこち人の見やはとがめぬ」(新古今・羇旅にも所収)訳 信濃(長野県)にある浅間山に立つ煙を、あちこちの人が見ていぶかりはしないだろうか(いや、いぶかるはずだ)。文法「なる」は「にある」の意の助動詞。「やは」は、反語の係助詞。

❽(年月や季節などが)始まる。万葉 一〇・一八一二「久方の天の香具山このゆふへ霞たなびく春―・つ㊎らしも」訳 天の香具山に、今宵霞がたなびいている。春になったらしいなあ。(「久方の」は「天」にかかる枕詞)

❾(音が)高く響く。万葉 二〇・四四六〇「堀江漕ぐ伊豆手の船の楫つくめ音しば―・ち㊐ぬ水脈早みかも」訳 堀江を漕ぐ伊豆手の船(=伊豆(静岡県)で造られる型の船)の櫓を強く握って(漕ぐので)、櫓の音がしばしば高く響いた。水脈の流れが速いからであろうか。文法「つくめ」は、下二段動詞「つくむ(=強くにぎる)」の連用形。「早み」の「み」は、原因・理由を表す接尾語。

❿(名前・うわさなどが)ひろがる。評判になる。〔拾遺〕恋一「恋すてふわが名はまだき―・ち㊐にけり人知れずこそ思ひそめしか」訳→こひすてふ…和歌

⓫位置を占める。位する。古今 仮名序「人麻呂は赤人が上に―・た㊌むことかたく」訳(柿本)人麻呂は(山部)赤人の上に位するようなことはむずかしく。文法「立たむこと」の「む」は、仮定・婉曲の助動詞。

⓬位につく。大鏡 道長上「道長が家より帝・后―・ち㊐給ふべきものならば、この矢あたれ」訳(私)道長の家から帝・后が位におつきになるはずであるものならば、この矢当たれ。名文解説 藤原道長は政敵の伊周と弓矢の腕を競い合ったとき、このように叫んで見事に的の真ん中を射抜いてみせ、伊周を震え上がらせた。このことば通りに、やがて道長の三人の娘は后になり、二人の孫は天皇の位につくことになる。

⓭(刃物が)切れる。ささる。徒然 二三九「妙観が刀はいたく―・た㊌ず」訳 妙観(=奈良時代の名工)の小刀はたいして切れない。

⓮(「目立つ」の形で)注意を引く。枕 二七一「絵など、またたび見れば目も―・た㊌ずかし」訳 絵などは、(どんなにすばらしいものでも)何度も見ると注意を引かないものだ。文法「かし」は、強く念をおす意の終助詞。

⓯(「腹立つ」の形で)怒りを覚える。腹が立つ。〔落窪〕「人のはかりけるなめりとおぼすに、ただ腹―・ち㊐に腹―・た㊌れ給へど」訳(中納言は)だれかがたくらんだのであるようだとお思いになるにつけ、ただもうむやみに腹が立ってきなさるが。文法「腹立たれ」の「れ」は、自発の助動詞「る」の連用形。

⓰(動詞の連用形に付いてその動詞の語意を強める。ひどく…する。さかんに…する。源氏 夕霧「律師もさわぎ―・ち㊐給うて」訳 律師(=僧都に次ぐ僧官)もひどくあわてなさって。

㊁(他タ下二)〔て・て・つ・つる・つれ・てよ〕(縦にする、という意味から)

❶(人や動物を)立たせる。起きあがらせる。万葉 一四・三三八六「鳰鳥の葛飾早稲をにへすともその愛しきを外に―・て㊌めやも」訳 葛飾の早生の稲を神に供え(新嘗祭りを行っ)ても、あのいとしい人を外に立たせておけようか(いや、立たせてはおけない)。(「鳰鳥の」は「葛飾」にかかる枕詞)。文法「やも」は、反語の終助詞。

❷(道具や車などを)置く。並べる。とめる。枕 四一「雲林院・知足院などの前に車を―・て㊐たれば」訳 雲林院・知足院などの前に車をとめていると。

❸出発させる。旅立たせる。平家 一・祇王「あるいは文をつかはす人もあり、あるいは使ひを―・つる㊍者もあり」訳 あるいは手紙をやる人もあり、あるいは使いの者を旅立たせる者もある。

❹(風・波・煙などを)生じさせる。起こす。のぼらせる。土佐「海をさへおどろかして、波―・て㊐つべし」訳 海(の神)をまで驚かして、きっと波を起こしてしまうだろう。文法「立てつべし」の「つ」は、助動詞「つ」の終止形で、ここは確述の用法。

❺(音などを)響かせる。徒然 一五七「楽器を〔手に〕取れば音を―・て㊌ん(=響かせよう)と思ふ」

❻表面に出す。広く知らせる。徒然 八五「偽り飾りて名を―・て㊌んとす」訳 偽ってうわべをとりつくろって名声を広く知れ渡らせようとする。

❼位や位置につかせる。大鏡 師尹「三条院の御時に、后に―・て㊐奉らむとおぼしける」訳 三条院のご在位中に、后に(娍子を)お立て申しあげようとお思いになった。

❽(目や耳を)とめる。注目する。源氏 蛍「若やかなる殿上人などは、目を―・て㊐つけしきばむ」訳 若々しい殿上人(=昇殿を許された者)などは、(美しく着飾った少女に)目をとめては気のあるようすを見せる。

❾思いをおし通す。最後までつらぬく。源氏 蓬生「いかにおぼしてかく―・て㊐たる御心ならむ」訳(末摘花は)どのようにお思いになって、このように意地をおし通しているお気持ち(なの)であろう。

❿(「立てて」の形で)もっぱら。特に。おもに。取り立てて。源氏 絵合「―・て㊐て好ませ給へばにや、二なく描かせ給ふ」訳(冷泉帝は)特に(絵が)お好きでいらっしゃるからであろうか、比べるものもないほど上手に(絵を)お描きになられる。文法 係助詞「や」のあとに結びの語「あらむ」が省略されている。「(好ま)せ給へ」「(描か)せ給ふ」は、ともに最高敬語。→立てて

⓫(身を)なりたたせる。確立させる。源氏 帚木「中の品になむ、人の心々おのがじしの―・て㊐たるおもむきも見えて」訳 中流階級には、女性の各自の考えや、めいめいの確立させた心のありようも見えて。

⓬(誓いや願を)たてる。竹取 貴公子たちの求婚「かかればこの人々、家に帰りて物を思ひ、祈りをし、願を―・つ㊎」訳 こういうわけでこの人たちは、家に帰って(かぐや姫への)思慕にふけり、(神仏に)祈りをし、願をたてる。

⓭(刃物を)突きさす。平家 九・敦盛最期「熊谷あまりにいとほしくて、いづくに刀を―・つ㊎べしともおぼえず」訳 熊谷(直実)は(平敦盛が)あまりにふびんで、どこに刀を突きさせばよいともわからず。

⓮建てる。徒然 二〇七「亀山殿ー・て(未)られんとて、地をひかれけるに」訳 亀山殿(＝後嵯峨上皇の離宮)をお建てになろうとして、地ならしをなさったところが。

⓯(門や戸などを)しめる。万葉 一二・三一一七「門ー・て(用)戸も閉したるをいづくゆか妹が入り来て夢に見えつる」訳 門をしめて戸もとじてあるのに、どこからあなたが入ってきて(私の)夢に現れたのか。文法「いづくゆか」の「ゆ」は、起点を表す上代の格助詞。

⓰(力を)こめる。ふりしぼる。徒然 五三「ただ力をー・て(用)引き給へ」訳 ただ、力をふりしぼって(鼎を)お引きなさい。

⓱(動詞の連用形に付いて)その動詞の語意を強める。ひどく…する。しきりに…する。万葉 二〇・四三二〇「大夫の呼びー・て(用)しかばさを鹿の胸分け行かむ秋野萩原」訳 りっぱな男たちがしきりに呼んだので、雄鹿が胸で押し分けて行くであろう、秋の野の萩原よ。

た・つ(他タ四){た・ち・つ・つ・て・て} ❶【断つ・絶つ】㋐切りはなす。断ち切る。徒然 二一七「このおきては、ただ人間の望みをー・ち(用)て、貧を憂ふべからずと聞こえたり」訳 この(大金持ちの)いましめは、ただ世間の欲望を断ち切って、貧乏を悲しんではならないと理解された。㋑習慣になっているものをやめる。特に、祈願のために穀物や塩などをとるのをやめる。竹取 蓬萊の玉の枝「五穀ー・ち(用)て、千余日に力を尽くしたること少なからず」訳 いっさいの穀物を断って、千日以上の間努力したことはひと通りではない。㋒休止する。今昔 一五・一二「自ら法華経を誦してー・つ(体)ことなし」訳 自分から法華経を唱えて休止することがない。
❷【裁つ】布を切る。裁断する。万葉 七・一二七八「夏影の房の下に衣ー・つ(体)吾妹裏設けてあがためー・た(未)ばやや大きにー・て(命)」訳 夏の木陰の妻屋の下で、布を裁っている妻よ、心づもりして私のために裁つのならば少し大きめに裁て。(五七七・五七七の旋頭歌)

語の広がり「断つ」
「太刀」は、「断つ」の連用形「断ち」が名詞化したもので、「切り離すもの」の意。

たづ【鶴・田鶴】(名)鶴。多く、歌語として用いられた。万葉 三・二七一「桜田へー鳴き渡る年魚市潟潮干にけらしー鳴き渡る」訳 →さくらだへ…和歌

-だ・つ(接尾タ四型)(名詞、形容動詞の語幹(シク活用は終止形)、形容詞の語幹などに付いて)「…のようになる」「…らしく見える」の意の動詞をつくる。枕 一「紫ー・ち(用)たる雲のほそくたなびきたる」訳 紫がかった雲がほそくたなびいているの(が趣がある)。⇩枕草子の「名文解説」。〔紫式部日記〕「さばかりさかしー・ち(用)、真字書きちらして侍るほども」訳 (清少納言は)あれほど利口ぶって、漢字を書きちらしております程度も。
【例語】あやにくだつ・後ろ見だつ・うるはしだつ・艶だつ・大人だつ・懸想だつ・気色だつ・旅だつ(＝いかにも旅らしいようすである)・野分だつ・はかなだつ・聖だつ・田舎だつ

たづ-が-ね【田鶴が音】(「が」は「の」の意の格助詞)❶鶴の鳴く声。万葉 一〇・二二四九「ーの聞こゆる田井に廬してあれ旅なりと妹に告げこそ」訳 鶴の鳴く声が聞こえる田んぼに仮住まいして私は旅先にいると、妻に告げてほしい。❷鶴の異名。万葉 一〇・二一三八「ーの今朝鳴くなへに雁がねは何処指してか雲隠るらむ」訳 鶴が今朝鳴くとともに、雁はどこを目指して雲に隠れているのだろうか。

た-づき【方便】(名)(上代は「たどき」とも。のち、「たつき」「たつぎ」とも)❶手段。方法。手がかり。万葉 一三・三二七四「せむすべのーを知らに」訳 なすべき方法の手だてがわからなくて。徒然 一八八「学問して因果の理をも知り、説経などして世渡るーともせよ」訳 (仏教の)学問をして因果応報の道理をも知り、説経などをして生活する手段ともせよ。❷ようす。ありさま。見当。古今 春上「をちこちのーも知らぬ山中におぼつかなくも喚子鳥かな」訳 あちらこちらの見当もつかない山の中で、心もとなくも(人を)呼ぶように鳴く呼子鳥だよ。(「喚子鳥」は「呼ぶ」との掛詞。「呼子鳥」は今の「郭公」の異名かといわれる) 参考 古くは、下に「なし」「知らず」などの打消の語を伴ったが、のちには伴わなくても用いられた。

たづき-な・し【方便無し】(形ク){から・く(かり)・し・き(かる)・けれ・かれ} 頼りとするものがない。よるべがない。手段がない。源氏 夕顔「この人のー・し(終)と思ひたるをもてなし助けつつさぶらはす」訳 (惟光はこの人(＝右近)が(主人の夕顔の死後)頼りとする人がないと思っているので、世話をし力になってやっては、(光源氏のそばに)お仕え申しあげさせる。文法「さぶらはす」の「す」は使役の助動詞。

たづさは・る【携はる】(自ラ四){ら・り・る・る・れ・れ} ❶互いに手を取る。連れ立つ。万葉 九・一七九六「黄葉の過ぎにし子らとー・り(用)遊びし磯を見れば悲しも」訳 色づいた木の葉が散るように亡くなってしまった妻と、互いに手を取って遊んだ磯を見ると悲しくなることだ。❷関係する。かかわる。徒然 一五一「世俗のことにー・り(用)て生涯を暮らすは、下愚の人なり」訳 俗世間のことにかかわって一生を過ごすのは、きわめて愚かな人だ。

たづさ・ふ【携ふ】一(自ハ四){は・ひ・ふ・ふ・へ・へ} ❶互いに手を取る。伴う。連れ立つ。万葉 四・七二八「人もなき国もあらぬか吾妹子とー・ひ(用)行きて副ひてをらむ」訳 人のいない国でもないかなあ。あなたと連れ立って行って、寄り添っていたい。❷かかわる。関係する。〔新葉集〕序「和歌の浦の道にー・ひ(用)ては七十のしほにも満ちぬる上」訳 和歌の道にかかわってから七十歳になろうとするいま、よいしおどきにめぐりあったうえ。
二(他ハ下二){へ・へ・ふ・ふる・ふれ・へよ}(物を)手に持つ。携帯する。細道 尿前の関「樫の杖をー・へ(用)て、我々が先に立ちて行く」訳 (案内の若者が)樫の杖を手に持って、我々の先頭に立って行く。

たっ-しゃ【達者】(名・形動ナリ)❶才学・芸能などによく通じていること。また、その人。平家 七・願書「あっぱれ文武二道のーかな」訳 ああ文武両道によく通じた人であることよ。❷からだが丈夫であること。〔狂・塗師〕「かねがねー・な(体)(口語)者でござったによって(＝ございましたから)」

たつ-じん【達人】(名)学問や技芸などを深くきわめた人。また、道理に深く通じた人。徒然 一九四「ーの人を見る眼は、少しも誤る所あるべからず」訳 道理に深く

通じた人が人間を見抜く眼力は、少しもまちがう点があるはずはない。

竜田（たつた）『地名』歌枕 今の奈良県生駒郡斑鳩町龍田。紅葉の名所。

竜田川（たつたがは）タツタガワ『地名』歌枕 〔「立田川」とも書く〕今の奈良県生駒郡を流れる川。生駒谷北部に発し、上流は生駒川といい、斑鳩町付近を流れる時竜田川と称し、南下して大和川に注ぐ。紅葉の名所。

たづたづ・し タズタズシ（形シク）{しから・しく(しかり)・し・しき(しかる)・しけれ・しかれ}「たどたどし」に同じ。万葉 四・七〇九「夕闇は道—・し㊇月待ちていませわが背子その間にも見む」訳 夕闇は道が確かでない。月の出を待ってお出かけなさい、あなたよ。その間だけでも(お顔を)見ていたい。

たつた-ひめ【竜田姫・立田姫】（名）秋をつかさどる女神。竜田山は平城京の西方にあり、五行説で西は秋に通じるので、神格化して秋の女神とした。竜田山の紅葉は、その女神が織りなすとされた。秋。古今 秋下「—手向くる神のあればこそ秋の木の葉の幣と散るらめ」訳 竜田姫が(帰途につき、その道中で幣を)供える神(=道祖神)があるから、秋の木の葉が幣となって散っているのだろう。→佐保姫

竜田山（たつたやま）『地名』歌枕 〔「立田山」とも書く〕今の奈良県生駒郡三郷町の西方、信貴山の南にある山。紅葉の名所。和歌では、多く「たつ」「たち」を導きだす序詞となる。

たっと・し【尊し・貴し】（形ク）{から・く(かり)・し・き(かる)・けれ・かれ}〔「たふとし」の転〕「たふとし」に同じ。

た-づな【手綱】（名）馬のくつわに付け、手に持って馬をあやつる綱。平家 九・宇治川先陣「—を馬のゆがみに捨て」訳 (梶原景季は)手綱を馬の結ったたてがみにほうり出し。⇩巻頭カラーページ17

たづ・ぬ タズヌ【尋ぬ・訪ぬ】（他ナ下二）{ね・ね・ぬ・ぬる・ぬれ・ねよ}❶(所在のはっきりしないものを)さがし求める。源氏 若紫「京の御住みか—・ね㊊て、時々の御消息などあり」訳 (北山の尼君の)京のお住まいをさがし求めて、(光源氏から)ときどきのお手紙などがある。
❷(物事のわけを)究明する。詳しく調べる。方丈 一「これを真実かと—・ぬれ㊁ば」訳 このことを本当であるかと調べてみると。
❸問いただす。質問する。源氏 夢浮橋「御有り様—・ね㊊問ひ給ふに」訳 (あなた=浮舟の)ごようすを(薫が)問いただしなさるので。
❹訪れる。徒然 二二四「有宗入道、鎌倉より上りて、—・ね㊊まうで来りしが」訳 有宗入道が、鎌倉から(京へ)上って、(私を)訪れてまいりましたが。

たづね-い・る タズネ—【尋ね入る】（自ラ四）{ら・り・る・る・れ・れ}求めて深くはいる。分け入って尋ねる。徒然 一一「ある山里に—・る㊍こと侍りしに」訳 ある山里に(人を)尋ねて分け入ることがありましたが。

たづね-と・る タズネ—【尋ね取る】（他ラ四）{ら・り・る・る・れ・れ}さがして手に入れる。さがし出して引き取る。源氏 末摘花「かの紫のゆかり—・り㊊給ひては」訳 (光源氏は)あの(藤壺の)縁者(である紫の上)をさがして引き取りなさってからは。

たづね-わ・ぶ タズネ—【尋ね侘ぶ】（他バ上二）{び・び・ぶ・ぶる・ぶれ・びよ}さがしあぐねる。さがしあてることができないで、つらく思う。蜻蛉 中「山彦のこたへありとは聞きながらあとなき空を—・び㊊ぬる」訳 山彦のようにすぐに返事があるとは聞きながら、(そのお手紙を見たくとも)どこへ行ったのやらあとかたのない空を尋ねあぐねたことだ。

だつ-ま【達摩】（名）数珠を通すときの、とめにする大玉。大鏡 伊尹「—には大柑子をしたる御数珠」訳 とめにする大玉には大きな夏みかんを使った御数珠。

たつ-み【辰巳・巽】（名）❶方角の名。辰と巳の間。南東。古今 雑下「我が庵は都の—しかぞ住む世をうぢ山と人はいふなり」訳 →わがいほは…和歌
❷(江戸の南東にあたることから)江戸深川にあった遊里。また、そこの芸妓。

たつみ-あがり【辰巳上がり・巽上がり】（名・形動ナリ）粗暴な態度をとること。また、かん高い声を出すこと。〔浮・傾城禁短気〕「—の声して」訳 かん高い声で。

た-づら【田面】（名）田のおもて。田の辺り。伊勢 五八「うちわびて落ち穂拾ふと聞かませば我も—にゆかましものを」訳 (あなた方が)もし暮らしに困って落ちた稲穂を拾って(世を過ごし)ていると聞いたなら、私も(いっしょに稲穂を拾おうと)田の辺りに行くであろうになあ。

たて【経・縦・竪】（名）❶上下の方向。垂直の方向。↔横
❷織物の縦糸。万葉 八・一五一二「—もなく緯も定めず少女らが織るもみち葉に霜な降りそね」訳 縦糸もなく横糸も決めずに少女らが(美しく)織る紅葉に、霜よ降らないでくれ。↔緯

たて【楯・盾】（名）❶敵の矢・剣・弾丸などを防ぐ板状の武具。儀式の装飾としても用いる。万葉 一・七六「ますらをの鞆の音すなりもののふの大臣—立つらしも」訳 (弓を射る)勇士の鞆(=手首の防具)の(弦に当たる)音が聞こえてくる。大将軍が楯を立てて(訓練をして)いるらしいよ。
❷比喩的に、防ぎ守ること。また、そのもの。〔太平記〕八「寄せ手少し射しらまかされて、互ひに人を—になしてその陰に隠れんと」訳 攻め寄せる軍勢はいくらか矢を射られ勢いをくじかれて、互いに(味方の)人間を防御の手だてとしてその陰に隠れようと。

（楯①）

だて【伊達】（名・形動ナリ）はでな振る舞いをすること。粋なふうをすること。また、その姿。〔浄・鑓の権三重帷子〕「おさゐ(=人名)はさすが茶人の妻。物好き(=趣味)もよく、気(=気持ち)も—・に㊊」

たて-あつ・む【立て集む】（他マ下二）{め・め・む・むる・むれ・めよ}数多く集めて立てる。立て並べる。源氏 東屋「さかしらに屏風ども持て来て、いぶせきまで—・め㊊て」訳 (常陸の介は)気をきかしたつもりでいくつもの屏風を持ってきて、むさくるしいほどに立て並べて。

たて-あ・ふ —(オ)ウア【立て合ふ】（自ハ四）{は・ひ・ふ・ふ・へ・へ}張り合う。抵抗する。平家 六・飛脚到来「—・ふ㊍者をば射ふせきりふせ」訳 手向かう者を射倒し切り伏せ。

たて-いし【立て石】（名）❶庭に飾りとして据えた石。源氏 松風「ここかしこの—どももみなまろび失せたるを」訳 (大堰邸の庭の)あちらこちらにある多くの飾り石も、皆ころがってなくなっているが。
❷道しるべなど、しるしとして立てた石。

たて-いた【立て板】(名)❶立ててある板。❷牛車の車箱の両側の板。[今昔]二八・二「或いは━に頭を打ち、或いは己等どち頬を打ち合はせて」[訳]ある者は牛車の側面の板に頭を打ちつけ、ある者は自分たちどうし顔を打ち合わせて。

たて-えぼし【立て烏帽子】(名)頭頂部を立てたままで、折らない烏帽子。折り烏帽子などに対していう。→烏帽子。⇨巻頭カラーページ13

たて-こ・む【立て込む・閉て込む・立て籠む】(他マ下二){め・め・む・むる・むれ・めよ}❶戸や障子などを閉め切る。[竹取]かぐや姫の昇天「━・め㊊たるところの戸、すなはち、ただ開きに開きぬ」[訳](かぐや姫を入れて)閉め切っておいた場所(=塗籠の戸)は、即座に、ただもうすっかり開いてしまった。❷閉じこめる。取り囲む。[今昔]一九・四〇「京童部刀を抜きて忠明を━・め㊊て殺さむとしければ」[訳]京都の無頼の若者たちが刀を抜いて忠明を取り囲んで殺そうとしたので。

たて-さま【縦様】(名・形動ナリ)「たてざま」とも。縦の方向。縦。また、そのさま。[徒然]二三七「柳宮に据うるものは、━、横様、物によるべきにや」[訳]柳箱(=柳の小枝で作った箱)の上に載せるものは、縦の方向(に置く)か、横の方向(に置く)か、(それは置く物によるのがよいのであろうか。↔横様

たて-じとみ【立て蔀】(名)細い木を縦横に組んで格子とし、その裏に板を張った、ついたてのようなもの。目かくしとして、多くは庭に立てるが、室内用のものもある。[枕]二〇〇「━・透垣などのみだれたるに、前栽どもいと心ぐるしげなり」[訳]立て蔀や透垣(=竹や板などで間をすかして作った垣)などが(野分で倒れて)乱雑になっているので、庭に植え込んだいろいろな草や木もひどくいたいたしいようすである。→蔀

(たてじとみ)

たて-ちが・ふ【立て違ふ】(他ハ下二){へ・へ・ふ・ふる・ふれ・へよ}交差させて立てる。互い違いに立てる。[源氏]蜻蛉「なかなか、几帳どもの━・へ㊊たるあはひより見通されて、あらはなり」[訳](かたづけてあるので)かえって、いくつかの几帳を交差させて立ててある間から(奥まで)見通されて、(室内は)丸見えである。

たて-つき【楯突き】(名)「たてづき」とも。❶戦場で、楯を立てる役目の者。[源平盛衰記]「健やかならん━を一人賜び候へ」[訳]がんじょうそうな楯を立てる役目の者を一人お与えください。❷たてつくこと。手向かうこと。反抗。[宇治]一五・四「かなはぬまでも、━などし給へかし」[訳](海賊には)かなわないまでも、反抗などをしてくださいよ。

たて-て【立てて】(副)[下二段動詞「立つ」の連用形「たて」に接続助詞「て」の付いたもの]もっぱら。特に。おもに。取り立てて。[源氏]玉鬘「すべて女は、━好めることまうけてしみぬるは、様よからぬことなり」[訳]総じて女(というもの)は、取り立てて好きなことをこしらえて(それに)凝ってしまうのは、体裁のよくないことである。

たて-ぬき【経緯】(名)機の縦糸と横糸。[古今]冬「竜田川錦織りかく神無月しぐれの雨を━にして」[訳]竜田川が美しい錦を織って掛けわたしている。陰暦十月の時雨を縦糸と横糸にして。

たて-はき【帯刀】(名)「たちはき」に同じ。

たて-ぶみ【立て文】(名)正式の書状の形式。書状を礼紙で巻き、その上をさらに白紙で縦長に包み、上下を折ったもの。[枕]二五「━をも結びたるをも、いときたなげにとりなしふくだめて」[訳](手紙が)正式の書状にしろ(略式の)結び文にしろ、ひどく汚らしくしてしまってけばだたせて。

(たてぶみ)

たてまつら・す【奉らす】❶[「す」が使役の場合]差し上げさせる。[源氏]夕顔「門あけて惟光の朝臣出できたるして、たてまつらす㊇」[訳](随身は)門を開けて惟光の朝臣が出てきたのを仲介として、(光源氏に扇に乗せた花を)差し上げさせる。❷[「す」が謙譲の意を強める場合]差し上げる。[枕]二三八「白き木に立て文をつけて『これたてまつらせ㊍む』と言ひければ」[訳](少年が)白い木(の枝)に立て文をつけて、「これを差し上げよう」と言ったので。
[なりたち]謙譲の四段動詞「奉る」の未然形「たてまつら」+助動詞「す」

たてまつら-せ-たま・ふ【奉らせ給ふ】[一][「奉る」が本動詞の場合]❶[「せ」が尊敬の場合]お差し上げになられる。お差し上げあそばす。[源氏]絵合「梅壺に御絵どもを━・へ㊁り」[訳](朱雀院は)梅壺にいろいろな絵をお差し上げになられた。❷[「せ」が謙譲の意を強める場合]差し上げなさる。[枕]一〇三「中納言参り給ひて、御扇━・ふ㊍に」[訳]中納言(=藤原隆家)が参上なさって、(中宮に)御扇を差し上げなさるときに。
[二][「奉る」が補助動詞の場合]❶[「せ」が尊敬の場合]お…申しあげになられる。お…申しあげあそばす。[源氏]宿木「日々に渡らせ給ひつつ見━・ふ㊇」[訳](今上帝は)毎日お越しになられては(女二の宮を)お世話し申しあげになられる。❷[「せ」が謙譲の意を強める場合]お…申しあげになる。[枕]二七八「おはするかぎり、もてかしづきわたし━・ふ㊍さま、いみじくめでたし」[訳]その場にいらっしゃる方すべてが、(女院の行列を)たいせつに世話をしお通し申しあげになるようすは、実にすばらしい。
[なりたち]謙譲の四段動詞、または補助動詞「奉る」の未然形「たてまつら」+助動詞「す」の連用形「せ」+尊敬の補助動詞「給ふ」
[参考][一][二]とも、二人の人物を同時に敬う言い方であるが、[一]①・[二]①は動作をする人を敬う気持ちが強く、[一]②・[二]②は動作を受ける人を敬う気持ちが強い。なお、[一]は「奉る」の上接の動詞が解釈の中心となる。

たてまつり-か・ふ【奉り換ふ】(他ハ下二){へ・へ・ふ・ふる・ふれ・へよ}「着換ふ」の尊敬語。お召し換えになる。[源氏]葵「御装束━・へ㊊て西の対に渡り給へり」[訳](光源氏は)御着物をお召し替えになって、西の対にお越しになった。

たてまつり-もの【奉り物】(名)❶奉る品物。みつ

ぎもの。
❷お召し物。貴人の衣服。徒然 二「おほやけの―は、疎かなるをもて、よしとす」訳 天皇のお召し物は、粗末なものをもって、よいとする。

←「たてまつる」次項(1)〜(4)の識別ガイド
たてまつる(1)→一(他ラ四)〔謙譲〕差し上げる・参上させる
〔尊敬〕召し上がる・お召しになる
二(自ラ四)〔尊敬〕お乗りになる
たてまつる(2)→(補動ラ四)〔謙譲〕お…申しあげる
たてまつる(3)→(他ラ下二)〔謙譲〕差し上げる・参上させる
たてまつる(4)→(補動ラ下二)〔謙譲〕お…申しあげる・お…する

たてまつ・る(1)【奉る】一(他ラ四){ら・り・る・る・れ・れ} ❶「与ふ」の謙譲語。**差し上げる。** 竹取 かぐや姫の昇天「いみじく静かに、公に御文―・り(用)給ふ」訳 はなはだ静かに、帝にお手紙を差し上げなさる。⇩賜ぶ「敬語ガイド」
❷「人を遣る」の謙譲語。**参上させる。** 源氏 藤袴「なにがしを選びて―・り(用)給へるは、人づてならぬ御消息にこそ侍らめ」訳 (父の内大臣が私(=柏木)を選んで(使者として)参上させなさったのは、取り次ぎではいけないご伝言だからでございましょう。文法「侍らめ」の「め」は、推量の助動詞「む」の已然形で、係助詞「こそ」の結び。
❸「飲む」「食ふ」の尊敬語。**召し上がる。** 竹取 かぐや姫の昇天「壺なる御薬―・れ(命)」訳 壺の中にあるお薬をお飲みなさい。文法「壺なる」の「なる」は、「にある」の意の助動詞。⇩食ぶ「敬語ガイド」
❹「着る」の尊敬語。**お召しになる。** 源氏 蜻蛉「いと暑しや。これより薄き御衣ぞ―・れ(命)」訳 とても暑いな。これ(=今着ている衣)よりも薄いお着物をお召しなさい。⇩召す(他サ四)「敬語ガイド」
二(自ラ四){ら・り・る・る・れ・れ}「乗る」の尊敬語。**お乗りになる。** 源氏 若菜上「ことごとしからぬ御車に―・り(用)て」訳 (光源氏は)おおげさでない(=人目につかない)お車にお乗りになって。⇩召す(自サ四)「敬語ガイド」

たてまつ・る(2)【奉る】(補動ラ四){ら・り・る・る・れ・れ} (動詞・助動詞「る」「らる」「す」「さす」「しむ」の連用形に付いて)謙譲の意を表す。**お…申しあげる。** 竹取 蓬莱の玉の枝「宮司、さぶらふ人々、みな手をわかちて、もとめ―・れ(已)ども」訳 (皇子の邸で)諸事をつかさどる役人や、お仕えする人々が、みなで手分けして、お探し申しあげるけれども。源氏 若菜上「妻戸押しあけて出で給ふを、見―・り(用)送る」訳 (光源氏が)妻戸(=出入り口の板戸)を押しあけてお出になるのを、(乳母たちは)お見送り申しあげる。源氏 桐壺「右大弁の子のやうに思はせて率て―・る(体)に」訳 (若宮=光源氏を)右大弁の子のように見せかけてお連れ申しあげると。
参考 同じ謙譲の意を表す補助動詞「聞こゆ」が、主に「思ふ」「恋ふ」などの精神的活動を表す動詞に付くのに対して、「奉る」は主に「見る」「す」などの身体的活動を表す動詞に付く。また、第二例のように「見送る」などの複合動詞の間にはいることもある。接続助詞「て」に付くのは、第三例のように、上に上一段動詞「率る」がくる場合で、「ゐて奉る」の形で用いられる。

たてまつ・る(3)【奉る】(他ラ下二){れ・れ・○・○・○・○} ❶「与ふ」「贈る」の謙譲語。**差し上げる。** 源氏 若紫「またの日、御文―・れ(用)給へり」訳 (光源氏は次の日、お手紙を差し上げなさった。⇩賜ぶ「敬語ガイド」
❷「人を遣る」の謙譲語。**参上させる。** 源氏 若紫「君の御もとよりは、惟光を―・れ(用)給へり」訳 君(=光源氏)のお邸からは、惟光を参上させなさった。
参考 四段動詞「奉る」の連用形「たてまつり」に下二段動詞「入る」の付いた「たてまつりいる」の転とも、「奉る」の未然形「たてまつら」に使役の助動詞「す」の連用形「せ」の付いた「たてまつらせ」の転ともいわれる。また、四段から下二段に転じたことで使役の意を持ったという説もある。下には「給ふ」のくることが多く、未然形・連用形の用例しか見られない。

たてまつ・る(4)【奉る】(補動ラ下二){れ・れ・○・○・○・○} (動詞の連用形に付いて)謙譲の意を表す。**お…申しあげる。お…する。** 源氏 梅枝「御けはひいとめでたしと宮は見―・れ(用)給ふ」訳 (明石の姫君の)御ようすはたいそうすばらしいと、宮(=秋好中宮)はお見申しあげなさる。→奉る(他ラ下二)参考

たてり-あきなひ【たてり商ひ】(名)《近世語》実際には米の受け渡しをせず、相場の価格で空の取り引きをすること。空米相場。浮・日本永代蔵「一刻の間に五万貫目の―もあることなり」訳 (大坂の北浜の米市は一刻(=約二時間)のあいだに五万貫目(=貨幣の単位)もの空米相場の取り引きもあることだ。

たて-わた・す【立て渡す】(他サ四){さ・し・す・す・せ・せ} 一面に立てる。立てつらねる。徒然 一九「大路のさま、松―・し(用)てはなやかにうれしげなるこそ、またあはれなれ」訳 都大路の光景は、(家々に門松を立てつらねて晴れやかに喜ばしいようすであるのは、またしみじみと趣深い。

たとうがみ【畳紙】⇩たたうがみ

たどうど【直人・徒人】⇩ただうど

た-どき【方便】(名)「たづき」に同じ。

たとしへ-な・し【譬へ無し】(形ク){から・く(かり)・し・き(かる)・けれ・かれ} たとえようがない。比較しようがない。更級 野辺の笹原「―・く(用)せばき所の」訳 たとえようがなく狭い所で。枕 七二「―・き(体)もの 夏と冬と。夜と昼と」訳 (違いを)比較しようがないもの、(それは)夏と冬と。夜と昼と。

たどたど・し(形シク){しから・しく(しかり)・し・しき(しかる)・しけれ・しかれ}〔「たづたづし」の転か〕❶(主観的に)おぼつかない。確かでない。枕 八三「これが末を知り顔に、―・しき(体)真名に書きたらむも、いと見ぐるしと」訳 これのあと(=この詩句のあとの句)をもの知り顔に、おぼつかない漢字で書いたとしたらそれも、たいそうみっともないと。文法「書きたらむも」の「む」は、仮定・婉曲の助動詞。
❷(客観的に)はっきりしない。ぼんやりしている。源氏 若菜下「春の空の―・しき(体)霞の間より、朧なる月影に」訳 春の空のぼんやりとしている霞の間から漏れ

る)、おぼろな月の光の下で。

たとひ【譬ひ・喩ひ】(名)「たとへ」に同じ。

たとひ【縦ひ・仮令】(副) ❶(下に「ば」などを伴って順接の仮定条件となり)もし…(ならば)。〔紀〕神代「―汝この国を治らば、必ず残ひ傷るところ多けむ」訳もしおまえがこの国を治めれば、きっと破壊し傷つけるところが多いだろう。

> **副詞の呼応**
> たとひ　雨降らば…。〈順接仮定〉
> (=もしも雨が降るなら…)
> たとひ　雨降るとも…。〈逆接仮定〉
> (=かりに雨が降っても…)

❷(下に「とも」「ども」などを伴って逆接の仮定条件となり)たとえ…(しても)。かりに…(しても)。万一…(しても)。方丈 四「―広くつくれりとも、誰を宿し、誰をか据ゑん」訳かりに(家を)広く造ったとしても、(その家に)だれを住まわせ、だれを置くのだろうか(だれもいないではないか)。

たと・ふ【譬ふ・喩ふ】(他ハ下二){へ・へ・ふ・ふる・ふれ・へよ}たとえる。他の物事になぞらえていう。伊勢 九「その山は、ここにたと―・へ(未)ば、比叡の山を二十ばかり重ね上げたらむほどして」訳その(富士の)山は、ここ(=都)でたとえるなら、比叡山を二十ほど重ね上げたような高さで。文法「重ね上げたらむほど」の「む」は、仮定・婉曲の助動詞。〔浄・曽根崎心中〕「この世のなごり、夜もなごり。死ににゆく身を―・ふれ(已)ば、あだしが原の道の霜」訳この世との決別、夜も(これが)最後。死んで行く身をたとえるならば、あだしが原の道に降りた霜(のよう)。文法「たとふれば」は、「已然形＋ば」の形で仮定条件を表す例。

名文解説 遊郭島原を抜け出したお初と徳兵衛が、心中の地曽根崎の森に向かう道行き文の冒頭。「あだしが原」は、特定の土地をさすものではないが、古来の京都の葬送の地「あだし野」を連想させる。七五調の美文は、道の霜が「一足づつに消えて行く」と続き、刻々と死に向かう時の流れと、この世で添い遂げられない境涯とを哀切につづる。

たとへ【譬へ・喩へ】(名)「たとひ」とも。たとえること。たとえとして引かれる話や事柄。方丈 二「日を経つつきはまりゆくさま、少水の魚の―にかなへり」訳日がたつにつれて窮迫していくようすは、干上がりそうな水の中の魚のたとえに適合している。

たとへ-うた【譬へ歌】(名)和歌の六義の一つ。心に感じたことを景物になぞらえて詠んだ歌。古今 仮名序「四つには、―。わが恋はよむとも尽きじありそ海の浜のまさごはよみ尽くすとも、といへるなるべし」訳四番目(の歌の様)には、譬え歌(である)。私の恋の思いはいくら数えても数え尽くすことはあるまい、たとえ荒磯の浜の砂の数は数え尽くす(ことができよう)とも、といった歌(がこれに該当する)であろう。→六義②

たとへ-ば【例へば】(副) ❶物にたとえていえば。古今 仮名序「―、絵にかける女を見て、いたづらに心を動かすがごとし」訳(遍昭の歌は)物にたとえていえば、絵に描いてある女性を見て、無益に心をときめかすようなものである。

❷例をあげていえば。その内容を具体的にいうなら。平家 三・無文「去んぬる四月七日の夢に、見給ひけるこそ不思議なれ。―、いづくとも知らぬ浜路をはるばると歩み行き給ふほどに」訳(平重盛が)去る陰暦四月七日の夢に、ご覧になったことは不思議である。その内容を具体的にいうなら、どこともわからない海辺の道をはるばると歩いてお行きになるうちに。

❸(下に「とも」などを伴って逆接の仮定条件となり)たとえ…(しても)。よしんば…(であっても)。〔千載〕雑下「―独りながらへて過ぎにしばかり過ぐすとも」訳たとえ自分一人生きながらえて、(これまで)過ごしてきた程度に過ごしても。

たどり【辿り】(名)物事の筋道や道理などをさぐり知ること。思慮をめぐらすこと。源氏 常夏「心わかき―少なさに」訳(これは柏木の)世慣れていない思慮の浅さに(よるものである)。

たどり-な・し【辿り無し】(形ク){から・く(かり)・し・き(かる)・けれ・かれ}行く先を定めない。あてどない。〔幻住庵記〕「―・き(体)風雲に身をせめ、花鳥に情を労して」訳あてどない漂泊の旅に身を苦しめ、自然の風物(を詠ずるの)に心をくだいて。

たど・る【辿る】㊀(他ラ四){ら・り・る・る・れ・れ} ❶**探り求める。尋ねさがす。**源氏 空蟬「あながちにかかづらひ―・り(用)よらむも人わろかるべく」訳むりに(空蟬に)かかわりあい、(その隠れている所にまで)探り求めて近寄るとしたら、それも外聞が悪いであろうし。文法「よらむ」の「む」は、仮定・婉曲の助動詞。

❷探りあてる。探しあてる。源氏 夕霧「北の御障子の外に居ざり出でさせ給ふを、いとよう―・り(用)て、ひきとどめ奉りつ」訳(落葉の宮が)北側の御襖の外ににじり出なされるのを、(夕霧は)たいそううまく探りあてて、お引き止め申しあげてしまった。文法「させ給ふ」は、最高敬語。

❸**あれこれと推量する。あれこれと考慮する。**源氏 紅葉賀「さばかりのこと―・ら(未)ぬ程にはあらじを、などか情けなくはもてなすならむ」訳それぐらいのことを推量しない年ではあるまいに、どうして(おまえ=光源氏は)薄情にもまあ(葵の上を)扱うのであろうか。

㊁(自ラ四){ら・り・る・る・れ・れ} ❶**思いまよう。途方にくれる。**源氏 桐壺「しばしは夢かとのみ―・ら(未)れしを」訳(桐壺の更衣の死後)しばらくの間はただもう夢(ではない)かと思いまよわないではいられなかったが。文法「たどられしを」の「れ」は、自発の助動詞「る」の連用形。

❷まごつく。〔夜の寝覚〕「夢にならひし琵琶は、いささかとどこほらず、―・ら(未)るべき調べなく思ひつづけらる」訳夢の中で習った琵琶は、少しもつかえることなく、まごつくことになりそうな節もなく自然につぎつぎ思い出されてくる。文法「たどらるべき」の「る」、「思ひつづけらる」の「らる」は、ともに自発の助動詞。

たな-(接頭)(動詞に付いて)すっかり、十分に、一面に、などの意を添える。「―霧らふ」「―曇る」「―知る」

たな【店】(名) ❶みせ。商店。〔鷹獅子集〕芭蕉「塩鯛の歯ぐきも寒し魚の―」訳→しほだひの… 俳句

❷奉公先の店。出入りの店。〔浮世風呂〕「今っから―へ行きなさるって」

❸貸家。借家。〔浮・西鶴諸国ばなし〕「品川の藤茶屋の辺りに―借りて」

た-な-うら【掌】(名)〔「た」は手、「な」は「の」の意の上

代の格助詞。「手の裏」の意〕手のひら。掌。〔うつほ〕忠こそ「―の中に黄金の大殿をつくらむといふとも、忠こそがいはむことはたがへじ」訳 手のひらの中に黄金造りの大御殿を造ろうと言っても、忠こそが言うようなことに対しては(母はどんな難題でも)そむくまい。

たな-ぎら・ふ ―ギラ(ロ)ウ【棚霧らふ】(自ハ四)〔は・ひ・ふ・ふ・へ・へ〕〔「たな」は接頭語。「霧らふ」は四段動詞「霧る」の未然形「きら」に上代の反復・継続の助動詞「ふ」の付いたもの〕一面に霧がかかる。一面に曇る。万葉 八・一六四二「―・ひ 用 雪も降らぬか梅の花咲かぬが代に擬へてだに見む」訳 空一面に曇って雪でも降らないかなあ。梅の花が咲かないのの代わりに、せめて梅になぞらえて見たいものだ。

たな-ぐも・る【棚曇る】(自ラ四)〔ら・り・る・る・れ・れ〕〔「たな」は接頭語〕空が一面に曇る。との曇る。万葉 一三・三二〇「―・り 用 雪は降り来曇り雨は降り来」訳 空一面に曇って雪は降ってくる、曇って雨は降ってくる。

た-な-ごころ【掌】(名)〔「た」は手、「な」は「の」の意の上代の格助詞。「手の心」の意〕手のひら。徒然 一四四「あきらかならん人の、まどへる我等を見んこと、―の上の物を見んが如し」訳 道理に明るい人が、思い悩んでいるわれわれを見ることは、手のひらの上の物を見ることのよう(に容易)だ。

たな-し・る【たな知る】(他ラ四)〔ら・り・る・る・れ・れ〕《上代語》〔「たな」は接頭語〕よく知る。十分わきまえる。万葉 九・一七三九「夜中にも身は―・ら 未 ず出でてぞ逢ひける」訳 (家の門口に人が立つと)夜中でも自分の身はまったく考えずに出て逢ったということだ。

た-な-すゑ ―スエ【手末】(名)〔「た」は手、「な」は「の」の意の上代の格助詞。「手の末」の意〕手の先。指先。〔記〕上「建御名方の神、千引の石を―にささげて来て」訳 建御名方の神が、千人もの人で引くほどの重さの岩を手の先で軽々とさしあげて来て。

たな-つ-もの【穀】(名)〔「たな」は種、「つ」は「の」の意の上代の格助詞。「種のもの」の意〕❶水田に植える物。稲。〔紀〕神代「粟・稗・麦・豆をもちては、陸田種子とす。稲をもちては―とす」訳 粟・稗・麦・豆をもって、畑にできる作物とする。稲をもって水田に植える物とする。→畑つ物

❷五穀の総称。〔紀〕神代「臍の中に五種の―生れり」訳 へその中に五種の穀類が生じた。

たななし-をぶね ―オブネ【棚無し小舟】(名)左右の船ばたの内側に踏み板のない小さな舟。万葉 一・五八「何処にか船泊すらむ安礼の崎漕ぎ廻み行きし―」訳 (いまごろ)どこに舟泊まりをしているのであろうか、(この夕方)安礼の崎を漕ぎめぐっていったあの舟棚のない小さな舟は。

たな-はし【棚橋】(名)板を棚のように渡しただけの橋。枕 六四「一すぢ渡したる―、心せばけれど、名を聞くにをかしきなり」訳 (長い板を)一枚かけ渡してある棚橋は、(一枚では)せまいように感じるけれども、(その)名を聞くにつけおもしろいことだ。

たな-ばた【棚機・七夕】(名)❶織機。はた。
❷「棚機つ女」の略。万葉 一〇・二〇八〇「―の今夜逢ひなば常のごと明日を隔てて年は長けむ」訳 織女が、今夜(彦星に)逢ったなら、いつものように、明日を境として(また逢えない)一年間は長いことであろう。
❸五節句の一つ。陰暦七月七日の夕べに牽牛・織女の二星を祭る行事。たなばた祭り。秋。徒然 一九「―まつるこそなまめかしけれ」訳 たなばたを祭る行事は優雅である。文法「こそなまめかしけれ」は、係り結び。

発展 「棚機」の起源
「棚機」と書くのは、川辺に棚を設け、女性が機を織って神を迎える習慣が古く日本にあったことによるという。盆を前にした儀礼とする説もある。この「たなばたつめ」の信仰に、奈良時代に中国から伝わった牽牛・織女の伝説と「乞巧奠」の風習とが結びついたと考えられている。→乞巧奠

たなばた-つ-め【棚機つ女・織女】(名)〔「つ」は「の」の意の上代の格助詞〕❶機を織る女。万葉 一〇・二〇二七「あがためと―のその屋戸に織る白たへは織りてけむかも」訳 私のために織女が、その家で織る白い布は、もう織り上げたことであろうか。秋。
❷織女星を人にみたてたもの。古今 羇旅「狩り暮らし―に宿からむ天の河原に我は来にけり」訳 →かりくらし…和歌

たな-び・く【棚引く】■(自カ四)〔か・き・く・く・け・け〕雲や霞などが横に長く引く。万葉 一〇・一八一二「ひさかたの天の香具山このゆふへ霞―・く 終 春立つらしも」訳 天の香具山に、この夕方、霞が横に長く引いている。春になったにちがいないよ。(「ひさかたの」は「天」にかかる枕詞。)
文法「らし」は、根拠のある推定を表す助動詞。
■(他カ四)〔か・き・く・く・け・け〕たなびかせる。長く集め連ねる。平家 三・法印問答「数千騎の軍兵を―・い 用 (イ音便)て、都へ入り給ふよし聞こえしかば」訳 (清盛が)数千騎の軍兵を(雲や霞のように)従え連ねて、都へおはいりになる(との)うわさが聞こえてきたので。

た-なら・す【手慣らす・手馴らす】(他サ四)〔さ・し・す・す・せ・せ〕よくならす。手なずける。〔雨月〕菊花の約「万夫の雄人に勝れ、よく士卒を―・す 終 といへども」訳 万人にも匹敵する武勇は人よりすぐれており、うまく兵士を手なずけているといっても。

た-なり …たということだ。…たそうだ。…ているそうだ。…たようだ。源氏 若紫「この寺にありし源氏の君こそおはしたなれ 已」訳 あの(北山の)寺にいた光源氏の君がいらっしゃったそうだ。
なりたち 完了の助動詞「たり」の連体形「たる」+伝聞・推定の助動詞「なり」=「たるなり」の撥音便「たんなり」の撥音「ん」の表記されない形。ふつう「たンなり」と読む。

た-なれ【手馴れ・手慣れ】(名)❶手に扱いなれていること。愛用。万葉 五・八一一「言問はぬ木にもありともわが夫子が―の御琴地に置かめやも」訳 物を言わない木であっても、あなたの愛用の御琴を地べたに置くだろうか(いや、置くようなことはしない)。
❷動物を飼いならしてあること。手飼い。源氏 紅葉賀「君し来ば―の駒に刈り飼はむ盛り過ぎたる下葉なりとも」訳 あなた(=光源氏)が来たなら、手飼いの馬に草を刈って食べさせよう。たとえ盛りを過ぎた下草(のような

私＝源典侍(げんのないしのすけ)であっても。

だに（副助）

意味・用法

強調〔せめて…だけでも。…だけなりと。〕→❶
類推〔…だって。…のようなものでさえ。〕→❷
添加〔…までも。〕→❸

接続 体言・活用語・副詞・助詞に付く。複合語の間に用いられることもある。

❶(まだ起こっていない未来の事柄とともに)最小限の一事をあげて強調する。「だに」を受ける語句は打消・反語・命令・意志・願望・仮定の表現である。**せめて…だけでも。…だけなりと。** [古今] 春上「散りぬとも香(か)をだに残せ梅の花恋しき時の思ひ出(い)でにせむ」[訳] 散ってしまっても、せめて香りだけでも残してくれ、梅の花よ。恋しいときの思い出すよすがにしよう。

❷(多く、既定の事柄とともに)軽いものをあげて、他にもっと重いものがあることを類推させる。「だに」を受ける語句は、打消・反語の表現が多い。**…だって。…のようなものでさえ。** [枕] 三七「梨(なし)の花、よにすさまじきものにして、近うもてなさず、はかなき文(ふみ)つけなどだにせず」[訳] 梨の花はまったく興ざめなものとして、身近に愛玩せず、ちょっとした手紙を結びつけることなどだってしない。

❸添加を表す。**…までも。** [平家] 一・祇王「今生(こんじやう)でこそあらめ、後生(ごしやう)でだに悪道へおもむかんずることの悲しさよ」[訳] この世でこそどうでもよいが、来世でまでも地獄道などに行くであろうことの悲しさよ。[文法] 係り結び「こそあらめ」は、ここは強調逆接となって下の文に続く。

[文法] 奈良時代は①の用法だけで、まだ起こっていない未来の事柄に関して用いられた。②は平安時代以降の用法で、「すら」とほぼ同じ意味に使われている。③は「さへ」が広く使われるようになったために、逆に「だに」が「さへ」の意味で使われたもの。→さへ・すら

だに-あり …でさえ…だ。[古今] 春下「雪とのみ降るだにあるを桜花いかに散れとか風の吹くらむ」[訳] ただもう雪(が降るか)のように散ることでさえ惜しいのに、(その上)桜の花はどのように散れといって風が吹くのであろうか。

[なりたち] 副助詞「だに」＋ラ変動詞「有り」

[参考] 「あり」は代用語なので、訳すときは文脈に合わせて適切な形容詞または形容動詞を補う必要がある。多くは、下に接続助詞「を」「に」などを伴う。また「だに」の前の連体形は、体言に準じて使われているので、「…すること」のように訳すとよい。

たに-ぐく【谷蟇】(名)〔「くく」は蛙(かへる)の古名、または鳴き声という〕ひきがえる。がまがえる。[万葉] 五・八〇〇「―のさ渡る極(きは)み聞こしをす国のまほらぞ」[訳] ひきがえるが渡り歩く果て(＝陸の果て)まで(天皇が)お治めになる国のすぐれた所だ。

谷口蕪村(たにぐちぶそん)〔人名〕→与謝蕪村(よさぶそん)

たに-べ【谷辺】(名)〔上代は「たにへ」〕谷のほとり。谷のあたり。[万葉] 一九・四一七七「八峰(やつを)には霞(かすみ)たなびき―には椿(つばき)花咲き」[訳] 山の峰々には霞がたなびき、谷のあたりには椿の花が咲き。

だに-も ❶最小限の一事をあげて強調する意を表す。せめて…だけでも。[万葉] 一・一八「三輪山をしかも隠すか雲だにも心あらなも隠さふべしや」[訳] →みわやまを…[和歌]

❷軽いものをあげて、他のより重いものを類推させる。…さえも。[土佐]「日を―天雲(あまぐも)近く見るものを都(みやこ)へと思ふ道のはるけさ」[訳] (遠いはずの)太陽をさえも空の雲近くに見ることができるのに、都へ(早く帰りたいと思う)旅路の、なんと遠いことよ。

[なりたち] 副助詞「だに」＋係助詞「も」

たね【種】(名) ❶植物の種子。❷〔「胤」とも書く〕血筋。血統。子孫。[大鏡] 序「言ひもていけば、同じ―、一つすぢにぞおはしあれど」[訳] (摂政・関白や大臣・公卿(くぎやう)は)せんじつめると、同じ血筋の、同一の家系でいらっしゃるが。❸物事の発生する原因。根源。[古今] 仮名序「やまと歌は、人の心を―として、よろづの言(こと)の葉とぞなれりける」[訳] 和歌は、人の心を根源として、多くの(ことばの葉すなわち)歌となったものである。

種彦(たねひこ)〔人名〕→柳亭種彦(りうていたねひこ)

たね-ろ【種ろ・料ろ】(名)〔「ろ」は間投助詞、一説に接尾語〕物を作る材料。[記] 下「女鳥(めどり)のわが王(おほきみ)の織ろす機(はた)誰(た)が―かも」[訳] 私の(いとしい)女鳥の王の織っていらっしゃる織物は、だれの(着物の)材料だろうか。

た-ねん【他念】(名)(下に「なし」を伴って)ほかのことを考える心。余念。[宇治] 四・三「念仏は―なく申して死ぬれば、極楽の迎へいますらんと待たるるに」[訳] 念仏は余念なく唱え申して死ぬのだから、極楽からの迎えがいらっしゃるだろうと待っていると。

たのうだ-ひと【頼うだ人】(名)〔「たのみたるひと」の転〕自分の頼みとする人。主人。頼うだ者。[浄・用明天王職人鑑]「これ、―のお帰り、若旦那(わかだんな)のお帰りなり」[訳] これ、ご主人のお帰り、若旦那のお帰りだよ。

たのうだ-もの【頼うだ者】(名)〔「たのみたるもの」の転〕「たのうだひと」に同じ。

た-のごひ【手拭ひ】(名)「たなごひ」「てのごひ」とも。てぬぐい。

たの-し【楽し】(形シク)〔しから・しく(しかり)・し・しき(しかる)・しけれ・しかれ〕❶愉快だ。楽しい。[万葉] 五・八一五「正月(むつき)立ち春の来(きた)らばかくしこそ梅を招(を)きつつ―・しき(体)終へめ」[訳] 陰暦正月になり春がやってきたなら、このようにして、梅の花を招き寄せ招き寄せして楽しいことをし尽くそう。

❷(物質面で)豊かである。富裕だ。[徒然] 九九「堀川の相国(しやうこく)は、美男の―・しき(体)人にて」[訳] 堀川の太政(だいじやう)大臣(＝久我基具(こがもととも))は、美男子で富裕な人であって。

たのし-び【楽しび】(名)身も心も満たされた快い気持ち。楽しみ。[古今] 仮名序「たとひ時うつり、ことさり、―悲しび行きかふとも」[訳] かりに時勢が移り、事が過ぎ去り、楽しみや悲しみがこもごも訪れようとも。

たのし-ぶ【楽しぶ】(自バ四)〔ば・び・ぶ・ぶ・べ・べ〕「楽しむ」[一]①に同じ。[徒然] 一七四「人事(にんじ)多かる中に、道を―・ぶ(体)より気味(きみ)深きはなし」[訳] 人のすることが多い中で、仏道(への精進)を楽しむことより味わい深いものはない。

たのしみは… [和歌]

> **楽しみは　空暖かに　うち晴れし**
> **春秋の日に　いでありく時**
> 〈志濃夫廼舎歌集・橘曙覧〉

[訳] 私の楽しみは、空も暖かに晴れ渡った春の日や秋の日に、あちこちと出歩く時である。
[解説] 「独楽吟」と題する連作五十二首のうちの一首。この連作はすべて初句を「楽しみは」とし、末尾を「時」でそろえる。

たのし・む【楽しむ】[一]（自マ四）{ま・み・む・む・め・め} ❶「たのしぶ」とも。愉快に感じる。[方丈] 二「深くよろこぶことあれども、大きに—・む(体)に能はず」[訳]（権力者の隣に住んでいると）おおいによろこぶことがあっても、（気がねして）思いきり楽しむことができない。
❷（物質面で）豊かになる。[平家] 一・祇王「仏御前がゆかりの者どもぞ、始めて—・み(用)栄えける」[訳] 仏御前の多くの縁者が、はじめて富み栄えたそうだ。
[二]（他マ四）{ま・み・む・む・め・め} 愉快に思う。[徒然] 九三「人皆生を—・ま(未)ざるは、死を恐れざる故なり」[訳] 人がみな生を愉快に思わないのは、死を恐れないからである。

たのみ【頼み】（名）頼ること。あてにすること。また、頼りとする人や物。[更級] 後の頼み「この夢ばかりぞ、後の—としける」[訳] この（阿弥陀仏の）夢だけを、死後の（極楽浄土に迎えられるという）頼みとした。

た-の-み【田の実】（名）稲の実。米。和歌で、「頼み」にかけていうことが多い。[秋]。[源氏] 明石「この世のまうけに、秋の—を刈りをさめ」[訳] 現世の暮らしの準備のために、秋の稲の実を刈り取り収納して。

たのみ-だる【頼み樽】（名）結婚の結納のしるしに贈る酒樽。樽は角樽を用いる。

たのみ-どころ【頼み所】（名）頼りにするところ。頼みに思う人。[源氏] 若菜上「天の下の—に仰ぎ聞こえさするを」[訳]（東宮を）天下の頼りとするところと（人々が）あがめ敬い申しあげるので。

たのみ-ふく・る【頼み膨る】（自ラ下二）{れ・れ・る・るる・るれ・れよ} あてにして張り切る。期待で胸がふくれる。[源氏] 行幸「この女御殿など、おのづから伝へ聞こえさせ給ひてむと—・れ(用)てなむさぶらひつるを」[訳] こちらの（弘徽殿の）女御様などが、自然に（父内大臣に私＝近江の君の望みを）きっとお伝え申しあげなさるだろうとあてにして張り切っておりましたのに。

た-の-む【田の面】（名）【「たのも」の転】「たのも」に同じ。和歌で「頼む」にかけていうことが多い。[伊勢] 一〇「みよし野の—の雁もひたぶるに君が方にぞよると鳴くなる」[訳] 三芳野（＝地名）の里の田の面に飛来している雁も、ただひたすらに、信頼してあなたのほうに心を寄せるといって鳴いているようだ。（「たのむ」は「田の面」に「頼む」の意をかける）

たの・む【頼む】[一]（他マ四）{ま・み・む・む・め・め} ❶**頼みにする。あてにする。**[枕] 二五「まことに—・み(用)ける者は、いと嘆かしと思へり」[訳]（主人の任官を）ほんとうにあてにしていた者は、たいそう残念だと思っている。[徒然] 九二「後の矢を—・み(用)て、はじめの矢になほざりの心あり」[訳]（矢を二本持つと）あとの矢を頼みにして、最初の矢（を射るの）におろそかにする気持ちがある。
❷**信用する。信頼する。**[徒然] 一四一「吾妻人こそ、言ひつることは—・ま(未)るれ」[訳] 東国の人こそ、言ったことは信頼することができるが。[文法] 係り結び「こそ…るれ」は、ここは強調逆接となって下の文に続く。「るれ」は、可能の助動詞「る」の已然形。
[二]（他マ下二）{め・め・む・むる・むれ・めよ} **頼みに思わせる。あてにさせる。**[更級] 梅の立枝「—・め(用)しをなほや待つべき霜枯れし梅をも春は忘れざりけり」[訳]（梅が咲いたら帰ってくるとあなたが）頼みに思わせたのに、さらに待たなければならないのか。霜枯れていた梅も春は忘れない（で花を咲かせた）ことだ。[文法]「や」は疑問の係助詞で、結びの「べき」は連体形。

たのめ【頼め】（名）【下二段動詞「頼む」の連用形から】あてにさせること。頼みに思わせること。[源氏] 夕顔「ゆく先の御—いとこちたし」[訳] 将来まで頼みに思わせる（光源氏の）お約束はほんとうにおおげさである。

たのめ・く【頼め来】（自カ変）{こ・き・く・くる・くれ・こ（こよ）}【下二段動詞「頼む」の連用形「たのめ」にカ変動詞「来く」の付いたもの】頼みに思わせてくる。[古今] 恋四「—・こ(未)し言の葉今は返してむ我が身ふるればおきどころなし」[訳]（あなたが私に）頼みに思わせてきた手紙を、もう今は返してしまおう。私の身は年老いたので、身の置き場所もなく、手紙も置いておく意味がない。（「おきどころ」に「身の置き場所」と「手紙の置き場所」の意をかける）

た-の-も【田の面】（名）【「たのおも」の転】「たのむ」とも。田の表面。田。[万葉] 一四・三五二三「坂越えて安倍の田の面にゐる鶴のともしき君は明日さへもがも」[訳] 坂を越えて安倍の田の面におりている鶴のように心ひかれるあなたは、明日もまた来てくれたらなあ。（第三句までは「ともしき」を導きだす序詞）

たのも・し【頼もし】（形シク）{しから・しく（しかり）・し・しき（しかる）・しけれ・しかれ} ❶**頼りに思われる。**[源氏] 夕顔「法師などをこそはかかる方の—・しき(体)ものにはおぼすべけれど」[訳] 法師などをこそこうした（人が亡くなった）折の頼みになるものとはお思いになるはずだけれども。[文法] 係助詞「こそ」の結びは、接続助詞「ど」が付いて「べけれど」とさらに下に続くため、消滅（＝結びの流れ）している。
❷**気強い。**心強い。頼もしい。[徒然] 八七「太刀うちはきて、かひがひしげなれば、—・しく(用)おぼえて」[訳] 太刀をちょっと腰に帯びて、いかにも勇ましいようすなので、気強く思われて。
❸**楽しみに思われる。**期待される。[細道] 象潟「雨もまた奇なりとせば、雨後の晴色また—・しき(体)と」[訳] 雨（で見えない景色を想像するの）もまた一風変わっておもしろいとするならば、雨あがりの晴れた風景もまた期待されると。⇩晴色〔「名文解説」〕
❹**富裕だ。**〔沙石集〕「子息なども出いできて、—・しく(用)栄えて」[訳] 男の子などもできて、富裕に（なり）繁栄して。

たのもし-げ【頼もしげ】（形動ナリ）{なら・なり（に）・なり・なる・なれ・なれ}【「げ」は接尾語】信頼できそうである。頼もしそうである。[枕] 三「四位・五位、わかやかに心地よげなるはいと—・なり(終)」[訳] 四位や五位の人で、若々しく満足そうであるのはとても頼もしそうである。

たのもしげ-な・し【頼もしげ無し】（形ク）

{から・く(かり)・し・き(かる)・けれ・かれ}頼りにできそうにない。心細い。不安だ。竹取 竜の頸の玉「『などかく—・く㊞申すぞ』と青反吐をつきてのたまふ」訳「どうしてこのように心細く申すのか」と(大納言は)激しく嘔吐しながら(船頭に)おっしゃる。

たのもし-びと【頼もし人】(名)頼みに思う人。源氏 玉鬘「豊後の介といふ—も、ただ水鳥の陸にまどへる心地して」訳 豊後の介という(みんなが)頼みに思う人も、まったく水鳥が陸で途方に暮れている(ような)気がして。

た-ばかり【謀り】(名)〔「た」は接頭語〕❶くふう。計画。源氏 玉鬘「父おとどに聞こし召され、数まへられ給ふべき—おぼしかまへよ」訳 (玉鬘の存在が)父大臣のお耳に入れられ、(子供の一人に)数えられなさるような計画をくふうなさってください。❷謀略。計略。竹取 蓬萊の玉の枝「くらもちの皇子は、心—ある人にて」訳 くらもちの皇子は、計略性に富む人であって。

た-ばか・る【謀る】(他ラ四){ら・り・る・る・れ・れ}〔「た」は接頭語〕❶考えをめぐらす。思案する。くふうする。竹取 燕の子安貝「子安貝取らむとおぼし召さば、—・り㊞申さむ」訳 (中納言様が)子安貝を取ろうとお思いになるならば、(よい)くふうをめぐらし申しあげよう。❷相談する。大和 一七二「『かかることなむあるを、いかがすべき』と—・り㊞給ひけり」訳「このようなことがあるのを、どうしたらよかろうか」と相談しなさった。文法 係助詞「なむ」の結びは直下の「ある」。疑問語「いかが」の結びは「べき」。❸あざむく。だます。ごまかす。平家 九・宇治川先陣「梶原—・ら㊍れぬとや思ひけん、やがて続いてうち入れたり」訳 梶原(景季)はだまされたと思ったのだろうか、そのまま続いて(馬を川に)乗り入れた。文法「たばかられぬ」の「れ」は受身の助動詞「る」の連用形、「ぬ」は完了の助動詞「ぬ」の終止形。

たは・く【戯く】(自カ下二){け・け・く・くる・くれ・けよ}❶ふしだらな行為をする。〔紀〕応神「王の母と相—・け㊞て、多に礼無きわざす」訳 王の母と互いにふしだらな行為をして、たいへんけしからぬことをする。❷ふざける。〔浄・傾城反魂香〕「—・け㊞たことぬかすまい」訳 ふざけたことを言うな。

たは-こと【戯言】(名)「たはごと」とも。ふざけたことば。でたらめ。また、うわごと。〔うつほ〕蔵開上「いとまめなりと見ゆるものを。なんど—は多くしつる」訳 (この朝臣は)たいへんまじめであると思われるのに。どうしてふざけたことをたくさんしゃべったのか。

た-ばさ・む【手挟む】(他マ四){ま・み・む・む・め・め}手にはさみ持つ。わきに抱え持つ。徒然 九二「諸矢を—・み㊞て的に向かふ」訳 二本の矢を手にはさみ持って的に向かう。

たは・し【戯し】(形シク){しから・しく(しかり)・し・しき(しかる)・しけれ・しかれ}みだらである。好色である。〔栄花〕月の宴「九条の師輔の大臣、いと—・しく㊞おはして」訳 九条師輔の大臣は、たいそう色好みでいらっしゃって。

た-ばし・る【た走る】(自ラ四){ら・り・る・る・れ・れ}〔「た」は接頭語〕激しい勢いでとび散る。ほとばしる。〔金槐集〕「もののふの矢並みつくろふ籠手の上に霰—・る㊍那須の篠原」訳 武士が(箙の)矢並びを整えている(その手首の)籠手のあたりに、霰が(当たって)激しくとび散る那須の篠原よ。

たば-せ-たま・ふ【賜ばせ給ふ】お…になってくださる。平家 一一・那須与一「願はくはあの扇のまんなか射させて—・へ㊎」訳 (神よ)どうかあの扇の真ん中を(私=那須与一に)お射させになってください。なりたち 補助動詞「賜ぶ」の未然形「たば」＋尊敬の助動詞「す」の連用形「せ」＋補助動詞「給ふ」参考 命令形の「たばせたまへ」の形で用いられることが多い。

た-ばなれ【手放れ】(名)手から離れること。遠ざかること。別れ。万葉 一四・三五六九「防人に立ちし朝明の金門出に—惜しみ泣きし児らはも」訳 防人に出立した夜明けの門出の時に、別れを惜しんで泣いた妻よ。

たば・ふ【貯ふ】(他ハ四){は・ひ・ふ・ふ・へ・へ}惜しんで保存する。蓄える。〔風姿花伝〕「手を—・ひ㊞て少な少なと能をすれば」訳 演技を蓄え(＝演技に余裕を残し)てひかえ目にひかえ目にと能を演じれば。

たは・る【戯る】(自ラ下二){れ・れ・る・るる・るれ・れよ}❶ふざける。からかう。遊び興じる。徒然 一七五「人に—・れ㊞、物に争ひ、一度は恨み、一度は喜ぶ」訳 (俗世間に順応すると)人にふざけかかったり、物について争ったり(して)、ある時は恨み、ある時は喜ぶ。❷みだらなふるまいをする。たわむれる。

たはれ【戯れ】(名)❶たわむれること。冗談。枕 三九「ただ心ひとつに、おのづから思ふ事を—に書きつければ」訳 ただ自分一人の心に自然と思い浮かぶことを、たわむれに書きつけたので。❷遊びごと。徒然 一五七「かりにも不善の—をなすべからず」訳 かりそめにもよくない遊びごとをしてはならない。

たはれ-ごと【戯れ言】(名)「たはれごと」とも。ふざけて言うことば。冗談。枕 一八四「女房ともの言ひ、—など給ふ」訳 (大納言＝伊周は)女房と口をきき、冗談などをおっしゃる。

たはれ-にく・し【戯れにくし】(形ク){から・く(かり)・し・き(かる)・けれ・かれ}〔「にくし」は接尾語〕軽く考えてはすまされない。冗談など言えないほどつらい。源氏 明石「いかにせまし、—・く㊞もあるかな、しのびてや迎へ奉りてまし」訳 どうしたものだろう、(もう)たわむれなどではすまされないほど恋しくつらくもあることだ、(いっそ紫の上を)こっそりとお迎え申しあげたものだろうか。

たは-やす・し【たは易し】(形ク){から・く(かり)・し・き(かる)・けれ・かれ}❶容易である。気軽である。竹取 竜の頸の玉「この玉—・く㊞え取らじを、いはむや竜の頸の玉はいかが取らむ」訳 この(五色の)玉は容易には取れないだろうに、まして竜の首の玉はどうして取れようか(いや、とても取ることはできまい)。❷かるはずみである。軽率である。源氏 藤袴「—・く㊞軽らかにうち出でては聞こえかかり給はず」訳 (夕霧は)かるはずみに無造作に(思いを)口に出して(玉鬘に)言い寄り申しあげたりはなさらないで。参考 連用修飾語として、下に打消の語を伴って使われることが多い。

たはら-むかへ【俵迎へ】(名)江戸時代、奈良地方などで陰暦正月二が日に福の神を迎えて、一年の縁起を祝う風習。また、その福の神を印刷した札。〔浮・世間胸算用〕「元日に、『―、―』と売りけるは、板に押したる大黒殿なり」訳 元日に、「俵迎え、俵迎え」と売ったのは、板札に印刷した大黒様(の像)である。

たは・る【戯る・狂る】(自ラ下二) ❶たわむれる。ふざける。くだける。源氏 藤裏葉「公ざまは、少し―・れ用て、あざれたるかたなりし、ことわりぞかし」訳 (光源氏が)公務のほうは、少しくだけて、儀式ばらない方であったのは、(宮中育ちなので)もっともなことであるよ。❷みだらな行為をする。色恋におぼれる。徒然 三「さりとて、ひたすら―・れ用たる方にはあらで」訳 だからといって、いちずに色恋におぼれているふうではなくて。

たば・る【賜ばる・給ばる】(他ラ四)「受く」「もらふ」の謙譲語。いただく。万葉 一八・四一三三「針袋これは―・り用ぬすり袋今は得てしか翁さびせむ」訳 針袋、これはいただいた。すり袋(=旅行用の竹細工の箱か)を今度は得たいものだ。(それで)老人らしく振る舞おう。文法「得てしか」の「てしか」は、願望の終助詞。

たはれ-ごと【戯れ言】(名)「たはぶれごと」に同じ。

たび【度】(名) ❶おり。時。際。方丈 三「その―、公卿の家十六焼けたり」訳 その(火災の)おり、公卿の家は十六戸焼失した。❷度数。回数。徒然 八〇「百―戦ひて百―勝つとも、いまだ武勇の名を定めがたし」訳 百回戦って百回勝っても、まだ武勇の(士という)名声を定めるのはむずかしい。

たび【旅】(名)家を離れて、一時他の場所へ行くこと。旅行。万葉 三・二七〇「―にして物恋しきに山下の赤のそほ船沖を漕ぐ見ゆ」訳 →たびにして…和歌

だび【荼毘・荼毗】(名)(梵語の音訳)(焚焼・焼身の意)火葬。平家 三・僧都死去「藻しほのけぶりとなし奉り、―事終へにければ」訳 (有王は、俊寛の遺体を)漁夫が海藻を焼いて塩をつくるように焼き申しあげ、火葬を終えたので。

たび-ごろも【旅衣】(名)「たびころも」とも。旅で着る衣服。万葉 二〇・四三五一「―八重着重ねて寝ぬれどもなほ膚寒し妹にしあらねば」訳 旅の衣を幾重にも重ね着て寝るけれど、やはり肌寒いことだ。妻ではないので。

たび-さうら・ふ【賜び候ふ】お与えなさいます。平家 四・若宮出家「この宮の御命をば宗盛に―・へ命」訳 この宮(=以仁王の若宮)のお命を、(私)宗盛にお与えなさいませ。
なりたち 四段動詞「賜ぶ」の連用形「たび」＋四段補助動詞「候ふ」
参考 多く命令形の「たびさうらへ」の形で用いられる。

たびし-かはら【礫瓦】(名)(「たびし」は、「礫」(=小石)の転)「たびしがはら」とも。(小石や瓦のように)とるにたりない身分の低い者。源氏 蓬生「―などまでよろこび思ふなる御くらゐ改まりなどするを」訳 身分の低い者などまでが喜ばしく思っているという、(光源氏の)官位の御昇進などすることを。

たび-ずみ【旅住み】(名)普段の住まい以外の所に住むこと。仮の住まい。旅先の住まい。源氏 真木柱「年ごろならひ給はぬ―に」訳 (北の方は)何年もの間やりなれていらっしゃらない仮住まいで。

たび-たま・ふ【賜び給ふ】❶(「賜ぶ」が本動詞の場合)お与えくださる。〔曽我物語〕「男子にてましませば、わらはにたびたまへ命」訳 (生まれた子が)男の子でいらっしゃるので、私にお与えください。❷(「賜ぶ」が補助動詞の場合。動詞の連用形、またはそれに「て」の付いた形に付いて)…てくださる。〔謡・熊坂〕「末の世助けたびたまへ命」訳 (どうか私の)後世の成仏を弔ってください。
なりたち 四段動詞、または補助動詞「賜ぶ」の連用形「たび」＋四段補助動詞「給ふ」
参考 中世以降の用法で、謡曲などでは命令形「たびたまへ」の形で、慣用句的に用いられる。

たびと【旅人】(名)(「たびびと」の転)旅行者。旅にある人。万葉 三・四一五「家ならば妹が手まかむ草枕旅に臥やせるこの―あはれ」訳 家にいるならば、妻の手を枕にするであろうに、旅先で倒れていらっしゃるこの旅人よ、ああ。(「草枕」は「旅」にかかる枕詞)

旅人(たびと)『人名』→大伴旅人

古語ライブラリー㉙
歴史的仮名遣い

僧の契沖(一六四〇―一七〇一)は、『万葉代匠記』の執筆中に「定家仮名遣い」の誤りに気づいた。上代の文献での用例と「定家仮名遣い」の語例とでは矛盾するところが多すぎるのである。そこで「日本紀より三代実録に至るまでの国史、旧事記、古事記、万葉集、新撰万葉集、古語拾遺、延喜式、和名集のたぐひ、古今集等、及び諸家集までに、仮名に証とすべき事あれば、見及ぶに随ひて、引きて是を証ず」ということにした。すなわち、上代の文献を中心に見られるかぎりの文献にあたり、確かな用例を証拠に仮名遣いを定めようとしたのである。

このようにして著されたのが『和字正濫鈔』(一六九五)であった。例を引くと、

◇尾　を　万葉和名等。おと書くべからず。万葉にてにをはのをに常にかけり。

とあるのは、『下官集』に「尾之音　お」とあるのに対するものであり、

◇置　おく　日本紀万葉和名。をくと書くべからず

というのは、『下官集』に「をく露」とあるのに対するものであった。

徹底した実証による『和字正濫鈔』の仮名遣いは、学者の間では尊重されて、これを増補改訂した楫取魚彦の『古言梯』(一七六四)を生むまでになるが、当時は「定家仮名遣い」によることが多く、一般には普及しなかった。

明治四一年(一九〇八)「小学校令施行規則」改正で契沖以来の仮名遣いが「歴史的仮名遣い」として採用され、翌年『尋常小学読本』がこの仮名遣いによったため、昭和二一年(一九四六)に「現代かなづかい」が内閣訓令・告示として公布されるまでの長期にわたって、契沖以来の仮名遣いが「歴史的仮名遣い」の名で、広く行われるようになった。

たび‐どころ【旅所】(名)旅住まい。旅の宿り。仮の住まい。源氏 須磨「かかる―ともなう人騒がしけれども」訳このような旅住まいとも思えないほど人(の出入り)が騒がしいけれども。

たびにして… 和歌

> 旅にして　物恋しきに　山下の
> 赤のそほ船　沖を漕ぐ見ゆ
> 〈万葉・三・二七〇・高市黒人〉

訳旅にあって(なんとなく)もの恋しいのに、山裾にいた朱塗りの船が沖の辺りを漕いでいくのが見える。

解説「そほ」は、丹の土のことで、それを船体に塗るのは、官船であることを示す目じるしとも魔除けのためともいう。「こひしき」を「こほしき」、「やまもと」を「やました」、「沖を」を「沖へ」「沖べ」などと訓む説もある。

たびにやんで… 俳句

> 旅に病んで　夢は枯野を　かけ廻る　冬
> 〈笈日記・芭蕉〉

訳旅の途中で病み臥して、うとうとする眠りの中で、(なおも風雅を求める旅に憑かれて)ひとり寂しい枯れ野をかけめぐっている夢をみることだ。(枯野图。切れ字は「めぐる」で、動詞の終止形)

解説「病中吟」と前書きがある。元禄七年(一六九四)十月八日(死の四日前)大坂南御堂前の花屋仁左衛門の奥座敷での芭蕉最後の句。享年五十一歳。

たび‐ね【旅寝】(名)旅先で寝ること。外泊。旅宿り。また、自宅以外の所で寝ること。外泊。「旅枕」とも。大和 二『ふるさとの―の夢に見えつるはうらみやすらむ又ととはねば』(新古今・羇旅にも所収)。訳故郷(の家族)が日根での旅の眠りの夢に現れたのは、(私を)恨んでいるのだろうか、(旅に出てからは)一度も消息を尋ねていないから。(「たびね」に地名「日根」を詠み込む)。源氏 夕顔『まだ知らぬことなる御―に』訳(光源氏は)まだ経験したことのないご外泊に。⇩草枕「慣用表現」

たび‐の‐そら【旅の空】❶旅先で眺める空。源氏 須磨「初雁は恋しき人のつらなれや―とぶ声の悲しき」訳→はつかりは… 和歌
❷旅先の土地。旅先での境遇。多く、頼りなく心細いさまをいう。〔山家集〕『つねよりも心細くぞ思ほゆる―にて年の暮れぬる』訳いつもよりも(自然と)心細く思われる。旅先の土地で年が暮れてしまったことよ。

たびびとと… 俳句

> 旅人と　我が名呼ばれん　初しぐれ　冬
> 〈笈の小文・芭蕉〉

訳(旅に生涯をかけた昔の詩人たちのように)私も旅人という名で呼ばれるようになりたい。折からの初しぐれの中を旅立つことによって。(初しぐれ图。切れ字は「ん」)

解説「笈の小文」の旅に出発する送別会での吟で、紀行の冒頭の句。「旅人と」には、能因・西行ら漂泊の詩人に列なりたいという決意がこめられている。「初しぐれ」は、その季節初の時雨で珍重する気持ちがある。

たびびとの… 和歌

> 旅人の　袖吹きかへす　秋風に
> 夕日さびしき　山のかけはし
> 〈新古今・一〇・羇旅・九五三・藤原定家〉

訳旅人の袖を吹きひるがえしている秋風の中で、夕日がさびしい光をなげかけている山の懸け橋よ。

解説「かけはし」は、崖に沿って板を懸けた橋。旅人は、夕日を浴びながら風に吹かれつつ懸け橋を行くのである。深い山の中の情景を想像して詠んだ歌。孤独な旅人の寂しさと前途の不安が表されている。

たび‐まくら【旅枕】(名)「たびね」に同じ。

たび‐まね・し【度遍し】(形ク)〔から・く(かり)・し・き(かる)・けれ・かれ〕「まねし」は、多いの意〕回数が多い。たびたびである。万葉 四・六四六「ますらをの思ひ侘びつつ―・く嘆く嘆きを負はぬものかも」訳勇ましい男が思い悩んでは幾度となく嘆くその嘆きを、あなたは身に受けないものか。

たひら‐か【平らか】(形動ナリ)〔なら・なり(に)・なり・なる・なれ・なれ〕❶平らなさま。
❷穏やかなさま。安らかなさま。源氏 若菜上「昔は人の心―・に用て(=穏やかであって)」
❸つつがない。無事だ。土佐「和泉の国までと、―・に用願立つ」訳和泉の国(大阪府南部)まではと、平穏無事であるように願をかける。

たひら・ぐ【平らぐ】□一(自ガ四)〔が・ぎ・ぐ・ぐ・げ・げ〕❶平らになる。更級 足柄山「山の頂のすこし―・ぎ用たるより、煙は立ちのぼる」訳山の頂上の少し平らになっているあたりから、煙は立ちのぼる。
❷おさまる。静まる。〔栄花〕たまのかざり「御物の怪―・ぎ用たるさまなれば」訳御物の怪も静まったようすなので。
❸治る。回復する。源氏 若菜上「朱雀院の御薬のこと、なほ―・ぎ用果て給はぬにより」訳朱雀院のご病気がやはり回復しきっていらっしゃらないので。⇩篤し「慣用表現」
□二(他ガ下二)〔げ・げ・ぐ・ぐる・ぐれ・げよ〕❶平らにする。ならす。万葉 一七・三九五七「朝庭に出で立ちならし夕庭に踏み―・げ未ず」訳朝、庭に出て歩きまわることなく、夕方、庭を踏みならすこともなく。文法「出で立ちならし」は対偶中止法で、下の打消が及ぶ。
❷おさめる。鎮める。平定する。平家 一・殿下乗合「昔より代々の朝敵を―・ぐる体(=平定する)もの多しといへども」

たひら‐け・し【平らけし】(形ク)〔から・く(かり)・し・き(かる)・けれ・かれ〕穏やかである。無事である。万葉 二〇・四四〇八「あり廻りわが来るまでに―・く用親はいまさね」訳めぐりめぐって私が帰ってくるまで、無事で両親はいらっしゃってほしい。

たびらこ【田平子】(名)「ほとけのざ」に同じ。

平敦盛〖人名〗(一一六九～一一八四)平安末期の武将。参議経盛の子。一の谷の合戦で熊谷直実に討たれた。笛の名手であったという。謡曲・幸若舞などの題材となっている。

平兼盛（たひらのかねもり）タイラノカネモリ【人名】（?-九九〇）平安中期の歌人。篤行（あつゆき）王の子。従五位駿河（するが）の守（かみ）。三十六歌仙の一人。「小倉百人一首」に入集。家集「兼盛集」

平清盛（たひらのきよもり）タイラノキヨモリ【人名】（一一一八-一一八一）平安末期の武将。忠盛（ただもり）の長男。法名、浄海。保元・平治の乱に功をあげ、太政（だいじょう）大臣となる。また安徳（あんとく）天皇の外戚として権勢をふるい、平家の全盛期をもたらした。

平維盛（たひらのこれもり）タイラノコレモリ【人名】（一一五八-一一八四?）平安末期の武将。重盛（しげもり）の長男で、小松三位（さんみ）中将と称された。治承四年（一一八〇）源頼朝（よりとも）征討に向かったが、富士川で敗走。のち、源義仲（よしなか）との礪波（となみ）山の戦いにも敗れた。

平貞文（たひらのさだふん）タイラノサダフン【人名】（?-九二三）平安前期の歌人。名は「定文」とも書き、「さだぶみ」とも。桓武（かんむ）天皇の玄孫。平中（平仲（へいちゅう））と呼ばれた。好色の名を流し、歌物語「平中物語」のモデルといわれる。

平忠度（たひらのただのり）タイラノタダノリ【人名】（一一四四-一一八四）平安末期の武将。清盛の弟。正四位下薩摩（さつま）の守（かみ）。一の谷の合戦で戦死。歌を藤原俊成（としなり）に学ぶ。家集「忠度集」

平徳子（たひらのとくこ）タイラノトクコ【人名】→建礼門院（けんれいもんいん）

平将門（たひらのまさかど）タイラノマサカド【人名】（?-九四〇）平安中期の武将。良将（よしまさ）の三男。承平・天慶（てんぎょう）の乱の首謀者。

たび-ゐ—イ【旅居】（名）旅の住まい。自宅を離れたよその生活。源氏 関屋「須磨（すま）の御—もはるかに聞きて」訳（空蟬（うつせみ）は、光源氏の須磨での住まいを離れたお暮らし（のこと）もはるか遠く（の常陸（ひたち））で耳にして。

たふトウ【塔】（名）「卒塔婆（そとば）」の略。納骨や供養のため、または仏跡・霊地を表すために建てた建造物。塔婆。万葉 一六・三八二八「香（かう）塗れる—にな寄りそ」訳 香を塗ってある塔に寄るな。

たふトウ【答】（名）返事。返礼。また、返報。仕返し。枕 二七六「これが—はかならずせむと思ふらむと」訳 この仕返しはきっとしようと（相手は）思っているだろうと。

たふトウ【榻】（名）腰かけ。長いす。寝台。〔蕪村句集〕「加茂（＝鴨川（かも））の西岸（さいがん）に—を下ろして」

た・ふタ（ト）ウ【堪ふ・耐ふ】（自ハ下二）{へ・へ・ふ・ふる・ふれ・へよ} ❶こらえる。がまんする。また、もちこたえる。新古 冬「寂しさに—・へ用たる人のまたもあれな庵（いほ）ならべん冬の山里」訳→さびしさに… 和歌

❷そのことをする能力がある。することができる。〔紫式部日記〕「さばかりさかしだち、真字（まな）書き散らして侍るほども、よく見れば、まだいと—・へ未ぬこと多かり」訳（清少納言は）あれほど利口ぶって、漢字を書きちらしております程度も、よく見ると、まだたいして能力があるとはいえない点が多い。

た・ぶ【食ぶ】（他バ下二）{べ・べ・ぶ・ぶる・ぶれ・べよ}「食ふ」「飲む」の謙譲語。また、丁寧語。（飲食物を）いただく。枕 八七「仏の御弟子にさぶらへば、御仏供（ぶく）のおろし—・べ未むと申すを」訳（私は）仏のお弟子でございますので、お供え物のお下がりをいただこうと申し上げるのに。⇩食（た）ぶ「敬語ガイド」

た・ぶ【賜ぶ・給ぶ】（他バ四）{ば・び・ぶ・ぶ・べ・べ}「与ふ」「授く」の尊敬語。**お与えになる。くださる。**竹取 貴公子たちの求婚「娘をわれに—・べ命」と、ふし拝み」訳「娘さんを私にください」と、伏して嘆願し。源氏 賢木「あるべき限り、上下（かみしも）の僧ども、そのわたりの山がつまで物—・び用、尊きことのかぎりをつくして出（い）で給ふ」訳 そうすることのふさわしい（＝施し物を与えるべき）者のすべて、（すなわち）地位の上、下の僧たち（をはじめ）、その付近の身分の低い者にまで物をお与えになり、尊い功徳（くどく）のありったけを尽くして（光源氏は雲林院（うりんいん）を）お出になる。

参考「たまふ」よりは、ややくだけた言い方で、おもに会話に用いられる。

敬語ガイド「与ふ」「授く」「受く」の敬語

尊敬語（お与えになる・くださる）**たうぶ・給ぶ・賜ぶ・たぶ（賜ぶ・給ぶ）・たまはす・たまはる・たまふ（四段）**

謙譲語 ①差し上げる **たてまつる（四段・下二段）・まゐらす（下二段）**

謙譲語 ②（いただく・頂戴（ちょうだい）する）**うけたまはる・たまはる・たまふ（下二段）**

た・ぶ【賜ぶ・給ぶ】（補動バ四）{ば・び・ぶ・ぶ・べ・べ}（動詞の連用形、助詞「て」に付いて）尊敬の気持ちを表す。**お…になる。…てくださる。**竹取 火鼠の皮衣「もし金（かね）給はぬものならば、かの衣の質（しち）返し—・べ命」訳 もし（残りの）代金をくださらないものならば、あの預けておいた衣（＝皮衣）をお返しください。

参考「たまふ」よりは、ややくだけた言い方で、おもに会話に用いられ、近世まで用いられた。中世以降は、動詞の連用形に助詞「て」の付いたものに付くことが多い。

たふ-かトウ—【踏歌】（名）❶足を踏みならして歌い舞うこと。❷平安時代、宮中で行われた年始めの行事。京中で歌の巧みな男女を召して、祝詞を歌い舞を舞わせたもの。陰暦正月十四日か十五日には男踏歌、十六日には女踏歌が行われた。春

参考 ②は歌舞の終わりに、「よろづよ、あられ（＝万年もあられよ）」とくり返しはやして、走りながら退出することから、「あらればしり」ともいう。

た-ぶさ【髻】（名）髪の毛を頭の頂に集めて束ねたところ。もとどり。〔笈の小文〕万菊「ちる花に—はづかし奥の院」訳（高野山の奥の院に参ると、折から桜の花が散って（無常を思わせ）、もとどりを結ったままの俗な姿の自分が、はずかしく感じられることだ。

た-ふさぎ【犢鼻褌】（名）男性が下ばきに用いた袴（はかま）。ふんどし。下袴（したばかま）。今昔 一四・四三「鬼は」裸にして赤き—をかきたり（＝身にまとっている）」

た-ぶせ【田伏せ】（名）田の中に作った仮小屋。耕作のときに泊まる。

たふたふ-にトウトウ—（副）（下に禁止・打消の語を伴って）容易に。軽率に。〔うつほ〕俊蔭「ゆめ—人に見せ給ふな」訳（その琴は）決して軽率に他人にお見せになるな。

たぶて【礫・飛礫】（名）小石を投げつけること。また、その小石。つぶて。〔落窪〕「—を雨の降るやうに車に投げかけてあらがへば（＝反抗すると）」

たふと・しトウトシ【尊し・貴し】（形ク）{（から）・く（かり）・し・き（かる）・けれ・かれ} ❶あがめ敬うべきである。尊い。万葉 五・八〇〇「父母を見れば—・し終 妻子（めこ）見ればめぐし愛（うつく）し」訳 父母を見ると、尊い、妻子を見ると、いとおしくかわいい。❷品位が高くすぐれている。高貴である。源氏 若紫「いと—・き体 大徳（だいとこ）なりけり」訳（聖（ひじり）は）実に品位のあ

るすぐれた高徳の僧であった。

❸すぐれて価値がある。貴重である。〔記〕上「赤玉は緒さへ光れど白玉の君が装ひし―・く(用)ありけり」訳 赤い玉は、(貫いている)緒までも光り輝くが、(それにもまして)白い玉のようなあなたの姿は、すぐれていてりっぱであったよ。

たふと・ぶ【尊ぶ・貴ぶ】(他バ上二・四){ば・び・ぶ・ぶ・べ・べ／び・び・ぶ・ぶる・ぶれ・びよ}「たふとむ」に同じ。新古 仮名序「目を卑しみ、耳を―・ぶる(体)(上二段)あまり」訳 目(にする現在)を軽んじ、耳(に聞く昔)を尊重する結果。今昔 三・三「禅師を―・ぶ(体)(四段)が故に、この人を菩薩といふ」訳 (人々は)禅師をあがめ尊ぶことのために、この人を菩薩という。

たふと・む【尊む・貴む】(他マ四){ま・み・む・む・め・め}尊び重んじる。あがめて大切にする。「たふとぶ」とも。徒然 二一七「君のごとく、神のごとく恐れ―・み(用)て、従へもちゐることなかれ」訳 (金銭を)君主のように、神のようにおそれあがめて大切にして、思いのままに使ってはならない。

たふ-の-はい【答の拝】先方の拝礼に答えてする返しの拝礼。源氏 宿木「―し給ふ、御さまどもとりどりにいとめでたく」訳 (匂宮が任官のお礼に来た薫に)返しの拝礼をしなさる、(その)お二人のごようすは、それぞれにたいそうすばらしく。

多武の峰(たふのみね)『地名』今の奈良県桜井市にある山。古称は倉橋山。中大兄皇子と中臣鎌足とが蘇我氏討伐の談義をした山と伝えられ、談山ともいう。鎌足を祭る談山神社がある。

たふ-の-や【答の矢】敵の射た矢に応じて、こちらから射返す矢。平家 九・二度之懸「―を射てその敵を射落とし」訳 返しの矢を射てその敵を射落とし。

たふ-ば【塔婆】(名)「卒塔婆」の略。

たふ-めう【塔廟】(名)〔「めう」は呉音〕仏舎利を納めてある塔。また、死者を供養するために建てた塔。方丈 二「都のほとりには在々所々、堂舎―、一つとして全からず」訳 京都の近郊では、あちらこちらの、寺の堂や塔で、一つとして完全なものはない。

たぶら-か・す【誑かす】(他サ四){さ・し・す・す・せ・せ}〔「かす」は接尾語〕「たぶろかす」とも。だます。まどわす。平家 三・足摺「天魔波旬のわが心を―・さ(未)んとて言ふやらん」訳 天の魔王が私の心をだまそうとして言うのであろうか。

たふ・る【倒る】(自ラ下二){れ・れ・る・るる・るれ・れよ}❶(立っているものが)横になる。倒れる。ころぶ。方丈 二「さながら平に―・れ(用)たるもあり、桁・柱ばかり残れるもあり」訳 (つむじ風で)そのままぺしゃんこに倒れた家もあり、桁や柱だけ残っている家もある。

❷我を折る。気がくじける。屈する。〔紫式部日記〕「今様の君達といふもの、―・るる(体)かたにて、あるかぎりみなまめ人なり」訳 当世風の若者といった人々は、(周囲の風潮に)我を折って順応する傾向であって、(中宮御所に)いる者はみなまじめな人である。

❸滅びる。くつがえる。死ぬ。平家 一・鹿谷「『平氏―・れ(用)候ひぬ』とぞ申されける」訳 (瓶子=徳利が倒れたのを見て成親が)「(瓶子つまり)平氏が倒れました」と申された。

たぶ・る【狂る】(自ラ下二){れ・れ・る・るる・るれ・れよ}気が狂う。心が乱れる。源氏 若菜下「よからぬ狐などいふなるものの―・れ(用)たるが」訳 よくない狐などというようなもので、気の狂ったのが。

たへ【栲】(名)こうぞの木の繊維で織った布。また、布類の総称。〔紀〕雄略「―の袴を七重をし(=幾重にもお召しになり)」

たへ【妙】(形動ナリ){なら・なり(に)・なり・なる・なれ・なれ}❶神々しいほどにすぐれている。霊妙だ。細道 松島「風雲の中に旅寝するこそ、あやしきまで―・なる(体)ここちはせらるれ」訳 大自然の風光の中に旅寝する(ような気分になる)のは、不思議なほど霊妙な気持ちがせずにはいられない。文法「せらるれ」の「らるれ」は自発の助動詞「らる」の已然形で、係助詞「こそ」の結び。

❷上手だ。巧妙だ。徒然 一二二「詩歌に巧みに、糸竹に―・なる(体)は、幽玄の道」訳 漢詩や和歌にすぐれ、音楽が上手なのは、深い趣のある風流の道であって。

たへ-がた・し【堪へ難し】(形ク){から・く(かり)・し・き(かる)・けれ・かれ}がまんすることがむずかしい。つらい。苦しい。竹取 かぐや姫の昇天「み心をのみ惑はして去りなむことの、悲しく―・く(用)侍るなり」訳 (両親の)お心を乱してばかりいて(月へ)去ってしまうであろうことが、悲しく堪えられないのでございます。名文解説 月へと帰ることになったかぐや姫が、天人が迎えに来るその日に、竹取の翁夫婦に語ったことば。地上で暮らす間に人間の心を持つようになった姫の、育ての親である翁を思いやり、別れを惜しむ悲痛な気持ちがにじみ出ている。

た-へん【多返・多遍】(副)何度も。繰り返し。〔沙石集〕「兼盛が歌をば、―御詠ありけるとき」訳 (村上天皇が)兼盛の歌を、何度も繰り返しご詠吟になったとき。

たま-【玉】(接頭)(名詞に付いて)美しいもの、すぐれているものをほめたたえる意を表す。「―垣」「―葛」「―櫛笥」「―簾」「―裳」

たま【玉・珠】(名)❶美しい石。宝石。万葉 五・八〇三「銀も金も―も何せむにまされる宝子にしかめやも」訳 →しろかねも…和歌

❷真珠。万葉 一・一二「底深き阿胡根の浦の―そ拾はぬ」訳 (あなたは)底の深い阿胡根の浦の珠は拾わないことである(それが残念だ)。

❸(多く「玉の」の形で)美しいものの形容。源氏 桐壺「世になく清らなる―の男御子さへ生まれ給ひぬ」訳 この世に類例がないほど気品があって美しい玉のような皇子(=光源氏)までもお生まれになった。⇩先の世「名文解説」

❹(涙・露など)丸い形をしたものの総称。源氏 御法「数珠の数にまぎらはしてぞ、涙の―をばもて消ち給ひける」訳 (夕霧は)数珠の(玉の)数(を数えること)に紛らわして、涙の玉を払いなさるのだった。

たま【魂・霊】(名)人や動植物に宿って心のはたらきを営むもの。死後も存在すると考えられていた。たましい。霊魂。源氏 桐壺「たづね行くまぼろしもがな伝てにても―のありかをそこと知るべく」訳 (亡き人の魂を)探したずねていく幻術師でもいればいいがなあ。たとえ人づてでも、(亡き桐壺の更衣の)魂のあり場所を、どこだと知ることができるように。文法「もがな」は、願望の終助詞。

たま-あ・ふ【魂合ふ】互いに魂が結ばれる。心が通

じ合う。[万葉] 一三・三二六「—・は㊍ば君来ますやとわが嘆く八尺の嘆き」[訳] 心が通えば、あなたがいらっしゃるかと思って私がつく長いため息を。

たまう【賜う・給う】⇩たまふ

たま-がき【玉垣】(名)〔「たま」は接頭語で美称〕「たまかき」とも。神社の周囲にめぐらした垣。「斎垣」「瑞垣」とも。[徒然] 二四「ものふりたる森のけしきもただならぬに、—しわたして」[訳] なんとなく古びている森のようすもふつうでないうえに、玉垣をずっとめぐらして。

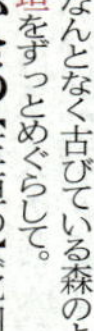
（たまがき）

たまがきの【玉垣の】《枕詞》玉垣を「瑞垣」ともいうので「みづ」と類音の「みつ」に、また美しい垣の内の意から「うち」にかかる。〔好忠集〕「—三津の船戸に」

たまかぎる【玉かぎる】《枕詞》玉のほのかに光る状態から、「夕」「日」「ほのか」「はろか」、また「磐垣淵」などにかかる。[万葉] 一〇・一八一六「—夕さり来れば」。[万葉] 二・二〇七「—ほのかにだにも」。〔霊異記〕「—はろかに見えて」。[万葉] 二・二〇七「—磐垣淵の隠りのみ」

玉勝間（たまかつま）『作品名』江戸後期の随筆。本居宣長著。寛政五年（一七九三）から没年の享和元年（一八〇一）にかけて執筆。宣長の文学・人生観などがうかがえる。

たまかつま【玉勝間・玉籠】《枕詞》「かつま」は竹のかごの意で、身とふたが合うところから「あふ」に、またかごの目のしまっているところから「しま」にかかる。[万葉] 一二・二九一六「—逢はむといふは」。[万葉] 一二・三一九三「—島熊山の夕暮れに」

たま-かづら【玉葛・玉蔓】(名)〔「たま」は接頭語で美称〕葛の美称。つる草の総称。[古今] 恋四「—はふ木あまたになりぬれば絶えぬ心のうれしげもなし」(伊勢・一八にも所収) [訳] 玉葛が多くの木にはい上がるように、あなたは多くの女性のところへ通うようになったので、(私への思いが)絶えないというあなたの気持ちが、うれしい感じもしない。(「絶えぬ」と「かづら」とは縁語)

たまかづら【玉葛・玉蔓】《枕詞》葛のつるがのび広がる意から、「長し」「延ふ」「筋」「いや遠長く」「絶ゆ」に、また、葛の花・実の意で「花」「実」にかかる。〔新千載〕恋四「—ながき世をこそ」。[源氏] 玉鬘「—いかなるすぢを」。[万葉] 二・一〇二「—花のみ咲きてならざるは」。[万葉] 二・一〇一「—実ならぬ木には」

たま-かづら【玉鬘】(名)上代、多くの玉に緒を通し、髪にかけ垂らして飾りとしたもの。〔記〕下「礼物として、押木の—を持たしめて奉りき」[訳] 敬意を表するしの贈り物の品として、押木(未詳)の玉鬘を(根臣に)持たせて献上した。

たまかづら【玉鬘】《枕詞》玉鬘を頭にかけることから「かく」「かげ」にかかる。[万葉] 二・二九九四「—懸けぬ時なく」。[万葉] 二・一四九「—影に見えつつ」

玉鬘（たまかづら）『人名』「源氏物語」中の人物。鬚黒の大臣の北の方。父は頭の中将。母は夕顔。

多摩川（たまがは）『地名』〔「多麻川・玉川」とも書く〕今の山梨県北部に源を発し、東京都の南部を流れて東京湾に注ぐ川。調布玉川。

たまがはに… [和歌]

> 多摩川に　さらす手作り　さらさらに
> なにそこの児の　ここだ愛しき
> 〈万葉・一四・三三七三・東歌〉
> （序詞：多摩川に　さらす手作り）

[訳] 多摩川にさらす(＝洗い漂白する)手織りの布のように、さらにさらにどうしてこの娘がこんなにいとしいのだろう。[修辞] 第二句までは「さらさらに」を導きだす序詞。

た-まき【手纏・環】(名) ❶上代の装身具の一つ。玉や鈴をひもに通して作った腕飾り。[万葉] 一五・三六二七「海神の—の玉を家づとに妹に遣らむと」[訳] 海の神の腕飾りの玉を家へのみやげに妻にやろうと。❷弓を射るとき左ひじをおおうもの。のちの弓籠手。

たまきぬの【玉衣の】《枕詞》玉で飾りたてた着物の、衣ずれの音から、擬声語「さゐさゐ」にかかる。[万葉] 四・五〇三「—さゐさゐしづみ」

たまきはる《枕詞》「うち」「世」「命」「吾」などにかかる。[万葉] 四・六七八「—命に向かふあが恋止まめ」。[万葉] 一・四「—宇智の大野に」

たま-ぎ・る【魂消る】(自ラ四)｛ら・り・る・る・れ・れ｝肝をつぶす。気絶するほど驚く。たまげる。[平家] 四・鵺「主上夜な夜なおびえ—・ら㊍せ給ふことありけり」[訳] 帝(＝近衛天皇)は毎夜おびえ、肝をつぶしなされることがあった。⇩あさまし「慣用表現」

たま-ぐし【玉串】(名) 絹・糸・紙などをつけて神前に供える榊の枝。転じて、榊をいう。[新古] 賀「濡れてほす—の葉の露霜に」[訳] 濡れては乾かす榊の葉に置く露や霜のように。

（たまぐし）

たま-くしげ【玉櫛笥・玉匣】(名)〔「たま」は接頭語で美称〕櫛を入れる箱。[万葉] 九・一七四〇「—少し開くに」

たまくしげ【玉櫛笥・玉匣】《枕詞》「くしげ」に関係ある「ふた」「み」「覆ふ」「あく」「奥」にかかる。[万葉] 一七・三九五五「—二上山に」。[万葉] 二・九四「—みもろの山の」。[万葉] 三・三七六「—奥に思ふを」

たま-くしろ【玉釧】(名)〔「たま」は接頭語で美称〕玉をつらねて作った、腕に巻く装身具。〔記〕下「御手に纏かせる—を取りて」[訳] 御手にお巻きになっている玉の腕飾りを取り上げて。

たまくしろ【玉釧】《枕詞》玉釧は手に巻くので「まく」「手に取り持つ」にかかる。[万葉] 一二・二八六五「—纏き寝る妹も」。[万葉] 九・一七九二「—手に取り持ちて」

た-まくら【手枕】(名) 腕を枕にすること。てまくら。〔千載〕雑上「春の夜の夢ばかりなる—にかひなく立たん名こそ惜しけれ」[訳] →はるのよの… [和歌]

たま-さか【偶】(形動ナリ)｛なら・なり(に)・なり・なる・なれ・なれ｝❶思いがけないさま。偶然。[源氏] 若紫「—・に㊊立ち出づるだに、かく思ひの外なることを見るよ」[訳] 偶然に出かけてさえも、こんなに意外なことを見るものだよ。❷まれなさま。ときたま。[枕] 九九「あやしき法師、下衆の、いふかひなきのみ、ー・に㊊見ゆるに」訳 身分の低い法師や下僕で、とるに足りない者ばかりが、まれに見えるぐらいで。文法「下衆の」の「の」は、いわゆる同格の格助詞で「…で」の意。

❸もしも。万一。蜻蛉 中「もしー・に㊊出づべき日あらば、告げよ」訳 もし万一にも下山することになっている日があれば、知らせよ。

たま-さか・る【魂離る】(自ラ四)〔ら・り・る・る・れ・れ〕〔名詞「魂(たま)」に四段動詞「離(さか)る」の付いたもの〕魂がその身から抜ける。魂が抜けたようにぼんやりする。竹取 蓬萊の玉の枝「年ごろ見え給はざりけるなりけり。これをなむー・る㊇とは言ひはじめける」訳(玉の枝での失敗を恥じた皇子は)何年も現れなさらなかったのであった。こういうことをたまさかる(=魂が抜ける)とは言い始めたということだ。

参考 用例としては「終止形」しか見当たらない。

たま-ざさ【玉笹・玉篠】(名)〔「たま」は接頭語で美称〕笹の美称。源氏 帚木「拾はば消えなむと見ゆるーの上の霰(あられ)などの」訳 拾ったらきっと消えてしまうだろうと思われる玉笹の(葉の)上の霰などの。

たま-しき【玉敷き】(名)玉を敷きつめたように美しいこと。また、その場所。方丈 一「ーの都のうちに、棟(むね)を並べ、甍(いらか)を争へる、高き、いやしき人の住まひは」訳 美しくりっぱな都の中に、棟を並べ、屋根の棟(むな)がわらの高さを競っている、身分の高い人や低い人の住まいは。

たましひ(タマシイ)【魂】(名)❶霊魂。源氏 葵「物思ふ人のーはげにあくがるるものになむありける」訳 物思いをする人の霊魂は、なるほどからだから離れ出るものであったなあ。

❷精神。思慮。大鏡 伊尹「少しいたらぬことにも、御ーの深くおはして」訳 少々得意でないことにも、(行成(ゆきなり)は)ご思慮が深くていらっしゃって。

❸素質。才気。源氏 絵合「筆とる道と碁うつこととぞ、あやしうーのほど見ゆるを」訳 筆をとる(=書画の)道と碁を打つこととは、不思議と素質のほどが現れるもので。文法 係助詞「ぞ」の結びは、「見ゆるを」と接続助詞「を」が付いてさらに下に続くため消滅(=結びの流れ)している。

たまずさ【玉梓・玉章】⇨たまづさ

たま-すだれ【玉簾】(名)〔「たま」は接頭語で美称〕美しいすだれ。また、玉で飾ったすだれ。たまだれ。伊勢 六四「吹く風にわが身をなさばーひま求めつつ入るべきものを」(新千載・恋二にも所収)訳 吹く風に私の身を変えたならば、美しいすだれの隙間を探し探して、(あなたの部屋の)中に入って行くことができるだろうに。

たま-だすき【玉襷】(名)〔「たま」は接頭語で美称〕たすきの美称。平家 三・法皇被流「狩衣(かりぎぬ)にーあげ」訳(信業(のぶなり)は)狩衣にたすきをかけ。

たまだすき【玉襷】《枕詞》たすきを項(うなじ)にかけるところから「かく」に、また「うなじ」と類音の「うね」を含む「畝火」にかかる。万葉 一二・二九九二「ー懸(か)けねば苦し」。万葉 一・二九「ー畝傍(うねび)の山の」

たま-だな【霊棚・魂棚】(名)盂蘭盆会(うらぼんえ)に、先祖の霊魂を迎えて安置し、供え物をするための棚。精霊棚(しょうりょうだな)。秋

たま-たま【偶・適】(副)❶まれに。たまに。徒然 八五「至りて愚かなる人は、ー賢なる人を見て、これを憎む」訳 きわめて愚かな人は、たまに賢い人を見て、この人を憎む。

❷偶然に。ふと。枕 八「ーこの道にまかり入りにければ、かうだにわきまへ知られ侍る」訳(私は)偶然にこの(文章の)道に入らせていただいたので、やっとこれぐらいのことは理解できるのです。

たま-だれ【玉垂れ】(名)「たますだれ」に同じ。

たまだれの【玉垂れの】《枕詞》玉を緒(を)に通して垂らしたものの意から、緒と同音の「を」に、また「こす」「御簾(みす)」「見す・見ず」などにかかる。万葉 二・一九五「ー越野(をちの)過ぎゆく」。後撰 恋二「ー見ずは恋しと」

たま-づさ(ズサ)【玉梓・玉章】(名)〔「たまあづさ」の転〕手紙。消息。便り。また、その使者。古今 秋上「秋風に初かりがねぞ聞こゆなるたがーをかけて来(き)つらむ」訳→あきかぜに…和歌 ⇨消息(せうそこ)「慣用表現」

参考 便りを運ぶ使者は、そのしるしに梓(あづさ)の杖(つゑ)を持ったという。

たまづさの(タマズサノ)【玉梓の・玉章の】《枕詞》便りの使者が梓(あづさ)の杖(つゑ)を持ったことから「使ひ」「人」「妹(いも)」などにかかる。万葉 二・二〇九「ー使ひを見れば」。万葉 三・四二〇「ー人そ言ひつる」。万葉 七・一四一六「ー妹は花かも」

玉津島(たまつしま)『地名』歌枕 今の和歌山市和歌浦中にあったとされる小島。現在は陸続きとなっている。玉津島神社がある。

たま-どの【霊殿・魂殿】(名)葬儀の前に、しばらくの間遺体を安置しておく所。霊屋(たまや)。源氏 夢浮橋「昔物語に、ーに置きたりけむ人のたとひを思ひ出(い)でて」訳 昔の物語に、霊殿に置いてあったという(死)人の(生き返った)例を思い出して。

たま-に-ぬ・く【玉に貫く】玉としてひもを通す。多く、花・実・露などを玉に見立てていう。伊勢 一〇五「白露は消(け)なば消(け)ななむ消(き)えずとてー・く㊇べき人もあらじを」訳 白露は消えてしまうなら消えてしまってほしい。消えない(から)といって、玉としてひもを通すような人もいないだろうからね。

たま-の-うてな【玉の台】美しい御殿。りっぱな建物。竹取 御門の求婚「葎(むぐら)はふ下にも年はへぬる身の何かはーをも見む」訳 雑草の生い茂る家で幾歳月を過ごしてきたこの身が、(今さら)どうして美しい御殿(=宮廷)を見たいだろうか(いや、見たいとは思わない)。

玉の浦(たまのうら)『地名』歌枕 今の和歌山県東牟婁(ひがしむろ)郡那智(なち)勝浦町下里の海辺。また、同郡粉白(このしろ)から一キロメートルばかり南西の地とも。

たま-の-こし【玉の輿】❶貴人の乗るりっぱな輿。❷女が結婚によって得た富貴な身分や境遇。

たま-の-を(オ)【玉の緒】(名)❶玉を貫くひも。源氏 野分「くさむらの露のーみだるるままに」訳(野分(のわき)の)風に草むらの露が、玉を貫くひもが(切れたように)乱れ散るにつけても。

❷期間の短いことのたとえ。少し。しばらく。古今 恋三「死ぬる命生きもやするとこころみにーばかり逢(あ)はむといはなむ」訳(恋の苦しみに)いまにも死にそうな(この私の)命が、死なずに生きてゆくことがあるかと、ためしに、ほんの少しだけ逢おうと言ってほしい。文法「いはなむ」の「なむ」は、他に対する願望の終助詞。

❸(「魂(たま)の緒」の意から)命。新古 恋一「ーよ絶えなば絶

えねながらへば忍ぶることの弱りもぞする」訳 →たまのをよ…和歌

たま‐の‐をぐし【玉の小櫛】櫛の美称。美しい櫛。源氏 若菜上「さしながら昔を今につたふれば―ぞ神さびにける」訳（髪に）挿しながら昔に賜ったお心づかいをそのまま今まで持ち続けているので、美しい櫛も古めかしくなってしまったことよ。（「さしながら」は「そのまま」の意の副詞「然さしながら」と「挿しながら」との掛詞）

たま‐の‐をごと【玉の小琴】琴の美称。美しい琴。万葉 七・一三二八「膝に伏す―の事なくはいたくここだくあれ恋ひめやも」訳 膝に置いて弾く玉の小琴ではないが、事（＝支障）がないなら、こんなにも激しく私が（あなたを）恋するだろうか（いや、妨げられるから、いっそう燃えるのだ）。（第二句までは「事」を導きだす序詞）

たまのをの【玉の緒の】（枕詞）玉を貫く緒の状態に関連した「長し」「短し」「絶ゆ」「乱る」「継ぐ」「現うつし心」などにかかる。万葉 一三・三〇八二「―長き命の」。古今 雑体「―短き心」。万葉 七・一三八〇「―思ひ乱れて」。万葉 三・三三一「―現し心や」

たまのをよ…和歌（百人一首）

> 玉の緒よ　絶えなば絶えね　ながらへば
> 忍ぶることの　弱りもぞする
> 〈新古今・一一・恋一・一〇三四・式子内親王〉

訳 わが命よ、絶えてしまうものならば絶えてしまえ。こうして生き長らえていると、（胸に秘めた思いを）じっとこらえている力が弱くなって（外にそれが表れて人目にわかって）しまうといけないから。修辞「絶え」「ながらへ」「弱り」は「緒」の縁語。文法「絶えね」の「ね」は、完了の助動詞「ぬ」の命令形で放任法。「もぞ」は、悪い事態を予測し、そうなっては困るという気持ちを表す。

解説「忍ぶ恋」の歌として有名。「玉の緒」は「玉」と同音の「魂たま」をつなぎとめる緒の意から、命をいう。

たまは‐す【賜はす】（他サ下二）{せ・せ・す・する・すれ・せよ}〔四段動詞「賜ふ」の未然形「たまは」に尊敬の助動詞「す」の付いたもの〕お与えになる。くださる。下賜される。竹取 ふじの山「かの奉る不死の薬に、また、壺具して、御使ひに―・す(終)」訳 あの（かぐや姫が帝に献上した）不死の薬に、また、壺を添えて、（帝は）お使いにお渡しになる。源氏 桐壺「後涼殿にもとよりさぶらひ給ふ更衣の曹司を他に移させ給ひて、上局に―・す(終)」訳 後涼殿に以前からお仕えなさる更衣の部屋を桐壺帝はほかにお移しになられて、（桐壺の更衣に）上の御局としてお与えになる。文法「せ給ひ」は、最高敬語。⇩賜たぶ「敬語ガイド」

参考「たまふ」に比べて、尊敬の気持ちが強い。

たま‐ばはき【玉箒】（名）「たまははき」とも。❶ほうきを作る草の異名。こうやぼうき。万葉 一六・三八三〇「―刈り来こ鎌麿室むろの樹きと棗なつめが本もととかき掃かむため」訳 玉箒を刈って来い、鎌麿よ。室の木と棗の木の下とを掃くために。

（玉箒②）

❷上代、正月の初子はつね（＝最初の子ねの日）に、蚕室を掃くのに用いた、玉飾りをつけた儀礼用のほうき。春。万葉 二〇・四四九三「始春の初子の今日の―」

❸（酒が憂いを払うことから）酒の異名。

たまはやす【玉囃す】（枕詞）地名「武庫」にかかる。万葉 一七・三八九五「―武庫のわたりに」

たまはり‐お・く【賜り置く】（他カ四）{か・き・く・く・け・け}いただいて手元に置く。平家 七・忠度都落「かかる忘れ形見を―・き(用)候ひぬる上は、ゆめゆめ疎略を存ずまじう候ふ」訳 このような忘れ形見をいただいて手元に置きましたからには、決していい加減なことと考え申しあげないつもりです。

たまは・る【賜る・給はる】（他ラ四）{ら・り・る・る・れ・れ}❶「受く」「もらふ」の謙譲語。いただく。ちょうだいする。竹取 かぐや姫の昇天「この十五日は、人々―・り(用)て、月の都の人まうで来こば捕らへさせむ」訳 この（陰暦八月）十五日には、大勢の人をおつかわしいただいて、月の都の人がやって来たらつかまえさせよう。

❷「与ふ」「授く」の尊敬語。お与えになる。くださる。平家 一〇・藤戸「備前の児島を佐々木に―・り(用)ける」訳 備前の国（岡山県）の児島を佐々木（盛綱）にお与えになったことだ。文法 文末の「ける」は余情をこめた連体形止め。（⇩賜ふ「図解学習」・賜ぶ「敬語ガイド」）

たまは・る【賜る・給はる】（補動ラ四）{ら・り・る・る・れ・れ}（動詞の連用形、助詞「て」に付いて）❶謙譲の気持ちを表す。…て（で）いただく。徒然 八七「現し心なく酔ゑひたる者に候ふ。まげて許し―・ら(未)ん」訳 正気もなく酔っている者でございます。ぜひともお許しいただきたい。

❷尊敬の気持ちを表す。…て（で）くださる。〔謡・隅田川〕「われをも舟に乗せて―・り(用)候へ」訳 私も舟に乗せてくださいませ。

⬅「たまふ」（次項(1)～(4)）の識別ガイド
- たまふ(1)→（他ハ四）〔尊敬〕お与えになる・くださる
- たまふ(2)→（補動ハ四）〔尊敬〕お…になる・…なさる
- たまふ(3)→（他ハ下二）〔謙譲〕いただく
- たまふ(4)→（補動ハ下二）〔謙譲〕…せ（させ）ていただく

たま（モ）・ふ(1)【賜ふ・給ふ】（他ハ四）❶「与ふ」「授く」の尊敬語。お与えになる。くださる。伊勢 八三「大御酒―・ひ(用)、禄―・は(未)むとて」訳 お酒をくださり、褒美をくだされようとして。⇩賜ぶ「敬語ガイド」

❷命令形「たまへ」が他の動詞のかわりに用いられて尊敬の気持ちを含んだ命令の意を表す。…てください。…なさい。源氏 玉鬘「あなかま、―・へ(命)」訳 ああやかましい。黙りなさい。源氏 若紫「いざ―・へ(命)よ、をかしき絵など多く、雛遊びなどする所に」訳 さあおいでなさいよ。美しい絵なども多くあって、雛遊びなどする（私＝光源氏の）ところに。

活用

未然	連用	終止	連体	已然	命令
は（ズ）	ひ（タリ）	ふ（○）	ふ（コト）	へ（ドモ）	へ（○）

図解学習 「たまふ」と「たまはる」

尊敬語動詞「たまふ」(八四)は上位者が下位者に「与ふ」、くださる意、謙譲語動詞「たまはる」(ラ四)は下位者が上位者から「受く」、いただく意を表す。なお、ハ行下二段活用の「たまふ」は上代に、いただく意の謙譲語として用いられ、「たまはる」は中世以降、くださる意の尊敬語としても用いられた。

たま・ふ(タマ(モ)ウ)(2)【賜ふ・給ふ】(補動八四)〔は・ひ・ふ・ふ・へ・へ〕❶「しむ」の連用形に付いて)尊敬の気持ちを表す。**お…になる。…なさる。**…て(で)くださる。竹取 かぐや姫の昇天「人目もいまはつつみ—・は(未)ず泣き—・ふ(終)」訳(かぐや姫は)人が見ている前でも今はもうはばかりなさらずにお泣きになる。
❷(尊敬の助動詞「す」「さす」「しむ」の連用形に付いた「せたまふ」「させたまふ」「しめたまふ」の形で)最も強い尊敬の気持ちを表す。**お…になられる。…なされる。**お…あそばす。源氏 桐壺「いとこまやかにありさまを問はせ—・ふ(終)」訳(桐壺帝は)たいそうこまごまと(桐壺の更衣の里の)ようすを(帰参した靫負の命婦(=女官の名)に)お尋ねになられる。大鏡 時平「明石の駅といふところに御宿りせしめ—・ひ(用)て」訳(道真が)明石の駅というところにお泊まりになられて。(→せ給ふ・させ給ふ・しめ給ふ)
参考 上代では「お与えになる」「くださる」という動詞の意味が残っていて、「…て(で)くださる」の訳語があてはまる場合もあるが、中古以降は動詞としての意はうすれてしまっている。②のうち「しめたまふ」の形をとるのは男性のことばにおいてである。

たま・ふ(タマ(モ)ウ)(3)【賜ふ・給ふ】(他八下二)「受く」また「飲む」「食ふ」の謙譲語。**いただく。**万葉 一四・三四三九「鈴が音の早馬駅家の堤井の水を—・へ(未)な妹が直手よ」訳早馬(を置く)駅舎の堤井(=石などで囲った泉)の水をいただきたい。あなたの手でじかに。(「鈴が音の」は「早馬駅家」にかかる枕詞)。文法「たまへな」の「な」は、意志・希望を表す上代の終助詞。⇩賜ぶ・食ぶ「敬語ガイド」

活用					
未然	連用	終止	連体	已然	命令
へ(ズ)	へ(タリ)	ふ(○)	ふる(コト)	ふれ(ドモ)	へよ(○)

たま・ふ(タマ(モ)ウ)(4)【賜ふ・給ふ】(補動八下二)〔へ・へ・ふ・ふる・ふれ・○〕「知る」などの連用形に付いて)謙譲の意を表す。**…せ(させ)ていただく。**拝見する。拝聴する。存じあげる。源氏 帚木「主人の女ども多かりと聞き—・へ(用)て」訳主人の娘たちが大勢いると聞かせていただいて(=拝聴して)。源氏 若紫「かしこにいと切に見るべきことの侍るを、思ひ—・へ(用)出でてなむ」訳あそこ(=二条院)に、ぜひどうしてもしておかなければならない用件がございますのを、いま思い出させていただいてね。文法 係助詞「なむ」のあとに結びの語「参る」などが省略されている。
参考 主として中古の会話文や手紙文に用いられ、丁寧語とする説もある。終止形はきわめてまれで、命令形はない。複合動詞に付く場合は、第二例の「思ひたまへ出で」のように、二つの動詞の間に挟まれて用いられる。

たま‐ほこ【玉桙・玉矛】(名)「たまほこの」とも。「たまほこの」が「道」にかかる枕詞であることから、転じて、道。新古 春下「このほどは知るも知らぬも—の行きかよふ袖は花の香ぞする」訳このごろは、(私の)知っている人も知らない人も、道を行き来する(人の)袖は、桜の花の香りがすることだ。

たまほこの【玉桙の・玉矛の】《枕詞》「道」「里」にかかる。万葉 九・一八〇一「—道の辺近く」。

たま‐まき【玉纏き】(名)玉を巻いて飾ること。また、飾ったもの。万葉 九・一七八〇「—の小楫繁貫き」訳(小船に)玉を巻いて飾った楫をたくさんとりつけて。

たま‐まつ【玉松】(名)(「たま」は接頭語で美称)美しい松。万葉 二・一一三「み吉野の—が枝は愛しきかも君が御言を持ちて通はく」訳吉野の松の枝はいとおしいものよ。あなたのおことばを持って通って来るとは。

たま‐まつり【魂祭り・霊祭り】(名)祖先など、死者の霊を祭ること。平安時代には陰暦十二月の晦日に行われたが、後世は七月十五日に行う。精霊会。盂蘭盆。秋

たままつる… 和歌

> 魂祭る　年の終はりに　なりにけり
> 今日にやまたも　あはんとすらん
> 〈詞花・四・冬・一六〇・曽禰好忠〉

訳(亡き人の)魂を祭る大晦日になってしまったなあ。(来年も)今日に再び会うことができるだろうか。
解説 一年三百六十日にそれぞれ一首の歌をあてた「三百六十首歌」中の十二月三十日にあたる歌。平安時代、大晦日には亡くなった人が帰ってくると考えられており、それを祭る風習があった。

たま‐みづ(ミズ)【玉水】(名)❶(「たま」は接頭語で美称)清らかな水。伊勢 一二二「山城の井手の—手に結び頼みしかひもなき世なりけり」訳山城の国(京都府)の井手(=地名)の清らかな水を手ですくって飲む、その結び手飲みではないが、(あなたと)夫婦になる約束を結び、頼みにしたかいもない、男女の仲であることよ。(「結び」は「手を結び」と「契りを結び」との、「頼み」は「手飲み」との掛詞。「山城の井手の玉水手に」は「結び」を導きだす序詞)
❷雨だれ・しずくなどの美称。新古 春上「山ふかみ春とも知らぬ松の戸にたえだえかかる雪の—」訳→やまふかみ…和歌

たま‐むすび【魂結び】(名)肉体から離れてゆく魂を鎮めとどめるためのまじない。伊勢 一一〇「思ひあまり出でにし魂のあるならむ夜深く見えば—せよ」訳(あなた

を)思い焦がれるあまりに、(私のからだから)出ていった魂があるのだろう。(その魂が)夜更けに現れたら、魂結びのまじないをしてくれ。

たま-も【玉裳】(名)〔「たま」は接頭語で美称〕美しい裳(=女性が腰から下にまとった衣服)。万葉 二〇・四四五二「をとめらが―裾びくこの庭に秋風吹きて花は散りつつ」訳 おとめたちが、美しい裳の裾を引きずる(ようにして歩む)この庭に、秋風が吹いて、しきりに花は散っていることよ。

たま-も【玉藻】(名)〔「たま」は接頭語で美称〕美しい藻。古今 恋一「沖辺にも寄らぬ―の浪のうへに乱れてのみや恋ひわたりなむ」訳 沖のあたりにも寄らない美しい藻が、波の上を乱れ漂うように、私はただもう心乱れて恋い続けるのだろうか。(第三句までは「乱れて」を導きだす序詞)

たまもかる【玉藻刈る】《枕詞》玉藻は沖にあるところから「沖」に、また地名「敏馬」「をとめ」などにかかる。一説に、実景とも。万葉 一・七二「―沖へは漕がじ」。万葉 一五・三六〇六「―をとめを過ぎて」

たまもなす【玉藻なす】《枕詞》玉藻のようにの意から「浮かぶ」「寄る」「なびく」などにかかる。一説に、比喩とも。万葉 一・五〇「―浮かべ流せれ」。万葉 一九・四二一四「―なびき臥い伏し」

たま-もひ【玉盌】(名)〔「たま」は接頭語で美称〕「もひ(=水を盛る器)」の美称。美しい椀。〔記〕上「―を持ちて水をくまむとする時に、井にかげありき」訳 (豊玉姫の召使が)美しい器を手にして水を汲もうとするときに、泉に光がさしていた(一説に、人影が映っていた)。

たまもよし【玉藻よし】《枕詞》美しい海藻を産することから地名「讃岐(香川県)」にかかる。万葉 二・二二〇「―讃岐の国は」

たま-ゆら【玉響】(副)ほんのしばらくの間。ちょっとの間。方丈 二「いかなるわざをしてか、しばしもこの身を宿し、―も心を休むべき」訳 どんなことをして、しばらくでもこの身を落ち着かせ、ちょっとの間でも心を安らかにさせることができるのだろうか。

たまゆらの… 和歌

〔玉〕
たまゆらの　露も涙も　とどまらず
亡き人恋ふる　宿の秋風
〈新古今・八・哀傷・七八八・藤原定家〉

訳 ほんのしばらくの間も、(庭の草の葉に置いた)露の玉も(私の)涙の玉も(はらはらとこぼれて)とどまっていない。亡き母を恋い慕うこの家に吹いてくる秋風のために。修辞「たまゆらの」に「玉」をかけて、「露」「涙」の縁語。解説 詞書に、母が亡くなった秋、野分の日に、母が以前住んでいた家(=父俊成の家)に行って詠んだとある。「玉(宝石)」のようにきらめいて散り落ちる「露」「涙」の、美しく純化されたイメージの歌。

たま・る【溜まる】(自ラ四)〔ら・り・る・る・れ・れ〕❶水が一か所に集まる。万葉 一三・三二八九「蓮葉に―・れ(已)る水の行方無み」訳 蓮の葉にたまっている水のように、行く先もわからなくて。❷寄り集まる。積もる。古今 恋一「淡雪の―・れ(已)ばかてに砕けつつわが物思ひのしげきころかな」訳 淡雪が積もるとその重みに耐えられずに砕け散るように、私の心も千々に砕けて物思いがしきりに起こるこのごろであるよ。(第二句までは「砕け」を導きだす序詞) ❸とどまる。静止する。宇治 九・三「たのもしく見置かんとて、男あはせけれど、男も―・ら(未)ざりければ」訳 (親は娘を)将来安心であるように取りはからっておこうと思って、男と結婚させたけれど、男もとどまらなかったので。❹(多く下に打消または反語の表現を伴って)こらえ保つ。ささえる。平家 四・橋合戦「渡辺の省・授・続の源太が射ける矢ぞ、鎧もかけず、楯も―・ら(未)ず通りける」訳 渡辺の省、授、続の源太が射た矢は、鎧もとめず、楯もこらえ保てずに貫き通った。

たまわす【賜わす】⇩たまはす

たまわる【賜る・給わる】⇩たまはる

たみ【民】(名)人民。臣民。徒然 一四二「上の奢り費やす所をやめ、―を撫で農を勧めば」訳 上に立つ者がぜいたくをし浪費をすることをやめ、国民をかわいがり農業を奨励するならば。

たみ-くさ【民草】(名)たみ。人民。民を草にたとえていう語。

た・む【訛む】(自マ四)〔ま・み・む・む・め・め〕〔のちには「だむ」〕ことばつきがなまる。源氏 橋姫「けはひいやしく言葉―・み(用)て」訳 人柄が下品で言葉遣いがなまっていて。参考 活用はもと、上二段ともいう。

た・む【回む・廻む】(自マ上二)〔み・み・む・むる・むれ・みよ〕めぐる。まわる。万葉 三・二七三「磯の崎漕ぎ―・み(用)行けば近江の海八十の湊に鶴多に鳴く」訳 磯の崎を漕ぎめぐって行くと、近江の海(=琵琶湖)のあちこちの船着き場に、鶴がたくさん鳴いている。

た・む【溜む】(他マ下二)〔め・め・む・むる・むれ・めよ〕❶とどめる。とめる。〔太平記〕八「討っ手をだに下したらば、敵、足を―・む(終)まじかりしを」訳 せめて討っ手だけでもつかわしていたならば、敵は足をとどめなかったはずなのに。❷集める。ためる。〔後撰〕秋中「朝ごとに置く露袖に受け―・め(用)て世の憂き時の涙にぞ借る」訳 毎朝(草木に)おく露を、衣の袖に受けてためて(おき)、この世がつらいときの涙として借りることだ。

た・む【矯む・揉む】(他マ下二)〔め・め・む・むる・むれ・めよ〕❶木・竹などを伸ばしたり曲げたりして、形を整え改める。細道 松島「枝葉潮風に吹きたわめて、屈曲おのづから―・め(用)たるがごとし」訳 (松の)枝葉は潮風に吹きたわめられて、その曲がりぐあいは自然と(人が)形を整えたかのようだ。❷物事を改め正す。矯正する。〔春雨物語〕「儒道わたりて、さかしき教へに悪しきを―・む(終)」訳 儒教が(中国から)渡来して、その賢い教えにより(わが国の)欠点を改め正す。❸いつわる。こじつける。〔春雨物語〕「妖僧道鏡きほひて、宇佐の神勅を―・め(未)さするに」訳 妖僧道鏡は勢いにのって、宇佐八幡宮のお告げを、まげ(て奏上)させるが。❹弓を引きしぼる。ねらいをつける。〔後拾遺〕雑五「みちのくの安達の真弓君にこそ思ひ―・め(用)たることも語らめ」訳 陸奥の安達(=福島県の地名)の檀でつくった弓を引きしぼるように、あなたにこそ心にためた(私の)

思いをも語りたいものだ。(「矯め」は「溜め」との掛詞。「真弓」と「矯め」は縁語)

た-む・く【手向く】(他カ下二){け・け・く・くる・くれ・けよ} ❶神仏に、幣帛・花・香などを供える。古今 秋下「竜田姫ーる㊍神のあればこそ秋の木この葉の幣と散るらめ」訳 ーく供える神(=道祖神)があるから、秋の木の葉が幣となって(秋をつかさどる)竜田姫が(帰途につき、その道中で幣を)散っているのだろう。

❷旅をしようとする人に、餞別を贈る。はなむけとして贈る。新古 雑上「老いぬともまたも逢はんとゆく年に涙の玉をー・け㊊つるかな」訳 (私は)年をとったが、またも(新年に)逢おうと、過ぎゆく年に、涙という玉を、はなむけとして贈ったことであるよ。(行く年を擬人化して、別れ行く人にたとえている)

た-むけ(名) ❶【手向け】㋐神仏に、幣帛・花・香などを供えること。また、その供え物。土佐「わたつみのちふりの神にーする幣の追ひ風やまず吹かなむ」訳 大海の船旅の守護神に供え物として捧げる幣帛を(東のほうに)吹き散らした追い風よ、(早く東の都に着くように)ずっと吹き続けてほしい。文法「吹かなむ」の「なむ」は、他に対する願望の終助詞。㋑旅の餞別。はなむけ。源氏 夕顔「『女房の下らむに』とて、ー心ことにせさせ給ふ」訳 (光源氏は伊予の介に)「女房が(伊予の国に)下るであろうから」と言って、餞別を格別に贈らせなさる。文法「させ」は、使役の助動詞。

❷【峠】(そこで道祖神に「たむけ①㋐」をすることから)山道を登りつめた所。とうげ。万葉 一五・三七三〇「畏みと告らずありしをみ越路のーに立ちて妹が名告りつ」訳 畏れ多いからと口に出さずにいたのに、この越前(福井県東部)への道の峠に立って、(思わず)いとしいあなたの名を言ってしまったことだ。

たむけ-ぐさ【手向け草】(名)「たむけくさ」とも。「たむけ①㋐」にする品。神に供える品。万葉 一三・三二三七「少女らにあふさか山にー幣とりおきて」訳 逢坂山に手向けにする品の幣を供えて。(「少女らに」は「あふさか」にかかる枕詞)

たむけ-の-かみ【手向けの神】峠や坂の上などに祭られていて、旅人が道中の安全を祈る神。道祖神。万葉 一七・四〇〇八「礪波山ーに幣奉り」訳 礪波山の手向けの神に供え物を献上し。

たむけ-ばな【手向け花】(名)神仏や死者の霊などにささげる花。〔浮・好色五人女〕「ーとて咲きおくれし桜を一本持たせけるに」訳 (女の死出の旅へ)ささげる花として、咲き遅れた桜を一枝持たせたところ。

たむけ-やま【手向山】(名)旅の安全を祈る「手向けの神」のいる山。地名としても残り、今の奈良市の若草山や奈良山が有名。古今 羇旅「このたびは幣も取りあへずーもみぢの錦神のまにまに」訳 →このたびは…

和歌

た-むだ・く【拱く・手抱く】(自カ四){か・き・く・く・け・け}「たうだく」とも。両手を組む。何もしないで腕組みをする。万葉 六・九七三「平らけく朕は遊ばむー・き㊊て朕は御在さむ」訳 平穏に私は遊んでいよう。腕組みをして私はいらっしゃろう。文法「御在さ」は、天皇の自敬表現。

ため【為】(名) ❶目的を果たそうとしてすること。…のため。徒然 一三〇「万の遊びにも、勝負を好む人は、勝ちて興あらんーなり」訳 いろいろの遊びごとでも、勝負事を好む人は、勝っておもしろがるため(にするの)である。

❷原因。理由。…のせい。源氏 蓬生「かなしかりしをりのうれはしさは、ただわが身一つのーになれるとおぼえし」訳 (光源氏の須磨への退去という)悲しかったときの(あの)嘆かわしさは、ただ自分(=末摘花)一人のせいで生じたことであると(かつては)思われたことよ。文法「おぼえし」の「し」は過去の助動詞「き」の連体形で、詠嘆をこめた連体形止め。

❸利益。たすけ。たより。…のため。徒然 一四二「まことに、かなしからん親のー、妻子のーには、恥をも忘れ、盗みもしつべきことなり」訳 まったく、いとしい親のため、妻子のためには、恥をも忘れて、きっと盗みもしてしまうことである。文法「かなしからん親」の「ん」は、仮定・婉曲の助動詞。「しつべき」の「つ」は、助動詞「つ」の終止形で、ここは確述の用法。

❹…の身にとって。…にとって。徒然 七三「わがー面目あるやうに言はれぬる虚言は、人いたくあらがはず」訳 自分の身にとって名誉なように言われたうそには、人はそれほど抗弁しない。

ためし【例・試し】(名) ❶**例。先例。**源氏 桐壺「楊貴妃のーも引き出でつべくなりゆくに」訳 楊貴妃(=唐の玄宗皇帝の妃)の先例もきっと引き合いに出すにちがいないようになっていくので。文法「つべく」の「つ」は、助動詞「つ」の終止形で、ここは確述の用法。

❷**話の種。**源氏 桐壺「世のーにもなりぬべき御もてなしなり」訳 世間の話の種にもなってしまいそうな(桐壺帝の桐壺の更衣に対する)もてなされ方である。文法「なりぬべき」の「ぬ」は、助動詞「ぬ」の終止形で、ここは確述の用法。

❸手本。模範。源氏 梅枝「かの御教へこそ、長きーにはありけれ」訳 (父、桐壺帝の)あのご教訓こそ、のちのちまでの規範ではあったのだ。

為永春水(ためながしゅんすい)『人名』(一七九〇〜一八四三)江戸後期の人情本作者。本名鶴鵜(佐々木)貞高。江戸の人。情痴の世界を描いたため、天保の改革の際、風俗を乱すとの理由で処罰され、翌年不遇のうちに病没。作品「春色梅児誉美」「春色辰巳園」など。

ためら・ふ【躊躇ふ】━(自ハ四){は・ひ・ふ・ふ・へ・へ}心や態度がはっきりしないでぐずぐずする。躊躇する。徒然 二三一「別当入道の庖丁を見ばやと思へども、たやすくうち出でんもいかがとー・ひ㊊けるを」訳 別当入道の庖丁さばきを見たいものだと思うけれども、軽々しく口に出すようなのもどうかと躊躇していたところ。

━(他ハ四){は・ひ・ふ・ふ・へ・へ} ❶心を静める。気持ちをおさえる。源氏 桐壺「ややー・ひ㊊ておほせ言伝へ聞こゆ」訳 (靫負の命婦は)少し心を静めて、(桐壺帝の)おっしゃったことばを(母君に)お伝え申しあげる。

❷養生する。静養する。源氏 真木柱「風邪おこりて、ー・ひ㊊侍るほどにて」訳 風邪をひいて、養生しておりますところで(お会いできない)。

た-めり…たようだ。…ているようだ。…ているように見える。源氏 朝顔「おとなび給ひためれ㊀ど、まだいと思ひやりもなく」訳 (あなた=紫の上は)大人らしくなられたようだが、まだそれほど思慮もなく。

なりたち 完了の助動詞「たり」の連体形「たる」＋推量の助動詞「めり」＝「たるめり」の撥音便「たんめり」の撥音「ん」の表記されない形。ふつう「たッめり」と読む。

だも（副助）軽いものをあげて、他の重いものを類推させる意を表す。…さえ。…だって。〔和泉式部集〕「夢にだも逢ふと見るこそうれしけれ残りの頼み少なけれども」訳 夢にでも逢うと見るのはうれしいことだ。（目覚めたあとの）残りの期待は少ないけれども。

接続 種々の語に付く。

参考 平安時代以降に現れた。副助詞「だに」に係助詞「も」が付いて、「だにも」→「だッも」→「だも」と変化したといわれる。漢文訓読調の文章に多く用いられる。

たも・つ【保つ】一（自タ四）{た・ち・つ・つ・て・て}持ちこたえる。守りささえる。永続する。〔続後拾遺〕神祇「天地の神の—・て㊁る国なればときはかきはに君ぞ栄えむ」訳 天神・地神が守りささえている国であるから、永遠に天皇（の御代）は栄えるだろう。

二（他タ四）{た・ち・つ・つ・て・て}❶長く持ち続ける。保持する。源氏 帚木「これなむ、え—・つ㊀まじくたのもしげなき方なりける」訳（私＝頭の中将から見ると）この女性は、（この関係を）とても長く保ち続けられそうになく、頼りにできそうにない（たぐいの）者であった。

❷治める。支配する。徒然 一三〇「道を知れる教へ、身を治め、国を—・た㊄ん道も、またしかなり」訳（このことばは）道を知っている（人の）教えであって、自分の身を正しくし、国を治めていくような道も、また同様である。

た-もと【袂】（名）❶〔「手本」の意〕ひじから肩までの部分。二の腕。万葉 三・四三九「還るべく時はなりけり京師にて誰が—をかあが枕かむ」訳（任地の大宰府からいよいよ）帰ることができるときになったよ。（だが、いとしい妻を亡くして）都（＝奈良）では、だれの腕を私は枕にして寝ようか。

❷袖。衣服の袖のたれた袋状の部分。〔和泉式部日記〕「時雨かも何に濡れたる—ぞとさだめかねてぞ我もながむる」訳 時雨にか、何に濡れた袂なのかときめかねて、私ももの思いに沈んでいることだ。

た-もとほ・る【徘徊る】（自ラ四）{ら・り・る・る・れ・れ}《上代語》〔「た」は接頭語〕❶同じ所を行ったり来たりする。さまよう。万葉 三・四五八「みどり子の這ひ—・り㊁朝夕に哭のみそあが泣く君無しにして」訳 幼児のようにはいまわって、朝夕私は声を立てて泣いてばかりいる。主君が亡くなったので。

❷回り道をする。遠回りをする。万葉 七・一二四三「見渡せば近き里廻を—・り㊁今そわが来る礼巾振りし野に」訳 見渡すと近い人里のあたりであるのに、遠回りをして、今やっと私は来たことだ。（あなたが）領巾（＝女性が、えりから肩にかけた細長い白布）を振った野に。

た-やす・し【容易し】（形ク）{から・く(かり)・し・き(かる)・けれ・かれ}〔「た」は接頭語〕❶容易だ。わけなくできる。徒然 五三「息もつまりければ、打ち割らんとすれど、—・く㊁割れず」訳（頭にかぶった足鼎が抜けないため）息もつまってきたので、（鼎を）打ち割ろうとするけれども、容易に割れない。

❷軽々しい。軽率である。徒然 二三一「皆人、別当入道の庖丁を見ばやと思へども、—・く㊁うち出でんもいかがとためらひけるを」訳（そこにいた）人はみんな、別当入道の庖丁さばきを見たいものだと思うけれども、軽々しく口に出すようなのもどうかと躊躇していたところ。

田安宗武（たやすむねたけ）『人名』（一七一五〜一七七一）江戸中期の国学者・歌人。徳川吉宗の次男。松平定信の父。権中納言。荷田在満・賀茂真淵に国学を学んだ。歌は個性的な万葉風。家集「天降言」

た・ゆ【絶ゆ】（自ヤ下二）{え・え・ゆ・ゆる・ゆれ・えよ}❶絶える。とだえる。切れる。万葉 一・三七「見れど飽かぬ吉野の川の常滑の—・ゆる㊃ことなくまた還り見む」訳 いくら見ても見飽きない吉野川、その川の岩にいつも生えている水苔のように、絶えることなく、（この吉野の宮を）また何度も来てはながめよう。（第三句までは「絶ゆることなく」を導きだす序詞）

❷**息が絶える。死ぬ。** 万葉 五・九〇四「たまきはる命—・え㊁ぬれ」訳（わが子古日の）命は絶えてしまった。（「たまきはる」は「命」にかかる枕詞）。⇩果つ「慣用表現」

❸縁が切れる。〔詞花〕雑上・詞書「—・え㊁にける男の、五月ばかり、思ひかけずまうで来たりければ」訳（すっかり）縁が切れてしまっていた男が、陰暦五月ごろに思いがけなくやってきましたので。

❹人の往来がとだえる。人里はなれる。源氏 若菜上「この御文書き給ひて、三日といふになむ、かの—・え㊁たる峰に移ろひ給ひにし」訳（明石の入道は）このお手紙をお書きになって、三日というときに、あの人跡の絶えた（山の奥の）峰にお移りになってしまった。

たゆう〔大夫・太夫・大副・大輔〕⇩たいふ

たゆ-げ【弛げ・懈げ】（形動ナリ）{なら・なり(に)・なり・なる・なれ・なれ}〔形容詞「たゆし」の語幹に接尾語「げ」の付いたもの〕だるそうなさま。疲れて気力のないさま。源氏 桐壺「聞こえまほしげなることはありげなれど、いと苦しげに—・なれ㊁ば」訳（桐壺の更衣は、桐壺帝に）申し上げたそうな事柄は（まだまだ）ありそうなようすであるが、たいそう苦しそうでだるそうなので。

たゆ-さ【弛さ・懈さ】（名）〔「さ」は接尾語〕気のゆるみ。疲労。にぶさ。〔紫式部日記〕「心もいとど—まさり侍らむものを」訳（老いぼれたなら）心もいっそう気のゆるみがひどくなっていきましょうから。

たゆ・し【弛し・懈し】（形ク）{から・く(かり)・し・き(かる)・けれ・かれ}❶**気力がない。だるい。** 宇治 一〇・一〇「経を、しばしがほども濡らし奉らじと思ひて、捧げ奉りしに、腕—・く㊁もあらず」訳 経を、少しの間も濡らし申すまいと思って、高く持ち上げ申していたのに、腕はだるくもなく。

❷**心のはたらきがにぶい。のんきだ。** 気がゆるんでぼんやりしている。源氏 若菜下「あやしく—・く㊁おろかなる本性にて」訳（私＝柏木は）妙にぼんやりして愚かな性質なので。

たゆた・ふ【揺蕩ふ】（自ハ四）{は・ひ・ふ・ふ・へ・へ}❶あちこち揺れ漂う。漂って定まらない。万葉 一五・三七一六「天雲の—・ひ㊁来れば九月の黄葉の山もうつろひにけり」訳（私が）あちらこちら漂いながらやって来ると、陰暦九月のもみじの山も、すっかり色あせてしまったことだ。（「天雲の」は「たゆたふ」にかかる枕詞）

❷思い迷って定まらない。ためらう。源氏 玉鬘「殊なるいきほひなき人は—・ひ㊁つつ、すがしくも出でたた

ぬ程に」訳 格別な勢力もない(この)人(=少弐)は、(姫君を連れての上京を)ためらい続けては、思い切りよくも(都に)出発しないでいるうちに。

たゆみ-な・し【弛み無し】(形ク){から・く(かり)・し・き(かる)・けれ・かれ}怠ることがない。油断がない。源氏 玉鬘「—く用 祈り申し侍るしるしにこそ侍れ」訳(願が叶ったのは、私ども法師が)怠ることなくお祈り申します効験(によるもの)でございます。

たゆ・む【弛む】■一(自マ四){ま・み・む・む・め・め}❶**心がゆるむ。油断する。**源氏 葵「まださるべきほどにもあらずとみな人も—み用 給へるに、俄にはかに御気色ありて」訳 まだそうなる(=出産するはずの時期でもないとまわりの人もみな油断していらっしゃったときに、急に(葵の上は)お産のご兆候があって。

❷**疲れる。だるくなる。**太平記 三「三日まで口中の食を断ちければ、足—み用、身疲れて」訳 三日間も口の中に入れる食物を取らなかったので、足はだるくなり、からだは疲れて。

❸**弱まる。**おとろえる。千載 秋下「さ夜ふけて砧の音ぞ—む終なる月を見つつや衣うつらん」訳 夜が更けて砧の音が弱まるようだ。月を見ては衣を打っているのであろうか。文法「なる」は、推定の助動詞「なり」の連体形で、係助詞「ぞ」の結び。

■二(他マ四){ま・み・む・む・め・め}**怠る。なまける。**源氏 薄雲「御行ひを時の間も—ま未せ給はずせさせ給ふつもりの」訳(藤壺が)仏道のお勤めをほんの少しの間も怠りなさらずおやりになられる(その無理の)積み重ねが。文法「せ給は」「させ給ふ」は、最高敬語。

■三(他マ下二){め・め・む・むる・むれ・めよ}**心をゆるませる。油断させる。**枕 二七六「いとつれなく、何とも思ひたらぬさまにて—め用 過ぐすも、またをかし」訳(相手が)たいそうさりげなく、なんとも思っていないようすで(こちらを)油断させとおすのも、またおもしろい。

たゆら(形動ナリ){なら・なり(に)・なり・なる・なれ・なれ}「たよら」とも。(心などが)ゆれ動いて定まらないさま。万葉 一四・三三九二「筑波嶺の岩もとどろに落つる水世にも—に用 わが思はなくに」訳 筑波山の岩もとどろかして落ちる水のように、決してゆれ動いて(=ゆらいだ気持ちで)私は(あなたを)思わないことなのに。(第三句までは「世にもたゆらに」を導きだす序詞)

たより【便り・頼り】(名)❶**頼みにできるもの。よりどころ。**増鏡 新島守「山陰に片そへて、大きやかなる巌のそばだてるを—にて」訳(後鳥羽院の御座所は)山かげに片寄せて、いかにも大きそうな岩がそびえ立っているのを頼みにして。

❷**縁。ゆかり。**手づる。更級 大納言殿の姫君「さるべき—をたづねて、七月七日言ひやる」訳 適当なつてをさがして、陰暦七月七日に(次の歌を)言いおくる。

❸**おとずれ。手紙。**幻住庵記「時鳥しばしば過ぐるほど、宿かし鳥の—さへあるを」訳 ほととぎすがしばしば飛んで過ぎる間には、樫鳥(=かけす)のおとずれまでもあるので。

❹**便宜。**便利。また、手がかり。徒然 一二二「手書くこと、むねとすることはなくとも、これを習ふべし。学問に—あらんためなり」訳 文字を書くことは、専門とすることはなくても、これを習っておくのがよい。学問のうえで便宜があるからである。文法「あらんため」の「ん」は、仮定・婉曲の助動詞。

❺**ついで。機会。**方丈 二「その時おのづからことの—ありて、津の国の今の京に至れり」訳 そのころたまたま用事のついでがあって、摂津の国(大阪府北部と兵庫県東部)の新しい都(=福原)に行き着いた。

❻**できぐあい。**徒然 一〇「わざとならぬ庭の草もこころあるさまに、簀子・透垣の—をかしく」訳 特に手をかけたようには見えない庭の草も趣のあるようすで、簀の子縁や透垣のつくりぐあいが趣深く。

たより-な・し【頼り無し・便り無し】(形ク){から・く(かり)・し・き(かる)・けれ・かれ}頼りとするものがない。よるべがない。しっかりしていない。伊勢 二三「年ごろ経るほどに、女、親なく—く用 なるままに」訳 何年かたつうちに、女は親が亡くなり(経済的に)頼りとするものがなくなるにつれて。

た-よわ・し【た弱し】(形ク){から・く(かり)・し・き(かる)・けれ・かれ}【「た」は接頭語】か弱い。弱々しい。万葉 三・四一九「石戸破る手力もがも—き体 女にしあれば術の知らなく」訳(お墓の)岩の戸を破る(強い)手の力があったらなあ。か弱い女であるので、どうしたらよいかわからないことだ。

たら 助動詞「たり」(完了)の未然形。万葉 一七・三九一〇「珠に貫く棟を家に植ゑたらば山ほととぎす離れず来むかも」訳(その実を)珠として緒に通す栴檀を家に植えたならば、山ほととぎすが絶えず来るだろうか。

たら 助動詞「たり」(断定)の未然形。平家 三・法印問答「下として上にさかふること、豈人臣の礼たらんや」訳 臣下であって主上に逆らうことは、どうして人臣の礼であろうか(いや、人臣の礼ではない)。

た-らう〔ロウ〕【太郎】(名)❶長男。伊勢 六「—国経の大納言」訳 長男(である)国経の大納言。❷物事の初めをいう語。「太郎月(=正月)」など。❸いちばん大きな、またはすぐれたものに付ける語。「坂東太郎(=利根川)」など。

たらう【足らう】⇩たらふ

たらう-くゎじゃ〔タロウカジャ〕【太郎冠者】(名)狂言で、大小名や侍の召使として登場する者の中で、一番目の者。〔狂・武悪〕「ヤイヤイ—、今の〔ことば〕を聞いたか」

たら・す【誑す】(他サ四){さ・し・す・す・せ・せ}だます。うまくごまかす。〔狂・伯母酒〕「ようもようも妾を—し用 をったな」訳 よくもよくも私をだましやがったな。

たら-ず …ていない。…なかった。源氏 帚木「かうたまさかなる人とも思ひたらず用」訳(その女性は、私(=頭中将)をこのようにたまにしか訪ねて来ない(ような冷たい)男とも思っていなく。

なりたち 完了の助動詞「たり」の未然形「たら」＋打消の助動詞「ず」

たら-ず …でない。平家 二・烽火之沙汰「父、父たらずといふとも、子もって子たらず用 んばあるべからず」訳 たとえ父が(父らしい)父でないといっても、子はそれゆえに(よく親に仕える)子でないということがあってはならない(=子はどんな親にも孝行すべきだ)。

なりたち 断定の助動詞「たり」の未然形「たら」＋打消の助動詞「ず」

たらちし【垂乳し】《枕詞》「母」にかかる。万葉 一六・三七九一「—母にむだかえ(=抱かれ)」

たらちしの【垂乳しの】《枕詞》「母」にかかる。万葉 五・八八七「―母が目見ずて」

たらちしや【垂乳しや】《枕詞》「母」にかかる。万葉 五・八八六「―母が手離れ」

たらち-ね【垂乳根】(名)❶母。垂乳女。〔増鏡〕新島守「―の消えやらで待つ露の身を風よりさきにいかで問はまし」訳 母君の、死ぬに死なれずに(私の行くのを)待っている露のようにはかない身を、(無常の)風が吹き散らす前に、なんとかして訪ねたいものだよ。
❷両親。新古 雑下「昔だに昔と思ひし―のなほ恋しきぞはかなかりける」訳(若かった)昔でさえ、昔の人となつかしく思っていた両親が、(老年の)今でも恋しく思われるなんて、はかないことだよ。
❸父。垂乳男。〔うつほ〕国譲中「忘るなと契りおきけむ―も笑みて見るらむ雲のうへにて」訳(あなた=実忠のことを)忘れてくれるなと(私=正頼に)遺言をしたという父君(=季明)も、ほほえんで見ていることだろう、雲の上で。
参考「母」「親」にかかる枕詞「たらちねの」から転じた語。のち、「母」を「たらちめ」といったことから、父を「たらちね」「たらちを」というようになった。

たらちねの【垂乳根の】《枕詞》「母」「親」などにかかる。万葉 一一・二三六八「―母が手はなれ」。古今 離別「―親の守りと」

たらち-め【垂乳女】(名)生みの母。母。〔太平記〕二五「―の諫めも、理にこそ侍るめれ」訳 母の諫めも、もっともなことであるようでございます。↔垂乳男。↓垂乳根 参考

たらち-を【垂乳男】(名)父。〔謡・生田敦盛〕「夢になりとも―の、その面影を見せ給へ」訳 夢でも(よいから)父の、その姿をお見せください。↔垂乳女。↓垂乳根 参考

だらに【陀羅尼】(名)《梵語の音訳》(善法を保ち、悪法をさえぎるの意)梵語で唱える長文の呪文。漢訳しないで原語のまま読みあげる。枕 三三「―はあかつき。経はゆふぐれ」訳 陀羅尼(の呪文を読むの)は夜明け前(がよい)。経(を読むの)は夕方(がよい)。

たらひ【盥】(名)〔「手洗ひ」の転〕手や顔を洗う湯水を入れるための平たい器。角のような柄のある角盥や耳のような柄のついた耳盥がある。枕 一三〇「手もなき―などあり」訳 取っ手も付いていないたらいなどがある。

(たらひ)

たら・ふ【足らふ】(自ハ四)(は・ひ・ふ・ふ・へ・へ)《四段動詞「足る」の未然形「たら」に上代の反復・継続の助動詞「ふ」が付いて一語化したもの》❶すべてが備わる。不足ない。源氏 若菜下「かく―・ひ(用)ぬる人は必ずえ長からぬことなり」訳 このようにすべてが備わった人(=紫の上)は、必ず長生きできないものである。
❷十分その資格がある。源氏 紅梅「あだ人とせむに、―・ひ(用)給へる御様を」訳(匂宮を)浮気者扱いにするとしてもその場合に、(宮は)十分その資格を備えていらっしゃるごようすなのに。

たら-まし 「たらましかば…まし」の形でもし…ていたなら…ていただろう(に)。竹取 竜の頸の玉「竜を捕らへたらましか(未)ば、またこともなく、我は害せられなまし」訳 もし竜を捕らえていたなら、またあっさりと、私はきっと殺されてしまっていただろうに。
なりたち 完了の助動詞「たり」の未然形「たら」＋反実仮想の助動詞「まし」

たら-む ❶動作・作用の存続・完了について推量する意を表す。…ているだろう。…ただろう。源氏 夕顔「おのづからもの言ひ漏らしつべき眷族もたち交じりたらむ(終)」訳(夕顔が急死したことについて)自然に何かと言い漏らしてしまいそうな縁者もまじっているだろう。
文法「漏らしつべき」の「つ」は、助動詞「つ」の終止形で、ここは確述の用法。
❷動作の存続についての意志を表す。…ていよう。源氏 空蟬「この障子口にまろは寝たらむ(終)」訳 この障子を立てた出入り口に私(=小君)は寝ていよう。
❸(多く連体修飾や準体言の用法で)動作・作用の存続・完了を仮定する、または婉曲に言う意を表す。…ているような。たとえば…たような。(仮に)…としたら、その。伊勢 九「その山は、ここにたとへば、比叡の山を二十ばかり重ねあげたらむ(体)ほどして」訳 その(富士の)山は、ここ(=都)で例をとるなら、比叡山を二十ほど重ねあげたような高さで。徒然 一三五「負けたらん(体)人は、供御をまうけらるべし」訳 もし負けたならば、その人は、ごちそうを用意なさらなければならない。
なりたち 完了の助動詞「たり」の未然形「たら」＋推量の助動詞「む」

たり タリ活用形容動詞の連用形の活用語尾。平家 七・青山之沙汰「三五夜中新月白くさえ、涼風颯々たりし夜なかばに」訳 十五夜の昇り始めた月は白く冴え、涼風はさっと吹いてさわやかだった夜半に。⇩たり「識別ボード」

たり タリ活用形容動詞の終止形の活用語尾。平家 一〇・海道下「北には青山峨々として、松吹く風索々たり」訳 北には青く茂った山が険しくそびえ、松を渡る風の音もさびしく響きわたっている。⇩たり「識別ボード」

たり (助動ラ変型)《接続助詞「て」にラ変動詞「有り」が付いた「てあり」の転》

意味・用法
完了〔…た。〕→❶
存続〔…ている。〕→❷
継続〔…ている。〕→❸
状態〔…ている。…た。〕→❹
並立〔…たり…たり。〕→❺

接続
ラ変を除く動詞の連用形、および「つ」を除く動詞型活用の助動詞の連用形に付く。

活用

未然	連用	終止	連体	已然	命令
たら (ズ)	たり (ケリ)	たり (○)	たる (コト)	たれ (ドモ)	たれ (○)

❶動作・作用が完了した意を表す。…た。伊勢 九六「女

の兄人、にはかに迎へに来たり㊅」訳女の兄が急に迎えに来た。枕九「しれものははしりかかりたれ㊁ば、おびえまどひて御簾のうちに入りぬ」訳ばか者(＝翁丸という名の犬)は走って行ってとびかかったので、(猫は)おびえうろたえて御簾の中に入ってしまった。

❷動作・作用の結果が存続している意を表す。**…ている。** 伊勢九「かきつばたいとおもしろく咲きたり㊅」訳かきつばたがたいそう美しく咲いている。大和二五「松の木の枯れたる㊍を見て」訳松の木が枯れているのを見て。

❸動作・作用が継続している意を表す。**…ている。** 竹取かぐや姫の生ひ立ち「あやしがりて寄りて見るに、筒の中光りたり㊅」訳(竹取の翁が)不思議に思って近寄って見ると、(竹の)筒の中が光っている。枕一「紫だちたる㊍雲のほそくたなびきたる㊍」訳紫がかっている雲が細くたなびいているの(が趣がある)。⇩枕草子「名文解説」

❹その状態であること、またはその性状をそなえていることの意を表す。**…ている。…た。** 更級足柄山「えもいはず大きなる石の、四方なる中に、穴のあきたる㊍中より出づる水の、清くつめたきことかぎりなし」訳言いようもなく大きな石で、四角である(石の)中に、穴があいている、その中から出る水が、澄んで冷たいことはこの上もない。文法「大きなる石の」の「の」は、いわゆる同格の格助詞で、「…で」の意。「水の」の「の」は、主格の格助詞。

❺(中世以降の用法)終止形を重ね用いた「…たり…たり」の形で、二つの動作・作用が並立している意を表す。平家二・先帝身投「掃いたり㊅拭うたり㊅、塵拾ひ、手づから掃除せられけり」訳(知盛は天皇のいらっしゃる御船を)掃いたりぬぐったり、塵を拾い、自分の手で掃除しなさった。(⇩たり「識別ボード」)

文法 (1) **「たり」の用法**　「たり」の本来の用法は②または③であったと考えられる。①はその動作・作用が短時間になされるものに限られ、④は状態性のあるものに限られる。⑤の「たり」は中世以降に出現するもので、助詞としての性格が強く、現代語の接続助詞「たり」につながるものである。

(2) **「たり」と「り」**　「たり」と「り」の違いを、「り」は、「書きあり」「降りあり」などがつづまって「書けり」「降れり」となり、この形から「り」が切り離されて、助動詞になったのだから、動作・作用の継続を表し、「たり」は、「書きてあり」「降りてあり」の「てあり」がつづまってできたのだから結果の存続を表すとして、語源から区別する考えもあるが、実際の用例から証明することはできない。ふつういわれているように、四段とサ変にしか付かない「り」の用法の狭さを補うために「たり」が生まれ、ついには「り」を圧倒するようになったと考えるのが妥当である。平安時代の中期を境に接続の自由な「たり」が優勢となり、「り」は「給へり」「思へり」など特定の形でしか使われなくなっていった。

(3) **並立の「たり」**　⑤の例の「掃きたり→掃いたり」「拭ひたり→拭うたり」や、次にあげた例の「負ひたり→負うたり」のように「たり」が付くと、動詞が音便を起こすことがある。

なお、この並立の「たり」を受けて、次の例のように「…して」となることがあり、「たり」を連用形とみがちであるが、同類の「…つ…つ」「…ぬ…ぬ」の表現を援用すると、終止形による「…たり…たり」が体言扱いになり、「…たり…たりし」で複合サ変になっているとみられる。

「重きものを負う**たり**抱いたりして入ればこそ沈め」〈平家二・能登殿最期〉

また、次のように、撥音便形の下に付く「たり」は濁音化して「だり」になる。

「若すすきに、手切る切る摘ん**だる**菜を」〈土佐〉

(4) **「たり」＋「なり」**　「たり」のあとに「なり」が続くと「たンなり」という音便を起こし、

「守の館より、呼びに文もて来**た**なり」〈土佐〉

のように表記される。しかし、音便を起こすのは「なり」が伝聞・推定を表す場合だけで、「なり」が断定を表す場合は音便を起こさない。

「家に預けたりつる人の心も、荒れ**たる**なりけり」〈土佐〉

たり

(助動タリ型)【格助詞「と」にラ変動詞「有り」が付いた「とあり」の転】

意味・用法　断定〔…だ。…である。〕

接続　体言に付く。

活用	
未然	たら(ズ)
連用	たり(ケリ)〈と〉(シテ)
終止	たり(○)
連体	たる(コト)
已然	たれ(ドモ)
命令	たれ(○)

断定の意を表す。**…だ。…である。** 今昔一・一七「仏、太子と㊊おはせし時、われに娶ぎて御妻たり㊊き」訳釈迦仏が太子でいらっしゃったとき、私と結婚して(私が太子の)妃であった。平家三・法印問答「下として上に逆ふること、豈人臣の礼たら㊍んや」訳臣下であって主上に逆らうことは、どうして人臣の礼であろうか(いや、人臣の礼ではない)。文法「豈…や」は、反語を表す。⇩たり「識別ボード」

文法 (1) 断定の助動詞「なり」と意味はほぼ同じだが、資格を表すことが多い。「なり」のように連体形から続くことはなく、もっぱら名詞に接続する。

平安時代の初期に漢文の訓読文で用いられるようになったもので、平安時代を通じて仮名の日記や物語では用いられなかった。ひろく用いられるようになるのは軍記物など中世の和漢混交文の中であるが、口語としては用いられなかった。

(2) 連用形の「と」の用法は限られていて、「とあり」「とて」「として」の形で用いられる。

また、「たり」のあとに「き」の連体形「し」が続くと「たッし」という音便を起こし、

「修理大夫顕季播磨大守**たッ**し(＝であった)昔」〈平家四・南都牒状〉

のように表記されることがある。

たり

助動詞「たり」(完了)の連用形。万葉二〇・四三〇二「山吹は撫でつつ生ほさむありつつも君来ましつつかざ

したりけり」訳この山吹は撫でさすって(大事に育てよう。変わらずに(いつも)あなたがいらっしゃって髪飾りにしているのだった。⇩たり「識別ボード」

たり 助動詞「たり」(断定)の連用形。平家 三・大塔建立「清盛公いまだ安芸守たりし時」訳清盛公がまだ安芸の守であったとき。⇩たり「識別ボード」

◆識別ボード「たり」◆

①**形容動詞(タリ活用)の活用語尾**
「三五夜中新月白くさえ、涼風颯々たりし夜なかばに」訳十五夜の昇り始めた月は白く冴え、涼風はさっと吹いてさわやかだった夜半に。〈平家 七・青山之沙汰〉

②**完了の助動詞**
「かきつばたいとおもしろく咲きたり」訳かきつばたがたいそう美しく咲いている。〈伊勢 九〉

③**断定の助動詞**
「六代は諸国の受領たりしかども」訳(平氏の初期の)六代は諸国の受領であったけれども。〈平家 一・祇園精舎〉

①は「颯々たり」で一語。「峨々・索々・茫々・漫々」など、多く状態性のある漢語が語幹になる。②は動詞の連用形に接続。③は名詞に接続。

た-りき【他力】(名)《仏教語》人々を救おうとする阿弥陀仏の本願の力。また、その力によって成仏すること。〔歎異抄〕「ーに心を投げて信心深くは、それこそ願の本意にて候はめ」訳阿弥陀仏の本願の力に心をうちこんで信心が深ければ、それこそ阿弥陀仏の誓願の目的でありましょう。↔自力

たり-き …た。…ていた。源氏 夕顔「はかなきついで作り出でて、消息などつかはしたりき(終)」訳ちょっとしたきっかけを作り出して、(私=惟光は女房の一人に)手紙などをやった。
なりたち 完了の助動詞「たり」の連用形「たり」+過去の助動詞「き」

たり-き …だった。…であった。平家 一・祇園精舎「六代は諸国の受領たりしか(已)ども、殿上の仙籍をばいまだ許されず」訳(平氏の初期の)六代(までの人々)は諸国の受領(=国守)であったけれども、清涼殿の殿上の間への昇殿をまだ許されていない。
なりたち 断定の助動詞「たり」の連用形「たり」+過去の助動詞「き」

たりき-ほんぐゎん【他力本願】(名)《仏教語》阿弥陀仏がいっさいの人々を救おうとして立てた本願。また、自己修行の功徳によらず、阿弥陀仏の本願力にたよって成仏するのを願うこと。

たり-けむ〔ケン〕 過去における動作の完了・継続などを想像したり疑ったりする意を表す。…たのだろう。…ていたのだろう。平家 七・忠度都落「薩摩守忠度は、いづくよりや帰られたりけん(体)」訳薩摩の守忠度は、どこからお帰りになったのだろうか。
なりたち 完了の助動詞「たり」の連用形「たり」+過去推量の助動詞「けむ」

たり-けり ❶(「けり」が過去を表す場合)…た。…ていた。今昔 二五・一「学問をもせず、もの言ふこともなくして、常に寝たりけり(終)」訳学問をもせず、もの言うこともなくて、いつも寝ていた。❷(「けり」が何かに気づいたことや詠嘆を表す場合)…ていた(のだった)。…たことだ。万葉 一九・四二六八「この里は継ぎて霜や置く夏の野にわが見し草はもみちたりけり(終)」訳この里は(毎日)続いて霜が置くのか。夏の野に、私が見た草は色づいたことだ。文法「や」は疑問の係助詞。
なりたち 完了の助動詞「たり」の連用形「たり」+過去の助動詞「けり」

たり-けり …であった。著聞 一三九「具平親王家の作文の序者たりける(体)に」訳(橘正通が)具平親王家の漢詩(の会)の序詩の作者であったときに。
なりたち 断定の助動詞「たり」の連用形「たり」+過去の助動詞「けり」

たり-し …た。…ていた。枕 九「ふるひなき出でてーこそ、世に知らず、をかしくあはれなりしか」訳身を震わせて鳴きながら出て来た(犬の)ようすこそ、この世に類がなく、おもしろくしみじみと心を動かされたことであったよ。
なりたち 完了の助動詞「たり」の連用形「たり」+過去の助動詞「き」の連体形「し」

たり-し …であった。平家 一・殿上闇討「もとは一門ー木工助平貞光が孫」訳もとは(平家の)一門であった木工の助平貞光の孫で。
なりたち 断定の助動詞「たり」の連用形「たり」+過去の助動詞「き」の連体形「し」

たり-つ 動作が直前まで存続・継続していたことを確信をもって述べる意を表す。…ていた。確かに…た。枕 二六一「上に引きたりつる(体)墨など消えて」訳(手紙の封じ目の)上に引いてあった墨などが消えて。
なりたち 完了の助動詞「たり」の連用形「たり」+完了の助動詞「つ」

た・る【足る】(自ラ四){ら・り・る・る・れ・れ}❶十分である。不足がない。満ち整っている。万葉 九・一八〇七「望月のーれ(已)る面わに花のごと笑みて立てれば」訳(真間の手児奈が)満月のように丸く満ち整っている顔つきで、花のようにほほえんで立っているので。古今 羇旅「北へゆく雁ぞ鳴くなる連れて来し数はーら(未)でぞ帰るべらなる」訳北国へ帰る雁が鳴く声が聞こえる。(秋に)連れだって来た仲間の数が足りなくなって帰っていくようだ。文法「鳴くなる」の「なる」は伝聞・推定の助動詞「なり」の連体形。
❷相応している。ふさわしい。また、価値がある。源氏 松風「たをやぎたるけはひ、皇女たちといはむにもーり(用)ぬべし」訳(明石の君の)しとやかなようすは、内親王(=皇女)と言おうともきっとふさわしいにちがいない。文法「いはむにも」の「む」は仮定・婉曲の助動詞。「ぬべし」の「ぬ」は、助動詞「ぬ」の終止形で、ここは確述の用法。
❸満足する。〔仮名・浮世物語〕「ーる(体)ことを知る者は、貧しといへども富めるが如し」訳満足することを知る者は、貧しいといっても裕福であるのと同じである。

た・る【垂る】■(自ラ四){ら・り・る・る・れ・れ}❶垂れさがる。ぶらさがる。源氏 末摘花「さきの方すこしーり(用)て色づきたること、ことの外にうたてあり」訳(末摘花の鼻は)先の方が少し垂れさがって(赤く)色づいていることは、格別に不快である。

❷したたる。徒然 五三「首のまはり欠けて、血―・り(用)、ただ腫れに腫れみちて」訳 首の周囲(の肉)が傷ついて、血がしたたり、やたらに腫れてふくれて。

㊁(他ラ下二){れ・れ・る・るる・るれ・れよ}❶垂らす。さげる。源氏 胡蝶「色をましたる柳枝を―・れ(用)たる」訳 緑色が増した柳が枝を垂らしているの(があり)。

❷したたらす。流し落とす。宇治 七・一「ふかく恨みたるけしきにて、涙を―・れ(用)て泣く」訳 (鹿は)深く恨んでいるようすで、涙をしたたらして泣く。

❸(恩恵などを)現し示す。今昔 七・一七「願はくは聖人、慈悲を―・れ(用)給ひて、我がこの苦を救ひ給へ」訳 どうか聖人よ、情けを示しなさって、私のこの苦しみを救ってください。

た・る【疲る】(自ラ四){ら・り・る・る・れ・れ}〔中世以降は「だる」〕つかれる。だるくなる。今昔 一六・二八「その人歩び困じて、ただ―・り(用)に―・り(用)居たるを見れば」訳 その人が歩きくたびれて、ただつかれにつかれて座っているのを見ると。

たる タリ活用形容動詞の連体形の活用語尾。平家 八・太宰府落「峨々たる嶮難をしのぎ、渺々たる平沙へぞおもむき給ふ」訳 そびえ立つような険しい難所をやっと越え、広々とした砂浜へお進みになる。

たる 助動詞「たり」(完了)の連体形。万葉 五・八一七「梅の花咲きたる園の青柳は蘰にすべくなりにけらずや」訳 梅の花が咲いている庭園の青く芽ぶいた柳は、髪飾りにすることができるほどになってしまったではないか。

たる 助動詞「たり」(断定)の連体形。平家 八・山門御幸「四の宮位につかせ給ひては、百王まで日本国の御主たるべし」訳 四の宮が皇位におつきになられたら、百代まで日本国の御あるじであるにちがいない。

たる-ひ【垂氷】(名)つらら。枕 三〇二「日ごろ降りつる雪の今日はやみて、風などいたう吹きつれば、―いみじうしだり」訳 ここ数日降っていた雪が今日はやんで、風などがひどく吹いたので、つららがたいそう垂れ下がり。

たる-み【垂水】(名)滝。万葉 八・一四一八「石走る―の上のさわらびの萌え出づる春になりにけるかも」訳 → いはばしる…和歌。⇩滝「図解学習」

たれ【誰】(代)〔近世以降は「だれ」とも〕不定称の人代名詞。だれ。徒然 三八「―をか恥ぢ、―にか知られんことを願はん」訳 (自己の評判を)だれに対して恥じ、だれに認められるようなことを願おうか(いや、恥じも願いもしない)。文法 「か」は、いずれも反語の係助詞。「知られんこと」の「ん」は、仮定・婉曲の助動詞。

たれ 助動詞「たり」(完了)の已然形。竹取 かぐや姫の昇天「穢き所のものきこしめしたれば、御心地悪しからむものぞ」訳 けがれた所(=人間世界)のものを召し上がったので、ご気分が悪いにちがいない。徒然 一二二「金はすぐれたれども、鉄の益多きにしかざるがごとし」訳 金はすぐれているが、鉄の実益の多いのに及ばないのと同様だ。

たれ 助動詞「たり」(完了)の命令形。〔落窪〕「こなたにな住ませそ。疾くこめおきたれ」訳 こちらには住まわせるな。すぐに閉じこめておいておけ。

たれ 助動詞「たり」(断定)の已然形。〔国会図書館本十訓抄〕「君たれども、臣たれども、互ひにこころざしの深く隔つる思ひのなきは、朋友に等しといへり」訳 主君であっても、臣下であっても、互いに思いやりの心が深く疎遠にする気持ちがない場合は、友だちと同じだといっている。(一本では「君なれども、臣なれども」と、「なり」(断定)の已然形になっている)

たれ-か-ある【誰かある】目下の者を呼ぶことば。だれかいるか。〔謡・安宅〕「『いかに―』『おん前に候ふ』」訳 「おい、だれかいるか」「おそばにおります」

たれ-がし【誰某】(代)不定称の人代名詞。はっきり、その人とささないでいう。なにがし。だれそれ。著聞 三三「君の御位の時、その年のそのころ、―を御使ひにて召されてさぶらひしは」訳 君(=後白河法皇)の(帝として)ご在位のとき、その年のそのころに、だれそれをお使いとして(私を)お召しになりましたのは。

たれ-こ・む【垂れ籠む】(自マ下二){め・め・む・むる・むれ・めよ}帳やすだれを垂れて、室内に閉じこもる。戸などを閉めて家の中にこもる。徒然 一三七「雨にむかひて月を恋ひ、―・め(用)て春のゆくへ知らぬも、なほあはれに情けふかし」訳 雨(の空)に向かって(見えない)月をなつかしみ、(あるいは)すだれを垂れて家にひきこもって春が暮れてゆくのを知らないのも、やはりしみじみとして趣深い。

たれをかも… 和歌《百人一首》

> 誰をかも　知る人にせむ　高砂の
> 松も昔の　友ならなくに
> 〈古今・一七・雑上・九〇九・藤原興風〉

訳 いったい誰を知友にしようか。(私と同様に年老いた)高砂の松も(人間ではないから)昔からの友というわけではないしなあ。修辞 「高砂」は兵庫県の歌枕。文法 「せむ」の「む」は、意志の助動詞。「ならなくに」の「なく」は、打消の助動詞「ず」のク語法で、「…ないこと」の意。解説 友が一人去り二人去りして、孤独な晩年を迎えた老人の嘆きを詠んだ歌。高砂の松は、古く久しいものとして知られていた。

たわ【撓】㊀(名)❶山の尾根のくぼんで低くなっている所。鞍部。「たをり」とも。〔記〕中「山の―より御船を引き越して」訳 山のくぼみから御船を引き上げて。

❷枕に押されてついた、髪のくせ。〔金葉〕恋上「朝寝髪誰が手枕に―つけてけさは形見に振り越して見る」訳 朝起きた乱れ髪は、いったい誰の手枕で寝ぐせをつけたといって、今朝はそれを思い出として肩ごしに前に出して見ているのか。

㊁(形動ナリ){なら・なり(に)・なり・なる・なれ・なれ}しなうさま。ゆがむさま。たわわ。〔賀茂翁家集〕「信濃なる須賀の荒野を飛ぶ鷲のつばさも―・に(用)ふく嵐かな」訳 信濃(長野県)にある須賀の荒野を飛んで行く鷲の、翼もたわむほどに、激しく吹く嵐であることよ。

たわぶる【戯る】⇩たはぶる

たわ・む【撓む】㊀(自マ四){ま・み・む・む・め・め}❶押されて曲がる。しなう。たわむ。源氏 若菜下「花は、去年の古雪思ひ出でられて、枝も―・む(終)ばかり咲き乱れたり」訳 (梅の)花は、去年の冬の雪が自然と思い出されて、枝もしなうほど咲き乱れている。

❷あきて疲れる。心が弱る。源氏 総角「わかき御心どもも乱れ給ひぬべきこと多く侍るめれど、―・む(終)べくもものし給はず」訳 若い二人(=大君と中の君)の御心はお

迷いになるにちがいないことが多くございましょうが、(それでも大君は)心がくじけそうでもいらっしゃらず。

二(他マ下二){め・め・む・むる・むれ・めよ}たわませる。押して曲げる。徒然 六六「藤の先は、ひうち羽のたけに比べて切りて、牛の角のやうに―・む(終)べし」訳 藤の先端は、ひうち羽(＝鷹の翼の末端の羽)の長さに合わせて切って、牛の角のように曲げるのがよい。

たわや-め【手弱女】(名)「たをやめ」に同じ。

たわる【戯る・狂る】⇨たはる

たわ-わ【撓】(形動ナリ){なら・なり(に)・なり・なる・なれ・なれ}(「たわたわ」の転)たわむさま。しなうさま。徒然 一一「大きなる柑子の木の、枝も―・に(用)なりたるがまはりを」訳 大きなみかんの木で、枝もしなうほどに(実が)なっている木の周囲を。

文法 「木の」の「の」は、いわゆる同格の格助詞で、「…で」の意。

た-ゐ【田居】(名)❶田のある所。田。たんぼ。万葉 一九・四二三四「朝霧のたなびく―に鳴く雁を」

❷田のあるような田舎。万葉 一九・四二六〇「大君は神にし坐ませば赤駒のはらばふ―を都となしつ」訳 天皇は神でいらっしゃるので、赤みをおびた馬が這って歩きまわる田舎を都としてしまった。

た-をさ【田長】(名)❶農夫のかしら。

❷「しでのたをさ」の略。「ほととぎす」の異称。→死出の田長

たを-たを(-と)【タオタオ】(副)しなやかなさま。しとやかなさま。源氏 夕顔「細やかに―として、ものうち言ひたるけはひ」訳 (夕顔は)ほっそりとしてしとやかな感じがして、何かちょっと口に出したものごしは。

たを-やか【嫋やか】(形動ナリ){なら・なり(に)・なり・なる・なれ・なれ}(「やか」は接尾語)❶物の姿・形がしなやかである。やわらかい感じである。枕 六七「萩、いと色ふかう、枝―・に(用)咲きたるが」訳 萩は、たいへん色が濃く、枝がしなやかに咲いているのが。

❷立ち居ふるまいがしとやかで、やさしい。性格が穏やかである。〔浜松中納言物語〕「さぶらふ人も、宮の御ありさまに似つつ―・なれ(已)ば」訳 お仕えする侍女も、后のごようすに似ていてしとやかなので。

たを-や-ぐ【嫋やぐ】(自ガ四){が・ぎ・ぐ・ぐ・げ・げ}しなやかになる。しとやかになる。源氏 玉鬘「母君は、ただいと若やかにおほどかにて、やはやはとぞ―・ぎ(用)給へりし」訳 母君(＝夕顔)はただもう、ほんとうに若々しくおっとりとして、ものやわらかになよなよとしていらっしゃった。

たをや-め【手弱女】(名)「たわやめ」とも。かよわい女性。しとやかなやさしい女性。〔伽・唐糸ざうし〕「十二人の―をうつして、今様を歌はせ給はば」訳 十二人のかよわい女性を鶴岡八幡宮の境内に移して、今様を歌わせなさるならば。↔益荒男

たをやめ-ぶり【手弱女振り】(名)《文芸用語》しとやかで女性らしいさま。「古今集」に代表される、平安時代の和歌の優美で繊細な歌風をいう。江戸時代、国学者賀茂真淵が最初に用いた。↔益荒男振り

たをり【撓り】(名)「たわ(一)①」に同じ。万葉 一八・四一二二「あしひきの山の―にこの見ゆる天の白雲」訳 山のくぼみに見えるこの天の白雲よ。(「あしひきの」は「山」にかかる枕詞)

た-を-る【手折る】(他ラ四){ら・り・る・る・れ・れ}手で折る。万葉 五・八八六「玉桙の道の隈廻に草―・り(用)柴取り敷きて」訳 道の曲がり角に草を手で折り、柴を取って敷いて。(「玉桙の」は「道」にかかる枕詞)

たん【段・反】(名)❶長さの単位。一段は六間(＝約一一メートル)。平家 一一・那須与一「海へ一―ばかりうち入れたれども」訳 海へ一段ほど(馬を)乗り入れたが。

❷田畑の面積の単位。一段は三百六十歩であったが、のち、三百歩(＝約九九二平方メートル)となった。〔冬の日〕杜国「げんげすみれの畠六―」訳 れんげやすみれの咲いている畑が六反(もつづいている)。

❸布の長さの単位。成人の着物一着分に要する量。〔太平記〕七「白布五百―ありけるを(＝あったのを)旗にこしらへ」

だん【段】(名)❶階段。

❷場合。とき。〔浄・心中刃は氷の朔日〕「手付け取って、手形して、渡す―に変改して」訳 手付け金を受け取って、証文を書いて、(品物を)渡すときに変更して。

❸条項。事。〔古活字本保元物語〕「その―勅定に随ふべし」訳 その事は天皇の仰せに従うつもりだ。

❹文章や語り物などの一区切り。段落。

❺等級。位。

だん【緂】(名)種々の色糸を交互に組み合わせた配色。平緒(＝太刀の緒)や鎧の縅の糸、馬の手綱などに用いる。〔うつほ〕吹上下「結ひ緒には―の組みして結ひて」訳 結ぶ紐には緂の組み紐で結って。

だん【壇】(名)祭りや仏事などのために土などを高く盛り上げた所。源氏 若菜上「御修法の―ひまなく塗りて、いみじき験者どもつどひてののしる」訳 ご祈禱の(護摩の)壇をすきまなく(土で)塗って(作り)、多くのすぐれた修験者が集まって大声をあげ(て祈ってい)る。

歎異抄(たんいせう)【作品名】「たんにせう」とも。仏教書。唯円著。親鸞の没年(一二六二)以後二、三十年間に成立か。悪人正機説など師親鸞の思想の核心を端的に述べ、また師の説に反する異義を批判する。

だんおち【檀越】⇨だんをち

たん-か【短歌】(名)❶和歌の一形式。五・七・五・七・七の五句三十一音から成る。短歌。三十一文字。↔長歌。⇨大和歌「慣用表現」

❷特に、「反歌」のこと。

> **発展 「短歌」という形式**
> 短歌の初めの三句を上の句、あとの二句を下の句という。また、第一句を初句、第三句を腰の句、第五句を結句と呼ぶ。第三句と第四句の続き方のよくない歌を「腰折れ(歌)」といい、転じて、下手な和歌、自分の和歌をへりくだっていう語ともなった。

だん-か【檀家】(名)一定の寺に墓地をもっていて、その寺に布施をする家。

だん-ぎ【談義】(名)❶話しあうこと。相談。談合。〔源平盛衰記〕「日ごろ―申し侍りつること」訳 ふだんご相談申しあげておりましたことは。

❷物事の意義・内容を説き話すこと。講義。〔梁塵秘

抄〕「常にある所にて、歌の—ありて」訳 ふだんの居室で、歌(=今様)についての講義があって。
❸《仏教語》説経。説法。〔徒然〕六〇「—の座にても…食ひながら文をも読みけり」訳 (盛親僧都は)仏典の講義の席でも…(親芋を)食べながら仏典をも読んだ。

たん-ぎん【断金】(名)十二律(=雅楽の音階)の第二音。→十二律

だん-きん【断金】(名)きわめて友情のあついこと。「易経」に「二人心を同じうすれば、その利き(=鋭い)こと金(=金属)を断つ」とあるのによる。〔十訓〕五「友につきて、—・伐木のちぎりなどいふことあれども」訳 友情については、断金・伐木(=旧友をいたわる意。「詩経」による)の交わりなどということがあるが。

たん-ご【端午】(名)五節句の一つ。陰暦五月五日の男子の節句。菖蒲や蓬を軒にさし、粽や柏餅を食べて邪気を払う。後世、男の子のある家では、鯉幟・甲冑・刀・武者人形などを飾る。夏。〔太平記〕二四「五日は—の祭り」

丹後(たんご)『地名』旧国名。山陰道八か国の一つ。今の京都府北部。丹州。

たん-ざく【短冊・短尺】(名)「たんじゃく」とも。❶字を書いたり、物の印に付けたりする細長い紙。〔枕〕三四「これは、何の御—にか侍らむ」訳 これは、何のお書付でございましょうか。
❷和歌などを書く細長い料紙。ふつうの寸法は縦約三五センチメートル、幅約六センチメートル。〔謡・草紙洗小町〕「この歌を—に写さばやと思ひ候ふ」訳 この歌を短冊に書き写したいものだと思います。

たん-し【短紙】(名)自分の手紙を卑下していう語。〔芭蕉書簡〕「連中たしかなることを承らず候ふ間、—もつかはさず候ふ」訳 連中(=金沢の知人たち)のたしかなようすを聞いておりませんので、手紙も送っていません。

だん-し【弾指】(名)《仏教語》❶人差し指の先を親指の腹に当ててはじき、音を出すこと。喜びや不浄を払う合図などを示す。つまはじき。〔大鏡〕道長下「『いかに罪得侍りけむ』とて、—はたはたとす」訳 「(仏戒に背いて)どんなに罪を得たことでしょう」と言って、(繁樹は)つまはじきをぱちぱちとする。
❷きわめて短い時間を表す単位。

だん-し【檀紙】(名)和紙の一種。厚手で白く、表面に細かいしわがある最上質の紙。古くは檀の樹皮で作られ、平安時代には、楮を原料とし、陸奥の国で生産された。包装・文書・表具に重用された。「みちのくがみ」「みちのくにがみ」とも。〔著聞〕一五五「〔歌を〕—に書きて桜の枝に付けられたり(=お付けになった)」

だん-じゃう【弾正】(名)弾正台の役人の総称。

だんじゃう-だい【弾正台】(名)律令制で、役人の不正や内外の非行を問いただし、風俗を取り締まることをつかさどる官庁。のちにその職掌は検非違使に移り、京都市内の巡検をつかさどるだけとなった。⇩巻頭カラーページ31

だん-ず【弾ず】(他サ変){ぜ・じ・ず・ずる・ずれ・ぜよ}「たんず」とも。楽器の弦をかき鳴らす。かなでる。弾く。〔徒然〕七〇「菊亭の大臣、牧馬を—・じ(用)給ひけるに」訳 菊亭の大臣(=藤原兼季)が、(琵琶の名器の)牧馬をお弾きになったときに。

たんだ【只・唯】(副)「ただ」を強めた言い方。ひたすら。もっぱら。まったく。〔謡・隅田川〕「—弱りに弱り、すでに末期に見え候ふ時」訳 ただもう弱りに弱って、もはや臨終だと思われますとき。

炭太祇(たんたいぎ)『人名』(一七〇九〜一七七一)江戸中期の俳人。別号は不夜庵など。江戸の人。蕪村とともに天明の中興俳壇の中心をなした。繊細な感覚と洗練された技巧を特色とした句風で、人事を得意とした。句集「太祇句選」

だん-だん【段段】一(名)ことの次第。箇条箇条。一部始終。〔浄・冥途の飛脚〕「おやぢ様の話で—を聞いて来た」訳 お父さまの話で一部始終を聞いて来た。
二(副)❶しだいに。順を追って。〔狂・萩大名〕「—できまする。あとを承りとうござる」訳 しだいに(和歌が)できあがります。続きを承りとうございます。
❷いろいろ。あれやこれや。〔浄・堀川波鼓〕「これには言ひ訳—あり」

だんな【檀那・旦那】(名)❶《梵語の音訳》〔本来は布施の意。施主の意の「檀越」と混用されて、布施を施す人の意で用いられる〕寺に金品を施す信者を、僧の側から見ていう語。施主。また、檀家。〔徒然〕一八八「法師のむげに能なきは、—すさまじく思ふべしとて」訳 僧侶でまったく無芸なのは、施主が興ざめに思うにちがいないと考えて。
❷主人。召使や出入りの者からその主人をいう。〔浮・日本永代蔵〕「拙者が—は人にかはり、定まる女房家主なし」訳 私の(店の)主人は他の人とちがって、定まった妻女もいない。
❸商売人が客を、また役者や芸者などがひいき筋を敬っていう語。

だんな-でら【檀那寺・旦那寺】(名)その家が帰依して、その家の墓や過去帳(=死者の戒名・俗名・死亡年月日などを記す帳簿)などのある寺。菩提寺。〔浮・日本永代蔵〕「親仁の祥月とて—に参りて」訳 親父の祥月命日(=故人が亡くなったのと同じ月日)だといって菩提寺に参って。

たん-なり…たということだ。…たそうだ。…ているそうだ。…たようだ。〔平家〕二・西光被斬「当家かたぶけうずる謀反のともがら、京中に満ち満ちたんなり(終)」訳 わが一門(=平家)を滅ぼそうとする謀反の者どもが、京都中に満ち満ちているそうだ。→たなり
なりたち 完了の助動詞「たり」の連体形「たる」＋伝聞・推定の助動詞「なり」＝「たるなり」の撥音便。中古では、ふつう「たなり」と表記される。

歎異抄(たんにせう)『作品名』→歎異抄

たん-のう【堪能】(名・自サ変)〔「足りぬ」の撥音便「たんぬ」の転。「堪能」は当て字〕❶十分足りること。満足。〔浮・日本永代蔵〕「つひにこの乞食の—・する(体)ほど、銭とらせし人なかりき」訳 とうとうこの乞食が満足するほど、お金を与えた人はいなかった。
❷気が済むこと。納得すること。〔浄・雪女五枚羽子板〕「せめてのことに様子を語り、—・さ(未)せて給べかし」訳 せめてものことに事情を話して、納得させてください。
❸技芸などのすぐれていること。

参考 ③は「かんのう」が正しいが、後世、混同された。

壇の浦(だんのうら)〘地名〙今の山口県下関市の地名。関門海峡の東端にあたる早鞆(はやとも)の瀬戸に臨む海辺をいう。源平最後の合戦の地。

丹波(たんば)〘地名〙旧国名。山陰道八か国の一つ。今の京都府中部と兵庫県北東部に属する。丹州(たんしゅう)。

たん-めり …たようだ。…ているようだ。…ているように見える。→ためり

なりたち 完了の助動詞「たり」の連体形「たる」＋推量の助動詞「めり」＝「たるめり」の撥音便。中古では、ふつう「ためり」と表記される。

たん-りつ【単律】(名)音楽で、「律」の音階だけで「呂(りょ)」の音階のないこと。徒然 一九九「和国は、―の国にて、呂の音なし」訳 日本国は、律だけの国であって、呂の音階がない。

談林十百韻(だんりんとっぴゃくいん)(ダンリントッピヤクイン)〘作品名〙江戸前期の俳諧集。田代松意(たしろしょうい)編。延宝三年(一六七五)刊。江戸の談林派の俳諧百韻を十巻集めたもの。

だんりん-ふう【談林風・檀林風】(名)西山宗因(そういん)を祖とする、談林派の俳諧の詠みぶり。また、その傾向。貞門の古風に対する反動として起こり、複雑な法式にとらわれず、故事をもじったり、漢語・俗語などを使ったりして、軽妙で自由な作風のもと、斬新・奇抜・滑稽を特色とした。

たん-れんが【短連歌】(名)連歌の様式の一つ。→連歌

たん-ゐん【探韻】(イン)(名)韻字の書いてある紙を探り取り、その韻を使って漢詩を作ること。また、その韻字。花の宴や重陽(ちょうよう)の宴などの際行われた。源氏 花宴「その道のはみな―賜りてふみ作り給ふ」訳 その(＝詩文の)道の方々は皆韻字をちょうだいして、(桐壺帝の前で)漢詩をお作りになる。

だん-をち【檀越】(オチ)(名)《梵語の音訳》「だにをち」「だんをつ」とも。寺に金品を施す信者。施主。檀那(だんな)。万葉 一六・三八四七「―やしかもな言ひそ里長(さとをさ)が課役(えだち)徴(はた)らば汝(いまし)も泣かむ」訳 だんなよ、そんなふうに言ってくれるな。里長が課役を強制したら、おまえも泣くだろう。

ち チ

「ち」は「知」の草体
「チ」は「千」の変体

-ち(接尾)(代名詞に付いて)方角・場所を表す。「いづ―」「こ―」「遠(を)―方」

-ち【箇・個】(接尾)物を数えるとき、数詞に添える語。「五百(いほ)―」「はた―(二十)」

参考 「七十(ななそぢ)」「八十(やそぢ)」など、連濁することが多い。

ち【千】(名)千(せん)。また、数の多いことを表す。多数。万葉 一二・三〇五九「百(もも)に―に人は言ふとも」訳 あれこれと人はうわさを立てても。

ち【血】(名)❶血液。伊勢 二四「岩に、およびの―して書きつける」訳 (女が)岩に、指の血で書きつけた歌。❷血筋。血統。

ち【乳】(名)❶乳ぶさ。乳首。また、母乳。方丈 二「いとけなき子の、なほ―を吸ひつつ臥(ふ)せるなどもありけり」訳 幼い子が、(母親の死を知らないで)依然として乳首を吸ったまま横たわっていることなどもあった。⇩幼(いとけ)なし ❷(形が乳首に似ていることから)旗・幕・わらじ・羽織などのへりにつけた、ひもや竿(さお)などを通すための輪。「名文解説」

語の広がり「乳(ち)」
「稚児(ちご)」は、「乳(ち)子(こ)」の意で、「乳を飲むほど幼い子ども」が原義。

ち【茅】(名)植物の名。路傍などに自生するイネ科の多年草。ちがや。穂を「つばな」「ちばな」という。茎は屋根を葺(ふ)くのに用いた。秋。(つばな春)。古今 恋五・詞書「焼けたる―の葉に文(ふみ)をさして遣(つか)はせりける」訳 焼けたちがやの葉に手紙をさして贈った歌。

-ぢ【路】(ジ)(接尾)❶(地名などに付いて)その土地・場所へ通じる道や、その地方を表す。「東(あづま)―」「家―」「海―」「木曽(きそ)―」❷(日数に付いて)それだけの日数がかかる道のりであることを表す。「六日(むいか)―」❸(心に関する語に付いて)その語の表す動き・状態を表す。「夢―」「恋―」

-ぢ【箇・個】(ジ)(接尾)「-ち(箇)」の連濁したもの。→箇(ち)

参考 接尾語「路(ぢ)」と混同されて、たとえば「みそぢ」を「三十路」と書くこともある。

ぢ【地】(ジ)(名)❶大地。地面。土地。方丈 二「家はこぼたれて淀河(よどがは)に浮かび、―は目の前に畑となる」訳 家はこわされて(筏(いかだ)に組まれ)淀川に浮かび、土地は見ている前で畑となる。❷根底。基礎。本性。〔無名抄〕「―には人の心の底まで好かずして」訳 根底では(新風に属する)人は心の底まで(歌を)好んでいるのではなくて。❸布や紙の生地。❹文章中の会話以外の部分。地の文。❺連歌・俳諧で、技巧のないすなおな句。❻謡曲の「地謡(ぢうたひ)」の略。❼舞踊で、伴奏の音曲。❽現実。実際。〔浮世風呂〕「―と狂言(＝芝居)との差別(しゃべつ)はそこだわす」❾他の語に冠して、本来の、その土地産の、素人(しろうと)の、などの意を添える。「―酒」「―女」

ぢ【持】(ジ)(名)歌合わせ・囲碁などの勝負ごとで、優劣のないこと。引き分け。持ち。〔うつほ〕内侍のかみ「この御文(ふみ)は、今めきたる筋など勝りたりけり。―なり」訳 この(仁寿殿(じじゅうでん)の)お手紙は、現代風である点などが(正頼(まさより)の手紙に比べて)勝っていることだ。引き分けである。

ちいほ-あき【千五百秋】(チイオ)(名)限りなく多くの年月。永遠。〔紀〕神代「葦原(あしはら)の―の瑞穂(みづほ)の国」訳 葦が生い茂り、永遠によい稲のとれる国(日本)。

ち-いろ【千尋】(名)「ちひろ」に同じ。

ち-いん【知音】(名)❶親友。心の友。著聞 五七六「高倉宰相茂通卿(しげみちきゃう)と栄性法眼(えいしょうほふげん)とは、昔よりの―にてありけるに」訳 高倉宰相茂通卿と栄性法眼とは、昔からの親しい友人であったが。❷知り合い。知人。〔曽我物語〕「さしたる親類・―にあらざる者も、別れを惜しみ、名残を悲しまずといふことな

し」訳これというほどの親類・知人でない者も、別れを惜しみ、名残を悲しまないということはない。参考中国の春秋時代、琴の名手伯牙が、よくその音を理解していた(=音ヲ知ル)友人の鍾子期の死後は、琴の弦を断って二度と弾かなかったという故事による。

ちう【宙】(名)❶空中。虚空。平家 二・西光被斬「馬より取って引き落とし、ーに括って西八条へさげて参る」訳(西光を)馬からつかんで引きずり落とし、宙づりに縛って西八条へぶらさげて参上する。
❷暗記。そらんじること。

ちうせい【小せい】(連体)〔形容詞「ちひさし」の連体形「ちひさき」の変化したものか〕小さい。小形の。一説に漢語の「中勢(=少し背の低い)」とも。枕 八「ー折敷に、ー高坏などこそよく侍らめ」訳小さい折敷(=食物をのせる角盆)に、小さい高坏(=食物をのせる足のついた器)などがようございましょう。

ぢ-うたひ【地謡】(名)謡曲の地の部分(=会話以外の部分)を、舞台一隅の地謡座でうたうこと。また、その謡やうたう人。「地」とも。

ちえ〖千重〗⇩ちへ

ちかい〖誓い〗⇩ちかひ

ぢ-かい【持戒】(名)《仏教語》戒律を守ること。今昔 一・一八「妻のこと忽ちに忘れて、ーの者となりてここに生まれむと思ふ心出で来ぬ」訳(難陀は)妻のことを突然に忘れて、仏の戒律を固く守る者となってこ(=天上)に生まれようと思う心が起こった。

ちがう〖違う・交う〗⇩ちがふ

ちか-おとり【近劣り】(名)近くで見ると、遠くで見るよりも劣って見えること。源氏 総角「心ばせのーするやうもやなどぞあやふく思ひわたりしを」訳(中の君の)気だてが近寄って見ると見劣りするようなことでも(ありはしないか)などと、(私=薫は)不安に思い続けていたけれど。文法「もや」のあとに結びの語「あらむ」が省略されている。係助詞「ぞ」の結びは、「思ひわたりしを」と接続助詞「を」が付いてさらに下に続くため消滅(=結びの流れ)している。↔近勝り

ちかき-まもり【近衛】(名)「このゑ②」に同じ。古今 雑体「照る光ーの身なりしを」訳(自分は)天皇のお側近くお仕えする近衛府の役人の身であったのに。

ちか-ごと【誓言】(名)誓いのことば。源氏 総角「仏の御前にてーも立て侍らむ」訳御仏前で誓いのことばも立てましょう。

ちか-ごろ【近頃】■(名)このごろ。近来。最近。平家 四・永僉議「昔は源平左右に争ひて、朝家の御守りたりしかども、ーは源氏の運傾き」訳昔は源平が左右に並んで競争して、朝廷のお守りであったけれども、このごろは源氏の運が傾き。
■(副)(「このごろめったにない」の気持ちで)はなはだ。たいへんに。〔謡・鞍馬天狗〕「これはー狼藉なる者にて候ふ」訳これははなはだけしからんやつでございます。

ちか-し【近し】(形ク)〔から・く(かり)・し・き(かる)・けれ・かれ〕❶(時間的・空間的・数量的・心理的に)へだたりが少ない。近い。竹取 ふじの山「『いづれの山か天にー・き体』と問はせ給ふに」訳「どの山が天に近いか」と(帝が)お聞きになられると。文法「せ給ふ」は、最高敬語。
❷血縁関係が近い。近親である。源氏 夢浮橋「これなむ、その人のー・き体ゆかりなるを」訳これ(=小君)は、その人(=浮舟)の近い縁者であるので。文法 係助詞「なむ」の結びは、接続助詞「を」が付いて「なるを」とさらに下に続くため消滅(=結びの流れ)している。
❸物事の内容・性質の似ているさま。近い。徒然 八〇「人倫に遠く、禽獣にー・き体振る舞ひ、その家にあらずは好みて益なきことなり」訳(武術は)人間に縁遠く、鳥や獣に近い行為で、その(=武士の)家柄でないならば好んでも無益なことである。文法「あらずは」の「ずは」は、打消の順接の仮定条件を表す。

近つ淡海(ちかつあふみ)〖地名〗「ちかつあはうみ(近つ淡海)」の転。「つ」は「の」の意の上代の格助詞〕(「遠つ淡海(=浜名湖)」に対して)琵琶湖。また、「近江」の古称。〔記〕中「ーの志賀の高穴穂宮にましまして」訳近江の国(滋賀県)の志賀の高穴穂の宮にいらっしゃって。

ちか-づ-く【近付く】■(自カ四)〔か・き・く・く・け・け〕❶近寄る。接近する。万葉 三・二五〇「珠藻刈る敏馬を過ぎて夏草の野島の崎に船ー・き用ぬ」訳(海人たちが)美しい藻を刈っている敏馬(=地名)を過ぎて、夏草の(生い茂った)野島の崎に船が近づいた。(「珠藻刈る」を「敏馬」にかかる枕詞とする説もある)
❷親密になる。むつまじくなる。徒然 一七五「ー・か未まほしき人の、上戸にてひしひしと馴れぬる、またうれし」訳親しくなりたい(と思う)人が、酒飲みであって、すっかりうちとけてしまうのは、またうれしい。
❸時日がさしせまる。時期が近くなる。万葉 一七・三九九九「都方に立つ日ー・く終飽くまでに相見て行かな恋ふる日多けむ」訳都のほうへ出発する日がさしせまっている。存分に逢ってから出発しよう。恋しく思う日が多いだろう(から)。
■(他カ下二)〔け・け・く・くる・くれ・けよ〕近づける。近く寄せる。源氏 宿木「帝のとりわきせちにー・け用て、むつび給ふべきにもあらじものを」訳帝が特に熱心に(薫を)近づけて、(婿として)親しくなさるはずのものでもあるまいよ。

ちかひ【誓ひ】(名)❶誓うこと。神仏にかけて約束すること。源氏 夕霧「深きーにて、今は命を限りける山籠りを」訳(律師は)固い誓いを立てて、今となっては命を定めた(=命の限りと決心した)山籠り(であったもの)を。
❷衆生を救おうとする神仏の誓願。源氏 若菜下「不動尊の御本のーあり」訳不動尊のご本願の誓い(=寿命が尽きてもさらに六か月延命させるという誓い)がある。

ちか-ふ【誓ふ】(他ハ四)〔は・ひ・ふ・ふ・へ・へ〕神仏に対して、ある事を約束する。誓約する。固く人と約束する。源氏 橋姫「返す返すも散らさぬ由をー・ひ用つる」訳(弁は)重ね重ね(薫の出生の秘密を)他人に言いふらさない(という)ことを約束したのを。

ちが-ふ【違ふ・交ふ】■(自ハ四)〔は・ひ・ふ・ふ・へ・へ〕❶異なる。相違する。〔保元物語〕「御夢想に御覧ぜられつるに少しもー・は未ねば」訳夢で神仏のお告げをご覧になったのと少しも異ならないので。
❷行きかう。すれちがう。枕 一「蛍のおほく飛びー・ひ用たる」訳蛍がたくさん飛びかっているの(は趣がある)。
❸はずれる。それる。〔太平記〕七「これにー・は未んとしど

ろになって騒ぐところを」訳（軍勢はこれ（＝落ちてくる大木）からのがれようと秩序なく乱れて騒ぐところを。
二（他ハ下二）{へ・へ・ふ・ふる・ふれ・へよ}❶違わせる。変える。〔保元物語〕「朝日に向かって弓引かんこと便なかるべし。いさか方をー・ふ㊟べし」訳朝日に向かって弓を引くようなことは不都合にちがいない。少し方向を変えるがよい。文法「引かんこと」の「ん」は、仮定・婉曲の助動詞。
❷悪い夢を見たとき、禍を避けるため夢ちがえ（＝まじない）をする。蜻蛉上「しばしば夢の諭しありければ、『ー・ふる㊍わざもがな』とて」訳しばしば（悪い）夢のお告げがあったので、「悪夢を違えて禍を避ける手段があったらなあ」と言って。文法「もがな」は、願望の終助詞。
❸交わるようにする。交差させる。徒然二〇八「経文などの紐を結ふに、上下よりたすきにー・へ㊊て」訳経文（の巻物）などの紐を結ぶのに、上下からたすきがけに交差させて。

ちか-まさり【近勝り】（名）近づいて見ると、離れて見るよりもすぐれて見えること。〔うつほ〕蔵開中「見る目よりも、ーする人にぞありける」訳見かけよりも、近づいて見るほうがすぐれて見える人であったよ。↔近劣り

近松半二（ちかまつはんじ）『人名』（一七二五〜一七八三）江戸中期の浄瑠璃作者。儒者穂積以貫の子で本名は穂積成章。大坂の人。竹田出雲の門人で、竹本座の作者として活躍。三好松洛らとの合作が多く、「本朝廿四孝」「妹背山婦女庭訓」「傾城阿波鳴門」「近江源氏先陣館」などの作品がある。

近松門左衛門（ちかまつもんざえもん）『人名』（一六五三〜一七二四）江戸前・中期の歌舞伎・浄瑠璃作者。本名は杉森信盛。号は平安堂・巣林子など。越前（福井県）藩士の子。坂田藤十郎のために歌舞伎脚本を書き、また、竹本義太夫と組んで浄瑠璃の名作を多数残した。その本領は浄瑠璃にあり、世話物、特に心中物にすぐれ、封建社会における義理と人情に悩む人間関係を巧みに描いた。代表作は世話物浄瑠璃に「曽根崎心中」「冥途の飛脚」「心中天の網島」「女殺油地獄」、時代物浄瑠璃に「国性爺合戦」、歌舞伎に「傾城仏の原」などがある。

ぢ-がみ【地紙】（名）扇やうちわ・傘などに張るために、その形に切った厚紙。また、それを張ったもの。〔鶉衣〕「ーをまくられて野ざらしとなる扇よりは」訳（物置にしまわれたうちわは）張ってある紙をはぎ取られて野ざらしになる扇よりは、きっとまさっているだろう。

ち-がや【茅・白茅・茅萱】（名）「ち（茅）」に同じ。

ちか-やか【近やか】（形動ナリ）{なら・なり（に）・なり・なる・なれ・なれ}「やか」は接尾語）❶いかにも近いさま。源氏胡蝶「ー・に㊊臥し給へば」訳（光源氏が玉鬘の）すぐそばに横におなりになるので。
❷親密さを感じさせるさま。近しいさま。源氏初音「今はあながちにー・なる㊍御ありさまもてなし聞こえ給はざりけり」訳（光源氏は今ではしいて（男女の）親密さを感じさせるご態度も（花散里に）おとり申しあげなさらなかった。

ちから【力】（名）❶体力。力。徒然六〇「この僧都、みめよく、ー強く大食にて」訳この僧都は顔かたちがりっぱで、力が強く大食漢であって。
❷いきごみ。気力。精神力。伊勢四〇「女もいやしければ、すまふーなし」訳女（のほう）も身分が低いので、張り合う気力がない。
❸効力。ききめ。おかげ。源氏須磨「多く立てつる願のーなるべし」訳（天候が回復したのは、供人たちが）多く立てた祈願のおかげであろう。
❹頼み。たより。よりどころ。源氏夕霧「こなたにーある心地して慰めしだに」訳こちらには（本妻としての）よりどころがある気がして、せめても心を慰めていたが。
❺能力。力量。徒然一八六「馬ごとにこはきものなり。人のー争ふべからずと知るべし」訳馬はどの馬も手ごわいものである。人間の力量では争うことができないと知るがよい。

ちから【税】（名）〔民の力の意か〕人民から政府に奉る稲の束。転じて、租・庸・調などの税。租税。〔紀〕天智「高安の城を修りて、畿内の田ーを収む」訳高安城を修築して、畿内（＝近畿）の田租を納める。

ちから-あし【力足】（名）❶力をこめて踏みしめる、その足。〔太平記〕一七「二人が踏みけるーに、山の片岸崩れて」訳二人が（力をこめて）踏んだ力足のために、山の片側が崩れて。
❷（相撲の）しこ。

ちから-な・し【力無し】（形ク）{から・く（かり）・し・き（かる）・けれ・かれ}自分の力ではどうしようもない。しかたがない。平家一〇・横笛「横笛なさけなううらめしけれども、ー・う㊊（ウ音便）涙をおさへて帰りけり」訳横笛（＝女官の名）は情けなく恨めしく思うが、しかたがなく涙をこらえて帰った。⇩詮無し「慣用表現」

ち-ぎ【千木】（名）古代の建築で、屋根の棟の両端に、交差させて、突き出させた長い二本の木。今でも神社建築にその形式を残している。〔祝詞〕「高天の原にー高知りて」訳高天の原に千木をりっぱに造って。

（千　木）

ちぎ【杠秤・扛秤】（名）「ちき」とも。さおばかりの一種。一貫目（＝約三・七五キログラム）以上の重さの物を量る。〔浮・日本永代蔵〕「ーの目りんと受け取ってかへしぬ」訳はかりの目方きっちりと（餅を）受け取って（餅屋を）帰した。

ぢき【直】（名・形動ナリ）じか。直接。平家六・小督「ーの御返事を承らで帰り参らんことこそ、よに口惜しう候へ」訳直接のご返事を承らないで帰参するようなことは、たいそう残念でございます。

ち-ぎゃう【知行】一（名・他サ変）❶土地を領有して支配すること。また、その支配地。平家二・能登殿最期「安芸郷をー・し㊊ける安芸大領実康が子に」訳安芸郷（高知県安芸郡のあたり）を領有して支配していた安芸の大領実康の子に。
❷中世、領主が所領を私的に支配すること。また、その領地。〔曽我物語〕「すでに十余年ーの所なり」訳すでに十年以上領地であった所である。

■二(名)江戸時代、武士が幕府や藩から与えられた土地の称。知行所。転じて、俸禄・扶持をもいう。〔東海道中膝栗毛〕「御主人の御―を頂戴いたし居ながら」訳ご主人のご俸禄をいただいていながら。

ぢ-きゃう【持経】(名)《仏教語》つねに大切に手もとに置いて読誦する経文。多く法華経をさす。徒然 九八「―・本尊に至るまで、よき物を持つ、よしなきことなり」訳手もとに置く経文や守り本尊に至るまで、上等なものを持つのは、つまらないことだ。

ちぎゃう【知行】⇩ちぎゃう

ちぎり【契り】(名)❶約束。取り決め。**前世からの約束**。宿縁。竹取 かぐや姫の昇天「昔の―ありけるによりなむ、この世界にはまうで来たりける」訳昔の約束があったので、この世界には参りました。❷結びつき。**因縁**。男女・夫婦の縁。源氏 帚木「見そめつる―ばかりを捨てがたく思ひとまる人はものまめやかなりと見え」訳(二人が)馴れそめて(夫婦関係を結ぶに至っ)た因縁だけを捨てかねて、(他の女に)心移りしない男は誠実だと見られ。

ちぎりおきし… 和歌《百人一首》

> **契りおきし　させもが露を　命にて**
> **あはれ今年の　秋もいぬめり**
> 〈千載・一六・雑上・一〇二六・藤原基俊〉

訳あれほど固く約束してくださった「あてにしていなさい(=させも草)」という恵みの露(のようなお言葉)を、命にも等しい(大切な)ものとして(吉報を待っておりましたのに)、ああ、今年の秋も(むなしく)過ぎそうです。修辞「おき」と「露」は縁語。文法「命にて」の「にて」は、格助詞で、「…として」の意。「あはれ」は、ここでは感動詞。解説わが子の光覚僧都が毎年催される維摩会の講師に選ばれるよう、父である作者が、藤原忠通に嘆願したところ、忠通は「なほ頼めしめぢが原のさせも草我が世の中にあらん限りは(=さらに私を頼りにしなさい。私がこの世の中にいる限りは)」〈新古今・釈教〉の歌を引用して、頼みを承知してくれた。しかしその年も、選にもれたので詠んだ歌。「させも」は「さしも草(=よもぎ)」のことで、忠通の言葉をさすとともに「さしも(=あれほど)」の意を含む。「露を命にて」の「露」は、「させも」の縁でいったものだが、恵みの露という意味があろう。ただし、露のようにはかない言葉でも命のように大切に思ってあてにせざるをえない、親が子を思う情をそこに見ることもできる。

ちぎり-お・く【契り置く】(他カ四)〈か・き・く・く・け・け〉互いに約束しておく。約束をかわす。源氏 若菜上「おのおのはまたなく―・き(用)てければ」訳(私=明石の尼君と入道の)めいめいは、またとなく(深い夫婦の)約束をかわしてしまったので。

ちぎりきな… 和歌《百人一首》

> **契りきな　かたみに袖を　しぼりつつ**
> **末の松山　波越さじとは**
> 〈後拾遺・一四・恋四・七七〇・清原元輔〉

訳約束しましたね。お互いに(涙でぬれた)袖を幾度もしぼっては、末の松山を波が越す(ような心変わりをする)ことは、しまいと。文法「契りきな」の「き」は、過去の助動詞「き」の終止形。「な」は、詠嘆の終助詞。「つつ」は、反復・継続の接続助詞。解説心変わりした女に、人の代作をして詠んで贈った歌。「袖をしぼる」は、ここでは悲しみの涙ではなく、愛を誓いあった感動の涙でぬれた袖をしぼること。「末の松山」は宮城県にあるという歌枕。「君をおきてあだし心をわが持たば末の松山波も越えなむ」〈古今・東歌〉の歌によって、不変の愛のたとえに使われる。初句は文脈上最後に置かれる倒置法。

ちぎ・る【契る】(他ラ四)〈ら・り・る・る・れ・れ〉**約束する。将来を誓う。**愛を誓う。夫婦の関係を結ぶ。伊勢 二四「いとねむごろに言ひける人に今宵逢はむと―・り(用)たりけるに」訳たいそう心をこめて言い寄った男に今宵逢おう(=結婚しよう)と約束していたところ。宇治 六・四「『よきことなり』と―・り(用)て、その日より精進して」訳「結構なことだ」と約束して、その日から身を清め不浄をさけて。

ち-ぎ・る【千切る・捩る】■一(他ラ四)〈ら・り・る・る・れ・れ〉手で切り取る。ねじ切る。蜻蛉「海松の引き干しの短く―・り(用)たるを結ひ集めて」訳海松(=海藻の名)の乾燥させたもので短くちぎったのを結び集めて。■二(自ラ下二)〈れ・れ・る・るる・るれ・れよ〉もぎとれる。切れてばらばらになる。徒然 五三「頸も―・る(終)ばかり引きたるに、耳鼻欠けうげながら抜けにけり」訳(かぶった鼎を)首もちぎれるほど引っぱったところ、耳や鼻が欠けて穴があくものの(とにかく)抜けたのだった。■三(補動ラ四)〈ら・り・る・る・れ・れ〉(動詞の連用形に付いて)動作を強く行う意を表す。さかんに…する。宇治 三・四「歯をくひあはせて、念珠をもみ―・る(終)」訳(けいとう坊という僧は、怒って)歯をかみ合わせて、念珠をさかんに揉む。

ち-ぐ【値遇】(名・自サ変)「ちぐう」とも。めぐり合うこと。出会うこと。今昔 一一・七「文殊に―・し(用)奉らむと祈願し給ひける程に」訳文殊菩薩にお会い申しあげようと祈願しなさったときに。

筑後(ちくご)『地名』旧国名。西海道十二か国の一つ。今の福岡県南部。筑州。

ち-くさ【千草】(名)「ちぐさ」とも。❶種々の草。多くの草。秋。平家 灌頂・大原御幸「庭の―露重く、籬に倒れかかりつつ」訳庭の種々の草は露の重さで、垣根に倒れかかり倒れかかりして。❷「千草色」の略。青緑色。萌黄色。縹色。

ち-くさ【千種】(名・形動ナリ)「ちぐさ」とも。種類の多いこと。いろいろ。さまざま。とりどり。古今 春下「春霞色の―・に(用)見えつるはたなびく山の花のかげかも」訳春霞の色がさまざまに見えたのは、(霞の)たなびく山に咲く花の色が映っているからだろうか。

ちく-しゃう【畜生】(名)❶鳥・獣・虫・魚の総称。けだもの。宇治 七・一「かの男は(=あの男は)、欲にふけりて恩を忘れたり。―といふべし(=けだものといっていい)」❷《仏教語》「畜生道」の略。

ちくしゃう-ざんがい【畜生残害】(名)獣類が互いに傷つけ合い、殺し合うこと。また、そのような残虐な行為をする獣類。徒然 一二八「生けるものを殺し、痛め、闘はしめて遊びたのしまん人は、―の類なり」訳生きているものを殺し、傷つけ、戦わせて遊び楽しむような人は、互いに傷つけ殺し合う獣の同類である。

ちくしゃう-だう【畜生道】(名)《仏教語》六道の一つ。死者が生前の悪業によって、「畜生①」に生まれ変わり、苦しみを受けるという世界。今昔 四・九「修羅に成りぬと見れば―に堕ちて走る」訳 阿修羅になったと見ると、畜生道に堕ちて走る。→六道

ちくすい-にち【竹酔日】(名)「ちくすいじつ」とも。陰暦五月十三日の称。中国の俗説で、竹を植えるのによい日とされた。竹植うる日。

筑前（ちくぜん）『地名』旧国名。西海道十二か国の一つ。今の福岡県北部。筑州。

ちく-だい【竹台】(名)清涼殿の東庭にある、竹を植えた台。仁寿殿の西に呉竹、石灰の壇の東に河竹が置かれた。著聞 六五五「洲浜に―の体をつくりて、竹を植ゑて」訳 浜辺を模して作った台に竹台の模型を作って、(そこに)竹を植えて。

ちく-てん【逐電】(名・自サ変)(「電を逐う」の意。のちに「ちくでん」とも)❶きわめて速いこと。急なこと。❷跡をくらまして逃げ去ること。逃亡。太平記 二七「早先立ちて―し(用)ければ行方も知らず」訳 もうすでに先んじて逃亡したので、行方もわからない。

竹生島（ちくぶしま）『地名』今の滋賀県琵琶湖の北方にある島。風光明媚の霊境として信仰を集めた地。

ぢ-くゎろ【地火炉】(名)「ちくゎろ」とも。いろり。枕 二五「すさまじきもの ……火おこさぬ炭櫃、―」訳 (不調和で)興ざめなもの、…火をおこしていない角火鉢や、いろり。

ぢ-げ【地下】(名)❶清涼殿の殿上の間に昇殿を許されない官人。また、その家格。ふつうは六位以下。五位以上でも代々昇殿を許されない家柄のものもあった。地下人。土。枕 八「殿上人、―なるも、陣に立ちそひて見るも、いとねたし」訳 昇殿を許された人や、昇殿を許されない官人である者も、警護の役人に加わって(自分たちを)見るのも、たいそういまいましい。↔殿上人 ❷宮中に仕える者から見て、それ以外の人々。一般の庶民。地下人。去来抄 同門評「湖春は―の歌道者なり」訳 湖春(=人名)は民間の歌人である。

ぢげ-にん【地下人】(名)❶「ぢげ①」に同じ。❷「ぢげ②」に同じ。❸支配下の住民。その土地の住民。太平記 一「―、代官をそむきて合戦に及ぶ事あり」訳 土地の住民が代官に反抗して戦闘にいたることがある。

ち-ご【児・稚児】(名)「乳子」の意 ❶乳児。あかご。また、幼児。子供。枕 二五「すさまじきもの ……―亡くなりたる産屋」訳 (不調和で)興ざめなもの、…あかごの死んでしまったお産の部屋。更級 梅の立枝「いつつばかりなる―どもなどして」訳 五歳ほどである幼児たちなどとともに。❷寺で召し使う俗体の少年の称。宇治 一・一二「比叡の山に―ありけり」訳 比叡山(の延暦寺)に稚児がいた。❸大法会などで、美しく着飾って行列に立つ子供。

ちご-おひ【児生ひ・稚児生ひ】(名)幼児の成長してゆくようす。また、幼いときのようす。源氏 柏木「大将などの―ほのかにおぼし出づるには似給はず」訳 大将(=夕霧)などの幼いときのようすをおぼろげに思い出しなさるのには、(薫は)似ていらっしゃらない。

ぢ-ごく【地獄】(名)《仏教語》六道の一つ。この世で悪業をなした人間が死後に堕ちる世界。閻魔大王が生前の罪を裁き、さまざまな罰が与えられるという。焦熱地獄・叫喚地獄などがある。地獄道。徒然 一七五「悪をまし、万の戒を破りて―におつべし」訳 (酒を飲むと)悪い行いを増し、すべての戒めを破って(死後は)地獄に堕ちるにちがいない。→六道

ぢこく-てん【持国天】(名)《仏教語》四天王の一つ。須弥山の中腹東側に住み、東方を守護する神。持国天王。東方天。

（ぢこくてん）

ぢごく-へん【地獄変】(名)《仏教語》「地獄変相」の略。地獄の種類に応じた、種々の恐ろしい責め苦のさま。また、それを描いたもの。著聞 三八七「弘高、―の屏風を書きけるに」訳 (巨勢の)弘高が地獄の様相を表した図柄の屏風(絵)を描いたときに。

ぢごく-ゑ【地獄絵】(名)地獄で罪人が責め苦にあっているさまを描いた絵。栄花 さまざまのよろこび「御仏名とて、―の御屏風などとうでてしつらふも」訳 御仏名(の法会)だというので、地獄絵のお屏風などを取り出して飾りつけるのも。

ちさ【萵苣】(名)野山に生える落葉高木の名。初夏のころ白色の花を開く。えごのき。一説に、「ちしゃのき」とも。万葉 一八・四一〇六「―の花咲ける盛りに」

ち-さい【持斎】(名・自サ変)《仏教語》精進・潔斎して心身を清めつつしむこと。特に、正午以後に食事をしないという仏教の戒法(=斎)を守ること。今昔 一五・五「成意、もとより―を好まずして、心にまかせて朝夕に物を食ふ」訳 成意(=僧の名)は、もともと午後食事をしないという仏教の戒法を嫌って、気ままに朝方にも夕方にも食事をとる。

ぢ-ざう【地蔵】(名)《仏教語》「地蔵菩薩」の略。釈迦如来の死後、弥勒仏が現れるまでの仏のいない世界で、衆生を救済するという菩薩。ふつう僧形で、俗信では、子供を守り、救うとされる。

ち-さと【千里】(名)❶多くの村里。拾遺愚草「雲消えて―の秋を埋む白雪」訳 雲も消えて、多くの村里の秋を埋めている白雪(のような月光)であるよ。❷(「千里」を訓読したもの)長い道のり。はるか遠い距離。徒然 一三七「望月のくまなきを―の外まで眺めたるよりも」訳 満月がかげりもなく輝くのを、はるか遠くのかなたまで見渡しているのよりも。

ち-さん【遅参】㊀(名・自サ変)定められた時刻に遅れること。遅刻して参上すること。平家 七・一門都落「とかうこしらへおかんと―仕り候ひぬ」訳 (幼い子供たちを)あれこれなだめすかそうとして、遅刻いたしてしまいました。㊁(名・他サ変)おじけづき、ためらうこと。義経記「こ

れ程の山河を―・し㊊給ふか」訳これぐらいの山川をぐずぐずためらいなさるのか。

ぢ-ざん【地算】(名)足し算や引き算などの、初歩の算術。〔浮・日本永代蔵〕「―も子守の片手に置き習ひ」訳(丁稚奉公の子供は)初歩の算術も子守の片手間に算盤を置いて習い。

ち-じ【致仕】(名)❶官職をやめること。退職。辞職。源氏 若菜下「太政大臣、―の表奉りて、こもり居給ひぬ」訳太政大臣は辞職の届けをお出し申しあげて、引きこもりなさった。❷(昔の中国で、七十歳になると、退官を許したことから)七十歳の別称。〔古活字本保元物語〕「齢すでに―に余れば」訳年齢はすでに七十歳を過ぎているので。

ぢ-し【地子】(名)❶租税の一種。諸国の公田(=律令制で、国家が持つ田地)の余りを人民に貸して耕作させ、租として稲を納めさせること。〔栄花〕うたがひ「国々の守ども、―・官物は遅なはれども」訳諸国の国司らも、小作の年貢や貢ぎ物は遅延するけれども。❷室町時代以降の市街地の宅地税。地代。

ち-しき【知識・智識】(名)❶(仏教語)人を仏道に導く、正しい道理と知識を備えた名僧。善知識。〔義経記〕「勧修坊といふは…広大慈悲の―なり」訳勧修坊というのは…大きな慈悲心をもった名僧である。❷(仏教語)結縁のため、寺に私財を寄進すること。また、その人。今昔 三・二「―といふ事を以って、その橋を渡してけり」訳(聖人は人々の)私財の寄進ということによって、そのこわれた橋を(再び)架けたということだ。❸知りあい。知人。

ぢ-しき【地敷き】(名)(貴人が)板敷きの床の上に敷いて座席などにするござ。源氏 若菜上「御―四十枚、御しとね、脇息など、…いと清らにせさせ給へり」訳御ござ四十枚、お座布団やひじかけなど、…(光源氏は)まことに美しく整えさせなさった。

ち-しほ【千入】(名)〔「しほ」は物を染料にひたす回数を表す接尾語〕幾度も染料につけて染めること。〔伽・鉢かづき〕「紅の―の袴」訳紅色の幾度も染めた袴。

ち-しゃ【知者・智者】(名)❶(仏教語)「ちさ」とも。仏の教えに明るい僧。高僧。善知識。徒然 六〇「真乗院(=寺の名)に盛親僧都とて、やんごとなき(=尊い)―ありけり」❷知恵や見識のある人。賢い人。徒然 一四〇「身死して財残ることは、―のせざるところなり」訳自身が死んで(後に)財物が残ることは、賢い人のしないことである。

ぢ-しゃ【持者】(名)「持経者」の略。つねに経典を携帯し、経文や陀羅尼を念誦する人。著聞 五六「多年法華の―なり」訳(慈心坊尊恵という僧は)長年、法華経を念誦する人である。

ぢ-しゅ【地主】(名)❶土地の所有者。じぬし。❷土地の守護神。寺のある地で、建立前にその地にあった神を鎮守としてまつったもの。比叡山の日吉神社、高野山の天野神社など。鎮守。今昔 三一・一「この山の―の神、我と深き契りあり」訳この山の鎮守の神は、自分と深いゆかりがある。

ぢ-じん【地神】(名)❶(多く「地神五代」の形で)天照大神・天忍穂耳尊・瓊瓊杵尊・彦火火出見尊・鸕鶿草葺不合尊の五代の神々の称。❷「けんらうぢじん」に同じ。

ち-す【帙簀】(名)「ぢす」とも。経巻などを包む帙(=おおい)。竹のすだれを錦や綾で縁取り、組み緒をつける。源氏 賢木「―の飾りも、世になきさまに整へさせ給へり」訳帙簀の装飾も、比類がないほどりっぱなように(藤壺は)作らせなさった。

(ち す)

ぢ-す【治す】(他サ変)(せ・し・す・する・すれ・せよ)❶病気をなおす。治療する。蜻蛉 中「わが腹の中なる蛇ありきて肝を食む、これを―・せ㊍むやうは」訳私の腹の中にいる蛇が歩きまわって内臓を食べる、これをなおすような方法は。❷治める。統治する。平家 九・樋口被討罰「やうやうに敵をほろぼして、天下を―・する㊍ことを得たりき」訳(漢の高祖劉邦は)だんだんと敵をほろぼして、天下を治めることができた。

ち-ぢ【千ぢ・千千】(名・形動ナリ)〔「ぢ」は接尾語〕❶数が多いこと。たくさん。源氏 絵合「―の黄金を捨てて」訳たくさんの黄金を捨てて。❷いろいろなさま。さまざま。古今 秋上「月見れば―・に㊊ものこそ悲しけれわが身一つの秋にはあらねど」訳→つきみれば…和歌

ちちのみの【ちちの実の】《枕詞》同音のくりかえしで「父」にかかる。万葉 一九・四一六四「―父の命」

ちちはが…和歌

> 父母が 頭かきなで 幸くあれて いひし言葉ぜ 忘れかねつる
> 〈万葉・二〇・四三四六・防人歌・丈部稲麻呂〉

訳(防人として旅立つ際)父母が(私の)頭をなでて、無事でいなさいと言ったことばが、忘れられなかったことだ。

解説「幸くあれて」は「幸くあれと」、「けとばぜ」は「ことばぞ」の東国方言。旅立ちの際に頭をなでるのは、無事を祈る呪術的な行為であるとともに、愛情表現でもある。

ぢ-ぢゃう【治定】㊀(名・自サ変)定まること。きまりをつけること。決定。〔太平記〕一三「明日必ず配所へ赴き給ふべしと―ありけるその夜」訳明日は必ず配所に向かわれよと決定のあったその夜。㊁(名・形動ナリ)決まっているさま。必定である。確実である。〔風姿花伝〕「もし能よく出で来れば、勝つことは―あるべし」訳もし能がよくできれば、(競演で)勝つことは必定であろう。㊂(副)きっと。必ず。〔太平記〕一〇「今日の軍には―勝つべきいはれ候ふ」訳今日の戦いにはきっと勝つにちがいない理由がございます。

ちちよ-ちちよ(副)みのむしの鳴き声。昔、みのむしは鳴くものと信じられていた。多く「父よ」「乳よ」の意にかけていう。枕 四三「八月ばかりになれば、『―』とはかなげに鳴く、いみじうあはれなり」訳(みのむしの子が)陰暦八月ごろになるといつも、「ちちよ、ちちよ」(父よ、父よ)と頼りなさそうに鳴くのは、たいそう心をうたれる。

ちちわく-に(副)さまざまに。とやかく。〔金槐集〕「―心はわくとも人にいはめやも」訳さまざまに心は思い乱れるとも、人に言うだろうか(いや、言いはしない)。参考「万葉集」〈七・一三九八〉の「千各(かにかくに)」を「千分」と誤読したことから生じた語という。

ちつ【帙】(名)書物の損傷を防ぐためにおおい包むもの。古くは竹をすだれ状に編んだ帙簀だったが、後には厚紙に布をはったものが用いられた。

ち-と【些と】(副)量や程度がわずかなさま。ちょっと。少し。徒然二三六「この御社の獅子の立てられやう、定めてならひあることに侍らん。―承らばや」訳この(出雲の)お社の獅子の立てなさり方は、きっと由緒があることでございましょう。ちょっとお聞きしたいものだ。

ぢ-とう【地頭】(名)❶平安時代、荘園の領主との契約で、現地の管理にあたる職。また、その土地。❷鎌倉時代、幕府が公領や荘園に置いてこれを管理させた職名。租税を徴収して領家に納めた。また、京都・鎌倉の警備、罪人の裁判などをつかさどり、非常のときは軍役に従った。室町時代以降は小領主をいう。

持統天皇(ちとうてんわう)『人名』(六四五〜七〇二)第四十一代の天皇。天智天皇の第二皇女、天武天皇の皇后。和歌にすぐれていた。「小倉百人一首」に入集。

ちと-すうぜう【雉兎芻蕘】(名)〔「雉兎」はきじとうさぎの意から転じて、小動物をとる猟師。「芻」は草刈り、「蕘」はきこりの意〕猟師と草刈りときこり。細道石の巻「人跡まれに、―の往きかふ道」訳人通りもまれで、猟師や草刈り、きこりの行き来する道を。

ち-とせ【千歳・千年】(名)千年。長い年月。限りない年数。徒然七「―を過ぐすとも、一夜の夢のここちこそせめ」訳たとえ千年を過ごしても、一晩の夢のような気持ちがするだろう。

ち-どり【千鳥】(名)❶多くの鳥。❷チドリ科の鳥の総称。海辺や川瀬などに群れすむ。万葉六・九二五「ぬばたまの夜のふけゆけば久木生ふる清き川原に―しば鳴く」訳→ぬばたまの…和歌。⇩巻頭カラーページ9

ち-な【千名】(名)多くのうわさ。さまざまな評判。万葉四・七三二「わが名はも―の五百名に立ちぬとも」訳私の浮き名はさまざまの評判、多くのうわさとなって(高く)立ったにしても。

ちなみ【因み】(名)❶ゆかり。因縁。関係。細道越の松「丸岡天竜寺の長老、古き―あればたづぬ」訳汐越の松「丸岡天竜寺の住職は、旧知の間柄なので訪ねる。❷婚約すること。かたい契りを結ぶこと。〔雨月〕蛇性の婬「よき事なりて、やがて―をなしける」訳話はうまく進んで、すぐに婚約を取り結んだ。

ちな・む【因む】(自マ四)｛ま・み・む・む・め・め｝ある関係によって物事をする。契りを結ぶ。親しく交わる。〔悼松倉嵐蘭〕「予と―・む㊍こと十とせあまり九とせにや」訳(松倉嵐蘭は)私(=芭蕉)と親しく交わること十九年だろうか。

ち-ぬし【乳主】(名)❶乳母。めのと。❷乳母の子のうち、主人の子と同じころに生まれた子。源氏若菜上「つねにこの小侍従といふ御―をも、言ひ励まして」訳(柏木は)いつもこの小侍従という(女三の宮の)御乳母の子をも責め立てて。

ち-の-すぢ【血の筋】(名)先祖代々の血統。血のつながり。血縁。〔浄・冥途の飛脚〕「―は悲しい。仲のよい他人より旧離切った親子の親しみは世の習ひ」訳血のつながりは悲しい。仲のよい他人より、縁を切った親子の親しさ(がまさるの)は世間一般のならわしだ。

ち-の-なみだ【血の涙】〔漢語「血涙」から〕激しい悲しみや苦しみによって流す涙。竹取ふじの山「翁と嫗、―を流して惑へどかひなし」訳(竹取の)翁と嫗は、血の涙を流して思い乱れるがどうしようもない。

ち-ばな【茅花】(名)「つばな」に同じ。春

ち-は・ふ【幸ふ】(自ハ四)｛は・ひ・ふ・ふ・へ・へ｝〔「ち」は霊力の意、「はふ」は上の語を動詞化する接尾語〕霊力で守り助ける。加護する。万葉九・一七五三「女神も―・ひ㊊給ひて」訳女神も神の威力で助けてくださって。

ちはや【襅・襷】(名)❶上代、巫女の用いたたすき。のち、一般にも用いられた。❷巫女や先払いの神官などが着る衣服。白衣に、山藍で水草・蝶・鳥などの模様を染めつけ、袖は縫わずにこよりでくくりつけた。

ちはやひと【千早人】《枕詞》「ちはやぶる(=勢いの強い)人」である「氏」の意から同音の地名「宇治」にかかる。万葉七・一一三九「―宇治川波を」

ちはや-ぶる【千早振る】勢いの強い。荒々しい。〔記〕中「この沼の中に住める神いと―神なり」訳この沼の中に住んでいる神は、たいそう荒々しい神である。参考神の威力を表す「ち」に形容詞「疾し」の語幹「はや」の付いたものに、接尾語「ぶ」が付いた上二段動詞「ちはやぶ」の連体形と考えられている。

ちはやぶる【千早振る】《枕詞》強大な力を持つ意から「神」「うぢ」にかかる。万葉二・一〇一「―神そ着くといふ」。〔記〕中「―うぢの渡りに」

ちはやぶる… 和歌《百人一首》

> 枕詞
> ちはやぶる　神代もきかず　竜田川
> からくれなゐに　水くくるとは
> 〈古今・五・秋下・二九四・在原業平〉〈伊勢・一〇六〉

訳(不思議なことが起きたという)神代の昔でも聞いたことがない。竜田川が(散り流れる紅葉で)真紅に水をくくり染めにするとは。修辞「ちはやぶる」は「神」にかかる枕詞。「竜田川」は今の奈良県生駒郡を流れる川で、歌枕。紅葉の名所。解説詞書によると、屏風の絵に、竜田川に紅葉が流れるさまが描かれているのを題にして詠んだ歌。「くくる」はくくり染め(=しぼり染め)にすること。川面に紅葉がかたまりながら流れていくようすを、竜田川を擬人化して「くくる」といった。「小倉百人一首」の撰者藤原定家をはじめ、中世においては「潜る」と解していた。「伊勢物語」では実景を見てのものとなっている。第一・二句は五句に続くところを倒置して強調したもの。

ち-びき【千引き】(名)千人でやっと引けるほどの重さのもの。〔記〕上「建御名方の神、―の石を手末にささげて来て」訳建御名方の神が、千人で引くほどの重さの岩を手の先に(軽々と)さしあげて来て。

ちひさ-やか【小さやか】(形動ナリ)｛なら・なり(に)・なり・なる・なれ・なれ｝

〔「やか」は接尾語〕いかにも小さい感じがするさま。宇治 八・三「すずろに、―・なる㊍厨子仏をおこなひ出だしたり」訳（法師は）思いがけなく、小さな厨子に入るほどの仏を修行の結果出現させた。

ち-ひろ【千尋】（名）〔「ひろ」は長さの単位で、両手を左右に広げた長さ。中世では「ちいろ」とも〕一尋の千倍。非常に長いこと。また、非常に深いこと。平家 一一・先帝身投「二位殿やがて抱き奉り、『波の下にも都のさぶらふぞ』と慰め奉って、―の底へぞ入り給ふ」訳 二位殿（＝清盛の妻）がすぐに（安徳天皇を）お抱き申しあげ、「波の下にも都がございますよ」となぐさめ申しあげて、深い海の底へおはいりになる。名文解説 壇の浦の戦いで、二位の尼が孫の安徳天皇を抱いて入水する場面。平家の滅亡を悟り、自死を決意しながらも、「私をどこへ連れて行こうとするのか」と問う幼い天皇をなぐさめる祖母の優しさと気丈さが胸を打つ。

ち-ふ【茅生】（名）ちがや（＝イネ科の野草の名）の生えている所。茅原。万葉 一二・三〇五七「浅茅原―に足踏み心ぐみ」訳 浅茅原のちがやの生えている所に足を踏み入れて（足が痛むように）心が苦しいので。

ちふ〔「といふ」の転〕…という。万葉 五・八九七「痛き瘡には鹹塩をそそく―がごとく」訳 痛い傷口には塩水を振りかけるというように。

参考 上代には主として「ちふ」「とふ」が用いられ、中古以降は「てふ」が用いられた。

ぢ-ぶ【治部】（名）「治部省」の略。また、その役人。

ぢぶ-きゃう【治部卿】（名）治部省の長官。四位以上を任じ、多くは大・中納言や参議の兼任。「をさむるつかさのかみ」とも。

ぢぶ-しゃう【治部省】（名）律令制で、太政官八省の一つ。家々の姓氏を正し、五位以上の家の継嗣（＝あとつぎ）や婚姻・国忌・喪葬・雅楽・陵墓・僧尼関係の事務や外国使臣の接待などをつかさどる役所。→八省。⇩巻頭カラーページ31

ぢ-ぶつ【持仏】（名）❶自分の居室につねに安置し、また、いつでも身から離さず信仰している仏像。源氏 若紫「ただこの西面にしも、―据ゑ奉りて行ふ尼なりけり」訳 すぐ目の前のこの西向きの座敷にちょうど、つねに安置している仏像をお据え申しあげて勤行する人は尼なのであった。❷「持仏堂」の略。

ぢぶつ-だう【持仏堂】（名）持仏または、先祖の位牌などを安置しておく場所。徒然 七二「賤しげなるもの、…―に仏の多き」訳 下品な感じがするもの、…持仏堂に仏が多いこと。

ちぶり-の-かみ【道触りの神】「ちふりのかみ」とも。旅人を守護し、陸路や海路の安全を守る神。行路の神。土佐「わたつみの―にたむけする幣の追ひ風やまず吹かなむ」訳 大海の海路の守護神に供え物として捧げる幣を（東の方に）吹き散らした追い風よ、（早く東の都に着くように）絶えず吹き続けてほしい。

ち-へ【千重】（名）幾重にも重なっていること。万葉 五・八六六「はろはろに思ほゆるかも白雲の―に隔てる筑紫の国は」訳 はるか遠くに思われることよ。白雲が幾重にも重なって隔たっている筑紫の国（九州地方）は。

ちへ-しくしく-に【千重頻く頻くに】「ちへにしくしくに」に同じ。

ちへ-なみ【千重波・千重浪】（名）幾重にもつぎつぎと寄せてくる波。万葉 六・九三一「朝なぎに―寄せ」

ちへ-に-しくしく【千重に頻く頻く】「ちへしくしくに」とも。何度も繰り返し。きわめて頻繁に。万葉 一一・二五五二「情には―思へども使ひを遣らむすべの知らなく」訳 心の中では何度も繰り返し思うけれども、使いを送ろうにもその方法がわからないことよ。

ちへ-に-ももへ-に【千重に百重に】幾重にも幾重にも。万葉 一一・二九一〇「心には―思へれど人目を多み妹に逢はぬかも」訳 心の中では幾重にも幾重にも思っているけれども、人目が多いのであなたに逢わないことよ。

ち-まき【茅巻・粽】（名）餅を笹、または、まこもの葉で巻いて蒸したもの。端午の節句に食べる。夏

（ちまき）

ち-また【巷・岐】（名）〔「道股」の意〕❶道の分かれる所。つじ。追分。万葉 一二・二九五一「海石榴市の八十の―に立ち平し」訳 海石榴市（＝奈良県の地名）のいくつにも分かれたつじで、地を踏んで平らにして。❷道。町通り。街路。転じて、世間。この世。今昔 七・四三「門の内の南北に大きなる一つの―（＝町通り）あり」❸ある物事の行われている所。場所。〔太平記〕七「ともに敵の手にかからば、冥途までも同じ―に伴ふべし」訳 ともに敵に殺されるならば、あの世までも同じ場所に連れだって行こう。

ぢ-もく【除目】（名）〔「除」は前の官を除く、「目」は新任者を目録に記載する意〕**大臣以外の諸官職を任命する行事。**京および宮中の官吏を任ずる秋の「司召しの除目」と、地方官を任ずる春の「県召しの除目」などがあり、他に「臨時の除目」もあった。枕 二五「すさまじきもの　…―に司得ぬ人の家」訳 興ざめなもの、…官吏任命式で官職を手に入れ（ることができ）ない人の家。

ぢゃ（助動特殊型）〔「である」の略「であ」の転〕❶（体言、活用語の連体形に付いて）断定の意を表す。…だ。…である。〔天草本平家・二〕「日の入る方は極楽ぢゃ㊚と聞くが」訳 日が沈む方角は極楽であると聞くが。〔天草本伊曽保〕「このことは浅からぬ不審ぢゃ㊍ほどに、思案をして答へうずる」訳 このことはよくわからない疑問だから、考えて答えよう。文法「答へうずる」は、「答へむずる」の転。〔浄・曽根崎心中〕「ここで晩まで日暮らしに酒にするぢゃ㊚と贅言うて」訳 ここで晩まで一日じゅう酒を飲むのだと贅沢を言って。❷（「親・父・母・兄・姉」など親族関係を表す語を受ける連体形の用法）資格を示す。…である。…にあたる。〔浄・心中天の網島〕「姑は叔母ぢゃ㊍人、親同然」訳 姑は叔母にあたる人で、親と同じようなもの。❸（疑問・不定を表す語を受けて）㋐疑問の意を表す。…か。…なのか。〔浄・曽根崎心中〕「今のは何ぢゃ㊍」訳 今の（物音）は何なのか。㋑反語の意を表す。…（であるか（いや、そうではない）。〔狂・素袍落〕「こなたの舞を誰が誉むるものぢゃ㊍」訳 あなたの舞をだれがほめるも

のか(いや、だれもほめない)。❹(「…て」「…に」を受けて)軽い敬意を表す。…おいでだ。〔浄・冥途の飛脚〕「親仁さまは…狂乱になって**ぢゃ**㊇」訳お父さまは…狂乱になっておいでだ。〔浄・堀川波鼓〕「彦九郎様は江戸に**ぢゃ**㊇わいの」訳彦九郎さまは江戸においでだよねえ。

接続 名詞および用言の連体形、助詞「の」などに付く。

活用	
未然	ぢゃら (ウ)
連用	〈で〉 (アル) ぢゃっ (タ)
終止	ぢゃ (〇)
連体	〈な〉 (コト) ぢゃ ぢゃる
已然	○
命令	○

文法 (1)「ぢゃ」は室町時代に「である→であ→でぁ→ぢゃ」という変化で生じたものらしい。初期の用例に終止形と連体形しかないのは、

「これは全く頼朝が高名ではない。ひとへに天道の御計らひ**ぢゃ**」〈天草本平家・二〉

の例で明らかなように、「で」が連用形にあたるはたらきをしていたからであると考えられる。未然形の「ぢゃら」、連用形の「ぢゃっ」、連体形の「ぢゃる」は、「ぢゃある」の融合形かといわれる。

「ただ人には馴れまじものぢゃ。馴れての後に…大事**ぢゃる**もの」〈閑吟集〉

連体形の「な」は「なり」の連体形「なる」から生じたもので系統は異なる。

「なんと聞きごと**な**(＝聞く価値があるものである)講釈五銭づつには安いもの」〈浄・大経師昔暦〉

のように形容動詞の活用語尾の性格をもつものもある。

(2)「**ぢゃない**」 「おのれ(＝おまえ)がやうに友達を騙って倒す男**ぢゃない**」〈浄・曽根崎心中〉とある「ぢゃない」は、「ありゃ徳さま**ではない**かいの」〈同〉とある「ではない」(「で」は「ぢゃ」の連用形、「は」は係助詞)の転じたもので、一語の助動詞の「ぢゃ」に「ない」の付いた形ではない。

ぢゃ ジャ【助動詞「ぢゃ」の連用形「で」に係助詞「は」の付いた「では」の転】…では。…じゃあ。〔浄・曽根崎心中〕「おう、あれ―何も話されぬ(＝話ができない)」

-ちゃう チョウ【張】(接尾) ❶弓・琵琶など、弦を張ったものを数える語。宇治 四・一四「まゆみの黒ぬりなるを、一―参らせたりけるを」訳檀の木で作った丸木弓の黒ぬりであるのを、一張献上したが。❷幕・蚊帳など、つって張るものを数える語。はり。❸紙などを数える語。今昔 六・四一「懐の中より一―(＝一通)の文書を抜き出で(＝抜き出し)」

ちゃう チョウ【庁】(名) ❶役所。官庁。今昔 二七・九「―の内をのぞけば、火も消えにけり」訳役所の中をのぞくと、明かりも消えてしまっていた。❷特に、検非違使の役所。今昔 二八・一三「その延正を召して、―にくだされにけり」訳(花山院は)その延正をお呼び出しになって、検非違使の役所にお下しになったのだった。

ちゃう チョウ【町・丁】(名) ❶市街地。町。❷土地の面積の単位。一町は一段の十倍で、約一万平方メートル。❸長さの単位。一町は六十間で、約一〇九メートル。❹奈良・平安時代の都城制で、長さ、また面積の単位。一町は四十丈で、約一二〇メートル、また四十丈四方で、約一二〇メートル四方。十六町で一坊となる。❺江戸吉原の異称。お町。

ちゃう チョウ【帳】(名) ❶部屋をくぎったり、人目をさけたりするために垂れ下げる布。とばり。垂れ絹。竹取「かぐや姫の生ひ立ち「―のうちよりも出ださず、いつき養ふ」訳(翁はかぐや姫を)とばりの内からも出さず、たいせつに養い育てる。❷「帳台①」の略。❸収入・支出などを記入する帳面。大福帳。〔浄・心中天の網島〕「一夜の他出も留守居へ断り、―に付く」訳一晩の外出も留守番に断り、帳面に記録する。

-ぢゃう ジョウ【丈】(接尾) 役者などの名に添えて呼ぶ敬称。「市川団十郎―」

ぢゃう ジョウ【丈】(名) ❶長さの単位。一丈は一尺の十倍で、約三メートル。

古語ライブラリー㉚

四つ仮名――じ・ぢ・ず・づ

今日では「富士」も「藤」もフジと発音されて、仮名では「ふじ」と書かれる。だが、少なくとも平安時代末期までは「富士」はフジであり、「藤」はフディであって、仮名をあてるとすれば、「ふし」と「ふち」であった。当時はまだ濁音符(濁点)をつける習慣はなかった。

同様に、「傷」はキズ「きす」であり、「気遣ひ」はキドゥカウィ「きつかひ」であった。

室町時代になると、ディ→ヂ、ドゥ→ヅの変化が起きた。ジとヂ、ズとヅは似通った音であるが、当時は明確に発音し分けていた。

室町時代の文献資料のなかで『天草版平家物語』『天草版伊曽保物語』『天草版金句集』『日葡辞書』などはローマ字で書かれていて、いわゆるキリシタン資料として知られている。『日葡辞書』(一六〇三)ではジとヂ、ズとヅが次のように書き分けられている。

ジ	Fajime	始め	Fuji	不時
ヂ	Fagi	恥	Fugi	藤・不治
ズ	Qizu	傷	Zuijin	随身
ヅ	Qizzucai	気遣い	Zzujǒ	頭上

近世、江戸時代になると、一般にはジとヂ、ズとヅを発音し分けることがむずかしくなってきた。肘・泥・非時の二拍目はジなのかヂなのか、屑・葛の二拍目はズなのかヅなのか。

ふつうは今日と同じように、前者はヒジ、後者はクズと発音する。そこで、仮名で書く場合に「じ・ぢ」「ず・づ」のどちらにするかは仮名遣いの問題だと考えられるようになり、四つ仮名専用の仮名遣い書として、書名に四つ仮名の蜆・縮・涼・鼓を配した鴨東蔌父著『仮名文字使蜆縮涼鼓集』(一六九五)が編まれるに至った。肘・泥はひぢ、非時はひじであり、屑はくず、葛はくづである。

❷〔「杖」とも書く〕中世の土地の面積の単位。一丈は一段の五分の一。七十二歩。

ぢゃう【定】(名) ❶それと決まったこと。きまり。必定。宇治 一五・四「うるはしく装束きて、冠、老い懸けなど、あるべき―にしければ」訳(門部府生という舎人は)端正に衣装を身につけて、冠・老い懸け(=冠の緒に付ける飾り)など、当然のきまりどおりにしたので。❷《仏教語》精神を統一し、沈思して真理に達すること。禅定。〔太平記〕三「大師、勅を承って、まづ一七日の間―に入り」訳 弘法大師は勅命をお受けして、まず初七日の間禅定に入って。❸そのとおり。真実。宇治 一・二「その里の人の夢にも、この―に見えたりとて」訳 その里の(他の)人の夢にも、このとおりに見えたということで。❹ようす。程度。平家 一・祇王「この―では、舞も定めて良かるらん」訳 このようすでは、舞もきっと上手だろう。❺(接続詞のように用いて)…とはいうものの。…であるが。平家 一一・那須与一「小兵といふ―十二束三ぶせ」訳(与一は)からだが小さいとはいうものの(矢の長さは)十二束三伏せ(の大矢であり)。(「束」は指四本を並べた幅、「伏せ」は指一本の幅。ふつうの矢は十二束)

ぢゃう【諚】(名)貴人の仰せ。命令。平家 一一・那須与一「御―で候へば、仕ってこそ見候はめ」訳 ご命令でございますから、いたしてみましょう。

ちゃう-か【長歌】(名)「ながうた」とも。和歌の一形式。五・七の句を三回以上繰り返し、終わりを七・七で結ぶ。あとに反歌をつけるのがふつうである。「万葉集」には約二百六十首収められているが、平安時代以降衰微し、「古今集」ではわずか五首になった。↔短歌

ぢゃう-ぎ【定器】(名) ❶日常用いるうつわ。❷米などの供物を盛って仏前に供えるうつわ。

ちゃう-ぎゃう【張行】(名・他サ変) ❶遠慮なく事を行うこと。強行すること。平家 一・俊寛沙汰 鵜川軍「非法非例を―・し(用)」訳(西光の子師高は)法や先例にはずれたことを強行し。❷連歌の会・興行などを行うこと。

ちゃう-ぎん【丁銀・挺銀】(名)江戸時代の銀貨の名。なまこ形で、鋳造者の名、「定是」「宝」などの文字、または大黒天の像などの極印がある。慶長丁銀・元禄丁銀など種類が多い。重さは四十三匁(=約一六一グラム)前後。計量して使用した。

(ちゃうぎん)

ぢゃうぐゎん-でん【貞観殿】(名)内裏の殿舎の名。後宮七殿の一つ。中央の最北、常寧殿の北に位置する。皇后宮の正庁で、大夫以下が参集して後宮の事務をとった。事務長には女性が任命され、別当とよばれた。⇩巻頭カラーページ32

ちゃう-けん【長絹】(名) ❶絹布の一種。美しいつやのある絹織物。直垂・水干・直衣・狩衣などを仕立てるのに用いた。平家 四・橋合戦「源三位入道は、―の鎧直垂に科皮縅の鎧なり」訳 源三位入道(=源頼政)は、長絹の鎧直垂(=鎧の下に着用する衣服)に科皮縅の鎧(=藍革にしだの葉の文様を染めたもので縅した鎧)である。❷「長絹の水干」の略。①で仕立てたもので、直垂に似て袖くくりのある武士の衣服。

ぢゃう-ごふ【定業】(名)《仏教語》未来に報いを受けることが定まっている行為。善の定業は幸福を、悪の定業は苦悩を受けるという。平家 三・医師問答「是即ち、―の病いやさざる事を示さんがためなり」訳 これ(=釈迦の入滅)はつまり、定められた業因の報いによる病気は治らないことを示そうとするためである。

長恨歌(ちやうごんか)《作品名》中国、唐の詩人白居易(=白楽天)作の長編の叙事詩。八〇六年成立。七言古詩百二十句から成る。唐の玄宗皇帝が愛妃楊貴妃を亡くした悲恋の情をうたったもの。

ちゃう-ざ【長座】(名・自サ変)訪問した先に長くいること。長居すること。〔浮・西鶴諸国ばなし〕「『よい年忘れ、ことに―』と千秋楽をうたひ出し」訳「気持ちのよい年忘れの会(だった)ので、ことのほか長居(をした)」と(宴会の終わりにうたう謡の)千秋楽をうたい出し。

ぢゃう-ざ【定者】(名)「ぢゃうじゃ」に同じ。

丈草(ぢやうさう)《人名》→内藤丈草

ちゃう-じ【丁子・丁字】(名) ❶熱帯地方原産の常緑高木。花は淡紅色で香気が強い。つぼみは乾燥して香料・染料・薬剤とする。❷「丁子香」の略。①のつぼみから製した香料。宇治 三・一八「沈、―を、濃く煎じて入れたり」訳 沈や丁子香を、濃く煮つめて入れてある。❸「丁子色」の略。黄色がかった淡紅色。源氏 蜻蛉「―に深く染めたるうす物の単衣を」訳 丁子色に濃く染めた薄物の単衣を。⇩巻頭カラーページ10

ちゃう-じ【停止】(名・他サ変)差し止めること。禁止。平家 二・座主流「天台座主明雲大僧正、公請を―・せ(未)らるるうへ」訳 天台座主(=比叡山の諸寺を統領する僧)明雲大僧正は、公の法会に召される資格を差し止められるうえに。

長秋詠藻(ちやうしうえいさう)《作品名》平安末期の家集。藤原俊成自撰。治承二年(一一七八)成立。歌数四百八十首。俊成の叙情的な幽玄体の歌風がうかがえる。

ちゃうじ-ぞめ【丁子染め】(名)丁子のつぼみを煎じた汁で染めること。また、そのもの。黄味がかった淡紅色。源氏 宿木「―の扇のもてならし給へる移り香などさへたとへむ方なくめでたし」訳 丁子染めの扇の、(薫が)お使いならしになった(ゆえの)移り香などまでも、たとえようもなくすばらしい。

ちゃう-じゃ【長者】(名) ❶氏族の長。平家 四・南都牒状「罪なき―を配流せらる」訳(清盛は)罪もない氏族の長(=関白基房)を流罪になさる。❷金持ち。富豪。宇治 九・八「―の家にかしづく女のありけるが」訳 金持ちの家で大切に育てている娘がいたが。❸駅家の長。駅長。〔謡・朝長〕「これは青墓の―にて候ふ」訳 私は青墓(=地名)の駅長でございます。❹駅長を兼ねた遊女屋の主人。平家 一〇・海道下「かの宿の―、ゆやが娘、侍従がもとにその夜は宿せられけり」訳 その(池田の)宿の遊女のかしら、熊野の娘、侍従のところに(重衡は)その夜は泊まられた。❺京都の東寺の長の称。

ぢゃう‐じゃ ―【定者】(名)《仏教語》「ぢゃうざ」とも。大法会の行道(=僧が列を作って仏像・仏堂の周囲をめぐる儀式)のとき、香炉を持って行列の先頭に立つ二人の僧。枕 五「いみじく―などいふ法師のやうにねりさまよふ」訳(少女たちはたいそう(きどって)定者などという法師のようにゆっくり歩き回る。

ちゃう‐ず【長ず】(自サ変){ぜ・じ・ず・ずる・ずれ・ぜよ}❶成長する。そだつ。今昔 二・三〇「皆、勢―・じ(用)て、おのおの夫妻をあひ具せり」訳(長者の七人の子供は)みな、からだも大きくなって、それぞれ(結婚して)夫婦となっていた。
❷すぐれる。上手になる。徒然 一六七「一道にもまことに―・じ(用)ぬる人は」訳(ある)一つの芸道でもほんとうに熟達した人は。
❸はなはだしく好む。ふける。〔義経記〕「酒に―・じ(用)たる男にて」訳酒をはなはだしく好んでいる男であって。
❹年上である。年長である。〔太平記〕五「年―・ぜ(未)るを先達に作り立て」訳年の長じている者を先導の山伏に仕立てて。文法「年ちゃうぜるを」の「る」は、完了(存続)の助動詞「り」の連体形。

ちゃう‐ず【打ず】(他サ変){ぜ・じ・ず・ずる・ずれ・ぜよ}打ちたたく。なぐる。宇治 九・六「見るに、―・ぜ(未)んこといとほしくおぼえければ」訳(年老いた郡司を見ると、(むちで)打ちたたくようなことがふびんに思われたので。

ちゃうせい‐でん【長生殿】(名)中国、唐代の離宮。華清宮内の宮殿の一つで、玄宗皇帝が楊貴妃を伴ってしばしば行幸したという。

ちゃう‐せん【庁宣】(名)❶検非違使庁の長官である別当から命令として発した公文書。勅宣に準じて重んじられた。別当宣。
❷院の庁(=上皇・法皇が政務をとる役所)から下した公文書。
❸在京の国司が任地に命令を知らせた公文書。

ちゃう‐だい【帳台】(名)❶寝殿造りの母屋の中に床を一段高く作り、四すみに柱を立て四方に帳(=幕)をたらし、天井をつけたもの。貴人の寝所・座所。⇩巻頭カラーページ21
❷「帳台の試み」の略。陰暦十一月の中の丑の日、天皇が常寧殿の「帳台①」で、五節の舞の下稽古を見ること。また、その下稽古。

(ちゃうだい①)

ちゃう‐ちゃう【丁丁・打打】(副)物を続けて打つ音。著聞 五三一「鉦をあまたたび―と物騒がしげに打ちて」訳鉦を何度もカンカンといかにも騒々しく打って。

ちゃう‐ちゃく【打擲】(名・他サ変)打ちたたくこと。なぐること。〔太平記〕三「紅葉の枝を奪ひ取り、散々に―・し(用)て(=打ちたたいて)」

ちゃう‐ど【長途】(名)「ちゃうと」とも。長い道のり。遠い旅路。長旅。〔冬の日〕「笠は―の雨にほころび(=破れ)」

ちゃう‐ど【丁ど】(副)「ちゃうと」の転」❶物が激しく打ち当たる音にいう語。がちんと。はっしと。平家 四・橋合戦「あまりに強う打ち当てて、目貫のもとより―折れ」訳(敵のかぶとに)あまりに強く(太刀を)打ち当てて、目貫(=柄と刀身を固定する金具)のところからがちんと折れて。
❷目に角を立ててにらむさま。はたと。はったと。平家 五・物怪之沙汰「入道相国を―にらまへて、まだたきもせず」訳(しゃれこうべの目が)入道相国(=平清盛)をはったとにらみつけて、またたきもしない。

ちゃう‐にん【停任】(名・他サ変)処罰として役人の職務を一時やめさせること。平家 一・二代后「死罪・流刑・闕官・―常に行はれて」訳(罪に応じて)死刑・流刑・解官・一時的な免官がつねに行われて。

ちゃう‐はい【停廃】(名・他サ変)とりやめること。廃止すること。平家 二・座主流「国司師高これを―の間」訳(加賀の国司師高がこれ(=天台座主の領地)を廃止するので。

ちゃう‐はん【丁半】(名)❶すごろくの賽の目の、偶数(=丁)と奇数(=半)。
❷二個の賽を振って、その合計が丁か半かを賭けるばくち。丁半博奕。

ちゃう‐ぼん【張本】(名)悪事をたくらむ者のかしら。張本人。著聞 四三六「後鳥羽院の御時、交野八郎といふ強盗の―(=かしら)ありけり」

ぢゃう‐みゃう【定命】(名)《仏教語》前世の因縁によって定まっている、人の寿命。〔浮・日本永代蔵〕「我は行年六十三、―さし引きなしに浮き世の帳面さらりと消して」訳私は今年で六十三歳、定められた寿命に貸し借りはなしで浮き世の帳面からさらりと消して。

長明(ちゃうめい)【人名】→鴨長明

ちゃう‐もん【聴聞】(名・他サ変)説法や法話などを聴くこと。徒然 一三八「ひとり顔深くかくして―・し(用)侍りしに」訳(私=兼好法師が)一人で顔を深く隠して説法を聴いておりましたところ。

ぢゃう‐もん【定紋】(名)家ごとに代々決まっている紋所。家紋。〔浮・好色一代男〕「梨子地の塗り長持に―を付けて」訳梨子地(=金粉や銀粉を散らした模様)の漆塗りを施した長持に家紋を付けて。

ちゃう‐や【長夜】(名)《仏教語》「ぢゃうや」とも。人間が、煩悩のために悟りを得ずに迷い、生死の苦界を脱することのできない状態を、長い夜にたとえたもの。平家 一〇・高野御幸「六大無碍の月天かかやき、―を照らし給へり」訳六大(=万象を形づくる、地・水・火・風・空・識の六種の要素)に遮られない月が輝き、悟りを開けずに迷う長い夜をお照らしになった。

ちゃうや‐の‐やみ【長夜の闇】《仏教語》「ぢゃうやのやみ」とも。人間が悟りを開けず迷うことを、長い夜の暗闇にたとえたもの。源氏 夕霧「女人のあしき身を受け、―に惑ふは」訳(成仏の難しい)女という罪深い身に生まれ、果てしなく続く夜の暗闇の中で迷うのは。

ちゃう‐らい【頂礼】(名・他サ変)《仏教語》仏教における最敬礼。仏や尊者に対し、頭を地につけて相手の足もとを拝する。今昔 一・二「太子の御足を―・し(用)て」訳太子の御足もとにひれ伏し最敬礼をして。

ちゃう‐らう【長老】(名)《仏教語》❶学徳ともにすぐれた年長の僧。

❷禅宗で、寺の住職や先輩の僧を呼ぶ語。〔浮・好色五人女〕「ー様の寝間にも赤子泣く声」訳ご住職様の寝室にも赤ん坊の泣く声(がし)。

ちゃう-り—【長吏】(名)❶地方役人の長。おもだった役人。平家 一・禿髪「京師のー、これがために目をそばむと見えたり」訳都のおもだった役人は、これ(=警護の武士)のために(為政者の横暴から)目をそらしている(とある「長恨歌伝」の情況に同じだ)と見えた。

❷《仏教語》勧修寺・園城寺(=三井寺)・延暦寺などの寺務をつかさどる、地位の高い僧。

ちゃう-れんが—【長連歌】(名)連歌様式の一つ。鎖連歌。→連歌

ぢゃう-ろく—【丈六】(名)❶「一丈六尺(=約四・八五メートル)」の略。仏像の標準的な高さ。今昔 六・二「釈迦如来、ーの姿に紫磨黄金の光を放ちて」訳釈迦如来は、一丈六尺の姿で紫色を帯びた黄金の光を放って。

❷「丈六の仏」の略。

ぢゃうろく-の-ほとけ—【丈六の仏】立った高さが一丈六尺(=約四・八五メートル)の仏像。座像では八尺余りとなる。丈六仏。丈六。徒然 二五「ー九体、いと尊くて並びおはします」訳一丈六尺の阿弥陀如来像が九体、たいそう尊いようすで並んでいらっしゃる。

ちゃく-し【嫡子】(名)正妻の生んだ、家を継ぐ男子。世継ぎ。嫡男。平家 四・競「源三位入道のーの仲綱のもとに、九重に聞こえたる名馬あり」訳源三位入道(=源頼政)の嫡男(である)仲綱の所に、宮中で評判になっている名馬がいる。

ちゃく・す【着す・著す】━(自サ変){せ・し・す・する・すれ・せよ}届く。到着する。著聞 四九「天童十人出現して、船をになひて岸にー・し用けり」訳天童(=仏法を守護する神が少年の姿となって人間界に現れたもの)が十人現れて、船をかついで岸に到着した。

━(他サ変){せ・し・す・する・すれ・せよ}着る。身につける。持つ。〔謡・羽衣〕「少女は衣をー・し用つつ」訳天女は羽衣を身につけながら。

ぢゃく・す【着す・著す】(自サ変){せ・し・す・する・すれ・せよ}心がとらわれる。執着する。方丈 五「閑寂にー・する体もさはりなるべし」訳世を離れた静かな生活に執着するのも(真の仏の道に入るためには)さまたげであろう。

ちゃく-そん【嫡孫】(名)嫡子の嫡子。跡取りである孫。平家 二・徳大寺之沙汰「やがて三男知盛、ー維盛もあるぞかし」訳(清盛の嫡子重盛と次男宗盛に)ひき続いて(大将になるはずの)三男知盛と家督を継ぐべき孫(の)維盛もいることだよ。

ちゃく-たい【着帯・著帯】(名)妊娠五か月目に、腹帯(=岩田帯)をしめること。また、その儀式。平家 三・赦文「六月一日、中宮(の)御ーありけり」

ちゃく-たう—【着到・著到】(名)❶役所に出勤した役人の姓名を記入する帳簿。出勤簿。著聞 五三〇「弁、ーを取り寄せて」訳弁官は出勤簿を取り寄せて。

❷出陣のとき、集合した軍勢の名を書き留めたもの。着到帳。平家 二・烽火之沙汰「小松殿には、盛国承ってー付けけり」訳小松殿(=平重盛邸)では、盛国が(命令を)承って着到帳を付けた。

❸「着到和歌」の略。幾人かの歌人が、百日間毎日題を変えて一首ずつ歌を詠むこと。また、その和歌。

ちゃく-なん【嫡男】(名)「ちゃくし」に同じ。

ちゃたう-てんもく—【茶湯天目】(名)仏前に供える煎茶を入れる天目茶碗(=浅く開いたすりばち形の茶碗)。〔浮・好色五人女〕「おーも仮(=まにあわせ)の飯椀となり」

ぢゃ-に-よっ-て—…であるから。…なので。〔狂・栗焼〕「四十の栗ー、まだあとに四つあるはずぢゃ」訳四十個の栗だから、まだあとに四つあるはずだ。

なりたち 助動詞「ぢゃ」の連体形「ぢゃ」＋格助詞「に」＋四段動詞「因る」の連用形「より」＋接続助詞「て」＝「ぢゃによりて」の促音便。→ぢゃ(助動)

ちゃ-ぶね【茶船】(名)❶近世、運送用に用いた小さな船。

❷他の船の客に飲食物を売る川船。

ちゃ-や【茶屋】(名)❶峠や観光地などにあって、旅行者に茶菓を出して休息させる店。茶店。

❷遊里の内または外にあって、飲食や遊興を業とする店。色茶屋・引き手茶屋などがあった。

ちゅう【中】(名)❶程度や大きさが中くらいであること。よくも悪くもないこと。〔うつほ〕蔵開中「ーの盤に、…御合はせなど持て参れり」訳中くらいの食器に、…御おかずなどを持って参上した。

❷かたよらないこと。中庸。

❸空中。虚空。宙。

❹横笛の吹き口から二番目の穴。

ちゅう【忠】(名・形動ナリ)❶真心をもって相手に接するさま。

❷臣下が主君に真心を尽くすさま。忠義。平家 二・教訓状「四海の逆浪を静むることは無双のー・なれ已ども」訳世の中の乱れを静めることは、並ぶもののない忠義であるが。

ちゅう【誅】(名)罪のある者を討伐すること。徒然 二一「君の寵をも頼むべからず。ーを受くることすみやかなり」訳主君の寵愛をも頼りにできない。(主君の怒りにあえば)罪を負って殺されることがたちまち(に起こるから)である。

ちゅう〘宙〙⇩ちう

ちゅう-いん【中陰】(名)《仏教語》「ちゅうう」に同じ。

ちゅう-う【中有】(名)《仏教語》人の死んだのち、まだ未来の生をうけない、四十九日の間。霊魂が生と死の中間にあって迷っている間。七七日。中陰。今昔 三・二八「まづーといひて生いまだ定まらぬ程は」訳まず中有といって(未来の)生がまだ定まらない間は。

ちゅうう-の-たび【中有の旅】霊魂が「中有」をさまようこと。冥途の旅。死出の旅。平家 六・入道死去「黄泉ーの空に、唯一所こそ赴き給ひけめ」訳(平清盛は)冥途への死出の旅の空に、たった一人でご出発なさったのだろう。⇩果つ「慣用表現」

ちゅう-ぎ【中儀】(名)元日・白馬・端午・豊の明かりの節会など、重要度が中程度の宮中の儀式の総称。六位以上の者が参列する。平家 五・富士川「公卿参列して、ーの節会行はる(=行われる)」

ちゅう-きん【忠勤】(名)真心を尽くして勤め励むこと。平家 二・教訓状「君の御ためにはいよいよ奉公のーを

尽くし」訳 主君(=後白河法皇)の御ためにはますますお仕えするときの忠義を尽くした勤めに精一杯励み。

ちゅう-ぐう【中宮】(名) ❶律令制で、三宮(=皇后・皇太后・太皇太后)の総称。❷(醍醐天皇の時代以降)皇后の別称。〔栄花〕月の宴「藤原安子と申して、今は、―と聞こえさす」訳 藤原安子と申し上げて、今は、皇后と申し上げる。❸(一条天皇の代に、定子を皇后、彰子を中宮としてから)皇后と同資格の后の称。この後、二人の后がおかれるときは、多く、もとの后を皇后、新しい后を中宮と称した。身分や待遇に違いはない。大鏡 道長上「女君は、…十二にて后に立ち給ひて、―と申ししほどに」訳 女君(=藤原道長の娘彰子)は、…十三歳で后にお立ちになって、中宮と申し上げていたときに。❹中宮の御所の称。源氏 野分「―の御前に、秋の花を植ゑさせ給へること、つねの年よりも見どころ多く」訳 中宮の御所の前のお庭に、秋の草花をお植えになられているようすが、(今年は)例年よりも見所が多く。文法「植ゑさせ給へる」の「させ」は、尊敬の助動詞「さす」の連用形。

発展 「中宮」の起源

「中宮」は、律令制で三宮の居所の宮殿をさす称であったものが、三宮をさす称として用いられたもの。しかし、聖武天皇の母(=藤原宮子)を中宮と称してから、平安時代初期までは天皇の母をさす称として多く用いられた。以後、②③と変遷してゆく。

ちゅうぐう-しき【中宮職】(名)律令制の官司の一つ。中務省に属し、皇后・皇太后・太皇太后の三宮の文書事務や庶務を取り扱った。のちには、「中宮③」に関する事務を扱った。

ぢゅう-くゎ【重科】(名)重い罪。重罪。

ちゅう-げん【中元】(名)節日の一つ。陰暦七月十五日の称。中国の道教の説による習俗だったが、後に仏教の盂蘭盆と混同されて、この日、仏に物を供え、冥福を祈るようになった。秋

ちゅう-げん【中間】□一(名) ❶二つの物事の中間。あいだ。徒然 二二〇「二月涅槃会より聖霊会までの―を指南とす」訳 陰暦二月(十五日)の涅槃会から(同月二十二日の)聖霊会までのあいだ(の鐘の音)を(舞楽の楽器の調律の)標準とする。❷「中間男」の略。〔太平記〕二六「和田が―走り寄りて、首かき切って差し上げたり」訳 和田の召使が走り寄って、(敵兵の)首をかき切って(高く)差し上げた。□二(形動ナリ){なら・なり(に)・なり・なる・なれ・なれ}どっちつかずだ。中途半端だ。枕 八「―・なる体折に、『大進まづもの聞こえむとあり』と言ふを」訳 中途半端な時に、「大進(=中宮職の三等官である生昌)が、(清少納言に)ともかくもお話し申しあげたいと言っている」と言うのを。

ちゅうげん-ほふし【中間法師】(名)雑用を務める地位の低い僧。

ちゅうげん-をとこ【中間男・仲間男】(名)侍と小者との間に位する武家の召使。また、武家奉公の下男。中間。

ちゅう-ごく【中国】(名) ❶山陽道の称。山陰道と南海道の中間にあるのでいう。のち、山陰道も含めていう。〔太平記〕三八「九国・―ことごとく御敵にくみすといふとも何の恐れか候ふべき」訳 九州・中国がことごとくみな御敵に味方するといっても、何の心配がございましょうか(いや、何の心配もございません)。❷律令制で、都からの遠近で全国を遠国・中国・近国に分けたものの一つ。延喜式では、遠江(静岡県)・信濃(長野県)・甲斐(山梨県)・出雲(島根県)など十六か国。→遠国② ❸平安時代、面積・人口などで国の等級を四種に分けた、その第三位。大国・上国・下国に対する。安房(千葉県)・丹波(京都府・兵庫県)・土佐(高知県)など十一か国。

ちゅう-ごしゃう【中小姓】(名)武家の職名。小姓組と徒士衆との間に位置する。〔浮・西鶴諸国ばなし〕「この男やうやう―ぐらゐの風俗、女のすかぬ男なり」訳 この男はようやく中小姓程度の身なりで、女の好かない(容姿の)男である。

ちゅう-しう【仲秋・中秋】(名) ❶【仲秋】陰暦八月の称。七・八・九月の秋の三か月の、中の月。秋。〔栄花〕おむがく「琥珀葉は―黄葉のごとし」訳 琥珀色をした葉は陰暦八月の黄葉のようである。❷【中秋】陰暦八月十五日の称。秋

ちゅう-じゃう【中将】(名)近衛府の次官。左右に分かれ、正と権とがある。枕 一三「ただいまの関白殿、三位の―と聞こえける時」訳 現在の関白様(=藤原道隆)が、(まだ)三位の中将と申し上げたころ。→次官

発展 「中将」のさまざま

「中将」は、従四位下相当官であるが、三位でこの職にある場合、特に「三位の中将」という。また、蔵人の頭を兼任する場合は「頭の中将」、参議を兼任する場合は「宰相の中将」という。大臣や摂関家の子弟が十代で就任する出世コースであった。

ちゅうしょ-わう【中書王】(名)親王で、中務卿に任命された者の称。徒然 六「前の―、九条太政大臣、花園の左大臣、皆族絶えん事を願ひ給へり」訳 前の中書王、九条の太政大臣、花園の左大臣、(これらの方は)みな一族が絶えることを願いなさった。

ちゅう-しん【注進】(名・他サ変)事変や事情を主君などに急いで報告すること。〔狂・武悪〕「ちと、そなたへ―あって参った」訳 ちょっと、貴殿に急いで報告することがあって参上した。

ちゅう-す【誅す】(他サ変){せ・し・す・する・すれ・せよ}罪のあるものを殺す。死刑にする。平家 二・西光被斬「獄より引き出だされ、六条河原にて―・せ未らる」訳 (西光の次男は)牢獄から引き出され、六条河原で死刑にされる。

ぢゅう-す【住す】(自サ変){せ・し・す・する・すれ・せよ} ❶住む。今昔 一〇・二七「二人ともに一つの家に―・し用て世を過ごす」訳 (兄弟)二人とも一軒の家に住んで生活する。❷停滞する。とどまる。徒然 二四一「望月のまどかなるこ

とは、しばらくも—・せ(未)ず、やがてかけぬ」訳満月のまるい状態は、しばらくの間もとどまらないで、すぐに欠けてしまう。

❸安定する。落ち着く。平家 七・返牒「源氏合力の心に—・す(終)べき由」訳（延暦寺としては）源氏に味方する意向に落ち着くのがよい旨（を評議して）。

ぢゅう-そう ジュウ【住僧】(名)その寺に住む僧。住侶。平家 六・慈心坊「彼の寺の—慈心坊尊恵」

ちゅう-ぞん【中尊】(名)《仏教語》「ちゅうそん」とも。中央にある尊像。三尊仏のうちの阿弥陀仏、密教五仏のうちの大日如来、五大明王のうちの不動明王などの称。平家 灌頂・大原御幸「—の御手には、五色の糸をかけられたり」訳中央の阿弥陀如来の御手には、（臨終の者が持つ）五色の糸をおかけになってある。

中尊寺（ちゅうそんじ）(名)今の岩手県西磐井郡平泉町にある天台宗の寺。山号は関山。長治二年（一一〇五）藤原清衡が創建。現在は、金色堂・経蔵のみが残る。

ぢゅう-だい ジュウ【重代】(名)代を重ねること。先祖代々に伝わること。また、先祖伝来の宝物。〔狂・武悪〕「これは—なれども、汝ぢゃによって貸してやる」訳これは先祖伝来の宝物（の太刀）だが、おまえ（の頼み）であるので貸してやる。

ちゅう-たう トウ【偸盗】(名)《仏教語》五悪の一つ。人の物を盗みとること。転じて、ぬすびと。どろぼう。著聞 四四〇「ある所に—入りたりけり（＝入った）」

ちゅう-だう ドウ【中堂】(名)《仏教語》本尊を安置する堂。本堂。多く、比叡山延暦寺の根本中堂をいう。更級「うちまどろみたる夢に、—より御香給はりぬ」訳うとうとと眠っているときの夢で、比叡山の根本中堂からお香をちょうだいした。

ぢゅう-ぢ ジュウジ【住持】(名・他サ変)【世に安住して仏法を保持する意】❶住職として寺を管理すること。また、その人。住職。徒然 一四一「多かる中に、寺をも—・せ(未)らるるは」訳（僧も）多いなかで、（尭蓮上人が）一寺をも住職として管理されているのは。

❷とどめもつこと。守り保つこと。〔太平記〕一五「三宝の—も全かりつるに」訳（三井寺は）三宝（＝仏・法・僧）の保持も完全であったのに。

ぢゅう-ぢゅう ジュウジュウ【重重】[一](名)いくつもの段階。〔風姿花伝〕「同じ上手なりとも、そのうちにて—あるべし」訳同じ上手であっても、その中でいくつもの段階があるはずである。

[二](副)かさねがさね。ますます。〔浄・仮名手本忠臣蔵〕「このたび殿の御大事に外れたるは、拙者が—の誤り」訳このたび殿の御大事に居合わせなかったのは、私のかさねがさねの誤ち。

ちゅう-どうじ【中童子】(名)寺院で召し使う童子のうち、十二、三歳の少年。法会に奉仕し、また、高僧の外出などの供をもした。→童子

ちゅう-なごん【中納言】(名)太政官の次官。大納言につぐ令外の官で、従三位に相当。職務は大納言と同じ。唐名は、黄門。正と権とがある。定員三名、のち八名から十名。源氏 若菜上「—などは、年若くかろがろしきやうなれど」訳中納言（＝夕霧）などは、年も若く重みがないようであるけれど。

ぢゅう-ぶく ジュウ【重服】(名)重い喪。父母の喪をいう。重喪。↔軽服

ちゅう-ぶん【中分】(名)❶半分に分けること。また、両者の中間をとること。

❷中位の身分。中流。〔浮・世間胸算用〕「—より下の渡世をするものなり」訳（気のはたらきすぎる子供は将来）中流より下の世渡りをするものである。

ちゅう-べん【中弁】(名)太政官の判官の一つ。大弁の次に位し、左中弁と右中弁とがある。→弁

ちゅう-ぼん【中品】(名)《仏教語》九品（＝極楽往生のときの九つの段階）のうちの中位にある、中品上生・中品中生・中品下生の総称。→九品

ちゅう-もん【中門】(名)❶寝殿造りの、表門と寝殿との間に設けた門。東西の長廊下の中ほどを切り通して開き、屋根はあるが、車が通行できるよう冠木（＝上部の横木）も閾（＝下部の横木）もない。⇩巻頭カラーページ20

❷神社や寺院の、楼門と拝殿との間にある門。

ちゅう-や【中夜】(名)「六時」の一つで、一夜を初夜・中夜・後夜の三つに区分した、中の夜の称。夜半。だいたい午後九時ごろから午前三時ごろまで。↓初夜・後夜

ちゅう-らふ ロウ【中臈】(名)❶後宮などに仕えた女官で、中位のもの。上臈と下臈の間に位する。〔紫式部日記〕「上臈・—のほどぞ、あまりひき入り上衆めきてのみ侍るめる」訳上臈や中臈の方々は、ひかえめすぎて上品ぶってばかりいるようです。

❷江戸時代、大奥または大名の女中で、上臈・年寄りなどの下にあった者。

ちゅう-りく【誅戮】(名・他サ変)罪をただして殺すこと。罪を犯した者を法に照らして殺すこと。平家 二・腰越「木曾義仲を—の後、平氏を傾けんがために」訳木曾義仲を殺した後、平氏を滅亡させることのために。

ぢゅう-りょ ジュウ【住侶】(名)「ぢゅうそう」に同じ。平家 二・山門滅亡「今は—なきさまに荒れはてて」訳今は住んでいる僧もないありさまに荒れ果てて。

ち-よ【千代・千世】(名)千年。また、非常に長い年月。永久。伊勢 八四「世の中にさらぬ別れのなくもがな—もといのる人の子のため」訳→よのなかに…和歌

ち-よ【千夜】(名)千の夜。数多くの夜。源氏 夕顔「夜の明くる程の久しさは、—を過ぐさむ心地し給ふ」訳（光源氏には）夜が明けるまでの長さは、（まるで）千夜を過ごす気持ちがしなさる。

ちょう【寵】(名)特別に愛すること。また、愛されること。特別の愛情。寵愛。徒然 二一一「君の—をも頼むべからず」訳主君の寵愛をも頼りにできない。

ちょう【丁・庁・打・町・長・挺・停・帳・張・頂・聴】⇩ちゃう

ちょう【鳥・朝・銚・調】⇩てう

ちょう【牒・蝶】⇩てふ

ちょう・ず【懲ず】(他サ変){ぜ・じ・ず・ずる・ずれ・ぜよ}こらしめる。罰を与えてこりさせる。〔落窪〕「今少し—・ぜ(未)むと思ふ心あり」訳もう少しこらしめようと思う考えがある。

ちょうず【手水】⇩てうづ

ちょうず【調ず】⇩てうず

ちょう-でふ ジョウ【重畳】[一](名・自サ変・形動タリ)幾

重にも重なること。また、そのさま。[平家]一・殿上闇討「事既に―・せ㊍り、罪科もっとものがれがたし」[訳](平忠盛の)悪事はすでに幾つも重なっていて、処罰はなんとしても免れることはできない。〔古活字本平治物語〕「外郭―・たる㊉(＝外囲いが幾重にも重なっている)大極殿」

■二 (名)(よいことが重なることから)この上なく満足であること。結構。〔狂・末広がり〕「―の末広がり(＝結構な扇)に出会うて、このやうなうれしいことはござらぬ」

ちょうど【調度】⇩てうど

ちょう-にん【寵人】(名)「ちょうじん」とも。かわいがっている人。お気に入り。寵臣。[今昔]一九・一「〔宗貞は〕年来(＝長年の間)深草の天皇の―として」

ちょうばみ【調半・調食】⇩てうばみ

ちょう-ほう【重宝】■一 (名)たいせつな宝物。貴重な宝。〔浮・武家義理物語〕「これ、そのまま捨ておかば、国土の―朽ちなんこと、本意なし」[訳]これ(＝川に落とした銭)をそのまま見捨てておくならば、国のたいせつな宝が朽ちてしまうであろうことが、不本意である。

■二 (名・他サ変)珍重すること。〔浮・日本永代蔵〕「毎日万事を記しおけば、紛れしことはここに尋ね、洛中の―になりける」[訳]毎日(商売上の)すべてのことを記しておくので、わからなくなったことはここに尋ね(ればわかると言って)、京都中の人の珍重するところとなった。

■三 (形動ナリ){なら・なり(に)・なり・なる・なれ・なれ}便利である。好都合である。〔仮名・浮世物語〕「それこそ何より―・なれ㊐」[訳]それ(＝計算がよくできること)は何より好都合だ。

ちょう-やう(—ヨウ)【重陽】(名)(易で陽の数である九が重なるところから)陰暦九月九日の節句。五節句の一つで、「菊の節句」ともいい、天皇は紫宸殿に出て、群臣と詩をつくり、菊酒(＝杯に菊の花を浮かべた酒)を賜って宴(＝菊の宴)を開いた。[秋]

ちょく【勅・敕】(名)天皇の仰せ、命令。みことのり。[大鏡]道長下「―なればいともかしこし鶯の宿はと問はばいかが答へむ」[訳]→ちょくなれば…[和歌]

ぢょく-あく(ジョク—)【濁悪】(名)《仏教語》五濁と十悪。さまざまなけがれや罪悪。[方丈]二「―の世にしも生まれ合ひて、かかる心憂きわざをなん見侍りし」[訳]さまざまなけがれや罪悪の(多い)時代にちょうど生まれ合わせて、このような(仏像を盗み、仏具を薪にするなど)情けないことを目にしました。

ちょく-かん(チョッ—)【勅勘】(名)勅命(＝天皇の仰せ)によって勘当されること。天皇のとがめ。[平家]七・忠度都落「―の人なれば、名字をばあらはされず、…歌一首ぞ、読み人知らずと入れられける」[訳](平忠度は)勅命によって勘当された人であるので、(俊成はその)姓名を明らかになさらないで、…(忠度の)歌一首を、読み人知らずとして(『千載集』の中に)お入れになったのだった。

ちょく-し【勅使】(名)勅命(＝天皇の仰せ)を伝える使者。[源氏]桐壺「三位の位おくり給ふよし、―来て、その宣命読むなむ、悲しきことなりける」[訳](亡き桐壺の更衣に)三位の位を追贈なさる旨、天皇の仰せを伝える使者が来て、その宣命(＝勅命の文書)を読みあげるのが、(亡くなった今となっては)悲しいことだった。

ちょく-しょ【勅書】(名)勅命(＝天皇の仰せ)を記した公文書。[徒然]九四「―を馬の上ながら捧げて見せ奉るべし、おるべからずとぞ」[訳]天皇の命令を記した文書を(勅使は)馬に乗ったまま高く捧げ持ってお見せ申しあげなければならない、(馬から)おりてはいけないということだ。

ぢょく-せ(ジョク—)【濁世】(名)《仏教語》「五濁悪世」の略。[今昔]一三・一三「汝ひとへに法華経を持ちて、―に法を護る人とあり」[訳]おまえは熱心に法華経を信仰して、(この)濁り汚れた世において仏法を守る人である。

ちょく-せん【勅宣】(名)天皇の仰せごと。みことのり。[大鏡]忠平「公の―承りて定めに参る人捕らふるは、何者ぞ」[訳]天皇の仰せごとを承って、評定しに参る人間をつかまえるのは、何者だ。

ちょく-せん【勅撰】(名)天皇・上皇みずから、または天皇・上皇の命令によって詩歌・文章を選び、書物を編集すること。[平家]七・忠度都落「世静まり候ひなば、―の御沙汰候はんずらん」[訳]世の中が静まりましたならば、勅撰集の撰進のご命令がございましょう。

ちょくせん-わかしふ(—ワカシュウ)【勅撰和歌集】(名)勅命または院宣によって編纂した和歌集。「古今集」から、「新続古今集」まで二十一集ある。→三代集・八代集・十三代集・二十一代集

ちょく-ぢゃう(—ジョウ)【勅諚】(名)天皇の仰せ。みことのり。勅命。[平家]四・鵼「―なれば、召しに応じて参内す」[訳]天皇の仰せなので、お呼び出しに応じて(頼政が)宮中に参上する。

ちょくなれば…[和歌]

> 勅なれば　いともかしこし　鶯の
> 宿はと問はば　いかが答へむ
> 〈拾遺・九・雑下・五三一・よみ人しらず〉
> 〈大鏡・道長下・紀内侍〉

[訳]天皇の御命令なので、はなはだ畏れ多いことです。(梅の木は差し上げますが、いつもこの木に来る)鶯が、(自分の)宿は(どうなったのか)と尋ねたら、どのように答えましょうか。

[解説]「大鏡」によれば、清涼殿の前にあった梅の木が枯れてしまい、村上天皇が代わりの木をさがさせたとき、ある家の庭にあった梅を掘り取ったところ、その家の女主人が梅に結びつけた歌である。女主人は紀貫之の娘の紀内侍であったという。「拾遺集」では、女主人がまずこの歌を奏上したところ、掘り取るのをやめたとある。鶯宿梅の故事となった歌。

ちょく-めい【勅命】(名)天皇の下す命令。天皇の仰せ。みことのり。勅諚。[平家]二・教訓状「―そむきがたき礼儀をば存知すとこそ承れ」[訳](許由や伯夷・叔斉といった賢人も)天子の命令に背くことはできない(という)礼儀を心得ていると承っている。

ちょく-もん【勅問】(名)天皇からの質問。御下問。[徒然]二〇七「ことのよしを申しければ、『いかがあるべき』と―ありけるに」[訳]事の次第を申し上げたところ、「どうするのがよいか」と(上皇より)御下問があったときに。

ちょく-ろく【勅禄】(名)勅命(＝天皇の仰せ)によって物を賜ること。また賜った物。天皇が下賜する褒美。[大鏡]道長下「さばかりの者を近う召し寄せて―賜はす

べきことならねど」訳その程度の(身分の低い)者を近くお呼び寄せになって(天皇が)褒美をくださるはずのことではないけれど。

ぢょ‐ちゅう ジョ【女中】(名) ❶女性に対する敬称。御婦人。〔浮・好色五人女〕「行方も知れぬ人を、ことに―の連れには思ひよらず」訳どこのだれともわからない人を、とりわけ御婦人の道連れにとは考えつかない。❷宮中や公家、また将軍家・大名家などに仕える女性。奥女中。御殿女中。〔浮・西鶴織留〕「殊更高家に召し使はれし―は、その筋目もいやしからぬ人の息女にして」訳ことに公家に召し使われていた女中は、その家柄もいやしくない人の娘であって。

千代女 (ちよ)(ぢよ) チヨジョ【人名】(一七〇三～一七七五)江戸中期の女流俳人。千代尼とも。加賀(石川県)松任の生まれで「加賀の千代」とよばれた。号は素園。各務支考らの北陸行脚の際にその才を見いだされた。句集「千代尼句集」「松の声」

ちょっかん【勅勘】⇩ちょくかん

ち‐よろづ ヨロズ【千万】(名)限りなく多いこと。無数。万葉 六・九七二「―の軍なりとも言挙げせず取りて来ぬべき男とぞ思ふ」訳(相手が)無数の大軍であっても、ことばに出してとやかく言わずに、きっと捕らえて来ることのできる男子だと(あなたのことを)思う。

ぢ‐らい ジ―【持来】(名・他サ変)持って来ること。徒然 一七九「入宋の沙門、道眼上人、一切経を―し用て」訳宋(=中国)に渡った僧侶の道眼上人が、一切経を持って来て。

ちら‐す【散らす】━(他サ四){さ・し・す・す・せ・せ} ❶ちりぢりにする。ちらかす。ふりまく。更級 初瀬「たぎりて流れゆく水、水晶を―す体やうに湧きかへるなど、いづれにもすぐれたり」訳さかまいて流れてゆく水が、水晶をちらかすようにわき返っているのなどは、どこの景色と比べてもまさっている。❷落とす。紛失する。源氏 夕霧「見ぬさまならむも、―し用てけるとおし量り給ふべし」訳(手紙を)見ていないようす(の返事)であるとしたらそれも、なくしてしまったのだと、(落葉の宮の母君は)推測なさるにちがいない。❸言いふらす。他言する。源氏 橋姫「返す返すも―さ未ぬ由を誓ひつる」訳(弁は)重ね重ね薫の出生の秘密を他人に言いふらさないことを約束したのを。
━(補動サ四){さ・し・す・す・せ・せ}(動詞の連用形に付いて)その動作を荒々しく、また、したいほうだいにする意を添える。むやみに…する。徒然 三五「手のわろき人の、はばからず文書き―す体は、よし」訳字のへたな人が、遠慮せず手紙をむやみに書いたりするのは、よい。

ちら‐ふ チラ(ロウ)【散らふ】《上代語》散り続ける。しきりに散る。万葉 一五・三七〇四「黄葉のちらふ体山辺ゆ漕ぐ船の」訳黄色に色づいた葉がしきりに散る山のあたりを通って漕いで行く船の。
なりたち 四段動詞「散る」の未然形「ちら」＋上代の反復・継続の助動詞「ふ」

ちり【塵】(名) ❶ほこり。小さなごみ。平家 一・祇園精舎「猛き者も遂には滅びぬ。ひとへに風の前の―に同じ」訳勢いの盛んな者もついには滅びてしまう。まったく風の前にあるほこりと同じである。❷わずかなことのたとえ。ほんの少し。源氏 椎本「末までの―のまよひなく、つやつやとこちたううつくしげなり」訳(中の君の髪は)先端までほんの少しの乱れもなく、つやつやとして量も多くいかにもみごとなようすである。❸少しの汚れ。わずかな欠点。源氏 帚木「おのがじしは―もつかじと身をもてなし」訳めいめいはわずかな欠点も(身につけまいと)(行儀よく)ふるまって。❹仏の教えの立場から俗世間を低く見ていう語。濁った世。また、この世の汚れ。徒然 七五「世にしたがへば、心、外の―に奪はれて惑ひやすく」訳世の中に順応すると、心は、外界の汚れにとらわれて迷いがちで。

ちり【散り】(名)散ること。また、散るもの。万葉 一〇・二〇五二「このゆふへ降り来る雨は彦星の早漕ぐ船の櫂の―かも」訳この陰暦七月七日の夕べに降ってくる雨は、彦星が(織女星に会おうと)急ぎ漕ぐ船の櫂のしぶきだろうか。

ちり‐あか‐る【散り別る】(自ラ下二){れ・れ・る・るる・るれ・れよ}ちりぢりになる。離れ離れになる。離散する。源氏 蓬生「今はかぎりと侮りはてて、さまざまに競ひ―れ用し上下の人々」訳今となってはおしまいだと(末摘花を)見くだしきって、それぞれに先を争って離れ去って行った上の者や下の者たちは。

ちり‐う・す【散り失す】(自サ下二){せ・せ・す・する・すれ・せよ}散ってなくなる。細道 平泉「七宝―せ用て、珠の扉風に破れ」訳さまざまな宝物も(今では)散らばりなくなって、珠玉を飾った扉は風に破れ。

ちり‐がた【散り方】(名)散り始めるころ。散りかかり。古今 春下・詞書「折れる桜の―になれりけるを見てよめる」訳折って(活けて)ある桜が散りかかるころになっていたのを見て詠んだ歌。

ちりかひ‐くも・る チリカ―【散り交ひ曇る】(自ラ四){ら・り・る・る・れ・れ}花などが散り乱れ、あたりが曇ったようになる。古今 賀「桜花―れ命老いらくの来むといふなる道まがふがに」訳→さくらばな… 和歌

ちり‐か・ふ (コ)ウ―カ【散り交ふ】(自ハ四){は・ひ・ふ・ふ・へ・へ}あちらこちらに飛びちがう。互いに乱れ散る。古今 春下「春の野に若菜摘まむと来しものを―ふ体花に道はまどひぬ」訳春の野で若菜を摘もうとやって来たのに、散り乱れる花のせいで道に迷ってしまった。文法「ものを」は、逆接の接続助詞。

ちり‐し・く【散り敷く】(自カ四){か・き・く・く・け・け}(花や葉が)散って一面に敷きつめる。源氏 宿木「残る梢もなく―き用たる紅葉を」訳(一枚の葉さえ)残る枝もなく一面に散り敷いている紅葉を。

ちり‐しを・る シオル【散り萎る】(自ラ下二){れ・れ・る・るる・るれ・れよ}花が散っておれる。徒然 一三七「咲きぬべきほどの梢、―れ用たる庭などこそ、見所おほけれ」訳今にも咲いてしまいそうなころの(桜の)梢や、花が散ってしおれている庭などは、見どころが多い。

ちり‐す・く【散り透く】(自カ四){か・き・く・く・け・け}散ってまばらになる。花や葉が散って、枝の間がすける。源氏 紅葉賀「かざしの紅葉いたう―き用て」訳(光源氏が)冠にさした紅葉はたいそう散ってまばらになって。

ちり‐す・ぐ【散り過ぐ】(自ガ上二){ぎ・ぎ・ぐ・ぐる・ぐれ・ぎよ}すっかり散ってしまう。徒然 一九「折しも雨風うちつづきて、心あわたたしく―ぎ用ぬ」訳ちょうど雨や風がずっと続い

て、気ぜわしく(桜の花はすっかり散ってしまう。

ちり‐づか【塵塚】(名)ごみ捨て場。ごみため。徒然 七二「多くて見苦しからぬは、文車(ふぐるま)の文(ふみ)、━の塵」訳 多くても見苦しくないのは、文車(＝書物をのせて運ぶ車)の書物、ごみ捨て場のごみ。

ちり‐ばかり【塵ばかり】ほんの少しばかり。わずかばかり。今昔 三・五「この帯を挙(あ)げむとするに、━も動かず」訳 この(地面に置いた)帯を持ち上げようとするが、ほんの少しばかりも動かない。

ちり‐ば・む【塵ばむ】(自マ四){ま・み・む・む・め・め}〔「ばむ」は接尾語〕塵(ちり)やほこりで汚れる。源氏 須磨「台盤なども傍(かた)へは━・み用て」訳 台盤(＝食器をのせる台)なども一部分は塵やほこりで汚れて。

ちり‐ば・む【鏤む】(他マ下二){め・め・む・むる・むれ・めよ}彫ったり刻んだりして、金銀などをはめこむ。ちりばめる。細道 太田神社「(兜(かぶと)の)目庇(まびさし)より吹き返しまで、菊唐草(模様)の彫りもの、金(こがね)を━・め用」

ちり‐ひぢ【塵泥】(名)❶塵(ちり)と泥(どろ)。古今 仮名序「高き山も麓(ふもと)の━より成りて」
❷つまらないもののたとえ。とるにたりないもの。万葉 一五・三七二七「━の数にもあらぬわれ故(ゆゑ)に思ひわぶらむ妹(いも)が愛(かな)しさ」訳 塵や泥のように物の数にもはいらない私のために、思い悲しんでいるであろう妻のいとしさよ。

ちり‐ぼ・ふ【散りぼふ】(自ハ四){は・ひ・ふ・ふ・へ・へ}❶散り乱れる。散らばる。枕 八三「髪などもわがにはあらねばにや、所々わななき━・ひ用て」訳 髪なども(添え髪を用いて)自分のものではないからだろうか、あちこちほつれて散らばって。
❷ちりぢりになる。離散する。落ちぶれてさまよう。源氏 東屋「かたみに━・は未むも、亡き人の御ために見苦しかるべきわざを」訳 (姉妹が互いに)ちりぢりになるとしたらそれも、亡き人(＝八の宮)の御ために(は)見苦しいにちがいないことを。

ちり‐まが・ふ【散り紛ふ】(自ハ四){は・ひ・ふ・ふ・へ・へ}散り乱れる。源氏 胡蝶「風吹きて、瓶(かめ)の桜すこしうち━・ふ終」訳 風が吹いて、花びんの桜の花が少し(はらはらと)散り乱れる。

ち・る【散る】(自ラ四){ら・り・る・る・れ・れ}❶(花や葉などが)散る。古今 春下「やどりして春の山辺に寝たる夜は夢のうちにも花ぞ━・り用ける」訳 →やどりして…和歌
❷散らばる。離れ離れになる。源氏 蛍「こなたかなたにかかる物ども━・り用つつ」訳 あちらこちらにこうした多くのもの(＝絵や物語)が散らばり散らばりしていて。
❸世間にひろまる。外へもれ聞こえる。枕 一三六「見苦しきこと━・る体がわびしければ、御文(ふみ)はいみじう隠して、人につゆ見せ侍らず」訳 (あなたの)みっともないことが世間にひろまるのがつらいので、(私はあなたの)お手紙は厳重に隠して、人にはまったく見せません。
❹心がまとまらない。落ち着かない。源氏 若菜下「花の露もいろいろ目移ろひ心━・り用て」訳 花においた露にもいろいろと目移りがし気が散って。

ぢ‐るい【地類】(名)「ちるい」とも。地上の万物。また、地上の神々。平家 四・山門牒状「天衆(てんじゆ)━も影向(やうがう)を垂れ」訳 天上の神々も地上の神々もお姿を現し。

ちるはなも… 和歌

散る花も　またこむ春(はる)は　見(み)もやせむ
やがてわかれし　人(ひと)ぞ恋(こひ)しき
〈更級・梅の立枝・菅原孝標(すがはらのたかすゑ)の女(むすめ)〉

訳 散ってゆく桜の花も、またもめぐり来る春には見ることもできるだろう。(でも)あのまま別れてしまった人(＝乳母)は、(二度と会えないと思うと)恋しくてならない。
解説 作者が十四歳の時、都に伝染病が流行し、乳母が亡くなった。あれほどあこがれた物語への興味も失った作者は泣き暮らし、桜が散るのを見てこの歌を詠んだ。

ちればこそ… 和歌

散ればこそ　いとど桜(さくら)は　めでたけれ
うき世(よ)になにか　久(ひさ)しかるべき
〈伊勢・八二〉

訳 散るからこそ、いっそう桜はすばらしいのだ。このつらい世の中で、何か変わらないままでいられるものがあるだろうか(いや、そのようなものはない)。
解説 惟喬(これたか)親王の一行が交野(かたの)にある渚(なぎさ)の院の桜を見ながら、酒宴を開いたときに、「世の中にたえて桜のなかりせば春の心はのどけからまし」(訳 →よのなかに…和歌〈伊勢・八二〉)の歌とともに詠まれたもの。無常の世であるからこそ、移ろいやすいものがなつかしく、またいとしく感じられるのだとする。

ち‐ゑ【知恵・智慧】(名)❶物事の道理をわきまえ、また、物事を考え判断し、処理する心のはたらきや力。徒然 一一七「よき友三つあり。一つには物くるる友。二つには医師(くすし)。三つには━ある友」訳 よい友には(次の)三つがある。第一には物をくれる友。第二には医者。第三には知恵のある友。
❷(仏教語)迷いを断ち、悟りを開き真理に達する力。宇治 一三・二「昔、西天竺(さいてんぢく)に竜樹菩薩(りゆうじゆぼさつ)と申す上人まします。━甚深(じんじん)なり」訳 昔、西インドに竜樹菩薩と申し上げる高僧がいらっしゃる。(その方の)知恵はたいへん深い。

ちん【朕】(代)天皇の自称代名詞。われ。太平記 三「主上(しゆしやう)『これは天の━に告げ給へるところの夢なり』とおぼしめして」訳 天皇は「これは天がわれにお告げになったところの夢である」とお思いになって。
参考 古代中国で一般にも使われたが、秦(しん)の始皇帝(紀元前二五九―二一〇)の時に天子の自称に限定された。

ぢん【沈】(名)「ぢんかう」に同じ。

ぢん【陣】(名)❶戦争で、兵士を並べて、隊列をつくること。また、その隊列。
❷軍勢の集まっている所。陣営。兵営。平家 五・富士川「あなおびたたしの源氏の━の遠火の多さよ」訳 ああものすごい源氏の陣営の遠方に見える火の多いことよ。
❸宮中で、警護の衛士(ゑじ)などの詰めている所。また、その者。枕 三「左衛門(さゑもん)の━のもとに、殿上人(てんじやうびと)などあまた立ちて」訳 左衛門府の警備の役人の詰め所のあたりに、殿上人などが大勢立って。
❹僧たちの出入り口。徒然 二三八「僧正かへりて侍りしに、━の外まで僧都(そうづ)見えず」訳 (賢助)僧正が(式の途

中で)帰りましたところ、僧たちの出入り口の外(に来る)まで(お供の)僧都(の姿)が見えない。❺「ぢんのざ」に同じ。❻いくさ。合戦。〔常山紀談拾遺〕「大坂夏の―」

ぢん-かう【沈香】(名)ジンチョウゲ科の常緑高木。熱帯地方に産し、しんはかたくて重く、水に沈む。花は白く、材は香料に用いる。また、その香料。ごく上等のものを「伽羅」という。かおりぎ。沈。沈水。沈水香。

(ぢんかう)

ぢん-くゎい【塵灰】(名)塵と灰。特に、火事などの後の灰。〔源平盛衰記〕「兵俗乱れ入りつつ―となすこと、心有る人皆なげきけり」訳 兵士と俗人が乱れ入っては(三井寺を)塵と灰にすることを、道理のわかる人は皆嘆いた。

ちん-じゅ【鎮守】(名)❶辺境の地に兵を置いて、その地を守ること。❷その地霊を鎮め、国・山・王城・寺院などを守護する神。また、その神の祭ってある神社。今昔 二・三五「我は、この山の―として貴船の明神といふ」

ちんじゅ-ふ【鎮守府】(名)奈良・平安時代、陸奥・出羽両国(青森・岩手・山形・秋田の各県)の蝦夷を鎮圧するために置かれた役所。はじめ、今の宮城県の多賀城に設けられ、のち、今の岩手県の胆沢城、平泉などに移った。

ちんじゅふ-しゃうぐん【鎮守府将軍】(名)鎮守府の長官。平家 一・祇園精舎「その子―良望、後には〔名を〕国香とあらたむ」

ちん・ず【陳ず】(他サ変)〔ぜ・じ・ず・ずる・ずれ・ぜよ〕❶弁明する。釈明する。平家 一・殿上闇討「忠盛を召して御尋ねあり。―・じ用申しけるは」訳 (鳥羽上皇は)忠盛をお呼び出しになって(殿上での無礼について)お尋ねになる。(忠盛が)釈明して申し上げたことには。❷うそをつく。作りごとを言う。〔浄・出世景清〕「真直に申せ。少しも―・ぜ未ば、拷問せん」訳 正直に申せ。少しでもうそをつくなら、拷問にかけよう。

ちん-すい【沈酔】(名・自サ変)酒に酔いつぶれること。酩酊。著聞 六三五「康光すでに―に及べり」

ぢん-すい【沈水】(名)「ぢんかう」に同じ。

ちん-ぜい【鎮西】(名)(上代、大宰府を一時、鎮西府と称したことから)九州の異称。平家 二・遠矢「四国・―の兵ども、皆平家に背いて源氏につく」

椿説弓張月(ちんせつゆみはりづき)『作品名』江戸後期の読本。滝沢馬琴作。文化四―八年(一八〇七―一八一一)刊。保元の乱に敗れて伊豆大島へ流された源為朝が、九州・琉球へ渡り活躍する物語。

ぢん-ぢ【沈地】(名)沈香の木の木地。宇治 五・二「―の机に時の物ども色々、ただ推し量るべし」訳 沈香の木地の机に季節の物をいろいろ(とりそろえたようすは)、ともかく想像してみるがよい。

ちん-ちょう【珍重】(名・他サ変・形動ナリ)❶珍しく貴重なものとして大切にすること。❷めでたいこと。祝うべきこと。結構なこと。〔浄・鑓の権三重帷子〕「お留守〔中〕何事なく、―・に用(=結構に)存じまする」❸すぐれていること。上手なこと。和歌・連歌でのほめことば。〔きのふはけふの物語〕「月の御発句、花の御脇、おそれながら―」訳 「月」の御発句に対する「花」の御脇句は、おそれながらお上手(です)。

ぢん-ど【塵土】(名)❶塵と土。❷汚れたこの世。現世。俗世間。細道 仏五左衛門「いかなる仏の濁世―に示現して…たすけ給ふにやと」訳 どのような仏が濁り汚れた俗世に仮の姿を現して…お助けくださるのだろうかと。

ぢん-とう【陣頭】(名)❶軍隊の先頭。❷「陣の座」の席上。〔古活字本保元物語〕「また、禁中―にて公事を行はせ給ふ時」訳 (新院は)また、宮中の陣の座で公務を行いなされるとき。❸宮中で、内裏・諸門の警備にあたった衛士の詰め所のあたり。平家 一・清水寺炎上「軍兵内裏に参じて、四方の―を警固す」訳 軍勢が皇居に参上して、四方にある衛士の詰め所のあたりを警備する。

ぢん-の-ざ【陣の座】宮中で、公事のときに公卿が列座する席。左近衛の陣の座は日華門の内、右近衛の陣の座は月華門の内にあった。「陣」とも。平家 二・座主流「太政大臣以下の公卿十三人参内して(=宮中に参上して)、―につきて」

ぢん-や【陣屋】(名)❶宮中の警護の人の詰め所。また、その人。枕 二七八「御桟敷の前に―すゑさせ給へる、おぼろげのことかは」訳 (法会で中宮が)お桟敷の前に(近衛の)警護の人の詰め所をお設けになられたのは、並たいていのことだろうか(いや、すばらしいことだ)。❷いくさで軍勢が集まっている所。兵士の仮宿泊所。〔源平盛衰記〕「―に弦袋(=予備の弓づるを入れる袋)を懸けて逃げ下りて」❸郡代・代官などの役所。

つ ッ

「つ」は「川」の草体
「ッ」は「川」の変体

つ【津】(名)船着き場。渡し場。港。万葉 九・一七八〇「海上のその―を指して君が漕ぎ行かば」訳 海辺のその港を目指してあなたが漕いで行くならば。

つ(助動下二型)

意味・用法

完了〔…た。…てしまう。…てしまった。〕→❶
確述(強意)〔必ず…。確かに…。…てしまう。〕→❷
並立〔…たり…たり。〕→❸

接続

用言および助動詞の**連用形**に付く。

活用

未然	連用	終止	連体	已然	命令
て(ム)	て(ケリ)	つ(○)	つる(コト)	つれ(ドモ)	てよ(○)

❶動作・作用が実現し、完了した意を表す。…た。…てしまう。…てしまった。[万葉]一二・三〇二八「大き海の底を深めて結びて(用)し妹が心は疑ひもなし」訳 大海の底を深くするように、心の奥深く結んでしまったあの人の心は(何の)疑いもない。[源氏]若紫「雀の子を犬君が逃がしつる(体)。伏せ籠のうちにこめたりつる(体)ものを」訳 雀の子を、犬君(=童女の名)が逃がしてしまったの。伏せ籠の中に閉じこめておいたのに。文法「逃がしつる」の「つる」は、連体形止めで、詠嘆を表す。⇩伏せ籠「名文解説」

❷動作・作用の実現を確信したり、確認したりする意を表す。確述(強意)の用法。㋐単独で用いる場合。必ず…。確かに…。…てしまう。[更級]初瀬「風のふきまどひたるさま、恐ろしげなること、命かぎりつ(終)と思ひ惑はる」訳 風が吹き乱れているようす、(その)恐ろしそうであることは、(これで)命もおしまいになってしまうと思い迷わずにはいられない。文法「思ひ惑はる」の「る」は自発の助動詞。[徒然]一〇四「門よくさしてよ(命)。雨もぞ降る」訳 門をきちんと閉じてしまえ。雨が降るといけない(から)。文法「もぞ」は、悪い事態を予測し、そうなっては困るという気持ちを表す。㋑推量の助動詞とともに用いて、「てむ」「てまし」「つべし」などの形になる場合。推量・意志・可能などの意を、「確かに」「きっと」「必ず」の気持ちで述べる。[古今]春上「春日野の飛ぶ火の野守出でて見よ今幾日ありて若菜摘みて(未)む」訳 春日野の飛火野の番人よ、外へ出て(野のようすを)見よ。もう何日したら確かに若菜を摘むことができるだろうか(と)。[枕]四三「蠅こそ憎きもののうちに入れつ(終)べく、愛敬なきものはあれ」訳 蠅は不快なものの中に必ず入れるのがよく、かわいげのないものである。

❸(中世以降の用法)終止形を重ね用いた「…つ…つ」の形で、二つの動作・作用が並立している意を表す。…たり…たり。[平家]三・足摺「僧都乗つては下りつ(終)、下りては乗つ(終)、あらまし事をぞし給ひける」訳 (俊寛)僧都は、(船に)乗っては下りたり、下りては乗ったり、自分も乗って行きたいというようすをしなさった。〔浄・心中天の網島〕「抜けつ(終)隠れつ(終)なされても」訳 逃げたり隠れたりなさっても。〔浄・五十年忌歌念仏〕「組んづ(終)転んづ(終)してゐたを」訳 組んだり転んだりしていたのを。文法「組んづ転んづ」は、「組みつ転びつ」が音便により濁音になったもの。

文法 (1) **つらく** 上代の用例には「…(てしまっ)たこと」の意にあたる「つらく」という形が見られる。

「眠も寝かてにと(=眠ることもできずに)明かしつらくも(=明かしてしまったことよ)長きこの夜を」〈万葉 四・四八五〉

古く「つ」の終止形に接尾語「らく」の付いたものと説明されたが、本書では、連体形「つる」に「あく」が付き、音韻変化によってできた「つ」の名詞形とみる、いわゆるク語法の立場をとる。

(2) **「つ」の原義** 「つ」は完了の助動詞であるが、②の意味が原義と考えられ、その動作が現在のものであるか過去のものであるかには無関係である。たとえば、

「この後も讒奏する者あらば、当家追討の院宣下されつとおぼゆるぞ」〈平家 二・教訓状〉

では、「この後」のことだから、「院宣が下されてしまうと思われる」と現在に訳さなくてはならない。一方、

「君が名も我が名も立てじ難波なる見つともいふな会ひきともいはじ」〈古今 恋三〉

では、過去の「会ひき」と並列されているから、「見つ」は「見てしまった」と過去に訳さなくてはならない。これは「つ」が、もともと超時間的な完了を表すからであり、

「この男、かいま見てけり」〈伊勢 一〉

「去年見てし秋の月夜は渡れども相見し妹はいや年さかる」〈万葉 二・二一四〉

のように、連用形「て」が、過去の助動詞「けり」「き」などに接続するのである。

(3) **「…つ…つ」** ③の「つ」は中世以降広く用いられたもので、助詞としての性格が強い。対句ふうの表現で「…つ…つ」の一方を欠く用例、四つ並列する用例もみられるので、接続助詞とする説もある。

「心、身の苦しみを知れれば、苦しむ時は休めつ、まめなれば使ふ」〈方丈 四〉

「かけ足になっつ、歩ませつ、はせつ、ひかへつ、…大坂越えといふ山を、夜もすがらこそ越えられけれ」〈平家 一一・勝浦付大坂越〉

つ(格助)《上代語》位置・所在などの意を表し、連体修飾語をつくる。…の。…にある。[万葉]七・一一五八「住吉の沖つ白波風吹けば」訳 住吉の沖の白波は風が吹くと。[更級]かどで「あづまぢの道のはてよりも、猶奥つかたに生ひいでたる人」訳 東国路の終点(である常陸の国)よりも、もっと奥のほう(である上総の国)で育った人。⇩更級日記「名文解説」

参考 上代に用いられ、平安時代以降は慣用的な複合語としてしか用いられない。接続する体言は、方角・場所・時などを表す語が多い。現代語の中にも、「目つ毛」「遠つ日(=一昨日)」のような形で残っている。

づ【図】(名) ❶絵図。図面。地図。❷音調の基準となる各音階を表したもの。図竹(=十二律の各音階の正しい調子を表す笛)。[徒然]二二〇「当寺の楽は、よく—を調べ合はせて」訳 この寺(=天王寺)の舞楽は、よく図竹をととのえ(それに楽器の)調子を合わせてあって。❸事柄。光景。〔浄・心中天の網島〕「『茶屋へ来て産所の夜伽することはつひにない—』とぶっつけば」訳「茶屋へ来て産室で夜通し付き添いをすることはいまだかつてないこと」と(客が)ぶつぶつ言うと。❹思うつぼ。ずぼし。もくろみ。〔浄・神霊矢口渡〕「謀の—を外させ」訳 計略の思うつぼをはずさせ。

づ【出】(自他ダ下二){で・で・づ・づる・づれ・でよ}【「いづ」の転】出る。[万葉]一四・三三七六「恋しけば袖も振らむを武蔵野のうけらが花の色にづ(終)なゆめ」訳 恋しいならば(私が)袖も振ろうから、武蔵野のおけらの花の色ではないが、(私への思いを)顔色に出してはいけない、決して。(第三句・四句は「色に出づ」を導きだす序詞)

つい-(接頭)【「突き」のイ音便】(動詞に付いて)そのまま、ちょっと、突然に、などの意を添える。「—くぐる」「—挿す」「—立つ」「—平がる」

つい【終】⇩つひ

ついいる【突い居る】⇩ついゐる

ついえ【弊え・費え】⇩つひえ

つい-がき【築垣・築牆】(名)〔「つきかき」のイ音便。古くは「ついかき」〕「ついぢ①」に同じ。

つい-がさね【衝重ね】(名)〔「つきがさね」のイ音便〕檜の白木で四角形に作った折敷(=薄く削った板を折りめぐらした四角い盆)に台をつけたもの。食器をのせるのに用いた。枕 一四二「所の衆どもの、―とりて、前どもに据ゑわたしたる」訳 蔵人所の役人らが、ついがさねを取って、(公卿や殿上人たちの)それぞれの前に端から端まで置いたの(もすばらしい)。

つい-くぐ・る【突い潜る】(自ラ四)（ら・り・る・る・れ・れ）〔「つい」は接頭語〕さっとくぐる。平家 四・橋合戦「但馬すこしもさわがず、あがる矢をば―・り用、さがる矢をばをどり越え」訳 但馬(=人名)は少しも動揺せず、上の方に(飛んで)くる矢をさっとくぐり、下の方に(飛んで)くる矢を跳び越え。

つい-さ・す【突い挿す】(他サ四)（さ・し・す・す・せ・せ）〔「つい」は接頭語〕ちょっとさす。ちょっとはさむ。枕 一三八「物忌みなれば見ずとて、上に―・し用て置きたるを」訳 (手紙を)物忌みだから見ないと言って、(蔀の)上にちょっとさして置いたのを。

ついじ【築地】⇩ついぢ

つい-しょう【追従】(名・自サ変)「ついそう」とも。❶人のあとにつき従うこと。〔うつほ〕蔵開下「女はさるべき人の―・する体につけてこそ、やむごとなくも」訳 女(というもの)はしかるべき人(=父親や兄弟)がお供することによって、(世間から)尊くも(思われるので)。
❷こびへつらうこと。源氏 須磨「かの鹿を馬と言ひけむ人のひがめるやうに―・する体」訳 あの、鹿を馬と言ったとかいう(昔の中国の)人(=趙高)がよこしまな(のと同じ)ように、(光源氏に)へつらうことよ。

つい-す・う【突い据う】(他ワ下二)（ゑ・ゑ・う・うる・うれ・ゑよ）❶〔「つい」は接頭語〕ひょいと無造作に置く。そのまますえ置く。そこに座らせる。〔うつほ〕楼の上下「―・ゑ用奉り給へる様体、頭つき、げにいみじうあてに細やかなり」訳 (灯火から離れた所に)そのままお座らせ申しあげなさった(姫君の)からだつきや頭のようすは、まことになみなみでなく高貴でほっそりしている。
❷荒々しく置く。手荒く座らせる。〔落窪〕「おとどの御前に引き出で来て、はくりと―・ゑ未られて」訳 (姫君は)殿の御前に引き出されて来て、どたんと手荒く座らせられて。

つい-ぜん【追善】(名)死者の年忌などに仏事供養を営み、冥福を祈ること。徒然 三三「亡者の―には、何事か勝利多き」訳 死者の供養には、どういうこと(をするの)が利益が多いか。
参考 室町時代ごろから、ヤ行下二段にも活用した。

つい-そう【追従】(名・自サ変)「ついしょう」に同じ。

つい-たち【朔日】(名)〔「月立ち」のイ音便〕❶陰暦で月の初め。上旬。更級 春秋のさだめ「十月―ごろの(=陰暦十月上旬ごろの)、いと暗き夜」
❷陰暦で月の一日目。細道 日光「卯月―、御山に詣拝す」訳 陰暦四月一日、御山(=日光東照宮)に参拝する。(↔晦日・→晦日 参考)

ついたち-さうじ ソウジ【衝立障子】(名)「ついたてしゃうじ」に同じ。

つい-た・つ【突い立つ】〔「つい」は接頭語〕━(自タ四)（た・ち・つ・つ・て・て）さっと立つ。ひょいと立つ。また、しっかり立つ。徒然 六〇「帰りたければ、ひとり―・ち用て行きけり」訳 (盛親僧都は)帰りたいときはいつも、(仏事が途中でも)一人でひょいと立って帰って行ったという。
━(他タ下二)（て・て・つ・つる・つれ・てよ）突き立てる。枕 二〇一「火箸をしのびやかに―・つる体も」訳 火箸をそっと(灰に)突き立てるのも。

ついたて-さうじ ソウジ【衝立障子】(名)「ついたてしゃうじ」に同じ。

ついたて-しゃうじ ヨウジ【衝立障子】(名)「ついたてさうじ」「ついたちさうじ」とも。室内の仕切りとする家具。襖障子の下に台を付けて移動できるようにしたもの。現在の、ついたて。多く、両面に絵が描いてある。枕 二三「人の家につきづきしきもの(=似つかわしいもの)

（ついたてしゃうじ）

…―」⇩巻頭カラーページ22

つい-ぢ ジ【築地】(名)〔「築泥」のイ音便「ついひぢ」の転〕❶土塀。柱を立て、板をしんにして、どろで塗り固め、屋根を瓦でふいたかきね。古くはどろ土だけで築いた。「ついがき」とも。竹取 かぐや姫の昇天「―の上に千人、屋の上に千人…空ける隙もなく守らす」訳 土塀の上に千人、建物の上に千人(配置して)…あいているすきまもなく守らせる。
❷(①は四位以上の貴族の家に用いたことから)公卿。上流貴族。

（ついぢ①）

ついで【序】(名)❶物事の順序。次第。徒然 一五五「四季はなほ定まれる―あり。死期は―をまたず」訳 四季(の推移)にはそれでもやはりきまった順序がある。(しかし人の)死の時期は順序を待たない。
❷おり。機会。古今 秋上・詞書「帰るとてみな歌よみける―によめる」訳 (嵯峨野に花を見に行って)帰るということで皆が歌を詠んだおりに詠んだ歌。

ついで-あしき-こと【序悪しき事】事が運んでいく順序が悪いこと。徒然 一五五「―は、人の耳にもさかひ、心にもたがひて、その事成らず」訳 事が運んでいく順序が悪いことは、他人の耳にも逆らい、心にもそむいて、その事は成就しない。

ついで-がま・し【序がまし】(形シク)（しから・しく(しかり)・し・しき(しかる)・しけれ・しかれ）〔「がまし」は接尾語〕いかにも何かのついでのようだ。〔雲萍雑志〕「―・しく用師のもとに行きて」訳 (支配人は)いかにも何かのついでのように(手習いの)師匠のところに行って。

ついで-な・し【序無し】きっかけがない。突然だ。徒然 二三一「人に物を取らせたるも、―・く用て『これを奉らん』と言ひたる、まことの志なり」訳 人に物を与えたときも、なんのきっかけもなくて、「これを差し上げよう」と言ったのが、本当の誠意である。

ついで-に【序に】(副)そのおりに。その機会に。徒然一三六「有房―物習ひ侍らん」訳(私)有房もこの機会に学問を習いましょう。

つい-な【追儺】(名)疫病や災難などを払うため、大晦日に宮中で行われた鬼を追い払う儀式。のち寺社・民間でも行われ、節分の行事となった。鬼やらい。儺。図。徒然一九「―より四方拝につづくこそ、面白けれ」訳(大晦日の)追儺から(元旦の)四方拝(=天皇が天地四方の神を拝する儀式)に続くさまは、興味深い。

(ついな)

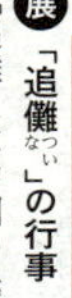

発展 **「追儺」の行事**
「追儺」は、中国の民俗を移入したもので、方相(=悪鬼を追う役)に扮した大舎人寮の官人が、黄金の面と朱色の衣装をつけて、舎人の扮した疫病の鬼(=儺)を大声で追い、群臣も葦でつくった矢を放ってそれを手伝うという行事。

ついに【終に・遂に】⇩つひに

つい-ひぢ【築泥】(名)[「つきひぢ」のイ音便]「ついぢ①」に同じ。

つい-ひらが-る【突い平がる】(自ラ四)〔ら・り・る・る・れ・れ〕[「つい」は接頭語]からだを平べったくする。ひれふす。はいつくばる。宇治一二・一九「虎、人の香をかぎて、―り用て、猫のねずみうかがふやうにてあるを」訳虎は、人のにおいをかいで、平べったくからだをふせて、猫がねずみをうかがうようにしているのを。

つい-ぶ【追捕】(名・他サ変)「ついふ」「ついほ」「ついぶく」とも。❶(役人を派遣して)罪人を追い捕らえること。平家三・僧都死去「やがて―の官人参って、御内の人々からめとり」訳すぐに召し捕りの役人が参って、(俊寛僧都の)お屋敷内の人々を逮捕して。❷奪い取ること。没収すること。平家一・禿髪「その家に乱入し、資財雑具を―し用(=没収し)」

つい-ぶ-し【追捕使】(名)「ついふし」とも。賊徒を逮捕・鎮圧するために国々におかれた職。おもに国司・郡司の中から武芸・才能のすぐれた者を選んで任じた。

つい-まつ【続松】(名)[「つぎまつ」のイ音便]❶松明。伊勢六九「その杯の皿に、―の炭して歌の末を書きつぐ」訳(上の句だけを斎宮が書いて寄こした)その杯の台皿に、松明の炭で歌の下の句を書き継ぐ。❷(①の用例の「伊勢物語」の故事から)歌がるたの類をいう。

ついやす【費やす・弊やす】⇩つひやす

つい-ゐる【突い居る】(自ワ上一)〔ゐ・ゐ・ゐる・ゐる・ゐれ・ゐよ〕[「つきゐる」のイ音便]❶かしこまって座る。ひざまずく。源氏若紫「『こちや』と言へば―ゐ用たり」訳(尼君が)「こちらへ」と言うと、(若紫は)かしこまって座った。❷ちょっと腰をおろす。徒然四一「向かひなる楝の木に、法師の、登りて木の股に―ゐ用て物見るあり」訳向こうにある栴檀の木に、法師で、登って木の股にちょこんと座って見物をしている者がいる。文法「法師の」の「の」は、いわゆる同格の格助詞で、「…で」の意。

つう【通】(名・形動ナリ)❶何事も自由自在にできる不思議な力。神通力。通力。徒然八「久米の仙人の、物あらふ女の脛の白きを見て、―を失ひけんは」訳久米の仙人が、洗濯する女のすねが白いのを見て、(空を飛ぶ)神通力を失ったというのは。❷世事、人情の機微を知りつくしていて、遊興・芸道などにくわしいこと。特に、花柳界に通じていること。また、その人。

発展 **江戸の「通」、上方の「粋」**
②の「通」は、江戸中期ごろから、人情、特に遊里での事情に通じていることをいう、江戸町人の美的理念を表す語となった。その世界は洒落本・黄表紙などに描かれ、上方の浮世草子に描かれる「粋」に相当する。⇩粋「発展」・粋「発展」

つう-じ【通事・通辞・通詞】(名・自サ変)❶通訳すること。また、その人。蘭学事始「もっとも毎春参向の―どもへも聞きただせしこともあり」訳そうはいっても毎春(幕府に)参上する通訳らにもたずね聞いたこともある。❷間に入って取り次ぐこと。

つう-りき【通力】(名)「つう①」に同じ。

つか【束】(名)❶長さの単位。握った手の、親指を除いた指四本の幅ぐらいの長さ。「八―」「十―剣」❷ひとまとめに束ねたものを数える単位。稲については、十把を一束といった。〔紀〕孝徳「町ごとに租の稲二十二―とせよ」訳一町ごとに租税の稲を二十二束とせよ。

つか【塚】(名)❶土を小高く盛り上げた所。❷上代、土を盛り上げて築いた墓。転じて、一般に墓をいう。徒然三〇「古き―はすかれて田となりぬ」訳(縁故者もいない)古い墓は(鋤で)耕されて田となってしまう。

つかい【使い・遣い】⇩つかひ

つかうまつり-つ-く【仕う奉り付く】(自カ四)〔か・き・く・く・け・け〕落ち着いてお仕え申しあげる。お仕え申しあげるのに馴れる。更級夫の死「宮仕へとても、もとは一すぢに―か未ばや、いかがあらむ」訳宮仕えにしても、もともとそれいちずに、落ち着いてお仕え申しあげるならば、(今ごろは)どう(なっていた)だろうか。(「ばや」を願望の終助詞とする説もある)

つかうまつり-びと【仕う奉り人】(名)朝廷や貴人にお仕え申しあげる人。源氏常夏「なべての―こそ、とあるもかかるも…心やすかべかめれ」訳一般の奉公人は、どんな人でも…気楽にちがいないようだ。文法「心やすかべかめれ」は、「心やすかるべかるめれ」の撥音便「心やすかんべかんめれ」のそれぞれの「ん」の表記されない形。「こそ…めれ」は係り結び。

つかう-まつ-る【仕う奉る】[「つかへまつる」のウ音便]━(自ラ四)

{ら・り・る・る・れ・れ}「仕ふ」の謙譲語。**お仕え申しあげる。** 伊勢 八五「童より—・り(用)ける君、御髪おろし給うてけり」訳 子供のときからお仕え申しあげていた主君が、髪を剃って出家してしまわれたそうだ。

二(他ラ四){ら・り・る・る・れ・れ}(「す」「なす」「作る」「行ふ」などの動詞のかわりに用いられて)謙譲の気持ちを表す。**お…申しあげる。** お…する。源氏 藤裏葉「笛—・り(用)給ふ、いとおもしろし」訳(夕霧が)笛をお吹き申しあげなさるさまは、たいへん趣がある。源氏 葵「さても子の子はいくつか—・ら(未)すべう侍らむ」訳 それにしても、子の子(の餅)はいくつお作り申しあげさせるとよろしゅうございましょうか。文法「つかうまつらすべう」の「す」は、使役の助動詞「す」の終止形、「べう」は助動詞「べし」の連用形「べく」のウ音便。

参考 主として中古に用いられ、上代には「つかへまつる」が用いられた。[二]は他の動詞のかわりに用いられる用法なので、その場に応じた訳語をあてる。→仕へ奉る

つかう-まつ-る【仕う奉る】(補動ラ四){ら・り・る・る・れ・れ}(四段動詞「つかうまつる」から)(動詞の連用形に付いて)謙譲の気持ちを添える。**お…申しあげる。** お…する。源氏 薄雲「真言の深き道をだに、隠しとどむることなくひろめ—・り(用)侍り」訳(仏が他に漏らすことを禁じた)真言の深い道さえをも、隠しとどめることなく(冷泉帝に)ご伝授申しあげております。

つかえまつる〖仕え奉る〗⇩つかへまつる

つかさ【官・司】(名)❶役所。官庁。竹取 燕の子安貝「日暮れぬれば、かの—におはして見給ふに」訳 日が暮れてしまったので、(中納言は)その役所にいらっしゃってご覧になると。❷官職。職務。役目。枕 二五「すさまじきもの …除目に—得ぬ人の家」訳 興ざめなもの、…官吏任命式で官職を手に入れ(ることができ)ない人の家。❸役人。官吏。源氏 須磨「ちかき所どころの御庄の—召して」訳(光源氏は須磨の住まいの)近くのあちこちの御荘園の役人をお呼び出しになって。

つかさ-かうぶり【官冠】❶官職と位階。官位。竹取 御門の求婚「—も、わが子見奉らでは、何にかはせむ」訳 官職と位階(をいただいて)も、わが子(=かぐや姫)を見申しあげないのでは、何になろうか(いや、何にもならない)。❷「年官」と「年爵」。平安時代以降、天皇・皇族・貴族などに与えられた俸禄の一種。除目の際、一定数の国司や従五位下を授けるべき者を推薦して、その任料や叙位料を収入とすることができた。源氏 少女「御賜りの—、なにくれのことに触れつつ、…よろづを思しむつかりける」訳(弘徽殿の大后は朝廷から)ご下賜の年官や年爵、その他なにやかやのことにふれながら、…すべてを不快にお思いになった。

つかさ-くらゐ【官位】官職と位階。官位。古今 仮名序「—高き人をば、たやすきやうなればいれず」訳 官位の高い人を、軽々しいようなので(論評の対象に)入れない。

つかさ-ど-る【司る・掌る】(他ラ四){ら・り・る・る・れ・れ}職務として執り行う。担当する。平家 三・有王「八十余ケ所の庄務を—・ら(未)れしかば」訳(俊寛は)八十か所あまりの荘園の事務を担当していらっしゃったので。

つかさ-な【官名】(名)官名。役職名。枕 能因本・八六「殿上にも、—をば言はで、せうとぞつけたる」訳 殿上の間までも、(則光を修理の亮という)官名で呼ばないで、(あだ名を清少納言の)兄とつけている。

つかさ-びと【官人】(名)官職についている人。役人。官吏。〔東関紀行〕「—より初めて、もろもろの民に至るまで」訳 役人をはじめとして、多くの民に至るまで。

つかさ-めし【司召し】(名)「司召しの除目」の略。枕 八二「—なども聞こえぬを、何になり給へるぞ」訳 司召しの除目(がある)などとも聞こえないのに、何(の役)になりなさったのか。

つかさめし-の-ぢもく【司召しの除目】在京の官職を任命する行事。本来は春に行われたが、のち秋に行われるようになった。秋の除目。秋。→除目

つか-ぬ【束ぬ】(他ナ下二){ね・ね・ぬ・ぬる・ぬれ・ねよ}❶一つにまとめてくくる。束ねる。万葉 一六・三七九一「か黒し髪をま櫛もちここにかき垂れとり—・ね(用)」訳 まっ黒な髪を櫛でこの辺までかき垂らし、(それを)まとめ束ねて。❷集めて一所に置く。❸両手を合わせる。また、腕を組む。宇治 二・一〇「このおこなひ人に会ひて、手を—・ね(用)て泣くこと限りなし」訳(鬼は)この修行者に会って、手を合わせて泣くことこの上もない。

-つかね【束ね】(接尾)束ねたものを数える単位。たば。「藁一—」

つかね【束ね】(名)(下二段動詞「つかぬ」の連用形から)一つに束ねたもの。たば。〔源平盛衰記〕「藁の—」

つかね-を【束ね緒】(名)物を縛るひも。結びひも。古今 恋一「あはれてふことだになくは何をかは恋の乱れの—にせむ」訳 ああという(嘆息の)ことばさえもないならば、何を、恋に乱れる心を束ねて縛るひもとしようか。

つがのきの【栂の木の】《枕詞》類似音を重ねて「つぎつぎ」にかかる。万葉 一・二九「—いやつぎつぎに」

つか-の-ま【束の間】ちょっとの間。「つかのあひだ」とも。徒然 四九「人はただ、無常の身に迫りぬることを心にひしとかけて、—も忘るまじきなり」訳 人はひたすら、死がわが身に近づいたことを心にしっかりとどめて、ちょっとの間も忘れてはならないのである。

つかは-す【遣はす】(他サ四){さ・し・す・す・せ・せ}❶「行かせる」「派遣する」の意の尊敬語。(使いとして人を)**おやりになる。派遣なさる。** 源氏 桐壺「親しき女房、御乳母などを—・し(用)つつありさまを聞こし召す」訳(桐壺帝は)親しく召し使う女房や御乳母などを(母君の家に)おやりになっては、(光源氏の)ようすをお聞きになる。❷「授く」「与ふ」の尊敬語。(物を)**おやりになる。お与えになる。** 竹取 御門の求婚「おもしろく木草につけても御歌をよみて—・す(終)」訳(かぐや姫は帝に)趣深く木や草につけてもお歌を詠んでお与えになる。❸(尊敬の意を失って)**行かせる。派遣する。** 徒然 二〇九「『その田を刈りてとれ』とて、人を—・し(用)けるに」訳「その田(の稲)を刈って取れ」と言って、人をやったところ。

つかは-す【使はす】お使いになる。万葉 一三・三三二六

「朝には召して使ひ夕へには召して使ひつかはし㊊し舎人の子らは」㊄朝には召して使い、夕べには召して使い、お使いになった舎人の者たちは。

なりたち 四段動詞「使ふ」の未然形「つかは」＋上代の尊敬の助動詞「す」

つがは・す ツガワス【番はす】（他サ四）{さ・し・す・す・せ・せ}あてがわす。大鏡 道長上「蔵人して、削りくづを—・し㊊てみよ」㊄蔵人に命じて、（道長が肝試しで削ったという）削りくずを（もとの柱に）あてがわせてみよ。

つかひ ツカイ【使ひ・遣ひ】（名）❶使者。徒然 二二六「まづ—をつかはして、立ちいられたりけるに」㊄（最明寺の入道が足利左馬の入道のもとに）まず使者を派遣して、お立ち寄りになったときに。

❷召使。また、側女。竹取 蓬萊の玉の枝「御—とおはしますべきかぐや姫の要じ給ふべきなりけり」㊄（くらもちの皇子の）御側女でいらっしゃるはずのかぐや姫が（玉の枝を）お求めになるのにちがいないのだ。文法「とおはします」の「と」は、断定の助動詞「たり」の連用形。

❸神仏の使い。特に、神仏の使いをするという動物。稲荷の狐、春日の鹿など。

つがひ ツガイ【番ひ】（名）❶二つのものが組み合うこと。組。対。また、動物の雌雄の一対。源氏 胡蝶「水鳥どもの、—を離れず遊びつつ」㊄多くの水鳥が、つがいを（作って）離れず遊びながら。

❷つなぎ目。区切れの部分。〔申楽談儀〕「よくよく故実をめぐらし、—を守るべし」㊄（地謡は声を合わせるところを）心して前からのしきたりを考え工夫して、（謡の）つなぎ目を守らねばならない。

❸ちょうどその時。折。

つかひ-ざね ツカイ【使ひ実】（名）使者の中のおもだった人。正使。伊勢 六九「—とある人なれば、遠くも宿さず」㊄（その男は）正使である人なので、遠くにも泊めない。

つか・ふ ツカ(ゴ)ウ【仕ふ】（自ハ下二）{へ・へ・ふ・ふる・ふれ・へよ}❶目上の人のそばにいて用をする。仕える。徒然 五八「なにの興ありてか、朝夕君に—・へ㊊、家を顧みる営みのいさましからん」㊄何の興味があって、朝夕主君に仕え、家のことを心配する仕事に乗り気になろうか（いや、なるはずがない）。文法「か」は、反語の係助詞。

❷役人として勤める。仕官する。方丈 二「世に—・ふる㊍ほどの人、たれか一人ふるさとに残りをらん」㊄（福原遷都により）朝廷に勤める身分の人は、だれが一人で旧都（＝京都）に残っているだろうか（いや、だれ一人残っていない）。文法「か」は、反語の係助詞。

つか・ふ ツカ(コ)ウ【使ふ・遣ふ】（他ハ四）{は・ひ・ふ・ふ・へ・へ}❶使用する。働かせる。用事をさせる。竹取 燕の子安貝「家に—・は㊌るる男どものもとに」㊄家に使われている男たちのところに。

❷役立てる。用いる。消費する。竹取 かぐや姫の生ひ立ち「野山にまじりて竹を取りつつ、よろづのことに—・ひ㊊けり」㊄野や山に分け入って竹を切り取っては、いろいろなことに用いていた。⇩竹取物語「名文解説」

❸あやつる。追い立てる。徒然 三八「名利に—・は㊌れて、閑かなる暇なく、一生を苦しむるこそ、愚かなれ」㊄名誉や利益に追い立てられて、心安らかな時間もなく、一生を苦しめるのは、愚かなことである。⇩名利「名文解説」

❹保つ。ふるう。（心を）働かせる。竹取 かぐや姫の昇天「かの国の人来なば、猛き心—・ふ㊍人もよもあらじ」㊄あの国（＝月の世界）の人が来たら、勇猛心をふるう人もまさかあるまい。文法「来なば」の「な」は、完了の助動詞「ぬ」の未然形。「よも」は「じ」と呼応する副詞。

❺ある手段をとる。徒然 一一〇「いづれの手か疾く負けぬべきと案じて、その手を—・は㊌ずして」㊄（双六で）どのやり方が確かに早く負けてしまうだろうかと考えて、そのやり方をとらないで。文法「負けぬべき」の「ぬ」は、助動詞「ぬ」の終止形で、ここは確述の用法。

つが・ふ ツガ(ゴ)ウ【番ふ】■（自ハ四）{は・ひ・ふ・ふ・へ・へ}二つのものが組み合う。対になる。著聞 一六六「二条の中納言実綱卿左大弁のとき、宰相教長入道に〔歌合わせで〕—・ひ㊊て（＝組んで）」

■（他ハ四）{は・ひ・ふ・ふ・へ・へ}❶二つのものを組み合わせる。

❷矢を弓の弦に当てる。つがえる。平家 一一・那須与一「与一鏑を取って—・ひ㊊、よっぴいてひゃうどはなつ」㊄与一は鏑矢を取って弓につがえ、よくひきしぼってひゅうっと射る。

❸かたく約束する。言いかためる。〔浄・心中宵庚申〕「親仁様に—・ひ㊊し詞違へぬ武士の性根を見せる」㊄おやじ様にかたく約束したことばにそむかない武士の心構えを見せる。

つ-がふ ゴウ【都合】（副）すべてを合わせて。総計。平家 四・橋合戦「悪七兵衛景清を先として（＝先頭にして）、—その勢二万八千余騎」

つが・ふ ツガ(ゴ)ウ【継がふ】《上代語》長く受け継いでいく。伝え続ける。万葉 一三・三三二九「千代にも偲ひ渡れと万代に語りつがへ㊎と」㊄千年も偲び続けよと、永久に語り伝えよと。

なりたち 四段動詞「継ぐ」の未然形「つが」＋上代の反復・継続の助動詞「ふ」

つかへ-まつ・る ツカエ【仕へ奉る】《上代語》〔下二段動詞「仕ふ」の連用形「つかへ」に謙譲の補助動詞「奉る」の付いたもの〕■（自ラ四）{ら・り・る・る・れ・れ}「仕ふ」の謙譲語。お仕え申しあげる。万葉 一七・三九二二「降る雪の白髪までに大君に—・れ㊐ば貴くもあるか」㊄降る雪のように白髪になるまで大君にお仕え申しあげているので、貴いことよ。

■（他ラ四）{ら・り・る・る・れ・れ}〔「す」「なす」「作る」「行ふ」などの動詞のかわりに用いられて〕謙譲の気持ちを表す。お…申しあげる。お…する。万葉 一三・三三二六「つれも無き城上の宮に大殿を—・り㊊て」㊄縁もない城上（＝地名）の宮に御殿をお造り申しあげて。

参考 上代にのみ用いられ、中古以降にはその音便形「つかうまつる」、その省略形の「つかまつる」が用いられた。■は、他の動詞のかわりに用いられる用法なので、その場に応じた訳語をあてる。

つか-まつ・る【仕る】〔「つかへまつる」のウ音便「つかうまつる」の転〕■（自ラ四）{ら・り・る・る・れ・れ}「仕ふ」の謙譲語。お仕え申しあげる。〔うつほ〕嵯峨の院「ありの限りの君達、男も女も集ひて—・り㊊給ふ」㊄すべての子女たちが、男も女も集まってお仕え申しあげなさる。

■（他ラ四）{ら・り・る・る・れ・れ}❶〔「す」「なす」「作る」「行ふ」などの動詞のかわりに用いられて〕謙譲の気持ちを表す。お…

申しあげる。お…する。[平家]一一・逆櫓「御諚(ごぢやう)であるに、とくとく—・れ(命)。舟—・ら(未)ずは、一々に射殺さんずるぞ」[訳]（源義経(よしつね)のご命令であるから、早く早く（舟を）お出し申しあげろ。もし舟をお出し申しあげないならば、ひとりひとり射殺そうぞ。[文法]「仕らずは」の「ずは」は、打消の順接の仮定条件を表す。

❷「す」「行ふ」などの動詞のかわりに用いられて丁寧の気持ちを表す。します。いたす。[徒然]一〇九「あやまちは、やすき所になりて、必ず—・る(体)ことに候ふ」[訳]失敗（＝けが）は、（かえって）たやすい所になって、きっといたすものでございます。

[注意]❷は、他の動詞のかわりに用いられる用法なので、その場に応じた訳語をあてる。

つか-まつ・る【仕る】（補動ラ四）｛ら・り・る・る・れ・れ｝［四段動詞「つかまつる」から］（多く、漢語サ変動詞の語幹に付いて）謙譲の気持ちを表す。…いたす。お…する。お…申しあげる。[平家]一〇・千手前「心の及び候はんほどは、奉公—・り(用)候ふべし」[訳]気がつきましたらその限りは、奉公いたすつもりでございます。[文法]「及び候はんほど」の「ん」は、仮定・婉曲(えんきょく)の助動詞。

つかもうごけ…[俳句]

> **塚も動け　我(わ)が泣く声(こゑ)は　秋(あき)の風(かぜ)**　秋
> 〈おくのほそ道・金沢・芭蕉〉

[訳]（小杉一笑(いつしよう)の）塚よ、鳴動せよ。（君の死を惜しんで）私の魂が泣く声は秋風となって、君の墓標を吹きめぐる。（秋の風[秋]。切れ字は「け」で、命令形語尾）

[解説]小杉一笑は金沢の俳人。芭蕉(ばしよう)の来訪を待ちながら、前年の冬三十六歳で没した。その追悼の句。

-づから(ラズカ)（接尾）［上代の格助詞「つ」に名詞「から」が付いて濁音化したもの］❶（名詞に付いて）…から、…でもって、…のままで、などの意を添える。「手—」「心—」❷（人とのかかわりを示す名詞に付いて）…の関係にある、の意を表す。「隣—」「従弟(いとこ)—」

つか・る【疲る】（自ラ下二）｛れ・れ・る・るる・るれ・れよ｝ぐったりする。疲労する。[万葉]一・一六四「なにしか来けむ馬—・るる(体)に」[訳]どうして来たのだろうか。馬が疲れるのに。

つかわす【使わす・遣わす】⇨つかはす

つき【月】（名）❶月。特に、**秋の澄んだ月**。[秋]。[徒然]一三七「花はさかりに、—はくまなきをのみ、見るものかは」[訳]桜の花は盛りに（咲いているのだけを）、月はくもりのないのだけを、見るものだろうか（いや、そうとはかぎらない）。[文法]「かは」は、反語の係助詞。⇨隈無(くまな)し「名文解説」

❷時間の単位。陰暦で、月がまったく見えない夜から、次の見えない夜までの期間をいう。二十九日または三十日で一か月となり、十二か月または十三か月で一年となる。[源氏]澪標「同じ—の二十余日」[訳]（東宮の元服が行われたのと）同じ月（＝陰暦二月）の二十日過ぎに。⇨巻頭カラーページ25

発展　月の異名

陰暦の十二か月には、古来、種々の異名がある。その代表的なものを示す。

季	月	異名	別称
春	一月	睦月（むつき）	孟春・初春
春	二月	如月（きさらぎ）	仲春
春	三月	弥生（やよひ）	季春・晩春
夏	四月	卯月（うづき）	孟夏・初夏
夏	五月	皐月（さつき）	仲夏
夏	六月	水無月（みなづき）	季夏・晩夏
秋	七月	文月（ふみづき）	孟秋・初秋
秋	八月	葉月（はづき）	仲秋
秋	九月	長月（ながつき）	季秋・晩秋
冬	十月	神無月（かみなづき）	孟冬・初冬
冬	十一月	霜月（しもつき）	仲冬
冬	十二月	師走（しはす）	季冬・晩冬

-つき【杯・坏】（接尾）器に盛った飲食物の数量を数える。杯(はい)。[万葉]三・三三八「一—の濁れる酒」

つき【杯・坏】（名）飲食物を盛る器。椀(わん)よりは浅い。上代は土製、のちには木・金属などでも作られた。[蜻蛉]上「かたゐどもの、—、なべなどすゑてをるも、いとかなし」[訳]こじきどもが、器や鍋などを置いて座っているのも、とても哀れだ。

つき【槻】（名）けやき（＝木の名）の古名。[万葉]二・二一〇「走り出（＝門口）の堤に立てる—の木の」

つぎ【次】（名）❶あとに続くこと。また、そのもの。[徒然]三八「ひとへに高き官(つかさ)・位を望むも、—に愚かなり」[訳]いちずに高い官職と位階を望む人も、（利益に迷う人に）続いて愚かである。

❷あるものより一段低い地位。また、劣ること。[風姿花伝]「たとひ能は少し—なりとも、祝言ならば、苦しかるまじ」[訳]たとえ能としては少し劣ったものであっても、（内容が）めでたいものであれば、（脇能としては）差し支えないだろう。

❸次の間(ま)。控えの間。[狂・武悪]「御—に居(ゐ)まして御座るが、御声を承りませなんだ」[訳]お次の間に控えていたのでございますが、お声をお聞きしませんでした。

❹江戸時代、馬や駕籠(かご)を乗り換える所。宿場。「東海道五十三次」など。

つぎ【継ぎ】（名）❶あとに続くこと。続きぐあい。[万葉]七・一〇九三「三諸(みもろ)のその山並みに子らが手を巻向山(まきむくやま)は—のよろしも」[訳]三輪(みわ)山のその山並みに、いとしい子の手を枕にする「まき」ではないが、巻向山は続きぐあいが好ましいことよ。（「子らが手を」は「巻向山」の「まき」を導きだす序詞）

❷跡継ぎ。世継ぎ。[源氏]若菜下「御—おはしまさぬを飽かず御心の内におぼす」[訳]（冷泉(れいぜい)院に）御世継ぎがいらっしゃらないことを、（光源氏は）もの足りなく御心の中でお思いになる。

つき-あり・く【突き歩く】（自カ四）｛か・き・く・く・け・け｝頭をさげて歩く。ぬかずきながら歩く。[枕]四三「ぬかづき虫、またあはれなり。さる心地に道心おこして—・く(終)らむよ」[訳]ぬかずき虫（＝米つき虫）は、またしみじみ感慨深い。あんな虫の心に信仰心をおこして頭をさげて(=礼拝して)歩きまわっているのだろうよ。

つき-かげ【月影】(名)❶月の光。月明かり。秋。源氏 桐壺「━ばかりぞ、八重葎にもさはらずさし入りたる」訳(桐壺の更衣の里邸には)月の光だけが、幾重にも茂った蔓草にもさまたげられずさし込んでいる。⇩障る「名文解説」
❷月の光に照らし出された人や物の姿。更級 梅の立枝「まつさとのわたりの━あはれに見し乳母も、三月朔日になくなりぬ」訳 松里の渡し場で月の光に照らし出された姿をしみじみと見た乳母も、陰暦三月一日に亡くなってしまった。
❸月の形。目にうつる月の姿。方丈 五「そもそも、一期の━かたぶきて、余算、山の端に近し」訳 さて、(私の)一生も、月が傾いて、余命は、山の端に近い(=いくらもない)。

つき-がしら【月頭】(名)月初め。平家 一〇・藤戸「━には東に候ふ、月じりには西に候ふ」訳(この海峡にある川の瀬のような所が)月初めには東にありますし、月末には西にあります。↔月尻

つき-か・ふ【月変ふ】月が改まるのを待つ。次の月になる。万葉 一二・三一三一「━・へ用て君をば見むと思へかも日も変へずして恋の繁けむ」訳 月が改まるのを待ってあなたに会うだろう(=来月まで会えない)と思うからか、一日もたたないのに恋心がしきりなのだろう。

つき-きり【突き切り】(形動ナリ)(なら・なり(に)・なり・なる・なれ・なれ)すげなく言い放つさま。源氏 若菜下「ひときはに思ひ定めて、はしたなく━・なる体ことなのたまひそよ」訳(男女の縁は定めないものだから)一方的に決めてかかって、無愛想にすげないことばをおっしゃるなよ。

つき-くさ【月草】(名)❶植物の名。露草の古名。藍色の花から染料をとる。秋。源氏 総角「なほ音に聞く━の色なる御心なりけり」訳 やはり、噂に聞く(とおり)月草で染めた色の(ように移りやすい)匂宮のお心であった。
❷襲の色目の名。表裏とも縹色(=薄い藍色)。また、裏は薄縹色。秋に用いる。⇩巻頭カラーページ11

発展 「月草」の詠み方
「月草」の花はすぐにしおれ、花の色もあせやすい。また、この花汁で染めた色は水で落ちやすいところから、多く人の心の移ろいやすいことのたとえに用いられる。「万葉集」では、「月草に衣色どり摺らめども移ろふ色といふが苦しさ(=気の変わりやすい人だと聞くのが心配だ)」〈七・一三三九〉と詠まれる。

つきくさの【月草の】《枕詞》月草の花汁は染料にしたが、色が落ちやすいところから「移ろふ」にかかる。一説に、比喩とも。万葉 四・五八三「━移ろひやすく」

つき-げ【月毛・鴾毛】(名)馬の毛色の名。鴾(=とき)の羽のように、やや赤みがかった白い毛色。また、その毛色の馬。平家 一二・六代「墨染め(=黒色)の衣・袴着て、━なる馬に乗ったる僧一人」

つき-こ・む【築き込む・築き籠む】(他マ下二)(め・め・む・むる・むれ・めよ)❶建物のまわりに塀などを築く。築いて中に入れる。〔狭衣物語〕一「四町━・め用て…玉の台に、北の方三人をぞ住ませ奉る」訳(堀河の大臣は)町四つ分の区画に塀をめぐらせて…りっぱな建物に、夫人三人を住まわせ申しあげる。
❷塚を築いて死体を埋める。〔謡・隅田川〕「この道のほとりに━・め用て、しるしに柳を植ゑて賜り候へと」訳 この道のほとりに塚を築いて亡骸を埋めて、墓標として柳を植えてくださいませと。

つき-ごろ【月頃】(名)数か月来。数か月このかた。源氏 浮舟「━に、こよなう物の心知りねびまさりにけり」訳 ここ数か月の間に、(浮舟は)ずいぶんと物事の情趣もわかり、いちだんと大人びてきたのだった。

つぎ-ざま【次様】(名)一段劣っていること。二流。徒然 五六「━の人は、あからさまに立ち出でても、今日ありつることとて、息もつぎあへず語り興ずるぞかし」訳(身分・教養のある人より)一段劣っている人は、ちょっと外出しても、今日あったことだとして、息をつく暇もなく話をしておもしろがるものであるよ。文法「ぞかし」は、文末に用いて強く念をおす意を表す。

つき-じり【月尻】(名)月の終わり。月末。↔月頭

つき-しろ・ふ【突きしろふ】(自ハ四)(は・ひ・ふ・ふ・へ・へ)〔「しろふ」は接尾語〕互いに肩や膝などをそっとつつき合う。源氏 宿木「『御気色けしうはあらぬなめり』と、御前なる人々━・ふ終」訳「(六の君に対する匂宮の)御思し召しはそれほど悪くはないようだ」と、おそばに仕える女房たちは互いに膝などをつつき合う。

つき・す【尽きす】(自サ変)(せ・し・す・する・すれ・せよ)〔下に打消の語を伴って〕なくなる。尽きる。方丈 一「人の住まひは、世々を経て━・せ未ぬものなれど」訳 人の住まいは、幾世代を経てもなくならないものであるが。

つき-た・つ【月立つ】❶月が変わる。月が改まる。万葉 一七・四〇〇八「━・た未ば時もかはさず」訳 月が変わるならば時も移さず(=直ちに)。
❷月が出る。月がのぼる。万葉 一〇・二二二四「雁が音の聞こゆる空ゆ━・ち用渡る」訳 雁の鳴き声が聞こえる空を月が出て渡って行く。

つぎ-つぎ【次次・継継】■(名)❶それより以下のもの。一流に次ぐ物事。源氏 若菜上「その━をなむ、異皇子たちには、御処分どもありける」訳(朱雀院の貴重品の)その二流以下のものを、(女三の宮以外の)他の御子たちにはあれこれ御分配なさったのであった。
❷子孫。源氏 橋姫「いよいよかの御━になり果てぬる世にて、えまじらひ給はず」訳 いよいよあの(光源氏の)ご子孫の代にすっかりなってしまった世なので、(八の宮は世間との)交際もおできにならず。
■(副)順を追って。次から次へと。枕 一四二「━出づるに、足踏みを拍子にあはせて」訳(舞人が)次から次へと出て来るときに、足踏みを拍子に合わせて(舞い)。

つきづき・し【付き付きし】(形シク)(しから・しく(しかり)・し・しき(しかる)・しけれ・しかれ)似つかわしい。ふさわしい。調和がとれている。枕 一「いと寒きに、火など急ぎおこして、炭もてわたるも、いと━・し終」訳 ひどく寒い朝に、火などを急いでおこして、炭を持って(廊下を)運んで行くのも、(冬の早朝に)たいそうふさわしい。
徒然 一〇「家居の━・しく用あらまほしきこそ、仮のやど

りとは思へど、興あるものなれ」訳 住まいが(住む人に)似つかわしく理想的なのは、仮の世における一時の住居(にすぎない)とは思うけれども、趣深いものである。

参考 ぴったりと合う意の動詞「付く」(カ四)の連用形「つき」を重ねて形容詞化した「付き付きし」が原義と考えられる語。いかにもぴったりしているさまをいう。

つきてんしん… 俳句

> 秋
> 月天心　貧しき町を　通りけり
> 〈蕪村句集・蕪村〉

訳(夜も更けて)月が天の中心にかかっている。(ひっそりと寝静まった)貧しい町を通ったことだ。(月秋。切れ字は「けり」)

解説 初案は「名月や貧しき町を通りけり」〈落日庵句集〉であった。

つき-な-し【付き無し】(形ク)(から・く(かり)・し・き(かる)・けれ・かれ) ❶ **とりつきようがない。手がかりがない。** 古今 雑体「あふことの今ははつかになりぬれば夜深からでは一・かり用けり」訳(あの人と)会うことが(人目がうるさくて)今はわずかになってしまったので、月の二十日になり、夜更けてでないと空に月が出ないように、夜更けてでないと会う手がかりがないことだ。(「はつか」にわずかと二十日の意を、「つき」に手段と月の意をかける)

❷**似つかわしくない。ふさわしくない。** 源氏 帚木「女、身のありさまを思ふに、いと一・く用まばゆき心地して」訳 女(=空蟬)は、(自分の)身の上を思うにつけて、(光源氏とはまったく)似つかわしくなく恥ずかしい気がして。

つき-なみ【月並み・月次】(名) ❶ 月ごと。毎月。枕 二九七「一の御屏風もをかし」訳 月ごとの(行事を描いた)御屏風も趣がある。

❷「月次の祭り」の略。陰暦六月および十二月の十一日に、神祇官が全国三百四座の神に幣帛を奉り、国家の平安、五穀の豊作などを祈った行事。本来、毎月行うべきところを、略して二季にした。

つき-な-む【着き並む・著き並む】(自マ四)(ま・み・む・む・め・め) 並んで座につく。居並ぶ。枕 九九「いかでか、さ女官などのやうに、一・み用てはあらむ」訳 どうして、そう(下級の)女官などのように、(お膳の前に)並んで座についたりしようか(いや、しない)。

つき-に-けに【月に異に】月ごとに。毎月。万葉 六・九二三「いやしくしくに一日に日に見とも」訳 ますますしきりに、月ごとに日ごとに見ても。

つき-に-ひ-に-けに【月に日に異に】月日がたつにつれて。月ごと日ごとに。万葉 四・六九八「春日野に朝ゐる雲のしくしくに吾は恋ひまさる一」訳 春日野に朝動かずにいる雲のように、幾重にも私は恋心がつのる。月ごと日ごとに。(第二句までは「しくしくに」を導きだす序詞)

つぎねふ《枕詞》地名「山城」にかかる。万葉 一三・三三一四「一山背道を」

つき-の-かつら【月の桂】中国古代の伝説で、月に生えているという高さ五百丈(=約一五〇〇メートル)の桂の木。古今 秋上「久方の一も秋はなほもみぢすればや照りまさるらむ」訳 →ひさかたの… 和歌

つき-の-ころ【月の頃】月の明るいころ。陰暦で、十五日を中心に前後数日間の眺めのよいころ。枕 一「夏は夜。一はさらなり」訳 夏は夜(が趣がある)。月の明るいころはいうまでもない。⇩枕草子「名文解説」

つき-の-みやこ【月の都】❶月にあると想像される都。また、その宮殿。月宮殿。竹取 かぐや姫の昇天「おのが身はこの国の人にもあらず。一の人なり」訳 私の身はこの人間世界の人でもない。月にある都の人である。

❷都の美しさのたとえ。源氏 須磨「見る程ぞしばし慰むめぐりあはむ一ははるかなれども」訳 →みるほどぞ… 和歌

つき-ばえ【月栄え・月映え】(名)月の光に照らされて、物や人などが美しく見えること。また、その物や人。源氏 竹河「一はいま少し心ことなりと定め聞こえし」などすかして」訳「(あなた=薫の)月光に美しく照りはえる姿は、(蔵人の少将より)いま少しきわだっていると皆でお決め申しあげたことよ」などとおだてて。

つぎ-はし【継ぎ橋】(名)幅が広い川の何箇所かに柱を立て、その上に継ぎ足すように橋板を渡した橋。万葉 一四・三三八七「足の音せず行かむ駒もが葛飾の真間の一やまず通はむ」訳 →あのおとせず… 和歌

つき-ひ【月日】(名)❶月と太陽。源氏 須磨「明らかなる一の影をだに見ず」訳(罪ある人は)明るい月と太陽の光さえをも見ず。

❷時間。歳月。徒然 一〇八「目の前のことにのみまぎれて一を送れば、ことごとなすことなくして、身は老いぬ」訳 目前のことにばかり心をとらわれて歳月を送ると必ず、何一つ完成することがなくて、身は年をとってしまう。

つき-ひと【月人】(名)「月人男」の略。

つきひと-をとこ【月人男・月人壮子】(名)月を擬人化し男性に見立てていう語。月人。また、月。万葉 一〇・二〇一〇「夕星も通ふ天道を何時までか仰ぎて待たむ一」訳 宵の明星も通う空の道を、(私は)いつまで仰いで待つことであろうか、お月様よ。

つぎ-びは【継ぎ琵琶】(名)柄が取りはずしできるように作った琵琶。方丈 三「かたはらに、琴・琵琶おのおの一張をたつ。いはゆる、をり琴・一これなり」訳 かたわらに、琴と琵琶それぞれ一張を立てる。いわゆる、折り琴と継ぎ琵琶がこれである。

つき-み【月見】(名)月を眺めて観賞すること。観月。特に、陰暦八月十五夜と九月十三夜に行う。秋

つきみれば… 和歌《百人一首》

> 月見れば　千々にものこそ　悲しけれ
> わが身一つの　秋にはあらねど
> 〈古今・四・秋上・一九三・大江千里〉

訳 月を見ると、あれやこれやともの悲しい気持ちになることだ。私一人のためにやってきた秋ではないけれども。

解説 是貞の親王の家の歌合わせの歌。「白氏文集」の「燕子楼中霜月の夜、秋来りてただ一人の為に長し」をふまえる。秋はもの悲しい。でもこんなにも悲しくしてしかたがないのは、なぜだろう。秋が自分

一人に訪れたために、そのもの悲しさを私だけが引き受けているわけでもないのに、と考えている。「月」と「わが身」、「千々」と「一つ」を対比させた表現が悲哀感を強める。

つぎ-め【継ぎ目】(名) ❶つなぎ目。方丈 三「土居を組み、うちおほひを葺きて、—ごとにかけがねを掛けたり」訳 土台を組み、簡単な屋根を葺いて、(材木の)つなぎ目ごとにかけがねを掛けた。

❷関節。平家 三・有王「—あらはれて皮ゆたひ」訳 (やせて)関節がふしくれだって皮膚がたるみ。

❸跡継ぎ。家督相続。〔伎・壬生大念仏〕「これがなければ—の参内がかなはぬ」訳 これ(=家宝)がないと家督相続の(認可を受けるための)参上ができない。

つき-もの【憑き物】(名) 人間にのり移ってたたりをする霊。物の怪。〔風姿花伝〕「およそ、怨霊・—などの鬼は、面白き便りあれば、易し」訳 一般に、怨霊や憑き物などの鬼は、おもしろい(演じ方の)手がかりがあるので、(物まねは)たやすい。

つきやあらぬ… 和歌

> **月やあらぬ 春や昔の 春ならぬ**
> **わが身ひとつは もとの身にして**
> 〈伊勢・四〉〈古今・一五・恋五・七四七・在原業平〉

訳 月はあの時の月ではないのだろうか。春はあの時の春ではないのだろうか。私だけが以前のままの自分で。

解説「月やあらぬ」は「月や昔の月にあらぬ」の意。「昔」は一年前、愛する人とともに春の月をながめた時をいう。第四・五句は倒置法で、意味上はこれが初句の前にある。自分だけはあの時と同じ自分なのに、一年後に見る月も春の光景も、どこかあの時とちがうように感じられるのは、愛する人を失ってしまったからである。「月や」「春や」の「や」を疑問の意にとるか反語の意にとるかで解釈が分かれ、それぞれの説の範囲内でも幾つかの解釈がなされている。ここは疑問で解した。

つき-ゆみ【槻弓】(名)「つくゆみ」とも。槻(=けやき)の木で作った丸木の弓。

つき-よ【月夜】(名) ❶月の明るい夜。古今 恋五「—には来ぬ人待たるかきくもり雨も降らなむわびつつも寝む」訳 月の明るい夜には通ってこない人がつい待たれる。(いっそすっかり曇って雨でも降ってほしい。(そうすれば)苦しく思いながらも(あきらめて)寝よう。

❷月。月の光。源氏 総角「十二月の—の曇りなくさし出でたるを」訳 陰暦十二月の月がはっきりと現れ出たのを。

❸秋の名月の夜。また、秋の月。秋。〔五元集〕其角「闇の夜は吉原ばかり—かな」訳 (曇った)闇の夜には、(遊郭のある)吉原だけ(店に灯がともり)名月の夜のようであることよ。

つき-よみ【月夜見・月読み】(名)「つくよみ」に同じ。

つきよみの… 和歌

> **月よみの 光を待ちて 帰りませ**
> **山路は栗の いがの多きに**
> 〈良寛歌集・良寛〉

訳 月がのぼり、明るくなるのを待ってお帰りなさいませ。山道は栗のいがが多いもので(踏むと痛いですから。文法「多きに」の「に」は、原因・理由を表す順接の接続助詞。

つ・く【付く・着く・就く・即く】 ━(自カ四){か・き・く・く・け・け} ❶接する。付着する。徒然 二三五「小土器に味噌の少し—き用たるを見出でて」訳 (棚に)小さな素焼きの土器に味噌が少しついたのを見つけ出して。

❷(「心につく」の形で)気にいる。ぴったり合う。源氏 若紫「御心に—く体ことどもをし給ふ」訳 (光源氏は若紫の)お気にいることをいろいろとしなさる。

❸つき従う。寄り添う。また、妻になる。伊勢 六〇「まめに思はむといふ人に—き用て人の国へいにけり」訳 誠実に愛そうという人につき従って他国へ去ってしまった。

❹味方する。くみする。平家 九・六ケ度軍「平家をそむいて源氏に—か未んとしけるが」訳 平家を裏切って源氏に味方しようとしたが。

❺(態度が)決まる。はっきりする。蜻蛉 上「世の中にいとものはかなく、とにもかくにも—か未で、世にふる人ありけり」訳 世の中に生きていくのにとても頼りなく、どうこうとも身の振り方もはっきりしないで、この世に暮らしている人がいた。⇨とにもかくにも「名文解説」

❻加わる。添う。生じる。源氏 帚木「かかるきずさへ—き用ぬれば、いよいよ交じらひをすべきにもあらず」訳 (指に、女にかまれた)こんな傷までもついてしまったので、いよいよ宮仕えのできるものでもない。文法「きずさへ」の「さへ」は、添加の副助詞。

❼(多く「憑く」と書く)神や物の怪などがとりつく。のり移る。枕 二五「いささかさりげもなく、護法も—か未ねば」訳 (物の怪は)まったく去るようすもなく、(よりまし)に護法童子ものり移らないので。

❽身につく。そなわる。源氏 帚木「才なども—き用侍りぬべく、けしうは侍らぬを」訳 学問なども きっと身につきましょうし、(人柄も)悪くはございませんので。文法「つき侍りぬべく」の「ぬ」は、助動詞「ぬ」の終止形で、ここは確述の用法。

❾火がつく。燃え移る。万葉 二・一九九「野ごとに—き用てある火の風のむたなびかふごとく」訳 野原ごとに燃え移っている火が風とともにしきりになびくように。

❿届く。到着する。源氏 須磨「まだ申の時ばかりに、かの浦に—き用給ひぬ」訳 まだ申の時ごろ(=午後四時ごろ)に、(光源氏は)あの(須磨の)浦に到着しなさった。

⓫即位する。ある身分になる。古今 仮名序「東宮をたがひにゆづりて、位に—き用給はで、三年になりにければ」訳 皇太子の位を互いに譲りあって、位におつきにならないで、三年がたってしまったので。

━(他カ四){か・き・く・く・け・け} ❶(知識・能力などを)身につける。自分のものとする。徒然 一八八「大きなる道をも成じ、能をも—き用、学問をもせんと」訳 大きな(専門の)道をも成しとげ、芸能をも身につけ、学問をもしようと。

❷名前をつける。命名する。徒然 一一六「人の名も、目慣れぬ文字を—か未んとする、益なきことなり」訳 人の名も、読み慣れない文字をつけようとするのは、何の益もないことである。

三(他カ下二){け・け・く・くる・くれ・けよ} ❶接触させる。付着させる。

つける。徒然 七〇「御ふところにそくひを持ち給ひたるにてー・け(未)られにければ」訳 御懐に飯の糊を持っていらっしゃったので、(琵琶の柱を)くっつけてしまわれたところ。文法「つけられにければ」の「られ」は、尊敬の助動詞「らる」の連用形。

❷**従わせる**。つき添わせる。尾行させる。源氏 花宴「良清、惟光をー・け(用)てうかがはせ給ひければ」訳(光源氏は良清と惟光をつき添わせて、(有り明けの女=朧月夜の)見張りをさせなさったので。

❸**託す**。ことづける。伊勢 九「京に、その人の御もとにとて、文書きてー・く(終)」訳 都に、あの人の御もとに届けようと思って、手紙を書いて託す。

❹加える。添える。源氏 末摘花「少しけぢかう、今めきたる気をー・け(未)ばや」訳(末摘花に)もう少し親しみやすく、現代的な感じを加えたいものだ。文法「ばや」は、願望の終助詞。

❺命名する。源氏 桐壺「光る君といふ名は、高麗人の愛でて聞こえてー・け(用)奉りける」訳 光る君という名は、高麗人がおほめして名付け申しあげたことだ。文法「ける」は連体形止め。

❻点火する。燃えつかせる。竹取 ふじの山「火をー・け(用)て燃やすべきよし仰せ給ふ」訳 火をつけて燃やすのがよいとのことをご命令なさる。

❼心や目を向ける。関心を払う。源氏 蓬生「この宮の木立を心にー・け(用)て」訳 この(常陸の)宮邸の(りっぱな)木立を心にかけて。

❽あとを残す。記す。書きつける。徒然 六六「大砌の石をつたひて、雪に跡をー・け(未)ず」訳 寝殿の軒下の石だたみの石を伝わって(歩いて)、雪に足跡を残さず。

❾和歌・俳諧などで、上の句または下の句を詠み添える。枕 八二「これが本ー・け(用)てやらむ。源中将ー・けよ(命)」訳 この歌の上の句を詠み添えて届けよう。源中将詠み添えよ。

❿別な事柄と結びつける。関連させる。応じる。徒然 一「それより下つかたは、ほどにー・け(用)つつ、時にあひ、したり顔なるも」訳 それより下級の身分の人は、それぞれの身分に応じて、栄達し、得意顔であるのも。

⓫(他の動詞の連用形に付いて)習慣になっている状態をいう。いつも…する。…しなれる。…しつける。落窪「使ひー・け(用)て侍れば、なきはいと悪し」訳 使いなれていますから、(あこぎという童が)いないのは大変困る。

つ・く【漬く】(自カ四){か・き・く・く・け・け}水にひたる。水につかる。万葉 七・一三八一「広瀬川袖ー・く(終)ばかり浅きをや心深めてあが思へるらむ」訳 広瀬川は袖が水につかるくらい浅いのに、(なぜこんなに)心を深くして私は思っているのだろうか。文法「を」は、逆接の接続助詞。「や」は疑問の係助詞で、結びは「らむ」。

つ・く【尽く】(自カ上二){き・き・く・くる・くれ・きよ}❶終わる。消えてなくなる。果てる。平家 七・忠度都落「一門の運命はやー・き(用)候ひぬ」訳(平家)一門の運命はすでに尽きてしまいました。

❷極限に達する。極まる。源氏 紅葉賀「これらにおもしろさのー・き(用)にければ、他事に目もうつらず」訳 これら(=青海波と秋風楽の舞)に興趣が極まってしまったので、ほかのことは見る気もせず。

つ・く【吐く】(他カ四){か・き・く・く・け・け}❶息をする。呼吸する。記 中「みほ鳥のかづき息ー・き(用)」訳 かいつぶり(=鳥の名)が(水に潜っては水面に出て)息をして。

❷へどを吐く。竹取 竜の頸の玉「青へどをー・き(用)てのたまふ」訳 なまなましいへどを吐いておっしゃる。

❸(うそを)言う。浄・鑓の権三重帷子「権三がうそをー・く(体)ものか」

つ・く【突く・衝く・撞く】(他カ四){か・き・く・く・け・け}❶先の鋭いもので刺す。平家 九・忠度最期「馬の上で二刀、おちつく所で一刀、三刀までぞー・か(未)れたる」訳(忠度は)馬の上で(敵を)二刀、馬から落ちる所で一刀、(あわせて)三刀までお突きになった。文法「突かれたる」の「れ」は、尊敬の助動詞「る」の連用形。

❷打って鳴らす。太平記 一五「この鐘を山門へ取り寄せて、朝夕これをー・き(用)けるに(=打って鳴らしたが)」

❸杖などで支える。徒然 二三「(僧の)手をひき杖をー・か(未)せて」

❹頭・額などを地面や床に押し当てる。ぬかずく。更級 かどで「人まにはまゐりつつ、額をー・き(用)し薬師仏の立ち給へるを」訳 人のいない時にお参りしては、額をついて礼拝した薬師仏が立っていらっしゃるのを。

つ・く【舂く・搗く】(他カ四){か・き・く・く・け・け}杵や棒の先などで打つ。また、打って押しつぶす。万葉 一四・三四五九「稲ー・け(已)ばかかる吾が手を今夜もか殿の若子が取りて嘆かむ」訳→いねつけば…和歌

つ・く【築く】(他カ四){か・き・く・く・け・け}土・石を突き固めて積み上げる。築く。記 下「御諸にー・く(体)や玉垣ー・き(用)余し誰にかも依らむ神の宮人」訳 御諸(の神社のまわり)に築く玉垣。その築き残しではないが、取り残されて、(今は)だれに頼ったらよいだろうか、神にお仕えする宮人は。文法「築くや」の「や」は間投助詞。

つ・ぐ【継ぐ・続ぐ】(他ガ四){が・ぎ・ぐ・ぐ・げ・げ}❶続ける。継続する。万葉 二・九一「妹が家もー・ぎ(用)て見ましを」訳 あなたの家も続けて見ていたいのになあ。文法「見まし」の「まし」は、仮想の助動詞。

❷つなぐ。継ぎ足す。源氏 須磨「いろいろの紙をー・ぎ(用)つつ手習ひをし給ひ」訳(光源氏は)さまざまな色の紙をつないではすさび書きをしなさり。

❸保つ。持ち続ける。竹取 蓬萊の玉の枝「ある時には、海の貝を取りて命をー・ぐ(終)」訳 ある時には、海の貝を取って命を保つ。

❹受け伝える。跡を受ける。万葉 三・三一七「語りー・ぎ(用)言ひー・ぎ(用)行かむ富士の高嶺は」訳→あめつちの…和歌

つ・ぐ【告ぐ】(他ガ下二){げ・げ・ぐ・ぐる・ぐれ・げよ}知らせる。伝える。古今 羇旅「わたの原八十島かけてこぎ出でぬと人にはー・げよ(命)あまの釣舟」訳→わたのはら…和歌

-づ・く(接尾四型)(名詞に付いて動詞をつくり)(そういう状態に)なってゆく、…の趣がある、などの意味を添える。「秋ー」「愛敬ー」

つくえ【机・案】(名)食卓。また、物をのせる台。参考 従来、歴史的仮名遣いは「つくゑ」とされていたが、平安初期の資料により「つくえ」とする説が有力。

筑紫(つくし)『地名』筑前・筑後(ともに今の福岡県)の古称。古くは、九州地方全体をさす。

つく・す【尽くす】(他サ四){さ・し・す・す・せ・せ}❶なくす。終わりに

する。万葉 一八・四二三「馬の蹄い―・す(体)きはみ」訳 馬の蹄を(すり減らし)なくす(ほど)遠い果て(まで)。文法「いつくす」の「い」は、接頭語。
❷ある限りを出しきる。土佐「忘れがたく、口惜しきこと多かれど、え―・さ(未)ず」訳 忘れられず、心残りなことが多くあるけれど、書き尽くすことができない。文法「えつくさず」の「え」は副詞で、下に打消の語(ここでは「ず」)を伴って不可能の意を表す。
❸きわめる。そのことの極限にまで到達する。徒然 二「よろづにきよらを―・し(用)ていみじと思ひ」訳 さまざまに華美をきわめて(それを)りっぱだと思い。

つく-だ【佃】(名)【「作り田」の略】❶耕作している田。〔記〕上「天照大御神の―の畔を離ち」訳(速須佐之男命は)天照大御神の耕作している田の畔を壊し。
❷平安時代以降、荘園の領主が直営する農地。
❸「佃節」の略。歌舞伎の囃子の一つ。舟遊びの場面などに用いた、にぎやかな調子のもの。

つく-づく(-と)【熟く(と)】(副)❶物思いにふけるさま。**じっと。しみじみ。しんみり。**源氏 紅葉賀「―と臥したるにも、やる方なき心地すれば」訳(光源氏は)しみじみと(物思いに沈んで)横になっている時にも、心を晴らす方法がない気持ちがするので。
❷することがなくもの寂しいさま。**ぼんやり。**〔落窪〕「―と時間があるのにまかせて、物を縫うことを習ったので。
❸念を入れるさま。**よくよく。つらつら。**平家 六・小督「仲国―とものを案ずるに、誠や、小督の殿は琴ひき給ひしぞかし…と思ひければ」訳(高倉天皇のもとに伺候していた)仲国はよくよくものを考えてみると、そういえばたしか、小督殿は琴をお弾きになったことであるよ…と思ったので。文法「ぞかし」は、文末に用いて強く念を押す意を表す。

筑波(つくば)『地名』【上代は「つくは」】今の茨城県の筑波山を中心とする地域。

菟玖波集(つくばしふ)『作品名』南北朝時代の連歌集。延文元年(一三五六)成立。准勅撰集。二十巻。連歌作者救済と二条良基との共撰で、上代からの二千百九十句を収めた最初の連歌集。

筑波嶺(つくばね)『地名』歌枕【上代は「つくはね」】今の茨城県のつくば市北部にある山。山頂は女体・男体の二峰にわかれる。筑波の山。筑波山。

つくはねに… 和歌

> 筑波嶺に　雪かも降らる　否をかも
> かなしき児ろが　布干さるかも
> 〈万葉・一四・三三五一・東歌〉

訳 筑波の嶺に雪が降っているのかなあ。違うのかなあ。いとしいあの娘が(白い)布を干しているのかなあ。
文法「降らる」は「降れる」、「にの」は「ぬの」、「干さる」は「干せる」の東国方言。「児ろ」の「ろ」は、接尾語。
解説 布を干すのは、水にさらした布を乾かすため。筑波山一帯に雪が降っているのかと思うまでに、白い布を干し並べた情景である。

つくばねの… 和歌《百人一首》

> 筑波嶺の　峰より落つる　みなの川
> 恋ぞつもりて　淵となりける
> 〈後撰・一一・恋三・七七六・陽成院〉

訳 筑波山の峰から流れ落ちるみなの川が、(はじめは浅い流れであっても)やがて深い淵となるように、(私の)恋もつもりつもって深い淵となったのだなあ。
解説 陽成院が光孝天皇の第一皇女、綏子内親王に贈った歌。筑波山は女体・男体の二峰からなり、古くから歌垣で知られ、恋のイメージのある山であった。「みなの川」についても、「男女川」とする理解が古くからあり、ここにも恋のイメージがある。「小倉百人一首」では、第五句を「淵となりぬる」とする。

つくば-の-みち【筑波の道】(名)連歌の異称。
参考 倭建命が筑波地方からの帰途、御火焼の翁(＝警護のために夜、火をたく役の老人)との間に交わした歌「新治筑波を過ぎて幾夜か寝つる日日かがなべて夜には九夜日には十日を」〈記・中〉を連歌の初めとするところからいう。

つくば・ふ(ツクバウ)【蹲ふ・踞ふ】(自ハ四)【「突き這ふ」の転か】平伏する。はいつくばう。また、うずくまる。〔浄・心中重井筒〕「辻に立ったり、―・う(用)(ウ音便)たり、行くも帰るも定まらず」訳 辻に立ったり、うずくまったり、行くのか帰るのかも決まらない。

つくも-がみ【江浦草髪・九十九髪】(名)老女の白髪。転じて、老女。伊勢 六三「百年に一年たらぬ―我を恋ふらし面影に見ゆ」訳 百歳に一歳たりないほどの白髪の老女が私を恋しているらしい。(その姿が)幻となって見えることだ。

> **発展**「つくも」の起源と表記
> 「つくも髪」は、「つくも」という海藻が、老女の白髪の短く乱れているようすに似ていることからいう。「九十九」を当てるのは、「白」が百から一を除いた字形だからである。

つくも-どころ【作物所・造物所】(名)【「つくりものどころ」の転】蔵人所に属し、宮中の調度品などを作った所。枕 一〇三「―の別当するころ、誰がもとにやりたりけるにかあらむ、ものの絵様やるとて」訳 作物所の長官をしているころ、だれの所に届けてやったのであろうか、細工物の絵図面を送るということで。⇩巻頭カラーページ32

つく-よ【月夜】(名)【「つく」は「つき」の古形】❶月。月の光。万葉 一・一五「わたつみの豊旗雲に入り日見しこよひの―さやけかりこそ」訳 →わたつみの…和歌
❷月夜。月の明るい夜。万葉 四・七三六「―には門に出で立ち夕占問ひ足卜をぞせし行かまくを欲り」訳 月の明るい夜には門のところに出て立って夕占(＝夕方、通行人の話によって吉凶を決める占い)をし、足卜(＝歩数による占い)をしたことだ。(あなたの所に)行きたいと思って。文法「行かまく」は「行かむ」のク語法で、「行くであろうこと」の意。

つく-よみ【月夜見・月読み】(名)「つきよみ」とも。月。また、月の神。万葉 一五・三六二二「―の光を清み夕凪に水手の声呼び浦廻漕ぐかも」訳月の光が澄んでいるので、夕なぎに水夫の声がひびき、浦づたいに船を漕いで行くことだ。文法「光を清み」の「み」は、原因・理由を表す接尾語。「…を…み」の形で「…が…ので」の意。

つくよみ-をとこ【月夜見男・月読男・月読壮子】(名)月を擬人化し、男性に見立てていう語。月。秋。万葉 六・九八五「天に坐す―幣はせむ今夜の長さ五百夜継ぎこそ」訳天においでになる月夜見男よ、ささげ物はしよう。(どうぞ)今夜の長さを五百夜も続けてほしい。

つくり【作り・造り】(名)❶こしらえること。また、こしらえたもの。体裁。造作。著聞 四〇六「御わたましありけり。―どもも少々あらためられけり」訳お引っ越しがあった。いくつかの造作も少々改めなさった。
❷装い。身なり。〔浮世風呂〕「若い―だね」

つくり-あは・す【作り合はす】(他サ下二)｛せ・せ・す・する・すれ・せよ｝調和するように作る。源氏 若菜下「なほことさらに―・せ用たるやうなる空の気色」訳やはり、(琴や笛の音に)わざわざ調和させて作ったような(秋の夜の)空のようすや。

つくり-いだ・す【作り出だす】(他サ四)｛さ・し・す・す・せ・せ｝こしらえる。製作する。源氏 帚木「木の道の工匠のよろづの物を心にまかせて―・す体も」訳木工の職人がさまざまな物を思うままにこしらえるのも。

つくり-い・づ【作り出づ】(他ダ下二)｛で・で・づ・づる・づれ・でよ｝「つくりいだす」に同じ。竹取 蓬莱の玉の枝「かぐや姫のたまふやうに、たがはず―・で用つ」訳かぐや姫がおっしゃるように、寸分違わず(玉の枝を)作り上げた。

つくり-えだ【作り枝】(名)❶金や銀などで草木の枝の形に作ったもの。ささげ物・贈り物や歌を付けて贈るのに用いた。伊勢 九八「長月ばかりに、梅の―に雉を付けて奉るとて」訳陰暦九月のころに、梅の細工物の枝に雉を付けて差し上げるということで。
❷手入れをしていろいろな形に作った木の枝。〔浄・傾城酒呑童子〕「華麗を尽くす物数寄の、松の作り木、―」訳ぜいたくを尽くす物好きが、作った松の木、手を入れた枝。

つくり-ごと【作り事】(名)❶作り物。人工的に作ったもの。源氏 少女「この岩根の松も、こまかに見れば、えならぬ―どもなりけり」訳この岩に生えた松も、よく見ると、言いようもなくすばらしい作り物どもであった。
❷(「作り言」とも書く)作り話。うそ。源氏 夕顔「―めきてとりなす人ものし給ひければなむ」訳(この「源氏物語」を)作り話めいていると取りざたする人がいらっしゃったので(こうして書いたわけである)。

つくり-た・つ【作り立つ】(他タ下二)｛て・て・つ・つる・つれ・てよ｝❶作り上げる。源氏 絵合「ただ筆の飾り、人の心に―・て未られて」訳もっぱら、筆の技巧や人(=絵師)の趣向で作り上げられて。
❷飾り立てる。念入りに化粧する。徒然 二三八「さぶらふ女房を―・て用て出だし給ひて」訳お側に控えている女房を飾り立ててお出しになって。

つくり-な・す【作り成す】(他サ四)｛さ・し・す・す・せ・せ｝ある状態に作り上げる。ことさらに作る。徒然 一〇「前栽の草木まで心のままならず―・せ已るは」訳庭の植え込みの草木まで自然のままでなくことさらに作り上げてあるのは。

つくり-ばな【造り花・作り花】(名)紙・布などで本物に似せて作った花。造花。竹取 仏の御石の鉢「〔鉢を〕錦の袋に入れて、―の枝に付けて」

つくり-まう・く【作り設く】(他カ下二)｛け・け・く・くる・くれ・けよ｝前もって作る。更級 富士川「仮屋―・け用たりければ、そこにて日ごろ過ぐるほどにぞ」訳仮小屋を前もって作ってあったので、そこで数日過ぎる間に。

つくり-みが・く【作り磨く】(他カ四)｛か・き・く・く・け・け｝りっぱに作る。美しく作る。徒然 二五「御堂殿の―・か未せ給ひて」訳(法成寺は)御堂殿(=藤原道長)がりっぱにお作りになられて。

つくり-もの【作り物】(名)❶物の形に似せて作った飾りもの。
❷まがいもの。にせもの。また、つくりごと。〔浮・好色一代女〕「跡形もなき―、それとは思ひながら好もしくなって」訳根拠もないでたらめ(をいわれ)、それ(=でたらめ)とは思いながら心をひかれるようになって。
❸農作物。
❹能楽で、舞台に据える舟・家・車・鐘など、象徴的に作られた小道具。歌舞伎の場合は大道具のこと。

つくり-ゑ【作り絵】(名)墨絵に彩色すること。また、その絵。源氏 須磨「―仕うまつらせばや」訳(光源氏が描いた)墨絵の彩色を(名人たちに)させ申したいものだ。

つく・る【作る・造る】(他ラ四)｛ら・り・る・る・れ・れ｝❶(建物・器物などを)こしらえる。建造する。徒然 五一「大井の土民に仰せて、水車を―・ら未せられけり」訳(後嵯峨上皇が)大井の土地(=大井川に沿った土地)の住民にお言いつけになって、水車をお作らせになったそうだ。文法「作らせられけり」の「せ」は使役、「られ」は尊敬、「けり」は伝聞の助動詞。
❷罪や功徳をなす。行う。〔謡・道成寺〕「―・り用し罪も消えぬべき」訳(この世で)犯した罪業も消えるにちがいないことだ。文法「消えぬべき」の「ぬ」は、助動詞「ぬ」の終止形で、ここは確述の用法、「べき」は連体形止め。
❸田畑を耕す。耕作する。徒然 二二四「細道一つ残して、みな畠に―・り用給へ」訳(行き来の)細道をひとつ残して、(ほかは)みな畑にお作りなさい。
❹育てる。栽培する。〔落窪〕「この年ごろ―・り用つる草木を」訳この数年来育ててきた草木なのに。
❺料理する。〔うつほ〕吹上上「俎立てて魚、鳥―・る終」訳俎を置いて、魚や鳥を料理する。
❻(文章や詩歌などを)書く。創作する。大鏡 時平「この大臣の―・ら未せ給ひける詩を帝かしこく感じ給ひて」訳この大臣(=菅原道真)のお作りになられた漢詩を帝(=醍醐天皇)が非常に感心なさって。文法「せ給ひ」は最高敬語。
❼似せる。よそおう。とりつくろう。枕 一二七「泣き顔―・り用、けしき異になせど」訳泣き顔をよそおい、表情をいつもと違うように(悲しそうに)するけれども。

つくろひ-た・つ【繕ひ立つ】(他タ下二)｛て・て・つ・つる・つれ・てよ｝❶美しく装う。飾り立てる。源氏 葵「姫君のいとうつくしげに—・て㊊ておはするを」訳 姫君(＝紫の上)がとてもかわいらしいようすに着飾っておいでになるのを。

❷体裁よくきちんと手入れをする。源氏 桐壺「人ひとりの御かしづきに、とかく—・て㊊て、目やすきほどにて過ぐし給ひつる」訳 娘(＝桐壺の更衣)一人のお世話のために、(邸内を)あれこれきちんと手入れして、見苦しくない程度にして過ごしていらっしゃったのが。

つくろ・ふ【繕ふ】(他ハ四){は・ひ・ふ・ふ・へ・へ}[四段動詞「作る」の未然形「つくら」に上代の反復・継続の助動詞「ふ」の付いた「つくらふ」の転] ❶修繕する。なおす。源氏 紅葉賀「犬君がこれをこぼち侍りにければ、—・ひ㊊侍るぞ」訳 犬君(＝童女の名)がこれ(＝人形)をこわしましたので、なおしております。

❷着飾る。化粧する。徒然 一九一「鏡取りて、顔など—・ひ㊊て出づるこそをかしけれ」訳 鏡を手にして、顔などを化粧して(もとの席に)出てくるのは趣がある。

❸とりつくろう。言いつくろう。源氏 薄雲「人のもり聞かむことは、なかなかにや—・ひ㊊がたくおぼされむ」訳 人がもれ聞くようなうわさは、かえってとりつくろいにくく(紫の上は)自然とお思いになるの(ではない)だろうか。文法「もり聞かむこと」の「む」は、仮定・婉曲の助動詞、「おぼされむ」の「れ」は、自発の助動詞「る」の未然形。

❹治療する。大鏡 三条院「この御目のためには、よろづに—・ひ㊊おはしましけれど」訳 (三条院は)このお目(の病気)のためには、さまざまに治療していらっしゃったが。

つけ・あひ【付け合ひ】(名)連歌・俳諧で、句を付け合うこと。先に示されている句を前句といい、これに付ける句を付け句という。前句が五七五なら付け句は七七、前句が七七なら付け句は五七五。多くは七七を出して、五七五を付ける。

つけ・うた【付け歌】(名)神楽・催馬楽・今様などで、主唱者が歌った第一句に続けて、第二句以下を他の者が唱和すること。

つけ・く【付け句】(名)連歌・俳諧の付け合いで、前句に付ける句。「去来抄」修行「蕉門の—は前句の情を引き来るを嫌ふ」訳 蕉門の付け句は前句の意味をとって付けるのを避ける。↓付け合ひ

つけ・もの【付け物】(名)❶飾り物。特に、京都の賀茂の祭りで、放免(＝検非違使の庁の下部)が水干の袖や袴に付ける飾り物。徒然 二二一「このごろは—、年を送りて過差ことのほかになりて」訳 近ごろは放免が身につける飾り物が、年を追ってぜいたくが格別になって。

❷俳諧の付け合いで、前句にある物やことばの縁で「付け句」を付けること。

つげ・や・る【告げ遣る】(他ラ四){ら・り・る・る・れ・れ}知らせてやる。竹取 蓬莱の玉の枝「船に乗りて帰り来にけりと、殿に—・り㊊て」訳 (くらもちの皇子が)船に乗って帰って来たのだと、屋敷に知らせてやって。

つこうまつる【仕う奉る】⇩つかうまつる

つ・ごもり【晦日】(名)[「月籠り」の転]❶陰暦で、月の下旬。源氏 若紫「三月の—なれば、京の花、盛りはみな過ぎにけり」訳 陰暦三月の下旬なので、京の(桜の)花は、盛りは皆過ぎてしまった。

❷陰暦で、月の最終日。みそか。徒然 一九「—の夜、いたうくらきに、松どもともして」訳 (陰暦十二月の)みそか(＝大晦日)の夜、たいそう暗い時に、いく本もの松明をつけて。(↔朔日)

参考 約二十九・五三日で一巡する月の満ち欠けを基準とする太陰暦では、月の第一日は新月の「月立ち」であり、月末はその日のうちには月が見られない「月籠り」になる。月の最終日は二十九日(小の月)か三十日(大の月)、一年の最終日が「おほつごもり」。

つごもり・がた【晦日方】(名)月末ごろ。下旬。伊勢 八一「神無月の—、菊の花うつろひさかりなるに」訳 陰暦十月の月末ごろ、菊の花が色変わりして美しいさかりであるうえに。

つじ【辻】(名)十字路。四つ辻。また、道端。大鏡 伊尹「御車にて二条町尻の—に立たせ給へり」訳 (冷泉院は)お車で二条大路と町尻小路の十字路にお立ちになられていた。

づ・し【厨子】(名)❶調度や書画などをのせる置き戸棚。棚は二段で、上段には物をのせられるようになっており、下段には戸がついている。源氏 帚木「近き御—なるいろいろの紙なる文どもを引き出でて」訳 (頭の中将は)手近な御厨子にあるさまざまの色の紙に書いてある手紙をいくつか引き出して。文法「御厨子なる」「紙なる」の「なる」は、存在を表す助動詞。

❷仏像・経典などを安置する両開きの扉のある入れ物。

❸平安時代の、両扉のついた作りつけの棚。

(づし②)

つじ・かぜ【辻風・旋風】(名)つむじ風。方丈 二「—は常に吹くものなれど、かかることやある」訳 つむじ風はいつも吹くものだけれど、こんな(ひどい)ことがあるか(いや、ありはしない)。

づし・ぼとけ【厨子仏】(名)厨子に安置した仏像。また、厨子に据えるくらいの小さな仏像。宇治 八・三「ずずろに、小さやかなる—を、おこなひ出だしたり」訳 (法師は)思いがけなく、小さな厨子に入るくらいの仏を、修行の結果出現させた。

対馬(つしま)『地名』旧国名。西海道十二か国の一つ。今の長崎県に属する。大陸渡航の要衝の島。対州。

づし・やか(形動ナリ){なら・なり(に)・なり・なる・なれ・なれ}[「やか」は接尾語]ずっしりとしているさま。重々しく落ち着きがあるさま。源氏 柏木「御心本性の、強く—・なる㊍にはあらねど」訳 (女三の宮の)ご意志やご気性が、しっかりとして落ち着いているのではないけれども。

づしょ・れう【図書寮】(名)中務省に属し、宮中の書籍を保管し、国史編纂や仏典の書写、また、紙・筆・墨の給付などをつかさどる役所。「ふんのつかさ」とも。⇩巻頭カラーページ31

つた【蔦】(名)つる性植物の名。紅葉が美しい。秋

づだ【頭陀】(名)《梵語の音訳》仏道修行に専心すること。特に、僧が食を乞いながら諸国を巡り歩くこと。また、その僧。平家 九・樋口被討罰「出家入道して、乞食—の行をも立て、後世をとぶらひまゐらせ給へ」訳 出家して仏道に入り、乞食行脚の修

行をも行い、(義仲の)来世をおとむらい申しあげなさい。

つたうゑて… 俳句

> 秋
> 蔦植ゑて　竹(たけ)四五本(しごほん)の　あらし哉(かな)
> 〈野ざらし紀行・芭蕉〉

訳 (廬牧(ろぼく)亭の庭は)植えてある蔦が紅葉して、四、五本生えている竹に秋風が吹き渡っているばかりの簡素で風雅なたたずまいであることだ。(蔦秋)。切れ字は「哉」。

解説「閑人(かんじん)の茅舎(ばうしや)(＝かやぶきの家)を訪(と)ひて」と前書きがある。挨拶の句。

つたな・し【拙し】(形ク){(から)・く(かり)・し・き(かる)・けれ・かれ} ❶**劣っている。おろかだ。** 徒然 一九三「－き(体)人の、碁うつことばかりにさとく、たくみなるは」訳 つまらない人間で、碁をうつことだけに頭がはたらき、上手な人間は。文法「つたなき人の」の「の」は、いわゆる同格の格助詞で、「…で」の意。

❷**へたである。** 未熟だ。徒然 一三四「芸の－き(体)をも知らず、身の数ならぬをも知らず」訳 芸能のへたなのをも知らず、身分がとるに足りないのをも知らず。

❸いくじがない。ひきょうである。〔紀〕綏靖「吾(やつかれ)は、これ乃(いまし)の兄(このかみ)なれども、－く(用)弱くして」訳 私は、おまえの兄であるけれども、いくじがなく弱くて。

❹**運が悪い。** 伊勢 六五「かかる君に仕うまつらで、宿世(すくせ)－く(用)悲しきこと」訳 このようなりっぱな帝(みかど)にお仕え申しあげないで(他の男とかかわってしまうなんて、前世からの因縁に恵まれず悲しいことである)。〔野ざらし紀行〕「唯(ただ)これ天にして、汝(なんぢ)が性(さが)の－き(体)を泣け」訳 ただこれ(＝捨て子となったこと)は天命であって、おまえの宿命の不運であることを泣け。

つたは・る【伝はる】(ツタワル)(自ラ四){ら・り・る・る・れ・れ} ❶昔から受け継がれて現在に至る。徒然 九九「この唐櫃(からひつ)は、上古(しやうこ)より－り(用)て、その始めを知らず」訳 この(検非違使庁(けびゐしちやう)に置かれた)唐櫃は、遠い昔から受け継がれている物で、その始めがわからず。

❷世に知られて残る。語り継がれる。源氏 若菜下「女楽(をんながく)にえことまでなむ逃げにけると－ら(未)む名こそ惜しけれ」訳 (夕霧は技量に欠け、)女性の演奏に仲間入りができなくて逃げ出してしまったそうだと、世に広まるとしたら、その評判は残念だ。

❸ある物に沿って他の所へ移っていく。源氏 橋姫「はるかなる世界より－り(用)まうで来て」訳 遠く離れた地方から(縁故を)つたって移り(都にやって来まして)。

つた・ふ【伝ふ】(ツタ(ト)ウ) 一(自ハ四){は・ひ・ふ・ふ・へ・へ} 何かに沿って移動する。伝わる。徒然 六六「大砌(おほみぎり)の石を－ひ(用)て、雪に跡をつけず」訳 寝殿の軒下の石だたみの石を伝わって(歩いて)、雪に足跡を残さず。

二(他ハ下二){へ・へ・ふ・ふる・ふれ・へよ} ❶さずける。教える。伝授する。徒然 三三「かかることは文(ふみ)にも見えず、－へ(用)たる教へもなし」訳 こんなこと(＝かぶった鼎(かなへ)を抜く方法)は書物(＝医書)にも見あたらず、(口伝えに)伝授している教えもない。

❷受け継ぐ。譲り受ける。方丈 三「わが身、父方の祖母(おほば)の家を－へ(用)て、久しくかの所に住む」訳 わが身は、父方の祖母の家を受け継いで、長くその所に住む。

❸ことづける。言い知らせる。源氏 夕顔「かの中将にも－ふ(終)べけれど」訳 あの(頭の)中将にも(子供のことを)言い知らせるのがよいけれども。

づだ-ぶくろ【頭陀袋】(ズダ)(名) ❶仏道修行のために諸国を行脚(あんぎや)する僧が、経巻や布施(ふせ)、また食品や手まわり品を入れて首に掛ける袋。❷死者を葬る際、その首に掛ける袋。

つたへ【伝へ】(ツタエ)(名) ❶言い伝え。伝説。源氏 横笛「夜語らずとか女ばらの－に言ふなり」訳 (夢の話は)夜は話さないとか、女たちが言い伝えで言うそうだ。

❷伝え授けること。伝授。源氏 横笛「女の御－はかひなきをや」訳 女のご伝授ではたいしたことはないなあ。

❸伝言。たより。万葉 一〇・二〇〇八「遠くとも妹(いも)が－は早く告げこそ」訳 遠くても、あの人(＝恋人)の伝言は早く告げてほしい。

つたへ-し・る【伝へ知る】(ツタエ)(他ラ四){ら・り・る・る・れ・れ} 伝え聞いて知る。源氏 薄雲「かやうに忍びたらむことをば、いかでか－る(体)やうのあらむとする」訳 このように秘密にしているようなことを、どうして伝え聞いて知る方法があろうか(いや、ありはしない)。

つ-だみ【呧吐】(名) 乳児が、飲んだ乳を吐くこと。源氏 横笛「この君いたく泣き給ひて、－などし給へば」訳 この若君(＝夕霧の子)はひどく泣きなさって、乳吐きなどしなさるので。

つち【土・地】(名) ❶大地。地上。土の上。竹取 かぐや姫の昇天「－より五尺ばかり上がりたる程に、立ち列(つら)ねたり」訳 (月から来た使者は)地上から五尺(＝約一・五メートル)ほどあがった所に、立ち並んだ。↔天(あめ)

❷土くれ。泥。また、人の顔の醜いことのたとえ。源氏 蜻蛉「御前なる人は、まことに－などの心地ぞするを」訳 (女一の宮の)御前にいる女房は、まったく土くれかなんかのような感じがするのを。文法「御前なる」の「なる」は、存在を表す助動詞。

❸「ぢげ①」に同じ。〔落窪〕「六位といへど、蔵人(くらうど)にだにあらず、－の帯刀(たちはき)の歳(とし)二十(はたち)ばかり」訳 六位といっても、蔵人というのでさえもなく、地下(ぢげ)の帯刀(＝武官)で年は二十歳ぐらい。

つち【槌】(名) 柄(え)の付いた、物を打ちたたくのに用いる道具。石槌・木槌・金槌がある。

つちい【土居】⇒つちゐ

つち-いみ【土忌み】(名) 陰陽道(おんやうだう)で、地の神である土公神(どくじん)のいる方角に対して工事するのを避けること。やむを得ないときは、家人はしばらく他へ居を移した。

つち-おほね【土大根】(オオネ)(名) 大根(だいこん)。徒然 六八「－をよろづにいみじき薬とて、朝ごとに二つづつ焼きて食ひけること、年久しくなりぬ」訳 (押領使(おうりやうし)は)大根を何にでもよくきく薬と思って、毎朝二きれずつ焼いて食べたことが、長年になった。

つち-か・ふ【培ふ】(コウ)(他ハ四){は・ひ・ふ・ふ・へ・へ} (「土(つち)養(か)ふ」の意)草木の根元に土をかぶせて育てる。栽培する。また、育成する。〔蕪村句集〕蕪村「人なき日藤に－ふ(体)法師かな」訳 訪れる人もないひまな一日、藤の根元に土をかぶせて育てる(手入れに余念のない)法師だよ。

つち-どの【土殿】(名) 貴人が喪に服するためにこもっ

た粗末な仮屋。殿舎の板敷きをはずして土間にしてある。大鏡 道兼「この殿、父大臣の御忌みには、―などにもゐさせ給はで」訳この殿(=道兼)は、父大臣(=兼家)のご服喪(の際)には、土殿などにもいらっしゃらないで。

つち-の-え【戊】(名)〔「土の兄」の意〕十干の五番目。→十干

つち-の-と【己】(名)〔「土の弟」の意〕十干の六番目。→十干

つち-みかど【土御門】(名)❶平安京大内裏の上東門(=東の土御門)と上西門(=西の土御門)の別称。築地を切り抜いただけで、屋根のない土門であったところからいう。⇩巻頭カラーページ31

❷土御門大路のこと。平安京の東西の通りの一つ。⇩巻頭カラーページ30

つちや-ぐら【土屋倉】(名)土蔵。「つちや」とも。大和 一七三「檜皮屋のしもに、―などあれど」訳檜皮葺きの家の裏手に、土蔵などがあるが。

つち-ゐ【土居】(名)❶家の柱を立てる土台。また、泥を築き巡らした所。方丈 三「―を組み、うちおほひを葺きて」訳(方丈の庵は)土台を組み、簡単な屋根を葺いて。

❷帳台(=貴人の寝所)や几帳などの柱をささえる土台。〔うつほ〕蔵開上「かたびらを引きかづきて、―のもとにて抱き取りたれば」訳帳の垂れ布をかぶって、帳台の土台のもとで(赤子を)抱き取ったところ。

つつ【筒】(名)❶中が空洞になっている、丸く細長いもの。竹取 かぐや姫の生ひ立ち「あやしがりて(=不思議に思って)寄りて見るに、―の中、光りたり(=光っている)」

❷円形の井戸の囲い。井筒。

つ・つ【伝つ】(他タ下二){て・て・つ・つる・つれ・てよ}伝える。古今 春上「春来れば雁帰るなり白雲の道行きぶりに事や―・て」訳春が来ると、雁が(北の空へ)帰って行く(鳴き)声が聞こえる。白い雲の中の道を行くついでに、(北国の友人への)伝言を伝えよう(=頼もう)かしら。

参考 未然形・連用形・命令形しかない。

つつ (接助)

意味・用法

- **反復**〔…し、また…して。…ては…して。〕→❶
- **継続**〔…しつづけて。〕→❷
- **並行**〔…とともに。…ながら。〕→❸
- **複数の反復**〔それぞれ…(し)て。みんなが…(し)ながら。〕→❹
- **単純接続**〔…て。〕→❺
- **逆接**〔…ながらも。〕→❻
- **余情**〔…ことだ。〕→❼

接続

動詞・助動詞の**連用形**に付く。

❶同じ動作・作用がくり返し行われる意(反復)を表す。**…し、また…して。…ては…して。** 竹取 かぐや姫の生ひ立ち「野山にまじりて竹を取りつつ、よろづのことに使ひけり」訳(竹取の翁は)野や山に分け入って竹を切り取っては、いろいろなことに使っていた。⇩竹取物語「名文解説」

❷動作・作用が引き続いて行われる意(継続)を表す。**…しつづけて。** 伊勢 二三「女はこの男をと思ひつつ、親のあはすれども、聞かでなむありける」訳女はこの男を(夫にしよう)と思いつづけて、親が(他の人と)結婚させようとするが、聞き入れないでいた。⇩合はす「名文解説」

❸二つの動作・作用が同時に行われる意(並行)を表す。**…とともに。…ながら。** 万葉 三・四五三「吾妹子が植ゑし梅の木見るごとにこころむせつつ涙し流る」訳(亡くなった)私の妻が植えた梅の木を見るたびに、胸がいっぱいになるとともに涙が流れることだ。文法「涙し」の「し」は、強意の副助詞。

❹複数のものが同時にその動作を反復する意を表す。**それぞれ…(し)て。みんなが…(し)ながら。** 源氏 桐壺「上達部、上人などもあいなく目をそばめつつ」訳公卿や殿上人なども**それぞれ**おもしろくなく目をそらして。

❺前文と後文を単純に接続する。接続助詞「て」と同じ用法。**…て。** 徒然 一「程につけつつ、時にあひ、したり顔なるも」訳それぞれの身分に応じて、栄達し、得意顔であるのも。

❻①の反復の用法であるが、「つつ」が、打消の表現を導くときは、逆接のようになる。**…ながらも。** 万葉 一九・四二〇八「あがここだ待てど来鳴かぬほととぎすひとり聞きつつ告げぬ君かも」訳私がこんなにまで待っていても来て鳴かないほととぎすを、自分ひとりで聞いていながらも、(私に)知らせてくれないあなたであるよ。

❼反復・継続の意で、和歌の文末に用いられた場合は、後文を言いさして、余情をこめる。**…ことだ。** 古今 春上「君がため春の野に出でて若菜つむわが衣手に雪は降りつつ」訳→きみがため…和歌

文法 上代に多く用いられたが、中古以降は、しだいに「ながら」にとって代わられた。①②の意味が基本であり、他はそれから派生したものと考えられる。①と②の違いは上にくる語による。「取る」のように瞬間的な動作を表す語の場合は①に、「思ふ」のように状態を表す語の場合は②になる。なお、

「天ざかる鄙に五年住まひつつ都の手ぶり忘らえにけり」〈万葉 五・八八〇〉

の例は、「住まひ」が状態を表す語である「住む」の未然形「住ま」に上代の反復・継続を表す助動詞「ふ」の連用形「ひ」が付いたものであるから、当然②の用法と考えられるが、現代語訳で「地方に五年間住みつづけていて」とするのは、反復・継続の「ひ」と「つつ」とを重ねて「つづけつづけて」と訳す不自然さを避けたものである。

-づつ(接尾)❶(分量を示す語に付いて)等量を配分することを示す。枕 二三「これに、ただ今おぼえむ古き言ひとつ―書け」訳これ(=紙)に、今すぐ思い浮かぶなら、その古い和歌を一首ずつ書け。

❷同一量をくり返すことを示す。源氏 帚木「かたはし―見るに」訳(頭の中将が多くの手紙を)一部分ずつ読む際に。

参考 副助詞とする説もある。

つつお-ごめ【筒落米】(名)米の品質を調べるために俵にさす竹筒からこぼれ落ちた米。〔浮・日本永代蔵〕

「西国米水揚げの折ふし、こぼれすたれる―をはき集めて」 訳 西国米を陸揚げするときに、こぼれ落ちていらなくなったこぼれ米をはき集めて。

つつが【恙】(名)病気。わずらい。源氏 匂兵部卿「事に触れて、わが身に―ある心地するも」 訳 何かにつけて、自分(＝薫)のからだに病気がある気がするのも。⇩篤し「慣用表現」

つつが-な・し【恙無し】(形ク){から・く(かり)・し・き(かる)・けれ・かれ}無事である。「つつみなし」とも。源氏 東屋「―・く用て思ふごと見なさむと思ひ」 訳 無事なようすで願いどおりに(浮舟の)世話をしたい(＝縁づけたい)と(中将の君は)思い。

つづ・く【続く】[古くは「つつく」] 一 (自カ四){か・き・く・く・け・け} ❶連続する。つながる。源氏 明石「おはしますに―・き用たる廊に落ちかかりぬ」 訳 (光源氏の)いらっしゃる所とつながっている渡り廊下に(雷が)落ちかかった。❷あとに従う。あとに連なる。枕 一四三「上達部なども、みな―・き用て出で給ひぬれば」 訳 公卿なども、みな(舞人たちの)あとに連なって退出しなさったので。 二 (他カ下二){け・け・く・くる・くれ・けよ}連続させる。続ける。つなげる。源氏 若紫「清げなる屋、廊など―・け用て、木立いとよしあるは」 訳 こざっぱりした建物や渡り廊下などをつなげて、(植え込みの)木立もたいそう風情があるのは。

つづけ-がら【続け柄】(名)(ことばや筋などの)続けぐあい。〔無名抄〕「歌はただ同じことばなれども、―、言ひがらにてよくもあしくも聞こゆるなり」 訳 和歌はまったく同じことばであっても、続けぐあいや、言いまわしによってよくも悪くも聞こえるものである。

つつじ【躑躅】(名)❶植物の名。春から初夏にかけて紅・白などの花を開く。春。〔うつほ〕吹上上「―の木ども北に並み(＝並んで)立ちて」❷襲の色目の名。表は蘇芳色(＝紫赤色)、裏は濃い蘇芳色。男子の下襲として用いるときは、表は白、裏は蘇芳色。春から初夏にかけて着用する。⇩巻頭カラーページ11

つつじばな【躑躅花】《枕詞》「にほふ」にかかる。万葉 三・四四三「―にほへる君が」

つつしみ【慎み】(名)❶物忌み。物忌みの祈禱。潔斎。源氏 葵「さまざまの御―せさせ奉り給ふ」 訳 いろいろの御物忌みを(葵の上に)おさせ申しあげなさる。文法「せさせ」の「せ」はサ変動詞「す」の未然形、「させ」は使役の助動詞「さす」の連用形。❷過ちのないように気をつけること。用心。❸身を慎むこと。謹慎。

つつし・む【慎む・謹む】(他マ四){ま・み・む・む・め・め}❶注意する。用心する。徒然 一四五「落馬の相ある人なり。よくよく―・み用給へ」 訳 (あなたは)馬から落ちる相のある人だ。十分に用心しなさい。❷物忌みする。斎戒する。源氏 夕顔「御物忌みなにやとむつかしう―・ま未せ奉り給ふ」 訳 (左大臣は光源氏に)御物忌みや何やとうるさいほどに斎戒おさせ申しあげなさる。文法「せ」は、使役の助動詞「す」の連用形。

つづし・る【噍る】(他ラ四){ら・り・る・る・れ・れ}❶少しずつ口ずさむ。源氏 帚木「影もよしなど―・り用うたふほどに」 訳「月影もよし」などと、少しずつ口ずさみ歌ううちに。❷少しずつ食う。今昔 二八・五「塩辛きものどもを―・る体に」 訳 塩辛い食べ物をいろいろ少しずつ食うので。

つづしろ・ふ【噍ろふ】(他ハ四){は・ひ・ふ・ふ・へ・へ}[四段動詞「噍る」の未然形「つづしら」に上代の反復・継続の助動詞「ふ」の付いた「つづしらふ」の転]少しずつ食べ続ける。万葉 五・八九二「堅塩を取り―・ひ用糟湯酒うちすすろひて」 訳 →かぜまじり…和歌

つっ-と(副)勢いよく。さっと。平家 九・木曽最期「うしろへ―出でたれば、五十騎ばかりになりにけり」 訳 (敵陣を突破して)うしろへさっとぬけ出たところ、(三百騎余りの味方が)五十騎ほどになってしまった。

つつま・し【慎まし】(形シク){しから・しく(しかり)・し・しき(しかる)・しけれ・しかれ}❶気がひける。遠慮される。源氏 帚木「夢にや見ゆらむとそら恐ろしく―・し終」 訳 (秘密が夫の)夢に見えているだろうかと、(空蟬は)なんとなく恐ろしく気がひける。❷気恥ずかしい。源氏 夢浮橋「ふと言ひ寄らむも―・しけれ已ど」 訳 (小君は姉の浮舟に)唐突にことばを掛けるようなことも気恥ずかしいけれども。

つつまし-げ【慎ましげ】(形動ナリ){なら・なり(に)・なり・なる・なれ・なれ}[「げ」は接尾語]気がひけるさま。遠慮がちなさま。源氏 帚木「涙を漏らし落としても、いと恥づかしく―・に用まぎらはし隠して」 訳 (女は)涙を漏らし落としても、ひどく恥ずかしくきまりわるそうにとりつくろい隠して。

つつま-ふ【障まふ・恙まふ】《上代語》災害や病気など悪いことが重なる。万葉 二〇・四三三一「事し終はらばつつまはず帰り来ませと」 訳 (防人の)任務が終わるなら、災害などにあわずに帰って来てくださいと。なりたち 四段動詞「障む」の未然形「つつま」＋上代の反復・継続の助動詞「ふ」

つづま-やか【約まやか】(形動ナリ){なら・なり(に)・なり・なる・なれ・なれ}[「やか」は接尾語]ひかえめにするさま。倹約するさま。徒然 一八「人は、おのれを―・に用し、おごりを退けて」 訳 人は、わが身をつつましくし、ぜいたくをやめて。

つづま・る【約まる】(自ラ四){ら・り・る・る・れ・れ}❶小さくなる。縮まる。宇治 三・七「虎、―・り用ゐて、物をうかがふ」 訳 虎が縮まりすわって、何かをうかがう。❷短くなる。今昔 二六・七「月日の過ぐるにしたがひて、命の―・る体を」 訳 月日がたつにつれて、命が短くなるのを。

つつみ【堤】(名)[池や沼の周りを包むものの意]土手。堤防。大鏡 花山院「京のほどは隠れて、―の辺りよりぞうち出で参りける」 訳 (武士たちは)京の(町を移動している)あいだは隠れて、(賀茂川の)土手のあたりから現れて参上した。

つつみ【慎み】(名)はばかりつつしむこと。遠慮。枕 九七「人のために恥づかしう、悪しきことを、―もなく言ひゐたる」 訳 (ある)人にとっては恥ずかしく、具合が悪いことを、遠慮もなく言っているの(はあきれたものだ)。

つづみ【鼓】(名)❶胴に革を張って打ち鳴らす楽器の総称。太鼓の類。万葉 二・一九九「ととのふる―の音は雷の声と聞くまで」 訳 (隊列を)整える鼓の音は雷の鳴る音かと聞くほど。❷中世以降、特に胴の中央が細くなっている鼓をいう。⇩巻頭カラーページ23

堤中納言物語(つつみちゆうなごんものがたり)『作品名』平安後期から鎌倉初期の短編物語集。一部を除き、作者・成立年代とも未詳。「虫めづる姫君」など十編の短編からなり、い

ずれも奇抜な構想で、人生の断片を巧みにとらえる。

つつみ-な・し【恙み無し】(形ク){から・く(かり)・し・き(かる)・けれ・かれ}「つつがなし」に同じ。万葉 五・八九四「―・く用幸く坐しては や帰りませ」訳 何事もなくご無事でいらっしゃって早くお帰りください。

つつみ-ぶみ【包み文】(名)薄様(=薄い鳥の子紙)などで包んだ手紙。恋文などに用いた。枕 八九「紫の紙を―にて、房ながき藤につけたる」訳 紫の紙を包み文にして、房の長い藤につけたの(は優雅である)。

つつ・む【慎む】一(自マ四){ま・み・む・む・め・め}気がひける。気おくれする。枕 二三「あぢきなうみな―・ま未れて、書きけがしなどしたるあり」訳 (ふだんは上手に書く人も)あいにく(その場では)みな自然と気おくれがして、書き損じなどした人もいる。文法「つつまれ」の「れ」は自発の助動詞「る」の連用形。

二(他マ四){ま・み・む・む・め・め}気がねをする。はばかる。遠慮する。竹取 かぐや姫の昇天「人目も今は―・み用給はず泣き給ふ」訳 (かぐや姫は)人目も今ははばかりなさらずにお泣きになる。

つつ・む【障む・恙む】(自マ四){ま・み・む・む・め・め}障害にあう。妨げられる。病気になる。万葉 二〇・四五一四「行くさ来さ―・む体ことなく船は早けむ」訳 行くときも帰るときも障害にあうことなく、船は速く進むだろう。

つつ・む【包む・裹む】(他マ四){ま・み・む・む・め・め}❶中に入れる。おおい囲む。くるむ。竹取 かぐや姫の昇天「すこし形見とて、脱ぎおく衣に―・ま未むとすれば、ある天人―・ま未せず」訳 (壺の薬を)少し形見として、脱いでおく着物に包もうとすると、その場にいる天人は包ませない。

❷隠す。秘める。万葉 一三・三二八五「たらちねの母にも告らず―・め已りし心はよしゑ君がまにまに」訳 母にも言わずに隠していた心はもうかまわない。どうぞあなたの心のままに。(「たらちねの」は「母」にかかる枕詞)

> **語の広がり**「包む」
>
> 土手や堤防を意味する「堤」は、「包む」の連用形「包み」が名詞化したもの。池や沼の周囲に包むように築いたことからいう。

つづ・む【約む】(他マ下二){め・め・む・むる・むれ・めよ}縮める。短くする。詰める。小さくする。蜻蛉 下「幸ひある人こそ、命は―・むれ已と思ふに」訳 幸福な人こそ、寿命を縮めると思ううちに。

つつ-め・く【囁く】(自カ四){か・き・く・く・け・け}〔「めく」は接尾語〕「つつやく」とも。ひそひそささやく。ぶつぶつ言う。土佐「『怨じもこそし給べ』とて、―・き用てやみぬ」訳 (人々は)「(悪口が聞こえて)お恨みになると大変だ」と言って、ひそひそささやいてやめてしまった。

つつ-や・く【囁く】(自カ四){か・き・く・く・け・け}「つつめく」に同じ。

つつ-やみ【つつ闇】(名)まっくら闇。宇治 二・一三「空も―になりて」訳 空もまっくら闇になって。

つづら(名)❶【葛】植物の名。つる草の総称。〔山家集〕「―はふ端山は下もしげければ住む人いかにこ暗かるらん」訳 つる草のはい広がる人里近くの山は、下枝も茂っているので、住む人はどんなに暗いことであろう。
❷【葛籠】衣服などを入れるかご。つる草または竹を編んで作る。つづらこ。

つづ-らか【円らか】(形動ナリ){なら・なり(に)・なり・なる・なれ・なれ}〔「らか」は接尾語〕目をまるまると見開いたさま。〔栄花〕花山たづぬる中納言「そこに目も―・なる体小法師にてついゐさせ給へるものか」訳 (花山帝は)そこ(=花山寺)で目もまるまるとした小坊主のかっこうでかしこまって座っていらっしゃるではないか。

つづら-をり【葛折り】(名)いくつにも曲がりくねった坂道。源氏 若紫「ただこの―の下に、同じ小柴なれど、うるはしうしわたして」訳 ちょうどこの曲がりくねった坂道の下に、(ほかと)同じ小柴垣であるけれども、きちんと整えてぐるりとめぐらして。

つづり【綴り】(名)継ぎ合わせること。また、継ぎ合わせた粗末な布や衣。転じて、僧衣。〔無名草子〕「―といふもの帽子にしてはべりけるこそ、いとあはれなれ」訳 (清少納言が)つぎはぎをした布というものをかぶり物にしていましたのは、たいそう気の毒だ。

つづり-させ【綴り刺せ】「つづれさせ」とも。こおろぎの鳴き声をいう語。冬を迎える準備に、「綴り刺せ(=着物

> **古語ライブラリー㉛**
>
> **鳥獣の鳴き声**
>
> 日本語を母語とする人に雄鶏はどう鳴くかと問うと、ふつうはコケコッコーだと答えるだろう。英語ではcock-a-doodle-doo、ドイツ語ではkikeriki、フランス語ではcocoricoだ。雄鶏の鳴き声が国によって異なるというのではあるまい。それぞれの言語の枠組みで受けとめたから、そう聞こえるということなのである。
>
> 上代、奈良時代の日本語には、今日の促音・長音にあたるものがなかった。だから、雄鶏の鳴き声をコケコッコーとは聞けなかった。
>
> ◇鶏には かけろと鳴きぬなり 起きよ 起きよ 我が門に 夜の夫 人もこそ見れ(=他人が見ると困る) 〈神楽歌〉
>
> とあるように、「かけろ」と聞こえた。
>
> 現代日本語では、馬はヒヒーンと鳴くことになっている。奈良時代には、ハ行音はファフィフフェフォであったし、撥音ンがことばの音としては確立していなかったから、ヒヒーンとは聞けない。
>
> ◇たらちねの母が養ふ蚕の繭隠りいぶせくもあるか妹に逢はずして 〈万葉 一二・二九九一〉
>
> 母が育てている蚕が繭にこもるように、家にこもっていると気がふさぐことだ。あの娘に逢わないで――。この歌の「いぶせくもあるか」は原文では「馬声蜂音石花蜘蟵荒鹿」と書かれている。「馬声」が「い」にあたっている。すなわち、奈良時代の人の耳には馬の鳴き声がイと聞こえたのだろう。
>
> ◇衣手葦毛の馬のいなく声情あれかも常ゆ異に鳴く 〈万葉 一三・三三二八〉
>
> この歌の「いなく」は「い」が馬の鳴き声、「なく」は「鳴く」。すなわち、「イと鳴く」の意にあたる。この部分を「いばえ」とする読みもある。「いばゆ」は「イとほえる」の意である。
>
> ⇩八三七ページ㉜

のほころびを綴って繕え」と鳴いているように聞こえるという。古今 雑体「―てふきりぎりす鳴く」訳 ほころびを綴って繕えというこおろぎが鳴く。

つづ・る【綴る】(他ラ四)〔ら・り・る・る・れ・れ〕❶継ぎ合わせる。つなぎ合わせる。細道 出発まで「股引きの破れを―・り用(=つなぎ合わせ)、笠の緒つけかへて」❷詩歌・文章を作る。

つつ-ゐ【筒井】(名)筒のように円形に掘り下げた井戸。〔義経記〕「―の水も絶えて(=なくなって)」

つつゐ-づつ【筒井筒】(名)筒井戸の上に設けたまるい囲い。〔浄・心中重井筒〕「―、井筒の水は濁らねど」訳 まるい囲いの、筒井の水は濁らないけれど。

つつゐつの… 和歌

> 筒井つの　井筒にかけし　まろがたけ
> すぎにけらしな　妹見ざるまに
> 〈伊勢・二三〉

訳 (子供のころ)筒井戸を囲う井筒と背くらべした私の背たけは、(その井筒よりも)高くなってしまったようだよ。あなたと顔を合わせないでいる間に。文法「けらしな」の「けらし」は「けるらし」の転、「らし」は根拠のある推定の助動詞、「な」は詠嘆の終助詞。

解説 幼友達であった女性への求婚の歌。「筒井つ」の「つ」の意味が不明であるが、語調を整えるために添えたとも、「ゐづつ」を導くための序の役割をもつともいわれる。第四句までで、自分がすでに少年の時代を脱し、大人になったことをいった。「筒井筒井筒にかけし…」とする本もある。「くらべこし振り分け髪も肩すぎぬ君ならずして誰かあぐべき」(訳 →くらべこし… 和歌)〈伊勢・二三〉の歌は、この歌の返歌として詠まれたもの。

つて【伝】(名)❶人づて。源氏 若菜上「―に承れば、若君は、春宮に参り給ひて」訳 人づてに承ると、若君(=明石の姫君)は皇太子のもとに入内なさって。❷物のついで。源氏 椎本「―に見し宿の桜をこの春は霞へだてず折りてかざさむ」訳 (去年は)物のついでに見た山荘の桜(=中の君)を、この春は霞を隔てず、この手で折ってかざすように、わがものとしよう。(「花を折る」には、女性と結婚するという意味がある)

つて【伝て】下二段動詞「伝つ」の未然形・連用形。伝える。ことづける。源氏 幻「ほととぎす君に―未なむ故郷の花橘は今ぞ盛りと」訳 (あの世に通うという)ほととぎすよ、君(=亡き紫の上)にことづてをしてほしい。故郷の花橘は今が盛りであると。→伝つ

つて-こと【伝言・流言】(名)言い伝えることば。伝言。また、うわさ。万葉 一九・四二一四「玉桙の道来る人の―にわれに語らく」訳 道をやって来る人が伝言として私に語ることには。(「玉桙の」は「道」にかかる枕詞)

つと【苞・苴】(名)❶食品などをわらに包んで持ち運びやすくしたもの。わらづと。❷その土地の産物。みやげ。万葉 二〇・四三九六「堀江より朝潮満ちに寄る木屑貝にありせば―にせましを」訳 堀江から朝潮の満ちるときに寄ってくる木の屑が貝であったなら、みやげにしようものを。

つ-と(副)❶じっと。そのままずっと。源氏 桐壺「人よりは殊なりしけはひかたちの、面影に―そひて思さるるにも」訳 ほかの人よりはすぐれていた(桐壺の更衣の)ようすや顔つきが、幻となってそのままずっと寄りそっているように(桐壺帝は)自然に思われなさるにつけても。文法「思さるる」の「るる」は、自発の助動詞「る」の連体形。❷急に。さっと。枕 一二七「げにいとあはれなりなど聞きながら、涙の―出で来ぬ、いとはしたなし」訳 ほんとうにとても気の毒だなどと聞くものの、涙がさっと出てこないのは、たいそう間が悪い。文法「ながら」は、逆接の接続助詞。

つどう【集う】⇩つどふ

つと-に【夙に】(副)朝早く。早朝から。〔紀〕仁徳「天皇、―興き、夜く寝ねまして」訳 天皇は、朝早く起き、夜遅くお休みになって。

つど・ふ【集ふ】㊀(自ハ四)〔は・ひ・ふ・ふ・へ・へ〕集まる。寄り合う。細道 旅立「むつましきかぎりは宵より―・ひ用て、舟に乗りて送る」訳 親しいものは皆宵の口から集まって、(翌朝は)舟に乗って送る。㊁(他ハ下二)〔へ・へ・ふ・ふる・ふれ・へよ〕集める。寄せ集める。竹取 かぐや姫の生ひ立ち「をとこはうけきらはず呼び―・へ用て、いとかしこく遊ぶ」訳 男はだれかれかまわず(宴に)呼び集めて、とても盛大に(管弦の)遊びをする。

図解学習 「つどふ」と「あふ」
多くのものが一か所に集まる意を原義とするのが「つどふ」であり、二つのものが寄りついて一つになる意を原義とするのが「あふ」である。軍団のように、あるまとまりが単位となって「つどふ」あるいは「あふ」こともある。「つどふ」の対義語は「あかる」、「あふ」の対義語は「わかる」である。

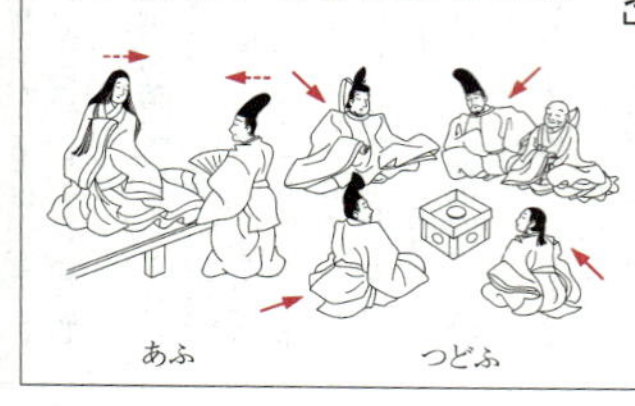

つと・む【勤む・勉む・務む】(他マ下二)〔め・め・む・むる・むれ・めよ〕❶努力する。また、勤務する。徒然 二三四「道を知るものは、植うることを―・む終」訳 道理を知る者は、(役立つ草木を)栽培することに努力する。❷仏道を修行する。勤行する。源氏 若紫「初夜いまだ―・め用侍らず」訳 初夜の勤行をまだ勤めておりません。

つとめ【勤め・務め】(名)❶《仏教語》毎日一定の時刻に、仏前で経をあげ礼拝すること。仏道の修行。勤行。源氏 若紫「後の世の―もいとよくして」訳 (明石の入道は)後世のための勤行もたいそうよくして。❷職務。任務。徒然 一二一「犬は守り防ぐ―、人にも勝りたれば」訳 犬は(家を)守り(盗人を)防ぐ役目が、人間よりもすぐれているから。

つとめて(名)❶早朝。枕 一「冬は―。雪の降りたるはいふべきにもあらず」訳 冬は早朝(が趣がある)。雪が降っているのは言うまでもなく。❷(前夜、何か事があった)その翌朝。伊勢 八七「その夜、

南の風吹きて波いと高し。—その家の女の子ども出でて」訳その夜、南の風が吹いて波がひどく高い。翌朝その家の女の子供たちが(浜に)出て。

参考 朝早くの意の副詞「夙に」と関連の深い語。上代には見られず、中古の和文に用いられた。「ひる」の生活の始まりのもっとも早い時間帯、早朝をいう。新しい一日の始まりという意識から、②の意にも用いる。

つな【綱】(名) ❶太くて丈夫な縄。枕 二七八「御—張りて出でさせ給ふ」訳(中宮=定子は輿に付ける)御綱を張ってご出発になられる。❷寄りすがって頼りとするもの。よりどころ。きずな。源氏 東屋「おぼし放つまじき—も侍るをなむ、とらへ所に頼み聞こえさする」訳(私=中将の君を)お見捨てなさるはずもないきずなもございますのをすがるところとして、(あなた=中の君を)お頼り申しあげる。

つな・ぐ【繫ぐ・踵ぐ】(他ガ四){が・ぎ・ぐ・ぐ・げ・げ}❶物を綱などで結びとめる。源氏 帚木「—・が㊍ぬ船の浮きたるためしも」訳結びとめていない船が安定しないでいる例も。❷(足跡などを頼りに)跡を追う。跡をつける。万葉 一六・三八七四「射ゆ鹿を—・ぐ㊓川辺の和草の」訳射られた鹿の跡をつける川辺のやわらかい草のように。❸長く続け保つ。絶えないようにする。〔浄・源氏冷泉節〕「—・ぐ㊓命の憂き(=つらい)三年」

づ-な・し【図無し】(形ク){から・く(かり)・し・き(かる)・けれ・かれ}とてつもない。なみはずれている。〔東海道中膝栗毛〕「毎日毎日—・く㊊(=とてつもなく)風の吹いたことがあり申した」

つな-で【綱手】(名)〔古くは「つなて」とも〕船につないで陸から引く綱。引き船の綱。綱手縄。土佐「今日は箱の浦といふ所より—(=引き綱)引きてゆく」

つな-ひ・く【綱引く・綱曳く】(自カ四){か・き・く・く・け・け}❶牛馬などが手綱に引かれまいと逆らう。つながれた綱を引っ張る。蜻蛉 中「あまた年越ゆる山べに家居して—・く㊓駒も面なれにけり」訳長年、(駒ひきの馬の)越えてゆく山べに住まいして、手綱に引かれまいと逆らう馬も慣れて平気になってしまったことだ。(「越ゆる」は、年を越える意と山を越える意とをかける) ❷(相手に)素直に従わず、逆らう。意地を張る。強情を張る。源氏 帚木「『しか改めむ』とも言はず、いたく—・き㊊て見せし間に」訳(私=左の馬頭が)「そのように改めよう」とも言わず、ひどく意地を張ってみせていた間に。

つね【常・恒】㊀(名) ❶ふだん。通例。源氏 桐壺「野分だちて、にはかに肌寒き夕暮れの程、—よりも思し出づること多くて」訳野分の風が吹きだして、急に冷え冷えとする夕暮れのころ、ふだんよりも(桐壺帝は桐壺の更衣を)お思い出しになることが多くて。❷ふつう。あたりまえ。なみ。いつも。伊勢 一六「世の—の人のごともあらず」訳(落ちぶれて)世間のなみの人のようでもない。

㊁(名・形動ナリ)永久。同じ状態にあること。変わらないこと。古今 雑下「世の中は何か—・なる㊓あすか川きのふの淵ぞ今日は瀬になる」訳→よのなかは…和歌

つね-な・し【常無し】(形ク){から・く(かり)・し・き(かる)・けれ・かれ}変わりやすい。無常だ。一定していない。万葉 三・四六五「うつせみの世は—・し㊎と知るものを秋風寒み偲びつるかも」訳現実の世は変わりやすいと知るものの、秋風が寒いので、(亡き妻を)恋い慕ってしまうことだ。

つねなら-ず【常ならず】無常で変わりやすい。はかない。徒然 二五「飛鳥川の淵瀬つねならぬ㊓世にしあれば」訳飛鳥川の淵と瀬が変わりやすいように、無常ではかないこの世であるので。

なりたち 形容動詞「常なり」の未然形「つねなら」+打消の助動詞「ず」

つねに-もがも-な【常にもがもな】永久不変であったらいいなあ。〔新勅撰〕羇旅「世の中は—なぎさこぐあまの小舟の綱手かなしも」訳→よのなかは…和歌。→もがもな

なりたち 形容動詞「常なり」の連用形「つねに」+願望の終助詞「もがも」+詠嘆の終助詞「な」

つね-の-さん【恒の産】(「恒産」の訓読)一定した収入をもたらす職業・資産。徒然 一四二「人、—なき時は、恒の心なし」訳人は、一定の資産がない時は、定まった心もない。

津の国(つのくに)『地名』摂津(今の大阪府北部と兵庫県東部にわたる地域)の古称。

つのくにの… 和歌

> 津の国の　難波の春は　夢なれや
> 葦の枯れ葉に　風渡るなり
> 〈新古今・六・冬・六二五・西行〉

訳 摂津の国(大阪府北部と兵庫県東部)の難波の春の景色は(はかない)夢なのだろうかなあ。葦の枯れ葉に風が吹き渡る音がする。修辞 本歌取り。文法「夢なれや」の「や」は詠嘆の終助詞。「渡るなり」の「なり」は推定・伝聞の助動詞。

解説 本歌は「心あらむ人に見せばや津の国の難波わたりの春のけしきを」〈後拾遺・春上〉。難波の浦(大阪市の海岸)は葦の名所で、その若葉の美しさが有名。

つの-ぐ・む【角ぐむ】(自マ四){ま・み・む・む・め・め}(「ぐむ」は接尾語)草木の芽が角のように出始める。新古 春上「三島江や霜もまだ干ぬあしの葉に—・む㊓ほどの春風ぞ吹く」訳三島江よ。霜もまだ乾いていない葦の枯れ葉に、芽が角のように出始めるほどの春風が吹くことよ。

つのさはふ(ツノサハ(オ)ウ)《枕詞》「いは」にかかる。万葉 三・四二三「—磐余の道を」

つの・る【贖る】(他ラ四){ら・り・る・る・れ・れ}抵当にする。宇治 九・四「この得んずる物を—・り㊊て、人に物を借りて」訳この得ようとする物を抵当にして、人に物を借りて。

海柘榴市(つばいち)『地名』〔「椿市」とも書く〕今の奈良県桜井市金屋にあった市場で、日本で最も古いという。歌垣の場所として有名。

つ-は・く【唾吐く】(自カ四){か・き・く・く・け・け}つばを吐く。また、口の中のものを吐く。〔記〕上「御頸の璵を解きて口にふくみて、その玉器に—・き㊊入れ給ひき」訳御首にかけた玉の緒を解いて(玉を)口に含んで、その美しい器に吐き入れなさった。

つばくら-め【燕】(名)「つばくら」とも。鳥の名。つばめ。春。竹取 貴公子たちの求婚「—の持たる子安の貝ひとつ取りて給へ」訳つばめの持っている子安の貝を一つ取って(きて)、お与えください。

つ-ばな【茅花】(名)「ちばな」とも。草の名。ちがや。また、その花。㊎春。万葉 八・一四四九「ー抜く浅茅(あさぢ)が原のつぼすみれ今盛りなりあが恋ふらくは」訳 つばなをとる浅茅が原のつぼすみれのように今まっ盛りだ、私の恋い慕うことは。(第三句までは「今盛りなり」を導きだす序詞)

つは-もの【兵】(名)❶武士。兵士。また、勇士。細道 芭蕉「夏草やーどもが夢の跡」訳 →なつくさや…俳句

❷戦争に使う道具。武器。徒然 八〇「ー尽き、矢きはまりて、つひに敵に降(くだ)らず」訳 武器が尽き、矢がなくなっても、最後まで敵に降服せず。

つばら【委曲】(形動ナリ){なら・なり(に)・なり・なる・なれ・なれ}「つばらか」に同じ。万葉 一・一七「道の隈(くま)い積もるまでにー・に用も見つつ行(ゆ)かむを」訳 →うまさけ…和歌

つばら-か【委曲か】(形動ナリ){なら・なり(に)・なり・なる・なれ・なれ}「つばら」とも。❶詳しいさま。こまかいさま。万葉 九・一七五三「国のまほらをー・に用示し給へば」訳 国のよいところをこまかにお示しになるので。

❷思い残すことのないさま。十分なさま。万葉 一九・四一五二「奥山の八峰(やつを)の椿(つばき)ー・に用今日は暮らさね大夫(ますらを)の徒(とも)」訳 奥山の峰々の椿ではないが、思い残すことなく今日を暮らしてほしい。ますらおたちよ。(第二句までは「つばらかに」を導きだす序詞)

つばらつばら-に【委曲委曲に】(副)くわしく。つくづくと。しみじみと。万葉 一八・四〇六五「朝びらき入り江漕(こ)ぐなる楫(かぢ)の音のー吾家(わぎへ)し思ほゆ」訳 朝船を出して入り江を漕いでいるらしい楫の音のように、しみじみと故郷の家が思われることだ。(第三句までは「つばらつばらに」を導きだす序詞)

つは・る(自ラ四){ら・り・る・る・れ・れ}❶内部のものが外に突き出ようとする。芽ぐむ。きざす。徒然 一五五「下よりきざしー・る体に堪へずして落つるなり」訳 (葉の)内部から芽ぐんで外に突き出ようとするのにたえられなくて(古い葉が)落ちるのである。

❷つわりが起こる。妊娠のきざしが現れる。〔落窪〕「いつしかとー・り用給へば」訳 いつのまにか早くも妊娠のきざしが現れなさるので。⇩篤(あつ)し「慣用表現」

つひ【終】(名)終わり。最後。源氏 幻「泣く泣くも帰りにしかな仮の世はいづこもーの常世(とこよ)ならぬに」訳 (雁(かり)が鳴きながら巣に帰るように)私(=光源氏)も泣く泣く(泊まらずに)帰ってしまいましたよ。仮の世はどこも(同じで)最後の永久不変の世ではないのだから。(「泣く」は「鳴く」との、「仮」は「雁」との掛詞)

つひえ(名)❶【弊え】疲れること。疲労。衰え弱ること。〔太平記〕一「政道正しからずして民のーを思はず」訳 政治が正しく行われないで人民の疲労を考えず。

❷【費え】費用がかかること。むだな出費。損害。方丈 二「七珍万宝(しっちんまんぼう)さながら灰燼(くわいじん)となりにき。そのーいくそばくぞ」訳 (大火で)あらゆる種類の宝物はすべて燃えがらとなってしまった。その損害はどれほどか。

つひえ-ぜんさく【費え穿鑿】(名)むだな出費をしないようにいろいろ気をまわすこと。〔浮・世間胸算用〕「世のー人に過ぎて、利発顔する男あり」訳 世の中のむだな出費にあれこれ気をまわすことが人並み以上で、(人よりも)賢いという顔つきをする男がいる。

つひ-に【終に・遂に】(副)❶終わりに。最後に。伊勢 二三「ー本意(ほい)のごとく合ひにけり」訳 (幼なじみの二人は)とうとうかねての望みどおり結婚したのだった。

❷(多く、下に打消の語を伴って)**最後まで。とうとう。結局。**徒然 五一「とかく直しけれども、ー回らで、いたづらに立てりけり」訳 (水車を)あれこれと修理したけれども、結局回らないで、むだに立っていたのだった。⇩在(あ)り在りて「慣用表現」

❸(下に打消の語を伴って)**いまもって。まだ一度も。決して。**〔狂・末広がり〕「末広がりと申すものは、ー見たこともござらぬ」訳 末広がり(=扇)と申す物は、いまだかつて見たこともございません。

つひにゆく…和歌

> つひにゆく　道(みち)とはかねて　聞(き)きしかど
> きのふけふとは　思(おも)はざりしを
> 〈伊勢・一二五〉〈古今・一六・哀傷・八六一・在原業平(ありはらのなりひら)〉

訳 (だれもが)最後には行く(死の)道だとはかねがね聞いていたが、(それが私の身に起こるのが)昨日今日のことだとは、思いもしなかったなあ。

解説「古今集」詞書(ことばがき)に、「病(やまひ)して弱くなりにける時詠める」とあり、「伊勢物語」最終段も同内容である。

つひ-の-こと【終の事】結局そうなること。源氏 明石「ーと思ひしかど」訳 (光源氏は)結局そうなる(=許されて帰京できる)ことと思っていたけれど。

つひ-の-すみか【終の住み処】最後に住む所。また、死後に落ち着く所。〔七番日記〕一茶「是(これ)がまあーか雪五尺」訳 →これがまあ…俳句

つひ-の-わかれ【終の別れ】最後の別れ。死別。源氏 椎本「世のことととして、ーをのがれぬわざなめれど」訳 世のならわしとして、死別を避けられないことであるようだが。⇩飽かぬ別れ「慣用表現」

つひや・す(他サ四){さ・し・す・す・せ・せ}❶【費やす】使ってなくす。浪費する。方丈 二「さしも危ふき京中の家をつくるとて、宝をー・し用、心を悩ますことは」訳 あれほど危険な京の都の中の家をつくるというので、財産を浪費し、心を悩ませることは(つまらない)。

❷【弊やす】疲れ弱らせる。衰えさせる。徒然 九七「その物につきて、その物をー・し用そこなふ物、数を知らずあり」訳 その物にとりついて、その物を弱らせ害する物が、数えきれないほどある。

つひ・ゆ(自ヤ下二){え・え・ゆ・ゆる・ゆれ・えよ}❶【費ゆ】使ってだんだん減る。〔紀〕皇極「損(おと)りー・ゆる体こと極(きは)めてはなはだし」訳 (財宝を投げ出して常世(とこよ)の神をまつったが)損して減ることがとてもはなはだしい。

❷【弊ゆ】弱る。衰える。疲労する。源氏 蓬生「年ごろいたうー・え用たれど、なほもの清げに」訳 (侍従は)この数年来とてもやつれているけれども、やはりどことなくこざっぱりした感じで。

つぶさ【具さ・備さ】(形動ナリ){なら・なり(に)・なり・なる・なれ・なれ}❶全部備わっているさま。完全であるさま。〔仮名・浮世物語〕「(人間は)ー・に用(=完全に)五行の徳を備へ」

❷詳しくていねいなさま。こまかく詳しいさま。今昔 七・一五「僧、進み入りてー・に用事のありさまを語る」

つふつふ（-と）（副）水中を歩く音の形容。じゃぶじゃぶ。今昔 二五・一二「水を一と歩ばして行きけるに」訳 水たまりをばしゃばしゃと馬を歩ませて行ったので。

つぶ-つぶ（-と）（副）

語義パネル

●**重点義** **まるまるとしているさま。また、点々と途切れながら続くさま。**

①は「つぶらなひとみ」の「つぶ」、②から④は「粒粒」で点々と途切れながら続くようす、⑤⑥は擬声語。

❶豊満なさま。魅力的なさま。**ふっくら。**
❷文字を一つ一つ離して書くさま。
❸（水などが）粒のようになって出るさま。**ぽたぽた。**
❹こまごましたさま。**くわしく。つぶさに。**
❺思いが胸に迫って激しい動悸がするさま。胸騒ぎするさま。**どきどき。**
❻口の中でぶつぶつ言うさま。**ぶつぶつ。**

❶豊満なさま。魅力的なさま。**ふっくら。** 源氏 横笛「一とをかしげなる胸をあけて乳などくくめ給ふ」訳（雲居の雁は）ふっくらとして美しい感じの胸をあけて、乳などを（若君の）口の中に含ませなさる。

❷文字を一つ一つ離して書くさま。源氏 橋姫「陸奥紙五、六枚に、一とあやしき鳥の跡のやうに書きて」訳（柏木は）陸奥紙（＝東北地方で産した上質の和紙）五、六枚に、ぽつぽつと一字ずつ放ち書きに、へんな鳥の足跡のように（乱れた筆跡で）書いて。

❸（水などが）粒のようになって出るさま。**ぽたぽた。**〔うつほ〕楼の上上「涙の一と落ち給ふを」訳（兼雅は）涙がぽたぽたと落ちなさるのを。

❹こまごましたさま。**くわしく。つぶさに。** 蜻蛉 上「いかで一と言ひ知らするものにもがな」訳 なんとかしてこまごまと言い知らせることができたらなあ。文法「もがな」は、願望の終助詞。

❺思いが胸に迫って激しい動悸がするさま。胸騒ぎするさま。**どきどき。** 源氏 若菜下「いといみじく胸一と鳴る心地す」訳（小侍従は）たいそう激しく胸がどきどきと鳴る気持ちがする。

❻口の中でぶつぶつ言うさま。**ぶつぶつ。**〔雨月〕蛇性の婬「口のうち一と念じ給ひつつ」訳 口の中で、ぶつぶつと（呪文を）お唱えになっては。

つぶ-て【飛礫・礫】（名）小石を投げつけること。また、その小石。著聞 六〇八「一をうちけることたびたびになりける（＝たび重なった）」

つぶ-と（副）❶すっかり。すべて。大鏡 道長上「ほど経ぬれば、色どもの一忘れ侍りにけるよ」訳 時がたったので、（宮さま方の衣の）それぞれの色をすっかり忘れてしまいましたことよ。
❷（下に打消の語を伴って）少しも。全然。今昔 二七・三六「顔を一見せぬがあやしきにと思ひて」訳（安高は）顔を少しも見せないのがあやしいのでと思って。
❸一面に。びっしりと。大鏡 伊尹「陸奥紙を一押させ給へりけるが」訳 陸奥紙（＝東北地方で産した上質の和紙）を（壁）一面にはらせなさったのが。

づぶぬれの… 俳句

> づぶ濡れの　大名を見る　炬燵かな　冬
> 〈八番日記・一茶〉

訳（冬の冷たい雨に）ずぶぬれになって、街道を大名行列が通る。（障子のすき間から）それを見ている自分は、ぬくぬくと炬燵に入ったままであるよ。（なんという果報なことだ。）（炬燵图。切れ字は「かな」）
解説「づぶ濡れ」は「ずぶ濡れ」が正しい。

つぶね【奴】（名）下仕えの者。召使。転じて、仕えること。奉公。奉仕。〔雨月〕吉備津の釜「朝夕の一もことにまめやかに」訳 朝夕（＝いつも）の奉公もとても忠実に。

つぶ-らか【円らか】（形動ナリ）｛なら・なり（に）・なり／なる・なれ・なれ｝丸くふっくらしているさま。〔うつほ〕国譲下「いと一・に（用）白く肥え給へり」訳（赤ん坊は）とても丸くふっくらとして白く太っていらっしゃる。

つぶらは-し【潰らはし】（形シク）｛（しから）・しく（しかり）・し・しき（しかる）・しけれ・しかれ｝（心配や驚きなどで）胸がつぶれそうだ。つぶれるようだ。源氏 賢木「人々しげく並みゐたれば、いと胸一・しく（用）思さる」訳 女房たちが多く並んで座っているので、（光源氏ははらはらして）ひどく胸がつぶれそうにお思いにならずにいられない。

つぶ-る【潰る】（自ラ下二）｛れ・れ・る・るる・るれ・れよ｝❶力が加わってこわれる。つぶれる。源氏 玉鬘「天下に目一・れ（用）、足折れ給へりとも、なにがしは仕うまつりやめてむ」訳 たとえ（玉鬘の）目がつぶれ、足が折れなさっていても、私（＝大夫の監）はお世話し申しあげてきっと治そう。
❷（不安や驚きで）胸がどきどきする。心が痛む。大和 一〇三「胸一・れ（用）て『こち来』といひて文をとりて見れば」訳 胸がどきどきして「こちらへ来なさい」と言って手紙をとって見ると。

つ-べし ❶事の成り行きの当然性・必然性を推量する意を表す。…してしまうだろう。きっと…にちがいない。源氏 桐壺「楊貴妃の例も引き出でつべく（用）なりゆくに」訳 楊貴妃（＝唐の玄宗皇帝の妃）の先例もきっと引き合いに出すにちがいないようになっていくので。徒然 一四二「かなしからん親のため、妻子のためには、恥をも忘れ、盗みもしつべき（体）ことなり」訳 いとしく思うような親のため、妻子のためには、恥をも忘れて、盗みもしてしまうにちがいないことである。文法「かなしからん親」の「ん」は、仮定・婉曲の助動詞。
❷可能な事柄に対する推量を表す。きっと…できるだろう。…することができそうだ。〔太平記〕七「この水を以て、たとひ五、六十日雨降らずともこらへつべし（終）」訳（籠城するのに）この水で、たとえ五、六十日雨が降らなくても持ちこたえることができるだろう。
なりたち 完了（確述）の助動詞「つ」の終止形「つ」＋推量の助動詞「べし」
接続 活用語の連用形に付く。
参考 この場合「つ」は確述の意を表し、「べし」の意を強める。ここにはおもな場合をあげたが、「べし」の表している意味によって訳語を決めることになる。→つ（助動下二型）・べし

つべた-ま-し【冷たまし】(形シク)｛しから・しく(しかり)・し・しき(しかる)・しけれ・しかれ｝❶薄気味悪い。恐ろしい。源氏 柏木「この聖も、丈高やかに、まぶし―・しく用て」訳 この聖(＝葛城山の行者)も、背丈がいかにも高く、目つきが薄気味悪くて。❷冷淡である。薄情である。蜻蛉 中「こたみさへ下りずは、いと―・しき体さまになむ、世人も思はむ」訳 今度までも(山を)下りなかったら、(夫の兼家に対し)ほんとうに人間味がない態度と、世間の人も思うだろう。

つぼ(名) ❶【坪・壺】㋐建物のあいだや垣根の中などにある一区画の土地。中庭。転じて、宮中の部屋。つぼね。枕 二四五「前は―なれば、前栽植ゑ、笆結ひて、いとをかし」訳(廊下の)前は中庭なので、草木を植え、竹や木の垣根を作り構えて、たいそう趣がある。㋑格子のますめの一つ一つ。枕 二〇〇「格子の―などに、木の葉をことさらにしたらむやうに、こまごまと吹き入れたるこそ」訳 格子の一ます一ますなどに、木の葉をわざとしたかのように、入念に吹き入れてあるのは(風のしわざとは思えない)。❷【坪】㋐条里制で、土地の区画の単位。一坪は一町(＝約一〇九メートル)平方。㋑近世、面積の単位。一坪は一間平方(＝約三・三平方メートル)。

つぼ【壺】(名) ❶深くくぼんだ所。〔為忠百首〕「小山田のたなゐの―に水澄みぬはや種おろせ時過ぎぬまに」訳 山田にある、稲の種を浸す井戸のくぼみで水が澄んだ。はやく種を沈めよ、時がたたない間に。❷口がつぼみ、腹のふくれた形の器。竹取 かぐや姫の昇天「―なる御薬奉れ」訳(あなた＝かぐや姫は)壺の中にあるお薬をお飲みなさい。❸掛け金を受ける止め金。壺金。〔太平記〕一五「板の端に掛け金と―とを打って」❹ねらう所。見込みをつけている所。〔太平記〕一六「同じ―に射返し候はんずる者、坂東勢の中にはあるべしとも存じ候はず」訳 同じねらい所に射返すでありましょう者は、坂東勢の中にはいようとも思いません。

つぼ-さうぞく【壺装束】(名)「つぼしゃうぞく」とも。平安時代、女性が物詣でや旅行に徒歩で外出するときの服装。市女笠をかぶり、うしろに垂らした髪を小袖の中に入れ、衣の前の両褄を折って前腰帯にはさんだ。源氏 葵「―などいふ姿にて…物見に出でたるも」訳 壺装束などという身なりで…(女房や尼が)見物に出かけているのも。

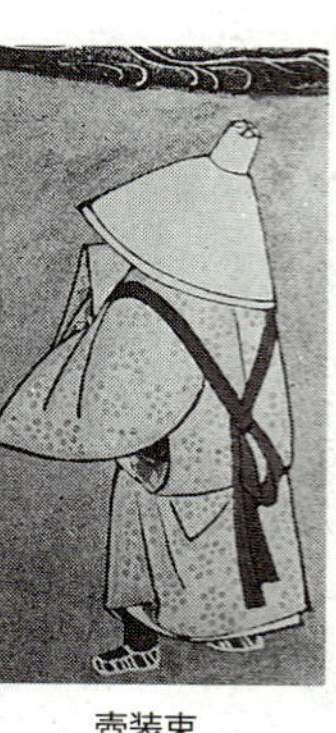
壺装束

つぼ-すみれ【壺菫】(名) ❶植物の名。たちつぼすみれ。春に淡紫色の花を開く。春 ❷襲の色目の名。表は紫、裏は薄い青。春に用いる。
⇩巻頭カラーページ11

つぼ-せんざい【坪前栽・壺前栽】(名) 中庭に植え込んだ草木。源氏 桐壺「御前の―のいとおもしろき盛りなるを」訳 御前の庭に植え込んだ草木で、とても趣がある盛りであるのを。

つぼね【局】(名) ❶宮中や貴人の邸宅内で、それぞれ別に仕切られている部屋。上級の女官・女房が起居する部屋。更級 春秋のさだめ「逃げ入りて、―なる人々呼びあげなどせむも見苦し」訳(奥に)逃げこんで、局にいる女房たちを呼び寄せたりするのもみっともない。文法「なる」は、存在を表す助動詞。❷①を持つ女官・女房の称。〔紫式部日記〕「日本紀の御―とぞつけたりける、いとをかしくぞ侍る」訳(私に)「日本紀の御局」と(あだなを)つけたのは、たいそう笑止なことです。参考 部屋として仕切られたものもあるが、屏風や几帳などで簡便に囲っただけのものをいうことが多い。

つぼ-む【蕾む】(自マ四)｛ま・み・む・む・め・め｝つぼみをつける。徒然 一五五「十月は小春の天気、草も青くなり、梅も―・み用ぬ」訳 陰暦十月は小春日和の(暖かい)天気で、草も青くなり、梅もつぼみをつけてしまう。

図解学習「つぼむ」と「ひらく」 草木に花芽ができる、花芽がふくらむ、花が今にも開きそうになる意が「つぼむ」、つぼみがほどける意が「ひらく」(カ下二)である。現代語では「れんげの花が開いた」のように、五段活用の「開く」を用いるが、古くは「とく**開け**用たる桜」〈源氏 少女〉、「この花の**開くる**体ほど」〈源氏 宿木〉のように、下二段活用である。

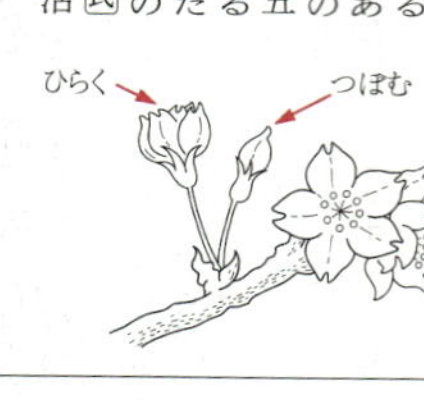

つぼ-やなぐひ【壺胡簶】(名) 胡簶の一種。矢を七本入れ、譲位・節会などの警護に、おもに近衛の武官が背負った筒状の器。

つぼ-を-る【壺折る】(他ラ四)｛ら・り・る・る・れ・れ｝衣の褄をつまんで帯にはさむ。裾をつまんではしょる。今昔 二五・三「衣を引き、―・り用て胡簶をかき負ひて」訳 着物を引き寄せ、裾をはしょって胡簶を背負って。

つま(名) ❶【夫】妻から夫を呼ぶ称。また、恋人である男性を呼ぶ称。新古 秋上「いかばかり身にしみぬらん七夕の―待つ宵の天の川風」訳 どんなにか身にしみていることだろう。織女星が夫を待つ宵の天の川の川風は。❷【妻】夫から妻を呼ぶ称。また、恋人である女性を呼ぶ称。万葉 二〇・四三二二「わが―はいたく恋ひらし飲む水に影さへ見えてよに忘られず」訳 →わがつまは…和歌 ❸動物のつがいの一方をいう語。万葉 一七・四〇一八「奈呉の江に―呼び交はし鶴さはに鳴く」訳 奈呉の入り江に夫・妻が互いに呼び合って鶴がたくさん鳴いている。

つま【端】(名) ❶はし。へり。きわ。〔紫式部日記〕「殿の三位の君、簾の―ひきあげて居給ふ」訳 殿の三位の君が、簾のはしをひきあげてお座りになる。

❷軒のはし。軒ば。更級 梅の立枝「梅の木の、—近くて、いと大きなるを」訳 梅の木で、軒ばに近くて、たいそう大きな木を(指して)。文法「梅の木の」の「の」は、いわゆる同格の格助詞で「…で」の意。❸いとぐち。きっかけ。手がかり。源氏 蜻蛉「この人ぞ、また、例の、かの御心乱るべき—なめる」訳 この女性(=宮の君)が、また、いつものように、あの(匂宮の)お心を乱すに違いない種であるようだ。文法「なめる」は、「なるめる」の撥音便「なんめる」の「ん」の表記されない形。

つま【褄】(名)(「端」の意から)着物の襟先から下の縁の部分。また、裾の左右両端の部分。

つま-おと【爪音】(名)❶琴爪で琴をひく音。平家 六・小督「すこしもまがふべうもなき小督の殿の—なり」訳 少しも聞きまちがえるはずもない小督殿の琴をひく音である。❷馬のひづめの音。頼政集「木の葉散る山路の石は見えねどもなほあらはなる駒の—」訳 木の葉の散る山路の石は(隠れて)見えないけれど、それでもやはりはっきり聞こえる馬のひづめの音であるよ。

つま-ぎ【爪木】(名)たきぎにする小枝。たきぎ。万葉 七・一二〇三「磯の上に(=磯のほとりで)—折り焚き」

つま-ぐ・る【爪繰る】(他ラ四){ら・り・る・る・れ・れ}爪先または指先で繰る。太平記 二四「高遠(=人名)は長念珠を—・り用て」訳 高遠は長い数珠を指先で繰って。

つま-ごひゴイ【妻恋ひ・夫恋ひ】(名)夫が妻を、または妻が夫を恋しく思うこと。雌雄が互いに恋い慕うこと。万葉 八・一四四六「春の野にあさる雉の—におのがあたりを人に知れつつ」訳 春の野で餌を求めるきじが妻を慕って(鳴き)、自分の居場所を人に知られていることだ。

つま-ごみ【妻籠み】(名)「つまごめ」とも。妻をこもり住まわせること。妻といっしょになること。記 上「八雲立つ出雲八重垣—に八重垣つくるその八重垣を」訳 →やくもたつ…歌謡

つま-ごゑゴエ【端声】(名)自分の言いたいことを人に言わせて、そのことばのはしばしに自分も言い添えること。源氏 行幸「殿より申させ給はば、—のやうにて、御徳をもかうぶり侍らむ」訳 殿(=内大臣)から申し上げなされるなら、(私=近江の君はその殿の)ことばのはしばしに言い添えるようにして、お陰をこうむりましょう。

つま-じるし【爪印・爪標】(名)書物の中の注意すべき箇所や不審の箇所などに爪で付けておく印。源氏 少女「方々に通はし読み給へるさま、—残らず」訳 (夕霧が、史記の)あちらこちらの記事にわたって読み解きなさっているさまは、不審の箇所に爪で付けた印もなく。

つま-づま【端端】(名)物事のはしばし。徒然 七三「よく知らぬよしして、さりながら、—合はせて語る虚言は、恐ろしきことなり」訳 よく知らないふりをして、それでいて、物事のはしばし(=つじつま)を合わせて話すうそは、(だまされやすく)恐ろしいことである。

つま-ど【妻戸】(名)(「端戸」の意)寝殿造りで、寝殿や対の屋の四隅にある出入り口に設けた、外側へ開く、両開きの板戸。夜間など、廂と簀の子の境は蔀で閉ざしてしまうので、妻戸によって出入りした。源氏 夕顔「西の—に出でて、戸を押しあけ給へれば、渡殿の灯も消えにけり」訳 (光源氏が)西の妻戸に出て、戸を押しあけなさったところ、渡り廊下の灯火も消えてしまっていたのだった。⇩巻頭カラーページ21

(つまど)

つま-どひドイ【妻問ひ】(名)異性を恋い慕って言い寄ること。求婚。また、妻または恋人のもとへ通うこと。万葉 一〇・二一五三「秋萩の咲ける野辺にはさ男鹿を露を分けつつ—しける」訳 秋萩が咲いている野辺では、雄鹿が露を分けては妻のもとへ通ったことよ。

つま-ど・ふドウ【妻問ふ】(自ハ四){は・ひ・ふ・ふ・へ・へ}異性を恋い慕って言い寄る。求婚する。また、妻または恋人のもとへ通う。新古 秋下「夜もすがら—・ふ体鹿の鳴くなへに小萩が原の露ぞこぼるる」訳 夜どおし妻を慕っている雄鹿が鳴くにつれて、小萩が一面に生えた野原の萩の露(=鹿の涙)がこぼれ落ちるよ。

つま-の-みこと【「みこと」は敬称】❶【夫の命】夫または恋人である男性を敬愛して呼ぶ語。万葉 二・一九四「玉藻なすか寄りかく寄り靡かひし—のたなづく柔膚すらを」訳 玉藻のようにあちらへ寄りこちらへ寄りしてなびき合って(寝た)夫の柔らかな肌さえも。❷【妻の命】妻または恋人である女性を敬愛して呼ぶ語。万葉 一七・三九六二「はしきよし—も明け来れば門に倚り立ち」訳 いとしい妻も夜が明けてくると門に寄りかかって立ち。

つま-はじき【爪弾き】(名)人差し指または中指の爪先を親指の腹にかけてはじくこと。気にくわないときや、忌み嫌うときなどにするしぐさ。土佐「日ひとひ、風やまず。—して寝ぬ」訳 一日じゅう、風がやまない。(気にくわないので)爪弾きをして寝てしまった。

つまびら-か【詳らか・審らか】【古くは「つまひらか」】「つばひらか」とも。(形動ナリ){なら・なり(に)・なり・なる・なれ・なれ}事細かなさま。詳しいさま。明瞭なさま。著聞 四〇二「大納言—・に用申す旨なし」訳 大納言は(順徳天皇のお尋ねに対して)詳しく申し上げる内容(=典拠)もない。

つま-や【妻屋】(名)夫婦の寝室。閨房。ねや。万葉 五・七九五「家に行きていかにか吾がせむ枕づく—さぶしく思ほゆべしも」訳 家に帰って私がどうしようか、妻屋がさびしく思われるにちがいないよ。(「枕づく」は「妻屋」にかかる枕詞)

つま-よ・る【爪縒る】(他ラ四){ら・り・る・る・れ・れ}矢を左手の指にのせ、右手で回しながら、矢のゆがみ・硬軟などを調べる。宇治 三・一「簾の内に、矢を—・る体音のするが」訳 簾の内で、矢を手で回転させて調べる音のするのが。

つまり【詰まり】(名)果て。行きどまり。すみ。平家 四・信連「ここの—に追っつめては、ちゃうど斬る」訳 こちらの行きどまりに追いつめては、はっしと斬る。

つま・る【詰まる】(自ラ四){ら・り・る・る・れ・れ}❶いっぱいになってふさがる。つかえる。徒然 五三「傍らなる足鼎を取りて、頭に被きたれば、—・る体やうにするを」訳 そばにある足のついた鼎を取って、頭にかぶったところ、つかえるようになるのを。

❷行きづまる。進退きわまる。徒然 八三「万のこと、先の—・り用たるは、破れに近き道なり」訳何事も、先が行きづまっているのは、破綻に近い(という)道理である。❸景気が悪くなる。生活が苦しくなる。〔浮・世間胸算用〕「在郷(=田舎)も—・り用まして」

つみ【罪】(名)❶道徳・習慣・法律などに反する行為。また、その結果として受ける罰。竹取 かぐや姫の昇天「かぐや姫は—をつくり給へりければ」訳かぐや姫は(天上界で)罪を犯しなさったので。❷仏法の戒めを破る行為。また、その結果として受ける罰。源氏 若紫「—得うることぞと常に聞こゆるを」訳(生き物を捕らえるのは)仏罰をこうむることだと、(あなた=若紫に)いつも申し上げているのに。❸非難すべき点。欠点。源氏 帚木「さても、らうたき方に—許し見るべきを」訳そのままでも、かわいらしいということで欠点も許して世話をしていられようが。(⇩咎「発展」)

つみ-さ・る【罪去る・罪避る】(自ラ四){ら・り・る・る・れ・れ}罪を逃れる。また、罪をわびる。源氏 東屋「それは後にも—・り用申し給ひてむ」訳それ(=中の君に会わないこと)は、後日にでも謝罪し申しあげなさるのがよい。

つみ・す【罪す】(他サ変){せ・し・す・する・すれ・せよ}罪をとがめ罰する。徒然 一四二「僻事をのみ—・せ未んよりは、世の人の饑ゑず、寒からぬやうに世をば行はまほしきなり」訳悪事ばかりを罰するようなことよりは、世間の人が飢えることなく、寒い思いをしないように政治を行ってほしいものだ。

つみ-な・ふ(ノウ)—ナ【罪なふ】(他ハ四){は・ひ・ふ・ふ・へ・へ}罪をとがめ罰する。処罰する。徒然 一四二「人を苦しめ、法を犯さしめて、それを—・は未んこと、不便のわざなり」訳人を苦しめ、(その結果)法律を犯させて、それを処罰するようなことは、気の毒なことである。

つ・む【積む】■一(自マ四){ま・み・む・む・め・め}積もる。たまる。枕 八七「雪のいと多く降りたるを、うれしうもまた—・み用つるかなと見るに」訳雪がとても多く降ったのを、うれしいことにまたも積もったことだなあと見ていると。■二(他マ四){ま・み・む・む・め・め}❶積み重ねる。重ねる。源氏 浮舟「こなたなる厨子に—・む終べきことなどのたまはせて」訳(数々の漢詩集を)こちらにある厨子に積み重ねておくべきことなど(匂宮は)おっしゃって。❷(船や車などに荷を)載せる。徒然 一七七「鋸のくづ(=おがくず)を車に—・み用て」

つ・む【詰む】■一(自マ下二){め・め・む・むる・むれ・めよ}役目のため、一定の場所に控えている。出仕する。〔浄・冥途の飛脚〕「これのは今朝から庄屋殿へ—・め未られ、今は留守でござるといふ」訳うちの人は今朝から庄屋様へ出向き、控えていらっしゃり、今は留守でございます、と言う。■二(他マ下二){め・め・む・むる・むれ・めよ}❶物をいっぱいに入れる。ふさぐ。満たす。〔落窪〕「打ちたたき、押し引けど、内外に—・め用てければ、ゆるぎだにせず」訳(戸を)打ちたたき、押したり引いたりするが、(戸の)内と外に物をいっぱいに入れてしまったので、びくともしない。❷対処できない状態に追い込む。徒然 二四三「問ひ—・め未られて、え答へずなり侍りつ」訳問いつめられて、答えられなくなってしまいました。❸倹約する。〔浄・夕霧阿波鳴渡〕「ずいぶんわしが身を—・め用、三度つける油も一度つけ」訳できるだけ私自身のことは倹約し、三度つける髪油も一度つけ。

つ・む(他マ四){ま・み・む・む・め・め}前歯でかんで食べる。かじる。一説に、拾って食べる。枕 四五「鬚がちなる者の、椎を—・み用たる」訳(年とった男で)鬚の多い者が、椎の実を前歯でかんで食べているのは(似つかわしくない)。

つ・む【抓む】(他マ四){ま・み・む・む・め・め}❶指先でつまむ。万葉 二〇・四四〇八「御裳の裾—・み用上げかきなで」訳(母上は)お着物の裾をつまみ上げ(私を)かきなでて。❷つねる。源氏 紅葉賀「太刀抜きたる腕をとらへていといたう—・み用給へれば」訳太刀を抜いた(頭中将の)腕をつかまえて、(光源氏が)たいそうひどくつねりなさったので。❸〔「摘む」とも書く〕(植物などを)つみとる。古今 春上「君がため春の野に出でて若菜—・む体わが衣手に雪は降りつつ」訳→きみがため…和歌

つ・む【集む】(他マ下二){め・め・む・むる・むれ・めよ}集める。万葉 三・三六〇「潮干なば玉藻刈り—・め命家の妹が浜づと乞はば何を示さむ」訳潮が引いてしまったならば玉藻を刈って集めよ。家の妻が浜のみやげをねだったら(それ以外に)何を見せよう。文法「つめ」は「よ」を伴わない、上代の命令形。

つむぎ【紬】(名)つむぎ糸(=くずまゆ、または真綿をつむいでよりをかけた糸)で織った絹織物。〔浮・日本永代蔵〕「一生のうちに絹物とては、—の花色」訳一生のうちに(着られる)絹物といったら、紬の縹色(のものだけ)。

つむじ【旋風】(名)渦を巻いて吹く風。つむじ風。万葉 二・一九九「み雪降る冬の林に—かもい巻き渡ると思ふまで」訳雪の降る冬の林につむじ風が吹き巻いて渡るかと思うほど。

つめ【爪】(名)❶手足のつめ。❷琴を弾くときに指にはめるもの。琴爪。大鏡 道長上「この琴ひく人は、別の—作りて、指にさし入れてぞひくことにて侍りし」訳この琴を弾く人は、特別の爪を作って、指にはめて弾くことになっておりました。

つめ【詰め】(名)❶端。きわ。平家 四・橋合戦「その勢二万八千余騎、木幡山うちこえて、宇治橋の—にぞおしよせたる」訳その勢力二万八千余騎が、木幡山をこえて、宇治橋の端におしよせた。❷すきまに詰めこむ物。詰め物。❸(振り袖に対して)脇を縫いあわせた短い袖。詰め袖。また、それを着る年配の女性。

つめ-く・ふ(クウ)【爪食ふ】爪をかむ。もじもじしたり、恥ずかしがったりするときのしぐさ。源氏 帚木「なま人わろく—・は未るれど」訳なんとなく体裁が悪く、爪をかんで恥ずかしがらないではいられないが。

つめ-ひも【詰め紐】(名)紐を締めてしっかり結ぶこと。平家 八・妹尾最期「柿の直垂に—し」訳柿渋を塗った布で作った直垂をくくり紐でしっかり結んで。

つ-めり …たようだ。…たと見える。更級 春秋のさだめ「人はみな春に心を寄せつめり終我のみや見む秋の夜の月」訳他の人はみな春に心を寄せたと見える。自分だけが(心を寄せて)見るのだろうか、秋の夜の月を。なりたち 完了の助動詞「つ」の終止形「つ」+推量の助動詞「めり」 接続 活用語の連用形に付く。

つもり【積もり】(名)❶積み重なること。また、積もった結果。[源氏] 桐壺「恨みを負ふーにやありけむ、いと篤しくなりゆき」[訳](桐壺の更衣は他の女御や更衣たちの)恨みを背負うことの積み重なった結果であっただろうか、たいそう病弱になってゆき。❷見積もり。また、推測。〔浮世風呂〕「鉄砲で打ち殺したものが、薬くらいで届くものぢゃあないわな、ーにも知れたもんだ」[訳]鉄砲で撃ち殺したものが、薬ぐらいで間に合うものじゃあないよ、推測してもわかるものだ。❸限界。限度。〔浮・好色一代男〕「機織る女さへ給分のーあり」[訳](給料のよい)機織り女さえ給料の限界がある。

つも・る【積もる】━(自ラ四){ら・り・る・る・れ・れ}❶積み重なる。かさむ。[源氏] 賢木「用なきふるまひのー・り(用)て、人のもどきを負はむとすること」[訳]つまらないふるまいが積み重なって、人の非難を受けようとすることよ。❷量がふえる。たまる。[平家] 灌頂・大原入「岩間にー・る(体)水をば、八功徳水とおぼしめす」[訳]岩の間にたまる水を、八功徳水(=八つの御利益を持つ水)と(建礼門院は)お思いになる。

━(他ラ四){ら・り・る・る・れ・れ}《近世語》❶あらかじめ計算する。見積もる。また、推測する。〔浮・世間胸算用〕「年中入り帳の銀高ー・り(用)て」[訳]一年じゅうの収入帳簿の金額を見積もって。❷見すかしてだます。一杯くわせる。また、見くびる。

つ-や【通夜】(名・自サ変)❶神社や仏堂にこもって夜どおし祈願すること。おこもり。[宇治] 四・一二「下の御社(=下鴨神社)にこもりにー・し(用)たる夜」[訳]下の御社にこもって祈願した晩。❷死者を葬る前に、親類などが集まり読経などして終夜棺を守ること。

つや-つや(副)❶(下に打消の語を伴って)少しも。まったく。いっこうに。[徒然] 一九四「賢げにうちうなづき、ほほ笑みてゐたれど、ー知らぬ人あり」[訳]利口そうにちょっとうなずき、ほほえんでいるけれど、少しも(うそだと)わからない人がいる。❷つくづく。よくよく。〔浄・源氏供養〕「源氏物語を〔手に〕とり開き、ーこれを見て」❸完全に。すっかり。〔十訓〕一「かの持ちたる烏帽子のことを、ー忘れてけり」[訳]その持っている烏帽子のことを、すっかり忘れてしまっていた。

つや-つや【艶艶】(副)光沢の美しいさま。[蜻蛉] 下「堅文の表の袴ーとして」[訳]浮き出ないようにした模様の束帯用の白袴がつやつやとして。

つや-め・く【艶めく】(自カ四){か・き・く・く・け・け}〔「めく」は接尾語〕つやつやとして見える。また、つやつやと光る。[枕] 四〇「ゆづり葉の、いみじうふさやかにー・き(用)」[訳]ゆずり葉が、たいそうふさふさとしてつやつやと光り。

つや-やか【艶やか】(形動ナリ){なら・なり(に)・なり・なる・なれ・なれ}〔「やか」は接尾語〕光沢のあるさま。うるおいがあり美しいさま。[源氏] 蓬生「ー・に(用)かい掃きなどする人もなし」[訳](末摘花の邸は)つやつやと光るように掃除などする人もいない。

つゆ【露】━(名)━(副)

語義パネル

現代語でも「そんなこととはつゆ知らず」のように用いる二の副詞は、上代にはみられない。中古になって、一②の用法から転じたものとみられる。「**つゆ**をかしからじ」〈[枕] 一三〇〉、「**つゆ**おとなふものなし」〈[徒然] 一一〉など、呼応する打消の語は「ず」に限らない。

━名詞	❶草木の葉などにできる水滴。**露**。 ❷**わずかなこと。少しであること。** ❸**はかなく消えやすいこと。もろいこと。** ❹涙のしずくをたとえていう。 ❺狩衣などの袖くくりの紐の垂れ下がった部分。
━副詞	(下に打消の語を伴って)**少しも。いっこうに。全然。**

━(名)❶草木の葉などにできる水滴。**露**。[秋]。[枕] 一三〇「前栽のーこぼるばかりぬれかかりたるも、いとをかし」[訳]庭先に植えた草木の露がこぼれるほどにぐっしょりと濡れているのも、たいそう趣がある。❷**わずかなこと。少しであること。**[源氏] 帚木「ーにても心に違ふことはなくもがな」[訳]少しでも(左の馬頭の)気持ちにそむくことはないようにしたいものだなあ。[文法]「もがな」は、願望の終助詞。[枕] 一三五「ありがたきもの…ーの癖なき」[訳]めったにないもの、…ほんの少しの癖もない人。❸**はかなく消えやすいこと。もろいこと。**〔和泉式部日記〕「ただ今も消えぬべきーのわが身ぞあやふく」[訳]今にも消えてしまいそうなはかないわが身が不安で。[文法]「消えぬべき」の「ぬ」は、助動詞「ぬ」の終止形で、ここは確述の用法。❹涙のしずくをたとえていう。[源氏] 若紫「初草の若葉の上を見つるより旅寝の袖もーぞかわかぬ」[訳]春にもえ出る若葉(=若紫)の身の上を見たときから、(私=光源氏の)旅寝の衣の袖も(慕わしさに)涙のしずくがいっこうに乾かないことよ。(「露」は二の副詞の「つゆ」との掛詞)。⇩潮垂る「慣用表現」❺狩衣・水干・直垂などの袖くくりの紐の垂れ下がった部分。

━(副)(下に打消の語を伴って)**少しも。いっこうに。全然。**[源氏] 桐壺「御胸のみつとふたがりて、ーまどろまれず」[訳](桐壺帝は)ただもう御胸がぐっとつまって、少しもうとうとすることができず。[枕] 一三〇「人の心にはーをかしからじと思ふこそ、またをかしけれ」[訳]私以外の人の心には少しもおもしろくあるまいと思うのが、またおもしろい。名文解説 清少納言は、蜘蛛の巣にかかった雨の雫が糸で貫かれた真珠のように見えること、萩に置いた露が枝の動きによって跳ね上がることなどをおもしろく感じ、それが自分以外の人には少しもおもしろくはないであろうことを、またおもしろいと思う。みずからの感性に対する清少納言の自負が感じられる一節である。

つゆ-くさ【露草】(名)〔古くは「つきくさ」〕植物の名。藍色の花を開く。花汁は染料となる。[秋]

つゆ-け-し【露けし】(形ク)〔(から)・く(かり)・し・き(かる)・けれ・かれ〕露に濡れてしめっぽい。和歌などで、涙がちである意を含めていう。秋。源氏 夕顔「霧も深く―・き㊍に」訳 霧も深くしめっぽいのに。源氏 桐壺「ただ涙にひちて明かし暮らさせ給へば、見奉る人さへ―・き㊍秋なり」訳 (桐壺の更衣が亡くなって桐壺帝は)ただ涙に濡れて、日をお送りになられているので、(桐壺帝を)拝見する人までもしめっぽく涙がちな秋である。文法「せ給へ」は、最高敬語。⇩潮垂る「慣用表現」

つゆ-しも【露霜】(名)〔中世以降に「つゆじも」とも〕❶露と霜。あるいは、単に露。また、露が凍って薄い霜のようになったもの。秋。万葉 八・一六〇〇「妻恋ひに鹿鳴く山辺の秋萩は―寒み盛り過ぎ行く」訳 妻を恋い慕って鹿が鳴く山辺の秋萩は、露霜が冷たいので盛りが過ぎていくことだ。文法「寒み」の「み」は原因・理由を表す接尾語。

❷年月。新古 仮名序「―は改まるとも、松吹く風の散り失せず」訳 年月は改まっても、(「新古今集」は)松に吹く風に散り失せることなく。

つゆしもの【露霜の】《枕詞》「消」「置く」「秋」「過ぐ」などにかかる。万葉 二・一九九「―消なば消ぬべく」。万葉 二・一三一「―置きてし来れば」。万葉 一七・四〇一一「―秋に至れば」。万葉 一九・四二一一「―過ぎましにけれ」

つゆ-ちり【露塵】一(名)きわめてわずかなことのたとえ。枕 二八「人のうへ言ひ、―のこともゆかしがり、聞かまほしうして」訳 他人の身の上話をし、ほんのちょっとのことも知りたがり、聞きたそうにして。

二(副)(下に打消の語を伴って)少しも。まったく。〔うつほ〕忠こそ「―物とらせむの心なし」訳 少しも物を与えようという気持ちがない。

つゆとくとく… 俳句

> 秋
> 露とくとく　こころみに浮き世　すすがばや
> 〈野ざらし紀行・芭蕉〉

訳 (西行庵の苔の間から流れる清水は)雫がとくとくと今もなおしたたり落ちている。試みにこの雫で、俗世間の塵(=名利)を洗い清め(西行の境地に近づき)たいものだ。(露秋)。切れ字は「ばや」。文法「ばや」は、願望の終助詞。

解説 西行作と伝えられる「とくとくと落つる岩間の苔清水くみほすほどもなき住まひかな」をふまえた句。

つゆ-の-いのち【露の命】露のようにはかなく消えやすい命。新古 冬「歎きつつ今年も暮れぬ―生けるばかりを思ひ出でにして」訳 嘆きながら今年も暮れてしまった。露のようにはかない命が生きていることだけを思い出として。

つゆ-の-ま【露の間】ほんの少しの間。わずかな間。古今 秋下「ぬれてほす山路の菊の―にいつか千歳を我は経にけむ」訳 (仙人の住まいに行く)山路の菊の露に濡れた着物を乾かすほどのわずかな時間に、いつの間に千年もの歳月を私は過ごしてしまったのだろうか。(「つゆ」は「菊の露」と「つゆの間」との掛詞)

つゆ-の-み【露の身】露のようにはかなく消えやすい身。新古 哀傷「蓬生にいつか置くべき―はけふの夕暮れあすのあけぼの」訳 蓬の生い茂る地に、(露が置くように)いつ横たえることになるだろうか(=死んで葬られるのはいつであろうか)、露のようにはかなく消えやすいこの身は。今日の夕暮れか明日の夜明け方か。

つゆ-の-やどり【露の宿り】❶露の置く所。涙でぬれる所。伊勢 五六「わが袖は草の庵にあらねども暮るれば―なりけり」訳 私の衣の袖は草ぶきの簡素な小屋ではないけれども、日が暮れると(あなたへの思いで)涙が宿りぬれる所なのだなあ。

❷露のようにはかない身を置く所。源氏 賢木「浅茅生の―に君を置きて四方の嵐ぞしづ心なき」訳 (私=光源氏は)茅萱の生えた露のようにはかない住まいにあなた(=紫の上)を残しておいて、四方を吹きすさぶ嵐の音を聞いていると、落ち着いた気持ちではいられない。

つゆ-の-よ【露の世】露のようにはかないこの世。無常な世。源氏 御法「ややもせば消えを争ふ―におくれ先だつ程へずもがな」訳 →ややもせば… 和歌

つゆのよは… 俳句

> 秋
> 露の世は　露の世ながら　さりながら
> 〈おらが春・一茶〉

訳 この世は露のようにはかない無常の世とは知っている。知ってはいるけれども(どうにもあきらめきれないことだよ)。(露秋)

解説 文政二年(一八一九)六月、長女さとが疱瘡のため、生後四百日で死んだときの句。「ながら」のくり返しが、あきらめきれない思いを表している。

つゆ-ばかり【露ばかり】❶ほんの少し。ちょっとばかり。枕 能因本・二五「―のこともゆかしがり聞かまほしがりて」訳 ちょっとばかりのことも知りたがり聞きたがって。

❷(下に打消の語を伴って)少しも。ちっとも。源氏 竹河「―うれしと思ふべき気色もなければ」訳 (蔵人の少将は)少しもうれしいと思うようなようすもないので。

なりたち 副詞「つゆ」+副助詞「ばかり」

つゆ-ばかり-の-いのち【露ばかりの命】はかない命。〔野ざらし紀行〕「―待つ間と捨て置きけむ」訳 (三歳ほどの幼子の)はかない命(のつきるの)を待つまで(こうして川原に捨て置いたのであろう。

つゆ-も【露も】❶(下に打消の語を伴って)少しも。まったく。古今 秋下「雨降れど―もらじを笠取の山はいかでかもみぢそめけむ」訳 雨が降っても笠を手に取り持つというその名から、露でさえ少しももれることはないだろうに、笠取山はどうして色づきはじめたのだろうか。(「つゆも」は名詞「露」との、「笠取」は「笠取山」と「笠取り(=笠を手に取り持つ)」との掛詞)

❷少しでも。ちょっとでも。竹取 かぐや姫の昇天「―、物空にかけらば、ふと射殺し給へ」訳 少しでも、何かが空に飛んだならば、さっと射殺してください。

なりたち 副詞「つゆ」+係助詞「も」

つゆわけ-ごろも【露分け衣】(名)露の降りた草の中を分けて行くときに着る衣。万葉 一〇・一九九四「夏草の―着けなくにわが衣手の乾る時もなき」訳 夏草の露を分けて行くときの着物を着てはいないのに、私の着物の

袖は乾く間もないことだ。

つよ・し【強し】(形ク)｛から・く(かり)・し・き(かる)・けれ・かれ｝❶力や勢いがある。丈夫である。徒然 一三七「若きにもよらず、思ひかけぬは死期なり」訳(年が若いことにもよらず、思ひかけぬは死期なり)訳(年が若いことにもよらず、(からだが)強壮であることにもよらず、予想できないのは死ぬ時期である。❷気持ちがしっかりしている。源氏 手習「思ひ立ちて、心を起こしたまふほどは—・く㊊思せど」訳(出家を)思い立って、発心なさるときにはしっかりした気持ちでお思いになっても。❸激しい。著しい。源氏 玉鬘「詠みつきたる筋こそ、—・う㊊(ウ音便)は変はらざるべけれ」訳いつも詠み慣れている作風は、はなはだしくは変わらないだろう。

つよ-ゆみ【強弓】(名)張りの強い弓。また、その弓を用いる人。「強弓」とも。平家 一一・嗣信最期「王城一の—精兵にておはせしかば」訳(教経は)内裏一の強弓引きのすぐれた武士でいらっしゃったので。

つより【強り】(名)強み。力強い頼み。源氏 紅葉賀「母宮をだに動きなき様にし置き奉りて、—にと思すになむありける」訳(桐壺帝は)せめて母宮(=藤壺)だけでも(后などの)しっかりした地位におすえ申しあげて、(若宮の)力に(しよう)とお思いになるのであった。

つよ・る【強る】㊀(自ラ四)｛ら・り・る・る・れ・れ｝強くなる。奮起する。平家 三・吉田大納言の沙汰「源氏の世の—・り㊊し後は」訳源氏の世が強くなった後は。㊁(他ラ四)｛ら・り・る・る・れ・れ｝心を強くひき立てる。精神を奮い起こす。源氏 若菜上「苦しき御心地をおぼし—・り㊊て御対面あり」訳(朱雀院は)苦しくつらいご気分を強くひき立てなさって、(光源氏に)ご対面になる。

つら【列・連】(名)連なること。列。また、同列。同類。仲間。源氏 桐壺「ただ、わが女御子たちの同じ—に思ひ聞こえむ」訳(先帝の四の宮=藤壺を)ただ自分(=桐壺帝)の皇女たちの同列に思い申しあげよう。

つら【面・頰】(名)❶顔。ほお。大鏡 道長上「影をば踏まで、—をやは踏まぬ」訳(私=道長は、公任の)影は踏まないが、(その)顔を踏まないことがあろうか(いや、踏んでやろう)。名文解説 漢詩・和歌・音楽のいずれにもすぐれる藤原公任の多才ぶりをうらやんだ藤原兼家が、息子たちに「お前たちは公任の影さえ踏めないだろう」と言ったところ、恥じて黙りこむ兄たちを尻目に、末っ子の道長はこのように言い放ったという。少年道長の負けん気と気概を伝える名言。❷物の表面。❸そば。わき。ほとり。また、通りに面した側。方丈 二「築地の—、道のほとりに飢ゑ死ぬるもののたぐひ数も知らず」訳土塀の外側や道ばたで飢えて死ぬ者の類は数もわからない(ほど多い)。

つ-らう ❶完了したであろうと推量する意を表す。…てしまっているであろう。〔浄・生玉心中〕「さだめて細々、行く先で恥をかきつらう㊍」訳きっとたびたび、行く先々で恥をかいてしまっているだろう。❷過去の推量を表す。…たのだろう。〔天草本平家・四〕「思ひ嘆きの積もって、病とこそなつらう㊍」訳嘆き悲しむことがたまって、病気となったのだろう。

なりたち 完了(確述)の助動詞「つ」の終止形「つ」＋推量の助動詞「らむ」＝「つらむ」の転

つら-ぐし【面櫛】(名)櫛を前髪に挿すこと。また、その櫛。大和 一四九「大櫛を—にさしかけてをりて」訳大きな櫛を面櫛のように挿して引っ掛けていて。

つら・し【辛し】(形ク)｛から・く(かり)・し・き(かる)・けれ・かれ｝❶**薄情だ。思いやりがない。**不人情でいやだ。土佐「いとは—・く㊊見ゆれど、こころざしはせむとす」訳(隣人の仕打ちは)実に薄情だとは思われるが、(お礼の)贈り物はしようと思う。❷**耐えがたい。心苦しい。**源氏 桐壺「命長さのいと—・う㊊(ウ音便)思ひ給へ知らるるに」訳長寿であることがたいそう耐えがたく身にしみて存ぜられますので。

文法「思ひ給へ」の「給へ」は、謙譲を表す下二段活用の補助動詞。複合動詞「思ひ知る」の間に挿入された形。「知らるる」の「るる」は、自発の助動詞。(⇩憂し「類語パネル」)

つら-だましひ【面魂】(名)勇猛さの表れた面構え。いかにも精悍そうな顔つき。平家 八・妹尾最期「きゃつが—、ただ者とは見候はず」訳あいつの勇猛さの表れた面構えは、ただ者とは見ません。

つら-つき【面付き・頰付き】(名)顔つき。ほおのあたりのようす。源氏 若紫「—いとらうたげにて、眉のわたりうちけぶり」訳(若紫は)顔つきがたいへんかわいらしいようすで、眉のあたりがほんのりと美しく。

つら-つら(副)念を入れて思案するさま。よくよく。つくづく。徒然 三八「—思へば、誉れを愛するは、人の聞きをよろこぶなり」訳よくよく考えると、名声をたいせつにするのは、世人の評判を喜ぶことである。

つらつら-つばき【列列椿】(名)数多く並んで咲いている椿。また、数多く並んで葉を茂らせている椿。和歌で、副詞「つらつら」を導きだす序詞。万葉 一・五六「河の上の—つらつらに見れども飽かず巨勢の春野は」訳川のほとりに数多く並んで咲いている椿よ。つくづく見るけれども飽きない、この巨勢の春の野(の眺め)は。

つら-づゑ【頰杖】(名)ほおづえ。竹取 蓬萊の玉の枝「ものも言はで、—をつきていみじう嘆かしげに思ひたり」訳(かぐや姫は)何も言わないで、ほおづえをついてひどくなげかわしそうに思いに沈んでいる。

つら-な・る【連なる・列なる】(自ラ四)｛ら・り・る・る・れ・れ｝❶並ぶ。列をなす。平家 一・祇園精舎「王氏を出でて人臣に—・る㊍」訳皇族から離れて臣下として並ぶ。❷連れ立つ。今昔 一七・一三「同じ郷の者三人と—・り㊊て、水銀を掘る所に行きぬ」

つら・ぬ【連ぬ・列ぬ】㊀(自ナ下二)｛ね・ね・ぬ・ぬる・ぬれ・ねよ｝❶一列に並ぶ。連なる。枕 一「雁などの—・ね㊊たるが、いとちひさく見ゆるはいとをかし」訳雁などが一列に並んで(飛んで)いるのが、とても小さく見えるのはほんとうに趣がある。❷連れ立つ。いっしょに行く。竹取 蓬萊の玉の枝「男ども六人—・ね㊊て庭に出できたり」訳男たちが六人連れ立って庭にやってきた。㊁(他ナ下二)｛ね・ね・ぬ・ぬる・ぬれ・ねよ｝❶一列に並べる。〔紀〕斉明「船を齶田浦に—・ぬ㊍」❷伴う。ひき連れる。源氏 空蟬「老い人、これを—・ね㊊て歩きけると思ひて」訳老女房は、(小君がこの人をひき連れて歩きまわっていたのだなあと思って。

文法「歩きける」の「ける」は連体形止め。

つらぬか・る【貫かる】(自ラ四)〔ら・り・る・る・れ・れ〕自分自身を貫く。平家 九・木曽最期「太刀のさきを口に含み、馬(むま)よりさかさまにとび落ち、―っ(用)(促音便)てぞ失せにける」訳(今井四郎兼平(かねひら)は)太刀の先を口にくわえ、馬からさかさまに飛び下り、自らを貫いて死んでしまった。

つら-ぬき【頬貫】(名)武装したときや狩りのときにはく、毛皮のくつ。縁に緒を通して結ぶことからいう。⇩巻頭カラーページ16

つらぬき-と・む【貫き止む・貫き留む】(他マ下二)〔め・め・む・むる・むれ・めよ〕ひもや緒を通して止める。〔後撰〕秋中「白露に風の吹きしく秋の野は―め(未)ぬ玉ぞ散りける」訳→しらつゆに…和歌

つらぬ・く【貫く】(他カ四)〔か・き・く・く・け・け〕突き通す。源氏 賢木「白虹(はくこう)日を―け(已)り。太子懼(お)ぢたり」訳白い虹(にじ)が日を貫いた。(燕(えん)の)太子がこれを恐れた。

つ-らむ ラン ……ただろう。…たのだろう。古今 恋三「思ひつつ寝(ぬ)ればや人の見えつらむ(体)夢と知りせば覚めざらましを」訳→おもひつつ…和歌

なりたち 完了(確述)の助動詞「つ」の終止形「つ」＋推量の助動詞「らむ」

貫之(つらゆき)『人名』→紀貫之(きのつらゆき)

つらら【氷・氷柱】(名)❶こおり。図。源氏 末摘花「朝日さす軒(のき)の垂氷(たるひ)は解けながらなどか―のむすぼほるらむ」訳朝日のさす軒のつららは解けているのに、どうして(池の)こおりが固く張っているように、あなた(＝末摘花(すゑつむはな))はうちとけないのだろうか。(「むすぼほる」に「こおりが張る」の意と「心にわだかまりをもつ」の意とをかける)❷岩や軒などから棒状に垂れ下がっているこおり。つらら。図

参考 ①の用例のように、古文では多く「つらら」がこおりの意を表し、今日の「つらら」は「垂氷(たるひ)」といった。

つり-だいこ【釣太鼓】(名)雅楽に用いる扁平(へんぺい)な両面太鼓。円い枠につり下げ、二本のばちで打つ。⇩巻頭カラーページ23

つり-どの【釣殿】(名)寝殿造りの東西の廊の南端、池にのぞんで建ててある建物。⇩巻頭カラーページ20

つる【鶴】(名)鳥の名。古来、亀とともに長寿を保つめでたい動物とされる。枕 四「―は、…鳴くこゑ雲井まで聞こゆる、いとめでたし」訳鶴は、…鳴く声が天まで聞こえると「詩経」に詠まれているのは、とてもりっぱだ。⇩巻頭カラーページ9

参考「万葉集」以来、和歌では「鶴(たづ)」という。

つ・る【連る】■一(自ラ下二)〔れ・れ・る・るる・るれ・れよ〕❶並び続く。つらなる。源氏 須磨「朝ぼらけの空に、雁(かり)―れ(用)て渡る」訳夜明け方の空に、雁がつらなって飛んでいく。❷いっしょに行く。連れ立つ。源氏 竹河「夕暮れのしめやかなるに、藤(とう)侍従と―れ(用)て歩(あり)くに」訳夕暮れのしめやかな折に、(薫(かおる)は藤侍従と連れ立ってあちらこちら歩いていると。

■二(他ラ下二)〔れ・れ・る・るる・るれ・れよ〕従えて行く。伴って行く。〔浮・好色一代男〕「これ(＝美形の草履(ざうり)取り)を―る(体)程の者を軽く思ふは、心のはたらかぬ故(ゆゑ)ぞ(＝気がきかないからだ)」

つる 助動詞「つ」の連体形。〔千載〕夏「ほととぎす鳴きつるかたをながむればただありあけの月ぞ残れる」訳→ほととぎす…和歌。徒然 三「年ごろ思ひつること果たし侍りぬ」訳長年思っていたことを果たしました。

つる-うち【弦打ち】(名・自サ変)まじないの一種。物の怪(け)や邪気などを払うために、弓の弦をはじき鳴らすこと。また、それを行う人。鳴弦(めいげん)。源氏 夕顔「随身(ずいじん)も―し(用)て絶えず声(こわ)づくれ」訳護衛の者も弓の弦を鳴らして、絶えず声を出せ。

つる-かめ【鶴亀】■一(名)鶴と亀。ともに寿命が長いとされることから、めでたいもの、長命のものの象徴。古今 賀「―も千年(とせ)ののちは知らなくにあかぬ心にまかせはててむ」訳(長生きの)鶴や亀だって千年後のことは知らないことだから、(あなたの寿命がいくら長くても)満足しない私の心にまかせきってしまおう(＝長命でいてほしい)。

■二(感)鶴・亀ともにめでたい意から不吉を避けるまじないのことば。

鶴岡八幡宮(つるがをかはちまんぐう) ツルガオカハチマングウ (名)今の神奈川県鎌倉市雪ノ下にある神社。応神天皇・神功(じんぐう)皇后を祭る。源氏の氏神として尊崇されている。

つるぎ【剣】(名)〔上代は「つるき」とも〕刀剣。特に、両刃の刀。剣太刀(つるぎたち)。〔記〕中「―を御懐(みふところ)に納(い)れていでまして」訳刀をご懐中に入れてお出かけになった。

つるぎ-たち【剣太刀】(名)「つるぎ」に同じ。

つるぎたち【剣太刀】《枕詞》「身」「磨(と)ぐ」「名」「汝(な)が心」にかかる。万葉 一一・二六三七「―身にそふ妹(いも)し」。万葉 一三・三三二六「―磨ぎし心を」。万葉 一一・二四九九「―名の惜しけくも」。万葉 九・一七四一「―汝(な)が心から」

(つるぎ)

つる-の-けごろも【鶴の毛衣】鶴の白い羽毛を衣にたとえた語。また、鶴の羽毛で作ったという衣。源氏 若菜上「千年(ちとせ)をかねて遊ぶ―に思ひまがへらる」訳(白い御衣を肩にかける姿は)千年の寿命を予期して遊ぶ鶴の白い羽毛に錯覚しないではいられない。

つる-の-はやし【鶴の林】釈迦(しゃか)が入滅(＝死去)した、沙羅双樹(しゃらそうじゅ)の林。入滅のとき、この沙羅双樹が鶴の羽のように白く変色して枯れたという故事による。

つる-はぎ【鶴脛】(名)(鶴のすねが長いことから)衣の丈が短いため、すねが長く出ていること。〔うつほ〕吹上下「継(つ)ぎの布のわわけたる、―にて」訳継ぎ足した衣のぼろぼろになったの(＝着物)で、すねを長く出した格好で。

つるばみ【橡】(名)〔上代は「つるはみ」〕❶どんぐりの古名。枕 一四七「おそろしげなるもの…―のかさ」訳おそろしそうに見えるもの、どんぐりのかさ。❷染め色の名。どんぐりのかさを煎じた汁で染めた、濃いねずみ色。奈良時代は身分の低い者の衣服、平安時代には四位以上の袍(ほう)や喪服に用いられた。にび色。万葉 一八・四一〇九「紅(くれなゐ)は移ろふものそ―の馴(な)れにし衣(きぬ)になほしかめやも」訳紅色はすぐ色あせるものだ。(地味な)ねずみ色に染めた着古した衣にやはり及ぼうか(いや、及ぶはずがない)。

つる-ぶくろ【弦袋】(名)「弦巻(つるまき)」の異名。

つるべ-おとし【釣瓶落とし】(名)釣瓶(＝縄や竿(さを)をつけて井戸の水をくみ上げる桶(おけ))を井戸の中に落とすように、垂直に急速に落下すること。転じて、秋の日の

暮れやすいこと。平家 九・坂落「大盤石の、苔むしたるが、—に十四、五丈ぞ下ったる」訳 大岩で、苔の生えたのが、釣瓶を井戸に落とすような垂直の状態で十四、五丈(=約四二〜四五㍍)下に続いている。

つる‐まき【弦巻】(名)予備の弓のつるを入れる道具。太刀や箙の腰帯にさげる。弦袋。⇩巻頭カラーページ16

鶴屋南北(つるやなんぼく)(四世)『人名』(一七五五〜一八二九)江戸後期の歌舞伎作者。本名は伊之助。江戸の人。世話物を得意とし、下層社会の生活を生き生きと描く生世話物を確立した。代表作「東海道四谷怪談」。

つれ【連れ】(名)❶いっしょに行く者。同伴者。〔軽口御前男〕「—があらば三里まはれ」訳 同伴者がいれば三里の回り道をしろ。❷能・狂言で、シテ・ワキの補佐として演ずる者の称。ツレ。シテに伴って補佐する者をシテツレ、ワキに伴って補佐する者をワキツレというが、単にツレといえばシテツレをさす。→仕手・脇・あど(名)

つれ 助動詞「つ」の已然形。竹取 蓬萊の玉の枝「まことに蓬萊の木かとこそ思ひつれ」訳 ほんとうに蓬萊の木かと思った。徒然 八六「御坊をば寺法師とこそ申しつれど」訳 貴僧をば寺法師と申し上げたが。

つれ‐づれ【徒然】㊀(名・形動ナリ)㊁(副)

語義パネル
●重点義 何もすることがなく手持ちぶさたなさま。
㊀❶何もすることがなく、手持ちぶさたなさま。退屈なさま。❷どうしようもなくひとり物思いに沈むさま。しんみりと寂しいこと。
㊁《近世語》つくづく。よくよく。

㊀(名・形動ナリ)❶何もすることがなく、手持ちぶさたなさま。退屈なさま。宇治 一・一二「僧たち、宵の—に、『いざ、かいもちひせん』といひけるを」訳 僧たちが、宵の所在なさに、「さあ、ぼた餅をつくろう」と言ったのを。徒然 序「—なる㊍ままに、日暮らし硯に向かひて」訳 何もすることがなく、手持ちぶさたであるのにまかせて、一日じゅう硯に向かって。⇩徒然草「名文解説」❷どうしようもなくひとり物思いに沈むさま。しんみりと寂しいこと。源氏 賢木「—も慰めがたう、心細さまさりてなむ」訳 どうしようもない物思いに沈む心も慰めにくく、心細さがつのっております。文法 係助詞「なむ」のあとに、結びの語「侍る」などが省略されている。(⇩さうざうし「類語パネル」)
㊁(副)《近世語》つくづく。よくよく。〔浄・冥途の飛脚〕「顔を—眺むれば」訳 顔をつくづくながめると。

徒然草(つれづれぐさ)『作品名』鎌倉末期の随筆。兼好法師作。元徳二年(一三三〇)から翌年にかけての成立と推測される。序段のほかに二百四十三段から成る。仏教的無常観に基づき、自然・人生・社会のさまざまな事象を豊富な学識をもって自由に記したもの。
冒頭文 つれづれなるままに、日暮らし硯に向かひて、心に移りゆくよしなしごとを、そこはかとなく書きつくれば、あやしうこそものぐるほしけれ。訳 何もすることがなく、手持ちぶさたであるのにまかせて、一日じゅう硯に向かって、心の中につぎつぎと浮かんでは消えるたわいもないことを、とりとめもなく書きつけると、妙に気が変になるような感じがする。
名文解説 「徒然草」という書名の由来となった一文。話し相手もなく退屈で、書くことのほかに心中を表すすべがないという心情が、「日暮らし硯に向かひて」に込められている。「よしなしごと」「ものぐるほし」といった語からは、日記や随筆に伝統的に見られる謙遜の意識も読み取れる。

つれづれ‐と【徒然と】(副)❶することもなく手持ちぶさたで。しみじみともの寂しく。伊勢 八三「—いともの悲しくておはしましければ」訳 (惟喬親王は)することがなくたいそうもの悲しいようすでいらっしゃったので。❷長々と。源氏 帚木「—降りくらして、しめやかなる宵の雨に」訳 長々と一日じゅう降り続いて、しめやかな宵の雨のために。

つれ‐な‐し(形ク){(から)・く(かり)・し・き(かる)・けれ・かれ}

語義パネル
●重点義 周囲のものとなんの関連もなく、無縁であるさま。
ゆかり・関係の意の「連れ」がないの意の「連れ無し」が原義。
❶冷淡だ。ひややかだ。よそよそしい。❷そしらぬ顔だ。さりげない。❸関心が深くない。平気だ。❹なんの変化もない。もとのままだ。

❶冷淡だ。ひややかだ。よそよそしい。伊勢 五四「むかし、男、—かり㊊ける女に言ひやりける」訳 昔、(ある)男が、(自分に対して)冷淡だった女に言い送った歌。❷そしらぬ顔だ。さりげない。枕 二七六「いと—く㊊、なにとも思ひたらぬさまにて、たゆめ過ぐすも、またをかし」訳 (相手が)たいそうさりげなく、なんとも思っていないようすで、(こちらを)油断させとおすのも、またおもしろい。❸関心が深くない。平気だ。平家 八・鼓判官「恥ある者は討ち死にし、—き㊍者は落ちぞ行く」訳 恥を知る者は討ち死にし、(それを)気にしない者は逃げて行く。❹なんの変化もない。もとのままだ。枕 八七「さて、雪の山—く㊊て年もかへりぬ」訳 ところで、雪の山はそのまま変化もなくて新しい年になった。(⇩すげなし「類語パネル」)

つれなし‐がほ【つれなし顔】(名・形動ナリ)そしらぬ顔。平気なようす。源氏 東屋「—なる㊍しもこそいたけれ」訳 (薫は浮舟を恋いしたう気持ちがありながらも)そしらぬ顔でいるのはりっぱなことだ。

つれなし‐づく・る【つれなし作る】(自ラ四){ら・り・る・る・れ・れ}平気なふりをする。そしらぬふりをする。源氏 葵「—れ㊋ど、おのづから見知りぬ」訳 (素性を隠して)そしらぬふりをするけれど、(六条の御息所の一行だと)自然に見てわかった。

つれ‐も‐な‐し（形ク）（から・く(かり)・し・き(かる)・けれ・かれ）❶なんの関係もない。縁もない。〔万葉〕二・一六七「―・き㊍真弓の岡に宮柱太敷きいまし」訳ゆかりもない真弓の岡に宮殿の柱をりっぱにお立てになり。❷冷淡である。よそよそしい。〔古今〕恋二「秋風の身に寒ければ―・き㊍人をぞ頼む暮るる夜ごとに」訳秋風が身にしみて寒いので、冷淡なあの人を(来てくれるかと)あてにしている、日が暮れる毎夜毎夜に。

つわもの【兵】⇩つはもの

つゑ【杖】（名）❶歩行を助けるための棒。〔徒然〕五三「手を引き―をつかせて」❷杖罪(=つえ打ちの刑)の者を打つ棒。❸上代の長さの単位。一杖は約一丈(=約三メートル)。〔記〕中「御身の長(=ご身長は)一―二寸」

つゑ‐を‐ひ‐く【杖を曳く】杖をついて歩く。散歩する。旅をする。〔細道〕雲岸寺「雲岸寺に―・け㊁ば、人々すすんで共にいざなひ」訳雲岸寺まで杖を手に出かけると、人々も進んで互いに誘い合わせ。

て テ

「て」は「天」の草体
「テ」は「天」の略

て‐【手】（接頭）❶(名詞に付いて)それが手に関するもの、手で扱うもの、手で作ったものであることを表す。「―織りもめん」「―斧」❷(形容詞に付いて)方法・手段などの状態を強めるのに用いる。「―堅し」「―ぬるし」

‐て【手】（接尾）❶矢二本を一組として数えるのに用いる。「的矢一―」❷碁・将棋などで、手数を数えるのに用いる。〔徒然〕一八八「碁を打つ人、一―も徒らにせず」訳碁を打つ人は、一手もむだにせず。

て【手】（名）❶手。腕。手首。てのひら。〔万葉〕二・一五〇「あが恋ふる君玉ならば―に巻き持ちて」訳私が恋しく思う大君が玉であるならば手に巻き持って。❷手の指。〔伊勢〕一六「―を折りてあひ見しことをかぞふれば十といひつつ四つは経にけり」訳指を折って妻と連れ添った年月を数えると、もう四十年(一説に十四年)はたってしまったことよ。❸器具の取っ手。柄。〔枕〕一三〇「―もなき盥などあり」訳取っ手もないたらいなどがある。❹部下。手下。〔太平記〕七「己れが―の者を呼び寄せて申しけるは」訳自分の部下の者を呼び寄せて申したことには。❺**文字。筆跡。**〔枕〕一五八「―よく書き、歌よく詠みて、もののをりごとにもまづとり出でらるる、うらやまし」訳字をうまく書き、和歌を上手に詠んで、何かの時にはいつも第一に取りあげられるのは、うらやましい。⇩鳥の跡「慣用表現」❻芸能の型。**手ぶり。所作。**〔風姿花伝〕「舞をも―を定めて、大事にして稽古すべし」訳舞についても型を厳守して、念入りに稽古しなければならない。❼**腕前。技量。**〔源氏〕帚木「たなばたの―にも劣るまじく、その方も具して、うるさくなむ侍りし」訳棚機姫の腕前にも劣らないくらい、その(裁縫の方面の技能)も備えていて、巧みでございました。❽**手だて。方法。手段。**〔徒然〕一一〇「いづれの―か疾く負けぬべきと案じて」訳(双六で)どのやり方が早く負けてしまうだろうかと考えて。文法「負けぬべき」の「ぬ」は、助動詞「ぬ」の終止形で、ここは確述の用法。❾奏法。調子。また、演奏される曲。〔夜の寝覚〕「あまたの―をかたときのまに弾きとりつ」訳たくさんの曲をちょっとの間に弾きおぼえてしまった。❿手しおにかけること。世話。手数。〔竹取〕御門の求婚「などか、翁の―におほし立てたらむものを、心にまかせざらむ」訳どうして、翁が手しおにかけて育てあげたであろうのに、(かぐや姫は)思いどおりにならないことがあろうか(いや、思いどおりになるはずだ)。⓫方角。方面。〔平家〕九・老馬「この―はこはい方とて、教経を向けられて候ふなり」訳こちらの方面は(敵が)強い方面だということで、(私)教経をおさしむけになっているのです。文法「向けられ」の「られ」は、尊敬の助動詞「らる」の連用形。⓬**手傷。負傷。**〔平家〕四・橋合戦「やにはに十二人射殺して、十一人に―おほせたれば(=傷を負わせたので)」

語の広がり「手」
「手」は、複合語を作るときには「た」となる。「手綱」は「手に持つ綱」、「袂」は「手本」の意。「手のひら」を意味する「掌」は、もとは「手の心」の意で、「な」は「の」の意の上代の助詞。

発展「男手」と「女手」
「手」には「文字」や「筆跡」の意味があり、文字を書く練習を「手習ひ」という。「男手」「女手」とは、男の書く文字、女の書く文字の意であるが、前者は漢字、後者は平仮名をさす。「草の手」と呼ばれたいわゆる草書は、「男手」「女手」の中間に位置するものである。

て 助動詞「つ」の未然形。〔万葉〕三・二七七「早来ても見てましものを山背の高の槻群散りにけるかも」訳早く来てでも見てしまえばよかったのに。山城(京都府)の多賀郷の槻の木(=欅という)の林は(黄葉が)散ってしまったなあ。〔古今〕春上「梅が香を袖に移してとどめてば春は過ぐとも形見ならまし」訳もし梅の花の香りを袖にしみこませて留めることができたならば、たとえ春は過ぎ去っても(その香りが春の)思い出の種となるだろうに。〔竹取〕貴公子たちの求婚「翁の申さむことは聞き給ひてむや」訳(この)じじいの申し上げるようなことは承諾してくださらないか。

て 助動詞「つ」の連用形。〔竹取〕蓬萊の玉の枝「この枝を折りてしかば」訳この枝を折ってしまったので。〔伊勢〕八三「親王、大殿籠らであかし給うてけり」訳(惟喬)親王は、おやすみにならないで(夜を)お明かしになってしまった。

て（格助）《上代東国方言》格助詞「と」にあたる。〔万葉〕二〇・四三四六「父母が頭かきなで幸くあれていひし言葉

ぜ忘れかねつる」訳→ちちははが…和歌

接続 文の言い切りの形に付く。特に引用を受ける。

て（接助）

意味・用法
- **単純接続**〔…て。そして。〕→❶
- **並立**〔…て。〕→❷
- **確定条件**
  - **原因・理由**〔…ので。〕→❸㋐
  - **逆接**〔…のに。…ても。〕→❸㋑
- **補足**
  - **行われ方**〔…て。…ようにして。〕→❹㋐
  - **状態**〔…のさまで。…の状態で。〕→❹㋑
- **添加**〔…て。〕→❺

接続 活用語の**連用形**に付く。

❶前の事態にあとの事態が順に続くことを示す。…**て**。**そして**。万葉一・二八「春過ぎて夏来るらし白栲の衣ほしたり天の香具山」訳→はるすぎて…和歌

❷前の事態とあとの事態が並立の関係にあることを示す。…**て**。徒然一九「六月のころ、あやしき家に夕顔の白く見えて、蚊遣り火ふすぶるもあはれなり」訳 陰暦六月のころ、みすぼらしい家に夕顔(の花)が白く見えて、蚊遣り火がくすぶっているのもしみじみと趣深い。

❸前の事態が確定の条件となって、あとの事態に続くことを示す。前後の文意によって順接にも逆接にもなる。㋐原因・理由(順接)の場合。…**ので**。土佐「八日。さはることありて、なほ同じところなり」訳 八日。さしつかえることがあるので、やはり同じ所にいる。㋑逆接の場合。…**のに**。…**ても**。徒然一「勢ひ猛に、ののしりたるにつけて、いみじとは見えず」訳 権勢が盛んで、世間で評判を立てているにつけても、りっぱだとは思われない。

❹前の事態が、あとの事態の内容を補う関係で続くことを示す。㋐あとの動作の行われ方を示す。…**て**。…**ようにして**。源氏 桐壺「こなたかなた心を合はせてはしたなめ煩はせ給ふ時も多かり」訳 こちら側とあちら側でしめし合わせて、(桐壺の更衣を)きまり悪い目にあわせ、困らせなさるときも多い。文法「煩はせ給ふ」の「せ」は、使役の助動詞「す」の連用形。㋑形容詞に付いて状態を表す。…**のさまで**。…**の状態で**。竹取 かぐや姫の生ひ立ち「三寸ばかりなる人、いとうつくしうて居たり」訳 三寸(=約九センチメートル)ほどの人が、たいそうかわいらしいさまで座っている。

❺あとの補助動詞に続く。(本来は叙述を確実にするためであったが、その意を失って)単に添えて用いる。徒然八六「寺法師の円伊僧正と同宿して侍りけるに」訳(惟継の中納言が)三井寺の僧の円伊僧正と同じ僧坊に住んでおりましたところ。

文法 元来、接続助詞の「て」は、完了の助動詞「つ」の連用形から転化したものとされ、助動詞と区別しにくい場合もあるが、接続のしかた、意味の違いに注意して見分ける必要がある。また、動詞の撥音便形に続いて、「食んで」「往んで」のように濁音化することがある。

て（終助）

《近世語》感動の意を表す。〔東海道中膝栗毛〕「あなた口ではさうおっしゃるが、そのやうには食へぬものぢゃて」訳 あなたは口ではそうおっしゃるけれど、そんなには食えないものだよ。

接続 文の言い切りの形に付く。

で（格助）

〔格助詞「にて」の転〕

意味・用法
- **場所・時**〔…で。…において。〕→❶
- **手段・方法**〔…で。〕→❷
- **原因・理由・動機**〔…だから。…のために。…によって。〕→❸
- **状態・事情**〔…で。…の状態で。〕→❹

接続 **体言**および体言に準ずる語に付く。

❶動作・作用の行われる場所・時を表す。…**で**。…**において**。平家一・祇王「後生でだに悪道へおもむかんずることのかなしさよ」訳 来世においてさえも地獄道に(おまえが)おもむくであろうことの悲しさよ。

❷手段・方法などを表す。…**で**。平家四・競「左の手で蛇の尾をおさへ、右の手で頭をとり」訳 左の手で蛇の尾をおさえ、右の手で(蛇の)頭をつかみ。

❸動作・作用の原因・理由・動機などを表す。…**だから**。…**のために**。…**によって**。平家二・一行阿闍梨之沙汰「その御心でこそ、かかる御目にもあはせ給へ」訳(あなた=明雲前座主は)そんなお心がけだから、このような御目にもお遭いになられるのだ。文法「せ給へ」は、最高敬語。

❹状態・事情を表す。…**で**。…**の状態で**。平家七・清水冠者「兵衛の佐、木曽追討のために、その勢十万余騎で信濃の国へ発向す」訳 兵衛の佐(=頼朝)は木曽(義仲)を討ちとるために、その軍勢十万余騎でもって信濃の国(長野県)に出発する。

参考 平安末期以降の用法。

で（接助）

意味・用法
- **打消接続**〔…なくて。…ないで。…ずに。〕

接続 活用語の**未然形**に付く。

前の語を打ち消してあとの語句に続ける。…**なくて**。…**ないで**。…**ずに**。枕一〇三「さては、扇のにはあらで、海月のななり」訳 それでは、扇の(骨)ではなくて、くらげの(骨)であるらしい。文法「ななり」は、「なるなり」の撥音便「なんなり」の「ん」の表記されない形。⇩なり「名文解説」

文法 打消の助動詞「ず」に接続助詞の「して」が付いて、「ずして→ずて→で」と変化したものとされてきたが、音変化の上で不自然なので、打消の助動詞「ず」の連用形

の古形「に」に接続助詞の「て」が付いた「にて」→ンで→で」の変化だという説も出されている。

て-あはせ【手合はせ】(名) ❶相手と初めて交戦すること。最初の勝負。[平家] 二・腰越「平家の一族追討のために上洛せしむる―に」[訳] 平家の一族を討つことのために(私、義経を)上京させる最初の合戦で。❷相手と技・力を競うこと。勝負すること。[著聞] 三八〇「『貴殿と―をして試みばや』と申し候ふなり」[訳]「貴殿と(相撲の)勝負をして試してみたい」と(この者が)申しているのです。❸薬や香・墨などを自分で調合すること。〔浮・日本永代蔵〕「秤目の違ひなきやうに、―念を入れ」[訳] 秤目に相違のないように、(薬の)調合に十分注意して。❹契約を結ぶこと。手打ち。

て-あひ【手合ひ】(名) ❶勝負をすること。手合わせ。〔源平盛衰記〕「一番の―に、宮取り逃がしまゐらせたり」[訳] 最初の勝負で、(高倉の)宮をお取り逃がし申しあげた。❷いっしょに何かをするときの適当な相手。手ごろな相手。仲間。〔浮・好色一代男〕「此の所にても口きくほどの若き人、新町に―をこしらへ」[訳] この地(=堺)の遊郭でも幅をきかせるほどの若い人は、(大坂の)新町に手ごろな相手(=なじみの遊女)を作って。❸(軽い軽蔑の意をこめて)やつら。者ども。連中。

-てい【体】(接尾)(体言や用言の終止形に付いて)同類・同程度のものの意を表す。…の類。…などのようなもの。…ふう。〔沙石集〕「これ―のことあまた侍れども」[訳] この程度のことは多くありますけれども。

てい【体】(名) ❶姿。ようす。ありさま。[平家] 三・行隆之沙汰「あるかなきかの―にておはしけるを」[訳] (行隆が)ほそぼそと生きているかいないかわからないようすでいらっしゃったのを。❷和歌・連歌などの表現方法。風体。風姿。〔毎月抄〕「つねに心ある―(=表現様式)の歌を御心にかけて」

てい【亭】(名) ❶屋敷。住居。[平家] 二・西光被斬「入道相国(=平清盛)の西八条の―に参りて」❷庭園の中にある休憩所。あずまや。ちん。❸一家の主人。亭主。

でい【泥】(名) ❶どろ。〔曽我物語〕「仙人、―の上にふし給ひて」[訳] 仙人はどろの上に横におなりになって。❷金・銀の粉末を膠の液に溶かしてどろ状にした絵具。金泥。銀泥。〔うつほ〕国譲下「白銀の―して絵かきたり」[訳] (装束に)銀の泥絵の具で絵がかいてある。

定家 (ていか)『人名』→藤原定家

てい-きん【庭訓】(名) 父が子に授ける教訓。家庭の教訓。〔風姿花伝〕「ただ子孫の―を残すのみなり」[訳] ただ子孫のための教訓を書き残すだけである。[参考] 孔子がその子伯魚に、庭で学問の必要なことを教えたという「論語」季氏篇の故事から出た語。

てい-け【天気】(名)「てんけ」の撥音「ん」を「い」で表記した形。空模様。天候。[土佐]「―のことにつけて祈る」[訳] 天候のことに関して祈願する。

てい-ご【亭午】(名) 太陽が南中すること。正午。ま昼時。〔太平記〕三「日すでに―に昇れば、餉まゐらするほどとて」[訳] 太陽はすでに南中に昇る(=正午になる)ので、弁当を差し上げるころだといって。

定子 (ていし)『人名』→藤原定子

てい-しゅ【亭主】(名) ❶一家の主人。[細道] 敦賀「十五日、―のことばに違はず雨降る」[訳] 十五日は、(宿の)主人のことばのとおり雨が降る。❷夫。❸茶の湯で、客に対して茶をたてて接待する人。

亭子院歌合 (ていじゐんうたあはせ)『作品名』平安前期の歌合わせ。延喜十三年(九一三)三月十三日、宇多法皇が御所の亭子院で主催。歌数は二十番六十首。歌人は宇多法皇・紀貫之・凡河内躬恒・伊勢など、当時の一流歌人八人で、前もって詠んでおいた歌を合わせる形式をとる。判者は法皇が自らつとめた。判詞は現存する最古のもの。

て-いた-し【手痛し】(形ク){から・く(かり)・し・き(かる)・けれ・かれ} 手ひどい。手荒い。激しい。[平家] 九・六ケ度軍「―・う(用)(ウ音便)せめられたてまって、かなはじとや思ひけん」[訳] (四国の武士たちは)手ひどく攻められ申して、かなうまいと思ったのだろうか。

てい-たらく【為体】(名)〔名詞「体」に断定の助動詞「たり」の付いた「ていたり」のク語法〕ありさま。姿。体裁。[平家] 七・願書「覚明(=人名)が―、褐(=濃い藍色)の直垂に黒革縅の鎧きて」[参考] 近世以降、軽蔑の意をふくむようになった。

でい-てい【泥濘】(名) 泥水のたまり。ぬかるみ。[細道] 敦賀「みづから草を刈り、土石を荷ひ―をかわかせて、参詣往来の煩ひなし」[訳] (他阿上人が)自分で草を刈り、土や石をかつぎ運んでぬかるみを乾かして(以来)、参詣の行き来に苦労がない。

てい-と(副)「ていど」とも。きっと。たしかに。必ず。〔狂・鍋八撥〕「―さう言ふか」[訳] たしかにそう言うのか。

貞徳 (ていとく)『人名』→松永貞徳

てい-ばう【亭坊】(名) 住職。〔浮・世間胸算用〕「―勤め過ぎて、しばらく世間のことどもを考へ」[訳] 住職は勤行がすんで、しばらく世間のことをあれこれ考え。

てい-もん【貞門】(名) 松永貞徳を祖とする江戸初期の俳諧の一派。のちの談林・蕉門に対していう。俳風は、内容よりことばの滑稽をねらった。

てう【朝】(名) ❶朝廷。[平家] 三・城南之離宮「―に仕へ身をたて、大中納言を経ても何かはせん」[訳] (平家隆盛の世に)朝廷に仕えて出世し、大中納言を経験しても何になろうか(いや、何にもならない)。❷一人または、同じ系統の君主が治めている期間。御代。❸国。君主の治下。[徒然] 一〇三「我が―(=わが国)の者とも見えぬ忠守(=人名)かな」❹市中。町なか。

てう【調】(名) ❶上代の税制の一つ。律令制では、絹・綿など、穀物以外のその土地の産物を納めるもの。❷「でう」とも。音楽の調子。[更級] 春秋のさだめ「琵琶の風香―ゆるるかに弾き鳴らしたる、いといみじく聞こゆるに」[訳] (春の夜に)琵琶の風香調(=琵琶の調子の一つ)をゆるやかに弾き鳴らしているのは、たいそうすばらしく聞こえるけれども。

❸双六で、二つの賽に同じ目の出ること。枕 三「調半に、—おほく打ち出でたる」訳（双六の）調半の遊びで、調の目を多く打ち出したとき（は満足する）。

でう【条】(名)❶平城京・平安京で、市内を区画した行政上の名称。左京・右京をそれぞれ北から南へ九つに分けたもの。

❷…のくだり。…のこと。…の段。平家 五・奈良炎上「南都の大衆、同心して、あまっさへ御迎へに参る—、これもって朝敵なり」訳 奈良の興福寺の衆徒が同調して、そのうえ（高倉院を）お迎えに参ること、これはつまり朝敵（にあたる行為）である。

てう-おん—【朝恩】(名)朝廷のご恩。天皇のめぐみ。平家 二・教訓状「田園ことごとく一家の進止たり。これ希代の—にあらずや」訳 荘園はすべて（平家）一門の支配下にある。これは世にもまれな朝廷のご恩でないのか（いや、朝廷のご恩である）。

てう-か—【朝家】(名)皇室。また、天皇。平家 三・法印問答「『入道相国、—を恨み奉るべし』と披露をなす」訳（何者かが）「入道相国（＝平清盛）は、皇室をお恨み申しあげるにちがいない」と言いふらしをする。

てう-がく—【調楽】(名)「でうがく」とも。公の行事や宴席で行う舞楽の予行演習。試楽。特に、賀茂・石清水両神社の臨時の祭りで行う舞楽を宮中で練習すること。枕 七「まいて、臨時の祭りの—などはいみじうをかし」訳 それ以上に、賀茂の臨時の祭りの試楽などは、たいそう趣がある。

てう-ぎ—(名)❶【調義・調儀】策略。工夫。かけひき。やりくり。〔浮・日本永代蔵〕「借銀かさみ、次第にふりにつまり、さまざま—をするになりがたく」訳 借金がふえ、だんだんやりくりに行きづまり、いろいろと工面をするがうまくいかず。

❷【調儀・調戯】からかうこと。おだてること。〔仮名・竹斎〕「竹斎は御—に乗り、威言をぞ申しける」訳 竹斎（＝人名）はおだてに乗り、おおげさなことばを申し上げた。

てう-きん—【朝覲】(名・自サ変)天皇が上皇または皇太后を訪ねること。年頭に恒例の儀が行われるほか、臨時の儀として、即位・元服のあとなどにも行われた。

てう-し—【銚子】(名)酒を入れて杯につぐための器。金属製で、長い柄がついている。徒然 二三一「—に土器とりそへて持ていでて」訳 銚子に素焼きの杯をそえて持って出て。

（てうし）

てうしふ-だう【朝集堂・調集堂】(名)平安京大内裏の建物の一つ。八省院十二堂の一つ。応天門を入って左右（東西）にあり、大礼のとき百官の待機する所。朝集殿。朝集院。

てう-す【朝す】(自サ変)（せ・し・す・する・すれ・せよ）❶朝廷に出仕する。参内する。〔太平記〕三「天下の士を—・せ(未)しめんずる処を」訳 国中のすぐれた男を朝廷に仕えさせようとするのを。文法「んずる」は、意志の助動詞「んず（むず）」の連体形。

❷朝廷に貢ぎ物をする。朝貢する。〔太平記〕四「斉・楚・秦・趙もことごとく—・せ(未)ずといふこと有るべからず」訳 斉・楚・秦・趙（という国々）もまったく朝貢しないということがあるはずはない。

てう-ず【調ず】(他サ変)（ぜ・じ・ず・ずる・ずれ・ぜよ）❶ととのえる。つくる。調達する。源氏 夕顔「忍びて—・ぜ(未)させ給へりける装束の袴を取り寄させ給ひて」訳（光源氏は内々に調製させなさっていた装束の袴を取り寄せさせなさって。文法「調ぜさせ」の「させ」、「取り寄せさせ」の「させ」は使役の助動詞「さす」の連用形。

❷調理する。料理する。源氏 常夏「近き河のいしぶしやうのもの、御前にて—・じ(用)てまゐらす」訳 近くの川の石伏（＝川魚の名）のようなものを、（光源氏たちの）御前で料理して差し上げる。

❸（妖怪・憑き物などを）祈って退散させる。調伏する。枕 二五「験者のもののけ—・ず(終)とて」訳 修験者が物の怪を調伏するというので。

❹（「懲ず」との混同か）こらしめる。痛めつける。枕 九「犬をながさせ給ひけるが、かへり参りたるとて—・じ(用)給ふ」訳（帝が）犬を流罪にさせなさったが、（その犬が）内裏に帰参したことだというので、（蔵人二人が）こらしめなさる。文法「ながさせ給ひ」の「せ」は、使役の助動詞「す」の連用形。竹取 蓬萊の玉の枝「くらもちの皇子は、血の流るるまで—・ぜ(未)させ給ふ」訳 くらもちの皇子は、（家来に工匠たちを）血の流れるまでこらしめさせなさる。文法「させ給ふ」の「させ」は、使役の助動詞「さす」の連用形。

❺からかう。あざける。

てうせき-に-せま・る【朝夕に迫る】〔「朝」は明朝、「夕」は今夕の意〕目前に迫っている。徒然 五九「今、火急の事ありて、既に—・れ(已)り」訳 今、たいそう急な用事があって、（それをしなければならない時が）もはや（明朝か今夕といった）目前に迫っている。

てうだう-ゐん【朝堂院】(名)宮中で、八省の役人が政務をとった所。即位・朝賀などの儀式も行われた。八省院。⇨巻頭カラーページ31

て-うち【手打ち・手討ち】(名)❶素手で打ち殺すこと。また、自分の手で斬ること。〔保元物語〕「宗との侍二人—にして」訳 おもだった武士二人を自分で打ち取って。

❷特に、武士が自分の手で目下の者を斬ること。〔蕪村句集〕蕪村「御—の夫婦なりしを更衣」訳 →おてうちの…俳句

てうづ【手水】(名)〔「てみづ」のウ音便〕手や顔などを洗い清めること。また、それに使う水。枕 九「つとめて、御けづり髪、御—などまゐりて」訳（定子皇后は）翌朝、髪のお手入れ、ご洗顔などをなさって。文法「まゐりて」の「まゐる」は、「す」の尊敬語。

てうづ-だらひ【手水盥】(名)洗顔用の小さなたらい。

てうづ-ばち—【手水鉢】(名)手を洗うための水を入れ、縁先などに置く鉢。

てう-てき—【朝敵】(名)朝廷にそむく敵。天皇に反逆する者。平家 一〇・千手前「当家は保元・平治よりこのかた、度々の—をたひらげ」訳 当家は保元・平治の乱以来、たびたびの朝廷にそむく敵を平定し。

てう-ど【調度】(名) ❶手回りの道具。日常使う手道具。[徒然]一〇「うちある―も昔覚えてやすらかなるこそ、心にくしと見ゆれ」[訳]何気なく備えてある道具も古風な感じがして落ち着きがあるのは、奥ゆかしいと思われる。❷(武具の第一としたことから)弓矢。[宇治]三・一九「―負ひて去ぬ」[訳](男は)弓矢を背負って立ち去る。

てうど-がけ【調度懸け】(名) ❶平安時代、朝廷で儀式のとき、弓矢を持って供奉した役。❷武家時代、主君が外出のとき、その弓矢を持って従った役。[宇治]一・一八「利仁が供には、―、舎人、雑色一人ぞありける」[訳]利仁の供には、調度懸け、馬の口取り、走り使い一人があった。❸江戸時代、弓矢を立てて飾っておいた台。

(てうどがけ③)

てう-はい【朝拝】(名)元日、辰の刻(=午前八時ごろ)に百官が大極殿に参集し、天皇に年頭の賀辞を申し上げる儀式。平安中期に廃絶し、かわりに行われた略式の小朝拝は、清涼殿の東庭で拝賀する。朝賀。[春]。[源氏]紅葉賀「男君は、―に参り給ふとて」[訳]男君(=光源氏)は、(元日の)小朝拝に参内なさるというので。

てう-ばみ【調半・調食】(名)(一説に「重食」とも)双六の遊び。二つの賽を振って、同じ目を出すことを争う。目がそろうのが「調」、そろわないのが「半」。[枕]三「―に、調おほく打ち出でたる」[訳](双六の)調半の遊びで、調の目を多く打ち出したとき(は満足する)。

てう-ふく【朝服】(名)参内するときに着る正装。朝衣。⇩巻頭カラーページ12

てう-ぶく【調伏】(名・他サ変)《仏教語》❶身・口・意の三業を制御して種々の悪行をとりのぞくこと。[今昔]三・一九「婢、十善を聞きて心に―・し(用)ぬ」[訳]下女は、十善(=仏教でいう十悪を犯さない教え)を聞いて心のうちに種々の悪行をとりのぞいた。❷真言宗・天台宗などの密教で、仏力を頼み祈って、怨敵・邪鬼などを押さえしずめること。[平家]六・横田河原合戦「平家もっぱら朝敵と見え給へり。よってこれを―・す(終)」[訳]平家がもっぱら朝敵とお見えになっている。そこでこれを押さえしずめる。❸人をのろい殺すこと。呪詛。〔太平記〕三「さらば弘法大師を―・し(用)奉らんと思ひて」[訳](怒った守敏僧都は)それでは弘法大師(=空海)を呪詛し申しあげようと思って。

てう-もく【鳥目】(名)(中央に穴があって、その形が鵞鳥の目に似ているところから)「銭」の異称。

て-うら【手占】(名)手相や指の屈伸のぐあいなどによって、その人の身の上を占うこと。〔狂・居杭〕「―の分(=程度)では知れませぬ(=わかりません)」

でう-り【条里】(名)❶古代の耕地の区画。耕地を六町(=約六五四メートル)ごとに区切り、東西の区割りを条、南北の区割りを里と呼んだ。❷市街の区画。[方丈]二「その地、程狭くて―を割るに足らず」[訳]その土地は、面積が狭くて区画を割るのに不十分である。

でう-ろく【調六】(名)(「畳六」とも書く)双六で、二個の賽の目が、ともに六と出ること。[大鏡]師輔「この孕まれ給へる御子、男におはしますべくは、―出で来」[訳]この懐妊されなさっている御子が、男子でいらっしゃるはずならば、調六が出てこい。

て-お-す【手捺す】署名する。(「手をす」として、清書するなどの意味にとる説もある。)[土佐]「媼・翁、―・し(用)つべし」[訳]ばあさんかじいさんが(自分の歌として)署名してしまうのがよい。

て-おひ【手負ひ】(名)合戦などで傷を受けること。負傷。また、負傷者。[平家]九・坂落「―(=負傷者)をば肩にかけ、うしろへ引き退く(者)もあり」

て-お-ふ【手負ふ】「てをおふ」に同じ。[平家]九・一二之懸「いかに小次郎、―・う(用)(ウ音便)たか」[訳]どうした小次郎、手傷を受けたか。

て-おほ-す【手負ほす】傷を負わせる。負傷させる。[徒然]八七「あまたして―・せ(用)、打ち伏せて縛りけり」[訳]大勢で傷を負わせ、取り押さえて縛った。

て-かき【手書き】(名)❶上手に文字を書くこと。能筆。また、その人。能書家。[大鏡]伊尹「今の侍従大納言行成卿、世の―とののしり給ふは」[訳]今の侍従大納言行成卿(といって)、天下の能筆と評判が立っていらっしゃる方は。❷書き役。書記。[平家]七・願書「―に具せられたる大夫房覚明を召して」[訳](木曽義仲は)書き役として連れていらっしゃった大夫房覚明をお呼びになって。

て-か-く【手書く】文字を書く。特に、上手に文字を書く。[徒然]一三「―・く(体)こと、むねとすることはなくとも、これを習ふべし」[訳]文字を書くことは、専門とすることはなくても、これを習っておくのがよい。

て-か-く【手掻く】手を振って合図する。多くは制止を意味する。[源氏]常夏「御供の人のさき追ふをも、―・き(用)制し給うて」[訳](内大臣は)お供の人が先払いの声を出すのをも、手を振って制止なさって。⇩目くはす「慣用表現」

でか-す【出来す】(他サ四)(さ・し・す・す・せ・せ)❶作る。こしらえる。〔黄・艶気樺焼〕「一日に歩いて大きに足へ豆を―・し(用)」[訳]一日歩いてひどく足に肉刺をこしらえ。❷うまくやる。しとげる。〔伎・村井長庵〕「何一つ―・し(用)たことなく」

て-がた【手形】(名)❶牛車の入り口や、馬の鞍の前輪の左右などの一部をえぐって、乗り降りのとき手を掛けるようにしたもの。[平家]八・猫間「それに候ふ―に取りつかせ給へ」[訳]そこにございます手形におつかまりください。⇩巻頭カラーページ17・19 ❷後日の証拠として文書に押した手の形。〔浄・日本振袖始〕「長く我が国に仇をなさじと誓ひの―を顕はして」[訳]末長く我が国に害をあたえまいと誓いの証拠を示して。❸証拠とする書類。証文・証券の類。〔浄・曽根崎心中〕「―もいらぬといふたれば、念のためぢゃ判をせうと」[訳]借用証文もいらないと言ったところ、念のためだ判を押そうと。

で-がはり【出替はり・出代はり】(名)「でかはり」と

も。江戸時代、一年または半年契約の下女・下男などが、その雇用期限を終えて入れ替わること。初めは陰暦の二月と八月だったが、のちに幕府の命令により三月と九月に改められた。春。〔浮・好色五人女〕「九月五日の—を待たず御暇申して」訳 陰暦九月五日の契約切れの時を待たずにお暇をお願いして。

て-がらみ【手搦み】(名)(怒ったり、くやしがったり、いらいらしたりして)両手の指をからみ合わせること。〔落窪〕「『いかで生霊にも入りにしがな』とて—をして」訳「なんとかして生霊となってでもとりついてしまいたい」と思って両手の指をからみ合わせることをして。

て-き …てしまった。確かに…した。…た。古今 恋二「うたた寝に恋しき人を見てしより夢てふものは頼みそめてき終」訳 →うたたねに…和歌

なりたち 完了の助動詞「つ」の連用形「て」＋過去の助動詞「き」

て-きき【手利き】(名)腕前や技術がすぐれていること。また、その人。平家 一一・那須与一「与一宗高こそ小兵で候へども、—で候へ」訳 与一宗高は小柄でございますが、(弓の)腕前のすぐれた者でございます。

て-き・く【手利く】器用である。技術がすぐれている。大鏡 道長下「いと—・き用たる御心ばへなりな」訳 たいそうすぐれたお心がけであるな。

でき-ごころ【出来心】(名)その場でふと起こった考え。もののはずみで生じた悪い思いや考え。〔浮・好色五人女〕「よしなき—にして、悪事を思ひ立つこそ因果なれ」訳 つまらない思慮の浅い思いつきで、悪事(＝放火)を思い立つのは不運なことだ。

てぐすね-ひ・く【手薬練引く】〔手に「薬練(＝松脂に油をまぜて煮たもの)」を塗り、すべりを防ぐ意〕❶手に薬練やつばをつけて弓を持つ。〔保元物語〕「—・き用、そぞろ引いてぞ向かひたる」訳 手につばをつけて弓を持ち、ただなんとなく(弓を)引いて向かっている。❷十分に準備して機会を待つ。〔浄・女殺油地獄〕「そりゃそりゃ来たぞと二人が、—・い用(イ音便)たる顔色」訳 そらそら来たぞと二人が、十分に準備して機会を待っていた顔つきを。

て-ぐり【手繰り】(名)❶手で繰ること。たぐること。❷手から手へ順に受け渡すこと。手送り。〔浮・西鶴諸国ばなし〕「燗鍋・塩辛壺を—にしてあげさせ」訳 (酒の)燗鍋・塩辛壺を手渡しして片づけさせ。

て-ぐるま【手車・輦・輦車】(名)輿の形をした屋形に車輪をつけ、人が手で前後の轅を引いて動かす車。東宮・親王・内親王・女御・大臣・大僧正などのうち、特に天皇から許された者だけが乗車できた。「腰車」「輦車」とも。源氏 藤裏葉「御—など許され給ひて、女御の御有り様に異ならぬを」訳 (紫の上が)御手車などを許されなさって、女御のごようすに変わらない(ほどである)のを。⇩巻頭カラーページ19

（てぐるま）

てぐるま-の-せんじ【手車の宣旨】手車に乗って宮門を出入りすることを許可する天皇のことば。源氏 桐壺「—などのたまはせても、また入らせ給ひてさらにえ許させ給はず」訳 (桐壺の更衣が退出するのに)手車に乗ることを許可する宣旨などをお出しになられても、(桐壺帝は更衣の部屋に)またお入りになられて、どうしても(退出を)お許しになることがおできにならない。

て-け【天気】(名)〔「てんけ」の撥音「ん」の表記されない形〕空模様。天候。土佐「西東も見えずして、—のこと、楫取りの心にまかせつ」訳 西も東も見えなくて、天候のことは、船頭の心にまかせてしまった。

て-けむ —(きっと)…ただろう。…てしまっただろう。万葉 一〇・二〇二七「あがためと織女のその屋戸に織る白たへは織りてけむ体かも」訳 私のためにと棚機姫がその家で織る白い布は、織りあげただろうかなあ。

なりたち 完了の助動詞「つ」の連用形「て」＋過去推量の助動詞「けむ」

て-けり ❶(「けり」が過去を表す場合)…てしまった。…たということだ。伊勢 一「その里に、いとなまめいたる女はらから住みけり。この男かいまみてけり終」訳 その里に、たいそう若々しく美しい姉妹が住んでいた。この男は(二人の姿を)物のすきまからこっそりのぞき見てしまった。

❷(「けり」が何かに気づいたことや詠嘆を表す場合)…てしまったことだ。…たことだ。…たのだった。更級 東山なる所「わたりし時は水ばかり見えし田どもも、みな刈りはててけり終」訳 (こちらへ)来たときは水だけが見えただけの田も、すっかり(稲を)刈り終わってしまっていたのだった。

なりたち 完了の助動詞「つ」の連用形「て」＋過去の助動詞「けり」

参考 平安末期ごろから「てんげり」という形でも用いられるようになった。→てんげり

て-ご【手児】(名)《上代東国方言》「てこ」とも。❶父母の手に養われる幼児。おさな子。万葉 一四・三四八五「哭をそ泣きつる—にあらなくに」訳 (私は)声をあげて泣いてしまった。おさな子でもないことなのに。❷おとめ。少女。万葉 一四・三三九八「人皆の言は絶ゆとも埴科の石井の—が言な絶えそね」訳 世の人すべての便りは絶えても、埴科の石井(＝地名)のおとめの便りは絶えないでほしい。

てご-な【手児名】(名)《上代東国方言》「てこな」とも。かわいいおとめ。少女。万葉 三・四三二「われも見つ人にも告げむ葛飾の真間の—が奥津城処」訳 私も見た。人にも語って告げよう。葛飾の真間(＝地名)のおとめのお墓の場所を。

て-さき【手先】(名)❶手の先。指先。❷先頭の兵。〔太平記〕二六「—をまくりて中をわらんとするに」訳 先頭部隊の兵を追い立てて軍勢の間に割り込もうとするが。❸雁股の鏃の先。❹兜の吹き返しの前方の部分の名。平家 九・宇治川先陣「岩浪甲の—へざっと押し上げけれども」訳

岩にくだけ散る波が兜の吹き返しの前の部分へざぶんと押しかぶさったけれども。⇩巻頭カラーページ17

て-しか（終助）《上代語》〔完了の助動詞「つ」の連用形「て」に願望の終助詞「しか」の付いたもの。平安時代以降は「てしが」〕自己の願望を表す。…たいものだなあ。［万葉］二〇・四四三三「朝なさなあがる雲雀になりてしか都に行きてはや帰り来む」［訳］朝ごとにあがるひばりになりたいものだなあ。（そうしたら）都に行ってすぐに帰って来よう。→しか（終助）・てしがな

て-しが（終助）〔「てしか」が平安時代以降濁音化したもの〕「てしか」に同じ。

［接続］活用語の連用形に付く。

てしか-な（終助）〔願望の終助詞「てしか」に詠嘆の終助詞「な」の付いたもの。平安時代以降は「てしがな」〕「てしがな」に同じ。

てしが-な（終助）〔願望の終助詞「てしが」に詠嘆の終助詞「な」の付いたもの〕自己の願望を表す。…たいものだなあ。［竹取］貴公子たちの求婚「いかでこのかぐや姫を得てしがな、見てしがなと、音に聞きめでてまどふ」［訳］どうにかしてこのかぐや姫を手に入れたいものだなあ、妻にしたいものだなあと、うわさに聞いて恋い慕い思い乱れる。⇩音に聞く「名文解説」。→てしか・しがな

［接続］活用語の連用形に付く。

［参考］奈良時代の「てしかも」にあたる。平安時代以降用いられた。

てしか-も（終助）《上代語》〔願望の終助詞「てしか」に詠嘆の終助詞「も」の付いたもの〕自己の願望を表す。…たいものだなあ。［万葉］三・三四三「なかなかに人とあらずは酒壺に成りにてしかも酒に染みなむ」［訳］中途半端に人でいないで、酒壺になってしまいたいものだなあ。（そうしたら）酒に浸っていられるだろう。

［接続］活用語の連用形に付く。

て-じな【手品】（名）❶手のようす。手つき。手ぎわ。〔浄・菅原伝授手習鑑〕「菜刀（＝菜切り包丁）取って切り刻み、ちょきちょきちょきと―（＝手ぎわ）よく」❷手並み。腕前。［今昔］二五・三「ただ君と我とが各―を知らむとなり」［訳］ただそなたと私とがそれぞれの腕前（の

ほど）を確かめようということである。❸雑芸の一つ。巧みな手さばきや仕掛けで人の目をくらまして行う芸。奇術。

で-しほ【出潮・出汐】（名）〔「いでしほ」の転〕「でじほ」とも。月の出とともに満ちてくる潮。満ち潮。〔謡・融〕「月もはや―になりて塩釜のうらさび渡る夕べかな」［訳］月は早くも（空に）出て満ち潮になり、塩釜の浦の全体がひっそりと寂しくなる夕方よ。

です（助動特殊型）㊀名乗りなどに用いる語。…である。〔狂・入間川〕「東国に隠れもない、大名です㊅」［訳］東国で広く知れ渡っている、大名である。

［接続］体言・体言に準ずる語・一部の助詞などに付く。

㊁断定の意を表す丁寧語。…であります。〔鹿の子餅〕「裏店へ引越して来た浪人、世帯道具はさっぱりとなく、…『我らは何も持たぬです㊅』」

［接続］体言・体言に準ずる語・一部の助詞などに付く。

活用

未然	連用	終止	連体	已然	命令
でせ（ウ）	でし（テ）	です（。）	○	○	○

［参考］㊀は「にてさうらふ」→「でさうらふ」の下略「でさう」の転じたもの。狂言などで名乗りに用いられ、尊大な気持ちを伴う。㊁は「でござります」の転じたもので㊀とは別語といわれる。江戸中期に、遊女・男伊達・浪人・職人など限られた人々が用い、使用例も非常に少ない。広く一般に用いられる現代語の丁寧の助動詞「です」は、江戸末期に発達したもので、㊁の使用層が拡大したものかといわれる。

て-すさび【手遊び】（名）手でする慰み。手慰み。〔栄花〕くものふるまひ「―にはかなき跡と見しかども長き形見になりにけるかな」［訳］手慰みのちょっとした筆跡と思っていたが、永久の形見になってしまったことよ。

てずつ〖手ずつ〗⇩てづつ

て-ぜい【手勢】（名）手下の軍勢。部下の兵隊。［平家］七・一門都落「―三十騎ばかりで都へひっかへす」［訳］（平貞能は）手下の軍勢三十騎ほどで都に引き返す。

て-そく【手燭】（名）「てしょく」とも。持ち歩きに便利なように、柄のついた小さな燭台。〔浮・西鶴諸国ばなし〕「内助（＝人名）は―ともして見るに」

て-だい【手代】（名）❶江戸時代、郡代・代官および諸奉行の下に属して、雑務を扱った役人。❷商家で、番頭と丁稚との間の地位にある使用人。〔浮・日本永代蔵〕「両替（＝両替商）の―通れば、銭小判の相場を付けおき（＝記録しておき）」

て-だて【手立て】（名）手段。方法。やり方。［徒然］一一〇「双六の上手といひし人に、その―を問ひ侍りしかば」［訳］双六の名人と（世間の人が）いった人に、その（必ず勝つ）方法を尋ねましたところ。

て-だり【手足り・手垂り】（名）「てだれ」とも。熟練して技芸などのすぐれていること。また、その人。〔無名抄〕「後徳大寺の大臣は左右なき―にていませしかども」［訳］後徳大寺の大臣（＝藤原実定）は並ぶ者のない（和歌の）巧者でいらっしゃったけれども。

て-だれ【手足れ・手垂れ】（名）「てだり」に同じ。

で-ちが・ふ【出違ふ】（自ハ四）〔は・ひ・ふ・ふ・へ・へ〕入れ違いに外出する。特に、借金取りを避けて外出する。〔浮・世間胸算用〕「数年負ひつけたるものは大晦日にも―・は㊄ず」［訳］何年も借金なれしている者は大晦日でも（借金取りを避けて）外出し（たりはし）ない。

て-つがひ【手結ひ・手番ひ】（名）平安時代、射礼・騎射・賭弓などで、左右にわかれて競射すること。また、その前日の予行演習。［枕］九九「―にて、真弓射るなり」［訳］騎射の演習で、弓を射（てい）るのだ。

て-づかひ【手遣ひ・手使ひ】（名）❶手の使い方。手の運び。［源氏］紅葉賀「舞のさま―なむ家の子は異なる」［訳］舞のようすや手の使い方が、良家の子息は（やはり格別に）違う。❷手はず。手配り。

て-づから【手づから】（副）❶自分の手で。［源氏］夕顔「日たくるほどに起き給ひて、格子―上げ給ふ」［訳］日が高くなるころに（光源氏は）お起きになって、格子を自分の手でお上げになる。❷自分で。自ら。［宇治］一・一八「―仰せさぶらふやう」［訳］（貴人の奥方が）自らおっしゃいますことには。

慣用表現 「自ら」を表す表現
心から・心づから・心と・手づから・人遣りならず・我から・我と

てづから-みづから【手づから自ら】(「てづから」を強めた語)他人にまかせず、直接自分の手をくだして。また、直接自分で。自分みずから。平家 五・富士川「―御願文をあそばいて」訳(高倉院は)自身の手で神仏への御祈願文をおつくりになって。

て-づくり【手作り】(名)❶自分の手で作ること。また、そのもの。手製。〔うつほ〕俊蔭「いと使ひよき―の針の、耳いと明らかなるに」訳とても使いやすい手製の針で、穴が非常にはっきりしているのに。❷手織りの布。万葉 一四・三三七三「多摩川にさらす―さらさらになにぞこの児のここだ愛しき」訳→たまがはに…和歌

てっ-す【徹す】(自サ変){せ・し・す・する・すれ・せよ}奥底まで通る。貫き通る。しみとおる。〔去来抄〕先師評「(先師芭蕉の)この一言心に―・す(終)」

でっ-ち【丁稚】(名)❶商人や職人の家に年季奉公する少年。〔浮・日本永代蔵〕「六波羅の野道にて―もろとも苦参を引いて」訳六波羅蜜寺の野道で丁稚といっしょに(薬草の)せんぶりを引きぬいて。❷子供をののしっていう語。こぞう。〔浄・丹波与作待夜小室節〕「その―に(双六を)持って参れと呼うでおぢやれ(=呼んでおいで)」

でっ-ち【重一・畳一・調一】(名)双六で、二個の賽の目がともに一と出ること。〔平治物語〕「双六の賽の目に、一が二つをりたるを(=出たのを)―といふ」

て-づつ【手づつ】(名・形動ナリ)へたなさま。不器用。不調法。〔紫式部日記〕「一といふ文字をだに書きわたし侍らず、いと―・に(用)あさましく侍り」訳一という文字をさえ書ききりもしませんで、たいそう不調法であきれるばかりです。名文解説 紫式部は、「男でさえ学才をひけらかす人は栄達できない」と聞いてからは、「一」という漢字さえ書かないでいたという。紫式部の慎み深さを物語ると同時に、漢字は女性の書くべき文字ではないという風潮が当時根強かったことを伝えるエピソードでもある。

てて【父】(名)ちち。「ちち」よりも親愛感を含んでいる。宇治 一・一三「わが―の作りたる麦の花散りて、実の入らざらん、思ふがわびしき」訳私の父が作っている麦の花が(この風で)散って、実が入らないだろうことを思うのがつらいのだ。

てて-き【父君】(名)父に対する敬称。父上。「ててぎみ」とも。〔うつほ〕楼の上上「宮の君は、殿をば―とてむつれ奉り給ふ」訳宮の君は、(実の父ではない)殿(=兼雅)をお父さまと思って、親しみ申しあげなさる。

てて-ぎみ【父君】(名)「ててき」に同じ。

てて-はは【父母】(名)父と母。両親。更級 宮仕へ「―、炭櫃に火などをおこして待ち居たりけり」訳父母は、角火鉢に火などをおこして待っていたのだった。

て-と-み-に-な-る【手と身になる】無一文になる。全財産を失う。〔浮・日本永代蔵〕「―・り(用)ての思案」訳無一文になってからの考え。

て-なが【手長】(名)❶腕が非常に長いという、想像上の人物。枕 二三「荒海の絵、生きたるものどものおそろしげなる、―足長などをぞかきたる」訳(衝立障子には)波の荒い海の絵や、生きているいろいろなもので恐ろしそうなもの、手長や足長などを描いてあるのが。→足長・荒海の障子 ❷宮中や貴族の家で、酒宴のとき、膳を運び給仕を勤める役。

て-なら-す【手馴らす・手慣らす】(他サ四){さ・し・す・す・せ・せ}「たならす」とも。❶手なずける。飼いならす。源氏 若菜下「この―・し(用)し猫のいとらうたげにうち鳴きて来たるを」訳この飼いならした猫がたいそうかわいらしいようすで鳴いて近寄ってきたのを。❷使いならす。手になじませる。源氏 若菜下「例の―・し(用)給へるをぞ調べて奉り給ふ」訳いつもの使いならしていらっしゃるもの(=琴)を、(光源氏が)調律して(女三の宮に)差し上げなさる。

て-ならひ【手習ひ】(名)❶文字を書くのを習うこと。習字。蜻蛉 下「ちひさき人には、―・歌詠みなど教へ」訳(養女として迎えた)幼い人には、習字や歌を詠むことなどを教え。❷心に浮かぶままに無造作に歌などを書くこと。すさび書き。源氏 須磨「いろいろの紙を継ぎつつ―をし給ひ」訳(光源氏は)さまざまな色の紙をつないではすさび書きをしなさり。

発展 平安貴族女子の教育
平安時代の女子教育は、公的な機関ではなく家庭で行われ、「習字」「音楽」「和歌」の三つが必修のたしなみとされたようである。一方、男子の教養として特に重視された漢学の才能を、女子が備えることは嫌われていたらしい。しかし、男性貴族とも接する女房たちの中には、清少納言や紫式部のように漢学の知識を相当もつ者もあった。

て-なら-ふ【手習ふ】(自ハ四){は・ひ・ふ・ふ・へ・へ}❶文字を書くことを習う。習字をする。古今 仮名序「この二歌は、歌の父母のやうにてぞ、―・ふ(体)人の、はじめにもしける」訳この二首の歌は、和歌の父母のよう(なもの)であって、(仮名の)手習いをする人が最初に習う歌にもした。❷心に浮かぶままに文字などを書く。徒然 二九「反古など破り捨つる中に、亡き人の―・ひ(用)、絵かきすさびたる見出でたるこそ」訳不用になった紙などを破り捨てる中に、亡くなった人が無造作に文字を書き散らし、絵をなぐさみにかいたのを見つけ出したときは。

て-な-る【手馴る・手慣る】(自ラ下二){れ・れ・る・るる・るれ・れよ}❶手に扱いなれる。使いなれる。徒然 二九「―・れ(用)し具足なども、心もなくて変はらず久しき、いと悲し」訳(故人が)使いなれていた道具なども、非情で(昔に)変わらずいつまでも残っているのは、とても悲しい。❷仕事などになれて巧みになる。熟練する。源氏 手習「鈍色は―・れ(用)にしことなれば、小袿、袈裟などしたり」訳(尼の着る)ねずみ色の法衣は仕立てなれてしまっていたことだから、(まず浮舟の)小袿や袈裟などを仕立てた。

て-に-か-く【手に懸く】❶自分の思うように事を行う。〔源氏〕竹河「—・くる㊕ものにしあらば藤の花松よりまさる色を見ましや」訳自分の思いどおりにできるものであるならば、藤の花の、松よりすぐれた(美しい)色をただ眺め(てすましたり)しようか(いや、しはしない)。❷自分で世話をする。手しおにかける。❸自分の手で殺す。〔謡・敦盛〕「敦盛を—・け㊐申ししこと」訳敦盛を自分の手で殺し申したこと。

て-に-すゑ-たる-たか-を-そら-す【手に据ゑたる鷹を逸らす】(飼い慣らした鷹を逃がしてしまう意から)一度手に入れたものを取り逃がすたとえにいう。〔大鏡〕道隆「—・い㊐(イ音便)たらむやうにて、嘆かせ給ふ」訳(伊周は関白職を叔父の道兼にとられてしまったので)一度手に入れたものを取り逃がしたような気分で、お嘆きになられる。

てにとらばきえん… 俳句

> 手に取らば消えん　なみだぞあつき　秋の霜　〈野ざらし紀行・芭蕉〉　秋

訳(霜のように白い母の遺髪は)手に取ったらすぐに消えてしまいそうだ。そんなにも私の涙は熱い(=悲しみは深い)ことだ。秋の霜を強い日ざしが消し去るように。(秋の霜 秋。切れ字は「ん」と「き」(係助詞「ぞ」の結び)。文法「あつき」は、詠嘆を強めるための結びで連体形。ここで切れて、「秋の霜」にはかからない。

解説 母は前年陰暦六月に死去。初五の三字の字余りが激情を伝えている。

て-に-を-は【弖爾乎波・手爾於葉】(名)「てには」とも。(「乎古止点」の四隅の点が、テ・ニ・ヲ・ハを表すものであったことから)❶助詞の類の古称。❷漢文を訓読するのに補足して読む語で、今の付属語に相当する類。助詞・助動詞・活用語尾など。❸語法。文法。

て-の-うら【手の裏】(名)「たなうら」とも。手のひら。掌。手の内。〔堤〕虫めづる姫君「—にそへ伏せてまぼり給ふ」訳(姫君は毛虫を)手のひらにはわせて見つめていらっしゃる。⇩耳挟み「名文解説」

てのかふへ… 川柳

> 手の甲へ　餅を受けとる　煤払ひ　〈柳多留・二〉

訳(手のひらは汚れてまっ黒なので)手の甲のほうで祝いのあんころ餅を受けとることだ。今日(陰暦十二月十三日)は大江戸の煤払い(=大掃除)の日。

て-の-きは【手の際】手のつくせる限り。力の限り。〔平家〕六・飛脚到来「城内の兵ども、—(=力の限り)戦ひ打ち死にする者多かりけり」

て-の-べ【手延べ】(名)「てのび」とも。処理・処置が遅れて時機を逸すること。手遅れ。〔平家〕四・競「すは、きゃつを—にして、たばかられぬるは」訳やっ、あいつを処置せぬままにして、だまされてしまったぞ。

て-の-もの【手の者】その手に属する者。手下。部下。〔太平記〕二「佐々木判官が—ども千余人」

て-の-やっこ-あし-の-のりもの【手の奴足の乗り物】(自分の手をしもべの代わりにする意で)他人の力を借りずに、物事を自分の力で行うことのたとえ。〔方丈〕四「今、一身を分かちて、二つの用をなす。—、よくわが心にかなへり」訳(私は)今、からだ一つを分けて、(手と足とで)二つのはたらきをさせている。他の人や乗り物の代わりをする自分の手と足は、よく自分の思いどおりになっている。

て-は ❶仮定の意を表す。…たらば。…たら。〔宇治〕三・一七「おのれはなち—、たれか書かん」訳(無悪善という立て札の字は)おまえを除いたら、だれが書くだろうか(いや、書く者はおるまい)。文法「か」は反語の係助詞で、結びの「ん(む)」は連体形。❷ある事実のもとで、必然的に別の事態が導かれることを表す。…たからには。…た以上は。〔徒然〕一「いでや、この世に生まれ—、願はしかるべきことこそ多かめれ」訳さてまあ、この世に生まれたからには、(こうありたいと)願うはずのことがたくさんあるようだ。❸ある事実のもとでは、つねに同じ結果の起こることを表す。…ときはいつも。…と。〔徒然〕八三「月満ち—欠け、物盛りにし—衰ふ」訳月は満月になると欠け、物事は盛りをきわめると衰える。❹動作・作用の反復を表す。…たかと思うと。…と。〔謡・松風〕「寄せ—返る片男波」訳寄せたかと思うと返る高い波よ。❺特にとり立てて言う。口語の「ては」に同じ。〔更級〕東山なる所「たたくとも誰かくひなの暮れぬるに山路を深くたづね—来む」訳水鶏(=水鳥の名)が戸をたたくように鳴いても、もう暮れてしまっているのに、いったいだれが山道を奥深くまで訪ねて来るだろうか(いや、だれも来てはくれない)。

なりたち 接続助詞「て」＋係助詞「は」

接続 活用語の連用形に付く。

参考 「ては」を一語とみる考え方もある。

て-ば まだ実現していない事柄を、もし現実になったならばと仮定する意を表す。…たならば。…ているならば。〔万葉〕一四・三四〇〇「信濃なる千曲の川の細れ石も君し踏み—玉と拾はむ」和歌 訳→しなぬなる…

なりたち 完了の助動詞「つ」の未然形「て」＋接続助詞「ば」

語法 「…てば…む」「…てば…まし」の反実仮想の形で、推量の助動詞と合わせて用いられることが多い。

出羽(では)【地名】旧国名。東山道八か国の一つ。今の山形・秋田の二県にあたる。明治元年(一八六八)に羽前・羽後の二か国に分かれた。羽州。

で-は …なくては。…以外には。〔徒然〕一一「木の葉に埋もるる懸樋の雫なら—、つゆおとなふものなし」訳木の葉に埋もれている懸樋の雫よりほかには、まったく音を立てるものがない。

なりたち 打消の接続助詞「で」＋係助詞「は」

て-ばこ【手箱】(名)身のまわりの小道具などを入れる箱。〔栄花〕はつはな「御—一よろひ(=一そろい)」

て-はん【手判】(名)江戸時代の関所の通行券。居住地の名主・五人組などの証印がある。

てふ【牒】(名)❶律令制で、主典以上の官人が、直属関係にない役所・寺社に送った公文書。後には、一般に役所間などで取り交わす文書をもいう。❷文書で通告すること。また、その文書やその使い。平家 八・水島合戦「さはなくして、平家方より━の使ひ舟なりけり」訳 そう(=漁をする舟)ではなくて、平家方から書状を運ぶ使者の舟であった。

てふ【蝶】(名)虫の名。蝶。春

てふ「「といふ」の転」…という。古今 恋四「月夜よし夜よしと人につげやらば来こ━に似たり待たずしもあらず」訳 月が美しい、夜がすばらしいとあの人に告げてやるならば、(まるで)来いというようなものだ。(私だってあの人を)待っていないわけでもない(けれど)。文法「待たずしもあらず」の「し」は、強意の副助詞。参考 上代では「とふ」「ちふ」が多く用いられた。

-でふ【帖】(接尾)❶折り本を数える語。❷屛風・盾・幕などを数える語。源氏 若菜上「後ろの御屛風四━は」

でふ【帖】(名)折り本。折り手本。〔栄花〕御裳ぎ「今の世の色紙は━にしためる」訳 今の時代の色紙は、(法帖のような)折り本にしてあるようだ。

てふ-じゃう【牒状】(名)❶複数の人に順次に回して用件を通知する書状。回し文。回状。平家 四・山門牒状「山へも奈良へも━をこそ送りけれ」訳 比叡山へも奈良(の興福寺)へも牒状を送ったことだ。❷国から国へ送られる国書。〔増鏡〕老のなみ「━とかや持ちて参れる人など有りて」訳 (蒙古からの)国書とかいうものを持って参った使者などがあって。❸訴えの書状。訴状。

てふ-そう【牒送】(名・自サ変)「牒状(=回し文)」で通知すること。命令・通達を出すこと。平家 四・南都牒状「諸寺に━・し用、末寺に下知(=命令)し」

て-ぶり【手振り】(名)❶「「手風」とも書く」ならわし。風俗。風習。万葉 五・八八〇「天ざかる鄙に五年住まひつつ都の━忘らえにけり」訳 田舎に五年住みつづけていて、都の風習が自然に忘れられてしまった。(「天ざかる」は「鄙」にかかる枕詞)。文法「忘らえにけり」の「え」は、上代の自発の助動詞「ゆ」の連用形。❷供の人。従者。蜻蛉 上「下仕へ、━などが具し行けば」訳 下仕えの女房や、供の人などがついて行くので。❸手に何も持たないこと。手ぶら。〔浮・日本永代蔵〕「淀の里より━で行きて」❹元手がないこと。無一文。〔浮・日本永代蔵〕「とかく商売に一精出し見んと、心は働きながら━でかかることとは」訳 何にせよ商売に一つ精を出してみようと、注意して心がけていたが元手なしで(商売に)取りかかるのは。

てへ「「格助詞「と」に四段動詞「言ふ」の已然形・命令形の付いた「といへ」の転」❶(命令形の場合)…と言え。古今 雑下「今さらにとふべき人も思ほえず八重葎して門させり━」訳 今さら(私を)訪ねて来そうな人も思い浮かばない。雑草を茂らせて門が閉ざしてあると言ってくれ。❷(已然形の場合)「てへば」「てへり」などの形となる。〔古今和歌六帖〕「恋━ば知らぬ道にもあらなくにあやしくまどふわが心かな」訳 恋というと知らない道でもないのに、不思議と迷ってしまう自分の心であることよ。

てへ-り【者】…ということである。…という次第である。詔勅・上奏文・書簡・記録文などで、文末に用いた語。→てへれば 参考

てへれ-ば【者】(接)「格助詞「と」に四段動詞「言ふ」の已然形「いへ」+完了の助動詞「り」=「と言へり」の転ふ」の已然形「いへ」、完了の助動詞「り」の已然形「れ」、接続助詞「ば」の付いた「と言へれば」の転」…というわけで。以上のような次第で。それゆえ。平家 四・山門牒状「一方欠けんにおいては、いかでかその嘆きなからんや。━ことに合力いたして」訳 (延暦寺と園城寺の)一方が欠けるような場合においては、どうしてその嘆きのないことがあろうか。それゆえ、(両寺は)特に協力をいたして。参考「てへり」も「てへれば」も漢文体で用いられた「者」の訓読によるもので、「者」が文末に置かれた場合は「てへり」、文頭では「てへれば」とする。

て-へん【天辺・頂辺】(名)❶兜の鉢の中央上部。平家 四・橋合戦「いたう傾けて━射さすな」訳 あんまり(兜を)傾けすぎて、兜の鉢のてっぺんを射られるな。⇩巻頭カラーページ17 ❷てっぺん。いただき。頭。〔浮世風呂〕「此奴こどもー━さ打ち被る時」訳 こいつめ(=手拭い)を頭にかぶるとき。

て-まさぐり【手弄り】(名)手先でもてあそぶこと。手慰み。源氏 橋姫「撥を━にしつつ居たるに」訳 (中の君が)撥(=琵琶などを鳴らす道具)をしきりに手先でもてあそびながら座っていたときに。

て-まし ❶(反実仮想を強調して表し)きっと…だろうに。…だったろうに。…しておけばよかったのに。源氏 帚木「昼ならましかば、のぞきて見奉りてまし終」訳 (今は夜でむりだが)もし昼間であったとしたら、(光源氏を)きっとのぞいて拝見するだろうに。文法「ましかば…まし」は反実仮想で「もしも…なら…だろうに」の意。❷(上に疑問表現を伴って、迷いためらう気持ちを表し)…たものだろうか。源氏 明石「いかにせまし、たはぶれにくくもあるかな、しのびてや迎へ奉りてまし体」訳 どうしたものだろう、(もう)たわむれなどではすまされないほど恋しくつらくもあることだ、(いっそ紫の上を)こっそりとお迎え申しあげたものだろうか。(→まし(助動))

なりたち 完了(確述)の助動詞「つ」の未然形「て」+反実仮想の助動詞「まし」

て-まどはし【手惑はし】(名)うろたえること。あわて惑うこと。一説に、秘術の意とも。源氏 蛍「身を投げたる━などを見るぞをかしかりける」訳 (競射で舎人などが)一身を投げうち行っているあわて惑う姿などを見物するのはおもしろいことであった。

て-まへ【手前】━(名)❶自分の目の前。自分の領分。〔仮名・竹斎〕「人の━(の鞠)を奪ひ取り」❷人に気がねする立場。人前。体面。〔春色辰巳園〕「近所の━ばかりも、御かくし下され候ふやうに」訳 近所への体裁からも、お隠しくださいますように。❸その場所よりもこちら側。〔東海道中膝栗毛〕「大井川の━なる島田の駅に至りけるに(=着いたときに)」❹腕前。技量。〔浮・武道伝来記〕「三手(=六本)の矢

〔のうち〕五本当たり、ことさら―見事なるに」

❺【多く、「点前」と書く】(茶道で)点茶・炭置きの作法様式。〔浄・伽羅先代萩〕「そちが(=そなたの)―で薄茶一ぷく」

❻暮らし向き。生活。〔浮・日本永代蔵〕「惣じて大坂の―よろしき人、代々つづきしにはあらず」訳 一般に大坂の暮らし向きのよい人は、代々続いていたのではない。

二(代)❶自称の人代名詞。謙譲語。わたくし。自分。〔浮世風呂〕「すべて―の子に利をつけてはすみません」訳 だいたい自分の子に都合のいいようにしてはいけません。

❷対称の人代名詞。目下の者にいう。おまえ。てめえ。

で-まれ …であっても。…であるにせよ。…であれ。平家 九・坂落「何―、敵の方より出でてきたらんものを逃すべきやうなし」訳 (たとえ)何であっても、敵の方から出て来たような者を逃がしてよいわけがない。

なりたち 断定の助動詞「なり」の連用形「に」+接続助詞「て」+係助詞「も」+ラ変動詞「有り」の命令形「あれ」=「にてもあれ」から転じた「でもあれ」の転

て-む 〔「てん」とも表記される〕

意味・用法

- 強い意志〔…てしまおう。(きっと)…しよう。〕→❶
- 強い推量〔…にちがいない。(きっと)…だろう。〕→❷
- 適当・当然〔…するのがよい。…すべきだ。〕→❸
- 可能推量〔…することができるだろう。〕→❹
- 勧誘〔…てくれないか。〕→❺

接続 活用語の連用形に付く。

❶強い意志を表す。**…てしまおう。(きっと)…しよう。** 土佐「黒き雲にはかに出で来ぬ。風吹きぬべし。御船返してむ(終)」訳 黒い雲が急に出てきた。風が吹くにちがいない。お船をもどしてしまおう。文法「吹きぬべし」の「ぬ」は、助動詞「ぬ」の終止形で、ここは確述の用法。

❷強い推量を表す。**…にちがいない。(きっと)…だろう。** 徒然 六〇「さる物を我も知らず。もしあらましかば、この僧の顔に似てん(終)」訳 そういうもの(=しろうるり)を自分も知らない。もしあったとしたら、きっとこの僧の顔に似ているだろう。

❸適当・当然の意を表す。**…するのがよい。…すべきだ。** 徒然 一七〇「心づきなきことあらん折は、なかなかそのよしをも言ひてん(終)」訳 (客に対して)気のりがしないことがあるようなときは、かえってそのわけをも言ってしまうのがよい。文法「あらん折」の「ん」は、仮定・婉曲の助動詞。

❹可能なことがらに対する推量を表す。**…することができるだろう。** 古今 春上「春日野の飛ぶ火の野守出でて見よ今幾日ありて若菜摘みてむ(終)」訳 春日野の飛火野の番人よ、外に出て(野のようすを)見よ。もう何日したら、若菜を摘むことができるだろうかと。

❺(助詞「や」を伴って)相手に同意を求め、または勧誘する意を表す。…てくれないか。→てむや①

なりたち 完了(確述)の助動詞「つ」の未然形「て」+推量の助動詞「む」

て-む-や 〔「てんや」とも表記される〕❶(「や」が疑問を表す場合)相手に同意を求めたり勧誘したりする意を表す。…たらどうか。…てくれないか。源氏 蓬生「この宮の木立を心につけて、放ち給はせ―と、ほとりにつきて案内し申さするを」訳 (諸国の国守などが)この(常陸の宮邸の(りっぱな)木立に目をつけて、お手放しになってくれないかと、(末摘花の)近くの者に接して御意向をうかがわせているので。

❷(「や」が反語を表す場合)反語を表す。…(た)だろうか(いや、…ではないだろう)。徒然 二五「行く末までとおぼしおきし時、いかならん世にも、かばかりあせ果てんとはおぼし―」訳 将来まで(栄えるように)とお考えおかれた当時に、(道長は)どのような世においても、これほど(法成寺が)すっかり荒廃しようとはお思いになっただろうか(いや、お思いにはならなかっただろう)。

なりたち 完了の助動詞「つ」の未然形「て」+推量の助動詞「む」の終止形「む」+終助詞「や」

て-も ❶「て」で受けた語句の意味を「も」で強めながら下に続ける。…ても。…て。…てまあ。土佐「あやしく歌めき―言ひつるかなとて、書き出だせれば、げに三十文字余りなりけり」訳 奇妙なことに(船頭のことばはまるで)和歌みたいにして言ったものだなと思って、書き出したところ、ほんとうに三十字あまりであった。

❷「も」の働きで、上の語句を逆接的に下に続ける。…ても。…のに。…にもかかわらず。源氏 夕顔「川の水に手を洗ひて、清水の観音を念じ奉り―、すべなく思ひまどふ」訳 (賀茂)川の水で手を洗い清めて、清水の観音をお祈り申しあげても、(惟光は)どうしようもなく当惑する。

❸逆接の仮定条件を表す。たとえ…しても。…たとしても。〔詞花〕恋上「瀬をはやみ岩にせかるる滝川のわれ―末にあはんとぞ思ふ」訳 →せをはやみ…和歌

なりたち 接続助詞「て」+係助詞「も」

接続 活用語の連用形に付く。

て-もと【手許・手元】(名)❶手近な所。手の届く所。身の回り。徒然 一七二「わが―をよく見て」

❷手に持つ部分。手で握る部分。〔太平記〕八「八尺(=約二四〇センチメートル)余のかなさい棒(=武具の名)の八角なるを、―一尺(=約六〇センチメートル)ばかりまるめて(=丸くして)」

❸腕前。技量。〔古活字本保元物語〕「為朝が―は覚ゆるものを」訳 為朝の腕前はわかっているのだから。

て-や【手矢・手箭】(名)すぐ射ることができるように、胡籙などに入れずに、直接手に持つ矢。今昔 二九・二三「弓うち持ちて箭二筋を―に持ちて」訳 (若い男は)弓を持って矢二本を手持ちの矢として持って。

て-や (終助)《近世語》〔助詞「て」に間投助詞「や」の付いたもの〕❶(「て」が接続助詞の場合)希望し、遠まわしに命令する意を表す。…てください。…ておくれ。〔浄・博多小女郎波枕〕「駕籠の衆早う連れましてや」訳 駕籠の人たちよ早くお連れ申しておくれと。

❷(「て」が終助詞の場合)感動の意をこめて、自分と相手とに言い聞かせる気持ちを表す。…わ。…よ。〔浄・

仮名手本忠臣蔵」「まだその上にたしかなことがあるてや」訳 まだその上にたしかなことがあるのだよ。

接続 ①は活用語の連用形に、②は言い切りの形に付く。

て-や …て…か。古今 恋五「今はとて君が離れなばわが宿の花をばひとり見―しのばむ」訳 今は(もうこれかぎり)だと言って、あなたが去って行ってしまうならば、わが家の花を(私)一人で眺めて(あなたのことを)なつかしく思い出すことにしようか。

なりたち 接続助詞「て」＋係助詞「や」

接続 活用語の連用形に付く。

てよ 助動詞「つ」の命令形。竹取 燕の子安貝「われ物にぎりたり。今はおろしてよ」訳 私は何かをにぎった。すぐにおろしてしまってくれ。源氏 柏木「かくおはしまいたるついでに、尼になさせ給ひてよ」訳 このように(見舞いに)いらっしゃったついでに、(私=女三の宮を)きっと尼になさってください。

参考 活用語の連用形に付き、命令の意を強調する。また、尊敬語に付いて懇願の意を表す。

てら【寺】(名)❶寺院。徒然 一五「―・社などに、しのびてこもりたるもをかし」訳 寺院や神社などに、人に知られないようにこもっているのも趣がある。

❷(比叡山延暦寺を「山」というのに対して)特に三井寺(=園城寺)をいう。平家 四・橋合戦「宮は宇治と―とのあひだにて、六度まで御落馬ありけり」訳 (高倉の)宮は宇治と三井寺との間で、六度まで落馬なさった。

❸「寺子屋」の略。

てらう【衒う】⇩てらふ

てらこ-や【寺子屋】(名)近世、特に江戸中期以降、町人の子弟に初歩の読み方、習字、そろばんなどを教えた所。もとは主として僧が寺院で行い、後に浪人・医師・神官なども自宅で教えるようになった。

参考 寺で学ぶ子供が「寺子」。したがって「寺子屋」と書いたが、のちに「寺小屋」とも書かれた。

てらさ・ふ【照らさふ・衒さふ】(他ハ四)〔は・ひ・ふ・へ・へ〕〔四段動詞「照らす」の未然形「てらさ」に上代の反復・継続の助動詞「ふ」が付いて一語化したもの〕見せびらかす。自慢する。万葉 一八・四一三〇「針袋帯び続けながら里ごとに―・ひ用 歩けど人も咎めず」訳 (あなたからもらった針袋をずっと腰につけたままで里ごとに見せびらかして歩くけれども、だれも(よい品と)気にとめない。

てら・ふ【衒ふ】(他ハ四)〔は・ひ・ふ・へ・へ〕誇示する。ひけらかす。〔去来抄〕同門評「去来曰く『この言は自ら―・ふ体 に似たり』」訳 去来が言うことには「このことばは自分からひけらかすのに似ている」。

てら-ほふし【寺法師】(名)三井寺の僧。比叡山延暦寺の「山法師」、東大寺や興福寺などの「奈良法師」などとともに僧兵として恐れられた。

てり-はたた・く【照り霹靂く】(自カ四)〔か・き・く・く・け・け〕日光が強く照りつけたり、雷鳴がとどろいたりする。竹取 貴公子たちの求婚「水無月の―・く体 にも、障らず来たり」訳 (貴公子たちは)陰暦六月の(真夏の)太陽が照りつけ雷が鳴りとどろくのにも、さまたげられずにやって来た。

てりもせず… 和歌

> **照りもせず 曇りも果てぬ 春の夜の**
> **朧月夜に しくものぞなき**
> 〈新古今・一・春上・五五・大江千里〉

訳 (明るく)照るのでもなく、かといってまた曇りきってしまうのでもない春の夜の、おぼろにかすむ月(の趣)に及ぶものはないことだ。

解説 詞書に、「白氏文集」の「嘉陵の春夜」と題した詩の「明らかならず暗からず朧々たる月」の一句の趣を詠んだとある。

て・る【照る】(自ラ四)〔ら・り・る・る・れ・れ〕❶光を放つ。輝く。枕 四「三月三日は、うらうらとのどかに―・り用 たる」訳 陰暦三月三日は、うららかで穏やかに日が照っているの(が趣がある)。

❷(容貌や姿が)美しく輝く。万葉 一一・二三五二「玉のごと―・り用 たる君を」訳 玉のように美しく輝いているお方を。

発展 「照る」という美しさ

「万葉集」には、「春の苑紅にほふ桃の花下照る道に出で立つをとめ」〈一九・四一三九〉「見渡せば向かつ峰の上の花にほひ照りて立てるは愛しき誰が妻」〈二〇・四三九七〉という歌があり、「下照る・照る」が美しく輝く意であるのがわかる。「古事記」「日本書紀」に登場する天稚彦の妃は下照姫という。

で-ゐ【出居】(名)「いでゐ②」に同じ。

て-を-お・ふ【手を負ふ】負傷する。「手負ふ」とも。〔きのふはけふの物語〕「人に喧嘩をしかけてさんざん―・ひ用」

て-を-す・る【手を擦る】もみ手をする。懇願・謝罪などをするさまにいう。竹取 貴公子たちの求婚「『娘を吾に給べ』と、ふし拝み、―・り用 のたまへど」訳 「(あなたの)娘を私にください」と、伏して嘆願し、もみ手をしておっしゃるが。

て-を-つか・ぬ【手を束ぬ】❶両手を組み合わせて敬礼する。平家 七・木曽山門牒状「貴賤―・ね用、緇素足をいただく」訳 身分の高い人も低い人も手を組んで敬礼し、僧も俗人も(平家の足下に)ひれ伏す。

❷腕組みをしたまま何もしない。傍観する。〔椿説弓張月〕「―・ね用 て死をまちしは、朝廷を重んずる故なり」訳 何もしないで(=抵抗せずに)死を待っていたのは、朝廷を重んじるためである。

て-を-つく・る【手を作る】手を合わせて拝む。合掌する。源氏 葵「―・り用 て額にあてつつ見奉りあげたるもをこがましげなる賤の男をまで」訳 手を合わせて額にあてては(光源氏を)拝み申しあげているのもまのぬけたようすである身分の低い者までもが。

て-を-わか・つ【手を分かつ】手分けする。〔落窪〕「ここかしこ―・ち用 て求め給ふ」訳 (北の方たちは裁縫の上手な人を)あちこち手分けしてさがし求めなさる。

て-を-わか・る【手を別る】関係を断つ。手を切る。源氏 帚木「うきふしを心ひとつに数へきてこや君が―・る終べきをり」訳(あなた=左の馬頭の)いやなところを胸一つに収めて数えてきた(=我慢してきた)が、これはまあ、(今度こそ)あなたとの関係を断たなければならない時であることだ。

て-を-を・る【手を折る】指を折って物を数える。伊勢 一六「―り用てあひ見しことをかぞふれば十といひつつ四つは経にけり」訳 指を折って妻と連れ添った年月を数えると、もう四十年(一説に十四年)はたってしまったことよ。

てん【天】(名)❶空。❷中国の古代思想で、万物支配の神。造物主。天帝。〔太平記〕四「―、勾践(=中国の春秋時代の国王。ここは、流される後醍醐帝をさす)を空しうすることなかれ」訳 天帝よ、勾践を空しく死なせるな。❸中国の古代思想で、自然の道。自然の法則。天命。運命。〔野ざらし紀行〕「唯これ―にして、汝が性のつたなきを泣け」訳 ただこれ(=捨て子となったこと)は天命であって、おまえの生まれついた(身の)不運を泣け。❹《仏教語》六道の一つ。人間界の上にあり、優れた果報を受ける者が住む所。神・天人などがいて、清浄で最も優れているという理想世界。天上界。また、そこに住む神々。源氏 松風「―に生まるる人の、あやしき三つの道に帰るらむ一時に」訳 天上界に生まれる人が、いとわしい三悪道に帰る(という)ような一時(の苦しみ)に。文法「帰るらむ一時」の「らむ」は、仮定・婉曲の助動詞。→六道

てん【点】(名)❶漢文を訓読するために漢字の傍らに付けるしるし。訓点。乎古止点・返り点などの総称。〔うつほ〕蔵開中「大将文の―直すとてある筆を、春宮とらせ給ひて」訳 大将が漢籍の訓点を直すということで置いてある筆を、春宮(=皇太子)がお取りになられて。文法「せ給ひ」は、最高敬語。❷漢字の字画の一つで、点のように打つもの。❸和歌・連歌・俳諧などを批判・添削すること。〔三冊子〕「歌仙二、三巻老翁に―を乞ふ」訳 歌仙(=三十六句から成る俳諧)二、三巻について老翁(=芭蕉)に批判・添削を所望する。

❹時刻。刻限。〔浄・嫗山姥〕「明日のお立ちは明け六つ、その―に合ふ様に月代一つ頼みたし」訳 明日のお旅立ちは明け六つ(=午前六時ごろ)、その時刻にあうように月代(=男子の髪形の一つ)をちょっと頼みたい。

て-ん 平安時代の中ごろから「てむ」の「む」が「ん」と発音されるようになったために「てん」と表記されるようになったもの。→てむ
なりたち 完了(確述)の助動詞「つ」の未然形「て」+推量の助動詞「ん(む)」

-でん【殿】(接尾)「てん」とも。(建物の名称に付けて)大きな建物であることを示す。「紫宸―」「清涼―」

でん【殿】(名)大きな建物。貴人の邸宅や社寺などの建物。源氏 桐壺「おはします―の東の廂、東向きに倚子立てて」訳(桐壺帝のいらっしゃる(清涼)殿の東の廂の間に、東向きに(玉座の)椅子を置いて。

てんおん-にち【天恩日】(名)陰陽道で、天が恩恵を下し与え、万民が幸福を受けるという最上の吉日。

てん-が【天下】(名)「てんか」「てんげ」とも。❶地上界。世界。❷その国全体。全国。平家 一・祇園精舎「―の乱れんことを悟らずして」訳 国中が乱れることを悟らないで。❸全国土を支配すること。また、その国を支配する政治や権力。徒然 一八四「―を保つ程の人を、子にて持たれける、誠に、ただ人にはあらざりけるとぞ」訳(松下禅尼が)一国の政治を治めるほどの人を、子としてお持ちになったのは、ほんとうに、並みの人ではなかったのだ(ということである。文法 係助詞「ぞ」のあとに結びの語「いふ」「聞く」などが省略されている。❹世間。世の人々。〔風姿花伝〕「堪能になれば、定めて―に許され、名望を得べし」訳(芸道に熟達すると、きっと世間に(名人と)認められ、名声と人望を獲得するはずである。❺江戸時代、将軍の称。

てん-が【殿下】(名)〔近世以降は「でんか」とも〕皇族・摂政・関白・将軍などに対する敬称。大鏡 序「入道―の御ありさまをも申し合はせばや」訳 入道殿下(=藤原道長)のごようすをも話し合わせていただきたい。

てん-がう(名・形動ナリ)《近世語》ふざけること。また、そのさま。冗談。いたずら。〔浄・冥途の飛脚〕「―な体(口語)手形を書き無筆の母御をなだめしが」訳 ふざけた証文を書いて字の読めない母御をなだめたが。

でん-がく【田楽】(名)❶民間舞楽の一つ。もと、田植えのときに農夫の労苦を慰め、あるいは田の神を祭るために行った歌舞が遊芸化したもの。平安末期から室町初期までがその最盛期で、猿楽と影響しあった。❷①に用いる鼓や太鼓。

簓(ささら)

(でんがく①)

てんが-に【天下に】「てんかに」「てんげに」とも。❶世に比類なく。この上もなく。源氏 宿木「―いみじきことおぼしたりしかど」訳(中将の君は、薫き物を調合する自分の腕前を)世にも比類がないくらいすぐれたものとお思いになっていたけれど。❷(下に「とも」「ども」などを伴って)どんなに。いかに。源氏 玉鬘「―目つぶれ、足折れ給へりとも、なにがしは仕うまつりやめてむ」訳 どんなに(玉鬘の)目がつぶれ、足が折れなさっていても、私(=大夫の監)はお世話し申しあげてきっと治そう。

てんが-の【天下の】「てんかの」「てんげの」とも。最高の。世界第一の。徒然 一五〇「―ものの上手といへども、始めは不堪の聞こえもあり」訳 世の中で第一流の芸の名人といっても、(稽古の)初めは下手だという評判もあり。

てん-き【天気】(名)「てんけ」とも。❶空模様。天候。徒然 一五五「十月は小春の―」訳(冬の初めの)陰暦十月は小春日和の空模様で。❷(「天機」とも書く)天皇のご機嫌。天皇の御意向。平家 六・紅葉「―ことに御心よげにうち笑ませ給ひて」訳 天皇のご機嫌は格別によく、ご気分もよさそうににちょっとほほえみなさって。

てん-ぐ【天狗】(名)❶深山に住むという想像上の怪物。姿は人に似て、鼻が高く、翼があって、うちわを持ち、

飛行自在で神通力を持つ。怨霊の化身と解されることもある。宇治 二三・九「智恵なき聖は、かく—にあざむかれけるなり」訳 知恵のない僧は、このように天狗にだまされたのである。❷(深山で宗教的生活を営んだことから)中世、山伏・修験者の異称。❸(鼻を高くすることから)高慢なこと。また、その人。❹古代中国の天文で流星の一種。天狗星。

（てんぐ①）

てんくゎ-にち【天火日】(名)陰陽道で、天に火気の盛んであるという日。この日は屋根ふき・棟上げ・かまど造りなどを避けた。

てんくゎん【天冠】(名)❶幼帝が即位のときに着ける冠。❷(仏教語)仏像や天人の着ける宝冠。今昔 一三・三六「—を戴ける(=頭の上にのせた)天人」❸騎射・舞楽などに用いた冠の一つ。著聞 二四三「—をして納蘇利を仕うまつり給ひけり」訳(まだ子供であった藤原実資は)天冠をつけて納蘇利(=雅楽の曲名)を舞い申しあげなさった。

てん-け【天気】(名)「ていけ」「てけ」「てんげ」とも。「てんき」に同じ。

伝教大師(でんげうだいし)『人名』→最澄

てん-げり「てけり」の語勢を強めた形…てしまった。平家 四・橋合戦「一来法師は討ち死にしてんげり(終)」訳 一来法師は討ち死にしてしまった。→てけり

なりたち 完了の助動詞「つ」の連用形「て」+過去の助動詞「けり」=「てけり」に、撥音「ん」が挿入され、「け」が濁音化したもの。

参考 中世、軍記物語や説話集に多く用いられた。

てん-こう【天工】(名)天帝や神のわざ。自然のはたらき。細道 松島「造化の—、いづれの人か筆をふるひ詞を尽くさむ」訳 造物主の神わざは、どんな人が絵筆をふるい、詩文で表現し尽くすことができようか(いや、とてもできるものではない)。⇩造化「名文解説」

てん-こつ【天骨】(名)生まれつき。天性。また、生まれつき備わった才能。宇治 一・三「さきの翁よりは、—もなく、おろおろかなでたりければ」訳(この老人は)前の老人よりは、生まれつきの才能もなく、へたに舞を舞ったので。

てん-じ【典侍】(名)「ないしのすけ」に同じ。

てんじく【天竺】⇩てんぢく

てん-じゃ【点者】(名)連歌・俳諧などで、作品の優劣を判定し、評点をつける人。判者。〔筑波問答〕「よからぬ句にてありとも、—は見知り侍るべきことにや」訳 不出来な句であっても、判者は(句の良否を)見分けることができる(のではない)でしょうか。

でん-じゃ【田舎】(名)「でんしゃ」とも。いなか。また、いなかの家。平家 七・経正都落「さしもの名物を—の塵になさんこと、口惜しう候ふ」訳 あれほどの優れた物をいなかのごみにするようなことは、残念でございます。

てん-じゃう【殿上】(名)❶「殿上の間」の略。源氏 帚木「—にもをさをさ人ずくなに」訳 殿上の間にもほとんど人影がなく。❷清涼殿の殿上の間や紫宸殿に昇ることを許されること。昇殿。大鏡 兼家「源宰相、三条院の御時は、—もし給はで、地下の上達部にておはせしに」訳 源宰相(=源頼定)は、三条院のご治世の時は、昇殿もなされないで、地下の上達部でいらっしゃったが。❸「殿上人」の略。

てんじゃう-の-ふだ【殿上の簡】清涼殿の殿上の間に掛けてある札。昇殿を許された者の官職・姓名を書いた。「日給の簡」とも。平家 八・名虎「平家の一門百六十余人が官職をとどめて、殿上の御簡をけづらる」訳 平家の一族百六十人余りが官職を停止されて、殿上の御簡をはずされる。

てんじゃう-の-ま【殿上の間】清涼殿の南廂にあって、「昼の御座」に隣接する殿上人の詰め所。殿上。⇩巻頭カラーページ20

古語ライブラリー㉜

赤子の泣き声

歌人としても武略にすぐれた人物としても有名な源頼光が美濃の守であったとき、その部下の平季武が肝試しに「産せる女」の現れるという川を渡ることになった。真っ暗闇の中で季武の帰りを待つ同僚の武士たちの耳に物音だけが聞こえてくる。伝聞・推定の助動詞「なり」の用いられた文末に留意したい。

◇河の中の程にて、女の声にて、季武に現に「これ抱け抱け」と云ふなり。また児の音にて、いかいかと哭くなり。〈今昔 二七・四三〉

物の怪の子だから、イカイカなどという聞き慣れない泣き声なのであろうか。

そうではない。村上天皇の中宮安子のお産みになった選子内親王もこう産声をあげている。

◇そこらの内外額をつき、押しこりてどよみたるに(=一団となって騒ぎたてていると)、みこいかいかと泣き給ふ。〈栄花・月の宴〉

確かに「いかいか」と書かれているのだが、これをイカイカと読んでよいのかどうかが問題なのである。

まず、平安時代には漢語の影響で拗音が「日本語に用いる音」として確立しつつあったが、その表記法は定まっていなかった。キャも直音のカで書き表されたりした。

次に、当時はまだ濁音符(濁点)を用いる習慣がなかった。濁音符が用いられた早い例は、文明七年(一四七五)の『論語抄』あたりだが、一般化するのは近世、江戸時代だ。

さらに、長音が「日本語に用いる音」として登場するのは、室町時代になってからだ。

以上の三点から考えると、「いかいか」はイギャーイギャーであった可能性が高い。

イギャーイギャーイギャーであれば、今日の赤子の泣き声とそう違わないではないか。

⇩八六九ページ㉞

てんじゃう-びと【殿上人】(名)清涼殿の殿上の間に**昇殿を許された人。**四位・五位で昇殿を許された人、および六位の蔵人。「殿上」「雲の上人」「上人」「上の男」「雲客」とも。徒然 二三〇「—ども、黒戸にて碁を打ちけるに」訳 殿上人たちが(清涼殿の)黒戸の御所で碁を打っていた時に。↔地下

てんじゃう-ほふし【殿上法師】(名)❶法皇に仕えて出家し、院の御所への昇殿を許された法師。今昔 二四・六「宇多の院の—にてありければ」訳 (寛蓮は)宇多法皇の殿上法師であったので。❷「ばうくゎん②」に同じ。

てんじゃう-わらは【殿上童】(名)公卿の子弟で、元服前に見習いのために清涼殿の殿上の間に出仕することを許され、そこで奉仕する者。「上童」とも。なお、その出仕を「童殿上」という。枕 一五一「大きにはあらぬ—の、さうぞきたてられて歩くもうつくし」訳 (からだが)大きくはない殿上童が、りっぱな装束を着せられて歩きまわるのもかわいらしい。

てん-しゅ【天守・天主】(名)城の本丸の中央などに、最も高く構えた物見櫓。天守閣。

てん-じゅ【転手・伝手・点手】(名)琵琶・三味線などの棹の端を横に貫いて弦を巻きつける棒。回して音の高低を調節する。平家 一〇・千手前「琵琶を取り、—をねぢて、皇麞の急をぞひかれける」訳 (重衡が)琵琶を取り、転手をねじって、皇麞の急(=雅楽の曲名)をおひきになった。

てんじょうびと〖殿上人〗⇩てんじゃうびと

てん-しん【天心】(名)❶空のまん中。中天。なかぞら。〔蕪村句集〕蕪村「月—貧しき町を通りけり」訳 →つきてんしん…俳句 ❷天帝の心。天子の心。平家 三・法印問答「およそ—は蒼々として、計りがたし」訳 だいたい天帝の心は青空のように深く広くて、推察しにくい。

てん-じん【天神】(名)❶天の神。天つ神。❷「天満天神」の略。菅原道真のこと。今昔 二四・二六「今は昔、—の作らせ給ひける詩ありけり」訳 今となっては昔のことだが、菅原道真のお作りになられた詩があった。❸菅原道真を祭った天満宮。細道 仙台「薬師堂・—の御社など拝みて」❹《遊里語》上方で、太夫の次の位の遊女の称。揚げ代が二十五匁だったので、北野天神の縁日の二十五日になぞらえていった。

てん・ず【点ず】(他サ変)〔ぜ・じ・ず・ずる・ずれ・ぜよ〕❶漢詩文に訓点をつける。〔正徹物語〕「昔から、『雨と聞く』と—・じ用たるを見て」訳 (この漢詩は)昔から「雨と聞く」と訓点をつけて(読んで)いるのを見て。❷調べる。点検する。〔太平記〕一四「近日宇多津(=地名)に於いて兵船を—・じ用(=点検し)」❸取り除く。けずる。宇治 三・一四「『しらん所ども—・ぜよ命』などいふ時に」訳 (国司が)「(熱田の神宮の大宮司が)支配しているようなあちこちの領地を没収せよ」などと言うときに。❹場所や時間を指定する。選定する。平家 五・都遷「うねびの山を—・じ用て帝都を建て」訳 (神武天皇は)畝傍山の地を選定して帝都を造り。

てん-すい【天水】(名)❶空と水。水天。平家 七・竹生島詣「—茫々として」訳 空も水も広々として。❷天から降った水。雨水。

てん-せい【天性】(名)天から授かった性質。生まれつき。徒然 一五〇「—その骨なけれども」訳 生まれつきその芸道の奥義を会得する才能がなくても。

てん-そう【伝奏】(名・自サ変)「でんそう」とも。天皇や上皇に、親王・摂家・社寺・武家からの願いを取り次ぎ伝えること。また、その役。議奏。室町時代以降の武家伝奏は、幕府の意向を伝えるものとして、特に江戸時代は重職であった。〔太平記〕三「—参って、沙門参内の由を奏し申しけるを」訳 伝奏の者が参って、僧が宮中に参上することを天皇に申し上げたのを。

てん-だい【天台】(名)❶「天台山」の略。❷「天台宗」の略。日本八宗の一派。法華経を根本経典とする。奈良時代、唐僧の鑑真によって伝えられ、のちに最澄(=伝教大師)が比叡山に延暦寺を建立して広めた。国家鎮護の修法を重視し、朝廷との結びつきが強かった。

てんだい-ざす【天台座主】(名)《仏教語》天台宗の総本山、比叡山延暦寺の貫主(=最高位の僧職)。座主。平家 二・座主流「鳥羽院の第七の宮、覚快法親王—にならせ給ふ」訳 鳥羽上皇の第七皇子覚快法親王が天台座主におなりになられる。

天台山(てんだいさん)『地名』❶中国の浙江省天台県にある名山。隋代の僧智顗が修禅寺を建立、天台宗を開いた。最澄や栄西らの修行した所。天台。❷日本の天台宗の総本山、延暦寺のある比叡山の異称。

てん-たう【天道】(名)「てんだう」とも。❶天地を支配する神。天帝。今昔 二・二六「これ、—の給へる子なり」訳 この子は、天帝がお授けくださった子だ。❷太陽。おてんとさま。

てん-ぢく【天竺】(名)日本や中国で、「インド」の古称。今昔 六・一「今は昔、震旦の秦の始皇の時に、—より僧渡れり」訳 今となっては昔の話だが、中国の秦の始皇帝の時代に、インドから僧がやってきた。

天智天皇(てんちてんのう)『人名』(六二六〜六七一)飛鳥時代、第三十八代の天皇。即位前の名は中大兄皇子。父は舒明天皇、母は皇極天皇。中臣鎌足らと蘇我氏を倒し、大化の改新を断行した。近江(滋賀県)大津の宮に遷都。六六八年即位し、「近江令」の公布、戸籍の作成などを行った。「小倉百人一首」に入集。

てん-つか-る【点付かる】非難される。欠点を言われる。源氏 若菜下「けしからず人に—・る終べき振る舞ひはせじと思ふものを」訳 (私=柏木は)常軌を逸して、人に非難されそうな振る舞いはしまいと思うのに。なりたち 名詞「点」+四段動詞「付く」の未然形「つか」+受身の助動詞「る」

てんで-に【手手に】(副)〔「手に手に」の転〕めいめい。それぞれ。平家 一一・嗣信最期「内裏に乱れ入り、—火を放って片時の煙と焼き払ふ」訳 内裏に乱入し、めいめいが火をつけて一瞬の煙となして焼き払う。

てん-とう【纏頭】(名)「てんどう」とも。(もと衣類をもらったときに、頭にまとったことから)歌舞・演芸をした者に、ほうびとして金品を与えること。また、その金品。転じて、当座の祝儀として与えるもの。はな。[著聞]七二六「舞はせては、かならず一をとらせけり」[訳]舞をさせては、必ずほうびの品を与えた。

てん-どう【天童】(名)❶《仏教語》仏法を守る鬼神や天人などが、子供の姿をして人間界に現れたもの。[今昔]一二・三「二人の一来りて告げていはく」[訳]二人の天童がやって来て、告げて言うことには。❷祭礼などのとき、天人の姿に扮する子供。稚児。

てん-どく【転読】(名・他サ変)長い経典の、初・中・終の要点だけを読んで、全文を読むのに代えること。〔太平記〕六「これ(=奉納した馬と鎧)は、大般若経一の御布施(=僧への施し)なり」↔真読

天徳四年内裏歌合(てんとくよねんだいりうたあはせ)テントクヨネンダイリウタアワセ『作品名』平安中期の歌合わせ。天徳四年(九六〇)三月三十日、村上天皇が清涼殿で主催した。歌題は十二題二十番。歌人は藤原朝忠・壬生忠見・平兼盛ら十二人。判者は藤原実頼。内容・形式ともに完備し、以後の歌合わせの規範となった。「内裏和歌合」とも。

てん-なが【点長】(形動ナリ){なら・なり(に)・なり・なる・なれ・なれ}(うまくみせるために気どって)文字の点や画を長く続けて書くさま。[源氏]帚木「一・に⑪走り書き、そこはかとなくけしきばめるは」[訳](文字の点や画を)長く続けてすらすらと速く書き、どことなく気どったふうをするのは。

てん-にん【天人】(名)《仏教語》天上界に住むという想像上の人。多く、天女をさす。羽衣を着て天上を飛行し、歌舞音楽を奏するという。[竹取]かぐや姫の昇天「車に乗りて、百人ばかり一具して昇りぬ」[訳](かぐや姫は)飛ぶ車に乗って、百人ほど天人を引き連れて(天へ)昇ってしまった。

(てんにん)

てん-の-め【天の目】❶人の善悪・正邪に対する天の監視。天の眼。❷太陽のこと。また、星のことも。[宇治]一・三「火を一(=太陽)のごとくにともして」

てん-ぱい【天杯・天盃】(名)天皇から賜る酒杯。恩賜の杯。[著聞]六二四「左府、一を賜りて」[訳]左大臣殿が、天皇の酒杯をちょうだいして。

てん-びん【天秤】(名)はかりの一種。中央を支点とする竿の両端に皿をつるし、片方にははかりたいもの、もう片方に分銅などをのせて重さをはかるもの。〔浮・日本永代蔵〕「一、二六時中の鐘に響きまさって」[訳](金銀を量り改める)天秤(の響き)は、一昼夜の(時を知らせる)鐘の音よりも大きく鳴り響いて。

でん-ぶ【田夫】(名)「でんぷ」とも。農夫。いなか者。転じて、風流味のわからない無骨な人。[今昔]三〇・五「その後はいよいよ身つたなくのみなりまさりて、…ひとへに一になりて、人に使はれけれども」[訳](もとの夫は)その後はいっそう身分が落ちぶれていくばかりで、…すっかり一農夫になって、人に使われたが。

てん-ぺん【天変】(名)天空に起こる異変。大風・豪雨・落雷・日食・月食・彗星の出現など。[大鏡]花山院「帝おりさせ給ふとみゆる一ありつるが」[訳]帝(=花山天皇)がご退位なさると見える天空の変動があったが。

てん-ぽふりん【転法輪】(名)《仏教語》仏法を説くこと。〔栄花〕たまのうてな「御みあかしの光ほのかに見えて、一の座に僧ゐたり」[訳]お灯明の光がかすかに見えて、説法の座に僧侶が座っている。[参考]仏法が衆生の煩悩を打ち砕くことを、「転輪聖王」の輪宝を回すことにたとえて「法輪」といい、それを説くことを「転」という。

てん-ま【天魔】(名)《仏教語》欲界第六天の魔王。名を「波旬」といい、仏の正しい教えを妨害し、人の知恵・善根を失わせるという。「天魔波旬」とも。[平家]一・鹿谷「何の不足にかかる心つかれけん。これひとへに一の所為とぞ見えし」[訳]何が不足でこのような気持ち(=謀反の心)になられたのだろう。これはまったく天魔のなすところと思われた。

てん-ま【伝馬】(名)❶律令制で、駅馬のほかに各郡に常置し、公用に供した馬。❷戦国時代以降、各宿駅に常備されて、宿駅から次の宿駅まで人や荷を運ぶ公用の馬。宿継ぎの馬。〔太平記〕二一「一にだにも乗らで、破れたる草鞋に編み笠着て」[訳]公用の馬にさえも乗らないで、破れた草鞋をはき編み笠をかぶって。❸「伝馬船」の略。大船と岸との間を往復して、荷物や人などを運ぶ小舟。はしけ。

てんま-はじゅん【天魔波旬】(名)「てんま(天魔)」に同じ。

天武天皇(てんむてんわう)テンムテンノウ『人名』(六三一?～六八六)飛鳥時代、第四十代の天皇。即位前の名は大海人皇子。天智天皇の弟。壬申の乱(六七二)後、飛鳥浄御原宮に即位。律令の改定、八色の姓の制定など、律令体制の強化につとめた。

てん-めい【天命】(名)天から授かった運命。天運。天理。また、寿命。〔雨月〕貧福論「かく果つるを仏家には前業をもて説きしめし、儒門には一と教ふ」[訳]このように死ぬことを仏教では前世の因縁でもって説明し、儒教では天から授かった運命と教える。

てんめい-ちょう【天明調】(名)江戸中期、天明のころ、蕉風の復興を目標として、蕪村・暁台らによって起こされた新俳風。→蕉風

てんもん-はかせ【天文博士】(名)陰陽寮に属し、天文の観測と天文を学ぶ学生の教授をつかさどる職員。

て-ん-や 平安時代の中ごろから「てむや」の「む」が「ん」と発音されるようになったために「てんや」と表記されるようになったもの。→てむや
[なりたち]完了の助動詞「つ」の未然形「て」＋推量の助動詞「ん(む)」の終止形「ん(む)」＋終助詞「や」

てん-やく【典薬】(名)宮中・幕府・国府の役所などで、医薬のことをつかさどる職。

てんやく-りょう【典薬寮】(名)律令制で、宮内省に属し、医薬のことをつかさどる役所。学生の養成にも当たった。⇩巻頭カラーページ31

てん-り【天理】(名)天の正しい道理。天地自然の道理。天の道。〔太平記〕七「世、澆季に成りぬといへども、—いまだ有りけるにや」[訳] 世の中が末世になったといっても、天の正しい道理はまだあったのであろうか。

てんりん-じゃうわう【転輪聖王】(名)《仏教語》三十二相をそなえ、即位のとき、天より輪宝(=神聖な車輪)を得て、その輪宝をまわして四方を教化するという理想の王。転輪王。輪王。

てん-わう【天王】(名)《仏教語》❶欲界の六天の最下天である四大王衆天の主。四天王のこと。❷「牛頭天王」の略。もと、インドの祇園精舎の守護神。京都八坂の祇園社などの祭神。

てんわう-にょらい【天王如来】(名)《仏教語》提婆達多(=釈迦の従弟)が未来に悟りを開いて仏となるときの称。

と ト

「と」は「止」の草体
「ト」は「止」の省画

と(名)(連体修飾語を受け、多く「とに」の形で用いる)❶…するときに。…するところに。[万葉] 二〇・四三九五「竜田山見つつ越え来し桜花散りか過ぎなむわが帰る—に」[訳] 竜田山で何度も見て越えて来た桜の花は、すっかり散ってしまうのだろうか、私が帰るときには。❷(否定表現を受けて)…うちに。[万葉] 一五・三七四八「他国は住み悪しとそいふすむやけく早帰りませ恋ひ死なぬ—に」[訳] 他国は住みづらいという。すみやかに早くお帰りなさい、(私が)恋いこがれて死なないうちに。

と【外】(名)そと。戸外。ほか。[竹取] かぐや姫の昇天「嫗抱きてゐたるかぐや姫、—に出でぬ」[訳] 嫗が抱いていたかぐや姫は、戸外に出てしまった。↔内 [参考] 室町期以降「と」に代わって「そと」が用いられるようになった。

と【門・戸】(名)❶出入り口。かど。もん。❷出入り口や窓に立てて、内と外を隔てるもの。戸。[竹取] かぐや姫の昇天「立て籠めたるところの—、すなはち、ただ開きに開きぬ」[訳] (かぐや姫を中に入れて)閉めきっておいた場所(=塗籠)の戸が、即座に、ただもうすっかり開いてしまった。[文法]「開きに開きぬ」の「に」は格助詞で、同じ動詞の間にあって、動作・作用を強めて表現する。❸水流の出入りする所。瀬戸。海峡。[万葉] 三・二五五「天離るひなの長道ゆ恋ひ来れば明石の—より大和島見ゆ」[訳] →あまざかる…[和歌] [参考] ①②は同じように用いられたが、「万葉集」のころから、①は「かど」、②は「と」と使い分けられはじめた。

語の広がり「門」
「瀬戸」は、「狭門」で、「狭い海峡」の意。「瀬戸際」は、もとは狭い海峡と外海との境目を意味する語であったという。「港」は、「水の門」の意で、「な」は「の」の意の上代の助詞。

と【音】(名)〔「おと」の転〕おと。響き。声。[万葉] 一四・三四五三「風の—の遠き我妹が着せし衣」[訳] 遠くにいるわが妻が着せてくれた衣は。(「風の音の」は「遠し」にかかる枕詞)。⇩音「発展」

と【徒】(名)仲間。同類。〔幻住庵記〕「王翁・除佺が—にはあらず」[訳] (中国の隠者の)王翁や除佺の仲間ではない(=隠者を気どるつもりはない)。

と(副)(副詞「かく(かう)」と対いで用いられることが多い)そのように。あのように。[源氏] 東屋「—言ひかく言ひ恨み給ふ」[訳] (匂宮は)ああ言いこう言いして(浮舟を)恨みなさる。

と タリ活用形容動詞の連用形の活用語尾。〔蕪村句集〕蕪村「蕭条として石に日の入る枯れ野かな」[訳] →せうでうとして…[俳句]。⇩と「識別ボード」

と 助動詞「たり」の連用形。[平家] 三・無文「人の親の身として、かやうのことを申せば」[訳] 人たるものの親の身であって、このようなことを申し上げると(ばかげているが)。⇩と「識別ボード」

と(格助)

意味・用法
- **共同動作者**〔…と。…とともに。…といっしょに。〕→❶
- **動作の相手**〔…と。…を相手にして。〕→❷
- **比較の基準**〔…と。…とくらべて。…に対して。〕→❸
- **引用**〔…と。〕→❹、❺、❻、❾
- **変化の結果**〔…に。〕→❼
- **比喩**〔…のように。…と同じに。…として。〕→❽
- **並列**〔…と。〕→❿
- **強意**〔…と。〕→⓫

接続 体言、体言に準ずる語、⑪の場合は動詞の連用形、④の引用の場合には文の言い切りの形に付く。

❶動作を共同して行う者を表す。**…と。…とともに。…といっしょに。**[万葉] 三・四四九「妹と来し敏馬の崎を帰るさに独りし見れば涙ぐましも」[訳] →いもとこし…[和歌]

❷動作の相手を表す。**…と。…を相手にして。**[源氏] 若紫「何事ぞや。童べと腹立ち給へるか」[訳] どうしたのか。子供たちとけんかをしなさったのか。

❸比較の基準を表す。**…と。…とくらべて。…に対して。**[徒然] 一二「少しかこつかたも、我とひとしからざらん人は」[訳] 少し不平を言う点でも、自分と同じ心でないような人は。[文法]「ひとしからざらん人」の「ん」は、仮定・婉曲の助動詞。

❹人のことばや思うことなどを直接受けて、引用を表す。「言ふ」「問ふ」「聞く」「思ふ」「見ゆ」「知る」などの動詞へ続けて、その内容を示す。[更級] 竹芝寺「『いかなる所ぞ』と問へば」[訳]「(ここは)どういう所か」とたずねると。

❺「…と言って」「…と思って」「…として」などの意で、あとに続く動作・状態の目的・状況・原因・理由などを示す。[徒然] 一一〇「勝たんとうつべからず、負けじとうつべきなり」[訳] (双六は)勝とうと思って打ってはならず、負け

まいと思って打つのがよいのである。

❻擬声語・擬態語を受ける。〔万葉〕一三・三二七〇「この床とこのひしと鳴るまで嘆きつるかも」〔訳〕この床がみしみしと音を立てるほどに嘆いていたことだ。

❼(多く「…となる」の形で)変化した結果、ある状態になる意を表す。**…に。**〔徒然〕一二九「白頭の人となりし例ためしなきにあらず」〔訳〕白髪の人になった例がないわけではない。

❽比喩を表す。**…のように。…と同じに。…として。**〔更級〕大納言殿の姫君「笛の音ねのただ秋風と聞こゆるに」〔訳〕笛の音がまるで秋風のように(しみじみと)聞こえるのに。

❾直接、断定の助動詞「なり」が続いて、「…というのである」「…と思うのである」などの意を表す。「…とならば」「…とにあり」「…となり」などの形をとり、「と」と「なり」の間に「思ふ」「言ふ」「する」などが省略されたもの。〔万葉〕九・一七四〇「常世辺とこよへにまた帰り来て今のごと逢あはむとならば」〔訳〕不老不死の国のあたりにまた帰って来て、今のように逢おうと思うのであれば。

❿体言またはそれに準ずるものを並列する。〔土佐〕「わが髪の雪と磯辺いそべの白波といづれまされり沖つ島守しまもり」〔訳〕→わがかみの…〔和歌〕

⓫同じ動詞の間に置いて、意味を強める。上にくる動詞は連用形。〔竹取〕竜の頸の玉「わが家にありとある人召し集めてのたまはく」〔訳〕(大伴おおともの大納言は)自分の家に(仕えて)いる人を残らずお呼び集めになっておっしゃることには。(⇩と「識別ボード」)

〔文法〕格助詞の「と」は、「に」と共通する点が多い。「と」独自の用法としては、次の三つが挙げられる。

(1) 動作の相手を表す。(②)

(2)「言ふ」「思ふ」「聞く」などの内容を示す。(④)

(3)「と言って」「と思って」などの意で使われる。(⑤)

なお、⑩の用法に当たるものを、特に「並立助詞」と呼ぶこともある。ちなみに、並立して示す場合、文語では次の三通りの方法が現れる。

(1) 甲と乙　(2) 甲と乙と　(3) 甲、乙と

(1)と(2)は、現代語でもふつうに使われるが、(3)はあまり用いられないので注意が必要である。「狩衣かり、袴はかま、烏帽子えぼし、帯とを入れて」〈大和 一四七〉

◆識別ボード「と」◆

① **形容動詞(タリ活用)の連用形語尾**

「北には青山せいざん峨々ががとして、松吹く風索々さくさくたり」〔訳〕北には青く茂った山が険しくそびえ、松を渡る風の音もさびしく響きわたっている。〈平家 一〇・海道下〉

② **断定の助動詞「たり」の連用形**

「下しもとして上かみに逆さかふること、豈あに人臣の礼たらんや」〔訳〕臣下であって主上に逆らうことは、どうして人臣の礼であろうか(いや、人臣の礼ではない)。〈平家 三・法印問答〉

③ **格助詞**

「資盛朝臣すけもりのあっそんをはじめとして、侍さぶらひども皆馬よりとって引き落とし、頗すこぶる恥辱に及びけり」〔訳〕資盛朝臣をはじめとして、武士どもを皆、馬からつかんで引きずりおろし、相当恥辱を与えた。〈平家 一・殿下乗合〉

①②は上の語で見分ける。「峨々」「悠然」「蕭条せうでう」など状態を表す漢語であれば①、ふつうの体言であれば②である。③は「…を…とす」の文型で、①②とは文の組み立てが異なる。

と (接助)

意味・用法　**逆接の仮定条件**〔…ても。たとえ…ても。〕

接続　動詞・形容動詞・助動詞(動詞・形容動詞型活用)の**終止形**、形容詞・助動詞(形容詞型活用・打消の「ず」)の**連用形**に付く。

逆接の仮定条件を表す。**…ても。たとえ…ても。**〔山家集〕「風吹くと枝をはなれて落つまじく花とぢつけよ青柳あをやぎの糸」〔訳〕風が吹いても枝を離れて落ちないように、花を結びつけてくれよ、青柳の糸よ。

〔参考〕「とも」と同義だが、用例は少ない。「とも」は上代から現れるが、「と」の確かな用例は中古以降に現れる。「暮るると明くと目かれぬものを(=目を離すことがないのに)梅の花いつの人まに(=人の見ていないときに)移ろひぬらむ」〈古今・春上〉

この用例は、体言またはそれに準ずるものを並列する格助詞から逆接の仮定条件を表す接続助詞になろうとしているものと見られる。つまり、「日が暮れるときと夜が明けるときとに(=日が暮れるといっては見、夜が明けるといっては見て)」の意にも、「日が暮れても夜が明けても」の意にも解釈することができる。このような用法から接続助詞「と」が生じたものと考えられる。→とも(接助)・ば(接助)〔文法〕

ど【土】(名)❶土地。国土。〔平家〕二・大納言死去「おのづから人はあれども、この土の人にも似ず」〔訳〕(鬼界が島には)たまに人はいても、この国土(=日本の本国)の人にも似ていない。
❷五行の一つ。季節では土用、方位では中央、五星では土星。

ど【度】(名)《仏教語》❶煩悩ぼんのうの世界(=此岸しがん)から解脱げだつして、悟りの世界(=彼岸ひがん)に達すること。
❷仏門に入って出家受戒すること。得度。

ど (接助)

意味・用法　**逆接の確定条件**〔…けれども。…のに。…だが。〕→❶
逆接の恒常条件〔たとえ…ても(やはり)。…ときでも。〕→❷

接続　活用語の**已然形**に付く。

❶逆接の確定条件を表す。現にその事実がありながら、

予想に反した結果が現れることを示す。…けれども。…のに。…だが。伊勢 三三「男も女も恥ぢかはしてありけれど、男はこの女をこそ得めと思ふ」訳 男も女も互いにはにかみ合っていたけれども、男はぜひこの女を妻にしようと思う。

❷逆接の恒常条件を表す。現にその事実があるわけではないが、その事実が現れた場合でも、必ずその事実から予想される事態に反する結果になることを示す。たとえ…ても（やはり）。…ときでも。徒然 一「その子、孫までは、はふれにたれど、なほなまめかし」訳 その（ような人たちの）子供や孫までは、たとえ落ちぶれてしまっていても、やはり上品である。

参考「ども」とほぼ同義だが、平安時代では女性の書いた文章に「ど」が圧倒的に多く使われる。ところが鎌倉時代に入ると、むしろ「ども」が一般的に使われるようになり、「ど」が減少する。→ども（接助）・ば（接助）文法

と-あ・り …である。…という職にある。今昔 二一・三「大納言坂上の田村麻呂といふ人、近衛の将監—・り用ける時」訳 大納言坂上田村麻呂という人が、近衛の将監（=近衛府の三等官）であった時。

なりたち 断定の助動詞「たり」の連用形「と」＋ラ変補助動詞「あり」

と-あ・り …という。…と決まっている。…になっている。徒然 八二「一部—・る体草子などの」訳 一部になっている書物などで。

なりたち 格助詞「と」＋ラ変動詞「有り」

と-あり-かかり ああだこうだ。なんだかんだ。徒然 一三七「一事も見もらさじとまぼりて、『—』と物ごとに言ひて」訳 一つのことも見落とすまいとじっと見つめて、「ああだこうだ」と（祭りの行列の）見る物ごとに言って。

なりたち 副詞「と」＋ラ変動詞「有り」の終止形「あり」＋ラ変動詞「斯かり」の終止形「かかり」

と-ある（連体）〔副詞「と」にラ変動詞「有り」の連体形「ある」の付いたもの〕ある。ちょっとした。〔太平記〕五「宮をば—辻堂の内に置き奉りて」訳 宮様をある道端の小さな仏堂の内に置き申しあげて。

と-あれ-ば-かかり 一方があであると、他方がこうである。こっちがよければ、あっちが悪い。源氏 帚木「—、あふさきるさにて、なのめにさてもありぬべき人のすくなきを」訳 一方があであると、他方がこうで、ちぐはぐな状態で、不十分でもそれでもさしつかえなさそうな人（=女性）が少ないので。

なりたち 副詞「と」＋ラ変動詞「有り」の已然形「あれ」＋接続助詞「ば」＋ラ変動詞「斯かり」の終止形「かかり」

-とう【等】（接尾）（名詞に付いて）❶一部をあげて、他を省略する場合に用いる。など。〔中楽談儀〕「出役人—のことは、なほなほよくよく尋ねて記し置かるべし」訳（式三番に）出仕する役人などのことは、ぜひぜひよくよく調べて書いて置かれるほうがいい。

❷段階・順位・等級などを表す。〔去来抄〕先師評「予が趣向は、なほ二、三—もくだり侍りなん」訳 私の構想は、（先師=芭蕉の考えに比べて）やはり二、三段階もきっと劣るでしょう。

とう【頭】（名）❶中心になる人。かしら。頭領。〔栄花〕月の宴「左の—には、絵所の別当蔵人の少将済時とあるは」訳（前栽合わせの）左組のかしらには、絵所の長官蔵人の少将済時とあるのは。

❷「蔵人の頭」の略。枕 八二「これ、—の殿の奉らせ給ふ」訳 これ（=手紙）を、蔵人所の長官様が（あなた=清少納言に）差し上げなさる。

とう【疾う】〔形容詞「疾し」の連用形「とく」のウ音便〕早く。すぐに。枕 三三「—書きてまゐらせ給へ」訳 早く書いて差し上げなさい。

とう【当・唐・党・堂】 ⇩たう

とう【塔・答・榻・踏】 ⇩たふ

とう【問う・訪う】 ⇩とふ

どう【胴】（名）❶頭と四肢以外のからだの部分。

❷鎧・具足で、腹部をおおう部分。平家 一一・能登殿最期「鎧の草摺りかなぐり捨て、—ばかり着て」訳 鎧の草摺りを荒々しく捨て、胴だけを着て。

❸太鼓・鼓・三味線などで、中空の部分。

❹心。肝っ玉。〔浄・女殺油地獄〕「坂東者（=関東者）の—強く」

どう【筒】（名）❶「こしき（轂）」に同じ。大鏡 道長下「おとど二人は、左右の御車の—、うちおさへて立たせ給へり」訳 大臣二人は、御牛車の左右のこしきを、ちょっと押さえて立っていらっしゃった。

❷双六・ばくちなどで、さいころを入れて振る筒。枕 一四五「—を盤（=双六の台）の上に立てて待つに」

どう【堂・道・導】 ⇩だう

とう-い【東夷】（名）〔東方の蛮族の意〕❶中国で、日本・朝鮮など東方の異民族をいやしめて呼んだ語。

❷わが国の東方に居住した蝦夷の称。

❸京都の人から東国の武士をさしていう語。〔太平記〕二「重衡の中将の、—のために囚はれて」

とうか【踏歌】 ⇩たふか

とう-かい【東海】（名）❶東方の海。〔謡・白楽天〕「—の波路（=航路）遥かに行く船の」

❷日本国の異称。〔沙石集〕「かの—の人、因果を知らず、仏法を聞かず」訳 あの日本国の人は、因果の道理を知らないし、仏の教えを聞かない。⇩大八州「慣用表現」

❸「東海道」の略。平家 五・富士川「千里の—におもむき給ふ」訳（頼朝追討に出向いた人々ははるか遠い）東海道にお出向きになる。

とうかい-だう【東海道】（名）❶五畿七道の一つ。京都から東の太平洋沿岸の、伊賀・伊勢・志摩（三重県）、尾張・三河（愛知県）、遠江・駿河・伊豆（静岡県）、甲斐（山梨県）、相模（神奈川県）、武蔵（東京都・神奈川県・埼玉県）、安房・上総（千葉県）、下総（千葉県・茨城県）、常陸（茨城県）の十五か国の称。

❷江戸時代の五街道の一つ。江戸から京都へ至る百二十余里（=約五〇〇キロメートル）の街道。江戸幕府は五十三の宿駅（東海道五十三次）を設けた。海道。

東海道中膝栗毛（とうかいだうちゅうひざくりげ）〘作品名〙江戸後期の滑稽本。十返舎一九作。享和二年（一八〇二）—文化十一年（一八一四）刊。江戸の町人弥次郎兵衛と喜多八が失敗・滑稽を演じながら、東海道を京都・大坂へ行くまでを記す。「道中膝栗毛」とも。

東海道四谷怪談(とうかいだうよつやくわいだん)『作品名』江戸後期の歌舞伎。世話物。四世鶴屋南北作。文政八年(一八二五)、江戸中村座初演。浪人民谷伊右衛門が、殺した妻お岩の亡霊に悩まされ、ついには狂死するという筋。

とう-がく【等覚】(名)《仏教語》(諸仏の覚悟は平等一如であるとするところから)❶仏の異称。❷菩薩が修行によって達する最高の位。〔浜松中納言物語〕「—の菩薩の位に、疾く定まり給ふばかりの事どもを」訳 等覚という菩薩の(最高)位に、早くお決まりになるほどのことどもを。

どう-ぎゃう【同行】(名)❶心を同じくしていっしょに修行する人。特に、浄土真宗で信徒のこと。また、神仏参詣にいっしょに行く人。〔浮・日本永代蔵〕「寺—の仁左衛門殿へ進ずべし」訳 寺の信者仲間の仁左衛門殿へ進呈するがよい。❷連れ。道連れ。細道 室の八島「—曾良がいはく(=言うことには)」

どう-ぎゃう【童形】(名)❶まだ結髪をしていないおかっぱ髪の子供の姿。稚児姿。〔風姿花伝〕「まづ、—なれば、何としたるも、幽玄なり」訳 まず、(愛らしい)子供の姿なので、どう演じても、美しい。❷貴人の元服以前の称。〔謡・鞍馬天狗〕「源平両家の—たちのおのおの御座候ふに」訳 源平両家の稚児姿の若君たちがめいめいいらっしゃいますのに。

とう-ぐう【東宮・春宮】(名)❶皇太子のいる御殿。枕 八七「—にも弘徽殿にも作られたりつ」訳 (雪の山を)東宮御所にも弘徽殿にもお作りになっていた。❷皇太子の敬称。「春の宮」とも。源氏 紅葉賀「—の御母にて二十余年になり給へる女御をおき奉りては」訳 皇太子の御母として二十年以上におなりになっている(弘徽殿の)女御をさしおき申し上げては。

参考 皇太子の宮殿が皇居の東にあることから「東宮」といい、五行説で東は春にあたるので「春宮」とも書く。

とうぐう-の-だいぶ【東宮の大夫・春宮の大夫】(名)律令制で、東宮坊の長官。大鏡 道長上「—・中宮権の大夫殿などの、大納言にならせ給ひし折は」訳 東宮坊の長官や中宮職の長官殿などが、大納言(の位)におなりになられたときは。

とうぐう-ばう【東宮坊・春宮坊】(名)律令制で、皇太子に関するいっさいの事務をつかさどる役所。

とうくゎ-でん【登花殿・登華殿】(名)内裏の殿舎の名。後宮七殿の一つ。弘徽殿の北、貞観殿の西にあって、皇后・女御などの部屋にあてられた。⇩巻頭カラーページ32

とう-くゎん【東関】(名)❶京都の東方にある関所。特に、逢坂の関をいう。❷(逢坂の関より東の意から)関東。

東関紀行(とうくわんきかう)『作品名』鎌倉中期の紀行文。作者未詳。仁治三年(一二四二)ごろ成立か。隠遁者である作者が、京都から鎌倉に下り、再び帰京するまでを和漢混交文で記したもの。

道元(どうげん) ⇩道元

とう-ごく【東国】(名)都があった近畿地方からみて東方の国々。古くは遠江(静岡県)・信濃(長野県)より東方を広くさしたが、のちには足柄以東、東北地方までをさした。↔西国

とうざ〖当座〗⇩たうざ

とう-ざい【東西】■一(名)❶東と西。平家 九・三草勢揃「一の谷の—の木戸口(=砦の出入り口)にて」❷方角。向き。今昔 三一・一「山の中にして道に迷ひて—を失ひつ」訳 山の中で道に迷って方角を見失った。❸あちらこちら。また、周囲。〔古本説話集〕「—に走り散る音して失せぬ」訳 (鬼たちが)あちらこちらに逃げ散らばる音がして姿を消してしまった。■二(名・自サ変)身動き。からだを自由に動かすこと。枕 八二「袖をとらへて、—・せ㊍させず」訳 袖をつかまえて、身動きさせないで(=有無を言わせないで)。■三(感)興行物などで、観衆をしずめたり、口上を述べたりするときに冒頭に言う語。

とうさん-だう【東山道】(名)「とうせんだう」とも。❶五畿七道の一つ。畿内の東にはじまり、東海道・北陸道の間の山地を東国へつらなる地帯の国々。近江(滋賀県)、美濃・飛騨(岐阜県)、信濃(長野県)、上野(群馬県)、下野(栃木県)、陸奥(福島県・宮城県・岩手県・青森県)、出羽(山形県・秋田県)の八か国。明治元年(一八六八)に陸奥が磐城・岩代・陸前・陸中・陸奥に、出羽が羽前・羽後に分割され、十三か国となった。❷①の国々を結ぶ街道。

とう-し【藤氏】(名)藤原の姓を持った氏族。伊勢 一〇一「—のことに栄ゆるを思ひて詠める」訳 藤原氏がとりわけ繁栄することを思って詠んだ歌。

とう-じ【刀自】(名)「とじ①」に同じ。

どう-じ【童子】(名)❶子供。わらべ。〔梁塵秘抄〕「—の戯れ遊びをも」❷僧になる前、寺院で学びながら雑用に従う少年。年齢により大童子・中童子などの別がある。❸《仏教語》仏や菩薩などにつき従うもの。

とう-じみ【灯心】(名)「とうしみ」「とうすみ」とも。「とうしん」に同じ。

とう-じゃう【闘諍】(名)争い戦うこと。闘争。けんか。徒然 五〇「果ては—おこりて、浅ましきことどもありけり」訳 しまいにはけんかが始まって、あきれかえったことがいろいろあった。

とう-しゅ【東首】(名)頭を東に向けて寝ること。東枕。徒然 一三三「孔子も—し給へり(=東枕になさった)」

参考 中国では、太陽が昇る東を陽気が発するところと考え、東枕で寝る習慣があった。

とう-しん【灯心】(名)「とうじみ」「とうしみ」「とうすみ」とも。油に浸して芯として火をともすもの。細藺(=草の名)の白い芯や綿糸などを用いる。〔太平記〕五「御手づから(=ご自分で)百二十筋の—を束ね(=たばね)」

とう-じん【等身】(名)「とうしん」とも。仏像などの高さが人間の身長と等しいこと。更級 かどで「—に薬師仏をつくりて」訳 (自分の)身長と同じ高さに薬師如来像をつくって。

どう-しん【同心】■一(名・自サ変)❶心を一つにすること。協力すること。味方をすること。平家 四・競「いかが朝敵となれる人に—をばし候ふべき」訳 どうして朝廷に背く敵となっている人に味方をすることができましょうか

(いや、できません)。

❷納得すること。同意すること。〔浮・西鶴織留〕「親仁なかなか—・せ(未)ず」

[二](名)❶中世、武家に付属した兵卒のこと。のちには騎馬のものを与力、徒歩のものを同心といった。❷江戸幕府の諸奉行の下に属し、与力の下で雑務や警察業務にあたった職。

どう・ず【同ず】(自サ変){ぜ・じ・ず・ずる・ずれ・ぜよ}同意する。賛成する。[平家]七・篠原合戦「みな人この議にぞ—・じ(用)ける」[訳](その場にいた)人はみんな、この意見に賛成した。

どう・ず【動ず】(自サ変){ぜ・じ・ず・ずる・ずれ・ぜよ}心が動く。胸さわぎがする。驚きあわてる。[源氏]総角「いと心憂くうとましくて、—・ぜ(未)られ給はず」[訳](大君は)たいそうつらくいやな感じがして、心が動かされなさらない。

とう・そ【屠蘇】(名)「とそ」に同じ。

とう・たい【凍餒】(名)凍え、飢えること。[徒然]一四二「世治まらずして—の苦しみあらば、咎の者絶ゆべからず」[訳]世の中が治まらないで凍えや飢えの苦しみがあるならば、罪を犯す者がなくなるはずがない。

とう・だい【灯台】(名)木製の室内照明具。上に油皿を置き火をともす。[枕]八「几帳のうしろに立てたる—の光はあらはなり」[訳]几帳のうしろに立ててある灯台の火は丸見えである。

(とうだい)

東大寺(とうだいじ)(名)今の奈良市雑司町にある華厳宗の総本山。南都七大寺の一つ。天平十五年(七四三)聖武天皇の勅願により創建。行基の勧進、良弁の開基。本尊は毘盧舎那仏(=大仏)。

とう・づ【取う出】(他ダ下二){で・で・づ・づる・づれ・でよ}(「取り出づ」の転)取り出す。[枕]三四「いささか物も—・で(用)侍らず」[訳](火事がすぐ近くだったので)まったく家財道具も取り出しておりません。

[参考]未然形・連用形の「とうで」だけが用いられる。

とう・ど(副)❶ちゃんと。しっかりと。〔狂・柑子〕「太郎冠者が六波羅へ、—納めました」❷ゆったりと。気楽に。〔謡・吉野静〕「まづ—居てこれで待たう」[訳]ともかくも、ゆったりと座ってここで待とう。

どう・ど(副)「どうと」とも。❶物が倒れたり、くずれたりするさま。どっと。どすんと。[平家]八・妹尾最期「おしならべむずと組んで、—落つ」[訳](倉光は馬を)押し並べてむずと組んで、どすんと(馬から)落ちる。❷重い物や数の多い物を一度に置くさま。どんと。どさっと。〔狂・蚊相撲〕「せかせかと(=せせこましく)置かうより、一度に—置かう」❸病気が重くて起きあがれないさま。どっと。〔浮世風呂〕「ぢい様が—床について十死一生だわな」[訳]じい様がどっと寝込んで、瀕死の状態だよ。

とう・とう【疾う疾う】(副)(「とくとく」のウ音便)早く早く。さっさと。[平家]九・木曽最期「おのれは—、女なれば、いづちへも行け」[訳]おまえ(=巴)は早く早く、女の身であるから、どこへでも落ちのびて行け。

どう・な・し【動無し】(形ク){から・く(かり)・し・き(かる)・けれ・かれ}動じるようすがない。落ち着きはらっている。[源氏]明石「さらに例の—・き(体)を、せめて言はれて」[訳](娘=明石の君は)まったくいつものように動じるようすがない(=返事を書こうとしない)が、(父の明石の入道に)なおも言われて。

とう・の・ちゅうじゃう【頭の中将】(名)近衛の中将で、蔵人の頭を兼ねている者。↓蔵人の頭

頭の中将(とうのちゅうじょう)『人名』「源氏物語」中の人物。左大臣の嫡男で、光源氏の妻葵の上の兄。光源氏と親しく、のち太政大臣になる。玉鬘・柏木の父。

とう・の・べん【頭の弁】(名)弁官で、蔵人の頭を兼ねている者。↓蔵人の頭

とう・ばう【蜻蛉】(名)「とんばう」とも。虫の名。とんぼ。[秋]。〔梁塵秘抄〕「居よ居よ—よ、堅塩参らむ」[訳](じっとして)いろ、(じっとして)いろ、とんぼよ、固まった塩をさしあげよう。

とう・はっかこく【東八箇国】(名)足柄の関以東の八か国。今の関東地方。相模(神奈川県)、武蔵(東京都・神奈川県・埼玉県)、安房(千葉県)、上総(千葉県)、下総(千葉県・茨城県)、常陸(茨城県)、上野(群馬県)、下野(栃木県)の称。

とう・ぶ【食ぶ・給ぶ・賜ぶ】⇨たうぶ

どう・まる【胴丸・筒丸】(名)「どうまろ」とも。鎧の一種。胴を丸く囲んで、右わき下で合わせるようにつくったもの。軽装で、活動的。歩兵が用いた。⇨巻頭カラーページ16

とう・みゃう【灯明】(名)神仏に供える灯火。みあかし。〔浮・世間胸算用〕「また—は、台に砂時計を仕しくはし、油をぬき取ることぞ」[訳]また灯明(の消えるの)は、台に砂時計を仕掛けて、灯油を抜き取るしくみだ。

どう・よく【胴欲・胴慾】(名・形動ナリ)(「貪欲」の転)❶欲の深いこと。〔風流志道軒伝〕「—・な(体)(口語)くだ巻舌に同じことを幾度か」[訳]欲深なくだをまいてのしつこい口調で同じことを何度も。❷薄情なこと。〔伎・助六〕「兄もったと思ふな、弟もったと思はぬとは—・な(体)(口語)ことおっしゃりましたな」[訳](おまえは)兄をもったと思うな、(私も)弟をもったと思わないとは薄情なことをおっしゃいましたね。

とう・りう【逗留】[一](名・自サ変)❶とどまって進まないこと。❷旅先でしばらく宿泊すること。滞在。〔謡・隅田川〕「今日はこの所に—仕り候ひて、逆縁ながら念仏を申さうずるにて候ふ」[訳]今日はここに滞在いたしまして、縁のない者の供養であるが、念仏を唱えることにしましょう。[文法]「今日は(こんにった)」「念仏を(ねんぶっと)」は、助詞「は」「を」が字音語の入声音ツの下に付いて、連声で「た」「と」と発音されたもの。

[二](名)ひま。時間。〔太平記〕二六「我が屋に帰り、物の具せん(=武具をつけるような)—なかりければ」

とう・りゃう【棟梁】(名)❶建物の棟と梁。〔太平記〕二三「大仏殿の—、(大風で)微塵に折れて倒れける間(=ばらばらに折れて倒れたので)」❷おもだった人。かしら。[著聞]四七「祈請のむね神慮にかなひて、道の—たり」[訳]神仏に祈って誓いを立てた趣旨が神の心に通じて、(法深房は琵琶の)道における第一人者である。❸大工のかしら。

どう‐れい【同隷】(名)同じ主人に仕える者。同僚。平家 一〇・維盛出家「随分―どもにも芳心せられてこそまかり過ぎ候ひしか」訳 (私=重景は)たいそう同僚たちにも親切にされて過ごさせていただきました。

とう‐ろ【灯籠】(名)「とうろう」に同じ。

とう‐ろう【灯籠】(名)「とうろ」とも。灯火をともす用具。竹・木・石などのわくに紙・紗(=薄い布)などを張ったもので、軒端につるしたり路傍に立てたりする。釣り灯籠・置き灯籠など、材料・形によって種類が多い。平家 三・灯籠之沙汰「一間にひとつづつ、四十八間に四十八の―をかけられたりければ(=おかけになったところ)」

とお【遠】⇨とほ

とお【十】⇨とを

とおる【通る】⇨とほる

とが【咎・科】(名)❶とがめなければならない行為。あやまち。過失。〔幻住庵記〕「つらつら年月の移り来こしつたなき身の―をおもふに」訳 つくづくと年月の移り来た愚かな自分のあやまちをふり返ると。❷非難すべき欠点。短所。源氏 手習「かたちの見るかひありうつくしきに、よろづの―見許して」訳 (浮舟の)顔かたちが見る価値があり、かわいらしいので、(妹尼は)いろいろの不満な点も見て見ないことにして。❸罪。罪科。責めを負うこと。徒然 一四二「世治まらずして凍餒の苦しみあらば、―の者絶ゆべからず」訳 世の中が治まらないで凍えや飢えの苦しみがあるならば、罪を犯す者がなくなるはずがない。

発展 「つみ」と「とが」の違い

元来「つみ」は道徳・法律などに反する行為をいい、罪を犯した結果としての「罰」をも意味した。動詞「罪す」「罪なふ」なども罰することを意味する。これに対して「とが」は生まれつきの欠点や不注意からくるあやまちをいい、中世以後、多用された。

と‐かう コウ(副)〔「とかく」のウ音便〕❶あれやこれやと。源氏 若紫「―世をおぼし乱るること多かり」訳 (光源氏は)あれこれと男女の仲(のむずかしさ)をお思い悩みになることが多い。文法「多かり」は、形容詞カリ活用の終止形。❷なんとかかんとか。なんにせよ。源氏 若紫「―まぎらはさせ給ひて、おぼし入れぬなむよく侍る」訳 なんとか気をお紛らわしになられて、(病気のことを)気にお掛けにならないのがようございます。❸(下に打消の語を伴って)どうにもこうにも。

と‐かく(副)〔副詞「と」に副詞「かく」の付いたもの〕❶あれやこれやと。なにやかやと。いろいろ。徒然 五一「大方廻らざりければ、―直しけれども」訳 (水車が)いっこうに回らなかったので、いろいろ直したけれども。❷ややもすれば。ともすれば。〔狂・抜殻〕「―人といふものは、このやうなことをば、えて例にしたがるものぢゃ」訳 ともすれば人というものは、このようなことを、えてして例にしたがるものだ。❸なんにしても。いずれにせよ。〔浮・西鶴織留〕「―年々積もりておそろしきものは、質屋の利銀ぞかし(=利息であるよ)」❹(下に打消の語を伴って)どうにもこうにも。まったく。〔謡・丹後物狂〕「さてもさても命は惜しいものかな。―投げられぬ」訳 なんとまあ命は惜しいものよ。どうも(身を)投げられない。

とかく‐の‐こと【とかくの事】❶あれこれのこと。❷人の死や葬式を婉曲にいう。〔栄花〕浦々の別「―の折に、いかにあはれに悲しう心細く」訳 万一のことの場合(=母北の方が亡くなった場合)には、どんなにかしみじみと悲しく心細く。

と‐かげ【常陰】(名)いつも陰になっていて日の当たらない所。万葉 一〇・二一五六「あしひきの山の―に鳴く鹿の声聞かすやも山田守らす児」訳 山のいつも陰になっている所で鳴く鹿の声をお聞きになっているか、山の田を守りなさっている人よ。(「あしひきの」は「山」にかかる枕詞)

とがとが‐し(形シク){しから・しく(しかり)・し・しき(しかる)・しけれ・しかれ}たいへんに非難がましい。口うるさい。堤 虫めづる姫君「『衣など着ずともありなむかし』など言ひ合へるを、―・しき㊍女聞きて」訳 (女房たちが)「着物など着なくてもよいだろうよ」などと言い合っているのを、口うるさい女が聞いて。

栂尾 トガノオ【地名】今の京都市右京区梅ケ畑栂尾町。高尾・槙尾とともに三尾と称せられる紅葉の名所。明恵上人再建の高山寺がある。

と‐かま【利鎌】(名)「とがま」とも。切れ味の鋭い鎌。〔祝詞〕「焼き鎌の―もちて、うち掃ふ事のごとく」訳 焼いて鍛えあげて作った鎌のうちの切れ味の鋭い鎌で、うち払うことのように。

とが‐む【咎む】(他マ下二){め・め・む・むる・むれ・めよ}❶非難する。責める。源氏 夕顔「人の―・め㊊聞こゆべき振る舞ひはし給はざりつるを」訳 (光源氏は以前は)世間の人が非難し申しあげなければならない振る舞いはなさらなかったのに。❷怪しむ。気にかける。心にとめる。土佐「ひとのほどに合はねば、―・むる㊍なり」訳 (そのことばがしゃれていて、船頭という)身分に似合わないので、気にとめるのである。❸問いただす。尋問する。枕 四三「『嫌疑の者やある』と―・む㊇」訳 (人を見るとすぐに)「疑わしい者はいるか」と問いただす。

とがめ【咎め】(名)〔下二段動詞「咎む」の連用形から〕❶なじること。非難。源氏 須磨「とぶらひ参るも重き―あり」訳 (光源氏を)お見舞いに参上するのも(右大臣方から)きびしい非難があり。❷さし障り。さしつかえ。枕 九九「五月雨は、―なきものぞ」訳 五月雨(のころ)は、(牛車から降りずに陣を通り過ぎても)さしつかえがないものだ。

と‐か‐や 不確実な伝聞を表す。❶(文中にあって)…とかいう。徒然 一四一「悲田院の尭蓮上人は、俗姓は三浦の某―、双なき武者なり」訳 悲田院の尭蓮上人は、在俗の時の姓は三浦の某とかいう、並ぶ者のない武士である。❷(文末にあって)…とかいうことだ。徒然 二七「新院のおりゐさせ給ひての春、詠ませ給ひける―」訳 新院(=花園上皇)が位をお退きになられて(その年)の春、(次の歌を)お詠みになられたとかいうことだ。

なりたち 格助詞「と」+係助詞「か」+間投助詞「や」

と-がり【鳥狩り】(名)「とかり」とも。鷹を使って、鳥を狩ること。鷹狩り。[万葉] 一四・三四三八「都武賀野に鈴が音聞こゆ上志太の殿の仲子し一すらしも」[訳] 都武賀野(=地名)に鈴の音が聞こえる。上志太(=地名)の御殿の中の若様が鷹狩りをしているらしいよ。

とがり-ぐひ【尖り杭】(名)先端が細くとがっている杭。〔浮・世間胸算用〕「猫の見付けぬ守り袋、鼬の道切る(=通路をさえぎる)一」

とき【時】(名) ❶月日の移り行く間。**時間**。[万葉] 三・四六九「妹が見し屋前に花咲き一は経ぬわが泣く涙いまだ干なくに」[訳] (亡き)妻が見た前庭に花が咲いて、(はやくも)時はたってしまった。(妻を偲んで)私の泣く涙はまだ乾かないのに。[文法]「干なくに」の「なく」は、打消の助動詞「ず」のク語法で、「…ないこと」の意。

❷一昼夜を区分した時間の単位。一昼夜を二時間ずつに十二等分して一時とし、そのそれぞれに十二支を配した。また江戸時代、民間では日の出・日の入りを基準として昼夜にわけ、それぞれを六等分する実用的な時法も行われた。[竹取] かぐや姫の昇天「宵うち過ぎて、子の一ばかりに」[訳] 宵のころも過ぎて、子の時(=夜中の十二時ごろ)ほどに。⇩巻頭カラーページ25

❸**時代**。**治世**。[大鏡] 時平「醍醐の帝の御一、このおとど左大臣の位にて、年いと若くておはします」[訳] 醍醐天皇の御代、この大臣(=時平)は左大臣の位で、年もたいそうお若くていらっしゃる。

❹**季節**。時候。時節。[伊勢] 九「一知らぬ山は富士の嶺いつとてか鹿の子まだらに雪のふるらむ」[訳] →ときしらぬ… [和歌]

❺場合。おり。[大鏡] 三条院「いかなる折にか、時々は御覧ずる一もありけり」[訳] (三条院は目が不自由であったが)どういう折にか、時々はご覧になる(ことのできる)場合もあった。

❻時勢。世のなりゆき。[伊勢] 一六「世かはり一うつりにければ、世の常の人のごともあらず」[訳] 治世が変わり時勢が移ってしまったので、世間なみの人のようでもない(=落ちぶれている)。

❼**よい機会**。**好機**。[万葉] 一〇・二〇五三「天の河八十瀬霧らへり彦星の一待つ船は今し漕ぐらし」[訳] 天の河のたくさんの瀬々に霧が立ちこめている。彦星が(出かける)好機を待っている船は、いまこそ漕ぎ出すに違いない。[文法]「今し」の「し」は、強意の副助詞。

❽**そのころ**。**当時**。〔うつほ〕俊蔭「一の太政大臣、御願ありて、賀茂に詣で給ひけるを」[訳] 当時の太政大臣がご祈願なさることがあって、賀茂に参詣なさったので。

❾その場。一時。当座。[土佐]「からうたども、一につかはしき言ふ」[訳] 漢詩をいくつか、その場にふさわしいものを吟じる。

❿**勢いがあり**、**盛んな時期**。**はぶりのよいおり**。[古今] 雑下・詞書「一なりける人の、にはかに一なくなりて、嘆くを見て」[訳] 時勢にあって盛んな時期であった(=はぶりをきかせていた)人が、急に勢いがなくなって、嘆くのを見て。

とき【斎】(名)《仏教語》〔食すべき「時」の意〕❶僧の食事。正午以前にする正規の食事。[徒然] 六〇「一・非時も、人に等しく定めて食はず」[訳] (盛親僧都は)僧の正式な食事や非時の食事も、他人と同じように時刻を決めて食べず。→非時

❷仏事のとき僧に出す食事。

とき【鬨・鯨波】(名)合戦の初めに士気を高めるため、全軍であげる叫び声。ときの声。ふつうは、大将が「えい、えい」と二声言うと全軍が「おう」と合わせ、これを三度くりかえす。敵もこれに応じて叫ぶのを、「鬨を合はす」という。[平家] 四・橋合戦「一を作ること三ケ度、宮の御方にも、一の声をぞ合はせたる」[訳] (平家方では)鬨の声をあげることが三度(に及び)、(高倉)宮の御方(の軍勢)でも、鬨の声をあげて(それに)応じた。

とぎ【伽】(名) ❶話し相手になって退屈を慰めること。また、その人。〔謡・夜討曽我〕「それがしも随分お一を申したが」[訳] 私もよくお話の相手をいたしたが。

❷寝間にはべること。寝所の添い寝をすること。〔浄・義経千本桜〕「殊に枕も二つあり、定めてお一の人ならん」[訳] ことさらに枕も二つあり、きっと寝所のお相手の人であろう。

❸看病をすること。また、その人。

ときぎぬの【解き衣の】《枕詞》「とききぬの」とも。糸を解きほどいた衣類は乱れやすいことから、「乱る」にかかる。[万葉] 一一・二五〇四「一恋ひ乱れつつ」

とき-さ-く【解き放く】(他カ下二)〔け・け・く・くる・くれ・けよ〕解きほどく。解き放つ。[万葉] 三・二九七五「高麗錦紐の結びも一・け㊍ず斎ひて待てどしるし無きかも」[訳] 高麗伝来の錦の紐の結びも解き放たずに、身を清めて待つけれど、効果がないことよ。

とき-じ【時じ】(形シク)〔じから・じく(じかり)・じ・じき(じかる)・じけれ・じかれ〕《上代語》〔「じ」は形容詞をつくる接尾語で、打消の意を含む〕❶その時節にはずれている。その時期でない。[万葉] 八・一六二七「わが宿の一・じき㊍藤のめづらしく今も見てしか妹が咲容を」[訳] 私の家の(庭の)季節はずれの藤のように、めずらしく愛らしいものとして今も見たいものだ。あなたの笑顔を。(第二句までは「めづらしく」を導きだす序詞)。[文法]「てしか」は、願望の終助詞。

❷時節に関係がない。いつもある。[万葉] 三・三二一七「一・じく㊊そ雪は降りける語り継ぎ言ひ継ぎ行かむ富士の高嶺は」[訳] →あめつちの… [和歌]

ときじく【時じく】(形動ナリ)〔なら・なり(に)・なり・なる・なれ・なれ〕〔形容詞「時じ」の連用形から〕時期に関係ないさま。[万葉] 一八・四一二三「橘は花にも実にも見つれどもいや一・に㊊なほし見が欲し」[訳] 橘は花としても実としても観賞したけれど、いよいよ時期に関係なく(=いつでも)いっそう見たいものだ。

とき-し-も-あれ【時しもあれ】時はいつでもあるのに。時も時。よりによって、こんな時に。[古今] 哀傷「一秋やは人の別るべきあるを見るだに恋しきものを」[訳] 時はいつでもあるのに、(ただでさえ悲しみのつのる)秋に人が死に別れてよいものだろうか。生きて(元気で)いる人を見ていてさえ恋しいのに。

[なりたち] 名詞「時」＋強意の副助詞「し」＋係助詞「も」＋ラ変動詞「有り」の已然形「あれ」

とき-しら-ず【時知らず】季節を知らない。時節をわきまえない。[伊勢] 九「一・ぬ㊍山は富士の嶺いつとてか鹿の子まだらに雪のふるらむ」[訳] →ときしらぬ… [和歌]

ときしらぬ… 和歌

> **時知らぬ　山は富士の嶺　いつとてか**
> **鹿の子まだらに　雪のふるらむ**
> 〈伊勢・九〉〈新古今・一七・雑中・一六一六・在原業平〉

訳 季節をわきまえない山は富士の峰だ。(今が)いつ(の季節)と思って、鹿の子まだらに雪が降っているのだろうか。

解説 陰暦五月の末、夏の盛りに、雪をいただいている富士山を見て詠んだ歌。「鹿の子まだら」は、鹿の毛なみのように白い斑点のあるものをいう。

ときしり-がほ【時知り顔】(名・形動ナリ) 時期を心得ているような得意そうな顔つき。また、そのさま。源氏 薄雲「いとものすさまじき年なるを、心やりて―なる(体)もあはれにこそ」訳 たいそう荒涼とした年であるが、(草花だけは満ち足りて、時期を心得て得意そうであるのも、心が打たれる思いで(ある)。

とき-ぞ-と-も-な・し【時ぞとも無し】〔上代は「ときそともなし」〕いつという定まった時もない。いつもである。万葉 一二・三一九六「春日野の浅茅が原におくれ居て―・し(終)あが恋ふらくは」訳 春日野の丈の低い茅が生い茂った原に残されていて、(時の区別なく)いつもである、私が(あなたを)恋しく思うことは。

なりたち 名詞「時」＋係助詞「ぞ」＋格助詞「と」＋係助詞「も」＋形容詞「無し」

とき-づかさ【時司】(名)「ときつかさ」とも。陰陽寮の職員。時刻を知らせることをつかさどる。また、その役所。

とき-つ-かぜ【時つ風・時津風】(名)〔「つ」は「の」の意の上代の格助詞〕❶潮が満ちてくるときに吹く風。万葉 六・九五八「―吹くべくなりぬ香椎潟潮干の浦に玉藻刈りてな」訳 潮時の風が吹き出しそうなけはいになってきた。香椎潟の潮の引いている入り江で、玉藻を刈ってしまおうよ。❷その時にうまいぐあいに吹く風。順風。〔謡・高砂〕「四海波静かにて、国も治まる―」訳 天下泰平で、国も(めでたく)治まるその時に折よく吹く風は。

ときつかぜ【時つ風・時津風】《枕詞》「吹く」と同音を含む地名「吹飯」にかかる。万葉 一二・三二〇一「―吹飯の浜に出で居つつ」

とき-と-して【時として】〔下に打消の語を伴って〕少しの間も。ひとときも。方丈 三「心念々に動きて、―安からず」訳 (自分の)気持ちが一瞬一瞬動揺して、少しの間も安まらない。

なりたち 名詞「時」＋断定の助動詞「たり」の連用形「と」＋接続助詞「して」

とき-と-なく【時と無く】時を定めないで。いつも。間断なく。万葉 一二・三〇六〇「―思ひわたれば生けりともなし」訳 いつも恋しく思い続けていると、生きているとも思われない(＝生きた心地もしない)。

とき-なか【時中・時半】(名) 一時の半分。今の約一時間。大鏡 師輔「さて―ばかりありてぞ、御すだれあげさせ給ひて」訳 それから一時間ほどして、(師輔は)御すだれをお上げになられて。

とき-な・し【時無し】(形ク)〔から・く(かり)・し・き(かる)・けれ・かれ〕いつと決まった時がない。いつもである。絶え間がない。万葉 一・二五「み吉野の耳我の嶺に―・く(用)そ雪は降りける」訳 吉野の耳我の峰に、いつも雪は降っていた。

とき-に-あた・る【時に当たる】❶その時期にぶつかる。時に臨む。源氏 帚木「人の心の、―・り(用)て気色ばめらむ見る目の情けをば、え頼むまじく思う給へ得て侍る」訳 人の心の、その時々に応じて気どってみせるような目先だけの情愛を、あてにすることはできないだろうと思いついております。❷ふさわしい時になる。時にあう。時流にのる。〔太平記〕二七「その上今の相国は―・る(体)職に達し、世に聞こえたる才幹なり」訳 その上今の大臣は時流にのる地位に至り、世間で評判の秀才である。⇩幸ふ「慣用表現」

とき-に-あ・ふ【時に会ふ・時に合ふ・時に遇ふ】ちょうどその時期や時節にあう。また、好機にあたって栄える。時めく。枕 二六六「ある人の、いみじう―・ひ(用)たる人の婿になりて」訳 ある人が、たいそう時めき栄えている人の婿になって。⇩幸ふ「慣用表現」

とき-に-したが・ふ【時に従ふ】❶時勢に従う。世の風習に従う。源氏 少女「―・ふ(体)世人の、下には鼻まじろきをしつつ、追従し」訳 時勢に従う世間の人が、心の中では鼻をうごめかしてせせら笑いながら、(うわべでは)こびへつらい。❷その折々に応じる。更級 春秋のさだめ「―・ひ(用)見ることには、春霞おもしろく」訳 その折々の時節に応じて見る景色では、春霞が趣深く。

とき-に-つ・く【時につく】その時々に応じる。古今 雑体「年ごとに―・け(用)つつあはれてふことを言ひつつ」訳 毎年、その時々の季節に応じては、ああすばらしいということばを言っては。

とき-に-とり-て【時にとりて】❶場合によって。時によって。徒然 四一「人、木石にあらねば、―、物に感ずることなきにあらず」訳 人間は、木や石(のように心のないもの)ではないから、時によって、物事に感動することがないわけではない。❷その時に当たって。著聞 二四七「鴨のむなそりといふ秘曲をつかうまつりける、―、いみじくなん侍りける」訳 鴨のむなそりという秘曲を演奏し申しあげたのは、その時に当たって、見事でありました。

なりたち 名詞「時」＋格助詞「に」＋四段動詞「取る」の連用形「とり」＋接続助詞「て」

ときにより… 和歌

> **時により　すぐれば民の　なげきなり**
> **八大竜王　雨やめたまへ**
> 〈金槐集・雑・源実朝〉

訳 (恵みの雨も)時によって、度が過ぎると、人々の嘆きとなります。八大竜王よ、雨を(降らせるのを)やめてください。

解説 秋、洪水で人々が苦しんでいたときに詠んだ歌。竜王は雨をつかさどると信じられていた。為政者として、人民の苦しみを救いたいと願う気持ちが表れている。

とき-の-きら【時の綺羅】時勢に合って、威勢の盛んなことのたとえ。平家 一・東宮立「世のおぼえ、―、めでたかりき」[訳]（時忠の）世間の評判、時を得た繁栄ぶりは、すばらしかった。

とき-の-くひ（―クイ）【時の杭・時の杙】時の簡（＝時刻を示す札）を支える棒ぐい。[枕]二九〇「―さす音など、いみじうをかし」[訳]（殿上の間の小庭に）時の杭をさす音など（がするの）は、たいそう趣がある。→時の簡

とき-の-てうし（―チョウシ）【時の調子】雅楽で、その季節、その場に応じた基本の調子。春は双調、夏は黄鐘調、秋は平調、冬は盤渉調などと決められている。〔義経記〕「―は大事のものにて候ふに」

とき-の-ひと【時の人】❶その当時の人。[伊勢]七九「―、中将の子となむ言ひける」[訳]この者は貞数の親王で、当時の人は、中将（＝在原業平）の子だと言った。
❷時を得て栄えている人。時めく人。[枕]二四四「中将なりける人の、いみじう―にて（＝たいそう時めいている人で）」

とき-の-ふだ【時の簡】宮中で時刻を示すため、清涼殿の殿上の間の小庭に立てた札。時の杭で支え、時刻ごとに立て替えた。〔讃岐典侍日記〕「―に杙さす音す」

とき-の-ま【時の間】ほんの少しの間。[徒然]二一一「財多しとて頼むべからず。―に失ひやすし」[訳]財産が多い（から）といって（それを）あてにしてはいけない。ほんの少しの間になくしやすい（からである）。

とき-は（―ワ）【常磐・常盤】（名・形動ナリ）〔「常磐（＝永遠に変わらない大岩）」の転〕❶つねに変わらないこと。永久不変。[万葉]一一・二四四四「―・なる㊍命なれやも恋ひつつ居らむ」[訳]大岩のように永遠の命であるから恋し続けているのだろうか。
❷樹木の葉が一年じゅう緑であること。常緑。[万葉]二〇・四五〇一「八千種の花は移ろふ―・なる㊍松のさ枝をわれは結ばな」[訳]数々の（美しい）花は色があせ（て衰え）る。常緑の松の小枝を（永遠の願いをこめて）私は結ぼう。[文法]「結ばな」の「な」は、自己の意志を表す上代の終助詞。

ときは-ぎ（トキワ―）【常磐木】（名）一年じゅう緑の葉をつけている木。常緑樹。[源氏]浮舟「されたる―の影しげれり」[訳]（橘の小島には）風情のある常緑樹の姿が（こんもり）茂っている。

とき-めか・し【時めかし】（形シク）〈しから・しく（しかり）・し・しき（しかる）・しけれ・しかれ〉〔動詞「時めく」に対応する形容詞〕時勢に合って栄えている。[枕]能因本・三「さわがしう―・しき㊍所に…ことなることなき歌詠みしておこせたる」[訳]とりこんでいて栄えている（人の）所へ…（時勢にとり残された人が）何のとりえもない歌を詠んでよこしたの（は興ざめである）。

とき-めか・す【時めかす】（他サ四）〈さ・し・す・す・せ・せ〉〔「めかす」は接尾語〕時勢に合って栄えるようにする。特別にひいきにして愛する。寵愛する。[大鏡]師尹「御目のしりの少しさがり給へるが、いとどらうたくおはするを、帝いとかしこく―・さ㊌せ給ひて」[訳]（宣耀殿の女御は）御目じりが少しさがっていらっしゃるのが、さらにいっそうかわいらしくていらっしゃるのを、（村上）天皇はたいそうあつく寵愛しなされて。

とき-め・く【時めく】（自カ四）〈か・き・く・く・け・け〉〔「めく」は接尾語〕時勢に合って栄える。寵愛を受けて栄える。[源氏]桐壺「いとやむごとなき際にはあらぬが、すぐれて―・き㊊給ふありけり」[訳]たいして重々しい家柄の出ではない方で、格別に（桐壺帝の）寵愛を受けて栄えていらっしゃる方（＝桐壺の更衣）があったそうだ。[文法]「あらぬが」の「が」は、いわゆる同格の格助詞で「…で」の意。⇩源氏物語「名文解説」・幸ふ「慣用表現」

とき-もり【時守】（名）陰陽寮の職員。漏刻（＝水時計）を守って時を知らせる鐘や鼓を打ちならす役。[万葉]一一・二六四一「―が打ち鳴す鼓数み見れば時にはなりぬ逢はなくも怪し」[訳]時守が打ち鳴らす鼓の音を数えてみると、（逢うはずの）時刻にはなってしまった。（それなのにあの人に）逢わないのは（どうも）変だ。

ど-きゃう（―キョウ）【読経】（名・自サ変）声を出して経文を読むこと。[方丈]三「もし念仏ものうく、―まめならぬ時は、みづから休み、みづからおこたる」[訳]もし念仏を唱えるのがめんどうで、経文を読むことに身が入らないときは、自分から休み、自分から怠ける。

どきゃう-あらそひ（ドキョウアラソイ）【読経争ひ】（名）経文を音楽的に歌い合い、その声や節まわしの優劣を争う遊び。〔栄花〕はつはな「若君達などは、―、今様歌（＝当世風の歌謡）どもも声を合はせなどしつつ」[訳]若君たちなどは、読経比べや今様歌をあれこれ声を合わせて歌ったりしては。

とき-よ【時世】（名）❶年月。時代。[伊勢]八二「―へて久しくなりにければ、その人の名忘れにけり」[訳]年月がたって久しくなってしまったので、その人の名前は忘れてしまった。
❷時節。時世。時代の風潮。[源氏]宿木「かの君たちの程に劣るまじき際の人々も、―に従ひつつ衰へて」[訳]あの（宇治の）姫君たちの身分に劣りそうもない家柄の人々も、時世（の移り変わり）につれて落ちぶれて。

と-ぎょ【渡御】（名・自サ変）（天皇・皇后などの貴人や神輿が）お出かけになること。おでまし。〔古活字本保元物語〕「法住寺殿へ―あるに、西の門より入れ奉らんとするに」[訳]法住寺殿へ（崇徳院の）おでましがあるときに、西の門から（輿を）お入れ申しあげようとすると。

どきょう【読経】⇩どきゃう

ときわ【常磐・常盤】⇩ときは

とき-わか-ず【時分かず】季節の区別がない。いつもである。[万葉]六・九六一「湯の原に鳴く葦鶴はあがごとく妹に恋ふれや―・ず㊊鳴く」[訳]湯の原で鳴く鶴は、私のように妻を恋しく思っているからか、時を選ばず鳴いていることだ。

とき-を-うしな・ふ（―ウシナウ）【時を失ふ】時勢に合わずに落ちぶれる。[古今]仮名序「昨日は栄えおごりて、―・ひ㊊、世にわび」[訳]昨日（まで）は栄えおごって、（今日はたちまち）権勢を失い、世間で落ちぶれ。

と-きん【兜巾・頭巾】（名）修験者がかぶる小さな黒いずきん。十二因縁にちなみ十二のひだを寄せてある。〔義経記〕「古りたる―、目の際までひっこうで」[訳]古びたずきんを、目の所まで深くかぶって。[文法]「ひっこうで」は「引き込みて」の音便形。

（ときん）

とく【徳】（名）❶道徳。人の道。[徒然]一三〇「人に本意なく思はせて我が心を慰まんこと、―に背けり」[訳]

(勝負事で負かして)人に残念だと思わせて自分の心を楽しませるようなことは、人の道に反している。文法「慰まんこと」の「ん」は、仮定・婉曲の助動詞。❷生まれつきのすぐれた能力。天性。また、美点。長所。徒然 一六七「人としては善にほこらず、ものと争はざるを―とす」訳 人間としては善行を自慢せず、他人と競争しないのを長所とする。❸名望。人徳。徒然 六〇「尋常ならぬさまなれども、人にいとはれず、よろづ許されけり。―の至れりけるにや」訳 (盛親僧都のふるまいは)世間並みでないありさまであるけれども、人にいやがられず、すべて(気まま勝手)を許容された。人徳がこの上なくすぐれていたからであろうか。文法 係助詞「や」のあとに「ありけん」など、結びが省略されている。❹恩恵。めぐみ。源氏 澪標「神の御―をあはれにめでたしと思ふ」訳 (住吉の)神のおめぐみをしみじみすばらしいと思う。❺おかげ。ため。宇治 一・一八「『客人殿の御―に芋粥食ひつ』と言ひ合へり」訳 (若い男たちは)「お客様のおかげで(われわれが)芋粥を食べた」と言い合っている。❻[「得」とも書く]富。財産。宇治 八・三「毘沙門を作り奉りて持ちたる人は、必ず―つかぬはなかりけり」訳 毘沙門天(=福徳をさずける神)をお作り申しあげて持っている人は、必ず財産が身につかない者はなかった。❼[「得」とも書く]利益。もうけ。〔落窪〕「時の受領は、世に―あるものといへば」訳 はぶりのよい地方長官は、非常に利得のあるものというから。

と・く【解く】■一(他カ四){か・き・く・く・け・け}❶**結び目をほどく。**〔記〕上「大刀が緒もいまだ―・か(未)ずて」訳 大刀の下げ緒もまだ解かないで。❷(髪など)乱れもつれたものを整える。**とかす。**源氏 手習「―・き(用)果てたれば艶々と清らなり」訳 (その女=浮舟の髪を)すっかりとかしてしまうと、光沢があって美しい。❸知る。さとる。答えを出す。徒然 一〇三「近習の人ども、なぞなぞを作りて―・か(未)れける所へ」訳 近臣の人たちが、なぞなぞを作って解いていらっしゃったところへ。❹[「溶く」とも書く]固形のものを液状にする。とかす。古今 春上「袖ひちてむすびし水のこほれるを春立つけふの風や―・く(終)らむ」訳 →そでひちて…和歌

■二(自カ下二){け・け・く・くる・くれ・けよ}❶**結び目がほどける。**万葉 一二・三一四五「吾妹子し吾を偲ふらし草枕旅のまろ寝に下紐―・け(用)ぬ」訳 私のいとしい人は私を思い慕っているらしい。旅先で衣服を着たまま寝ていると、下紐が解けたことだ。(「草枕」は「旅」にかかる枕詞。人に思われると下紐が解けるという俗信があった)。文法「吾妹子し」の「し」は、強意の副助詞。❷職をはなれる。解任になる。古今 雑下・詞書「左近の将監―・け(用)て侍りける時に」訳 (小野春風が)左近の将監(の職)をはなれておりましたときに。❸心の隔てがなくなる。**うち解ける。安心する。**万葉 二・一四四「磐代の野中に立てる結び松情も―・け(未)ず古思ほゆ」訳 磐代(=地名)の野中に立っている結び松よ。(その結び目のように私の)心もわだかまりがなくならずにその昔のことが思われることだ。❹[「溶く」とも書く]固形のものが液状になる。とける。古今 春上「谷風に―・くる(体)氷のひまごとに打ち出づる波や春のはつ花」訳 谷を吹く春風によってとける氷の裂け目のそれぞれからほとばしり出てくる波が、春の最初の花なのだろうか。(「波」を「花」に見立てたもの)

と・く【説く】(他カ四){か・き・く・く・け・け}説明する。解説する。言い聞かせる。源氏 帚木「法の師の、世のことわり―・き(用)聞かせむ所のここちするも」訳 法師が、世の道理を説き聞かせるような所(=説教所)のような気持ちがするのも。

とく【疾く】(副)[形容詞「疾し」の連用形から]❶早く。すみやかに。さっそく。土佐「とまれかうまれ、―破りてむ」訳 ともかくも、(こんなもの=「土佐日記」は)早く破ってしまおう。文法「破りてむ」の「て」は、助動詞「つ」の未然形で、ここは確述の用法。❷すでに。とっくに。源氏 夕顔「ただ冷えに冷え入りて、息は―絶え果てにけり」訳 (夕顔は)ひたすらどんどん冷たくなっていって、息はとっくに絶え果ててしまっていた。

と・ぐ【遂ぐ】(他ガ下二){げ・げ・ぐ・ぐる・ぐれ・げよ}成し遂げる。(目的や希望などを)果たす。源氏 桐壺「この人の宮仕への本意、必ず―・げ(未)させ奉れ」訳 この人(=桐壺の更衣)の宮仕えの宿願を、きっと成し遂げさせてさしあげよ。

とく-い【得意】(名)❶心を解する親しい友。知己。平家 五・文覚被流「さやうの要事いふべき―も持たず」訳 そのような重要なことを言うことができる親しい知人も持っていない。❷ひいきにすること。また、その人。枕 八七「御―ななり。さらによも語らひとらじ」訳 (話によるとその人は皆さんの)ごひいきであるようだ。決してどうあっても(私が)言いくるめて横取りしたりしないつもりだ。❸自分の思いどおりになること。思いどおりで満足すること。〔鶉衣〕「生前―の句を石に彫り」

どく-ぎん【独吟】(名・他サ変)❶詩歌などを一人でうたうこと。著聞 四六四「平生の作文の席につらなり侍りしことおぼしめし出でて、―・せ(未)させ給ひける」訳 (亡き家房卿が)ふだんの漢詩文の会に列席しておりましたことを(藤原良経は)思い出しなさって、一人で声を出しておうたいになられた詩。❷連歌や連句を一人で作ること。また、その作品。

とく-こ トッ【独鈷】(名)「とこ」「とっこ」とも。仏具の名。金剛杵の一つ。鉄製または銅製で、両端が分かれないでとがっているもの。密教で、煩悩を打ち破る菩提心の表象として修法に用いる。→金剛杵

とく-ごふ ゴウ【得業】(名)《仏教語》「とくご」とも。僧の学問上の階級の一つ。奈良では三会(=興福寺の維摩会・法華会、薬師寺の最勝会)に参列して修行を終えた者。比叡山では横川の四季講と、定心房の三講の聴衆とをつとめた者。

とくさ【木賊】(名)[砥草の意]❶しだ植物の一種。茎はかたく、縦に多くのみぞがある。乾燥させて細工物を磨くのに用いる。秋 ❷「木賊色」の略。㋐黒みがかった緑色。宇治 一四・七「―の狩衣に襖袴(=指貫に似た袴)着たる(=着ている人)が」㋑襲の色目の名。表は萌黄、または黒みをおびた青で、裏は白、または表と同色ともいう。四季を通じて用いる。⇩巻頭カラーページ11

どく-し【読師】（名）「とくし」「とくじ」とも。❶《仏教語》諸国の国分寺に置かれた僧官。講師(こうじ)の下の地位。❷《仏教語》法会(ほうえ)のとき、高座にのぼり、講師と相対して経題や経文を読み上げる役の僧。〔栄花〕おむがく「仏の御前の西には、講師・ーの高座左右に立てて(=設置して)」❸詩や歌の会などで、作品を記した懐紙や短冊を整理して講師に渡し、講師が読み誤れば注意する役の人。〔正徹物語〕「ーの向座は、主位とて亭主など賞翫(しょうくわん)の人の居る座なり」訳 読師に向き合う席は、主位といって主人役の人など、重んじられる人の座る席である。

とく-しち【得失】（名）「とくしつ」に同じ。

とく-しつ【得失】（名）「とくしち」とも。❶得ることと失うこと。利害。損得。〔徒然〕一七二「分別(ふんべつ)みだりに起こりて、ーやむ時なし」訳 思慮分別(の心)がむやみに起こって、損得を思う心の絶える時がない。❷成功と失敗。当たりはずれ。〔徒然〕九二「毎度ただーなく、この一矢(ひとや)に定むべしと思へ」訳 (弓を射る)そのたびごとに、ただ(矢の)当たりはずれ(を考えること)なく、この一本の矢で決着をつけようと思え。❸長所と短所。〔沙石集〕「人をもて鏡としては、ーを知り」訳 他人をもって(自分を省みる)鏡としては、(自分の)長所と短所を知り。

どく-じゅ【読誦】（名・他サ変）〔「読」は文字を読む、「誦」は声に出して唱える意〕声を出して経文を読むこと。読経。〔徒然〕六九「書写の上人(しゃうにん)は、法華(ほけ)ーの功つもりて」訳 書写山円教寺の(性空(しゃうくう))上人は、法華経読経の功徳(くどく)が積み重なって。

とく-せん【得選】（名）〔宮中に仕える采女(うねめ)の中から選ばれたものの意〕御厨子所(みづしどころ)に仕え、食膳などの雑用をした女官。

とく-つ-く【得付く・徳付く】（自カ四）(か・き・く・く・け・け)裕福になる。〔宇治〕六・四「いとよくーき(用)て、司(つかさ)などなりて、たのしくてぞありける」訳 (双六(すごろく)に勝った侍は)たいそうよく裕福になって、官職などについて、豊かに暮らしていた。

とく-ど【得度】（名・自サ変）《仏教語》〔「度」を得る意。「度」は生死の苦海を渡って悟りの境地に達すること〕❶迷いを脱して悟りを得ること。また、そのために出家して修行すること。〔今昔〕二・三「衆生(しゅじゃう)のーす(終)べき者を見て、たやすくーせ(未)しめ給ふ」訳 (舎利弗(しゃりほつ)尊者は)衆生の中に悟りを得そうな者を見きわめて、容易に出家・修行をさせなさる。❷剃髪(ていはつ)して出家すること。古くは、国家の許可を得て、俗人が僧や尼になること。〔霊異記〕「ーし(用)出家せしめ」訳 (寺僧たちは、その在家の信者に)僧になる許可を得させ出家させ。文法「得度し」は対偶中止法で、下の使役が及ぶ。

とく-とく【疾く疾く】（副）〔副詞「疾(と)く」を重ねた語〕すぐに。さっさと。急いで。〔十訓〕六「いまだ遠くはよも行かじ。ーもておはして、取らせ給へ」訳 まだ遠くへはまさか行かないだろう。急いで持っていらっしゃって、(強盗に)お渡しなさい。

とく-にん【徳人】（名）「とくじん」とも。金持ち。富豪。〔徒然〕九八「ーは貧になり、能ある人は無能になるべきなり」訳 金持ちは貧乏(な人の立場)に立ち返り、才能のある人は無能(な人の立場)に立ち返らなくてはならないのである。

とく-ぶん【得分・徳分】（名）取り高。収益。分け前。〔義経記〕「ー少なくて不足なりと」

とく-ほふ【得法】ホウ（名・自サ変）❶《仏教語》悟りをひらくこと。仏法を得ること。❷芸能の奥義を会得(えとく)すること。〔風姿花伝〕「たとひ天下に許され、能にーし(用)たりとも」訳 たとえ世間から名人と認められ、能の奥義を会得したとしても。

と-ぐら【鳥座・塒】（名）鳥の巣。鳥小屋。〔万葉〕二・一八二「ー立て(=鳥小屋を作り)飼ひし雁(かり)の子」

とげ-な-し（形ク）(から・く(かり)・し・き(かる)・けれ・かれ)〔「利(と)げ無し」の意か〕しっかりしたところがない。気がきかない。一説に、「遂(と)げなし」で、物事を果たさない意とも。〔竹取〕火鼠の皮衣「これを聞きてぞ、ーき(体)ものをばあへなしと言ひける」訳 これを聞いて、しっかりしたところがないことを「あえなし(=期待はずれであっけない。あべの大臣の逸話から、「あべ無し」を掛けた洒落(しゃれ))」と言った。

とこ-【常】（接頭）(名詞・形容詞に付いて)「不変」「永遠」の意を表す。「ー世」「ー少女(をとめ)」「ーなつかし」

とこ【床】（名）❶寝床。〔記〕中「少女(をとめ)のーの辺(べ)にわが置きし剣(つるぎ)の大刀(たち)その大刀はや」訳 →をとめの… 歌謡 ❷牛車(ぎっしゃ)の、人が乗る部分。車箱(くるまばこ)。〔栄花〕みねの月「御車のーかきおろしておはしまさせ給ふ」訳 (娍子(せいし)皇后のご遺骸を納めた)御牛車の車箱をかつぎおろして(西の院に)安置申しあげなさる。❸「床の間」の略。客間などで、床を一段高くしたところ。〔浄・心中宵庚申〕「ーに掛け物、台子(だいす)のほこり掃(は)いつ拭(のご)うつ」訳 床の間に掛け軸、茶の台子(=茶の湯に使う移動式の棚)のほこりを払うやらふきとるやら。❹涼み床。夕涼みのため川の上に設けた桟敷(さじき)。

と-こ【独鈷】（名）「とくこ」に同じ。

と-ごころ【利心】（名）しっかりした心。さとい心。〔万葉〕一二・二八九四「あが胸は破(わ)れてくだけてーもなし」訳 私の胸は破れて砕けて、しっかりした心もない。

とこしく-に【常しくに】（副）いつまでも変わりなく。永遠に。〔万葉〕七・一一三三「いやーわれかへり見む」訳 いよいよいつまでも変わりなく、私はこの吉野(よしの)の地に帰って見よう。

とこし-なへナエ**【常しなへ・長しなへ】**（形動ナリ）(なら・なり(に)・なり・なる・なれ・なれ)長く続くさま。いつまでも変わらないさま。永久。「常(とこ)しへ」とも。〔平家〕七・返牒「四海ーに(用)その安全(あんせん)を得ず」訳 国内はいつまでもその平静な状態になれない。

とこし-へエ**【常しへ・長しへ】**（形動ナリ）(なら・なり(に)・なり・なる・なれ・なれ)「とこしなへ」に同じ。〔万葉〕九・一六八二「ーに(用)夏冬行けや皮衣(かはごろも)扇(あふぎ)放たぬ山に住む人」訳 (いや、そんなこともなかろうに、)いつまでも夏と冬が同時に経過するからというのだろうか(冬の)皮衣と(夏の)扇とを放さない、(この)山に住む仙人は。文法「や」は、反語の係助詞。

と-こそ ❶(文中に用いて)「と」の受ける内容を強める。〔古今〕恋五「思ふとも離(か)れなむ人をいかがせむあかず散りぬる花―見め」訳いくら恋しく思っても、(私から)離れていくような人をどうしようか(いや、どうしようもない)。見あきないうちに散ってしまった花と思うことにしよう。

❷(文末に用いて)命令形を受けて命令の意を強める。…というのに。〔謡・安宅〕「いかに、これなる強力止まれ―」訳おい、そこの強力、止まれというのに。

なりたち 格助詞「と」＋係助詞「こそ」

とこ-つ-みかど【常つ御門】(名)〔「つ」は「の」の意の上代の格助詞〕「とこみや」に同じ。万葉 二・一七四「よそに見し檀の岡も君ませば―と宿直するかも」訳無関係だと思っていた真弓の岡も、主君が(葬られて)おいでになるから永遠の御所として警備することよ。

とこ-なつ【常夏】(名)❶(花の盛りが春から秋にいたることから)なでしこの異称。夏

❷襲の色目の名。表は紅、裏は薄紫。

とこ-なつか-し【常懐かし】(形シク){しから・しく(しかり)・し・しき(しかる)・しけれ・しかれ}いつまでも変わらず心ひかれる。常に慕わしい。源氏 常夏「撫子の―・しき体色を見ば」訳なでしこの常に慕わしいようすを見るなら。(「とこなつかしき」に「常夏(=なでしこの異称)」をかける)

とこ-なめ【常滑】(名)川の中で水苔がついてなめらかな石。また、その水苔のことをもいう。多く、永久であることにかけていう。万葉 一・三七「見れど飽かぬ吉野の川の―の絶ゆることなくまた還り見む」訳いくら見ても見飽きない吉野川のとこなめのように、絶えることなくまた(この吉野の宮に)くり返し来てはながめよう。(第三句までは「絶ゆることなく」を導きだす序詞)

とこ-は【常葉】(名)冬でも枯れない常緑の木の葉。万葉 六・一〇〇九「橘は実さへ花さへその葉さへ枝に霜置けどいや―の樹」訳橘は、実までも花までも、その葉までも、枝に霜が置いてもますます常緑の木である(=ますます栄えるめでたい木である)。

とこ-はな【常花】(名)いつまでも咲き続けている花。万葉 一七・三九〇九「橘は―にもが」訳橘はいつまでも咲いている花であってほしいものだ。

とこ-はな-る【床離る】夫婦が寝床を共にしなくなる。夫婦別れする。伊勢 一六「年ごろあひ馴れたる妻、やうやう―・れ用て」訳長年夫婦として互いに親しんできた妻が、しだいに寝床を共にしなくなって。

とこ-ふ-る【床旧る】夫婦として長く共に生活する。長く連れ添う。〔拾遺〕哀傷「年経れどいかなる人か―・り用てあひ思ふ人に別れざるらむ」訳(ともに過ごして)長い年月が経っても、いったいどのような人が長く連れ添って、愛しあう人に死別しないことがあるだろうか(いや、だれもが別れることになる)。

とこ-みや【常宮】(名)永久に変わらずに栄えている宮殿。常つ御門。万葉 六・九一七「やすみしわご大君の―と仕へまつれる雑賀野ゆ」訳わが大君(=天皇)の永遠の御所としてご奉仕申しあげている雑賀野の宮から。(「やすみしし」は「わご大君」にかかる枕詞)

とこ-やみ【常闇】(名)永久に暗闇であること。常夜。万葉 二・一九九「天雲を日の目も見せず―に覆ひ給ひて」訳天の雲でもって日の光も見せず、(世界を)永遠の暗闇のようにおおい隠しなさって。

とこ-よ【常世】(名)❶(多く「常世に」の形で、副詞的に用いて)永久に変わらないこと。万葉 三・四四六「吾妹子が見し鞆の浦のむろの木は―にあれど見し人ぞなき」訳いとしいわが妻が見た鞆の浦のむろの木(=寿命をつかさどる神木)は今もそのまま変わらずにあるが、これを見た人(=妻)は(今は)いない。

❷「常世の国」の略。源氏 須磨「心から―を捨てて鳴く雁を雲のよそにも思ひけるかな」訳→こころから…和歌

とこ-よ【常夜】(名)昼がなく夜ばかりであること。永久に夜であること。常闇。〔記〕上「葦原の中つ国ことごとに闇し。これによりて―往きき」訳葦原の中つ国(=日本国)はすっかり暗くなった。このために昼がなく夜ばかりの時が経過した。

とこよいでて… 和歌

> 常世出でて　旅の空なる　雁がねも
> つらにおくれぬ　ほどぞ慰む
> 〈源氏・須磨〉

訳常世の国を出て旅の空にいる雁も、仲間に遅れないでいる間は、(心が)慰められるのである。

解説「常世」は不老不死の仙境で、雁はそこに住む鳥と考えられていた。光源氏のお供をして須磨にやって来た一行の中の一人の歌。第三句まで、都を後にして須磨に退居した自分たちの境遇への不安の投影がある。「つら」は「連」で仲間の意。

とこよ-の-くに【常世の国】❶海のはるかかなたにあると考えられた国。異郷。〔記〕上「少名毘古那神は―に度りましき」訳少名毘古那神は海のはるかかなたの国にお渡りになった。

❷不老不死の国。

とこよ-へ【常世辺】(名)「とこよべ」とも。常世の国のある方角。常世の国のあたり。万葉 九・一七四〇「―にまた帰り来て今のごと逢はむとならば」訳常世の国のあたりにまた帰って来て、今のように会おうと思うならば。

とこよ-もの【常世物】(名)(常世の国から田道間守が持ち帰ったと伝えられるところから)橘の異称。万葉 一八・四〇六三「―この橘のいや照りに」訳常世の国から渡ってきたという橘、この橘の実がますます照り輝くように。

-ところ【所・処】(接尾)身分の高い人を数えるのに用いる語。方。源氏 桐壺「女御子たち二―、この御腹におはしませど」訳皇女たちおふたかたが、この(弘徽殿の女御の)お産みになった子でいらっしゃるが。

ところ【所・処】(名)

❶場所。地点。また、土地。区域。土佐「舟に乗るべき―へ渡る」訳舟に乗ることになっている場所へ移動する。

❷**その土地。その地方。**〔狂・通円〕「―の人に尋ねばやと存ずる」訳その土地の人に尋ねたいと存じます。

❸その家。その邸。枕 三「―につけて、われはと思ひたる女房の、のぞきけしきばみ」訳(それぞれ)その家ごとに、自分こそは(うまくやろう)と思っている女房が、物陰からのぞき、意気込んで。

❹点。箇所。こと。方丈 二「時を失ひ世に余されて期する―なきものは、愁へながら止まり居り」訳出世の

機会を失い、世に取り残されて、前途に期待することのない者は、悲しみながらも(旧都に)残っている。❺**地位。位置。**〔源氏〕若紫「京にてこそ―得ぬやうなりけれ」〔訳〕(明石の入道は)京では(よい)地位をしめないようであったが。❻場合。時。際。〔枕〕二五「待つ人ある―に、夜すこしふけて、忍びやかに門たたけば」〔訳〕待つ人があるときに、夜が少し更けてから、ひそやかに門をたたく(音がする)ので。❼(特に**蔵人所**・武者所など)**役所**をさしていう。〔平家〕四・信連「先年―にありし時も、大番衆がとどめかねたりし強盗六人、ただ一人おっかかって、四人きりふせ」〔訳〕先年、(院の)武者所にいたときも、大番衆が押さえられなかった強盗六人を、ただ一人で追いかけて、四人を切り倒し。❽(下に「の」を伴って)連体修飾であることを示す。漢文の訓読から発生したい方。〔徒然〕一六二「殺す―の鳥を首に掛けさせて」〔訳〕殺した鳥を(法師の)首に掛けさせて。

ところ【野老】(名)つる草の名。山野に自生し、根茎は食用。新年の飾り物にする。〔春〕。(野老飾る〔春〕)

ところ-あらはし【所顕し】(名)〔男が、通う女の家をあきらかにする意〕平安時代、結婚したことを披露すること。ふつう、結婚後三日目の夜に、新婦の家で宴を開き、婿と舅たちが対面した。〔栄花〕ゆふしで「四、五日ありて(=経って)ぞ御―ありける」

発展 平安貴族の結婚

平安時代の貴族の結婚は、男性が、結婚後も自分の家から妻の家に出かけて行く「通い婚」が一般的であった。婚姻三日目まで、夫は夜になってから新婦の家を訪ねる。その間、新郎のはいてきた沓を新婦の両親が抱いて寝る「沓を抱く」という風習があった。婿の足がとどまるようにとの願いをこめたものといわれる。三日目の夜にいよいよ披露の宴が行われ、これが「所顕し」である。

ところ-う【所得】(他ア下二){え・え・う・うる・うれ・えよ}よい地位をしめる。また、よい地位をしめて、威をふるう。得意になる。〔徒然〕二三三「馴れたるさまに上手めき、―・え㊊たる気色して」〔訳〕物慣れたようすで上手ぶり、得意になっている態度をして。⇩幸ふ「慣用表現」

ところえ-がほ【所得顔】(名・形動ナリ)よい場所・位置を得て満足そうなさま。得意顔。わがもの顔。〔徒然〕二三五「狐・ふくろふやうのものも、人げに塞かれねば、―・に㊊入りすみ」〔訳〕(住む人のいない家には)狐やふくろうのようなものも、人の気配に妨げられないから、よい場所を得たとばかりに入りこんで住み。

ところ-お・く【所置く】(自カ四){か・き・く・く・け・け}〔場所をあけておく意〕控えめにする。遠慮する。〔大鏡〕道長下「公忠が少し控へつつ、―・き㊊申ししを」〔訳〕(随身の)公忠が少し(馬の手綱を)控え控えして、遠慮し申しあげたのを。

ところ-から【所柄】(名)「ところがら」とも。場所がら。〔源氏〕夕霧「折から―にや、いと堪へがたきほどの物悲しさなり」〔訳〕時節がら、(小野という)場所がらであろうか、たいそう堪えがたいほどのもの悲しさである。

ところ-さ・る【所去る】(他ラ四){ら・り・る・る・れ・れ}場所をゆずる。避けて他に移る。〔源氏〕葵「ここにやは立たせ給はぬ。―・り㊊聞こえむ」〔訳〕ここに(牛車を)お止めにならないか。場所をおゆずり申しあげよう。

ところせ-が・る【所狭がる】(自ラ四){ら・り・る・る・れ・れ}〔形容詞「ところせし」の語幹に接尾語「がる」の付いたもの〕窮屈がる。やっかいに思う。〔大和〕一五六「これをなほこの嫁―・り㊊て」〔訳〕これ(=年老いた伯母)をやはりこの嫁はやっかいに思って。

ところせき-な・し【所狭きなし】(形ク){から・く(かり)・し・き(かる)・けれ・かれ}〔「なし」は程度を強調する接尾語〕いっぱいつまっていて、すきまがないさま。はなはだ狭い。〔浮・本朝二十不孝〕「金比羅の祭りに余多の見物、讃岐円座の―・く㊊」〔訳〕(讃岐の)金比羅の祭りに大勢の見物人、讃岐円座(=藁を編んだ円い敷物)がすきまなく(敷き並べられ)。

ところせ-げ【所狭げ】(形動ナリ){なら・なり(に)・なり・なる・なれ・なれ}〔形容詞「ところせし」の語幹に接尾語「げ」の付いたもの〕いかにも狭そうだ。窮屈そうだ。見るからにいっぱいである。〔狭衣物語〕「いづくをかぎりに生ひゆかむと、―・なる㊍ものから」〔訳〕(この髪は)どこを限度として長く伸びてゆくのだろうと、すきまもないほどいっぱいであるけれども。

ところ-せ・し【所狭し】(形ク){から・く(かり)・し・き(かる)・けれ・かれ}

語義パネル

●重点義 **場所が狭い。狭苦しい感じ。**

場所が狭い意の①が原義。狭苦しく感じられるということから、②④⑤の意が生じ、狭苦しく感じられるほどに物が多く、手にあまるということから、③の意が生じる。

❶**場所が狭い。**(置き所に困るほど)**いっぱいだ。**
❷(心理的に)**窮屈だ。気づまりだ。**
❸やっかいだ。めんどうだ。扱いにくい。
❹あたり狭しと振る舞っている。**堂々としている。重々しい。**
❺**ぎょうぎょうしい。おおげさだ。**

❶**場所が狭い。**(置き所に困るほど)**いっぱいだ。**〔更級〕子忍びの森「わが身一つならば安らかならましを、―・う㊊(ウ音便)引き具して」〔訳〕もしも自分のからだ一つであるならば気楽であろうけれども、(家族を)大勢引き連れて。〔文法〕「ば…まし」は、反実仮想で「もし…ならば…だろうに」の意。❷(心理的に)**窮屈だ。気づまりだ。**〔源氏〕若紫「かかるありさまもならひ給はず、―・き㊍御身にて、めづらしうおぼされけり」〔訳〕(光源氏は)このようなふるまい(=山里歩き)もお慣れにならず、(また勝手に出歩くことのできない)窮屈なご身分なので、(北山の景色を)珍しくお思いになられた。❸やっかいだ。めんどうだ。扱いにくい。〔枕〕一九八「この生絹だにいと―・く㊊暑かはしく、とり捨てまほしかりしに」〔訳〕(夏の盛りは)この生絹(=生の絹糸で織った衣服)だってたいそう扱いにくく暑苦しく、脱ぎ捨てたかった

のに。

❹あたり狭しと振る舞っている。**堂々としている。重々しい。** 徒然 二「万にきよらを尽くしていみじと思ひ、―・き(体)さましたる人こそ、うたて、思ふところなく見ゆれ」訳 何ごとにも華美をきわめて(それを)りっぱだと思い、あたり狭しと偉そうに振る舞うようすをしている人は、たまらなく、無分別に見える。

❺**ぎょうぎょうしい。おおげさだ。** 堤 はいずみ「ただ近き所なれば、車は―・し(終)」訳 ほんの近い所だから、牛車ではぎょうぎょうしい。

ところ-たがへ【所違へ】(名)(行き先など)場所をまちがえること。枕 二七七「―などならば、おのづからまた言ひに来なむ」訳 もしも場所違いなどであるならば、何もしなくてももう一度きっと言いに来るだろう。

ところ-どころ【所所・処処】(名)❶あちらこちら。また、別々の場所。平家 九・木曽最期「―で討たれんよりも、一所でこそ討ち死にをもせめ」訳 別々の所で討たれるよりも、(おまえと)同じ所で討ち死にをもしよう。
❷「人々」の敬称。かたがた。源氏 須磨「―眺め給ふらむかしと、思ひやり給ふにつけても」訳 (私=光源氏が愛した)かたがたが(この月を今ごろ)眺めていらっしゃるだろうよと、思いをはせなさるにつけても。

ところ-に-つ-く【所に付く】その場に似つかわしくする。源氏 若紫「―・け(用)たる御贈り物ども捧げ奉り給ふ」訳 (僧都は山寺という)土地柄にふさわしくしたお贈り物を数々(光源氏に)献上し申しあげなさる。

ところ-を-さ-る【所を去る】「ところさる」に同じ。徒然 四一「『ここへ入らせ給へ』とて、―・り(用)て、呼び入れ侍りにき」訳 (前にいる人たちは「ここへお入りなさい」と言って、場所をあけて、(私を)呼び入れました。

とこ-をとめ【常少女】(名)永遠に若く美しい女。万葉 一・二二「常にもがもな―にて」訳 いつまでもあってほしいものだ、永遠のおとめで。

土佐(とさ)『地名』旧国名。南海道六か国の一つ。今の高知県。土州。

ど-ざ【土座】(名)土間。細道 飯坂「―に筵を敷きてあやしき(=みすぼらしい)貧家なり」

と-ざし【鎖し・扃し】(名)❶門戸を閉ざすこと。また、錠や掛け金などの門戸をさし固める道具。雨月 浅茅が宿「丈夫さへ許さざる関の―を、いかで女の越ゆべき道もあらじ」訳 男でさえ(通るのを)許可しない関所の守りを、どうして女(の私)が越えられる術(があろう)。そんな方法もないだろう。
❷門。平家 一一・先帝身投「門をば不老と号して、老いせぬ―と説きたれども」訳 (御殿の)門を不老門と名づけて、老いることのない門と説明したけれども。

土佐日記(とさにっき)『作品名』〔「土左日記」とも書く〕平安前期の日記。紀貫之作。承平五年(九三五)ごろ成立。土佐の守の任期を終えて、承平四年(九三四)十二月土佐を出発し、翌五年二月に帰京するまでを女性に仮託して仮名文で記した旅日記。軽妙・簡潔な文章が特徴。最初の仮名書きの日記で、日記文学の祖。⇩付録「古典文学参考図」

冒頭文 男もすなる日記といふものを、女もしてみむとてするなり。それの年の、十二月の二十日あまり一日の日の戌のときに門出す。そのよし、いささかにものに書きつく。訳 男も書くと聞いている日記というものを、(私のような)女も書いてみようと思ってしたためるのである。某年の陰暦十二月の二十一日の日の戌の時(=午後八時ごろ)に出発する。その(旅の)次第を、少し紙に書きつける。

名文解説 日記文学は、本来男性が漢文で書くものであった日記を模倣するところから始まった。女性の文字とされていた平仮名で日記を書くにあたっては、まず女を装うことが必要だったのである。日記文学の始発を告げる名文。

と-ざま【外様・外方】(名)❶外のほう。よそのほう。源氏 夢浮橋「せめられて、少し―に向きて見給へば」訳 (妹尼に)責められて、(浮舟が)少し外のほうに向いて(使いの童を)ご覧になると。
❷鎌倉幕府以降、将軍の一族や譜代でない大名や武士。
❸表だった所。表向き。公の場。世間。〔うつほ〕国譲上「―に交じらひても恥なかりしは」訳 公の場で交際しても恥ずかしくなかった者(=仲澄)は。

とざま-かうざま(副)「とさまかくさま」とも。あれやこれや。ああしたりこうしたり。源氏 夕顔「―につけて、育くまむに咎あるまじきを」訳 あれやこれやにつけて、(夕顔の子を、私=光源氏が)育ててもその場合に(私には)不都合あるまいから。

とさ-をどり【土佐踊り】(名)土佐(高知県)の念仏踊り。鉦をたたき念仏を唱えて踊る。〔浮・世間胸算用〕「白紙人形に―させなど」訳 白い紙の人形に、土佐の念仏踊りをさせるなど。

と-さん【土産】(名)「どさん」とも。その土地の産物。転じて、みやげ。平家 五・文覚被流「―・粮料ごときの物をも乞ひ給へかし」訳 みやげや食糧のような物をもお頼みなさいよ。

とし

とし【年・歳】(名)❶一年。十二か月。万葉 二〇・四五一六「新たしき―の始めの初春の今日降る雪のいやしけ吉事」訳 →あらたしき…和歌
❷多くの歳月。世。古今 春上「―経れば齢は老いぬしかはあれど花をし見ればもの思ひもなし」訳 →としふれば…和歌
❸**季節。時候。**〔うつほ〕春日詣「今年はあやしく―急ぎて、遅き花疾く咲き」訳 今年は不思議に(春の)季節が早く来て、(咲くのが)遅い花も早く咲き。
❹年齢。よわい。源氏 帚木「父の―老いものむつかしげにふとり過ぎ」訳 父親が年をとり、なんとなくむさくるしい感じに太り過ぎ。
❺**穀物。**特に、**稲**。また、**穀物の実り**。万葉 一八・四一二四「わが欲りし雨は降り来ぬかくしあらば言挙げせずとも―は栄えむ」訳 私が願い望んだ雨は降って来た。このようであるなら、ことばに出しての言い立てをしなくても、稲の実りは豊かであろう。文法「かくしあらば」の「し」は、強意の副助詞。

と-し【利し・鋭し】(形ク)(から・く(かり)・し・き(かる)・けれ・かれ)鋭利である。鋭い。万葉 一一・二四九八「剣刀諸刃の―・き(体)に足踏みて死なば死なむよ君に依りては」訳 剣太刀の諸刃の鋭いのに足を踏みつけて、死ぬなら死のうよ、あなたのためなら。

と・し【疾し】(形ク)〔から・く(かり)・し・き(かる)・けれ・かれ〕❶(時期が)早い。大鏡 道長上「さるべき人は、ー・う用(ウ音便)より御心魂のたけく、御まもりもこはきなめりとおぼえ侍るは」訳 そうなる(=後年偉くなる)はずの人は、早く(=若いころ)からご胆力が強く、神仏のご加護もしっかりしているものであるようだと思われますよ。文法 文末の「は」は、詠嘆の終助詞。名文解説 藤原道長の豪胆さを語るに先立って、歴史の語り手である大宅世継(おおやけのよつぎ)はこのように述べる。栄華を手にする者の条件として、「心魂」の強さを何よりも重んじる「大鏡」は、「心魂」の強い者こそが神仏の加護にも恵まれるのだ、と説くのである。
❷(速度が)速い。土佐「船ー・く用こげ。日のよきに」訳 船を速くこげ。天気がいいから。

語の広がり「疾(と)し」
「ずっと以前」の意で「とっくの昔」などと使われる「とっく」は、「疾し」の連用形「とく」の促音化したもの。

と・し【敏し】(形ク)〔から・く(かり)・し・き(かる)・けれ・かれ〕❶すばしこい。機敏である。〔紀〕履中「人となり力強(こは)くして軽くー・し終」訳 生まれつき力が強くて、(身が軽く)機敏だ。❷鋭敏である。枕 二七五「大蔵卿(おほくらきやう)ばかり耳ー・き体人はなし」訳 大蔵卿ほど耳の鋭い人はいない。

と・じ【刀自】(名)〔「戸主(とぬし)」(=家の入り口を支配する者の意)の転〕❶「とうじ」とも。家事をつかさどる女性。主婦。万葉 四・七七三「あが児(こ)のーをぬばたまの夜昼といはず思ふにしあが身はやせぬ」訳 わが娘で主婦である子を、夜昼の区別なく思うにつけ、わが身はやせてしまった。(「ぬばたまの」は「夜」にかかる枕詞)❷女性の敬称。特に、老女や身分の高い女性に用いる。平家 一・祇王「母ーこれを聞くにかなしくて」訳 母君はこれ(=祇王(ぎおう)と祇女(ぎによ)の姉妹が身を投げようと言っていること)を聞くと悲しくて。❸宮中の台盤所(だいばんどころ)(=女房の詰め所)・内侍所(ないしどころ)(=神鏡を安置する所)・御厨子所(みづしどころ)(=食事を調理する所)などで雑役をつとめる女官。

どし・いくさ【同士軍】(名)仲間どうしの争い。同士(どうし)討ち。平家 一一・逆櫓「判官(はうぐわん)と梶原(かぢはら)と、すでにーあるべしとざざめきあへり」訳 判官(=源義経(よしつね))と梶原(景時(かげとき))と、いよいよ同士討ちがあるにちがいないとがやがや言い合っている。

とし・かへ・る(カエル)【年返る】新年になる。年が改まる。春。万葉 一七・三九七九「あらたまのー・る体まで相見ねば心もしのに思ほゆるかも」訳 年が変わるまで会わないので、心もうちしおれて(妻が)恋しく思われることよ。(「あらたまの」は「年」にかかる枕詞)

と・じき【屯食】(名)「とんじき」に同じ。

と・じきみ(名)❶【戸閾】門の柱と柱の間に敷いてある横木。しきみ。しきい。枕 三「中の御門(みかど)のーひきすぐるほど」訳 中の御門(=待賢門(たいけんもん))のしきいの上を(牛車(ぎっしゃ)を)引いて通り過ぎるとき。❷【軾】牛車の前後の口に張り渡した低い仕切りの横木。枕 三〇二「指貫(さしぬき)の片つ方はーのもとにふみ出(い)だしたるなど」訳 指貫の片方はとじきみのところに踏み出しているのなどは。

とし・ぎり【年切り】(名)「としぎれ」とも。年によって樹木が実を結ばないこと。物事のとだえることにたとえる。大和 一二〇「いかでかくーもせぬ種(たね)もがなあれゆく庭のかげとたのまむ」訳 なんとかしてこのように年によって実を結ばないこともない(花の)種がほしい。荒れてゆく(我が家の)庭の花陰として頼みにしよう。

としごひ・の・まつり(トシゴイー)【祈年祭】毎年陰暦二月四日、神祇官(じんぎかん)や国司の役所で、伊勢(いせ)神宮以下諸社諸神を祭る行事。国家の安全や天皇の長寿、また、五穀の豊作を祈った。「祈年祭(きねんさい)」とも。

とし・ごろ【年頃】(名)〔古くは「としころ」とも〕長年。長年の間。この何年もの間。数年来。伊勢 二三「さてーふるほどに、女、親なくたよりなくなるままに」訳 それから数年経(た)つうちに、女は親が亡くなり(生活の)よるべがなくなるにつれて。

とし・たか・し【年高し】年をとっている。高齢である。古今 雑体「身はいやしくてー・き体ことのくるしさ」訳 身分が低くて年齢(だけ)が高くなっていることのつらさよ。

とし・た・く【年長く】年をとる。高齢となる。著聞 二七二「元政(もとまさ)ー・け用て、いのち今日(けふ)明日(あす)とも知らず」訳 (私)元政は年をとって、命が今日(終わる)とも、明日(果てる)ともわからない。

としたけて… 和歌

年たけて また越(こ)ゆべしと 思(おも)ひきや
命(いのち)なりけり さ夜(や)の中山(なかやま)
〈新古今・一〇・羇旅(きりよ)・九八七・西行〉

訳 年老いて、再び越えられるだろうと思ってもみただろうか(いや、思いもかけなかった)。命があったからなのだなあ。小夜の中山よ。文法「思ひきや」の「や」は、反語の係助詞。「命なりけり」の強い詠嘆と呼応して深い感慨を表出している。修辞「小夜の中山」は、今の静岡県掛川市の東部にある歌枕で、東海道の難所。「さよの中山」ともいう。
解説 六十九歳で、二度目の陸奥(むつ)旅行をしたときの歌。かつて若いころにこの小夜の中山峠を越えたことを思い、また、自分が長生きしたことへの感慨を詠んだ。

とし・た・つ【年立つ】年が改まる。新年になる。春。〔貫之集〕「ー・て已ば花こふべくもあらなくに春今さらに雪の降るらむ」訳 新年になると、すぐ花(が咲くの)を望むはずもないのに、どうして春となった今あらためて(まるで花のように)雪が降るのだろう。

としだま・がね【年玉銀】(名)新年を祝って贈る金銭。〔浮・世間胸算用〕「去年の元日に堺(さかひ)の妹(いもと)が礼(=挨拶)に参って、ー一包みくれしを(=くれたので)」

とし・つき【年月】(名)❶年と月。月日。時間。万葉 一〇・一八八四「冬過ぎて春し来(きた)ればーは新(あら)たなれども人は旧(ふ)りゆく」訳 冬が過ぎて春がやって来ると、年や月は新しいけれども、人は(しだいに)年老いていく。❷長い歳月。年来。源氏 行幸「ーの臈(らふ)になりのぼるたぐひあれど」訳 長年の功労で昇進する例があるが。

と・して ❶(身分・資格などを表す)…であって。…として。徒然 二一四「晋(しん)の王倹(わうけん)、大臣ー、家に蓮(はちす)を植ゑて愛せし時の楽なり」訳 (想夫恋(さうふれん)は)晋の王倹が大臣(の地位)にあって、家に蓮(はす)を植えて愛玩した時の楽曲である。
❷(下に打消の語を伴って、例外なくの意を表す)…も。…だって。…として。〔平家〕五・朝敵揃「されども一人(いちにん)—、素懐(そくわい)をとぐる者なし」〔訳〕しかし、ひとりとして、本望をとげる者はいない。
〔なりたち〕断定の助動詞「たり」の連用形「と」＋接続助詞「して」

とし-なみ【年並み・年次】(名)❶年ごと。毎年。〔新続古今〕神祇「八百万(やほよろづ)そこらの神の—に夜昼守る君が御代(みよ)かな」〔訳〕きわめてたくさんの神々が、毎年夜も昼も守る天皇の御治世であるよ。
❷年数。年齢。和歌では「なみ」に「波」をかけていう場合が多い。

としのうちに…〔和歌〕

> 年の内に 春(はる)は来(き)にけり 一年(ひととせ)を
> 去年(こぞ)とやいはむ 今年(ことし)とやいはむ
> 〈古今・一・春上・一・在原元方(ありはらのもとかた)〉

〔訳〕旧年のうちに春は来てしまったのだなあ。同じこの一年を、去年と言おうか、今年と言おうか。
〔解説〕年内の立春を詠んだ歌。陰暦では新年と立春とはほぼ一致するが、旧年中に立春になることもしばしばあり、珍しいことではなかった。しかし立春すなわち新年という考え方からすれば、立春になった以上、過ぎ去った一年を去年と呼べばいいのか、それとも正月までは今年と呼べばいいのかということになる。なお、「一年(ひととせ)」には「立春の今日から残りの期間」、「立春以前、昨日までの期間」、「立春の今日現在」などいろいろな解釈がある。

とし-の-こひ(コイ)【年の恋】一年間にわたる恋。〔万葉〕一〇・二〇三七「—今夜(こよひ)尽くして」〔訳〕一年間にわたる恋心を七夕の今夜晴らして。

とし-の-は【年の端】毎年。年ごと。〔万葉〕五・八三三「—に春の来(きた)らばかくしこそ梅をかざして楽しく飲まめ」〔訳〕毎年春がやって来たら、このようにして梅を髪に挿して楽しく飲もう。

とし-の-よはひ(ヨワイ)【年の齢】「としよはひ」に同じ。

とし-の-わたり【年の渡り】一年に一度、彦星(ひこぼし)が天(あま)の川を渡って織女星に会うこと。〔万葉〕一〇・二〇一八「さ寝(ぬ)らくは—にただ一夜(ひとよ)のみ」〔訳〕共に寝ることは一年に一度天の川を渡る七夕にただ一夜だけだ。

とし-の-を(オ)【年の緒】年の長く続くのを緒(＝ひも)にたとえた語。年月。〔万葉〕一〇・二〇八九「あらたまの—長く思ひ来(こ)し恋尽くすらむ七月(ふみづき)の七日の宵は」〔訳〕年月長く思い続けてきた恋心を晴らしているであろう、陰暦七月七日の夜は。(「あらたまの」は「年」にかかる枕詞)

としふれば…〔和歌〕

> 年経れば 齢(よはひ)は老(お)いぬ しかはあれど
> 花(はな)をし見(み)れば もの思(おも)ひもなし
> 〈古今・一・春上・五二・藤原良房(ふじわらのよしふさ)〉

〔訳〕年月がたったので年老いてしまった。そうではあるけれど、この(桜の)花を見ると、何の思い悩む気持ちもなくなる。〔文法〕「花をし見れば」の「し」は、強意の副助詞。
〔解説〕自分の娘である染殿(そめどの)の后(きさき)(＝文徳天皇中宮明子(あきらけいこ))の局(つぼね)で、花瓶にさしてあった桜の花を見て詠んだ歌。みごとに咲いた桜に自分の娘の栄華をたとえる。

とし-み【落忌】(名)〔「落とし忌み」の転という〕一定期間の精進(しやうじん)の後、肉食が許されること。また、賀の祝い(＝長寿の祝い)の法要が終わってから行う饗宴(きやうえん)にもいう。精進落とし。〔源氏〕少女「この御いそぎの事、御—の事、…御心に入れていとなみ給ふ」〔訳〕この(＝賀の祝いの)御準備のこと、御精進落としのこと、…(光源氏はご熱心におつとめになる。

とし-よはひ(ヨワイ)【年齢】(名)年齢(ねんれい)。年のほど。〔源氏〕竹河「—の程はかたはならねど、人におくると嘆き給へり」〔訳〕(子息たちは)年齢の程度では(官位も)不都合ではないけれど、(母の玉鬘(たまかづら)は昇進が)人に遅れていると嘆いていらっしゃる。

とし-より【年寄り】(名)❶老人。年配者。〔徒然〕一二九「鎌倉の—の申し侍りしは(＝申しましたことには)」
❷武家時代、それぞれの家中での重臣の称。室町幕府の評定衆(ひやうぢやうしゆう)・引付衆(ひきつけしゆう)、江戸幕府の老中(らうぢゆう)、大名の家老など。
❸江戸幕府の大奥女中の重職の称。
❹近世、町・村で地域の代表として、公用雑事を務めた者の称。総年寄り・町年寄り・村年寄りなど。

俊頼髄脳(としよりずいなう)(トシヨリズイノウ)〔作品名〕平安後期の歌論書。源俊頼(としより)作。永久三年(一一一五)ごろ成立。藤原忠実(ただざね)の求めにより、その娘泰子のために作歌の手引きとして書いた。和歌説話を多く含む。

としをへし…〔和歌〕

> 年を経し 糸(いと)の乱(みだ)れの くるしさに
> 衣(ころも)のたては ほころびにけり
> 〔縦〕〔館〕
> 〈著聞・三三六〉

〔訳〕長い年月を経た糸が衰えて乱れ、耐えられずに、衣の縦糸はほころびてしまったよ(長い戦いで衣川の館(たて)は破れてしまったよ)。〔修辞〕「衣のたて」の「たて」は縦糸の意の「縦(たて)」と小城の意の「館」の掛詞。
〔解説〕前九年の役(えき)で、源義家らの攻撃に耐えられず陥落した衣川の館から、安倍貞任(さだたふ)が逃げようとした時、義家が下句を詠み掛けると、貞任が上句を巧みに付けたので、その場から逃がしてやったという説話に見える連歌。「糸の乱れ」の「糸」に戦いの作戦の意の「意図」を掛けるとする説もあり、その場合は「長期にわたる戦いの作戦が乱れたために」の意が込められる。「くるしさ」の「くる」に「繰る」の意を掛け「糸」の縁語とする説もある。

ど-す【度す】(他サ変)｛せ・し・す・する・すれ・せよ｝〔仏教語〕仏が人々を悟りの境地に至らせる。済度する。〔歎異抄〕「神通・方便をもって、まず有縁(うえん)を—す(終)べきなり」〔訳〕(仏の不思議な神通力や手段を用いて、まっ先に自分に縁のある人を救いとることができるのである。

-とせ【年・歳】(接尾)年齢・歳月など、年を数える語。「千(ち)—」「一(ひと)—」「百(もも)—」

と-せい【渡世】(名)暮らしを立てること。世渡り。生業。〔浮・西鶴織留〕「—は八百八品(やほやしな)といふに」〔訳〕

暮らしを立てるのには八百八種の職業があるというのに。

と-そ【屠蘇】(名)「とうそ」とも。正月、邪気払いのために酒または味醂(みりん)にひたして飲む薬の名。肉桂(けい)・山椒(しょう)・白朮(びゃくじゅつ)・桔梗(ききょう)・防風・赤小豆などを調合したもの。[春]

と-ぞ ❶(文中に用いて)「と」の受ける内容を強める。[竹取]ふじの山「そのけぶり、いまだ雲の中へ立ちのぼる—言ひ伝へたる」[訳]その煙は、今でも雲の中へ立ち上っていると言い伝えている。

❷(文末に用い、「言へる」などの結びが失われて)…ということだ。[徒然]八九「飼ひける犬の、暗けれど、主(ぬし)を知りて、飛びつきたりける—」[訳]飼っていた犬が、暗いけれど、飼い主とわかって、飛びついたということだ。

[なりたち]格助詞「と」＋係助詞「ぞ」

と-そつ【兜率・都率】(名)《仏教語》「兜率天(とそつてん)」の略。

とそつ-てん【兜率天・都率天】(名)《仏教語》欲界の六天の第四。須弥山(しゅみせん)の頂上にあって内外二院があり、内院は弥勒(みろく)の浄土、外院は天人が遊楽する所という。兜率(とそつ)。

と-だえ【跡絶え】(名・自サ変)とぎれること。往来の絶えること。特に、男女の仲がとだえること。[源氏]帚木「久しき—をも、かうたまさかなる人とも思ひたらず」[訳](私＝頭の中将が)長いこと訪れなかったときでも、(その女性は私を)このようにたまにしか訪れて来ない(ような冷たい)男とも思っていなく。

と-だ-ゆ【跡絶ゆ】(自ヤ下二){え・え・ゆ・ゆる・ゆれ・えよ}往来がとぎれる。特に、男が女の所へ通わなくなる。[源氏]総角「久しう—・え(用)給はむは、心細からむと思ひならるるも」[訳](中の君は、匂宮(におうのみや)が)長い間通わなくなりなさるとしたら、それは心細いだろうと思わずにはいられなくなるのも。

-どち(接尾)(名詞に付いて)同類のものをまとめていう語。たち。どうし。[今昔]二六・二「あるいは己(おの)ら—頬(つら)を打ち合はせてのけざまに倒れ」[訳]あるいは自分たちどうし頬(ほお)をぶつけ合わせてあお向けに倒れ。

どち(名)仲間。[古今]春下「思ふ—春の山辺にうちむれてそこともいはぬ旅寝してしが」[訳]気の合う仲間どうしで春の山辺に連れだって(行き)、どこというあてもない(気ままな)旅寝をしたいものだ。

とぢ-む【閉ぢむ】(他マ下二){め・め・む・むる・むれ・めよ}❶終わりとする。しとげる。[源氏]葵「今日にしも—・む(終)まじきことなれど、またなくもの悲し」[訳]今日限りで(光源氏の来邸を)終わりとするはずはないことであるが、この上なくうら悲しい。

❷命を終える。[源氏]若菜下「おもき病者(びやうざ)のにはかに—・め(用)つるさまなりつるを」[訳]重い病人(＝紫の上)が急に息を引き取ったようすだったのを。⇨果(は)つ「慣用表現」

とぢめ【閉ぢめ】(名)❶㋐終わり。最後。[源氏]御法「琴笛の音(ね)をも、今日や見聞き給ふべき—なるらむ」[訳]琴や笛の音色をも、今日が見たり聞いたりなさることのできる最後であろうか。㋑死にぎわ。臨終。また、葬儀。[源氏]柏木「いふかひなき—にて」[訳](何と)言ってもどうしようもない死にぎわで。⇨果(は)つ「慣用表現」

❷[「綴ぢめ」とも書く]縫い糸の端を結ぶこと。[枕]二九五「ゆだけの片の身を縫ひつるが、そむきざまなるを見つけで、—もしあへず」[訳]裄丈(ゆきたけ)(＝背縫いから袖口までの長さ)の片身を縫ったのが、(生地が)裏表になっているのに気づかないで、縫い糸の止め結びもきちんとしないで。

と-づ【閉づ】[一](自ダ上二){ぢ・ぢ・づ・づる・づれ・ぢよ}❶ふさがる。しまる。[源氏]明石「をやみなきころの気色(けしき)に、いとど空さへ—・づる(体)心地して」[訳]小止みなく降り続くこのごろの空模様に、(私＝紫の上の心だけでなく)ますます空までも閉じふさがる感じがして。

❷こもる。閉じこもる。[新古]雑中「いまはわれ松のはしらの杉の庵(いほ)に—・づ(終)べきものを苔(こけ)深き袖」[訳]今は私は、松の柱、杉葺(すぎぶ)きの粗末な仮の家にこもるのがよいのになあ。僧衣を身につけて。

❸水が凍る。氷が張る。[源氏]賢木「年暮れて岩井の水も氷—・ぢ(用)」[訳]年は暮れて、岩井の水も氷が張り。

[二](他ダ上二){ぢ・ぢ・づ・づる・づれ・ぢよ}❶しめる。閉じる。[平家]七・忠度都落「門戸を—・ぢ(用)て開かず」

❷閉じこめる。[源氏]夕霧「まだ夕暮れの、霧に—・ぢ(未)られて内は暗くなりにたるほどなり」[訳]まだ暮れ方で、霧に閉ざされて室内が暗くなってしまったころである。

❸口を閉じる。つぐむ。[平家]一・願立「おのおの口を—・ぢ(用)給へり」[訳]それぞれが口を閉じなさった。

とつか-の-つるぎ【十拳の剣・十握の剣】[「つか」は、握りこぶし(＝親指を除く四本の指)の幅ぐらいの長さ]刀身の長さが十握りほどある剣。[紀]神代「所帯(はか)かせる—を抜きて、寸(つだ)にその蛇(をろち)を斬る」[訳](素戔嗚尊(すさのおのみこと)は)腰につけていらっしゃった十拳の剣を抜いて、ずたずたにその大蛇を斬る。

とづ-く【届く】[一](自カ四){か・き・く・く・け・け}とどく。[平家]一一・逆櫓「海は櫓櫂(ろかい)の—・か(未)ん程攻めゆくべし」[訳]海は櫓や櫂のとどくかぎり攻めてゆくつもりだ。

[二](他カ下二){け・け・く・くる・くれ・けよ}とどける。[謡・柏崎]「形見を—・くる(体)おとづれは(＝訪問は)」

[参考]中世まで用いられ、近世以降は「とどく」となる。

と-つ-くに【外つ国】(名)[「つ」は「の」の意の上代の格助詞]❶畿内以外の国。[紀]景行「その情(こころ)の願ひのまにまに—に班(はべ)らしめよ」[訳]その希望に従って、(蝦夷(えみし)たちを)畿外におらしめよ。

❷外国。異国。[玉勝間]「漢籍(からぶみ)も見ざれば、その—の振りの悪(あ)しきことも知られず」[訳]中国の書物も読まないと、その外国の風俗習慣の(よいところ)悪いところも知ることができない。(⇔内(うち)つ国)

とっ-こ【独鈷】(名)「とくこ」に同じ。

どっ-と(副)❶多人数が一度に声をたてるさま。[平家]三・土佐房被斬「門の前に押し寄せて、鬨(とき)を—ぞつくりける」[訳](敵が)門前まで攻めてきて、ときの声をどっとあげた。

❷多人数が一度に押し寄せるさま。また、水などの一時に流れるさま。

と-つ-みや【外つ宮】(名)[「つ」は「の」の意の上代の格助詞]❶離宮。[万葉]六・九〇七・題詞「吉野(よしの)の—にいでませる時に」[訳](元正天皇が)吉野の離宮に行幸(ぎょうこう)なさったときに。

❷伊勢(いせ)神宮の外宮(げくう)。[記]上「次に登由宇気神(とゆうけのかみ)、こは—の度相(わたらひ)にます神ぞ」[訳]次に天からお降りなされたのは豊受(とようけ)の神で、これは外宮のある度相

(=地名)に鎮座(ちんざ)なさる神である。

と-て (格助)〔格助詞「と」に接続助詞「て」の付いたもの〕

意味・用法
引用〔…といって。…と思って。〕→❶
理由・原因〔…というので。…からといって。〕→❷
目的〔…として。…と思って。〕→❸
物事の名〔…という名で。…として。…といって。〕→❹

接続 体言および体言に準ずる語・語句に付く。

❶引用の内容を示す。**…といって。…と思って。** 竹取「かぐや姫の生ひ立ち『子となり給ふべき人なめり』とて、手にうち入れて家へ持ちて来(き)ぬ」訳「(あなたは私の)子供になられるはずの方であるようだ」といって、手の中に入れて家へ持って来た。文法「なめり」は、「なるめり」の撥音便「なんめり」の「ん」の表記されない形。

❷理由・原因を表す。**…というので。…からといって。** 枕 三元「春ごとに咲くとて、桜をよろしう思ふ人やはある」訳 毎春咲くからといって、桜を平凡(な花)だと思う人がいるだろうか(いや、いるはずがない)。文法「やは」は、反語の係助詞。

❸目的を表す。**…として。…と思って。** 伊勢 四八「馬(むま)のはなむけせむとて、人を待ちけるに」訳 送別の宴をしようと思って、(旅立とうとする)人を待っていたのに。

❹(体言に付いて)物事の名を表す。**…という名で。…として。…といって。** 太平記 四「昔、異朝に呉越(ごえつ)とて並べる二つの国あり」訳 昔、異国に呉・越という名で領土を接する二つの国があった。

参考 ②の用法のうち、下に打消・反語を伴って逆接の仮定条件を表す場合、「とて」を接続助詞と見る考え方もある。

と-て-も (副)〔副詞「と」に接続助詞「て」と係助詞「も」の付いたもの〕❶どうせ。いずれにしても。結局。閑吟集「人買ひ舟は沖を漕(こ)ぐ—売らるる身をただ静かに漕げよ船頭殿」訳→ひとかひぶねは…〈歌謡〉。⇩在(あ)り在りて「慣用表現」

❷(下に打消の語を伴って)とうてい。どうしても。平家 三・行隆之沙汰「—のがれざらんものゆゑに」訳 とうてい逃れられないようなことだから。

参考 本来「とてもかくても」の形で使われていたが、「かくても」が省略された。その「ああでもこうでも」の意が、「どうにでも」「どうなったところで」と意味が広くなり、種々の意味・用法を生じた。

とて-も 一 ❶…といっても。…というにつけても。蜻蛉 上「かたち—人にも似ず、心魂もあるにもあらで」訳 容貌といっても人並みでもなく、思慮才覚もあるというわけでもなくて。

❷…であっても。…だって。源氏 蜻蛉「忍びたること—、御心より起こりてありしことならず」訳 (匂宮(におうのみや)との内緒事であっても、(浮舟(うきふね)ご自身の)お心から起こってこうなったことではない。

なりたち 格助詞「とて」＋係助詞「も」

二 (接助)〔格助詞「とて」に係助詞「も」の付いたもの〕逆接の仮定条件を表す。…としても。…ても。落窪「思(おぼ)す人あり—、それをばさるものにて、御文など奉り給へ」訳 お思いになる人がいるとしても、それはそれとして、(右大臣の姫君にも)お手紙など差し上げてください。

と-て-も-かく-て-も 「とてもかうても」とも。❶ああであっても、こうであっても。いずれにせよ。新古 雑下「世の中は—同じこと宮もわら屋も果てしなければ」訳 世の中は、どうあろうとも(=どういうふうに暮らそうと)同じことだ。(りっぱな宮殿も(みすぼらしい)わらの家も、住み果てることがない(=いつかは滅びる)のだから。

❷どのようにしてでも。どうあっても。大和 一四八「おのれは—経(へ)なむ。女のかく若きほどにかくてあるなむ、いといとほしき」訳 私はどのようにしてでも過ごしていけよう。(しかし)女がこのように若い時にこんな(見苦しい)状態でいるのは、たいそう気の毒だ。

なりたち 副詞「と」＋接続助詞「て」＋係助詞「も」＋副詞「かく」＋接続助詞「て」＋係助詞「も」

とても-の-こと-に いっそのこと。むしろ。謡・安宅「とてものおんことに、一曲お舞い候へ」訳 いっそのおんこと、一曲お舞いなさいませ。文法「おん…候へ」は「お…なさいませ」にあたる尊敬と丁寧の融合表現。

なりたち 副詞「とても」＋格助詞「の」＋名詞「こと」＋格助詞「に」

とと【父】(名) ❶子供が父親のことを呼ぶ語。とうちゃん。⇔母(かか)

❷自分の夫または他人の夫をさしていう語。亭主。浮・好色一代女「—は泣く子を抱いて隣(の家)へ四文八文の双六(すごろく)うちに行き」

参考 父を意味することばとして、中古は「てて」が子供や女性の会話に用いられた。近世になると「てて」は俗語となり、「とと」が幼児語として用いられた。

ど-ど【度度】(副) たびたび。毎度。平家 九・木曽最期「—の高名(かうみやう)肩を並ぶる者なし」訳 (巴(ともゑ)御前の)たびたびの(戦(いくさ)での)手柄は匹敵する者はない。

と-とく【都督】(名) 大宰(だざい)の帥(そち)の唐名。方丈 三「潯陽(じんやう)の江(え)を思ひやりて、源(げん)—のおこなひをならふ」訳 (白居易(はくきょい)の)潯陽江(での故事)を連想して、源都督(=源経信(つねのぶ))の奏法をまね(琵琶(びわ)を演奏する)。

とどこほり【滞り】(名) さしつかえ。さしさわり。障害。源氏 明石「はるばると物の—なき海面(うみづら)なるに」訳 (ここは)はるかかなたまで何一つさえぎるものがない海辺であるうえに。

とどこほ-る【滞る】(自ラ四)〔ら・り・る・る・れ・れ〕❶つかえて進まない。停滞する。万葉 二〇・四三九八「群鳥(むらとり)の出(い)で立ちかてに—り(用)かへりみしつつ」訳 出立しかねて、(足も)進まないでうしろを振り返り振り返りして。(「群鳥の」は「出で立つ」にかかる枕詞)

❷ためらう。ぐずぐずする。源氏 蜻蛉「いと心幼く、—る(体)ところなかりける軽々(かろがろ)しさをば思ひながら」訳 (浮舟(うきふね)の)たいそう思慮が浅く、(死を)ためらうところがなかった軽率さを思いながら。

ととの-ふ【調ふ・整ふ】一 (自ハ四)〔は・ひ・ふ・ふ・へ・へ〕❶不足なくそろう。完備する。源氏 紅葉賀「人がらもあるべき限り—ひ(用)て」訳 (頭の中将は人品もあるべきすべての条件がそなわっていて。❷まとまる。調和している。源氏 澪標「たけ姿ー・ひ(用)うつくしげにて」訳(童随身は)背丈も容姿も調和して(=そろって)、かわいらしいようすで。❸できあがる。成就する。〔うつほ〕沖つ白波「みな、御方々ー・ひ(用)て住み給ふ」訳(婿君たちはみな、それぞれ御殿ができあがってお住みになる。❹(楽器などの)**調子が合う**。〔うつほ〕俊蔭「この琴どもは…七つながら同じ声には、いかでー・ひ(用)たるぞ」訳この琴はみな…七つとも同じ音色には、どうして調子が合っているのか。

[二](他ハ下二){へ・へ・ふ・ふる・ふれ・へよ}❶**そろえる**。整頓する。方丈 三「殿に茅ふきて、その軒をだにー・へ(未)ず」訳宮殿に茅を葺いて、その軒先をすら切りそろえない。❷**用意する**。工面する。源氏 若紫「いとど玉の台にみがきしつらひ、よろづをー・へ(用)給へり」訳(左大臣は)邸内をいよいよ玉のように美しい御殿に磨き立てて飾り、万事を整備しなさっている。❸(楽器などの)**調子を合わせる**。〔うつほ〕沖つ白波「音ー・へ(未)ぬ琴を手まさぐりにかき鳴らししを」訳音色の調子を合わせていない琴を手慰みに弾いたのを。❹縁組をまとめる。縁づける。〔うつほ〕藤原の君「その次々、ことごとくにー・へ(用)たなり」訳その(長女に続いて)次々(の姫君)も、みんな婿を決めたそうだ。

ととのへ-し・る【調へ知る】(他ラ四){ら・り・る・る・れ・れ}思うままにいろいろなものを調和させる。徒然 一二三「よく味はひをー・れ(已)る人、大きなる徳とすべし」訳十分に食物の味を思うままに調和させている(=上手に調理できる)人は、大きな長所があるとしなければならない。

ととのほ・る【整ほる・調ほる】(自ラ四){ら・り・る・る・れ・れ}❶完備する。そろう。徒然 八二「すべて、何も皆、事のー・り(用)たるは悪しきことなり」訳総じて、何事もすべて、物事の完全にでき上がっているのは悪いことである。❷調子が合う。調和がとれている。きちんとする。徒然 三〇「物の音のめでたくー・り(用)侍ること、外よりもすぐれたり」訳楽器の音が見事に調整されておりますことは、よそよりもまさっている。

とどま・る【止まる・留まる・停まる】(自ラ四){ら・り・る・る・れ・れ}❶同じ所に変わらずにある。**とまる**。方丈 一「淀みに浮かぶうたかたは、かつ消えかつ結びて久しくー・り(用)たる例なし」訳(流れの)よどみに浮かぶ泡は、一方では消え、一方ではあらわれて、いつまでもそのままの姿でとどまっている例はない。⇨方丈記「名文解説」❷**中止になる**。とりやめになる。大鏡 時平「博雅三位の、さはることありて参らざるときは、『今日の御遊びー・り(用)ぬ』と」訳博雅三位が、支障があって参内しないときは、「今日の管弦の御催しは中止になった」と(いった具合で)。❸**宿泊する**。**滞在する**。蜻蛉 中「方ふたがりにたれど、『夜ふけぬるを』とて、ー・れ(已)り」訳方角がふさがってしまったけれども、「夜が更けてしまったので」と言って、(兼家はこちらに)泊まった。❹**あとに残る**。徒然 一二「ある聖の申ししこと、耳にー・り(用)て、いみじくおぼえ侍る」訳ある聖人が申したことが、耳に残って、すばらしいと感じていますよ。文法「侍る」は、連体形止め。

とど・む【止む・留む・停む】{み・み・む・むる・むれ・みよ}**[一]**(他マ上二)**とどめる**。おさえる。万葉 五・八七五「行く船を振りー・み(用)かねいかばかり恋しくありけむ松浦佐用比売」訳去って行く船を領巾(=襟にかける薄い白布)を振っても引きとめられず、どんなに恋しく思ったことであろう、松浦佐用比売は。

[二](他マ下二){め・め・む・むる・むれ・めよ}❶**とどめる**。**引きとめる**。万葉 一四・三三四八「夏麻引く海上潟の沖つ洲に船はー・め(未)むさ夜更けにけり」訳海上潟(=地名)の沖の砂州に船はとどめよう。(気づいてみると)夜が更けてしまっていることだ。(「夏麻引く」は「海上」にかかる枕詞)❷**制止する**。**おさえる**。源氏 夕顔「いといたくえもー・め(未)ず泣き給ふ」訳(光源氏は)たいそうひどく(どうにも)おさえることもできずにお泣きになる。文法「えもとどめず」の「え」は副詞で、下に打消の語(ここでは「ず」)を伴って不可能の意を表す。❸**やめる**。**中止する**。宇治 二・三「何事によりてー・め(用)給ふぞ」訳どういうわけで(受戒を)中止しなさるのか。❹注意を向ける。関心を寄せる。徒然 一三七「心ー・め(未)ぬ人は、一夜の中に、さまで変はるさまも見えぬにやあらん」訳(満月のようすを)関心を寄せて見ない人は、一晩のうちに、それほどまでに変わってゆくようすも見えないのであろうか。❺**あとに残す**。竹取 御門の求婚「御門、かぐや姫をー・め(用)て帰り給はむことを、あかず口惜しくおぼしけれど」訳帝はかぐや姫を残してお帰りになるようなことを、心残りで残念にお思いになったけれども。文法「帰り給はむこと」の「む」は、仮定・婉曲の助動詞。〔建礼門院右京大夫集〕「山深くー・め(用)おきつるわが心やがてすむべきしるべとをなれ」訳山深くに残しておいた私の心よ、そのまま(この山に)心を澄まして住めるようになるための道案内となれ。(「すむ」は「澄む」と「住む」の掛詞。文法「しるべとをなれ」の「を」は間投助詞。

参考 [二]は連用形の用例しかみられない。

類語パネル

とどむ	物事の進行を一時的に抑え、足踏み状態にする。
とむ	動きを完全に停止して、動かなくする。

とど-め・く【轟めく】(自カ四){か・き・く・く・け・け}〔「めく」は接尾語〕「どどめく」とも。わいわいがやがやと騒ぐ。とどろく。どよめく。宇治 一・三「はるかより、人の音多くして、ー・き(用)来る音す」訳遠くから人の話し声が多くして、がやがや騒いでやって来る音がする。

とどろ・く【轟く】(自カ四){か・き・く・く・け・け}❶どうどうと鳴り響く。響きわたる。更級 初瀬「神さへ鳴りてー・く(体)に」訳雷までが鳴って響きわたるうえに。❷驚く。驚き騒ぐ。大鏡 道長上「絵にもかかれたるにやとぞ、目もー・き(用)て見給へし」訳(中宮の唐衣を)絵に描かれたものであろうかと、目も驚いて(しまうほどに)拝見した。❸鼓動が激しくなる。どきどきする。細道 尿前の関「あとに聞きてさへ、胸―・く(体)のみなり」訳あとで聞くだけでも、(恐ろしくて)胸がどきどきするばかりである。

とどろ‐に(副)大きな音の鳴り響くさま。どうどう。ごうごう。〔金槐集〕「大海の磯もー寄する波われて砕けてさけて散るかも」訳→おほうみの…和歌

とどろ‐め・く【轟めく】(自カ四)｛か・き・く・く・け・け｝〔「めく」は接尾語〕鳴り響く。とどろく。宇治 八・六「谷へー・き(用)て(＝鳴り響いて)逃げ行く音す」

と‐な 他者のことばに対して、確かめたり、問い返したりするときに用いる。…というのだね。竹取 火鼠の皮衣「あべの大臣、火ねずみの皮衣もていまして、かぐや姫に住み給ふー」訳あべの大臣は火ねずみの皮衣を持っていらっしゃって、かぐや姫(の所)に夫として通っていらっしゃるというのだね。

なりたち 格助詞「と」＋終助詞「な」

とな・ふ【唱ふ】(他ハ下二)｛へ・へ・ふ・ふる・ふれ・へよ｝声をあげて呪文や経文などを言う。平家 九・忠度最期「西に向かひ、高声に十念ー・へ(用)」訳(極楽浄土のあるという)西のほうに向かい、高い声で念仏を十遍唱え。

とな・ふ【調ふ・整ふ】(他ハ下二)｛へ・へ・ふ・ふる・ふれ・へよ｝ととのえる。集中させる。落ち着かせる。大鏡 後一条院「たれも心をー・へ(用)て聞こし召せ」訳どなたも心を落ち着けて(私＝世継の話を)お聞きになってください。

と‐なみ【門浪・戸浪】(名)狭い海峡に立つ波。万葉 七・一二〇七「粟島に漕ぎ渡らむと思へども明石のーいまだ騒けり」訳粟島に漕ぎ渡ろうと思うけれども、明石の海峡に立つ波は今もまだ立ち騒いでいる。

と‐なみ【鳥網】(名)鳥をとるために張る網。万葉 一七・四〇一一「あしひきの彼面此面にー張り」訳山のあちこちに鳥網を張って。(「山」にかかる枕詞である「あしひきの」を、ここでは「山の」の意に用いている)

礪波の関(となみのせき)〔地名〕歌枕 今の富山県小矢部市石動町にあった関所。

となみ‐はる【鳥網張る】《枕詞》鳥網を張る場所から、「坂」にかかる。万葉 一三・三三三〇「ー坂手を過ぎ」

と‐なむ ―(文末にあって)伝聞の意を表す。…ということだ。徒然 二〇六「あへて凶事なかりけるー」訳少しも不吉なことがなかったということだ。

なりたち 格助詞「と」＋係助詞「なむ」

参考 あとに「言ふ」「聞く」などが省略されている。

と‐に‐かく‐に(副)〔副詞「と」「かく」に格助詞「に」が付いたもの〕❶あれこれと。なにやかやと。平家 六・小督「ーかこつかたなき御涙のみぞすすみける」訳あれといいこれといい、愚痴のこぼしようのないお涙ばかりがしきりと流れるのであった。

❷いずれにせよ。とにかく。源氏 総角「ー心を染めけむだに悔しく」訳いずれにせよ、(大君に)心を深く寄せたということさえも残念で。

とに‐に【頓に】(副)急に。にわかに。土佐「風、波ーやむべくもあらず」訳風、波はにわかにやみそうもない。

参考「とに」は、急にの意の「頓」の字音「とん」に、母音 i を添えて国語化したもの。類例に「らに(蘭)」「ぼに(盆)」「ぜに(銭)」などがある。

と‐に‐も‐かく‐に‐も(副)〔副詞「と」「かく」に格助詞「に」、係助詞「も」が付いたもの〕❶ああも、こうも。蜻蛉 上「世の中にいとものはかなく、ーつかで、世にふる人ありけり」訳世の中に(生きていくのに)とても頼りなく、どうこうとも身の振り方もはっきりしないで、この世に暮らしている人がいた。名文解説「蜻蛉日記」冒頭の、作者の自己紹介にあたる一節。頼りなくどっちつかずのありさまで生きている自分の身の上を、謙遜の意識をこめて語り、みずからを「人」という三人称で客観的に表現している点が注目される。

❷いずれにしても。ともかくも。徒然 七三「ー、虚言多き世なり」訳いずれにしても、うその多い世の中である。

と‐ね【刀禰・刀根】(名)❶律令制で、主典(＝四等官)以上の役人の称。

❷村長・里長など、末端行政組織の長。

❸伊勢神宮・賀茂神社などの神職。

利根川(とねがは)〔地名〕歌枕 関東平野を縦断して太平洋に注ぐ川。一名、坂東太郎。

とねり【舎人】(名)❶天皇・皇族などのそば近く仕え、雑務や警護をした下級官人。貴族もかかえることを許された。内舎人・大舎人・小舎人などの別がある。「舎人男」とも。徒然 一「ただ人も、ーなど給はる際は、ゆゆしと見ゆ」訳(摂関家以外の)一般の貴族も、(朝廷から)舎人などをいただく身分の者はすばらしいと思われる。

❷貴人に従う身分の低い者。牛車の牛飼いや馬の口取りなど。

舎人親王(とねりしんわう)〔人名〕(六七六―七三五)奈良時代の政治家・歌人。天武天皇の皇子。元正天皇のとき、太安万侶らと「日本書紀」を撰進した。

とねり‐をとこ【舎人男】(名)「とねり❶」に同じ。

との【殿】(名)❶身分の高い人の住む邸宅。御殿。源氏 葵「ーの内人少なにしめやかなるほどに」訳御殿の中に人が少なくても静かであるときに。

❷身分の高い人を尊敬していうことば。特に、摂政・関白をいう。枕 一四三「ーなどのおはしまさで後、世の中に事出で来、さわがしうなりて」訳関白殿(＝道隆が亡くなって)おいでにならなくなってから、世の中に事件が起こり、不穏な状態になって。

❸主君。〔源平盛衰記〕「ーを見すてて家安が生き残りてなにかせん」訳主君を見すてて家安(＝人名)が生き残っても何になろうか(いや、何にもならない)。文法「か」は、反語の係助詞。

❹妻から夫をさして呼ぶことば。

とのい【宿直】⇩とのゐ

との‐うつり【殿移り】(名)身分の高い人の転居。源氏 玉鬘「この御ーの数のうちにはまじらひ給ひなまし」訳今度の(六条院への)お引っ越しの方々の中には、(亡き夕顔もきっとお入りになっただろうに。

との‐ぐ・もる【との曇る】(自ラ四)｛ら・り・る・る・れ・れ｝〔「との」は、一面に、ずっとの意〕空が一面にくもる。すっかりくもる。万葉 一八・四一二三「ー・り(用)雨も降らぬか」訳空が一面にくもり雨も降らないものかなあ。

との‐ごも・る【殿隠る・殿籠る】(自ラ四)｛ら・り・る・る・れ・れ｝❶〔寝殿にこもるの意〕「寝」「寝ぬ」の尊敬語。おやすみになる。〔うつほ〕嵯峨の院「などかあなたにはまうで給はぬ、ここにはー・る(体)」訳どうしてあちらへは参上なさらないで、ここではおやすみになるのか。

❷【殯の宮(=埋葬するまで、遺体を安置する所)にこもるの意】「死ぬ」の尊敬語。崩御する。お隠れになる。万葉 一三・三三二六「大殿を仕へ奉りて—り用」訳 殯の宮をお造り申しあげて、(そこに皇子は)お隠れになり。

との-づくり【殿作り・殿造り】(名)宮殿・御殿を造ること。また、造ったさま。源氏 澪標「心やすき—して」訳 (光源氏は)気のおけない(=格式ばらない)御殿造りをして、このような(=かつて目にとめた五節のような)人々を集めてでも。

との-ど【殿戸・殿門】(名)❶御殿の戸口。御殿の門。記 下「その—の閾の上に坐しき」訳 (天皇は)その御殿の戸口の敷居の上にいらっしゃった。❷転じて、相手への敬意を表す語。万葉 一八・四一三二「縦さにもかにも横さも奴とそ吾はありける主の—に」訳 縦から見ても、このように横から見ても奴で私はあった。ご主人であるあなた様に(お仕えして)。

との-の-うへ【殿の上】貴人の妻に対する敬称。関白の奥方に対して用いることが多い。

との-ばら【殿原】(名)〔「ばら」は複数を表す接尾語〕複数の貴人や男性に対する敬称。殿たち。また、親しく呼びかける語。皆様方。平家 九・木曽最期「これを見給へ、東国の—、日本一の剛の者の自害する手本」訳 これをご覧なさい、東国の(武士の)殿たちよ、日本一の剛勇の者の自害する手本だ。

との-びと【殿人】(名)貴族の家人。また、貴族の家にしばしば出入りする人。源氏 須磨「国の守も親しき—なれば」訳 (摂津の)国守も(光源氏と)親しい家来であるので。

と-の-へ【外の重】(名)〔「九重」の外の意〕宮城の外郭。また、そこを守る、左・右衛門の陣。古今 雑体「—守る身の御垣守」訳 内裏の外郭を守る右衛門府の役人の身(となってしまったが)。↔内の重

との-も【主殿】(名)〔「とのもり」の転〕「とのもりづかさ」に同じ。

とのも-づかさ(名)❶【主殿司・殿司】「とのもりづかさ」に同じ。❷【主殿寮】「とのもれう」に同じ。

とのも-の-かみ(名)「とのもりのかみ」とも。❶【主殿頭】主殿寮の長官。❷【尚殿】主殿司の長官。

との-もり【主殿】(名)〔「殿守り」の意〕「とのもりづかさ」に同じ。

とのもり-づかさ(名)「とのもづかさ」「とのも」「とのもり」とも。❶【主殿司・殿司】後宮十二司の一つ。男子の主殿寮と同じ役目をする女子の役所。また、その女官。後宮の清掃・灯火・薪炭などをつかさどる職。❷【主殿寮】「とのもれう」に同じ。

とのも-れう【主殿寮】(名)〔「とのもりれう」の転〕宮内省に属し、天皇の輿・湯あみ・灯火・薪炭・庭の清掃などをつかさどる役所。また、その職員。「とのもりづかさ」「とのもづかさ」「とのもり」「とのも」とも。徒然 二三「『—人数だて』と言ふべきを」訳「主殿寮の役人よ人員配備(して式場を照ら)せよ」と言うはずのところを。

⇩巻頭カラーページ31

との-ゐ【宿直】(名)〔「殿居」の意〕❶夜間、宮中・役所などに宿泊して事務や警備をすること。宿直。源氏 東屋「—にさぶらふ人、十人ばかりして参り給ふ」訳 (匂宮は)宿直・警備にお仕えする人、十人ぐらいとともに参内しなさる。❷夜間、天皇や身分の高い人のそばに仕えて、話などの相手をすること。源氏 幻「大将の君は、やがて御—にさぶらひ給ふ」訳 大将の君(=夕霧)は、そのまま(光源氏の)お話し相手としてお仕え申しあげなさる。

とのゐ-ぎぬ【宿直衣】(名)宮中に宿直する際に着用した衣服。衣冠(=冠に袍・指貫)・直衣などやや略式のもの。「とのゐさうぞく」とも。枕 八七「柚の葉のごとくなる—の袖の上に」訳 ゆずの葉のようである(緑色の)宿直衣の袖の上に。

参考「宿直衣」に対して、昼間着用する正式の衣服を、「昼の装束」という。

とのゐ-さうぞく【宿直装束】(名)「とのゐぎぬ」に同じ。

とのゐ-すがた【宿直姿】(名)宮中に宿直するときの身じたく。「宿直衣」をつけた姿。枕 八八「六位の—のをかしきも、(色が)紫のゆゑなり」訳 六位の者の宿直姿が趣深いのも、(色が)紫だからである。

とのゐ-どころ【宿直所】(名)宮中で大臣・納言・蔵人の頭・近衛の大将・兵衛の督などが宿直する所。大和 一七二「さて、左衛門の陣に、—なりける屏風・畳など持て行きて」訳 そこで、左衛門府の役人の詰め所に、宿直所にあった屏風や畳などを持って行って(女を迎える支度をして)。

とのゐ-びと【宿直人】(名)宮中や役所などに宿直する人。夜の泊まり番をする人。

とのゐ-まうし【宿直奏し・宿直申し】(名)宮中に宿直した衛府や滝口の武士が、毎夜定められた時刻に、自分の姓名を名乗ること。源氏 夕顔「名対面は過ぎぬらむ。滝口の—今こそ、と推し量り給ふは」訳 宿直の殿上人に対する点呼はすんでしまっただろう。滝口の武士の宿直奏しが今ごろ(行われているだろう)と、(光源氏が)想像なさるのは。

とのゐ-もの【宿直物】(名)宮中に宿直するときに用いる衣服や夜具。枕 一〇八「里に—とりにやるに」訳 自宅に宿直用の衣服や寝具を取りに行かせるときに。

とのゐもの-の-ふくろ【宿直物の袋】宮中に宿直するときに用いる衣服や夜具などを入れる袋。「宿直袋」とも。

とは【永久】(形動ナリ)〔なら・なり(に)・なり・なる・なれ・なれ〕長く変わらないさま。とこしえ。伊勢 一〇八「風吹けば—に用浪越す岩なれやわが衣手の乾く時なき」訳 風が吹くと、いつも変わることなく波が越える(=波でぬれる)岩であるから か、私の袖は(涙でぬれたまま)乾く時がないことだ。

鳥羽(とば)『地名』今の京都市の南部、鴨川と桂川との合流点付近の低湿地。白河・鳥羽上皇の離宮である鳥羽殿(=城南の離宮)があった。

土芳(どはう)『人名』→服部土芳

と-ばかり(副)〔副詞「と」に限定を表す副助詞「ばかり」の付いたもの〕ちょっとの間。しばらく。源氏 帚木「門近き廊の簀の子だつものに尻かけて—月を見る」訳 中門に近い渡り廊下の濡れ縁風のものに腰をおろして、しばらく月を眺める。

と‐ばかり ❶「と」の受ける内容について、限定する意を表す。…とだけ。…とそれだけ。〔後拾遺〕恋三「今はただ思ひ絶えなむ―を人づてならでいふよしもがな」訳↓いまはただ…〔和歌〕 ❷(下に存在打消の表現を伴って)並列するものを受けて、程度を表す。…とほど(…ない)。…とぐらい(…ものはない)。〔更級〕富士川「駿河の清見が関と、逢坂の関―はなかりけり」訳 駿河(静岡県)の清見が関と、(この)逢坂の関とほど(すばらしい所)はなかった。

なりたち 格助詞「と」＋副助詞「ばかり」

とばかり‐あり‐て しばらくして。少したって。〔宇治〕八・三「倉の戸を鎖して立ち帰りぬるほどに、―、この倉、すずろに、ゆさゆさと揺るぐ」訳 倉の戸口に錠をおろして(主人が)帰ってしまった間に、しばらくして、この倉は、思いがけず、ゆさゆさと揺れ動く。

なりたち 副詞「とばかり」＋ラ変動詞「有り」の連用形「あり」＋接続助詞「て」

と‐ばし・る【迸る】(自ラ四){ら・り・る・る・れ・れ}ほとばしる。飛び散る。〔宇治〕二・七「内供が顔にも、童の顔にも、粥―・り㊊て、一物かかりぬ」訳 内供(＝僧職の名)の顔にも、少年の顔にも、粥が飛び散って、一面にかかった。

とはず‐がたり【問はず語り】(名)人が尋ねないのに語り出すこと。また、その話。〔徒然〕一〇七「浅ましきことまで、―に言ひ出だす」訳 とんでもないことまで、人が尋ねもしないのに自分から語って言いはじめる。

とはずがたり〖作品名〗鎌倉後期の女流日記。後深草院二条著。嘉元四年(一三〇六)から正和二年(一三一三)ごろ成立。前三巻は宮廷での愛欲生活を描き、後二巻は出家後の諸国行脚の感慨を記す。

とばどのへ… 〔俳句〕

> 鳥羽殿へ　五六騎急ぐ　野分かな　秋
> 〈蕪村句集・蕪村〉

訳 鳥羽殿の方へ五、六騎の武者があわただしく馬を走らせて行く。折からの野分が吹き荒れている中を。(風雲急を告げる光景だ)。(野分秋。切れ字は「かな」)

解説「鳥羽殿」は今の京都市伏見区の鳥羽にあった白河・鳥羽両帝の離宮。保元の乱のとき崇徳上皇がここで兵を挙げた。その際の一情景を想像して創作したと考えられる、画家蕪村の面目躍如たる歴史絵巻。

と‐ばり【帷・帳】(名)「とはり」とも。室内の仕切りや外界との隔てに鴨居から垂れ下げる布。垂れぎぬ。〔催馬楽〕「我家は―帳も垂れたるを大君来ませ聟にせむ」訳 私の家は帷も帳も垂らしているので、りっぱな若君もいらっしゃい、婿にしよう。

(とばり)

とび‐うめ【飛び梅】(名)菅原道真が大宰府に左遷されるとき、日ごろ愛していた梅の木と別れるにあたり、「東風吹かば匂ひおこせよ梅の花主なしとて春を忘るな」(訳→こちふかば…〔和歌〕)〈拾遺・雑春〉の歌を詠んだが、そののち、その梅が九州の道真のもとまで飛んでいったという故事。また、その梅。〔沙石集〕「安楽寺の―を、或る武士、子細も知らずして枝を折りたりけるその夜の夢に」訳 安楽寺(＝大宰府天満宮にある道真の墓所)の飛び梅を、ある武士が(その梅の)由緒も知らないで枝を折ってしまったその晩の夢に。

とび‐かけ・る【飛び翔る】(自ラ四){ら・り・る・る・れ・れ}空高く飛ぶ。〔万葉〕九・一七五五「卯の花の咲きたる野辺ゆ―・り㊊来鳴き響もし」訳 (ほととぎすは)卯の花が咲いている野辺(の上)を通って空高く飛び、来ては鳴き声を響かせ。

とび‐か・ふ【飛び交ふ】(自ハ四){は・ひ・ふ・ふ・へ・へ}飛びちがう。入りまじって飛ぶ。〔源氏〕須磨「雲近く―・ふ㊍鶴も空に見よわれは春日のくもりなき身ぞ」訳 雲近くに入りまじって飛ぶ鶴も、空で(私＝光源氏を)見よ。私は春の日のように曇りない潔白な身の上だ。

とひ‐き・く【問ひ聞く】(自カ四){か・き・く・く・け・け}相手に理由・事情などを尋ね聞く。〔徒然〕二二六「生仏、東国の者にて、武士に―・き㊊て書かせけり」訳 生仏(＝人名)は、関東の者であって、(弓馬の道などを)武士に尋ね聞いて(それを行長に)書かせた。

とひ‐さ・く【問ひ放く】(自カ下二){け・け・く・くる・くれ・けよ}問いを発する。遠くからことばをかける。また、話し合って心を慰める。〔万葉〕三・四六〇「―・くる㊍親族兄弟無き国に渡り来まして」訳 (新羅の国から)話をし合う親族も兄弟もいない(この)国(＝日本)に渡っておいでになって。

とび‐ちが・ふ【飛び違ふ】(自ハ四){は・ひ・ふ・ふ・へ・へ}入り乱れて飛ぶ。飛びかう。〔枕〕一「やみもなほ、ほたるの多く―・ひ㊊たる」訳 闇夜でもやはり、蛍がたくさん飛びかっているの(は趣が深い)。

とび‐の‐を【鴟の尾】(名)「しび(鴟尾)」に同じ。

とひ‐まる【問丸】(名)中世、主要都市や港湾で、物資の斡旋・運送や宿所の提供を行った業者。江戸時代には、問屋に発展した。→問屋

とひ‐や【問屋】(名)「とんや」とも。中世の問丸の発展したもの。商品を買い集めて、卸売りをする大商店。→問丸

と・ふ【問ふ・訪ふ】(他ハ四){は・ひ・ふ・ふ・へ・へ} ❶尋ねる。質問する。聞く。〔伊勢〕六「草の上におきたりける露を、『かれは何ぞ』となむをとこに―・ひ㊊ける」訳 (女は)草の上においていた露を、「あれは何かしら」と男に尋ねた。

名文解説「昔男」との恋の逃避行の途中で、女が露を見て男に問いかけたことば。露さえも知らない深窓の姫君の可憐さをよく伝えているが、急ぐ男はこれに答えず、女が鬼に食われた後で、答えてやればよかったと泣いて悔やむ。

❷安否を問う。気づかう。〔記〕中「さねさし相模の小野に燃ゆる火の火中に立ちて―・ひ㊊し君はも」訳→さねさし…〔歌謡〕 ❸取り調べる。問いただす。〔平家〕四・南都牒状「その時我等、すべからく賊衆にゆき向かうてその罪を―・ふ㊎べしといへども」訳 その時われわれは、当然(平清盛ら)賊のやからにたち向かっていってその罪を問いたださなければならないといっても。 ❹訪問する。見舞う。〔源氏〕手習「まめやかなるさまにおぼし忘れず―・は㊍せ給はむ、いとうれしうこそ思ひ給へ置かめ」訳 まじめな気持ちで(浮舟を)お忘れにならず

にお訪ねくださるとすればそれは、(私=妹尼も)たいそううれしく(ずっと)心におとどめ申しあげよう。文法「思ひ給へ」の「給へ」は、下二段活用の謙譲の補助動詞。

❺とむらう。死者の霊を慰める。徒然 三〇「さるは、跡—・ふ(体)わざも絶えぬれば」訳 そのうえ、死後をとむらう法事も絶えてしまうと。

とふ …という。万葉 一四・三五二一「からす—大軽率鳥の真実にも来まさぬ君を児ろ来とそ鳴く」訳 からすという そそっかしい鳥が、実際にはいらっしゃらない方なのに、コロク(=いとしい人が来る。一説に「此ろ来」と訓み、ここに来る、また、「自来」と訓み、自身で来る)と鳴くことよ。→ちふ 参考

と・ぶ【飛ぶ】(自バ四){ば・び・ぶ・ぶ・べ・べ}❶空をかける。空中に舞い上がる。古今 秋上「白雲に羽うちかはし—・ぶ(体)雁の数さへ見ゆる秋の夜の月」訳 →しらくもに… 和歌

❷走る。かける。はねる。枕 九五「簾のもとにとまりて見たる心地こそ、—・び(用)も出でぬべき心地すれ」訳 すだれの所に立ちどまって見ている気持ちといったら、(今にも)飛び出してもしまいそうな気持ちがするものだ。

と-ぶさ【鳥総】(名)梢や枝葉の茂った先。きこりが木を切ったあとに、これを切り株や地上に立てて山神を祭る風習があった。万葉 一七・四〇二六「—立て船木伐るといふ能登の島山」訳 とぶさを立てて舟を作るための木を切るという能登の島山を。

とぶとりの【飛ぶ鳥の】《枕詞》「あすか」にかかる。万葉 二・一九六「—明日香の河の」

とふ-の-すがごも【十編の菅薦】菅で編んだ、編み目が十筋ある幅広いむしろ。〔太平記〕三七「—しきしのび」訳 十編の菅薦を敷いて、しきりに慕って。

とぶ-ひ【飛ぶ火・烽】(名)上代、外敵の侵入にそなえて設けられた施設。山などに壇を築き、その上で草木を燃やして変事を知らせる合図としたもの。のろし。

(とぶひ)

飛火野(とぶひの)『地名』歌枕 奈良市の東部、春日山のふもと一帯の野をいう。奈良時代、ここに「飛ぶ火」を設けたためにこの名がある。

とぶひ-の-のもり【飛ぶ火の野守】飛火野(=今の奈良市の東部、春日野の地)にあったのろしをあげる場所(=飛ぶ火)の番人。古今 春上「春日野の—出でて見よ今幾日ありて若菜摘みてむ」訳 春日野の飛火野の番人よ、外に出て(野のようすを)見よ。もう何日したら、若菜を摘むことができるだろうか(と)。

とぶらう【訪う・弔う】 ⇩とぶらふ

とぶらひ【訪ひ】(名)見舞い。訪問。また、そのための贈り物。源氏 若菜上「六条院よりも御—しばしばあり」訳 六条院(=光源氏)からもお見舞いがたびたびある。

とぶら・ふ(他ハ四){は・ひ・ふ・ふ・へ・へ}❶【訪ふ】㋐訪れる。見舞う。源氏 葵「大将殿も常に—・ひ(用)聞こえ給へど」訳 大将殿(=光源氏)もいつも(六条御息所を)お見舞い申しあげなさるが。㋑尋ね求める。さがす。平家 一・祇園精舎「遠く異朝を—・へ(已)ば」訳 遠く外国(の例)を尋ね求めると。

❷【弔ふ】㋐人の死をいたんで、その喪にある人を慰める。悔やみを言う。弔問する。源氏 桐壺「のちのわざなどにもこまかに—・は(未)せ給ふ」訳 (亡き桐壺の更衣の)法事(=七日ごとの供養)などにも、(桐壺帝は)ねんごろに御弔問しなさる。文法「せ給ふ」は、最高敬語。㋑死者の霊を慰め供養する。追善を営む。平家 一一・嗣信最期「手負ひのただいまおちいるに、一日経書いて—・へ(命)」訳 負傷者がたった今息を引き取ったので、一日経を書いて死者の霊を慰めよ。参考「弔ふ」は「訪ふ」から転じた語で、中世末期ごろから「とむらふ」が用いられる。

杜甫(とほ)『人名』(七一二〜七七〇)中国、盛唐の詩人。字は子美。号は少陵。社会の矛盾や民衆の苦悩を嘆いた詩を作り、詩聖と称される。律詩体を完成させた。詩文集「杜工部集」

とほき-まもり【遠き守り】遠くからその人の身を守ること。あの世から生きている人を守ること。「死」を婉曲にいうことば。平家 七・忠度都落「遠き御守りでこそ候はんずれ」訳 (私=忠度は)遠いあの世からの(あなた=藤原俊成に対する)お守りでありましょう。⇩果つ「慣用表現」

とほ-さぶらひ【遠侍】(名)「とほざむらひ」とも。武家の屋敷で、母屋から遠く離れ、中門のそばに設けられた警固の武士の詰め所。

とほ・し【遠し】(形ク){(から)・く(かり)・し・き(かる)・けれ・かれ}❶距離や時間が非常に離れている。遠い。万葉 一九・四一六〇「天地の遠き始めよ世の中は常無きものと語り継ぎ」訳 天地の(開けた)遠い始めから、世の中は無常なものだと語り継いで。文法「始めよ」の「よ」は、起点を表す上代の格助詞。方丈 三「—・き(体)家は煙に咽び」訳 (火災から)遠くの家は煙にむせ。

❷疎遠だ。親しくない。枕 一六七「—・く(用)て近きもの 極楽。船の道。人の中」訳 遠くて近いもの、極楽浄土。舟の道中。男と女との関係。

❸関心がない。気が進まない。源氏 少女「学問などに身を苦しめむことは、いと—・く(用)なむおぼゆべかめる」訳 学問などで苦労するようなことは、はなはだ気が進まなく思われるにちがいないようだ。文法「苦しめむこと」の「む」は、仮定・婉曲の助動詞。「べかめる」は、「べかるめる」の撥音便「べかんめる」の「ん」の表記されない形。

❹関係がない。縁がうすい。源氏 橋姫「世の常の女しくなよびたる方は—・く(用)や、とおしはからるる御有り様なり」訳 世間の普通の女らしくものやわらかなところには縁がうすいの(であろう)かと、(薫が)察しないではいられない(生活の)ごようすである。文法「おしはからるる」の「るる」は、自発の助動詞「る」の連体形。

類語パネル

とほし	二つの事物間の空間的・時間的距離が非常に離れているさま。
はるけし	二つの事物間の空間的・時間的距離が非常に離れていて、その対象になかなか到達できないと感じられるさま。

とほ-しろ・し(形ク){(から)・く(かり)・し・き(かる)・けれ・かれ}❶雄大である。偉大である。万葉 三・三二四「明日香の古き都は山高み河—・し(終)」訳 明日香の旧都は、山が高く川が雄大で

ある。文法「山高み」の「み」は、ここでは「河とほしろし」との並立を表している。

❷(歌学で)気品があり奥深い。〔無名抄〕「姿うるはしく清げに言ひ下して、長高く―・き㊍なり」訳(歌の)風体が端正で清らかにさっぱりと詠みこなしていて、格調も高く奥深い風情である。

とほ・す【通す・徹す】(他サ四){さ・し・す・す・せ・せ}❶端から端までとどかせる。通じさせる。また、通り抜けさせる。貫く。徒然 二三七「木の間より紙ひねりを―・し㊊て結ひつく」訳(巻物などは柳箱の)木の間からこよりを通して結びつける。

❷(ある期間を)**継続させる。越す。** 枕 一三六「夜を―・し㊊て、昔物語も聞こえ明かさむとせしを」訳夜を徹して、昔話も申し上げて夜を明かそうとしたけれども。

❸透き通す。すかす。万葉 七・一〇七三「玉垂れの小簾の間―・し㊊ひとり居て見る験なき夕月夜かも」訳玉で飾った小さいすだれのすき間をすかして、ひとり座って見ていても、見るかいもない夕月であるよ。

❹通行させる。往来させる。宇治 二・一三「立ちふたがりて―・さ㊌ざりければ」訳(大学の衆たちは相撲取りたちの前に)立ちふさがって通さなかったので。

❺(動詞の連用形に付いて)**しとげる。やりとおす。** 枕 八三「誰も見つれど、いとかう、縫ひたる糸、針目までやは見―・し㊊つる」訳(斉信のすばらしい姿を)みんな見たけれども、ほんとうにこのように、縫った糸や針目までも(細かく)見通しただろうか(いや、見通してはいない)。文法「やは」は、反語の係助詞。

と-ぼそ【枢】(名)〔「戸臍」の意〕❶梁と敷居とにあけた穴。これに、とまら(=戸の突き出た部分)をさして、開き戸を回転させる。

❷転じて、扉。戸。〔太平記〕四「松の下露―に懸かりて」訳松の枝からしたたり落ちる露が扉にかかって。

とほ-ぞ・く【遠退く】(自カ四){か・き・く・く・け・け}遠く離れる。遠ざかる。万葉 一四・三三八九「妹が門いや―・き㊊ぬ」訳あの子の家の門がいよいよ遠ざかってしまった。

遠江『地名』〔「とほつあはうみ→とほつあふみ」の転〕旧国名。東海道十五か国の一つ。今の静岡県の西部。「近つ淡海(=都に近い淡水湖、琵琶湖)」に対し、「遠つ淡海(=浜名湖)」のある国。遠州。

とほ-つ【遠つ】(連体)〔形容詞「遠し」の語幹「とほ」に、「の」の意の上代の格助詞「つ」の付いたもの〕遠くの。はるかな。隔たっている。万葉 一一・二七二九「霰降り―大浦に寄する波」訳遠くの大浦に寄せる波。(「霰降り」は「遠」にかかる枕詞)

とほつ-おや【遠つ祖】(名)祖先。先祖。

とほつかみ【遠つ神】《枕詞》「おほきみ」にかかる。万葉 一・五「―わが大君の」

とほつ-かむおや【遠つ神祖】(名)「遠つ祖」の敬称。神である先祖。万葉 一八・四〇九六「大伴の―の奥津城はしるく標立て人の知るべく」訳大伴家の遠いご祖先の墓には、はっきりと標識を立てよ。人々がそれとわかるように。

とほつ-くに【遠つ国】(名)遠方の国。特に、黄泉の国。あの世。⇩後世「慣用表現」

とほつひと【遠つ人】《枕詞》遠くの人を待つ意から「まつ」、遠くから来る雁を人とみたところから「かり」にかかる。万葉 五・八七一「―松浦佐用比売」。万葉 一七・三九四七「―雁が来鳴かむ」

とほ-づま(名)❶【遠夫】㋐遠く離れている夫。会うことがまれな夫。㋑特に、牽牛星のこと。〔夫木〕秋一「―の来べき秋なり」訳牽牛星の訪れるはずの秋である。

❷【遠妻】㋐遠く離れている妻。会うことがまれな妻。万葉 九・一七四六「―し高にありせば知らずとも手綱の浜の尋ね来なまし」訳遠方にいる妻が多珂(=地名)にいるのだったら、道は知らなくとも、手綱の浜ではないが尋ね来たであろうに。(「手綱の浜の」は同音の「尋ね」を導きだす序詞)。㋑特に、織女星のこと。

とほとほ・し【遠遠し】(形シク){しから・しく(しかり)・し・しき(しかる)・しけれ・しかれ}「とほどほし」とも。❶きわめて遠い。〔記〕上「―・し㊎高志の国に賢し女をありと聞かして」訳きわめて遠い越の国(=北陸地方)に賢い女がいると(八千矛の神は)お聞きになって。

❷きわめて疎遠である。源氏 総角「うたて、―・しく㊊の

古語ライブラリー㉝

天の香具山

◇春過ぎて夏来るらし白栲の衣ほしたり天の香具山 〈万葉 一・二八〉

あまりにもよく知られた持統天皇御製のこの歌の「天の香具山」はどう読むのか。「天」はアメかアマか。

『万葉集』には「天乃香具山・天之香具山・天之香来山・天之芳来山・天芳山」などと書かれていて、アメかアマかがわかる一字一音の仮名書きの用例は見当たらない。だが、『古事記』〈中〉に見える倭建命の歌謡には「阿米能迦具夜麻」とある。明らかにアメノカグヤマなのだ。

この仮名書き例を証拠として採用するなら、アメノカグヤマと読めばよい。

一方、『万葉集』には「天の川」「天の白雲」「天の門」「天の原」「天の日嗣」「天のみ空」などの語もあるが、これらの「天の」はアマノであって、アメノではない。伝統のある語はアマノであったらしい。アメノになるのは、「天の下」「天の火」「天の御門」などの語に限られている。

◇君が行く道のながてを繰り畳ね焼き滅ぼさむ天の火もがも 〈万葉 一五・三七二四〉

「天の下」は漢語の「天下」の、「天の火」は漢語の「天火」の翻訳語のようであり、「天の御門」は天皇を婉曲にいう新語とみられる。翻訳語や新語がアメノであったらしいのである。

大和三山の一つの「天の香具山」は古くからの伝説のある山だ。伝統のある語がアマノであることから、『古事記』の仮名書き例ではアメノカグヤマであるが、アマノカグヤマと呼ばれていたと推測することもできる。

確かな仮名書き例を証拠に読みを定めるか、類例の用法を眺め渡して読みを定めるか。アメノカグヤマかアマノカグヤマかは、校注者の考え方によって異なるのである。

みもてなさせ給へば」訳（大君は）ひどく、ただもうよそよそしく（私＝薫を）お扱いになられるので。

とほ-なが-し【遠長し】（形ク）{から・く(かり)・し・き(かる)・けれ・かれ}❶遠くはるかである。万葉 一四・三三五六「富士の嶺のいや—・き(体)山路をも妹がりとへばけによはず来ぬ」訳 富士山のいよいよ遠くはるかな山道でも、いとしい人のもとへというので、息を苦しく吐くこともなくやって来た。❷永久である。万葉 二・一九六「天地のいや—・く(用)偲ひ行かむ」訳 天地のようにいよいよ長く久しく思い慕っていこう。

とほ-の-みかど【遠の朝廷】❶都から遠く離れた役所。諸国の国府や九州大宰府などをさす。万葉 一五・三六六八「大君の—と思へれど日長くしあれば恋ひにけるかも」訳 天皇の遠方にある政庁と思っているが、日数が長く経つので、（都が）恋しくなってしまったことだ。❷朝鮮半島の新羅におかれた日本の政庁。転じて、新羅。万葉 一五・三六八八「天皇の—と韓国に渡るわが背は」訳 天皇の遠い政庁として新羅に渡るわが君は。

とほ-み【遠見】（名）❶高い所から遠くの敵のようすなどを見ること。また、その人。今昔 二五・五「少々を櫓に登せて—をせさせて」訳 わずかばかりを櫓に登らせて見張りをさせて。❷遠くを見わたすこと。遠方から見ること。また、遠くから見た姿。〔浮世風呂〕「役者といふものは拵へものだから、—のいい事ばかり考へたものさ」訳 役者というものは作りもの（＝化粧をするもの）だから、遠くからの見ばえのよいことだけを考えてのことさ。❸歌舞伎で、大道具の一つ。遠景を描いた背景。

とほ-や【遠矢】（名）矢で遠方の目標を射ること。また、その矢。平家 一一・嗣信最期「『あれ射とれや』とて、或は—に射る舟もあり」訳「あれを射殺せよ」と言って、あるいは遠くからの矢で射る舟もあり。

とほやま-どり【遠山鳥】（名）山鳥の異称。山鳥は雌雄が遠く山を隔てて寝るといわれることからいう。源氏 総角「嘆きがちにて、例の、—にて明けぬ」訳（薫は）嘆息がちの状態で、いつものように、谷を隔てた山鳥の状態（＝一人寝）で（夜が）明けてしまった。

とほ・る【通る】（自ラ四）{ら・り・る・る・れ・れ}❶通行する。往来する。万葉 五・九〇五「若ければ道行き知らじ幣はせむ黄泉の使ひ負ひて—・ら(未)せ」訳（死んだわが子は）まだ年若いので、（あの世への）道の行き方も知るまい。礼はしよう。黄泉の国の使者よ、（この子を）背負って通られよ。文法「通らせ」の「せ」は、上代の尊敬の助動詞「す」の命令形。❷【「徹る」とも書く】つきぬける。通じる。〔紀〕神代「すなはち矢、きじの胸より—・り(用)て、遂に天つ神のみもとに至る」訳 その時矢は、きじの胸からつきぬけて、ついに天上の神のおそばに届く。❸**達せられる**。やりとげられる。徒然 九一「この日あること、末—・ら(未)ずと言ひて」訳 この日（＝赤舌日）に起こることは、終わりまでうまく運ばないと言って。❹【「透る」とも書く】透きとおる。〔紀〕允恭「そのうるはしき色、衣より—・り(用)て晃れり」訳 その（弟姫の）美しい容色は、衣を透きとおって（外に）輝き現れていた。❺察知する。理解する。〔三冊子〕「俳諧は教へてならざるところあり。能く—・る(体)に有り」訳 俳諧は教えても教えきれないところがある。（俳諧の真髄は）よく（自分で）悟ることにある。

とま【苫】（名）菅や茅を菰のように編んだもの。船の覆いにしたり、屋根を葺いたりする。〔後撰〕秋中「秋の田のかりほの庵の—をあらみわがころもでは露にぬれつつ」訳 →あきのたの…和歌

とま-びさし【苫庇】（名）苫で葺いたひさし。〔夫木〕雑一三「蜑のふせや（＝漁師のみすぼらしい家）の—」

とま-や【苫屋】（名）苫で屋根を葺いた粗末な家。新古 秋上「見渡せば花も紅葉もなかりけり浦の—の秋の夕暮れ」訳 →みわたせば…和歌

慣用表現 **「粗末な住まい」を表す表現**

浅茅が宿・葦の丸屋・葦の屋・草の庵・草の戸・草のとざし・草の宿り・草庵・賤の屋・柴の庵・柴の戸・柴の枢・苫屋・茅舎・茅屋・白屋・埴生・埴生の小屋・破屋・伏せ庵・伏せ屋・曲げ庵・丸屋・葎の門・葎の宿・蓬が杣

ポイント「草」「葦」「茅」「柴」「苫」「葎」など、草や雑木を用いて表現されることが多い。

とまり（名）❶【止まり・留まり】㋐最後。果て。古今 秋下「年ごとにもみぢ葉ながす竜田川水門や秋の—なるらむ」訳 毎年（秋には）、もみじの葉を浮かべて流す竜田川では、（そのもみじが流れ着く）河口が、秋の（行き着く）果てなのであろうか。㋑終生連れ添う人。本妻。源氏 帚木「若き程のすき心地には、この人を—にとも思ひとどめ侍らず」訳 年若いころの浮気心では、この人（＝指食いの女）を本妻に（しよう）とも心にとめませず。❷【泊まり】㋐船着き場。港。土佐「九日のつとめて、大湊より奈半の—を追はむとて」訳 九日の早朝、大湊から奈半の港に向かおうとして。㋑泊まること。宿。また、その客。

とま・る（自ラ四）{ら・り・る・る・れ・れ}❶【止まる・留まる】㋐動かなくなる。立ち止まる。〔落窪〕「身をわけて君にしそふるものならば行くも—・る(体)も思はざらまし」訳 自分の身を二つにわけて、あなたに添って行けるものならば、（旅に）行くのも（都に）とどまるのも、なんとも思わないだろうに。文法「君にしそふる」の「し」は、強意の副助詞。㋑**取りやめになる。中止になる。** 枕 九八「いとなみ、いつしかと待つことの、障りあり、にはかに—・り(用)ぬる」訳 準備をし、早く（その日になれば）と待つことが、さしつかえがあって、急に中止になってしまったの（は残念だ）。㋒**あとに残る。生き残る。** 源氏 桐壺「今まで—・り(用)侍るがいと憂きを」訳 現在まで生き残っておりますことがたいそうつらいのに。㋓（目や耳に）**つく。心が強くひかれる。** 印象づけられる。源氏 帚木「公私の人のたたずまひ、良き悪しきことの目にも耳にも—・る(体)ありさまを」訳 公私につけての人のようすや、よいことや悪いことで、目にも耳にもつく状況を。❷【泊まる】㋐**船が停泊する。** 土佐「十日。けふは、この奈半のとまりに—・り(用)ぬ」訳 十日。今日は、この奈半の港に停泊した。㋑宿泊する。宿直する。源氏 末摘花「御とのゐ所にやがて—・り(用)給ひぬるやうにて、夜ふかしておはしたり」訳（光源氏は）御宿直所にそのまま

お泊まりになったようにして、夜が更けるのを待って(末摘花(すゑつむはな)の邸(やし)きにおいでになった。

とまれ-かうまれ 〔—コウマレ〕〔「とまれかくまれ」のウ音便〕「とまれかくまれ」に同じ。

とまれ-かくまれ 〔「ともあれかくもあれ」の転。「と」「かく」は副詞〕ともかく。何はともあれ。竹取 火鼠の皮衣「—、まづ請(しやう)じ入れ奉らむ」訳 ともかく、まず(あべの右大臣を)お呼び入れ申しあげよう。

> **発展 「と—かく—」の形**
> 「とまれかくまれ」は「ともあれかくもあれ」がつまったもので、「と」「かく」はともに副詞。この「と—かく—」に類した形の語には、「とありかかり」「とざまかうざま」「とにもかくにも」「とみかうみ」などがある。

とみ【頓】(名・形動ナリ)〔字音「とん」を「とに」と表記したものの転〕**急なこと。にわか。急ぎ。** 伊勢 八四「十二月(しはす)ばかりに、—のこととて御文(ふみ)あり」訳 陰暦十二月ごろに、急ぎの用事だといって(母から)お手紙がある。⇨打ち付け「類語パネル」

と-み【跡見】(名)狩猟のとき、鳥や獣の通った跡を見てその行方を推測すること。また、その人。万葉 六・九二六「野の上には—すゑ置きて」訳 野の上には獣の通った足跡を見つける人を配置して。

とみ-かうみ 〔—コウミ〕【と見かう見・左見右見】〔「とみかくみ」のウ音便〕あっちを見たり、こっちを見たり。伊勢 二一「いづかたに求めゆかむと、門(かど)に出(い)でて、—見けれど」訳 どっちの方向に探しに行こうかと、門に出て、あっちを見たり、こっちを見たり見渡したが。

とみ-くさ【富草】(名)稲の異名。秋。〔風俗歌〕「荒田(あらた)に生ふる—の花手に摘入(つみい)れて」訳 耕されずに荒れている田に生える稲の花を手に摘みとって。

とみ-に【頓に】(副)(多く、下に打消の表現を伴って)急には。すぐには。源氏 帚木「殿に帰り給ひても、—もまどろまれ給はず」訳 (光源氏は)お邸(やしき)にお帰りになっても、すぐにはお眠りにもなれず。

ど-みん【土民】(名)その土地に住んでいる人。土地の人。徒然 五一「大井(おほゐ)の—に仰せて、水車(みづぐるま)を造らせられけり」訳 (後嵯峨(ごさが)上皇は)大井の土地の住民にお言いつけになって、水車をお造らせになったそうだ。

と-む(他マ下二)〔め・め・む・むる・むれ・めよ〕❶【止む・留む・停む】㋐進ませない。止める。竹取 ふじの山「かぐや姫を、え戦ひ—・め㊍ずなりぬること、こまごまと奏す」訳 かぐや姫を、(天人と)戦って引き止めることができなくなってしまったことを、(頭の中将は)こまごまと帝(みかど)に申し上げる。㋑あとに残す。とどめる。源氏 椎本「世の中に跡—・め㊍むともおぼえずなりにたりや」訳 うき世に跡をとどめよう(=生き残っていよう)とも思われなくなってしまったよ。㋒(「心をとむ」「目をとむ」の形で)心や目にとめる。関心をもつ。注目する。平家 灌頂・六道之沙汰「春は南殿の桜に心を—・め㊊て日をくらし」訳 春は紫宸殿(ししんでん)の(左近の)桜に心をとめて日を送り。⇨止(とど)む「類語パネル」❷【泊む】船を停泊させる。また、宿泊させる。万葉 一五・三六二七「明石(あかし)の浦に船—・め㊊て」

と-む【尋む・求む・覓む】(他マ下二)〔め・め・む・むる・むれ・めよ〕尋ね求める。さがす。源氏 幻「香(か)を—・め㊊て来(き)つるかひなくおほかたの花のたよりと言ひやなすべき」訳 (梅の)香りを尋ね求めて(わざわざ)来たかいもなく、通りいっぺんの花見のついでに立ち寄ったとあえて言ってよいのだろうか。

とむら-ふ 〔トムラウ(ロウ)〕【訪ふ・弔ふ】(他ハ四)〔は・ひ・ふ・ふ・へ・へ〕「とぶらふ」に同じ。

とめ-く【尋め来】(自カ変)〔こ・き・く・くる・くれ・こ(こよ)〕尋ね求めて来る。古今 春下「花散れる水のまにまに—・くれ㊎ば山には春もなくなりにけり」訳 花が散り落ちて(浮かんで)いる、川の流れに沿って(春を)尋ね求めて来ると、(もう花がすっかり散って)山には春もなくなっていたことよ。

とめ-ゆ-く【尋め行く】(自カ四)〔か・き・く・く・け・け〕さがし求めて行く。源氏 紅梅「花の香を匂はす宿に—・か㊍ば色にめづとや人の咎(とが)めむ」訳 花の香りを匂わせている宿(=中の君の家)を尋ねて行くなら、(私=匂宮(にほうのみや)が)花の色(=色事)にひきつけられていると世間の人は非難するだろうか。

とも【友】(名)❶仲間。友人。万葉 四・五五五「君がため醸(か)みし待ち酒安(やす)の野にひとりや飲まむ—なしにして」訳 あなたのために醸造した接待用の酒を安の野でたったひとりで飲むのだろうか。仲間もなしで。❷同行の者。連れ。伊勢 八「—とする人一人二人して行きけり」訳 連れとする者一人二人とともに行った。

とも【供・伴】(名)主人などに付き従って行くこと。また、その人。従者。更級 夫の死「車の—に、泣く泣く歩み出(い)でて行くを」訳 (棺(ひつぎ)の)車の供として、泣く泣く歩いて出て行く姿を。

> **語の広がり 「供(とも)・伴(とも)」**
> 「伴(とも)なふ」は、「伴」にその行為をする意の動詞を作る接尾語「なふ」が付いたもの。

とも【鞆】(名)弓を射るとき、弓を持つ左手の手首の内側に結び付ける革製の具。弦(つる)が手首を打つのを防いだり、手首の装身具を保護したりするために用いるという。⇨巻頭カラーページ16

とも【艫】(名)船の後部。船尾。万葉 一一・二七四〇「大船の—にも舳(へ)にも寄する波」訳 大船の船尾にも舳先にも寄せる波。↔舳(へ)

と-も(接助)〔接続助詞「と」に係助詞「も」の付いたもの〕

> **意味・用法**
> 逆接の仮定条件〔たとえ…にしても。〕→❶
> 強意〔たとえ…でも。〕→❷
>
> **接続** 動詞・形容動詞・助動詞(動詞・形容動詞型活用)の**終止形**、形容詞・助動詞(形容詞型活用・打消の「ず」)の**連用形**に付く。

❶逆接の仮定条件を表す。**たとえ…にしても。** 徒然 一二〇「唐(から)の物は、薬のほかは、なくとも事欠くまじ」訳 中国の物は、薬以外は、たとえなくても不自由しないだろう。

❷事実そうであったり、そうなるのが確実な事柄について、仮に仮定条件で表して意味を強める。(…ではあるが)**たとえ…でも。** 竹取 かぐや姫の昇天「かくさしこめてありとも、かの国の人来(こ)ば、みな開(あ)きなむとす」 訳 たとえ(私を)このように(塗籠(ぬりごめ)の中に)閉じ込めてあるにしても、あの(月の)国の人が来たなら、きっとみんな開いてしまうだろう。 文法 「開きなむ」の「な」は、助動詞「ぬ」の未然形で、ここは確述の用法。(⇩とも「識別ボード」)

文法 (1)接続に関して、奈良時代の文献に特例が見られる。すなわち、上一段活用の動詞「見る」に接続する場合、「終日(ひねもす)に見**とも**飽くべき浦にあらなくに」〈万葉 一八・四〇三七〉のように「見とも」の形が現れる。これは、「見べし」「見らむ」の用例とともに、動詞「見る」の接続の古い形を残したものと見られる。→と(接助)

(2)鎌倉時代以降は、動詞・形容動詞・助動詞(動詞・形容動詞型活用)の連体形に付く場合もある。

参考 ・ば(接助) **文法**

と-も(終助)【格助詞「と」に係助詞「も」の付いたもの】相手のことばに応じて同意する意を表す。もちろん…さ。…だとも。〔狂・止動方角〕「『こなたの御立身をなされたならば、この太郎冠者(くわじや)をも取り立てて下さるるでござろう』『おお、取り立ててとらしょう**とも**』」 訳 「御主人様が御出世なさったならば、この太郎冠者をも引き立ててくださるでしょうね」「おお、もちろん引き立ててやろうとも」

⇩とも「識別ボード」

接続 活用語の終止形に付く。

参考 室町時代以降に用いられた。

と-も ❶「と」の受ける部分の意味をやわらげたり、含みをもたせたりする。…とも。 伊勢 六「夜も更けにければ、鬼ある所―知らで」 訳 夜も更けてしまったので、鬼がすむ所とも知らないで。 徒然 一〇「時のまの煙(けぶり)―なりなんとぞ、うち見るより思はるる」 訳 (りっぱな住居も火事にでもあえば)ひとときのあいだの煙ともなってしまうだろうと、ちょっと見ているそばから思わないではいられない。

❷同じ動詞・形容詞を重ねてその間に置いて、意味を強める。〔後撰〕恋六「み山木のこり―こりぬ」 訳 深山の木を「樵(こ)る」ではないが、懲(こ)りに懲りてしまった。 源氏 玉鬘「あなうれし―うれし」 訳 ああうれしいこと、うれしいこと。(⇩とも「識別ボード」)

なりたち 格助詞「と」+係助詞「も」

接続 格助詞「と」に同じ。ただし、②の用法は、「と」では動詞の連用形+「と」に限られるが、「とも」ではシク活用形容詞の終止形も受ける。

◆**識別ボード「とも」**◆

①**格助詞「と」+係助詞「も」**
「深田あり**とも**知らずして、馬をざっとうち入れたれば」 訳 泥の深い田があるとも知らないで、馬をどっと勢いよく乗り入れたところ。〈平家 九・木曽最期〉

②**接続助詞**
「今日来ずは明日は雪とぞ降りなまし消えずはあり**とも**花と見ましや」 訳 もし(私が)今日来なかったら、明日はきっと雪の降るように散ってしまうだろう。たとえ消えないであっても花として見るだろうか(いや、見はしない)。〈古今 春上〉

③**終助詞**
「『食ふ物をやったならば、出て行かうか』『オオ出て行かう**とも**』」〈狂・節分〉
意味で見分ける。①の「も」は強めになるので、省いて「ありと知らずして」としても不自然にならない。②は「たとえ…ても」の意の仮定条件逆接になるもの。③は中世以降にしか見られず、現代語の「出て行く**とも**」「出て行くつもりだ**とも**」などの表現の源流。

-ども(接尾)❶(体言に付いて)同類のものの複数を表す。…ら。…のいくつか。…の多く。 平家 二・嗣信最期「大臣(おほい)殿、侍(さぶらひ)―を召して(=お呼びになって)」

❷(自称の語に付いて)謙譲の意を表す。〔狂・末広がり〕「身―は無念なことを致いた」 訳 私めはうっかりしたことをいたしました。

❸(人物を表す単数の体言に付いて)低く待遇したり親しさを示したりする意を表す。 大和 一五六「嫗(おうな)―、いざ給へ(=さあいらっしゃい)」(⇩達(たち)「類語パネル」)

ど-も(接助)【接続助詞「ど」に係助詞「も」の付いたもの】

意味・用法
逆接の確定条件〔…けれども。…のに。…だが。〕→❶
逆接の恒常条件〔たとえ…ても(やはり)。…ときでも。〕→❷

接続
活用語の**已然形**に付く。

❶逆接の確定条件を表す。**…けれども。…のに。…だが。** 徒然 一〇九「あやしき下臈(げらふ)なれ**ども**、聖人の戒(いまし)めにかなへり」 訳 いやしい身分の低い者であるけれども、(そのことばは)聖人の教訓によく一致している。

❷逆接の恒常条件(=あることがあっても、それにかかわらず、いつも同じように次に述べる事柄が起きること)を表す。**たとえ…ても(やはり)。…ときでも。** 徒然 六〇「いかなる大事あれ**ども**、人の言ふこと聞き入れず」 訳 たとえどんな大事があっても、人の言うことを聞き入れない。

文法 基本となる用法は①と②であるが、文脈上、「…だが、それでは足りず、さらにそのうえに」の意を表していると見られる次のような用例もある。
「風吹き、浪(なみ)激しけれ**ども**(=激しいのに)、かみなり(=かみなり)さへ頂(いただき)に落ちかかるやうなるは、竜を殺さむと求め給へばあるなり」〈竹取 竜の頸の玉〉
「ども」に添加の意があるというのでなく、①の用法が文脈上「…だけでなく」の訳にあたると考えてよい。
なお、「ど」「ども」は同じ意味で使われるが、「ども」は漢文訓読調の文章に多く使われ、平安時代の散文全体では「ど」のほうが優勢である。鎌倉時代以降になると、逆に「ども」が一般的に使われるようになる。→ど(接助) 参考 ・ば(接助) **文法**

と-も-ある 何か事のある。ちょっとした。 徒然 三七「朝夕へだてなく馴(な)れたる人の、―時、我に心置き」 訳 朝夕うちとけて馴れ親しんでいる人が、ちょっとしたときに、私に遠慮して。

なりたち 副詞「と」+係助詞「も」+ラ変動詞「有り」の

連体形「ある」

と-も-あれ「ともあれかくもあれ」の略。〔浮・好色一代男〕「身どもは―、大坂のお客にすこしの内も淋しきことのおもしろからず」訳 私はともかく、大坂のお客人に少しの間でも淋しい思いをさせるのはぐあいが悪い。

と-も-あれ-かく-も-あれ ともかく。何はともあれ。源氏 明石「―、夜の明け果てぬ先に御舟に奉れ」訳 何はともあれ、夜が明けきらないうちにお舟にお乗りください。

なりたち 副詞「と」＋係助詞「も」＋ラ変動詞「有り」の命令形「あれ」＋副詞「かく」＋係助詞「も」＋ラ変動詞「有り」の命令形「あれ」

と-も-かう-も ―コウ―〔副〕〔「ともかくも」のウ音便〕「ともかくも」に同じ。平家 一・祇王「いかに祇王御前、―御返事を申せかし」訳 もし祇王御前、なんとでもご返事を申し上げろよ。

と-も-かがみ【共鏡・友鏡】〔名〕鏡を二つ使ってうしろ姿を映すこと。合わせ鏡。転じて、二つのものを照らし合わせて見ること。〔後撰〕冬「黒髪と雪との中のうき見れば―をもつらしとぞ思ふ」訳 黒い髪（のあなた）と雪（のような白髪の私）との間がうまくゆかないようすを見ると、（親しいはずの友という語を含む）友鏡をも、つれないものだと思う。

と-も-がき【友垣】〔名〕友だち。友人。〔雨月〕貧福論「さる人はもとより―の訪ふこともなく」訳 そのような人は、もちろん友人が来訪することもなく。

と-も-かく-も〔副〕〔「と」「かく」は副詞。「も」は係助詞〕❶どのようにでも。とにかく。源氏 若菜上「御覧ずる世に、―この御事定まりたらば、仕うまつりよくなむあるべき」訳（朱雀院がご覧になるうち（＝ご存命中）に、どのようにでもこの御事（＝女三の宮の結婚）が決まったならば、（私＝乳母も）お仕えしやすいにちがいない。❷〔下に打消の語を伴って〕どちらとも。なんとも。源氏 桐壺「もののつつましきほどにて、―あへしらひ聞こえ給はず」訳（光源氏は）何かと恥ずかしい年ごろで、（左大臣に）なんとも応答し申しあげなさらない。

ともかくも… 俳句

> 冬
> ともかくも　あなた任せの　としの暮れ
> 〈おらが春・一茶〉

訳 ともかくも阿弥陀様、あなたにすべてをお任せしてこの年の暮れを送ることにいたします。（としの暮れ 冬）
解説 さまざまな出来事のあった年だが、中でも愛児さとの死は悲痛の極みであった。「ともかくも」の平易でとぼけた味の中に、かえって悲しみを通りこした哀感がにじむ。

ともかくも-な-る どうなるかわからないが、ある結果になる。特に、死ぬことを婉曲に言う。源氏 桐壺「かくながら、―・ら（未）むを御覧じ果てむとおぼしめすに」訳 このままで、（桐壺の更衣が死ぬのか生きるのか）どうなろうとも、そのなりゆきを最後までお見届けになろうと（桐壺帝は）お思いになるが。⇩果つ「慣用表現」

なりたち 副詞「ともかくも」＋四段動詞「なる」

と-もがな ある事の実現を願う気持ちを表す。…であってほしい。…としたいものだなあ。新古 恋三「忘れじの行く末までは難ければ今日を限りの命―」訳→わすれじの…和歌。→もがな

なりたち 格助詞「と」＋願望の終助詞「もがな」

とも-がら【輩・儕】〔名〕仲間。同輩。連中。徒然 八五「驥を学ぶは驥のたぐひ、舜を学ぶは舜の―なり」訳 駿馬（＝一日千里を走る馬）をまねる馬は駿馬の同類で（あり）、舜（＝中国古代の聖帝）をまねる者は舜の（ような聖人の）仲間である。

ともし〔名〕❶【灯】ともしび。明かり。伊勢 三九「―消ちなむずるとて」訳（蛍の灯を消してしまおうと言って。❷【照射】夏の夜、山中で篝火をたいたり松明をともしたりして、おびき出した鹿を射る狩りの方法。また、その火。夏。宇治 一・七「いみじう暗かりける夜、―に出でにけり」訳 ひどく暗かった夜、（竜門の聖の知人の男は）ともしに出かけて行った。

とも-し〔形シク〕〔(しから)・しく(しかり)・し・しき(しかる)・しけれ・しかれ〕❶【乏し】㋐**不十分である。少ない。**とぼしい。方丈 四「糧―・しけれ（已）ば、おろそかなる報いをあまくす」訳 食糧がとぼしいので、粗末なさずかりもの（＝食べ物）をおいしく感じる。㋑**貧しい。貧乏である。**徒然 一四二「―・しく（用）かなはぬ人のみあれば、おのづから本意通らぬ事多かるべし」訳 貧乏で思うにまかせない人ばかりいるので、自然と望みを達せられない事が多いだろう。❷【羨し】㋐珍しくて飽きない。心がひかれる。万葉 九・一七二四「見まく欲り来しくもしるく吉野川音のさやけさ見るに―・しく（用）」訳 見たいと思って来たこともかいがあって、吉野川の川音の清らかですがすがしいことよ。（ますます）心がひかれて。文法「見まく」の「まく」は、推量の助動詞「む」のク語法で「（見る）であろうこと」の意。「来しく」の「しく」は過去の助動詞「き」のク語法で、「（来）たこと」の意。㋑**うらやましい。**万葉 七・一二一〇「吾妹子にあが恋ひ行けば―・しく（用）もならび居るかも妹と背の山」訳 わが妻に私が恋いこがれながら行くと、うらやましくも並んでいるのだなあ。妹山と背の山とは。

とも-し-さ【羨しさ】〔名〕うらやましさ。うらやましい気持ち。万葉 二〇・四四二五「防人に行くは誰が背と問ふ人を見るが―物思ひもせず」訳→さきもりに…和歌

とも-し-び【灯】〔名〕明かり。灯火。徒然 一三「ひとり―のもとに文（＝書物）をひろげて」

ともしびの【灯火の】〔枕詞〕灯火の明るいことから「あかし（明石）」にかかる。万葉 三・二五四「―明石大門に」

ともしびの… 和歌

> 枕詞
> ともしびの　明石大門に　入らむ日や
> 漕ぎ別れなむ　家のあたり見ず
> 〈万葉・三・二五四・柿本人麻呂〉

訳（船が）明石海峡に入るであろう日には、（大和と）漕ぎ別れてしまうのだろうか。（自分の）家のあたりも見ないで。
修辞「ともしびの」は「明石」にかかる枕詞。
解説 第三句を「入る日にか」と訓む本もある。「門」は海峡の意。明石を過ぎると畿内の外になる。

とも-し-ぶ【乏しぶ・羨しぶ】〔自バ上二〕〔び・び・ぶ・ぶる・ぶれ・びよ〕

「ともしむ」とも。うらやましく思う。珍しく思う。[万葉]一七・四〇〇〇「いまだ見ぬ人にも告げむ音のみも名のみも聞きて―・ぶる(体)がね」[訳]まだ見ない人にも告げよう。(立山(たちやま)の)評判だけでも名前だけでも聞いて(人々が)うらやましがることだろうから。

とも・し・む【乏しむ・羨しむ】[一](自マ四){ま・み・む・む・め・め}「ともしぶ」に同じ。[二](他マ下二){め・め・む・むる・むれ・めよ}もの足りなく思わせる。[万葉]一二・二五七七「今だにも目な―・め(用)そ相見ずて恋ひむ年月久しけまくに」[訳]せめて今だけでも(あなたを)見ることをもの足りなく思わせないでくれ(=思う存分顔を見せてくれ)。会わずに恋しく思う年月が長いことであろうから。

とも・す【点す・灯す】(他サ四){さ・し・す・す・せ・せ}灯火をつける。[徒然]一九「家々より松ども―・し(用)て走りよりて見れば」[訳]家々から松明(たいまつ)をつけて走り寄って見ると。

とも‐すぎ【共過ぎ】(名)《近世語》共働き。〔浮・世間胸算用〕「嚊(かか)も色白にたくましければ、―にして世をわたり」[訳]女房も色白で丈夫なので、共働きで暮らしをたて。

と‐も‐すれ‐ば(副)〔「と」は副詞。「も」は係助詞〕ややもすると。どうかすると。[竹取]かぐや姫の昇天「在る人の『月の顔見るは、忌(い)むこと』と制しけれども、―人間(ひとま)にも月を見ては、いみじく泣き給ふ」[訳]そばにいる人(=侍女)が「月の表面を見るのは、不吉で避けることだ」と止めたけれども、(かぐや姫は)ややもすると人のいない間にも月を見ては、ひどくお泣きになる。

とも‐ちどり【友千鳥】(名)数多く群れている千鳥。むら千鳥。[源氏]須磨「―もろごゑになくあかつきは」[訳]群れている千鳥が声を合わせて鳴く夜明け前は。

とも‐づな【纜】(名)船尾にあって、船をつなぎとめる綱。[平家]三・足摺「―解いて〔船を〕おし出(い)だせば」

とも‐な・ふ(―ナ(ノ)ウ)【伴ふ】〔「なふ」は接尾語〕[一](自ハ四){は・ひ・ふ・ふ・へ・へ}いっしょに行く。連れ立つ。連れ添う。[徒然]二三八「賢助僧正(けんじょそうじょう)に―・ひ(用)て、加持香水(かぢかうずい)を見侍りしに」[訳]賢助僧正に連れ添って、加持香水の儀式を見ましたときに。[二](他ハ四・下二){は・ひ・ふ・ふ・へ・へ}{へ・へ・ふ・ふる・ふれ・へよ}引き連れる。連れて行く。[万葉]一九・四一八九「ますらをを―・へ(用)(下二段)立てて叔羅川(しくらがは)なづさひのぼり」[訳]官人たちを引き連れ出して、叔羅川を水にひたってさかのぼり。

とも‐に【共に】〔「と」「の」または名詞に付いて〕…といっしょに。[古今]秋上「打ち寄する波と―や秋は立つらむ」[訳]岸に打ち寄せる波といっしょに秋は立つのだろうか。
[なりたち]名詞「共(とも)」+格助詞「に」

鞆の浦(とものうら)『地名』今の広島県福山市の沼隈(ぬまくま)半島付近の海岸。朝鮮半島との交通や瀬戸内海航路の要港で、景勝の地としても知られる。

とも‐の‐みやつこ(名)❶【伴の造】上代、朝廷所有の部(べ)を統括した中央の中小豪族。❷【伴の御奴】主殿寮(とのもりょう)の下役人。庭の掃除や節会(せちえ)の灯火などを担当した。

とも‐の‐を(―オ)【伴の緒】(名)上代、ある特定の職業に従事して朝廷に仕えた部族。また、その首長。[万葉]二〇・四四六六「磯城島(しきしま)の大和(やまと)の国に明(あき)らけき名に負ふ―心つとめよ」[訳]大和の国に清らかな家名を持つ(大伴の)部族の者たちよ、心していっそう努めよ。(「磯城島の」は「大和」にかかる枕詞)

ともびき‐にち【友引日】(名)陰陽道(おんようどう)で、何をしてもよくも悪くもないという日。後世、友を引く日(=他人の死を誘う日)として、葬式を避けるようになった。

とも‐ゑ(―エ)【鞆絵・巴】(名)水が渦をまいてめぐる形の模様。右巴・左巴・二つ巴・三つ巴など。[平家]一・殿上闇討「―かいたる(=かいてある)筆の軸」

と‐や❶〔文中にある場合、「…といふや」の略〕疑問の意を表す。…というのか。[万葉]一五・三七八〇「恋ひ死なば恋ひも死ね―ほととぎすもの思(も)ふ時に来(き)鳴きとよむる」[訳]恋いこがれて死ぬならばこがれ死にでもしろというのか、ほととぎすが、(私の)もの思いをしているときにやって来て鳴きたてることだ。
❷〔文末にある場合、「…とやいふ」の略〕(ア)伝聞を確かめる意を表す。…というのか。…というのだな。[土佐]「ある人、あざらかなる物持て来たり。米(よね)して返りごとす。男どもひそかに言ふなり。『飯粒(いひぼ)してもつ釣る』―」[訳]ある人が新鮮な物(=鮮魚)を持って来た。米で返礼をする。男たちがひそひそ話しているようだ。「めしつぶで鮭(むつ)(=魚の名)を釣る(ような大もうけ)」というのだな。(イ)(特に、物語などの文末に用いて)…ということだ。…とさ。[伊勢]六「まだいと若うて、后(きさき)のただにおはしける時―」[訳]まだたいそう若くて、(二条の)后が一般の人の身分でいらっしゃったときのことだとさ。
[なりたち]格助詞「と」+係助詞「や」
[参考]②(イ)の用法は、特に「今昔物語集」などの説話文学によく見られる。「今昔物語集」では、基本的に「今は昔」で始まり「…となむ語り伝へたるとや」で終わる。

と‐や‐あら‐む ああであろうか。〔伽・浦島太郎〕「―、かくやあらんと心をつくし申せしに」[訳]ああであろうか、こうであろうかと気をもみ申しあげていたのに。
[なりたち]副詞「と」+係助詞「や」+ラ変動詞「有り」の未然形「あら」+推量の助動詞「む」の連体形「む」

と‐や‐あり‐つる ああだったか。[今昔]二五・一二「頼信(よりのぶ)、家に帰り着きて、―かくこそあれといふ事もさらに知らずして」[訳]頼信は家に帰り着いて、ああだったか、こうだったということもまったく関知しないで。
[なりたち]副詞「と」+係助詞「や」+ラ変動詞「有り」の連用形「あり」+完了の助動詞「つ」の連体形「つる」

と‐や‐かく‐や(‐と)(副)〔「と」「かく」は副詞。「や」は係助詞〕あれやこれや。ああしようかこうしようか。[源氏]葵「―とおぼしあつかひ聞こえさせ給へるさま、あはれにかたじけなし」[訳](桐壺帝が)あれやこれやと心を配って(光源氏を)お世話申しあげなさっているようすは、しみじみと情愛深く畏れ多い。[文法]「させ給へ」は、最高敬語。

とや‐がへ・る(―ガエル)【鳥屋返る】(自ラ四){ら・り・る・る・れ・れ}夏の末から初冬にかけて、鳥屋(とや)(=鳥小屋)の中にいる鷹(たか)の羽が抜け替わる。また、鷹が鳥屋に飛び帰って来る意とも。〔後拾遺〕冬「―・る(体)白斑(しらふ)の鷹の木居(こゐ)をなみ雪げの空にあはせつるかな」[訳]羽が抜け替わる白い斑(まだら)の鷹の止まり木がないので、雪の降り出しそうなようすの空に、獲物に向けて鷹を放ったことだ。(「あはす」は、鷹狩りの用語で、鷹を獲物の鳥に合わせて放つこと)

と‐やま【外山】(名)人里近くにある山。端山(はやま)。〔後拾遺〕春上「高砂(たかさご)の尾上(をのへ)の桜咲きにけり―の霞(かすみ)

立たずもあらなむ」 訳 →たかさごの…和歌。↔奥山・深山(みやま)

と-よ ❶(文末に用いて)上に述べたことを強調する。…と思うよ。…ということだよ。万葉 二〇・四四〇五「我が妹子(いもこ)が偲(しぬ)ひにせよと付けし紐(ひも)糸になるとも我(わ)は解かじ―」 訳 いとしいわが妻が思い出の品にしてくれと付けた紐は、糸になっても私は解くまいと思うよ。
❷(上に疑問の意の係助詞「か」を伴って)不確かな事態を確認する意を表す。…だったか。…であろうか。方丈 二「去(い)んじ安元三年四月(うづき)二十八日か―。風烈(はげ)しく吹きて、静かならざりし夜」 訳 (あれは)去る安元三年陰暦四月二十八日だったか。風が強く吹いて、静かでなかった晩。
❸(多く文末に用いて)感動を表す。…だよ。…だなあ。平家 九・小宰相身投「明日(みやうにち)のいくさには、一定(いちぢやう)討たれなんずとおぼゆるは―」 訳 明日の戦いでは、(私は)きっと討たれてしまうだろうと思われることだよ。
なりたち 格助詞「と」+間投助詞「よ」

とよ-あきづしま【豊秋津島】(名)〔秋の実り豊かな国の意。「あきづしま」は本来大和(やまと)の国を中心とした地域をさす〕「とよあきつしま」とも。日本国の美称。⇩大八州(おほやしま)「慣用表現」

とよ-あしはら(―アシワラ)【豊葦原】(名)〔豊かに葦(あし)の生い茂った原野の意〕日本国の美称。⇩大八州(おほやしま)「慣用表現」

とよあしはら-の-なかつくに(トヨアシワラ―)【豊葦原の中つ国】(名)〔「中つ国」は高天原(たかまのはら)と黄泉(よみ)の国との中間にある国の意〕現実の地上世界。また、日本国の美称。平家 一一・剣「―のあるじとして、天孫(あめみま)をくだし奉り給ひし時」 訳 日本国の主として、天孫を(地上に)お下し申しあげなさったとき。⇩大八州(おほやしま)「慣用表現」

とよあしはら-の-みづほのくに(トヨアシワラノミズホノクニ)【豊葦原の瑞穂の国】(名)〔豊葦原にあるみずみずしい稲の穂の実る国の意〕日本国の美称。⇩大八州(おほやしま)「慣用表現」

ど-よう【土用】(名)陰暦で、立春・立夏・立秋・立冬の前の各十八日間の称。一般には、立秋前の夏の土用十八日間をいう。夏

どよう-ぼし【土用干し】(名)かびや虫がつくのを防ぐため、夏の土用に、衣類や書物を日に当てたり風を通したりすること。夏。〔浮・日本永代蔵〕「―にも畳の上に直(ぢき)には置かず」 訳 土用干しにも(着物は紋を汚さないように)畳の上に直接には置かない。

とよ-の-あかり【豊の明かり】(名)❶酒を飲んで顔が赤くなること。〔祝詞〕「平らけく安らけく聞こしめして、―に明かりまさむ」 訳 ゆっくりくつろいでお酒を召しあがって、赤い顔におなりになっているであろう。
❷宮中での宴会。
❸「豊の明かりの節会(せちゑ)」に同じ。源氏 総角「―は今日ぞかしと、京思ひやり給ふ」 訳 豊の明かりの節会は今日であるよと、(薫(かをる)は)都に思いをはせなさる。

とよのあかり-の-せちゑ(―セチエ)【豊の明かりの節会】新嘗(にひなめ)祭りの翌日、陰暦十一月の中の辰(たつ)の日に天皇が新穀を食べ、群臣にも賜る儀式。冬

とよ-の-とし【豊の年】豊年。実りの豊かな年。豊作の年。万葉 一七・三九二五「新(あら)たしき年のはじめに―しるすとならし雪の降れるは」 訳 新しい年のはじめに、実り豊かな年の前兆を示すということであるに違いない。(こんなに)雪が降っているのは。

とよ-はたくも【豊旗雲】(名)旗のようにたなびく美しく大きな雲。万葉 一・一五「わたつみの―に入り日見し今夜(こよひ)の月夜(つくよ)さやけかりこそ」 訳 →わたつみの…和歌

とよみ【響み・動み】(名)「どよみ」とも。鳴り響くこと。また、大声を上げて騒ぐこと。騒ぎ。徒然 一三六「『…ゆかしきところなし』と申されけるに、―に成りて、まかり出(い)でにけり」 訳 (六条の内大臣が)「…(あなたの学識でもう)聞きたいところがない」と申されたために、(一座の人々の)大笑いになって、(医師篤成(あつしげ)はいたたまれず)退出してしまった。

とよ-みき【豊御酒】(名)酒をほめていう語。美酒。万葉 六・九八九「ますらをの禱(ほ)く―にわれ酔(ゑ)ひにけり」 訳 りっぱな男子が祝う美酒に私は酔ってしまった。

とよ-みてぐら【豊御幣】(名)神に供える幣帛(へいはく)をほめていう語。〔後拾遺〕雑六「しろたへの―を取り持ちていはひぞそむる紫の野に」 訳 栲(たへ)で織った白い布のうるわしい幣帛を(手に)取って持ち、(神を)祭りはじめる。(この)紫野の地で。

とよ・む【響む・動む】〔中古末期ごろから「どよむ」〕 一 (自マ四){ま・み・む・む・め・め} ❶鳴り響く。響きわたる。古今 恋二「秋なれば山―・む(体)まで鳴く鹿にわれおとらめやひとり寝(ぬ)る夜は」 訳 (今は)秋なので、山が鳴り響くほどに鳴く鹿に、自分(の気持ち)は劣ろうか(いや、劣りはしない)。(妻を恋い)ひとり寝る夜は。文法「や」は、反語の係助詞。
❷大声をあげて騒ぐ。騒ぎたてる。徒然 二三〇「『あれ狐(きつね)よ』と―・ま(未)れて、まどひ逃げにけり」 訳 「あれ狐だ」と騒ぎたてられて、(狐は)あわてて逃げてしまった。
二 (他マ下二){め・め・む・むる・むれ・めよ}鳴り響かせる。万葉 一五・三六八〇「夜を長み眠(い)の寝らえぬにあしひきの山彦(やまびこ)―・め(用)さ男鹿(しか)鳴くも」 訳 (秋の)夜が長いので、眠れずにいると、こだまを響かせて雄鹿が鳴くことだ。(「あしひきの」は「山」にかかる枕詞)。文法「夜を長み」の「み」は原因・理由を表す接尾語。「…を…み」の形で「…が…ので」の意。「寝らえぬに」の「らえ」は、上代の可能の助動詞「らゆ」の未然形。

ど-よ-め-く【響めく・動めく】(自カ四){か・き・く・く・け・け}〔「めく」は接尾語〕大声をあげて騒ぐ。平家 一一・那須与一「陸(くが)には源氏、箙(えびら)をたたいて―・き(用)けり」 訳 陸地では源氏(の武者たち)が、箙(=矢をさして背に負う武具)をたたいて大声をあげて騒いだ。

とよ-も-す【響もす】(他サ四){さ・し・す・す・せ・せ}大きな声や音をたてる。鳴り響かす。万葉 一五・三七八二「雨隠(あまごも)り物思(も)ふ時にほととぎすわが住む里に来鳴き―・す(終)」 訳 雨でひきこもって物思いをしているときに、ほととぎすは、私が住む里にやって来て鳴きたてる。

とら【寅】(名)❶十二支の三番目。→十二支(じふにし)
❷方角の名。東北東。
❸時刻の名。今の午前四時ごろ、およびその前後約二時間(午前三時ごろから午前五時ごろ)。枕 二七八「―の時になむわたらせ給ふべかなる」 訳 寅の時(=午前四時ごろ)に(中宮は)お出かけになられるはずだそうだ。文法

「せ給ふ」は、最高敬語。「べかなる」は、「べかるなる」の撥音便「べかんなる」の「ん」の表記されない形。

どら【銅鑼・鉦】(名)打楽器の一つ。多く、青銅製で盆形に作り、ひもでつり下げて、ばちで打って鳴らす。

とら・す【取らす】 ━ (他サ下二){せ・せ・す・する・すれ・せよ}与える。やる。徒然 二三二「人に物を━・せ㊊たるも、ついでなくて、『これを奉らん』と言ひたる、まことの志なり」訳 人に物を与えたときも、(何の)きっかけもなくて、「これを差し上げよう」と言ったのが、ほんとうの好意である。
━ (補動サ下二){せ・せ・す・する・すれ・せよ}(上に接続助詞「て」を伴って)…(て)やる。〔狂・入間川〕「国許へ下ったならば、くわっと取り立てて━・せ㊍うぞ」訳 領地へ帰ったならば、おおいに登用してやろうぞ。

とら・ふ トラ(ロ)ウ **【捕らふ・捉ふ・執らふ】**(他ハ下二){へ・へ・ふ・ふる・ふれ・へよ}❶しっかりとつかむ。にぎる。細道 出発まで「馬の口━・へ㊊て老いをむかふる者は」訳 (旅人や荷物をのせる)馬の口縄をにぎって老年を迎える者(=馬子)は。⇩おくのほそ道「名文解説」
❷とりあげる。問題にする。〔紫式部日記〕「ただ、わが心の立てつるすぢを━・へ㊊て、人をばなきになすめり」訳 (たいていの人は)ただ、自分の心に決めた(得意な)方面のことばかりをとりあげて、他人を無視するようだ。
❸とり押さえる。つかまえる。徒然 一七五「逃げんとするを━・へ㊊て、ひきとどめて」

とり-【取り】(接頭)(動詞に付いて)語調をととのえ、語の勢いを強める。「━認む」「━繕ふ」「━賄ふ」

とり【酉】(名)❶十二支の十番目。→十二支
❷方角の名。西。
❸時刻の名。今の午後六時ごろ、およびその前後約二時間(午後五時ごろから午後七時ごろ)。

とり【鳥】(名)❶鳥類の総称。
❷特に、鶏。伊勢 五三「むかし、をとこ、逢ひがたき女にあひて、物語などするほどに、━の鳴きければ」訳 昔、男がなかなか逢えない女に逢って、話などをするうちに、鶏が鳴いて(夜明けを告げ)たので。
❸特に、雉。徒然 六六「盛りなる紅梅の枝に、━一双を添へて」訳 花盛りの紅梅の枝に、雉一つがいを付けて。

とり-あつ・む【取り集む】(他マ下二){め・め・む・むる・むれ・めよ}多くの物を寄せ集める。また、さまざまなことをいっしょにする。徒然 一九「早稲田刈り干すなど、━・め㊊たることは秋のみぞ多かる」訳 早稲の田(の稲)を刈りとって干すなど、一時にいろいろな物事を合わせて行っていることは特に秋に多い。

とり-あはせ アワセ **【鶏合はせ】**(名)雄の鶏をたたかわせて勝負をさせる遊戯。宮中では、陰暦三月三日に行事として行った。闘鶏。

とり-あ・ふ (オ)ウ—ア **【取り合ふ】** ━ (自ハ四){は・ひ・ふ・ふ・へ・へ}❶相手になる。かかわり合う。〔義経記〕「━・ひ㊊て詮なしとて、みな小門の方へぞ隠れける」訳 かかわり合ってもつまらないといって、みな小門のほうへ隠れてしまった。
❷調和する。つり合う。〔狂・子盗人〕「これ(=小袖)は、こちらの道具とは━・は㊍ぬ品ぢゃが」
━ (他ハ四){は・ひ・ふ・ふ・へ・へ}先を争って奪い合う。宇治 六・三「倉どもみな開けて、かく宝どもみな人の━・ひ㊊たる、あさましく、悲しさ、言はん方なし」訳 いくつもの倉をみな開けて、このようにさまざまの宝をすべての人が奪い合っているのは驚きあきれ、悲しさはなんとも言いようがない。

とり-あ・ふ (オ)ウ—ア **【取り敢ふ】**(他ハ下二){へ・へ・ふ・ふる・ふれ・へよ}(多く、下に打消の表現を伴う)❶取ることができる。用意する。伊勢 一〇七「蓑も笠も━・へ㊍で、しとどに濡れて惑ひ来にけり」訳 蓑も笠も用意しない(ほど急いで)で、びっしょり濡れて難儀しながらやって来たのだった。
❷あり合わせる。持ち合わせる。源氏 竹河「人香なつかしう染みたるを、━・へ㊊たるままにかづけ給ふ」訳 (着物に)人の移り香が親しみ深く染みこんだのを、あり合わせたままに禄として(薫に)お与えになる。
❸こらえる。源氏 梅枝「心ありて風のよくめる花の木に━・へ㊍ぬまで吹きや寄るべき」訳 気をつかって、(花を散らさないように)風がよけて(吹いて)いるかと思われる梅の花の木に、(うぐいすが)いたたまれないほどに(私=夕霧が)笛を吹いて近寄ってもよいだろうか(いや、よくなかろう)。

とりあへ-ず トリアエ— **【取り敢へず】**(副)すぐ。急に。たちどころに。徒然 一〇七「女の物言ひかけたる返り事、━よきほどにする男はありがたきものぞ」訳 女が何かことばをかけた(のに対する)返事を、即座にうまいぐあいにする男はまれなものだ。

とり-い・づ イズ **【取り出づ】**(他ダ下二){で・で・づ・づる・づれ・でよ}取り出す。選び出す。抜き出す。竹取 かぐや姫の昇天「恋しからむ折々、━・で㊊て見給へ」訳 (私を)恋しく思うような時々に、(この手紙を)取り出してご覧ください。

とり-い・る【取り入る】 ━ (自ラ四){ら・り・る・る・れ・れ}❶入り込む。とりつく。平家 三・赦文「こはき御物の怪ども、━・り㊊奉る」訳 手ごわい物の怪どもが、(中宮に)おとりつき申しあげる。
❷こびへつらう。
━ (他ラ下二){れ・れ・る・るる・るれ・れよ}❶(手紙や贈り物などを)受け取る。枕 一〇四「御文━・れ㊊て、殿、上へ、宮など御覧じわたす」訳 お手紙を受け取って、殿(=藤原道隆)、母北の方、中宮(=定子)などがそれぞれにご覧になる。
❷中に入れる。納める。更級 物語「物語ども一袋━・れ㊊て、得て帰る心地のうれしさぞいみじきや」訳 いろいろな物語を一袋に納めて、手に入れて帰る気持ちのうれしさといったらたいへんなものであるよ。
❸物の怪が、人の心身を引き入れて苦しめ悩ます。源氏 葵「御物の怪の度々━・れ㊊奉りしを」訳 御悪霊が(葵の上に)たびたび取りついて苦しめ悩ませ申しあげたことを。

とり-お・く【取り置く】(他カ四){か・き・く・く・け・け}しまっておく。保存する。片付ける。源氏 浮舟「さかしらにこれを━・き㊊けるよなど漏り聞き給はむこそ恥づかしけれ」訳 こざかしくも、(私=浮舟が)これ(=匂宮からの手紙)をしまっておいたことだよなどと、(薫が)漏れ聞きなさるとすれば、それはきまりの悪いことだ。

とり-おこな・ふ ナ(ノ)ウ—オコ **【執り行ふ】** ━ (他ハ四){は・ひ・ふ・ふ・へ・へ}実際に行う。源氏 須磨「殿の事━・ふ㊎べきかみしも定めおかせ給ふ」訳 御殿(=二条院)の事務で執り行わなければならないいろいろの事をお定めおきになる。
━ (自ハ四){は・ひ・ふ・ふ・へ・へ}酒を飲む。徒然 一七五「つれづれなる日、思ひの外に友の入り来て、━・ひ㊊たるも心なぐ

さむ」訳 何もすることがなく手もちぶさたの日、思いがけなく友がやって来て、一杯やっているのも心が安まる。

とり-かか・る【取り掛かる】(他ラ四){ら・り・る・る・れ・れ} ❶そのことに心が取り付いて離れない。気にかかる。源氏 蜻蛉「宮の上に―・り(用)て、恋しうもつらくも」訳 宮の上(=中の君)に心が取り付いて離れなくて、恋しくもあり、つらくもあり。
❷取りすがる。すがり付く。大鏡 師尹「人々のうへの衣の片袂落ちぬばかり、―・ら(未)せ給ふに」訳 (永平親王が)人々の袍の片袖が落ちてしまうほど、取りすがりなさると。
❸立ち向かう。打ち掛かる。今昔 二五・七「笛を吹きながら見返りたる気色、―・る(終)べくもおぼえざりければ」訳 笛を吹きながら振り向いたようすは、(刀を抜いて)打ち掛かることができるとも思われなかったので。

とり-か・く【取り掛く】(他カ下二){け・け・く・くる・くれ・けよ} ❶手に取って掛ける。〔うつほ〕国譲中「御衣―・け(用)、御うちはなど参れば」訳 お召し物を手に取って掛け、御うちわなどであおいで差しあげると。
❷代価として支払う。土佐「楫取りの昨日釣りたりし鯛に、銭なければ米を―・け(用)て」訳 船頭が昨日釣っていた鯛に対して、お金がないので米を代価として支払って。
❸攻め始める。襲いかかる。〔浄・仮名手本忠臣蔵〕「さては師直が一家の武士―・け(用)しと覚えたり」訳 さては師直の一族の武士が攻めてきたと思われた。

とり-かぢ【取り舵】(名) ❶船首を左へ向けるときの舵のとり方。〔太平記〕七「―・面梶取り合はせて…馳せたりける」訳 (船頭は)取り舵・面舵(=船首を右へ向ける舵のとり方)を組み合わせて…(船を)走らせたのだった。
❷左舷。〔太平記〕一六「―・面梶にかい楯搔いて」訳 左舷・右舷に垣のように楯を並べて。(↔面舵)

とりがなく【鳥が鳴く・鶏が鳴く】《枕詞》「東」にかかる。万葉 九・一八〇七「―東の国に」

とり-か・ふ【取り飼ふ】(他ハ四){は・ひ・ふ・ふ・へ・へ}〔「とり」は接頭語〕❶飼い養う。大和 一五二「夜昼これをあづかりて、―・ひ(用)給ふほどに」訳 (大納言は)夜も昼もこれ(=帝の愛用の鷹)を預かって、飼育しなさるうちに。
❷飼料を与える。源氏 夕霧「秣など―・は(未)せて」訳 (馬に)まぐさ(=草やわらなど)を飼料として与えさせて。

とり-かぶと【鳥兜・鳥甲】(名) 舞楽の伶人(=楽人)のかぶる冠。鳳凰の頭になぞらえ、後方に錣(=兜から垂らして首をおおうもの)が出ている。

（とりかぶと）

とり-かへし【取り返し】(副) 初めにかえって。改めて。源氏 桐壺「おぼしまぎるる折もありつる昔のこと、―悲しくおぼさる」訳 (桐壺帝は)思いまぎれなさるときもあった昔のこと(=桐壺の更衣のこと)を、改めて自然と悲しくお思いになる。

とりかへばや物語(とりかへばやものがたり)『作品名』平安末期の物語。作者・成立年代とも未詳。現存本は平安末期から鎌倉初期に改作したもの。男女をとりかえて育てられた兄妹の物語で、退廃的な傾向の作。

とり-ぐ・す【取り具す】(他サ変){せ・し・す・する・すれ・せよ} とりそろえる。また、備える。大鏡 道長上「いとのどやかに、御刀に削られたる物を―・し(用)て奉らせ給ふに」訳 (道長は)たいそう落ち着いて、御刀と削りとられた物をとりそろえて(花山天皇に)差し上げなされるので。

とり-こ【取り子】(名) 養子。もらい子。枕 七九「あぢきなきもの…―の顔にくげなる」訳 つまらないもの、…もらい子で顔がみにくそうなの。

とり-こ・む【取り込む】(他マ四){ま・み・む・む・め・め} 取って中に入れる。源氏 帚木「をかしき古言をもはじめより―・み(用)つつ」訳 おもしろい古歌をも(和歌の)初句から(自分の歌の中に)取り入れては。

とり-こ・む【取り籠む】(他マ下二){め・め・む・むる・むれ・めよ} 閉じ込める。また、まわりをとり囲む。平家 九・木曽最期「大ぜいの中に―・め(用)て、我うっとらんとぞすすみける」訳 大軍の中に(義仲を)とり囲んで、自分が討ち取ろうと思って進んだ。

とり-ざた【取り沙汰】(名・他サ変)「とりさた」とも。❶取りさばくこと。取り扱い。処理。宇治 一五・九「郡司、泣く泣く葬送のことも―・し(用)けるとなん」訳 郡司は泣く泣く葬式のことをも取りさばいたということだ。
❷世間のうわさ。評判。〔狂・止動方角〕「こなたの世上の―を聞かせられてござるか」訳 あなたに対する世間のうわさをお聞きになっていますか。

とり-さ・ふ【取り支ふ】(他ハ下二){へ・へ・ふ・ふる・ふれ・へよ}〔「とり」は接頭語〕仲裁する。宇治 一〇・一「伴大納言の出納の家の幼き子と、舎人が小童といさかひをして、出納ののしれば、出でて、―・へ(未)んとするに」訳 伴大納言の出納をつかさどる家の幼い子と、舎人の子供とがけんかをして、出納係(の子)が大声で言い騒ぐので、(舎人が)出ていって、仲裁しようとすると。

とり-したた・む【取り認む】(他マ下二){め・め・む・むる・むれ・めよ}〔「とり」は接頭語〕片付ける。処理する。徒然 二九「長き夜のすさびに、なにとなき具足―・め(用)」訳 長い夜の心の慰みに、別にどうということもない身のまわりの道具を片付け。

とりじもの【鳥じもの】《枕詞》〔「じもの」は、…のようなものの意の接尾語〕鳥のようなものの意から、「朝立つ」「浮く」「なづさふ」にかかる。一説に、比喩とも。万葉 二・二一〇「―朝立ちいまして」。万葉 七・一一八四「―海に浮きゐて」。

とり-す【執りす】(他サ変){せ・し・す・する・すれ・せよ} 一つのことに心を打ち込む。熱心に取り組む。源氏 若菜下「あやしく、人の才、はかなく―・する(体)ことども、物のはえありて」訳 (この六条院では)不思議と、人の学問でも、ちょっと心を傾けて取り組む芸事のあれこれでも、物事のりっぱに見えるところがあって。

とり-す・う【取り据う】(他ワ下二){ゑ・ゑ・う・うる・うれ・ゑよ} 一定の場所に、人や物を据え置く。大鏡 頼忠「僧に賜ぶ物どもは、先づ御前に―・ゑ(未)させて」訳 僧にお与えになるさまざまな物は、まず(中宮の)御前に据え置かせて。

とり-たが・ふ【取り違ふ】(他ハ下二){へ・へ・ふ・ふる・ふれ・へよ} 取りちがえる。まちがえる。枕 八四「人のもとに、さるもの包みておくるやうはある。―・へ(用)たるか」訳 人の所に、そのような物を包んで贈ることがあるだろうか(いや、あるはずがない)。取りちがえたのか。

とり-た-つ【取り立つ】(他タ下二){て・て・つ・つる・つれ・てよ} ❶特別にとりあげる。源氏 桐壺「—・て用てはかばかしき後ろ見しなければ」訳(桐壺の更衣には)特にとりあげてしっかりした後ろ盾がないので。文法「後ろ見しなければ」の「し」は、強意の副助詞。❷登用する。目をかけ世話をする。〔狂・入間川〕「国もとへ下ったならば、くゎっと—・て用てとらせうぞ」訳領地へ帰ったならば、おおいに登用してやろうぞ。❸準備する。仕立てる。〔うつほ〕蔵開下「銀、黄金の馬、様々色々—・て用て」訳(仲忠は)銀や金の馬、さまざまいろいろなものを準備して。❹取り上げる。取り扱う。竹取 かぐや姫の昇天「からうじて思ひ起こして、弓矢を—・て未むとすれども」訳(警固の人々は)やっと気持ちをとり直して、弓矢を取り上げようとするけれども。❺建物を建てる。築く。徒然 二五「金堂はそののち倒れふしたるままにて、—・つる体わざもなし」訳(法成寺の)金堂はその後倒れ伏したままで、築くようすもない。

とり-つ-く【取り付く】■(自カ四){か・き・く・く・け・け} ❶すがりつく。徒然 四一「—・き用ながら、いたう睡りて、落ちぬべき時に目を醒ますこと、たびたびなり」訳(木の枝に)すがりついたままで、ひどく居眠りをして、(今にも)落ちそうなときに目をさますことが、たびたびである。文法「落ちぬべき」の「ぬ」は、助動詞「ぬ」の終止形で、ここは確述の用法。❷(霊魂などが)乗り移る。〔栄花〕楚王のゆめ「いたう日頃弱らせ給へるに、御物の怪の—・き用奉りにければ」訳(嬉子は)たいそう数日来弱っていらっしゃるところに、御物の怪が乗り移り申してしまったので。❸着手する。とりかかる。〔炭俵〕野坡「家普請を春のてすきに—・い用(イ音便)て」訳家の建築を春のひまな時期にとりかかって。■(他カ下二){け・け・く・くる・くれ・けよ} ❶とりつける。そこにつける。万葉 一七・四〇一一「矢形尾の吾が大黒(=鷹の名)に白塗りの鈴—・け用て」訳尾の羽が矢の模様になっているわが大黒(=鷹の名)に銀めっきをした鈴をとりつけて。❷(霊魂などを)乗り移らせる。〔祝詞〕「己れ命の和魂を八咫の鏡に—・け用て」訳御自分のやわらぎ静まる魂を八咫の鏡に乗り移らせて。

とり-つくろ-ふ【取り繕ふ】(他ハ四){は・ひ・ふ・ふ・へ・へ} ❶修理する。手入れをする。蜻蛉 上「かかる所も、—・ひ用かかはる人もなければ、いと悪しくのみなりゆく」訳このような(心細いありさまで暮らす)家も、修理し世話をする人もいないので、たいそう荒れてゆくばかりである。❷着飾る。服装や体裁を整える。源氏 東屋「御かたをも、頭洗はせ、—・ひ用て見るに」訳御方(=浮舟)にも、髪を洗わせ、服装を整えて見ると。(「とり」は接頭語)

とり-つづしろ-ふ【取り嘰ろふ】手に取って少しずつ食べ続ける。→嘰ろふ

とり-て【捕り手・取り手】(名) ❶罪人を捕らえる役。また、その人。〔浄・傾城反魂香〕「隠し置きたる—の者」訳(陰に)隠しておいた捕り手の者。❷武術の一種。柔術。〔浮・日本永代蔵〕「今の世の中に、—の師匠か取り上げ婆(=産婆)より外に、〔元手なしで〕銀になるものなし」

とり-どころ【取り所】(名) ❶とりえ。長所。枕 一四一「—なきもの　かたちにくさげに、心あしき人」訳とりえのないもの、容貌が醜い感じで、気立てがよくない人。❷器物の取っ手。つまみ。〔うつほ〕蔵開中「—には、女の一人若菜摘みたる形を作りたり」訳(鍋の)取っ手には、女が一人若菜を摘んでいる模様を作った。

とり-と-む【取り留む】(他マ下二){め・め・む・むる・むれ・めよ} 引きとどめる。押さえとめる。古今 雑上「—・むる体物にしあらねば年月をあはれあな憂と過ぐしつるかな」訳(過ぎ去るのを)引きとどめるものではないので、年月を「ああ(年がたった)」とか「ああつらい」と言って(むなしく)過ごしてしまったことだ。

とり-どり(形動ナリ){なら・なり(に)・なり・なる・なれ・なれ} それぞれに特徴のあるさま。いろいろ。さまざま。思い思い。源氏 桐壺「藤壺ならび給ひて、御おぼえも—・なれ已ば、かかやく日の宮と聞こゆ」訳藤壺の宮は(光源氏と)お並びになって、(桐壺帝の)ご寵愛もそれぞれ優劣がないさまなので、かがやく日の宮と申し上げる。平家 一・祇園精舎「おごれる心もたけきことも、皆—・に用こそありしかども」訳おごった心も勢いが盛んなことも、みなそれぞれであったけれども。文法 係助詞「こそ」の結びは、接続助詞「ども」が付いて「しかども」とさらに下に続くため消滅(=結びの流れ)している。

とり-な-す【取り成す・執り成す】(他サ四){さ・し・す・す・せ・せ} ❶手に取ってある状態に変化させる。姿を変えさせる。枕 二五「ありつる文、立て文をも結びたるをも、いときたなげに—・し用ふくだめて」訳先ほどの(持たせてやった)手紙を、(それが正式の)立て文にしろ(略式の)結び文にしろ、ひどく汚らしくしてしまってけばだたせて。❷うまくとりつくろう。調子を合わせる。徒然 二三一「客人の饗応なども、ついでをかしきやうに—・し用たるも」訳客人のもてなしなども、その場にふさわしいように調子を合わせているのも。❸取りざたする。源氏 夕顔「つくりごとめきて—・す体人ものし給ひければなむ」訳(この「源氏物語」を)作り話めいていると取りざたする人がいらっしゃったので(こうして書いたわけである)。(「ものす」は婉曲表現で、ここは「いる」の意)。文法 係助詞「なむ」のあとに結びの語が省略されている。

とり-な-づ【取り撫づ】(他ダ下二){で・で・づ・づる・づれ・でよ} 手に取ってなでる。大事にする。万葉 一・三「朝には—・で用給ひ夕へにはい倚り立たしし御執らしの梓の弓の中弭の音すなり」訳(わが天皇が)朝には手に取ってなでなさり、夕方にはそばに寄ってお立ちになった、ご愛用の梓弓の中弭の音が聞こえる。

とり-なほ-す【取り直す】(他サ四){さ・し・す・す・せ・せ} ❶持ちかえる。持ち直す。源氏 梅枝「筆—・し用、用意し給へるさまさへ」訳(光源氏が)筆を持ち直し、気をつけてお書きになっているごようすまでも。❷改める。変える。直す。源氏 末摘花「火—・し用、格子放ちて入れ奉る」訳(女房たちは)明かりをつけ直し、格子をあけて(光源氏を)お入れ申しあげる。

とり-の-あと【鳥の跡】❶(中国で、蒼頡(=人名)が鳥の足跡を見て漢字を作ったという伝説から)文字。筆跡。古今 仮名序「—久しくとどまれらば」訳(この歌集

の文字が久しくとどまっているならば。文法「とどまれらば」の「ら」は、完了の助動詞「り」の未然形。❷字のたどたどしいこと。乱れた筆跡。枕一五八「心にくき所へつかはす仰せ書きなどを、誰(たれ)もいと―にしも、などかはあらむ」訳奥ゆかしい方へおやりになるお手紙の代筆などを、だれもひどく乱れた筆跡で、どうして書こうかいや、書きはしない)。

慣用表現「筆跡」を表す表現
跡・手跡(しゅせき)・墨付き・手・鳥の跡・筆・筆の跡・水茎(みづぐき)・水茎の跡

とり-の-こ【鳥の子】(名)❶卵。鶏卵。伊勢五〇「―を十づつ十は重ぬとも思はぬ人を思ふものかは」訳卵を十個ずつ十回も重ね(るほどむずかしいことはでき)ても、(こちらを)思ってくれない人をいとしく思うことはできるだろうか(いや、できないだろう)。❷「鳥の子紙」の略。雁皮(がんぴ)を原料にした上等の和紙。鳥の卵のような淡黄色で光沢がある。書簡用紙などに用いた。

とり-の-そらね【鳥の空音】(昔、中国で、斉(せい)の孟嘗君(もうしょうくん)が秦(しん)の国から脱出する時、まだ夜中であったが、鶏(にわとり)の鳴き声の巧みな者が鶏の声をまねて函谷関(かんこくかん)の役人に開門の時刻だと思いこませ、無事に関所を越えたという故事から)鶏の鳴きまねをすること。〔後拾遺〕雑二「夜をこめて―にはかるともよに逢坂(あふさか)の関はゆるさじ」訳→よをこめて…和歌

とり-の-まひ【鳥の舞】(マイ)(名)雅楽の林邑楽(りんゆうがく)の一つ。壱越調(いちこつちょう)(=雅楽の六調子の一つ)で「迦陵頻伽(かりょうびんが)」の鳥になぞらえて舞うもの。

とり-ばかま【取り袴】(名)袴の左右上部の開いた部分(=股立(ももだ)ち)をまくり上げて帯にはさむこと。急ぎのときのいでたち。平家二・西光被斬「人も追はぬに―して、いそぎ門外へぞ逃げ出(い)でける」訳人も追わないのに袴の股立ちをからげ上げたいでたちをして、急いで門の外へ逃げ出した。

とり-は-く【取り佩く】(他カ四)(か・き・く・く・け・け)取って腰につける。帯びる。万葉五・八〇四「ますらをの男さびすと剣太刀(つるぎたち)腰に―き用」訳りっぱな男が男らしく振る舞うということで、剣太刀を腰に帯び。

とり-はづ-す【取り外す】(ハズス)(他サ四)(さ・し・す・す・せ・せ)❶取りそこなう。宇治七・六「細長を、心なかりける御前(みさき)の―し用て、遣(や)り水に落とし入れたりけるを」訳細長(=女性の衣服)を、うっかり者であった御前駆(ぜんく)が取りそこなって、遣り水の中に落とし入れてしまったが。❷うっかりして失敗する。誤る。源氏夕顔「女は、ただやはらかに、―し用て人にあざむかれぬべきが」訳女は、ひたすらもの優しく、うっかりまちがって(男の)人にだまされてしまいそうな人で。文法「あざむかれぬべき」の「ぬ」は、助動詞「ぬ」の終止形で、ここは確述の用法。

とり-ばみ【鳥食み・取り食み】(名)宴会の料理の残りを庭に投げて、下人などに食べさせること。また、それを食べる者。枕一四二「―といふもの、男(をのこ)などのせむだにいとうたてあるを」訳鳥食みというものは、下男などがするようなのさえ、たいそういやなのに。

とり-はや-す【取り囃す】(他サ四)(さ・し・す・す・せ・せ)うまく座をとりもつ。にぎやかにする。枕一四四「御くだ物まゐりなど―し用て、御前にもまゐらせ給ふ」訳(大納言=伊周(これちか)は)お菓子を召し上がりなどして座をとりもって、中宮様にも差し上げなさる。

とり-ぶき-やね【取り葺き屋根】(名)そぎ板を並べ、石・丸太・竹などを重しにして押さえた屋根。

鳥部野(とりべの)『地名』歌枕(「鳥辺野」とも書く)今の京都市東山区の、東山の西側のふもと。平安時代から火葬場のあった所。鳥部山。

鳥部山(とりべやま)『地名』歌枕(「鳥辺山」とも書く)→鳥部野(とりべの)

とり-まう-す【取り申す・執り申す】(モウス)(他サ四)(さ・し・す・す・せ・せ)❶取り次いで申し上げる。また、取りはからって申し上げる。平家三・法印問答「入道随分―し用しかども、つひに御承引なくして」訳(私)入道(=平清盛)ができる限り取り次いで申し上げたけれども、(法皇は)とうとうご承知なさらずに。❷とりたてて申し上げる。また、申し上げる。源氏帚木「何事を―さ未むと思ひめぐらすに」訳どんなことをとりたてて申し上げようと思案をめぐらすが。

とり-まかな-ふ【取り賄ふ】(マカナウ)(他ハ四)(は・ひ・ふ・ふ・へ・へ)(「とり」は接頭語)世話する。用意する。徒然二四〇「すべて、余所(よそ)の人の―ひ用たらん、うたて、心づきなきこと多かるべし」訳一般に、他人が世話したようなの(=結婚)は、なんとも、気にくわないことが多いだろう。

とり-まはし【取り回し】(マワシ)(名)❶とりなし。振る舞い。やりくり。〔浮・日本永代蔵〕「万事の―、人の鑑(かがみ)にもなりぬべき願ひ」訳生活すべてのやりくりで、人の模範にもなりたい(という)願い。❷なりふり。身なり。立ち居振る舞い。〔浮・好色一代女〕「―のいやしからずとて」訳立ち居振る舞いが下品でないというので。

とり-みる【取り見る】(他マ上一)(み・み・みる・みる・みれ・みよ)❶手に取って見る。万葉一〇・二〇三四「棚機(たなばた)の五百機(いほはた)立てて織る布の秋さり衣(ごろも)誰(たれ)か―み未む」訳織機の数多くを設けて織る布でできた秋の衣はだれが手に取って見るのだろうか。❷世話する。看病する。万葉五・八八六「国に在(あ)らば父―み未まし家に在らば母―み未まし」訳もし国にいれば父が(私を)看病してくれるであろうのに、もし家にいれば母が(私を)看病してくれるであろうのに。

とり-も-あへ-ず【取りも敢へず】(エ)「とりあへず」に同じ。

とりもうす『取り申す・執り申す』⇩とりまうす

とり-も-つ【取り持つ・執り持つ】(他タ四)(た・ち・つ・つ・て・て)❶手に持つ。万葉二〇・四四九「なでしこが花―ち用てうつらうつら見まくの欲しき君にもあるかも」訳なでしこの花を手に取り持って、目のあたりにはっきりと見たいように、よくよくお会いしたいあなたであることよ。❷(「とりもちて」の転「とりもて」の形で)奪い取る。いっしょに連れて行く。さらって行く。源氏手習「狐(きつね)、木霊(こだま)やうのものの、欺(あざむ)きてとりもて来たるにこそ侍らめ」訳狐や木の精霊のようなものが、欺いて(ここに)さらって来た人でございましょう。❸世話する。責任をもって行う。引き受けて行う。仲立ちする。源氏絵合「大方のことどもは―ち用て親めき聞こえ給ふ」訳(前斎宮の入内(じゅだい)のための)ひととおり

の諸準備は(光源氏が)引き受けて、親のように(お世話)し申しあげなさる。

とり-もの【採り物】(名)祭事のとき、神官が手に持つ道具。特に、神楽で舞うとき、舞人が手に持つもの。榊・幣・杖・篠・弓・剣・鉾など。

とり-や・る【取り遣る】(他ラ四){ら・り・る・る・れ・れ}取り除く。取ってよそへ移す。源氏 野分「紛るる物どもも━・り(用)たれば、いとよく見ゆ」訳(屏風など)邪魔になるいろいろな物も取り除いてあるので、(奥まで)とてもよく見える。

とり-よそ・ふ ヨソウ【取り装ふ】(他ハ四){は・ひ・ふ・ふ・へ・へ}【「とり」は接頭語】よそおう。身じたくをする。万葉 二〇・四三九八「ますらをのこころ振り起こし━・ひ(用)門出をすれば」訳りっぱな男子としての心を奮い立たせて、(防人の)身じたくを調え門出をすると。

とり-よろ・ふ ヨロウ(自ハ四){は・ひ・ふ・ふ・へ・へ}《上代語》語義未詳。整い備わる意か。万葉 一・二「大和には群山あれど━・ふ(体)天の香具山」訳大和の国には、たくさんの山々があるが、(その中でもりっぱに)整い備わった天の香具山。

とり-わき【取り分き】(副)特別に。とりわけ。源氏 桐壺「━仰せ言ありて清らを尽くして仕うまつれり」訳特別に(桐壺帝の)お指図があって、(儀式の係は)華美を尽くしてお勤め申しあげた。

とりわき-て【取り分きて】(副)「とりわき」に同じ。徒然 一七五「よき人の、━、『今ひとつ、上少なし』など、のたまはせたるもうれし」訳身分が高く教養のある人が、特別に、「もう一杯(いかが)、(杯の)上の方が少ししか減っていない」などと、おっしゃったのもうれしい。

とり-わ・く【取り分く】■一(自カ四){か・き・く・く・け・け}特別である。特に目立つ。源氏 早蕨「前の世も━・き(用)たる契りもやものし給ひけむ」訳(あなた=弁の尼は)前世も(大君と)特別であった縁でもおありになったのだろうか。(「ものす」は婉曲表現で、ここは「ある」の意)

■二(他カ四){か・き・く・く・け・け}他と区別する。特別扱いする。源氏 須磨「人みな静まりぬるに、━・き(用)てかたらひ給ふ」訳人がみな寝しずまったので、(中納言の君を)特別に扱って(光源氏は)お話しになる。大鏡 道長上「女院は、入道殿を━・き(用)奉らせ給ひて」訳女院(=東三条院詮子)は、入道殿(=道長)を(兄弟の中でも)特に目をおかけ申しあげになられて。参考 のちに他動詞は下二段にも活用するようになる。

とり-わた・す【取り渡す】(他サ四){さ・し・す・す・せ・せ}【「とり」は接頭語】他の場所から持って来る。持って行く。運ぶ。枕 八二「地獄絵の屏風━・し(用)て、宮に御覧ぜさせ奉らせ給ふ」訳地獄絵の屏風を持って来て、(天皇が)中宮にご覧に入れ申しあげなさる。

とり-ゐ・る イトリル【取り率る】(他ワ上一){ゐ・ゐ・ゐる・ゐる・ゐれ・ゐよ}召し連れる。むりに引き連れる。竹取 かぐや姫の昇天「許さぬ迎へまうで来て━・ゐ(用)てまかりぬれば、口惜しく悲しき事」訳(この地上にとどまることを)許さない迎えがやって来まして(私=かぐや姫を)むりに引き連れて(月の都へ)おいとましてしまうので、残念で悲しいこと(でございます)。

と・る【照る】(自ラ四){ら・り・る・る・れ・れ}《上代東国方言》てる。万葉 一四・三五六一「日が━・れ(已)ば雨を待とのす君をと待とも」訳日が照ると雨を待つように君を待つことだ。(「待とのす」は「待つなす」、「君をと待とも」は「君をそ待つも」の東国方言)

と・る【取る・執る・採る・捕る】(他ラ四){ら・り・る・る・れ・れ}❶持つ。つかむ。手にする。万葉 一四・三四五九「稲つけばかかる吾が手を今夜もか殿の若子が━・り(用)て嘆かむ」訳→いねつけば…和歌

❷つかまえる。捕らえる。徒然 一〇「鳥の群れゐて池の蛙を━・り(用)ければ」訳鳥が(屋根に)群がりとまって池の蛙を捕ったので。

❸手に持って扱う。万葉 一七・三九六一「白波の寄する磯廻を漕ぐ船の楫━・る(体)間なく思ほえし君」訳白波の寄せてくる入り江を漕ぐ船の櫓をあやつる絶え間がないように、いつも絶えず思われていたあなたよ。(「楫とる」までは「間なく」を導きだす序詞)

❹収穫する。採集する。竹取 かぐや姫の生ひ立ち「野山にまじりて竹を━・り(用)つつ、よろづのことに使ひけり」訳野や山に分け入って竹を切り取っては、いろいろなことに使っていた。⇩竹取物語「名文解説」

❺自分のものにする。支配する。領有する。平家 七・聖主臨幸「これら百人千人が頸をきらせ給ひたりとも、世を━・ら(未)せ給はんこと難かるべし」訳(大臣殿=平宗盛が)これら百人千人の首をお斬りになられたとしても、世を支配しなされるようなことは難しいだろう。文法「きらせ給ひ」「とらせ給はん」の「せ」は、尊敬の助動詞「す」の連用形。

❻奪う。とりあげる。没収する。大和 一二六「家も焼けほろび、物の具もみな━・ら(未)れはてて、いといみじうなりにけり」訳家も焼けてなくなり、道具類もみなすっかり奪われて、たいそうひどくなってしまった。

❼選び出す。採用する。〔十訓〕三「小式部内侍、歌詠みに━・ら(未)れて詠みけるを」訳小式部内侍が(歌合わせの)歌人に選ばれて(歌を)詠んだが。

❽推量する。源氏 花散里「声作り気色━・り(用)て御消息聞こゆ」訳(惟光は)わざと咳ばらいをしてようすをうかがって、(光源氏の)ご伝言を申し上げる。

❾(多く、「…にとりて」「…にとって」の形で)関連させる。関する。徒然 四一「人、木石にあらねば、時に━・り(用)て、物に感ずることなきにあらず」訳人間は、木や石のような(非情の)ものではないから、時によって、何かに感動することがないわけではない。

とる-かた-な・し【取る方なし】取りえがない。取り上げるべき点がない。源氏 帚木「━・く(用)口惜しき際と」訳なんの取りえもなくつまらない程度(の女性)と。

とろ-め・く【盪めく・蕩めく】(自カ四){か・き・く・く・け・け}❶とろとろする。眠気がさす。今昔 四・三二「かく━・き(用)て寝をのみ眠給ふは、これ、必ず御病に在すめり」訳(国王が)このように眠気がさして寝てばかりいらっしゃるのは、これは必ずご病気でいらっしゃるようだ。

❷夢見心地になる。うっとりする。

とわ【永久】⇩とは

とわずがたり ⇩とはずがたり

と-わた・る【門渡る】(自ラ四){ら・り・る・る・れ・れ}【「と」は水流の出入りする所の意】川・海・瀬戸などを渡る。古今 雑上「わがうへに露ぞ置くなる天の河━・る(体)舟の櫂のしづくか」(伊勢・五九にも所収)訳私の上に露が落ちるよ

うだ。(これは)天の川の川門を渡る(彦星の)船の櫂のしずくだろうか。

とゐら・ふ(自ハ四){は・ひ・ふ・ふ・へ・へ}《上代東国方言》「とをらふ」の転】揺れ動く。(波が)うねる。万葉 二〇・四三八五「行こ先に波なー・ひ用後方には子をと妻をと置きても来ぬ」訳 行く先に波ようねり立つな。後ろには子と妻とを置いて来てしまった(のだから)。

とを【十】(名)じゅう。とお。伊勢 五〇「鳥の子をーづつーは重ぬとも」訳 卵を十個ずつ十回も重ね(るほどむず)かしいことはできても。

とをだごも… 俳句

> 十団子も　小粒になりぬ‖　秋の風 秋
> 〈韻塞・許六〉

訳 このごろは名物の十団子までも小粒になってしまったよ。(宇津谷峠の茶店には)折から秋風が吹いている。(秋の風 秋。切れ字は「ぬ」)

解説 「宇津の山(=歌枕)を過ぐ」と前書きする。元禄五年(一六九二)七月、彦根から藩主の参勤に従った旅での吟。秋は東海道も人の往来の少なくなるころ。名物の十団子が「小粒になりぬ」ととらえられ、蕭々と秋風が吹くあわれさを詠んだ句。「此の句しをりあり」〈去来抄・修行〉と芭蕉が賞している。

とを-だんご【十団子】(名)「とをだご」「とだんご」とも。駿河の国(静岡県)宇津谷峠のふもとで売った名物の団子。

とを-よ-る【撓よる】(自ラ四){ら・り・る・る・れ・れ}(若竹や弓のように)しなやかにたわむ。万葉 三・四二〇「なゆたけのー・る体皇子さ丹つらふわが大王は」訳 しなやかである皇子、紅顔のわが皇子は。(「なゆたけの」は「とをよる」にかかる枕詞)

とを-ら-ふ(自ハ四){は・ひ・ふ・ふ・へ・へ}揺れ動く。万葉 九・一七四〇「墨吉の岸に出でゐて釣り船のー・ふ体見れば古のことそ思ほゆる」訳 墨吉の岸に出てすわって釣り船が揺れ動くのを見ると、昔のことが思われる。

とをを【撓】(形動ナリ){なら・なり(に)・なり・なる・なれ・なれ}しなうさま。たわむさま。たわわ。万葉 一〇・二三一五「あしひきの山道も知らず白橿の枝もー・に用雪の降れれば」訳 山道もわからないことだ。白橿の枝もたわむほどに雪が降っているので。(「あしひきの」は「山」にかかる枕詞)

どん-こん【鈍根】(名・形動ナリ)《仏教語》「どんごん」とも。仏道を理解する能力が劣っていること。また、その人。転じて、頭の働きが鈍いこと。愚かなこと。今昔 一・八「五人はー・に用して、今はじめて覚りを開く」訳 五人は愚鈍であって、今(になって)初めて仏道の真理を体得する。↔利根

どんごん-さう【鈍根草】(名)「どんこんさう」「どごんさう」とも。茗荷(=草の名)の異名。〔軽口露がはなし〕「皆〔茗荷を〕ーと名付け、物忘れするとて、かたく(=決して)食はぬものぢゃ」

とん-じき【屯食】(名)「とじき」とも。強飯を握りかためて、卵形にしたもの。平安時代、宮中や貴族の邸で饗宴のとき、家来に弁当として与えた。

とんしょう-ぼだい【頓証菩提】(名)《仏教語》ただちに心の迷いを去り、仏果や悟りを得ること。願文を奉る場合や追善回向などの際に唱えられる。

とん-せい【遁世】(名・自サ変)「とんぜい」とも。俗世間を逃れること。仏門に入ること。徒然 八七「具覚房とて、なまめきたるーの僧を」訳 具覚房といって、上品な俗世間を離れた僧を。

とん-ばう【蜻蛉】(名)「とうばう」に同じ。秋

とんばう-がへり【蜻蛉返り】(名)(飛んでいるとんぼが、急に身をひるがえして方向を変えるように)軽く身をうしろへひるがえすこと。また、宙返り。とんぼ返り。平家 四・橋合戦「蜘蛛手、かくなわ、十文字、ー、水車、八方すかさずきったりけり」訳 (筒井の浄妙明秀は)蜘蛛手、かくなわ、十文字、とんぼ返り、水車と(秘術を尽くし)、八方にすき間なく斬りまくったのだった。

とん-よく【貪欲】(名)《仏教語》後に「どんよく」。愚痴・瞋恚とともに、人間の善心を害する煩悩(=三毒)の一つ。むさぼり欲ばること。徒然 一〇七「ー甚だしく、ものの理を知らず」訳 (女というものは)欲の深いことがはなはだしく、ものの道理を知らないで。

な ナ

「な」は「奈」の草体
「ナ」は「奈」の省画

な【名】(名)❶名前。呼び名。竹取 かぐや姫の生ひ立ち「ーをば、さかきの造となむいひける」訳 名前を、さかきの造というのだった。⇩竹取物語「名文解説」
❷うわさ。評判。名声。大鏡 頼忠「かばかりの詩をつくりたらましかば、ーのあがらむこともまさりなまし」訳 (作文の船に乗り)これぐらいの漢詩をもし作ったとしたならば、名声があがることもきっとまさっていただろうに。

文法 「ましかば…まし」は、反実仮想で「もし…なら…だろうに」の意。「なまし」の「な」は、助動詞「ぬ」の未然形で、ここは確述の用法。

名文解説 藤原公任が、作文・管弦・和歌の三つの船の中から和歌の船を選んでこれに乗り、秀歌を詠んで称賛された際のことば。当代随一の歌人である公任でさえこのように言うほど、漢詩の文学としての地位は和歌をしのいでいたのである。⇩聞こえ「慣用表現」

❸名ばかりで実質が伴わないこと。名目。虚名。〔拾遺〕雑下「ーのみして山は三笠もなかりけり朝日夕日のさすをいふかも」訳 (三笠山というのは)名目ばかりで山には御笠もなかったことよ。(この山の名は笠をさすからではなくて)朝日夕日がさすのをいうのかなあ。(「三笠」から同音の「御笠」を連想させる。「さす」は「笠をさす」と「日がさす」との掛詞)

な【肴】(名)魚・鳥獣の肉・野菜など、酒・飯にそえて食べるもの。一般的な副食物。おかず。さい。〔記〕中「前妻がー乞はさば」訳 もとからの妻がおかずをお求めになるならば。

> **語の広がり**「肴」
> 「鍋」は、「肴」を煮る「瓮」の意。「瓮」は飲食物を入れる容器のこと。

な【菜】(名)葉・茎などを食用とする草の総称。万葉 一・一「この岡に━摘ます児家告らせ名告らさね」訳→こもよ…和歌

な【魚】(名)食用とする魚。万葉 五・八六九「帯日売神の命の━釣らすとみ立たしせりし石を誰見き」訳 神功皇后が魚をお釣りになるということで、(その上に)お立ちになられた石をだれが見たのか。

な【儺】(名)「ついな」に同じ。

な【汝】(代)対称の人代名詞。自分より目下の者や親しい人に対して用いる。おまえ。あなた。万葉 三・二六六「近江の海夕波千鳥━が鳴けば心もしのに古思ほゆ」訳→あふみのうみ…和歌

な(副)❶《上代語》(動詞の連用形(カ変・サ変は未然形)の上に付いて)その動詞の表す動作を禁止する意を表す。**…するな。…してくれるな。**万葉 一一・二六六九「わが背子が振り放け見つつ嘆くらむ清き月夜に雲━たなびき」訳 私の夫が振り仰いで見ては今ごろ嘆いているであろう。(この)澄みきっている月に、雲よ、たなびいてくれるな。

❷(動詞の連用形(カ変・サ変は未然形)の上に付いて、下に終助詞「そ」を伴い、「な…そ」の形で)その動詞の表す動作を禁止する意を表す。**…するな。…してくれるな。**竹取 かぐや姫の昇天「月━見給ひそ」訳 月を見なさるな。宇治 一・一二「や、━起こし奉りそ。幼き人は、寝入り給ひにけり」訳 おい、起こし申しあげるな。幼い人は、(すっかり)寝入ってしまわれた。↓な…そ

参考 禁止の終助詞「な」による表現と比べておだやかで、願望をこめた禁止の意を表す。上代には①のように「な…」だけで多く用いられた。②は中古末期以降「な」が省略され、「…そ」のみの形で用いられることもあった。なお、「な…そ」についてはこの形で一つの終助詞とする説もある。→そ(終助)・な(終助〈禁止〉)

な ❶打消の助動詞「ず」のク語法に現れる形。万葉 五・七九八「妹が見しあふちの花は散りぬべしわが泣く涙いまだ干**なくに**」訳 妻が見た栴檀の花はきっと散ってしまうことだろう。(妻の死を悲しむ)私の泣く涙がまだ乾かないことなのに。

❷「ずに」の意にあたる上代の東国方言「なな」の中に現れる形。万葉 二〇・四四一八「わが門の片山椿まこと汝わが手触れ**な**な土に落ちもかも」訳 私の家の門の片山椿よ。ほんとうにおまえは私の手が触れないで、地面に落ちるのだろうか。文法「落ちも」の「も」は推量の助動詞「む」にあたる上代東国方言。(→ず 文法)。⇩な「識別ボード」(1)

参考 打消の助動詞「ず」の活用には「ず」「ぬ」「ざり」の三つの系列がある。現在「ぬ」の系列で文献に残っているのは、連用・連体・已然の三形だけであるが、古く「な・に・ぬ・ぬ・ね・ね」と活用する打消の助動詞があったとして、その未然形とする説もある。

な 助動詞「ぬ」の未然形。古今 春下「いざ桜我も散り**な**むひとさかりありなば人にうき目見え**な**む」訳 さあ、桜の花よ、私も(おまえのように潔く)散ってしまおう。一度盛りの時があったならば、(その盛りの後は)人にみじめな姿をきっと見られるだろう(から)。徒然 二三四「うららかにいひ聞かせたらんは、おとなしく聞こえ**な**まし」訳 はっきりと言い聞かせたならそれは、きっと穏当に聞こえるであろう。⇩な「識別ボード」(1)

◆**識別ボード「な」(1)**◆

①**動詞(ナ変)の未然形語尾**
「いづちもいづちも、足の向きたらむ方へい**な**むず」〈竹取 竜の頸の玉〉
訳 どこへなりとも、足が向いたら、そのほうへ行こう。

②**助動詞「ず」のク語法**
「誰をかも知る人にせむ高砂の松も昔の友な**らなくに**」〈古今 雑上〉
訳→たれをかも…和歌

③**助動詞「ぬ」の未然形**
「いざ桜我も散り**な**むひとさかりありなば人にうき目見え**な**む」〈古今 春下〉
訳 さあ、桜の花よ、私も(おまえのように潔く)散ってしまおう。一度盛りの時があったならば、(その盛りの後は)人にみじめな姿をきっと見られるだろう(から)。

いずれも、すぐ上か下を見て、語形で見分ける。①は、すぐ上が「い」か「し」に限られる。ナ変動詞は「往ぬ」「死ぬ」の二語しかない。②は、すぐ下が「く」に限られる。なお、助動詞「ず」と関連があるとされ、「ずに」の意にあたる「なな」が上代の東国方言にみられるが、用例は少ない。③は、連用形に付き、すぐ下に、助動詞「む」「まし」、助詞「ば」「なむ」がくる。

な(格助)《上代語》連体修飾語をつくる。…の。万葉 五・八〇二「いづくより来りしものそ目**な**交ひにもとなかかりて安眠し寝さぬ」訳→うりはめば…和歌

参考 上代においてすでに限られた語の結合にしか使用されていなかった。それらのうち「水**な**門(=港)」「水**な**本(=源)」「目**な**子(=眼)」「手**な**心(=掌)」「海**な**原」など、現在では一語化した語の中にわずかに残っているのが認められる。

な(終助)《上代語》

意味・用法
意志・希望〔…(し)よう。…(し)たい。〕→❶
勧誘〔(さあ)…(し)ようよ。〕→❷
願望・期待〔…(し)てほしい。〕→❸

接続 動詞および動詞型活用の助動詞の**未然形**に付く。

❶自己の意志・希望を表す。**…(し)よう。…(し)たい。**万葉 四・七六八「今しらす久邇の都に妹に逢はず久しくなりぬ行きてはや見**な**」訳 新たに天皇がお治めになっている久邇の都に(いるので)、妻に逢わないで長くなってしまった。(奈良の都の家に)行って早く逢いたい。

❷勧誘する意を表す。(さあ)**…(し)ようよ。**万葉 一・八「熟田津に船乗りせむと月待てば潮もかなひぬ今は漕ぎ出で**な**」訳→にきたつに…和歌

❸他に対する願望・期待を表す。**…(し)てほしい。**万葉 一七・三九三〇「道の中国つ御神は旅ゆきも為知らぬ君を恵み給は**な**」訳 越中(富山県)の国の神様は旅に出ることも体験していないあなたを(どうか)おいたわり

になってほしい。(⇩な「識別ボード」(2))

文法 (1) 基本的には、動作の主体に対して、「…(し)てほしい」と話し手の希望を表す語であるが、具体的な場面においては主語が一人称の場合は右の①、一人称複数の場合は②、二人称・三人称の場合は③の意となる。

(2) 同類の表現に、終助詞「に」「ね」があり、打消の助動詞との関連も考えられるが、はっきりしたことはわからない。なお、「に」「ね」の用例は限られていて、右の③の意だけに用いられている。

「ひさかたの天路は遠しなほなほに家に帰りて業をしまさ**に**(=家業に励んでくださってほしい)」〈万葉 五・八〇一〉

「あしひきの山飛び越ゆる雁がねは都に行かば妹に逢ひて来**ね**(=逢って来てほしい)」〈万葉 一五・三六八七〉

な (終助)

意味・用法
感動・詠嘆〔…なあ。…たことだなあ。〕→❶
念を押す〔…(だ)ね。…ぞ。〕→❷

接続 活用語の終止形や命令形、また係り結びの結びである連体形や已然形、終助詞など文の言いきりの形、および引用の格助詞「と」に付く。

❶感動や詠嘆の意を表す。**…なあ。…たことだなあ。** 古今 春下「花の色は移りにけり**な**いたづらに我が身世にふるながめせし間に」訳 →はなのいろは… 和歌

❷念を押す意を表す。**…(だ)ね。…ぞ。** 竹取 火鼠の皮衣「あべの大臣、火ねずみの皮衣もていまして、かぐや姫にすみ給ふと**な**」訳 あべの大臣は、(結婚の条件である)火ねずみの皮衣をもっておいでになって、かぐや姫(の所)に夫として通っていらっしゃるというのだね。(⇩な「識別ボード」(2))

な (終助)

意味・用法
禁止〔…(する)な。〕

接続 動詞・助動詞の**終止形**に付く。ただし、ラ変型活用の語には連体形に付く。

強い禁止の意を表す。**…(する)な。** 竹取 竜の頸の玉「竜の頸の玉取り得ずは、帰り来**な**」訳 竜の首の玉を取ることができないならば、帰って来るな。 **文法** 「取り得ずは」の「ずは」は、打消の順接の仮定条件を表す。 徒然 一〇九「あやまちす**な**。心して降りよ」訳 失敗するな。気をつけて(木から)降りろ。⇩な「識別ボード」(2)

参考 同類の禁止の表現には副詞「な」と終助詞「そ」が呼応した「な…そ」があるが、そのほうがおだやかでやわらかい言い方である。→な(副)

◆**識別ボード「な」(2)**◆

①**意志・希望、勧誘、他に対する願望の終助詞**
「梅の花咲きたる園の青柳を縵にしつつ遊び暮らさ**な**」訳 梅の花が咲いている庭園の芽ぶいた柳を髪飾りにしては、日が暮れるまで遊ぼう。〈万葉 五・八二五〉

②**感動・詠嘆の終助詞**
「花といはば、かくこそ匂はまほしけれ**な**」訳 花というならば、このようにかおってほしいものだなあ。〈源氏 若菜上〉

③**禁止の終助詞**
「名に愛でて折れるばかりぞ女郎花我落ちにきと人に語る**な**」訳 →なにめでて… 和歌 〈古今 秋上〉

①は上代語で、未然形接続。②は、終止形、係り結びによる連体形・已然形、終助詞など、文の言いきりの形に付く。終止形で言いきる文に付いた場合が、終止形接続の③と、形のうえで紛れがちだが、②は動詞の終止形で文を言いきることはほとんどなく、多くは過去や完了の助動詞が付く。したがって、動詞や受身・使役の助動詞に付くのは③、過去や完了の助動詞に付くのは②とみて、意味上の吟味をする。

な-あ-り【名有り】有名である。名高い。平家 七・篠原合戦「我らはさすが東国ではみな、人に知られて**―・る**㊍者でこそあれ」訳 我らはなんといっても東国ではみな、人に知られて名高い者であるが。

ない【地震】⇩なゐ

ない-えん【内宴】(名)平安時代、陰暦正月二十日ごろの子の日に、天皇が宮中の仁寿殿に文章博士ら文人などを召して行った内々の宴会。詩文を作り、管弦の楽を奏した。春

ない-が-しろ【蔑】(形動ナリ)〔なら・なり(に)・なり・なる・なれ・なれ〕〔「無きが代」のイ音便〕❶人を軽くあしらうようす。無視するさま。徒然 二三三「万の咎は、馴れたるさまに上手めき、所得たるけしきして、人を**―・に**㊊するにあり」訳 すべてのあやまちは、ものなれたようすで上手らしくし、得意になっているようすをして、人を無視する態度で行うことに(原因が)ある。

❷(人目を気にかけず)うちとけたようす。無造作。源氏 末摘花「あやしき馬に、狩衣姿の**―・に**㊊て来ければ、え知り給はぬに」訳 (頭の中将は)見苦しい馬で、狩衣姿という無造作なようすで(あとをつけて)来たので、(光源氏は)お気づきになることができないけれども。 **文法** 「え知り給はぬ」の「え」は副詞で、下に打消の語(ここでは「ぬ」)を伴って不可能の意を表す。

ない-き【内記】(名)律令制で、中務省に属し、詔勅・宣命を起草し、叙位の辞令を書き、宮中の記録を担当する職。大内記・中内記・少内記各二名で、文才にすぐれ、達筆な人が任じられた。→外記

ない-ぎ【内儀】(名)他人の妻に対する敬称。近世には多く町人の妻に言った。奥様。奥方。〔浮・世間胸算用〕「あんな気の短い男に添はしゃるお**―**が、縁とは申しながらいとしい(=気の毒な)ことぢゃ」

ない-ぎ【内議・内義】(名)内輪で評議・相談するこ

と。平家 二・西光被斬「そもー・支度(したく)はさまざまなりしかど」訳 それ(=鹿(しし)ケ谷の陰謀)も内々の相談や準備はいろいろ(と行われていたの)であったけれども。

ない-ぐ【内供】(名)「内供奉(ないぐぶ)」の略。宮中の内道場に奉仕する僧職。諸国から高徳の僧十人が選ばれ、御斎会(ごさいえ)の読師(どくし)や清涼殿の夜居(よい)をつとめた。

ない-くゎん(カン)【内官】(名)律令制で、中央諸官庁に勤める官吏。京官。↔外官(げくわん)

ない-げ【内外】(名)❶内部に出入りすること。特に、朝廷や貴人の家、女性の部屋などについていう。源氏 夕霧「ーなども許されぬべき。年頃のしるしあらはれ侍る心地(ここち)なむし侍る」訳 (部屋への)出入りなどもきっと許されるにちがいないことよ。数年来の(あなたへの心づかいの)甲斐(かい)がはっきり現れます気持ちがします。❷物事の内と外。奥向きと表向き。すべてのこと。平家 一・東宮立「ーにつけたる執権の臣とぞ見えし」訳 (平時忠(ときただ)は、宮中の)内と外に関した権力を握っている臣下であると思われた。❸内典と外典(げてん)。仏教の書と仏教以外の教えの書。徒然 八二「先賢の作れるーの文(ふみ)にも、章段の欠けたることのみこそ侍れ」訳 昔の賢人が書いた内典と外典の文章にも、章や段が欠落していることがよくあります。

ない-けう(キョウ)【内教】(名)《仏教語》(仏家で、儒教や道教を外教(げきょう)というのに対して)自ら信奉する仏教をいう語。また、仏教の教典。源氏 橋姫「ーの御才(ざえ)さとり深くものし給ひけるかな」訳 (八の宮は)仏典のご学問に理解が深くていらっしゃったなあ。

ない-けうばう(キョウボウ)【内教坊】(名)宮中の殿舎の一つ。舞姫に女楽・踏歌(とうか)を教習させた所。⇨巻頭カラーページ31

ない-し【内侍】(名)❶内侍司(ないしのつかさ)の女官の総称。特に、掌侍(ないしのじょう)をさす。源氏 桐壺「御前(まへ)より、ー、宣旨(せんじ)承り伝へて」訳 (桐壺帝の)御前から、内侍が帝(みかど)の仰せ言をお聞きし取りついで。❷伊勢(いせ)の斎宮(さいぐう)、賀茂(かも)の斎院に仕える女官。源氏 澪標「女別当(にょべたう)、ーなどいふ人々、あるは離れ奉らぬ王家統流(わかんどほり)などにて、心ばせある人々多かるべし」訳 (前斎宮に仕えるのは)女別当や内侍などという人々や、あるいは(斎宮と)縁が離れ申しあげない(=縁続きの)皇族などであって、たしなみのある人々が多いにちがいない。❸厳島(いつくしま)神社に奉仕する巫女(みこ)。平家 二・徳大寺之沙汰「かの社(やしろ)にはーとて、優なる舞姫(まひびめ)ども多く候ふ」訳 あの社(=厳島神社)には内侍といって、優美な舞姫たちが大勢おります。

発展「内侍(ないし)」という女官

天皇の私的生活面のあれこれを分担した後宮十二司と呼ばれる役所のうち、中心となったのが内侍司(ないしのつかさ)で、その女官が「ないし」と総称される。温明殿(うんめいでん)内の八咫(やた)の鏡を安置した内侍所(賢所(かしこどころ))に仕えたので、このように呼ばれたのである。内侍は尚侍(ないしのかみ)一人、典侍(ないしのすけ)四人、掌侍(ないしのじょう)四人からなる。

ないし-どころ【内侍所】(名)❶三種の神器の一つである八咫(やた)の鏡を安置した所。宮中の温明殿(うんめいでん)にあり、内侍が常に奉仕する。「賢所(かしこどころ)」とも。源氏 末摘花「内教坊、ーのほどに、かかる者どものあるはや」訳 内教坊や内侍所のあたりに、こういう者(=年老いた女房)たちがいるよなあ。⇨巻頭カラーページ32 ❷(転じて)八咫の鏡。「賢所」とも。徒然 二七「御国譲(みくにゆづり)の節会(せちゑ)行はれて、剣・璽(じ)・ー渡し奉らるるほどこそ、限りなう心細けれ」訳 ご譲位に際しての宴会が行われて、草薙(くさなぎ)の剣・八尺瓊(やさかに)の曲玉(まがたま)・八咫の鏡(の三種の神器)を(新帝に)移し申しあげなさるときは、この上もなくさびしい感じがする。

ないし-の-かみ【尚侍】(名)内侍司(ないしのつかさ)の長官。常に天皇のそば近くにあって、天皇への取りつぎなどをつかさどった。妃(きさき)となる場合もあり、その時には更衣(こうい)に次ぐ地位とされた。「しゃうじ」「かんのきみ」とも。

ないし-の-じょう【掌侍】(名)内侍司(ないしのつかさ)の三等官。定員四人。その第一位の者を勾当内侍(こうとうのないし)という。「しゃうじ」「ないし」とも。

ないし-の-すけ【典侍】(名)内侍司(ないしのつかさ)の次官。定員四人。「すけ」「てんじ」とも。

ないし-の-つかさ【内侍司】(名)後宮十二司の一つ。職員はすべて女子で、常に天皇のそば近くに仕え、天皇への取りつぎ、および後宮の礼式・雑事などをつかさどった。尚侍(ないしのかみ)・典侍(ないしのすけ)・掌侍(ないしのじょう)の役職があり、他に女孺(にょじゅ)らがいた。

ない-しゃう(ショウ)【内象】(名)内部の姿や構造。〔蘭学事始〕「とても始めよりーのことは知れがたかるべし」訳 とても最初から(人体の)内部構造のことは理解しがたいにちがいない。

ない-しょう【内証】(名)❶《仏教語》仏教の真理を自己の心のうちで悟ること。内心の悟り。徒然 一五七「外相(げさう)もし背(そむ)かざれば、ー必ず熟す」訳 外面に現れた姿がもし(道理に)そむかなければ、内心の悟りは必ずできあがる。文法「背かざれば」は上に副詞「もし」があり、仮定条件になっている。❷表向きにせず内々にすること。内密。秘密。〔浮・好色一代男〕「今目の前でいただくもーにて状で戴(いただ)くも同じこと」訳 今(皆の)目の前で(その金を)いただくのも内密に(無心の手紙で)いただくのも同じこと。❸うちうちの事情。内意。〔浮・傾城禁短気〕「扇風(せんぷう)方へ参りてーを吹き込みければ」訳 扇風(=揚屋(あげや)の名)方へ参って(身請けの)内意を言いふくめたところ。❹人目の少ない場所。奥の間。奥向き。〔浮・西鶴諸国ばなし〕「ーより、内儀声を立てて」訳 奥の間から、奥様が声を出して。❺他人の妻、または妾(めかけ)の敬称。❻一家の財政。ふところぐあい。〔浄・博多小女郎波枕〕「(遊女を)身請けする程ーが温かで」❼江戸時代の遊郭で、主人の居間。また、その主人。

ない-しん【内心】(名)心の奥。心中。意識の底の心のはたらき。〔花鏡〕「あらゆる品々のひまひまに、心を捨てずして、用心を持つーなり」訳 (舞や歌などのわざを何も行っていない瞬間の魅力は)あらゆるわざとわざとの間隙に、心の緊張をゆるめないで、配慮を持続する意識の底の心づかいである。

ない-しんわう(シンノウ)【内親王】(名)天皇の姉妹および

皇女。後には、親王宣下を受けた者。姫御子。「うちのみこ」とも。↔親王

ない‐ぜん【内膳】(名)「内膳司」の略。宮内省に属し、天皇の食事を調理する役所。

ない‐だいじん【内大臣】(名)太政官の官名。令外の官で、ほぼ左右大臣と同じ権限をもち、一般政務をつかさどる。もと、左右大臣の上にあったが、のち下位となった。「うちのおとど」とも。

ない‐だん【内談】(名)うちうちの話。密談。〔太平記〕九「八幡・山崎を責めらるべき―評定」訳八幡・山崎を攻めなさるのがよい(との)密談や評議。

ない‐てん【内典】(名)《仏教語》「ないでん」とも。仏家から見た、仏教の教典の称。〔太平記〕三五「またこれは―の学匠にてぞあるらんと見えつる法師」訳またこの人は仏教の教典を教える者であろうと見えた法師が。↔外典

内藤丈草(ないとうじょうそう)『人名』(一六六二―一七〇四)江戸前期の俳人。尾張犬山藩士であったが、官を辞して出家し、松尾芭蕉に入門した。蕉門十哲の一人で、芭蕉の「さび」を伝えた第一人者。随筆「寝ころび草」など。

ない‐ない【内内】(副)ひそかに。こっそりと。〔浜松中納言物語〕「―うけたまはりてこそ参り来め」訳こっそりと(ご意向を)承ってから参上しよう。

ないはら‐を‐た‐つ【ない腹を立つ】わけもなく腹を立てる。〔大鏡〕伊尹「勝つべき方の鼓を悪しう打ち下げて負けになりにければ、その随身のやがて馬の上にて―ち(用)て」訳(競べ馬で)勝つはずのほうの太鼓を(明理が)悪く(調子を)下げて打って負けになってしまったので、その随身がそのまま馬の上でむかっ腹を立てて。

参考「ない」は「無い(無き)」とも「泣い(泣き)」ともいう。

ない‐ふ【内府】(名)「だいふ」とも。内大臣の唐名。

ない‐べん【内弁】(名)即位や種々の節会のとき、承明門の内で諸事をつかさどる公卿。↔外弁

ない‐らん【内覧】(名)天皇に奏上する文書を、摂政・関白、または特に宣旨を受けた大臣が先立って見ること。また、それを行う者。〔太平記〕一四「この奏状いまだ―にも下されざりければ」訳この天皇に奏上する文書がまだ内見の任に当たる大臣にも下されなかったので。

ないらん‐の‐せんじ【内覧の宣旨】内覧の役を許可するという宣旨。〔平家〕三・大臣流罪「内大臣正二位にあがって、―蒙らせ給ひたりしをこそ」訳(忠義公が)内大臣正二位に昇って、内覧の宣旨をお受けになられたことをこそ。

ないり【泥梨・泥犂・奈利】(名)《梵語の音訳》地獄。奈落。〔平家〕一・祇王「このたび―に沈みなば、多生曠劫をば隔つとも、浮かび上がらん事難し」訳今回地獄に沈んでしまうならば、幾度も生まれ変わって重ねる、限りなく長い時間を経ても、(再び極楽浄土に)浮かび上がることは困難である。

ない‐ゐ【内位】(名)律令制の、五位以下で外位のつかない位階。氏姓の尊卑などの理由により、同じ位階に内・外の区別をつけた。

なう(感)人に呼びかけるときに発する語。もし。ねえ。また、感動を表す。ああ。まあ。〔謡・隅田川〕「―、あの向かひの柳のもとに人の多く集まりて候ふは何事にて候ふぞ」訳もうし、あの向こう岸の柳の木の下に人が多く集まっておりますのは何事でございますか。

なう(終助)《中世・近世語》感動を表す。また、同意を求める意を表す。ねえ。〔狂・腰祈〕「久しう見ぬうちに恐ろしい山伏におなりやったなう」訳しばらく会わない間にたいした山伏におなりになったねえ。

接続 文の言い切りの形に付く。

なう‐なう(感)(感動詞「なう」を重ねた語)人に呼びかけるときに発する語。もしもし。また、軽い感動を表す語。ああ、ああ。〔謡・隅田川〕「―、われをも舟に乗せて給はり候へ」訳もしもし、私も舟に乗せてくださいませ。

文法「給はり」は、尊敬語。

なえ‐かか‐る【萎え掛かる】(自ラ四)(ら・り・る・る・れ・れ)(からだから力が抜けて)立っていられず、ぐったりと物に寄りかかる。〔竹取〕かぐや姫の昇天「弓矢を取りたてむとすれども、手に力もなくなりて、―り(用)たり」訳(人々は弓矢を)取り上げようとするけれども、手に力もなくなって、ぐったりと物に寄りかかっている。

なえ‐なえ(‐と)【萎え萎え(と)】(副)(生気・力・張りなどがなく)ぐったりとしているさま。〔著聞〕六〇五「―として、生ける物にもあらず」訳ぐったりとして、生きているもの(のよう)でもなく。

なえ‐ば‐む【萎えばむ】(自マ四)(ま・み・む・む・め・め)(「ばむ」は接尾語)(衣服などが)着なれてよれよれになる。のりがとれて柔らかくなる。〔源氏〕橋姫「直衣の―め(已)るを着給ひて、しどけなき御さま」訳直衣の柔らかくなっているのをお召しになって、くつろいだ(八の宮の)ごようすは。

なお【直・猶・尚】⇨なほ

なおざり【等閑】⇨なほざり

なおし【直衣・直し】⇨なほし

なか【中・仲】(名)❶内部。うち。〔竹取〕かぐや姫の生ひ立ち「あやしがりて寄りて見るに、筒の―光りたり」訳(竹取の翁が)不思議に思って(そばに)寄って見ると、(竹の)筒の中が光っている。❷中央。まん中。〔大和〕一四七「されば女の墓を―にて左右になむ男の塚どもいまもあなる」訳だから女の墓をまん中にして左右に男の二つの墓が今もあるという。文法「あなる」は、「あるなる」の撥音便「あんなる」の「ん」の表記されない形。「なる」は、伝聞・推定の助動詞。❸中位。中等。中流。〔伊勢〕八二「上・―・下みな歌よみけり」訳(供人の)上・中・下(の身分)の人がみな歌を詠んだ。❹ある(限られた)範囲。〔源氏〕桐壺「女御・更衣あまたさぶらひ給ひける―に」訳女御や更衣が大勢お仕えしていらっしゃった中に。⇨源氏物語「名文解説」。〔方丈〕一「いにしへ見し人は、二、三十人が―に、わづかにひとりふたりなり」訳昔会った(ことのある)人は、二、三十人のうちで、わずかに一人か二人である。❺兄弟・姉妹のうちの二番目。〔源氏〕東屋「―に当たるなむ、姫君とて、守はいとかなしうし給ふなる」訳二番目に当たる方を姫君と呼んで、守(=常陸の介)はたいそうかわいがっていらっしゃるそうだ。文法「なる」は、伝聞・推定の助動詞。❻中旬。〔平家〕三・少将都帰「弥生―の六日なれば、花はいまだ名残あり」訳陰暦三月中旬の六日(=十六日)だから、桜の花はまだ散り残っている。

❼**男女の間柄。関係。** 伊勢 九四「子ある—なりければ…時々もの言ひおこせり」訳 子のある間柄であったので…（男は）時々手紙をよこした。

なが-うた【長歌】（名）「ちゃうか」に同じ。

なが-え【轅】（名）牛車の前方に長くさし出した二本の棒。先端に軛を渡し牛に引かせる。また、輿や手車の前後に添えた二本の棒。枕 二五「出でて入る車の—もひまなく見え」訳 出入りする牛車の轅もすきまがなく見え。⇩巻頭カラーページ19

なが-えぼし【長烏帽子】（名）立て烏帽子のたけの長いもの。枕 二八「忍び来る所に、—して、さすがに人に見えじとまどひ入るほどに」訳 人目を忍んで来る所に、（人目に立つ）長烏帽子をかぶって（来て）、それでもやはり人に見られまいとあわてて中に入るときに。

なか-がき【中垣】（名）隣家との境に作った垣根。土佐「—こそあれ、一つ家のやうなれば、望みて預かれるなり」訳 隔ての垣はあるけれども、一軒の家のようであるので、（先方から）希望して預かったのである。

なか-がみ【天一神・中神】（名）陰陽道で祭る神。天地八方を六十日の周期で巡り、人の吉凶禍福をつかさどり、方角の悪いほうをふさいでそれを守るという。源氏 手習「—塞がりて、例住み給ふ所は忌むべかりけるを」訳 天一神がいて方塞がりになっているので、（横川の僧都が）ふだんお住まいになる所は、忌み避けなければならなかったので。

発展「天一神」と「方違へ」

「天一神」が癸巳の日から十六日間天上にいる間は、どの方角へも自由に行けるが、己酉の日から四十四日間は地上にいて、東西南北や北東・南東・南西・北西に数日ごとに位置をかえ、その通路に当たる者は災いを受けるとされた。やむを得ずその方角に行くときには、一度別の方角へ行き、そこから目的地に行く「方違へ」をした。

ながからん… 和歌《百人一首》

> 長からん　心も知らず　黒髪の
> 乱れてけさは　物をこそ思へ
> 〈千載・三・恋三・八〇二・待賢門院堀河〉

訳 末長く変わらないお気持ちかどうかも（私には）わかりません。（寝起きの）黒髪が乱れているように、今朝は心が乱れて、もの思いに沈んでいるのです。修辞「長からん」「乱れて」は「黒髪」の縁語。文法「黒髪の」の「の」は、比喩的表現に用いる格助詞で、「…のように」の意。解説 詞書に、「百首の歌奉りけるとき」とある。男への返歌という想定のもとに恋の心を詠める」とある。男への返歌という想定のもとに詠まれた歌。「乱れて」は、黒髪の乱れに心の乱れをたとえる。

なか-ぐろ【中黒】（名）矢羽の名。羽の上下が白く、中の黒いもの。黒い部分の大小によって大中黒・小中黒という。⇩巻頭カラーページ17

なが-くゑにち【長凶会日】（名）陰陽道でいう、凶会日（=万事に凶とされる日）が長く続くこと。宇治 五・七「—のやうに、はこすべからず、はこすべからずと続け書きたれば」訳 （暦に）長く続く凶会日のように、（この日は）大便をしてはいけない、大便をしてはいけないと（何日も）続けて書いてあったので。

なか-ご【中子】（名）❶物の中心。中央。❷刀剣類で、刀身の柄の中に入る部分。また矢では、鏃の矢柄の中に入る部分。❸（堂の中央に安置するところから）仏をいう、斎宮の忌みことば。徒然 二四「経・仏など忌みて、—・染め紙などいふなるもをかし」訳 経・仏などと（という）ことばを避けはばかって、中子・染め紙（=経）などと言っていると聞くのもおもしろい。

なか-ごと【中言】（名）両者の間に立って、どちらに対しても相手の悪口をいうこと。中傷。万葉 四・六六〇「いで我が君人の—聞きこすなゆめ」訳 どうかあなた、他人の中傷など決して聞かないでくれ。

なが-ごと【長言】（名）長ばなし。長口上。枕 二八「にくきもの　急ぐことある折に来て、—するまらうど」訳 不快なもの、急ぎの用事があるときにやって来て、長ばなしをする客。⇩客人「名文解説」

なか-ごろ【中頃】（名）昔と今との中間の時期。そう遠くない昔。ひところ。方丈 三「これを—の栖にならぶれば、また百分が一に及ばず」訳 これをひところの住まいと比較すると、また百分の一に及ばない。

なか-さうじ【中障子】（名）部屋と部屋との間を仕切る襖障子。源氏 少女「人静まるほどに、—を引けど」訳 人の寝静まるころに、（夕霧は）中障子を（開けようと）引くけれども。

なか-ざし【中差し】（名）❶箙（=矢を入れて背負う武具）の中に差した矢のうち、上差しの鏑矢以外の戦闘用の矢をいう。平家 一一・弓流「（与一は）今度は—とってうちくはせ（=しっかりと弓の弦につがえて）」❷女性の髻（=髪を頭上で束ねた所）の中央に挿す笄・かんざしの類。

なが-し【長し・永し】（形ク）｛(から)・く(かり)・し・き(かる)・けれ・かれ｝（空間的・時間的に）へだたりの大きなさま。徒然 七「命—・けれ㋓ば辱多し」訳 生命が長いと必ず恥をかくことが多い。

なが-し-つかは-す【流し遣はす】（他サ四）｛さ・し・す・す・せ・せ｝流罪にして配所へ送る。伊勢 六五「帝聞こし召しつけて、この男をば—・し㊞てければ」訳 帝は（男と女の関係を）お聞きつけになって、この男を流罪に処して配所へ送ってしまったので。

なか-じま【中島】（名）寝殿造りで、庭園の池の中に築いた島。対岸と橋で結ぶ。⇩巻頭カラーページ20

なが-す【流す】（他サ四）｛さ・し・す・す・せ・せ｝❶流れるようにする。浮かべ漂わす。古今 秋下「年ごとにもみぢば—・す㊍竜田川水門や秋のとまりなるらむ」訳 毎年（秋には）もみじの葉を浮かべて流す竜田川では、（そのもみじが流れ着く）河口が、秋の（行き着く）果てなのだろうか。❷（涙や汗などを）こぼす。竹取 ふじの山「翁・嫗、血の涙を—・し㊞て惑へどかひなし」訳 翁と嫗は、血の涙を流して思い乱れるけれどなんにもならない。❸**流罪にする。左遷する。** 平家 二・阿古屋之松「実方の中将、奥州へ—・さ㊍れたりける時」訳 実方の中将が、奥州へ流罪にされたとき。

❹世間にうわさを広める。流布させる。源氏 帚木「かろびたる名をや―・さ未むと」訳（光源氏は）軽率であるという評判を広めるだろうかと。

なかせん-だう【中山道・中仙道】（名）江戸時代の五街道の一つ。江戸日本橋から上野（群馬県）・信濃（長野県）・美濃（岐阜県）を経て近江（滋賀県）の草津宿で東海道と合流、京都に至る。山道。

なが-そで【長袖】（名）（つねに長袖の衣服を着るところから）武士に対し、公卿・僧・神主・医師など。また、学問・芸能にふける者をあざけっていう。長袖者。

なか-ぞら【中空】一（名）❶空の中ほど。中天。伊勢二「―に立ちゐる雲のあともなく身のはかなくもなりにけるかな」訳 空の中ほどに浮かんでいる雲が跡形もなく消えるように、わが身も頼りなくなってしまったことだなあ。❷道の途中。中途。〔笈の小文〕芭蕉「京まではまだ―や雪の雲」訳 京までは、まだ旅の中途だ。雪をふくんだ雲があたりをおおい、心も晴れないことだ。
二（形動ナリ）{なら・なり(に)・なり・なる・なれ・なれ}❶心の落ち着かないさま。うわのそら。古今 恋一「初雁のはつかに声を聞きしより―・に用のみものを思ふかな」訳 ほんのわずかに（あなたの）声を聞いたときから、（私の心は）ただもううわのそらで思い悩んでいることだ。（「初雁の」は「はつかに」にかかる枕詞）❷中途半端なさま。どっちつかずだ。源氏 若紫「いとむげに児ならぬ齢の、またはかばかしう人のおもむけをも見知り給はず、―・なる体御ほどにて」訳（姫君＝若紫が）まったくひどく子ども（だというわけ）ではない年齢で、またはっきりと人の意向を見てもおわかりにならず、中途半端なお年頃で。

なか-たえ【中絶え】（名）宮仕え・交際などのとだえること。〔紫式部日記〕「年ごろ里居したる人々の、―を思ひおこしつつ、参り集ふけはひさわがしうて」訳 数年間里に退いていた女房たちが、それぞれ（長い）無沙汰を思い起こして、参集するようすがにぎやかで。

なか-だち【仲立ち・媒】（名）両者の間に立ってとり結ぶこと。仲介。特に、男女間のとりもち。また、その人や物。徒然 三八「財多ければ身を守るにまどし。害をかひ、わづらひを招く―なり」訳 財産が多いと（それに心を使い）身を守ることがおろそかになる。（財産は）危害を受け、苦労を招くなかだちである。

なか-た・ゆ【中絶ゆ】（自ヤ下二）{え・え・ゆ・ゆる・ゆれ・えよ}中断する。男女の交際などがとだえる。古今 恋五「忘らるる身を宇治橋の―・え用て人もかよはぬ年ぞ経にける」訳 忘れられているわが身を憂し（＝つらい）と思う、その「うし」ではないが、宇治橋が中ほどで途切れて渡れないように、二人の仲もとだえて、誰も通って来ないまま年月がたってしまったことよ。（「宇治」は「憂し」との掛詞。「なかたゆ」は交際がとだえる意と橋が中途で絶える意とをかける）

なか-ち【仲子】（名）《上代語》長子や末子以外の、中の子。または、第二子。万葉 一四・三四三八「上志太の殿の―し鷹狩すらしも」訳 上志太（＝地名）の御殿の中の若様が鷹狩りをしているらしいよ。

なが-ち【長道】（名）「ながぢ」とも。長い道のり。遠路。万葉 三・二五五「天離るひなの―ゆ恋ひ来れば明石の門より大和島見ゆ」訳 →あまざかる…和歌

なか-づかさ【中務】（名）「なかつかさ」とも。❶「中務卿」の略。❷「中務省」の略。

なかづかさ-きゃう【中務卿】（名）中務省の長官。正四位上相当官で、おもに親王が任命された。宮中の警護をも担当。「なかづかさのかみ」とも。

なかづかさ-しゃう【中務省】（名）律令制で、太政官八省の一つ。宮中の政務を統括し、侍従の任免、詔勅文案の審査、宣旨・上表の取りつぎ、国史の監修、女官の位記、また諸国の戸籍などを担当した役所。のち職務は蔵人所に代わる。→八省。

なが-つき【長月・九月】（名）「ながづき」とも。陰暦九月の称。秋。徒然 三二「―二十日のころ、ある人に誘はれ奉りて、明くるまで月見歩くこと侍りしに」訳 陰暦九月二十日のころ、ある方から誘われ申しあげて、（夜の）明けるまで月を見て歩くことがございましたが。
⇩巻頭カラーページ31

なが-て【長手】（名）長い道のり。遠路。万葉 一五・三七二四「君が行く道の―を繰り畳ね焼き滅ぼさむ天の火もがも」訳 →きみがゆく…和歌

長門（ながと）『地名』旧国名。山陽道八か国の一つ。今の山口県の北西部。長州。

なか-なか【中中】一（形動ナリ）二（副）三（感）

語義パネル

●**重点義** どっちつかずの中途半端な状態で、かえってよくないという感じ。
現代語では「なかなかできあがらない」など、二③の意で用いることが多い。

一 形容動詞	❶**中途半端なさま。どっちつかずだ。** ❷**なまじっかだ。なまはんかだ。かえって…しないほうがよい。**
二 副詞	❶**なまじっか。** ❷**かえって。むしろ。** ❸（下に打消の語を伴って）**容易には。とうてい。とても。** ❹《近世語》**ずいぶん。かなり。**
三 感動詞	（謡曲・狂言などで）いかにも。そのとおり。はい。

一（形動ナリ）{なら・なり(に)・なり・なる・なれ・なれ}❶**中途半端なさま。どっちつかずだ。**〔和泉式部日記〕「うち出でてもありにしものを―・に用苦しきまでも嘆くけふかな」訳 うちあけないでも生きていられたのに、（口に出したばっかりに）中途半端の状態で、苦痛を感じるほどに嘆く今日であるよ。
❷**なまじっかだ。なまはんかだ。かえって…しないほうがよい。**源氏 桐壺「はかばかしう後ろ見思ふ人もなきまじらひは、―・なる体べきことと思ひ給へながら」訳 しっかりと心にかけて後ろ盾になってくれる人もいない宮仕えは、かえってしないほうがよいようなものと存じながらも。
文法「思ひ給へ」の「給へ」は、下二段活用の謙譲の補

助動詞「給ふ」の連用形。

■二(副) ❶なまじっか。 源氏 夕顔「―恥ぢかかやかむよりは罪許されてぞ見えける」 訳 なまじっか恥ずかしがって顔を赤くするようなのよりは、罪がないように見えた。 文法「恥ぢかかやかむ」の「む」は、仮定・婉曲の助動詞。

❷かえって。むしろ。 徒然 一七〇「心づきなきことあらん折は、―そのよしをも言ひてん」 訳 (他人と会うのに)気のすまないことがあるようなときは、かえってそのわけをも言ってしまうのがよい。 文法「あらん折」の「ん」は、仮定・婉曲の助動詞。「言ひてん」の「て」は、助動詞「つ」の未然形で、ここは確述の用法。

❸(下に打消の語を伴って)容易には。とうてい。とても。〔浄・松風〕「貸せと申しても―貸しはいたすまい」 訳 貸せと申してもとても貸しはしないでしょう。

❹《近世語》ずいぶん。かなり。〔仮名・東海道名所記〕「―足も疲れ侍り」 訳 かなり足も疲れております。

■三(感)謡曲・狂言などで、相手のことばを受けて肯定する語。いかにも。そのとおり。はい。〔狂・附子〕「『はやござるか』『―』」 訳「もうお出かけになるか」「いかにも」

ながなが・し【長長し】(形シク)｛しから・しく(しかり)・し・しき(しかる)・しけれ・しかれ｝非常に長い。久しい。 源氏 藤裏葉「常に―・しう(用)(ウ音便)はえ添ひさぶらひ給はじ」 訳 いつまでも延々とは(紫の上が明石の姫君に)付き添ってお仕えすることはおできにならないだろう。

なか-に-つい-て【中に就いて】〔「ついて」は「つきて」のイ音便〕多くの中でもとりわけ。特に。〔栄花〕ゆふしで「―、この一品の宮の御為を思う給ふれば」 訳 (気掛かりなことの)中でも特に、この一品の宮の御ためを考えさせていただくと。

中大兄皇子（なかのおほえのわうじ）ナカノオオエノオウジ『人名』天智天皇の即位前の名。→天智天皇

なか-の-きみ【中の君】姉妹のうち、二番目の姫君。 源氏 夕霧「この御腹には、太郎君、…―、四の君、五の君とおはす」 訳 この方(=雲居の雁)から生まれた御子さまには、長男の君、…二番目の姫君、四番目の姫君、五番目の姫君といらっしゃる。

発展「中の君」という名称

二番目の姫君を「中の君」という。生まれた順に、大君・中の君・三の君・四の君……といい、必ずしも三人娘の真ん中という意味ではない。姉妹が四人以上いても、二人きりの場合でも次女を中の君といった。

なか-の-ころも【中の衣】上着と下着の間に着る衣。和歌で、多く「隔て」の縁語、男女の「仲」の掛詞として用いられる。 源氏 明石「かたみにぞかふべかりける逢ふことの日数隔てむ―を」 訳 たがいに形見として中の着物を取り換えなければならなかったことよ。(再び)逢うまで日数を隔てるであろう(二人の仲の)ことを思うと。(「かたみに」は「たがいに」の意と「形見に」とをかける)

なか-の-しな【中の品】❶中間の階級。中流。 源氏 帚木「―のけしうはあらぬ選り出でつべきころほひなり」 訳 中流で、そう悪くはない者(=受領)をきっと選びだすことができそうな時勢である。

❷中ほど。中段。中央部分。 源氏 若菜上「御階の―のほどに居給ひぬ」 訳 (夕霧は御階段の中段のあたりに腰をおかけになった。

なか-の-と【中の戸】❶部屋と部屋の間にある戸。 源氏 若菜上「姫宮にも、―あけて聞こえむ」 訳 姫宮(=女三の宮)にも仕切り戸を開けて(ご挨拶を)申し上げよう。

❷清涼殿の北廂にある、萩の戸と藤壺の上の御局との境の戸。 枕 三「御膳奏すれば、―よりわたらせ給ふ」 訳 お食事の用意ができたことを申し上げると、(天皇は)中の戸を通って(昼の御座へ)おでましになられる。

なか-の-とをか―トオカ【中の十日】❶月の中旬の十日間。〔うつほ〕吹上下「八月―のほどに、帝、花の宴し給ふ」 訳 陰暦八月の中旬のころに、院の帝(=嵯峨院)が、(秋の)花の宴を催しなさる。

❷(中旬の十日目の意から)二十日。 源氏 若菜下「十月―なれば、神の忌垣にはふ葛も色変はりて」 訳 陰暦十月の二十日なので、神社の垣にからむ葛も(葉の)色が変わって。

なか-の-はしら【中の柱】部屋の中央の柱。中柱。 源氏 若紫「―に寄りゐて、脇息のうへに経をおきて、いとなやましげに読みゐたる尼君」 訳 部屋の中央の柱に身を寄せて座って、ひじかけの上に経文を置いて、たいそう苦しそうに(経を)読んで座っている尼君は。

なか-のぼり【中上り・中登り】(名)❶平安時代、国守が四年の任期中に一度上京すること。

❷江戸時代、京都・大坂方面から江戸へ下って奉公や修業をしている者が、中途で一時帰郷すること。

なか-の-みかど【中の御門】(名)❶内裏外郭の中央にある門。建春門・建礼門など。

❷「待賢門」の異称。「中御門」とも。 枕 三「―のとじきみ引きすぐるほど」 訳 待賢門のしきいを(牛車を)引いて通り過ぎるとき。

なか-ば【半ば】■一(名)❶半分。 源氏 帚木「さるまじきどちの女文に、―過ぎて書きすすめたる」 訳 そんなこと(=漢字の走り書き)をしてはいけない女どうしの手紙に、(漢字を)半分以上も用いて書き進めてあるのは。

❷途中。中ほど。まん中。最中。 平家 一・二代后「はるかに夜もふけ、さ夜も―になって後」 訳 ずっと夜もふけ、夜も中ほどになってから。

■二(副)❶かなり。よほど。おおかた。 古今 物名「さ夜ふけて―たけゆく久方の月ふきかへせ秋の山かぜ」 訳 夜もふけて、かなり西へ傾いて行く月を、(もう一度)吹きもどしてくれ、秋の山風よ。(「なかばたけゆく」に「かはたけ」を詠みこむ。「久方の」は「月」にかかる枕詞)

❷いくぶん。いくらか。 源氏 明石「むつごとを語り合はせむ人もがなうき世の夢も―覚むやと」 訳 むつまじいことばを互いに語り合うような人があればなあ。(そうすれば)夢のようにはかないこの世の憂さもいくらか消え去るのではないかと(思うので)。 文法「語り合はせむ人」の「む」は、仮定・婉曲の助動詞。

なが-はし【長橋】(名)❶長い橋。 新古 雑中「真木の板も苔むすばかりなりにけりいくよ経ぬらん瀬田の―」 訳 真木の橋板も苔が生えるほどになってしまっ

た。どれほどの代を経てきたのだろう、瀬田の長い橋は。❷宮中の、清涼殿から紫宸殿へ通じている廊下の称。〔源氏〕桐壺「―より〔庭に〕おりて〔左大臣は〕舞踏し給ふ」

なか-ばしら【中柱】(名)「なかのはしら」に同じ。

なが-びつ【長櫃】(名)衣類や調度を納める、ふたがついた木製の長方形の大きな箱。長持の類。運ぶときは棒を通して二人でかつぐ。

なか-びと【中人・仲人・媒】(名)「なかひと」とも。仲立ちをする人。なこうど。ちゅうにん。〔記〕下「また天皇、その弟、速総別王を―として、庶妹女鳥王を乞ひ給ひき」〔訳〕また(仁徳)天皇は、その弟の速総別王を仲立ちとして、異母妹の女鳥王を(妻に)お望みになった。

なか-へだて【中隔て】(名)両者の間を仕切るもの。仕切り。〔大鏡〕師輔「―のかべにあなをあけて、のぞかせ給ひけるに」〔訳〕(中宮安子が、局の)仕切りの壁に穴をあけて、おのぞきになられたところ。

なか-みかど【中御門】(名)「なかのみかど②」に同じ。

なか-みち【中道】(名)二人、特に男女の間の通い路。〔源氏〕若菜上「―を隔つるほどはなけれども心乱るる今朝の淡雪」〔訳〕二人の間の道をさえぎるほどではないけれど、心が乱れる今朝の(乱れ降る)淡雪であるよ。

なが・む【眺む】(他マ下二){め・め・む・むる・むれ・めよ}

語義パネル

現代は②の意にだけ用いるが、中古には多く①の意で用いる。和歌では連用形「ながめ」を「長雨」にかけて用いることが多く、この語を、田植えどきに精進潔斎して農耕に従う「長雨忌み」と関連づけて考える説もある。なお、上代には用例は見えない。

❶**物思いに沈んでぼんやりと見る。物思いにふける。**
❷**見渡す。じっと遠くを見る。**

❶**物思いに沈んでぼんやりと見る。**また、**物思いにふける。**〔源氏〕桐壺「夕月夜のをかしき程に出だし立てさせ給ひて、やがて―め㊥おはします」〔訳〕夕方の月の趣深いころに、(靫負の命婦を桐壺の更衣の里へ)出発させなされて、(桐壺帝は)そのまま物思いにふけりながらぼんやり(夕月などを)見ておいでになる。(「ながめおはします」は「物思いにふけっていらっしゃる」とも訳される)。〔文法〕「させ給ひ」は、最高敬語。

❷**見渡す。じっと遠くを見る。**〔徒然〕一三七「望月の隈なきを、千里の外まで―め㊥たるよりも」〔訳〕満月がかげりもなく輝くのを、はるかに遠くのかなたまで見渡しているのよりも。

なが・む【詠む】(他マ下二){め・め・む・むる・むれ・めよ}(息や声を長く引く意から)**節をつけて、詩歌を口ずさむ。吟じる。**また、**詩歌をつくる。詠じる。**〔無名抄〕「『桜散る木の下風は寒からで』と、末のて文字を長々と―め㊥たるに」〔訳〕「桜の花が散る木の下を吹く風は寒くなくて」と、(琳賢法師が)末尾の「て」文字を長々と吟じたところ。

なか-むかし【中昔】(名)それほど古くない昔。大昔と今との中間の時期。〔伽・鉢かづき〕「―のことにや有りけん」〔訳〕それほど古くない昔のことであったろうか。

ながめ【眺め】(名)❶物思いにふけりながらぼんやり見やること。和歌で多く「長雨」にかけていう。〔古今〕春下「花の色は移りにけりないたづらに我が身世にふる―せし間に」〔訳〕→はなのいろは…〔和歌〕
❷はるか遠くに目を向けること。眺望。〔細道〕松島「月海にうつりて、昼の―又あらたむ」〔訳〕月が海に映って、昼間の眺望がまたさま変わりする。

ながめ【詠め】(名)詩歌を吟じること。吟詠。また、詩歌をつくること。詠歌。〔笈の小文〕「あるは摂政公の―にうばはれ」〔訳〕あるいは摂政公(＝藤原良経)の詠歌に(心を)奪われ。

なが-め【長雨】(名)〔「ながあめ」の転〕長く降り続く雨。和歌で多く「眺め」にかけていう。〔伊勢〕一〇七「つれづれの―にまさる涙河袖のみひぢて逢ふよしもなし」〔訳〕ひとりぼんやりと物思いにふけっているので、長雨で水かさの増した川のように、涙はいよいよ川となって流れ、袖がぬれるばかりで、思う人に逢う手だてもない。(「長雨」は「眺め」との掛詞)

ながめ-あか・す【眺め明かす】(他サ四){さ・し・す・す・せ・せ}物思いにふけりながら夜を明かす。〔源氏〕須磨「御格子もまゐらで―し㊥給ひければ」〔訳〕(紫の上は御格子も下ろさせなさらないで、物思いにふけりながら夜を明かしなさったので。

ながめ-いだ・す【眺め出だす】(他サ四){さ・し・す・す・せ・せ}物思いにふけってぼんやりと外を見る。〔源氏〕浮舟「端近く臥して―し㊥給へり」〔訳〕(薫と浮舟は)端近い所に横になってぼんやりと外を見ていらっしゃる。

ながめ-がち【眺めがち】(形動ナリ){なら・なり(に)・なり・なる・なれ・なれ}〔「がち」は接尾語〕物思いに沈むことが多いさま。〔源氏〕空蝉「よき程にて、かくて閉ぢめてむと思ふものから、ただならず―なり㊨」〔訳〕(空蝉は)いい加減に、このあたりで(光源氏との交際を)終わりにしてしまおうと思うものの、(気持ちは)ふつうでは(いられ)なくてともすれば物思いに沈みがちである。

ながめ-くら・す【眺め暮らす】(他サ四){さ・し・す・す・せ・せ}物思いにふけって日を暮らす。和歌で多く「長雨」にかけていう。〔古今〕恋三「起きもせず寝もせで夜をあかしては春の物とて―し㊥つ」(伊勢・二にも所収)〔訳〕(恋しさで)起きもせず眠りもしないで一夜を明かしては、(今日は)春の景物だということで長雨に降りこめられ物思いにふけって日を暮らしたことよ。(「眺め」は「長雨」との掛詞)

ながめ-の-そら【眺めの空】物思いにふけって眺める空。和歌で多く「長雨の空」にかけていう。〔源氏〕賢木「心の通ふならば、いかに―も物忘れし侍らむ」〔訳〕(あなた＝朧月夜と)心が通じるなら、どんなに長雨の空をぼんやり見つめての物思いも、忘れる(＝気がまぎれて心が晴れる)ことでしょう。(「眺め」は「長雨」との掛詞)

ながめ-ふ【眺め経】(他ハ下二){へ・へ・ふ・ふる・ふれ・へよ}物思いに沈みながら時を過ごす。和歌で多く「長雨降(る)」にかけていう。〔蜻蛉〕上「わが宿の嘆きの下葉色深くうつろひにけり―ふる㊍まに」〔訳〕私の家の木の下葉は長雨が降り続く間に色濃く紅葉してしまった。私の嘆きもまた深くなり、物思いに沈んで暮らしている間に、(容色もまた)衰えてしまったことよ。(「嘆き」の「き」は「木」との、「下葉」の「した」は「した(=心の意)」との、「眺め経る」は「長雨降る」との掛詞)

なが-め-や・る【眺め遣る】(他ラ四)｛ら・り・る・る・れ・れ｝物思いにふけって遠くを見やる。[更級]東山なる所「山の端はに入り日の影は入りはてて心ぼそくぞ━・ら(未)れし」[訳](西の)山の稜線りょうせんに夕日の光はすっかり沈んで、(東山のあなたのお住まいを)心細くぼんやり目をやって見ずにはいられないことだった。

なか-めり【無かめり】ないようだ。ないように見える。[蜻蛉]下「返りごと、こたびはなかめり(終)」[訳]返事は、今度はないようだ。
[なりたち]形容詞「無し」の連体形「なかる」＋推量の助動詞「めり」＝「なかるめり」の撥音便「なかんめり」の撥音「ん」の表記されない形。ふつう「なかンめり」と読む。

なが-め-わ・ぶ【眺め侘ぶ】(自バ上二)｛び・び・ぶ・ぶる・ぶれ・びよ｝物思いに沈んで、つらく思う。わびしく感じる。[源氏]明石「をちこちも知らぬ雲井に━・び(用)かすめし宿の梢こずゑをぞ問ふ」[訳]遠い近いもわからないはるかな旅の空で、物思いに沈んでつらく思って、(明石あかしの入道が)ほのめかした宿の梢を訪れる。

なが-もち【長持】(名)衣類・夜具・調度などを入れておくふたのある長方形の大きな箱。[平家]六・紅葉「ある辻つじに、あやしの女めのわらはの、━のふたさげて泣くにてぞ有りける」[訳]ある辻で、身分の低い少女が、長持のふたを(手に)さげて泣いているのであった。

なが-や【長屋】(名)❶棟むねを長く建てた家。[源氏]夕顔「つれづれなるままに、南の半蔀はじとみある━に渡り来つつ」[訳](女房たちは)所在なさにまかせて、南の格子組みの戸がはまっている長屋にやって来ては。
❷一棟を仕切って数世帯が住めるようにした家。棟割むねわり長屋。

なが-やか【長やか】(形動ナリ)｛なら・なり(に)・なり・なる・なれ・なれ｝〔「やか」は接尾語〕いかにも長々としているさま。[枕]八七「『なほかく思ひ侍りしなり』とて、━・に(用)よみ出いづ」[訳]「やはり(私は)こう思ったのです」と言って、長々と声を引いて(和歌を)詠み出す。

なか-やどり【中宿り】(名)外出の途中で休息や宿泊をすること。また、その場所や宿。[源氏]夕顔「内裏うちよりまかで給ふ━に」[訳]宮中よりお下がりになる途中の休息所として。

なか-ら【半ら】(名・副)〔「ら」は接尾語〕❶半分。なかば。[宇治]三・四「足を砂子すなごに、脛はぎの━ばかりふみ入れて」[訳]足を砂に、脛すねの半分ほど踏み入れて。
❷中ほど。途中。[更級]足柄山「山の━ばかりの、木の下のわづかなるに」[訳]山の中ほど(=中腹)くらいで、木の下の狭い場所に。[文法]「なからばかりの」の「の」は、いわゆる同格の格助詞で、「…で」の意。
❸まん中。中心。[大鏡]道長上「おなじものを━にはあたるものかは」[訳](矢が)同じ当たるのでも(なんと的の)まん中には当たるではないか。[文法]「ものかは」は、感動を表す終助詞。

長柄ながら〔地名〕今の大阪市北区の地名。淀よど川の支流の長柄川に架けたという「長柄の橋」が有名。

ながら (接助)

意味・用法
- **そのままの状態**〔…のままで。…のままの状態で。〕→❶
- **並行**〔…ながら。…つつ。〕→❷
- **逆接**〔…ても。…のに。…けれども。…ものの。〕→❸
- **本性のまま**〔…のままに。…のままで。〕→❹
- **すっかりそのまま**〔…のままで。〕→❺

接続
体言、形容詞と形容動詞の語幹、動詞と動詞型の活用をする助動詞の連用形、助動詞「ず」の連用形、副詞に付く。活用語の連体形に付くこともある。

❶(体言、動詞の連用形などに付いて)そのありさまや状態を変えないで、ある動作が行われることを表す。**…のままで。…のままの状態で。**[古今]夏「夏の夜はまだ宵な**がら**明けぬるを雲のいづこに月やどるらむ」[訳]→なつのよは…[和歌]。[更級]物語「源氏の五十余巻、櫃ひつに入り**ながら**…得て帰る心地のうれしさぞいみじきや」[訳]「源氏物語」の五十余巻を、櫃に入ったままで…手に入れて帰る気持ちのうれしさといったらたいへんなものであるよ。

❷(動詞の連用形に付いて)二つの動作が同時に並行して行われることを表す。**…ながら。…つつ。**[万葉]一九・四一五四「うれしび**ながら**枕づく妻屋のうちに鳥座とぐら結ゆひ作り」[訳]うれしく思いながら、妻屋(=ねや)の内に鳥のねぐらを作り。(「枕づく」は「妻屋」にかかる枕詞)[枕]二六「からうじて待ちつけて、喜び**ながら**加持かぢせさするに」[訳](修験者しゅげんじゃを)ようやく待ち迎えて、喜びつつ加持祈禱きとうをさせていると。

❸(動詞の連用形、体言、形容詞・形容動詞の語幹(シク活用形容詞は終止形)などに付いて)逆接的に前後をつなぐ意を表す。**…ても。…のに。…けれども。…ものの。**[竹取]貴公子たちの求婚「わが子の仏ほとけ、変化へんげの人と申し**ながら**、ここら大きさまで養ひ奉る志おろかならず」[訳]私の大事な娘よ、(あなたが神や仏の生まれかわりだと申しても、たいそうな大きさまでお育て申しあげる(私の)気持ちはひととおりではない。[伊勢]八四「身はいやし**ながら**、母なむ宮なりける」[訳](男の)身分は低いけれども、母は皇族であった。〔古活字本平治物語〕「敵**なが****ら**も、義平ほどの者を白昼に河原にて斬らるることこそ遺恨ゐこんなれ」[訳]敵ではあるものの、義平ほどの者を白昼に河原で処刑なさることは残念なことだ。

❹(体言に付いて)そのものの本性のままの状態である意を表す。**…のままに。…のままで。**[万葉]一九・四二五四「神かむ**ながら**わが大君の天あめの下治め給へば」[訳]神そのままにわが大君が世の中をお治めになるので。

❺(おもに体言に付いて)その条件を変えず、すっかりそのままである意を表す。**…のままで。**[枕]二「すべて折につけつつ、一年ひととせ**ながら**をかし」[訳]全部がその季節に応じて、一年すっかりそのまま(=一年じゅう)趣がある。[古今]

秋上「萩の露玉にぬかむと取れば消ぬよし見む人は枝ながら見よ」訳 萩に置いた露を玉として貫き通そうと手に取ると消えてしまった。しかたがない。(この露を)見ようと思う人は枝のままで見よ。文法「消ぬ」の「消」は下二段動詞「消く」の連用形、「ぬ」は完了の助動詞「ぬ」の終止形。

文法 (1) 体言、動詞と動詞型の活用をする助動詞の連用形に付くものは上代からあるが、そのほかの接続は中古になってからのものである。

(2) 上代では、④の意味で一般に使われた。語源は、「…の」の意を表し連体修飾語をつくる上代の格助詞「な」に、そのままの状態であることを表す形式名詞「から」が付いたものと考えられている。④の意味が中古には⑤になる。なお④⑤を接尾語とする説もある。

(3) 中古になると、各種の語に付くようになったが、用法の上でも二つの変化が起こった。

(ア) **逆接の発生**

上代は④の意味が普通だったが、末期に①②の意味が発生した。

「弥彦神の麓に今日らもか鹿の伏すらむ皮服着て角附きながら(=角をつけたままで)」〈万葉 一六・三八八四〉

中古になるとこの用法が多くなり、③の逆接へと発展した。つまり、「…のままで」の意味に「一方では」の意味が加わり「…のままであるが、一方では」となったと考えられる。

「日は照りながら(=照っているのに)雪のかしらにふりかかりけるを詠ませ給ひける」〈古今 春上・詞書〉

この逆接が「ながら」の中心的な用い方となって現代語に至っている。

(イ) **「つつ」と似た意味の発生**

「…のままで」の意味からは、感情を表す用言(嘆く・うれし、など)に続ける用法が生まれた。(最も古い例は②の「万葉集」の例である)

「悦びながら奉れる」〈源氏 紅葉賀〉

これは「そういう気持ちを持ったままで」から「…の気持ちを持ちつつ」と発展した例である。これが、中世になると感情を表す用言ではないものにも続くようになり、現代語の用法と同じになってゆく。

「涙にむせびながら申すやう」〈宇治 二・一〇〉

なか-らひ【仲らひ】(名)「なからへ」とも。❶(血縁・夫婦・男女などの)人と人との間柄。今昔 一九・五「祖に知られて打ち解けたる―にもあらねど」訳 親に許されて親しくなった間柄でもないが。

❷一族。親類。源氏 東屋「上達部の筋にて、―ものぎたなき人ならず」訳 (常陸の介は)上達部の家柄であって、一門の人々もなんとなくいやしい人でなく。

ながら-ふ【永らふ・存らふ】(自ハ下二) ❶生きながらえる。長生きする。新古 恋一「玉の緒よ絶えなば絶えね―へ(未)ば忍ぶることの弱りもぞする」訳 →たまのをよ…和歌

❷長続きする。長くとどまる。経過する。源氏 若菜上「―へ(用)し都を捨ててかしこに沈みゐしをだに」訳 (私=尼君は)長くとどまっていた(=住みなれた)都を捨てて、あそこ(=明石)に落ちぶれて住んでいたことだけでも。

ながら-ふ【流らふ】(自ハ下二)〔下二段動詞「流る」に上代の反復・継続の助動詞「ふ」が付いて一語化したもの〕流れ続ける。しきりに降る。万葉 八・一四二〇「沫雪かはだれに降ると見るまでに―へ(用)散るは何の花ぞも」訳 泡のような雪がはらはらと降るのかと見るほどに、しきりに流れ散るのは何の花か。→ふ(助動)文法(2)

なから-へ【仲らへ】(名)「なからひ」に同じ。

ながらへば… 和歌〈百人一首〉

ながらへば　またこのごろや　しのばれん
憂しと見し世ぞ　今は恋しき
〈新古今・一八・雑下・一八四三・藤原清輔〉

訳 生きながらえたならば、また(つらく苦しい)ただ今のことが、なつかしく思い出されるのだろうか。あのつらいと思ったころが、今では恋しい(のだから)。文法「や」は、疑問の係助詞。その結び「しのばれん」の「ん」は連体形。

解説 作者が二十三歳から二十九歳の間の作。父顕輔と不仲だったころであり、そうしたことを「憂し」と感じていたのかもしれない。

ながらへ-は・つ【永らへ果つ・存へ果つ】(自タ下二)生きながらえて天寿を全うする。平家 八・太宰府落「いづくへ行かばのがるべきかは。―つ(終)べき身にもあらず」訳 どこへ行ったら逃げることができようか(いや、どこへ行こうと逃げられそうもない)。生きながらえて天寿を全うすることのできそうな身でもない。

なかり-せ-ば なかったならば。古今 春上「世の中にたえて桜の―春の心はのどけからまし」訳 →よのなかに…和歌。

なりたち 形容詞「無し」の連用形「なかり」+過去の助動詞「き」の未然形「せ」+接続助詞「ば」→き(助動)文法(3)

なが-る【流る】(自ラ下二) ❶水などが低いほうへ移り動く。流れる。徒然 三「岩にくだけて清く―るる(体)水のけしき」訳 岩に砕けて清らかに流れる水のありさま。

❷(涙・汗・血などが)流れ落ちる。したたる。竹取 蓬莱の玉の枝「くらもちの皇子、血の―るる(体)まで調ぜさせ給ふ」訳 くらもちの皇子は、(部下に工匠たちを)血が流れ落ちるまでこらしめさせなさる。

❸水などに運ばれて行く。漂いながら行く。〔後撰〕冬「冬の池の水に―るる(体)葦鴨の」訳 冬の池の水に漂い行く鴨のように。

❹(月日などが)しだいに移って行く。(時が)過ぎる。古今 冬「昨日といひ今日と暮らしてあすか川―れ(用)てはやき月日なりけり」訳 昨日は(どうだった)と言い、今日は(こうだった)と言って一日を暮らしているうちに明日(新年)になる。(なるほど)飛鳥川がはやく流れるように、過ぎることのはやい月日であるなあ。(「あすか川」に「明日」をかける)

❺しだいに広まる。伝わる。徒然 一七一「道を正しくせば、その化遠く―れ(未)んことを知らざるなり」訳 政治の道を正しくすれば必ず、その感化が遠くまで伝わり広まるであろうことを知らないのである。

❻順に次へ及ぶ。次々にめぐる。源氏 行幸「かはらけあ

またたび「ー・れ㊊、皆酔ひになりて」訳 杯が何度も次々にめぐって、みな酔った状態になって。❼生きながらえる。〔古今和歌六帖〕「ー・れ㊊ても見む人の心を」訳 生きながらえても見とどけよう、あの人の心を。❽流罪に処せられる。さすらう。大鏡 時平「ー・れ㊊ゆくわれは水屑となりはてぬ君しがらみとなりてとどめよ」訳 →ながれゆく…和歌

なかれ【勿れ・莫れ・毋れ】〔形容詞「無し」の命令形〕…してはいけない。…するな。徒然 九二「初心の人、ふたつの矢を持つことー」訳 初心者は、二本の矢を持って(的に向かって)はならない。

ながれ【流れ】(名) ❶流れること。また、流れるもの。方丈 一「ゆく河のーは絶えずして、しかも、もとの水にあらず」訳 (いつも滔々と)行く川の流れは絶えなくて、それでいて、もとの水ではない。⇩方丈記「名文解説」❷杯に残る酒のしずく。徒然 一五八「ーを残して、口のつきたる所をすすぐなり」訳 杯の底にたまった酒のしずくを残しておいて、(それで自分の)口がついた所を洗い清めるのである。❸血統。子孫。平家 一一・剣「石清水の御ーいまだつきざるうへに」訳 石清水八幡宮の(祭神である応神天皇の)ご血統がまだ尽きない(で続いている)うえに。❹流派。系統。〔増鏡〕新島守「源平二ーぞ、時により折に従ひて、おほやけの御守りとはなりにける」訳 源氏と平家の二つの系統が時により折に従って、朝廷の御守護役とはなったのであった。

ながれゆく… 和歌

> 流れゆく　われは水屑と　なりはてぬ
> 君しがらみと　なりてとどめよ
> 〈大鏡・時平・菅原道真〉

訳 流罪となって配所へ行く私は、水中のごみ同然となってしまいました。わが君よ、柵となって、(流れて行く私を)引きとどめてください。
解説 藤原時平らの謀略によって、九州大宰府に左遷させられようとしている作者が、窮状を宇多上皇に訴えたもの。「水屑」は、自分で運命を切りひらいていく力を失った状態の比喩。

なが-ゐ【長居】(名・自サ変) 長い間ひとところにいること。〔栄花〕ゆふしで「いろいろの紅葉に心うつるとも都のほかにー・す㊄な君」訳 色とりどりの紅葉に(魅せられて)心が移っても、都以外に長居するな、(母)君よ。

長岡（ながをか）ナガオカ『地名』今の京都府向日市・長岡京市付近の地。長岡京(=桓武天皇の延暦三年(七八四)から延暦十三年(七九四)までの都)のあった所。

なかん-づく【就中】(副)〔「なかにつく」の転〕とりわけ。特に。平家 一〇・首渡「ーこの輩は、先帝の御時、戚里の臣として久しく朝家に仕うまつる」訳 とりわけこの人々は、先帝(=安徳天皇)の御代に、外戚の臣として長く朝廷にお仕え申しあげている。

なぎ【水葱】(名) 水生の食用植物。水葵。㊈夏

なき-かず【亡き数】死者の仲間。〔太平記〕二六「返らじと兼ねて思へば梓弓ーにいる名をぞとどむる」訳 (生きては帰るまいと前もって決意しているから、ここに死者の仲間に入る(おのおのの)名を(永久に残そうと)書きとどめる。(「梓弓」は「いる」にかかる枕詞)

なき-かへ・る【泣き返る・鳴き返る】(自ラ四) 激しく泣く。ひどく鳴く。蜻蛉 中「ー・る㊍声ぞきほひて聞こゆなる待ちやしつらむ関の蜩」訳 しきりに鳴く声は(私と悲しみの深さを)競っているように聞こえてくるようだ。(私の帰りを)待っていたのだろうか、(逢坂の)関の蜩は。

なき-がら【亡骸】(名) 死んで魂のなくなった肉体。遺体。源氏 夕顔「いま一たびかのーを見ざらむがいといぶせかるべきを」訳 もう一度あの(夕顔の)遺体を見ないとしたらそれが、とても気がかりにちがいないから。

なき-こと【無き事】身に覚えのないこと。無実の罪。大鏡 時平「ーによりかく罪せられ給ふを」訳 無実の罪によってこのように罰せられなさるのを。

なぎさ【渚・汀】(名) (海・湖・川などの)水ぎわ。波うちぎわ。万葉 三・三七八「古の古き堤は年深み池のーに水草生ひにけり」訳 昔の古い堤は、年がたっているので、池の水ぎわに水草が生い茂ったことだ。

渚の院（なぎさのゐん）ナギサノイン『地名』河内の国の交野(今の大阪府枚方市)にあった文徳天皇の離宮。後に惟喬親王の別荘となる。「渚の家」とも。

なき-とよ・む 「なきどよむ」とも。□一 (自マ四) ❶【鳴き響む】鳴きたてる。万葉 八・一四九四「ほととぎすー・む㊄なる声のはるけさ」訳 ほととぎすの鳴きたてるのが聞こえる(その)声の遠さよ。文法「なる」は、伝聞・推定の助動詞。❷【泣き響む】大勢の人が泣き叫ぶ。泣き騒ぐ。源氏 明石「ー・む㊍声、雷にもおとらず」訳 (人々の)泣き騒ぐ声は雷にも劣らない。□二【鳴き響む】(他マ下二) 鳴き声をあたりに響かせる。鳴き響もす。万葉 一九・四一六六「暁の月に向かひて行き帰りー・むれ㊀どなにか飽き足らむ」訳 (ほととぎすが)未明の月に向かって行き来して鳴き声を響かせるが、どうして十分に満足することがあろうか。

なき-とよも・す【鳴き響もす】(他サ四)「なきとよむ□二」に同じ。万葉 八・一四八〇「ほととぎす心あれ今夜来ー・せ㊅」訳 ほととぎすよ、思いやりを持て。今夜やって来て鳴きたてよ。

なき-な【無き名】根拠のないうわさ。身に覚えのない評判。古今 恋三「こりずまにまたもーは立ちぬべし人にくからぬ世にし住まへば」訳 しょうこりもなく、またも身に覚えのない(恋の)うわさが立ってしまいそうだ。人を憎く思えない世に住んでいるのだから。

なぎ-なた【薙刀・長刀】(名) 長い柄に反り返った長い刃をつけた武器。平安末期から室町時代にかけて用いられた。近世、女性の武具とされた。平家 四・橋合戦「むかってくるをばーできっておとす」訳 向かってくる矢をば薙刀で切って落とす。⇩巻頭カラーページ16

なき-に-しも-あら-ず【無きにしもあらず】ないわけではない。伊勢 九「京に思ふ人ー・ず㊄」訳 都に恋しく思う人がいないわけではない。
なりたち 形容詞「無し」の連体形「なき」＋断定の助動詞「なり」の連用形「に」＋強意の副助詞「しも」＋ラ変動詞「有り」の未然形「あら」＋打消の助動詞「ず」

なき-に-な・す【無きに成す】ないものとする。殺す。［源氏］賢木「わが身を―・し㊊ても春宮の御世を平らかにおはしまさばとのみ思しつつ」［訳］（藤壺は）わが身をないものとしても、皇太子が即位してその御代をつつがなく治めておいでになるならば（それでもう満足だ）とばかりお思いになっては。

なき-ののし・る（自ラ四）｛ら・り・る・る・れ・れ｝❶【泣き罵る】（人が）大きな声で泣く。泣き騒ぐ。［竹取］かぐや姫の昇天「『われこそ死なめ』とて―・る㊍こと、いと耐へがたげなり」［訳］（竹取の翁が）「私こそ（先に）死のう」と言って泣き騒ぐことは、まったく耐えられそうもないようすである。❷【鳴き罵る】（鳥・獣などが）鳴き騒ぐ。やかましく鳴く。［更級］大納言殿の姫君「この猫を北面にのみあらせて呼ばねば、かしがましく―・れ㊁ども」［訳］この猫を北側の部屋にばかりいさせておいて呼ばないので、やかましく声をたてて鳴くけれども。

なぎのはな-の-みこし【葱の花の御輿】（名）「そうくわれん」に同じ。［枕］二六七「行幸などに、―に奉る、いとめでたし」［訳］（天皇が）お出かけ（の折）などに、葱の花の御輿にお乗りになるのは、たいそうすばらしい。

なき-ふ・る【鳴き旧る】（自ラ上二）｛り・り・る・るる・るれ・りよ｝鳴き声に聞き慣れて、珍しくなくなる。多く、ほととぎすの鳴き声にいう。［古今］夏「五月来ば鳴きも旧り㊊なむほととぎすまだしきほどの声を聞かばや」［訳］陰暦五月が来たならばきっと鳴き声が珍しくもなくなってしまうだろう、ほととぎすよ、まだその時期が来ない（珍しく思う）ころの声を聞きたいものだ。

なき-ふる・す【鳴き旧るす】（他サ四）｛さ・し・す・す・せ・せ｝何回も鳴いてその声に新鮮さを感じさせなくする。［古今］夏「去年の夏―・し㊊てし郭公それかあらぬか声のかはらぬ」［訳］去年の夏、聞きあきるほど声を聞かせていたほととぎすよ、（今鳴いているのは）それなのだろうか、別の（ほととぎす）なのだろうか、声が変わらないことよ。

なき-まど・ふ【泣き惑ふ】（自ハ四）｛は・ひ・ふ・ふ・へ・へ｝物事の分別ができないほど泣く。泣き悲しんで取り乱す。［源氏］桐壺「さぶらふ人々の―・ひ㊊、上も御涙のひまなく流れおはしますを」［訳］（光源氏に）お仕えする人々が泣き悲しんで取り乱し、主上（＝桐壺帝）も御涙が絶え間なく流れておいでになるのを。

なき-よ【無き世】死後。［大鏡］道隆「あやしき有り様をもし給はば、―なりとも、かならず恨み聞こえむずるぞ」［訳］みっともないようすをもしなさるなら、（私＝伊周は）死後であっても、きっとお恨み申しあげようぞ。

なき-わた・る【鳴き渡る】（自ラ四）｛ら・り・る・る・れ・れ｝鳴きながら飛んで行く。［万葉］三・二七一「桜田へ鶴―・る㊎年魚市潟潮干にけらし鶴―・る㊎」［訳］→さくらだへ…［和歌］

な・く❶（自カ四）｛か・き・く・く・け・け｝❶【泣く・哭く】（人が）声をあげて涙を流す。［竹取］かぐや姫の昇天「八月十五日ばかりの月に出でゐて、かぐや姫、いといたく―・き㊊給ふ」［訳］陰暦八月十五日ごろの月の夜に（縁側に）出てすわって、かぐや姫は、たいそうひどく声をあげて泣きなさる。⇩潮垂る「慣用表現」

❷【鳴く】（鳥・虫・獣が）声を出す。

❷【泣く・哭く】（他カ下二）｛け・け・く・くる・くれ・けよ｝《上代東国方言》泣かせる。［万葉］一四・三四七一「しまらくは寝つつもあらむを夢のみにもとな見えつつ吾を音し―・くる㊍」［訳］しばらくの間は眠り続けていたいのに、（あなたの姿が）夢にばかりしきりに現れては、私を泣かせることよ。

なく…ないこと。［万葉］一〇・二〇八四「天の川去年の渡り瀬荒れにけり君が来まさむ道の知ら―」［訳］天の川の去年の渡り場が荒れてしまったことだ。あなたがおいでになるであろう道がわからないことよ。⇩な「識別ボード」

［なりたち］打消の助動詞「ず」のク語法(1)

な・ぐ【和ぐ・凪ぐ】（自ガ上二）｛ぎ・ぎ・ぐ・ぐる・ぐれ・ぎよ｝❶心が静まる。心が穏やかになる。［土佐］「海は荒るれども、心はすこし―・ぎ㊊ぬ」［訳］海は荒れさわぐけれど、（船乗りの歌を聞いて）心は少し静まった。

❷風がおさまり波が穏やかになる。［万葉］九・一七八一「海つ路の―・ぎ㊊なむ時も渡らなむかく立つ波に船出すべしや」［訳］海路の風波がおさまったとしたら、そのときにでも渡ってほしい。こんなに波が立っている時に船出するべきだろうか。

な・ぐ【薙ぐ】（他ガ四）｛が・ぎ・ぐ・ぐ・げ・げ｝横ざまに払って切る。［平家］四・橋合戦「長刀で向かふ（＝手向かう）敵五人―・ぎ㊊ふせ」

なぐ-さ【慰】（名）苦しさ・悲しさを慰めるもの。慰め。［万葉］四・六五六「あれのみぞ君には恋ふるわが背子が恋ふといふことは言の―ぞ」［訳］私だけがあなたに恋いこがれているのだ。あなたが（私に）恋しているというのは口先だけの慰めなのだ。

なぐさみ【慰み】（名）〔四段動詞「慰む」の連用形から〕❶慰め。気晴らし。楽しみ。［源氏］宿木「今めかしき事どもの多かれば、少し―もやし給ふらむ」［訳］さまざまに華やかなこと（＝男児出産の祝い）が多いので、（中の君は）少し慰めにもしていらっしゃるだろうか。

❷からかい。もてあそびもの。

なぐさ・む【慰む】❶（自マ四）｛ま・み・む・む・め・め｝気持ちがおさまる。心が安まる。気がまぎれる。［竹取］かぐや姫の生ひ立ち「この子を見れば、苦しきこともやみぬ、腹立たしきこともなくなってしまい、腹立たしいことも気がまぎれた。

❷（他マ四）｛ま・み・む・む・め・め｝❶心を楽しませる。気分を晴らす。［徒然］一三〇「人に本意なく思はせて、わが心を―・ま㊌んこと、徳に背けり」［訳］（勝負事で負かして）人につまらないと思わせて、自分の心を楽しませるようなことは、道徳に反している。［文法］「慰まん」の「ん」は、仮定・婉曲の助動詞。

❷からかう。〔浮世風呂〕「売り物だから―・ま㊌れても、虫をさすってる（＝腹が立つのをがまんしている）けれど」

❸（他マ下二）｛め・め・む・むる・むれ・めよ｝❶気持ちをなごませる。心を楽しませる。［古今］仮名序「猛き武士の心をも―・むる㊍は歌なり」［訳］たけだけしい武士の心をもなごませるのは和歌である。⇩和らぐ「名文解説」

❷なだめる。また、ねぎらう。［更級］物語「かくのみ思ひくんじたるを、心も―・め㊌むと、心苦しがりて、母、物語などもとめて見せ給ふに」［訳］このようにふさぎ込んでばかりいるので、（私の）心を慰めようと、かわいそうだと思って、母は物語などをさがして見せなさるので。

なぐさめ-ぐさ【慰め種】（名）心を慰める材料や手

段。源氏 東屋「朝夕の―にて見過ぐしつべし」訳 朝晩の心を慰める相手として(浮舟(うきふね)を)世話して過ごすこともきっとできるだろう。

なぐさもる【慰もる】[下二段動詞「慰む」の連体形「なぐさむる」の転]慰める。万葉 九・一七五七「草枕旅の憂(うれ)へを―こともありやと」訳 旅のわびしさを慰めることもあるかと。(「草枕」は「旅」にかかる枕詞)

なく-なく【泣く泣く】(副)泣きながら。伊勢 四「夜のほのぼのと明くるに、―帰りにけり」訳 (男は)夜がほんのりと明けるころに、泣きながら帰ってしまった。

なく-な-す【無くなす・亡くなす】(他サ四){さ・し・す・す・せ・せ}❶なくす。紛失する。浮・好色五人女「八年このかたにおよそ千貫目を―し用て」訳 この八年のあいだにおよそ銀千貫目を失って。

❷死なせる。亡くす。更級 太井川「乳母(めのと)なる人は、をとこなども―し用て」訳 (私の)乳母である人は、夫なども亡くして。

❸失脚させる。栄花 花山たづぬる中納言「いかでこの大将を―し用てばや」訳 なんとかしてこの大将を失脚させてしまいたいものだ。

なく-に ❶…(し)ないことだなあ。万葉 一一・二五九七「いかにして忘るるものぞ吾妹子(わぎもこ)に恋は増されど忘らえ―」訳 どのようにして忘れるものなのか。いとしいあの子に恋はつのるけれど忘れられないことだなあ。文法「忘らえ」の「え」は、上代の可能の助動詞「ゆ」の未然形。

❷…(し)ないことだのに。…(し)ないのに。古今 春上「み山には松の雪だに消えなくに都は野辺の若菜つみけり」訳 深い山の中では、松の枝の雪さえもまだ消えないのに、都ではもう野辺に出て若菜を摘んでいることだなあ。

❸…(し)ないことだから。…(し)ない以上は。古今 雑上「誰(たれ)をかも知る人にせむ高砂(たかさご)の松も昔の友なら―」訳 →たれをかも…和歌

なりたち 打消の助動詞「ず」のク語法「なく」+助詞「に」

参考「に」は、格助詞、断定の助動詞「なり」の連用形、接続助詞などの諸説がある。

な-くは-し クワシ【名細し・名美し】(形シク){しから・しく(しかり)・し・しき(しかる)・しけれ・しかれ}[「くはし」は、すぐれて美しい意]「なぐはし」とも。名が美しい。名高い。万葉 三・三〇三「―しき体 印南(いなみ)の海の沖つ波千重(ちへ)に隠(かく)りぬ大和島根(やまとしまね)は」訳 名が美しい印南の海の沖の波、その幾重もの波(のかなた)に隠れてしまった。大和の国は。

なく-もがな なくてほしい。なければいい。伊勢 八四「世の中にさらぬ別れの―千代(ちよ)もといのる人の子のため」訳 →よのなかに…和歌

なりたち 形容詞「無し」の連用形「なく」+願望の終助詞「もがな」

な-げ【無げ】(形動ナリ){なら・なり(に)・なり・なる・なれ・なれ}[形容詞「無し」の語幹「な」に接尾語「げ」の付いたもの]❶なさそうなさま。枕 一六八「思ふこと―に用て歩みありく人見るこそ、いみじううらやましけれ」訳 (気分が悪く休んでいるときに)心配ごともなさそうにして歩きまわる人を見るのは、たいそううらやましい。

❷なげやりなさま。いいかげんなさま。かりそめなさま。保元物語「されども今はなげ(語幹)の情けをかけ奉る者は、誰(たれ)か一人もありし」訳 しかし今はいいかげんな情けをおかけ申しあげる者は、だれか一人でもいただろうか(いや、だれ一人としていなかった)。文法「誰か」の「か」は、反語の係助詞。

なげか-し【嘆かし】(形シク){しから・しく(しかり)・し・しき(しかる)・しけれ・しかれ}[動詞「嘆く」に対応する形容詞]嘆かわしい。竹取 火鼠の皮衣「この翁(おきな)は、かぐや姫のやもめなるを―しけれ已ば」訳 この(竹取の)翁は、かぐや姫が独身の女性(のまま)でいるのを嘆かわしいと思うので。

なげか-ふ ナゲカ(コウ)【嘆かふ】《上代語》嘆き続ける。万葉 一九・四二二四「愛(は)しきよし君はこの頃うらさびてなげかひ用います」訳 ああ、いとしい。君は近ごろ心寂しいようすで嘆き続けておいでである。

なりたち 四段動詞「嘆く」の未然形「なげか」+上代の反復・継続の助動詞「ふ」

なげき【嘆き・歎き】(名)❶ため息。嘆息。万葉 七・一三八三「―せば人知りぬべみ山川(やまがは)の激(たぎ)つこころを塞(せ)かへてあるかも」訳 ため息をついたならきっと世間の人が気づくだろうから、この谷川のように激する心をじっとおさえていることよ。文法「人知りぬべみ」の「み」は、原因・理由を表す接尾語。「塞かへ」は「塞きあへ」の転。

❷悲しみ。悲嘆。また、切実な願い。源氏 夕顔「よろづの―忘れて少しうちとけゆく気色(けしき)いとらうたし」訳 (夕顔が)さまざまの悲しみを忘れて少し(自分=光源氏に)うちとけてゆくようすがたいそう愛らしい。

なげきつつ… 和歌《百人一首》

> 嘆きつつ　ひとりぬる夜(よ)の　あくるまは
> いかにひさしき　ものとかは知(し)る
> 〈拾遺・一四・恋四・九一二・藤原道綱(みちつな)の母〉〈蜻蛉・上〉

訳 (あなたが訪ねてこないのを)嘆き続けて一人で寝る夜が明けていくまでの時間が、どれほど長いものかご存じですか(いいえ、おわかりにならないでしょうね)。文法「つつ」は、反復・継続の接続助詞。「ぬる」は、下二段動詞「寝(ぬ)」の連体形。「かは」は、反語の係助詞。

解説 詞書(ことばがき)には、夫の兼家(かねいえ)が作者のもとを訪れたとき、門をあけなかったところ、「立ち疲れた」と皮肉を言ったので詠んだとある。作者の書いた「蜻蛉(かげろう)日記」では、兼家はその夜は閉め出され、そのままほかの女のもとに行ったので、翌朝兼家のもとに届けたことになっている。

なげき-わた-る【嘆き渡る】(他ラ四){ら・り・る・る・れ・れ}嘆いて月日を過ごす。嘆き暮らす。万葉 一八・四〇七五「あひ思はずあるらむ君をあやしくも―る体か人の問ふまで」訳 (私が思うほどには)私を思わないでいるであろうあなたを、不思議なことに(私は恋しく思って)嘆き暮らしていることだなあ。人が(いぶかしく感じて)尋ねるほどに。

なげ-く【嘆く・歎く】(自カ四){か・き・く・く・け・け}❶嘆息する。ため息をつく。万葉 一五・三五八〇「君が行く海辺の宿に霧立たば吾(あ)が立ち―く体息と知りませ」訳 あなたの行く海辺の宿に霧が立ったなら、私の嘆息する息と思ってください。

❷悲しむ。悲しんで泣く。著聞 七三「聞きわたる人、いかばかり―く終らんと思ひて、とぶらひければ」訳 前から聞いている人が、(翁(おきな)は)どんなに悲しんでいるであろうと思って、見舞ったところ。

❸嘆願する。強く望む。祈る。[古今]雑上「世の中にさらぬ別れのなくもがな千代もと—・く㊍人の子のため」[訳]世の中に(死による)避けられない別れがなければよいなあ。千年も(親に生きてほしい)と強く望む子供のために。

なげけとて… [和歌]《百人一首》

> 嘆けとて　月やは物を　思はする
> かこち顔なる　わが涙かな
> 〈千載・一五・恋五・九二九・西行〉

[訳]嘆き悲しめといって、月は(人に)物思いをさせるのか(いや、そんなことはあるまい)。(つらいのは恋する心のせいなのに)月のせいだとでもいうようにあふれてくる、私の涙だなあ。[文法]「やは」は、反語の係助詞。その結びの「する」は、使役の助動詞「す」の連体形。[解説]「月前の恋」という題で詠んだ歌。美しい月を見ていると、思わず涙があふれ出てくる。それは恋する心から流れる涙なのであるが、あたかも月のせいで涙が出てくるように感じられるのである。恋の心を詠んで、恋のことばを使わないところが巧み。

なげし【長押】(名)寝殿造りで、簀の子と廂、母屋と廂の境にある、柱と柱の間に、横に渡した材木。上部のものを上長押、下部のものを下長押という。中世以降は、かもいなどの上をおおう材木をいい、装飾化した。[枕]三「宮の御前の御几帳押しやりて、—のもとに出でさせ給へるなど」[訳]中宮様が御几帳を押しのけて、長押(=下長押)のところにお出ましになっているごようすなど。

(なげし)

なげ-なく-に【無げなくに】ないわけではないのに。ないわけではないのだから。[万葉]四・五〇六「わが背子は物な思ひそ事しあらば火にも水にもあが—」[訳]わが君は心配するな、何か事が起こったら、たとえ火や水が襲って来ても、私がいないことはないのだから。[なりたち]形容詞「無し」の上代の未然形「なけ」＋打消の助動詞「ず」のク語法「なく」＋助詞「に」[参考]「に」は、格助詞、断定の助動詞「なり」の連用形、接続助詞などの諸説がある。

なげ-の-あはれ(アワレ)【無げのあはれ】うわべだけの愛情。一時的な同情。[源氏]若菜上「横さまの人の—をもかけ、一言の心寄せあるは、おぼろけのことにもあらず」[訳]関係のない他人がちょっとした同情をもかけ、一言の好意を寄せることがあるのは、なみ一通りのことでもない。

なげ-の-ことのは【無げの言の葉】心のこもっていない、なげやりなことば。ちょっとした軽いことば。「無げの言葉」とも。[源氏]紅梅「かう思ひ寄るべうもあらぬ方にしも、—をつくし給ふ」[訳]このようになびき寄りそうもない方(=宮の御方)にも、(匂宮が)かりそめのことばをつくして言い寄りなさるのは。

なげ-の-ことば【無げの言葉】「なげのことのは」に同じ。

な-ごし【夏越し・名越し】(名)「夏越しの祓へ」の略。

なご-し【和し】(形ク){から・く(かり)・し・き(かる)・けれ・かれ}なごやかである。穏やかである。[更級]大納言殿の姫君「猫のいと—・う㊞(ウ音便)鳴いたるを、おどろきて見れば」[訳]猫がたいそうなごやかに鳴いたので、はっとして見ると。

なごし-の-はらへ(ハラエ)【夏越しの祓へ・名越しの祓へ】「なごしのはらひ」とも。陰暦六月三十日、宮中や各神社で半年間のけがれを取り除く厄よけに行った行事。邪神を和める意で、参拝者に茅萱の輪をくぐらせたり、人形を作って身体を撫でたものを川原で祓って流したりして清める。翌日の七月一日から秋になるため、「夏越し」という。「水無月祓へ」とも。[夏]

勿来の関【地名】[歌枕]今の福島県いわき市にあった古関。奥羽三関の一つ。→三関②

那古の海【地名】[歌枕]〔「奈呉の海」とも書く〕❶今の大阪市住吉区付近にあった海岸。❷「なごのうら」に同じ。

奈呉の浦【地名】[歌枕]今の富山県射水市放

古語ライブラリー㉞ 聞きなし

鶯はホーホケキョと鳴き、烏はカアと鳴く。現代日本人の耳にはそう聞こえる。奈良時代・平安時代の人々にも、そのように聞こえていたのだろうか。

◇梅の花見にこそ来つれ鶯のひとくひとくと厭ひしもをる 〈古今 雑体〉

当時のハ行音はファフィフフェフォであったし、タ行音はタティトゥテトであったから、ここの「ひとく」はフィトクであろうが、今日のホーホケキョとはたいへんな違いだ。だが、ホケキョの部分だけを聞いたのだとすれば、フィトクとホケキョとは似ているのではないか。

鳥の鳴き声などを人のことばに置き換えて聞くのが「聞きなし」で、コノハズクの鳴き声を「仏法僧」と聞きなしたり、ホトトギスの鳴き声を「特許許可局」とか「てっぺんかけたか」とか聞きなしたりする。

この「ひとくひとく」も「人来人来」と聞きなしたものだ。梅の花を見に来ただけなのに、鶯が「人が来る、人が来る」と嫌がっていやがることだ——というのである。なお、「をり」は自分の側に用いる語だから、第三者に用いると、敬語とは逆の卑語のニュアンスになる場合がある。ここもその例である。

◇からすとふ大軽率鳥の真実にも来まさぬ君をころくとそ鳴く 〈万葉 一四・三五二一〉

鳥というそそっかしい鳥が、実際にはいらっしゃらないあの方なのに、「ころく」だなんて鳴くことよ——というのである。

鳥の鳴き声がコロクだというのは奇抜だが、この例もこう聞きなしたもの。あの人が来る意の「児ろ来」か、ここに来る意の「此ろ来」か、自身で来る意の「自来」か。解釈にゆれがあるが、いずれにしても「ころく」である。

生津町あたりの海岸。「なごのうみ」とも。

なご・む【和む】■一■（自マ四）｛ま・み・む・む・め・め｝なごやかになる。穏やかになる。［源氏］夕霧「なほざりごととは見給ひながら、おのづから—・み㊊つつものし給ふを」［訳］（雲居の雁は夕霧のなぐさめを）いいかげんなことばとはお思いになりながらも、自然となごやかになっていらっしゃるのを。■二■（他マ下二）｛め・め・む・むる・むれ・めよ｝なごやかにする。やわらげる。なだめる。〔落窪〕「さて腹立てなむ。なほ—・め㊍させおはしませ」［訳］それではきっと腹を立てるであろう。やはり（典薬助の機嫌を）おなだめなさいませ。

なご‐や【和や】（名）〔形容詞「和し」の語幹「なご」に、状態を表す接尾語「や」の付いたもの〕なごやかなこと。やわらかなこと。また、やわらかなもの。［万葉］四・五二四「むしぶすま—が下に臥せれども妹とし寝ねば肌し寒しも」［訳］むしぶすま（＝苧麻の繊維で織った寝具）のやわらかなものの下に臥しているけれども、あなたと寝ていないので肌が寒いよ。

なご‐やか【和やか】（形動ナリ）｛なら・なり（に）・なり・なる・なれ・なれ｝〔「やか」は接尾語〕穏やかなさま。温和なさま。［源氏］橋姫「驚き顔にはあらず、—・に㊊もてなして」［訳］（薫の来訪を聞いた宇治の姫君たちは驚いたようすではなく、穏やかにふるまって。

なごり【名残】（名）●重点義 過ぎ去ったあとに残るものやこと。
❶物事や人が過ぎ去ったあと、なおその気分・ようす・影響・面影などの残ること。また、その気分・面影など。［源氏］若紫「をかしかりつる人の—恋しく」［訳］かわいらしかった人（＝若紫）の面影が恋しくて。［源氏］紅葉賀「夕立して、—涼しき宵のまぎれに」［訳］夕立が降って、その後が涼しい宵闇の気晴らしに。
❷残余。のこり。［徒然］二五「かばかりの—だになき所々は、おのづから礎ばかり残るもあれど」［訳］これほどの跡形さえ残っていない（寺域内の）あちらこちらでは、まれに土台石だけ残る場合もあるけれど。
❸遺児。子孫。忘れ形見。〔夜の寝覚〕「ましてこれは、—とてとどまる男などもなし」［訳］ましてこの（＝故関白の）場合は、遺児として残る（成年の）男子などもない。
❹別れを惜しむこと。惜別の情。また、別れ。［徒然］五三「童の法師にならんとする—とて、おのおのあそぶことありけるに」［訳］稚児が一人前の僧になろうとする惜別に（しよう）というので、めいめい芸をすることがあった折に。［新古］雑上「馴れ馴れて見しは—の春ぞともなどしら河の花の下かげ」［訳］長年馴れ親しんで（見たが、今年の春）眺めたのが、最後の別れの春だったとは、そのときどうして知っていたろうか（少しも知らなかった）。白河の桜の花の下陰よ。（「白河」に「知ら（ん）」の意をかける）
❺連歌・俳諧で、連句を書きしるす懐紙の最後の一折。〔去来抄〕修行「半ばより—の裏にかけては、さらさらと骨折らぬやうに作すべし」［訳］（懐紙の最後の一折の表の）なかばから最後の一折の裏にかけては、すらすらと苦心しないように作るのがよい。

なごり【余波】（名）❶海の潮の引いたあと、あちこちに残っている海水や海藻など。［万葉］六・九七六「難波潟潮干の—よく見てむ」［訳］難波の海の潮の引いたあとのようすをよく見ておこう。［文法］「見てむ」の「て」は助動詞「つ」の未然形で、ここは確述の用法。
❷風がやんだあとも、しばらく静まらない波。〔催馬楽〕「風しも吹けば—しも立てれば水底霧りてはれその珠見えず」［訳］風がほんに吹くので、（その）風がやんだあとの波がほんに立っているので、水の底がくもって、やれ（海中の）その真珠が見えないよ。（「はれ」は、はやしことば）。［文法］「しも」は、両方とも強意の副助詞。

なごり‐な・し【名残無し】（形ク）｛から・く（かり）・し・き（かる）・けれ・かれ｝あとに残るところがない。また、未練がない。［徒然］一三八「おのれと枯るるだにこそあるを、—・く㊊、いかが取り捨つべき」［訳］（祭りに使った後の葵は）自然と枯れるのでさえ名残惜しいものであるのに、心残りもなく、どうして取り捨ててよいものか（いや、よくはない）。

なごり‐の‐つき【名残の月】❶夜明け方の月。残月。有り明けの月。〔謡・雲林院〕「われは東に赴けば、—の西の宮、潮の蛭子の浦遠し」［訳］私は東に行くので、有り明けの月は名残惜しくも西へ傾き、西の宮の潮の干る蛭子の浦も遠い。
❷陰暦九月十三夜の月。［秋］

なさけ【情け】（名）❶ものをあわれむ心。人間としての感情。人情。思いやり。［枕］二六九「よろづのことよりも—あるこそ、男はさらなり、女もめでたくおぼゆれ」［訳］どんなことよりも思いやりのあることが、男はもちろん、女もすばらしい（ことだ）と思われる。
❷風雅を理解する心。風流心。［伊勢］一〇一「—ある人にて、瓶に花をさせり」［訳］（主人は）風流を解する心がある人で、かめに花をさしてある。
❸しみじみとした味わい。情趣。風情。［徒然］一三七「たれこめて、春のゆくへ知らぬも、なほあはれに—ふかし」［訳］（簾を）垂れて（部屋に）ひきこもって、春が暮れてゆくのを知らずにいるのも、やはりしみじみとして情趣が深い。
❹男女間の愛情。恋心。恋情。［徒然］一三七「男女の—も、ひとへに逢ひ見るをばいふものかは」［訳］男女の恋も、むやみに逢って契りを結ぶことをいうものであろうか（いや、そうではない）。［文法］「かは」は、反語の係助詞。
（⇩あはれ「類語パネル」）

なさけ‐おく・る【情け後る】（自ラ下二）｛れ・れ・る・るる・るれ・れよ｝愛情が薄い。人情味に乏しい。［徒然］一四一「吾妻人は、我がかたなれど、げには心の色なく、—・れ㊊」［訳］関東の人は、自分の故郷の人であるが、実際には心のやさしさがなく、人情味に乏しく。

なさけ‐だ・つ【情け立つ】（自タ四）｛た・ち・つ・つ・て・て｝❶情愛があるように振るまう。［源氏］藤裏葉「—・ち㊊給ふ若人は、うらめしと思ふもありけり」［訳］（夕霧に）情愛があるように振るまいなさる若い女房（の中）には、（雲居の雁と夕霧との結婚を）恨めしいと思う者もあった。
❷風流がわかっているように振るまう。風流ぶる。［源氏］帚木「よしばみ—・た㊍ざらむなむ目やすかるべき」［訳］（時と場合の対応がうまくできない女は）気取ったり風流ぶったりしないようなのが感じがよいにちがいない。

なさけなさけ・し【情け情けし】（形シク）｛しから・しく（しかり）・し・しき（しかる）・しけれ・しかれ｝いかにも情愛が深い。［源氏］帚木「あはれ知らるばかり—・しく㊊のたまひ尽くすべかめれど」［訳］（女が）しみじみとした愛情を感じないではいられないほどに、（光源氏は）いかにも情愛深くことばの限りをお尽くしになるにちがいないようだが。

なさけ-な-し【情け無し】(形ク){から・く(かり)・し・き(かる)・けれ・かれ}❶思いやりがない。人情味に欠ける。伊勢 六三「子三人を呼びて語りけり。ふたりの子は、―く㊀いらへてやみぬ」訳(母親は)子供三人を呼んで話をした。二人の子は、思いやりもなく受け答えをして終わった。

❷無風流だ。情趣に乏しい。源氏 夕顔「すき給はざらむも―く㊀、さうざうしかるべしかし」訳(光源氏が)色恋に打ちこみなさらないとすればそれも無風流で、物足りないだろうよ。

❸嘆かわしい。あきれるほどだ。平家 九・敦盛最期「武芸の家に生まれずは、何とてかかるうき目をばみるべき。―う㊀(ウ音便)も討ち奉るものかな」訳 武芸の家に生まれなければ、どうしてこのようなつらい目にあうことがあろうか(いや、ありはしまい)。嘆かわしくもお討ち申すものだなあ。文法「生まれずは」の「ずは」は、打消の順接の仮定条件を表す。名文解説 わが子と同じ年頃の平敦盛を心ならずも討ち取った熊谷直実の痛恨のことば。その嘆きは、「武芸の家」に生まれたことさえ悔やむほど深かった。この体験がもとで直実は無常の思いを強め、のちに出家を遂げることになる。

なさけ-ば-む【情けばむ】(自マ四){ま・み・む・む・め・め}[「ばむ」は接尾語]愛情があるように振るまう。源氏 夕霧「内々の御心遣ひは、こののたまふさまにかなひても、しばし―ま㊥む」訳 内々のお気遣いは、この(落葉の宮の)おっしゃるとおりにするとしても、当分は(夫婦らしく)愛情があるように振るまおう。

なさけ-ぶ【情けぶ】(自バ上二){び・び・ぶ・ぶる・ぶれ・びよ}[「ぶ」は接尾語]情けがあるように振るまう。源氏 玉鬘「いと―び㊀、きらきらしくものし給ひしを」訳(少弐は)たいそう情趣ありげに振るまい、きわだっていらっしゃったから。

なさけ-ふか-し【情け深し】(形ク){から・く(かり)・し・き(かる)・けれ・かれ}❶思いやりの心が深い。平家 一一・重衡被斬「―う㊀(ウ音便)芳心おはしつるこそ、ありがたううれしけれ」訳 思いやりの心が深く親切心がおありだったことが、めったになくうれしいことだ。

❷情趣を解する心が深い。平家 六・新院崩御「この僧正は優に―き㊍人なり」訳 この(永縁)僧正は優雅で情趣を解する心の深い人である。

なさけ-を-かは-す【情けを交はす】互いに情愛を通わせる。思いをかけ合う。源氏 御法「さすがに―し㊀給ふ方々は、誰も久しくとまるべき世にはあらざなれど」訳 そうはいってもやはり、(自分=紫の上と)互いに情を通わせなさる方々(=花散里や明石の君)は、だれもが久しく生き残ることのできる世ではないというが。

-な-し(接尾ク型)(名詞、形容詞の語幹などに付いて)意味を強め、「…の状態である」の意の形容詞をつくる。伊勢 一「おもほえずふるさとに、いとはした―く㊀てありければ」訳 思いがけなく(さびれた)旧都に、(美しい姉妹が)たいそう不似合いなようすで住んでいたので。

【例語】いときなし・いとけなし・いらなし・後ろめたなし・おぼつかなし・しどけなし・むくつけなし(=気味がわるい)

参考「あぢきなし」「うらなし」などの「なし」は形容詞。

なし【成し・為し】(名)何かがそうさせること。…(の)せい。源氏 総角「目も鼻もなほしと覚ゆるは心の―にやあらむ」訳(自分=大君の)目も鼻も人並みだと思われるのは気のせいであろうか。

参考 多く、「心のなし」の形で用いられる。

な-し【無し】㊀(形ク){から・く(かり)・し・き(かる)・けれ・かれ}❶存在しない。ない。いない。伊勢 九「道知れる人も―く㊀て、まどひ行きけり」訳(東国への)道を知っている人もいなくて、迷いながら行った。

❷生きていない。この世にない。徒然 三一「今は―き㊍人なれば、かばかりのことも忘れがたし」訳 今はこの世にいない人なので、この程度のことも忘れがたい。

❸不在である。留守だ。古今 雑上「老いらくの来むと知りせば門鎖して―し㊇とこたへて逢はざらましを」訳 老いが来るだろうとわかっていたなら、門を閉ざして、不在だと答えて、逢わなかっただろうに。文法「せば…まし」は反実仮想で「もし…なら…だろうに」の意。

❹またとない。比類がない。竹取 かぐや姫の生ひ立ち「この児のかたちけうらなること世に―く㊀」訳 この子(=かぐや姫)の容貌の清らかで美しいことは世に比類がなく。

❺ないも同然である。世間から見捨てられている。源氏 薄雲「中頃、身の―き㊍に沈み侍りしほど」訳 ひところ、わが身がないも同然に落ちぶれておりましたころ。

㊁(補形ク)形容詞型・形容動詞型活用の語の連用形、および体言に続く断定の助動詞「なり」の連用形「に」、また、これらに係助詞の付いた形に付いて、否定の意を表す。…(で)ない。平家 三・大納言死去「わが身もつきせぬもの思ひに、たへしのぶべうも―し㊇」訳 私(=成親の北の方)もつきることのない物思いのために、耐え忍ぶこともできない。

なし-あ-ぐ【成し上ぐ】(他ガ下二){げ・げ・ぐ・ぐる・ぐれ・げよ}官職などを昇進させる。宇治 一三・五「帝、かしこき者におぼしめして、次第に―げ㊀給ひて」訳 帝は、(まき人を)すぐれた者とお思いになって、順々に昇進させなさって。

なじか-は(副)[「なにしかは」の転]❶疑問を表す。なぜ…か。どうして…か。徒然 五六「さばかりならば、―捨てし」訳 それくらいならば、どうして(世を)捨てたのか。

❷反語を表す。どうして…か(いや、…ない)。平家 一・祇王「声よく節も上手でありければ、―舞も損ずべき」訳(仏御前は)声がよく節回しも上手であったので、どうして舞も損じるはずがあろうか(いや、し損じるはずはない)。

なし-た-つ【成し立つ】(他タ下二){て・て・つ・つる・つれ・てよ}一人前にして世間に出す。りっぱに成長させる。源氏 蛍「内の大臣は、御子ども腹々いと多かるに…みな―て㊀給ふ」訳 内大臣はお子さまたちが腹違いでたいそう多いが…みなりっぱに成長させなさる。

なし-ぢ【梨子地】(名)蒔絵の一種。金粉や銀粉を散らした漆の塗りもの。梨の皮の斑点に似た模様なのでいう。

なし-つぼ【梨壺】(名)「昭陽舎」の異称。中庭(=壺)に梨の木が植えてあるのでいう。⇩巻頭カラーページ32

なしつぼ-の-ごにん【梨壺の五人】天暦五年(九五一)、村上天皇の勅命により宮中の梨壺(=昭陽舎)で「後撰集」を撰した五歌人。坂上望城・紀時文・大中臣能宣・清原元輔・源順。

なじょう ⇩なでふ

なし-ゑ 【梨子絵】(名)「梨子地」の蒔絵。枕 一八四「沈の御火桶の―したるにおはします」訳(中宮は)沈香木の御丸火ばちで梨子地の蒔絵を施したものに(寄りかかって)いらっしゃる。

-なす (接尾)《上代語》名詞、まれに動詞の連体形に付いて「…のように」「…のような」の意を表す。万葉 一四・三三七二「相模路の余綾の浜の真砂―児らは愛しく思はるるかも」訳 相模路の余綾の浜の美しい砂のようなあの子はいとしく思われるなあ。(「真砂なす」は、「真砂ではないが、愛子のように」とも訳される)。万葉 一四・三五四八「鳴る瀬ろに木屑の寄す―いとのきて愛しけ背ろに人さへ寄すも」訳 音を立てて流れる川の瀬に木屑が寄せるように、とりわけいとしいあの人に他の人までが心を寄せるよ。

【例語】巌なす・垣穂なす・木屑なす・猷なす・蜾蠃なす・着くなす(=着くように)・翼なす・常磐なす・錦なす・真珠なす・水鴨なす・水沫なす・雪なす・行くなす

参考 朝日なす・馬酔木なす・入り日なす・鶉なす・績み麻なす・鏡なす・雲居なす・五月蠅なす・玉藻なす・泣く子なす・闇夜なすなどの枕詞の「なす」も同類だが、「朝日なす」などは「朝日のように」の意で実景を表すともみられ、その境界ははっきりしない。

な・す 【寝す】■(自サ四){さ・し・す・す・せ・せ}〔下二段動詞「寝」に上代の尊敬の助動詞「す」が付いたものの転〕「寝」の尊敬語。おやすみになる。万葉 二・二二二「沖つ波来寄する荒磯をしきたへの枕とまきて―・せ㊀る君かも」訳 沖の波が打ち寄せる岩石の多い磯を、枕にしておやすみになっているあなたであるよ。(「しきたへの」は「枕」にかかる枕詞)

■(他サ四){さ・し・す・す・せ・せ}〔「寝」の他動詞形〕寝かせる。眠らせる。万葉 五・八〇二「眼交にもとなかかりて安眠し―・さ㊀ぬ」訳 →うりはめば…和歌

な・す 【生す】(他サ四){さ・し・す・す・せ・せ}生む。出産する。竹取 貴公子たちの求婚「おのが―・さ㊀ぬ子なれば、心にもしたがはずなむある」訳(かぐや姫は)私自身が生んでいない子なので、思いどおりにもならないでいる。

な・す 【為す・成す】(他サ四){さ・し・す・す・せ・せ}❶**つくる。こしらえる。**枕 八「ひんがしの門は四足に―・し㊀て、それより御輿は入らせ給ふ」訳 東の門は四本柱の門につくって、そこから(中宮の)御輿はお入りになられる。文法「せ給ふ」は、最高敬語。

❷**行う。する。**徒然 一〇八「無益のことを―・し㊀」訳 役にも立たないことをし。

❸(あるものを他のものの代わりに)**用いる。**万葉 一三・三三三六「高山を障てに―・し㊀て沖つ藻を枕に―・し㊀」訳 高い山を隔てにして、沖の海藻を枕にし。

❹あるものを変えて他のものにする。徒然 一〇八「一銭軽しといへども、これを重ぬれば、貧しき人を富める人と―・す㊀」訳 一銭はわずかであるといっても、これを積み重ねれば、貧しい人を富裕な人に変える。

❺(役・位などに)**任ずる。**大鏡 後一条「太政大臣には、おぼろけの人は―・す㊀べからず」訳 太政大臣には、なみひととおりの人は任じてはならない。

❻(動詞の連用形に付く場合)→次項「=なす」参照

=な・す 【為す】(他サ四){さ・し・す・す・せ・せ}(動詞の連用形の下に付いて)「ことさら…」「特に…」「いかにも…であるように…」の意を表す。源氏 夕顔「さらぬ法師ばらなどにも、みな言ひ―・す㊀さま異に侍る」訳 そのほかの坊さんたちなどにも、すべて(私=惟光が)ことさら言う内容は、(事実とは)別でございますよ。徒然 一〇「よき人の、のどやかに住み―・し㊀たる所は」訳 教養あるりっぱな人が、いかにもゆったりと住んでいる所は。

【例語】負ひなす・思ひなす・書きなす・語りなす・聞きなす・着なす・為しなす・作りなす・取りなす・吹きなす・見なす

参考 (1)「ことさら…」の意か「いかにも…であるように…」の意かは、上にくる動詞に内容を限定する連用修飾語が付くかどうかで決まる。右の第一例も「みな異に言ひなし侍り」であれば、「いかにもすべて別であるように言っております」と訳すことになる。「いみじさに、たはぶれに言ひなさむとて(=いじらしさに、いかにも冗談であるように言おうと思って)」〈蜻蛉・中〉、「顔はいと赤くすりなして(=こすって赤くして)立てり」〈源氏・若紫〉などは右の第二例と同じ文の構造である。(2)語によって「成す」「做す」などをあてても書く。

な・す 【鳴す】(他サ四){さ・し・す・す・せ・せ}鳴らす。〔紀〕継体「末方をば笛に作り吹き―・す㊀御諸が上に登り立ち」訳(竹の)末の(細い)ほうを笛に作って、吹き鳴らす御諸山に登り立って。

なず 【撫ず】⇩なづ

なずむ 【泥む】⇩なづむ

なずらひ 【準ひ・准ひ・擬ひ】(名)匹敵すること。また、そのもの。源氏 桐壺「―に思さるるだにいとかたき世かなと」訳(亡き桐壺の更衣と)同列に思われなさる人さえ本当にめったにいない世の中であるなあと。

なずら・ふ 【準ふ・准ふ・擬ふ】「なぞらふ」とも。■(自ハ四){は・ひ・ふ・ふ・へ・へ}類する。肩を並べる。源氏 桐壺「女御子たち二所、この御腹におはしませど、―・ひ㊀給ふべきだにぞなかりける」訳 内親王方お二人が、この(弘徽殿の女御が)お産みになったお子様でいらっしゃるが、(この若宮=光源氏に)肩をお並べになることができそうな方さえいなかった。

■(他ハ下二){へ・へ・ふ・ふる・ふれ・へよ}同じにみなす。準ずる。なぞらえる。大鏡 道隆「大臣に―・ふる㊀宣旨かぶらせ給ひてありき給ひし御有り様も」訳(伊周が)大臣に準ずる天皇のご命令をお受けになられて(宮廷内・社交界を)お渡り歩きになったごようすも。

類語パネル

● **共通義** 類似した事物を引き合いに出して述べる。

なずらふ	異なる二つの事物を比べ、一方を基準として、もう一方がそれと同等であるとみなす。
よそふ	二つの事物を関係づけて、二つの事物に関連性・類似性を見出だす。

な-せ【汝兄】(名)《上代語》女性から男性を親しんで呼ぶ語。あなた。〔記〕上「愛しき我が—の命」訳いとしい私のあなた様よ。↔汝妹

な-せ-そ するな。どうかしないでくれ。万葉二〇・四四八七「いざ子どもたはわざ—天地の固めし国そ大和島根は」訳さあ人々よ。ふざけたことをしないでくれ。天地の神々が固めた国であるぞ。この大和の国(=日本)は。
なりたち 副詞「な」＋サ変動詞「為」の未然形「せ」＋終助詞「そ」

な…そ

…するな。どうか…してくれるな。(軽い嘆願の気持ちを含む)。竹取 貴公子たちの求婚「あたりよりだにな歩きそ」訳(家の)付近を歩き回ることさえするな。伊勢 二三「君があたり見つつを居らむ生駒山雲なかくしそ雨は降るとも」(新古今・恋五にも所収)訳あなたの住むあたりをいつも見ていたいのだ。生駒山を雲よ、どうか隠してくれるな。たとえ雨が降っても。文法「見つつを」の「を」は間投助詞。
語法「な」は動詞の連用形(カ変・サ変は未然形)の上にあって、その動詞の示す動作を禁止する意を表す副詞、「そ」は「な」に呼応して、右の動詞の下に付き、「な＋動詞＋そ」の形で、禁止の意を表す終助詞。↓な(副)
参考 上代には、「木この間より出でくる月に雲なたなびき」〈万葉七・一〇八五〉のように、「そ」を欠く例が見られ、中古末期以降は、「何事なりとも隠しそ」〈今昔二九・二八〉のように、「な」を欠く例が見られる。また、「恋しくは見てもしのばむもみぢ葉を吹きな散らしそ山おろしの風」〈古今 秋下〉の「吹き散らす」のように、複合動詞の場合は、二つの動詞の間に「な」が入る。また、「人ないたくわびさせ奉らせ給ひそ(=あの方をひどく困らせ申しあげなされるな)」〈竹取 火鼠の皮衣〉のように、長い語句が「な」と「そ」の間に入る例も見られる。なお、禁止の終助詞「な」による表現に比べて、「な…そ」は穏やかで、願望をこめた禁止の意を表すと見られる。

な-ぞ

【何ぞ】[「なにぞ」の転「なんぞ」の撥音「ん」の表記されない形]一 不明の事態を尋ねたり、理由を問うのに用いる語。**何か。何ごとか。何ものか。**また、なぜか。どうしてか。源氏 夕顔「こは—。あなもの狂ほしのもの怖ぢや」訳これはどうしたことか。なんとも気が変になりそうなほどのこわがりようだね。
二(副)❶疑問を表す。**どうしてか。どうして…(のか)。**源氏 空蟬「—、かう暑きにこの格子は下ろされたる」訳どうしてこう暑いのに、この格子はおろしなさっているのか。
❷反語を表す。**どうして…か(いや、そうではない)。**万葉 九・一七七七「君なくは—身よそはむ匣なる黄楊の小櫛も取らむとも思はず」訳あなたがいなければ、どうして身を飾ろうか(いや、飾りはしない)。櫛箱に入れてある黄楊の小櫛も(手に)取ろうとも思わない。文法「なくは」は、打消の順接の仮定条件を表す。
参考「なぞ」の「ぞ」は本来係助詞なので、「なぞ」を受けて結ぶ活用語は連体形になる。

> **語の広がり**「何ぞ」
> 「謎」は、「何ぞ」が転じて名詞化したもの。

なぞなぞ-あはせ【謎謎合はせ】(名)[「なぞ」は「何ぞ」の意]物合わせの一つ。左右二組に分かれて謎をかけあい、それを解きあって勝負を争う遊び。

なぞ-の【何ぞの】(連体)眼前の事物を不明のものとして指示す意で)なんという。何の。どんな。枕 九「—犬のかく久しう鳴くにかあらむ」訳どんな犬がこんなに長く鳴くのであろうか。
なりたち 副詞「なぞ」＋格助詞「の」

なぞ・ふ【準ふ・准ふ・擬ふ】(他ハ下二){へ・へ・ふ・ふる・ふれ・へよ}[上代は「なそふ」]他のものに見立てる。なぞらえる。万葉 二〇・四四五一「うるはしみ吾が思ふ君は石竹花に—・へ見れど飽かぬかも」訳すばらしいと私が思うあなたは、(美しい)なでしこの花になぞらえて、いくら見ても見飽きないことだなあ。

なぞへ【準へ・准へ・擬へ】(名)比べること。なぞらえること。伊勢 九三「あふなあふな思ひはすべし—なく高き卑しき苦しかりけり」訳分相応に恋はすべきものだ。比べようもなく身分の高い者と低い者と(の恋)は苦しいものだなあ。

なぞ-や【何ぞや】❶疑問の意を表す。なぜ…か。〔うつほ〕藤原の君「巣を出でてねぐらも知らぬ雛鳥も—暮れゆくひよと鳴くらむ」訳巣を出て(帰るべき)ねぐらもわからない雛鳥でも、なぜ暮れゆく日よとでも言うように、ひよと鳴くのだろうか。(「ひよ」は雛鳥の鳴き声と「日よ」との掛詞)
❷反語の意を表す。どうして…か(いや、…でない)。〔後撰〕恋二「大方は—わが名の惜しからむ」訳おおまかに言うと、どうして私の名誉の惜しいことがあろうか(いや、惜しくもない)。
なりたち 副詞「なぞ」＋係助詞「や」

なぞら・ふ【準ふ・准ふ・擬ふ】一(自ハ四){は・ひ・ふ・ふ・へ・へ}「なずらふ 一」に同じ。
二(他ハ下二){へ・へ・ふ・ふる・ふれ・へよ}「なずらふ 二」に同じ。方丈 二「今の世のありさま、昔に—・へ(用)て知りぬべし」訳今の世の中の(ひどい)状態は、(聖天子が善政を行った)昔にひき比べて(みると)きっとわかるだろう。

なだ【灘】(名)海洋で波が荒く航海の困難なところ。土佐「からく急ぎて、和泉の—といふ所に至りぬ」訳必死に急いで、和泉の灘という所に到着した。

な-だい【名題・名代】(名)《近世語》❶歌舞伎・浄瑠璃などの題名。
❷「名題看板」の略。歌舞伎の表看板の一つ。上部におもな役者名を表示する。
❸「名題役者」の略。歌舞伎で、役者名を表示する名題看板に名前がのせられる資格のある、上級の役者。

な-だいめん【名対面】(名)❶宮中で、宿直の殿上人が、夜の亥の刻(=午後十時ごろ)に行われる点呼に、その氏名を名のること。また、行幸・行啓先などで、供奉の親王・公卿が点呼を受けて名のること。源氏 夕顔「—は過ぎぬらむ、滝口の宿直申し今こそ」訳名対面はすんでしまっているだろう、滝口の武士の宿直申しがちょうど今ごろ(行われている)だろう。
❷戦場で、互いに声高に名のりあうこと。〔源平盛衰記〕「(梶原景季と菊池高望は)—して切り合ひたり」

な-だた・し【名立たし】(形シク){しから・しく(しかり)・し・しき(しかる)・しけれ・しかれ}名が世に立ちそうである。評判になりそうだ。源氏 葵「いと

よう言ひなしつべきたよりなりとおぼすに、いと―・しう(用)(ウ音便)」訳(自分の生き霊(りょう)が葵(あおい)の上を苦しめているという噂(うわさ)は、世間にとってまったく(都合よく(私のことを)きっととりたてて(悪く)言うことができるだろうよりどころだと(六条の御息所(みやすどころ)がお思いになるにつけても、たいそう評判になりそうで。

な-だた・り【名立たり】(自ラ変){ら・り・り・る・れ・れ}有名である。名高い。〔うつほ〕嵯峨の院「いとかしこく―・り(用)て」訳(あて宮は)たいそう聡明で名高くて。源氏 野分「―・る(体)春の御前(おまへ)の花園に心寄せし人々」訳 名高い(紫の上の)春の御殿の花園に好意を寄せていた人々も。参考 連用形・連体形以外には用例がなく、連用形もきわめて少ない。連体形が中世以降、連体詞となる。

な-だて【名立て】(名)評判の立つこと。悪評や浮き名の立つこと。宇治 七・二「君たちの―にもあり」訳(私の受けた侮辱は)あなた方の名折れでもある。

なだ・む【宥む】(他マ下二){め・め・む・むる・むれ・めよ}❶人の心を穏やかにする。やわらげ静める。〔浄・冥途の飛脚〕「てんがうな手形を書き無筆な母御を―・め(用)しが」訳 ふざけた証文を書いて字の読めない母御をなだめたが。❷ゆるやかに扱う。寛大に扱う。源氏 少女「―・むる(体)ことなく、きびしう行へ」訳 容赦することなく、厳格に(夕霧の指導を)実施せよ。❸とりなす。調停する。平家 四・厳島御幸「太政入道(だいじゃうにふだう)やうやうに―・め(用)給へば、山門の大衆(だいしゅ)しづまりぬ」訳 太政入道(=清盛)がいろいろととりなしになるので、延暦寺(えんりゃくじ)の僧兵たちは静まった。

なだら-か(形動ナリ){なら・なり(に)・なり・なる・なれ・なれ}「「か」は接尾語」❶角だったところがない。なめらかだ。〔うつほ〕祭の使「―・なる(体)石、かどある岩など」訳 表面のなめらかな石や、角のある岩など。❷平穏だ。無事だ。源氏 玉鬘「ひびきの灘(なだ)も―・に(用)過ぎぬ」訳 響(ひび)きの灘も平穏に通り過ぎた。❸(心が)穏やかだ。おとなしい。源氏 桐壺「心ばせの―・に(用)めやすく憎みがたかりしことなど」訳(桐壺の更衣の)気だてが温和で感じがよく、憎めなかったことなどを。❹無難だ。体裁がよい。枕 一七八「物かしこげに、―・に(用)修理(すり)して」訳(住まいを)気がきいたふうに、体裁よく手入れをして。❺流暢(りゅうちょう)だ。すらすらとしている。源氏 橋姫「わかき人々の、―・に(用)もの聞こゆべきもなく」訳 若い女房たちで、(薫(かおる)に)すらすらとものを申し上げることのできる者もなく。文法「人々の」の「の」は、いわゆる同格の格助詞で、「…で」の意。

なだら・む(他マ下二){め・め・む・むる・むれ・めよ}なだらかにする。平穏にする。源氏 匂兵部卿「御心ざまもの深く、世の中を思(おぼ)し―・め(用)しほどに」訳(光源氏は)お心構えも思慮深く、世間に対して角ばらずおだやかにとお考えになった間に。

那智(なち)『地名』今の和歌山県東牟婁(ひがしむろ)郡那智勝浦町。熊野三山の一つ熊野那智大社や那智観音(=青岸渡寺(せいがんとじ))があり、熊野信仰の中心地の一つ。

なつ【夏】(名)四季の一つ。陰暦四月から六月までの季節。

な・づ(ナズ)【撫づ】(他ダ下二){で・で・づ・づる・づれ・でよ}❶なでる。万葉 二〇・四三五六「わが母の袖もち―・で(用)てわがからに泣きし心を忘らえぬかも」訳 私の母が袖で(私を)なでて、私のために泣いた気持ちを忘れることができないことよ。❷いつくしむ。かわいがる。徒然 一四二「民を―・で(用)農を勧(すす)めば、下(しも)に利あらんこと、疑ひあるべからず」訳 人民をいつくしみ農業を奨励するなら、下々の者に利益があるだろうことは、疑いがあるはずがない。

なつか・し【懐かし】(形シク){しから・しく(しかり)・し・しき(しかる)・しけれ・しかれ}

> **語義パネル**
> ●重点義　**心が引きつけられる感じ。**
> 動詞「なつく」(カ四)に対応する形容詞。現在も用いる❸の意が出てくるのは、中世から。
> ❶**心がひかれる。慕わしい。**離れたくない。
> ❷**親しみやすい。親しみが感じられる。**
> ❸**昔が思い出されて、慕わしい。なつかしい。**

❶**心がひかれる。慕わしい。**離れたくない。万葉 七・一三三三「佐保山(さほやま)をおほに見しかど今見れば山―・し(終)も風吹くなゆめ」訳 佐保山をふつうに見ていたが、今見ると山に心がひかれることだ。(その山に登りたいから)風よ吹いてくれるな、決して。枕 四一「まなこゐなども、うたてよろづに―・しから(未)ねど」訳(鷺(さぎ)は)目つきなども、不快ですべてにつけて慕わしい感じはしないけれども。
❷**親しみやすい。親しみが感じられる。**大鏡 三条院「御こころばへいと―・しう(用)(ウ音便)、おいらかにおはしまして、世の人いみじう恋ひ申すめり」訳(三条院は)ご性質がたいそう親しみやすく、おっとりとしていらっしゃって、世間の人はたいそうお慕い申しているようだ。
❸**昔が思い出されて、慕わしい。なつかしい。**平家 灌頂・女院出家「もとの主(あるじ)の移し植ゑたりけん花橘(はなたちばな)の、軒近く風―・しう(用)(ウ音便)かをりけるに」訳 もとの主人が移し植えておいたとかいう花橘が、軒近くに風に吹かれて(昔)なつかしく香気が漂っていたときに。

なつかし-げ【懐かしげ】(形動ナリ){なら・なり(に)・なり・なる・なれ・なれ}「「げ」は接尾語」心がひかれて慕わしく思っているさま。慣れて親しく思うさま。源氏 葵「『物思ふ人の魂はげにあくがるるものになむありける』と―・に(用)言ひて」訳「物思いをする人の霊魂は、なるほどからだから離れ出るものであったなあ」と(物の怪(け)は)親しみ深く言って。

なづき(キナズ)【脳・髄】(名)❶脳髄・脳・脳蓋(なうがい)などの称。平家 八・名虎「独鈷(とっこ)をもって―をつきくだき」訳 独鈷(=金属製の仏具)で(自分の)脳髄をつきくだき。❷頭。〔東海道中膝栗毛〕「何(あん)として、なづきゃあ上がり申さない」訳(運がなくては)なんとしても、頭があがりません(=出世ができません)。

な-づき【名付き】(名)「みゃうぶ(名簿)」に同じ。

なづきたの… 歌謡

> なづき田の　稲幹(いながら)に　稲幹(いながら)に
> 匍(は)ひ廻(もとほ)ろふ　野老蔓(ところづら)
> 〈古事記・中〉

訳 水にひたった田の稲の茎に、その稲の茎にはい回っているところ芋のつるよ。
〔解説〕倭建命の死を聞いて大和から能褒野に駆けつけた后と子供たちの嘆きの歌。「なづき田」を倭建命の墓の傍らにある田とする説もある。「野老」は山芋の一種。もとは歌垣で歌われた恋の民謡かともいう。

なつ・く【懐く】■一（自カ四）{か・き・く・く・け・け}なれ親しむ。なじむ。〔万葉〕六・一〇四九「ー・き(用)にし奈良の都の荒れ行けば」〔訳〕なれ親しんでいた奈良の都が荒れていくので。■二（他カ下二）{け・け・く・くる・くれ・けよ}なれ親しませる。なつかせる。〔源氏〕若紫「君は二三日内裏へも参り給はで、この人をー・け(用)語らひ聞こえ給ふ」〔訳〕君（＝光源氏）は二、三日宮中へも参上なさらないで、この人（＝若紫）をなつかせ（ようと）お話し相手をして差しあげなさる。

な-づ・く【名付く】（他カ下二）{け・け・く・くる・くれ・けよ}名を付ける。命名する。〔竹取〕ふじの山「つはものどもあまた具して山へ登りけるよりなむ、その山をふじの山とはー・け(用)ける」〔訳〕兵士たちを大勢連れて山へ登ったことから、その山を富士（＝士に富む）の山とは命名したのだった。

なつくさの【夏草の】《枕詞》夏草がしおれ伏す意から地名「あひね」および「思ひしなゆ」に、生い茂る意から「繁し」「深し」に、それを刈る意から「かりそめ」などにかかる。〔記〕下「ーあひねの浜の」。〔万葉〕二・一三一「ー思ひ萎えて」。〔新古〕秋下「ーかりそめにとて」

なつくさや…【俳句】

> 夏
> 夏草や　兵どもが　夢の跡
> 〈おくのほそ道・平泉・芭蕉〉

〔訳〕眼前に茂る夏草よ。この高館で功名を夢みて戦った義経一党の勇士たちの姿が浮かぶ。しかし（現実にかえれば）それは一場の夢と消え、やはり一面の夏草があるばかりだ。（夏草(夏)。切れ字は「や」）
〔解説〕夏草は生えては枯れ、枯れては生え、自然界の恒久的な流転の相を象徴する。また、「兵どもが夢」は、その「夢の跡」を訪ね、昔を回顧する人に、永劫の夢をよびおこす。人生と自然とにおける流転と恒久とを示す句である。「夢」は「兵どもが夢」と「夢の跡」との掛詞になっている。

なつ-げ【夏毛】（名）白い斑点がはっきり出る、夏の鹿の毛。その毛皮は行縢（＝騎馬のときに腰につけて垂らすおおい）に、毛は筆などに用いる。

な-づけ【名付け】（名）❶名をつけること。命名。〔万葉〕三・三一九「言ひも得ずーも知らず」〔訳〕言うこともできず、名付けることもできず。❷いいなずけ。婚約者。

なづけ-そ・む【名付け初む】（他マ下二）{め・め・む・むる・むれ・めよ}初めて名をつける。〔古今〕物名「けぶり立ちもゆとも見えぬ草の葉をたれかわらびとー・め(用)けむ」〔訳〕煙が立って燃えているとも見えない草の葉を、だれが蕨（「藁火」とかける）と初めに名付けたのだろうか。

なつ-ごろも【夏衣】（名）夏に着るひとえの薄い着物。(夏)。〔古今〕雑体「蟬の羽のひとへにうすきー」〔訳〕蟬の羽のように単で薄い夏の着物は。

なつごろも【夏衣】《枕詞》「ひとへ」「うすし」、また衣の縁語「たつ」「きる」「ひも」「すそ」などにかかる。〔古今〕恋四「ーうすくや人の」。〔拾遺〕別「ーたち別るべき今宵こそ」

なづさひ-ゆ・く【なづさひ行く】（自カ四）{か・き・く・く・け・け}水につかりながら行く。波間を漂い進む。〔万葉〕一五・三六二七「鳰鳥のー・け(已)ば家島は雲居に見えぬ」〔訳〕波間を漂って進むと、家島は雲のかなたに見えて来た。（「鳰鳥の」は「なづさひ」にかかる枕詞）

なづさ・ふ（自ハ四）{は・ひ・ふ・ふ・へ・へ}❶水に浸る。水に浮き漂う。〔万葉〕一五・三六二三「山の端に月かたぶけば漁する海人の灯火沖にー・ふ(終)」〔訳〕山の端に月が傾くと、漁をする海人の舟の火が、沖に漂う。❷なつく。なれ親しむ。〔源氏〕桐壺「常に参らまほしく、ー・ひ(用)見奉らばやとおぼえ給ふ」〔訳〕（光源氏は）いつも（藤壺のおそばに）参りたく、なれ親しんで（お姿を）拝見したいものだとお感じになる。

なっ-しょ【納所】（名）❶年貢などを納める所。また、そこの役人。〔今昔〕二八・三一「その下し文をば伊賀の国のーに成すべきにあらず」〔訳〕その下達書を伊賀の国（三重県）の年貢を納める所に送るべきではない。❷禅寺で、施し物を納めておく所。〔太閤記〕「〔米〕千石、大徳寺ーへ相渡し（＝納め渡して）」❸「納所坊主」の略。

なっしょ-ばうず【納所坊主】（名）納所（＝禅寺で施し物を納めておく所）の管理やその事務・雑務をする僧。「納所」とも。

なつそびく【夏麻引く】《枕詞》「うなかみ」「うなひ（＝海辺）」、また「いのち」にかかる。〔万葉〕一四・三三四八「ー海上潟の」。〔万葉〕一三・三二五五「ー命かたまけ」

なつとあきと…【和歌】

> 夏と秋と　行きかふ空の　通ひ路は
> 片方涼しき　風や吹くらむ
> 〈古今・三・夏・一六八・凡河内躬恒〉

〔訳〕（去り行く）夏と（やって来る）秋とが行き来する空の通り道では、片側に涼しい風が吹いているのだろうか。〔解説〕詞書に「六月のつごもりの日（＝月末の日）詠める」とある。旧暦では七月一日からが秋。

なづな【薺】（名）植物の名。春の七草の一つ。畑地や路傍に自生し、春から夏にかけて小さな白い四弁の花を開く。ぺんぺんぐさ。(春)。〔続虚栗〕芭蕉「よくみればー花さく垣ねかな」〔訳〕（近づいて）よく見ると、垣根の根もとには、なずなが小さな白い花をつけている。⇩巻頭カラーページ8

なつののの…【和歌】

> 夏の野の　繁みに咲ける　姫百合の（序詞）
> 知らえぬ恋は　苦しきものそ
> 〈万葉・八・一五〇〇・大伴坂上郎女〉

〔訳〕夏の野の繁みに咲いている姫百合のように、（思う人に）知られない恋は苦しいものだ。〔修辞〕第三句までは「知らえぬ」を導きだす序詞。〔文法〕「知らえぬ」の「え」は、上代の受身の助動詞「ゆ」の未然形。

〔解説〕たけ高く繁茂した夏草の中に咲く小さな赤い姫百合は人の目につかない。相手に知られることのない恋をたとえる序詞が、際立って印象的な歌。

なつのよは… 〔和歌〕《百人一首》

> 夏の夜は　まだ宵ながら　明けぬるを
> 雲のいづこに　月やどるらむ
> 〈古今・三・夏・一六六・清原深養父〉

〔訳〕(短い)夏の夜は、まだ宵のままで明けてしまったが、雲のどこに、月は宿っているのだろう。〔文法〕「を」は、逆接の接続助詞。「らむ」は、現在推量の助動詞。

〔解説〕詞書に、「月のおもしろかりける夜、暁がたに詠める」とある。美しい夏の月を眺めているうちに、夏の夜は短くて、気がつくともう夜明けになった。「宵ながら」は、宵の状態のままで、の意。まだ宵のうちだと思っている間にもう朝になってしまったかという気持ちを表している。これでは、月も西の山にたどりつく時間もなかったはずで、どこか雲の中に宿っているのだろうとしゃれたのである。「小倉百人一首」では第四句を「雲のいづく」とする。

なつびきの【夏引きの】《枕詞》夏、蚕糸や麻糸を引くことから、同音の「いと」や「いとほし」「いとま」などにかかる。〔金葉〕恋上「―いとほしとだに」

なづ‐む【泥む】(自マ四)〔ま・み・む・む・め・め〕❶行き悩む。難渋する。〔万葉〕一〇・二〇〇一「大空ゆ通ふわれすら汝がゆゑに天の河路を―・み(用)てそ来し」〔訳〕大空を(自由に)行き通う私(=彦星)でさえも、おまえ(=織女星)のために天の川の道を難渋してやって来たのだ。❷悩みわずらう。〔源氏〕横笛「この君―・み(用)て、泣きむつかり明かし給ひつ」〔訳〕この君(=夕霧の子)は悩み苦しがって、泣きむずかり(夜を)お明かしになった。❸こだわる。執着する。〔徒然〕一一五「死を軽くして、少しも―・ま(未)ざる方の潔くおぼえて」〔訳〕死を軽くみて、少しも(生死に)こだわらない点が潔く思われて。〔玉勝間〕「師の説なりとて、必ず―・み(用)守るべきにもあらず」〔訳〕師匠の説であるからといって、必ずしもこだわり守るべきものではない。

〔名文解説〕学問の道は、一人二人の力で成就するものではなく、多くの時と人の手を経て、新説を重ね進歩する。本居宣長は、師説であっても改めるのを憚ってはならないと説く。それこそ学問を尊んだ師賀茂真淵の教えだったのである。

❹ひたすら思いこがれる。ひたすら打ち込む。〔浮・日本永代蔵〕「いつとなく女﨟―・み(用)て」〔訳〕いつのまにか遊女もひたすら思いこがれて。

なつ‐むし【夏虫】(名)夏の虫。ほたる・せみ・蚊・蛾など。〔夏〕。〔枕〕四三「―、いとをかし、らうたげなり」〔訳〕夏の虫は、たいそうおもしろく、かわいらしいようすである。

なつむし‐の‐いろ【夏虫の色】染め色の名。薄緑色。また、瑠璃色ともいう。〔枕〕二六一「いと暑きころ、―したるもすずしげなり」〔訳〕(夏の)たいそう暑いころ、(指貫が)薄緑色をしているのもいかにも涼しそうだ。

な‐で …てしまわないで。〔竹取〕蓬萊の玉の枝「潮に濡れたる衣をだに脱ぎかへ―なむ、こちまうで来つる」〔訳〕(私=くらもちの皇子は)海水で濡れた衣をさえ脱ぎ替えてしまわないで、こちらに参上した。

〔なりたち〕完了の助動詞「ぬ」の未然形「な」＋打消の接続助詞「で」

なでし‐こ【撫子・瞿麦】(名)❶植物の名。秋の七草の一つ。山野に自生し、初秋、淡紅色の花を開く。〔秋〕。⇩巻頭カラーページ9 ❷襲の色目の名。表は紅色、裏は薄紫。夏に用いる。⇩巻頭カラーページ11 ❸なでるようにかわいがっている子の意で、多く①にかけていう。いとし子。〔源氏〕夕顔「かの―の生ひ立つありさま聞かせまほしけれど」〔訳〕あの(夕顔の忘れ形見の)いとし子の成長するようすを、(父である頭の中将に)聞かせたいけれども。

なで‐つくろふ【撫で繕ふ】(他ハ四)〔は・ひ・ふ・ふ・へ・へ〕髪などをなでて身づくろいをしてやる。なでてきちんと整える。〔源氏〕薄雲「常よりもこの君を―・ひ(用)つつ見居たり」〔訳〕(明石の君は)ふだんよりもこの姫君(=明石の姫君)を(髪などを)なでてきちんと整えては見ている。

なでふ【「なにといふ」→「なにてふ」→「なんでふ」の撥音「ん」の表記されない形】㊀(連体)❶疑問を表す。**なんという。どんな。**〔竹取〕かぐや姫の昇天「こは、―ことのたまふぞ」〔訳〕これは、なんということをおっしゃるのだ。❷反語を表す。**どういう…か(いや、そうではない)。どれほどの…か(いや、そうではない)。**〔源氏〕帚木「下が下の中には、―ことか聞こし召し所侍らむ」〔訳〕下の下の身分の者の中には、どれほどのことにお聞きばえのする話がございましょうか(いや、そのような話はございません)。

㊁(副)❶疑問を表す。**どうして。**〔大和〕一〇三「―かかるすきありきをして、かくわびしきめをみるらむ」〔訳〕どうしてこのようなすきありき(=色事を求めて歩き回ること)をして、こんなにつらい目にあうのだろう。❷反語を表す。**どうして…か(いや、そうではない)。**〔源氏〕椎本「いまさらに、―さることか侍るべき」〔訳〕いまさら、どうしてそのようなこと(=八の宮の遺骸に対面すること)がありましょうか(いや、ありはしません)。

なでふ‐こと‐か‐あら‐む どれほどのことがあろうか。どうということはない。少しもかまわない。〔源氏〕花宴「まろは、みな人に許されたれば、召し寄せたりとも、―」〔訳〕私(=光源氏)は、あらゆる人に許されているので、(あなた=朧月夜が人を)お呼び寄せになったとしても、少しもかまわない。⇩言ふ甲斐なし「慣用表現」

〔なりたち〕連体詞「なでふ」＋名詞「こと」＋係助詞「か」＋ラ変動詞「有り」の未然形「あら」＋推量の助動詞「む」の連体形「む」

なでふ‐こと‐な‐し【なでふこと無し】たいしたことはない。特に取り立てて言うほどのことはない。〔枕〕二六「―・き(体)人の、笑がちにて物いたう言ひたる」〔訳〕取り立てて言うほどのこともない人が、(やたらと)にこにこしてひどく口数多くしゃべっているの(は不快だ)。⇩言ふ甲斐なし「慣用表現」

〔なりたち〕連体詞「なでふ」＋名詞「こと」＋形容詞「無し」

な‐でん【南殿】(名)【「なんでん」の撥音「ん」の表記され

ない形〕「なんでん②」に同じ。

なでん-の-さくら【南殿の桜】(名)「さこんのさくら」に同じ。

など (副)〔「なにと」の転〕❶疑問を表す。**どうして。なぜ。** 枕 二三「『―かうつたなうはあるぞ』と言ひなげく」 訳 (女房たちは)「どうしてこう(物おぼえが)悪くはあるのか」と言って嘆息する。❷反語を表す。**どうして…のか(いや、…ない)。** 源氏 帚木「―かくうとましきものにしもおぼすべき」 訳 どうして(私=光源氏を)こんなにいやな男とばかりお思いになってよいだろうか(いや、そう思ってはいけない)。文法「ものにしも」の「しも」は、強意の副助詞。語法 文末は連体形で結ぶ。

など (副助)

意味・用法
例示〔…など。〕→❶
引用〔…など。〕→❷
婉曲〔…など。〕→❸
強調〔…など。〕→❹
軽蔑・卑下〔…など。…なんか。〕→❺

接続 体言、活用語の連用形・連体形、助詞、引用句のあとに付く。

〔不定称の代名詞「なに」に、格助詞「と」の付いた「なにと」が「なんど」となり、さらに「ん」が省かれてできた語〕❶**おもな一、二の例をあげて、他にも類似のもののあることを示す。** 土佐「風のよければ、楫取りいたく誇りて、船に帆あげ**など**よろこぶ」 訳 風がおあつらえむきなので、船頭はたいそう得意そうにして、船に帆をあげなどして喜ぶ。枕 一「日入りはてて、風の音、虫の音**など**、はたいふべきにあらず」 訳 日がすっかり沈んで(から聞こえてくる)、風の音、虫の鳴く声などは、また言うまでもない(=たいそう趣がある)。

❷(会話・心中表現などの引用句を受けて)引用の内容がおおよそであることを表す。源氏 夕顔「『いざ、いと心やすき所にて、のどかに聞こえむ』**など**語らひ給へば」 訳「さあ、ほんとうに気楽な所で、のんびりとお話し申しあげよう」などと(光源氏が夕顔を)お誘いになると。方丈 二「ただごとにあらず、さるべきもののさとしか、**など**ぞ疑ひ侍りし」 訳 (このような大風は)ただごとではない、しかるべきもの(=神や仏)のお告げか、などと(世の人は)疑いました。

❸**物事を婉曲に言う意を表す。** 枕 一「雨**など**降るもをかし」 訳 雨などが降るのも趣がある。源氏 葵「御手**など**の心とどめて書き給へる」 訳 御文字などで念を入れてお書きになっているの(=筆跡)は。文法「御手などの」の「の」は、いわゆる同格の格助詞で、「…で」の意。

❹(打消・反語・問い返し・とがめだてなどの文に用いて)叙述を強める。源氏 夕霧「自ら**など**聞こえ給ふことはさらになし」 訳 (落葉の宮)自身などから(夕霧に直接)申し上げなさることは決してない。大鏡 伊尹「いかに、ことにふれて、我**など**をばかくなめげにもてなすぞ」 訳 どうして、何かにつけて、私などをこのように無礼に扱うのだ。

❺軽蔑したり卑下したりする気持ちを強く示す。徒然 一〇六「かくのごとくの優婆夷**など**の身にて、比丘を堀へ蹴入れさする、未曽有の悪行なり」 訳 このような出家せずに仏門に帰依した女なんかの身で、僧を堀へ蹴落とさせることは、前代未聞の悪行だ。

文法 現代語の「など」「なんか」とまったく同じ意味であるから、文脈に応じ、ことばを補って口語訳するとよい。

「なにと」の転じた「なんど」を経てできた語で、基本的な意味は、「なに(何)」が持つ「不定」である。「不定」とは「一つではない」ことであるから、①の「他にも存在する」、②③の「はっきりしない、おおよそである」の意味が派生するし、ぼかして言うときにも用いられる。

また、複数を表す語ではないから、複数を表す語「ども」に付くことができる。

「いにしへ、行く先のことども**など**言ひて」〈伊勢 二三〉

現代語では、「…などと言う」のように「など」にさらに「と」を加えるが、これは中世以降の言い方である。

発展「など」と「ども」の違い

「牛などを追ふ」という場合と、「牛どもを追ふ」という場合とでは、実は意味が違う。「牛などを」という時は、「たとえば牛などを」ということを言外に示している。一方「牛どもを」という時は、「何頭かの牛を」という意味で、単に複数を示しているのである。

など-か (副)〔副詞「など」に係助詞「か」の付いたもの〕(多く、下に打消の語を伴って)❶疑問を表す。**どうして…か。なぜ…か。** 〔和泉式部日記〕「―久しく見えざりつる。遠ざかる昔のなごりにも思ふを」 訳 どうして長い間来なかったの。(あなたを)遠ざかってゆく昔のことを思い出すよすがとも思っているのに。❷反語を表す。**どうして…か(いや、…ない)。** 徒然 五三「たとひ耳鼻こそ切れ失すとも、命ばかりは―生きざらん」 訳 たとえ耳や鼻はちぎれてなくなっても、命だけはどうして助からないことがあろうか(いや、助からないことはない)。文法 係助詞「こそ」の結びは「切れ失すれ」となるべきだが、接続助詞「とも」が付いてさらに下に続くため、消滅(=結びの流れ)している。語法 反語で用いることが多い。「か」は係助詞なので「などか」を受けて結ぶ活用語は連体形になる。

副詞の呼応〈打消推量〉
花、などか 咲かざらむ。
(=花がどうして咲かないことがあろうか〈いや、咲くはずだ〉)

など-かう-は【など斯うは】どうして、このように(…なのか)。源氏 夕顔「『―』とてかいさぐり給ふに」 訳「どうしてこのように(あなた=夕顔はこわがるのか)」とおっしゃって、(光源氏が)手でさぐってようすをご覧になると。なりたち 副詞「など」＋副詞「斯く」のウ音便「かう」＋係助詞「は」

などか-なから-む【などか無からむ】どうしてなかろうか(いや、あるはずだ)。徒然 二三四「まことに知らぬ人も

―」訳 ほんとうに知らない人もどうしていなかろうか(いや、いるはずだ)。→などか

など-か-は なりたち 副詞「などか」＋形容詞「無し」の未然形「なから」＋推量の助動詞「む」の連体形「む」「などか」を強めた言い方。どうして…か。どうして…か(いや、…ない)。枕 一四三「『―参らせ給はぬ』と言ひて」訳「どうして参上なさらないのか」と言って。

なりたち 副詞「などか」＋係助詞「は」

語法 下に打消の表現を伴うことが多く、文末は連体形で結ぶ。

な-どころ【名所】(名) ❶名高い所。めいしょ。細道 仙台「年ごろさだかならぬ―を考へ置き侍ればとて、一日案内す」訳 長年(所在の)はっきりしない名所を調べておいてありますからと言って、ある日案内する。

❷物の各部の名称。

など-て(副)〔副詞「など」に接続助詞「て」の付いたもの〕疑問を表す。どうして。なぜ。源氏 夕顔「―かくはかなき宿りは取りつるぞ」訳 どうしてこのように心細い宿所を取ったのか。

など-て …などと言って。蜻蛉 中「『さらば暮れに』―、かへりぬ」訳 (兼家は)「それなら日暮れに」などと言って、帰ってしまった。

なりたち 副助詞「など」＋格助詞「とて」＝「などとて」の転

などて-か 多く、反語を表す。どうして…か(いや、…ない)。源氏 夕顔「―深く隠し聞こえ給ふことは侍らむ」訳 どうして(夕顔が、光源氏に)深く(名を)お隠し申しあげなさることがございましょうか(いや、ございません)。

なりたち 副詞「などて」＋係助詞「か」

など-や(副)〔副詞「など」に係助詞「や」の付いたもの〕疑問を表す。どうして…か。なぜ…か。更級 竹芝寺「―苦しき目を見るらむ」訳 どうして(こんなに)つらい目にあうのだろうか。

など-やう【など様】多くの中から一つ二つを取り上げて、例として示す。…などのよう。…というよう。更級 かどで「姉、継母―の人びとの、その物語、かの物語、光源氏のあるやうなど、所々語るを聞くに」訳 姉や継母などというような人たちが、その物語や、あの物語、光源氏のありさまなどを、ところどころ話すのを聞くと。

名取川(なとりがは)『地名』歌枕 今の宮城県名取市を流れる川。奥羽山脈に源を発し、仙台湾にそそぐ。

な-な ■一《上代語》(連用形に付いて)強い願望の意を表す。…てしまいたい。万葉 三・一二四「君に寄り―事痛くありとも」訳 あなたに寄り添ってしまいたい。世間のうわさがうるさくとも。

なりたち 完了の助動詞「ぬ」の未然形「な」＋願望の終助詞「な」

■二《上代東国方言》(未然形に付いて)…ずに。…ないで。万葉 二〇・四四一八「わが門の片山椿まこと汝わが手触れ―土に落ちもかも」訳 私の家の門の片山椿よ。ほんとうにおまえは私の手が触れないで、地面に落ちるのだろうか。

参考 ■二は、打消の助動詞の未然形に古く「な」の形があったとして、これに助詞「に」の方言「な」が付いたとする説もある。→ず 文法・な

なな-くさ【七種・七草】(名) ❶七種類。また、いろいろ。万葉 八・一五三七「秋の野に咲きたる花を指折りかき数ふれば―の花」訳 秋の野原に咲いている花を指を折って数えてみると、七種類の花があるよ。

❷秋の七草。萩・尾花(＝すすき)・葛・撫子・女郎花・藤袴・朝顔(＝ききょう)。⇩巻頭カラーページ9

❸春の七草。芹・薺・御形(＝ははこぐさ)・繁縷・仏の座・菘(＝かぶ)・清白(＝大根)。⇩巻頭カラーページ8

❹「七種の粥」を食べて祝う陰暦正月七日の節句。人日。

ななくさ-の-かゆ【七種の粥・七草の粥】陰暦正月七日に、春の七草を入れて炊いたかゆ。また、十五日に米・粟・大豆・小豆など七種類の穀物を入れて炊いたかゆ。春

なな-せ【七瀬】(名) ❶七つの瀬。また、多くの瀬。万葉 五・八六〇「松浦川―の淀はよどむとも」訳 松浦川の多くの瀬にある淀は淀んでも。

❷「七瀬の祓へ」を行う七か所の瀬。〔うつほ〕国譲中「いと遠く渡らせ給ひにければ。―の旅にてなむとてや」訳 (あなた＝女一の宮は)たいへん遠くに行ってしまわれたので(お目にかかれなかった)。祓えを行う七か所の瀬を巡る旅に出るというのであろうか。

ななせ-の-はらへ【七瀬の祓へ】平安時代、毎月または臨時に、天皇のわざわいを負わせた人形を七人の勅使が七か所の瀬に流す行事。七瀬の禊。

ななそ-ぢ【七十】(名)〔「ぢ」は接尾語〕しちじゅう。七十歳。竹取 貴公子たちの求婚「翁、年―に余りぬ」訳 じじい(＝私)は、年齢が七十を越えてしまった。

なな-つ【七つ】(名)〔「つ」は接尾語〕❶七。

❷七歳。源氏 桐壺「―になり給へば、書始めなどせさせ給ひて」訳 (若宮＝光源氏が)七歳におなりになるので、読書始めの儀式などを(桐壺帝は)おさせになって。

❸「七つ時」の略。今の午前四時ごろ、または午後四時ごろ。〔浮・日本永代蔵〕「算用仕舞へば―の鐘の鳴る時」訳 計算し終わると、(元旦の)七つ時(＝午前四時ごろ)の鐘の鳴る時(だった)。

なな-なぬか【七七日】(名)《仏教語》「しじふくにち②」に同じ。源氏 賢木「御―までは、女御、御息所たち、みな院に集ひ給へりつるを」訳 (桐壺院の)四十九日の御法事までは、女御や御息所がたがみな院に集まっていらっしゃったが。

なな-の-さかしき-ひと【七の賢しき人】竹林の七賢人。中国晋の時代に、世俗をさけて竹林に集まり清談したという七人の隠者。万葉 三・三四〇「古の―たちも欲りせしものは酒にしあるらし」訳 昔の竹林の七賢人たちも欲しがったものは、酒であるにちがいない。

ななへやへ… 和歌

> 七重八重　花は咲けども　山吹の
> 〔実の〕
> みの一つだに　なきぞあやしき
> 〔蓑〕
> 〈後拾遺・一九・雑五・一一五四・中務兼明親王〉

訳 七重に八重に(美しく)花は咲くけれども、山吹には実が一つだってならないのが奇妙なことだ(=「実」のならない山吹のように、「蓑」一つさえなく、貸してあげられないのが奇妙なことです)。修辞 「みの」は「実の」と「蓑(=菅や藁などを編んで作った雨具)」との掛詞。文法 「みの」の「の」は主格の格助詞で、「なき」にかかる。

解説 蓑を借りにきた人に、実は貸すべき蓑がなかったと打ち明けた歌。「常山紀談」によれば、鷹狩りに出た太田道灌(=室町時代の武将)が雨に降られ、野中の一軒家で蓑を借りようとした際、若い女が無言で山吹の一枝を折ってさし出した。怒って帰ると、これを聞いた人が、この古歌の意味だろうと言う。そこで大いに恥じて歌を志すようになったとの話が載る。

な-なむ(ナン)―…てしまってほしい。古今 恋一「来む世にも早なりー目の前につれなき人を昔と思はむ」訳 来世に早くなってしまってほしい。(今、私の)目の前にいる冷たい人を昔(=前世)の人だと思いたい(から)。

なりたち 完了の助動詞「ぬ」の未然形「な」+他に対する願望の終助詞「なむ」

ななめなら-ず【斜めならず】「なのめならず」に同じ。

な-なり ❶推定の意を表す。…であるようだ。…であるらしい。枕 一〇二「さては、扇のにはあらで、海月のななり(終)」訳 それでは、扇の(骨)ではなくて、くらげの(骨)であるらしい。名文解説 中宮定子に弟の隆家が、「見たこともないほどすばらしい扇の骨を手に入れた」と語った際、清少納言は「見たこともないならば、それは扇ではなく、くらげの骨なのでしょう」という冗談を述べて、隆家を喜ばせた。清少納言の機知が光る名文句である。更級 春秋のさだめ「さは秋の夜は思し捨てつるななり(終)な」訳 それでは(春の夜を選んだからには)秋の夜は見捨てなさったのであるようだね。

❷伝聞の意を表す。…だということだ。話に聞くと…だ。〔落窪〕「さるはわかうどほり腹ななり(終)かし」訳 (冷遇されているが)そのくせ実は皇族のお血筋だそうだね。

なりたち 断定の助動詞「なり」の連体形「なる」+伝聞・推定の助動詞「なり」=「なるなり」の撥音便「なんなり」の撥音「ん」の表記されない形。ふつう「なンなり」と読む。

なな-わだ【七曲】(名)(「わだ」は「湾曲」の意)「ななわた」とも。ななまがり。枕 二四四「ーにまがれる玉の緒をぬきてありとほしとは知らずやあるらむ」訳 ななまがりに曲がっている玉に蟻が糸を貫いたことから、ここを蟻通明神と呼ぶとは、(人は)知らないでいるのだろうか。

なに【何】㊀(代)不定称の指示代名詞。名前や実体のわからない物事をさす。なにもの。なにごと。伊勢 六「草の上に置きたりける露を『かれは何ぞ』となむ男に問ひける」訳 (女は草の上に置いた露を)「あれは何か」と男にたずねた。⇩問ふ「名文解説」

㊁(副)疑問・反語を表す。なぜ(…か)。なにゆえ(…か)。古今 春下「春霞ー隠すらむさくら花散る間をだにも見るべきものを」訳 春霞はどうして(桜の花を)隠しているのだろう。せめて桜の花が散る間だけでも見ようと思っているのに。

㊂(感)念をおすために問い返す語。なんだって。〔謡・鉢木〕「鎌倉へ勢ののぼると言ふはまことか。ーおびたたしうのぼるとや」訳 鎌倉へ軍勢が上るというのはほんとうか。なんだっておびただしく上っていくというのか。

なに-お・ふ(オウ)―【名に負ふ】❶名として持つ。古今 雑下「神無月時雨降りおけるならのはのー・ふ(体)宮のふるごとぞこれ」訳 陰暦十月の時雨が降りそそぐ楢の葉、それと同じ名を持つ奈良の都の古歌の集がこれ(=「万葉集」)である。(「万葉集」の成立年代を問われての答えの歌)

❷有名である。評判である。〔謡・隅田川〕「ここぞー・ふ(体)(=かの有名な)隅田川」⇩聞こえ「慣用表現」

なりたち 名詞「名」+格助詞「に」+四段動詞「負ふ」

なに-か【何か】(感)上の語または相手のことばを軽く打ち消し、反対のことを述べるときにいう。どうしてどうして。いや、なあに。源氏 薄雲「ー、かく口惜しき身のほどならずだにもてなし給はば」訳 どうしてどうして、せめてこのように卑しい(私=明石の君のような)身分の程度でなく(明石の姫君を)ご待遇くださるなら。

なに-か【何か】疑問にも反語にも用いる。なにが…か。なにを…か。古今 雑下「世の中はーつねなるあすか川きのふの淵ぞ今日は瀬になる」訳 →よのなかは…和歌

なりたち 代名詞「何」+係助詞「か」

語法 文末は連体形で結ぶ。

なに-か【何か】❶疑問を表す。なぜ…か。どうして…か。万葉 一七・三九八三「あしひきの山も近きをほととぎす月立つまでにー来鳴かぬ」訳 山も近いのに、ほととぎすは(陰暦四月の)月が始まるまでにどうして来て鳴かないのか。(「あしひきの」は「山」にかかる枕詞)

❷反語を表す。どうして…か(いや、…ない)。古今 離別「命だに心にかなふものならばー別れの悲しからまし」訳 せめて命だけでも思いどおりにな(ってあなたのお帰りを待つことができ)るものならば、どうして別れが悲しいだろうか(いや、悲しくはない)。

なりたち 副詞「何」+係助詞「か」

語法 文末は連体形で結ぶ。

なに-が-さて【何がさて】❶なにはさておき。なにはともあれ。〔伎・壬生大念仏〕「『頼まれてくれまいか』『ー、心得ました』」

❷どうしてどうして。もちろん。〔狂・末広がり〕「『(末広がり(=扇)は)都にはあらうか』『ー、広い都でござるによって、都にはござりませう』」

なに-がし【何がし・某】㊀(名)❶人・場所・事物の名が不明なときや省略して言うとき、また直接名指しにするのをはばかるときに用いる語。なんとかいう。だれそれ。どこそこ。源氏 夕顔「そのわたり近きーの院におはしまし着きて」訳 (光源氏はその(夕顔の家の)あたりに近いなんとかいう人の邸宅に行き着きなさって。

❷だれもが知っていることを、わざとぼかして言う語。平家 一〇・海道下「かの在原のーの、『唐衣きつつなれにし』とながめけん三河の国八橋にもなりぬれば」訳 あの在原のなにがしが、「唐衣きつつなれにし」と(歌を)詠じたとかいう三河の国(愛知県)の八橋にもなった(=さしかかった)ところ。

㊁(代)謙譲の意をこめた男性の自称。わたくし。源氏 帚木「ーは、しれ者(=愚か者)の物語をせむ(=しよう)」

参考 ㊁は、男性が改まった気持ちで、会話・手紙文の中で用いる。

なにがし-かがし【何がし某】人の名がわからないときやぼかして言うときに用いる語。だれそれ。「なにがしくれがし」とも。大鏡 花山院「―といふいみじき源氏の武者たちをこそ、御送りに添へられたりけれ」訳 (兼家は)だれそれというすぐれた源氏の武者たちを、(花山天皇の)お見送りに(警護として)添えられたということだ。

なにがし-くれがし【何がし某】「なにがしかがし」に同じ。

なに-かは【何かは】なにが…か。なにを…か。多く、反語を表す。徒然 二一「折にふれば、―あはれならざらん」訳 その時機にあたるなら、なにが興趣の深くないものがあろうか(いや、なんでも趣深いものだ)。
なりたち 代名詞「何」+係助詞「かは」
語法 文末は連体形で結ぶ。

なに-かは【何かは】❶疑問を表す。どうして…か。なぜに…か。古今 夏「はちす葉の濁りにしまぬ心もて―露を玉とあざむく」訳 →はちすばの…和歌
❷反語を表す。どうして…か(いや、…ない)。徒然 一〇「鳶の居たらんは、―苦しかるべき」訳 鳶がとまっていたところで、それはどうしてさしつかえがあろうか(いや、さしつかえはないはずだ)。文法「居たらんは」の「ん(む)」は、仮定・婉曲の助動詞。
❸(多く会話で、感動詞的に用いられて)どうしてどうして。なんの。なあに。枕 二九三「―、いふにもかひなし」訳 なあに、(今さら)言ってもどうにもならない。
なりたち 副詞「何」+係助詞「かは」
語法 ①②の文末は連体形で結ぶ。

なに-かは-せ-む ン―【何かはせむ】どうしようか(いや、どうにもならない)。なんの価値があろうか。徒然 七「住み果てぬ世に、みにくき姿を待ちえて、―」訳 いつまでも住みおおせないこの世に(生きながらえて)、(老いた)みにくい姿を待ち迎えて、なんになろうか(いや、なんにもならない)。
なりたち 代名詞「何」+係助詞「かは」+サ変動詞「為」の未然形「せ」+意志の助動詞「む」の連体形「む」

なに-くれ【何くれ】(代)❶だれそれ。だれかれ。源氏 行幸「中少将、―の殿上人やうの人は」訳 中将・少将、だれそれという殿上人のような人々は。
❷なにやかや。あれやこれや。宇治 八・三「かかる所に庄など寄りぬれば、別当―など出できて」訳 こんな所に荘園など寄進されてしまうと、別当(=荘園の事務職)やなにやかやなどが必要になってきて。

なにくれ-と【何くれと】(副)なにやかやと。あれこれと。いろいろ。源氏 須磨「昼は―戯れ言うちのたまひまぎらはし」訳 (光源氏は)昼間はなにやかやと冗談をおっしゃり(気分を)まぎらわし。

なに-ごこち【何心地】(名)❶どのような気持ち。源氏 蓬生「かかる繁きなかに、―して過ぐし給ふらむ」訳 こんな草深い中に、(末摘花は)どんな気持ちで過ごしていらっしゃるのだろう。
❷どのような病気。源氏 東屋「―とも思え侍らず。ただいと苦しく侍り」訳 どんな病気ともわかりません。ただひどく(胸が)苦しゅうございます。

なに-ごころ【何心】(名)どのような心。どういう考え。源氏 若紫「―ありて、海の底まで深う思ひ入るらむ」訳 (明石の入道は)どういう考えがあって、(娘を入水させ)海の底へとまで深く思いこんでいるのだろう。

なにごころ-な・し【何心無し】(形ク){から・く(かり)・し・き(かる)・けれ・かれ}無心である。無邪気である。何気ない。源氏 若紫「―・く㊊うち笑みなどして居給へるがいとうつくしきに」訳 (若紫が)無心に笑ったりして座っていらっしゃるのがたいそうかわいらしいので。

なに-ごと【何事】(名)❶どんなこと。なんのこと。源氏 桐壺「―かあらむとも思したらず」訳 (母、桐壺の更衣の死を)どんなことがあるのだろうかとも、(御子=光源氏は)お思いになっていないで。
❷(多く、下に助詞「も」を伴って)あらゆる事柄。万事。大鏡 道長上「四条大納言のかく―もすぐれ、めでたくおはしますを」訳 四条大納言(=藤原公任)がこのように万事にすぐれ、りっぱでいらっしゃるのを。
❸(多く下に助詞「ぞ」を伴って)とがめたり詰問したりする気持ちでいう。どうしたこと。なんたること。源氏 若紫「―ぞや。童べとはらだち給へるか」訳 どうしたことか。子供たちとけんかをなさったのか。
❹不定の事柄をさしていう。なになに。徒然 一六九「―の式といふことは、後嵯峨の御代までは言はざりけるを」訳 なになにの仕方(=慣例)ということは、後嵯峨天皇のご治世までは言わなかったのに。

なにしおはば… 和歌 《百人一首》

> 名にし負はば　逢坂山の　さねかづら
> 人に知られで　くるよしもがな
> 〈後撰・一一・恋三・七〇〇・藤原定方〉
>
> 序詞　〔逢ふ〕　〔寝〕　〔繰る〕　〔来る〕

訳 逢って寝るという名を持っているならば、逢坂山のさねかずら(=植物の名。びなんかずら)を手繰り寄せるように、人に知られないで(あなたのもとに)来る(=行く)方法があればなあ。修辞「逢坂山」の「逢」に「逢ふ」を、「さねかづら」の「ね」に「寝」を、「くる」には、手繰る意の「繰る」と「来る」とをかけている。第三句までは「くる」を導きだす序詞。文法「名にし負はば」の「し」は、強意の副助詞。「知られで」の「で」は、打消の接続助詞。「もがな」は、願望の終助詞。
解説 詞書に、「女のもとにつかはしける」とあり、実際にさねかずらに添えて贈ったものだろう。「名にし負はば」は、「逢坂山のさねかづら」という名にふさわしい実体があるはずだから、それならば、という意味。

なにしおはば… 和歌

> 名にし負はば　いざこと問はむ　都鳥
> わが思ふ人は　ありやなしやと
> 〈古今・九・羇旅・四一一・在原業平〉

訳 都という名を持っているのならば、さあ、たずねてみよう。都鳥よ、私の愛する人は、(都で)無事で過ごしているのか、いないのかと。文法「名にし負はば」の「し」は、強意の副助詞。
解説「古今集」には、東国への旅の途中、武蔵の国の

隅田川のほとりで群がり遊んでいる鳥を見て、その名を渡し守にたずねると、「都鳥」と答えたので詠んだとある。「伊勢物語」〈九〉も同様の内容。「名にし負はば」は、その名を名として持つならばの意で、名前にはそれにふさわしい実体があるはずだという意識のもとに用いられる。

なにしおふ(オウ)【名にし負ふ】「なにおふ」を強調した言い方。伊勢 九「―は(未)ばいざこと問はむ都鳥(みやこどり)わが思ふ人はありやなしやと」訳→なにしおはば… 和歌

なりたち 名詞「名」＋格助詞「に」＋強意の副助詞「し」＋四段動詞「負ふ」

なにしか【何しか】(原因・理由に関する疑問に用いて)どうして…か。なぜ…か。古今 恋二「東路(あづまぢ)の小夜(さや)の中山なかなかに―人を思ひそめけむ」訳 東国路の小夜の中山ではないが、なまじっかどうしてあの人を恋しはじめてしまったのだろうか。(第二句までは「なかなかに」を導きだす序詞)

なりたち 副詞「何」＋副助詞「し」＋係助詞「か」

なにしに【何為に】❶なんのために。なんで。枕 一〇八「―かかる者には使はるるぞ」訳 なんであのような(つまらない)者には使われているのだ。❷反語を表す。どうして…か(いや、…ない)。竹取 かぐや姫の昇天「―悲しきに見送り奉らむ」訳 どうして(こんなに)悲しいのにお見送り申しあげようか(いや、お見送り申しあげることはできない)。

なりたち 副詞「何」＋サ変動詞「為(す)」の連用形「し」＋格助詞「に」

なにすとか【何為とか】❶どうしようとして…か。どうして…か。万葉 四・六一二「なかなかに黙(もだ)もあらましを―相見そめけむ遂げざらまくに」訳 かえって黙っていればよかったものを。どうしようとして逢(あ)いはじめたのだろうか。添い遂げることはないであろうに。❷反語を表す。どうして…か(いや、…ない)。万葉 一〇・二二七三「―君を厭(いと)はむ」訳 どうしてあなたをうとましく思おうか(いや、うとましく思いはしない)。

なりたち 副詞「何」＋サ変動詞「為(す)」の終止形「す」＋格助詞「と」＋係助詞「か」

なにすれぞ【何為れぞ】《上代語》「なすれぞ」「なんすれぞ」とも。どういうわけで。どうして。なぜ。万葉 二〇・四三二三「時々の花は咲けども―母とふ花の咲き出(で)来(こ)ずけむ」訳 その季節季節の花は咲くけれども、どうして母という花が咲き出てこなかったのだろう。

なりたち 副詞「何」＋サ変動詞「為(す)」の已然形「すれ」＋係助詞「ぞ」

なにせうぞ… 歌謡

> 何せうぞ　くすんで　一期(ごいち)は夢(ゆめ)よ　ただ狂(くる)へ
> 〈閑吟集(かんぎんしふ)〉

訳 どうしようってのさ、(そんなに)まじめくさって。どうせ人生は(はかない)夢さ。さあ、かまわず遊び狂え。文法「何せうぞ」は、「何せむとするぞ」の「む」がウ音便化し、「とする」が省略されたもの。「む」は意志の助動詞。解説「忘我遊狂」といって、中世から近世に移行する時期、今を楽しむことによって、「憂(う)き世」が「浮き世」に変わるという風潮が庶民の間に強まっていた。

なにせむに(―ン)【何為むに】❶反語を表す。どうして…か(いや、…ない)。万葉 五・八〇三「銀(しろかね)も金(くがね)も玉も―まされる宝子にしかめやも」訳→しろかねも… 和歌 ❷なんのために。なにをしようとして。大鏡 道隆「いかにおぼすらむ。―参り給へるぞ」訳 どのようにお考えなのだろう。なんのために参上なさったのか。

なりたち 代名詞「何」＋サ変動詞「為(す)」の未然形「せ」＋推量の助動詞「む」の連体形「む」＋格助詞「に」

なにぞ【何ぞ】❶なんであるか。なにか。伊勢 六「白玉か―と人の問ひしとき露と答へて消えなましものを」訳→しらたまか… 和歌 ❷(「…かなにぞ」の形で)…かなにか。源氏 須磨「見やりなる倉か―なる稲取り出(い)でて」訳 向こうに見える倉かなにかにある稲(＝わら)を取り出して。

なりたち 代名詞「何」＋係助詞「ぞ」

なにぞ【何ぞ】なぜ。なにゆえ。どうして。万葉 一四・三三七三「多摩川にさらす手作りさらさらに―この児(こ)のここだ愛(かな)しき」訳→たまがはに… 和歌

なりたち 副詞「何」＋係助詞「ぞ」

なにと【何と】㊀(副)❶どうして。なぜ。〔続古今〕雑中「―うき世にむすぼほるらん」訳 どうしてつらいこの世に縁を結んでいるのだろう。❷どのように。どう。平家 一二・六代被斬「維盛卿(これもりのきやう)の子息は―候ふやらん(＝どうしているでしょうか)」㊁(感)❶(聞き返すときに言うことば)なんだって。なんですって。〔謡・鉢木〕「―、…いかにも見苦しき武者に参れと候ふや」訳 なんですって、…見るからに見苦しい武士に参れと言うのですか。❷(問いかけるときに言うことば)いかに。どうだ。〔狂・烏帽子折〕「やい、して、―、あしたの襟(えり)つきは、どうしたものであらうぞ」訳 おい、それで、どうだい、明日の身なりは、どうしたものであろうかな。

なにとかは【何とかは】❶疑問を表す。なんと…か。どう…か。源氏 椎本「君なくて岩のかけ道絶えしより松の雪をも―見る」訳 父君(＝八の宮)が亡くなって、(山寺へ通う)岩の険しい道(の往来)が途絶えてから、松の雪をあなた(＝中の君)はどう思って見るのか。❷反語を表す。どうして…か(いや、…ない)。源氏 初音「つれなき人の御心をば、―見奉りとがめむ」訳 薄情な人(＝光源氏)のお心を、どうしてお見とがめ申しあげようか(いや、お見とがめ申しあげられない)。

なりたち 代名詞「何」＋格助詞「と」＋係助詞「かは」

なにとかも【何とかも】どうして…か。なぜ…のか。〔紀〕孝徳「本毎(もとごと)に花は咲けども―愛(うつく)し妹(いも)がまた咲き出(で)来(こ)ぬ」訳 どの木も花は咲くけれども、どうして、いとしいあの娘が再び咲き出てこないのか。

なりたち 代名詞「何」＋格助詞「と」＋係助詞「かも」

なにとして【何として】❶どのようにして。どうして。なぜ。徒然 二四三「人は―仏には成り候ふやらん」訳 人はどのようにして仏にはなるのでしょうか。❷反語の意を表す。どうして…か(いや、…ない)。〔狂・鬼の継子〕「身どもがためにも継子(ままこ)ぢやものを、―食ふものぢや」訳 おれにとっても継子にあたる者を、どうして食うものか(いや、食わない)。

なりたち 代名詞「何」＋格助詞「と」＋サ変動詞「為

す」の連用形「し」＋接続助詞「て」

なに-と-て【何とて】どうして。なぜ。更級 後の頼み「月も出(い)でてやみに暮れたるをばすてに―こよひ尋ね来つらむ」訳 月も出ないで暗闇に沈んでいる姨捨(おばすて)山(＝夫に先立たれて悲しみに沈んでいるこのおばの所)に、どういうわけで今夜(おまえは)訪れて来たのであろう。

なに-と-な-し【何と無し】なりたち 代名詞「何」＋格助詞「と」＋接続助詞「て」

❶なんということもない。これという原因もない。枕 五「霞(かすみ)も霧もへだてぬ空のけしきの、―・く用すずろにをかしきに」訳 (春の)霞も(秋の)霧もさえぎらない(初夏の澄んだ)空の景色が、なんということもなくむしょうに趣のあるころに。

❷とりたててどうというほどのことはない。平凡だ。徒然 二九「長き夜のすさびに、―・き体具足とりしたため」訳 長い夜の心慰みに、別にどうということのない身のまわりの道具を整理して。⇩言ふ甲斐(かひ)無し「慣用表現」

❸全般にわたっている。すべてにわたっている。平家 七・忠度都落「事の体(てい)―・う用(ウ音便)あはれなり」訳 そのようすはすべてにわたってしみじみとした感じがする。

❹なんという目的もない。特に意識しない。〔浜松中納言物語〕「―・く用暮れゆく空を眺めつつ」

なに-と-に-は-な-し【何とには無し】なりたち 代名詞「何」＋格助詞「と」＋形容詞「無し」なんというほどのことでもない。たいしたことではない。土佐「このことば、―・けれ已ども、もの言ふやうにぞ聞こえたる」訳 この(船頭の)ことばは、たいしたことではないけれども、風流めいた秀句を言うように聞こえた。⇩言ふ甲斐(かひ)無し「慣用表現」

なに-と-は-な-し【何とは無し】「なにとにはなし」に同じ。なりたち 代名詞「何」＋格助詞「と」＋断定の助動詞「なり」の連用形「に」＋係助詞「は」＋形容詞「無し」

源氏 鈴虫「―・けれ已ど、すぐる齢(よはひ)にそへて忘れぬむかしの御物語など」訳 どうということでもないけれども、年をとるにつれて忘れていない昔のお話など。

なに-と-やらん【何とやらん】〔「やらん」は「にやあらん」の転〕なりたち 代名詞「何」＋格助詞「と」＋係助詞「は」＋形容詞「無し」

❶なんとなく。どことなく。平家 二・徳大寺之沙汰「余(よ)に―心細うて徒然(とぜん)なるに」訳 ほんとうになんとなく心細くて所在ないので。

❷(いったい)なんであろうか。平家 延慶本・二本「漫々たる海上に、―はたらく物あり」訳 広々とした海の上に、なんであろうか動く物がある。

なに-なら-ず【何ならず】取るにたりない。物の数ではない。なんでもない。〔金葉〕賀「長浜のまさごの数も―・ず終つきせず見ゆる君が御代(みよ)かな」訳 長浜の細かい砂の数も取るにたりない。尽きることなく思われる皇后宮の御代であるよ。⇩言ふ甲斐(かひ)無し「慣用表現」

なりたち 代名詞「何」＋断定の助動詞「なり」の未然形「なら」＋打消の助動詞「ず」

なに-なり【何なり】なんだ。多く、和歌で「それがなんになるか(いや、なんにもならない)」という自問・反語の意で用いられる。蜻蛉 上「さだめなく消えかへりつる露よりもそら頼めする我はなになり終」訳 はかなく消え失(う)せてしまう露よりも、(もっと誠意のないあなたが)あてにならない期待をさせている、(そんなあなたを頼りにしている)私は(いったい)なんだ。

なに-に-かは-せ-む【何にかはせむ】なんになろうか(いや、なんにもならない)。なんの価値があろうか。更級 物語「人もまじらず、几帳(きちやう)の内にうち臥(ふ)して引き出(い)でつつ見る心地、后(きさき)の位(くらゐ)も―」訳 だれにも邪魔されず、几帳の中で寝そべって(「源氏物語」を)何度も取り出して読む気持ちは、皇后の位もなんになろうか(いや、なんの価値もない)。名文解説 菅原孝標(すがわらのたかすえ)の女(むすめ)は、ようやく手に入れた「源氏物語」を読みふけった少女の頃の喜びをこのように語っている。女性にとって最高の地位である「后の位」さえ無価値に思えるほど、「源氏物語」を読む楽しさは何物にも代えがたかったのである。

なりたち 代名詞「何」＋断定の助動詞「なり」なりたち 代名詞「何」＋格助詞「に」＋係助詞「かは」＋サ変動詞「為(す)」の未然形「せ」＋推量の助動詞「む」の連体形「む」

なに-の【何の】❶(「の」が主格の場合)なにが。だれが。枕 八七「―言ふにかあらむとて、立ち出(い)でて見るに」訳 だれが(あんなことを)言うのだろうかと思って、(外に)出て見ると。

❷(「の」が連体格の場合)㋐(漠然とぼかして)何々の。なにがしの。枕 三三「その月、―をり、その人のよみたる歌はいかに」訳 その月、何々の時、その人の詠んだ歌はどのようであったか。㋑どんな。どういう。枕 一三七「さることには、―いらへをかせむ」訳 そのようなこと(＝みごとな応答)には、どんな返事をしようか(いや、どんな返事もできない)。㋒(下に打消の語を伴って)なにほどの。どれだけの。源氏 若紫「聞こえさせ知らせ給ふとも、さらに―しるしも侍らじものを」訳 (あなた＝光源氏が)言い聞かせて差しあげなさっても、(姫君＝若紫には)まったくなにほどのかいもないでしょうに。

なには-え【難波】なりたち 代名詞「何」＋格助詞「の」

難波(なには)〔ナニワ〕『地名』歌枕〔「浪速」「浪華」とも書く〕今の大阪市およびその一帯の古称。

難波江(なにはえ)〔ナニワエ〕『地名』歌枕 今の大阪市付近の海の古称。「難波潟(なにはがた)」とも。

なにはえの… 和歌《百人一首》

> 序詞〔刈り根〕〔一節〕
> 難波江の　葦(あし)のかりねの　一(ひと)よゆゑ
> 〔澪標〕〔仮寝〕〔一夜〕
> みをつくしてや　恋(こ)ひわたるべき
> 〔身を尽くし〕
> 〈千載・一三・恋三・八〇七・皇嘉門院別当(くわうかもんゐんのべつたう)〉

訳 難波の入り江にある葦の刈り根の一節(よ)のような、旅先でのはかない一夜のために、身を捨て命をかけて、ずっと恋し続けることになるのでしょうか。修辞 「難波江の葦のかりね」は「かりね」を導きだす序詞。「かりね」は「刈り根」と「仮寝」、「一よ」は「一節」と「一夜」との掛詞。「みをつくし」も、「身を尽くし」に難波江の縁で「澪標(みをつくし)」(＝水路を示す杭(くい))」をかける。「刈り根」「一節」は「葦」の縁語、「澪標」「わたる」は「難波江」の縁語。文法 「みをつくしてや」の「や」は、疑問の係助詞。解説 歌合わせの際に、「旅宿(りよしゆく)に逢(あ)ふ恋」という題で詠まれた歌。

難波潟 なにはがた… 和歌《百人一首》

> 序詞
> 難波潟　短き葦の　ふしの間も
> 節
> 逢はでこの世を　過ぐしてよとや
> 〈新古今・二・恋一・一〇四九・伊勢〉

訳 難波潟の葦の、短い節と節との間のような、そんなつかの間も逢わないで、一生を終えてしまえというのですか。

修辞 第二句までは「ふしの間」を導きだす序詞。「ふし」は葦の節のこと。葦の節と節の間の「節」は短いもののたとえ。「この世」は葦との縁で、「世」に「節」をかけ、「葦」の縁語。文法「過ぐしてよとや」の「てよ」は完了の助動詞「つ」の命令形。「や」は、疑問の係助詞で、結び「いふ」は省略されている。

なに-ばかり【何ばかり】 ❶どれほど。なにほど。竹取 貴公子たちの求婚「―の深きをか見むと言はむ」訳 どれほどの深い気持ちを見たいと言おうか。

❷(下に打消の語を伴って)さほど。たいした。枕 九六「それは、―の人ならねど」訳 それは、さほどの(身分の)人でないけれども。

なりたち 副詞「何」+副助詞「ばかり」

なには-づ ナニワ―【難波津】❶難波(今の大阪市一帯)の港。

❷「難波津の歌」の略。仁徳天皇の即位を勧めて王仁が詠んだという「難波津に咲くやこの花冬ごもり今は春べと咲くやこの花」訳 →なにはづに…和歌〈古今・仮名序〉の歌。手習いの初歩に習う歌とされる。

なにはづに… 和歌

> 難波津に　咲くやこの花　冬ごもり
> 今は春べと　咲くやこの花
> 〈古今・仮名序〉

訳 難波津に咲くよ、この花は。冬の寒い間は芽を出さなかったけれど、今はもう春だと、咲くよ、この花は。

解説 仁徳天皇の即位を、春になって花が開くことにたとえて勧めた歌とされる。「冬ごもり」を「春」にかかる枕詞とする説もある。「古今集」では「花」は梅とし、作者を王仁とする。王仁は百済から渡来した学者で、日本に「論語」「千字文」をもたらしたという。この歌と「安積山影さへ見ゆる山の井の浅き心を我が思はなくに」〈万葉・一六・三八〇七〉は、手習いをする人がまず最初に習う歌として知られている。

なには-の-みや ナニワ―【難波の宮】(名)難波(今の大阪市一帯)にあったという仁徳天皇の高津の宮、孝徳天皇の長柄豊碕の宮、聖武天皇の難波の宮の総称。

難波土産 (なにはみやげ) ナニワミヤゲ『作品名』江戸中期の浄瑠璃注釈書。三木貞成著。元文三年(一七三八)刊。浄瑠璃九編を解説・注釈したもの。冒頭、穂積以貫の筆録という近松門左衛門の「虚実皮膜論」を紹介していることで有名。

なに-びと【何人】(名)どういう人。何者。源氏 夕顔「この西なる家は―の住むぞ」訳 この西にある家はどういう人が住むのか。

なに-ほど【何程】(副)❶どれほど。どのくらい。平家 八・妹尾最期「思ふに―のことかあるべき。追っかけて討て」訳 考えると、(敵の力は)どれほどのことがあろうか(いや、たいしたことはないだろう)。追って行って討て。

❷どんなに。いかに。〔浮・世間胸算用〕「年玉銀一包みくれしを、―かうれしく」訳 (妹が年始に来て)年玉の銀貨を一包みくれたので、どんなにかうれしく。

なにめでて… 和歌

> 名に愛でて　折れるばかりぞ　女郎花
> 我落ちにきと　人に語るな
> 〈古今・四・秋上・二二六・僧正遍昭〉

訳 (「女」という)名に心ひかれて手折っただけなのだ、女郎花よ。私が(女に)身をもちくずしてしまったなどと、他人には語るなよ。文法「折れる」の「る」は、完了の助動詞「り」の連体形。

解説 作者は僧侶なので女性と関わるのは破戒の罪を犯すことになる。それを「女郎花」の名にちなんでユーモラスに言った、いかにも遍昭らしい歌。

な-にも【汝妹】(名)《上代語》男性から女性を親しんで呼ぶ語。あなた。〔記〕上「愛しき我が―の命を」訳 いとしい私のあなた様を。⇔汝兄

なに-もの【何物】(名)❶どのような品物。なに。万葉 一五・三七三三「吾妹子が形見の衣なかりせば―もてか命継がまし」訳 いとしいあなたの形見の着物がなかったならば、なにでもって命を保ち続けていこうか。

❷【何者】どのような人。だれ。枕 一〇八「この殿上の墨・筆も、―の盗み隠したるぞ」訳 この(清涼殿の)殿上の間の墨も筆も、だれが盗んで隠したのだ。

なに-や【何や】(「…やなにや」の形で用いて)…なんか。なにやかや。枕 八七「くだ物や―と、いとおほくとらせたれば」訳 (雪の山の見張りを頼んで)果物やなにやかやと、たいそう多く与えたところ。

なりたち 代名詞「何」+間投助詞「や」

なに-や-か-や【何や彼や】あれやこれや。なんやかんや。いろいろ。源氏 花散里「―と、例の、なつかしく語らひ給ふも」訳 あれやこれやと、いつものように、(光源氏が花散里と)こまやかに言いかわしなさるのも。

なりたち 代名詞「何」+間投助詞「や」+代名詞「彼」+間投助詞「や」

難波 ⇨難波

なに-わざ【何業】(名)どういうこと。どんな行為。何事。方丈 二「京のならひ、―につけても、みなもとは田舎をこそ頼めるに」訳 京の習慣として、何事につけても、(その)根源は地方を頼りとしているのに。

なぬ-か【七日】(名)❶七日間。仏事などでの一区切りの日数。更級 子忍びの森「―さぶらふほども、ただ東路のみ思ひやられてよしなし」訳 七日間(お寺に)お籠もりしている間も、ひたすら(父が旅立った)東国ばかりが思いやられて仕方がない。

❷月の第七日。特に陰暦正月七日、または七月七日

をいう。蜻蛉 上「天の川—をちぎる心あらば」訳 天の川で(牽牛と織女が逢う)陰暦七月七日に逢う気持ちがあるならば。

❸「しちや」に同じ。〔夜の寝覚〕「—は中宮より…よろづをこちたく御用意せさせ給ひて、御産衣などさらなりや」訳 お七夜は中宮から…万事を豪華にお調えになられて、御産衣などはもちろんのこと(りっぱになさった)よ。

なぬか‐なぬか【七日七日】七日ごとに死者の供養をする日。初七日から四十九日に至る各七日目の日。また、その日の供養。源氏 総角「—の事ども、いと尊くせさせ給ひつつ、おろかならず孝じ給へど」訳 (薫は)七日ごとの法要のそれぞれをたいそうりっぱにおさせになっては、手厚く供養しなさるけれども。

な‐ぬし【名主】(名)〔「名主」の訓読〕近世、関東で、村の代表者。関西では「庄屋」という。

な‐ね(名)《上代語》人を親しんで呼ぶ語。男女ともに用いた。あなた。おまえ。万葉 四・七二四「かくばかり—が恋ふれぞ夢に見えける」訳 これほどにあなたが(私を)恋い慕うからこそ夢にあなたが見えたのだった。

なのはなや… 俳句

> 春
> 菜の花や　月は東に　日は西に
> 〈蕪村句集・蕪村〉

訳 (見渡す限り一面に菜の花が咲いている。夕月が白く東の空に昇り、太陽は西の空に沈もうとしている。(菜の花春。切れ字は「や」)

解説 夕方にのぼるのは満月のころの月。中七と下五が対句で、両者の下には「あり」の述語が省略され、その余韻が空間を広く感じさせる。中国の詩人陶淵明の「白日は西河に淪み、素月は東嶺に出づ」をふまえている。「東の野にかぎろひの立つ見えてかへり見すれば月かたぶきぬ」訳 →ひむがしの…和歌〈万葉・一・四八〉の影響も考えられている。

なのめ【斜め】(形動ナリ)〔なら・なり(に)・なり・なる・なれ・なれ〕

語義パネル

中古では、「なのめ」は和文に、「ななめ」は漢文訓読文に用いられる。傾いているさまをいう「ななめなり」にも、並々だ、平凡だの意があるように、きちんとしている垂直・水平に対して、斜めは、いいかげんなもの、なおざりなものと考えられた。いいかげんなものは、ありふれたものでもあることから、①の意に用いる。

❶ありふれたさま。平凡なさま。
❷いいかげんなさま。不十分なさま。心をこめないさま。
❸(中世以降「なのめならず」に同じ)並ひととおりでない。格別である。

❶**ありふれたさま。平凡なさま。** 源氏 東屋「我がむすめは、—・なら未む人に見せむは惜しげなるさまを」訳 自分の娘(=浮舟)は、平凡なような男と結婚させるならそれは惜しい感じの器量なのに。文法「なのめならむ人」「見せむは」の「む」は、仮定・婉曲の助動詞。

❷**いいかげんなさま。** 不十分なさま。心をこめないさま。源氏 帚木「事が中に、—・なる体まじき人の後ろ見の方は」訳 (妻としての)仕事の中で、いいかげんであってはならない夫の世話という点では。

❸(中世以降)「なのめならず」に同じ。〔謡・烏帽子折〕「帝—・に用おぼしめし、その時の御恩賞に奥陸奥の国を賜って」訳 帝は(功績が)並ひととおりでないとお考えになって、その時のご恩賞として奥陸奥(=陸奥)の国をくださって。文法「賜っ」は、中世以降の用法で「くださる」意の尊敬語。(⇨疎か「類語パネル」)

なのめなら‐ず【斜めならず】「なゝめならず」とも。並ひととおりでない。格別である。平家 六・新院崩御「法皇なのめならず用御嘆きありし程に」訳 (後白河)法皇がひととおりでなくお嘆きになっていたうちに。⇩並べてならず「慣用表現」

なりたち 形容動詞「なのめなり」の未然形「なのめなら」+打消の助動詞「ず」

な‐のり【名告り・名乗り】(名)❶自分の姓名を言うこと。枕 二五「あらぬよしなき者の—して来たるも」訳 別の関係のない者が自分の姓名を言ってやって来たのも(はなはだ興ざめでおもしろくない)。

❷公家や武家の男子が元服するとき、幼名にかえてつける実名。著聞 五六二「殿の御—をば、家隆と申すとこそ知り参らせて候へ」訳 殿のお名前は、家隆と申し上げると存じあげております。

❸売り物の名を呼んで歩くこと。源氏 東屋「いかにとか聞きも知らぬ—をして」訳 何と言っているのか聞いてもわからない売り物の名を呼ぶことをして。

なのりそ【莫告藻】(名)ほんだわら(=海藻の一種)の古名。和歌では、「な告りそ(=人に告げるな)」の意をかけて用いられる。万葉 四・五〇九「荒磯の上にうちなびき繁に生ひたる—がなどかも妹に告らず来にけむ」訳 荒磯の上になびいて多く生い茂っているなのりそではないが、人に告げるなとでもいうように、どうして妻に別れのことばも言わずに来てしまったのだろうか。

な‐の・る【名告る・名乗る】(自ラ四)〔ら・り・る・る・れ・れ〕❶自分の姓名を言う。平家 七・忠度都落「『忠度』と—・り用給へば、『落人帰りきたり』とて、その内さわぎあへり」訳「忠度」と名のりなさると、「落ち武者が帰って来た」と言って、家の中は騒ぎあっている。

❷名前に付ける。著聞 五六二「御一家は皆、隆の字を—・ら未せ給ひ候へば」訳 ご一家は皆、隆の字を名前に付けていらっしゃいますので。

❸鳥や羽虫などが自分の来たことを知らせるかのように音を立てる。鳴く。枕 二八「蚊のほそ声にわびしげに—・り用て、顔のほどに飛びありく」訳 蚊が細い声で力なげに音を立てて、顔のあたりを飛びまわるの(は不快だ)。

なはしろ‐みづ【苗代水】(名)稲の苗を育てる苗代に引く水。更級 東山なる所「田の、—まかせたるも、植ゑたるも、何となくあをみ」訳 水田の、苗代に引く水を引いた所も、田植えした所も、なんとなく青々として。

なは‐て【縄手・畷】(名)❶縄のすじ。〔続後拾遺〕恋三「碇おろす船の—は細くとも命の限り絶えじとぞ思ふ」訳 碇をおろす船をつなぐ縄はたとえ細くても、命ある限り絶えないだろうと思うことよ。〔太平記〕八「六波羅ろくはら勢の跡を切らんと、—を伝ひ道をよこぎって」訳六波羅勢の後方を遮断しようと、あぜ道を伝い道をよこぎって。
❸まっすぐに続く長い道。徒然 一九五「ある人久我こが(=地名)—を通りけるに」

なびか・す【靡かす】(他サ四)｛さ・し・す・す・せ・せ｝❶なびかせる。平家 一・禿髪「人の従ひつくこと、吹く風の草木を—・す体がごとし(=なびかせるようだ)」
❷従わせる。服従させる。源氏 賢木「時の有職いうそくと天あめの下を—・し用給へるさま殊ことになめれば」訳当代の識者として天下を従わせていらっしゃる(光源氏の)ようすは格別であるようなので。

なびき-やす【靡き易】(形動ナリ)｛なら・なり(に)・なり・なる・なれ・なれ｝〔「やす」は形容詞「やすし」の語幹〕(異性に)なびきやすいさま。従いやすいさま。源氏 椎本「心軽かろうて—・なる体などを、珍しからぬものに思ひおとし給ふにや」訳(匂宮におうのみやは)軽はずみでなびきやすいような人(=女)などを、ありふれたものと見下げなさるのであろうか。

なび・く【靡く】一(自カ四)｛か・き・く・く・け・け｝❶(風・波などの力におされて)横に倒れ伏したように揺れる。(煙などが)横に流れる。万葉 二・一三一「妹いもが門かど見む—・け命この山」訳→いはみのうみ…和歌
❷心を寄せる。服従する。平家 六・小督「さすがなさけによわる心にや、遂ついには—・き用給ひけり」訳やはり情にほだされる(人の)心であるからか、(小督こう殿も)しまいには心を寄せなさった。
二(他カ下二)｛け・け・く・くる・くれ・けよ｝❶横に倒れさせる。横になびかせる。万葉 一一・二五三二「おほかたは誰たが見むとかもぬばたまのわが黒髪を—・け用て居をらむ」訳(私の思いが)通り一遍ならば、だれが見るだろうと思って、私の黒髪をなびかせていようか(あなたに見てもらいたいためなのだ)。〔「ぬばたまの」は「黒」にかかる枕詞〕
❷自分の意に従わせる。太平記 六「七百余騎にて和泉いづみ・河内かはちの両国を—・け用て(=従わせて)」

なびなび-と(副)流麗に。なだらかに。花鏡「節ふしかかり美しくくだりて、—聞こえたらんは、これ音曲おんぎょくの幽玄なるべし」訳節の旋律が美しく流れ下って、流麗に聞こえたならば、それは音曲の幽玄であるだろう。

-な・ふ ウ ナ(ノ)(接尾ハ四型・下二型)名詞・副詞・形容詞の語幹などに付いて、その行為をする意の動詞をつくる。「あき—・ふ(商ふ)」「うべ—・ふ(諾ふ)」「うら—・ふ(占ふ)」「とも—・ふ(伴ふ)」

な・ふ ナ(ノ)【萎ふ】(自ハ下二)｛へ・へ・ふ・ふる・ふれ・へよ｝「なゆ」に同じ。

な-ふ ウ ナ(ノ)(助動特殊型)《上代東国方言》打消の意を表す。…ない。万葉 一四・三四二六「会津嶺あひづねの国をさ遠み逢あはなは未ば偲しのひにせもと紐ひも結ばさね」訳会津の山のある国が遠いので、逢わないなら、思い出すきっかけにするようにということで紐を結びなさいな。文法「国をさ遠み」の「み」は原因・理由を表す接尾語。「…を…み」の形で「…が…ので」の意。「結ばさね」の「さ」は、尊敬・親愛の助動詞「す」の未然形。万葉 一四・三三七五「武蔵野むざしのの小岫をぐきが雉きぎし立ち別れ去いにし宵より夫せろにあはなふ終よ」訳武蔵野の小岫(未詳)にいる雉きじのように、立ち別れ去った夜から夫に逢わないことよ。〔第二句までは「立ち別れ」を導きだす序詞〕。万葉 一四・三五二四「まを薦ごもの節ふの間まも近くて逢はなへ已ば沖つ真鴨かもの嘆きぞ吾あがする」訳むしろの編み目の間隔ではないが、間近で逢わないので、沖の真鴨の長い息ではないが、嘆息を私はすることだ。〔「まを薦の節の間」までは「間近し」を、「沖つ真鴨の」は「嘆き」をそれぞれ導く序詞〕
接続 動詞の未然形に付く。

活用

未然	連用	終止	連体	已然	命令
なは(バ)	○	なふ(。)	なへ(コト)	なへ(ドモ)	○

参考 口語の打消の助動詞「ない」の原形かといわれる。
文法 連体形「なへ」は次のように用いられ、まれに「のへ」の形も現れる。
「麻久良我まくらがの(=地名か)の古河こがの渡りのから梶かぢの音高しもな(=噂うわさが高いことだ)寝なへ児こゆゑに(=共寝しない子のせいで)」〈万葉 一四・三五五五〉
「遠しとふ(=という)故奈こなの白嶺しらねに逢ほ時しだ(=逢う時)も逢はのへ時しだ(=逢わない時)も汝なにこそ寄され(=関係があるといわれるのに)」〈万葉 一四・三四七八〉

な・ぶ【並ぶ】(他バ下二)｛べ・べ・ぶ・ぶる・ぶれ・べよ｝並べる。連ねる。〔記〕中「新治にひばり筑波つくはを過ぎて幾夜か寝つる日日かが—・べ用て夜には九夜ここのよ日には十日を」訳→にひばり…歌謡

な・ぶ【靡ぶ】(他バ下二)｛べ・べ・ぶ・ぶる・ぶれ・べよ｝なびかせる。万葉 一・四五「旗薄はたすすき小竹しのをおし—・べ用草枕旅宿たびやどりせす古いにしへ思ひて」訳穂が旗のようになっているすすきや小竹をおしなびかせて、旅宿りをなさることだ。昔をしのんで。〔「草枕」は「旅」にかかる枕詞〕

なへ ナエ(接助)《上代語》一つの事柄と同時に他の事柄が存在・進行する意を表す。…するとともに。…するにつれて。…するちょうどそのときに。万葉 八・一五七五「雲の上に鳴きつる雁かりの寒きなへ萩はぎの下葉はもみちぬるかも」訳雲の上で鳴いた雁の声が寒そうに聞こえたちょうどそのころに、萩の下葉は色づいたことよ。
接続 活用語の連体形に付く。
参考「なべ」と濁音であったとする説もある。多く、格助詞「に」の付いた「なへに」の形で用いられる。→なへに

なへ・ぐ ナエグ【蹇ぐ】(自ガ四)｛が・ぎ・ぐ・ぐ・げ・げ｝足が悪くて、歩くのに不自由する。蜻蛉 中「昼つかた、—・ぐ終—・ぐ終と見えたりしは、何事にかありけむ」訳昼のころ、(夫の兼家いえが)不自由そうに足を引きずり引きずりしていると見えたのは、何事であったのだろうか。

なべ-て【並べて】(副)「なめて」とも。❶一般に。すべて。総じて。徒然 一八「この法師のみにもあらず、世間の人、—このことあり」訳この法師だけでもなく、世間の人々には、一般にこれと同じことがある。
❷並ひととおり。平凡。ふつう。源氏 蓬生「ことに憎などは、—のは召さず…尊きかぎりを選えらせ給ひければ」訳(光源氏は)特に僧などは並ひととおりの者はお呼びにならず…尊い僧ばかりをお選びになられたので。文法「せ給ひ」は、最高敬語。
❸一面に。一帯に。古今 恋五「秋風の吹きと吹きぬる武蔵野むさしのは—草葉の色かはりけり」訳秋風が吹きに吹いた武蔵野は、一面に草葉の色が変わってしまったな

あ(あなたの心もすっかり変わってしまった)。〔「秋」に「飽き」をかける〕

参考「なべての」の形で連体修飾語のようにも用いる。

なべて-なら-ず【並べてならず】並ひととおりでない。ふつうでない。格別だ。方丈 二「ー・ぬ㊍法ども行はるれど、更にそのしるしなし」訳 並ひととおりでない修法が種々なされるけれども、いっこうにそのききめがない。

なりたち 副詞「なべて」＋断定の助動詞「なり」の未然形「なら」＋打消の助動詞「ず」

慣用表現 **「並ひととおりでない」を表す表現**

おぼろけ・斜めならず・斜めならず・並べてならず・一方ならず・やむごとなし・遣る方無し

ポイント みな「並ひととおり」を表す語の否定表現である。「おぼろけ」は本来「並ひととおり」の意であるが、「おぼろけならず」と同意に用いられることもあった。

なべてよの… 和歌

> なべて世の　はかなきことを　悲しとは
> かかる夢見ぬ　人や言ひけん
> 〈建礼門院右京大夫集・建礼門院右京大夫〉

訳 並ひととおりに、この世の無常(＝死)を「悲しい」などと言うのは、このような夢のように悲しいことを経験しない人が言ったのだろうか。

解説 作者の恋人の平資盛が壇の浦の合戦に敗れ、入水して果てたことを都で伝え聞いて詠んだ歌。

なへ-に (接助)《上代語》〔接続助詞「なへ」に格助詞「に」の付いたもの〕

意味・用法
同時進行〔…するとともに。…するにつれて。…するちょうどそのときに。〕

接続
活用語の**連体形**に付く。

一つの事柄と同時に他の事柄が存在・進行する意を表す。**…するとともに。…するにつれて。…するちょうどそのときに。** 万葉 五・八四一「鶯の声聞く**なへに**梅の花吾家の園に咲きて散る見ゆ」訳 鶯の鳴く声を聞く折しも、梅の花がわが家の園に咲いて散るのが見える。

参考「なべに」と濁音であったとする説もある。

なほ【直】一(名・形動ナリ)まっすぐなこと。真実で偽りのないこと。万葉 七・一三九三「まー・に㊊しあらば何か嘆かむ」訳 (あなたの心が)真実で偽りがないのであるならば、なんで嘆くことがあろうか(いや、何も嘆くことはない)。

二(副)❶平凡に。普通に。蜻蛉 上「ーもあらぬことありて、春夏悩み暮らして」訳 普通でもないこと(＝懐妊)があって、春夏ずっと苦しみつづけて。

❷何もしないで。そのまま。土佐「このかうやうに物持て来る人に、ーしもえあらで」訳 このこういうふうに贈り物を持って来る人に、そのまま(もらいっぱなし)にもしておけないので。

なほ【猶・尚】(副)

語義パネル
現代語では「今も**なお**恋しく思う」、「日がたつと**なお**恋しくなる」のように、①②の意で用いるが、古くは、否定されかけているものを改めて肯定する気持ち、無視されがちなものを改めて取りあげる気持ちをこめて用いる③の用法が多い。

❶**やはり。もとのように。依然として。**
❷**さらに。もっと。いっそう。**
❸**それでもやはり。なんといっても。**

❶**やはり。もとのように。依然として。** 源氏 桐壺「とり立ててはかばかしき後ろ見しなければ、事あるときは、ー拠り所なく心細げなり」訳 (桐壺の更衣には)これといってしっかりした後ろ盾がないので、いざという大事なときは、やはり頼るあてもなく心細そうである。文法「後ろ見しなければ」の「し」は、強意の副助詞。

❷**さらに。もっと。いっそう。** 更級 かどで「あづまぢの道のはてよりも、ーおくつかたに生ひいでたる人、いかばかりかはあやしかりけむを」訳 東国路の終点(である常陸の国)よりも、もっと奥のほう(である上総の国)で育った人(である私)は、どんなにか田舎じみていただろうに。⇩更級日記「名文解説」

❸〔否定されかけているものを、改めて肯定する気持ち〕**それでもやはり。なんといっても。** 枕 二六七「世の中にーいと心憂きものは、人ににくまれむことこそあるべけれ」訳 世の中でなんといってもたいそうつらいものとしては、人から憎まれるようなことがあろう。文法「にくまれむこと」の「む」は、仮定・婉曲の助動詞。⇩心憂し「名文解説」

なほ-あら-じ【猶有らじ】このままではすまされない。源氏 花宴「うち嘆きて、ー・じ㊍に、弘徽殿の細殿に立ち寄り給へれば」訳 (光源氏は)ため息をついて、このままではすまされないという気持ちで、弘徽殿の細殿にお立ち寄りになったところ。

なりたち 副詞「猶」＋ラ変動詞「有り」の未然形「あら」＋打消推量の助動詞「じ」

なほざり【等閑】(名・形動ナリ)❶**いいかげんだ。かりそめである。おろそかだ。** 徒然 九二「のちの矢を頼みて、初めの矢にーの心あり」訳 二本目の矢をあてにして、はじめの矢(を射るの)におろそかにする気持ちがある。⇩疎か「類語パネル」

❷**ちょうどよい。ほどほどだ。あっさりしている。** 徒然 一三七「よき人は、ひとへに好けるさまにも見えず、興ずるさまもー・なり㊇」訳 身分・教養の高い人は、むやみに風流を好きもしがっているようにも見えないし、おもしろがるようすもあっさりしている。

なほざり-ごと【等閑言】(名)いいかげんなことば。真実のこもらないことば。源氏 橋姫「すきずきしきーをうち出でてあざればむも」訳 色好みめいたいいかげんなことばを口に出してたわむれかかるのも。

なほざり-ごと【等閑事】(名)いいかげんにすること。その場限りにすること。源氏 蛍「心とまりぬべきをも、しひてーにしなして」訳 (夕霧は)当然心を引かれてしまうであろう女性でも、むりにその場限りのことにして。

なほし【直衣】(名)〔正装・礼服でない直の衣の意〕平安時代以降、天皇や高貴な人々の日常服。形は袍に似ているが、やや短い。位階に関係なく好みの色目を選んで着用できたので、雑袍ともいう。指貫を着用し、改まった時は冠、くつろいだ時は烏帽子をつけた。源氏 帚木「ーばかりをしどけなく着なし給ひて」訳(光源氏は)直衣だけを無造作におはおりになって。⇩巻頭カラーページ13

(直　衣)

発展 「直衣」を着て参内できる人
直衣は、公卿の私邸における平常服であった。しかし、公的な場でまったく着られなかったわけではない。勅許を得ると直衣を着て参内することもでき、非常な名誉とされた。それが許されるのは高位の人だけで、中納言以上か、大臣の子孫二代まで。特例として三位参議にも許されることがあった。

なほ・し【直し】(形ク){から・く(かり)・し・き(かる)・けれ・かれ}❶まっすぐだ。枕 一三五「いとー・き体木をなむ押し折りためる」訳たいそうまっすぐな木を押し曲げたようだ。❷平らだ。整っている。枕 一四四「えせ者の家の荒畠といふものの、土うるはしうもー・から未ぬ」訳身分の低い者の家の荒畠(=荒れた畑の意か)というもので、土もきちんと平らでない所に。❸普通だ。源氏 総角「目も鼻もー・し終とおぼゆるは心のなしにやあらむ」訳(自分=大君の)目も鼻も人並みだと思われるのは気のせいであろうか。❹正しい。素直である。〔沙石集〕「心ー・けれ已ば、おのづから天の与へて、宝を得たり」訳心が正しいので、自然に天が与えて、(夫妻は)宝を手に入れた。

なほし-すがた【直衣姿】(名)直衣を着た姿。源氏 柏木「ーいとあざやかにて」訳(夕霧の)直衣を着た姿はたいそうきわだって美しくて。

なほし-た・つ【直し立つ】(他タ下二){て・て・つ・つる・つれ・てよ}あやまちを改める。もとの正しい状態に直す。源氏 澪標「ー・て用給ひて、御心地すずしく思しける」訳(光源氏を)もとの地位に戻しなさって、(朱雀帝は)お気持ちがすがすがしくお思いになるのだった。文法「思しける」は連体形止め。

なほし-もの【直し物】(名)「除目」のあとで、誤りを吟味して、官位任命の追加訂正をすること。今昔 二四・三〇「年を隔ててー行はれける日」訳年が改まって除目の訂正が行われた日。

なほ・す【直す】(他サ四){さ・し・す・す・せ・せ}❶正しくする。もとどおりにする。修繕する。徒然 五一「とかくー・し用けれども、つひに回らで」訳(水車を)あれこれ修繕したけれども、とうとう回らないで。❷改める。訂正する。枕 一三五「これやー・し用たること」訳これは言い改めた返事か。❸とりなす。調停する。平家 三・医師問答「この人のー・し用なだめられつればこそ、世も穏しかりつれ」訳この人(=重盛)が(清盛を)とりなしなだめなさったからこそ、世間も穏やかにおさまっていたのである。

なほ-なほ【猶猶・尚尚】**一**(副)❶それでもやはり。どうしても。〔落窪〕「ーな憎ませ給ひそ」訳それでもやはりお憎みなされるな。❷いよいよ。なおさら。〔狂・二人大名〕「それはーぢゃ」訳それはいよいよ(好都合)だ。**二**(感)(相手を促すときに用いて)さあさあ。ぜひぜひ。源氏 横笛「『人も見ず。まろ顔はかくさむ。ー』とて」訳「だれも見ていない。私(=匂宮)が(夕霧の)顔は隠してやろう。さあさあ」と言って。

なほなほ・し【直直し】(形シク){しから・しく(しかり)・し・しき(しかる)・しけれ・しかれ}平凡である。ありきたりである。なんのとりえもない。源氏 若菜上「ー・しく用下れる際のすき者どもに名を立ちあざむかれて」訳(大事に育てられた娘が、親の死後)平凡で下級の身分の好色者たちに、だまされて浮き名が立ち。

なほ-なほ-に【直直に】(副)まっすぐに。また、素直に。万葉 五・八〇一「ひさかたの天路は遠しー家に帰りて業をしまさに」訳天に昇る道は遠い。(だから)素直に家に帰って家業にお励みになってほしい。(「ひさかたの」は「天」にかかる枕詞)

なほ-びと【直人】(名)〔「なほ」は、並ひととおりの意〕(多く、貴族として)普通の家柄の人。名門でない人。伊勢 一〇「父はーにて、母なむ藤原なりける」訳父は普通の家柄の人で、母は藤原(の出身)であった。

なほらひ【直会】(名)〔「なほりあひ」の転。「斎み」を解いて平常にもどる意〕神事が終わったのち、神前の供え物をさげて酒宴をすること。また、その供え物。

なほ・る【直る】(自ラ四){ら・り・る・る・れ・れ}❶正しくなる。まっすぐになる。平家 九・宇治川先陣「投げ上げられ、ただー・っ用(促音便)て」訳(大串次郎重親は川から岸の上へ)投げ上げられ、すぐに起きなおって。❷もとの状態にもどる。もとどおりになる。回復する。源氏 帚木「からうじて、今日は日のけしきもー・れ已り」訳やっとのことで、今日は天気の状態も回復した。❸(病気が)なおる。源氏 夕霧「やがてー・ら未ぬさまにもありなむ、いとめやすかりぬべくこそ」訳(苦しさが)このままなおらない状態でもあって(死に失せて)しまうならそれは、きっとたいそう見苦しくない(=都合がよい)にちがいないであろう。文法「めやすかりぬべく」の「ぬ」は、助動詞「ぬ」の終止形で、ここは確述の用法。係助詞「こそ」のあとに結びの語「あらめ」などが省略されている。⇩篤し「慣用表現」❹きちんと座る。正座する。〔源平盛衰記〕「座席にー・り用て畏まり」

なま-【生】(接頭)❶(名詞に付いて)「不完全な…」「未熟な…」「若い…」などの意を表す。〔増鏡〕さしぐし「都におはしますー宮たちの、より所なくただよはしげなるには」訳都にいらっしゃる名ばかりで不遇な宮たちで、頼る所もなく浮きただよっているようなのと比べると。【例語】なま浮かび・なま覚え・なま学生・なま片端・

なま片ほ・なま聞き・なま公達・なま首・なま心・なま侍・なま親族(=あまり近くない親族)・なま受領・なま孫王・なま女房・なま夕暮れ(=夕暮れに近いころ)・なま酔ひ・なま女(=未熟な女・身分の低い女)

❷(用言に付いて)「なんとなく…」「少し…」「中途半端に…」などの意を添える。源氏 紅葉賀「おはしながら疾くも渡り給はぬ、—恨めしかりければ」訳(光源氏が二条院に)いらっしゃりながらすぐにもこちらにおいでにならないことが、(紫の上は)なんとなく恨めしかったので。

【例語】なま荒々し・なまいとほし・なま隠す・なま頑なし・なま苦し・なまけやけし(=なんとなく煩わしい)・なま賢し(=こざかしい)・なま強ひ・なま憎し・なま妬し・なまはしたなし・なま不合・なま防がしげ・なま難し・なま煩はし

なま-あら-あら・し【生荒荒し】(形シク)｛(しから)・しく(しかり)・し・しき(しかる)・しけれ・しかれ｝［「なま」は接頭語］なんとなく荒々しい。少しぶっきらぼうだ。源氏 東屋「『何ごと言ひにかはあらむ』と、—・しき体気色なれど」訳「呼んだこともない者が)何事を言いにきたのであろうか」と、(常陸の介は)少々ぶっきらぼうなようすであるが。

なま-うかび【生浮かび】(名)［「なま」は接頭語］中途半端に出家すること。なまはんかな悟り。源氏 帚木「—にては、かへりて悪しき道にも漂ひぬべくぞおぼゆる」訳(出家しても)なまはんかな悟りであっては、かえって悪道にもさまよってしまうにちがいないと思われる。

なま-おぼえ【生覚え】(名)［「なま」は接頭語］❶正確に覚えていないこと。うろ覚え。枕 一六一「詠みたる歌などをだに—なるものを」訳(自分の)詠んだ歌などだってうろ覚えであるものなのに。

❷あまり優遇されていないこと。あまり気に入られていないこと。源氏 宿木「中納言殿(=薫)の御前の中に、—あざやかならぬや、暗きまぎれに立ちまじりたりけむ」訳 中納言殿の御前駆の人の中に、あまり優遇されていない、ぱっとしない者が、暗がりにまぎれて(匂宮方の従者と)いっしょに立っていたのであろうか。

なま-がくしゃう【生学生】(名)［「なま」は接頭語］年若く未熟な学生(=大学寮などで学問を修業中の者)。大鏡 序「父が—に使はれたいまつりて」訳(私の)父が大学寮の若い学生に使われ申しあげて。

なま-かたくな・し【生頑なし】(形シク)｛(しから)・しく(しかり)・し・しき(しかる)・しけれ・しかれ｝［「なま」は接頭語］なんとなく愚かで頑固なようす。どことなく無骨である。源氏 橋姫「宿直人めくをのこ—・しき体出で来たり」訳 宿直人らしい男で、少し無骨そうなのが出て来た。

なま-かたは【生片端】(形動ナリ)｛なら・なり(に)・なり・なる・なれ・なれ｝［「なま」は接頭語］どことなく不完全なさま。不十分。「なまかたほ」とも。源氏 手習「—・なる体ことを、『かくなむ聞こえ給ふ』と言ふに」訳 どことなくととのわず未熟なこと(=歌)を、「(姫君=浮舟が)このように申し上げなさる」と言うので。

なま-かたほ【生片ほ】(形動ナリ)｛なら・なり(に)・なり・なる・なれ・なれ｝「なまかたは」に同じ。源氏 紅梅「—・に用したるに、聞きにくき物の音がらなり」訳(琵琶は)中途半端に弾いた場合には、聞き苦しい楽器の音質である。

なま-きんだち-め・く【生公達めく・生君達めく】(自カ四)｛か・き・く・く・け・け｝［「なま」は接頭語、「めく」は接尾語］それほど身分の高くない貴族の子弟のようである。源氏 東屋「女多かりと聞きて、—・く体人々もおとなひ言ふ、いと数多ありけり」訳(常陸の介に)娘が多いと聞いて、どうやら貴公子という程度である人々も恋文を送って言い寄る者がたいそう大勢いた。

なま-ごころ【生心】(名)［「なま」は接頭語］なまはんかな心。中途半端な風流心。また、淡い恋情。伊勢 一八「昔、—ある女ありけり」訳 昔、中途半端な風流心のある女がいた。

なま-さぶらひ【生侍】(名)［「なま」は接頭語］未熟な侍。若くて官位の低い侍。宇治 六・四「人のもとに宮仕へしてある—ありけり」訳(ある)人のところに奉公している若くて位の低い侍がいた。

なま・し【生し】(形シク)｛(しから)・しく(しかり)・し・しき(しかる)・しけれ・しかれ｝❶なまである。なまなましい。また、生きている。著聞 三七「長洲の浜(=今の兵庫県尼崎市の地名)に至りて、—・しき体(=生きのいい)魚を求めて」

❷未熟だ。不十分だ。〔沙石集〕「信心うすく、智解の発らざること、是れ—・しき体姿なり」訳 信仰心がうすく、思慮分別の生じないこと、これが未熟なありさまである。

な-まし ❶反実仮想を強調して表す。きっと…てしまうだろう。きっと…だったろう。竹取 竜の頸の玉「まして竜を捕らへたらましかば、またこともなく、我は害せられなまし終」訳(竜の首の玉を取ろうとして多くの人々が殺されかけたのに)まして竜を捕らえていたとしたら、またたやすく、私はきっと殺されていただろう。

❷(上に疑問の語を伴って)ためらいのある希望の意を表す。…てしまおうか。…のがいいのではないか。源氏 葵「幼き御有り様のうしろめたさにことつけて下りやしなまし終」訳(斎宮の)幼いご様子が気がかりであることを口実にして(伊勢へ)下向してしまおうか。→まし(助動)

なりたち 完了(確述)の助動詞「ぬ」の未然形「な」＋反実仮想の助動詞「まし」

なま-じひ【生強ひ・憖ひ】(形動ナリ)｛なら・なり(に)・なり・なる・なれ・なれ｝［「なま」は接頭語］「なましひ」とも。❶(できないのに)しいてするさま。むりに行うさま。万葉 四・六一三「もの思ふと人に見えじと—・に用常に思へりありぞかねつる」訳 物思いをしていると人に見られまいと、しいて普通に思っているが、とても生きていられなかったことだ。

❷しなくてもよいのにしてしまうさま。なまじっか。徒然 一五〇「よくせざらんほどは、—・に用人に知られじ」訳(芸を身につけようとする人は)よくできないような間は、(習っていることを)なまじっか人に知られまい(とする)。文法「せざらんほど」の「ん」は、仮定・婉曲の助動詞。

❸しぶしぶするさま。今昔 一六・一五「あながちに言へば、—・に用池の辺に具して行きぬ」訳(女が)熱心に言うので、(男は)しぶしぶ池のほとりについて行った。

❹中途半端なさま。平家 一・祇王「今生も後生も—・に用し損じたる心地にてありつるに」訳 この世のことも来世のことも中途半端にやりそこなってしまった気持ちでいたのに。

なます【膾・鱠】(名)魚介や鳥獣の生肉を細く切ったもの。また、それを酢などであえた料理。さらに、大根・にんじんなどを刻んで混ぜたものや、野菜だけのものにもいう。

なま-ずりゃう【生受領】(名)［「なま」は接頭語］実力のない受領。年功を積んでいない未熟な国司。源氏 蓬生「ことなる事なき―などやうの家にある人は、ならはずはしたなき心地するもありて」訳 格別取りえもない、なまはんかな国司などのような家に鞍替えして奉公している人は、これまで経験したことのないきまりの悪い思いをすることもあって。

なま-そんわう-め・く【生孫王めく】(自カ四){か・き・く・く・け・け}［「なま」は接頭語、「めく」は接尾語］皇族ではあるが、だいぶ皇統から隔たっている。名ばかりの皇族のようである。源氏 椎本「―・く(体)賤しからぬ人あまた」訳 皇族の末裔らしく身分の低くない人が大勢。

なま-なま【生生】(形動ナリ){なら・なり(に)・なり・なる・なれ・なれ} ❶しぶしぶするさま。不本意なさま。記 中「その御琴を取り依せて―・に(用)控き坐しき」訳 (仲哀天皇は)その御琴を引き寄せてしぶしぶお弾きになった。❷中途半端なさま。未熟なさま。源氏 帚木「才のきは、なまなま(語幹)の博士はづかしく」訳 (その博士の娘の漢学の程度は、未熟な学者が気後れするほどで。

なま-にょうばう【生女房】(名)［「なま」は接頭語］まだ宮仕えになれていない女房。新参の女房。宇治 五・七「ある人のもとに―ありけるが」訳 ある人の所に新参の女房がいたが。

なま-はしたな・し【生はしたなし】(形ク){から・く(かり)・し・き(かる)・けれ・かれ}［「なま」は接頭語］なんとなく体裁が悪い。なんとなく興ざめだ。源氏 夕顔「いらへ給はで程へければ―・き(体)に」訳 (光源氏が返歌もなさらないで時がたったので、(女=夕顔は)なんとなくきまりが悪いところに。

なま-ふがふ【生不合】(形動ナリ){なら・なり(に)・なり・なる・なれ・なれ}［「なま」は接頭語］あまり暮らしが豊かでないさま。ちょっと金に困っているようす。大鏡 時平「大学の衆どもの、―・に(用)いましかりしを訪ひ尋ねかたらひ取りて」訳 大学の学生たちで、あまり暮らし向きがよくなくていらっしゃった方をさがし出し訪ねて言いくるめて味方にして。

なま-ふせがしげ【生防がしげ】(形動ナリ){なら・なり(に)・なり・なる・なれ・なれ}［「なま」は接頭語］なんとなく迷惑そうなさま。枕 一五九「―・に(用)思ひていらふるにも」訳 少し迷惑そうに思って答えるのに対しても。

な-まほし 希望の意を強調する。…てしまいたい。源氏 紅葉賀「うち過ぎなまほしけれ(已)ど、あまりはしたなくやと思ひ返して」訳 そのまま通り過ぎてしまいたいが、(それも)あまりに無愛想かと(光源氏は)思い直して。なりたち 完了の助動詞「ぬ」の未然形「な」＋希望の助動詞「まほし」

なま-みやづかへ【生宮仕へ】(名)［「なま」は接頭語］名ばかりのなんということもない宮仕え。伊勢 八七「この男、―しければ、それをたよりにて、衛府の佐どもあつまり来にけり」訳 この男が名ばかりの宮仕えをしていたので、それを縁にして、(仲間の)衛府の次官たちが(遊びに)集まってきた。

なま-むつか・し【生難し】(形シク){しから・しく(しかり)・し・しき(しかる)・しけれ・しかれ}［「なま」は接頭語］なんとなくめんどうくさい。ちょっと煩わしい。大鏡 師尹「陣に左大臣殿の御車や、御前どものあるを―・し(終)とおぼしめせど」訳 (能信は)警護の武士の詰め所に左大臣殿(=顕光)の御牛車や、御前駆の者たちがいるのをなんとなく煩わしいとお思いになるけれど。

なま-めか・し【艶かし】(形シク){しから・しく(しかり)・し・しき(しかる)・しけれ・しかれ}

語義パネル

●重点義 **いかにも若々しく美しいさま。**

動詞「なまめく」(カ四)に対応する形容詞。

❶**若々しい。みずみずしい。**清新だ。
❷**優美である。優雅だ。落ち着いた趣がある。**
❸色っぽい。つやっぽい。

❶**若々しい。みずみずしい。**清新だ。源氏 若菜上「重き位と見え給はず、若う―・しき(体)御さまなり」訳 (光源氏は准太上天皇という)貴い位(にあるお方)とお見えにならず、若々しくみずみずしいごようすである。❷**優美である。優雅だ。落ち着いた趣がある。**源氏 夕顔「おこたりはて給ひて、いといたく面やせ給へれど、なかなかいみじく―・しく(用)て」訳 (光源氏は病気はすっかりお治りになって、たいそうひどく面やつれなさっているけれど、かえってなみでなく優美なようすで。徒然 一六「神楽こそ―・しく(用)、おもしろけれ(=優雅で、趣が深い)」❸色っぽい。つやっぽい。源氏 朝顔「いとど昔思ひ出でつつ、ふりがたく―・しき(体)さまにもてなして」訳 (源典侍は、ますます(光源氏と逢った)昔のことを思い出しては、昔と変わらず色っぽいようすにふるまって。(⇨優「類語パネル」)

なま-め・く【艶く】(自カ四){か・き・く・く・け・け}［「めく」は接尾語］

語義パネル

●重点義 **初々しく、上品な状態である。**

「なま」は「未熟な」が原義で、「めく」はその状態にある意を表す接尾語。

❶**若々しく美しい。**
❷**優美である。上品である。**
❸**もの静かで落ち着いている。**しっとりとしている。
❹色っぽくふるまう。

❶**若々しく美しい。**伊勢 一「その里に、いと―・い(用)(イ音便)たる女はらから住みけり」訳 その(春日の)里に、たいそう若々しく美しい姉妹が住んでいた。❷**優美である。上品である。**源氏 若菜上「かたちいと清げに―・き(用)たるさましたる人の」訳 (柏木は)容貌がたいそう美しい感じで上品であるようすをしている人で。❸**もの静かで落ち着いている。**しっとりとしている。源氏 鈴虫「閼伽の棚などして、その方にしなさせ給へる御しつらひなど、いと―・き(用)たり」訳 閼伽の棚(=仏前に供える水や花などを置く棚)などをしつらえて、その(=勤行)向きに作り直しなされたお部屋の御飾りつけなども、たいそうしっとりと落ち着いている。

❹色っぽくふるまう。伊勢 三九「この車を女車と見て、寄り来てとかく―・く(体)あひだに」訳(源至がこの牛車を女車と見てとって、近づいて来てあれこれと女の気を引くような)色っぽいふるまいをするうちに。

なま-もの【生者】(名)[「なま」は接頭語]身分の低い者。未熟な者。なまいきな者。今昔 三〇・五「今は昔、京に極めて身貧しき―(=まだ一人前でない者)ありけり」

なまよみの《枕詞》「甲斐」にかかる。万葉 三・三一九「―甲斐の国」

なま-わづらは・し【生煩はし】ワズラワシ(形シク){しから・しく(しかり)・し・しき(しかる)・しけれ・しかれ}[「なま」は接頭語]なんとなく煩わしい。いささか迷惑だ。源氏 末摘花「かくわざとがましうたまひわたれば、―・しく(用)」訳(光源氏がこのようにわざとらしい感じで(末摘花への手引きを)おっしゃり続けるので、(命婦は)なんとなく煩わしく。

なみ【波・浪】(名)❶水面に立つ波。〔金槐集〕「箱根路をわが越え来れば伊豆の海や沖の小島に―の寄る見ゆ」訳→はこねぢを…和歌
❷起伏のあるものを波にたとえていう。万葉 七・一〇六八「天の海に雲の―立ち」訳 空の海に、雲の波が立って。
❸(年とって肌に生じる)しわのたとえ。古今 仮名序「年ごとに鏡のかげに見ゆる、雪と―とを嘆き」訳 毎年鏡に映る姿に見える、白髪としわと(が増すの)を嘆き。

なみ【並み】一(名)❶並び。列。続き。万葉 六・一〇五〇「山―の宜しき国と」訳 山の並び立つ姿のよろしい国と。
❷同類。同列。そのたぐい。源氏 玉鬘「北の町にものする人の―にはなどか見ざらまし」訳(夕顔が生きていたら)北の町にいる人(=明石の君)と同列には、どうして世話をしないことがあろうか(いや、世話をしただろうに)。(「ものす」は婉曲表現で、ここでは「いる」の意)
❸共通の性質。共通の癖。大鏡 道隆「老いの―に、言ひ過ぐしもぞし侍る」訳 老人の癖で、言い過ごしをするといけません。
二(形動ナリ){なら・なり(に)・なり・なる・なれ・なれ}ふつうだ。世間なみだ。万葉 五・八五八「若鮎釣る松浦の川の川波の―・に(用)し思はばわれ恋ひめやも」訳 若あゆを釣る松浦川の川波ではないが、並ひととおりに(あなたを)思っているならば、私はこんなに恋しく思うだろうか。(第三句までは「並み」を導きだす序詞)

な-み【無み】ないために。ないので。万葉 六・九一九「若の浦に潮満ち来れば潟を―葦辺をさして鶴鳴き渡る」訳→わかのうらに…和歌
なりたち 形容詞「無し」の語幹「な」+原因・理由を表す接尾語「み」

並木正三(初世)(なみきしょうざう)ナミキショウゾウ『人名』(一七三〇〜一七七三)江戸中期の歌舞伎作者。大坂の人。並木宗輔門下。上方演劇界の第一人者といわれ、回り舞台・せり出しなどの舞台装置を創始。代表作に時代物「三十石艠始」「宿無団七時雨傘」など。

並木宗輔(なみきそうすけ)『人名』(一六九五〜一七五一)江戸中期の浄瑠璃作者。別号、宗助・千柳。大坂の豊竹座・竹本座に属し、竹田出雲らとの合作による名作を多く生んだ。合作に「菅原伝授手習鑑」「義経千本桜」「仮名手本忠臣蔵」など。

なみこえぬ… 俳句

> 波こえぬ　契りありてや　みさごの巣　‖夏
> 〈おくのほそ道・象潟・曽良〉

訳(夫婦の契りが固いといわれる鳥のことだから)あの岩を波が越えないという約束でもあるからだろうか、あんな荒磯の岩にみさご(=鳥の名)が巣をかけているよ。(みさごの巣夏。切れ字は「や」)
解説「岩上に雎鳩の巣をみる」と前書き。みさごは海浜に棲息し、中国の「詩経」以来夫婦仲のよい鳥とされる。「契りきなかたみに袖をしぼりつつ末の松山波越さじとは」(訳→ちぎりきな…和歌)〈後拾遺・恋四〉をふまえる。

なみ・す【無みす・蔑す】(他サ変){せ・し・す・する・すれ・せよ}軽んじる。あなどる。平家 三・城南之離宮「(平清盛は)安元・治承の今はまた君を―・し(用)奉る(=軽んじ申しあげる)」

なみだ【涙】(名)[上代は「なみた」とも]涙。源氏 桐壺「上も御―のひまなく流れおはしますを」訳 主上(=桐壺帝)も御涙が絶え間なく流れておいでになるのを。⇩潮垂る「慣用表現」

なみだ-がは【涙川】ガワ(名)涙の流れるのを川にたとえていう語。あふれる涙。古今 恋一「―なに水上をたづねけむ物思ふ時のわが身なりけり」訳 あふれでる涙の川の水源はどこかと、なぜ尋ねたのだろう。(それは)物思いにふけるときの私自身であったのだなあ。

なみだ-に-く・る【涙に暗る】涙で目がくもる。悲しみの涙にくれる。源氏 桐壺「雲の上も―・るる(体)秋の月いかですむらむ浅茅生の宿」訳 宮中でも涙で目がくもる(このよく見えない)秋の月は、どうして(桐壺の更衣亡きあとの)浅茅の生い茂っている家で澄んで見えることがあるだろう(=母君はどのように住んでいるだろう)。(「すむ」は「澄む」と「住む」との掛詞)。⇩潮垂る「慣用表現」

なみだ-の-いろ【涙の色】❶悲嘆にくれて流す血のような涙の色。紅色。古今 雑体「―の紅はわれらが中のしぐれにて」訳 悲しみの極みで流す血のような涙の色のその紅は、(七条の中宮の死を悼む)我々の間に降る時雨であって。
❷ひどく泣くようす。悲しみ嘆くようす。〔謡・雲雀山〕「先非を悔ゆる父が心、―にも見ゆらんものを」訳 以前のあやまちを悔いる父の心は、悲しみ嘆くようすにも見えるだろうのに。

なみ-ぢ【波路】ジ(名)海上の船の通うみち。航路。潮路。土佐「白栲の―を遠く行き交ひて」訳 海路をはるばる(私と)行き違って(やって来て)。(「白栲の」は「波」にかかる枕詞)

なみ-なみ【並並】(名・形動ナリ)❶同じ程度であること。同等。同列。万葉 一六・三七九八「何すと違ひはをらむ否も諾も友の―われも依りなむ」訳 どうして(自分一人だけ)反対はしようか。いやもおうも友だちと同じように、私も(翁に)きっとなびき寄ろう。
❷ふつう。ひととおり。平凡。源氏 夕顔「かやうの―まで思ほしかからざりつるを」訳(今まで光源氏は)この(空蟬のような)平凡な(身分の)女にまでは思いを寄せなさらなかったのに。

なみ-の-はな【波の花】❶波の白い泡やしぶきを花にたとえていう語。古今 秋下「草も木も色変はれどもわたつ海の―にぞ秋なかりける」訳（秋になると）草も木も色が変わるけれども、大海の波という花には、（その色を変える）秋はなかったことだ。
❷《女房詞》食塩。

なみ-ま【波間】（名）❶波と波との間。伊勢 一一六「―より見ゆる小島のはまびさし久しくなりぬ君にあひ見で」訳 波の間から見える小島、その浜の海人の家のひさしではないが、久しくなってしまった。あなたに会わないで。（第三句までは「久しく」を導きだす序詞）
❷波の絶え間。源氏 明石「浦風やいかに吹くらむ思ひやる袖うち濡らし―なきころ」訳 浦風がどんなに（激しく）吹いているだろうか。（須磨の光源氏を）思いやる（私＝紫の上の）袖を濡らして（涙の）波が絶える間のないこのごろは。

なみ-まくら【波枕】（名）船中で寝ること。枕もとに波の音を聞くこと。新古 冬「いしばしる初瀬の川の―はやくも年の暮れにけるかな」訳 寝ながら枕もとに聞く、岩上を激しく流れる初瀬川の波のように、早くも年が暮れてしまったことだなあ。（第三句までは「はやくも」を導きだす序詞）

なみ-よ・る【並み寄る】（自ラ四）｛ら・り・る・る・れ・れ｝そろって一方に寄り集まる。並んで寄り添う。源氏 野分「ひきよせ給へるに、御髪の―・り㊐て、はらはらとこぼれかかりたるほど」訳（光源氏が）お引き寄せになったので、（玉鬘の）御髪がそろって片方に寄り集まって、（顔に）はらはらと落ちかかったときに。

なみ・ゐる【並み居る】（自ワ上一）｛ゐ・ゐ・ゐる・ゐる・ゐれ・ゐよ｝並んで座る。列席する。徒然 一三七「所なく―・ゐ㊐つる人も、いづかたへか行きつらん」訳 すきまもなく並んで座っていた人々も、どこへ行ってしまったのであろうか。

なむ【南無】❶（名）《梵語の音訳》〔帰命・帰礼などの意〕「なも」とも。仏・菩薩・教法に帰依すること。仏・菩薩などの名の上に付け、心から帰依する意を表す。「―阿弥陀仏」「―八幡大菩薩」
❷（感）「なも」とも。「南無三宝」の略。

な・む【並む】❶（自マ四）｛ま・み・む・む・め・め｝並ぶ。連なる。万葉 二〇・四三七五「松の木の―・み㊐たる見れば家人のわれを見送ると立たりしもころ」訳 松の木の並んでいるのを見ると、家の人が私を見送るといって立っていたのと同じに見える。（「木」「家人」「立たり」は上代の東国方言。「もころ」は「…と同様」の意の上代語）
❷（他マ下二）｛め・め・む・むる・むれ・めよ｝並べる。万葉 一・四「たまきはる宇智の大野に馬―・め㊐て朝踏ますらむその草深野」訳 宇智の広々とした野原に、馬を並べて朝の野をお踏みになっているだろう。あの草深い野を。（「たまきはる」は「うち」にかかる枕詞）

なむ（助動特殊型）《上代東国方言》〔助動詞「らむ」に相当する〕現在の事実を推量する意を表す。…ているだろう。万葉 一四・三四九六「橘の古婆の放髪が思ふなむ㊍心うつくしいで吾は行かな」訳 橘の古婆（＝武蔵の国の地名）の少女が（私を）慕っているであろう（その）心がかわいい。さあ、私は出かけよう。万葉 二〇・四三九一「国々の社の神に幣帛まつり贖祈すなむ㊍妹がかなしさ」訳 国々の社の神に幣を奉り贖物（＝祓えのとき、罪の償いとして出す物）をささげて祈っているだろう妻のいとしいことよ。（第四句を「我が恋すなむ（＝私を恋い慕っているだろう）」と訓む説もある）。→なも（助動）・らむ（助動）

接続 動詞の終止形に付く。

活用	
未然	○
連用	○
終止	なむ（。）
連体	なむ（コト）
已然	○
命令	○

参考 「万葉集」には「群玉の枢に釘刺し固めとし妹が心は揺くなめかも（＝くるるに釘をさし扉を固くするように、固めてしまった妻の心は動揺しているだろうかなあ）」〈万葉・二〇・四三九〇〉という「なめ」の用例が見られるが、「かも」が付いているところから、連体形の変化したものと考えられる。したがって、已然形「なめ」の確かな用例は見当たらない。

なむ（係助）〔「なん」とも表記される〕

意味・用法 強調 → ❶、❷、❸
接続 体言、活用語の連体形、副詞、助詞に付く。連用修飾語と被修飾語との間では連用形に付く。

まさにそれであると強調する意を表す。竹取 ❶主語・目的語・連用修飾語・接続語などに付く。竹取 竜の頸の玉「竜の頸の玉をえ取らざりしかばなむ殿へもえ参らざりし」訳 竜の首の玉を手に入れられなかったそのことでお邸へも参上できなかったのだ。文法「え取らざりしか」「え参らざりし」の「え」は副詞で、下に打消の語（ここでは「ざり」）を伴って不可能の意を表す。伊勢 二「その人かたちよりは心なむまさりたりける」訳 その人は顔かたちよりはとりわけ心がすぐれていたのだった。伊勢 九「橋を八つ渡せるによりてなむ八橋と言ひける」訳 橋を八つ渡してあることでそれで八橋というのであった。

係り結び
〈強意〉花なむ咲きたる。〈連体形〉
（＝花が咲いている）

❷文の結びの「ある」「言ふ」「侍る」などを省略した形で余情を表す。源氏 桐壺「かかる御使ひのよもぎふの露分け入り給ふにつけても、いと恥づかしうなむ〔侍る〕」訳 このような（畏れ多い桐壺帝の）ご使者が雑草の生い茂った所の露をわけておいでくださるにつけても、たいそう気がひけまして。源氏 蜻蛉「わたくしの御志も、なかなか深さまさりてなむ〔侍る〕」訳 私（＝時方）個人としての（浮舟の死後）かえって深さがましております。（浮舟の侍女であるあなた方へ）お寄せする気持ちも、深さがましております。
❸「なむ」を受けて結びになるはずの用言に接続助詞が付いて、さらに次に続く。土佐「年ごろよく比べつる人々なむ別れがたく思ひて」訳 この数年来たいそう親しくつきあってきた人々は特別に別れがたく思って。大和 三「…となむいへりけるを、その返しもせで年こえにけり」訳 …とだけ言ったのを、その返歌もしないで年が改まってしまっ

た。《⇩なむ「識別ボード」》

参考 上代には「なむ」に相当する語として「なも」があった。①は、文中に用いられると、文末の活用語は連体形になる。係り結びの法則である。「なむ」は「…だよ」と相手に念を押す気持ちを含んでいるので、会話文に用いられることが多い。引用句の中には使われるが、和歌にはほとんど使われない。「ぞ」とはこのような点で相違がある。

なむ〈ナン〉(終助)[「なん」とも表記される]

意味・用法
願望[…てほしい。…てもらいたい。]

接続
活用語の**未然形**に付く。

他に対する願望(=あつらえ)の意を表す。**…てほしい。…てもらいたい。** 万葉 七・一二一二「足代過ぎて糸鹿の山の桜花散らずもあらな**む**還り来るまで」訳 足代を過ぎてさしかかる糸鹿の山の桜の花は散らないでいてほしい。(私が)帰ってくるまでは。⇩なむ「識別ボード」

参考 上代には「なも」も用いた。相手に直接ではなく、話し手がひとりごとのように言う場合に用いる。

な-む〈ン〉[「なん」とも表記される]

意味・用法
推量[…てしまうだろう。(きっと)…だろう。]→❶
意志[…てしまおう。(きっと)…しよう。]→❷
適当・当然[…するのがよい。…すべきだ。]→❸
可能推量[…することができるだろう。]→❹
仮定[…としたら。…てしまったなら。]→❺
勧誘[…たらどうだ。…てくれないか。]→❻

接続
活用語の**連用形**に付く。

❶強い推量を表す。**…てしまうだろう。(きっと)…だろう。** 更級 物語「盛りにならば、容貌も限りなくよく、髪もいみじく長くなり**なむ**(終)」訳 女盛りになるならば、きっと顔だちもこの上なくすばらしく、髪もずいぶん長くなるだろう。⇩悪し「名文解説」

❷強い意志を表す。**…てしまおう。(きっと)…しよう。** 万葉 三・三四八「この世にし楽しくあらば来む世には虫に鳥にもわれはなり**なむ**(終)」訳 →このよにし… 和歌

❸適当・当然の意を表す。**…するのがよい。…すべきだ。** 源氏 若紫「『よし、後にも人は参り**なむ**(終)』とて御車寄せさせ給へば」訳「まあいい、後からでもだれか参るがよい」とおっしゃって、(光源氏は)御車を寄せさせなさるので。文法「寄せさせ」の「させ」は、使役。

❹可能な事柄に対する推量を表す。**…することができるだろう。** 徒然 一〇九「かばかりになりては、飛び降るとも降り**なん**(終)」訳 これくらいに(低く)なってからは、(木から)飛びおりてもおりられよう。

❺仮定の意を強める。**…としたら。…てしまったなら。** 大鏡 師尹「さばかりになり**なむ**(体)には、ものの恥知らでありなむ」訳(落ちぶれて)それほどになった場合には、恥も外聞もかまわないのがよい。文法「知らでありなむ」の「なむ」は③の用法。

❻(多く「なむや」の形で)勧誘・婉曲な命令を表す。…たらどうだ。…てくれないか。→なむや。《⇩なむ「識別ボード」》

なりたち 完了(確述)の助動詞「ぬ」の未然形「な」＋推量の助動詞「む」

◆識別ボード「なむ」◆

①**係助詞**
「百敷に行きかひ侍らむことは、まして、いと憚り多く**なむ**」訳 宮中に出入りしますようなことは、なおさら、とても遠慮が多うございまして。〈源氏 桐壺〉

②**終助詞**
「月夜には来ぬ人待たるかき曇り雨も降ら**なむ**わびつつも寝む」訳 月の明るい夜には通ってこない人がつい待たれる。(いっそ)すっかり曇って雨でも降ってほしい。(そうすれば)苦しく思いながらも(あきらめて)寝よう。〈古今 恋五〉

③**助動詞「ぬ」の未然形＋助動詞「む」**
「含めりし花の初めに来し我や散り**なむ**のちに都へ行かむ」訳 つぼみであった花の初めに来た私は、(その花が)散ってしまうであろう、その後で都に帰るのであろうか。〈万葉 二〇・四四三五〉

④**動詞(ナ変)の未然形活用語尾＋助動詞「む」**
「世の中を憂しと思ひて、出でて往**なむ**と思ひて」訳 夫婦の間柄をいやだと思って、(家から)出て(どこかへ)行ってしまおうと思って。〈伊勢 恋二〉

上の語で見分ける。①は、体言、活用語の連体形、副詞、助詞がきて、連体形で結ぶのがふつうであるが、右の用例のように、「侍る」などの結びを省略した形の場合には、形容詞の連用形がくる。②は、上に活用語の未然形が、③は、上に連用形がくる。④は、上に「往」「死」がくる。未然形か連用形か、形のうえでは区別のつかない上一段・上二段・下一段・下二段活用の場合には、文脈から、意味のうえで判別する。

なむ-あみだぶつ【南無阿弥陀仏】(名)《仏教語》浄土宗などで、阿弥陀仏に帰依する意を表すことば。これを唱えることを「念仏」という。六字の名号。

なむ-きみゃう〈ミョウ〉【南無帰命】(名)《仏教語》「南無」は梵語。「帰命」はその漢語訳。仏・菩薩に心から帰依すること。〔謡・羽衣〕「—月天子、本地大勢至(=仏・菩薩の本来の姿である大勢至菩薩に)」訳 心より帰依いたします、月の天子で、本地…

なむきみゃう-ちゃうらい〈ナムキミョウチョウライ〉【南無帰命頂礼】《仏教語》「南無」は梵語で、「帰命」はその漢語訳。「頂礼」は仏・菩薩の前にひれ伏して足下を礼拝すること。身命を捧げて仏・菩薩を礼拝するときに唱えることば。仏・菩薩に帰依する心を表す。平家 二・卒都婆流「—、梵天帝釈、四大天王」訳 心より帰依し拝し奉る、梵天帝釈、四大天王。

なむ-さんぼう【南無三宝】(感)❶三宝(=仏・法・僧)に呼びかけて、仏の救いを願うことば。「南無」とも。

〔謡・邯鄲〕「げに何事も一睡の夢、―、―」訳 本当にすべては一睡の夢(と同じく無価値なのだ)、南無三宝、南無三宝。
❷驚いたときや失敗したときに発することば。しまった。たいへんだ。「南無三」「南無」とも。〔謡・夜討曾我〕「どれどれ、―したたかに斬られてあるは」訳 どれどれ、たいへんだ、ひどく斬られているぞ。

な-むず(ンズ)〔「なんず」とも表記される〕…てしまうだろう。…てしまおう。竹取 かぐや姫の昇天「いますかりつる心ざしどもを思ひ知らで、罷(まか)りなむずる㊤ことの口惜しう侍りけり」訳 これまで(私=かぐや姫に)お示しくださった数々の愛情をわきまえず、(月の世界へ)おいとましてしまおうとすることがまことに残念でございます。
なりたち 完了(確述)の助動詞「ぬ」の未然形「な」＋推量の助動詞「むず」

な-むぢ(ンジ)【汝】(代)〔古くは「なむち」〕「なんぢ」とも。対称の人代名詞。ふつう、目下の者に対して用いる。おまえ。〔うつほ〕俊蔭「―はなぞの人ぞ」訳 おまえはどういう人か。

な-む-と-す(ン)〔「なんとす」とも表記される〕❶(「む」が意志を表す場合)…てしまおうとする。伊勢 八三「あるじの親王(みこ)、酔(ゑ)ひて入り給ひ―・す㊦」訳 主人の親王は、酔って(寝所に)お入りになってしまおうとする。
❷(「む」が推量を表す場合)(きっと)…てしまうだろう。平家 一〇・海道下「弥生(やよひ)もなかば過ぎ、春もすでに暮れ―・す㊦」訳 陰暦三月も半ばを過ぎ、春ももはや暮れてしまうだろう。
なりたち 完了(確述)の助動詞「ぬ」の未然形「な」＋推量の助動詞「む」の終止形「む」＋格助詞「と」＋サ変動詞「為(す)」

なむ-めうほふれんげきゃう(ミヨウホウレンゲキヨウ)【南無妙法蓮華経】(名)《仏教語》日蓮宗で、そのよりどころとする、妙法蓮華経(＝法華(ほけ)経)に帰依(きえ)する心を表して唱えることば。お題目。

な-む-や(ン)〔「なんや」とも表記される〕❶勧誘・婉曲(えんきょく)な命令を表す。…たらどうか。…てくれないか。源氏 桐壺「忍びては参り給ひ―」訳 そっと宮中に参内(さんだい)なさったらどうか。
❷反語の意を表す。…であろうか(いや、…でない)。徒然 一四二「恩愛の道ならでは、かかる者の心に慈悲あり―」訳 人間の情愛の道でなくては、このような(荒々しい)者の心に慈悲があるであろうか(いや、あるはずがない)。
なりたち 完了の助動詞「ぬ」の未然形「な」＋推量の助動詞「む」の終止形「む」＋終助詞「や」

なめ-げ(形動ナリ)〔なら・なり(に)・なり・なる・なれ・なれ〕〔「げ」は接尾語〕無礼だ。失礼だ。竹取 かぐや姫の昇天「心強くうけたまはらずなりにしこと、―・なる㊤ものに思(おぼ)しめし止(とど)められぬるなむ、心にとどまり侍りぬる」訳 (宮仕えを)つれなく承諾申しあげないままになってしまったことで、(私＝かぐや姫が)無礼な者だと(帝(みかど)の)お心におとめになられてしまったのが、心残りでございました。

なめ・し(形ク)〔から・く(かり)・し・き(かる)・けれ・かれ〕失礼だ。無作法だ。枕 二六二「文(ふみ)ことば―・き㊤人こそいとにくけれ」訳 手紙のことば(の使い方)が無礼な人はたいそう不快だ。源氏 桐壺「―・し㊦と思(おぼ)さで、らうたくし給へ」訳 (あなた＝藤壺(ふじつぼ)は光源氏が馴(な)れ親しむことを)無作法だとお思いにならないで、おかわいがりください。

発展 「なめし」の語感

「なめし」という語は、礼儀を欠いた無作法な態度を非難する気持ちを表すことばだが、その怒りの感情のうちには、多分に相手を軽蔑する気持ちが含まれている。「源氏物語」などには用例が少なく、いくぶんやわらかな語感の「なめげなり」という形容動詞が多く用いられている。

なめ-て【並めて】(副)「なべて」に同じ。

な-めり …であるようだ。…であると見える。竹取 かぐや姫の生ひ立ち「子となり給ふべき人なめり㊦」訳 (かぐや姫は、私の)子供におなりになるはずの人であるようだ。
なりたち 断定の助動詞「なり」の連体形「なる」＋推量の助動詞「めり」＝「なるめり」の撥音便「なんめり」の撥音「ん」の表記されない形。ふつう「なンめり」と読む。

なも【南無・南謨】(名・感)「なむ(南無)」に同じ。

なも(助動特殊型)《上代東国方言》〔助動詞「らむ」に相当する〕現在の事実を推量する意を表す。…ているであろう。万葉 一四・三四七六「うべ児(こ)なは吾(わぬ)に恋(こ)ふなも㊦立(た)と月(つく)のぬがなへ行けば恋(こふ)しかるなも㊦」訳 もっともだ、妻は私を恋い慕っているだろう。新しい月になって日がたってゆくので、恋しく思っていることだろう。万葉 一四・三五六三「比多潟(ひたがた)の磯(いそ)の若布(わかめ)の立ち乱え吾(わ)をか待つなも㊤昨夜(きそ)も今夜(こよひ)も」訳 比多潟の磯のわかめが立ち乱れるように、(あなたは)心乱れて私を待っているだろうか、昨夜も今夜も。(第二句までは「立ち乱え」を導きだす序詞。「乱え」は「乱れ」の方言)。→なむ(助動)・らむ(助動)
接続 ラ変型の用言および助動詞には連体形、その他には終止形に付く。

活用	未然	連用	終止	連体	已然	命令
	○	○	なも (○)	なも (コト)	○	○

なも ㊀(係助) ㊁(終助)

意味・用法
㊀ **係助詞** **強調**〔…まさにそれで。〕
㊁ **終助詞** **願望**〔…てほしい。…てもらいたい。〕

接続
㊀ 体言、活用語の連体形、副詞、助詞に付く。連用修飾語と被修飾語との間では連用形に付く。
㊁ 動詞の**未然形**に付く。

㊀(係助)《上代語》まさにそれであると強調する意を表す。万葉 一二・二八七七「何時(いつ)はなも恋ひずありとはあらねどもうたてこのころ恋し繁(しげ)しも」訳 どんな時でも恋しく思わないでいるということはないけれども、ますますこのご

ろは恋心がつのることだ。文法「恋し」の「し」は、強意の副助詞で、「恋」は名詞。〔続日本紀〕「天の下の公民を恵び給ひ撫で給はむとなも神ながら思ほしめさくと」訳天下の臣民たちをいつくしみなさり愛撫なさろうとまあ神意のままに思しめすことと。文法「思ほしめさく」は「思ほしめす」のク語法で、「お思いになられること」の意。

参考 中古の「なむ(係助)」に相当する語。宣命に多く使われ、上から下に伝達する文章中に見られる。

二(終助)《上代語》他に対する願望(=あつらえ)の意を表す。…てほしい。…てもらいたい。万葉 一・一八「三輪山をしかも隠すか雲だにも心あらなも隠さふべしや」訳→みわやまを…和歌。万葉 一四・三四〇五「上毛野乎度の多杼里が川路にも児らは逢はなもひとりのみして」訳上野の国(群馬県)の乎度の多杼里の川へ行く道ででも、あの娘が逢ってくれればよい。ただ一人で来てくれて。

参考 中古の「なむ(終助)」に相当する語。

なや・す【萎す】(他サ四){さ・し・す・す・せ・せ}❶(衣服などを)くたくたにする。やわらかにする。蜻蛉 上「着—・し用たる、ものの色もあらぬやうに見ゆ」訳着古してくたくたにした着物が、ものの色目もないように見える。

❷気力をなくさせる。ぐったりさせる。平家 一二・六代被斬「太刀のみね長刀の柄にて打ち—・し用てからめとり」訳太刀の峰(=刃の反対の側)や長刀の柄で打ってぐったりさせて捕らえ。

なやま・し【悩まし】(形シク){しから・しく(しかり)・し・しき(しかる)・しけれ・しかれ}〔動詞「なやむ」に対応する形容詞〕(病気、または心理的なことなどで)気分が悪い。苦しい。つらい。疲れて大儀だ。源氏 帚木「『いと—・しき体に』とて、大殿籠れり」訳「ひどく疲れて大儀なので」とおっしゃって、(光源氏は)おやすみになった。⇩篤し「慣用表現」

なやまし・げ【悩ましげ】(形動ナリ){なら・なり(に)・なり・なる・なれ・なれ}〔「げ」は接尾語〕気分が悪そうなさま。だるそうだ。源氏 若紫「脇息のうへに経をおきて、いと—・に用読みゐたる尼君、ただ人と見えず」訳ひじかけの上に経文を置いて、たいそう苦しそうに(経を)読んで座っている尼君は、並みの身分の人と見えない。

なやま・す【悩ます】(他サ四){さ・し・す・す・せ・せ}悩ませる。困らせる。徒然 一九「よろづにただ心をのみぞ—・す体」訳(桜は)何事につけてもただ(人の)心を悩ませるばかりである。

なやみ【悩み】(名)悩むこと。苦しみ。病気。源氏 柏木「おどろおどろしき御—にもあらで、すがやかにおぼし立ちける程よ」訳(女三の宮は)大変な御病気でもなくて、思いきりよく(出家を)決心なさったことよ。⇩篤し「慣用表現」

なや・む【悩む】(自マ四){ま・み・む・む・め・め}❶病気で苦しむ。わずらう。古今 仮名序「いはば、よき女の—・め已るところあるに似たり」訳(小野小町の歌は)いうなれば、美しい女性が病に悩んでいるところがあるのに似ている。⇩篤し「慣用表現」

❷難儀をする。困る。苦しむ。土佐「こぎのぼるに、川の水ひて、—・み用わづらふ」訳(船が淀川を)漕ぎ上るが、川の水が干あがって、難儀をし苦労をする。

❸うるさく非難する。〔栄花〕花山たづぬる中納言「かく御子もおはせぬ女御の后に居給ひぬること、安からぬことに世の人—・み用申して」訳このように皇子もいらっしゃらない女御(=藤原遵子)が后の位におつきになったことは、おだやかではないことだと世間の人はとやかく非難し申しあげて。

な-やら・ふ【儺遣らふ】儺(=鬼)を追い払う。追儺をする。蜻蛉 中「『—・ふ終、—・ふ終』と騒ぎののしるを」訳(大晦日の追儺の日に)「鬼を追い払う、鬼を追い払う」と大声で騒ぐのを。→追儺

な・ゆ【萎ゆ】(自ヤ下二){え・え・ゆ・ゆる・ゆれ・えよ}❶力がなくなって、ぐったりする。なえる。竹取 かぐや姫の昇天「手に力もなくなりて、—・え用かかりたり」訳(弓矢を持つ)手に力もなくなって、ぐったりとして(物に)寄りかかっている。

❷(衣服などが、長く着たために糊が落ちて)やわらかになる。くたくたになる。徒然 二一五「—・え用たる直垂、うちうちのままにてまかりたりしに」訳(私=平宣時が)よれよれになった直垂で、ふだん着のままで参上したところ。

❸(植物が)しおれる。枕 能因本・二〇三「葵かつらもうち—・え用て見ゆ」訳(牛車につけた)葵かつら(=ふたばあおいの葉で作った飾り)もうちしおれて見える。

なゆたけの【萎竹の】《枕詞》「なよたけの」に同じ。

な-よし【名吉・鯔】(名)ぼら(=魚の名)、またはその幼魚いなの異名。成長するにつれて名が変わるため出世魚とされ、めでたいとして「名吉」という。正月のしめ縄にさして祝った。土佐「小家の門の尻久米縄の—のかしら、柊ら、いかにぞ」訳(都の)小さな家の門のしめ縄につけてあるぼらの頭や柊などは、どんなようすだろう。

なよ-たけ【弱竹】(名)細くしなやかな竹。若竹。「萎竹」とも。竹取 かぐや姫の生ひ立ち「あきた(=人名)、—のかぐや姫とつけつ(=名づけた)」

なよたけの【弱竹の】《枕詞》なよ竹は、よくたわむので「とをよる」に、また竹の縁から「よ(=節・夜・世)」「ふし」にかかる。「萎竹の」とも。万葉 二・二一七「—とをよる子らは」。古今 雑下「—よながきうへに」

なよび-か(形動ナリ){なら・なり(に)・なり・なる・なれ・なれ}〔「か」は接尾語〕❶やわらかなさま。しなやかなさま。源氏 総角「白き御衣どもの—・なる体に」訳何枚かの白いお召し物で、やわらかなのに。文法「の」は、いわゆる同格の格助詞で、「…で」の意。

❷(人柄などが)ものやわらかで優しいさま。また、つやっぽいさま。源氏 帚木「—・に用女しと見れば」訳ものやわらかで女らしいと思うと。源氏 帚木「まめだち給ひけるほど、—・に用をかしきことはなくて」訳(光源氏は)まじめにふるまっていらっしゃったので、つやっぽくおもしろいことはなくて。

なよ・ぶ(自バ上二){び・び・ぶ・ぶる・ぶれ・びよ}❶なよなよとする。ものやわらかにふるまう。源氏 賢木「御心—・び用たる方に過ぎて、強きところおはしまさぬなるべし」訳(朱雀帝は)ご気性が柔和である方面に片寄り過ぎて、強いところがおありにならないのであろう。

❷(衣服や紙などが)しなやかである。ごわごわしないでやわらかである。源氏 夕霧「—・び用たる御衣ども脱い給うて」訳(夕霧は)糊気の落ちてやわらかくなったお召し物どもをお脱ぎになって。

参考 連用形の例のみで、四段活用とする説もある。

なよや〘感〙歌謡のはやしことば。〔催馬楽〕「山城(やましろ)(京都府)の狛(こま)(=地名)のわたり(=あたり)の瓜(うり)つくり、な、ー、らいしなや、さいしなや」「な」「らいしなや」「さいしなや」もはやしことば

なよ-よか〘形動ナリ〙{なら・なり(に)・なり・なる・なれ・なれ}〔「よか」は接尾語〕「なよらか」とも。❶(衣服などが)やわらかく、しなやかなさま。〔源氏〕帚木「白き御衣(ぞ)どものー・なる体に、直衣(なほし)ばかりをしどけなく着なし給ひて」訳(光源氏は)何枚かの白いお召し物で、やわらかなの上に、直衣だけをことさら無造作におはおりになって。
❷(人柄や態度などが)ものやわらかなさま。ものごしが優美なさま。〔源氏〕東屋「限りなくあてに気高きものから、なつかしうー・に用」訳(亡き大君(おほいぎみ)は)この上なく高貴で気品があるけれども、親しみやすくものごしが優美で。

なよ-らか〘形動ナリ〙{なら・なり(に)・なり・なる・なれ・なれ}〔「らか」は接尾語〕「なよよか」に同じ。〔枕〕三「桜の直衣(なほし)のすこしー・なる体に」訳 桜襲(さくらがさね)の直衣の少ししなやかなの上に。

奈良(なら)〘地名〙歌枕 今の奈良市。元明(げんめい)天皇の和銅三年(七一〇)平城京が置かれ、桓武(かんむ)天皇の延暦(えんりゃく)三年(七八四)の長岡遷都までの帝都。唐の都長安に模して、大内裏(だいだいり)が造られた。古くは「寧楽」「平城」とも書かれた。南都。

なら ナリ活用形容動詞の未然形の活用語尾。〔徒然〕一〇「今めかしくきららかならねど」訳 当世風でなくきらびやかでないけれど。文法「今めかしく」は対偶中止法で、下の打消「ね」(「ず」の已然形)が及ぶ。

なら 助動詞「なり」(断定)の未然形。〔万葉〕一五・三七三一「思ふ故(ゆゑ)に逢(あ)ふものならばしましくも妹(いも)が目離(か)れて吾(あれ)居(を)らめやも」訳 思うから逢う(という)ものであるなら、しばらくでも恋人の目を離れて私がいるであろうか(いや、いるはずがない)。

なら《近世語》〔断定の助動詞「なり」の未然形の仮定表現「ならば」から生じたもの〕事物を仮にあげて並列する意を表す。…でも…でも。…といい…といい。〔浄・堀川波鼓〕「姿なら面体(めんてい)なら、京のどなたの奥様にも、たれが否(いな)とは因幡山(いなばやま)」訳 容姿といい容貌といい、京のどなたの奥様だとしても、だれもいやそうではない、因幡山(のある田舎(いなか)育ち)とは言わないだろう。(「因幡」に「言(はぬ)」をかける)
接続 体言および体言に相当する語句に付く。

ならい【習い・慣らい】⇒ならひ

ならう【慣らう・馴らう・習う】⇒ならふ

ならく【奈落】〘名〙《梵語の音訳》❶《仏教語》地獄。〔曽我物語〕「ーに沈む極重(ごくぢゅう)の(=きわめて重い)悪人をば」
❷最終の所。果て。〔伎・けいせい仏の原〕「私はこなた様と一所に、ーまでも夫婦でござる」訳 私はあなた様といっしょに、最後の最後までも夫婦でございます。

ならく ❶(「なり」が伝聞・推定の助動詞の場合)…ということ。…ことには。〔十訓〕五「いふー奈落の底に入りぬれば刹利(せつり)も須陀(すだ)もかはらざりけり」訳(仏典の)言うことには、地獄の底に落ちてしまうと、王族も隷民も変わらないのだった。
❷(「なり」が断定の助動詞の場合)…であること(には)。〔春泥句集〕序「画家に呉張を画魔とす、支麦は則(すなは)ち俳魔ーのみ」訳 画家では呉偉と張平山(=ともに明(みん)の画家)とを絵画の魔物としている。支考と麦林とはとりもなおさず俳諧の魔物であるにすぎない。
なりたち 助動詞「なり」のク語法
参考 ①は「聞くならく」「言ふならく」などの形で用いられ、②は「ならくのみ」の形で文末に用いられる。

奈良坂(ならざか)〘地名〙〔「平城坂」とも書く〕平城京から山背(やましろ)(京都府)木津(きづ)に至る坂道。古くは大内裏(だいだいり)の北にある歌姫から出る坂をいい、後に般若(はんにゃ)寺を経る坂をいう。

な-らし ❶断定して推量する意を表す。…であるらしい。…のようだ。…であるにちがいない。〔万葉〕五・八〇四「か行けば人に厭(いと)はえかく行けば人に憎まえ老男(およしを)はかくのみならし終」訳 あちらに行くと人に嫌われ、こちらに行くと人に憎まれ、年老いた男は、まったくこうしたものであるらしい。文法「厭はえ」「憎まえ」の「え」は、上代の受身の助動詞「ゆ」の連用形。

古語ライブラリー㉟ 品詞の転成

名詞の「夢」と副詞の「ゆめ(努・勤)」のように、偶然同じ語形になるものもあるが、もともとは同一の語であったものの意味や用法が異なって、別の品詞になるものがある。

Aはちす葉の濁(にご)りにしまぬ心もてなにかは露を玉とあざむく〈古今 夏〉

Bつゆにても心に違(たが)ふことはなくもがな。〈源氏 帚木〉

C木の葉に埋(うづ)もるる懸樋(かけひ)の雫(しづく)ならでは、つゆおとなふものなし。〈徒然 一一〉

Aの「露」は、はすの葉の上に置く水滴で、今日でも用いる名詞の「露」である。露はほんの少しの量の水滴だから、Bの「少し・わずか」の意の名詞として用いられ、さらに、Cの、文末の「なし」と呼応して「少しも・全然」の意を表す副詞をも生み出すことになる。

個々の語の意味・用法に注目したい。

◇舟とく漕(こ)げ。日(=天候)のよきに。〈土佐〉

この「とく」は「速く」の意で、形容詞「疾(と)し」の連用形である。

◇忘れがたく、口惜しきこと多かれど、え尽くさず。とまれかうまれ、とく破(や)りてむ。〈土佐〉

この「とく」も「早く」の意であるが、形容詞「疾し」の連用形ではなく、すでに副詞に転じたものと見られる。「すばやく」というのではなく、「時間を置かずに・すぐに」という意味になっているからである。

◇ただ冷えに冷え入りて、息はとく絶え果てにけり。〈源氏 夕顔〉

この例になると、もっと形容詞「疾し」の原義から離れている。「とっくに・すでに」の意の副詞として用いられているのである。

形容詞の連用形が副詞のように用いられる副詞法と副詞との識別には慎重な吟味が必要だ。

❷断定の「なり」とほとんど同じ意味を表す。中世以降の用法で、婉曲に表現して余情を含める。…である。…だなあ。〔鶉衣〕「強ひてそのまねびせんとにはあらねど、例の腹ふくるるわざなれば**ならし**(終)」訳強いてそのまねをしようというわけではないが、(兼好法師が言うところの)例の(思うことを言わないと)腹がふくれることだから(書くの)である。

なりたち 断定の助動詞「なり」の連体形「なる」＋推定の助動詞「らし」＝「なるらし」の転

ならし‐がほ【馴らし顔】(名・形動ナリ)その物事や人になれた顔つき。また、なれなれしい態度。〔無名草子〕「つゆばかりも、かけかけしく―に聞こえ出でぬほどもいみじく」訳(紫式部が道長のようすを)ほんの少しも、色めかしくなれなれしい態度で申し述べない点も立派で。

なら・す【平す・均す】(他サ四){さ・し・す・す・せ・せ}たいらにする。〔万葉〕一四・三五四六「青柳の張らろ川門に汝を待つと清水は汲まず立処―す(終)も」訳青柳の芽ぶいている川の渡し場であなたを待つというので、清水は汲まずに、立っている所を踏みならしていることよ。

なら・す【馴らす・慣らす】(他サ四){さ・し・す・す・せ・せ}❶なれ親しませる。なれさせる。〔源氏〕空蟬「かの薄衣は小袿のいとなつかしき人香にしめるを、身近く―し(用)て見居給へり」訳あの薄衣は、小袿でたいそう慕わしい人の移り香がしみついている、それを、(光源氏は)そばに置いてなれ親しませて見ていらっしゃった。

❷習わせる。練習させる。〔源氏〕若菜下「十余日とさだめて、舞ども―し(用)、殿のうちゆすりてののしる」訳(朱雀院の五十の賀を陰暦十二月)十余日ときめて、数々の舞楽を練習させ、邸内はどよめき騒ぐ。

なら・す【鳴らす】(他サ四){さ・し・す・す・せ・せ}❶鳴るようにする。音をたてる。〔源氏〕若紫「妻戸を―し(用)てしはぶけば、少納言聞き知りて出で来たり」訳(惟光が)妻戸を(たたいて)鳴らして咳ばらいをすると、少納言はそれが惟光だと)聞いてわかって出て来た。

❷おならをする。放屁する。〔大鏡〕時平「いと高やかに―し(用)て侍りけるに、大臣、文もえ取らず」訳(役人がたいそう大きな音でおならをしましたところ、大臣(＝藤原時平)は、文書も手に取ることができず。

なら‐ず…ではない。〔徒然〕一五七「事・理もとより二つな**らず**(終)」訳(人間においては)現象と(その本体たる)真理はもともと二つのものではない。

なりたち 断定の助動詞「なり」の未然形「なら」＋打消の助動詞「ず」

なら‐で…ではなくて。…以外に。〔後拾遺〕恋三「今はただ思ひ絶えなむとばかりを人づて―いふよしもがな」訳→いまはただ…和歌

なりたち 断定の助動詞「なり」の未然形「なら」＋打消の接続助詞「で」

なら‐で‐は…でなくては。…以外には。〔徒然〕一一「木の葉に埋もるる懸樋の雫―、つゆおとなふものなし」訳木の葉に埋もれている懸樋のしずく以外には、まったく音をたてるものがない。

なりたち 断定の助動詞「なり」の未然形「なら」＋打消の接続助詞「で」＋係助詞「は」

なら‐なく‐に…ではないのに。…ではないから。〔古今〕恋四「みちのくのしのぶもぢずり誰ゆゑに乱れむと思ふ我―」訳→みちのくの…和歌。→なくに

なりたち 断定の助動詞「なり」の未然形「なら」＋打消の助動詞「ず」のク語法「なく」＋助詞「に」

参考「に」は格助詞、断定の助動詞「なり」の連用形、接続助詞などの諸説がある。

楢の小川(ならのをがは)〔地名〕歌枕 今の京都市北区の上賀茂神社境内を流れる御手洗川のこと。

ならはし【習はし・慣らはし】(名)❶習わせること。しこみ。しつけ。練習。〔源氏〕少女「舞―などは、里にていとよう仕たてて」訳(舞姫の)舞の稽古などは、(惟光の)実家でたいそうよく教えこんで。

❷慣れさせること。習慣。〔新古〕恋四「里は荒れぬむなしき床のあたりまで身は―の秋風ぞ吹く」訳(恋人が来なくなり、私の住む)里は荒れ果てた。ひとり寝の床のあたりまで、我が身には習慣となった秋風が吹いている。

ならは・す【習はす・慣らはす】(他サ四){さ・し・す・す・せ・せ}❶習わせる。学ばせる。〔源氏〕桐壺「いよいよ道々の才を―さ(未)せ給ふ」訳(桐壺帝は、若宮＝光源氏に)ますますさまざまな方面の学問を学ばせなされる。

❷慣れさせる。習慣づける。〔枕〕二四「なほさりぬべからむ人のむすめなどは、さしまじらはせ、世のありさまも見せ―さ(未)まほしう」訳やはりそれ相当の身分であるような人の娘などは、宮仕えさせ、世間のようすも見せて慣れさせたいと(思い)。

❸こらしめる。ひどいめにあわせる。〔義経記〕「とがむる者を―し(用)て恥をすすぎて出でばやと思ひて」訳とがめ立てする者をこらしめて(受けた)恥を除きさってから出たいものだと思って。

ならひ【習ひ・慣らひ】(名)❶慣れること。習慣。しきたり。〔徒然〕一三七「花の散り、月の傾くを慕ふ―はさることなれど」訳(桜の)花が散り、月が(西に)傾くのを愛惜するならわしはもっともなことであるが。

❷世の常。きまり。さだめ。〔方丈〕一「朝に死に、夕べに生まるる―、ただ水の泡にぞ似たりける」訳朝に死に、(また一方では)夕方に生まれる(という、人の)世の常(の姿)は、ちょうど(水面に消えては浮かぶ)水の泡に似ていることだ。

❸古くからのいわれ。由緒。〔徒然〕二三六「この御社の獅子の立てられやう、定めて―あることに侍らん」訳このお社の獅子の立てなさり方は、きっといわれがあることでございましょう。

ならひ‐う【習ひ得】(他ア下二){え・え・う・うる・うれ・えよ}習い覚える。習得する。〔徒然〕一五〇「うちうちよく―え(用)てさし出でたらんこそ、いと心にくからめ」訳内々で十分に(芸を)習得してから人前に出(て披露し)たらそれこそ、たいそう奥ゆかしいだろう。

ならび‐な・し【並び無し・双び無し】(形ク){(から)・く(かり)・し・き(かる)・けれ・かれ}比べるものがない。最高だ。〔平家〕四・鵼「弓矢を取って―き(体)のみならず、歌道もすぐれたりけり」訳(頼政は)弓矢を取っては比べる者がないだけでなく、歌道もすぐれていた。

なら・ふ ナラ(ロ)ウ 〔下二段動詞「なる」の未然形に上代の反復・継続の助動詞「ふ」が付いて一語化したもの〕一【慣らふ・馴らふ】(自ハ四){は・ひ・ふ・ふ・へ・へ}❶慣れ

る。習慣となる。経験を重ねる。[古今]春上「春霞立つを見捨てて行く雁は花なき里に住みや—・へ(已)る」[訳]→はるがすみ…[和歌]

❷慣れ親しむ。なつく。[竹取]かぐや姫の昇天「ここには、かく久しく遊び聞こえて、—・ひ(用)奉れり」[訳]ここ(=地上)では、このように長い間楽しく過ごし申しあげて、(お二人にも)慣れ親しみ申しあげた。

二【習ふ】(他ハ四)〔は・ひ・ふ・ふ・へ・へ〕学ぶ。習得する。[更級]物語「法華経五の巻をとく—・へ(命)」[訳]法華経の第五巻を早く学べ。

なら・ぶ【並ぶ】一(自バ四)〔ば・び・ぶ・ぶ・べ・べ〕❶一列に連なる。そろう。[万葉]七・一二一〇「吾妹子にあが恋ひ行けば羨しくも—・び(用)居るかも妹と背の山」[訳]わが妻に私が恋い焦がれながら行くと、うらやましくも並んでいることだなあ。妹山と背の山とは。

❷匹敵する。等しい。[竹取]火鼠の皮衣「うるはしきこと—・ぶ(終)べきものなし」[訳]りっぱなことは肩を並べられそうなものがない。

二(他バ下二)〔べ・べ・ぶ・ぶる・ぶれ・べよ〕❶並べる。連ねる。そろえる。[平家]九・宇治川先陣「五百余騎ひしひしとくつばみを—・ぶる(体)ところに」[訳]五百余騎(の軍勢)がぎっしりと(馬の)くつわを並べるところに。

❷匹敵させる。また、比較する。[方丈]三「これをありしすまひに—・ぶる(体)に、十分が一なり」[訳]これを以前住んでいた住居に比べると、十分の一(の大きさ)である。

なら-ほふし【奈良法師】(名)奈良の東大寺・興福寺などの僧。延暦寺の「山法師」、三井寺の「寺法師」とともに僧兵として知られた。奈良大衆。

奈良山〘地名〙(「平城山」とも書く)平城京の北方に横たわる丘陵。

ならわし【習わし・慣らわし】⇩ならはし

なり【形・態】(名)❶物のかたち。かっこう。形状。からだつき。[伊勢]九「その山は、…—は塩尻のやうになむありける」[訳]その山(=富士山)は、…形は塩尻(=塩田で、砂を円錐形に積みあげたもの)のようであった。

❷身なり。服装。[源氏]宿木「わらはべなどの、—あざやかならぬ、折々うちまじりなどしたるをも」[訳]童女などで、身なりのさっぱりときれいでない者が、ときにまじっていたりしているのをも。

❸ありさま。ようす。

なり【業】(名)生活のための職業。生計の手段。生業。主として、農業にいう。[万葉]五・八〇一「ひさかたの天路は遠しなほなほに家に帰りて—をしまさに」[訳]天にのぼる道は遠い。(だから)素直に家に帰って家業にお励みになってほしい。(「ひさかたの」は「天」にかかる枕詞)

なり ナリ活用形容動詞の連用形の活用語尾。[源氏]浮舟「宮、なほかのほのかなりし夕べをおぼし忘るる世なし」[訳]宮(=匂宮)は、今もやはりあの(浮舟との)かりそめであった(=ほのかに逢った)夕暮れのことをお忘れになるときがない。

なり ナリ活用形容動詞の終止形の活用語尾。[源氏]澪標「おどろおどろしき赤衣姿いと清げなり」[訳](良清の)大げさな緋色の袍を着た姿はたいそうさっぱりときれいである。

なり (助動ナリ型)〔格助詞「に」にラ変動詞「有り」の付いた「にあり」の転〕

意味・用法
断定〔…である。…だ。〕→❶
存在〔…にある。…にいる。〕→❷
資格〔…である。…にあたる。〕→❸
「…という」〔…という。〕→❹

接続
体言や活用語の**連体形**、副詞・助詞に付く。ただし、活用語に付く例は上代にはない。

活用

未然	連用	終止	連体	已然	命令
なら(ズ)	なり(ケリ)〈に〉(テ)	なり(○)	なる(コト)	なれ(ドモ)	なれ(○)

❶断定を表す。**…である。…だ。**[竹取]竜の頸の玉「これは竜のしわざに(用)こそありけれ。この吹く風は、よき方の風なり(終)」[訳]これは竜のしわざであったのだ。この吹く風は、よい方角へ吹く風だ。[源氏]若紫「三月のつごもりなれ(已)ば、京の花、盛りは皆過ぎにけり」[訳]陰暦三月の末であるので、京の桜の花は、盛りは皆過ぎてしまった。

❷(場所などを表す語を受けて)存在を表す。**…にある。…にいる。**[万葉]三・三一七「駿河なる(体)富士の高嶺を」[訳]→あめつちの…[和歌] [竹取]かぐや姫の昇天「壺なる(体)御薬」[訳]壺に入っているお薬。[万葉]一五・三七七六「今日もかも都なり(用)せば見まく欲り西の御厩の外に立てらまし」[訳]今日もなあ、もし都にいるのだったら、(あなたに会いたいと思って、)西の御厩の外に立っているだろうに。[文法]「せば…まし」は、反実仮想。「見まく」の「まく」は、推量の助動詞「む」のク語法で、「(会う)であろうこと」の意。「立てら」の「ら」は、完了の助動詞「り」の未然形。

❸(親族関係を表す語を受けて)資格を表す。**…である。…にあたる。**[源氏]帚木「姉なる(体)人のよすがにかくて侍るなり」[訳](小君は)姉である人(=空蝉)の縁で(ここに)こうしているのでございます。[更級]梅の立枝「継母なり(用)し人」[訳]継母であった人。

❹(近世語)(人名などを表す語を受けて)「…という」の意を表す。〔おらが春〕「この一巻や、信濃の俳諧寺一茶なる(体)ものの草稿にして」[訳]この一巻(の書物)は、信濃(長野県)の俳諧寺一茶という者の草稿であって。(⇩なり「識別ボード」)

[文法] (1) **断定の「なり」** 断定の「なり」は、口語の「だ」と同じく、体言以外にも、

「生あるもの、死の近きことを知らざること、牛、すでにしか**なり**(=そうである)」〈徒然 九三〉

「惑へるものはこれを恐れず。名利に溺れて先途の近きことを顧みねば**なり**(=顧みないからである)」〈徒然 七四〉

のように、副詞「しか」や「名利に…顧みねば」のような句に接続することもある。

(2) **連用形「に」** 連用形「なり」は「き・けり・けむ・つ」などの助動詞を伴うことが多いが、同じ連用形「に」に

は次のような限られた種々の用法がある。
①接続助詞「て・して」を伴って中止の表現に用いる場合。
「河上のゆつ岩群に草生さず常にもがもな常乙女にて(=いつまでもあってほしいものだ、永久に若い少女で)」〈万葉 一・二二〉
「月日は百代の過客にして(=旅人であって)、行きかふ年もまた旅人なり」〈細道 出発まで〉
②補助動詞「あり」を伴う場合。
「月見れば千々にものこそ悲しけれわが身一つの秋にはあらねど(=秋ではないが)」〈古今 秋上〉
③「あり」の待遇表現「おはす・侍り・候ふ」などを伴う場合。
「様もよき人におはす(=人柄もよい人でいらっしゃる)」〈竹取 蓬莱の玉の枝〉
「乳母にて侍る(=乳母でございます者の…重くわづらひ侍りしが」〈源氏 夕顔〉
②③の用法で明らかなように、強調や敬意を表すために、「なり」を「に・あり」の形にもどした「に」の部分を連用形と見たものである。

なり（助動ラ変型）

意味・用法

推定〔…ようだ。…のが聞こえる。〕→❶
〔…ようだ。…らしい。〕→❸
伝聞〔…そうだ。…ということだ。〕→❷

接続

ラ行変格活用を除く用言および助動詞の**終止形**に付く。平安時代以降、ラ行変格活用をする語には連体形に付くが、上代には終止形に付いた。

活用

未然	連用	終止	連体	已然	命令
○	なり（ケリ）	なり（。）	なる（コト）	なれ（ドモ）	○

❶（音や声が聞こえることから）推定する意を表す。**…ようだ。…のが聞こえる。**〈古今 秋上〉「秋の野に人まつ虫の声す**なり**㊎我かとゆきていざとぶらはむ」訳 秋の野原に人を待つという松虫(=鈴虫のこと)の声がするようだ。この私(を待っているの)かと、(野原に)行ってさあ尋ねよう。(「まつ」は「松」と「待つ」との掛詞)。〈更級 大納言殿の姫君〉「呼ばすれど、答へざ**なり**㊎。呼びわづらひて、笛をいとをかしく吹きすまして過ぎぬ**なり**㊎」訳 (男が従者に女を呼ばせるけれども、(女は)答えないようだ。呼びあぐねて、笛をたいそうすばらしく吹き澄まして立ち去ってしまうようだ。文法「ざなり」は、「ざるなり」の撥音便「ざんなり」の「ん」の表記されない形。

❷（世間のうわさ・人の話・故事などによる）伝聞の意を表す。**…そうだ。…ということだ。**〈更級 梅の立枝〉「また聞けば、侍従の大納言の御女なくなり給ひぬ**なり**㊎」訳 また(うわさに)聞くと、侍従の大納言の姫君がお亡くなりになったということだ。〈徒然 八九〉「『奥山に猫またといふものありて、人をくらふ**なる**㊍』と人の言ひけるに」訳「奥山に猫またというものがいて、人を食うそうだよ」と(ある人が)言ったところ。文法「なる」は感動をこめた連体形止め。

❸（周囲の状況などから判断して）推定する意を表す。**…ようだ。…らしい。**〈枕 一六一〉「明けはてぬ**なり**㊎」訳 夜がすっかり明けてしまったようだ。(⇩なり「識別ボード」)

文法 (1)**「ありなり」** ラ行変格活用の語「あり」に接続した上代の用例には、次のようなものがあり、終止形に接続している。
「葦原の中つ国はいたくさやぎてあり**なり**(=ひどく騒いでいるということだ)」〈古事記・中〉
「酔ひて、皆臥してあり**なり**(=寝ているそうだ)」〈正倉院仮名文書〉
平安時代以降、ラ行変格活用の語の連体形に接続するが、「あんなり・たんなり・なんなり」のように撥音便になり、「あなり・たなり・ななり」と撥音「ん」は表記されないことが多い。
「唐人の目つくろふが**あなる**に(=目を治療する者がいるという、その者に)見せむ」〈大鏡 道隆〉

(2)**「なり」の語源** 「なり」は、「めり」が視覚で推定する意を持つのと対照的に、聴覚で推定する意を表す。「なり」の付く動詞は、上代では、音に関連しているものがほとんどなので、「なり」の語源は、「音」または「鳴る」の「な」に「あり」が付いたものではないかと推定されている。この、音を手掛かりに推定する①のような意がもとになって、②の伝聞を表す意が生じ、「なり」の付く動詞も音に関連のないものが現れたと考えられる。
「平家物語」〈巻六〉にある今様の名手大納言資賢の逸話は、この「なり」の伝聞的意味と「き」の経験的意味とを対照させた話として有名である。一時信濃(長野県)に流されていた資賢が、許されて帰京した際、後白河法皇の前で信濃に縁のある今様を歌ったときのことである。
「大納言拍子取って、『信濃にあん**なる**木曽路川』といふ今様を、これは見給ひたりしあひだ(=ご覧になっていたので)、『信濃にありし木曽路川』と歌はれけるぞ、時に取っての高名なる」〈平家 六・嗄声〉
実際に自分が木曽川を見ていたので、伝聞の「あんなる」を経験の回想の「ありし」(「し」は「き」の連体形)に変えたというのである。

なり 助動詞「なり」(断定)の連用形。〈新古 羇旅〉「年たけてまた越ゆべしと思ひきや命**なり**けりさ夜の中山」訳 →としたけて…和歌。⇩なり「識別ボード」

なり 助動詞「なり」(伝聞・推定)の連用形。〈枕 二七八〉「暁に、『花盗人あり』と言ふ**なり**つるを、なほ枝など少し取るにやとこそ聞きつれ」訳 明け方に、「花盗人がいる」と言う声が聞こえたが、それでも枝などを少し取るのであろうかと聞いた。⇩なり「識別ボード」

◆識別ボード「なり」◆

①**断定の助動詞**
「男もすなる(=伝聞の「なる」)日記といふものを、女もしてみむとてする**なり**」訳 男も書くと聞いている日記というものを、(私のような)女も書いてみようと思ってしたためるのである。〈土佐〉
「艮の方より吹き侍れば、この御前はのどけき

なり」 訳 (風は)北東の方角から吹いておりますので、この(南の)御殿は穏やかなのだ。〈源氏 野分〉

②**伝聞・推定の助動詞**

「ねぶたきを念じて候ふに、『丑(うし)四つ』と奏す**なり**。『明け侍りぬ**なり**』とひとりごつを」 訳 眠いのを我慢してお仕えしていると、「丑四つ」と奏上する声が聞こえる。「夜が明けたようです」と独り言を言うと。〈枕 三一三〉

「朝廷(おほやけ)にかしこまり聞こゆる人は…安らかに身をふるまふことも、いと罪重か**なり**」 訳 朝廷に対して謹慎申しあげる者は、…気楽に振る舞うことも、たいそう罪が重いということだ。〈源氏 須磨〉

上代には、活用語に付いた①の用例はないので、活用語に付いた「なり」は、すべて②とみてよいのだが、中古になると、紛れがちである。右の例のように、活用語のうち、ラ変を除く動詞型の活用のものは、連体形に付くのが①、終止形に付くのが②であり、形容詞型の活用のものは、連体形「—き・—しき」に付くのが①、連体形「—かる・—しかる」の撥音便「—かん・—しかん」、撥音便の撥音「ん」が表記されない「—か・—しか」に付くのが②である。

四段活用など、終止形と連体形が同形の場合や、ともに連体形に付くラ変の場合は、文脈から判別しなければならないが、②には次のような傾向がある。

(1)「鳴く」「衣打つ」など、音に関係のある動詞に付くことが多い。

(2)ラ変型の活用語の連体形撥音便「あん・ざん・たん・なん」、撥音便の撥音「ん」が表記されない「あ・ざ・た・な」に付く。

なり-あが・る【成り上がる】(自ラ四){ら・り・る・る・れ・れ}地位や身分が上がる。貧乏だった者が金持ちになる。出世する。今昔 一五・四「その後、—・り用て僧都(そうづ)まで成りて」 訳 その後、(済源は)出世して僧都にまでなって。

なり-あ・ふ{—アウ(オ)}【成り合ふ】(自ハ四){は・ひ・ふ・ふ・へ・へ}❶でき上がる。完成する。源氏 東屋「まだ—・は未ぬ仏の御飾りなど」 訳 まだでき上がらない仏前の御装飾など。

❷十分成長する。一人前になる。源氏 東屋「まだ幼く—・は未ぬ人を、さし越えて、かくは言ひ馴(な)るべしや」 訳 (左近の少将は)まだ幼く一人前になっていない人(=浮舟(うきふね)の妹)に対して、(姉の浮舟を)さしおいて、このように言い寄ってはよいものだろうか(いや、言い寄ってはいけない)。

❸ひとつになる。いっしょになる。〔太平記〕三七「平一揆(へいいつき)の者ども畠山(はたけやま)と—・ひ用て、夜打ちに寄せたりと騒ぎ」 訳 平一揆の者たちが畠山といっしょになって、夜襲をかけたと騒いで。

なり-い・づ{—イズ}【生り出づ・成り出づ】(自ダ下二){で・で・づ・づる・づれ・でよ}❶生まれ出る。生まれつく。源氏 匂兵部卿「何の契(ちぎ)りにて、かうやすからぬ思ひ添ひたる身にしも—・で用けむ」 訳 どんな宿命で、このように(私=薫(かをる)は)心配のつきまとう身に、よりによって生まれついたのであろう。文法「しも」は強意の副助詞。

❷成長する。成人する。堤 虫めづる姫君「そのさまの—・づる体を取り出(い)でて見せ給へり」 訳 (姫君は、毛虫から蝶(ちょう)へと)その様が成長するのを取り出してお見せになった。

❸出世する。立身する。源氏 少女「つぎつぎに—・で用つつ、おとらず栄えたる御家のうちなり」 訳 次々にみんなが出世して、(光源氏に)劣らず栄えている(内大臣家の)御一族である。

なり-かは・る{—カワル}【成り変はる】(自ラ四){ら・り・る・る・れ・れ}❶他のものに変わる。変化する。〔後撰〕恋三「淵(ふち)は瀬に—・る終てふ飛鳥河(あすかがは)渡り見てこそ知るべかりけれ」 訳 深い淵は(すぐさま)浅い瀬に変化するという飛鳥川だが、(その真のありさまは)実際に渡って(確かめて)みてこそ知ることができるものであるよ。(男の心は定めないとあなたはいうが、実際に付きあってこそわかるものだ)

❷【成り代はる】代理となる。その人と代わる。更級 富士川「三月(みつき)のうちに亡くなりて、又—・り用たるも、この傍(かたは)らに書きつけられたりし人なり」 訳 (新任の国司が)三か月の間に亡くなって、またその人に代わっ(て任命され)た人も、この(=前任者の名前の)わきに(名前を)書きつけられていた人である。

なり-かぶら【鳴り鏑】(名)「かぶらや」に同じ。

なり-かへ・る{—カエル}【成り返る・成り反る】(自ラ四){ら・り・る・る・れ・れ}❶もとの状態に戻る。もとのようになる。源氏 若菜上「今めかしくも—・る体御有り様かな」 訳 はなやかにも若返るごようすだなあ。

❷裏返る。ひっくり返る。〔拾遺〕雑下「小牡鹿(さをしか)のしがらみふする秋萩(あきはぎ)は下葉(したば)や上に—・る終らむ」 訳 雄鹿が足にからませて倒す秋萩は、下葉が上にひっくり返っている(ため、上葉より先に紅葉する)のだろうか。

❸転じる。変わる。源氏 蓬生「大将殿の造りみがき給はむにこそは、ひきかへ玉の台(うてな)にも—・ら未め」 訳 大将殿(=光源氏)が(この末摘花(すゑつむはな)邸を修理し)りっぱにお造りになるとしたならそのときには、うって変わって美しい御殿にもなり変わるだろう。

❹そのものになりきる。〔無名抄〕「心の底まで歌に—・り用て、常にこれを忘れず心にかけつつ」 訳 (源頼政(よりまさ)は)心の底まで歌(そのもの)になりきって、いつも歌のことを忘れず心にかけては。

なり-けり❶(「けり」が伝聞を表す場合)…であった。…であったということだ。徒然 四五「良覚僧正(りやうがくそうじやう)と聞こえしは、極めて腹あしき人**なりけり**終」 訳 良覚僧正と申し上げた方は、たいそう怒りっぽい人であったということだ。

❷(「けり」が詠嘆を表す場合)…であったなあ。…であるなあ。新古 羇旅「年たけてまた越ゆべしと思ひきや命**なりけり**終さ夜(や)の中山」 訳 →としたけて…和歌

なりたち 断定の助動詞「なり」の連用形「なり」＋過去の助動詞「けり」

なり-たか・し【鳴り高し】騒がしいのをしずめるときのことば。やかましい。うるさい。源氏 少女「—・し終。鳴りやまむ」 訳 騒がしい。静かにしよう。

なり-た・つ【生り立つ・成り立つ】(自タ四){た・ち・つ・つ・て・て}❶成長する。一人前になる。出世する。源氏 真木柱「さすがに知られて、人にも—・た未むことかたし」 訳 (男君たちが)そうは言ってもやはり(あのけむたい式部卿(しきぶきやう)の宮の一族だと)知られて、人並みにも出世するようなことも難しい。

❷できあがる。成就する。すっかりある状態になる。大鏡

道長上「世の中きはめて騒がしきに、またの年いとどいみじく—・ち㊐にしぞかし」訳 世の中が疫病の流行でひどく騒然としているうえに、翌年はいっそうひどくなってしまったことだよ。

なり・な・る【成り成る】（自ラ四）｛ら・り・る・る・れ・れ｝❶しだいに形をなす。完成する。〔記〕上「吾が身は—・り㊐て、なり合はざるところ一ところあり」訳 私の身体はしだいにできあがって（きたが）、（なおまだ）整わない所が一箇所ある。
❷順々になる。つぎつぎになる。

なり・のぼ・る【成り上る】（自ラ四）｛ら・り・る・る・れ・れ｝高い地位にのぼる。出世する。源氏 行幸「その人ならでも、年月の臈に—・る㊍たぐひあれど」訳 そのような（家柄の高い）人でなくても、長年の功労によって（尚侍にまで）昇進する例があるが。

なり・は・つ【成り果つ】（自タ下二）｛て・て・つ・つる・つれ・てよ｝❶事が終わる。完了する。源氏 葵「たひらかに事—・て㊐ぬれば」訳 つつがなく事（＝葵の上の後産）がすんだので。
❷（…に）なってしまう。源氏 桐壺「いとど人わろうかたくなに—・つる㊍も」訳 いよいよ人聞きも悪く偏屈になってしまうのも。
❸成り下がる。落ちぶれる。〔浄・国性爺合戦〕「—・て㊐しこの姿、恥を包まず来りしぞ」訳 落ちぶれたこの姿、恥を隠さずやって来たぞ。

なり・はひ（ワイ）**【生業】**（名）❶農業。農作。また、その作物。万葉 一八・四一二二「作りたるその—を雨降らず日の重なれば植ゑし田も蒔きし畠も朝ごとに凋み枯れ行く」訳（貢ぎ物として）作ったその農作物だが、雨が降らず日が重なるので、植えた田も蒔いた畑も朝ごとにしぼんで枯れていく。
❷生活をしていくための仕事。家業。職業。源氏 夕顔「今年こそ—にも頼む所すくなく」訳 今年は商売にもあてにするところ（＝儲け）が少なく。

なり・ひさご【生り瓢】（名）「なりびさこ」「なりひさこ」とも。ひょうたんの異称。徒然 一八「水をも手して捧げて飲みけるを見て、—といふものを人の得させたりければ」訳 水をも手ですくって飲んだのを見て、ひょうたんというものを（ある）人が与えたところ。

業平『人名』→在原業平

なり・まさ・る【成り増さる・成り勝る】（自ラ四）｛ら・り・る・る・れ・れ｝しだいに…になっていく。ますます…になる。竹取 かぐや姫の生ひ立ち「この児、養ふ程に、すくすくと大きに—・る㊎」訳 この幼児は、養い育てるうちに、すくすくとしだいに大きくなっていく。

なり・もて・ゆ・く【成りもて行く】（自カ四）｛か・き・く・く・け・け｝しだいにそうなっていく。だんだん…になっていく。宇治 一〇・九「世おぼえ、やうやう聞こえ高く—・け㊏ば」訳 信望も、しだいに評判がぐんぐん高くなっていくので。

なり・もの【生り物】（名）実のなるもの。また、その実。くだもの。今昔 二六・九「水など流れ出でて、—の木などもありげに見えければ」訳（島には）水などが流れ出ていて、くだものの木などもありそうに見えたので。

なり・や【鳴り矢】（名）「なるや」とも。「かぶらや」に同じ。

なり・ゆ・く【成り行く】（自カ四）｛か・き・く・く・け・け｝しだいにそうなっていく。竹取 かぐや姫の生ひ立ち「かくて翁、やうやう豊かに—・く㊎」訳（黄金が入った竹をたびたび見つけ）こうして（竹取の）翁は、しだいに富裕になっていく。

なりわい【生業】⇨なりはひ

な・る【生る】（自ラ四）｛ら・り・る・る・れ・れ｝❶生まれる。生じる。〔記〕上「天地初めて発けし時、高天の原に—・れ㊏る神の名は、天之御中主神」訳 天と地が初めて分かれたとき、（天上の世界である）高天の原に生まれた神の名は、天之御中主神。
❷実を結ぶ。実る。徒然 一一「大きなる柑子の木の、枝もたわわに—・り㊐たるが」訳 大きな蜜柑の木で、枝もしなうほどに実がなっている木の。

な・る【成る】㊀（自ラ四）｛ら・り・る・る・れ・れ｝❶**成立する。成就する。実現する。**できあがる。源氏 須磨「帝の御前に夜昼さぶらひ給ひて、奏し給ふことの—・ら㊔ぬはなかりしかば」訳（光源氏が桐壺帝の御前に夜昼伺候なさって、奏上なさることで、成就しないことはなかったから。文法「奏し給ふことの」の「の」は、いわゆる同格の格助詞で、「…で」の意。方丈 三「新都はいまだ—・ら㊔ず」訳 新しい都はまだできあがらない。
❷（それまでとは違った状態やもの、地位などに）**なる。変化する。成長する。**源氏 明石「よろしうおはしましける御目の悩みさへこのごろ重く—・ら㊔せ給ひて」訳（朱雀帝はだいたいよくていらっしゃったお目の病気までもがこのごろ（また）重くおなりになられて。文法「せ給ひ」は、最高敬語。
❸することができる。可能である。〔狂・萩大名〕「これほどのことも—・り㊐ませぬか（＝できませんか）」
❹（中世以降の用法で）貴人の動作を尊敬していう語。なさる。特に、おでましになる。平家 灌頂・大原御幸「女院はいづくへ御幸—・り㊐ぬるぞ」訳 女院（＝建礼門院）はどこへおいでなさったのか。〔中務内侍日記〕「御所に—・り㊐ぬるとてあれば」訳（東宮が）御所におでましになったと言っているので。
㊁（補動ラ四）｛ら・り・る・る・れ・れ｝**自然にそのような状態になる。**源氏 桐壺「内裏住みせさせ給ひて、御心も慰むべくなど思し—・り㊐て」訳（四の宮が宮中でお暮らしになられて、お気持ちも紛らすのがよいなどと兄兵部卿の宮たちは）だんだんお思いになるようになって。文法「させ給ひ」は、最高敬語。

な・る【業る】（自ラ四）｛ら・り・る・る・れ・れ｝生業とする。生計を立てる。万葉 二〇・四三六四「防人に発たむ騒きに家の妹が—・る㊎べきことを言はず来ぬかも」訳 防人に出発する騒ぎに（まぎれて、家に残る妻が生業とすべきことを言わずに来てしまったなあ。（「防人」「妹」は上代東国方言）

な・る【慣る・馴る】（自ラ下二）｛れ・れ・る・るる・るれ・れよ｝❶**なれる。習慣になる。**たびたび経験して、珍しくなくなる。更級 物語「誰もいまだ都—・れ㊔ぬほどにて」訳 だれもまだ都になれないころで。源氏 桐壺「年ごろ、常のあつしさになり給へれば、御目—・れ㊐て」訳（桐壺の更衣は）数年来、いつもの病気がちになっていらっしゃったので、（桐壺帝はお目がなれて。
❷**親しむ。うちとける。なじむ。**源氏 夕顔「年頃、…—・れ㊐聞こえつる人にはかに別れ奉りて、いづこにか帰り侍らむ」訳 長年、…お親しみ申しあげた方（＝夕顔）に急にお別れ申しあげて、（私＝右近は）どこに帰りましょう

か(いや、どこにも帰れません)。文法「いづこにか」の「か」は、反語の係助詞。

❸［「萎る」「褻る」とも書く］(衣服の糊がなくなり)よれよれになる。古びる。源氏 朝顔「なつかしきほどにー・れ用たる御衣どもを、いよいよたきしめ給ひて」訳(光源氏は)着なれた感じがする程度に柔らかくなったいろいろのお召し物に、(今日は)いっそう香のにおいをしみ込ませなさって。

なる ナリ活用形容動詞の連体形の活用語尾。徒然 一〇「うちある調度も昔覚えてやすらかなるこそ、心にくしと見ゆれ」訳 何気なく(その辺に置いて)ある道具も古風な感じがして落ち着いているのは、奥ゆかしいと思われる。

なる 助動詞「なり」(断定)の連体形。古今 羇旅「天の原ふりさけ見れば春日なる三笠の山に出でし月かも」訳→あまのはら…和歌。源氏 絵合「物語の出で来はじめの親なる竹取の翁に宇津保の俊蔭をあはせて争ふ」訳 物語の出来始めの元祖である「竹取の翁の物語」(の絵)に、「うつほ物語」の俊蔭(の絵)を対抗させて(勝負を)争う。

なる 助動詞「なり」(伝聞・推定)の連体形。竹取 ふじの山「駿河の国にあるなる山なむ、この都も近く天も近く侍る」訳 駿河の国(静岡県)にあるという山が、この都にも近く天にも近うございます。徒然 八九「猫の経あがりて、猫またになりて、人とる事はあなるものを」訳 猫が年をとって変化して、猫また(=想像上の怪獣)になって、人(の命)を取る(という)ことはあるそうだからなあ。

なる-かみ【鳴る神】(名)雷。夏。万葉 一一・二五一三「ーの少し動もしさし曇り雨も降らぬか君を留めむ」訳 雷が少し空をとどろかしてかき曇り、雨も降らないかなあ。(そうしたら)あなたを引きとどめよう。

なるかみの【鳴る神の】《枕詞》雷の音の意から「音」にかかる。万葉 七・一〇九二「ー音のみ聞きし」

鳴滝(なるたき)『地名』今の京都市右京区鳴滝。御室川の上流、鳴滝川に臨む。

なる-と【鳴門】(名)狭い海峡で、潮の干満によって潮流が音をたてて鳴りひびく所。

鳴門(なると)『地名』歌枕 ❶今の徳島県鳴門市。平安時代から四国と阪神地方とを結ぶ航路の港があった。❷今の鳴門海峡。潮の干満の際は渦巻きがおこる。

なる-べし …であろう。…であるに違いない。…であるはずだ。徒然 一一「閼伽棚に菊・紅葉など折り散らしたる、さすがに住む人のあればなるべし終」訳 閼伽棚に菊や紅葉などを折って乱雑に置いてあるのは、やはり(この庵に)住んでいる人があるからであろう。なりたち 断定の助動詞「なり」の連体形「なる」＋推量の助動詞「べし」

なる-ほど【成る程】(副)❶できるだけ。なるべく。［浮・世間胸算用］「私はー御奉公の望み」訳 私はできたらご奉公をしたい望みです。❷相手の言うことを肯定することば。いかにも。たしかに。［浄・丹波与作待夜小室節］「のぼせばー盗んでくれうといふ」訳(大名の金を盗んでくれまいか、男と見込んで頼むと)おだてると、こいつがおだてられていかにも盗んでやろうと言う。

鳴海(なるみ)『地名』歌枕 今の愛知県名古屋市緑区鳴海町。鳴海潟の古跡がある。東海道五十三次の一つ。

鳴海潟(なるみがた)『地名』歌枕 今の愛知県名古屋市緑区鳴海町付近にあった海浜。

なる-や【鳴る矢】(名)［「なりや」とも］「かぶらや」に同じ。万葉 九・一六七八「むかし弓雄のー用ち」訳 昔の、弓を持った猟師が鏑矢を使って。

なる-らむ ラン …であるだろう。…であるのだろう。古今 恋五「わび果つる時さへもののかなしきはいづこをしのぶ涙なるらむ終」訳(二人の仲が絶えて)すっかり絶望してしまった今のこの時に(なって)までも、なにかしら悲しいのは、どこの(だれ)を恋い慕っての涙であるのだろう(そんな人はいないはずなのに)。なりたち 断定の助動詞「なり」の連体形「なる」＋推量の助動詞「らむ」

なれ【汝】(代)対称の人代名詞。親しい者、目下の者に対して用いる。おまえ。なんじ。万葉 八・一四九九「霍公鳥ーだに来鳴け朝戸開かむ」訳 ほととぎすよ、せめておまえだけでも来て鳴け。朝戸をあけよう。

なれ ナリ活用形容動詞の已然形の活用語尾。徒然 一四二「にぎはひ、豊かなれば、人には頼まるるぞかし」訳(関東の人は)富み栄え、裕福であるので、他人からは信頼されるのだよ。

なれ 助動詞「なり」(断定)の已然形・命令形。万葉 五・八三一「春なれ已ばうべも咲きたる梅の花君を思ふと夜眠も寝なくに」訳 春なので、なるほど咲いた梅の花よ。君(=梅の花)を思うと夜も寝(られ)ないことだなあ。［十訓］七「我かくてあらん限りは、わびしと思はで思ふさまなれ命」訳(親の)私がこうして生きている限りは、(生活が)苦しいと思わないで思いどおりであれ(=好きなようにしろ)。

なれ 助動詞「なり」(伝聞・推定)の已然形。平家 七・維盛都落「道にも敵待つなれば、心安う通らんこともありがたし」訳 途中にも敵が待っているというから、たやすく通るようなこともむずかしい。平家 一・祇王「祇王こそ入道殿よりいとま給はって出でたんなれ」訳 祇王は入道殿(=清盛)から暇をいただいて出たそうだ。

なれ-がほ ガオ【馴れ顔】(名・形動ナリ)ものなれた顔つき・態度。うちとけたそぶり。源氏 若紫「いとー・に用御帳のうちに入り給へば」訳 大変ものなれたようすで御帳台の中に光源氏は若紫とお入りになるので。

なれ-ごろも【馴れ衣】(名)着なれた衣服。ふだん着。万葉 一五・三六二五「別れにし妹が着せてしー袖片敷きてひとりかも寝む」訳 死に別れてしまった妻が着せてくれた着なれた着物の片袖を敷いて、ひとり(さびしく)寝ることであろうか。

なれ-そ-む【馴れ初む】(自マ下二){め・め・む・むる・むれ・めよ}親しくなりはじめる。恋仲となる。［新拾遺］恋三「ー・め用し契り忘るな下帯のまた打ち解くる人はありとも」訳(私たちが)親しくなりはじめた(ときの)約束を忘れないでくれ。下帯が再び自然に解ける(=共寝する)ような恋人がほかにできたとしても。

なれ-つかうまつ-る ーツコウマツル【馴れ仕う奉る】(自ラ四){ら・り・る・る・れ・れ}親しんでお仕え申しあげる。源氏 須磨「近うー・る体をうれしきことにて、四、五人ばかりぞつと侍ひける」訳(光源氏の)そば近くで親しんでお仕え申しあげるのをうれしいことと思って、四、五人ほどがずっとお仕えした。

なれ-ども（接）【断定の助動詞「なり」の已然形「なれ」に接続助詞「ども」の付いたもの】そうではあるけれども。しかし。だが。〔浄・山崎与次兵衛寿門松〕「石清水八幡宮も照覧あれ、身は切らぬ。—、彦介めが、与次兵衛遣らぬ覚えたか、と仕懸けた喧嘩」訳 石清水八幡宮もご覧ください(＝神に誓って)、私(＝与次兵衛)は切っていない。しかし、彦介めが、与次兵衛を逃がさぬ、わかったか、としかけたけんか(なので)。

なれなれ・し【馴れ馴れし】(形シク)｛しから・しく(しかり)・し・しき(しかる)・しけれ・しかれ｝❶いかにもなれ親しんでいるさま。なれなれしい。源氏 常夏「さるべき御答へも、—・しから㊍ぬほどに聞こえかはしなどして」訳 (光源氏への)しかるべきお返事も、(玉鬘は)なれなれしくない程度にやりとり申しあげなどして。❷ぶしつけである。無遠慮である。源氏 早蕨「その事となくて聞こえさせむも、なかなか—・しき㊈咎めやと」訳 たいした理由もなくて手紙など差し上げるようなのも、かえってぶしつけであるとの非難もあるかと。

なれ-ば（接）【断定の助動詞「なり」の已然形「なれ」に接続助詞「ば」の付いたもの】❶それだから。したがって。それゆえに。〔伎・一心二河白道〕「源五来たり、『…』と言うた。—、そち(＝おまえ)を疑はねばならぬ」❷(問いかけに答えて)それは。〔蒙求抄〕「『昭儀は何程の位ぞ』『—、大納言ほどの位ぞ』」訳「昭儀はどれほどの位であるのか」「それは、大納言ほどの位である」

なれ-ば・む（自マ四）｛ま・み・む・む・め・め｝着古してくたくたになる。よれよれになる。枕 能因本・六「狩衣は何もうち—・み㊊たる」訳 狩衣はどこもかしこも着古してよれよれになったの(を着て)。

なれ-むつ・ぶ【馴れ睦ぶ】（自バ上二）｛び・び・ぶ・ぶる・ぶれ・びよ｝なれ親しむ。むつまじくする。源氏 桐壺「年ごろ—・び㊊聞こえ給ひつるを」訳 長年(祖母は光源氏に)なれ親しみ申しあげなさっていたのに。

なれ-や ❶(「や」が疑問を表す場合)…だからなのだろうか。…なのだろうか。古今 恋一「うき草のうへはしげれる淵—ふかき心を知る人のなき」訳 (私の心は)浮き草が表面には茂っている淵なのだろうか。深い心の底をわかってくれる人が(だれも)いない。❷(「や」が反語を表す場合)…であるのか(いや、そうではないのに)。万葉 一・二三「打ち麻を麻続王海人—伊良虞の島の玉藻刈ります」訳 麻続王は海人であるのか(いや、そうではないのに)、伊良虞の島の美しい藻を刈っていらっしゃることよ。(「打ち麻を」は「麻続」にかかる枕詞)❸(「や」が詠嘆を表す場合)…であることよ。…だなあ。平家 三・六代「かくて明かし暮らし給ふほどに、二十日の過ぐるは夢—」訳 こうして日々をお過ごしになるうちに、(六代の助命期間の)二十日間が過ぎるのは夢(のよう)であることよ。

なりたち 断定の助動詞「なり」の已然形「なれ」＋助詞「や」

参考 多く、和歌でみられる表現。「や」を係助詞とする説と終助詞とする説がある。

なゐ【地震】（名）【「な(＝地の意)」に「ゐ(＝居)」の付いたもので、原義は大地】地震。方丈 二「恐れのなかに恐るべかりけるは、ただ—なりけりとこそ覚え侍りしか」訳 恐ろしいことのなかで特に恐れなければならないことは、まさに地震であるなあと感じました。

参考「なゐ震る・なゐ揺る(＝大地が揺れる)」の形で用いられ、のちに「なゐ」だけで地震の意になった。

な-を-う【名を得】名声を得る。有名になる。源氏 紅葉賀「この世に—・え㊊たる舞のをのこどもも、げにいとかしこけれど」訳 当代に有名になった舞楽の専門の男たちも、なるほどたいそう上手であるが。

な-を-た・つ【名を立つ】名声をあげる。評判になる。また、浮き名が立つ。徒然 八五「大きなる利を得んがために、少しきの利を受けず、偽り飾りて—・て㊍んとす」訳 大きな利益を得ようとするために、少しの利益を受けないで、偽ってりっぱに見せて名声をあげようとする。⇩聞こえ「慣用表現」

な-を-と・る【名を取る】評判を取る。名声を博す。源氏 明石「すべてただ今世に—・れ㊁る人々、かき撫での心やりばかりにのみあるを」訳 総じて現在世間で(琴の名手と)評判を取っている人々は、通りいっぺんの気晴らし程度だけ(にしか弾けないもの)であるのに。⇩聞こえ「慣用表現」

な-を-なが・す【名を流す】世に名声を広める。世間に名前を知られる。また、浮き名を流す。源氏 澪標「あぢきなきすき心にまかせて、さるまじき名をも流し㊊」訳 道理にはずれた浮気心のままに、そうあってはならない評判をも世に広め。⇩聞こえ「慣用表現」

なん【難】（名）❶欠点。短所。著聞 三九八「いかによく書きたる絵にも、必ず—を見出だすものなりけり」訳 どんなによく描いた絵にも、必ず欠点を見いだす者であった。❷わざわい。災難。方丈 二「もし、辺地にあれば、往反わづらひ多く、盗賊の—はなはだし」訳 もし、辺鄙な土地に住めば、(京都への)行き帰りに不便が多く、盗賊の災難もひどい。文法「あれば」は、上の副詞「もし」と呼応して、順接の仮定条件となる。❸むずかしいこと。困難。難儀。細道 日光「このたび松島・象潟の眺めともにせむことを悦び、且つは羇旅の—をいたはらむと」訳 (曽良は)今度松島や象潟を(私＝芭蕉と)いっしょに眺めることを喜び、一方では(私の)旅の苦労をいたわろうと。❹批判。非難。〔去来抄〕先師評「尚白が—に、『近江は丹波にも、行く春は行く歳にも、ふるべし』といへり」訳 (「行く春を近江の人とおしみける」の句は)尚白(＝俳人の名)の批判に(よると)、「近江(滋賀県)は丹波(京都府・兵庫県)にも、行く春は行く歳にも、置きかえられるだろう」と言っている。

なん【何】（代）【「何」の転】「なに」に同じ。

なん（係助）平安時代の中ごろから「なむ」の「む」が「ん」と発音されるようになったために「なん」と表記されるようになったもの。→なむ(係助)

なん（終助）平安時代の中ごろから「なむ」の「む」が「ん」と発音されるようになったために「なん」と表記されるようになったもの。→なむ(終助)

な-ん 平安時代の中ごろから「なむ」の「む」が「ん」と発音されるようになったために「なん」と表記されるようになったもの。→なむ(連語)

なりたち 完了の助動詞「ぬ」の未然形「な」＋推量の助

動詞「ん(む)」

なん-えんぶだい【南閻浮提】(名)《仏教語》「えんぶだい」に同じ。平家 五・奈良炎上「いはんやこれは―のうちには唯一無双の御仏」訳 ましてこれ(=東大寺の盧遮那仏)は人間世界の中ではただ一つ並ぶもののない御仏で。

なん-かい【南階】(名)南向きの階段。特に、紫宸殿の南面中央の階段。その左(=東側)に桜(=左近の桜)、右(=西側)に橘(=右近の橘)が植えられていた。

なんかい-だう【南海道】(名)五畿七道の一つ。紀伊(和歌山県・三重県)、淡路(兵庫県)、阿波(徳島県)、讃岐(香川県)、伊予(愛媛県)、土佐(高知県)の六か国の称。また、畿内から四国に至る交通路。

なん-ぎ【難儀・難義】(名・形動ナリ)❶困難なさま。難しいさま。一大事。〔太平記〕五「宮はこのこと、いづれも―なり(終)とおぼしめして」訳 宮はこのことを、どちらも難しいとお思いになって。
❷傷や病気の重いさま。大儀。重体。〔仮名・伊曽保〕「狼喉に大きなる骨を立てて、すでに―におよびける折節」訳 狼がのどに大きい骨を突きさして、すっかりひどい状態になったその時。
❸つらく感じられるさま。苦しみ。悩み。労苦。〔太平記〕三〇「中将坂本より北国へ落ち給ひし時は、路次の―を顧みて」訳 中将は坂本(=地名)から北国へ逃げなさった時は、道中の労苦を考慮して。
❹わずらわしいさま。めんどう。無理難題。〔浄・女殺油地獄〕「逢うては―、ここへたづねて来うもしれぬ」訳 逢ってはめんどう、ここへたずねて来るかもしれない。

なん-くゎ【南華】(名)❶「南華真経」の略。道家の荘周(=荘子)の著書「荘子」の異名。徒然 一三「文は、…老子のことば、―の篇」訳 書物(として読むの)は、…「老子」の語句、「荘子」の文章。
❷《遊里語》愚か者。やぼな男。

なんじ【汝】 ⇩なんぢ

なん-じょ【難所】(名)「なんしょ」とも。山道や海岸などの通行に困難で危険な場所。細道 最上川「ごてん・はやぶさなどいふ恐ろしき―あり」訳(最上川には)碁点・隼などという、恐ろしい危険な場所がある。

なんじょう【何じょう】 ⇩なんでふ

なん-ず【難ず】(他サ変){ぜ・じ・ず・ずる・ずれ・ぜよ}非難する。責める。そしる。源氏 帚木「―・ず(終)べき種まぜぬ人は、いづこにかはあらむ」訳 非難すべきたねを混ぜて持っていない人は、どこにいるだろうか(いや、どこにもいないだろう)。
文法「いづこにかは」の「かは」は、反語の係助詞。

な-んず 平安時代の中ごろから「なむず」の「む」が「ん」と発音されるようになったために「なんず」と表記されるようになったもの。→なむず
なりたち 完了(確述)の助動詞「ぬ」の未然形「な」＋推量の助動詞「んず(むず)」

なん-ぞ【何ぞ】(副)〔「なにぞ」の転〕❶反語を表す。どうして…か(いや、…ではない)。宇治 五・四「心を西方にかけんに、―志をとげざらん」訳 心を西方浄土にかけるなら、そのときに、どうして(極楽往生の)望みを遂げないことがあろうか(いや、必ず遂げられるはずだ)。
❷詠嘆を表す。なんと…ことよ。徒然 九二「―、ただ今の一念において、直ちにすることの甚だ難き」訳 なんと、たった今の一瞬間において、(なすべきことを)すぐに実行することが大変難しいことか。
❸何か。何かしら。〔浮・世間胸算用〕「―いちもつなうては、富貴には成りがたきに」訳 何か胸中のもくろみがなくては、金持ちにはなるのがむずかしいのに。

なん-ぞ【何ぞ】なんだ。なにごとか。枕 八二「―。司召しなども聞こえぬを、何になり給へるぞ」訳 なにごとか。司召しの除目なども(があるとも)耳にしないのに、(あなたは)なん(の役)になりなさったのか。
なりたち 代名詞「何」＋係助詞「ぞ」＝「なにぞ」の転

南総里見八犬伝(なんそうさとみはっけんでん)〔作品名〕江戸後期の読本。滝沢馬琴作。文化十一年(一八一四)から天保十三年(一八四二)刊。室町時代の南総(千葉県)里見家の興亡を背景に、仁・義・礼・智・忠・信・孝・悌の玉を持った八犬士の活躍を描く、長編伝奇小説。全編を勧善懲悪の思想で統一している。

なんぞ-の【何ぞの】どんな…か。どういう…か。今昔 一五・二「―音楽ならむと思ひて」訳 どんな音楽だろうかと思って。

なん-だいもん【南大門】(名)都城、寺院などの南に面する正門。総門。

なん-ぢ【難治】(名)❶治めにくいこと。〔金毘羅本保元物語〕「この人なくては―の次第なるべければなり」訳 この人(=信西)がいなくては治めにくいという事情にちがいないからなのだ。
❷病気の治りにくいこと。〔浮世風呂〕「おそらくは鵜飼ひの症でござらう。―の症でごっす」訳 たぶん鵜飼いの症(=物を食べてすぐに吐く病気)でございましょう。治りにくい病気でございます。
❸むずかしいこと。困難。難儀。平家 一・御輿振「かれといひこれといひ、かたがた―のやうに候ふ」訳 あれといい、これといい、どちらにしても難題のようでございます。

なんぢ【汝】(代)「なむぢ」に同じ。

なん-つ-く【難付く】(他カ下二){け・け・く・くる・くれ・けよ}欠点を見いだす。非難する。源氏 帚木「女の、これはしもと―・く(終)まじきは難くもあるかな」訳 女の人で、これこそは(理想的だ)と欠点を見いだすことができそうもない者はめったにもいないなあ。⇩まじ「名文解説」

なん-でふ【何でふ】〔「なにといふ」の転〕「なでふ」とも。❶(連体)なんという。なにほどの。竹取 かぐや姫の昇天「―心地すれば、かくものを思ひたるさまにて、月を見給ふぞ」訳 どういう気持ちがする(という)ので、このようにもの思わしげなようすで、月をご覧になるのか。
❷(副)反語の意を表す。どうして…か(いや、…ない)。竹取 貴公子たちの求婚「―さることかし侍らむ」訳 どうしてそんなこと(=結婚)をしましょうか(いや、しません)。
❸(感)相手の発言をさえぎったり否定したりするときのことば。何を言うか。とんでもない。平家 四・信連「―、この御所ならでは、いづくへか渡らせ給ふべかんなる」訳 何を言うか、(高倉の宮は)この御所でなくては、どこへお越しになられるはずだというのか。

なん-でん【南殿】(名)❶南向きの御殿。南にある御殿。〔太平記〕三五「―の高欄に寄りかかりて、三人並み居たる人あり」訳 南向きの御殿の高欄に寄りかかっ

て、二人の並んでいる人がいる。❷「なでん」とも。「紫宸殿」の異称。源氏 花宴「二月の二十日あまり、―の桜の宴せさせ給ふ」訳 陰暦二月の二十日すぎに、(桐壺帝は)紫宸殿の桜を賞する宴(=花の宴)を催しなされる。⇩巻頭カラーページ32

なん-と【南都】(名)❶(京都を北都というのに対して)奈良。平家 七・願書「―をば逃げて、北国へ落ち下り(=敗走し)」

❷(比叡山延暦寺を北嶺というのに対して)奈良の興福寺。平家 五・奈良炎上「さればーをも三井寺をも攻めらるべし」訳 だから興福寺をも三井寺をも攻めなさるにちがいない。

なん-と【何と】【「なにと」の転】㊀(副)❶疑問を表す。どのように。どう。〔狂・千鳥〕「たしかに持って来たはずぢやが、―したか(=どうしたか)知らぬ」

❷反語を表す。どうして…か(いや、…ない)。〔狂・附子〕「―食ふことがなるものか」訳 どうして食うことができるものか(いや、できはしない)。

㊁(感)呼びかけ、同意を求めることば。ねえ。どうだ。〔浄・冥途の飛脚〕「―会うても大事あるまいかい」訳 どうだろう、会ってもかまわないだろうか。

なん-ど(副助)【代名詞「何」に格助詞「と」の付いた「なにと」の転】「など(副助)」に同じ。平家 二・能登殿最期「およそあたりをはらってぞ見えたりける。恐ろしなんどもおろかなり」訳 (能登殿は)教経はおおかた他を圧倒して見えたことだ。恐ろしいなどと(いうことばで)もとても言い尽くせない。

なんと-しちだいじ【南都七大寺】(名)奈良にある七つの大寺。東大寺・興福寺・元興寺・大安寺・薬師寺・西大寺・法隆寺の総称。

なんと-して【何として】(副)❶疑問を表す。いかにして。どうして。何ゆえに。徒然 二四三「人はー仏には成り候ふやらん」訳 人はいかにして仏にはなるのでしょうか。

❷反語を表す。どうして…か(いや、…ない)。〔狂・武悪〕「討たうとは思うたれど、―身が討たうぞ」訳 討とうとは思ったが、どうして私が(おまえを)討てようか(いや、討てはしない)。

なんと-ほくれい【南都北嶺】(名)❶大和の奈良と近江の比叡山。

❷奈良の興福寺と比叡山の延暦寺。

なん-と-やら【何とやら】㊀なんだか。なんとかいう。〔浮世風呂〕「女賢しくして牛を―で」訳 (ことわざに)あるように)女はしっかりしていて(かえって)牛をなにやら(=「売りそこなう」をぼかして言ったもの)で。

なりたち 代名詞「何」+格助詞「と」+副助詞「やら」

㊁(副)なんとなく。どうやら。〔浮・西鶴織留〕「―肩身すぼりて」訳 なんとなく肩身がせまくなって。

なん-なり「ななり」に同じ。

なりたち 断定の助動詞「なり」の連体形「なる」+伝聞・推定の助動詞「なり」=「なるなり」の撥音便。中古では、ふつう「ななり」と表記される。

なん-の【何の】【「なにの」の転】❶どういう。どんな。〔鹿の子餅〕「〔相撲で〕取っ組んだところ、―手もなく唐人に投げられ」

❷どうして…か。〔浄・心中天の網島〕「あの不心中者―死なう」訳 あの薄情者がどうして死のうか(いや、死ぬはずがない)。

❸なんのことはない。〔浮世床〕「―、こんな頭の一つや二つ」

❹(…だとか)なんだとか。〔浄・心中刃は氷の朔日〕「引きの―と、てっきり七両はいりませう」訳 休みの損金だとかなんだとかと、きっと七両は必要でしょう。

なん-ばん【南蛮】(名)❶南方の異民族。南方の賊。

❷室町時代以降、東南アジア諸国の称。また、東南アジアを経て、日本に来た西洋人。ポルトガル人・スペイン人など。

❸東南アジア方面から渡来したもの。また、珍奇・異風なものに添える語。「南蛮鉄」など。

南部(なんぶ)『地名』今の岩手県と青森県にまたがる地域。旧南部藩の所領。また、特に盛岡をいうこともある。

南畝(なんぽ)『人名』→大田南畝

なん-ぼう【何ぼう】(副)【「なにほど」の転】「なんぼ」とも。❶どんなに。どれほど。〔謡・鞍馬天狗〕「稽古の際をばーおん見せ候ふぞ」訳 稽古の腕前をどれほどお示しになりますか。

❷感動して言うことば。なんという。なんとまあ。実に。〔謡・隅田川〕「―あはれなる物語にて候ふぞ」訳 なんとまあ あわれな話でございますことか。

❸譲歩して仮定する意を表す。どんなに。たとえどんなに…(ても)。〔浄・国性爺合戦〕「―飽かれた中なりとも」訳 たとえどんなに飽きられた(夫婦の)仲であっても。

なん-めり「なめり」に同じ。

なりたち 断定の助動詞「なり」の連体形「なる」+推量の助動詞「めり」=「なるめり」の撥音便。中古では、ふつう「なめり」と表記される。

なん-めん【南面】(名)❶南向き。南側。著聞 六五八「南殿の寝殿の巽の角の―は女院の御方なり」訳 紫宸殿の寝殿の南東の隅の南側は女院のお住まいである。

❷(中国で君主が臣下に対するとき、南に面して座ったところから)天子となって国を治めること。また、その位。平家 一・額打論「是は彼の周旦の成王にかはり、―にして一日万機の政を治め給ひしに准へて」訳 これはあの周旦(=成王の叔父)が成王に代わって、天子の位に就いて、一日のあらゆる政務をお治めになったことにならって。

な-ん-や 平安時代の中ごろから「なむや」の「む」が「ん」と発音されるようになったために「なんや」と表記されるようになったもの。→なむや

なりたち 完了の助動詞「ぬ」の未然形「な」+推量の助動詞「ん(む)」の終止形「ん(む)」+終助詞「や」

なん-れう【南鐐】(名)❶美しい銀。良質の銀。〔義経記〕「―を以って作りたる金の菊形打ちたる銅拍子に」訳 良質の銀を使って作った、黄金製の菊花の形をした金具を打ちつけてある銅拍子(=銅製の打楽器)に。

❷江戸時代の貨幣の一種。「二朱銀(=一両の八分の一)」の異称。

(なんれう②)

に　ニ

「に」は「仁」の草体
「ニ」は「二」の全画

に【丹】(名) ❶赤土。❷黄味を帯びた赤色。赤色の顔料。更級 富士川「黄なる紙に、―して、濃くうるはしく書かれたり」訳 黄色の紙に、(文字が)赤で濃くきちんと書かれている。⇩巻頭カラーページ10

に ナリ活用形容動詞の連用形の活用語尾。源氏 空蟬「胸あらはに**に**ばうぞくなるもてなしなり」訳 (袴の腰のひもを結んでいる所まで)胸があらわでだらしない態度である。⇩に「識別ボード」

に 助動詞「なり」(断定)の連用形。❶単独で中止の表現に用いる。徒然 四五「公世の二位の兄**に**、良覚僧正と聞こえしは」訳 公世の二位の兄弟で、良覚僧正と申し上げた方は。❷下に接続助詞「て」「して」を伴って、中止の表現に用いる。竹取 かぐや姫の昇天「月の都の人**にて**(=であって)、父母あり」。伊勢 四「月やあらぬ春や昔の春ならぬわが身ひとつはもとの身**にして**」訳 →つきやあらぬ…和歌 ❸下に補助動詞「あり」「おはす」「侍り」「候ふ」などを伴って用いる。古今 秋上「わがために来る秋**に**しもあらなくに虫の音聞けばまづぞ悲しき」訳 私(を悲しませるだけ)のために来る秋でもないのに、虫の鳴く声を聞くと、だれよりも先に悲しく思われる。(⇩に「識別ボード」)

に 助動詞「ぬ」の連用形。下に助動詞「き」「けり」「けむ」「たり」を伴って用いられる。古今 秋上「名に愛でて折れるばかりぞ女郎花我落ち**に**きと人に語るな」訳 →なにめでて…和歌。宇治 一・三「このたびはにはかにて、納めの手も忘れ候ひ**に**たり」訳 今回は急であって、舞い納めの手も忘れてしまいました。⇩に「識別ボード」

参考 上代には、「梅の花咲きて散りなば桜花継ぎて咲くべくなり**に**てあらずや(=なってしまっていないか)」〈万葉・五・八二九〉、「水鳥の立たむよそひに妹のらにもの言はず来**に**て(=来てしまって)思ひかねつも」〈万葉・一四・三五二八〉のように、「にて」の形でも用いられる。

◆識別ボード「に」◆

①**動詞(ナ変)の連用形語尾**
「春日の里にしるよしして狩りに往**に**けり」〈伊勢・一〉訳 春日の里に領地を持っている縁故があって、狩りに出かけた。

②**形容動詞の連用形語尾**
「この児、養ふ程に、すくすくと大き**に**なりまさる」訳 この幼児は、養い育てるうちに、すくすくとしだいに大きくなっていく。〈竹取 かぐや姫の生ひ立ち〉

③**助動詞「なり」の連用形**
「月見れば千々にものこそ悲しけれわが身一つの秋**に**はあらねど」訳 →つきみれば…和歌〈古今 秋上〉

④**助動詞「ぬ」の連用形**
「石走る垂水の上のさわらびの萌え出づる春になり**に**けるかも」訳 →いはばしる…和歌〈万葉 八・一四一八〉

①はすぐ上が「往」か「死」に限られる。②は上の部分の「大き」が状態を表し、文脈を離れると、「に」を「な」に置き換えて「…なもの、…なこと」と不自然でなくいえる。③と④は、上にくる語で判別する。③は体言または活用語の連体形に、④は活用語の連用形に付く。なお、③は、下に、「あり」またはその待遇表現の「おはす」「侍り」「候ふ」などのくることが多い。

に《上代語》助動詞「ず」の連用形。…ないで。…ないので。万葉 五・七九四「言はむ術せむ術知ら**に**石木をも問ひ放け知らず」訳 言おうにもその方法を、しようにもその方法を知らないし、石や木にも話しかけることができない。万葉 一四・三四七〇「あひ見ては千年や去ぬる否をかも吾やしか思ふ君待ちがて**に**」訳 逢ってからは千年がたつのか。いや私だけがそう思うのか、あなたを待ちきれないで。

参考 「に」の用法は狭く、「知らに」「飽かに」「かてに」などに限定され、中古に入ると「いへばえ**に**(=言おうとするといつも言えないし)いはねば胸にさわがれて」〈伊勢・三四〉のように、歌などで慣用的に用いられるにすぎなくなる。

に 一(格助) 二(接助)

意味・用法

一 **格助詞**
- **位置**〔…に。…で。〕→❶
- **行き先**〔…に。…(のほう)へ。〕→❷
- **相手**
  - **動作の対象**〔…に。〕→❸㋐
  - **使役の対象**〔…に。〕→❸㋑
  - **よりどころ**〔…に。〕→❸㋒
  - **比較の基準**〔…より。〕→❸㋓
- **原因・理由**〔…によって。…により。〕→❹
- **手段・方法**〔…で。〕→❺
- **状態**
  - **結果**〔…と。…に。〕→❻㋐
  - **資格**〔…として。〕→❻㋑
  - **比況**〔…のように。〕→❻㋒
- **主体**〔…によって。…から。〕→❼㋐
  〔…におかれて。〕→❼㋑
- **目的**〔…のため(に)。〕→❽
- **添加**〔…の上に。…にさらに。〕→❾
- **強調**〔…に。〕→❿

二 **接続助詞**
- **逆接**〔…けれども。…のに。〕→❶
- **単純接続**〔…と。…したところが。〕→❷
- **順接(原因・理由)**〔…ので。…ために。〕→❸
- **恒常条件**〔…するときはいつも。〕→❹
- **添加**〔その上さらに。〕→❺

接続
一 **体言**、活用語の**連体形**に付く。⑧⑩では動詞の連用形に付く。
二 活用語の**連体形**に付く。

一(格助) ❶位置を表す。㋐(空間的な)場所を表す。**…に。…で。**[土佐]「この人、国にかならずしも言ひ使ふものにもあらざなり」[訳]この人は、国府で必ずしも仕事を言いつけて使っている人でもないようだ。[文法]「あらざなり」の「ざなり」は、「ざるなり」の撥音便「ざんなり」の「ん」の表記されない形。[更級]初瀬「春ごろ鞍馬にこもりたり」[訳]春のころ鞍馬山にお籠もりをした。㋑時間を表す。**…に。**[土佐]「それの年の十二月の二十日あまり一日の日の戌の刻に、門出す」[訳]ある年の陰暦十二月の二十一日の日の戌の時(=午後八時ごろ)に、出発する。⇩土佐日記「名文解説」。[方丈]一「朝に死に、夕べに生まるるならひ、ただ水の泡にぞ似たりける」[訳]朝に死に、(また一方では)夕方に生まれる(という、人の)世の常(の姿)は、ちょうど(水面に消えてはあらわれる)水の泡に似ていることだ。

❷動作の行き先を表す。㋐動作の帰着点を表す。**…に。**[伊勢]九「三河の国、八橋といふ所にいたりぬ」[訳]三河の国(愛知県)、八橋という所に着いた。㋑動作の方向を表す。**…へ。…(のほう)へ。**[徒然]七四「東西に急ぎ、南北に走る」[訳](人々が)東や西へ急ぎ、南や北へ走る。

❸動作の相手を広く表す。㋐動作の対象を表す。**…に。**[徒然]序「つれづれなるままに、日暮らし硯に向かひて」[訳]何もすることがなく、手持ちぶさたであるのにまかせて、一日じゅう硯に向かって。⇩徒然草「名文解説」。㋑使役の動作の対象を示す。**…に。**[徒然]八七「下部に酒飲ますることは、心すべきことなり」[訳]身分の低い者に酒を飲ませることは、注意しなくてはならないことだ。㋒動作のよりどころを示す。**…に。**[土佐]「これは、ものによりて褒むるにしもあらず」[訳]これは、物によって(=餞別をもらったからといって)ほめるわけではない。[文法]「しも」は、強意の副助詞。㋓比較の基準を示す。**…より。**[竹取]かぐや姫の昇天「昼の明かさにも過ぎて光りわたり」[訳]昼の明るさよりもまさってあたり一面光り。[源氏]桐壺「世のおぼえはなやかなる御方々にもいたう劣らず」[訳]世間の評判の華やかな御方々にもそれほどひけをとらず。

❹原因・理由を示す。**…によって。…により。**[徒然]一九「なほ梅のにほひにぞ、古のことも立ちかへり恋しう思ひ出でらるる」[訳]やはり梅(の花)の香りによって、過ぎ去った昔のことも、その当時にさかのぼってなつかしく思い出される。[文法]「らるる」は、自発の助動詞「らる」の連体形で、係助詞「ぞ」の結び。

❺手段・方法を示す。**…で。**[竹取]御門の求婚「などか、翁の手におほし立てたらむものを、心に任せざらむ」[訳]どうして、翁の手で育てたであろうのに、(かぐや姫は)思いどおりにならないことがあろうか(いや、思いどおりになるはずだ)。

❻状態を表す。㋐動作・作用・変化の結果を示す。**…と。…に。**[竹取]かぐや姫の生ひ立ち「三月ばかりになるほどに、よきほどなる人に成りぬれば」[訳]三か月ほどがたつころに、(成人の儀式に)ふさわしいほどである(大きさの)人となったので。㋑資格を示す。**…として。**[更級]竹芝寺「火たく衛士にさし奉りたりけるに」[訳](国司がこの人を)かがり火をたく衛士として指名して(御所に)差し上げたところ。㋒比況を表す。**…のように。**[万葉]六・九〇九「山高み白木綿花に落ちたぎつ滝の河内は見れど飽かぬかも」[訳]山が高いので、白い木綿の花(=楮の繊維で作った造花)のように(白く)しぶきをあげて流れ落ちる、この激流のあたりは、いくら見ても見飽きないなあ。[文法]「山高み」の「み」は、原因・理由を表す接尾語。

❼動作の主体を表す。㋐受身のとき、その動作主を表す。**…によって。…から。**[伊勢]一二「国の守にからめられにけり」[訳](男は)国守によって捕らえられてしまった。㋑(尊敬語を述語に用いて)尊敬すべき動作主を表す。**…におかれて。**[枕]九「御前にもいみじうおち笑はせ給ふ」[訳]皇后におかれてもたいそう納得してお笑いになられる。[源氏]桐壺「弘徽殿には、久しく上の御局にもまうのぼり給はず」[訳]弘徽殿の女御におかれては、長い間上の御局にも参上なさらず。

❽動作の目的を示す。**…のため(に)。**[伊勢]九「東の方に住むべき国求めにとて行きけり」[訳]東国のほうに住むのにふさわしい国をさがすためにということで(出かけて)行った。[古今]春上・詞書「桜の花の咲けりけるを見にまうで来たりける人に」[訳]桜の花が咲いたようすを見るためにやって来た人に。

❾添加の意を表す。**…の上に。…にさらに。**[枕]四二「削り氷にあまづら入れて」[訳]削った氷の上に(つる草の)あまずらを煮て作った甘味料を入れて。

❿同じ動作を重ねる。**…に。**㋐単純に二つを重ねて強調する。[今昔]二六・二一「盗人泣きに泣きて、言ふことなし」[訳]盗人はただ泣くばかりで、ことばもない。㋑(修飾語+動詞の連用形+に+動詞、の形で)そういう状態であることを強める。[源氏]夕顔「ただ冷えに冷え入りて、息はとく絶えはてにけり」[訳](夕顔は)ひたすらどんどん冷たくなっていって、息はとっくに絶え果ててしまっていた。[徒然]八七「怒りて、ひた斬りに斬り落としつ」[訳](この男は)怒って、(具覚房を)めった斬りに斬り倒した。

二(接助) ❶逆接で下に続ける。確定した事実が続く。**…けれども。…のに。**[源氏]空蝉「女も並々ならずかたはらいたしと思ふに、御消息も絶えてなし」[訳]女(=空蝉)もひととかたならず気の毒だと思うけれども、(その後、光源氏からの)お手紙もまったくない。[新古]夏「庭の面はまだかわかぬに夕立の空さりげなく澄める月かな」[訳]庭土の表面はまだ乾かないのに、夕立の降っていた空はそんなようすもなく、澄んだ月が輝いていることだ。

❷事実を述べて、下に続ける。**…と。…したところが。**[土佐]「楫取りして幣たいまつらするに、幣の東へ散れば」[訳]船頭に命じて海神へのささげ物を差し上げさせると、(その)幣が東のほうへ散るので。[宇治]一・一二「寝たるよしにて、出で来るを待ちけるに、すでにし出だしたるさまにて」[訳](児が)寝たふりをして、(ぼた餅が)できてくるのを待っていたところ、いよいよ作り上げたようすで。[徒然]四一「賀茂の競べ馬を見侍りしに、車の前に雑人立ち隔てて見えざりしかば」[訳]賀茂神社の競馬を見ておりましたところが、(私の)車の前に下々の者が立ちはだかって見えなかったので。

❸順接で下に続ける。確定した事実が下に続く。特に原因・理由を表す。**…ので。…ために。**[竹取]かぐや姫の昇天「このことを嘆くに、ひげも白く、腰もかがまり」[訳]

(竹取の翁は)このことを嘆くので、ひげも白くなり、腰も曲がって。

❹恒常条件を表す。**…するときはいつも。** 万葉 三・四六六「入り日なす隠りにしかばそこ思ふ**に**胸こそ痛き」訳 夕日のように隠れて(＝死んで)しまったので、そのことを思うといつも胸が痛い。文法「胸こそ痛き」は、上代、形容詞型活用は、係助詞「こそ」の結びが連体形であった例。

❺添加の意を表す。**その上さらに。** 更級 足柄山「見る目のいときたなげなき**に**、声さへ似るものなく歌ひて」訳 見た目がたいそうこざっぱりしている上に、声まで比べるものもないほど(よい声で)歌って。

文法 ㊀ **格助詞の「に」**

(1) **空間的・時間的位置を表す用法** ①のように空間的・時間的位置を表す用法が基本と考えられる。この用法の留意すべきものに、次のようなものがある。

「信濃の国**に**、更級といふところ**に**、男住みけり」〈大和 一五六〉

これは「信濃の国」と大きく提示し、その「更級(郡)というところ」と限定して示したもの。「信濃の国に、(その)更級というところに」の意である。

「仁和寺**に**ある法師、年寄るまで石清水を拝まざりければ」〈徒然 五二〉

これは「ある」が動詞と連体詞との両様に用いられたと考えられるもので、「仁和寺にいる、ある法師は」の意にとる。なお、このような「に」を、「信濃の国で」「仁和寺で」にあたると考え、断定の助動詞「なり」の連用形とする説もある。

(2) **方向を表す用法** ②の㋑の方向を表す用法は中世以降の用法。中古までの用法では、明確な区別があり、「に」が場所(＝帰着点)、「へ」が方向を表す。

「春の野**に**すみれ摘みにと来し我ぞ野をなつかしみ一夜寝にける」〈万葉 八・一四二四〉

「いざ子ども早く日本**へ**大伴の御津の浜松待ち恋ひぬらむ」〈万葉 一・六三〉

(3) **使役表現** ⑦の㋐の用法に準じて考えられるものに、

「浪**に**足打ち洗はせて」〈平家 三・足摺〉

のような使役表現がある。直訳すると、「波に足を洗わせて」の意であるが、受身の表現をきらって使役の表現を用いるいわゆる「武者詞」といわれる用法で、「波によって足が洗われるのにまかせて」の意。

㊁ **接続助詞の「に」**

基本的な意味は、ある事柄の起こった一つの場が考えられ、そこから次の事柄が続いて起こることを表すといえる。したがって、本来は②の用法にみられるように、前の事態と後の事態との単なる接続を表すものとみられる。解釈にあたっては、前の事態と後の事態とを明確にとらえ、その関係が順接か逆接か添加かなど、筋の展開を考えて適切な判断を下すことになる。この点では「已然形＋ば」、「已然形＋ど・ども」のように、接続関係が語の形式に表現されている場合と異なる。

に《上代語》㊀(終助) ㊁(間助)

意味・用法

㊀ **終助詞**
願望〔…てほしい。…てもらいたい。〕

㊁ **間投助詞**
感動・強調〔…のであるよ。…になあ。…まあ…ことだ。〕

接続

㊀ 活用語の**未然形**に付く。

㊁ **体言**および体言に準ずる語、副助詞「さへ」などに付く。→さへに

㊀(終助)他に対する願望を表す。…てほしい。…てもらいたい。万葉 五・八〇一「ひさかたの天路は遠しなほなほに家に帰りて業を為まさ**に**」訳 天に昇る道は遠い。(だから)素直に家に帰って家業にお励みになってほしい。(「ひさかたの」は「天」にかかる枕詞)

㊁(間助)感動・強調を表す。…のであるよ。…になあ。…まあ…ことだ。万葉 三・二四二「滝の上の三船の山に居る雲の常にあらむと我が思はなく**に**」訳 急流のほとりにある三船の山に出ている雲がいずれは消えていくように、いつまでも生きていようと私は思わないことだ。(第三句までは「常にあらむ」を導きだす序詞)

参考 ㊁については終助詞、接続助詞、接尾語と見る説などがある。中古以降は、歌語として用いられる。

に-あ・り …である。…だ。枕 一「日入りはてて、風の音、虫の音など、はたいふべき**―・ら**㊍**ず**」訳 日がすっかり沈んで(から聞こえてくる)、風の音や虫の声などは、まったくなんとも言いようがないものである。

なりたち 断定の助動詞「なり」の連用形「に」＋ラ変補助動詞「あり」

に-あ・り …にある。…にいる。土佐「七十、八十は海**―・る**㊕ものなりけり」訳 (髪が白くなる)七十歳、八十歳(という老齢になるわけ)は(恐ろしい)海にあるものだったのだなあ。

なりたち 格助詞「に」＋ラ変動詞「有り」

にい【新】⇩にひ

にう-めん【入麺】(名)〔「煮麺」の転〕そうめんを醤油または味噌で味をつけて煮たもの。

にえ【贄・牲】⇩にへ

にお【鳰】⇩にほ

におい【匂い】⇩にほひ

に-おい-て【に於て】動作・作用の行われる場所・時間、また事柄をさす。…で。…にあって。徒然 九二「ただ今の一念**―**」訳 現在の一瞬にあって。→於て

参考 漢文訓読語において使われはじめた。

におう【匂う】⇩にほふ

に-か ❶(連体形の結びを伴って、「にかあらむ」「にかありけむ」の形で)…で(あろう)か。…で(あっただろう)か。今昔 一九・四三「今は昔、いづれの時**―**ありけむ」訳 今ではもう昔の話であるが、どの帝の時であっただろうか。

❷(文末に用いられて、①の「あらむ」「ありけむ」などが省略された形で)…であろうか。…であっただろうか。源氏 桐壺「いづれの御時**―**、女御、更衣あまたさぶらひ給ひけるなかに」訳 どの帝の御代であっただろうか、女御や更衣が大勢お仕えしていらっしゃった中に。⇩源氏物語「名文解説」

【なりたち】断定の助動詞「なり」の連用形「に」＋係助詞「か」

に-か ❶疑問の意を表す。…に…か。【竹取】蓬萊の玉の枝「いかなる所ー、この木はさぶらひけむ」【訳】どんな所に、この木はあったのでしょうか。❷反語の意を表す。…に…か(いや、…ない)。【竹取】ふじの山「何せむー命も惜しからむ」【訳】なんのために命も惜しかろうか(いや、命など惜しくない)。

【なりたち】格助詞「に」＋係助詞「か」

に-か-あら-む …であろうか。【竹取】燕の子安貝「『燕の巣くひたらば、告げよ』とのたまふを、うけたまはりて、『何の用ー』と申す」【訳】(中納言が)「燕が巣を作ったなら、知らせよ」とおっしゃるのをお聞きして、(家来たちは)「何のためであろうか」と申し上げる。

【なりたち】断定の助動詞「なり」の連用形「に」＋係助詞「か」＋ラ変補助動詞「あり」の未然形「あら」＋推量の助動詞「む」の連体形「む」

【参考】ふつう、「何」という疑問を表す語があるときは「にかあらむ」のように「か」が用いられ、疑問を表す語がなければ「にやあらむ」のように「や」が用いられる。

に-かい【二階】(名) ❶二段に作った棚や厨子などの調度。【源氏】東屋「厨子、ーなどあやしきまでし加へて」【訳】(常陸介は)厨子や二段に作った棚などを見苦しいほど置き加えて。❷二階建て。また、その上階。

(にかい①)

に-かう【二更】(名) 時刻の名。一夜を五つに分けた二番目。今の午後十時ごろ、およびその前後約二時間(午後九時ごろから午後十一時ごろ)。亥の刻。乙夜。→更

にが-し【苦し】(形ク){から・く(かり)・し・き(かる)・けれ・かれ} ❶苦みがある。苦い。【宇治】三・一六「おほらかに煮て食ふに、ーき(体)こと物にも似ず」【訳】(ひさごの実を)たくさん煮て食べたところ、苦いことはたとえようもない。❷おもしろくない。気まずい。【大鏡】道長上「饗応しもてはやし聞こえさせ給ひつる興もさめて、ことー・う(用)(ウ音便)なりぬ」【訳】(関白道隆が弟道長の)機嫌をとり、歓待し申しあげなされていた興もさめて、気まずくなってしまった。

にが-たけ【苦竹】(名) (その筍が苦いことから)真竹、または女竹の異名。

にがにが-し【苦苦し】(形シク){しから・しく(しかり)・し・しき(しかる)・しけれ・しかれ} 非常に不愉快だ。まったくおもしろくない。【平家】一・鹿谷「世の中ー・しう(用)(ウ音便)ぞ見えし」【訳】世の中(の情勢)はまったくおもしろくなく思えた。

にが-む【苦む】㊀(自マ四){ま・み・む・む・め・め} ❶顔をしかめる。いやな顔をする。【源氏】帚木「『暑きに』とー・み(用)給へば、人々笑ふ」【訳】「(この暑いのに」と(光源氏が)顔をしかめなさるので、女房たちは笑う。❷しわが寄る。【宇治】四・一七「あたたかなる時、酢をかけつれば…ー・み(用)て、よくはさまるるなり」【訳】(豆が)温かいうちに、酢をかけてしまうときっと…しわが寄って、(箸で)よくはさむことができるものだ。㊁(他マ下二){め・め・む・むる・むれ・めよ} 顔をしかめる。しわを寄せる。〔源平盛衰記〕「先王の舞を舞ふなるには、面模の下にて鼻をー・むる(体)ことに侍るなり」【訳】先王の舞(という舞曲)を舞うというときには、仮面の下で鼻にしわを寄せるものであるようです。

にがむ-にがむ【苦む苦む】(副) しぶしぶ。苦々しく思いながら。【大鏡】道長上「いま二所も、ー各おのはさうじぬ」【訳】もうお二方(＝道隆と道兼)も、苦々しく思いながらそれぞれお出かけになった。

にが-る【苦る】(自ラ四){ら・り・る・る・れ・れ} 不愉快な顔をする。顔をしかめる。〔十訓〕一「帥殿はー・り(用)ておはしけり」【訳】帥殿(＝伊周)は不愉快な顔をしていらっしゃった。

にき-【和・柔】(接頭)〔中古以降は「にぎ」〕(名詞に付いて)柔らかい、穏やかな、細かい、整った、などの意を添える。「ー栲」「ー膚」「ー御魂」

に-き【日記】(名)〔「にっき」の促音「っ」が表記されない形〕「にっき」に同じ。

に-き …た。…てしまった。【万葉】三・四六一「留め得ぬ命にしあれば敷き栲の家ゆは出でて雲隠りにき(終)」【訳】引きとめることのできない寿命であるから、家からは出て雲に隠れてしまった(＝お亡くなりになった)。(「敷き栲の」は「家」にかかる枕詞)

【なりたち】完了の助動詞「ぬ」の連用形「に」＋過去の助動詞「き」

熟田津(にきたつ)『地名』【歌枕】〔中古以降は「にぎたづ」〕今の愛媛県の道後温泉付近の船着き場。松山市の三津浜、同市和気町などの諸説がある。

にきたつに…【和歌】

> 熟田津に　船乗りせむと　月待てば
> 潮もかなひぬ　今は漕ぎ出でな
> 〈万葉・一・八・額田王〉

【訳】熟田津で、船出をしようとして月の出を待っていると、(月も出て)潮流もうまいぐあいになった。さあ、漕ぎ出そう。【文法】「漕ぎ出でな」の「な」は、勧誘を表す上代の終助詞。

【解説】左注によると、斉明天皇が百済救援の軍を率いて九州博多へ向かう途中、伊予の熟田津に泊まったときに額田王が詠んだ歌。第三句、四句には異説が多い。「月待てば」には、数か月待つと解す説、満月になるまで待つと解す説があり、これに対応して「潮もかなひぬ」も、潮流の向きがうまいぐあいになったと解す説、大潮になったと解す説がある。また、第三句を、月の出を待つと解し、第四句を、満潮になったと解す説もある。

にき-たへ【和栲・和妙】(名)〔「にき」は接頭語。中古以降は「にぎたへ」〕打って柔らかくした布。また、織り目の細かい上質の布。【万葉】三・四四三「一手には木綿取り持ち一手にはー奉り平らけくま幸くませと」【訳】(母は)片手には木綿を持ち、もう一方の手には和栲を(神に)ささげ、(わが子が)平安で無事でいらっしゃいと(祈ったのに)。↔荒栲

にき-たま【和魂・和霊】(名)〔「にき」は接頭語。中古以降は「にぎたま」〕「にきみたま」に同じ。

にぎは-し【賑はし】(形シク){しから・しく(しかり)・し・しき(しかる)・しけれ・しかれ}「にぎはし」に同じ。〔春色梅児誉美〕「唐琴屋とか聞こえしは、いとー・しき(体)家なりしが」【訳】唐琴屋とか(い

って)世に知られた店は、たいそう裕福な家であったが。

にき-はだ【和膚】(名)〔「にき」は接頭語。中古以降は「にぎはだ」〕柔らかな肌。やわはだ。[万葉]二・一九四「夫の命のたたなづく―すらを剣大刀身に副へ寝ねば」[訳]夫の皇子の、重なりあったやわはださえも身に添えて寝ないので。(「剣大刀」は「身」にかかる枕詞)

にぎはは・し(ニギワワシ)【賑はし】(形シク){しから・しく(しかり)・し・しき(しかる)・しけれ・しかれ}〔動詞「賑はふ」に対応する形容詞〕❶富み栄える。裕福である。[徒然]二四〇「世にありわぶる女の…あやしの吾妻人なりとも、―・しき(体)につきて」[訳]この世で暮らしかねている女が…身分の低い関東人であっても、裕福なのに心ひかれて。⇩幸ふ「慣用表現」
❷にぎやかである。活気がある。[更級]宮仕へ「内外人多く、こよなく―・しく(用)もなりたるかな」[訳](家の)内や外に人が多く、この上なくにぎやかにもなったことよ。❸物が多い。豊富である。[源氏]初音「硯のあたり―・しく(用)、草子ども取り散らしたるを」[訳]硯の近くにたくさん、冊子のあれこれを取り散らかしてあるのを。

にぎは・ふ(ニギワ(オ)ウ)【賑はふ】(自ハ四){は・ひ・ふ・ふ・へ・へ}❶富み栄える。繁栄する。[徒然]一四一「―・ひ(用)、豊かなれば、人には頼まるるぞかし」[訳](関東の人は)富み栄え、裕福なので、他人からは信頼されるのだよ。⇩幸ふ「慣用表現」
❷にぎやかになる。盛んになる。[今昔]二八・二〇「寺の内に僧坊ひまなく、住み―・ひ(用)けり」[訳]境内には僧坊がすきまなく並び、(多くの僧が)住み着いてにぎわっていた。

にき・ぶ【和ぶ】(自バ上二){び・び・ぶ・ぶる・ぶれ・びよ}心が和らぐ。なれ親しむ。くつろぐ。[万葉]一・七九「天皇の御命かしこみ―・び(用)にし家をおき」[訳]天皇のおことばが畏れ多いので、くつろいでいたわが家をあとにして。

にき-みたま【和御魂・和御霊】(名)〔「にき」は接頭語。中古以降は「にぎみたま」〕温和な神霊。柔和な神の御心。「にきたま」とも。〔祝詞〕「己命の―を八咫の鏡にとりつけて」[訳](大国主命は)ご自分の柔和な魂を、八咫の鏡に乗り移らせて(天孫への服従を誓い)。↔荒御魂

にき-め【和海藻】(名)〔「にき」は接頭語。中古以降は「にぎめ」〕柔らかな海藻。わかめの類。[春]。[万葉]一六・三八七一「角島の迫門の稚海藻は人のむた荒かりしかど我とは―」[訳]角島の海峡のわかめは、他の人には荒々しかったけれども、私には柔らかな海藻だ。

にく【憎】〔形容詞「にくし」の語幹〕いやだ。気にくわない。[源氏]明石「『あな―。例の御癖ぞ』と見奉りむつかるめり」[訳]「ああ、いやだ。いつもの(光源氏の悪い)御癖であるぞ」と拝見しぐちを言うようだ。
[参考]多く「あなにく」の形で用いられる。

に・ぐ【逃ぐ】(自ガ下二){げ・げ・ぐ・ぐる・ぐれ・げよ}逃げる。避ける。[伊勢]一二「女をば草むらのなかに置きて、―・げ(用)にけり」[訳](男は)女を草むらの中に置いて、逃げてしまった。

にぐう-の-だいきゃう(―ダイキョウ)【二宮の大饗】平安時代、陰暦正月二日に、親王・王・公卿などが、二宮(＝皇后・東宮)に拝礼したのち、饗宴を賜る儀式。

にくから-ず【憎からず】❶好感がもてる。感じがよい。いとしい。[枕]四九「声にくからざら(未)む人のみなむ思はしかるべき」[訳]声に好感がもてるような人だけが好ましいようだ。
❷情愛がこまやかである。奥ゆかしい。[竹取]御門の求婚「御返りさすがににくからず(用)聞こえ交はし給ひて」[訳](かぐや姫からの)ご返事はそう(＝帝の仰せに背いた)とはいうものの情愛こまやかにやりとり申しあげなさって。
[なりたち]形容詞「憎し」の未然形「にくから」＋打消の助動詞「ず」

にく-げ【憎げ】(形動ナリ){なら・なり(に)・なり・なる・なれ・なれ}〔「げ」は接尾語〕❶憎んでいるようなさま。憎らしく思うさま。〔和泉式部日記〕「中将などが―・に(用)思ひたるむつかしさに」[訳](侍女の)中将などが(私＝敦道親王を)憎らしそうに思っていることの不快さに。
❷醜いさま。いやな感じだ。[枕]三七「木のさま―・なれ(已)ど、棟の花いとをかし」[訳]木の姿は醜い感じだけれども、棟(＝せんだん)の花はたいそう趣深い。

にくさ-げ【憎さげ】(形動ナリ){なら・なり(に)・なり・なる・なれ・なれ}〔形容詞「憎し」の語幹「にく」に接尾語「さ」を付けて名詞化し、さらに接尾語「げ」を付けて形容動詞化したもの〕憎らしいさま。醜いさま。無愛想なさま。[徒然]一「品くだり、顔―・なる(体)人にも立ちまじりて」[訳]身分が低く、顔の醜い感じの人にも立ち交じって。

-にく・し【憎し】(接尾ク型)〔動詞の連用形に付いて〕「…するのが困難だ」「…づらい」の意の形容詞をつくる。[源氏]桐壺「いと立ち離れ―・き(体)草のもとなり」[訳]たいそう立ち去りがたい草の宿(＝桐壺の更衣の実家)である。
【例語】侮りにくし(＝軽蔑しがたい)・ありにくし・応へにくし(＝応じがたい)・うち出でにくし・書きにくし・聞きにくし・戯れにくし・見えにくし・見にくし・やつしにくし(＝出家しがたい)

にく・し【憎し】(形ク){から・く(かり)・し・き(かる)・けれ・かれ}❶いやだ。気にいらない。不快だ。[枕]二八「―・き(体)もの　急ぐことある折に来て長言するまらうど」[訳]不快なもの、急用のあるときにやって来て長話をする客。⇩客人「名文解説」
❷醜い。みっともない。見苦しい。〔うつほ〕あて宮「左の大殿、あるが中に年老い、かたちも―・し(終)、時なし」[訳]左大臣殿(の大君)は、(多くの方々の)ある中で、年をとり、容貌も醜いし、羽振りがよくない。
❸無愛想だ。つれない。[枕]三「をとこ君も―・から(未)ずうちゑみたるに、ことに驚かず」[訳]男君も無愛想でなくにこにこしているが、(女君は)格別驚いたふうもなく。
❹むずかしい。奇妙だ。[枕]九九「賀茂の奥に、なにさきとかや、…―・き(体)名ぞ聞こえし」[訳]賀茂の奥に、なんとか崎とかいって、…奇妙な地名が評判であった。
❺(すぐれていて、憎いほどだの意から)感心だ。あっぱれだ。〔古活字本保元物語〕「―・い(体)(イ音便)剛の者かな」[訳]あっぱれな勇者だなあ。
❻(動詞の連用形に付いて)…するのが困難だ。…づらい。→にくし(接尾)

にく・む【憎む】(他マ四){ま・み・む・む・め・め}❶いやだと思う。きらう。[徒然]九三「人、死を―・ま(未)ば、生を愛すべし」[訳]人は死を憎むならば、生命をいとおしまなければならない。
❷非難する。反対する。[徒然]一三〇「『われはさやは思ふ』など争ひ―・み(用)」[訳]「私はそうは思うか(いや、思いはしない)」などと言い争って(相手を)非難し。[文法]「やは」は、

反語の係助詞。

にく・らか【憎らか】(形動ナリ){なら・なり(に)・なり・なる・なれ・なれ}〔「らか」は接尾語〕憎らしいさま。〔源氏〕若菜上「ー・に用もうけばらぬなどをほめぬ人なし」〔訳〕(明石の君が)憎らしいさまにもでしゃばらないことなどをほめない人はいない。

にげ・な・し【似げ無し】(形ク){から・く(かり)・し・き(かる)・けれ・かれ}つりあわない。ふさわしくない。似合わない。〔枕〕四五「ー・き体もの 下衆の家に雪の降りたる」〔訳〕似合わないもの、身分の低い者の家に雪が降り積もっているの。

にげ・まうけ【逃げ設け】(名)逃げる用意。逃げじたく。〔平家〕一一・逆櫓「もとよりーしてはなんのよからうぞ」〔訳〕(戦いというものは)初めから逃げる用意をしては、どうしてよいだろうか(いや、よくはない)。

に・けむ (きっと)…ただろう。…てしまったのだろう。〔源氏〕夕顔「夜中も過ぎにけむ終かし、風のやや荒々しう吹きたるは」〔訳〕夜中もきっと過ぎただろうよ、風がしだいに激しく吹いているのは。〔なりたち〕完了の助動詞「ぬ」の連用形「に」+過去推量の助動詞「けむ」

にげめ・を・つか・ふ【逃げ目を使ふ】逃げようとして機会をうかがう目つきをする。〔源氏〕帚木「すべなくて、ー・ひ用て」〔訳〕(にんにくのにおいで)どうしようもないので、(私=藤式部の丞は)逃げる機会をうかがって。

に・けらし …てしまったらしい。…たらしい。〔万葉〕三・二七一「桜田へ鶴鳴き渡る年魚市潟潮干にけらし終鶴鳴き渡る」〔訳〕→さくらだへ…〔和歌〕〔なりたち〕完了の助動詞「ぬ」の連用形「に」+過去の推定の助動詞「けらし」

に・けり ❶(「けり」が過去を表す場合)…てしまった。…た。…たということだ。〔大和〕七「男、女、あひ知りて年経にける体を、いささかなることによりて離れにけれ已ど」〔訳〕男と女が互いに親しみ合って年がたったのに、ちょっとしたことによって別れてしまったが。❷(「けり」が何かに気づいたことや詠嘆を表す場合)…ていた(のだった)。…てしまったことだ。〔拾遺〕恋一「忍ぶれど色に出でにけり終わが恋は物や思ふと人の問ふまで」〔訳〕→しのぶれど…〔和歌〕〔なりたち〕完了の助動詞「ぬ」の連用形「に」+過去の助動詞「けり」

にこ・やか【和やか】(形動ナリ){なら・なり(に)・なり・なる・なれ・なれ}〔「やか」は接尾語〕❶もの柔らかなさま。しとやかなさま。〔源氏〕梅枝「ー・なる体方のなつかしさは、殊なるものを」〔訳〕(あなた=紫の上の)もの柔らかである方面(=筆づかい)の慕わしさは、格別であるのになあ。❷にこにこ笑うさま。

にごり【濁り】(名)❶濁っていること。よごれ。けがれ。〔古今〕夏「はちす葉のーにしまぬ心もてなにかは露を玉とあざむく」〔訳〕→はちすばの…〔和歌〕❷潔白でないこと。うしろ暗いこと。〔源氏〕須磨「ーなき心に任せてつれなく過ぐし侍らむも」〔訳〕うしろ暗さのない心にまかせて平気で過ごしますとすれば、それも。〔文法〕「過ぐし侍らむも」の「む」は、仮定・婉曲の助動詞。❸(仏教語)俗世間の欲望や悩み。煩悩。〔徒然〕五八「などか、この世のーも薄く、仏道を勤むる心もまめやかならざらん」〔訳〕どうして、現世の煩悩も少なくなり、仏道を勤める心も真剣でないことがあろうか(いや、煩悩も少なくなり、仏道修行に励む心も真剣になる)。〔文法〕「薄く」は、連用形中止法で「薄くならざらん」の意。

にごり・え【濁り江】(名)水の濁った入り江。〔新古〕恋一「ーのすまんことこそ難からめいかでほのかにかげを見せまし」〔訳〕水の濁った入り江が澄む(=あの人と共に住む)ようなことは難しいだろうが、どうにかしてかすかに姿を映して見せたい(=私の姿を見せたい)ものだ。(「すまん」は「澄まん」と「住まん」との掛詞)

にご・る【濁る】(自ラ四){ら・り・る・る・れ・れ}❶不透明になる。〔万葉〕三・三三八「験なき物を思はずは一坏のー・れ已る酒を飲むべくあるらし」〔訳〕→しるしなき…〔和歌〕❷潔白でない。けがれる。煩悩に執着する。邪念を持つ。〔源氏〕宿木「澄み果てたりし方の心もー・り用そめにしかば」〔訳〕悟りきっていた方面の心も(大君への恋慕のため)けがれはじめてしまったので。❸濁音になる。濁音にする。〔徒然〕一六〇「行法も、法の字を澄みて言ふ、わろし。ー・り用て言ふ」〔訳〕行法(ということばも、法の字をホウと清音にして言うのはよくない。(ボウと)濁音にして言う(ものだ)。

に・ざり・ける …であったのだなあ。〔土佐〕「照る月の流るる見れば天の川出づるみなとは海ー」〔訳〕照る月が流れるように移って(海に沈んで)いくのを見ると、天の川の流れ出る河口は(地上の川と同じように)、やはりこの海であったのだなあ。→ざりける〔文法〕〔なりたち〕断定の助動詞「なり」の連用形「に」+係助詞「ぞ」+ラ変補助動詞「あり」の連用形「あり」+過去の助動詞「けり」の連体形「ける」=「にぞありける」の転

にし【西】(名)❶西の方角。❷西から吹く風。西風。〔更級〕竹芝寺「ー吹けば東になびき」〔訳〕西風が吹くと(ひしゃくが)東になびき。❸西方にあるという極楽浄土。西方浄土。〔山家集〕「ーへ行くしるべと頼む月影のそらだのめこそかひなかりけれ」〔訳〕西方浄土へ行く案内役と頼みにする月(のように思っていたあなた)が、あてにならない頼みをさせるのはまことに甲斐のないことだ。(第三句までは「そらだのめ」を導きだす序詞。「そら」と「月影」とは縁語。)⇩後世「慣用表現」

にし【螺・辛螺】(名)たにしなど、小さい巻き貝の総称。

に・し …で。〔古今〕雑上「とりとむるものーあらねば」〔訳〕(年月は)引きとどめるものではないので。〔なりたち〕断定の助動詞「なり」の連用形「に」+副助詞「し」

に・し …た。…てしまった。〔古今〕秋上「秋風の吹きー日より」〔訳〕秋風が吹いた日(=立秋の日)から。〔なりたち〕完了の助動詞「ぬ」の連用形「に」+過去の助動詞「き」の連体形「し」

にし・おもて【西面】(名)❶西の方角。〔更級〕足柄山「わが生ひ出でし国にてはーに見えし山なり」〔訳〕私が成長した国(=上総)では富士山は西の方角に見えた山である。❷建物の西側。西向きの部屋。〔源氏〕若紫「このーにしも、持仏すゑ奉りて行ふ尼なりけり」〔訳〕この西向きの座敷に、持仏(=つねに安置している仏像)をお据え申して勤行する人は尼であった。❸「西面の武士」の略。後鳥羽上皇のとき、「北

面の武士」に対して、上皇の御所の西の詰め所にいて警護に当たった武士。「西面の武士」とも。

に‐しか …てしまった。万葉 三・四六六「入り日なす隠りーばそこ思ふに胸こそ痛き」訳 夕日のように隠れてしまった(=死んだ)ので、そのことを思うといつも胸が痛い。文法「胸こそ痛き」は、上代、形容詞型活用は、係助詞「こそ」の結びが連体形であった例。
なりたち 完了の助動詞「ぬ」の連用形「に」＋過去の助動詞「き」の已然形「しか」

に‐しが（終助）［完了の助動詞「ぬ」の連用形「に」に終助詞「しが」の付いたもの］自分の身に実現不可能なことが起こることを願う意を表す。…たいものだ。…たいなあ。〔後撰〕恋五「伊勢の海に遊ぶ海人ともなりにしが浪かき分けてみるめ潜かむ」訳 伊勢の海で遊ぶ海人にでもなりたいなあ。(そうしたら)波をかき分けて潜って、みるめ(=海藻の名)をとろう(=あなたに会う機会を得よう)。(「みるめ」は「海松藻」と「見る目」との掛詞)
接続 活用語の連用形に付く。
参考 中古以降に用いられた語。

にしが‐な（終助）［願望の終助詞「にしが」に詠嘆の終助詞「な」の付いたもの］自分の身に実現不可能なことが起こることを願う意を表す。…たいものだなあ。蜻蛉 中「なほ、いかで心として死にもしにしがな」訳 やはり、なんとかして自分の意思で死にもしたいものだなあ。
接続 活用語の連用形に付く。

にしき【錦】（名）❶金糸・銀糸など種々の糸でいろいろな模様を織り出した、厚地の絹織物。更級 鏡のかげ「青き織物の衣を着て、ーを頭にもかづき」訳 青い織り模様の衣を着て、錦を頭にもかぶり。❷美しく華麗なもののたとえ。古今 春上「見渡せば柳桜をこきまぜて都ぞ春のーなりける」訳 →みわたせば…和歌

に‐して（格助）［格助詞「に」に副助詞「して」の付いたもの］時を表す。…で。…のときに。方丈 三「三十あまりー、更にわが心と、一つの庵を結ぶ」訳 三十歳過ぎで、改めて自分の心のままに、一軒の庵を構える。

に‐して …で。…であって。…でありながら。古今 雑体「山吹の花色衣ぬしや誰問へど答へずくちなしー」訳 山吹の花の色をした衣、おまえの持ち主はだれかと聞いても答えない。(梔子の実で染めたので)口無しだから。(「くちなし」は「梔子」と「口無し」との掛詞)
なりたち 断定の助動詞「なり」の連用形「に」＋接続助詞「して」

に‐し‐て 場所を表す。…にあって。…において。…で。万葉 一五・三七八一「旅ー物思ふ時にほととぎすもとなな鳴きそ吾が恋まさる」訳 旅にあって物思いをしているときに、ほととぎすよ、むやみに鳴いてくれるな。私の恋心がつのる(から)。
なりたち 格助詞「に」＋サ変動詞「為」の連用形「し」＋接続助詞「て」

にし‐の‐きゃう【西の京】（名）「うきゃう」に同じ。↔東の京

にし‐の‐たい【西の対】（名）寝殿造りで、寝殿の西側にある対の屋(=別棟の建物)。二の対。寝殿とは渡殿(=渡り廊下)で結ばれる。↔東の対

にじふいちだい‐しふ【二十一代集】（名）勅撰和歌集の総称。古今・後撰・拾遺(以上三代集)・後拾遺・金葉・詞花・千載・新古今の八代集に、新勅撰・続後撰・続古今・続拾遺・新後撰・玉葉・続千載・続後拾遺・風雅・新千載・新拾遺・新後拾遺・新続古今の十三代集を合わせていう。

にじふご‐ぼさつ【二十五菩薩】（名）《仏教語》極楽往生する人のもとに、阿弥陀如来に率いられて来迎するという二十五の菩薩。観世音・勢至・薬王・普賢など。

にじふし‐き【二十四気】（名）陰暦で、五日を一候とし、三候を一気として、一年間を二十四に区分した称。立春・雨水・啓蟄・春分・清明・穀雨・立夏・小満・芒種・夏至・小暑・大暑・立秋・処暑・白露・秋分・寒露・霜降・立冬・小雪・大雪・冬至・小寒・大寒。二十四節気。

に‐しも‐あら‐ず 必ずしも…ではない。土佐「これは、ものによりて褒むるー・ず(終)」訳 これは、必ずしも物によって(=餞別をもらったから)ほめるのではない。
なりたち 断定の助動詞「なり」の連用形「に」＋副助詞「しも」＋ラ変補助動詞「あり」の未然形「あら」＋打消の助動詞「ず」

西山（にしやま）『地名』今の京都市西方の山地。北の愛宕山から南の天王山までの山々。

西山宗因（にしやまそういん）『人名』(一六〇五―一六八二)江戸前期の連歌師・俳人。本名豊一。別号梅翁・西翁。肥後(熊本県)の人。談林俳諧の祖。貞門の形式主義を排し、自由軽妙な新風をおこした。門人に井原西鶴らがいる。「西翁十百韻」など。(宗因忌春)

二条良基（にじょうよしもと）⇨二条良基

にじ・る【躙る】 ㊀（自ラ四）｛ら・り・る・る・れ・れ｝座った状態で、ひざを床などに押し付けるようにしてじりじりと動く。貴人の前から退出するときなどの動作。〔狂・今参〕「まだお前をー・り(用)も致しませぬ」訳 まだ御前からにじり動き(退出し)もいたしておりません。㊁（他ラ四）｛ら・り・る・る・れ・れ｝押し当ててすり動かす。押し付けてねじ回す。宇治 一三・六「節のもとを、指にて、板敷きに押し当ててー・れ(已)ば」訳 (矢竹の)節の部分を、指で、板敷きに押し当ててねじ回すと。

に・す【似す】（他サ下二）｛せ・せ・す・する・すれ・せよ｝似るようにする。似せる。枕 三七「楊貴妃の、帝の御使ひに会ひて泣きける顔にー・せ(用)て」訳 楊貴妃が、(玄宗)皇帝のご使者に会って泣いた顔に似せて。

に‐せ【二世】（名）《仏教語》現世と来世。この世と死後の世。

にせ‐の‐ちぎり【二世の契り】 来世まで続く夫婦の固い縁・結び付き。〔伽・御曹子島渡〕「夫婦はーぞかし」訳 夫婦は来世まで続く固い縁なのだよ。

偐紫田舎源氏（にせむらさきいなかげんじ）『作品名』江戸後期の合巻。柳亭種彦作。文政十二年(一八二九)から天保十三年(一八四二)刊。「源氏物語」を、足利将軍家をめぐるお家騒動に移して翻案したもの。江戸城大奥を描いたとされ、天保の改革の際に絶版を命じられた。

に‐たり …てしまっている。…ている。…てしまった。徒然 一九「みな源氏物語・枕草子などにことふりにたれ(已)ど」訳 みな「源氏物語」や「枕草子」などに言い古さ

れてしまっているけれども。
なりたち 完了の助動詞「ぬ」の連用形「に」＋完了の助動詞「たり」

日蓮（にちれん）〖人名〗（一二二二～一二八二）鎌倉中期の僧。諡は立正大師。日蓮宗の開祖。安房（千葉県）の人。法華経を最高の真理とし、「南無妙法蓮華経」と唱えることによって、仏の教えにあずかることができると説いた。伊豆（静岡県）、佐渡（新潟県）への二度の流罪など、苦難の生涯であった。建白書「立正安国論」、教義書「観心本尊鈔」など。（日蓮忌㊄）

につかは・し【似付かはし】（形シク）{しから・しく（しかり）・し・しき（しかる）・しけれ・しかれ}似合っている。ふさわしい。土佐「かうらうたども、時に━・しき㊟言ふ」訳 漢詩をいくつか、その場にふさわしいのを朗吟する。

にっき【日記】（名）自己の見聞を、年月日を明らかにして書きとどめた記録。奈良時代から行われた本来の日記は、男性の手による公的な政務の記録で、漢文体で書かれた。平安時代になると、個人の公私にわたる生活記録や、文学的意図による回想日記などが盛んに書かれ、文体も和文体が中心となった。紀貫之の「土佐日記」は、その端緒を開いたもの。「にき」とも。

にっ-きふ【日給】（名）殿上人がその日の当直として、宮中に出仕すること。著聞 六六二「内裏大炊殿にて━果てて」訳 大炊御門の里内裏でその日の当直がすんで。

にっきふ-の-ふだ【日給の簡】清涼殿の殿上の間に出仕する者の官位・氏名を表示した木のふだ。殿上の間の西北の壁に立てかけられた。殿上の簡。仙籍。「ひだまひのふだ」とも。

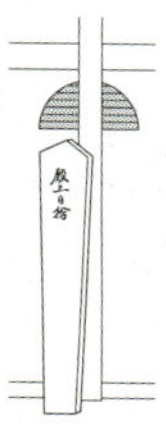

（日給の簡）

日光（にっこう）〖地名〗今の栃木県日光市。徳川家康の霊をまつる東照宮で名高い。東照宮鎮座以前にも二荒山（＝男体山）を中心とする群峰に対する信仰があり、修験道の霊場があった。

にっくゎう-かいだう【日光街道】（名）江戸時代の五街道の一つ。東照宮参拝のために定められた街道。江戸日本橋から宇都宮までは奥州街道と重なり、宇都宮から分かれて日光にいたる道。

にっくゎ-もん【日華門】（名）内裏の門の一つ。紫宸殿の南庭の東側、宜陽殿と春興殿との間にあり、左近の陣のうしろにあたる門。月華門と相対する。⇩巻頭カラーページ32

にっ-しふ【入集】（名・他サ変）歌集や句集に作品を選び入れること。〔去来抄〕先師評「猿蓑の撰のとき、『このうち一句━・す㊕べし』となり」訳「猿蓑」編集のとき、（芭蕉は）「この（二句の）中の一句を選び入れるがよい」と言われた。

にっ-そう【入宋】（名）日本から宋へ行くこと。

にっ-たう【入唐】（名）日本から唐へ行くこと。

にっ-ちゅう【日中】（名）「六時」の一つ。正午。また、正午に行われる勤行。枕 一三三「七月の修法の阿闍梨。━の時など行ふ、いかに暑からむと思ひやる」訳（いかにも暑そうなものは）陰暦七月に加持祈禱を行う僧。（とりわけ）正午の勤行などをするのは、どんなに暑いだろうと推量する。→六時

日本永代蔵（にっぽんえいたいぐら）〖作品名〗江戸前期の浮世草子。井原西鶴作。貞享五年（一六八八）刊。知恵と才覚によって富を築き上げた町人の成功談を集め、欲に生きる人間の姿を鋭く描き出した。

に-つら・ふ【丹つらふ】（自ハ四）{は・ひ・ふ・ふ・へ・へ}《上代語》赤く照りはえる。美しい色をしている。万葉 一一・二五二一「杜若━・ふ㊟君をゆくりなく思ひ出でつつ嘆きつるかも」訳 かきつばたのように美しい顔色をしているあなたを、不意に思い出してはため息をついたことよ。

に-て（格助）
〔格助詞「に」に接続助詞「て」の付いたもの〕

意味・用法
場所〔…において。…で。〕→❶
時刻・年齢〔…で。〕→❷
状態・資格〔…で。…として。〕→❸
手段・方法〔…で。〕→❹
材料〔…で。〕→❺
理由・原因〔…のために。…によって。〕→❻

接続
体言、活用語の**連体形**に付く。

❶場所を表す。**…において。…で。** 土佐「潮海のほとりにてあざれあへり」訳（腐るはずのない塩のきいた）海の近くでふざけあっている。（「あざれ」に「ふざける」「（魚肉などが）腐る」の二つの意があることをふまえたしゃれ）。⇩戯れ合ふ「名文解説」。細道 尾花沢「尾花沢にて清風といふ者をたづぬ」訳 尾花沢で清風という人を訪ねる。

❷時刻・年齢を表す。**…で。** 源氏 桐壺「十二にて御元服し給ふ」訳（光源氏は）十二歳でご元服をしなさる。

❸状態・資格を表す。**…で。…として。** 源氏 桐壺「ただ人にておほやけの御後ろ見をするなむ行くさきも頼もしげなめること」訳（光源氏が）臣下として朝廷のご後見人をつとめることが将来もいかにも頼もしく思われることだ。文法「なめる」は、「なるめる」の撥音便「なんめる」の「ん」の表記されない形。〔増鏡〕おどろのした「四位ばかりにて失せにし人の子なり」訳 四位ぐらいで亡くなった人の子である。

❹手段・方法を表す。**…で。** 更級 太井川「夜一夜、舟にてかつがつ物など渡す」訳 一晩じゅう（かかって）、舟でどうにかこうにか荷物などを（対岸に）渡す。

❺材料を表す。**…で。** 徒然 九「女のはける足駄にて作れる笛には、秋の鹿必ず寄る」訳 女が履いた下駄で作った笛（の音）には、秋の（ころの）雄鹿が必ず寄ってくる。

❻理由・原因を表す。**…のために。…によって。** 竹取 かぐや姫の生ひ立ち「我朝ごと夕ごとに見る竹の中におはするにて知りぬ」訳 私（＝竹取の翁）が毎朝毎夕見る竹の中にいらっしゃるのでわかった。源氏 若菜上「御物の怪にて、時々なやませ給ふこともありつれど」訳（朱雀院は）御物の怪のために、時々ご病気におなりになられることもあったが。文法「せ給ふ」は、最高敬語。

(⇩にて「識別ボード」)

参考 現代語の「で」と同じと考えればよい。語源的には、「にて→んで→で」という発音の変化をたどる。「で」が用いられるのは平安末期から。

に-て ❶…であって。…という状態で。竹取 かぐや姫の昇天「月の都の人—、父母あり」訳 (私=かぐや姫は)月の都の人であって、父母がある。❷(下に「あり」「おはす」「候ふ」「侍り」など存在を表す語を伴って)断定を表す。…で(ある)。平家 四・宮御最期「みなし子—ありしを」訳 (仲家は)みなし子であったが。(⇩にて「識別ボード」)

なりたち 断定の助動詞「なり」の連用形「に」＋接続助詞「て」

に-て …てしまって。…てしまっていて。万葉 五・八二九「梅の花咲きて散りなば桜花継ぎて咲くべくなり—あらずや」訳 梅の花が咲いて散ってしまったならば、桜の花が続いて咲きそうになってしまっていないか(いや、咲きそうになってしまっている)。⇩にて「識別ボード」

なりたち 完了の助動詞「ぬ」の連用形「に」＋接続助詞「て」

◆識別ボード「にて」◆

①**形容動詞の連用形語尾＋接続助詞「て」**

「つらつきいとらうたげにて、眉のわたりうちけぶり」〈源氏 若紫〉訳 顔つきがたいへんかわいらしいようすで、眉のあたりがほんのりと美しく。

②**助動詞「なり」の連用形＋接続助詞「て」**

「月はありあけにて、光をさまれるものから」訳 月は有り明けの月で、光は薄らいでいるので。〈細道 旅立〉

③**助動詞「ぬ」の連用形＋接続助詞「て」**

「波の上ゆなづさひ来にてあらたまの月日も来経ぬ」訳 波の上を漂って来てしまって、月日も来ては過ぎ去ってしまった。〈万葉 一五・三六九一〉

④**格助詞**

「前栽の中に隠れゐて、河内へ往ぬる顔にて見れば」訳 (男は)庭の植え込みの中に隠れて座って、河内の国(大阪府東部)へ行ったふりをして見ると。〈伊勢 二三〉

①は上の語が状態を表し、文脈を離れると、「にて」を「な」に置き換えて「…なもの、…なこと」と不自然でなくいえる。②は体言または活用語の連体形に付き、「であって」の意にあたる。③は活用語の連用形に付く。主に上代に見られる用法で用例は少ない。④は体言または活用語の連体形に付き、②と紛れがちだが、現代語の「で」(連体形に付くと「ので」)にあたる。

二条良基(にでうよしもと) ニジョウヨシモト『人名』(一三二〇〜一三八八)南北朝時代の歌人・連歌師。和歌を頓阿に、連歌を救済に学ぶ。「菟玖波集」を撰し、「連歌新式(=応安新式)」を制定。歌論書「近来風体抄」、連歌論書「連理秘抄」「筑波問答」など。

二条院讃岐(にでうゐんのさぬき) ニジョウインノサヌキ『人名』(一一四一?〜一二一七?)平安末期・鎌倉初期の女流歌人。源頼政の娘。二条天皇に仕えた後、藤原重頼と結婚。のちに後鳥羽天皇の中宮任子に再出仕した。「小倉百人一首」に入集。家集「二条院讃岐集」

に-な-し【二無し】(形ク){(から)・く(かり)・し・き(かる)・けれ・かれ}二つとない。比べるものがない。すばらしい。最高だ。伊勢 九三「男、身はいやしくて、いと—・き㊍人を思ひかけたりけり」訳 男は身分は低いのに、とても比べるものがないほどの(高い身分の)人を恋い慕ったのであった。

になひ-いだ-す ニナイ【担ひ出だす】(他サ四){さ・し・す・す・せ・せ} ❶かつぎ出す。❷やっとのことで作り出す。土佐「かの人々の、口網も諸持ちにて、この海辺にて—・せ㊁る歌」訳 その人々が、皆が総がかりになって、この海辺でやっと作り出した歌。

にな-ふ ニナウ【担ふ・荷ふ】(他ハ四){は・ひ・ふ・ふ・へ・へ}荷をかつぐ。肩にのせて運ぶ。枕 二三五「青き草多くいとうるはしく切りて、左右—・ひ㊊て」訳 青い草(=菖蒲)をたくさん、たいそうきちんと切って、左右の肩にかついで。

二人比丘尼(ににんびくに)『作品名』江戸前期の仮名草子。鈴木正三作。寛永九年(一六三二)ごろ成立か。夫を戦乱で亡くした妻が世の無常を悟って尼となり、往生を遂げるという筋。

にの【布】(名)《上代東国方言》ぬの。万葉 一四・三三五一「筑波嶺に雪かも降らる否をかもかなしき児ろが—干さるかも」訳 ⇩つくはねに…和歌

に-の-ひと【二の人】(名)宮中の席次が、「一の人(=摂政・関白)」に次ぐ人。大鏡 道長上「世の—にておはしますめり」訳 (教通は)当代の第二の重臣でいらっしゃるようだ。

に-の-まち【二の町】(名)(「町」は区画の称で、等級の意)二番目。二流。源氏 帚木「—の心やすきなるべし」訳 (これは)二流の(相手からの手紙で、(人が見ても)安心なものであろう。

に-の-まひ マイ【二の舞】(名)❶舞楽で、安摩(=舞楽の曲名)の舞の次にその答舞として、異様な面をつけて舞う怪奇・滑稽な舞。❷人のまねをすること。特に、前者の失敗をくり返すこと。〔保元物語〕「是こそ少しもたがはず、—よ」訳 これこそ少しの違いもなく、前者の失敗のくり返しだよ。

に-の-みや【二の宮】(名)❶天皇の第二皇子。また、第二皇女。女子の場合は「女二の宮」などともいう。大鏡 後一条院「されば—をば立て奉るなり」訳 それゆえ第二皇子を擁立し申しあげるのである。❷「一の宮」に次ぐ格式を持つ神社。

には ニワ【庭】(名)❶邸内の空き地。または庭園。徒然 一〇「わざとならぬ—の草も心あるさまに」訳 特に手を加えたというのではない庭の草も趣のあるようすで。❷(神事・狩猟・農作業・戦争など)物事の行われる場所。〔保元物語〕「合戦の—(=行われる場所)に出でて」❸海面。海上。万葉 三・三八八「いざ児どもあへて漕ぎ出む—も静けし」訳 さあ船頭たちよ。おしきって漕ぎ出そう。海面も静かだ。❹台所などの土間。〔浮・好色五人女〕「折から—に人のなきことを幸ひに」

に-は …では。源氏 桐壺「いとやむごとなき際—あらぬが、すぐれて時めき給ふありけり」訳 たいして高貴な家柄ではない方で、格別に帝(=桐壺帝)のご寵愛を受けて栄えていらっしゃる方があったそうだ。文法「あら

ぬが」の「が」は、いわゆる同格の格助詞で、「…で」の意。⇩源氏物語「名文解説」

なりたち 断定の助動詞「なり」の連用形「に」＋係助詞「は」

参考 下に補助動詞「あり」「侍り」「候ふ」などを伴って、打消の語がくることが多い。

に‐は【格助詞「に」の意味によって、種々の意味を表す】…には。更級 足柄山「幼きここち―、ましてこのやどりを立たむことさへ飽かずおぼゆ」訳 子供心には、なおのことこの宿を立ってゆくようなことまでも心残りに思われる。徒然 六「『…』とぞ、世継ぎの翁の物語―いへる」訳「…」と、世継ぎの翁の物語(=「大鏡」)には言っている。

なりたち 格助詞「に」＋係助詞「は」

にはか【俄】(形動ナリ)｛なら・なり(に)・なり・なる・なれ・なれ｝だしぬけ。急なさま。突然だ。源氏 桐壺「野分だちて、―に肌寒き夕暮れのほど」訳 野分の風が吹きだして、急に冷え冷えとする夕暮れのころ。⇩打ち付け「類語パネル」

には‐かまど【庭竈】(名) ❶陰暦正月の三が日、土間に新しいかまどを作り、家族や使用人が集まって飲食した行事。奈良地方の風習。また、そのかまど。春 ❷台所の土間に築いたかまど。〔雨月〕浅茅が宿「〔老人が〕―の前に円座(=藁で作った敷物)敷きて」

には‐たづみ【行潦・庭潦】(名)雨が降って、地面にたまり流れる水。〔記〕下「庭中にひざまづきし時、―腰に至りき」訳 庭の中にひざまずいたとき、雨が降ってあふれ流れる水が腰に(まで)とどいた。

にはたづみ【行潦・庭潦】《枕詞》「にはたづみ」は流れるものであることから、「流る」「川」にかかる。万葉 一九・四二一四「―流るる涙」。万葉 一三・三三三五「―川行き渡り」

には‐つ‐とり【庭つ鳥】(名)〔「つ」は「の」の意の上代の格助詞で、庭にいる鳥の意〕鶏。万葉 一二・三〇九四「物思ふと寝ねず起きたる朝明には侘びて鳴くなり―さへ」訳 物思いをするとて、眠らずに起きていた夜明けには、気弱く思って鳴いているようだ。鶏までも。

には‐のり【庭乗り】(名・自サ変)庭で、馬を乗りならすこと。平家 四・競「『今朝も―・し用候ひつる』なんど申しければ」訳「(その馬は)今朝も庭で乗りならしておりましたよ」などと申したので。

には‐の‐をしへ【庭の訓へ】〔「庭訓」の訓読〕家庭における教訓。親の教育。〔新千載〕雑中「末とほき若葉の草のみどりより―のあとぞたがはぬ」訳 行く末遠い幼い時分から、親の教えの手本にそむいたことはない。(「若葉の草の」は「みどり」を導きだす序詞)

には‐び【庭火・庭燎】(名)庭でたいて明かりにする火。特に、宮中で神楽のときに、庭でたくかがり火。図。枕 一四二「―の煙のほそくのぼりたるに」訳 庭でたくかがり火の煙が細々と立ちのぼっているときに。

にば‐む【鈍む】(自マ四)｛ま・み・む・む・め・め｝鈍色になる。濃いねずみ色になる。多く、喪服を着ることにいう。「鈍ぶ」とも。源氏 葵「―・め已る御衣奉れるも、夢の心地して」訳 (光源氏は)濃いねずみ色をしたお着物(=喪服)をお召しになっているのも、(まだ)夢のような気持ちがして。

にひ‐【新】(接頭)(名詞に付いて)新しい、はじめての、の意を表す。「―草」「―治」「―枕」「―室」

にび【鈍】(名)「鈍色」の略。「青鈍」「薄鈍」など、複合語の形で用いられる。

にび‐いろ【鈍色】(名)「にぶいろ」とも。染め色の名。濃いねずみ色。喪服の色として用いられ、死者との縁故の深さによって濃淡がある。鈍び。源氏 若紫「―のこまやかなるがうちなえたるどもを着て」訳 (若紫は)鈍色の濃い喪服で、くたくたに着ならしたものをあれこれ着て。⇩巻頭カラーページ10

にひ‐さきもり【新防人】(名)新しく派遣される防人。万葉 二〇・四四二五「今替はる―が船出する海原のうへに波な開きそね」訳 今交代する新しい防人が船出する(旅路の)海上に、(激しい)波よ、立たないでおくれ。

にひ‐しまもり【新島守】(名)「にひじまもり」とも。新しく島の番人になった者。新任の島守。〔増鏡〕新島守「我こそは―よ隠岐の海の荒き波風心して吹け」訳 →われこそは…和歌

にひ‐たまくら【新手枕】(名)〔「たまくら」は腕を枕とする意〕「にひまくら」に同じ。

にひ‐なへ【新嘗】(名)「にひなめ」に同じ。→新嘗祭

にひ‐なめ【新嘗】(名)「にひなめまつり」に同じ。

にひなめ‐まつり【新嘗祭り】(名)その年の新穀を神に供えて祭る古代の神事。宮中では、陰暦十一月の中の卯の日に新穀を神に供え、天皇自身も食する儀式。「新嘗」「にひなへ」とも。新嘗会。→大嘗祭

にひ‐ばり【新治・新墾】(名)「にひはり」とも。あらたに開墾して、田畑や道をつくること。また、その田など。万葉 一一・二八五五「―の今作る路さやかにも聞きてけるかも妹が上のことを」訳 あらたに開墾して今作っている道のように、はっきりと聞いたことよ、あの娘の噂を。(第二句までは「さやか」を導きだす序詞)

にひばり… 歌謡

> 新治　筑波を過ぎて　幾夜か寝つる
> 日日並べて　夜には九夜　日には十日を
>
> 〈古事記・中・倭建命〉

訳 新治や筑波を過ぎて、幾夜寝たのだろうか。日に日を重ねて、夜では九夜、日では十日ですよ。

解説 前半を倭建命が歌い、後半はそれに答えて御火焼の翁が唱和した片歌の問答歌。後世、連歌を「筑波の道」と呼ぶのは、この歌に由来する。

にひ‐まくら【新枕】(名)男女がはじめて共寝すること。初夜。「にひたまくら」とも。伊勢 二四「あらたまの年の三年を待ちわびてただ今宵こそ―すれ」訳 →あらたまの…和歌

にひ‐むろ【新室】(名)新築の家や部屋。万葉 一一・二三五一「―の壁草刈りにいまし給はね」訳 新築の家の壁の材料とする草を刈りにおいでくださいませ。

にひ‐も【新喪】(名)亡くなったばかりの近親者のために、新たに服する喪。万葉 九・一八〇九「―の如も音泣きつるかも」訳 新たに服する喪のようにも声をあげて泣いてしまったことであるよ。

に‐ぶ【鈍ぶ】(自バ上二)｛び・び・ぶ・ぶる・ぶれ・びよ｝「にばむ」に同じ。

にぶ‐いろ【鈍色】(名)「にびいろ」に同じ。

にふ-じ―【入寺】《仏教語》━ (名・自サ変)寺に入って僧・住職になること。平家 四・南都牒状「不慮の難を逃れんがために、にはかに―・せ㊍しめ給ふ」訳(高倉宮は)思いがけない災難から逃れるために、急に(三井寺にお入りになられる。
━ (名)真言宗などの大寺で、僧の階級の一つ。衆分の上、阿闍梨の下。今昔 二八・九「その人、いまだ若くして東寺の―になりて拝堂しけるに」訳その人がまだ若くして、東寺の入寺になって拝仏の儀式をしたときに。

にぶ・し【鈍し】(形ク)〔から・く(かり)・し・き(かる)・けれ・かれ〕❶切れ味が悪い。枕 二五九「紙をあまたおしかさねて、いと―・き㊍刀して切るさまは」訳紙をたくさん重ねて、たいそう切れ味の悪い刀で切るようすは。
❷勘が悪い。(感じ方や動作が)のろい。徒然 一八五「これは―・く㊍してあやまちあるべし」訳これ(＝この馬)は勘が悪いから失敗があるにちがいない。

にふ-じゃく―【入寂】(名・自サ変)《仏教語》〔「寂滅に入る」の意〕高僧が死ぬこと。入滅。遷化。入定。⇩果つ「慣用表現」

にふ-だう【入道】《仏教語》━ (名・自サ変)仏道に入ること。大鏡 花山院「みそかに花山寺におはしまして、ご出家―・せ㊍させ給へりしこそ」訳(花山天皇が)こっそりと花山寺にいらっしゃって、ご出家なさり仏道にお入りになられたのは。文法「させ給へ」は、最高敬語。⇩世を背く「慣用表現」
━ (名)剃髪して僧衣をまとってはいるが、在俗のまま寺に入らず家にいる人。徒然 四〇「何の―とかやいふ者の娘、かたちよしと聞きて」訳何の入道とかいう人の娘が、器量がよいと聞いて。

にふだう-の-みや【入道の宮】出家した親王・内親王・女院などの称。源氏 須磨「院の御墓拝み奉り給ふとて…まづ―にまうで給ふ」訳(光源氏は父桐壺院のお墓を拝み申しあげなさるということで…最初に入道の宮(＝藤壺)に参上なさる。

にふ-ぢゃう【入定】(名・自サ変)《仏教語》❶座禅して心を統一し、悟りの境地(＝禅定)に入ること。
❷高僧が死ぬこと。入滅。入寂。遷化。平家 一〇・高野巻「〔弘法大師の〕御―は承和二年三月二十一日、寅の一点(＝午前四時ごろ)のことなれば」⇩果つ「慣用表現」

にふ-ぶ―【入部】(名・自サ変)支配地に入ること。特に、国司や領主がその任国・領地にはじめて入ること。今昔 二五・一「正しき国の司にならずして、押して―・す㊍」訳(武蔵権守興世の王は)正当の国司にならないで、むりやりにその領地に入る。

にふぶ-に(副)にこにこと。にこやかに。万葉 一八・四一一六「夏の野のさ百合の花の花咲みに―笑みて」訳夏の野原の百合の花が咲くようににこやかに笑って。

にふ-めつ―【入滅】(名・自サ変)《仏教語》〔「滅度に入る」の意〕死ぬこと。特に、釈迦や高僧の死にいう。今昔 三・三四「死ぬる時には、室に入りて、静かに法華経を誦してぞ―・し㊍ける」訳死ぬときには、部屋に入って、静かに法華経を唱えて亡くなった。⇩果つ「慣用表現」

にへ【贄・牲】(名)❶神仏や朝廷へのささげ物。特に、魚・鳥などの食物。今昔 一五・五二「この蓮花を以て―として、弥陀仏を供養し奉らむ」訳この蓮の花をささげ物として、阿弥陀仏を供養し申しあげよう。
❷贈り物。進物。大鏡 師尹「人の奉りたる―などいふものは」訳人の差し上げた進物などというものは。

にへ・す【贄す・饗す】(他サ変)〔せ・し・す・する・すれ・せよ〕その年の新穀を神に供え祭る。万葉 一四・三三八六「鳰鳥の葛飾早稲を―・す㊍ともその愛しきを外に立てめやも」訳葛飾産の早く実る稲を神に供え(新嘗祭りを行って)も、あのいとしい人を外に立たせておけようか(いや、立たせてはおけない)。(「鳰鳥の」は「葛飾」にかかる枕詞)

にへ-どの―【贄殿】(名)❶宮中の内膳司(＝天皇の食事を調理する役所)の中にあり、諸国から朝廷に献上された魚・鳥などを納めておく所。
❷貴人の家で、魚・鳥などの食料を収納したり調理したりする所。今昔 二六・三〇「鯛の荒巻(＝魚に塩をし、わらなどで巻いたもの)を多く奉りたりけるを(＝献上してきたのを)、―に多く取り置きけるに」

贄野の池《地名》今の京都府綴喜郡井出町にあった池。

にほ【鳰】(名)水鳥の名。かいつぶり。水上に巣をつくり、水にもぐって魚をとる。「にほどり」とも。図。⇩巻頭カラーページ9

にほてるや【鳰照るや】《枕詞》「近江の海」「志賀の浦」「矢橋」などにかかる。〔新千載〕春上「―矢橋の渡りする舟を」〔永久百首〕「―志賀の浦風」。

にほ-どり―【鳰鳥】(名)「にほ」に同じ。図。古今 恋三「冬の池にすむ―のつれもなくそこにかよふと人にしらすな」訳冬の池に棲む鳰鳥が平気で水底に潜るように、そ知らぬ顔で私がそこ(＝あなたの所)に通うと人に知らせるな。(第二句までは「つれもなくそこにかよふ」を導きだす序詞)

にほどりの【鳰鳥の】《枕詞》鳰鳥は水に潜ることから「潜く」と同音の地名「葛飾」に、また水に浮いているので「なづさふ(＝水に浮かぶ)」にかかる。万葉 一四・三三八六「―葛飾早稲をにへすとも」。万葉 二一・二四九二「―なづさひ来しを」

にほ-の-うきす―【鳰の浮き巣】鳰が葦間などに作る巣。浮いて見えるところから、和歌では頼りなくはかないもののたとえに用いる。単に「浮き巣」とも。〔新千載〕雑上「はかなしや風にただよふ波の上に―のさても世にふる」訳頼りないことだなあ。風に揺れ動く波の上に浮かぶ鳰の浮き巣のように、そんな状態でも生きながらえることだ。

鳰の海《地名》歌枕 琵琶湖の異称。

にほのうみや… 和歌

> 鳰の海や　月の光の　うつろへば
> 波の花にも　秋は見えけり
> 〈新古今・四・秋上・三八九・藤原家隆〉

訳鳰の海(＝琵琶湖)よ。その湖面に、(秋の色に変わった)月の光が映るので、(季節のない)波の花にも秋(の色)は見えることだ。修辞 本歌取り。
解説「うつろふ」は、「色が変わる」の意と「映る」の意をもつ。「波の花」は、波を花にたとえたもの。本歌の「草も木も色変はれどもわたつ海の波の花にぞ秋なかりける」〈古今・秋上〉に対して、月の光が秋になって色が変われば、それが映って波の花も秋の色になるとした。

にほは・し【匂はし】(形シク)｛しから・しく(しかり)・し・しき(しかる)・しけれ・しかれ｝つややかに美しい。[源氏] 空蟬「ねびれて、━・しき(体)所も見えず」[訳](空蟬は年齢よりはふけていて、つややかな美しい所も見えない。

にほは・す【匂はす】(他サ四)｛さ・し・す・す・せ・せ｝❶染める。色づかせる。ほんのりといろどる。[万葉] 一五・三六七七「秋の野を━・す(体)萩は咲けれども見るしるしなし旅にしあれば」[訳]秋の野をほんのりといろどる萩は咲いているけれども、見るかいもない。(家を離れて)旅先にいるので。[文法]「旅にしあれば」の「し」は、強意の副助詞。❷かおらせる。香気をただよわせる。[源氏] 蛍「いといたう心して、空薫き物心にくきほどに━・し(用)て」[訳](光源氏は)大変ひどく心くばりをして、どこからともなく匂う香を奥ゆかしいほどにかおらせて。❸ほのめかす。暗示する。[源氏] 横笛「まほにはあらねど、うち━・し(用)おきて出で給ふ」[訳]あからさまではないが、(夕霧は心の中を)それとなくほのめかしておいて(一条の宮を)お出になる。

にほひ【匂ひ】(名)

語義パネル

●重点義　色が美しく映えること。転じて、よいかおり。
現代語では②の「香気」の意に用いるが、①が原義。

❶色が美しく映えること。はなやかな美しさ。つやのある美しさ。気品。
❷かおり。香気。
❸威光。栄華。
❹染め色や襲の色目で、上から下へしだいに薄くぼかしていくようにしたもの。
❺(俳諧で)情調。余情。

❶色が美しく映えること。はなやかな美しさ。つやのある美しさ。気品。[源氏] 桐壺「絵に描ける楊貴妃のかたちは、いみじき絵師といへども、筆限りありければいと━少なし」[訳]絵にかいてある楊貴妃の顔つきは、すぐれた画家であっても、筆力に限界があったので、まったくつややかな美しさが乏しい。❷かおり。香気。[徒然] 三二「荒れたる庭の露しげきに、わざとならぬ━、しめやかにうち薫りて」[訳]荒れている庭で露がいっぱいおりているところに、わざわざたいたとも思われない香のかおりが、しんみりと香って。[文法]「庭の」の「の」は、いわゆる同格の格助詞で、「…で」の意。❸威光。栄華。[源氏] 椎本「人となりゆく齢にそへて、官位、世の中の━も何ともおぼえずなむ」[訳]だんだん成人してゆく年齢につれて、官位も世俗の栄光もなんとも思われなく(なった)。[文法] 係助詞「なむ」のあとに「なりぬる」などの結びの語が省略されている。❹染め色や襲の色目で、上から下へしだいに薄くぼかしていくようにしたもの。[枕] 六〇「蘇枋の下簾、━いときよらにて」[訳](檳榔毛の車の蘇芳(=紫赤色)の下簾は、色のぼかしがたいそう美しくて。❺(俳諧で)情調。余情。[去来抄] 修行「今は、うつり・ひびき・━・くらゐを以て付くるをよしとす」[訳]今は、(付け句は)情趣の推移・響き合い・余情・品格を考えて付けるのをよいとする。

発展　俳諧の「にほひ付け」

俳諧の座(=席)の連句は、前句と付け句の相互の連鎖関係で続けられる。この二つの句の関係がいわゆる付け合いであり、連句はこの付け合いの妙におもしろさと価値が発揮される。このとき前句がかもし出し、余情として残る気分や情趣を「にほひ」といい、蕉風俳諧では特に重視された。そして前句から自然に立ちのぼる余情を受けて、調和ある情調をつくり出す付け方を「にほひ付け」といい、これを最高のものとしている。

にほひ-やか【匂ひやか】(形動ナリ)｛なら・なり(に)・なり・なる・なれ・なれ｝「「やか」は接尾語」つやがあって美しいさま。[源氏] 桐壺「いと━・に(用)うつくしげなる人の、いたう面やせて」[訳]たいそうつややかに美しくかわいらしいようすの人(=桐壺の更衣)が、ひどく面やつれして。

にほ・ふ【匂ふ】㊀(自ハ四)㊁(他ハ下二)

語義パネル

●重点義　「丹(=赤い色)秀(=物の先端など、抜き出て目立つところ)ふ(=動詞化する接尾語)」で、赤い色が表面にあらわれ出て目立つ。
現代語では、「匂う」と書いて、または、「臭う」と書いて、鼻に不快に感じる意で用いることが多い。

㊀❶(草木などの色に)染まる。美しく染まる。
❷つややかに美しい。照り輝く。
❸栄える。恩恵や影響が及ぶ。
❹かおる。香気がただよう。
㊁(草木などの色で)染める。

㊀(自ハ四)｛は・ひ・ふ・ふ・へ・へ｝❶(草木などの色に)染まる。美しく染まる。[万葉] 八・一五三二「草枕旅行く人も行き触れば━・ひ(用)ぬべくも咲ける萩かも」[訳]旅行く人も行き通りすがりに、もしさわったならば、きっと色に染まってしまいそうなほどにも咲き満ちている萩の花であることよ。(「草枕」は「旅」にかかる枕詞。[文法]「にほひぬべくも」の「ぬ」は、助動詞「ぬ」の終止形で、ここは確述の用法。❷つややかに美しい。照り輝く。[万葉] 一・二一「紫草の━・へ(已)る妹を憎くあらば人妻ゆゑにあれ恋ひめやも」[訳]→むらさきの…[和歌] ❸栄える。恩恵や影響が及ぶ。[源氏] 少女「わが家までは━・ひ(用)来ねど、面目におぼすに」[訳]自分の家までは恩恵は及んでこないけれど、(式部卿の宮は姫君(=紫の上)のご勢力を)晴れがましくお思いのところに。⇨幸ふ「慣用表現」

❹かおる。香気がただよう。[源氏] 蓬生「大きなる松に藤の咲きかかりて月かげになよびたる、風につきてさと━・ふ(体)がなつかしく」[訳] 大きな松の木に藤の花が咲きまつわって、月の光の中になよなよ揺れているのが、風にのってさっと匂ってくるのが慕わしくて。

■二(他ハ下二)〔へ・へ・ふ・ふる・ふれ・へよ〕(草木などの色で)染める。[万葉] 一六・三八〇一「住吉の岸野の榛に━・ふれ(已)ど」[訳] 住吉の岸の野辺の榛の木で染めるけれども。(⇩薫る「発展」)

匂宮(にほふのみや)ニオウノミヤ・(にほふみや)ニオウミヤ『人名』「源氏物語」中の人物。今上帝の第三皇子で、光源氏の孫にあたる。薫とともに宇治十帖の主人公。

日本紀(にほんぎ)『作品名』❶「日本書紀」に同じ。❷「日本書紀」にはじまる漢文体の歴史書の総称。六国史。[紫式部日記]「この人は━をこそ読み給ふべけれ」[訳] この人(=紫式部)は六国史を読んでいらっしゃるにちがいない。

日本国現報善悪霊異記(にほんこくげんぽうぜんあくりやういき)ニホンコクゲンポウゼンアクリヨウイキ『作品名』→日本霊異記

日本書紀(にほんしょき)『作品名』奈良時代の歴史書。舎人親王・太安万侶ら撰。養老四年(七二〇)成立。六国史の一番目。神代から持統天皇までの歴史を、漢文編年体で記したもの。「日本紀」とも。

にほん-ばし【日本橋】(名)今の東京都中央区にある橋。慶長八年(一六〇三)に架設され、翌年、諸街道に一里塚を設ける際に、起点とした。

日本橋(にほんばし)『地名』今の東京都中央区の一地区名。江戸時代以来の商業の中心地。

日本霊異記(にほんりやういき)ニホンリョウイキ『作品名』平安初期の仏教説話集。僧景戒(けいかい)(きょうかい)編。弘仁十三年(八二二)ごろ成立。日本最古の仏教説話集で、おもに奈良時代の説話を集め、因果応報の理を説く。正式書名は「日本国現報善悪霊異記」。

に-も …でも。[竹取] 蓬莱の玉の枝「御子は、我━あらぬ気色にて、肝消えゐ給へり」[訳] (くらもちの)皇子は、自分でもない(=茫然自失の)ようすで、肝をつぶして座っていらっしゃる。

[なりたち] 断定の助動詞「なり」の連用形「に」+係助詞「も」

[参考] 下に補助動詞「あり」「侍り」「候ふ」などを伴って、打消の語がくることが多い。

に-も ❶…においても。…でも。〔格助詞「に」の意味によって、種々の意味を表す〕[源氏] 蓬生「都━、さまざま思し嘆く人多かりしを」[訳] 都においても、さまざまに思い嘆きなさる人が多かったが。❷…からも。…にさえも。[徒然] 一六七「人━言ひ消たれ、禍をも招くは、ただこの慢心なり」[訳] 他人からも非難され、災難をも招きよせるのは、もっぱらこのおごりたかぶった心である。❸…に対しても。[徒然] 七七「人━語り聞かせ」[訳] (それを)他人に対しても話して聞かせ。❹…であろうとも。たとえ…でも。[徒然] 五五「家の作りやうは、夏をむねとすべし。冬はいかなる所━住まる」[訳] 家の造り方は、夏(に適すること)を主とするのがよい。冬にはどんな所でも住むことができる。❺並列を表す。[徒然] 六〇「わが食ひたき時、夜中━暁━食ひて」[訳] (盛親僧都は)自分が食べたいときは、夜中にでも夜明け前にでも食べて。❻尊敬の意を表す。…におかれても。[枕] 九「上━聞こし召して、わたりおはしましたり」[訳] 天皇におかれてもお聞きになって(定子皇后のお部屋に)お越しになった。

に-も-あら-ず …でもない。[竹取] かぐや姫の昇天「おのが身はこの国の人━・━・ず(終)」[訳] 私(=かぐや姫)の身はこの国(=人間界)の人でもない。

[なりたち] 格助詞「に」+係助詞「も」

に-も-あれ …にせよ。[枕] 二七六「昔ありけること━、今聞こしめし、世に言ひけること━」[訳] 昔あったということにせよ、いまお聞きになり、世間で話題になっていることにせよ。

[なりたち] 断定の助動詞「なり」の連用形「に」+係助詞「も」+ラ変補助動詞「あり」の未然形「あら」+打消の助動詞「ず」

[なりたち] 断定の助動詞「なり」の連用形「に」+係助詞「も」+ラ変補助動詞「あり」の命令形「あれ」

に-も-こそ-あれ …であると困る。[大和] 一四八「うたてあるさま━と念じつつありわたるに」[訳] (夫との間が)まずい状態(になるよう)であると困るとずっとこらえて過ごし続けるが。→もこそ①

[なりたち] 断定の助動詞「なり」の連用形「に」+係助詞「も」+係助詞「こそ」+ラ変補助動詞「あり」の已然形「あれ」

に-も-や-あら-む〈ン〉 …であろうか。…であるかもしれない。[徒然] 四一「我等が生死の到来、ただ今━」[訳] われわれの死がやって来ることは、今すぐのことであろうか。

[なりたち] 断定の助動詞「なり」の連用形「に」+係助詞「も」+係助詞「や」+ラ変補助動詞「あり」の未然形「あら」+推量の助動詞「む」の連体形「む」

に-や ❶(連体形の結びを伴って、「にやあらむ」「にやありけむ」の形で)…で(あろう)か。…で(あっただろう)か。[源氏] 桐壺「朝夕の宮仕へにつけても、人の心をのみ動かし、恨みを負ふつもり━ありけむ」[訳] 朝晩の宮仕えにつけても、(桐壺の更衣は他の)人の気をもませてばかりいて、恨みを背負いこんだ結果であっただろうか。❷(文末に用いられて、①の結びの「あらむ」などが省略された形で)…であろうか。[枕] 二八「かかることは、いふかひなき者のきは━と思へど」[訳] このような(無作法なこと(をするの)は、とるに足りない身分の者であろうかと思うけれど。❸はっきりわかっていることを、わざとぼかして遠回しに言う。…だろうか。[細道] 草加「今年元禄二とせ━、奥羽長途の行脚ただかりそめに思ひたちて」[訳] 今年は元禄二年だろうか、奥州への遠路の旅をたださふと思い立って。

[なりたち] 断定の助動詞「なり」の連用形「に」+係助詞「や」

に-や ❶疑問の意を表す。…に…か。[竹取] 火鼠の皮衣「かぐや姫にすみ給ふとな。ここ━います」[訳] (あべの右大臣は)かぐや姫(のところ)に夫として通っていらっしゃるというのだね。(もう)ここにおいでになるのか。❷反語の意を表す。…に…だろうか(いや、…ではない)。[竹取] 御門の求婚「この女のたばかり━負けむと思して」訳（帝はこの女の計略に負けられようか（いや、負けてはいられない）とお思いになって。

に-や-あら-む ― …であろうか。土佐「おぼろけの願によりてー、風も吹かず、よき日出できて、漕ぎゆく」訳並々でない祈願によってであろうか、風も吹かないし、よい日和になるので、（船を）漕いでいく。→にかあらむ

なりたち 格助詞「に」＋係助詞「や」

参考

なりたち 断定の助動詞「なり」の連用形「に」＋係助詞「や」＋ラ変補助動詞「あり」の未然形「あら」＋推量の助動詞「む」の連体形「む」

に-や-らむ ―【「にやあらむ」の転】「にやあらむ」に同じ。平家 二・少将乞請「出家入道まで申したればー」訳（私が）出家入道（すると）まで申したからであろうか。

にゅう【入】⇩にふ

にょい-ほうじゅ【如意宝珠】（名）《仏教語》これに祈ればすべてが思いどおりになるという不思議な宝の玉。〔狭衣物語〕「露重げにきらきらと置き渡したるは、ーの玉かと見ゆ」訳夜露がいかにも重そうにきらきらと一面に降りているのは、（さながら）すべての願いが叶うという如意宝珠の玉かと見える。

にょい-りん【如意輪】（名）「如意輪観音」の略。

にょいりん-くゎんおん ―【如意輪観音】（名）《仏教語》六観音の一。腕が六本あり、如意宝珠と宝輪などを持ち、衆生の願いを成就させるという。「如意輪」とも。

にょう【鐃】⇩ねう

にょう-くゎん ―【女官】（名）「にょくゎん」とも。宮中に奉仕する女性の官人。大鏡 師輔「おほかた、殿上人・女房・さるまじきーまでも、さるべきをりのとぶらひせさせ給ひ」訳（村上天皇の中宮の安子は）そもそも、殿上人や女房やものの数でない女官にまでも、しかるべき折々のお見舞いをなされ。

参考 一説に、上級女官を「にょうくゎん」、下級女官を「にょくゎん」と呼ぶならわしがあったという。

にょう-ご【女御】（名）「にょご」とも。天皇の寝所に侍した高位の女官。中宮の下、更衣の上に位する。はじめは、四位・五位にすぎなかったが、しだいに高貴になり、女御から直ちに皇后となるに至った。また、上皇・皇太子の侍女をも称した。源氏 桐壺「いづれの御時にか、ー、更衣あまたさぶらひ給ひけるなかに」訳どの帝の御代であっただろうか、女御や更衣が大勢お仕えしていらっしゃった中に。文法「御時にか」の「に」は、断定の助動詞「なり」の連用形。⇩源氏物語「名文解説」

にょう-ばう ❶【女房】（名）〔「房」は部屋の意〕宮中や院の御所などに仕え、一室を与えられていた高位の女官。源氏 桐壺「忍びやかに、心にくき限りのー四五人さぶらはせ給ひて、御物語せさせ給ふなりけり」訳（桐壺帝は）ひそやかに、奥ゆかしい女房ばかり四、五人をおそばに控えさせなさって、お話をしておいでになられるのであった。文法「さぶらはせ給ひて」の「せ」は使役の助動詞「す」の連用形。「御物語せさせ給ふ」の「させ給ふ」は最高敬語。⇩下段「発展」

❷貴人の家に仕える女性の称。源氏 夕顔「かのふるさとは、ーなどの悲しびに堪へず泣き惑ひ侍らむに」訳あの（夕顔の）もとの住まいは、女房などが（夕顔の死の）悲しみに堪えられずに泣き乱れましょうが、そのときに。

❸妻。〔浮・世間胸算用〕「ー子どもには正月布子（＝正月用の木綿の綿入れの小袖）をこしらへ」

❹女性。婦人。〔浮・世間胸算用〕「さきの旦那殿が、きれいなるーをつかふことがすきぢゃ」訳奉公先のご主人が、きれいな女性を使うことが好きじゃ。

にょうばう-いはらじ【女房家主】（名）〔「いはらじ」は「いへあるじ」の転〕「にょうばういへぬし」に同じ。

にょうばう-いへぬし【女房家主】（名）一家の主婦。または、女主人。「にょうばういはらじ」とも。〔浮・世間胸算用〕「ことに近年は、いづかたもー奢りて」訳ことに最近は、どちらでも一家の主婦がぜいたくになって。

にょうばう-ぐるま ―【女房車】（名）「女房①」の乗る牛車。女車。〔夜の寝覚〕「暮るるも心もとなくて、御車に下簾かけ、ーのやうにておはして」訳（大納言は）日が暮れるのも待ち遠しくて、お車に下簾を

発展 「女房」とその文学

「女房」は、職掌や出身階級によって、上臈、中臈、下臈に分けられ、「局」と呼ばれる部屋を与えられて、出仕中はそこに起居した。女房の呼び名は、職掌名の他は、父兄や夫の官名による俗称が用いられていたらしい。平安時代、特に摂関政治が盛んなころの後宮には、才能ある優れた女房が仕え、日記や随筆、物語などが書かれた。そうした作品を、「女房文学」と呼ぶことがある。左図は、女房文学を生み出した人物の関係を整理したものである。

■女房文学人物関係図

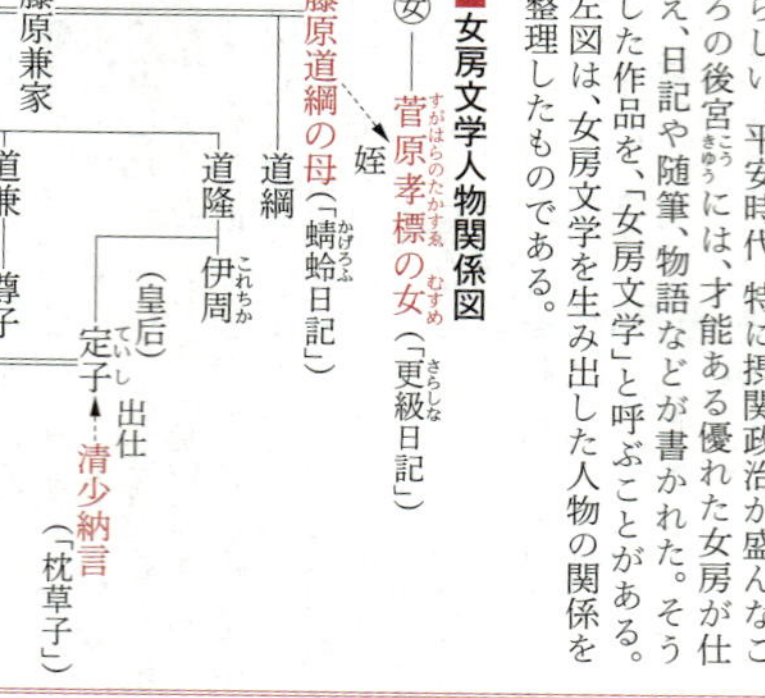

かけ、女房の乗る牛車のようにしておいでになって。

にょうばう‐ことば(ニョウボウ―)【女房詞・女房言葉】(名)室町時代以降、宮中に仕える女房たちが使った特殊な用語。主として飲食物や衣服などに用いた。すしを「すもじ」、髪を「かもじ」、杓子(しゃくし)を「しゃもじ」、豆腐を「おかべ」、酒を「くこん」などという類。

にょうばう‐の‐さぶらひ(ニョウボウノサブライ)【女房の侍ひ】(名)清涼殿(せいりょうでん)内の女房の詰め所。台盤所(だいばんどころ)。源氏 絵合「―に御座(おまし)よそはせて、北南方々(かたがた)分かれてさぶらふ」訳 台盤所に(冷泉(れいぜい)帝の)御座所を準備させて、北と南に、右方左方の女房がそれぞれ分かれて伺候する。

にょう‐ゐん(―イン)【女院】(名)「にょゐん」とも。天皇の生母や后、内親王などで、特に朝廷から院号を贈られた者。枕 一二六「―の御桟敷のあなたに御輿(こし)とどめて、御消息(せうそこ)申させ給ふ」訳 女院(=東三条院)のお桟敷の向こうに(帝(みかど)が)お輿を止めて、(母君に)ごあいさつを申し上げなされるのは。

> **発展 「女院(にょういん)」の起源**
> 「女院」の呼称は、一条天皇のとき、皇太后藤原詮子(せんし)を東三条院と称したのが初めである。次いで、後一条天皇の生母藤原彰子(しょうし)を上東門院と呼んだ。以来、「院」または「門院」の呼号を与えられることになる。待遇は院(=上皇)に準じた。

にょ‐くらうど(―クロウド)【女蔵人】(名)宮中で内侍(ないし)、命婦(みょうぶ)に次ぐ女官。雑役に従事した。

にょ‐くゎん(―カン)【女官】(名)「にょうくゎん」に同じ。

にょ‐ご【女御】(名)「にょうご」に同じ。

にょ‐しゃう(―ショウ)【女性】(名)女の人。婦人。徒然 一八四「―なれども聖人の心に通(かよ)へり」訳(松下禅尼(ぜんに)は)女性であるが、聖人の心と通じている。

にょ‐じゅ【女嬬・女孺】(名)「にょうじゅ」とも。内侍司(ないしのつかさ)に属し、宮中の清掃や点灯などの雑務に従事した下級の女官。

にょぜ‐がもん【如是我聞】(名)《仏教語》(私はこのように聞いたの意)釈迦(しゃか)の直接の弟子であった阿難(あなん)が、釈迦の教えをこのように聞いたという意味で、教典編集に際して各経の冒頭に置いた語。今昔 四・一「阿難を以(もっ)て法集(ほふじふ)の長者と定む。然(しか)れば阿難、礼盤(らいばん)に昇りて『―』と言ふ」訳 阿難をもって仏説編集の中心者と決める。そこで阿難は、礼拝するための座に昇って『私はこのように聞いた』と言う。

にょっぽりと… 俳句

> にょっぽりと　秋(あき)の空(そら)なる　不尽(ふじ)の山(やま)　秋
> 〈大悟物狂(だいごものぐるひ)・鬼貫(おにつら)〉

訳 にょっぽりと、秋の晴れわたった澄んだ空に、ひとつ突出して存在している富士の山であることだよ。(秋の空 秋)。文法「なる」は、存在の助動詞。解説 江戸へ下る作者に、富士の姿を教えてほしいと依頼しながら、作者の帰郷を待たずに亡くなった友人の墓前にささげた句。「にょっぽり」は、ぬきんでて高いさま。

にょでい‐にん【如泥人】(名)[泥のような人の意]だらしない人。大鏡 実頼「御心ばへぞ、懈怠者(けだいしゃ)、少しは―とも聞こえつべくおはせし」訳(藤原佐理(すけまさ)は)ご性質はものぐさで、少しはだらしない人とでも申し上げていいほどでいらっしゃった。

によひ‐ふ‐す(ニョイ―)【呻吟ひ伏す】うめき声を出してうつぶす。うなって倒れる。徒然 八七「具覚房(ぐがくばう)は、くちなし原に―・し用たるを」訳 具覚房(=僧の名)は、くちなしの生えている原にうなって倒れているのを。

によ‐ふ(ニョウ)【呻吟ふ】(自ハ四)(は・ひ・ふ・ふ・へ・へ)「によぶ」とも。うなる。うめく。竹取 竜の頸の玉「手輿(たごし)つくらせ給ひて、―・ふ終―・ふ終担はれ給ひて家に入り給ひぬるを」訳(大納言は)手輿をお作らせになって、うめきうめきかつがれなさって家にお入りになったのを。

にょ‐べったう(―ベットウ)【女別当】(名)斎宮(さいぐう)や斎院(さいいん)に仕えた女官。源氏 澪標「『何事もおぼえ侍らでなむ』と、―して聞こえ給へり」訳(前斎宮は)「何もかも考えることができませんで」と、女別当に命じて(光源氏に)申し上げなさった。

にょ‐ほふ(―ホウ)【如法】━(形動ナリ)(なら・なり(に)・なり・なる・なれ・なれ)❶《仏教語》仏法の定めどおりだ。(また、)一般的に形式どおりだ。大鏡 道兼「傅(ふ)の殿・この入道殿二所(ふたところ)は、―に用孝(けう)じ奉り給ひけりとぞ、うけたまはりし」訳 傅の殿(=道綱)と、この入道殿(=道長)のお二人は、仏法の定めどおりに追善供養をし申しあげなさったと、お聞きした。❷穏やかだ。〔浄・今宮心中〕「菱屋介五郎(ひしやすけごらう)は―・なる体気もまる額(びたひ)、にこやかに」訳 菱屋介五郎はおだやかな(気質で)気持ちも丸く、丸額で、にこやかに。━(副)まったく。文字どおり。平家 二・鏡「―夜半(やはん)のことなれば、内侍(ないし)も女官(にょくゎん)も参り合はずして」訳 まったく夜中のことであるので、内侍も女官も参会していないので。

にょ‐ぼん【女犯】(名)《仏教語》僧が不淫戒(ふいんかい)を破って、女性と交わること。

にょ‐らい【如来】(名)《仏教語》仏の尊称。釈迦(しゃか)如来や薬師如来など。〔霊異記〕「これ―の説く所、大乗の誠の言なり」訳 これは仏陀(ぶっだ)の説くところの、大乗教典にあるまことの教えである。

にょらい‐かけ‐て【如来掛けて】仏に誓って。神かけて。〔浄・女殺油地獄〕「微塵(みぢん)も愛着(あいぢゃく)残らぬと、―の母が言ひ分(ぶん)からは」訳 少しも(息子への)情にひかされる気持ちは残っていないと、仏に誓っての母のことばがあるからには。

如儡子(にょらいし)《人名》→如儡子(じょらいし)

にら‐ぐ【焠ぐ】(他ガ四)(が・ぎ・ぐ・ぐ・げ・げ)熱した鉄を水に入れて鍛える。焼きを入れる。細道 出羽三山「かの竜泉(りゅうせん)に剣(つるぎ)を―・ぐ終とかや」訳(刀工月山(がっさん)の話は)あの竜泉(=中国の霊泉)の水で剣を鍛えるとかいうこと(の類)である。

にらま‐ふ(ニラモウ)【睨まふ】(他ハ下二)(へ・へ・ふ・ふる・ふれ・へよ)じっとにらみ続ける。にらみつける。平家 二・一行阿闍梨之沙汰「大の眼(まなこ)をいからかし、しんばし―・へ用奉り」訳(祐慶(ゆうけい)は)大きな眼を荒々しく見開き、(前座主(ざす)を)しばらくじっとにらみつけ申しあげ。

にる【似る】(自ナ上一)〔に・に・にる・にる・にれ・によ〕物の形や性質が同じように見える。万葉 三・三四四「あなみにく賢しらをすと酒飲まぬ人をよく見ば猿にかも**にる**(体)」訳 ↓あなみにく…和歌

参考 ナ行上一段活用の動詞は「似る」「煮る」の二語だけ。

にれ-うちか・む【齝打ち嚙む】(他マ四)〔ま・み・む・む・め・め〕「にれかむ」に同じ。徒然 二〇六「大理の座の浜床の上にのぼりて、—み(用)て臥したりけり」訳 (牛は)検非違使の長官の席の浜床(＝貴人の御座所)の上にのぼって、反芻して横になっていた。

にれ-か・む【齝む】(他マ四)〔ま・み・む・む・め・め〕(牛などが)一度のみこんだ物を口の中にもどしてかむ。反芻する。

にろくじ-ちゅう【二六時中】(名)(昼の六つの時と、夜の六つの時とを合わせて)一昼夜。一日じゅう。〔浮・西鶴諸国ばなし〕「この太鼓、いつのころか西本願寺に渡りて、今に、—を勤めける」訳 この(西大寺の)太鼓は、いつのころか西本願寺に渡って、今もって一昼夜(の時報)を勤めていた。

にわ【庭】⇩には

に-わう【仁王・二王】(名)金剛力士の異称。仏法の守護神として、寺門の両脇に安置する。密迹金剛と那羅延金剛の二神。

にわか【俄】⇩にはか

にわたずみ【行潦・庭潦】⇩にはたづみ

にん【任】(名)任務。また、任期。〔後撰〕雑三・詞書「—果ててのち、また同じ国にまかりなりて」訳 (陸奥の守の)任期が終わってのち、また同じ国(の国守)になりまして。

にんが-の-さう【人我の相】《仏教語》自分さえよければ、人はどうでもよいという利己的な考え。我執。徒然 一〇七「—深く、貪欲甚だしく、物の理を知らず」訳 利己心が深く、欲深いことはなはだしく、ものの道理を知らず。

にん-げん【人間】(名)❶人の住む所。世間。仏教で、人間界。徒然 一二三「—の儀式、いづれのことか去り難からぬ」訳 世間のつきあいは、どのことが捨てさりにくくないか(いや、どれも欠くことはできない)。❷人間界に住むもの。ひと。〔謡・丹後物狂〕「—は三寸の舌をもって五尺の身を失ふと申すが」訳 人間は三寸の舌で(＝ことば一つで)五尺のからだを滅ぼすと申すけれども。

にん-こく【任国】(名)国司として任命された国。今昔 二六・三八「—に下りて国を治めて、任果てにければ上りけるに」訳 (国守に)任命された国に下って(その)国を治めて、任期が終わったので、(京に)上ったときに。

にん-じ【人事】(名)❶人間界のこと。人のすること。徒然 一七四「—多かる中に、道を楽しぶより気味深きはなし」訳 人のすることが多い中で、仏道を楽しむより味わい深いことはない。❷人とのつきあい。交際。徒然 七五「生活・—・伎能・学問等の諸縁をやめよとこそ、摩訶止観にも侍れ」訳 生計・交際・芸能・学問などのいろいろなかかわりをやめよと、「摩訶止観(＝中国天台宗の根本聖典)」にも(説いて)あります。

にんじゃう-ぼん【人情本】(名)文政元年(一八一八)ごろから幕末にかけて流行した風俗小説。洒落本のあとをうけ、江戸の町人社会の恋愛生活を写実的に描いた。代表作は為永春水の「春色梅児誉美」。

にん-じゅ【人数】(名)大勢の人。また、人の数。〔謡・隅田川〕「僧俗を嫌はず—を集め候ふ」訳 僧侶俗人を区別することなく、大勢の人を集めております。

にんじゅ-だて【人数立て】(名)人員の配列。軍勢の手分け。徒然 三三「『主殿寮—』と言ふべきを」訳 「主殿寮の役人よ人員配備を(して式場を照らせよ」と言うはずのところを。

にん-じん【人身】(名)「じんしん」とも。人のからだ。平家 一・祇王「—は請けがたく、仏教にはあひがたし」訳 人間の身体は授かることが難しく、仏の教えにはあうことが(さらに)難しい。

にん-だう【人道】(名)《仏教語》❶人間界。人間の住む世界。❷人として踏み行うべき道。人倫。

にん-ぢゃう【人長】(名)宮廷神楽の舞人の指揮者。近衛の舎人がつとめた。

仁和寺(名)今の京都市右京区御室大内にある、真言宗御室派の総本山。仁和四年(八八八)宇多天皇の建立。

にん-にく【忍辱】(名)《仏教語》恥辱・迫害を耐え忍んで、心を動かさないこと。今昔 一・五「出家して戒行を保ちて—を行じ」訳 出家して戒律を守った修行を続けて忍耐(の行)を修め。

にんにく-の-ころも【忍辱の衣】「忍辱」の心が、いっさいの害悪を防ぐのを、衣が身を守るのにたとえていった語。転じて、袈裟の異称。忍辱の袈裟。

にん-ぴにん【人非人】(名)人の道にはずれたことをする者。人でなし。大鏡 道隆「あはれの—や」訳 ああなんという人でなしか。

にんわう-ゑ【仁王会】(名)国家の平穏無事を祈って、宮中の大極殿・紫宸殿・清涼殿などで、仁王護国般若経を講じた行事。陰暦三月・七月の吉日、あるいは臨時にも行われた。

ぬ【寝】(自ナ下二)眠る。寝る。横になる。また、場面や文脈によっては男女が共寝する意となる。古今 恋二「思ひつつ**ぬれ**(已)ばや人の見えつらむ夢と知りせば覚めざらましを」訳 ↓おもひつつ…和歌。⇩大殿籠る「敬語ガイド」

ぬ(助動ナ変型)

活用

未然	連用	終止	連体	已然	命令
な (ズ)	に (タリ)	ぬ (○)	ぬる (コト)	ぬれ (ドモ)	ね (○)

意味・用法

完了〔…た。…てしまう。…てしまった。〕→❶

確述(強意)〔必ず…。確かに…。…てしまう。〕→❷

並立〔…たり…たり。〕→❸

接続

動詞・形容詞・形容動詞型活用の語の**連用形**に付く。古くは、ナ変動詞に付くことはなかったが、中世以降には「死にぬ」などの例がある。

活用

未然	連用	終止	連体	已然	命令
な(バ)	に(ケリ)	ぬ(○)	ぬる(コト)	ぬれ(ドモ)	ね(○)

❶動作・作用が実現し、完了した意を表す。**…た。…てしまう。…てしまった。** 古今 冬「わが待たぬ年は来ぬれ㊁ど冬草のかれに㊊し人はおとづれもせず」 訳 私が待っていない新年は来てしまったが、冬草が枯れるように、離れて行ってしまった人は、便りも寄こさない。(「冬草の」は「かれ」にかかる枕詞。) 竹取 かぐや姫の生ひ立ち「翁、竹を取ること久しくなりぬ㊚」 訳 翁が(黄金のつまった)竹を取ることが長い期間になった。

❷動作・作用の実現を確信したり、確認したりする意を表す。確述(強意)の用法。㋐単独で用いる場合。**必ず…。確かに…。…てしまう。** 伊勢 九「はや舟に乗れ。日も暮れぬ㊚」 訳 はやく舟に乗れ。日も暮れてしまう。 平家 七・願書「いかさまにも、今度のいくさには相違なく勝ちぬ㊚とおぼゆるぞ」 訳 どう見ても、今度の合戦にはまちがいなくきっと勝つと思われるのだ。㋑他の助動詞とともに用いて、「なむ」「なまし」「ぬべし」などの形になる場合。推量・意志・可能などの意を、「**確かに**」「**きっと**」「**必ず**」の気持ちで述べる。古今 春上「今日来ずは明日は雪とぞふりな㊍まし」 訳 もし(私が)今日来なかったら、(この桜は)明日は雪の(降る)ように散ってしまうだろう。 文法 「来ずは」の「ずは」は、打消の順接の仮定条件を表す。竹取 竜の頸の玉「御舟海の底に入らずは、神落ちかかりぬ㊚べし」 訳 お舟が海の底に沈まないなら、必ず雷が落ちかかってくるにちがいない。 文法 「入らずは」の「ずは」は、打消の順接の仮定条件を表す。

❸(中世以降の用法)終止形を重ね用いた「…ぬ…ぬ」の形で、二つの動作・作用が並立している意を表す。**…たり…たり。** 平家 一一・那須与一「皆紅の扇の日出だしたるが、白波の上に漂ひ、浮きぬ㊚沈みぬ㊚ゆられければ」 訳 紅一色の扇で太陽を描き出してあるのが、白波の上に漂い、浮いたり沈んだりして揺られたので。 文法 「扇の」の「の」は、いわゆる同格の格助詞で、「…で」の意。(⇩ぬ「識別ボード」)

文法 (1) **「ぬ」の原義** 「ぬ」は完了の助動詞で、②の意味が原義と考えられる。だから、その動作が現在のものであるか、過去のものであるかには無関係である。たとえば、次にあげた最初の例は「いはむ(推量の助動詞「む」の連体形)」とあるから「てしまう」と現在に訳すのがよく、後の例は「来し(過去の助動詞「き」の連体形ものを」とあるから「てしまった」と過去に訳すとよいのであって、「ぬ」の超時間的な完了を表すという性質をよく示している。

「奥山の菅の根しのぎ降る雪の消ぬとかいはむ恋のしげきに」〈古今 恋一〉

「春の野に若菜摘まむと来しものを散りかふ花に道はまどひぬ」〈古今 春下〉

(2) **「…ぬ…ぬ」** ③の「ぬ」の古い用例は平安後期にみられるが、中世以降広く用いられた。助詞としての性格が強い。

「指を差しつつ、伏しぬ仰ぎぬして(=下を向いたり上を向いたりして)語り居をれば」〈今昔 二三・一五〉

ぬ

助動詞「ず」の連体形。古今 春下「たれこめて春の行く方も知らぬ間に待ちし桜もうつろひにけり」 訳 家の中にとじこもっていて春の進みようも知らない間に、(花盛りになるのを)待っていた桜も散ってしまったことだ。竹取 燕の子安貝「ものは少し覚ゆれども、腰なむ動かれぬ」 訳 意識は少しあるが、腰が動けない。 文法 「動かれぬ」の「れ」は、可能の助動詞「る」の未然形。「ぬ」は、係助詞「なむ」の結び。⇩ぬ「識別ボード」

古語ライブラリー㊱

語の派生

聖徳太子が竹原井にお出かけになったとき、竜田山で行き倒れになった死者を見て悲しんでお作りになったという歌がある。

◇家ならば妹が手まかむ草枕旅に臥やせるこの旅人あはれ〈万葉 三・四一五〉

この歌の「あはれ」は悲しみの思いがそのままに「ああ」という叫びになったもの。品詞でいうと、感動詞である。

この「あはれ」は名詞にもなる。

◇「もののあはれは秋こそまされ」と人ごとに言ふめれど、〈徒然 一九〉

とあるのは、その一例である。

さらに、「なり・げなり」が付いて形容動詞になり、「がる・ぶ・む」が付いて動詞になる。

◇(みのむしが)「ちちよ、ちちよ」とはかなげに鳴く、いみじうあはれなり。〈枕 四三〉

◇三つばかりなる捨て子のあはれげに泣くあり。〈野ざらし紀行〉

◇「いとうつくしう生ひなりにけり」など、あはれがり、めづらしがりて、〈更級 物語〉

◇花をめで、鳥をうらやみ、霞をあはれび、露をかなしぶ心、〈古今 仮名序〉

◇はぐくみあはれむと、安くしづかなるとをば願はず。〈方丈 四〉

動詞がもとになって、形容詞を派生し、さらに形容動詞などになる場合も多い。「うらむ→うらめし→うらめしげなり」「わぶ→わびし→わびしげなり」などがその典型例である。

形容詞の「ゆかし」は「ゆく」から、「をかし」は招き寄せるの意の「をく」から派生したともいわれる。心がそのものに向かってゆくのが「ゆかし」、心が招き寄せられるのが「をかし」である。

◇月立ちし日より招きつつうち慕ひ待てど来鳴かぬ霍公鳥かも〈万葉 一九・四一九六〉

◆識別ボード「ぬ」◆

①動詞(ナ変)の終止形語尾

「春されば木末こぬれ隠がくりてうぐひすそ鳴きて去いぬなる梅が下枝しづえに」〔訳〕春になると梢に隠れてうぐいすが鳴いて行くようだ、梅の木の下の方の枝で。〈万葉 五・八二七〉

②助動詞「ぬ」の終止形

「秋来ぬと目にはさやかに見えねども風の音にぞおどろかれぬる」〔訳〕→あききぬと… 和歌 〈古今 秋上〉

③助動詞「ず」の連体形

「春来ぬと人はいへども鶯うぐひすの鳴かぬかぎりはあらじとぞ思ふ」〔訳〕春が来たと人は言うけれども、鶯が鳴かないうちは、(まだ本当の)春ではないだろうと思う。〈古今 春上〉

①はすぐ上が「去」なので、「去ぬ」で一語の動詞と判断する。ナ変動詞は「去ぬ」「死ぬ」の二語しかない。ナ行下二段の「寝いぬ」「重ぬ」などの場合も、すぐ上の文字を見て、一語の動詞であることを確かめる。②と③は、接続と活用形から判別する。②は連用形接続で、係り結びにもなっていないから、格助詞「と」が付くのは終止形のはず。③は未然形接続で、体言「かぎり」の上にあるから、連体形のはず。

ぬい【縫い】⇩ぬひ

ぬえ【鵼・鵺】(名) ❶小鳥の名。とらつぐみの異称。「ぬえどり」「ぬえこどり」とも。⇩巻頭カラーページ8 ❷想像上の怪鳥。頭は猿、からだは狸たぬき、手足は虎、尾は蛇、鳴き声はとらつぐみに似るという。〔太平記〕三「―といふ鳥の雲中に翔かけって鳴きしをば、源三位げんざんみ頼政卿よりまさ、勅を蒙かうむって、射落としたりし例あれば」〔訳〕ぬえという怪鳥が雲間を飛びながら鳴いたのを、源三位頼政卿が、勅命をうけて、射落とした例があるので。

ぬえこ‐どり【鵼子鳥・鵺子鳥】(名)「ぬえ①」に同じ。

ぬえこどり【鵼子鳥・鵺子鳥】《枕詞》「ぬえ①」の鳴き声が悲しげに聞こえることから、「うらなく」にかかる。〔万葉〕一・五「―うらなけ居をれば」

ぬえ‐どり【鵼鳥・鵺鳥】(名)「ぬえ①」に同じ。

ぬえどりの【鵼鳥の・鵺鳥の】《枕詞》「ぬえ①」の鳴き声が嘆いているように聞こえることから「うらなく」「片恋」にかかる。〔万葉〕一〇・一九九七「―うら嘆なけましつ」。〔万葉〕二・一九六「―片恋嬬かたこひづま」

ぬか【額】(名) ❶ひたい。〔更級〕かどで「身をすてて―をつき、祈り申すほどに」〔訳〕からだを投げ出してひたいを(床に)つけて、お祈り申しあげているうちに。❷ぬかずくこと。礼拝。〔枕〕一一九「たてへだてゐて、うち行ひたる暁あかつきの―など、いみじうあはれなり」〔訳〕(家族と)離れていて、勤行ごんぎょうしている夜明け前の礼拝などは、たいそうしみじみと感じられる。

ぬ‐か ❶《上代語》(多く「…も…ぬか」の形で)願望の意を表す。…であってほしい。…ないかなあ。〔万葉〕七・一三七四「闇の夜は苦しきものをいつしかとあが待つ月も早も照らぬか」〔訳〕(月の出ない)闇夜は苦しいものだなあ。いつ出るのかと私が待っている月も早くも照らないかなあ。❷打消の疑問を表す。…(で)ないか。〔古今〕恋四「かげろふのそれかあらぬか春雨のふるひとなれば袖ぞ濡ぬれぬる」〔訳〕かげろうのようにはっきりしないが、あれは昔のあの人だったのか、そうでないのか。(会ったのは)昔なじみの人なので、春雨が降るように涙で袖が濡れてしまったことだ。(「かげろふの」は「それかあらぬか」にかかる枕詞。「ふる」に「降る」と「古人ふるひと」の「古」とをかける)

なりたち 打消の助動詞「ず」の連体形「ぬ」+係助詞「か」

参考 ①は上代の用法。「万葉集」では打消の「ず」「ぬ」の漢字は多く「不」をあてているが、この「ぬか」には「不」の字をあてた例はないので、打消の意を意識せず、一語の助詞とみなしていたようである。

ぬか‐ご【零余子】(名)やまいもの葉のつけ根にできる球状の芽。むかご。ぬかごいも。秋。〔方丈〕三「岩梨いはなし(=こけもも)をとり、―をもり(=摘み)」

額田王(ぬかたのおほきみ)〘人名〙(生没年未詳)「万葉集」の代表的女流歌人。鏡王かがみのおほきみの娘。初め大海人皇子おおあまのおうじ(=のちの天武天皇)に愛されて十市皇女とおちのひめみこを生む。のち天智てんじ天皇の寵愛ちょうあいを受けたという。歌は情熱的で風格がある。

ぬか‐づき【酸漿】(名)ほおずき(=草の名)の異称。〔枕〕六七「―などいふもののやうにだにあれかし」〔訳〕(夕顔の実は)せめてほおずきなどというもののようであれよ。

ぬかづき‐むし【額突き虫】(名)こめつきむし(=虫の名)の異称。〔枕〕四三「―、またあはれなり(=しみじみとして感慨深い)」⇩巻頭カラーページ8

ぬか‐づ・く【額突く】(自カ四){か・き・く・く・け・け}ひたいを地につけて礼拝する。〔源氏〕夕顔「ただ翁おきなびたる声に―・く(体)ぞ聞こゆる」〔訳〕ひたすら年寄りじみた声でひたいを地につけて礼拝するのが聞こえる。

ぬ‐か‐も《上代語》願望の意を表す。…であってほしいなあ。…ないかなあ。〔万葉〕五・八一六「梅の花今咲けるごと散り過ぎずわが家への園にありこせ―」〔訳〕梅の花は今咲いているように散ってしまわないで、(いつまでも)私の家の庭にあってほしいものだなあ。↓ぬか(連語)

なりたち 打消の助動詞「ず」の連体形「ぬ」+係助詞「か」+終助詞「も」

ぬ‐かも《上代語》詠嘆の意を表す。…ないことよなあ。〔万葉〕一〇・二二八六「我が宿に咲きし秋萩あきはぎ散り過ぎて実に成るまでに君に逢あはぬ―」〔訳〕私の家の庭に咲いた秋萩が散ってしまって実になるまでも、あなたに逢わないことよなあ。

なりたち 打消の助動詞「ず」の連体形「ぬ」+終助詞「かも」

ぬか‐を‐つ・く【額を突く】ひたいを地につけて礼拝する。ぬかずく。〔更級〕かどで「人まにはまゐりつつ、―・き(用)し薬師仏の立ち給へるを」〔訳〕人のいない時にお参りしては、ひたいを地につけて礼拝した薬師仏が立っていらっしゃるのを。

ぬき【緯】(名)織物の横糸。〔万葉〕八・一五一二「経たてもなく―も定めず少女をとめらが織るもみち葉に霜な降りそね」〔訳〕縦糸もなく、横糸も決めずに少女らが(美しく)織った紅葉に、霜よ降らないでくれ。↔経たて

ぬき‐えもん【抜き衣紋】(名)「のけくび」に同じ。

ぬぎ‐か・く【脱ぎ掛く】(他カ下二){け・け・く・くる・くれ・けよ} ❶(着

物などを)脱いで掛ける。古今 秋上「なに人か来て—・け㊊し藤袴来る秋ごとに野辺をにほはす」訳 どんな人が(ここへ)来て脱いで掛けたのか、藤袴は。やって来る秋ごとに野辺によい香りをただよわせている。(「藤袴(=植物の名)」を、香をたきしめた「袴(=衣服)」に見立てる) ❷襟足が抜き出るように着る。堤 花桜をる少将「衣—・け㊊たるやうだい、ささやかにいみじう児めいたり」訳 (女主人と思われる人が)着物を襟足が抜き出るように着ているようすは、小柄でたいそう子供っぽい感じである。❸着物を脱いで、ほうびとして人に掛けて与える。源氏 御法「皆人の—・け㊊たる物の色々なども」訳 すべての人々が、(舞人に)祝儀として脱いで与えた衣のさまざまな色なども。

ぬき-さ・く【抜き放く】(他カ下二){け・け・く・くる・くれ・けよ}(刀などを)抜きはなつ。大鏡 時平「本院の大臣(=藤原時平)、太刀を—・け㊊て」

ぬき-す【貫簀】(名) 細く削った竹を糸で編んだもの。手を洗うとき、水が飛び散らないように、たらいなどの上にかける。伊勢 二七「女の、手洗ふ所に—をうち遣りて」訳 女は手を洗う所で貫簀をとりのけて。

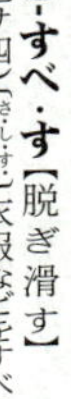

(ぬきす)

ぬぎ-すべ・す【脱ぎ滑す】(他サ四){さ・し・す・す・せ・せ}衣服などをすべらせるようにして脱ぐ。源氏 幻「裳も、唐衣も—・し㊊たりけるを」訳 裳や唐衣も(うしろへ)すべらせて脱いであったのを。

ぬぎ-た・る【脱ぎ垂る】(他ラ下二){れ・れ・る・るる・るれ・れよ}着物などの肩を脱いで、片袖を垂らす。枕 二三「女房、桜の唐衣どもくつろかに—・れ㊊て」訳 女房が、桜襲の唐衣などをゆったりと片袖を脱ぎ垂らして。

ぬき-みだ・る【貫き乱る・抜き乱る】■一(自ラ四・下二){ら・り・る・る・れ・れ}{れ・れ・る・るる・るれ・れよ}貫いているひもが切れて玉が乱れ散る。拾遺 恋一「—・る㊍(四段)涙の玉もとまるやと玉の緒ばかり逢はむといはなむ」訳 貫いているひもが切れて乱れ散る涙の玉もとまるかと思うから、短い間だけでも(私に)逢おうと言ってほしい。■二(他ラ四){ら・り・る・る・れ・れ}玉などを貫いたひもを抜き取って、乱れ散らす。伊勢 八七「—・る㊍人こそあるらし白玉の間なくも散るか袖のせばきに」訳 ひもを抜き取って、玉を散らす人がいるらしい。白玉が絶え間なしに散るよ、(それを受け止めるべき私の)袖は狭いのに。(「白玉」は滝の飛沫の見立て)

ぬ・く【抜く】■一(自カ下二){け・け・く・くる・くれ・けよ}❶抜ける。枕 一五五「ありがたきもの ……毛のよく—・くる㊍しろがねの毛抜き」訳 めったにないもの、…毛がよく抜ける銀製の毛抜き。❷他よりひいでる。抜きんでる。源氏 絵合「齢足らで官位高くのぼり世に—・け㊊ぬる人の」訳 年が若くて高位高官にのぼり、世に抜きんでてしまった人が。❸逃げる。脱出する。〔古活字本平治物語〕「足にまかせて—・け㊊給ふ程に(=お逃げになるうちに)」■二(他カ四){か・き・く・く・け・け}❶引き抜く。徒然 五三「しばしかなでて後、—・か㊌んとするに、大方—・か㊌れず」訳 しばらく舞を舞って後、(かぶった足鼎を)抜こうとするが、まったく抜くことができない。❷だます。ごまかす。〔狂・墨塗〕「これまで身共(=私)をまんまと—・き㊊居った(=だましやがった)」❸攻め落とす。〔紀〕継体「五つの城を—・き㊊とる」訳 五つの城を攻略し奪う。

ぬ・く【貫く】(他カ四){か・き・く・く・け・け}穴に通す。つらぬく。古今 秋上「萩の露玉に—・か㊌むと取れば消ぬよし見む人は枝ながら見よ」訳 萩に置いた露を玉につらぬこうとして手に取ると、消えてしまう。仕方がない、見ようとする人は枝のままで見よ。

ぬけ-い・づ【抜け出づ】(自ダ下二){で・で・づ・づる・づれ・でよ}❶抜け出る。大鏡 道隆「御かたちいときよげに、あまりあたらしきさまして、ものより—・で㊊たるやうにぞおはせし」訳 (亡き道頼は)ご容貌がたいそう美しい感じで、(この世には)あまりにも惜しいようすで、絵などから抜け出たようでいらっしゃった。❷他よりすぐれている。群を抜いている。源氏 賢木「なかなか、世に—・で㊊ぬる人の御あたりは、所せきこと多くなむ」訳 かえって、世に抜きんでてすぐれた人のご身辺は、窮屈なことが多く(あって)。

ぬさ【幣】(名)❶神に祈るときのささげ物。古くは麻・木綿などを使ったが、のちには布や紙を細長く切って棒につけて垂らした。また、旅行の折には紙または絹の細かに切ったものを用い、道祖神にまき散らしてたむけとした。土佐「楫取りして—たいまつらするに、—の東へ散れば」訳 船頭に命じて海神へのささげ物を差し上げさせると、(その)幣が東の方へ散るので。❷旅立ちのときの贈り物。餞別。〔増鏡〕新島守「さて東に帰りくだるころ、上下色々の—多かりし中に」訳 さて東国へ下向するとき、身分の上下さまざまの人からの餞別がたくさんあった中で。

(ぬさ①)

ぬさ-ぶくろ【幣袋】(名)旅の安全を祈願するために道祖神などに供える幣を入れ、携帯した袋。

ぬし【主】■一(名)❶(「…のぬし」「…ぬし」の形で)人の敬称。…さん。…様。土佐「仲麻呂の—」❷主人の敬称。**ご主人**。きみ。との。竹取 竜の頸の玉「うたてある—のみもとに仕うまつりて」訳 情けないご主人の御許にお仕え申しあげて。❸**所有者。持ち主**。徒然 八九「飼ひける犬の、暗けれど、—を知りて(=飼い主を見分けて)」❹**夫**。〔閑吟集〕「—ある俺を何とかせうか」訳 夫のある私をどうかしようか。❺蛇・がまなど、古くからその土地に住みつき、霊力をもつと信じられたもの。〔沙石集〕「この沼の—に申す」訳 (ある女が)この沼の主(=蛇)に申し上げる。■二(代)対称の人代名詞。軽い敬意をこめる。**あなた**。〔大鏡〕序「さても—の御名はいかにぞや」訳 それにしてもあなたのお名前は何というのか。

ぬし-づ・く【主付く】(他カ四){か・き・く・く・け・け}所有する。自分のものにする。〔雨月〕浅茅が宿「田畠あまた—・き㊊て家豊かに暮しけるが」訳 田畑を多く所有して家も裕福に暮らしていたが。

ぬし-どの【主殿】(代)対称の人代名詞。同輩以下に用いる。あなた。おまえさん。宇治 八・六「聖、泣く泣く拝みて、『いかに、―は拝み奉るや』と言ひければ」訳 聖は泣き泣き(普賢菩薩を)拝んで、「どうだ、おまえさん(=童)は拝み申しあげているか」と言ったので。

ぬす-びと【盗人】(名)❶盗みをする人。どろぼう。伊勢 一二「道来る人、『この野は―あなり』とて、火つけむとす」訳 道を追ってきた者は、「この野にはどろぼうがいるようだ」と言って、火をつけようとする。❷人をののしっていう語。悪党。竹取 竜の頸の玉「かぐや姫てふ大―の奴が、人を殺さむとするなりけり」訳 かぐや姫という大悪党の奴が、人を殺そうとするのであった。

ぬすびと-に-おひ【盗人に追ひ】(盗人にさらに金銭を与える意から)損の上に損を重ねること。「盗人に追ひ銭」とも。〔浮・世間胸算用〕「それ(=山伏に賽銭を奮発したこと)は―といふものなり」

ぬすま・ふ【盗まふ】(他ハ四){は・ひ・ふ・ふ・へ・へ}〔四段動詞「盗む」の未然形「ぬすま」に上代の反復・継続の助動詞「ふ」が付いて一語化したもの〕❶盗み続ける。何度も盗む。万葉 一一・二八三二「山川に筌を伏せて守りもあへず年の八歳をわが―・ひ用し」訳 山川に筌(=魚をとる道具の一種)をひそませても守りきれないので、幾年もの間私は(魚を)盗み続けたことよ。(他人の妻と忍び逢い続けてきた男の歌)❷ごまかす。こっそり行う。万葉 一一・二五七三「情さへ奉れる君に何をかも言はずて言ひしとわが―・は未む」訳 心までも捧げているあなたに、何をいったい、言わないのに言ったとか、私がごまかすだろうか。

ぬす・む【盗む】(他マ四){ま・み・む・む・め・め}❶他人のものを、ひそかに奪い取る。伊勢 六「かたちのいとめでたくおはしければ、―・み用て負ひて出でたりけるを」訳 (女の)容貌が非常に美しくていらっしゃったので、(男は)盗み出して背負って出ていったところが。❷こっそりとする。人目をごまかす。徒然 二一九「間々に皆一律を―・め已るに」訳 (横笛の)穴と穴との間に

すべて一つの音律を忍ばせているのに。❸学びとる。まねする。方丈 三「岡の屋にゆきかふ船をながめて、満沙弥が風情を―・み用」訳 岡の屋(=宇治川東岸の地名)に行き来する船を眺めて、(万葉歌人の)満誓沙弥の情趣をまねて(和歌を詠み)。

ぬた-め【鵃目】(名)鹿の角の表面にある波紋のような模様。平家 一一・那須与一「薄切り斑に鷹の羽はぎまぜたる―の鏑をぞ差しそへたる」訳 (那須与一は)黒みの薄い斑のある羽と鷹の羽をまぜて作ったぬた目の鏑矢を差しそえていた。

ぬ-な-と【瓊音】(名)〔「ぬ」は玉の意、「な」は「の」の意の上代の格助詞、「と」は音の意〕玉のすれあう音。〔記〕上「―ももゆらに」訳 玉の音もゆらゆらたてながら。

ぬ-なり ❶(「なり」が推定の場合。多く聴覚による判断を表して)…たようだ。…てしまったようだ。更級 大納言殿の姫君「笛をいとをかしく吹き澄まして過ぎぬなり終」訳 (車の主は)笛をたいそうすばらしく澄んだ音色で吹いて立ち去ってしまうようだ。❷(「なり」が伝聞の場合)…たそうだ。…てしまったということだ。更級 梅の立枝「また聞けば、侍従の大納言の御むすめなくなり給ひぬなり終」訳 またうわさに聞くと、侍従の大納言の姫君が亡くなりなさったということだ。

なりたち 完了の助動詞「ぬ」の終止形「ぬ」＋伝聞・推定の助動詞「なり」

接続 活用語の連用形に付く。

ぬ-なり …ないのだ。伊勢 九「駿河なる宇津の山べのうつつにも夢にも人に逢はぬなり用けり」訳 →するがなる…和歌

なりたち 打消の助動詞「ず」の連体形「ぬ」＋断定の助動詞「なり」

接続 活用語の未然形に付く。

ぬの【布】(名)(絹に対して)麻・からむし・葛などの繊維で織った織物の総称。源氏 若菜上「奈良の京の七大寺に、御誦経、―四千反、…せさせ給ふ」訳 (秋好中宮は)奈良の都の七大寺に、御読経のお布施(として)、布四千反、…奉納させなさる。

ぬの-かたぎぬ【布肩衣】(名)布で作った袖のない衣服。身分の低い人が着た。万葉 五・八九二「―ありのことごと着そへども寒き夜すらを」訳 →かぜまじり…和歌

ぬの-こ【布子】(名)木綿の綿入れの着物。古くは麻のあわせや綿入れをいう。図。〔笈の小文〕万菊「吉野出でて―売りたし衣がへ」訳 吉野山を出て、衣がえをしたので、(今まで着ていた)木綿の綿入れを売りたい。

ぬの-さうじ【布障子】(名)白い布を張ったふすま障子。多く、墨絵を描いた。枕 一七七「紫革して伊予簾かけわたし、―はらせて住まひたる」訳 紫色の革紐で伊予簾を一面にかけ、布張りのふすま障子を取り付けさせて住んでいるのは。

布引の滝(ぬのびきのたき)『地名』歌枕 今の兵庫県神戸市の生田川にある滝。上流に雄滝、下流に雌滝があり、布を広げたように見えることからいう。

ぬば-たま【射干玉】(名)「うばたま」「むばたま」とも。ひおうぎ(=草の名)の実。黒くて丸い。

(ぬばたま)

ぬばたまの【射干玉の】《枕詞》「うばたまの」「むばたまの」とも。「ぬばたま」の実の黒いことから「黒」「髪」「夜」「闇」「一夜」「夕べ」「昨夜」「今宵」に、転じて「妹」「夢」「月」にかかる。万葉 四・五二五「―黒馬の来夜は」。万葉 九・一八〇〇「―髪は乱れて」。万葉 六・九二五「―夜のふけゆけば」。万葉 一五・三七三八「―一夜もおちず」。万葉 二・一九九「―夕へに至れば」。万葉 四・七八一「―昨夜は還しつ」。万葉 八・一六四六「―今夜の雪に」。万葉 一五・三七一二「―妹が乾すべく」。万葉 四・六三九「―夢に見えつつ」。万葉 一七・三九八八「―月に向かひて」

ぬばたまの… 和歌

枕詞
ぬばたまの　夜のふけゆけば　久木生ふる
清き川原に　千鳥しば鳴く
〈万葉・六・九二五・山部赤人〉

訳 夜がふけていくと、久木の生えている清らかな川原に、千鳥がしきりに鳴いている。修辞「ぬばたまの」は「夜」にかかる枕詞。解説 この歌は長歌(→やすみしし…和歌)の反歌二首のうちの一首で、もう一首が「み吉野の象山の際の木末にはここだもさわく鳥の声かも」(訳→みよしのの…和歌)〈万葉・六・九二四〉。第二句を「夜のふけぬれば」と訓む説もある。「久木」は木の名であるが未詳。

ぬひ-どの ヌイ—【縫殿】(名)「縫殿寮」の略。

ぬひどの-の-つかさ ヌイドノ—【縫殿寮】(名)「ぬひどのれう」に同じ。

ぬひどの-れう ヌイドノリョウ【縫殿寮】(名)律令制で、中務省に属した役所。女官の名簿の作成や人事、また、宮中の裁縫や組み紐・薬玉の製作などをつかさどった。「ぬひどの」「ぬひどののつかさ」とも。⇩巻頭カラーページ31

ぬひ-もの ヌイ—【縫ひ物】(名)❶裁縫。また、その材料。〔落窪〕「見給へば、—はうち散らして、火はともして人もなし」訳(北の方が)ご覧になると、裁縫の材料は散らかして、明かりはともして人もいない。❷ぬいとり。ししゅう。〔紫式部日記〕「螺鈿—けしからぬまでして」訳 螺鈿やししゅう(の飾り)をなみなみならぬほどにして。

ぬ-べし ❶事の成り行きの当然性・必然性を推量する意を表す。**…てしまうだろう。きっと…にちがいない。** 土佐「潮満ちぬ。風も吹きぬべし㊥」訳 潮が満ちた。風もきっと吹くだろう。源氏 桐壺「世のためしにもなりぬべき㊍御もてなしなり」訳 世間の話の種にもきっとなってしまいそうな(桐壺の更衣への)御待遇である。❷可能な事柄に対する推量を表す。**きっと…することができる。…することができそうだ。** 徒然 四一「ことに人多く立ちこみて、分け入りぬべき㊍やうもなし」訳 特別に人が多くこみ合っていて、分けて入ることができそうなようすもない。
なりたち 完了(確述)の助動詞「ぬ」の終止形「ぬ」+推量の助動詞「べし」

参考 この場合の「ぬ」は確述(強意)の用法で、「べし」の意を強めることになる。→ぬ(助動ナ変)・べし

ぬ-めり …てしまったようだ。…たようだ。更級 初瀬「日も暮れがたになりぬめり㊥」訳 日も暮れ時になったようだ。
なりたち 完了の助動詞「ぬ」の終止形「ぬ」+推量の助動詞「めり」

ぬめ・る【滑る】(自ラ四){ら・り・る・る・れ・れ}《近世語》❶ぬるぬるしてすべる。〔仮名・犬枕〕「—る㊍もの、鰻、糸巻、なめくじり」❷浮かれ歩く。

ぬ-らし …てしまったらしい。…てしまっているらしい。古今 賀「千鳥鳴く佐保の川霧立ちぬらし㊥山の木の葉も色まさりゆく」訳 千鳥の鳴く佐保川の川霧が立ちこめてしまったらしい。山の木の葉が色づいてきているの(を見ると)。
なりたち 完了の助動詞「ぬ」の終止形「ぬ」+推定の助動詞「らし」

ぬ-らむ ラン— …ているだろう。…てしまっただろう。万葉 一・六三「いざ子ども早く日本へ大伴の御津の浜松待ち恋ひぬらむ㊥」訳→いざこども…和歌
なりたち 完了の助動詞「ぬ」の終止形「ぬ」+推量の助動詞「らむ」

ぬり-げた【塗り下駄】(名)漆塗りの下駄。多く、女性が用いる。

ぬり-ごめ【塗籠】(名)❶おもに寝殿造りで、周囲を壁で塗りこめた部屋。明かり窓をつけ、妻戸から出入りする。納戸や寝室に用いた。竹取 かぐや姫の昇天「嫗、—の内に、かぐや姫を抱かへて居り」訳 嫗は、塗籠の中で、かぐや姫を抱きかかえている。⇩巻頭カラーページ21 ❷「塗籠籐」の略。

ぬりごめ-どう【塗籠籐】(名)幹を籐ですきまなく巻き、漆で塗り固めた弓。塗籠。

ぬり-つ・く【塗り付く】(他カ下二){け・け・く・くる・くれ・けよ}(罪などを)他人のせいにする。著聞 五四九「たれに—・け㊌んとて、かくほどに人を出だしぬかんとするぞ」訳 だれに罪をおしつけようとして、これほどに人をだしぬこうとするのか。

ぬり-の【塗り箆】(名)矢の竹の部分(=箆)を漆塗りにしたもの。平家 一一・弓流「—に黒ぼろはいだる大の矢をもって」訳 塗り箆に黒いほろ羽(=鷲などの両翼の下にある羽)をつけて作った大きな矢で。

ぬ・る【濡る】(自ラ下二){れ・れ・る・るる・るれ・れよ}水などがつく。ぬれる。大鏡 道長上「御顔はあかみ—・れ㊊つやめかせ給ひながら」訳(女院の)お顔は赤らみ、(涙に)ぬれつやつやと光っていらっしゃるけれども。

ぬる 助動詞「ぬ」の連体形。万葉 一五・三六九〇「世の中は常かくのみと別れぬる君にやもとな吾が恋ひ行かむ」訳 世の中はいつもこうしたものなのだと、別れてしまったあなたを、私はむやみに恋しく思って行くことだろうか。古今 秋上「秋来ぬと目にはさやかに見えねども風の音にぞおどろかれぬる」訳→あききぬと…和歌

ぬる・し【温し】(形ク){から・く(かり)・し・き(かる)・けれ・かれ}❶なま暖かい。枕 一「昼になりて—・く㊊ゆるびもていけば」訳 昼になって(寒気が)しだいに暖かくゆるんでいくと。❷にぶい。機敏でない。〔増鏡〕おどろのした「御本性も、父御門よりは、すこし—・く㊊おはしましけれど」訳(土御門天皇は)ご性格も、父(後鳥羽)天皇よりは、少しにぶくいらっしゃったけれども。❸情が薄い。冷淡だ。源氏 若菜上「世のおぼえのほどよりは、内々の御心ざし—・き㊍やうにはありけれと思ひあはせて」訳 世間での評判の程度よりは、(光源氏の女三の宮への)内々のお気持ちは冷淡なようではあったと(夕霧は)思い当たって。

ぬる・む【温む・微温む】(自マ四){ま・み・む・む・め・め}❶(水温や気温が)少しあたたかくなる。ぬるくなる。〔後撰〕恋二「人恋ふる涙は春ぞ—・み㊊ける絶えぬ思ひのわかすなるべし」訳 人を恋して流す涙は春になってあたたかくなったことよ。(それは)絶えず思い続けてきた(熱い)思いが涙を沸かすからなのであろう。(「思ひ」の「ひ」に「火」をかける) ❷(病気で)熱が出る。源氏 若菜下「御身も—・み㊊て、御心地もいと悪しけれど」訳(紫の上は)おからだも熱が出て、ご気分もたいそう悪いけれども。

ぬるる-かほ(カオ)【濡るる顔】(名)涙にぬれたようなようす・顔つき。源氏 須磨「女君の濃き御衣(ぞ)にうつりて、げに一なれば」訳 (月の光が)女君(=花散里(はなちるさと))の色の濃いお着物に映って、なるほど古歌にあるように、月までも涙にぬれたようなようすなので。
参考「あひにあひて(=私の心とぴったり合って)物思ふころのわが袖にやどる月さへぬるる顔なる」〈古今・恋五〉の歌から出たことば。

ぬれ 助動詞「ぬ」の已然形。竹取 かぐや姫の生ひ立ち「この子いと大きになりぬれば」訳 この子(=かぐや姫)がたいそう大きくなったので。古今 秋上「大方の秋来るからにわが身こそ悲しきものと思ひ知りぬれ」訳 世間の人皆におとずれる秋がやって来るとすぐに、自分自身が(特別に)悲しいものと思い知ったことだ。

ぬれ-あし【濡れ足】(名)ぬれた足。ぬれたような感触を与える足。枕 四三「秋など、ただよろづの物にゐ、顔などに、一してゐるなどよ」訳 秋など、(蠅(はえ)が)むやみにあらゆる物にとまり、顔などに、ぬれたような感触の足でとまるなんて考えるだけでも不快だよ。

ぬれ-ぎぬ【濡れ衣】(名)❶ぬれた着物。万葉 九・一六八八「一を家には遣(や)らな旅のしるしに」訳 (雨に)ぬれた着物を家には送ろう、旅のしるしに。
❷無実の罪。また、根拠のないうわさ。汚名。源氏 夕霧「大方はわれ一を着せずとも朽ちにし袖の名やはかくる」訳 だいたいは、私(=夕霧)があなた(=落葉の宮)に汚名を着せなくても、朽ちてしまった袖(=皇女として柏木(かしはぎ)に嫁して不幸になったこと)のうわさは隠れるだろうか(いや、隠れるものではない)。

ぬれ-ごと【濡れ事】(名)❶色事。情事。〔浮・好色一代女〕「(醜い)この人に昼の一はおもひもよらず」
❷歌舞伎で、男女の情事を演じること。また、その芝居や場面。

ぬれ-ば-む【濡ればむ】(自マ四)〔ま・み・む・む・め・め〕〔「ばむ」は接尾語〕ぬれているように見える。宇治 一・一八「穴のあたり一・み(用)たるは、すす鼻をのごはぬなめりと見ゆ」訳 (鼻の)穴のあたりがぬれたように見えているのは、水ばなをぬぐわないのであるようだと思われる。

ね　ネ

「ね」は「禰」の草体
「ネ」は「禰」の偏

ね【子】(名)❶十二支の一番目。→十二支(じふにし) ❷方角の名。北。❸時刻の名。今の午前零時ごろおよびその前後約二時間(午後十一時ごろから午前一時ごろ)。竹取 かぐや姫の昇天「宵うち過ぎて一の時ばかりに」訳 夜が過ぎて子の時(=夜中の十二時)ごろに。

ね【音】(名)聞く人の耳にしみじみと訴える音。**声。ひびき。** 源氏 須磨「恋ひわびて泣く一にまがふ浦波は思ふかたより風や吹くらむ」訳 →こひわびて…和歌。源氏 桐壺「いとどしく虫の一しげき浅茅生(あさぢふ)に露おきそふる雲の上人(うへびと)」訳 →いとどしく…和歌。徒然 一五七「楽器を取れば、一をたてんと思ふ」訳 楽器を手にとるといつも、(自然と)音を立ててみようと思う。文法「取れば」の「ば」は、恒常条件(…すると、いつも)を表す。
⇩音(おと)「発展」

ね【根】(名)❶植物の根。〔記〕下「竹の一の根足(ねだ)る宮」訳 竹の根が十分に張って栄えている宮殿。
❷奥深いこと。奥深い部分。万葉 三・三九七「奥山の岩本菅(いはもとすげ)を一深めて結びし心忘れかねつも」訳 奥山の岩の根もとの菅の根深いように、心の奥深く契(ちぎ)りあった気持ちは忘れられないことよ。
❸根源。もと。徒然 九「愛著(あいぢやく)の道、その一深く、源遠(みなもととほ)し」訳 愛欲の執着という方面のことは、その根源が深く、源が遠い。

ね【峰・嶺】(名)みね。山の頂上。万葉 一四・三五一五「吾(あ)が面(おも)の忘れむ時(しだ)は国はふり一に立つ雲を見つつ偲(しの)はせ」訳 私の顔を忘れそうなときには、国から湧き上って山の頂上にかかる雲を見ては偲んでおくれ。

ね 助動詞「ぬ」の命令形。竹取 御門の求婚「もとの御かたちとなり給ひね」訳 (かぐや姫よ、)もとのお姿にきっとなってください。新古 恋一「玉の緒(を)よ絶えなば絶えねながらへば忍ぶることの弱りもぞする」訳 →たまのをよ…和歌。⇩ね「識別ボード」

ね 助動詞「ず」の已然形。参考 中古以降に用いられた。万葉 三・三三六「しらぬひ筑紫(つくし)の綿は身につけていまだは着ねど暖けく見ゆ」訳 筑紫(九州地方)の真綿は身につけてまだ着てはみないが、暖かそうに見える。(「しらぬひ」は「筑紫」にかかる枕詞。) 徒然 一〇六「いかに仰(おほ)せらるるやらん、えこそ聞き知らね」訳 なんとおっしゃるのだろうか、聞いても理解することができない。⇩ね「識別ボード」

ね (終助)《上代語》

意味・用法
願望〔…てください。…てほしい。〕→❶、❷
接続
動詞と動詞型に活用する助動詞の**未然形**、および終助詞「そ」に付く。

他人が自分の願いを聞き入れてくれることを願う。❶**…てください。…てほしい。** 万葉 一・一「この岡に菜摘ます児(こ)家告(の)らせ名告らさね」訳 →こもよ…和歌
❷(「な…そね」の形で)…てほしくない。…ないでほしい。万葉 二・二三一「高円(たかまと)の野辺(のへ)の秋萩(あきはぎ)な散りそね君が形見に見つつ偲(しの)はむ」訳 高円山の野辺の秋萩よ、散らないでほしい。あの方の形見として見ては偲ぼう。→な(副)・そね。(⇩ね「識別ボード」)
参考 ①と同類の上代語の終助詞に「な」「に」がある。→な(終助)・に(終助)

◆識別ボード「ね」◆
①**助動詞「ぬ」の命令形**
「世の中に見えぬ皮衣(かはぎぬ)のさまなれば、これをと思ひ給ひね」訳 この世で見かけない皮衣のようすなので、これを(本物)だときっとお思いなさい。〈竹取 火鼠の皮衣〉
②**助動詞「ず」の已然形**

「秋来ぬと目にはさやかに見えねども風の音にぞおどろかれぬる」訳 →あききぬと… 和歌〈古今 秋上〉

③他に対する願望の終助詞
「わが背子しけだし罷らばしろたへの袖を振らさね見つつ偲はむ」訳 あなたがもし(越前へ)下るならば、袖を振ってください。(それを)見てはあなたを恋いしのぼう。〈万葉 一五・三七二五〉

①と②は接続で判別する。①は連用形接続、②は未然形接続。②の用例のように、上一・上二・下二など、未然形と連用形が同形で区別のつかない場合は、「ね」の下にきている語(ここでは「ども」)で已然形であることを確かめる。③は未然形接続。形の上で①と紛れがちだが、上代語で用例も少ない。

ねう-はち ニョウ【鐃鈸・鐃鉢】(名)寺院で法会・葬礼・法事などの時に使う打楽器。銅製の、皿のような形で、中央がへこみ、まん中の穴に紐を付け、二枚を打ち合わせて鳴らす。〔浮・好色五人女〕「―・鉦を手水盥にして」訳 鐃鈸・鉦を洗面器の代用にして。

(ねうはち)

ね-おどろ-く【寝驚く】(自カ四)〔か・き・く・く・け・け〕ふと目がさめる。枕 三六「月の頃は―・き用て見出だすに、いとをかし」訳 (陰暦七月の)月の出ているころは(夜中に)ふと目がさめて外を見ると、たいそう趣深い。

ね-おび-る【寝おびる】(自ラ下二)〔れ・れ・る・るる・るれ・れよ〕寝ぼける。枕 一三〇「三つばかりなるちごの―・れ用てうちしはぶきたるも、いとうつくし」訳 三歳ぐらいの幼児が寝ぼけて咳をしているのも、たいそうかわいらしい。

ねがはく-は ネガワク【願はくは】願うことには。どうか。どうぞ。平家 一一・那須与一「那須の湯前大明神、―あの扇のまんなか射させて給はせ給へ」訳 那須の湯前大明神よ、どうかあの扇のまん中を(私=那須与一に)お射させになってください。
なりたち 四段動詞「願ふ」のク語法「ねがはく」＋係助詞「は」

ねがはくは… 和歌
ねがはくは　花のしたにて　春死なん
そのきさらぎの　望月の頃
〈山家集・上・春・西行〉

訳 (私の)願うことは、桜の花の下で、春に死にたい(ということ)。その陰暦二月の満月のころに。
解説 桜の花の下で死にたいと願うのは、桜を愛した作者として、当然の願望であっただろう。一方ではまた僧として、陰暦二月十五日の釈迦入滅の日に臨終を迎えたいと願う。この日の死は極楽往生を保証するものと考えられていた。作者は、その願いどおりに文治六年(一一九〇)二月十六日に没した。

ねがは-し ワシ【願はし】(形シク)〔しから・しく(しかり)・し・しき(しかる)・しけれ・しかれ〕望ましい。好ましい。徒然 一「この世に生まれては、―・しかる体べきことこそ多かめれ」訳 この世に生まれたからには、(こうありたいと)願うはずのことが多いようだ。

ねが-ふ ネガ(ゴウ)【願ふ】(他ハ四)〔は・ひ・ふ・ふ・へ・へ〕❶請い望む。希望する。方丈 二「西南海の領所を―・ひ用て、東北の庄園を好まず」訳 九州や四国の領地を希望して、東国や北陸の荘園を好まない。❷願をかける。祈る。祈願する。徒然 五八「後世を―・は未んに難かるべきかは」訳 来世の極楽往生を祈願するのに難しいことがあろうか(いや、難しくはない)。

ねぎ【禰宜】(名)神職の一つ。宮司・神主に次ぎ、祝の上に位する神官。

ねぎ-ごと【祈ぎ事】(名)(神仏に対する)願いごと。古今 雑体「―をさのみ聞きけむ社こそはては嘆きの森となるらめ」訳 願いごとをそのようにばかり聞き届けたという社は、ついには人々の嘆きが投げ木となって森になるだろう。(「嘆き」は「投げ木」との掛詞)

ね-ぐ【祈ぐ】(他ガ四)〔が・ぎ・ぐ・ぐ・げ・げ〕祈る。祈願する。〔好忠集〕「小山田の水絶えせしより天にます岩戸の神を―・が未ぬ日ぞなき」訳 山あいの田に水が絶えてから、天においでになる岩戸の神を祈らない日はない。

ね-ぐ【労ぐ】(他ガ上二)〔ぎ・ぎ・ぐ・ぐる・ぐれ・ぎよ〕ねぎらう。いたわる。万葉 二〇・四三三一「東男は出で向かひ顧みせずて勇みたる猛き軍卒と―・ぎ用給ひ」訳 東国の男は、敵に向かって後ろを顧みないで、勇気ある強い兵だとねぎらいなさり。

ね-くた-る【寝腐る】(自ラ下二)〔れ・れ・る・るる・るれ・れよ〕寝乱れて、しどけなくなる。蜻蛉 下「二十日ばかりに、人―・れ用たるほど見え」訳 二十日ごろに、みなが寝乱れているところに夫の兼家が姿を見せ。

ね-くたれ【寝腐れ】(名)寝乱れてしどけなくなること。源氏 宿木「―の御かたちいとめでたく見所ありて」訳 (匂宮の)寝乱れのお顔がたいそう美しく見ばえがして。

ねくたれ-がみ【寝腐れ髪】(名)寝て乱れた髪。大和 一五〇「わぎもこの―を猿沢の池の玉藻と見るぞかなしき」訳 私のいとしく思う乙女の寝乱れた髪を猿沢の池の玉藻と思って見るのは悲しいことだ。

ね-ぐら【塒】(名)鳥の眠る所。源氏 若菜上「―のうぐひすおどろきぬべく、いみじくおもしろし」訳 (光源氏の四十の賀宴は)ねぐらの鶯がきっと目を覚ますに違いないほど、たいそう興趣がある。

ねこ-おろし【猫下ろし】(名)猫が物を食べ残すこと。また、食べ残し。平家 八・猫間「猫殿は小食におはしけるや。聞こゆる―し給ひたり」訳 猫間中納言殿は小食でいらっしゃったよ。有名な猫おろしをなさった。

ね-こじ【根掘じ】(名)根のついたまま掘り取ること。〔記〕上「天の香山の五百津真賢木を―にこじて」訳 天の香具山の枝葉の茂った榊を根のついたままに掘り取って。

ねこ-また【猫股】(名)想像上の怪獣。年とった猫が化けたもので、尾が二つに分かれ、人を害するという。徒然 八九「猫の経上がりて、―に成りて、人とることはあなるものを」訳 猫が年をとって変化して、猫またになって、人(の命)を取ることはあるそうだからなあ。

ね-ごめ【根込め】(名)根こそぎ。根ごと。枕 二〇〇「〔野分に〕―に吹き折られたる〔植木を〕」

ね-さう ソウ【年星】(名)「ねんさう」の撥音「ん」の表記

されない形」「ねざう」とも。陰陽道(おんようどう)で、福運を願い、その人の運命を支配するという星を祭ること。
参考 一説に、漢字「年三」をあて、年に三度、陰暦正月・五月・九月に行う仏事をいうともいう。

ね‐ざし【根差し】(名) ❶地中に根をのばすこと。根の張りぐあい。源氏 明石「岩に生(お)ひたる松の―も心ばへあるさまなり」訳 岩に生えている松の根の張りぐあいも風情あるようすである。
❷生まれ。家柄。家筋。源氏 帚木「世のおぼえ口惜しからず、もとの―賤(いや)しからぬ」訳 世間の評判も悪くなく、本来の家柄もいやしくない者が。

ね‐ざめ【寝覚め】(名) 眠りから覚めること。夜、目が覚めること。新古 春下「風かよふ―の袖の花の香(か)にかをる枕の春の夜(よ)の夢」訳 →かぜかよふ… 和歌

ねじけがまし【拗けがまし】 ⇩ねぢけがまし

ねじよる【捩じ寄る】 ⇩ねぢよる

ねず【捩ず・捻ず】 ⇩ねづ

念珠が関(ねずがせき)【地名】今の山形県鶴岡市鼠ケ関(ねずがせき)付近にあった関所。北陸道から出羽(でわ)にはいる関門。奥羽三関の一つ。→三関(さんかん)②

ねすがたの… 俳句

> 寝すがたの　蝿(はへ)追(お)ふも　けふがかぎりかな　夏
> 〈父の終焉(しゅうえん)日記・一茶〉

訳 (病み衰えた父の)寝姿を見守りつつ、こうして蝿を追うのも(=親しく看病できるのも)、今日が最後になるかもしれないなあ。(蝿 夏。切れ字は「かな」)
解説 翌日の早朝に一茶の父は死んだ。

ねず‐なき【鼠鳴き】(名) ねずみの鳴き声のまねをすること。枕 一五一「うつくしきもの……雀(すずめ)の子の、―するにをどり来る」訳 かわいらしいもの、…雀の子が、ねずみの鳴き声のまねをするとぴょんぴょんはねて来るの。

ねた【妬】(名) [形容詞「ねたし」の語幹] ねたましく思うこと。遺恨。源氏 藤裏葉「心のうちに、―のわざやと思ふところあれど」訳 (柏木(かしわぎ)は)心の中で、しゃくなことよと思うところがあるが。

ねた‐が‐る【妬がる】(自ラ四){ら・り・る・る・れ・れ} [「がる」は接尾語] くやしがる。憎らしがる。ねたましがる。源氏 葵「人に駆(か)り移し給へる御物の怪(け)ども―り(用) 惑ふけはひともの騒がしうて」訳 よりましに(葵(あおい)の上から)追い払い移しなさった御物の怪どもがくやしがり騒ぐようすが、たいそう騒々しくて。

ねた‐げ【妬げ】(形動ナリ){なら・なり(に)・なり・なる・なれ・なれ} [「げ」は接尾語] ❶ねたましいようすである。いまいましい感じである。枕 九一「さるべき所の下部(しもべ)などの来て…我をばいかがせむなど思ひたる、いと―なり(終)」訳 それ相当の(身分の)家の下僕などが来て…(無礼をはたらいても)自分をどうするだろうか(何もできないだろう)などと思っているのは、とてもいまいましい感じである。
❷憎らしいほどすばらしいようすである。枕 四一「卯(う)の花・花橘(はなたちばな)などにやどりをして、はたかくれたるも、―なる(体) 心ばへなり」訳 (ほととぎすが)卯の花や橘の花などにとまって、半分姿が隠れているのも、憎らしいほどすばらしい風情である。

ねた‐し【妬し】(形ク){から・く(かり)・し・き(かる)・けれ・かれ} ❶しゃくだ。いまいましい。残念だ。枕 三一「いかでなほすこしひがごとみつけてをやまむと、―き(体) までにおぼしめしけるに」訳 なんとかしてやはり少しでも間違いを見つけ出して(それで質問を)やめようと、(帝(みかど)は)しゃくなほどにお思いになったけれども。文法「みつけてをやまむ」の「を」は、間投助詞。今昔 二六・二「寝入りて物は見ずなりぬれば、腹立たしく―く(用) 思ふこと限りなきに」訳 寝入っていて祭りの行列は見ずじまいになってしまったので、腹立たしくいまいましく思うことはこの上ないが。
❷ねたましいほどりっぱだ。源氏 明石「これは、あくまで弾きすまし、心にくく―き(体) 音(ね)ぞまされる」訳 この人(=明石(あかし)の君)は、どこまでも(琴を)みごとに弾きこなし、奥ゆかしくねたましい(ほどその)音色はすぐれている。

ねたま‐し【妬まし】(形シク){しから・しく(しかり)・し・しき(しかる)・しけれ・しかれ} [動詞「ねたむ」に対応する形容詞] 憎らしい。いまいましい。著聞 三九六「この事を、僧正―しく(用) や思はれけん」訳 このこと(=僧正にひけをとらないほどの絵を侍法師が描くこと)を、僧正はいまいましくお思いになったのであろうか。文法「や」は、疑問の係助詞。「思はれけん」の「れ」は、尊敬の助動詞「る」の連用形。

ねたま‐す【妬ます】(他サ四){さ・し・す・す・せ・せ} くやしがらせる。憎らしいと思わせる。源氏 総角「『なべてやは』など、―し(用) 聞こゆれば」訳 (薫(かおる)が)「並ひととおりのことではどうして(中の君に会わせられようか、いや、会わせられない)」などと、(匂宮(におうのみや)を)くやしがらせ申しあげるので。

ねた‐む【妬む・嫉む】(他マ四){ま・み・む・む・め・め} いまいましく思う。にくむ。竹取 かぐや姫の昇天「『うるはしき姿したる使ひにも障(さは)らじ』と、―み(用) 居(を)り」訳 (翁(おきな)は)「りっぱな姿をしている(月の世界の)使者にも(私は)さまたげられまい」と、(使者を)いまいましく思っている。

ねぢ‐く(ネジク)【拗く】(自カ下二){け・け・く・くる・くれ・けよ} ❶曲がりくねる。ねじれる。徒然 一三九「八重桜は異様(ことやう)のものなり。いとこちたく―け(用) たり」訳 八重桜は風変わりなものである。たいそう仰々しくねじれている。
❷ひねくれる。素直でない。源氏 空蝉「すべていと―け(用) たる所なく、をかしげなる人と見えたり」訳 (軒端(のきば)の荻(おぎ)は)総じてたいしてひねくれたところがなく、かわいらしい感じの人と思われた。

ねぢけ‐がま‐し(ネジケ)【拗けがまし】(形シク){しから・しく(しかり)・し・しき(しかる)・しけれ・しかれ} [「がまし」は接尾語] ❶ひねくれている。素直でない。源氏 帚木「いと口惜しく―しき(体) おぼえだになくは」訳 (女にひどく残念なほどひねくれた評判さえなければ。
❷異常だ。まともでない。源氏 少女「ゆかり睦(むつ)び、―しき(体) 様にて、おとども聞きおぼすところ侍りなむ」訳 血縁者どうしのなれあいは、まともでないようすであって、大臣(=光源氏)も(夕霧と雲居(くもゐ)の雁(かり)のことを)聞いて(不快に)お考えになることもきっとございましょう。

ねぢ‐よ‐る(ネジ)【捩ぢ寄る】(自ラ四){ら・り・る・る・れ・れ} にじり寄る。徒然 一三七「花の本(もと)には、―り(用) 立ち寄り、あからめもせずまもりて」訳 (田舎(いなか)の人は桜の花のもとには、にじり寄って近寄り、わき目もふらずじっと見つめて。

ね‐づ(ネズ)【捩づ・捻づ】(他ダ上二){ぢ・ぢ・づ・づる・づれ・ぢよ} ねじる。ねじまげる。宇治 一・三「鬼、寄りて、『さはとるぞ』とて、―

ぢ(用)て引くに」 訳 鬼が(翁に)近寄って、「それでは取るぞ」と言って、(こぶを)ねじって引くと。

ねった・い【妬い】(形口)〔「ねたし」に促音「っ」を加えて意味を強めた語〕いまいましい。しゃくだ。残念だ。平家 九・生ずきの沙汰「―・い(終)、さらば景季も盗むべかりけるものを」 訳 しゃくだ、それならば(私)景季も(馬を)盗むべきであったのに。

ね-どころ【寝所】(名) ❶寝る所。寝床。宇治 一・一八「―とおぼしき所に、五位入りて寝んとするに」 訳 寝る所と思われる所に、五位が入って寝ようとすると。❷ねぐら。枕 一「からすの―へ行くとて」

ね-と・る【音取る】(他ラ四){ら・り・る・る・れ・れ}楽器の調子を合わせる。転じて、演奏する。著聞 六三五「一臈(=最も古参の者)笛を―・る(終)」

ね-な・く【音泣く・音鳴く】(自カ四){か・き・く・く・け・け}声をあげて泣く。万葉 九・一八〇九「故縁聞きて知らねども新喪の如も―・き(用)つるかも」 訳 (墓を造った)いわれを聞いて、(昔のことは)知らないが、新たに服する喪のようにも声をあげて泣いてしまったことよ。

ね-に-な・く【音に泣く】声を出して泣く。古今 恋一「わが園の梅のほつ枝に鶯の―・き(用)ぬべき恋もするかな」 訳 私の庭の梅の木の上のほうの枝で鶯が鳴くように、(私も)声を出して泣いてしまいそうな(悲しい)恋をしていることよ。(第三句までは「音になき」を導きだす序詞)

ね-ぬなは【根蓴菜】(名)蓴菜(=水草の名)の古名。

ねぬなはの【根蓴菜の】《枕詞》根の長い蓴菜(=水草の名)は繰って取ることから、「長き」「くる」「苦し」に、また同音を重ねて「ね」にかかる。〔新撰六帖〕「―長々し夜を」。〔続後拾遺〕冬「―くる夜もなしと」。〔拾遺〕恋四「―苦しかるらむ」。〔後拾遺〕雑二「―ねたくもと思ふ」

ね-の-くに【根の国】(名)上代、死者の霊のおもむくとされた地下の国。黄泉の国。〔紀〕神代「ひたぶるに―にまかりなむとす」 訳 ひたすら黄泉の国へおいとましてしまおうとする。

ね-の-ひ【子の日】(名)「ねのび」とも。❶陰暦正月の最初の子の日。またこの日、人々が野に出て小松を引いたり、若菜を摘んだりした行事。子の日の遊び。土佐「むつきなれば、京の―のこといひいでて、『小松もがな』といへど」 訳 陰暦正月なので、都の子の日の遊びのことを言い出して、「小松があればなあ」と言うけれど。❷「子の日の松」の略。

発展「子の日」の行事と「七草」

古代中国に、陰暦正月の子の日に山に登り四方を望むと憂いを除くという信仰があり、日本でも奈良時代以降遊宴などが行われた。子の日は「根延び」に通じてめでたいと解されたのである。後に、正月七日に七種の菜を食べる風習が唐から入り、鎌倉時代には「七草」の風習のほうが盛んになった。

ねのひ-の-まつ【子の日の松】子の日の遊びに、長寿を願って引く小松。〔栄花〕つぼみ花「船岡の―も、いつしかと君に引かれて万代を経むと思ひて」 訳 船岡山の子の日の小松も、早く主君に引かれて長い年月を経たいものだと思って。

ね-のみ-し-なか-ゆ【音のみし泣かゆ】ただもう泣けてくる。万葉 一三・三三一四「他夫の馬より行くに己夫し歩より行けば見るごとに―・ゆ(終)」 訳 (山背への道を)他人の夫が馬で行くのに、私の夫は徒歩で行くので、見るたびにただもう泣けてくる。なりたち 名詞「音」+副助詞「のみ」+強意の副助詞「し」+四段動詞「泣く」の未然形「なか」+上代の自発の助動詞「ゆ」

ね-ば ❶(「ば」が順接の確定条件を表す場合)原因・理由の意で用いられる。…ないので。…ないから。徒然 二五「桃李もの言は―、誰とともにか昔を語らん」 訳 桃や李はものを言わないから、誰といっしょに昔を語ろうか(いや、誰とも語ることはできない)。文法 「か」は、反語の係助詞。❷(「ば」が恒常条件を表す場合)…ないと。…ないときは。方丈 二「世にしたがへば、身苦し。したがは―、狂せるに似たり」 訳 世間の常識に従うと、自分が苦しい。従わないと、気が狂っているのに似ている。名文解説 かた苦しい常識に縛られて生きるのも窮屈だが、かといって、常識に背を向ければ正気を失っていると思われてしまう、という処世の難しさを述べたもの。社会に生きる誰もが直面する、普遍的な悩みを言い当てた名言である。❸(「ば」が逆接の意を表す場合。「も…ねば」の形で)…しないのに。万葉 八・一五五五「秋立ちて幾日もあら―この寝ぬる朝明の風は手本寒しも」 訳 秋になって幾日もたたないのに、この寝て起きた夜明けの風は手首に寒く感じられることよ。なりたち 打消の助動詞「ず」の已然形「ね」+接続助詞「ば」

ね-ば・ふ【根延ふ】(自ハ四){は・ひ・ふ・ふ・へ・へ}「ねはふ」とも。根が張る。根が長くのびる。万葉 一〇・一八二五「紫草の―・ふ(体)横野の春野には君を懸けつつ鶯鳴くも」 訳 紫草の根が張る横野(=地名)の春の野原では、あなたを思っては鶯が鳴くことよ。

ねはみねど… 和歌

〔根〕〔寝〕
ねは見ねど　あはれとぞ思ふ　武蔵野の
露分けわぶる　草のゆかりを
〈源氏・若紫〉

訳 まだ共寝をしないけれど、いとしい気持ちでいっぱいだ。武蔵野の露を分けて行きかねている、(その野にある)紫草に縁のある人が。修辞 「ねは見ねど」の「ね」は「寝」と「根」との掛詞。解説 光源氏が、引き取ったばかりの少女(=若紫)に習字の手本として書いた歌で、光源氏自身が詠んだもの。「むらさきのひともとゆゑに武蔵野の草はみながらあはれとぞ見る」(訳 →むらさきの…和歌)〈古今・雑上〉をふまえている。紫草が藤壺、そのゆかりとは姪である少女をさす。「露分けわぶる」には、藤壺に逢おうとしてもなかなか逢えないという意をこめている。

ね-は・る【寝腫る】(自ラ下二)〔れ・れ・る・るる・るれ・れよ〕寝て、はればったい顔つきになる。枕 一〇九「えせかたちは、つやめき、ー・れ用て」訳(夏、昼寝をして起きたとき)見苦しい容貌(の人)は、(顔が)てかてか光り、寝起きのはればったい顔つきになって。

ねはん【涅槃】(名)《梵語の音訳》❶いっさいの煩悩を解脱して、悟りの境地にはいること。また、その境地。今昔 一・三六「人ありて仏および塔を巡らむとに五種の徳を得べし。…五はーを得む」訳 人がいて仏や塔をめぐるとしたらそのときに、五つの徳を得るにちがいない。…五つ目は悟りの境地を得るだろう。
❷釈迦の入滅。また、人の死。〔太平記〕三五「砂をかみ水を飲みてすなはちーに入りけるこそ哀れなれ」訳 砂をかみ水を飲んでそして死を迎えたのはかわいそうである。

ねはん-ゑ【涅槃会】(名)陰暦二月十五日、釈迦入滅の日に行う追悼の法会。春。徒然 二二〇「二月ーより聖霊会までの中間を指南とす」訳 陰暦二月の涅槃会から聖霊会までの間(の鐘の音)を(楽器の調律の)標準とする。

ね-ひとつ【子一つ】(名)子の刻を四分した、その第一刻。今の午後十一時から十一時半ごろ。伊勢 六九「わが寝る所に率て入りて、ーより丑三つまであるに」訳(男は)自分の寝所に(女を)連れて入って、子の一刻から丑の三刻(=午前二時ごろ)まで(いっしょに)いるが。

ねび-ととの・ふ【ねび整ふ】(自ハ四)〔は・ひ・ふ・ふ・へ・へ〕心身ともに成熟する。おとなびる。源氏 竹河「いとどあらまほしうー・ひ用、何事もおくれたる方なくものし給ふを」訳(薫が)ますます理想的に成長し、何事にも劣ったところがなくていらっしゃるのを。

ねび-びと【ねび人】(名)年寄り。また、年をとって経験の豊かな人。源氏 少女「近う仕うまつる大宮の御方のーどもささめきけり」訳(雲居の雁の)おそばにお仕え申しあげる大宮(=雲居の雁の祖母)の御付きの老女房たちは、声をひそめて話をするのであった。

ねび-まさ・る【ねび勝る】(自ラ四)〔ら・り・る・る・れ・れ〕❶実際の年齢よりもおとなびて見える。ふけて見える。源氏 蛍「御弟にこそものし給へど、ー・り用てぞ見え給ひける」訳(蛍兵部卿の宮は光源氏の)御弟でいらっしゃるが、年齢よりもふけて見えなさった。(「ものす」は婉曲表現で、ここでは「いる」の意。)文法 係助詞「こそ」の結びは、接続助詞「ど」が付いて「給へど」とさらに下に続くため消滅(=結びの流れ)している。
❷成長するにつれてますます美しくなる。成長してますますりっぱになる。源氏 賢木「朝顔もー・り用給へらむかし」訳 朝顔(の斎院のお顔)も成長するにつれてますます美しくなりなさっているだろうよ。文法「給へらむ」の「ら」は、存続の助動詞「り」の未然形。

ねび-ゆ・く【ねび行く】(自カ四)〔か・き・く・く・け・け〕成長していく。おとなびていく。源氏 若紫「ー・か未むさまゆかしき人かな、と目とまり給ふ」訳 成長していくだろうようすを見たい人だなあ、と(光源氏は若紫に)目がとまりなさる。

ねび・る(自ラ下二)〔れ・れ・る・るる・るれ・れよ〕年寄りくさくなる。ふける。源氏 空蟬「鼻などもあざやかなる所なうー・れ用て、にほはしき所も見えず」訳(空蟬は)鼻筋などもすっきり通ったところがなく(年齢よりは)ふけていて、つやつやした美しいところも見えない。

ねぶ【合歓】(名)植物の名。ねむの木。葉は、夜になると閉じて垂れる。夏。⇩巻頭カラーページ8

ね・ぶ(自バ上二)〔び・び・ぶ・ぶる・ぶれ・びよ〕❶年をとる。ふける。源氏 夕顔「かたちなどー・び用たれど清げにて」訳(伊予の介は)容貌などは年をとっているけれど、きちんとした感じで。
❷おとなびる。ませる。平家 一一・先帝身投「御年のほどよりはるかにー・び未させ給ひて」訳(安徳天皇は)お年のほどよりははるかにおとなびあそばされて。文法「させ給ひ」は、最高敬語。(⇩大人ぶ「類語パネル」)

ね-ぶか【根深】(名)ねぎ(=野菜の名)の異称。冬。〔蕪村句集〕蕪村「易水にー流るる寒さかな」訳(かつて「易水寒し」と荊軻(=中国戦国時代の人)が詠んだ易水に(だれが洗いこぼしたのか)白いねぎが流れてゆくが、(それを見つめていると)ひとしお寒さが感じられることだ。

ねぶた・し【眠たし・睡たし】(形ク)〔から・く(かり)・し・き(かる)・けれ・かれ〕ねむい。枕 三一三「ー・き体を念じてさぶらふに」訳 ねむいのを我慢してお仕えしていると。

ねぶり-ごゑ【眠り声】(名)ねむそうな声。寝ぼけ声。枕 二八「困じにけるにや、ゐるままにすなはちーなる、いとにくし」訳(加持祈禱を頼んだ修験者が)疲れてしまったのであろうか、座るとそのまますぐにねむそうな声であるのは、ほんとうに不快だ。

ねぶ・る【眠る・睡る】(自ラ四)〔ら・り・る・る・れ・れ〕❶ねむる。枕 三一三「上の御前の、柱に寄りかからせ給ひて、すこしー・ら未せ給ふを」訳 主上(=一条天皇)が、柱にお寄りかかりになられて、少しおねむりになられるのを。文法「せ給ふ」は、最高敬語。
❷目をつぶる。竹取 蓬萊の玉の枝「竹取の翁、さばかり語らひつるが、さすがに覚えてー・り用をり」訳 竹取の翁は、あれほど話し合っていたことが、やはり気まずく思われて目をつぶっている。

ねぶ・る【舐る】(他ラ四)〔ら・り・る・る・れ・れ〕なめる。しゃぶる。今昔 二八・四二「裸なる脇を掻きて、手をー・り用て」訳 裸である脇の下を掻いて、(得意気に)手につばをつけて。

ね-ほ・る【寝惚る】(自ラ下二)〔れ・れ・る・るる・るれ・れよ〕寝ぼける。今昔 一七・九「我がー・れ用て夢と思ゆるかと思ひて尋ぬれども」訳 自分が寝ぼけて(いたために)夢だと思われるのかと思って調べるけれども。

ね-ま【寝間】(名)寝る部屋。寝室。また、寝床。

ねまち-の-つき【寝待ちの月】〔月の出がおそいので、寝て待つ月の意〕陰暦十九日の夜の月。臥し待ちの月。秋。蜻蛉 上「ーの山の端出づるほどに」

ね-まど・ふ【寝惑ふ】(自ハ四)〔は・ひ・ふ・ふ・へ・へ〕寝ぼけてまごまごする。寝ぼける。枕 四五「にげなきもの　…老いたるをとこのー・ひ用たる」訳 似つかわしくないもの、…年をとった男が寝ぼけているの。

ねま・る(自ラ四)〔ら・り・る・る・れ・れ〕❶くつろぐ。寝そべる。細道 芭蕉「涼しさをわが宿にしてー・る体なり」訳 涼しさをわが宿のものとし、わが家にいるようにくつろぐことだ。
❷平伏する。ひれ伏す。〔浄・心中宵庚申〕「軍右衛門がー・り用申して手をつかへる」訳 軍右衛門がひれ伏し申しあげて手をつく。

ねむごろ【懇ろ】(形動ナリ)〔なら・なり(に)・なり・なる・なれ・なれ〕〔「ねもころ」の転〕「ねんごろ」に同じ。

ねめ‐か・く【睨め掛く】(他カ下二)〔け・け・く・くる・くれ・けよ〕にらみつける。[宇治]九・四「『おれ、後(のち)にあはざらんやは』と━・けて帰りにければ」[訳](法師は)「きさま、あとで会わないでいようか(いや、会わずにはおくまい)」と言ってにらみつけて帰ってしまったので。

ねもころ【懇ろ】[「ねんごろ」の古形]━(形動ナリ)〔なら・なり(に)・なり・なる・なれ・なれ〕こまやかに行き届くさま。[万葉]四・六八二「思ふらむ人にあらなくに━・に(用)情(こころ)尽くして恋ふるあれかも」[訳](あなたは私に)心を寄せているような人ではないことなのに、こまやかに心を尽くして恋しく思っている私であることよ。[文法]「思ふらむ」の「らむ」は、仮定・婉曲(えんきょく)の助動詞。「人に」の「に」は、断定の助動詞「なり」の連用形。「あらなくに」の「なく」は、打消の助動詞「ず」のク語法で、「…ないこと」の意。

━(副)心をこめて。熱心に。[万葉]九・一七二三「かはづ鳴く六田(むつた)の川の川楊(かはやぎ)の━見れど飽かぬ川かも」[訳]かじかえるが鳴く六田の川の川柳の根ではないけれど、熱心に見ても見飽きない川(=吉野川)であることよ。(第三句までは「ね」を導きだす序詞)

ねもころ‐ごろ【懇ろごろ】(形動ナリ)〔なら・なり(に)・なり・なる・なれ・なれ〕[「ねもころ」の「ころ」を重ねた語]心をこめてするさま。こまやかである。[万葉]一三・三二八四「菅(すが)の根の━・に(用)あが思へる妹(いも)によりては」[訳]心をこめて私が思っているあの子のためなら。(「菅の根の」は「ねもころ」にかかる枕詞)

ね‐や【閨】(名)❶寝室。[徒然]一三七「月の夜は━のうちながらも思へるこそ、いとたのもしう、をかしけれ」[訳]月の夜は寝室にはいったままでも月を思っているのが、まことに味わい豊かで、おもしろい。

❷奥深い部屋。深窓。特に、女性の部屋をいう。[源氏]帚木「思ひやり異なることなき━のうちに」[訳]どう想像しても特別変わったこともない(家庭の)女部屋の中で。

ねや‐ど【寝屋処】(名)寝る所。寝室。[万葉]五・八九二「しもと取る里長(さとをさ)が声は━まで来(き)立(た)ち呼ばひぬ」[訳]→かぜまじり…[和歌]

ねよ‐と‐の‐かね【寝よとの鐘】人に寝よと告げる合図の鐘。亥(ゐ)の刻(=午後十時ごろ)に打つ鐘。[万葉]四・六〇七「皆人を━は打つなれど君をし思へば寝(い)ねかてぬかも」[訳]すべての人に対して(もう)寝よと告げる合図の鐘は打つのが聞こえるけれども、あなたを思っているので、(私は)寝ることができないことだなあ。

ね‐ら【嶺ら】(名)[「ら」は接尾語]峰。[万葉]二〇・四三四五「吾妹子(わぎめこ)と二人わが見しうち寄(え)する駿河(するが)の━は恋(くふ)しくめあるか」[訳]わが妻と二人で私が見た、あの駿河(静岡県)の峰は恋しくも思われることよ。(「うち寄する」は「駿河」にかかる枕詞)

ねり‐い・づ(イズ)【練り出づ】(自ダ下二)〔で・で・づ・づる・づれ・でよ〕ゆっくりと歩み出る。[平家]三・公卿揃「束帯正しき老者(らうしゃ)が、もとどり放って━・で(用)たりければ」[訳]束帯を正しく着けた老人が、もとどり(=束ねた髪)をむき出しにしてゆっくりと歩み出たので。

ねり‐いろ【練り色】(名)染め色の名。わずかに黄色を帯びた白色。[枕]二八三「━の衣(きぬ)どもなど着たれど、なほ単(ひとへ)は白うてこそ」[訳]練り色の着物どもなどを着ているけれども、やはり単は白いのが(よい)。

ねり‐ぎぬ【練り絹】(名)灰汁(あく)などで煮て柔らかくした絹。練り糸で織った絹布。[うつほ]蔵開上「━を綿入れて、袋に縫はせ給ひつつ」[訳](女御(にょうご)は)練り絹に綿を入れて、袋にお縫わせになっては。↔生絹(すずし)

ねり‐さまよ・ふ(マヨウ)【練り徘徊ふ】(自ハ四)〔は・ひ・ふ・ふ・へ・へ〕あちらこちらをゆっくりと歩く。[枕]五「いみじく定者(ぢやうざ)などいふ法師のやうに━・ふ(終)」[訳](少女たちは)たいそう(きどって、法会(ほうえ)の行列の先導役をする)定者などという法師のようにあちらこちらをゆっくりと歩く。

ねり‐ぬき【練り貫】(名)縦糸を生糸(いと)、横糸を練り糸で織った絹布。[平家]九・敦盛最期「━に鶴縫うたる直垂(ひたたれ)に」

ねり‐ばかま【練り袴】(名)練り絹で作った袴(はかま)。[平家]一一・先帝身投「━のそばたかくはさみ」[訳]練り絹の袴のももだちを高く(帯に)はさみ。

ねり‐ゆ・く【練り行く】(自カ四)〔か・き・く・く・け・け〕ゆっくりと歩行する。また、行列をととのえて行く。[宇治]三・一〇「ただひとり笛吹きて、行きもやらず━・け(已)ば」[訳]たった一人横笛を吹いて、進むともなくゆっくりと歩いて行くと。

ね‐る【練る】━(他ラ四)〔ら・り・る・る・れ・れ〕❶絹を灰汁(あく)などで煮て柔らかくする。[枕]三「うるはしき糸の、━・り(用)たる。」[訳]美しく整った糸で、灰汁で煮て柔らかくしたの。[文法]「うるはしき糸の」の「の」は、いわゆる同格の格助詞で、「…で」の意。

❷こねる。こねまぜる。[太平記]一八「泥に━・ら(未)れたる魚の如(ごと)くにて」[訳]泥にこねられた魚のようで。

━(自ラ四)〔ら・り・る・る・れ・れ〕ゆっくりと歩く。[枕]二九五「きらきらしきもの …蔵人(くらうど)の式部の丞(ぞう)の、白馬(あをむま)の日大路(おほぢ)━・り(用)たる」[訳]堂々として威厳があるもの、…蔵人で式部の丞(じょう)である者が、白馬の節会(せちえ)の日に大路をゆっくり歩いているの。

ね‐ろ【嶺ろ】(名)《上代東国方言》[「ろ」は接尾語]峰。[万葉]一四・三三七〇「足柄(あしがり)の箱根の━の和草(にこぐさ)の」[訳]足柄の箱根の峰のやわらかな草の。

ね‐わたし【嶺渡し】(名)高い峰から峰へと吹き渡る風。[千載]冬「あらし吹く比良(ひら)の高嶺(たかね)の━にあはれしぐるる神無月(かんなづき)かな」[訳]激しい風が吹きつける比良の高嶺の峰から峰へと吹き渡る風につれて、ああ、しぐれの降る陰暦十月であるよ。

ね‐を‐な・く【音を泣く】声を出して泣く。[源氏]夕霧「━・き(用)給ふさまの、心深くいとほしければ」[訳](落葉の宮の)声をあげて泣きなさる姿が、慎み深くいじらしいので。

ねん【念】(名)❶思い。考え。思慮。[徒然]二四一「常住平生の━に習ひて」[訳]人生はいつも不変であり平安に生活できるという考えに慣れきって。

❷気をつけること。注意すること。

❸(仏教語)一瞬。瞬間。[徒然]九二「何ぞ、ただ今の一━において、直ちにすることのはなはだ難(かた)き」[訳]なんと、現在の一瞬間において、すぐに(なすべきことを)実行することがはなはだ難しいことか。

ねん‐き【年季・年期】(名)❶契約して定めた奉公の期間。一年を一季とする。

❷「年季奉公(ねんきぼうこう)」の略。一定の期間奉公すること。ふつう十年をいう。[浮・西鶴織留]「いまだ━の小者あがり」[訳]まだ年季奉公中の丁稚(でっち)上がり。

ねん‐ぐ【年貢】(名)農民が領主に租税として納めるも

の。多く、米についていう。〔平家〕八・法住寺合戦「私の―ものぼらねば、京中の上下の諸人、ただ少水の魚にことならず」〔訳〕個人への年貢も京に届かないので、京中の身分の高い者も低い者もだれもが、まるで少ない水の中の(干上がりそうな)魚と違わない。

ねん‐くゎん【年官】(名)平安時代以降、天皇・皇族・貴族などに与えられた俸禄の一種。除目の際、一定数の国司・京官を推薦し、その任料を収入として得られる制度。→年爵

ねんごろ【懇ろ】㊀(形動ナリ){なら・なり(に)・なり・なる・なれ・なれ}❶**親切なさま。ていねいなさま。**熱心なさま。〔伊勢〕六九「親のことなりければ、いと―に(用)いたはりけり」〔訳〕(斎宮は)親のことば(=言いつけ)であったので、(勅使を)たいそう丁重にもてなした。〔徒然〕九二「道を学する人、夕べには朝あらんことを思ひ、朝には夕べあらんことを思ひて、かさねて―に(用)修せんことを期す」〔訳〕仏道を修行する人は、夕方には明朝があるだろう(という)ことを思い、朝には夕方があるだろう(という)ことを思って、もう一度念を入れて修行しよう(という)ことを予定する。〔文法〕「修せん」の「ん」は、意志の助動詞。

❷**親しみ深いさま。むつまじいさま。**〔伊勢〕一六「思ひわびて、―に(用)相語らひける友だちのもとに」〔訳〕思い悩んで、親密に付き合ってきた友人の所に。

❸正直なさま。まともなさま。〔徒然〕七三「世俗の虚言を―に(用)信じたるもをこがましく」〔訳〕俗世間のうそをまともに信じているのもばかばかしく。

㊁(名・自サ変)《近世語》男女が情交・密通すること。

ねんごろ‐が・る【懇ろがる】(自ラ四){ら・り・る・る・れ・れ}《「がる」は接尾語》親しそうなようすをする。親しみなれる。〔源氏〕常夏「試みごとに―ら(未)む人のねぎごとに、なしばしなびき給ひそ」〔訳〕人の心をためそうとして親しげなようすをするような人の願い事に、しばらく従いなさるな。

ねんじ‐い・る【念じ入る】(自ラ四){ら・り・る・る・れ・れ}一心に祈る。〔宇治〕一三・一二「『我が国の三宝、神祇助け給へ。…』と―り(用)てゐたるほどに」〔訳〕「わが国の仏、天地の神々よ、お助けください。…」と切に祈っていたところ。

ねんじ‐かへ・す【念じ反す】(他サ四){さ・し・す・す・せ・せ}気持ちを取り直して、じっと我慢する。じっとこらえる。〔落窪〕「少将、『そら事』といらへまほしけれど、―し(用)て臥し給へり」〔訳〕少将は、「うそだ」と答えてやりたいけれども、じっとこらえて横になっていらっしゃる。

ねんじ‐すぐ・す【念じ過ぐす】(他サ四){さ・し・す・す・せ・せ}耐え忍んで月日を送る。〔方丈〕三「あられぬ世を―し(用)つつ」〔訳〕住みにくい世を耐え忍んで月日を過ごしては。

ねん‐しゃく【年爵】(名)平安時代以降、天皇・皇族・貴族などに与えられた俸禄の一種。除目の際、従五位下の授位者を一定数推薦し、その叙位料を収入として得られる制度。→年官

ねん‐じゅ【念珠】(名)「ねんず」とも。仏に祈るとき、手にかけて用いる仏具。数珠。

ねん‐じゅ【念誦】(名・自サ変)《仏教語》「ねんず(念誦)」に同じ。

ねんじ‐わ・ぶ【念じ侘ぶ】(自バ上二){び・び・ぶ・ぶる・ぶれ・びよ}耐えかねる。我慢しきれなくなる。〔伊勢〕二一「この女いと久しくありて、―び(用)てにやありけむ、いひおこせたる」〔訳〕この女はたいそう長くたってから、我慢しきれなくなったからであろうか、(男に)詠んでよこした歌。

ねん‐ず【念誦】(名・自サ変)《仏教語》《「ねんじゅ」の転》心に仏を念じ、口に経文・仏名を唱えること。〔源氏〕夕顔「―をいとあはれにし給ふ」〔訳〕(光源氏は)仏を念じ経文・仏名を唱えることをたいそうしみじみとなさる。

ねん・ず【念ず】(他サ変){ぜ・じ・ず・ずる・ずれ・ぜよ}

語義パネル

心にこめる意の漢語「念」にサ変動詞「す」を付けた複合動詞。現代語では、神仏の前で心にこめる意の①、または、たんに「おもう」意で用いるが、古くは、苦しさ・恋しさ・つらさなどの情を心にこめて、外に表さないということから、②の意でも用いる。

❶**心の中で祈る。祈願する。**
❷**我慢する。耐え忍ぶ。こらえる。**

❶**心の中で祈る。祈願する。**〔更級〕初瀬「ひたぶるに仏を―じ(用)奉りて」〔訳〕ひたすら仏を心中で祈り申しあげて。

❷**我慢する。耐え忍ぶ。こらえる。**〔竹取〕かぐや姫の昇天「心さかしき者、―じ(用)て射むとすれども、外ざまへ行きければ」〔訳〕気丈な者が、こらえて射ようとするけれども、(矢は)あらぬ方へ飛んでいったので。〔宇治〕一・三「いま一声呼ばれていらへんと、―じ(用)て寝たるほどに」〔訳〕(児が)もう一声呼ばれて返事をしようと、我慢して寝ているうちに。

ねんず‐だう【念誦堂】(名)「ねんじゅだう」とも。「念誦」をするために建てた堂。〔源氏〕薄雲「御―にこもりゐ給ひて」〔訳〕(光源氏は邸内の)御念誦堂にこもってじっとしていらっしゃって。

ねんちゅうぎゃうじ‐の‐みさうじ【年中行事の御障子】(名)年中行事の名目を両面に書いた衝立障子。清涼殿の広廂にあった。

ねん‐な・し【念無し】(形ク){(から)・く(かり)・し・き(かる)・けれ・かれ}❶残念だ。悔しい。〔平家〕六・祇園女御「これを射も殺し、斬りも殺したらんは、無下に―かる(体)べし」〔訳〕これ(=狐か狸の化け物)を射殺したり、斬り殺したりしたとすればそれは、たいそう悔やまれるにちがいない。〔文法〕「殺したらん」の「ん」は、仮定・婉曲の助動詞。

❷容易だ。たやすい。〔太平記〕七「夜昼三日が間に、―く(用)掘り崩してけり」〔訳〕(表門の櫓を)夜昼三日の間に、たやすく掘り崩してしまった。

❸意外だ。思いがけない。〔狂・末広がり〕「―う(用)(ウ音便)早かった」〔訳〕意外に早かった。

ねん‐ねん【念念】(名)❶《仏教語》一瞬一瞬。瞬間瞬間。〔方丈〕二「心―に動きて、時として安からず」〔訳〕心が一瞬一瞬動揺して、少しの間も安定しない。

❷いろいろな思い。〔徒然〕二三五「我らが心に―のほしきままに来たり浮かぶも、心といふもののなきにやあらん」〔訳〕私たちの心にいろいろな思いが勝手気ままに現れて浮かぶのも、心という実体がないからであろうか。

ねん‐ぶつ【念仏】(名・自サ変)《仏教語》仏の相好(=御姿)・功徳を思い、仏の名を唱えること。また、「南

無阿弥陀仏」の名号を唱えること。徒然 三九「疑ひながらも―・すれ㊀ば、往生す」訳 疑いながらでも念仏を唱えると必ず、死んでのち極楽浄土へ行く。

ねんぶつ-わうじゃう【念仏往生】(名)《仏教語》一心に念仏を唱え、死後極楽に往生すること。〔一遍上人語録〕「―とは念仏即往生(=念仏することによって極楽に往生すること)なり」

ねん-も-な-し【念も無し】❶考えが足りない。思慮が足りない。〔無名抄〕「始め珍しくよめる時こそあれ、二度ともなれば―・き㊍ことぐせどもをぞ僅かにまねぶめる」訳(あまり歌には詠みこまれないことばを)最初目新しく詠んだ場合こそよいけれど、二度目ともなると考えの足りないことばの使いぐせのさまざまをかろうじてまねているように見える。
❷残念だ。無念だ。悔しい。〔義経記〕「敵に焼き殺されてありと言はれんずるは、―・き㊍ことなり」訳(自分が)敵に焼き殺されていると言われるであろうことは、残念なことである。

ねん-よ【年預】(名)(一年間に限って、他の官職の者が代行事務を預かる意から)❶平安中期以降、上皇・親王・摂関家・大社寺などで雑務にあたる者。今昔 二七・三「斎院の―にてなむありけるに(=であった時に)」
❷その年の祭礼の世話人。今昔 一六・三五「この男、その〔香椎の明神の〕祭りの―に差しあてられたり」

ノ

「の」は「乃」の草体
「ノ」は「乃」の省画

の【野】(名)草や小低木の自生している広い平地。のはら。古今 春上「君がため春の―に出でて若菜つむわが衣手に雪は降りつつ」訳→きみがため…和歌

の【箆】(名)矢の、竹の部分。矢柄。〔太平記〕三「もし鎧の上を射ば、―摧け、鏃折れて通らぬこともこそあれ」訳 もし鎧の上を射たら、箆がくだけ、鏃が折れて通らないことがあるといけない。⇩巻頭カラーページ17

の 一(格助) 二(終助)

意味・用法

一 格助詞
連体修飾語
所有〔…の。〕→❶㋐
所属〔…の。…のうちの。〕→❶㋑
所在〔…の。…にある。〕→❶㋒
時〔…の。〕→❶㋓
作者・行為者〔…の。〕→❶㋔
材料〔…の。〕→❶㋕
名称・資格〔…という。…である。〕→❶㋖
性質・状態〔…のような。〕→❶㋗、❶㋘
主語〔…が。〕→❷
同格〔…で。…であって。〕→❸
体言の代用〔…のもの。〕→❹
連用修飾語的〔…を。…と。…に。(いつものように。…のように。)〕→❺
枕詞・序詞の終わり〔…のように。〕→❻
体言の列挙〔…や。…だの。〕→❼

二 終助詞
感動・念押し・同意・希望・疑い〔…だな。…だね。〕

接続
一 体言および体言に準ずるものに付く。
二 文を言い切ったところに付く。

一(格助)❶連体修飾語を作る。所有・所属・所在など種々の関係を示す。㋐所有を表す。**…の。** 徒然 一四四「いかなる人の御馬ぞ」訳 どういう人の御馬か。㋑所属を表す。**…の。…のうちの。** 徒然 五二「仁和寺の法師」㋒所在を表す。**…の。…にある。** 万葉 一・七「秋の野のみ草刈り葺き宿れりし宇治の京の仮廬し思ほゆ」訳 秋の野の見事な草を刈って屋根を葺いて泊まった、宇治の京にある仮小屋がなつかしく思い出されることだ。㋓時を表す。文法「仮廬し思ほゆ」の「し」は、強意の副助詞。㋓時を表す。**…の。** 更級 かどで「同じ月の十五日、雨かきくらし降るに」訳 同じ月の十五日、雨が空をまっ暗にして降るときに。㋔作者・行為者を表す。**…の。** 土佐「淡路の御の歌におとれり」訳 淡路のおばあさんの歌よりも劣っている。㋕材料を表す。**…の。** 万葉 一四・三五六七「置きて行かば妹はまかなし持ちて行く梓の弓の弓束にもがも」訳 置いて行ったなら妻はほんとうにいとしい。私が持って行く梓の弓の握る所であったらなあ。㋖名称・資格を表す。**…という。…である。** 竹取 ふじの山「その山を富士の山とは名づけける」訳 その山を富士の山とは名づけたのであった。㋗性質・状態を表す。**…のような。** 源氏 桐壺「世になく清らなる玉の男御子さへ生まれ給ひぬ」訳 この世に類例がないほど気品があって美しい、玉のような男の皇子(=光源氏)までもお生まれになった。⇩先の世「名文解説」。㋘下に「ごとし」「やうなり」「まにまに」「からに」「ゆゑに」などを伴って、そのようす・状態を表す。万葉 一五・三六四四「大王の命畏み大船の行きのまにまに宿りするかも」訳 天皇のご命令が畏れ多いので、大船の行くのにまかせて(ここに旅の)宿りをすることだ。文法「畏み」の「み」は、原因・理由を表す接尾語。徒然 七四「蟻のごとくに集まりて」訳 ありのように集まって。
❷主語を表す。**…が。** 古今 春上「春たてば花とや見らむ白雪のかかれる枝に鶯の鳴く」訳 春になるので、花と見まちがえているのであろうか。白雪が降りかかった枝で鶯が鳴いているよ。文法「見る」に現在推量の助動詞「らむ」が付くとき、古く「見らむ」という言い方があった。「鳴く」は連体形。
❸いわゆる同格の意を表す。**…で。**…であって。㋐同一の体言または準体言を前後に用いる。万葉 五・八九二「風交じり雨降る夜の雨交じり雪降る夜は」訳→かぜまじり…和歌。㋑後ろの体言または準体言が省略された形。伊勢 九「白き鳥の、嘴と脚と赤き、鴫の大きさなる、水のうへに遊びつつ魚を食ふ」訳 白い鳥で、くちばしと足とが赤い鳥で、鴫の大きさである鳥(=都鳥)が、水の上で遊びながら魚を食べている。

❹連体修飾の被修飾名詞が省略された形。「の」が体言の代わりに用いられる。［枕］六七「草の花は　なでしこ。唐**の**はさらなり、大和**の**もいとめでたし」［訳］草の花は、なでしこ(が趣がある)。中国のものは言うまでもなく、日本のものもたいそうりっぱである。

❺各種の連用修飾語的用法。㋐「を」に近い意味を表す。［源氏］桐壺「うち笑まれぬべき様**の**し給へれば」［訳］思わずほほえまずにはいられないようすを(若宮=光源氏は)していらっしゃるから。［文法］「うち笑まれぬべき様」の「れ」は自発の助動詞「る」の連用形、「ぬ」は助動詞「ぬ」の終止形で、ここは確述の用法。㋑「と」「に」に近い意味を表す。［源氏］蜻蛉「御袴もきのふ**の**同じく紅なり」［訳］御袴も昨日と同じように鮮明な赤色である。㋒「例の」の形で用いる。(いつも)のように。［竹取］貴公子たちの求婚「日暮るるほど、例**の**集まりぬ」［訳］日が暮れるころに、いつものように集まってきた。㋓比喩的表現に用いる。…のように。［万葉］三・二六四「もののふの八十氏河の網代木にいさよふ波**の**ゆくへ知らずも」［訳］→もののふの…［和歌］

❻枕詞・序詞の終わりであることを示す。…のように。［万葉］一・五「網の浦の海処女らが焼く塩**の**思ひそ燃ゆるあが下ごころ」［訳］網の浦の漁師の娘たちが焼く塩のように思い焦がれることだ、私の心の中は。(第三句までは「思ひそ燃ゆる」を導きだす序詞)

❼室町時代以降の用法。体言を列挙する。…や。…だの。〔浄・大経師昔暦〕「宿賃**の**米**の**味噌**の**と算用したらば」［訳］宿賃だの米代だの味噌代だのと計算したならば。

■二(終助)中世末以降の用法。感動・念押し・同意・希望・疑いなどの意を表す。…だな。…だね。〔狂・清水〕「ささておのれは憎いやつ**の**」［訳］さてさておまえは憎いやつだな。

［文法］(1) 格助詞「の」は、連体修飾語を作るのが基本的なはたらきであるから、②の主語を表す場合でも、その述語は終止形で文が終わることはなく、連体修飾や連用修飾などのはたらきをして下の語に続いていく。

「女**の**はける足駄にて作れる笛には、秋の鹿必ず寄るとぞ言ひ伝へ侍る」〈［徒然］九〉

「小黒崎みつの小島**の**人ならば(=みつの小島が人であるなら)都のつとにいざと言はましを」〈［古今］東歌〉

なお、終止形の述語のようにみえるが、②の用例の「鶯の鳴く」の「鳴く」は連体形である。「の」のない「鶯鳴く」に対して、詠嘆の表現になる。

「去年の夏鳴きふるしてし時鳥それかあらぬか声**の**変はら**ぬ**(=その時鳥か、別の時鳥か。声が変わらないことよ)」〈［古今］夏〉

(2) 右の「体言＋の…連体形」の詠嘆表現と同じように「の」を用いて詠嘆を表す次のような文型がある。

㋐「形容詞の語幹(シク活用は終止形)または形容動詞の語幹＋の…や」の形。

「をかし**の**御髪や」〈［源氏］若紫〉

「あはれ**の**ことや」〈［源氏］帚木〉

㋑「…の…さ」の形。

「秋風にたなびく雲のたえまよりもれいづる月の影**の**さやけさ」〈［新古］秋上〉

(3) 連体修飾語を作る格助詞には、他に「が」がある。「の」に比べて、「が」は侮蔑の意味を含む場合があるといわれる。→が(格助)

(4) ③の用法は「…の…連体形・が」または「…の…連体形・は」の形で主語になることが多い。

「弁のめのと**の**御供にさぶらふが、さしぐしを左にさされたりければ」〈［大鏡］三条院〉

「女**の**、これはしもと難つくまじきはかたくもあるかな」〈［源氏］帚木〉

のい-ふ-す【偃す】(自サ四)｛さ・し・す・す・せ・せ｝「仰き臥す」のイ音便〕あお向けになって寝る。［大鏡］道長上「門をだにささで、やすらかに―・し㊊たれば」［訳］門をさえも閉めないで、気楽にのびのびと寝そべっているので。

のう【能】(名)❶才能。能力。［宇治］三・六「わたう達こそ、させる―もおはせねば、物をも惜しみ給へ」［訳］おまえたちこそ、これといった才能もお持ちでないので、物をも惜しみなさるのだ。［文法］係助詞「こそ」の結びが「給へ」。❷わざ。芸能。技芸。［徒然］一五〇「―をつかんとする人」［訳］一芸を(身に)つけようとする人。❸中世芸能の田楽・猿楽。〔太平記〕二七「新座、本座の田楽を合はせ老若に分けて―くらべをさせける」［訳］奈良、京都の田楽を合わせ、老人と若者に分けて田楽くらべをさせた。❹特に、猿楽の能。能楽。→能楽

のう(感)〔感動詞「なう」の長音化にひかれて表記したもの〕人に呼びかけるときの語。もしもし。もし。ねえ。〔謡・隅田川〕「――われをも舟に乗せて賜り候へ(=乗せてくださいませ)」

のう ⇩なう

能因(のういん)『人名』(九八八―?)平安中期の歌人。三十六歌仙の一人。本名は橘永愷。出家して能因。摂津(大阪府)古曾部に住んだので、古曾部入道ともいう。「小倉百人一首」に入集。歌学書「能因歌枕」、家集「能因法師集」

のう-がく【能楽】(名)楽劇の一種。室町時代、観阿弥清次、その子世阿弥元清が猿楽を主体として、田の神を祭る神事芸能の田楽や、大寺院で法会の後に行われる延年の舞などを加え、発展させ大成したもの。古くは、猿楽能・御能などと称され、「のうがく」は明治以降の呼称。単に「能」ともいう。→散楽

のうし【直衣】⇩なほし

のう-じゃ【能者】(名)「のうしゃ」とも。❶才能のある人。物事に堪能な人。〔太平記〕三二「道々の―どもを召し集めて」［訳］さまざまの方面の才能のある人たちをお呼び集めになって。❷能を演じる人。能役者。

のう-しょ【能書】(名)「のうじょ」とも。文字を上手に書くこと。また、その人。能筆。［徒然］二三七「勘解由小路の家の―の人々は、かりにもたてさまにおかるることなし」［訳］勘解由小路家の能筆の方々は、かりそめにも(硯を柳箱に)縦向きにお置きになることはない。

のう-ぶたい【能舞台】(名)能・狂言を演じる舞台。奥行四間半(=約八・二メートル)、間口三間(=約五・五メートル)、四本柱でかこまれ、床は板張りで屋根がある。舞台の後方に囃子方、向かって右側に地謡が着座し、左

側に橋懸かりがある。

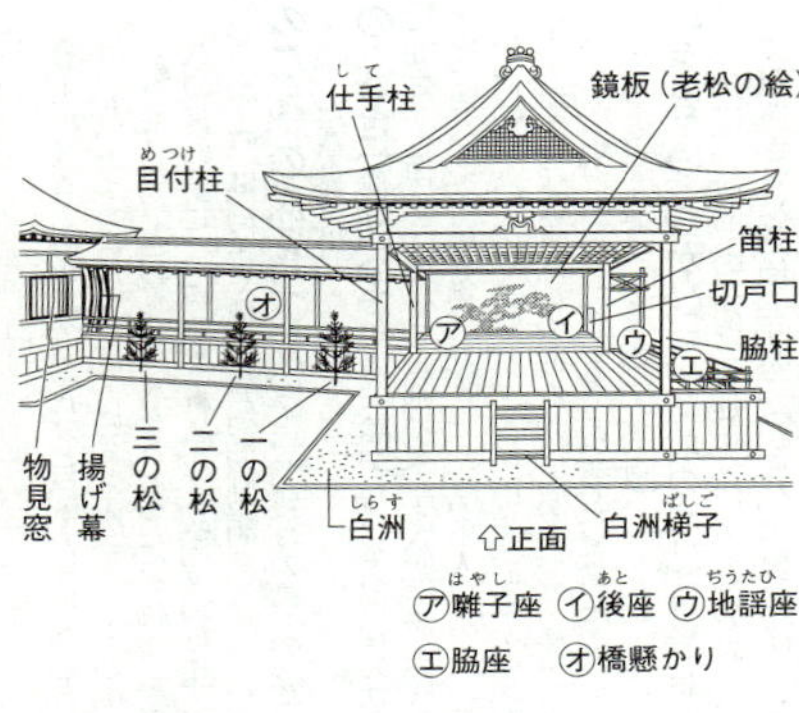

（のうぶたい）

の-おくり【野送り】(名)遺体を火葬場や墓地まで見送ること。葬送。野辺の送り。〔おらが春〕「しかるに九日ーなれば、おのれも棺の供につらなりぬ」訳しかし九日は葬送なので、私も棺の供の列に加わった。

の-かぜ【野風】(名)野原を吹く風。古今 恋五「吹きまよふーを寒み秋萩の移りもゆくか人の心の」訳吹き乱れる野原を吹く風が冷たいから、秋萩の色も変わってゆく。(同じように)人の心も変わるのか。

の-がひ ガイ【野飼ひ】(名)(牛馬などを)野で放し飼いにすること。放牧。〔後撰〕離別「ーに放つ馬ぞかなしき」

の-が-ふ (ゴ)ウ【野飼ふ】(他ハ四)｛は・ひ・ふ・ふ・へ・へ｝(牛馬などを)放し飼いにする。古今 雑体「厭はるるわが身は春の駒なれやー・ひ用がてらに放ち捨てつる」訳(あの人から)嫌われる私は春の馬(のようなもの)だからか。(馬を)放し飼いにするついでに(あの人は私を)放り捨ててしまった。

のが-る【逃る・遁る】(自ラ下二)｛れ・れ・る・るる・るれ・れよ｝❶(危険や不快なことから)逃げて遠ざかる。まぬかれる。関係を絶つ。方丈 五「世をー・れ用て山林にまじはるは、心を修めて道を行はんとなり」訳俗世を避けて遠ざかって山林の中で生活するのは、心を正しく整えて仏道を修行しようとするためである。
❷言いのがれをする。断る。源氏 若菜上「人づてに気色ばませ給ひしには、とかくー・れ用聞こえしを」訳(朱雀院が女三の宮降嫁の事を)人を介してほのめかしなされた時には、(私=光源氏は)何かと断り申しあげたが。

のき【軒】(名)屋根の下端の、建物の外に張り出した部分。また、軒下。枕 二三〇「ーの上に、かいたる蜘蛛の巣のこぼれ残りたるに」訳軒の上に、張りめぐらした蜘蛛の巣が破れ残っているところに。

のき-の-たまみづ マミズ【軒の玉水】軒から落ちる雨だれ。軒のしずく。新古 春上「つくづくと春のながめのさびしきは忍ぶにつたふー」訳じっと物思いしながら春の長雨を眺めていると、寂しくさせるものは忍ぶ草に伝わ(って落ち)る軒の雨だれである。(「ながめ」は「長雨」と「眺め」との掛詞)

のき-ば【軒端】(名)軒のはし。軒先。更級 野辺の笹原「にほひくる隣の風を身にしめてありしーの梅ぞ恋しき」訳(梅の香が匂ってくる隣(の家)からの風をからだにしみ込ませる(ように感じる)につけても、以前住んでいた家の軒端の梅が恋しいことだ。

のき-を-あらそ-ふ ラソウ【軒を争ふ】❶軒と軒が接し合うほど家が建てこむ。方丈 二「ー・ひ用し人のすまひ、日を経つつ荒れゆく」訳軒が接し合うほど建てこんでいた人々の住宅は、日がたつにつれて荒れてゆく。
❷草が家の軒と高さを競う。草が軒まで生い茂る。源氏 蓬生「しげき蓬はー・ひ用て生ひのぼる」訳茂った蓬は軒と高さを競って生え伸びる。

の-く【退く】□一(自カ四)｛か・き・く・く・け・け｝❶しりぞく。立ち去る。どく。平家 九・忠度最期「しばしー・け命、十念唱へん」訳しばらくどけ、念仏を十遍唱えよう。
❷間を隔てる。離れる。今昔 一九・一「ゐたる所二間ばかりをー・き用て、これらはゐぬ」訳(宗貞入道の)座っている所から二間ほどを離れて、これらの者は座った。
❸位を退く。地位を離れる。大鏡 師尹「小一条院、わが御心と、かくー・か未せ給へることは、これをはじめとす」訳小一条院がご自身のお考えで、このように(皇太子の)位を退きなされたことは、これをはじめてのこととする。
□二(他カ下二)｛け・け・く・くる・くれ・けよ｝❶どける。どかす。取り除く。枕 二三七「立てる車どもをただー・け用にー・け未させて」訳止まっている多くの牛車を次々どけさせて。
❷離す。遠ざける。徒然 二一九「(笛の)この穴を吹く時は必ず(口を)ー・く終(=離す)」
□三(補動カ下二)｛け・け・く・くる・くれ・けよ｝(動詞の連用形に接続助詞「て」(「で」)が付いた形の下に付いて)…(て)しまう。…果たす。〔浄・丹波与作待夜小室節〕「餅が咽に詰まってつい死んでー・け用ました」訳餅がのどに詰まってすぐに死んでしまいました。

のけ-くび【仰け領】(名)衣服の襟元をうしろにずらし、襟足を見せるようにして着ること。抜き衣紋。枕 一〇九「見ぐるしきもの ……ーしたる〔人〕」

のけ-ざま-に【仰け様に】(副)あおむけに。竹取 燕の子安貝「八島の鼎の上に、ー落ち給へり」訳(中納言は)八島の鼎(=大炊寮にあった八つの足鼎)の上に、あおむけに落ちなさった。

のけ-に【仰けに】(副)あおむけに。平家 五・文覚被流「(文覚は)こぶしを握ってしゃ胸(=そいつの胸)をついて、ー突き倒す」

のご-ふ ノゴウ【拭ふ】(他ハ四)｛は・ひ・ふ・ふ・へ・へ｝ふく。ぬぐう。徒然 一四四「『…うれしき結縁をもしつるかな』とて、感涙をー・は未れけるとぞ」訳(明恵上人は)「…うれしい法縁を結んだなあ」とおっしゃって、感動の涙をおふきになったということだ。

のこり-おほ-し オオシ【残り多し】(形ク)｛から・く(かり)・し・き(かる)・けれ・かれ｝残念である。未練がある。名残おしい。源氏 蜻蛉「よき人のかたちをもえまほに見給はぬ、ー・かり終」訳美しい女房の顔をも(薫は)十分にご覧になることができないのは、残念である。

のこり-な-し【残り無し】(形ク)｛から・く(かり)・し・き(かる)・けれ・かれ｝あますところがない。更級 太井川「月ー・く用さし入りたるに」

訳 月の光があますところなく差しこんでいる(仮小屋の)中に。

のこり-ゐる ノコリイル【残り居る】(自ワ上一)〔ゐ・ゐ・ゐる・ゐる・ゐれ・ゐよ〕❶(他のものが去ったのに)同じ場所にとどまる。居残る。枕 八三「御供にまゐらで梅壺に―・ゐ用たりし、またの日」訳 (中宮の)お供に参上しないで梅壺に居残っていた、その翌日。
❷遺児として生存する。源氏 末摘花「いみじうかなしうかしづき給ひし御娘、心細くて―・ゐ用たるを」訳 (亡き常陸の宮が)たいそういとおしく大切にお世話なさった御娘が、心細い状態で遺児として生きているのを。

のこ・る【残る】(自ラ四)〔ら・り・る・る・れ・れ〕❶あとにとどまる。万葉 五・八四九「―・り用たる雪にまじれる梅の花早くな散りそ雪は消ぬとも」訳 残っている雪に交じって(咲いて)いる梅の花よ、早く散らないでくれ、雪は消えてしまっても。文法「な(副詞)…そ(終助詞)」の形で禁止の意を表す。
❷生き残る。源氏 東屋「我ひとり―・り用て、知り語らはむもいとつつましく」訳 自分(=中の君)一人が生き残って、(浮舟と)親しく付き合うとしたらそれも、(亡き父八の宮に)まことに遠慮されるし。文法「知り語らはむも」の「む」は、仮定・婉曲の助動詞。

のこん-の-ゆき【残んの雪】〔「残りの雪」の転〕消え残った雪。残雪。

の-さき【荷前】(名)年末に諸国から奉る貢ぎの初物を朝廷から伊勢神宮や諸神、天皇の諸陵墓に献じたこと。また、その貢ぎ物。万葉 二・一〇〇「東人の―の篋の荷の緒をにも妹は心に乗りにけるかも」訳 東国人の貢ぎ物を入れた箱の荷物のひものように、あなたは(私の)心に乗りかかって(=心をとらえて)しまったことよ。(第三句までは「乗り」を導きだす序詞)

のさき-の-つかひ ノサキノツカイ【荷前の使ひ】毎年、陰暦十二月に、「荷前」のために朝廷から伊勢神宮や諸陵墓に派遣された勅使。徒然 一九「御仏名・―立つなどぞ、あはれにやんごとなき」訳 お仏名の法会・荷前の勅使が出発するようすなどは、しみじみとして尊い。

野沢凡兆(のざわぼんちょう) ノザワボンチョウ『人名』(一?〜一七一四)江戸前期の俳人。加賀(石川県)金沢の人。芭蕉の門人で、「猿蓑」の撰者の一人。句風は客観的で、印象鮮明。

の-ざらし【野晒し】(名)❶山野で風雨にさらされること。また、そのもの。鶉衣「地紙をまくられて―となる扇にはまさりなん」訳 (秋になり物置の片隅に置かれたうちわは)張ってある紙をはぎ取られて風雨にさらされることとなる扇よりはきっとまさっているだろう。
❷風雨にさらされて白骨になった頭蓋骨。されこうべ。野ざらし紀行 芭蕉「―を心に風のしむ身かな」訳 → のざらしを… 俳句

野ざらし紀行(のざらしきこう) ノザラシキコウ『作品名』江戸前期の俳諧紀行文。松尾芭蕉作。貞享四年(一六八七)ごろ成立。貞享元年(一六八四)に江戸を出発、東海道から伊勢を経て故郷伊賀上野に帰り、大和・山城・近江・美濃・甲斐などを行脚して、翌年四月に江戸に帰るまでの紀行。芭蕉の最初の紀行文。書名は巻頭の発句(=次項)による。別名「甲子吟行」

のざらしを… 俳句

> 野ざらしを 心に風の しむ身かな 秋
> 〈野ざらし紀行・芭蕉〉

訳 (旅先で行き倒れになって)野ざらし(=されこうべ)となることを覚悟で旅立つとはいえ、秋風がひとしお心にしみるわが身であることよ。(身にしむ 秋。切れ字は「かな」)
解説「野ざらし紀行」の巻頭句。「野ざらしを心に」は「心に風のしむ身」との掛詞の表現。

のし【熨斗】(名)❶「火熨斗」の略。中に炭火を入れ、衣服のしわをのばすのに用いる金属製の道具。現在のアイロンにあたるもの。今昔 二六・一三「海の面は―の尻のやうにて浪も候はぬに」訳 海面は火のしの底のようで(=まっ平らで)波もありませんのに。
❷「熨斗鮑」の略。あわびの肉を薄く長くむき、引きのばして干した食物。後世では祝い事に用いられた。浮・世間胸算用「そのほか嫁入りの時の―、ごまめの頭」

のし-あはび ノシアワビ【熨斗鮑】(名)「のし②」に同じ。

のし-ひとへ ノシヒトエ【伸し単衣】(名)糊をつけ、「のし①」をかけ、ぴんと張った練り絹の単衣。

野島が崎(のじまがさき)『地名』歌枕 今の兵庫県淡路市の野島付近の岬。

のし-め【熨斗目】(名)練り糸を縦に、生糸を横にして織った絹衣。無地で、袖と腰、あるいは腰だけに縞が織り出してある。江戸時代の武家の礼服。

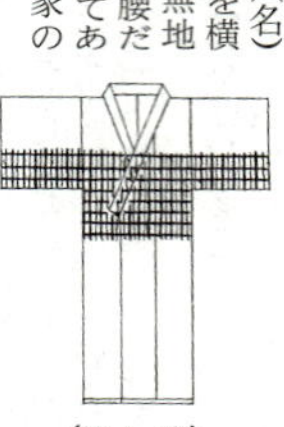
(のしめ)

の・す【乗す・載す】(他サ下二)〔せ・せ・す・する・すれ・せよ〕❶乗せる。源氏 須磨「舟にことごとしき人形を―・せ用て流すを見給ふにも」訳 (光源氏は)舟に仰々しい人形を乗せて流すのをご覧になるにつけても。
❷記載する。記録する。徒然 二二六「九郎判官のことはくはしく知りて書き―・せ用たり」訳 (信濃の前司行長は「平家物語」に)九郎判官(=源義経)のことはよく知っていて書き記している。

のぞ・く【臨く】(自カ四)〔か・き・く・く・け・け〕臨む。向かい合う。源氏 帚木「人々、渡殿より出でたる泉に―・き用ゐて酒飲む」訳 人々は、渡り廊下の下を通って(庭に)流れ出ている泉の水に臨んで座って酒を飲む。

のぞ・く【覗く・覘く】(他カ四)〔か・き・く・く・け・け〕❶物のすきまや穴などを通して見る。のぞく。源氏 若紫「惟光の朝臣と―・き用給へば」訳 (光源氏は)惟光の朝臣と(僧都の坊を)のぞきなさると。
❷見おろす。のぞきこむ。源氏 手習「川近き所にて、水を―・き用給ひて、いみじく泣き給ひき」訳 川に近い所で、(ここから浮舟は身を投げたかと)流れをのぞきこみなさって、(薫は)たいそうお泣きになった。
❸ちょっと立ち寄って、ようすを見る。源氏 花散里「わざとなく忍びやかにうちふるまひ給ひて―・き用給へるも」訳 (光源氏が)さりげなく人目につかないように行動なさって、(花散里の居所に)ちょっと立ち寄ってようすを見なさっているのも。

のぞみ【望み】(名) ❶眺望。ながめ。平家 三・城南之離宮「西山の雪の色、香炉峰の―をもよほす(=思い浮かばせる)」 ❷願い。希望。源氏 行幸「おとど、この―を聞き給ひて、いとはなやかにうち笑ひ給ひて」訳(内)大臣はこの願いをお聞きになって、たいそう陽気にお笑いになって。

のぞ・む【臨む】(自マ四){ま・み・む・む・め・め} ❶対する。直面する。細道 最上川「仙人堂岸に―・み(用)て立つ」訳 仙人堂は川岸に面して建っている。徒然 九三「死に―・み(用)て死を恐れれば」訳 死に直面して死を恐れるならば。 ❷出席する。臨席する。徒然 一六七「一道に携はる人、あらぬ道のむしろに―・み(用)て」訳 一つの分野に従事している人が、専門外の席に出て。

のぞ・む【望む】(他マ四){ま・み・む・む・め・め} ❶遠くから見やる。ながめる。土佐「日を―・め(已)ば都遠し」訳 太陽を遠く見やると(遠いはずの太陽さえ見えるのに、都は見ることができないで)都は遠い(と感じられる)。 ❷希望する。願う。徒然 三八「ひとへに高き官・位を―・む(体)も、次に愚かなり」訳 いちずに高官・高位を願うのも、(利益に迷う人に)続いて愚かなことである。

のたう・ぶ【宣うぶ】(他バ四){ば・び・ぶ・ぶ・べ・べ}[「のたまふ」の転とも「のたぶ」の転とも] ❶「言ふ」の尊敬語。おっしゃる。蜻蛉 下「去年よりいとせちに―・ぶ(体)ことのあるを」訳(遠度が)去年からたいそう熱心におっしゃることがあるが。 ❷(身内や下位の者に対して)言い聞かせる。申し聞かせる。〔後撰〕恋一・詞書「思ふ人侍りける女にもの―・び(用)けれど、つれなかりければ、つかはしける」訳 愛する人のおりました女に申し聞かせた(=言い寄った)が、そしらぬ顔だったので、おやりになった歌。

参考 ②は、中古の一時期に見られた特殊な用法で、会話文・手紙文、勅撰集の詞書など、聞き手(読み手)を敬う場面で、話し手(書き手)が身内や下位の者に「言う」意に用いられる。

のた・ぶ【宣ぶ】(他バ四){ば・び・ぶ・ぶ・べ・べ}「のたうぶ」に同じ。

のたまはく【宣はく・曰はく】おっしゃることには。おっしゃるには。竹取 蓬萊の玉の枝「御子―、『命をすてて、かの玉の枝持ちてきたる、とて、かぐや姫に見せ奉り給へ』と言へば」訳(くらもちの)皇子がおっしゃるには、「命がけで、例の玉の枝を持ってきたことだ、と言って、かぐや姫にお見せ申しあげてください」と言うので。

のたま・は・す【宣はす】(他サ下二){せ・せ・す・する・すれ・せよ}[尊敬の四段動詞「宣ふ」の未然形「のたまは」に尊敬の助動詞「す」の付いたもの]「言ふ」の尊敬語。おっしゃる。源氏 桐壺「『なほしばし心見よ』とのみ―・する(体)に」訳(桐壺帝が)「このままでもうしばらくようすを見よ」とばかりおっしゃるうちに。

なりたち 四段動詞「のたまふ」のク語法

参考「のたまふ」より敬意が高く、天皇・上皇・皇后などの動作に用いる。

敬語ガイド「言ふ」の敬語

尊敬語(おっしゃる)
仰す・仰せらる・のたまはす・のたまふ

謙譲語(申し上げる)
きこえさす(下二段)・きこゆ・啓す・奏す・申す

のたまひ-あは・す【宣ひ合はす】(他サ下二){せ・せ・す・する・すれ・せよ}「言ひ合はす」の尊敬語。お話し合いになる。相談なさる。源氏 須磨「はかばかしう物をも―・す(終)べき人しなければ」訳(光源氏には)しっかりとして物事をも相談なさることのできる人がいないので。

のたまひ-いだ・す【宣ひ出だす】(他サ四){さ・し・す・す・せ・せ}「言ひ出だす」の尊敬語。口に出しておっしゃる。徒然 二三八「そぞろごと言はれしついでに、『…』と―・し(用)たるに」訳(ある女房がとりとめのないことをお話しになった折に、「…」と口に出しておっしゃったが。

のたま・ふ【宣ふ】(他ハ四){は・ひ・ふ・ふ・へ・へ}[四段動詞「告る」の連用形「のり」に尊敬の補助動詞「たまふ」の付いた「のりたまふ」の転] ❶「言ふ」の尊敬語。**おっしゃる。** 竹取 燕の子安貝「答へて―・ふ(体)やう、『燕のもたる子安の貝を取らむ料なり』と―・ふ(終)」訳(中納言が)答えておっしゃることには、「つばめの持っている子安貝を取ろう(とする)ためだ」とおっしゃる。⇩宣はす「敬語ガイド」

❷(身内や下位の者に対して)言い聞かせる。申し聞かせる。源氏 帚木「いとかしこき仰せ言に侍るなり。姉なる人に―・ひ(用)みむ」訳 まことに畏れ多いお言葉でございます。姉である人に申し聞かせてみよう。

参考 上代には用例が見られず、中古から中世にかけて用いられた。②は、中古の一時期に見られた特殊な用法で、会話文・手紙文、勅撰集の詞書など、聞き手(読み手)を敬う場面で、話し手(書き手)が身内や下位の者に「言う」意に用いられる。

の-ため【篦撓め】(名)矢の柄(=篦)のそりをなおす道具。斜めに溝を彫った細い木に、矢の柄を入れてなおす。

のため-がた【篦撓め形】(名)「篦撓め」に似た形。すじかい。斜め。平家 九・宇治川先陣「するすみ(=馬の名)は、河なかより―におしなされて」訳 するすみは、川の途中から(急流のために)斜めに押すようにされて。

のち【後】(名) ❶あと。次。以後。徒然 九二「―の矢を頼みて、はじめの矢に等閑の心あり」訳 次(=二本め)の矢をあてにして、はじめの矢に対しておろそかにする気持ちがある。 ❷子孫。枕 九九「元輔が―といはるる君しもや今宵の歌にはづれてはをる」訳(和歌の名手清原)元輔の子と(世間から)言われるあなた(=清少納言)がまあ、今夜の歌会の席から外れてはいることだ。文法「君しもや」の「しも」は、強意の副助詞。「や」は、間投助詞。 ❸未来。将来。更級 後の頼み「さは、この度は帰りて、―に迎へに来む」訳 それでは、今回は帰って、将来に迎えに来よう。 ❹死後。徒然 三八「身の―には金をして北斗をささふとも、人のためにぞわづらはるべき」訳 自分の死後には黄金で北斗星を支える(ほど財産を残し)ても、(残された)人にとってやっかいなものとされるであろう。

のち-せ【後瀬】(名) ❶下流の瀬。万葉 一一・二四三一「鴨川の―静けく後も逢はむ」訳 鴨川の下流の瀬が静かなように、後で心静かに(恋人に)逢おう。 ❷のちに会う機会。源氏 総角「―を契りて出で給ふ」訳(中の君に)後日の会う機会を約束して(薫は)お出になる。

のち-の-あした【後の朝】男女が逢って一夜を過ごした翌朝。「きぬぎぬ」とも。枕 能因本・二三九「―は、残り多かる心地なむする」訳 ともに一夜を過ごした翌朝は、心残りが多い気がする。

のち-の-おや【後の親】実の親の死後、親代わりに頼みにする人。継親。源氏 若紫「この―をいみじう睦びまつはし聞こえ給ふ」訳（若紫は）この継親（＝光源氏）にたいへんなついてつきまとい申しあげなさる。

のち-の-こと【後の事】❶将来のこと。死後のこと。更級 夫の死「―は知らず」訳 将来のことは（その時は）わからなくて。
❷人の死後に営む法事。仏事。蜻蛉 上「この御―を、人々のものせられむうへにも、とぶらひものし給へ」訳 この（＝亡き母の）ご法事を、（他の）人々がなさるであろう以上にも、お弔いになってください。
❸後産。枕 一六〇「子産みたる―の久しき」訳 子供を産んだ後産が長びくの（も、気がかりである）。

のち-の-たのみ【後の頼み】将来の頼り。後世の頼み。更級 後の頼み「この夢ばかりぞ、―としける」訳 この夢（＝仏がのちに迎えに来ようとおっしゃった夢）だけを、後世の頼みと思った。

のち-の-つき【後の月】陰暦九月十三夜の月。陰暦八月十五夜の月に対していう。名残の月。豆名月。栗名月。秋。〔笈日記〕芭蕉「木曽の痩せもまだなほらぬに―」訳 木曽路の旅ですっかり痩せてしまったが、そのやつれもまだなおらないのに、十三夜の月見になり、心はまた月に奪われることだ。

のち-の-よ【後の世】❶後世。後代。万葉 一九・四一六五「大夫は名をし立つべし―に聞き継ぐ人も語り継ぐがね」訳 男子たるものは名をあげなければならない。後世に聞き継ぐ人もさらに語り継ぐように。
❷《仏教語》死後の世。後世。徒然 四「―のこと、心に忘れず、仏の道うとからぬ、心にくし」訳 死後のことを、心に忘れず、仏道に無関心でないのは、奥ゆかしい。
⇩後世「慣用表現」

のち-の-わざ【後の業】人の死後に営む仏事。葬儀。法要。法事。徒然 三〇「便あしく狭き所にあまたあひゐて、―ども営みあへる、心あわたたし」訳 便利が悪く狭い所に大勢で同座して、さまざまの法事を営みあっているのは、気ぜわしい。

発展 平安貴族の仏事

中古の文学作品では、死者のための仏事供養を「後の業」「後の事」と表現する。この世での生を終えて次の生をうけるまでの四十九日間、衆生は七日ごとに転生し、生まれかわる所が定まらないと考えられており、この期間を「中陰」「中有」などと呼んだ。そして、残された人々が追善の仏事を行えば、その功徳で死者はよりよい所に生まれかわるとされた。七日ごとにねんごろに仏事を行ったのは、そのためである。

の-づかさ【野阜・野司】（名）野の中の小高い所。万葉 一七・三九一五「―に今はと羽振く鶯の声」訳 野の小高い所で今こそと羽ばたいている、鶯の声よ。

の-つ-とり【野つ鳥】《枕詞》〔「つ」は「の」の意の上代の格助詞〕野にすむ鳥の意から「きぎし（＝きじ）」にかかる。万葉 一三・三三一〇「―雉はとよむ」

能登（のと）《地名》旧国名。北陸道七か国の一つ。今の石川県の北部、能登半島にあたる。能州。

のど【長閑・和】（形動ナリ）{なら・なり(に)・なり・なる・なれ・なれ}のどか。穏やか。静か。万葉 一三・三三三五「吹く風も―・に（用）は吹かず」訳 吹く風ものどかには吹かず。

のど-か【長閑】（形動ナリ）{なら・なり(に)・なり・なる・なれ・なれ}「のどやか」とも。❶（天候などが）穏やかなさま。うららか。のどか。春。枕 四「三月三日は、うらうらと―・に（用）照りたる」訳 陰暦三月三日（＝上巳の節句）は、うららかに穏やかに（日が）照っているの（が趣がある）。
❷心静かでのんびりしているさま。時間的にゆとりがあり、くつろいでいるさま。徒然 一七〇「そのこととなきに人の来りて、―・に（用）物語して帰りぬる、いとよし」訳 これといった用件もないのに人がやって来て、のんびりと話をして帰って行ったのは、実によい。
❸落ち着いているさま。平気であるさま。堤 虫めづる姫君「人々心をまどはしてののしるに、君はいと―・に（用）て」訳（袋から蛇が出てきたので）人々（＝女房たち）は心をうろたえさせて大声で騒ぎ立てるが、姫君はまったく落ち着きはらっていて。

のど-け-し【長閑けし】（形ク）{から・く(かり)・し・き(かる)・けれ・かれ}❶（天候・状態などが）静かで穏やかなさま。うららかである。古今 春下「久方の光―・き（体）春の日にしづ心なく花の散るらむ」訳 →ひさかたの…和歌
❷（気持ちや性質などが）穏やかである。ゆったりしている。源氏 帚木「後ろやすく―・き（体）所だに強くは、うはべの情けはおのづからもてつけつべきわざをや」訳（女性は男性からみて）信用がおけて、せめて穏やかな点だけでも確かなら、表面的な風情はきっと自然に身につけることができるものであるよ。文法「つべき」の「つ」は助動詞「つ」の終止形で、ここは確述の用法。「わざをや」の「を」「や」は、ともに間投助詞。
❸のんびりしたさま。暇である。源氏 浮舟「紛るることなく―・き（体）春の日に」訳 気がまぎれることもなく暇でのんびりした春の日に。

のど-のど-と（副）のどかに。ゆったりと。更級 初瀬「人めも見えず、―かすみわたりたるに」訳 人の往来もなく、のどかに霞が一面にたちこめている所に。

のどま-る【和まる】（自ラ四）{ら・り・る・る・れ・れ}のんびりとする。静まる。落ち着く。源氏 須磨「何となく心―・る（体）世なくこそありけれ」訳 何となく心が落ち着くときがなかったことよ。

のど-む【和む】（他マ下二）{め・め・む・むる・むれ・めよ}❶落ち着かせる。静める。ゆったりさせる。源氏 葵「大将殿は、心地少し―・め（用）給ひて」訳 大将殿（＝光源氏）は、気持ちを少し落ち着かせなさって。
❷控えめにする。ゆるめる。源氏 帚木「そのたなばたの裁ち縫ふ方を―・め（用）て、長き契りにぞあえまし」訳 その織姫の裁縫の方面は控えめにして、（彦星との）長く変わらぬ（夫婦の）縁にあやかればよかっただろうに。
❸時間をのばす。ゆっくりさせる。猶予する。源氏 若菜下「限りある御命にてこの世尽き給ひぬとも、ただ、今し

ばし—・め(用)給へ」 訳 （紫の上が）限りあるお命でこの世を終わりなさってしまうにしても、（紫の上のご寿命を）ただ、もうしばらくのばしてください。

のど-やか【長閑やか】（形動ナリ）{なら・なり(に)・なり・なる・なれ・なれ}〔「やか」は接尾語〕「のどか」に同じ。

のど-よ・ふ〔ヨウ—〕（自ハ四）{は・ひ・ふ・ふ・へ・へ}細々とした力のない声を出す。万葉 五・八九二「飯(いひ)炊(かし)くことも忘れてぬえ鳥の—・ひ(用)をるに」 訳 →かぜまじり… 和歌

の-なか【野中】（名）野原のなか。万葉 二・一四四「磐代(いはしろ)（＝地名）の—に立てる結び松」

野中の清水（のなかのしみづ）〔ノナカノシミズ〕『地名』歌枕 播磨(はりま)（兵庫県）の印南野(いなみの)にあったという清水。「いにしへの野中の清水ぬるけれどもとの心をしる人ぞくむ」〈古今・雑上〉から、疎遠になった恋人・旧友のたとえに用いる。

ののしり-み・つ【罵り満つ】（自タ四）{た・ち・つ・つ・て・て}まわりじゅうが大騒ぎする。蜻蛉 上「いみじう騒がしう、—・ち(用)たれど」 訳 たいそうやかましく、（出発準備のため）大勢の人が大騒ぎしているけれども。

ののし・る【罵る】（自ラ四）{ら・り・る・る・れ・れ}

> **語義パネル**
>
> ●重点義 **周囲を気にせず大声を立てる。**
> 現代語では、もっぱら中世末期以降広く用いられるようになった⑤の意で用いる。③④は①から転じたもの、②は主体が人間以外になったもの。
>
> ❶ **大声で言い騒ぐ。大騒ぎをする。** わいわい言う。
> ❷ やかましく音をたてる。声高く鳴く。
> ❸ **盛んに評判が立つ。うわさをする。**
> ❹ **勢力が盛んである。威勢がよくなる。時めく。**
> ❺ 口やかましく言う。悪(あ)しざまに言う。
> ❻ （動詞の連用形の下に付いて）大声をあげて…。大騒ぎして…。

❶**大声で言い騒ぐ。大騒ぎをする。** わいわい言う。土佐「日しきりにとかくしつつ、—・る(体)うちに夜ふけぬ」 訳 （親しんだ人々と別れがたく）一日じゅうあれやこれやしては、騒いでいるうちに夜がふけてしまった。

❷やかましく音をたてる。声高く鳴く。源氏 蜻蛉「響きの—・る(体)水の音を聞くにつけても」 訳 大きな音をたてて響いている水の音を聞くにつけても。源氏 浮舟「里びたる声したる犬どもの出(い)で来て—・る(体)もいと恐ろしく」 訳 田舎(いなか)くさい声をした何匹もの犬が出て来て大声でほえるのもたいそう恐ろしく。

❸**盛んに評判が立つ。うわさをする。** 源氏 若紫「この世に—・り(用)給ふ光源氏、かかるついでに見奉り給はむや」 訳 今世間で評判になっていらっしゃる光源氏を、こんな機会に拝見なさらないか。⇩聞こえ「慣用表現」

❹**勢力が盛んである。威勢がよくなる。時めく。** 大和 一二四「左の大臣(おとど)の北の方にて—・り(用)給ひける時」 訳 左大臣の奥方として時めいていらっしゃったとき。⇩幸(さき)はふ「慣用表現」

❺口やかましく言う。悪(あ)しざまに言う。大和 六三「親聞きつけて、—・り(用)てあはせざりければ」 訳 親が聞きつけて、口やかましくしかって（娘に）会わせなかったので。

❻（動詞の連用形の下に付く場合）→次項「＝ののしる」参照

¨ののし・る（自ラ四）{ら・り・る・る・れ・れ}（動詞の連用形の下に付いて）「大声をあげて…」「大騒ぎして…」の意を表す。宇治 六・七「人々しりに立ちて、拝み—・る(終)」 訳 人々は後ろに立って、大騒ぎして拝む。

【例語】遊びののしる・言ひののしる・歌ひののしる・行ひののしる（＝大騒ぎして仏道修行する）・追ひののしる・騒ぎののしる（＝大声をあげて騒ぐ）・泣きののしる・逃げののしる・響きののしる・誉(ほ)めののしる・見ののしる・めでののしる・呼ばひののしる・笑ひののしる

の-の-みや【野の宮】（名）皇女が斎宮(さいぐう)・斎院に立つ前に、身を清めるため一年間こもる宮。斎宮の野の宮は京都西郊の嵯峨(さが)に、斎院のは京都北郊の紫野に置かれた。徒然 二四「斎王(さいわう)の—におはしますありさまこそ、やさしく、面白きことのかぎりとは覚えしか」 訳 斎王が斎戒される仮宮にいらっしゃるようすは、優美で、趣のあることの極みであるとは思われた。

のの-め・く（自カ四）{か・き・く・く・け・け}〔「めく」は接尾語〕大声で騒ぐ。宇治 三・六「見る人、皆—・き(用)感じ、あるいは泣きけり」 訳 見る人は、皆声高にざわめき感動し、ある者は泣いた。

のばう〖延ばう・述ばう〗⇩のばふ

の-ばか【野墓】（名）（寺院内の墓地に対して）野中に設けられた墓地。また、火葬場。

のば・す【延ばす・伸ばす】（他サ四）{さ・し・す・す・せ・せ}❶逃がす。宇治 一・一八「いみじき逸物(いちもつ)にてありければ、いくばくも—・さ(未)ずしてとらへたる所に」 訳 （利仁(としひと)が乗っていたのは）たいそうすぐれた馬であったので、それほども（遠くへ狐(きつね)を）逃がさないで捕らえたところに。
❷盛んにする。大きくする。ふやす。〔浮・日本永代蔵〕「はや年中に七石(こく)五斗—・し(用)て」 訳 はや（その）年のうちに（掃き集めた米を）七石五斗にふやして。

のば・ふ〔ノバウ(ボウ)〕【延ばふ】（他ハ下二）{へ・へ・ふ・ふる・ふれ・へよ}長くする。延ばす。〔花月草紙〕「さらば鮭(さけ)の魚(いを)にて命を—・ふる(体)ならば、それをば尊ぶべからん」 訳 それなら鮭という魚で命を延ばすならば、それ（＝鮭）を尊ぶのがよいであろう。

のば・ふ〔ノバウ(ボウ)〕【述ばふ】（他ハ下二）{へ・へ・ふ・ふる・ふれ・へよ}述べる。述懐する。古今 雑体「いかにしておもふ心を—・へ(未)まし」 訳 どのようにして思う心を述べたらよいだろう。

の-び【野火】（名）春のはじめに、新しい草が生えやすいように野原の枯れ草を焼く火。春。万葉 二・二三〇「春野焼く—と見るまで燃える火を」 訳 春の野を焼く野火かと見るほど燃えている火を。

のび-らか【伸びらか】（形動ナリ）{なら・なり(に)・なり・なる・なれ・なれ}〔「らか」は接尾語〕❶長く伸びたさま。源氏 末摘花「あさましう高う—・に(用)、さきの方すこし垂りて色づきたること、ことの外にうたてあり」 訳 （末摘花(すゑつむはな)の鼻は）あきれるほど高く長く伸びていて、先のほうが少したれ下がって（赤く）色づいていることは、格別に不快である。
❷のんびりとしたさま。穏やかである。なごやかである。源氏 初音「人の心も—・に(用)ぞ見ゆるかし」 訳 （元日の朝は自然だけではなく）人の心ものんびりしたようすに見えることよ。

の・ぶ【延ぶ・伸ぶ】■一（自バ上二）{び・び・ぶ・ぶる・ぶれ・びよ}❶（時間的・空間的に）のびる。長くなる。広くなる。源氏 若紫「いみじう世の憂へわすれ、齢―・ぶる㊍人の御有り様なり」訳（俗世を捨てた僧侶の私でも）なみなみでなくこの世のつらさを忘れ、寿命がのびるような人（＝光源氏）のごようすである。

❷逃げのびる。宇治 二・九「〔季通は〕三町（＝約三三〇メートル）ばかり走り―・び㊐て」

❸のびのびする。源氏 絵合「空もうららかにて、人の心も―・び㊐」訳 空もうららかで、人の心ものびのびして。

■二（他バ下二）{べ・べ・ぶ・ぶる・ぶれ・べよ}❶（時間的・空間的に）長くする。広くする。のばす。大鏡 道長上「いま二度―・べ㊍させ給へ」訳（競射の勝負を）もう二度延長しなさってください。文法「させ給へ」は、最高敬語。

❷のびのびさせる。きままにさせる。万葉 一〇・一八八二「春の野に心―・べ㊍むと思ふどち来し今日の日は暮れずもあらぬか」訳 春の野に心をのびのびさせようと仲間どうしがやって来た今日のこの日は、暮れずにあってほしい。

の-ぶか【篦深】（形動ナリ）{なら・なり（に）・なり・なる・なれ・なれ}矢竹の部分（＝篦）まで矢が深く突きささるさま。平家 九・宇治川先陣「畠山馬の額を―・に㊐射させて」訳 畠山は（乗っていた）馬の額を矢竹の部分まで深々と射られて。文法「射させ」の「させ」は使役の助動詞だが、ここは軍記物語特有の表現で「射られ」という受身の意。

のへ ノエ《上代東国方言》［打消の助動詞「なふ」の連体形・已然形「なへ」の転］…ない。万葉 一四・三四七八「遠しとふ故奈の白嶺に逢ほ時も逢はのへ㊍時も汝にこそ寄され」訳 遠いという故奈の白嶺であなたと逢うときも逢わないときも、（世間の人から）あなたと関係があると言われているのに。万葉 一四・三四七六・或る本の歌「うべ児なは吾に恋ふなも立と月のぬがなへ行けど吾行かのへ㊋ば」訳 もっともだ、妻は私を恋い慕っているだろう。新しい月になって日がたってゆくけれど、私が訪ねて行かないので。→なふ（助動）文法

のべ【延べ】（名）「延べ紙」の略。江戸時代、金持ちの商人や遊女が上等の鼻紙として用いた、小形の薄く柔らかい紙。〔浄・曽根崎心中〕「〔お初は徳兵衛の〕膝にもたれてさめざめと〔泣き〕、涙は―を浸しけり」

の-べ【野辺】（名）野のあたり。野原。源氏 賢木「はるけき―を分け入り給ふよりいとものあはれなり」訳（嵯峨の）はるかに広がる野原を（光源氏が）分け入りなさるやいなや、たいそうしみじみとした趣である。

のべ-の-おくり【野辺の送り】「のおくり」に同じ。

のべ-の-けぶり【野辺の煙】火葬の煙。

のぼ・す【上す】（他サ四・下二）{さ・し・す・す・せ・せ}{せ・せ・す・する・すれ・せよ}❶高い所にあげる。のぼらせる。徒然 一〇九「人を掟てて、高き木に―・せ㊐（下二段）て梢を切らせしに」訳 人を指図して、高い木にのぼらせて梢を切らせた折に。〔浮・世間胸算用〕「少年の時は、花をむしり、紙鳥（＝凧）を―・し㊐（四段）」

❷（川を）さかのぼらせる。万葉 一・五〇「真木の嬬手を百足らずいかだに作り―・す㊎らむ」訳 檜や杉の角材をいかだに作って、今ごろは川をさかのぼらせているだろう。（「百足らず」は「いかだ」にかかる枕詞）

❸召し寄せる。呼び寄せる。枕 四九「下なるをも呼び―・せ㊐（下二段）」訳 局に下がっているのも呼んで召し寄せ。

❹地方から都へ送る。平家 一〇・首渡「侍一人にしたてて都へ―・せ㊍（下二段）られけり」訳（平維盛は）侍を一人（使者に）仕立てて都へ送りなさった。

❺おだてる。〔浄・丹波与作待夜小室節〕「―・せ㊋（四段）ば、こいつが―・さ㊍（四段）れてなるほど盗んでくれうといふ」訳（大名の金を盗んでくれまいか、男と見込んで頼むと）おだてると、こいつがおだてられていかにも盗んでやろうと言う。

能褒野（のぼの）《地名》今の三重県亀山市能褒野町。鈴鹿市の西方から亀山市にかけての台地。日本武尊が病死した地といわれる。

のぼり【上り・登り・昇り】（名）❶（高い所へ）のぼること。

❷地方から都へ行くこと。〔増鏡〕さしぐし「都へ御―こそ、いとおもしろくもめでたかるべきわざなれど」訳 都へおのぼりになることは、たいそうおもしろくすばらしいにちがいないことであるけれど。

❸京都で、南から北に向かって行くこと。宇治 二・八「童は、大宮を―に、泣く泣く行きけるを」訳 召使の少年は、大宮大路を北に向かい、泣き泣き行ったのを。（↔下り）

のぼり-た・つ【登り立つ】（自タ四）{た・ち・つ・つ・て・て}山や丘などの高い所に登って立つ。万葉 一・二「天の香具山―・ち㊐国見をすれば（＝国の形勢を見ると）」

のぼ・る【上る・登る・昇る】（自ラ四）{ら・り・る・る・れ・れ}❶高い所、上のほうへ行く。のぼる。また、（川の）上流へ行く。さかのぼる。徒然 四一「向かひなる棟の木に、法師の、―・り㊐て木の股についゐて物見るあり」訳 向こうにある棟の木に、法師で、のぼって木の股にちょこんと座って見物している者がいる。文法「法師の」の「の」は、いわゆる同格の格助詞で、「…で」の意。土佐「船の―・る㊍ことといとかたし」訳（川の水が涸れて）船がさかのぼることはたいへんむずかしい。↔下る

❷海や川から陸地に移る。源氏 明石「海に入り、渚に―・り㊐、いたく困じにたれど」訳（私＝亡き桐壺院の亡霊は）海に入り、なぎさに上がり、たいへん疲れてしまっているけれども。

❸**地方から都へ行く**。京都の町を、南から北へ行く。更級 かどで「十三になる年、―・ら㊍むとて、九月三日門出して」訳 十三になる年に、（上総の国から）京都へ行こうということになって、陰暦九月三日に出発して。↔下る

❹**宮中へ参内する。貴人のもとに参上する。** 大鏡 三条院「一品の宮の―・ら㊍せ給ひけるに」訳 一品の宮（＝禎子内親王）が宮中へ参内しなされたときに。文法「せ給ひ」は、最高敬語。

❺**官位・官職が高くなる。** 源氏 桐壺「国の親となりて、帝王の上なき位に―・る㊎べき相おはします人の」訳（この子＝光源氏は）天皇となって、帝王という最高の位にのぼるはずの人相のおありになる方で。

❻（「気ののぼる」の形で）のぼせる。上気する。〔落窪〕「むげにはづかしと思ひたりつるに、気の―・り㊐たらむ」訳（姫は）ひどく恥ずかしいと思っていたから、のぼせているのだろう。《⇩上がる「図解学習」》

図解学習「のぼる」と「くだる」

下(低)から上(高)へ行くのが「のぼる」、上(高)から下(低)へ行くのが「くだる」の原義であるが、都に対する地方、宮廷・貴人の邸(やし)に対する臣下の邸、貴人のいる場所に対する臣下の居所などを上(高)に対する下(低)と見て、その間の行き来にも、広く用いる。

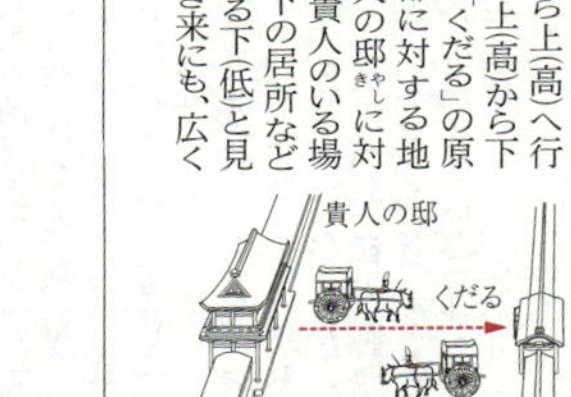
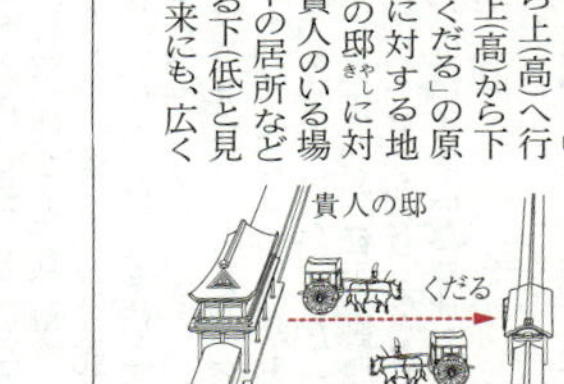

のみ（副助）

意味・用法
- 限定〔…だけ。…ばかり。〕→❶
- 強調〔特に。とりわけて。〕→❷
- 用言の強め〔…しているばかりである。ひたすら…でいる。ただもう…する。〕→❸
- 限定して断定〔…だけだ。〕→❹

接続
体言・副詞、活用語の連体形、格助詞など連用修飾語となる種々の語に付く。

❶(他のものとの対比において)あるひとつのものに限定する意を表す。**…だけ。…ばかり。**〔枕〕四一「夜鳴くもの、なにもなにもめでたし。ちごども**のみ**ぞさしもなき」〔訳〕夜鳴くものは、どれもこれもすばらしい。幼児たちだけはそうでもない。〔徒然〕一三七「花はさかりに、月はくまなきを**のみ**見るものかは」〔訳〕桜の花は満開のときに、月は満月のときにだけ見るものであろうか(いや、そうとはかぎらない)。〔文法〕「かは」は、反語の係助詞。⇩限無(くまな)し「名文解説」

❷軽く他と比較して、あるものを特に強調する意を表す。**特に。とりわけて。**〔徒然〕二一「月・花はさらなり、風**のみ**こそ、人に心はつくめれ」〔訳〕月や花は言うまでもないが、風はとりわけ人に気をもませるようだ。

❸「のみ」を含む文節が修飾している用言を強める。…しているばかりである。ひたすら…でいる。ただもう…する。〔源氏〕桐壺「風の音(おと)、虫の音(ね)につけて、もの**のみ**悲しうおぼさるるに」〔訳〕風の音や虫の鳴き声(を聞く)につけても、(桐壺帝はなんということなしにただもう悲しくお思いにならずにはいられないのに。〔文法〕「おぼさるるに」の「るる」は、自発の助動詞「る」の連体形。〔徒然〕一九「青葉になり行くまで、よろづにただ心を**のみ**ぞ悩ます」〔訳〕(桜は)青葉になってゆくまで、万事にわたってただ(人の)心を悩ませるばかりである。

❹(文末に用いて)限定して断定する意を表す。…だけだ。〔万葉〕一〇・二〇七八「さ寝(ぬ)らくは年の渡りにただ一夜**のみ**」〔訳〕(織女と彦星が)共に寝ることは一年の間にただ一夜だけだ。〔文法〕「さ寝らく」は「さ寝(ぬ)」のク語法で、「共に寝ること」の意。

〔文法〕(1)奈良時代の用例では格助詞の上に「のみ」がくる場合が多く、平安時代以降の用法とは逆である。
「声(おと)**のみ**を聞きてあり得ねば」〈万葉 二・二〇七〉
「あしひきの山時鳥(やまほととぎす)をりはへて誰(たれ)かまさると音(ね)を**のみ**ぞ鳴く」〈古今 夏〉
(2)ふつう活用語には連体形に付くが、動詞が重ねて用いられる場合などには、連用形に付くこともある。
「けふは白馬(あをむま)を思へど、かひなし。ただ波の白き**のみ**ぞ見ゆる」〈土佐〉
「なげきをばこり**のみ**積みて(=投げ木を伐(き)っては積み上げてばかりいて―嘆きを積み重ねるばかりで)あしひきの山のかひなくなりぬべらなり」〈古今 雑体〉
(3)①の限定を表す副助詞には他に「ばかり」「まで」がある。「のみ」はそれだけと限定するのが本来の用法であるから、文末に打消の表現を伴って「…だけは…ない」の意で限定することが多い。「ばかり」は程度を示すのが本来の用法であるから、他のものを考えた上で、限定する傾向がある。「まで」は範囲・限度を区切るのが本来の用法であるから、範囲内に限定する傾向がある。したがって、「ばかり」と「のみ」が重ねて用いられる場合もある。
「いやしき東声(あづまごゑ)したる者どもばかり**のみ**出(い)で入り」〈源氏 東屋〉
(4)解釈上特に留意する必要があるのは③の用法で、「のみ」が強調するのは、修飾する語である。
「御心を**のみ**惑はして」〈竹取 かぐや姫の昇天〉
これは「御心だけを惑わして」ではなく、「御心を惑わしてばかりいて」である。「惑わす」を強めているのである。

類語パネル
●**共通義** 限定の意を表す。

のみ	ほかのいかなる事物もまじえず、ただそれだけがあることを示す。
ばかり	おおよその範囲や概数、物事の程度を示す。また、ある事態を、それ以上のものはない限度として示す。

のみしらみ… 俳句

夏 **蚤虱　馬(うま)の尿(ばり)する　枕(まくら)もと**
〈おくのほそ道・尿前(しとまへ)の関・芭蕉〉

〔訳〕蚤や虱に責められ(眠れない)、そのうえ馬が枕もとで尿をすることだ。(蚤・夏)
〔解説〕古来、この地方では、牛馬は農家の一員として母屋の土間の一隅に飼われていた。「尿(ばり)」は動物などの小便。「尿前の関」は現在の宮城県大崎市にあった、陸奥(むつ)と出羽との境の関所。

の・む【祈む】(他マ四)〔ま・み・む・む・め・め〕〈上代語〉頭をたれて神仏に祈る。頭をさげてこいねがう。〔万葉〕一一・二六六二「吾妹子(わぎもこ)にまたも逢(あ)はむとちはやぶる神の社(やしろ)を—・ま(未)ぬ日はなし」〔訳〕いとしい人にまたも逢おうと、神の社に祈らない日はない。(「ちはやぶる」は「神」にかかる枕詞)

の-も-せ【野面】(名)〔「野も狭せ」の意から〕野原一面。新古 夏「よられつる—の草のかげろひて涼しくもる夕立の空」訳 (強い日ざしのため)縒よられたようになっていた野原一面の夏草が、日がかげって、涼しくもる夕立の空よ。

の-も-せ-に【野も狭に】野も狭いほどに。野原一面に。〔後撰〕秋上「秋来れば—虫の織り乱る声の綾あやを誰たれか着るらむ」訳 秋が来ると野原一面に虫が声の綾を乱れ織っている、この綾をだれが着るのだろうか。

なりたち 名詞「野」＋係助詞「も」＋形容詞「狭せし」の語幹「せ」＋格助詞「に」

の-もり【野守】(名)(禁猟区などの)野を守る番人。万葉 一・二〇「あかねさす紫野むらさきの行き標野しめの行き—は見ずや君が袖振る」訳 →あかねさす…和歌

のもり-の-かがみ【野守の鏡】(雄略天皇が鷹狩たかがりをしたとき、野守が野の水に映った影を見て、逃げた鷹を発見したという故事から)野中にある溜たまり水。新古 恋五「はし鷹の—えてしがな思ひ思はずよそながら見ん」訳 はし鷹(=鷹の一種)の(姿が映ったという)野守の鏡を手に入れたいものだ。(あの人が私を)思っているかいないかを、遠くにいながら(それに映して)見よう。

の-や【野矢】(名)狩猟用の矢。

の-やき【野焼き】(名)春のはじめに、新しい草が生えやすいように、野原の枯れ草を焼くこと。春。蜻蛉 下「—などをするころの、花はあやしうおそきころなれば」訳 野焼きなどをするころで、桜の花は(もう咲いてもよいころなのに)不思議なほど遅いころなので。

のら(名)《近世語》仕事をなまけること。なまけ者。また、遊びに身を持ちくずすこと。放蕩ほうとう者。〔浄・女殺油地獄〕「この三百の銭—(=のら息子)めにやるのか」

の-ら【野ら】(名)〔「ら」は接尾語〕❶野。野原。草木の茂っている所。徒然 二六「はなやかなりしあたりも人住まぬ—となり」訳 はなやかに栄えていた(貴族の邸宅の)あたりも人の住まない野となり。❷田畑。

のら-す【宣らす・告らす】おっしゃる。万葉 一・一「この岡に菜な摘ます児こ家のらせ命 名のらさ未ね」訳 →こもよ…和歌

なりたち 四段動詞「宣のる」の未然形「のら」＋上代の尊敬の助動詞「す」

のら-やぶ【野ら藪】(名)野の草の茂った所。庭などの荒れていること。〔拾遺〕哀傷・詞書「亡き人を—などに置きて侍るを見て」訳 死んだ人をやぶの茂った野原などに置いてありますのを見て(詠んだ歌)。

のり【法・則】(名)❶規準。模範。手本。〔太平記〕一八「是これも古いにしへの義を守り人を—とせし故ゆゑなり」訳 これも昔からの義を守り、人を模範としたからである。❷規則。法律。法令。徒然 一四二「人を苦しめ、—を犯さしめて、それを罪なはんこと、不便ふびんのわざなり」訳 人民を苦しめ、法律を犯させておいて、それを罰するようなことは、かわいそうな行いである。文法「罪なはんこと」の「ん」は、仮定・婉曲えんきょくの助動詞。❸《仏教語》仏法。仏の教え。平家 二・山門滅亡「昔仏の—を説き給ひし竹林精舎ちくりんしゃうじゃ・給孤独園ぎっこどくをんも」訳 昔釈迦しゃかが仏法をお説きになった竹林精舎や給孤独園(=ともに寺院の名)も。

のり-あひ【乗り会ひ・乗り合ひ】(名)❶車や馬に乗ったまま人に会うこと。貴人に対しては、無礼とされた。今昔 一七・四一「なんぢ、何によりて、われに—をして無礼むらいをいたせるぞ」訳 おまえは、どうして、私に対して乗り物に乗ったままの対面をして無礼をいたしたのだ。❷同じ乗り物に乗り合わせること。また、その人。

のり-あ-ふ【罵り合ふ】(自ハ四){は・ひ・ふ・ふ・へ・へ}たがいに悪口を言いあう。徒然 一七五「下しもざまの人は、—・ひ用、いさかひて」訳 身分の低い人は、たがいに悪口を言いあい、(取っ組み合いの)喧嘩けんかをして。

のり-いち【乗り一】(名)乗りごこちが一番よいこと。平家 四・競「これは—の馬で候ふ」

のり-かけ【乗り掛け・乗り懸け】(名)江戸時代、宿駅の駄馬に、左右で二十貫(=約七五キログラム)の荷物をつけ、さらに人一人を乗せて運ぶこと。また、その駄馬。

のり-がへ【乗り替へ・乗り換へ】(名)❶途中で替えて乗るための予備の乗り物。特に、馬をいう。平家 九・宇治川先陣「畠山はたけやま—に乗ってうちあがる」訳 畠山(重忠しげただ)は乗り替えの馬に乗って(岸に)さっとあがる。❷大将の乗り替え用の馬をあずかる侍。平家 四・競「〔競きほうは〕—一騎うち具し(=引き連れ)」

のり-くち【乗り口】(名)馬の引き方の一種で、鐙あぶみに寄ってさし縄または手綱で引くこと。一説に、左側の鐙の所でさし縄を引くこと。平家 九・生ずきの沙汰「或あるは—に引かせ、或は諸口もろくちに引かせ」訳 あるいは乗り口で(馬を)引かせ、あるいは諸口(=両側でさし縄を引くかたち)で引かせて(進んでいるが)。→諸口もろくち

のり-こぼ・る【乗り溢る】(自ラ下二){れ・れ・る・るる・るれ・れよ}❶あふれるほどに多くの人が乗りこむ。大勢乗る。宇治 二・八「車に—・れ用て、やりよせて見れば」訳 車にあふれるほど多くの人が乗って、(そこに)進め寄せてみると。❷牛車ぎっしゃの下簾したすだれから衣服の端が出る。枕 三二「物見のかへさに、—・れ用て」訳 (行列などの)見物の帰り道に、牛車の中から衣服の端がこぼれ出て(見え)。

のり-じり【乗り尻・騎尻】(名)❶「競くらべ馬」などの騎手。また、乗馬の上手な人。著聞 三六六「競べ馬の—は、その日はことに物忌ものいみをして」訳 競べ馬の騎手は、その日は特にけがれを避け心身を清めることをして。❷馬に乗り、行列の最後についてお供をする者。

のり-た・つ【乗り立つ】(自タ四){た・ち・つ・つ・て・て}船や馬に乗って出発する。万葉 一七・三九七八「近江路あふみぢにい行き—・ち用」訳 近江路に出て、(旅に)出発し。

のり-たま・ひ-しく【宣り給ひしく】おっしゃったことには。〔記〕上「天あめの石屋戸いはやどを細めにあけて、中より—」訳 (天照大御神あまてらすおおみかみが)天の石屋の戸を細めにあけて、内からおっしゃったことには。

なりたち 四段動詞「宣のる」の連用形「のり」＋尊敬の補助動詞「給ふ」の連用形「たまひ」＋過去の助動詞「き」のク語法「しく」

のり-と【祝詞】(名)神を祭り祈る際に、神に申し上げることば。また、祓はらえに読みあげることば。

宣長(のりなが)『人名』→本居宣長もとをりのりなが

のり-の-し【法の師】〔「法師ほふし」の訓読〕僧。源氏 帚木「—の、世のことわり説き聞かせむ所のここちするも」訳 法師が世間の道理を説き聞かせるような所(=説教

所)のような気持ちがするのも。

のり-の-ともしび【法の灯火】〔「法灯」の訓読〕❶仏法を、現世の闇を照らす灯火にたとえていう語。新古 釈教「願はくはしばし闇路にやすらひてかかげやせましー」訳 願うことは、しばらく闇路のような現世にとどまって、(衆生のために)かかげたいものだ、法灯を。❷仏前にともす灯明。

のり-の-ふね【法の舟】〔衆生を苦海(=苦しみの世界)から救って極楽の彼岸へ運ぶ舟の意〕仏法を舟にたとえていう語。新古 釈教「ーさして行く身ぞもろもろの神も仏も我をみそなへ」訳 (私は)仏法の舟に棹さして(唐をめざして)行く身である。諸々の神も仏も私をご覧あれ(=お守りください)。(「さして」は「棹さして」の意に「めざして」の意をかける)

のり-もの【賭物】(名)弓・馬・双六などの、勝負ごとに賭ける賞品。源氏 宿木「よきーはありぬべけれど」訳 (碁の)よい賭物はきっとあるにちがいないけれど。

のり-もの【乗り物】(名)❶牛・馬・車・輿・駕籠など、乗るもの。源氏 末摘花「普賢菩薩のーとおぼゆ」訳 (末摘花の鼻は)普賢菩薩の乗り物(=白い象)と思われる。❷特に、江戸時代、公卿・上級武士・医者・僧・婦女子など、許された者の乗る引き戸のある上等な駕籠。

のり-ゆみ【賭弓】(名)❶品物・金銭を賭けて弓を射ること。❷〔「賭弓の節」の略〕平安時代の、宮中の年中行事の一つ。陰暦一月十八日、弓場殿で、左右の近衛府・兵衛府の舎人が、天皇の前で弓の技を競い合う行事。宇治 一五・四「ーつかうまつるに、めでたく射ければ、叡感ありて」訳 賭弓をお務め申しあげたところ、みごとに射たので、天皇のおほめにあずかって。

のりゆみ-の-かへりあるじ【賭弓の還り饗】「賭弓②」のあと、勝ち方の大将が味方の射手を招いて催す宴。「賭弓の還り立ち」とも。源氏 匂兵部卿「ーのまうけ、六条院にて、いと心殊にし給ひて」訳 賭弓勝利の宴の準備を、六条院でたいそう格別にしなさって。

のりゆみ-の-かへりだち【賭弓の還り立ち】「のりゆみのかへりあるじ」に同じ。

の・る【乗る】(自ラ四){ら・り・る・る・れ・れ}❶(馬・車・船などに)乗る。徒然 三六「馬をひきたふして、ー・る体人泥土の中にころび入る」訳 馬をひき倒して、乗っている人はぬかるみの中にころがりこむ。⇩召す「敬語ガイド」❷のりうつる。取りつく。平家 二・一行阿闍梨之沙汰「われに十禅師権現ー・り用ゐさせ給へり」訳 私に十禅師権現がのりうつりとどまっていらっしゃる。文法「させ給へ」は、最高敬語。❸気乗りする。調子づく。平家 一一・弓流「源氏のつは者ども、勝つにー・っ用(促音便)て…攻めたたかふ」訳 源氏の兵たちは、勝利に調子づいて…攻め戦う。❹〔ふつう「載る」と書く〕記載される。書き記される。

の・る【宣る・告る】(他ラ四){ら・り・る・る・れ・れ}言う。述べる。告げる。宣言する。万葉 一・一「われこそばー・ら未め家をも名をも」訳 →こもよ…和歌

の・る【罵る】(他ラ四){ら・り・る・る・れ・れ}ののしる。宇治 七・二「腹たちちらして、郡司をさへー・り用て」訳 むやみに腹を立てて、郡司をまでものしって。

のろ・し【鈍し】(形ク){から・く(かり)・し・き(かる)・けれ・かれ}❶(速度が)遅い。❷女性に甘い。女性にだらしない。〔東海道中膝栗毛〕「〔娘が〕弥次郎をじろりと見る。〔弥次郎は〕たちまちー・く用(=だらしなく)なりて」

のろ・ふ【呪ふ】(他ハ四){は・ひ・ふ・ふ・へ・へ}恨みのある相手にわざわいが起こるように神仏に祈る。伊勢 九六「かの男は、天の逆手を打ちてなむー・ひ用をるなる」訳 例の男は、天の逆手(=呪術的な柏手)を打って相手にわざわいが起こるように神仏に祈っているそうだ。

の-わき【野分】(名)「のわけ」とも。(野の草を吹いて分けるところから)秋、二百十日、二百二十日ごろに吹くはげしい風。台風。秋。枕 二〇〇「ーのまたの日こそ、いみじうあはれにをかしけれ」訳 野分の吹いた翌日(のありさま)は、たいそうしみじみとして風情がある。〔蕪村句集〕蕪村「鳥羽殿へ五六騎急ぐーかな」訳 →とばどのへ…俳句

のわき-だ・つ【野分だつ】(自タ四){た・ち・つ・つ・て・て}〔「だつ」は接尾語〕野分らしい風が吹く。野分のけはいがある。源氏 御法「風ー・ち用て吹く夕暮れに」訳 風が野分のようになって吹く夕暮れに。

のをよこに…俳句

野を横に　馬牽きむけよ　ほととぎす　夏
〈おくのほそ道・殺生石・芭蕉〉

訳 (広い那須の野を馬に乗って行くと)野を横ぎってほととぎすが(鋭く)鳴き過ぎた。(馬の口縄を引く男よ)馬を横に引き向けてくれ。ほととぎすの鳴き声の消えてゆく方角へ。(ほととぎす夏。切れ字は「けよ」で、命令形活用語尾)

解説「この口付きの男(=馬子)、短冊得させよ(=くださいと乞ふ。やさしきこと(=風流なこと)を望み侍るものかなと」の文の次にこの句がある。即興句。

「は」は「波」の草体
「ハ」は「八」の変体

は【羽】(名)鳥や虫のはね。鳥のつばさ。羽毛。矢羽根。枕 三「蟬のーよりもかるげなる直衣・指貫、生絹のひとへなど着たるも」訳 蟬のはねよりも軽そうな(薄い)直衣や指貫、生絹の単衣などを着ている者も。

語の広がり「羽」

「育む」は「羽」+「包む」で、もとは親鳥がひなを羽で包んで保護し、大切に守り育てる意であった。人に用いる場合にも、この語感は残っている。

は【端】(名)はし。ふち。輪郭。枕 一「夕日のさして山の―いと近うなりたるに」訳 夕日がさして山のはしにとても近くなったころに。(「夕日を背に受けて山の輪郭が近づいて見えるころ」と解する説もある)

は 助動詞「ふ」の未然形。万葉 四・五七八「天地とともに久しく住まはむと思ひてありし家の庭はも」訳 天地とともに長く住みつづけようと思っていた家の庭よなあ。

は(係助)

意味・用法
とりたて
題目〔…は。〕→❶
目的語〔特に…を。〕→❸
否定の内容〔…は。〕→❹
対比・対照〔…は。…のほうは。〕→❷
順接の仮定条件〔…ならば。〕→❺

接続 名詞、助詞、活用語の連体形と連用形など種々の語に付く。

ある事物を(他の物と対比して)特に強く提示する。

❶主語にあたる語句をとりたてて提示する。題目を表す(その文は何について述べているかを示す)。**…は。** 古今 秋下「秋**は**来ぬもみぢ**は**宿に降りしきぬ道踏み分けて訪ふ人**は**なし」訳 秋**は**来た。紅葉**は**わが家の庭に一面に降り積もった。道を踏みわけて訪れる人**は**いない。枕 一「春**は**あけぼの」訳 春**は**夜明け方(が趣がある)。⇩枕草子「名文解説」。古今 仮名序「男女の仲をも和らげ、猛きもののふの心をもなぐさむる**は**歌なり」訳 男女の仲をも親しくさせ、たけだけしい武士の心をもなごませるの**は**和歌である。⇩和らぐ「名文解説」

係り結び
〈とりたて〉(終止形)
花は咲きたり。
(=花は咲いている)

❷他のものと対比・対照して提示する。主語、目的語、種々の連用修飾語に付く。**…は。…のほうは。** 古今 夏「声**は**して涙**は**見えぬほととぎすわが衣手のひつを借らなむ」訳 鳴き声**は**しているが、涙**は**見えないほととぎすよ、私の袖が(涙で)ぬれているのを(おまえの涙として)借りてほしいな。文法「なむ」は、他に対する願望の終助詞。源氏 葵「男君**は**とく起き給ひて、女君**は**さらに起き給はぬ朝あり」訳 男君(=光源氏)**のほうは**早くお起きになって、女君(=紫の上)**のほうは**いっこうにお起きにならない朝がある。

❸目的語にあたる語句をとりたてて提示する。**特に…を。**〔うつほ〕蔵開下「つねにをかしきもてあそび物**は**奉り給ひけり」訳 いつもおもしろいおもちゃ**をば**差し上げなさった。古今 秋下「神なびの山を過ぎ行く秋なれば立田川にぞ幣**は**たむくる」訳 神奈備山を通り過ぎて行く秋なので、立田川に(散る紅葉の)幣**を特に**手向けるのだな。(秋を擬人化している)

❹下の否定の意を表す語と呼応して、否定の内容をはっきりさせる。**…は。** 万葉 八・一五一一「夕されば小倉の山に鳴く鹿は今夜**は**鳴かず寝ねにけらしも」訳 ↓ゆふされば…和歌。竹取 御門の求婚「げにただ人に**は**あらざりけりとおぼして」訳 (帝は)なるほど(かぐや姫は)ふつうの人で**は**なかったのだなあとお思いになって。

❺(形容詞型活用の連用形「く」「しく」または打消の助動詞「ず」の連用形に付いて)順接の仮定条件を表す。**…ならば。** 古今 春上「鶯の谷より出づる声なく**は**春来ることを誰か知らまし」訳 鶯が谷から出てきて鳴く声がない**ならば**、春の来ることをだれが知るだろうか(いや、だれも知り得ない)。文法「か」は、反語の係助詞。竹取 竜の頸の玉「竜の頸の玉取りえず**は**、帰り来な」訳 竜の首の玉を手に入れられない**ならば**、帰ってくるな。平家 九・敦盛最期「武芸の家に生まれず**は**、何とてかかるうきめをばみるべき」訳 武芸の家に生まれなかった**ならば**、どうしてこんなつらい目を見ることがあろう。⇩情け無し「名文解説」

文法 (1) ①の用法で、述語が活用語の場合には終止形で結ぶのが原則であるが、他の係助詞があると、その係助詞による結びになる。
「水**は**その山に三所ぞ流れたる」〈更級 足柄山〉
「をのこ**は**、また、随身こそあめれ」〈枕 四八〉
(2) 格助詞「を」に付くと「をば」と濁る。
「秋萩の花**をば**雨にぬらせども君**をば**まして惜しとこそ思へ」〈古今 離別〉
(3) ⑤の用法と同じように形容詞型活用の語または打消の助動詞「ず」の連用形に付いても、単に強調するだけの用法がある。
「天離る鄙にも月は照れれども妹そ遠く**は**別れ来にける(=妻とは遠く別れて来てしまったことだ)」〈万葉 一五・三六九八〉
「かくばかり恋ひつつあらず**は**(=恋い慕ってばかりいないで)高山の磐根し枕きて死なましものを」〈万葉 二・八六〉
(4) 他の係助詞「ぞ」「なむ」「こそ」とは少し異なった強調の意味を持つ。
「は」―「むこうは…だが、こちらは…である」と、ある物と対照して区別する意識を強調する。

「ぞ」「なむ」「こそ」―「他の何ものでもなく、まさにそれが…である」と特別にとりたてて強調する。

このために、「は」だけは、他の係助詞と重ねて用いることができる。

「泣き恋ふる涙に袖のそほちなば(=袖がびしょぬれになったら)脱ぎかへがてら夜こそ**は**着め」〈古今 恋三〉

「このたびの御布施の様にめでたきこと**は**なむ、まだ見給へざりつる」〈栄花・こまくらべの行幸〉
(5) ⑤の類例に「この皮衣は、火に焼かむに、焼けず**は**こそまことならめと思ひて」〈竹取 火鼠の皮衣〉がある。係助詞「こそ」と重ねて用いる場合は、右の(4)で示したように「こそは」となるのがふつうで、この例のように「はこそ」となることはない。仮定条件を表す「は」は接続助詞であるとする説はこのような点から出ている。

は(終助)感動・詠嘆の意を表す。…よ。…ねえ。枕 一三六「その文は、殿上人みな見てし**は**」訳 その手紙は、殿上人みんなが見てしまったことよ。大鏡 花山院「粟田殿の…そら泣きし給ひける**は**」訳 粟田殿(=道兼)が…うそ泣きしなさったことよ。

ば（接助）

［接続］文の終わりにある体言に相当する語、用言および助動詞の連体形に付く。

［参考］上代では、多く「はも」「はや」の形で用いられる。

意味・用法

順接の仮定条件〔…(する)なら。…だったら。〕→❶

順接の確定条件

原因・理由〔…ので。…だから。〕→❷㋐

単純接続〔…すると。…したところ。〕→❷㋑

恒常条件〔…するときにはいつも。…すると必ず。〕→❷㋒

逆接の確定条件〔…のに。…うちに。〕→❸

並列・対照〔…(し)て、一方。〕→❹

接続

①は活用語の**未然形**に付く。②③④は活用語の**已然形**に付く。

❶(未然形に付いて)順接の仮定条件を表す。**…(する)なら。…だったら。**［竹取］かぐや姫の昇天「月の都の人まうで来ば捕らへさせむ」［訳］月の都の人がやって来たら捕らえさせよう。［伊勢］九「名にし負はばいざこと問はむ都鳥わが思ふ人はありやなしやと」［訳］→なにしおはば…［和歌］。［古今］春上「世の中にたえて桜のなかりせば春の心はのどけからまし」［訳］→よのなかに…［和歌］

❷(已然形に付いて)順接の確定条件を表す。㋐原因・理由を表す。**…ので。…だから。**［伊勢］九「から衣きつつなれにし…とよめりければ、皆人、乾飯の上に涙落としてほとびにけり」［訳］から衣きつつなれにし…と(歌を)詠んだので、(そこにいた)人は皆、乾飯の上に涙を落として(乾飯が)ふやけてしまった。［平家］一一・那須与一「矢ごろ少し遠かりければ、海へ一段ばかり打ち入れたれども」［訳］矢を射当てるのに適当な距離が少し遠かったので、海(の中)へ一段(=約一メートル)ほど(馬を)乗り入れたけれども。㋑(ある事柄に続いて)次の事柄が起こったことを表す。**…すると。…したところ。**［万葉］一・四八「東の野にかぎろひの立つ見えてかへり見すれば月かたぶきぬ」［訳］→ひむがしの…［和歌］。［万葉］一・八「熟田津に船乗りせむと月待てば潮もかなひぬ今は漕ぎ出でな」［訳］→にきたつに…［和歌］。㋒恒常条件を表す。その事柄が起こると必ず同じ結果になることを表す。**…するときにはいつも。…すると必ず。**［竹取］かぐや姫の生ひ立ち「翁、心地あしく苦しき時も、この子を見れば苦しきこともやみぬ」［訳］翁は、気分が悪くつらいときも、この子を見るといつもつらいこともおさまってしまう。［徒然］三九「疑ひながらも念仏すれば、往生す」［訳］疑いながらでも念仏を唱えると必ず、往生する。

❸(主に上代、打消の助動詞「ず」の已然形「ね」に付いた「…ねば」の形で)逆接の確定条件を表す。**…のに。…うちに。**［万葉］八・一四七七「卯の花もいまだ咲かねばほととぎす佐保の山辺に来鳴き響もす」［訳］卯の花もまだ咲かないのに、ほととぎすが佐保山のあたりにやって来て鳴きたてることだ。［古今］秋上「天の川浅瀬しらなみたどりつつ渡りはてねば明けぞしにける」［訳］天の川の浅瀬がどこかわからないので、白波の立っている所を探し探ししてやってきて、渡りきらないうちに、夜が明けてしまったことよ。(「しらなみ」は「白波」と「知ら(ず)」との掛詞)

❹並列的・対照的に前後をつなぐ。［平家］一一・那須与一「鏑は海へ入りければ、扇は空へぞあがりける」［訳］鏑矢は海に落ち入り、一方扇は空へ舞い上がった。

［文法］(1) ③の用法は、第一例でいうと、「卯の花もいまだ咲かず」という状態と「ほととぎす…来鳴き響もす」という事実との間には順接の関係が考えられないから、逆接に訳すのである。「万葉集」にはやや多く見られるが、「古今集」では③に挙げた一例だけである。

(2) 「已然形＋ば」の形で仮定条件を表すようになるのは中世以降である。

「もし、狭き地にをれば、近く炎上ある時、その災をのがるることなし。もし、辺地にあれば、往反わづらひ多く、盗賊の難はなはだし」〈［方丈］二〉

(3) 接続助詞をその用法でわけると次のようになる。

	順接	逆接
仮定	未然形＋ば	終止形(連用形)＋と・とも
確定・恒常	已然形＋ば	已然形＋ど・ども

ば(係助)係助詞「は」が格助詞「を」に付いて濁音化したもの。→をば

はい【拝】(名)おがむこと。拝礼。敬礼。［平家］三・法皇被流「伊勢大神宮をぞ御―ありける」［訳］(高倉天皇は)伊勢神宮をご拝礼なさった。

はい【俳】(名)「俳諧」の略。〔三冊子〕「―には連歌ほどには忌まず」［訳］俳諧では連歌ほどには(景色を詠んだ句を)避けない。

はい【灰】⇩はひ

はい-かい【俳諧・誹諧】(名)❶滑稽。戯れ。〔去来抄〕修行「―をもって文を書くは俳諧文なり」［訳］(雅でなく)戯れ(の精神)で文章を書くのは俳諧文である。❷「俳諧歌」の略。❸「俳諧の連歌」の略。〔去来抄〕修行「世人、―はかくのごときのものとのみ心得て、風を変ずることをしらず」［訳］世間の人は、俳諧とはこのようなものと思い込んでばかりで、(それまでの)句風を変えることを知らない。❹連句。また、俳句。

はい-がい【沛艾】(名・自サ変)馬の性質が荒く、あばれること。また、その馬。［徒然］一四五「きはめて桃尻にして、―の馬を好みしかば」［訳］たいそうすわりの悪い尻つきであって、気が荒くあばれる性質の馬を好んだので。

はいかい-か【俳諧歌】(名)「はいかいうた」とも。和歌の形式の一つ。滑稽味のある歌。「万葉集」巻十六の戯れの歌を源流とし、「古今集」巻十九にはこの名称のもとに歌が収められている。後世の狂歌のもとになり、近世では狂歌を指すこともある。はいかい。

俳諧七部集(はいかいしちぶしふ)『作品名』→芭蕉七部集

はいかい-の-れんが【俳諧の連歌】上品で優美な連歌に対して、機知・滑稽を主眼とする連歌。室町末期、山崎宗鑑・荒木田守武らによって盛んになり、近世、貞門(=松永貞徳を祖とする俳諧の一派)・談林(=西山宗因を祖とする俳諧の一派)と詠風が変遷。その後、幽玄・閑寂を重んじる蕉風の祖松尾芭蕉によって大成された。

はい-くゎい【徘徊】(名・自サ変)❶あてもなくぶらつくこと。さまようこと。源氏 手習「松門に暁いたりて月━・す終」訳 松の木が門のように立っている所に、朝になって、月がさまよう。❷立ち寄ること。

はい-しょ【配所】(名)罪によって流される所。配流の地。平家 三・足摺「我ら三人は罪も同じ罪、━も一つ所なり」訳 われわれ三人は罪状も同じ罪(であり)、配流の地も同じ所である。

はい-す【拝す】(他サ変)〔せ・し・す・する・すれ・せよ〕❶頭を下げて礼をする。また、叙位や任官などの際、庭で感謝の意を表す拝舞の礼(=舞踏を伴う礼)をする。徒然 六六「禄を出だされば、肩に掛けて、━・し用て退く」訳 祝儀の衣をお出しになると必ず、(それを)肩にかけて、拝舞の礼をしてから退出する。❷官に任じる。官を授ける。〔紀〕天智「大友皇子をもって太政大臣に━・す終(=任じる)」

はい-ずみ【掃墨】(名)(「はきずみ」のイ音便)ごま油や菜種油などの油煙を掃き集めて、にかわを加えて作った墨。眉墨や塗料、薬用とした。堤 はいずみ「━入りたるたうがみを取り出でて」訳 (女はおしろいと間違えて)はいずみの入った懐紙を取り出して。

はい-ぜん【陪膳】(名・自サ変)天皇の食事、また公家・武家の儀式のときに給仕をつとめること。また、その人。枕 三三「━つかうまつる人の、をのこどもなど召すほどもなくわたらせ給ひぬ」訳 給仕申しあげる人が、蔵人たちなどをお呼びになるかならないうちに(帝は上の御局に)お越しになられた。

はい-だて【脛楯】(名)(「はぎだて」のイ音便)鎧の付属具。腰の前から左右にたらし、ももとひざをおおう。〔椿説弓張月〕「蓑の裾漏る為朝の、━にとりつきて」訳 (王女は)蓑の裾から出ている為朝の脛楯に取りすがって。

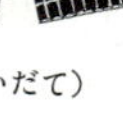
(はいだて)

はい-でん【拝殿】(名)神社の本殿の前にある、拝礼をするための建物。

ばい-にん【売人】(名)《近世語》商人。あきんど。〔浮・好色五人女〕「本郷の辺に八百屋八兵衛とて━、昔は俗姓(=素性)賤しからず」

はい-ばん【杯盤】(名)杯と皿。宴席に用いる食器。

誹風柳多留(はいふうやなぎだる)『作品名』江戸後期の川柳集。百六十七編。呉陵軒可有ら編。明和二年(一七六五)から天保九年(一八三八)刊。初編から二十四編までは初代が、以下代々の柄井川柳が撰した。前句付けから前句を省いても句意のわかりやすい付け句を集めたもの。「柳多留」とも。→柄井川柳

はい-まう【廃亡・敗亡】(名・自サ変)とまどい、うろたえること。とっさのことで、あわてて処置に迷うこと。〔浄・女殺油地獄〕「声かけられて夫も━、お吉もどまぐれ挨拶なく」訳 声をかけられて夫もうろたえ、お吉もまごつき挨拶もせず。

はい-らい【拝礼】(名)❶頭を下げて拝むこと。❷元旦に宮中で行う年賀の儀式。平家 灌頂・六道之沙汰「━の(行われる)春の初めより」

はう【方】(名)❶方向。方角。また、一方のがわ。〔浄・女殺油地獄〕「野崎へ(行くに)は━が悪い」❷方法。やり方。今昔 四・三「のがるべき━なければ」訳 のがれることができる方法がないので。❸薬の調合。処方。〔雨月〕菊花の約「薬をえらみ、みづから━を案じ」訳 薬を選び、自身で薬の調合を考え。❹→ほう(方)

参考 「はう」「ほう」の二つの表記があり、古くは①②の意では「はう」、③と正方形の意では「ほう」と使い分けた。

はう【袍】(名)宮中で男子が、衣冠(=略装)・束帯(=正装)で公的な場に出るときに着る上着。上の衣。

> **発展 「袍」の種類**
> 「袍」は、官位や職掌により色・生地に違いがあり、文・武の官により型が違った。天皇・文官は両脇の下を縫いつけた縫腋を着用し、武官は動作しやすいように両脇を縫わない闕腋を行幸や節会の際などの儀式に着用した。しかし、平安中期以降は、四位以上の武官も縫腋を着用するようになった。

はう『延う・這う』⇩はふ

ばう【坊】(名)❶奈良・平安時代の都城制で、町の区画を表す名。四方を大路で囲まれた一画をいう。❷「東宮坊」の略。東宮御所。転じて、東宮。皇太子。源氏 桐壺「━にも、ようせずは、この御子の居給ふべきなめり」訳 皇太子(の位)にも、悪くすると、この皇子(=光源氏)がおつきになるはずであるようだ。文法 「ようせずは」は「よくせずは」のウ音便。「ずは」は、打消の順接の仮定条件を表す。❸〔「房」とも書く〕僧のいる所。僧坊。徒然 四五「━のかたはらに、大きなる榎の木のありければ、人、『榎の木の僧正』とぞ言ひける」訳 僧坊のわきに、大きな榎があったので、人は、(その僧を)「榎の木の僧正」と呼んだそうだ。❹〔「房」とも書く〕僧。法師。枕 八七「御仏供のおろし賜べむと申すを、この御━たちの惜しみ給ふ」訳 仏様へのお供物のお下がりをいただこうと申し上げるのに、このお坊様たちがもの惜しみなさる。❺寺に付属して参詣者などを泊める家。宿坊。細道 立石寺「麓の━に宿借りおきて、山上の堂にのぼる」

ばう【房】(名)❶部屋。〔栄花〕さまざまのよろこび「御━の前の桜の、いとおもしろう盛りなりければ」訳 お部屋の前の桜が、たいへん見事に盛りであったので。❷「ばう(坊)③④」に同じ。

はう-い【芳意】(名)他人の親切な心を敬っていう語。好意。厚情。平家 一〇・請文「しかるに昔の洪恩を

忘れ、—を存ぜず」訳 それなのに(頼朝は平家が与えた昔の大恩を忘れ、厚情を考え申さず。

はう-えん【芳縁】(名)よい因縁。平家 三・少将都帰「先世の—も浅からずや思ひ知られけん」訳 前世からのよい因縁も浅くないと思い知られたことだろうか。

はうか-し【放下師】(名)中・近世、頭巾の上に烏帽子をかぶり、小切子(=長さ二〇センチメートルほどの二本の竹筒)を使って歌舞や曲芸などをした僧形の旅芸人。放下僧。

(はうかし)

はうか-そう【放下僧】(名)「はうかし」に同じ。

伯耆『地名』旧国名。山陰道八か国の一つ。今の鳥取県の西部。伯州。

はう-ぐみ【方組み】(名)薬の調合法。また、それを書いたもの。処方箋。〔浮・西鶴諸国ばなし〕「西大寺の豊心丹(=西大寺で製造された気つけ薬)の—を、細字にて書き付けありけるなり」

はう-くゎ【半靴】(名)〔「はんくゎ」の転〕上部が深沓よりも少し短く、浅い靴。革などで作り、騎馬の時などに用いられた。枕 二〇七「深き沓、—などのはばきまで、雪のいと白うかかりたるこそをかしけれ」訳 深沓や半靴などの脛巾(=布やわらでつくる、足の脛に巻きつけるもの)にまで、雪がたいそう白く降りかかっているのは風情がある。

(はうくゎ)

はう-ぐゎん【判官】(名)〔「はんぐゎん」の転〕❶律令制で、四等官中の三等官。尉。多くは、検非違使・兵衛府・衛門府の尉を指す。枕 三二「左右の衛門の尉を、—といふ名つけて、いみじうおそろしう、かしこき者に思ひたるこそ」訳 (世間では)左右の衛門府の三等官を、判官という名をつけて、ひどく恐ろしく、こわい者と思っていることだよ。→判官 ❷(検非違使の尉であったことから)源義経の称。

ばう-くゎん【坊官】(名)❶東宮坊の職員。皇太子に仕え、その仕事をする官。大鏡 道隆「—の労にて三位ばかりして、中将をだにえかけ給はずなりにしは」訳 (道雅が)東宮坊の職員の功労で三位(に叙せられ)ただけで、中将をさえ兼官なさることができず終わってしまったのは。❷〔「房官」とも書く〕門跡に仕え、僧房の事務をとる者。諸大夫および北面の武士の子がなり、僧形でありながら帯刀し、妻帯もした。殿上法師。

はうぐゎん-だい【判官代】(名)❶上皇や女院に関する事務をとる役所の事務官。五位または六位の蔵人がなり、役所内の庶務や取り締まりに当たった。❷平安中期以後、地方の国司の庁や荘園に置かれ、農政に関することをつかさどった職。

はうぐゎん-びいき【判官贔屓】(名)「はんぐゎんびいき」とも。(一生を不遇に終わった判官(=源義経)に同情する意から)運のない弱い立場にある者に同情したり味方したりすること。

発展 「判官贔屓」と貴種流離譚

「判官贔屓」は江戸時代に生まれたことばだが、義経に関する伝説はそれ以前から各地に伝えられていた。義経伝説が流布したのは、貴種流離譚と関係が深い。貴種流離譚とは、ある高貴な人が不遇な運命を背負って他郷をさまようという話で、日本における悲劇文学の一つの典型と考えられている。

はう-げ【放下】(名・他サ変)《仏教語》禅宗で、いっさいの執着をうち捨てること。徒然 一一二「諸縁を—・す(終)べき時なり」訳 (この世の中での)もろもろのかかわりを投げ捨てなければならない時である。

はう-ごん【放言】(名・自サ変)好き勝手に乱暴なことばや悪口を言うこと。放言。徒然 一〇六「きはまりなき—・し(用)つと思ひける気色にて、馬ひきかへして逃げられにけり」訳 (証空上人は)この上ない悪口を言い放ってしまったと気付いたようすで、馬を引き返して逃げてしまわれた。

ばう-ざ【病者】(名)〔「びゃうじゃ」の転〕「びゃうざ」とも。病人。源氏 夕顔「—のことを思う給へあつかひ侍るほどに」訳 病人のことを心配しまして世話をいたしておりますので。文法「思う給へ」の「給へ」は、下二段活用の謙譲の補助動詞。

はう-さう【疱瘡】(名)天然痘。「もがさ」とも。〔浮・西鶴織留〕「ひとりある子も、—せねば命も定めなし」訳 一人いる子も、天然痘をしていないので、(長生きできるか)寿命もわからない。

はう-し【方士】(名)「はうじ」とも。神仙の術を行う者。道士。平家 七・竹生島詣「或いは—をして不死の薬を尋ね給ひしに」訳 (秦の始皇帝と漢の武帝は)ある時は神仙の術を行う者をつかわして不死の薬をお探しになったが。

はう-し【拍子】(名)〔「はくし」のウ音便〕❶「ひゃうし①」に同じ。〔うつほ〕俊蔭「ある限りの人、—合はせて遊び給ふ」訳 その場にいるすべての人は、調子を合わせて楽器を奏しなさる。❷「ひゃうし②」に同じ。枕 一四三「笛吹き立てて—うちて遊ぶを(=笏拍子を打って合奏するのを)」

ばう-しゃ【茅舎】(名)「ばうをく」に同じ。

はう-じゃう【放生】(名)《仏教語》功徳を積むため、捕らえた生き物を放すこと。今昔 三・二〇「長命なる者は、先生に—を行ぜし者ぞ」訳 長生きする者は、前世で生き物を助ける善行を行った者であるぞ。

はうじゃう-ゑ【放生会】(名)《仏教語》捕らえた生き物を野や池に放す法会。陰暦八月十五日に行われた。石清水八幡宮のものが有名。秋

はう-じん【芳心】(名・自サ変)「はうしん」とも。親切を尽くすこと。また、その気持ち。平家 一一・重衡被斬「事にふれてなさけ深う—おはしつるこそ、ありがたうれしけれ」訳 何かにつけて情け深く親切心がおありになったのは、めったにないほどうれしいことだ。

ばう-ず【坊主・房主】(名)❶大寺院の中の一つの僧坊の主である僧。住持。住職。徒然 八六「文保に三井寺焼かれし時、—にあひて」訳 文保年間に三井寺が焼かれたとき、(その)住職と出会って。

❷一般に、僧。❸武家で、頭を剃り、僧衣姿で茶事をつかさどったり、雑事を勤めたりする者。茶坊主。

ばう・ず【亡ず】(自サ変){ぜ・じ・ず・ずる・ずれ・ぜよ}ほろびる。死ぬ。平家 一・祇園精舎「久しからずして―・じ用にし者どもなり」訳（中国の権臣四人は栄華を）長く保つこともなくてほろんでしまった者たちである。

ばうず-もち【坊主持ち】(名)（二人以上で）いっしょに歩く道中で、僧侶に出会うごとに同行者の荷物を持つ役を交替するやり方。

はう-すん【方寸】(名)（心は、胸の中一寸（=約三センチメートル）四方の間にあると考えたことから）心。胸の中。

はうすん-を-せ・む【方寸を責む】心がせきたてられる。心が波立つ。細道 象潟「江山水陸の風光数を尽くして、今、象潟に―・む終」訳 川や山、海や陸の美しい景色を残らず見てきて、今、（あこがれの）象潟（=秋田県の地名）へと心がせきたてられる。

ばう-ぞく―(形動ナリ){なら・なり(に)・なり・なる・なれ・なれ}（「放俗」または「凡俗」の転か）無作法なさま。下品なさま。堤 虫めづる姫君「かく怖ぢる人をば、『けしからず、―・なり終』とて」訳 このように（虫をこわがる人を、（姫君は）「とんでもない、無作法だ」と言って。

はう-ちゃう【庖丁】(名)❶料理人。❷料理をすること。庖丁さばき。徒然 二三一「皆人、別当入道の―を見ばやと思へども」訳（その場の）人はみな、別当入道の庖丁さばきを見たいと思うが。❸「庖丁刀」の略。料理に使う薄刃の刃物。

参考 庖（=台所、また料理）の丁（=公用の人夫）の意からとも、また中国の古典「荘子」に出てくる庖丁という名高い料理人の名からともいう。

はう-ぢゃう【方丈】(名)❶一丈（=約三メートル）四方の広さ。方丈 三「広さはわづかに―、高さは七尺がうちなり」訳（庵の）広さはたった一丈四方、高さは七尺（=約二・一メートル）以内である。❷（仏教語）寺の長老・住職の部屋。また、寺の住職。細道 象潟「この寺の―に座して簾を捲けば」訳 この寺（=干満珠寺）の住職の部屋に座ってすだれを巻き上げ（て外を見）ると。

方丈記（はうぢやうき）【作品名】鎌倉初期の随筆。鴨長明作。建暦二年（一二一二）成立。人生の無常と日野山中での閑居の生活とを、流麗・簡潔な和漢混交文で記す。「徒然草」とともに中世の代表的な随筆。⇩下段「発展」

冒頭文 ゆく河の流れは絶えずして、しかも、もとの水にあらず。淀みに浮かぶうたかたは、かつ消えかつ結びて、久しくとどまりたる例なし。世の中にある、人と栖と、またかくのごとし。訳（いつも滔々と）行く川の流れは絶えなくて、それでいて、（そこにある水は）もとの水ではない。（流れの）よどみに浮かぶあわは、一方では消え、一方ではあらわれて、いつまでも（そのままの姿で）とどまっている例はない。世の中に存在している、人間と（その）住まいとは、やはりこのようなものである。

名文解説 作者長明は、万物は流転するという無常観を、絶え間ない川の流れに託して言い表した。いつも同じように流れている川も、それでいて、けっしてもとの水と同じではないということに、無常が見いだされている。

はうちゃう-じゃ【庖丁者】(名)料理人。徒然 二三一「園の別当入道は、さうなき―なり」訳 園の別当入道は、二人といない（すぐれた）料理人である。

はう-てき【放擲】(名・他サ変)するべきことをしないで投げ出すこと。ほうり出すこと。笈の小文「ある時は倦みて―・せ未んことを思ひ」訳 ある時はいやになって投げ出そう（という）ことを思い。

はう-ばい【傍輩】(名)仲間。友達。浮・世間胸算用「―あまたの中に」訳 仲間が大勢いる中で。

はう-ふつ【彷彿・髣髴】(形動タリ){たら・たり(と)・たり・たる・たれ・たれ}❶よく似ているさま。❷形や内容がぼんやりしているさま。蘭学事始「たとへば『…』とあるやうなる一句も、―・と用して（意味がはっきりしない）」

はう-べん【方便】(名)❶（仏教語）仏が、衆生を仏の道に導くために用いる便宜上の手段。源氏 蜻蛉「仏のし給ふ―は、慈悲をも隠して、かやうにこそはあなれ」訳（信仰心を起こさせようと）仏のなさる方便は、慈悲の心をも隠して、このようである（=私を悩ます）ようだ。❷目的をとげるための手段。策略。太平記 三「いかにもして南山より盗み出だし奉らんと―をめぐらされけれども」訳 なんとでもして（三種の神器を）吉野山から盗み出し申しあげようと策略をめぐらしなさったが。

はう-めん【放免】■(名・他サ変)（罪などを）許すこと。「はうべん」とも。

発展「方丈記」の名称

昔、インドの維摩は富豪で学識にすぐれていたが、方丈（=約三メートル四方）の狭い家に住み修行したという。その精神を目標としたのであろう、鴨長明は、実際に方丈の庵を建てて住んだ。その質素な住居で書き記した作品を、「方丈記」と名づけたのである。

●方丈の庵（想像図）

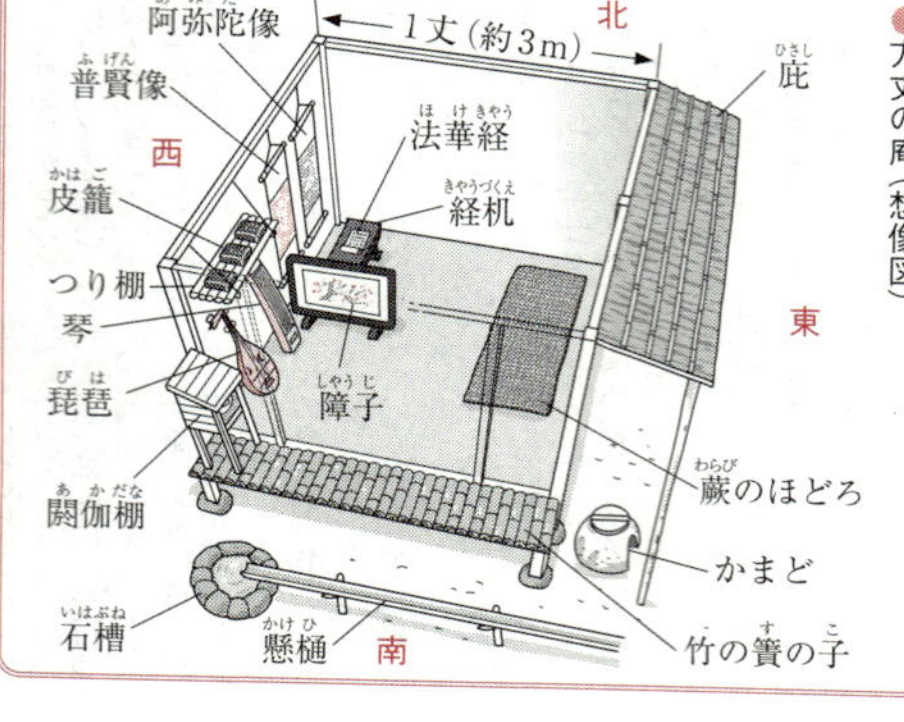

三 (名)検非違使庁に使われる下部。罪人の追捕・護送などをした。軽罪の者で放免された者を使ったのでいう。[徒然]二二一「祭りの日の―のつけ物に、ことやうなる紺の布四、五反にて馬を作りて」[訳]賀茂の祭りの日の検非違使庁の下部の衣服の飾りに、風変わりな紺の布四、五反で馬を作って。

ばう‐もん【坊門】(名)❶(「坊」は町の意)町の門。平安京では朱雀大路に面して作られ、三条以下九条までの各坊に設けられた。❷平安京の区画で、二条大路以南を東西に走る小路のうち、坊の中央を走るもの。

ばう‐やう【茫洋】(形動タリ)(たら・たり(と)・たり／たる・たれ・たれ)広くて見当のつかないさま。(海などが)広々としているさま。[蘭学事始]「まことに艪・舵なき船の大海に乗り出だせしがごとく、―・と(用)して寄るべきかたなく」[訳]まったく艪や舵のない船が大海に乗り出したように、あてどなく広々として寄りつくことのできそうなところがなく。

はう‐らつ【放埒】(名・自サ変・形動ナリ)(埒(=馬場の囲い)から馬を放って勝手に走らせる意)わがままなこと。身持ちがよくないこと。[徒然]一五〇「その人、道の掟正しく、これを重くして―・せ(未)ざれば」[訳]その人が、芸道の規範を正しく守り、これを重んじて勝手なふるまいをしないといつも。

ばう‐をく【茅屋】(名)茅葺きの家。転じて、粗末な家。茅舎。[太平記]三「私の―へ御入り候うて、草深き庭の月をも御覧候へかし」[訳]私の粗末な家へお入りなさいまして、草深い庭の月でもご覧なさいませよ。
[文法]「御…候ふ」は、尊敬＋丁寧表現。⇨苫屋「慣用表現」

はえ【映え・栄え】(名)❶ぱっと引き立つこと。見ばえ。はなやかさ。[枕]八三「あはひも見えぬうは衣などばかり、あまたあれど、つゆの―も見えぬに」[訳](喪中で)配色(の違い)もわからない表着などだけ、たくさん着ているけれども、少しの見ばえもしないうえに。❷光栄。面目。[落窪]「北の方、―ありてうれしと思ふ」[訳]北の方は、面目が立ってうれしいと思う。

はえ‐す【生えす】(自サ変)(せ・し・す・する・すれ・せよ)生える。生えてくる。[万葉]一四・三四九一「柳こそ切れば―・すれ(已)世の人の恋に死なむをいかにせよとぞ」[訳]柳の木は切るとまた生えてくるが、人間であるこの私が恋(の苦しみ)に死にそうなのを、どうせよというのか。

はえ‐な‐し【映え無し】(形ク)(から・く(かり)・し・き(かる)・けれ・かれ)見ばえがしない。ぱっと引き立ったところがない。[源氏]葵「女のが並ばぬこそ―・く(用)さうざうしけれ」[訳](衣装掛けに)女の衣装が並ばないのは、見ばえがしなくてもの足りない。

はえ‐ばえ・し【映え映えし】(形シク)(しから・しく(しかり)・し・しき(しかる)・しけれ・しかれ)❶輝いて見えるようだ。はなやかで見ばえがする。[枕]三「うちあてたるは、いみじう興ありてうち笑ひたるはいと―・し(終)」[訳](粥の木でうまく相手のしりを)打ち当てたときは、とてもおもしろくて、(皆が)大笑いしているのはたいそうはなやかで陽気である。❷光栄だ。はれがましい。[枕]三「講師も―・しく(用)おぼゆるなるべし」[訳](身分の高い人々がその場にいると)説経をする僧もはれがましく感じるのであろう。

‐はか(接尾)名詞や形容詞の語幹などに付いて「そのようなさまである」の意の形容動詞の語幹をつくる。「あさ―」「あて―」

はか【果・計】(名)❶(多く「はかがゆく」の形で)仕事などの進度。はかどりぐあい。→果も行かず ❷およその目安。見当。[源氏]浮舟「からをだに憂き世の中にとどめずはいづこを―と君も恨みむ」[訳]亡骸だけでもつらいこの世にとどめないならば、どこを目当てとしてあなた(=匂宮)も私(=浮舟)を恨むのだろう。

語の広がり「果」
「仕事の量、仕事の進捗」を表す「はか」を含む語に、「はかどる」(「とる」は「仕事を遂行する」意)、「はかない」(「ない」は「無い」の意)、「はかばかしい」(「はか」を重ねて形容詞化したもの)、「はかる」(「る」は動詞を作る接尾語)がある。

はがい【羽交い】 ⇨はがひ

は‐がき【羽掻き】(名)「はねがき」に同じ。

はかし【佩刀】(名)〔四段動詞「佩く」の未然形「はか」に上代の尊敬の助動詞「す」の付いた「はかす」の連用形

古語ライブラリー㊲
自動詞・他動詞

古文では、主語を示す「が」はほとんど書かれることがなく、目的語(連用修飾語)を示す「を」も書かれないことが多い。

◇二十一日。卯の時ばかりに、船出だす。みな人々の船出づ。〈土佐〉

ここには格助詞の用いられていない「船」が二か所に出てくる。それでも、「船が出る」であることがわかる。サ行四段活用「出だす」は他動詞、ダ行下二段活用「出づ」はここでは自動詞だからである。

◇袖ひちてむすびし水のこほれるを春立つけふの風やとくらむ〈古今 春上〉

この歌の「袖ひちて」はどうだろう。「袖がぬれて」か「袖をぬらして」か。「ひつ」はタ行四段にもタ行上二段にも活用する。

◇声はして涙は見えぬほととぎすわが衣手のひつを借らなむ(=借りてほしい)〈古今 夏〉

という連体形の用例があるから、『古今集』では四段活用だ。この例では「わが衣手のひつ(=私の衣の袖がぬれるの)」とあるから、四段活用の「ひつ」は自動詞のようだ。

◇天雲のはるかなりつる桂川袖をひてても渡りぬるかな〈土佐〉

タ行下二段活用の連用形、この用例は貴重だ。「袖をひてて」と格助詞の「を」が書かれている他動詞の例だからだ。この「ひてて」に対する自動詞の表現が「ひちて」だったのだ。

・袖ひちて　タ行四段活用　自動詞
・袖をひてて　タ行下二段活用　他動詞

この「ひつ」のように、同じ行の四段が自動詞、下二段が他動詞になるものには、「浮く・潜く・立つ」などがある。逆に、「切る・焼く・乱る」などは四段が他動詞、下二段が自動詞になっている。用例ごとの吟味が必要になる。

⇩九二三ページ㊳

から」「はかせ」とも。(多く「みはかし」の形で)貴人の太刀の敬称。→御佩刀

はか-せ【博士】(名)❶官名の一つ。大学寮に属するものに、明経・紀伝(のちに文章)・明法・算・音、陰陽寮に属するものに、陰陽・暦・天文・漏刻、典薬寮に属するものに、医・針などの各博士がある。学生を教授し、また、その学問に従事した。源氏 帚木「あるーのもとに学問など し侍るとてまかり通ひしほどに」訳 ある博士のところに、学問などをしますぞと言って通っておりましたころに。❷学問や諸道にひろく通じた人。学識者。物知り。源氏 桐壺「弁も、いと才かしこきーにて」訳 右大弁も非常に学才のすぐれた博識の人であって。❸手本。模範。基準。徒然 一五〇「世のーにて、万人の師となること、諸道かはるべからず」訳 (芸道の規範を正しく守れば)世間の模範として、多くの人の師となることは、どの道でもかわるはずがない。❹「節博士」の略。

は-がため【歯固め】(名)陰暦正月の三が日、長寿を祈って鏡餅・大根・瓜・押し鮎・猪肉・鹿肉などを食べる行事。また、その食物。春

参考「歯」は齢のことで、年齢を固める(=のばす)意の儀礼。一説に、堅い物をかんで歯の根を固める意とも。

はか-な【果無・果敢無】【形容詞「はかなし」の語幹】はかないこと。源氏 紅葉賀「ーの契りやとおぼし乱るること、かたみに尽きせず」訳 はかない(二人の)縁よと思い乱れなさることは、(光源氏も藤壺も)互いに尽きることがない。

はかなく-な・る【果無くなる・果敢無くなる】死ぬ。平家 六・葵前「里へ帰り、うちふすこと五、六日して、つひにーり用にけり」訳 (葵の前は)実家へ帰り、寝込むこと五、六日で、とうとう死んでしまった。⇩果つ「慣用表現」

はかな-げ【果無げ・果敢無げ】(形動ナリ){なら・なり(に)・なり・なる・なれ・なれ}「げ」は接尾語」❶頼りなさそうなさま。弱々しそうなさま。枕 四三「ちちよ、ちちよとーに用鳴く、いみじうあはれなり」訳 (蓑虫が)ちちよ、ちちよと弱々しそうに鳴くのは、たいそうしみじみと心をうつ。❷たいしたことでないさま。無造作であるさま。源氏 帚木「ーに用言ひなして、まめまめしく恨みたるさまも見えず」訳 (女は)いかにもたいしたことではないように言って、本気で(私=頭の中将を)恨んでいるようすも見えず。

はか-な・し【果無し・果敢無し】(形ク){から・く(かり)・し・き(かる)・けれ・かれ}

語義パネル

●重点義 無益で、移り変わりやすく永遠性のない、頼りない感じ。

仕事の進度の意の「はか」に形容詞の「無し」が付いてできた語と考えられる。

❶はかない。あっけない。
❷なんにもならない。無益だ。
❸たわいもない。頼りない。とりとめもない。
❹たいしたことでない。ちょっとしたことである。

❶はかない。あっけない。古今 恋一「行く水に数かくよりもーき体は思はぬ人を思ふなりけり」訳 流れる水に数を書きつけるのよりももっとはかないのは、いとしく思ってくれない人を恋することだったなあ。宇治 一・一三「桜はーき体ものにて、かく程なくうつろひ候ふなり」訳 桜はあっけないものであって、このように(咲いて)間もなく散っていくのです。

❷なんにもならない。無益だ。徒然 一三七「万に見ざらん世までを思ひ掟てんこそ、ーかる体べけれ」訳 何事につけて(まだ見ないような(死後の)世までを考えて計画するとしたらそれは、なんのかいもないにちがいない。

文法「見ざらん世」「思ひ掟てん」の「ん」は、仮定・婉曲の助動詞。

❸たわいもない。頼りない。とりとめもない。源氏 若紫「いとーう用(ウ音便)ものし給ふこそ、あはれにうしろめたけれ」訳 (あなた=若紫が)ほんとうにたわいもなくいらっしゃるのが、(私=尼君は)かわいそうで気がかりだ。(「ものす」は婉曲表現で、ここでは「いる」の意。文法「こそ…うしろめたけれ」は、係り結び。

❹たいしたことでない。ちょっとしたことである。細道 市振「あすは古郷にかへす文したためて、ーき体ことづてなどしやるなり」訳 明日は(連れの男を)故郷に帰すので、その時持たせる)手紙を書いて、ちょっとした伝言などを託しているようである。⇩言ふ甲斐無し「慣用表現」。(⇩徒「類語パネル」)

はかなし-ごと【果無し言・果敢無し言】(名)つまらない話。ちょっと口にしたことば。

はかなし-ごと【果無し事・果敢無し事】(名)取るに足りないこと。たわいないこと。源氏 蛍「あはれを見せ、つきづきしく続けたる、はた、ーと知りながら、いたづらに心動き」訳 (物語を読む者を)しみじみした気持ちにさせ、もっともらしく(書き)続けてあるのは、一方では、たわいもないことと知りながら、わけもなく心が動き。

はかな-だ・つ【果無だつ・果敢無だつ】(自タ四){た・ち・つ・つ・て・て}「だつ」は接尾語」頼りなく見える。心細げだ。枕 九九「屋のさまもーち用、廊めきて」訳 建物のようすも頼りなげに見え、渡り廊下のような作りで。

はかな-ぶ【果無ぶ・果敢無ぶ】(自バ上二){び・び・ぶ・ぶる・ぶれ・びよ}「ぶ」は接尾語」頼りなさそうに見える。源氏 夕顔「ーび用たるこそはらうたけれ」訳 (女は)頼りなげにしているのがかわいらしい。

はかな-む【果無む・果敢無む】(自マ四){ま・み・む・む・め・め}はかなく思う。むなしく思う。徒然 五八「げにはこの世をーみ用、必ず生死を出でんと思はんに」訳 ほんとうにこの世をはかないものだと思い、必ず生き死に(の迷い)を超越しようと思うならそのときに。

はかばか・し【果果し・捗捗し】(形シク){しから・しく(しかり)・し・しき(しかる)・しけれ・しかれ}

●重点義 事態が障害なく、円滑に進むさま。

❶すらすらとはかどるさま。てきぱきしている。源氏 桐壺「『とく参り給へ』など、ーしう用(ウ音便)ものたまはせやらず」訳「早く参内なさい」などと、(桐壺帝は)はきはきとも最後までおっしゃりきれず。

❷きわだっている。目立っている。はっきりしている。枕 三〇一「人の家に行きたれば、木どもなどのーしから

㊍ぬ中に」訳 人の家に行ったところ、いろいろな木などのこれと目立つほどではない中に。更級 足柄山「やうやう入りたつふもとのほどだに、空のけしき、—・しく㊊も見えず」訳 だんだん(山中に)入りこんでゆく(その)ふもとのあたりだって、空のようすは、(木々に覆われて)はっきりとも見えない。文法「だに」は副助詞。軽いものをあげて、重いものを想起させる。

❸頼もしい。信頼できる。しっかりしている。源氏 桐壺「—・しき㊏後ろ見しなければ」訳 (桐壺の更衣には)しっかりした後ろ盾もないので。文法「後ろ見し」の「し」は、強意の副助詞。

類語パネル

●共通義	しっかりしていて頼もしいさま。
はかばかし	事態が障害なく円滑に進むさま。着実に成果が現れてきて頼もしいさま。
むねむねし	物事の中心となるべき力量を備えていて、堂々としているさま。

は-がひ【羽交ひ】(名)鳥の両翼の先が重なり合った部分。転じて、はね。つばさ。万葉 一・六四「葦辺ゆく鴨の—に霜降りて寒き夕へは大和し思ほゆ」訳 →あしへゆく…和歌

は-がへ【葉替へ】(名・自サ変)草木の葉の生えかわること。枕 四〇「椎の木、常磐木はいづれもあるを、それしも、—・せ㊍ぬためしに言はれたるもをかし」訳 椎の木は、常緑樹はどれもそうであるのに、それだけが、葉が生えかわらない例として言われているのもおもしろい。

はかま【袴】(名)上代、腰にじかにまとった下着。のちには着物の腰から下につける衣服。もとは男子が着用、平安時代以降は女子も用いた。

はかま-ぎ【袴着】(名)幼児が初めて袴をつける祝いの儀式。古くは三歳、のちには五歳・七歳で行うこともあった。成人式に当たる男子の初冠、女子の裳着に次ぐ重要な祝い。着袴。源氏 桐壺「この御子三つになり給ふ年、御—のこと、…いみじうさせ給ふ」訳 この御子(=光源氏)が三歳におなりになる年に、袴着のお祝いの儀式のことを、…(桐壺帝は)盛大に執り行いあそばす。

はか-も-ゆか-ず【果も行かず】はかどりもしない。平家 三・有王「歩むやうにはしけれども、—・ず㊊、よろよろとして出で来たり」訳 (俊寛は)歩くようにはしたけれども、はかどりもせず、よろよろとして出て来た。なりたち 名詞「果」＋係助詞「も」＋「行く」の未然形「ゆか」＋打消の助動詞「ず」

はから-ざる-に【計らざるに】思いがけなく。思ってもいないのに。徒然 九三「—牛は死し、—主は存ぜり」訳 思いがけなく牛は死んで、思いがけなく(牛の)持ち主は生きている。なりたち 四段動詞「計る」の未然形「はから」＋打消の助動詞「ず」の連体形「ざる」＋接続助詞「に」

はからひ【計らひ】(名)考え。判断。また、取り計らうこと。処置。平家 八・法住寺合戦「木曽が—に、人々の官ども思ふさまになしおきけり」訳 木曽(義仲)の判断で、人々の官職をあれこれ思いどおりに任命した。

はから-ふ【計らふ】(他ハ四)｛は・ひ・ふ・ふ・へ・へ｝［四段動詞「計る」の未然形「はから」に上代の反復・継続の助動詞「ふ」が付いて一語化したもの］❶思いめぐらす。考える。平家 一・祇王「この度召さんに参らずは、—・ふ㊏旨ありと仰せらるるは」訳 今度(清盛公が私＝祇王を)召し寄せよう(という)折に(私が)参上しないならば、考えることがあるとおっしゃるのは。文法「ずは」は、打消の順接の仮定条件を表す。

❷相談する。打ち合わせる。〔霊異記〕「衆僧聞きて—・ひ㊊て言はく」訳 僧たちが(女の答えを)聞いて相談して言うことには。

❸適当に処置する。とりしきる。徒然 六〇「三百貫の物を貧しき身にまうけて、かく—・ひ㊊ける、誠に有り難き道心者なり」訳 三百貫のもの(＝銭)を貧乏な身で手に入れながら、このようにうまく使ったのは、まことにめったにないほど信仰心の厚い人だ。

はかり【計り・量り】(名)❶(多く「…をはかりと」の形で)目当て。見当。伊勢 二一「いづこを—とも覚えざりければ、帰り入りて」訳 (男は女を探すのに)どこを目当てと(したらよいか)もわからなかったので、(家に)帰って来て。

❷(多く「…をはかりに」の形で)限り。際限。平家 七・維盛都落「人の聞くをもはばからず、声を—にぞをめき叫び給ひける」訳 人が聞くのをも気にせずに、声を限りにわめき叫びなさった。

ばかり(副助)［動詞「計る」の名詞形「はかり」から］

意味・用法

おおよその範囲・程度
- 範囲〔…ごろ。…あたり。〕→❶㋐
- 量〔…ぐらい。…ほど。〕→❶㋑
- 程度〔…ほど。…ぐらい。〕→❶㋒
- 及ばない程度〔…ほど。…ぐらい。〕→❶㋓
- 強調〔…ほど。…ぐらい。〕→❶㋔

限定〔…だけ。…だけだ。…にすぎない。〕→❷

接続

おおよその範囲・程度を表すときは**終止形**に付き、限定を表すときは**連体形**に付くことが多い。体言・副詞に付いたときは、その区別はない。

❶範囲・程度をおおよそのものとして表す。㋐(時・所を表す語に付いて)おおよその範囲を表す。**…ごろ。…あたり。**今昔 二五・七「夜中**ばかり**に人皆寝静まりはてて」訳 夜中ごろに人が皆すっかり寝静まって。更級 子忍びの森「いづこ**ばかり**と、明け暮れ思ひやる」訳 (父は今)どこらあたり(を旅しているのだろう)と、朝夕思いをはせる。

㋑(数量を表す語に付いて)だいたいの量を表す。**…ぐらい。…ほど。**竹取 かぐや姫の生ひ立ち「三寸**ばかり**なる人、いとうつくしうて居たり」訳 三寸(＝約九センチメートル)ぐらいである人が、たいへんかわいらしい姿ですわっている。徒然 一〇九「降るる時に、軒長**ばかり**になりて」訳 (木から)降りるときに、軒の高さぐらいになって。㋒(おもに用言の終止形に付いて)動作・状態の程度を表す。**…**

ほど。…ぐらい。枕 一三〇「前栽の露こぼるばかりぬれかかりたるも、いとをかし」訳 庭の植え込みの露がこぼれるほどぬれかかっているのも、たいそう趣が深い。徒然 五三「頸もちぎるばかり引きたるに」訳 首もちぎれるほど引いたところが。㋓(下に存在打消の表現を伴って)他のものの及ばない程度であることを表す。…ほど。…ぐらい。枕 二七五「大蔵卿ばかり耳とき人はなし」訳 大蔵卿ほど耳の鋭い人はいない。徒然 二一「月ばかり面白きものはあらじ」訳 月ぐらい趣の深いものはないだろう。…ほど。…ぐらい。㋔(副詞に付いて)強調的に示す。万葉 二・八六「かくばかり恋ひつつあらずは高山の磐根し枕きて死なましものを」訳 これほど恋いこがれつづけていないで、高い山の岩を枕にして死んでしまったらよかったものを。文法「あらずは」の「ずは」は、連用修飾となって「…ないで」「…ずに」の意となる。「磐根し」の「し」は、強意の副助詞。〔拾遺〕雑上「かくばかり経がたく見ゆる世の中にうらやましくもすめる月かな」訳 これほど過ごしにくく思われる世の中なのに、うらやましいほどに清らかにすんでいる月だなあ。(「すめる」は「澄める」と「住める」との掛詞)

❷限定を表す。㋐(体言に付いて)限定を示す。…だけ。源氏 桐壺「月影ばかりぞ、八重葎にもさはらずさし入りたる」訳 月の光だけが、幾重にも茂った蔓草にもさまたげられずさしこんでいる。⇩障る「名文解説」。徒然 七一「我ばかりかく思ふにや」訳 私だけがこのように思うのだろうか。文法 係助詞「や」のあとに結びの語「あらん」が省略されている。㋑(おもに用言の連体形に付いて)動作・作用の程度がそれだけにすぎない意を表す。…だけだ。…にすぎない。古今 秋上「名に愛でて折れるばかりぞ女郎花我落ちにきと人に語るな」訳→なにめでて…和歌。方丈 四「ただ、わが身一つにとりて、昔今とをなぞらふるばかりなり」訳 ただ、自分一人にとって、昔と今とを比較してみるにすぎないのだ。

参考「のみ」は一つに小さく限定するのに対し、「ばかり」は範囲・程度に幅を認めて限定する。したがって、「山の井の浅き心も思はぬを影ばかりのみ人の見ゆらむ」〈古今・恋五〉のように重ねて用いられる場合もある。→のみ 文法。⇩のみ「類語パネル」

文法 (1) 大別すると、「ばかり」には①の「ほど」の意のおよその範囲・程度を表す用法と、②の「だけ」の意の限定を表す用法の二つがある。本来の用法は①で、②の用法は上代には見られない。

「死ぬる命生きもやすると試みに玉の緒ばかり(=ほんのわずかの間ぐらい)逢はむと言はなむ(=逢おうと言ってほしい)」〈古今 恋二〉

のような用法から②の用法が生まれたと考えられる。

(2) 中古の作品に見られる次のような用例の場合に「ばかり」を①にとるか②にとるかが問題になる。

「夜の明けなむも惜しう、京のことも思ひ絶えぬばかり覚え侍りしよりなむ…」〈更級 春秋のさだめ〉

「思ひ絶え」がヤ行下二段活用の動詞であるため、未然形とも連用形とも形のうえでは識別ができないので、その下の「ぬ」が完了の助動詞「ぬ」の終止形か打消の助動詞「ず」の連体形か判断がつかない。中古の用例では、

「思ひ乱れて、枕も浮きぬばかり(=浮いてしまうほど)に人やりならず〔涙を〕流し添へつつ」〈源氏 柏木〉

のように、程度の「ばかり」は終止形に付き、

「言に出でて言はぬばかりぞ(=言わないだけだ)みなせ川したにかよひて恋しきものを」〈古今 恋二〉

のように、限定の「ばかり」は連体形に付く。意味上、「更級日記」の例は「すっかり忘れてしまうほどに」の意にあたる程度を表す「ばかり」と考えられるから、「ぬ」は完了、「思ひ絶え」は連用形と判断することになる。

はかり-ご・つ【謀りごつ】(他タ四){た・ち・つ・つ・て・て}【名詞「はかりこと」を動詞化したもの】「はかりごつ」とも。❶はかりごとをめぐらす。計画する。今昔 一・九「舎利弗に会ひて秘術をあひ競べむ事を―・つ(終)」訳(異教徒たちは)舎利弗(=釈迦の弟子の名)に会って秘術を比べ合うようなことについて計略をめぐらす。❷だます。あざむく。源氏 橋姫「人を―・ち(用)て、西の海の果てまで取りもてまかりにしかば」訳(よくない男が)私(=弁)をだまして、西海道(=九州)の果てまで連れて下ってしまったので。

はかり-こと【謀り事・策】(名)〔近世には「はかりごと」〕❶思い付き。くふう。平家 二・卒都婆流「康頼入道、古郷の恋しきままに、せめての―に、千本の卒都婆を作り」訳 康頼入道は、故郷が恋しいので、せいいっぱいの思い付きとして、千本の卒都婆を作り。❷計略。もくろみ。〔うつほ〕菊の宴「さやうなる―をやせまし、など思へど」訳(私=東宮も)そのような計略を実行したものだろうか、などと思うけれど。❸仕事。生活の手段。〔笈の小文〕「終に生涯の―となす」訳 とうとう(俳諧を)生涯の仕事とする。

はかり-な・し【計り無し・量り無し】(形ク){(から)・く(かり)・し・き(かる)・けれ・かれ}限りない。並々でない。はかり知れない。源氏 夢浮橋「一日の出家の功徳は―・き(体)ものなれば、なほたのませ給へ」訳 一日でも出家したことの仏の御利益ははかり知れないものなので、やはり(今後も仏を)頼りになされよ。

参考「はかりはなし」「はかりもなし」のように、助詞「は」「も」などが間に入ることがある。

ばかり-に ❶(「ばかり」がおおよその範囲・程度を表して)…ほどに。…ころに。…あたりに。伊勢 八四「十二月―、とみのこととて御文あり」訳 陰暦十二月ごろに、急ぎのことだといってお手紙が来る。❷(「ばかり」が限定を表して)…だけに。…ばっかりに。古今 恋四「今来むと言ひし―長月の有り明けの月を待ち出でつるかな」訳→いまこむと…和歌

なりたち 副助詞「ばかり」＋格助詞「に」

はか・る【計る・量る】(他ラ四){ら・り・る・る・れ・れ}❶おしはかる。推量する。徒然 五六「興なきことを言ひてもよく笑ふにぞ、品のほど―・ら(未)れぬべき」訳 おもしろくないことを言ってもよく笑うことで、(その人の)品格の程度がきっと自然に推測されるだろう。文法「はかられぬべき」の「れ」は自発の助動詞「る」の連用形、「ぬ」は助動詞「ぬ」の終止形で、ここは確述の用法。❷予想する。予期する。土佐「この楫取りは、日もえ―・ら(未)ぬかたゐなりけり」訳 この船頭は、天気を予測することもできないばか者であったよ。文法「えはからぬ」の「え」は副詞で、下に打消の語(ここでは「ぬ」)を伴っ

て不可能の意を表す。

❸(量・重さ・長さなどを)測定する。平家 七・願書「たとへば嬰児の貝をもって巨海を―・り(用)」訳 たとえていうなら幼児が貝殻で大海(の水量)をはかり。

❹相談する。〔雨月〕夢応の鯉魚「葬りのことをも―・り(用)給ひぬれど」訳 葬儀のことも相談しなさったが。

❺計画する。たくらむ。平家 二・西光被斬「あは、これらが内々―・り(用)しことのもれにけるよ」訳 ああ、この者どもが内々でくわだてたことがもれてしまったことよ。

❻機をうかがう。見てとる。徒然 六六「館の内に人もなかりけるひまを―・り(用)て」訳 屋敷の中に人もいなかったすきをうかがって。

❼(「謀る」とも書く)だます。大鏡 花山院「我をば―・る(体)なりけり」訳 私(=花山天皇)をだましたのだなあ。

名文解説 藤原道兼にだまされて宮中から連れ出され、出家を遂げた花山天皇が、それが自分を退位させるための藤原兼家(=道兼の父)の陰謀であったことに気づいたときのことば。道兼の口車にまんまと乗せられてしまったことへの後悔と無念が、文末の詠嘆の助動詞「けり」ににじみ出ている。

はぎ【脛】(名)ひざから下、足首から上の部分。すね。徒然 八「久米の仙人の、物洗ふ女の―の白きを見て、通を失ひけんは」訳 久米の仙人が、物を洗う女のすねが白いのを見て、神通力を失ったとかいうのは。

はぎ【萩】(名)❶植物の名。秋の七草の一つ。紅紫色または白色の小さな花をつける。秋を代表する草花として和歌に多く詠まれた。秋。万葉 八・一五三八「―の花尾花葛花なでしこが花をみなへしまた藤袴朝顔が花」訳 →はぎのはな…和歌。⇨巻頭カラーページ9

❷襲の色目の名。表は蘇芳(=紫がかった赤色)、裏は青で、秋に用いる。⇨巻頭カラーページ11

はぎのはな…【和歌】《旋頭歌》

> 萩の花　尾花葛花　なでしこが花　をみなへし　また藤袴　朝顔が花
> 〈万葉・八・一五三八・山上憶良〉

訳 萩の花、尾花(=すすきの花穂)、葛の花、なでしこの花、女郎花、それと藤袴、朝顔の花。

解説 秋の七草を詠んだ歌。「朝顔の花」は今の朝顔とも、桔梗とも、また、木槿ともいわれている。

はぎ-ま・ず【矧ぎ交ず】(他ザ下二){ぜ・ぜ・ず・ずる・ずれ・ぜよ}いく種類かの羽をまぜ合わせて竹などに付け、矢に作る。平家 一一・那須与一「薄切り斑に鷹の羽―・ぜ(用)たるぬた目の鏑をぞ差し添へたる」訳 (那須与一は)黒みの薄い斑のある羽と鷹の羽を合わせて矢にした、波模様の鏑矢を差し添えていた。

馬琴(ばきん)『人名』→滝沢馬琴

はく【箔】(名)金・銀・銅などの金属をたたいて、紙のように薄く延ばしたもの。物に張り付けて装飾にする。

は・く【佩く・帯く】■(他カ四){か・き・く・く・け・け}(刀や飾りなどを)腰につける。帯びる。平家 一・御輿振「赤銅作りの(=赤銅の金具で飾った)太刀を―・き(用)」

■(他カ下二){け・け・く・くる・くれ・けよ}腰につけさせる。帯びさせる。〔記〕中「一つ松人にありせば太刀―・け(未)ましを」訳 もし一本松が人であったなら、太刀を腰につけさせただろうに。

は・く【着く・著く】(他カ四・下二){か・き・く・く・け・け}{け・け・く・くる・くれ・けよ}弓に弦を張る。万葉 一四・三四三七「陸奥のあだたら真弓弾き置きて反らしめきなば弦―・か(未)め(四段)かも」訳 陸奥の安達地方(福島県中部)産の真弓の弦をはずしておいて反らしたままならば、弓に弦を張ることができようか(いや、できはしない)。万葉 二・九九「梓弓弦緒取り―・け(用)(下二段)引く人は」訳 梓弓に弦を張り引く人は。

は・く【履く】■(他カ四){か・き・く・く・け・け}足につける。枕 一三〇「若き法師ばらの、足駄といふものを―・き(用)て」訳 若い法師たちが、足駄というものをはいて。

■(他カ下二){け・け・く・くる・くれ・けよ}足につけさせる。万葉 一四・三三九九「信濃路は今の墾道刈株に足踏ましむな履―・け(命)わが背」訳 →しなぬぢは…和歌。文法「はけ」は「よ」を伴わない、上代の命令形。

は・ぐ【矧ぐ】■(他ガ四){が・ぎ・ぐ・ぐ・げ・げ}竹に鳥の羽を付けて矢を作る。〔紀〕綏靖「矢部をして箭を―・が(未)しむ」訳 矢を作る一族に命じて矢を作らせる。

■(他ガ下二){げ・げ・ぐ・ぐる・ぐれ・げよ}弓に矢をつがえる。著聞 四三九「下にこの法師かた矢―・げ(用)て立ちたるうへより、うみ柿の落ちけるが」訳 (柿の木の)下にこの(弓を射る役の)法師が一本の矢を弓につがえて立っている上から、熟した柿の実が落下したが。

は・ぐ【剥ぐ】■(他ガ四){が・ぎ・ぐ・ぐ・げ・げ}❶物の表面をむき取る。はがす。宇治 七・五「おのれも、皮をだに―・が(未)ばやと思へど」訳 私も、せめて(この死んだ馬の)皮だけでもはぎ取りたいと思うが。

❷着ているものを脱がせ取る。脱がす。宇治 二・一〇「走りかかりて、衣を―・が(未)んと思ふに」訳 (袴垂=盗賊の名は)走りかかって、衣服を脱がそうと思うが。

■(自ガ下二){げ・げ・ぐ・ぐる・ぐれ・げよ}❶表面がはがれる。〔落窪〕「黒塗りの箱の九寸ばかりなるが…所々―・げ(用)たるを」訳 黒塗りの箱で九寸(=約二七センチメートル)ほど(の大きさ)であるのが…所々表面がはがれているのを。

❷(多く「禿ぐ」と書く)毛が抜け落ちる。はげる。徒然 一五二「むく犬のあさましく老いさらぼひて、毛―・げ(用)たるを引かせて」訳 むく犬で、ひどく年老いてよぼよぼになって、毛が抜け落ちているのを(人に)引かせて。

ばく-えき【博奕】(名)「ばくやう」とも。金品をかけて勝負を争うもの。ばくち。〔風姿花伝〕「好色・―・大酒、三重戒、これ古人のおきてなり」訳 好色とばくちと大酒、(この)三つの戒めは、昔の人の(禁じた)掟である。

白居易(はくきょい)『人名』(七七二―八四六)中国、中唐の詩人。字は楽天。別号香山居士。詩風は平易明快。代表作は「長恨歌」「琵琶行」など。詩文集「白氏文集」。平安時代文学をはじめ、日本の文学に多大な影響を与えた。

はぐく・む【育む】(他マ四){ま・み・む・む・め・め}❶親鳥が羽でつつんでひなを育てる。万葉 九・一七九一「旅人の宿りせむ野に霜降らばあが子―・め(命)天の鶴群」訳 旅人が宿りをするだろう野に霜が降りるならば、(旅に出ている)私の子を羽で包んでやってくれ、大空の鶴の群れよ。

❷養育する。世話をする。平家 灌頂・女院出家「何

事も変はり果てぬるうきよなれば…誰たれーみ㊥奉るべしとも見え給はず」訳何事も変わり果ててしまった無常の世であるから…だれが(建礼門院を)お世話し申しあげることができようともお見えにならない(=だれもお世話し申しあげる人はいらっしゃりそうにもない)。

❸たいせつにする。いつくしむ。かわいがる。万葉 一五・三五七九「大船に妹いも乗るものにあらませばー・み㊥持ちて行かましものを」訳(新羅しらぎに向かうこの)大船にもしおまえが乗っていいものだったら、かわいがって、いっしょに連れて行こうものを。文法「…ませば…まし」は反実仮想で、「もし…なら…だろうに」の意。

はぐくも・る【羽含もる】(自ラ四){ら・り・る・る・れ・れ}(ひな鳥が親鳥の羽に包まれる意から)たいせつに養い育てられる。かわいがられる。万葉 一五・三五七八「ー・る㊍君を離れて恋に死ぬべし」訳たいせつにかわいがってもらったあなたと離れて、(私は)恋しくて死ぬにちがいない。

ばく-げき【莫逆】(名)〔「心に逆らうこと莫なし」の意〕「ばくぎゃく」とも。心が通じ合ったきわめて親密な間がら。〔野ざらし紀行〕「常にーの交はり深く、朋友ほういうに信あるかなこの人」訳ふだんから心の通じ合った親しい間がらの交際が深く、友人に対して信義の厚い人であるよ、この人は。

ばく-しうシュウ【麦秋】(名)麦を刈り入れる季節。初夏。麦秋むぎあき。夏。平家 三・僧都死去「蟬せみの声ーを送れば夏と思ひ」訳蟬の声が(して)麦を刈り入れる季節の終わったことを告げると、(ああ)夏だと思い。

白氏文集はくしもんじふ(ハクシモンジュウ)〔作品名〕中国唐代の白居易はくきょい(=白楽天)の詩文集。平安時代に伝来し、広く愛読されて当時の文学に影響を与えた。「文集」とも。

はく-じゃうジョウ【白状】㊀(名・他サ変)罪人が犯した罪を申し述べること。自白。〔太平記〕二三「残る所なくー・し㊥ければ(=自白したので)」㊁(名)罪人が申し出たことを記した書状。自白した内容。平家 二・西光被斬「ー四、五枚に記しるせられ」訳(西光の)自白した内容が四、五枚(の紙)に記され。

白石はくせき〔人名〕→新井白石あらゐはくせき

はく-たい【百代】(名)永遠の時間。ひゃくだい。細道 出発まで「月日はーの過客くわかくにして、行きかふ年もまた旅人なり」訳月日は永遠に旅を続ける旅人(のようなもの)であり、(毎年)去っては来、来ては去ってゆく年も、また旅人(のようなもの)である。⇩おくのほそ道「名文解説」

ばく-ち【博奕・博打】(名)〔「ばくうち(博打)」の転〕さいころなどを用い、金品を賭けて勝負を争うこと。ばくえき。また、それを職業のようにする者。ばくちうち。徒然 一二六「ーの負けきはまりて、残りなく打ち入れんとせんにあひては、打つべからず」訳ばくちうちがとことん負けて、(手もとの金を)残らず賭けて勝負しようとするようなのに対しては、(こちらから)勝負してはいけない。

ばく-ちく【爆竹】(名)陰暦正月十五日に行う三毬杖さぎちょう(=悪魔払いの行事)でたく火。どんどの火。春

はく-ちゃうチョウ【白丁・白張】(名)❶糊のりをかたく張った白布製の狩衣かりぎぬ。著聞 五六「ーに立て烏帽子えぼし着たる男の(=かぶった男で)、わら沓ぐつはきたるが」❷①を着た仕丁じちょう(=雑役に従事する下男)。馬の口引き・沓くつ持ちなどをつとめた。

ばく-やうヨウ【博奕】(名)「ばくえき」に同じ。大和 五四「ーをして、親にもはらから(=兄弟)にも憎まれければ」

白楽天はくらくてん〔人名〕→白居易はくきょい

羽黒山はぐろさん〔地名〕今の山形県にある山。月山がっさん・湯殿山ゆどのさんとともに出羽三山の一つ。修験道の霊場。

は-ぐろめ【歯黒め】(名)鉄片を酒・酢などに浸して酸化させた液。女子が成人のしるしに歯を黒く染めるのに用いた。また、その液で歯を黒く染めること。おはぐろ。鉄漿黒かねぐろ。

発展「歯黒め」の変遷
平安時代、貴族の成人した女性の間に、歯を黒く染め、眉毛を抜いて眉墨で眉をかく習慣があった。平安中期以降、貴族の男性の間にも流行し、「平家物語」などでは、「鉄漿黒かねぐろ」が、武士に対して貴族の男性を指すことばとして使われている。江戸時代には、既婚女性のしるしとなった。

はく-をくオク【白屋】(名)白い茅かやで屋根を葺ふいた粗末な家。あばら屋。また、そこに住む人。平家 灌頂・女院出家「ー苔こけ深くして」訳(建礼門院の住む)あばら屋は深く苔むして。⇩苫屋とまや「慣用表現」

はげ・し【激し・烈し】(形シク){しから・しく(しかり)・し・しき(しかる)・しけれ・しかれ}❶勢いがするどく荒々しい。また、程度がはなはだしい。竹取 竜の頸の玉「風吹き、波ー・しけれ㊀ども」訳風が吹き、波が荒々しいが。❷険しい。源氏 早蕨「ー・しき㊍山道のありさまを見給ふにぞ」訳(中の君は宇治うじから都への)険しい山道のようすをご覧になるにつけても。

はげ・む【励む】(自マ四){ま・み・む・む・め・め}気力を奮い立たせる。一事にうちこむ。徒然 一三一「分を知らずして、しひてー・む㊍は、己おのれが誤りなり」訳身のほどをわきまえないで、むりに一生懸命やるのは、その人自身の考え違いである。

はこ【箱・筥】(名)❶物をおさめる器。多く、蓋と身から成る。平家 二・座主流「方一尺のーあり」訳一尺(=約三〇センチメートル)四方の箱がある。❷大便を受ける容器。便器。今昔 三〇・一「平中へいちゅう、そのーを見れば、琴漆こんしちを塗りたり」訳平中(=平貞文さだふん)が、その便器を見ると、精製した漆を塗ってある。❸大便。宇治 五・七「ーすべからず(=してはいけない)」

ば-こそ ❶(活用語の已然形に付いて)確定条件の強調を表す。…だからますます(…だ)。伊勢 八二「散ればーいとど桜はめでたけれうき世になにか久しかるべき」訳→ちればこそ… 和歌
❷(活用語の未然形に付いて)仮定条件の強調を表す。もし万一…であったならば。竹取 御門の求婚「この国に生まれて侍らー使ひ給はめ」訳もし(私=かぐや姫が)この国に生まれておりましたならば、(帝みかどは私を)召し使いなさる(こともできる)だろうが。文法 係り結び「こそ…め」は、ここは強調逆接となって下に続く。
❸(文末に用いて、結びの「あらめ」が略された意味で反語的に)…であればよいが…はずがない。…どころではない。平家 七・一門都落「今は世の世にてもあらー」訳今は(私=八条の女院の)思いどおりになる世の中でもあればよいがあるはずがない。

はこねぢを… [和歌]

[なりたち] 接続助詞「ば」＋係助詞「こそ」

[参考]「こそ」は係助詞なので、「ばこそ」を受けて結びとなる用言および助動詞は已然形となる。

> 箱根路を　わが越え来れば　伊豆の海や
> 沖の小島に　波の寄る見ゆ
> 〈金槐集・雑・源実朝〉

[訳] 箱根の山道を私が越えて来ると、ああ伊豆の海だ、沖の小島に白い波の打ち寄せているのが見える。

[解説] 伊豆・箱根両権現に参拝したときの歌。「伊豆の海」は相模湾のこと。「沖の小島」は初島のことという。山道を越えて、突然眼下に青い海が広がっているのを見た感動が、第三句以下に力強く詠まれている。

箱根山（はこねやま）『地名』[歌枕] 今の神奈川県と静岡県との境にある火山。箱根は東海道五十三次の一つ。

はこ・ぶ【運ぶ】（他バ四）〔ば・び・ぶ・ぶ・べ・べ〕❶物を他の所へ移し送る。持って行く。運ぶ。[源氏] 若菜上「かの院よりも御調度など—・ば㊍る」[訳] あの院（＝朱雀院）からも（六条院に）身の回りの御道具などが運ばれる。

❷物事をおし進める。また、時を経過させる。[徒然] 一〇八「刹那覚えずといへども、これを—・び㊝て止まざれば、命を終ふる期、たちまちに至る」[訳] 一瞬（の短い時間）は意識されないといっても、その短い時間を（次々と）経過させて止めないときっと、生涯を終える（臨終の）ときは、たちまちやってくる。

❸（「歩みを運ぶ」の形で）歩く。行く。[平家] 二・康頼祝言「ここに利益の地を頼まずんば、いかんが歩みを嶮難の道に—・ば㊍ん」[訳] このときに利益の大地（のような菩薩）を頼まないならば、どうして（この）険しい道を歩いて行けようか（いや、歩いて行けはしない）。

はこべ【蘩蔞・繁縷】（名）植物の名。春の七草の一つ。はこべら。[季]春。⇩巻頭カラーページ8

はこや・の・やま【藐姑射の山】（名）❶中国で、仙人が住むという想像上の山。

❷上皇の御所を祝っていう語。仙洞。[新古] 仮名序「今は、やすみしる名をのがれて、—にすみかを占めたりといへども」[訳] 今は、天下に君臨する（天皇という）名を捨てて、（上皇として）仙洞に居所を定めているといっても。

はこ・ゆ（他ヤ下二）〔え・え・ゆ・ゆる・ゆれ・えよ〕衣の裾をたくし上げる。→引きはこゆ

はさ・ま【狭間・迫間】（名）

[参考] 一説に、「はこふ」（ハ行下二段活用）という。〔室町時代以降「はざま」〕

❶物と物との間のせまい所。すきま。[伊勢] 一〇〇「むかし、をとこ、後涼殿の—を渡りければ」[訳] 昔、男が（清涼殿と）後涼殿の間を通って行ったところ。

（はさま④）

❷谷。谷間。〔義経記〕「どの山をどの—にかかりて行かんずるぞ」[訳] どの山をどの谷間を通って行こうとするのだ。

❸時間的な合間。間。[宇治] 二・九「時々阿弥陀仏を申す。その—は、昼ばかりはたらくは、念仏なんめりと見ゆ」[訳]（僧が）ときどき阿弥陀仏をお唱えする。その合間は、唇だけが動くのは、念仏であるようだと思われる。

❹弓・鉄砲などを放つため城壁に設けた穴。

はさみ・ばこ【挟み箱】（名）近世、外出の際、着替えの衣服などを入れ、棒を通して、供の者にかつがせた箱。〔浮・好色五人女〕「伏見地の—一つ」[訳] 伏見で作られた小ぶりのつづら一つ。（ふしみ三寸のつづら一荷、糊対、簡単な漆塗りの挟み箱一つ。）

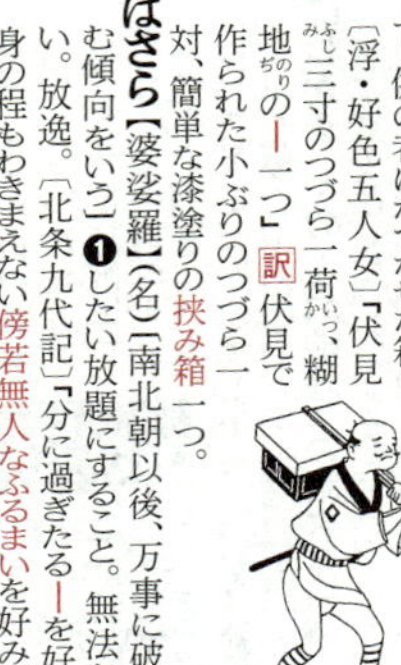
（はさみばこ）

ばさら【婆娑羅】（名）〔南北朝以後、万事に破格を好む傾向をいう〕❶したい放題にすること。無法なふるまい。放逸。〔北条九代記〕「分に過ぎたる—を好み」[訳] 身の程もわきまえない傍若無人なふるまいを好み。

❷派手なかっこう。みえを張って贅を尽くすこと。伊達。〔太平記〕三三「例の—に風流を尽くして」[訳]（佐々木道誉とその一族郎党は）いつもの派手で贅沢な服装に趣向をこらして。

はし【階・梯】（名）❶庭や土間から屋内にのぼる階段。きざはし。[源氏] 桐壺「御—のもとに、親王たち、上達部つらねて、禄どもしなじなに賜り給ふ」[訳]（清涼殿の東の簀の子から庭に降りる）御階段のもとで、親王たちや公卿が列を作って、それぞれの禄を身分に応じて頂戴しなさる。

❷はしご。〔太平記〕三三「警固の者ども—をさして（＝かけて）軒の上に登って見れば」

❸位階。〔増鏡〕新島守「二の—をのぼりしも、八島の内の大臣宗盛生け捕りの賞と聞こえき」[訳]（頼朝が）二の位階（＝従二位）に昇進したのも、八島の内大臣平宗盛を生け捕りにしたほうびとうわさされた。

はし【端】（名）❶へり。ふち。先端。[枕] 三七「花びらの—に、をかしき匂ひこそ、心もとなうつきためれ」[訳]（梨の花の）花びらの先端に、趣のある色つやが、はっきりわからないぐらいについているように見える。

❷**家の、外側に面している部分。** 特に、**縁側。** [大和] 一四九「—に出でゐて、月のいといみじうおもしろきに、頭かい梳りなどしてをり」[訳]（女は）縁側に出て座って、月がとてもすばらしく趣深いので、髪をとかしなどしている。

❸**物事の端緒。発端。** きっかけ。〔千載〕恋四「逢ひ見んと言ひわたりしはゆく末のもの思ふことの—にぞありける」[訳] あなたが逢いたいと言い寄ってきたことは、（逢ってみると）それから後の物思いのはじまりであったのだ。（「端」に「橋」をかける。「わたり」と「はし（橋）」とは縁語）

❹一部分。断片。きれはし。[蜻蛉] 上「世の中に多かる古物語の—などを見れば」[訳] 世間にたくさんある（＝流布している）古い物語の端々などを見ると。[枕] 七「ただ木の—などのやうに思ひたるこそ、いといとほしけれ」[訳]（世間の人が、法師というものを）まるで木のきれっぱしか何かのように思っているのは、たいそう気の毒だ。

❺中間。中途半端。[古今] 雑下「木にもあらず草にもあらぬ竹の節の—にわが身はなりぬべらなり」[訳] 木でもないし草でもない竹の節の間の節のように、中途半端なものにわが身はなってしまいそうだ。[文法]「なりぬべらな

り」の「ぬ」は、助動詞「ぬ」の終止形で、ここは確述の用法。《⇩際(きは)「類語パネル」》

はし【嘴】(名)くちばし。伊勢 九「白き鳥の、—と脚(あし)と赤き、鴫(しぎ)の大きさなる、水のうへに遊びつつ魚(いを)を食ふ」訳白い鳥で、くちばしと脚が赤い、鴫ほどの大きさである鳥(=都鳥)が、水の上を飛びまわっては魚を食う。

は・し【愛し】(形シク)《(しから)・しく(しかり)・し・しき(しかる)・しけれ・しかれ》《上代語》愛らしい。いとおしい。なつかしい。万葉 一八・四一三四「雪の上に照れる月夜(つくよ)に梅の花折りて贈らむ—・しき㊍児もがも」訳雪の上に月が照っている夜に、梅の花を折って贈るようなかわいい人がいたらなあ。

は-じ【土師】(名)《「はにし」の転》上代、埴輪(はにわ)などの土器の製作を職とした人。のち、葬祭・陵墓などの管理にあたった。万葉 一六・三八四五「駒造る—の志婢麻呂(しびまろ)白くあればうべ欲しからむその黒き色を」訳土偶の馬を造る埴輪づくりの志婢麻呂はなま白いので、なるほど欲しいのであろう、黒馬の黒い色を。

はじ【恥・辱】⇩はぢ

ばし(副助)《係助詞「は」に副助詞「し」の付いた「はし」の語頭が濁音化したものという》区別を表し、また上の語を強める。…でも。…など。…なんか。著聞 四三九「むくろに手ばし負ひたりけるか」訳胴体に手傷でも受けてしまったのか。〔狂・靭猿〕「それがしを恨みとばし思うてくれな」訳私を恨みだとなど思ってくれるな。

接続 体言および助詞「に」「を」「と」などに付く。

語法 疑問・推量・禁止・命令・仮定などの表現を伴って用いられることが多い。また、係助詞とする説もある。

参考 鎌倉・室町時代に、多く会話文で用いられた。

はしい【端居】⇩はしゐ

はし-がかり【橋懸かり・橋掛かり】(名)能舞台で、楽屋の鏡の間から舞台後方へ斜めにかけ渡した板張りの通路。屋根・欄干(らんかん)があり、橋のようにつくる。見物席から見て左側にある。→能舞台(のうぶたい)

はし-がき【端書き】(名)手紙などの、端に書き加えること。また、そのことば。追って書き。追伸。蜻蛉 中「御—は、いかなることにかありけむと」訳御手紙に書き加えた内容は、どんなことであったのだろうかと。

はし-がくし【階隠し】(名)寝殿の正面中央の階段を覆う屋根。柱を二本立てて小屋根を張り出し、ここに牛車(ぎっしゃ)や輿(こし)を寄せた。源氏 末摘花「—のもとの紅梅、いととく咲く花にて、色づきにけり」訳正面の階段前の車寄せのわきの紅梅は、とても早く咲く花で、色づいてしまった。

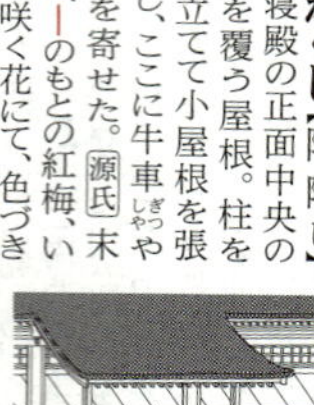
(はしがくし)

はしがくし-の-ま【階隠しの間】(名)《「間」は柱と柱との間の意》「階隠し」の中央にあたっている間。階段を上り、簀(す)の子を通って廂(ひさし)に入る所。「はしのま」とも。平家 四・厳島御幸「〔後白河〕法皇寝殿の—へ御幸成って(=お出ましになって)」⇩巻頭カラーページ21

はじ-かみ(名)❶山椒(さんしょう)(=植物の名)の古名。❷生姜(しょうが)(=植物の名)の異称。秋

はしき-やし【愛しきやし】《「愛(は)し」(=いとおしい)と思う意から》愛惜・嘆息・追慕などの感動を表す。ああ、いとしい。ああ、かわいそう。ああ、なつかしい。万葉 二・一三八「—わが嬬(つま)の児(こ)が夏草の思ひ萎(しな)えて嘆くらむ角(つの)の里見む」訳ああ、いとしい、私の妻が思いしおれて嘆いていることであろう、その角の里を見よう。(「夏草の」は「思ひ萎ゆ」にかかる枕詞)

なりたち 形容詞「愛(は)し」の連体形「はしき」＋上代の間投助詞「やし」

参考 同義で、「はしきよし」「はしけやし」の語形もある。

はしき-よし【愛しきよし】「はしきやし」に同じ。

はしけ-やし【愛しけやし】「はしきやし」に同じ。

はしけやし… 歌謡《片歌》

> 愛しけやし　吾家(わぎへ)のかたよ　雲居(くもゐ)立(た)ちくも
> 〈古事記・中・倭建命(やまとたけるのみこと)〉

訳ああ、なつかしい。わが家の方角から雲がわきあがってくるよ。文法「よ」は起点を表す上代の格助詞。

解説 遠征からの帰途、病床にあった倭建命が望郷の思いを歌ったもの。

はし-ことば【端言葉・端詞】(名)詩歌などの前に、その由来を書き付けたもの。はしがき。詞書(ことばがき)。〔雨月〕仏法僧「この歌は風雅集に撰(えら)み入れ給ふ。その—に」訳この歌は「風雅和歌集」に選び入れなさっている。その歌の詞書に。

はした【端】(名・形動ナリ)

重点義 中途半端な感じ。

❶どっちつかずで落ち着かないこと。中途半端。竹取 蓬莱の玉の枝「御子(みこ)は立つもはした(語幹)、居(ゐ)るも—に㊊て給へり」訳(嘘(うそ)がばれて、くらもちの皇子は立ち上がるのも落ち着かず、座っているのも(ぐあいが悪く)落ち着かないようすで座っていらっしゃる。

❷数が半端なこと。端数。あまり。〔浮・世間胸算用〕「惜しや片足は野ら犬めに喰(く)はへられ、—に㊊なりて是非もなく、けふ煙(けぶり)になすことよ」訳惜しいことに、(下駄の)片方は野良犬めにくわえられ(もってゆかれ)て、半端になってどうしようもなく、今日燃やすことよ。

❸召使の女。下女。はしため。はしたもの。〔浮・好色一代男〕「—の女まじりに」訳召使の女もまじって。

はし-たか【鷂・はし鷹】(名)鳥の名。小形の鷹の一種で、小鳥などを捕る鷹狩りに用いた。はいたか。〔俊頼髄脳〕「濡れ濡れもなほ狩りゆかむ—の上毛(うはげ)の雪をうち払ひつつ」訳(雪に)濡れに濡れながらもやはり鷹狩りを続けて行こう。はし鷹の表面の毛の雪をうち払いうち払いして。

はしたての【梯立ての】《枕詞》倉などに梯(はし)を立てる意から「くら」「さがし(=けわしい)」にかかる。また、「くまき」にかかるが、かかり方は未詳。万葉 七・一二八三「—倉椅(くらはし)川の」。〔紀〕仁徳「—さがしき山も」。万葉 一六・三八七九「—熊来(くまき)(=地名)酒屋に」

はしたな-げ【端なげ】(形動ナリ)《(なら)・なり(に)・なり・なる・なれ・なれ》《形容詞「はしたなし」の語幹に接尾語「げ」の付いたもの》❶中途半端であるさま。間が悪いさま。きまり悪そうなさま。源氏 総角「さぶらふ人々も、かたほに少し飽(あ)かぬ所あるは—・なり㊕」訳(女一の宮に)お仕えする女房た

ちも、(器量が)十分でなくて多少でも不満なところ(=欠点)のある者は、きまり悪そうなようすである。
❷そっけないさま。ぶあいそうだ。[蜻蛉]中「文ものすれど、返りごともなく、ー・に㊊のみあめれば」[訳](私=兼家は)手紙を出すけれど、返事もなく、(あなた=道綱の母は)取りつくしまもないようにしてばかりいるようだから。

はした-な・し【端なし】(形ク)｛から・く(かり)・し・き(かる)・けれ・かれ｝

語義パネル

●重点義　いかにも中途半端で落ち着かないさま。

中途半端な感じをいう「はした(端)」に、「いかにも…の状態だ」の意を添えて形容詞化する接尾語「なし」が付いた語。

❶中途半端だ。どっちつかずだ。ふつりあいである。
❷体裁が悪い。間が悪い。みっともない。
❸つれない。ぶあいそうだ。そっけない。
❹(雨・風などが)はげしい。なみなみでない。

〔「なし」は接尾語〕❶中途半端だ。どっちつかずだ。ふつりあいである。[伊勢]一「思ほえずふるさとに、いとー・く㊊てありければ、心地まどひにけり」[訳]思いがけなく(さびれた)旧都に、たいそう不似合いなさまで(美しい姉妹が)住んでいたので、(男は)気持ちが乱れてしまった。
❷体裁が悪い。間が悪い。みっともない。[枕]一二七「ー・き㊍もの　こと人を呼ぶに、我ぞとてさし出でたる」[訳]間の悪いもの、別の人を呼んでいるときに、自分だと思って出ていった場合。
❸つれない。ぶあいそうだ。そっけない。〔十訓〕一「身もたびたび行きけれども、いとー・く㊊もてなして」[訳](道清は)自分もたびたび行ったけれど、(女は)たいそうつれなく応対して。
❹(雨・風などが)はげしい。なみなみでない。[宇治]一・三「雨風ー・く㊊て、かへるに及ばで、山の中に、心にもあらずとまりぬ」[訳]雨風がはげしくて、帰ることができずに、山の中に、不本意ながら泊まった。

はした-な・む【端なむ】(他マ下二)｛め・め・む・むる・むれ・めよ｝❶きまりの悪い思いをさせる。困らせる。[源氏]桐壺「こなたかなた心を合はせて、ー・め㊊煩はせ給ふ時も多かり」[訳](桐壺の更衣に)きまりの悪い思いをさせ困らせなさるときも多い。[文法]「多かり」は、カリ活用終止形。
❷たしなめる。[源氏]宿木「ひとへに知らぬ人ならば、あなもの狂ほしとー・め㊊さし放たむにもやすかるべきを」[訳]まったく知らない相手ならば、ああ狂気じみているとたしなめ突き放すようなことでも簡単であろうが。

はした-め【端女・婢女】(名)召使の女。下女。〔雨月〕浅茅が宿「一人のーも去りて、少しの貯へもむなしく、その年も暮れぬ」[訳]一人いた下女も出て行って、わずかな貯えもなくなり、その年も暮れた。

はした-もの【端者】(名)召使の女。下女。[今昔]二七・二七「備後守のー、この銀の提(=酒などを注ぐのに用いる容器)を持て」

はした-わらは【端童】(名)子供の召使。〔落窪〕「ーのあるに装束き替へさせて」[訳]召使の少女で、そこにいる者に衣装を着替えさせて。

はし-ぢか【端近】(名・形動ナリ)❶家の中で、外に近いこと。また、その場所。あがりはな。[源氏]賢木「人目も繁きころなれば、常よりもー・なる㊍、そら恐ろしうおぼゆ」[訳]人目も多い時期なので、(光源氏を入れたのが)いつもよりも外に近いあがりはなであることが、(中納言の君には)なんとなく恐ろしく思われる。
❷浅はかなさま。奥ゆかしくないさま。〔栄花〕あさみどり「いかでかく古体ならず今めかしう、さりとてー・に㊊やはおはします」[訳]どうしてこのように(この方たち=威子とその姉妹は)古風でなく当世風で、だからといって浅はかでいらっしゃるか(いや、いらっしゃらない)。

はし-ぢか・し【端近し】(形ク)｛から・く(かり)・し・き(かる)・けれ・かれ｝家の中で、外に近いところである。[枕]一〇〇「右近の内侍に琵琶ひかせて、ー・く㊊おはします」[訳](月が明るい夜)右近の内侍に琵琶を弾かせて、(中宮は)外に近いところにいらっしゃる。

はし-つ-かた【端つ方】(名)〔「つ」は「の」の意の上代の格助詞〕端のほう。[源氏]蓬生「漏り濡れたる廂のーおし拭はせて」[訳](雨が)漏って濡れている廂の間の端のほうを(末摘花は女房に)ふかせて。

は-じとみ【半蔀】(名)蔀の一種。下半分は格子または幅の広い板などで固定し、上半分を蔀として、外側へつり上げるようにしたもの。[源氏]夕顔「上はー四、五間ばかり上げ渡して」[訳]上のほうは、半蔀を四、五間(=約七・二〜九メートル)ほど残らず上げて。→蔀

はじとみ-ぐるま【半蔀車】(名)網代車の一種。窓に半蔀をつけたもので、摂政・関白・大臣・大将・高僧・上臈女房など、身分の高い人が用いた牛車。〔栄花〕殿上の花見「思ひ思ひなるーの透き通りたなり」[訳]思い思いの半蔀をつけた網代車で、中が透けて見えている牛車である。

はし-の-ま【階の間】(名)「はしがくしのま」に同じ。[大和]一七三「ーに梅いとをかしう咲きたり」[訳]階隠しの中央の廂の間に梅がたいそう趣深く咲いていた。

はし-ばし【端端】(名)❶あの端、この端。あちこち。あれこれ。事の一端。[源氏]椎本「思さるらむーをも、あきらめ聞こえまほしくなむ」[訳](あなた=大君がお思いになっているような事の一端でも(私=薫がうかがって)、お気持ちを晴らしてさしあげたいと(存じまして)。
❷取るに足りないもの。半端なもの。〔金葉〕恋下「数ならぬ身をうぢ川のーと言はれながらも恋ひ渡るかな」[訳]物の数にも入らない我が身をつらいと思って、宇治川の橋のように取るに足りないものと言われながらも、(あなたを)恋い慕い続けることだ。(「うぢ川」に「身を憂(し)」を、「はしばし」に「橋」をかける。「橋」と「渡る」は縁語)
❸あちらこちらの場所。場所の隅々。

はし-ひめ【橋姫】(名)橋を守る女神。特に、山城(京都府)の宇治橋を守っているという神。また、宇治に住む愛人をたとえていう。〔袖中抄〕「宇治のーとは、姫大明神とて、宇治の橋下におはする神を申すにや」[訳]宇治の橋姫とは、姫大明神といって、宇治橋の下に鎮座していらっしゃる神を申すのであろうか。

はし-ぶね【端舟】(名)「はしふね」とも。小舟。はしけ。枕 三〇六「ーと付けて、いみじう小さきに乗りて漕ぎありく、つとめてなどいとあはれなり」訳 端舟と名付けて、とても小さな舟に乗って漕ぎまわるようすは、早朝などは実にしみじみとして趣が深い。

はじ-む【始む】(他マ下二){め・め・む・むる・むれ・めよ} ❶新たに事を起こす。始める。源氏 桐壺「今日始むべき祈りども、さるべき人々承れる」訳 今日始めることになっているさまざまな祈禱を、しかるべき人々(=験者たち)がおおせつかっているのを。
❷(「…よりはじめ(て)」「…をはじめ(て)」などの形で)(…を)はじめとする。(…を)第一とする。平家 二・小教訓「入道をーめ用奉りて、人々皆思はずげにぞ見給ひける」訳 入道(=平清盛)をはじめとし申しあげて、人々はみな意外なようすでご覧になった。

はじめ【初め・始め】(名) ❶最初。はじまり。物事の起こり。徒然 九二「後の矢を頼みて、ーの矢に等閑の心あり」訳 (二本の矢を持っていると)後の矢をあてにして、最初の矢に対しておろそかにする心が生じる。
❷以前。前。源氏 若菜下「かのーの北の方をももて離れ果てて」訳 (髭黒は)あの前の正妻をもすっかり離別してしまって。
❸序列の第一。最も主要なもの。〔保元物語〕「菊池・原田をーとして、所々(=あちこち)に城をかまへ」
❹事の次第。事の一部始終。〔浮・西鶴諸国ばなし〕「恐ろしきーを語れば」訳 (妻は亭主に)恐ろしい出来事の一部始終を語ると。

はじめ-たる【初めたる】(連体)〔下二段動詞「はじむ」の連用形「はじめ」に助動詞「たり」の連体形「たる」の付いたもの〕初めての。最初の。平家 灌頂・大原御幸「ー御幸なれば、御覧じ慣れたるかたもなし」訳 (大原へは)初めてのお出ましなので、(後白河法皇には)見慣れなさっているところもない。

はじめ-つ-かた【初めつ方】(名)〔「つ」は「の」の意の上代の格助詞〕初めのうち。最初のころ。当初。源氏 須磨「むつましう聞こえ給ひし上達部など、ーはとぶらひ聞こえ給ふなどありき」訳 (光源氏にこれまで)親しくやりとり申しあげなさっていた公卿などは、(光源氏が須磨へ退去した)初めのうちはお見舞いの手紙を差し上げなさる方などもあった。

はじめ-て【初めて・始めて】(副) ❶初めて。最初に。枕 一八四「宮にーまゐりたるころ、もののはづかしきことの数知らず」訳 (中宮の)御所に初めて出仕したころは、なんとなく気詰まりなことが数えきれないほど多く。
❷改めて。今さら。平家 一〇・千手前「近ごろ源氏の運かたぶきたりしことは、ことあたらしうー申すべきにあらず」訳 最近源氏の運が傾いてきたことは、ことさら改めて申し上げるにふさわしくない。
❸以前と変わって。そこでやっと。平家 一・祇王「仏御前がゆかりの者どもぞ、ー、楽しみ栄えける」訳 (清盛の寵愛を受けた)仏御前(=白拍子の名)の縁故の者どもが、以前と違って、富み栄えたそうだ。

はじ-もみぢ【櫨紅葉・黄櫨紅葉】(名) ❶紅葉した櫨の木の葉。秋。新古 秋下「鶉鳴くかた野にたてるー散りぬばかりに秋風ぞ吹く」訳 鶉が鳴く交野に生えている櫨の紅葉、それが散ってしまいそうなくらいに、秋風が吹いていることだ。
❷襲の色目の名。表は蘇芳(=紫がかった赤色)、裏は黄色。秋に着用する。

はし-もり【橋守】(名)橋の番人。

ば-しゃく【馬借】(名)馬方に馬を貸したり、また自分の馬で荷を運んだりして、賃料をとること。また、そのことを業とする人。

はじゅん【波旬】(名)《梵語の音訳》釈迦の修道を妨げようとした魔王の名。平家 三・足摺「天魔ーのわが心をたぶらかさんとて言ふやらん」訳 天の魔王波旬が私の心を惑わそうとして言うのであろうか。→天魔

芭蕉(ばしょう) ⇩松尾芭蕉

-はしら【柱】(接尾)神仏や貴人などを敬って数える語。「二ーの神」「十ーの賢者」

はしら【柱】(名) ❶(建造物の)はしら。平家 四・還御「拝殿のーに書き付けられたり」訳 (公顕僧正は滝宮神社の)拝殿の柱に(歌を一首)書き付けなさった。
❷頼りとすべき中心的な人や物事。〔謡・蟬丸〕「杖・ーとも頼みつる(=頼りにしていた)父帝」

はしら-か-す【走らかす】(他サ四){さ・し・す・す・せ・せ}〔「かす」は接尾語〕❶走らせる。駆けさせる。また、追い使う。徒然 八七「をのこどもあまたーし用たれば」訳 下男どもを大勢駆けつけさせたところ。
❷引きめぐらす。張る。〔仮名・東海道名所記〕「金屛風ーし用て」
❸調味料などをたらし入れる。また、煮立たせる。〔浮・諸艶大鑑〕「薄鍋に醬油をーし用」

はしり【走り】(名) ❶走ること。速く進むこと。宇治 二・八「走りかかりて来る者、はじめのよりは、ーの疾くおぼえければ」訳 走りかかって来る者は、初めの者よりは、走り方が速く思われたので。
❷敵を倒すために高所から木をすべらせころがすこと。また、その木。走り木。〔太平記〕一四「橋桁を渡る者あらば、ーを以つておし落とすやうにぞ構へたる」訳 橋桁を渡って来る者がいるならば、走り木を使っておし落とすように準備している。
❸台所の流し。〔浄・心中宵庚申〕「ーの出刃庖丁よう磨がして置いたぞや」訳 台所の流しにある出刃包丁をよく磨がせておいたぞ。
❹季節に先がけて出る魚・野菜など。初物。走り物。〔浄・心中宵庚申〕「ーの竹の子」

はしり-あが-る【走り上がる】(自ラ四){ら・り・る・る・れ・れ} ❶走ってあがる。
❷(水が)はねあがる。枕 二三三「人などのあゆむにーり用たる、いとをかし」訳 (従者の)人などが歩くにつれて(水が)はねあがったのは、たいそうおもしろい。

はしり-あり-く【走り歩く】(自カ四){か・き・く・く・け・け}あちこち走り回る。徒然 一九「夜半すぐるまで、人の門たたきーき用て」訳 夜中すぎるころまで、他人の家の門をたたき走り回って。

はしり-か-く【走り書く】(他カ四){か・き・く・く・け・け}文字を手早く書く。すらすら書き流す。徒然 一「手など拙からずーき用」訳 文字など見苦しくなくすらすらと書き。

はしり-で【走り出】(名)「わしりで」とも。家から走り出たところ。家の門に近い所。門口。一説に、山すそが

長くのびた地形。[万葉] 二・二一〇「—の堤に立てる槻の木の」[訳] 門の近くの堤に立っている槻の木の。

はしり-の・く【走り退く】（自カ四）〔か・き・く・く・け・け〕走ってわきへ移る。急いでそばを離れる。[今昔] 二五・七「笛を吹きながら見返りたる気色、取り懸かるべくも覚えざりければ、—・き用ぬ」[訳] 笛を吹きながら振り向いたようすは、（刀を抜いて）打ち掛かることができるとも思われなかったので、急いでそばを離れた。

はしり-び【走り火】（名）ぱちぱちとはねる火の粉。はね火。[枕] 二五六「さわがしきもの —」

はしり-ゐ【走り井】（名）わき出て勢いよく流れる泉。[枕] 一六八「—は逢坂なるがをかしきなり」[訳] 走り井は逢坂（の関）にあるのがおもしろいのだ。

はし・る【走る・奔る】（自ラ四）〔ら・り・る・る・れ・れ〕❶すばやく移動する。速く行く。駆けて行く。はしる。[徒然] 八五「狂人のまねとて大路を—・ら未ば、すなはち狂人なり」[訳] 狂人のまねだといって大通りを駆けて行くならば、とりもなおさず狂人である。
❷逃げる。[宇治] 一〇・八「ものおそろしかりければ、やがて向きたる方ざまに、みな—・り用散る」[訳]（殿上人や蔵人たちは）うす気味悪かったので、そのまま（それぞれ）勝手な方向に、みな逃げ散る。
❸とび散る。ほとばしる。また、勢いよく流れる。[宇治] 七・六「即ちとりあげてうち振るひければ、水は—・り用てかわきにけり」[訳]（水に落ちた着物を）すぐに取り上げてちょっと振ったところ、水はとび散って乾いてしまった。
❹胸騒ぎがする。わくわくする。[蜻蛉] 中「胸つぶつぶと—・る体に、引き過ぎぬれば」[訳] 胸がどきどきと高なっているのに、（夫兼家の車は門前を）通り過ぎてしまったので。
❺ころがる。[徒然] 一七二「身を危ぶめてくだけやすきこと、珠を—・ら未しむるに似たり」[訳]（若いときは）わが身を危うくして破滅しやすいことは、玉をころがらせるのに似ている。[文法]「しむる」は、使役の助動詞「しむ」の連体形。

はし-ゐ【端居】（名・自サ変）家の端近くに座っていること。特に夏、暑さを避けて縁先に出ていること。[夏]。〔蕪村句集〕蕪村「—・し用て妻子を避くる暑さかな」[訳] 縁先に出て座って妻や子までを避けている（それほどの）暑さだなあ。

は・す【馳す】㊀（自サ下二）〔せ・せ・す・する・すれ・せよ〕（多く「はせ…」の形で）急いで…する。走る。[平家] 一・清水寺炎上「平氏の一類（＝一族）、皆六波羅に—・せ用集まる」
㊁（他サ下二）〔せ・せ・す・する・すれ・せよ〕❶走らせる。（馬を）駆けさせる。[徒然] 二三八「今一度馬を—・する体ものならば、馬たふれて、落つべし」[訳] もう一度馬を走らせるものならば、馬は倒れて、（あの男は）きっと落馬するだろう。
❷思いや気持ちを向ける。[方丈] 四「帰りてここに居る時は、他の俗塵に—・する体ことをあはれむ」[訳]（都から）帰って来てここ（＝方丈の庵）にいるときは、他の人が世俗の名利に心を向けることを気の毒に思う。

はず【筈・弭】（名）❶弓の両端の、弦をかけるところ。弓筈。[平家] 七・維盛都落「弓の—で御簾（＝すだれ）をざっとかき上げ」
❷矢の上端の弦を受けるところ。矢筈。[平家] 一一・弓流「—の隠るるほどぞ射こうだる」[訳] 矢筈が隠れるくらい（矢を深く）射込んだ。
❸（弦と筈とがよく合うことから）当然そうなること。道理。また、約束。予定。〔狂・秀句大名〕「この傘をくれう—はないが、何と思うてくれた」[訳] この傘をくれるような道理はないが、どのように考えてくれたのか。

はず【恥ず・羞ず】⇩はづ

はずかし【恥ずかし】⇩はづかし

はずす【外す】⇩はづす

初瀬（はせ）『地名』[歌枕]〔古くは「はつせ」〕今の奈良県桜井市初瀬。泊瀬。朝倉宮など、上代には都が置かれた。長谷寺の観音信仰で栄えた。

芭蕉（ばせう）バシヨウ『人名』→松尾芭蕉

芭蕉七部集（ばせうしちぶしふ）バシヨウシチブシユウ『作品名』江戸中期の俳諧集。佐久間柳居撰。享保十七年（一七三二）ごろ成立か。「冬の日」「春の日」「阿羅野」「ひさご」「猿蓑」「炭俵」「続猿蓑」で、蕉門の代表的撰集を集めたもの。「俳諧七部集」とも。

ばせうのわきして… [俳句]

> 芭蕉野分して　盥に雨を　聞く夜かな　　秋
> 〈武蔵曲・芭蕉〉

[訳]（戸外では）芭蕉が野分に吹き破られて騒ぎ、（家の中では）盥に雨漏りの雫がぽとんぽとんと落ちる。その音を聞いていると、わびしさのつのる夜であるよ。（野分[秋]。切れ字は「かな」）
[解説]「茅舎の感（＝草葺きのあばらやでの感想）」と前書きがある。茅舎は江戸深川の杉山杉風が提供した芭蕉庵のこと。この句は杜甫の「茅屋秋風の破る所と為る歌」や蘇東坡の「破屋常に傘を持す」などの詩句をふまえる。

はせ-さん・ず【馳せ参ず】（自サ変）〔ぜ・じ・ず・ずる・ずれ・ぜよ〕馬を走らせて参上する。大急ぎで参上する。[平家] 九・河原合戦「まづこの御所守護のために—・じ用て候ふ」[訳]（私義経は）まずこの（後白河法皇の）御所を守護するために大急ぎで参上しております。

長谷寺（はせでら）（名）今の奈良県桜井市初瀬にある、真言宗豊山派の総本山。本尊の十一面観世音菩薩は、長谷観音の名で有名。平安時代以来、特に女性の信仰が厚かった。桜と牡丹の名所。

芭蕉（はせを）ハセオ『人名』→松尾芭蕉

はた【端】（名）❶物のへり。ふち。[枕] 三〇六「舟の—をおさへて放ちたる息などこそ」[訳]（海女が）舟のへりに手をついて吐き出した息のようすなどは。
❷ある場所のほとり。かたわら。[徒然] 八九「小川の—にて、音に聞きし猫また、あやまたず足許へふと寄り来て」[訳] 小川（＝川の名）のほとりで、噂に聞いていた猫また（＝想像上の怪獣）が、ねらいをはずさず足許にひょっと寄って来て。

はた【幡・旗】（名）❶《仏教語》仏・菩薩の威徳を示すための荘厳（＝飾り付け）の道具の一つ。法要や説法のとき、境

（幡②）

内に立てたり堂内に飾ったりする。幡。
❷装飾や標識として、朝廷の儀式や軍陣にかかげる旗。

はた【機】(名)手足で操作して布を織る道具。また、それで織った布。万葉 一〇・二〇六五「足玉も手珠もゆらに織る—を君が御衣に縫ひもあへむかも」訳 足につけた玉も手につけた玉も揺り鳴らして織る布を、あの方のお召し物として縫い上げることができるだろうか。

はた【鰭】(名)魚のひれ。万葉 一九・四一九一「鵜川立ち取らさむ鮎の其が—はわれにかき向け思ひし思はば」訳 鵜飼いをしてお捕りになるだろう鮎の、(せめて)そのひれは私にさし向けよ。(私を)心から思うのならば。

はた【二十】(名)十の倍。にじゅう。「—年」

はた【将】(副) ❶**あるいは。もしかすると。**ひょっとすると。細道 福井「いかに老いさらぼひてあるにや、—死にけるにやと人に尋ね侍れば」訳 (今では)どんなに老いぼれているだろうか、あるいは死んだのだろうかと人に尋ねますと。文法「あるにや」「死にけるにや」のあとに、それぞれ結びの語「あらむ」が省略されている。
❷上の意を受けて、これをひるがえす意を表す。**しかしながら。そうはいうものの。それでもやはり。**源氏 帚木「聞き過ぐさむもいとほし、しばしやすらふべきに、—、侍らねば」訳 (女のことばを)聞き捨てるならそれも気の毒だ、(かといって)しばらくぐずぐずしているわけには、やはりいきませんので。文法「過ぐさむ」の「む」は、仮定・婉曲の助動詞。
❸上の意を受けて係助詞「も」と同じような意を表す。**…もまた。そのうえまた。**源氏 桐壺「皆人涙落とし給ふ。帝、—、ましてえ忍びあへ給はず」訳 人々はみな(感激の)涙をお流しになる。帝(=桐壺帝)は、そのうえさらに、(誰にも)ましてがまんしとおすことがおできにならず。文法「え忍びあへ給はず」の「え」は副詞で、下に打消の語(ここでは「ず」)を伴って不可能の意を表す。
❹(多く、下に打消の語を伴って)きっと。おそらく。今昔 二五・九「この浅き道—え知られじ、我のみこそ知りたれ」訳 この(湖の)浅いところの道はおそらくお知りになれないだろう、私だけが知っているのだ。文法「え知られじ」の「え」は副詞で、下に打消の語(ここでは「じ」)を伴って不可能の意を表す。「れ」は尊敬の助動詞「る」の未然形。

はだ【膚・肌】(名) ❶表面。表皮。また、人などの皮膚。〔記〕中「初土は—赤らけみ」訳 地面の上のほうの土は表面が赤いので。万葉 九・一七四〇「若かりし—もしわみぬ」訳 若々しかった肌もしわがよってしまった。
❷きめ。源氏 梅枝「高麗の紙の、—細かになごうなつかしきが」訳 高麗渡来の紙で、きめが細かくやわらかく親しみのある紙質のもので。
❸気風。気性。気だて。

はた-いふ-べき-に-あら-ず【はた言ふべきにあらず】また言うまでもない。枕 一「日入り果てて、風の音虫の音など、—・—ず(終)」訳 日がすっかり沈んでから、(聞こえてくる)風の音や虫の鳴き声などは、また言うまでもない(=趣が深い)。
なりたち 副詞「はた」＋四段動詞「言ふ」の終止形「いふ」＋適当・当然の助動詞「べし」の連体形「べき」＋断定の助動詞「なり」の連用形「に」＋ラ変補助動詞「あり」の未然形「あら」＋打消の助動詞「ず」

はだえ【膚・肌】⇩はだへ

はた-おり【機織り】(名) ❶機で布を織ること。また、織る人。
❷きりぎりす(=虫の名)の古名。機織り女。秋。⇩巻頭カラーページ9

はた-かく・る【半隠る・端隠る】(自ラ下二){れ・れ・る・るる・るれ・れよ}半分隠れる。少し隠れる。枕 四一「卯の花・花橘などにやどりをして、—・れ(用)たるも、ねたげなる心ばへなり」訳 (ほととぎすが)卯の花や橘の花などにとまって、なかば隠れているのも、憎らしいほどすばらしい風情である。

はだか・る【開かる】(自ラ四){ら・り・る・る・れ・れ}「はたかる」とも。❶大きく開く。広がる。〔落窪〕「落窪の君の手なれば、目も口も—・り(用)ぬ」訳 落窪の君の筆跡であるので、(北の方の)目も口も(驚きで)大きく開いた。
❷手や足を広げて立つ。立ちはだかる。今昔 四・二七「清弁、その戸に—・り(用)て」訳 清弁がその(洞穴の)戸口に立ちはだかって。

はたけ-つ-もの【畑つ物】(名)【「つ」は「の」の意の上代の格助詞】「はたつもの」とも。畑にできる作物。〔紀〕神代「すなはち粟・稗・麦・豆をもちては、—とす」訳 そこで粟・稗・麦・豆をもって、畑からとれる穀物とする。→穀

はた-ご【旅籠】(名) ❶旅行のとき、馬の飼料を入れて持ち運ぶかご。
❷旅行用の食物や日用品を入れるかご。また、その食物。今昔 二〇・四六「食物は郡に知られずして、—を具したり」訳 食物は土地(の者)に世話をかけずに、かごに入れた食物を持ち歩いた。
❸「旅籠屋」の略。また、そこでの食事やその料金。

はたご-うま【旅籠馬】(名)旅行用の食物や手回り品を入れたものを運ぶ馬。宇治 七・五「こはいかがせんずる。御—にや、もしある」訳 これはどうしようか。御旅籠馬に、もしかしたら(水が積んで)あるか。

はたご-どころ【旅籠所】(名)旅の途中で休息したり、食事をしたりするところ。蜻蛉 上「—とおぼしきかたより切り大根、物の汁してあへしらひて、まづ出だしたり」訳 旅籠所と思われるあたりから、きざんだ大根を、何かの汁であえてまず出してきた。

はたご-や【旅籠屋】(名)近世、食事付きで旅人を宿泊させたところ。庶民向きの宿屋。はたご。

はた-さし【旗差し・旗指し】(名)戦場で、馬に乗って大将の旗を持つ武士。旗持ち。平家 九・知章最期「まっさきにすすんだる—がしゃ頸の骨をひゃうふっと射て」訳 先頭に進んだ旗持ちの首の骨をひゅうずばと射て。

はた・す【果たす】(他サ四){さ・し・す・す・せ・せ} ❶なしとげる。目的を達する。徒然 五二「年ごろ思ひつること、—・し(用)侍りぬ」訳 長年思い続けたことを、(ようやく)なしとげました。
❷神仏への願いがかない、願ほどきのお礼参りをする。源氏 若菜上「願ひ満ち給はむ世に、住吉の御社をはじめ、—・し(用)申し給へ」訳 (神仏への)願いがかないなさったらそのときに、住吉の神社をはじめ、(他の社寺にも)願ほどきのお礼参りをし申しあげなさい。
❸しとめる。殺す。〔狂・契木〕「おのれ、—・さ(未)いで堪忍がなるものか」訳 おのれ、討ちとらないで堪忍できるものか。

はた-すすき【旗薄】(名)「はだすすき」とも。穂が風に吹かれて旗のようになびいているすすき。秋。万葉 一・四五「み雪降る安騎の大野に—小竹を押しなべ」訳 雪の降る安騎の大野に風になびくすすきや小竹を押しふせて。

はだ-すすき【はだ薄】《枕詞》「はたすすき」とも。「すすき」の縁で、「穂」「うら」にかかる。万葉 一四・三五〇六「—穂に出し君が」。万葉 一四・三五六五「—宇良野の山に」

はた-そで【端袖・鰭袖】(名)袍・直衣・直垂などの袖で、長くするために、はしに半幅の(=約一五センチメートル)つけ足した部分。平家 一一・那須与一「赤地の錦をもって、大領・—色へたる直垂に」訳 赤地の錦でもって、前襟と袖のはしを美しく彩ってある直垂に。

はたた-がみ【霹靂神】(名)〔「はたた」は擬声語〕激しく鳴りとどろく雷。夏。〔雨月〕蛇性の婬「たちまち地も裂くるばかりの—鳴り響くに」訳 急に地も裂けるほどの雷鳴が鳴り響くので。

はたた-く【霹靂く】(自カ四){か・き・く・く・け・け}雷が激しく鳴り響く。とどろく。竹取 貴公子たちの求婚「水無月の照り—・く体にも障らず来たり」訳 (貴公子たちは)陰暦六月の太陽が照りつけ雷が激しく鳴りとどろくのにもさまたげられずやって来た。

はた-ち【二十】(名)〔「ち」は接尾語〕❶にじゅう。伊勢 九「その山は、…比叡の山を—ばかり重ねあげたらむほどして」訳 その山(=富士山)は、…比叡山を二十ほど重ねあげたような高さであって。
❷二十歳。源氏 玉鬘「—ばかりになり給ふままに、生ひととのほりて」訳 (玉鬘は)二十歳ほどにおなりになるにしたがって、成長して大人らしくなって。

はだ-つき【肌付き・膚付き】(名)❶(色・感触など)肌のようす。肌の感じ。源氏 若紫「いかならむとわななかれて、いとうつくしき御—も、そぞろ寒げに思したるを」訳 (若紫は)どうなるのだろうと自然にからだが震えて、大変かわいらしいお肌のようすも、(鳥肌が立つほど)むやみに寒そうに感じていらっしゃるようすを。
❷肌にじかに着るもの。肌着。下着。〔浮・好色一代男〕「春めきて空色の御—」
❸肌に直接つけること。

はた-つ-もの【畑つ物】(名)〔「つ」は「の」の意の上代の格助詞〕「はたけつもの」に同じ。

はたて【果たて】(名)はて。限り。古今 恋一「夕暮れは雲の—にものぞ思ふあまつ空なる人を恋ふとて」訳 →ゆふぐれは…和歌

はた-と(副)「はったと」に同じ。

はた-の-さもの【鰭の狭物】(名)ひれの狭い魚。小魚。〔祝詞〕「青海の原(=青い大海原)に住むものは、はたのひろもの(=大魚)、—」↔鰭の広物

はた-の-ひろもの【鰭の広物】(名)ひれの広い魚。大魚。〔記〕上「—、はたのさものを追ひ集めて」訳 大魚、小魚を追い集めて。↔鰭の狭物

はだ-へ【膚・肌】(名)皮膚。はだ。今昔 三・一四「その女子の有り様、—は毒蛇の如し」訳 (生まれた)その女の子のありさまは、肌は毒蛇のようである。

はた-ほこ【幡幢・幢】(名)「はたぼこ」とも。先のほうに小旗を付けた矛。朝儀や法会などの飾り物。平家 五・咸陽宮「大床の下は五丈の—を立てたるが、なほ及ばぬ程なり」訳 (秦の阿房殿の)広縁の下は五丈(=約一五メートル)の旗付きの矛を立てているが、それでもなお届かない高さである。

(はたほこ)

はた-また【将又】(接)(二つの疑問文の間に置いて)あるいは。それともまた。方丈 五「若しこれ、貧賤の報いのみづから悩ますか、—、妄心のいたりて狂せるか」訳 もしやこれは、貧賤(という形で受けている過去の業)の報いが自分を悩ましているのか、それともまた、迷い心がきわまって(本心を)狂わせているのか。

はた-もと【旗本】(名)❶戦場で、大将のいる本陣。❷大将に直属し、本陣を守る将士。❸江戸時代、将軍家の直参(=直属の臣)のうち、家禄一万石未満で、将軍に謁見する資格のある御目見得以上の者の称。→御家人②

はた-もの【機物】(名)❶布を織る道具。機。〔うつほ〕吹上上「—ども多くたてて(=並べて)、織り手二十人ばかり居たり」
❷機で織ったもの。織物。万葉 七・一二九八「織り継がむわが—の白き麻衣」訳 織り続けよう、私が機で織ったものであるこの白い麻衣を。

はた-や【将や】(副)〔副詞「はた」に係助詞「や」が付いたもの〕疑問を表す。もしや…か。あるいは…か。ひょっとすると…か。万葉 一・七四「み吉野の山の嵐の寒けくに—今夜もあが独り寝む」訳 吉野の山から吹きおろす風が寒いのに、ひょっとして今夜も(恋人に逢えずに)私は独り寝をするのだろうか。

はたや-はた【将や将】〔副詞「はたや」に副詞「はた」を重ねてさらに強めた言い方〕もしかして。ひょっとして。もしや万一。万葉 一六・三八五四「痩す痩すも生けらばあらむを—鰻を取ると川に流るな」訳 いくら痩せていても生きていればそれでよいだろうに、もしや万一、(夏痩せを防ごうと考えて)うなぎを取ろうとして川に流れるなよ。

はだら【斑】(形動ナリ){なら・なり(に)・なり・なる・なれ・なれ}「はだれ一」に同じ。万葉 一〇・二三一八「夜を寒み朝戸を開き出で見れば庭も—・に用み雪降りたり」訳 夜が寒いので、朝戸を開けて出て(外を)見ると、庭にもうっすらとまだらに雪が降り積もっている。文法「夜を寒み」の「み」は原因・理由を表す接尾語。「…を…み」の形で、「…が…ので」の意。

はたらか-す【働かす】(他サ四){さ・し・す・す・せ・せ}動かす。身動きさせる。平家 九・木曽最期「わが乗ったる鞍の前輪に押し付けて、ちっとも—・さ未ず」訳 (巴御前は)御田の八郎を)自分の乗っている(馬の)鞍の前輪に押し付けて、少しも身動きさせず。

はたらき【働き】(名)❶活動。労働。また、活躍。
❷機能。効果。ききめ。〔貝おほひ〕「一句の—見え侍らず」訳 一句としての効果があらわれていません。
❸能楽で、舞に対して、具体的な意味をもつ動作。所作。特に、器楽の伴奏による迫力ある所作。〔風姿花伝〕「音曲より—の生ずるは順なり」訳 音曲から所作が生まれるのは順当(なあり方)である。

はたら-く【働く】(自カ四){か・き・く・く・け・け}❶動く。活動する。平家 九・木曽最期「あふれどもあふれども、打てども打て

ども―・か(未)ず」訳(あぶみで馬の腹を)けってもけっても、(むちで)打っても打っても(馬は)動かない。❷精出して仕事をする。はげむ。方丈 四「つねに歩き、つねに―・く(体)は、養生なるべし」訳いつも出歩いたり、いつも働いたりするのは、健康を保つのによいはずだ。❸動揺する。(心が)動く。平家 一〇・横笛「またも慕ふことあらば、心も―・き(用)候ひぬべし」訳(未練があって別れた女性が)再び慕い寄って来ることがあれば、(私=滝口入道の)心もきっと動揺してしまうでしょう。❹役に立つ。作用する。効果を表す。〔去来抄〕先師評「吹きちるかと、―・き(用)たるあたり」訳吹きちるかと(いう表現が)、効果を出しているあたりが。

はだら-ゆき【斑雪】(名)「はだれゆき」に同じ。

はた・る【徴る】(他ラ四){ら・り・る・る・れ・れ}責め立てる。催促する。万葉 一六・三八四七「檀越や然もな言ひそ里長が課役―・ら(未)ば汝も泣かむ」訳檀家(=施主)さんよ、そんなふうに言ってくれるな。里長が課役を強く求めたら、あなたも泣くだろう。

はだれ【斑】㊀(形動ナリ){なら・なり(に)・なり・なる・なれ・なれ}「はだら」とも。まだらであるさま。雪がはらはらと薄く降り積もるさま。平家 一・殿下乗合「雪は―・に(用)降ったりけり」訳雪はうっすらと降っていた。

㊁(名)「斑雪」の略。

はだれ-しも【斑霜】(名)薄くまだらに降りた霜。万葉 一〇・二一三二「天雲のよそに雁が音聞きしより―降り寒しこの夜は」訳大空の雲のかなたに雁の声を聞いたときから、薄霜が降りて寒いことだ、今夜は。

はだれ-ゆき【斑雪】(名)「はだらゆき」とも。はらはらとまだらに降る雪。また、薄く降り積もった雪。はだれ。春。〔三冊子〕「―・かたびら雪、みな大ひら雪のことをいふとなり」訳はだれ雪・帷子雪は、みな大きな雪片の雪のことをいうとのことである。

はち【鉢】(名)❶僧が施し物を受けるのに用いる食器。転じて、椀よりやや浅い食器の総称。宇治 八・三「そこに聖の―は常に飛び行きつつ、物は入れて来けり」訳そこに法師の食器はいつも飛んで行っては、特に食べ物を入れて来た。❷僧尼が家々を回り施しを受けること。托鉢。また、その施し物。〔浄・加増曽我〕「出家せんとは上分別、身が門へも―に出よ」訳出家しようというのはよい考え、私の家へも托鉢に出よ。❸兜の頭をおおう部分。平家 四・橋合戦「九人にあたるかたきが甲の―にあまりにつよう打ちあてて」訳九人目にあたる敵の兜の鉢にあまりに強く(刀を)打ちあてたので。⇩巻頭カラーページ17 ❹頭蓋骨。〔浄・平家女護島〕「握り固めし金拳、―もわれよと二、三十」訳握り固めた堅いげんこつで、頭蓋骨も割れよと(ばかり)二、三十回(なぐった)。

はぢ【恥・辱】(名)❶面目を失うこと。侮辱を受けること。源氏 桐壺「あるまじき―もこそと心づかひして」訳あってはならない不面目なことが起こると困ると(桐壺の更衣は)心配りをして。文法「もこそ」は不安・懸念の表現で、下に結びの語「あれ」が省略されている。❷恥を恥と知ること。名誉・体面を重んじること。平家 五・奈良炎上「―をも思ひ、名をも惜しむ程の者は、奈良坂にて討ち死にし、般若寺にして討たれにけり」訳名誉・体面をも考え、名をも惜しむくらいの(りっぱな)者は、(ある者は)奈良坂で討ち死にし、(またある者は)般若寺で討ちとられてしまった。

ばち(名)❶【撥】琵琶・三味線などを弾き鳴らすときの道具。源氏 橋姫「掻きかへす―の音も、もの清げにおもしろし」訳(琵琶の弦を)下から掻き上げる撥の音色も、どことなく澄んだ感じですばらしい。⇩巻頭カラーページ23 ❷【桴・枹】太鼓などを打つ棒状の道具。

はちえふ-の-くるま【八葉の車】網代車の一種。屋形に八葉(=八弁の蓮の花)の紋を散らしたもの。紋の大小によって摂関・大臣などが乗用する大八葉の車と、四位・五位が乗用する小八葉の車とがある。平家 二・一門大路渡「平氏のいけどりども京へ入る。みな―にてぞありける」訳平氏の生け捕りにされた人々が入京する。みな八葉の網代車に乗ってであった。

はぢ-かかや・く【恥ぢ赫く】(自カ四){か・き・く・く・け・け}恥じて顔を赤くする。赤面する。源氏 夕顔「なかなか―・か(未)むよりは罪ゆるされてぞ見えける」訳(女=夕顔は)なまじっか恥ずかしがって顔を赤らめるようなのよりは罪がないように見えた。

はぢ-かは・す【恥ぢ交はす】(自サ四){さ・し・す・す・せ・せ}互いに相手を意識して恥ずかしがる。伊勢 二三「大人になりにければ、をとこも女も―・し(用)てありけれど」訳大人になってしまったので、男も女も互いに恥ずかしがっていたけれども。

はぢ-がま・し【恥ぢがまし】(形シク){しから・しく(しかり)・し・しき(しかる)・しけれ・しかれ}〔「がまし」は接尾語〕外聞が悪い。恥をさらすようである。徒然 一七五「―・しく(用)、心憂きことのみありて」訳(酒に酔うと)恥さらしで、情けないことばかりあって。

はち-ぎゃく【八逆・八虐】(名)律(=刑法)で最も重いと規定した八種の罪。謀反・謀大逆・謀叛・悪逆・不道・大不敬・不孝・不義をいう。

はぢ-し・む【恥ぢしむ】(他マ下二){め・め・む・むる・むれ・めよ}恥ずかしい思いをさせる。恥ずかしめる。源氏 真木柱「みづからをほけたり、ひがひがしとのたまひ―・むる(体)は、ことわりなることになむ」訳(夫の髭黒が)私(=北の方)のことをぼけている、ひねくれているとおっしゃって恥ずかしい思いをさせるのは、もっともなことで(ございます)。文法 係助詞「なむ」のあとに結びの語「侍る」などが省略されている。

はぢ-しら・ふ【恥ぢしらふ】(自ハ四){は・ひ・ふ・ふ・へ・へ}(相手に対して)恥ずかしそうにする。はにかむ。今昔 一六・三二「女すべて物を言はねば、しばしは―・ひ(用)たるかと思ふに」訳女がまったく何もしゃべらないので、(男は)しばらくは恥ずかしがっているのかと思っていると。

はちす【蓮】(名)(花托が蜂の巣に似ているところから)はす(=植物の名)の異名。夏。⇩巻頭カラーページ8

発展 「蓮」は悟りの世界の象徴

仏教では、蓮は極楽浄土の池に咲く、悟りの世界の象徴であり、仏の浄土を「蓮華の国」「蓮華蔵世界」などと呼ぶ。また、仏の妙法を白蓮華にたとえたものが「妙法蓮華経」である。仏像や仏画で、仏が「蓮台」「蓮華の座」と呼ばれる蓮の花の上に座しているのは、悟りの世界にいることを表している。

はちす‐の‐うてな【蓮の台】《仏教語》〔「蓮台（れんだい）」の訓読〕極楽浄土に往生した者が座るという蓮華（れんげ）の台座。「はすのうてな」とも。

はちす‐の‐うへ（ウエ）【蓮の上】《仏教語》「蓮（はちす）の台（うてな）」の上。また、極楽浄土。⇩後世（ごせ）「慣用表現」

はちす‐ば【蓮葉】（名）はす（＝植物の名）の葉。枕 九六「―、よろづの草よりもすぐれてめでたし」訳 はすの葉は、（他の）すべての草よりも特にすばらしい。

はちすばの… 和歌

> はちす葉の　濁（にご）りにしまぬ　心（こころ）もて
> なにかは露（つゆ）を　玉（たま）とあざむく
> 〈古今・三・夏・一六五・遍昭（へんぜう）〉

訳 蓮（はす）の葉は（泥水の中で育って、しかもその）濁りに染まらない（清い）心をもちながら、どうして（葉に置く）露を玉と見せかけて（人を）だますのか。文法「なにかは」の「かは」は疑問の係助詞。結びの「あざむく」は連体形。

はちだい‐しふ（シュウ）【八代集】（名）平安前期から鎌倉初期にかけての八つの勅撰（ちょくせん）和歌集。古今・後撰・拾遺（以上三代集）・後拾遺・金葉（きんよう）・詞花・千載（せんざい）・新古今の総称。

はちだい‐ぢごく（ジゴク）【八大地獄】（名）《仏教語》炎と熱とで苦しめられるという八種の地獄の総称。等活（とうかつ）・黒縄（こくじょう）・衆合（しゅごう）・叫喚（きょうかん）・大叫喚・炎熱（えんねつ）（焦熱（しょうねつ）とも）・極熱（ごくねつ）（大焦熱とも）・無間（むけん）（阿鼻（あび）とも）の八つの称。八熱地獄。八大奈落（ならく）。

はちだい‐りゅうわう（リュウオウ）【八大竜王】（名）《仏教語》雨・水をつかさどるという八体の竜神。八大竜神。〔金槐集〕「時によりすぐれば民（たみ）のなげきなり―雨やめたまへ」訳→ときにより… 和歌

はち‐たたき【鉢叩き】（名）ひょうたんや鉢をたたき、鉦（かね）を鳴らしながら念仏して歩くこと。また、その僧。江戸時代、空也上人（くうやしょうにん）の忌日、陰暦十一月十三日から除夜まで四十八日間行われた。図。〔泊船集〕芭蕉「納豆（なっとう）きる音しばし待て―」訳（納豆汁にする）納豆を叩ききざむ音をしばらくやめておくれ、鉢叩きの声が聞きたいので。

（はちたたき）

はぢ‐な‐し（ハジ）【恥無し】（形ク）{から・く（かり）・し・き（かる）・けれ・かれ} ❶人前に出ても恥ずかしくない。ひけをとらない。源氏 絵合「今の浅はかなるも昔の跡（あと）に―・く（用）にぎははしく」訳 近ごろの浅薄な絵でも、昔の人の描いた（すばらしい）絵にひけをとらず、はなやかで。
❷恥ずかしがらない。あつかましい。源氏 少女「うち合はずかたくなしき姿などをも―・く（用）」訳（博士たちは、よそから借りてきた衣装が）身に合わず見苦しい姿（であること）などをも恥とも思わず。

はち‐なん【八難】（名）❶《仏教語》仏を見、仏法を聞く妨げとなる八つの障害。八難処。地獄・畜生（ちくしょう）・餓鬼（がき）・長寿天・鬱単越（うつたんおつ）（辺地とも）・盲聾瘖瘂（もうろういんあ）・世智弁聡（せちべんそう）（邪見とも）・仏前仏後の称。〔栄花〕たまのうてな「永く三途（さんず）―のおそれを免れたり」訳（極楽浄土では）いつまでも三途（＝生前の悪業の結果、死後に落ちて行く三つの場所）の世界や、仏道の妨げとなる八種の障害の恐怖から解放されている。❷八つの災難。飢・渇・寒・暑・水・火・刀・兵の苦難の称。

はち‐の‐こ【鉢の子】（名）托鉢（たくはつ）僧が施し物を受けるために持ち歩く鉢。〔良寛自筆歌抄〕「道の辺（べ）にすみれ摘（つ）みつつ―を忘れてぞ来（こ）しその―を」訳 道端ですみれを摘んでいたら托鉢の鉢を忘れて来てしまった。その托鉢の鉢を。

はち‐ぶ‐く【蜂吹く】（自カ四）{か・き・く・く・け・け}口をとがらせて文句を言う。ふくれっ面をする。源氏 若菜下「『何しにまゐりつらむ』と―・く（終）」訳（小侍従は）「（私は何のために参上したのだろう）と口をとがらせて言いたてる。

はち‐ぼく【八木】（名）〔「米」の字を分解すると、「八」と「木」になるところから〕米の異称。〔浮・西鶴織留〕「関東筋に大風吹きて、―俄（にわ）かにあがりなれば」訳 関東方面に大風が吹いて、米（の値段）が急騰したので。

はち‐まん【八幡】㊀（名）応神天皇を主神とする神社の名。八幡宮。また、その祭神。源氏の氏神、また弓矢の神として有名。
㊁（副）（八幡の神に誓って、の意から）❶まったく。ほんとうに。〔浮・好色一代男〕「―気に入り申し候ふ」訳（この硯箱（すずりばこ）は）ほんとうに気に入り申しております。
❷（下に打消の語を伴って）断じて。決して。〔浄・鑓の権三重帷子〕「―、我らも心底変はらぬ」

はちまん‐だいぼさつ【八幡大菩薩】㊀（名）八幡の神の敬称。仏教の立場で、その本地（ほんじ）（＝本来の姿）が菩薩（ぼさつ）であるとするところからいう語。平家 一・鹿谷「鳩（はと）は―の第一の使者なり」
㊁（副）（八幡大菩薩に祈誓する意から）断じて。決して。〔仮名・難波鉦〕「―、ぜひにもらはねばきかぬ」訳 断じて、なんとしてももらわなければ納得しない。

八文字屋自笑（はちもんじやじしょう）（ハチモンジ ヤジショウ）《人名》（？〜一七四五）江戸中期の浮世草子作者・版元。通称安藤八左衛門。浮世草子を出版し、八文字屋本の全盛時代を築いた。

はちもんじや‐ぼん【八文字屋本】（名）京都の版元、八文字屋から発行された本。主として元禄（げんろく）から明和ごろまでに出版された浮世草子をさす。また、同時代の同種のものの総称。江島其磧（えじまきせき）の「けいせい色三味線」「世間子息気質（むすこかたぎ）」など。

はぢら‐ふ（ハジラウ）【恥ぢらふ】（自ハ四）{は・ひ・ふ・ふ・へ・へ}恥ずかしがる。はにかむ。源氏 少女「―・ひ（用）て少しそばみ給へるかたはら目、頬（つら）つきうつくしげにて」訳（雲居（くもい）の雁（かり）が）はにかんでちょっと横をお向きになった（その）横顔やほおのあたりのようすがいかにもかわいらしくて。

はぢ‐を‐きよ‐む（ハジ）【恥を雪む】（多く「会稽（くわいけい）の恥を雪む」の形で）汚名を晴らす。雪辱する。恥を雪（すす）ぐ。平家 一・清水寺炎上「これはさんぬる御葬送の夜の会稽の―・め（未）んがためとぞ聞こえし」訳 これ（＝延暦寺（えんりゃくじ）の衆徒が清水寺（きよみずでら）を焼き払ったこと）は以前の（天皇の）御葬送の夜に受けた恥を雪（すす）ごうとするため（であるとう）わさされた。→会稽（くわいけい）の恥 参考

はぢ-を-す-つ ハジ【恥を捨つ】恥を気にしない。恥を恥とも思わない。竹取 仏の御石の鉢「面なきこと(=あつかましいこと)をば、―・つ(終)とは言ひける」

はぢ-を-み-す ハジ【恥を見す】恥をかかせる。竹取 かぐや姫の昇天「ここらのおほやけ人に見せて―・せ(未)む」訳 多くの役人たちに(このさまを)見せて恥をかかせよう。

はつ-【初】(接頭)(名詞または動詞の連用形に付いて)はじめての、新しい、などの意を添える。「―午」「―鰹」「―時雨」「―音」「―春」「―詣で」

は・つ【泊つ】(自タ下二){て・て・つ・つる・つれ・てよ}船が港に着いて泊まる。停泊する。万葉 三・二七四「わが船は比良の湊に漕ぎ―・て(未)む」訳 私の船は比良の港に漕ぎ着いて停泊しよう。

は・つ【果つ】一(自タ下二){て・て・つ・つる・つれ・てよ}❶**終わりになる。終わる。**徒然 一七〇「その事―・て(用)なば、とく帰るべし」訳 (用事があって、人の家へ行っても)その用事が終わったならば、すぐ帰るのがよい。❷**死ぬ。**源氏 薄雲「ともし火などの消え入るやうにて―・て(用)給ひぬれば」訳 灯火などが消えゆくように(静かに、藤壺は)息をお引き取りになったので。

二(補動タ下二)(動詞の連用形の下に付く場合)→次項「=はつ」参照

=は・つ【果つ】(補動タ下二){て・て・つ・つる・つれ・てよ}(動詞の連用形の下に付いて)「…しおわる」「すっかり…きる」の意を表す。枕 一「日入り―・て(用)」訳 日がすっかり沈みきって(から)。

【例語】明かし果つ(=明け方まで寝ないでいる)・散果つ(=まったく離れてしまう)・否び果つ(=ことわりきる)・言ひ果つ・移り果つ・恨み果つ・書き果つ・枯れ果つ・離れ果つ・消え果つ・聞き果つ・暮れ果つ・忍び果つ・住み果つ・背き果つ・絶え果つ・散り果つ・成り果つ・乗り果つ・隔て果つ(=すっかり疎遠になる)・侘び果つ(=困惑しきる)

慣用表現　「死」を表す表現

《死ぬ》如何にも成る・徒らに成る・往ぬ・岩隠る・言ふ甲斐無く成る・失す・落ち入る・隠る・甲斐無くなる・消ゆ・朽つ・雲隠る・穢らふ・薨ず・事切る・事終はる・過ぐ・薪尽く・絶ゆ・閉ぢむ・ともかくもなる・果無くなる・果つ・引き入る・崩ず・罷る・身罷る・空しく成る・止む・行く・世を去る・終はる

《死》忌むべからずの事・限りある道・限りの旅・限りの道・隠れ・帰らぬ旅・雲隠れ・煙・成仏・寂滅・遷化・中有の旅・遠き守り・入寂・入定・入滅・万歳・崩御・罷り路・無常・無常の敵・無常の殺鬼・往生

《臨終》今は・今は限り・今はの際・限り・最後・先途・閉ぢめ・末期・世の限り・終はり

ポイント 「死」や「死ぬ」などのことばは忌むべきものと避けられ、婉曲表現が用いられた。

は・づ ハヅ【恥づ・羞づ】(自ダ上二){ぢ・ぢ・づ・づる・づれ・ぢよ}❶**恥ずかしく思う。きまり悪く思う。恥じる。**徒然 七「そのほど過ぎぬれば、かたちを―・づる(体)心もなく」訳 (四十歳ぐらいの)その年ごろを過ぎてしまうと、(醜くなった)容貌を恥ずかしく思う気持ちもなくなり。❷**遠慮する。気がねする。**方丈 三「さまたぐる人もなく、また―・づ(終)べき人もなし」訳 (隠居生活を)妨げる人もなく、また気がねをしなければならない人もいない。❸**ひけをとる。劣る。**細道 松島「松島は扶桑第一の好風にして、およそ洞庭・西湖を―・ぢ(未)ず」訳 松島は日本第一のよい風景であって、まずもって(中国の)洞庭湖や西湖にひけをとらない。

はつ-うま【初午】(名)陰暦二月の最初の午の日。各地の稲荷神社で祭礼が行われる。(春)。今昔 二六・一「きさらぎの―の日は…稲荷詣でとて参り集ふ日なり」訳 陰暦二月の最初の午の日は…稲荷詣でということで(京中の人が)参集する日である。

はつか【僅か】(形動ナリ){なら・なり(に)・なり・なる・なれ・なれ}**わずかなさま。かすか。ほんの少し。**古今 恋一「初雁の―・に(用)声を聞きしより中空にのみものを思ふかな」訳 ほんのわずかに(あなたの)声を聞いたとき以来、(私の心は)ただもううわのそらで思い悩んでいることだ。(「初雁の」は「はつかに」にかかる枕詞。「雁」と「中空」は縁語)

参考 「はつか」は中世以降、音の類似する「わづか」と混同され、やがて消滅した。

類語パネル

●共通義　微量であるさま。

はつか	見える・聞こえる分量が少ないさま。また、見える・聞こえる時間が短いさま。
ほのか	(実体は小規模・少量とは限らないが)光・色・形・音などが明確に認識できず、眼前にぼんやりと現れているさま。
わづか	数量が少ないさま。程度・規模が小さいさま。

はっ-かう コウ【八講】(名)《仏教語》「法華八講会」の略。

はっ-かう コウ【発向】(名・自サ変)❶出発して目的地に向かうこと。特に、軍勢をもって攻め向かうこと。平家 七・清水冠者「その勢十万余騎で、信濃国(長野県)へ―・す(終)(=攻め向かう)」❷盛んになること。流行すること。

はづか・し ハヅカシ【恥づかし】(形シク){しから・しく(しかり)・し・しき(しかる)・しけれ・しかれ}

語義パネル

●重点義　**こちらが気恥ずかしく感じるほどに相手がすぐれているさま。**

現代語では、こちらの気持ちをいう①③の意で用いることが多いが、古くは②の意で用いることが多い。

❶気がひける。気おくれする。きまりが悪い。
❷**こちらが気恥ずかしくなるほどりっぱだ。**すぐれている。
❸**気づまりだ。気がねを感じる。**

❶気がひける。気おくれする。きまりが悪い。［源氏］桐壺「女君は、すこし過ぐし給へるほどに、いと若うおはすれば、似げなく―・し(終)とおぼいたり」［訳］女君(＝葵の上)は、少し(光源氏より)年長でいらっしゃるのに対して、(夫の光源氏が)たいそう若くていらっしゃるので、似つかわしくなくきまりが悪いとお思いになっている。［文法］「おぼい」は、「おぼし」のイ音便。
❷こちらが気恥ずかしくなるほどりっぱだ。すぐれている。［枕］二七六「―・しき(体)人の、歌の本末問ひたるに、ふとおぼえたる、われながらうれし」［訳］こちらが気恥ずかしくなるほどりっぱな人が、(私に、ある)和歌の上の句や下の句をたずねたときに、(それを)とっさに思い出したのは、われながらうれしい。
❸気づまりだ。気がねを感じる。［徒然］五六「隔てなく慣れぬる人も、ほど経て見るは、―・しから(未)ぬかは」［訳］わけ隔てもなくなれ親しんだ人でも、時がたってから会うときは、気がねを感じないことがあろうか(いや、感じるにちがいない)。［文法］「かは」は、反語の係助詞。

はづかし-げ ハズカシ―【恥づかしげ】(形動ナリ){なら・なり(に)・なり・なる・なれ・なれ}［「げ」は接尾語］❶恥ずかしそうなさま。［大鏡］道長上「―・なる(体)御けしきにて、ものものたまはぬに」［訳］(道隆や道兼は)恥ずかしそうなごようすで、ものもおっしゃらないのに。
❷こちらが恥ずかしくなるほどすぐれているさま。りっぱだ。［枕］二七八「車のもとに、―・に(用)きよげなる御さまどもして」［訳］(大納言と三位の中将が)牛車のそばに、それぞれこちらが恥ずかしくなるほどりっぱで美しいごようすで。

はづかしげ-な-し ハズカシゲ―【恥づかしげ無し】気がねするようなようすがない。遠慮する気配がない。［源氏］総角「宮などの―・く(用)聞こえ給ふめるを」［訳］宮(＝匂宮)なんかが恥ずかしいと思うようすもなく(手紙で中の君を)口説き申しあげなさっているようなのを。

はづかし-む ハズカシム【辱む】(他マ下二){め・め・む・むる・むれ・めよ}❶恥をかかせる。侮辱する。［徒然］一三四「貪る心にひかれて、みづから身を―・むる(体)なり」［訳］(自分の)欲張る心にひかれて、自分で自分の身に恥をかかせるのである。

❷地位・名誉などを汚す。面目をつぶす。［源氏］松風「をこがましき名を広めて、親の御亡きかげを―・め(未)むことのいみじさになむ」［訳］みっともない評判を(世間に)広めて、お亡くなりになった親の魂の名誉を汚すようなことの恐ろしさに。

はつか-しゃうぐゎつ ―ショウガツ【二十日正月】(名)陰暦正月二十日の称。正月の祝い納めとして仕事を休んで祝った。「団子正月」とも。［春］

はつ-かぜ【初風】(名)季節の初めに吹く風。特に、秋の初めに吹く風についていう。［秋］。［源氏］篝火「秋になりぬ(＝秋になった)。―涼しく吹き出でて」

はつ-がつを ―ガツオ【初鰹】(名)初夏のころ一番早くとれた、はしりのかつお。珍重され高価であった。［夏］。〔素堂家集〕素堂「目には青葉山ほととぎす―」［訳］→めにはあをば…［俳句］

はつ-かり【初雁】(名)その年の秋に、はじめて北方から渡ってくる雁。［秋］。［古今］秋上「待つ人にあらぬものから―のけさ鳴く声のめづらしきかな」［訳］(雁は私が)待っている恋人ではないものの、この秋最初の雁が今朝鳴く声は(久しぶりで)清新であることだ。

はつかり-が-ね【初雁が音】(名)初雁の鳴く声。また、初雁。［秋］。［古今］秋上「秋風に―ぞ聞こゆなるたが玉づさをかけて来つらむ」［訳］→あきかぜに…［和歌］

はつかりは…［和歌］

> 初雁は　恋しき人の　つらなれや
> 旅の空とぶ　声の悲しき
> 〈源氏・須磨〉

［訳］初雁は恋しい人の仲間なのだろうか。旅の空を飛んでいく声が悲しく聞こえることだ。
［解説］須磨の秋の夕暮れ、初雁の群れが鳴きながら空を渡っていく。雁は北、つまり都の方角から飛んでくるのである。その声に触発されて、光源氏が詠んだ歌。「恋しき人」は、京に残してきた恋しい人たち。

は-づき【葉月・八月】(名)〔古くは「はつき」〕陰暦八月の称。［秋］。［枕］三三七「―つごもり、太秦に詣づとて見れば」［訳］陰暦八月の末日、太秦(の広隆寺)に参詣するということで(出かけた途中で)見ると。

はっ-く【八苦】(名)《仏教語》この世における八種の苦しみ。生・老・病・死・愛別離(＝愛する人との別れ)・怨憎会(＝怨み憎む者と会うこと)・求不得(＝求めても得られないこと)・五陰盛(＝心身から欲望が生じること)の八種の称。

はつ-くさ【初草】(名)春の初めに萌え出る草。また、幼い子などのたとえ。［春］。［源氏］若紫「―の生ひゆく末も知らぬまにいかでか露の消えむとすらむ」［訳］→はつくさの…［和歌］

はつくさの…［和歌］

> 初草の　生ひゆく末も　知らぬまに
> いかでか露の　消えむとすらむ
> 〈源氏・若紫〉

［訳］萌え出たばかりの若草が育っていく、その将来のこともわからないうちに、どうして露が消えようとするのでしょうか。(幼い姫君のこれから先のこともおわかりにならないうちに、どうしてあなた様が先立たれることなどお考えになるのでしょうか)。
［解説］祖母の尼君が、幼い孫娘(のちの紫の上)の将来を案じながら詠んだ「生ひたたむありかも知らぬ若草をおくらす露ぞ消えむ空なき」(［訳］→おひたたむ…［和歌］)の歌に対して、女房の一人が答えたもの。「初草」が孫の姫君、「露」が祖母である尼君をさす。

はつ-くに【初国・肇国】(名)はじめてつくられた国。はじめて統治された国。

はつくに-しらす-すめらみこと【初国知らす天皇・肇国知らす天皇】国をはじめて統治したと伝える天皇をたたえて呼ぶ称。初代神武天皇・十代崇神天皇をさす。〔紀〕神武「―を号け奉りて神日本磐余彦火火出見天皇と曰す」［訳］はじめてわが国を統治なさった天皇を名付け申しあげて、神日本磐余彦火火出見天皇と申し上げる。

はっ-くゎう ―コウ【八荒】(名)〔「荒」は国の遠い果ての

意〕国の八方の遠い果て。国のすみずみ。全天下。八方。細道 日光「恩沢―にあふれ」訳 (東照宮の)めぐみが国のすみずみまで行き渡って。

はっ-けい【八景】(名)ある地域の、特に美しい八か所の景色。近江八景・金沢八景・松島八景など。

はつこひや… 俳句

> 秋
> 初恋や　灯籠によする　顔と顔
> 〈太祇句選後篇・太祇〉

訳 ああ初恋(の少年と少女)だなあ。ほんのりともる灯籠に、(紅潮した)顔と顔を寄せあって(はにかみながらささやき合って)いる若い二人は。(灯籠秋。切れ字は「や」)

はつ-こゑ【初声】(名)「はつね(初音)」に同じ。

はっ-さい【八災】(名)《仏教語》「八災患」の略。仏道修行で、禅定(=悟りの境地)を妨げる八つの災難。憂・喜・苦・楽・尋・伺・出息・入息の称。

はっ-さく【八朔】(名)〔「朔」は「ついたち」の意〕❶陰暦八月一日。また、その日の祝い。農家では新穀を産土神に供え(=田の実の祝い)、主家や知人に贈った。のち、一般でも贈り物をかわして祝うようになった。❷江戸幕府の祝日。徳川家康の江戸城入城が天正十八年(一五九〇)八月一日であったのを記念して、大名や直参などが白帷子(=白地の単衣)で登城して祝辞を述べた。秋

はつ-しぐれ【初時雨】(名)その年の冬にはじめて降るしぐれ。冬。〔笈の小文〕芭蕉「旅人と我が名呼ばれん―」訳 →たびびとと… 俳句

はつしぐれ… 俳句

> 冬
> 初しぐれ　猿も小蓑を　ほしげなり
> 〈猿蓑・芭蕉〉

訳 ああ、初時雨だと(旅の情趣にひたりながら)山路を行くと、濡れてこちらを見ている猿がいる。いかにも小さい蓑があったらほしいと言いたげなようすで。(初しぐれ冬。切れ字は「なり」)

解説 蕉風の代表的撰集「猿蓑」の巻頭句で、集の名はこの句に基づく。巻頭の時雨十三句は「去来抄」で「この集の眉目」と評される。この年はじめての時雨に濡れ興じ、「哀猿断腸」とされた猿を初時雨に興じる猿ととらえた。郷里の伊賀へ向かう山中で得た句。

はつ-しも【初霜】(名)その年はじめて降りた霜。冬。古今 秋下「心あてに折らばや折らむ―の置きまどはせる白菊の花」訳 →こころあてに… 和歌

はっ-しゃう【八姓】(名)「やくさのかばね」に同じ。

はっ-しゃう【八省】(名)律令制で、太政官の中に置かれた八つの中央行政官庁。中務・式部・治部・民部・兵部・刑部・大蔵・宮内の八省の称。⇩巻頭カラーページ31

はっしゃう-ゐん【八省院】(名)「てうだうゐん」に同じ。

はっ-しゅう【八宗】(名)《仏教語》平安時代に広く行われた仏教の八つの宗派。倶舎・成実・律・法相・三論・華厳の南都(=奈良)六宗と、天台・真言の平安二宗。

はづ-す【外す】(他サ四)❶取り除く。のける。徒然 一七五「烏帽子ゆがみ、紐―・し用」訳 烏帽子がゆがみ、(衣服の)ひもをほどき。❷のがす。取りそこなう。枕 一四五「賽いみじく呪ふとも、うち―・し用てむや」訳 さいころをどんなに呪っても、うちそこなってしまおうか(いや、決してうちそこなわない)。文法「てむや」の「て」は、助動詞「つ」の未然形で、ここは確述の用法。「や」は反語の係助詞。❸外へそらす。ねらいをそらす。平家 一一・那須与一「この矢―・さ未せ給ふな」訳 この矢を外させなさるな。文法「せ」は、使役の助動詞「す」の連用形。

初瀬《地名》歌枕〔「泊瀬」とも書く〕→初瀬

初瀬川《地名》歌枕〔「泊瀬川」とも書く〕今の奈良県桜井市初瀬を流れる初瀬川の古称。大和高原から流出し、佐保川に合して大和川となる。

初瀬山《地名》歌枕〔「泊瀬山」とも書く〕今の奈良県桜井市初瀬の地の周囲の山。

はっ-せん【八専】(名)陰暦で、壬子の日から癸亥の日までの十二日間のうち、丑・辰・午・戌の四日間(=間日)を除いた八日間のこと。一年に六度あり、多く雨が降るといい、病人に疎まれ、嫁取り・造作などは避けられた。

はった-と(副)〔「はたと」の転〕❶人や物を打ったり、けったりしたときの音の形容。ぴしゃっと。〔謡・大江山〕「走りかかって―打つ手に」❷強くにらみつけるさま。きっと。〔浄・曾根崎心中〕「―にらむ顔つきは」❸すっかり。まったく。〔狂・入間川〕「長々の在京なれば―忘れた」訳 長年都にいるので、すっかり忘れた。❹(下に打消の語を伴って)決して。絶対。〔伽・唐糸ざうし〕「―信濃へ帰るまじと泣きければ」訳 決して信濃(長野県)へは帰らないつもりだと泣いたので。❺しっかりと。たしかに。〔狂・蚊相撲〕「気を―持たせられい」訳 気をしっかりとお持ちなさい。

はっ-と【法度】(名)〔「はふと」の転〕❶おきて。さだめ。法律。〔浄・丹波与作待夜小室節〕「武家の作法といふ内に、殊にお家は御―きびしく」訳 武家の作法(は厳しい)という中で、特に(この)お屋敷はおさだめが厳しく。❷禁じられていること。禁制。〔狂・佐渡狐〕「いやいや、そのやうなことは御―ぢゃ」

はつ-とがり【初鷹狩り】(名)秋になってはじめて催す鷹狩り。秋。万葉 一九・四二四九「石瀬野に秋萩凌ぎ馬並めて―だにせずや別れむ」訳 石瀬野で秋萩を踏みしだいて馬を並べて、初鷹狩りさえしないで別れるのだろうか。

服部土芳《人名》(一六五七〜一七三〇)江戸前期の俳人。本名保英。別号蓑虫庵。伊賀(三重県)上野の人。芭蕉の弟子。俳論書「三冊子」、句集「蓑虫庵集」など。(土芳忌春)

服部嵐雪《人名》(一六五四〜一七〇七)江戸前期の俳人。本名、治助。江戸の人。蕉門十哲の一人として榎本其角と並び称された。編著「其袋」など。

はつ-ね【初子】(名)月の最初の子の日。特に、正月

の最初の子の日をいう。宮中では饗宴や行幸が行われ、民間では、野外に出て小松を引いたり、若菜を摘んだりして祝った。訳 新春の最初の子の日の今日の玉箒(=蚕室を掃くのに用いた儀礼用のほうき)よ。万葉 二〇・四四九三「はつ春の—の今日の玉箒」

はつ-ね【初音】(名)鳥・虫などの、その年、その季節にはじめて鳴く声。特に、鶯やほととぎすの鳴く声をいう。初声。春。源氏 初音「年月を待つにひかれて経る人に今日うぐひすの—聞かせよ」訳 (長い)年月を(あなた=明石の姫君の成長を)待つ心にひかれて過ごしている私(=明石の君)に、今日は鶯の初声(ともいうべきあなたのはじめての声)を聞かせよ。(「待つ」は「松(=小松で、姫君の意)」との、「経る」は「古」との掛詞)

発展「初音」と「忍び音」
「初音」は、多く鶯やほととぎすの場合をさす。鶯は陰暦一月、ほととぎすは陰暦五月である。当時の貴族は、初音を聞くためにわざわざ山里まで出かけたりした。特にほととぎすについては、本格的な季節が来る前、ひそめるように鳴く声を「忍び音」といった。

はっ-ぱう【八方】(名)東西南北、および、それぞれの中間の南東・南西・北東・北西の八つの方角の称。四方八方。まわりじゅう。

はつ-はつ(副)ほんのわずかに。かすかに。万葉 一二・二九三七「白栲の袖を—見しからにかかる恋をもあれはするかも」訳 (あの人の)袖をほんのわずかに見ただけで、こんなにも恋しい思いを私はすることよ。(「白栲の」は「袖」にかかる枕詞)

はつ-はな【初花】(名)❶その年、その季節、またその草木にはじめて咲く花。平家 灌頂・大原御幸「青葉まじりのおそ桜、—よりも珍しく」訳 青葉にまじって咲く遅咲きの桜は、初咲きの花よりも新鮮で。
❷若い年ごろの女性をたとえていう語。〔浄・曽根崎心中〕「十八、九なる顔佳花、今咲き出しの—に」訳 十八、九歳のかきつばたのように美しい女で、今咲きはじめた初花(のようにういういしいお初)に。

はつはな-ぞめ【初花染め】(名)紅花の初花で染めること。また、染めたもの。古今 恋四「紅の—の色ふかく思ひし心われ忘れめや」訳 紅色の初花染めの色が深いように、あなたを深く恋い慕った心を、私は忘れることがあるだろうか(いや、忘れることなどない)。

はっ-ぴ【法被・半被】(名)❶禅宗で、高僧の椅子の背にかける布。
❷武家で、中間にその家の紋などをつけて着せたはんてん。
❸職人などが着る、しるしばんてん。
❹能装束の一つ。武士・鬼の役に用いる。

はっぴゃくや-ちゃう【八百八町】(名)〔「八百八」は数の多い意〕江戸の多くの町々。〔東海道中膝栗毛〕「まづ大江戸の—、とこしなへにして尽きず」訳 まず大江戸の多くの町々は、永久に(繁栄が)続いてつきることがない。

はつ-ほ【初穂】(名)❶その年はじめて実った稲などの穂。また、その年はじめて収穫した穀物・野菜・果物など。〔夫木〕秋三「風渡る野田の—のうちなびき」訳 風が吹き渡る野中の田んぼの初穂が風になびき。
❷その年はじめて実った穀物を神仏や朝廷にささげること。また、その穀物。源氏 早蕨「これはわらはべの供養じて侍る—なり」訳 これは(寺の)童子たちが(仏に)奉納しております初穂だ。
❸神仏に供える金銀・米穀など。
参考 中世・近世には「はつほ」は「はつお」と発音され、「はつを」「初尾」なども書かれた。

はつ-めい【発明】■一(名・自他サ変)❶物事の意味や道理を明らかにすること。明らかに悟ること。
❷新しい理論・方法などを考え出すこと。工夫。創案。〔去来抄〕修行「不易流行の事は古説にや、先師の—にや」訳 不易流行のことは、古くからの説であろうか、亡くなった先生(=芭蕉)の創案であろうか。
■二(名・形動ナリ)賢いこと。利発。〔浮・本朝桜陰比事〕「—・なる㊍裁きなりとこれを感じ」訳 賢明な裁きであるとこの処置を(りっぱだと)感じ。

はつ-もとゆひ【初元結ひ】(名)貴人の元服のときに髪を結んだ紫の組みひも。転じて、元服すること。源氏 桐壺「いときなき—に長き世を契る心は結び込めつや」訳 (光源氏の)幼い初元結いに、(葵の上と光源氏との)行く末長い夫婦の縁を約束する心は結び込めたか。(「結ぶ」は「初元結ひ」の縁語)。⇩人と成る「慣用表現」

はつ-もみぢ【初紅葉】(名)秋になってはじめて色づいたもみじ。初紅葉葉。秋

はつ-もみぢば【初紅葉葉】(名)〔上代は「はつもみちば」〕「はつもみぢ」に同じ。万葉 八・一五八四「めづらしと我が思ふ君は秋山の—に似てこそありけれ」訳 好ましいと私が思うあなたは、秋の山の初もみじに似ていたことよ。

はつ・る(自ラ下二){れ・れ・る・るる・るれ・れよ}ほどける。ほつれる。古今 哀傷「ふぢ衣—・るる㊍糸はわび人の涙の玉の緒とぞなりける」訳 喪服のほつれる糸は、悲しみに沈む私の涙の玉をつなぐ糸となったことよ。

はづ・る【外る】(自ラ下二){れ・れ・る・るる・るれ・れよ}❶位置がそれる。はみ出る。平家 二・教訓状「胸板の金物のすこし—・れ㊊て見えけるを」訳 (鎧の)胸板の金具が少々(着物から)はみ出て見えたのを。
❷その場から離れる。のく。〔浜松中納言物語〕「おのづから—・れ㊊たる女房などのけはひありさまをだにもり聞かず」訳 たまたま(尼姫君のもとから)離れて出た女房などの気配やようすさえもれ聞かず。
❸及ばない。源氏 野分「髪のまだ丈には—・れ㊊たる末の」訳 (明石の姫君の)髪の、まだ背丈には及ばないでいる先端が。
❹その中に入らない。もれる。著聞 三〇「社家推挙しければ、—・る㊎べきやうもなかりけるに」訳 神職を務める家が推挙したので、(除目に)もれるはずのこともなかったのに。
❺目標からそれる。平家 一一・那須与一「—・れ㊌んは知り候はず、御諚で候へば、仕ってこそ見候はめ」訳 (矢が)それるか(どうか)はわかりませんが、ご命令でございますので、いたしてみましょう。文法「はづれんは」の「ん」は、仮定・婉曲の助動詞。

はづれ【外れ】(名) ❶はし。果て。❷はしばし。〔浄・冥途の飛脚〕「詞の―に孫右衛門つくづくと推量し」[訳] (相手の)ことばのはしばしから、孫右衛門はよくよく推しはかり。❸「褄外れ」の略。身のこなし。態度。

はつれ-はつれ(副)「はづれはづれ」とも。はしばし。ところどころ。[徒然] 一〇五「けはひなど、―聞こえたるも、ゆかし」[訳] (話の)ようすなどが、ところどころ聞こえているのも、(その内容をもっと)知りたい気がする。

はつ-を【初尾】(名)「はつほ」に同じ。〔浮・世間胸算用〕「お―百弐十(=お賽銭を百二十文)上げて七日待てども、この銀は出ず」

はて【果て】(名) ❶**終わり。最後。結末。** [方丈] 二「―には(=しまいには)朱雀門・大極殿・大学寮・民部省などまで〔火が〕移りて」❷遠いかなた。さいはて。きわみ。終着点。[更級] かどで「あづまぢの道の―よりも、なほ奥つかたに生ひいでたる人、いかばかりかはあやしかりけむを」[訳] 東国路の終点(である常陸の国)よりも、もっと奥のほう(である上総の国)で育った人(である私)は、どんなにか田舎じみていただろうに。⇩更級日記「名文解説」❸**喪の終わり。** 四十九日にも、一周忌にもいう。[大和] 一六八「御―になりぬ。御服ぬぎに、よろづの殿上人河原に出でたるに」[訳] (天皇の)御喪の終わりになった。御服ぬぎ(=喪服を平服に替える儀式)に、大勢の殿上人が(禊に)河原に出ているときに。❹落ちぶれること。なれの果て。〔狂・柿山伏〕「総じて山伏の―は、鳶にもなるといふによって」[訳] およそ山伏のなれの果ては、鳶にもなるということだから。

はて-の-つき【果ての月】❶陰暦十二月の異名。師走。❷四十九日、または一周忌の供養のある月。[大和] 九七「太政大臣の北の方うせ給ひて、御―になりて」[訳] 太政大臣の奥方がお亡くなりになって、御一周忌にあたる月になって。

はて-の-とし【果ての年】諒闇(=天皇が父母の喪に服する期間)のすんだ年。[枕] 一三八「円融院の御―」

はて-の-わざ【果ての業】四十九日や一周忌などの仏事。果ての事。[源氏] 手習「大将(=薫)は、この(浮舟の)―などせさせ給ひて」[訳] 大将は、この(浮舟の)一周忌の法事などをさせなさって。

はて-は【果ては】しまいには。最後には。とうとう。結局。[徒然] 一三七「酒飲み、連歌して、―、大きなる枝、心なく折り取りぬ」[訳] (桜の木の下で)酒を飲み、連歌をして、しまいには、大きな(桜の)枝を思慮もなく折り取ってしまう。⇩在り在りて「慣用表現」

はて-はて【果て果て】(名)果ての果て。とどのつまり。[源氏] 桐壺「人の恨みを負ひし―は、かううちすてられて」[訳] 人の恨みを(身に)受けたあげくの果ては、このように(桐壺の更衣が亡くなり)あとに(一人)残されて。

ば-とう【撥頭・抜頭】(名)舞楽の曲名。長髪を振り乱したすさまじい面をつけ、ばちを持って舞う一人舞。もと西域の音楽で、その地の人が親を殺した虎に復讐したさまを表す。中国唐代に行われ、日本伝来後は雅楽に取り入れられた。[枕] 二二六「―は、髪ふりあげたる」[訳] 抜頭は、髪を振り乱しているの(がおもしろい)。

はな【花】(名) ❶植物の花。[枕] 三七「木の―は、濃きも薄きも紅梅」[訳] 木の花は、(色の)濃いのでも薄いのでも紅梅(が趣がある)。❷㋐特に、**梅の花。** [古今] 春上「人はいさ心も知らずふるさとは―ぞ昔の香ににほひける」[訳] →ひとはいさ…[和歌]。㋑特に、**桜の花。** [古今] 春下「久方の光のどけき春の日にしづ心なく―の散るらむ」[訳] →ひさかたの…[和歌] ❸**栄えること。栄誉。** また、はなやかなこと。〔増鏡〕おどろのした「平家の一族のみ、いよいよ時の―をかざしそへて、はなやかなりし世なれば」[訳] 平家の一族だけが、ますます時の栄誉を飾り添えて(=時運に乗って栄え)、勢いが盛んであった世なので。❹露草の花からとった、薄い藍色。縹色。花色。[枕] 二〇〇「生絹の単のいみじうほころびたえ、―もかへりぬれなどしたる」[訳] 生絹(=練らない絹糸で織った織物)の単衣がひどくほころびくずれて、縹色もあせて(雨に)ぬれたりしているの(に)。❺芸人などに与える祝儀。心づけ。〔浮・世間胸算用〕「内証より近づきの芸者に―をとらせ」[訳] 楽屋からひいきの役者に祝儀を与え。❻能楽で、**芸の美しさ・魅力。はなやかさ。** 〔風姿花伝〕「秘すれば―なり。秘せずは―なるべからず」[訳] 人にわからないように隠すから(こそ)芸の魅力(となるの)である。隠さなければ芸の魅力であるはずがない。(名文解説) 観客は予想もしていなかったことに感動するものであり、結果を予想させないように演じるのが芸である、と世阿弥は説く。観客の想像力を刺激することこそが演技の極意であることを言い当てた名言である。

はな【端】(名)物の先端。はし。[平家] 九・坂落「後陣におとす人々のあぶみの―は、先陣の鎧甲にあたるほどなり」[訳] 後陣で(坂を)下る人々の鐙(=馬具の名)の先端は、先陣の鎧や甲にぶつかるほどである。

はな【鼻】(名) ❶(人間や動物の)鼻。また、鼻水。[源氏] 須磨「―を忍びやかにかみわたす」[訳] 鼻(水)をめいめいがそっとかむ。❷くしゃみ。[枕] 一八四「―をいと高うひたれば」[訳] くしゃみをたいそう音高くしたので。❸《近世語》男が、自分自身をさしていう語。おれ。〔浄・傾城男升屋〕「そなたばかりが飲み込んでも(=承知しても)、この―が飲み込まぬ(=承知しない)」❹かぜ。感冒。〔浄・ひらかな盛衰記〕「―もひかぬ達者な平次」

はな-あはせ【花合はせ】(名)物合わせの一種。左右に分かれて花(おもに桜)を出しあい、その優劣を比べたり、その花を和歌に詠んで競ったりする遊び。㊩春

はな-あやめ【花菖蒲】(名) ❶「あやめ(菖蒲)」の美称。㊩夏 ❷襲の色目の名。表は白、裏は萌黄。

はないばら… [俳句]

> 夏
> 花茨　故郷の路に　似たるかな
> 〈蕪村句集・蕪村〉

訳 花茨が咲いている。(幼い日々を過ごした)故郷の道に似ていることだなあ。(花茨夏。切れ字は「かな」)
解説 前書きの「かの東皐(=東の岡)にのぼれば」は、中国の詩人陶淵明が故郷を思って詠んだ「帰去来辞」の一節を踏まえる。花茨は、故郷に帰る娘に自らの思いを託した「春風馬堤曲」にも見え、蕪村の郷愁を象徴する題材。

はな-いろ【花色】(名) ❶花の色。花の色あい。❷縹色。薄い藍色。〔浮・日本永代蔵〕「一生のうちに、絹物とては紬の—」訳 一生の間に(着られるのは)、絹の物といったら縹色に染めた紬(だけ)。

はないろ-ごろも【花色衣】(名) ❶花を衣に見たてていう語。また、その花の色の衣。古今 雑体「山吹の—ぬしや誰問へど答へずくちなしにして」訳 山吹の花の色の衣、(おまえの)持ち主はだれかと尋ねても答えない。(くちなしの実で染めたものだけに)口無しなので。(「くちなし」は「梔子」と「口無し」との掛詞) ❷縹色(=薄い藍色)に染めた衣。〔待賢門院堀河集〕「露しげみ—かへるともまたも来てみむ野辺の秋萩」訳 露が多いので、縹色に染めた衣が色あせ、帰るにしても、再びやって来て見よう。この野辺に咲く秋萩の花を。(「かへる」は「色があせる」意と「帰る」意との掛詞)

はな-がさ【花笠】(名) 花で作った笠。また、花で飾った笠。古今 神あそびのうた「青柳を片糸によりてうぐひすのぬふてふ笠は梅の—」訳 青い芽をふいた柳の枝を片糸にして糸をよって、鶯が縫うという笠は、梅の花で作った笠であるよ。

はな-がたみ【花筐】(名) 花や若菜をつみ入れるかご。花かご。平家 灌頂・大原御幸「—ひぢにかけ、岩つつじ取り具して持たせ給ひたるは」訳 花かごをひじに掛けて、岩つつじを取り添えて持っていらっしゃる方は。

はな-がつみ【花がつみ】(名)「はなかつみ」とも。水辺に生える草の名。野生の花菖蒲など、諸説がある。和歌では同音の「かつ」「かつて」を導きだす序詞として用いる。夏。古今 恋四「陸奥の安積の沼の—かつ見る人に恋ひやわたらむ」訳 陸奥の安積の沼の花かつみの「かつ」ではないが、一方では(こうして)逢っている人を、(また一方では恋しさが満たされずに)恋い続けるのであろうか。(第三句までは「かつ」を導きだす序詞)

はな-がら【花殻】(名) ❶仏前に供えた花で、しおれたり古くなったりして捨てるもの。宇治 一三・一三「閼伽棚の下に、—多くつもれり(=積み重なっている)」❷施しの銭。

はな-ごころ【花心】(名) 移ろいやすい心。あだな心。浮気心。源氏 宿木「—におはする宮なれば、あはれとは思すとも、今めかしき方に必ず御心移ろひなむかし」訳 移り気でいらっしゃる宮(=匂宮)なので、(中の君を)かわいいとはお思いになっても、当世風ではなやかな方(=六の君)にきっとお心が移ってしまうだろうよ。

はな-ごろも【花衣】(名) ❶春に着用する桜襲(=襲の色目の名)の衣。❷花見に着る晴れ着。はなやかな衣。春

はな-ざくら【花桜】(名) ❶桜の花。春。古今 春下「うつせみの世にも似たるか—咲くと見しまにかつ散りにけり」訳 はかないこの世に似ていることだなあ、桜の花は。咲いたと見るうちに、そばから散ってしまったことよ。❷襲の色目の名。表は白、裏は紅または青。

はなさそふ… 和歌《百人一首》

> 花さそふ　嵐の庭の　雪ならで
> 〔降り〕〔旧り〕
> ふりゆくものは　わが身なりけり
> 〈新勅撰・一六・雑一・一〇五二・藤原公経〉

訳 桜の花を誘って散らす嵐が吹く庭は、まるで雪が降っているようだが、旧りゆく(=老いてゆく)ものは、(その)花吹雪ではなくて、わが身だったのだなあ。修辞「ふり」は「降り」と「旧り」との掛詞。文法「ならで」の「で」は、打消の接続助詞で、「…ではなくて」の意。「けり」は、詠嘆の助動詞。
解説 庭一面に桜の花が「降りゆく」。そこから「旧りゆく」という語句を連想し、我が身の老いを嘆く心を歌った。

はなさそふ… 和歌

> 花さそふ　比良の山風　吹きにけり
> こぎゆく舟の　跡見ゆるまで
> 〈新古今・二・春下・一二八・宮内卿〉

訳 花を誘って散らす比良の山風が吹いたのだなあ。(桜の落花が湖面をおおっているので)漕いでいく舟の跡が(はっきり)見えるほどに。修辞 本歌取り。
解説 本歌は、「世の中を何にたとへむ朝ぼらけ漕ぎゆく舟の跡の白波」〈拾遺・哀傷〉。「花」は「新古今集」の配列と歌の内容から、桜の花。「比良の山」は、琵琶湖西岸に連なる山。舟が通るとそのあとに一筋の航跡が残るほど、落花のいちじるしいようすを表している。

はなしづめ-の-まつり(ハナシズメ—)【花鎮めの祭り】陰暦三月、桜の花が散るころは疫病が流行するので、その疫病神を払うため、神祇官が行った祭り。春

はな-じろ・む【鼻白む】(自マ四){ま・み・む・む・め・め}きまり悪そうな、ためらったようすをする。気おくれした顔をする。源氏 花宴「さての人々は、皆臆しがちに—・め(已)る多かり」訳 その他の人々はみんな気おくれしがちで、きまり悪そうにしている者が多い。

はな-すすき【花薄】(名) ❶穂の出たすすき。秋。古今 秋上「秋の野の草のたもとか—ほに出でてまねく袖と見ゆらむ」訳 秋の野の草でできた着物のたもとなのか、花すすきは。(だから)穂が出て(恋しさを)あらわにして(恋人を)招く袖と見えるのだろう。❷襲の色目の名。表は白、裏は薄縹。秋に用いる。⇩巻頭カラーページ11

はなすすき【花薄】《枕詞》穂の出たすすきの意から、「ほ」「ほのか」などにかかる。古今 仮名序「—ほに出だすべきことにもあらず」。〔拾遺〕恋二「—ほのかに見てぞ」

はな-ぞめ【花染め】(名) 露草の花で染めること。また、染めたもの。色がさめやすいことから、移ろいやすいものにたとえることが多い。古今 恋五「世の中の人の心は—の移ろひやすき色にぞありける」訳 世の中の人の心は、露草の花で染めた染め物のようにさめやすい色のものだっ

たのだなあ。

はなだ【縹】(名)❶「縹色(はなだいろ)」の略。薄い藍色。[源氏]絵合「—の唐(から)の紙に包みて」[訳]縹色の唐の紙に包んで。⇩巻頭カラーページ10

❷襲(かさね)の色目の名。表裏とも縹色。

はな-たちばな【花橘】(名)❶橘の花。花の咲いている橘。[古今]夏「五月待つ—の香(か)をかげば昔の人の袖の香ぞする」[訳]→さつきまつ…[和歌]

❷襲(かさね)の色目の名。表は朽ち葉、裏は青。陰暦四、五月ごろ着用。⇩巻頭カラーページ11

はなち-いで【放ち出で】(名)寝殿造りで、母屋(もや)から続けて、外へ建て増しした建物。遣り戸・障子などで隔て、客間などに使った。一説に、廂(ひさし)を几帳(きちょう)や障子で仕切って設けた部屋ともいう。

はなち-がき【放ち書き】(名)文字を続けず、一字一字離して書くこと。稚拙な書き方。[源氏]若紫「かの御—なむ、なほ見給へまほしき」[訳]あの(若紫の)一字一字離して書いた、たどたどしいご筆跡(の手紙)を、(私=光源氏は)やはり拝見したい。

花散里(はなちるさと)『人名』「源氏物語」中の人物。麗景殿女御(れいけいでんのにょうご)の妹。光源氏の庇護(ひご)を長く受け、夕霧や玉鬘(たまかずら)の世話をする女性。

はな・つ【放つ】(他タ四)(た・ち・つ・つ・て・て)❶離す。手放す。[万葉]九・一六八二「とこしへに夏冬(なつふゆ)行けやかはごろも扇(あふぎ)—・た(未)ぬ山に住む人」[訳]いつも夏と冬が同時に経過するからというのだろうか(いや、そんなこともなかろうに)、(冬の)皮衣と(夏の)扇とを放さない、(この)山に住む仙人は。[文法]「や」は、反語の係助詞。

❷解き放す。自由にする。[源氏]鈴虫「この野に虫ども—・た(未)せ給ひて」[訳](光源氏は、庭に造った)この(秋の)野に数々の虫を放させなさって。

❸(戸・障子などを)あける。開く。[枕]一四「女房の—・つ(体)を、『まな』と仰せらるれば」[訳]女房が(格子を)あけるのを、(中宮が)「いけない」と仰せになるので。

❹人手にわたす。手放す。売る。[宇治]七・五「価(あたひ)も限らず買はんと申しつるをも、惜しみて—・ち(用)給はずして」[訳](人々が)値段に糸目もつけずに(馬を)買おうと申したのをも、惜しんでお売りにならないで。

❺(光や声などを)発する。[竹取]竜の頸の玉「寿言(よごと)を—・ち(用)て立ち居(ゐ)、泣く泣くよばひ給ふこと千度(ちたび)ばかり」[訳]誓願のことばを唱えて立ったり座ったりして、泣きながら(神様を)呼び続けなさること千度ばかり。

❻(矢などを)射る。[平家]一一・那須与一「与一(よいち)鏑(かぶら)を取ってつがひ、よっぴいてひやうど—・つ(終)」[訳](那須(なす)の)与一は鏑矢を取って(弓に)つがえ、十分に引きしぼってびゅうんと射放つ。

❼(火を)つける。[平家]四・三井寺炎上「官軍、寺に攻め入りて火を—・つ(終)」

❽除外する。さしおく。[宇治]三・一七「おのれ—・ち(用)ては、たれか書かん」[訳]おまえをさしおいては、だれが書こうか(いや、書く者はいない)。[文法]「か」は、反語の係助詞。

❾追放する。流す。捨てる。解任する。[平家]三・足摺「昔、早離(さうり)・速離(そくり)が海岳山(かいがくせん)へ—・た(未)れけん悲しみも、今こそ思ひ知られけれ」[訳]昔、(南天竺(なんてんじく)の)早離・速離(の兄弟)が(継母に)海岳山へ捨てられたという悲しみも、今こそ自然と身にしみてわかったのであった。[文法]「思ひ知られ」の「れ」は、自発の助動詞「る」の連用形。[徒然]九四「北面を—・た(未)れにけり」[訳](院は)北面(=御所を守る武士)を解任しなさった。

❿(髻(もとどり)などを)あらわに出す。むき出しにする。[今昔]二六・四「裸なる者の、髻—・ち(用)たるが、太刀を持ちて出(い)でて見るに」[訳]裸である者で、髻をあらわに出した者が、太刀を持って出ていって(自分の影を)見ると。[文法]「裸なる者の」の「の」は、いわゆる同格の格助詞で、「…で」の意。

はな-つき【鼻突き】(形動ナリ)(なら・なり(に)・なり・なる・なれ・なれ)(鼻と鼻とを突き合わせる意から)ばったり出あうさま。出あいがしらであるさま。[平家]一・殿下乗合「殿下(てんが)の御出(ぎょしゅつ)に—に(用)参りあふ」[訳](平資盛(すけもり)は)殿下(=摂政藤原基房(もとふさ))のお出ましに、出あいがしらに参りあわせる。

はな-づくえ【花机】(名)仏前に据えて、経や仏具・花などをのせる机。脚に花形の彫り物などがしてある。[源氏]鈴虫「—のおほひなどをかしき目染めもなつかしう」[訳]花机の覆(おお)いなどの趣のあるしぼり染め(の具合)も好ましく。

はな-づま【花妻】(名)❶花のように美しい妻。また、見るだけで手を触れられぬ妻の意とも。[万葉]一八・四一一三「なでしこがその—にさゆり花後(ゆり)も逢(あ)はむと」[訳]なでしこのその花のような美しい妻に、後にも逢おうと。(「さゆり花」は「後(ゆり)」にかかる枕詞)

❷鹿の親しむものである萩(はぎ)を鹿の妻にみなしていう語。[万葉]八・一五四一「わが岡に小男鹿(さをしか)来鳴く初萩の—問ひに来鳴く小男鹿」[訳]私の住む岡に雄鹿が来て鳴くことだ。萩の初花を妻問い(=求婚)しに来て鳴く雄鹿よ。

はな-とり【花鳥】(名)花と鳥。[源氏]桐壺「—の色にも音(ね)にもよそふべき方(かた)ぞなき」[訳](桐壺の更衣の美しさは)花の色にも、鳥の声にも比べることのできる方法がない。

はな・なは【鼻縄】ナワ(名)牛の鼻につける縄。鼻綱。[万葉]一六・三八八六「牛にこそ—著(は)くれ(=つけるのだが)」

はなのいろは…[和歌]『百人一首』

> 花の色は　移(うつ)りにけりな　いたづらに
> 我(わ)が身(み)世(よ)にふる　ながめせし間(ま)に
> 〔経る〕〔眺め〕〔降る〕〔長雨〕
> 〈古今・二・春下・一一三・小野小町(をののこまち)〉

[訳]花の色は、すっかり色あせてしまったことだなあ。むなしく日を過ごし、長雨が降り続いていた間に。(私の容色はすっかり衰えてしまったことだなあ。むなしく恋に時を過ごし、もの思いにふけっている間に。)[修辞]「ふる」は「経る」と「降る」との、「ながめ」は「眺め」と「長雨(ながめ)」との掛詞。「降る」「長雨」は縁語。[文法]「移りにけりな」の「に」は、完了の助動詞「ぬ」の連用形。「けり」は、過去の助動詞。「な」は、詠嘆の終助詞。

[解説]表面は花の色香があせていく嘆きを詠み、その背後には、自分の容色の衰えを悲しむ気持ちを詠んでいる。「世にふる」の「世」には、男女の仲の意もある。ここでは五七調の二句切れと解する。第三句を倒置法とみて、第二句「移りにけりな」にかかるとする説、また上下と

もにかかるとする説もある。

はな-の-えん【花の宴】季節の花を見ながら催す宴会。特に桜観賞の宴会。源氏 薄雲「二条院の御前の桜を御覧じても、―のをりなどおぼし出づ」訳（光源氏は）二条院の御庭先の桜をご覧になっても、（藤壺(ふじつぼ)在世の）花見の宴の時（のこと）などをお思い出しになる。

はな-の-が【花の賀】桜の咲くころに行われる賀の祝い。伊勢 二九「春宮(とうぐう)の女御(にょうご)の御方の―に」訳 皇太子の（生母である）女御の御殿での桜の時節の祝宴に。

はな-の-かがみ【花の鏡】花の影が映る水面を、鏡に見立てていう語。古今 春上「年をへて―となる水は散りかかるをやくもるといふらむ」訳 何年もの間花の影を映す鏡になる（池の）水は、花が散りかかるのを（鏡に塵(ちり)がかかるように）曇るというのだろうか。（「散り」に「塵」をかける）

はな-の-かほ(カオ)【花の顔】花の姿。転じて、花のように美しい顔。源氏 若紫「まだ見ぬ―を見るかな」訳 まだ見たことのない（光源氏の）花のように美しい顔を見ることだなあ。

はな-の-くも【花の雲】桜の花が遠く一面に咲き連なっているのを雲にたとえていう語。春。〔続虚栗〕芭蕉「―鐘は上野か浅草か」訳 雲かと見まごう桜の花盛りに、聞こえてくる鐘の音は上野の（寛永寺の）鐘だろうか、浅草の（浅草寺の）鐘だろうか。

はな-の-ころも【花の衣】❶はなやかな衣服。古今 哀傷「みな人は―になりぬなり」訳 人々は皆（喪服をぬいで）はなやかな衣服に着がえたそうだ。
❷梅や桜の花を鶯(うぐいす)などの着る衣服に見たてていう語。〔拾遺〕物名「春風の今朝早ければ鶯の―もほころびにけり」訳 春風が今朝ひどく吹いたので、鶯の晴れ着の梅の花もほころんで（＝つぼみが開いて）しまったことよ。（「けさはやければ」に「さはやけ（＝大根の若芽）」を詠みこむ）

はな-の-とぼそ【花の枢】花が一面に咲いて前をふさいでいるのを、戸がしまっているさまに見たてていう語。新古 釈教「これやこの憂き世の外(ほか)の春ならん―のあけぼのの空」訳 これがこのつらい世のほかの（極楽の）春であろうか。戸を開けると蓮華(れんげ)の花が咲いているのが見えるあけぼのの空よ。（「あけぼの」に戸を「開ける」意をかける）

はな-の-みやこ【花の都】「都」の美称。源氏 須磨「咲きてとく散るは憂(う)けれど行く春は―を立ち返り見よ」訳（桜が）咲いてすぐに散るの（＝光源氏の転変）はつらいけれども、別れ去っていく春（＝光源氏）は、（また来年）花の咲く美しい都に帰って来て見よ。

はな-の-もと【花の下・花の本】❶花の咲いた木の下。花の陰。〔後撰〕春上「鶯(うぐいす)の鳴きつる声に誘はれて―にぞ我は来にける」訳 鶯の鳴いた声に誘われて、（いつの間にか）梅の花の下に私は来てしまったことよ。
❷鎌倉中期から南北朝時代に、社寺の桜の下で行われた連歌（花の下(もと)連歌）の愛好者の称。転じて、連歌の宗匠の称。

はな-の-ゆき【花の雪】白く咲いている花。また、散る花を雪に見たてていう語。春。新古 春下「またや見ん交野(かたの)のみ野の桜がり―散る春のあけぼの」訳 →またやみん… 和歌

はなはだ【甚だ】(副) 非常に。とても。徒然 九二「何ぞ、ただ今の一念において、直(ただ)ちにすることの―かたき」訳 なんと、たった今のこの一瞬の間において、すぐに実行することがとてもむずかしいことか。
参考 おもに漢文訓読調の文章に用いられる。

はなはちり… 和歌

> 花は散り　その色(いろ)となく　ながむれば
> むなしき空(そら)に　春雨(はるさめ)ぞ降(ふ)る
> 〈新古今・二・春下・一四九・式子内親王(しきしないしんのう)〉

訳 桜の花は散り、これといった色もないのにながめていると、何もない空に春雨が降っている。
解説「色」は花の色の意だが、気配や様子の意も含めて言うか。花が散った後もこれまでの習いで自然と目が空に行ってしまうのである。

はなばな-と【花花と・華華と】(副) はなやかに。きらびやかに。枕 二七八「朝日の―さし上がるほどに」訳 朝日がはなやかに昇るころに。

塙保己一(はなわほきいち)(ハナワ ホキイチ)『人名』(一七四六～一八二一) 江戸後期の国学者。名は「ほきのいち」とも。七歳で失明したが、賀茂真淵(かものまぶち)らに学んで和漢の学に通じ、江戸番町に和学講談所をたてて国学を講じた。「群書類従(ぐんしょるいじゅう)」の編纂(へんさん)刊行は古典研究に大きく寄与した。

はな-ひる【嚔る】(自ハ上一)｛ひ・ひ・ひる・ひる・ひれ・ひよ｝くしゃみをする。枕 二八「人の家の男主(をとこしゅう)ならでは、高く―・ひ(用)たる、いとにくし」訳 一家の男主人でなくては、音高くくしゃみをしたのは、とても不快だ。

はな-まじろき【鼻まじろき】(名) ふふんと鼻をうごめかして冷笑すること。うわべはへつらっているが、心服しないさまにいう。源氏 少女「時に従ふ世人の、下には―をしつつ、追従(ついしょう)し」訳 時勢に従う世間の人が、心の中では冷笑をしながらも、（表面では）こびへつらい。

はな-むけ【餞・贐】(名)「餞(うまのはなむけ)」の略。細道 草加「さりがたき―などしたるは、さすがに打ち捨てがたくて」訳 断りにくい餞別などを友人たちが私（＝芭蕉(ばしょう)）にしてくれたのは、（道中の重荷となっても）やはり捨てにくくて。

はな-め-く【花めく・華めく】(自カ四)｛か・き・く・く・け・け｝（「めく」は接尾語）はなやかに見える。栄える。時めく。〔風姿花伝〕「二つの便りあれば、悪(わろ)きことは隠れ、よきことはいよいよ―・け(已)り」訳（十二、三歳のころは愛らしい子供姿とよく通る声という）二つの利点があるので、悪いこと（＝欠点）は隠れ、よいこと（＝長所）はますますみごとに見えている。⇩幸(さきは)ふ「慣用表現」

はな-もみぢ(モミジ)【花紅葉】(名) 花と紅葉。特に、春の桜花と秋の紅葉。また、美しい自然の景物をいう。徒然 一三九「卯月(うづき)ばかりの若かへで、すべてよろづの―にもまさりてめでたきものなり」訳 陰暦四月ごろの若葉が萌(も)え出したかえでは、総じてありとあらゆる花や紅葉よりもすぐれていてすばらしいものである。

はなもりや… 俳句

> 春
> 花守や　白(しろ)きかしらを　つき合(あ)はせ
> 〈薦獅子集(こもじししふ)・去来〉

は　なの―はなも

訳 花守(=花の番人)の老人が二人、咲きほこる桜の下で何か話をしている。白髪の頭をつき合わせて。(花守 春。切れ字は「や」)

解説 「去来抄」〈修行〉で芭蕉(ばしょう)はこの句を「さび」の色がよく出ていると評している。桜花のはなやかな白と白髪の落ちついた白の対照に調和をみたもの。謡曲「嵐山」に登場する花守の老夫婦を典拠としたとする説もある。

はな-やか【花やか・華やか】(形動ナリ)｛なら・なり(に)・なり・なる・なれ・なれ｝「やか」は接尾語 ❶きらびやかなさま。美しいさま。源氏 賢木「―・に用さし出(い)でたる夕月夜(ゆふづくよ)に」訳 美しくさし昇った夕方の月に(映えて)。
❷にぎやかなさま。徒然 一九「大路(おほち)のさま、松立てわたして―・に用うれしげなるこそ、またあはれなれ」訳 (元旦の)都大路のようすは、門松を立て並べてにぎやかでよろこばしい感じであるのが、また趣が深い。
❸きわだっているさま。はっきりしているさま。枕 八三「『なにがしさぶらふ』と、いと―・に用いふ」訳 「だれそれが参上しております」と、(使いの者が)とてもはっきりと言う。
❹栄えるさま。勢いが盛んなさま。はなばなしいさま。源氏 桐壺「世のおぼえ―・なる体御方々にもいたう劣らず」訳 (桐壺の更衣は)世間の評判がはなばなしい御方々(=他の女御(にょうご)や更衣たち)にもそれほどひけをとらずに。
❺陽気なさま。快活なさま。枕 一六三「『さるべきこともなきを、ほとほり出(い)で給ふ、やうこそはあらめ』とて、―・に用笑ふに」訳 「当然そうあるはずのこと(=怒る理由)もないのに、(源中将=源宣方(のぶかた)が)お怒り出しになるのは、わけはあるのだろう」と言って、陽気に笑うので。

はな-や-ぐ【花やぐ・華やぐ】(自ガ四)｛が・ぎ・ぐ・ぐ・げ・げ｝❶はなやかになる。陽気にふるまう。枕 一〇四「おなじ直衣(なほし)の人まゐり給ひて、これはいますこし―・ぎ用、さるがう言(ごと)などし給ふを」訳 同じ直衣姿の人(=関白藤原道隆(みちたか))が参上なさって、この方は(大納言=伊周(これちか)よりも)もう少し陽気にふるまい、冗談などおっしゃるのを。
❷栄える。時めく。大鏡 頼忠「時の一の人の御孫にて、えもいはず―・ぎ用給ひしに」訳 (藤原隆家(たかいえ)は時の最高位の人(=摂政藤原兼家)の御孫であって、言いようもないほど栄えていらっしゃったが。⇩幸(さき)ふ「慣用表現」

はな-る【離る・放る】(自ラ下二)｛れ・れ・る・るる・るれ・れよ｝❶はなれる。遠ざかる。隔たる。大鏡 道長下「都―・れ用たる所なれば」訳 都から離れている所なので。
❷別れる。縁が切れる。関係がなくなる。竹取 竜の頸の玉「これを聞きて、―・れ用給ひしもとの上は、腹をきりて笑ひ給ふ」訳 これを聞いて、(大納言が)離縁しなさったもとの夫人は、腹をかかえてお笑いになる。
❸逃げる。徒然 二〇六「官人(くわんにん)章兼(あきかね)が牛―・れ用て、庁のうちへ入(い)りて」訳 官人章兼の牛が逃げて、役所の中へとび込んで。
❹官職を辞任する。免官となる。拾遺 雑下・詞書「大将―・れ用侍りてのち、久しく参らで」訳 大将を免官となりまして、その後長いこと参上しないで。

はな-ゑみ【花笑み】エミ(名)花の咲いているさまを、笑いをふくんだ人の顔にたとえていう語。(花笑む 春)。万葉 七・一二五七「道の辺(へ)の草深百合(くさぶかゆり)の―に咲(ゑ)みしがからに妻といふべしや」訳 道のほとりの草深い所に生えている百合が咲きほほえむように、ちょっとほほえみかけただけで、妻だといってよいだろうか(いや、そんなことはないだろう)。

はな-を-なら-ぶ【鼻を並ぶ】馬などの鼻をそろえて並べる。一線に並ぶ。平家 九・木曽最期「馬(むま)の―・べ用て駈(か)けんとし給へば」訳 (義仲(よしなか)は)馬の鼻を(兼平の馬の鼻と)並べて(敵の中へ)突入しようとなさると。

はな-を-ふ-く【鼻を吹く】鼻息を荒くする。宇治 一五・二「―・き用いからかし(=いからし)」

はな-を-や-る【花を遣る】❶着飾る。おしゃれする。〔浮・西鶴織留〕「繻珍(しゅちん)の帯に紫革足袋(かはたび)にて―・り用しに」訳 高級な絹織りの帯に、紫色の革足袋でおしゃれをしていたが。
❷豪勢な生活をする。豪勢に遊ぶ。〔浮・日本永代蔵〕「ここの都に―・っ用(促音便)て、春をゆたかに暮らされ」訳 この都(=奈良)で豪勢な生活をして、春をぜいたくに暮らしなさって。

はな-を-を-る【花を折る】オル(花を折って飾りにする意から衣装・容姿をはなやかにする。大鏡 伊尹「―・り用給ひし君達(きんだち)が。」訳 容姿をはなやかにしていらっしゃった君達が。

はに【埴】(名)きめが細かい黄赤色の粘土。焼き物や染料などの原料として用いる。記 上「海の底に入り、底の―を咋(く)ひ出(い)でて(=くわえて出て)」

はに-ふ【埴生】ハニュウ(名)「生(ふ)」はそれを産する所の意 ❶「埴(はに)」のある土地。また、埴。万葉 一・六九「草枕旅ゆく君と知らませば岸の―にほはさましを」訳 もし旅行く方だと知っていたなら、(この住吉(すみのえ)の)岸の赤土で衣を染めただろうに。(「草枕」は「旅」にかかる枕詞)
❷「埴生の小屋(をや)」の略。

はにふ-の-をや【埴生の小屋】ハニュウノオヤ「はにふのこや」とも。土で塗っただけの粗末な家。みすぼらしい家。はにゅう。万葉 一一・二六八三「をちかたの―に小雨降り床(とこ)さへ濡(ぬ)れぬ身に副(そ)へ吾妹(わぎも)」訳 遠くの粗末な家に小雨が降り、床まで濡れてしまった。私に寄り添え、お前よ。⇩苫屋(とまや)「慣用表現」

埴安の池(はにやすのいけ)【地名】上代、今の奈良県の香具山(かぐやま)の西側のふもとにあった池。

はにゅう【埴生】⇩はにふ

は-ぬ【跳ぬ・撥ぬ】■一(自ナ下二)｛ね・ね・ぬ・ぬる・ぬれ・ねよ｝❶とび上がる。おどり上がる。平家 九・一二之懸「馬の太腹射させて―・ぬれ已ば」訳 馬が腹の肥えて太ったところを射られてとび上がるので。
❷はじける。とび散る。
❸その日の興行が終わる。
■二(他ナ下二)｛ね・ね・ぬ・ぬる・ぬれ・ねよ｝❶はね上げる。万葉 二・一五三「沖つ櫂(かい)いたくな―・ね用そ辺(へ)つ櫂いたくな―・ね用そ」訳 沖のほうをこぐ舟の櫂をひどくはね上げないでくれ。岸辺をこぐ舟の櫂をひどくはね上げないでくれ。
❷〔ふつう「刎ぬ」と書く〕(首などを)切り落とす。平家 二・小教訓「やがて首を―・ね未られんこと、いかが候ふべからん」訳 ただちに首をおはねになるようなことは、どんなものでしょうか。
❸一部分をかすめとる。上前をはねる。

は-ね【羽・羽根】(名)鳥や虫などの羽(はね)。翼(つばさ)。方丈二「―なければ、空をも飛ぶこともできない。

はねうま-の-しゃうじ【跳ね馬の障子】(名)馬のはねている姿を描いた衝立。清涼殿の西方の渡殿(=渡り廊下)などに立ててあった。「馬形の障子」とも。平家 六・小督「ありつる女房の装束をば―に投げかけ」訳 (仲国は)先刻の女房(=小督)の衣装を、跳ね馬の障子に投げかけ。⇩巻頭カラーページ22

はね-がき【羽搔き】(名)「はがき」とも。鳥がくちばしで自分の羽をしごくこと。一説に、鳥が翼をはばたかせること。古今 恋五「暁の鴫の―百羽搔き」訳 明け方の鴫(=水鳥の名)の何度も何度もくり返す羽搔き。

はね-かづら【はね鬘】(名)年ごろの少女がつけた髪飾り。万葉 四・七〇五「―今する妹を夢に見て情のうちに恋ひわたるかも」訳 はねかずらの髪飾りを今つけているあなたを夢に見て、(私は)心の中でずっと恋しく思い続けていることだ。

はね-き・る【羽きる】(自ラ四){ら・り・る・る・れ・れ}❶鳥が羽ばたきをして水しぶきを上げる。万葉 九・一七四四「埼玉の小埼の沼に鴨そ―・る(体)(=鴨が羽ばたきをしてしぶきを上げている)」

❷「はねぎる」とも。いそがしく飛び回る。はしゃぐ。とびはねる。〔落窪〕「『明日の臨時の祭りに、三の君に見せ奉らむ、蔵人の少将のわたり給ふを』と、北の方―・り(用)をるを」訳「明日の(賀茂の)臨時の祭りに、三の君にお見せ申しあげよう、蔵人の少将がお通りになるのを」と、北の方がはしゃいでいるのを。

はねず-いろ-の【はねず色の】《枕詞》はねず(=植物の名)の花で染めた色が変わりやすいことから、「移ろひやすし」にかかる。万葉 四・六五七「―うつろひやすきあが心かも」

はね-を-かは・す【羽を交はす】(鳥が羽を互いに重ね合わせて離れずにいる意から)男女の愛情が深いことにたとえていう。比翼の鳥となる。「羽を並ぶ」とも。大鏡 師尹「後の世も―・せ(已)る鳥となりなむ」訳 来世でもきっと比翼の鳥となろう(=仲よく暮らそう)。文法「なりなむ」の「な」は、助動詞「ぬ」の未然形で、ここは確述の用法。→比翼の鳥

はね-を-なら・ぶ【羽を並ぶ】❶「はねをかはす」に同じ。源氏 桐壺「朝夕の言種に、―・べ(用)、枝を交はさむと契らせ給ひしに」訳 (桐壺帝は桐壺の更衣に)朝夕の口ぐせに、比翼の鳥となり、連理の枝となろうとお約束になられたのに。

❷臣下の者が協力して、主君を助ける。源氏 行幸「―・ぶる(体)やうにて、おほやけの御後ろ見をもつかうまつるとなむ思う給へしを」訳 (あなた=内大臣と)羽を並べるようにして(助け合い)、朝廷の御後ろ盾をもおつとめ申しあげる(ことにしよう)と存じましたが。

はは【母】(名)母親。万葉 三・三三七「憶良らは今は罷らむ子泣くらむそれその―も吾を待つらむそ」訳 →おくららは…和歌

参考 平安中期ごろから室町末期ごろまでは「はわ」と転じて発音されたが、近世以降、再び「はは」と発音するのがふつうになった。

はばかり【憚り】(名)❶恐れ慎むこと。さしひかえ。遠慮。源氏 桐壺「百敷に行きかひ侍らむことは、ましていと―多くなむ」訳 宮中に出入りしますようなことは、なおさら、とても遠慮が多く(ございまして)。

❷さしさわり。支障。源氏 明石「世を保たせ給はむに―あるまじくかしこく見えさせ給ふ」訳 (東宮は帝として)天下をお治めになられるとしてもそれに、さしさわりのあるはずがないほど、賢明にお見えになられる。

ははか・る【憚る】一(自ラ四){ら・り・る・る・れ・れ}❶障害があって、行き悩む。進めないでいる。万葉 三・三一七「照る月の光も見えず白雲もい行き―・り(用)」訳 →あめつちの…和歌

❷はびこる。いっぱいになる。平家 五・物怪之沙汰「ある夜入道の臥し給へるところに、ひと間に―・る(体)程の物の面いできて、のぞき奉る」訳 ある夜、入道(=平清盛)が寝ていらっしゃる所に、一間の間にいっぱいになるほどの何かの顔が出て来て、のぞき申しあげる。

二(他ラ四){ら・り・る・る・れ・れ}恐れ慎む。遠慮する。源氏 桐壺「人のそしりをもえ―・ら(未)せ給はず」訳 (桐壺帝は)人々の非難をも慎みなさることがおできになられず。文法「えはばからせ給はず」の「え」は副詞で、下に打消の語(こ

古語ライブラリー㊳

「生くる人」の解釈

平安時代の女流日記『蜻蛉日記』に、こんな一節がある。夫の兼家の訪れはとだえがちだし、母を亡くした悲しみも重なって、作者道綱の母が山寺にこもっているときのことである。

◇いでなほここながら死なむと思へど、生くる人ぞ、いとつらきや。〈蜻蛉 上〉

さあ、やはり京の邸宅へは帰らずに、この山寺にこもったままで死にたいと思うけれども、「生くる人」がたいそうつらいことよ――というのである。

ここの「生くる」は「き・き・く・くる・くれ・きよ」と活用するカ行上二段活用の連体形か、「け・け・く・くる・くれ・けよ」と活用するカ行下二段活用の連体形かが問題になる。

自動詞・他動詞の判定でむずかしいのは時代によって活用の変化する語があるからだ。『万葉集』の時代には「生く」は、カ行四段が自動詞、カ行下二段が使役性のある他動詞になっている。平安時代になっても、同じである。

◇限りとて別るる道の悲しきに生かまほしきは命なりけり〈源氏 桐壺〉

◇(尼君は)この人(=浮舟)を生け果てて見まほしう惜しみて、〈源氏 手習〉

現代では、カ行上一段活用「生きる」が自動詞、サ行五段活用「生かす」が他動詞になっている。カ行上一段活用「生きる」の前身のカ行上二段活用「生く」が広く用いられるようになるのは、『徒然草』の時代になってからだ。

◇たとひ耳鼻こそ切れ失すとも、命ばかりはなどか生きざらん。〈徒然 五三〉

カ行上二段がまだなかったのだから、『蜻蛉日記』の「生くる」は、カ行下二段と見る以外にない。「生くる人」は、兼家や道綱など、道綱の母を「生かす人」すなわち「死なせない人」だった。

⇩一〇一九ページ㊴

こでは「ず」)を伴って不可能の意を表す。「せ給は」は、最高敬語。

ははき【帚・箒】(名)ほうき。蜻蛉 下「庭はくとてーを持ちて」

はばき【脛巾・行纏・半履】(名)旅などのときに脛にまきつけるもの。わらや布製で、後世の脚絆にあたる。枕 二四七「深き沓、半靴などのーまで、雪のいと白うかかりたるこそをかしけれ」訳 深ぐつや半靴などの脛あてにまで、雪がたいそう白く降りかかっているのは趣がある。

（はばき）

ははき-ぎ【帚木】(名)❶ほうきぐさ(=植物の名)の古名。夏。細道 福井「鶏頭・ーに戸ぼそをかくす」訳 鶏頭やほうきぐさで戸口を隠している。❷伝説の木の名。信濃の(長野県)の園原にあって、遠くからはほうきのような梢が見えるが、近寄ると見えなくなるという。情があるようでないようすをたとえていう。源氏 帚木「ーの心を知らで園原の道にあやなくまどひぬるかな」訳 (近づくと消えてしまう)帚木のような情のないあなた(=空蟬)の心を知らずに、園原の道(=恋の道)にわけもなく迷ってしまったことだなあ。❸「母」にかけていう語。〔栄花〕こまくらべの行幸「日の本には、ーとたち栄えおはしましてより」訳 (大后の宮が)この日本国に、母君として栄えていらっしゃって以来。

はは-ぎさき【母后】(名)「ははきさき」「ははきさい」とも。母親である皇后。母后。源氏 桐壺「ー世になくかしづき聞こえ給ふを」訳 母親である皇后がこのうえなくたいせつに養育し申しあげなさる方(=先帝の四の宮)を。

はは-きたのかた【母北の方】(名)母親であり、父親の正妻である人。源氏 桐壺「ーなむいにしへの人のよしあるにて」訳 (桐壺の更衣の)母親である(父大納言の)正妻は古い家柄の出身者で、教養がある人であって。

はは-くそ【黒子】(名)ほくろ。

ははこ-もちひ【母子餅】(名)米の粉に母子草(=ごぎょう)の葉をつきまぜ、蒸したもち。陰暦三月三日に作った。草もち。春。〔和泉式部集〕「春の野にいろいろ摘めるーぞ」訳 春の野で、あれやこれやと(苦労して)摘んだ母子草で作った草もちであるよ。

はは-しろ【母代】(名)母の代わりとなって世話をする人。平家 一・吾身栄花「高倉院御在位の時、御ーとて准三后の宣旨をかうぶり」訳 (清盛の娘盛子は)高倉院が帝位におつきになっていたとき、(帝の)御母代わりとして三后(=太皇太后・皇太后・皇后)に準ずる(身分の)勅命を受け。

ははそ【柞】(名)樹木の楢や櫟などの総称。秋。(柞紅葉 秋)。古今 秋下「佐保山のーの色はうすけれど秋は深くもなりにけるかな」訳 佐保山の(黄葉した)ははその色は薄いけれど、秋はすっかり深くなってしまったことだなあ。

ははそばの【柞葉の】《枕詞》同音の重なりから「母」にかかる。万葉 一九・四一六四「ちちのみの父の命ー母の命」

はは-とじ【母刀自】(名)〔「とじ」は主婦の意、また女性の敬称〕「母」の敬称。母上。平家 一・祇王「ー、これを聞くに悲しくて、いかなるべしともおぼえず」訳 母君は、これ(=娘たちが身を投げようと言っていること)を聞くと悲しくて、どうしたらよいともわからない。

はは-の-みこと【母の命】(名)「母」の敬称。万葉 三・四四三「たらちねのーは斎瓮を前に据ゑ置きて」訳 お母さまは神聖な瓶を前に据えおいて。(「たらちねの」は「母」にかかる枕詞)

はひ【灰】(名)灰。源氏 桐壺「ーになり給はむを見奉りて」訳 (桐壺の更衣が火葬にされて)灰におなりになるならそれをお見届け申しあげて。

はひ-あり・く【這ひ歩く】(自カ四){か・き・く・く・け・け}はって動き回る。はい回る。伊勢 八一「そこにありけるかたゐ翁板敷きの下にー・き用て」訳 そこに居合わせた乞食の老人が縁側の下をはい回って。

はひ-おく・る【灰後る】染色で、紫色を鮮やかにするために入れる椿の灰の効力が薄れ、紫色がさめる。「灰返る」とも。源氏 末摘花「紫の紙の年経にければー・れ用ふるめいたるに」訳 紫色の紙で、年が経ってしまったので、色がさめ古めかしくなっているものに。

はひ-かく・る【這ひ隠る】(自ラ下二){れ・れ・る・るる・るれ・れよ}はうようにして、こそこそと逃げ隠れる。ひそみ隠れる。源氏 帚木「深き山里、世離れたる海づらなどにー・れ用ぬるをり」訳 深い山里や人里離れた海辺などにひそみ隠れてしまう者がいる。

はひ-かへ・る【灰返る】「はひおくる」に同じ。

はひ-さ・す【灰差す】紫色を色よく染めるために、椿の灰を加える。万葉 一二・三一〇一「紫はー・す体ものぞ海石榴市の八十のちまたに逢へる児や誰」訳 紫染めには椿の灰を加えるものだが、海石榴市(=地名)の四方八方に通じる辻で出逢ったあなたは、だれか。(第二句までは、「椿」と同音の「海石榴市」を導きだす序詞)

はひ-たもとほ・る【這ひ徘徊る】(自ラ四){ら・り・る・る・れ・れ}幼児のようにはい回る。万葉 三・四五八「若子のー・り用」訳 はい回り。

ばひ-と・る【奪ひ取る】(他ラ四){ら・り・る・る・れ・れ}〔「うばひとる」の頭母音「う」が脱落した形〕うばい取る。ひったくる。今昔 二九・一八「盗人、死にし人の着たる衣と嫗の着たる衣と、抜き取りてある髪とをー・り用て」訳 盗人は、死んだ人が着ている着物と老婆が着ている着物と、(老婆が死者から)抜き取ってある髪とをひったくって。

はひ-ぶし【這ひ臥し】(名)腹ばいになって伏すこと。横になること。枕 九九「例の、ーにならはせ給へる御前たちなれば」訳 いつも、腹ばいに慣れていらっしゃるあなた様方であるから。

はひ-まぎ・る【這ひ紛る】(自ラ下二){れ・れ・る・るる・るれ・れよ}身を伏せるようにして人目をまぎらす。こっそり隠れる。源氏 空蟬「いづくにー・れ用て、かたくなしと思ひゐたらむ」訳 (空蟬は)どこにこっそり隠れて、(私=光源氏を)融通のきかないまぬけだと思っているのであろう。

はひ-まつは・る【這ひ纏はる】(自ラ下二){れ・れ・る・るる・るれ・れよ}はい伸びてからみつく。源氏 夕顔「軒の端などにー・れ用たるを」訳 (夕顔のつるが)軒の端などにはい伸びてからみついているのを。

はひ-もとほ・る ハイモトオル【這ひ徘徊る】(自ラ四){ら・り・る・る・れ・れ}はい回る。万葉 二・一九九「鶉なすい—り用侍らへど」訳うずらのようにはい回ってお仕えするが。

はひ-もとほろ・ふ ハイモトオロウ【這ひ徘徊ろふ】(自ハ四){は・ひ・ふ・ふ・へ・へ}《上代語》はい回っている。〔記〕中「なづき田の稲幹に稲幹に—ふ体野老葛」訳→なづきたの…歌謡。→回ろふ

はひ-わた・る ハイ—【這ひ渡る】(自ラ四){ら・り・る・る・れ・れ}❶はい伸びる。はい広がる。〔後撰〕雑三「下にのみ—り用つる蘆の根のうれしき雨にあらはるるかな」訳地下にばかり(隠れて)はい広がった蘆の根がうれしい雨に洗われて地上に現れるように、隠れて通っていた私の恋も、うれしいことにこの雨のおかげで堂々と表だったものになったことよ。❷(近い距離を)歩いて行く。また、忍んで行く。蜻蛉 上「乗り物なきほどに—る体ほどなれば」訳(移り住んだ家は乗り物がないときに歩いて行く(程度の)距離なので。

はふ ホウ【法】(名)法律。きまり。また、方法。しかた。参考「法」には、漢音「はふ」と呉音「ほふ」の仮名遣いがある。仏教語は、多く呉音を用いる。→法

は・ふ ハウ【這ふ】(自ハ四){は・ひ・ふ・ふ・へ・へ}❶腹ばう。はうようにして進む。枕 一五一「二つ三つばかりなるちごの、いそぎて—ひ用くる道に」訳二歳、三歳くらいの幼児が、急いではって来る途中で。❷植物のつるなどが伸びてゆく。はびこる。古今 秋下「ちはやぶる神のいがきに—ふ体葛も秋にはあへずうつろひにけり」訳(神の威光に守られた)神社の垣にからみつく葛も、秋にはこらえきれずに色が変わってしまったことだ。(「ちはやぶる」は「神」にかかる枕詞)

は・ふ ハウ【延ふ】(他ハ下二){へ・へ・ふ・ふる・ふれ・へよ}❶引きのばす。張りわたす。万葉 五・八九四「墨縄を—へ用たる如く」訳墨縄を張りわたしたように。❷思いをかける。心を寄せる。万葉 一二・三〇六七「—へ用てしあらば年に来ずとも」訳(私に)心を寄せているならば一年に(一回)来なくても(不安はないが)。

ば・ふ バウ【奪ふ】(他ハ四){は・ひ・ふ・ふ・へ・へ}〔「うばふ」の頭母音「う」が脱落した形〕うばう。源氏 夕霧「いと心づきなしとおぼせど、ありしやうにも—ひ用給はず」訳(雲居雁は)実に気にくわないとお思いになるが、以前のようにも手紙をうばい取りなさらない。

は-ぶ・く【羽振く】(自カ四){か・き・く・く・け・け}羽ばたきをする。更級 宮仕へ「池の鳥どもの、夜もすがら、声々—き用さわぐ音のするに」訳池の鳥たちが、一晩じゅう、(それぞれ鳴き声(をたて)羽ばたきをし騒ぐ音がするので。

はぶ・く【省く】(他カ四){か・き・く・く・け・け}❶少なくする。減らす。除く。源氏 椎本「世の中に心をとめじと—き用侍る身にて」訳現世に執着すまいと、(私=薫は係累を)排除しております身の上であって。❷簡略にする。質素にする。源氏 少女「世のそしりもやと—き用給へれば」訳(光源氏は)世間の非難もあるかと(六条院への移転を)簡略になさったので。❸分配する。分かち与える。平家 七・木曽山門牒状「かの庄園を没取して、みだりがはしく子孫に—く終」訳(平氏はその(=大臣・公卿の)荘園を没収して、無秩序に子孫に分配する。

はふくずの ハウクズノ【這ふ葛の】《枕詞》葛のつるが長く伸びてゆく状態から、「遠長し」「後も逢ふ」「絶えず」などにかかる。万葉 三・四二三「—いや遠長く万世に」。万葉 一六・三八三四「—後も逢はむと」。万葉 二〇・四五〇九「—絶えずしのはむ」

は-ぶたへ —ブタエ【羽二重】(名)薄くなめらかでつやのある絹織物。羽織・礼服などの地に用いる。

はふつたの ハウツタノ【這ふ蔦の】《枕詞》蔦の先が分かれて伸びてゆくことから、「おのがむきむき」「別れ」にかかる。万葉 九・一八〇四「—おのが向き向き天雲の別れし行けば」。万葉 一九・四二二〇「—別れにしより」

はふに ホウニ【白粉】(名)〔「はくふん」の転〕おしろい。今昔 四・二四「粉を多く召して宮の内にひまなくまきつ。粉といふは—なり」訳(王は)粉をたくさんお取り寄せになって、宮殿の中にすきまもなくまき散らした。粉というのはおしろい(のこと)である。

はふ-はふ ハウ(ホウ)ハウ(ホウ)【這ふ這ふ】(副)❶はうようにして。やっとのことで。徒然 八九「希有にして助かりたるさまにて、—家に入りにけり」訳(法師は)やっとのことで助かったようすで、はうようにして家に入ってしまった。❷あわてふためいて。ほうほうのていで。平家 八・鼓判官「あるは馬をすてて、—逃ぐる者もあり」訳ある者は馬を捨てて、ほうほうのていで逃げる者もいて。

はふら-か・す【放らかす】(他サ四){さ・し・す・す・せ・せ}〔「かす」は接尾語〕うち捨てる。ほうり出す。落ちぶれさせる。「はふらす」とも。細道 市振「白波の寄する汀に身を—し用」訳白波が寄せるなぎさに身をほうり出し。

はふら・す【放らす】(他サ四){さ・し・す・す・せ・せ}「はふらかす」に同じ。古今 雑体「身はすてつ心をだにも—さ未じ」訳この身は捨ててしまった。(しかし)せめて心だけでもうち捨てないでおこう。

はふり【祝】(名)神に仕えるのを職とする人。多く、神主・禰宜より下級の神職をいう。「祝り子」とも。

はぶり【葬り】(名)「はふり」とも。ほうむること。葬送。大和 一四七「なきのしりて—す」訳(親は)大きな声で泣き騒いで(娘の)葬送をした。

はふり-こ【祝り子】(名)「はふり」に同じ。

はふ・る【溢る】(自ラ四){ら・り・る・る・れ・れ}あふれる。万葉 一八・四一一六「射水川雪消—り用て逝く水の」訳射水川の雪解け水があふれて流れる水のように。

は-ふ・る【羽振る】(自ラ四){ら・り・る・る・れ・れ}「はぶる」とも。❶羽ばたく。飛び立つ。〔霊異記〕「鷲とりて空に上がりて、東をさして—り用いぬ」訳(幼児を)鷲がさらって空に舞い上がって、東をさして羽ばたいて去っていく。❷(鳥が羽ばたくように)風や波が立つ。万葉 二・一三一「朝—る体風こそ寄せめ夕—る体波こそ来寄れ」訳→いはみのうみ…和歌

はふ・る【放る】「はぶる」とも。一(自ラ下二){れ・れ・る・るる・るれ・れよ}❶さまよう。さすらう。源氏 玉鬘「我さへうち捨て奉りて、いかなる様に—れ用給はむとすらむ」訳私(=大宰の少弐)までが(玉鬘を)お見捨て申しあげて(しまったなら)、どんなありさまでさまよいなさろうとするだろう。❷落ちぶれる。零落する。徒然 一「その子・孫までは、—れ用にたれど、なほなまめかし」訳その子供や孫までは、落ちぶれてしまっていても、やはり上品である。

る。**二**(他ラ四){ら・り・る・る・れ・れ}捨て去る。散らす。また、さまよわせる。〔記〕上「その蛇を切り**ー・り**㊊給ひしかば」訳(須佐之男命は)その蛇を切り散らしなさったので。

はぶ・る【葬る】(他ラ四){ら・り・る・る・れ・れ}「はふる」とも。❶埋葬する。ほうむる。宇治 四・七「疎む心出できて、泣く泣く**ー・り**㊊てける」訳(妻の遺体から悪臭が漂い)いとわしく思う気持ちが生じて、泣く泣くほうむった。❷火葬にする。著聞 四只「薪を積みて、**ー・り**㊊て、上に石の卒塔婆を建てけり」訳 薪を積んで、火葬にして、上に石の卒塔婆を立てたそうだ。

はべ-めり【侍めり】「あめり」の丁寧語。(…で)あるようです。…ようでございます。源氏 薄雲「唐土には、春の花の錦にしくものなしと言ひ**はべめり**㊊」訳 中国(の漢詩)では、春の花の錦に及ぶものはないと言っているようですし。

なりたち ラ変動詞「侍り」の連体形「はべる」＋推量の助動詞「めり」＝「はべるめり」の撥音便「はべんめり」の撥音「ん」の表記されない形。ふつう「はべ(ン)めり」と読む。

はべ・り【侍り】(自ラ変) ❶貴人や目上の人のそばにひかえている。おそばにいる。お仕えする。枕 一五六「御前のかたに向かひて、うしろざまに『誰々か**ー・る**㊍』と問ふこそをかしけれ」訳(蔵人が)主上の御前の方に向かって、後ろ向きに(後方の滝口の武士に)「誰々がひかえているか」とたずねるのもおもしろい。
❷動詞「あり」「居り」の丁寧語。ございます。あります。おります。源氏 薄雲「かかる老法師の身には、たとひ憂へ**ー・り**㊎ともなにの悔いか**ー・ら**㊌む」訳 このような老法師の身には、たとえ災難がございましょうか(いや、なんの後悔もございません)。源氏 若紫「ここに**ー・り**㊊ながら御とぶらひにもまうでざりける」訳 ここ(＝北山)におりますのに、お見舞いにも参上しなかったことよ。(⇨坐します「敬語ガイド」)

活用	未然	連用	終止	連体	已然	命令
	ら(ズ)	り(タリ)	り(○)	る(コト)	れ(ドモ)	れ(○)

参考 (1)「侍り」は、四段動詞「這ふ」の連用形＋ラ変動詞「あり」＝「這ひあり」が変化した語といわれる。「貴人や目上の人のそばに平伏して仕える」意が原義で、①は動詞「あり」「居り」の謙譲語とみてよい。
(2) 中古の終わりごろまでは、丁寧語として「侍り」が会話や手紙文で多用されたが、中古の終わりから中世にかけては、「さぶらふ」が代わって使われ、「侍り」は擬古的な文章語として残った。
(3) ラ行変格活用の動詞には、「あり」「居り」「侍り」「います(そ)がり」がある。

はべ・り【侍り】(補動ラ変){ら・り・り・る・れ・れ} ❶補助動詞「あり」の丁寧語。…(で)ございます。…(で)あります。…です。源氏 明石「いとはばかり多く**ー・れ**㊋ど、このよし申し給へ」訳 たいそうおそれ多くございますが、この旨(＝夢のお告げに従って船で参上したこと)を(光源氏に)申し上げてください。源氏 帚木「心もけしうはあらず**ー・り**㊊しかど、ただこの憎きかたひとつなむ心をさめず**ー・り**㊊し」訳(女は)気だても悪くはなくありました(＝悪くはありませんでした)が、ただこの憎らしい(嫉妬の)点一つはがまんできずにありました(＝がまんできませんでした)。
❷(活用語の連用形に付いて)丁寧の意を表す。…ます。…ております。源氏 夕顔「かの白く咲けるをなむ、夕顔と申し**ー・る**㊍。花の名は人めきて、かうあやしき垣根になむ咲き**ー・り**㊊ける」訳 あの白く咲いている花を夕顔と申します。花の名は人間のようで、(そのくせ)このようにみすぼらしい垣根に咲いておりました(＝咲くものでございました)。(→侍り(自ラ変)参考)

接続 ①は、形容詞、形容動詞、助動詞「ず」の連用形「ず」、助動詞「なり」の連用形「に」、またはそれに係助詞や副助詞の付いたもの、助詞「て」などに付く。②は、動詞・助動詞「る」「らる」「す」「さす」「しむ」の連用形に付く。

はべり-たう・ぶ【侍り給ぶ】「はべりたぶ」とも。**一** お仕え申しあげていらっしゃる。おそばにおひかえ申していらっしゃる。〔うつほ〕春日詣「そこになむ、花見給へむとて、日ごろ**ー・ぶ**㊎なり」訳(右大将＝兼雅は)そこ(＝別荘)で、花を見させていただこうということで、数日来ひかえていらっしゃるそうだ。

なりたち ラ変動詞「侍り」の連用形「はべり」＋尊敬の補助動詞「給ぶ」

二(用言の連用形に付いて)…なさいます。お…になります。…ていらっしゃいます。源氏 常夏「妙法寺の別当大徳の産屋に侍りける、あえものとなむなげき**ー・び**㊊し」訳 妙法寺の別当の高僧で、産屋に(祈禱のために)おりました僧の、あやかりもの(として娘＝近江の君は早口になったの)だと、(母は)ため息をついていらっしゃいました。

なりたち ラ変補助動詞「侍り」の連用形「はべり」＋尊敬の補助動詞「給ぶ」

参考「はべりたうぶ」「はべりたまふ」は、自分よりも身分の高い人の行為を、いっそう身分の高い人に向かって話す場合に用いられる敬語表現である。「はべり」で、話題の人物のうち、動作を受ける者に対する敬意、または、話し相手(聞き手)に対する敬意を表し、「たうぶ」「たまふ」で話題の人物のうち、動作をする者(動作主)に対する敬意を表す。用法としては、「はべり」が本動詞の場合と、補助動詞の場合 **二** に分かれる。「はべり」が本動詞の場合は「仕ふ」の謙譲語(お仕え申しあげる・お仕えいたす)に、話題の人物に対する話し手からの尊敬語「たうぶ」「たまふ」が付いた表現と考えられる。一方、「はべり」が補助動詞の場合は、丁寧語ととる説と、謙譲語ととる説に分かれる。しかし、「はべり」が謙譲の補助動詞として用いられた明らかな例はなく、また、丁寧語の下に尊敬語が付く例もないので、どちらとも決めがたい。用例は「源氏物語」「うつほ物語」などに数例見られ、男性が用いた慣用化した表現である。

はべり-たま・ふ【侍り給ふ】「はべりたうぶ **二**」に同じ。〔うつほ〕国譲下「左衛門の督の君、宰相の中将、左大弁など**ー・ひ**㊊て」訳 左衛門の督の君や宰相の中将、左大弁などがおそばにお仕え申しあげていらっしゃって。→侍り給ぶ 参考

なりたち ラ変動詞「侍り」の連用形「はべり」＋尊敬の補助動詞「給ふ」

はへわらへ… 俳句

> 這へ笑へ　二つになるぞ　けさからは
> 〈おらが春・一茶〉

訳 さあ、はいはいしてごらん。笑ってごらん。(元日を迎えた)今朝からは二歳になったのだよ。(けさの春 春。切れ字は「へ」(動詞の命令形活用語尾)と「ぞ」)

解説 「こぞの五月生まれたる娘に一人前の雑煮膳をすゑて」と前書きがある。一茶五十六歳の時の、長女さとを詠んだ句。最初の子も亡くなっていたが、このさともこの年の六月に病死した。(江戸時代には元旦を迎えるごとに年齢を一つ加算した)

はほ【這ほ】《上代東国方言》〔四段動詞「這ふ」の連体形「這ふ」の転〕這う。万葉 二〇・四三五二「道の辺の荊の末に―豆の」訳 道のほとりのいばらの先端にはいからみつく豆のように。

はま【浜】(名) ❶海や湖に沿った平地。浜辺。源氏 明石「―のさま、げにいと心ことなり」訳 (明石の)浜辺のようすは、なるほどまことに格別(の風情)である。⇩磯「図解学習」
❷《近世上方語》河岸。

はまぐりの… 俳句

> 蛤の　ふたみにわかれ　行く秋ぞ　秋
> 〈おくのほそ道・大垣・芭蕉〉

訳 蛤のふたと身とがはがれるように(つらい)別れをして、これから伊勢(三重県)の二見の浦(=蛤の名産地)を見に行こうとしているが、折から晩秋のことと て寂しさが身にしみることだ。(「ふたみ」は蛤の「ふたと身」と、地名の「二見」とをかける。「蛤の」を二見の名産にちなんで枕詞的に用い、「行く」は「わかれ行く」と「行く秋(=晩秋)」とをかける)。(行く秋 秋。切れ字は「ぞ」)

解説 「おくのほそ道」の旅を大垣(今の岐阜県大垣市)で終え、伊勢の遷宮を拝観するため同地を発つ際の句。

ば…まし 反実仮想を表す。事実に反することや、実現しそうにないことを仮に想定し、その仮定の上に立って推量、想像する意を表す。もし…(だっ)たら、…だろう(に)。

新古 春上「心あらば問はましものを梅が香に誰が里よりか匂ひ来つらん」訳 もし心があ(るものだ)ったら、問いかけるだろうのに、梅の花の香に。だれの里から匂って来たのであろうか(と)。

なりたち 接続助詞「ば」+…+反実仮想の助動詞「まし」

はますどり【浜州鳥・浜洲鳥】《枕詞》渚にいる鳥が歩きにくそうに見えることから「足なゆむ」にかかる。万葉 一四・三五三三「―足悩む駒の」

はま-ちどり【浜千鳥】(名)浜辺にいる千鳥。冬

はま-の-まさご【浜の真砂】浜辺にある砂。無数にあるものをたとえていう語。古今 仮名序「我が恋はよむとも尽きじ荒磯海の―はよみ尽くすとも」訳 私の恋の物思いはいくら数えても尽きることはないだろう。たとえ波の荒い海の浜辺にある多くの砂は数え尽くす(ことができる)にしても。

はま-び【浜び】(名)浜辺。万葉 六・一〇〇二「少女らは赤裳裾引く清き―を」訳 少女たちは赤い裳裾を引いて歩いている。清らかな浜辺を。

はま-ひさぎ【浜楸・浜久木】(名)浜辺に生えているひさぎ(=木の名)。歌では多く、「久し」を導きだす序詞として用いられる。万葉 一一・二七五三「波の間ゆ見ゆる小島の―久しくなりぬ君に逢はずして」訳 波の間から見える小島の浜楸ではないが、久しく時がたったことだ。あなたに逢わないで。(第三句までは「久し」を導きだす序詞)

はま-びさし【浜びさし】(名)「万葉集」の「浜楸」を読み誤ってできた語という。浜辺の家の廂の意か。歌では、同音の「久し」を導きだす序詞として用いられる。伊勢 一一六「波間より見ゆる小島の―久しくなりぬ君にあひ見で」訳 波の間から見える小島の浜びさしではないが、久しくなってしまったことよ。あなたと会わないで。(第三句までは「久し」を導きだす序詞)

はま-まつ【浜松】(名)浜辺に生えている松。万葉 二・一四一「磐代の―が枝を引き結びま幸くあらばまたかへり見む」訳 →いはしろの… 和歌

浜松中納言物語(はままつちゅうなごんものがたり)『作品名』平安後期の物語。作者は菅原孝標の女と伝えられるが未詳。天喜年間(一〇五三―一〇五八)ごろ成立。浜松中納言がとげられぬ恋に悩む物語で、舞台を中国にまで広げ、十三の夢と三つの転生を織り込んで複雑な筋を展開している。「御津の浜松」「浜松物語」とも。

はま-ゆか【浜床】(名)帳台の台としておく方形の床。上に畳をしき、貴人の御座所として用いた。徒然 二〇六「大理の座の―の上にのぼりて、にれうちかみて臥したりけり」訳 (牛は)検非違使の長官の席の御座所の上にのぼって、反芻して横になっていた。

(はまゆか)

はま-ゆふ【浜木綿】(名)植物の名。「はまおもと」の異称。葉が幾重にも茎を包むところから、「百重」「幾重」などを導きだす序詞として用いられる。また、葉が重なり茎を隔てていることから、幾重にも隔てるものにたとえる。(浜木綿の花 夏)。万葉 四・四九六「み熊野の浦の―百重なす心は思へど直に逢はぬかも」訳 →みくまのの… 和歌

はま-ゆみ【破魔弓・浜弓】(名)正月、子供が破魔(=藁でつくった円形の的)を射て遊ぶのに用いる小弓。後に、弓と矢を飾りつけて縁起物とし、正月の男の子への贈り物とした。春。〔浮・世間胸算用〕「はきだめの中へすたり行く―・手まりの糸屑」訳 ごみ捨て場の中へ捨てられてむだになってゆく、(男の子の)破魔弓や(女の子の)手まりの糸くず。

(はまゆみ)

はま-る【塡まる・嵌まる】(自ラ四)〔ら・り・る・る・れ・れ〕❶落ち込む。陥る。〔東海道中膝栗毛〕「川へ―・っ(用)(促音便)たか、きのどくな」
❷計略にかかる。だまされる。〔浮・世間胸算用〕「皆人賢すぎて、結句近きことに―・り(用)ぬ」訳 だれも皆計算高くて、かえって手近なことでだまされてしまう。

はま-をぎ【浜荻】(名) ❶浜辺に生えている荻。[秋]。[万葉] 四・五〇〇「神風の伊勢の―折り伏せて旅寝やすらむ荒き浜辺に」[訳] (夫は今ごろ)伊勢の国(三重県)の浜荻を折り伏せて、旅寝をしているだろうか。(あの)荒れた浜辺で。(「神風の」は「伊勢」にかかる枕詞)
❷伊勢の方言で、葦。〔菟玖波集〕「草の名も所によりて変はるなり　難波の葦は伊勢の―」[訳] 草の名も所によって(呼び方が)変わるものである。(例えば)難波で葦という草は、伊勢の国では浜荻と呼んでいる。

はみ-かへ・る【食み返る】(自ラ四){ら・り・る・る・れ・れ} ❶水面に出て呼吸した魚などが、水中に戻る。[平家] 一一・遠矢「このいるか―・り(用)候はば、源氏ほろび候ふべし」[訳] このいるかが呼吸をして水中に戻りますなら、源氏はきっとほろびるでしょう。
❷病気が再び悪化する。ぶり返す。〔浄・心中天の網島〕「聞けばあとから―・る(終)(=ぶり返す)」

は・む【食む】(他マ四){ま・み・む・む・め・め} ❶食べる。飲む。[万葉] 五・八〇二「瓜―・め(已)ば子ども思ほゆ栗―・め(已)ばまして偲はゆ」[訳] →うりはめば…[和歌]
❷(俸禄や知行を)受ける。〔浄・源平布引滝〕「清盛の禄を―・む(終)といへども旧恩は忘れず」[訳] 清盛の俸禄を受けるといっても、昔の恩は忘れない。

は・む【塡む・嵌む】(他マ下二){め・め・む・むる・むれ・めよ} ❶投げ込む。落とし入れる。[今昔] 一〇・三三「頸を突きて、海に―・め(用)つ」[訳] (王は巫の)首を突いて、海に投げ込んだ。
❷だます。いっぱい食わせる。〔東海道中膝栗毛〕「よくもよくもこのやろうめと馴れ合って(=共謀して)、おれを―・め(用)たな―・め(用)たな」

-ば・む(接尾マ四型)(名詞、動詞の連用形、形容詞の語幹(シク活用は終止形)に付いて)「…の性質・状態がそなわる」「…の状態になる」の意の動詞をつくる。[源氏] 橋姫「またさし続きけしき―・み(用)給ひて」[訳] (八の宮の北の方は)また引き続き(懐妊の)きざしが現れなさって。
【例語】怪しばむ(=怪しいようすをする)・老いばむ・隠ろへばむ・嗄ればむ・黄ばむ・黒ばむ・心ばむ・戯ればむ・塵ばむ・萎えばむ・情けばむ・生ばむ(=怪しく見える)・濡ればむ・辺りばむ・優ばむ・由ばむ

は-むけ【葉向け】(名)(風などが)葉を一方になびかせること。[新古] 秋上「夕されば荻の―を吹く風にことぞともなく涙落ちけり」[訳] 夕方になると、荻の葉を一方になびかせて吹く風に(誘われて)、なんということもなく涙が落ちたことだ。

は-むしゃ【葉武者・端武者】(名)とるに足りない武士。雑兵。〔太平記〕三二「敵の馬の立てやう、軍立ち、尋常の―にあらず」[訳] 敵の馬の並べ方、軍勢の配置(を見ると)、並の雑兵ではない。

は-も《上代語》文中に用いて、上の語を取り立てて示す。…は。[万葉] 二・二〇四「昼―日のことごと夜―夜のことごと」[訳] 昼は終日、夜は夜通し。
[なりたち] 係助詞「は」＋係助詞「も」

は-も《上代語》文末に用いて、回想や愛惜の気持ちを込めた感動・詠嘆の意を表す。…よ。…なあ。〔記〕中「さねさし相模の小野に燃ゆる火の火中に立ちて問ひし君―」[訳] →さねさし…[歌謡]
[なりたち] 終助詞「は」＋終助詞「も」

はもり-の-かみ【葉守の神】(名)樹木に宿って葉を守る神。木の神。[大和] 六八「柏木に―のましけるを知らでぞ折りし祟りなさるな」[訳] 柏の木に葉守の神がおいでになったのを知らずに折ったことだ。どうか祟りをしなさるな。

は-や【甲矢】(名)弓術で、一手に二本持った矢のうち、初めに射る矢。[著聞] 三五一「ついたちて―を射るに、まへの串にあたりぬ」[訳] すっと立って一の矢を射ると、手前の串(=的を掛ける棒)に当たった。↔乙矢

はや【早】(副) ❶早く。すみやかに。[伊勢] 九「―舟に乗れ、日も暮れぬ(=暮れてしまう)」
❷早くも。すでに。[伊勢] 六「鬼―一口に食ひてけり」[訳] 鬼がすでに(女を)一口に食ってしまっていたのだった。
❸(多く、助動詞「けり」を文末に伴って)実は。元来。ほかでもない。[平家] 六・祇園女御「変化のものにてはなかりけり。―人にてぞありける」[訳] 化け物ではなかったのだ。実は人であったのだ。

は-や 感動・詠嘆の意を表す。…よ。…よなあ。〔記〕中「三たび歎かして、『あづま―』と詔云り給ひき」[訳] (倭建命は)三度もため息をおつきになって、「わが妻よ、ああ」と仰せになった。[源氏] 東屋「いといたう児めいたるものから、用意の浅からずものし給ひし―」[訳] (亡き大君は)まことにひどく子供っぽいようすであったものの、心づかいが行き届いていらっしゃったよなあ。
[なりたち] 終助詞「は」＋間投助詞「や」
[接続] 上代は体言に、平安時代以降は活用語の連体形に付く。

ば-や(終助)【接続助詞「ば」に係助詞「や」が付いた「ばや」が一語化したもの】

意味・用法
希望〔…たいものだ。〕→❶
意志〔…(し)よう。〕→❷
打消〔…どころかまったく…(で)ない。〕→❸

接続
動詞・動詞型活用の助動詞の**未然形**に付く。

❶自分の身に起こってほしい希望を表す。**…たいものだ。**[蜻蛉] 上「いましばしもあらばやと思へど、明くれば、ののしりて出だし立つ」[訳] もうしばらくも(ここに)いたいと思うけれども、(夜が)明けると、騒ぎたてて出発する。[更級] かどで「世の中に物語といふもののあんなるを、いかで見ばやと思ひつつ」[訳] 世の中に物語というものがあるとか聞いているが、それをなんとかして見たいものだと思いつづけ。⇩更級日記「名文解説」
❷《中世語》意志を表す。**…(し)よう。**〔謡・隅田川〕「今日は舟を急ぎ、人びとを渡さばやと存じ候ふ」[訳] 今日は舟を急いでこぎ、人々を(対岸に)渡そうと思います。[文法]「こんにった」は「こんにちは」の連声。
❸《中世語》(多く「あらばや」の形で)強い打消を表す。**…どころかまったく…(で)ない。**〔田植草紙〕「宮仕ひをしやうにも衣裳有らばや」[訳] 宮仕えをしようにも衣装がまったくない。(⇩ばや「識別ボード」)

ば-や ❶仮定条件の疑問を表す。(もし)…だとしたら…(だろう)か。[伊勢] 三「秋の夜の千夜を一夜になずら

へて八千夜し寝ーあく時のあらむ」訳秋の長夜の千夜を一夜になぞらえて、八千夜もともに寝たとしたら、満足するときがあるだろうか。

❷確定条件の疑問を表す。…ので…(なのだろう)か。古今 秋上「久方の月の桂も秋はなほもみぢすれー照りまさるらむ」訳→ひさかたの…和歌。(⇩ばや「識別ボード」)

なりたち 接続助詞「ば」+係助詞「や」

接続 ①は動詞の未然形に付き、②は動詞の已然形に付く。→ば(接助)

◆識別ボード「ばや」◆

①接続助詞「ば」+係助詞「や」

「心あてに折らばや折らむ初霜の置きまどはせる白菊の花」訳→こころあてに…和歌〈古今 秋下〉

②終助詞

「世の中に物語といふもののあんなるを、いかで見ばやと思ひつつ」訳世の中に物語というものがあるとか聞いているが、それをなんとかして見たいものだと思いつづけ。〈更級 かどで〉

①は「折らばや折らむ」が係り結び。②は文末にあって係り結びにはならない。

はやう【早う】(副)〔「はやく」のウ音便〕「はやく」に同じ。枕 二五「ーありし者どもの、ほかほかなりつる」訳以前(この家に奉公して)いた者たちで、(今は)離れ離れになっている者たちや。

はや-うた【早歌】(名)❶神楽歌の一種。歌詞が短く、拍子の早い歌曲。
❷「さうか(早歌)」に同じ。

はや-うま【早馬】(名)「はやむま」とも。急用の使者の乗る馬。また、それに乗る急使。

はやく【早く】(副)〔形容詞「早し」の連用形から〕❶すでに。とっくに。徒然 一三七「花見にまかれりけるに、ー散り過ぎにければ」訳花見に参りましたところ、すでに(花は)すっかり散ってしまっていたので。
❷昔。以前。古今 夏・詞書「ーすみける所にて郭公のなきけるを聞きてよめる」訳以前住んでいた所でほととぎすの鳴いたのを聞いて詠んだ歌。
❸もともと。元来。徒然 五〇「ー跡なきことにはあらざめりとて」訳(鬼がいるといううわさは)もともと事実でないことではないようだと思って。文法「ざめり」は「ざるめり」の撥音便「ざんめり」の「ん」の表記されない形。
❹(多く助動詞「けり」を文末に伴って)驚いたことには。なんと実は。枕 九五「かしこう縫ひつと思ふに針を引き抜きつれば、ーしりを結ばざりけり」訳うまく縫いあげたと思うのに、針を引き抜いたところ、なんと糸の端を結んでいなかったのだ。

はやし【囃子】(名)能楽・歌舞伎・長唄などで、演技の拍子をとったり情緒をそえたりするために奏する音楽。能楽では太鼓・大鼓・小鼓・笛などを用い、歌舞伎・長唄ではそのほか三味線も用いる。

はや-し【早し・速し】(形ク)〔から・く(かり)・し・き(かる)・けれ・かれ〕❶速度が速い。すばやい。徒然 四四「都の空よりは雲の往来もーき(体)心地して」訳都の空よりは雲の行き来も速い気がして。
❷(時期的・時間的に)早い。万葉 一二・三〇九五「朝烏ーく(用)な鳴きそわが背子が朝明の姿見れば悲しも」訳朝烏よ、早くから鳴かないでくれ。私の夫が朝になって帰っていく姿を見ると悲しいよ。文法「な(副詞)…そ(終助詞)」の形で禁止の意を表す。
❸激しい。急である。古今 恋三「たぎつ瀬のーき(体)心を何しかも人目つつみのせきとどむらむ」訳流れの速い浅瀬のような激しい(恋)心を、どうして人目をはばかって堤がせきとめているのだろうか。(「人目つつみ」に「堤」をかける)。文法「何しかも」の「し」は強意の副助詞、「か」「も」は係助詞。
❹(香りが)鋭い。強い。源氏 梅枝「すこしーき(体)心しらひを添へて、めづらしき薫り加はれり」訳(薫き物の梅花香には)やや香りが鋭く強い配慮を添えて、すばらしい香りが加わっている。

はや-す【栄やす・映やす】(他サ四)〔さ・し・す・す・せ・せ〕引き立てる。また、ほめそやす。源氏 初音「何ごとも、さしいらへし給ふ御光にー・さ(未)れて」訳どんなこと(=曲)も、(光源氏が演奏のお相手をしなさるすばらしさに引き立てられて。

はや-す【囃す】(他サ四)〔さ・し・す・す・せ・せ〕声を出して調子をとり、引き立てる。はやし立てる。平家 一・殿上闇討「人々拍子をかへて、『伊勢平氏はすがめなりけり』とぞー・さ(未)れける」訳(忠盛が舞を舞ったところ)殿上人たちは(楽の)拍子を変えて、「伊勢の平氏(=忠盛)は斜視であったよ(伊勢産の瓶子(=徳利)は酢瓶であったよ)」とはやし立てなさった。(「平氏」は「瓶子」との、「すがめ」は「眇」と「酢瓶」との掛詞)

はや-せ【早瀬】(名)流れの速い瀬。急流。万葉 一〇・二〇八九「天の河白波しのぎ落ちたぎつー渡りて」訳天の川の白波を分けて激しく流れ落ちる早瀬を渡って。

はや-ち【疾風】(名)〔「ち」は風の意〕「はやて」とも。急に激しく吹く風。暴風。枕 一二三「名おそろしきものあをふち。…。ー。ふさう雲」訳名前のおそろしいもの、青淵。…。暴風。ふそう雲(=凶変の前兆の雲)。

はや-て【疾風】(名)〔「はやち」の転〕「はやち」に同じ。

はや-はや【早早】(副)人をうながすときにいう語。早く早く。枕 三五「『ー』と、引き出で、あけて出だすを見給ひて」訳(上達部や殿上人たちが)「(さあ)早く早く」とおっしゃって、(自分の牛車を)引き出して、場所をあけて(私の牛車を)出すのをご覧になって。

は-やま【端山】(名)人里に近い山。端の山。外山。新古 恋一「つくば山ー繁山しげけれど思ひ入るにはさはらざりけり」訳筑波山は人里近い山、木の茂った山と山が多いが、分け入るのには障害とはならないことだ。(人目が多くても、あなたを深く思って逢おうとするには妨げにもならないことだ)。⇔奥山・深山

はや-み【早み・速み】早いので。(速度が)速いので。〔詞花 恋上「瀬をー岩にせかるる滝川のわれても末にあはんとぞ思ふ」訳→せをはやみ…和歌

なりたち 形容詞「はやし」の語幹「はや」+接尾語「み」

はや-らか【早らか・速らか】(形動ナリ)〔なら・なり(に)・なり・なる・なれ・なれ〕〔「らか」は接尾語〕早いさま。すみやか。宇治 三・五「車の尻に、このつつみたる藁を入れて、家へー・に(用)やりて」訳牛車の後部に、この包んだ藁を入れて、家まですみやかに走らせて。

はやり-か【逸りか】(形動ナリ){なら・なり(に)・なり・なる・なれ・なれ}〔「か」は接尾語〕❶調子が速いさま。軽快なさま。源氏 東屋「ー・なる㊍曲物など教へて」訳(師匠が娘に)調子の速い器楽曲などを教えて。
❷気の早いさま。軽率なさま。源氏 末摘花「侍従とて、ー・なる㊍若人」訳侍従といって、気の早い若い女房が。
❸はしゃいでいるさま。源氏 竹河「『高麗の乱声おそしや』などー・に㊊いふもあり」訳「高麗の乱声(=競べ馬で右方が勝つと奏される楽)がおそいわね」などとはしゃいで言う女房もいる。
❹勇敢なさま。〔増鏡〕むら時雨「弓ひく道にもたけく、おほかた御本性ー・に㊊おはして」訳弓矢の道にも勇猛で、およそ御性質が勇敢でいらっしゃって。

はやり-ご・つ【逸りごつ】(自タ四){た・ち・つ・つ・て・て}〔「ごつ」は接尾語〕気負いたって言う。意気込んでする。血気にはやる。〔十訓〕七「初めはゆゆしくー・ち㊊たりけれど」訳初めはたいそう意気込んで(はかりごとを)したけれど。

はやり-を【逸り男・逸り雄】(名)血気にはやる男。平家 五・文覚被流「ーの若者ども、われもわれもと進みける中に(=進み出た中にあって)」

はや・る【逸る・早る】(自ラ四){ら・り・る・る・れ・れ}❶心が進む。夢中になる。〔落窪〕「この頃御心そり出でて、化粧ー・り㊊たりとは見ゆや」訳このごろ(あなたの)お心がほかのほうにそれて出て、化粧に夢中になっていると見えるね。
❷勇み立つ。調子にのる。大鏡 頼忠「いみじうー・る㊍馬にて」訳たいそう勇み立つ馬で。
❸あせり、いらだつ。平家 五・富士川「足柄をうちこえて坂東にていくさをせんとー・ら㊌れけるを」訳足柄山を越えて関東でいくさをしようと(平維盛は)あせり、いらだちなさったが。

はや・る【流行る】(自ラ四){ら・り・る・る・れ・れ}❶栄える。時めく。大鏡 兼家「堀河摂政のー・り㊊給ひしときに」訳堀河摂政(=兼通)が栄えていらっしゃったときに。⇩幸ふ「慣用表現」
❷流行する。世に広がる。著聞 一一七「いづれの年にか、天下に疫病ー・り㊊たりけるに」訳いつの年であったか、世の中に疫病が流行していたときに。

はや-わざ【早業・早技】(名)武芸で、すばやくて巧みなわざ。また、そのわざをする人。平家 四・橋合戦「一来法師といふ大力のーありけり」訳一来法師という怪力で身のこなしのすばやい者がいた。

は・ゆ【映ゆ・栄ゆ】(自ヤ下二){え・え・ゆ・ゆる・ゆれ・えよ}❶うつりあって美しく見える。調和していっそうあざやかに見える。映える。枕 一八四「御直衣、指貫の紫の色、雪にー・え㊊ていみじうをかし」訳(お召しになっている)御直衣や指貫の紫の色が、雪にうつりあってとてもすばらしい。
❷いっそう盛んになる。調子にのる。大鏡 時平「外目もせず見聞くけしきどもを見て、いよいよー・え㊊て」訳よそ見しないで見聞きする(聴衆の)さまざまなようすを(世継の翁は)見て、ますます調子にのって。

はゆ・し【映ゆし】(形ク){から・く(かり)・し・き(かる)・けれ・かれ}まばゆい。転じて、きまりが悪い。〔和泉式部集〕「おほんかへし聞こえむもー・けれ㊋ば」訳お返事を差し上げるとして、それもきまりが悪いので。

はゆ-ま【駅・駅馬】(名)〔「はやうま」の転〕上代、役人の旅行用に、諸道の各駅に備えてあった公用の馬。万葉 一八・四一一〇「鈴掛けぬ(=駅鈴をつけない)ー下れり」

はゆま-づかひ【駅使ひ】(名)「はゆまつかひ」とも。駅馬で急いで行く公用の使い。〔記〕中「ここをもちてーを四方に班ちて」訳こういうわけで駅馬の使者を四方に分け遣わして。

はら【腹】(名)❶腹部。おなか。源氏 空蟬「一昨日より、ーを病みて(=こわして)」
❷その女性の腹から生まれたこと。また、その生まれた子。源氏 桐壺「一の御子は、右大臣の女御の御ーにて」訳第一皇子は、右大臣の(娘の)女御の御腹から生まれた方で。
❸考え。心中。度量。伊勢 四四「この歌はあるが中におもしろければ、心とどめてよまず、ーにあぢはひて」訳この歌は(数多く)ある中で(特に)おもしろいので、心にとどめて(声を出しては)詠まず、心中で味わって(みるのがよい)。
❹物の中央の部分。また、広い部分。著聞 四一〇「はやわざを好み給ひて、築地のー、もしは檜垣のーなどをも走られけり」訳(大納言は)すばしこい動作を好みなさって、土塀の側面、あるいは檜垣の側面などをも走られたということだ。

-ばら(接尾)(人に関する名詞に付いて)複数を表す。…たち。…ども。「官人ー」「殿ー」「法師ー」「女ー」
参考「殿ばら」「宮ばら」「遊女ばら」など広い対象に用いられたが、時代が下るにつれ軽蔑の意が加わった。⇩達「類語パネル」

はら-あ・し【腹悪し】(形シク){しから・しく(しかり)・し・しき(しかる)・しけれ・しかれ}❶意地が悪い。ひねくれている。〔義経記〕「幼少の時よりしてー・しき㊍えせものの名を得候ひて」訳幼少の時から意地の悪いしたたか者という評判を得まして。
❷おこりっぽい。短気である。徒然 四五「良覚僧正と聞こえしは、極めてー・しき㊍人なりけり」訳良覚僧正と申し上げた方は、非常におこりっぽい人であった。

はら-いた・し【腹痛し】(形ク){から・く(かり)・し・き(かる)・けれ・かれ}ひどく滑稽だ。笑止千万だ。〔去来抄〕先師評「このこと、他門の人聞き侍らば、ー・く㊊いくつも冠置かるべし」訳このこと(=これ以上の上の五文字はないと先生=芭蕉が言ったこと)を、他門の人が聞きますなら、笑止千万に(思って)いくつも上の五文字を置きなさるだろう。

はら-から【同胞】(名)〔上代は「はらがら」とも〕**母を同じくする兄弟姉妹。**一般に**兄弟姉妹。**伊勢 一「その里にいとなまめいたる女ー住みけり」訳その(春日の)里にたいそう若くて美しい姉妹が住んでいた。枕 二六七「親・ーの中にても、思はるる思はれぬがあるぞいとわびしきや」訳親や兄弟姉妹の間でも、愛される者と愛されない者とがあるのはまことに情けないことであるよ。

はら-が-ゐ・る【腹が居る】怒りがおさまる。気が晴れる。平家 九・生ずきの沙汰「梶原この詞にー・ゐ㊊て」訳梶原はこのことばで怒りもおさまって。

はら-ぎたな・し【腹汚し・腹穢し】(形ク){から・く(かり)・し・き(かる)・けれ・かれ}意地が悪い。腹黒い。枕 二九二「御前わたりも、『見ぐるし』など仰せらるれど、ー・き㊍にや、告ぐる人もなし」訳中宮様も、「みっともない」などとおっしゃるが、(他の人は)意地が悪いのであろうか、(当人に)

知らせる人もない。

はら-ぐろ-し【腹黒し】(形ク){から・く(かり)・し・き(かる)・けれ・かれ}意地が悪い。[蜻蛉]下「―・う(用)(ウ音便)、消えぬともものたまはせで」[訳]意地悪く、(灯火が)消えたともおっしゃらないで。

はら-たか-し【腹高し】(形ク){から・く(かり)・し・き(かる)・けれ・かれ}腹が大きくふくらんでいる。妊娠しているさま。[枕]二四「にげなきもの …老いたる女の―・く(用)てありく」[訳]似つかわしくないもの、…年とった女が妊娠して大きな腹をして歩きまわるの。⇨篤し「慣用表現」

はら-だた-し【腹立たし】(形シク){しから・しく(しかり)・し・しき(しかる)・しけれ・しかれ}腹立たしい。気がむしゃくしゃする。[竹取]かぐや姫の生ひ立ち「この子を見れば、苦しきこともやみぬ、―・しき(体)ことも慰みけり」[訳](竹取の翁は)この子(=かぐや姫)を見ると、苦しいこともおさまってしまい、腹立たしいことも気がまぎれた。

はら-だ-つ【腹立つ】■一(自タ四){た・ち・つ・つ・て・て}❶腹を立てる。おこる。[徒然]四五「いよいよ―・ち(用)て、きりくひを掘り捨てたりければ」[訳](良覚僧正は)ますます腹を立てて、(その)切り株を掘りおこして捨ててしまったところ。❷けんかする。[源氏]若紫「何事ぞや。童べと―・ち(用)給へるか」[訳]どうしたのか。子供たちとけんかしなさったのか。

■二(自タ下二){て・て・つ・つる・つれ・てよ}腹を立てる。おこる。[大和]一五六「言ひ―・て(用)ける折は、腹立ちてかくしつれど」[訳](妻がおばの悪口を言って)腹を立てた時は、(自分も)立腹してこのように(=おばを山の中に置き去りに)してしまったが。

はら-つづみ【腹鼓】(名)満腹した腹を鼓のように打つこと。衣食の足りて安楽なさまにいう。[土佐]「飽き満ちて、船子どもは―を打ちて」[訳]満腹して、水夫たちは腹つづみを打って(喜び騒ぎ)。

[参考]古代中国の帝・尭の治世下、人民が太平を謳歌して「鼓腹撃壌(=腹を鼓のように打ち地を踏んで歌うこと)」していたという故事から出たことば。

はら-はら(-と)(副)❶物が乱れ落ちるさま。(木の葉・雨・涙などが落ちるさま。[平家]七・一門都落「その時新中納言(=平知盛)涙を―とながいて(=流して)」

❷物のふれ合う音。[源氏]帚木「衣のおとなひ―として」[訳]衣ずれの音がさらさらとして。
❸物の壊れたり砕けたりする音。[今昔]二〇・一〇「猪が石を―と(=ばりばりと)食へば」
❹物の焼けてはぜる音。[徒然]六九「焚かるる豆殻の―と鳴る音は」[訳]燃やされる豆殻がぱちぱちと鳴る音は。
❺髪などがきれいにそろって垂れかかるさま。[源氏]若菜下「紅梅の御衣に、御髪のかかり―と清らにて」[訳](明石の女御は)紅梅襲のお召し物に、御髪のかかり具合がはらはらと気品のある美しさで。
❻気をもむさま。[浮世風呂]「手をあてて、―する体」[訳](姑に)手をあてて、はらはらするようす。

はら-ばら【腹腹】(名)一夫多妻で、父を同じくする子供たちの母たち。[源氏]澪標「―に御子どもいとあまたつぎつぎに生ひ出でつつ、にぎははしげなるを」[訳](権中納言は)夫人たちそれぞれに、お子様たちが実に大勢次々に成長しては、にぎやかなようすであるのを。

はら-はれ【腹はれ】(名)貪欲な者。金持ちを卑しめていう語。[浮・世間胸算用]「中京の分限者の―どもが因果と若死にしけるに」[訳](都の)中京の金持ちの貪欲なやつらが不幸にも若死にしたが。

はらひ【祓ひ】(名)「はらへ①」に同じ。[宇治]三・四「陰陽師、心得ず仰天して、―をしさして、『これはいかに』といふ」[訳]陰陽師はわけがわからずびっくりして、お祓いを途中でやめて、「これはどうしたのか」と言う。

はら-ふ【払ふ・掃ふ】(他ハ四){は・ひ・ふ・ふ・へ・へ}❶とり除く。除き去る。はたいて除く。掃除する。[細道]出発まで「去年の秋、江上の破屋にくもの古巣を―・ひ(用)て」[訳]去年の秋、(隅田)川のほとりのあばら家に(帰り)、(留守中の)くもの古い巣をはたき除いて。
❷追い払う。先払いをする。[落窪]「帯刀さきに立ちて、道なる人々―・ふ(終)」[訳]帯刀は先頭に立って、路傍にいる人々を追い払う。
❸賊を討伐する。平定する。[万葉]一九・四二五四「天降り坐し―・ひ(用)平げ」[訳]天下りなされ(国中の)賊を討伐して平定し。

はら-ふ【祓ふ】(他ハ下二){へ・へ・ふ・ふる・ふれ・へよ}神に祈って、罪・けがれ・災いなどを取り除く。おはらいをする。[万葉]一七・四〇三一「中臣の太祝詞言ひ―・へ(用)贖ふ命も誰がために汝」[訳]中臣のりっぱな祝詞を言って不浄を祓い、酒を捧げて長い命を願うのも誰のためであろうか、あなたのためである。

はら-ふく-る【腹膨る】腹がふくれるような不愉快な気持ちがする。言いたいことを言わないでいるために不満がたまる。[大鏡]序「おぼしきこと言はぬは、げにぞ―・るる(体)心地しける」[訳]言いたいと思うことを言わないのは、ほんとうに腹がふくれる(ようないやな)気持ちがするものだ。

[名文解説]藤原道長の栄華について語り始める前に、歴史の語り手である大宅世継はこのように語る。イソップ寓話の「王様の耳はロバの耳」(王様の耳がロバの耳であることを知ってしまった床屋は、口止めされるが黙っていられなくなるという話)にも似たことわざとして当時よく知られていたらしく、二百年ほどのちの「徒然草」にもほぼ同じことばが載っている。「王様の耳はロバの耳」の話は朝鮮にまで伝わっていたので、朝鮮を経由して日本にも伝えられ、よく似たことわざを生んだのではないかとも考えられている。

はらへ【祓へ】(名)❶「はらひ」とも。神に祈って罪・けがれを清め、災いを除くこと。また、その行事。[源氏]賢木「十六日、桂川にて、御―し給ふ」[訳]十六日、桂川で、(斎宮は出立前の)お祓いをしなさる。
❷罪ある者につぐないとして品物を出させたり、刑を科したりすること。また、その品物や刑。[今昔]二六・八「猿を四つながら―負ほせて、追ひ放ちけり」[訳]猿を四匹ともつぐないとしての刑を科して、追い放った。

はらへ-つ-もの【祓へつ物】(名)(「つ」は「の」の意の上代の格助詞)神仏へのお供えもの。供物。[雨月]吉備津の釜「数の―を供へて御湯を奉り」[訳]かずかずの供物を供えて(御釜の)祓いの御湯を差し上げ。

はらへ-どの【祓へ殿】(名)神社で、祓えを行う殿舎。

はらへど-の-かみ【祓へ戸の神】(名)大祓(=陰暦六月と十二月の末日に宮中で行われる祓え)のときに祭る神。

はら-まき【腹巻】(名)歩兵が用いた軽便な鎧。腹に巻き、背で合わせるようにしたもの。中世以降、上級武士も用いた。平家 一・殿上闇討「薄青の狩衣の下に萌黄縅の—を着」⇩巻頭カラーページ16

はら-む【孕む】(自マ四){ま・み・む・む・め・め}❶みごもる。妊娠する。〔落窪〕「いつしかといふやうに—・み用給へれば」訳(北の方が)早くもというように妊娠しなさったので。⇩篤し「慣用表現」

❷草木の穂が出ようとしてふくらむ。蜻蛉 中「屋の軒にあててうゑさせしが、いとをかしう—・み用て」訳(早苗を)家の軒下にあたるようにして植えさせたのが、たいそう趣深く(穂先が)ふくらんできて。

はら-め-く(自カ四){か・き・く・く・け・け}〔「めく」は接尾語〕❶ばらばらと音を立てる。蜻蛉 中「雨いといたう—・き用て、あはれにつれづれと降る」訳雨がたいそうひどくばらばらと音を立てて、しみじみと所在なげに降る。

❷ぼろぼろに破れ裂ける。〔発心集〕「紙衣なんどのいふばかりなくゆゆしげに破れ—・き用たるを」訳紙で作った衣服などが言いようもなくひどい感じに破れぼろぼろになっているのを。

ばらもん【婆羅門・波羅門】(名)《梵語の音訳》古代インドの四階級のうち、最も高貴なもの。僧侶・司祭の階級。〔太平記〕三七「隣国の一人の—(=僧侶)来て」

はら-わた【腸】(名)腸。また、内臓。

はらわた-を-き-る【腸を切る】大笑いする。著聞 一三「満座興に入りて—・り用けるとぞ」訳その場にいた者は皆おもしろがって大笑いしたということだ。⇩笑壺に入る「慣用表現」

はらわた-を-た-つ【腸を断つ】〔漢語「断腸」の訓読〕❶悲しさに耐えられないさまをいう。〔とはずがたり〕「猿の声の聞こゆるも—・つ体心地して」訳猿の声が聞こえるのも悲しさに耐えられない気持ちがして。

❷おかしさに耐えられないさまをいう。大笑いする。著聞 二四六「主上・群臣も笑ひ給ひて—・ち用けり」訳天皇やおそばの者たちも笑いなさっておかしさに耐えられなかった。⇩笑壺に入る「慣用表現」

❸感動に耐えられないさまをいう。感無量である。細道 須賀川「懐旧に—・ち用て、はかばかしう思ひめぐらさず」訳昔のこと(=故事や古歌)を思う心で感無量であって、思うように(句を)工夫することができない。

はら-を-き-る【腹を切る】❶切腹する。平家 四・信連「—・ら未んと腰をさぐれば、鞘巻おちてなかりけり」訳(信連が)切腹しようと腰をさぐると、鞘巻(=短刀の一種)は落ちてなくなっていた。

❷おかしさに耐えられないさまの形容。腹をかかえて笑う。竹取 竜の頸の玉「これを聞きて、離れ給ひしもとの上は、—・り用て笑ひ給ふ」訳これを聞いて、(大納言が)離縁なさったもとの夫人は、腹をかかえてお笑いになる。⇩笑壺に入る「慣用表現」

はら-を-す-う【腹を据う】❶がまんする。怒りをしずめる。平家 二・小教訓「入道、なほ—・ゑ用かねて、『経遠、兼康』と召せば」訳入道(=平清盛)は、それでもまだ怒りをしずめかねて、「経遠、兼康」とお呼びになると。

❷覚悟をきめる。決意する。〔三冊子〕「『すみ俵』は、門しめて、の一句に—・ゑ用たり」訳「炭俵」は、「門しめて」の一句に(作風の方向性の)覚悟をきめている。

はり【針】(名)❶(裁縫などに使う)針。枕 九五「かしこう縫ひつと思ふに、—を引き抜きつれば、はやくしりを結ばざりけり」訳うまく縫いあげたと思うのに、針を引き抜いたところ、なんと糸の端を結んでいなかったのだった。

❷(「鍼」とも書く)はり治療。また、それに用いる器具。

はり【榛】(名)榛の木(=木の名)の異名。万葉 一六・三八〇一「住吉の岸野の—に染ふれど」訳住吉の岸の野辺の榛で染めるけれど。

はり-ぎぬ【張り衣】(名)板ばりをして、ぴんと張った布で仕立てた衣。著聞 五四五「—のあざやかなるに、長絹の五帖の袈裟のひだ新しきかけたる老僧」訳張り衣のあざやかなものの上に、長絹(=絹布の一種)の五帖の袈裟で、ひだも(ぴんと)新しいのをまとっている老僧で。

はり-つ-く【磔く】(他カ下二){け・け・く・くる・くれ・けよ}罪人を板や柱などにしばりつけて処刑する。はりつけにする。宇治 二・四「寄せばし、掘りたてて、身をはたらかさぬやうに—・け用て」訳寄せ柱を、穴を掘って立てて、からだを動かさないようにはりつけにして。

はり-はら【榛原】(名)榛の木(=木の名)の生えている原。万葉 一・五七「引馬野ににほふ—入り乱れ衣にほはせ旅のしるしに」訳引馬野(=地名)に色づいている榛の木の原よ。(その中に)入りまじって着物に美しい色をうつせ。旅の記念に。

播磨(はりま)『地名』旧国名。山陽道八か国の一つ。今の兵庫県南西部。播州。

はり-みち【墾道】(名)新しく切り開いた道。新道。万葉 一四・三三九九「信濃路は今の—刈株に足踏ましむな履はけわが背」訳→しなぬぢは…和歌

はり-むしろ【張り筵】(名)雨よけのために牛車に張ったむしろ。枕 一三「わびしげに見ゆるもの……雨降らぬ日、—したる車」訳みすぼらしそうに見えるもの、……雨が降らない日に、雨よけのむしろをかけてある牛車。

はり-や-る【張り破る】(他ラ四){ら・り・る・る・れ・れ}布を洗って、板に張るとき、強く張り過ぎて破る。伊勢 四一「上の衣の肩を—・り用てけり」訳袍(=男子の正装の上着)の肩(のところ)を、強く張り過ぎて破ってしまった。

はり-ゆみ【張り弓】(名)弦をかけて張った弓。また、そのような形をしたもの。枕 一四三「『なぞ、なぞ』といふほど、心にくし。『天に—』といひたり」訳(なぞなぞ合わせの当日)「何だ、何だ」と言うときは、(どんな問題を出すかと)心ひかれる。(するとその人は)「天に(ある)、弦を張った弓(はなあに)」と言った。

はる【春】(名)❶四季の一つ。陰暦一月から三月までの季節。古今 春上「—たてば花とや見らむ白雪のかかれる枝に鶯の鳴く」訳春になるので、花と見まちがえているのであろうか。白雪が降りかかった枝で、鶯が鳴いているよ。

❷新年。徒然 一九「公事ども繁く、—の急ぎにとり重ねて催し行はるるさまぞ、いみじきや」訳さまざまな朝廷の政務・儀式が頻繁で、(それが)新年の準備と併せて挙行し行われるようすは、すばらしいものだよ。

は-る【張る】〓(自ラ四){ら・り・る・る・れ・れ}❶一面に広がる。平家 九・木曽最期「正月二十一日、入り相ばかりのことなるに、薄氷は—・っ用(促音便)たりけり」訳陰暦正月二十一日の夕暮れごろのことであるうえ

に、(田には)薄い氷が一面に張っていた。❷芽が出る。芽ぐむ。万葉 九・一七〇七「山背の久世の鷺坂神代より春は―・り(用)つつ秋は散りけり」訳 山背の国(京都府)の久世の鷺坂では神代の昔から、春は草木が芽を出しては、秋は散ってきた。❸気負う。張り合う。源氏 真木柱「いとさがなげににらみて―・り(用)居たれば、わづらはしくて」訳 (近江の君は)いかにも意地悪そうににらみつけてがんばっていたので、(女房たちは)困って。

二(他ラ四){ら・り・る・る・れ・れ}❶広げる。のべわたす。ひっぱる。万葉 三・二八九「天の原ふりさけ見れば白真弓―・り(用)てかけたり夜路は吉けむ」訳 大空をふり仰いで見ると、白木の真弓(=檀の木で作った弓)を張って(空にかけ(たように月が白くかかっ)ている。(この状態ならば)夜道はよいことだろう。❷紙や布をのりなどでとり付ける。洗い張りをする。枕 三六「朴(=朴の木の骨)に紫の紙―・り(用)たる扇」❸設ける。しかける。〔記〕中「宇陀の高城に鴫罠―・る(終)」訳 宇陀(=大和の国の地名)の山城に鴫を取るわなをしかける。❹(気持ちを)緊張させる。〔太平記〕一七「おのおの気を―・り(用)心を専らにして、攻め戦ふこと片時もたゆまず」訳 めいめいが気を引きしめ心を集中して、攻め戦うことはちょっとの間も油断がない。❺金をかけて勝負する。〔浄・丹波与作待夜小室節〕「瀬多の久三が胴のとき百切り―・っ(用)(促音便)て見たれば」訳 瀬田の久三が胴元の時に百文だけかけて勝負してみたところ。❻うつ。なぐる。平家 四・競「仲綱め(を)打て、―・れ(命)」

は・る【晴る】(自ラ下二){れ・れ・る・るる・るれ・れよ}❶天気がよくなる。晴れる。伊勢 六七「あしたより曇りて、昼―・れ(用)たり」訳 朝から曇って、昼に天気がよくなった。❷心が晴れる。源氏 松風「思ひむせべる心の闇も―・る(体)やうなり」訳 (今まで)物思いで胸がつまっていた明石の君の母としての心の闇も晴れるようである。❸ひらけている。広々となる。方丈 三「谷しげけれど、西―・れ(用)たり」訳 谷は草木が茂っているけれども、西ほうはひらけている。

は・る【墾る】(他ラ四){ら・り・る・る・れ・れ}田・畑・道などを新しく作る。開墾する。万葉 一〇・二二四四「住吉の岸を田に―・り(用)蒔きし稲かくて刈るまで逢はぬ君かも」訳 住吉の岸を田に開墾して蒔いた稲を、こうして刈り取るようになるまで逢わないあなたであることよ。

はる【遥】(形動ナリ){なら・なり(に)・なり・なる・なれ・なれ}はるかに遠いさま。はるばると開けているさま。古今 雑上「紫の色こき時はめも―・に(用)野なる草木ぞわかれざりける」訳 →むらさきの…和歌

はる-あき【春秋】(名)❶春と秋。徒然 七「夏の蟬の春と秋を知らぬもあるぞかし」訳 夏の蟬が春と秋を知らないで死ぬこともあるのだよ。⇒蜻蛉「名文解説」❷年月。また、年齢。方丈 三「また五かへりの―をなん経にける」訳 また五年の歳月を経てしまった。

はる-か【遥か】(形動ナリ){なら・なり(に)・なり・なる・なれ・なれ}❶時間的・空間的に隔たっているさま。枕 一〇七「ゆくすゑ―・なる(体)もの …産まれたるちごの大人になるほど」訳 これから先がはるかに遠いもの、…生まれたばかりのあかごが大人になる(までの)間。徒然 一一「―・なる(体)苔の細道を踏み分けて、心細く住みなしたる庵あり」訳 遠く続いている苔むした細道を踏み分け入って(みると)、ことさらものさびしいようすにして住んでいる庵がある。❷気持ちがそのことから離れているさま。気が進まないさま。疎遠である。源氏 桐壺「大床子の御膳などは、いと―・に(用)おぼしめしたれば」訳 (桐壺帝は)大床子の御膳(=天皇の正式の食事)などは、まったく食べる気のおこらないものとお思いになっているので。❸程度がはなはだしいさま。徒然 六五「この比の冠は、昔よりは―・に(用)高くなりたるなり」訳 最近のかんむりは、昔よりははなはだしく高くなっているのである。

はる-かけ-て【春掛けて】❶春を待ち望んで。古今 春上「梅が枝に来ゐる鶯―鳴けどもいまだ雪は降りつつ」訳 梅の枝に来てとまっている鶯は、春を待ち望んで鳴くけれども、いまだに雪が降り続いていることだ。❷春の気配が濃くなって。春が来て。平家 一〇・海道下「志賀の浦波―、霞に曇る鏡山」訳 志賀の浦に打ち寄せる波は春の気配が濃くなって、霞にぼんやり曇っている鏡山(が見える)。(「曇る」は「鏡」の縁語)

はるか・す【晴るかす】(他サ四){さ・し・す・す・せ・せ}(思いを)晴らす。晴れ晴れとさせる。伊勢 九五「おぼつかなく思ひつめたること、すこし―・さ(未)む」訳 もどかしく思いつめている気持ちを、少し晴らそう。

はる-がすみ【春霞】(名)〔古くは「はるかすみ」〕春のかすみ。春。古今 春上「―立つを見捨てて行く雁は花なき里に住みやならへる」訳 →はるがすみ…和歌

はるがすみ【春霞】《枕詞》〔古くは「はるかすみ」〕同音を重ねて「かすが」に、霞の立つのを「居る」というところから「たつ」「井」に、また霞が立って直接に物が見えない意から「よそに」にかかる。万葉 三・四〇七「―春日の里の」。万葉 七・一二五六「―井の上ゆ直に」。古今 雑体「―よそにも人に」

はるがすみ… 和歌

> 春霞 立つを見捨てて 行く雁は
> 花なき里に 住みやならへる
> 〈古今・一・春上・三一・伊勢〉

訳 春霞が立つのを見捨てて(北へ)帰って行く雁は、花のない里に住みなれているのか。文法「ならへる」の「る」は、存続の助動詞「り」の連体形で係助詞「や」の結び。

はる-かたま・く【春片設く】春を待ち受ける。また、春らしくなる。万葉 五・八三八「梅の花散り乱ひたる岡傍には鶯鳴くも―・け(用)て」訳 梅の花が散り乱れている丘のあたりには鶯が鳴いていることよ。春を迎えて。

はるきてぞ… 和歌

> 春来てぞ 人も訪ひける 山里は
> 花こそ宿の あるじなりけれ
> 〈拾遺・一六・雑春・一〇一五・藤原公任〉

訳 春が来て人も訪ねて来るようになった。この山里では

花こそがわが家の主人だったのだなあ。[解説] 北白河にある作者の別荘の花を見るために人々がやって来たのを詠んだ歌。花見客への皮肉だが、花の美しさを賞美する心も込められている。上下の句にそれぞれ係り結びがあり、かつ「けり」が重出するという特異な表現を持つが、一首全体は流麗。「今昔物語集」〈二四・三四〉や「宇治拾遺物語」〈一・一〇〉にも所収。

はる・く【晴るく】(他カ下二)〔け・け・く・くる・くれ・けよ〕❶晴らす。さっぱりさせる。[更級] 初瀬「いと恐ろしう深き霧をも少し―・け(未)むとて」[訳] ひどく恐ろしく深い霧をも少し晴らそう(=晴れるのを待とう)と思って。
❷払いのぞく。掃除する。[源氏] 総角「岩がくれに積もれる紅葉の朽ち葉すこし―・け(用)」[訳](庭の)岩陰に積もっている紅葉の腐った落ち葉を少し払いのぞき。

はるくさの【春草の】《枕詞》若草が生い茂る意から「繁し」に、冬枯れの野に萌え出すことから「いやめづらし」にかかる。[万葉] 一〇・一九二〇「―繁きあが恋」。[万葉] 三・二三九「―いやめづらしきわが大王かも」

はる-け・し【遥けし】(形ク)〔(から)・く(かり)・し・き(かる)・けれ・かれ〕❶(空間的に)非常に遠い。ひどく離れている。[源氏] 玉鬘「少弐の、任はてて上りなむとするに、―・き(体)ほどに」[訳] 少弐(=大宰府の次官)は任期が終わって(京に)なんとか上ろうとするが、(京までは)非常に遠い道のりのうえに。
❷(時間的に)ずっと遠い。ひさしい。はるかである。[古今] 物名「人目ゆゑのちにあふ日の―・く(用)はわがつらきにや思ひなされむ」[訳] 人目をはばかるために、この後に逢う日がはるか先になったら、私が薄情なためだと思いこまれるのであろうか。(「あふ日」に「葵」、「わがつらき」に「桂」を詠みこむ)
❸(心理的に)遠く隔たっている。心が遠く離れている。[古今] 恋五「もろこしも夢にみしかば近かりき思はぬ仲ぞ―・かり(用)ける」[訳](遠い)唐土(=中国)も夢に見たので近かった。愛し合わない(二人の)仲は(はるかに)遠く離れたものだったよ。(⇩遠し「類語パネル」)

はるけ-どころ【晴るけ所】(名)思いの晴れるところ。気晴らしのできるところ。[源氏] 賢木「すこし物思ひの―ある心地し給ふ」[訳](光源氏は紫の上に逢えば)少し(藤壺恋しさの)物思いの晴らしどころがある気持ちがしなさる。

春雨物語(はるさめものがたり)『作品名』江戸後期の読本。上田秋成作。文化五年(一八〇八)成立。史実や古典から材料を得、作者晩年の思想や方法論を示す。

はるさめや…[俳句]

> 春　春雨や　小磯の小貝　ぬるるほど
> 〈蕪村句集・蕪村〉

[訳](絹糸のような)春雨が音もなく降りだした。小さな磯の砂浜に散らばっている小貝が(つつましくもあでやかに)濡れるほどに。(春雨[春]。切れ字は「や」)

はる-さ・る【春さる】(自ラ四)〔ら・り・る・る・れ・れ〕(「さる」はその時がくるの意)春になる。春がくる。[万葉] 一・一六「冬ごもり―・り(用)来れば鳴かざりし鳥も来鳴きぬ」[訳] 春がやってくると、(今まで)鳴かなかった鳥も来て鳴いた。(「冬ごもり」は「春」にかかる枕詞)

はるすぎて…[和歌]《百人一首》

> 春過ぎて　夏来るらし　白栲の
> 衣ほしたり　天の香具山
> 〈万葉・一・二八・持統天皇〉

[訳] 春が過ぎて、夏がやって来たらしい。真っ白な衣がほしてある。天の香具山に。[文法]「来るらし」の「らし」は、確かな根拠に基づいて推定する助動詞。ここでは「白栲の衣ほしたり」がその根拠。「来る」は、「来至る」の転。[解説] 新しい季節の到来を詠んだ歌で、山の新緑と白い衣の色彩の対比があざやかである。「白栲の」は、ふつう、枕詞として用いられるが、もともと白栲は楮類の繊維で織った純白の布のこと。ここは本来の意で使っている。五七調で第二句と四句で切れる。「小倉百人一首」「新古今集」には「春過ぎて夏来にけらし白妙の衣ほすてふ(=衣をほすという)天の香具山」とある。「白栲の衣」を白雲の比喩と見る説もある。

はる-た・つ【春立つ】春になる。立春になる。[古今] 春上「袖ひちてむすびし水のこほれるを―・つ(体)けふの風やとくらむ」[訳]→そでひちて…[和歌]

はる-つ-かた【春つ方】(「つ」は「の」の意の上代の格助詞)春のころ。春のほど。春の季節。[宇治] 三・一六「―、日うららかなりけるに」[訳] 春のころ、日ざしが明るく柔らかであったころに。

はるつげ-どり【春告げ鳥】(名)うぐいすの異名。「鶯の谷より出づる声なくは春来ることを誰か知らまし」〈古今・春上〉の歌に基づくという。[春]

はるのうみ…[俳句]

> 春　春の海　終日のたり　のたりかな
> 〈蕪村句集・蕪村〉

[訳] のどかな春の海。(柔らかい日ざしの中で)波は一日じゅうものうげに、のたりのたりとうねっていることだ。(春の海[春]。切れ字は「かな」)
[解説]「平淡ニシテ逸ッ(=あっさりしていてすぐれている)」と友人に賞され、蕪村自身も自信作と認めた。「のたり」の擬態語がすぐれ、太古から存在する海のイメージが出ているとの評もある。

はる-の-かぎり【春の限り】春の終わり。[伊勢] 九一「をしめども―のけふの日の夕暮れにさへなりにけるかな」[訳](去り行く春を)惜しむけれども、春の終わりの今日の、その夕暮れの時にまでもなってしまったことだなあ。

はる-の-こころ【春の心】春を人に見たてて、春が持つ心。また、春という季節における人の心。[古今] 春上「世の中にたえて桜のなかりせば―はのどけからまし」[訳]→よのなかに…[和歌]

はるのその…[和歌]

> 春の苑　紅にほふ　桃の花
> 下照る道に　出で立つをとめ
> 〈万葉・一九・四一三九・大伴家持〉

訳 春の庭園の紅に美しく輝いている桃の花、その花の色が美しく照り映えている道に出で立つ乙女よ。解説「下照る」は、花の色などであたりが美しく照り映える意。明るい色彩に満ちた夢幻的な情景である。

はる-の-となり【春の隣】春に近いころ。年の暮れ。冬。古今 雑体「冬ながら―の近ければなかがきよりぞ花は散りける」訳(今は)冬でありながら、春が隣まできていて間近いので、隣の家との境の垣根から花(=雪片)は散って来たことよ。

はる-の-ななくさ【春の七草】→ななくさ③

はるののに… 和歌

春の野に　霞たなびき　うら悲し
この夕かげに　うぐひす鳴くも
〈万葉・一九・四二九〇・大伴家持〉

訳 春の野に霞がたなびいていて、(私の)心はもの悲しい。この夕暮れの光の中で、うぐいすが鳴いているよ。解説「うら悲し」を「この夕かげ」にかかるとみる説もある。「たなびき」は、春の野の実景であろうが、作者の思い沈んでいる心理を暗示しているとみる。

はるののに… 和歌

春の野に　すみれ摘みにと　来し我れぞ
野をなつかしみ　一夜寝にける
〈万葉・八・一四二四・山部赤人〉

訳 春の野にすみれを摘みにとやって来た私は、野が去りがたいので、一晩泊まってしまったことだ。文法「野をなつかしみ」の「み」は原因・理由を表す接尾語。「…を…み」の形で「…が…ので」の意。解説「すみれ」はその花を観賞するためでなく、春の菜として食用に供するために摘む。「なつかし」は、そのものに心がひかれて離れがたい気持ちをいうのが原義。

春の日(はるのひ)『作品名』江戸前期の俳諧集。山本荷兮撰。貞享三年(一六八六)刊。「冬の日」に続く「芭蕉七部集」の第二集。尾張(愛知県)地方の蕉門俳人の連句・発句を収める。→芭蕉七部集

はる-の-みなと【春の湊】春の行きとまる所を船の泊まる港にたとえていう語。春の行きつく所。春の果て。新古 春下「暮れてゆく―は知らねども霞に落つる宇治の柴舟」訳→くれてゆく…和歌

はる-の-みや【春の宮】(名)〔「春宮」の訓読〕皇太子。また、皇太子の御殿。〔新後撰〕雑上「―に仕へしままの年を経て今は雲居の月をみるかな」訳 皇太子のもとに仕えたままの年月が経って、今では宮中にかかる月を見ていることだなあ。

はるのよの… 和歌

春の夜の　やみはあやなし　梅の花
色こそ見えね　香やはかくるる
〈古今・一・春上・四一・凡河内躬恒〉

訳 春の夜の闇というものは、道理をわきまえないものだ。梅の花は、花の色こそ見えないけれども、その香りは隠れようか(いや、隠れはしない)。文法「こそ…ね」は係り結びで、ここは強調逆接となって下に続いていく。「ね」は、打消の助動詞「ず」の已然形。「やは」は、反語の係助詞。解説 春の夜を擬人化して、筋のたたない意地悪をしているとたとえた。夜の闇によってたしかに花の姿は見えなくなるが、香りは隠れないのだから、それでは梅を隠したことにならないというのである。

はるのよの… 和歌

春の夜の　夢の浮き橋　とだえして
嶺にわかるる　横雲の空
〈新古今・一・春上・三八・藤原定家〉

訳 春の夜のはかない夢がふととぎれて、(目がさめてみると)たなびく雲が山の峰からわかれ、ただよいはじめている曙の空だよ。解説「夢の浮き橋」は「源氏物語」の最終巻の名に着想を得たもの。「浮き橋」は筏や船を浮かべて、その上に板を渡した橋で、頼りなく揺れ動いて不安定なイメージがある。雲が山の峰からわかれるのは、明け方の空のようすをいうが、「風吹けば嶺にわかるる白雲のたえてつれなき君が心か」〈古今・恋二〉や、「文選」の朝雲暮雨の故事をふまえ、恋の雰囲気をかもし出す。あやうさと美しさが微妙に交錯した「新古今集」を代表する名歌。また、定家の妖艶美の理念の見本ともされる。

はるのよの… 和歌《百人一首》

春の夜の　夢ばかりなる　手枕に
かひなく立たん　名こそ惜しけれ
〔甲斐な(く)〕〔腕〕
〈千載・一六・雑上・九六四・周防内侍〉

訳 短い春の夜の、はかない夢にすぎない(あなたの)手枕をお借りして、いわれなく浮き名の立つのが惜しいのです。修辞「かひなく」に「腕」をかける。「腕」は「手枕」の縁語。文法「ばかり」は、程度を表す副助詞。解説 陰暦二月のある夜、二条院で人々が雑談していたとき、物にもたれかかっていた作者が、「枕があるといいのに」と小声で言ったのを聞いて、大納言藤原忠家が、「これを枕に」と、自分の腕を差し出したときに詠んだ歌。相手が差し出した腕を春の夜の夢のようにはかないものと言い、そんな手枕をお借りして、あらぬ恋の噂を立てられるのはごめんですわ、と断ったのである。

はる-の-よ-の-ゆめ【春の夜の夢】春の夜に見る夢。短くはかないことのたとえ。平家 一・祇園精舎「おごれる人も久しからず、ただ―のごとし」訳 おごり高ぶった人も(その栄華は)いくらも続くものではなく、(それは)まるで春の夜に見るはかない夢のようなものだ。⇩平家物語「名文解説」

はるはなの【春花の】《枕詞》春の花が美しく咲く意から「にほえ栄ゆ」「さかり」に、春の花をめでる意から「めづらし」「貴とし」に、春の花の散る意から「うつろふ」などにかかる。一説に、比喩とも。万葉 一九・四二一一「―にほえ栄えて」。万葉 一八・四一〇六「―盛りもあらむと」。万葉 一〇・一八八六「―いやめづらしき」。万葉 二・一六七「―貴からむと」。

[万葉] 六・一〇四七「―うつろひ易(かはり)」

はる-ばる【遥遥】一(副)道のりの遠いさま。はるかに遠くまで。[古今] 羇旅「唐衣きつつなれにし妻しあれば―きぬる旅をしぞ思ふ」[訳]→からころも…[和歌]
二(形動ナリ){なら・なり(に)・なり／なる・なれ・なれ}遠く広く続いているさま。はるかにずっと。広々と。[土佐]「松原、目も―・なり(終)」[訳]松原が目の届く限りはるかにずっと続いている。

はる-ひ【春日】(名)春の日。春の一日。[春]。[万葉]一九・四二九二「うらうらに照れる―にひばり上がり心悲しもひとりし思へば」[訳]→うらうらに…[和歌]

はる-び【腹帯】(名)「「はらおび」の転」「はろび」とも。鞍(くら)を固定させるために、馬の腹にする帯。⇩巻頭カラーページ17

はるひの【春日の】《枕詞》春の日の「かすみ」から、同音を含む地名「春日(かすが)」にかかる。[紀]継体「―春日の国に」

はるひを【春日を】《枕詞》「はるひの」に同じ。[万葉]三・三七二「―春日(かすが)の山の」

はる-べ【春べ】(名)[古くは「はるへ」]春。春のころ。[古今]仮名序「難波津(なにはづ)に咲くやこの花冬ごもり今は―と咲くやこの花」[訳]→なにはづに…[和歌]

春道列樹(はるみちのつらき)【人名】(?～九二〇)平安前期の歌人。壱岐守(いきのかみ)となったが、赴任前に没した。「小倉百人一首」に入集。

はれ【晴れ】(名)❶晴れること。晴天。[後拾遺]秋上「秋霧の―せぬ峰に立つ鹿は声ばかりこそ人に知られれ」[訳]秋霧の晴れることのない峰に立っている鹿は、その鳴き声だけが人に知られることだ。
❷広々とした場所。[源氏]須磨「ゐ給へる御さま、さる―に出でて、言ふよしなく見え給ふ」[訳](座に)座っていらっしゃる(光源氏の)ごようすは、そのような(海辺の)広々とした場所に出て、言いようもなく(美しく)お見えになる。
❸晴れがましいこと。表向き。正式。[徒然]一九一「ことにうち解けぬべき折節(をりふし)ぞ、褻(け)・―なくひきつくろはまほしき」[訳]ことに気を許してしまいそうなときには、ふだんと正式との区別なくきちんと身だしなみを整えていたいものである。↔褻(け)

はれ(感)❶驚き、また感嘆した時に発する語。ああ。やれ。まあ。[浄・八百屋お七]「―いたいけな発明な、娘の子ぢゃと思ふから」[訳]やれかわいらしい賢い、娘子(=娘)だと思うから。
❷謡物(うたいもの)のはやしことば。[催馬楽]「あな尊(たふと)と今日(けふ)の尊とさや昔(いにしへ)も―昔も斯(か)くやありけむや」[訳]ああ尊いことよ。今日の尊さよ。昔も、ああ、昔もこのようであったのだろうかよ。

はればれ・し【晴れ晴れし】(形シク){しから・しく(しかり)・し／しき(しかる)・しけれ・しかれ}❶よく晴れわたっている。[枕]二九二「今朝まで―・しかり(用)つる空ともおぼえず」[訳]今朝までよく晴れわたっていた空とも思われなくて。
❷(気分が)さっぱりしている。(気持ちが)晴れやかだ。[源氏]手習「この本意(ほい)のことし給ひて後より、すこし―・しう(用)(ウ音便)なりて」[訳]この本来の望みのこと(=出家)を、お遂げになってから、(浮舟(うきふね)は気持ちも)少し晴れやかになって。
❸晴れがましい。表立っている。[大鏡]基経「堀河院をば、さるべきことのをり―・しき(体)料(れう)にせさせ給ふ」[訳](藤原基経(もとつね)は)堀河院を、しかるべき行事の折、晴れがましい用途に使う御殿になされる。

はれ-らか【晴れらか】(形動ナリ){なら・なり(に)・なり／なる・なれ・なれ}「「らか」は接尾語」すっきりとしたさま。晴れやか。さっぱり。[徒然]一七五「女は額髪(ひたひがみ)―・に(用)掻(か)きやり」[訳]女は額から肩まで垂らした前髪をすっきりと(手で)かき上げ。

はろ-ばろ【遥遥】(形動ナリ){なら・なり(に)・なり／なる・なれ・なれ}「はろはろ」とも。遠く隔たっているさま。はるばる。[万葉]二〇・四三七一「難波潟(なにはがた)漕(こ)ぎづる舟の―・に(用)別れ来ぬれど忘れかねつも」[訳]難波潟を漕ぎ出る舟のように、はるばると別れて来たけれど、(妻のことを)忘れることができないことよ。(第二句までは「はろばろ」を導きだす序詞)

は-をく(オク)【破屋】(名)こわれかけた家。あばら家。[細道]出発まで「江上(かうしゃう)の―に蜘(くも)の古巣をはらひて」[訳](隅田)川のほとりのあばら家に帰り、(留守中の)くもの古い巣をはたき除いて。⇩苫屋(とまや)「慣用表現」

はん【判】(名)❶判断。特に、歌合わせなどの勝負の判定。[源氏]絵合「この―つかうまつり給ふ」[訳]この(絵合わせの勝負の)判定を(蛍兵部卿(ほたるひやうぶきやう)の宮が)お務め申しあげなさる。
❷書き判。花押(かおう)。[今昔]二九・二一「父、その瓜(うり)取りたる児(ちご)を永く不孝(ふけう)して、この人々の―を取るなりけり」[訳]父親は、その瓜を取った子供を永く勘当(すると)して、この(町のおもだった)人たちの書き判(=連判)を取るのであった。

-ばん【番】(接尾)(数詞に付いて)順序・等級、勝負の組み合わせなどを表す語。[源氏]宿木「三―に数(かず)一つ負けさせ給ひぬ」[訳](今上帝は薫(かをる)との)三番勝負に一番お負け越し(=二敗)になられた。

ばん【番】(名)❶順番。また、当番。[源氏]浮舟「おのが―に当たりていささかなる事もあらせじなど」[訳]自分の(宿直の)当番に際してほんのわずかなこと(=過失)も起こさせまいなどと(思って)。
❷警護。番人。[竹取]かぐや姫の昇天「母屋(もや)の内には、嫗(おうな)どもを―にをりて守らす」[訳]母屋の中では、嫗たちを見張り番において守らせる。
❸勝負を争う組。[著聞]三二「また一巻をば宮川歌合せと名づけて、これも同じ―につがひて」[訳](西行は)また一巻を「宮川歌合わせ」と名づけて、これも(番数を)同じ(三十六)番に組み合わせて。

ばん【盤】(名)❶皿などの食器類。[大鏡]師尹「台盤所(だいばんどころ)におはしまして、御台や―などまで手づからのごはせ給ふ」[訳](道長が)台盤所(=台所)にお出ましになって、御食卓や皿などまで自分の手でおふきになられる。
❷食器などをのせる台。膳。[枕]三三「はての御(ご)―とりたる蔵人(くらうど)まゐりて、御膳(おもの)奏すれば」[訳]最後の御膳を運んだ蔵人が参上して、(主上(=一条天皇)に)お食事の(用意のできた)ことを申し上げると。
❸すごろく・碁(ご)・将棋などの台。

はん-か【反歌】(名)長歌の終わりに詠み添える短歌。長歌の意を要約したり、またその意を補ったりするもの。「万葉集」に例が多い。返し歌。

ばん-か【挽歌】(名)❶葬送のとき、棺(ひつぎ)をのせた車を挽(ひ)く者が歌う歌。[太平記]三九「知る人もなき山中の御葬礼なれば、ただいたづらに鳥啼(な)きて―の響きをそへ」

訳 知る人もない山中のお弔いであるので、ただむなしく鳥が鳴いて挽歌の響きをそえ。

❷「万葉集」の部立ての一つ。人の死を悲しみ悼む歌。「古今集」以降の「哀傷」にあたる。

ばん-がしら【番頭】(名)武家の番衆(=殿中や本陣の宿直・警固に当たった者)の長。江戸幕府では、大番頭・小姓番頭・書院番頭の類。「番頭(ばんとう)」とも。

はんか-つう【半可通】(名)通人ぶってはいるが、真の通人ではないこと。また、その人。半可。〔洒・傾城買二筋道〕「ほれどころなきほどうぬぼれの―」訳(他人が)ほれる余地もないほどうぬぼれたなまはんかな通人。

はん-き【半季】(名)一季(=一年)の半分。江戸時代、春秋の出替わり(=雇用期限を終えた奉公人が入れ替わること)のときを基準にした、奉公の期間についていう。

はん-ぎ【板木・版木】(名)印刷するために、文字や絵などを彫った木の板。

ばん-き【万機】(名)政治上の、多くの重要な事柄。天下の政治。〔平家〕一・殿下乗合「御出家の後(のち)も―の政(まつりごと)をきこしめされしあひだ、院(ゐん)内(うち)わく方なし」訳(後白河院は)ご出家の後も重要な事柄の政務をおとりなされたから、院も内裏(だいり)も区別がない。

はんき-ゐ【半季居】(名)半季(=一年の半分)の奉公をすること。また、その人。〔浮・好色一代男〕「『ここは―のまれなる所か』と申せば」訳「『ここは(給金の少ない)半年契約の奉公人がまれな所か』と申すと。

ばん-きん【万金】(名)「まんきん」とも。多くの金銭。〔徒然〕九三「―を得て一銭を失はん人、損ありといふべからず」訳 多額な金(よりも重い一日の命)を得て、(その一方で)わずかな金額(の牛)を失うような人は、損失があるということはできない。

ばん-きん【判金・版金】(名)大判金と小判金。特に、大判金。

はん-ぐゎん【判官】(名)「はうぐゎん」に同じ。

はん-げ【半夏】(名)❶からすびしゃく(=草の名)の異名。漢方では、根を薬用にする。夏

❷「半夏生(はんげしやう)」の略。陰暦で、夏至(げし)から数えて十一日目にあたる日。梅雨がこのころ明けるので、田植えを終える時期とされた。夏

はんごん-かう【反魂香】(名)たくと、死者の魂を呼び返してその姿を煙の中に現すという想像上の香。

参考 漢の武帝が、李(り)夫人の死後に魂を呼び返そうとして香をたき、その面影を見たという故事による。

はん-ざ【判者】(名)「はんじゃ」に同じ。

ばんざい-らく【万歳楽】(名)「まんざいらく」に同じ。

はん-ざふ【半挿】(名)湯や水をつぐのに用いる器具。注ぎ口の柄が半分、器の中に挿しこまれているのでいう。〔枕〕一二〇「―に手水(てうづ)入れて」訳 水差しに手洗い水を入れて。

(はんざふ)

はん-し【判詞】(名)歌合わせ・句合わせなどで、判者が優劣を判定することば。〔細道〕山中「功名の後(のち)、この一村―の料(れう)を請(う)けずといふ」訳(貞室は)手柄を立て名をあげての後、この一村(の人々)からは(俳諧の)判詞の点料(=批評に対する謝礼)を受けとらないという。

ばん-しき【盤渉】(名)十二律(=雅楽の音階)の第十音。→十二律(じふにりつ)

ばんしき-でう【盤渉調】(名)「ばんしきてう」とも。雅楽の六調子の一つ。十二律(=雅楽の音階)の盤渉(ばんしき)(=第十音)を主音とする調子。〔源氏〕帚木「箏(さう)の琴を―に調べて、今めかしくかい弾きたる爪音(つまおと)」訳(木枯らしの女が)十三弦の琴を盤渉を主音とする調子に調えて、現代風にかき鳴らしている爪音は。

はん-じゃ【判者】(名)「はんざ」とも。歌合わせ・句合わせなどで、作品の優劣を判定する人。審判。〔十訓〕一「野の宮の歌合はせの―は、源順(みなもとのしたがふ)なりけり」

ばん-じゃう【番匠】(名)飛騨(ひだ)(岐阜県)や大和(やまと)(奈良県)などから宮廷に呼び寄せられて、宮廷や寺の建築に従事した大工。のち、一般に大工。

ばん-じゃく【盤石・磐石】(名)❶大きな石。いわお。〔平家〕一二・大地震「大地裂けて水わきいで、―われて谷へまろぶ」訳(大地震のために)大地は裂けて水がわき出し、大きな岩が割れて谷へころがり落ちる。

❷きわめて堅固なこと。〔浄・神霊矢口渡〕「楠(くすのき)が名は(末代まで)―と堅めたる」訳 楠(正成(まさしげ)・正行(まさつら)父子)の名誉は、とても堅固でしっかりしている。

ばん-しゅう【番衆】(名)「ばんしゅ」とも。❶番人。当番の人。〔平家〕五・物怪之沙汰「夜百人、昼五十人の―をそろへて、ひきめを射させらるるに」訳(清盛が)夜百人、昼五十人の当番の衆をそろえて、ひきめ矢(=射ると高い音を出す、魔よけに用いた矢)を射させなさると。

❷武家の職名。殿中や本陣に宿直して警固に当たった者。〔伽・唐糸ざうし〕「正八幡大菩薩の御方便かや、折節(をりふし)―もなかりけり」訳 正八幡(しやうはちまん)大菩薩(だいぼさつ)のおはからいであろうか、ちょうどその時警固の者もいなかった。

ばん-じょう【万乗】(名)(中国周代、天子は戦時に乗(=兵車)一万を出す制であったことから)天子の位。天皇。〔平家〕灌頂・六道之沙汰「今―のあるじとは生(む)まれさせ給へども」訳 今(この世に)天皇という主君としてはお生まれになられているが。⇨御門(みかど)「慣用表現」

はん-ず【判ず】(他サ変){ぜ・じ・ず・ずる・ずれ・ぜよ}判定する。和歌などの優劣を定める。〔沙石集〕「すでに御前にて講じて、―・ぜ(未)られけるに」訳 いよいよ(壬生忠見(みぶのただみ)と平兼盛(かねもり)の歌を天皇の)御前で読み上げて、(勝敗を)判定されたときに。

ばんす-らく【万春楽】(名)「ばんずらく」「ばんしゅんらく」とも。陰暦正月十五日の男踏歌(おとこどうか)のときに奏する楽。また、そのときに歌う八句の詩や、その各句末のはやしことば。句ごとに「万春楽」と唱える。春 〔源氏〕竹河「―を御口ずさみにし給ひつつ」訳(冷泉(れいぜい)院は)万春楽をお口ずさみにうたいなさりながら。

ばん-ぜい【万歳】一(名)❶万年。また、いつまでも生きること。めでたいこと。〔平家〕六・紅葉「ただこの君千秋―の宝算(ほうさん)をぞ祈り奉る」訳 ただこの君(=高倉天皇)の千年万年もの御寿命をお祈り申しあげる。

❷貴人の死をいう語。〔太平記〕三「―の後の御事、よろづ叡慮(えいりよ)に懸かり候はんことをば」訳 ご逝去の後の御ことで、何かと御心にかかっていますようなことを。⇨果(は)つ「慣用表現」

二(感)めでたいことを祝って叫ぶ声。ばんざい。〔曽我

物語」「勝鬨をつくりて、—のよろこびをぞとなへける」訳 かちどきの声をあげて、ばんざいの歓声をあげた。

ばん-そう【伴僧】(名)法会・葬式・修法などで導師に従う僧。また、葬儀の列に従う僧。枕 三六五「たのもしきもの　心地あしきころ、—あまたして修法したる」訳 心強いもの、気分が悪いとき、伴僧がたくさんで祈禱しているの。

ばんだい-ふえき【万代不易】(名)永遠に変化しないこと。〔三冊子〕「師の風雅に—あり」訳 先生(=芭蕉)の俳諧に永遠に変化しない理念がある。

はん-てん【半天】(名)空の中ほど。中空。〔銀河の序〕「銀河—(=中空)にかかりて、星きらきらと冴えたるに(=冴えている上に)」

ばん-とう【番頭】(名)❶「ばんがしら」に同じ。❷商家の使用人の頭。店主から営業に関する万事を委任され、使用人を統率した。〔黄・栄花夢〕「そのほか手代、—おびただしく(=たくさん)召しつれ」❸警護すること。〔伎・勧進帳〕「かたがた、きっと—仕れ」訳 皆の者、必ず(この関を)警護いたせ。

ばんどう【坂東】(名)(今の静岡県と神奈川県の境にある足柄の坂の東という意から)関東地方。東国。

ばんどう-ごゑ【坂東声】(名)関東人特有の音声やアクセント。関東なまり。関東人のだみ声。平家 七・実盛「声は—で候ひつる」訳 (討ち取ったこの男の)ことばの発音は関東なまりでございましたよ。

ばんどう-たらう【坂東太郎】(名)利根川の異名。筑紫二郎(=筑後川)・四国三郎(=吉野川)に対することば。

ばんどう-むしゃ【坂東武者】(名)関東生まれの武士。勇猛で知られた。平家 四・橋合戦「—の習ひとして、かたきを目にかけ、河を隔つるいくさに、淵瀬きらふやうやある」訳 関東の武士のならわしとして、敵を目の前にして、川をはさんだ戦いで、淵や瀬(があろうともその深浅)をえり好みすることがあるか(いや、あってはならない)。

はん-とき【半時】(名)❶一時の半分。今の約一時間に当たる。〔太平記〕三「—ばかりに十首の詩をぞ作らせ給ひける」訳 (菅原道真は)一時間ほどの間に十首の漢詩をお作りになられた。❷わずかの時間。〔浄・女殺油地獄〕「—もこの内(=家)におくことならぬ、勘当ぢゃ」

はんにゃ【般若】(名)❶《梵語の音訳》〔「知恵」の意〕真実の姿を見きわめる理性。真理・実相を認識する深い知恵。❷嫉妬の表情をあらわした、おそろしい顔つきの鬼女。また、その能面。

(はんにゃ②)

はん-ぴ【半臂】(名)束帯のとき、袍の下に着た、袖のない短い衣。⇩巻頭カラーページ12

はんべ・り【侍り】(自ラ変)〈ら・り・り・る・れ・れ〉〔「はむべり」とも表記〕「はべり」(自ラ変)に同じ。〔増鏡〕さしぐし「なにがしも、侍のかたに—・ら㊍ん」訳 私も、侍の詰め所にひかえていよう。

参考 「はべり」の「べ」の前にあった鼻音mが表記されたものという。

はんべ・り【侍り】(補動ラ変)〈ら・り・り・る・れ・れ〉〔「はむべり」とも表記〕「はべり」(補動ラ変)に同じ。〔歎異抄〕「念仏は、まことに浄土に生まるる種子にてや—・る㊍らん」訳 念仏は、ほんとうに浄土に往生するもとになるものなのでございましょうか。→侍り(自ラ変)参考

ひ

ヒ

「ひ」は「比」の草体
「ヒ」は「比」の省略

ひ【日】(名)〔原義は太陽〕❶太陽。また、日光。新古 春上「なごの海の霞のまよりながむれば入る—をあらふ沖つ白波」訳 なごの海の霞の(上にたなびいている)霞の切れ間からながめると、今沈もうとする太陽を洗っている(ように見える)沖の白波よ。❷日中。昼間。〔記〕中「新治筑波を過ぎて幾夜か寝つる日日なべて夜には九夜—には十日を」訳 →にひばり…歌謡 ❸(時間の単位としての)日。一日。一昼夜。万葉 一八・四一二二「雨降らず—の重なれば植ゑし田も…しぼみ枯れゆく」訳 雨が降らずに日が重なるので、植えた田も…しぼんで枯れていく。❹時期。おり。時代。万葉 二・二〇九「黄葉の散りゆくなへに玉梓の使ひを見れば逢ひし—思ほゆ」訳 →もみちばの…和歌 ❺天候。天気。空模様。土佐「—悪しければ、船出ださず」訳 天候が悪いので、船を出さない。❻太陽の神としての天照大御神。また、その子孫と考えられた天皇・皇子。万葉 一・四五「やすみしし吾が大王高照らす—の皇子」訳 わが大君、天照大御神の子孫である皇子(=軽皇子)は。(「やすみしし」は「吾が大王」に、「高照らす」は「日」にかかる枕詞)

語の広がり「日」
①男子の美称「彦」は「日子」、女性の美称「姫」は「日女」の意。
②現在の「廂」は日光や雨を遮るための小屋根であるが、本来は寝殿造りの母屋の外側部分の建物をいう。そこに日が差し込むことから「日差し」と呼んだ。
③「聖」は「日知り」の意。太陽のように天下の物事をあまねく知る人、また一説に「日」を領治する人の意から、「君子」「聖人」の意になる。

ひ【火】(名)❶燃える火。ほのお。火炎。〔記〕中「さねさし相模の小野に燃ゆる—の火中に立ちて問ひし君はも」訳 →さねさし…歌謡 ❷あかり。ともしび。灯火。徒然 一〇四「—はあなたにほのかなれど、ものの綺羅など見えて」訳 ともしびは(部屋の)向こうのほうにほんのり明るい(程度である)が、(あたりにある)ものの美しさなどが見えて。❸炭火。おき。枕 一「いと寒きに、—などいそぎおこして、炭もてわたるもいとつきづきし」訳 ひどく寒い朝に、炭火などを急いでおこして、炭火を持って(廊下を)通っていくのも(冬の早朝に)とても似つかわしい。❹火災。火事。徒然 五九「近き—などに逃ぐる人は『しば

し』とや言ふ」訳近所の火事などで逃げ出す人は「しばらく(待ってみよう)」と言うか(いや、言いはしない)。文法「や」は、反語の係助詞。

❺のろし。〔太平記〕一五「城の中へ懸け入って、先づ合図の―をぞあげたりける」訳(新田の軍勢は)城の中へ攻め入って、まず合図ののろしをあげたのだった。

ひ【氷】(名)❶こおり。万葉 一三・三二八一「わが衣手に置く霜も―に冴えわたり降る雪も凍りわたりぬ」訳私の衣の袖に置く霜もこおりのように一面に冷えこみ、降る雪も一面に凍りついた。❷雹。氷雨。〔うつほ〕吹上下「礫(=小石)のやうなる―降り」

発展 貴重な夏の氷

夏の氷は、今と違って貴重品であった。冬の氷を夏までたくわえておくのが「氷室」、氷を溶かした水が「氷水」である。宮中では、夏季、諸国より献上された氷を諸臣に与えることが行われ、高貴な人が暑い季節に亡くなった折には氷を下賜された。

ひ【非】(名)❶道理に合っていないこと。あやまり。不正。徒然 一五七「卒爾にして多年の―をあらたむることもあり」訳突然長年のあやまりを改めることもある。❷欠点。短所。徒然 一六七「一道にも誠に長じぬる人は、みづから明らかにその―を知る故に」訳一つの専門の道にも真に熟達した人は、自分ではっきりと自分の欠点を知っているために。❸不利な立場にあること。〔浄・曽根崎心中〕「聞きゃるとほりの巧みなれば言ふほどおれが―に落ちる」訳聞きなさるとおりの(恐ろしい)たくらみなので、(ものを言えば)言うほどおれが不利な立場におちいる。❹価値がないこと。実在しないもの。徒然 三八「万事は皆―なり」訳すべてのことは皆実在しないものである。

ひ【緋】(名)❶濃く明るい朱色。緋色。律令制では、四位・五位の人の着用する袍の色とする。今昔 二七・三「―の組みを以って上を強く封結びにして」訳緋色の組みひもで(袋の)上をしっかりと書状の封をするように固い結びに封じて。⇩巻頭カラーページ10 ❷緋色の練り絹。

ひ【檜】(名)木の名。ひのき。

ひ-あい【非愛】(名・形動ナリ)❶思いやりのないさま。無遠慮。著聞 三八〇「これは身ながらも―の事にて候ふ」訳これは、われながら無遠慮なことでございます。❷危険なさま。平家 八・法住寺合戦「加賀房は我が馬の―・なり終とて主の馬に乗りかへたれども」訳加賀房は自分の馬が(言うことを聞かず)危険だと思って、主人の馬に乗り換えたけれども。

ひ-あふぎオウギ【檜扇】(名)檜や杉の薄い板をつづって作った扇。とじ糸は白い絹糸。公卿が衣冠や直衣を着けたとき、笏に代えて持った。のちには、貴婦人用の衵扇をもいった。枕 二八六「―は 無紋。唐絵。」訳檜扇は、無地(のもの)。(また)中国風の絵(のものが趣がある)。

(ひあふぎ)

ひ-あやふ・しヤウシ【火危ふし】宮中や貴族の家で、夜番が巡回するときに警戒を呼びかける語。火の用心の意。源氏 夕顔「弓弦いとつきづきしく打ち鳴らして、『―・し終』といふいふ」訳(滝口の武士が、鳴弦のための)弓の弦をたいそう似つかわしく打ち鳴らして、「火の用心」と言いながら。

ひいきめに… 俳句

> ひいき目に　見てさへ寒し　影法師　冬
> 〈七番日記・一茶〉

訳どんなにひいき目に見ても、われながら寒々として貧相であることよ。私の影法師は。(寒し形。切れ字は「し」で、形容詞の終止形活用語尾)

解説「自像」と前書き。「見てさへ寒きそぶりかな」「見てさへ寒き天窓哉」などの別案もある。

ビードロ(名)(ポルトガル語から)ガラスの古名。また、ガラス製の器具。〔蕪村句集〕蕪村「―の魚おどろきぬ今朝の秋」訳ガラス製の水槽の(中の)魚が、(にわかな冷気を感じ取ったのか)何かに驚いたように急に激しく動きだした、立秋の朝であるよ。

ひいな【雛】(名)〔「ひひな」の転〕「ひひな」に同じ。春。〔夜の寝覚〕「―をつくりすゑたらむやうに、わが御ほどはをかしげなるに」訳(石山の姫君は)人形を作って座らせたように、自身のごようすはかわいらしい感じなので。

ひい-ふっ(-と)(副)「ひふっと」「ひゃうふっと」とも。射た矢が風を切って飛び、勢いよく当たる音の形容。平家 一一・那須与一「あやまたず扇のかなめぎは一寸ばかり置いて、―とぞ射きったる」訳(那須与一が射た矢は)あやまりなく扇のかなめの際から一寸(=約三センチメートル)ぐらい(上へ)へだてて、ひゅう、ぶすりと射切った。

日向ひうが(ひゅうが)ヒュウガ【地名】旧国名。西海道十二か国の一つ。今の宮崎県。向州。日州。

ひ-うち【火打ち・燧】(名)火打ち石と火打ち金とを打ち合わせて、火を出すこと。また、その道具。〔記〕中「その―もちて火を打ち出でて」訳その火打ち石で、火をうち出して。⇩向かひ火「名文解説」

ひうち-げ【火打ち笥】(名)火打ち石など、発火用具を入れておく箱。火打ち箱。大和 一六八「蓑一つを着たる法師の、腰に―など結ひつけたるなむ、隅に居たる」訳蓑を一枚着た法師で、腰に火打ち箱などを結びつけた法師が、隅に座っていた。

ひうち-ぶくろ【火打ち袋】(名)火打ち石など、発火用具を入れて持ち歩く小さな袋。

ひえ(名)❶【比叡】「比叡山」の略。宇治 一・一二「これも今は昔、―の山に児ありけり」訳これも今では昔のことだが、比叡の山(=延暦寺)に(一人の)稚児がいたそうだ。❷【日吉】比叡山の東麓、今の滋賀県大津市坂本にある日吉神社。比叡山の守護神として朝廷の尊崇が厚かった。院政時代、延暦寺の法師は、しばしば、この社の御輿をかつぎ出して朝廷に強訴した。

比叡山（ひえいざん）❶『地名』今の京都府と滋賀県との境にある山。山上に天台宗の総本山、最澄の開山した延暦寺がある。古くから王城鎮護の霊山とされた。比叡。叡山。山。北嶺。❷延暦寺の山号。

ひえ‐い・る【冷え入る】（自ラ四）｛ら・り・る・る・れ・れ｝からだが、すっかり冷たくなる。冷えきる。源氏 幻「雪降りたりし暁にたちやすらひて、我が身も━・る㊍やうにおぼえて」訳 雪の降っていた夜明け前に（格子の外に）たたずんで、（光源氏は）自分のからだも冷えきるように思われて。

稗田阿礼（ひえだのあれ）『人名』（生没年未詳）飛鳥時代の語り部の舎人。記憶力にすぐれ、天武天皇の命で「帝紀」や「旧辞」を誦習し、和銅五年（七一二）、太安万侶はこれによって「古事記」を編んだ。

ひえ‐どり【鵯】（名）ひよどり（＝鳥の名）の異名。秋。〔夫木〕雑九「籠のうちにまだ住み慣れぬ━は」

ひお【氷魚】⇩ひを

ひおけ【火桶】⇩ひをけ

ひおどし【緋縅】⇩ひをどし

ひおむし【蜉】⇩ひをむし

ひ‐か【非家】（名）「ひけ」とも。その道の専門家でない人。しろうと。徒然 一八七「万の道の人、たとひ不堪なりといへども、堪能の━の人に並ぶ時、必ずまさることは」訳 あらゆる方面の専門家が、たとえへたであるといっても、器用であるがその道の専門家でない人と並んで行うときに、必ずすぐれていることは。

ひが‐【僻】（接頭）（名詞に付いて）道理に合わない、まちがっている、また、ひねくれている、の意を表す。「━覚え」「━聞き」「━事」

ひが‐おぼえ【僻覚え】（名）事実とちがって覚えること。記憶ちがい。枕 二三「━をもし、忘れたるところもあらばいみじかるべきことと、わりなう思し乱れぬべし」訳（「古今集」の歌について）記憶ちがいをしていたり、忘れたところでもあったりしたらたいへんなことだろうと、（宣耀殿の女御は）どうしようもなくお気持ちがきっと乱れなさっただろう。文法「乱れぬべし」の「ぬ」は、助動詞「ぬ」の終止形で、ここは確述の用法。

ひ‐がき【檜垣】（名）檜の薄い板を、網代のように斜めに編んで作った垣根。身分の低い人の家の外構えなどに用いられた。源氏 夕顔「この家のかたはらに、━といふもの新しうして」訳 この（大弐の乳母の）家のそばに、檜垣というものを新しく作って。

ひが‐ぎき【僻聞き】（名）「ひがきき」とも。聞きちがい。著聞 七〇一「もし━かと人をかへて聞かするに」訳 もしや聞きちがいかと人を替えて聞かせると。

ひ‐がく【非学】（名）《仏教語》大乗・小乗の学を修めていないこと。また、無学なこと。→非修非学

ひ‐がくし【日隠し】（名）日よけ。日おおい。ひさし。

ひ‐かげ【日陰・日蔭】（名）❶日光の当たらない所。❷世間から顧みられない境遇。世に埋もれていること。〔後撰〕雑二「頼まれぬうき世の中を嘆きつつ━に生ふる身をいかにせむ」訳 あてにできないつらい世の中を嘆いては、世間から顧みられない境遇に生きる（わが）身をどうしたらよいのだろう。❸「日蔭の蔓」の略。

ひ‐かげ【日影】（名）❶日の光。ひざし。陽光。徒然 一九「のどやかなる━に、垣根の草萌え出づるころより」訳 のどかな日の光のもとで、垣根の草が芽を出すころから（だんだん春めいてくる）。❷太陽。細道 象潟「━ややかたぶくころ」訳 太陽もようやく西に傾くころ。

ひかげ‐の‐かづら【日蔭の蔓・日蔭の鬘・日蔭の葛】（名）❶しだ植物の名。茎はつる状で常緑。神事に用いられた。❷大嘗祭・新嘗祭りなどの神事のとき、冠の左右に掛けて垂らすもの。青または白の組み糸で作る。もとは、①を用いたという。〔栄花〕ひかげのかづら「ゆふしでの━よりかけて」訳 木綿で作られた四手（＝標縄などにさげる幣）の日蔭の蔓を（冠から）縒ってかけて。

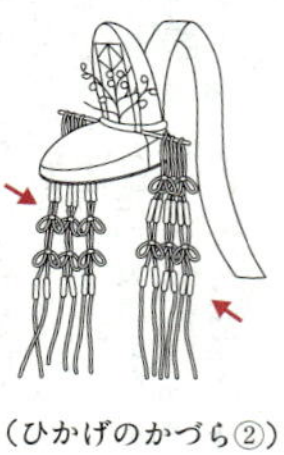

（ひかげのかづら②）

ひが‐ごころ【僻心】（名）思いちがいした心。誤解した心。また、ひねくれた心。源氏 行幸「『またいかなる御譲りあるべきにか』など、━を得つつ」訳「（実権を内大臣に譲った光源氏から）またどのようなお譲りがあることだろうか」などと、思いちがいの想像を皆が心に抱いて。

ひが‐こと【僻事】（名）❶まちがい。あやまり。あやまち。枕 二三「いかでなほ少し━見つけてを止まむ」訳 なんとかしてやはり少しでもまちがいを見つけてね、（そこで）終わりにしよう。文法「見つけてを」の「を」は、間投助詞。徒然 二三三「鶴をかひ給ひける ゆゑにと申すは━なり」訳 鶴をお飼いになったために（田鶴の大臣殿）と申し上げるのはあやまりである。❷道理にはずれた行為。不都合なこと。悪事。徒然 二〇九「その所とても、刈るべき理なければども、━せんとてまかる者なれば、いづくをか刈らざらん」訳 その（訴訟で争った所（の稲であるといっても、刈ってよい道理はないけれども、（われわれはどうせ他人の田の稲を刈るという）道理にはずれた行為をしようとして参る者だから、どこ（の田）を刈らないことがあろうか（いや、刈ってやるのだ）。文法「いづくをか」の「か」は、反語の係助詞。徒然 一四二「盗人を縛め、━をのみ罪せんよりは」訳 どろぼうを捕えてしばり、悪事だけを処罰するようなことよりは（よい政治を行いたいものだ）。文法「罪せんより」の「ん」は、仮定・婉曲の助動詞。

ひ‐がさ【檜笠】（名）檜を薄くはいで作った網代笠。晴雨兼用した。檜笠。宇治 八・二「━の上を、またおとがひに、縄にてからげつけて」訳 檜笠をかぶった上に、さらに下あごに、縄でくくりつけて。

ひが‐ざま【僻様】（形動ナリ）｛なら・なり（に）・なり・なる・なれ・なれ｝事実とちがっているさま。道理にそむくさま。源氏 藤袴「年ごろかくてはぐくみ聞こえ給ひける御心ざしを、━・に㊊こそ人は申すなれ」訳 長年、こうして（玉鬘を）お育て申しあげなさった（光源氏の）御情愛に対して、変なふうに、（世間の）人は（あれこれうわさし）申し上げているそうだ。

ひかさ・る【引かさる】（自ラ下二）｛れ・れ・る・るる・るれ・れよ｝心が引かれる。ほだされる。源氏 夕顔「あやしう短かりける御契りに━・れ㊊て、我も世にえあるまじきなめり」訳 不思議

に短かった(亡き夕顔との)御縁に引かれて、私(＝光源氏)もこの世に生きていられそうもないようである。

ひがし【東】(名) ❶方角の名。東。❷東から吹く風。東風。こち。更級 竹芝寺「ひさごの…—ふけば西になびくを見て」訳(酒壺の上に渡してある)ひしゃくが…東風が吹くと西になびくのを見て。❸(京都や大坂に対して)鎌倉や江戸。関東。〔増鏡〕新島守「やうやうもれ聞こえて、—ざまにもその心づかひすべかんめり」訳(後鳥羽院の計画は)しだいにもれ伝わって、関東の方でもその用心をするにちがいないようだ。

参考「ひむがし」→「ひんがし」→「ひがし」と転じた語。

ひがし-の-きゃう【東の京】(名)「さきゃう」に同じ。↔西の京

ひがし-の-たい【東の対】(名)「ひんがしのたい」に同じ。↔西の対

東山(ひがしやま)〘地名〙今の京都市の東に、南北に連なる丘陵。古来、東山三十六峰といわれる。ふもとには銀閣寺・清水寺・八坂神社など寺社・古跡が多い。

ひ-かた【干潟】(名)干潮で遠浅になった海岸。ひがた。徒然 一五五「沖の—はるかなれども、磯より潮の満つるがごとし」訳(死の到来は)沖のひがたは遠くにあるが、(いつの間にやら)磯から潮が満ちてくるのに似ている。

ひ-かた【日方】(名)〘日のある方向から吹く風の意〙風向の名称。南西の風とも南東の風ともいうが未詳。万葉 七・一二三一「天霧らひ—吹くらし」訳 空が一面に曇って、日方の風が吹くらしい。

ひがひが・し【僻僻し】(形シク){しから・しく(しかり)・し・しき(しかる)・しけれ・しかれ} ❶ひねくれている。素直でない。情趣を解さない。源氏 末摘花「君のかうまめやかにのたまふに、聞き入れざらむも—・しかる体べし」訳 君(＝光源氏)がこのように誠実におっしゃるのに、聞き入れないとしたら、それもひねくれている(ように見える)にちがいない。文法「聞き入れざらむも」の「む」は、仮定・婉曲の助動詞。徒然 三一「この雪いかが見ると、一筆のたまはせぬほどの、—・しから未ん人の仰せらるること、聞き入るべきかは」訳(今朝の)この雪をどのように見るかと、(手紙に)一言もおっしゃらない程度の、情趣を解さないような人のお命じになることを、聞き入れることができようか(いや、できはしない)。文法「ひがひがしからん人」の「ん」は、仮定・婉曲の助動詞。「かは」は、反語の係助詞。名文解説 雪が趣深く降っていた朝、兼好がある人のもとに用件のみで雪のことには触れない手紙を送ったところ、相手が返事にこのように書いてきたので、兼好はおもしろく思ったという。雪の情趣にまつわる話であるが、この手紙の相手はすでに亡くなっており、それゆえに兼好にとっては忘れがたい思い出となっていたのである。

❷ふつうでない。調子がおかしい。変だ。源氏 若菜下「年ごろかく埋もれて過ぐすに、耳なども少し—・しく用なりにたるにやあらむ」訳(私＝光源氏は)長年このように世間から引きこもって暮らしているので、(音楽を聴く)耳などもいくらか変になってしまっているのであろうか。

ひか・ふ【控ふ】■(自ハ下二){へ・へ・ふ・ふる・ふれ・へよ} ❶とどまり待っている。待機する。平家 九・木曽最期「『最後のいくさしてみせ奉らん』とて、—・へ用たるところに」訳(巴御前が)「最後の戦いをしてお見せ申しあげよう」と言って、(馬をとめて)待っているところに。❷そばにいる。傍らに控える。〔落窪〕「まこと、かの物縫ひし夜—・へ用たりけるはこの君なりけり」訳 本当に、あの縫い物をした夜そばにいたのはこの君だったのだなあ。■(他ハ下二){へ・へ・ふ・ふる・ふれ・へよ} ❶引きとめる。おさえる。〔十訓〕三「御簾より半らばかり出でて、わづかに直衣の袖を—・へ用て」訳(小式部内侍は御簾から(からだ)半分ぐらい出て、ちょっと(定頼の)直衣の袖を引きとめて。名文解説 母の和泉式部が留守では、歌合わせに出す歌を代作してもらえず困るだろう、と藤原定頼にからかわれた小式部内侍がとった、とっさの行動を描いた一節。直後に小式部が詠みかけた「大江山生野の道の遠ければまだふみも見ず天の橋立」訳→おほえやま…和歌)の歌とともに、機知と歌才に富む小式部の潑剌としたようすをよく伝えている。❷控えめにする。見あわせる。やめておく。宇治 一四・一「異事どもをば、よく教へたりけれども、その一事をば—・へ用て、教へざりけり」訳(唐人は)他のいろいろなことをよく教えたけれども、その一つのこと(＝人を殺す術)は見あわせて、教えなかった。

ひが-みみ【僻耳】(名)聞きちがい。源氏 明石「山ぶしの—に松風を聞きわたし侍るにやあらむ」訳 山伏(のごとき私＝明石の入道)の聞きちがいで、松風(の音)を(娘の琴の音かと)ずっと聞いているのでございましょうか。

ひが・む【僻む】■(自マ四){ま・み・む・む・め・め} ひねくれる。ねじける。すねる。源氏 蜻蛉「思ひに籠りゐて、まゐらざらむも—・み用たるべしとおぼして」訳(浮舟への)思いでじっと引きこもっていて、(匂宮の病気見舞いに)うかがわないとしたら、それもすねている(とみられる)にちがいない、と(薫は)お思いになって。■(他マ下二){め・め・む・むる・むれ・めよ} 曲げる。(事実を)ゆがめる。源氏 少女「おはせましかば、かくもて—・むる体こともなからまし」訳(亡き太政大臣がこの世に)もしいらっしゃったとしたら、このような筋を通さないこと(＝弘徽殿の女御の不立后のこと)もなかったであろうに。

参考 下二段活用は中世以降は用いられなくなった。

ひが-め【僻目】(名) ❶よそ見。わき見。枕 三三「—しつればふと忘るるに、にくげなるは罪や得らむとおぼゆ」訳(説経は)よそ見をしてしまうとふっと忘れるので、(よそ見をしやすい)醜い(講師の)場合は(聴聞の人々が)仏罰を受けるだろうかと思われる。❷見誤り。見まちがい。今昔 三一・三二「一人見たることならばこそ—とも疑ふべきに」訳 一人(だけ)が見たことならば、見まちがいとも疑って当然だが。文法 係助詞「こそ」の結びは、「べきに」とさらに下に続くため、消滅(＝結びの流れ)している。

ひが-もの【僻者】(名)ひねくれ者。変わり者。〔落窪〕「かかる—なれば、世づかぬ文は書き出だしたるなりけりと」訳 こんな変わり者だから、世情に通じない手紙を書き送ったのだったなあと。

ひかり【光】(名) ❶光ること。輝き。細道 旅立「あけぼのの空朧々として、月は有り明けにて—をさまれるものから」訳 明け方の空はおぼろにかすんでいて、月は有り明けの月で光は薄らいでいるので。(「ものから」を逆接の「ものの」の意とする説もある)

❷栄え。光栄。花形。誉れ。源氏 花宴「かうやうの折にも、まづこの君を―にし給へれば」訳 このような催し(=花の宴)の際にも、(桐壺帝は)まずこの(光源氏の)君を(宮中の)花形になさっているので。❸勢い。威光。源氏 匂兵部卿「並びなき御―をまばゆからずもてしづめ給ひ」訳 (光源氏は比べるものがないご)威光をきわ立たないように控えめになさり。

ひかり-だう ―ドウ【光堂】(名)黄金で飾った仏堂。金色堂(こんじきどう)。特に、今の岩手県西磐井(にしいわい)郡平泉(ひらいずみ)町にある中尊寺の金色堂が有名。細道 芭蕉「五月雨(さみだれ)の降り残してや―」訳 →さみだれの…俳句

ひかり-もの【光り物】(名)❶光を放つもの。光って空中を走るもの。流星・いなずま・鬼火など。平家 六・祇園女御「御堂のかたはらに―出(い)できたり」訳 御堂のわきに、(急に)光を放つものが出現した。❷金貨・銀貨などの称。〔浮・元禄大平記〕「日ごろ蓄へたる―をば、空しく蔵に残し置き」訳 常日ごろ蓄えている小判などの貨幣を空しく蔵の中に残して置き。

ひか・る【光る】(自ラ四){ら・り・る・る・れ・れ}❶光を放つ。照る。輝く。竹取 かぐや姫の生ひ立ち「その竹の中に、もと―・る(体)竹なむ一筋(ひとすぢ)ありける」訳 その竹の中に、根もとが光る竹が一本あった。❷容姿や才能がすぐれて見える。光り輝く。源氏 紅葉賀「顔の色あひまさりて、常よりも―・る(終)と見え給ふ」訳 (光源氏は)顔の色つやもいちだんとすぐれて、いつもよりも光り輝くと見えなさる。

光源氏(ひかるげんじ)『人名』「源氏物語」の主人公。桐壺帝と桐壺の更衣との間に生まれ、その美しさのため「光る君」と呼ばれる。源の姓を賜って臣下となるが、のち太政(だいじょう)大臣となり、太上(だいじょう)天皇に準ぜられる。

ひが-わざ【僻業】(名)道理にはずれたこと。あやまち。まちがい。源氏 東屋「『ゆめ、をこがましう―すまじくを』と、ほほゑみてのたまへば」訳 「決して、(私は愚かしく)まちがいをするつもりはないから」と、(薫(かおる)が)にっこり笑っておっしゃるので。

ひ-がん【彼岸】(名)❶《仏教語》(「此岸(しがん)(=この世)」に対して)煩悩(ぼんのう)を川とし、その向こう岸という意から悟りの境地。平家 五・勧進帳「随縁(ずいえん)至誠(しじょう)の法、一つとして菩提(ぼだい)の―にいたらずといふことなし」訳 (仏の説く)方便(ほうべん)の教えも真実の教えも、一つとして煩悩を超えた悟りの境地に到達しないということはない。❷春分・秋分を中日とした前後七日間。また、この間に行う仏事。彼岸会(ひがんえ)。源氏 行幸「十六日、―の初めにて、いとよき日なりけり」訳 (陰暦二月)十六日は、彼岸会の最初の日で、たいそうよい日であった。

-ひき【匹・疋】(接尾)❶獣などを数えるのに用いる。転じて、鳥・魚・虫などにも用いる。今昔 二九・三六「馬百余―に」訳 馬百頭余りに。❷古くは銭十文(もん)の称。のちには銭二十五文の称。徒然 六〇「かれこれ三万―を芋頭(いもがしら)の銭(あし)と定めて」訳 おおよそ三万疋(の銭)を親芋の代金と決めて。❸布の長さの単位。一ぴきは二反(たん)。古くは四丈(=約一二メートル)、のち鯨尺五丈二尺(=約二〇メートル)の称。〔落窪〕「下(しも)づかひには、絹二―、蘇枋(すはう)そへてとらすれば」訳 下仕え(=雑役に従事する女)には、絹二疋に、蘇芳(すおう)(=染料になる植物)を添えて与えるので。

ひき【蟇】(名)ひきがえる。がまがえる。夏

ひき-【引き】(接頭)(動詞に付いて)意味を強める。「―忍ぶ」「―違(たが)ふ」「―違(ちが)ふ」「―繕(つくろ)ふ」

ひき【引き】(名)❶引くこと。率いて行くこと。導き。万葉 六・一〇四七「大君(おほきみ)の―のまにまに春花のうつろひ易(かは)り」訳 天皇の導きのままに、(都を)移りかわり。〔「春花の」は「うつろふ」にかかる枕詞〕❷特に目をかけること。引き立て。〔落窪〕「このごろ年返らば、御―にて白馬(あをむま)に出(い)だし給へ」訳 まもなく年が改まったら、(蔵人(くろうど)の少将の)お引き立てで白馬(あおうま)の節会(せちえ)にお出しなさい。❸つて。縁故。〔落窪〕「弁の君が―にて参りたり」訳 弁の君という女房のつてで(奉公に)参上した。

ひき-あ・ぐ【引き上ぐ】(他ガ下二){げ・げ・ぐ・ぐる・ぐれ・げよ}❶引いて上げる。引き上げる。源氏 末摘花「格子(かうし)―・げ(用)給へり」訳 (光源氏は格子を)引き上げなさった。❷日時を早める。くり上げる。平家 五・都遷「三日と定められたりしが、いま一日―・げ(用)て、二日になりにけり」訳 (福原への行幸は陰暦六月)三日と決められていたが、もう一日くり上げて、二日になってしまった。❸目をかけて用いる。登用する。〔浮・世間胸算用〕「世はなげくまじ。また―・ぐる(体)神もありて」訳 この世は嘆いてはいけない。また(おまえに)目をかけて助けてくれる神もあって。

ひき-あはせ ―アワセ【引き合はせ】(名)❶鎧(よろい)の右わきで胴の前とうしろとを引き合わせる所。平家 七・忠度都落「鎧の―より取りいでて、俊成卿(しゆんぜいのきやう)に奉る」訳 (平忠度(ただのり)は和歌の巻物を)鎧の引き合わせから取り出して、(藤原)俊成卿に差し上げる。❷手引き。仲介。紹介。導き。〔義経記〕「八幡大菩薩(はちまんだいぼさつ)の御―とこそ存じ候へ」訳 八幡大菩薩のお導きと存じます。

ひき-あ・ふ ―ア(オ)ウ【引き合ふ】(自ハ四){は・ひ・ふ・ふ・へ・へ}❶互いに手を取りあう。両方から引く。〔浮世風呂〕「娼婦(おやま)や哥妓(げいこ)などを引き連れて、手を―・っ(用)(促音便)てあるくが一向目だたぬ」訳 (京の町は)遊女や芸妓(げいぎ)などを引き連れて、手を取りあって歩いても、まったく目立たない。❷助け合う。手を握る。同盟を結ぶ。〔太平記〕三五「小河中務(なかづかさ)の丞(じょう)と、土岐(とき)東池田と―・ひ(用)て、仁木〔義長(よしなが)〕に同心し(=荷担して)」❸取り引きする。約束する。〔東海道中膝栗毛〕「先刻内々―・う(用)(ウ音便)ておいた」訳 さっき内々に約束をしておいた。❹割りが合う。〔浮世風呂〕「〔水売りは〕お天気都合が悪いと休みが勝ちますからね。やっぱり―・ひ(用)ません」

ひき-いた【引き板】(名)「ひた(引板)」に同じ。

ひき-い・づ ―イズ【引き出づ】(他ダ下二){で・で・づ・づる・づれ・でよ}❶引き出す。取り出す。宇治 三・一〇「ふところより名簿(みやうぶ)を―・で(用)て、奉る」訳 (若狭阿闍梨(わかさのあじゃり)覚縁は僧正に)ふところから名札を取り出して差し上げる。❷例として引き合いに出す。引用する。源氏 桐壺「楊貴妃(やうきひ)の例(ためし)も―・で(用)つべくなりゆくに」訳 楊貴妃の先例もきっと引き合いに出すにちがいなくなってゆくので。文法 「つべく」の「つ」は、助動詞「つ」の終止形で、ここは確述の用法。

❸事を引きおこす。しでかす。源氏 澪標「若くいはけなきにまかせて、さるさわぎをさへ―・で㊊て」訳(自分=朧月夜が)未熟で幼稚であるのにまかせて、あのような騒ぎ(=光源氏の須磨退去)までも引きおこして。❹引き出物として贈る。源氏 横笛「この笛をば、…故深き物にて、―・で㊊給へりしを」訳この笛を、…由緒深いものとして、(一条御息所が私=夕霧に)引き出物として贈ってくださったのに。

ひきいで-もの【引き出で物】(名)「ひきでもの」に同じ。大鏡 兼通「―に、琴をせさせ給へるにや」訳(忠平は孫の兼通への)贈り物に、琴を贈りなされたのであろうか。

ひき-い・る【引き入る】■(自ラ四){ら・り・る・る・れ・れ}❶引きさがる。引っこむ。枕 三「馬のあがりさわぐなどもいと恐ろしう見ゆれば、―・ら㊍れてよくも見えず」訳馬がはねあがってあばれるのなどもたいそう恐ろしく思われるので、自然と(牛車の中にからだが)引っこんでよくも見えない。

文法「ひきいられて」の「れ」は、自発の助動詞「る」の連用形。

❷引きこもる。隠遁する。源氏 夕霧「もののあはれ、をりをかしきことをも見知らぬさまに―・り㊊」訳(女というものは)物事の心にしみる情趣や、折々のおもしろく趣あることをも、(まるで)見知らぬように引きこもり。❸控えめにする。でしゃばらない。枕 八四「いと有心に、―・り㊊たるおぼえはたなければ」訳(私としては)ひどく気にかけて、控えめにしている覚えもまたないので。❹息が絶える。死ぬ。〔十訓〕一〇「死なんとしけるとき、…と度々うたひて―・り㊊にけり」訳死のうとしたときに、…と何度も歌って息が絶えたのだった。⇩果つ「慣用表現」

■(他ラ下二){れ・れ・る・るる・るれ・れよ}❶引きこむ。引いて中に入れる。源氏 桐壺「門―・るる㊎よりけはひあはれなり」訳(桐壺の更衣の里邸の)門内に(牛車を)引き入れるとすぐに、(邸内の)ようすは身にしみるほどしめやかである。

文法「より」は格助詞で、「…するとすぐに」の意。

❷(物の怪などが)人をとりこむ。死なせる。源氏 夕霧「例の御物の怪の―・れ㊊奉る」訳いつもの御物の怪が

(一条御息所を)とりこみ申しあげる。❸(冠・烏帽子などを)かぶる。引きかぶる。徒然 二二五「白き水干に、鞘巻を差させ、烏帽子を―・れ㊊たりければ、男舞とぞいひける」訳(その女の装束として)白い水干に、鍔のない短刀を(腰に)差させ、烏帽子をかぶっていたので、男舞といった。

ひき-いれ【引き入れ】(名)元服のとき、冠をかぶらせること。また、その役の人。蜻蛉 中「―に、源氏の大納言(=源兼明)がおいでになった。もの給へり」訳冠のかぶせ役には、源氏の大納言(=源兼明)がおいでになった。

ひきいれ-えぼし【引き入れ烏帽子】(名)烏帽子を、緒をかけずに深くかぶること。また、その烏帽子。著聞 三五五「―したる男、おくれじと馳せきたるあり」訳掛け緒をかけずに烏帽子を深くかぶるようすをした男で、遅れまいと急いでやって来た者がいる。

び-ぎう【微牛】(名)やせた牛。貧弱な牛。徒然 二〇六「尫弱の官人、たまたま出仕の―をとるべきやうなし」訳貧しい下役人が、偶然(の出来事で)出勤用のやせ牛を没収されなければならない理由はない。

ひき-かがふ・る【引き被る】(他ラ四){ら・り・る・る・れ・れ}《上代語》ひっかぶる。万葉 五・八九二「寒くしあれば麻衾―・り㊊」訳→かぜまじり…和歌

ひき-か・く【引き掛く】(他カ下二){け・け・く・くる・くれ・けよ}❶掛ける。掛けてつりさげる。更級 竹芝寺「いと香ばしき物を首に―・け㊊て」訳たいそうよい香りがするものを首に掛けて。❷おおう。かぶる。源氏 柏木「衾―・け㊊て臥し給へり」訳(病気の柏木は)夜具をかぶって横になっていらっしゃる。❸関係をつける。引き合いに出す。徒然 五六「己が身を―・け㊊て言ひ出でたる、いとわびし」訳(批評し合うときに)自分自身を引き合いに出して話し出したのは、実に興ざめである。

ひき-かさ・ぬ【引き重ぬ】(他ナ下二){ね・ね・ぬ・ぬる・ぬれ・ねよ}上に重ねる。重ねて着る。枕 二七八「ただ御直衣に―・ね㊊てぞたてまつりたる」訳(殿=道隆は)直接御直衣の上に重ねてお召しになっている。

ひき-かた・む【引き堅む】(他マ下二){め・め・む・むる・むれ・めよ}(弓を)十分に引きしぼる。宇治 一五・四「この府生、騒がずして、―・め㊊て、とろとろと放ちて」訳この府生(という男)は、あわてずに、(弓を)十分に引きしぼって、ゆっくりと(矢を)放って。

ひき-かづ・く【引き被く】(他カ四){か・き・く・く・け・け}引きかぶる。頭からかぶる。今昔 二六・四二「衣を―・き㊊て臥しにければ(=横になってしまったので)」

ひき-かなぐ・る(他ラ四){ら・り・る・る・れ・れ}手荒くひきのける。勢いよくはねのける。源氏 帚木「並々の人ならばこそ荒らかにも―・ら㊍め」訳(相手が光源氏でなく)普通の身分の者ならば、(光源氏を空蟬から)手荒にもひきのけるであろうが。

ひき-か・ふ【引き替ふ】(他ハ下二){へ・へ・ふ・ふる・ふれ・へよ}とり替える。すっかり変える。源氏 竹河「大方の有り様―・へ㊊たるやうに殿の内しめやかになり行く」訳(鬚黒亡き後)おおよそのようすをすっかり変えたように屋敷の中はひっそりとなっていく。

ひき-かへ【引き替へ】(副)〔下二段動詞「引き替ふ」の連用形が副詞化した語〕うって変わって。すっかり変わって。徒然 一九「かくて明けゆく空の気色、昨日に変はりたりとは見えねど、―めづらしき心地ぞする」訳こうして(夜が)明けてゆく(元日の)空のようすは、昨日と変わっているとは見えないが、うって変わって目新しい感じがする。

ひき-かへし【引き返し】■(名)女性の盛装の衣服で、袖口・裾回しに表と同じ布地を用いたもの。「ひっかへし」とも。

■(副)うって変わって。前と変わって。源氏 野分「また―うつろふ気色世のありさまに似たり」訳(紫の上の花園に好意を寄せていた人々がまた(秋になると)うって変わって(秋好中宮の庭の眺めに)心変わりするようすは、(権勢になびく)世の中のようすに似ている。

ひき-かへ・す【引き返す】■(他サ四){さ・し・す・す・せ・せ}❶もとの状態にもどす。源氏 真木柱「―・し㊊許さぬ気色を見せむも、人のためいとほしうあいなしと思して」訳(話を)もとにもどし(玉鬘との結婚を)承知しないそ

ぶりを見せるならそれも、その人(＝鬚黒)のために気の毒だし感心できないと(光源氏は)お思いになって。文法「見せむも」の「む」は、仮定・婉曲の助動詞。

❷反対にする。裏返す。源氏 須磨「畳ところどころ―・し(用)たり」訳 薄縁(＝ござに縁を付けた敷物)をところどころ裏返ししてある。

❸くり返す。源氏 宿木「御文を、うちも置かず―・し(用)―・し(用)見居給へり」訳(薫は中の君の)お手紙を、少しも下に置かずくり返しくり返しご覧になっていらっしゃる。

❹とって返す。来た方向へもどす。徒然 一〇六「馬―・し(用)て逃げられにけり」訳(上人は)馬をとって返してお逃げになってしまった。

■二(自サ四){さ・し・す・す・せ・せ}もとの場所や状態にもどる。

ひき-きり【引き切り】(形動ナリ){なら・なり(に)・なり・なる・なれ・なれ}性急なさま。せっかちなさま。源氏 夕霧「女のかく―・なる(体)も、かへりては軽く思ゆるわざなり」訳 女がこのようにせっかちなのも、かえって軽く思われることである。

ひき-ぐ・す【引き具す】(他サ変){せ・し・す・する・すれ・せよ}❶引き連れる。伴う。竹取 ふじの山「中将、人々―・し(用)て帰りまゐりて」訳 中将は、人々を引き連れて(帝のもとに)帰参して。

❷(才能などを)具備する。源氏 薄雲「いかでかうのみ―・し(用)けむとおぼさる」訳(明石の君が)どうしてこれほどばかりに(琵琶の技を)身につけたのだろうと、(光源氏は)お思いにならないではいられない。文法「る」は、自発の助動詞。

ひき-こ・す【引き越す】(他サ四){さ・し・す・す・せ・せ}❶上位のものをさしおいて、その上にのぼらせる。とび越えさせる。先に昇進させる。源氏 桐壺「坊定まり給ふにも、いと―・さ(未)まほしう思せど」訳 皇太子がお決まりになるときにも、(桐壺帝は)たいそう(第二皇子の光源氏を)先にのぼらせたいとお思いになるが。

❷うしろから前へ肩を越えさせる。枕 二四八「纓を―・し(用)て顔にふたぎて往ぬるもをかし」訳 纓(＝冠のうしろに垂らす薄絹)を肩越しに前へまわして顔をおおって行ってしまうのもおもしろい。

ひき-こ・む【引き籠む・引き込む】■一(自マ四){ま・み・む・む・め・め}家に引きこもる。〔仮名・浮世物語〕「作病して―・み(用)ければ、主君大いに憎み給ひ」訳 仮病を使って家に引きこもったので、主君はたいへん憎みなさり。

■二(他マ下二){め・め・む・むる・むれ・めよ}閉じこめる。家にこもらせる。源氏 椎本「かかる山ふところに―・め(用)てはやまずもがな」訳 このような(宇治の)山奥に(姫君たちを)こもらせては終わらせたくないものだなあ。

ひき-さ・く【引き避く・引き放く】(他カ下二){け・け・く・くる・くれ・けよ}引きはなす。遠慮して避ける。遠ざける。源氏 東屋「障子のあなたに、一尺ばかり―・け(用)て屏風立てたり」訳 襖障子の向こうに、一尺(＝約三〇センチメートル)ぐらい引きはなして屏風を立てていて。

ひき-さ・ぐ【引き下ぐ】(他ガ下二){げ・げ・ぐ・ぐる・ぐれ・げよ}❶手にさげて持つ。枕 八七「いととく持たせつる物を―・げ(用)て」訳 たいそう早く、持たせ(てやっ)た物(＝容器)を手にさげて(戻ってきて)。

❷引き連れる。蜻蛉 下「かかるところにこれをさへ―・げ(用)てあるを、いといみじと思へども」訳 こんな(寂しい)所に、この子をまでも引き連れているので、たいそうかわいそうだと思うけれども。

ひき-さ・す【弾き止す】(他サ四){さ・し・す・す・せ・せ}〔「さす」は接尾語〕(弦楽器を)途中で弾くのをやめる。源氏 須磨「われながらいとすごう聞こゆれば、―・し(用)給ひて」訳(琴の音が)われながらほんとうにもの寂しく聞こえるので、(光源氏は)途中で弾くのをおやめになって。

ひき・し【低し】(形ク){から・く(かり)・し・き(かる)・けれ・かれ}〔「ひくし」の古形〕(身分・身長・声などが)低い。平家 八・征夷将軍院宣「顔大きに、せい―・かり(用)けり」訳(頼朝は)顔は大きく、背は低かった。

ひき-しじ・む【引き縮む】(他マ下二){め・め・む・むる・むれ・めよ}小さくする。抑える。弱める。源氏 浮舟「声―・め(用)、かしこまりて物語しをるを」訳(宿守りが)声を抑え、恐縮して話しているが。

ひき-したた・む【引き認む】(他マ下二){め・め・む・むる・むれ・めよ}取りまとめる。かたづける。徒然 三〇「われ賢げに物―・め(用)、散り散りに行きあかれぬ」訳(四十九日の法要の終わった日には)自分こそ物わかりがよいというふうに荷物を取りまとめ、散り散りに別れて行ってしまう。

ひき-しづ・む【弾き鎮む】(他マ下二){め・め・む・むる・むれ・めよ}(弦楽器を)弾きこなす。完璧に弾く。源氏 明石「琵琶なむ、まことの音を―・むる(体)人いにしへも難う侍りしを」訳 琵琶(というもの)は、本当の音色を弾きこなす人は、昔もめったにないことでございましたが。

ひき-しの・ぶ【引き忍ぶ】(自バ四){ば・び・ぶ・ぶ・べ・べ}〔「ひき」は接頭語〕人目を避ける。隠れる。源氏 葵「おのがどち―・び(用)て見侍らむこそ栄えなかるべけれ」訳(私たち＝若い女房たちの)仲間どうしで隠れて(行列を)見物しますようなことは見栄えもしないにちがいない。

ひき-しろ・ふ【引きしろふ】(他ハ四){は・ひ・ふ・ふ・へ・へ}〔「しろふ」は接尾語〕❶(互いに)引っぱり合う。また、強く引っぱる。今昔 二七・二九「左右の手足を取りて―・ふ(終)」訳(乳母二人が子の)左右の手足をつかんで引っぱり合う。

❷引きずる。徒然 一七五「物も着あへず抱き持ち、―・ひ(用)て逃ぐる、かいとり姿のうしろ手」訳(寝坊して)着物も着終わらずに抱え持って、引きずって逃げる、(その)裾をつまみあげたうしろ姿や。

❸引き連れる。平家 七・福原落「つぎざまの人どもはさのみ―・ふ(体)に及ばねば」訳(それより)身分の低い人たちはそれほどまで(大勢)引き連れていくこともできないので。

ひき-す・う【引き据う】(他ワ下二){ゑ・ゑ・う・うる・うれ・ゑよ}据える。座らせる。源氏 夕顔「隅の間の高欄にしばし―・ゑ(用)給へり」訳(光源氏は)隅の間の手すりの所に(侍女の中将の君を)しばらく座らせなさった。

ひき-す・ぐ【引き過ぐ】(自ガ上二){ぎ・ぎ・ぐ・ぐる・ぐれ・ぎよ}❶(牛車や馬を)引いて通り過ぎる。源氏 明石「やがて馬―・ぎ(用)ておもむきぬべくおぼす」訳(光源氏は)そのまま馬を引いて通り過ぎて、(明石の君の邸へではなく)都のほうに向かってしまいそうにお思いになる。

❷〔「ひき」は接頭語〕通り過ぎる。

ひき-すさ・ぶ【弾き遊ぶ】(他バ四){ば・び・ぶ・ぶ・べ・べ}(弦楽器を)気の向くままに弾く。弾き興ずる。源氏 須磨「琴を―・び(用)給ひて、良清に歌うたはせ」訳(光源氏は)

琴(=七弦の琴)を気の向くままに弾きなさって、良清に歌を歌わせ。

ひき-す・つ【引き捨つ】(他タ下二){て・て・つ・つる・つれ・てよ}引いていって捨てる。枕 九「死にければ、陣の外に—・て用」訳(犬は)死んだので、警護の衛士の詰め所の外に引っぱっていって捨ててしまった。

ひき-すま・す【弾き澄ます】(他サ四){さ・し・す・す・せ・せ}(弦楽器などを)みごとに弾く。弾きこなす。源氏 明石「これは、あくまで—・し用、心にくくねたき音ぞまされる」訳この人(=明石の君)は、どこまでも(琴を)みごとに弾きこなし、奥ゆかしくねたましい(ほどその)音色はすぐれている。

ひき-そば・む【引き側む】(他マ下二・四){め・め・む・むる・むれ・めよ}{ま・み・む・む・め・め}そばへ引き寄せる。また、引き寄せて隠すようにする。平家 二・教訓状「旗棹ども—・め用(下二段)、馬の腹帯をかため」訳多くの旗ざおをそばに引き寄せ引き寄せ、馬の腹帯をしっかりと結び。源氏 藤袴「—・み用(四段)つつ持てまゐる御文どもを、見給ふこともなくて」訳(仲介役の女房たちが)引き寄せて隠しては持参する数々のお手紙を、(玉鬘は)ご覧になることもなくて。

ひき-そ・ふ【引き添ふ】(他ハ下二){へ・へ・ふ・ふる・ふれ・へよ}❶引き寄せて加える。万葉 一六・三八六九「大船に小船を—・へ用潜くとも志賀の荒雄に潜きあはめやも」訳大船に小船を引き寄せ加えて、(大がかりに)水中にもぐって(捜索して)も、志賀の荒雄(=漁夫の名)をもぐってさがしあてることができようか(いや、できはしない)。
❷引き合いに出す。大鏡 道長上「この入道殿を必ず—・へ用たてまつりて申す」訳この入道殿(=道長)を必ず引き合いにお出しして申し上げる。

ひき-た【引き板】(名)〔「ひきいた」の転〕「ひた(引板)」に同じ。

ひき-たが・ふ【引き違ふ】(他ハ下二){へ・へ・ふ・ふる・ふれ・へよ}〔「ひき」は接頭語〕❶違わせる。反対にする。予想・期待に反するようにする。源氏 少女「この大将なども、あまり—・へ用たる御事なりとかたぶけ侍るめるを」訳この大将なども、(四位にすべき夕霧を六位にするとは)あまりにも予想を裏切ったなさりかたであると(光源氏を)非難しておりますようだから。
❷すっかり変える。〔紫式部日記〕「うつし心をば—・へ用、たとしへなくよろづ忘るるにも」訳平常の心持ちをすっかり変え(=平常の心持ちとはうって変わって)、たとえようもなくすべてのことを忘れるにつけても。

ひき-た・つ【引き立つ】(他タ下二){て・て・つ・つる・つれ・てよ}❶引き起こす。立たせる。源氏 明石「御手を取りて—・て用給ふ」訳(夢の中で故桐壺院が光源氏の)御手をとって引き起こしなさる。
❷引いて閉じる。しめる。源氏 帚木「障子を—・て用て」訳(光源氏は)障子をしめて。
❸(人を)取りたてる。目をかける。著聞 二九「重代稽古のものなりけれども、—・つる体人もなかりけるに」訳代々学問の家柄の者であったが、取りたてる人もなかったところに。
❹むりに連れて行く。〔続猿蓑〕芭蕉「—・て用てむりに舞はするたをやかさ」訳連れて行って、むりやりに舞をさせる(=舞わされる)姿のしとやかでやさしいことよ。

ひき-た・る【引き垂る】(他ラ下二){れ・れ・る・るる・るれ・れよ}垂れ下げる。枕 二八「口わきをさへ—・れ用て」訳(酒を飲んで騒ぎ)口の端までを(への字に)垂れ下げて。

ひき-ちが・ふ【引き違ふ】(他ハ下二){へ・へ・ふ・ふる・ふれ・へよ}❶〔「ひき」は接頭語〕違える。変える。平家 一・吾身栄花「平治の乱れ以後—・へ未られ」訳(清盛の娘の一人は)平治の乱の後、(中納言成範との結婚の約束を)変えられ。
❷交差させる。平家 二・教訓状「胸板の金物の少しはづれて見えけるを、隠さうど、頻りに衣の胸を—・へ用ぞし給ひける」訳(清盛は、鎧の)胸板の金具が少々(ずれて着物から)はみ出て見えたのを、隠そうと、しきりに着物の胸をかき合わせかき合わせしなさった。

ひき-つくろ・ふ【引き繕ふ】(他ハ四){は・ひ・ふ・ふ・へ・へ}〔「ひき」は接頭語〕❶身だしなみを整える。物の配置などを整える。徒然 一九一「ことにうち解けぬべき折節ぞ、褻・晴れなく—・は未まほしき」訳ことに気のゆるんでしまいそうなときこそ、ふだんの時と正式の時との区別なく身なりをきちんと整えたいものである。
❷欠点を直す。注意をはらう。蜻蛉 上「例よりは—・ひ用て書きて、うつろひたる菊にさしたり」訳(和歌を)いつもよりは注意をはらって書いて、色がわりした菊にさし結んだ。

ひきつけ-しゅう【引き付け衆】(名)鎌倉・室町幕府の職名。評定衆の下にあって、これを補佐し、訴訟の審理などを行った。

ひき-つぼ・ぬ【引き局ぬ】(他ナ下二){ね・ね・ぬ・ぬる・ぬれ・ねよ}(屏風や几帳などを)引きめぐらして囲う。〔紫式部日記〕「御屏風一よろひを—・ね用、つぼねぐちには几帳を立てつつ」訳(物の怪を乗り移らせたよりましの人々をそれぞれ)御屏風一対を引きめぐらして囲い、(その)入り口には几帳を立てては。

ひき-つ・む【引き抓む】(他マ四){ま・み・む・む・め・め}〔「ひき」は接頭語〕つねる。源氏 蛍「むもれたりと—・み用給へば」訳(宰相の君が恥ずかしがっているのを)引っこみ思案だと言って、(光源氏が)つねりなさるので。

ひき-つ・む【引き詰む】(他マ下二){め・め・む・むる・むれ・めよ}手早く、続けざまに弓を引いて射る。多く、「差し詰め引き詰め」の形で用いる。→差し詰め引き詰め

ひきで-もの【引き出物】(名)(もと馬を庭に引き出して贈ったことから)祝宴・饗応などで、主人から客へ出す贈り物。「ひきいでもの」「ひきもの」とも。宇治 七・六「ひきたる幕のうちに、—の馬をひき立ててありけるが」訳張り渡した幕の中に、客への贈り物の馬を引き立ててあったが。

ひき-と・く【引き解く】(他カ四){か・き・く・く・け・け}(結び目や封じ目などを)引っぱってほどく。〔紫式部日記〕「御紐—・き用て、御几帳のうしろにてあぶらせ給ふ」訳(道長は直衣の)御紐を引っぱってほどいて、御几帳のうしろで(ぬれたところを火で)おあぶりになられる。

ひき-とど・む【引き止む】(他マ下二){め・め・む・むる・むれ・めよ}引きとめる。徒然 一七五「逃げんとするを捕らへて、—・め用て、すずろに飲ませつれば」訳逃げようとするのをつかまえて、引きとめて、やたらに(酒を)飲ませてしまうと。

ひき-と・る【引き取る】(他ラ四){ら・り・る・る・れ・れ}❶引き寄せて取る。引っぱって取る。今昔 一・二「右の手を挙げて、樹

の枝を━・ら(未)むとする時に」訳 右の手をあげて、木の枝を引き寄せて取ろうとするときに。
❷奪い取る。源氏 紅葉賀「君にかく━・ら(未)れぬる帯なれば」訳 あなた(=光源氏)にこのように奪い取られた帯なので。
❸自分の手もとに預かって養育する。
❹(多く、「息を引き取る」の形で)死ぬ。息が絶える。

ひき-と・る【弾き取る】(他ラ四){ら・り・る・る・れ・れ}弾き方を習得する。弾き覚える。源氏 東屋「手一つ━・れ(已)ば、師を立ちゐ拝みて喜び」訳 (実の娘が琴や琵琶の)曲を一曲弾き覚えると必ず、(常陸の介は)師匠を立ったり座ったりして拝んで喜び。

ひき-なほ・す【引き直す】(他サ四){さ・し・す・す・せ・せ}引いてもとのように直す。源氏 若菜上「御簾のそばいとあらはに引き上げられたるをとみに━・す(体)人もなし」訳 御簾の片端がすっかり中が見えるほどに引き上げられているのを、すぐにもとのように直す人もいない。

ひき-なら・す【弾き馴らす】(他サ四){さ・し・す・す・せ・せ}楽器がなじむほどに弾く。弾きこむ。源氏 横笛「いとよく━・し(用)たる、人香にしみてなつかしうおぼゆ」訳 (和琴は)たいそうよく弾きこんであるもので、その人(=落葉の宮)の移り香がしみこんでいて(夕霧は)慕わしく感じられる。

ひき-の・く【引き退く】■(自カ四){か・き・く・く・け・け}しりぞく。退散する。〔保元物語〕「義朝・清盛色を失ひて━・き(用)、所々にひかへたり」訳 (敵の勢いに)源義朝と平清盛は顔色も青ざめて退却し、別々に待機している。
■(他カ下二){け・け・く・くる・くれ・けよ}しりぞかせる。引き離す。遠ざける。平家 三・足摺「取りつき給へる手を━・け(用)て、船をば遂に漕ぎ出だす」訳 (船に取りつきなさっている(俊寛の)手を(都からの使いは)引き離して、船をとうとう(沖へ)漕ぎ出す。

ひき-はぎ【引き剝ぎ】(名)「ひはぎ」「ひっぱぎ」とも。追いはぎ。著聞 四四一「辺土にては━をして過ぎきつるなり」訳 田舎では、追いはぎをして暮らしてきたのだ。

ひき-は・く【引き佩く】(他カ四){か・き・く・く・け・け}〔「ひき」は接頭語〕(太刀を)腰にさげる。身に帯びる。宇治 九・四「太刀━・き(用)て出でにけり」

ひき-はこ・ゆ【引きはこゆ】(他ヤ下二){え・え・ゆ・ゆる・ゆれ・えよ}着物の裾をたくし上げる。枕 一四四「━・え(用)たる男児」訳 着物の裾をたくし上げている男の子。参考 一説に、「引きはこふ」(ハ行下二段活用)という。

ひき-はな・つ【引き放つ】(他タ四){た・ち・つ・つ・て・て}❶弓を引いて矢を放つ。万葉 二・一九九「━・つ(体)矢の繁けく」訳 弓を引いて放つ矢の多いことは。
❷引っぱって離れ離れにする。引き離す。〔十訓〕三「返歌にも及ばず、袖を━・ち(用)て逃げられにけり」訳 (定頼中納言は)返歌もできず、(小式部内侍につかまれている)袖を引っぱってむりに離してお逃げになってしまった。
❸間隔を置く。また、放ち書きにする。源氏 早蕨「歌は、わざとがましく━・ち(用)てぞ書きたる」訳 (阿闍梨の手紙に)歌はわざとらしく間隔をあけて書いてある。

ひき-は・る【引き張る】(他ラ四){ら・り・る・る・れ・れ}引っぱる。今昔 一四・二九「われを搦めて━・り(用)て将て行けば」訳 私をとらえてしばって引っぱって連れて行くので。

ひき-ひき【引き引き】(名・形動ナリ)「ひきびき」とも。各自が自分のしたいようにすること。思い思い。好き好き。〔山家集〕「━・に(用)わがめでつると思ひける人の心やせばまくの衣」訳 思い思いに自分こそが(釈迦を)愛し敬ったことだと思った人の心の狭いことよ。(釈迦の没後その)衣をそれぞれが引っぱっている。(「引き引きに」は「思い思いに」の意と、「それぞれが引っぱって」の意とをかける)

ひき-ふね【引き船・引き舟・曳き船】(名)❶舟に綱をつけて引いて行くこと。また、その舟。万葉 一〇・二〇五四「━に渡りも来ませ夜のふけぬ間に」訳 (漕いで来られないなら)綱で引く舟ででも渡っておいでなさい、夜のふけないうちに。
❷「引き船女郎」の略。京都島原、大坂新地の遊郭で、太夫に付き添って座をとりもった遊女。

ひき-へだ・つ【引き隔つ】(他タ下二){て・て・つ・つる・つれ・てよ}(屏風・几帳などを)間に立ててさえぎる。枕 二三「御几帳を━・て(未)させ給ひければ」訳 (村上天皇が)御几帳を間に立ててさえぎりなされたので。

ひき-ほし【引き干し】(名)「ひきぼし」とも。日にさらして干した海藻の類。

ひき-みだ・る【引き乱る】(他ラ四){ら・り・る・る・れ・れ}引いて乱す。乱す。大鏡 道兼「『あれは舞はじ』とて、びづら━・り(用)」訳 (福足君は)「私は舞うまい」と言って、びずら(=少年の髪の結い方の一つ)を引っぱって乱し。

ひき-むす・ぶ【引き結ぶ】(他バ四){ば・び・ぶ・ぶ・べ・べ}❶引き寄せて結び合わせる。結ぶ。伊勢 八三「枕とて草━・ぶ(体)こともせじ秋の夜とだにたのまれなくに」訳 →まくらとて…和歌
❷(草庵を)構える。

ひき-め【蟇目・引き目】(名)矢の先に付ける鏑の一種。木製・空洞で、表面に数個の穴をあける。また、それを付けた矢。犬追物・笠懸けなどで、射るものを傷つけないために用いた。射ると空気が穴にはいって高い音をたてるので魔よけにも用いた。宇治 三・二〇「━して射ければ、狐の腰に射あててけり」訳 (侍が)蟇目の矢で射たところ、狐の腰に射あてたのであった。⇩巻頭カラーページ17

ひきめ-かぎはな【引き目鉤鼻】平安時代、大和絵の顔の描写手法。目は横に一線を引き、鼻は鉤のように「く」の字に引いて描いた。

引き目鉤鼻
―源氏物語絵巻

ひき-もの【引き物】(名)❶「ひきでもの」に同じ。
❷壁代・帳・几帳など、引きわたして、屋内の隔てにするものの総称。

ひき-もの【弾き物】(名)弦楽器。琴・琵琶など。源氏 胡蝶「皆おのおの━、吹き物とりどりにし給ふ」訳 みなそれぞれ弦楽器や管楽器を思い思いに演奏なさる。

ひぎゃう-しゃ【飛香舎】(名)内裏の五舎の一つ。清涼殿の北、弘徽殿の西にあって、后・女御の御殿。壺(=中庭)に藤が植えてあったので「藤壺」ともいう。⇩巻頭カラーページ32

ひき-やか【低やか】(形動ナリ){なら・なり(に)・なり・なる・なれ・なれ}〔「やか」は接尾語〕(身分・身長・声などが)低いさま。今昔 二三・三「その中に長―・に用て、中にすぐれて『鳴り制せむ』といひて立ち塞がりつる男ありつ」訳その(学生たちの)中に身長が低くて、中でもとりわけ(大きな声で)、「静かにしよう」と言って立ちふさがった男がいた。

ひ-きゃく【飛脚】(名)❶急ぎの知らせを遠方に届ける使い。平家 四・鼬之沙汰「熊野の別当湛増―をもって、高倉の宮の御謀反のよし都へ申したりければ」訳熊野の別当湛増が飛脚によって、高倉の宮のご謀反のことを都へお告げしたので。❷近世、手紙や金銭・貨物などを送り届けることを職業とする者。〔浄・冥途の飛脚〕「―宿のいそがしさ〔といったら〕荷を造るやら解くやら」

ひき-や・る【引き破る】(他ラ四){ら・り・る・る・れ・れ}引きやぶる。引き裂く。大鏡 道兼「御装束はらはらと―・り用給ふに」訳(福足君は)御衣装をびりびりと引き裂きなさるので。

ひき-や・る【引き遣る】(他ラ四){ら・り・る・る・れ・れ}引きのける。おしやる。〔落窪〕「この向かひなる車、少し―・ら未せよ」訳この向こう側にある牛車を、少し引きのけさせよ。

ひき-ゆ・ふ【引き結ふ】(他ハ四){は・ひ・ふ・ふ・へ・へ}引き結ぶ。結びつける。大和 一六九「帯を解きとりて、もたりける文に―・ひ用て持たせていぬ」訳帯を解いて取り、持っていた手紙に結びつけて持たせて去る。

ひき-ゆるが・す【引き揺るがす】(他サ四){さ・し・す・す・せ・せ}引いてゆする。ゆり動かす。枕 二六「起こしにより来て、いぎたなしとおもひ顔に―・し用たる、いとにくし」訳(寝たふりをしているのに、侍女が起こしに近寄ってきて、寝坊だと思う顔つきでゆり動かしたのは、たいそう不快だ。

ひ-きょう【比興】(名・形動ナリ)❶興味があること。おもしろいこと。著聞 五三九「その由を申し上げければ、―のさたにてやみにけり」訳その事情を申し上げたところ、おもしろいことだということで(事件の)けりがついた。❷〔「非興」とも書く〕不合理なこと。不都合なこと。〔歎異抄〕「この条、不可説なり不可説なり。―のことなり」訳この箇条は、とんでもないことだ、とんでもないことだ。不合理なことである。

ひき-よ・く【引き避く】(他カ上二){き・き・く・くる・くれ・きよ}よける。さける。更級 初瀬「怪しの童べまで、―・き用て行き過ぐるを、車を驚きあざみたること限りなし」訳いやしい子供たちまでが、(私たちが見物に向かう群衆を)よけて通り過ぎて(初瀬の方へ)行くのを、(私たちの)牛車に驚いてあざけることといったらこの上もない。

ひきり-うす【火鑽り臼】(名)火をおこすのに用いる、小穴のあいた檜などの板の台。差しこんだ「ひきりぎね」ともみ合わせて発火させる。

ひきり-ぎね【火鑽り杵】(名)火をおこすのに用いる棒。「ひきりうす」ともみ合わせて発火させる。

ひき-わか・る【引き別る】(自ラ下二){れ・れ・る・るる・るれ・れよ}〔「ひき」は接頭語〕別れる。離れ離れになる。枕 三三「―・るる体所にて、『峰にわかるる』と言ひたるもをかし」訳(道がわかれて)離れ離れになる所で、(あとに続いて来た男車の主が)「峰にわかるる」と「古今集」の歌を引いて挨拶のことばを)言ったのも趣がある。

ひき-わた・す【引き渡す】(他サ四){さ・し・す・す・せ・せ}❶長く引く。枕 二九四「いと白きみちのくに紙、白き色紙の結びたる、上に―・し用ける墨のふと凍りにければ」訳真っ白な陸奥紙や白い色紙で、結び文にしてあるもの、(その)上に長く引いた(封じ目の)墨が(書くと)すぐに凍ってしまったので。❷一面に引き広げる。張りめぐらす。源氏 胡蝶「こなたかなた霞みあひたる梢ども、錦を―・せ已るに」訳こちらあちらどれも霞んでいる木々の梢は、錦を張りめぐらしたように(見えるが)。❸引っぱって、ある場所から他の場所へ行かせる。宇治 一三・一四「よりて手をとりて―・し用つ」訳(弟子の僧が女に)近寄って手を取って(川岸に)引っぱって渡してやった。

ひき-ゐる【率ゐる】(他ワ上一){ゐ・ゐ・ゐる・ゐる・ゐれ・ゐよ}❶引き連れる。枕 九九「そのわたりの家の娘など、―・ゐ用て来て、五、六人してこかせ」訳そのあたりの家の娘などを、引き連れて来て、五、六人で(稲の実を)しごかせ。❷(軍勢を)統率する。今昔 二一・二「ともに軍を―・ゐ用て」訳ともに軍勢を指揮して。

ひき-を・る【引き折る】(他ラ四){ら・り・る・る・れ・れ}❶物を二重に折って短くする。着物の裾などをたくし上げる。今昔 二九・二六「衣一つばかりを―・り用て」訳(中将は)着物一枚だけを(着て)裾をたくし上げて。❷舟の櫓や櫂が折れるほど強くこぐ。万葉 二・二二〇「海を恐み行く船の楫―・り用て」訳海を恐れるばかり、行く船は楫が折れるほど強くこいで。

ひ・く【退く】(自カ四){か・き・く・く・け・け}退く。退却する。平家 一一・逆櫓「よき大将軍と申すは、駆くべき所をば駆け、―・く終べき所をば―・い用(イ音便)て」訳すぐれた大将軍と申すのは、進むべき場合は進み、退くべき場合は退いて。

ひ・く【引く】(他カ四){か・き・く・く・け・け}❶自分のほうへ引き寄せる。引っぱる。徒然 五三「頸もちぎるばかり―・き用たるに、耳鼻欠けうげながら抜けにけり」訳(かぶった鼎を)首もちぎれるほど引っぱったところ、耳や鼻は欠けて穴があくものの(とにかく法師の頭から)抜けたのだった。❷引き抜く。抜きとる。源氏 初音「童、下仕へなど御前の山の小松―・き用遊ぶ」訳女の童(=召使の少女)や下仕えの女などが、お庭の築山の小松を引き抜いて遊ぶ。❸とり去る。とりはずす。平家 四・橋合戦「橋を―・い用(イ音便)たぞ。あやまちすな」訳橋板をとりはずしてあるぞ。(落ちて)けがをするな。文法「引いたぞ」の「た」は、口語の助動詞「た」と同じもので、文語の完了の助動詞「たり」の連体形「たる」の「る」が脱落したもの。❹導く。連れて行く。徒然 一〇六「口―・き用ける男、あしく―・き用て、聖の馬を堀へ落としてげり」訳(馬の)口縄を引いていた男が、下手に引いて、上人の(乗っていた)馬を堀に落としてしまった。文法「てげり」は「てけり」を強めた「てんげり」の撥音「ん」の表記されない形。❺引きずる。枕 八九「いとをかしげなる猫の、…村濃の綱長う―・き用て」訳たいそうかわいらしげな猫が、…ところどころ濃淡のある綱を長く引きずって。❻線をかく。枕 二五「上に―・き用たりつる墨など消えて」訳(手紙の封じ目の)上に引いてあった墨(の線)などが消えて。

❼**長くのばして張る。張り渡す。** 徒然 一〇「小坂殿の棟に、いつぞや縄を—・か(未)れたりしかば」訳（綾小路の宮が）小坂殿（＝妙法院にあった院の一つ）の屋根の棟に、いつだったか縄を張り渡しなさっていたので。

❽平らにならす。徒然 二〇七「亀山殿建てられんとて、地を—・か(未)れけるに」訳 亀山殿（＝後嵯峨・亀山二上皇の離宮）をお建てになろうというので、土地を平らにならしなさったところ。

❾（弓を）射る。源氏 東屋「琴笛の道は遠う、弓をなむいとよく—・き(用)ける」訳（常陸の介は）琴や笛の方面にはうといが、弓をたいそう巧みに射たのであった。

❿**引用する。例としてあげる。** 徒然 二三二「父の前にて、人ともの言ふとて、史書の文を—・き(用)たりし」訳 父親の前で、人と何か話をするということで、歴史書の文句を引用していたのは。

⓫**誘う。いざなう。** 徒然 二三四「むさぼる心に—・か(未)れて、自ら身をはづかしむるなり」訳 しきりに執着する気持ちに誘われて、自分で自分に恥をかかせるのである。

⓬**物を与える。引き出物とする。** 著聞 五九「あるいは針、あるいは餅四、五枚などを—・き(用)けり」訳 あるいは針、あるいは餅四、五枚などを引き出物にした。

⓭湯を浴びる。入浴する。平家 一〇・千手前「湯殿しつらひなんどして、御湯—・か(未)せ奉る」訳（狩野の介宗茂は）浴室を整えなどして、（平重衡に）御湯を浴びさせ申しあげる。

ひ・く【弾く】（他カ四）{か・き・く・く・け・け}（弦楽器を）演奏する。平家 六・小督「この月のあかさに、君の御事おもひいでまゐらせて、琴—・き(用)給はぬことはよもあらじ」訳 今夜の月の明るさに、君（＝高倉天皇）の御事を思い出し申しあげて、琴をお弾きにならないことはよもやあるまい。

びく【比丘】（名）《梵語の音訳》出家して、具足戒（＝僧尼が守るべきおきて）を受けた男子。僧。〔霊異記〕「昔一人の—あり。山に住みて座禅す」↕比丘尼

びくに【比丘尼】（名）《梵語の音訳》出家して、具足戒（＝僧尼が守るべきおきて）を受けた女子。尼。徒然 一〇六「四部の弟子はよな、比丘よりは—は劣り」訳（仏の四種の弟子（の中で）はな、比丘（＝男の僧）よりは比丘尼は位が低く。↕比丘

ひぐらし【蜩】（名）蟬の一種。「かなかな」と鳴く。万葉 一五・三五八九「夕されば—来鳴く生駒山越えてそ吾が来る妹が目を欲り」訳 夕方になるとひぐらしが来て鳴く生駒山を越えて、私は来ることだ。妻に逢いたくて。⇩巻頭カラーページ9

ひ・ぐらし【日暮らし】（名・副）一日を過ごすこと。一日じゅう。終日。徒然 序「つれづれなるままに、—硯に向かひて」訳 何もすることがなく、手持ちぶさたであるのにまかせて、一日じゅう硯に向かって。⇩徒然草「名文解説」

ひ・ぐゎん【悲願】（名）《仏教語》仏・菩薩が衆生の苦しみを救うため、慈悲心を起こし、誓願を立てること。また、その誓願。著聞 七二「これも阿弥陀仏の—を報じたてまつるゆゑにや」訳 これも（また）阿弥陀仏の誓願にお報い申しあげるためであろうか。

ひ・け【非家】（名）「ひか」に同じ。

ひ・げ【卑下】（名・自サ変・形動ナリ）へりくだること。謙遜すること。平家 一〇・戒文「罪ふかければとて、—・し(用)給ふべからず」訳 罪が深いからといって、（自らを卑しめて）へりくだりなさってはいけない。

ひげ・がち【鬚勝ち】（形動ナリ）{なら・なり（に）・なり・なる・なれ・なれ}ひげの多いさま。枕 一〇九「—・に(用)、かじけやせやせなる男と」訳 ひげが多く、やつれてやせこけた男と。

ひげ・こ【鬚籠】（名）竹で編み、編み残しの端を、ひげのように出して飾りとしたかご。贈り物を入れたり、五月の節句に立てる幟に付けたりする。源氏 初音「—ども、破子など奉れ給へり」訳（明石の君から明石の姫君に）いくつもの鬚籠や破子（＝白木の折り箱）などを差し上げなさった。

（ひげこ）

ひこ【彦】（名）男子の美称。〔記〕上「海佐知—」↕姫

肥後（ひご）『地名』旧国名。西海道十二か国の一つ。今の熊本県。肥州。

ひこ・え【孫枝】（名）枝からさらに生じた小枝。万葉 一八・四一一一「春されば—萌いつつ」訳 春になると（橘の）小枝が芽生えては。

ひこ・じろ・ふ【引こじろふ】（他ハ四）{は・ひ・ふ・ふ・へ・へ}「ひこしろふ」とも。強く引っぱる。引っぱって取る。源氏 若菜上「物にひきかけまつはれにけるを、逃げむと—・ふ(体)ほどに、御簾のそばいとあらはに引き上げられたるを」訳（猫が首の綱を）何かに引っかけからまってしまったので、逃げようとむりに引っぱるうちに、御簾の片端がすっかり中が見えるほどに引き上げられているのを。

ひこ・ぢ【夫】（名）夫。〔記〕上「蛇の領巾をその—に授けて云りたまひしく」訳 蛇の領巾（＝蛇を追い払う呪力をもつという布）をその夫に与えておっしゃったことには。

ひこ・づら・ふ【引こづらふ】（他ハ四）{は・ひ・ふ・ふ・へ・へ}強く引っぱる。万葉 一三・三三〇〇「そほ舟に綱取りかけ—・ひ(用)」訳 丹塗りの舟に綱をかけ、強く引っぱり。

ひこ・ばえ【蘖】（名）〔「孫生え」の意〕草木の切り株から生え出た芽。春

ひこ・ば・ゆ【蘖ゆ】（自ヤ下二）{え・え・ゆ・ゆる・ゆれ・えよ}〔「孫生ゆ」の意〕切った草木の根株から新しく芽が出る。新古 春上「荒小田の去年の古跡の古よもぎ今は春べと—・え(用)にけり」訳 荒れたままにしてある田の、去年茂っていたあたりに残る古よもぎが、今は春のころだと新しく芽が生え出たことだなあ。

ひ・ごふ【非業】（名）《仏教語》前世の業因によらないこと。特に、寿命を全うせずに災難によって早死にすることなど。平家 八・法住寺合戦「明雲は—の死にすべきものとはおぼしめさざりつるものを」訳 明雲（大僧正）は非業の死を遂げるはずのものとは（私＝後白河法皇は）お思いにならなかったのに。文法「おぼしめさ」は、自敬表現。

ひこ・ぼし【彦星】（名）〔上代は「ひこほし」。男性の星の意〕七夕伝説の牽牛星にあたり、織女星の夫といわれる星。秋。万葉 一〇・二〇二九「天の河楫の

音聞こゆ―と織女と今夕逢ふらしも」訳天の川に(舟をこぐ)楫の音が聞こえる。彦星と織女が今夜逢うにちがいないことよ。

発展 七夕伝説の違い

七夕伝説は、中国の詩賦の題材に多くとりあげられ、これらの文学作品を通して、奈良時代、日本に広まったと思われる。「万葉集」には多くの七夕歌があり、また漢詩集「懐風藻」にも七夕の宴における作品が見られる。漢詩の世界では車をしたてて天の川をこえてくるのは織女星のほうであるが、「万葉集」では、おおかた彦星(=牽牛星)が船に乗って天の川を漕ぎわたってくる。

ひ‐ごろ【日頃】(名・副)❶**何日かの間。数日。**多くの日。伊勢八三「―経て、宮にかへり給うけり」訳(惟喬親王は)幾日かたって、(京の)御殿にお帰りになった。文法「給う」は「給ひ」のウ音便。❷**平生。ふだん。平常。**平家七・忠度都落「―詠みおかれたる歌どものなかに、秀歌とおぼしきを百余首書きあつめられたる巻物を」訳平生(忠度卿が)詠みおかれた数々の歌のなかで、すぐれた歌と思われるものを百余首書いてまとめなさった巻物を。❸**この数日。近ごろ。このところ。**源氏夕顔「―おこたり難くものせらるるを、やすからず嘆き渡りつるに」訳(あなた=乳母が)このところ病気がなおりにくくいらっしゃるのを、心配して嘆き続けていたが。(「ものす」は婉曲表現で、ここでは「いる」の意)

ひさ【久】(形動ナリ){なら・なり(に)・なり・なる・なれ・なれ}時間の長いさま。久しいさま。万葉一三・三三三一「月も日も変はらひぬとも―・に経る三諸の山の離宮地」訳月も日も移り変わっていったとしても、長く(変わらずに)時を経ている三諸の山の離宮の地よ。

ひ‐さう【秘蔵】(名・他サ変)〔近世には「ひざう」〕たいせつにしまっておくこと。また、そのもの。徒然八八「『世にありがたき物には侍りけれ』とて、いよいよ―・し用けり」訳(ある者は)「世にも珍しい物ではございますことよ」と言って、ますますたいせつにしまっておいた。

ひ‐ざう【非常】(名・形動ナリ)「ひじゃう(非常)」に同じ。源氏少女「鳴り止まむ。はなはだ―・なり終」訳静かにしよう。(このような席で騒々しいのは)まったくもってのほかだ。

び‐さう【美相】(名)美しい容貌。美しい姿。源氏帚木「耳はさみがちに、―なき家刀自の、ひとへにうちとけたる後ろ見ばかりをして」訳(髪を)耳にはさみがちにして(忙しく働く)、愛らしさのない主婦が、ただもう、うちとけた(夫への)世話ばかりをしていて。

ひさ‐かた【久方】(名)(枕詞「ひさかたの」から転じて)月・日をさす語。古今雑下「―の中におひたる里なれば光をのみぞたのむべらなる」訳(ここは)月の中に生じた(木である桂という名を持った)里なので、(中宮にお仕えする私は)ただ月の光(のような中宮のお引きたて)だけを頼みにしているようだ。

ひさかたの【久方の】《枕詞》天に関係のある「天・雨」「月」「雲」「空」「光」「夜」「都」などにかかる。万葉二・一六七「―天の河原に」。万葉六・一〇四〇「―雨は降りしけ」。万葉一五・三六七二「―月は照りたり」。古今秋下「―雲の上にて」。土佐「―空こぎ渡る」。古今春下「―光のどけき」。万葉七・一〇八三「―夜渡る月の」。万葉一三・三二五二「―都を置きて」

ひさかたの… 和歌

枕詞
久方の　月の桂も　秋はなほ
もみぢすればや　照りまさるらむ
〈古今・四・秋上・一九四・壬生忠岑〉

訳月に生えている桂の木も、秋にはやはり紅葉するので、(月が)いっそう照り輝いているのだろうか。修辞「久方の」は「月」にかかる枕詞。
解説月に桂の木が生えているという中国の伝説をふまえる。月が紅葉を照らすという通常の発想を逆転して、紅葉のために月が照り輝くとしたところに面白さがある。

古語ライブラリー㊴ 使役性のある他動詞

◇駿河の海磯辺に生ふる浜つづら汝を
　頼み母に違ひぬ　〈万葉一四・三三五九〉

駿河の海の磯辺に生える浜のつる草が長く絶えないように、あなたを頼りにして、私は母と仲たがいをしてしまった――というのだ。

「汝を頼み」とあるから、この「頼む」はマ行四段活用の他動詞である。

『更級日記』の作者の継母は夫婦仲が悪くなり、邸宅を出ることになった。軒端近くの梅の木を見やって、「これが咲かむをりは来むよ」と言い残して去っていった。梅の花の咲く季節になった。だが、継母は姿を見せない。それで、こう言い送った。

◇頼めしをなほや待つべき霜枯れし梅をも春は
　忘れざりけり　〈更級梅の立枝〉

ここで「頼めし」というのは、「これが咲かむをりは来むよ」と「頼みにさせた」ということだ。マ行下二段活用の「頼む」は「頼みにさせる・あてにさせる」という意味の使役性のある他動詞なのだ。

動詞には自動詞と他動詞という対応だけでなく、他動詞と使役性のある他動詞とが対応するものもある。右に見たマ行四段の「頼む」とマ行下二段の「頼む」は、その一つの例である。

A丈夫と思へるものを太刀佩きてかにはの
　田居に芹そ摘みける　〈万葉二〇・四四五六〉

B尾張に　直に向かへる　尾津の崎なる
　一つ松　あせを　一つ松　人にありせば
　太刀佩けましを　衣着せましを　一つ松
　あせを　〈記・中〉

Aの「佩き」はカ行四段活用「腰につける」意の他動詞「佩く」の連用形、Bの「佩け」はカ行下二段活用「腰につけさせる」意の使役性のある他動詞「佩く」の未然形である。

ひさかたの… 和歌《百人一首》

> 枕詞
> 久方の 光のどけき 春の日に
> しづ心なく 花の散るらむ
> 〈古今・二・春下・八四・紀友則〉

訳 日の光がのどかな春の日に、どうして落ち着いた心もなく桜の花が散るのだろう。修辞「久方の」は「光」にかかる枕詞。文法「散るらむ」の「らむ」は、「花の」の「の」(主格)を受けて連体形終止。ここでは、現在の事実の起こる原因・理由についての推量を表す。
解説 第四句「しづ心なく」は、桜の花を擬人化して、花が散るのは、落ち着いた心がないからだろうと推測しているのである。のどかな春の日ざしの中で、しきりに散っていく桜の花を惜しむ心を詠んだ歌である。

ひさ-ぎ【楸・久木】(名)木の名。きささげ。一説に、あかめがしわとも。万葉 六・九二五「ぬばたまの夜のふけゆけば―生ふる清き川原に千鳥しば鳴く」訳→ぬばたまの…和歌

ひ-さく【杓・柄杓】(名)〔「ひさこ」の転〕ひしゃく。徒然 二三「『古き―の柄ありや』などいふを見れば」訳「古いひしゃくの柄があるか」などと言うのを見ると。

ひさ・く【販く・鬻く】(他カ四){か・き・く・く・け・け}〔近世には「ひさぐ」〕売る。あきなう。徒然 一三七「棺を―・く体もの、作りてうち置くほどなし」訳(毎日多くの人が死ぬので)棺を売る者は、作ってそのまま置いておく間がない。

ひさ・ぐ【提ぐ】(他ガ下二){げ・げ・ぐ・ぐる・ぐれ・げよ}〔「引き下ぐ」の転〕手にさげて持つ。引っさげる。今昔 二七・二九「大刀を―・げ用て走り行きて見ければ」訳(中将が)大刀を引っさげて走って行って見たところ。

ひざ-ぐち【膝口】(名)膝の関節の部分。膝がしら。膝小僧。「ひざのくち」とも。平家 四・宮御最期「弓手の―を射させ」訳(頼政は)左の膝がしらを射られ。

ひざ-くりげ【膝栗毛】(名)〔膝を栗毛の馬の代用とする意〕徒歩で旅行すること。〔東海道中膝栗毛〕「予この街道に毫をはせて―の書を著す」訳 私はこの街道で筆をはしらせて徒歩旅行の書物を世に出す。

ひさげ【提・提子】(名)鉉と注ぎ口のある、なべに似た金属製の容器。水や酒などを入れてさげたり、温めたりするもの。宇治 一・一四「今かた手に―に酒を入れて…もてゆくに」訳 もう片方の手にひさげに酒を入れて…持って行くと。

(ひさげ)

ひさご【瓠・匏・瓢】(名)〔古くは「ひさこ」〕❶植物の名。ゆうがお・ひょうたん・とうがんなどの総称。また、その果実。なりひさご。秋。宇治 三・一六「〔雀が〕―の種をひとつもちてきたりしを植ゑたれば」❷水などを汲む道具。ひしゃく。もと、ひょうたんの実を二つに割って用いた。更級 竹芝寺「直柄の―の、南風ふけば北になびき」訳(酒壺に渡してある)直柄のひしゃく(＝ひょうたんから作ったひしゃく)が、南風が吹くと北になびき。

ひさご『作品名』江戸前期の俳諧集。浜田珍碩撰。元禄三年(一六九〇)刊。「芭蕉七部集」の一つ。近江(滋賀県)地方の蕉門俳人の歌仙五巻を収める。「おくのほそ道」の旅以後の芭蕉の新風を示すものとして、高く評価される。→芭蕉七部集

ひさし【廂・庇】(名)❶寝殿造りで、母屋の外、簀の子の縁の内側にある細長い部屋。廂の間。枕 一〇一「―の柱によりかかりて、女房と物語などしてゐたるに」訳 廂の間の柱によりかかって、女房ととりとめのない話などをしてすわっていると。⇩巻頭カラーページ21
❷窓・出入り口・縁側などの上に、作り添えて突き出させた小屋根。枕 八七「こもりといふ者の、築土のほどに―さしてゐたるを」訳 木守(＝木の番人)という者が、土塀のあたりに小屋根をさしかけて住んでいたのを。

ひさ・し【久し】(形シク){しから・しく(しかり)・し・しき(しかる)・しけれ・しかれ}❶長い時間がたったさま。**長い間である。**伊勢 八二「時世へて―・しく用なりにければ、その人の名忘れにけり」訳 年月がたって長くなってしまったので、その人の名は忘れてしまった。
❷ある状態が長く続くさま。徒然 七「命あるものを見るに、人ばかり―・しき体はなし」訳 命あるものを見ると、人間ほど長生きするものはない。
❸久しぶりだ。〔浄・曽根崎心中〕「なんと亭主―・しい終(口語の)」訳 なんと亭主や久しぶりだのう。

ひさしき-ひ【久しき日】永遠の別れの日。〔雨月〕菊花の約「永く逗まりて今日を―となすことなかれ」訳 長く(出雲に)留まって今日を永遠の別れの日としないでくれ。

ひざ-つき【膝突き・膝衝き】(名)宮中の行事などで、地にひざまずくとき、衣服が汚れないように膝の下に敷く敷物。布や薄縁で作る。徒然 一〇二「近衛殿著陣し給ひける時(＝所定の位置におつきになったとき)、―を忘れて」

ひざ-ま・く【膝枕く】(自カ四){か・き・く・く・け・け}他人の膝を枕にして寝る。膝枕をする。万葉 一四・三四五七「うち日さす宮のわが背は大和女の―・く体ごとに吾を忘らすな」訳 宮廷にお仕えするあなたは、大和女の膝を枕にして寝るたびに、私のことをお忘れになるな。(「うち日さす」は「宮」にかかる枕詞)

ひ-さめ【氷雨】(名)雹。霰。みぞれ。〔記〕中「是に大―を零らして、倭建命を打ち惑はしき」訳 この時に(伊吹山の神が)大きなひょうを降らせて、倭建命を打ち正気を失わせた。

ひざ-もと【膝元】(名)❶膝のそば。❷親や権力者などのそば。おひざもと。著聞 三〇「わが―にて生まれながら、我を忘れたる者なり」訳(重澄は)私(＝伏見稲荷)の膝元で生まれながら、私を忘れている者である。

ひざ-を-い・る【膝を入る】狭い家に身を置く。細道 象潟「蜑の苫屋に―・れ用て、雨の晴るるを待つ」訳 漁師の苫ぶきの粗末な小屋にからだばかりを入れて、雨が晴れるのを待つ。

ひざ-を-かが・む【膝を屈む】膝を曲げる。転じて、膝を折って嘆願する。相手に屈従する。平家 三・有王「手をすり―・め用て、魚をもらひ」訳(漁夫などに)手をすり合わせ膝を折って頼みこんで、魚をもらい。

ひ-さんぎ【非参議】(名)❶以前、参議以上の官にあ

って、今は退官している人。❷三位以上で、まだ参議にならない人。❸四位であるが、年功があって参議になる資格のある人。

ひし【菱】(名) ❶水草の名。池・沼に自生し、果実は菱形でとげがある。(菱の花夏・菱の実秋) ❷武器の一種。鉄で菱形または数本に分かれた股の形に作り、その柄を地上にさして敵を防ぐもの。平家 二・大納言死去「岸の二丈ばかりありける下に—をうゑて」訳 がけが二丈(=約六メートル)ほどあった下に菱を(土に)差し込んで。

ひ-じ【非時】(名)《仏教語》❶僧が食事をとってはならない時。日中(=正午)から後夜(=午前四時ごろ)までの称。❷「非時食」の略。僧が、正午を過ぎて食事をすること。また、その食事。宇治 四・一五「南京の永超僧都は、魚なき限りは、斎、—もすべて食はざりける人なり」訳 奈良の都の永超僧都は、魚のない限りは、斎(=午前の食事)も非時もまったく食べなかった人である。→斎

ひ-じ【秘事】(名) 秘密にしていること。特に、学芸などの秘密にしている大事な事柄、奥義。〔風姿花伝〕「諸道芸において、その家々に—と申すは、秘するにより て大用あるが故なり」訳 もろもろの芸道において、その家々で秘密にしている大事な事柄と申すもの(があるの)は、(それを)秘密にすることによって、大きな効用があるからである。

ひじ【泥】 ⇩ひぢ

ひじき-も【ひじき藻】(名) 海藻の名。ひじき。春。伊勢 三「懸想じける女のもとに、—といふ物をやるとて」訳 心を寄せた女のもとに、ひじきという物を贈るというので。

ひしき-もの【引敷き物】(名) 敷物。しとね。夜具。伊勢 三「思ひあらば葎の宿に寝もしなむ—には袖をしつつも」訳 (あなたに私を)思う心があるのならば、(私は)むぐらの茂る粗末な家に寝もしよう。それぞれ袖を夜具としてでも。(「引敷き物」に、前項の、女に贈る「ひじき藻」を詠みこんでいる)

ひし・ぐ【拉ぐ】 ■一(自ガ下二){げ・げ・ぐ・ぐる・ぐれ・げよ} つぶれる。ひしゃげる。宇治 二・三「蛙、まひらに—・げ用て、死にたりけり」訳 蛙は、まったいらにつぶれて、死んでしまった。■二(他ガ四){が・ぎ・ぐ・ぐ・げ・げ} ❶押しつぶす。枕 三三「蓬の、車に押し—・が未れたりけるが」訳 蓬で、(牛車の)車輪に押しつぶされていたのが。❷なびかせる。風靡する。〔風来六部集〕「梅幸、浪花を—・げ已ば、富三、東都に名を顕し」訳 梅幸(=江戸の歌舞伎役者尾上菊五郎)が大坂(の人たち)をなびかせると、(大坂出身の)富三(=瀬川富三郎)は江戸で有名になり。

ひしげ-くだ・く【拉げ砕く】(自カ下二){け・け・く・くる・くれ・けよ} 押されてつぶれ、砕ける。徒然 二一「左右広ければ障らず。前後遠ければ塞がらず。狭き時は—・く終」訳 (行動する際、からだの)左右が広いとさまたげがない。前後が離れていると行きづまりがない。(身のまわりが)狭く窮屈な場合はつぶれて砕ける。

ひし-と(副) ❶物の、押されて鳴る音。ぎしぎしと。みしみしと。万葉 一三・三二七〇「ぬばたまの夜はすがらにこの床の—鳴るまで嘆きつるかも」訳 夜は一晩じゅう、この寝床がみしみしと鳴るほどに(私は身もだえして)嘆いたことよ。(「ぬばたまの」は「夜」にかかる枕詞) ❷すき間のないさま。びっしりと。ぴったりと。平家 二・教訓状「諸国の受領・衛府・諸司なんどは、…庭にも—なみゐたり」訳 諸国の受領・衛府の役人・諸役人などは、…庭にもびっしりと並んで座っていた。❸しっかりと。強く。徒然 四九「人はただ無常の身に迫りぬることを心に—かけて」訳 人はひたすら死が(自分の)身に確かに迫っていることを心にしっかりととめて。❹急に中断するさま。ぴたりと。ぱったりと。〔讃岐典侍日記〕「そこらののしりつる久住者ども、—やみぬ」訳 たいそう大声を上げていた久住者(=比叡山で長く修行している僧)たち(の読経の声)も、ぴたりとやんだ。

ひ-じに【干死に】(名) 空腹のために死ぬこと。餓死。平家 三・頼豪「頼豪口惜しいことなりとて、三井寺に帰って—にせんとす」訳 (戒壇の設置が許されず)頼豪(=人名)は悔しいことだと思って、三井寺に帰って断食による餓死をしようとする。

びしびし(副)《上代語》鼻水をすすりあげる音の形容。ぐすぐすと。万葉 五・八九二「咳かひ鼻—に」訳 →かぜまじり…和歌

ひしひし-と(副) ❶物が強く押されて鳴る音。みしみしと。源氏 夕顔「物の足音—踏み鳴らしつつ後ろより寄り来る心地す」訳 何かが足音をみしみしと踏み鳴らしては、うしろから近づいて来る感じがする。❷少しのすき間もないさま。びっしりと。ぴったりと。平家 九・宇治川先陣「五百余騎、—轡を並ぶるところに」訳 五百余騎(の軍勢)がぎっしりと(馬の)くつわを並べている所に。❸心に隔てのないさま。しっくりと。ぴったりと。徒然 一七五「近づかまほしき人の、上戸にて、—馴れぬる、またうれし」訳 (こちらから)親しくなりたい人が、酒飲みであって、しっくりとうちとけたのは、またうれしい。❹きびしく迫るさま。手きびしく。びしびしと。てきぱきと。平家 四・源氏揃「—おぼしめしたたせ給ひけり」訳 (高倉の宮は)てきぱきと(謀反の計画を)ご決心なされた。❺物を食べる音。むしゃむしゃと。宇治 一・一二「—、ただ食ひに食ふ音のしければ」訳 (僧たちが)むしゃむしゃと、ただもう盛んに(ぼた餅を)食べる音がしたので。

ひしほ(名) ❶【醤】大豆・麦などで作るみその一種。なめみそ。❷【醢】塩漬けにした肉や魚類。今昔 二八・五「鰺の塩辛・鯛の—などのもろもろに」訳 鰺の塩辛や鯛の塩漬けなどのどれもこれもに。

ひし-め・く【犇く】(自カ四){か・き・く・く・け・け}【「めく」は接尾語】❶ぎしぎしと鳴る。きしる。枕 一二五「いとど奥のかたより、ものの—・き用鳴るもいとおそろしくて」訳 そのうえ奥のほうから、何かがぎしぎし鳴るのもひどく恐ろしいので。❷押しあいへしあいして騒ぎ立てる。宇治 一・三「いかにも言ふべきにあらぬ者ども、百人ばかり—・き用集まりて」訳 なんとも言いようのない者たちが、百人ほど押しあいへしあい騒ぎ立てて集まって。

ひ-じゃう【非常】(名・形動ナリ)「ひざう」とも。❶尋常でないこと。ふつうでないこと。今昔 一九・九「『かかる—の者を我が年来かなしくして養ひけること』とて」訳「こんな尋常でない者を私が長年の間かわいがって養ってきたことだ」と言って。❷予期しないこと。不測の事態。〔太平記〕一「関所は、国の大禁を知らしめ、時の—を誡めんが為なり」訳関所は、国の厳しい法度を知らせ、その時その時の不測の事態に備えようとするためのものである。

ひ-じゃう【非情】(名)《仏教語》感情や意識を持たないこと。また、その物。木や石の類。〔野ざらし紀行〕「かれ—といへども、仏縁にひかれて」訳あれ(=松)は感情を持たない物というけれども、(寺の庭にあるという)仏の縁に引かれて(長寿を保つ)。↔有情

ひじゃう-の-しゃ【非常の赦】宮廷に慶事・凶事のあったときや、天変地異などの非常事態の際、罪人の赦免や減刑を行うこと。恩赦。平家 三・足摺「中宮御産の御祈りによって、—行はる」訳中宮のご出産の(ための)お祈りによって、特別の恩赦が実施される。

びしゃもん【毘沙門】(名)《梵語の音訳》「毘沙門天王」の略。四天王の一。甲冑をまとい仏法を守護し、福徳を授ける神。日本では七福神の一。多聞天。毘沙門天。

ひしゅ-ひがく【非修非学】(名)《仏教語》仏道の修行も学問もしないこと。徒然 一〇六「『何といふぞ、—の男』とあららかにいひて」訳(上人は)「何と言うか、仏道修行も学問もしない男め」と荒々しく言って。

ひじり【聖】(名)❶徳の高いりっぱな人。儒教でいう聖人。徒然 一二二「人の才能は、文あきらかにして、—の教へを知れるを第一とす」訳人の才能は、書物に通じていて、聖人の教えを知っているのを第一とする。❷高い徳で天下を治める人。天皇。万葉 一・二九「橿原の—の御代ゆ生れましし神のことごと」訳橿原の天皇(=神武天皇)の御代以来、お生まれになった天皇のすべてが。❸その道にすぐれた人。達人。古今 仮名序「柿本人麻呂なむ歌の—なりける」❹徳の高い僧。聖僧。源氏 薄雲「法師は—といへども、あるまじき横さまのそねみ深く」訳法師(というもの)は聖僧といっても、とんでもない異常な嫉妬心が深く。❺(一般に)僧。法師。特に山中にこもり、また、諸国をめぐって厳しい修行をする僧。方丈 五「なんぢ、すがたは—にて、心は濁りに染めり」訳おまえは、姿は僧であるが、心は煩悩で染まっている。

ひじり-ごころ【聖心】(名)聖としての心。高徳の心。また、聖になろうという心。道心。源氏 幻「名残なき御—のふかくなりゆくにつけても」訳(光源氏は俗世間には)未練のない聖になろうという御心が深くなってゆくにつけても。

ひじり-ことば【聖言葉】(名)聖らしいことば遣い。僧のよく口にすることば。源氏 橋姫「例のおどろおどろしき—見果ててしがな」訳いつものおおげさな(薫の)聖僧ぶったことばを最後まで見届けたいものだなあ。

ひじり-だ・つ【聖だつ】(自タ四)〔た・ち・つ・つ・て・て〕〔「だつ」は接尾語〕高僧らしく見える。僧侶のようである。源氏 橋姫「この宇治山に、—・ち用たる阿闍梨住みけり」訳この宇治山に聖僧めいた阿闍梨が住んでいたが。

ひじり-ほふし【聖法師】(名)仏道修行に専念する僧。徒然 七六「人多く行きとぶらふ中に、—の交じりて」訳人が多くたずねて行く中に、道心の深い修行僧が立ちまじって。

ひじり-め【聖目】(名)〔「聖目」の訓読〕碁盤の目に記した九つの黒点。井目。徒然 一七一「ここなる—をすぐにはじけば、立てたる石必ず当たる」訳手もとの聖目を(見つめて)まっすぐにはじくと、置いた石は必ず(向こうの石に)当たる。

ひ・す【秘す】(他サ変)〔せ・し・す・する・すれ・せよ〕人にわからないように隠す。秘める。〔花鏡〕「これは、為手の—・する体所の安心なり」訳これ(=何も動作をしないときのおもしろさ)は、演能者が人にわからないように深く隠しているところの内心の工夫(によるもの)である。

ひず【秀ず】⇩ひづ

ひ-すがら【終日・日すがら】(名・副)朝から晩まで。一日じゅう。〔おらが春〕「かく—、をじかの角のつかの間も、手足をうごかさずといふことなくて」訳このように一日じゅう、ちょっとの間も、手足を動かさないということはなくて。(「をじかの角の」は「つかの間」を導きだす序詞)。↔夜すがら

ひ-すまし【樋洗し】(名)宮中で、便器の掃除などをした身分の低い女性。「御厠人」とも。

ひすまし-わらは【樋洗し童】(名)宮中で、便器の掃除などをした子供。

肥前(ひぜん)『地名』旧国名。西海道十二か国の一つ。今の佐賀県の一部と長崎県の一部。肥州。

備前(びぜん)『地名』旧国名。山陽道八か国の一つ。今の岡山県南東部。備州。

ひそか【密か・窃か】(形動ナリ)〔なら・なり(に)・なり・なる・なれ・なれ〕❶表立たず、内密なさま。こっそり。土佐「なほ悲しきにたへずして、—・に用心知れる人と言へりける歌」訳やはり悲しい思いに耐えられなくて、こっそりと事情を知っている人と詠んでいた歌。❷私物化するさま。平家 四・南都牒状「平朝臣清盛公、法名浄海、ほしいままに国威を—・に用し」訳平朝臣清盛公、法名浄海は好き勝手に国の威力を我が物のようにし。参考 中古では、漢文訓読に用いる。和文の「みそか」に対応する。

ひ-そく【秘色】(名)❶中国の越の国で産した青磁。唐代に宮廷用となり、民間で用いることを禁じたため、この名がある。❷「秘色色」の略。るり色。紫がかった紺色。❸襲の色目の名。表は縦糸が紫、横糸が青、裏は薄色(=淡い紫色)。

ひそま・る【潜まる】(自ラ四)〔ら・り・る・る・れ・れ〕❶静かになる。ひっそりする。落ち着く。〔鶉衣〕「蜘蛛はたくみに網をむすんで、—・っ用(促音便)て物を害せんとす」訳蜘蛛は巧みに網を作って、ひっそりとして(網にかかる)物を殺そうとする。❷眠りにつく。寝込む。土佐「ものものしたばで、—・り用ぬ」訳(気分を悪くして)何も召しあがらないで、寝込んでしまった。(「ものす」は婉曲表現で、ここでは

「食う」の意。文法「ものしたばで」の「たば」は四段補助動詞「給ふ」の未然形。

ひそ・む【顰む】■一（自マ四）{ま・み・む・む・め・め}❶しかめつらになる。べそをかく。泣き顔になる。源氏 若菜上「まみのわたりうちしぐれて—・み(用)居たり」訳（明石の尼君は）目もとのあたりが涙にぬれて、べそをかいている。⇩潮垂る「慣用表現」
❷（口もとが）ゆがむ。源氏 総角「もどき口—・み(用)聞こゆ」訳（老女房たちは）非難して、口がゆがんで申し上げる。
■二（他マ下二）{め・め・む・むる・むれ・めよ}眉をひそめる。眉をしかめる。徒然 一七五「いと堪へがたげに眉を—・め(用)」訳 たいへんつらそうに眉をしかめ。

ひそ・む【潜む】（他マ下二）{め・め・む・むる・むれ・めよ}目につかないようにする。隠す。忍ばせる。細道 日光「岩窟に身を—・め(用)入りて滝の裏より見れば」訳（人々は）岩のほら穴に身を忍ばせて入って滝の裏から(滝を)見るので。

ひた-【直】（接頭）（名詞に付いて）ひたすら、まったくの、いちずな、一面の、直接の、じかに、むやみな、などの意を添える。「—青」「—面」「—兜」「—切り」「—心」「—さ麻」「—土」

ひ-た【引板】（名）〔「ひきた」の転〕板をひもでつるし、それを引き鳴らして、田畑の鳥獣を追い払う道具。鳴子。「引き板」「引き板」とも。〔更科紀行〕「—の音、鹿追ふ声、所々に聞こえける」

飛驒（ひだ）『地名』旧国名。東山道八か国の一つ。今の岐阜県北部。飛州。騨州。

ひた-あを【直青】（名・形動ナリ）〔「ひた」は接頭語〕一面に青いこと。今昔 二八・二「随身もみな—・なる(体)装束をして」訳（警護の）随身もみな青一色の装束を身につけて。

ひたい【額】⇩ひたひ

ひ-だう【非道】（名・形動ナリ）道理にはずれること。無理。大鏡 時平「北野と世をまつりごたせ給ふあひだ、—・なる(体)ことをおほせられければ」訳 北野(=菅原道真)とともに天下の政治をとっていらっしゃるとき、（時平が）道理に合わないことをおっしゃられたので。

語の広がり「非道」
「ひどい」は、「非道」が近世に形容詞化したもの。語源からは「非道い」という表記になるが、現在では一般に「酷い」と表記する。

ひたうら-の-ころも【直裏の衣】表と裏とが同じ色の衣。

ひたえ-の-ひさご【直柄の瓢】ひょうたんを縦に半分に割って、水や酒などをくむようにしたひしゃく。細長い部分を柄とする。更級 竹芝寺「さし渡したる—の、南風吹けば北になびき」訳（酒壺に）渡してあるひょうたんから作ったひしゃくが、南風が吹くと北になびき。

ひた-おもて【直面】（名・形動ナリ）〔「ひた」は接頭語〕直接、顔を見せて向かい合うこと。面と向かうこと。源氏 橋姫「あかうなりゆけば、さすがに—・なる(体)心地して」訳（あたりが）明るくなってゆくので、（薫も）なんといってもやはりむき出しに顔を見られる感じがして。

ひた-おもむき【直趣】（名・形動ナリ）〔「ひた」は接頭語〕ひたすら一つのことに向かうこと。いちずなこと。源氏 東屋「いと言ふかひなく、情けなく、様あしき人なれど、—・に(用)二心なきを見れば、心やすくて」訳（常陸の介は）まったくどうしようもなく、情味がなく、容姿の悪い人だけれども、いちずに浮気心がないのを見ると安心で。

ひた-かぶと【直兜・直冑・直甲】（名）〔「ひた」は接頭語〕一同そろって鎧・兜に身をかためること。また、その人々。平家 九・河原合戦「まづ我が身ともに—五六騎、六条殿へはせ参る」訳（義経は）まず自分を含め甲冑に身をかためた武者五、六騎で、六条殿へ馳せ参じる。

ひ-たき【火焚き・火焼き】（名）照明や警護のため、夜間にかがり火などをたくこと。また、その役目。〔記〕中「その御—の老人、御歌に続ぎて歌ひしく」訳 その御かがり火をたく役の老人が、（倭建命の）御歌のあとに続けて歌ったことには。

ひたき-や【火焼き屋】（名）宮中などを警護する衛士が、かがり火などをたいて見張る小屋。更級 竹芝寺「国の人のありけるを、—の火焚く衛士にさし奉りけるに」訳（この）国の者がいたのを、（国司が）火焼き屋の火をたく衛士として指名し（御所に）差し上げたところ。

ひた-ぎり【直切り】（名・形動ナリ）〔「ひた」は接頭語〕むやみに切ること。めった切り。徒然 八七「〔男は〕〔具覚房を〕—・に(用)斬り落としつ」

ひ-た・く【日闌く】（自カ下二）{け・け・く・くる・くれ・けよ}日が高くなる。日盛りになる。〔紫式部日記〕「—・け(用)て参上る」訳 日が高くなって（中宮の御前へ）参上する。

ひた-ぐろ【直黒】（形動ナリ）{なら・なり(に)・なり・なる・なれ・なれ}〔「ひた」は接頭語〕全体が黒いさま。今昔 二六・七「—・なる(体)田楽を腹に結ひ付けて」訳 真っ黒な、田楽に用いる鼓を腹に結びつけて。

ひた-ごころ【直心】（名）〔「ひた」は接頭語〕いちずな心。思いつめる心。蜻蛉 中「—になくもなりつべき身を」訳 いちずな心で死んでもしまうはずの身だが。

ひた-さ-を【直さ麻】（名）〔「ひた」「さ」は接頭語〕他の糸の混じらない麻糸。万葉 九・一八〇七「麻衣に青衿着け—を裳には織り着て」訳（真間の手児奈が）粗末な麻の着物に青色の襟をつけ、混じりけのない麻糸を裳に織って着て。

ひた・す【浸す・漬す】（他サ四）{さ・し・す・す・せ・せ}水につける。平家 三・大地震「山くづれて河をうづみ、海ただよひて浜を—・す(終)」訳 山が崩れて川を埋め、海水がゆれ動いて浜を（水が）おおう。

ひた-すら【一向・只管】（副・形動ナリ）❶もっぱら。いちずに。ただもう。方丈 二「遠き家は煙に咽び、近きあたりは—焔を地に吹きつけたり」訳（火災から）遠くの家は煙にむせび、近いあたりはただもう火炎を地に吹きつけていた。
❷すっかり。まったく。〔増鏡〕新島守「さてかの維時が なごりは、—民と成りて」訳 さてあの維時の子孫は、すっかり民間の人となって。

ひたた・く【滔く・混く】（自カ下二）{け・け・く・くる・くれ・けよ}❶雑然とする。入りまじってごたごたする。源氏 須磨「人しげく—・け(用)たらむ住まひはいと本意なかるべし」訳 人の出入りが多く雑然としているような住居は、（隠遁しようと思う身には)まったく不本意であろう。❷節度を欠く。しまりがなくなる。〔紫式部日記〕「などて、ー・け(用)てさまよひさし出づべきぞ」訳 どうして、節度を欠いて、あちこち出しゃばってよいものか。

ひだ-たくみ【飛驒匠】(名)「ひだのたくみ」とも。飛驒の国(岐阜県北部)から毎年交代で京に上って公役に就いた大工。また、転じて、一般に大工をいう。

ひた-たれ【直垂】(名)❶衣服の名。もとは庶民の服だったが、のちには公家や武士の平服となった。室町時代以降はもっぱら武士が用い、出仕の服となり江戸時代には最上の礼服になった。地質は自由で、袖括りの紐があり、胸紐・菊綴じが付いている。鎧の下に着るのを「鎧直垂」と称した。平家 二・能登殿最期「赤地の錦のーに、唐綾縅(=中国渡来の綾織物をたたみ重ねてつづったもの)の鎧着て」⇩巻頭カラーページ13・16 ❷「直垂衾」の略。直垂のような形をした夜具の一種。今昔 二六・一七「そこに綿四五寸ばかり有るー有り」訳 そこに綿(の厚さ)が四、五寸ほどもある直垂衾がある。

(ひたたれ①)

(ひたたれ①)

発展 武士の服装

武家の時代、武士の平常服には烏帽子・直垂を用い、改まった場では水干を用いた。武士の威容はその甲冑姿にある。甲冑は単なる護身装具ではなく、戦場での晴れの姿を彩るものとして、馬具などとともに華やかに飾り立てられた。特に武将の着用する大鎧は、下に着けた錦の直垂と調和し、威厳と華麗を誇示するものであった。

常陸〔ひたち〕『地名』旧国名。東海道十五か国の一つ。今の茨城県の大部分。常州。

ひた-つち【直土】(名・形動ナリ)(「ひた」は接頭語)地面にじかに接していること。地べた。万葉 一三・三二九五「うち日さつ三宅の原ゆーに足踏み貫き夏草を腰になづみ」訳 三宅の原を、地べたに足を踏み込み、夏草を腰にからませて。(「うち日さつ」は「三宅」にかかる枕詞)

ひた-と【直と・専と】(副)❶じかに。直接。ぴったりと。今昔 二七・三五「ー抱きつきて」❷ひたすら。いちずに。〔詩学逢原〕「この心得よく心得、兼ねてー稽古すべし」訳 この心得をよく心得て、早くからひたすら稽古しなければならない。❸急に。突然。ばったりと。〔鹿の子餅〕「両国橋の上で、ー出っくはしたところ」

ひたひ ヒタイ【額】(名)❶ひたい。徒然 四二「目・眉・ーなども腫れまどひて(=やたらに腫れあがって)」❷「額髪」の略。❸女官が正装の際つける髪飾り。新古 雑下・詞書「冷泉院のきさいの宮の御ーを奉り給へりけるを」訳 冷泉院の皇后が御髪飾りを献上なさっていたのを。❹冠・烏帽子の額に当たる部分の称。厚額・薄額・透き額などがある。源氏 若菜上「上臈も乱れて、冠のーすこしくつろぎたり」訳 (蹴鞠を何度も行ううちに)身分の高い人も(たしなみが)乱れて、冠の額ぎわが少しゆるんで(あみだかぶりになって)いる。❺物のつき出た部分。枕 六六「あやふ草は、岸のーに生ふらむも、げにたのもしからず」訳 あやう草は、崖の出っ張った端に生えるとかいうのも、(その名のとおり)なるほど頼りなく危なっかしい。

ひたひ-がみ ヒタイ【額髪】(名)女性の、額から左右に分けて頬のあたりに長く垂らした髪。枕 一八九「ーもしとどに泣きぬらし、乱れかかるも知らず」訳 額髪もぐっしょりと泣いてぬらし、(それが顔に)乱れかかるのも気づかず。

ひた-ひた(副)❶すき間なく密着するさま。ぴったり。〔狂・仏師〕「膠をもって、ーと付けますれば」訳 膠を用いて、ぴったりとつけますと。❷さっさと。急いで。すみやかに。平家 一一・勝浦付大坂越「ーと打ち乗って、喚いて駆くれば」訳 さっさと(馬に)乗って、大声を出して走ると。❸風や水が、物に当たる音。❹しだいに迫ってくるさま。

ひたひ-つき ヒタイ【額付き】(名)額のようす。額の形。源氏 若紫「いはけなくかいやりたるー、髪ざしいみじううつくし」訳 (若紫が)あどけなく(髪を)手でかき上げた額の形や髪のようすはたいそうかわいらしい。

ひたひ-を-あは-す ヒタイヲアワス【額を合はす】額と額がくっつくほど近く寄る。竹取 燕の子安貝「中納言、ー・せ(用)てむかひ給へり」訳 中納言は、額と額とをつけるほど近く寄って(くらつまろと)対面なさった。

ひた-ぶる【頓・一向】(形動ナリ){なら・なり(に)・なり・なる・なれ・なれ}❶いちずである。ひたすら。むやみである。むしょうに。竹取 蓬莱の玉の枝「親ののたまふことをー・に(用)辞び申さむことのいとほしさに」訳 親のおっしゃることをむやみにおことわり申しあげるようなことが気の毒なので。文法「辞び申さむこと」の「む」は、仮定・婉曲の助動詞。源氏 桐壺「今は亡き人とー・に(用)思ひなりなむ」訳 (娘の桐壺の更衣を)今はもうこの世にいない人だといちずに思い定めてしまおう。文法「(思ひなり)なむ」の「な」は、助動詞「ぬ」の未然形で、ここは確述の用法。❷向こう見ずである。乱暴である。源氏 玉鬘「海賊のー・なら(未)むよりも、かの恐ろしき人の追ひ来るにやと思ふに」訳 海賊で、向こう見ずであるような者よりも、あの恐ろしい人(=大夫の監)が追って来るのではないかと思うと。文法「ひたぶるならむ」の「む」は、仮定・婉曲の助動詞。❸(下に打消の語を伴って)まったく。いっこうに。源氏 末摘花「ー・に(用)見も入れ給はぬなりけり」訳 (末摘花は光源氏からの手紙に)まったく見向きもなさらないのであった。

ひたぶる-ごころ【一向心】(名)いちずな心。向こうみずな心。無情な心。源氏 蓬生「盗人などいふーある者も」訳 盗人などという無情な心のある者も。

ひだまひ-の-ふだ ヒダマイ【日給ひの簡】「にっきふのふ

だ」に同じ。

ひた-みち【直路】（形動ナリ）（なら・なり(に)・なり・なる・なれ・なれ）いちずであるさま。ひたすら。源氏 若菜上「いといはけなき気色して、ー・に用若び給へり」訳（女三の宮は）たいそう幼稚なようすで、ひたすら子供っぽくいらっしゃる。

ひた-めん【直面】（名）能楽で、面をつけずに素顔のままで演じること。また、素顔。〔風姿花伝〕「能の位上がらねば、ーは見られぬものなり」訳 能の芸の位が上がらないと、素顔のままの演技は見るに堪えないものである。

ひた-もの【直物】（副）むやみと。ひたすら。〔浮・西鶴諸国ばなし〕「この金子、ー数多くなること、めでたし」訳 このお金が、むやみと数多くなることは、めでたい。

ひた-やごもり【直屋隠り】（名・形動ナリ）〔「ひた」は接頭語〕ひたすら家に引きこもっていること。蜻蛉 中「をさなき人の、『ー・なら未む、消息聞こえに』とてものするにつけたり」訳 幼い人（＝道綱）が、「（これから寺に）ひたすらこもりきっている（ようになる）であろう、（その）あいさつを申し上げに」と言って出かけるのにことづけた。

ひだり【左】（名）❶左側。左方。❷左右ある官職で、左の職。日本では、右よりも上位におかれた。源氏 竹河「左大臣うせ給ひて、右はーに」訳 左大臣がお亡くなりになって、右大臣は左大臣に（おなりになり）。❸歌合わせなど、左右二組に分かれて行う勝負事の左方。源氏 絵合「ー右と方わかたせ給ふ」訳（中宮は女房たちを）左方右方と組にお分けになられる。

ひだり-の-うまづかさ【左の馬寮】（名）↓めれう

ひだり-の-うまのかみ【左の馬の頭】（名）「さまのかみ」に同じ。

ひだり-の-おとど【左の大臣】（名）「さだいじん」に同じ。

ひだり-の-おほいまうちぎみ（—オオイモウチギミ）**【左の大臣】**（名）「さだいじん」に同じ。

ひだり-の-つかさ【左の司】（名）近衛府や馬寮など、左右の部局をもつ官司の左の部局の称。

ひだり-みぎ-に【左右に】（副）あれこれ。とやかく。源氏 空蟬「〔小君は〕ー苦しく思へど」

ひ-だる-し（形ク）（から・く(かり)・し・き(かる)・けれ・かれ）空腹である。ひもじい。著聞 四〇「この一両日食物たえて、術なくー・く用候ふままに」訳 この一両日食物がなくなって、どうしようもなくひもじゅうございますので。

ひぢ（ヒジ）**【泥】**（名）どろ。古今 仮名序「たかき山も、ふもとの塵ーよりなりて（＝塵やどろからできて）」

ひぢかさ-あめ（ヒジカサ—）**【肘笠雨】**（名）〔笠をかぶる暇もなく、肘をかざして防がなければならないほどの急な雨の意〕にわか雨。源氏 須磨「ーとか降りきて、いとあわたたしければ」訳 ひじ笠雨とか（いうにわか雨）が降ってきて、（人々は）とても落ち着かないので。

ひちち-か（形動ナリ）（なら・なり(に)・なり・なる・なれ・なれ）ぴちぴちとして活気のあるさま。〔うつほ〕蔵開上「いと小さくー・に用、ふくらかに愛敬づき給へり」訳（六の宮は）たいそう小さくぴちぴちとして、ふっくらと愛らしくていらっしゃる。

ひぢ-もち（ヒジ—）**【肘持ち】**（名）（扇や笏を持って）肘を横に張ったようす。源氏 末摘花「儀式官の練り出でたるーおぼえて」訳（末摘花の姿には）儀式官が練り歩き出したときの肘を横に張ったようすが思われて。

ひち-りき【篳篥】（名）管楽器の一種。雅楽に用いる竹製のたて笛。表に七つ、裏に二つの穴がある。枕 二一八「ーはいとかしがましく、秋の虫をいはば、轡虫などの心地して」訳 ひちりきはとてもやかましく、秋の虫を（たとえて）いうならば、轡虫などの感じがして。⇩巻頭カラーページ23

ひつ【櫃】（名）ふたのついた大形の木箱。長櫃・唐櫃・折り櫃・小櫃などがある。更級 物語「源氏〔物語〕の五十余巻、ーに入りながら（＝入ったままで）」

ひ・つ【漬つ・沾つ】〔近世以降「ひづ」とも〕❶（自夕四・上二）（た・ち・つ・つ・て・て）（ち・ち・つ・つる・つれ・ちよ）水につかる。ぬれる。浸る。古今 夏「声はして涙は見えぬほととぎすわが衣手のー・つ体（四段）を借らなむ」訳 鳴き声はしているが、涙は見えないほととぎすよ、私の袖が（涙で）ぬれているのを（おまえの涙として）借りてほしいな。文法「なむ」は、他に対する願望の終助詞。❷（他夕下二）（て・て・つ・つる・つれ・てよ）水につける。ぬらす。浸す。土佐「手をー・て用て寒さも知らぬいづみにぞくむとはなしに日ごろ経にける」訳 手をぬらして冷たさも感じない（この名ばかりの）泉、その和泉の国（大阪府南部）に水をくむというわけではなく、むだに数日を過ごしてしまったことだ。（「いづみ」は、「泉」と地名「和泉」との掛詞）

ひ・づ（ヒズ）**【秀づ】**（自ダ下二）（で・で・づ・づる・づれ・でよ）〔「秀出づ」の転〕穂が出る。万葉 七・一三五三「石上布留の早稲田をー・で未ずとも縄だに延へよ守りつつ居らむ」訳 石上の布留の早稲田にまだ穂が出なくとも、せめて縄だけでも張っておけよ。（私が）見守りつづけていよう。

ひ-ついで【日次いで】（名）暦の上のその日の吉凶。日がら。日どり。「日次ぎ」とも。〔栄花〕とりべ野「ーなど選らせ給ひて」訳 日どりなどもお選びになられて。

ひっ-かづ・く（—カズク）**【引っ被く】**（他カ四）（か・き・く・く・け・け）〔「ひきかづく」の転〕ひっかぶる。ひっぱるようにして頭からかぶる。平家 四・橋合戦「馬のかしら沈まばひきあげよ。いたう引いてー・く終な」訳 馬の頭が（川の中に）沈むなら（手綱を引いて）引き上げろ。（手綱を）強く引きすぎて（馬を）ひっかぶるな。

ひつぎ【棺・柩】（名）〔古くは「ひつき」〕遺体を入れる箱。棺。細道 平泉「光堂は三代（＝藤原清衡・基衡・秀衡）のーを納め」

ひ-つぎ【日次ぎ】（名）❶毎日。連日。❷毎日奉るみつぎ物。❸日がら。その日の吉凶。「日次いで」とも。

ひ-つぎ【日嗣ぎ】（名）天皇の位を継承すること。また、皇位。〔記〕下「木梨之軽太子、ー知らしめすに定まれるを」訳 木梨の軽の太子が皇位を継承なさることに定まっているが。

ひつぎ-の-みこ【日嗣ぎの御子】（名）皇太子に対する敬称。〔記〕下「この天皇、ーなかりき」訳 この天皇には、皇太子がいなかった。

ひつじ【未】（名）❶十二支の八番目。↓十二支 ❷方角の名。南南西。方丈 三「この風、ーの方に移りゆきて、多くの人の嘆きなせり」訳 この（つむじ）風が、南南西の方向に移っていって、たくさんの人々が嘆いている。❸時刻の名。今の午後二時ごろ、およびその前後約二時間（午後一時ごろから午後三時ごろ）。枕 一五八「まだ

―に下向しぬべし」訳 まだ(時刻の早い)午後二時ごろにはきっと参詣を終えて帰途につけるだろう。文法「下向しぬべし」の「ぬ」は、助動詞「ぬ」の終止形で、ここは確述の用法。

ひつじ-さる【未申・坤】(名)方角の名。未と申との間。南西。宇治 八・三「―の方にあたりて山かすかに見ゆ」訳 南西の方角にあたって山がかすかに見える。

ひつち【穭】(名)「ひつぢ」とも。刈ったあとの稲株からまた生えてくる芽。ひこばえ。秋。古今 秋下「刈れる田に生ふる―の穂に出でぬは世を今更にあきはてぬとか」訳 (稲を)刈り取った田に生えるひこばえが穂になって出ないのは、秋も果てて、この世を今あらためて飽き果ててしまったというのか。(「あきはて」は「秋果て」と「飽き果て」との掛詞)

ひつ-ぢゃう【必定】㊀(名・形動ナリ)必ずそのようになること。平家 三・法印問答「入道相国朝家を恨み奉るべきこと―と聞こえしかば」訳 入道相国(=清盛)が朝廷をお恨み申しあげるであろうことはまちがいないとうわさがたったので。

㊁(副)きっと。必ず。確かに。〔浄・源平布引滝〕「―源氏の残党ならん」訳 きっと源氏の残党であろう。

備中【地名】旧国名。山陽道八か国の一つ。今の岡山県西部。備州。

ひづ・つ【漬つ・泥つ】(自タ四)(た・ち・つ・つ・て・て)泥でよごれる。また、水にぬれる。万葉 二・一九四「朝露に玉裳は―・ち(用)」訳 朝露で美しい裳はぬれて。

ひっ-ぱ・る【引っ張る】(他ラ四)(ら・り・る・る・れ・れ)「ひきはる」の転」❶むりに連れて行く。引っ立てる。〔源平盛衰記〕「門外に―・ら(未)れながら」訳 門の外にむりに連れて行かれながら。

❷磔にする。〔浄・博多小女郎波枕〕「木の空に―・ら(未)るるは今のこと」訳 磔台で磔の刑に処せられるのは目前(に迫っている)。

❸延ばす。遅らせる。〔浄・薩摩歌〕「入相時分に膳を立てして、夕飯、夜食を―・り(用)」訳 夕暮れごろに膳を並べて、夕飯と夜食を遅らせて(いっしょにし)。

❹かぶる。着る。〔浮世風呂〕「この野郎ほうわうのべべを―・っ(用)(促音便)た」と思って」訳 この野郎、鳳凰の(美しい)着物を着たと思って。

びづら【角髪】(名)「みづら」の転」「びんづら」とも。中古、少年の髪の結い方の一つ。髪を頭頂で左右に分け、耳のあたりで輪形に束ねたもの。大鏡 道兼「『あれは舞はじ』とて、―ひきみだり」訳 (福足君は)「私は舞うまい」と言って、(結いあげた)びずらを引っぱって乱し。

ひでん-ゐん【悲田院】(名)平安時代、京・諸国・諸寺に設置され、病人・孤児・貧民などを救済・療養させた所。奈良時代、興福寺に施薬院と併置されたのが始まりという。

ひと-【一】(接頭)❶一つの、一度の、一回の、の意を表す。「―枝」「―度」

❷ある、の意を表す。「―年」「―夜」

❸全部、全体、…じゅう、の意を表す。「日―日(=一日じゅう)」「―京」「―山」

❹少しの、わずかな、の意を表す。「―時」「―筆」

ひと【人】㊀(名)❶人間。方丈 四「みさごは荒磯に居る。すなはち、―をおそるるがゆゑなり」訳 みさご(=鳥の名)は波の荒い磯に住んでいる。これはつまり、人間を恐れていることのためである。〔浮・西鶴諸国ばなし〕「―はばけもの、世にないものはなし」訳 人間は化け物(である)。世の中には(あらゆるものが存在し)無いものはない。名文解説 湯の中を泳ぐ魚・異常な大きさの蕪・浦島太郎の火打ち箱など、世に伝わる珍奇な事物を列挙した序文の結語。あらゆる事象が存在する世の中ではあるが、もっとも不可思議で驚くべき存在として人を挙げる。西鶴の、人への尽きることない興味を示す一文。

❷世間の人。世の人。徒然 一「『―には木の端のやうに思はるるよ』と清少納言が書けるも」訳「(法師は)世間の人には木の切れ端のように思われるよ」と清少納言が書いているのも。

❸自分以外の人。他の人。徒然 一三〇「―に勝らんことを思はば、ただ学問して、その智を―に勝らんと思ふべし」訳 他の人に勝ろう(という)ことを思うなら、ひたすら学問をして、自分の知識を他の人より勝ったものにしようと思うのがよい。文法「勝らん」の「ん」は、いずれも意志の助動詞。

❹おとな。成人。源氏 夕顔「―となりて後は、限りあれば、朝夕にしもえ見奉らず」訳 おとなとなってから後は、(身分の)制約があるので、朝晩(=常に)というようには、お目にかかることもできず。文法「しも」は、強意の副助詞。「え見奉らず」の「え」は副詞で、下に打消の語(ここでは「ず」)を伴って不可能の意を表す。

❺りっぱな人。すぐれた人。万葉 五・八九二「しかとあらぬひげかきなでて我をおきて―はあらじと誇ろへど」訳 →かぜまじり…和歌

❻(特定の人をさして)あの人。意中の人。古今 羇旅「わたの原八十島かけてこぎ出でぬと―には告げよあまの釣舟」訳 →わたのはら…和歌

❼身分。家柄。源氏 夕顔「―も賤しからぬすぢに、かたちなどねびたれど清げにて」訳 (伊予の介は)身分もいやしくない血筋で、容貌などは年をとっているけれどきちんとさっぱりとした感じで。

❽人柄。性質。源氏 帚木「まかり通ひし所は、―もたちまさり、心ばせまことにゆゑありとみえぬべく」訳 (私(=左の馬頭)が通っておりました所は、(女の)人柄もまさり、たしなみもほんとうに風情があると思われるに相違なく。

㊁(代)対称の人代名詞。夫婦の間などで、相手をさしていう語。あなた。平家 七・維盛都落「前世の契りありければ、―こそ憐れみ給ふとも」訳 前世からの約束があったので、あなた(=維盛)は愛してくださっても。文法 係助詞「こそ」の結びは「給へ」となるべきだが、接続助詞「とも」が付いてさらに下に続くため、消滅(=結びの流れ)している。

ひと-あきびと【人商人】(名)女性・子供を誘拐して売買する者。人買い。〔謡・隅田川〕「思はざるほかに、ひとり子を―に誘はれて」訳 思いがけなくも、一人っ子を人買いにさらわれて。

ひと-うと・し【人疎し】(形ク)(から・く(かり)・し・き(かる)・けれ・かれ)人と親しまない。人づきあいをしない。源氏 蓬生「この姫君は、かく―・き(体)御癖なれば」訳 この姫君(=末摘花)は、

このように人と親しまないご気質なので。

ひとえ【一重・単】⇨ひとへ

ひとえに【偏に】⇨ひとへに

ひと-おき【人置き】(名)江戸時代、奉公人や遊女などを周旋する業者。求職者を一時宿泊させたり、身元保証人になったりもする。

ひと-おと【人音】(名)人のいるけはい。人の来る音。ひとけ。万葉 二・一八九「おほほしく—もせねばまうら悲しも」訳 胸も晴れ晴れせず人のいるけはいもしないので、まことに心悲しいことよ。

ひと-が【人香】(名)人の移り香。衣にたきしめたその人の香のにおい。源氏 空蝉「かの薄衣は小袿のいとなつかしき—にしめるを、身近くならして見居給へり」訳 あの薄衣は小袿で、たいそう慕わしい人の移り香がしみついている、それを、(光源氏は)側に置いてなれ親しませて見ていらっしゃった。

ひと-かず【人数】(名)❶人の数。徒然 一三七「世の—もさのみは多からぬにこそ」訳 世間の人の数もそうむやみには多くないのである。❷人並みな者として数えられること。〔紫式部日記〕「世にあるべき—とは思はずながら」訳 (自分など)この世に存在するのが適当な人並みの者とは思わないものの。

ひと-かた【一方】㊀(名)一人のほう。また、一つのほう。片方。源氏 夕顔「今—は、主強くなるとも」訳 もう一人のほう(=軒端の荻)は、たとえ夫がしっかり定まっても。㊁(形動ナリ)〔なら・なり(に)・なり・なる・なれ・なれ〕一通りなさま。ふつうである。源氏 須磨「知らざりし大海のはらに流れきて—・に㊥やはものは悲しき」訳 (私=光源氏は)まだ知らなかった大海原に(人形のように)流れてきて、一通りにもの悲しいのか(いや、悲しみは並一通りではない)。(「ひとかた」は「一方」と「人形」との掛詞)

ひと-がた【人形】(名)「ひとかた」とも。❶にんぎょう。源氏 宿木「むかし思ゆる—をも作り」訳 昔が思い出される(亡き大君の)人形をも作り。❷祈禱などの際、自分の災いやけがれを移すための人形。かたしろ。これで身体をなで、川や海に流した。源氏 須磨「舟にことごとしき—のせて流すを見給ふにも」訳 (光源氏は)舟に大げさなかたしろをのせて流すのをご覧になるにつけても。❸身代わり。源氏 東屋「かの—求め給ふ人に見せたてまつらばや」訳 あの(大君の)身代わりを求めなさる人(=薫)に(浮舟を)お見せ申しあげたいものだ。

ひとかた-ならず【一方ならず】一通りでない。並々でない。源氏 夕顔「—・ず㊥心あわたたしくて」訳 (空蝉のことを思うと)一通りでなく、(光源氏は)心が落ち着かなくて。⇨並べてならず「慣用表現」

ひとかた-ひとかた【一方一方】❶どちらか一方。❷ひとりひとり。それぞれ。源氏 浮舟「—につけて、いとうたてある事は出で来なむ」訳 (薫と匂宮のどちらに従っても)それぞれにつけて、たいへんいやなことはきっと起こってくるだろう。

ひと-かたらひ【人語らひ】(名)人に相談すること。更級 物語「紫のゆかりを見て、続きの見まほしくおぼゆれど、—などもえせず」訳 (「源氏物語」の)若紫の巻を見て、その続きが見たいと思わずにはいられないけれども、人に相談することなどもできない。

ひと-がち【人勝ち】(形動ナリ)〔なら・なり(に)・なり・なる・なれ・なれ〕人がたくさんいるさま。大鏡 道長上「かく—・なる㊍にだに、けしきおぼゆ」訳 こんなに人がたくさんいるのでさえも、不気味な感じがする。

ひとかひぶねは… 歌謡《小歌》

> 人買ひ舟は沖を漕ぐ　とても売らるる身を
> ただ静かに漕げよ　船頭殿
> 〈閑吟集〉

訳 人買い舟は沖を漕いでゆく。どうせ売られる身なのよ、せめて静かに漕いでよ、船頭さん。解説 配列から、琵琶湖の光景であろう。人買いは女性・子供を売買する者で、中世に広く存在し、各種の作品に見られる。「人買ひ舟」は、売られていく者を乗せた舟で、この歌はそうした女性を歌った。

ひと-かへり【一返り】(副)一度。一回。更級 竹芝寺「いひつること、いま—われにいひて聞かせよ」訳 (今おまえが言ったことを、もう一度私に言って聞かせろ。

ひと-がま-し【人がまし】(形シク)〔しから・しく(しかり)・し・しき(しかる)・しけれ・しかれ〕〔「がまし」は接尾語〕❶どうやら一人前と見える。人並みらしい。〔浮・世間胸算用〕「十人並みに—・しう㊥(ウ音便)当世女房に生まれ付くと思へば」訳 普通に人並みで当世風の女に生まれついていると思うと。❷相当の人物らしい。〔栄花〕かがやく藤壺「世の中に少し人に知られ、—・しき㊍名僧などは」訳 世間で少し人に知られ、相当の人物と思われる名僧などは。

ひと-がら【人柄】(名)人の性格・品性。人品。大鏡 為光「弟殿には—・世おぼえのおとり給へればにや」訳 (誠信は)弟殿(=斉信)よりは人品や世間の信望が劣っていらっしゃったせいであろうか。

ひと-ぎき【人聞き】(名)世間への聞こえ。外聞。世評。竹取 御門の求婚「昨日今日御門ののたまはむことにつかむ、—やさし」訳 昨日今日になって(今さら)帝のおっしゃるようなことに従うとしたら、それは世間への聞こえが恥ずかしい。⇨聞こえ「慣用表現」

ひと-きざみ【一刻み】(名)❶一段。一階級。源氏 桐壺「いま—の位をだにと贈らせ給ふなりけり」訳 (桐壺帝は桐壺の更衣に)さらにせめて一階級(上)の位だけでも(差し上げたい)とお思いになって、お贈りになられるのであった。❷第一流。第一の列。源氏 若菜下「その御前の御遊びなどに、—に選ばるる人々、それかれといかにぞ」訳 その帝の御前の管弦のお遊びなどに、第一流として選ばれる人たちのだれそれと比べて、(六条院の女君たちの優劣は)どうだろうか。

ひと-きは【一際】㊀(名)一階級。源氏 薄雲「いま—あがりなむに、何事もゆづりてむ」訳 (大納言が)もう一階級昇進したならそのときに、万事を譲ってしまおう。㊁(副)❶いちだんと。いっそう。さらに。徒然 一〇「さし入りたる月の色も、—しみじみと見ゆるぞかし」訳 さし込んでいる月の光も、いちだんと深く心にしみて感じられるものだよ。❷ひとすじに。いちずに。源氏 若菜下「世の中はいと常なきものを、—に思ひ定めて」訳男女の縁はまったく定めないものなのに、一方的に決めてかかって。

ひと-きゃう〔キョウ〕【一京】(名)〔「ひと」は接頭語〕京じゅう。都全体。大鏡 道長下「—まかりありきしかども」訳(私は)都じゅうを歩き回ったけれども。

ひとぎれ-な・し【人切れ無し】人の気配がない。だれもいない。〔浮・世間胸算用〕「いづかたの道場にも—・く用」訳どこの寺にも人の気配がなくて。

ひとく(副)鶯(うぐいす)の鳴き声の形容。和歌で、「人来(く)」にかけて用いられる。大和 一七三「よもぎ生ひて荒れたる宿を鶯の—となくや誰(たれ)とかまたむ」訳よもぎが生い茂って荒れている宿なのに、鶯が「人が来る」と鳴いていることよ。(あてはないのに)だれが(来る)と思って待とうか。

ひと-くさ【一種】(名)一種類。ひといろ。源氏 梅枝「ただ荷葉(かえふ)を—あはせ給へり」訳(花散里(はなちるさと)は)ただ荷葉(=薫(た)き物の名)を一種類調合なさった。

ひと-くだり(名)❶【一行】文章の一行(いちぎょう)。源氏 若紫「はかなき—の御返りのたまさかなりしも」訳ちょっとした一行の(藤壺(ふじつぼ)からの)ご返事が(かつては)まれにあったのも。❷【一領・一下り】衣類などの一そろい。蜻蛉 上「装束(さうずく)—ばかり」訳装束一そろいほど。

ひと-くち【一口】(名)❶一度に全部食うこと。伊勢 六「鬼はや—に食ひてけり」訳鬼は(女を)たちまち一口で食べてしまった。❷ほんの少し飲食すること。また、その量。〔狂・附子〕「—食へども死なれもせず(=死ぬこともできない)」❸ひっくるめて簡単に言うこと。〔うつほ〕国譲上「—にてもはた。人は位かは」訳(仲忠(なかただ)の件と近澄(ちかずみ)の件を)ひとまとめに言えるものでも、やはり(ない)。人(の価値)は位(によるもの)であろうか(いや、そうではない)。

ひと-げ【人気】(名)人の気配。人のいるようす。徒然 二三五「狐(きつね)・ふくろふやうのものも、—に塞(せ)かれねば、所得顔(ところえがほ)に入(い)りすみ」訳(住む人のいない家には)狐やふくろうのようなものも、人の気配に妨げられないので、わがもの顔に入りこんですみつき。

ひとげ-な・し【人気無し】(形ク){から・く(かり)・し・き(かる)・けれ・かれ}人並みでない。人の数に入らない。枕 八二「『ここに、草の庵(いほり)やある』と、おどろおどろしくいへば、『あやし。などてか、—・き体ものはあらむ』」訳(源中将の声で)「このあたりに草の庵(さん)はいるか」と、仰々(ぎょうぎょう)しくいうので、「不思議だ。どうして、(「草の庵」なんて)人らしくないものが(ここに)いようか(いや、いるはずがない)」。

ひと-ごこち【人心地】(名)正気。生き返った気持ち。人心(ひとごころ)。平家 三・有王「ややあって、すこし—出(い)できき」訳しばらくして、少し正気になって。

ひと-ごころ【人心】(名)❶人の心。人の情愛。〔後撰〕雑四「—たとへて見れば白露の消ゆる間もなほ久しかりけり」訳(移ろいやすい)人の心と比べてみると、白露が消える(までの短い)時間でも、やはり長かったのだなあ。❷正気。人心地(ひとごこち)。宇治 一三・九「聖(ひじり)は、—もなくて、二日三日ばかりありて死にけり」訳(魔物にたぶらかされた)聖は、正気も失って、二日、三日ほどして死んだのであった。

ひと-ごと【人言】(名)他人の言うことば。世間のうわさ。源氏 須磨「かばかりに憂き世の—なれど」訳これほどにわずらわしい世間のうわさであるが。

ひと-ごと【人事】(名)他人のこと。よそごと。徒然 一七五「これらになき—にて伝へ聞きたらんは、あやしく不思議に覚えぬべし」訳(人に酒を無理強いする習慣を)わが国にないよそごととして伝え聞いたらそれは、異常で不思議なことときっと思われるにちがいない。

ひとこひし… 俳句

人恋し　灯(ひ)ともしごろを　さくらちる
〈白雄句集・白雄(しらを)〉　春

訳(なんとはなしに)人なつかしい気分がこみ上げてくることだ。(春の夕暮れに)家々に灯がともされるころ、桜の花びらが散りかかる中にたたずんでいると。(さくらちる春。切れ字は「し」で、形容詞の終止形活用語尾)

ひと-さかり【一盛り】(名)一時期盛んなこと。一時の盛り。古今 物名「花の色はただ—濃けれども」訳(秋の野の)花の色はほんの一時の盛りに濃いけれども。(「ひとさかりこけれ」に「下がり苔(ごけ)」を詠みこむ)

ひと-ざま【人様・人状】(名)人柄。人の品位。源氏 少女「子ながら恥づかしげにおはする御—なれば」訳(内大臣は自分(=大宮)の子でありながら、こちらが気のひけるくらいりっぱでいらっしゃるお人柄なので。

ひと・し【等し・均し・斉し】(形シク){しから・しく(しかり)・し・しき(しかる)・しけれ・しかれ}❶(性質・形状・数量などが)同じである。等しい。枕 三七「こと木どもと—・しう用(ウ音便)いふべきにもあらず」訳(桐(きり)の木は)ほかの木々と同じに論じてよいものでもない。❷(「…とひとしく」の形で)同時に。〔讃岐典侍日記〕「暮るると—・しく用参り給ひて」訳(日が)暮れると同時に参上なさって。

ひとし-ご【等し碁】(名)両方とも同じくらいの力量の碁打ち。互角の碁。枕 一六二「頭の中将と—なり」

ひとし-なみ【等し並み】(形動ナリ){なら・なり(に)・なり・なる・なれ・なれ}同列だ。同等だ。源氏 玉鬘「さりとも、すやつばらを、—・に用はし侍りなむや」訳そう(=愛人が大勢いる)だとしても、そいつら(=愛人たち)を、(玉鬘(たまかずら)と)同列には取り扱いましょうか(いや、取り扱いません)。

ひと-しほ〔シオ〕【一入】━(名)染め物を染め汁に一度浸して染めること。平家 九・一二之懸「小次郎はおもだかを—すったる直垂(ひたたれ)に、ふしなはめの鎧(よろひ)着て」訳小次郎はおもだか(=模様の名)を一度染めに染めた直垂に、ふしなわめ(=縅(おどし)の一つ)の鎧を着て。
━(副)いちだんと。いっそう。ひときわ。平家 一一・重衡被斬「日来(ひごろ)おぼつかなくおぼしけるより、いま—かなしみの色をぞまし給ふ」訳(北の方は)日ごろ(夫の安否を気づかって)不安にお思いになっていたときよりも、なおいっそう悲しみのようすを増しなさる。

ひと-しれ-ず【人知れず】人に知られない。ひそかである。〔拾遺〕恋一「恋すてふわが名はまだき立ちにけり—・ず用こそ思ひそめしか」訳→こひすてふ… 和歌
なりたち 名詞「人」＋下二段動詞「知る」の未然形「しれ」＋打消の助動詞「ず」

ひとしれぬ… 和歌

人知れぬ　わが通(かよ)ひ路(ぢ)の　関守(せきもり)は
よひよひごとに　うちも寝(ね)ななむ
〈古今・一三・恋三・六三二・在原業平(ありはらのなりひら)〉〈伊勢・五〉

訳 人に知られていない、私の通い路にいる番人は、毎晩毎晩ちょっとの間だけでも眠ってしまってほしい。文法「寝ななむ」の「ななむ」は、完了の助動詞「ぬ」の未然形「な」に、他に対する願望の終助詞「なむ」が付いたもの。解説「古今集」の詞書(ことばがき)に、垣のくずれたところからこっそり女のもとに通っていたが、女の親が聞きつけて通り道に番人を置いたために、女に逢(あ)えないまま帰ってきて詠んだとある。「伊勢物語」もほぼ同じ内容。

ひと-ずくな【人少な】(形動ナリ){なら・なり(に)・なり・なる・なれ・なれ}人数の少ないさま。蜻蛉 上「―・に(用)てものしにし、いかが」訳 小人数のようすで出かけてしまったのは、いかがか。

ひと-すぢ スジ【一筋】㊀(名)❶(細長いものの)一本。竹取 かぐや姫の生ひ立ち「その竹の中に、もと光る竹なむ―ありける」訳 その(竹取の翁(おきな)がとる)竹の中に、根元が光る竹が一本あった。❷一つの血統。一族。一門。大鏡 師輔「おほくはただこの九条殿(＝師輔(もろすけ))の御―なり」

㊁(形動ナリ){なら・なり(に)・なり・なる・なれ・なれ}❶一様なさま。一通りなさま。源氏 梅枝「ひろき心ゆたかならず、―・に(用)かよひてなむありける」訳(昔の人の筆跡は)ゆったりした心が十分でなく、(筆法は)一様に似通っていることだ。
❷いちずなさま。ひたすら。更級 夫の死「宮仕へとても、もとは―・に(用)仕うまつりつかばや、いかがあらむ」訳 宮仕えにしても、もともとそれいちずに落ち着いてお仕え申しあげたならば、(今ごろは)どう(なっていた)だろうか。(「ばや」を、願望の終助詞とする説もある)

ひとすまぬ… 和歌

人住まぬ　不破(ふは)の関屋(せきや)の　板(いた)びさし
荒(あ)れにしのちは　ただ秋(あき)の風(かぜ)
〈新古今・一七・雑中・一六〇一・藤原良経(よしつね)〉

訳 人の住んでいない不破の関の番小屋の板びさしよ。荒れはててしまった後は、ただ秋の風が吹きぬけるばかりだ。解説「不破の関」は今の岐阜県不破郡関ケ原町にあった、東山道の関所。延暦(えんりゃく)八年(七八九)に廃止された。関所にはいかめしい印象がある。さらに「不破」の名から受ける堅固なものとしてのイメージもある。それが荒廃してしまったようすは、いっそうわびしさがつのる。

ひと-ぞう【一族】(名)〔「ぞう」は「ぞく」の転〕同じ家系。同族。一族(いちぞく)。源氏 若紫「いかでかの―におぼえ給ふらむ」訳(若紫は)どうしてあの一族(である藤壺(ふじつぼ))に似ていらっしゃるのであろう。

ひと-たがへ タガエ【人違へ】(名)人ちがい。源氏 玉鬘「―にや侍らむ」訳 人ちがいでございましょうか。

ひと-だ・つ【人立つ】(自タ四){た・ち・つ・つ・て・て}一人前になる。成人する。源氏 玉鬘「さて―・ち(用)給ひなば」訳 そのようにして(＝玉鬘(たまかずら)が六条院に移り住んで)一人前になりなさったならば。⇩人と成る「慣用表現」

ひと-だのめ【人頼め】(名・形動ナリ)人に頼もしく思わせること。期待させるだけで、その効果のない意に用いられることが多い。和歌などでは、古今 離別「かつ越えてわかれも行くか逢坂(あふさか)は―・なる(体)名にこそありけれ」訳 一方では(この山を)越えて別れても行くのだなあ、この逢坂の関は、(人に逢(あ)うということで)頼もしく思わせる(のに、あてにするかいのない)名前であったことだ。

ひと-だま【人魂】(名)夜、空中を浮遊する青白い鬼火。死んだ人の魂が抜け出たものと信じられた。更級 夫の死「このあかつきに、いみじく大きなる―のたちて」訳 この未明に、ひどく大きな人魂が出て。

ひと-だまひ ダマイ【人給ひ】(名)❶人々に物をお与えになること。また、その物。❷随行者に貸し与えられた牛車(ぎっしゃ)。お供の人の車。枕 二三七「よきところの御車、―ひきつづきて、おほく来るを」訳 貴い方のお車、(さらに)お供の人の車が引き続いて、たくさん来るのを。

ひと-つ【一つ】㊀(名)❶ひとつ。一個。一歳。徒然 六〇「師匠、死にさまに、銭二百貫と坊―を譲りたりけるを」訳 師匠が死にぎわに、銭二百貫と僧坊ひとつを(この盛親僧都(じょうしんそうず)に)譲っていたのに。
❷そのものだけであること。単一。唯一。源氏 帚木「ただこの憎き方(かた)―なむ心をさめず侍りし」訳 ただ(女の)この憎らしい(嫉妬深い)点だけは、がまんできずにいました。
❸同じ物。同じこと。同じ所。同時。いっしょ。更級 宮仕へ「母なくなりにし姪(めひ)どもも、生(む)まれしより―にて」訳 母親が亡くなってしまった姪たちも、生まれた時からいっしょに(暮らして)いて。
❹第一。一番目。徒然 一一七「友とするにわろき者七つあり。―には、高くやんごとなき人」訳 友とするのによくない者に七つある。第一には、身分が高く重んずべき人。
❺時刻の数え方。一刻(＝約二時間)を四つに分けた最初の一区分。伊勢 六九「子(ね)―ばかりに、をとこのもとに来たりけり」訳(女は)子一つごろ(＝午後十一時から十一時半ごろ)に、男のもとに来たのだった。
❻一方。一面。徒然 九二「わづかに二つの矢、師の前にて―をおろかにせんと思はんや」訳 たった二本の矢で、師匠の前で(その)一方をいいかげんに扱おうと思うだろうか(いや、思いはしない)。文法「や」は、反語の係助詞。
㊁(副)❶(下に打消の表現を伴って)少しも。まったく。更級 富士川「かへる年の司召(つかさめし)に、この文(ふみ)に書かれたりし、―たがはず」訳 翌年の司召し(＝官吏を任命する儀式)では、この書類に書かれていたこと(＝名前)が、少しも違わなくて。
❷少し。ちょっと。〔狂・素袍落〕「さあさあ、〔酒を〕―飲うで行け」

ひとつ-ご【一つ子】(名)❶一人っ子。伊勢 八四「―にさへありければ、いとかなしうし給ひけり」訳(その上)一人っ子でもあったので、(母は)たいそうかわいがりなさった。
❷一歳の子。平家 一二・六代被斬「平家の子孫は…―ふたつ子をのこさず、…尋ねとって失(うしな)てんぎ」訳 平家の子孫は…一歳の子、二歳の子を残さず、…捜し捕らえて殺してしまった。文法「失てんぎ」は、「失ひてき」の促音便「失ってき」の促音の表記をせず、語り物の語調で「て」が「てん」となり、下の「き」が濁音化したもの。

ひと-づて【人伝て】(名)他人に依頼してことばを伝えること。ことづて。また、間接に聞き知ること。〔後拾遺〕恋三「今はただ思ひ絶えなむとばかりを—ならでいふよしもがな」訳→いまはただ…和歌

ひとつ-はら【一つ腹】(名)母親を同じくすること。同母きょうだい。同腹。源氏 紅葉賀「この君一人ぞ、ひめ君の御—なりける」訳 この君(=頭の中将)一人が、姫君(=葵の上)の同母のごきょうだいであった。

ひと-づま(名)❶【人妻・他妻】他人の妻。万葉 一・二一「紫草のにほへる妹を憎くあらば—ゆゑにあれ恋ひめやも」訳→むらさきの…和歌
❷【他夫】他人の夫。万葉 一三・三三一四「つぎねふ山背道を—の馬より行くに己夫し歩より行けば見るごとに哭のみし泣かゆ」訳 山背への道を他人の夫が馬で行くのに、私の夫は徒歩で行くので、見るたびに、ただもう泣けてくる。(「つぎねふ」は「山背」にかかる枕詞)

ひとつ-むすめ【一つ娘】(名)一人娘。源氏 賢木「またなくかしづく—を」訳 この上なくたいせつに養育する一人娘(=葵の上)を。

ひとつ-や【一つ家】(名)山野の一軒家。また、一つ屋根の下。同じ家。細道 芭蕉「—に遊女も寝たり萩と月」訳 一つ屋根の下に遊女も泊まり合わせることになった。折しも、庭には萩が咲き、月がさしている。

ひと-て【一手】(名)❶一組。一隊。〔太平記〕一五「二万三千余騎を二手(=二隊)に分けて、—をば将軍塚の上へ挙げ(=登らせ)」
❷一回のわざ。一番。一手。徒然 一八八「碁を打つ人、—も徒らにせず(=むだにしないで)」
❸弓を射るとき、手に持つ二本一組の矢。平家 四・競「鷹の羽にてはいだりける的矢—ぞさしそへたる」訳 鷹の羽でつくった的矢二本をさし加えた。

ひとで-に-かか-る【人手に懸かる】他人の手で殺される。平家 九・木曽最期「もし—・ら㊍ば、自害をせんずれば」訳 もし他人に討たれるならば、自刃をしようと思っているので。

ひとで-に-か-く【人手に懸く】他人の手で殺す。平家 九・敦盛最期「—・け㊥参らせんより、同じくは直実が手にかけ参らせて」訳 他人の手で殺し申しあげるならそれより、同じことなら(この熊谷次郎)直実の手で殺し申しあげて。

ひと-とき【一時】(名)❶ほんの少しの間。しばらくの間。更級 初瀬「—が目をこやして何にかはせむ」訳(御禊見物などに)ほんの少しの間の目を楽しませてなんになろうか(いや、なんにもならない)。
❷一日を十二の時に分けた、その一つ。今の約二時間。平家 一二・泊瀬六代「寄りあひ寄りのき、—ばかりぞたたかうたる」訳 近寄って(斬り合って)は退いて、二時間ほど戦った。

ひと-ところ【一所】(名)❶(「ところ」は高貴の人を数えるのに用いる接尾語)おひとり。竹取 蓬莱の玉の枝「ただ—、深き山へ入り給ひぬ」訳(くらもちの皇子は)ただおひとりで、深い山へお入りになった。
❷同じ所。源氏 賢木「后の宮も—におはする頃なれば」訳 后の宮(=弘徽殿の大后)も(朧月夜の尚侍と)同じ所においでになるころであるから。

ひと-とせ【一年】(名)❶いちねん。また、一年間。伊勢 六三「百年に—たらぬつくも髪我を恋ふらし面影に見ゆ」訳 百歳に一歳たりない九十九髪(=白髪)の老女が私を恋い慕っているようだ。その姿がありありと目に浮かぶ。
❷ある年。先年。平家 七・実盛「—東国へむかひ候ひし時」訳 先年東国へ向かいましたとき。

ひととせに… 和歌

> 一年に　ひとたび来ます　君待てば
> 宿かす人も　あらじとぞ思ふ
> 〈古今・九・羇旅・四一九・紀有常〉〈伊勢・八二〉

訳(織女は)一年に一度おいでになる方(=彦星)を待っているので、(その方以外に)宿を貸す人もいないだろうと思う。

解説「狩り暮らしたなばたつめに宿からむ天の河原に我は来にけり」(訳→かりくらし…和歌)〈古今・羇旅〉〈伊勢・八二〉の歌の返歌として詠まれたもの。その名も「天の河原」というところに来たので、織女に宿を借りようとしゃれた業平の贈歌に対して、切り返した。

ひと-と-な-す【人と成す・人と為す】一人前に育てる。成人させる。蜻蛉 中「—・し㊥て、うしろやすからむ妻などにあづけてこそ、死にも心安からむとは思ひしか」訳(道綱を)成人させて、安心できるような妻などにまかせてはじめて、(自分が)死ぬことも気が楽であろうとは思ったことだ。

ひと-と-なり【為人】(名)❶生まれつき。天性。〔霊異記〕「—邪見にして三宝を信けず」訳 天性はよこしまで三宝(=仏・法・僧)を信じない。
❷体つき。宇治 一一・一「—、すこし細高にて」訳 体つきが、少し細長くて。

ひと-と-な-る【人と成る・人と為る】❶一人前になる。おとなになる。〔発心集〕「二人の子やうやう—・り㊥て後、父さきだちて病を受けて」訳 二人の子がしだいに成人して後、父は先んじて病気にかかって。
❷人ごこちがつく。正気にもどる。源氏 夢浮橋「やうやう生き出でて—・り㊥給へりけれど」訳(浮舟は)だんだん息を吹き返して正気にもどりなさっていたが。

慣用表現「成人」を表す表現
《成人する》様変はる・様変ふ・人立つ・人と成る・男に成る
《成人(男子)》初冠・加冠・元服・初元結ひ
《成人(女子)》髪上げ・裳着
ポイント「成人(男子・女子)」を表す慣用表現は、成人式として行われる儀式によったもの。「様変はる」「様変ふ」は「出家する」意にも用いられるので注意。

ひと-どほ-し【人遠し】(形ク){(から)・く(かり)・し・き(かる)・けれ・かれ}人里が遠い。人が近くにいない。徒然 二一「—・く㊥、水草清き所にさまよひありきたるばかり心なぐさむことはあらじ」訳 人里遠く、水や草の清らかな所をさまよい歩きまわっていることほど心の安まることはないだろう。

ひとなみ-なみ【人並み並み】(形動ナリ){なら・なり(に)・なり・なる・なれ・なれ}(「人並み」を強めた語)世間並みである。人並みである。枕 四〇「ねずもちの木、—・に㊥なるべきにもあらねど」訳 ねずみもちの木は、(ねずみという名から

して)人並みに扱うことはできそうでもないけれど。

ひと-ならはし〔ナラワシ〕【人習はし】(名)人を教えこむこと。教化。感化。源氏 宿木「いとほしの―やとぞ」訳 (薫の深い思いやりは)たいそういじらしい(八の宮の)感化だなあと言うべきである。

ひと-な・る【人馴る】(自ラ下二){れ・れ・る・るる・るれ・れよ}❶つき合いになれる。人ずれしている。源氏 花宴「男の御をしへなれば、少し―れ(用)たることやまじらむ」訳 男(である私=光源氏)のご教育であるので、(紫の上には)少し人ずれした点がまじるであろうか。❷(動物などが)人になつく。更級 大納言殿の姫君「いみじう―れ(用)つつ、傍にうちふしたり」訳 (猫は)たいそう人になついていて、(私たちの)そばに横たわった。

ひと-にく・し【人憎し】(形ク){から・く(かり)・し・き(かる)・けれ・かれ}❶人が憎い。古今 恋三「こりずまにまたもなき名は立ちぬべし―から(未)ぬ世にし住まへば」訳 しょうこりもなく、またも身に覚えのない(恋の)うわさが立ってしまいそうだ。人を憎く思えない世に住んでいるのだから。❷憎らしく見える。無愛想である。源氏 常夏「気高きやうとても、―く(用)心うつくしくはあらぬわざなり」訳 (うち解けないのは)高貴なようすといっても、憎らしく(その)心持ちもかわいらしくはないふるまいである。

ひと-には〔ニワ〕【一庭】(名)〔「ひと」は接頭語〕庭全体。庭じゅう。徒然 一七七「鋸のくずを…―に敷かれて、泥土のわづらひなかりけり」訳 おがくずを…庭じゅうにお敷きになって、ぬかるみの心配がなかったそうだ。

ひと-の-うへ〔ウエ〕【人の上】人間の身の上。また、他人の身の上。枕 二六「ものうらやみし、身のうへなげき、―いひ」訳 (他人のことを)うらやましがり、自分の身の上を嘆き、他人の身の上を(あれこれ)言い。

ひと-の-がり【人のがり】〔「がり」は接尾語〕人の許へ。その人のいる所へ。徒然 三一「雪のおもしろう降りたりし朝、―言ふべき事ありて文をやるとて」訳 雪が趣深く降り積もった朝、人の許へ言ってやらねばならない用事があって手紙を送り届けるということで。

ひと-の-くち【人の口】世間の評判。うわさ。〔栄花〕「―安からぬ世にて」訳 世間のうわさもあれこれうるさい世の中であって。⇩聞こえ「慣用表現」

ひと-の-くに【人の国】❶日本以外の国。外国。徒然 八四「さばかりの人の、無下にこそ心弱き気色を、―にて見え給ひけれ」訳 それほどの(偉い)人が、ひどく気の弱いようすを、外国で見られなさった(=お見せになった)そうだ。❷都以外の地方。田舎。枕 二六六「遠き所の―などより、家の主の上りたる、いとさわがし」訳 遠方の田舎などから、一家の主人が上京したのは、たいそう騒がしい。

ひと-の-ほど【人の程】その人物に備わっている品格。人品骨柄。身分。土佐「―にあはねば、とがむるなり」訳 (そのことばがしゃれていて、船頭という)身分に似合わないので、気にとめるのである。

ひと-の-やう〔ヨウ〕【人の様】人並みなようす・ありさま。更級 宮仕へ「ねぢけがましきおぼえもなきほどは、おのづから―にもおぼしもてなさせ給ふやうもあらまし」訳 (私が)ひねくれている(という)評判でも受けない限りは、自然と(宮が私を)人並みにもお思いになりお取り立てくださることもあったであろう。

ひとはいさ… 和歌 (百人一首)

> 人はいさ　心も知らず　ふるさとは
> 花ぞ昔の　香ににほひける
> 〈古今・一・春上・四二・紀貫之〉

訳 人は、さあ、どうですか、心の中はわかりません。(でも)昔なじみのこの里は、梅の花が以前のままの香りで咲いているのでした。文法「いさ」は副詞で、さあどうだかの意。ふつう下に「知らず」と受ける。「ける」は詠嘆の助動詞「けり」の連体形で、係助詞「ぞ」の結び。解説 奈良の長谷寺に参詣するたびに宿としていた家を、しばらくぶりで訪れたところ、その家の主人が、あなたの宿は昔のままですよと皮肉を言ったので、そこに咲いていた梅の花を折って詠んだと詞書にある。「人」はその家の主人。「ふるさと」も「花」も昔と同様に私を歓迎してくれる。それに対して、あなたは、見かけは昔と変わらないが、心中はどんなものだろうと応酬したのである。

ひと-ばしら【人柱】(名)橋・堤防・城などを築く際に、神の心をやわらげるために、人を生きたまま水底や地中に埋めること。また、埋められる人。平家 六・築島「―たてらるべしなんど、公卿御僉議有りしかども」訳 人柱をお立てになるがよいなどと、公卿たちのご評議があったけれども。

ひと-はた【一坏・一杯】(副)(容器に)いっぱい。たっぷり。宇治 三・一六「切りあけて見れば、物―入りたり」訳 (ひょうたんを)切って(中を)あけて見ると、何か物がいっぱい入っている。

ひとはな-ごろも【一花衣】(名)一度染めただけの、薄い色の衣。源氏 末摘花「くれなゐの―うすくともひたすらくたす名をしたてずは」訳 薄紅に一度染めただけの衣(の色)のように、あなた(=光源氏の心)がたとえ薄くても、ただもう姫君(=末摘花)の評判を傷つけることがないならば(よいのですが)。

ひと-ばな・る【人離る】(自ラ下二){れ・れ・る・るる・るれ・れよ}人里から遠く離れる。ひとけがない。更級 富士川「あはれに、―れ(用)て、いづこともなくておはする仏かなと」訳 しみじみとさびしげに、人里から遠く離れて、(ここがどことも知らない(という)ようすで(立って)いらっしゃる仏だなあと。

ひと-ばなれ【人離れ】(名・形動ナリ)人里から遠く離れていること。ひとけがないようす。徒然 一〇五「―なる(体)御堂の廊(=廊下)に」

ひとはぶし… 川柳

> 人は武士　なぜ町人に　成って来る
> 〈柳多留・五〉

訳「花は桜木、人は武士」と、(武士はいつもは威張っているくせに、なぜ町人風に変装して(刀や裃をつけないで)来るのかね。この遊里へ来るときだけは。解説「花は桜木、人は武士」は、花の中では桜が最もすぐれ、人の中では武士がすぐれているの意。また両者とも、散り方(死に方)が潔いの意もある。

ひと-ばへ〔バエ〕【人ばへ】(名・自サ変)人前で調子に乗っ

た行動をすること。枕 一五三「ー・する㊀もの　ことなき人の子の、さすがにかなしうしならはしたる」訳人前で調子づくもの、格別なこともない子どもで、それでもやはり(親が)かわいがりつけているの。

ひと-ひ【一日】(名)❶いちにち。徒然 一三七「ーに一人、二人のみならんや」訳(都では死者が)一日に一人、二人だけであろうか(いや、そんなに少なくはない)。文法「や」は、反語の係助詞。❷一日じゅう。終日。蜻蛉 上「つとめて、ーありて暮るればまゐりなどするを、あやしうと思ふに」訳(夫兼家の訪問が)早朝で、昼間は一日じゅう(家に)いて(日が)暮れると参内などするのを、不審だと思っていると。❸ある日。先日。〔許六離別の詞〕「そのわかれにのぞみて、ー草扉をたたいて、終日閑談をなす」訳その別れにのぞんで、ある日(わが)草庵を訪れて(くれて)、一日じゅうゆっくりと話をする。❹月の最初の日。ついたち。今昔 二八・二「とはいかに今日は卯月のーかは」訳あれはどうしたことか、今日は陰暦四月の一日(=衣更えの日)か(いや、そうではない)。文法「かは」は、反語の係助詞。

ひと-びと【人人】㊀(名)複数の人。多くの人。堤 虫めづる姫君「若きーはおぢ惑ひければ」訳若い女房たちは(毛虫を)こわがりうろたえたので。㊁(代)対称の人代名詞。複数の人についていう。みなさん。あなたがた。〔謡・三井寺〕「許し給へやーよ」参考二人でも「ひとびと」という。

ひとびと・し【人人し】(形シク)〈しから・しく(しかり)・し・しき(しかる)・しけれ・しかれ〉人並みである。いかにも一人前だ。枕 八三「頭の中将の宿直所に、すこしー・しき㊀かぎり、六位まであつまりて」訳頭の中将の宿直所に、多少人並みな人ばかり、(さらに)六位(の蔵人)までが集まって。

ひとひ-まぜ【一日交ぜ】(名)一日おき。隔日。「日交ぜ」とも。方丈 三「あるいは四五度、二三度、もしはー、二三日に一度など」訳(地震が)あるいは(日に)四、五度、二、三度、または一日おき、二、三日に一度など。

ひと-ふし【一節】(名)❶一つの目立つ点。一点。一部分。枕 四〇「をりにつけても、ーあはれともをかしとも聞きおきつるものは、草・木・鳥・虫もおろかにこそおぼえね」訳(何かの)折につけても、いつもと違った一点で、しみじみとした情趣があるとも風情があるとも聞いて(心にとめて)おいたものは、草や木、鳥や虫でもおろそかには思われない。文法「おぼえね」の「ね」は打消の助動詞「ず」の已然形で、係助詞「こそ」の結び。❷一つの事。一つの事件。源氏 夕顔「ただはかなきーに御心とまりて」訳ただほんのちょっとした(=夕顔が和歌をよこした)一件に(光源氏の)お心がとまって。❸音楽の一調子。一曲。

ひと-ふで【一筆】(名)❶ちょっと書きつけること。一筆。徒然 三一「この雪いかが見ると、ーのたまはせぬほどのひがひがしからん人のおほせらるること、聞き入るべきかは」訳(今朝の)この雪をどう見るかと、(手紙に)一言もおっしゃらないくらいの、情趣を解さないような人のお命じになることを、聞き入れることができようか(いや、できはしない)。⇩僻僻し「名文解説」❷一気に書くこと。今昔 二八・三六「ただーに書きたるに、心地のえもいはず見ゆるは」訳(そのざれ絵は)ただ一筆で書いてあるのに、気持ちが(生き生きとして)なんとも言えないほどにすばらしく感じるのは。

ひと-へ【一重】(名)❶㋐それだけで他に重なるものがないこと。一枚。更級 後の頼み「霧ー隔たれるやうに、透きて見え給ふを」訳一重の霧にさえぎられているように、(阿弥陀仏が霧を)通して見えなさるのを。㋑花びらの重なっていないもの。単弁。徒然 一三九「〔桜の〕花はーなる、よし」❷【単】「単衣」の略。⇩巻頭カラーページ14

ひとへ-がさね【単襲】(名)平安時代、女性が表着の下に「単衣」を二枚重ねて着るもの。夏秋に用いる。枕 三五「濃きーに二藍の織物、蘇枋のうす物のうは着など」訳(女車の主は)濃い紅の単襲に、二藍(=紅色がかった青色)の織物や蘇芳色(=紫がかった赤色)の薄物の表着など(を着ていて)。

ひとへ-ぎぬ【単衣】(名)装束のいちばん下に着た裏地のない着物。「ひとへ」とも。枕 一九八「生絹のー単衣を重ねて着ているのも、たいそうおもしろい。

ひとへ-じゅばん【単襦袢】(名)裏地の付かない襦袢(=和服用の肌着)。

ひとへ-に【偏に】(副)❶ひたすらに。むやみに。徒然 一三七「よき人は、ー好けるさまにも見えず」訳身分教養のある人は、むやみに風流を好もしがっているようすにも見えず。❷まったく。まるで。平家 一・祇園精舎「たけき者も遂にはほろびぬ、ー風の前の塵に同じ」訳勇猛な者も結局は滅んでしまう、まったく風の前の塵に等しい。

ひとへ-ばおり【一重羽織・単羽織】(名)裏地を付けない羽織。〔浮・西鶴諸国ばなし〕「いづれも紙子の袖をつらね、時ならぬー」訳(客は)どの人も紙子を着て、(冬に)時節はずれの一重羽織(を着て)。

ひと-ま【一間】(名)❶建物・橋などの、柱と柱の間一つ。また、その長さ。更級 竹芝寺「勢多の橋をーばかりこぼちて」訳勢多の橋を一間の長さほどこわして。❷四辺がそれぞれ柱と柱の間一つしかない小さな部屋。転じて、一部屋・一室の意。枕 二九二「一条の院に造らせ給ひたるーのところには、にくき人はさらに寄せず」訳一条院にお造りになられた一部屋の所には、気に入らない人はまったく寄せつけない。❸障子などの桟でしきられた部分の一区切り。徒然 一八四「なほーづつ張られけるを」訳(禅尼自身が障子の破れを)相変わらず一区切りずつお張りになっていたので。

ひと-ま【人間】(名)❶人の見ていない間。人のいないすき。更級 かどで「等身に薬師仏を造りて、手洗ひなどして、ーにみそかに入りつつ」訳等身大に薬師如来像を造って、手を洗い清めたりして、人の見ていないときにひそかに(その仏間に)入っては。❷人の訪れがまれになること。疎遠になること。

人麻呂(ひとまろ)『人名』→柿本人麻呂

ひと-みな【人皆】(名)すべての人。人はみな。土佐「ーまだ寝たれば、海のありやうも見えず」訳(船の中の)人はみなまだ寝ているので、海のようすも見えない。

ひと-むら【一叢・一群】(名)ひとかたまり。ひと群れ。古今 哀傷「君が植ゑしー薄虫の音のしげき野辺のともなりにけるかな」訳（今は亡き）あなたが植えたひとかたまりの薄も、虫の音がしきりにする茂った野辺となってしまったことだなあ。（「しげき」は、虫の音が「しげき」と野辺が「しげき」とをかける）

ひと-め【一目】（名）❶（「一目見る」の形で）ちらっと見ること。源氏 須磨「—も見奉れる人は」訳（光源氏を）ちらっとでも拝見した（ことのある）者は。
❷目の中いっぱい。源氏 須磨「涙を—浮けて見おこせ給へる、いと忍びがたし」訳（紫の上が）涙を目にいっぱい浮かべてこちら（＝光源氏）を見ていらっしゃるようすは、（あまりのいじらしさに）とてもこらえがたい。

ひと-め【人目】（名）❶他人の見る目。はため。よそめ。古今 恋二「住江の岸に寄る波夜さへや夢のかよひ路—よくらむ」訳→すみのえの…和歌
❷人の出入り。人の往来。人の訪れ。古今 冬「山里は冬ぞさびしさまさりける—も草もかれぬと思へば」訳→やまざとは…和歌

ひと-めか・し【人めかし】（形シク）{しから・しく(しかり)・し・しき(しかる)・しけれ・しかれ}❶人並みである。一人前のようだ。源氏 総角「中の宮をなむ、いかで—・しく用も扱ひなし奉らむと」訳（大君は）中の宮（＝中の君）を、なんとかして（相応の人と結婚させ）人並みに見えるようにも特にお世話し申しあげようと。
❷（俗世間の）人間らしい感じがするさま。世俗的なさま。源氏 横笛「入道の宮もこの世の—・しき体かたはかけ離れ給ひぬれば」訳入道の宮（＝出家した女三の宮）もこの世の俗人らしい方面（＝暮らし）からは無縁になってしまわれたので。

ひと-めか・す【人めかす】（他サ四）{さ・し・す・す・せ・せ}（「めかす」は接尾語）人並みに扱う。一人前の人として待遇する。枕 六七「わざととりたてて—・す終べくもあらぬさまなれど、かまつかの花らうたげなり」訳わざわざとりあげて人並みに扱うことができそうにもないようすだけれど、かまつか（＝葉鶏頭、一説に露草）の花はかわいらしい感じである。

ひと-め・く【人めく】（自カ四）{か・き・く・く・け・け}（「めく」は接尾語）❶一人前らしくなる。人並みに見える。源氏 橋姫「けはひいたう—・き用て、よしある声なれば」訳（弁の）態度がたいそう一人前らしくて、風情のある声なので。
❷人間らしく見える。源氏 夕顔「花の名は—・き用て、かう賤しき垣根になむ咲き侍りける」訳（夕顔という）花の名前は人間らしく思われて、（そのくせ）こうしてみすぼらしい（家の）垣根に咲くのでございましたよ。

ひとめ-づつみ【人目包み】（名）「ひとめづつみ」とも。人の見る目をはばかること。和歌では、多く「包み」を「堤」にかける。古今 恋三「たぎつ瀬のはやき心を何しかも—のせきとどむらむ」訳流れの速い浅瀬のような激しい（恋）心を、どうして人目をはばかる堤がせきとめているのだろうか。

ひとめ-も・る【人目守る】人の見ていないすきをうかがう。万葉 一二・三一二三「心無き雨にもあるか—・る体乏しき妹に今日だに逢はむを」訳心ない雨であることよ。人目をはばかる、たまにしか逢ってくれないあなたに、せめて今日だけでも逢いたいのに。

ひとめ-を-はか・る【人目を謀る】他人の目を盗んで物事をする。徒然 一七五「飲む人の顔、いと堪へがたげに眉をひそめ、—・り用て捨てんとし」訳（強いられて酒を）飲む人の顔は、とてもがまんしきれないように眉をしかめて、人目を盗んで（その酒を）捨てようとし。

ひと-もじ【一文字】（名）❶一つの文字。一字。
❷《女房詞》（古く、野菜のねぎのことを「き」と一字でいったことから）ねぎの異名。

ひと-もの【一物】（副）容器に満ちているさま。いっぱい。また、一面に。宇治 二・七「内供が顔にも、童の顔にも、粥とばしりて、—かかりぬ」訳内供（＝僧の官名）の顔にも、童子（＝寺で召し使う少年）の顔にも、粥が飛び散って、一面にかかった。

ひともをし… 和歌《百人一首》

人もをし　人もうらめし　あぢきなく
世を思ふゆゑに　もの思ふ身は
〈続後撰・一七・雑中・一二〇二・後鳥羽院〉

訳 人がいとおしくも思われる、あるいは人がうらめしくも思われる。心にまかせない苦々しいものとこの世を思うがために、あれこれと思いわずらう私は。文法「身は」の「は」は、とりたての意の係助詞。
解説 建暦二年（一二一二）、鎌倉幕府との確執がしだいに激しくなってきたころに「述懐」の題で詠まれた歌。初句と第二句にはさまざまな解釈があるが、建暦二年という時代にこの歌を置いてみると、思いどおりにならない政治に苦悩しつつ、周囲の人々への愛憎の念を表現したものと解される。

ひと-や【人屋・獄】（名）牢屋。牢獄。宇治 四・六「もとはいみじき（＝大変な）悪人にて、—に七度ぞ入りたりける（＝入ったそうだ）」

ひと-やう【一様】（名・形動ナリ）同様だ。同じ調子だ。源氏 蛍「すくよかに言ひ出でたる、しわざも女しき所なかめるぞ、—なめる」訳そっけなく言い出した点や行為も女らしいところがないようなのは、（思慮が浅く人まねする女と）同様である（＝よくない）ようだ。

ひと-やり【人遣り】（名）自分の意志からでなく、他人に強制されてすること。多く、下に打消の語を伴って、「人やりにもあらず」「人やりならず」などの形で用いられる。古今 離別「—の道ならなくに」訳人から命じられて行く旅ではないのだから。→人遣りならず

ひとやり-なら-ず【人遣りならず】他がさせることでなく、自分の心からすることである。自分の心ながらどうにもならないくらいである。源氏 帚木「えしも思ひ離れず、折々—・ぬ体胸こがるる夕べもあらむとおぼえ侍り」訳（女のほうでも）思い切ることができずに、（私＝頭の中将を思い出しては）ときどきだれのせいでもなくどうにも抑えきれない（恋しさに）胸が焼けこがれる夕暮れもあるだろうと思われます。文法「えしも思ひ離れず」の「え」は副詞で、下に打消の語（ここでは「ず」）を伴って不可能の意を表す。「しも」は、強意の副助詞。⇩手づから「慣用表現」
なりたち 名詞「人遣り」＋断定の助動詞「なり」の未然形「なら」＋打消の助動詞「ず」

ひと-よ【一夜】（名）❶一晩。万葉 八・一四二四「春の野に

すみれ摘みにと来し我れぞ野をなつかしみ―寝にける」訳→はるののに…和歌
❷ある夜。また、先日の夜。〔和泉式部日記〕「―見し月ぞと思へばながむれど心もゆかず目は空にして」訳あの夜見た月だと思うと、いくら眺めていても、心もはればれとしない。目はうつろに空を見るだけで。
❸夜じゅう。一晩じゅう。〔和泉式部日記〕「まどろまで―ながめし月見ると起きながらしも明かしがほなる」訳うとうとと眠りもしないで、(私が)一晩じゅう眺めていた月を(あなたは)見るというので、起きたまま夜を明かしたような顔をしていることだ。

ひとり【一人・独り】㊀(名)❶ひとり。単身。万葉二・一〇六「二人行けど行き過ぎがたき秋山をいかにか君が―越ゆらむ」訳→ふたりゆけど…和歌
❷独身。源氏若菜上「この衛門の督の、今まで―のみありて」訳この衛門の督(=柏木)が今までずっと独身でいて。
㊁(副)自然に。ひとりでに。〔三冊子〕「『むつかしくもぢれたるもの、―さばくる』といへり」訳「むずかしくからまっているもの(=鵜飼いの縄)は、ひとりでにほどける」と(鵜匠が)言った。

ひ-とり【火取り】(名)❶香を焚きしめるのに用いる香炉。外側は木、内側は銅または陶器で作り、上を銅の籠でおおう。
❷「火取りの童」の略。

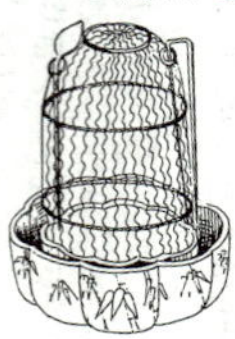

(火取り①)

ひとり-ご【一人子・独り子】(名)兄弟姉妹のない子。ひとりっこ。〔謡・隅田川〕「吉田の某と申せし人のただ―にて候ひけるが」訳(私は)吉田のなにがしと申した人の、ただ一人の子でありましたが。

ひとり-ご-つ【独りごつ】(自タ四)〔た・ち・つ・つ・て・て〕【名詞「ひとりごと」を動詞化したもの】ひとりごとを言う。更級竹芝寺「この男の、かく―・つ体を」訳この男が、このようにひとりごとを言うのを。→ごつ参考

ひとり-ずみ【独り住み】(名)ひとりで住むこと。ひとり暮らし。徒然一九〇「妻といふものこそ、男の持つまじきものなれ。『いつも―にて』など聞くこそ心にくけれ」訳(あの人は)いつもひとり暮らしで」などと聞くのは、奥ゆかしい。「妻というものは、男が持ってはならないものだ。

ひとり-の-わらは【火取りの童】五節の舞姫が内裏に参入するとき、「火取り①」を持って先に立つ童女。火取り。

ひとり-びとり【一人一人】(名)いずれかひとり。だれかひとり。竹取貴公子たちの求婚「思ひ定めて、―にあひ奉り給ひね」訳(あなた=かぐや姫は)よく考えて決めて、だれかひとりとちゃんとご結婚してさしあげなさい。文法「給ひね」の「ね」は、助動詞「ぬ」の命令形で、ここは確述の用法。

ひとり-ぶし【独り臥し】(名)ひとり寝。源氏明石「いと心苦しければ、―がちにて過ぐし給ふ」訳(紫の上が)たいそう気の毒なので、(光源氏は)ひとり寝することが多い状態でお過ごしになる。

ひとり-ゑみ【一人笑み】(名・自サ変)ひとり笑いをすること。源氏若紫「人のなごり恋しく、―・し用つつ臥し給へり」訳(光源氏はその)人(=若紫)の面影が恋しく、ひとりにっこりしては横になっていらっしゃる。

ひ-ど-る【日取る】(自ラ四)〔ら・り・る・る・れ・れ〕日を選んで定める。吉日を選ぶ。源氏玉鬘「四月二十日のほどに―・り用て来むとするほどに」訳陰暦四月二十日ごろに、(結婚のための)吉日を選んで(迎えに)来ようとするうちに。

ひと-わき【人別き】(名)人によって差別し、態度を変えること。源氏末摘花「―しけると思ふにいとねたし」訳(頭の中将は、末摘花が)分けへだてをしたなあと思うにつけて、ひどくいまいましい。

ひと-わたり【一渉り】(名・副)❶全体を通して一度。一回。源氏紅葉賀「かたき調子どもを、ただ―に習ひ取り給ふ」訳(紫の上は、箏の琴の)むずかしい調子のあれこれを、たった一度(の学習)で習得なさる。
❷一通り。一応。枕八二「―遊びて、琵琶ひきやみたる程に」訳一通り音楽を奏して、琵琶を弾きやめているときに。

ひと-わらはれ【人笑はれ】(形動ナリ)〔なら・なり(に)・なり・なる・なれ・なれ〕世の物笑いになるさま。人の笑いぐさとなるさま。「人笑へ」とも。大鏡道隆「おのれ死なば、いかなるふるまひ・ありさまをし給はむずらむと思ふが悲しく、―・なる体べきこと」訳私(=伊周)が死んだならば、(おまえたち子供が)どんな身の振り方や生活ぶりをなさるのだろうと思う(と、その)ことが悲しく、(また)世間の物笑いになるにちがいない(と思うと、情けない)ことだ。

ひと-わらへ【人笑へ】(形動ナリ)〔なら・なり(に)・なり・なる・なれ・なれ〕「ひとわらはれ」に同じ。

ひと-わろ-し【人悪し】(形ク)〔から・く(かり)・し・き(かる)・けれ・かれ〕外聞が悪い。みっともない。体裁が悪い。枕二六二「『あまり見そす』などいふも、―・き体なるべし」訳「(あなたは)あまりに世話を焼きすぎる」などと言うのも、(注意されて)体裁が悪いのであろう。

ひな【鄙】(名)田舎。都から遠い地方。万葉三・二五五「天離る―の長道ゆ恋ひ来れば明石の門より大和島見ゆ」訳→あまざかる…和歌

ひな【雛】(名)❶ひよこ。枕一五一「にはとりの―の、足高に」訳鶏のひなが、足が長く(見えて)。
❷「ひひな」に同じ。細道芭蕉「草の戸も住み替はる代ぞ―の家」訳→くさのとも…俳句

ひな-あそび【雛遊び】(名)「ひひなあそび」に同じ。

ひなくもり【日な曇り】《枕詞》日の曇る薄日の意から、同音の地名「碓氷」にかかる。万葉二〇・四四〇七「―碓氷の坂を」

ひな-さか-る【鄙離る】(自ラ四)〔ら・り・る・る・れ・れ〕都から遠く離れている。遠い田舎にある。万葉一三・三二九一「大君の遣けのまにまに―・る体国治めにと」訳天皇のお遣わしのままに、都から遠く離れている国を治めにと。

び-な-し【便無し】(形ク)〔から・く(かり)・し・き(かる)・けれ・かれ〕「びんなし」の撥音「ん」の表記されない形】「びんなし」に同じ。〔和泉式部日記〕「女いと―・き体心地すれど」訳女はひどく都合が悪い気がするけれど。

ひな-の-わかれ【鄙の別れ】都から遠い田舎へ別れて行くこと。古今雑下「思ひきや―に衰へて海人の縄たき漁りせむとは」訳かつて思っただろうか(いや、思いもよらなかった)。都から別れての田舎住まいにおちぶ

れて、漁師の縄をあやつり、漁をして暮らそうとは。

ひな‐ぶ【鄙ぶ】(自バ上二)〔び・び・ぶ・ぶる・ぶれ・びよ〕「ぶ」は接尾語〕田舎風になる。田舎めく。田舎じみる。方丈 二「都の手振りたちまちに改まりて、ただ—・び㊐たる武士に異ならず」訳 都の風俗がたちどころに変わって、(貴人も)ただもう田舎じみた武士と変わらない。↔雅ぶ

ひな‐ぶり【鄙振り・夷振り】(名)❶上代の、田舎風の歌曲の名。〔記〕上「この歌は—なり」❷狂歌。〔浮世風呂〕「あなたは—をもお詠みなさるさうでござりますね」

ひ‐なみ【日次み・日並み】(名)❶毎日行うこと。〔夫木〕冬三「今日いくか—の御狩りかり暮らし」訳 今日で何日か、日ごとのご狩猟で日暮れになるまで過ごし。❷日のよしあし。日柄。また、日和。〔浮・好色一代男〕「その夜は辻堂に明かして、明日の—(=よい日柄)を待ちしに」

ひ‐なら‐ぶ【日並ぶ】(自バ下二)〔べ・べ・ぶ・ぶる・ぶれ・べよ〕日数を重ねる。万葉 二〇・四四四二「わが背子が屋戸のなでしこ—・べ㊐て雨は降れども色も変はらず」訳 わが君の屋敷のなでしこ(=植物の名)は、いく日も続けて雨は降るが、色も変わらないことだ。

ひ‐にく【皮肉】(名)❶皮と肉。転じて、からだ。〔黄・心学早染草〕「かのいびつなる悪魂、—へ分け入らんとするところを」訳 あのゆがんだ悪魂が、肉体へ乗り移ろうとするところを。❷あてこすり。いやみ。

ひ‐にく【皮膜】(名)境目の微妙なところ。区別のむずかしい微妙な違い。「ひまく」とも。〔難波土産〕「芸といふものは、実と虚との—の間にあるものなり」訳 演技というものは、真実と虚構との境目の微妙なところにある(=成り立つ)ものである。↓虚実皮膜

ひ‐に‐けに【日に異に】日ましに。日ごとに。万葉 一〇・二三九五「わが屋戸の葛葉—色づきぬ」訳 わが家の庭先の葛の葉は日ましに色づいてきた。

ひ‐に‐そへ‐て【日に添へて】日ましに。日ごとに。竹取「燕の子安貝「人の聞き笑はむことを—思ひ給ひければ」訳 (中納言は)人が(この話を)聞いて笑うであろうことを日ましにお思いになったので。

ひ‐にん【非人】(名)❶《仏教語》人間でない者。夜叉・悪鬼の類。〔霊異記〕「七人の—有り、牛頭にして人身なり」訳 七人の畜生の変化がいて、頭は牛でからだは人間の姿をしている。❷世捨て人。出家。〔正法眼蔵随聞記〕「なほ我は遁世の—なり」訳 やはり私は俗世間を逃れて仏門にはいった世捨て人である。❸罪人。〔今物語〕「多くの—、かくのごとき獄の破れぬるときに」訳 多くの罪人が、このような牢獄がこわれてしまったときに。❹貧しい人。窮民。〔仮名・伊曽保〕「汝乞食—をいやしむることなかれ」訳 おまえは、物乞いや貧しい人を見くだしてはいけない。❺江戸時代、差別を受けて士農工商の下に位置づけられた身分の者。

ひ‐ねずみ【火鼠】(名)中国の想像上の動物。南海の火山の火中にすむ鼠で、その毛で織った火浣布は火に燃えないとされる。竹取「火鼠の皮衣「—の皮衣、この国になき物なり」訳 火鼠の皮衣は、この国(=唐)にない物だ。

ひねひね‐し(形シク)〔しから・しく(しかり)・し・しき(しかる)・しけれ・しかれ〕古びている。盛りが過ぎている。万葉 一六・三八四八「新墾田の鹿猪田の稲を倉に上げてあな—・し㊇あが恋ふらくは」訳 新しく開墾した田で、鹿や猪の荒らす田の稲を倉に上げ納めておいたように、ああ古びている(=時久しくなってしまった)、私の恋することは。(第三句までは「ひねひねし」を導きだす序詞)

ひねもす【終日】(副)「ひめもす」とも。**朝から晩まで。一日じゅう。** 伊勢 八五「雪こぼすがごと降りて、—にやまず」訳 雪が(器の水を)こぼすように降って、一日じゅうやまない。〔蕪村句集〕蕪村「春の海—のたりのたりかな」訳 ↓はるのうみ…俳句

ひねり【捻り・撚り・拈り】(名)❶ひねること。ねじり回すこと。❷賽銭や祝儀を紙に包んで上部をひねったもの。おひねり。❸「ひねりぶみ②」に同じ。

ひねり‐いだ‐す【捻り出だす】(他サ四)〔さ・し・す・す・せ・せ〕やっとのことで考え出す。工夫して作り出す。土佐「船君のからく—・し㊐て、よしと思へることを」訳 船君(=船客の長)がやっと苦労して考え出して、(自分では)上手だと思っている歌を。

ひねり‐ぶみ【捻り文】(名)❶短い紙片をひねって作ったくじ。❷書状を包み紙で包み、その上下をひねったもの。後世、立て文と同意に用いられた。「ひねり」とも。

ひね‐る【捻る・撚る・拈る】■(自ラ四)〔ら・り・る・る・れ・れ〕いっぷう変わったことをする。しゃれたことをする。〔浮世風呂〕「ぐっと—・っ㊐(促音便)て俗物なる跋」訳 ぐっと風変わりなことをして通俗的な後書き。■(他ラ四)〔ら・り・る・る・れ・れ〕❶ねじる。よじる。〔落窪〕「はひ寄りて錠—・り㊐見給ふに、さらに動かねば」訳 はい寄って(部屋の)錠前をねじってご覧になるけれど、まったく動かないので。❷やってみる。試みる。〔浄・五十年忌歌念仏〕「若い時は、小相撲の一番も—・っ㊐(促音便)たおれぢゃ」訳 若いときには、軽い相撲の一番もやってみたおれだ。❸考え工夫する。考案する。

ひ‐の‐あし【日の足・日の脚】(名)❶雲の間や物の間からさす日光。源氏 末摘花「上もなくあばれたれば、—ほどなくさし入りて」訳 (正面の回廊が)屋根もなく荒れ果てているので、日光がまもなく(寝殿に)さし込んで。❷太陽の運行。また、その速さや位置。ひあし。

ひ‐の‐え【丙】(名)〔「火の兄」の意〕十干の三番目。↓十干

ひのえ‐うま【丙午】(名)干支の四十三番目。十干の丙と十二支の午とにあたる年と日。この年は火災が多いとされ、また、この年生まれの女性は夫を殺すという俗信があった。↓干支①

ひ‐の‐おまし【昼の御座】(名)清涼殿にある天皇の昼間の御座所。「ひるのおまし」「ひのござ」とも。枕 二三「—のかたには、御膳参る足音たかし」訳 昼間の御座所のほうには、天皇のお食事をお運び申しあげ

る足音が大きい。↔夜の御座

簸川（ひのかは）ヒノカワ『地名』出雲神話で、素戔嗚命が八岐大蛇を退治したと伝える川。今の島根県北東部を流れ、宍道湖に注ぐ斐伊川とされている。

ひのき-がさ【檜笠】(名)檜の薄板を編んで作った笠。檜笠。

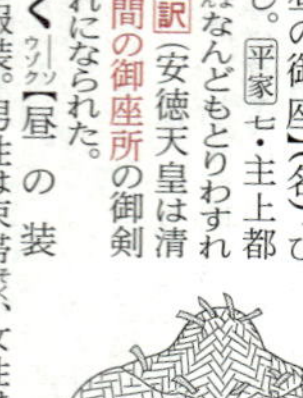

（ひのきがさ）

ひ-の-ござ【昼の御座】(名)「ひのおまし」に同じ。平家 七・主上都落「—の御剣なんどもとりわすれさせ給ひけり」訳（安徳天皇は清涼殿の）昼間の御座所の御剣などもお取り忘れになられた。

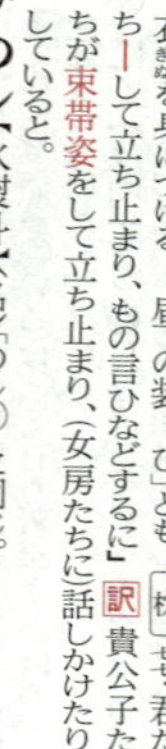

ひ-の-さうぞく（—ソウゾク）【昼の装束】(名)正式の服装。男性は束帯、女性は裳と唐衣を身につける。「昼の装ひ」とも。枕 七七「君たち—して立ち止まり、もの言ひなどするに」訳 貴公子たちが束帯姿をして立ち止まり、（女房たちに）話しかけたりしていると。

ひ-のし【火熨斗】(名)「のし①」に同じ。

ひ-の-たて【日の経】東。また、東西とも。万葉 一・五二「大和の青香具山は—の大き御門に春山と茂しみさび立てり」訳 大和の国(奈良県)の青々とした香具山は、東の御門のほうに春山としてこんもりと茂り立っている。↔日の緯

ひ-の-と【丁】(名)〔「火の弟」の意〕十干の四番目。⇩十干

ひ-の-はじめ【日の初め】❶事件の最初の日。当初。平家 二・西光被斬「—より根元与力の者なりければ」訳（西光は）事件の発端から協力者の中心人物であったから。❷元日。〔浮・好色一代男〕「〔扇を売り歩く呼び声に〕少し春の心地して、—静かに豊かに」

ひ-の-みこ【日の御子】天皇、また、皇子を敬って言う語。万葉 一・五〇「やすみししわが大王高照らす—」訳 わが天皇、日の神の御子様が。（「やすみしし」は「わが大王」に、「高照らす」は「日」にかかる枕詞。⇩御門「慣用表現」

ひ-の-もと【日の本】(名)「日の本の国」の略。〔拾遺〕雑春「—に咲ける桜の色見れば人の国にもあらじとぞ思ふ」訳 火の許ならぬ日本で(美しく)咲いている桜の花の色を見ると、(これは)外国にもないだろうと思うことだ。(「ひのもと」は、「火の許」と「日の本」との掛詞)

ひのもとの【日の本の】《枕詞》「大和」にかかる。万葉 三・三一九「—大和の国の」

ひのもと-の-くに【日の本の国】(名)〔日出ずるもとの国の意〕日本の美称。「日の本」とも。〔うつほ〕俊蔭「—に、忍辱の父母ありと申すによりて」訳（おまえ＝俊蔭は）日本に、慈悲深い父母がいると申すゆえに。⇩大八州「慣用表現」

ひ-の-よこ【日の緯】西。また、南北とも。万葉 一・五二「畝傍のこの瑞山は—の大き御門に瑞山と山さびいます」訳 畝傍のこの若葉がみずみずしく茂る山は、西の大御門のほうに瑞山としていかにも山らしく堂々としていらっしゃる。↔日の経

ひ-の-よそひ（—ヨソイ）【昼の装ひ】(名)「ひのさうぞく」に同じ。

び-は（—ワ）【琵琶】(名)弦楽器の名。木製、長円形の平たい胴で、四本または五本の弦を張り、撥で弾き鳴らす。日本には、インド・中国を経て、奈良時代に伝えられた。⇩巻頭カラーページ23

ひ-はぎ【引剝ぎ】(名)〔「ひきはぎ」の転〕追いはぎ。宇治 二・九「大路に、女声して、『—ありて人殺すや(=人を殺すよ)』とをめく(=大声で叫ぶ)」

琵琶湖（びはこ）ビワコ『地名』歌枕 今の滋賀県中央部をしめる日本最大の湖。古くは、「近つ淡海」「近江の海」「鳰の海」とよばれ、南西岸には近江八景として知られる名勝の地があり、歌に詠まれた。

ひ-はだ（—ワダ）【檜皮】(名)❶檜の皮。屋根を葺くのに用いる。源氏 野分「—、瓦、所々の立て蔀、透垣などやうの物乱りがはし」訳（屋根の）檜の皮や瓦、あちらこちらの立て蔀や透垣などといった物が散乱している。❷「檜皮葺き」の略。❸「檜皮色」の略。

ひはだ-いろ（ヒワダ—）【檜皮色】(名)染め色の名。蘇芳(=紫がかった赤色)の黒みがかった色。源氏 真木柱「姫君、—の紙の重ね、ただいささかに書きて」訳 姫君(=真木柱)は、檜皮色の紙の重ねたものに、ほんの少しばかり書いて。⇩巻頭カラーページ10

ひはだ-ぶき（ヒワダ—）【檜皮葺き】(名)檜の皮で屋根を葺くこと。また、その屋根。枕 二五一「雪は、—、いとめでたし」訳 雪は、檜の皮で葺いた屋根(に降り積もっているの)が、ほんとうにすばらしい。

ひはだ-や（ヒワダ—）【檜皮屋】(名)檜の皮で屋根を葺いた家。檜皮葺きの家。大和 一七三「五間ばかりなる—のしもに、土屋倉などあれど」訳 五間四方ほどである檜皮葺きの家の裏手に、土蔵などがあるが。

ひは-づ（ヒワズ）【繊弱】(形動ナリ){なら・なり(に)・なり・なる・なれ・なれ}弱々しく、か細いさま。ひよわ。きゃしゃ。宇治 一〇・一〇「—・なる㊍僧の、経袋くびにかけて、よるひる経よみつるをとりて」訳 弱々しくきゃしゃな僧で、経袋を首にかけて、夜昼経を読んでいた者をつかまえて。

びは-ほふし（ビワホウシ）【琵琶法師】(名)琵琶を弾き、平曲などを語った盲目の法師。徒然 二三二「—の物語を聞かんとて、琵琶を召しよせたるに」訳 琵琶法師の物語を聞こうとして、琵琶をお取りよせになったところ。

（びはほふし）

ひは-やか（ヒワ—）【繊弱】(形動ナリ){なら・なり(に)・なり・なる・なれ・なれ}〔「やか」は接尾語〕弱々しく、きゃしゃなさま。〔栄花〕もとのしづく「東宮もいみじう—・に㊊うつくしうおはします」訳 皇太子もたいそうきゃしゃでかわいらしくいらっしゃる。

ひびか-す【響かす】(他サ四){さ・し・す・す・せ・せ}❶響くようにさせる。とどろかせる。枕 三三「ほととぎすの、あまたさへあるにやと鳴き—・す㊍は、いみじうめでたしと思ふに」訳 ほととぎすが、数多くいるのであろうかと思うまでに鳴いて(声を)響かせるのは、たいそうすばらしいと思っていると。

❷評判を立てさせる。源氏 桐壺「わざとの御学問はさるものにて、琴笛の音にも雲井を―・し(用)」訳（若宮=光源氏は）本格的なご学問（=漢学）は言うまでもないこととして、琴や笛の音によっても宮中での評判を立てさせ。

ひびき【響き】（名）❶響くこと。音響。方丈 三「松の―に秋風楽をたぐへ」訳 松（に吹く風）の響く音に（雅楽曲の）秋風楽を合わせて奏し。❷うわさをすること。評判。源氏 若菜下「対の上も具し聞こえさせ給ひて、詣でさせ給ふ、―世の常ならず」訳（光源氏が）対の上（=紫の上）もお連れ申しあげなされて、ご参詣になられる（との）評判は、世間並みでない（=たいへんなものだ）。⇩聞こえ「慣用表現」

ひび・く【響く】（自カ四）（か・き・く・く・け・け）❶鳴り渡る。音がとどろき渡る。枕 一三〇「鐘の声―・き(用)まさりて」訳 鐘の音が一段と高く鳴り渡って。❷世間の評判になる。知れ渡る。源氏 若菜上「よからぬ世の騒ぎに、軽々しき御名さへ―・き(用)て」訳 よくない世間の騒ぎ（=光源氏の須磨退去）に、（そのうえ朧月夜との）軽率な御うわさまでも世に聞こえ渡って。⇩聞こえ「慣用表現」❸騒ぎたてる。騒動になる。〔増鏡〕新島守「世の中の―・き(用)ののしるさま、言の葉も及ばず」訳 世の中が騒ぎたて盛んにうわさをするようすは、ことばで表現することもできず。

びび・し【美美し】（形シク）（しから・しく（しかり）・し・しき（しかる）・しけれ・しかれ）美しい。はなやかだ。見事だ。枕 四八「いみじう―・しう(用)（ウ音便）てをかしき君たちも、随身なきはいとしらじらし」訳 とても美しく（着飾っ）てすばらしい貴公子たちでも、護衛の随身がついていないのはひどく興ざめである。

ひ-ひとひ【日一日】（名）朝から晩まで。一日じゅう。終日。土佐「―、よひとよ、とかく遊ぶやうにて明けにけり」訳 終日、終夜、あれこれ詩歌管弦を楽しむ（といったぐあいで）（夜が）明けてしまった。

ひひな【雛】（名）女の子の遊ぶ、紙などで作った小さな人形。「ひいな」「ひな」とも。春。枕 一五一「うつくしきもの…―の調度」訳 かわいらしいもの、…人形（遊び）の道具。

ひひな-あそび【雛遊び】（名）雛人形にいろいろな供え物を飾って遊ぶこと。江戸時代以降、年中行事化して、陰暦三月三日の雛祭りとなった。「ひいなあそび」「ひなあそび」とも。春。枕 三〇「すぎにしかた恋しきもの 枯れたる葵。―の調度」訳 過ぎ去ったころが恋しく思われるもの、（葵祭りが過ぎて）枯れてしまった葵。（幼い時に使った）人形遊びの道具。

ひひ-め・く（自カ四）（か・き・く・く・け・け）【「めく」は接尾語】ぴいぴいと声を立てて鳴く。平家 四・鵼「鵼鏑の音に驚いて、虚空にしばし―・い(用)（イ音便）たり」訳 鵼（=怪鳥の名）は鏑矢の音に驚いて、大空にしばらくの間ぴいぴいと声を立てて鳴いた。

ひひらぎ【柊】（名）木の名。モクセイ科の常緑樹。葉には、とげがある。節分に、この枝と鰯の頭とを戸口にさして邪気を払った。（ひひらぎの花・ひひらぎ挿す図）。⇩巻頭カラーページ9

ひひら・く（自カ四）（か・き・く・く・け・け）❶べらべらとしゃべり続ける。源氏 帚木「馬の頭、物定めの博士になりて、―・き(用)ゐたり」訳 左の馬頭は、（女性の）品定めの博士になって、しゃべりまくり座っていた。❷馬がいななく。

ひひら・く【疼らく】（自カ四）（か・き・く・く・け・け）「ひびらく」「ひひく」とも。ひりひり痛む。ずきずき痛む。〔発心集〕「切り焼くがごとく、うづき―・き(用)」訳 切って焼いたように、ずきずき痛み、ひりひり痛んで。

びふく-もん【美福門】（名）平安京大内裏の南面、朱雀門の東にある門。壬生御門。⇩巻頭カラーページ31

ひ-ほふ【秘法】（名）《仏教語》密教で行う秘密の祈禱。平家 三・赦文「大法・―一つとして残る所なう修せられけり」訳 大法の修法や秘密の加持祈禱が一つとして残るところなく修められた。

ひま

【隙・暇】（名）❶すきま。物と物との間。源氏 夕顔「くまなき月かげ、―多かる板屋残りなく漏りきて」訳 曇る所もない月の光が、すきまの多い板で葺いた屋根の（すきまのすべてから（室内に）漏れて来て。❷物事の起こらない間。絶え間。源氏 桐壺「御涙の―なく流れおはしますを」訳（桐壺帝も）お涙が絶え間なく流れておいでになるのを。❸時間のゆとり。余暇。徒然 一八八「説経習ふべき―なくて、年よりにけり」訳 説経を習うはずの時間のゆとりがなくて、年をとってしまった。❹よい時期。機会。源氏 紅葉賀「例の、―もやとうかがひありき給ふをことにて」訳（光源氏は）いつものように、（藤壺に会える）機会もあろうかと、すきをねらって歩きまわりなさることをもっぱらとして。文法「もや」の後に「あらむ」などが省略されている。❺人と人との間にある心の隔たり。仲たがい。不和。源氏 澪標「―ある仲にて、いかがもてなし給はむと心苦しくおぼす」訳（光源氏が、兵部卿の宮と）隔たりがある間柄で、どういう態度をおとりになるであろうかと（入道の宮=藤壺は）気がかりにお思いになる。❻休暇。いとま。〔浄・博多小女郎波枕〕「主従の縁もこれかぎり。…―をやる」

ひ-まぜ【日交ぜ】（名）一日おき。隔日。「一日交ぜ」とも。蜻蛉 中「わざときらきらしくて、―などにうち通ひたれば」訳（夫の兼家は）ことさら美しく（行列を）ととのえて、一日おきなどに通って来ているので。

ひま-な・し【隙なし・暇なし】（形ク）（から・く（かり）・し・き（かる）・けれ・かれ）❶すきまがない。枕 二五「みな集まり来て、出で入る車の轅も―・く(用)見え」訳（以前の奉公人が）みんな集まって来て、出入りする牛車の轅もすきまがなく見え。❷絶え間がない。ひっきりなしだ。源氏 桐壺「―・き(体)御前渡りに、人の御心を尽くし給ふもげにことわりと見えたり」訳（桐壺帝の）ひっきりなしの（局の前の）ご通過に、人（=他の女御・更衣たち）がお心を悩ませなさるのもなるほどもっともだと思われた。❸油断がない。心にすきがない。枕 七五「いささかの―・く(用)用意したりと思ふが」訳 ほんの少しのすきもなく気くばりしていると思う人が。

ひま-はざま【隙狭間】（名）すきまを強めていう語。平家 八・山門御幸「堂上・堂下・門外・門内、―もなうぞ満ち満ちたる」訳（後白河法皇の仮御所の）堂内・堂外・門外・門内は、(駆けつけてきた人々で)すきまもないほどいっぱいになっている。

ひま-ひま【隙隙】(名)あちこちのすきま。あいだあいだ。源氏 夕顔「―より見ゆる火の光、蛍よりけにほのかにあはれなり」訳 (半蔀の)あちこちのすきまから見える灯火の光は、蛍(の光)より格別にかすかで趣がある。

ひま-ゆく-こま【隙行く駒】月日の過ぎ去るのがはやいことのたとえ。隙の駒。平家 一一・逆櫓「八島には―の足はやくして、正月もたち」訳 屋島では月日の過ぎ去る速度がはやくて、正月も過ぎ。

ひ-みづ【氷水】(名)氷をとかした水。こおりみず。夏。枕 一九二「―に手をひたし、もて騒ぐほどに」訳 氷水に手をつけて、(暑い暑いと)騒ぎたてているときに。

ひ-む【秘む】(他マ下二){め・め・む・むる・むれ・めよ}隠す。秘密にする。源氏 絵合「心やすくも取り出でて給はず、いといたく―・め用て」訳 (権中納言は)気安くも(絵を)お取り出しにならないで、たいそう厳重に隠して。

ひむがし【東】(名)〔古くは「ひむかし」〕ひがし。万葉 一・四八「―の野にかぎろひの立つ見えてかへり見すれば月かたぶきぬ」訳 →ひむがしの…和歌

ひむがし-おもて【東面】(名)東側。また、東向きの部屋。源氏 真木柱「常に寄り居給ふ―の柱を人に譲る心地し給ふもあはれにて」訳 いつも座ってもたれていらっしゃる東向きの部屋の柱を他人に譲る気がなさるのも(真木柱は)感慨無量で。

ひむがしの… 和歌

> 東の　野にかぎろひの　立つ見えて
> かへり見すれば　月かたぶきぬ
> 〈万葉・一・四八・柿本人麻呂〉

訳 東の野に暁の光がさし出るのが見えて、ふりかえって見ると、月は(西に)傾いている。

解説 軽皇子(=後の文武天皇)にお供して、安騎野に野営したときの歌。「かぎろひ」は原文の「炎」を訓読みしたもので、陽炎の意とする説もある。

ひ-むろ【氷室】(名)冬の氷を夏までたくわえておくために、山かげに穴をあけてつくった室。夏

ひめ-【姫・媛】(接頭)(名詞に付いて)小さく愛らしい、の意を表す。「―垣」「―松」「―百合」

ひめ【姫・媛】(名)❶女子の美称。竹取 かぐや姫の生ひ立ち「なよ竹のかぐや―と付けつ」訳 なよ竹のかぐや姫と名前を付けた。↔彦
❷貴人の娘。〔うつほ〕蔵開中「この母皇女は、昔名高かりける―、手書き、歌詠みなりけり」訳 この(草子の著者=後蔭の)母皇女は、昔有名であった姫君で、能筆で歌人であったなあ。

ひめ-ぎみ【姫君】(名)貴人の娘の敬称。娘のうち、妹を「若君」というのに対して、姉をさすこともある。源氏 若紫「故―は、十ばかりにて殿に後れ給ひしほど」訳 亡き姫君は、十歳ばかりで父君に先立たれなさったころ。

ひめ-ごぜ【姫御前】(名)〔「ごぜ」は「ごぜん」の転で、女性に対する敬称〕❶貴人の娘の敬称。姫君。平家 三・有王「―の御文ばかりぞ、人に見せじとて、元結ひの中に隠したりける」訳 姫君のお手紙だけは、他人に見せまいと思って、髪をたばねた所の中に隠していた。
❷若い女性の敬称。〔浄・丹波与作待夜小室節〕「高いも低いも―は大事のもの」訳 (家柄の高い者も低い者も関係なく、嫁入り前の)若い娘はたいせつなもの。

ひめ-こまつ【姫小松】(名)〔「ひめ」は接頭語〕小さな松。姫松。新古 賀「ねの日してしめつる野べの―引かでや千代の蔭を待たまし」訳 子の日の遊びをして、自分のものと決めておいた野の小松よ。引き抜かずにおいて、千年も後の茂った木陰を待とうか。

ひめ-まつ【姫松】(名)〔「ひめ」は接頭語〕小さい松。また、松の美称。古今 雑上「我見ても久しくなりぬ住吉の岸の―幾代へぬらむ」(伊勢・一一七にも所収)訳 私が見てからでも長い年月がたった。住吉(=地名)の岸の愛らしい松はどれほど多くの年代を経ているのだろう。

ひめ-みこ【姫御子】(名)内親王。皇女。姫宮。万葉 一・二二・題詞「十市―」

ひめ-みや【姫宮】(名)「ひめみこ」に同じ。源氏 桐壺「后の宮の―こそいとようおぼえて生ひ出でさせ給へりけれ」訳 后の宮の姫宮(=先帝の四の宮)こそは、たいそうよく(亡き桐壺の更衣に)おもかげが似て成長なされたことだ。

ひめもす【終日】(副)「ひねもす」に同じ。宇治 一五・六「中門の脇に、―に屈み居たりつる、おぼえなかりしに」訳 (この僧は)中門の脇に、一日じゅうかがんで座っていたときは、よい評判はなかったのに。

ひ-も【氷面】(名)氷の張っている表面。枕 九〇「うは氷あはに結べる―なればかざす日かげにゆるぶばかりを」訳 表面だけ薄く凍って張った氷であるから、さす日の光で溶けるだけのことだ(=ゆるく結んだ紐なので、日蔭のかずらを挿したために解けただけだ)。〔「氷面」に「紐」を、「かざす(挿頭す)」に「(日が)さす」意を、「日影」に「日蔭のかづら」をかける〕

ひ-も-すがら【終日】(副)朝から晩まで。一日じゅう。

ひも-と-く【紐解く】■一(自カ四){か・き・く・く・け・け}花のつぼみが開く。ほころぶ。源氏 初音「御前の梅やうやう―・き用て」訳 御前の梅がだんだんほころんできて。
■二(他カ四){か・き・く・く・け・け}下ひもを解く。多く、男女が親しみ合う意に用いられる。万葉 二〇・四四二六「草枕旅行く背なが丸寝せば家なる我は―・か未ず寝む」訳 旅行くあなたが服を着たまま寝るなら、家にいる私は下ひもを解かないで寝よう。〔「草枕」は「旅」にかかる枕詞。「家」は「いへ」の東国方言〕

ひも-と-く【繙く】(他カ四){か・き・く・く・け・け}(巻物のひもを解く意から)書物を開いて読む。〔机の銘〕「静かなる時は、書を―・い用(イ音便)て」

ひも-の-を【紐の緒】(名)衣につけたひも。また、下ひも。万葉 一二・二四七三「菅の根のねもころ君が結びてし我が―を解く人はあらじ」訳 心をこめてあなたが結んでくれた私の下ひもを解く人はいないだろう。〔「菅の根の」は「ねもころ」にかかる枕詞〕

ひものをの【紐の緒の】《枕詞》ひもを結ぶとき、輪にして中に入れることから「心に入る」に、結んだひもがつながっている意から「いつがる(=つながる)」にかかる。万葉 一二・二九七七「―心に入りて」。万葉 一八・四一〇六「―いつがり合ひて」

ひもろき【神籬】(名)〔後世「ひもろぎ」「ひぼろき」とも〕上代、神を祭るとき、清浄の地を選び、周囲に常磐木を植え、神座としたもの。のち、広く神社をいう。また、室内や庭にしめ縄を張り、その中央に榊を立てたもの。〔万葉〕一一・二六五七「神なびに━立てて斎へども人の心は守りあへぬもの」〔訳〕神のいる森に、神座としての常磐木を立ててつつしみ祈るけれども、人の心は守りきれないものだなあ。

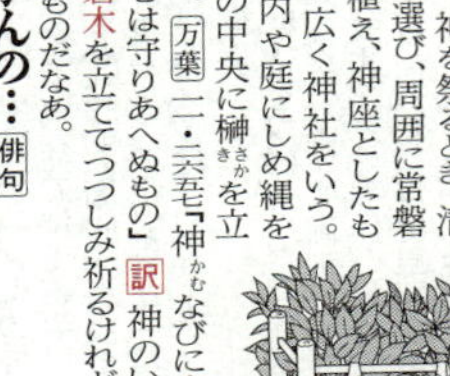
（ひもろき）

びゃうがんの…〔俳句〕

> 秋 秋
> 病雁の　夜寒に落ちて　旅寝かな
> 〈猿蓑・芭蕉〉

〔訳〕病んでいるらしい雁の声がする。この寒夜に列を離れて湖畔に降り、ひとり一夜を明かすのであろう雁をしのびながら、私も旅の空に病を得て、夜寒の床に眠れぬ夜を過ごしていることだ。（雁・夜寒〔秋〕。切れ字は「かな」）。
〔文法〕「の」は、主格を表す格助詞。
〔解説〕「堅田にて」と前書きがある。堅田は琵琶湖畔にあって、近江八景「堅田の落雁」で有名。「病雁の」を「やむかりの」と読む説もある。

ひゃう-ぐ【兵具】(名)いくさに用いる道具や武器。甲冑・太刀・弓矢の類。〔保元物語〕「〔武士たちが〕━をば馬に負ほせ車につみ」

ひゃうご-まげ【兵庫髷】(名)近世初期から中期にかけて流行した女性の髪形の一つ。髪をうなじの後ろに集めて結いあげ、末をねじまいて上に突き出したもの。

（ひゃうごまげ）

ひゃうご-れう【兵庫寮】(名)兵部省に属し、兵庫(=兵器を納めておく倉)の兵器の出納・虫干し・修理などをつかさどる役所。⇩巻頭カラーページ31

びゃう-ざ【病者】(名)〔「びゃうじゃ」とも〕「ばうざ」に同じ。

ひゃう-し【拍子】(名)「はうし」とも。❶音楽・歌舞に合わせて調子をとること。〔徒然〕一「声をかしくて━とり」〔訳〕声がよくて、調子をとり。
❷「笏拍子」の略。神楽・催馬楽・東遊びなどに用いる楽器の一つ。笏のような、細長く平たい板二枚を打ち合わせて音を出すもの。〔源氏〕若菜下「琴にうち合はせたる━も〔趣深く聞こえる〕」
❸警戒や合図のために、太鼓や拍子木を打つこと。〔浄・傾城島原蛙合戦〕「あの━は、軍陣の押し太鼓」〔訳〕あの合図は、軍陣を押し進める合図で鳴らす太鼓。
❹もののはずみ。おり。

ひゃう-じ【兵士】(名)武装した者。兵士。〔徒然〕八七「木幡のほどにて、奈良法師の━あまた具してあひたるに」〔訳〕木幡のあたりで、奈良法師(=東大寺や興福寺などの僧)が護衛の武士をたくさん連れて(くるのに)出会ったところ。

ひゃう-ぢゃう【兵仗】(名)❶武器。〔今昔〕一三・一〇「六衛府の陣も、おのおの━を帯して仕ること、行幸に異ならず」〔訳〕六衛府の武官たちも、それぞれ武器を身につけてお仕え申しあげることは、行幸の場合と違わない。
❷武器をもった護衛兵。また、随身・内舎人の称。〔平家〕一・殿上闇討「━を賜りて、宮中を出入するは、みな格式の礼を守る」〔訳〕随身をいただいて(=召し連れることを許されて)、宮中を出入りするときには、すべて公に定められたきまりの作法を守る。

ひゃう-ぢゃう【評定】(名・自サ変)大勢の者で相談して決定すること。〔平家〕七・木曽山門牒状「木曽…家の子・郎等召し集めて━・す〔終〕」〔訳〕木曽(義仲)は、…血縁のある家来や血縁のない家来をお呼び集めになって相談する。

ひゃうぢゃう-しゅう【評定衆】(名)鎌倉・室町幕府の職名の一つ。政所に出仕して、執権とともに裁判・政務を合議決定する職。

ひゃうぢゃう-しょ【評定所】(名)❶評定衆が評定を行う役所。
❷江戸幕府の最高の裁判所。老中や寺社・町・勘定の三奉行が裁判・評議を行った。

ひゃう-づば(-と)(副)矢が風を切って飛んでゆき、見事に命中する音の形容。〔平家〕一一・弓流「三穂屋の十郎が馬の左のむながいづくしを、━と射て」〔訳〕三穂屋の十郎の馬の左の胸のあたりを、ひゅうずばっと(平家の者が)射て。

ひゃう-でう【平調】(名)❶十二律(=雅楽の音階)の第三音。→十二律
❷雅楽六調子の一つ。①を主音とする調子。〔源氏〕紅葉賀「━におし下して調べ給ふ」〔訳〕(光源氏は箏の琴の調子を)平調におし下げてお弾きになる。

ひゃう-ど(副)❶「ひゃうと」とも。ひょいと。いきなり。突然。〔蜻蛉〕中「几帳隔ててうち臥すところに、ここにある人、━寄り来て言ふ」〔訳〕(夫の兼家と)几帳を隔ててやすむ所に、ここにいる人(=留守の侍女)が、ひょいと近寄って来て言うことには。
❷矢が弦を離れて飛んでゆく音の形容。ひゅうっと。〔平家〕一一・那須与一「与一、鏑を取ってつがひ、よっぴいて━放つ」〔訳〕与一は、鏑矢を取って(弓に)つがえ、よく引きしぼってひゅうっと射放つ。

ひゃう-はふ【兵法】(名)「へいはふ」とも。❶いくさのしかた。兵学。軍学。
❷剣術・槍術などの武術。〔浄・出世景清〕「習はぬ女の身ながらも、━の打ち太刀し」〔訳〕(武術を)学んでいない女の身でありながらも、剣術の打ちかかりの練習をして。

ひゃう-ぶ【兵部】(名)「兵部省」の略。

びゃう-ぶ【屏風】(名)室内に立てて風をさえぎり、しきりや装飾に用いる家具。古くは衝立障子のようなものであったが、のち、ふすまのようなものを何枚か連ねて折りたたむようになった。〔図〕。〔うつほ〕俊蔭「めでたき四尺の━、几帳ども、方々に立てられたり」〔訳〕結構な四尺(=約一・二メートル)の屏風や几帳がいくつか、あちこち

に立てられた。⇩巻頭カラーページ22

ひゃうぶ-きゃう【兵部卿】(名)❶兵部省の長官。正四位下相当。❷匂い袋に入れて使う香の名。〔浮・好色五人女〕「肌につけし―のかをり、何とやらゆかしくて(=なんとなく心をひかれて)」

ひゃうぶ-しゃう【兵部省】(名)律令制で、太政官に属する八省の一つ。諸国の兵士・兵馬・城郭・兵器など、軍事一般に関することをつかさどる役所。↓八省。⇩巻頭カラーページ31

ひゃう-ふっ(-と)【―】(副)矢が風を切って飛んでゆき、勢いよく射抜く音の形容。〔平家〕九・木曽最期「三浦の石田次郎為久、追っかかって、よっぴいて―と射る」〔訳〕三浦の石田次郎為久が追いついて、(弓を)十分に引きしぼって(矢を)ひゅうふっと射る。

ひゃうらう-まい【兵糧米】(名)戦陣で将兵に供する米。また、それにあてるものとして諸国に割り当てて徴発した米。〔平家〕五・富士川「―尽きぬれば、田作り、刈り収めて寄せ」〔訳〕戦陣で食糧とする米がなくなってしまうと、(春に)田を作り、(秋に)収穫してから押し寄せ。

ひゃう-ゑ【兵衛】(名)❶「兵衛府」の略。❷兵衛府に属する兵士。

ひゃうゑ-の-かみ【兵衛の督】(名)兵衛府の長官。左右各一人。従四位下相当。

ひゃうゑ-の-すけ【兵衛の佐】(名)兵衛府の次官。左右各一人。従五位上相当。

ひゃうゑ-ふ【兵衛府】(名)六衛府の一つ。内裏を守り、行幸などにお供した武官の役所。左右二府に分かれ、督・佐・尉・志の四等官が置かれた。→六衛府

ひゃくがい-きうけう【百骸九竅】(名)多くの骨と九つの穴(=両眼・両耳・両鼻孔・口・両便孔)。人体を構成するもの。肉体。からだ。〔笈の小文〕「―のうちに物あり、仮に名付けて風羅坊といふ」〔訳〕百の骨と九つの穴を持ったからだの中に、あるものが宿り、(それを)仮に名付けて風羅坊(=芭蕉の別号)と言う。

びゃく-がう【白毫】(名)《仏教語》如来の三十二相の一つ。仏の眉間にあって光を放ち、無量の国を照らすという白い毛。彫刻の仏像では額に宝玉をはめこんでこれを表す。

ひゃくき-やぎゃう【百鬼夜行】(名)いろいろの鬼や妖怪が夜中に列をなして出歩くという、中古以来の迷信。夜行。〔大鏡〕師輔「この九条殿は―にあはせ給へるは」〔訳〕この九条殿(=師輔)は鬼や妖怪の行列に出くわしなさったことだ。〔文法〕文末の「は」は、詠嘆の終助詞。

ひゃく-くゎん【百官】(名)多くの官。数多くの役人。〔竹取〕御門の求婚「仕うまつる―の人々、あるじいかめしう仕うまつる」〔訳〕(帝に)お仕え申しあげる文武百官の人々に、もてなしを盛大にしてさしあげる。

びゃく-げつ【白月】(名)「はくげつ」「びゃくぐゎつ」とも。陰暦で、新月の一日から満月の十五日までの称。〔平家〕三・僧都死去「―・黒月のかはり行くをみて、三十日をわきまへ」〔訳〕月の一日から十五日、十六日から三十日(の月の満ち欠け)が移りゆくのを見て、三十日間を区別し。↔黒月

びゃく-こ【白虎】(名)四神の一。西方の守護神で、虎の姿をしている。

(びゃくこ)

びゃく-さん【白散】(名)正月に酒に入れて飲む屠蘇の一種。山椒・防風・肉桂などを刻んだもの。一年の邪気を払い、延命の効があるとされた。〔春〕。〔土佐〕「薬師ふりはへて、とうそ、―、酒加へてもて来たり」〔訳〕医者がわざわざ、屠蘇と白散とに酒をも添えて持って来た。

ひゃくしゅ-の-うた【百首の歌】(名)四季や恋など、いくつかの歌の題について、各題ごとに一定数の歌を詠み、計百首とする題詠の方式。一人あるいは数人で詠む。百首歌。

ひゃく-だい【百代】(名)「はくたい」に同じ。

びゃく-だん【白檀】(名)熱帯地方に産する木の名。香気が高く、皮は香料・薬料などに用い、材からは仏像や器物を作る。栴檀。

びゃく-ち【躄地】(名・自サ変)「びゃくぢ」とも。地に倒れのたうち回ること。〔平家〕六・入道死去「悶絶―し〔用〕て、遂にあっち死にぞし給ひける」〔訳〕(平清盛は)苦しみもだえ地に倒れのたうち回って、とうとう悶死をしなさった。

ひゃくにん-いっしゅ【百人一首】(名)歌人百人の和歌を一首ずつ選び集めたもの。各種あるが、藤原定家が小倉山の山荘で撰したと伝えられる「小倉百人一首」が最も有名。→小倉百人一首

ひゃくはち-ぼんなう【百八煩悩】(名)《仏教語》百八種の煩悩。人間の煩悩のすべて。→煩悩

ひゃく-ぶ【百歩】(名)「はくほ」とも。百歩歩むほどの距離。〔源氏〕匂兵部卿「遠く隔たるほどの追ひ風も、まことに―のほかも薫りぬべき心地しける」〔訳〕(薫の体のよいにおいは)遠く隔たった所へ吹き伝える追い風も、実に百歩以上先までも香ってゆきそうな感じがした。

ひゃくやく-の-ちゃう【百薬の長】(名)多くの薬の中で最上のもの。酒をほめていう語。〔徒然〕一七五「―とはいへど、万の病は酒よりこそ起これ」〔訳〕(酒は)最上の薬とはいうけれども、多くの病気は酒から起こる。

ひゃく-ゐん【百韻】(名)連歌・俳諧の一形式。発句から挙げ句まで百句を連ねて一巻とするもの。折った懐紙四枚(=八面)に記され、初折りの表に八句(=表八句)、その裏から各面に十四句、最後の名残の折の裏に八句書いて、合計百句とする。

ひやひやと… 〔俳句〕

> 秋
> ひやひやと　壁をふまへて　昼寝哉
> 〈笈日記・芭蕉〉

〔訳〕ひんやりとした壁に足の裏をあてて、(初秋の気配を楽しんで)昼寝をしていることだ。(ひやひや〔秋〕。切れ字は「哉」)

ひ-ゆ【冷ゆ】(自ヤ下二)〔え・え・ゆ・ゆる・ゆれ・えよ〕温度が下がって冷

たくなる。冷える。［源氏］若菜上「こよなく久しかりつるに、身も—・え㊥にけるは」［訳］（待たされた時間が）この上なく長かったので、からだも冷えてしまったことよ。

ひょう【平・兵・拍・評】⇩ひゃう

ひょう【表・僄・漂】⇩へう

びょう【病・屏】⇩びゃう

びょう【廟】⇩べう

ひょう-りん【氷輪】（名）凍ったように、冷たく輝く月。〔雨月〕菊花の約「銀河影きえぎえに、—われのみを照らして寂しきに」［訳］天の川の星の光はおぼろで、冷たく輝く月は自分だけを照らして寂しいうえに。

ひよく-の-とり【比翼の鳥】中国の想像上の鳥。雌雄それぞれ一目一翼で、常に一体となって飛ぶという。男女間の契りの深いことにたとえていう。［平家］六・小督「天に住まば—、地に住まば連理の枝とならん」［訳］（死後）天に住むならば比翼の鳥に、地上に住むならば連理の枝となろう（＝あの世まで固く添いとげよう）。

発展　「長恨歌」の影響

「比翼の鳥」は、白居易の「長恨歌」の「天に在りては願はくは比翼の鳥となり、地に在りては願はくは連理の枝とならむ」から出たことばである。この玄宗皇帝と楊貴妃との契りのことばは、「源氏物語」をはじめ多くの日本古典に引用された。

ひよく-れんり【比翼連理】（名）「比翼の鳥」と「連理の枝」。男女間の契りの深いことのたとえ。⇩比翼の鳥「発展」

ひよ-ひよ ■一（名）❶鳥のひな。ひよこ。❷赤ん坊。また、赤ん坊の衣服。■二（副）ひな鳥などの鳴く声。ぴよぴよ。［枕］一五一「にはとりのひなの、…—とかしがましう（＝うるさく鳴きて）」

ひ-より【日和】（名）❶晴天。［細道］最上川「最上川乗らむと、大石田といふ所に—を待つ」［訳］最上川を船に乗（って下）ろうと、大石田という所で晴天（になるの）を待つ。❷空模様。天気。〔浮・日本永代蔵〕「夕べの嵐朝の雨、—を見合はせ（＝空模様を見はからい）」❸事のなりゆき。形勢。その場のようす。〔浮・日本永代蔵〕「—を見ても、どれを一人出て行けといふものもなし」［訳］その場のようすを見ても、だれ一人として出て行けと言う者もいない。

-ひら【枚・片】（接尾）薄く平たい物を数える語。「屏風の一—」

ひら【枚・片】（名）薄く平たい物をいう語。紙や木の葉など。［源氏］梅枝「好み書き給へる—もあめり」［訳］趣向をこらしてお書きになった紙面もあるようだ。

比良（ひら）〔地名〕［歌枕］今の滋賀県琵琶湖西岸の地名。比良山東側のふもと。「比良の暮雪」は近江八景の一つ。

ひら-【平】（接頭）❶なみの、ふつうの、の意を表す。「—殿上人」「—侍」❷ひたすら、一気に、の意を表す。「—討ち」

ひら【平】（形動ナリ）｛なら・なり（に）・なり・なる・なれ・なれ｝平らなさま。［方丈］二「さながら—に㊥倒れたるもあり」［訳］（つむじ風に巻きこまれた家々は）そっくりぺしゃんこにつぶれたものもあり。

ひら-あしだ【平足駄】（名）歯の低い下駄。日和下駄。今のふつうの下駄。

平泉（ひらいずみ）〔地名〕今の岩手県西磐井郡平泉町。北上川西岸の地。中尊寺の金色堂や毛越寺は藤原氏三代の栄華の跡を伝える。

びらう-げ【檳榔毛】（名）「びりゃうげ」とも。「檳榔毛の車」の略。［枕］三「—はのどかにやりたる」［訳］檳榔毛の牛車はゆっくりと進めているのがよい。

びらうげ-の-くるま【檳榔毛の車】「びりゃうげのくるま」とも。牛車の一種。白く晒した檳榔（＝植物の名）の葉を細く裂いて編んだもので車の屋根、および左右をおおったもの。上皇・親王・大臣・公卿、また上級の女房・僧などが乗用した。［枕］六〇「—の、白くきよげなるに、蘇枋の下簾の、にほひいときよらにて」［訳］檳榔毛の牛車で、（新しくて白く美しいようすであるのに、蘇芳色（＝紫がかった赤色）の下簾は、ぼかしがたいそう美しくて。

（びらうげのくるま）

平賀源内（ひらがげんない）〔人名〕（一七二八〜一七七九）江戸中期の学者・文人。本名国倫。号は風来山人など。讃岐（香川県）の人。国学・蘭学・本草学などを研究。温度計やエレキテル（＝摩擦発電機）などを発明した。また談義本「風流志道軒伝」「根南志具佐」、浄瑠璃「神霊矢口渡」などの作もあり、狂歌や油絵もよくして、多才ぶりを発揮した。

ひら-かど【平門】（名）「ひらもん」とも。柱を二本立て、屋根の上を平らに作った門。［平家］三・有王「棟門や平門の内に、四、五百人の所従・眷属に囲繞せられてこそおはせしか」［訳］（昔は俊寛僧都は）棟付き門や平門の内で、四、五百人の従者や家来に取り囲まれていらっしゃったのに。

ひら-が・る【平がる】（自ラ四）｛ら・り・る・る・れ・れ｝からだを平たくする。身を伏せる。平伏する。［今昔］二九・三一「切れたる足を海に浸して—・り㊥をり」［訳］（虎が）切れた足を海水につけて身を伏せている。

ひら・く【開く】■一（自カ下二）｛け・け・く・くる・くれ・けよ｝❶咲く。ほころびる。［源氏］宿木「この花の—・くる㊍ほどをも、ただ一人のみぞ見給ひける」［訳］この花（＝朝顔）が咲くようすをも、（薫は）ただ一人だけでご覧になったのであった。⇩蕾む「図解学習」❷始まる。起こる。［古今］仮名序「天地の—・け㊥はじまりける時より出できにけり」［訳］（和歌は）天と地がはじまった時から詠みだされたということだ。❸晴ればれとさわやかになる。［源氏］夕顔「白き花ぞ、おのれひとり笑みの眉—・け㊥たる」［訳］白い花が、自分ひとりだけ花を開いて晴ればれとしている。❹文明が進む。〔謡・難波〕「—・くる㊍代々の恵みを受くる」［訳］文明が進む時代時代の恵みを受ける。

二(他カ四)(か・き・く・く・け・け)❶ひらく。あける。万葉 二〇・四四六五「ひさかたの天の戸―・き用高千穂の岳に天降りし皇祖の」訳 天の岩戸を開き、高千穂の山頂に天上からくだった天孫の。(「ひさかたの」は「天」にかかる枕詞)

❷解く。取り去る。〔太平記〕三五「不審を―・か未んために尋ね申しつるなり」訳 疑問を解くために尋ね申したのだ。

❸新しく始める。切り開いて盛んにする。大鏡 道長下「栄花を―・か未せ給へば」訳 (忠平は藤原一門の)繁栄(のもと)を切り開き盛んにしなされるので。

三(自カ四)(か・き・く・く・け・け)❶あく。広がる。ひらく。細道 出羽三山「三尺ばかりなる桜の、つぼみ半ば―・け已るあり」訳 丈が三尺(=約〇・九メートル)ほどである桜の木で、つぼみが半ばひらいているのがある。文法「桜の」の「の」は、いわゆる同格の格助詞で、「…で」の意。

❷幸運になる。盛んになる。〔浄・鎌倉三代記〕「―・く体御運が定ならば」訳 盛んになる御運が必定ならば。

❸合戦や婚礼のときに、「退く」「帰る」「退散する」などの語を忌み避け、その代わりに用いる語。〔古活字本保元物語〕「急ぎいづ方へも御―・き用候ふべし」訳 急いでどこへでもご退散しなさるべきです。

ひら-せ【平瀬】(名)川の、静かで波の立たない瀬。万葉 一九・四一八九「―には小網さで指し渡し早き瀬に鵜を潜けつつ」訳 静かな瀬では小網(=柄のあるすくい網)をさしわたし、早瀬では鵜を水にもぐらせては。

平田篤胤(ひらた あつたね)【人名】(一七七六〜一八四三)江戸後期の国学者。本居宣長の死後の門人。古道・古典の研究に力を注ぎ、宣長の復古神道を大成した。著書に「古史成文」「古史徴」「古史伝」など。

ひら-たけ【平茸】(名)きのこの一種。朽ち木などに生じ、食用にする。

ひらた-ぶね【平田舟】(名)〔古くは「ひらだぶね」とも〕底が浅く平らで、細長い川舟。

ひら-に【平に】(副)❶切に。ひたすら。熱心に。平家 一・鹿谷「新大納言成親卿も―申されけり」訳 新大納言成親卿も熱心に(左大将の職を)所望申しあげなさった。

❷無事に。容易に。〔源平盛衰記〕「直実だにも―渡りつくこと難かるべし」訳 (熊谷)直実でさえも(対岸に)無事に渡りつくことはむずかしそうだ。

❸ぜひとも。なにとぞ。〔謡・松風〕「―一夜を明かさせて賜り候へと」訳 ぜひとも一夜を過ごさせてくださいませと。

ひら-ばり【平張り】(名)平らに幕を張って天井とし、直射日光や雨雪を防ぐようにした仮小屋。大和 一四七「生田の川のつらに、女―をうちてゐにけり」訳 生田の川のほとりに、女は平らに幕を張った仮小屋を建てて住んでいた。

ひら・む【平む】一(自マ四)(ま・み・む・む・め・め)❶平たくなる。竹取 燕の子安貝「手に―・め已る物さはる時に」訳 手に平たくなっている物がさわるときに。

❷ひれ伏す。はいつくばう。今昔 二六・四二「―・み用居る蝦蟆を踊り越ゆるほどに」訳 はいつくばっているがまを躍り越えるときに。

二(他マ下二)(め・め・む・むる・むれ・めよ)平たくする。平らにする。〔平治物語〕「兵どもも、…弓を―・め用、矢を引きそばめて通し奉る」訳 兵士たちは、…弓を平らにし(=伏せ)、矢をからだのそばに引きよせてお通し申しあげる。

ひら-め・く【閃く】(自カ四)(か・き・く・く・け・け)〔「めく」は接尾語〕❶ぴかぴかと光る。きらめく。竹取 竜の頸の玉「神は、落ちかかるやうに、―・く終」訳 雷は、落ちかぶさるようにぴかぴかと光る。

❷ひらひらする。ひるがえる。平家 一一・那須与一「しばしは虚空に―・き用けるが、春風に一もみ二もみもまれて、海へさっとぞ散ったりける」訳 (扇は)しばらくは大空にひらひらとひるがえったが、春風に一もみ二もみもまれて、海へさっと散ったのであった。名文解説 屋島の戦いで、平家は海上に浮かぶ船に扇の的を立て、これを岸から射てみよ、と源氏に呼びかけた。射手に指名された那須与一は、的を外せば自害する覚悟で矢を放ち、見事に扇を射抜いてみせる。空と海の鮮やかなコントラストを背景に、ふわりと舞い上がり、春風に吹かれて落ちてゆく扇の動きを見事に描きとった名文である。

ひら-もん【平門】(名)「ひらかど」に同じ。

ひら-を【平緒】(名)束帯のとき身に帯びる儀礼用の太刀の緒。平たい組み緒で、後世は飾りとして、腰から袴の前に垂らした。⇨巻頭カラーページ12

ひり・ふ【拾ふ】(他ハ四)(は・ひ・ふ・ふ・へ・へ)〔上代語〕拾う。万葉 一五・三七〇九「家づとに貝を―・ふ終と沖辺より寄せ来る波に衣手濡れぬ」訳 家へのみやげに貝を拾うということで(=拾おうと思って)、沖のほうから寄せて来る波で、袖が濡れてしまった。

びりゃう-げ【檳榔毛】(名)「びらうげ」に同じ。

ひる【蒜・葫】(名)野蒜やにんにくなどの総称。においが強く、食用や薬用として用いる。

ひる【干る・乾る】(自ハ上一)(ひ・ひ・ひる・ひる・ひれ・ひよ)❶かわく。新古 秋下「村雨の露もまだひ未ぬ槙の葉に霧立ちのぼる秋の夕暮れ」訳 →むらさめの…和歌

❷潮が引く。水が少なくなる。平家 九・宇治川先陣「この河は近江の水海の末なれば、待つとも待つとも水ひ未まじ」訳 この川(=宇治川)は近江の湖(=琵琶湖)の下流なので、いくら待っても水が引くはずがない。文法「ひまじ」の助動詞「まじ」は、終止形(ラ変は連体形)に付くので「ひるまじ」となるべきだが、ここは未然形に付いた特殊な例。

参考 上代は上二段活用。→干ふ

ひ・る【放る・痢る】(他ラ四)(ら・り・る・る・れ・れ)糞・屁などをする。排泄する。宇治 二・九「穀糞(=穀類の糞)をおほく―・り用置きたり」

ひる【嚔る】(他ハ上一)(ひ・ひ・ひる・ひる・ひれ・ひよ)〔多く「はなをひる」の形で〕くしゃみをする。枕 一四四「鼻をいと高うひ用たれば」訳 たいそう大きくくしゃみをしたので。

参考 上代は「ふ嚔」で上二段活用。

ひる【簸る】(他ハ上一)(ひ・ひ・ひる・ひる・ひれ・ひよ)箕(=農具の名)で穀物などをふるって、ちり・くずを除く。ふるいにかける。著聞 五三〇「ただ糠のみ多く候へば、それをひ未させんとて」訳 ただ糠ばかりがたくさんございますので、それをふるいにかけさせようとして。

ひる-がへ・す【翻す・飜す】(他サ四)(さ・し・す・す・せ・せ)❶ひ

らりと返す。また、風にはためかす。〔太平記〕五「北の峰より赤旗三流れ、松の梢を吹く風に―・し(用)て」[訳] 北の峰から赤旗を三本、松の梢に吹く風にはためかして。❷(心や態度を)急に変える。改める。〔浮・武家義理物語〕「さてもあさましき心底かなと、われと悪心―・し(用)て(=自分から悪心を改めて)」

ひる-がほ【昼顔】(名)つる草の名。夏の日中に、淡紅色の花を開き、夕方しぼむ。[夏]

ひる-げ【昼食・昼餉】(名)〔「け」は食事の意〕昼の食事。昼めし。

びるしゃな-ぶつ【毘盧遮那仏】(名)〔「毘盧遮那」は梵語の音訳〕華厳宗の本尊。その光明が天地万物をあまねく照らすという仏。密教では大日如来と同体。盧遮那仏。遮那。

ひる-つ-かた【昼つ方】(名)〔「つ」は「の」の意の上代の格助詞〕昼のころ。昼時分。[蜻蛉] 中「ある日の―、大門のかたに馬のいななく声して」

ひる-の-おまし【昼の御座】(名)「ひのおまし」に同じ。

ひれ【領巾・肩巾】(名)上代、おもに女性が首から肩にかけて長く垂らした薄い白布。呪力をもつと考えられ、魔よけや、人との別れを惜しむときなどにこれを振った。のちには、単なる装飾品となった。〔記〕上「その蛇、咋はむとせば、この―を三たび振りて打ちはらひ給へ」[訳] その蛇が、(あなたに)嚙みつこうとするならば、この領巾を三度振って打ち払いなさい。

び-れい【美麗】(名・形動ナリ)美しいこと。うるわしくあでやかなさま。[平家] 九・敦盛最期「容顔まことに―・なり(用)ければ、いづくに刀を立つべしともおぼえず」[訳] (敵武者の)容貌が実に美しかったので、(熊谷次郎直実は)どこに刀を刺したらよいともわからない。

領巾振山(ひれふりやま)『地名』[歌枕] 今の佐賀県唐津市の東南にある鏡山のこと。任那救援に向かう夫に、松浦佐用姫が別れを惜しんで領巾を振りつづけ、石になったという伝説の地。

ひろ【尋】(名)両手を左右に広げた長さ。一尋は、ふつう六尺(=約一・八メートル)ぐらい。布・縄・糸の長さや水深などをはかる単位として用いる。

ひ-ろう【披露】(名・自サ変)広く人に触れ知らせること。広め。[平家] 三・六代「『平家の子孫といはん人、尋ね出だしたらん輩においては、所望乞ふによるべし』と―・せ(未)らる」[訳] 「平家の子孫というような者を、捜し出したとしたら、その者については、望みの物を求めるのに応じ(て与え)よう」とお触れを出しなさる。

び-ろう【尾籠】(名・形動ナリ)❶礼を失すること。無礼。無作法。[平家] 一・殿下乗合「殿の御出に参り逢ひて、乗り物より降り候はぬこそ―・に(用)候へ」[訳] (摂政)殿下のお出ましに参りあわせて、乗り物から降りませぬのは無作法でございます。❷きたないこと。けがらわしいこと。〔浮世風呂〕「とかく食物が納まりかねまして、食べると、―ながら、吐きまする」[訳] とにかく食物がおなかに落ち着くことができませんで、食べると、きたないことだが、吐きます。[参考]「をこ」に「尾籠」の字をあて、音読したもの。

ひろ-ぐ【広ぐ・拡ぐ】❶(他ガ下二)❶広くする。のべ広げる。[枕] 三「扇ひろろ―・げ(用)て、口にあてて わらひ」[訳] 扇を大きく広げて、口にあてて笑い。❷繁栄させる。[源氏] 薄雲「なほこの門―・げ(用)させ給ひて」[訳] やはり(あなた=斎宮の女御のお力で)この一門を繁栄させなされて。❷(他ガ四)「する」「行う」の意で、他人の行為をののしっていう語。しやがる。ほざく。〔浄・女殺油地獄〕「よい年をしてばか―・ぐ(終)な」[訳] いい年をして、ばかな真似をしやがるな。

ひろ-ごる【広ごる】(自ラ四)❶広がる。拡大する。[枕] 四「―・り(用)たるは、うたてぞみゆる」[訳] (柳の葉が)広がったのは、見苦しく見える。❷(うわさなどが)広まる。行き渡る。また、勢力が増す。[源氏] 若菜上「うちうちにのたまはする御ささめきごとどもの、おのづから―・り(用)て」[訳] (女三の宮のことを)こっそりおっしゃる(朱雀院と乳母の)御内緒話のあれこれが、自然に広まって。

ひろ-し【広し】(形ク)❶広大である。広々としている。[万葉] 五・八九二「天地は―・し(終)といへど我がためは狭くやなりぬる」[訳] →かぜまじり…[和歌] ❷すみずみまで行き渡る。[古今] 仮名序「―・き(体)おほむめぐみのかげ、筑波山のふもとよりもしげくおはしまして」[訳] すみずみまで行き渡る(天皇の)お恵みは、筑波山のふもと(の茂み)よりも豊かでいらっしゃって。❸心が広い。寛容だ。おおようだ。[大鏡] 師輔「御心はいと―・く(用)、人の御ためなどにも思ひやりおはしまし」[訳] (村上天皇の中宮安子は)お心はたいへん寛容で、人の御ためなどにも思いやりがおありになり。❹数が多い。[源氏] 玉鬘「族―・く(用)て、かしこにつけては思ぼえあり、勢ひいかめしきつは者ありけり」[訳] 一族が多くて、そこ(=肥後(熊本県))にあっては名声もあり、威勢も強大な武士がいた。

ひろ-びさし【広廂・広庇】(名)〔「ひろひさし」とも〕「ひさし(廂)①」に同じ。[宇治] 五・九「〔草の〕露を分けて入りて、のぼりたれば、―(=ひさしの間)一間あり」

ひろ-ふ【拾ふ】(他ハ四)❶拾う。[土佐]「寄する波うちも寄せなむわが恋ふる人忘れ貝おりて―・は(未)む」[訳] →よするなみ…[和歌] ❷(ぬかるみでない所を拾って歩く意から)徒歩で行く。歩く。〔浄・傾城反魂香〕「こち(=私)はこれから腰元つれて―・う(用)(ウ音便)て(=歩いて)もどる」

ひろ-まへ【広前】(名)神前を敬っていう語。御前。〔祝詞〕「四柱の皇神等の―に申さく」[訳] 四柱の皇祖神たちの御前に申し上げることは。

ひろ-む【広む】(他マ下二)広く知らせる。広く行き渡らせる。[大鏡] 兼家「歌などかき集めて、かげろふの日記と名づけて、世に―・め(用)給へり」[訳] (道綱の母は贈答の)和歌などを書き集めて、「蜻蛉の日記」と名付けて、世の中に広く行き渡らせなさった。

ひろめき-た-つ(自タ四)ばたばたと騒ぐ。がさがさと身を動かす。[枕] 六三「いときはやかに起きて、―・ち(用)て」[訳] (後朝に、男が)たいそう思いきりよく起きあがって、ばたばた騒ぎ立てて。

ひろ-め-く(自カ四)〔「めく」は接尾語〕落ち着きなく動きまわる。ふらふらする。また、こきざみに震え動く。[枕] 二八「居も定まらず―・き(用)て」[訳] いずまいも落ち着かずふらふらして。

ひろ‐め・く【閃く】(自カ四){か・き・く・く・け・け}「ひらめく」に同じ。〔紀〕雄略「その雷ひかりー・き用て」訳それ(=大蛇)は雷のような音をたて光がひらめいて。

ひろ‐らか【広らか】(形動ナリ){なら・なり(に)・なり・なる・なれ・なれ}〔「らか」は接尾語〕幅広いさま。広々としたさま。今昔二六・三「鮨鮎の、大きにー・なる体を」訳鮨鮎(=塩漬けにして、酸味の生じた鮎)で、大きくて幅が広いのを。

ひろろ・ぐ(自ガ四){が・ぎ・ぐ・ぐ・げ・げ}よろめく。よろよろする。〔落窪〕「錠あけて遣り戸あくるに、いとかたければ立ち居ー・ぐ体ほどに」訳(典薬の助は)錠を開けて遣り戸を開け(ようとす)るが、たいそう固いので、立ったり座ったりよろめくうちに。

びわ【琵琶】⇩びは

ひ‐わか・し【ひ若し】(形ク){(から)・く(かり)・し・き(かる)・けれ・かれ}〔「ひ」は接頭語〕若い。若々しい。〔栄花〕もとのしづく「らうたき声どものー・く用細くうつくしげに」訳愛らしい声々が若々しく細くいかにもかわいらしい感じに。

ひわだ【檜皮】⇩ひはだ

ひ‐わりご【檜破子】(名)檜の白い薄板で作ったわりご(=食物を入れる器)。上等なものとされた。源氏柏木「色々をつくしたる籠物、ーの心ばへどもを」訳さまざまな工夫の限りを尽くした籠に入った果物や檜破子(など)の趣向(をこらした品)の数々を。

ひ・わ・る【干割る】(自ラ下二){れ・れ・る・るる・るれ・れよ}乾燥してひびが入る。割れ目ができる。源氏真木柱「柱のー・れ用たるはさまに、笄の先して押し入れ給ふ」訳(真木柱は置き手紙を)柱の割れたすきまに笄(=髪掻きの道具)の先で押し入れなさる。

ひ‐ゐ―【非違】(名)「検非違使」の略。

ひ‐を―【氷魚】(名)鮎の稚魚。からだは氷のようにすきとおっている。琵琶湖や宇治川に多く産し、秋の末から冬にかけてとれる。朝廷にも献上された。图。源氏総角「網代のーも心寄せ奉りて」訳網代にかかる鮎の稚魚も、(匂宮に)好意をお寄せ申しあげて(たくさんとれるので)。

ひ‐をけ―【火桶】(名)木製の丸い火鉢。桐の木などをくりぬいて作り、内側に真鍮を張り、胴に彩色する。图。枕一「昼になりて、ぬるくゆるびもていけば、ーの火も白き灰がちになりてわろし」訳昼になって、(寒気が)しだいにあたたかくゆるんでいくと、火鉢の火も白い灰が多くなって感心しない。

(ひをけ)

ひ‐をどし―【緋縅】(名)鎧の縅の一種。緋色の組み糸や革で鎧の札をつづりあわせたもの。平家九・宇治川先陣「〔上質の唐綾である〕魚綾の直垂にーの鎧着て」

ひを‐むし―【蜏】(名)虫の名。かげろうの類か。短命で、朝に生まれて夕方に死ぬという。源氏橋姫「何か、そのーにあらそふ心にて、網代にも寄らむ」訳どうしてかまあ、そのひおむしと(はかなさを)競争する心で、(氷魚をとる)網代(の見物)にも立ち寄ろうか(いや、立ち寄るまい)。(「ひをむし」の「ひを」に「氷魚」をかける)

ひ‐をり―【引折・日折】(名)陰暦五月五日に左近衛、六日に右近衛の舎人が、宮中の馬場で、競べ馬・騎射をした儀式。また、その日。夏

びん【便】(名)便宜。都合。てづる。→便悪し・便無し・便良し

びん【鬢】(名)頭の左右側面の耳の上あたりの髪。源氏須磨「御ーかき給ふとて、鏡台に寄り給へるに」訳(光源氏は)御耳ぎわの髪(の乱れ)を(櫛で)かき上げなさるというので、鏡台に近寄りなさったときに。

びん‐あ・し【便悪し】(形シク){(しから)・しく(しかり)・し・しき(しかる)・しけれ・しかれ}都合が悪い。条件がよくない。徒然三〇「中陰のほど、山里などに移ろひて、ー・しく用狭き所にあまたあひ居て」訳中陰(=人の死後、四十九日間)の間、山里などに移り住んで、条件が悪く狭い所に大勢で雑居して。↔便良し

ひんがし【東】(名)〔「ひむがし」の転〕ひがし。

ひんがし‐の‐たい【東の対】(名)寝殿造りで、寝殿の東側にある対の屋(=別棟の建物)。一の対。寝殿とは渡殿(=渡り廊下)で結ばれる。↔西の対

びん‐ぎ【便宜】(名)❶便利なこと。都合のよいこと。今昔二〇・三五「国の内に居たるは、極めたるーなり」訳(講師にふさわしい人が、この国(=美濃(岐阜県))の中にいたのは、この上なく都合のよいことだ。❷よい機会。よいついで。徒然一五「その事かの事ーに忘るな」訳そのことやあのことをよいついでに(やっておくのを)忘れるな。❸(何かのついでに送る)便り。音信。手紙。〔浄・冥途の飛脚〕「かうしたわけの金がいると、ひそかにーもするならば」訳こうした事情の金が必要だと、こっそり便りでもするならば。⇩消息「慣用表現」

びん‐ぐき【鬢茎】(名)鬢(=頭の左右側面の耳ぎわの髪)の毛筋。源氏紅葉賀「しどけなく打ちふくだみ給へるー、あざれたる袿姿にて」訳(光源氏は)だらしなくぼさぼさに乱れなさった鬢の毛筋と、くつろいだ袿姿で。

備後(びんご)『地名』旧国名。山陽道八か国の一つ。今の広島県東部。備州。

びん‐ぢょ―【美女・便女】(名)美しい女。転じて、侍女。平家九・木曾最期「木曾殿は信濃より、巴・山吹とて、二人のーを具せられたり」訳木曾殿(=義仲)は信濃(長野県)から、巴・山吹といって、二人の侍女を連れていらっしゃった。

びん‐づら―【鬢頰】(名)〔「みづら」の転〕❶「びづら」に同じ。平家一一・先帝身投「山鳩色の御衣にー結はせ給ひて」訳(安徳天皇は)山鳩色(=青みがかった黄色)の御衣にびんずら髪をお結いになられて。❷髪。髪の毛。

びんづる【賓頭盧】(名)〔梵語の「賓頭盧頗羅堕」の略〕十六羅漢の一。賓頭盧尊者の俗称。白頭・長眉の相を持ち、病人が自分の患部と像の相当部分を交互になでると、病気がなおるという俗信があった。なで仏。竹取「仏の御石の鉢「ーの前なる鉢の、ひた黒に墨つきたるをとりて」訳(石つくりの皇子は)

賓頭盧尊者の前にある鉢で、まっ黒に煤けて黒くなったのを取って。

びん-な-し【便無し】(形ク)｛から・く(かり)・し・き(かる)・けれ・かれ｝❶都合が悪い。具合が悪い。おりが悪い。源氏 夢浮橋「人目多くて―・けれ㊁ば」訳(供の者たちの)見る目が多くて具合が悪いから。❷感心しない。よくない。大鏡 道長上「よその君たちは、―・き㊍ことをも奏してけるかなと思ふ」訳 他の君達は、(道長は)つまらないことをも奏上したものよと思う。❸気の毒だ。かわいそうだ。いたわしい。〔風俗文選〕落柿舎の記「きのふの価、返しくれたびてんやと侘ぶ。いと―・けれ㊁ば、ゆるしやりぬ」訳(商人が)昨日の(柿の)代金を、返してくださるだろうかと泣きごとを言う。たいそう気の毒なので、願いを聞き入れて(代金を返し)与えた。

参考「便悪し」「便良し」の形で用いられる「便宜」「都合」の意の「便」に形容詞「無し」が付いた語。形容動詞「ふびんなり」は類義語で、中古の用例では、③の意には「ふびんなり」を用いることが多い。

びん-よ-し【便良し】(形ク)｛から・く(かり)・し・き(かる)・けれ・かれ｝都合がよい。条件がよい。徒然 五四「双の岡の―・き㊍所に埋みおきて」訳 双の岡(=地名)の都合のよい所に(重箱を)埋めて置いて。↔便悪し

ふ　フ

「ふ」は「不」の草体
「フ」は「不」の省画

ふ【生】(名)(多く接尾語的に用いられて)草木の生い茂っている所。「よもぎ―」「たけ―」

ふ【府】(名)❶役所。「大宰―」「近衛―」❷特に、地方の国々の役所。国府。また、その所在地。細道 越後路「加賀の―(=金沢)まで百三十里と聞く」❸(近世、幕府のある所の意から)江戸の称。

ふ【封】(名)「ふご」に同じ。

ふ【符】(名)❶(太政官などの)上級官庁から所轄の官庁に命令を下す公文書。❷(神仏などの)守り札。お札。護符。

ふ【傅】(名)〔「かしづく」の意〕律令制で、東宮坊の職員。皇太子の補導役で、多くは、大臣の兼職。〔栄花〕月の宴「―には小一条の大臣なり給ひぬ」訳(東宮坊の)皇太子の補導役には小一条の大臣(=藤原師尹)がおなりになった。

ふ【干・乾】(自ハ上二)｛ひ・ひ・ふ・ふる・ふれ・ひよ｝《上代語》「ひる(干る・乾る)」に同じ。万葉 三・三五九「荒栲の衣の袖はふる㊍時もなし」訳 織り目のあらい喪服の袖は(涙で)かわくときもない。

参考 中古以降は上一段活用「干る」となる。

ふ【経】(自ハ下二)❶**時がたつ。年月が過ぎる。**源氏 桐壺「時の間もおぼつかなかりしを、かくても月日はへ㊞にけり」訳(桐壺帝は、桐壺の更衣の生前は)ほんの少しの間でも(更衣を見ないと)気がかりであったのに、(その死後)こうして(一人で)いても月日は過ぎてしまったのだった。古今 春上「年ふれ㊁ば齢は老いぬしかはあれど花をし見ればもの思ひもなし」訳→としふれば…

和歌

❷(場所を)**通って行く。通り過ぎる。**土佐「黒崎の松原をへ㊞てゆく」訳 黒崎の松原を通り過ぎて行く。平家 九・木曽最期「木曽は長坂をへ㊞て丹波路へおもむくとも聞こえけり」訳 木曽(義仲)は長坂を通って丹波路へ向かって行くともうわさされた。❸(ある段階・地位を)通る。経験する。平家 一・鱸「左右をへ㊍ずして内大臣より太政大臣従一位にあがる」訳(平清盛は)左大臣・右大臣を経験しないで、内大臣から(一足跳びに)太政大臣従一位に昇進する。

活用	未然	連用	終止	連体	已然	命令
	へ(ズ)	へ(タリ)	ふ(○)	ふる(コト)	ふれ(ドモ)	へよ(○)

ふ【綜】(他ハ下二)｛へ・へ・ふ・ふる・ふれ・へよ｝織機に縦糸をひきのばしてかける。古今 物名「ささがにの花にも葉にも糸を皆へ㊞し」訳 蜘蛛が花にも葉にも(巣の)糸を皆かけた。(「糸を皆へし」に「女郎花」を詠み込む)

古語ライブラリー㊵
助詞の使用度数

大伴家持の歌に、こういうのがある。

A霍公鳥今来鳴き始む菖蒲蘰く(=髪飾りにする)までに離るる日あらめや 〈万葉 一九・四一七五〉

Bわが門ゆ(=わが家の門を通って)鳴き過ぎ渡る霍公鳥いや懐かしく聞けど飽き足らず 〈万葉 一九・四一七六〉

不自然さがどこにも感じられないが、Aには「毛能波三箇の辞を闕く」と、Bには「毛能波氐尓乎六箇の辞を闕く」と注記のある歌なのである。すなわち、よく用いられる助詞を用いないで作った歌なのだ。

赤間淳子の調査によると、『万葉集』での助詞の使用度数は、補読のものを除くと、次のとおりだという。

の	五一八五	に	二七三一	を	一九七三
は	一八四三	て	一五五九	も	一四五一
ば	一四一八	が	九九七	と	九三九
かも	六八五	そ	四二〇	や	三六八
か	三六四	こそ	三一九	ど	二九四
とも	二三〇	ども	二〇九		

家持は、Aでは使用度数第六位、第一位、第四位の助詞を用いず、Bではさらに使用度数第五位、第二位、第三位の助詞をも用いずに歌を作り上げているのである。

家持が『万葉集』の編集に大きな役割を果たしていることは確かだが、全巻にわたって助詞の使用度数を調べたわけではあるまい。すぐれた歌人としての直観で、よく用いられる助詞がどんなものであるかを見抜いたのであろう。

それにしても、使用度数第一位から第六位までの助詞がもれなくとらえられ、その助詞を用いずにBの歌が作られているという事実には驚かされるではないか。

ふ（助動ハ四型）《上代語》

意味・用法
- **反復**〔何度も…する。しきりに…する。〕→❶
- **継続**〔…しつづける。〕→❷

接続
四段動詞の**未然形**に付く。

活用

未然	連用	終止	連体	已然	命令
は（ム）	ひ（テ）	ふ（○）	ふ（コト）	へ（ドモ）	〔へ〕（○）

❶動作の反復の意を表す。**何度も…する。しきりに…する。**〔万葉〕五・八九二「糟湯酒（かすゆざけ）うちすすろひて咳（しは）ぶか**ひ**（用）鼻びしびしに」〔訳〕→かぜまじり…〔和歌〕

❷動作の継続の意を表す。**…しつづける。**〔万葉〕三・三一七「天（あま）の原振り放（さ）け見れば渡る日の影も隠ら**ひ**（用）」〔訳〕→あめつちの…〔和歌〕。〔万葉〕一七・三九七五「わが背子（せこ）に恋ひすべながり葦垣（あしかき）の外（ほか）に嘆か**ふ**（体）吾（あれ）し悲しも」〔訳〕あなたが恋しくてなんとも仕方がなく、外に離れて嘆きつづける私は悲しいことよ。（「葦垣の」は「外」にかかる枕詞。〔文法〕「吾し」の「し」は、強意の副助詞。）

〔文法〕(1) 四段動詞の未然形に「ふ」が付くとき、上の動詞の活用語尾がオ段に転じることがある。「うつらふ→うつろふ」、「すすらふ→すすろふ」、「つづしらふ→つづしろふ」などがこれで、このように音韻変化を生じたものは、一語になり、ハ行四段活用動詞として扱う。
(2) まれに下二段活用動詞に付き、下二段型に活用した例がある。
「沫雪（あはゆき）かはだれに降ると（＝はらはらと降るのかと）見るまでに流ら**へ**散るは（＝流れつづけるように地上に散るのは）何の花そも」〈〔万葉〕八・一四二〇〉
「流ら**ふる**つま吹く風の寒き夜にわが背の君は独りか寝（ぬ）らむ」〈〔万葉〕一・五九〉

〔参考〕助動詞として種々の語に付いたのは上代だけで、中古以降は新たな語に付くことはなくなった。中古以降に用いられる「語らふ」「住まふ」「慣らふ」「計らふ」「向かふ」「呼ばふ」などの「ふ」は、一語の動詞の活用語尾として扱うのが適当である。「住まひ」「よそほひ」「語らひ」などは、その連用形が名詞になったものである。
なお、平安時代になって、「いまさふ」「おはさふ」「おはしまさふ」などの語が現れるが、これらの語は、「います」「おはす」「おはします」の連用形「いまし」「おはし」「おはしまし」に「あふ（合ふ）」が付いて変化したものと考えられる。

-ぶ（接尾バ上二型）名詞、形容詞の語幹（シク活用は終止形）、形容動詞の語幹に付いて「…のような状態になる」「…のようにふるまう」の意の動詞をつくる。〔万葉〕五・八五二「梅の花夢（いめ）に語らくみや**び**（用）たる花とあれ思（も）ふ酒に浮かべこそ」〔訳〕→うめのはな…〔和歌〕。〔源氏〕桐壺「相人（さうにん）驚きて、あまたたびかたぶきあやし**ぶ**（終）」〔訳〕人相見は（若宮＝光源氏のすばらしさに）驚いて、何度も首をかしげ変だと思うようすをする。
【例語】貴（あて）ぶ・あはれぶ・荒ぶ・いつくしぶ（＝かわいがる）・うつくしぶ・翁（おきな）ぶ・大人ぶ・愛（かな）しぶ・悲しぶ・軽（かろ）ぶ・言無（ことな）しぶ・里ぶ・はかなぶ・鄙（ひな）ぶ・都（みや）ぶ・故（ゆゑ）ぶ・田舎（ゐなか）ぶ・礼（ゐや）ぶ・痴（をこ）ぶ（＝ばかばかしく見える）・女（をんな）ぶ

ぶ【分・歩】（名）❶長さの単位。一尺の百分の一。約三ミリメートル。❷重さの単位。一匁（もんめ）の十分の一。約〇・三七五グラム。❸長さの単位。六尺。約一・八メートル。❹土地面積の単位。六尺四方。約三・三平方メートル。❺貨幣の単位。一両の四分の一。❻歩合。割合。

ぶ【夫】（名）公用のために、強制的に徴発された人夫。〔宇治〕七・五「ーども遣（や）りなどして、水くませ、食ひ物し出（い）だしたれば」〔訳〕（供の者は）人夫たちを行かせなどして、水をくませ、食べ物を調えて出したので。

ぶ【武】（名）❶たけだけしいこと。雄々しいこと。勇敢な行為。〔徒然〕八〇「生けらんほどは、ーに誇るべからず」〔訳〕生きているとしたら、その間は、武勇を誇ってはならない。❷武術。武芸。武力。いくさ。〔徒然〕八〇「ーを好む人多かり」〔訳〕武術を好む人が多い。

ぶ-あい【不愛・無愛】（名・形動ナリ）愛想のないこと。また、不都合なこと。興ざめなこと。〔大鏡〕師尹「なにがしぬしの引きとどめられけるこそ、いとーのことなりや」〔訳〕（姫君がお帰りになる途中）某（なにがし）殿がお引きとめになったのは、まったく愛想のないことであるなあ。

ふ-い【不意】（名・形動ナリ）思いがけないさま。だしぬけ。〔今昔〕二六・三六「木の枝のしげく指し合ひたる上に、ーに（用）落ち懸かりつれば」〔訳〕木の枝がたくさん茂って入り組んでいる上に、思いがけず落ちかかったので。

ぶい-ぶい ㊀（名）何かとうるさく言いたてる人をののしっていう語。多く、侠客（きょうかく）・無頼の徒にいう。〔浄・女殺油地獄〕「何さーども、人威（おど）しの腕（かひな）に色々の彫りものして」〔訳〕何だごろつきどもめ、人を威圧するために腕にいろいろといれずみをして。
㊁（副）ものを言いたてるさま。ぶうぶう。ぶつぶつ。〔浮世風呂〕「常にー地口（ぢぐち）をいふ人も」〔訳〕いつもぶつぶつ語呂（ごろ）合わせのしゃれを言う人も。

ふう【風】 ㊀（名）❶ならわし。風俗。〔神皇正統記〕「ーを移し、俗を変ふるには、楽（がく）よりよきはなしと言へり」〔訳〕（民の悪い）ならわしを教化し、俗心を変えるのには、音楽よりよい方法はないと言っている。❷なり。姿。ようす。〔浄・鑓の権三重帷子〕「ー偲（しの）ばしくゆかしくの三十七とは見えざりし」〔訳〕物腰が慕わしくなつかしく、三十七歳には見えなかった。❸漢詩の六義（りくぎ）の一つ。世俗を風刺した民謡風のもの。→六義①
㊁（形動ナリ）｛なら・なり(に)・なり・なる・なれ・なれ｝趣のあるさま。風流なさま。〔浮・傾城禁短気〕「女郎にーなる（体）仕出しして見せて」〔訳〕（客が）女郎に風流な格好をして見せて。

ふう-いう（ユウ）【風友】（名）風月を友とすること。風流人。詩人や歌人、俳人。

ふう-うん【風雲】（名）❶風と雲。転じて、大自然。〔細道〕松島「ーの中に旅寝するこそ、あやしきまで妙（たへ）なる心地はせらるれ」〔訳〕大自然の中で旅寝するのは、不思議なほど霊妙な気持ちがせずにはいられない。❷竜が風や雲に乗って天に昇るように、功名を立て世に出る機会。❸風や雲のようにさまよう旅。漂泊の旅。〔幻住庵記〕

「たどりなき―に身をせめ」訳 定めのない漂泊の旅に(我が)身を苦しめて。

ふうん-の-おもひ【風雲の思ひ】(竜が風や雲に乗って天に昇るように)機会を得て出世しようとする野望。徒然 一〇八「心、常に―を観ぜしかば」訳 心はいつも立身出世の野望をめぐらしていたので。

ふうん-の-たより【風雲の便り】自然に親しむための手がかり。〔笈の小文〕「山館・野亭の苦しき愁ひも、かつは話の種となり、―とも思ひなして」訳 山中の宿や野中の宿でのつらい嘆きも、一方では話の種となり、自然に親しむよすが(になる)ともことさら思って。

ふう-が【風雅】(名)❶漢詩の六義の中の風(＝民謡風の歌)と雅(＝政治をほめたたえる歌)。❷詩文。詩歌。文芸の道。〔三冊子〕「詩・歌・連・俳は、ともに―なり」訳 漢詩・和歌・連歌・俳諧は、みな文芸の道である。❸蕉門において、俳諧のこと。〔去来抄〕先師評「汝は去来、ともに―を語るべき者なり」訳 去来よ、おまえはいっしょに俳諧を語るにふさわしい者だ。❹みやびやかなこと。風流。〔浄・仮名手本忠臣蔵〕「―でもなく、しゃうことなしの山科に、由良助が侘び住まひ」訳 風流でもなく、洒落でもなく、しょうがなくて山科(の地)に、由良助が侘び住まい(をしていた)。

ふうが-の-まこと【風雅の誠】《文芸用語》(特に蕉門で)俳諧の真髄。〔三冊子〕「常に―を責め語りて、今なすところの俳諧に帰るべし」訳 いつも俳諧の本質を追究して語って、現在作っている俳諧(の作品)に帰着させなければならない。

風雅和歌集(ふうがわかしふ)『作品名』十七番目の勅撰和歌集。花園院監修。光厳院撰。南北朝時代、貞和五年(一三四九)ごろ成立。歌数二千二百十一首。「玉葉集」を継承し、京極派の影響が強い。↓勅撰和歌集

ふう-き【富貴】(名・形動ナリ)「ふっき」とも。金持ちで地位もあること。〔浮・日本永代蔵〕「下人・下女を置き添へて―・に(用)見せかけ」訳 下男や下女をふやし置いて裕福に見せかけ。

ふう-ぎ【風儀】(名)❶風習。ならわし。しきたり。〔神皇正統記〕「ありし世の東国の―も変はりはてぬ」訳 (頼朝の)生前の関東(武士)の(りっぱな)しきたりも変わりはててしまった。❷姿格好。身のこなし。〔浮・好色一代男〕「この太夫―を、よろづにつけて今に女郎の鏡にすることぞかし」訳 この太夫の身のこなしを、すべてにつけて今に女郎の手本にすることだよ。❸能楽で、演技の様式。芸風。風体。〔花鏡〕「その時々の―をし捨てし捨て忘るれば、今の当体の―をならでは身に持たず」訳 その時々の芸を習得しては捨て習得しては捨てて忘れるなら、今の年齢の芸以外は身に持たない(ことになる)。

ふう-きゃう【風狂】(名)風流なことに徹すること。風雅に心を奪われること。〔三冊子〕「鞭にて酒屋をたたくといふことは、―の詩人ならずば、さもあるまじ」訳 鞭で酒屋の戸をたたくということは、風狂の詩人でなくては、そういうこともないだろう。

ふう-くゎう【風光】(名)自然の美しい景色。風景。細道 象潟「江山水陸の―数を尽くして、今象潟に方寸を責む」訳 川や山、海や陸の美しい景色をことごとく見てきて、いま(あこがれていた)象潟へと心がせきたてられる。

ふう-げつ【風月】(名)「ふげつ」に同じ。

ふう-こつ【風骨】(名)姿。風格。特に詩歌などで、作風と精神。

ふう-さう【風騒】(名)〔「風」は「詩経」の国風、「騒」は「楚辞」の離騒の意。どちらも詩文の模範〕詩文を作り楽しむこと。風流。風雅。細道 白川の関「中にもこの関は三関の一にして、―の人、心をとどむ」訳 中でもこの(白河の)関は三関の一つであって、風雅の人(たち)が心をとどめる。

ふう-し【風姿】(名)(和歌・連歌・能楽などで)表現上の趣。表現のしかたによって生じる趣。〔去来抄〕修行「風情といひ来るを、―・風情と二つに分けて支考は教へらるる、最もさとしやすし」訳 (今まで)風情と言ってきていることを、表現上の趣と内容上のおもしろさとの二つに分けて支考(＝人名)はお教えになる、(こういう説き方は)最も(人に)理解させやすい。

風姿花伝(ふうしくわでん)『作品名』能楽論書。通称「花伝書」。世阿弥元清作。応永七―九年(一四〇〇―一四〇二)ごろ成立。父観阿弥から受け継いだ、能の稽古・演出の心得、能の本質である「花」などについて述べたもの。

ふう-ず【封ず】(他サ変){ぜ・じ・ず・ずる・ずれ・ぜよ}❶封をする。封じる。著聞 一四九「歌を書きて―・じ(用)ておきて退出せられにけり」訳 (泰憲は)和歌を書いて封をして(それを)置いて退出なさってしまった。❷神仏の力などによって、閉じこめる。抑えこむ。〔十訓〕一〇「心に竜の声、とどむる符を作りて、これを―・じ(用)てけり」訳 (仙術を操る者が、玄宗皇帝の吹く笛の音を竜の泣く声だと思って)心の中で竜の(泣く)声をやめさせる護符を作ってこれを抑えこんでしまった。❸禁止する。〔伎・河内山〕「承れば、お宿への使ひは、―・じ(用)てあるとやら」訳 うかがうところによると、お宿への使いは、禁止してあるとか。

ふう-ぞく【風俗】(名)❶世間のならわし。しきたり。風習。細道 塩釜明神「神霊あらたにましますこそ、吾が国の―なれと、いと貴けれ」訳 神の霊験があらたかでいらっしゃることこそ、わが国の(よい)風習なのだと(思うと)たいそう貴く思われる。❷身なり。服装。容姿。〔浮・好色一代男〕「―太夫職にそなはって、衣裳よくきこなし」訳 容姿が太夫職にふさわしく整っていて、衣裳を上手に着こなし。❸「風俗歌」の略。

ふうぞく-うた【風俗歌】(名)「ふぞくうた」とも。諸国に伝わっている歌謡。特に、平安時代に貴族の宴遊に歌われた東国地方などの歌謡。ふぞく。ふうぞく。

風俗文選(ふうぞくもんぜん)『作品名』江戸中期の俳文集。森川許六編。宝永三年(一七〇六)刊。芭蕉およびその門人の俳文約百二十編を集めたもの。俳文集の先駆的作品。はじめ「本朝文選」と題した。

ふう-てい【風体】(名)❶姿かたち。外見。〔浄・博多

小女郎波枕〕「━は無人の暮らしでも、内証の栄耀は千貫目持ちと」訳見かけは奉公人もいない暮らしでも、内々のぜいたくなことは千貫目持ちと。
❷文芸や芸能で、その表現様式。歌風や芸風。〔風姿花伝〕「この頃の能の稽古、必ずその者自然と出だすことに、得たる━あるべし」訳この（七歳の）段階の能の稽古では、必ずその子がひとりでにやり出すことに、生まれつき身についている芸風があるはずだ。

ふう-てう【風調】(名)趣。ようす。特に、詩歌の趣や調子。〔春泥句集〕序「いにしへより俳諧の数家、おのおの門戸を分かち━を異にす」訳昔から俳諧の宗匠たちは、それぞれ流派を分け俳風を異にしている。

風来山人《人名》→平賀源内

ふう-りう【風流】(名・形動ナリ)「ふりう」とも。❶みやびやかなこと。俗っぽくないこと。〔細道〕芭蕉「━の初めやおくの田植ゑうた」訳→ふうりうの…俳句
❷美しく飾りたてること。趣向をこらすこと。〔徒然〕五四「━の破子やうのもの、ねんごろにいとなみ出でて」訳趣向をこらした破子(=白木の折り箱のような弁当箱)のようなものを、念入りにこしらえ上げて。
❸祭事の歌舞の一種。華美な装束をつけ、囃子物を伴って踊る。また、その囃子物。

ふうりうの… 俳句

> 風流の　初めやおくの　田植ゑうた　夏
> 〈おくのほそ道・須賀川・芭蕉〉

訳（この地に足を踏み入れて）これこそが最初に出会った風流であるよ。（鄙びて懐かしい）この奥羽の地の田植え歌が。（田植ゑうた 夏。切れ字は「や」）
解説 須賀川で世話になった等躬への挨拶の句。田植え歌に「風流」を観じるところに、和歌の伝統的「風雅」を超えて新しい詩境を求める姿勢と、今後の旅への期待が見える。「初めや」が句切れ。

ふ-うん【浮雲】(名)「うきぐも」に同じ。〔太平記〕三七「━の富貴たちまちに夢のごとく成りにけり」訳定めない富貴はたちまち夢のようになってしまった。

ふえ【笛】(名)❶横笛・笙・篳篥・尺八など、管楽器の総称。〔枕〕三八「笙の━は月のあかきに、車などにて聞きえたる、いとをかし」訳笙の笛は月が明るいときに、牛車(の中)などで聞くことができたのが、たいそう趣がある。
❷特に、横笛。〔宇治〕三・一〇「ただ一人、━吹きて、行きもやらず、練り行けば」訳ただ一人、横笛を吹いて進むともなくゆっくりと歩いて行くので。

ふ-えき【不易】(名)❶変わらないこと。不変。〔浮・西鶴織留〕「松は古今━の名木」訳松は昔から(色も)不変の名木で。
❷蕉門俳諧で、構想・表現が時代の変化に影響されないことをいう。〔去来抄〕同門評「この句、━にして流行のただ中を得たり」訳この句は、永久不変の価値をもつもので、(しかも)今の時代の最も新鮮なものをもっている。→不易流行

ふえき-りうかう【不易流行】(名)《文芸用語》蕉門俳諧の理念。「不易」は、構想・表現が時代の変化に影響されない意で、永遠に変わりなく人を感動させる詩の本然の姿をいい、「流行」は、常に新しい境地を求めて変化を重ねる意で、時代に応じて進展変化する清新な表現をいう。服部土芳の「三冊子」によれば、「流行」のうちにある永遠性が「不易」となるので、両者は「風雅の誠」を追究する上で矛盾しないとする。すなわち、「不易」の作品は、生み出されたときは常に「流行」の作品たりうる資格をもっているわけである。

ふえ-たけ【笛竹】(名)❶竹で作った笛。転じて、音楽のこと。〔源氏〕梅枝「なほ吹きとほせ夜半の━」訳やはり音色のかぎり吹きつくせ、(この)夜半の笛を。
❷笛にする竹。〔平家〕四・大衆揃「生きたる蟬のごとくに節のついたる━を一節贈らせ給ふ」訳(宋の皇帝は)生きた蟬のように節のついた笛にする竹を一節お贈りになられる。

ぶ-えん【無塩】(名)❶保存のための塩をひいてない新鮮な魚介類。〔平家〕八・猫間「何も新しき物を━といふと心得て、『ここに━の平茸あり、とうとう』といそがす」訳(木曽義仲は)何でも新しい物を無塩というと(誤って)理解して、「ここに新鮮で塩びきしてない平茸(=きのこの一種)がある、早く早く」と急がせる。
❷人ずれしていないこと。うぶなこと。〔春色梅児誉美〕「こんなかわいらしい━の娘を」

ふかう-でう【風香調】(名)琵琶の調子の一つ。はなやかな調べで、平安時代に愛好された。〔更級〕春秋のさだめ「琵琶の━ゆるるかに(=ゆるやかに)弾き鳴らしたる、いといみじく(=たいそうすばらしく)聞こゆるに」

ふかがはや… 俳句

> 深川や　芭蕉を富士に　預け行く　秋
> 〈野ざらし紀行・千里〉

訳深川の芭蕉庵よ。(今私は箱根の関を越える旅にあるので、気がかりな先生の庭の)芭蕉を、(目の前の頼もしげな)富士山に見守ってくれるよう頼んで行こう。(芭蕉 秋。切れ字は「や」)
解説 江戸の芭蕉庵からは西に富士山が見えた。

ふ-かく【不覚】(名・形動ナリ)❶精神がしっかりしていないこと。また、意識がなくなること。〔大鏡〕道兼「ことのほかに━・に(用)なり給ひにけり」訳(道兼は)意外なことに(重病で)意識不明になってしまわれたなあ。
❷油断して失敗すること。また、不注意。〔平家〕九・宇治川先陣「いかに佐々木殿、高名せうどて━し給ふな」訳やあ佐々木殿、てがらを立てようとして油断しなさるな。
文法「高名せうどて」の「う」は、助動詞「む」が変化したもの、「どて」は格助詞「とて」が濁音化したもの。
❸ひきょうなこと。臆病なこと。〔平家〕一・俊寛沙汰鵜川軍「先々の目代は━でこそいやしまれたれ」訳前々の代官は意気地なしだからこそばかにされたのだ。
❹思わず知らずすること。無意識。〔平家〕七・実盛「あまり哀れで━の涙のこぼれ候ふぞや(=こぼれますぞよ)」
❺思慮の浅いこと。愚かなこと。〔今昔〕二八・三「好忠、和歌は詠みけれども、心の━・に(用)て」訳(曾禰)好忠は、和歌は詠んだが、心が愚かであって。

ぶ-がく【舞楽】(名)舞を伴う雅楽。平家 六・新院崩御「物の音も吹き鳴らさず、―も奏せず」訳 楽器も吹き鳴らさず、舞楽も演奏せず。

深草(ふかくさ)『地名』歌枕 今の京都市伏見区の地名。貴族の別荘地であった。月や鶉の名所。

ふか-ぐつ【深沓・深履】(名)雪や雨のときに公卿や殿上人が用いた、上部の深い黒漆塗りの革ぐつ。図。枕 二〇「―・半靴などはきて、廊のほど、沓すり入るは、内裏わたりめきて」訳 深沓や半靴(=浅い靴など)をはいて、(清水寺の)渡り廊下のあたりを、沓をひきずって入るのは、宮中のような感じがして。

(ふかぐつ)

ふか・し【深し】(形ク)〔から・く(かり)・し・き(かる)・けれ・かれ〕❶水面や物の上部などから底までの距離が長い。深い。更級 かどで「―・き体河を舟にて渡る」
❷奥深い。奥まっている。源氏 帚木「―・き体山里、世離れたる海づらなどにはひ隠れぬるをり」訳 奥深い山里や人里離れた海辺などにひそみ隠れてしまう者がいる。
❸(心や動作が)落ち着いている。(思慮・愛情などが)深い。源氏 帚木「志―・から未む男をおきて」訳 (女が)愛情の深いような男を見捨てて。文法「深からむ男」の「む」は、仮定・婉曲の助動詞。
❹色や香りが濃い。枕 八六「色あひ―・く用、花房ながく咲きたる藤の花の、松にかかりたる」訳 (すばらしいものは)色が濃く、花の房が長く咲いている藤の花が、松にかかっているの。源氏 末摘花「匂ひばかりは―・う用(ウ音便)しめ給へり」訳 (末摘花は手紙に薫き物の)香りだけは深くたきしめていらっしゃる。
❺間柄が親しい。親密だ。源氏 玉鬘「この御師は、まだ―・から未ねばにや」訳 この御祈禱師は、まだなじみが深くないからであろうか。文法 係助詞「や」のあとに結びの語「あらむ」が省略されている。
❻時・季節などがかなり経過している。夜がふけている。源氏 葵「―・き体秋のあはれまさりゆく風の音身にしみけるかな」訳 晩秋の、悲哀の深まりゆく風の音が身に深く感じるものであったなあ。
❼多い。方丈 三「所、河原近ければ、水の難も―・く用、白波の恐れも騒がし」訳 (その家の)場所は河原に近いので、水難も多く、盗賊の心配も(あって)不穏である。
❽程度がはなはだしい。はげしい。徒然 一二八「おろかなる人は、―・く用物を頼むゆゑに、うらみいかることあり」訳 愚かな人は、あまりに物を頼みにするために、(あてがはずれて人を)恨んだり怒ったりすることがある。

ふかし-い【深しい】(形口)〔室町時代以降「深し」がシク活用化したもの〕❶奥深い。詳しい。〔浄・心中重井筒〕「―・い体事こそ、この家屋敷相応に…貸してやって下さいやせ」訳 詳しい事情こそ(話しませんが)、この家屋敷相応に…(お金を)貸してやってくださいませ。
❷格別だ。大したものだ。〔謡・吉野静〕「いやそれは―・から未ぬことぢゃほどに」訳 いやそれ(=十二騎の軍勢)は大したことではないことだから。
❸多い。〔狂・瓜盗人〕「―・う用(ウ音便)取りはいたしませぬ」訳 たくさん取りはいたしません。

ふか・す【更かす・深す】(他サ四)〔さ・し・す・す・せ・せ〕夜がふけるまで起きている。夜ふかしをする。源氏 賢木「御前に候ひて、今まで―・し用侍りにける」訳 (朱雀帝の)御前にお仕えして、今まで夜ふかしをしてしまいましたよ。

ふか-た【深田】(名)「ふかだ」「ふけた」とも。泥深い田。平家 九・木曽最期「―ありとも知らずして、馬をざっと打ち入れたれば」訳 (義仲は)泥の深い田があるとも知らないで、馬をどっと勢いよく乗り入れたところ。

ふ-がふ【不合】ゴウ(名・形動ナリ)❶豊かでないさま。貧乏。今昔 二六・五「身―・に用して与ふべき物なし」訳 身の上が豊かでなくて、与えるのに適当な品物がない。
❷気の合わないさま。折り合いの悪いさま。〔源平盛衰記〕「かつは一門の―、かつは平家の嘲りなり」訳 一方では源氏一門の不和(のもとであり)、一方では平家のもの笑い(のたね)である。

ふか-みる【深海松】(名)海底深く生えた海松(=海藻の一種)。万葉 一三・三三〇二「朝なぎに来寄る―」訳 朝の、風や波の静かなときに(岸に)寄って来る深海松。

ふかみるの【深海松の】《枕詞》同音を重ねて「深む」「見る」にかかる。万葉 二・一三五「―深めて思へど」

ふか・む【深む】(他マ下二)〔め・め・む・むる・むれ・めよ〕深くする。深く思う。古今 恋三「あひ見ねば恋こそまされ水無瀬川なにに―・め用て思ひそめけむ」訳 逢わないので恋しさはますますつのる。(地中深くを流れる)水無瀬川のように、どうして(心を)深めて恋い慕い始めたのだろうか。

ふ-かん【不堪】(名・形動ナリ)(わざや芸の)へたなこと。未熟なこと。徒然 一五〇「天下のものの上手といへども、はじめは―の聞こえもあり、無下の瑕瑾もありき」訳 世の中で第一流の芸能の名人といっても、はじめはへたといううわさもあり、まったくひどい欠点もあった。

ふ-ぎ【不義】(名)❶人としての道にはずれること。〔雨月〕菊花の約「汝はまた、―のために汚名をのこせ」訳 おまえはまた、人の道にはずれたことで汚名を残すがいい。文法「のこせ」は、命令形の放任法。
❷男女が道にはずれた関係を結ぶこと。姦通。密通。〔浄・女殺油地獄〕「―したと疑はれ」

吹上の浜(ふきあげのはま)『地名』歌枕 今の和歌山市、紀ノ川河口の湊から雑賀にいたる浜。

ふき-あは・す【吹き合はす】アワス(他サ下二)〔せ・せ・す・する・すれ・せよ〕❶管楽器を他の楽器に合わせて吹く。(笛などを)調子を合わせて吹く。源氏 篝火「おもしろき笛の音、箏に―・せ用たり」訳 すばらしい笛の音を、箏の琴に調子を合わせるように吹いている。
❷(風が)他の音に調子を合わせるように吹く。源氏 賢木「浅茅が原もかれがれなる虫の音に、松風すごく―・せ用て」訳 浅茅が原も枯れそうな中で、とぎれとぎれの虫の声に、松を吹く風がもの寂しく調子を合わせて吹いて。(「かれがれ」は「枯れ枯れ」と「嗄れ嗄れ」との掛詞)

ふき-いた【葺き板】(名)屋根を葺く薄板。方丈 二「檜皮・―の類ひ、冬の木の葉の風に乱るるがごとし」訳 (屋根に葺いていた)檜の皮や、薄い屋根板の類は、冬の木の葉が風に舞い乱れるよう(なありさま)である。

ふき-がたり【吹き語り】(名)自分のことを自慢げに話すこと。自慢話。枕 二七八「かかることなどぞみづから言ふは、―などにもあり」訳 このようなことなどを自分から言うのは、自慢話などでもあり。

ふき-かへ・す（カエス）【吹き返す】(他サ四){さ・し・す・す・せ・せ} ❶風が吹いて元の状態にもどす。古今 物名「さ夜ふけてなかばたけゆく久方の月ー・せ㊀秋の山かぜ」訳 夜も更けて、かなり西へ傾いてゆく月を、(もう一度)吹きもどしてくれ、秋の山風よ。(「なかばたけゆく」に「かはたけ」を詠みこむ。「久方の」は「月」にかかる枕詞) ❷風が吹いて着物の袖や裾などをひるがえす。万葉 一・五一「采女の袖ー・す(体)明日香風都を遠みいたづらに吹く」訳 →うねめの…和歌

ふき-こ・す【吹き越す】(自サ四){さ・し・す・す・せ・せ}(風が)物の上を吹き過ぎる。吹き越える。万葉 二〇・四二九五「高円の尾花ー・す(体)秋風に」訳 高円(=地名)のすすきの穂(の上)を吹き過ぎる秋風に。

ふき-し・く【吹き頻く】(自カ四){か・き・く・く・け・け}しきりに吹く。〔後撰〕秋中「白露に風のー・く(体)秋の野はつらぬきとめぬ玉ぞ散りける」訳 →しらつゆに…和歌

ふき-すさ・ぶ ■一【吹き荒ぶ】(自バ四){ば・び・ぶ・ぶ・べ・べ}(風が)吹き荒れる。〔玉葉〕夏「五月雨の雲ー・ぶ(体)夕風に露さへかをる軒の橘」訳 梅雨の雲に吹き荒れる夕風で、露さえも香る軒先の橘だなあ。

■二【吹き遊ぶ】(他バ四){ば・び・ぶ・ぶ・べ・べ}(笛などを)慰みに吹く。心のままに吹く。徒然 四四「笛をえならずー・び(用)たる」訳 笛を言いようもないほど巧みに吹き興じているのを。

ふき-すま・す【吹き澄ます】(他サ四){さ・し・す・す・せ・せ}(笛などを)澄んだ音色で吹く。更級 大納言殿の姫君「笛をいとをかしくー・し(用)て、過ぎぬなり」訳 笛をたいそうすばらしく澄んだ音色に吹いて、通り過ぎてしまうようだ。

ふき-そ・ふ（ソウ）【吹き添ふ】(自ハ四){は・ひ・ふ・ふ・へ・へ}風などが吹き加わる。また、いっそう吹きつのる。源氏 帚木「うち払ふ袖も露けきとこなつに嵐ー・ふ(体)秋も来にけり」訳 夜離れのために寝床に積もった塵を払う袖も涙の露でぬれる常夏(=私)に、嵐が吹きつのる秋もあなた(=頭の中将)の私への飽きも来てしまったことよ。(「とこなつ」に「常夏」と「床」とを、「秋」に「飽き」をかける)

ふき-た・つ【吹き立つ】■一(自タ四){た・ち・つ・つ・て・て}(風が)吹き始める。伊勢 九六「すこし秋風ー・ち(用)なむ時、必ず逢はむ」訳 少し秋風が吹き始めたら、そのときに、必ず逢おう。

■二(他タ下二){て・て・つ・つる・つれ・てよ} ❶吹いて空中に舞い上がらせる。方丈 二「塵を煙のごとくー・て(用)たれば、すべて目も見えず」訳 塵を煙のように吹き上がらせたので、まったく目も見えない。

❷(笛などを)高らかに吹き鳴らす。源氏 宿木「大将の御笛は、今日ぞ世になき音の限りはー・て(用)給ひける」訳 大将(=薫)の御笛は、今日は世にまたとない(美しい)音色のありったけを高らかに吹き鳴らしなさった。

ふき-たわ・む【吹き撓む】(他マ下二){め・め・む・むる・むれ・めよ}風が吹いて木の枝などを曲げる。細道 松島「枝葉潮風にー・め(用)て、屈曲おのづから矯めたるがごとし」訳 (松の)枝葉は潮風で吹き曲げられて、(その)曲がり具合は自然と(人が)形を整えたようだ。(他動詞を自動詞のように用いた特殊な用例。「潮風枝葉を吹き撓めて→枝葉潮風に吹き撓められて」)

ふき-つ・く【吹き付く】(他カ下二){け・け・く・くる・くれ・けよ} ❶風が物を吹き寄せる。宇治 七・五「風のー・くる(体)やうに徳つきて、いみじき徳人にてぞありける」訳 風が物を吹き寄せるように富が身について、たいへんな金持ちであった。

❷激しく吹きあてる。方丈 二「近きあたりはひたすら焔を地にー・け(用)たり」訳 近い所では(風が)ただもう炎を地面に吹きあてている。

❸風が吹いて火を燃やしつける。平家 一・内裏炎上「はては大内にー・け(用)て、…一時がうちに灰燼の地とぞなりにける」訳 最後には内裏に風が火を燃やしつけて、…ほんの一時の間に焼け野原となってしまった。

ふき-と・づ（トズ）【吹き閉づ】(他ダ上二){ぢ・ぢ・づ・づる・づれ・ぢよ}吹いて閉ざす。古今 雑上「天つ風雲の通ひ路ー・ぢよ㊀をとめの姿しばしとどめむ」訳 →あまつかぜ…和歌

ふきとばす… 俳句

> 吹きとばす　石はあさまの　野分哉　秋
> 〈更科紀行・芭蕉〉

訳 (山の斜面に激しく吹きおろす野分が)小石を激しく吹きとばしている。さすがに浅間山麓のすさまじい野分であることよ。(野分秋。切れ字は「哉」)

解説 「野分」は野の草を分け吹くことからその名がある。それがこの地では石を吹きとばすと強調している。

ふき-なし【吹き成し】(名)笛などの、吹き方。枕 二八「それは横笛もーなめりかし」訳 それ(=吹く顔がみっともないかどうか)は横笛も(笙と同じで)吹き方(しだい)であるようだよ。

ふき-まが・ふ（ガ(ゴ)ウ）【吹き紛ふ】(自ハ四){は・ひ・ふ・ふ・へ・へ}風に吹かれて入り乱れる。吹き乱されて物の区別がつかなくなる。源氏 初音「梅の香も御簾の内の匂ひにー・ひ(用)て」訳 梅の花の香りも御簾の内側の(薫き物の)香りと風で入りまじって区別がつかなくなって。

ふき-ま・く【吹き捲く】(他カ四){か・き・く・く・け・け}風が吹いて物を巻き上げる。吹きまくる。古今 離別「山風に桜ー・き(用)乱れなむ」訳 山風に桜の花が吹きまくられて、散り乱れてほしい。(文脈上「吹きまくられて」の意に解釈される)

ふき-まど・ふ（マドウ）【吹き惑ふ】(自ハ四){は・ひ・ふ・ふ・へ・へ}風がひどく吹く。吹き荒れる。更級 初瀬「浪のたちくるおとなひ、風のー・ひ(用)たるさま」訳 波がおし寄せてくるひびきや、風が吹き荒れているようすが。

ふき-まよ・ふ（マヨウ）【吹き迷ふ】(自ハ四){は・ひ・ふ・ふ・へ・へ}風が方向を定めずに激しく吹く。吹き乱れる。方丈 二「ー・ふ(体)風に、とかく移りゆくほどに」訳 吹き乱れる風に、(火が)あちこちに(燃え)移っていくうちに。

ふき-むす・ぶ【吹き結ぶ】(他バ四){ば・び・ぶ・ぶ・べ・べ}風が吹いて草葉に露の玉をつくる。源氏 桐壺「宮城野の露ー・ぶ(体)風の音に小萩がもとを思ひこそやれ」訳 →みやぎのの…和歌

ふき-め【葺き目】(名)屋根を葺いた板・瓦・茅などの継ぎ目。平家 灌頂・大原御幸「杉のーもまばらにて」訳 (屋根を葺いた)杉皮の継ぎ目もすきまだらけで。

ふき-もの【吹き物】(名)吹き鳴らす楽器(=管楽器)の総称。笛・笙・篳篥・尺八など。源氏 胡蝶「上達部、親王達も、皆おのおの弾きもの、ーとりどりに

し給ふ」［訳］公卿も親王がたも、みなそれぞれ弦楽器や管楽器を思い思いに演奏しなさる。

ぶ-ぎゃう【奉行】 ㊀(名・他サ変)上の命によって事を行うこと。また、その人。［徒然］一七七「庭の儀を―・する(体)人」［訳］庭の整備を命によって行う人。㊁(名)武家時代の職名。一部局の長官。鎌倉・室町時代は「評定衆」「引き付け衆」を「公事奉行人」といい、桃山時代には大老の下に五奉行があり、江戸時代には「寺社奉行」「勘定奉行」「町奉行」「伏見奉行」「長崎奉行」などがあった。

ふきょう【不孝】 ⇩ふけう

ぶ-きょう【無興・不興】(名・自サ変)〔のちに「ふきょう」とも〕❶興のさめること。不愉快。〔笈の小文〕「おもひ立ちたる風流、いかめしく侍れども、ここに至りて―のことなり」［訳］(よい句をと)思い立って出てきた風流は、ものものしいことですが、こうなっては(=句ができなくては)興ざめなことだ。❷(主君や父母の)機嫌をそこなうこと。〔仮名・伊曽保〕「御門御―の御事とぞ聞こえける」［訳］帝がご機嫌をそこなっているごようすだとうわさされた。

ぶぎょう【奉行】 ⇩ぶぎゃう

ぶ-きょく【舞曲】(名)❶舞と楽曲。〔謡・羽衣〕「この衣を返しなば、―をなさで、そのままに天にや上がり給ふべき」［訳］この衣を返したなら、舞を舞わないで、そのまま天にお上がりになるだろうか。❷舞に用いる楽曲。

ぶ-きりゃう【無器量】(名・形動ナリ)❶才能のないさま。また、その者。［平家］八・妹尾最期「この身こそ―の者で候へば」［訳］この私こそ、(武士としての)才能のない者でございますので。❷容貌のみにくいさま。

ふく【福】 ㊀(名)❶(神仏などが恵み与える)さいわい。幸福。［著聞］五六五「毘沙門の―賜はらんずれば」［訳］毘沙門天のお恵みをちょうだいするだろうから。❷神仏に供えた物のおさがり。［著聞］六四一「このすずは鞍馬の―にてさぶらふぞ」［訳］このすず竹(の竹の子)は鞍馬寺のおさがりでございますよ。

㊁(形動口)裕福である。〔浮・傾城禁短気〕「お前ほどの―・な(体)旦那を取り逃がしてはと」［訳］あなたほどの裕福な旦那さまをとり逃がしては(いけない)と。

ふ・く【吹く】 ㊀(自カ四)〔か・き・く・く・け・け〕風が吹く。［万葉］四・四八八「君待つと吾が恋ひ居ればわが宿の簾動かし秋の風―・く(終)」［訳］→きみまつと…［和歌］㊁(他カ四)〔か・き・く・く・け・け〕❶(息や水などを)口から吐き出す。〔記〕上「―・き(用)棄つる気吹の狭霧に成れる神の御名は、多紀理毘売命」［訳］吐き棄てた息の霧から現れた神のお名前は、多紀理毘売命(である)。❷(笛などを)吹き鳴らす。［徒然］二一九「この穴を―・く(体)時は、必ずのく」［訳］この(横笛の五の)穴を吹き鳴らすときは、必ず(口を)離す。❸吹き出す。［万葉］五・八九二「かまどには火気―・き(用)立てず」［訳］→かぜまじり…［和歌］❹鉱石から金属を溶かしわける。精錬する。［万葉］一四・三五六〇「真金―・く(体)丹生の真朱の色に出て言はなくのみそ吾が恋ふらくは」［訳］金を精錬する丹生(=地名)の赤土のように、顔色に出して言わないだけのことだ。私が恋い焦がれていることは。(第二句までは、「色に出て」を導きだす序詞。)［文法］「言はなく」の「なく」は打消の助動詞「ず」のク語法で、「言わないこと」の意。「恋ふらく」は「恋ふ」のク語法で、「恋い慕うこと」の意。

ふ・く【更く】(自カ下二)〔け・け・く・くる・くれ・けよ〕❶時がたつ。(夜が)更ける。(季節が)深まる。［更級］初瀬「夜いたう―・け(用)て、舟のかぢの音聞こゆ」［訳］夜がすっかり更けて、舟をこぐ楫の音が聞こえる。❷年をとる。老いる。［新古］雑上「―・け(用)にけるわが身の影を思ふまにはるかに月のかたぶきにける」［訳］老いてしまったわが身のありさまを思っている間に、はるか西のかなたに月が傾いてしまったことだ。(「影」は「月」の縁語)

ふ・く【葺く】(他カ四)〔か・き・く・く・け・け〕❶(瓦・板・茅などで)屋根をおおう。［方丈］三「土居を組み、うちおほひを―・き(用)て」［訳］土台を組み、仮ごしらえの屋根を葺いて。❷草木を屋根や軒にさして飾る。［徒然］一九「五月、あやめ―・く(体)ころ」［訳］陰暦五月の、菖蒲を屋根にさして飾るころ。

ぶく【服】(名)❶喪服。［源氏］藤袴「御―もこの月には脱がせ給ふべきを」［訳］(あなた=玉鬘は)御喪服も今月(=陰暦八月)にはお脱ぎになられるはずだが。❷喪に服すること。また、その期間。喪中。［大和］九八「御―果て給ひけるころ」［訳］御服喪の期間がお明けになったころ。

ぶ-く【仏供】(名)〔「ぶっく」の促音「っ」の表記されない形〕❶仏に物を供えること。また、その物。［枕］八七「仏の御弟子にさぶらへば、御―のおろしたべむと申すを」［訳］(私は)仏の御弟子でございますので、お供え物のおさがりをいただこうと申し上げるのを。❷仏に供える物を盛る器。〔栄花〕おむがく「―、同じく七宝をもて飾り奉らせ給へり」［訳］仏に供える器も、同じように七宝で飾って差しあげなされた。

ふくかぜは… ［和歌］

> 吹く風は　涼しくもあるか　おのづから
> 山の蟬鳴きて　秋は来にけり
> 〈金槐集・秋・源実朝〉

［訳］吹いてくる風はなんと涼しいことだろう。ひとりでに山の蟬が鳴きはじめて、秋はやって来ていたことだよ。［文法］「もあるか」の「も」は詠嘆の係助詞、「か」は詠嘆の終助詞。［解説］この「蟬」はひぐらし、またはつくつくぼうし。「礼記」に「孟秋之月(七月)…寒蟬鳴」とあるが、そのとおりに季節が進行したことへの感動を詠む。

ふくからに… ［和歌］《百人一首》

> 吹くからに　秋の草木の　しをるれば
> むべ山風を　あらしといふらむ
> 〔荒し〕〔嵐〕
> 〈古今・五・秋下・二四九・文屋康秀〉

［訳］吹いたかと思うとすぐに秋の草木がしおれるので、なるほど(それで)山から吹きおろす風を「荒し」といい、「嵐」

というのだろう。修辞「あらし」は「荒し」と「嵐」との掛詞。文法「からに」は、「…するとすぐに」の意の接続助詞。「むべ」は「うべ」と同じで、なるほどの意の副詞。解説「嵐」という文字は、「山」と「風」を構成要素としているので、それで「山風」を「嵐」というのも当然だという。ことば遊びを中心として詠んだ歌。

ふく-さ【袱紗・服紗】(名)❶柔らかな絹。枕二八二「狩衣は　香染めの薄き。白き。—」訳狩衣は、香染め(=黄色がかった淡紅色)の薄いの(がよい)。白いの。(糊をひかない)柔らかな絹(のものがよい)。❷柔らかな絹や縮緬で作った風呂敷。〔浮・好色一代男〕「—をあけて一歩山をうつしてありしを」訳ふくさを開いて一歩金を山を模して(積んで)あったのを。❸茶の湯で、道具類を拭いたり、茶わんを受けたりする小さな布。

ふくさ(形動ナリ)〔なら・なり(に)・なり・なる・なれ・なれ〕《近世語》❶ふっくらとして、柔らかなさま。❷福々しく、豊かなさま。ゆったりとしているさま。〔浮・世間胸算用〕「丸餅を庭火にて焼き食ふも、いやしからず—・なり㊇」(=みすぼらしくなく福々しい)」

ふくし【掘串】(名)〔後世「ふぐし」とも〕竹または木の先をとがらせて作った、土を掘るへら。万葉一・一「籠もよみ籠持ち—もよみ—持ち」訳→こもよ…和歌

ふくしん-の-やまひ【腹心の病】腹または心にある病気。治すことのできない重病。〔太平記〕一〇「晋の国は(呉から遠いので)傷あと(程度の存在)であり、(隣国の)越は命とりになりかねない重病(のようなもの)である。

ふく・す【伏す】(自サ変)〔せ・し・す・する・すれ・せよ〕従う。屈伏する。降伏する。徒然二四「その夷、漢に—・し㊉て後に来りて、おのれが国の楽を奏せしなり」訳その蛮族が漢(の国)に降伏してのちに(漢の都に)やって来て、自分の国の音楽を演奏したのである。

ふく・す【服す】(自サ変)〔せ・し・す・する・すれ・せよ〕服従する。納得して従う。〔太平記〕一九「今は再び皇威に—・せ㊍んこと、近き世にはあらじと」訳今となっては再び朝廷の威光に服従するようなことは、近い時代にはないだろうと。

ぶく・す【服す】━(自サ変)〔せ・し・す・する・すれ・せよ〕喪に服す。〔赤染衛門集〕詞書「娘の亡くなりたりしに—・す㊇とて」訳娘が亡くなったときに喪に服すということで。━(他サ変)〔せ・し・す・する・すれ・せよ〕(茶・薬などを)飲む。また、物を食う。源氏帚木「極熱の草薬を—・し㊉て」訳熱病の煎じ薬(=にんにく)を服用して。

ふくだ・む━(自マ四)〔ま・み・む・む・め・め〕(髪の毛や和紙が)けばだってぼさぼさになる。けばだつ。枕二〇〇「髪は風に吹きまよはされて、少しうち—・み㊉たるが」訳髪は(昨夜の)風に吹き乱されて、少しぼさぼさになっているのが。━(他マ下二)〔め・め・む・むる・むれ・めよ〕けばだたせる。枕二五「ありつる文、立て文をも結びたるをも、いときたなげにとりなし—・め㊉て」訳先ほどの(持たせた)手紙を、(それが)正式の書状にしろ(略式の)結び文にしろ、ひどく汚らしく扱ってけばだたせて。

ふくち-の-その【福地の園】(名)「ふくぢのその」とも。福徳を生じる園。極楽浄土。源氏若菜上「尼君も、ただ—に種まきて、とやうなりし一言をうち頼みて」訳(明石の)尼君も、ただもう極楽浄土に(善根の)種をまいて(いる)というようであった一言を頼りにして。⇩後世「慣用表現」

ふくつけ-が・る(自ラ四)〔ら・り・る・る・れ・れ〕〔「ふくつけし」の語幹に接尾語「がる」が付いたもの〕欲張る。欲深くふるまう。源氏朝顔「いと多うまろばさむと—・れ㊁ど」訳(童女たちは雪の玉を)たいそう多く転がそうと欲張るが。

ふくつけ・し(形ク)〔から・く(かり)・し・き(かる)・けれ・かれ〕欲深い。貪欲だ。宇治八・三「例の鉢、来にたり。ゆゆしく、—・き㊍鉢よ」訳いつもの鉢が来ている。気味が悪く、欲深い鉢よ。

ぶく-なほし【服直し】(名)喪が明けて、喪服を脱ぎ、ふだんの着物に着替えること。除服。源氏少女「御—の程(=折)などにも」

福原〔地名〕今の神戸市兵庫区福原町。治承四年(一一八〇)、平清盛が都を一時ここに移した。

ふく・む【含む】━(自マ四)〔ま・み・む・む・め・め〕ふくらむ。源氏若菜上「指貫の裾つ方少し—・み㊉て」訳指貫の裾のほうが少しふくらんでいて。━(他マ四)〔ま・み・む・む・め・め〕❶中に物を入れて持つ。口の中に入れる。平家九・木曾最期「太刀のさきを口に—・み㊉」訳(今井四郎兼平は)太刀の先を口の中に入れて(くわえ)。❷心に抱く。心にとどめておく。平家七・平家山門連署「いやしくも勅命を—・ん㊉(撥音便)で、しきりに征罰を企つ」訳もったいなくも天皇のご命令を心に抱いて、何度も征伐を企てる。━(他マ下二)〔め・め・む・むる・むれ・めよ〕❶ふくませる。口に入れる。❷言いきかせる。納得させる。〔源平盛衰記〕「山城の判官秀助宣命を—・め㊍させて」訳山城の判官秀助は、宣命を(藤原成親に)言いきかせて。

ふく-やか【脹やか】(形動ナリ)〔なら・なり(に)・なり・なる・なれ・なれ〕〔「やか」は接尾語〕ふっくらとしたさま。宇治三・一四「手のいと白く—・に㊉て」訳(女の)手がたいそう白くふっくらしていて。

ふく-よか【脹よか】(形動ナリ)〔なら・なり(に)・なり・なる・なれ・なれ〕〔「よか」は接尾語〕ふっくらとしたさま。源氏若紫「いと若けれど、生ひ先見えて—・に㊉書い給へり」訳(若紫の書きぶりは)まことに幼いけれども、将来(の上達)が目に見えてふっくらとお書きになっている。

ふくら-か【脹らか】(形動ナリ)〔なら・なり(に)・なり・なる・なれ・なれ〕〔「か」は接尾語〕「ほこらか」とも。ふっくらとしたさま。源氏若紫「少し—・に㊉なり給ひて」訳(藤壺はお腹が)少しふっくらとおなりになって。

ふく-りふ【腹立】(名・自サ変)腹を立てること。立腹。平家三・法印問答「かつうは—・し㊉、かつうは落涙し給へば」訳(平清盛は)一方では怒り、もう一方では涙を落としなさるので。

ふく-りん【覆輪・伏輪】(名)❶金銀などの板で、刀の鍔、鎧、鞍などの縁をおおい飾るもの。⇩巻頭カラーページ17 ❷女性の着物の袖口などを他の布で細く縁どったもの。袖覆輪。

ふく・る【脹る・膨る】(自ラ下二)〔れ・れ・る・るる・るれ・れよ〕丸みを帯びて大きくなる。ふくれる。竹取竜の頸の玉「風邪いと重き人にて、腹いと—・れ㊉」訳(大納言は)感冒がひどく重い症状の人で、腹がたいそうふくれて。

ふ-ぐるま【文車】(名)〔「ふみぐるま」の転〕書物をのせて運ぶ、板張りで屋形の付いた小型の車。徒然 七二「多くて見苦しからぬは、―の文(ふみ)、塵塚(ちりづか)の塵(ちり)」訳 多くても見苦しくないのは、文車の上の書物、ごみ捨て場のごみ。

(ふぐるま)

ふくろ【袋・嚢】(名)❶布・紙・皮などでつくった、物を入れて口を閉じるもの。ふくろ。万葉 二・一六〇「燃ゆる火も取りてつつみて―には入ると言はずやも」訳 燃える火でも、取って包んで袋には入れるというではないか。❷財布。巾着。〔雨月〕菊花の約「―をかたぶけて酒飯の設(まうけ)をす」訳 財布をはたいて酒食の用意をする。

ふ-けう(キョウ)【不孝】■一(名・形動ナリ)親不孝。源氏 蛍「―なる体は、仏の道にもいみじくこそ言ひたれ」訳 親不孝であることは、仏の道でもきびしく戒めている。■二(名・他サ変)勘当すること。今昔 二九・一一「その時に父、その瓜(うり)取りたる児(ちご)を永く―し用て」訳 その時に父親は、その瓜を取った子を長く勘当して。

武家義理物語(ぶけぎりものがたり)【作品名】江戸前期の浮世草子。井原西鶴(さいかく)作。貞享(じょうきょう)五年(一六八八)刊。武家社会の義理の尊重を美風とし、例話二十六編を集める。

ふ-げつ【風月】(名)「ふうげつ」とも。❶清風と明月。自然の景。また、自然の風物を愛し楽しむこと。❷自然の風物に親しんで詩歌・文章を作ること。徒然 八六「惟継(これつぐ)の中納言は、―の才(ざえ)に富める人なり」訳 惟継の中納言は、詩文創作の才能に富んだ人である。

ふ-げん【普賢】(名)「普賢菩薩(ふげんぼさつ)」の略。

ぶ-げん【分限】(名)〔「ぶんげん」の転〕❶身分。身のほど。分際(ぶんざい)。〔雨月〕貧福論「なんぢ賤(いや)しき身の―に過ぎたる財(たから)を得たるは嗚呼(をこ)の事(わざ)なり」訳 おまえがいやしい身で、分際に過ぎた財貨を手に入れたのはばかげた(=りっぱな)ことだ。❷金持ち。富豪。〔浮・世間胸算用〕「弐千貫(にせんぐわん)目より内の―壱人(いちにん)もなし」訳 二千貫目より少ない金持ちは一人もいない。

発展 「分限(ぶげん)」と「長者」

「分限」とは、もともと身分・分際(ぶんざい)という意味であったが、江戸時代になると、町人階級の金持ち・資産家をいうようになった。井原西鶴(さいかく)の「日本永代蔵」には、資産が銀五百貫目以上を「分限」、千貫目以上を「長者」というとある。分限者になれば、一生を楽に暮らせ、そうした経済力によって、武士以上の権勢を持つ商人も少なくなかった。

ぶげん-しゃ【分限者】(名)《近世語》金持ち。富豪。〔浄・冥途の飛脚〕「聟(むこ)の蔭(かげ)(=おかげ)で田も五町、倉も二ケ所の―」

ふげん-ぼさつ【普賢菩薩】(名)《仏教語》「ふげんぼさち」とも。仏の理・定(じょう)・行(ぎょう)の徳をつかさどり、除障・延命を祈るときの対象とされる菩薩。白象に乗り、釈迦(しゃか)の右に侍する。左方は文殊(もんじゅ)菩薩。ふげん。

(ふげんぼさつ)

ふ-ご【封戸】(名)「ふこ」とも。律令制で、親王・諸王や諸臣などに朝廷から与えられた民戸(みんこ)。その民戸からの租の半額、庸・調の全額が支給された。位階による位封(いふ)、官職による職封(しきふ)、勲功による功封(こうふ)の三種がある。封(ふ)。

ぶ-こう【無功】(名・形動ナリ)じょうずでないこと。不器用。へた。未熟。〔難波土産〕「―なる体作者は文句をかならず和歌あるいは俳諧などのごとく心得て」訳 未熟な作者は、(浄瑠璃(じょうるり)の)文句を常に和歌または俳諧などのように心得て。

ぶ-こつ【無骨】(名・形動ナリ)❶無作法なこと。失礼。ぶしつけ。平家 八・猫間「立ち居(ゐ)の振る舞ひの―さ」訳(木曽義仲(よしなか)の)立ち居のふるまいの無作法さ。❷具合の悪いこと。不都合。〔曽我物語〕「二、三千人の客人を一人にあづくること、―なり終」訳 二、三千人もの客を一人にまかせることは、具合が悪いことだ。❸役に立たないこと。才能がないこと。〔曽我物語〕「われ―なり終といへども、呉王(ごわう)をあざむきて君王(くんわう)の死をすくひ」訳 自分は役に立たないといっても、呉王をだまして主君の死ぬところを救い。

ふさ ■一(副)多く。たくさん。万葉 一七・三九四三「わが背子が―手折(たを)りける女郎花(をみなへし)かも」訳 私の親愛なるあの方がたくさん手で折った女郎花であるなあ。■二(形動ナリ)〔(なら)・なり(に)・なり・なる・なれ・なれ〕多いさま。たくさんである。蜻蛉 中「道すがら、うちも笑ひぬべき事どもを、―に用あれど」訳(兼家(かねいえ)は道の途中、吹き出してしまいそうなことをあれこれ、たくさん言うけれど。

ふ-さう(ソウ)【扶桑】(名)❶中国で、太陽の出る所にあるという神木。また、その地。〔神皇正統記〕「東海の中に―の木あり。日の出(い)づる所なり」訳 東方の海の中に扶桑の木がある。(そこは)太陽が昇る所である。❷日本の異称。細道 松島「松島は―第一の好風(かうふう)にして」訳 松島は日本第一のよい風景であって。⇩大八州(おほやしま)「慣用表現」

ふさう【相応う】⇩ふさふ

ぶ-さう(ソウ)【無双】(名・形動ナリ)並ぶもののないこと。二つとないこと。〔太平記〕六「赤松の次郎入道円心とて弓矢取って(は)―の(=並ぶもののない)勇士あり」

ふさがり【塞がり】(名)陰陽道(おんようどう)で、大将軍・太白神・天一神(なかがみ)などの凶神のいる方向。この方角に向かって事をなすのは凶とされて避けた。

ふさが・る【塞がる】(自ラ四)〔ら・り・る・る・れ・れ〕❶胸がいっぱいになる。胸が詰まる。細道 旅立「前途三千里の思ひ胸に―り用て」訳 これから旅立つ三千里の(はるかな道のりへの)思いが胸にいっぱいになって。⇩幻(まぼろし)の巷(ちまた)「名文解説」❷立ちふさがって、通行をさまたげる。〔保元物語〕「馬の前に下り―っ用(促音便)て、あやまちさすな」訳 馬の前に降りて立ちふさがって、けがをさせるな。

❸つまる。つかえる。閉ざされる。[今昔] 一四・九「鉄を掘る間、俄に穴の口崩れて—・る(体)に」[訳] 鉄を掘っている間、急に穴の口が崩れて(入り口が)閉ざされるので。❹陰陽道で、方角が「塞がり」に当たる。[平家] 九・三草勢揃「五日は、西—・り(用)」[訳] 五日は、西が凶の方角に当たり。

ぶ-さた【無沙汰・不沙汰】(名・形動ナリ) ❶訪問しないこと。便りのないこと。無音。〔古活字本平治物語〕「我も尋ねたく思ひつれども、…今も—・なり(終)」[訳] 自分も尋ねたいと思っていたが、…今も訪問しないでいる。❷知らないこと。関心のないこと。放っておくこと。〔太平記〕三「これを—・に(用)てさしおかば、…菊池いかさま都へ攻めのぼりぬとおぼゆる」[訳] これ(=宮方の勢力の拡大)を関心のないことだとして放置しておくなら、…菊池(肥前の守)はきっと都へ攻め上ってしまうと思われる。❸おろそかにすること。油断。不用心。〔太平記〕七「用心の体、少し—・に(用)ぞなりにける」[訳] 警戒のようすが、少しおろそかになってしまった。

ふさは・し【相応し】(形シク)〔しから・しく(しかり)・し・しき(しかる)・しけれ・しかれ〕つりあっている。似つかわしい。[源氏] 夕霧「—・しから(未)ぬ御心のすぢとは年ごろ見知りたれど」[訳] (私=夕霧には)似つかわしくない(あなた=雲居の雁の)ご気性だとは数年来わかっていたが。

ふさ・ふ【相応ふ】(自ハ四)〔は・ひ・ふ・ふ・へ・へ〕つりあう。似合う。調和する。[堤] 逢坂越えぬ権中納言「いみじう—・は(未)ぬ御けしきの候ふは、たのめさせ給へる方の恨み申すべきにや」[訳] (宮中に参内するのに)ひどくふさわしくない(=気乗りしない)ごようすがございますのは、(あなた=中納言が)頼みに思わせていらっしゃる女性が(今夜訪ねないと)お恨み申しあげるにちがいないからであろうか。

ふさ-やか【多やか】(形動ナリ)〔なら・なり(に)・なり・なる・なれ・なれ〕「やか」は接尾語〕豊かにふさふさとしているさま。[源氏] 若菜上「すその—・に(用)そがれたる、いとうつくしげにて」[訳] (女三の宮の髪の)先端がふさふさと切りそろえられているようすは、たいへんかわいらしい感じがして。

ふし【節】(名) ❶竹・葦などの茎にあるつなぎ目。ふし。また、骨のつなぎ目。関節。[竹取] かぐや姫の生ひ立ち「—を隔ててよごとに金ある竹を見つくること重なりぬ」[訳] (竹取の翁は)節をへだてて空洞ごとに黄金の入った竹を見つけることがたび重なった。❷(糸・布などの)ところどころにこぶのように太くかたまっているもの。[枕] 一六三「むかしおぼえて不用なるもの 繧繝縁の畳の—出できたる」[訳] (りっぱだった)昔が思い出されて(今は)役に立たないもの、(高級な)繧繝べりの畳のこぶのような太糸が(古くなって)出てきたの。❸箇所。点。また、根拠。理由。[更級] 春秋のさだめ「春秋をしらせ給ひけむことの—なむ、いみじう承らまほしき」[訳] (あなたが)春と秋(の優劣)をお見分けになられたであろうその理由を、どうしてもお聞きしたいものだ。❹おり。機会。きっかけ。[源氏] 明石「さるべき—の御いらへなど浅からず聞こゆ」[訳] (明石の君は)しかるべきおりのご返事など十分な心配りをもって申し上げる。❺歌の調子の高低。曲節。節回し。[平家] 一・祇王「仏御前は、…声よく—も上手でありければ」❻(歌の)一くぎり。段落。

> **図解学習　「ふし」と「よ」**
> 竹・葦などの茎にあるふくらんだつなぎ目が「ふし」の原義。その節と節との間が「よ」である。歌などでは「よ」を「節の間」ということがあり、きわめて短い時間をいう比喩に用いた。「難波潟短き葦のふしの間も逢はでこの世を過ぐしてよとや」([訳]→なにはがた…[和歌]〈[新古] 恋一〉)

ふじ【藤】⇩ふぢ

ふし-おき【臥し起き】(名) 寝ることと起きること。毎日の生活。「おきふし」とも。[蜻蛉] 上「—は、ただをさなき人をもてあそびて」[訳] ふだんの暮らしでは、ただ幼い人(=子の道綱)をかわいがって。

ふし-お・く【臥し起く】(自カ上二)〔き・き・く・くる・くれ・きよ〕寝起きする。月日を過ごす。[更級] 宮仕へ「などて、多くの年月をいたづらにて—・き(用)しに、行ひをも物詣でをもせざりけむ」[訳] どうして、長い年月をなすこともなく過ごしてきたのに、勤行もお寺参りもしなかったのだろう。

富士川(ふじがは)フジガワ『地名』今の山梨・静岡両県を流れ駿河湾に注ぐ川。日本三急流の一つ。治承四年(一一八〇)、この川をはさんで源平の合戦が行われた。

ふ-しぎ【不思議】(名・形動ナリ)〔「不可思議」の略〕❶思いがけないこと。考えられないこと。また、怪しいこと。[方丈] 三「四十あまりの春秋をおくれる間に、世の—を見ること、ややたびたびになりぬ」[訳] 四十年あまりの年月を送っているうちに、この世の予想もしない出来事を目にすることが、だんだん度重なってきた。❷非常識なさま。とっぴなさま。[平家] 一・祇王「人の嘲りをもかへりみず、—の事をのみし給へり」[訳] (清盛は)人のそしりをも心にかけず、常識はずれのことばかりなさっていた。

富士山(ふじさん)『地名』[歌枕] 今の山梨県と静岡県との境にそびえる山。日本の最高峰。古来、霊峰として信仰され、その姿は歌に詠まれ、絵に描かれてきた。古くは「不尽」「不二」とも書く。

ふし-しづ・むシズム【伏し沈む】(自マ四)〔ま・み・む・む・め・め〕嘆きに沈む。物思いに沈む。〔うつほ〕祭の使「源宰相、—・み(用)て、死ぬ死ぬと天の下に惜しまれつつ、こもりふして」[訳] 源宰相(=実忠)は、(恋の病に)嘆き沈んで、死ぬ死ぬと世間の人に(思われ)惜しまれながら、引きこもり床についていて。

富士谷成章(ふじたになりあきら)『人名』(一七三八〜一七七九)江戸中期の国学者・歌人。京都の人。歌学と国語学にすぐれ、品詞の分類、国語の時代区分などに新しい意見を示した。著書に「挿頭抄」「脚結抄」など。

ふ-じつ【不日】(名) 多くの日数を経ないこと。「不日に」の形で副詞的に用いることが多い。[今昔] 一七・一〇「—に地蔵の半金色の像造りて」[訳] 多くの日数を経ないうちに、地蔵の半分金色の像を造って。

ふし-ど【臥し所】(名)夜寝る所。寝室。寝床。ねや。[平家]三・足摺「日も暮るれども、あやしの―へも帰らず」[訳]日も暮れるけれども、(俊寛は)粗末な寝床へも帰らない。

ふし-な・む【伏し並む】(自マ四){ま・み・む・む・め・め}並んで倒れる。[枕]能因本・一六六「立て蔀、透垣などの―・み(用)たるに」[訳]立て蔀や透垣(=竹などで間をすかして作った垣)などが(昨夜の暴風で)並んで倒れているうえに。

ふし-の-ま【節の間】節と節とのあいだ。転じて、ちょっとの時間。[新古]恋一「難波潟短き葦の―も逢はでこの世を過ぐしてよとや」[訳]→なにはがた…[和歌]

ふし-はかせ【節博士】(名)声明・平曲・謡曲・浄瑠璃などの音曲の詞章のかたわらに、その節の高低・長短を墨でしるした音譜。[徒然]二二七「―を定めて、声明になせり(=仏徳をたたえる歌謡とした)」

ふし-ぶし【節節】(名)❶あれこれ。ところどころ。[源氏]明石「疎まれ奉りし―を、思ひ出づるさへ胸いたきに」[訳](あなた=紫の上に)憎まれ申した(浮気の)あれこれを思い出すのまでも(私=光源氏は)胸が痛いのに。❷おりおり。[源氏]桐壺「何事にも故ある事の―には、まづまうのぼらせ給ふ」[訳](桐壺帝は)何事でも、趣向をこらした行事のおりおりには、まっ先に(桐壺の更衣を)参上させなさることや。

ふしまち-の-つき【臥し待ちの月】〔出がおそく、臥して待つ月の意〕陰暦十九日の夜の月。宵待ちの月。[秋]。[源氏]若菜下「―はつかにさし出でたる」[訳]陰暦十九日の月がわずかに輝き出たころ。

ふし-まろ・ぶ【臥し転ぶ】(自バ四){ば・び・ぶ・ぶ・べ・べ}(非常な悲しみや喜びのあまり)からだを地面に投げ出してころげまわる。[宇治]五・六「御馬を給びたりければ、―・び(用)喜びて」[訳](藤原忠通が)お馬をくださったので、(清仲は)ころげまわって喜んで。

伏見(ふしみ)『地名』今の京都市伏見区。平安時代は貴族の別荘地。豊臣秀吉が伏見城を築城後、城下町として、また淀川水運の河港としても栄えた。

ふし-め【伏し目】(名)少しうつむきがちに見ること。また、その目つき。[源氏]若紫「幼心地にも、さすがにうちまもりて、―になりてうつぶしたるに」[訳](若紫は)子供心にも、やはり(平気ではおられず、祖母の顔を)じっと見つめて、(やがて)伏し目になってうつむいたところに。

ふ-しゃう【不祥】(名・形動ナリ)❶縁起のよくないこと。不吉。[蜻蛉]中「さきざきの御―は、いかでことなかるべく、いのり聞こえむ」[訳]将来のご災難は、どうか無事であるように、加持祈禱してさしあげよう。❷不運。不幸。〔太平記〕三「兼好が―、公義が高運、栄枯一時に地をかへたり」[訳]兼好の不運、公義の運のよさ、盛衰はあっという間に所を変えた。

ふ-しゃう【不請】(名)❶《仏教語》仏や菩薩が、衆生の求めがなくても慈悲心から救いの手をさしのべること。❷自分からの望みでないこと。また、いやいやながら承知すること。〔浮・好色一代女〕「町衆は―の裃肩衣を着て」[訳]町内の人々はやむなくつきあいのための裃肩衣の礼服を着けて。

ふ-しゃう【府生】(名)六衛府の下級職員。

ふ-じゃう【不浄】㊀(名・形動ナリ)けがれていること。また、そのさま。〔太平記〕二「―汚穢の男女出入を制止することなく」[訳]けがれてきたならしい男女の出入りを制止することなく。❷大小便。下肥。〔醒睡笑〕「見れば、―をになへり」[訳](農夫を)見ると、下肥をかついでいる。
㊁(名)❶月経。[蜻蛉]中「かくて程もなく―の事あるを」[訳]このようにしてまもなく月経ということがあるが。

ふ-しょう【鳧鐘】(名)❶十二律(=雅楽の音階)の第七音。→十二律 ❷釣り鐘。また、念仏用の小さい鉦。

ふじょう〔不定〕⇩ふぢゃう

ふし-をが・む【伏し拝む】(他マ四){ま・み・む・む・め・め}ひれ伏して拝む。遠くから拝む。[竹取]火鼠の皮衣「唐土の方に向かひて―・み(用)給ふ」[訳](あべの右大臣は)唐(=中国)の方に向かって伏して拝みなさる。

ふ-しん【普請】(名・他サ変)❶禅寺で、多くの人々に清掃などの労役に従事してもらうこと。❷多くの人々からの寄付を受けて寺の堂や塔を建築・修理すること。❸土木・建築など一般の工事をすること。

ふ-しん【不審】(名・形動ナリ)❶疑わしいこと。よくわからないこと。〔沙石集〕「七つこそありしに、六つあるこそ―・なれ(已)。一つをば隠されたるにや」[訳](銀貨は)七つあったのに、(返された今)六つあるのは納得がいかない。一つをお隠しになったのだろうか。❷疑いをかけること。嫌疑。[平家]三・土佐房被斬「内々御―をかうぶり給ふ由、聞こえしかば」[訳](義経が頼朝から)内々にご嫌疑を受けていらっしゃることが、うわさされたので。

ふ-じん【夫人】(名)「ぶにん」に同じ。

ぶ-しんぢゅう【不心中】(名)《近世語》義理を守らないこと。不誠実なこと。薄情。〔浄・心中天の網島〕「あの―者、なんの死なう」[訳]あの薄情者が、どうして死ぬものか。

ふ・す【伏す・臥す】㊀(自サ四){さ・し・す・す・せ・せ}❶**横になる。寝る。**[枕]九「はしに出でて―・し(用)たるに」[訳](猫が)縁先に出て横になっているので。❷**うつぶす。うつむく。**[竹取]かぐや姫の昇天「『具して出でおはせね』と泣きて―・せ(已)れば」[訳]「(この翁を)連れてご出発ください」と泣きふしているので。[文法]「おはせね」の「ね」は、他に対する願望の終助詞。❸**隠れる。ひそむ。**〔後拾遺〕恋一「鴫の―・す(体)刈田に立てる稲茎の否とは人のいはずもあらなむ」[訳]鴫がひそむ刈り取った田に立っている稲株の「いな」ではないが、いな(=いや)とはあの人が言わないでほしい。(第三句までは「否」を導きだす序詞)。[文法]「あらなむ」の「なむ」は、他に対する願望の終助詞。
㊁(他サ下二){せ・せ・す・する・すれ・せよ}❶**横にする。寝かせる。**[源氏]総角「身もなきひひなを―・せ(用)たらむ心地して」[訳](大君の、ひどく細ったさまは)中身のない人形を寝かせたような感じがして。[文法]「ふせたらむ心地」の「む」は、仮定・婉曲の助動詞。❷うつむかせる。顔などを下へ向かせる。[源氏]若菜上「亡き親の面を―・せ(用)、影をはづかしむるたぐひ多く聞こゆる」[訳]亡くなった親の顔をうつむかせ(=名誉を傷

つけ)、死後の霊を辱める例が多く聞こえるのも。❸おし倒す。おさえつける。平家 一一・能登殿最期「堀の弥太郎乗りうつって、三郎左衛門に組んで一・す㊦」訳 堀の弥太郎は(義盛の船に)乗り移って、三郎左衛門に組みついておさえつける。❹隠す。ひそませる。古今 恋三・詞書「あるじ聞きつけて、かの道に夜ごとに人を一・せ㊥て守らすれば」訳 主人が聞きつけて、その(男が通ってくる)道に毎夜番人をひそませて警戒させるので。

ふ‐す【補す】(他サ変)〔せ・し・す・する・すれ・せよ〕官職に任命する。任ずる。平家 五・奈良炎上「備中国の住人、瀬尾太郎兼康、大和国の検非所(=検非違使所)に一・せ㊀らる(=任ぜられる)」

ふ‐す【賦す】(他サ変)〔せ・し・す・する・すれ・せよ〕漢詩などを作る。〔続日本紀〕「当代の文士詩を一・し㊥て送別す」

ぶ‐す【附子】(名)「ぶし」とも。毒物の一種。とりかぶと(=植物の名)の根を、乾燥させて作る。〔狂・附子〕「これは一というて、…大毒な(=猛毒の)物ぢゃ」

ふ‐ずく【粉熟】(名)〔「ふんじゅく」の転〕平安時代の菓子。米・麦・豆・胡麻の粉を餅にしてゆで、甘葛をかけてこね、竹筒に入れて固めたもの。

ふすさ‐に(副)多く。たくさん。万葉 一四・三四八四「麻苧らを麻笥に一績まずとも」訳 麻の繊維からとった糸を麻笥(=紡いだ麻を入れる器)いっぱいに紡ぎなさっても。文法「績まず」は四段動詞「績む」の未然形「うま」に尊敬の助動詞「す」の付いた「うます」が濁音化したもの。

ふす‐ぶ【燻ぶ】■(自バ下二)〔べ・べ・ぶ・ぶる・ぶれ・べよ〕❶くすぶる。いぶる。徒然 一九「蚊遣り火一・ぶる㊦もあはれなり」訳 蚊遣り火がくすぶるのもしみじみと趣深い。❷嫉妬する。ねたむ。また、すねる。源氏 帚木「一・ぶる㊦にやと、をこがましくも、また、よきふしなりとも思ひ給ふるに」訳 (博士の娘は)すねているのであろうかと、ばからしくも、一方また、(縁を切るには)よい機会だとも(私=藤式部の丞は)存じていると。■(他バ下二)〔べ・べ・ぶ・ぶる・ぶれ・べよ〕いぶす。くすぶらせる。源氏 須磨「おはしますうしろの山に、柴といふもの一・ぶる㊦なりけり」訳 (光源氏が住んで)いらっしゃるうしろの山で、柴というものをいぶすのであった。

ふすぼ‐る【燻ぼる】(自ラ四)〔ら・り・る・る・れ・れ〕❶火がよく燃えないでくすぶる。〔浄・傾城反魂香〕「お寝間の内は、抹香で一・り㊥ますと言ひければ」訳 ご寝室内は、御香でくすぶりますと言ったところ。❷煙にいぶされてすすける。平家 三・頼豪「もってのほかに一・っ㊥(促音便)たる持仏堂にたてごもり」訳 (頼豪は)とんでもなくすすけている持仏堂に戸を締め切ってこもり。

ふすま【衾・被】(名)夜寝るとき上に掛ける**夜具**。掛け布団・かいまきなど。方丈 四「藤の衣、麻の一、得るにしたがひて、肌をかくし」訳 藤や葛の繊維で織った粗末な衣や、麻で作った夜具など、手にはいるのにまかせて、(それらを)身にまとい。

ふすゐ‐の‐とこ【臥す猪の床】草を折り敷いた猪の寝床。また、いのしし。徒然 一四「おそろしきゐのししも、『一』といへば、やさしくなりぬ」訳 おそろしいいのししも、「ふす猪の床」と(和歌に)詠むと必ず、優雅になってしまう。

‐ふせ【伏せ】(接尾)〔ふつう「ぶせ」と濁る〕矢の長さをはかる単位。指一本のはば。平家 一一・那須与一「十二束三一、弓は強し」訳 (矢は)十二束三伏せ(の大矢)で、弓は強弓だ。→束

ふ‐せ【布施】(名)《仏教語》他人に物を施すこと。特に、仏や僧に施す金銭や品物。大鏡 師輔「この御寺のけふの講には、定まりて一をこそはおくらせ給ふめれ」訳 (選子内親王は)このお寺(=雲林院)の今日の(菩提)講には、決まって施しの金品をお贈りになられるようだ。

‐ふぜい【風情】(接尾)❶(名詞に付いて)…のような(もの)、…などの(もの)の意を表す。徒然 五四「箱一の物にしたため入れて」訳 箱のようなものに整理して入れて。❷(人名や代名詞に付いて)いやしめる意を表す。…みたい(な者)。〔浄・用明天王職人鑑〕「あいら一を相手にして、言うて埒のあくことか」訳 あいつらみたいな連中を相手にして、話したところで決着がつくものか。

ふ‐ぜい【風情】(名)❶風流や風雅の**趣**。**情趣**。方丈 三「岡の屋にゆきかふ船をながめて、満沙弥が一を盗み」訳 岡の屋(=宇治川東岸の地名)を行き来する船をながめて、(万葉歌人の)沙弥満誓の情趣をまねて(和歌を詠み)。❷ようす。ありさま。姿。〔浄・国性爺合戦〕「立ちゐ苦しきその一、甘輝見る目も痛はしく」訳 (義母の)立ち居の動作の苦しそうなそのありさまを、甘輝将軍は見るだけでも気の毒で。❸能楽で、身ぶり。所作。〔風姿花伝〕「為手の言葉にも一にもかからざらん所には、肝要の言葉をば載すべからず」訳 主役のせりふにも所作にも関係のないような所には、大事な文句を書き入れてはいけない。文法「かからざらん所」の「ん」は、仮定・婉曲の助動詞。

ふせ‐いほ【伏せ庵・伏せ廬】(名)(地に伏せたように)屋根の低いみすぼらしい家。「伏せ屋」とも。万葉 五・八九二「一の曲げ廬の内に直土に藁解き敷きて」訳 →かぜまじり…和歌。⇩苫屋「慣用表現」

ふ‐せう【不肖】(名・形動ナリ)❶親に似ないで愚かなこと。〔神皇正統記〕「尭の子丹朱一・なり㊥しかば」訳 尭(=中国古代の聖人)の子供の丹朱は親に似ないで愚かであったので。❷劣っていること。また、未熟なこと。〔古活字本保元物語〕「身一・に㊥候へども、形のごとく系図なきにしも候はず」訳 私(=源親治)は劣っておりますが、形の上では由緒がないわけでもございません。❸不遇であること。〔ささめごと〕「慶運は身の程一・なり㊥けん、毎々述懐をのみせしとなり」訳 慶運法師は身の上が不遇であったのであろうか、いつもぐちをこぼすような歌ばかりを詠んでいたということだ。

ふせき‐や【防き矢】(名)〔後に「ふせぎや」とも〕敵の攻撃を防ぐために矢を射ること。また、その矢。平家 九・木曽最期「矢七つ八つ候へば、しばらく一つかまつらん」訳 矢が七本、八本ありますので、しばらく防ぎ矢をいたそう。

ふせ‐く【防く】(他カ四)〔か・き・く・く・け・け〕〔後に「ふせぐ」とも〕くいとめる。さえぎる。徒然 八九「肝心も失せて、一・か

㊍んとするに力もなく」訳(法師は)正気も失って、防ごうとするが力も(ぬけて)なく。

ふせ-ご【伏せ籠】(名)伏せて、その上に衣服をかけるための籠。火桶や香炉を中に置いて、衣服を暖めたり、香の匂いをしみこませたりするのに使う。籠。源氏 若紫「雀の子を犬君が逃がしつる。—のうちにこめたりつるものを」訳雀の子を犬君(=童女の名)が逃がしてしまったの。伏せ籠の中に閉じこめておいたのになあ。

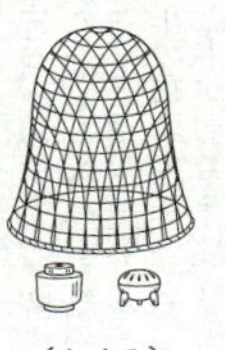
(ふせご)

文法「逃がしつる」は、連体形止め。名文解説 捕らえて伏せ籠をかぶせておいた雀の子をお付きの童女が逃がしてしまい、泣きべそをかいて残念がる若紫のことば。若紫の子どもらしい無邪気さ、かわいらしさとともに、女の子ながら雀取りに興じる活発さも伝わってくる。

ふ-せつ【浮説】(名)うわさ。流言。評判。徒然 一六四「世間の—、人の是非、自他のために失多く、得少なし」訳世間のうわさ話、他人についての善悪の批評、(これらは)お互いのために損失が多く、利益が少ない。⇩聞こえ「慣用表現」

ふせ-や【伏せ屋】(名)「ふせいほ」に同じ。

豊前(ぶぜん)『地名』旧国名。西海道十二か国の一つ。今の福岡県東部と大分県北部。豊州。

ふ-ぞく【付属・付嘱】(名・他サ変)❶渡すこと。預けること。今昔 二・三「家業及び妻子・眷族を弟に—し㊊て出家して山に入りぬ」訳(大臣は)家業と妻子・親族や従者を弟に預けて、出家して山に入ってしまった。

❷(仏教語)仏法を伝授すること。平家 二・座主流「この法は釈尊の—(=釈迦の伝授したもので)」

ふ-ぞく【風俗】(名)「「風俗歌」の略」「ふうぞくうた」に同じ。

蕪村(ぶそん)『人名』→与謝蕪村

ふだ【簡・札】(名)❶「にっきふのふだ」に同じ。❷立て札。高札。また、守り札。

ふた-あゐ【二藍】(名)❶染め色の名。紅花と藍で染めた色で、紅色がかった青色。枕 五「青朽ち葉、—のものどもおしまきて」訳青朽ち葉(=黒みがかった緑色)や二藍の布をいくつも巻いて。⇩巻頭カラーページ10

❷襲の色目の名。表は濃い縹(=薄い藍色)の赤みがかった色、裏は縹色。

ふ-たい【不退】(名)(仏教語)修行の過程で、功徳・善根が増進して退くことのないこと。また、怠ることなく仏道修行すること。不退転。今昔 一四・一八「常に—の行を修して、速やかに無上菩提を証せむ」訳常に怠ることのない不断の仏道修行を修めて、速やかにこの上なくすぐれた悟りを明らかにしよう。

ふ-だい【譜第・譜代】(名)❶氏族の家系を代々継ぐこと。また、それをしるした系図。

❷代々、臣下として仕えていること。また、その者。

❸近世、関ケ原の戦い以前から徳川氏に仕えている大名。譜代大名。

ふたい-てん【不退転】(名)「ふたい」に同じ。

ふたい-の-ぢ【不退の地】(名)(仏教語)(そこに生まれる者は再び迷界へ退転することのない意から)極楽浄土のこと。不退の土。⇩後世「慣用表現」

ぶ-たう【舞踏】(名・自サ変)「ぶたふ」に同じ。

ぶ-たう【無道】(名・形動ナリ)「むだう」「ぶだう」とも。人の道にそむくこと。非道。無法。太平記 九「ただ天に代はって—を誅し」訳ひたすら天に代わって人の道にそむく者を征伐し。

ふたう-じん【不当人】(名)「ふたうにん」とも。無道な者。無法者。平家 二・教訓状「西光といふ下賤の—めが申すことにつかせ給ひて」訳西光といういやしい無法者めの申すことをお聞き入れになられて。

武道伝来記(ぶだうでんらいき)『作品名』浮世草子。井原西鶴作。貞享四年(一六八七)刊。三十二話から成り、敵討ちを通して武家の心情と行為とを描く。

二上山(ふたかみやま)『地名』歌枕「ふたがみやま」とも。❶今の奈良県葛城市と大阪府南河内郡との間にある山。二上山。

❷今の富山県高岡市北部の山。月と紅葉の名所。

ふたが-る【塞がる】(自ラ四)(ら・り・る・る・れ・れ)❶ふさがる。つまる。源氏 桐壺「御胸のみつと—り㊊て、つゆまどろまれず」訳(桐壺帝は)ただもうお胸がぐっとつまって、少しもうとうとすることができず。

❷陰陽道で、「塞がり」の方向にあたる。方塞がりになる。源氏 帚木「こよひ、中神、内裏よりは—り㊊て侍りけり」訳今夜は、天一神の巡行で、宮中から(左大臣邸への方角)は方塞がりになっておりました。

ふた-ぐ【塞ぐ】 ■(他ガ四)(が・ぎ・ぐ・ぐ・げ・げ)❶ふさぐ。おおう。徒然 四九「耳を—ぎ㊊て念仏して、つひに往生を遂げけり」訳(聖は)他人のことばに耳をふさいで念仏を唱えて、とうとう極楽往生をとげた。

❷韻塞ぎ(=隠された漢詩の韻字を言い当てる遊戯)をする。源氏 賢木「—ぎ㊊もてゆくままに、難き韻の文字どもいと多くて」訳しだいに韻を塞いでいくにつれて、難しい韻の文字もあれこれたいそう多くて。

■(他ガ下二)(げ・げ・ぐ・ぐる・ぐれ・げよ)❶ふさぐ。さまたげる。源氏 蜻蛉「今まうのぼりける道に、—げ㊍られて」訳今(明石の中宮の御前に)参上(しようと)した(途中の)道を(戸口にいる薫のために)ふさがれて。

❷陰陽道での悪い方向にあたるようにする。方塞がりにする。源氏 帚木「久しく程経て渡り給へるに、方—げ㊊て」訳(光源氏は)長い時間がたって(=久しぶりに)(左大臣邸に)おいでになったのに、(わざと)方塞がりにして。

ふた-ごころ【二心】(名)❶浮気心。源氏 東屋「—なからむ人のみこそ、めやすく頼もしきことにはあらめ」訳浮気心がないような人だけが、無難で頼りにできるものではあろう。

❷主君にそむく心。裏切りの気持ち。金槐集「山はさけ海はあせなん世なりとも君に—わがあらめやも」訳山が裂け、海がかれてしまうような世であっても、私は大君(=後鳥羽上皇)に対して裏切りの気持ちを抱くだろうか(いや、決してそんなことはない)。

ふだ-さし【札差し】(名)江戸時代、旗本や御家人の代理として蔵米(=給与として与えられる米)の受け取り、販売を行い、手数料を取った商人。その米を抵当に金融も行った。「札」は蔵米の受取手形で、割竹にはさんで米俵に差したことからいう。

ふた-つ【二つ】(名)〔「つ」は接尾語〕数の二。二歳。また、二番目、二度など。源氏 葵「ことさらにやつれたるけはひ著く見ゆる車ーあり」訳 わざと目立たないように地味にしているようすがはっきり見える牛車が二両ある。

ふたつ-ぎぬ【二つ衣】(名)袿や袙を二枚重ねたもの。二枚重ね。

ふたつ-な・し【二つ無し】(形ク)〔から・く(かり)・し・き(かる)・けれ・かれ〕比べるものがない。この上ない。たぐいない。土佐「みな人々、媼、翁、額に手をあてて喜ぶことー・し㊇」訳 (難波に着き)人々はみな、おばあさんもおじいさんも、額に手を当てて喜ぶことはこの上ない。

ふたつ-の-みち【二つの道】❶忠と孝の道。❷(「白氏文集」の「秦中吟」の中の語から)貧と富との二つの道。特に、貧家の女性の品行と富家の女性の品行。

ふたつ-もじ【二つ文字】(名)(二重になった字の意から)ひらがなの「こ」の字のこと。徒然 六二「ー牛の角の文字直ぐな文字歪み文字とぞ君はおぼゆる」訳 →ふたつもじ…和歌

ふたつもじ… 和歌

> ふたつ文字　牛の角の文字　直ぐな文字
> 歪み文字とぞ　君はおぼゆる
> 〈徒然・六二・延政門院〉

訳 二つ文字、牛の角文字、すぐな文字、ゆがみ文字と父君のことが恋しく思われます。

解説 延政門院が小さかったころ、父の後嵯峨院にあてた歌。この歌の後に記された「恋しく思ひ参らせ給ふとなり」という、兼好の説明に従ってこの歌の謎解きをすれば、「ふたつ文字」が「こ」を、「牛の角文字」が「い」を、「直ぐな文字」が「し」を、「歪み文字」が「く」をそれぞれ意味して「恋しく」となる。しかし「恋しく」の仮名遣いは「こひしく」である。作者がこれをまちがえたのは、仮名遣いをよく知らないくらい幼かったためとも、当時の発音どおりの表記であったためともされる。

ふた-と(副)いきおいよく打ち当たるときの音。ぱたっと。ぽんと。ばたんと。今昔 二三・二〇「盗人の尻をー蹴たりつれば」訳 盗人の尻をぽんと蹴ったところ。

ふた-なぬか【二七日】(名)❶十四日間。徒然 六〇「患ふことあるには、七日、ーなど、療治とて籠り居て」訳 病気になることがあるときには、七日間、十四日間など、治療といって(部屋に)こもっていて。❷人の死後十四日目の忌日。

ふた-ば【二葉】(名)❶草木が芽を出したときの最初の葉。平家 一・殿下乗合「栴檀はーよりかうばしとこそ見えたれ」訳 (香木の)栴檀は二葉(のころ)からよい香りがすると見られている。❷物事の初めのとき、また、幼少のときをたとえる語。〔狭衣物語〕「ただーより、つゆの隔てなくて生ひ立ち給へるに」訳 まったく幼い時から、少しの隔てもないようすで(兄妹として)成長なさっていたので。

ふたば-の-ひと【二葉の人】幼い人。幼児。更級 春秋のさだめ「ーをも、思ふさまにかしづきおほし立て」訳 幼い人をも、思う存分たいせつに育てあげて。

ぶ-たふ【舞踏】(名・自サ変)「ぶたう(舞蹈)」とも。拝礼の作法の一つ。初め二度礼拝して笏を地上に置き、立って左右左、座って左右左と身をひねり、笏をとって拝し、立ってまた二度礼拝する。朝賀・即位・節会・叙位・任官また禄などを賜るときに行う。源氏 桐壺「長橋よりおりてー・し㊊給ふ」訳 長廊下(の階段)から(庭に)おりて、(左大臣は、お礼の)拝舞をしなさる。

ふた-ふた(-と)(副)ばたばた。ぱたぱた。枕 六三「扇ーと使ひ」

ふた-へ【二重】(名)❶二つ重なっていること。にじゅう。〔紫式部日記〕「女房ー三重づつゐわたされたり」訳 女房は二重三重ずつに(列になって)ずらっと座らされている。❷(腰などが)二つに折れ曲がること。大和 一五六「このをば、いといたう老いて、ーにてゐたり」訳 このおばは、たいそうひどく年をとって、腰が折れ曲がった状態でいた。

ふた-ま【二間】(名)❶柱と柱との間(=柱間)が二つあること。蜻蛉 上「宮の御桟敷の、ひとつづきにてーありけるをわけて」訳 宮(=章明親王)の御見物席が(兼家の見物席と)一続きで二間あったのをわけて。❷一辺が柱間二つ分である部屋。持仏などを安置する。源氏 末摘花「ーのきはなる障子」訳 (母屋と)二間との境にある襖障子。❸清涼殿の部屋の名。夜の御殿の東側にあり、天皇守護の祈禱をする僧が夜間つめる。〔紫式部日記〕「ーの東の戸に向かひて」

二見の浦(ふたみのうら)『地名』歌枕 ❶今の三重県伊勢市の海岸。伊勢神宮に参詣する者はここで身を清めた。❷今の兵庫県明石市の二見港一帯の海岸。また、兵庫県豊岡市の円山川河口付近の海岸とも。

ふたむね-の-ごしょ【二棟の御所】(名)寝殿造りで、寝殿の北東に棟を突き出してつくった建物。寝殿造りの変形かという。

ふた-めか・す(他サ四)〔さ・し・す・す・せ・せ〕〔「めかす」は接尾語〕ばたばたさせる。宇治 三・一六「羽をー・し㊊てまどふほどに」訳 (すずめが)羽をばたばたさせてうろたえているときに。

ふた-め・く(自カ四)〔か・き・く・く・け・け〕〔「めく」は接尾語〕❶ばたばた音をたてる。宇治 二・一四「大きなる屎鳶の羽折れたる、土に落ちて、まどひー・く㊍を」訳 大きなくそとび(=鷹の一種)で羽の折れたのが、地面に落ちて、うろたえばたばたと音をたてているのを。文法「屎鳶の」の「の」は、いわゆる同格の格助詞で、「…で」の意。❷ばたばたと騒ぎうろたえる。〔太平記〕一七「われ先にとー・き㊊て、また本の陣へ引き返す」

ふた-ゆ・く【二行く】(自カ四)〔か・き・く・く・け・け〕❶二度繰り返す。万葉 四・七三三「うつせみの世やもー・く㊍何すとか妹に逢はずて我が独り寝む」訳 人の世は二度あるものであろうか(いや、そうではない)、どうしてあなたに逢わずに(かけがえのない夜を)私は一人寝るのであろうか。❷心が二方向へ通う。二心を抱く。万葉 一四・三五二六「沼二つ通は鳥が巣吾が心ー・く㊇なもとなよ思はりそね」訳 二つの沼に通う鳥の巣のように、私の心が二つのところへ通うなどと、決して思わないでくれ。

ふだらく【補陀洛・補陀落】(名)《梵語の音訳》インドの南海岸にあるという山。観世音菩薩が住むという。補陀洛山。

ふたり(-と)(副)物が落ちて強くぶつかる音。ぱたり。ぽとん。宇治 二・七「鼻はづれて、粥の中へ鼻ーとうち入れつ」訳 鼻が(添え木からはずれて、粥の中に鼻をぽたりと落とし入れてしまった。

ふたりゆけど… 和歌

二人行けど　行き過ぎがたき　秋山を
いかにか君が　ひとり越ゆらむ
〈万葉・二・一〇六・大伯皇女〉

訳 二人で行っても、なかなか越えられない(さびしい)秋の山を、どのようにしてあなたがたった一人で越えているのでしょうか。

解説 作者は大津皇子の姉。大津皇子は天武天皇の死後、草壁皇子との皇位継承をめぐって謀反の嫌疑を受け、捕らえられて殺された。これはその直前に、大津皇子がひそかに伊勢神宮に下向して、また都に帰るときに、時の斎宮であった作者が詠んだものである。「わが背子を大和へやるとさ夜ふけてあかとき露にあが立ち濡れし」訳→わがせこを…和歌〈万葉・二・一〇五〉の歌も、このとき詠まれた。

ふ-だん【不断】(名・形動ナリ)❶絶え間のないこと。著聞 五三「日夜ーに用もっぱら称念して、いまだ睡眠せず」訳 (良忍上人は)昼も夜も絶え間なくひたすら口に仏名を唱え心に仏を念じて、まだ睡眠をとったことがない。
❷日常。いつも。〔浮・西鶴織留〕「ーの身だしなみも自然とそこそこに(=いいかげんにして)」

ふだん-かう【不断香】(名)(仏前などに)昼夜絶え間なくたきつづける香。「不断の香」とも。今昔 二〇・三九「ーの香、庵の内に満ち」

ふだん-ぎゃう【不断経】(名)《仏教語》死者の追善・冥福や、安産を祈るため、一定の期間中、大般若経・法華経・最勝王経などを昼夜絶え間なく読むこと。不断の御読経。

ふだん-の-かう【不断の香】(名)「ふだんかう」に同じ。

ふち【淵】(名)水のよどんで深い所。古今 雑下「世の中は何かつねなるあすか川きのふのーぞ今日は瀬になる」訳→よのなかは…和歌。↔瀬。⇩瀬「図解学習」

ふ-ち【扶持】一(名・他サ変)❶世話をすること。力を貸すこと。助力。著聞 九八「弟子にてありければ、前後に相従ひてー・し用たりけり」訳 弟子であったので、前後につき従って手を貸したのだった。
❷(扶持米などの)俸禄を与えて臣下として召しかかえること。徒然 二二六「(慈鎮和尚は)この信濃の入道をー・し用給ひけり(=臣下として召しかかえなさった)」
二(名)「扶持米」の略。

ふぢ【藤】(名)❶植物の名。ふじ。また、その花。春。徒然 一九「山吹の清げに、ーのおぼつかなきさましたる、すべて、思ひすてがたきこと多し」訳 山吹の花がさっぱりと美しい感じに咲き、藤の花がぼんやりとしたようすをしているのも、すべて、見捨てがたいことが多い。
❷染め色の名。薄紫。藤色。⇩巻頭カラーページ10
❸「藤襲」の略。襲の色目の名。表は薄紫で裏は萌黄という。陰暦三、四月ごろ着用する。⇩巻頭カラーページ11
❹「藤衣」の略。

ふぢ-がさね【藤襲】(名)「ふぢ③」に同じ。

ふぢ-ごろも【藤衣】(名)❶藤や葛の繊維で織った着物。身分の低い者が着用する、丈夫だが粗末な衣服。「藤の衣」「藤」とも。古今 秋下「穂にもいでぬ山田をもるとーいなばの露にぬれぬ日はなし」訳 まだ穂も出ていない山あいの田を守るというので、粗末な衣が稲の葉に置く露にぬれない日はない。
❷喪服。「藤の衣」「藤」とも。源氏 少女「ー着しはきのふと思ふまにけふはみそぎの瀬にかはる世を」訳 (父が死んで)喪服を着たのはつい昨日のことと思っている間に、今日はもう除服のみそぎのために川の瀬に立つとは、変わりやすい世の中であることよ。
参考 和歌で①は、織り目が粗いことから「間遠」を、衣を着なれる意から「馴る」を、衣を織る意から「おる」を導く序詞を構成することがある。

ふち-せ【淵瀬】(名)❶淵と瀬。川の深い所と浅く流れの速い所。平家 四・橋合戦「河を隔つるいくさに、ー嫌ふやうやある」訳 川を隔てた戦いで、淵や瀬(があろうともその深浅)をえり好みすることがあるか(いや、そんなことは決してない)。
❷「世の中は何かつねなるあすか川きのふの淵ぞ今日は瀬になる」(訳→よのなかは…和歌〈古今・雑下〉の歌から世の中や人事の変わりやすいこと。無常。徒然 二五「飛鳥川のー常ならぬ世にしあれば、時移り、事さり、楽しび・悲しびゆきかひて」訳 飛鳥川の淵と瀬がずっとそのままではないように、変わりやすい世の中であるので、時代が移り、もろもろの事は滅び去り、楽しみと悲しみが代わる代わるやってきて。
❸(深浅を見分ける判断力の意から)物事のよしあし。分別。また、物事の機微。多く「淵瀬も知らず」の形で用いる。〔うつほ〕藤原の君「幼き子に文取らせて、ーも知らせず責めさするは、かしこきわざかな」訳 幼い子供に手紙を持たせて、物事の理非も教えず(返事を)催促させるのは、利口なやり方だなあ。

ふぢ-つぼ【藤壺】(名)「飛香舎」の異称。壺(=中庭)に藤が植えてあったのでこの名がある。⇩巻頭カラーページ32

藤壺《人名》「源氏物語」中の女性。先帝の四の宮。亡き桐壺の更衣に似ているので、桐壺帝に召され入内したが、光源氏とあやまちを犯し、皇子(=後の冷泉帝)を出産する。自責の念にかられて帝の崩御後尼となった。

ふぢ-なみ【藤波・藤浪】(名)❶藤の花房が風になびくさまを波にみたてていう語。また、藤の花。春。古今 夏「わが宿の池のー咲きにけり山郭公いつか来鳴かむ」訳 わが家の池の(ほとりの)藤の花が咲いたことだ。山ほととぎすはいつになったら来て鳴くのだろうか。
❷(「藤原」の「藤」にかけて)藤原氏、またその一門の称。

ふぢ-の-おほんぞ【藤の御衣】「ふぢごろも②」の敬称。源氏 賢木「ーにやつれ給へるにつけても」訳

(光源氏が)御喪服で地味な身なりをなさっているにつけても。

ふぢ-の-ころも【藤の衣】「ふぢごろも」に同じ。

ふぢ-ばかま【藤袴】(名) ❶植物の名。キク科の多年草。秋、淡紫色の花を開く。秋の七草の一つ。㊓。⇨巻頭カラーページ9 ❷襲の色目の名。表裏とも紫色。

藤原惺窩(ふぢはらせいくわ)フジワラセイカ【人名】(一五六一〜一六一九)安土桃山・江戸初期の儒者。播磨(兵庫県)の人。朱子学の基礎を確立。門人に林羅山がいる。著に「惺窩文集」など。

藤原顕輔(ふぢはらのあきすけ)フジワラノアキスケ【人名】(一〇九〇〜一一五五)平安後期の歌人。清輔の父。温雅な歌風で、叙景歌にすぐれる。「詞花集」の撰者。「小倉百人一首」に入集。家集「左京大夫顕輔卿集」

藤原明衡(ふぢはらのあきひら)フジワラノアキヒラ【人名】(九八九?〜一〇六六)平安中期の漢学者。文章博士・大学頭。「本朝文粋」を編纂。著に「明衡往来」「新猿楽記」など。

藤原朝忠(ふぢはらのあさただ)フジワラノアサタダ【人名】(九一〇〜九六六)平安前期の歌人。中納言。三十六歌仙の一人で、笙の笛の名手。「小倉百人一首」に入集。

藤原敦忠(ふぢはらのあつただ)フジワラノアツタダ【人名】(九〇六〜九四三)平安前期の歌人。左大臣時平の子。三十六歌仙の一人。権中納言。琵琶の名手。「小倉百人一首」に入集。家集「権中納言敦忠卿集」

藤原有家(ふぢはらのありいへ)フジワラノアリイエ【人名】(一一五五〜一二一六)平安後期・鎌倉前期の歌人。大蔵卿。「新古今集」の撰者の一人。

藤原家隆(ふぢはらのいへたか)フジワラノイエタカ【人名】(一一五八〜一二三七)鎌倉前期の歌人。「かりゅう」とも読む。壬生二品とも呼ばれた。宮内卿。「新古今集」の撰者の一人。俊成の門人で定家と並称され、自由で技巧にとらわれない歌風が特色。「小倉百人一首」に入集。家集「壬二集」

藤原興風(ふぢはらのおきかぜ)フジワラノオキカゼ【人名】(生没年未詳)平安前期の歌人。三十六歌仙の一人で、琴の名手。「小倉百人一首」に入集。家集「興風集」

藤原兼家(ふぢはらのかねいへ)フジワラノカネイエ【人名】(九二九〜九九〇)平安中期の政治家。「蜻蛉日記」の著者の夫。娘詮子の生んだ懐仁親王(=一条天皇)を帝位につけ、摂政・関白・太政大臣となって権勢をふるった。

藤原兼輔(ふぢはらのかねすけ)フジワラノカネスケ【人名】(八七七〜九三三)平安前期の歌人。三十六歌仙の一人。賀茂川の堤に住み、堤中納言と呼ばれた。「小倉百人一首」に入集。家集「兼輔集」

藤原清輔(ふぢはらのきよすけ)フジワラノキヨスケ【人名】(一一〇四〜一一七七)平安後期の歌人。顕輔の子。「続詞花集」の撰者。歌学にすぐれ、歌論書に「奥義抄」「袋草紙」などがある。「小倉百人一首」に入集。家集「清輔朝臣集」

藤原公任(ふぢはらのきんたふ)フジワラノキントウ【人名】(九六六〜一〇四一)平安中期の歌人。関白頼忠の長子。四条大納言と呼ばれた。詩・歌・管弦の「三船の才」を兼備し、有職故実にも通じていた。「小倉百人一首」に入集。家集「公任卿集」、歌論書「新撰髄脳」「和歌九品」、撰集「和漢朗詠集」「拾遺抄」、故実書「北山抄」

藤原公経(ふぢはらのきんつね)フジワラノキンツネ【人名】(一一七一〜一二四四)鎌倉前期の歌人・政治家。承久の乱後、太政大臣となる。京都北山に西園寺殿という別荘を建て、以降、西園寺と称した。「千五百番歌合」などに出詠。「小倉百人一首」に入集。

藤原伊尹(ふぢはらのこれまさ)フジワラノコレマサ【人名】(九二四〜九七二)平安中期の歌人・政治家。「これただ」とも読む。摂政・太政大臣。右大臣師輔の長子。諡は謙徳公。「小倉百人一首」に入集。家集「一条摂政御集」

藤原定家(ふぢはらのさだいへ)フジワラノサダイエ【人名】(一一六二〜一二四一)鎌倉前期の歌人・歌学者。「ていか」とも読む。俊成の子。「新古今集」の撰者の一人。また「新勅撰集」を撰進。「小倉百人一首」もその撰になるといわれ、自身の歌も入集。新古今時代の代表歌人で、俊成の幽玄をさらにおし進めた有心を唱え、華麗・妖艶な歌風。また多数の古典の書写・校合に力をそそぎ、その業績は後代に継承されている。家集「拾遺愚草」、歌論書「詠歌之大概」「近代秀歌」「毎月抄」、日記「明月記」

藤原定方(ふぢはらのさだかた)フジワラノサダカタ【人名】(八七三〜九三二)平安前期の歌人。高藤の子。三条に邸宅があり三条右大臣と呼ばれた。「小倉百人一首」に入集。家集「三条右大臣集」

藤原定頼(ふぢはらのさだより)フジワラノサダヨリ【人名】(九九五〜一〇四五)平安中期の歌人。公任の子。権中納言。小式部内侍などとの贈答歌が知られる。「小倉百人一首」に入集。家集「定頼集」

藤原実方(ふぢはらのさねかた)フジワラノサネカタ【人名】(?〜九九八)平安中期の歌人。陸奥守として赴任し、そこで没した。「小倉百人一首」に入集。家集「実方集」

藤原実定(ふぢはらのさねさだ)フジワラノサネサダ【人名】(一一三九〜一一九一)平安後期の歌人。公能の子で、後徳大寺左大臣と称された。詩歌・音楽の才能に富み、当時の歌壇の保護者であった。「小倉百人一首」に入集。家集「林下集」

藤原彰子(ふぢはらのしやうし)フジワラノショウシ【人名】→上東門院(じやうとうもんゐん)

藤原俊成(ふぢはらのしゆんぜい)フジワラノシュンゼイ【人名】→藤原俊成(ふぢはらのとしなり)

藤原忠平(ふぢはらのただひら)フジワラノタダヒラ【人名】(八八〇〜九四九)平安前期の歌人・政治家。太政大臣基経の子。摂政・関白・太政大臣。諡は貞信公。兄の時平・仲平とともに「三平」と呼ばれる。「延喜式」を完成させた。「小倉百人一首」に入集。日記「貞信公記」

藤原忠通(ふぢはらのただみち)フジワラノタダミチ【人名】(一〇九七〜一一六四)平安後期の歌人・政治家。法性寺殿と呼ばれた。関白忠実の子。摂政・関白・太政大臣。詩文・和歌・書道にすぐれた。「小倉百人一首」に入集。家集「田多民治集」、漢詩集「法性寺関白御集」、日記「法性寺関白記」など。

藤原為家(ふぢはらのためいへ)フジワラノタメイエ【人名】(一一九八〜一二七五)鎌倉中期の歌人。定家の長子。阿仏尼の夫。父の歌学をつぎ、二条家歌学のもとをなした。平淡・温雅な歌風。「続後撰集」「続古今集」の撰者。家集「為家集」「中院詠草」、歌論書「詠歌一体」など。

藤原為兼(ふぢはらのためかね)フジワラノタメカネ【人名】→京極為兼(きやうごくためかね)

藤原為相(ふぢはらのためすけ)フジワラノタメスケ【人名】(一二六三〜一三二八)鎌倉後期の歌人。為家の第三子。母は阿仏尼。冷泉家の祖。家集「権中納言為相卿集」

藤原為教(ふぢはらのためのり)フジワラノタメノリ【人名】→京極為教(きやうごくためのり)

藤原定家(ふぢはらのていか)フジワラノテイカ【人名】→藤原定家(ふぢはらのさだいへ)

藤原定子(ふぢはらのていし)フジワラノテイシ『人名』(九七七〜一〇〇〇)平安中期、一条天皇の皇后。「さだこ」とも読む。関白道隆の娘。十四歳で入内し、中宮、のちに皇后となる。当時、道長の娘彰子が中宮として入内したので、二后並立の例がつくられた。女房として清少納言が仕えた。

藤原俊成(ふぢはらのとしなり)フジワラノトシナリ『人名』(一一一四〜一二〇四)平安後期・鎌倉前期の歌人。「しゅんぜい」とも読む。法号釈阿。五条三位と呼ばれた。定家の父。正三位・皇太后宮大夫。幽玄を理想とし、中世和歌の方向を示した。「千載集」の撰者。「小倉百人一首」に入集。家集「長秋詠藻」、歌論書「古来風体抄」

藤原俊成の女(ふぢはらのとしなりのむすめ)フジワラノトシナリノムスメ『人名』(一一?〜一二五四?)鎌倉前・中期の女流歌人。祖父である俊成の養女。源通具の妻。承久の乱後出家して、嵯峨禅尼・越部禅尼などと呼ばれた。新古今時代を代表する歌人。家集「俊成卿女集」

藤原敏行(ふぢはらのとしゆき)フジワラノトシユキ『人名』(?〜九〇七?)平安前期の歌人。三十六歌仙の一人。書家としても名高い。「小倉百人一首」に入集。家集「敏行集」

藤原倫寧の女(ふぢはらのともやすのむすめ)フジワラノトモヤスノムスメ『人名』→藤原道綱の母

藤原秀能(ふぢはらのひでよし)フジワラノヒデヨシ『人名』(一一八四〜一二四〇)鎌倉前期の歌人。「ひでとう」とも読む。後鳥羽院の歌壇で活躍、和歌所の寄人となった。承久の乱後、熊野で出家。法号は如願。家集「如願法師集」

藤原冬嗣(ふぢはらのふゆつぐ)フジワラノフユツグ『人名』(七七五〜八二六)平安前期の政治家。内麻呂の次男。左大臣。閑院大臣と呼ばれた。勧学院をつくり、また「日本後紀」の編纂や、「弘仁格式」「内裏式」の撰にも関与した。

藤原雅経(ふぢはらのまさつね)フジワラノマサツネ『人名』(一一七〇〜一二二一)鎌倉前期の歌人。和歌を俊成・定家に学ぶ。「新古今集」の撰者の一人。蹴鞠の名手でもある。飛鳥井家の祖。「小倉百人一首」に入集。家集「明日香井和歌集」

藤原道綱の母(ふぢはらのみちつなのはは)フジワラノミチツナノハハ『人名』(九三六?〜九九五?)平安中期の女流歌人。倫寧の娘。藤原兼家と結婚し、道綱を生む。「小倉百人一首」に入集。その著「蜻蛉日記」は女流日記文学の代表作。⇩女房「発展」

藤原通俊(ふぢはらのみちとし)フジワラノミチトシ『人名』(一〇四七〜一〇九九)平安後期の歌人。経平の子。権中納言。和漢の学に通じ、大江匡房と並称された。「後拾遺集」の撰者。

藤原道長(ふぢはらのみちなが)フジワラノミチナガ『人名』(九六六〜一〇二七)平安中期の政治家。兼家の第五子。藤原氏全盛期の氏の長者。摂政・太政大臣。娘を次々と后に立て、天皇の外戚となって栄華を極めた。法成寺を造営、御堂関白・法成寺摂政と呼ばれた。日記「御堂関白記」

藤原道信(ふぢはらのみちのぶ)フジワラノミチノブ『人名』(九七二?〜九九四)平安中期の歌人。太政大臣為光の子。将来を期待されたが、夭折した。「小倉百人一首」に入集。家集「道信集」

藤原道雅(ふぢはらのみちまさ)フジワラノミチマサ『人名』(九九二〜一〇五四)平安中期の歌人。伊周の子。当子内親王のもとに通い、父三条院の勅勘を被った。「小倉百人一首」に入集。

藤原基俊(ふぢはらのもととし)フジワラノモトトシ『人名』(?〜一一四二)平安後期の歌人・歌学者。道長の曽孫。歌風は温雅で保守的。「万葉集」に訓点を付け、また弟子の俊成に「古今集」に関する秘事口伝を伝授し、古今伝授のもとを開いた。「小倉百人一首」に入集。家集「基俊集」、編著「新撰朗詠集」

藤原行成(ふぢはらのゆきなり)フジワラノユキナリ『人名』(九七二〜一〇二七)平安中期の文人・書家。「こうぜい」とも読む。権大納言。多芸多才で特に書道にすぐれ、小野道風・藤原佐理とともに三蹟と称された。その書法を世尊寺流という。日記「権記」

藤原義孝(ふぢはらのよしたか)フジワラノヨシタカ『人名』(九五四〜九七四)平安中期の歌人。伊尹の子。仏道を志したが、疱瘡により早世した。「小倉百人一首」に入集。

藤原良経(ふぢはらのよしつね)フジワラノヨシツネ『人名』(一一六九〜一二〇六)鎌倉前期の歌人・政治家。後京極殿と呼ばれ、秋篠月清などと号した。関白九条兼実の子。摂政・太政大臣。当代歌壇の保護者であった。和歌を俊成・定家に学び、歌風は気品と風格に富む。漢詩・書画にもすぐれ、書においては後京極流を創始した。「新古今集」の代表的歌人。「小倉百人一首」に入集。家集「秋篠月清集」

ふち-まい【扶持米】(名)主君から家臣に給与として支給される米。扶持。

ふ-ぢゃうジョウ【不定】(名・形動ナリ)定まらないこと。決まらないこと。不確かなこと。徒然 一八九「―と心得ぬるのみ、誠にて違はず」訳(物事は)不確かなものと悟ってしまうことだけが、真実であってはずれがない。

ふ・つ【捨つ・棄つ】(他タ下二){て・て・つ・つる・つれ・てよ}捨てる。大和 一四九「さればこの水、熱湯にたぎりぬれば、湯―・て用つ」訳するとこの水が熱湯になって(煮えたったので)、湯を捨てた。

ぶっ-かく【仏閣】(名)寺の建物。寺院。細道 立石寺「岸をめぐり岩を這ひて―を拝し」訳がけのふちをめぐり、岩の上を這うようにして仏殿を参拝し。

ふっ-き【富貴】(名・自サ変・形動ナリ)「富貴」の中世の一般的な読み方」「ふうき」に同じ。平家 一・祇王「毎月に百石百貫をおくられければ、家内―・し用てたのしい事なのめならず」訳(平清盛は)月ごとに米百石と銭百貫をお贈りになったので、(祇王一家の)家の内は富み栄えて裕福なことはひととおりでない。

ふ-づき【文月・七月】(名)「ふみづき」に同じ。

ぶっ-きゃうキョウ【仏経】(名)仏教の経典。経文。

ふ-づくえ【文机】(名)「ふみづくえ」の転)書物をのせて読書をするための机。〔橿園文集〕「灯火あかるくなして、―にうち向かひたる、いみじう心すみて」訳灯火を ことさら明るくして、文机に向かっているのは、たいへん心が澄んで。

ふつく-に【悉に】(副)ことごとく。残らず。〔紀〕欽明「―国のうちの兵を発して、高麗国に向きて」訳残らず国内の兵を集めて、高麗の国に攻め入って。

ふつく・む【憤む・恚む】(自マ四){ま・み・む・む・め・め}怒る。いきどおる。〔紀〕神代「此の神、性悪くして、常に哭き恚むことを好む」訳この神(＝素戔嗚尊)は、性格が悪くて、いつも泣いたり怒ったりすることを好む。

ぶっ-くゎカ【仏果】(名)《仏教語》仏道修行によって

得られる成仏という結果。[今昔] 七・六「仏法を修行して、疾く(=すみやかに)ーを得む」

ぶっ-こく【仏国】(名)仏の住む国。極楽浄土。また、仏教を信奉する国。〔浮・好色五人女〕「一念にーを願ひける心ざし、さりとてはいたはしく」[訳](取り乱さず)一心に極楽浄土を願った心中は、それでも痛ましく。

ぶっ-こつ【仏骨】(名)「ぶっしゃり」に同じ。

ぶっ-さう【物騒】(名・形動ナリ)「ぶっそう」に同じ。

ぶっ-し【仏師】(名)「ぶし」とも。仏像をつくる人。仏工。[更級] 宮仕へ「ーにて、仏をいと多く造り奉りし功徳によりて」[訳](おまえは前世は)仏工であって、仏像をたいそうたくさんつくり申しあげた功徳によって。

ぶつ-じ【仏事】(名)仏教の儀式。法会。法要。法事。[徒然] 一六八「ーの後、酒など勧むることあらんに」[訳]法事の後で、(人々が)酒などをすすめることがあるようなときに。

ぶっ-しゃう【仏性】(名)《仏教語》衆生が本来もっている、仏になることのできる性質。〔栄花〕御裳ぎ「身のうちのーの煩悩に覆ひ隠されつるも、今宵の光にや光り出で給ふらむ」[訳]からだの中の仏となる素質で、煩悩によっておおい隠されていたのも、今晩の(めでたい灯火の)光によって輝き出しなさるのだろうか。

ぶっしゃう-ゑ【仏生会】(名)「くゎんぶつゑ」に同じ。

ぶっ-しゃり【仏舎利】(名)《仏教語》釈迦牟尼の遺骨。仏骨。

ぶっ-しょ【仏所】(名) ❶仏像を安置する所。仏間。[平家] 灌頂・大原入「方丈なる御庵室をむすんで、一間を御寝所にしつらひ、一間をばーに定め」[訳]一丈(=約三メートル)四方であるご庵室を造って、一間をご寝所に整え、一間を仏間に決めて。

❷仏のいる所。極楽浄土。〔謡・鵜飼〕「奈落に沈む悪人を、ーに送り給ふなる、その瑞相のあらたさよ」[訳]地獄に沈む悪人を、極楽に送りなさるという、その吉兆の尊さよ。

❸仏師の住む所。仏師の工房。[平家] 三・御産「なほ、ーの法印に仰せて、御身等身の七仏薬師、ならびに五大尊の像をつくり始めらる」[訳]さらに、仏所の法印に命じて、(中宮の)御等身大の七体の薬師如来像、ならびに五大尊の像をお造り始めになる。

ぶっ-そう【物忩】(名・形動ナリ)「ぶっさう(物騒)」とも。❶騒がしくて落ち着かないこと。〔謡・隅田川〕「けしからずー・に㊊候ふは何事にて候ふぞ」[訳]とても騒がしゅうございますのは何事でございますか。

❷危険なこと。乱暴なこと。

ぶっそくせき-か【仏足石歌】(名)奈良の薬師寺の仏足石歌碑に刻まれた二十一首の歌。仏足石(=釈迦の足の裏の形を彫った石)を賛美し、無常や生死を詠んでいる。五七五七七七の形からなり、この歌体の歌が「古事記」「万葉集」にも一首ずつみえる。

ぶっそくせきか-たい【仏足石歌体】(名)和歌の形式の一つ。五七五七七七の形。→仏足石歌

ぶっだ【仏陀】(名)《梵語の音訳》「ぶつだ」とも。正しい悟りを得た者。ほとけ。特に、釈迦のこと。

ぶつ-だう【仏道】(名)仏の説いた道。仏教。仏法。〔発心集〕「心一つにーを望み願うて」[訳]一心に仏の説いた道(に入ること)を望み願って。

ふつつか

【不束】(形動ナリ){なら・なり(に)・なり・なる・なれ・なれ}

語義パネル

●**重点義**　**太くしっかりしていて野性味がある感じ。**

現代語では「ふつつか者」など③に近い「不十分だ」の意に用いるが、本来は野性味のある感じをいう。

❶ **太くしっかりしているさま。**
❷ **ぶかっこうだ。やぼったい。ごつい。**
❸ **考えの浅いさま。軽はずみなさま。** あさはかだ。

❶**太くしっかりしているさま。**[源氏] 若菜下「御声、むかしよりもいみじくおもしろく、少しー・に㊊ものものしき気添ひて聞こゆ」[訳](光源氏の)お声は昔よりもたいそう趣深く、いくらか太く重々しい感じが加わって聞こえる。

❷**ぶかっこうだ。やぼったい。ごつい。**[今昔] 一四・三九「布衣のー・なる㊍を着て、下には紙衣を着たり」[訳]布衣(=平常の衣服である狩衣)でやぼったいのを着て、下には紙衣(=紙で作った衣服)を着ている。[文法]「布衣の」の「の」は、いわゆる同格の格助詞で、「…で」の意。

❸**考えの浅いさま。軽はずみなさま。** あさはかだ。[徒然] 五「不幸にうれへに沈める人の、頭おろしなど、ー・に㊊思ひとりたるにはあらで」[訳]不幸にも悲しみに沈んでいる人が、剃髪して出家することなどを、軽々しく決心したのではなくて。

ふっつ-と(副) ❶物を断ち切る音。ふっつりと。ぷっつりと。〔浄・心中天の網島〕「元結ひ(=頭上で髪をたばねたところ)ぎはより我が黒髪ー切って」

❷断じて。きっぱりと。〔曽我物語〕「この事こそーかなふまじけれ」[訳]この事は断じて望みどおりにはならないだろう。

ふっつり(-と)(副)《近世語》❶物を断ち切る音。ぷっつり。ぶっつり。〔浄・唐船噺今国性爺〕「えいと張ったる小手の鎖、胴縄(=胴をしばる縄)ーばらばらばら」

❷すっかり。まったく。〔浄・心中天の網島〕「ー心残らねば、もっとも足も踏み込むまじ」[訳]まったく心が残らないので、けっして足も踏み入れまい。

ぶっ-てん【仏天】(名)仏を天として尊んでいう語。[源氏] 薄雲「ーの告げあるによりて奏し侍るなり」[訳]仏様のお告げがあるから奏上するのでございます。

ふつ-と(副) ❶完全に。〔宝物集〕「ー思ひ切りたりけるを」[訳]完全に思い切っていたが。

❷まったく。全然。[宇治] 三・一「ーえ入らず」[訳]まったく入ることができない。

ふっ-と(副) ❶勢いよく物を切るさまの形容。ぷっつりと。すっぱりと。[平家] 九・忠度最期「打ち刀を抜き、薩摩守の右のかひなを、肘のもとよりー切り落とす」[訳](六野太の童は)長い刀を抜いて、薩摩の守(=平忠度)の右腕を、ひじのつけ根からすぱっと切り落とす。

❷ふと。突然。〔仮名・仁勢物語〕「裸背にて乗りける事なりければ、ー駆け出て、え追ひつかで」[訳](鞍を

置かない)裸馬の状態で乗っていたことであったところ、(馬が)突然走り出して、追いつくことができなくて。
❸急に吹き出したり笑ったりするさま。ぷっと。〔浄・蟬丸〕「をかしさどうも耐られず、—吹き出すばかりなり」

ぶつ-ど【仏土】(名)《仏教語》仏の住む国。浄土。また、仏の教えや感化の及ぶ範囲にある国土。仏国土。今昔 三・三「これより東方に無量無辺の—を過ぎて世界あり、娑婆世界と言ふ」訳 これより東方にはかりしれないほど多く限りない広さの仏の住む国を過ぎて世界があり、(これを)俗世界という。

ふつ-に(副)❶(下に打消の語を伴って)まったく。少しも。全然。〔紀〕神代「人の声有り。すなはち驚きて求むるに、—見ゆる所なし」訳 (海上に)人の声がする。そこで驚いて捜し求めるが、全然(姿が)見えるところはない。
❷ことごとく。すっかり。〔常陸国風土記〕「—斬ると言ひし所は、今、布都奈の村と謂ひ」

ふつ-ふつ(副)❶物を勢いよく断ち切る音を表す。ぶつぶつ。平家 九・宇治川先陣「馬の足にかかりける大綱どもをば—と打ち切り打ち切り」訳 (佐々木高綱は)馬の足にひっかかったたくさんの大綱をぶつぶつと切ってはまた切って。
❷鳥の羽ばたく音にいう。ぱたぱた。〔沙石集〕「—飛びて帰るを見れば、鴛の雌なりけり」訳 ぱたぱた飛んで帰るのを見ると、おしどりのめすであった。
❸すっかり思い切るさま。まったく。きっぱり。ふっつり。〔浮・好色一代女〕「身のいたづら—とやめて」訳 自分のふしだらをきっぱりとやめて。

ぶっ-ぽふ【仏法】(名)仏の教え。仏道。徒然 一四四「—までをなずらへ言ふべきにはあらず」訳 (真理を説くための方便としてのうそを認める)仏の教えまでを(ふつうのうそと)同様に見なして(あれこれ)言ってはならない。

ぶっ-ぽふ-そう【仏法僧】(名)❶《仏教語》仏教で宝とする三つのもの。仏と、その教えである経典と、その教えをひろめる僧。三宝。
❷ブッポウソウ科の鳥の名。鳴き声が「ぶっぽうそう」と聞こえるとされて、この名があったが、近年「このはずく」の声と判明してから「姿の仏法僧」とも呼ばれる。

ぶつ-みゃう【仏名】(名)《仏教語》❶仏の名号。「南無阿弥陀仏」「南無薬師如来」の類。
❷【「仏名会」の略】「おぶつみゃう」に同じ。

ぶつ-めつ【仏滅】(名)❶《仏教語》釈迦が死ぬこと。入滅。
❷「仏滅日」の略。

ぶつめつ-にち【仏滅日】(名)陰陽道で、すべてに不吉であるという大悪日。仏滅。

ぶつ-もつ【仏物】(名)仏の所有する物。仏に供えられた物。平家 三・有王「僧都一期の間、身にもちゐるところ、大伽藍の寺物・—にあらずといふことなし」訳 僧都は一生の間、(自分の)身に用いるところは、大寺院の所有物や仏の所有物でないということはない。

ぶつり-そしつ【仏籬祖室】(名)〔仏陀の籬(=垣根)の中と、祖師(=達磨大師)の室の意〕仏門。禅門。仏の道。〔幻住庵記〕「一たびは—の扉に入らんとせしも」訳 一度は仏門に入(って僧にな)ろうとしたけれども。

ふで【筆】(名)〔「文手」の転〕❶文字や絵をかくための筆記具。
❷筆で書いたもの。筆跡。筆法。筆力。筆勢。源氏 梅枝「いといたう—澄みたる気色ありて、書きなし給へり」訳 (蛍兵部卿の宮は)まことにたいそう筆法がすっきりと物静かな感じがあって、ことさら(その筆づかいで)書いていらっしゃる。⇩鳥の跡「慣用表現」

ふ-でう【不調】(名・形動ナリ)ととのわないこと。思わしくないこと。欠点の多いこと。また、そのさま。源氏 野分「いと—・なる体娘まうけ侍りて、もてわづらひ侍りぬ」訳 たいへん不出来な娘(=近江の君)を持ちまして、もてあましておりました。

ぶ-てうはふ【不調法】(名・形動ナリ)行きとどかないこと。また、過ち。〔浄・女殺油地獄〕「祝ひ日に心もない泣き喚き—」訳 祝いの日に非常識に泣いてわめいて(配慮が)行きとどかないこと。

ふで-の-あと【筆の跡】筆跡。また、書かれた文字。〔太平記〕三〇「何となき手ずさみの—までも」訳 なんということはない手なぐさみの筆跡までも。⇩鳥の跡「慣用表現」

ふで-の-うみ【筆の海】書いたものの多いことのたとえ。新古 仮名序「言葉の園に遊び、—を汲みても」訳 多くの歌の中に分け入って、多くの歌集を調べて選んでも。

ふで-の-しり-と・る【筆の尻取る】和歌や漢詩文を、指導したり添削したりする。源氏 末摘花「また—・る体博士ぞなかべき」訳 (侍従の)ほかに(末摘花に)和歌を指導する物知りはいないであろう。文法 「なかべき」は「なかるべき」の撥音便「なかんべき」の「ん」の表記されない形。

ふで-の-すさび【筆のすさび】「ふでのすさみ」とも。気の向くままに書くこと。また、その書いたもの。〔芭蕉を移す詞〕「かへすがへすたのみ置きて、はかなき—にもかき残し」訳 (芭蕉の世話を近所の人々に)何度も頼みおいて、ちょっとしたいたずら書きにも(その旨を)書き残し。

ふで-の-すさみ【筆のすさみ】「ふでのすさび」に同じ。

ふで-やう【筆様】(名)筆づかい。書風。徒然 八一「屏風・障子などの絵も文字も、かたくななる—して書きたるが」訳 屏風やふすまなどの絵も文字も、見苦しい筆づかいで書いてあるのが。

ふで-を-そ・む【筆を染む】筆に墨を含ませる。また、筆で書く。平家 六・慈心房「冥官—・め用て一々にこれを書く」訳 地獄の役人は筆に墨を含ませていちいちこれ(=経文の中の韻文)を書く。

ふ-てん【普天】(名)天がおおう限りの所。天下。世界中。〔懐風藻〕「—蒙る厚き仁を」訳 天下がこうむっている(天子の)厚い仁徳を。

ふと-【太】(接頭)(名詞・動詞に付いて)大きく尊い、荘重な、りっぱな、の意を添える。「—祝詞」「—敷く」

ふと【浮屠・浮図】(名)《梵語の音訳》「ふど」とも。❶仏陀。ほとけ。
❷僧。〔野ざらし紀行〕「髻なきものは、—の属にたぐへて、神前に入るをゆるさず」訳 (伊勢神宮では)髪をたばねていない者は、僧侶の仲間と同じに考えて、神前に入るのを許さない。
❸塔。卒塔婆。今昔 九・三〇「すみやかに我が教へのご

とく―(=卒塔婆)を造れ」

ふ‐と(副)❶たやすく。簡単に。竹取 竜の頸の玉「わが弓の力は、竜あらば―射殺して」訳 私(=大伴の大納言)の弓の力は(すばらしいから)、もし竜がいたらたやすく射殺して。

❷動作のすばやいさま。さっと。竹取 かぐや姫の昇天「―天の羽衣うち着せ奉りつれば」訳 (かぐや姫に)さっと天の羽衣をお着せ申しあげてしまったので。

❸不意に。思いがけず。急に。徒然 八九「音に聞きし猫また、あやまたず足許へ―寄り来て」訳 うわさに聞いていた猫また(=想像上の怪獣)が、ねらいをはずさず足もとへ不意に寄って来て。

ふ‐どう【不動】(名)「不動明王」の略。

ふどう‐そん【不動尊】(名)「ふどうみゃうわう」に同じ。

ふどう‐みゃうわう ―ミョウオウ【不動明王】(名)五大尊明王の一。怒りの相をし、右手に降魔の剣、左手に捕縛の縄を持ち、火炎を背にして座す。いっさいの煩悩・悪魔を降伏するという。不動尊。

（ふどうみゃうわう）

風土記(ふどき)『作品名』奈良時代の地誌。和銅六年(七一三)、元明天皇の勅命により諸国から撰進された地方誌。産物・地名の起源・古伝説などを記す。現存する完本は「出雲国風土記」だけで、ほかに播磨・常陸・豊後・肥前のものが部分的に伝わる。

ふところ【懐】(名)❶着物と胸との間。懐中。枕 九「猫を御―に入れさせ給ひて」訳 (帝は)猫を御ふところにお入れになられて。

❷まわりを囲まれて奥深くなっている所。蜻蛉 中「山めぐりて、―のやうなるに、木立いとしげくおもしろけれど」訳 山が(周囲を)取り囲んで、奥まった所のようであるうえに、木立がたいそうおい茂って興趣があるが。

ふところ‐がみ【懐紙】(名)「たたうがみ」に同じ。

ふと‐し【太し】(形ク)❶太い。太っている。肥えている。平家 九・宇治川先陣「黒栗毛なる馬の、きはめて―・う(用)(ウ音便)たくましいが」訳 黒栗毛である馬で、非常に太ってたくましいのが。↔細し

❷肝が太い。動じないでしっかりしている。万葉 二・一九〇「真木柱―・き(体)心はありしかどこのあが心鎮めかねつも」訳 (物事に)動じないしっかりした心は持っていたけれど、この私の心(の悲しみ)はなんとしてもおさえきれないことよ。(「真木柱」は「太し」にかかる枕詞)

ふと‐し‐く【太敷く】(他カ四)❶りっぱに立てる。「太知る」とも。万葉 一・三六「秋津の野辺に宮柱―・き(用)ませば」訳 秋津の野辺に宮殿の柱をりっぱにお立てになっているので。

❷天皇の徳を天下にしきほどこす。りっぱに世を治める。万葉 二・一九九「瑞穂の国を神ながら―・き(用)まして」訳 日本の国を神であるままに(天皇は)お治めになって。

ふと‐しも (下に打消の語を伴って)すぐには。たやすくは。枕 五「蔵人思ひしめたる人の、―えならぬが」訳 蔵人(になりたいということ)を深く思いつめている人で、すぐにはなることのできない人が。

なりたち 副詞「ふと」＋副助詞「しも」

ふと‐し‐る【太知る】(他ラ四)「ふとしく①」に同じ。「ふと」は接頭語。「しる」は領有する意。

ふ‐どの【文殿】(名)「ふみどの」の転。❶書籍や文書類を保管する所。書庫。

❷院の庁・摂関家などで、文書類を保管した所。のちには、所領関係の訴訟の決裁も行った。

ふと‐ばし【太箸】(名)正月の雑煮を食べるのに用いる太く丸い箸。柳の白木でつくる。春

ふと‐まに【太占】(名)(「ふと」は接頭語)上代の占いの一つ。鹿の肩の骨を焼いて、その割れ方で占った。記 上「ここに天つ神の命以ちて、―に卜相ひて詔りたまひしく」訳 さてそこで天の神がおことばで、太占によって占っておっしゃったことには。

ふと‐り【太織】(名)(「ふとおり」の転)太い絹糸で織った、丈夫で実用的な絹織物。浮・日本永代蔵「紬の―を無紋の花色(=薄い藍色)染めにして」

ふな‐いくさ【船軍】(名)❶兵船の軍兵。水軍。記 神功「―海に満ちて」訳 水軍は海上に満ちて。

❷水上で、船で戦うこと。海戦。平家 一一・鶏合 壇浦合戦「坂東武者は…―にはいつ調練し候ふべき」訳 関東の武士は…海戦についてはいつ訓練することができましょう(いや、できません)。

ふな‐がく【船楽】(名)船上で音楽を演奏すること。また、その音楽。紫式部日記「竜頭鷁首の―いとおもしろし」

ふな‐ぎほ‐ふ ―ギオウ【船競ふ】(自ハ四)船をこぎ競う。万葉 二〇・四四六二「―・ふ(体)堀江の川の水際に来居つつ鳴くは都鳥かも」訳 船がこぎ競ってゆく堀江の川の水ぎわに来てはとまって鳴くのは都鳥だろうか。

ふな‐ぎみ【船君】(名)船客の中で中心である人。土佐「こよひ、―例のやまひおこりて、いたく悩む」訳 今晩、船客の長はいつもの病気が起こって、ひどく苦しむ。

ふな‐こ【船子・舟子】(名)船頭の指揮で船をあやつる人。水夫。船方。土佐「―・楫取りは、船唄うたひて、なにとも思へらず」訳 (船客は心細がるのに)水夫や船頭は、船唄を歌って、なんとも思っていない。

ふなずしや… 俳句

> 夏
> 鮒ずしや　彦根の城に　雲かかる
> 〈新花摘・蕪村〉

訳 (琵琶湖のほとりの茶店で)近江名物の鮒ずしを味わっている。見上げると、彦根城に一片の雲がかかっている。(鮒ずし 夏。切れ字は「や」)

解説「鮒ずし」は、内臓を取って塩漬けにした鮒を、飯と交互に桶の中に敷き並べ、重石でおしたもの。

ふな‐ぞろへ ―ソロエ【船揃へ】(名・自サ変)多くの船が出航の準備をすること。平家 一二・土佐房被斬「摂津国渡辺より―・し(用)て八島へわたり給ひしとき」訳 摂津の国(大阪府と兵庫県の一部)渡辺から出発の準備をして屋島にお渡りになったとき。

ふな-だな【船棚・船枻】(名)「せがい」に同じ。万葉 一七・三九五六「奈呉の海人の釣りする舟は今こそば―打ちてあへて漕ぎ出め」訳 奈呉(=地名)の漁夫が釣りする舟は、今こそ船棚を打って思い切ってこぎ出すだろう。

ふな-ぢ【船路】(名)船の通る道。転じて、船旅。「ふなみち」とも。土佐「藤原のときざね、―なれど、馬のはなむけす」訳 藤原のときざねが、(馬に乗るわけではなく)船の旅だけれど、馬のはなむけ(=送別の宴)をする。

ふな-つ【船津】(名)船着き場。船の泊まる所。万葉 一〇・二〇四六「秋風に川波立ちぬ暫くは八十の―に御船とどめよ」訳 秋風に川波が立った。しばらくは多くの船着き場にお船を泊めよ。

ふな-の-へ【船の舳】船のへさき。船首。万葉 五・八九四「もろもろの大御神たちが船のへさきで(海路を)案内し申しあげ。

ふな-はし【船橋】(名)「ふなばし」とも。船を横に並べてつなぎ、その上に板を渡して橋としたもの。浮き橋。万葉 一四・三四二〇「上毛野佐野の―取り放し親は離くれど吾は離るがへ」訳 上野(群馬県)の佐野(=地名)の船橋を取りはずすように、親は(私たちの仲を)引きはなすけれど、私は(あなたから)遠ざかるだろうか(いや、決して遠ざからない)。(第三句までは「離く」を導きだす序詞)

(ふなはし)

ふな-ばた【船端・舷】(名)船べり。船の側面。平家 一一・那須与一「奥には平家、―をたたいて感じたり」訳 (与一が扇を射落としたのを)沖では平家(の軍勢)が船べりをたたいて感動している。

ふな-はて【船泊て】(名・自サ変)船が港に停泊すること。万葉 一・五八「何処にか―・す㊂らむ安礼の崎漕ぎ廻み行きし棚無し小舟」訳 (今ごろ)どこに舟泊まりしているのだろうか。安礼の崎を漕ぎめぐって行った、あの船棚のない小さな舟は。

ふな-びと【船人】(名) ❶船に乗りあわせている人。船客。土佐「おもしろしと見るにたへずして、―のよめる歌」訳 すばらしい(景色だ)と見ること(だけ)にがまんできなくて、船の客が詠んだ歌。
❷船頭。船員。万葉 七・一二二八「風早の三穂の浦廻を漕ぐ舟の―さわく波立つらしも」訳 風の激しい三穂(=地名)の浦辺をこぐ舟の舟人がさわいでいる。波が立っているにちがいないよ。

ふな-みち【船路】(名)「ふなぢ」に同じ。源氏 夕顔「―のしわざとて、少し黒みやつれたる旅姿、いとふつつかに心づきなし」訳 (伊予の介が)船旅のせいだというので、少し(日焼けで)黒くなり、やつれの見えた旅姿は、たいそうぶかっこうで気にくわない。

ふな-やかた【船屋形】(名)船上に設けた屋根のある部屋。土佐「―の塵もちり、空ゆく雲も漂ひぬ」訳 (すばらしい歌だったので)船屋形の塵も(感動で)飛び散り、空を流れて行く雲も(流れずに)さまよってしまう。

ふな-よそ-ふ【船装ふ】(他ハ四){は・ひ・ふ・ふ・へ・へ}出船の用意をする。万葉 二〇・四三六五「押し照るや難波の津ゆり―・ひ㊀吾は漕ぎぬと妹に告ぎこそ」訳 難波の港から、出船の用意をととのえて私は漕いで行ったと、いとしい人に告げてほしい。(「押し照るや」は「難波」にかかる枕詞。「告ぎ」は「告げ」の訛り)

ふな-わたり【船渡り】(名)川や海を船で渡ること。また、その場所。源氏 宿木「泉川の―も、まことに、今日は、いと恐ろしくこそありつれ」訳 泉川(=今の木津川)を船で渡ることも、(水量が多くて)ほんとうに今日はたいそう恐ろしいことであった。

ふ-にん【補任】(名・他サ変)「ぶにん」とも。❶官に任ずること。また、位階を与えること。平家 一一・腰越「義経五位尉に―の条」訳 (私)義経を五位の判官に任ずることの件。
❷「補任状」の略。将軍・大名や荘園領主が、部下を諸職に任ずるときに与える辞令。

ぶ-にん【夫人】(名)[「ぶ」「にん」ともに呉音]「ふじん」とも。❶律令制で定められた後宮の女官の称。皇后・妃の次に位する。❷貴人の妻の称。

ふね(名) ❶【舟・船】ふね。大鏡 頼忠「作文の―、管弦の―、和歌の―とわかたせ給ひて」訳 漢詩(を作る人)の船、管弦(を奏する人)の船、和歌(を詠む人)の船と(道長は)お分けになられて。
❷【槽】㋐水などを入れる器。水槽。平家 六・入道死去「比叡山より千手井の水をくみくだし、石の―にたたへて」訳 比叡山から千手井(=清水の名)の水をくみおろし、石の水槽に満たして。㋑馬のかいば桶。

ぶ-ねう【豊饒】(名・形動ナリ)[「ねう」は呉音]豊かなこと。物の多いこと。今昔 五・一八「国の内に病なく、五穀―・に㊀して、貧しき人なかりけり」訳 国の中に病気がなく、五穀が豊かであって、貧しい人はいなかった。

ふ-ばこ【文箱】(名)[「ふみばこ」の転]手紙を入れ、保管ややりとりに用いる箱。伊勢 一〇七「男いといたうめでて、今まで巻きて、―に入れてありとなむいふなる」訳 男はたいそう感心して、今でも(その手紙を)巻いて、文箱に入れてあるということだ。

(ふばこ)

ふ-ばさみ【文挟み】(名)「ふみばさみ」に同じ。

不破の関(ふはのせき)『地名』歌枕 今の岐阜県不破郡関ケ原町松尾にあった関所。三関の一つ。壬申の乱後の天武二年(六七三)に創設され、延暦八年(七八九)に廃せられた。→三関①

ふ-びと【史】(名)[「ふみひと」の転] ❶大和朝廷で、文書・記録をあつかった役人。
❷上代の姓の一つ。記録を職とした渡来人に多い。→姓①

ふ-びゃう【風病】(名)かぜ。感冒。源氏 帚木「月頃―重きにたへかねて、極熱の草薬を服して」訳 ここ数か月、かぜがひどいのを我慢できずに、熱病の煎じ薬(=にんにく)を飲んで。

ふ-びん【不便・不憫】(名・形動ナリ) ❶都合が悪く困るさま。不都合。枕 一〇三「かかる雨にのぼり侍らば、足形つきて、いと―・に㊀きたなくなり侍りなむ」訳 このような雨(の日)に(敷物に)上がりましたならば、足跡がついて、たいそう不都合できっと汚くなってしまいましょう。文法「侍りなむ」の「な」は助動詞「ぬ」の未然形で、ここは確述の用法。
❷かわいそうなさま。気の毒。〔徒然〕一四二「人を苦しめ、法を犯さしめて、それを罪なはんこと、—のわざなり」訳人々を苦しめ、(その結果)法律を犯させて、それを処罰するようなことは、気の毒な行為である。文法「罪なはんこと」の「ん」は、仮定・婉曲の助動詞。
❸(多く「ふびんにす」の形で)かわいがる。→不便にす

発展 漢語系のことば

「不便なり」のような漢語に由来することばが和文の中で用いられるようになったのは、平安時代と推測される。女性の書いた和文体の代表作「源氏物語」に、体言では「修法」「紙燭」「病者」など、用言では「不便なり」のほか「御覧ず」「艶だつ」「切なり」など、副詞では「実に」などが用いられている。本来男性の間でのみ用いられていた漢語が、ある程度一般化されてきていたことがわかる。

ふびんに-す【不便にす】かわいがる。めんどうをみる。〔徒然〕三六「一芸ある者をば下部までも召しおきて、ふびんにせ(未)させ給ひければ」訳(慈鎮和尚は)ひとかどの芸をもつ者を身分の低い者までも召しかかえて、めんどうをみていらっしゃったので。

ふぶ・く(自カ四){か・き・く・く・け・け}風が激しく吹く。また、雨や雪が激しく降る。〔源氏〕賢木「風はげしう吹き—・き(用)て」訳風が激しく吹きすさんで。

ふ-ぶくろ【文袋】(名)手紙や書類などを入れて運ぶ袋。〔平家〕三・足摺「雑色が頸にかけさせたる—より、入道相国のゆるし文取り出だいて奉る」訳(お使いは)従者の首に掛けさせてあった文袋から、入道相国(=平清盛)の赦免状を取り出して(俊寛僧都に)お渡しする。

ふふ・む【含む】■一(自マ四){ま・み・む・む・め・め}花や葉がつぼんでいて開ききらずにいる。〔万葉〕七・一二六八「山越えて遠津の浜の石つつじわが来るまでに—・み(用)てあり待て」訳遠津の浜の岩つつじよ、私が来るまで、つぼみのままでいて待ってくれ。(「山越えて」は「遠」にかかる枕詞)
■二(他マ四){ま・み・む・む・め・め}口にふくむ。〔霊異記〕「〔雄の烏〕は食物を—・み(用)持ち来りて」

ぶ-へん【武辺】(名)❶武道に関すること。武芸。〔戴恩記〕「この藤孝公は、諸芸には達し給へれども、—は弱かりし」訳この藤孝公は、諸芸には熟達なさっているけれども、武芸は劣っていた。
❷武士。〔雨月〕貧福論「富貴をねがふ心常の—に等しからず」訳富や地位を願う心は(強く)、ふつうの武士と同じでない。

ぶ-ほうこう【無奉公・不奉公】(名)まじめに主人に仕えないこと。〔狂・武悪〕「日に増し—がたび重なる」訳(武悪(=人名)は)日増しに怠慢さが積もり重なる。

ふま・ふ【踏まふ】(他ハ下二){へ・へ・ふ・ふる・ふれ・へよ}❶踏みつけておさえる。〔今昔〕二六・三「下に大きなる木の枝の障へつれば、それを—・へ(用)て」訳(信濃の守は谷底へ落ちるとき)下に大きな木の枝が(あって落ちるのを)さえぎった(=防ぎ止めた)ので、それをふみつけて。
❷おさえる。支配する。根拠としてかまえる。〔太平記〕三七「石川の城を—・へ(未)させて、越後守は急ぎ京都へぞ帰り上りける」訳石川の城をおさえさせて、越後の守は急いで京都へ帰り上った。
❸思案する。考慮する。〔浮・世間胸算用〕「後先—・へ(用)て、たしかなることばかりにかかれば」訳前後の事情をよく考えて、確実なことだけにかかわるので。

ふみ【文・書】(名)❶文書。書物。本。〔徒然〕五三「かかることは—にも見えず、伝へたる教へもなし」訳こういうこと(=鼎が頭から抜けないこと)は(医学の)書物にも見当たらないし、伝授している教えもない。
❷手紙。〔竹取〕かぐや姫の昇天「—を書きおきてまからむ。恋しからむ折々、とり出でて見給へ」訳手紙を書き置いておいとましましょう。恋しい折があればその折々には、取り出してご覧ください。文法「恋しからむ折々」の「む」は、仮定・婉曲の助動詞。⇩消息「慣用表現」
❸学問。特に、漢学。〔徒然〕一「ありたきことは、まことしき—の道」訳(人間にとって)身につけておきたいことは、本格的な学問の道。
❹漢詩。〔枕〕三七「もろこしには限りなきものにて、—にも作る」訳(梨の花は)中国ではこのうえな(くすばらし)いものとして、漢詩にも作る。

ふみ-あ・く【踏み開く】(他カ下二){け・け・く・くる・くれ・けよ}踏んで道をつける。〔源氏〕末摘花「—・け(用)たる跡もなく、はるばると荒れわたりて」訳(前栽の雪を見ると)踏んで道をつけた跡もなく、遠くまで一面に荒れはてて。

ふみ-いた【踏み板】(名)牛車の、前後の入り口に横に渡した、乗り降りの際に踏む板。敷き板。〔今昔〕二八・二「三人ながら酔ひぬれば、—に物突き散らして」訳三人とも(牛車に)酔ってしまったので、踏み板にへどを吐き散らして。

ふみ-がき【文書き】(名)手紙や文章などの書きぶり。〔源氏〕浮舟「『さば、見むよ。女の—はいかがある』とて」訳(匂宮は)「それならば、見ようよ。女の手紙の書きぶりはどうであるか」と言って。

ふみ-がら【文殻】(名)いらなくなった手紙。用ずみの古手紙。〔洒・錦之裏〕「—を引きさき、火鉢のふちをふいて居る所へ」

ふみ-くく・む【踏み含む】(他マ四){ま・み・む・む・め・め}袴などを裾長にはいて、足先を包みこむ。〔太平記〕四〇「直衣—・み(用)て膝行あり」訳直衣を裾長に着て膝行(=膝頭で進んで礼拝し、膝頭で退くこと)をする。

ふみ-ことば【文言葉・文詞】(名)手紙や文章に用いることば。〔枕〕二六二「—なめき人こそいとにくけれ」訳手紙の用語が無礼な人は、たいそう不快だ。

ふみ-しだ・く【踏みしだく】(他カ四){か・き・く・く・け・け}「ふみしたく」とも。踏み荒らす。踏みにじる。強く乱暴に踏む。〔源氏〕橋姫「そこはかとなき水の流れどもを—・く(体)駒の足音も」訳どこということなく流れるいくつもの水の流れを踏み荒らす馬の足音も。

ふみ-すか・す【踏み透かす】(他サ四){さ・し・す・す・せ・せ}鐙

(=馬具の名)に置いた両足を開いてふんばり、鐙と馬の腹との間をあける。平家 九・宇治川先陣「左右のあぶみを―・し用、手綱を馬のゆがみに捨て」訳〔梶原景季は左右の鐙を足をふんばって馬の腹から離し、手綱を馬の(束ねた)たてがみにほうり出して。

ふみ-たが・ふ【踏み違ふ】(他ハ下二){へ・へ・ふ・ふる・ふれ・へよ}歩く所を間違える。道を間違える。細道 石の巻「終に路―・へ用て、石の巻といふ湊に出づ」訳 とうとう道を間違えて、石の巻という港に出る。

ふみ-た・つ【踏み立つ】(他タ下二){て・て・つ・つる・つれ・てよ}❶地面を踏んで鳥などを驚かして飛び立たせる。万葉 一七・四〇一一「朝猟に五百つ鳥立て夕猟に千鳥―・て用」訳 朝の狩りに多くの鳥を飛び立たせ、夕べの狩りにたくさんの鳥を地面を踏みならして飛び立たせ。
❷踏みしめて立つ。源氏 若菜下「ところせく起こり患ひ侍りて、はかばかしく―・つる体 ことも侍らず」訳 (私=柏木は持病の脚気がうっとうしく起こり苦しんでおりまして、しっかりと足を地に踏みしめて立つこともありませんで。

ふみ-ちら・す【踏み散らす】(他サ四){さ・し・す・す・せ・せ}❶踏み荒らす。枕 八七「この雪の山いみじうまぼりて、わらはべなどに―・さ未せず」訳 この雪の山をたいそうよく守って、子供たちなどに踏み荒らさせないで。
❷袴・指貫などの長い裾を踏んで左右に蹴り広げる。枕 三「薄二藍、青鈍の指貫など、―・し用てゐためり」訳 薄紫色や青みがかった藍色の指貫などを、蹴り広げて座っているようだ。

ふみ-づき【文月・七月】(名)「ふづき」「ふんづき」とも。陰暦七月の称。秋。細道 芭蕉「―や六日も常の夜には似ず」訳 もう陰暦七月だ。(明日は七夕だと思うと)今日六日の夜も、いつもの夜とはなんとなく違った趣が感じられる。

ふみ-づくえ【文机】(名)「ふづくえ」に同じ。

ふみ-つくり【文作り】(名)漢詩をつくること。また、その人。源氏 賢木「―韻ふたぎなどやうのすさびわざどもをもしなど心をやりて」訳 (光源氏は)漢詩づくりや韻ふたぎ(=漢詩中の韻字を隠して、それを当てる遊び)などといった数々の慰みごとをもするなど気晴らしをして。

ふみ-ど【踏み処・踏み所】(名)足で踏む所。足を踏み入れる所。〔雨月〕浅茅が宿「あきれて足の―さへ失はれたるやうなりしが」訳 呆然として足の踏み場(=自分の居場所)さえ忘れたようであったが。

ふみ-とど・む【踏み止む・踏み留む】(他マ下二){め・め・む・むる・むれ・めよ}足をとめる。進むのをやめる。ぐずぐずする。徒然 一五五「必ず果たし遂げんと思はんことは、…足を―・む終 まじきなり」訳 必ずやりとげようと思うようなことは、…足をとめてぐずぐずしてはならないのである。

ふみ-とどろか・す【踏み轟かす】(他サ四){さ・し・す・す・せ・せ}足で踏んで音を鳴り響かせる。源氏 夕顔「おどろおどろしく、―・す体 唐臼の音も枕上とおぼゆる」訳 (隣の家で)大げさに踏み鳴らす唐臼の音も、(あまり近くに聞こえるので)枕もとでしているのかと思われるが。

ふみ-なら・す【踏み平す・踏み均す】(他サ四){さ・し・す・す・せ・せ}足で踏んで平らにする。源氏 蓬生「馬、牛などの―・し用たる道にて」訳 馬や牛などが踏んで平らにしたところを通り道にして。

ふみ-ぬ・く【踏み抜く】(他カ四){か・き・く・く・け・け}❶踏んで物に穴をあける。深く踏みこむ。万葉 一三・三二九五「直土に足―・き用 夏草を腰になづみ」訳 地面に足を踏みこみ、夏草を腰にからませ。
❷釘などを踏んで足の裏にさす。今昔 二五・二七「よく見れば足に大きなるくひを―・き用たり」訳 よく見ると足に大きな切り株を踏んで突き刺している。

ふみ-ぬ・ぐ【踏み脱ぐ】(他ガ四){が・ぎ・ぐ・ぐ・げ・げ}〔後世は「ふみぬぐ」〕袴・沓などを足で踏んで脱ぐ。万葉 五・八〇〇「穿け沓を脱き棄るごとく―・き用て行くちふ人は」訳 穴のあいた沓を脱ぎ捨てるように(妻子を)踏んで脱いで(=そのまま打ち捨てて)行くという人は。

ふみ-の-つかさ【書司・図書寮】(名)「ふんのつかさ」に同じ。

ふみ-ばさみ【文挟み】(名)「ふばさみ」とも。文書を挟んで、貴人に差し出す白木のつえ。長さは約一五〇センチメートルで、先端の金具に文書を挟む。竹取 蓬萊の玉の枝「一人の男、―に文をはさみて申す」

ふみ-はじめ【書始め】(名)天皇・皇太子などの皇族が七、八歳になったとき、はじめて漢籍の読み方を習う儀式。読書始め。源氏 桐壺「七つになり給へば―などせさせ給ひて」訳 (若宮=光源氏が)七歳におなりになるので、(桐壺帝は)読書始めの儀式などをおさせになって。

ふみ-ひと【史】(名)「ふびと」に同じ。

ふみ-まど・ふ【踏み惑ふ】(自ハ四){は・ひ・ふ・ふ・へ・へ}足を踏み入れて迷う。道に迷う。「踏み迷ふ」とも。〔うつほ〕藤原の君「いくたびか―・ふ終らむ三輪の山杉ある門は見ゆるものから」訳 何度足を踏み入れて迷うのだろうか、三輪山の杉の立つ門は(近くに)見えていながら。

ふみ-まよ・ふ【踏み迷ふ】(自ハ四){は・ひ・ふ・ふ・へ・へ}「ふみまどふ」に同じ。〔太平記〕三「落花の雪に―・ふ終 交野の春の桜狩り」訳 雪のように散る桜の花に迷い歩く、交野(=桜の名所)の春の花見。

ふみ-わ・く【踏み分く】(他カ下二){け・け・く・くる・くれ・けよ}雪や草木・落ち葉などを、足で踏んで分け進む。古今 秋上「奥山にもみぢ―・け用 鳴く鹿の声聞く時ぞ秋は悲しき」訳 →おくやまに…和歌

ふ・む【踏む・践む】(他マ四){ま・み・む・む・め・め}❶足でおさえる。踏みつける。枕 一〇八「さし油するに、灯台の打ち敷きを―・み用て立てるに」訳 (源方弘が灯台の油皿に)油をさすために、灯台の敷物を踏んで立ったときに。
❷踏み歩く。行く。訪れる。万葉 一七・四〇〇六「白雲のたなびく山を岩根―・み用越え隔りなば」訳 白雲のたなびく山を、岩を踏み歩いて越えてへだたってしまったら。
❸(多く「位をふむ」の形で)その地位につく。平家 四・厳島御幸「天子位を―・む体 先蹤、和漢かくのごとし」訳 天子が幼くして位につく先例は、日本と中国ではこのようである。
❹舞う。技芸を演ずる。〔浮・男色大鑑〕「花代も、舞台―・む体は銀一枚に定めぬ」訳 花代(=遊びの代金)も、舞台に上がって芸をする者は銀一枚に決めた。
❺値段を見積もる。値ぶみする。〔黄・艶気樺焼〕「どうやすく―・ん用(撥音便)でも、五、六百両がもの(=五、六百両程度の値打ちはあるのさ」
❻日を過ごす。〔伽・唐糸ざうし〕「百日の日を―・ん用

(撥音便)で」訳百日の日を過ごして。

ふめ・く(自カ四)〔か・き・く・く・け・け〕大きく回転する。今昔二六・三六「我は後れて—・き用落ちゆきつるほどに」訳私は(馬に)おくれて大きく回転して落ちていったときに。

参考「振りめく」の音便形「ふんめく」の撥音を表記しないものかという。「そめく」の誤りとみる説もある。

ぶ-め・く(自カ四)〔か・き・く・く・け・け〕〔「めく」は接尾語〕(あぶ・蚊・蜂などが)ぶんぶん羽音をたてる。今昔二九・三七「大きなる蜂一つ飛び来りて、御堂の軒に—・き用行く」訳大きな蜂が一匹飛んで来て、お堂の軒でぶんぶん羽音をたてて飛びまわる。

ぶ-も【父母】(名)〔「ぶ」「も」ともに呉音〕父と母。ふぼ。〔義経記〕「義経身体髪膚を—に受け」訳義経は身体全体を父母からもらい受け。

ふもだし【絆】(名)馬の足をつなぎ止めておく綱。「ほだし」とも。万葉一六・三八八六「馬にこそ—掛くもの牛にこそ鼻縄著くれ」訳馬にこそほだしを掛けるものなのに、牛にこそ鼻縄をつけるのに。

ぶ-やう【無恙】(名)「むやう」に同じ。

ふゆ【冬】(名)四季の一つ。陰暦十月から十二月までの季節。

ふゆ-がれ【冬枯れ】(名)冬に草木の枯れること。また、すべてが枯れた寂しい冬の景色。图。徒然一九「さて、—のけしきこそ、秋にはをさを劣るまじけれ」訳さて、冬枯れの情景こそ、秋にはほとんど劣らないだろう。

ふゆがれの… 和歌

> 冬枯れの　野べとわが身を　思ひせば
> もえても春を　待たましものを
> 〈古今・二五・恋五・七九一・伊勢〉

訳自分の身を冬枯れの野辺だと思ったとしたら、(この野火のように)燃えて(=恋の火を燃やして)でも春を待つであろうに。

解説春の耕作の準備をするために枯れ野を焼いている野火を見て、わが身を冬枯れの野に見立て、野火に燃えた草が春には再生するように、私も再生する時を待ちたい、という終末期の恋の嘆きを詠んだ歌。

ふゆくさの【冬草の】《枕詞》冬草が枯れる意から、同音の「離る」にかかる。古今冬「—離れにし人は」

ふゆこだち… 俳句

> 冬
> 冬木立　月骨髄に　入る夜かな
> 〈続明烏・几董〉

訳(冬枯れで木肌むき出しの)冬木立に注ぐ月光は、(寒気に冴えて鋭く)心の底にまでしみ透るように感じられる夜であることよ。(冬木立图。切れ字は「かな」)

解説裸木の冬木立と骨のイメージとが重なる。

ふゆ-ごもり【冬籠り】(名)〔古くは「ふゆこもり」〕冬の寒さのきびしい間、動植物が活動をやめ、土中や巣にこもること。图。古今冬「雪ふれば—せる草も木も春に知られぬ花ぞ咲きける」訳雪が降るので、冬ごもりしている草や木にも、春によって知られることのない(雪の)花が咲いたことだ。

ふゆごもり【冬籠り】《枕詞》「春」にかかる。万葉一〇・一八九一「—春咲く花を手折り持ち」

ふゆ-ざれ【冬ざれ】(名)冬の、荒れはてて寂しい情景。また、そのころ。图。〔蕪村句集〕蕪村「—や小鳥のあさる韮畠」訳荒れはてて寂しい冬だ。(えさのない)小鳥が韮畑でえさをさがしている。

ふゆ-た・つ【冬立つ】冬の季節になる。立冬になる。图。源氏夕顔「今日ぞ、—・つ体日なりけるもしるく、うちしぐれて」訳今日がちょうど、立冬となる日であったのもそのとおりで、さっとしぐれが降って。

ふゆながら… 和歌

> 冬ながら　空より花の　散りくるは
> 雲のあなたは　春にやあるらむ
> 〈古今・六・冬・三三〇・清原深養父〉

訳まだ冬のままで、空から花が散ってくるのは、雲のむこうは春なのだろうか。文法「ながら」は、「…の状態のままで」の意の接続助詞。

解説降る雪を、舞い散る花に見立てたもの。

ふゆ-の-つき【冬の月】冬の寒々と澄みきった月。图。〔猿蓑〕其角「この木戸や鎖のさされて—」訳→このきどや…俳句

冬の日(ふゆのひ)〖作品名〗江戸前期の俳諧集。山本荷兮撰。貞享元年(一六八四)成立。「芭蕉七部集」の第一集。芭蕉と、荷兮ら尾張(愛知県)の門人による冬の連句を集めたもの。蕉風のはじめとされる記念碑的作品。→芭蕉七部集

ふ-よう【不用】(名・形動ナリ)❶用のないこと。いらないこと。土佐「けふ、節忌すれば、魚—」訳今日は、精進しているので、(せっかくもらった)魚も用がない。❷役に立たないこと。むだ。無益。枕一六三「むかしおぼえて—・なる体もの　繧繝縁の畳のふし出できたる」訳(りっぱだった)昔が思い出されて(今は)役に立たないもの、(高貴で最上の)繧繝べりの畳のこぶのような太糸が(古くなって)出てきているの。❸乱暴で手におえないこと。〔古活字本保元物語〕「あまりに—・に用候ひしかば、幼少より西国の方へ追ひ下して候ふ」訳(為朝は)あまりに乱暴者でございましたので、幼いころから西国の方へ追いやっております。

ふ-よう【芙蓉】(名)❶蓮の花の異称。源氏桐壺「太液(=中国の宮殿にあった池の名)の—、未央(=宮殿の名)の柳も」❷植物の名。アオイ科の落葉低木。初秋に淡紅色の花をつける。秋

(芙蓉②)

ぶ-よう【武勇】(名・形動ナリ)「ぶゆう」とも。強く勇ましいこと。徒然八〇「いまだ—の名を定めがたし」訳(百戦百勝しても、それだけでは)まだ武勇(の士)という名声を決定的なものとするわけにはいかない。

ぶらく-ゐん【豊楽院】(名)大内裏の内、朝堂院の西にあり、節会・儀式などを行う所。正殿を「豊楽殿」という。⇩巻頭カラーページ31

-ぶり【振り】(接尾)刀剣を数えるときに用いる語。〔義経記〕「人の帯はきたる(=腰につけた)太刀千―取りて」

ふり【振り・風】(名)❶姿。姿かたち。なりふり。態度。ふるまい。〔浄・鑓の権三重帷子〕「人の―見て、わが―の」訳人のふり見て、わがふり(直せ)の(諺のように)。❷それらしいようすをすること。そぶり。〔浮・日本永代蔵〕「内儀笑顔して咄しかくるにも、聞かぬ―して」訳おかみが笑顔を作って話をしかけてくるのにも、聞かないそぶりをして。❸音楽の曲の調子。曲。〔著聞〕三七九「榊の―に末句を歌はざるは、故実にて侍るとなん」訳(神楽の)「榊」の曲でおしまいの句を歌わないのは、しきたりであるということです。文法係助詞「なん」のあとに、結びの語「いへる」などが省略されている。❹歌舞伎や舞踊で、音楽に合わせて行う動作や所作。〔伎・名歌徳三升玉垣〕「両人面白き―あって、めでたけれと納まる」訳二人のおもしろい舞のしぐさがあって、めでたいということで終わる。❺「振り袖」の略。近世、元服前の男女が着用した着物。袖丈が長く、脇を縫い合わせないもの。また、振り袖を着る年ごろの若い女性。〔浄・新版歌祭文〕「恨みのたけを友禅の―の袂に北時雨」訳恨みのありったけを言って、友禅染めの振り袖のたもとに北時雨(のような涙の雨)。(「友禅」に「言う」をかける)❻やりくり。〔浮・日本永代蔵〕「たとへば借銀(=借金)かさみ、次第に―につまり」

-ぶり【振り】(接尾)❶(名詞に付いて)…風、…のようす、の意を添える。「夷―(=田舎風)」「万葉―」「ますらを―」「浪花―」❷(時間を表す語に付いて)それだけ経過したことを表す。「二年―」

ふり-あか・す【降り明かす】(自サ四){さ・し・す・す・せ・せ}明け方まで、夜通し降り続く。〔大和〕一七三「雨は夜一夜―・し(用)て」訳雨は一晩じゅう明け方まで降り続いて。

ふり-あふ・ぐ【振り仰ぐ】アオグ(他ガ四){が・ぎ・ぐ・ぐ・げ・げ}顔を振ってあげる。ぐっと上を見る。〔平家〕九・木曽最期「今井が行方のおぼつかなさに、―・ぎ(用)給へる内甲を」訳今井(四郎兼平)の行方が気がかりなので、(木曽義仲が)仰ぎ見なさった甲の内側を。

ふり-い・づ【振り出づ】イズ「ふりづ」とも。■一(自ダ下二){で・で・づ・づる・づれ・でよ}振り切って出発する。思いきって出て行く。〔更級〕初瀬「その日しも京を―・で(用)て行かむも、いともの狂ほしく」訳(大嘗会の御禊の行われる)ちょうどその日に京の都を振り捨てて(物詣でに)行くとしたら、それも、たいそう狂気じみていて。■二(他ダ下二){で・で・づ・づる・づれ・でよ}❶声高く鳴き出す。〔源氏〕鈴虫「鈴虫の―・で(用)たるほど、はなやかにをかし」訳鈴虫(=松虫のこと)が声高く鳴き出したようすは、にぎやかで風情がある。❷紅の染料を水にとかして染める。〔古今〕恋二「紅の―・で(用)つつ泣く涙には袂のみこそ色まさりけれ」訳紅色を水にとかして染めるように、声をふりしぼっては泣いて流す(血のような)涙で、袂だけがいちだんと色鮮やかになることよ。(「ふりいで」に①の意をかける)

ふ-りう【風流】リュウ(名・形動ナリ)「ふうりう」に同じ。

ふり-うづ・む【降り埋む】ウズム(他マ四){ま・み・む・む・め・め}雪などが降り積もってものを覆い隠す。〔源氏〕浮舟「消え残りたる雪、山深く入るままにやや―・み(用)たり」訳(京では)わずかに消えずに残っている雪は、山に深く入るにつれて次第に降り積もって(道を)覆い隠している。

ふり-おこ・す【振り起こす】(他サ四){さ・し・す・す・せ・せ}❶振り動かして起こす。振り立てる。〔万葉〕三・三六四「大夫の弓上―・し(用)射つる矢を後見む人は語り継ぐがね」訳りっぱな男子たる者が、弓の上部を振り立てて射た矢のことを、後に見るであろう人は語り継いでほしい。❷気持ちを奮い立たせる。鼓舞する。〔万葉〕二〇・四三九八「妻別れ悲しくはあれど大夫の心―・し(用)とり装ひ門出をすれば」訳妻と別れて悲しくはあるけれど、りっぱな男子の心を奮い立たせて旅装を調え門出をすると。

ふり-か・く【振り掛く】(他カ下二){け・け・く・くる・くれ・けよ}❶髪や袖などを顔に垂らしておおい掛ける。〔源氏〕若菜下「髪を―・け(用)て泣くけはひ、ただ、むかし見給ひしもののけのさまと見えたり」訳髪を(額に)垂らし掛けて泣くようすは、まるで以前ご覧になった(六条御息所の)物の怪の姿と光源氏には見えた。❷(水や塩などを)ぱらぱらとまき散らす。〔うつほ〕国譲下「山の嵐は、色々の紅葉雨のごとく―・くれ(已)ば」訳山の嵐は、さまざまな色の紅葉を雨のようにまき散らすので。

ふり-がた・し【旧り難し】(形ク){から・く(かり)・し・き(かる)・けれ・かれ}❶昔と変わらない。〔源氏〕葵「あさましう、―・く(用)も今めくかな」訳(源典侍は)あきれるほど、昔のままにも若い気でいるなあ。❷忘れがたい。いつまでも心から離れない。〔蜻蛉〕中「―・く(用)あはれと見つつ、行きすぎて」訳忘れがたくしみじみ趣があると(あたりを)見ては、通り過ぎて。

ふり-くら・す【降り暮らす】(自サ四){さ・し・す・す・せ・せ}雨や雪などが日暮れまで降り続く。〔源氏〕帚木「つれづれと―・し(用)て、しめやかなる宵の雨に」訳長々と一日じゅう降り続いて、ひっそりと静かな宵の雨のために。

ふり-こ・む【降り籠む】(他マ下二){め・め・む・むる・むれ・めよ}雨や雪などがしきりに降って人を外出できないようにする。降りこめる。〔伊勢〕八五「みな人酔ひて、『雪に―・め(未)られたり』といふを題にて、歌ありけり」訳全員が酒に酔って、「雪に降りこめられた」というのを題として、歌を詠んだ。

ふり-さ・く【振り放く】(他カ下二){け・け・く・くる・くれ・けよ}はるか遠方を仰ぐ。ふり仰ぐ。〔万葉〕六・九九四「―・け(用)て若月見れば一目見し人の眉引き思ほゆるかも」訳→ふりさけて…和歌

ふりさけて…和歌

> **振りさけて 若月見れば 一目見し 人の眉引き 思ほゆるかも**
> 〈万葉・六・九九四・大伴家持〉

訳ふり仰いで三日月を見ると、一目見た(だけの)あの人の(美しい)眉が思い出されるなあ。
解説漢語で三日月のことを「眉月」といい、それをふまえた表現。「眉引き」は、本来の眉を落として、眉墨で描いた眉のこと。

ふりさけ・みる【振り放け見る】(他マ上一)

{み・み・みる・みる・みれ・みよ}はるかに仰ぎ見る。ふり仰いで遠くを見る。古今 羇旅「天の原—・みれ㊁ば春日なる三笠の山に出でし月かも」訳→あまのはら…和歌

ふり-し-く【降り敷く】(自カ四){か・き・く・く・け・け}一面に降る。降って地面をおおう。古今 秋下「秋は来ぬ紅葉は宿に—・き㊊ぬ道ふみわけてとふ人はなし」訳 秋は来た。紅葉はわが家の庭に一面に降り積もった。道を踏みわけて訪れる人はいない。

ふり-し-く【降り頻く】(自カ四){か・き・く・く・け・け}しきりに降る。絶え間なく降る。源氏 椎本「雪、霰—・く㊐頃は、いづくもかくこそはある風の音なれど」訳 雪や霰がしきりに降るころは、どこだってこのようではある(すさまじい)風の音だが。

ふり-す【旧りす】(自サ変){せ・し・す・する・すれ・せよ}(多く下に打消の語を伴って)古くなる。過去のものとなる。源氏 若菜上「いで、その—・せ㊍ぬあだ気こそは、いとうしろめたけれ」訳 さて、その(年をとっても)過去のものとならない(光源氏の)浮気心こそは、たいそう心配だ。

ふり-す-つ【振り捨つ】(他タ下二){て・て・つ・つる・つれ・てよ}❶ふりきって捨て去る。見捨てる。源氏 賢木「あはれにうち頼み聞こえたまへるを—・て㊊むこといとかたし」訳(紫の上が光源氏をしみじみ心からお頼り申しあげていらっしゃるのを、見捨てるようなことはたいそうむずかしい。❷神輿や神木などを担ぎ出して、それを置き去りにする。平家 一・御輿振「大衆神輿をば陣頭に—・て㊊奉り」訳(延暦寺の)宗徒は神輿を警護の武士の詰め所(=待賢門)に置き去りにし申しあげて。

ふり-そぼ-つ【降り濡つ】(自タ四){た・ち・つ・つ・て・て}〔「そぼつ」は「そほつ」「そぼづ」とも〕(雨などが)ぐっしょりぬれるほど降る。古今 恋三「明けぬとて帰る道にはこきたれて雨も涙も—・ち㊊つつ」訳 夜が明けたというので(女のもとから)帰る道では、雨も涙もはらはらとしきりにこぼれて、(私の衣が)ぐっしょりぬれるほど降っていることよ。

ふり-た-つ【振り立つ】(他タ下二){て・て・つ・つる・つれ・てよ}❶勢いよく立てる。万葉 七・一一九〇「舟泊ててかし—・て㊊て廬りせむ」訳 舟を停泊させて、かし(=舟をつなぐための杭)を立てて一夜の宿りをしよう。❷声をはりあげる。大きな音をたてる。古今 夏「声—・て㊊て鳴くほととぎす」

ふり-づ【振り出】(自他ダ下二){で・で・づ・づる・づれ・でよ}「ふりいづ」に同じ。

ふり-つ-む【降り積む】(自マ四){ま・み・む・む・め・め}雪が降って積もる。新古 春上「—・み㊊し高嶺のみ雪とけにけり」訳 降り積もっていた高い峰の深雪がとけたのだなあ。

ふり-のこ-す【降り残す】(他サ四){さ・し・す・す・せ・せ}(雨などが)そこだけは降らずに残す。細道 芭蕉「五月雨の—・し㊊てや光堂」訳→さみだれの…俳句

ふり-は-つ【旧り果つ】(自タ下二){て・て・つ・つる・つれ・てよ}すっかり古くなる。すっかり年をとる。新古 冬「はれ曇り時雨は定めなきものを—・て㊊ぬるは我が身なりけり」訳 晴れたり曇ったりして、時雨は(降ってはやみ)定めがないのに、すっかり年老いてしまったのは自分自身であったのだなあ。(「ふり」に「旧り」と「降り」とをかける)

ふり-はな-る【振り離る】(自ラ下二){れ・れ・る・るる・るれ・れよ}振り捨てて離れ去る。源氏 夕顔「人に似ぬ心強さにても—・れ㊊ぬるかなと思ひ続け給ふ」訳(光源氏は、空蟬は)他の人に似ない強情さでまあ、(私を)振り捨てていったものだなあと思い続けなさる。

ふり-は-ふ【振り延ふ】(自ハ下二){へ・へ・ふ・ふる・ふれ・へよ}わざわざ…する。ことさらに…する。源氏 薄雲「たまさかに、かやうに—・へ㊊給へるこそ、たけき心地すれ」訳(光源氏が)ときたまでも、このようにわざわざお訪ねくださっているのは、心強い気持ちがする。

ふり-はへ【振り延へ】(副)〔下二段動詞「振り延ふ」の連用形から〕わざわざ。ことさらに。「ふりはへて」とも。大和 一四八「かかる心ばへにて、—来たれど」訳 このような心づもりで、(昔の夫をさがして)わざわざ来たが。

ふりはへ-て【振り延へて】(副)〔下二段動詞「振り延ふ」の連用形「ふりはへ」に接続助詞「て」の付いたもの〕「ふりはへ」に同じ。

ふり-ふぶ-く【降りふぶく】(自カ四){か・き・く・く・け・け}激しく雨や雪が降り、強風が吹く。更級 初瀬「その夜、雨風、岩も動くばかり—・き㊊て」

ふりふ-もんじ【不立文字】(名)《仏教語》悟りの道は心から心へと伝えるもので、文字やことばでは伝えることが不可能であるとする禅宗の教義。以心伝心。

ふり-まが-ふ【降り紛ふ】❶(自ハ四){は・ひ・ふ・ふ・へ・へ}見分けがつかないほどしきりに降る。〔栄花〕とりのまひ「空より色々の花—・ひ㊊たるに」訳 空から色とりどりの花がしきりに降っているところに。❷(他ハ下二){へ・へ・ふ・ふる・ふれ・へよ}降って見分けにくくする。新古 冬「草も木も—・へ㊊たる雪もよに春待つ梅の花の香ぞする」訳 草も木も見分けにくくするまでに降っている激しい雪の中に、(もう)春を待つ梅の花の香りが匂ってくることよ。

ふり-まさ-る【旧り増さる】(自ラ四){ら・り・る・る・れ・れ}ますます古くなる。いっそう年をとる。古今 冬「あらたまの年の終はりになるごとに雪もわが身も—・り㊊つつ」訳 一年の終わりになるたびに、雪もますます降り積もり、私もますます年をとることだ。(「あらたまの」は「年」にかかる枕詞。「ふりまさり」は雪が「降り増さる」と、年をとる意の「旧り増さる」との掛詞)

ふり-まさ-る【降り増さる】(自ラ四){ら・り・る・る・れ・れ}ますます激しく降る。源氏 幻「まづいとせきがたき涙の雨のみ—・れ㊁ば」訳 何より先に、(紫の上をしのんで)とてもせき止められない涙の雨ばかりがますます降るので。

ふり-みだ-る【降り乱る】(自ラ下二){れ・れ・る・るる・るれ・れよ}乱れ降る。さかんに降る。源氏 浮舟「雪にはかに—・れ㊊、風などはげしければ」訳 雪が急に乱れ降り、風なども激しいので。

ふりみ-ふらずみ【降りみ降らずみ】〔「み」は動作が交互にくり返して行われることを表す接尾語〕降ったり、やんだり。〔後撰〕冬「神無月—定めなき時雨ぞ冬の始めなりける」訳 陰暦十月の降ったり、やんだり安定しない時雨こそ、冬のはじめ(の景物)なのだなあ。

ふり-ゆ-く【旧り行く】(自カ四){か・き・く・く・け・け}古くなっていく。年老いていく。万葉 一〇・一八八四「冬過ぎて春し来れば年月は新たなれども人は—・く㊎」訳 冬が過ぎて春がやって来ると、年月は新しくなるけれども、人は(しだいに)年老いていく。

ふ-りょ【不慮】(名・形動ナリ)思いがけないこと。不意であること。意外。宇治 一〇・七「『かくなるべし』と言ふ人のならで、—・に用、異人なりたるをば」訳「(国司は)こうなる(=この人がなるにちがいない)」という人がならないで、思いがけないことに、他の人がなったのを。

ふりょ-の-ほか【不慮の外】(「不慮」を強めた語)思いがけないこと。今昔 四・三「—に一人の比丘にあひて、ひそかに法華経十余行を読み習ひつ」訳「(妻は)思いがけないことに一人の僧侶に会って、こっそり法華経の十数行を読み習った。

ふり-わけ【振り分け】(名)❶二つに分けること。中間点。〔東海道中膝栗毛〕「この所は江戸へも六十里、京都へも六十里にて、—の所なれば」
❷「振り分け髪」の略。

ふりわけ-がみ【振り分け髪】(名)八歳ぐらいまでの子供の髪形。まん中から左右に振り分けて、肩のあたりで切りそろえる。伊勢 二三「くらべこし—も肩すぎぬ君ならずして誰かあぐべき」訳→くらべこし…和歌

(ふりわけがみ)

布留(ふる)〔地名〕歌枕 今の奈良県天理市布留町。石上神宮がある。

ふる【旧る・古る】(自ラ上二){り・り・る・るる・るれ・りよ}❶古くなる。年月を経る。枕 八三「垣なども皆—・り用て、苔生ひてなむ」訳「(西の京は)垣根などもみな古くなって、苔が生えていて。
❷年をとる。老いる。源氏 少女「いまはかく—・り用ぬる齢に、よろづのことを忘られ侍りにけるを」訳(私=弘徽殿の大后は)今はこのように老いた年齢で、ついすべてのことを忘れてしまいましたのに。文法「忘られ」の「れ」は、自発の助動詞「る」の連用形。
❸古くさくなる。源氏 朝顔「ひととせ、中宮の御まへに雪の山つくられたりし、世に—・り用たることなれど」訳先年、中宮の御前(の庭)に雪の山をお作りになったのは、世間では昔からあってありふれたことだが。文法「つくられ」の「れ」は、尊敬の助動詞「る」の連用形。

ふ・る【降る】(自ラ四){ら・り・る・る・れ・れ}雨・雪などが降る。また、比喩的に、涙が流れ落ちる。古今 春上「君がため春の野に出でて若菜つむわが衣手に雪は—・り用つつ」訳→きみがため…和歌
参考 和歌では、多く「旧る」にかけて用いられる。

ふ・る【触る】㊀(自ラ四){ら・り・る・る・れ・れ}さわる。触れる。万葉 三・三六二「吾妹子に—・る体とはなしに荒磯廻にわが衣手は濡れにけるかも」訳いとしい人に触れるということはなく、(代わりに)荒磯のあたりで、私の袖は波に濡れてしまったことだなあ。
㊁(自ラ下二){れ・れ・る・るる・るれ・れよ}❶さわる。触れる。蜻蛉 上「手—・れ未ねど花は盛りになりにけりとどめおきける露にかかりて」訳手も触れない(=手入れもしない)のに、花は盛りになってしまった。(亡き母が)この世に残しておいた(慈愛の)露を受けて。
❷(ある物事に)出会う。関係する。源氏 桐壺「事に—・れ用て、数知らず苦しきことのみまされば」訳何かにつけて、(桐壺の更衣は)数えきれないほどつらいことばかりふえるので。
❸箸をつける。食べる。源氏 桐壺「朝餉のけしきばかり—・れ未させ給ひて」訳(桐壺帝は)お食事には、ほんの少しだけ箸をおつけになられて。文法「させ給ひ」は、最高敬語。
❹(多く「肌触る」の形で)男女が親しみ合う。契る。万葉 一四・三五三七・或る本の歌「はつはつに新膚—・れ用し児ろし愛しも」訳ほんのちょっとはじめてその肌に触れたあの子がいとしいことよ。
㊂(他ラ下二){れ・れ・る・るる・るれ・れよ}広く知らせる。告げ知らせる。平家 四・源氏揃「美濃(=岐阜県南部)・尾張(=愛知県北西部)の源氏どもに、次第に—・れ用て行くほどに(=だんだんと告げ知らせていくうちに)」

ふ・る【震る】(自ラ四){ら・り・る・る・れ・れ}大地が揺れ動く。震動する。方丈 二「かく、おびたたしく—・る体ことは、しばしにて止みにしかども、その余波、しばしは絶えず」訳(地震の)このように、激しく震動することは、しばらくの間でやんだけれども、その余震がしばらくは絶えない。

古語ライブラリー㊶ 仮定・婉曲の表現

夫婦仲が悪く邸宅を去った継母を慕いながら会えないままに、その死の知らせに接した菅原孝標の女は「夕日のいと花やかにさしたるに、桜の花残りなく散り乱る」情景を目にこう詠んだ。

◇散る花もまた来む春は見もやせむやがて別れし人ぞ恋しき 〈更級 梅の立枝〉

この歌の「また来む春」の「む」が現代語にはない言い方だ。現代語では「再び来る春」のように「む」にあたる語を用いないでいう。無理にいうと、「再び来るであろう、その春」とか「再び来るとしたら、その春」とかというよりほかにない。

当然のことだが、まだ来年の春にはなっていない。春が「来る」ということが実現していないのである。このように、実現していない動作・状態についていう場合に推量の助動詞を用いるのが、古文の文法なのである。

◇思はむ子(=愛する子がいるとして、その子)を法師になしたらむこそ(=法師にしているとしたら、そのことは)心苦しけれ。〈枕 七〉

この例でも、子を「思ふ」こと、その子を「法師になしたる」ことが、現実に実現していることではない。「む」を用いて、仮定のこととして述べているのである。

もう一つ、現代語にはない、連体形の「む」を用いた表現がある。実際にはそうでないかのように遠回しにぼかしていう言い方だ。

◇この雪いかが見ると、一筆のたまはせぬほどの、ひがひがしからん人(=情趣を解さないような人)のおほせらるること、聞き入るべきかは。〈徒然 三一〉

この女性としては「ひがひがしき人」と言いたかったのかもしれないが、「ん」を用いて遠回しに、すなわち婉曲に表現しているのである。

ふ・る【振る】(他ラ四)｛ら・り・る・る・れ・れ｝❶揺り動かす。ふる。[万葉]一・二〇「あかねさす紫野行き標野行き野守は見ずや君が袖ー・る(体)」[訳]→あかねさす…[和歌] ❷神体などを移す。遷座する。[大鏡]道長上「大和の国三笠山にー・り(用)奉りて、春日明神と名づけ奉りて」[訳](神体を)大和の国(奈良県)の三笠山にお移し申しあげて、春日明神とお名づけ申しあげて。❸男女の間で、相手をふり捨てる。〔浮・好色一代男〕「我江戸にてはじめ(=初代)の高雄(=太夫の名)に三十五〔度〕までー・ら(未)れ」❹入れ替える。置き替える。〔去来抄〕先師評「近江は丹波にも、行く春は行く歳にもー・る(終)べし」[訳](句に用いた)近江(という地名)は丹波とでも、行く春は行く歳とでも置き替えることができる。

ふるいけや…[俳句]

> 古池や　蛙飛びこむ　水のおと　〈春の日・芭蕉〉　春

[訳]静まりかえった古池。(その静寂を破って)蛙が飛び込んだ水音。(あとにはまた静寂があるばかりだ)。(蛙(春)。切れ字は「や」)

[解説]「蛙の鳴き声」が対象であった和歌の伝統に対し、「飛び込む水の音」を、しかも「古池」とともに取りあげた、平俗の中に詩境を開拓した芭蕉の面目を示す句。

ふる-うた【古歌】(名)古人の詠んだ歌。古い時代の歌。古歌。

ふる-かんだちめ【古上達部】(名)「ふるかんだちべ」とも。上達部として長年つとめている人。[宇治]二・五「今は昔、左京の大夫なりける(=左京職の長官であった)ーありけり」

フルキ【黒貂】(名)〔モンゴル語という〕黒貂(=動物の名)の古名。黒い毛皮をはぎ合わせた皮衣(=毛皮の防寒着)は珍重された。

ふる-ごたち【古御達】(名)年をとった女房たち。[源氏]帚木「使ふ人(=使用人)、ーなど」

ふる-こと【古言】(名)「ふるごと」とも。❶古いことば。古い言い伝え。昔話。[大鏡]道長下「かやうなる女・翁なんどのーするは、いとうるさく、聞かまうきやうにこそおぼゆるに」[訳]こういう嫗や翁などが昔話をするのは、たいそうわずらわしくて、聞きたくないように思われるが。❷古い詩や歌。古歌。[枕]一四三「おなじーといひながら、知らぬ人やはある」[訳]同じ古歌といっても、(この歌を)知らない人がいるか(いや、いない)。

ふる-こと【故事】(名)「ふるごと」とも。昔あったこと。故事。[源氏]初音「かのあさましかりし世のーを、聞き置き給へるなめり」[訳]あのいやだった当時の昔のことを、(光源氏は)聞き覚えていらっしゃるのであるようだ。

ふる-ごゑ【古声】(名)昔のままの声。[古今]夏「五月待つ山ほととぎすうちはぶき今も鳴かなむ去年のー」[訳]陰暦五月を待って鳴く山ほととぎすよ。羽を振って今すぐにでも鳴いてほしい。去年と変わらぬ声で。

ふる-さと【古里・故郷】(名)❶**昔、都などがあって今は荒れ果てた所。旧都。**[新古]秋下「み吉野の山の秋風さ夜ふけてー寒く衣打つなり」[訳]→みよしのの…[和歌] ❷自分の生まれた土地。生まれ故郷。[徒然]一四一「ーの人の来りて物語すとて」[訳]生まれ故郷の人がやって来て話をするということで。❸以前に住んでいた土地。よく訪れたことのある土地。**古いなじみの地。**[古今]春上「人はいさ心も知らずーは花ぞ昔の香ににほひける」[訳]→ひとはいさ…[和歌]

ふるさと-びと【故郷人】(名)郷里の人。昔なじみの人。[古今]春下「桜花散らば散らなむ散らずとてーの来ても見なくに」[訳]桜の花よ、散るのなら散ってほしい。散らない(から)といって、昔なじみの人が来て見るわけでもないのだから。

ふるさとや…[俳句]

> 古郷や　よるもさはるも　茨の花　〈真蹟・一茶〉　夏

[訳]故郷(の人々)は、誰も彼も(私をとげとげしい態度であしらう)。今、白いいばらの花がとげのある枝に咲いている(が、そのとげのように私を傷つける)。(茨の花(夏)。切れ字は「や」)

[解説]「よるもさはるも」は「寄ると触ると」と同じ。遺産問題で帰郷した折の作。扇面に自筆で、名主の冷遇を憤る内容の長文の前書きとこの句を記す。「七番日記」によれば、文化七年(一八一〇)五月十九日のこと。

ふる・し【古し・故し・旧し】(形ク)｛から・く(かり)・し・き(かる)・けれ・かれ｝❶遠い昔のことである。[万葉]一・三二「ささなみのー・き(体)京を見れば悲しき」[訳]楽浪(=琵琶湖の南西部沿岸)の遠い昔の都(のあと)を見ると悲しいことだ。❷年を経ている。年功を積んでいる。年老いている。[源氏]蓬生「ー・き(体)女ばらなどは」[訳]古くから仕えている女房たちなどは。❸古びている。また、珍しくない。[万葉]一七・三九二〇「鶉鳴くー・し(終)と人は思へれど花橘のにほふこの宿」[訳]古びていると人々は思っているけれど、橘の花が匂うこの宿であるよ。(「鶉鳴く」は「古し」にかかる枕詞。実景とする説もある)。[文法]「思へれど」の「れ」は、完了(存続)の助動詞「り」の已然形。

ふる・す【旧す・古す】(他サ四)｛さ・し・す・す・せ・せ｝❶古くする。使って古くさせる。[蜻蛉]上「語らはむ人なき里にほととぎすかひなかるべき声なー・し(用)そ」[訳]話し相手になるような人もいないこの里で、ほととぎすよ、鳴いてもかいがないにちがいない声を古びさせるな(=くり返して鳴くな)。❷飽きて見捨てる。忘れる。〔後撰〕恋四「ひたぶるに思ひなわびそー・さ(未)るる人の心はそれぞ世の常」[訳]いちずに思い嘆くな、(恋人に)飽きて見捨てられる人の心は、それこそ男女の間ではよくあること(なのだから)。

ふる-つはもの【古兵】(名)「ふるづはもの」とも。実戦の経験が豊かな武士。老練な武士。[平家]一一・嗣信最期「後藤兵衛実基は、ーにてありければ」

ふるて-かひ【古手買ひ】(名)古着・古道具などを売買すること。また、その人。古物商。〔浄・冥途の飛脚〕「あるいは順礼・ー・節季候に化けて」[訳]あるものは巡礼者・古物商・物乞いに姿を変えて。

ふるて-や【古手屋】(名)古着・古道具などを商う店。また、その人。〔浮・好色五人女〕「[大坂の]高麗橋の—もねうちはなるまじ(=値段の付けようがないだろう)」

ふる-とし【旧年】(名)❶新年から見て、去った年をいう。去年。春。〔栄花〕もとのしづく「—より皆病みけり」訳 去年からみんな病気にかかった。❷まだ年が明けていない年内。暮れていく年。古今 春上・詞書「—に春立ちける日よめる」訳 年内に立春になった日に詠んだ歌。

ふる-ひと【古人・旧人】(名)「ふるびと」とも。❶昔の人。また、故人。〔雨月〕吉備津の釜「そも—は何人にて、家は何地に住ませ給ふや」訳 そもそも亡くなった方はどんな方で、家はどこに住んでいらっしゃるのか。❷年老いた人。老人。源氏 明石「—は涙もとどめあへず」訳 老人(=明石の入道)は涙もおさえきれないで。❸以前からいる人。古参の人。源氏 玉鬘「右近は…—のかずに仕うまつり馴れたり」訳 右近は…古参の女房の一人で、(光源氏に)お仕え慣れしている。❹昔なじみの人。古今 恋四「かげろふのそれかあらぬか春雨の—なれば袖ぞ濡れぬる」訳 かげろうのようにはっきりしないが、あれは昔のあの人だったのか、そうでないのか。(会ったのは)昔なじみの人なので、春雨が降るように涙で袖が濡れてしまったことだ。(「かげろふの」は「それかあらぬか」にかかる枕詞。「古人」に「降る」をかける)

ふる・ふ【震ふ】(自ハ四){は・ひ・ふ・ふ・へ・へ}❶揺れ動く。〔記〕上「六師雷のごとく—・ひ(用)、三軍電のごとくゆきき」訳 天子の軍隊は雷のように揺れ動き、諸侯の軍隊は稲妻のように進んだ。❷わななく。(恐怖や寒さで)ふるえる。今昔 二六・四二「持たりつる太刀をも落としつばかりこそ—・ひ(用)つれ」訳 持っていた刀をも落としてしまうほどにふるえてしまった。

ふる・ふ【振るふ】(他ハ四){は・ひ・ふ・ふ・へ・へ}❶振る。揺り動かす。今昔 二九・三三「鷲また目を見開きて顔をとかく—・へ(已)るに」訳 鷲はまた目を見開いて顔をあちこち振り動かしたが。❷勢いよく動かす。思うままに扱う。細道 松島「造化の天工、いづれの人か筆を—・ひ(用)詞を尽くさむ」訳 造物主の神わざは、どんな人が絵筆を思うままに扱って(描き、また)詩文で言い尽くすことができようか(いや、だれにもできまい)。⇨造化「名文解説」❸存分に発揮する。〔太平記〕六「その威やうやく近国に—・ひ(用)ければ」訳 その威力をだんだん近くの国に対して発揮したので。❹すべて出し尽くす。全部はたき出す。〔栄花〕あさみどり「よろづこのたびは我が宝—・ひ(用)てむ」訳 すべて今度は私(=道長)の宝を出し尽くしてしまおう。

ふる・ぶ【旧ぶ・古ぶ】(自バ上二){び・び・ぶ・ぶる・ぶれ・びよ}古風になる。古くさくなる。源氏 蓬生「心ばせなどの—・び(用)たる方こそあれ、いとうしろ安き後ろ見ならむ」訳 (末摘花は)気だてなどが古風になっているところはあるが、(娘たちのためには)たいへん安心できる世話役であろう。文法 係り結び「こそあれ」は、ここは強調逆接となって下に続く。

ふるぶる・し【旧旧し・古古し】(形シク){しから・しく(しかり)・し・しき(しかる)・しけれ・しかれ}いかにも古い。たいそう年をとっている。枕 八三「いとさだ過ぎ、—・しき(体)人の」訳 ひどく盛りを過ぎて、年老いている人が。

ふる-へ【古家】(名)[「ふるいへ」の転]古びた家。また、もとのすみか。万葉 三・二六八「わが背子が—の里の明日香には」訳 あなたの旧宅のある里の明日香では。

ふる-まひ【振る舞ひ】(名)❶行動。動作。行為。徒然 一七二「大方の—・心づかひも、愚かにしてつつしめるは得の本なり」訳 一般の行動や心がけも、愚かではあるが用心深くしているのは利益を得るもとである。❷もてなし。ごちそう。饗応。〔狂・今参〕「まだ何も—はせぬか」訳 まだ何ももてなしはしないのか。

ふる-ま・ふ【振る舞ふ】㊀(自ハ四){は・ひ・ふ・ふ・へ・へ}❶行動する。源氏 帚木「遊び戯れをも人よりは心やすくなれなれしく—・ひ(用)たり」訳 (頭の中将は)遊びやふざけごとでも、(光源氏に対して)他の人よりは気軽に親しくふるまっている。❷ことさらに趣向をこらす。また、威儀をつくろう。徒然 二三一「大方、—・ひ(用)て興あるよりも、興なくてやすらかなるが、まさりたることなり」訳 一般に、ことさらに趣向をこらしておもしろみがあるのよりも、おもしろみがなくても難がないのが、まさっていることである。㊁(他ハ四){は・ひ・ふ・ふ・へ・へ}もてなす。ごちそうする。著聞 六三五「今夜、新蔵人—・は(未)れて候ふ」訳 今夜は、新しい蔵人がもてなされております。

ふる-みや【古宮】(名)❶古い宮殿。皇族の古い住まい。源氏 少女「未申の町は、中宮の御—なれば、やがておはしますべし」訳 南西の町は、(秋好)中宮の古いお住まいであるので、そのまま(中宮が)お住まいになることになっている。❷年をとって世間から忘れられた皇族。源氏 橋姫「そのころ、世にかずまへられ給はぬ—おはしけり」訳 そのころ、世間から人並みに取り扱われなさらない年とった皇族(=八の宮)がいらっしゃった。

ふる-めか・し【古めかし】(形シク){しから・しく(しかり)・し・しき(しかる)・しけれ・しかれ}[動詞「古めく」に対応する形容詞]❶古びている。古風である。古くさい。源氏 若菜上「いと涙がちに、—・しき(体)ことどもをわななきいでつつ語り聞こゆ」訳 (明石の尼君は)ひどく涙をしじゅう流しては、古めかしい(昔の)出来事をあれこれ、声をふるわせながら(明石の女御に)お話し申しあげる。❷老人くさい。年寄りじみている。源氏 朝顔「いと—・しき(体)しはぶき打ちして参りたる人あり」訳 たいそう年寄りじみた咳をして参上した人がいる。

ふる-め・く【古めく】(自カ四){か・き・く・く・け・け}[「めく」は接尾語]❶古風に見える。古びて見える。源氏 末摘花「わりなう—・き(用)たる鏡台の、唐櫛笥、掻上げの箱など取り出でたり」訳 はなはだ古びている鏡台の、櫛などを入れる美しい化粧箱や髪結いの道具を入れる箱などを(女房が)取り出してきた。❷年寄りじみて見える。源氏 朝顔「いと—・き(用)たる御けはひ、しはぶきがちにおはす」訳 (女五の宮は)非常に年とっているごようすで、咳ばかりしていらっしゃる。

ふる-ものがたり【古物語】(名)昔に作られた物語。また、昔話。思い出話。蜻蛉 上「世の中に多かる—のはしなどを見れば、世に多かるそらごとだにあり」訳 世間に多くある昔の物語の端々などを見ると、世間によくある作りごとだってある。

発展 「古物語」と「昔物語」

「蜻蛉日記」の作者は、「古物語」の「そらごと」にあきたらず、「身の上の日記」の執筆を思い立った。「源氏物語」には、「古物語」にかわって「昔物語」の語が多く見える。紫式部が、類型的な虚構や伝承的な素材にたよっているものを「昔物語」と考えていたことが、「継母の腹ぎたなき昔物語も多かるを」〈蛍〉などの表現からうかがえる。

ふる-や【古屋】(名)古びた家。古い家。古今 恋五「ひとりのみながめ―のつまなれば人を忍ぶの草ぞ生ひける」訳長雨の降りつづく古い家の端(=軒先)なので、忍ぶ草が生えてしまう、その端ではないが、ただ一人もの思いにふけって暮らしている妻だから、あの人を思い偲ぶ気持ちが生じたことだ。(「ながめ」は「長雨」と「眺め」、「ふる」は「降る」と「古(屋)」と「経る」、「つま」は「端」と「妻」、「しのぶ」は「忍ぶ草」と「偲ぶ」との掛詞)

ふるゆきの【降る雪の】《枕詞》雪の性質や状態から「消」「いちしろし」にかかる。一説に、比喩とも。万葉 四・六三四「―消なば消ぬがに(=消えてしまいそうに)」

ふれ-ば-ふ【触ればふ】(自ハ四){は・ひ・ふ・ふ・へ・へ}❶くり返し触れる。源氏 野分「香のかをりも、―・ひ用給へる御けはひにやと」訳香のかおりも、(秋好中宮が)何度も触れなさった(御衣の)御なごりであろうかと。
❷かかわりをもつ。関係を結ぶ。源氏 若菜上「かの人のあたりにこそは、―・は未せまほしけれ」訳あの人(=光源氏)のそばには、(娘=女三の宮を)添わせたいものだ。

ぶ-ゐ【無為】(名・形動ナリ)❶自然のままで、作為を施さないさま。宇治 一〇・六「―・に用事出で来ば、わが親たちいかにおはせん」訳おのずと事が起きれば(=神の祟りがあれば)、自分の親たちはどのよう(な思い)でいらっしゃるだろう。
❷何事もなく平穏なさま。無事。宇治 二・六「―・なる体人の家より出ださんこと、あるべきにあらず」訳何事もない人の家から(遺体を)出すようなことは、あってはならない。

ふん【分】(名)江戸時代の銀貨を量るときの単位。一分は一匁の十分の一、一厘の十倍。〔浮・日本永代蔵〕「伊勢えび(の値段は)二匁五―」

ぶん【分】(名)❶割り当て。分け前。宇治 七・五「おのれが―とてつくりたるは、ことの外多く出で来たりければ」訳自分の割り当てとして耕した田は、思いのほか(作物が)多くできたので。
❷身のほど。分際。徒然 一三一「おのが―を知りて、及ばざる時は速やかにやむを智といふべし」訳自分の身のほどを知って、(能力の)及ばないときはすぐにやめるのを賢さというべきである。
❸仮にそう決めた扱い。ふり。名義。〔東海道中膝栗毛〕「おや子の―に(=ふりを)、しようぢゃあねえか」
❹程度。くらい。〔浮・世間胸算用〕「口喰うて一盃に、雑煮祝うた―なり」訳食べるのにせいいっぱいで、(正月も)雑煮を祝った程度である。

ぶん【文】(名)文章。詩文。また、書物。徒然 一三「―は、文選のあはれなる巻々」訳漢籍の書物(として読むのによいもの)は、「文選(=中国の詩文集の名)」の(中の)感銘の深い巻々。

文鏡秘府論(ぶんきやうひふろん)ブンキョウヒフロン『作品名』平安初期の詩論書。空海編著。弘仁十年(八一九)ごろ成立。中国の六朝から唐に至る諸家の詩文論書から抜粋、集成したもの。

ぶん-きん【文金】(名)❶「元文金」の略。元文元年(一七三六)に江戸幕府が鋳造した、小判金・一分判金の総称。裏に「文」の字の極印があり、「文字金」ともいう。
❷「文金島田」の略。髷の腰を高くした島田髷で、女性の豪華な髪の結い方。「文金高島田」とも。
❸「文金風」の略。男性の髪形の一つ。髻の腰を高くし元結いを巻く。

(ぶんきん②)

文華秀麗集(ぶんくわしうれいしふ)ブンカシュウレイシュウ『作品名』平安初期の勅撰漢詩集。嵯峨天皇の勅命で藤原冬嗣らが撰進。弘仁九年(八一八)成立。嵯峨天皇はじめ二十八人の詩百四十八首を集めたもの。

ぶん-げん【分限】(名)❶身分。身のほど。分際。〔浮・日本永代蔵〕「我が―に応じいろいろ魚鳥を調へ」訳(えびす講の日は)自分の分際に応じさまざまに魚や鳥を用意し。
❷物事を行うのに可能な限度・範囲。また、その能力。平家 八・太宰府落「ここに内裏つくるべきよし、沙汰ありしかども、―なかりければつくられず」訳ここに内裏を造営するようにとの命令があったけれども、それだけの面積がなかったので造ることができず。
❸金持ち。財産家。〔浮・日本永代蔵〕「十五年たたぬうちに、三万両の―になって」

豊後(ぶんご)『地名』旧国名。西海道十二か国の一つ。今の大分県の北部をのぞいた大部分。豊州。

ぶん-ざい【分際】(名)❶限り。程度。〔太平記〕七「城中の勢どもは、敵に勢の―を見えじと、木陰にぬはれ伏して」訳城中の軍勢どもは、敵に軍勢の程度を見られまいと、木陰に隠れひそんで。
❷身のほど。身分。〔仮名・浮世物語〕「己が―に過ぎて知行をば多く欲しがり」訳自分の身のほどを越えて俸禄を多く欲しがり。

ぶん-さん【分散】(名・自他サ変)❶分けること。別れること。著聞 三五四「七七忌はてて人々―・し用けるに」訳四十九日の法要が終わって人々が別れたときに。
❷江戸時代、借金を返せなくなった借り手の申し出で、全財産を貸し手に割り当てて弁済する制度。破産。〔浮・世間胸算用〕「明日―にあうても、女の諸道具は遁るるによって」訳明日破産にあっても、女の諸道具は(差し押さえを)まぬかれるから。

ふん-ず【封ず】(他サ変){ぜ・じ・ず・ずる・ずれ・ぜよ}〔「ふうず」の転〕封をする。枕 一六〇「遠き所より思ふ人の文を得て、かたく―・じ用たる続飯などあくるほど、いと心もとなし」訳遠い所から恋しく思う人の手紙が届いて、固く封をしてあるのりなどを開ける間は、たいそうじれったい。

ぶん-だい【文台】(名)書籍・短冊などをのせる台。特に、歌会・連歌・俳諧の席で用いた。

ぶん-だん【分段】(名)《仏教語》❶「分段生死(しやうじ)」の略。六道に輪廻(りんね)する衆生(しゆじやう)の生死。人間の運命。平家 一一・先帝身投「一の荒き浪(なみ)、玉体(ぎよくたい)を沈め奉る」訳 六道をめぐる人間の運命の(ような)荒い波が、(安徳)天皇のおからだを(海底に)沈め申しあげる。❷「分段身(しん)」の略。凡人。凡夫の身。❸「分段同居(どうご)」の略。この世。娑婆(しやば)世界。

ぶん-どり【分捕り】(名・他サ変)戦場で、敵の首や武器などを奪い取ること。平家 九・木曽最期「一あまたしたりけり」訳 分捕りをたくさんしたのだった。

ふん-の-つかさ(名)【「ふみのつかさ」の撥音便】❶【書司】㋐後宮十二司の一つ。後宮の書籍・文房具・楽器などをつかさどる所。源氏 藤裏葉「上の御遊び始まりて、一の御琴ども召す」訳 堂上の管弦のお遊びが始まって、(光源氏は)後宮の書司から御琴をいくつかお取り寄せになる。㋑㋐の女官が管理したことから)和琴(わごん)の異称。源氏 常夏「御前の御遊びにも、まづ一を召すは」訳 (帝(みかど)の)御前での管弦のお遊びのときにも、最初に和琴をお取り寄せになるのは。❷【図書寮】「づしょれう」に同じ。

ぶん-ぶ【文武】(名)「ぶんぷ」とも。文事と武事。学問と武芸。〔謡・頼政〕「さしも一に名を得し人なれど」訳 あれほど学問と武芸に(秀でて)名声を得た人だけれども。

ふん-べつ【分別】(名)善悪を判別する理性的な考え。思慮。徒然 二〇六「牛に一なし。足あれば、いづくへかのぼらざらん」訳 牛に思慮はない。足があるから、どこへのぼらないことがあろうか(いや、どこへだってのぼる)。

ふん-みゃう【分明】(名・形動ナリ)はっきりしていること。明瞭。平家 八・征夷将軍院宣「言語(げんぎよ)一・なり㊎」訳 (源頼朝(よりとも)の)ことばづかいは(なまりがなく)はっきりしている。

文屋朝康(ふんやのあさやす)『人名』(生没年未詳)平安前期の歌人。康秀(やすひで)の子。歌は「古今集」「後撰集」および「小倉百人一首」に入集。

文屋康秀(ふんやのやすひで)『人名』(生没年未詳)平安前期の歌人。六歌仙の一人。技巧的な歌風で、歌は「古今集」「後撰集」および「小倉百人一首」に入集。

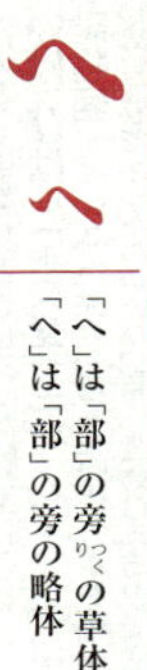
「へ」は「部」の旁(つくり)の草体
「へ」は「部」の旁の略体

-へ【重】(接尾)重なっている数を示す。「八(や)一垣」「千(ち)一」「一一」

へ【上】(名)(ふつう「…のへ」の形で)うえ。〔紀〕欽明「韓国(からくに)の城(き)の一に立ちて」

へ【戸】(名)(戸籍上の一戸としての)いえ。民家。また、それを数える語。〔紀〕欽明「秦人(はたびと)の一の数、総(す)べて七千五十三一(ななちへあまりいそあまりみへ)」訳 秦人(＝秦氏に従う渡来人)の戸の数、合計七千五十三戸。

-へ【辺】(接尾)「べ」とも。…のあたり、…のほう、…のころなどの意を添える。「沖一」「末一」「春一」「山一」

へ【辺】(名)❶ほとり。あたり。蜻蛉 上「日悪(あ)しければ、門出ばかり、法性寺の一にして、暁より出(い)で立ちて」訳 (出発の)日が悪いので、門出だけを、法性寺のあたりにして、夜明け前から出発して。❷(沖に対して)海辺。岸辺。万葉 五・八九四「海原(うなはら)の一にも奥(おき)にも神(かむ)づまり」訳 大海原の海辺にも沖にも、神が鎮座し。⇩沖(おき)「図解学習」

へ【家】(名)いえ。万葉 五・八四四「妹(いも)が一に雪かも降ると見るまでに」訳 いとしい人の家に雪が降るのかと見るほどに。

へ【舳】(名)船の前部。船首。へさき。万葉 二〇・四三九八「朝凪(あさなぎ)に一向け漕(こ)がむと」訳 朝なぎに船首を向けて漕ごうと。↔艫(とも)

へ 助動詞「ふ」の已然形・命令形。万葉 一八・四一二九「針袋取り上げ前に置き反(かへ)さへ㊒ばおのともおのや裏も継(つ)ぎたり」訳 針袋を取り上げて前に置いて、何度も裏返してみると、なんと驚いたことに裏も継いである。

へ(格助)

意味・用法
方向〔…に向かって。…のほうへ。〕→❶
帰着点〔…に。〕→❷
対象・相手〔…に(対して)。〕→❸

接続
体言に付く。

❶動作・作用の進行する方向を示す。**…に向かって。…のほうへ。**万葉 三・二七一「桜田へ鶴(たづ)鳴き渡る年魚市潟(あゆちがた)潮(しほ)干(ひ)にけらし鶴鳴き渡る」訳 →さくらだへ…和歌

❷動作・作用の帰着点を表す。**…に。**徒然 二〇二「この月、万(よろづ)の神たち太神宮(だいじんぐう)へ集まり給ふなどいふ説あれども、その本説(ほんぜつ)なし」訳 この月(＝陰暦十月)は、すべての神たちが(伊勢(いせ)の)皇大神宮にお集まりになるなどという説があるけれども、その確かな論拠はない。

❸動作・作用の行われる対象・相手を示す。**…に(対して)。**宇治 一三・一三「わが心ひとつにてはかなはじ。このよしを院へ申してこそは」訳 私の一存で(決めること)はできないだろう。この事情を院(＝陽成(やうぜい)院)に申し上げて(祭るなら祭ろう)。文法 係助詞「こそ」の結びは、文脈から「祝はば祝はめ」などが考えられる。

文法 語源は「辺(へ)」(「あたり」の意)であろうと考えられている。上代では、「行く」「越ゆ」「去る」「遣(や)る」などの語とともに用いて、その目標を示し、現在地から遠ざかり向かって行く方向を表す①の用法に限られる。中古末期になって、

「仏の御弟子に成るといふとも一年(ひととせ)に三度必ず我が許(もと)へ来(きた)れ」〈今昔 一・二五〉

のように、「来」「来(きた)る」などの語とともに用いる用法が生じ、中世になると、②③の帰着点・作用の方向、動作の対象・相手を示すようになった。

-べ【辺】(接尾)「へ(辺)」(接尾)に同じ。

べ【部】(名)大化の改新前、朝廷や豪族に世襲的に隷属していた農民・漁民や特定の技能者の集団。〔記〕中

「この御世に、海ー、山ー、山守ー、伊勢ー」をさだめ賜ひき」訳この(天皇の)御世に、海部、山部、山守部、伊勢部(の一族)をお決めになった。

へ-あが・る【経上がる・歴上がる】(自ラ四){ら・り・る・る・れ・れ} ❶下からしだいに地位が上がる。昇進する。平家 一・俊寛沙汰 鵜川軍「〔師高は〕検非違使五位の尉にーっ用(促音便)て(=昇進して)」 ❷年をとって変化する。徒然 八九「猫のーり用て、猫またに成りて、人とることはあなるものを」訳猫が年をとって変化して、猫また(=想像上の怪獣)になって、人(の命)をとることがあるそうだからなあ。

べい 一 助動詞「べし」の連体形「べき」のイ音便。源氏 澪標「おとなしき御後ろ見はいとうれしかべいこと」訳大人びたお世話役はたいそううれしく思うにちがいないことよ。枕 二九二「おもしろかるべきこと、貴とうめでたかべいことも」訳おもしろいはずのことや、尊くすばらしいはずのことも。

二(助動特殊型){○・○・べい・べい・○・○}《近世語》〔一から〕推量・適当・勧誘・可能・意志の意を表す。〔洒・道中粋語録〕「べいべい詞がやむべい体なら、借りても三百つん出すべい終とは古いよりの諺となり」訳田舎ことばがやめられる(=治せる)なら、借金してでも銭三百文をさし出そうとは昔からの諺である。〔浄・心中宵庚申〕「屋敷に叶はぬ、出て失せべい終」訳屋敷に置くことはできない、出て失せるがいい。〔東海道中膝栗毛〕「いまの銭で蕎麦でも食おうべい終」訳今手に入れた銭で蕎麦でも食おうよ。〔東海道中膝栗毛〕「猫どもが打ち殺されべい体から」訳猫どもが打ち殺されるだろうから。

接続 一は、用言の終止形(ラ変型は連体形)に付く。特にラ変動詞・形容詞の連体形活用語尾「る」が撥音化して表記されない形に付く。二は、用言および助動詞の終止形・連体形に付く。未然形・連用形に付くこともある。

語法 一は中古・中世に多い。二は関東方言であり、特に作品では田舎者のことばとして用いられる。

へいあん-きゃう【平安京】(名)今の京都が帝都であったときの称。桓武天皇の延暦十三年(七九四)から明治二年(一八六九)に至るまでの都。平安城。⇩巻頭カラーページ30

へいあん-じゃう【平安城】(名)「へいあんきゃう」に同じ。

へい-かく【兵革】(名)「兵」は武器、「革」は甲冑の意」「へいがく」とも。❶武器・武具の総称。 ❷戦争。戦乱。平家 三・飈「仏法・王法ともに傾きて、ー相続すべし」訳仏の教えや国王の法令がいっしょに衰えて、戦乱があいついで起こるだろう。

へい-き【兵機】(名)戦いで兵を動かす際の、その場に応じたはかりごと。用兵の機略。〔雨月〕菊花の約「ーのことはりをさをさしく聞こえければ」訳用兵の機略(について)の理論はきちんと申したので。

へい-きょく【平曲】(名)「平家物語」を琵琶に合わせて語る音曲。盲目の法師生仏によって始められたと伝えられている。平家琵琶。

へい-ぐゎい【平懐】(名・形動ナリ)「へいくゎい」とも。❶礼儀を無視するさま。無遠慮。〔仮名・仁勢物語〕「ー卑劣の詞」 ❷(和歌・連歌・俳諧で)趣向をこらさないさま。平凡。〔去来抄〕同門評「『や』の字ーに聞こゆ。これ難なるべし」訳「や」の字が平凡に聞こえる。これが欠点であろう。

へい-け【平家】(名)❶「へいじ(平氏)」に同じ。 ❷「平家物語」の略。 ❸「平家琵琶」の略」「へいきょく」に同じ。

へい-げい【埤堄】(名)城壁の上の低い垣。平家 七・聖主臨幸「咸陽宮の煙ーを隠しけんも、かくやと覚えてあはれなり」訳(秦が衰えて)咸陽宮の(焼けた)煙が城壁の低い垣根を隠したとかいうのも、このようであっただろうかと思われてしみじみ心が動かされる。

へいけ-びは【平家琵琶】(名)「へいきょく」に同じ。

平家物語 作品名 鎌倉時代の軍記物語。はじめ三巻であったらしいが、語り広められる中で増補され、六巻・十二巻・二十巻・四十八巻(源平盛衰記)などの諸本が成立した。ふつうは十二巻に灌頂巻を加えたものをいう。鎌倉中期までには原型が成立したと考えられ、作者は信濃前司行長(=中山行長)説などがあるが、未詳。平家一門の栄華と滅亡を中心に、そこに生きる人間のたくましさが描かれている。和漢混交文を巧みに用い、全編を仏教的無常観で貫いた雄大な叙事詩的物語。琵琶法師が語る「平曲」として語り広められた。⇩付録「古典文学参考図」

冒頭文 祇園精舎の鐘の声、諸行無常の響きあり。娑羅双樹の花の色、盛者必衰のことわりをあらはす。おごれる人も久しからず、ただ春の夜の夢のごとし。訳(釈迦が説法をした)祇園精舎の鐘の音は、諸行無常すなわち、すべてのものは絶えず変化してとどまることがないという響きがある。(釈迦入滅とともに白く変じたという)娑羅双樹の花の色は、盛んな者も必ず衰えるものだという道理を表している。驕り高ぶった人もいくらも続くものではなく、(それは)まるで春の夜の夢のような(はかない)ものだ。

名文解説 仏教的無常観を格調高い対句によって表すことから起筆し、続いて、得意の絶頂にあって驕り高ぶる者の権勢も長くは続かないことを、短くはかないものとされた春の夜に見る夢にたとえる。平家一門の栄華から滅亡までを描く「平家物語」の主題が、象徴的に述べられている。

へい-こう【閉口】(名・自サ変)❶口を閉じて黙っていること。〔太平記〕二四「されども大儀なれば満座ーのところに」訳けれども重要なことなので、一座の人々が黙っているところに。 ❷困りきること。

へい-じ【平氏】(名)「へいし」とも。平の姓を名のる一族。皇族が臣籍に降下した際に与えられた姓の一つ。桓武天皇を祖とする桓武平氏は清和源氏と並んで勢力を振るい、武士団の棟梁となった。平家。

へい-じ【瓶子】(名)酒を入れて注ぐのに使う器。徳利。源氏 宿木「ーは紺瑠璃(=紺色の瑠璃)なり」

べい-じゅう【陪従】(名)「ばいじゅう」とも。❶貴人に供としてつき従うこと。また、その人。 ❷賀茂・石清水・春日などの祭りに行われる舞楽の舞人に従う楽人。源氏 若菜下「—も、石清水、賀茂の臨時の祭りなどに召す人々の、道々の殊にすぐれたる限りをととのへさせ給へり」訳 祭礼の楽人も、石清水や賀茂の臨時の祭りなどにお呼び寄せになる人々で、それぞれの専門で特にすぐれている者だけを(光源氏は)おそろえになられた。

へい-しょく【秉燭】(名)〔灯火を手にとる意〕灯火をともすころ。夕方。平家 一・内裏炎上「—に及んで祇園の社へ入れ奉る」訳 夕方になって(神輿を)祇園の八坂神社にお入れ申しあげる。

へい-だん【餅餤】(名)食品の名。餅の中に鵞鳥・鴨などの卵と野菜を煮て入れ、四角に切ったもの。陰暦八月の「定考(=官吏を昇進させる儀式)」などに公卿らに供した。枕 一三「—といふものを二つ並べてつつみたるなりけり(=包んであるものであった)」

平治物語(へいぢものがたり)〘作品名〙軍記物語。作者未詳。鎌倉前期までに成立か。悪源太(=源義平)を中心に、平治の乱の顛末、源平武士団の争闘を描いたもの。簡潔な和漢混交文で、「保元物語」とともに軍記物語の先駆となった。

平中(へいちゅう)〘人名〙→平貞文

平中物語(へいちゅうものがたり)〘作品名〙〔「平仲物語」とも書く〕平安中期の歌物語。作者未詳。天徳四年(九六〇)から康保二年(九六五)ごろ成立か。平中と呼ばれた平貞文を主人公とする恋愛説話三十九段からなる。「平中日記」「貞文日記」とも。

へい-はく【幣帛】(名)神を祭るときに、神前に供えるもの。麻・絹・紙などのほか、貨幣・武具・農具などを供える場合もある。平家 二・山門滅亡「卯月は垂跡の月なれども、—を捧ぐる人もなし」訳 陰暦四月は仏が神の姿で現れる月であるけれども、供え物をささげる人もいない。

へい-まん【屛幔】(名)幕。幔幕。枕 二七八「〔新しい〕御簾いと青くかけわたし、—ども引きたるなど」

へい-もん【閉門】(名・自サ変)❶門をしめ家に閉じこもっていること。〔義経記〕「人の訪ひ来るももの憂しとて—し(用)ておはしけるが」訳 人が訪問して来るのも面倒だと言って家に閉じこもっていらっしゃったが。❷謹慎の意を表すため門を閉じて家の中にこもること。平家 三・法印問答「福原へ馳せ下り、—し(用)てこそおはしけれ」訳 (平清盛は)福原(=地名)へ急いで下って、謹慎してひきこもっていらっしゃった。❸江戸時代の刑罰の一つ。武士・僧侶などに対し、五十日または百日間、外から門扉を閉じ、昼夜出入りを禁じた。「蟄居」より軽く、「逼塞」より重い。

へう【表】(名)臣下から君主や官に奉る文書。源氏 賢木「致仕の—奉り給ふを」訳 (左大臣も)辞職の文書を差し上げなさるが。

べう【廟】(名)死者の霊を祭る所。平家 三・法印問答「碑の文を自ら書きて、—に立ててだにこそ悲しみ給ひけるなれ」訳 (臣下の魏徴に先立たれた唐の太宗は)墓碑の文章をみずから書いて、墓所に立ててまでしてお悲しみになったということだ。

べう 助動詞「べし」の連用形「べく」のウ音便。源氏 桐壺「車よりも落ちぬべうまろび給へば」訳 (母北の方は)牛車から落ちてしまいそうに倒れ(伏し)なさるので。平家 九・木曽最期「兼平も勢多で打ち死につかまつるべう候ひつれども」訳 (私)兼平も瀬田(=地名)で討ち死にいたすはずでございましたが。接続 活用語の終止形(ラ変は連体形)に付く。

べう-しょ【廟所】(名)❶高貴な人の霊を祭る所。御霊屋。〔謡・松山天狗〕「これこそ新院の御—松山にて候へ(=松山でございます)」❷墓所。〔伽・浦島太郎〕「あれに見えて候ふ古き塚、古き石塔こそ、その人の—と申し伝へてこそ候へ」訳 あそこに見えております古い塚、古い石塔が、その人(=浦島太郎)の墓所と申し伝えております。

へう-す【慓す】(他サ変){せ・し・す・する・すれ・せよ}見くだす。ばかにする。平家 二・教訓状「例の内府が世を—・する(体)やうにふるまふ」訳 いつものように内大臣(=平重盛)が世の中を見くだすように行動する。

へう-とく【表徳】(名)雅号。別号。〔浮世風呂〕「大坂者で浪花さんといふ—さ」

へう-はく【漂泊】(名・自サ変)❶流れただようこと。〔太平記〕二「時直僅かに五十余人になって、柳が浦の波に—・す(終)」訳 (北条)時直は、(手勢が)僅かに五十人あまりになって、柳ヶ浦(=今の福岡県の海岸)の波間に漂流する。❷あちらこちらをさまよい歩くこと。細道 出発まで「片雲の風に誘はれて—の思ひやまず」訳 ちぎれ雲を吹きただよわせている風に誘われて、旅に出てさすらうことへの願いがやまず。⇩片雲「名文解説」

へう-びゃく【表白】(名・自サ変)《仏教語》法会の趣旨を仏や集まった人たちに告げ知らせること。また、その文。今昔 二〇・三六「講師、音を挙げて—・する(体)ほどに」訳 仏典を講説する僧侶が大声を出して法会の趣旨を知らせるころに。

べう-も-あら-ず〔「べくもあらず」のウ音便〕「べくもあらず」に同じ。源氏 若紫「走りきたる女子、あまた見えつる子どもに似る—・ず(用)、いみじくおひさき見えて美しげなるかたちなり」訳 走って来た女の子(=若紫)は、大勢見えていた子供たちと比べられそうもなく、なみなみでなく将来(の美しさ)が思われていかにもかわいらしい感じの顔だちである。

べかし(助動シク型)〔助動詞「べし」の補助活用「べかり」の語幹相当部分を、形容詞シク活用型に活用させたものとも、「べくあるらし」の変化したものともいわれる〕当然・適当・義務などの意を表す。源氏 玉鬘「ものまめやかに、あるべかしく(用)書き給ひて」訳 (光源氏は手紙を)まじめに、もっともらしくお書きになって。源氏 総角「大方のあるべかしき(体)ことどもは、中納言殿、阿闍梨などぞ仕うまつり給ひける」訳 だいたいの(法要に)当然あるはずの準備のあれこれは、中納言殿(=薫)や阿闍梨などがしてさしあげなさった。→べし

接続 ラ変動詞「有り」の連体形「ある」に付いて、「あるべかしく」「あるべかしき」という形で用いられる。

活用	
未然	○
連用	べかしく(シテ)
終止	○
連体	べかしき(コト)
已然	○
命令	○

べか-なり…はずだそうだ。…(し)そうなようすだ。源氏 若紫「宮へ渡らせ給ふ**べかなる**(体)を、その先に聞こえ置かむとてなむ」訳(若紫は父兵部卿の宮の所へお移りになられるはずだそうなので、その前に申し上げておこうと思って(参りました)。

なりたち 助動詞「べし」の連体形「べかる」＋伝聞・推定の助動詞「なり」＝「べかるなり」の撥音便「べかんなり」の撥音「ん」の表記されない形。ふつう「べかンなり」と読む。

べか-めり…にちがいないようだ。…はずのようだ。竹取 竜の頸の玉「うたてある主のみもとに仕うまつりて、すずろなる死にをす**べかめる**(体)かな」訳どうしようもない主人のおそばにおつかえ申しあげて、思いもかけない死に方をしなければならないようだよ。

なりたち 助動詞「べし」の連体形「べかる」＋推量の助動詞「めり」＝「べかるめり」の撥音便「べかんめり」の撥音「ん」の表記されない形。ふつう「べかンめり」と読む。

べから 助動詞「べし」の未然形。竹取 蓬萊の玉の枝「今さへ何かといふ**べから**ず」訳今になってまだあれこれと言うのはよくない。源氏 帚木「恨む**べから**むふしをも憎からずかすめなさば」訳恨むのが当然であるようなことも、(夫が)好感がもてるようにそれとなく言うとしたら。

べから-ず…(し)てはならない。…できない。…はずがない。源氏 手習「人の命久しかるまじきものなれど、残りの命一、二日をも惜しまずはある**べからず**(終)」訳人の命は長いはずがないものだけれど、残りの命が一、二日でもそれを惜しまずに過ごしてはならない。方丈 二「羽なければ、空をも飛ぶ**べからず**(終)」訳羽がないので、空を飛ぶこともできない。徒然 一八八「万事にかへずしては、一つの大事なる**べからず**(終)」訳多くのことと引き換えにしなくては、一つの大きな仕事が完成するはずもない。

なりたち 助動詞「べし」の未然形「べから」＋打消の助動詞「ず」

参考 中古では漢文訓読に用いられ、「源氏物語」「枕草子」にはそれぞれ一例ほどみられる程度である。ふつう和文では「べくもあらず」の形で用いられる。

べから-むン— …だろう。…べきだろう。源氏 玉鬘「いかがは仕うまつる**べからむ**(体)」訳どのように(玉鬘の上京を)とりはからって差しあげるべきだろうか。

なりたち 助動詞「べし」の未然形「べから」＋推量の助動詞「む」

べかり 助動詞「べし」の連用形。古今 春上「月夜にはそれとも見えず梅の花香を尋ねてぞ知る**べかり**ける」訳月夜には(月光にまぎれて)それ(＝梅の花)とも見えない。梅の花は香りを探し求めてこそ(ありかを)知ることができるのだなあ。

べかり-き…はずだった。…べきだった。平家 一〇・藤戸「参河守範頼、やがて続いて攻め給はば、平家は滅ぶ**べかりし**(体)に」訳三河の守範頼がそのまま続いて攻めなさったら、平家は滅ぶはずだったが。

なりたち 助動詞「べし」の連用形「べかり」＋過去の助動詞「き」

べかり-けり…べきだったのだ。…にちがいないのだ。宇治 一〇・一「横ざまの罪出で来ぬ**べかりける**(体)」訳無実の罪が生じてしまうにちがいないのだよ。

なりたち 助動詞「べし」の連用形「べかり」＋過去の助動詞「けり」

へが・る【剝がる】(自ラ下二)(れ・れ・る・るる・るれ・れよ)はがれる。薄くなる。少なくなる。源氏 明石「所せかりし御髪の少し**―・れ**(用)たるしも」訳(以前は多すぎるほどだった(紫の上の)御髪が少し薄くなっているのもかえって。

べかる 助動詞「べし」の連体形。万葉 三・三四七「世の中の遊びの道にかなへるは酔ひ泣きするにある**べかる**らし」訳世の中の遊びの道にあてはまるのは、酔い泣きをすることであるにちがいないらしい。(「あるべかるらし」の部分の原文は「可有良師」で、「あるべくあるらし」とも訓まれる)

参考 連体形「べかる」の確かな用例はまれで、多くは「べかめり」「べかなり」など「べか」の形になる。

べかん-なり「べかなり」に同じ。平家 四・信連「何条この御所ならではいづくへか渡らせ給ふ**べかんなる**(体)」訳何を言うか、(高倉宮は)この御所でなくてはどこへお渡りになられるはずがあるというのか。文法「せ給ふ」は、最高敬語。

なりたち 助動詞「べし」の連体形「べかる」＋伝聞・推定の助動詞「なり」＝「べかるなり」の撥音便。中古では、ふつう「べかなり」と表記される。

べかん-めり「べかめり」に同じ。大鏡 道長上「いまいまも、さこそは侍る**べかんめれ**(已)」訳これからも、そのようで(＝道長の子孫のみが摂政・関白となるような状態では)あるにちがいないようです。

なりたち 助動詞「べし」の連体形「べかる」＋推量の助動詞「めり」＝「べかるめり」の撥音便。中古では、ふつう「べかめり」と表記される。

へぎ【折ぎ・片木】(名)杉・檜などの材を薄く削った板。また、それで作った折敷(＝四角い盆)。

べき 助動詞「べし」の連体形。竹取 かぐや姫の生ひ立ち「竹の中におはするにて知りぬ。子となり給ふ**べき**人なめり」訳竹の中にいらっしゃるのでわかった。(あなたは私＝竹取の翁の)子とおなりになるはずの人であるようだ。古今 物名「かくばかり逢ふ日のまれになる人をいかがつらしと思はざる**べき**」訳これほど逢う日がまれになっている人を、どうして薄情だと思わないことができようか(いや、できない)。(「逢ふ日」に「葵」、「いかがつらし」に「桂」を詠みこむ)

へき-しょ【壁書】(名)❶壁に掲示して、布告した文書。〔太平記〕一四「『不日に恩賞行はるべし』とし、―を決断所に押されたり」訳「近いうちに恩賞が下されるだろう」として、布告文書を決断所(＝訴訟を行う役所)に張り出された。❷戦国時代、家法・掟などを壁に掲示したもの。

へき-たん【碧潭】(名)青々と澄んだ深い淵。

べき-な-めり …はずであるようだ。…はずのようだ。源氏 桐壺「坊にも、ようせずは、この御子の居給ふ**―・めり**(終)と、一の御子の女御は思し疑へり」訳皇太子(の位)にも、悪くすると、この皇子(＝光源氏)がおつきになるはずであるようだと、第一皇子の(母、弘徽殿の女御は気がかりにお思いになった。

なりたち 助動詞「べし」の連体形「べき」＋断定の助動詞「なり」の連体形「なる」＋推量の助動詞「めり」＝「べきなるめり」の撥音便「べきなんめり」の撥音「ん」の表記

されない形。ふつう「べきなゝめり」と読む。

べき‐なり…べきだ。［徒然］一一〇「勝たんとうつべからず、負けじとうつ**べきなり**(終)」［訳］(双六(すごろく)は)勝とうとして打ってはならない、負けまいとして打つ**べきである**。

［なりたち］助動詞「べし」の連体形「べき」＋断定の助動詞「なり」

べき‐に‐あら‐ず…するべきではない。［徒然］二三一「この ほど百日の鯉(こひ)を切り侍るを、今日欠き侍る**―‐ず**(終)」［訳］(願立てをして)近ごろ百日間毎日鯉を切っていますので、今日それをしない**わけにはゆかない**のです。

［なりたち］助動詞「べし」の連体形「べき」＋断定の助動詞「なり」の連用形「に」＋ラ変動詞「有り」の未然形「あら」＋打消の助動詞「ず」

へ・ぐ【剝ぐ・折ぐ】(他ガ四)〔が・ぎ・ぐ・ぐ・げ・げ〕薄く削り取る。はがす。また、減らす。〔嵯峨日記〕芭蕉「五月雨(さみだれ)や色紙**―・ぎ**(用)たる壁のあと」［訳］外は五月雨が降り続いている。(出立前の名残おしさに家の中を見まわすと)この家も古びて、壁には(はってあった)色紙を**はがし**たあとが見える。

べく 助動詞「べし」の連用形。［源氏］桐壺「源氏になし奉る**べく**おぼしおきてたり」［訳］(桐壺帝は、若宮＝光源氏を臣籍に下して)源氏にしてさしあげるの**がよいと**お決めになった。

べく‐も‐あら‐ず…できそうもない。…はずもない。…(し)そうにもない。［源氏］帚木「違(たが)ふ**―‐ぬ**(体)心のしるべを、思はずにもおぼめい給ふかな」［訳］人違いする**はずもない**心の導き(で私＝光源氏があなた＝空蟬(うつせみ)のもとにやって来た)というのに、意外にも(人違いだと)そらとぼけなさるのだなあ。(「おぼめい」は、「おぼめき」のイ音便)。［徒然］九「堪(た)ふ**―‐ぬ**(体)わざにもよく堪へしのぶは、ただ色を思ふがゆゑなり」［訳］(総じて女が)堪え**られそうもない**ことにもよく堪えしのぶのは、ひとえに恋愛のことを心にかけているからである。

［なりたち］助動詞「べし」の連用形「べく」＋係助詞「も」＋ラ変動詞「有り」の未然形「あら」＋打消の助動詞「ず」

平群(へぐり)『地名』大和(やまと)の国の郡名。今の奈良県生駒(いこま)郡平群町。

べけ‐む(ン)―…だろう。…はずであろう。［今昔］九・三二「なんぞたちまちに死ぬ**べけむ**(体)やと」［訳］どうしてすぐさま死ぬ**はずがあるであろう**か(いや、死ぬはずはない)と。

［なりたち］助動詞「べし」(一説に、助動詞「べし」の古い未然形)＋推量の助動詞「む」

［参考］漢文訓読語。「べけむや」の形で反語になることが多い。

べけれ 助動詞「べし」の已然形。［竹取］竜の頸の玉「おのが君の仰せごとをば叶(かな)へむとこそ思ふ**べけれ**」［訳］自分の主人のご命令を願いどおりに実現しようと思わ**なければならない**。〔落窪〕「琴(こと)なども習はす人あらば、いとよくしつ**べけれ**ども、誰(たれ)かは教へむ」［訳］琴なども習わせる人がいるなら、きっとたいそう上手に弾いた**はずだ**が、だれが教えられようか(いや、だれも教える人がいない)。

べし (助動ク型)

意味・用法

推量〔…そうだ。きっと…だろう。…にちがいない。…らしい。〕→❶
予定〔…ことになっている。〕→❷
当然〔…はずだ。…にちがいない。〕→❸
適当〔…のがよい。…のが適当だ。〕→❹
義務〔…なければならない。〕→❺
可能〔…ことができる。…ことができそうだ。…ことができよう。〕→❻
意志〔…う。…よう。…つもりだ。〕→❼

接続

活用語の**終止形**に付く。ただし、ラ変型に活用する語には連体形に付く。

活用

未然	連用	終止	連体	已然	命令
べから (ズ)	べく (シテ) 〈べかり〉(ケリ)	べし (。)	べき (コト) 〈べかる〉	べけれ (ドモ)	○

❶推量の意を表す。㋐ある事の起こることを予想する。…**そうだ**。［竹取］かぐや姫の昇天「空よりも落ちぬ**べき**(体)心地する」［訳］空からも落ちてしまい**そうな**気がすることだ。［文法］「落ちぬべき」の「ぬ」は、助動詞「ぬ」の終止形で、ここは確述の用法。「する」は、詠嘆を示す連体形止め。㋑確実な推測を表す。**きっと…だろう**。**…にちがいない**。**…らしい**。［竹取］かぐや姫の昇天「いみじくおぼし嘆くことある**べし**(終)」［訳］(かぐや姫は)ひどく思い嘆きなさることがある**らしい**。［伊勢］一二五「男、わづらひて、心地死ぬ**べく**(用)おぼえければ」［訳］男が病気になって、気分が(悪くて)死ぬ**にちがいないと**思われたので。［文法］「思ふ」「覚ゆ」などの上にくる連用形は「終止形＋と」の意になることが多い。

❷予定の意を表す。**…ことになっている**。［土佐］「舟に乗る**べき**(体)所へ渡る」［訳］舟に乗る**ことになっている**所へ移動する。

❸当然の意を表す。**…はずだ**。**…にちがいない**。［万葉］一八・四〇四三「藤波(ふぢなみ)の咲き行く見ればほととぎす鳴く**べき**(体)時に近づきにけり」［訳］藤の花が次々に咲いていくのを見ると、ほととぎすが鳴く**はずの**時節に近づいてしまったのだなあ。

❹適当の意を表す。**…のがよい**。**…のが適当だ**。［大鏡］頼忠「作文(さくもん)のにぞ乗る**べかり**(用)ける」［訳］(和歌の船よりも)漢詩をつくる船に乗る**のがよかっ**たのだ。［徒然］五五「家の作りやうは、夏をむねとす**べし**(終)」［訳］家の作りかたは、夏(に適すること)を主とする**のがよい**。

❺義務の意を表す。**…なければならない**。［竹取］かぐや姫の昇天「『もの一こと言ひおく**べき**(体)ことありけり』と言ひて、文(ふみ)書く」［訳］(かぐや姫は)「何か一こと言い残しておか**なければならない**ことがあった」と言って、手紙を書く。

❻可能、または可能性を推定する意を表す。**…ことができる**。**…ことができそうだ**。**…ことができよう**。［源氏］空蟬「さりぬべき折見て対面す**べく**(用)たばかれ」［訳］適当な機会を見つけて、(私＝光源氏が空蟬(うつせみ)に)逢(あ)う**ことができるように**工夫しろ。［枕］二七五「大蔵卿(おほくらきやう)ばかり耳とき人はなし。まことに、蚊のまつげの落つるをも

聞きつけ給ひつ**べう**用(ウ音便)こそありしか」 訳 大蔵卿ほど耳ざとい人はない。ほんとうに蚊のまつげの落ちるのまでもきっと聞きつけなさることができそうであった。

文法 「給ひつべう」の「つ」は、助動詞「つ」の終止形で、ここは確述の用法。「ありしか」の「しか」は、過去の助動詞「き」の已然形で、係助詞「こそ」の結び。

❼(終止形を用いて)意志を表す。**…う。…よう。…つもりだ。** 竹取 御門の求婚「宮仕へに出だし立てば死ぬ**べし**終と申す」 訳 (かぐや姫は)宮仕えに差し出すなら死ぬつもりだと申します。 徒然 九二「毎度ただ得失なく、この一矢に定む**べし**終と思へ」 訳 (弓を射る)そのたびごとに、ただ(矢の)当たりはずれ(を考えること)なく、この一矢で決着をつけようと思え。

文法 (1) **未然形「べけ」「べく」** 古くは未然形に「べけ」があったといわれる。助動詞「む」が付いた「べけむ」が漢文調の文章ではしばしば用いられた。

「なんぞたちまちに死ぬ**べけ**むや(=死ぬはずがあるであろうか)」 〈今昔 九・三一〉

また、未然形に「べく」を認める説がある。

「ゆく蛍雲の上まで往ぬ**べく**は(=行くことができるならば)秋風吹くと雁に告げこせ(=告げてくれ)」 〈伊勢 四五〉

のような「べくは」は仮定条件の表現であるが、

「大納言の佐殿、やがて走りついてもおはしぬ**べく**はおぼしけれども(=そのまま走って後についてもいらっしゃりたいとはお思いだったが)」 〈平家 一一・重衡被斬〉

のような「べくは」は仮定条件の表現ではないので、仮定条件の「べくは」の「は」を「ば」と同じように未然形に付く接続助詞とみようとするものである。しかし、一般には、この「は」も係助詞とみて、「べく」を連用形としている。

(2) **音便** 連用形「べく」は「べう」とウ音便になり、連体形「べき」は「べい」とイ音便になることがある。「べい」は軍記物語に多くみられる。

(3) **「べかめり」「べかなり」** 「べし」の連体形「べかる」に「めり」「なり」が付くと、「べかるめり」「べかるなり」となり、これが撥音便となって「べかんめり」「べかんなり」となる。この「ん」は表記されず「べかめり」「べかなり」と書かれることが多い。

(4) **「見べし」「似べし」** 古くは、上一段動詞には、「見べし」「似べし」のように接続した。

「ひぐらしの鳴きぬる時は女郎花咲きたる野辺を行きつつ見**べし**(=見るがいい)」 〈万葉 一七・三九五一〉

「しろたへの波路を遠くゆきかひてわれに似**べき**は(=私と同じ道をたどるはずの人は)誰ならなくに」 〈土佐〉

(5) **「べし」の語源** 「べし」の語源は副詞「うべ」であり、当事者の意志を超えた道理・理由によって、当然・必然のことと考えられるようすだというのが原義といわれる。右の意味分類のほかに、勧誘・命令などを立てることもあるが、④の第二例に準じて考えられよう。

へ・す【圧す】(他サ四){さ・し・す・す・せ・せ} ❶強く押しつける。押しつぶす。 枕 三〇「過ぎにしかた恋しきもの …二藍・葡萄染めなどのさいでの、おし**へ・さ**未れて草子の中などにありける見つけたる」 訳 過ぎ去ったころが恋しく思われるもの、…二藍(=紅色がかった青色)や葡萄染め(=薄紫色)などの布ぎれが、押しつぶされて綴じ本の中などにあったのを見つけたの。

❷圧倒する。へこませる。 枕 一三六「さて、逢坂の歌は**へ・さ**未れて、返しもえせずなりにき」 訳 さて、(私の)逢坂の歌は(相手の歌に)圧倒されて、返歌もすることができなくなってしまった。

へた【辺・端】(名)ほとり。特に、水際。海辺。 万葉 一二・三〇二七「淡海の海の**へた**は人知る」 訳 近江の海(=琵琶湖)のほとりはだれもが知っている。

べ-たう【別当】(名)「べったう」の促音「っ」の表記されない形」「べったう」に同じ。 枕 二三「山階寺の**べたう**になりて(その)よろこび(=お礼)申す日」

へだし【隔し】(名)《上代東国方言》隔て。仕切り。 万葉 一四・三四四五「玉小菅刈り来わが背子床の**へだし**に」 訳 美しい小菅を刈って来て、あなたよ。寝床の隔てにするために。

へだた・る【隔たる】(自ラ四){ら・り・る・る・れ・れ} ❶(空間的・精神的に)離れる。遠ざかる。距離がある。 徒然 一二「まめやかの心の友には、はるかに**へだた・る**体ところのありぬべきぞ、わびしきや」 訳 (自分と気持ちのぴったりしない友は)真の心の友よりは、はるかにかけ離れたところがあるにちがいないのが、やりきれないことであるよ。

❷時間の間隔がある。年月がたつ。 源氏 賢木「おぼつかなくて月日も**へだた・り**用ぬるに」 訳 気がかりなまま(訪ねもせずに)月日もたってしまったうえに。

❸物で間がさえぎられている。 更級 後の頼み「さだかには見え給はず、霧ひとへ**へだた・れ**已るやうに、透きて見え給ふを」 訳 (夢で見た阿弥陀仏は)はっきりとは見えなさらず、一重の霧にさえぎられているように、透けて見えなさるのを。

へだ・つ【隔つ】一(他タ下二){て・て・つ・つる・つれ・てよ} ❶間に物を置いてさえぎる。仕切る。 源氏 帚木「御几帳**へだ・て**用ておはしまして、御物語聞こえ給ふを」 訳 (左大臣は)御几帳を間に置いて(座って)いらっしゃって、(光源氏に)お話を申し上げなさるのを。

❷時間的に間を置く。 源氏 須磨「一日二日たまさかに**へだ・つる**体折だに、あやしういぶせき心地するものを」 訳 一日、二日、たまに(紫の上に)逢わないで)間を置く場合でさえ、妙に気が晴れない気持ちがするのに。

❸うとみ遠ざける。うちとけない。 源氏 夕顔「さばかりに思ふを知らで**へだ・て**用給ひしかばなむつらかりし」 訳 あれほどまでに(私=光源氏が)思うのを知らずに、(夕顔は)うちとけなさらなかったから、耐えがたかった。

二(自タ四){た・ち・つ・つ・て・て} 隔たる。 万葉 五・八六六「はろはろに思ほゆるかも白雲の千重に**へだ・て**已る筑紫の国は」 訳 はるかに遠く思われることよ。白雲が幾重にも重なって隔たっている筑紫の国(九州地方)は。

へだて【隔て】(名) ❶隔てること。仕切り。障害。 枕 二三「清涼殿の丑寅のすみの、北の**へだて**なる御障子は」 訳 清涼殿の北東の隅の、北の仕切りにしてある御衝立障子には。

❷心を隔てること。うちとけないこと。 源氏 夕顔「なほ心のうちの**へだて**残し給へるなむつらき」 訳 (私=光源氏は、あなた=夕顔が)まだ心の中に隔てを残していらっしゃるの

が耐えがたい。❸時間的に間をあけること。源氏 夕顔「人目を思して―置き給ふ夜な夜ななどは、いと忍びがたく」訳(光源氏は)人目をはばかりなさって(夕顔に通うことの)間をお置きになる夜々などは、とてもこらえにくく。❹区別。違い。差別。源氏 玉鬘「さいはひのなきとあるとは―あるべきわざかな」訳 幸運のない人とある人とは(こうも)違いのあるはずのものだなあ。

べち【別】(名・形動ナリ)同じでないこと。また、特別なこと。べつ。平家 七・忠度都落「―の子細候はず。三位殿に申すべきことあって、忠度が帰り参って候ふ」訳 特別のわけはございません。三位殿(=俊成卿)に申し上げなければならないことがあって、(私)忠度が帰り参っております。

べち-なふ【別納】(名)物などを置くために、母屋から離して別に建てた家屋。住居としても使われた。

へ-つ-かい【辺つ櫂】(名)〔「つ」は「の」の意の上代の格助詞〕岸辺を漕ぐ船のかい。万葉 二・一五三「―いたくな撥ねそ」訳 岸辺を漕ぐかいを、ひどくはねあげないでくれ。↔沖つ櫂

へ-つ-かぜ【辺つ風】(名)〔「つ」は「の」の意の上代の格助詞〕海辺を吹く風。〔紀〕神代「吾瀛風―を起てて、奔き波を以て溺し悩まさむ」訳 私(=海神)は沖のほうに吹く風や海辺を吹く風をおこして、速い波で(あなたを)溺れさせて悩ませてやろう。↔沖つ風

べつ-ぎゃう【別行】(名)(仏事・修行などを)特別に執り行うこと。〔謡・葵上〕「この間は―の子細あって、いづかたへもまかり出でず候へども」訳 先日来特別の仏事をしているという事情があって、どこへも出かけないのでございますが。

べつ-げふ【別業】(名)〔「業」は屋敷の意〕別荘。別邸。平家 二・阿古屋之松「そのころ入道相国、福原の―におはしけるが」訳 そのころ入道相国(=平清盛)は、福原(=地名)の別邸にいらっしゃったが。

べっ-して【別して】(副)とりわけ。格別に。平家 一・殿下乗合「平家もまた―、朝家を恨み奉ることもなかりしほどに」訳 平家もまた格別に、皇室をお恨み申しあげることもなかったところが。

べっ-しょ【別墅】(名)〔「墅」は作物を入れるための小屋の意〕別荘。別宅。細道 出発まで「住める方は人に譲り杉風が―に移るに」訳 住んでいた家(=芭蕉庵)は人に譲り、杉風(=芭蕉の門人)の別宅に移るときに。

べっ-たう【別当】(名)〔もと、本官のほかに別の職を兼任する意〕「べたう」とも。❶令外の官である検非違使庁・蔵人所などの長官。また、院・親王家・摂関家などの政所の長官。特に、検非違使庁の長官をさすことが多い。徒然 二〇六「徳大寺右大臣殿、検非違使の―の時」❷鎌倉幕府で、政所・侍所などの長官。❸僧官の一つ。東大寺・興福寺・仁和寺・四天王寺など諸大寺の長。❹神宮寺(=神社に付属する寺)の僧官の一つ。検校に次ぐ位。❺院の厩の長官。転じて、馬丁。❻盲人の官名の一つ。検校に次ぐ位。

べったう-せん【別当宣】(名)検非違使の別当(=長官)の出す公文書。庁宣。平家 四・信連「官人ども―を承り、御むかへに参って候ふ」訳 役人たちが検非違使の令状をいただいて、お迎えに参っております。

べったう-だい【別当代】(名)寺社で、別当(=寺社の長)の代理をする僧職。細道 出羽三山「〔羽黒山の〕―会覚阿闍梨に謁す(=お目にかかる)」

へ-つ-なみ【辺つ波】(名)〔「つ」は「の」の意の上代の格助詞〕岸辺に寄せる波。へなみ。万葉 一三・三三一八「―の寄する白珠求むとそ君が来まさぬ」訳 岸辺の波が寄せる白珠を求めようとして、(おまえが待っている)お方はまだ帰っていらっしゃらない。↔沖つ波

へ-つ-ひ【竈】(名)〔「竈つ霊」の意〕❶かまどを守る神。枕 能因本・九二「内膳、御―渡し奉りなどしたる」訳 内膳司が、かまどを守る神様をお移し申しあげなどしているの(は実にすばらしい)。❷かまど。へっつい。

へ-つ-へ【辺つ方】(名)〔「つ」は「の」の意の上代の格助詞〕岸辺。万葉 三・二六〇「―にはあぢむら騒き」訳 岸辺にはあじむら(=鳥の名)が鳴き騒ぎ。

へ-つ-も【辺つ藻】(名)〔「つ」は「の」の意の上代の格助詞〕海岸に生えている藻。万葉 七・一二〇六「沖つ波―巻き持ち寄せ来とも」訳 沖の波が岸辺に生えている海藻を巻いて持って寄せて来ても。↔沖つ藻

へつら・ふ【諂ふ】(自ハ四)〔は・ひ・ふ・ふ・へ・へ〕相手に気に入られるようにふるまう。追従する。徒然 一四二「なべてほだし多かる人の、万に―・ひ(用)、望みふかきを見て、無下に思ひくたすは僻事なり」訳 総じて係累の多い人が、万事にわたって他人に追従し、欲が深いのを見て、むやみに軽蔑するのはまちがいである。

へつり-がね【剝り金・剝り銀】(名)「へづりがね」とも。少しずつかすめ取った金。へそくり。〔浄・冥途の飛脚〕「こっちは、母、手代の目を忍んで、わづか二百目三百目の―〔しかなく〕」

へ-なたり【甲香】(名)赤螺(=巻き貝の一種)のふた。粉にして練り香の材料とする。また、その貝。徒然 二三四「所の者は、『―と申し侍る』とぞ言ひし」訳 土地の人は、「へなたりと申しますなあ」と言っていた。

へ-なみ【辺波】(名)岸辺または舟べりに寄せる波。へつなみ。万葉 三・二四七「沖つ波―立つともわが背子が御船の泊まり波立ためやも」訳 沖の波や岸辺の波が立っていようとも、あなたのお船が停泊する港に波が立つだろうか(いや、決して立たないだろう)。↔沖つ波

へな・る【隔る】(自ラ四)〔ら・り・る・る・れ・れ〕へだてとなる。へだたる。万葉 四・七六五「一隔山―・れ(已)るものを月夜良み門に出で立ち妹か待つらむ」訳 山が一重へだたっているのに、月が美しいので、家の門口に立って、妻は今頃(私を)待っているだろうか。

べに-ばな【紅花・紅藍花】(名)植物の名。夏、紅黄色の花をつける。花弁をとって紅の材料とする。くれない。すえつむはな。(夏)

へ-まさ・る【経優る】(自ラ四)〔ら・り・る・る・れ・れ〕日時を経るにつれて、まさってゆく。経験を積んで、よくなる。源氏 朝顔「昔よりもあまた―・り(用)て思さるれば」訳(光源

氏は)以前よりも数多く経験を積んで進歩したとお思いにならずにはいられないので。

へみ【蛇】(名)へび。〔仏足石歌〕「四つの―五つの鬼の集まれる穢き身をば厭ひ捨つべし離れ捨つべし」訳 四ひきのへび、五つの鬼が集まっている不浄の肉体を、きらい捨てるのがよい、離れ捨てるのがよい。

べ-み《上代語》…そうなので。…にちがいないので。万葉 一〇・二二九〇「秋萩を散り過ぎぬ―手折り持ち見れどもさぶし君にしあらねば」訳 秋萩が散り去ってしまいそうなので、折って手に持って見るが、心が楽しまない。あなたではないから。文法「…を…み」は、「…が…ので」の意。「君にし」の「し」は、強意の副助詞。古今 秋下「佐保山の柞のもみぢ散りぬ―夜さへ見よと照らす月影」訳 佐保山の柞の黄葉が散ってしまいそうなので、夜までも見よと照らしている月の光よ。

なりたち 助動詞「べし」の語幹相当部分「べ」＋原因・理由を表す接尾語「み」

語法 多く「ぬべみ」の形で用いられ、中古では和歌に少々残存するだけである。

へ-めぐ・る【経巡る・経廻る】(自ラ四)〔ら・り・る・る・れ・れ〕遍歴する。方々をめぐり歩く。〔太平記〕二「ちはや(=千早城)より降参して、京都にぞ―・り(用)ける」

べらなり(助動ナリ型)

意味・用法 推量〔…ようだ。〕

接続 動詞および動詞型に活用する助動詞の**終止形**に付く。ただし、ラ変型に活用する語には、連体形に付く。

活用

未然	連用	終止	連体	已然	命令
○	べらに(シテ)	べらなり(。)	べらなる(結ビ)	べらなれ(結ビ)	○

〔助動詞「べし」の語幹相当部分「べ」に接尾語「ら」が付き、形容動詞型の語尾「なり」の付いたもの〕…**ようだ**。古今 春下「山高み見つつ我が来し桜花風は心にまかす**べらなり**(終)」訳 山が高いので、(遠くから)見ては私が帰って来た桜の花を、風は思いのままに散らしているようだ。文法「山高み」の「み」は、原因・理由を表す接尾語。土佐「立つ波を雪か花かと吹く風ぞ寄せつつ人を謀る**べらなる**(体)」訳 立つ波を、雪か花かと(見まがわせるように)吹く風が、(その波を磯に)うち寄せうち寄せして、人をあざむいているようだ。

文法 形容詞「うまし」から「うまらに」ができ、「清し」から「清らに・清らなり」ができたのと同じようにして「べし」から派生したものである。

平安初期に漢文を読み下した文章に現れ、男性の用いる口語として平安末期まで存在した。

「知らぬ茸とおぼす**べらに**(=お思いになったようで)、独り迷ひ給ふなりけり」〈今昔 二八・一九〉などの用例がある。一方で、歌語として延喜年間に多用され、「古今集」「後撰集」などに多くの例が見られる。鎌倉時代には急激に忘れられていったが、「金槐和歌集」や近世の俳句などには擬古的用法の語としてまれに見られる。

へ-ろ【辺ろ】(名)〔「ろ」は接尾語。一説に、間投助詞とも〕ほとり。あたり。万葉 一四・三五三一「眉引きの横山―の鹿しなす思へる」訳 横山のあたりの鹿であるかのように(あなたは私のことをうるさいと)思っている。〔「眉引きの」は「横山」にかかる枕詞〕

へん【辺】(名)❶あたり。付近。源氏 夕顔「むかし見給へし女房の尼にて侍る東山の―に移し奉らむ」訳 昔存じていた女房が尼になっております東山のあたりに(夕顔の遺骸を)お移し申しあげよう。❷くにざかい。国境。❸ほど。程度。

べん【弁】(名)太政官に属する官名。左右にわかれ、おのおの大・中・少がある。八省を分担し、太政官内の庶務をつかさどる。「弁官」とも。参考 中弁のうち蔵人の頭を兼ねる者を「頭の弁」と呼ぶ。

へん-うん【片雲】(名)ちぎれ雲。細道 出発まで「予もいづれの年よりか、―の風に誘はれて、漂泊の思ひやまず」訳 私もいつの年からか、ちぎれ雲を吹き漂わせている風に誘われて、旅に出てさすらうことへの願いがやまず。名文解説 芭蕉は、前年秋、上方から中山道を経て江戸に帰ったが、年明けには奥羽行脚の予定を門人宛書簡に報じている。抑えきれぬ漂泊の思いを「野心とどまらず」「旅心地ぞろに」と記す芭蕉は、まさに風に誘われる片雲である。

べん-くゎん【弁官】(名)「べん」に同じ。

へん-げ【変化】(名・自サ変)「へげ」「へんぐゑ」とも。❶神仏が仮に人間の姿になって現れること。また、そうして現れたもの。権化。源氏 蓬生「仏、菩薩の―の身にこそものし給ふめれ」訳 (光源氏は)仏や菩薩の権化の身でいらっしゃるようだ。❷動物などが仮に姿を変えて現れること。また、そうして現れたもの。化け物。源氏 蓬生「もし狐などの―にやとおぼゆれど」訳 もしかして狐などの化けた姿であろうかと(老女房には)思われるけれど。❸たえず移り変わること。徒然 七四「常住ならんことを思ひて、―の理を知らねばなり」訳 (現実の人生が)永久不変なものであろうことを願って、たえず移り変わっていくものだという道理を知らないからである。

発展 「変化」と「物の怪」

「変化」とは、神仏や動物といった人間以外のものが人の姿などをかりて現れることをいう。神仏の化身は畏敬や賛美の対象であるから、「変化のもの」は必ずしも恐ろしいもの、悪いものとは限らない。一方、「物の怪」とは、人間の死霊や生き霊のことで、病気や不幸の原因は、それらがとりついたからだと信じられており、調伏するべき恐ろしいものとされた。

へん-こ【偏固】(名・形動ナリ)頑固なこと。へんくつ。細道 仏五左衛門「ただ無知無分別にして正直―の者」

なり」訳(宿の主人は)ただもうこざかしい知恵や打算的な分別もなく正直一点ばりの者である。

へん-さい【辺際】(名)「へんざい」とも。果て。限り。方丈二「男女死ぬるもの数十人、馬・牛のたぐひ—を知らず」訳(都の大火で)男女で死ぬものは数十人、馬・牛の類は(どのくらい死んだか)限度もわからない。

べんざい-てん【弁才天・弁財天】(名)インドの神の名。音楽・弁舌・福徳・知恵の神。後世、吉祥天と混同して弁財天の字をあて、七福神の一とされ、福徳財宝を施す神となった。その像は、宝冠・青衣を着て琵琶を弾く美しい女神として表される。妙音天。弁天。

(べんざいてん)

へん-し【片時】(名)かたとき。少しの間。平家一一・嗣信最期「手々に火をはなって—の煙とやきはらふ」訳(源氏の武士たちは)てんでに火をつけて(内裏を)わずかの間の煙として焼きはらう。

へん-しふ【偏執】(名・自サ変)「へんじふ」「へんしゅ」とも。❶偏った意見に固執して他と折り合わないこと。片意地をはること。義経記「人の笑ふに笑はずは、弁慶—に似ると思ひ、共に笑ひの顔してぞ笑ひける」訳人が笑うのに笑わないならば、弁慶は片意地をはっているのに似ていると思って、(自分の顔に落書きされているとも知らず、人々と)いっしょに笑い顔を作って笑った。❷ねたましく思うこと。不愉快に思うこと。太平記一七「傍若無人に申せば、聞く人見る人いづれも—の思ひをなしにけり」訳人前もはばからず自分勝手に申すので、(それを)聞く人も見る人も、どちらも不愉快な思いをしたのであった。

遍昭(へんぜう)ヘンジョウ『人名』(八一六—八九〇)平安前期の歌人・僧。「遍照」とも書く。六歌仙・三十六歌仙の一人。桓武天皇の孫で、俗名は良岑宗貞。素性法師の父。仁明天皇の寵を受けたが、その崩御により出家し、僧正の位に至った。「小倉百人一首」に入集。家集「遍昭集」。

へん-ぢ【辺地】(名)都から遠く離れたへんぴな土地。辺土。方丈二「もし、—にあれば、往反わづらひ多く、盗賊の難はなはだし」訳もし、へんぴな土地に住むと、(京都への)往来に困難が多く、盗賊の災難もひどい。

へん-つぎ【偏継ぎ】(名)「へんつき」とも。中古の文字遊戯の一つ。漢字の旁を示して、それに偏をつけ加えた文字を次々に考えさせ、ゆきづまった者を負けとするもの。源氏橋姫「碁うち、—などはかなき御遊びわざにつけても」訳碁を打つことや、偏継ぎの遊びなど、たわいないお遊びごと(をする)につけても。

へん-ど【辺土】(名)❶「へんぢ」に同じ。❷都近辺の地。謡・鞍馬天狗「—においては比良・横川・如意が岳」訳(供の天狗をあげれば)都に近い所では比良・横川・如意が岳(の天狗たち)。

へんねん-たい【編年体】(名)歴史書を記述する形式の一つ。年代の順に史実を叙述するもの。中国における「春秋」「資治通鑑」、日本における「六国史」などがこの形式によっている。→紀伝体

へん-ばい【反閇・返閉・反陪】(名)天皇や貴人の外出などに際し、邪気を払うために、陰陽師が足で地を踏みしめるまじない。平家三・公卿揃「陰陽師なんどいふは、—とて足をもあだに踏まずとこそ承れ」訳陰陽師などという者は、反閇といって足をもいいかげんには踏まないとお聞きしている。

へん-べん【返弁】(名・他サ変)借りたものを返すこと。返済。浄・百日曽我「価を受けんやうはなし。—致すと返さるる」訳代金を受け取るような理由はない。返済しますと言って返しなさる。

べん-べん(-と)【便便(と)】(副)(近世語)❶むだに時間が過ぎるさま。だらだらと長引くさま。浮・好色一代女「つれなや、人に—と口説かせられしは聞こえませぬ」訳意地悪なこと、私に長々とあなたへの思いを言わせなさったのは納得がいきません。❷太って腹が出ているさま。醒睡笑「あまりに斎を食ひすごして、腹—と帰るさに」訳あまりにも斎(=法事のあとで出される食事)を食べすぎて、(僧が)腹をたぷたぷとさせて寺へ帰る途中で。

へん-やく【変易】(名)「へんえき」とも。変わること。また、変えること。徒然九一「無常—の境、ありと見るものも存ぜず」訳無常で変転してやまない境界(=この世)では、存在すると思うものも実在しない。

べん-り【便利】(名)便通。大・小便を出すこと。徒然一〇八「一日のうちに、飲食・—・睡眠・言語・行歩、止むことを得ずして、多くの時を失ふ」訳(人間は)一日のうちに、飲み食い・用便・睡眠・会話・(外出のための)歩行などで、やむを得ずに、たくさんの時間を費やす。

ほ ホ

「ほ」は「保」の草体
「ホ」は「保」の省画

ほ【火】(名)火。他の語と合した複合語の中に用いられる。「—影」「—気」「—中」

ほ【帆】(名)風を受けて船を進ませるために、帆柱に張る布。謡・高砂「高砂やこの浦舟に—を上げて」訳高砂の浦からこの舟に帆を張り上げて。

ほ【百】(名)百。記上「八—万(=無数)の神」参考「五百」「八百」のように複合語として用いられる。単独で「百」を表す場合は、「もも」が用いられる。

ほ【秀】(名)❶高くひいでていること。目立ってすぐれていること。また、そのもの。記中「千葉の葛野を見れば百千足る家庭も見ゆ国の—も見ゆ」訳葛野を見ると、豊かに満ち足りている村落も見える、国の最もすぐれた所も見える。(「千葉の」は「葛野」にかかる枕詞)❷表面に出ること。はっきり目立つこと。また、そのもの。古今恋一「秋の田の—にこそ人を恋ひざらめなどか心に忘れしもせむ」訳秋の田の穂のように、表面に出してあなたを恋することはないだろうけれど、どうして心の中であなたを忘れることはするだろうか。(「秋の田の」は「穂」にかけて「ほ」の枕詞)文法係り結び「こそ…め」は、ここは、強調逆接となって下へ続く。

図解学習「ほ」 物の先端など、抜き出て目立つところをいうのが「秀」の原義。稲・すすきなどの、花や実の付いた茎の先をいうときには「穂」をあてるが、語源は同じ。「ほのほ(炎)」は「火の秀」であり、「にほふ(匂ふ)」は「丹(=赤い色)秀ふ」であると考えられる。

ほ【穂】(名)[「秀」と同語源] ❶稲・すすきなどの、花や実の付いた茎の先。❷やり・刀などの先。(⇩秀「図解学習」)

ほ-い【布衣】(名)「ほうい」とも。❶布製の狩衣。特に六位以下の人が着る無紋の狩衣。また、それを着る身分の人。平家 一〇・横笛「都に候ひし時は、ーに立て烏帽子、…はなやかなりしをのこなり」訳(滝口入道は)都でお仕えしていたときは、無紋の狩衣に立て烏帽子(をかぶり)、…人目を引いた男である。❷江戸時代、将軍に謁見できる身分の武士が着る無紋の狩衣。また、それを着る身分の人。

ほ-い【本意】(名)[「ほんい」の撥音「ん」の表記されない形]**本来の意志、目的。**かねてからの望み。徒然 五二「神へ参るこそーなれと思ひて、山までは見ず」訳 神(=石清水八幡宮)に参拝することこそ本来の目的であると思って、(参拝に来た人がみんな登っていく)山までは見ない。

ほい-たう【陪堂】(名・自サ変)[「ほい」は宋音] ❶禅宗で、僧堂の外で食事のもてなしを受けること。また、その客僧。❷僧などに食物を施すこと。また、その食物。❸物乞いをすること。また、その人。こじき。(仮名・仁勢物語)「ー・し用けれども、くれざりければ」訳 物乞いをしたけれども、(だれも米や銭を)くれなかったので。

ほい-な-し【本意無し】(形ク){(から)・く(かり)・し・き(かる)・けれ・かれ}**不本意だ。残念だ。**もの足りない。更級 夫の死「秋になりて待ち出でたるやうなれど、思ひしにはあらず、いとほい・く用くちをし」訳 秋になって(やっと)待って(いた任官がかなったようであるけれど、思い望んでいた国ではなく、まことに不本意で残念だ。徒然 一「しなくだり、顔憎さげなる人にも立ちまじりて、かけず気おさるるこそ、ー・き体わざなれ」訳 (容貌や気だてのすぐれた人でも、学問がないということになると)家柄が低く、顔の憎らしげな人にも立ちまじって、わけもなく圧倒されるのは、残念なことである。

ほう【方】(名)正方形。四角。また、正方形の一辺。今昔 七・四五「ーなる石を磨きて」訳 四角である岩を磨いて。→方 参考

ほう【報】(名)むくい。応報。今昔 一三・一五「我、前の世に福の因を殖ゑずして、この世に貧しきーを得たり」訳 私は、前世で(この世で)幸福(になるため)の原因を作らずに、この世で貧しい(という)むくいを受けている。

ほう【方・彷・芳・庖・放・疱・袍・傍・髣】⇩はう

ほう【法】⇩はふ

ほう【法】⇩ほふ

ぼう【亡・坊・房・茅・茫】⇩ばう

ほう-い【布衣】(名)「ほい(布衣)」に同じ。平家 一・殿上闇討「ーの兵を殿上の小庭に召し置き」訳 (平忠盛は)無紋の狩衣を着た(六位以下の)武士を殿上の間の前の小庭に呼びつけておきになり。

ほう-いう【朋友】(名)親しい友。友人。方丈 四「あるいは妻子・眷族のために作り、あるいは親昵・ーのために作る」訳 (家を)ある者は妻子や一族のために造り、ある者は親しい人や友人のために造る。

ほうえき-の-はう【縫腋の袍】両わきを縫いつけてある袍。天皇・文官・四位以上の武官が束帯姿で着用する。縫腋。「縫腋の袍」とも。↔闕腋の袍。⇩巻頭カラーページ12

ほうか【半靴】⇩はうくゎ

ほう-が【奉加】(名・自サ変)神仏に金品などを寄進すること。今昔 一二・八「これ、皆、寺の僧の営み、檀越のーなり」訳 これ(=薬師寺の万灯会)は、みな、寺の僧の勤めであり、檀家の寄進(によるもの)である。

ほうが-ぎん【奉加銀】(名)社寺に寄進する金銭。浄・冥途の飛脚「これは難波の御坊の御普請のー」訳 これ(=丁銀一枚)は大坂の東本願寺別院のご建築のための寄進の金(である)。

ほうがん【判官】⇩はうぐゎん

ほう-き【蜂起】(名・自サ変)大勢の人がいっせいに行動を起こすこと。平家 五・奈良炎上「奈良の大衆おびたたしくー・す終」訳 奈良の興福寺の衆徒が大勢いっせいに行動を起こす。

ほう-ぎょ【崩御】(名)天皇・皇后・上皇・法皇・皇太后などが亡くなること。(保元物語)「きのふ法皇ーなりしに、いつしかかかる事の出できぬるは、いかなる事にかと」訳 昨日、法皇がお亡くなりになった(ばかりである)のに、早くもこのようなこと(=謀反の前兆)が起こったのは、どういうことであるのかと。⇩果つ「慣用表現」

ほう-く【惚く】(自カ下二){け・け・く・くる・くれ・けよ}[「ほく」の転] ❶ぼんやりする。ぼける。宇治 一四・一二「初めはいみじく賢かりける者の、唐人に呪はれて後には、いみじくー・け用て」訳 初めはすばらしく賢かった者が、(だました)中国人に呪いをかけられて後には、ひどくぼけて(しまって)。❷一つのことに夢中になる。のぼせる。(仮名・浮世物語)「博奕にー・け用て(=夢中になって)物も喰はず」

ほう-ぐ【反古・反故】(名)「ほぐ」に同じ。

ほう-くゎ【烽火】(名)のろし。平家 二・烽火之沙汰「天下に兵乱起こって、ーをあげたりければ」訳 国中に戦乱が起こって、のろしをあげたところ。

ほう-けん【宝剣】(名)貴重な剣。特に、三種の神器の一つ、草薙の剣。平家 一一・先帝身投「二位殿(=平清盛の妻)は、…ーを腰にさし」

保元物語(ほうげんものがたり)『作品名』軍記物語。作者未詳。鎌倉前期までに成立か。源為朝を中心に、保元の乱とその前後の経緯を、簡潔な和漢混交文で述べたもの。「平治物語」とともに軍記物語の先駆的作品。

ほう-こ【布袴】(名)束帯に次ぐ正装。袍に下襲・指貫を着用すること。朝廷の公式ではない儀式

に用いられた。大鏡 頼忠「奏せさせ給ふべきことある折は、ーにてぞ参り給ふ」訳（頼忠は天皇に）ご奏上なさるべきことがあるときは、布袴で参内なさる。

ほう‐ご【反古・反故】（名）「ほぐ」に同じ。

ほう‐こう【奉公】（名・自サ変）❶天皇に仕えること。公のために尽くすこと。著聞 四二「一向に御とのゐして、ーを致しければ」訳 いちずに御宿直をして、天皇へのお仕えをいたしたので。❷貴人や主人に仕えること。平家 四・競「先途後栄を存じて、当家にーいたさんとや思ふ」訳 将来の出世やのちのちの繁栄を考えて、当家（＝平家）にお仕えをいたそうと思うのか。文法「や」は、疑問の係助詞。

ぼう‐ざ【病者】⇨ばうざ

ほう‐さん【宝算】（名）天皇の年齢の尊称。御年。御齢。宝寿。平家 六・紅葉「ただこの君千秋万歳のーをぞ祈り奉る」訳 ただこの（高倉）天皇の千年万年ものご寿命（が保たれること）をお祈り申しあげる。

ほうし【法師】⇨ほふし

ぼうし‐かぶと【帽子兜】（名）目庇をつけない粗末な鉢のかぶと。

ほう‐しゃ【報謝】（名・自サ変）「ほうじゃ」とも。❶恩に報い感謝の気持ちを表すこと。物などを贈って恩に報いること。著聞 三六「深く件の恩を知りて、よろしくー・す(終)べし」訳 十分にこのことに関する仏の恩を理解して、（それに）ふさわしく恩に報い感謝するがよい。❷神仏への報恩のために慈善をほどこすこと。布施をすること。浄・堀川波鼓「これこれ御坊。御身が衣の破れまわって見苦しさよ。この金子をー・する(終)（口語）」訳 もしもしお坊さん。あなたの衣のすっかり破れて見苦しいことよ。このお金をあなたへの布施とする。

方丈記（ほうじょうき）⇨方丈記（はうぢゃうき）

ほう‐じん【封人】（名）国境を守る人。細道 尿前の関「ーの家を見かけてやどりを求む（＝宿泊を頼む）」

ほう‐ず【崩ず】（自サ変）｛ぜ・じ・ず・ずる・ずれ・ぜよ｝天皇・皇后・上皇・法皇・皇太后などが亡くなる。崩御する。⇨果つ「慣用表現」

ほう‐ず【封ず】（他サ変）｛ぜ・じ・ず・ずる・ずれ・ぜよ｝領地を与えてその支配者とする。諸侯に取り立てる。太平記 四「その功を賞して范蠡を万戸侯にー・ぜ(未)んとし給ひしかども」訳（越王勾践はその手柄をほめて（家臣の）范蠡を戸数一万の土地を領する諸侯として取り立てようとなさったけれども。

ほう‐ず【報ず】（他サ変）｛ぜ・じ・ず・ずる・ずれ・ぜよ｝報いる。返報する。平家 七・福原落「あやしの鳥けだものも、恩をー・じ(用)、徳を報ふ心は候ふなり」訳 いやしい鳥や獣でも、恩を返し、徳に報いる心はあるのです。

ほう‐ぜん【宝前】（名）神仏の御前。平家 六・廻文「八幡大菩薩の御ーにて髻とりあげ」訳 八幡大菩薩の御神前で髪を頭上に結い上げ（元服し）。

ぼう‐たん【牡丹】（名）「ぼたん」に同じ。夏

ほう‐と（副）物を投げたり打ち当てたりするさま。ぽんと。枕 二三「車宿にさらにひき入れて、轅ーうちおろすを」訳 車宿りに（牛車を）そのまま引き入れて、轅をぽんと下ろすので。

ほう‐ど（副）困りきったさま。ほとほと。狂・止動方角「（主人がたびたび）某（＝私）をお使ひにやらせらるるによって（＝おやりなさるので）、お使ひに参る某がー迷惑致すことでござる」

ほう‐とう【宝灯】（名）神仏に奉る灯火。神灯。細道 塩釜明神「神前に古きーあり」

法然（ほうねん）⇨法然（ほふねん）

ぼう‐はん【謀判】（名）印判や書き判を盗用したり偽造したりすること。また、その判。偽印。偽判。浄・曽根崎心中「おれをねだって（＝ゆすって）銀取らうとは、ーより大罪人」

ほう‐び【褒美】（名・他サ変）ほめること。ほめて物を与えること。また、その金品。風姿花伝「あまり及ばぬ風体のみなれば、また諸人のー欠けたり」訳 あまりついていけない（高尚な）芸ばかりだと、また人々の賞賛を得られない。

ほう‐ほう（‐と）（副）物を投げたりたたいたりする音を表す。ぽんぽん。落窪「『かく立てるはなぞ。居侍れ』とて、傘をーと打てば屎のいと多かる上にかがまりぬ」訳（従者が）「このように立っているのは何事か（無礼であるぞ。座っておりませ」と言って、傘をぽんぽんと打つので、（路上の）糞が非常にたくさんある上にしゃがみこんだ。

ほう‐もち【捧物】（名）「ほうもつ」とも。神仏や貴人に奉る物。ささげ物。源氏 鈴虫「ーのありさま、心ことに所せきまで見ゆ」訳（仏前への）ささげ物のようすは、（どれも）格別で、その場が狭く思われるほど多く見られる。

ほう‐らい【蓬莱】（名）❶「蓬莱山」の略。❷蓬莱山になぞらえた台に松竹梅や鶴亀を飾り、祝事の飾り物としたもの。❸「蓬莱飾」の略。新年に三方の上に、米・あわび・かずのこ・田作り・かちぐり・串柿・だいだい・野老・えびなどを飾ったもの。(新)。浮・世間胸算用「むかしより毎年飾り付けたるーに、伊勢海老なくては」

（ほうらい②）

ほうらい‐さん【蓬莱山】（名）中国の伝説上の理想郷。はるか東方海中にあり、不老不死の仙人が住むという霊山。「蓬莱の山」「蓬莱」とも。

ほうらい‐の‐やま【蓬莱の山】「ほうらいさん」に同じ。源氏 帚木「人の見及ばぬ（＝見ることのできない）ー」

ほう‐れん【鳳輦】（名）屋根に金の鳳凰を飾り付けてある輿。天皇が即位・大嘗会・御禊・節会などの際に乗用した。転じて、天皇の乗り物の総称。平家 三・大地

鳳輦―年中行事絵巻

震「主上は―に召して、池の汀へ行幸なる」訳 天皇(＝後鳥羽天皇)は、天皇用の輿にお乗りになって、池の水ぎわへおでかけになる。⇩巻頭カラーページ19

ほう-わう〔オウ〕【鳳凰】(名)中国の想像上の鳥。めでたい鳥で、天下に正しい道が行われていると現れるという。

(ほうわう)

ほお【頬】⇩ほほ

ほか【外】(名)❶そと。おもて。万葉 一七・三九七七「葦垣の―にも君が寄り立たし恋ひけれこそば夢に見えけれ」訳 葦の垣根の外からも、あなたが寄り立ちなさって(私を)恋い慕ったからこそ、夢に(あなたが)見えたのだ。❷よそ。別の所。関係のない所。源氏 桐壺「後涼殿にもとよりさぶらひ給ふ更衣の曹司を―にうつさせ給ひて」訳 後涼殿に以前からお仕えなさっている(他の)更衣の部屋を、(桐壺帝は)別の所にお移しになられて。文法「せ給ひ」は、最高敬語。❸外界。世間。徒然 七五「世にしたがへば、心、―の塵に奪はれて惑ひやすく」訳 世の中(の流れ)に従っていくと、心が外界のけがれにとらわれて迷いやすく。❹そのほか。以外。方丈 二「そのたび公卿の家十六焼けたり。まして、その―、数へ知るに及ばず」訳 そのとき(＝安元の大火で)公卿の家が十六軒焼失した。まして、それ以外(の焼けた家)は、数を数えて知ることもできない。

ほか-ありき【外歩き】(名)外を出歩くこと。外出。源氏 澪標「御暇なくて―もし給はず」訳 (光源氏は)おひまがなくて、(お忍びの)外出もなさらない。

ほ-かげ【火影】(名)❶ともしびの光。源氏 常夏「うち傾き給へるさま、―にいとうつくしげなり」訳 (頭を)かしげていらっしゃる(玉鬘の)ようすは、ともしびの光に(照らされ)とてもかわいらしい感じである。❷灯火で見える物の形や姿。源氏 帚木「添ひ臥し給へる御―いとめでたく」訳 脇息に寄りかかって横になっていらっしゃる(光源氏の)灯火に照らされたお姿はたいへんすばらしくて。

ほか-ごころ【外心】(名)他の人や物にひかれる心。浮気心。万葉 一一・二四三四「―あれは思はじ恋ひて死ぬとも」訳 浮気な心を私は持つまい、恋いこがれて死ぬとも。

ほか-ざま【外方・外様】(名)「ほかさま」とも。ほかのほう。よそのほう。関係のないほう。竹取 かぐや姫の昇天「中に心さかしき者、念じて射むとすれども、―へ行きければ」訳 その中で気丈な者がこらえて(天人を)射ようとするけれども、(矢は天人のほうではなく)ほかのほうへ飛んで行ったので。

ほか-なら-ず【外ならず】…以外の何物でもない。確かにそうである。〔桂園遺文〕「かたなりなるは言ふにたらず、その心ばへは真心にして、さらに歌の―・ず㊇」訳 未熟であることは言うまでもないが、その(＝歌の)趣意は素直な気持ちであって、まったく歌以外の何物でもない(＝十分に歌と呼べるものである)。

ほか-ばら【外腹】(名)本妻以外の女性から生まれること。また、その子供。源氏 常夏「大臣の―の娘尋ね出でてかしづき給ふなる」訳 (内)大臣が本妻以外の女性から生まれた娘をさがし出して大切に世話をなさっているということだ。

ほか-ほか【外外】■(名)別々の所。ほか。よそ。源氏 藤裏葉「―にては、同じ顔を写しとりたると見ゆるを」訳 (光源氏と息子の夕霧は)別々の所においては、(光源氏が若いので)同じ顔を写しとっている(＝生き写しだ)なあと見えるが。■(形動ナリ){なら・なり(に)・なり・なる・なれ・なれ}別々に別れているさま。離れ離れ。枕 二五「はやうありし者どもの、―・なり㊇つる」訳 以前奉公していた者たちで、(今は)離れ離れになってしまった者や。

ほか-め【外目】(名・自サ変)ほかに目を移すこと。よそ見。大鏡 時平「むげに近く居寄りて、―・せ㊍ず見聞くけしきどもを見て」訳 ひどく近くに座ったまますり寄って、よそ見もしないで見聞きする(聴衆の)さまざまなようすを(世継は)見て。

ほがら-か【朗らか】(形動ナリ){なら・なり(に)・なり・なる・なれ・なれ}(「か」は接尾語)❶(光がさして)明るいさま。明るく広々としたさま。〔曽我物語〕「真如の月―・なり㊇といへども、五障の闇を照らすことなし」訳 (一乗の法という)永久不変の真理の月が(衆生の迷妄を破るように)明るいと言っても、女人に課せられた五つの障害の闇を照らすことはない。❷さわやかなさま。晴れやかなさま。蜻蛉 下「〔藤原遠度は〕いと―・に㊇うち笑ふ」❸はっきり認識しているさま。物事に通じているさま。〔栄花〕うたがひ「その方にまことに深くしみ、顕密ともに―・なる㊍をば」訳 その方面にほんとうに造詣が深く、顕教と密教(＝仏教の教学の全体)にともに通じている者を。

ほがら-ほがら(-と)【朗ら朗ら(と)】(副)朝日が昇りはじめ、空がほのぼのと明るくなるようす。古今 恋三「しののめの―と明けゆけばおのがきぬぎぬなるぞ悲しき」訳 夜明け方の空がほのぼのと明けてゆくと、それぞれ自分の着物を着て別れることになるのが悲しいことだ。

ほか-ゐ〔イ〕【外居・行器】(名)食物などを入れて持ち運ぶのに用いる器。形は円形で丈が高く、ふたと外側へそった三本の脚がついている。今昔 三・三五「―に飯一盛りさし入れて」訳 外居にごはんを(お椀)一杯分入れて。

(ほかゐ)

ほき-うた【祝き歌・寿き歌】(名)上代の歌謡の一つ。祝いほめたたえる歌。〔記〕下「こは―の片歌なり」訳 これは祝き歌の片歌(＝二つで組になる歌の片方)である。

ほ-く【発句】(名)「ほっく」に同じ。〔太祇句選〕序「仏を拝むにも―し、神にぬかづくにも―せり」訳 仏を拝むにも発句を詠み、神前で礼拝するにも発句を詠んだ。

ほ・く【惚く・呆く】(自カ四・下二){か・き・く・く・け・け}{け・け・く・くる・くれ・けよ}知覚が鈍くなる。ぼんやりする。ぼける。源氏 常夏「世にも―・き㊇(四段)たることとそしり聞こゆ」訳 (近江の君のことを)世間でもぼけていることだと非難し申しあげる。源氏 竹河「我よりも年のかず積もり―・け㊇(下二段)たりける人のひがごとにや」訳 私よりも年をとり、ぼけてしまった人のまちがいであろうか。

ほ・く【祝く・寿く】(他カ四)｛か・き・く・く・け・け｝〔後世は「ほぐ」〕祝福する。祝う。ことほぐ。[万葉] 六・九八九「ますらをの—・く(体)豊御酒にわれ酔ひにけり」[訳] りっぱな男子が祝うすばらしいお酒に私は酔ってしまったことよ。

ほ・ぐ【反古・反故】(名)「ほご」「ほうぐ」「ほうご」「ほんご」とも。❶文字や絵などを書き損じて不用となった紙。[更級] 富士川「河上の方より黄なる物流れ来て、物につきてとどまりたるを見れば、—なり」[訳] 上流のほうから黄色い物が流れて来て、何かにつきあたってひっかかっているのを見ると、反古である。❷いらなくなった物。むだ。古い手紙を指す場合もある。〔浄・仮名手本忠臣蔵〕「—(=むだ)にはならぬこの金」

ほく・しゅ【北首】(名)頭を北に向けて寝ること。北枕。[徒然] 一三三「白河院は、—に御寝なりけり」[訳] 白河院は、北枕でおやすみになった。

ぼく・せき【木石】(名)木と石。非情なもの。また、人情を解さない人をたとえていう。[徒然] 四一「人、—にあらねば、時にとりて、物に感ずることなきにあらず」[訳] 人間は、木や石のような(非情の)ものではないので、時によって、何かの物事に感動することがないわけではない。

ほく・だう【北堂】(名)中国で、家の北側に設けた、主婦の居所。転じて、母の称。また、他人の母の敬称。〔野ざらし紀行〕「—の萱草も霜枯れ果てて、今は跡だになし」[訳] 母の居所の(庭に植えてあった)忘れ草もすっかり霜で枯れて(=母はすでに死去していて)、今ではその跡さえない。

ぼく・とつ【朴訥・木訥】(名・形動ナリ)無口で飾り気がないこと。[細道] 仏五左衛門「剛毅—の仁に近きたぐひ」[訳] (宿の主人は、「論語」にいう)意志が強くくじけず無口で飾らない者は仁の徳に近い(といった類(の人物)で。

ほ・ぐみ【穂組み】(名)刈りとった稲穂を乾燥させるために、組んで積んだもの。[方丈] 三「落ち穂を拾ひて—をつくる」[訳] 落ちた稲穂を拾って穂組みをつくる。

ほく・めん【北面】(名)❶院の御所の北方にあって、警護の武士の詰めている所。[平家] 一・内侍所都入「—に候ひける藤判官信盛を西国へ差し遣はさる」[訳] (後白河院は)北面の侍所にお仕えしていた藤判官信盛を西国へ派遣なさる。❷「北面の武士」の略。

ほくめん・の・ぶし【北面の武士】院の御所を警護する武士。院の御所の北面に詰めるところからいう。白河院のときにはじめて置かれた。「北面」とも。

ほ・くら【神庫・宝倉】(名)❶神宝を納めておく倉。〔紀〕垂仁「吾は手弱女人なり。なんぞよく天の—に登らむ」[訳] 私はかよわい女である。いったいどうして(天まで届きそうなほど)高い神宝を納める倉庫に登ることができようか(いや、できない)。❷小さい神社。やしろ。ほこら。〔拾遺〕雑恋・詞書「稲荷の—に女の手にて書き付けて侍りける」[訳] 稲荷神社のほこらに女の筆跡で書き付けてありました歌。

ぼく・り【木履】(名)木製の履物。下駄。〔浮・世間胸算用〕「まことにこの—は…歯のちびたるばかり(=少しすりへっただけで)、五十三年になりぬ」

ほくりく・だう【北陸道】(名)「ほくろくだう」に同じ。

ほく・れい【北嶺】(名)(奈良の興福寺を南都というのに対して)比叡山延暦寺のこと。[平家] 四・山門牒状「そもそも—は円宗一味の学地」[訳] そもそも比叡山延暦寺は天台宗一派の学問をする所(であり)。

ほくろく・だう【北陸道】(名)「ほくりくだう」とも。五畿七道の一つ。若狭・越前・加賀・能登・越中・越後・佐渡の七か国。今の福井・石川・富山・新潟の四県にあたる。また、その国々を通る道。越路。

ほ・け【火気】(名)湯気。煙。[万葉] 五・八九二「かまどには—吹き立てず」[訳] →かぜまじり…[和歌]

ほけ・きゃう【法華経】(名)「妙法蓮華経」の略。大乗経典の一つ。はじめ七巻、のち八巻二十八品。釈迦の所説中、最も高尚な教理とされて、天台・華厳・法相・法華の各宗で尊ぶ。

ほけ・し・る【惚け痴る】(自ラ下二)｛れ・れ・る・るる・るれ・れよ｝(年をとり)ぼける。もうろくする。[源氏] 真木柱「月日隔たるままに、あさましとものを思ひ沈み、いよいよ—・れ(用)てものし給ふ」[訳] (元の北の方は)月日がたつにつれて、(鬚黒の仕打ちを)あきれたことだとふさぎこんで、ますますぼけて愚かになっていらっしゃる。

ほけ・づ・く【惚け付く】(自カ四)｛か・き・く・く・け・け｝ぼんやりとする。〔無名草子〕「いと思はずに—・き(用)、かたほにて」[訳] たいそう思いの外にぼんやりして、未熟で。

ほけほけ・し【惚け惚けし】(形シク)｛しから・しく(しかり)・し・しき(しかる)・しけれ・しかれ｝ひどくぼけている。ぼんやりしている。「ほれぼれし」とも。[源氏] 葵「ただあやしう—・しう(用)(ウ音便)て、つくづくと臥し悩み給ふを」[訳] (六条御息所は)ただ妙にぼんやりしていて、物思いにふけって横になって(病気で)苦しんでいらっしゃるので。

ほこ【矛・鉾・戈・鋒・桙・戟】(名)❶両刃の剣に長い柄をつけた武器。[今昔] 一九・二八「獄卒(=地獄の鬼)、—を取り、釜の中にさし入れて」❷弓の幹。上下に弭があって、弦を張る。〔太平記〕一七「白木の弓の—短かには見えけれども」❸矛状の飾りを立てた山車。矛山車。

ほこ・すぎ【矛杉・鉾杉】(名)矛のような形の杉。[万葉] 三・二五九「何時の間も神さびけるか香山の—が本に苔生すまでに」[訳] いつのまにまあ古めかしくなったのか、香具山の矛杉の根元に苔が生えるほどに。

ほこら【叢祠・祠】(名)〔「神庫」の転〕神を祭った小さなやしろ。[宇治] 一一・二「その—に、修行しける僧の宿りて、寝たりける夜」[訳] その小さなやしろに、仏道修行していた僧が泊まって、寝ていた夜。

ほこら・か【脹らか】(形動ナリ)｛なら・なり(に)・なり・なる・なれ・なれ｝「ふくらか」に同じ。[平家] 延慶本・二中「御鬢茎—・に(用)、愛敬づきて」[訳] (高倉院は)頭の左右の御髪の筋がふっくらとして、(顔立ちは)かわいらしい感じで。

ほこら・し【誇らし】(形シク)｛しから・しく(しかり)・し・しき(しかる)・しけれ・しかれ｝誇りに思うさま。得意である。[古今] 雑体「ちぢの情けもおもほえずひとつ心ぞ—・しき(体)」[訳] さまざまな雑念にも心が向かず、(和歌)一筋の心こそ誇りたい気持ちだ。

ほこり・か【誇りか】(形動ナリ)｛なら・なり(に)・なり・なる・なれ・なれ｝〔「か」は接尾語〕誇らしいさま。得意そうなさま。[源氏] 空蟬「いよいよ—・に(用)うちとけて、笑ひなどそぼるれば」[訳] (軒端の荻は)ますます得意そうに気を許して、笑ったりしてふざけるので。

ほこ・る【誇る】(自ラ四){ら・り・る・る・れ・れ}得意になる。自慢する。土佐「風のよければ、楫取りいたく―・り(用)て」訳 風がおあつらえむきなので、船頭はひどく得意になって。

ほころび【綻び】(名)❶縫い目のとけた部分。❷几帳の帷子(=垂れ下がった布)・衣服・袋などで、わざと縫わずにあけておく部分。源氏 澪標「やをら御几帳の―より見給へば」訳 (光源氏が)そっと御几帳の縫い合わせていない所からご覧になると。

ほころ・ふ【誇ろふ】(自ハ四){は・ひ・ふ・ふ・へ・へ}《上代語》〔四段動詞「誇る」の未然形「ほこら」に上代の反復・継続の助動詞「ふ」が付いた「ほこらふ」の転〕自慢する。得意になっている。万葉 五・八九二「我をおきて人はあらじと―・へ(已)ど」訳 →かぜまじり…和歌

ほころ・ぶ【綻ぶ】(自バ上二){び・び・ぶ・ぶる・ぶれ・びよ}❶縫い目がとける。ほつれる。枕 二四八「なえたる直衣・指貫の、いみじう―・び(用)たれば」訳 着なれてやわらかくなった直衣や指貫が、ひどく縫い目がとけているので。❷つぼみが少し開く。古今 春上「あをやぎの糸よりかくる春しもぞ乱れて花の―・び(用)にける」訳 青柳が(その細い枝の)糸を縒ってかける、まさにその春には、(風に青柳の糸が)乱れて、花(もつぼみ)が開いたことだ。(「よりかく」「乱る」「ほころぶ」は「糸」の縁語) ❸口を開く。口をあけて笑う。源氏 少女「人々みな―・び(用)て笑ひぬれば」訳 人々はみな口をあけて笑ったので。❹(鳥などが)鳴く。さえずる。源氏 梅枝「かすみだに月と花とをへだてずはねぐらの鳥も―・び(用)なまし」訳 せめて霞だけでも、月と花(=梅の花)とを隔てなかったなら、(月の明るさに)梅をねぐらにしている鳥もきっと鳴き出しただろうに。文法「へだてずは」の「ずは」は、打消の順接の仮定条件を表す。「なまし」の「な」は、助動詞「ぬ」の未然形で、ここは確述の用法。❺(隠していたものが)外に現れる。露見する。源氏 若菜上「いかならむ折にか、その御心ばへ―・ぶ(終)べからむ」訳 どのようなときに、その(恨みを晴らそうとする)お気持ちが外に現れる(ようになる)のだろうか。

参考 平安時代には四段活用の例もまれに見られる。

ほこ‐を‐さかしまに‐す【戈を倒しまにす】(戈を反対に向ける意で)味方を攻撃する。裏切る。〔太平記〕三八「官軍の中に二心ある者出で来て、―・する(体)こともあるべし」訳 (宋の)官軍の中に主君に背く心を持つ者が出て来て、味方を裏切ることがあるだろう。

ぼ‐さち【菩薩】(名)〔「さち」は呉音〕「ぼさつ」に同じ。源氏 鈴虫「阿弥陀仏、脇士の―、おのおの白檀して作り奉りたる、こまかにうつくしげなり」訳 (本尊の)阿弥陀仏と、その両脇に立つ菩薩を、それぞれ白檀でお作り申しあげてあるのは、(細工が)入念でかわいらしいようすである。

ぼ‐さつ【菩薩】(名)《梵語の音訳》〔「菩提薩埵」の略〕「ぼさち」とも。❶《仏教語》仏に次ぐ位のもの。悟りを求めて修行し、大慈悲の心をもって衆生を救う者。❷朝廷から高徳の僧に賜った称号。❸(日本の神々は諸仏が仮の姿で現れたものとする本地垂迹説の考えから)神の尊号。著聞 三三「八幡に詣でて七日こもりて祈念しけるに、…大―御対面あるよしなり」訳 石清水八幡宮に参詣して七日間こもって祈念したところ、…(八幡宮の本地である)八幡大菩薩がお会いになるようすである。❹米の異称。人の糧となる米を尊んでいう。〔浮・西鶴俗つれづれ〕「酒の一滴は―七十粒より出づるを」

ほし【星】(名)❶(天の)星。❷兜の鉢に並べて打ちつけた鋲の頭。平家 一・俊寛沙汰 鵜川軍「雲井を照らす稲妻は、甲の―を輝かす」訳 空を照らす稲妻は、兜の鋲の頭をきらめかす。⇩巻頭カラーページ17 ❸「九星」のうち、その人の生まれ年にあたるもの。また、その年々の吉凶。運勢。〔春色梅児誉美〕「―でもわりい年だろう」

ほ・し【欲し】(形シク){しから・しく(しかり)・し・しき(しかる)・しけれ・しかれ}❶自分のものにしたい。ほしい。土佐「この住吉の明神は例の神ぞかし。―・しき(体)ものぞおはすらむ」訳 この住吉の明神は(欲しいものがあると海を荒らす)例の神であるよ。自分のものにしたいものがおありなのだろう。❷そうありたい。望ましい。万葉 二〇・四四四九「なでしこが花取り持ちてうつらうつら見まくの―・しき(体)君にもあるかも」訳 なでしこの花を(手に)とり持って、まのあたりに見たいように、よくよく逢いたいと思うあなたであることよ。(第二句までは「うつらうつら見まく」を導きだす序詞)

ほし‐あひ【星合ひ】(名)七夕の夜、牽牛・織女の二つの星が会うこと。秋。源氏 幻「七月七日も、…つれづれにながめ暮らし給ひて、―見る人もなし」訳 陰暦七月七日も、…(光源氏は)することもなく物思いに沈んで一日お過ごしになって、牽牛・織女の星の出会いを(いっしょに)見る人もいない。

ほし‐いひ【乾し飯・糒】(名)「ほしひ」とも。蒸して乾燥させ、蓄えておく飯。水や湯で戻して食べる。旅行用・軍用の食糧とした。夏。〔うつほ〕俊蔭「―ただ少し餌袋に入れて」訳 干した飯をほんの少し携帯用の袋に入れて。⇩乾飯「発展」

ほしき‐まま【恣・縦・擅】(形動ナリ){なら・なり(に)・なり・なる・なれ・なれ}「ほしいまま」とも。自分の欲するままに行うさま。心のまま。勝手気まま。徒然 一八七「巧みにして―・なる(体)は、失のもとなり」訳 器用であるが勝手気ままなのは、失敗を招くもとである。

ほしじろ‐の‐かぶと【星白の兜】「ほし(星)②」を銀で作った兜。平家 四・競「緋縅(=緋色の革で札をつづりあわせた縅)の鎧に―の緒をしめ」

ほし‐づきよ【星月夜】(名)「ほしづくよ」とも。星明かりだけで月夜のように明るい夜。星夜。秋。〔義経記〕「見ければ、―のきらめきたるに」訳 見たところ、星月夜できらきらと輝いていたうえに。

ほし‐の‐はやし【星の林】たくさんの星が集まっているさまを林にたとえていう語。万葉 七・一〇六八「天の海に雲の波立ち月の船―に漕ぎ隠る見ゆ」訳 天上の海に雲の波が立ち、月の船がたくさんの星の林に漕ぎ隠れてゆくのが見える。

ほし‐を‐かづ・く【星を被く】夜が明けきらず、まだ星が見えるころから起き出して働く。また、朝の暗いうちから、夜、星の出る時刻まで勤める。「星を戴く」と

も。〔浮・日本永代蔵〕「朝には―・き(用)、秤竿に心玉をなして」訳 朝は暗いうちから起き出して働き、(銀の)計量に精神を集中して。

ほ-ずゑズエ【穂末】(名)穂の先。〔山家集〕「夕露の玉敷く小田の稲筵かぶす―に月ぞ澄みける」訳 夕露の玉が一面に置いた田の稲が実り伏している、その傾いた稲の穂先(の露の玉)に月が澄みわたって宿っていることだ。(「澄み」は「住み」との掛詞)

ほぞ【臍】(名)〔平安末期ごろまでは「ほそ」〕へそ。〔笈の小文〕芭蕉「ふるさとや―の緒に泣く年の暮れ」訳 故郷に帰って、自分のへその緒を見ると、(亡き父母のことを思って)泣けてくる年の暮れである。

細川幽斎(ほそかはいうさい)ホソカワユウサイ『人名』(一五三四〜一六一〇)安土桃山時代の歌人・武将。名は藤孝。故実に通じ、歌道に明るく、三条西実枝から古今伝授を受けた。近世歌学の祖と称される。家集「衆妙集」、歌学書「幽斎翁聞書」「耳底記」など。

ほそ-ごゑゴエ【細声】(名)細くかすかな声。小さい声。枕 二六「蚊の―にわびしげに名のりて、顔のほどに飛び歩く」訳 蚊がかぼそい声でさびしそうに羽音をたてて、顔のあたりを飛びまわるの(は憎らしい)。

ほそ・し【細し】(形ク)〔から・く(かり)・し・き(かる)・けれ・かれ〕❶細い。幅が狭い。やせている。枕 一三「戸口の前なる―・き(体)板敷きに居給ひて」訳 (伊周は)戸口の前にある幅の狭い板敷きに座りなさって。↔太し

❷量がとぼしい。また、声や音が小さく低い。力が弱い。源氏 明石「あやしき風―・う(用)(ウ音便)吹きて」訳 不思議な風がわずかに吹いて。宇治 九・七「―・く(用)らうたげなる声をさしあげて、泣く泣く飲む」訳 (女は)弱々しくかわいらしい感じの声をあげて、泣きながら(銅をとかした熱湯を)飲む。

❸和歌・連歌などで、作風が繊細で洗練されているさま。

ほそ-どの【細殿】(名)細長い渡り廊下。また、殿舎などの細長い廂の間を区切って女房の局などにあてた所。枕 四六「―に人あまた居て、やすからず物などいふに」訳 細長い廂の間に人が大勢座っていて、(通る人にうるさくものを言いかけなどするときに。

ほそ-なが【細長】(名)貴族の男女の子供が着た衣服。身幅のせまい細長い形からいうという。襟は方形のものと、丸く仕立てたものがある。源氏 末摘花「無紋の桜の―なよよかに着なして」訳 (紫の上は)無地の桜襲の細長をやわらかい感じに着こなして。

ほそ-びつ【細櫃】(名)細長くて小型の唐櫃。

ほそ-み【細み】(名)《文芸用語》〔「み」は接尾語〕「さび」「しをり」とならび称された蕉風俳諧の重要な美的理念の一つ。句が、内容的に深まり、繊細でしみじみとした趣が表現されたものをいう。藤原俊成が歌において「心細し」といったその理念が、中世を経て芭蕉に伝わったもの。→寂・撓り

ほそ-やか【細やか】(形動ナリ)〔なら・なり(に)・なり・なる・なれ・なれ〕〔「やか」は接尾語〕(姿が)ほっそりしてきゃしゃなさま。(声が)か細いさま。源氏 空蝉「頭つき―・に(用)小さき人のものげなき姿ぞしたる」訳 (空蝉は)頭の形がほっそりして、小柄な人で、目立たない姿をしている。

ほそ-や・ぐ【細やぐ】(自ガ四)〔が・ぎ・ぐ・ぐ・げ・げ〕〔「やぐ」は接尾語〕やせてほっそりする。源氏 宿木「まろにうつくしく肥えたりし人の、すこし―・ぎ(用)たるに」訳 丸々としてかわいらしく太っていた人(=中の君)が、(妊娠して)少しやせてほっそりしているけれども。

ほそ・る【細る】(自ラ四)〔ら・り・る・る・れ・れ〕❶細くなる。やせてほっそりする。源氏 柏木「いとど小さう―・り(用)給ひて」訳 (女三の宮は)いっそう小さくほっそりとなりなさって。

❷身をすぼめて隠れる。人目を忍ぶ。源氏 少女「ややらかい―・り(用)て出で給ふ道に」訳 (内大臣がそっと人目を忍んでお出になる途中で。

ほぞ-を-かた・む【臍を固む】固く決心する。覚悟を決める。「臍を固うす」とも。〔浄・伽羅先代萩〕「一家中の―・め(用)、義綱公を御代に出ださずば」訳 一族全部が固く決心し、義綱公を(もりたてて)御世に出さなければ。

ほた【榾】(名)「ほだ」とも。たきぎにする木の切れ端。冬。〔阿羅野〕去来「―の火に親子足さすわび寝かな」訳 木切れを燃やす火に親子で足をかざして暖をとっている、わびしい眠りであるよ。

ほ-だ【穂田】(名)稲の穂の出そろった田。秋。万葉 八・一五三九「秋の日の―を雁が音闇けくに夜のほどろにも鳴き渡るかも」訳 秋の日の稲穂の出た田を刈るではないが、雁がまだ暗いうち、夜の明け方にも鳴き渡ることよ。(「秋の日の穂田を」は「刈り」と同音の「雁」を導きだす序詞)

ぼ-だい【菩提】(名)《梵語の音訳》❶煩悩を断ち切って悟りの境地に入ること。また、その境地。徒然 五八「ひとへに貪ることをつとめて、―におもむかざらんは、よろづの畜類に変はる所あるまじくや」訳 もっぱら利益を得ることにはげんで、悟りの境地を志さないような者は、すべての畜生の類と変わるところがないだろう(が、どうだろう)か。

❷成仏すること。極楽往生すること。蜻蛉 中「疾くしなさせ給ひて、―かなへ給へ」訳 早く仏道を成就させなさって、極楽往生をおかなえください。

ぼだい-かうコウ【菩提講】(名)《仏教語》極楽往生を求めて、法華経を講説する法会。大鏡 序「さいつころ雲林院の―にまうでて侍りしかば」訳 さきごろ雲林院の菩提講に参詣しておりましたところ。⇩大鏡「名文解説」

ほだし【絆】(名)「ふもだし」とも。❶馬の足にからませて、歩けないようにする綱。

❷手足の自由を奪う道具。手かせや足かせ。〔浄・出世景清〕「弟の弥若は(父の)―の(=足かせ)をかけられた)足に抱きつき」

❸自由を束縛するもの。何かをするときに障害・さまたげとなるもの。徒然 一四二「なべて―多かる人の、よろづにへつらひ、望み深きを見て」訳 総じて(妻子などの)係累の多い人が、何かにつけて追従し、欲が深いのを見て。

発展 「ほだし」は仏道のさまたげ

「ほだし」は、束縛する意の動詞「ほだす」(サ四)に対応する名詞。「万葉集」に「馬にこそふもだし掛くもの」〈一六・三八八六〉とある「ふもだし」は、のちの「ふんどし」と関連があると

見られる類義語。本来は足などをしばる紐や帯の類をいうが、自由を束縛するものの意に転じ、中古・中世には、仏道のさまたげの意に用いることが多い。

ほだ-す【絆す】(他サ四)〔さ・し・す・す・せ・せ〕つなぎとめる。束縛する。また、情に訴えて心の自由を縛る。伊勢 六五「『宿世つたなく悲しきこと、この男に—・さ㊍れて』とてなむ泣きける」訳「前世の因縁が悪くて悲しいことだ、この男の情にしばられて」と言って(女は)泣いた。

ほ-たち【穂立ち】(名)「ほだち」とも。稲の穂の出ること。また、その穂。万葉 八・一六二四「早稲田の—」

ほたる【蛍】(名)虫の名。ほたる。夏。枕 一「夏は夜。…闇もなほ、—の多く飛びちがひたる」訳 夏は夜(が趣がある)。…闇の夜でもやはり、蛍がたくさん飛び交っているの(は、趣が深い)。⇩巻頭カラーページ8

ほたる-び【蛍火】(名)❶蛍の発する光。夏。〔紀〕神代「さはに—の光かかやく神」訳 多くの蛍火を発する神。❷灰の中にわずかに消え残った炭火。

ぼ-たん【牡丹】(名)「ぼうたん」とも。❶植物の名。低木で、初夏に紅・白などの大輪の花を開く。夏 ❷襲の色目の名。表は薄蘇芳(=薄い紫赤色)、裏は白または紅梅。夏に用いる。⇩巻頭カラーページ11

ぼたんちりて…【俳句】

> 夏
> 牡丹散りて　打ちかさなりぬ　二三片
> 〈蕪村句集・蕪村〉

訳(盛りを過ぎた)牡丹の花びらが(それ自体の重みによって)はらはらと崩れ散り、地面に静かに重なったことだ。二片、三片と順を追うように。(牡丹 夏。切れ字は「ぬ」)。

文法「打ちかさなりぬ」の「ぬ」は完了の助動詞。「二三片」と倒置。

解説「散って」と読む説もある。眼前で散ったさまの描写か、すでに散り重なっていたかで解釈にも違いが出る。

ほ-つ-え【上枝】(名)〔「ほ」は「秀」で、高く突き出ている意。「つ」は「の」の意の上代の格助詞〕上のほうの枝。こずえ。古今 恋一「わがそのの梅の—に鶯の音になきぬべき恋もするかな」訳 私の庭の梅の木の上のほうの枝で鶯が鳴くように、(私も)声を出して泣いてしまいそうな(悲しい)恋をしていることよ。(第三句までは「音になき」を導きだす序詞。)↔下枝

ほっ-き【発起・発企】(名・自サ変)❶《仏教語》「ほっしん(発心)」に同じ。❷思い立つこと。新しく事を起こすこと。細道 敦賀「往昔遊行二世の上人、大願—のことありて」訳 その昔遊行二世の(他阿)上人が、大願を思い立つことがあって。

ほっ-く【発句】(名)「ほく」とも。❶和歌・漢詩の初句。❷連歌・俳諧の第一句目の五・七・五の句。原則として、「切れ字」「季語」を必要とする。↔挙げ句 ❸❷が独立したもの。俳句。〔野ざらし紀行〕「てふといひける女が、『あが名に—せよ』と言ひて」訳(名を)蝶という女が、「私の名にちなんで俳句を詠め」と言って。

ほっ-け【法華】(名)《仏教語》❶「法華経」の略。❷「法華宗」の略。古くは天台宗、鎌倉時代以降は日蓮宗をいう。

ほっ-けう【法橋】(名)《仏教語》「法橋上人位」の略。法印・法眼に次ぐ僧位。僧官の律師に相当する。官吏の五位に準ぜられた。のちには、医師や絵師・仏師などにも授けられた。↓僧綱

ほっけ-ざんまい【法華三昧】(名)《仏教語》「ほっけさんまい」とも。法華経によって、仏道唯一の真実の境地を悟ること。また、そのために道場を設け、法華経を読誦すること。源氏 若紫「—行ふ堂の懺法の声、山おろしにつきて聞こえくる」訳 法華三昧を勤める仏堂の、罪過を懺悔する法華経読誦の声が、山から吹きおろす風にのって聞こえてくるのが。

ほっけ-だう【法華堂】(名)《仏教語》「ほけだう」とも。法華三昧を行う堂。のちには、貴人の納骨堂。徒然 二五「—なども、いまだ侍るめり」訳(道長の建立した法成寺の跡には)法華三昧を行う堂なども、まだあるようでございます。

ほっけ-はっかうゑ【法華八講会】(名)《仏教語》法華経八巻を朝夕に一巻ずつ講読して、四日間で行う法会。法華八講。八講。

ほっさう-しゅう【法相宗】(名)《仏教語》八宗の一つ。唐の玄奘を祖とし、万有の存在や事象は、心の動きによって仮に現れたものであると説く。わが国では興福寺・薬師寺が大本山。唯識宗。

ほっ-しゃう【法性】(名)《仏教語》万物の実体。宇宙の本体。真理。法性真如。今昔 四・一〇「心の内に常に—を観じて(=一切の真理を思いめぐらして)」

ほっしゃう-しんにょ【法性真如】「ほっしゃう」に同じ。

ほっ-しん【法身】(名)《仏教語》❶永遠の真理を現した仏身。真理そのもの。仏の三身の一つ。平家 七・竹生島詣「大弁功徳天は往古の如来、—の大士なり」訳 大弁功徳天は昔からの釈迦如来、真理そのもの(の現じた)菩薩である。❷出家して僧となった身。僧侶の身。〔栄花〕うたがひ「道俗加持の香水をもちて、—の頂に注がると思しめす」訳(道長は)僧侶と俗人のために祈禱して清めた香入りの水を、僧となった身の頭のてっぺんに注がれることをお望みになる。

ほっ-しん【発心】(名・自サ変)《仏教語》仏の悟りを得ようとする心を起こすこと。出家すること。発起。平家 九・敦盛最期「それよりしてこそ、熊谷が—の思ひはすすみけれ」訳 そのこと(=敦盛をしかたなしに殺したこと)から、熊谷(次郎直実)の出家して仏道修行しようという思いはつのった。

発心集(ほっしんしふ)『作品名』鎌倉初期の仏教説話集。鴨長明編。建保四年(一二一六)以前の成立か。遁世者などの説話を通し、心の不可思議さを追究する。人間精神に対する深い洞察を示す作品。

ほっ-す【欲す】(他サ変)〔せ・し・す・する・すれ・せよ〕〔「ほりす」の促音便〕❶欲しいと思う。❷(「…むとほっす」の形で)…したいと思う。また、…しそうな状態である。平家 一一・腰越「年来の宿望をと

げんと—・する㊍ほか他事なし」訳 長年持ち続けてきた望みを遂げようと望む以外に他のことはない。

ほっ-たい【法体】(名・自サ変)《仏教語》僧の姿。僧形。また、出家すること。

ほ-つ-たか【秀つ鷹】(名)〔「つ」は「の」の意の上代の格助詞〕すぐれた鷹。万葉 一七・四〇一一「汝が恋ふるその—は」訳 おまえが慕うそのすぐれた鷹は。

ほ-つ-て【秀つ手・最手】(名)〔「つ」は「の」の意の上代の格助詞〕すぐれた技。上手。万葉 一五・三六九四「壱岐の海人の—の卜部を」訳 壱岐の海人の上手な卜部(=占いを行う者)を。

ほって-も(副)《近世語》決して。どうしても。とても。〔浄・出世景清〕「出家させせんと思ひしが最早—ならぬ」訳 出家させようと思ったが、もはやどうしてもしてはいけない、してはいけない。

ほ-て【帆手】(名)帆の左右に幾すじもつけてある張り綱。帆綱。土佐「追ひ風の吹きぬる時は行く船の—打ちてこそうれしがりけれ」訳 追い風が吹いたときは、進んで行く船の帆綱がはたはたと鳴るが、そのように私たちも手をさかんに打ってうれしがったことだ。(「帆手」の「手」は人の「手」との掛詞)

ほ-て【最手・秀手】(名)相撲人の中で最上位の者。〔うつほ〕俊蔭「相撲出でて、五手六手ばかりとりて、—出できて、布引きなどするに」訳 相撲取りが出て、五度六度ほど(相撲を)とって、(左右の)最上位の者が出てきて、布の引っ張り合いなどすると。

ほで-てんがう(名)《近世語》悪ふざけ。いたずら。〔浄・神霊矢口渡〕「うず虫めらが—」訳 うじ虫(=人をののしっていう語)のやつらのいたずら(にすぎない)。

ほど

【程】(名)〔古くは「ほと」〕❶(広く一般的に)限度。ようす。ありさま。具合。程度。ころあい。源氏 須磨「入道の宮の、『霧や隔つる』とのたまはせし—いはむ方なく恋しく」訳 入道の宮(=藤壺)が「霧が間を隔てるのか」とおっしゃったようすが、(光源氏には)言いようもなく恋しくて。源氏 帚木「うちつけに、深からぬ心の—と見給ふらむ、ことわりなれど」訳 だしぬけで、深くもない恋心の程度だと(空蝉が)お思いになっているとすればそれは、もっともだが。文法「見給ふらむ」の「らむ」は、仮定・婉曲の助動詞。❷(主として時間的に)ころ。おり。時分。あいだ。時間。とき。竹取 かぐや姫の昇天「月の—になりぬれば」訳 月の(出る)ころになってしまうと。源氏 帚木「あはれと思ひし—に、わづらはしげに思ひまとはす気色見えましかば」訳 (私=頭の中将があの女を)いとしいと思っていたあいだに、(女が)うるさいくらい慕ってつきまとうようすが少し見えたとしたなら。源氏 桐壺「—経ば少しうちまぎるることもやと」訳 時がたてば、少し(桐壺の更衣を亡くした悲しさが)まぎれることもあろうかと。文法「もや」の結び「あらむ」が省略されている。❸(主として空間的に)広さ。距離。あたり。付近。長さ。高さ。深さ。伊勢 九「比叡の山を二十ばかり重ね上げたらむ—して」訳 (富士山は)比叡山を二十ぐらい積み重ねたような高さで。文法「重ね上げたらむほど」の「む」は、仮定・婉曲の助動詞。源氏 明石「—もすこし離れたるに」訳 距離も(光源氏の住居からは)少し離れているので。更級 野辺の笹原「たとしへなくせばき所の、庭の—もなく」訳 たとえようもなく狭い所で、庭の広さもなく。❹(主として人事に関して)身分。格。分際。年齢。源氏 末摘花「かるらかならぬ人の御—を心苦しとぞ思しける」訳 軽く考えられない人(=末摘花)のご身分を(光源氏は)気の毒だとお思いになった。源氏 澪標「十一になり給へど、—より大きにおとなしうきよらにて」訳 (元服した春宮は)十一歳におなりだが、年齢よりも大きく大人びて美しくて。

ほど(副助)〔名詞「ほど」の転〕物事の程度を示す。…ぐらい。…ほど。平家 九・敦盛最期「あはれ、弓矢とる身ほど口惜しかりけるものはなし」訳 ああ、弓矢を取る身(=武士)ほど、まことに情けないものはない。

接続 体言および体言に準ずる語に付く。

ほとおる【熱る】⇩ほとほる

ほとぎ【缶・瓮】(名)〔古くは「ほとき」〕湯・水・酒などを入れる素焼きの土器。胴が太く、口が小さい。〔栄花〕はつはな「取り入れつつめて—に入る」訳 (産湯に用いる湯を)取り入れては(水で)うめてほとぎに入れる。

ほとけ

【仏】(名)❶悟りを開いて解脱した人。仏教上の真理を悟った人。〔梁塵秘抄〕「—はさまざまにいませども実は一仏なりとかや」訳 仏はいろいろな形でおいでになるけれども、真実は一仏であるとかいうことだ。文法「とかや」は、不確実な伝聞を表す。❷特に、釈迦。釈迦牟尼仏。平家 二・山門滅亡「昔、—の法を説き給ひし竹林精舎・給孤独園も、このごろは狐狼野干の栖となって」訳 昔、釈迦が仏法をお説きになった竹林精舎・給孤独園(=ともに寺院の名)も、このごろは狐や狼のすみかとなって。❸仏像。徒然 二五「丈六の—九体、いと尊くてならびおはします」訳 一丈六尺(=約四・八五メートル)の仏像九体が、まことに尊いようすでならんでいらっしゃる。❹仏法。仏教。大鏡 序「さても、うれしく対面したるかな。—の御しるしなめり」訳 さてさて、うれしくもお目にかかったことよ。(これも)仏法のご利益であるようだ。❺死者の霊。死者。❻たいせつに思う人。竹取 かぐや姫の昇天「あが—、何事思ひ給ふぞ」訳 私(=竹取の翁)のたいせつな人よ、何を思い悩んでいらっしゃるのか。❼やさしく情け深い人。転じて、お人好し。〔浄・心中天の網島〕「たとへ私が—でも、男が茶屋者請け出す、そのひいきせうはずがない」訳 たとえ私がお人好しでも、夫が遊女を身請けする、その肩をもとうはずがない。

ほとけ-の-ざ【仏の座】(名)植物の名。春の七草の一つ。キク科の田平子の異称。葉のつきかたが、仏の蓮華座に似るのでこの名があるという。㊮春。⇩巻頭カラーページ8

ほとけはつねにいませども… 歌謡

> 仏は常に在せども　現ならぬぞあはれなる
> 人の音せぬ暁に　ほのかに夢に見え給ふ
>
> 〈梁塵秘抄・二・法文歌・二六〉

訳 仏はいつでも(私たちの近くに)いらっしゃるけれども、(目に見える)お姿でないのがしみじみと尊く思われる。人の物音のしない(静かな)夜明けごろに、ちらっと夢の中に(お姿が)見えなさる。

解説 法華(ほけ)経にいう、仏の常住不滅をふまえている。「あはれなる」を悲しいの意にとる説もある。

ほどこ・す【施す】(他サ四){さ・し・す・す・せ・せ} ❶広く行き渡らせる。一般に広める。〔うつほ〕あて宮「世界に名を**―・し**㊊て」 訳 世間に(けちだという)評判を広く行き渡らせて。

❷付け加える。飾り付ける。著聞 六五八「透長櫃(すきながびつ)に丹青(たんせい)を**―・し**㊊て、作り花をもてかざりたりけり」 訳 透長櫃(=透かしのある長櫃か)に彩色を付け加えて、造花で飾ってあったのだった。

❸(同情して)与える。もたらす。徒然 一七一「目の前なる人の憂へをやめ、恵みを**―・し**㊊」 訳 目の前にいる人の心配を解消し、恩恵を与え。

❹(他の人のために)用いる。行う。著聞 二六五「もろもろのこと**―・し**㊊て聞かせ奉りぬ」 訳 いろいろなことを行って(=曲を演奏して)お聞かせ申しあげた。

ほど-こそ-あら-め【程こそあらめ】…の程度ならよいだろうが。…の間ならよいだろうが。徒然 一二「我と等しからざらん人は、大方(おほかた)のよしなしごと言はん**―**」 訳 自分と(気持ちが)同じでないような人は、ふつうのとりとめもないことを話しているような間はよいだろうが。

なりたち 名詞「程」＋係助詞「こそ」＋ラ変動詞「有り」の未然形「あら」＋推量の助動詞「む」の已然形「め」

ほど-せば・し【程狭し】面積が狭い。方丈 二「その地、**―・く**㊊て条里を割るに足らず」 訳 その土地(=福原の新都)は面積が狭くて、市街の区画割りをするのに不十分である。

ほとど【殆ど・幾ど】(副)「ほとほと(殆)」に同じ。枕 二三「**―**つぎめもはなちつべし」 訳 (帝(みかど)の姿に見とれて)もう少しで(墨挟みの)継ぎ目(から墨)も放してしまいそうである。

ほととぎす【時鳥・杜鵑・郭公・子規】(名)鳥の名。初夏に渡来し、秋に南方に去る。巣をつくらず、うぐいすなどの巣に卵を生み、ひなを育てさせる。夏を知らせる鳥として親しまれ、多くの詩歌に詠まれた。「死出の田長(たをさ)」という異称から、冥途から来る鳥ともされた。卯月鳥(うづきどり)。夏。方丈 三「夏は**―**〔の声〕を聞く」⇩巻頭カラーページ8

ほととぎす… 俳句

夏
ほととぎす　大竹藪(おほたけやぶ)を　もる月夜(つきよ)
〈嵯峨日記・芭蕉〉

訳 (静寂を破って)ほととぎすが鳴いて過ぎた。(そのあたりをふり仰ぐと)うっそうと茂る大竹やぶのすき間から、漏れこぼれたように月の光がさしこんでいる。(ほととぎす夏)

解説 竹林で名高い嵯峨(さが)に続く小倉山のふもとにあった、去来(きょらい)の別荘の落柿舎(らくしや)に滞在中の句。

ほととぎす… 和歌《百人一首》

ほととぎす　鳴(な)きつるかたを　ながむれば
ただありあけの　月(つき)ぞ残(のこ)れる
〈千載・三・夏・一六一・藤原実定(さねさだ)〉

訳 今、ほととぎすが鳴いた(と思って、そちらの)ほうに目をやると、ただ有り明けの月だけが(明け方の空に)残っている。

文法 「残れる」の「る」は、完了(存続)の助動詞「り」の連体形で、係助詞「ぞ」の結び。「…ている」の意。

ほととぎす… 和歌

ほととぎす　鳴(な)くや五月(さつき)の　あやめ草(ぐさ)　（序詞）
あやめも知(し)らぬ　恋(こひ)もするかな
〈古今・一一・恋一・四六九・よみ人しらず〉

訳 ほととぎすが鳴く陰暦五月の菖蒲(あやめ)、その「文目(あやめ)」(=物の道理)」ということばのように、物の道理の区別もつかなくなる夢中の恋をすることよ。

修辞 第三句までは、同音の「あやめ」を導きだす序詞。

解説 ほととぎすの声は、「ほととぎす人まつ山に鳴くなれば我うちつけに恋まさりけり」〈古今・夏〉の例のように、恋心をつのらせるものであった。

ほととぎす… 俳句

夏
ほととぎす　平安城(へいあんじやう)を　筋違(すぢかひ)に
〈蕪村句集・蕪村〉

訳 (鋭い一声を放ちながら)ほととぎすが、碁盤の目のような平安京の家並みをはすかいによぎって飛び去ったよ。(ほととぎす夏)

ほど-な・し【程無し】(形ク){から・く(かり)・し・き(かる)・けれ・かれ} ❶(空間的に)広さがない。狭い。小さい。低い。源氏 夕顔「**―・き**㊍庭に、されたる呉竹(くれたけ)、前栽(せんざい)の露はなほかかる所も同じごときらめきたり」 訳 狭い庭に、風流な呉竹(が見え)、植えこみの(草木に置く)露は、やはりこんな(場末の)場所でも(大邸宅と)同じようにきらきらと光っている。〔拾遺〕恋一「海も浅し山も**―・し**㊎我が恋を何によそへて君に言はまし」 訳 海も浅い。山も低い。私の恋心を何になぞらえてあなたに言ったらよいのだろうか。

❷(時間的に)間もない。年若い。徒然 三二「その人、**―・く**㊊失(う)せにけりと聞き侍りし」 訳 その人は、間もなく亡くなってしまったと聞きましたなあ。文法 「侍りし」の「し」は連体形止め。

❸身分が低い。〔古今和歌六帖〕「**―・き**㊍身」

ほど-に(接助)〔名詞「ほど」に格助詞「に」の付いたもの〕❶原因・理由を表す。…によって。…から。〔狂・附子〕「頼うだ人のおるすに凶事があってはそれがし一人の迷惑ぢゃ**ほどに**」 訳 ご主人のお留守に事故が起こっては、私一人が途方にくれることだから。

❷…するうちに。…したところが。…すると。平家 九・木曽最期「都へとって帰す**ほどに**、大津の打出浜(うちでのはま)にて木曽殿にゆきあひ奉る」 訳 都へ引き返すときに、大津の打出の浜で木曽殿にばったりお会い申しあげる。

接続 活用語の連体形に付く。

参考 中世以降の用法。

ほと・ぶ【潤ぶ】(自バ上二)〔び・び・ぶ・ぶる・ぶれ・びよ〕水分をふくんでふやける。伊勢九「皆人、乾飯(かれいひ)の上に涙おとして―・び(用)にけり」訳 そこにいた人はみな、乾飯(=干した飯)の上に涙を落として(そのため乾飯は)ふやけてしまった。

ほと-ほと(-と)(副)戸をたたいたり、斧(おの)で木を切ったりする音などにいう。とんとん。こつこつ。平家六・小督「門(かど)を―とたたけば、やがて弾きやみ給ひぬ」訳 (源仲国(なかくに)が)門の戸をとんとんとたたくと、(小督(こごう)は)すぐに(琴を)弾くのをおやめになった。

ほと-ほと【殆・幾】(副)「ほとど」とも。❶もう少しで。すんでのことに。万葉一五・三七七二「帰りける人来(きた)れりと言ひしかば―死にき君かと思ひて」訳 (罪を許され)帰った人が来ていると人が言ったので、(私はうれしさと驚きで)もう少しで死ぬところだった。あなたかと思って。

❷おおかた。ほとんど。〔増鏡〕おどろのした「今の世の秀能(ひでよし)は、―古きにも立ちまさりてや侍らん」訳 今の世の秀能は、ほとんど昔の歌人にもまさっているでしょうか。

ほど-ほど【程程】(名)それぞれの身分・分際(ぶんざい)。身分相応。大鏡 時平「男君達はみな、―につけて位どもおはせしを」訳 (道真(みちざね)の)男君たちはみな、それぞれの年齢・身分に応じてさまざまな位がおありになったが。

ほとほと・し【殆し・幾し】(形シク)〔しから・しく(しかり)・し・しき(しかる)・しけれ・しかれ〕❶さし迫っているさま。ほとんど…しそうだ。土佐「漕(こ)げども漕げども、後(しり)へしぞきにしぞきて、―・しく(用)うちはめつべし」訳 漕いでも漕いでも、(船は)うしろのほうへ下がりに下がって、(風が船を)ほとんどもう沈めてしまいそうだ。

❷今にも死にそうである。危険がさし迫っている。宇治七・五「―・しき(体)さまに見ゆれば、誠にさわぎまどひて」訳 (その女は)今にも死にそうなようすに見えるので、(供の者は)ほんとうに騒ぎあわてて。

ほとほ・る【熱る】(ホトオル)(自ラ四)〔ら・り・る・る・れ・れ〕❶熱を出す。ほてる。〔発心集〕「身も―・り(用)て堪へ忍ぶべくもあらねば」訳 からだも熱を出してがまんできそうにもないので。

❷怒る。腹を立てる。枕一六二「さるべきこともなきを、―・り(用)出(い)で給ふ、やうこそはあらめ」訳 そうするはずのこともないのに、怒りだしなさるのは、訳があるのだろう。

ほと-め・く(自カ四)〔か・き・く・く・け・け〕〔「ほと」は擬声語、「めく」は接尾語〕ことことと音を立てる。枕四三「思ひかけず、くらき所などに、―・き(用)ありきたるこそをかしけれ」訳 (米つき虫は)思いもかけず、暗い所などで、ことことと音を立てて歩き回っているのがおもしろい。

ほど-らひ(ライ)【程らひ】(名)ほどあい。程度。具合。著聞五三八「引き出物の―など定めて」訳 (勝者への)贈り物の程度などを決めて。

ほとり【辺】(名)❶近く。そば。伊勢九「その河の―に群れ居(ゐ)て、思ひやれば、限りなく遠くも来にけるかなとわびあへるに」訳 その川(=隅田川)のほとりに(一行の者が)集まって座って、(都に)思いをはせると、果てしもなく遠くまでも来てしまったことだなあと互いに嘆いていると。⇩群れ居(ゐ)る「名文解説」

❷近くの人。近親者。源氏 真木柱「人ひとりを思ひかしづき給はむゆゑは、―までも匂ふ例(ため)しこそあれ」訳 一人の人(=紫の上)を大切にお世話なさるならそのことによっては、近親者までも恩恵をこうむる例がある。

❸端のほう。果て。辺境。今昔三・二一「かしこよりも広く、―無き国にて」訳 (この国は)あちら(の国)よりも広く、果てのない国で。

ほとり-ば・む【辺りばむ】(自マ四)〔ま・み・む・む・め・め〕〔「ばむ」は接尾語〕❶いかにも端近(はしぢか)に見える。奥まっていない。源氏 東屋「廊(らう)など―・み(用)たらむに住ませ奉らむも飽かず」訳 渡り廊下などいかにも端近に見えているような所に、(浮舟(うきふね)を)お住まわせ申しあげるようなのも(母中将の君は)不満で。

❷ずれている。あさはかである。源氏 東屋「さやうの―・み(用)たらむ振る舞ひすべきにもあらず」訳 そのようなあさはかであるような行動はするべきでもない。

ほどろ(名)わらびの穂が伸びすぎてほおけたもの。方丈三「東の際(きは)にわらびの―を敷きて、夜の床(ゆか)とす」訳 (住まいの)東の端にわらびの穂が伸びてほおけたものを敷いて、夜の寝床とする。

ほど-ろ(名)(「夜(よ)のほどろ」の形で)❶《上代語》明け方。夜明けのころ。万葉四・七五四「夜の―あが出(い)でて来れば吾妹子(わぎもこ)が思へりしくし面影に見ゆ」訳 夜の明け方に私が(あなたの家から)出て来ると、いとしいあなたが思いに沈んでいたさまが、面影にはっきりと見える。

❷(①を「程(ほど)」の意に誤解したもの)ころ。ほど。〔和泉式部日記〕「夜の―にまどはかさるる、騒がしの殿のおとたちや」訳 (幻聴を聞いて)夜のころに(私=下男を)うろたえさせなさる、人騒がせなお屋敷の女房方だよ。

ほどろ【斑】(形動ナリ)〔なら・なり(に)・なり・なる・なれ・なれ〕まだらであるさま。また、雪などがはらはらと降るさま。万葉一〇・二三二三「わが背子(せこ)を今か今かと出(い)で見れば沫雪(あわゆき)降れり庭も―・に(用)」訳 あなた(のおいで)を今か今かと(待って)外に出てみると、あわ雪が降っている。庭もまだらに。

ほどろ-ほどろ【斑斑】(形動ナリ)〔なら・なり(に)・なり・なる・なれ・なれ〕「ほどろ(斑)」を重ねてその意味を強めた語。万葉八・一六三九「沫雪の―・に(用)降り敷けば奈良の都し思ほゆるかも」訳 →あわゆきの…和歌

ほ-なか【火中】(名)火の中。火の燃える中。〔記〕中「さねさし相模(さがむ)の小野(をの)に燃ゆる火の―に立ちて問ひし君はも」訳 →さねさし…歌謡

ぼに【盆】(名)〔「ぼん」の転〕盂蘭盆会(うらぼんえ)。蜻蛉 上「十五六日になりぬれば、―などするほどになりにけり」訳 (陰暦七月)十五、六日になったので、盂蘭盆会などをするころになってしまった。

ほ-に-いだ・す【穂に出だす】表面に出す。はっきりと表す。古今 仮名序「まめなる所には、花すすき―・す(終)べきことにもあらずなりにたり」訳 (和歌は)改まった公的な場所には、表立って出すことのできるものでもなくなってしまった。

ほ-に-い・づ(イズ)【穂に出づ】❶穂となって出る。枕三二七「―・で(用)たる田を人いと多く見さわぐは、稲刈るなりけり」訳 穂の実った田を、人がたいそう大勢見て騒いでいるのは、稲を刈り取っているのであった。

❷(多く、①の意にかけて)表面に出る。人目につくようになる。古今 秋上「秋の野の草のたもとか花すすき―・で(用)てまねく袖と見ゆらむ」訳 秋の野の草でできた着物のたもとなのか、花すすきは。(だから)穂が出て(恋しさを)あらわにして(恋人を)招く袖と見えるのだろう。

ほね【骨】(名)❶人間や動物の骨。特に、遺骨。〔栄

花」つるのはやし「殿ばら・さべき僧など集まりて、御―拾はせ給ひて」訳 殿方やしかるべき僧などが集まって、(道長の)お骨をお拾いになられて。
❷家屋・道具などを支えるしんになるもの。枕 一〇三「隆家こそいみじき―は得て侍れ」訳(私)隆家はすばらしい(扇の)骨を手に入れてございます。

ほの-【仄】(接頭)(動詞・形容詞などに付いて)ほのか、うっすら、かすか、明らかでない、などの意を添える。「―聞く」「―暗し」「―見ゆ」

ほの-か【仄か】(形動ナリ){なら・なり(に)・なり・なる・なれ・なれ} ❶音・形などがかすかに聞こえたり、見えたりするさま。〔梁塵秘抄〕「仏は常に在せども現ならぬぞあはれなる人の音せぬ暁に―・に(用)夢に見え給ふ」訳→ほとけはつねにいませども…歌謡
❷色・光などがはっきりしないさま。ほんのり。ぼんやり。枕 一「ただ一つ二つなど、―・に(用)うちひかりて行くもをかし」訳(蛍が)たった一つか二つ、ぼんやりと光って飛んで行くのも趣がある。
❸わずかである。ほんの少しだ。源氏 若菜上「入り綾を―・に(用)舞ひて」訳(柏木が)入り綾(=舞楽が終わって退くときに舞う入り舞)をほんの少し舞って。《⇩僅か「類語パネル」》

ほの-き・く【仄聞く】(他カ四){か・き・く・く・け・け}かすかに聞く。源氏 若菜上「かねても―・き(用)給ひけれど」訳 以前から(女三の宮を光源氏に預けようとする話を紫の上は)かすかに聞きなさっていたが。

ほの-きこ・ゆ【仄聞こゆ】(自ヤ下二){え・え・ゆ・ゆる・ゆれ・えよ}かすかに聞こえる。徒然 一〇四「うちささめくも、忍びたれど、ほどなければ、―・ゆ(終)」訳 低い声でささやくのも、(声を)抑えているが、(家が)狭いので、ほのかに聞こえる。

ほの-ぐら・し【仄暗し】(形ク){から・く(かり)・し・き(かる)・けれ・かれ}うす暗い。源氏 末摘花「まだ―・けれ(已)ど、雪の光にいとど清らに若う見え給ふを」訳 まだうす暗いが、雪の光に(光源氏は)ますます美しく若く見えなさるので。

ほの-ぼの【仄仄】(副)❶ほのかに。ほんのりと。伊勢 四「夜の―と明くるに、泣く泣く帰りにけり」訳(男は)夜がほんのりと明けるころに、泣きながら帰ってしまった。
❷少し。うすうす。それとなく。細道 金沢「一笑といふものは、この道にすける名の―聞こえて」訳 一笑という人は、この(俳諧の)道に熱心であるという評判がそれとなく知れわたって。

ほのぼのと… 和歌

> ほのぼのと　明石〔明かし〕の浦の　朝霧に
> 島がくれゆく　舟をしぞ思ふ
> 〈古今・九・羇旅・四〇九・よみ人しらず〉

訳 ほんのりと明けていく明石の浦の朝霧の中に、島陰に見えなくなっていく舟を(しみじみと)思うことだ。修辞「明石」は「明かし」との掛詞。文法「舟をしぞ」の「し」は、強意の副助詞。
解説 左注に柿本人麻呂の作とあるが、確証はない。初句を「明石」にかかる枕詞と解する説があるが、夜明けの実景を詠んだと解するほうが趣深い。

ほのぼのと… 和歌

> ほのぼのと　春こそ空に　来にけらし
> 天の香具山　霞たなびく
> 〈新古今・一・春上・二・後鳥羽院〉

訳 ほんのりと春はまず空にやって来たらしい。天の香具山にはほんのりと霞がたなびいている。修辞 本歌取り。
文法「らし」は「こそ」の結びで已然形。
解説 本歌は「久方の天の香具山この夕へ霞たなびく春立つらしも」〈万葉・一〇・一八一二〉。立春の歌。春の訪れをまず霞に感じている。「天の香具山」は大和三山の一つで「万葉集」以来、多くの歌に詠まれてきた。初句は第二・三句と下句の両方にかかると解した。

ほの-み・ゆ【仄見ゆ】(自ヤ下二){え・え・ゆ・ゆる・ゆれ・えよ}ほのかに見える。かすかに見える。源氏 横笛「書きかへ給へりける紙の御几帳のそばより―・ゆる(体)をとりて見給へば」訳(女三の宮が)お書き直しになっていた紙で、御几帳の端からかすかに見えるのを、(光源氏が)手に取ってご覧になると。

ほの-み・る【仄見る】(他マ上一){み・み・みる・みる・みれ・みよ}ほのかに見る。ちらっと見る。源氏 桐壺「いはけなくおはしまし時より見奉り、今も―・み(用)奉りて」訳(典侍は先帝の四の宮が)幼少でいらっしゃった時から拝見し、(成人後の)今も(時には)ちらっとお見受け申しあげて。

ほの-めか・す【仄めかす】(他サ四){さ・し・す・す・せ・せ}〔「めかす」は接尾語〕それとなく言う。それとなく示す。源氏 宿木「かの母君に、おぼし召したるさまは―・し(用)侍りしかば」訳 あの(浮舟の)母君に、(あなた=薫の)お考えになっている事柄はそれとなく示しましたところ。

ほの-め・く【仄めく】(自カ四){か・き・く・く・け・け}〔「めく」は接尾語〕❶ほのかに見える。かすかに聞こえる。かすかにかおる。そぶりがちらつく。源氏 蛍「うちより―・く(体)追ひ風も」訳 部屋の中よりかすかにかおる香をただよわせる風も。
❷ちょっと…する。源氏 橋姫「をりをり―・く(体)箏の琴の音こそ、心得たるにやと聞く折侍れど」訳 ときおり(弾くともなく)ほのかに弾く(姫君たちの)箏の琴の音は、(奏法を)会得しているのであろうかと聞く折もございますが。文法 係助詞「こそ」の結びは、「心得たるにや」と断定の助動詞「なり」の連用形「に」が付いてさらに下に続くため消滅(=結びの流れ)している。係助詞「や」のあとに結びの語「あらむ」が省略されている。
❸顔出しをする。ちょっと立ち寄る。源氏 幻「せめてさうざうしき時は、かやうにただ大方に、うち―・き(用)給ふをりをりもあり」訳(光源氏は)はなはだしく寂しいときには、このようにただあっさりと、(明石の君の所に)ちょっと顔出ししなさる折々もある。
❹ほのめかして言う。遠回しに言う。源氏 夕霧「いろいろ聞きにくきことども―・く(終)めり」訳 いろいろ聞きづらいこと(=夕霧と落葉の宮とのうわさ)をあれこれほのめかして言うようだ。

ほふ【法】(名)《仏教語》❶有形・無形の宇宙のすべての事物。また、それらすべてに通じる真理。
❷仏の教え。仏法。徒然 九七「小人に財あり、君子に仁義あり、僧に―あり」訳 品性のいやしい者には財産があ

り、君子には仁と義があり、僧侶には仏法がある。

❸祈禱。修法。〔方丈〕二「なべてならぬ―ども行はるれど、更にそのしるしなし」〔訳〕格別尊い修法が数々行われるが、少しもそのききめがない。

〔参考〕「法」には漢音「はふ」と呉音「ほふ」の仮名遣いがある。仏教語は、多く呉音を用いる。→法

ほふ-いん【法印】(名)《仏教語》❶「法印大和尚位」の略。僧侶の最上位。僧官の僧正に相当する。学徳兼備の者を任じる。のちには、医師や絵師・仏師などにも授けられた。→僧綱

❷「山伏」の俗称。

ほふ-え【法衣】(名)僧の衣服。ころも。法服。〔平家〕五・勧進帳「たまたま俗塵を打ち払って―を飾るといへども」〔訳〕(私はたまたま俗世のちりを除き去って(=出家して)、僧の衣服を身にまとっているといっても。

ほふ-かい【法界】(名)❶《仏教語》「ほっかい」とも。万物がさまざまの姿で存在している世界。全宇宙。全世界。この世。〔曽我物語〕「自もなく他もなく、―平等なり」〔訳〕自分と他人との区別なく、(仏の慈悲は)全世界(の衆生)に平等である。

❷「法界悋気」の略。自分に関係のない他人のことに嫉妬すること。〔浄・鑓の権三重帷子〕「悋気者とも―とも言ひたか言へ」〔訳〕嫉妬深いやつとも他人へのやきもちとも言いたければ言うがよい。

❸(法界無差別の意から)なんの縁故もないこと。〔浄・心中重井筒〕「―の男ぢゃと思へば済むと恨みながら」〔訳〕(夫と思えば腹も立つが)なんの縁故もない男だと思えば気も晴れると恨み言を言いながら。

ほふけ-づ・く【法気付く】(自カ四)〔か・き・く・く・け・け〕人間離れして、仏臭くなる。〔源氏〕帚木「吉祥天女を思ひかけむとすれば、―・き(用)くすしからむこそ、また、侘びしかりぬべけれ」〔訳〕吉祥天女を恋い慕おうとすると、仏臭くなりとっつきにくくなるだろうが、それはまたきっと興ざめなことにちがいない。

ほふ-げん【法眼】(名)《仏教語》「法眼和尚位」の略。法印に次ぐ僧位。僧官の僧都に相当する。のちには、医師や絵師・仏師などにも授けられた。→僧綱

ほふ-ざう【法蔵】(名)《仏教語》仏の説く教え。教法。経典。

ほふ-し【法師】(名)❶《仏教語》仏教によく通じて、その教えの導師となる者。僧。出家。〔源氏〕若紫「世を捨てたる―の心地にも」〔訳〕(私のような)俗世間を捨てた僧侶の気持ちにも。

❷男の子。坊や。

ほふ-じ【法事】(名)《仏教語》❶追善供養のために行う仏事。〔源氏〕葵「御―など過ぎぬれど」〔訳〕(故葵の上の七日ごとのご)法事などは終わったが。

❷特に、人の死後四十九日目に行う仏事。

ほふ-しき【法式】(名)おきて。規則。〔細道〕出羽三山「この山中の微細、行者の―として他言することを禁ず」〔訳〕この(湯殿)山中の細かいことは、修行者のおきてとして、他人に話すことを禁じている。

ほふし-まさり【法師勝り】(名)法師になってから、人柄などが前よりりっぱに見えること。〔源氏〕若紫「後の世の勤めもいとよくして、なかなか―したる人になむ侍りける」〔訳〕(明石の入道は)来世の平安を祈る仏道修行もたいそうよく勤めて、かえって法師になってから人柄が前よりりっぱになった人でございました。

ほふ-しんわう【法親王】(名)「ほっしんわう」とも。出家したのち親王となった皇子。

ほふ-とう【法灯】(名)《仏教語》「ほっとう」とも。❶仏法が世の闇を照らすことを灯火にたとえていう語。人々の心の迷いや苦しみを救う仏法。〔平家〕二・山門滅亡「三百余歳の―を挑ぐる人もなく」〔訳〕(延暦寺の)三百年あまり続いた仏法の火を明るくかき立てて護持する人もなく。

❷宗派の中で特にすぐれた僧。僧の中の重鎮。〔徒然〕六〇「人にすぐれて、宗の―なれば、寺中にも重く思はれたりけれども」〔訳〕(盛親僧都は)人に秀でていて、一宗の重鎮なので、寺の中でもたいせつに思われていたけれども。

法然(ほふねん)《人名》(一一三三〜一二一二)平安末期・鎌倉初期の僧。浄土宗の開祖。法名は源空。黒谷上人とも呼ばれた。美作(岡山県)の人。比叡で天台宗を学び、のち専修念仏の道を悟り、浄土宗を開いた。著書に「選択本願念仏集」など。

ほふ-ぶく【法服】(名)《仏教語》「ほふふく」とも。僧の正服。法衣。僧衣。

ほふ-みゃう【法名】(名)《仏教語》❶僧になった者に授ける名。

❷死者におくる名。戒名。

ほふ-もん【法文】(名)《仏教語》仏の教えを記した文章。経・論(=教義の解釈など)・釈(=経典などの注釈)など。経典の文。

ほふ-らく【法楽】(名・自サ変)《仏教語》読経や奏楽などをして神仏を楽しませること。和歌や舞踊などを神仏に奉納すること。〔今昔〕一九・三「常にこの神に―・し(用)奉りて過ぐしける程に」〔訳〕(僧は)いつもこの神に読経し申しあげて日々を送っていたところ。

ほふ-りき【法力】(名)《仏教語》仏法の威力。〔太平記〕三「―を借らずんば退治すること得がたし」〔訳〕仏法の威力を借りなければ、(悪霊を)退治することはできない。

法隆寺(ほふりゆうじ)(名)今の奈良県生駒郡斑鳩町にある聖徳宗の大本山。聖徳太子の創立。南都七大寺の一つ。現存する世界最古の木造建築物。釈迦三尊像・百済観音・玉虫厨子など多くの文化財を蔵する。

ほふ-わう【法皇】(名)仏門に入った上皇の称。

ほふ-ゑ【法会】(名)《仏教語》仏の教えを説いたり、死者の追善供養をしたりするための集会。〔宇治〕八・五「東大寺に恒例の大―あり」

ほほ-がしは【朴・厚朴】(名)落葉高木の名。材は細工物に、樹皮は薬に用いる。ほおのき。朴。〔万葉〕一九・四二〇四「わが背子(=あなた)が捧げて持てる―」

ほほま・る【含まる】(自ラ四)〔ら・り・る・る・れ・れ〕つぼみのままである。〔万葉〕二〇・四三八七「千葉の野の児手柏(=常緑樹の名)の―・れ(已)ど」〔訳〕千葉の野の児手柏の名のように、(あの子はまだ)つぼみのままでいるけれども。

ほほ-ゆが・む【頬ゆがむ】■(自マ四)〔ま・み・む・む・め・め〕❶顔の形が変わる。頰がゆがむ。〔枕〕一〇九「寝腫れて、よう

せずは、ー・み(用)もしぬべし」 訳 (夏、昼寝から起きたときは)寝起きのはれぼったい顔になって、悪くすると、きっと頬がゆがみもするに違いない。
❷話が事実と違う。誤りが混じる。源氏 朝顔「つきづきしくまねびなすにはー・む(体)こともあめればこそ」 訳 (手紙の内容を後日)つじつまを合わせてことさら語る場合には、事実とは違うこともあるようだから。
㊁(他マ下二)〔め・め・む・むる・むれ・めよ〕事実を違えて話す。源氏 帚木「朝顔奉り給ひし歌などを、少しー・め(用)て語るも聞こゆ」 訳 (朝顔の姫君に)朝顔を差し上げなさった歌などを、(侍女たちが文句を)少し違えて話すのも(光源氏には)聞こえる。

ほほろ・ぐ(他ガ下二)〔げ・げ・ぐ・ぐる・ぐれ・げよ〕「ほろろぐ」とも。ばらばらに砕く。ほぐす。源氏 鈴虫「蜜を隠しー・げ(用)てたき匂はしたる」 訳 (仏前にたく香で)蜂蜜をひかえめにし、ぼろぼろの粉末にしてたいて匂わせたものが。

ほ・む【誉む・褒む】(他マ下二)〔め・め・む・むる・むれ・めよ〕❶たたえる。ほめる。土佐「これは、ものによりてー・むる(体)にしもあらず」 訳 これは、必ずしも物によって(=餞別をもらったからといって)ほめるわけでもない。
❷祝う。祝福する。万葉 二〇・四三四二「真木柱ー・め(用)て造れる殿のごと」 訳 りっぱな柱を祝福して建てた宮殿のように(堅固に)。

ほ・むら【炎・焔】(名)〔「火群」の意〕ほのお。火炎。また、うらみ・怒り・嫉妬など、心の中に燃えあがる感情のたとえ。平家 一・内裏炎上「大きなる車輪のごとくなるーが、三町五町を隔てて…とびこえとびこえ焼けゆけば」 訳 大きな車輪のようであるほのおが、三町も五町も隔てて…飛び越え飛び越え焼けてゆくので。蜻蛉 中「思ひせく胸のーはつれなくて涙をわかすものにざりける」 訳 思いをこらえている胸中の(くやしい思いの)ほのおは、うわべはそれと見えないのに(激しく燃えて)、(夫兼家の訪れないいらだちゆえの)涙を沸きたぎらせるものであったのだなあ。(「思ひ」の「ひ」は「火」との掛詞)

ほめ・な・す【誉めなす】(他サ四)〔さ・し・す・す・せ・せ〕ことさらにほめ立てる。徒然 一四三「言ひし言葉も、振るまひも、己が好む方にー・す(体)こそ」 訳 (故人が臨終に)言ったことばも、挙動も、(それを後日語る人が)自分の好きなようにことさらにほめ立てるのは。

ほめ・ののし・る【誉め喧る】(他ラ四)〔ら・り・る・る・れ・れ〕ほめ騒ぐ。さかんにほめ立てる。著聞 二九「この句ことなる秀句にて、世の人ー・り(用)けり」 訳 この句はとりわけすぐれた句で、世の中の人がさかんにほめ立てた。

ほ・もと【火元】(名)火の出た所。ひもと。方丈 二「ーは、樋口富の小路とかや」 訳 出火場所は、樋口小路と富の小路の交差した辺りとかいうことで。

ほや【海鞘・老海鼠】(名)海産の動物名。食用にする。夏。土佐「ーのつまの貽鮨」 訳 ほやと取り合わせにする貽貝の鮨。

ほや【寄生】(名)「ほよ」とも。植物の名。やどりぎの異名。

ほ・ゆ【吠ゆ】(自ヤ下二)〔え・え・ゆ・ゆる・ゆれ・えよ〕❶(獣などが)声を立てて鳴く。ほえる。枕 二五「すさまじきもの　昼ー・ゆる(体)犬」 訳 興ざめなもの、昼ほえる犬。
❷声をあげて泣くようすをののしっていう語。泣きわめく。〔狂・二千石〕「討って棄てうといふのにー・ゆる(体)は」 訳 討ちすてようというのに泣きわめくのは。
❸やかましく言う。どなる。

洞ケ峠(ほらがとうげ)『地名』今の京都府八幡市と大阪府枚方市との境にある峠。

ほら・がひ【法螺貝】(名)❶紡錘形の大形の巻き貝。法螺。
❷①の殻の先に穴をあけ、吹き鳴らすようにしたもの。戦陣での合図に用いられ、「陣貝」とも呼ばれた。また、修験者が山での獣よけや合図のために用いた。法螺。

(ほらがひ②)

ほり・う・う【掘り植う】(他ワ下二)〔ゑ・ゑ・う・うる・うれ・ゑよ〕草木を山野から掘り取ってきて、庭などに植える。古今 春下「花の木も今はー・ゑ(未)じ春立てばうつろふ色に人ならひけり」 訳 花の咲く木でも、もう掘り取ってきて植えまい。春になると(咲いた花も)色が変わって散ってしまうのを、人が見習って(心変わりし)たことよ。

ほり・え【堀江】(名)舟などを通すために、地面を掘って作った人工の水路。万葉 二〇・四四六一「ーより水脈さかのぼる楫の音の間なくそ奈良は恋しかりける」 訳 堀江を通って水路をさかのぼる舟の楫の音のように、たえまなく奈良の都は恋しいことだ。(第三句までは「間なく」を導きだす序詞)

ほり・くび【堀首・堀頸】(名)人を生きたまま地中に埋めてその首を鋸で斬る刑。平家 一一・重衡被斬「鋸にてや切るべき、ーにやすべき」 訳 (逆臣であるから)鋸で斬るのがよいか、(それとも)堀首にするのがよいか。

ほり・す【欲りす】(他サ変)〔せ・し・す・する・すれ・せよ〕〔「ほっす」の古形〕ほしがる。望む。万葉 三・三四〇「古の七の賢しき人たちもー・せ(未)しものは酒にしあるらし」 訳 昔の竹林の七賢人たちもほしがったものは、酒であるにちがいない。

ほ・る【惚る】(自ラ下二)〔れ・れ・る・るる・るれ・れよ〕❶本心を失う。ぼんやりする。また、ぼける。徒然 七五「走りて急がはしく、ー・れ(用)て忘れたること、人皆かくのごとし」 訳 走りまわってせわしなく(生き)、本心を失って(自己を)忘れていること、人はすべてこのよう(な状態)である。
❷心を失うまでに思いをかける。ほれる。

ほ・る【欲る】(他ラ四)〔ら・り・る・る・れ・れ〕願い望む。ほしがる。万葉 一八・四一二四「わがー・り(用)し雨は降り来ぬかくしあらば言挙げせずとも年は栄えむ」 訳 私が願い望んだ雨は降って来た。このようであるなら、ことばに出して言いたてなくても、稲は豊かに実るだろう。文法「かくしあらば」の「し」は、強意の副助詞。

ほれ・ぼれ【惚れ惚れ】(副)「ほれほれ」とも。放心したさま。ぼんやり。また、うっとりするさま。〔夜の寝覚〕「心地もーとして、行ひもせられずなむ」 訳 気持ちもぼんやりとして、仏道のお勤めもできずに(おります)。

ほれぼれ・し【惚れ惚れし】(形シク)〔しから・しく(しかり)・し・しき(しかる)・しけれ・しかれ〕「ほけほけし」に同じ。源氏 蓬生「年ごろさまざまの物思ひにー・しく(用)て」 訳 (光源氏は)数年来、いろいろの心配ごとでぼんやりしていて。

ほろ【母衣・幌】(名)矢を防ぐために鎧の背に背負う袋状の布。敵に向かって進むときは兜の上から馬の頭部にかけておおった。後世は竹などで骨を入れ、ふくらみを保った。

ほろ【保呂】(名)「保呂羽」の略。鷹や鷲の両翼の下にある羽。矢羽として珍重した。平家 四・鵼「—の風切りはいだる矢負はせて」訳 保呂羽のうちの風切り羽をつけて作った矢を背負わせて。

(母　衣)

ぼろ【梵論・暮露】(名)有髪の乞食僧。物乞いをして諸国を歩いた。虚無僧。ぼろぼろ。

ほろ・ぶ【亡ぶ・滅ぶ】(自バ上二)〔び・び・ぶ・ぶる・ぶれ・びよ〕❶なくなる。絶える。消え去る。大和 一二六「純友が騒ぎにあひて、家も焼け—・び用」訳 (藤原)純友の乱にあって、家も焼けてなくなり。
❷滅亡する。平家 一・祇園精舎「猛き者も遂には—・び用ぬ」訳 勇猛な者も結局は滅亡してしまう。
❸落ちぶれる。すたれる。枕 一八五「『なにかは。いと異様に—・び用て侍るなれば』など言ふも、いとしたり顔なり」訳 「(国司に任じられたといっても)なあに。(あの国は)たいそう異様なほどすたれておりますそうだから」などと言うのも、たいそう得意顔である。

ほろぼ・す【亡ぼす・滅ぼす】(他サ四)〔さ・し・す・す・せ・せ〕❶なくす。絶やす。万葉 一五・三七二四「君が行く道のながてを繰り畳ね焼き—・さ未む天の火もがも」訳 →きみがゆく…和歌
❷滅亡させる。平家 一・鹿谷「平家—・さ未んずる謀をぞめぐらしける」訳 平家を滅亡させようとする計略をめぐらした。

ほろ-ほろ(副)❶木の葉などが散るさま。はらはら。枕 一九九「黄なる葉どもの—とこぼれ落つる、いとあはれなり」訳 黄色に色づいたたくさんの木の葉がはらはらと(枝から)こぼれ落ちるさまは、たいそうしみじみと趣深い。
❷人などが分かれ散るさま。ばらばら。源氏 夕霧「修法の壇こぼちて—と出づるに」訳 加持祈禱のための壇をこわして、(僧たちが)ばらばらと退出するので。
❸物が裂け破れるさま。ぼろぼろ。源氏 紅葉賀「とかくひこしろふほどに、ほころびは—と絶えぬ」訳 (光源氏と頭の中将が)何やかやと(直衣を)強く引っぱるうちに、(下に着た中の衣の)ほころびはぼろぼろと切れてしまった。
❹涙がこぼれ落ちるさま。はらはら。更級 子忍びの森「うち見合はせて涙を—と落として」訳 (親子が)顔を見合わせて涙をはらはらとこぼして。
❺雉・山鳥などの鳴き声にいう語。大鏡 兼通「—と飛びてこそ往にしか」訳 (雉が)ほろほろと(鳴きながら)飛んで行った。文法「往にしか」の「しか」は過去の助動詞「き」の已然形で、係助詞「こそ」の結び。

ぼろ-ぼろ【梵論梵論】(名)「ぼろ」に同じ。

ほろほろと… 俳句

ほろほろと　山吹ちるか　滝の音
春
〈笈の小文・芭蕉〉

訳 はらはらと岸の山吹の花が静かに散っていくよ。ごうごうととどろき落ちる滝の音の中を。(山吹春。切れ字は「か」)。文法「ちるか」の「か」は、詠嘆を表す終助詞。解説「西河」と前書きがある。「西河」は吉野川上流の激流。紀貫之の「吉野川岸の山吹ふく風に底の影さへうつろひにけり」〈古今・春下〉をふまえる。吉野川と山吹は古来和歌・俳諧に詠まれてきた。

ほろろ(副)雉・山鳥などの鳴き声にいう語。ほろほろ。古今 雑体「春の野のしげき草葉のつまごひに飛び立つ雉の—とぞ鳴く」訳 春の野の生い茂った草葉のように、繁くつのる妻恋しさに飛び立つ雉がほろほろと鳴く(私も妻恋しさに、涙をぽろぽろ流して泣いている)。

ほろろ・ぐ(他ガ下二)〔げ・げ・ぐ・ぐる・ぐれ・げよ〕「ほほろぐ」に同じ。

ほん【本】(名)❶原本。書物。枕 七五「物語・集など書き写すに、—に墨つけぬ」訳 物語や歌集などを書き写すときに、原本に墨をつけないこと(はめったにない)。
❷模範。手本。亀鑑。源氏 若紫「やがて—にと思すにや、手習ひ、絵などさまざまにかきつつ見せ奉り給

古語ライブラリー㊷

確述の表現

かぐや姫から求められた燕の子安貝をとるため、自ら籠に乗ってつりあげられた中納言は、燕の巣を手で探って叫ぶ。

◇われ、物握りたり。いまは下ろしてよ。翁、し得たり。〈竹取 燕の子安貝〉

ここの「下ろしてよ」は、「てよ」が助動詞「つ」の命令形で、「下ろせ」の強調の表現である。現代語で「どけ、どけ」を「どいた、どいた」というのと同じようなものだ。

かぐや姫を見た帝はすっかり心を奪われ、宮廷に連れ帰ろうとする。すると、「かぐや姫、きと影になりぬ」。あわてた帝が仰せられる。

◇さらば御ともには率て行かじ(=連れて行くまい)。もとの御かたちとなり給ひね。それを見てだに帰りなむ。〈竹取 御門の求婚〉

ここの「なり給ひね」は、「ね」が助動詞「ぬ」の命令形で、「なり給へ」の強調の表現である。また、「帰りなむ」は、「な」が助動詞「ぬ」の未然形で、「帰らむ」の強調の表現である。

(1)「つ」は他動詞に、「ぬ」は自動詞に付く場合が多い。

(2)「つ」は急激な完了を、「ぬ」は緩慢な完了を示す場合が多い。

(3)「つ」は動作や事柄の実現が完結したことを、「ぬ」は結果や状態の存続する動作や事柄が実現したことを示す場合が多い。

いわゆる完了の助動詞「つ」と「ぬ」には、右のような傾向がある。「なむ・てむ」「ぬべし・つべし」の形で強調の表現に用いられる場合も、この傾向は変わらない。確かに完結し実現したかのように述べるものであるから、強調の表現に用いられる「つ・ぬ」の用法を「確述」という。

◇黒き雲、にはかに出で来ぬ。風吹きぬべし。御船かへしてむ。〈土佐〉

ふ」訳（光源氏は）そのまま手本に（しよう）とお思いになるのであろうか、手習いや絵などあれこれと書いては（若紫に）お見せ申しあげなさる。

❸もと。根本。また、本当。〔浮・世間胸算用〕「『ーの正月をする』とて、この祖母ひとり寝をせられける」訳「本当の正月をする」と言って、この祖母は一人寝をなさったことだ。

ほん【品】（名）❶親王の位の名。一品から四品まであり、位のない人を無品という。源氏 若菜下「二ーになり給ひて、御封などまさる」訳（女三の宮は）二品におなりになって、所領の封戸などがふえるし。

❷身分。分際。平家 四・信連「侍ーの者の、申さじと思ひ切ってんこと」訳 武士の身分の者が、申すまいと決心したようなこと。

❸仏典の編や章のひとまとまり。

ぼん【盆】（名）「ぼに」とも。❶「うらぼんゑ」に同じ。秋。〔浄・好色一代男〕「月・雪の降ること（=月が空にかかることや雪の降ること）もーも正月も知らず」

❷盂蘭盆会の供物や布施。今昔 二四・四九「七月十五日にーを奉りし女」訳 陰暦七月十五日に盂蘭盆会の布施を差し上げた女が。

ほん-い【本意】（名）「ほい（本意）」に同じ。

ほん-えん【本縁】（名）「ほんねん」とも。物事の起こり。由来や縁起。徒然 二二五「仏神のーをうたふ」訳（白拍子は）仏や神の由来や縁起を歌う。

ほん-か【本歌】（名）❶狂歌・俳諧などに対して、和歌をさす。〔浮世風呂〕「あまりーで退屈いたす時は、なぐさみがてら俳諧歌をいたしますが」訳 あまり和歌ばかりで退屈いたすときには、気晴らしがてら滑稽な和歌を作りますが。

❷先人の歌をもとにして和歌・連歌などを作った場合のもとの歌。もとうた。

ほんか-どり【本歌取り】（名）意識的に先人の歌をもとにして別の新しい歌を作ること。

参考 本歌と重なり合うことにより、内容が豊かになり、詩情が深められる。特に、「新古今集」の時代に盛んに用いられた和歌の表現技巧である。

ほん-ぐゎん【本願】（名）❶本来の願望。万葉 五・七九四・右詩「むかしよりこの穢土を厭離せり、ー生をその浄刹によせむ」訳 以前からこのけがれた現世をきらっていた、（仏の）本来の願望のままに（自分の）生をあの浄土に寄せたい。

❷《仏教語》仏・菩薩が過去世において立てた衆生救済の誓願。阿弥陀仏の四十八願など。平家 一・祇王「弥陀のーを強く信じて、ひまなく名号を唱へ奉るべし」訳 阿弥陀如来の誓願を強く信じて、絶え間なく南無阿弥陀仏をお唱え申しあげよう。

❸寺院・塔・像などの建造の発願者。

ぼん-げ【凡下】（名）❶平凡なこと。平凡な人。

❷身分の低い人。庶民。〔太平記〕三「非職・ーをいはず恩賞を申し与ふべき由を披露す」訳（高貞を討ち取れば）官職にない者、身分の低い者を問わず恩賞を申請し（それを）与えるつもりだということを知らせる。

ほん-ご【反古・反故】（名）「ほぐ」に同じ。

ほん-ごく【本国】（名）その人の生まれ育った国。生国。ふるさと。平家 一一・那須与一「いま一度ーへ迎へんとおぼしめさば、この矢はづさせ給ふな」訳 もう一度（私=那須与一を）故郷の国へ迎えようとお思いになるなら、この矢をはずさせなさるな。

ほん-ざ【本座】（名）❶鎌倉・室町時代の田楽、猿楽などの座（=芸能団体）で、新しく興った新座に対し、もともとの座。

❷古参の者。

ほん-ざい【本才】（名）役に立つ実際的な才能。政治上の学問。また、芸能や儀式典礼などに関する才能。源氏 絵合「ーのかたがたのもの教へさせ給ひしに」訳（亡き桐壺院が私=光源氏に）実用的な芸能の知識のあれやこれやをお教えになられたときに。

ほん-ざう【本草】（名）薬用になる植物・動物・鉱物などの総称。また、それに関する書物。徒然 一三六「ーに御覧じ合はせられ侍れかし」訳（私がそらで答えたことを）本草学の書と照らし合わせなさってくださいませよ。

ほん-ざん【本山】（名）一宗・一派の中枢として末寺を取り締まる寺。格式により、総本山・大本山などの別がある。本寺。平家 一・御輿振「大衆神輿をば陣頭に振り捨て奉り、泣く泣くーへ帰りのぼる」訳（延暦寺の）衆徒は神輿を警護の武士の詰めている（待賢）門の門前に置き去りにし申しあげて、泣く泣く総本山（=比叡山）へ帰りのぼる。↔末寺

ほん-じ【本寺】（名）❶本山。↔末寺

❷寺の本堂。徒然 二三八「夜、ーの前を通る下法師に」訳 夜、本堂の前を通る身分の低い僧に。

ぼん-じ【梵字】（名）梵語（=古代インドのサンスクリット）を書き表す文字。母音十二、子音三十五、計四十七文字がある。経文・卒塔婆などの文字に用いる。

ほん-じゃう【本性】（名）「ほんじゃう」とも。本来の性質。生まれつき。徒然 一「めでたしと見る人の、こころ劣りせらるるーみえんこそ口惜しかるべけれ」訳 りっぱだと思う人が、期待はずれだと感じられる本来の性質を（人に）見られるようなのは、残念であろう。

ほん-じょ【本所】（名）❶荘園の領主や領家の上に立つ名義上の所有者。本家。〔神皇正統記〕「あらゆる荘園郷保に地頭を補せしかば、ーはなきがごとくになれりき」訳 すべての荘園や私田に地頭を任命したので、本来の所有者はいないのと同然になっていた。

❷蔵人所。滝口の詰め所。平家 一〇・横笛「十三の年ーへまゐりたりけるが（=参ったが）」

❸本来の居所。本邸。本国。〔曽我物語〕「ながく祐経をーへ入れたてずして」訳 長い間祐経を本国に入らせないで。

ぼん-ず【犯ず】（他サ変）〔ぜ・じ・ず・ずる・ずれ・ぜよ〕〔「ぼん」は呉音〕「ぼんす」とも。（戒律などを）犯す。平家 一〇・高野巻「師匠の室に入りしよりこのかた、いまだ禁戒をー・ぜず」訳 師の僧の室に入って（て弟子となっ）たとき以来、まだ守るべき戒律を犯していない。

ほん-ぜい【本誓】（名）《仏教語》仏・菩薩の一切衆生を救おうという本来の誓願。本願。〔保元物語〕「罪ある者をもなだめ給ふ、大慈大悲のーにあひかなへり」訳 罪を犯した者をもお許しになることは、一切衆生に楽を与えて苦を除くという広大無辺な仏の本来の誓願に合致している。

ほん-ぜつ【本説】(名) ❶根拠となるべき確かな説。典拠。徒然 二〇二「この月、万(よろづ)の神たち太神宮へ集まり給ふなどいふ説あれども、その—なし」訳 この月(=陰暦十月)は、すべての神々が(伊勢(いせ)の)皇大神宮へお集まりになるなどという説があるけれども、その根拠となるべき説はない。
❷特に、和歌や連歌を作るとき、よりどころとなる物語や故事・詩など。

ぼん-ぞく【凡俗】(名・形動ナリ) 俗なさま。平凡なこと。また、その人。俗人。凡夫。〔雨月〕夢応の鯉魚「生(しゃう)を殺し鮮(あざらけ)を食らふ—の人に」訳 生きものを殺し、鮮魚を食う俗世間の人に。

ほん-ぞん【本尊】(名)《仏教語》「ほぞん」とも。寺院に祭ってある、信仰の中心となる仏像。また、個人が特に信仰の対象とする仏。

ほん-たい【本体】(名) ❶本来の形。真の姿。正体。〔浜松中納言物語〕「この人の—をばこの宮もえ知り給はじ」訳 この方(=姫君)の真の姿をこの(式部卿(しきぶきょう)の)宮もお知りになることはできないだろう。
❷事物の真相。根本。
❸本来。もともと。大鏡 道隆「—は参らせ給ふまじきを」訳 本来は参上なさるのはふさわしくないのに。

ほん-ぢ【本地】(名) ❶《仏教語》仏・菩薩(ぼさつ)の本来の姿。〔沙石集〕「わが—は阿弥陀(あみだ)なり」
❷物の本源。本質。本体。堤 虫めづる姫君「人はまことあり、—尋ねたるこそ、心ばへをかしけれ」訳 人間は誠実さがあって、物の本質をつきとめようとしているのこそ、心のありようがすぐれているのだ。

ほんぢ-すいじゃく【本地垂迹】(名)《仏教語》「ほんぢすいしゃく」とも。日本の神々は、仏や菩薩(ぼさつ)が衆生(しゅじょう)済度のために形を変えて仮に現れたものであるとする考え。仏と神はもともと一つであるという神仏習合思想。天照大神(あまてらすおおみかみ)は大日如来(だいにちにょらい)の化身であるとするなど。

ほん-てう【本朝】(名) 日本の朝廷。また、日本。平家 一・祇園精舎「近く—をうかがふに」訳 近く日本(の例)を見てみると。↔異朝(いてう)。⇩大八州(おほやしま)「慣用表現」

凡兆(ぼんてう)〔人名〕→野沢凡兆(のざはぼんてう)

本朝二十不孝(ほんてうにじふふかう)〔作品名〕江戸前期の浮世草子。井原西鶴(さいかく)作。貞享(じょうきょう)三年(一六八六)刊。親不孝を題材とする二十の短編から成る。誇張された不孝者を通して浮き世の実相を描く。

本朝文粋(ほんてうもんずい)〔作品名〕平安中期の漢詩文集。藤原明衡(あきひら)編。康平年間(一〇五八—一〇六五)ごろの成立か。嵯峨(さが)天皇から後一条天皇まで十七代二百余年間の漢詩文四百二十七編を収める。おもな作者は、菅原道真(すがわらのみちざね)・大江朝綱(あさつな)・紀長谷雄(はせお)など。王朝漢詩文の精華として、後代文章の規範とされた。

本朝文選(ほんてうもんぜん)〔作品名〕→風俗文選(ふうぞくもんぜん)

ぼん-てん【梵天】(名)《梵語の音訳》「ぼんでん」とも。❶欲界(=欲心をもつ人間の住む世界)の上にある静かで清らかな天。平家 一・御輿振「をめき(=わめき)さけぶ声—までも聞こえ」
❷①にいて、欲界を支配する最高神。大梵天王。
❸修験道(しゅげんどう)で、祈禱(きとう)に使う御幣(ごへい)の称。

ぼん-なう【煩悩】(名)《仏教語》情欲・欲望・愚痴・怒りなど、人間の心身を悩ませ迷わせるもの。徒然 三八「才能は—の増長(ぞうちょう)せるなり」訳 才能は人間を迷わせる欲望が増大したものである。

ぼんなう-ぐそく【煩悩具足】(名)《仏教語》煩悩を身に備え持っていること。

ぼん-にん【犯人】(名)(「ぼん」は呉音) 罪を犯した人。犯罪人。徒然 二〇四「—を笞(しもと)にて打つ時は、拷器(がうき)に寄せて結(ゆ)ひつくるなり」訳 罪を犯した人をむちで打つときは、拷問用の器具にくっつけて縛りつけるのである。

ほん-の【本の】(連体) ❶本当の。真実の。〔狂・子盗人〕「かやうの事を致せば、だんだん面白うなって、後(のち)には—者になると申すが」訳 こういうこと(=泥棒)をしますと、だんだんおもしろくなって、後では本当の泥棒になると申しますが。
❷まさにそれだけの。ちょっとした。わずかな。〔浮世風呂〕「—軽子(かるこ)をするやうなものでございます」訳 (水売りの商売は)しがない荷車引きの人足をするようなものでございます。

ぼん-ばい【梵唄】(名)《仏教語》声明(しょうみょう)の一つ。法会(ほうえ)の際、仏徳をたたえて唱える歌。平家 五・富士川「潮去潮来(てうきょてうらい)の響き、空に—の声に和(くわ)す」訳 潮の満ち引きの響きは、空で(こだまし合って)仏徳をたたえて唱える歌の声に調和する。

ほん-ばう【本坊】(名) 寺で、住職の住む建物。細道 出羽三山「四日、—において俳諧興行」訳 四日、(羽黒山の)住職の住む建物で俳諧の会を開催する。

ぼん-ぶ【凡夫】(名) ❶《仏教語》おろかで悟りの境地に入ることができない人。〔栄花〕楚王のゆめ「仏だに—におはせし時」訳 仏でさえ凡夫でいらっしゃったとき。
❷ありきたりの人。凡人。

ほん-もん【本文】(名) 古書にあって典拠となる漢詩文の句。また、古歌の文句。〔栄花〕はつはな「心ばへある—など書きたる、なかなかいとめやすし」訳 (扇などに)風情のある古歌の文句などが書いてあるのは、かえってたいそう見た目に感じがよい。

ほんりゃう-あんど【本領安堵】(名) 武家時代、政変などが起こっても、なお代々受け継いだ所領を主君に認められること。また、一時的に失っていた旧領を再びもらい受けること。

ほん-ゐん【本院】(名) 上皇または法皇が同時に二人以上いるとき、第一の上皇または法皇の称。一院。〔増鏡〕新島守「父御門(みかど)をば—とぞ聞こえさする」訳 父君の上皇(=後鳥羽(ごとば)院)を本院と申し上げる。↔新院

「ま」は「末」の草体
「マ」は「末」「万」の最初の二画

ま-【真】(接頭)(名詞・形容詞などに付いて)真実・正確・純粋・称賛・強調などの意を添える。「—かなし」「—木」「—心」「—清水」

-ま(接尾)(動詞の未然形、打消の助動詞「ず」、接尾語

「ら」などに付いて)そういう状態である、の意を表す。多く、助詞「に」を伴って副詞句となる。万葉 一五・三七六九「ぬばたまの夜見し君を明くる朝逢はず―にして今そ悔しき」訳 夜逢ったあなたに、翌朝逢わないままで(別れて)、今になって後悔されることだ。(「ぬばたまの」は「夜」にかかる枕詞)。「かへら―に」「懲りず―に」

ま【間】(名)❶(時間的に)**あいだ**。**ひま**。古今 春下「たれこめて春の行方も知らぬ―に待ちし桜もうつろひにけり」訳 すだれを垂れて家の中にとじこもっていて春の進みようも知らない間に、(花盛りになるのを)待っていた桜も散ってしまったことだ。

❷(空間的に)あるものが**位置するところ**。また、物と物との**あいだ**。**すきま**。万葉 六・九二四「み吉野の象山の―の木末にはここだもさわく鳥の声かも」訳 →みよしのの…和歌

❸**柱と柱とのあいだ**。竹取 竜の頸の玉「絵をかきて、―ごとにはりたり」訳 (華麗な綾織物に)絵をかいて、どの柱と柱とのあいだにも張ってある。

❹家の内で、ふすま・屏風などで仕切られた所。**部屋**。源氏 総角「火はこなたの南の―にともして」訳 灯火はこちらの南の部屋にともして(あって)。

ま【魔】(名)《仏教語》仏道修行を妨げる悪神。悪魔。

ま【今】(副)[「いま」の頭母音の脱落した形]もっと。さらに加えて。もう。〔続猿蓑〕圃水「夕立に傘かる家や―一町」訳 夕立になってしまったが、傘を借りられる家まではもう一町(=約一一〇メートル)もあることだ。(夕立 夏)

ま 助動詞「む」のク語法に現れる形。未然形とする説もある。万葉 五・八二四「梅の花散らまく惜しみわが園の竹の林に鶯鳴くも」訳 梅の花が散るだろうことが惜しいので、私の庭園の竹の林で鶯が鳴いているよ。→む(助動)文法・まく(上代語)

まい(助動特殊型)

意味・用法

打消の推量〔…ないだろう。〕→❶

打消の意志〔…(し)ない。…ないようにしよう。〕→❷

禁止〔…(する)な。…(し)てはいけない。〕→❸

打消の当然・適当〔…べきでない。…はずがない。…(し)ないほうがよい。〕→❹

接続

一般に、四段・ナ変型活用の語には**終止形**、それ以外の語には**未然形**に付く。

活用

未然	連用	終止	連体	已然	命令
○	○	まい (○)	まい (コト)	まいけれ (ドモ)	○

[助動詞「まじ」の連体形「まじき」のイ音便「まじい」が変化してできた語]❶打消の推量を表す。…ないだろう。〔狂・武悪〕「見えぬ国へ行ったならば、また会ふこともなる**まい**㊍ぞ」訳 他国へ行ったならば、再び会うこともできないだろうよ。

❷打消の意志を表す。…(し)ない。…ないようにしよう。〔狂・佐渡狐〕「やる**まい**㊍ぞ。やる**まい**㊍ぞ」訳 逃がさないぞ。逃がさないぞ。

❸禁止の意を表す。…(する)な。…(し)てはいけない。〔浄・冥途の飛脚〕「私が二階にゐることを、かならず言ふ**まい**㊍ぞ」訳 私が二階にいることを、決して言ってはいけないよ。

❹打消の当然・適当の意を表す。…べきでない。…はずがない。…(し)ないほうがよい。〔浄・山崎与次兵衛寿門松〕「ああ貧乏はせ**まい**㊍もの」訳 ああ貧乏はしないほうがよいものだ。

参考 室町時代以降の口語で、現代語でも用いる。

まい【幣・舞】⇩まひ

毎月抄(まいげつせう)《作品名》鎌倉初期の歌論書。藤原定家著。別名「和歌庭訓」。承久元年(一二一九)成立。ある貴人(藤原家良かが、毎月、定家に百首歌の添削を請うたのにこたえた書簡体の歌論。特に有心体について詳述している。

まい-て【況いて】(副)[「まして」のイ音便]「まして」に同じ。枕 一「―雁などの連ねたるが、いと小さく見ゆるはいとをかし」訳 (ねぐらに帰る烏さえ趣が深い。)いうまでもなく雁などが一列に並んで(飛んで)いるのが、たいそう小さく見えるのはとても風情がある。

まいる【参る】⇩まゐる

まう(モウ)【猛】(名・形動ナリ)勢いの盛んなこと。いかめしいさま。徒然 一「勢ひ―・に㊊、ののしりたるにつけて」訳 権勢が盛んで、評判になっているのにつけても。

まう-か(モウ―)【孟夏】(名)[「孟」は初めの意]陰暦四・五・六月の、夏の最初の四月の称。初夏。夏

まうき-の-ふぼく(モウキ―)【盲亀の浮木】(大海にすみ、百年に一度海面に浮かび出る盲目の亀が、海上を漂う浮木に遭遇してその穴に入ろうとするが容易に入れないという、涅槃経などの寓話から)出会うのが非常に困難なこと、また、めったにない幸運にめぐりあうたとえ。「盲亀の浮木」とも。

まう-く(モウク)【設く・儲く】(他カ下二){け・け・く・くる・くれ・けよ}❶前もって用意する。準備する。平家 四・橋合戦「杉の渡しより寄せんとて―・け㊊たる舟どもを」訳 杉の渡し場から攻め寄せようとして前もって用意した舟々を。

❷持つ。身に備える。大和 一五七「年ごろ住みけるほどに、男、妻―・け㊊て心かはりはてて」訳 数年来住んでいた間に、男は、(別の)女を持って(もとの妻に対する)心がすっかり変わって。

❸(思いがけず)拾い取る。利益を得る。徒然 五三「からき命―・け㊊て、久しく病みゐたりけり」訳 あぶない命を拾い取って(=命拾いして)、長らく病んでいたことだった。

❹病を得る。病気になる。徒然 一七五「この世にはあやまち多く、財を失ひ、病を―・く㊎」訳 現世では(酒のために)失敗することが多く、財産を失い、病気にかかる。

まうけ(モウケ)【設け・儲け】(名)❶**用意**。**準備**。**したく**。伊勢 七八「夜の御座の―せさせ給ふ」訳 (山科の禅師の親王は)御寝所(一説に夜の祝宴とも)の用意をおさせになる。文法「せさせ給ふ」の「させ」は、使役の助動詞「さす」の連用形。

❷**ごちそうの用意**。また、**ごちそう**。**もてなし**。源氏 明石「入道、今日の御―、いといかめしう仕うまつれり」訳 (明石の)入道は(光源氏送別の)今日(という日)の御宴をじつに盛大に行い申しあげた。文法「仕

うまつれり」の「仕うまつる」は、「行ふ」の謙譲語。❸**食物。食事。** 徒然 五八「紙の衾、麻の衣、一鉢の－、あかざの羹、いくばくか人の費えをなさん」訳 紙の夜具、麻の衣、一鉢の食物、あかざ(＝野草の名)の熱い吸い物、(これだけのものが)どれだけ人に出費(＝負担)をかけるだろうか(いや、ごくわずかなものである)。文法「いくばくか」の「か」は、反語の係助詞で、結びは「ん」。

まうけ-の-きみ モウケ【儲けの君】(名)〔「儲君」の訓読〕世継ぎの皇子。皇太子。源氏 桐壺「寄せ重く、疑ひなき－と、世にもてかしづき聞こゆれど」訳 (第一皇子は)後見役がしっかりしていて、疑いもない皇太子として、世間ではたいせつにお世話申しあげるけれども。

発展 東宮争い

「儲けの君」とは次の天皇に予定された君の意、すなわち、皇太子である。昔、天皇には何人もの夫人がおり、その関係者らは、権力を握るために自分の近親者を次期天皇の座につかせようと画策した。いわゆる「東宮(＝皇太子)争い」である。史実をみると、平安時代、皇太子に立つ年齢が驚くほど幼い場合がある。一日でも早く自分の一族から天皇を出して、実権を掌中におさめようとする外戚の力があったことがうかがえる。

まう-ご モウ【妄語】(名)《仏教語》❶うそをつくこと。❷「妄語戒」の略。大鏡 道長下「－をば保ちて侍る身なればこそ、かく命をば保たれて候へ」訳 うそをつくことを禁じた戒めを持ち続けています身だからこそ、このように命を保つことができているのです。

まうご-かい モウゴ【妄語戒】(名)《仏教語》五戒および十戒の一つで、うそをつくことを禁じた戒め。妄語。

まう-ざう モウゾウ【妄想】(名)《仏教語》迷いの心による正しくない考え。邪念。徒然 二四一「すべて所願みな－なり」訳 すべて願いごとはみな誤った想念である。

まうさく モウサク【申さく】〔古くは「まをさく」。奈良末期に「まうさく」に転じた〕申すことには。竹取 竜の頸の玉「男ども、仰せのことを承りて－、『仰せのことはいとも尊し…』と申し合へり」訳 家来たちが、ご命令をお受けして申すことには、「ご命令は非常に畏れ多い…」とお話しし合っている。

まうさ-す モウサ【申さす】なりたち 四段動詞「申す」のク語法

❶(「す」が使役の場合)申し上げさせる。源氏 明石「住吉にも、たひらかにていろいろの願果たし申すべきよし、御使ひしてまうさせ㊊給ふ」訳 (光源氏は)住吉神社にも、(道中)無事であったので、(後日)いろいろの願ほどきのお礼参りをし申しあげるはずのむねを、お使いをやって申し上げさせなさる。

❷(「す」が謙譲の意を強める場合)「言ふ」「告ぐ」の謙譲語。申し上げる。源氏 少女「『内侍のすけあきたるに』とまうさせ㊊たれば」訳「典侍の欠員のあるところに(娘を任命していただきたい)」と(惟光が光源氏に)申し上げたので。

なりたち 謙譲の四段動詞「申す」の未然形「まうさ」＋助動詞「す」

参考 ②は①から転じた用法で、中古の作品では、確かな用例が少ない。

まうさ-せ-たま-ふ モウサ-タマ(モ)ウ【申させ給ふ】**一** (「申す」が動詞の場合) ❶(「せ」が使役の場合)申し上げさせなさる。源氏 柏木「うちやすみたると人々して－・へ㊁ば、さおぼして、忍びやかにこの聖と物語し給ふ」訳 寝ていることだと(柏木が父大臣に)女房たちを介して申し上げさせなさるので、(大臣はそうお思いになって、ひそやかにこの聖(＝葛城山の行者)と話をしなさる。

❷(「せ」が尊敬の場合)お申し上げになられる。お申し上げあそばす。枕 一〇四「『いとあしきこと。はやのぼらせ給へ』と－・ふ㊍に」訳 (関白道隆が中宮定子に)「たいそう不都合なこと。早く参内くださいませ」とお申し上げになられるときに。

❸(「せ」が謙譲の意を強める場合)申し上げなさる。枕 三一三「上の御前の、柱に寄りかからせ給ひて、すこしねぶらせ給ふを、『かれ、見奉らせ給へ。今は明けぬるに、かう大殿ごもるべきかは』と－・へ㊁ば」訳 (一条)天皇が、柱にお寄りかかりになられて、少しお眠りになられるのを、(大納言殿＝伊周は、中宮定子に)「あれを、見申しあげなさいませ。もう(夜が)明けてしまったのに、このようにおやすみになられてよいものだろうか(いや、おやすみになられてはいけない)」と申し上げなさると。

二 (「申す」が補助動詞の場合) ❶(「せ」が尊敬の場合)お…申しあげになられる。お…申しあげあそばす。〔狭衣物語〕「『院のさばかりおろかならずおぼし－・ふ㊍をば、おぢ聞こえさせ給ひて』など、聞こゆれば」訳「(父の嵯峨)院が(若宮を)それほど並一通りでなくお思い申しあげなされるのを、(若宮は)おびえ申しあげになられて(いらっしゃる)」などと、(乳母が狭衣に)申し上げると。

❷(「せ」が謙譲の意を強める場合)お…申しあげなさる。大鏡 三条院「『まさなくも申させ給ふかな』とて、御乳母たちは笑ひ－・う㊊(ウ音便)ける」訳「人聞き悪くもお申し上げあそばすことね」と言って、御乳母たちはお笑い申しあげなさったことだ。

なりたち 謙譲の四段動詞、または補助動詞「申す」の未然形「まうさ」＋助動詞「す」の連用形「せ」＋尊敬の補助動詞「たまふ」

参考 いずれも、ふたりの人物を同時に敬う言い方で、現代語ではふつうは使われない。㊀①②・㊁①の場合は「まうす(さ)」で、㊀③・㊁②の場合は「まうさす(せ)」で、まず動作の対象となる人を敬う気持ちを表す。同時に、㊀①③・㊁②の場合は「給ふ」で、㊀②・㊁①の場合は「せ給ふ」で、その動作をする人を敬う気持ちを表している。㊀②・㊁①の場合には、動作をする人を敬う気持ちのほうが、その動作の対象となる人を敬う気持ちよりも強いことに注意する。

㊀の②と③、㊁の①と②の識別はきわめてむずかしく、その文脈で動作をする人が「せ給ふ・させ給ふ」で待遇されるか「給ふ」で待遇されるかによる以外にない。

なお、理論上は㊁にも「せ」が使役の場合が考えられるが、「御舅たちの魂深く、非道に御弟をば引き越し申させ奉らせ給へるぞかし」〈大鏡・師輔〉のように「申させ奉らせ給ふ」という表現が用いられ、「申させ給ふ」の「せ」が使役になる用例は見当たらない。

まうし モウシ【申し】〔四段動詞「まうす」の連用形から〕**一**

(名)願い出ること。請願。〔謡・春栄〕「若宮の別当の御―により囚人七人の免状なり」訳 若宮の別当の御願い出により囚人七人の赦免状である。

■(感)呼びかけの語。もし。もしもし。〔狂・武悪〕「―、頼うだお方、ござるかござりまするか」訳 もしもし、ご主人さま、おいでかおいでございますか。

孟子(まうし)モウシ『人名』(前三七二〜前二八九)中国、戦国時代の思想家。名は軻(か)、字(あざな)は子車、子輿(しよ)。魯(ろ)の国の人。儒教の祖・孔子の教えを継承発展して性善説に基づく仁義を重視し、王道による天下統一を説いた。「孟子」は弟子と交わした言行録。孔子と並んで孔孟と称される。

まうし(助動ク型)…たくない。…ことがつらい。源氏 桐壺「この君の御童姿(わらはすがた)、いと変へまうく用おぼせど、十二にて御元服し給ふ」訳 この君(=光源氏)の御子供姿を(桐壺帝は)あまり変えたくなくお思いになるが、十二歳で御元服しなさる。新古 雑下「情けありし昔のみなほ忍ばれてながらへまうき体世にも経(ふ)るかな」訳 情愛のあった昔のことばかりがやはり思い出されて、生き長らえることがつらい世にも(いつまでも)生きていることだ。

参考 助動詞「む」のク語法「まく」に形容詞「憂し」の付いた、「まくうし」の転とも、希望の助動詞「まほし」からの類推で反対の意の「ま憂し」が作られたともいわれる。

接続 動詞の未然形に付く。

活用	
未然	○
連用	まうく(テ)〈まうかり〉(キ)
終止	○
連体	まうき(コト)
已然	まうけれ(ドモ)
命令	○

参考 中古にわずかに用いられただけで、中世以降は、擬古的に和歌で用いられるだけとなる。

まうし-あは・す モウシアワス【申し合はす】(他サ下二){せ・せ・す・する・すれ・せよ} ❶「言ひ合はす」の謙譲語。相談させていただく。平家 二・西光被斬「―・す終べきことあり。きっと立ちより給へ」訳 相談させていただかなければならないことがある。必ずお立ち寄りください。

❷あらかじめ話し合って約束する。〔浮・好色一代男〕「さる方に―・せ用て、遣はし侍る」訳 ある所に、あらかじめ話し合って約束して、(娘を嫁に)行かせ(ることになっ)ております。

まうし-あ・ふ モウシア(オ)ウ【申し合ふ】(自ハ四){は・ひ・ふ・ふ・へ・へ}「言ひ合ふ」の謙譲語。お話しし合う。徒然 四六「女房、『あな汚(きた)な、誰(たれ)にとれとてか』など、―・は未れければ」訳 女官が、「まあ汚い、だれにかたづけろというの(でしょう)か」などと、お話しし合われていたところ。

まうし-い・づ モウシイズ【申し出づ】(他ダ下二){で・で・づ・づる・づれ・でよ}「言ひ出づ」の謙譲語。ことばに出して申し上げる。申し出る。源氏 柏木「かかることをなむかすめしと―・で用て、御気色(けしき)も見まほしかりけり」訳 (柏木(かしわぎ)が)こんなことを(私=夕霧に)ほのめかしたと申し出て、(光源氏の)ごようす(がどうなるか)も見たい(と思う)のだった。

まう-しう モウシュウ【孟秋】(名)〔「孟」は初めの意〕陰暦七・八・九月の、秋の最初の七月の称。初秋。秋

まうし-う・く モウシ―【申し受く】(他カ下二){け・け・く・くる・くれ・けよ} ❶(許可を)お願い申しあげる。「言ひ受く」の謙譲語。平家 二・烽火之沙汰「―・くる体ところの詮は、ただ重盛(しげもり)が首を召され候へ」訳 お願い申しあげるところの要点は、ただ(私)重盛の首をお取りください。

❷お願いして引き受ける。請い受ける。大鏡 頼忠「―・け用給へるかひありてあそばしたりな」訳 お願いして引き受けなさった効果があって(公任(きんとう)は上手に和歌を)お詠みになったなあ。

まうし-おこな・ふ モウシオコナ(ノ)ウ【申し行ふ】(他ハ四){は・ひ・ふ・ふ・へ・へ} ❶言上する。申し上げる。今昔 二一・二四「天皇に―・ひ用て…造り給へるなり」訳 天皇に言上して…(その堂を)お造りになったのである。

❷とり行う。処置する。平家 三・法印問答「たとひ入道非拠(ひきよ)を―・ふ終とも」訳 たとえ入道(=平清盛)が道理に合わないことをとり行っても。

まうし-ごと モウシ―【申し言・申し事】(名) ❶申すべきこと。申し分。平家 三・法印問答「今めかしき―にて候へども、七代まではこの一門をば、いかでか捨てさせ給ふべき」訳 今さらのような申し分でございますが、七代後まではこの一門(=平氏)を、どうしてお見捨てになられてよかろうか(いや、よくはない)。

❷願いごと。祈願。

まうし-じゃう モウシジョウ【申し状】(名) ❶願い出。主張。〔沙石集〕「かの妻を召して、別の所にして、ことの子細を尋ぬるに、夫が―に少しも違(たが)はず」訳 その(男の)妻をお呼びになって、別の場所で、ことの子細を尋ねると、夫の言い分に少しもくいちがわない。

❷朝廷などに申し上げる文書。上申書。平家 一二・判官都落「頼朝卿(よりとものきやう)―によって、義経(よしつね)追討の院宣(ゐんぜん)を下さる」訳 頼朝の卿の上申書により、(後白河法皇は)義経追討の院宣をお下しになる。

まうし-つ・ぐ モウシ―【申し次ぐ】(他ガ四){が・ぎ・ぐ・ぐ・げ・げ}「言ひ次ぐ」の謙譲語。お取り次ぎ申しあげる。源氏 東屋「―・ぎ用つる人も寄り来て」訳 お取り次ぎ申しあげた者(=匂宮(にほうのみや)の家臣)も近寄ってきて。

まうし-つた・ふ モウシツタ(ト)ウ【申し伝ふ】(他ハ下二){へ・へ・ふ・ふる・ふれ・へよ}「言ひ伝ふ」の謙譲語。ご伝言申しあげる。お取り次ぎ申しあげる。源氏 若菜下「人々の御消息(せうそこ)もえ―・へ用給はず」訳 (式部卿(しきぶきやう)の宮は)人々の(見舞いの)ご伝言をも(光源氏に)お取り次ぎ申しあげることがおできにならない。

まうし-な・る モウシ―【申しなる】(他ラ四){ら・り・る・る・れ・れ}申し上げるうちに話題がその方面に及ぶ。大鏡 道長上「昔恐ろしかりけることどもなどに―・り用給へるに」訳 (殿上人(てんじやうびと)たちが)昔のいろいろ恐ろしかったことなどに申し上げるうちに話題が及びなさったところ。

まうし-ひら・く モウシ―【申し開く】(他カ四){か・き・く・く・け・け}「言ひ開く」の謙譲語。言いわけをさせていただく。釈明申しあげる。〔太平記〕二七「その身の誤らざる所を―・き用」訳 自分がまちがっていないところを弁明いたし。

まう-しふ モウシュウ【妄執】(名)《仏教語》心の迷いから、物事に執着すること。執念。

まうし-ぶみ モウシ―【申し文】(名) ❶公卿(くぎやう)などが、叙位・任官、または官位の昇進などを朝廷に申請する文書。申請書。枕 三「除目(ぢもく)のころなど、…―もて歩(あり)く」訳 除目(=官職を任命する儀式)のころなどは、…申請書を持って歩きまわる。

❷事情を朝廷へ申し上げる文書。陳情書。平家 一・願立「都合三十余人、ーをささげて陣頭へ参じけるを」訳 合わせて三十数人が、陳情書をささげて衛士の詰め所へ参上したのを。

まうし-ぶん【申し分】(名)言い分。また、不満。〔浮・世間胸算用〕「銀子請け取ってーはなけれども」訳 金を受け取って不満はないけれど。

まうし-むつ・ぶ【申し睦ぶ】(自バ上二)〔び・び・ぶ・ぶる・ぶれ・びよ〕「言ひ睦ぶ」の謙譲語。親しくお付き合いする。徒然 八七「小舅なりければ、常にー・びけり」訳 妻の兄弟であったので、いつも親しくお付き合いした。

まう-じゃ【亡者】(名)《仏教語》死者。また、死後霊魂が成仏できずに冥途で迷っている者。平家 一二・六代被斬「ーにいとま申しつつ、泣く泣く都へ上られけり」訳 (六代御前は)死者(=亡き父維盛)にいとまを申し上げて、泣く泣く都へお上りになった。

まう-しゅん【孟春】(名)〔「孟」は初めの意〕陰暦一・二・三月の、春の最初の一月の称。初春。春

まう-しん【妄心】(名)《仏教語》迷いの心。誤った心。方丈 五「はたまた、ーのいたりて、狂せるか」訳 あるいはまた、迷いの心がきわまって、(私が)狂っているのか。

まう・す【申す】(他サ四)〔さ・し・す・す・せ・せ〕〔上代語「まをす」のウ音便〕❶「言ふ」「告ぐ」の謙譲語。申し上げる。竹取 燕の子安貝「燕の巣に手をさし入れさせて探るに、『物もなし』とー・すに」訳 (中納言は家来に命じて)燕の巣(の中)に手を入れさせて探るが、「何もない」と申し上げるので。⇩宣はす「敬語ガイド」❷「願ふ」「請ふ」の謙譲語。お願い申しあげる。お頼み申しあげる。平家 九・生ずきの沙汰「いけずきをー・さばやとは思へども」訳 いけずき(=馬の名)を(ほしいと)お願い申しあげたいとは思うけれども。文法「ばや」は、願望の終助詞。更級 物語「親の太秦に籠り給へるにも、異事なく、この事をー・して」訳 親が広隆寺にこもりなさっているときにも、(私は)ほかのことではなく、この(物語の)ことをお願い申しあげて。❸「…(と)いう」「…(と)よぶ」の謙譲語。…と申し上げる。伊勢 三九「昔、西院の帝とー・す帝おはしましけり」訳 昔、西院の帝と申し上げる帝がおいでになった。❹「す」「なす」の謙譲語。(何かを)し申しあげる。してさしあげる。万葉 一八・四〇六一「堀江より水脈引きしつつ御船さす賤男の徒は川の瀬ー・せ」訳 堀江(=地名)を通って水脈に従って棹をさしてはお船を進めていく身分の低い男たちは、川の瀬を(注意してご案内)し申しあげよ。❺「言ふ」の丁寧語。申します。言います。更級 子忍びの森「ここはいづことかいふと問へば、子忍びの森となむー・すと答へたりしが」訳 ここはどことかというのかと尋ねると、子忍びの森と申しますと答えたのが。参考 ①の意では「聞こゆ」が一般的・日常的に用いられ、「申す」には改まった男性的・古風な感じがあった。

まう・す【申す】(補動サ四)〔さ・し・す・す・せ・せ〕〔四段動詞「まうす」から〕(動詞・助動詞「る」「らる」「す」「さす」「しむ」の連用形に付いて)謙譲の意を表す。お…申しあげる。お…する。竹取 蓬萊の玉の枝「この度はいかでか辞びー・さむ」訳 今度はどうしてお断り申しあげられようか(いや、お断りすることはできない)。文法「いかでか」の「か」は反語の係助詞で、結びは「む」。大鏡 序「あはれにうれしくもあひー・したるかな」訳 しみじみとうれしいことにも(このように)お会い申しあげたことだよ。参考 この用法では、他に「聞こゆ」や「奉る」があり、のち、「参らす」も用いられた。

まうち-ぎみ【公卿】(名)〔「まへつきみ」の転〕天皇の御前に伺候する人を尊敬していう語。

まう・づ【参づ・詣づ】(自ダ下二)〔で・で・づ・づる・づれ・でよ〕〔上代に用いられた「行く」意の謙譲語「参」の連用形「まゐ」に下二段動詞「出づ」の付いた「まゐいづ」がつづまった「まゐづ」の転か〕❶「行く」「来」の謙譲語。うかがう。参上する。伊勢 八四「子は京に宮仕へしければ、ー・づとしけれど、しばしばえー・でず」訳 子は京で宮仕えをしていたので、(母の内親王のもとに)参上しようとしたけれど、そうたびたびは参上することができない。文法「まうづとし」は、「終止形＋と＋す」の形で、「未然形＋む＋と＋す」の意になる用法。「えまうでず」の「え」は副詞で、下に打消の語(ここでは「ず」)を伴って不可能の意を表す。❷神社・仏閣にお参りに行く。参詣する。古今 春上・詞書「初瀬にー・づるごとに宿りける人の家に久しく宿らで」訳 初瀬(=長谷寺)に参詣するたびに泊まっていた人の家に長らく泊まらないで。

敬語ガイド「行く」「来」の敬語
尊敬語 (いらっしゃる・おでかけになる・おいでになる) います・おはさうず・おはします・おはす・ます(座す)
謙譲語 (参上する・うかがう・退出する) さぶらふ・まうづ・まかづ・まかる・まゐる

まうで・く【参で来・詣で来】(自カ変)〔こ・き・く・くる・くれ・こ(こよ)〕❶「来」の謙譲語。参上する。うかがう。源氏 常夏「少将、侍従など率てー・きたり」訳 少将や侍従などを連れて(ここに)参上した。❷「来」「出で来」の丁寧語。やってきます。参ります。おとずれます。古今 春上・詞書「桜の花の咲けりけるを見にー・きたりける人に」訳 桜の花が咲いていたのを見に参りました人に。参考「まうでく」は、「まゐでく」の変化した形で、「までく」ともいう。本来、貴人に対して改まった気持ちでいう場合に用いられた。①が原義であったが、平安時代以降②の言い方が多くなっていった。会話や勅撰集の詞書に用例が多く、原則として地の文には用いられない。平安時代は「まかる」の対義語。

まうで-つ・く【参で着く・詣で着く】(自カ四)〔か・き・く・く・け・け〕参詣場所に着く。参り着く。更級 初瀬「初瀬川などうち過ぎて、その夜御寺にー・きぬ」訳 初瀬川などを過ぎて、その夜(長谷の)お寺に参り着いた。

まうで-とぶら・ふ【まうで訪ふ】(他ハ四)〔は・ひ・ふ・ふ・へ・へ〕「訪ふ」の謙譲語。うかがう。お見舞いする。竹取 竜の頸の玉「国の司ー・ふにも、え起き上がり給はで」訳 (播磨の)国司がお見舞いするのにも、(大伴の大納言は)起き上がることがおできにならないで。

ま-うと【真人】〔「まひと」のウ音便〕㊀(名)貴人。また、人に対する敬称。お方。㊁(代)対称の人代名詞。あなた。おまえ。源氏 浮舟

「―は、何しにここにはたびたびは参るぞ」訳あなたは、なぜここにはたびたび参上するのか。

まう-とう【孟冬】(名)[「孟」は初めの意]陰暦十・十一・十二月の、冬の最初の十月の称。初冬。图

まう-ねん【妄念】(名)《仏教語》迷いの心。よくない願望。〔太平記〕二〇「御不審の身にて空しくまかりなり候はば、後世までの―ともなりぬべう候へば」訳お疑いをかけられた身で死にますならば、後の世までの迷いの心ともきっとなるにちがいありませんので。

まう-のぼ-る【参上る】(自ラ四)〔ら・り・る・る・れ・れ〕[「まゐのぼる」のウ音便]貴人の所へうかがう。参上する。源氏桐壺「―り㊊給ふにも、あまりうちしきる折々は、打ち橋、渡殿のここかしこの道にあやしき業をしつつ」訳(桐壺の更衣が桐壺帝のもとに)参上しなさる場合にも、はなはだしくたび重なる時々は、打ち橋や渡殿のあちらこちらの通り道に、けしからぬことをしかけては。

まうぼ-る(他ラ四)〔ら・り・る・る・れ・れ〕「食ふ」「飲む」の尊敬語。召し上がる。お飲みになる。〔うつほ〕藤原の君「―る㊍物、日に橘一つ、湯水―・ら㊍ず」訳(大臣の三春高基が)召し上がるものは、一日に橘(の実)が一つで、湯も水もお飲みにならないで。

参考 尊敬語の「参る」よりも敬意は低い。

まう-りゃう【罔両】(名)影のまわりに生じる薄い影。また、影法師。〔幻住庵記〕「夜座しづかにして影をともなひ、―に対しては是非をこらす」訳夜は静かに座って(自分の)影とともに居、(その)影法師を相手にしては(人生や芸術の)是非善悪に思いをこらす。

まう-りゃう【魍魎】(名)山や川、また、木石に宿り人を害するという精霊。〔謡・鉄輪〕「―・鬼神は穢らはしや」訳化け物や鬼はけがらわしいなあ。

まえ〖前〗⇩まへ

まえつきみ〖公卿〗⇩まへつきみ

ま-えん【魔縁】(名)人の心を迷わせ、仏道修行のじゃまをする悪魔。平家一・祇王「念仏して居たるを妨げんとて、―の来たるにてぞあるらん」訳念仏を唱えているのを妨げようとして、魔縁がやって来たのであろう。

まおす〖申す・白す〗⇩まをす

まが【禍】(名)邪悪であること。悪いこと。わざわい。〔記〕上「その―を直さむとして、成れる神の名は」訳そのわざわいを直そうとして、生まれた神の名前は。

ま-かい【真櫂】(名)[「ま」は接頭語]櫂の美称。一説に、船の左右両側に備わった櫂とも。万葉一九・四一八七「布勢の海に小船連並め―懸けい漕ぎ廻れば」訳布勢の湖に小船を連ね並べて櫂を付けて漕ぎめぐると。

まがう〖紛う〗⇩まがふ

ま-がき【籬】(名)柴や竹などで、目を粗く編んで作った垣根。籬。籬垣。平家灌頂・大原御幸「庭の千種露おもく、―に倒れかかりつつ」訳庭の種々の草は露が重くて、どれも籬に倒れかかって。

(まがき)

ま-かげ【目陰・目蔭】(名)❶遠くを見るとき、光線をさえぎるため、額に手をかざすこと。〔源平盛衰記〕「高き峰にあがり、―をさして(=額に手をかざして)見渡せば」
❷疑わしく思っているような目付きをすること。源氏東屋「後ろめたげに気色ばみたる御―こそわづらはしけれ」訳何か心配そうに、気持ちをほのめかした疑いの御まなざしが(私=中の君には)気にかかるのだ。

まが-こと(名)「まがごと」とも。❶【禍事】悪いこと。わざわい。凶事。〔記〕下「吾は、―も一言、言ひはなつ神」訳私は、悪いことも一言、よごとも一言で(きっぱりと)言いきる神。↔善事
❷【禍言】悪いことば。不吉なことば。〔祝詞〕「天のまがつひといふ神の言はむ―にあひまじこり」訳天のまがつひという神の言うような不吉なことばに共感して。

まか-す【引す】(他サ下二)〔せ・せ・す・する・すれ・せよ〕田や池などに水を引く。水を注ぎ入れる。徒然五一「御池に、大井川の水を―・せ㊍られんとて(=お引き入れになろうとして)」

まか-す【任す・委す】(他サ下二)〔せ・せ・す・する・すれ・せよ〕❶そのもののするがままにさせる。自由にさせる。ゆだねる。徒然七三「かつあらはるるをもかへり見ず、口に―・せ㊊て言ひ散らすは」訳(話している)そばから(うそが)ばれるのをも気にしないで、口の勢いのままにさせてしゃべり散らすのは。
❷従う。平家一・鹿谷「ただ法に―・せ㊊て追出せよ」訳ただ法(=神社の規則)に従って追放せよ。

まかず〖罷ず〗⇩まかづ

まか-たち【侍女・侍婢】(名)身分の高い人に付き添う女性。侍女。〔記〕上「豊玉姫の―」

まが-たま【曲玉・勾玉】(名)上代の装身具。宝石・金・粘土などを巴状に作り、一端に穴をあけてひもを通し、首飾りやえり飾りにした。⇩巻頭カラーページ16

ま-かぢ【真楫】(名)[「ま」は接頭語]楫(=櫓や櫂など)の美称。一説に、大型の船の左右に数対そろった楫とも。万葉六・九四二「桜皮纏き作れる舟に―貫きわが漕ぎ来れば」訳樺(一説に、桜)の皮を巻いて作った舟に、左右の櫓を通して、私が漕いで来ると。

まかぢ-しじぬ-く【真楫繁貫く】船の左右に楫(=櫓や櫂など)をたくさん取り付ける。万葉八・一四五三「大船に―・き㊊白波の高き荒海を」訳大船に櫓を左右に多く取り付けて、白波が高い荒海を。

まか-づ【罷づ】(自ダ下二)〔で・で・づ・づる・づれ・でよ〕[四段動詞「罷る」の連用形「まかり」に下二段動詞「出づ」の付いた「まかりいづ」の転]❶身分の高い人、目上の人のもとから離れる意の謙譲語。**退出する。おいとまする。**源氏桐壺「かかるほどにさぶらひ給ふ例なきことなれば、―・で㊊給ひなむとす」訳(皇子がこのような場合(=母の喪中)に(宮中に)控えていらっしゃるのは前例のないことであるから、(光源氏は母の里に)退出してしまいなさろうとする。文法「給ひなむ」の「な」は、助動詞「ぬ」の未然形で、ここは確述の用法。⇩参づ「敬語ガイド」
❷身分の高い人、目上の人のもとから離れて、こちらへ来る場合の「来」の謙譲語。**ひきさがって来る。**源氏桐壺「わたくしにも心のどかに―・で㊊給へ」訳(勅使としてではなく)個人的にものんびりおいでください。
❸「行く」「出づ」の丁寧語。**参ります。出かけます。**源氏若紫「このごろわづらふこと侍るにより、かく京にも―・で㊍ねば」訳(尼君が)このごろ病気にかかっておりま

すために、(私＝僧都は)このように京にも出かけませんので。

参考 主として中古に用いられた。対義語の関係として、ふつう「まゐる↔まかる」、「まうづ↔まかづ」の対応があるとされるが、中古ではむしろ「まゐる↔まかづ」、「まうづ・まうでく↔まかる」の対応と見るのがよい。③は、老人や僧を話し手として用いられるが、用例は少ない。

まかで-おんじゃう【罷出音声】(名)節会などで、奏楽が終わり、楽人たちが退出するときに演奏する音楽。また、その演奏。〔紫式部日記〕「長慶子を―に遊びて」 訳 長慶子(＝曲名)を退出の音楽として演奏して。

まかで-ち・る【罷で散る】(自ラ四){ら・り・る・る・れ・れ}退出して散り散りになる。源氏 桐壺「母御息所の御方の人々―・ら未ずさぶらはせ給ふ」 訳 (桐壺帝は)母御息所(＝桐壺の更衣)にお仕えする女房たちが退出して散り散りにならないように(引き続き光源氏に)お仕えさせなさる。

ま-かな・し【真愛し】(形シク){しから・しく(しかり)・し・しき(しかる)・しけれ・しかれ}たいそういとしい。「「ま」は接頭語」とてもいじらしい。万葉 二四・三五六七「置きて行かば妹は―・し終」 訳 置いて(防人に)行ったなら、妻がたいそういとしい。

まかなひ【賄ひ】(名)食事のしたくや給仕をすること。また、その役の人。〔うつほ〕蔵開中「―には、…右近といふなむ出で来て仕うまつりける」 訳 まかない役には、…右近という者が出てきてお給仕申しあげた。

まかな・ふ【賄ふ】(他ハ四){は・ひ・ふ・ふ・へ・へ}❶ととのえ備える。準備する。源氏 柏木「御硯など―・ひ用て責め聞こゆれば」 訳 (小侍従が)御硯などを準備して(返事を書くように女三の宮に)せき立て申しあげるので。

❷食事をととのえて与える。饗応する。源氏 若菜上「御くだものなど近く―・ひ用なし」 訳 (明石の君は)御果物などを近くにことさらととのえて差し出し。

❸とりあつかう。処理する。→取り賄ふ

ま-かね【真金】(名)「「ま」は接頭語」「まがね」とも。鉄。くろがね。

まかねふく【真金吹く】《枕詞》鉄の産地の「吉備」「丹生」にかかる。古今 神あそびのうた「―吉備の中山」

ま-かは【眼皮・目皮】(名)まぶた。源氏 紅葉賀「―らいたく黒み落ち入りて」 訳 (源典侍は)まぶたが幾重にもひどく黒ずみ落ちくぼんで。(「まかはら」の「ら」は接尾語)

まがひ【紛ひ】(名)❶入り乱れて、見分けのつかないこと。万葉 一五・三七〇〇「もみち葉の散りの―は今日にもあるかも」 訳 もみじが散って入り乱れるのは、まさに今日のことなのだなあ。

❷見まちがえるほど似せてあること。にせ物。

まが・ふ【紛ふ】━ (自ハ四){は・ひ・ふ・ふ・へ・へ}❶入り乱れて区別できなくなる。入りまじる。万葉 五・八四四「妹が家に雪かも降ると見るまでにここだも―・ふ体梅の花かも」 訳 いとしい人の家に雪が降るのかと見るほどに、しきりに散り乱れて区別できない(ほどの)梅の花であるよ。

❷まちがえるほどによく似ている。方丈 三「草むらの蛍は遠くまきの島のかがり火に―・ひ用」 訳 草むらの蛍は、遠く(に見える)まきの島(＝地名)の(氷魚をとるためにたく)かがり火と見まがうほどで。

❸見分けがつかなくなる。まちがえる。古今 賀「桜花散りかひくもれ老いらくの来むといふなる道―・ふ体がに」 訳 →さくらばな…和歌

━ (他ハ下二){へ・へ・ふ・ふる・ふれ・へよ}❶入り乱れさせて区別できないようにする。見失う。源氏 花宴「世に知らぬ心地こそすれ有り明けの月のゆくへを空に―・へ用て」 訳 まったく経験したことがない(ほど悲しくさびしい)気持ちがすることだ。有り明けの月(＝昨夜逢った女)のゆくえを空の途中で見失って。(「空」は「月」の縁語)

❷見まちがえる。聞きちがえる。思いちがえる。枕 一〇六「『空さむみ花に―・へ用て散る雪に』と、わななくわななく書きて取らせて」 訳 「空が寒いので花と見まちがえるように降る雪に」と、ふるえふるえ書いて受け取らせて。

文法 「空さむみ」の「み」は、原因・理由を表す接尾語。

まがまが・し【禍禍し】(形シク){しから・しく(しかり)・し・しき(しかる)・しけれ・しかれ}「よくないことを表す「禍」を重ねて形容詞化した語」❶縁起が悪い。不吉である。枕 二八「犬のもろ声にながながとなきあげたる、―・しく用さへにくし」 訳 犬が何匹かいっしょの声で長く声を引いて吠えたてたのは、不吉な感じまでもがして不快だ。

❷いまいましい。にくらしい。宇治 二・七「おのれは―・しかり用ける心持ちたる者かな」 訳 おまえは実ににくらしい心を持っているやつだなあ。文法 「ける」は詠嘆の助動詞「けり」の連体形。

発展 「まがまがし」の起源

「禍」は、「古事記」や祝詞に「禍つ日の神」「禍事」などと見えるように、凶・悪・邪・曲など災いをいう語だった。ゆえに「まがまがし」にも、縁起が悪い、いまわしいという意味の内に、そうすることが災いを招くのではないかという気持ちが含まれている。

まがよ・ふ【紛よふ】(自ハ四){は・ひ・ふ・ふ・へ・へ}紛れて区別がつかなくなる。〔山家集〕「月に―・ふ体白菊の花」 訳 月光(の白一色)に紛れて見分けがつかなくなっている白菊の花よ。

まかり【罷り】(名)〔四段動詞「まかる」の連用形から〕貴人の食膳などを下げること。また、下げた食膳。宇治 九・四「御―に候へば、御―たべ候ひなん」 訳 御膳を下げることにお仕えする(者となった)ので、お下がりをいただきましょう。

まかり【罷り】(自ラ四連用形)(動詞の上に付いて)❶「行き」の謙譲の意、または単に「おかげで…(さ)せていただく」の意にあたる謙譲の意を表す。竹取 竜の頸の玉「こころ舟に乗りて―ありく体に」 訳 長い間舟に乗って動きまわっておりますが。源氏 帚木「―通ひ用し所は」 訳 (私＝左の馬頭が)行き通っておりました所は。

【例語】まかり散る・まかり出づ・まかり入る(＝入らせていただく)・まかり帰る・まかり下る・まかり越す(＝参上する)・まかり過ぐ・まかり着く・まかり逃ぐ

❷主に中世以降の用法で、丁寧の意を表す。…ま

す。〔平家〕九・木曽最期「木曽殿の御めのと子(=御後見役の子)、今井四郎兼平、生年三十三に ー なる㊊(=なります)」

【例語】まかり散る(=別れます)・まかり出づ・まかり越す(=参ります)

まがり【鋺】(名)水などを入れる器。椀。〔徒然〕一〇〇「土器を奉りければ、『ー を参らせよ』とて」訳 素焼きの杯を差し上げたところ、「(木製の)まがりを(私=源通光に)差し上げよ」とおっしゃって。

まかり-あか・る【罷り散る】(自ラ下二){れ・れ・る・るる・るれ・れよ}「あかる」の謙譲語または丁寧語。散り散りに退出する。退出して別れる。〔後撰〕雑一・詞書「事終はりて、これかれ ー・れ㊊けるに」訳 行事が終わって、この人あの人が散り散りに退出したときに。

まかり-あり・く【罷り歩く】(自カ四){か・き・く・く・け・け}「ありく」の謙譲語。出歩く。歩く。動きまわる。〔大和〕一三六「かくいそぎ ー・く㊍うちにも、え障り来ぬことをなむ、いかにと、限りなく思う給ふる」訳 このようにいそがしく動きまわるうちにも、(あなたのもとへ)さしつかえがあって来ることができないことを、(あなたは)どのように(お思いになっていられるのか)と、ひどく心配に存じます。

まかり-い・づ【罷り出づ】(自ダ下二){で・で・づ・づる・づれ・でよ} ❶「出づ」の謙譲語。退出する。さがる。〔伊勢〕一三「むかし、男、梅壺より雨にぬれて、人の ー・づる㊍を(=退出するのを)見て」❷「出づ」の丁寧語。出て参ります。参上します。〔狂・佐渡狐〕「ー・で㊊たる(=出て参りました)者は、越後(新潟県)のお百姓でござる」

まかり-ぢ【罷り路】(名)死者の行く道。冥途への道。また、葬送の道。〔万葉〕二・二二八「楽浪の志賀津の子らが ー の川瀬の道を見ればさぶしも」訳 楽浪の志賀の大津の子の葬送の道である川瀬の道を見ると、心さびしいことよ。⇩果つ「慣用表現」

まかり-な・る【罷り成る】(自ラ四){ら・り・る・る・れ・れ}「なる」の謙譲語または丁寧語。〔今昔〕一九・三二「社も倒れ失せて、人参る事も絶えて久しく ー・り㊊にたるなり」訳 社殿も倒れ失せて、人が参詣することもなくなって久しくなってしまっているのです。

まかり-まうし【罷り申し】(名)地方官が任地におもむくとき、参内して辞去のあいさつを申し上げること。また、身分の高い人にいとまごいをすること。〔源氏〕玉鬘「ー に、殿に参り給へりし日」訳 いとまごいに、(あなた=乳母が光源氏の)御殿に参上なさっていた日に。

まかり-わた・る【罷り渡る】(自ラ四){ら・り・る・る・れ・れ}「渡る」の謙譲語。行く。来る。移って行く。〔源氏〕若紫「今日をも過ぐしがたげなるさまにて、山寺に ー・る㊍ほどにて」訳(尼君は危篤で)今日一日をも過ごし難そうなようすで、(北山の)山寺に移って行くときなので。

まか・る

【罷る】(自ラ四){ら・り・る・る・れ・れ} ❶身分の高い人、目上の人のもとから離れる意の謙譲語。**退出する。おいとまする。**〔万葉〕三・三三七「憶良らは今は ー・ら㊎む子泣くらむそれその母も吾を待つらむそ」訳 →おくららは…〔和歌〕。〔枕〕二七八「あなたに ー・り㊊て、禄のことものし侍らむ」訳(私=道隆は)あちら(=自邸)に退出して、(帝からの御使者への)祝儀の用意をいたしましょう。(「ものす」は婉曲表現で、ある動作を「する」意)⇩参づ「敬語ガイド」

❷**都から地方に下る。**おもむく。出向く。〔万葉〕一五・三七二五「わが背子しけだし ー・ら㊎ば白栲の袖を振らさね見つつ偲はむ」訳 あなたがもし(都から越前(福井県)の方へ)下るならば、袖を振ってください。(それを)見ては(あなたを)恋いしのぼう。(「白栲の」は「袖」にかかる枕詞)。〔文法〕「背子し」の「し」は、強意の副助詞。「振らさね」の「さ」は上代の尊敬の助動詞「す」の未然形、「ね」は他に対する願望の終助詞。

❸身分の高い人、目上の人のもとに行く意の謙譲語。**参る。参上する。**〔徒然〕二三五「なえたる直垂、うちうちのままにて ー・り㊊たりしに」訳 よれよれになっている直垂で、ふだん着のままで参上したところが。

❹「行く」「来」の丁寧語。**参ります。**〔徒然〕一三七「花見に ー・れ㊋りけるに、はやく散り過ぎにければ」訳 花見に参りましたところ、すでに散り終わってしまったので。

❺**死ぬ。みまかる。**〔雨月〕浅茅が宿「妻なる者も ー・り㊊しと見えて、壠のまうけも見えつるが」訳 妻である人も死んだとみえて、土の墓が築いてあるのも見えたが。⇩果つ「慣用表現」

❻(他の動詞の上に付いて)丁寧な改まった言い方にする。→「まかり=」の項参照。(⇩参る「図解学習」)

まき【牧】(名)牧場。〔源氏〕鈴虫「国々の御庄、御 ー などより奉る物ども」訳 国々の御荘園や御牧場などからお納め申しあげる品々から。

-まき【巻】(接尾)書物や巻物などを数える語。「一 ー」「十 ー」「二十 ー」

まき【巻】(名)巻物になっている書画や書物。また、その区分された一部。〔更級〕物語「法華経五の ー をとく習へ」訳 法華経の第五巻を早く学べ。

ま-き【真木・槙】(名)(「ま」は接頭語)りっぱな、良質の木。檜・杉・松などの常緑樹をいうが、特に檜のこと。〔新古〕秋上「さびしさはその色としもなかりけり ー 立つ山の秋の夕暮れ」訳 →さびしさは…〔和歌〕

ま-ぎ【間木】(名)長押の上などに作った棚のようなもの。〔枕〕三一三「犬見つけて追ひければ、(にわとりは)廊の ー に逃げ入りて」

まき-ぬ【枕き寝・纏き寝】(他ナ下二){ね・ね・ぬ・ぬる・ぬれ・ねよ}互いの腕を枕として寝る。共寝する。〔万葉〕四・七八四「現にはさらにもえ言はず夢にだに妹が袂を ー・ぬ㊊とし見ば」訳 現実(に逢える場合)には、もう何も言うことはできない。せめて夢にだけでもあなたの袂を枕として、いっしょに寝ると見るならば(それで満足だ)。

まき-ばしら【真木柱】(名)杉や檜で作った柱。宮殿などのりっぱな柱。〔万葉〕七・一三五五「ー つくる杣人いさされに仮廬のためと造りけめやも」訳 りっぱな柱を作る樵は、いいかげんに仮小屋を造るためと思って(柱を)作ったのであろうか。

まきばしら【真木柱】《枕詞》真木柱は太いことから「太し」にかかる。〔万葉〕二・一九〇「ー 太き心はありしかど」

巻向(まきむく)『地名』〔歌枕〕(「纏向」とも書く)今の奈良県桜井市穴師一帯の称で、垂仁・景行両天皇の皇居の地。「まきもく」とも。

巻向山(まきむくやま)『地名』今の奈良県桜井市の北部にある山。「弓月嶽」はその最高峰。

まき-め【巻き目】(名)紙などを巻きたたんだあとについた折れ目。一説に、紙を巻き終えた端の部分とも。枕 二九四「いとほそく巻きて結びたる、—はこまごまとくぼみたるに」訳 とても細く巻いて結んである手紙で、巻いたあとの折れ目は細かくくぼんでいるところに。

まぎらはし【紛らはし】(名)❶よそおって相手に覚られないようにすること。人目をごまかすこと。源氏 蜻蛉「—に、さし出でたる和琴を、ただ、さながらかき鳴らし給ふ」訳 (薫は)人目をごまかすために、(女房が)差し出した和琴をただそのまま(調子もととのえず)、かき鳴らしなさる。
❷気持ちをまぎらわすこと。気晴らし。源氏 若紫「もろともに遊びつつ、こよなき物思ひの—なり」訳 (光源氏は若紫と)いっしょに遊んでは、(それが)この上ない(藤壺への)思慕をまぎらわす慰めである。

まぎらは・し【紛らはし】(形シク){しから・しく(しかり)・し・しき(しかる)・しけれ・しかれ}〔上代は「まきらはし」〕❶まぶしい。まばゆい。万葉 一四・三四〇七「上毛野真桑島門に朝日さし—・し㊇もなありつつ見れば」訳 上野の国(群馬県)の真桑島門に朝日がさしたようにまぶしいことよ。(いとしいあなたを)こうしてずっと見ていると。(第三句までは「まきらはし」を導きだす序詞。真桑島門は地名かというが未詳)
❷区別がつきにくい。まちがえやすい。源氏 花宴「煩はしう尋ねむ程も—・し㊇」訳 (相手が右大臣家では)めんどうで、(だれであったのか)詮索しようにも(五の君か六の君か)区別がつきにくい。
❸心が他のことに移っているさま。また、忙しくて他のことにとりまぎれているさま。更級 宮仕へ「その後は何となく—・しき㊟に、物語のことも、うち絶え忘られて」訳 その後はなんということもなく他のことにとりまぎれているので、物語のことも、ぷっつりと自然に忘れて。

まぎらは・す【紛らはす】(他サ四){さ・し・す・す・せ・せ}❶物事がはっきりわからないようにする。隠す。ごまかす。源氏 須磨「柱がくれに居隠れて、涙を—・し㊐給へるさま」訳 (母屋の)柱の陰に隠れて座って、(紫の上が)涙を見せないようにしていらっしゃるようすは。
❷心を他に向かわせて気持ちを晴らす。源氏 若紫「また西国のおもしろき浦々、磯の上を言ひ続くるもありて、よろづに—・し㊐聞こゆ」訳 また西国の興味深い浦々や磯に関することを話し続ける者もあって、何かにつけて(光源氏の)気持ちをお晴らし申しあげる。

まぎ・る【紛る】(自ラ下二){れ・れ・る・るる・るれ・れよ}❶入りまじって見分けられなくなる。混同する。見まちがえる。源氏 蓬生「塵はつもれど、—・るる㊟ことなきうるはしき御すまひにて」訳 (末摘花の邸は)塵は積もっても、見まちがえることがないきちんとしたお住まいで。
❷忍び隠れる。目立たないようにする。平家 二・西光被斬「夜に—・れ㊐て参って候ふ」訳 夜(の闇)に隠れ目立たないようにして参上しております。
❸他のものに心がひかれ、そのことを忘れる。心移りがする。徒然 七五「—・るる㊟かたなく、ただ一人あるのみこそよけれ」訳 他に心がひかれることなく、ただ一人でいるのが何よりもよいのだ。
❹忙しく混雑する。他のことでごたごたする。平家 一・祇王「さては舞も見たけれども、今日は—・るる㊟こと出で来たり」訳 それでは舞も見たいけれども、今日は他のことで忙しくなる用事ができた。

まぎれ【紛れ】(名)❶はっきり物が見分けにくいこと。他の物にまぎれること。源氏 夕顔「明け離るるほどの—に、御車寄す」訳 夜が明けきるころのはっきり見分けがつかないうちに、お車を寄せる。
❷気分がまぎれること。気晴らし。源氏 明石「昔物語などせさせて聞き給ふに、少しつれづれの—なり」訳 (光源氏は)昔の話などを(人に)させてお聞きになると、少し所在なさの気晴らし(となるの)である。
❸とりこんでごたごたすること。もめごと。源氏 澪標「公私いそがしき—に」訳 (光源氏は)公私にわたって忙しい取り込みごとのために。

まぎれ-あり・く【紛れ歩く】(自カ四){か・き・く・く・け・け}❶人目をしのんで歩く。源氏 少女「心もや慰むとたち出でて—・き㊐給ふ」訳 (夕霧は)気晴らしにもなるかと、(部屋から)出て行って人目をしのんで歩きなさる。
❷人々の中にまじって歩く。源氏 須磨「若君の何心なく—・き㊐て、これかれに馴れ聞こえ給ふを」訳 若君(=夕霧)が無邪気に人々の中にまじり歩いて、この人あの人に(=だれかれとなく)なつき申しあげなさるのを。

まぎれ-い・づ【紛れ出づ】(自ダ下二){で・で・づ・づる・づれ・でよ}人目につかないようにこっそり出る。しのび出る。平家 三・大臣流罪「夜中に九重の内を—・で㊐て」訳 夜中に宮中を人目につかないようにこっそり出て。

まぎれ-くら・す【紛れ暮らす】(他サ四){さ・し・す・す・せ・せ}他のことに気を取られて日を過ごす。徒然 一八九「今日はそのことをなさんと思へど、あらぬ急ぎまづ出で来て—・し㊐」訳 今日はそのことをしようと思うけれども、意外な急用が先にできて、(それに)気を取られて日を過ごし。

まき-ゑ【蒔絵】(名)器物の表面に漆で文様を描き、金銀の粉や貝などを蒔きつけてみがいたもの。

ま・く【負く】(自カ下二){け・け・く・くる・くれ・けよ}❶負ける。敗れる。徒然 一一〇「勝たんと打つべからず、—・け㊍じと打つべきなり」訳 (双六は)勝とうと思って打ってはならない、負けまいと思って打つべきである。
❷圧倒される。負い目を感じる。土佐「賑はしきやうなれど、—・くる㊟心地す」訳 景気がよいようであるが、(贈り物のお返しができず)負い目を感じる気持ちがする。
❸相手の主張に従う。譲る。竹取 火鼠の皮衣「焼けずはこそ、まことならめと思ひて、人の言ふことにも—・け㊍め」訳 (皮衣が)もし焼けなかったなら、(そのときこそ)本物だろうと思って、あの方(=あべの右大臣)の言うことにも従おう。

ま・く【枕く】(他カ四){か・き・く・く・け・け}❶枕とする。枕にして寝る。万葉 二・八六「かくばかり恋ひつつあらずは高山の磐根し—・き㊐て死なましものを」訳 こんなにも恋いこがれていないで、高い山の大きな岩を枕として、死んでしまったらよかったものを。文法「あらずは」の「ずは」は、連用修飾となって「…ないで」「…ずに」の意となる。「磐根し」の「し」は、強意の副助詞。
❷いっしょに寝る。結婚する。万葉 二〇・四三二一「若草の妻をも—・か㊍ず」訳 妻をも抱いて寝ないで。(「若草の」

は「妻」にかかる枕詞)

ま・く【巻く・捲く・纏く】(他カ四)｛か・き・く・く・け・け｝❶長い物をぐるぐると巻く。巻き付ける。丸める。細道 象潟「この寺の方丈に座して簾を─・け㊐ば」訳この寺(=干満珠寺)の住職の部屋に座ってすだれを巻き上げると。
❷取り囲む。〔愚管抄〕「御所を─・き㊐て(=取り囲んで)火をかけてけり」

ま・く【蒔く・撒く】(他カ四)｛か・き・く・く・け・け｝❶植物の種などを浅くうめる。また、まき散らす。〔記〕下「山がたに─・け㊐る青菜も吉備人とともにし摘めば楽しくもあるか」訳山の畑に(種を)まいた青菜も、吉備人といっしょに摘むと楽しいことだなあ。
❷蒔絵をする。大鏡 伊尹「海賦に蓬莱山・手長・足長、金して─・か㊍せ給へりし」訳海辺の模様に蓬莱山・手長・足長を、金を使って蒔絵にさせなさってあったのが。

ま・く【任く・罷く】(他カ下二)｛け・け・く・くる・くれ・けよ｝❶官職に任ずる。赴任させる。〔紀〕垂仁「土部の職に─・け㊐給ふ」訳土部職という役職に任じなさる。
❷命じて去らせる。退出させる。〔紀〕神代「時に皇孫、姉は醜しとおもほして、御さずして─・け㊐給ふ」訳時に皇孫(=瓊瓊杵尊)は、(大山祇神の娘のうち)姉は醜いとお思いになって、お招きにならないで去らせなさる。
参考「万葉集」には四段活用とみられる例がある。

ま・く【設く】(他カ下二)｛け・け・く・くる・くれ・けよ｝《上代語》〔中古以降「まうく」〕❶前もって用意する。したくする。万葉 四・七四四「夕さらば屋戸開け─・け㊐てあれ待たむ夢に相見に来むといふ人を」訳夕方になったなら、家の戸を開けてしたくして私は待とう。夢の中で会いに来ようという人を。
❷時期を待ち受ける。心待ちにする。また、待っていた時になる。万葉 八・一四八五「夏─・け㊐て咲きたるはねずひさかたの雨うち降らば移ろひなむか」訳夏になって咲いたはねず(=植物の名)の花は、雨が少し降れば色あせてしまうだろうか。(「ひさかたの」は「雨」にかかる枕詞)

まく《上代語》未来の推量を表す。…だろうこと。…であろうようなこと。万葉 五・八二四「梅の花散ら─惜しみわが園の竹の林に鶯鳴くも」訳梅の花が散るだろうことが惜しいので、私の庭園の竹の林で鶯が鳴いているよ。
文法「惜しみ」の「み」は、原因・理由を表す接尾語。
なりたち 推量の助動詞「む」のク語法
接続 活用語の未然形に付く。

ま・ぐ【覓ぐ・求ぐ】(他ガ四)｛が・ぎ・ぐ・ぐ・げ・げ｝《上代語》求める。探す。たずねる。〔記〕上「宮造るべき地を出雲の国に─・ぎ㊐給ひき」訳宮殿を造営するのにふさわしい場所を出雲の国(島根県)に求めなさった。

ま・ぐ【曲ぐ・枉ぐ】(他ガ下二)｛げ・げ・ぐ・ぐる・ぐれ・げよ｝❶(物を)曲げる。〔紀〕神功「皇后、針を─・げ㊐て鉤をつくり」訳皇后は、針を曲げて釣針をつくり。
❷人の心を悪い方向へねじ曲げる。ゆがめる。源氏 桐壺「世にいささかも人の心を─・げ㊐たることはあらじ」訳決して少しも人の心をねじ曲げたことはないだろう。
❸気持ちをおさえつける。自制する。抑圧する。徒然 一三〇「物に争はず、己を─・げ㊐て人にしたがひ」訳物事について(他人と)争わず、自分をおさえて他人(の意見)に従って。

ま・くさ【真草】(名)〔「ま」は接頭語〕草。特に屋根を葺くのに用いる「かや」「すすき」などをいう。万葉 一・四七「─刈る荒野にはあれど黄葉の過ぎにし君の形見とそ来し」訳草を刈る荒れた野ではあるけれど、亡くなってしまった君(=草壁皇子)の記念の地としてやって来たことだ。(「真草刈る」は「荒野」にかかる枕詞とする説もある。「黄葉の」は「過ぎ」にかかる枕詞)

ま・くず【真葛】(名)〔「ま」は接頭語〕葛(=つる草の名)。秋。万葉 一〇・二二九五「─延ふ小野の浅茅を」訳葛がはっている野のたけの短い茅萱を。

まくず・はら【真葛原】(名)〔「ま」は接頭語〕葛の生えている野原。万葉 一〇・二〇九六「─なびく秋風吹くごとに阿太の大野の萩の花散る」訳葛の生えている野原がなびく秋風が吹くたびに、阿太(=地名)の大野の萩の花が散る。

ま・くなぎ(名)〔上代は「まぐなき」〕❶羽虫の名。糠蚊の類。夏
❷まばたき。目くばせ。源氏 明石「─作らせてさし置かせけり」訳(五節の君は使者に)目くばせをさせて、(手紙を光源氏のもとに)置かせた。

ま・ぐは・しグワシ【目細し】(形シク)｛しから・しく(しかり)・し・しき(しかる)・しけれ・しかれ｝見た目に美しい。うるわしい。万葉 一四・三四二四「下毛野みかもの山の小楢のす─・し㊎児ろは誰が笥か持たむ」訳下野の国(栃木県)のみかもの山の小楢のようにうるわしい娘は、だれの食器を持つ(=だれの妻になる)のだろうか。文法「小楢のす」の「のす」は、「なす」の上代東国方言で、「…のように」の意。「まぐはし児ろ」は、シク活用形容詞の終止形(厳密には語幹)が体言に付いた上代の例。

ま・ぐはひグヮイ【目合ひ】(名)❶目を見合わせて、愛情を通わせること。〔記〕上「出で見て、すなはち見感でて、─して」訳(豊玉毘売命は)外に出て(男を)見て、たちまちほれぼれとして、目くばせをして。
❷男女が肉体的に結ばれること。結婚。著聞 六八一「さまざまに語らひ契りて、─をなさんとすれば」訳(男は美女と)いろいろと言いかわし結婚の約束をして、肉体関係を結ぼうとすると。

まく・ほ・し【まく欲し】…(し)たい。…でありたい。古今 雑上「老いぬればさらぬ別れもありといへばいよいよ見まくほしき㊍君かな」訳→おいぬれば…和歌
なりたち 推量の助動詞「む」のク語法「まく」＋形容詞「欲し」
参考「まくほし」が変化して平安時代の希望の助動詞「まほし」になったといわれるが、和歌では、平安時代に入っても用いられることがある。→まほし

まくら【枕】(名)❶寝るとき、頭を支えるもの。まくら。伊勢 八三「─とて草ひき結ぶこともせじ秋の夜とだにたのまれなくに」訳→まくらとて…和歌
❷寝ること。宿ること。「草─」「旅─」「新─」
❸枕もと。頭のほう。古今 雑体「─よりあとより恋のせめくればせむかたなみぞ床なかに居る」訳枕もとから、(また)足もとから恋しい思いがせまってくるので、どうしようもないから、寝床のまん中にいることだ。

まくら-かたさ・る【枕片去る】枕の片側に寄り、一方をあけて寝る。または、枕を寝床の片側に寄せる。上代、共寝の相手が通ってくるのを待っているようすという。〔万葉〕四・六三三「いかばかり思ひけめかも敷き栲(たへ)の―・る(体)夢(いめ)に見えける」〔訳〕どれほど(あなたが私を)思っていたからであろうか。枕の片側に寄って寝た夢に(あなたが)見えたことよ。(「敷き栲の」は「枕」にかかる枕詞)

まくら-がへし〔ガエシ〕【枕返し】(名)❶死んだ人の枕を北向きに変えること。〔大鏡〕伊尹「―何やと、例のやうなるありさまどもにしてければ」〔訳〕枕を北向きに変えることや何やかやと、慣例どおりの状態にいろいろとしてしまったので。❷たくさんの木枕を手でもてあそぶ曲芸。

まくら-がみ【枕上】(名)枕のあたり。枕もと。〔徒然〕一三「親しき者、老いたる母など、―に寄りゐて、泣き悲しめども」〔訳〕親しい者や、年老いた母などが、枕もとに寄って座って、泣いて悲しむが。

まくら-ごと【枕言】(名)いつも口に出して言うことば。口ぐせのことば。〔源氏〕桐壺「大和言(やまとこと)の葉をも、唐土(もろこし)の詩(うた)をも、ただその筋をぞ―にせさせ給ふ」〔訳〕和歌をも、漢詩をも、(桐壺帝は亡くなった桐壺の更衣をしのび)ただそう(=妻に先立たれたと)いう方面のものを口ぐせになされる。

まくら-ことば【枕詞・枕言葉】(名)和歌・文の修辞の一つ。⇨付録「和歌・俳句修辞解説」

まくら-さだ・む【枕定む】❶寝るとき、頭の方向を決める。その方向によって恋人を夢に見るという。〔古今〕恋一「宵々(よひよひ)に―・め(未)む方もなしいかに寝し夜か夢に見えけむ」〔訳〕毎晩寝るとき頭の方向を決めようすべもない。どのように寝た夜に(あの人が)夢に見えたのだろうか。❷場所を定めてゆっくりと寝る。〔浮・好色五人女〕「思ひのままに―・め(用)て語らんものを」〔訳〕思いどおりに宿る所を定めて語り合うだろうのになあ。❸遊里などで枕を交わす相手を決める。

まくら-す【枕す】(自サ変){せ・し・す・する・すれ・せよ}頭をのせる。枕にして寝る。〔紫式部日記〕「硯(すずり)の筥(はこ)に―・し(用)て臥(ふ)し給へる額つき、いとらうたげになまめかし」〔訳〕硯の箱に頭をのせて横になっていらっしゃる(弁の宰相の君の)額のようすは、とてもかわいらしい感じで魅力的である。

まくらづく【枕付く】《枕詞》枕を二つ並べて寝ることから、「妻屋(つまや)(=夫婦の寝室)」にかかる。〔万葉〕二・二一〇「―妻屋の内に」

まくらとて…〔和歌〕

> 枕とて　草(くさ)ひき結(むす)ぶ　こともせじ
> 秋(あき)の夜(よ)とだに　たのまれなくに
> 〈伊勢・八三〉〈新勅撰・羇旅・五二八・在原業平(ありはらのなりひら)〉

〔訳〕枕として草を引き結ぶこと(=旅寝)もしまい。(今は春で夜が短く)秋のように夜長をあてにすることさえできないので。〔文法〕「じ」は打消の意志の助動詞。
〔解説〕「伊勢物語」によると、惟喬(これたか)親王の狩りのお供をしていた作者が、自宅に帰ろうとするのを親王がとどめた折に詠んだ歌。早く帰して下さい、と言っている。「時は弥生(やよひ)の晦(つごもり)」という設定。

枕草子(まくらのさうし)〔マクラノソウシ〕《作品名》平安中期の随筆。清少納言作。長保二年(一〇〇〇)以降の成立か。中宮定子に仕えた宮廷生活での見聞や体験を中心に、自然や人生についての随想などを、約三百段につづる。内容は、「…は」「…もの」という形式の類聚(るいじゅう)的部分・随筆的部分・日記回想的部分の三つに分類することができる。「源氏物語」と並んで平安朝女流文学の傑作。
〔冒頭文〕春はあけぼの。やうやうしろくなり行く山ぎはすこしあかりて、むらさきだちたる雲のほそくたなびきたる。夏は夜。月のころはさらなり、……。〔訳〕春は夜明け方(が趣がある)。だんだんと白くなっていく、山に接するあたりの空が少し明るくなって、紫がかっている雲がほそくたなびいているの(が趣がある)。夏は夜(が趣がある)。月の(明るい)ころはいうまでもなく、……。
〔名文解説〕詩的な書き出しで始まる「枕草子」の冒頭文は、体言止めや連体形止めを多用した歯切れのよい文体と鋭敏な感性で、四季折々の風物を鮮やかに描き出している。「枕草子」の鮮烈な個性を強く印象づける文章である。

発展 「随筆」ということば
「枕草子」は「方丈記」「徒然草」とともに古典の三大随筆であるといわれる。しかし、「随筆」ということばは「枕草子」時代にはなかった。室町時代の説話集である「東斎随筆」が、わが国で書名に「随筆」の用いられた最初であるが、ここにいう「随筆」とは、備忘録や考証的文章のことである。新しい「随筆」の概念は、ヨーロッパのエッセイの反映として大正末期に現れた。近代に生まれた文学ジャンルの概念を、古い時代の作品にさかのぼって使用しているわけである。

まくら-むす・ぶ【枕結ぶ】枕とするために草を結ぶ。野宿をする。〔新古〕羇旅「行く末はいま幾夜とかいはしろの岡の萱根(かやね)に―・ば(未)ん」〔訳〕行く先はあと幾晩(の)旅寝を重ねるというので、磐代(いはしろ)の岡の萱の根元で(今晩は)野宿をするのだろうか。(「いはしろ」は「言は(ん)」と「磐代」とをかける。)⇨草枕「慣用表現」

まくら-を-そばだ・つ【枕を欹つ】枕を斜めに高くし、または頭を上げて耳をすまして聞く。〔源氏〕須磨「ひとり目をさまして、―・て(用)四方(よも)の嵐を聞き給ふに」〔訳〕(光源氏は)ひとり目をさまして、枕を斜めに高くして、あたりを吹きすさぶ嵐(の音)をお聞きになると。⇨此処許(ここもと)「名文解説」

ま-く・る【眩る】(自ラ下二){れ・れ・る・るる・るれ・れよ}(「目(ま)暗(く)る」の意)「まぐる」とも。目がくらむ。めまいがする。失神する。〔宇治〕一・一四「頭(かしら)を荒う打ちて、―・れ(用)入りて臥(ふ)せりけりとか」〔訳〕(小藤太(ことうだ)は)頭を強く打って、すっかり目がくらんで横になっていたとか。

まけ【任】(名)〔下二段動詞「任(ま)く」の連用形から〕官職に任ずること。特に、地方官に任命すること。〔万葉〕三・三六九「もののふの臣(おみ)の壮士(をとこ)は大君の―のまにまに聞くといふものぞ」〔訳〕朝廷に仕える臣下たる男子は、天皇の御任命のままに従うものだということだ。
〔参考〕多く「大君のまけのまにまに」の形で使われる。

まげ-いほ【曲げ庵・曲げ廬】(名)ゆがみ曲がって倒れそうな家。万葉 五・八九二「伏せ廬の—の内に直土に藁解き敷きて」訳 →かぜまじり…和歌。⇩苫屋「慣用表現」

まげ-て【枉げて】(副)ぜひとも。しいて。むりにも。徒然 二三一「—申し請けん」訳 ぜひとも請い受けよう。

ま-け-なが・し【真日長し】(「ま」は接頭語。「け」は日数の意)日数が多い。時日が長く経過する。万葉 一二・二八一四「我が恋は慰めかねつ—・く(用)夢に見えずて年の経ぬれば」訳 私の恋心は慰めることができない。長い間(あなたが)夢に見えない(まま)で年が過ぎてしまったので。

まけ-はしら【真木柱】(名)《上代東国方言》「まきばしら」に同じ。

まけ-みぞ【儲け溝】(名)あふれた池の水を他へ流すために設けた溝。万葉 一一・二八三三「葦鴨の多集く池水溢るとも—の方へにわれ越えめやも」訳 葦鴨が多く集まる池の水があふれても、あふれた水を他へ流すために作った溝の方へ、私は越えて行くだろうか(いや、行きはしない)(=思いがあふれても別の人に心を移したりしない)。

まけ-わざ【負け業】(名)歌合わせ・碁などの勝負ごとで、負けたほうが勝ったほうにごちそうや贈り物をすること。徒然 二三一「勝負の—にことつけなどしたる、むつかし」訳 勝負事の負けたときの賭けものにかこつけて人に物をやったり)などしたのは、いやなものだ。

ま-こ【真子】(名)(「ま」は接頭語)妻や子をいつくしんでいう語。いとしい妻。かわいい子。万葉 二〇・四四一四「大君の命畏み愛しけ—が手離り島伝ひ行く」訳 天皇の御命令が畏れ多いので、かわいい妻の手を離れて、島を伝って行くことだ。(「愛しけ」「離り」は東国方言)

まこと【真・実・誠】**一**(名)❶**ほんとうのこと。事実。真実。真理。** 竹取 かぐや姫の昇天「いと心苦しくもの思ふなるは、—か」訳 はなはだ気の毒なほど思い悩んでいるというのは、ほんとうか。文法「なる」は、伝聞・推定の助動詞。徒然 七三「世に語り伝ふること、—はあいなきにや、多くはみな虚言なり」訳 世間で語り伝えることは、事実(の話)ではおもしろみがないのだろうか、多くはみなつくり話である。文法「あいなきにや」の「や」は疑問の係助詞で、下に結びの語「あらん」が省略されている。
❷**いつわりのないこと。まごころ。誠実さ。** 徒然 一四一「都の人は、ことうけのみよくて、—なし」訳 都の人は、受け答えだけがよくて、誠実さがない。
二(副)**ほんとうに。じっさい。** 万葉 二〇・四三四八「たらちねの母を別れて—われ旅の仮廬に安く寝むかも」訳 母に別れてきて、ほんとうに私は旅の仮小屋で安らかに寝られるだろうか(いや、とても寝られはしまい)。(「たらちねの」は「母」にかかる枕詞)。文法「かも」は、反語。
三(感)ふと思い出したことを言うときのことば。**ああ、そうそう。ああ、そうだ。**〔うつほ〕あて宮「—、これは、夜居の人々の目覚ましに賜へとてなむ」訳 ああ、そうそう、これは、宿直の人々の眠気ざましにお与えになってほしいと思って(お届けするのです)。

まこと・し【真し・実し】(形シク)〔しから・しく(しかり)・し・しき(しかる)・しけれ・しかれ〕❶まことらしい。ほんとうらしい。徒然 七三「大方は—・しく(用)あひしらひて、ひとへに信ぜず、また疑ひ嘲るべからず」訳 (神や仏の話は)たいがいはほんとうらしく受け答えして、いちずに信じたりせず、また疑ってばかにしたりするのもよくない。
❷まじめだ。実直だ。枕 二〇〇「—・しう(用)(ウ音便)清げなる人の、夜は風のさわぎに寝られざりければ」訳 実直で美しい感じの女が、夜は(野分の)風の騒がしさで寝られなかったので。
❸正式である。本格的だ。源氏 少女「—・しう(用)(ウ音便)伝へたる人をさをさ侍らずなりにたり」訳 (琵琶の奏法を)正式に伝えている人はほとんどいなくなってしまいました。

まこと-に【誠に・実に】(副)ほんとうに。まったく。実に。徒然 四一「—さにこそ候ひけれ」訳 ほんとうにそのとおりでした。

まこと-の-はな【真の花】能楽で、鍛練と工夫とによって会得した、真実の芸の美しさ・魅力。〔風姿花伝〕「この花は、—にはあらず。ただ時分の花なり」訳 この(=少年期の)芸の魅力は真実の芸の魅力ではない。単に若さからくる一時的な魅力である。⇩時分の花「名文解説」。↕時分の花

まこと-の-みち【真の道】仏の道。仏道。新古 羇旅「悟り行く—にいりぬれば恋しかるべき古郷もなし」訳 悟って行く仏道に入ったので、(旅に出ても、この俗世間では)恋しいと思うようななじみ深い土地もない。

まことまこと・し【実実し】(形シク)〔しから・しく(しかり)・し・しき(しかる)・しけれ・しかれ〕(形容詞「まことし」を強めた語)真実味がある。誠実である。枕 二六五「心地などのむつかしきころ、—・しき(体)思ひ人の言ひなぐさめたる」訳 気分などがすぐれないとき、いかにも誠実な恋人がことばをかけて慰めてくれたの(は心強い)。

まこと-や【誠や】(感)(感動詞「まこと」に間投助詞「や」の付いたもの)ふと思い出したことを言うときのことば。ああ、そうそう。たしか。ほんとにまあ。源氏 須磨「—、騒がしかりしほどの紛れに漏らしてけり」訳 ああ、そうそう、騒がしかった間のごたごたのために(書き)もらしてしまった。

まご-びさし【孫廂・孫庇】(名)母屋の廂の外側に、さらに小さく張り出した部屋。「又廂」とも。

ま-こも【真菰・真薦】(名)(「ま」は接頭語)草の名。水辺に生え、秋に淡緑色の穂を生じる。丈は約二メートルに達する。実は食用。葉でむしろを編む。こも。

ま-さか【目前】(名)まのあたり。現在。万葉 一二・二九八五「梓弓末はし知らずしかれども—は君に寄りにしものを」訳 将来は分からない。しかし、今はあなたに寄り添ってしまったことだ。(「梓弓」は「末」にかかる枕詞)

まさき【柾木・真拆】(名)「まさきのかづら」に同じ。

ま-さきく【真幸く】(副)(「ま」は接頭語)幸せに。無事に。万葉 二・一四一「磐代の浜松が枝を引き結び—あらばまたかへり見む」訳 →いはしろの…和歌

まさき-の-かづら【柾木の葛・真拆の葛】(名)植物の名。葛の一種。古代、つるを割いて鬘とし、神事に用いた。「ていかかづら」または「つるまさき」の古名かという。まさき。秋。古今 神あそびのうた「深山には霰降るらし外山なる—色づきにけり」訳 奥山

ではあられが降っているにちがいない。里に近い山にあるまさきのかずらが色づいてしまったことだ。

まさぐり-もの【弄り物】(名)もてあそぶもの。慰みもの。源氏 蓬生「かぐや姫の物語の絵にかきたるをぞ時々のーにし給ふ」訳(末摘花は)かぐや姫の物語で、絵に描いてあるものを、ときおりの慰みものになさる。

まさぐ・る【弄る】(他ラ四)〔ら・り・る・る・れ・れ〕もてあそぶ。いじる。落窪「琴を臥しながらーり用て」訳(女君は)琴を横になったままでもてあそんで。

ま-さご【真砂】(名)〔「ま」は接頭語。上代は「まなご」〕細かい砂。細道 象潟「汐風ーを吹き上げ、雨朦朧として鳥海の山隠る」訳 潮風が細かい砂を吹き上げ、雨であたりがぼうっと煙って鳥海山が隠れる。

まさご-ぢ【真砂路】(名)長く続く白い海岸線を、道に見立てていう語。また、砂を敷きつめた道。風雅 雑中「唐崎(=地名)やかすかに見ゆるーに」

まさ-ざま(形動ナリ)〔なら・なり(に)・なり・なる・なれ・なれ〕❶【勝様】〔「まさりざま」の転〕(他より)まさっているさま。大鏡 時平「これは、文集の、白居易の『…』といふ詩にーに用作らしめ給へりとこそ」訳 この(道真の)詩は、「白氏文集」にある、白居易の「…」という詩よりいっそうすぐれたようにお作りになられていると。
❷【増様】いっそうはなはだしいさま。方丈 三「あまりさへ疫癘うち添ひて、ーに用あとかたなし」訳 おまけに流行病まで加わって、いっそうはなはだしくなって(立ち直った)形跡もない。

まさ・し【正し】(形シク)〔しから・しく(しかり)・し・しき(しかる)・しけれ・しかれ〕❶正しい。間違いない。平家 四・通乗之沙汰「ー・しい体(イ音便)太上法皇(=後白河法皇)の王子を討ち奉るだにあるに」訳 間違いない太上法皇の皇子(=以仁王)をお討ちするのでさえ畏れ多いことなのに。
❷確かだ。現実に起こるさま。徒然 五〇「ー・しく用見たりといふ人もなく、そらごとといふ人もなし」訳 確かに(鬼を)見たと言う人もなく、うそだと言う人もいない。

まさで-に【正でに】(副)《上代語》まさしく。ほんとうに。ありのままに。万葉 一四・三三七四「武蔵野に占へ肩焼きーも告らぬ君が名占に出にけり」訳 武蔵野で占いをして(鹿の)肩の骨を焼き、まさしく(人に)告げてもいないあなたの名が、占いの結果に出てしまったことだ。

まさな-ごと【正無事】(名)たわいもないこと。遊びごと。いたずら。徒然 一七六「小松の御門…昔ただ人におはしましし時、ーせさせ給ひしを忘れ給はで」訳 小松の帝(=光孝天皇)が…以前臣下でおいでになったときに、(料理の)遊びごとをなさったのをお忘れにならないで。

まさな・し【正無し】(形ク)〔から・く(かり)・し・き(かる)・けれ・かれ〕❶よくない。みっともない。不都合である。竹取 かぐや姫の昇天「声高になのたまひそ。屋の上に居る人どもの聞くに、いとー・し終」訳 大声でおっしゃるな。屋根の上にいる人たちが聞くと、ひどくみっともない。文法「な(副詞)…そ(終助詞)」の形で禁止の意を表す。
❷思いがけない。予想外だ。源氏 絵合「いとかうー・き体まで、いにしへの墨書きの上手ども跡をくらうなしつべかめるは」訳(絵が)たいそうこうも予想外なほど(上手で)、昔の墨書きの名人たちも(恥ずかしくて)ゆくえをくらましてしまうにちがいないようであるのは。文法「なしつべかめる」の「つ」は、助動詞「つ」の終止形で、ここは確述の用法。「べかめる」は、「べかるめる」の撥音便「べかんめる」の「ん」の表記されない形。

まさ-に【正に】(副)❶確かに。まさしく。源氏 夕顔「『ー長き夜』とうち誦じて臥し給へり」訳「確かに長い夜だ」と漢詩の一節を口ずさんで、(光源氏は)横になっていらっしゃる。
❷さしあたって。ちょうど今。現に。平家 延慶本・二本「夜ー明けんとし候ふほどに」訳 夜がちょうど今明けようとしていますころに。
❸(下に反語の助詞を伴って)どうして…(か)。伊勢 四〇「今の翁、ーしなむや」訳 今の老人は、どうして(こんな真剣な恋愛をするであろうか(いや、しない)。
❹(下に助動詞「べし」を伴ってきっと。必ず。…するのが当然。今昔 三・二八「汝、ー知るべし」訳 そなたは、必ず知らなければならない。

> **副詞の呼応**
> まさに 許さむや。〈反語〉
> (=どうして許すことができようか〈いや、許せない〉)
> まさに すべし。〈当然〉
> (=必ずしなければならない)

ま-さやか(形動ナリ)〔なら・なり(に)・なり・なる・なれ・なれ〕〔「ま」は接頭語〕はっきりしているさま。万葉 二〇・四四二四「色深く背なが衣は染めましを御坂たばらばーに用見む」訳 色濃く夫の衣服は染めればよかったなあ。(足柄山の)御坂を通らせていただくならば、はっきりと見えるだろうに。

まさり-がほ【勝り顔・優り顔】(名)他よりもすぐれていることを誇る顔つき。得意げな顔つき。また、以前にまさるようす。伊勢 八二「年月経れどーなき」訳 年月はたつけれど以前にまさるようすもないことだ。

まさり-ざま【勝り様】(形動ナリ)〔なら・なり(に)・なり・なる・なれ・なれ〕他と比べてまさっているさま。源氏 明石「艶にまばゆきさまはーに用ぞ見ゆる」訳(明石の入道の館の)優美できらびやかなありさまは、(都の諸邸宅より)まさっているように見える。↔劣り様

まさ・る(自ラ四)〔ら・り・る・る・れ・れ〕❶【増さる】(数量や程度が)ふえる。強まる。平家 九・宇治川先陣「水はをりふしーり用たり」訳(谷々の氷がとけ、宇治川の水かさは折しもふえている。
❷【勝る・優る】すぐれる。ひいでる。徒然 一八六「いづれかーる体と、よく思ひくらべて」訳 どちらがすぐれているかと、よく比較して。↔劣る

まし【猿】(名)「ましら」に同じ。

まし【汝】(代)対称の人代名詞。おまえ。同等以下の者に対して用いる。源氏 少女「ーが常に見るらむもうらやましきを、また見せてむや」訳(兄弟である)そなたがいつも(五節と会っているようなのもうらやましいが、(私=夕霧にも)もう一度会わせてくれるだろうか。

まし(助動特殊型)

意味・用法
- **反実仮想**〔もし…(た)なら…(た)だろう(に)。…(ただろう(に)。〕→❶
- **仮想**〔…たら(よかった)。〕→❷

不決断〔…たらよいだろう。…たものだろう。〕→❸
推量〔…う。…よう。…だろう。〕→❹

接続 活用語の**未然形**に付く。

活用

未然	連用	終止	連体	已然	命令
(ませ)(バ) ましか	○	まし(。)	まし(コト)	ましか(結ビ)	○

❶㋐(「ませば…まし」「ましかば…まし」の形で)事実に反することを仮に想像し、その仮定の上に立って推量する意を表す。**もし…(た)なら…(た)だろうに。** 万葉 八・一六五八「わが背子と二人見**ませ**(未)ばいくばくかこの降る雪のうれしから**まし**(体)」 訳 もし私の夫と二人で見るなら、どんなにかこの降る雪がうれしく感じられるだろうに。 竹取 竜の頸の玉「竜を捕らへたら**ましか**(未)ば、また、こともなく、我は害せられな**まし**(終)」 訳 もし竜を捕らえていたなら、また、たやすく、私は殺されてしまっていただろうに。 文法 「なまし」の「な」は、助動詞「ぬ」の未然形で、ここは確述の用法。 徒然 二三五「鏡に色・形あら**ましか**(未)ば、映らざら**まし**(終)」 訳 もし鏡に色や形があったとしたら、(何も)映らないだろうに。 ㋑(「未然形＋ば」など仮定条件句を受けて)仮定の上に立って仮想する意を表す。**…(た)だろうに。** 万葉 二・二二一「妻もあらば採みて食げ**まし**(終)佐美の山野の上のうはぎ過ぎにけらずや」 訳 妻でもそばにいるならば摘んで食べたであろうに。佐美の山の野の嫁菜も、(食べる時節が)過ぎてしまったではないか。 古今 春上「鶯の谷より出づる声なくは春来ることを誰か知ら**まし**(体)」 訳 鶯が谷から出てきて鳴く声がないならば、春の来ることをだれが知るだろうか(いや、だれも知ることがない)。 文法 「なくは」は、打消の順接の仮定条件を表す。「か」は反語の係助詞。

❷(単独で用いて)仮定の条件を含んでの仮想の意を表す。**…たら(よかった)。** 万葉 八・一四九二「君が家の花橘はなりにけり花なる時に逢は**まし**(体)ものを」 訳 あなたの家の花橘は実がなってしまった。花であるときに逢ったらよかったのに。 古今 春上「見る人もなき山里の桜花ほかの散りなむ後ぞ咲か**まし**(体)」 訳 →みるひとも… 和歌 古今 恋二「今ははや恋ひ死な**まし**(体)を逢ひ見むと頼めしことぞ命なりける」 訳 今はもう恋い焦がれて死ねたらよいのに。(あの人が逢おうと頼みにさせたことばが私の命だったのだ。) 文法 「頼めし」の「頼め」は下二段活用の連用形で、「頼みにさせる」意。

❸(「いかに」「なに」「や」などの疑問の意を表す語とともに用いて)決断しかねる意を表す。**…たらよいだろう。…たものだろう。** 源氏 松風「いかにせ**まし**(体)、迎へやせ**まし**(体)、とおぼし乱る」 訳 どうしたらよかろう、(明石の姫君を)引き取ったものだろうかと、(光源氏は)お悩みになる。 枕 三一九「これになにを書か**まし**(体)(＝書いたらよいだろう)」。 徒然 九八「しやせ**まし**(体)、せずやあら**まし**(体)と思ふことは、おほやうはせぬはよきなり」 訳 することにしたものだろうか、しないでおいたものだろうかと思うことは、たいていはしないほうがよいのである。 名文解説 迷うのであればしないほうがよい、という誰にでも身に覚えがありそうなことについての教訓。これは、浄土宗の高僧たちの格言を集めた「一言芳談」という書物の中で、特に兼好の心に残っていたことばのうちの一つである。

❹(中世語)単なる推量の意を表す。**…う。…よう。…だろう。** 平家 九・忠度最期「ゆきくれて木の下陰を宿とせば花やこよひの主なら**まし**(体)」 訳 (旅先で)日が暮れて、桜の木の下を宿とするならば、桜の花が今夜の主人(としてもてなしてくれるの)であろうか。

文法 (1) **「まし」の原義** 「まし」は、事実に反することを仮に想定して述べるというのが原義である。①の用法が本来のもので、それから②③の用法が生じたと考えられる。②の第一例は、「花なる時に逢はませば、よからましものを」のように表現すると①の形式になる。③の第二例も、「これに書かましかば、なにを書かまし」のように表現できるものである。

(2) **「せば…まし」** ①の㋐の形式は、上代には「ませば…まし」、平安時代になると「ましかば…まし」になる。㋑の形式では、「せば…まし」(「せば」の「せ」は助動詞「き」の未然形)が広く用いられた。

「吾妹子が形見の衣なかり**せば**何物もてか命継が**まし**」〈万葉 一五・三七三三〉
「思ひつつ寝ればや人の見えつらむ夢と知り**せば**覚めざら**まし**を」〈古今 恋二〉

(3) **已然形「ましか」** 已然形の「ましか」は、「こそ」の結びとしてだけ用いられる。仮定条件になる「ましかば」の「ましか」は未然形である。

「たしかに案内せさせてこそおりさせ給は**ましか**」〈落窪〉
「待たましもかばかりこそはあら**ましか**思ひもかけぬ今日の夕暮れ」〈和泉式部日記〉

まし 助動詞「まし」の連体形。 竹取 仏の御石の鉢「置く露の光をだにぞ宿さ**まし**をぐら山にて何求めけむ」 訳 (本物の仏の御石の鉢であったら、草の上に)置く露の光くらいの光だけでも宿しているだろうに。小暗という名の小倉山で何を探し求めたのだろう。

まじ (助動シク型)

意味・用法
打消の推量〔…そうもない。…ないだろう。〕→❶
打消の当然〔…はずがない。〕→❷
不適当〔…ないほうがよい。…のはふさわしくない。〕→❸
禁止〔…てはならない。〕→❹
不可能の予測〔…(ことが)できそうもない。〕→❺
打消の意志〔…まい。…ないつもりだ。〕→❻

接続 活用語の**終止形**に付く。ただし、ラ変型に活用する語には連体形に付く。

活用

未然	連用	終止	連体	已然	命令
まじから(ム)	まじく(シテ) 〈まじかり〉(ケリ)	まじ(。)	まじき(コト) 〈まじかる〉(メリ)	まじけれ(ドモ)	○

❶打消の推量の意を表す。**…そうもない。…ないだ**

ろう。源氏 夕顔「我が身こそは生きとまるまじき(体)心地すれ」訳 私(=光源氏)のほうは、生きながらえそうもない気持ちがするのだ。徒然 一九「冬枯れのけしきこそ、秋にはをさをさ劣るまじけれ(已)」訳 冬枯れのようすは、秋にはほとんど劣りそうもない。

❷打消の当然の意を表す。…はずがない。源氏 夕顔「顔むげに知るまじき(体)童一人ばかりぞ率てておはしける」訳 (光源氏は)顔を(だれも)まったく知らないはずの童一人だけを連れていらっしゃった。徒然 二三「さる人あるまじけれ(已)ば」訳 そのような(気の合う)人はいるはずがないから。

❸不適当の意を表す。…ないほうがよい。…のはふさわしくない。枕 二六二「さるまじき(体)人のもとに、あまりかしこまりたるも、げにわろきことなり」訳 そうするのはふさわしくない人の所に、あまりかしこまった(手紙を書く)のも、なるほどよくないことだ。

❹禁止の意を表す。…てはならない。枕 九二「童よりほかには、すべて入るまじ(終)と戸をおさへて」訳 (係の女房と)童女以外には、(五節の局には)だれも入ってはならないと戸をおさえて。徒然 四九「無常の身に迫りぬることを…つかの間も忘るまじき(体)なり」訳 無常(=死)が身に確かに迫っていることを…一瞬の間も忘れてはならないのである。

❺不可能の予測を表す。…(ことが)できそうもない。竹取 蓬莱の玉の枝「たはやすく人寄り来まじき(体)家を作りて」訳 (くらもちの皇子は)たやすく人が寄ってくることができそうもない家をつくって。源氏 帚木「女の、これはしもと難つくまじき(体)は難くもあるかな」訳 女の人で、これこそは(理想的だ)と欠点を見いだすことができそうもない者はめったにいないなあ。文法「女の」の「の」は、いわゆる同格の格助詞で、「…で」の意。「これはしもと」の「しも」は、強意の副助詞。名文解説 光源氏が「雨夜の品定め」で友人たちと理想の女性について語り合った際の、頭の中将のことば。何ひとつ欠点のない女性など、めったにいないものだ、という頭の中将の本音は、現代の恋愛関係にも通じるものといえよう。

❻打消の意志を表す。…まい。…ないつもりだ。竹取 御門の求婚「なほ仕うまつるまじき(体)ことを参りて申さむ」訳 やはり宮仕えするつもりはないことを参上して申し上げよう。平家 一一・先帝身投「わが身は女なりとも、敵の手にはかかるまじ(終)」訳 わが身は女であっても、敵の手にはかからないつもりだ。

文法 (1) **未然形「まじく」** 未然形に「まじく」を認める説がある。

「かの左衛門の督まかりなるまじくは(=昇任しそうもないなら)、よしなし。なしたぶべきなり(=私を中納言に任命なさるべきだ)」〈大鏡 為光〉

「など祇王は返事はせぬぞ。参るまじいか。参るまじくはそのやうを申せ」〈平家 一・祇王〉

のような「まじくは」は仮定条件の表現であるから、未然形の「まじく」に接続助詞の「は」が付いた形とみる立場である。しかし、一般には、連用形の「まじく」に係助詞の「は」の付いたものとする。

「世の有り様など思し分くまじくは見奉らぬを(=ご分別なさることができそうもないとは拝見しないのに)」〈源氏 総角〉

とある「まじくは」は、明らかに連用形に係助詞「は」の付いたものである。ウ音便になった「まじうは」の形は、すべて仮定条件にはならない。「まじくは」の形には、意味上二種類あることに留意したい。

(2) 和歌では「じ」が多く用いられ、「まじ」はあまり用いられない。また、漢文調の文章では「まじ」のかわりに「べからず」がよく用いられた。

(3) **連体形「まじかる」** 「まじ」の連体形「まじかる」の用例はほとんど見当たらない。「めり」「なり」に接続して「まじかんめり」「まじかんなり」と音便化し、撥音が表記されず「まじかめり」「まじかなり」となることが多い。

(4) **音便** 「まじ」の連用形「まじく」はウ音便に、連体形「まじき」はイ音便になることがある。「まじう」(連用形の音便形)は中古に、「まじい」(連体形の音便形)は中世以降に現れる。

(5) **「まじ」と「べし」** 次の例で明らかなように、「まじ」は「べし」の打消にあたる語である。

「夢をも仏をも用ゐるべしや、定めよとなり」〈蜻蛉 中〉

(6) 次の用例は副詞の「え」があるので、⑤ではなく、①の類例とみるべきものである。

「えとどむまじければ(=とどめることができそうもないので)、たださし仰ぎて泣きをり」〈竹取 かぐや姫の昇天〉

(7) **「まじ」の語史** 「まじ」は平安時代以降に用いられ、上代には「ましじ」が用いられた。中世以降、連体形の音便形「まじい」が終止形・連体形として用いられ、やがて「まい」に転じて、現代語の「まい」につながる。「まい」の用例は中世末期からみられる。

ましか 助動詞「まし」の未然形。土佐「もし海辺にて詠まましかば、『波立ちさへて入れずもあらなむ』とも詠みてましや」訳 もしも海辺で詠んだとしたならば、「波が立ってじゃまをして(月を海に)入れないでほしい」とでもきっと詠んだだろうか。

ましか 助動詞「まし」の已然形。源氏 若菜上「故入道の宮おはせましかば、かかる御賀など、われこそすすみ仕うまつらましか」訳 亡き入道の宮(=藤壺)が生きていらっしゃったとしたら、このような(四十歳の)お祝いなど、私(=光源氏)がすすんでしてさしあげただろうのに。(「おはせましかば」の「ましか」は、未然形)

ましか-ば…まし 反実仮想を表す。事実に反することや、実現しそうにないことを仮に想定し、その仮定の上に立って推量する意を表す。もし…(た)なら、…(た)だろう(に)。源氏 帚木「昼ならましかば、覗きて見奉りてまし(終)」訳 日中だったなら、きっと(私=空蝉も)のぞいて(光源氏を)拝見しただろうに。

なりたち 反実仮想の助動詞「まし」の未然形「ましか」+接続助詞「ば」+…+反実仮想の助動詞「まし」

まじから 助動詞「まじ」の未然形。枕 二六八「およぶまじからむ際をだに、めでたしと思はむを、死ぬばかりも思ひかかれかし」訳 手が届きそうもないような身分の女だって、(自分が)すばらしいと思うような女を、死ぬほどにも恋いこがれるのがよいのだよ。

まじかり 助動詞「まじ」の連用形。伊勢 六「女のえ得まじかりけるを、年を経てよばひわたりけるを」訳 女で、

(男が)手に入れることができそうになかった人を、幾年にもわたって求婚し続けてきたが。

まじかる 助動詞「まじ」の連体形。多く撥音便「まじかん」の撥音が表記されない「まじか」の形で用いられる。源氏 若紫「仏の御しるべは、暗きに入りてもさらにたがふまじかなるものを」訳 仏のお導きは、暗い所に入っても、決して違うはずがないというのに。

まじき 助動詞「まじ」の連体形。竹取 仏の御石の鉢「なほこの女を見では世にあるまじき心地のしければ」訳 (石つくりの皇子は)やはりこの女(=かぐや姫)と結婚しなくてはこの世に生きていられそうもない気がしたので。

まじく 助動詞「まじ」の連用形。枕 八三「司召しに少々の司得て侍らむは、何ともおぼゆまじくなむ」訳 司召しで少しばかりの官職を得たにしましてもそれは、(うれしくも)なんとも思われそうにないのです。

まじけれ 助動詞「まじ」の已然形。竹取 かぐや姫の昇天「えとどむまじければ、ただ、さし仰ぎて泣きをり」訳 (かぐや姫を)とどめることができそうもないので、(嫗は)ただ仰ぎ見て泣いている。

まじじ (助動特殊型)《上代語》〔助動詞「まじ」の古形〕…ないだろう。…まい。…はずがない。万葉 二〇・四四八二「堀江越え遠き里まで送り来ける君が心は忘らゆましじ⑧」訳 堀江を越えて遠い里まで見送りにきたあなたの心は忘れることができないだろう。

接続 活用語の終止形に付く。ただし、ラ変型に活用する語には連体形に付く。

活用

未然	連用	終止	連体	已然	命令
○	○	ましじ (○)	ましじき (コト)	○	○

語法 「敢ふ」「得」「堪ふ」「克つ」など、可能の意をもつ下二段動詞、あるいは可能の助動詞「ゆ」に付くことが多い。

ましじき 助動詞「ましじ」の連体形。万葉 六・一〇五五「布当山山なみ見れば百代にも変はるましじき大宮所」訳 布当山の山並みを見ると、百代までも変わるはずのない大宮所(だと思われる)。

まし-て 【況して】(副) ❶いっそう。もっと。源氏 桐壺「同じほど、それより下臈の更衣たちは、―安からず」訳 (桐壺の更衣と)同じ身分、またそれより低い地位の更衣たちは、いっそう心おだやかでない。❷いわんや。いうまでもなく。徒然 一三四「身の上の非を知らねば、―ほかの謗りを知らず」訳 自分の欠点を知らないから、いうまでもなく(自分に対する)他人の批判を知らない。

まじなひ 【呪ひ】(名) 災いや病気からのがれようとして神仏などに祈る行為。おまじない。源氏 若紫「よろづに―、加持などまゐらせ給へどしるしなくて」訳 (光源氏は)いろいろとおまじないや加持(=仏に加護を祈る儀式)などをおさせになるが、ききめがなくて。

まじな・ふ 【呪ふ】(他ハ四)｛は・ひ・ふ・ふ・へ・へ｝災いや病気を除くため神仏などに祈る。徒然 四七「鼻ひたる時、かく―・は㊍ねば死ぬるなりと申せば」訳 くしゃみをしたときに、このようにおまじないをしないと必ず死ぬものだと(世間で)申すので。

まじは・る 【交はる】(自ラ四)｛ら・り・る・る・れ・れ｝❶いりまじる。まぎれこむ。方丈 五「世を遁れて、山林に―・る㊍は、心を修めて道を行はんとなり」訳 俗世間から逃れて、山林にいりまじって住むのは、心を正しく整えて仏道を修めようとするからである。❷交際する。つきあう。徒然 一三四「すべて、人に愛楽せられずして衆に―・る㊍は恥なり」訳 総じて、人々に親しみ愛されないで、多くの人々とつきあうのは恥ずかしいことである。❸男女が関係する。情を交わす。著聞 三二五「二神まなびて―・る㊍ことをえたり」訳 二人の神は(せきれいを)まねて情を交わすことを会得した。

まじ・ふ 【交じふ・雑じふ】(他ハ下二)｛へ・へ・ふ・ふる・ふれ・へよ｝まぜ合わせる。混合させる。万葉 一〇・一九三九「ほととぎす汝が初声はわれにこせ五月の玉に―・へ㊊て貫かむ」訳 ほととぎすよ。おまえの最初の一声は私におくれ。陰暦五月の薬玉にまぜて(緒に)貫きとどめよう。

まし-ま・す 【坐します】(自サ四)｛さ・し・す・す・せ・せ｝「あり」の尊敬語。**いらっしゃる。おいでになる。おありになる。** 平家 五・月見「福原の新都に―・す㊍人々、名所の月を見んとて」訳 福原の新都にいらっしゃる人々は、名所の月を見ようというので。今昔 一・三三「王の国には、仏―・す㊎」訳 王(=影勝王)の国には、仏がおいでになる。

参考 中古では、「まします」はまれに神仏や皇族について用いられる程度で「おはします」「おはす」が普通に使われたが、中世に入ると盛んに用いられるようになった。

敬語ガイド 「あり」の敬語

尊敬語 (いらっしゃる・おいでになる・おありになる)
います・いますがり・おはさうず・おはさふ・おはします・おはす・まします・ます(座す・坐す)

謙譲語 (お仕え申しあげる・お控え申しあげる)
さうらふ・さぶらふ・はべり

丁寧語 (あります・ございます・おります)
さうらふ・さぶらふ・はべり

まし-ま・す 【坐します】(補動サ四)｛さ・し・す・す・せ・せ｝(動詞・形容詞・形容動詞・助動詞「る」「らる」「す」「さす」「なり」の連用形、助詞「て」に付いて)尊敬の気持ちを表す。…て(で)いらっしゃる。…て(で)おいでになる。お…になる。大鏡 道長上「不比等の大臣の御女、二人ながら后に―・す㊎めれど」訳 (藤原)不比等の大臣様の御娘は、二人とも后でいらっしゃるようだが。平家 灌頂・大原御幸「御涙にむせばせ給ひ、あきれてたたせ―・し㊊たる所に」訳 (女院は)御涙にむせびなされ、途方にくれてお立ちになっていらっしゃったところに。文法 「せ給ひ」は、最高敬語。→まします(自サ四)参考

ま-しゃう 【魔障】(名)《仏教語》仏道修行を妨げるもの。また、その妨害。今昔 一三・三「上には―強しとて、麓の里に房を造りて」訳 (山の)上では仏道修行を妨げるものが強いというので、麓の村に僧房を造って。

ましら 【猿】(名) 猿。「まし」とも。古今 雑体「わびしらに―な鳴きそ」訳 心細そうに猿よ鳴いてくれるな。

まじらひ 【交じらひ】(名) 交際。つきあい。特に、宮仕え。源氏 桐壺「はかばかしう後ろ見思ふ人もなき―

は、なかなかなるべきことと思ひ給へながら」訳 しっかりと心にかけて後ろ盾になってくれる人もいない宮仕えは、かえってしないほうがよいようなものと存じながらも。文法「給へ」は、下二段活用の謙譲の補助動詞。

ま-しらふ【真白斑】(名)〔「ま」は接頭語〕鷹の羽毛に、白いまだらな紋のあること。また、その鷹。万葉 一九・四一五四「鳥座結ひ据ゑてそあが飼ふ—の鷹」訳 鳥の宿るところを作り、(そこに)とまらせて私が飼っている真白斑の鷹よ。

まじら・ふ(マジラ(ロ)ウ)【交じらふ】(自ハ四){は・ひ・ふ・ふ・へ・へ}〔四段動詞「まじる」の未然形「まじら」に上代の反復・継続の助動詞「ふ」の付いたもの〕❶まじり合う。まざる。枕 四〇「楠の木は、木立多かる所にも、ことに—・ひ(用)立てらず」訳 楠の木は、木が多く生えている所でも、格別(他の木に)まじって立っていることはなく。文法「立てらず」の「ら」は、助動詞「り」の未然形。
❷仲間にはいる。交際する。また、宮仕えする。源氏 桐壺「かたじけなき御心ばへのたぐひなきを頼みにて—・ひ(用)給ふ」訳 (桐壺の更衣は)おそれ多い(桐壺帝の)御愛情のまたとないことを頼りにして宮仕えしなさる。

ま-じり【眦・目尻】(名)❶目じり。まなじり。源氏 行幸「いと腹あしげに—引きあげたり」訳 (近江の君は)ひどく意地悪そうに目じりをつり上げている。❷目つき。源氏 松風「せめて見隠し給ふ御—こそわづらはしけれ」訳 むりに見て見ぬふりをなさるあなた(=紫の上)の御目つきが気にかかるのだ。

まじ・る【交じる・混じる・雑じる】(自ラ四){ら・り・る・る・れ・れ}❶あるものの中に他のものがはいりこむ。まざる。万葉 五・八四九「残りたる雪に—・れ(已)る梅の花早くな散りそ雪は消ぬとも」訳 残っている雪にまじって(咲いて)いる梅の花よ、早く散らないでくれ。たとえ雪は消えてしまっても。文法「な(副詞)…そ(終助詞)」の形で禁止の意を表す。「消」は、「消く」(カ下二)の連用形。
❷人に立ちまじる。仲間にはいる。また、宮仕えする。徒然 七六「人おほく行きとぶらふ中に、ひじり法師の—・り(用)て、言ひ入れたたずみたるこそ、さらずともと見ゆれ」訳 人が多く出入りする中に、修行僧が立ちまじって、取りつぎを申しこんで待っている光景は、そんなことをしなくてもよかろうにと思われる。
❸(山や野に)分け入る。竹取 かぐや姫の生ひ立ち「野山に—・り(用)て竹を取りつつ、万のことに使ひけり」訳 (竹取の翁は)野や山に分け入って竹を切り取っては、いろいろなことに使った。⇩竹取物語「名文解説」

ま-じろ・く【瞬く】(自カ四){か・き・く・く・け・け}まばたきをする。まばたく。今昔 一・二「天人は眼—・く(体)こと無きに眼—・く(終)」訳 (五衰の第一は)天界に住む者は目をまばたきすることはないのに、目をまばたきする。

まじ-わざ【蠱業】(名)人を呪うまじない。呪いごと。宇治 一〇・九「その—する陰陽師のいはく」訳 その呪いのまじないをする陰陽師が言うことには。

ま・す【申す】(他サ四){さ・し・す・す・せ・せ}〔謙譲の四段動詞「まうす」の転か〕「言ふ」の謙譲語。申し上げる。〔栄花〕みはてぬゆめ「これを公にも殿にも、いとよう—・さ(未)せ給ひつべけれど」訳 これ(=不敬事件)を朝廷にも関白殿(=道長)にも、たいそうくわしく(訴え)申し上げなされることはできただろうが。

ま・す【申す】(補動サ四){さ・し・す・す・せ・せ}〔四段動詞「ます(申す)」から〕(動詞の連用形に付いて)謙譲の意を表す。お…申しあげる。更級 物語「天照御神を念じ—・せ(命)」訳 天照大神をお祈り申しあげよ。

ま・す【座す・坐す】(自サ四){さ・し・す・す・せ・せ}❶「あり」の尊敬語。**いらっしゃる。おいでになる。おありになる。**万葉 二・一七四「よそに見し真弓の岡も君—・せ(已)ば常つ御門と侍宿するかも」訳 無関係だと思っていた真弓の岡も、主君が(葬られて)おいでになるから、永遠の御所として警備することよ。源氏 明石「海に—・す(体)神の助けにかからずは潮のやほあひにさすらへなまし」訳 海においでになる神の助けにすがらなかったならば、(私=光源氏は)きっと潮が八方から寄りあう所(=沖合はるか)に漂ってしまったであろうに。文法「かからずは」の「ずは」は、打消の順接の仮定条件を表す。「なまし」の「な」は助動詞「ぬ」の未然形で、ここは確述の用法。⇩坐します「敬語ガイド」
❷「行く」「来く」の尊敬語。**いらっしゃる。おいでになる。**万葉 一七・三九九六「わが背子が国へ—・し(用)なばほととぎす鳴かむ五月はさぶしけむかも」訳 あなたが故郷へおいでになってしまったなら、ほととぎすの鳴くであろう陰暦五月は寂しいだろうなあ。⇩参づ「敬語ガイド」

ま・す【座す・坐す】(補動サ四){さ・し・す・す・せ・せ}(動詞の連用形に付いて)尊敬の意を表す。**お…になる。…て(で)いらっしゃる。**古今 羇旅「一年にひとたび来—・す(体)君待てば宿かす人もあらじとぞ思ふ」訳 ↓ひととせに…和歌
参考 おもに上代に用いられ、中古以降は和歌にのみみられる。

ま・す ■一(自サ四){さ・し・す・す・せ・せ}❶【増す】数や量が多くなる。増加する。ふえる。万葉 六・一〇一〇「奥山の真木の葉凌ぎ降る雪の降りは—・す(終)とも地に落ちめやも」訳 奥山のりっぱな木の葉を押さえつけて降る雪が、どんなに降り積もるにしても、(この橘の実は)地に落ちることがあろうか(いや、落ちはしない)。
❷【勝す・優す】まさる。いっそうすぐれる。万葉 三・三四五「価なき宝といふとも一坏の濁れる酒にあに—・さ(未)めやも」訳 (仏の無上の法は)値のつけられない尊い宝といっても、一杯の濁り酒になんのまさることがあろうか(いや、まさりはしない)。
■二(他サ四){さ・し・す・す・せ・せ}❶【増す】数や量を多くする。増加させる。ふやす。徒然 一七五「悪を—・し(用)、よろづの戒を破りて」訳 悪行を重ね、あらゆる戒律を破って。
❷【勝す・優す】まさるようにする。すぐれるようにする。源氏 初音「色をも音をも—・す(体)けぢめ、殊になむ分かれける」訳 (光源氏のすばらしさが、梅の花の)色をも(音楽の)音色をもすぐれたものにさせる(という)変化が、格別にはっきりわかるのであった。

ます(助動特殊型)❶謙譲語。動作の及ぶ相手に対する敬意を表す。お…申しあげる。…てさしあげる。お…する。〔浄・夕霧阿波鳴渡〕「この吉田屋の喜左衛門が着せまする(体)(=お着せする)小袖」
❷丁寧語。聞き手に対する敬意を表す。…ます。〔狂・末広がり〕「撫づればこのごとくすべすべ致しまする(終)」訳 なでるとこのようにすべすべいたします。

接続 動詞・助動詞の連用形に付く。

活用

未然	連用	終止	連体	已然	命令
ませ (ズ)	まし (テ)	ます まする (○)	ます まする (コト)	ませ ますれ (ドモ)	ませ ませい (○)

参考 室町末期以降の語。「参らす」の連体形「まゐらする」が「まらする」→「まっする」→「まっす」→「ます」と転じたもの。

ま・ず【交ず・混ず・雑ず】(他ザ下二){ぜ・ぜ・ず・ずる・ずれ・ぜよ} ❶まぜる。加え入れる。源氏 少女「秋の前栽をばむらむらほのかに―・ぜ㊊たり」訳(春の花々の中に)秋の草花をひとむらずつ少しばかりまぜてある。❷ことばを加える。口をさしはさむ。源氏 帚木「君のうちねぶりて言葉―・ぜ㊊給はぬを」訳君(=光源氏)が居眠りしていてことばをさしはさみなさらないのを。

まず〖先ず〗⇩まづ

ます-おとし【枡落とし】(名)ねずみを捕る仕掛け。枡を棒で支えて立てかけ、その下に餌を置き、ねずみが触れると枡が落ちる仕組みのもの。

ます-かがみ【真澄鏡】(名)「まそかがみ」とも。「真澄の鏡」の略。古今 冬「ゆくとしの惜しくもあるかな―見る影さへにくれぬと思へば」訳去り行く年が惜しくも思われることだ。澄んだ鏡に映る私の姿までが(年の暮れとともに)老いてしまうと思うので。

増鏡(ますかがみ)〖作品名〗南北朝時代の歴史物語。成立は応安年間(一三六八―一三七五)、作者は二条良基と推定される。治承四年(一一八〇)後鳥羽天皇の生誕から、元弘三年(一三三三)後醍醐天皇の隠岐からの還幸まで、約百五十年の歴史を流麗な和文の編年体で記す。「大鏡」「今鏡」「水鏡」とともに「四鏡」という。

ます-かき【枡掻き】(名)枡に盛った穀物を、ふちの高さに合わせて平らにするために用いる、木や竹の丸く短い棒。〔浮・日本永代蔵〕「世の人あやかり物とて、―をきらせける」訳(八十八歳の老人を)世間の人は果報者といって、(米寿の祝いに)枡掻きを切(って作)らせた。

ま-すげ-はら【真菅原】(名)〔「ま」は接頭語〕すげ(=草の名)の生えている野原。

ま-すほ【真赭】(名)〔「まそほ」の転〕「まそほ」に同じ。

ますみ-の-かがみ【真澄の鏡】きれいに澄み、はっきり映る鏡。真澄鏡・真澄み鏡。万葉 一六・三八八五「あが目らは―あが爪は御弓の弓弭」訳私の目は澄んではっきり映る鏡に、私の爪は御弓の弦を掛ける部分に(なろう)。

ますら-たけを【益荒猛男・大夫建男】(名)「ますらを」に同じ。

ますら-を【益荒男・丈夫・大夫】(名)勇ましく強くりっぱな男子。勇士。ますらたけお。万葉 一〇・一九三七「―の出で立ち向かふ故郷の神奈備山に」訳りっぱな男子が出て立ち向かう古い都の(明日香の)神奈備山で。↔手弱女

ますらをの【益荒男の・大夫の】《枕詞》地名の「手結」にかかる。万葉 三・三六六「―手結が浦に」

ますらを-ぶり【益荒男振り・丈夫振り】(名)《文芸用語》力強い男性的な歌風のこと。賀茂真淵など近世国学系の人々が理想とした歌風で、「万葉集」の歌がその典型とされる。↔手弱女振り

まする 助動詞「ます」の終止形・連体形。〔狂・末広がり〕「ごもっともに存じまする㊇」。〔狂・瓜盗人〕「二つ三つ取った瓜も返上いたしまする㊍程に(=お返しいたしますから)、何卒ゆるいて(=許して)下さい」

ませ【籬・笆】(名)竹や木で作った、目が粗く低い垣根。籬。籬垣。枕 二四五「前は壺なれば、前栽植ゑ、―結ひて、いとをかし」訳前は中庭なので、草木を植え、籬垣を結って、たいそう趣がある。

ませ 助動詞「まし」の未然形。万葉 六・一〇一三「あらかじめ君来まさむと知らませば門に屋戸にも珠敷かましを」訳前もってあなたがいらっしゃるだろうと知っていたならば、門にも戸口にも珠を敷いただろうに。

-まぜ(接尾)その数だけ間をおく意を表す。…おき。大鏡 道長上「二三日―に召すぞかし」訳二、三日おきにお呼びになることだよ。「日―(=一日おき)」

ませ-がき【籬垣】(名)「ませ(籬)」に同じ。

ませ-ば…まし 反実仮想を表す。事実に反することや、実現しそうにないことを仮に想定し、その仮定の上に立って推量する意を表す。もし…(た)なら、…(た)だろう(に)。万葉 八・一六五八「わが背子と二人見ませばいくばくかこの降る雪のうれしからまし㊍」訳もし私の夫と二人で見るなら、どんなにかこの降る雪がうれしく感じられるだろうに。

なりたち 反実仮想の助動詞「まし」の未然形「ませ」＋接続助詞「ば」＋…＋反実仮想の助動詞「まし」

参考 主として上代に用いられ、中古以降は多く「ましかば…まし」が用いられた。

まそ-かがみ【真澄鏡】(名)「ますかがみ」とも。「ますみのかがみ」に同じ。

まそかがみ【真澄鏡】《枕詞》鏡の使いみち・状態などから、「見る」「みぬめ」「清し」「面影」「照る」「掛く」「磨ぐ」などにかかる。万葉 四・五七二「―見飽かぬ君に」。万葉 六・一〇六六「―敏馬の浦は」。万葉 一七・三九〇〇「―清き月夜に」。万葉 一一・二六三四「―面影去らず」

ま-そほ【真赭・真朱】(名)〔「ま」は接頭語〕「ますほ」とも。❶朱色の顔料にする赤色の土。辰砂。万葉 一六・三八四一「仏造る―足らずは水たまる池田の朝臣が鼻の上を掘れ」訳仏像を造る辰砂が足りないなら、(赤い鼻をしている)池田の朝臣の鼻の上を掘れ。(「水たまる」は「池」にかかる枕詞) ❷赤い色。多く、「真赭の糸」「真赭の薄」の形で、すすきの穂が赤みを帯びたものをいう。徒然 一八八「ますほのすすき、―のすすきなどいふことあり」訳(穂が赤みを帯びているすすきを)ますほのすすきや、まそほのすすきなどと言うことがある。

まそみ-かがみ【真澄み鏡】(名)「ますみのかがみ」に同じ。

また【又・亦・復】━(副) ❶もう一度。再び。かさねて。徒然 一九「同じこと、―今さらに言はじとにもあらず」訳(古人と)同じことを、もう一度こと新しく言うまいというわけでもない。❷同じように。やはり。方丈 一「世の中にある、人と栖と、―かくのごとし」訳世の中に存在している、人とその住居とは、やはりこの(=川の流れや水の泡の)ようなもので

ある。⇨方丈記「名文解説」
❸そのほかに。別に。〔万葉〕一七・四〇二一「これを除きて―はあり難し」〔訳〕これ以外にほかにはありそうもない。
□二(接)❶ならびに。および。〔大鏡〕道長上「中の関白殿、―御前に候ふ人々も」〔訳〕中の関白殿(=藤原道隆)、ならびに御前にひかえている人々も。
❷そして。それに。そのうえ。〔枕〕九「―『翁丸か』とだにいへば、よろこびてまうで来るものを、呼べど寄りこず」〔訳〕(犬はひどい姿をしていて)そのうえ、(これまでは)「翁丸か」とさえ呼べば必ず、喜んで(こっちへ)参りますのに、呼んでも近づいて来ない。
❸あるいは。もしくは。そうかと思うと。〔徒然〕一九四「ほわづらはしく虚言を心得そふる人あり。―、何ともなく思はで、心をつけぬ人あり」〔訳〕(人のうそを深く信じて)さらにごてごてとうそを承知でつけ加える人がいる。あるいは、なんとも思わないで、心をとめない人がいる。〔文法〕「何としも」の「し」は、強意の副助詞。
❹しかし。そうかといって。〔源氏〕若紫「宮にはあらねど、―思し放つべうもあらず」〔訳〕(あなた=若紫の父上の兵部卿の)宮ではないが、そうかといって、(私=光源氏を)見捨てなさって(=他人扱いなさって)よいはずもない。〔文法〕「べう」は、「べく」のウ音便。
❺話題を変えるときにいう語。そして。それから。そこで。〔今昔〕一一・一五「この珠を取り給ひつ。―、本の国の王、珠を失ひたる咎を以て、我らが頸を切られむとす」〔訳〕(あなた=竜王は)この珠をお取りになった。そこで、本国の王は珠をなくした罪によって、われわれの首をきっとお切りになるだろう。〔文法〕「切られなむ」の「な」は、助動詞「ぬ」の未然形で、ここは確述の用法。

まだ【未だ】(副)〔「いまだ」の転〕まだ。〔伊勢〕三「二条の后の―帝にも仕うまつり給はで、ただ人にておはしましける時のことなり」〔訳〕二条の后(=藤原高子)がまだ(清和)天皇にお仕え申しあげないでいらっしゃって、臣下の身分でいらっしゃった時のことである。

ま-だう【魔道】(名)悪魔の世界。悪の道。〔沙石集〕「碩学の聞こえありしが、―に落ちて」〔訳〕学問の広く深い人という評判があったが、悪の道に落ちて。

まだき【夙・未だき】(副)(多く、「に」「も」などの助詞を伴って)まだその時期の来ないうちに。早くも。もう。〔源氏〕帚木「―にやむごとなきよすが定まり給へるこそ、さうざうしかめれ」〔訳〕(光源氏は)まだ若いのにもう身分の高い本妻がお決まりになったのは、(浮気もできず)物足りないことだろう。〔文法〕「さうざうしかめれ」は「さうざうしかるめれ」の撥音便「さうざうしかんめれ」の「ん」の表記されない形。

またく【全く】(副)完全に。まったく。〔徒然〕二一七「銭あれども用ゐざらんは、―貧者と同じ」〔訳〕金があっても使わないならそれは、まったく貧しい者と同じである。

またく・す【全くす】(他サ変){せ・し・す・する・すれ・せよ}完全に保ちつづける。まっとうする。〔徒然〕二四一「もし立ち直りて命を―・せ㊍ば」〔訳〕もし(病気が)治って命をまっとうするならば。

またけ・む【全けむ】完全であろう。無事だろう。〔記〕中「命のまたけむ㊍人は畳薦平群の山のくまかしが葉をうずに挿せその子」〔訳〕→いのちの…〔歌謡〕
〔なりたち〕形容詞「全し」の古い未然形「またけ」+推量の助動詞「む」

また・し【全し】(形ク){から・く(かり)・し・き(かる)・けれ・かれ}❶完全である。整っている。〔枕〕一七八「女のひとりすむ所は、いたくあばれて築土なども―・から㊍ず」〔訳〕女が一人で住んでいる所は、ひどく荒れ果てて土塀なども完全でなく。
❷無事である。安全だ。〔万葉〕一三・三二九一「まことわが命―・から㊍めやも」〔訳〕ほんとうに私の命は無事であろうか(いや、無事ではないだろう)。〔文法〕「やも」は、反語の終助詞。

まだ・し【未だし】(形シク){しから・しく(しかり)・し・しき(しかる)・しけれ・しかれ}❶まだその時期が来ない。まだ早い。〔蜻蛉〕上「紅葉も―・し㊍、花もみなうせにたり」〔訳〕紅葉もまだその時期が来ないし、花もみな散ってしまっている。〔文法〕「紅葉もまだし」と「花もみなうせにたり」は対句になっているので、「まだし」の下は読点になっている。
❷不十分である。未熟である。〔源氏〕匂兵部卿「この君(=薫)は、―・しき㊍に世のおぼえいと過ぎて」〔訳〕この君(=薫)は、未熟なのに世間の声望がたいそう度を越えてい

て。

まだしから・む・ひと【未だしからむ人】未熟な人。〔増鏡〕おどろのした「去年のふる雪の遅く疾く消えけるほどを、おしはかりたる心ばえなど、―はいと思ひよりがたくや」〔訳〕(草の色の濃淡で)去年の古い雪が遅く(あるいは)早く消えた程あいを、推察した心の用い方など、未熟な人はとても考え及ばないことではないか。
〔なりたち〕形容詞「未だし」の未然形「まだしから」+推量の助動詞「む」の連体形「む」+名詞「人」

ま-たた・く【瞬く】(自カ四){か・き・く・く・け・け}〔「目叩く」の意〕「まだたく」とも。❶まばたきをする。〔堤〕はいずみ「目のきろきろとして、―・き㊊ゐたり」〔訳〕(女は)目をきょろきょろと動かして、まばたきをして座っていた。
❷灯火などが消えそうに明滅する。ちらちらする。〔源氏〕夕顔「火はほのかに―・き㊊て」
❸どうにか生きながらえる。〔源氏〕玉鬘「冥途のほだしにもて煩ひ聞こえてなむ―・き㊊侍る」〔訳〕(私=乳母は玉鬘がいとしいのを)冥途へ行く妨げとしてもて余し申しあげて、(それで)どうにか生きのびております。

また-な・し【又無し】(形ク){から・く(かり)・し・き(かる)・けれ・かれ}またとない。二つとない。〔徒然〕一三七「うちしぐれたるむら雲がくれのほど、―・く㊊あはれなり」〔訳〕時おりさっと雨が降った、むら雲に隠れているころ(の月)は、またとなく情趣が深い。

また-の【又の】(名詞の上に付いて)「つぎの」の意を表す。「―朝」「―つとめて」「―年」「―世」

また-の-あした【又の朝】つぎの日の朝。翌朝。〔源氏〕胡蝶「―、御文疾くあり」〔訳〕(光源氏が帰って行った)その翌朝にお手紙が早くある。

また-の-つとめて【又のつとめて】つぎの日の早朝。翌朝早く。〔大和〕一七三「雨は夜一夜降りあかして、―ぞ少し空晴れたる」〔訳〕雨は一晩じゅう降り明かして、翌朝早くに(やっと)少し空が晴れた。
〔参考〕「つとめて」だけで「翌朝」「早朝」の意味がある。

また-の-とし【又の年】つぎの年。翌年。〔伊勢〕四「―の正月に、梅の花ざかりに、去年を恋ひて行きて」〔訳〕翌年の陰暦正月に、梅の花盛りに、(男は)去年を恋しく思って(もとの西の対へ)行って。

また-の-ひ【又の日】あくる日。翌日。[枕] 二〇〇「野分の一こそ、いみじうあはれにをかしけれ」[訳] 野分(=秋に吹く暴風)の吹いた翌日(のようす)は、たいそうしみじみとして風情がある。

また-の-よ【又の世】のちの世。また、来世。〔浮・好色一代女〕「一度は一に男と生まれて、したいことをと仰せける」[訳] 一度は来世に男として生まれて、したいことを(してみたい)とお話しになった。

また-の-よ【又の夜】つぎの日の夜。あくる晩。[今昔] 二七・三四「一、夜前のごとく(=昨夜のように)行きて」

また-は【又は】(多く、下に打消の語を伴って)二度とは。再びは。[伊勢] 三三「この度行きては、一来じと思へる気色なれば」[訳] 今度(男が帰って)行ったら、二度とは通って来ないだろうと(女が)思っているようすなので。

また-びさし【又廂・又庇】(名)「まごびさし」に同じ。[枕] 七八「一に女房はさぶらふ(=伺候する)」

また-ぶり【杈椏】(名)ふたまたになっている木の枝。[源氏] 浮舟「一に、山たちばな作りて貫き添へたる枝に」[訳] ふたまたの(松の)枝に、藪柑子を作って(付け)、(卯槌に)突き通して添えてある(その)枝に。

またまつく【真玉付く】《枕詞》玉を付ける「緒」と同音を持つ、「をち」「をちこち」にかかる。[万葉] 七・一三四一「一越の菅原」。[万葉] 四・六七四「一をちこちかねて」

またやみん… [和歌]

> またや見ん　交野のみ野の　桜がり
> 花の雪散る　春のあけぼの
> 〈新古今・二・春下・一一四・藤原俊成〉

[訳] 再び見ることがあるだろうか。交野の御狩り場の桜狩り(=花見)で、花が雪のように散っているこの春のあけぼのを。[修辞]「交野」は歌枕で、今の大阪府枚方市付近の野。桜の名所で皇室の狩り場があった。[解説] 惟喬親王が在原業平らと狩りをして遊び、交野の別荘で桜を観賞したという、「伊勢物語」八二段の場面をふまえる。

まだら【斑】(名・形動ナリ)色・濃淡などがまじっていること。また、そのさま。[枕] 一八四「裳・唐衣に白いものうつりて、一・なら㊤むかし」[訳] (うつぶしていたので)裳・唐衣におしろいがついて、(顔が)まだらであろうよ。

まち【町】(名)❶(田地の区画の単位から)市街地を道路で区分した一区画。また、宮殿や邸宅内の一区画。❷等級。階級。[源氏] 帚木「二の一の心やすきなるべし」[訳] (これは)二流(の相手からの手紙)で、(人が見ても)心配のないものに違いない。❸商店。また、店の立ち並ぶ所。

まち【待ち】(名)狩りで、高い木のまたに横木を結び付け、その上にいて、獲物が下に来るのを待ち受けて射ること。[今昔] 二七・三三「一といふ事をなむしける」

まち-い・づ【待ち出づ】(他ダ下二){で・で・づ・づる・づれ・でよ}待ち受けて出会う。出てくるのを待つ。[枕] 一六〇「いつしかと一・で㊥たるちごの、五十日・百日などのほどになりたる、行く末いと心もとなし」[訳] 早く(生まれないか)と待ち受けていた赤ん坊で、五十日や百日などの(祝いをする)ころになったのは、将来が実に待ち遠しい。[文法]「ちごの」の「の」は、いわゆる同格の格助詞で、「…で」の意。

まち-う【待ち得】(他ア下二){え・え・う・うる・うれ・えよ}待ち迎える。長く待って手に入れる。[徒然] 七「住み果てぬ世に、みにくき姿を一・え㊥て、何かはせん」[訳] いつまでも住みおおせないこの世で、(生きながらえて)醜い姿を待ち迎えて、なんになろうか(いや、なんにもなりはしない)。

まち-か・く【待ち掛く】(他カ下二){け・け・く・くる・くれ・けよ}待ちかまえる。待ち受ける。〔義経記〕「天神へ参る人の中によき太刀持ちたる人をぞ一・け㊥たる」[訳] (弁慶は)天神に参詣する人の中に、よい太刀を持っている人を待ちかまえている。

ま-ぢか・し【間近し】(形ク){から・く(かり)・し・き(かる)・けれ・かれ}「まちかし」とも。(空間的に)すぐ近くだ。(時間的に)ごく最近だ。[平家] 一・祇園精舎「一・く㊥は、六波羅の入道、前の太政大臣平朝臣清盛公と申しし人のありさま」[訳] 最近では、六波羅の入道、前の太政大臣平朝臣清盛公と申し上げた方のようすは。↔間遠し

まち-がた-に【待ち難に】待つことができないで。待ちかねて。〔記〕中「あらたまの月は来経ゆくうべなうべな君一」[訳] (年)月は過ぎて行く、なるほどなるほどあなたを待ちかねて。(「あらたまの」は「月」にかかる枕詞)[なりたち] 四段動詞「待つ」の連用形「まち」＋形容詞「難し」の語幹「かた」の連濁「がた」＋格助詞「に」。一説に、「がたに」は「かてに」の古形とも。

まち-か・ぬ【待ち兼ぬ】(他ナ下二){ね・ね・ぬ・ぬる・ぬれ・ねよ}〔「かぬ」は接尾語〕待っていることに耐えられなくなる。待ちきれなくなる。[万葉] 一四・三五六二「うちなびき独りや寝らむ吾を一・ね㊥て」[訳] (妻は)横になり一人で寝ているだろうか、私を待ちかねて。

まち-がほ【待ち顔】(名・形動ナリ)いかにも人を待っているような顔つき。また、そのようなようす。[源氏] 帚木「おのがじし恨めしきをりをり、一・なら㊤む夕暮れなどのこそ、見所はあらめ」[訳] (女性たちがそれぞれに(顔を見せない光源氏を)恨めしく思っている時々、(あるいは)人待ち顔であるような夕方などの(手紙)こそ、見る価値はあるだろう。

まち-こ・ふ【待ち恋ふ】(他ハ上二){ひ・ひ・ふ・ふる・ふれ・ひよ}待ちこがれる。[万葉] 一五・三六五三「志賀の浦に漁りする海人家人の一・ふ㊦らむに明かし釣る魚」[訳] 志賀の浦で漁をする海人は、家の者が(帰りを)待ちこがれているだろうに、夜どおし釣っている、その魚よ。

まち-ざけ【待ち酒】(名)来客用に造っておく酒。[万葉] 四・五五五「君がため醸みし一安の野に独りや飲まむ友無しにして」[訳] あなたのために造った接待用の酒を、安の野で一人で飲むのだろうか、仲間もなしで。

まち-つ・く【待ち付く】(他カ下二){け・け・く・くる・くれ・けよ}待っていて、その人に会ったり、その時になったりする。待ち迎える。[枕] 二八「からうじて一・け㊥て、喜びながら加持せさするに」[訳] (探していた修験者を)やっとのことで待ち迎えて、喜びながら加持祈禱をさせていると。

まち-と・る【待ち取る】(他ラ四){ら・り・る・る・れ・れ}❶待ち受けて捕らえる。〔記〕上「汝一・れ㊨」[訳] (赤い猪を)おまえは待ち受けて捕らえよ。❷待ち受けて迎える。[源氏] 澪標「入道一・り㊥、喜びかしこまり聞こゆること限りなし」[訳] (明石の)入道は(乳母を)待ち受けて迎え、喜び(光源氏の心遣いに)感

謝し申し上げることはこの上ない。

まち-なげ・く【待ち嘆く】(他カ四){か・き・く・く・け・け}早くそうならないかと待ちわびる。更級 夫の死「頼む人のよろこびのほどを心もとなく―・か(未)るるに」訳 あてにする人(=夫)の(任官の)喜びの時を待ち遠しく早くそうならないかと待ちわびずにはいられないでいると。

まち-なみ【町並み】(名)町に家の立ち並ぶようす。また、その家々。町すじ。町内。〔浮・日本永代蔵〕「―に出る葬礼には、是非なく、鳥部山に送りて」訳 町内(の付き合い)で出る葬式には、しかたなく、鳥部山まで野辺送りをして。

まち-ぶぎゃう【町奉行】(名)江戸幕府の職名。老中の支配下にあって、管内の租税・戸籍・訴訟などをつかさどる役。江戸・京都・大坂・駿府(静岡市)に置かれた。

まち-よばひ【待ち呼ばひ】(名)遠くで呼ぶ声に応じてこちらからも呼び答えること。今昔 二六・三六「『守の殿はおはしましけり』など言ひて、―するに」訳 (家来たちは)「国守様は生きていらっしゃったよ」などと言って、遠くで呼ぶ声に応じての返答をすると。

まち-わた・る【待ち渡る】(他ラ四){ら・り・る・る・れ・れ}長い間待つ。待ち続ける。更級 梅の立枝「来むとありしを、さやあると、目をかけて―・る(体)に」訳 (継母が梅の咲くころには)来ようと言っていたけれども、そう(=来てくれる)だろうかと、(梅の木を)見守って待ち続けると。

まち-わ・ぶ【待ち侘ぶ】(他バ上二){び・び・ぶ・ぶる・ぶれ・びよ}待ちくたびれてつらい思いをする。待ちあぐむ。伊勢 二四「三年来ざりければ、―・び(用)たりけるに」訳 三年間(帰って)来なかったので、(女が)待ちくたびれていたときに。

まつ【松】(名)❶マツ科の常緑高木。古くから神の宿る木とされ、長寿・繁栄・慶事・節操を表すものとして尊ばれた。万葉 二〇・四五〇一「八千種の花は移ろふ常磐なる―のさ枝をわれは結ばな」訳 いろいろな美しい花は、色があせていく。永遠に緑で変わらない松の小枝を私は結ぼう(=御繁栄を祈ろう)。文法「結ばな」の「な」は、自己の意志を表す上代の終助詞。
❷「松明」の略。徒然 一九「いたう暗きに(=たいそう暗いときに)、―どもともして」
❸「門松」の略。新年を祝って家の門に立てる松。松飾り。徒然 一九「大路のさま、―立てわたして」訳 都大路のようすは、門松を立てつらねて。

ま-つ【待つ】(他タ四){た・ち・つ・つ・て・て}人や物事が来るのを待つ。徒然 五九「命は人を―・つ(体)ものかは」訳 寿命は人(の都合)を待つものであろうか(いや、待ちはしない)。

まづ【先づ】(副)❶はじめに。先に。源氏 桐壺「何事にも故ある事のふしぶしには、―参う上らせ給ふ」訳 (桐壺帝は)何事でも趣向をこらした行事のあるおりおりには、(桐壺の更衣を)まっ先に参上させなさることや。文法「参う上らせ給ふ」の「せ」は、使役の助動詞「す」の連用形。
❷ともかくも。なにはともあれ。ちょっと。徒然 一五五「世に従はん人は、―機嫌を知るべし」訳 世間にさからわずに生きて行こう(とする)人は、なにはともあれ物事のしおどきを知らなければならない。
❸実に。なんといっても。更級 物語「浮舟の女君のやうにこそあらめと思ひける心、―いとはかなくあさまし」訳 (年ごろになれば「源氏物語」の)浮舟の女君のようにきっとなるだろうと思っていた心は、(今思うと)なんといってもまったくたわいもなく浅はかである。

まっ-かう【真っ向】(名)❶額のまん中。まっ正面。〔謡・生田敦盛〕「太刀―にさしかざし」訳 太刀をまっ正面にふりかざし。
❷兜の鉢の正面。平家 九・木曽最期「痛手なれば、―を馬のかしらにあててうつぶし給へるところに」訳 致命傷なので、(木曽義仲が)兜の正面を馬の頭に押しあててうつぶせにおなりになったところに。

まつ-がさね【松襲】(名)襲の色目の名。表は萌黄(=薄緑)、裏は紫色。一説に、表は青、裏は紫色。慶事に用いる。⇩巻頭カラーページ11

まつ-が-ね【松が根】(名)松の木の根。万葉 三・四三一「真木の葉や茂りたるらむ―や遠く久しき」訳 りっぱな木々の葉が茂っているからであろうか、松の木の根が(長く伸びているように時が経って)遠く久しいからか。

まつがねの【松が根の】《枕詞》同音を重ねて「待つ」にかかる。万葉 一三・三二五八「―待つこと遠み」

ま-づかひ【間使ひ】(名)「まつかひ」とも。消息などを伝えるために、二人の間を行き来する使い。万葉 一七・三九六九「玉桙の道の遠けば―も遣るよしも無み」訳 道が遠いから、(あなたとの)間を通う使いを送るすべもないので。(「玉桙の」は「道」にかかる枕詞)

まつげ-よま-る【睫読まる・睫毛読まる】化かされる。だまされる。また、ばかにされる。〔浮・好色五人女〕「とかく女は化け物、姫路の於佐賀部狐も―・る(終)べし」訳 ともすれば女は(衣装や化粧で美しく見える)化け物(であって)、姫路(城)の(天守閣に住むという)於佐賀部狐も反対に化かされるにちがいない。なりたち 名詞「まつげ」+四段動詞「読む」の未然形「よま」+受身の助動詞「る」

まつげ-を-ぬら・す【睫を濡らす・睫毛を濡らす】まゆにつばをつける。だまされないように用心する。〔浄・蟬丸〕「ただし狐や化かしぬと―・し(用)てゐたりけり」訳 (清貫は)あるいは狐が化かしたのかとだまされないように用心していたのだった。

まつ-ご【末期】(名)死にぎわ。臨終。〔謡・隅田川〕「ただ弱りに弱り、すでに―に見え候ふ時」訳 ただもう弱りに弱って、すでに死にぎわだと思われますとき。⇩果つ「慣用表現」

まつ-じ【末寺】(名)本山に対して、その支配下にある寺。また、本寺に属する寺。↔本山・本寺

松島(まつしま)〘地名〙歌枕 今の宮城県、松島湾一帯の称。大小二百六十あまりの島が点在する景勝地。天の橋立・安芸の宮島とともに日本三景の一つ。

まつしまや… 俳句

松島や　鶴に身をかれ　ほととぎす　夏
〈おくのほそ道・松島・曽良〉

訳 松島のなんとすばらしい眺めよ。できるなら(松に似合う)鶴の姿を借りて鳴き渡ってくれ。ほととぎすよ。(ほととぎす夏。切れ字は「や」と「かれ」(動詞の命令形))

解説「無名抄」が伝える和歌の一部「千鳥も着けり鶴の毛衣」の趣向をふまえている。古来、松に鶴は取り合わせ。ほととぎすの声と鶴の高雅な姿の両者を、同時に享受しようとの趣向。

まっ‐せ【末世】(名)《仏教語》末法の世。仏法が衰えた世。末代。今昔 二・二「―の衆生の父母の養育の恩を報いざらむことをいましめ給はむがために」訳 末世のいっさいの生物が、父母が養育してくれた恩を返さないことをいましめなさろう(とする)ことのために。

まった【又】(接)「また」を強めていう語。〔浄・義経千本桜〕「味方残らず討ち死に、―主君知盛も大勢(の敵)に取りまかれ」

まつ‐だい【末代】(名)❶「まっせ」に同じ。著聞 二六「―といへども、信力の前に神明感応を垂れ給ふことかくのごとし」訳 末世といっても、信じる力の前に神が加護を現し示しなさることはこのとおりである。❷のちの世。後世。平家 十一・嗣信最期「『主の御命に替はり奉って討たれけり』と、―の物語に申されんことこそ」訳「主君のお命にお替わり申しあげて(敵に)討たれた」と、後世の話の種に申されるとしたらそのことは。

まったう・す【全うす】(他サ変){せ・し・す・する・すれ・せよ}完璧に保つ。完全に果たす。平家 一・禿髪「宿病たちどころに癒えて、天命を―・す㊥」訳 (清盛が出家すると)長年の病気がただちに治って、天寿をまっとうする。

まった・し【全し】(形ク){から・く(かり)・し・き(かる)・けれ・かれ}「またし」に同じ。

松平定信(まつだいら さだのぶ)『人名』(一七五八〜一八二九)江戸後期の政治家・文人。田安宗武の子。老中として寛政の改革を断行。学問・文芸を好んだ。歌集「三草集」、随筆「花月草紙」など。

真土山(まつちやま)『地名』歌枕〔「待乳山」とも書く〕今の奈良県五條市と和歌山県橋本市との境にある山。南海道の入り口にあたる。

松永貞徳(まつなが ていとく)『人名』(一五七一〜一六五三)江戸前期の歌人・歌学者・俳人。京都の人。里村紹巴に連歌を、細川幽斎に和歌を学び、また貞門派を開いて近世俳諧の祖となった。俳論書「新増犬筑波集」、俳諧式目書「御傘」など。(貞徳忌 冬)

まつ‐の‐うち【松の内】(名)正月の松飾りのある間。京都・大坂では元日から十五日まで、江戸では元日から七日まで。春

まつ‐の‐くらゐ【松の位】江戸時代、遊女の最上位である大夫の位の異称。〔浮・傾城禁短気〕「難波の夕霧は、この職の極官―なれども」訳 大坂の(遊女)夕霧は、この職の最上位である大夫であるが。
参考 秦の始皇帝が、雨宿りした松の木に大夫の位(=五位)を授けた故事による。

まつ‐の‐と【松の戸】松で作った板戸。一説に、松の木陰にある戸。新古 春上「山ふかみ春とも知らぬ―にたえだえかかる雪の玉水」訳 →やまふかみ…和歌

まつは・す【纏はす】㊀(自サ四){さ・し・す・す・せ・せ}まといつく。つきまとう。源氏 明石「御夢にも、ただ同じさまなるもののみ来つつ、―・し㊊聞こゆと見給ふ」訳 御夢にも、(先夜と)そっくり同じようすをしたものばかり現れては、つきまとい申しあげると(光源氏は)ご覧になる。
㊁(他サ四){さ・し・す・す・せ・せ}「まとはす」とも。まといつかせる。絶えずそばに付き添わせる。源氏 桐壺「わりなく―・さ㊍せ給ふあまりに」訳 (桐壺帝が桐壺の更衣を)分別なく絶えずそばに付き添わせなさるあまりに。

まつは・る【纏はる】(自ラ四・下二){ら・り・る・る・れ・れ / れ・れ・る・るる・るれ・れよ}「まとはる」とも。❶からみつく。からまる。源氏 若菜上「綱いと長く付きたりけるを、物にひきかけ―・れ㊊(下二段)にけるを」訳 (猫は、首に)綱がとても長く付いていたのを、何かにひっかけて(からだに)からまってしまったので。
❷ついて離れない。つきまとう。また、物事に執着する。源氏 帚木「いづくにても―・れ㊊(下二段)聞こえ給ふほどに、おのづからかしこまりもえおかず」訳 (頭の中将は)どこにおいても(光源氏に)ぴったりとつき従い申しあげなさるうちに、自然と遠慮もしていられなくなり。

まつ・ふ【纏ふ】(自・他ハ四){は・ひ・ふ・ふ・へ・へ}「まとふ」に同じ。

ま‐つぶさ【真具さ・委曲】(形動ナリ){なら・なり(に)・なり・なる・なれ・なれ}〔「ま」は接頭語〕物が整い、そろっているさま。十分である。完全である。〔記〕上「ぬばたまの黒き御衣を―・に㊊とり装ひ」訳 黒いお着物を完全に身に着けて。(「ぬばたまの」は「黒」にかかる枕詞)

松帆の浦(まつほのうら)『地名』歌枕 今の兵庫県淡路市の海浜。淡路島の北端で明石海峡に面する。

まっ‐ぽふ【末法】(名)《仏教語》仏法が衰えた悪い世。末世。釈迦の死後五百年(一説に千年)を正法の時、次の千年を像法の時、のちの一万年を末法の時という。日本では、永承七年(一〇五二)から末法の時代にはいったとされ、折からの天災・戦乱とあいまって無常観が強まった。

まつ‐むし【松虫】(名)鈴虫の古名。秋。古今 秋上「秋の野に人―の声すなり我かとゆきていざとぶらはむ」訳 秋の野原に人を待つという松虫(=鈴虫のこと)の声がするようだ。この私(を待っているの)かと、(野原に)行ってさあ尋ねよう。(「まつ」は「待つ」と「松」との掛詞)。文法「声すなり」の「なり」は、伝聞・推定の助動詞。⇩巻頭カラーページ9

> **発展「松虫」と「鈴虫」**
> 現在の「松虫」と「鈴虫」は、古くはその名が反対であったとされている。和歌では、「松虫」は「(人を)待つ」の意をかけて用いられ、「鈴虫」は「鈴」の縁語の「振る」とともに用いられることが多い。

まつ‐よひ【待つ宵】(名)❶来るはずの恋人を待っている宵。新古 恋三「―に更けゆく鐘の声聞けば飽かぬ別れの鳥はものかは」訳 来るはずの恋人を待つ宵に(待つ人は来ないまま)夜更けを告げる鐘の音を聞くと、名残つきない別れ(の夜明け)を知らせる鶏の声(を聞くつらさ)などは問題ではないことだ。
❷(翌日の十五夜の月を待つ意から)陰暦八月十四日の夜。また、その夜の月。秋。〔浮・好色一代男〕「十三夜の月・―・名月、いづくはあれど須磨は殊更と」訳 陰暦八月十三夜の月、十四日の夜の月、十五夜の月、(月の名所は)他の場所はともかく、須磨は格別だと。

松浦(まつら)『地名』歌枕 肥前(ひぜん)(長崎県・佐賀県)の旧郡名。今の唐津(からつ)市がその中心であり、臨海の風光は美しい。また、大陸への交通の要港であった。

松浦潟(まつらがた)『地名』歌枕 今の佐賀県の唐津(からつ)湾とその海浜一帯の称。

松浦宮物語(まつらのみやものがたり)『作品名』鎌倉初期の物語。藤原定家(さだいえ)作か。三巻。文治五年(一一八九)から建久元年(一一九〇)の成立か。橘氏忠(うじただ)が唐に渡り、唐帝の妹華陽公主(かようのみこ)や皇后とはかない契りを結ぶ幻想的な作品。「うつほ物語」「浜松中納言物語」の影響が大きい。

まつら-ぶね【松浦船】(名)肥前(ひぜん)(長崎県・佐賀県)松浦地方でつくられた船。櫓(ろ)の音が高いことで知られた。

まつり【祭り】(名)❶神をまつること。祭礼。祭祀(さいし)。源氏 総角「―、祓(はら)へ、よろづに至らぬことなくし給へど」訳(薫(かおる)は)祭礼やお祓いなど万事に至らないことなくしなさるけれど。
❷特に、京都の賀茂(かも)神社の祭礼のこと。陰暦四月の、中の酉(とり)の日に行われた。葵(あおい)祭り。夏。徒然 一九「―のころ、若葉の梢(こずえ)涼しげに茂りゆくほどこそ、世のあはれも、人の恋しさもまされ」訳 賀茂神社の祭礼のころ、若葉の梢がいかにもすがすがしく茂っていくころは、世のしみじみとした情趣も、人が恋しい気持ちもいちだんと深くなることだ。→賀茂(かも)の祭り

まつりごち-し・る【政ごち領る】政治を行う。世を治める。源氏 帚木「一人二人世の中を―・る終べきならねば」訳(賢い人でも)一人や二人で世の中を治めることができるものではないから。

まつり-ご・つ【政ごつ】(他タ四){たち・つ・つ・て・て}〔名詞「まつりごと」を動詞化したもの〕❶政治を行う。世の中を治める。大鏡 時平「北野と世を―・た未せ給ふあひだ」訳(時平(ときひら)が)北野(=菅原道真(みちざね))と世の中を治めていらっしゃる間。
❷世話をする。とりはからう。今昔 二六・五「押して家の事ども―・ち用てありければ」訳(夫を失った女性が)むりにいろいろな家事を世話していたので。

まつり-ごと【政】(名)〔「祭り事」の意〕政治。行政。徒然 二「いにしへの聖(ひじり)の御代の―をも忘れ」訳 昔の聖天子のご治世の政治をも忘れ

まつり-の-かへさ カエサ【祭りの帰さ】賀茂(かも)の祭りの翌日、斎院が上社(=上賀茂神社)から斎院御所に帰ること。また、その行列。枕 四「―見るとて、雲林院(うりんゐん)・知足院(ちそくゐん)などの前に車(=牛車(ぎっしゃ))を立てたれば(=止めていると)」

まつり-の-つかひ ツカイ【祭りの使ひ】賀茂(かも)の祭りなどに、幣(ぬさ)を奉るために派遣される宮中からの使い。うつほ 祭の使「かくて、殿より―出(い)で立ち給ふ」訳 こうして、殿のお邸(やしき)から祭りの使いが出立なさる。

まつ・る【奉る】(他ラ四){ら・り・る・る・れ・れ}《上代語》❶「与ふ」「やる」などの謙譲語。差し上げる。たてまつる。万葉 一一・二六〇三「心をし君に―・る終と思へればよしこのころは恋ひつつをあらむ」訳 心をあなたに差し上げていると思っているから、(あなたが来なくても)ままよ、しばらくは恋い慕い続けてね、いよう。
❷「飲む」「食ふ」などの尊敬語。召し上がる。続日本紀「やすみしし わご大君は平らけく長くいまして豊御酒(とよみき)―・る終」訳 わがご主君は平穏でご長寿でいらっしゃってお酒を召し上がる。(「やすみしし」は「わご大君」にかかる枕詞)

まつ・る【奉る】(補動ラ四){ら・り・る・る・れ・れ}《上代語》(動詞の連用形に付いて)謙譲の意を表す。お…申しあげる。お…する。万葉 四・五七九「見―・り用ていまだ時だに変はらねば年月のごと思ほゆる君」訳 お会い申しあげてまだどれほどの時もたっていないのに、長い年月がたったように思われるあなたよ。

まつろ・ふ マツロウ【服ふ・順ふ】(自ハ四){は・ひ・ふ・ふ・へ・へ}〔四段動詞「奉(まつ)る」の未然形「まつら」に上代の反復・継続の助動詞「ふ」の付いた「まつらふ」の転〕従う。服従する。記 中「東の方十二道(とをまりふたみち)の荒ぶる神、また―・は未ぬ人どもを言向(ことむ)け和平(やは)せ」訳 東方十二国の荒れすさぶ神、また服従しない者たちを意に従わせ平定せよ。

まつわる【纏わる】⇩まつはる

松尾芭蕉(まつをばせう)マツオバショウ『人名』(一六四四〜一六九四)江戸前期の俳人。本名宗房(むねふさ)。別号桃青(とうせい)・風羅坊(ふうらぼう)など。「はせを」とも自署。伊賀(いが)(三重県)上野の人。貞門の俳諧を学び、のち談林の俳風に移ったが、やがてそれを脱して、閑寂の美を重んじる独自の俳風(=蕉風)を確立した。俳諧を真の芸術に高め、後世、俳聖と称される。句集「芭蕉七部集」、紀行文「おくのほそ道」「野ざらし紀行」「笈(おい)の小文」「更科(さらしな)紀行」など。(芭蕉忌・桃青忌 冬)

まで 一(副助)二(終助)

意味・用法
一 副助詞
限度〔…まで。〕→❶
程度〔…ほど。…くらいに。〕→❷
範囲〔…までも。…さえ。〕→❸
逆接の仮定条件〔…(ない)としても。…(ない)にしても。〕→❹
限定・強調〔…だけ。〕→❺
二 終助詞
強調・感動〔…(だ)ね。…(だ)なあ。〕

接続
一 体言および体言に準ずる語、動詞・助動詞の連体形、副詞や助詞など種々の語に付く。
二 文末に付く。

一(副助)❶動作・作用の及ぶ時間的・空間的な限度を表す。…まで。万葉 五・八七六「天(あま)飛ぶや鳥にもがもや都まで送り申(まを)して飛び帰るもの」訳 鳥であったらいいなあ。都まで(あなたを)送り申しあげて飛んで帰ってくるのになあ。(「天飛ぶや」は「鳥」にかかる枕詞。文法「もがもや」の「もがも」は願望の終助詞、「や」は間投助詞。)更級 子忍びの森「明くるより暮るるまで、東の山際(やまぎは)をながめて過ぐす」訳(夜が)明けてから(日が)暮れるまで、(父の旅立って行った)東の山の稜線(りょうせん)近くの空を眺めて過ごす。
❷動作・状態の及ぶ程度を表す。…ほど。…くらいに。古今 恋五「わが宿は道もなきまで荒れにけりつれなき

人を待つとせし間に」訳 私の家は、(草が生い茂り)道も見えなくなるほどに荒れてしまったことだ。(あの)冷淡な人を待つということをしていた間に。

❸動作・状態の及ぶ範囲を示す。…までも。…さえ。源氏 賢木「あやしの法師ばらまで喜びあへり」訳 身分の低い法師どもさえ喜びあっている。

❹(打消の助動詞に付き「…(ぬ)までも」の形で)…(ない)としても。…(ない)にしても。源氏 明石「用ゐさせ給はぬまでも、このいましめの日を過ぐさず、この由を告げ申し侍らむ」訳 (私=明石の入道が見た夢のお告げを光源氏がお採り上げになられないにしても、この警告の日を逃がさず、この(夢の)次第を(光源氏に)お知らせ申しあげましょう。文法「させ給は」は、最高敬語。

❺限定・強調を表す。…だけ。〔狂・萩大名〕「亭主が所望ならば、一つや二つは、謡うはうまでよ」訳 主人の望みならば、(歌の)一つや二つは、謡おう(という)だけよ。

二(終助)強調・感動を表す。…(だ)ね。…(だ)なあ。〔狂・餅酒〕「すればわごりょは、加賀の国のお百姓ぢゃまで」訳 それではおまえさまは、加賀の国(石川県)のお百姓だね。

文法 (1) 一①の「まで」は、格助詞「より」と対応して用いられることもあり、格助詞とする説もある。「舟に乗りし日より今日までに、二十日余り五日になりにけり(=二十五日たってしまった)」〈土佐〉

(2) 一の「まで」が活用語に付く場合は連体形に付くが、上代の東国方言では終止形に付く場合がある。「難波路を行きて来までと」〈万葉 二〇・四四〇四〉

(3) 一⑤の用法は中世以降のもの。

(4) 二の用法は中世以降のもの。「ぢゃまで」の形で用いられることが多い。

まで【詣で】下二段動詞「まうづ」の未然形・連用形「まうで」の転。枕 三三「つねに—(未然形)まほしうなりて」訳 (説法をする所に)いつも参りたくなって。〔拾遺〕雑上・詞書「初瀬へ—(連用形)侍りける道に」訳 長谷寺へ参詣しました途中で。

まで・く【詣で来】(自カ変){こ・き・く・くる・くれ・こ(こよ)}「まうでく」の転。〔後撰〕夏・詞書「友達の訪ひ—・こ(未)ぬことを恨み遣はすとて」訳 友達が訪ね参らないことを恨んで(使いを)おやりになると言って。

まで-に ❶程度をはっきり表す。…くらいに。…ほどに。古今 冬「朝ぼらけ有り明けの月と見る—吉野の里に降れる白雪」訳 →あさぼらけ…和歌

❷限度をはっきり表す。…までも。万葉 一一・二七五九「わが屋戸の穂蓼古幹摘み生ほし実になる—君をし待たむ」訳 私の家の庭の穂を出した蓼の古い茎を摘んで(新しいのを)生やし、(それが)実になる(時)までもあなたを待とう。文法「君をし」の「し」は、強意の副助詞。

なりたち 副助詞「まで」＋格助詞「に」

まで-も (「…ぬまでも」の形で)…(ない)としても。…(ない)にしても。新古 春下「来ぬ—花ゆゑ人の待たれつる春も暮れぬるみ山べの里」訳 (訪ねては)来ないとしても、桜の花のせいで(花見に来ないかと)自然と人を待ってしまう、その春も暮れてしまった山べの里よ。文法「待たれつる」の「れ」は、自発の助動詞「る」の連用形。

なりたち 副助詞「まで」＋係助詞「も」

まとい【円居・団居】⇩まとゐ

まとう【纏う】⇩まとふ

まどう【惑う】⇩まどふ

まどお【間遠】⇩まどほ

まと-か【円か】(形動ナリ){なら・なり(に)・なり・なる・なれ・なれ}〔のちに「まどか」とも〕❶(形が)まるいさま。徒然 二四一「望月の—・なる(体)ことは、しばらくも住せず、やがて欠けぬ」訳 満月がまるいことは、わずかの間もそのままではなく、すぐに欠けてしまう。

❷円満なさま。安らかなさま。

ま-どころ【政所】(名)〔「まんどころ」の撥音「ん」の表記されない形〕「まんどころ」に同じ。

まど・し【貧し】(形シク){しから・しく(しかり)・し・しき(しかる)・しけれ・しかれ}❶まずしい。貧乏である。細道 石の巻「やうやう—・しき(体)小家に一夜をあかして」訳 かろうじて、まずしい粗末な家で一晩を明かして。

❷不十分である。おろそかである。徒然 三八「財多ければ、身を守るに—・し(終)」訳 財産が多いと、(それに気をとられ)我が身を守ることに不十分である。

まど-の-うち【窓の中】少女が、家の奥深くに大事に育てられている状態。深窓育ち。源氏 帚木「生ひ先籠れる—なるほどは」訳 (娘が若く)将来のある深窓育ちであるうちは。

まどは-か・す【惑はかす】(他サ四){さ・し・す・す・せ・せ}〔「かす」は接尾語〕「まどはす」に同じ。〔和泉式部日記〕「そら耳をこそ聞きおはさうじて、夜のほどろに—・さ(未)るる、騒がしの殿のおもとたちや」訳 幻聴をお聞きになって、夜中に(私=下男を)あわてさせなさる、人騒がせなお屋敷の女房方だよ。

まとは・す【纏はす】(他サ四){さ・し・す・す・せ・せ}「まつはす 二」に同じ。源氏 紅葉賀「何心もなく睦れ—・し(用)聞こえ給ふ」訳 (紫の上は)無邪気になついて(光源氏を)絶えずそばにつき添わせ申しあげなさる。

まどは・す【惑はす】(他サ四){さ・し・す・す・せ・せ}〔上代は「まとはす」〕「まどはかす」とも。❶迷わす。悩ませる。心を動揺させる。竹取 かぐや姫の昇天「御心をのみ—・し(用)て去りなむことの、悲しく耐へがたく侍るなり」訳 (私=かぐや姫は竹取の翁夫婦の)お心を迷わせてばかりいて(月へ)去ってしまうだろうことが、悲しく耐えがたいのでございます。文法「去りなむ」の「な」は、助動詞「ぬ」の未然形で、ここは確述の用法。⇩堪へ難し「名文解説」

❷混乱させる。区別をつかなくさせる。まごつかせる。万葉 二・一九九「神風にい吹き—・し(用)」訳 神風を吹かせて(敵を)混乱させ。文法「い吹き」の「い」は、接頭語。

❸ゆくえの知れないようにする。源氏 夕顔「幼き人—・し(用)たりと中将の憂へしは」訳 幼い子供を行方不明にしてしまったと(頭の)中将が嘆いていたのは。

まとは・る【纏はる】(自ラ下二){れ・れ・る・るる・るれ・れよ}「まつはる」に同じ。更級 大納言殿の姫君「姉おととの中につと—・れ(用)て」訳 (猫は)姉と妹との間にぴったりとまとわりついて。

まとひ【纏ひ】(名)❶一軍の陣所の目標として立てる馬印の一つ。さおの頭に種々の飾りを付け、その下

（纏ひ②）

に馬簾(＝厚紙・革などを細長く切った飾り)を垂らしたもの。❷江戸時代、①に模して町の火消しが各組の印としたもの。

まどひ【惑ひ】(名)〔上代は「まとひ」〕迷うこと。迷い。また、あわてること。徒然 九「恐るべくつつしむべきは、この―なり」訳 恐れなければならず慎まなければならないのは、この(女色に対する)迷いである。

まどひ-あ・ふ【惑ひ合ふ】(自ハ四){は・ひ・ふ・ふ・へ・へ}共に迷う。共にさまよう。源氏 須磨「程につけつつ思ふらむ家をわかれて、かく―・へ已ると思ほすに」訳 (臣下の者たちも)それぞれの身分に応じて恋しく思っているような家から別れて、このように(私と)共にさまよっていると(光源氏は)お思いになると。

まどひ-あり・く【惑ひ歩く】(自カ四){か・き・く・く・け・け}さまよい歩く。途方にくれて歩きまわる。大和 一五二「みづからも深き山に入りて、―・き用給へどかひもなし」訳 (逃げた鷹を求めて、大納言)自身も深い山に入って、さまよい歩きなさるが、(その)かいもない。

まどひ-い・づ【惑ひ出づ】(自ダ下二){で・で・づ・づる・づれ・でよ}あわてて退出する。あわてて飛び出す。源氏 玉鬘「にはかに―・で用給ひし騒ぎに、みなおくらしてければ」訳 急にあわてて(京に)出発しなさった騒ぎによって、(女房たちを)皆筑紫(＝九州)に残して来てしまったので。

まどひ-い・る【惑ひ入る】(自ラ四){ら・り・る・る・れ・れ}あわてて中に入る。枕 二八「人に見えじと―・る体ほどに」訳 人に見られまいとあわてて中に入るときに。

まどひ-・く【惑ひ来】(自カ変){こ・き・く・くる・くれ・こ(こよ)}あわてて来る。伊勢 四五「―・き用たりけれど死にければ、つれづれと籠り居りけり」訳 (男は)あわてふためいて来たけれど、(女が)死んだので、どうしようもなく物思いに沈んでとじこもっていた。

まどひ-ふため・く【惑ひふためく】(自カ四){か・き・く・く・け・け}まごつき騒ぐ。あわててばたばたする。宇治 二・一四「大きなるくそとびの羽をれたる、土におちて、―・く体を」訳 大きなくそとび(＝鷹の一種)で羽の折れたのが、地面に落ちて、うろたえばたばたと音をたてているのを。

まどひ-もの【惑ひ者】(名)居所の定まらない者。浮浪者。流浪人。平家 二・徳大寺之沙汰「君の御出家候ひなば、御内の上下皆―になりなんず」訳 (わが君(＝実定)が御出家なさいましたならば、家臣の上位から下位の者まで皆流浪人になってしまうだろう。

まと・ふ【纏ふ】「まつふ」とも。㊀(自ハ四){は・ひ・ふ・ふ・へ・へ}巻き付く。からみつく。〔拾玉集〕「身に―・ふ体秋の夕霧とく晴れよ」訳 身にまといつく秋の夕霧よ、はやく晴れよ。㊁(他ハ四){は・ひ・ふ・ふ・へ・へ}巻き付ける。からみつかせる。宇治 一四・三「足に―・ひ用たる尾をひきほどきて、足を水にあらひけれども」訳 (経頼は蛇が)足に巻き付けた尾をひきほどいて、足を水で洗ったが。

まど・ふ【惑ふ】(自ハ四){は・ひ・ふ・ふ・へ・へ}〔上代は「まとふ」〕❶心が乱れる。思い悩む。分別を失う。竹取 貴公子たちの求婚「いかでこのかぐや姫を得てしがな、見てしがなと、おとに聞きめでて―・ふ終」訳 どうにかしてこのかぐや姫を手に入れたいものだ、妻にしたいものだと、うわさに聞いて心ひかれ思い乱れる。文法「てしがな」は、願望の終助詞。⇩音に聞く「名文解説」

❷迷う。さまよう。途方にくれる。伊勢 九「道知れる人もなくて、―・ひ用行きけり」訳 道を知っている人もいなくて、迷い(ながら)行った。徒然 五三「酒宴ことさめて、いかがはせんと―・ひ用けり」訳 酒宴は興がさめて、どうしようかと途方にくれた。

❸あわてる。うろたえる。徒然 一九「ことことしくののしりて、足を空に―・ふ体が」訳 おおげさにわめいて、足も地につかないほどあわてて走りまわるのが。

❹(動詞の連用形に付いて)ひどく…する。源氏 松風「はかばかしうあひ継ぐ人もなくて、年頃荒れ―・ふ体を思ひ出でて」訳 (大堰川のほとりの領地は)しっかりと跡を継ぐ人もなくて、長年ひどく荒れているのを(明石の入道は)思い出して。

ま-どほ【間遠】(名・形動ナリ)「まとほ」とも。❶(時間的・空間的に)間が隔たること。方丈 二「十日・二十日過ぎにしかば、やうやう―・に用なりて」訳 (大地震のあった日から)十日、二十日と経過してしまったところ、

古語ライブラリー㊸

撥音の表記

信頼のおける写本に恵まれ、原本(作者の自筆本)の姿の復元できるまれな例が『土佐日記』である。この作品では、空模様、天候の意の「天気」が二か所に用いられている。

◇かくあるを見つつ漕ぎゆくまにまに、山も海もみな暮れ、夜ふけて、西東も見えずして、てけのこと、楫取りの心に任せつ。　　(一月九日)

◇ていけのことにつけて祈る。　　(一月二十六日)

今日では漢音のテンキを用いるが、当時は呉音のテンケであった。紀貫之にしてもテンケと発音していたのであろうが、まだ撥音が「日本語に用いる音」としては確立していなかったから、仮名をあてることはむずかしかったのであろう。一月九日の条では「てけ」と書いたが、これだとテケと読み誤られるおそれがあるので、一月二十六日の条では「ていけ」と書いたものと考えられる。撥音便のn音(無表記)とm音(「む」)の区別とともに、注目される表記である。

テンのンなど漢字音の末尾のn音を表すのに「い」を用いる例は他にも見られる。

◇何のめいぼくにてか、また都にも帰らむ。　〈源氏 若紫〉

◇かばかりめいぼくなることなかりき。　〈枕 八二〉

この「めいぼく」は「世の面目にや侍らまし」〈源氏 花宴〉「仏の御面目あり」〈源氏 賢木〉とある「めんぼく」である。

なお、鎌倉時代末期に成った有職故実書、洞院公賢編『拾芥抄』には、「南殿をば紫宸殿(ししいでん)といふ」とある。「日本語に用いる音」として撥音が確立し、表記法も十二世紀には「ん」になったが、この場合の「い」は古い表記法が残ったものであろう。

(余震も)しだいに間を置くようになって。❷編み目や織り目のあらいこと。平家 灌頂・大原御幸「都の方かたのことづては、―・に用ゆへるませ垣や」訳 都からの音信は、(建礼門院の住まいの)編み目のあらく結ってある垣根(のように途絶えがちであることよ。(この場合の「まどほに」は①の意をかける)

ま-どほ・しドオシ【間遠し】(形ク)〔から・く(かり)・し・き(かる)・けれ・かれ〕「まとほし」とも。(時間的・空間的に)離れている。万葉 一四・三五二二「昨夜きそこそば児ころとさ寝しか雲の上ゆ鳴き行く鶴たづの―・く用思ほゆ」訳 昨夜は、あの子と確かに寝たけれども、雲の上を通って鳴いて行く鶴つるのように遠いことに思われる。文法「こそば」は、係助詞「こそ」と「は」との複合。↔間近まぢかし

まと-や【的矢】(名)的を射るのに用いる、練習用や競技用の矢。平家 四・競「鷹たかの羽にてはいだりける(=作ってあった)―一手ひとて(=二本)ぞさしそへたる」

ま-どろ・む【微睡む】(自マ四)〔ま・み・む・む・め・め〕うとうとと眠る。また、眠る。更級 宮仕へ「知らぬ人の中にうち臥ふして、つゆ―・ま未れず」訳 知らない人の間で横になって、少しもうとうとすることができない。

まとわす【纏わす】⇩まとはす

まどわす【惑わす】⇩まどはす

まと-ゐイ【円居・団居】(名・自サ変)「まどゐ」とも。❶大勢がまるく並んですわること。車座。団欒だんらん。古今 雑上「思ふどち―・せ未る夜は唐錦からにしきたたまく惜しきものにぞありける」訳 気の合った者どうしが団欒している夜は、唐錦を裁つのが惜しいように座を立つのが惜しいものなのだなあ。(「たつ」は「裁つ」と「立つ」との掛詞。)文法「たたまく」の「まく」は、推量の助動詞「む」のク語法で「(たつ)であろうこと」の意。❷会合。集会。宴会。源氏 若菜下「この院にかかる―あるべしと聞き伝へて」訳 この院(=六条院)でこうした集まりがあることになっていると人づてに聞いて。

ま-な【真名・真字】(名)〔「ま」は正式、「な」は字の意〕❶漢字。〔紫式部日記〕「さばかりさかしだち、―書き散らして侍るほども」訳 (清少納言は)あれほどりこうぶって、漢字を書き散らしています(その)程度も。→仮名かな
❷漢字の楷書。源氏 葵「草さうにも―にも、さまざま珍しきさまに書きまぜ給へり」訳 (光源氏は)草書でも楷書でも、あれこれ目新しい書体で書きまぜていらっしゃる。

発展 「真名」と平安の女性
「紫式部日記」では、清少納言のことを「さばかりさかしだち、真名書き散らして侍るほども、よく見れば、まだいと堪へぬこと(=まだたいして能力があるとはいえない点)多かり」と批評し、気に入らない点として、「真名(=漢字)」を書き散らすことをあげている。当時、漢字は男性の使うものとされており、漢学の素養がありながら、それを押し隠して生きようとした紫式部には、清少納言がりこうぶっているように映ったのであろう。

ま-な【真魚】(名)〔「ま」は接頭語〕❶食膳に、副食物として出す魚。❷「真魚まなの祝ひ」の略。また、「真魚の祝ひ」のときに幼児に食べさせる魚。〔増鏡〕さしぐし「一院の御所にて―聞こし召す」訳 一院(=後深草院)の御所で真魚の祝いの食物を召し上がる。

語の広がり 「真魚まな」
「まな板」は、「真魚板」の意で、「魚をさばくための板」が原義。

まな【勿・莫】(副)禁止または制止する意を表す。…するな。だめだ。枕 一四四「女房のはなつを、『―』と仰せらるれば」訳 女房が(格子を)あけるのを、(中宮定子が)「いけない」と仰せになるので。参考 中古に、主に漢文訓読で用いられた。和文では右の用例のように感動詞的に用いられることもあった。

ま-な-かひカイ【眼間・目交ひ】(名)〔「目まな間かひ」の意。「な」は「の」の意の上代の格助詞〕目と目の間。目の前。まのあたり。万葉 五・八〇二「いづくより来きたりしものそ―にもとなかかりて安眠やすし寝なさぬ」訳 →うりはめば…和歌

図解学習 「まなかひ」と「やまかひ」
目と目の間が「まなかひ」、山と山の間が「やまかひ」である。「かひ」は、まじわる、交差する意の動詞「交かふ」(八四)の連用形と考えられ、鳥の両翼の先が重なり合うところをいう「羽交はがひ」などの語もある。山と山の間の狭いところをいう「かひ」は「峡」と書き、「やまかひ」も「山峡」と書くが、語源は同じ。

ま-な-こ【眼】(名)〔「目まな子」の意。「な」は「の」の意の上代の格助詞〕❶目。目玉。ひとみ。宇治 二・三「あかき―なる目の、ゆゆしくあしげなるしてにらみあげたりければ」訳 (法師が)赤い目玉である目で、気味悪く醜い感じの目でにらみあげたので。❷物事を見定める力。眼力。徒然 一九四「達人の人を見る―は、少しも誤るところあるべからず」訳 道理に達した人が人を見定める眼力は、少しも間違えるところがあるはずがない。

まな-ご【真砂】(名)「まさご」に同じ。万葉 九・一七九九「玉津島磯いその浦廻うらみの―にもにほひて行かな妹いもも触れけむ」訳 玉津島の磯の浦辺の細かい砂にも(着物を)染めて行こう、(その砂は)妻も触れたであろう(から)。

まな-ご【愛子】(名)かわいがっている子。最愛の子。万葉 六・一〇二二「父君に〔とって〕われは―そ」

まなこ-ゐイ【眼居】(名)目つき。まなざし。枕 四一「―なども、うたてよろづになつかしからねど」訳 (鷺さぎは)目つきなども、不快ですべてにつけて慕わしい感じはしないけれども。

ま-な・し【間無し】(形ク)〔から・く(かり)・し・き(かる)・けれ・かれ〕❶すき間がない。万葉 三・四三〇「竹玉たかたまを―・く用貫ぬき垂れ」訳 竹の玉をすき間なく(ひもに)通して垂れかけて。

❷絶え間がない。暇がない。[万葉] 一・二五「時なくそ雪は降りける―・く(用)そ雨は降りける」[訳] (耳我の峰に)いつも雪は降っていた。絶え間なく雨は降っていた。❸時間をおかない。すぐだ。即座である。〔浮・好色一代男〕「『〔破れた着物を〕―・く(用)もとのごとくに〔してください〕』と申す程に」

まな-の-いはひ(イワイ)【真魚の祝ひ】生後はじめて幼児に魚肉を食べさせる儀式。古くは三歳、室町時代は生後百一日目、江戸時代は百二十日目に行った。「真魚」「真魚始め」とも。

まな-ばし【真魚箸】(名)魚の料理に使う長い箸。

まな-はじめ【真魚始め】(名)「まなのいはひ」に同じ。

まな・ぶ【学ぶ】(他バ四・上二){ば・び・ぶ・ぶ・べ・べ／び・び・ぶ・ぶる・ぶれ・びよ}❶**人を見習い、それを行う。まねる。**[徒然] 八五「偽りても賢を―・ば(未)(四段)んを、賢といふべし」[訳] たとえいつわってでも賢人(の行い)をまねるような人を、賢人というべきである。[文法]「学ばんを」の「ん」は、仮定・婉曲の助動詞。❷学問する。勉強する。[源氏] 橋姫「年ごろ―・び(用)(四段)知り給へることどもの、深き心を説き聞かせ奉り」[訳] (阿闍梨は)年来学んで習得なさったことごとの深い道理を、(八の宮に)説いてお聞かせ申しあげ。

[参考] 上二段は、主に漢文訓読で用いられた。

まに-ま【随・随意】(名・副)事のなりゆきに従うこと。…どおりに。…に任せて。…ままに。[万葉] 一八・四一一七「去年の秋相見し―今日見れば面やめづらし」[訳] 去年の秋会ったままに、今日(久しぶりに)会って見ると、(あなたは)顔つきが好ましい。

まに-ま-に【随に】(副)事のなりゆきにまかせるさま。…ままに。…に従って。…につれて。[土佐]「かくて漕ぎゆく―、海のほとりにとまれる人も遠くなりぬ」[訳] このようにして(船を)漕いでゆくのにつれて、海辺に残っている人も遠くなってしまった。

まね・く【招く】(他カ四){か・き・く・く・け・け}❶手招きする。手で合図して呼ぶ。[古今] 秋上「秋の野の草のたもとか花すすきほにいでて―・く(体)袖と見ゆらむ」[訳] 秋の野の草でできた着物のたもとなのか、花すすきは。(だから)穂が出て(恋しさを)あらわにして(恋人を)招く袖と見えるのだろう。❷招き寄せる。(身に)受ける。[徒然] 一六七「をこにも見え、人にも言ひ消たれ、禍をも―・く(体)は、ただこの慢心なり」[訳] ばかにも見え、人にも非難され、災難をも招き寄せるのは、ただこの慢心(のため)である。

まね・し(形ク){から・く(かり)・し・き(かる)・けれ・かれ}《上代語》たび重なる。数が多い。[万葉] 九・一七九二「逢はぬ日の―・く(用)過ぐれば」[訳] 逢わない日が数多く過ぎると。

まねび-いだ・す【学び出だす】(他サ四){さ・し・す・す・せ・せ}見聞きしたことを本当らしく語る。[源氏] 帚木「さてもありぬべき方をばつくろひて―・す(体)に」[訳] (仲人が娘の劣った面は隠して)そのままでもさしつかえなさそうな面はとりつくろって見聞きしたことを本当らしく語る時に。

まねび-た・つ【学び立つ】(他タ下二){て・て・つ・つる・つれ・てよ}見聞きしたようすを詳しく語る。[源氏] 初音「―・て(未)むも言の葉足るまじくなむ」[訳] (住居のすばらしいようすを)そのまま詳しく語ろうにもことばが足りそうになくて。

まね・ぶ【学ぶ】(他バ四){ば・び・ぶ・ぶ・べ・べ}〔名詞「まね」に尾語「ぶ」が付いて動詞化したもの〕❶**まねをする。口まねをする。**[枕] 四一「鸚鵡、いとあはれなり。人のいふらむことを―・ぶ(終)らむよ」[訳] 鸚鵡はとてもしみじみとした趣がある。人の言うようなことをまねるとかいうことだよ。[文法]「いふらむ」の「らむ」は仮定・婉曲、「まねぶらむ」の「らむ」は伝聞・推定の助動詞。❷見たり聞いたりしたことを**そのまま人に伝える。**[源氏] 葵「かの御車の所争ひを―・び(用)聞こゆる人ありければ」[訳] あのお車の場所取り争いのことをあったまま(光源氏に)お話し申しあげる者があったので。❸習得する。勉強する。[徒然] 一三五「はかばかしきことは、かたはしも―・び(用)知り侍らねば」[訳] 本格的な学問上のことは、少しも習い知っておりませんので。

ま-の-あたり【目の当たり】㊀(名・形動ナリ)❶目の前。眼前。[平家] 五・奈良炎上「―・に(用)見奉る者、さらに眼をあてず」[訳] (大仏炎上のさまを)眼前に見申しあげる者は、決して直視しない。❷向き合うこと。直接。[源氏] 帚木「―・なら(未)ずとも、さるべからむ雑事などは受け給はらむ」[訳] 直接(顔を合わせて)でなくても、しかるべき用事などはお引き受けしよう。[文法]「さるべからむ雑事」の「む」は、仮定・婉曲の助動詞。❸明らかなこと。明白。当然。〔雨月〕貧福論「ここにあつまる事―・なる(体)ことわりなり」[訳] ここ(=強欲で残酷な人の所)に(お金が)集まることは当然の道理である。㊁(副)目の前で見て。実際に見て。現に。[方丈] 二「―めづらかなりしことなり」[訳] 実際に見て(その光景は)めったになかったことである。

ま-のし【眼伸し】(名・自サ変)とり澄ました顔つきをすること。一説に、目をみはることの意とも。[宇治] 一・六「聖―をして、阿弥陀仏申して」[訳] 僧はとり澄ました顔をして、阿弥陀仏(の名号)をお唱えして。

まは(マワ)・す【回す・廻す】(他サ四){さ・し・す・す・せ・せ}❶回転させる。❷まわりを取りまくようにする。めぐらす。[蜻蛉] 中「幕引き―・し(用)て」[訳] 幕を引きめぐらして。❸広く行き渡らせる。[源氏] 賢木「いと急に、のどめたる所おはせぬ大臣の、おぼしも―・さ(未)ずなりて」[訳] たいそうせっかちで、ゆったりとしたところがおありにならない大臣(=右大臣)が、あれこれお考えもめぐらさなくなって。❹差し向ける。手配する。〔うつほ〕蔵開上「それより車―・さ(未)せ給ひて」[訳] そこから牛車を手配しなされて。❺運用する。〔浮・日本永代蔵〕「利を一か月も重ねぬやうに―・せ(已)ば」[訳] (借りた金は)利息を一か月も滞らせないように運用すると。

ま-ばゆ・し【目映ゆし・眩し】(形ク){から・く(かり)・し・き(かる)・けれ・かれ}

語義パネル

●重点義 **目が照り輝くように感じられるさま。直視できないさま。**

目を表す「ま」に光が照り輝く意の形容詞「映ゆし」が付いた語。「まぶし」は「目＋伏し」で、目が伏せられる感じの意。

❶**まぶしい。**光が強くて見にくい。

❷光り輝くほど美しい。きわ立った存在である。
❸恥ずかしい。きまりが悪い。
❹目をそむけたいほど程度がはなはだしい。

❶まぶしい。光が強くて見にくい。〔枕〕三三「日のかげも暑く、車にさし入りたるも―・けれ(已)ば、扇して隠し」訳 日差しも暑く、牛車に差し込んでいる光もまぶしいので、扇で(顔を)隠し。

❷光り輝くほど美しい。きわ立った存在である。〔源氏〕葵「いと―・き(体)までねびゆく人のかたちかな」訳 まことに光り輝くまでに立派になってゆく人(＝光源氏)の容貌だなあ。

❸恥ずかしい。きまりが悪い。〔徒然〕一七五「女は、額髪はれらかに掻きやり、―・から(未)ず、顔うちささげて笑ひ」訳 (酔っぱらった)女は、額から肩のあたりに垂らした前髪をすっきりと払いのけ、恥ずかしさも感じないで、顔をちょっとあお向けて笑い。

❹目をそむけたいほど程度がはなはだしい。〔源氏〕帚木「今めかしくかい弾きたる爪音、才なきにはあらねど、―・き(体)心地なむし侍りし」訳 現代ふうに(琴を)弾いている爪音は、才気がないわけではないが、(その光景は)見るにたえないような気持ちがしました。

ま-はり【真榛】(名)〔「ま」は接頭語〕榛の木(＝木の名)。実や樹皮を染料とした。〔万葉〕七・一一五六「住吉の遠里小野の―もち摺れる衣の盛り過ぎ行く」訳 住吉の遠里小野の榛の木でもって摺り染めにした着物の、美しい色があせてゆくことよ。

まは・る【回る・廻る】(自ラ四)〔ら・り・る・る・れ・れ〕❶回転する。〔徒然〕五一「つひに―・ら(未)で、いたづらに立てりけり」訳 (水車は)とうとう回転しないで、むだに立っていたということだ。
❷回り道をする。また、めぐり歩く。〔狂・薩摩守〕「それならば上へなりとも下へなりとも―・り(用)ませう」訳 それ(＝川を歩いて渡れない)ならば上流へなりとも下流へなりとも回り道をしましょう。
❸(金が運用されて)利益をうむ。〔浮・好色一代男〕「小判貸しの利は何ほどに―・る(体)ものぞ」訳 小判貸しの利息はどのくらいに利益をうむものであるか。

まひ【幣】(名)謝礼の品として神にささげたり、人に贈ったりするもの。〔万葉〕五・九〇五「若ければ道行き知らじ―はせむ黄泉の使ひ負ひて通らせ」訳 (死んだわが子は)幼いので、(あの世への)道の行き方も知るまい。礼はしよう、黄泉の国の使いよ、背負って通られよ。

まひ【舞】(名)舞うこと。音楽または歌謡などに合わせ、ゆったりした動作で、さまざまな姿態を表現する遊芸。〔徒然〕二二五「通憲入道、―の手の中に興あることどもを選びて」訳 通憲入道が舞の型の中でおもしろいものをいろいろ選んで。

ま-ひ【真日】(名)〔「ま」は接頭語〕日。〔万葉〕一四・三四六一「何と言へかさ寝に逢はなくに―暮れて宵なは来なに明けぬ時来る」訳 どうしてだというのか、共寝するために会わないで。日が暮れて宵のうちには来ないで、明けたときに来るとは。

まひ-かな-づ【舞ひ奏づ】(自ダ下二)〔で・で・づ・づる・づれ・でよ〕舞を舞う。舞うように手足を動かす。〔俊頼髄脳〕「道済は、―・で(用)て出でにけり」訳 (歌をほめられた)道済は(喜んで)、舞うように手足を動かして(藤原公任の邸を)出ていってしまった。

ま-びき【目引き】(名)目くばせ。〔著聞〕三九「女房ども、みな御前(＝奥方)の―に従ひて」

ま-びさし【目庇・眉庇】(名)兜の鉢の前面に庇のように突き出て額をおおうもの。⇩巻頭カラーページ17

ま-ひと【真人】(名)天武天皇のときに定められた八色の姓のうち、第一位の称。→八色の姓

まひ-なひ【賂・賄・幣】(名)謝礼や賄賂を贈ること。また、その品物。〔紀〕天武「―を捧げてその家に媚ぶ」訳 品物を贈ってその(女官の)家にこびへつらう。

まひ-な・ふ【賂ふ・賄ふ】(他ハ四)〔は・ひ・ふ・ふ・へ・へ〕物を贈る。賄賂を贈る。〔著聞〕五二四「いまは徳つき給ひなんずるに、―・へ(命)かし」訳 今はきっと財産がおありになるだろうから、贈り物をしなさいよ。

まひ-びと【舞人】(名)舞を舞う人。〔方丈〕二「―を宿せる仮屋より出で来たりけるとなん」訳 舞楽を舞う人を泊めていた仮小屋から(火が)出てきたのだということである。

まひ-ひめ【舞姫】(名)「まひめ」とも。舞を舞う少女。特に、五節の舞に出る少女。〔平家〕二・徳大寺之沙汰「かの社には内侍とて、優なる―ども多く候ふ」訳 その社(＝厳島神社)には内侍といって、気品のある舞姫たちがたくさんおります。

ま-びろ・く【真広く】(他カ下二)〔け・け・く・くる・くれ・けよ〕〔「ま」は接頭語〕「まひろぐ」とも。しまりなく広げる。衣服をはだける。〔うつほ〕蔵開上「指貫、直衣などを引き下げて、―・け(用)て出で来たり」訳 (涼は)指貫や直衣などをぶら下げて、しまりなく広げた状態で現れた。

まひろげ-すがた【真広げ姿】(名)衣服をしまりなく着て、くつろいでいる姿。〔枕〕一九一「心とどめて書く、―もをかしう見ゆ」訳 (朝帰りした男が女のもとへ)心をこめて(手紙を)書く、(その)しどけない姿も趣深く見える。

ま・ふ【舞ふ】(自ハ四)〔は・ひ・ふ・ふ・へ・へ〕❶舞を演じる。〔徒然〕一七五「声の限り出だして、おのおのうたひ―・ひ(用)」訳 ありったけの声を出して、めいめい歌ったり舞ったりして。
❷まわる。旋回する。〔古本説話集〕「臥したる牛、立ち走りて御堂ざまに参りて三廻―・ふ(終)」訳 寝ていた牛が、起き上がって走って御堂の方へ参って三周まわる。文法「ざま」は、方向を表す接尾語。

図解学習 「まふ」と「をどる」
上下動を伴わずに旋回する意が「まふ」の原義、上下にとびはねる意が「をどる」の原義である。転義の「目がまふ」は「眩ふ」、「胸がをどる」は「躍る」と書くことが多いが、「眩ふ」には本来のまわる意が、「躍る」には本来のとびはねる意が生きている。

まふ　をどる

ま-ぶし【目伏し】(名)目つき。まなざし。〔源氏〕柏木「こ

の聖も、たけ高やかに、—つべたましくて」訳 この聖(=葛城山の行者)も、背たけがいかにも高く、目つきは薄気味悪くて。

真淵(まぶち)『人名』→賀茂真淵

まへ(マエ)【前】(名)❶表のほう。正面。大鏡 花山院「晴明が家の—をわたらせ給へば」訳(花山天皇が、安倍)晴明の家の前をお通りになられると。文法「せ給へ」は、最高敬語。
❷**昔。過去。以前。** 更級 夫の死「初瀬にて、—のたび、『稲荷より賜ふしるしの杉よ』とて、投げ出でられしを」訳 初瀬で、以前の(参詣の)とき、「稲荷からくださるしるしの杉だ」といって、(杉の枝を)投げ出された(夢を見た)けれども。⇩古へ「慣用表現」
❸**前庭。** 大和 一四八「—に荻薄いとおほかる所になむありける」訳 庭先に荻や薄がたいそう多い所であった。
❹神や身分の高い人をさすのに、直接その名をさすのをはばかっていう語。多く「み」「お」「おん」などの敬称の接頭語を付けて用いる。枕 一四「お—近くは、例の炭櫃に火こちたくおこして」訳 御前(=中宮)の近くは、いつものとおり角火鉢に火を盛大におこして。
❺貴人の近くに出ること。枕 一八四「あへなきまで御—ゆるされたるは、さ思しめすやうこそあらめ」訳 はりあいがないほど(簡単)に(中宮の)御前に伺候することを許されたのは、(中宮に)そうお思いになるわけがあるのだろう。
❻女性の名に付けて尊敬を表す語。平家 一〇・千手前「名をば千手の—と申し候ふ(=申します)」
❼(僧などの)食事。宇治 九・四「講師の—、人に誂へさせなどして」訳 講師(=法会などのとき講説をする僧)の食事を、人に注文させなどして。

まへ-いた(マエ)【前板】(名)牛車の前面の入り口に横に渡した板。踏み板。徒然 一一四「あがきの水、—までささとかかりけるを」訳(牛が)足でかいてはね返した水が前板までざっとかかったので。⇩巻頭カラーページ19

まへ-かた(マエ)【前方】㊀(名・副)❶以前。〔狂・比丘貞〕「—拝見致いたことがござる」訳(あなたが舞うのを)以前拝見いたしたことがあります。
❷あらかじめ。前もって。〔浄・冥途の飛脚〕「なぜ—に内証で…密かに便宜もするならば」訳 なぜ前もって内々で…(金が必要になったと)こっそり便りでもするならば。
㊁(形動ナリ){なら・なり(に)・なり・なる・なれ・なれ}❶時代おくれである。古くさい。〔浮・西鶴置土産〕「そんな—・なる㊍しかけ、四五もくはぬこと(=絶対にひっかからないことだ)」
❷ひかえ目である。〔浮・傾城禁短気〕「物は—・に㊊いふべし(=言うのがよい)」

まへ-がみ(マエ)【前髪】(名)❶少年または女性の額の上の髪をもとどりとは別にたばねたもの。
❷元服前の男子の称。〔浮・好色一代女〕「朝夕ちかう召しつかはれし—に、いつとなく御ふびんかかり」訳 朝晩(大名の)おそば近くに召し使われた小姓に、いつとなくお情けがかかり。

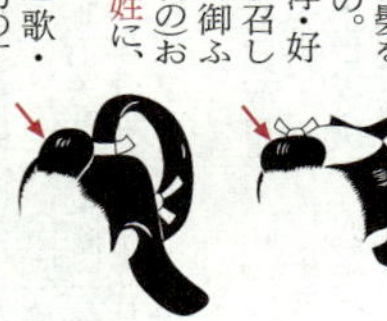

(まへがみ①)

まへ-く(マエ)【前句】(名)連歌・俳諧の付け合いで、付け句のすぐ前の句。↓付け合ひ

まへく-づけ(マエク)【前句付け】(名)雑俳の一種。出された七・七の句に、それに合う五・七・五の句を付け、滑稽さや機知の巧拙をきそう遊戯的な俳諧。近世中期に流行し、川柳のもとになった。↓雑俳

まへ-つ-きみ(マエ)【公卿】(名)〔「前つ君」の意。「つ」は「の」の意の上代の格助詞〕「まうちぎみ」とも。天皇の御前に伺候する人を尊敬していう語。

まへ-まうし(マエモウシ)【前申し】(名)主人の前でものを申すこと。取り次ぐこと。また、その人。蜻蛉 下「御—こそ、御いとまひまなかるべかめれど、あいなけれ」訳(あなた=兼家の天皇の御前での)御奏聞の役目は、おひまや時間のゆとりもないにちがいないようだが、(私には)つまらないことだ。

まへまへかたつぶり… 歌謡

> 舞へ舞へ蝸牛　舞はぬものならば　馬の子や牛の子に蹴ゑさせてん　踏み破らせてん　真に愛しく舞うたらば　華の園まで遊ばせん
> 〈梁塵秘抄・二・四句神歌・四〇八〉

訳 舞え、舞え、かたつむり。舞わないものならば、馬の子や牛の子に蹴らせてしまうぞ、踏みわらせてしまうぞ。本当にかわいらしく舞ったならば、花の園にも遊ばせてやろう。
文法「蹴ゑ」は、ワ行下二段動詞「蹴う」の未然形で、「蹴る」の古形。
解説 子供たちの遊びの歌。

まへ-やく(マエ)【前厄】(名)厄年の前の年。一般に数え年で、男子は二十四歳と四十一歳、女子は十八歳と三十二歳。↓厄年

まへ-わ(マエ)【前輪】(名)鞍の前方の山形に高くなった部分。平家 九・木曽最期「わが乗ったる鞍の—におしつけて、ちっとも働かさず」訳(巴は御田の八郎師重を)自分の乗っている(馬の)鞍の前輪におしつけて、少しも身動きさせず。⇩巻頭カラーページ17

まへ-わたり(マエ)【前渡り】(名)前を通り過ぎること。また、上位の人を飛び越えて昇進すること。源氏 夕顔「今日もこの蔀の—し給ふ」訳(光源氏は)今日もこの(夕顔の家の)蔀の前を通過しなさる。

ま-ほ【真帆】(名)〔「ま」は接頭語〕広げた船の帆が、その全面に追い風を受けている状態。また、その帆。〔猿蓑〕去来「いそがしや沖のしぐれの—片帆」訳 あわただしいなあ。沖でしぐれが降って(漁船は)帆を正面いっぱいに広げたり片寄らせたりしている。

ま-ほ【真秀・真面】(名・形動ナリ)〔「ま」は接頭語〕❶よく整っているさま。完全だ。十分。源氏 総角「女君の御かたちの—・に㊊うつくしげにて」訳 女君(=中の君)のお顔がよく整っていかにもかわいらしいようすで。↔偏
❷直接であるさま。あからさま。まとも。源氏 初音「いとほしとおぼせば、—・に㊊も向かひ給はず」訳(光源氏は)気の毒だとお思いになるので、(末摘花に)まともにも対面しなさらない。
❸正式。ほんとう。源氏 絵合「—のくはしき日記にはあらず、あはれなる歌などもまじれる」訳(漢文で書かれ

た）正式の詳しい日記ではなく、しみじみと感慨深い歌などもまじっているもので。

まほし（助動シク型）

意味・用法
希望〔…たい。〕→❶
〔…てほしい。〕→❷

接続
動詞および動詞型活用の助動詞の未然形に付く。

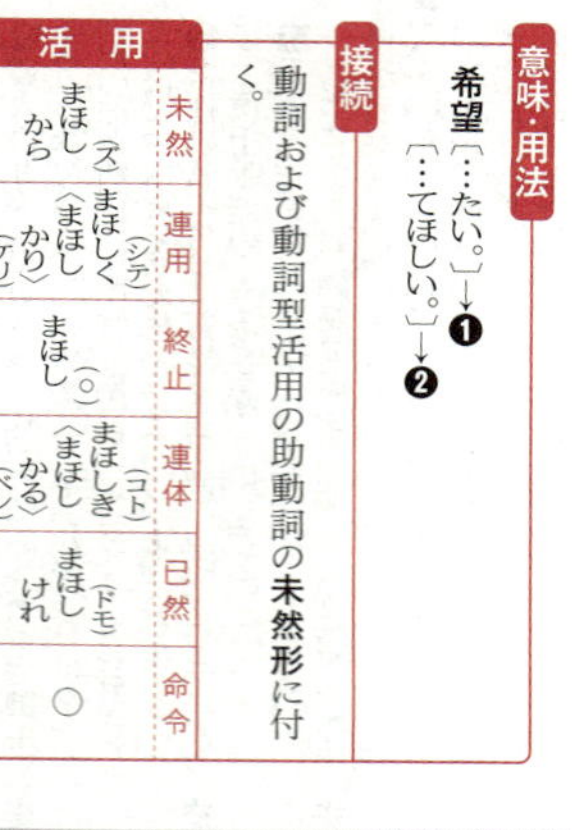

活用

未然	連用	終止	連体	已然	命令
まほしから（ズ）	まほしく（シテ）〈まほしかり〉（ケリ）	まほし（。）	まほしき（コト）〈まほしかる〉（ベシ）	まほしけれ（ドモ）	○

〔推量の助動詞「む」のク語法「まく」に形容詞「欲し」の付いた「まくほし」の転〕❶動作の主体の希望の意を表す。…たい。㋐話し手と動作の主体が一致する場合。源氏 若紫「尋ね聞こえまほしき㊍夢を見給へしかな」訳（私＝光源氏は）お尋ね申しあげたい夢を（前に）見ましたよ。文法「給へ」は、下二段活用の謙譲の補助動詞で連用形。徒然 四三「いかなる人なりけん、尋ね聞かまほし㊇」訳どのような人であったのだろう、尋ねて聞きたい。㋑話し手と動作の主体が一致しない場合。竹取 竜の頸の玉「おのが行かまほしき㊍所へ往ぬ」訳（家来たちは）自分の行きたいところへ去る。源氏 夕顔「もののなさけ知らぬ山がつも、花の蔭にはなほやすらはまほしき㊍にや」訳ものの情趣もわからない山人でも、花の陰にはやはり休みたいのであろうか。文法 係助詞「や」のあとに結びの語「あらむ」が省略されている。❷他に対してその状態への希望の意を表す。…てほしい。源氏 若菜上「花といはば、かくこそ匂はまほしけれ㊁な」訳花というならば、このようにかおってほしいものだなあ。枕 三「げに千年もあらまほしき㊍御有り様なるや」訳なるほど（古歌にもあるとおり）千年も（このままで）あってほしい（定子様の）ごようすであるよ。

文法 (1)「まほし」の語史 「まほし」は、平安時代の仮名文学作品、特に散文に多く用いられた語で、漢文を読み下す際には用いられなかった。また、中世まではしばしば用いられたが、近世以降は「たし」およびその後身の「たい」にとってかわられた。なお、上代には、もとの形と考えられる「まくほし」が用いられた。

「老いぬればさらぬ別れ（＝死別）もありといへばいよいよ見まくほしき君かな」〈古今 雑上〉

とあるのは、それが平安時代にも用いられたものである。

(2) 未然形「まほしく」 未然形に「まほしく」を認める説がある。連用形に係助詞の「は」の付いた形のうち、次の用例などは意味上、仮定条件の表現になっているとみられるので、未然形「まほしく」に接続助詞「は」の付いたものとみるのである。

「かやすき程こそ、すかまほしくは、いとよくすきぬべき世に侍りけれ（＝気軽な身分の者は、浮気がしたいなら、いくらでも浮気ができるにちがいない世なのでございました）」〈源氏 橋姫〉

まほしから 助動詞「まほし」の未然形。枕 二八「篳篥はいとかしがましく、…うたてけ近く聞かまほしからず」訳篳篥はとてもやかましく、…不快ですぐ近くで聞きたくない。

まほしかり 助動詞「まほし」の連用形。枕 一九六「この生絹だにいと所せく暑かはしく、取り捨てまほしかりしに」訳この生絹（＝生の絹糸で織った衣服）だって、たいそうわずらわしく暑苦しく、脱ぎ捨てたかったのに。

まほしかる 助動詞「まほし」の連体形。源氏 総角「心のうちには、あらまほしかるべき御事どもを思へど」訳（弁は）心の中では、当然そうあってほしいはずのご良縁の数々なのにと思うが。（時代が下ると「あらまほし」で一語の形容詞になる）

まほしき 助動詞「まほし」の連体形。更級 子忍びの森「言はまほしきこともえ言はず、せまほしきこともえせずなどあるが、わびしうもあるかな」訳言いたいことも言えなかったり、したいこともできなかったりなどして生きているのが、つらくもあることだなあ。

まほしく 助動詞「まほし」の連用形。大鏡 序「かかればこそ、昔の人はもの言はまほしくなれば、穴を掘りては言ひ入れ侍りけめ」訳こうだからこそ、昔の人は何か言いたくなると必ず、穴を掘っては言い入れたのでしょう。

まほし-げ …たそうである。…たいようだ。源氏 桐壺「息も絶えつつ、聞こえまーなることはありげなれど」訳（桐壺の更衣は）息も絶え絶えに、（桐壺帝に対して）申し上げたそうな事柄は（まだまだ）ありそうであるが。

なりたち 希望の助動詞「まほし」＋接尾語「げ」

まほしけれ 助動詞「まほし」の已然形。徒然 一「ことば多からぬこそ、飽かず向かはまほしけれ」訳ことばの多くない人には、飽きることなく対座していたい。

ま-ほ-ら（名）《上代語》〔「ま」は接頭語。「ら」は場所を表す接尾語〕すぐれている物・所の意。すぐれたよい所。「まほろば」「まほらま」とも。万葉 五・八〇〇「天雲の向か伏す極み谷蟆のさ渡る極み聞こし食す国のーぞ」訳雲がなびき伏す（空の）果てまで、ひきがえるが渡り歩く（陸の）果てまで、（天皇が）お治めになる、国のすぐれた所だ。

まぼら-ふ マボラ(ロ)ウ【守らふ】（他ハ下二）〔へ・へ・ふ・ふる・ふれ・へよ〕〔動詞「守る」の未然形「まぼら」に上代の反復・継続の助動詞「ふ」の付いた形から〕「まもらふ□」に同じ。

まほら-ま（名）〔「ま」は、空間・状態を表す接尾語か〕「まほら」に同じ。〔紀〕景行「倭は国のー」訳大和の国（奈良県）は国々の中で最もよい所だ。

まぼ-る（他ラ四）〔ら・り・る・る・れ・れ〕〔「まうぼる」の転か〕召し上がる。一説に、むさぼり食うの意とも。土佐「摘んだる菜を親やー・る㊇らむ」訳摘んだ菜を親が召し上がっているのだろうか。

まぼ-る【守る】（他ラ四）〔ら・り・る・る・れ・れ〕〔「まもる」の転〕❶見守る。見つめる。徒然 一三七「一事も見もらさじとー・り㊊て」訳（祭りの行列が通過するようすを）一事も見落とすまいと見守って。❷守る。保護する。〔三宝絵〕「誦経の力に三宝のー・り㊊給へるなり」訳誦経の効験で仏法僧の三宝がお守りになっているのだ。

まぼろし【幻】(名) ❶実際にはないのに、その姿があるように見えるもの。幻影。はかないもののたとえにもいう。〔堤〕虫めづる姫君「人は夢―のやうなる世に、誰かとまりて、悪しきことをも見、よきをも見思ふべき」〔訳〕人間は夢や幻のような(短くはかない)この世に、だれが生き長らえて、悪いことをも(真に悪いと)見(て判断し)、よいことをも(真によいと)見て判断することができようか(いや、だれもできないはずだ)。❷幻術・魔法を使う人。〔源氏〕桐壺「たづね行く―もがな伝にても魂のありかをそこと知るべく」〔訳〕(亡き桐壺の更衣の魂を)探したずねに行く幻術師がいればいいがなあ。(せめて)人づてでも、(更衣の)魂のあり場所を、どこだと知ることができるように。

まぼろし-の-ちまた【幻の巷】幻のようにはかないこの世。〔細道〕旅立「前途三千里の思ひ胸にふさがりて、―に離別の涙をそそく」〔訳〕前途三千里の(はるかな道のりへの)思いが胸にいっぱいになって、幻のようにはかないこの世の分かれ道で(見送りの人々との)別れの涙を流す。(「巷」に「この世」の意と「分かれ道」の意をかける。)〔名文解説〕「幻のちまた」は、現世を仮の世とし、執着してもしかたのないところとする考えに基づく。だが、「三千里(=長い距離の慣用表現)」の旅程に臨み、友人らとの別れに執着し涙を流さずにいられないのが人の心である。

まほろ-ば(名)〔「まほらま」の転〕「まほら」に同じ。〔記〕中「倭は国の―たたなづく青垣山ごもれる倭しうるはし」〔訳〕→やまとは…〔歌謡〕

まま-【継・庶】(接頭) ❶血のつながらない親子の関係を表す。〔源氏〕東屋「わが―子の式部の丞にて蔵人なる」〔訳〕私(=中将の君)の血のつながらない子で、式部省の丞(=三等官)で蔵人を兼ねているのが。❷同父異母や同母異父の兄弟姉妹である意を表す。〔記〕上「汝が―兄弟をば、坂の御尾に追ひ伏せ」〔訳〕(大刀や弓矢で)お前の腹違いの兄弟をば、坂の御すそ野に追い伏せて。「―妹」

まま【崖】(名) 崖など、急な傾斜地。〔万葉〕一四・三三六九「足柄の―の小菅の菅枕阿故か巻かさむ児ろせ手枕」〔訳〕足柄の崖の小菅で作った菅の枕をどうしてなさるのか、娘さん、しなさい、私の手枕を。

まま【儘・随】(名) ❶そのまま。そのとおり。〔徒然〕七一「見る時は、また、かねて思ひつる―の顔したる人こそなけれ」〔訳〕(実際に)会ってみる時には、また、あらかじめ想像していたそのままの顔をしている人はいない。❷心のまま。思いどおり。自由。勝手。〔源氏〕澪標「世の中のこと、ただなかばをわけて、太政大臣、この大臣の御―なり」〔訳〕世の中の(政治的な)ことは、ただ半分ずつに分けて、太政大臣と、この大臣(=光源氏)のお心のままである。❸ある行為のあと何もしないこと。それきり。そのまま。〔源氏〕末摘花「『内裏よりか』とのたまへば、『しか。まかで侍る―なり』」〔訳〕(光源氏が)「内裏からか」とおっしゃると、(頭の中将が答えて)「そうです。(内裏から)退出してのそのまま(うかがったの)です」。

ま-ま【乳母】(名) うば。めのと。〔枕〕三一四「御前に参りて―の啓すれば、また笑ひさわぐ」〔訳〕(中宮定子の)御前に参上して(隆円僧都の)うばが(あわれな男のことを)申し上げるので、また(女房たちは)大笑いする。

ま-ま【間間】㊀(名) あいだあいだ。あいだごと。〔徒然〕二一九「かやうに―に皆一律を盗めるに」〔訳〕(横笛ではこのように(穴と穴との)あいだごとにすべて一つの音律を忍ばせているのに。㊁(副) ときどき。おりおり。〔平家〕六・葵前「位を退いて後は―さるためしもあんなり」〔訳〕(過去に天皇が)位を退いた後には、時おりそういう例(=女房を高貴な人の養女にして寵愛すること)もあるそうだ。

真間〔まま〕『地名』〔歌枕〕今の千葉県市川市真間。伝説上の美女手児奈のゆかりの地として知られる。

まま-いも【継妹・庶妹】(名) 母の違う妹。異母妹。〔記〕下「―、女鳥王を乞ひたまひき」〔訳〕(仁徳天皇は)異母妹の女鳥王を(妻に)お望みになった。

ま-まき【真巻・細射】(名) 木に竹を張り合わせて作った弓。また、それに用いる矢。的弓(=的を射る弓術)に用いたという。〔宇治〕一五・四「若く、身はまづしくてぞありけるに、―を好みて射けり」〔訳〕(門部府生は)若く、身は貧しいようすでいたが、真巻の弓を好んで射ていた。

ままこ-だて【継子立て】(名) 碁石でする遊戯。白黒の石を実子・継子にみたて、各々十五個ずつまぜて円形に並べ、特定の石から数えて十にあたる石を順次取り除いていき、最後に残ったほうを勝ちとする。継子算。

まま-し【継し】(形シク){しから・しく(しかり)・し・しき(しかる)・しけれ・しかれ} 継父母・継子の間柄である。また、腹違いの間柄である。〔浄・女殺油地獄〕「いかに―・しい(体)(口語)子なればとてあんまりに義理過ぎた」〔訳〕いくら血のつながらない子だからと言って、(あなたは)あまりにも義理が過ぎた。

まま-に【儘に・随に】 ❶成り行きにまかせるさま。…にまかせて。心のままに。〔徒然〕一三「言ひたき―語りなして、筆にも書きとどめぬれば」〔訳〕言いたい気持ちにまかせて語りこしらえて、(それを)筆にも書きとめてしまうと。❷事態の進行につれて次の事態が起こるさま。…に従って。…につれて。〔源氏〕若紫「入りもておはする―、霞のたたずまひもをかしう見ゆれば」〔訳〕(光源氏が山の中へ)だんだん入ってゆかれるにつれて、霞の(かかっている)ようすも趣深く見えるので。❸ある状態・動作のとおりであるさま。…のとおりに。…と同じに。〔更級〕かどで「わが思ふ―、そらにいかでかおぼえ語らむ」〔訳〕(大人たちだって物語の一部始終を)私が思うとおりに、そらでどうして覚えていて語れようか(いや、語れはしない)。〔文法〕「いかでか…む」は、反語表現。❹原因・理由を表す。…ので。…のために。〔更級〕かどで「いみじく心もとなき―、等身に薬師仏を造りて」〔訳〕とてもじれったいので、(自分の)身長と等しい高さに薬師如来の仏像を造って。❺前の事態が起こると同時に次の事態の起こるさま。…やいなや。…と同時に。〔宇治〕七・五「布をとる―、見だにもかへらず走り去ぬ」〔訳〕(男は)布を取るやいなや、ふり返りさえもしないで走り去る。

真間の手児奈〔ままのてこな〕『人名』「てこな」とも。「万葉集」に歌われた伝説上の美女。下総の国葛飾郡真間(今の千葉県市川市真間)に住み、多くの男性に求婚されたことを悩んで入水したという。
〔なりたち〕名詞「儘」＋格助詞「に」
「てこな」は少女の意。

まま-はは【継母】(名)血のつながらない母。継母。更級 かどで「姉・━などやうの人々の、その物語、かの物語、光源氏のあるやうなど、ところどころ語るを聞くに」訳 姉や継母などといった人たちが、その物語、あの物語、光源氏のありさまなどを、ところどころ語るのを聞くと。

ま-み【目見】(名)❶目つき。まなざし。源氏 桐壺「━などもいとたゆげにて」訳 (桐壺の更衣は)目つきなどもひどくだるそうで。❷目もと。源氏 若紫「━の程、髪の美しげにそがれたる末も」訳 (尼君の)目もとの感じや、髪のいかにも美しいようすに切りそろえてある端も。

ま-み-ゆ【見ゆ】(自ヤ下二)〔え・え・ゆ・ゆる・ゆれ・えよ〕〔「目見ゆ」の意〕「会ふ」の謙譲語。お目にかかる。〔雨月〕菊花の約「利害を説きて吾を経久に━・え未しむ」訳 (彼は)利害を説いて私を経久にお目にかからせる。

まめ【忠実】(形動ナリ)〔なら・なり(に)・なり・なる・なれ・なれ〕❶まじめなさま。誠実なさま。伊勢 六〇「━・に用思はむといふ人につきて、人の国へいにけり」訳 (男の妻は)誠実に愛そうという人につき従って、他国へ行ってしまった。❷よく働くさま。勤勉なさま。熱心なさま。方丈 三「もし、念仏ものうく、読経━・なら未ぬ時は、みづから休み、みづから怠る」訳 もし、念仏を唱えることがおっくうで、経を読むことに身が入らないときは、自分から休み、自分から怠ける。❸丈夫なさま。健康なさま。方丈 四「心、身の苦しみを知れれば、苦しむ時は休めつ、━・なれ已ば使ふ」訳 心が、自分のからだの苦しみを知っているので、(からだが)苦しいときは休めてしまうし、元気であれば使う。文法「知れれば」の「れ」は、完了(存続)の助動詞「り」の已然形。❹実用的である。大和 一七三「車にて、━・なる体もの、さまざまに持て来たり」訳 (少将は)車で、直接生活に必要なものを、さまざま持ってきた。

まめ-いた【豆板】(名)「豆板銀」の略。江戸時代の銀貨の名。扁平な豆形で、目方・大きさが一定しておらず、量目によって額を決めた。小粒。

(まめいた)

まめ-ごころ【忠実心】(名)まじめな心。誠実な心。源氏 野分「━もなまあくがるる心地す」訳 誠実な心(の夕霧)も、なんとなくうわの空になる気持ちがする。

まめ-ごと【忠実事】(名)まじめなこと。実生活や政治などに関すること。源氏 若菜下「年ごろ、━にもあだごとにも召しまつはし」訳 (光源氏は)長年、政治むきのことにも遊びごとにも、(私=柏木を)お招きになって絶えずつき添わせ。↔徒事

まめ-ざま【忠実様】(名)まじめなようす。源氏 夕霧「あやしき━をかくのたまふとほほゑむらむものを」訳 (女房たちも)不思議な(ほどの私=夕霧の)まじめさに対して、このように(奥方は嫉妬深いことを)おっしゃると、(陰で)笑っているであろうのになあ。

まめ-だ-つ【忠実立つ】(自タ四)〔た・ち・つ・つ・て・て〕〔「だつ」は接尾語〕まじめにふるまう。本気になる。源氏 須磨「幼き御心地にも、━・ち用ておはします」訳 (春宮は)御子供心にも、まじめになって(便りを見て)いらっしゃる。

まめ-びと【忠実人】(名)まじめな人。実直な人。源氏 夕顔「かかるすぢは、━の乱るる折もあるを」訳 こういう(恋の)方面のことは、まじめな人が思慮分別を失う折もあるが。↔徒人

発展「忠実人」と「好き者」

「忠実人」は、おもに恋愛の方面において誠実な人をさす。その反対は、浮気でいいかげんな人、「徒人」であるが、そのほかに「好き者」ということばも使われる。色好みの人という意味だが、人情や恋愛の情趣のわかる人といったニュアンスも含まれている。

まめまめ-し【忠実忠実し】(形シク)〔しから・しく(しかり)・し・しき(しかる)・しけれ・しかれ〕❶実直だ。誠実だ。まじめだ。本気だ。源氏 帚木「はかなげに言ひなして、━・しく用恨みたるさまも見えず」訳 (女はたいしたことではないようにあえて言って、本気で(私=頭の中将を)恨んでいるようすも見えず。更級 宮仕へ「━・しく用過ぐすとならば、さてもありはてず」訳 まじめに暮らすというならば(それはそれでよいが)、そのようになりきることもなく。❷実用的だ。更級 物語「何をか奉らむ。━・しき体物はまさなかりなむ」訳 何を差し上げようか。実用的なものはきっとつまらないだろう。文法「まさなかりなむ」の「な」は助動詞「ぬ」の未然形で、ここは確述の用法。

まめ-めいげつ【豆名月】(名)(枝豆を供えることから)陰暦九月十三日夜の月の異名。後の月。十三夜。栗を供えることから「栗名月」ともいう。秋

まめ-やか【忠実やか】(形動ナリ)〔なら・なり(に)・なり・なる・なれ・なれ〕〔「やか」は接尾語〕❶まじめなさま。忠実であるさま。誠実だ。源氏 若紫「すきずきしき方にはあらで、━・に用聞こゆるなり」訳 うわついた気持ちからではなくて、まじめに申し上げるのである。❷本格的なさま。本式だ。源氏 幻「雪いたう降りて、━・に用積もりにけり」訳 雪がひどく降って、本格的に積もったことだ。❸実用的だ。現実的だ。〔うつほ〕国譲中「仕うまつる受領なども、━・なる体物、菓物など奉れば」訳 お仕え申し上げる受領なども、実用的な品物や酒のさかななどを差し上げるので。

まめ-わざ【忠実業】(名)実用的な仕事。実務。〔落窪〕「若くめでたき人は、多くかやうの━する人や少なかりけむ」訳 若く美しい女房には、多くはこのような(裁縫などの)実用的な仕事をする人が少なかったのだろうか。

まめ-をとこ【忠実男】(名)❶誠実な男。実意のある男。伊勢 二「それをかの━、うち物語らひて」訳 その女に例の誠実な男が、しみじみ情を通わして。❷(「伊勢物語」第二段「まめをとこ」から)好色な男。〔謡・雲林院〕「げにまこと名に立ちし、━とはまことなりけり」訳 なるほどまったく評判になった、好色な男というのは本当のことだったなあ。

まもら-ふ【守らふ】━《上代語》見つめる。見守りつづける。〔記〕中「楯並めて伊那佐の山の樹の間よもい行きまもらひ用戦へば」訳 伊那佐の山の木の間を通って行き、見守りつづけ戦っていると。(「楯並めて」は「伊那佐」の「い」にかかる枕詞)

[なりたち] 四段動詞「守る」の未然形「まもら」＋上代の反復・継続の助動詞「ふ」

━(他ハ下二)〔へ・へ・ふ・ふる・ふれ・へよ〕「まぼらふ」とも。❶━に同じ。[枕] 三「講師の顔をつとー・へ㊥たるこそ、その説くことの尊さもおぼゆれ」[訳] 仏法を講説する僧の顔をじっと見つめているときは、その説くことの尊さも自然と感じられる。❷守る。保護する。[源氏] 夕霧「よろしうなりぬる男の、かくまがふかたなく一つ所をー・へ㊥て」[訳] まあまあの地位になった男が、こうして他にまぎれる所(＝他の女)もなく一人の女を守って。

[参考] ━は━の一語化したもの。→ふ(助動)

まもり【守り・護り】(名) ❶守ること。守護。また、守る人。護衛。[源氏] 横笛「おほやけの御近きーを、わたくしの随身に領ぜむと争ひ給ふよ」[訳] 天皇のおそば近くの護衛(＝夕霧)を、(三の宮と二の宮は)私的な随身として自分のものにしようと争いなさるよ。❷神仏の加護。また、守り神。お守り。[大鏡] 道長上「とうより御心魂のたけく、御ーもこはきなめり」[訳] (道長のような人は)早く(＝若いころ)からご精神力が強く、神仏のご加護もしっかりしているものであるようだ。⇩疾とし「名文解説」

まもり-あ・ふ【守り合ふ】(他ハ四)〔は・ひ・ふ・ふ・へ・へ〕互いに見つめ合う。[竹取] かぐや姫の昇天「心地ただ痴れに痴れて、ー・へ㊁り」[訳] (人々は戦うこともしないで)気持ちがただもうぼんやりして、互いに見つめ合っている。

まもり-め【守り目】(名) 守る役の人。番人。[源氏] 蜻蛉「ー添へなど、ことごとしく給ひけるほどに」[訳] 守り役を付き添えるなど、(薫が)ぎょうぎょうしく(警戒を)なさったときに。

まもり-ゐる【守り居る】(他ワ上一)〔ゐ・ゐ・ゐる・ゐる・ゐれ・ゐよ〕じっと見守っている。たいせつにしている。[徒然] 一九〇「よき女ならば、らうたくして、吾が仏とー・ゐ㊥たらめ」[訳] すばらしい女ならば、かわいがって、私の守り本尊よとたいせつにしているだろう。

ま-も・る【守る・護る】(他ラ四)〔ら・り・る・る・れ・れ〕〔「目守る」の意〕

語義パネル

●重点義　**目を離さずに見る。じっと見つめる。**

現代語では③④の意で用いるが、古くは「目守る」の原義どおり、①の意で用いることが多い。

❶ **目を離さずに見る。見つめる。**
❷ **ようすをうかがう。見定める。**
❸ 警戒する。気をつける。
❹ 防ぐ。守護する。

❶**目を離さずに見る。見つめる。**[源氏] 若紫「いとよう似奉れるが、ー・ら㊀るるなりけり」[訳] (若紫が藤壺に)たいそうよくお似申しあげているのが、見つめないではいられないのであった。[徒然] 一三七「あからめもせずー・り㊥て」[訳] わき目もふらずに見つめて。❷**ようすをうかがう。見定める。**[万葉] 七・一三九〇「淡海の海波かしこみと風ー・り㊥年はや経へなむ漕ぐとはなしに」[訳] 琵琶湖の波が恐ろしいからといって、風の具合をうかがって、(むなしく)年は過ぎてしまうのだろうか。風の原因・理由を表す接尾語。❸警戒する。気をつける。[枕] 八七「わらはべなどに踏み散らさせず、こぼたせで、よくー・り㊥て」[訳] (雪の山を)子供たちなどに踏み荒らさせないで、(また)こわさせないで、しっかり見張って。❹防ぐ。守護する。[大鏡] 花山院「一尺ばかりの刀どもを抜きかけてぞー・り㊥申しける」[訳] 一尺(＝約三〇センチメートル)ばかりの刀を手に手に抜きかけて(道兼を)お守り申しあげたということだ。

[文法] 「波かしこみと」の「み」は、漕ぎ出すことはなくて。

まゆ【眉】(名) ❶〔古くは「まよ」〕まゆげ。[徒然] 一五二「腰かがまり(＝曲がり)、ー白く」❷「眉墨③」の略。❸牛車の屋形の前後にある軒。

まゆ-ごもり【繭籠り】(名)「まよごもり」とも。蚕が繭の中にこもること。転じて、人、特に少女が家の中にこもっていること。[源氏] 常夏「この事のわづらはしさにこそ、ーも心苦しう思ひ聞こゆれ」[訳] この事(＝内大臣の詮索)がめんどうなので(あなた＝玉鬘をかくまっているが、あなたが)家の中にこもっていることも気の毒だと思い申しあげる。

まゆ-ずみ【眉墨・黛】(名) ❶眉を描く化粧用の墨。❷①を使って眉を描くこと。また、その眉。[平家] 八・太宰府落「女房達つきせぬ物おもひに紅の涙せきあへねば、翠のーみだれつつ」[訳] 女房たちはつきることのない物思いに血の涙を止めることもできないので、緑に描いた眉も乱れ乱れして。❸連山の遠くに見える姿のたとえ。「まゆ」とも。〔夫木〕春二「山は緑の春のー」

まゆ-だま【繭玉】(名) 木の枝に繭の大きさの団子をつけ、稲の穂・小判・大福帳などをかたどった縁起物を結びつけた、正月の飾り物。[春]

（まゆだま）

ま-ゆみ(名) ❶【檀】山野に自生する落葉樹。木質は強く、弓をつくるのに適する。また、紙をつくる。❷【真弓・檀弓】①でつくった丸木の弓。[伊勢] 二四「梓弓ー槻弓年を経てわがせしがごとうるはしみせよ」[訳] →あづさゆみ…[和歌]

（まゆみ①）

まゆ-を-ひら・く【眉を開く】心配事がなくなって、ほっとする。愁眉を開く。〔増鏡〕月草の花「今はたさらにー・く㊍時になりて」[訳] 今また新たにほっとするときを迎えて。

まよ【眉】(名)「まゆ」の古形。[万葉] 六・九九八「ーのごと雲居に見ゆる阿波の山」[訳] 眉のように、雲のたなびく遠くに見える阿波の山。

まよ【繭】(名) 蚕の「繭」の古形。[夏]。[万葉] 一四・三三五〇「筑波嶺の新桑ーの衣はあれど君が御衣しあやに着欲しも」[訳] 筑波嶺の新しい桑の葉で飼った蚕の繭で作った着物はあるけれど、あなたのお着物がむしょうに着たいことよ。

まよ‐ね【眉根】(名)「まゆね」とも。眉。万葉 一九・四一九二「青柳の細き―を咲みまがり」訳 青柳のように細い眉を曲げて笑って。

まよね‐か・く【眉根搔く】眉がかゆくて搔く。眉がかゆいのは恋人に会う前兆とされ、眉を搔くことは恋人に会いたいときのまじないとされた。万葉 六・九九三「月立ちてただ三日月の―・き(用)日長く恋ひし君に逢へるかも」訳 新月になってたった(三日目の)三日月のような眉を搔いて、長い間慕っていたあなたに逢ったことよ。

まよひ【迷ひ】(名)❶迷うこと。思い悩むこと。徒然 三八「―の心をもちて名利の要を求むるに、かくのごとし」訳 迷いの心でもって名誉や利益の欲望を追求すると、このようなものである。❷まぎれること。混雑。源氏 少女「夕まぐれの人の―に対面せさせ給へり」訳 (大宮は)夕暮れの人ごみのまぎれに(夕霧を雲居の雁に)ひそかにお会わせなさった。❸〈「紕ひ」とも書く〉(織り糸がほつれ片寄ること。(髪の毛や糸・布などが)乱れること。万葉 七・一二六五「今年行く新島守が麻衣肩の―は誰か取り見む」訳 今年出かけて行く、新しい島守の麻衣の肩の糸のほつれは、だれが世話をする(=つくろう)のだろうか。❹騒ぐこと。騒ぎ。源氏 総角「人の―すこし鎮めておはせむ」訳 (詩歌・管弦を楽しむ)人々の騒ぎを少し鎮めてから、(匂宮は山荘へ)おでかけになるだろう。

まよ‐びき【眉引き】(名)「まゆびき」とも。眉墨で眉を描くこと。また、その眉。万葉 六・九九四「振りさけて若月見れば一目見し人の―思ほゆるかも」訳 →ふりさけて…和歌

まよびきの【眉引きの】《枕詞》山の稜線が眉の形に似ることから、「横山」にかかる。万葉 一四・三五三一「―横山辺ろの」

まよ・ふ【迷ふ】(自ハ四)〈は・ひ・ふ・ふ・へ・へ〉❶**思い悩む**。思い迷う。〔続拾遺〕釈教「尋ね来てまことの道にあひぬるも―・ふ(体)心ぞしるべなりける」訳 さがし求め来て、まことの道に出会ったのも、(私の)思い悩む心が道しるべであったのだなあ。❷**入り乱れてまぎれる。混乱する**。源氏 花宴「上の御局にまゐりちがふ気色ども繁く―・へ(已)ば」訳 (弘徽殿の)上の御局に(女房たちが)参上したり退出したりする気配のあれこれがしきりで混雑しているので。❸**さまよう**。行ったり来たりする。細道 石の巻「明くればまた知らぬ道―・ひ(用)行く」訳 夜が明けるとまた知らない道を迷いながら行く。❹〈「紕ふ」とも書く〉**布の縦糸と横糸が乱れて片寄る。ゆるむ。(髪の毛や糸などが)ほつれる**。万葉 一四・三四五三「風の音の遠き我妹が着せし衣手本のくだり―・ひ(用)来にけり」訳 遠くにいる妻が着せてくれた衣は、袖口のあたりがほつれてきてしまった。(「風の音の」は「遠し」にかかる枕詞)

まら‐うと【客人・賓】(名)〈「まらひと」のウ音便。「まらうど」「まれうと」「まれびと」とも。稀に来る人の意〉よそから訪れて来た人。客。訪問者。枕 二八「にくきもの いそぐことある折に来て長ごとする―」訳 不快なもの、急ぐことがあるときにやって来て長話をする客。

名文解説 折悪しく急用があるときにやって来て長話をする客は迷惑で腹立たしい、と清少納言はいう。続けて、相手が立派な人の場合は、「後で」とも言いにくく厄介だ、とも述べている。

まらうと‐ざね【客人ざね】(名)〈「ざね」は接尾語〉主となる客。正客。伊勢 一〇一「左中弁藤原良近といふをなむ―にて、その日はあるじまうけしたりける」訳 左中弁藤原良近という人を正客として、その日はご馳走したのだった。

まらうと‐ゐ【客人居】(名)来客を通す部屋。客間。源氏 早蕨「例の、―の方におはするにつけても」訳 いつものように、客間のほうに(薫が)いらっしゃるにつけても。

まら・する《中世語》〈「参らす」の連体形「まゐらする」の転〉一(他サ下二)〈せ・せ・す(する)・する・すれ・せよ〉「やる」の謙譲語。差し上げる。献上する。〔狂・張蛸〕「あまり奇特な買ひ手ぢゃほどに、みやげを―・せ(未)う」訳 ひじょうに珍しい買い手であるからみやげを差し上げよう。

二(補動下二・サ変)〈せ・せ・す(する)・する・すれ・せよ〉〈せ・し・す(する)・する・すれ・せよ〉❶上位者のためにする動作について、謙譲の意を表す。…てさしあげる。〔天草本伊曽保〕「われこの難儀を逃れさせられうずることを教へ―・せ(未)うず」訳 私がこの難儀をお逃げになれるようなことを教えてさしあげよう。❷上位者に関係する動作について、謙譲を表す。お…申しあげる。〔天草本伊曽保〕「お姿を見―・すれ(已)ば、手足もすっかりと軽げに」訳 お姿を拝見すると、手足もすっかり軽そうで。❸自己の動作であるために、謙譲する意を表す。…申す。〔天草本伊曽保〕「これに居―・する(終)。何の御用ぞ」訳 ここに居申す。何の御用か。❹単なる丁寧の意を表す。…ます。〔天草本平家・二〕「それがしも子供を引き具してやがて参り―・せ(未)うずる」訳 私も子供を引き連れてすぐに参りましょう。

参考 「まらする」はもと下二段活用であったが、のち、サ変型となり、「まっする」の形を経て、現在の丁寧の助動詞「ます」の源の一つとなっている。

‐まり【余り】(接尾)〈接尾語「あまり」の「あ」が脱落した形〉「あまり」に同じ。〔続日本後紀〕「百―十(=百十歳)の翁」「十―二つの月(=十二か月)」「七十―」

まり【鞠・毬】(名)蹴鞠に用いたまり。また、蹴鞠のこと。→蹴鞠

丸子《地名》〈「鞠子」とも書く〉今の静岡市駿河区の地名。とろろ汁で有名。東海道五十三次の一つ。

まり‐の‐かかり【鞠の懸かり】蹴鞠をする場所。また、その範囲を示すために四隅に植えた、松・楓・柳・桜などの樹木。鞠の場。

‐まる【丸】(接尾)〈「麻呂」の転〉人・犬・名器・刀・船などの名に添える。〔義経記〕「西国に聞こえたる月―といふ大船に」訳 西国で評判の月丸という大船に。

まる【丸・円】(名)〈「丸」の転〉❶円形または球形であること。❷完全であること。欠けた所のないこと。❸城郭。また、城郭の内部。「本―」「二の―」❹《近世上方語》〈甲羅が丸いことから〉すっぽんの異名。❺〈形が丸いことから〉金銭。

ま・る【放る】(他ラ四){ら・り・る・る・れ・れ}大小便をする。万葉 一六・三八三二「枳の棘原刈り除け倉立てむ屎遠く━・れ㊀櫛造る刀自」訳 枳のいばらを刈り払って倉を建てよう。糞は遠くにせよ、櫛を造るおかみさんよ。

まる・あんどん【丸行灯・円行灯】(名)火覆いを円筒形に作ったあんどん。遠州行灯。

まる・ね【丸寝】(名)「まろね」に同じ。万葉 二〇・四四二〇「草枕旅の━の紐絶えば吾が手と付けろこれの針持し」訳 旅先でのごろねで(衣の)紐が切れたなら、私の手だと思って付けてくれよ。この針を持って。(「草枕」は「旅」にかかる枕詞)

まる・わげ【丸髷】(名)女性の髪形の一つ。近世、多く既婚の女性が結った。頭頂にやや平たい楕円形の髷をつけたもの。まるまげ。〔浮・日本永代蔵〕「髪かしらも自らすきて、━に結ひて」訳 頭の髪も自分でとかして、まるまげに結って。

(まるわげ)

まれ【稀】(形動ナリ){なら・なり(に)・なり・なる・なれ・なれ}めったにないさま。珍しいさま。源氏 須磨「今はいと里ばなれ心すごくて、海士の家だに━・に㊀、など聞き給へど」訳(須磨は)今はすっかり人里から離れものさびしくて、漁師の家さえめったにないようすで、などと(光源氏は)お聞きになるが。

まれ …であっても。…でも。源氏 蜻蛉「あが君を取り奉りたらむ、人に━鬼に━、返し奉れ」訳 わが君(=浮舟)を奪い申しあげた(ものがいる)としたらそのものは、人であっても鬼であっても、お返し申しあげよ。文法「取り奉りたらむ」の「む」は、仮定・婉曲の助動詞。なりたち 係助詞「も」+ラ変動詞「有り」の命令形「あれ」=「もあれ」の転

まれ・うと【客人・賓】(名)「まらうと」に同じ。

まれ・びと【客人・賓】(名)「まらうと」に同じ。

まれ・まれ【稀稀】(副)時たま。めずらしく。伊勢 二三「━かの高安に来て見れば」訳 時たまあの高安(=地名)(の女の所)に来てみると。

まろ【丸・円】(名・形動ナリ)丸い形。また、丸々と太ったさま。枕 二四「つややと━・に㊀うつくしげに削りたる木の、二尺ばかりあるを」訳 つややかに丸くきれいな感じに削ってある木で、二尺(=約六〇センチメートル)くらいある木を。

-まろ【麻呂・麿・丸】(接尾)❶男子の名につける。竹取 燕の子安貝「くらつ━と申す翁」❷鳥獣・刀・船などの名に添える。枕 九「翁━、いづら」訳 翁まろ(=犬の名)よ、どこに(いるの)。

まろ【麻呂・麿】(代)自称の人代名詞。わたくし。中古では、男女・貴賤を問わず用いた。源氏 夕顔「━あれば、さやうのものにはおどされじ」訳 私(=光源氏)がいるから、そんなもの(=狐のようなもの)にはおどされまい。

発展「まろ」を使う場面
「まろ」は、一人称の代名詞で男女ともに用いた。くだけた軽い感じの口調であるため、目上の人が聞いているような場ではあまり口にされず、そのようなあらたまった場面では、多く「われ」や「おのれ」が用いられた。

まろうと〘客人・賓〙⇩まらうと

まろ・か・す【丸かす・円かす】(他サ四){さ・し・す・す・せ・せ}「まろがす」とも。丸める。今昔 五・二四「わが股のししむらをつかみ取りて、猿の子二つが大きさに━・し㊀て鷲に与へつ」訳(獅子が爪で)自分のももの肉のかたまりをつかみ取って、子猿二ひきの大きさに丸めて鷲に与えた。

まろ・か・る【丸かる・円かる】(自ラ下二・四){れ・れ・る・るる・るれ・れよ}{ら・り・る・る・れ・れ}「まろがる」とも。丸く固まる。一つにまとまる。源氏 朝顔「━・れ㊀たる御額髪」訳(涙に濡れて)丸まった(紫の上の)お額髪を(光源氏が)整えなさるけれども。

まろ・ぐ【丸ぐ・円ぐ】(他ガ下二){げ・げ・ぐ・ぐる・ぐれ・げよ}丸くまとめる。丸める。ひとまとめにする。宇治 二・四「これを━・げ㊀て、みな買はん人もがな」訳 これ(=七、八千枚の金箔)をひとまとめにして、全部買うような人がいればなあ。

まろ・ね【丸寝】(名)「まるね」とも。帯も解かず、衣服を着たままで寝ること。ごろね。丸臥し。万葉 二・三五「吾妹子し吾を偲ふらし草枕旅の━に下紐解けぬ」訳 私の妻は私を恋い慕っているようだ。旅のごろねで下紐が解けてしまったよ。(「草枕」は「旅」にかかる枕詞。人に思われると下紐が解けるという俗信があった)

まろば・か・す【転ばかす】(他サ四){さ・し・す・す・せ・せ}「かす」は接尾語)「まろばす」に同じ。平家 三・公卿揃「后御産の時、御殿の棟より甑を━・す㊍事あり」訳 后の御産の時に、御殿の棟から甑(=米などを蒸す器具)をころがすこと(=ならわし)がある。

まろば・す【転ばす】(他サ四){さ・し・す・す・せ・せ}ころがす。ころばす。「まろばかす」とも。枕 一五五「ねずみの子の毛もまだ生ひぬを、巣の中より━・し㊀出でたる」訳(むさくるしく思えるものは)ねずみの子で毛もまだ生えていないのを、巣の中からころがし出したの。

まろ・ぶ【転ぶ】(自バ四){ば・び・ぶ・ぶ・べ・べ}ころがる。ころぶ。倒れる。平家 一二・大地震「大地裂けて水わきいで、磐石われて谷へ━・ぶ㊉」訳 大地は裂けて水が湧き出し、大きな石は割れて谷底へころがる。

まろ・ぶし【丸臥し】(名)「まろね」に同じ。

まろ・ほや【丸寄生】(名)模様の名。寄生(=植物の名。やどりぎ)の形を丸く図案化したもの。

まろ・む【丸む・円む】(他マ下二){め・め・む・むる・むれ・めよ}❶丸くする。丸い形にする。〔紫式部日記〕「筥のふたに広げて、日蔭を━・め㊀て」訳 箱のふたに(扇を)広げて、日蔭の蔓をまるめて(のせ)。❷頭をそる。剃髪する。❸全体をそのもので作り固める。平家 四・競「たとひ黄金を━・め㊀たる馬なりとも」訳 たとえ黄金を固めて作った馬であっても。

まろ・や【丸屋】(名)茅や葦で屋根を葺いた粗末な家。〔金葉〕秋「夕されば門田の稲葉おとづれて葦の━に秋風ぞ吹く」訳 →ゆふされば…和歌。⇩苫屋

「慣用表現」

まろ・らか【丸らか・円らか】(形動ナリ){なら・なり(に)・なり・なる・なれ・なれ}(「らか」は接尾語)丸くふっくらしているさま。源氏 宿木「腕をさし出でたるが、━・に㊀をかしげなるほども」

訳（浮舟は横になり）腕をさし出しているのが、丸々とふっくらしていかにも美しく見えるようすも。

まわる【回る・廻る】⇩まはる

まゐ-い・る【参入る】（自ラ四）{ら・り・る・る・れ・れ}神や貴人のもとに行く。〔記〕中「伊勢の大御神の宮に—・り㊊て」訳伊勢大神宮にお参りして。

まゐ・く【参来】（自カ変）{こ・き・く・くる・くれ・こ（こよ）}「来く」の謙譲語。参上して来る。うかがう。万葉 四・七〇〇「かくしてやなほや退らむ近からぬ道の間をなづみ—・き㊊て」訳このようにしてやはり退出するのだろうか。近くもない道中を骨折って参上して来て。

まゐ・づ【参出】（自ダ下二）{で・で・づ・づる・づれ・でよ}《上代語》「まゐいづ」の転〕「出いづ」の謙譲語。うかがう。参る。万葉 六・九七一「桜花咲きなむ時に山たづの迎へ—・で㊍む君が来まさば」訳桜の花が咲いてしまうであろう、そのときに（私は）迎えにうかがおう、あなたが（帰って）おいでになるならば。（「山たづの」は「迎へ」にかかる枕詞）

まゐで・く【参出来】（自カ変）{こ・き・く・くる・くれ・こ（こよ）}「来く」の謙譲語。参り来る。参上して来る。万葉 一八・四一一一「田道間守常世に渡り八矛持ち—・こ㊍し時」訳田道間守（＝人名）が常世の国（＝異郷）に渡り、たくさんの（橘の）枝を持ち、参り来った（＝帰朝した）ときに。

参考 中古の「行く」「来く」の謙譲語「まうづ」にあたる。

まゐ-のぼ・る【参上る】（自ラ四）{ら・り・る・る・れ・れ}「上る」の謙譲語。高貴な場所に参る。参上する。万葉 六・一〇二二「—・る㊍八十氏人の手向けする恐の坂に幣まつり」訳（都に）参上する多くの氏族の人々が手向けをする恐の坂に幣を奉って。

まゐらさ・す【参らさす】（他サ下二）{せ・せ・す・する・すれ・せよ}〔下二段動詞「参らす」の未然形「まゐらせ」に尊敬の助動詞「さす」が付いた「まゐらせさす」が一語になったもの〕「与ふ」「やる」の謙譲語。差し上げる。献上する。平家 四・大衆揃「金堂の弥勒に—・せ㊊おはします」訳（高倉宮は笛を）金堂の弥勒菩薩に差し上げていらっしゃる。

まゐらさ・す【参らさす】（補動サ下二）{せ・せ・す・する・すれ・せよ}〔下二段動詞「参らさす」から〕（動詞の連用形に付いて）謙譲の気持ちを表す。お…する。…してさしあげる。平家 一〇・千手前「すすめ—・せ㊊給へ」訳（酒を）お勧めしなさい。

> ←「まゐらす」（次項(1)～(3)）の識別ガイド
> まゐらす(1)→（他サ下二）〔謙譲〕差し上げる・献上する
> まゐらす(2)→（補動サ下二）〔謙譲〕お…申しあげる・お…する・…してさしあげる
> まゐらす(3)→〔「まゐる」＋使役の「す」〕参上させる・（何かを）してさしあげさせる

まゐら・す(1)【参らす】（他サ下二）{せ・せ・す・する・すれ・せよ}〔四段動詞「参る」の未然形「まゐら」に使役の助動詞「す」が付いて一語になったもの〕「与ふ」「やる」の謙譲語。**差し上げる。献上する。** 竹取 ふじの山「薬の壺に御文そへ、—・す㊎」訳薬の壺に（かぐや姫の）お手紙を添えて、（帝に）差し上げる。宇治 一・三「酒—・せ㊊、遊ぶありさま、この世の人のする定なり」訳（鬼たちが）酒を差し上げ、宴に興ずるようすは、この世の人間のするとおりである。⇩賜ぶ「敬語ガイド」

注意 同じ「まゐらす」の形でも、「す」が使役の助動詞の場合もある。その場合には、「まゐる」と「す」の二語に分けて訳出する。→参らす(3)

参考 「まゐる」よりも、謙譲の気持ちが強い。中古から用いられた。

まゐら・す(2)【参らす】（補動サ下二）{せ・せ・す・する・すれ・せよ}〔下二段動詞「参らす」から〕（動詞・助動詞「る」「らる」「す」「さす」「しむ」の連用形に付いて）謙譲の気持ちを表す。**お…申しあげる。お…する。…してさしあげる。** 枕 一八四「かかる人こそは世におはしましけれと、おどろかるるまでぞまもり—・する㊍」訳このような（すばらしい）人がこの世にはいらっしゃったのだなあと、はっと驚かずにはいられないほど（の気持ち）でお見つめ申しあげる。平家 二・徳大寺之沙汰「めづらしう思ひ—・せ㊊て、もてなし—・せ㊊候はんずらん」訳（厳島神社の内侍たちが）めずらしくお思い申しあげて、おもてなし申しあげるでしょう。

参考 中古半ばごろから用いられはじめたが、当時は、同じ意味・用法で「奉る」「聞こゆ」「申す」のほうが主で、中古の末ごろから「まゐらす」が盛んに用いられるようになった。中世以降にもよく用いられ、やがて「まらする」「まっする」を生じ、現代語の「ます」の源流となる。

まゐら-す(3)【参らす】❶参上させる。うかがわせる。源氏 桐壺「急ぎ**まゐらせ**㊊て御覧ずるに、珍らかなる児の御かたちなり」訳（桐壺帝が若宮＝光源氏を）急いで参内させてご覧になると、（この世に）めったにない赤子のご容貌である。

❷（何かを）してさしあげさせる。（何かを）奉仕させる。源氏 夕霧「大殿油など急ぎ**まゐらせ**㊊給ふ」訳（母一条御息所は）大殿油など急いでおともし申しあげさせて、御台などこちらの部屋で（落葉の宮に）ご用意させなさる。

なりたち 謙譲の四段動詞「参る」の未然形「まゐら」＋使役の助動詞「す」

注意 一語の動詞「まゐらす」と混同しないこと。使役の意を表現できる場合は二語の扱いである。

まゐら-せ-たま・ふ【参らせ給ふ】❶（「せ」が使役の場合）㋐参上させなさる。源氏 桐壺「慰むやと、さるべき人々を—・へ㊏ど」訳（桐壺帝は悲嘆が）慰められるかと、しかるべき人々を参上（＝入内）させなさるけれど。㋑（何かを）してさしあげさせなさる。（何かを）奉仕おさせになる。源氏 朝顔「とく御格子—・ひ㊊て、朝霧をながめ給ふ」訳（光源氏は朝）早く御格子をあげさせなさって、朝霧をご覧になる。

❷（「せ」が尊敬の場合）ご参上あそばす。源氏 幻「后の宮は、内裏に—・ひ㊊て、三の宮をぞ、さうざうしき御慰めにおはしまさせ給ひける」訳（明石の）中宮は、皇居にご参上あそばして、三の宮（＝匂宮）を心さびしさの御慰めにと（光源氏のもとに）いらっしゃらせなさった。

文法 「おはしまさせ給ひ」の「せ」は、使役の助動詞「す」の連用形。

なりたち 謙譲の四段動詞「参る」の未然形「まゐら」＋

助動詞「す」の連用形「せ」＋尊敬の四段補助動詞「たまふ」

まゐらせ-たま-ふ（マイラセタマ(モ)ウ）【参らせ給ふ】お差し上げになる。差し上げなさる。[源氏] 玉鬘「折敷手づから取りて、『これは御前に—・へ(命)。…』といふを聞くに」[訳]（豊後の介が）折敷（＝四角い盆）を自分の手で取って、「これは御主人（＝玉鬘）に差し上げてください。…」と言うのを（右近は）聞くと。

[なりたち] 下二段動詞「参らす」の連用形「まゐらせ」＋尊敬の四段補助動詞「たまふ」

まゐらせ-たま-ふ（マイラセタマ(モ)ウ）【参らせ給ふ】…申しあげなさる。[平家] 二・烽火之沙汰「たとひいかなる僻事出で来候ふとも、君をば何とかし—・ふ(終)べき」[訳] たとえどんな間違いが起こりましても、（臣下のあなた＝平清盛が）君主（＝後白河法皇）をどうにかし申しあげなさってよいだろうか（いや、どのようにもし申しあげなさってはならない）。

[なりたち] 謙譲の下二段補助動詞「参らす」の連用形「まゐらせ」＋尊敬の四段補助動詞「たまふ」

まゐり-あつま-る（マイリ）【参り集まる】（自ラ四）{ら・り・る・る・れ・れ}（貴人のもとに）参集する。[宇治] 三・七「上達部（＝公卿）、僧ども多く—・り(用)（＝参集し）」

まゐり-く（マイリク）【参り来】（自カ変）{こ・き・く・くる・くれ・こ(こよ)}「来」の謙譲語。参上する。うかがう。[伊勢] 一一八「『忘るる心もなし。—・こ(未)む』といへりければ」[訳]「（会わなくても、あなたのことを）忘れる気持ちもない。（あなたの所へ）参上しよう」と（男が）言ったので。

まゐり-す・う（マイリ）【参り据う】（他ワ下二）{ゑ・ゑ・う・うる・うれ・ゑよ} 献上して、その人の前に置く。[源氏] 賢木「御くだ物をだにとて、—・ゑ(用)たり」[訳] せめてお菓子だけでも（お召し上がりください）ということで、（病気の藤壺に）差し上げて前に置いてある。

まゐり-つかうまつ・る（マイリツコウマツル）【参り仕うまつる】（自ラ四）{ら・り・る・る・れ・れ} 参上してお仕えする。[源氏] 少女「兄弟の童殿上する、常にこの君に—・る(体)を」[訳]（惟光の娘の）兄弟で、童で殿上に奉仕している者が、いつもこの君（＝夕霧）のもとに参上してお仕えするので。

まゐり-つ・く（マイリ）【参り着く】（自カ四）{か・き・く・く・け・け}「行き着く」「来着く」の謙譲語。参上して到着する。[宇治] 四・五「この女のしりを離れず、歩み行く程に、雲林院に—・き(用)ぬ」[訳] この女のあとを離れず、歩いて行くうちに、雲林院に参り着いた。

まゐり-もの（マイリ）【参り物】（名）召し上がり物。お食事。[源氏] 玉鬘「—なるべし、折敷手づから取りて」[訳]（豊後の介は）召し上がり物であろう、折敷（＝四角い盆）を自分の手で取って。

まゐり-よ・る（マイリ）【参り寄る】（自ラ四）{ら・り・る・る・れ・れ} おそば近くにうかがう。お寄り申しあげる。[源氏] 横笛「すこし近く—・り(用)給ひて、かの夢がたりを聞こえ給へば」[訳]（夕霧は）少し（光源氏のほうに）近くお寄り申しあげなさって、あの（柏木の亡霊の現れた）夢の話を申し上げなさると。

まゐ・る（マイル）【参る】［「参入る」の転］

［一］（自ラ四）{ら・り・る・る・れ・れ} ❶「行く」「来」の謙譲語。参上する。(ア)（神社や寺に）参詣する。参拝に行く。[更級] 春秋のさだめ「霜月の二十余日、石山に—・る(終)」[訳] 陰暦十一月の二十日過ぎに、石山寺に参詣する。[徒然] 五二「そも、—・り(用)たる人ごとに山に登りしは、何事かありけん」[訳] それにしても、参詣に来ていた人々がみな山に登ったのは、何事があったのだろうか。(イ)（身分の高い人、目上の人の所へ）参上する。うかがう。[源氏] 若紫「君は二三日うちへも—・り(用)給はで」[訳] 君（＝光源氏）は二、三日、宮中にも参上しなさらないで。[伊勢] 五「二条の后に忍びて—・り(用)けるを、世の聞こえありければ、兄人たちの守らせ給ひけるとぞ」[訳] 二条の后のもとに（男が）忍んで参上したのを、世間のうわさがあったので、（后の）兄弟たちが（番人に）守らせなさったことだということだ。[文法] 係助詞「ぞ」のあとに結びの語「いふ」などが省略されている。(ウ)（身分の高い人、目上の人の所へ）お仕えする。出仕する。[枕] 一八四「宮にはじめて—・り(用)たるころ、もののはづかしきことの数知らず」[訳] 中宮（＝定子）の御殿にはじめて出仕したころ、わけもなく恥ずかしいことがたくさんあって。[更級] 宮仕へ「師走になりて、また—・る(終)」[訳] 陰暦十二月になって、ふたたび出仕する。(エ)（天皇・皇太子などの后として）入内する。[枕] 一〇四「淑景舎、東宮に—・り(用)給ふほど」[訳] 淑景舎（＝関白道隆の娘原子）が東宮（＝居貞親王）に妃として入内しなさるころ。[源氏] 桐壺「人より先に—・り(用)給ひて、やむごとなき御思ひなべてならず」[訳]（弘徽殿の女御は）他の方より先に入内しなさって、尊い（桐壺帝の）御寵愛は一通りでなく。⇨参づ「敬語ガイド」

❷「行く」「来」の丁寧語。参ります。[更級] 物語「『今、—・り(用)つる道に、紅葉のいとおもしろきところのありつる』と言ふに」[訳]「今、（ここへ）参りました途中に、紅葉がたいそう美しい所があったの」と（外から来た人が）言うので。[文法]「ありつる」の「つる」は、詠嘆を示す連体形止め。[徒然] 一一五「前の河原へ—・り(用)あはん」[訳] 前の河原へ参りまして戦おう。

［二］（他ラ四）{ら・り・る・る・れ・れ} ❶「す」「仕ふ」の謙譲語。（何かを）してさしあげる。奉仕する。[伊勢] 八二「親王に馬の頭、大御酒—・る(終)」[訳] 親王に（右の）馬の頭が、御酒をおすすめする。[源氏] 紅葉賀「御髪—・る(体)ほどをだに、もの憂くせさせ給ふ」[訳] 御髪をとかしてさしあげるあいだでさえ、（紫の上は）おいやがりになられる。[文法]「させ給ふ」は、最高敬語。

❷「飲む」「食ふ」「す」などの尊敬語。召し上がる。（何かを）させなさる。[源氏] 総角「心地もまことに苦しければ、物もつゆばかり—・ら(未)ず」[訳] 気分もほんとうに苦しいので、（大君は）食物も少しも召し上がらず。[源氏] 若紫「今宵はなほ静かに加持など—・り(用)て、出でさせ給へ」[訳] 今夜はやはり静かに加持（＝仏教で、災いなどをはらうために行う祈禱）などをさせなさって（＝お受けになって）、（明日）お立ちください。[文法]「させ給へ」は、最高敬語。⇨食ぶ「敬語ガイド」

[参考]「まゐる」の対義語は、上代では「まかる」だが、中古になると、「まゐる」に対しては「まかづ」が用いられるようになった。［一］②の場合は、身分の高い人、目上の人の所へではなく、必ずしも敬う必要がない場所に「行く」「来」の場合で、丁寧語と見る。［二］②の尊敬語としての用法は、［二］①から転じたものであるが、その場合は、動作の為

手して、受け手はだれかを、前後の文意から読みとって判断する必要がある。

図解学習　「まゐる」と「まかる」
身分の高い人、目上の人など、上位と見られる人の所へ「行く」意の謙譲語が「まゐる」、そこから「退く」意の謙譲語が「まかる」の原義である。この関係は「のぼる」と「くだる」の関係に似ている。なお、中古に下ると、「まゐる」と「まかづ」、「まうづ」「まうでく」と「まかる」とが、それぞれ対応するようになる。

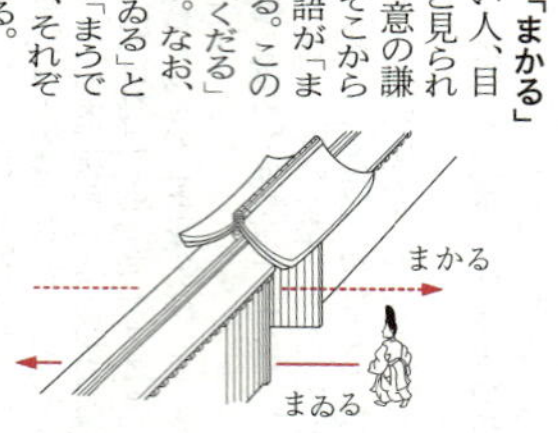

ま-を-くば・る【間を配る】間隔をとる。徒然 二一九「―・る(体)事等しきゆゑに、その声不快なり」訳（横笛の五の穴は穴と穴との）間隔を配置することが等しいので、その音色は不快である。

ま-を-ごも【真小薦】(名)〔「ま」「を」はともに接頭語〕薦（＝粗く織ったむしろ）のこと。一説に、真麻（＝草の名、からむし）で編んだ薦の意とも。

まを・す【申す・白す】(他サ四)《上代語》〔「まうす」の古形〕「言ふ」の謙譲語。申し上げる。万葉 二〇・四四七二「諸は幸くと―・す(終)帰り来までに」訳 皆が達者でいるようにと（神に）申し上げる。帰って来るまで。

まを・す【申す・白す】(補動サ四)《上代語》〔「まうす」の古形〕（動詞の連用形に付いて）謙譲の意を表す。…申しあげる。万葉 五・八七六「天飛ぶや鳥にもがもや都まで送り―・し(用)て飛び帰るもの」訳 空を飛ぶ鳥であったらいいなあ。都まで（あなたを）送り申しあげて飛んで帰ってくるのになあ。（「天飛ぶや」は「鳥」にかかる枕詞）

まん【幔】(名)幕の一種。縦にだんだらの筋のあるもの。幔幕。宇治 一五・三「むかひに引きたる―より東〔側〕を渡るなりけり(＝通ったのであった)」

まんえふ-がな【万葉仮名】(名)国語を表記するため、その字の意味とは関係なく表音文字として用いられた漢字をいう。真仮名。「古事記」「日本書紀」などにも見られるが、「万葉集」の歌の表記として多用されたので、この名がある。

万葉集（まんえふしふ）『作品名』現存する最古の歌集。成立事情は不明であるが、集成には大伴家持が関与したらしい。奈良時代末期に成立か。二十巻。歌体は、長歌・短歌・旋頭歌・仏足石歌などで、合わせて約四千五百首。部立ては、雑歌・相聞・挽歌を主とする。その素朴・雄健な歌風は「万葉調」「ますらをぶり」などと称される。表記には、漢字の音訓を組み合わせた万葉仮名が多用されている。代表歌人は天智天皇・額田王・柿本人麻呂・山部赤人・山上憶良・大伴旅人・大伴家持・大伴坂上郎女など。他に東歌・防人歌など庶民の歌を多く収める。

万葉代匠記（まんえふだいしやうき）『作品名』「万葉集」の注釈書。契沖著。元禄三年（一六九〇）成立。近世における「万葉集」研究の基礎を築いた。「万葉集代匠記」とも。

まん-ごふ【万劫】(名)《仏教語》きわめて長い年月。〔うつほ〕俊蔭「阿修羅(＝帝釈天と戦う悪神)の―の罪のなかば過ぐるまで」

まん-ざ【満座】(名)その座にいる人全部。徒然 五三「顔をさし入れて舞ひ出でたるに、―興に入る事かぎりなし」訳 顔を（鼎に）さしこんで舞い出たところ、その座にいる人全部はおもしろがることこの上もない。

まん-ざい【万歳】(名)❶「ばんぜい①」に同じ。❷近世、正月に、その年の繁栄を祝うことばを述べ、腰鼓を打ちながらこっけいな踊りをした門付けの芸人。春

（まんざい②）

まんざい-らく【万歳楽】(名)「ばんざいらく」とも。舞楽の曲名。六人または四人で舞い、即位などの祝賀の宴に用いられた。

まん-しん【慢心】(名)おごりたかぶった心。徒然 一六七「禍をも招くは、ただこの―なり」訳 災難をも招くのは、ひとえにこのおごりたかぶった心である。

まんだら【曼陀羅・曼荼羅】(名)《梵語の音訳》❶多くの仏・菩薩を安置する祭壇。仏・菩薩の悟りの境地を❷密教の宇宙観を表した絵。一定の形式で図示したもの。

まん-どころ【政所】(名)〔政治を執り行う所の意〕❶親王・摂政・関白・大臣の荘園の事務や家政をつかさどる所。❷神社や寺院の事務を取り扱う機関。❸鎌倉・室町時代、幕府の役所の名。財政などを主として取り扱う。❹「北の政所」の略。

まん-な【真名・真字】(名)〔「まな」の撥音化〕漢字。枕 八二「たどたどしき―に書きたらむも、いと見苦し」訳 うろおぼえの漢字で（返事を）書いたとしたらそれも、たいそう見苦しい。

まん-のう【万能】(名)あらゆるわざ。技能。〔花鏡〕「これすなはち、―を一心にてつなぐ感力なり」訳 これがすなわち、あらゆるわざを（無心の）心一つで貫きつなぐ心のはたらきなのである。

まん-ぼふ【万法】(名)《仏教語》「ばんぽふ」とも。物質的・精神的なあらゆる存在。また、それらのもつ事理や法則。〔性霊集〕「―と自心と本より一体なり」訳 あらゆる存在と自らの心とは元来同一のものである。

まん-まん【漫漫】(形動タリ)広々としたさま。遠く果てしないさま。平家 九・小宰相身投「―・たる(体)海上なれば、いづちを西とは知らねども」訳 広々とした海の上なので、どちらが西の方角だとはわからないが。

万葉集（まんようしゅう）⇩万葉集（まんえふしふ）

「み」は「美」の草体
「ミ」は「三」の全画

み-（接頭）（名詞に付いて）❶【御】尊敬の意を表す。「ー格子」「ー国」「ー位」「ー世」
❷【御・美・深】美称、または、語調を整えるときに用いる。「ー草」「ー冬」「ー雪」「ー吉野」

-み（接尾）❶（形容詞の語幹（シク活用には終止形）に付いて）㋐後に続く動詞「思ふ」「為」の内容を表す連用修飾語をつくる。万葉 二・一九六「望月のいやめづらしー思ほしし君と時々幸して」訳 いよいよいとおしいとお思いになっていた夫君と時々お出かけになって。（「望月の」は「めづらし」にかかる枕詞）。伊勢 二四「梓弓ま弓槻弓年を経てわがせしがごとうるはしーせよ」訳 →あづさゆみ…和歌
【例語】懐かしみす・侘しみす・惜しみす
㋑中止法として、述語の並立に用いる。万葉 三・三二四「明日香の古き京師は山高ー河雄大し」訳 明日香の旧都は山が高く、河が雄大だ。
❷（形容詞および形容詞型活用の助動詞の語幹相当部分（シク活用には終止形）に付いて）多くは「…（名詞）を…み」の形で、原因・理由を表す。**…ので。…から。**万葉 一・四四「吾妹子をいざみの山を高ーかも大和の見えぬ国遠ーかも」訳 さあ見ようと思う、そのいざみの山が高いからだろうか、大和の国（奈良県）が見えないことよ、国が遠いからだろうか。（「吾妹子を」は「いざみの山」にかかる枕詞。「いざみ」に「さあ見よう」の意をかける）。万葉 八・一四二四「春の野にすみれ摘みにと来し我れそ野をなつかしー一夜寝にける」訳 →はるののに…和歌
❸（形容詞の語幹に付いて）その状態の所の意を表す名詞をつくる。万葉 一九・四二〇七「夕されば藤の繁ーにはろはろに鳴くほととぎす」訳 夕方になると藤の茂っているところではるかに鳴くほととぎす。
【例語】浅み・高み・広み・深み
❹（動詞、または助動詞「ず」の連用形に付いて重ねて用いられ）対照的な動作・状態が交互にくり返して行われることを表す。**…たり…たり。**伊勢 六七「生駒の山を見れば、曇りー晴れー、たちゐる雲やまず」訳 生駒の山を見ると、曇ったり晴れたり、現れ浮かぶ雲がたえない。〔後撰〕冬「神無月降りー降らずー定めなき時雨ぞ冬の始めなりける」訳 陰暦十月、降ったり降らなかったり定めなく降る時雨こそ、冬のはじめ（の景物）なのだなあ。
【例語】生けみ殺しみ（＝生かしたり殺したり）・負ひみ抱きみ・照りみ曇りみ・泣きみ笑ひみ・引きみ引かずみ・引きみ弛べみ（＝引いたり弛めたり）・見えみ見えずみ・笑みみ怒りみ（＝笑ったり怒ったり）
参考 ②の原因・理由を表す用法は上代の語法であるが、平安時代以降も和歌には用いられる。「…を…み」の「を」は間投助詞で、「山高み（＝山が高いので）白木綿花に落ち激つ滝の河内は見れど飽かぬかも」〈万葉・六・九〇九〉、「君に恋ひいたも術無み（＝何ともしかたがないので）奈良山の小松が下に立ち嘆くかも」〈万葉・四・五九三〉のように、「を」が省かれることもある。
また、「逢ふことも涙に（＝逢うこともないので、その悲しみの涙に）浮かぶ我が身には死なぬ薬も何にかはせむ」〈竹取・ふじの山〉のように、「を」の省かれたところに係助詞の「も」が入り、「涙」の「なみ」に「無み」をかけて「…も…み」の形になるような見分けにくい例もある。

-み【回・曲】（接尾）〔上一段動詞「回る」の連用形から〕山・川・海などの入り曲がった所の意を表す。…のあたり。…のめぐり。「浦ー」「隈ー」「里ー」「島ー」

み【巳】（名）❶十二支の六番目。源氏 須磨「やよひのついたちに出で来たるーの日」訳 陰暦三月の上旬にめぐってきた（みそぎをすべき）巳の日に。→十二支
❷方角の名。南南東。
❸時刻の名。今の午前十時ごろ、およびその前後約二時間（午前九時ごろから午前十一時ごろ）。枕 一五八「坂のなからばかり歩みしかば、ーの時ばかりになりにけり」訳 坂の半分ほど歩いたところ、（もう）巳の時（＝午前十時ごろ）くらいになってしまった。

み【身】㊀（名）❶からだ。身体。徒然 九「ーを惜しとも思ひたらず」訳（自分の）からだを惜しいとも思っていないで。
❷身分。また、身の上。身のほど。枕 八「家のほど、ーのほどにあはせて侍るなり」訳（門の大きさは）家の程度、身分の程度に合わせて（分相応に作って）いるのです。
❸**自分。わが身。**枕 八二「これは、ーのためも人の御ためも、よろこびには侍らずや」訳 これは、私自身のためにもあなたの御ためにも、喜ばしいことではありませんか。
❹命。源氏 御法「残り少なしとーをおぼしたる御心のうちには」訳 残りはいくばくもないと（自分の）命を思っていらっしゃる（紫の上の）お心の中には。
❺刀の鞘の中の刃。刀身。平家 四・信連「衛府の太刀なれども、ーをば心得てつくらせたるを抜き合はせて」訳 衛府の太刀（＝六衛府の官人がつける、なかば装飾用の太刀）であるが、刀身を特に念を入れて作らせておいたものを抜き合わせて。
❻中身。内容。古今 仮名序「文屋康秀は、言葉はたくみにて、そのさまーにおはず」訳 文屋康秀（の歌）は、ことば（の使い方）は巧みであって、その（＝歌の）姿が内容と似つかわしくない。
㊁（代）自称の人代名詞。わたくし。われ。男性が用いた。〔狂・末広がり〕「ーが道具のうちに末広がりがあるか」訳 わしの道具の中に末広がり（＝扇）があるか。

図解学習 **「み」と「ふた」**
そのものの本体と見られるものが「み」、物の口を上から覆いふさぐものが「ふた」である。「蛤の**ふたみ**にわかれ行く秋ぞ」〈細道 大垣〉（訳 →はまぐりの…俳句）は、蛤の殻と身をいう「ふたみ」に蛤の名産地、伊勢の「二見の浦」をかけている。

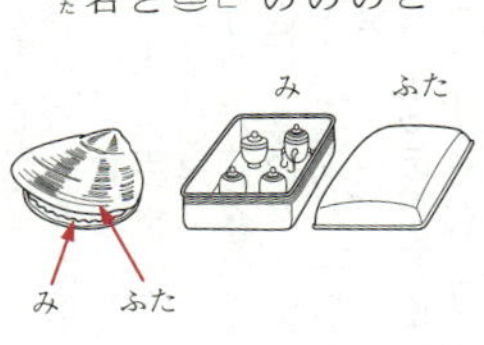

み【海】(名)「海(うみ)」の略。〔紀〕神功「淡海(あふみ)の―(=琵琶湖(びはこ))」

み-あかし【御明かし】(名)〔「み」は接頭語〕神仏に供える明かり。お灯明(とうみやう)。〔枕〕二三〇「―の、常灯(じやうとう)にはあらで」〔訳〕お灯明で、(寺で)いつもともしておく明かりではなくて。

み-あかしぶみ【御明かし文】(名)〔「み」は接頭語〕神仏への願いごとを記した文。願文(がんもん)。〔源氏〕玉鬘「―など書きたる心ばへなど」〔訳〕願文などに書いてある趣旨などは。

み-あさ・む【見あさむ】(他マ四)〔ま・み・む・む・め・め〕見て驚きあきれる。〔宇治〕六・五「そのあたりの人々、これを聞きて、―・み(用)けり(=見て驚きあきれた)」

みあし-まゐり【御足参り】(マイリ)(名)〔「み」は接頭語〕身分の高い人の足をおさすり申しあげること。〔源氏〕玉鬘「大殿籠(おほとのごも)るとて、右近(うこん)を―に召す」〔訳〕(光源氏は)おやすみになるというので、右近をお足さすり(のため)にお呼びになる。

み-あつか・ふ【見扱ふ】(アツカウ)(他ハ四)〔は・ひ・ふ・ふ・へ・へ〕❶世話をする。〔源氏〕東屋「とかく―・ふ(体)も心づきなければ」〔訳〕あれこれと(左近(さこん)の少将の婿入りの)世話をするのも、(中将の君は)不愉快なので。❷もてあます。〔源氏〕末摘花「心から、などかう憂き世を―・ふ(終)らむ」〔訳〕(私=光源氏は)自分から求めて、どうしてこのようにつらい(末摘花(すゑつむはな)との)関係を(続けて)もてあましているのだろうか。

み-あつ・む【見集む】(他マ下二)〔め・め・む・むる・むれ・めよ〕あれこれと数多く見る。たくさんの事物に接する。〔源氏〕帚木「隈(くま)なく―・め(用)たる人の言ひしことは、げにと思(おぼ)しあはせられけり」〔訳〕余すところなく(さまざまな女性と)数多く接した人(=左の馬頭(うまのかみ))の言ったことは、なるほど(そのと)おりだと(光源氏は)自然と思い当たりなさるのであった。

み-あは・す【見合はす】(アワス)(他サ下二)〔せ・せ・す・する・すれ・せよ〕❶相手と視線を合わせる。互いに見かわす。〔蜻蛉〕上「目も―・せ(未)ず、思ひ入りてあれば」〔訳〕(夫の兼家(かねいえ)と)目も互いに合わせず、(私が)深く思い沈んでいると。❷あれこれ見比べる。比較する。〔源氏〕帚木「人の有り様をあまた―・せ(未)むの好みならねど」〔訳〕女性のようすを数多く見比べようとの希望(から)ではないけれど。❸時期を見はからう。よい折を待つ。〔浮・日本永代蔵〕「繰り綿・塩・酒は、江戸棚の状日(じやうび)を―・せ(用)」〔訳〕繰り綿・塩・酒(の相場)は、江戸の支店からの書状が着く日を見はからって(記して)。❹さし控える。みあわせる。〔浮・日本永代蔵〕「一銭もなければ腰かけを―・せ(用)」〔訳〕一文もないので、(茶屋に)腰かけるのをみあわせ。

み-あ・ふ【見合ふ】(オウ)━(他ハ四)〔は・ひ・ふ・ふ・へ・へ〕❶互いに見合う。見かわす。〔落窪〕「いとつつましうて、うつぶしつつ―・ひ(用)たり」〔訳〕(新参の女房たちは)ひどく遠慮して、うつむきながら互いに見合っている。❷見つける。〔今昔〕九・八「おのづから人ありて生命(しやうみやう)を害せむを―・は(未)ば、必ず助け救ふべきことなり」〔訳〕もしも人がいて命あるものを殺そうとするのを見つけたならば、必ず助け救わなければならないことである。❸全員で見る。〔宇治〕一・一五「のぼりくだる者、市をなして、行きもやらで―・ひ(用)たり」〔訳〕(京へ)上り下る人が、群れをなして、通り過ぎることもできないでみなで見ている。━(自ハ四)〔は・ひ・ふ・ふ・へ・へ〕出会う。行き会う。〔宇治〕一〇・八「かしこく、人々に―・は(未)ずなりぬるものかな」〔訳〕うまく、人々に出会わずにすんでしまったものだなあ。

み-あへ【御饗】(アエ)(名)〔「み」は接頭語〕(貴人への)もてなし。また、そのごちそう。〔記〕上「百取(ももとり)の机代(つくえしろ)の物を具(そな)へ、―して」〔訳〕たくさんの飲食物(=結納品)をそろえ、ごちそうをして。

み-あらか【御舎・御殿】(名)〔「み」は接頭語〕宮殿。御殿(ごてん)。〔万葉〕二・一六七「宮柱太敷(ふとしき)座(いま)し―を高知りまして」〔訳〕(草壁皇子(くさかべのみこ)は)宮柱をりっぱにお立てになり、御殿(=殯(あらき)の宮)を堂々と営みなさって。

み-あらは・す【見顕す】(ラワス)(他サ四)〔さ・し・す・す・せ・せ〕隠れている物や事柄を明らかにする。見破る。〔源氏〕手習「狐(きつね)の変化(へんげ)したる。憎し。―・さ(未)む」〔訳〕狐が化けているのだ。憎い。化けの皮をはがそう。

み-あり・く【見歩く】(他カ四)〔か・き・く・く・け・け〕あちこち見て歩く。〔徒然〕三「ある人に誘はれ奉りて、明くるまで月―・く(体)こと侍りしに」〔訳〕ある人に誘われ申しあげて、(夜の)明けるまで月を眺め歩くことがありましたが。

み-あれ【御生れ】(名)〔「み」は接頭語。「あれ」は生まれることの意〕❶陰暦四月午(うま)の日に、賀茂(かも)の祭りに先立って行われた、神を招く神事。(御生れ祭り)〔夏〕❷(①が行なわれたことから)賀茂神社の異称。

み-いだ・す【見出だす】(他サ四)〔さ・し・す・す・せ・せ〕❶中から外のほうを見る。見やる。〔更級〕梅の立枝「いみじく泣き暮らして―・し(用)たれば」〔訳〕ひどく泣き暮らして(部屋から)庭を見やったところ。↔見入る ❷見つける。さがし出す。〔宇治〕五・一「この地蔵を納めて置き奉りたりけるを思ひ出(い)でて、―・し(用)たりけり」〔訳〕この地蔵を(奥の部屋に)納めてお置き申しあげてあったことを思い出して、さがし出したのだった。❸目をみはる。目をむく。〔曽我物語〕「持ちたる扇(あふぎ)をさっと開き、大きに目を―・し(用)」〔訳〕持っていた扇をさっと開き、大きく目をむいて。

み-いつ【御稜威】(名)〔「み」は接頭語〕天皇や神などの強い御威光。〔雨月〕白峯「丹青(たんせい)を彩(えど)りなして、―を崇(あが)め奉る」〔訳〕(崇徳(すとく)天皇を祭る御霊屋(みたまや)は)彩色をほどこして、ご威勢を崇め申しあげる。

み-い・づ【見出づ】(イズ)(他ダ下二)〔で・で・づ・づる・づれ・でよ〕見つける。発見する。〔枕〕二六「うれしきもの まだ見ぬ物語の一を見て、いみじうゆかしとのみ思ふが、残り―・で(用)たる」〔訳〕うれしいもの、まだ読んだことがない物語の第一巻を読んで、(続きを)たいそう読みたいとばかり思うのが、(その)残り(の巻)を見つけたの。

み-いはひ【身祝ひ】(イワイ)(名)その人自身にとっての祝い。〔浮・世間胸算用〕「こなたは若いが、思案は一越し越した年の暮れ、互ひの―なれば」〔訳〕あなたは若いが、思案は(年配者より)一段上で、(おかげで無事に)越したこの年の暮れ、お互いの身にとっての祝いだから。

み-い・る【見入る】(他ラ下二)〔れ・れ・る・るる・るれ・れよ〕❶外から中を見る。のぞく。〔枕〕一四四「御几帳(みきちやう)のほころびよりはつかに―・れ(用)たり」〔訳〕御几帳の縫い合わせていない部分から少しばかりのぞきこんだ。↔見出(い)だす ❷気をつけて見る。注視する。〔枕〕四一「鳶(とび)烏(からす)などのうへは、ー・れ㊊聞き入れなどする人、世になしかし」訳鳶や鳥などのことについては、気をつけて見たり聞いたりなどする人は、世の中に決していないよ。文法「かし」は、強く念をおす意の終助詞。

❸目をかける。世話する。枕 二六「あからさまに来たる子ども・わらはべを、ー・れ㊊らうたがりて」訳ちょっとやって来た幼児や子供を、目をかけかわいがって。

❹心にとりつく。たたる。源氏 夕顔「荒れたりし所に住みけむ物のわれにー・れ㊊けむ便りに、かくなりぬること」訳荒れた家に住んでいたであろう物の怪が、私(=光源氏)にとりついたのであったろうそのついでに、(夕顔がとりつかれて)このようになって(=急死して)しまったことよ。

み-いれ【見入れ】(名)❶外から中をのぞき見ること。また、のぞき見たところ。源氏 夕顔「ーのほどなくものはかなき住まひを」訳外からのぞき見たところの奥行きがなく、なんとなくみすぼらしい住居なのを。

❷執念をかけてとりつくこと。〔浄・女殺油地獄〕「夫婦になりたいと思ふ気病み(=心の病)に、ちと外のー(=つきもの)あり」

み-うち【身内】(名)❶からだじゅう。〔浄・女殺油地獄〕「ーは血汐の赤面赤鬼」訳からだじゅうが血潮で塗られた赤い顔の赤鬼。

❷一族。一門。

み-うち【御内】㊀(名)〔「み」は接頭語〕❶貴人の屋敷や邸内。平家 一二・土佐房被斬「『ーに夜討ちいったり』とて、あそこのやかたここの宿所より馳せ来たる」訳(侍たちが)「お屋敷内に夜討ちがはいった」と言って、あそこの邸宅やここの宿所から駆けつける。

❷貴人。殿様。また、その奥方。〔義経記〕「ーただ今機嫌悪しく候ふ(=悪うございます)」

❸将軍に直属する武士。譜代。

❹家臣。家来。

㊁(代)対称の人代名詞。敬意を表す。あなた様。貴下。〔狂・鱸庖丁〕「ーの親は包丁人(=料理人)」

み-うちき【御袿・御打ち着】(名)〔「み」は接頭語〕貴人が装束を着用なさること。また、着替えること。枕 一〇四「ー参らせ給ひて、帰らせ給ふ」訳(天皇は)御装束の着用をなされて、お帰りになられる。

みえ【見え】(名)〔動詞「見ゆ」の連用形から〕❶人から見られること。見た目。〔役者論語〕「度々刀を杖(のように)につくはーあしく」訳(斬られ役が)何度も刀を杖(のよう)につくのは見た目が悪く。

❷〔「見栄」とも書く〕うわべを飾ること。体裁をつくろうこと。〔浮世風呂〕「女郎もいい男をすてて、醜夫をーにする(=みにくい男を飾りにする)さうだから」

❸〔「見得」とも書く〕歌舞伎で、劇が最高潮に達したとき、役者が一時動きをとめ、印象的な表情や動作をする演技。〔伎・勧進帳〕「金剛杖をかいこみー」訳(弁慶は)金剛杖を抱え込んで見得(をきり)。

みえ-あり・く【見え歩く】(他カ四){か・き・く・く・け・け}人目につくように、歩き回る。見せて歩く。竹取 貴公子たちの求婚「あながちに心ざしー・く㊎」訳いちずに自分の)志を(かぐや姫に)見せるようにして歩き回る。

み-えい【御影】(名)〔「み」は接頭語〕神仏や貴人などの肖像の敬称。〔栄花〕紫野「御堂には故院(=後一条院)のーを書き奉りたり(=書き申しあげてある)」

みえ・く【見え来】(自カ変){こ・き・く・くる・くれ・こ(こよ)}現れる。やってくる。万葉 一三・三三〇三「何かも君がー・こ㊍ざるらむ」訳どうしてあなたはやってこないのだろう。

みえ-しらが・ふ【見えしらがふ】(自ハ四){は・ひ・ふ・ふ・へ・へ}わざと目立つようにする。目に触れさせる。枕 八七「つねにー・ひ㊊ありく」訳(女法師は)いつもわざと目立つようにして歩き回る。

みえ-にく・し【見え難し】(形ク){から・く(かり)・し・き(かる)・けれ・かれ}〔「にくし」は接尾語〕見られることがいやである。会いたくない。〔紫式部日記〕「本性の人がらくせなく、かたはらのためー・き㊍さませずだになりぬれば、にくうは侍るまじ」訳生まれつきの人柄に癖がなく、周囲の人にとって会うのが気づまりな(=つきあいにくい)ようすをしなくさえなってしまうときっと、憎くはないでしょう。

みえ-ぬ【見えぬ】❶見えない。思われない。更級 梅の立枝「都の内ともー所のさまなり」訳都の中とも思われない場所のありさまである。

❷見かけない。見ることができない。更級 足柄山「その山のさま、いと世にーさまなり」訳その山(=富士山)の姿は、まったく世間で見かけない形である。なりたち 下二段動詞「見ゆ」の未然形「見え」＋打消の助動詞「ず」の連体形「ぬ」

みえ-まが・ふ【見え紛ふ】(自ハ四){は・ひ・ふ・ふ・へ・へ}見まちがえる。見誤る。〔後撰〕春上「わが宿の梅のはつ花昼は雪夜は月ともー・ふ㊍かな」訳私の家の梅の初花は、昼は雪、夜は月とも見まちがえることだなあ。

みえ-わか・る【見え分かる】(自ラ下二){れ・れ・る・るる・るれ・れよ}自然と見分けがつく。見分けられる。源氏 帚木「なほまことの物の上手はさま異にー・れ㊊侍る」訳やはり真の名人はようすが普通(の人)と違っていて自然と見分けがつきます。

みえ-わ・く【見え分く】(自カ四){か・き・く・く・け・け}見分けがつく。はっきり見える。平家 灌頂・大原御幸「外面の小田も水越えて、鴫たつひまもー・か㊍ず」訳(垣根の)外の田にも水があふれて、鴫のおり立つすきまも見分けがつかない。

みえ-わた・る【見え渡る】(自ラ四){ら・り・る・る・れ・れ}全体が見える。ずっと一面に見える。古今 哀傷「君まさで煙絶えにし塩釜のうら寂しくもー・る㊍かな」訳あなたが(死んでこの世に)いらっしゃらなくて、(塩を焼く)煙の絶えてしまった塩釜(の浦)のように、心さびしくも(塩釜の浦に模した庭の)全体が見えることだなあ。(「うら」は「心」と「浦」との掛詞)

みお【澪・水脈】⇩みを

み-お・く【見置く】(他カ四){か・き・く・く・け・け}❶前もってようすを見ておく。見届けておく。徒然 五四「埋みけるを人のー・き㊊て、御所へ参りたる間に盗めるなりけり」訳(箱を)埋めたのを人が見届けておいて、(法師たちが)仁和寺の)御所へ参上している間に盗んだのであった。

❷とりはからっておく。処置を講じておく。更級 夫の死「幼き人々を、いかにもいかにもわがあらむ世にー・く㊍こともがな」訳幼い子供たち(の行く末)を、どうにかしてぜひ自分が生きている間にとりはからっておくことをしたいものだなあ。

❸見捨てる。放置する。枕 二四〇「さる君をー・き㊊奉

りてこそ、え行くまじけれ」訳 そのような慈愛深い主君(=中宮定子)をお見捨て申しあげて、(遠方へ)行くことはできないだろうよ。

み‐おこ・す【見遣す】(他サ下二){せ・せ・す・する・すれ・せよ}こちらを見る。竹取 かぐや姫の昇天「月の出でたらむ夜は、—・せ用給へ」訳 月が出ているような夜は、こちら(=自分のいる月のほう)を見てください。↔見遣る

みおつくし【澪標】⇒みをつくし

み‐おと・す【見貶す】(他サ四){さ・し・す・す・せ・せ}見下す。軽蔑する。徒然 二三八「無下に色なき人におはしけりと、—・し用奉ることなんありし」訳 (あなた=兼好は)むやみに無粋な人でいらっしゃったのだなあと、(私=御所に仕える古参の女房は)お見下し申しあげることがあった。

み‐おとり【見劣り】(名・自サ変)以前に比べて、また、評判や想像していたよりも、劣って見えること。源氏 帚木「—・せ未ぬやうはなくなむあるべき」訳 (予想よりも)見劣りしないことはないはずだ。↔見優り

み‐おほ・す【見果す】(他サ下二){せ・せ・す・する・すれ・せよ}終わりまで見届ける。見極める。源氏 明石「手などこよなくまさりにけり、と—・せ用給ひて、つかはす」訳 筆跡などが格段と上達したなあと、(光源氏は手紙の主を五節と)見極めなさって、(返事の使者を)おやりになる。

み‐おや【御祖】(名)[「み」は接頭語]親や祖先の敬称。多く、母・祖母にいう。記 中「その御子を取りて、すなはちその—を握りき」訳 その御子を奪い取って、すぐにその御母をつかまえた。

み‐およ・ぶ【見及ぶ】(他バ四){ば・び・ぶ・ぶ・べ・べ}目が届く。見ることができる。源氏 帚木「人の—・ば未ぬ蓬萊の山」訳 人が見ることのできない(中国の伝説上の理想郷である)蓬萊の山。

み‐か【甕】(名)[「み」は接頭語。「か」は容器の意]酒を醸造したり蓄えたりするのに用いる大きなかめ。祝詞「—の腹満てて並べて」訳 大きなかめの中に(酒などを)満たして並べて。

み‐かうし【御格子】(名)[「み」は接頭語]格子の敬称。大和 一二六「—あげ、騒ぐに(=騒いでいると)」

み‐かうし‐まゐ・る【御格子参る】格子の操作についての謙譲語。格子をお上げ申しあげる。また、お下げ申しあげる。枕 二九九「雪のいと高う降りたるを、例ならず—・り用て」訳 雪がたいそう高く降り積もっているのに、いつもと違って御格子をお下げ申しあげて。

み‐かき【御垣】(名)[「み」は接頭語]宮中や神社のまわりにある垣根。源氏 賢木「同じ—の内ながら、変はれること多く悲し」訳 (昔と)同じ内裏の垣根の中でありながら、(今は)変わってしまったことが多くて悲しい。

みかき‐もり【御垣守】(名)宮中の諸門を警護する人。衛士。詞花 恋上「—衛士の焚く火の夜は燃え昼は消えつつ物をこそ思へ」訳 ↓みかきもり…

みかきもり… 和歌 《百人一首》

序詞
御垣守 衛士の焚く火の 夜は燃え
昼は消えつつ 物をこそ思へ
〈詞花・七・恋上・二二五・大中臣能宣〉

訳 皇居の御門を警護する衛士の焚くかがり火の(夜は燃えて昼は消える)ように、(私も恋の思いに)夜は胸を焦がし、昼は消え入るばかりに沈んでもの思いをしていることだ。修辞 第二句までは第三・四句を導きだす序詞。文法 「焚く火の」の「の」は、「…のように」の意。解説 「衛士」は衛門府の兵士。毎夜、火を焚くのは、その職務の一つ。この歌は恋の歌だから、「夜は燃え昼は消えつつ」といえば、ただちにそれは「恋の炎」に通じるものとして理解された。

み‐が・く【磨く・研く】(他カ四){か・き・く・く・け・け}❶みがいて光らせる。宇治 一〇・六「太刀を—・き用、刀をとぎ」❷美しく装う。飾りたてる。枕 一〇四「常よりも御しつらひ心ことに—・き用つくろひ」訳 ふだんよりも(中宮定子のお部屋の)お飾りつけを特に気を入れて美しく装い手入れし。❸いよいよ輝かせる。映えを増す。新古 冬「雪降れば峰のま榊埋もれて月に—・け已る天の香具山」訳 雪が降るので、峰の常緑の木々は埋もれて、月の光でいよいよ輝きを増して(そびえて)いる天の香具山よ。

み‐かく・す【見隠す】(他サ四){さ・し・す・す・せ・せ}見て見ぬふりをする。源氏 松風「せめて—・し用給ふ御目じりこそわづらはしけれ」訳 しいて見て見ぬふりをしなさる(あなた=紫の上の)御目つきが気にかかるのだ。

み‐がく・る【水隠る】(自ラ下二){れ・れ・る・るる・るれ・れよ}水中に隠れる。古今 恋一「川の瀬になびく玉藻の—・れ用て人に知られぬ恋もするかな」訳 川の瀬になびく美しい藻が水中に隠れて見えないように、人に知られることのない恋をすることよ。(第三句までは「人に知られぬ」を導きだす序詞)

み‐かげ【御陰・御蔭】(名)[「み」は接頭語]❶陰の敬称。光や風のあたらない所の意から、天皇の御殿にいう。万葉 一・五二「高知るや天の—天知るや日の—の」訳 高くそびえる天つ神の御殿、空をおおう日の御子の御殿の。(「高知るや」「天知るや」は枕詞とも)❷神や天皇などのおかげ。おめぐみ。ご庇護。源氏 桐壺「かしこき—をば頼み聞こえながら」訳 かたじけない(桐壺帝の)ご庇護をお頼り申しあげながらも。

み‐かさ【水嵩】(名)水かさ。水量。源氏 浮舟「つれづれと身を知る雨の小止まねば袖さへいとど—まさりて」訳 (あなた=薫の訪れが遠のいて)私(=浮舟)がしんみり寂しさに沈んでいることを知っている涙雨が少しもやまないので、(川だけでなく)私の袖までもいよいよ水かさが増して(いる)。(「雨」は「涙」を暗示する)

三笠山(みかさやま)《地名》歌枕 [「御蓋山」とも書く]今の奈良市の東方、春日の地にある春日山の別称。

み‐がてり【見がてり】(副)《上代語》見るついでに。見ながら。万葉 一七・三九四三「秋の田の穂むき—わが背子がふさ手折りける女郎花かも」訳 秋の田の穂のようすを見ながら、私の夫がたくさん手で折った女郎花であるよ。→がてり

み‐かど

【御門】(名)[「み」は接頭語]❶貴人の家の門の敬称。ご門。源氏 胡蝶「—のわたりひまなき馬、車の立ちどにまじりて」訳 ご門のあたりにすきまもなく馬や牛車が立ち並んでいるところにまじって。

❷皇居。朝廷。万葉 五・八七九「天の下奏したまはね ―去らずて」訳 天下の政治をお執りください。朝廷を去らないで。文法「たまはね」の「ね」は、上代の他に対する願望の終助詞。⇩内裏「慣用表現」
❸〔「帝」とも書く〕天皇に対する尊称。徒然 一「―の御位はいともかしこし」訳 天皇の御位は(申すのも)まことにおそれ多い。
❹天皇の治める国。伊勢 八一「わが―六十余国の中に」訳 わが天皇の治める国(=日本)六十余国の中に。

慣用表現「天皇」を表す表現
現つ神・現つ御神・天つ空・天の御門・現人神・一人・一天の主・一天の君・一天万乗・内・内の上・上・上様・上の御前・大君・公・御前・神・上一人・君・公家・国の親・公方・十善・主上・宸儀・皇・天皇・皇尊・内裏・万乗・日の御子・御門

ポイント「大君」や「皇」は天皇を表す古い表現。「十善」「万乗」は「天子・帝王」を表す漢語で、おもに中世から用いられた。

みかど-もり【御門守】(名)皇居や貴人の家の門を守ること。また、その人。〔うつほ〕楼の上上「―、夜半だに確かに候はせ給ふべき由、確かにのたまふ」訳 門番に、夜中でもしっかり仕えさせなさらなければならない(との)ことをしっかりとおっしゃる。

甕の原(みかのはら)『地名』歌枕〔「瓶の原」とも書く〕今の京都府木津川市の地名。泉川(今の木津川)に臨む景勝地。元明天皇以来離宮が置かれ、聖武天皇が恭仁京を営んだ地。

みかのはら… 和歌《百人一首》

> みかの原　わきて流るる　いづみ川
> いつみきとてか　恋しかるらん
> 〈新古今・一一・恋一・九九六・藤原兼輔〉

〔湧きて〕序詞〔泉〕〔分きて〕

訳 みかの原から湧き出て、(その原を)分けて流れていく泉川、その名のように、いつ見た(=逢った)というので、(こんなにも)恋しいのだろうか(まだ見たことがあるとも思われないのに)。修辞「みかの原」は、今の京都府木津川市にある歌枕。「いづみ川」は、そこを流れる木津川の古名で、「泉」をかける。「わきて」は「湧きて」と「分きて」との掛詞。第三句までは「いつみ」を導きだす序詞。「湧く」と「泉」とは縁語。文法「いつみきとてか」の「とて」は格助詞で、「…といって」の意。「らん」は現在の原因推量の助動詞で、係助詞「か」の結びで連体形。
解説「いつみきとてか」の解に、まだ逢ったことがないととる説と、逢うには逢えたが、その後なかなか逢えないでいるととる説とがある。「新古今集」では、この歌は恋のはじめの部分に置かれているから、前者とみるべきであろう。

みか-の-よ-の-もちひ【三日の夜の餅】平安時代、結婚後三日目の夜、新郎新婦が祝って食べる餅。また、その儀式。通い婚時代は、これをもって結婚成立として盛大に祝った。「三日の餅」とも。

み-かは【御溝】(名)「みかはみづ」に同じ。

三河(みかは)『地名』旧国名。東海道十五か国の一つ。今の愛知県東部。三州。

み-かは・す【見交はす】(他サ四)互いに見る。見合う。大鏡 序「翁二人―・し用てあざ笑ふ」訳 老人二人は顔を見合わせて大声で笑う。

みかは-みづ【御溝水】(名)宮中の御殿の周囲を巡る溝を流れる水。特に、清涼殿の前のものが有名。「御溝」とも。古今 春下・詞書「桜の花の―に散りて流れけるを見て詠める〔歌〕」

みかはや-うど【御厠人】(名)〔「みかはやびと」の転〕宮中で便器などの清掃にあたった身分の低い女性。「樋洗し」とも。枕 九「―なる者走り来て」

み-かへ・す【見返す】(他サ四)うしろを振り返る。〔世間娘気質〕「〔母が娘に〕めだつ衣裳をきせて人立ち多き寺社へつれゆき、浮気男の―・し用立ちとまるを悦び」

み-かへ・る【見返る】(他ラ四)うしろを振り向く。徒然 四一「前なる(=前にいる)人ども…みなうしろを―・り用て」

み-が-ほ・し【見が欲し】(形シク)見たい。見たいと思う。万葉 六・九二〇「神柄か―・しからむみ吉野の滝の河内は見れど飽かぬかも」訳 神の品格ゆえに、見たいと思うのであろうか。(この)み吉野の激流の流域は、いくら見ても見飽きないことよ。

み-かまぎ【御薪】(名)〔「み」は接頭語。「御竈木」の意〕毎年陰暦正月十五日に、役人たちが宮中に献上する薪。また、その献上の儀式。春

みかわやうど【御厠人】⇩みかはやうど

み-き【御酒】(名)〔「み」は接頭語。「き」は酒の古名〕神聖な酒。また、酒の敬称。〔記〕中「この―は我が―ならず」訳 この神聖な酒は、私が造ったお酒ではない。

みぎ【右】(名)❶右側。右方。徒然 九六「文の箱は、多くは―に付く」訳(箱に緒を通すための穴は)手紙を入れる箱(の場合)は、多くは右側に付ける。
❷左右ある官職で、右の職。日本では左を上位とした。源氏 竹河「左大臣うせ給ひて、―は左に」訳 左大臣がお亡くなりになって、右大臣は左大臣に(おなりになり)。
❸歌合わせなど、左右二組に分かれて行う勝負事の右方。年齢や位の下の人が配されることが多い。〔後拾遺〕雑一・詞書「―に心寄せありと聞きて」訳(歌合わせの折)右方をひいきする意向があると聞いて。

みぎ-の-うまづかさ【右の馬寮】(名)→めれう

みぎ-の-うまのかみ【右の馬の頭】(名)「うまのかみ」に同じ。

みぎ-の-おとど【右の大臣】(名)「うだいじん」に同じ。

みぎ-の-おほいまうちぎみ【右の大臣】(名)「うだいじん」に同じ。

み-ぎは【汀】(名)水ぎわ。平家 灌頂・大原御幸「池水に―の桜散りしきて波の花こそ盛りなりけれ」訳 池の水面に水ぎわの桜の花が(一面に)散り敷いて、(今は)波に浮かぶ花のほうが盛りであったことだ。

みぎょうしょ【御教書】⇩みげうしょ

みぎり【右】(名)〔「ひだり」の語形に合わせた語〕みぎ。みぎの方。〔亭子院歌合〕序「上達部は階のひだ

りーに皆別れてさぶらひ給ふ」訳 公卿は階段の左と右に皆分かれて控えなさる。

み-ぎり【砌】(名)〔「水限」「水切」の意〕❶軒下や階段の下などに、雨だれを受けるために敷いた石だたみ。大鏡 道長上「仁寿殿の東面(=東側)のーのほど(=あたり)に」❷庭。〔太平記〕三九「ーをめぐる山川」訳 (寺の)庭をとりまく山や川。❸ところ。場所。平家 七・聖主臨幸「后妃遊宴のーなり」訳 (ここは)后が遊宴をした場所である。❹時節。おり。機会。平家 一〇・高野御幸「釈尊説法のーに」訳 釈迦が説法をしたおりに。

みぎわ【汀】⇩みぎは

み-くさ【水草】(名)水中または水辺に生える草。みずくさ。枕 一六八「池などある所もーゐ(=生え)」

み-くさ【御軍・皇軍】(名)〔「み」は接頭語。「みいくさ」の転〕天皇の軍隊の尊称。万葉 二〇・四三七〇「皇ーにわれは来にしを」訳 天皇の軍隊として、私はやってきたことよ。

み-ぐし(名)〔「み」は接頭語〕❶【御首・御頭】頭や首の敬称。方丈 三「大地震ふりて、東大寺の仏のー落ちなど、いみじきことども侍りけれど」訳 大地震が起こって、東大寺の大仏のお首が落ちるなど、たいへんなことがいろいろありましたが。❷【御髪】髪の敬称。源氏 若紫「けづることをうるさがり給へど、をかしのーや」訳 (若紫は)櫛ですくのをわずらわしがりなさるが、(それにしても)美しいおぐしだこと。

みぐし-あげ【御髪上げ】(名)貴人の髪を結うこと。また、それをつとめる人。

みぐし-おろ・す【御髪下ろす】貴人が髪をそって出家する。伊勢 八五「童より仕うまつりける君、ー・し(用)給うてけり」訳 (男が)子供のときからお仕えしていた主君が、髪をそって出家してしまわれたそうだ。⇩世を背く「慣用表現」

み-くしげ【御櫛笥・御匣】(名)〔「み」は接頭語〕櫛笥(=化粧道具を入れる箱)の敬称。万葉 一九・四二二〇「海神の神の命のーにたくはひ置きて」訳 海の神様が御くし箱に(真珠を)たくわえておいて。

みくしげ-どの【御匣殿】(名)❶宮中の貞観殿の中にあって、内蔵寮で作る以外の装束を裁縫・調達した所。また、貴人の家で装束を調達する所。源氏 玉鬘「ーなどにも、設けの物召し集めて」訳 (光源氏は六条院の)装束調達所などにも、用意してある物をお取り寄せになって。❷①に仕える上臈女房(=身分の高い女房)の称。「御匣殿の別当」とも。源氏 薄雲「命婦は、ーのかはりたる所に移りて」訳 命婦(=王命婦)は、御匣殿に仕える女房(の一人)が(他の任務に)転出したあとに移って。

み-くづ【水屑】(名)水の中のごみ。大鏡 時平「流れゆくわれはーとなりはてぬ君しがらみとなりてとどめよ」訳 →ながれゆく… 和歌

みくに-ゆづり【御国譲り】(名)天皇の位を皇太子にゆずること。御譲位。源氏 澪標「ーのことにはかなれば」訳 (朱雀院の)御譲位の沙汰が突然なので。

み-ぐま【水隈】(名)流れが曲がって岸に入り込んだ所。万葉 一一・二八三七「み吉野のーが菅を編まなくに」訳 吉野の水辺の入り込んだ所の菅を(笠に)編んだりしないことなのに。

みくまのの… 和歌

> 序詞
> み熊野の 浦の浜木綿 百重なす
> 心は思へど 直に逢はぬかも
> 〈万葉・四・四九六・柿本人麻呂〉

訳 熊野の浦の浜木綿の葉が幾重にも重なっているように、(あなたのことを)心では幾重にも思っているけれども、直接には会わないことだよ。修辞 第二句までは「百重なす」を導きだす序詞。

み-くまり【水分り】(名)〔「水配り」の意〕山から流れる水が分かれる所。水の分岐点。〔祝詞〕「ーに坐す皇神等の前に白さく」訳 水の分岐点においでになる神々の前で申し上げることには。

みくり【三稜草】(名)沼や沢に自生する水草の名。茎は干して、すだれやむしろにする。

みくり-の-すだれ【三稜草の簾】三稜草(=水草の名)の茎で作ったすだれ。枕 九九「網代屏風、ーなど、ことさらに昔のことをうつしたり」訳 網代に編んだ屏風やみくりで編んだすだれなど、わざと昔のようすをまねてある。

み-ぐる・し【見苦し】(形シク)〔しから・しく(しかり)・し・しき(しかる)・しけれ・しかれ〕❶見るに忍びない。見るのがつらい。源氏 宿木「あなー・し(終)や。ゆゆしう思ひ出でらるることも侍るを」訳 (中の君が食事をとらないのは)ああ、見るに忍びないよ。不吉に思い出される(同じような)こともございますので。文法「らるる」は、自発の助動詞「らる」の連体形。❷みにくい。みっともない。枕 四一「鷺は、いとみめもー・し(終)」訳 鷺は、たいそう見た目もみにくい。

み-け【御食・御饌】(名)〔「み」は接頭語。「け」は食物の意〕神または天皇に差し上げる食べ物。〔記〕中「『我にーの魚給へり』とのりたまひき」訳 「(大神が)私(=御子)にご食糧の魚をくださった」とおっしゃった。

み-げうしょ【御教書】(名)〔「み」は接頭語〕「下し文」の敬称。綸旨・院宣、また三位以上の公卿から出した公文書。鎌倉・室町時代には、将軍家から出した文書についてもいう。平家 一〇・藤戸「鎌倉殿のーにも載せられけり」訳 (佐々木三郎に児島(=地名)を与えることは)鎌倉殿(=源頼朝)が出した将軍家のご文書にも記載された。

み-けし【御衣】(名)〔「み」は接頭語。「けし」は動詞「着る」の尊敬語「着す」の連用形の名詞化〕着物の敬称。お召し物。万葉 一四・三三五〇「筑波嶺の新桑繭の衣はあれど君がーしあやに着欲しも」訳 筑波嶺の新しい桑の葉で飼った蚕の繭で作った着物はあるけれど、あなたのお着物がむしょうに着たいことよ。

みけ-つ-くに【御食つ国】(名)〔「みけ」は神や天皇の召し上がり物、「つ」は「の」の意の上代の格助詞〕天皇の召し上がり物を献上する国。万葉 六・九三四「ー野島の海人の船にしあるらし」訳 天皇の召し上がり物を奉る国である野島の海人の船であるに違いない。

みけむかふ【御食向かふ】《枕詞》食膳の食品が

向かい合っている。その中に、「粟(あは)・蜷(みな)・鶴(あぢ)・葱(き)」などがあることから同音を持つ「淡路(あはぢ)」「南淵山(みなぶちやま)」「味原(あぢふ)の宮」「城上(きのへ)の宮」にかかる。[万葉]九・一七〇九「―南淵山の」。[万葉]六・九四六「―淡路の島に」。[万葉]二・一九六「―城上の宮を」[万葉]六・一〇六二「―味原の宮は」。

みけん-びゃくがう-さう【眉間白毫相】(ビャクゴウソウ)(名)《仏教語》仏(=釈迦如来(しゃかにょらい))の三十二相の一つ。眉間の白毫(=白い毛)から光を放つ相。

み-こ【巫女・神子】(名)神に仕え、神楽(かぐら)・祈禱(きとう)を行い、神託を告げる女性。

み-こ【御子・皇子・親王】(名)❶[「み」は接頭語]貴人の子供の敬称。お子様。[源氏]若紫「かの人の―になりておはしませよ」[訳]あの人(=光源氏)のお子様になっていらっしゃいよ。
❷天皇の子、または孫。[源氏]桐壺「玉の男(をの)―さへ生まれ給ひぬ」[訳](桐壺の更衣には)玉のような(美しい)男の御子(=光源氏)までもお生まれになった。⇨先の世「名文解説」
❸親王(しんのう)。親王宣下(せんげ)を受けた皇子。[源氏]賢木「―にもなさず、ただ人(うど)にて、朝廷(おほやけ)の御後ろ見をせさせむと思ひ給へしなり」[訳](光源氏を)親王にもせず、臣下として朝廷のお世話役をさせようと、(私=桐壺院は)存じたのです。[文法]「思ひ給へ」の「給へ」は、下二段活用の謙譲の補助動詞。

み-こき【御国忌】(名)[「み」は接頭語]「国忌(こき)」の敬称。[源氏]賢木「霜月の朔日(ついたち)ごろ、―なるに」[訳]陰暦十一月の上旬ごろ、(桐壺院の)御命日であるおりに。

みこころを【御心を】《枕詞》地名「吉野(よしの)」にかかる。[万葉]一・三六「―吉野の国の」

み-こし【御輿・神輿】(名)[「み」は接頭語]❶「輿(こし)」の敬称。天皇や貴人の乗る輿。[枕]一〇六「―とどめて御消息(せうそこ)申させ給ふ」[訳](帝(みかど)が)御輿を止めて(女院=詮子(せんし))にごあいさつを申し上げなさるのは。
❷神が乗っている輿。神輿(しんよ)。おみこし。

みこし-やどり【御輿宿り】(名)御輿(みこし)を納める庫(くら)。また、祭りのとき、神輿(しんよ)がしばらく仮に鎮座する所。御旅所(おたびしょ)。[枕]二八七「なにする所ぞ」と問ひしに、『―』と言ひしも、いとめでたし」[訳]「(この建物は)何をする所か」と尋ねたところ、「御輿を納める所(だ)」と答えたのも、たいそうすばらしい。

み-こと【命・尊】[「み」は接頭語]❶(名)神や人を敬っていうときに付ける語。[記]上「八千矛(やちほこ)の神の―」[訳]八千矛の神様。[万葉]三・四四三「たらちねの母の―は」[訳]母上は。(「たらちねの」は「母」にかかる枕詞)
❷(代)対称の人代名詞。あなた。おまえ。[今昔]一六・一六「われと―と争ひをせむ」[訳]私とあなたと争いをしよう。

み-こと【御言・命】(名)[「み」は接頭語]神や天皇、貴人のおことば。仰せ。[万葉]二〇・四四三二「大君の―のまにま」[訳]天皇の仰せのままに。

み-ごと【見事】❶(名)見るべきもの。見もの。[徒然]一三七「―いとおそし」[訳]見もの(=賀茂(かも)の祭りの行列)がたいへん遅れている。
❷(形動ナリ){なら・なり(に)・なり・なる・なれ・なれ}りっぱなさま。すばらしいさま。[狂・布施無経]「さてもさても(=いやはやまったく)―な(体)(口語)菊でござる」

みこと-のり【詔・勅】(名)[「御言(みこと)宣(の)り」の意]天皇のおことば。また、ご命令。詔勅。[増鏡]おどろのした「右大臣橘(たちばな)の朝臣(あそん)―をうけたまはりて万葉集を撰(えら)びしよりこのかた」[訳]右大臣橘の朝臣諸兄(もろえ)が天皇のご命令を承って「万葉集」を撰進(せんしん)したとき以来。

みこと-もち【宰・司】(名)天皇の命令を受けて、地方に行って政務をつかさどる官。地方官。のちの国司。[記]下「山部の連(むらじ)小楯(をだて)を播磨(はりま)の国(兵庫県西部)の―に任(ま)けし(=任命した)時」

みこ-ばら【皇女腹】(名)皇女から生まれること。また、その子。内親王の子。「宮腹(みやばら)」とも。[源氏]桐壺「引き入れの大臣(おとど)の、―にただ一人かしづき給ふ御女(むすめ)」[訳]冠をかぶらせる役の(左)大臣が、皇女である妻の子で、ただ一人大切に育てていらっしゃるご息女(=葵(あおい)の上)に。

発展 母親の家柄の重視

平安時代は、ことに、母方の家柄や身分が重視された。「皇女腹(みこばら)」「后腹(きさいばら)」「宮腹(みやばら)」などという語があるのは、そのためである。一方、身分の低い母親から生まれた子は「劣り腹」として軽蔑された。「源氏物語」の明石(あかし)の姫君は、生母の明石の君が受領(ずりょう)の娘という「劣り腹」であったために、幼い時に紫の上の養女として引き取られたのである。

みこもかる【水薦刈る】《枕詞》地名「信濃(しなの)」にかかる。[万葉]二・九六「―信濃の真弓」

み-ごもり【水籠り・水隠り】(名)「みこもり」とも。❶水中に隠れること。[千載]春上「―に葦(あし)の若葉や萌(も)えぬらん」[訳]水中に隠れた所に葦の若葉が萌え出たのであろうか。
❷胸に秘めて人に語らないこと。[千載]恋一「―に言はでふる屋の忍ぶ草忍ぶとだにも知らせてしがな」[訳]胸に秘めたままで(私の)思いも言わず年月を経ている、その古い家の(庭に生える)忍ぶ草ではないが、忍ぶ(=思いをこらえている)とだけでも知らせたいものだ。(「ふる」は「経(ふ)る」と「古(ふる)」との掛詞)

み-さう【御荘・御庄】(ソウ)(名)[「み」は接頭語]荘園(しょうえん)の敬称。貴人の荘園。[源氏]須磨「近き所々の―の司(つかさ)召して」[訳](光源氏は須磨(すま)の家の)近くのあちこちのご荘園の役人をお呼び出しになって。

みさお【操】⇨みさを

み-さき【御先・御前】(名)[「み」は接頭語]❶貴人の行列の先払い。[源氏]賢木「大将の―を忍びやかに追へば」[訳](光源氏の)大将(の前駆(ぜんく)の者)がお先払いを小声で目立たないようにして行くと。
❷神の使者とされる動物。狐(きつね)・猿など。

み-さ-く【見放く】(他カ下二){け・け・く・くる・くれ・けよ}❶遠くをながめる。遠くを見やる。[万葉]一・一七「しばしばも―け(未)む山を情(こころ)なく雲の隠さふべしや」[訳]→うまさけ…[和歌]
❷会って心中の思いをはらす。[万葉]一九・四一五四「語り放(さ)け―くる(体)人目乏(とも)しみと思ひし繁(しげ)し」[訳]語り合って心をはらし、顔を合わせて心をはらす人が少ないからと、物思いのやむときがない。

みさご【鶚・雎鳩】(名)鳥の名。猛禽(もうきん)類で、海辺にすみ、水中の魚をとる。

みささぎ【陵】(名)〔上代・中古は「みさざき」〕天皇・后妃などの墓。御陵。山陵。[細道]象潟「江上に—あり、神功后宮の御墓といふ」[訳](象潟の)入り江のほとりに山陵があって、神功皇后のお墓という。

み-さ・す【見止す】(他サ四){さ・し・す・す・せ・せ}〔「さす」は接尾語〕見るのを途中でやめる。[伊勢]一〇四「かく聞こえたりければ、—・し(用)て帰り給ひにけりとなむ」[訳]このように(男が)申し上げたので、(斎宮は、賀茂の祭りの)見物を途中でやめてお帰りになってしまったということである。

み-さぶらひ【御侍】(名)〔「み」は接頭語〕天皇や貴人のそば近く仕える従者の敬称。お付きの人。[古今]東歌「—御笠と申せ宮城野の木の下露は雨にまされり」[訳]お供の人よ、(ご主人に)御笠を(お召しください)と申し上げよ。宮城野の木の枝葉からしたたり落ちる露は雨よりまさっている(のだから)。

み-ざま【見様】(名)はたから見たようす。姿かっこう。容姿。[徒然]五六「人の—の良し悪し」

み-ざま【身様】(名)身のありさま。からだつき。[源氏]若菜下「古めかしき御—にて」[訳](女三の宮が懐妊のため)年寄りじみたおからだつきで。

み-ざめ【見醒め・見覚め】(名)見ているうちに興味がなくなること。[源氏]初音「われならざらむ人は—しぬべき御ありさまを」[訳]自分(=光源氏)でないような人は、見飽きてくる感じがしてしまうにちがいない(花散里の)お姿を。

みさを【操】■一(名)❶行いや心が清らかで上品なこと。美しい心ばえ。〔霊異記〕「その—あたかも天上の客のごとし」[訳]その(女性の生活ぶりが)清らかで上品なことはまるで天からきた仙人のようである。❷心を変えないで堅く志を守ること。貞節。〔雨月〕吉備津の釜「御許の誠ある—を見て、今はおのれが身の罪を悔ゆるばかりなり」[訳]あなたの誠実な貞節を見て、今はわが身の罪を悔いるだけである。

■二(形動ナリ){なら・なり(に)・なり・なる・なれ・なれ}❶心を堅く守って意志を変えないさま。[源氏]東屋「深き山の本意は、—・に(用)なむ侍るべきを」[訳](浮舟を尼になして)深い山に(隠

そう)という(私=母中将の君の)本来の願いは、いつまでも変わることもないはずでございますから。❷がまん強いさま。平気なさま。〔山家集〕「—・なる(体)涙なりせば唐衣かけても人に知られましやは」[訳](心の苦しさにも)平気でいられる涙であったならば、唐衣を掛けるの「かけ」ではないが、(わが恋が)かけても(=少しでも)人に知られることがあっただろうか(いや、決して知られなかっただろう)。

みさを-つく・る【操作る】平気なようすをする。[方丈]二「絶えて上るものなければ、さのみやはみさをもつくり(用)あへん」[訳](京に)まったく上る者がいないので(食糧などが運ばれなくて)、そう(がまん)ばかり(して)平気なようすをもしていられようか(いや、いられないだろう)。

みじか・し【短し】(形ク){から・く(かり)・し・き(かる)・けれ・かれ}❶空間的に、二点間の距離が短いさま。㋐長さが少ない。[枕]七二「髪ながき人と—・き(体)人と」[訳](違いすぎて比べようもないのは)髪の長い人と短い人と(の場合)。㋑たけが低い。[枕]一四五「—・き(体)灯台(=室内照明具)に火をともして」❷時間の短いさま。㋐時間が十分にない。わずかである。〔落窪〕「夜—・き(体)心地して」[訳]夜の時間が短い気持ちがして。㋑(愛情などが)長続きしない。[源氏]末摘花「さりとも、—・き(体)心ばへ使はぬものを」[訳]そうである(=末摘花が私=光源氏の真心を疑う)にしても、(私は)長続きしない愛情は抱かないのに。❸(思慮・分別などが)**足りない。劣る。**[古今]雑体「玉の緒の—・き(体)心思ひあへず」[訳]思慮の至らない(私の)心には考え及ばず。(「玉の緒の」は「みじかし」にかかる枕詞)❹せっかちだ。短気だ。[源氏]藤裏葉「心—・く(用)うち捨てて散りぬるが、うらめしうおぼゆる頃ほひ」[訳](春の花が)心もせっかちに(散るのを惜しむ人をも)かえりみず散ってしまうのが、残念に感じる時期に。❺**位が低い。身分が低い。**[源氏]帚木「もとの品高く生まれながら、身は沈み、位—・く(用)て」[訳]本来の家柄は高く生まれながら、身は落ちぶれ、位が低くて。

みじか-よ【短夜】(名)夏の短い夜。夏。[万葉]一〇・

一九八二「ほととぎす来鳴く五月の—もひとりし寝れば明かしかねつも」[訳]ほととぎすが来て鳴く陰暦五月の短い夜も、一人で寝ると(長く感じられて)明かしかねたことよ。

みしひとの… [和歌]

見し人の　松の千年に　見ましかば
遠く悲しき　別れせましや
〈土佐〉

[訳](この家で元気な姿を)見ていたあの子が、この松にある千年もの齢のように(ずっと生き長らえているのを)見ることができたなら、遠く(土佐(高知県)での)悲しい死の別れをしたであろうか(いや、しなかっただろう)。[文法]「見し人の」の「の」は主格の格助詞。[解説]京に帰ってきた作者が、庭の松の木々を見て、土佐の国で亡くなった幼い娘を思い出し、松ほどの齢をもって生きてほしかったという親の気持ちを詠んだもの。

み-しほ【御修法】(名)〔「みすほふ」の転〕「みすほふ」に同じ。[大鏡]道長上「故女院の—して」[訳]故女院(=詮子)がご加持やご祈禱をして。

み-し・る【見知る】(他ラ四){ら・り・る・る・れ・れ}❶(物などを)見て知っている。見てわかる。[伊勢]九「京には見えぬ鳥なれば、皆人—・ら(未)ず」[訳]京では見かけない鳥なので、だれも(その鳥を)見知っていない。❷(人と)面識がある。顔見知りである。交際がある。[徒然]八九「走り寄りて見れば、このわたりに—・れ(已)る僧なり」[訳]走り寄って見ると、この付近で(以前から)顔を見知っている僧である。❸見て気がつく。認める。[平家]九・木曽最期「互ひに中一町ばかりより、それと—・っ(用)(促音便)て、主従駒を速めて寄り合うたり」[訳]互いに間が一町(=約一一〇メートル)ほどのところから、それと認めて、主従(=木曽義仲と今井兼平の二人)は馬を速めて寄りあった。❹(物事を)理解している。わかっている。[源氏]末摘花「—・ら(未)む人にこそ見せめ」[訳](光源氏の容姿はものの美しさを)理解しているような人にこそ見せたい。[文法]

「見知らむ人」の「む」は、仮定・婉曲の助動詞。
❺経験がある。源氏 賢木「―・り用給はぬ世の憂さに、立ちまふべくもおぼされず」訳（光源氏は）経験がおありにならない世の中のつらさに、人と交際することができようともお思いになれない。

み-じろ-く【身動く】（自カ四）{か・き・く・く・け・け}からだを動かす。枕 一四「いかでおりなむと思へど、さらにえふとも―・か未ねば」訳 なんとかして（中宮の御前から）退出してしまおうと思うけれど、まったく急にも身動きすることができないので。文法「えふとも」の「え」は副詞で、下に打消の語（ここでは「ね」（「ず」の已然形））を伴って不可能の意を表す。

み-す【御簾】（名）〔「み」は接頭語。「す」はすだれの意〕貴人のいる部屋のすだれ。宮中の母屋や廂の周囲に長押から垂らした。通常、その内側に壁代をそえる。枕 二九九「御格子上げさせて、―を高く上げたれば、笑はせ給ふ」訳（女房に）御格子を上げさせて、（私=清少納言が）御簾を高く巻き上げたところ、（中宮は）お笑いになられる。文法「せ給ふ」は、最高敬語。⇩香炉峰「名文解説」

（御　簾）

み・す【見す】■一（他サ四）{さ・し・す・す・せ・せ}〔上一段動詞「見る」の未然形「み」に上代の尊敬の助動詞「す」の付いたもの〕「見る」の尊敬語。ご覧になる。〔紀〕継体「御諸が上に登り立ち我が―・せ已ば」訳 御諸山の上に登り立って私（=春日皇女）がご覧になると。文法「見せ」は自敬敬語。
■二（他サ下二）{せ・せ・す・する・すれ・せよ}❶見せる。見るようにさせる。更級 かどで「物語のおほく候ふなる、あるかぎり―・せ用給へ」訳 物語がたくさんございますとか聞いているのを、あるだけ見せてください。
❷とつがせる。結婚させる。源氏 若菜下「かしづかむと思はむ女子をば、宮仕へにつぎては、親王たちにこそは―・せ用奉らめ」訳 大事に世話をしようと思うような娘を、宮仕え（させるの）がよく、それに次いでは、親王たちにとつがせ申しあげるのがよい。文法「思はむ」の「む」は、仮定・婉曲の助動詞。「奉らめ」の「め」は、適当・当然の助動詞「む」の已然形で、係助詞「こそ」の結び。
❸経験させる。大和 一四六「すべてかれにわびしき目な―・せ用そ」訳 いっさいあの人（=女）につらい目を経験させるな。文法「な（副詞）…そ（終助詞）」の形で、禁止の意を表す。

みず【水・瑞】⇩みづ

み-ずいじん【御随身】（名）〔「み」は接頭語〕「随身」の敬称。貴人をうやまって、その随身をいう語。伊勢 七八「―、舎人して取りにつかはす」訳 お供をする者と、（雑役をする）舎人とに命じて（石を）取りにおやりになる。

み-すがら【身すがら】（名・形動ナリ）（近世語）〔「すがら」は接尾語〕❶からだ一つで何も持たないこと。細道 草加「ただ―に用と出で立ち侍るを」訳（何も持たず）ただからだ一つで（よい）と思って出立しますが。
❷係累のないこと。ひとり身。〔浄・心中天の網島〕「女房子なければ…―の太兵衛と名を取った男」

みずから【自ら】⇩みづから

み-すぎ【身過ぎ】（名）生活の手段。生計。また、境遇。〔浮・日本永代蔵〕「何にひとつ暗からねど、―の大事を知らず」訳（遊びの面では）何一つ不案内なものはないが、生活の手段という大切なものを知らない。

み-すぐ・す【見過ぐす】（他サ四）{さ・し・す・す・せ・せ}見ながらそのままに過ごす。源氏 若菜上「今少しものをも思ひ知り給ふほどまで―・さ未む」訳 もう少し分別がおつきになる年ごろまで（女三の宮を）そのままそっとしておこう。

みずし【御厨子】⇩みづし

みすずかる【水篶刈る・三篶刈る】（枕詞）〔「すず」は「篠竹」の意〕「すずたけ」が信濃（長野県）に多く産するところから「信濃」にかかる。〔父の終焉日記〕「―信濃の不自由なるわが里は」
参考 近世、「万葉集」の「水薦刈る」をまちがいだとして、こう読んだ語。

み-す・つ【見捨つ】（他タ下二）{て・て・つ・つる・つれ・てよ}❶見捨てる。見ながらそのままにする。竹取 かぐや姫の昇天「―・て用奉りてまかる空よりも落ちぬべき心地する」訳（両親を）お見捨て申しあげておいとまする空からも落ちてしまいそうな気持ちがすることだ。
❷あとに残して去る。あとに残して死ぬ。源氏 若紫「ただ今おのれ―・て用奉らば、いかで世におはせむとすらむ」訳 たった今、私（=尼君）が（あなた=若紫を）あとに残して死に申しあげたなら、どのようにしてこの世に生きていらっしゃろうとするのだろう。

み-すほふ【御修法】（名）〔「み」は接頭語〕「みずほふ」「みしほ」とも。「修法」の敬称。密教で行う加持・祈禱の法。源氏 若菜上「桐壺の御方近づき給ひぬるにより、正月朔日より―不断にせさせ給ふ」訳 桐壺の御方（=明石の女御）が（出産が）近づきなさったので、（六条院では）陰暦一月の上旬から（安産の）ご加持やご祈禱を絶え間なくさせなさる。

み-すまる【御統】（名）〔「み」は接頭語〕上代、多くの玉を糸で貫いて作った飾り。首にかけたり、腕にまいたりした。〔記〕上「天なるや弟棚機の項がせる玉の―」訳 天上界にいるうら若い機織り娘が首にかけていらっしゃる玉の首飾り。

みす-みす【見す見す】（副）〔「目に見す見す」の形で〕目の前に見えていながら。見ているうちに。みるみる。源氏 葵「目に―、世にはかかることこそはありけれと、うとましうなりぬ」訳 目の当たりに見ているうちに、世の中にはこのような（恨みが生き霊となってたたる）ことはあったのだと、（光源氏は）気味悪くなった。

みずら【鬟・角髪・角子】⇩みづら

みせ【見世・店】（名）❶「見世棚」の略。商店で、商品を陳列しておく棚。また、商店。〔浮・日本永代蔵〕「―をはなれず、一日（=一日じゅう）筆を握り」
❷遊郭で、下級の遊女が客を招くために並んで待つ、道に面した座敷。張り見世。
❸「見世女郎」の略。

み-せせり【身せせり】（名）「みぜせり」とも。からだを細かく動かすこと。身ぶるい。〔浄・用明天王〕「わぢわぢふるうて返事もせず、―してゐたりける」訳 わなわな震えて返事もせず、身ぶるいをして座っていたのだった。

みせ-ぢょらう【見世女郎】(名)「見世②」の内にいて、客を招いた下級の遊女。端女郎。

みせばやな… 和歌《百人一首》

> 見せばやな　雄島のあまの　袖だにも
> ぬれにぞぬれし　色は変はらず
> 〈千載・一四・恋四・八八六・殷富門院大輔〉

訳 (血の涙で赤く染まった私の袖をあなたに)お見せしたいものですよ。雄島の漁師の袖でさえも、(波しぶきで)ぐっしょりと濡れているけれど、(袖の)色は変わっていません。 修辞 「雄島」は今の宮城県の松島湾にある島々で、歌枕。本歌取り。 文法 「見せばやな」の「ばや」は願望の終助詞。「な」は詠嘆の終助詞。「だに」は副助詞で、…でさえの意。 解説 歌合わせで詠まれた歌。本歌は、「松島や雄島の磯にあさりせしあまの袖こそかくはぬれしか」〈後拾遺・恋四〉。いつも波のしぶきで濡れている漁師の袖でさえも色が変わらないのに、自分の袖は涙ですっかり色が変わってしまったことを「だに」で示す。

み-せん【味煎・蜜煎】(名)甘葛(=つる草の一種)の汁からとった甘味料。 宇治 一・一八「この水と見るは、ーなりけり」→甘葛

み-そ【三十】(名)〔「そ」は十の意〕さんじゅう。 源氏 空蟬「〔碁の目数を〕『十、二十、ー、四十』など数ふるさま」

み-そ【御衣】(名)〔「み」は接頭語。後世は「みぞ」〕貴人の衣服の敬称。お召し物。 竹取 かぐや姫の昇天「ーを取り出でて着せむとす」 訳 (天人が)お召し物(=天の羽衣)を取り出して着せようとする。

み-ぞう【御族】(名)〔「み」は接頭語。「ぞう」は「ぞく(族)」のウ音便〕貴人の一族の敬称。御一族。御一門。

み-ぞ-う【未曽有】(名)いまだかつてないこと。前代未聞。 徒然 一〇六「比丘を堀へ蹴入れさする、ーの悪行なり」 訳 僧を堀へ蹴り入れさせることは、前代未聞の悪行である。

参考 「未だ曽て有らず」と訓読する漢語の音読。

みそ-か【三十日】(名) ❶三十日。三十日間。❷〔「晦日」とも書く〕月の三十日目。月末。つごもり。

> **発展 「おほみそか」と「おほつごもり」**
> 月の最終日を「みそか」「つごもり」というのに対して、陰暦十二月の最後の日を「おほみそか」「おほつごもり」という。なお、二十九日で終わる陰暦の小の月の末日は、「九日晦日」ともいう。

みそか【密か】(形動ナリ){なら・なり(に)・なり・なる・なれ・なれ}人目につかないようにひそかにするさま。こっそり。 竹取 燕の子安貝「よろづの人にも知らせ給はで、ー・に㊞寮にいまして」 訳 (中納言は)だれにもお知らせにならず、こっそり大炊寮(=米や雑穀を取り扱う役所)においでになって。 更級 かどで「等身に薬師仏をつくりて、手洗ひなどして、人まにー・に㊞入りつつ」 訳 身長と等しい高さに薬師如来の像を造って、手を洗い清めなどして、人のいないときにこっそりと(仏間に)入っては。

参考 和文で用い、漢文訓読では「ひそか」を用いる。

みそか-ごころ【密か心】(名)隠し事をする心。ひそかに恋する心。 源氏 蛍「ーつきたる物の女などは」 訳 ひそかな恋心がついた何かの(物語の)娘などは。

みそかつきなし… 俳句

> みそか月なし　千とせの杉を　抱くあらし　‖秋‖
> 〈野ざらし紀行・芭蕉〉

訳 三十日のこととて月影もない。(その闇夜の中を)千年を経た神木の杉を抱くように強い風が吹きめぐっている(しみじみと神域の荘厳の気に浸ることだ)。(月秋)。切れ字は「し」で、形容詞の終止形活用語尾) 解説 伊勢神宮参拝時の句。西行の「深く入りて神路の奥をたづぬればまた上もなき峰の松風」〈千載・神祇〉をふまえる。なお、神路山の「月」は、宗教的な清浄感の象徴として和歌に詠まれるが、陰暦の三十日は月末で月が見えない。

みそか-ぬすびと【密か盗人】(名)こそどろ。 枕 三四「ーの、さるべきものの隈々にゐて見るらむをば、誰かは知る」 訳 こそどろが、適当な物かげに(ひそんで)いて(こちらを)見ているようなことを、だれが知るだろうか(いや、だれも知りはしない)。

みそぎ【禊】(名)けがれや罪があるとき、また、神事を行う前に、**川原などに出て水で心身を清めること**。夏。〔新勅撰〕夏「風そよぐならの小川の夕暮れはーぞ夏のしるしなりける」 訳 →かぜそよぐ… 和歌

みそぎ-がは【禊川】(名)禊のため身を洗い清める川。また、陰暦六月三十日の夏越しの祓え(=厄よけの行事)の神事を行う川。夏

みそ-ぐ【禊ぐ】(自ガ四){が・ぎ・ぐ・ぐ・げ・げ}禊をする。 万葉 三・四二〇「ひさかたの天の川原に出で立ちてー・ぎ㊞てましを」 訳 天の川原に出て行って、禊をしておけばよかったのに。(「ひさかたの」は「天」にかかる枕詞)

み-そ-す【見過す】(他サ四){さ・し・す・す・せ・せ}〔「そす」は接尾語〕世話をやきすぎる。 枕 二六二『あまりー・す㊕』など言ふも、人わろきなるべし」 訳 「あまり世話をやきすぎる」などと言うのも、(注意されて)体裁が悪いのであろう。

みそ-ぢ【三十】(名)〔「ぢ」は接尾語〕❶さんじゅう。❷三十歳。三十年。 方丈 三「ーあまりにして、更にわが心と、一つの庵を結ぶ」 訳 三十歳あまりで、あらためて自分の心のままに、一軒の小さな家を建てる。

み-そなは-す【見そなはす】(他サ四){さ・し・す・す・せ・せ}「見る」の尊敬語。ご覧になる。〔記〕中「ここにその神をー・し㊞に、その野に入りましき」 訳 そこでその神をご覧になるために、(倭建命は)その野にお入りになった。⇩

み-そな-ふ【見そなふ】(他ハ四){は・ひ・ふ・ふ・へ・へ}「見る」の尊敬語。ご覧になる。 新古 釈教「法の舟さして行く身ぞもろもろの神も仏も我をー・へ㊍」 訳 (私は)仏法の舟に棹さして(唐をめざして)行く身である。諸々の神も仏も私をご覧あれ(=お守りください)。(「さして」は、「棹さして」の意に「めざして」の意をかける)
御覧ず「敬語ガイド」

み-そのふ【御園生】(名)〔「み」は接頭語〕「園生」の敬称。お庭。万葉 一九・四二八六「一の竹の林に鶯はしき鳴きにしを雪は降りつつ」訳お庭の竹の林で鶯はしきりに鳴いていたのに、(今は冬がもどったように)雪は降り続いていることだ。

みぞ-びつ【御衣櫃】(名)「みそびつ」とも。衣類を入れておく、ふたの付いた大きな箱。ころもばこ。

みそひと-もじ【三十一文字】(名)(仮名三十一字からなるところから)短歌。三十文字余り一文字。⇩大和歌「慣用表現」

みそ-ひめ【御衣姫】(名)衣類に付ける姫糊(=飯を練りつぶして作ったのり)。枕 一四一「とり所なきもの…一のぬりたる」訳とりえのないもの、…姫糊のぬってあるもの。

み-そ-む【見初む】(他マ下二){め・め・む・むる・むれ・めよ}❶初めて見る。初めて会う。源氏 胡蝶「一め用奉りしは、いとかうしもおぼえ給はずと思ひしを」訳(あなた=玉鬘に)初めてお会い申しあげたときは、まったくこれほどには(母の夕顔に)似ていらっしゃらないと思ったけれども。❷見て恋しはじめる。初めて契りを結ぶ。平家 六・小督「冷泉大納言隆房卿、いまだ少将なりし時、一め用たりし女房なり」訳(小督という女性は)冷泉大納言隆房卿が、まだ少将であったとき、初めて契りを結んだ女房である。

みそもじ-あまり-ひともじ【三十文字余り一文字】(名)「みそひともじ」に同じ。

みだ【弥陀】(名)《仏教語》「阿弥陀」の略。〔梁塵秘抄〕「一の誓ひ(=誓願)ぞ頼もしき」

み-だい【御台】(名)〔「み」は接頭語〕❶食物を載せる台の敬称。お膳。宇治 七・三「一に、はしの台ばかり据ゑたり」訳お膳には、箸の台だけを置いてある。❷食物の敬称。お食事。源氏 夕霧「とかくまぎらはして、一は参る」訳(衣服の色をあれこれと(喪中と)わからないようにして、お食事は差し上げる。❸「御台所」の略。

み-だいどころ【御台所】(名)〔「み」は接頭語〕「みだいばんどころ」に同じ。

み-だいばんどころ【御台盤所】(名)〔「み」は接頭語〕大臣・大将・将軍家などの妻に対する敬称。奥方様。御台所。御台。平家 一・吾身栄花「(清盛の娘の一人は)花山院の左大臣殿(=藤原兼雅)の一にならせ給ひて(=おなりになられて)」

み-だう【御堂】(名)〔「み」は接頭語〕❶寺院または仏堂の敬称。蜻蛉 中「湯などものして、一にのぼる」訳入浴などをして(身を清め)、お仏堂に参る。❷特に、藤原道長の建立した法成寺。また転じて、藤原道長をいう。今昔 一四・二「一の御為にその寺にして八講を始め行ひて」訳(定基という僧が)御堂関白(=道長)の御ためにその寺で法華八講(=法華経八巻の講説)を行い始めて。

御嶽(みたけ)『地名』「御岳」とも書く。今の奈良県吉野にある金峰山の異称。修験道の霊地。

みたけ-さうじ【御嶽精進】(名)御嶽(=今の奈良県吉野にある金峰山)に参拝する前に五十日から百日の間精進して、身を清めること。枕 一一九「よき男の若きが一したる」訳身分の高い男で、若い男が御嶽精進をしているのは(、しみじみ心を打つ)。

み-たち【御館】(名)〔「み」は接頭語〕国府の庁や領主の邸宅を敬っていう語。宇治 一・一七「これは一へ参るなり」訳私は国府の庁へ参上するのだ。

み-た-つ【見立つ】(他タ下二){て・て・つ・つる・つれ・てよ}❶注意して見る。目をとめる。方丈 二「さまざまの財物、かたはしより捨つるがごとくすれども、更に目一つる体人なし」訳(食糧を得ようと)さまざまの財物をかたっぱしから捨てるように(処分)するけれども、まったく目をとめて見る人はいない。❷世話をする。〔浄・生玉心中〕「せめて三十二、三まで、とっくと一て用、人になして」訳せめて(おまえが)三十二、三歳(になる)まで、じっくりと世話をして、一人前にして。❸見定める。診断する。〔浮・西鶴織留〕「最前のくすしも病人をこまかに一つる体ことはなりがたし」訳先ほどの医者も病人をこまかに診断することはできにくい。❹見くびる。馬鹿にする。〔浮・好色一代男〕「さても(=なんと)人を一つる体やつかな」❺(旅立ちなどを)見送る。万葉 一四・三五三四「赤駒が門出をしつつ出でかてにせしを一て用し家の子らはも」訳(私の乗った)赤毛の馬が門を出ながら出発しかねていたのを、見送っていた家の妻は、ああ。文法「はも」は、強い詠嘆を表す。❻(事物や人などを)選び定める。〔浮・本朝二十不孝〕「同じ所(=同じ里)の美なる娘を一て用て(嫁にして)」

み-たて【御楯】(名)〔「み」は接頭語。「楯」は身を挺して主君を守る人のたとえ〕天皇を守護する兵士。万葉 二〇・四三七三「大君の醜の一と出で立つわれは」訳天皇のつたない警護役として出立することだ、私は。

み-たて【見立て】(名)❶見て選ぶこと。〔浮世風呂〕「呉服屋へは夫婦連れで一(=品選び)に行くが」❷考え。思い付き。〔浮・日本永代蔵〕「何をしたればとて商ひの相手はあり。珍しき一もがな」訳(江戸では)何をしたからといって商売の相手はある。目新しい(商売の)思い付きがあったらなあ。❸判断。診断。〔浮世風呂〕「まづどなた(=どの医者)のお一も膈症(=食道癌)ぢゃと仰せられます」❹見送り。〔浮・心中刃は氷の朔日〕「明日一に来ませう」

みだて-な-し【見立て無し】(形ク){(から)・く(かり)・し・き(かる)・けれ・かれ}見ばえがしない。源氏 朝顔「あまり目なれ、一く用おぼさるるにや」訳(紫の上は)あまりいつも(私=光源氏を)見馴れ、見ばえがしないと自然にお思いになるのだろうか。

みだ-ぶつ【弥陀仏】(名)《仏教語》「阿弥陀仏」の略。今昔 一五・三「心を至して、一に供養して」訳心を尽くして、阿弥陀仏に供養をして。

み-たま【御霊】(名)〔「み」は接頭語〕❶神や人の霊魂を敬っていう語。万葉 一八・四〇九四「天地の神相うづなひ皇御祖の一助けて」訳(奥州の金の産出を)天地の神々も互いによしとし、皇祖の御神霊も助けて。❷おかげ。ご恩。万葉 五・八八二「吾が主の一賜ひて春さらば奈良の都に召上げ給はね」訳あなた様のおかげを授けくださって、春が来たなら、(私を)奈良の都にきっとお呼び寄せください。

み-たみ【御民】(名)〔「み」は接頭語〕(人民は天皇のものという考えから)天皇の民。万葉 六・九九六「ーわれ生ける験あり天地の栄ゆる時に遇へらく思へば」訳 天皇の民である私は生きているかいがある。天地が栄えている この治世に生まれ合わせていることを思うと。

み-たらし【御手洗】(名)〔「み」は接頭語〕神社のそばにあり、参拝者が神を拝む前に手や口を清める流れ、または、水ばち。徒然 六七「実方は一に影の映りける所と侍れば」訳 (藤原)実方(を祭った所)は拝殿前の流れに(実方の霊の)姿が映った所ということですから。

み-たらし【御執らし】(名)〔「み」は接頭語〕「みとらし」に同じ。〔紀〕雄略「天皇、ーを用もて(=お弓を用いて)〔猪を〕刺っき止めて」

みたらし-がは【御手洗川】(名)神社のそばを流れていて、参拝者が手を洗い、口をすすぎ、身を清める川。特に、賀茂神社のそれが名高い。

みだり【濫り・猥り・妄り】(形動ナリ)〔なら・なり(に)・なり・なる・なれ・なれ〕秩序がなく、乱雑なさま。勝手気ままなさま。徒然 二三五「あるじなき所には、道行き人ー・に用立ち入り」訳 持ち主のいない家には、通行人が勝手気ままに侵入し。

みだり-あし【乱り足・乱り脚】(名)疲労や脚気かっけなどのために歩けなくなった足。乱れ足。源氏 椎本「御中道のほど、ーこそ痛からめ」訳 お二方(=匂宮と中の君)の間を行き来する(京と宇治との)道のりは、(仲立ちの往来で)歩き疲れた足がさぞ痛いだろうが。

みだり-かくびゃう【乱り脚病】(名)脚気かっけ。源氏 若菜下「例もわづらひ侍るーといふものところせく起こりわづらひ侍りて」訳 ふだんも患っております脚気というものが、頻繁に起こり苦しんでおりまして。

みだり-かぜ【乱り風】(名)風邪。感冒。〔栄花〕花山たづぬる中納言「ーなど、さまざまの御さはりどもを申させ給ひつつ参らせ給はぬを」訳 (大臣=兼家は)風邪とか、いろいろの御支障をあれこれ申し上げなされては参内なされないのを。

みだり-がは-し【濫りがはし・猥りがはし】(形シク)〔しから・しく(しかり)・し・しき(しかる)・しけれ・しかれ〕〔「がはし」は接尾語〕「みだれがはし」とも。❶秩序がない。入り乱れている。乱雑だ。源氏 夕顔「虫の声々ー・しく用、…さしあてたるやうに鳴き乱るるを」訳 虫の声々が入り乱れて、…(光源氏の耳に)押しあてたように(やかましく)鳴き乱れているのを。❷無作法だ。ぶしつけだ。礼儀知らずだ。源氏 桐壺「ー・しき体を、心収めざりける程と御覧じ許すべし」訳 (手紙の文面が)無作法であるのを、(母君が)心を乱していた時(だから)と、(桐壺帝は)お見のがしになるはずだ。❸好色がましい。源氏 葵「また例のー・しき体ことをも聞こえ出でつつなぐさめ聞こえ給ふに」訳 (三位の中将は)またいつもの色めかしい話をも言い出し申しあげては、(光源氏を)おなぐさめ申しあげなさるが。

みだり-ごこち【乱り心地】(名)「みだれごこち」とも。❶心をとり乱した状態。源氏 桐壺「かかる仰せごとにつけても、掻き暗すーになむ」訳 このような(桐壺帝の)ありがたい)おことばにつけても、悲しみにくれるとり乱した気持ちでございます。文法 係助詞「なむ」のあとに結びの語「侍る」が省略されている。❷気分のすぐれないこと。病気。大和 一〇二「ーはまだおこたり果てねど」訳 (私=少将は)病気はまだ治りきっていないが。⇩篤あつし「慣用表現」

みだり-ごと【漫り言・乱り言】(名)いいかげんなことば。でたらめなことば。〔玉勝間〕「もろこし人のーを信じて」訳 唐の人のいいかげんなことばを信じて。

みだ・る【乱る】■一(自ラ下二)〔れ・れ・る・るる・るれ・れよ〕❶入りまじる。ばらばらになる。方丈 二「檜皮・葺き板のたぐひ、冬の木の葉の風にー・るる体がごとし」訳 檜皮(=屋根に葺いた檜の皮)や屋根板のようなものは、冬の木の葉が風に乱れ飛ぶよう(なありさま)である。❷**あれこれと思い悩む。**平静さを失う。万葉 一二・三一七六「草枕旅にしをれば刈り菰のー・れ用て妹に恋ひぬ日はなし」訳 旅に出ているので、思い乱れて妻を恋しく思わない日はない。(「草枕」は「旅」に、「刈り菰の」は「乱る」にかかる枕詞)。文法 「旅にし」の「し」は、強意の副助詞。❸礼儀がくずれる。**だらしなくなる。うちとける。**枕 三「内裏わたりなどのやむごとなきも、けふはみなー・れ用てかしこまりなし」訳 宮中あたりなどの尊い所でも、(望粥の)今日はみなうちとけて遠慮がない。❹(世の中が)落ち着かなくなる。**騒動が起こる。**平家 一・祇園精舎「天下のー・れ未んことをさとらずして」訳 (しだいに)国中が乱れるであろうことに気づかないで。■二(他ラ四)〔ら・り・る・る・れ・れ〕❶**乱す。**心を乱れさせる。思い悩ませる。源氏 明石「今更に心をー・る体も、いといとほしげなり」訳 (世を捨てた明石の入道が)今改めて(娘の結婚で)心を乱すのも、まことに気の毒なようすだ。❷騒ぎを起こす。秩序を乱す。平家 一・鱸「宇治の左府、代をー・り用給ひし時」訳 宇治の左大臣(=藤原頼長)が、世を乱しなさったとき。

みだれ【乱れ】(名)❶乱雑であること。源氏 帚木「風に競へる紅葉のーなど、あはれとげに見えたり」訳 風のために争って散っている紅葉の乱雑であるさまなどが、しみじみとした趣があると、(私=左の馬頭には)まったくそのように見えた。❷心の乱れ。悩み。新古 恋一「春日野の若紫のすり衣しのぶのー限り知られず」訳 ↓かすがのの…和歌 ❸戦乱。騒動。〔笈の小文〕「その代のー、その時の騒ぎ、さながら心に浮かび」訳 その時代の(源平の)戦乱、その時の騒乱(のようす)が、そのまま心に浮かび。❹雨風などの、荒れ模様。源氏 明石「頭さし出づべくもあらぬ空のーに」訳 頭をさし出すこともできそうにない(ほどの)空の荒れ模様に。❺能の舞の一つ。緩急の激しい特殊なもの。

みだれ-がは-し【濫れがはし・猥れがはし】(形シク)〔しから・しく(しかり)・し・しき(しかる)・しけれ・しかれ〕「みだりがはし」に同じ。

みだれ-ごこち【乱れ心地】(名)「みだりごこち」に同じ。大鏡 道兼「ーいとあやしう侍りて」訳 病気がとてもひどうございまして。

みだれ-ごと【乱れ言】(名)いいかげんなことば。冗談。源氏 真木柱「え思すさまなるーもうち出でさせ給はで」訳 (冷泉帝は玉鬘に)お思いのままの冗談も口にお出しになられることができずに。

みだれ-ごと【乱れ事】(名)入り乱れて騒がしいこと。戯れごと。源氏 若菜上「をさをさ、さまよく静かならぬーなめれど」訳 (蹴鞠は)少しも体裁がよくなく、静かでない**騒がしい遊戯**であるようだが。〔文法〕「よく」は対偶中止法で、下の打消が及び、「よからず」の意になる。

みだれ-そ-む【乱れ初む】(自マ下二)〔め・め・む・むる・むれ・めよ〕乱れ始める。〔源氏〕総角「更に更に―・め(未)じ」〔訳〕決して(このような女房には心ひかれて)**乱れ始め**まい。

みち

【道・路】(名) ❶人や舟などの**通路**。〔方丈〕二「河原などには、馬・車の行き交ふ―だになし」〔訳〕河原などには、馬や車が行き来する**道**さえもない。

❷**途中。道中。**旅路。〔土佐〕「夜中ばかりより船を出だして漕ぎくる―に、手向けするところあり」〔訳〕夜中ごろから船を出して漕いでくる**途中**に、手向けをする(=航海の安全を祈って神に捧げ物をする)所がある。

❸**ある方面のことがら。**〔徒然〕一八九「頼みたる方のことは違ひて、思ひよらぬ―ばかりはかなひぬ」〔訳〕期待していた方面のことは当てがはずれて、思いがけない**方面のことだけ**はうまくいってしまう。

❹**やり方。方法。**てだて。〔徒然〕一八四「世を治むる―、倹約を本とす(=根本とする)」

❺**道理。わけ。すじみち。**秩序。〔徒然〕一八八「これをも捨てず、かれをも取らんと思ふ心に、かれをも得ず、これをも失ふべき―なり」〔訳〕これをも捨てず、あれをも取ろうと思う心によって、あれをも取れず、これをも失うにちがいない**道理**である。

❻**人として行うべきこと。人の道。道徳。**しきたり。〔平家〕五・咸陽宮「孔子・顔回は支那震旦に出いでて忠孝の―をはじめ給ふ」〔訳〕孔子や顔回は中国に現れて、忠孝の**道**をお始めになる。

❼宗教などの教え。特に、**仏の教え。**〔方丈〕五「世を遁れて、山林にまじはるは、心を修めて―を行はんとなり」〔訳〕俗世をのがれて、山林に入ることは、心を修めて**仏道**を修行しようとするためである。

❽(学問・芸術・武術などの)専門の分野。あるひとつの専門の学芸・技術。〔徒然〕一「ありたきことは、まことしき文の―、作文・和歌・管弦の―」〔訳〕身につけたいことは、本格的な学問の**道**、漢詩・和歌・音楽の**道**。

みち【蜜】(名)みつ。蜂蜜。〔枕〕二四四「〔蟻は〕―の香をかぎて」

みち【満ち】(名)満ちること。〔万葉〕九・一七八〇「夕潮の―のとどみに」〔訳〕夕潮が**満ち**て満潮の時に。

みち-うち【道打ち・道中】(名)馬に乗って道を行くこと。また、その道中。〔平家〕五・富士川「―には、…連銭葦毛なる馬に、黄覆輪の鞍置いて乗り給へり」〔訳〕(平維盛は)**道中**では、…連銭葦毛(=毛色の名)である馬に、黄覆輪の鞍を置いてお乗りになった。

みち-かて【道粮・路粮】(名)旅行用の食糧。〔野ざらし紀行〕「千里に旅立ちて、―をつつまず」〔訳〕長い道のりへと旅立つのに、**道中の食糧**を用意せず。

みち-かひ【道交ひ】(名)道を行き来すること。道ですれ違うこと。〔大鏡〕師尹「世の中のもの恐ろしく、大路の―もいかがとのみわづらはしく」〔訳〕世の中がなんとなく物騒で、大路の**行き来**もどうかとただもう気がねされ。

みち-く【満ち来】(自カ変)〔こ・き・く・くる・くれ・こ(こよ)〕潮が満ちてくる。満潮になる。〔万葉〕六・九一九「若の浦に潮―・くれ(已)ば潟を無み葦辺をさして鶴鳴き渡る」〔訳〕→わかのうらに…〔和歌〕

みち-ざはり【道障り】(名)道中の邪魔になるもの。〔笈の小文〕「旅の具多きは―なりと、物みな払ひ捨てたれども」〔訳〕旅の荷物の多いのは**道中の邪魔**であると、品物はすっかり捨て去ったけれども。

みち-しば【道芝・路芝】(名) ❶道ばたに生えている芝草。〔新古〕秋下「木の葉にうづむ宿の―」〔訳〕落ち葉にうずもれている宿の**道ばたの草**。

❷人を導いて案内する人のたとえ。取り持ち役。〔夜の寝覚〕「そのほどは、宣旨の君ぞ、くはしうは、―にて知り給ひつれ」〔訳〕そのいきさつは、宣旨の君が、くわしくは、**手引き役**として知っていらっしゃった。

みち-しるべ【道標・道導】(名)道案内をすること。また、案内者。〔千載〕恋一「恋路にまどふ―せよ」〔訳〕(先に立つ涙よ)恋の道に迷う(私の)**道案内**をしてくれ。

道綱の母(みちつなのはは)『人名』→藤原道綱の母

みち-の-き【道の記】(名)旅行の記録。道中記。紀行。〔三冊子〕「ある年の旅行、―すこし書けるよしの物語あり」〔訳〕(師の芭蕉から)ある年の旅行で、**道中記**を少し書いた旨の話がある。

古語ライブラリー㊹

「をとつひ」から「おととい」へ

◇山の峡そことも見えず一昨日も昨日も今日も雪の降れれば　〈万葉 一七・三九二四〉

なぜ「一昨日」が「をとつひ」なのか。こんなことを考えたことはないだろうか。英語の“the day before yesterday”のほうが、よくわかるのではないか。

種明かしをすると、「をとつひ」は「をと・つ・ひ」で、英語の場合とよく似た発想だ。

◇妹も兄も若き児どもは彼此に騒き泣くらむ　〈万葉 一七・三九六二〉

とある「をちこち」の「をち」が「をと」のもとの形。「つ」は「まつげ」の「つ」と同じで「の」にあたる格助詞。「ひ」は「日」だ。すなわち、「をとつひ」は「遠くの日」ということなのだ。

なぜ「をち」が「をと」になるのか。その理由はわからない。上代には、語によって単独で用いられる場合と複合語として用いられる場合とでは母音が異なるという現象が見られる。

エ↔ア　雨ごもり・杯・手枕・舟人・目交・胸別

イ↔ウ　神風・月夜

イ↔オ　木末・火中

「をち↔をとつひ」は「き↔こぬれ」などと同じ「イ↔オ」の類例にあたる。

時代が下ると、ヲとオの区別がなくなり、語頭以外のハ行音はワ行音で発音されるようになる。さらに、ヰとイの区別もなくなっているから、「をとつひ」は「おとつい」になる。

それだけではない。

◇をととひはあの山越えつ花盛り　〈去来抄 去来〉

とあるように、前の音の「と」にひかれて「つ」が「と」になるという現象まで起きた。表記は「をととひ」であるが、オトトイと発音された。

陸奥（みちのく）〘地名〙〔「道の奥」の転〕奥州五か国（＝陸奥・陸中・陸前・岩代・磐城）の異称。今の青森・岩手・宮城・福島の四県にあたる。東北地方全体をさすこともある。陸奥。「みちのくに」とも。

みちのく-うた【陸奥歌】(名)東歌の一種。東北地方で歌われた歌。→東歌

みちのく-がみ【陸奥紙】(名)陸奥（＝東北地方）で産した良質の厚手の和紙。「みちのくにがみ」とも。

みち-の-くに【陸奥国】(名)「みちのく」に同じ。伊勢 一四「むかし、をとこ、―にすずろに行き至りにけり」訳 昔、ある男が陸奥国にあてもなく行き着いたのだった。

みちのくに-がみ【陸奥国紙】(名)「みちのくがみ」に同じ。

みちのくの… 和歌 《百人一首》

> みちのくの　しのぶもぢずり　誰ゆゑに
> 乱れむと思ふ　我ならなくに
> 〈古今・一四・恋四・七二四・源融〉

（序詞：みちのくの　しのぶもぢずり）

訳 陸奥のしのぶもじずりの乱れ模様のように、(あなた以外の)だれのせいで心乱れようと思う、そんな私ではないのに(みんなあなたが原因です)。修辞 第二句までは「乱れ」を導きだす序詞。文法「ならなくに」の「なく」は、打消の助動詞「ず」のク語法で、「…でないこと」の意。解説「しのぶもぢずり」ははやくから難語であったらしく、福島県の信夫地方で産した布、忍草で摺った布など、諸説がある。「もぢずり」は摺り染めのことで、乱れ模様であることから「乱れ」にかかる。作者の愛を疑った女に詠み贈ったものらしい。「伊勢物語」〈一段〉と「小倉百人一首」は、第四句を「乱れ初めにし」とする。

みち-の-そら【道の空】道の途中。新古 恋三「心にもあらぬ我が身の行き帰り―にて消えぬべきかな」訳 (行っても会えないと知りながら)心ならずもむなしく行っては帰る私は、その道の途中で死んでしまいそうだよ。

みち-の-にき【道の日記】(名)旅日記。紀行。

みち-の-べ【道の辺】(名)〔古くは「みちのへ」〕道ばた。道のほとり。「みちべ」とも。新古 羇旅「―の草の青葉に駒とめて」訳 道ばたの青草のあたりに馬をとめて。

みちのべに… 和歌

> 道のべに　清水流るる　柳かげ
> しばしとてこそ　立ちとまりつれ
> 〈新古今・三・夏・二六二・西行〉

訳 道のほとりに清水が流れている、この柳の木陰よ。ほんのしばらく(涼もうと思って)(そこに)立ちどまったのだが。解説「こそ…つれ」は係り結びだが、下に「そのままずっと過ごしてしまった」などの意のことばが省略されているものとみて、逆接的に下にかかっていく用法と解す。そのことによって、柳の木陰の涼しさを言外に表したもの。

みちのべの… 俳句

> 道のべの　木槿は馬に　くはれけり
> 〈野ざらし紀行・芭蕉〉

（秋：木槿）

訳 道ばたに咲いていたむくげの花は、(愛でる間もなく)私の乗っている馬にパクリと食われたことだ。(はっとした驚きの中に、はかなさが入りまじる)。(木槿 秋)。切れ字は「けり」。文法「けり」には、詠嘆の意も含まれている。解説「眼前」とあった前書きは、のちに「馬上吟」と改められた。眼前の事実を事実のままに、しかし「槿花一日の栄」のはかなさも意識の底にあって詠まれた。

みち-の-ほど【道の程】❶道のり。道程。源氏 初音「―遠くて、夜明け方になりにけり」❷道の途中。源氏 明石「―も四方の浦々見渡し給ひて」訳 (光源氏は)道の途中でも四方の海岸を見渡しなさって。

みち-の-まま【道のまま】道を行きながら。道すがら。源氏 澪標「―に、かひある逍遥遊びののしり給へど」訳 (京に帰る)道すがらに、(光源氏は)しがいのある散策や管弦の遊びをにぎやかになさるけれど。

みち-の-もの【道の者】(名)❶その道の達人。専門家。〔増鏡〕おどろのした「こたみはみな世に許りたる古き―どもなり」訳 このたび(選ばれたの)はみな世間から認められた老練な歌道の達人たちである。❷宿駅の遊女。

みち-び-く【導く】(他カ四)〔か・き・く・く・け・け〕❶案内する。先導する。また、手引きをする。仲立ちをする。万葉 五・八九四「もろもろの大御神たち船の舳に―・き申し」訳 多くの大御神たちが船のへさきで(唐の国までの海路を)案内し申しあげ。❷教え示す。源氏 玉鬘「神仏こそは、さるべき方にも―・き知らせ奉り給はめ」訳 神や仏こそは、しかるべき方面にも、(玉鬘を)導き知らせ申しあげなさるだろう。

みち-べ【道辺】(名)「みちのべ」に同じ。

みち-みち【道道】■(名)❶あちらこちらの道。今昔 二五・五「軍の寄り来べき―に、各四、五騎ばかり楯を突きて待ち懸けさす」訳 (余五の君は)軍兵が寄せて来そうなあちらこちらの道に、それぞれ四、五騎ほど楯を立てて待ち受けさせる。❷(学問や芸能などの)さまざまな方面。諸道。源氏 桐壺「いよいよ―の才を習はさせ給ふ」訳 (桐壺帝は若宮＝光源氏に)ますますさまざまな方面の学問を学ばせなさる。
■(副)道の途中で。道すがら。〔狂・佐渡狐〕「―雑談を申して参らうものを」訳 道すがらいろんな話を申して参りたいものだがなあ。

みちみち・し【道道し】(形シク)〔しから・しく(しかり)・し・しき(しかる)・しけれ・しかれ〕❶道理にかなっている。真理を含んでいる。源氏 蛍「これらにこそ―・しく詳しきことはあらめ」訳 これら(＝物語の中)にこそ、(人の世の)真理を含んでいて詳細な事柄はあるのだろう。❷学問的だ。理屈っぽい。源氏 帚木「三史五経、―・しき方を明らかにさとりあかさむこそ愛敬なからめ」訳 (女が)三史(＝史記・漢書・後漢書)や五経(＝詩経・書経・易経・春秋・礼記)といった、学問的な方面を明確に会得して明らかにするとすればそれは、かわいらし

さに欠けるだろうが。

みち-も-せ-に【道も狭に】道も狭く感じられるくらいに。道いっぱいに。〔千載〕春下「吹く風を勿来の関と思へども—散る山桜かな」[訳](ここは)吹く風を、来るなとせきとどめる勿来の関だと思うが、(その名のかいもなく)道いっぱいに散っている山桜であることよ。(「勿来の関」に「な来そ」の意をかける)

みち-もり【道守】(名)道路や駅路を守る人。[万葉]四・五四三「—が問はむ答へを言ひやらむ術を知らにと立ちてつまづく」[訳](夫の後を追いたいが)関所の番人が質問したとしたらその答えをすらすらと言うような方法(=どう言ったらよいか)がわからないからと、出立しようとしてつまずく(=ためらう)ことだ。

み-ちゃう【御帳】(名)(「み」は接頭語)「帳」の敬称。また、「帳台」の敬称。貴人の御座所・御寝所。[源氏]明石「—の帷子などよしあるさまにし出づ」[訳](明石の入道は)御寝所の垂れ布などを風情あるようすに調える。

みち-ゆき【道行き】(名)❶道を行くこと。旅行。道中。また、道の行き方。[万葉]五・九〇五「若ければ—知らじ幣はせむ黄泉の使ひ負ひて通らせ」[訳](死んだわが子は)まだ幼いので、(あの世への)道の行き方も知るまい。礼はしよう、黄泉の国の使者よ、(この子を)背負って通られよ。[文法]「通らせ」の「せ」は、上代の尊敬の助動詞「す」の命令形。❷文体の一種。軍記物・謡曲・浄瑠璃などで、旅して行く道の叙景と叙情を記した韻文体の文章。縁語・序詞・掛詞などの技巧をこらし、通常七五調をとる。❸歌舞伎・浄瑠璃などで、心中・駆け落ちをする場面。転じて、一般に男女が連れだって旅をすること。

みちゆき-づと【道行き苞】(名)旅行の土産。[万葉]八・一五三四「女郎花秋萩折れれ玉桙の—と乞はむ児がため」[訳]女郎花と秋萩を折っておけ。旅行の土産としてほしがるだろうあの子のために。(「玉桙の」は「道」にかかる枕詞)

みちゆき-びと【道行き人】(名)通行人。旅人。[徒然]二三五「あるじなき所には、—みだりに立ち入り」[訳]持ち主のいない家には、通行人が勝手気ままに侵入し。

みちゆき-ぶり【道行き触り】(名)❶道の途中で出会うこと。ゆきずり。[古今]春上「春来れば雁帰るなり白雲の—に事や伝てまし」[訳]春が来ると、雁が(北の空へ)帰って行く(鳴き)声が聞こえる。白い雲の中の道を行くついでに、(北国の友人への)伝言を頼もうかしら。❷旅の日記。紀行。

み-つ【三つ】(名)三。みっつ。

御津(みつ)『地名』(「三津」とも書く)今の大阪市付近にあった港。上代の要港で、難波の御津、大伴の御津などともいわれた。

み・つ【満つ・充つ】■一(自タ四)❶いっぱいになる。[万葉]二〇・四三三一「四方の国には人さはに(=多く)—・ち(用)てはあれど」❷(願いや思いが)かなう。[源氏]東屋「年ごろの願ひの—・つ(体)心地して」[訳]長年の願いがかなう気持ちがして。❸(世の中に)ひろがる。知れ渡る。[源氏]若菜下「かく、亡せ給ひにけりといふこと世の中に—・ち(用)て」[訳](紫の上が)このようにお亡くなりになってしまったということが、世間に知れ渡って。❹満潮になる。また、満月になる。[万葉]一五・三七〇六「玉敷ける清き渚を潮—・て(已)ば」[訳]玉を敷いてある(ような)清らかな渚を、潮が満ちるので。■二(他タ下二)❶満たす。いっぱいにする。[今昔]三一・三五「大きなる桶に木の葉を入れ—・て(用)て」[訳]大きな桶に木の葉を入れ満たして。❷じゅうぶんにする。かなえる。[平家]二・康頼祝言「衆生の所願を—・て(用)給へり」[訳]衆生の願いごとをかなえなさった。[参考]■一は、中世以降上二段にも活用する。

みづ【水】(名)水。[枕]三三「草葉も—もいと青く見えわたりたるに」[訳]草の葉も水もたいそう青々と一面に見えているが。

みづ【瑞】(名)❶みずみずしく美しいこと。「瑞枝」「瑞穂」など、複合語として用いられることが多い。❷めでたいしるし。〔紀〕皇極「これ蘇我の臣の栄えむとする—なり」[訳]これ(=一本の茎に二つの花が咲いたこと)は蘇我の臣が栄えようとするめでたいしるしである。

みづ-あげ【水揚げ】(名)《近世語》❶船積みの荷を、陸に揚げること。陸揚げ。〔浮・日本永代蔵〕「西国米—の折ふし」[訳]九州地方産の米の陸揚げをするその時。❷遊女がはじめて客をとること。

みづ-うまや【水駅】(名)「みづむまや」とも。❶古代の駅制で、水路の宿駅。船着き場。❷平安時代、「男踏歌」で、踊り歩く舞人に酒や湯漬けをふるまった場所。舞人が内裏から諸院などをめぐるのを駅路にたとえた。[源氏]初音「—にて事そがせ給ふべきを」[訳](六条院は)水駅であって(もてなしは)簡略になされるのがよいのに(たいそう歓待なさる)。❸ちょっと立ち寄る所。[源氏]竹河「『—にて夜更けにけり』とて逃げにけり」[訳](薫は)「ちょっと立ち寄った所で夜が更けてしまったことだ」と言って、逃げ帰ってしまった。❹街道の宿、または、茶店。

みづ-うみ【湖・水海】(名)(「塩海」に対して、淡水の海の意)淡水湖。[万葉]一七・三九九三「うらぐはし(=美しい)布勢の—に」

みづ-え【瑞枝】(名)みずみずしい枝。[万葉]六・九〇七「滝の上の御船の山に—さし繁に生ひたる栂の木の」[訳]激流のほとりの御船の山にみずみずしい枝がもえ出て、いっぱいに生い茂っている栂の木のように。

水鏡(みづかがみ)『作品名』鎌倉初期の歴史物語。作者は中山忠親といわれる。成立年代未詳。神武天皇から仁明天皇(九世紀中ごろ)までの、五十四代の歴史を編年体・仮名文で記したもの。「大鏡」「今鏡」「増鏡」とともに「四鏡」という。

みづ-がき【瑞垣・瑞籬】(名)(古くは「みづかき」)神社などの周囲に設けた垣。[源氏]須磨「そのかみを思へばつらし賀茂の—」[訳](私=右近の将監が御禊の日のお供をした)その当時(の光源氏の威勢)を思うと恨めしい。賀茂神社の神聖な垣根(を見るにつけ、その神)が。(その当時の意の「そのかみ」に「その神」をかける)

みづがきの【瑞垣の・瑞籬の】《枕詞》(古くは「み

づかきの」」「久し」にかかる。万葉 一三・三六二「ー久しき時ゆ」

みづ-かね【水銀】(名)水銀。今昔 二九・三六「今は昔、京にー商ひする者ありけり」

みづ-か・ふ【水飼ふ】馬や牛などに水を飲ませる。新古 春下「駒とめてなほー・は(未)ん山ぶきの花の露そふ井手の玉川」訳 馬をとめてもうしばらくの間水を飲ませよう。山吹の花に宿っている露が落ち加わる井手の玉川で。(「露」と「玉」とは縁語)

みづから【自ら】[一](名)自分。その人自身。方丈 二「頼むかたなき人は、ーが家をこぼちて、市に出でて売る」訳 生活のあてのない人は、自分の家をこわして(薪にして)、市に出て売る。[二](代)自称の人代名詞。私。古くは男性が用いる場合もあるが、後世、特に室町時代以降は女性のみが用いるようになった。大鏡 序「ーが小童にてありし時」訳 私が(まだ)ほんの子供であった時分に。[三](副)自分から。自分自身で。平家 七・忠度都落「薩摩守馬よりおり、ー高らかにのたまひけるは」訳 薩摩の守(=平忠度)は馬から下り、自分から声を張り上げておっしゃったことには。⇩手づから「慣用表現」

み-つき【貢・調】(名)〔「み」は接頭語。のちに「みつぎ」〕租・庸・調などの租税の総称。また、献上物。万葉 二〇・四三六〇「四方の国より奉るーの船は」訳 四方の国々から献上する貢ぎ物を積んだ船は。

み-つ・く【見付く】[一](自カ四){か・き・く・く・け・け}見なれ、親しむ。見て好ましく思う。源氏 手習「さだ過ぎたる尼額のー・か(未)ぬに」訳 (少将の尼の)盛りを過ぎた尼削ぎの額の見た感じも好ましく思わないのに。[二](他カ下二){け・け・く・くる・くれ・けよ}見つける。発見する。竹取 かぐや姫の生ひ立ち「節をへだててよごとに金ある竹をー・くる(体)こと重なりぬ」訳 (翁が)竹の節の間の空洞ごとに黄金の入っている竹を見つけることが重なった。

み-つ・ぐ【見継ぐ】(他ガ四){が・ぎ・ぐ・ぐ・げ・げ}❶見守り続ける。見届ける。万葉 一〇・二〇七五「人さへやー・が(未)ずあるらむ彦星の妻呼ぶ舟の近づき行くを」訳 (織女ばかりでなく)地上の人々までもが見守り続けないでいようか(いや、見守り続けるだろう)、彦星が妻問いをするその舟が近づいて行くのを。❷助ける。援助する。徒然 一二五「いづかたをもー・ぎ(用)給ふな」訳 どちらのほうをも加勢しなさるな。

み-づ・く【水漬く】(自カ四){か・き・く・く・け・け}水にひたる。水につかる。万葉 一八・四〇九四「海行かばー・く(体)屍山行かば草むす屍」訳 (天皇を守るこの身は)海に行くなら水につかる屍、山に行くなら草が生える屍(となろうとも)。

みづ-ぐき【水茎】(名)〔古くは「みづくき」〕筆。筆跡。手紙。源氏 梅枝「見給ふ人の涙さへーに流れそふ心地して」訳 (光源氏が書いた草子を)ご覧になる人の涙までが、筆跡にそって流れていく(ような)気がして。⇩消息「慣用表現」・鳥の跡「慣用表現」

みづくきの【水茎の】《枕詞》同音を重ねて「水城」に、また、「岡」にかかる。万葉 六・九六八「ー水城の上に」。万葉 一〇・二一九三「ー岡の木の葉も」

みづぐき-の-あと【水茎の跡】筆跡。転じて、手紙。大和 付載説話「人づてならず、かかるーならでも聞こえてしがな」訳 人づてでなく、このような手紙でもなく(じかに)お話し申しあげたいものだ。⇩消息「慣用表現」・鳥の跡「慣用表現」

みつぐりの【三つ栗の】《枕詞》栗のいがに入っている三つの実の、その中央のものの意から「なか」にかかる。万葉 九・一七八三「ー中上り来ぬ」

みづ-ぐるま【水車】(名)❶水力で回る車。すいしゃ。徒然 五一「大井の土民に仰せて、ーを造らせられけり」訳 (後嵯峨上皇が)大井川に沿った土地の住民にお命じになって、水車を造らせなさったそうだ。❷太刀・長刀などを激しく振り回して攻めかかるさま。平家 四・橋合戦「十文字、とんばう返り、ー、八方すかさず斬ったりけり」訳 (浄妙明秀は太刀を抜き)十文字、とんぼ返り、水車と(秘術を尽くして)、八方すき間なく斬りまくったのだった。

み-づし【御厨子】(名)〔「み」は接頭語〕❶「厨子」の敬称。❷「御厨子所」の女官。栄花 はつはな「ー二人うるはしく装束きて」訳 御厨子所の女官二人がきちんと衣装を身につけて。❸貴人の台所で働く女。

みづし-どころ【御厨子所】(名)宮中で食事をととのえる所。内膳司に属する。転じて、貴人の家の台所。

みつせ-がは【三つ瀬川】(名)《仏教語》「さんづのかは」に同じ。源氏 真木柱「ー渡らぬさきにいかで猶涙の水脈の泡と消えなむ」訳 三途の川をまだ渡らない先に、なんとかしてやはり涙の川の水路の泡のように消えてしまいたい。

みづち【蛟・虬・虯】(名)想像上の動物。竜の一種で水中にすみ、毒気を吐いて人を害するという。

みづ-つ・く【水漬く】(自カ四){か・き・く・く・け・け}水にひたる。水気を含む。土佐「池めいてくぼまり、ー・け(已)るところあり」訳 池のようになって(地面が)くぼまり、水にひたっている所がある。

みづ-づけ【水漬け】(名)乾飯を水にひたすこと。また、そうした食べ物。「すいはん」とも。今昔 二八・二三「冬は湯漬け、夏はーにて御飯を食すべきなり」訳 冬は湯漬け、夏は水漬けでご飯を召し上がるのがよいのだ。

みづ-とり【水鳥】(名)水上または水辺にすむ鳥の総称。かも・おしどりなど。冬。源氏 胡蝶「ーどもの、つがひを離れず遊びつつ」訳 多くの水鳥が、つがいを(作って)離れず遊びながら。

みづ-とり【水取り】(名)奈良東大寺二月堂で陰暦二月一日から十四日間行われる修二会の行事の一つ。陰暦二月十二日の深夜、堂の下の若狭井から香水をくみ、大きなたいまつの火をかざして本堂内陣に運ぶ行事。この時に飛び散る火の粉を浴び、香水を飲むと厄除けになるという。御水取り。春

みづとりの【水鳥の】《枕詞》水鳥が水に浮くことから「うき」に、飛び立つことから「立つ」に、また、水鳥の一種である「鴨」に、鴨の羽の青いことから「青葉」にかかる。一説に、比喩とも。万葉 七・一二三五「ー浮き寝やすべき」。万葉 二〇・四三三七「ー発ちの急ぎに」。万葉 八・一四五一「ー鴨の羽色の」。万葉 八・一五四三「ー青葉の山の」

みづとりを… 和歌

> **水鳥を 水の上とや よそに見む**
> **我もうきたる 世を過ぐしつつ**
> 〔浮き〕〔憂き〕
> 〈千載・六・冬・四三〇・紫式部〉〈紫式部日記〉

訳 水鳥を、水の上で無心に遊んでいるものと、よそごとに見ていられようか。私もまた(水鳥と同じように)うわついた落ち着かない日々を過ごしていながら。修辞「うき」は「浮き」と「憂き」との掛詞。

解説「千載集」には「題知らず」として収録。「うきたる世」は、「うわついたつらい世の中」の意で解される。「紫式部日記」では、寛弘五年(一〇〇八)十月、一条天皇の行幸が近づき華やいだ雰囲気の道長邸で詠んだ歌として載る。作者の内省的な性格がよく表れている。

みつな-の-すけ【御綱の助】(名)行幸の際、御輿の四方に張った綱のもとに伺候する役。多く近衛の次官の中将・少将があたる。

躬恒『人名』→凡河内躬恒

みづ-の-え【壬】(名)〔「水の兄」の意〕十干の九番目。→十干

みづ-の-と【癸】(名)〔「水の弟」の意〕十干の十番目。→十干

みつ-の-とも【三つの友】琴・酒・詩の三つをいう。三友。源氏 末摘花「『―にて、いま一種やうたてあらむ』とて」訳(光源氏は)「琴は、詩・酒とともに三友であって(よいものだが)、もう一種のもの(=酒)は(女性が親しむものとしては)いやであろう」とおっしゃって。
参考 白居易の詩「北窓三友」にもとづくことば。

みつ-の-みち【三つの道】❶天・地・人の総称。三才。〔紀〕允恭「―顕れ分かれしより以来、多に万年を経ぬ」訳 天・地・人が現れ分かれたときからこれまで、何万年を経過した。
❷地獄・餓鬼・畜生の三悪道。三途。源氏 松風「天に生まるる人の、あやしき―に帰らむ一時に」訳 天上界に生まれる人が、(果報が尽きて)いとわしい三悪道に帰る(というような)一時(の苦しみ)に。
❸庭内の三本の道。転じて、隠遁者の庭。源氏 蓬生「いづれか、この寂しき宿にも必ず分けたる跡あなる―」訳 どこだろうか、このような(隠遁者が住む)もの寂しい家でも必ず(人が)踏み分けた跡があるとかいう三本の道は。

みづは-ぐ-む【瑞歯ぐむ】(自マ四)〔む・み・む・む・め・め〕非常に年をとる。「みづはさす」とも。源氏 夕顔「惟光が父の朝臣の乳母に侍りし者の―・み(用)て住み侍るなり」訳 (私)惟光の父の朝臣の乳母でございました者が、非常に年老いて(そこに)住んでいるのでございます。

みづは-さ-す【瑞歯さす】(自サ四)〔さ・し・す・す・せ・せ〕「みづはぐむ」に同じ。

みづ-ほ【瑞穂】(名)みずみずしい稲の穂。

みづほ-の-くに【瑞穂の国】(名)〔みずみずしい稲穂の実る国の意〕日本の美称。万葉 二・一九九「定めてし―を神ながら太敷きまして」訳 (以前)平定したこの日本の国を、神であるままにりっぱにお治めになって。⇒大八州「慣用表現」

みつみつし (枕詞)「久米」(=氏族の名)にかかる。万葉 三・四三五「―久米の若子が」

みづ-むけ【水向け】(名)霊前に水を供えること。また、その水。〔雨月〕浅茅が宿「―の具ものせし中に」訳 霊前に水を供えるための道具を調えた中に。

みづら【鬟・角髪・角子】(名)上代の成人男子の髪形の一つ。髪を左右に分け、両耳のあたりで丸く巻いて束ねる。平安時代には少年の髪の結い方となった。

(みづら)

みつ-る【羸る】(自ラ下二)〔れ・れ・る・るる・るれ・れよ〕やつれる。疲れ果てる。万葉 一〇・一九六七「かぐはしき花橘を玉に貫きおくらむ妹は―・れ(用)てもあるか」訳 香りのよい橘の花を玉のかわりに糸に通して贈ろうと思うあの娘は疲れ果てているだろうか。

み-て【見手】(名)見る人。見物人。観客。〔風姿花伝〕「たとひ珍しき事をするとも、―の心に珍しき感はあるべからず」訳 たとえ珍しいことを演じても、観客の心に珍しいという感じは起こるはずがない。

み-てぐら【幣】(名)神にささげるものの総称。特に、幣の類をいう。源氏 明石「いろいろの―ささげさせ給ひて」訳 (光源氏は)住吉の神に種々のささげ物を奉納させなさって。

みてぐらを【幣を】《枕詞》神前に「みてぐら」を並べることから、「並ぶ」と同音を含む地名「奈良」にかかる。万葉 一三・三二三〇「―奈良より出でて」

み-と【水門】(名)川や海などの水の出入り口。河口。海峡。土佐「夜中ばかりに船を出だして阿波の―(=鳴門海峡)を渡る」

み-とが-む【見咎む】(他マ下二)〔め・め・む・むる・むれ・めよ〕見て怪しいと思う。見て非難する。また、見て気付く。源氏 蜻蛉「人―・む(終)ばかり大きなるわざはえし給はず」訳 (匂宮は浮舟の供養についても世間の人が見て怪しく思うほどの大げさなことはなさることができず。

み-と-く【見解く】(他カ四)〔か・き・く・く・け・け〕見て理解する。読み解く。源氏 夕霧「鳥の跡のやうなれば、とみにも―・き(用)給はで」訳 鳥の足跡のよう(に乱れた筆跡)なので、すぐにも読み解きなさらないで。

み-どころ【見所】(名)見るべきところ。見る価値のあるところ。要所。徒然 一三七「咲きぬべきほどの梢、散りしをれたる庭などこそ―多けれ」訳 (桜の花が)いまにも咲きそうなころの梢や、(桜の花びらが)散りしおれて(残っ)ている庭などこそ見るべきところが多い。

み-ども【身共】(代)自称の人代名詞。おもに武士が同輩または目下に対して用いる。わたし。女性が用いることもあった。〔狂・鬼瓦〕「―はあの鬼瓦を見たれば、しきりに女どもがなつかしうなったいやい」訳 わしはあの鬼瓦を見たところ、ひどく女房が恋しくなったわい。

み-とらし【御執らし】(名)〔「み」は接頭語。「とらし」は四段動詞「とる」の尊敬語「とらす」の連用形から〕「みたらし」とも。手にお取りになるもの。転じて、貴人の弓の敬称。万葉 一・三「―の梓の弓の中弭の音すなり」訳 ご愛用の弓である梓弓の中弭(未詳)の音が聞こえる。

みどり【緑・翠】(名)新芽。若葉。また、その色。みどり

色。青色などにも通じて用いられた。古今 春上「ときはなる松の―も春来ればいまひとしほの色まさりけり」訳 一年じゅう変わらない松の緑色も、春が来ると、もうひと染めしたように色が濃くなったことよ。(「ひとしほ」は、染め物を一度染め汁にひたすこと)

みどり-こ【嬰児】(名)〔後世「みどりご」とも〕三歳くらいまでの子供。幼子。乳児。万葉 二・二三「吾妹子が形見に置ける―の乞ひ泣くごとに」訳 わが妻が形見に残した幼子が物を欲しがって泣くたびに。

みどり-の-ころも【緑の衣】六位の人の着る緑色の袍。また、「六位」の別称。〔拾遺〕雑下「―脱ぎ捨てむ春はいつとも」訳 六位の人の着る袍を脱ぎ捨てるような春はいつ(来る)とも(知らず)。

み-と・る【見取る】(他ラ四)｛ら・り・る・る・れ・れ｝見て知る。見定める。源氏 蓬生「かく御心とどめておぼさるる事なめりと―・り用て」訳 このように(光源氏が)お心を込めて(末摘花のことを)お思いになることであるようだと(下家司は)見てとって。

みな【皆】■一 (名)すべての事。すべての人。すべての物。竹取 蓬萊の玉の枝「仕うまつるべき人々―難波まで御送りしける」訳 お供するはずの人々はみな(くらもちの皇子を)難波までお見送りした。

■二 (副)すべて。ことごとく。方丈 二「人の営み、―愚かなるなかに」訳 人間の行為は、すべて愚かである中で。

みな【蜷】(名)淡水にすむ貝の名。かわにな。

み-なか【み中】(名)〔「み」は接頭語〕まん中。万葉 三・三九「こちごちの国の―ゆ出で立てる富士の高嶺は」訳 あちこちの国(=甲斐と駿河の両国)のまん中からそびえ立っている富士の高い峰は。

み-な-かみ【水上】(名)〔「な」は「の」の意の上代の格助詞〕❶上流。川上。また、水源。古今 恋一「涙川なに―をたづねけむ物思ふ時のわが身なりけり」訳 あふれ出る涙の川の水源(がどこであるか)をなぜ尋ねたのだろう。(それは)物思いにふけるときの私自身であったのだなあ。

❷事物の起源。はじまり。〔狂・宗論〕「法の―なれば信濃の善光寺へ参詣いたし」訳 宗派の源であるから、信濃(長野県)の善光寺へ参詣いたして。

みな-がら【皆がら】(副)〔「皆ながら」の転〕残らず。ことごとく。古今 雑上「むらさきのひともとゆゑに武蔵野の草は―あはれとぞ見る」訳 →むらさきの…和歌

み-ながら【身ながら】❶身のまま。古今 雑体「かかるわびしき―につもれる年をしるせればいつつのむつになりにけり」訳 このような情けない身のままに積もった年を書き記したところ、五六の三十年になってしまっていた。

❷われながら。わが身ながら。源氏 空蟬「―心にもえ任すまじくなむありける」訳 わが身ながら自分の思いどおりにすることができそうにもなかったのだった。文法「え任すまじく」の「え」は副詞で、打消の語(ここでは「まじく」)を伴って不可能の意を表す。

み-な-きは【水際】(名)〔「な」は「の」の意の上代の格助詞〕水のほとり。みぎわ。万葉 二〇・四四六二「船競ふ堀江の川の―に来居つつ鳴くは都鳥かも」訳 舟を漕ぎ競う堀江の川の水際にくり返し来て止まって鳴くのは都鳥であろうか。

みなぎら-ふ【漲らふ】《上代語》水が満ちあふれている。水勢が盛んになる。〔紀〕斉明「飛鳥川―・ひ用つつ行く水の間も無くも思ほゆるかも」訳 飛鳥川の満ちあふれて流れ続けて行く水のように、絶え間なくも(死んだ建王のことが)思われることよ。

なりたち 四段動詞「漲る」の未然形「みなぎら」＋上代の反復・継続の助動詞「ふ」

みなぎ・る【漲る】(自ラ四)｛ら・り・る・る・れ・れ｝水が満ちあふれるほどになる。水勢が盛んになる。平家 九・宇治川先陣「白浪おびたたしう―・り用落ち」訳 (宇治川は)白波がはげしく(立って)勢いよく流れ落ち。

みな-ぐれなゐ【皆紅】(名)全部紅色であること。また、そのもの。紅一色。平家 一一・那須与一「―の扇の日出だしたるを」訳 紅一色の扇で、(中に金色の)日の丸を描き出してあるものを。

みなし-がは【水無し川】(名)(水のない川の意から)天の川。万葉 一〇・二〇〇七「ひさかたの天つしるしと―隔てて置きし神代し恨めし」訳 天の境界線として天の川を(牽牛と織女との間に)隔てて置いた神代が恨めしいことだ。(「ひさかたの」は「天」にかかる枕詞)

虚栗(みなしぐり)『作品名』江戸前期の俳諧集。榎本其角編。天和三年(一六八三)刊。発句と連句とを収める。漢詩文調をとり入れ、幽玄閑寂の新境地を開拓しようとする蕉風確立への過渡的作品。

み-な・す【見做す】(他サ四)｛さ・し・す・す・せ・せ｝❶(…と)思って見る。見立てる。みなす。源氏 総角「同じき花の姿も、木草のなびきざまもことに―・さ未れて」訳 同じ花の姿も、木や草のなびくようすも、特別にみなされて。

❷見届ける。源氏 夕顔「命長くて、なほ位高くなども―・し用給へ」訳 長生きをして、そのうえ(私=光源氏の)位が高くなるようすなどもお見届けください。

❸世話をして育てあげる。めんどうを見る。源氏 少女「この君をだに、いかで思ふさまに―・し用侍らむ」訳 せめてこの姫君(=雲居の雁)だけでも、なんとかして(私=父の内大臣の)思うとおり(東宮の妃)に育てあげましょう。

水無瀬(みなせ)『地名』今の大阪府三島郡島本町広瀬の地。後鳥羽院の離宮のあった所。

みなせ-がは【水無瀬川】(名)水のない川。また、砂の下を水が流れて、表面には見えない川。万葉 一一・二六一七「うらぶれてものは思はじ―ありても水はゆくといふものを」訳 うちしおれて物思いをするのはよそう、水のない川であっても、(時がたてば)水は流れるということだから。

みなせがは【水無瀬川】《枕詞》表面には水がなく砂の下を水が流れることから、「下」にかかる。万葉 四・五九八「―下ゆ我痩す」

水無瀬川(みなせがは)『地名』歌枕 今の大阪府三島郡を流れる川。川の南に後鳥羽院の離宮があった。

水無瀬三吟百韻(みなせさんぎんひゃくゐん)『作品名』室町中期の連歌。長享二年(一四八八)成立。飯尾宗祇が弟子の肖柏・宗長とともに水無瀬宮に奉納した百韻連歌。以後の連歌の模範とされた。

み-な-そこ【水底】(名)〔「な」は「の」の意の上代の格助詞〕水の底。万葉 七・一〇八二「―の玉さへ清に見つべくも照る月夜かも夜の更けゆけば」訳 水の底の玉まではっきりと見ることができそうなほどにも、(こうこうと)照る月だなあ、夜が更けていくと。

みな-づき【水無月・六月】(名)陰暦六月の称。夏。万葉 一〇・一九九五「―の地さへ割けて照る日にも」訳 陰暦六月の大地まで裂けるほどに照る太陽にも。

みなづき-ばらへ【水無月祓へ】(名)「なごしのはらへ」に同じ。徒然 一九「―、またをかし(=おもしろい)」

み-な-と【水門・湊】(名)(「水の門(=出入り口)」の意。「な」は「の」の意の上代の格助詞) ❶河口など、川や海などの水の出入り口。転じて、船の停泊する所。万葉 七・一二八八「―の葦の末葉を誰か手折りしわが背子が振る手を見むとわれそ手折りし」訳 河口の葦の先のほうの葉をだれが手折ったのか。私のいとしい人が振る手を見ようと私が手折ったの。(五七七・五七七の旋頭歌) ⇨源「図解学習」
❷行き着くところ。新古 春下「暮れてゆく春の―は知らねども霞に落つる宇治の柴舟」訳 →くれてゆく…和歌

みな-ながら【皆ながら】(副)残らず全部。すべて。「みながら」とも。大鏡 道長上「ただ御身ばかり御くるまにおはしますやうにて、御衣どもは―出でて」訳 ただ(中宮たちの)おからだだけがお車の中にいらっしゃるようであって、幾重ものお召し物はすっかり(車から外に)出て。

みな-に-な・す【皆になす】全部なくす。尽くす。「みなにす」とも。〔浮・世間胸算用〕「道を知らぬかよひ商ひに、すこしの銭も―・し(用)」訳 道が不案内なうえ、商売の道も知らない行商に、少しあった銭も全部なくし。

みな-に-な・る【皆になる】全部なくなる。尽きる。徒然 六〇「他用に用ゐることなくて、その銭―・り(用)にけり」訳 (芋頭を買うより)他の目的に使うことがなくて、その銭は全部なくなってしまった。

みなのわた【蜷の腸】《枕詞》蜷(=貝の名)の肉を焼いた色が黒いことから、「か黒し」にかかる。万葉 一五・三六四九「―か黒き髪に」

みな-ひと【皆人】(名)すべての人。全員。万葉 二・九五「我はもや安見児得たり―の得かてにすといふ安見児得たり」訳 →あれはもや…和歌

みなみ【南】(名)❶「みんなみ」とも。方角の名。南。
❷南から吹く風。南風。万葉 一八・四一〇六「―吹き雪消溢りて」訳 南風が吹き、雪解けの水があふれて。

みなみ-おもて【南面】(名)❶南側。南に面した方角。大鏡 道長上「高御座の―の柱のもとをけづりてさぶらふなり」訳 (大極殿の)高御座の南側の柱の下のところを削って(持ってまいっ)たのでございます。
❷殿舎の南に面した正座敷。寝殿造りで、南向きの正殿。源氏 桐壺「―におろして、母君もとみにえものものたまはず」訳 (桐壺帝の使いの靫負の命婦を)寝殿正面の表座敷に(牛車から降ろして、(桐壺の更衣の)母君も(悲しみのために)すぐには何もおっしゃることはできない。

みなみ-まつり【南祭り】(名)陰暦三月、第二または第三の午の日、京都石清水八幡宮で行われた臨時の祭り。また、八月十五日の石清水放生会。北祭り(=賀茂の祭り)と対になって言われる。春

みな-むすび【蜷結び】(名)組み糸の飾り結びの一つ。徒然 一五九「―といふは、糸を結び重ねたる(=結び重ねた形が、蜷といふ貝に似たれば(=似ているので)言ふ」

み-な-もと【源】(名)(「水の本」の意。「な」は「の」の意の上代の格助詞) ❶川の水源。
❷物事の起こり始まるもと。起源。根源。徒然 九「愛著の道、その根ふかく、―とほし」訳 男女の愛欲に執着する方面は、その根はふかく、(その)起源は遠い。

図解学習 **「みなもと」と「みなと」**

川水の流れ出るもと、水源をいう「みなもと」は「水な本」、川や海などの水の出入り口、河口をいう「みなと」は「水な門」である。「な」は「の」にあたる上代の格助詞で、「手な心(=掌)」「瓊な音(=玉の音)」「目な交ひ(=眼間)」などの「な」と同じ。

みなもと
みなと

源家長(みなもとのいえなが)〖人名〗(?〜一二三四)鎌倉前期の歌人。後鳥羽院のとき、和歌所に勤め、「新古今集」の撰集に参加。著書に「源家長日記」がある。

源兼昌(みなもとのかねまさ)〖人名〗(生没年未詳)平安末期の歌人。歌合わせに数多く出詠。「小倉百人一首」に入集。

源実朝(みなもとのさねとも)〖人名〗(一一九二〜一二一九)鎌倉幕府三代将軍。歌人。頼朝の第二子。十二歳で将軍となり、右大臣に進んだが、兄頼家の子公暁により鎌倉鶴岡八幡宮で暗殺された。和歌を藤原定家に学び、万葉調の名歌を残した。「小倉百人一首」に入集。家集「金槐和歌集」

源重之(みなもとのしげゆき)〖人名〗(生没年未詳)平安中期の歌人。清和天皇の皇子貞元親王の孫。「三十六歌仙」の一人で、「小倉百人一首」に入集。家集「重之集」所収の百首歌は、百首歌の祖とされる。

源順(みなもとのしたがふ)〖人名〗(九一一〜九八三)平安中期の歌人・漢学者。三十六歌仙の一人。梨壺の五人の一人として「後撰集」の撰集に参加。和漢の学問に通じ、和歌・詩文にもすぐれていた。著「倭名類聚抄」はわが国最初の分類体の漢和辞書。家集「源順集」

源隆国(みなもとのたかくに)〖人名〗(一〇〇四〜一〇七七)平安中期の文学者。後一条天皇から白河天皇までの五朝に仕え、皇后宮大夫、権大納言になる。晩年は宇治に隠退し、宇治大納言と呼ばれた。「今昔物語集」のもとになったといわれる「宇治大納言物語」を編んだとされるが、未詳。

源経信(みなもとのつねのぶ)〖人名〗(一〇一六〜一〇九七)平安末期の歌人。俊頼の父。大納言・大宰権帥。歌壇の第一人者として活躍した。「小倉百人一首」に入集。家集「経信集」

源俊頼(みなもとのとしより)〖人名〗(一〇五五?〜一一二九?)平安後期の歌人。経信の子。官位には恵まれなかったが、当代歌壇の権威として自由で素直な歌を詠んだ。「金葉集」を撰進。「小倉百人一首」に入集。家集「散木奇歌集」、歌論書「俊頼髄脳」

源融(みなもとのとほる)〖人名〗(八二二〜八九五)平安初期の貴族・歌人。嵯峨天皇の皇子。臣籍に降下し源の姓を名のる。六条河原に邸宅を構えたので、河原左大臣と呼ばれた。

「小倉百人一首」に入集。

源等（みなもとのひとし）『人名』（八八〇—九五一）平安前期の歌人。嵯峨天皇の曽孫。参議。「小倉百人一首」に入集。

源通具（みなもとのみちとも）『人名』（一一七一—一二二七）平安末期・鎌倉前期の歌人。正二位大納言。堀河大納言と呼ばれた。「新古今集」の撰者の一人。

源宗于（みなもとのむねゆき）『人名』（?—九三九）平安前期の歌人。三十六歌仙の一人。光孝天皇の孫。「古今集」「小倉百人一首」などに入集。家集「宗于集」

源義経（みなもとのよしつね）『人名』（一一五九—一一八九）平安後期の武将。源義朝の第九子。九郎判官と呼ばれた。幼名は牛若丸。奥州の藤原秀衡のもとに身を寄せていたが、兄頼朝が平氏討伐の兵をおこすと、これに加わり、屋島・壇の浦の戦いなどに活躍。のち頼朝と不和となり、再び藤原氏に身を寄せたが、秀衡の子泰衡に討たれた。その悲劇的な生涯は、いわゆる「判官贔屓」の風潮を生み、後世多くの文芸作品に取材されている。

源義仲（みなもとのよしなか）『人名』→木曽義仲

源頼朝（みなもとのよりとも）『人名』（一一四七—一一九九）鎌倉幕府の初代将軍。源義朝の第三子。平治の乱の時、伊豆に流されたが、治承四年（一一八〇）に挙兵。平氏を追討し、また木曽義仲を討って天下を平定した。さらに弟義経を滅ぼし、諸国に守護・地頭を置き、建久三年（一一九二）、征夷大将軍に任ぜられて武家政治を創始した。

源頼政（みなもとのよりまさ）『人名』（一一〇四—一一八〇）平安後期の武将・歌人。従三位に進み、出家後は源三位入道と呼ばれた。治承四年（一一八〇）以仁王を奉じて平氏を滅ぼそうとしたが失敗し、宇治の平等院で自害した。家集「源三位頼政集」

み-なら・す【見慣らす・見馴らす】（他サ四）{さ・し・す・す・せ・せ}見なれるようにする。源氏 若紫「かしこに渡りて—・し(用)給へ」訳 あそこ（=兵部卿の宮邸）に移って（継母などを）見なれるようにしなさい。

み-なら・ふ【見習ふ】ラ(ロ)ウ（他ハ四）{は・ひ・ふ・ふ・へ・へ}見てそれにならう。見てまねる。徒然 一八四「物は破れたる所ばかりを修理して用ゐることぞと、若き人に—・は(未)せて心付けんためなり」訳（障子の破れた所だけを張り替えるのは）物は破損した所だけをなおして使うことだと、若い人に見ならわせて注意させようとするためである。

み-なら・ふ【見慣らふ・見馴らふ】ラ(ロ)ウ（他ハ四）{は・ひ・ふ・ふ・へ・へ}常々見てなじむ。見なれる。竹取 かぐや姫の昇天「心ばへなど貴やかにうつくしかりつることを—・ひ(用)て」訳（かぐや姫の）気だてなどが上品で愛らしかったことをいつも見なれていて。

み-な・る【水馴る】（自ラ下二）{れ・れ・る・るる・るれ・れよ}水に浸りなれている。和歌では、多く「見慣る」にかけて用いられる。古今 恋五「よそにのみ聞かましものを音羽川渡るとなしに—・れ(用)そめけむ」訳 他人事として（うわさに）だけ（あの人が私以外の男になびいたと）聞いていればよかったなあ。音羽川を渡ることはしないのに、どうして水になれそめてしまったのだろう（=私はうわさになるような公然たる関係にもなっていないのに、どうしてあの人に親しくなじんでしまったのだろう）。「聞く」と「音」とは縁語。「音」はうわさの意を連想させる。「水馴れ」は「見慣れ」との掛詞。

み-な・る【見慣る・見馴る】（自ラ下二）{れ・れ・る・るる・るれ・れよ}❶見なれる。徒然 一三九「唐めきたる名の聞きにくく、花も—・れ(未)ぬなど、いとなつかしからず」訳 中国めいた名前が聞きづらく、花も見なれないの（=草）などは、あまり親しみがもてない。❷なじむ。親しく交わる。竹取 かぐや姫の昇天「明け暮れ—・れ(用)たるかぐや姫をやりては、いかが思ふべき」訳 明け暮れなじみ暮らしたかぐや姫を行かせては、（翁たちは）どんな気持ちがするだろうか。

みなれ-ざを【水馴れ棹】ザオ（名）水に浸し、使いなれた舟の棹。和歌では、多く序詞として「見慣る」「さす」を導く。〔拾遺〕恋二「大井河下す筏の—見なれぬ人も恋しかりけり」訳 大井川を流れ下らせる筏の、水になじんだ棹ではないが、親しくなじんでいない人も恋しいことよ。（第三句までは「見なれぬ」を導きだす序詞）

み-な-わ【水泡】（名）［「水な泡」の転。「な」は「の」の意の上代の格助詞］水のあわ。あぶく。はかないものにたとえる。万葉 一八・四一〇六「射水川流る—の寄るべなみ」訳 射水川に流れる水の泡のように、頼りとする所がないので。

み-に-あま・る【身に余る】自分の値打ち以上で、十分すぎる。分不相応である。源氏 桐壺「—・る(体)までの御心ざしのよろづにかたじけなきに」訳 分不相応なまでの（娘、桐壺の更衣に対する桐壺帝の）お気持ちが、すべてにつけてもったいないので。

み-に-お・ふ【身に負ふ】オウ 身分に相応する。内容にふさわしい。古今 仮名序「文屋康秀は、言葉はたくみにて、そのさま—・は(未)ず」訳 文屋康秀の歌は、表現技巧は巧みであって、その（=歌の）姿が内容と似つかわしくない。

み-にく・し【見悪し・醜し】（形ク）{から・く(かり)・し・き(かる)・けれ・かれ}（ようすが）見苦しい。みっともない。顔かたちがよくない。徒然 七「住み果てぬ世に、—・き(体)姿を待ちえて何かはせん」訳 いつまでも住みおおせないこの世に、（老年の）見苦しい姿を待ち迎えても何になろうか（いや、何にもならない）。

みにく-やか【醜やか】（形動ナリ）{なら・なり(に)・なり・なる・なれ・なれ}いかにも醜く感じられるさま。「みにくし」の語幹に接尾語「やか」の付いたもの。源氏 浮舟「例は、ことに思ひ出でぬはらからの—・なる(体)も恋し」訳 いつもは、格別に思い出さない異父弟妹たちで、いかにも不器量な者も恋しい。

み-ぬけ【身抜け】（名）ある事件・境遇から関係を絶つこと。責任をのがれること。〔浮・世間胸算用〕「この節季の—、何とも分別あたはず」訳 この決算期の支払いをのがれる方法を、なんとも考えつくことができない。

みぬよ-の-ひと【見ぬ世の人】見たことのない時代の人。多くは、書物などを通して知った古人をいう。昔の人。徒然 一三「ひとり灯のもとに文をひろげて、—を友とするぞ、こよなう慰むわざなる」訳 ひとりで灯火のもとに書物を広げて、見たこともない昔の人を友とするのは、この上なく（心が）慰むことである。

みね【峰・峯・嶺】（名）❶山のいただき。〔拾遺〕雑秋「小倉山—のもみぢ葉心あらば今ひとたびのみゆき待たなむ」訳 →をぐらやま…和歌 ❷ものの高くなったところ。〔うつほ〕俊蔭「この中にいたづらなる所は、耳のはた、鼻の—なりけり」訳 この（=五体の）中で（親を養うのに）むだなところは、耳のはし（=耳たぶと、鼻の高くなったところ(=鼻の頭)であるなあ。❸刀の背。刃の反対の側。平家 五・文覚被流「太刀の—をとりなほし、文覚が刀もったる腕をしたたかに打つ」訳(斬ってはいけないと)刀の峰を持ちかえて、文覚の刀を持った腕を思いきり打つ。

みの【蓑】(名)わら・すげなどで編んで作った雨具。肩から羽織り、からだをおおう。万葉 一二・三一二五「ひさかたの雨の降る日をわが門に—笠着ずて来る人や誰」訳雨の降る日なのに、私の家の門に蓑も笠も着けずに来ている人はだれか。(「ひさかたの」は「雨」にかかる枕詞)

美濃(みの)『地名』旧国名。東山道八か国の一つ。今の岐阜県南部。濃州。

みのけ-た・つ【身の毛立つ】「みのけよだつ」に同じ。

みのけ-よだ・つ【身の毛よだつ】(寒さ・驚き・恐怖・緊張などのために、全身の毛が逆立つように)ぞっとする。身の毛立つ。平家 三・御産「修法の声—・っ用(促音便)て、いかなる御物の気なりとも、面を向かふべしとも見えざりけり」訳(安産祈願の)祈禱の声はぞっとするほどであって、どんな御物の怪であっても、立ち向かうことができるとも見えなかった。⇩あさまし「慣用表現」

み-の-こく【巳の刻】「みのとき」に同じ。

み-の-とき【巳の時】「みのこく」とも。❶「み(巳)③」に同じ。❷(時の中ほどにあたる「午」より早いところから)物が新しく、色あざやかなこと。〔源平盛衰記〕「鎧は緋縅に金物を打ち、未だ—とぞ見えし」訳鎧は緋色の染め革で縅したものに金具を打ち付け、まだ新しく色あざやかと見えた。

み-の-のち【身の後】死んだ後。死後。徒然 三八「—には金をして北斗をささふとも、人のためにぞわづらはるべき」訳死んだ後には黄金で北斗星を支え(るほど財産を残し)ても、(残された)人のためには迷惑がられるだろう。

みのひ-の-はらへ【巳の日の祓へ】(ハラエ)「みのひのはらひ」とも。陰暦三月上旬の巳の日(=上巳)に行った祓え。人形をなでてそれに罪・けがれ・わざわいなどの厄害を移して、川や海に流した。→上巳

み-の・ぶ【見延ぶ】(他バ下二){べ・べ・ぶ・ぶる・ぶれ・べよ}遠くへ視線をやる。また、流し目で見る。源氏 紅葉賀「いたう—・べ用たれど、目皮らいたく黒み落ち入りて」訳(源典侍は光源氏を)たいそう(目を見開いて)流し目で見ているが、まぶたは幾重にもひどく黒ずみ落ちくぼんで。

み-の-ほど【身の程】❶そのからだや身分の程度。身分相応。枕 二八「羽風さへその—にあるこそいとにくけれ」訳(蚊が)羽風までそのからだ相応にあるのはひどくしゃくにさわる。❷身の上。宇治 一一・七「—の思ひ知られて、悲しくて申すやう」訳(女は不幸が続く自分の)身の上が思い知られて、悲しくて(観音に)申すことには。

みの-むし【蓑虫】(名)「みのが」の幼虫。葉や小枝・樹皮を、からだから分泌した糸で綴り合わせ、蓑(=雨具)のような巣を作ってその中にすむ。秋。〔蕪村句集〕蕪村「—のぶらと世にふる時雨かな」訳蓑虫は細い糸にぶらりとぶら下がって(怠惰に)世を送り、降りかかる時雨にも平気な顔をしていることだなあ。(「ふる」は「経る」と「降る」との掛詞)

み-のり【御法】(名)【「み」は接頭語】❶仏法の敬称。仏のみ教え。源氏 蛍「仏のいとうるはしき心にて説きおき給へる—も」訳仏がとてもりっぱな心で説き残しなさったみ教えでも。❷法律・法令の敬称。

み-はかし【御佩刀】(名)【「み」は接頭語】「佩刀」の敬称。貴人の腰に帯びる刀。お刀。〔記〕中「〔倭建命は〕その—の草那芸の剣を」

みはかしを【御佩刀を】《枕詞》【「を」は間投助詞】刀の意から「剣」にかかる。万葉 一三・三二八九「—剣の池の蓮葉に」

み-はし【御階】(名)【「み」は接頭語】神社・宮中などの階段の敬称。特に、紫宸殿の南階段。源氏 野分「中将—にゐ給ひて、御返り聞こえ給ふ」訳中将(=夕霧)は寝殿の御南階段にしゃがみなさって、(秋好中宮からの)御返事を(光源氏に)申し上げなさる。

み-は・つ【見果つ】(他タ下二){て・て・つ・つる・つれ・てよ}❶残らず見る。最後まで見る。更級 物語「出でむままにこの物語—・て未むと思へど、見えず」訳(寺から)出たらすぐにこの物語(=「源氏物語」)を最後まで見ようと思うけれど、見ることができない。❷最後まで世話をする。源氏 蓬生「かひなき身なりとも—・て用てむとこそ思ひつれ」訳(私=末摘花が)ふがいない身であっても、(あなた=侍従は、私のことを)きっと最後まで世話をするだろうと思ったのに。

み-はな・つ【見放つ】(他タ四){た・ち・つ・つ・て・て}ほったらかす。見放す。見捨てる。源氏 帚木「あまりむげにうちゆるべ—・ち用たるも、心安くらうたきやうなれど」訳(女が男を)度を越してむやみに自由にさせほったらかしておくのも、(男としては)気楽でかわいいようだが。

み-は-ならはし-もの【身は習はし物】(ワシ—ナラ—)人は、習慣しだいでどうにもなるものだということ。〔拾遺〕恋四「手枕の隙間の風も寒かりきみはならはしのものにぞありける」訳(昔は、共寝をする)手枕のすきまを吹く風さえも寒く感じたものだった。(ひとり寝をする今思うと)人は習慣しだいでどうにもなるものであったのだなあ。

み-はぶり【御葬り】(名)【「み」は接頭語】「みはふり」とも。貴人の葬儀の敬称。御葬送。〔記〕中「この四歌は、皆その—に歌ひき」訳この四首の歌は、すべてその(=倭建命の)御葬儀に歌った。

み-はや・す【見栄やす】(他サ四){さ・し・す・す・せ・せ}見てもてはやす。見てほめそやす。古今 春上「山高み人もすさめぬさくら花いたくなわびそ我—・さ未む」訳山が高いので、(訪れる人もなく)だれもてはやさない桜の花よ。そんなに悲しむな、私が見てほめたてよう。

み-はるか・す【見晴るかす】(他サ四){さ・し・す・す・せ・せ}はるかに見わたす。見はらす。〔祝詞〕「皇神の—・し用ます四方の国は」訳神々が見はらしなさる四方の国は。

み-ばれ【身晴れ】(名)身にかかった疑いが晴れること。〔浮・西鶴諸国ばなし〕「『とかくはめいめいの—』と、上座から帯を解けば」訳(紛失した小判を捜すために)「何はともあれ各人の身の潔白を(証明しよう)」と、上座の人から帯を解くと。

み-ふ【御封】(名)【「み」は接頭語。「ふ」は「封戸」の略】「みぶ」とも。「封戸」の敬称。源氏 藤裏葉「その秋、太上天皇になずらふ御位得給うて、—加はり」訳

その年の秋、(光源氏は)太上天皇に並ぶ御位を得なさって、御封戸も増え。

み-ぶくし【み掘串】(名)[「み」は接頭語]「掘串(ふくし)」の美称。〔万葉〕一・一「籠(こ)もよみ籠持ち掘串もよ―持ち」〔訳〕→こもよ…〔和歌〕

み-ふ・す【見臥す】(自サ四){さ・し・す・す・せ・せ}横になったままで見る。〔伊勢〕四五「この男、―・せ(已)りて」〔訳〕この男は(蛍が高く飛ぶのを)横になったままで見ていて(詠んだ歌)。

み-ふ・す【見伏す】(他サ下二){せ・せ・す・する・すれ・せよ}見届ける。見きわめる。〔宇治〕三・一「ことにもあらずと、かへすがへす思ひ―・せ(用)て」〔訳〕(泥棒に入るのは)どれほどのことでもないと、くり返し思い(その家のようすを)見届けて。

み-ふだ【御簡】(名)[「み」は接頭語]「日給(につふ)の簡(ふだ)」の敬称。〔源氏〕須磨「遂(つひ)に―けづられ、官(つかさ)も取られて」〔訳〕(光源氏に仕えていた右近(うこん)の将監(ぞう)はとうとう日給の御簡を除かれ(=昇殿停止となり)、官職も取り上げられて。

壬生忠見(みぶのただみ)〘人名〙(生没年未詳)平安中期の歌人。忠岑(ただみね)の子。三十六歌仙の一人。自然詠にすぐれる。「小倉百人一首」に入集。家集「忠見集」

壬生忠岑(みぶのただみね)〘人名〙(生没年未詳)平安前期の歌人。忠見(ただみ)の父。三十六歌仙の一人。延喜年間(九〇一―九二三)、師の紀貫之(きのつらゆき)らと「古今集」を撰(せん)した。澄明な叙景歌をもって知られる。「小倉百人一首」に入集。家集「忠岑集」、歌論書「和歌体十種(わかたいじつしゅ)」(別名「忠岑十体」)

み-へ〔ミエ〕【三重】(名)三つ重なっていること。折れたり曲がったりして三重になっていること。また、そうしたもの。〔万葉〕一三・三二七三「二つなき恋をしすれば常(つね)の帯を―に結(ゆ)ふべくあが身はなりぬ」〔訳〕(この世に)二つとない恋をするので(やせてしまい)、いつもの帯を三重に結べるほどに私の身はなってしまった。(一重に結ぶ「常の帯」を「二つなき恋」ゆえに「三重に結ぶ」という、数の遊びがある)

みへ-がさね〔ミエ〕【三重襲】(名)❶衣服の表と裏との間に、中倍(なかべ)というもう一枚の布を入れて三重に重ねたもの。〔源氏〕宿木「五位十人[に]は、―の唐衣(からぎぬ)[を禄(ろく)として与え]」❷「三重襲の扇(あふぎ)」の略。檜扇(ひあふぎ)の両方の端の板を、三枚重ねた扇。三重扇。

三保の松原(みほのまつばら)〘地名〙今の静岡市清水区三保付近の海岸。羽衣伝説の羽衣の松がある。

み-ぼめ【身褒め】(名)自慢。〔枕〕能因本・一〇七「あまりなる御―かなと、かたはらいたく」〔訳〕度を越したご自慢であると、苦々しく(思われ)。

み-まう・し【見まうし】(形ク){から・く(かり)・し・き(かる)・けれ・かれ}[「まうし」は助動詞]見たくない。見ることがいとわしい。〔源氏〕末摘花「かたに書きても―・き(体)さましたり」〔訳〕(末摘花(すゑつむはな)の赤い鼻は)絵に描いても、見るのがいとわしいようすをしている。

み-まが・ふ〔ミマガウ・ミマゴウ〕【見紛ふ】(他ハ下二){へ・へ・ふ・ふる・ふれ・へよ}見まちがえる。〔枕〕四〇「白樫(しらかし)といふものは、…いづくともなく雪の降りおきたるに―・へ(未)られ」〔訳〕白樫という木は、…どこということもなく(一面に)雪が降り積もった景色と見まちがえられ。

み-まか・る【身罷る】(自ラ四){ら・り・る・る・れ・れ}この世から去る。死ぬ。〔古今〕哀傷・詞書「紀友則(きのとものり)が―・り(用)にけるときよめる」〔訳〕紀友則が亡くなったときに詠んだ歌。⇨果(は)つ「慣用表現」

み-まき【御牧】(名)[「み」は接頭語]「牧(まき)」の敬称。特に、平安時代の朝廷御用の牧場。〔源氏〕須磨「領じ給ふ御庄(みさう)、―よりはじめて…皆奉りおき給ふ」〔訳〕(光源氏は)領有しなさる御荘園(しやうえん)や御料牧場をはじめとして…(紫の上に)すべてあらかじめ差し上げなさる。

み-まく【見まく】見ること。見るであろうこと。〔万葉〕二・二二九「難波潟(なにはがた)潮干(しほひ)なありそね沈みにし妹が光儀(すがた)を―苦しも」〔訳〕難波の海に潮干があってくれるな。(ここに)入水したおとめの姿を見ることはつらいことだ(から)。〔なりたち〕上一段動詞「見る」の未然形「み」＋推量の助動詞「む」のク語法「まく」

み-まく-ほ・し【見まく欲し】見たい。会いたい。〔古今〕雑上「老いぬればさらぬ別れもありといへばいよいよ―・しき(体)君かな」〔訳〕→おいぬれば…〔和歌〕

み-まく-ほ・る【見まく欲る】見たいと思う。会いたいと思う。〔万葉〕七・一三六四「―・り(用)恋ひつつ待ちし秋萩(あきはぎ)は花のみ咲きて成らずかもあらむ」〔訳〕見たいと思って恋しく思いながら待っていた秋萩は、花だけ咲いて実はならないのであろうか。

美作(みまさか)〘地名〙旧国名。山陽道八か国の一つ。今の岡山県北部。作州(さくしゅう)。

み-まさり【見優り】(名・自サ変)以前に比べて、また、評判や予想よりも、すぐれて見えること。〔源氏〕葵「何事につけても、―は難き世なめるを」〔訳〕何事につけても、予想よりもまさって見えることはめったにない世の中であるようだが。↔見劣(みおと)り

み-まし【汝】(代)対称の人代名詞。「汝(まし)」の敬称。あなた。〔記〕上「吾(あれ)と―と作れる国、未(いま)だ作り竟(を)へず」〔訳〕(伊邪那美(いざなみ)の命(みこと)よ)私(=伊邪那岐(いざなぎ)の命(みこと))とあなたとでつくった国を、まだつくり終えない。

みまそが・り(自ラ変){ら・り・り・る・れ・れ}「みまそかり」とも。「あり」の尊敬語。いらっしゃる。おいでになる。〔伊勢〕七七「その時の女御(にようご)、多賀幾子(たかきこ)と申す―・り(用)けり」〔訳〕その時の女御に、多賀幾子と申し上げる方がおいでになった。

〔参考〕用例は「伊勢物語」に少数例あるだけである。

み-ま・ふ〔ミマウ・ミモウ〕【見舞ふ】(他ハ四){は・ひ・ふ・ふ・へ・へ}❶見て回る。巡視する。〔狂・柿山伏〕「〔たくさん実った柿を〕毎日―・ふ(体)ことでござる」❷訪れる。訪問する。また、病状などをたずねる。〔狂・花子〕「座禅が無足するによって、そなたの―・ふ(体)ことはなるまいぞ」〔訳〕座禅が無駄になるから、(女のおまえが)訪れることはならないぞ。

み-まや【御馬屋・御厩】(名)[「み」は接頭語]「馬屋(うまや)」の敬称。〔万葉〕一五・三七七六「今日もかも都なりせば見まく欲(ほ)り西の―の外(と)に立てらまし」〔訳〕今日もなあ、もし都にいるのだったら、(あなたに)会いたいと思って、西の御馬屋の外に立っているだろうに。

みみ【耳】(名)❶聴覚の器官。みみ。❷聞くこと。聞く能力。また、うわさ。〔源氏〕若菜上「もうもうに―もおぼおぼしかりければ」〔訳〕(明石(あかし)の尼君は老いて)もうろくして聴力もたどたどしかったので。❸(耳に穴があることから)針の穴。〔うつほ〕俊蔭「いと使

ひよき手作りの針の、ーいと明らかなるに」訳 たいそう使いよい手製の針で、穴が非常にはっきりしているのに。

み‐み【身身】(名) ❶それぞれの身。その身その身。各人。源氏 蓬生「おのがーにつけたるたよりども思ひ出(い)でて」訳 自分のその身その身に応じたあれこれの縁故関係を思い出して。
❷(多く、「身身となる」の形で)身二つになること。子を産むこと。平家 九・小宰相身投「しづかにーとなってのち、幼き者をも育てて」訳 無事に(子供を産んで)身二つとなってのち、(産んだその)幼い者をも育てて。

みみ‐おどろ‐く【耳驚く】(自カ四){か・き・く・く・け・け}聞いて驚く。徒然 七三「下(しも)ざまの人の物語は、ー・く(体)ことのみあり」訳 身分・教養などの低い人の話は、聞いて驚くことばかりである。

みみ‐かしがま‐し【耳囂し】(形シク){しから・しく(しかり)・し・しき(しかる)・しけれ・しかれ}耳にうるさい。やかましい。源氏 橋姫「この川づらは網代(あじろ)の波もこのごろはいとどー・しく(用)静かならぬをとて」訳 (八の宮は)この川のほとりは、網代(＝魚をとる仕掛け)に打ち寄せる波も、このごろはますます耳にうるさく落ち着かないからということで。

みみ‐た‐つ【耳立つ】 ㊀(自タ四){た・ち・つ・つ・て・て}耳にとまる。聞いて注意が向く。〔狭衣物語〕「月ごろ、怪し怪しと目とまる事もー・つ(体)事も多かりつれど」訳 ここ数か月、(狭衣大将のようすが)変だ変だと目が引かれることも耳にとまることも多かったが。
㊁(他タ下二){て・て・つ・つる・つれ・てよ}注意して聞く。聞き耳を立てる。枕 二六七「親などのかなしうする子は、目立てー・て(未)られて」訳 親などがかわいがる子は、(周囲の人から)も注目され聞き耳を立てられて。文法「目立て」は対偶中止法で、下の受身が及ぶ。

みみ‐ぢか‐し【耳近し】(形ク){から・く(かり)・し・き(かる)・けれ・かれ} ❶近くで聞こえるさま。更級 鏡のかげ「南はならびの岡の松風、いとー・う(用)(ウ音便)心細く聞こえて」訳 南(の方角に)は双(なら)びの岡の松に吹く風の音が、たいそう耳に近く心細く聞こえて。
❷聞きなれていて理解しやすい。卑近である。源氏 橋姫「のたまひ出(い)づる言(こと)の葉も、おなじ仏の御教へをも、ー・き(体)たとひにひきまぜ」訳 (八の宮は)口になさることばも、同じ仏のみ教えをも、卑近なたとえを取りまぜて(説き)。

みみ‐と‐し【耳疾し】(形ク){から・く(かり)・し・き(かる)・けれ・かれ}聴覚が鋭い。耳がさとい。枕 二三五「大蔵卿(おほくらきやう)ばかりー・き(体)人はなし。まことに、蚊のまつげの落つるをも聞きつけ給ひつべうこそありしか」訳 大蔵卿ほど耳ざとい人はない。ほんとうに、蚊のまつげが落ちる音でもきっと聞きつけなさることができそうであった。文法「給ひつべう」の「つ」は、助動詞「つ」の終止形で、ここは確述の用法。

みみ‐とどま‐る【耳留まる】(自ラ四){ら・り・る・る・れ・れ}耳にとまる。聞いて気になる。源氏 若紫「なべてならずもてひがみたる事好み給ふ御心なれば、御ー・ら(未)むをや」訳 (光源氏は並一通りでなく風変わりなことをお好みになるご性分なので、お耳にとまるのだろうなあ。

みみ‐とど‐む【耳留む】(他マ下二){め・め・む・むる・むれ・めよ}注意して聞く。聞き耳を立てる。大鏡 序「ものはかばかしく、ー・むる(体)もあらめど」訳 多くの人の中には話をはっきりと理解し、注意して聞く者もいるだろうが。

みみ‐と‐な‐る【身身となる】→みみ(身身)②

みみな‐ぐさ【耳菜草・耳無草】(名)草の名。道ばたなどに自生し、晩春に白い五弁花を開く。(春)

耳成山(みみなしやま)〔地名〕歌枕「耳梨山」とも書く。今の奈良県橿原(かしはら)市にある山。香具山(かぐやま)・畝傍山(うねびやま)とともに大和(やまと)三山といわれる。

みみ‐なら‐す【耳馴らす】(他サ四){さ・し・す・す・せ・せ}聞いて耳にならす。源氏 蓬生「梟(ふくろふ)の声を朝夕にー・し(用)つつ」訳 ふくろうの声を朝な夕なに聞きならしては。

みみ‐な‐る【耳馴る】(自ラ下二){れ・れ・る・るる・るれ・れよ}聞きなれる。しばしば聞いて珍しくなくなる。枕 三三「つねに聞くことなれば、ー・れ(用)てめづらしうもあらぬにこそは」訳 (説経をよく聞かないのは、)いつも聞くことだから、聞きなれてめずらしくもないからであろう。

みみ‐に‐あた‐る【耳に当たる】聞いて不愉快になる。耳ざわりである。

みみ‐に‐さか‐ふ【耳に逆ふ】聞いて不愉快に感じる。平家 四・南都牒状「片言(へんげん)ー・ふれ(已)ば、公卿(くぎやう)といへどもこれをからむ」訳 わずかなことばも聞いて不快に感じると、公卿といってもこれを捕縛する。

みみ‐に‐ふ‐る【耳に触る】話に聞く。細道 草加「ー・れ(用)ていまだ目に見ぬさかひ」訳 話に聞いて(はい)るがまだ目で見ていない所(を見て)。

みみ‐はさみ【耳挟み】(名)女性が額髪(ひたひがみ)を左右の耳の後ろへかきやってはさむこと。忙しく立ち働くときなどにするものであるが、品のないこととされていた。堤 虫めづる姫君「明け暮れはーをして、手のうらにそへふせてまぼり給ふ」訳 (姫君は)朝晩額髪を耳の後ろにかきやった格好をして、(毛虫を)手のひらに這(は)わせて見つめなさる。名文解説 毛虫をかわいがる姫君の様子を語る一節。毛虫を手のひらに這わせるのも異様だが、「耳はさみ」も姫君らしからぬ品のない振る舞いである。我を忘れて毛虫の観察に夢中になる姫君の様子が、生き生きと描かれている。

(みみはさみ)

みみ‐ふ‐る【耳旧る】(自ラ上二){り・り・る・るる・るれ・りよ}聞きなれて、珍しくなくなる。聞き飽きる。源氏 若菜下「時々につけてこそ、興ある朝夕の遊びにー・り(用)目なれ給ひけれ」訳 (紫の上は)その季節季節に応じて、興趣深い朝夕の管弦の遊びに聞き飽き見なれていらっしゃったが。

みみ‐やす‐し【耳安し・耳易し】(形ク){から・く(かり)・し・き(かる)・けれ・かれ}聞いて安心である。源氏 若菜上「ー・き(体)ものから、さすがに、ねたく思ふことこそあれ」訳 聞いて安心であるものの、それでもやはり、残念に思うことがあるのだ。

みみ‐を‐そろ‐へる【耳を揃へる】金銭など全額を集め調える。〔東海道中膝栗毛〕「あすの昼時分(ぶん)にはー・へ(用)て十五両、きっと間にあはせてやるぞ」

み‐むろ【御室】(名)「「み」は接頭語」❶「みもろ」に同じ。
❷貴人の住まいの敬称。お住まい。庵室(あんしつ)・僧房をもいう。伊勢 八三「しひてーにまうでて拝み奉るに」訳 (雪の中を)困難をおして(惟喬(これたか)親王の)ご庵室に参上して拝

顔申しあげると。

御室山（みむろやま）『地名』歌枕〔「三室山」とも書く〕❶今の奈良県桜井市三輪にある三輪山の別称。❷今の奈良県生駒郡斑鳩町にある神奈備山の別称。紅葉・時雨の名所。

参考 御室山は「神のいます山」の意で、各地にある。

み-め【見目・眉目】（名）❶見たようす。見た目。枕 四二「鷺は、いと―も見ぐるし」訳 鷺は、たいそう見た目もみにくい。❷顔かたち。容貌。枕 一八六「経たふとくよみ、―きよげなるにつけても」訳（法師が）経をりっぱに読み、顔だちがけがれなく美しい感じであるにつけても。❸名誉。面目。ほまれ。〔去来抄〕先師評「時雨はこの集の―なるに、この句しそこなひ侍る」訳 時雨（の句）はこの集（=「猿蓑」）のほまれである（べきな）のに、この句は失敗しています。

み-め【御妻・妃】（名）〔「み」は接頭語〕神や天皇・貴人の妻の敬称。〔紀〕履中「葦田宿禰が女黒媛を立てて―とす」訳（履中天皇は）葦田宿禰の娘黒媛を立てて皇妃とする。

み-めう【微妙】（名・形動ナリ）非常にすばらしいこと。たとえようもないほど美しいこと。また、そのさま。今昔 二六・一七「菓子・食物など儲けたるさま、―・なり㊊」訳 果物や食べ物などを並べたてたようすは、非常にすばらしい。

みめ-かたち【見目形・眉目形】（名）顔だちと姿。容姿。平家 一二・六代「よのつねの十四、五よりはおとなしく、―優におはしければ」訳（六代御前は）世間の一般の十四、五歳よりは大人びて、姿・容貌が上品でいらっしゃったので。

み-め・づ【見愛づ】（他ダ下二）{で・で・づ・づる・づれ・でよ}見てほめる。感心して見る。大鏡 基経「いみじうもせさせ給ふかなと、いよいよ―・で㊊奉らせ給ひて」訳（基経は光孝天皇が）実にすばらしくもなされるなあと、ますます感心して見申しあげなさって。

みめ-よ・し【見目好し・眉目佳し】（形ク）{から・く（かり）・し・き（かる）・けれ・かれ}顔かたちが美しい。器量がよい。徒然 六〇

「この僧都、―・く㊊、力強く、大食にて」

御裳濯川（みもすそがは）『地名』歌枕 伊勢神宮の境内を流れる五十鈴川の別称。

み-もち【身持ち】（名）❶平生の行い。品行。〔浮・日本永代蔵〕「不断の―、肌に単繻絆、ひとつより外に着ることなし」、大布子綿三百目入れて、ひとつより外に着ることなし」訳（藤市の）日常の生活態度は（たいそう質素で）、素肌に単の繻絆、（上には）木綿の綿入れに綿を三百目入れて、これ一枚よりほかに着ることがない。❷妊娠すること。〔浮・西鶴織留〕「とかうするうちに―になればむつかし」訳 あれこれするうちに妊娠となるとめんどうだ。⇩篤し「慣用表現」

み-もの【見物】（名）❶見てりっぱだと感じるもの。見る価値のあるもの。更級 初瀬「一代に一度の―にて、田舎世界の人だに見るものを」訳（大嘗会の御禊は）天皇一代に一度の見る価値のある行事であって、地方の人だって（わざわざ上京して）見るものなのに。❷見物すること。また、見物する人。源氏 胡蝶「かの―の女房たち」訳 あの（船遊び）見物の女房たちで。

み-もら・す【見漏らす】（他サ四）{さ・し・す・す・せ・せ}見落とす。見のがす。徒然 一三七「一事も―・さ㊍じとまぼりて」訳（祭りの行列を）一つの事も見落とすまいと見守って。

み-もろ【御諸・三諸・御室】（名）〔「み」は接頭語〕「みむろ」とも。神の降臨して鎮座する所。神をまつる森や山や神座。のちには、神社。万葉 三・四二〇「わが屋戸に―を立てて枕辺に斎瓮をすゑ」訳 わが家に祭壇を設けて、枕辺に神事用の土器を置き。

み-や【宮】（名）〔「御屋」の意〕❶伊勢神宮をはじめ、特別な神をまつる神社。また、一般に神社。平家 七・願書「あれはいづれの―と申すぞ。いかなる神を崇め奉るぞ」訳 あれは何神社と申すか。どのような神をお祭り申しているのか。❷皇居。御所。万葉 一・二九「ささなみの大津の―に」訳（近江の国の）楽浪の大津の宮（=皇居）で。⇩内裏「慣用表現」❸皇后・中宮・皇子・皇女など皇族の住居。御殿。伊勢 八三「日ごろ経て、―に帰り給うけり」訳 幾日かたって、（惟喬親王は京の）御殿にお帰りになった。❹皇族の敬称。伊勢 八四「身はいやしながら、母なむ―なりける」訳（男は）官位の低い身ではあるが、母君は宮様であったそうだ。

みやう-が【冥加】（名）❶《仏教語》知らず知らずのうちに受ける神仏の加護。平家 四・宮御最期「弓も矢も―のほども、平家の御身の上にこそ候ふらめ」訳 弓も矢も神仏の加護の程度も、（今はすべて）平家（一門）の御身の上にあるのでしょう。❷報恩。お礼。〔浮・日本永代蔵〕「今日吉日なれば、薬代を―のためにつかはしたし（=差し上げたい）」

みやう-がう【名号】（名）仏や菩薩の名。特に、阿弥陀仏の名。また、念仏として唱える「南無阿弥陀仏」の六字。名字。平家 一・祇王「年頃頼み奉る弥陀の本願を強く信じて、ひまなく―を唱へ奉るべし」訳 長年の間お頼み申しあげている阿弥陀の誓願を固く信じて、絶え間なく南無阿弥陀仏をお唱え申しあげよう。

みやう-がう【名香】（名）仏前にたく香。源氏 若紫「―の香などにほひ満ちたるに、君の御追ひ風いとことなれば」訳 仏前にたく香の香りなどがあたり一面ににおっているうえに、君（=光源氏）がお着物にたきしめた香の香りを漂わせる風がまったく格別であるので。

みやう-くゎ【猛火】（名）〔「みやう」は呉音〕激しく燃える火。平家 六・入道死去「―のおびたたしく燃えたる車を門の内へ遣り入れたり」訳 猛火がたいそう盛んに燃えている車を門の中へ引き入れた。

みやう-くゎん【冥官】（名）地獄の閻魔の庁の役人。今昔 二〇・六「この国の人、世を背きて冥途に至る時、閻魔王・―ましまして」訳 この国の人が、現世を離れて冥界に至るとき、（地獄の）閻魔王や閻魔庁の役人がおいでになって。

みやう-けん【冥顕】（名）冥界と顕界。あの世とこの世。平家 三・法印問答「君を背きまゐらさせ給はん事、―につけてその恐れすくなからず候ふ」訳 君（=後白河法皇）にお背き申しあげなされるようなことは、あの世とこの世（のいずれ）においてもその恐れが少なくないこと（=恐

れるべきことでございます。

みゃう-じ【名字】(名) ❶古代の氏の名。また、氏と姓の総称。❷同一の氏から出た家の名。源氏から分かれた新田・足利など。苗字。また、姓名。平家 七・忠度都落「勅勘の人なれば、—をばあらはされず、…歌一首ぞ、よみ人しらずと入れられける」訳 (平忠度は)天皇のおとがめを受けている人であるので、(俊成卿はその)姓名を明らかになさらないで、…(忠度の)歌一首を、よみ人しらずとして(「千載集」に)お入れになったのだった。❸「みゃうがう(名号)」に同じ。

みゃう-しゅ【冥衆】(名)《仏教語》❶梵天・帝釈・閻魔など、人の目には見えない神々。❷地獄の鬼たち。平家 六・慈心房「冥官(=閻魔庁の役人)、—、皆、閻魔法王の御前に畏まる」

みゃう-じょ【冥助】(名) 目に見えない神仏の加護。平家 四・山門牒状「宮ここに入御の御事…新羅大明神の—にあらずや」訳 (高倉の)宮がここ(=三井寺)にお入りになった御事は…新羅大明神の加護ではないか。

みゃう-じん【名神・明神】(名) 歴史が古く、由緒ある神社。また、霊験あらたかな神に対する敬称。土佐「この住吉の—は例の神ぞかし」訳 この住吉の明神は例の(贈り物好きの)神であるよ。

みゃう-ばつ【冥罰】(名) 神仏が人知れずくだす罰。〔義経記〕「時刻移してこそ、—も神罰も蒙らめ」訳 時刻を経過させては、仏の罰も神の罰をも受けるであろう。

みゃうばふ-はかせ【明法博士】(名) 大学寮で、律令・格式を学生に教えた博士。参考「明法」は律令・格式を講究する学問のこと。

みゃう-ぶ【名簿・名符】(名) 自分の官職・姓名などを書きつけた名札。家臣や門弟になるときなどに差し出した。「名付き」とも。〔十訓〕四「花園の大臣の御もとに初めて参りたる侍の—のはし書きに、能は歌よみと書きたりけり」訳 花園の大臣の御もとに初めて参上した侍の名札のはし書きに、(自分の)才能は歌を詠むことと書いてあった。名文解説 風流人として知られた花園の大臣(=源有仁)の家には、文学や芸能の名手が多く集まった。仕官の際に「歌よみ」であることをアピールしたこの侍は、実際にみごとな歌を詠み、有仁を感嘆させたという。

みゃう-ぶ【命婦】(名) ❶平安時代の後宮の女官。本人が五位以上の位階の人を内命婦、五位以上の官人の妻の場合を外命婦と呼ぶ。また天皇のそば近く仕えている命婦は、特に上の命婦という。源氏 桐壺「—は、まだ大殿籠らせ給はざりけると、あはれに見奉る」訳 (靫負の)命婦は、(桐壺帝が)まだおやすみになっていらっしゃらなかったのだと、しみじみといたわしく拝見する。❷稲荷の神の使いである狐の異称。〔太平記〕三九「稲荷山の—、比叡山の猿、…ことごとく虚空を西へ飛び去ると(人々の夢に見えたので)」

みゃう-もん【名聞】■一 (名) その名が世間に知れ渡ること。名声。名誉。評判。宇治 三・九「四年があひだ、—にも思ひたらず」訳 (任期の)四年の間、(姪たちは叔母が国守の妻であることを)名誉とも思っていないし。⇩聞こえ「慣用表現」■二 (形動ナリ)｛なら・なり(に)・なり・なる・なれ・なれ｝名声を得るために行動するさま。見栄っぱりである。大鏡 師尹「くせぐせしきおぼえまさりて、—・に用などぞおはせし」訳 (済時は父師尹より)ひねくれているという評判が上回って、見栄っぱりでなどいらっしゃった。

みゃうもん-ぐる・し【名聞苦し】(形シク)｛(しから)・しく(しかり)・し・しき(しかる)・しけれ・しかれ｝名誉を得ようと、また名誉を傷つけまいとあくせくしているさま。徒然 一「—・しく用、仏の御教へに違ふらんとぞおぼゆる」訳 (法師で権勢が盛んな者は)名誉を得ようとあくせくしていて、仏のみ教えにそむいているのだろうと思われる。

みゃう-り【名利】(名) 名誉と利益。徒然 三八「—に使はれて、閑かなる暇なく、一生を苦しむるこそ、愚かなれ」訳 名誉や利益に追い立てられて、ゆっくりした時間もなく、一生を苦しめるのは、ばかげたことである。名文解説 名誉や利益を得ることにあくせくとして、余裕のない人生を送ることの愚かさを説いた、古今東西に通じる名言。それらが何の役にも立たない乱世を生きた兼好ならではの人生訓といえよう。

みゃう-り【冥利】(名) 人知れず神仏が人に与える恵み。

みゃう-わう【明王】(名)《仏教語》大日如来の命を受け、激しい怒りの相を表し、人々を教化する諸仏。特に、五大明王の中の不動明王をいう。

明恵(みやうゑ)『人名』(一一七三〜一二三二) 鎌倉前期の僧・歌人。諱は高弁。紀伊(和歌山県)の人。新興の浄土宗を批判した。京都栂尾に高山寺を復興し、華厳宗興隆の地とした。家集「明恵上人歌集」

みや-ぎ【宮木】(名)「みやき」とも。宮殿造営用の材木。万葉 一一・二六四五「—引く泉の杣に立つ民の休む時なく恋ひ渡るかも」訳 宮殿造営用の材木を引き出す泉の杣山で立ち働く民のように、休む時もなく(あなたを)恋しつづけることだよ。(第三句までは「休む時なく」を導きだす序詞)

宮城野(みやぎの)『地名』歌枕 今の宮城県仙台市東部の平野。萩の名所。

みやぎのの… 和歌

宮城野の　露吹きむすぶ　風の音に
小萩がもとを　思ひこそやれ
〈源氏・桐壺〉

訳 宮城野に吹きつけて露を結ばせる秋の風の音を聞くにつけて、小萩のある場所を思いやることです。(宮中で秋風の音を聞くにつけ涙があふれ、わが子のことに思いはいくのです)。修辞「宮城野」は歌枕で、今の宮城県仙台市にある平野。萩の名所。ここは宮中の意をこめる。解説 桐壺帝が、亡き桐壺の更衣の里に贈った歌。そこで幼い光源氏とその祖母が喪に服している。「露」は帝の涙を、「小萩」は幼い光源氏を暗示する。

み-やけ【屯倉・屯家】(名)〔「み」は接頭語。「御宅」の意〕大化の改新前、諸国にあった皇室の直轄地の穀物を納めた倉。また、その田地。〔記〕中「また倭

(=大和(やまと)の—を定め)」

みや-こ【都・京】(名)〔「宮処(みやこ)」の意〕皇居のあるところ。**京**(きやう)。転じて、**首府**。万葉 八・一六三九「沫雪(あわゆき)のほどろほどろに降り敷けば奈良の—し思ほゆるかも」訳→あわゆきの…和歌。方丈 一「たましきの—のうちに、棟(むね)を並べ、甍(いらか)を争へる、高き、いやしき、人の住まひは」訳 玉を敷きつめたように美しい都の中に、棟を並べ、屋根の棟(むな)がわら(の高さ)を競っている、身分の高い人や低い人の住居は。

みやこ-うつり【都移り・都遷り】(名)都がほかの土地へ移ること。遷都。方丈 二「また、治承(ぢしよう)四年水無月(みなづき)のころ、にはかに—侍りき」訳 また、治承四年陰暦六月のころに、突然、遷都がございました。

みやこ-おち【都落ち】(名)戦(いくさ)に敗れなどして、都から地方へ落ちのびること。

みやこ-どり【都鳥】(名)水鳥の名。海に近い河川にすむ。全身が白く、くちばしと脚は赤い。今の「ゆりかもめ」という。図。伊勢 九「名にし負はばいざこと問はむ—わが思ふ人はありやなしやと」訳→なにしおはば…和歌。
⇩巻頭カラーページ9

みやこには… 和歌

> 都には　まだ青葉(あをば)にて　見(み)しかども
> 紅葉(もみぢ)散(ち)りしく　白河(しらかは)の関(せき)
> 〈千載・五・秋下・三六五・源頼政(みなもとのよりまさ)〉

訳 都ではまだ青葉として見たけれども、紅葉が散って一面に敷きつめている、この白河の関よ。修辞「白河の関」は陸奥(むつ)への関門として、今の福島県白河市に置かれた関所で、歌枕。

解説「建春門院北面歌合(うたあわせ)」で「関路(せきぢ)の落葉」という題を詠んだ歌。「白河」の「白」と「紅葉」の「紅」の色彩の対照がねらい。「無名抄(むみやうしよう)」には、作者の頼政は歌合わせにこの歌を出す時、能因の「都をばかすみとともにたちしかど秋風ぞ吹く白河の関」(訳→みやこをば…和歌)〈後拾遺・羇旅〉との類似を危惧したが、結果は見事に勝となったと記されている。

みやこ-の-つと【都の苞】都へのみやげ。徒然 二三六「まことに他に異なりけり。—に語らん」訳 ほんとうにほかの神社の獅子(しし)・狛犬(こまいぬ)とちがっているなあ。(このようすを)都へのみやげとして話そう。

都良香(みやこのよしか)〔八三四〜八七九〕『人名』平安前期の漢詩人。文章博士(もんじやうはかせ)。詩文に長じて名声が高かった。「文徳(もんとく)実録」の撰(せん)に参加。漢詩文集「都氏文集(としぶんしふ)」

みやこ-ぶ【都ぶ】(自バ上二)〔び・び・ぶ・ぶる・ぶれ・びよ〕〔「ぶ」は接尾語〕都らしくなる。都のふうをする。万葉 三・三一二「昔こそ難波(なには)田舎(ゐなか)と言はれけめ今は京(みやこ)引き—・び用にけり」訳 昔は難波田舎と言われただろうが、今はもう都を移して都らしくなったことよ。⇔田舎(ゐなか)ぶ

みやこ-ほこり【都誇り】(名)都へ近づいて、元気づくこと。土佐「—にもやあらむ、からくして、あやしき歌ひねり出(い)だせり」訳 都へ近づいて元気づいたせいでもあろうか、やっとのことで、変な歌を苦労して考え出した。

みやこをば… 和歌

> 都をば　かすみとともに　たちしかど〔(春霞が)立つ〕〔(旅)立つ〕
> 秋風(あきかぜ)ぞ吹(ふ)く　白河(しらかは)の関(せき)
> 〈後拾遺・九・羇旅・五一八・能因(のういん)〉

訳 都を霞(かすみ)の立つ春に旅立ったけれど、(長い旅路だったので)もう秋風が吹いているよ、この白河の関は。修辞「たつ」は、春霞が「立つ」と旅「立つ」とをかける。「白河の関」は陸奥(むつ)への関門として、今の福島県白河市に置かれた関所で、歌枕。

解説「後拾遺集」では実際に東国へ下向した際に詠んだ歌となっているが、藤原清輔(すけきよ)の「袋草紙」では、実際には東国へ下向したのではなく、この歌を詠むためにひそかに自宅にこもっていたと伝える。

みや-じ【宮仕】(名)清掃などの雑役をつとめた下級の社僧。平家 一・願立「神人(じんにん)・—射殺(いころ)され」訳 神に奉仕する人や雑役の社僧が射殺されて。

みやす-どころ【御息所】(名)〔「みやすんどころ」の撥音「ん」の表記されない形〕❶〔天皇の御休息所の意から転じて〕天皇のご寝所に仕える女官。女御(にようご)・更衣など。源氏 桐壺「その年の夏、—、はかなき心地にわづらひて」訳 その年の夏、(桐壺の)更衣は、ちょっとした病気にかかって。❷皇太子・親王の妃(きさき)。源氏 葵「かの六条—の御腹の前坊(ぜんばう)の姫宮」訳 あの六条の妃のお生みになった、前皇太子の姫宮が。

みやすん-どころ【御息所】(名)「みやすみどころ」の撥音便「みやすどころ」に同じ。

みや-ぢ【宮路・宮道】(名)❶宮殿に通う道。万葉 二・一九三「畑子(はたこ)らが夜昼といはず行く路(みち)をわれはことごと—にぞする」訳 農夫たちが夜と昼の別なく行く道を、私はすべて宮殿に通う道にすることだ。❷神社に参拝する道。参道。

みや-づかさ【宮司】(名)❶中宮職(ちゆうぐうしき)・春宮坊(とうぐうばう)・斎院・斎宮の職員。枕 九九「—に車の案内(あない)いひて」訳 中宮職の職員に牛車(ぎつしや)の用意を言いつけて。❷神官。宮司(ぐうじ)。徒然 六七「老いたる—の過ぎしを呼びとどめて」訳 年老いた神官が通り過ぎたのを呼びとめて。

みや-づか-ふ〔カ(コ)ウ—ヅ〕【宮仕ふ】■一(自ハ下二)〔へ・へ・ふ・ふる・ふれ・へよ〕❶宮殿の造営に奉仕する。万葉 六・一〇三五「田跡川(たどかは)の滝を清みかいにしへゆ—・へ用けむ多芸(たぎ)の野の上に」訳 田跡川の急流が清らかであるからか、昔から宮を造営し奉仕したのだろう、この多芸の野のほとりに。文法「滝を清み」の「み」は、原因・理由を表す接尾語。「…を…み」の形で「…が…ので」の意。「いにしへゆ」の「ゆ」は、起点を表す上代の格助詞。❷宮中、または貴人の家に奉公する。著聞 五三五「下太友正といふ随身(ずいじん)、幼くより—・へ用けり」訳 下太友正という随身が幼いときから宮仕えしていた。

■二(自ハ四)〔は・ひ・ふ・ふ・へ・へ〕宮中、または貴人の家に奉公する。著聞 五六一「ある夜、参り—・ひ用ける公卿(くぎやう)の家近く、焼亡(ぜうまう)のありけるに」訳 ある夜、(そこに)参上し奉公していた公卿の家近くに、火事があったときに。

■三(他ハ四)〔は・ひ・ふ・ふ・へ・へ〕奉公をさせて召し使う。著聞 五五一

「さて―・ふ㊍に、かひがひしくまめにて」訳 そこで奉公させて召し使うと、(この女は)きびきびとよく働いて。

みや-づかへ【宮仕へ】(名) ❶宮中に仕えること。竹取 御門の求婚「もはら、さやうの―仕うまつらじと思ふを、しひて仕うまつらせ給はば消え失せなむず」訳 決して、そのような宮仕えはいたすまいと思うのに、無理にお仕え申しあげさせなさるならば、(私は)姿を消してしまおう。文法「仕うまつらせ給は」の「せ」は、使役の助動詞「す」の連用形。「消え失せなむず」の「な」は、完了(確述)の助動詞「ぬ」の未然形、「むず」は意志の助動詞。❷貴人の家に仕えること。奉公。大和 一四八「この―する所の北の方うせたまうて」訳 この奉公している屋敷の奥方がお亡くなりになって。❸主人や目上の人に仕えて、その用をつとめること。〔浄・冥途の飛脚〕「―は嫁の役、御用に立てば私もなんぼうかうれしいもの」訳 (舅を)世話するのは嫁の役目、ご用に立てば私もどんなにかうれしいというもの。❹神仏に奉仕すること。

発展 「宮仕へ」と平安の女性
「宮仕へ」をしたのは、主として中・下級貴族、つまり受領階級の子女である。大切に奥深く育てられた女性にとって、宮仕えは世間を学ぶ絶好の場であった。また、紫式部や清少納言のように、後宮サロンを形成するために集められる才女もいた。平安の女流文学の担い手の多くは、受領階級の出身で、宮仕えの経験を持つ人々である。

みやづかへ-どころ【宮仕へ所】(名) 宮仕えをする所。奉公先。枕 二六七「自然に―にも、親・はらからの中にても、思はるる思はれぬがあるぞいとわびしきや」訳 自然に、奉公先でも、親や兄弟姉妹の間柄でも、(人から大事に)思われる人と思われない人とがあるのは、とてもつらいものだ。

みやづかへ-びと【宮仕へ人】(名) 宮仕えをする人。枕 一九六「―のもとに来などする男の、そこにて物食ふこそいとわろけれ」訳 宮仕えをする女性の所にやって来たりする男が、そこで食事をするのは実によくない。

み-やつこ【造】(名) 上代の姓の一つ。宮中または地方にいて、その「部」を統率する氏族の姓。また、その氏族。→姓①

み-やつこ【御奴】(名) 〔「み」は接頭語〕朝廷に仕える奴婢。

みや-ばしら【宮柱】(名) 皇居の柱。神社や宮殿の柱。万葉 一・三六「花散らふ秋津の野辺に―太敷きませば」訳 秋津の野辺に、宮殿の柱をりっぱにお立てになっているので。(「花散らふ」は「秋津」にかかる枕詞)

みや-ばら【宮腹】(名) 皇女から生まれること。また、その子。「皇女腹」とも。源氏 帚木「―の中将は、なかに親しく馴れ聞こえ給ひて」訳 皇女を母宮とする中将は、なかでも(特に光源氏に)親しくうちとけ申しあげなさって。⇩皇女腹「発展」

みや-ばら【宮ばら】(名) 〔「ばら」は複数を表す接尾語〕宮様たち。大鏡 道長上「殿ばら・―の馬飼ひ・牛飼ひ」訳 殿たちや宮様たちの馬飼いや牛飼い。

みやび【雅び】(名) **上品で優雅なこと。風雅。風流。都会風であること。** 万葉 四・七二一「あしひきの山にし居ればーなみわがするわざをとがめ給ふな」訳 山に住んでいるから、都会風でないので、私のすることをおとがめくださるな。(「あしひきの」は「山」にかかる枕詞)。文法「みやびなみ」の「な」は、形容詞「無し」の語幹、「み」は、原因・理由を表す接尾語。源氏 若菜上「いかめしくめづらしき―を尽くし給ふ」訳 (朱雀院も光源氏も)盛大でまたとない優雅を尽くし(た贈答をな)さる。伊勢 一「昔人は、かくいちはやき―をなむしける」訳 昔の人は、このように情熱的な風雅なふるまいをしたのであった。⇩いち早し「名文解説」

みやび-か【雅びか】(形動ナリ){なら・なり(に)・なり・なる・なれ・なれ}〔「か」は接尾語〕「みやびやか」に同じ。源氏 蓬生「忍草にやつれたる上の見る目よりは―・に㊞見ゆるを」訳 (部屋のようすは)忍草に荒れすさんでいるうわべの見た目よりは、上品で優雅であるように見えるので。

みや-びと【宮人】(名) 〔古くは「みやひと」〕❶宮仕えをする人。宮中に仕える人。万葉 二・一六七「皇子の―行方知らずも」訳 皇子の宮人たちは先行きがわからない(=途方にくれている)ことよ。↔里人 ❷神に仕える人。神主。〔記〕下「御諸につくや玉垣つき余し誰にかもよらむ神の―」訳 神の鎮座する(三輪の)神社(のまわり)に築く玉垣。その築き残しではないが、取り残されて、(今は)だれに頼ったらよいだろうか、神に仕える宮人は。

みやび-やか【雅びやか】(形動ナリ){なら・なり(に)・なり・なる・なれ・なれ}〔「やか」は接尾語〕上品で優雅なさま。風流なさま。「みやびか」とも。〔雨月〕吉備津の釜「吉備津の神主香央造酒が女子は、生まれだち―・に㊞て」訳 吉備津神社の神官の香央造酒の娘は、生まれつき上品で優雅であって。

みやび-を【雅び男】(名) 風流を解する男。万葉 六・一〇一六「―の遊ぶを見むとなづさひそ来し」訳 風流の士が遊宴をするのを見ようと海を漂い来たことよ。

みや-ぶ【雅ぶ】(自バ上二){び・び・ぶ・ぶる・ぶれ・びよ}〔「ぶ」は接尾語〕上品である。優雅である。万葉 五・八五二「梅の花夢に語らく―・び㊞たる花とあれ思ふ酒に浮かべこそ」訳 →うめのはな…和歌。↔里ぶ・鄙ぶ

み-やま(名) ❶【み山】〔「み」は接頭語〕山の美称。万葉 二・一三三「小竹の葉は―もさやにさやげども我は妹思ふ別れ来ぬれば」訳 →ささのはは…和歌 ❷【深山】奥深い山。奥山。源氏 薄雲「雪深み―の道は晴れずともなほふみ通へ跡絶えずして」訳 →ゆきふかみ…和歌。↔外山・端山 ❸【御山】〔「み」は接頭語〕天皇の墓。御陵。みささぎ。また、一般の墓の敬称。お墓。源氏 須磨「『―に参り侍るを、御ことつてや』と聞こえ給ふに、とみにものも聞こえ給はず」訳 「(桐壺院の)みささぎにお参りいたしますが、(院の霊への)ご伝言は(ございますか)」と(光源氏が)申し上げなさると、(藤壺は)急にはものも申し上げなさらず。

みやま-おろし【深山颪】(名) 深山から吹きおろす風。源氏 若紫「吹きまよふ―に夢さめて涙もよほす滝の音かな」訳 (法華経を読誦する声をのせて)吹きめぐる深山からの風によって、(煩悩の)夢がさめて、感涙

をさそう滝の音だなあ。

みやま-がくれ【深山隠れ】(名)山の奥深く隠れていること。また、山奥。新古 春下「散り残る花もやあると打ち群れて―をたづねてしがな」訳 まだ散らないで残っている桜の花もあるかと思って、みんなで連れだって、山奥をたずねてみたいものだなあ。

みやま-ぎ【深山木】(名)奥山に生い茂る木。更級 梅の立枝「過ぎ来つる山々にもおとらず、大きに恐ろしげなる―どものやうにて」訳 (帰京した家は通り過ぎて来た山々にもひけを取らず、(庭木は)大きくて恐ろしそうな奥山に生い茂る木々のようであって。

みやま-ぢ【深山路】(名)深山の道。奥山道。新古 秋上「―やいつより秋の色ならん見ざりし雲の夕暮れの空」訳 深山の道はいつから秋景色なのだろうか。見たことのない雲がかかっている夕暮れの空であるよ。

みやま-べ【深山辺】(名)深山のあたり。新古 秋下「―の松の梢をわたるなり嵐に宿すさ牡鹿の声」訳 深山のあたりの松の梢を通り過ぎるのが聞こえる。嵐に託して運ばれてくる(妻を恋い求める)雄鹿の声よ。

みや-もり【宮守】(名)神社の番をすること。また、その人。〔幻住庵記〕「あるは―の翁、里のをのこども入り来たりて」訳 あるいは、神社の番人の老人や、里の男たちがやって来て。

み-やり【見遣り】(名)見渡すこと。また、遠く見渡せる所。蜻蛉 中「―なる山のあなたばかりに」訳 遠く見渡せる所にある山のむこうあたりで。

み-や・る【見遣る】(他ラ四){ら・り・る・る・れ・れ}❶遠くを望み見る。はるかに眺めやる。源氏 須磨「おもしろき夕暮れに、海―・ら(未)るる廊に出で給ひて」訳 (光源氏は)趣ある夕暮れに、海を自然にはるかに眺めやられる廊にお出ましになって。文法「見やらるる」の「るる」は、自発の助動詞「る」の連体形。

❷そのほうを見る。目を向ける。枕 九五「もの憂げに取り寄せて縫ひ給ひしを、―・り(用)てゐたりしこそをかしかりしか」訳 (他の人が)おっくうそうに手元に引き寄せて縫い(直し)なさったのを、(縫いまちがった乳母が)そのほうを見ていたのはおもしろいことだった。文法「をかしかりしか」の「しか」は、過去の助動詞「き」の已然形で、係助詞「こそ」の結び。(⇔見遣おこす)

みや-ゐ【宮居】(名・自サ変)❶神が鎮座すること。また、その場所。〔続古今〕神祇「―・せ(未)しそのはじめにもいそのかみふるの社と人やいひけん」訳 神が鎮座した、その当初にも、布留(=地名)ではないが、古びた社と人々は言ったのだろうか。(「いそのかみ」は「ふる」にかかる枕詞。「ふる」は「布留」と「旧る」との掛詞)

❷天皇が住むこと。また、その場所。皇居。平家 五・都遷「泊瀬朝倉に―・し(用)給ふ」訳 (大和の国の)泊瀬朝倉に(雄略天皇は)皇居をお定めになる。

み・ゆ【見ゆ】(自ヤ下二){え・え・ゆ・ゆる・ゆれ・えよ}

語義パネル

「見る」(マ上一)の未然形に、自発・可能の助動詞「ゆ」が付いた動詞。自発にあたるのが①、受身にあたるのが④。受身の表現を使役に変えると⑤。

❶**目に映る。見える。**
❷**会う。対面する。**
❸来る。やって来る。
❹(人に)**見られる。**
❺人に見せる。
❻(女が)**結婚する。妻となる。**
❼**思われる。感じられる。**
❽見かける。見ることができる。

❶**目に映る。見える。**万葉 三・三一七「渡る日の影も隠らひ照る月の光も―・え(未)ず」訳 →あめつちの…和歌。土佐「家にいたりて、門に入るに、月明かければ、いとよくありさま―・ゆ(終)」訳 わが家に着いて、門を入ると、月が明るいので、とてもよく(庭の)ありさまが見える。

❷**会う。対面する。**大和 一〇三「ものも言はで籠り居て、使ふ人にも―・え(未)で」訳 ものも言わずに(家に)こもっていて、使っている人にも会わないで。

❸来る。やって来る。土佐「国人の心の常として、『いまは』とて―・え(未)ざなるを、心ある者は恥ぢずぞなむ来ける」訳 その土地に住む人の人情の常として、「(離任して帰京するのだから)今はもう(用はない)」と言って、(あいさつにも)やって来ないというが、誠意のある者は、(世間体を)気にせずに来た。文法「ざなる」は「ざるなる」の撥音便「ざんなる」の「ん」が表記されない形。「なる」は、伝聞・推定の助動詞「なり」の連体形。

❹(人に)**見られる。**万葉 四・六一三「物思ふと人に―・え(未)じと」訳 物思いをしていると人に見られまいと思って。

❺人に見せる。源氏 桐壺「はかなき花紅葉につけても志を―・え(用)奉る」訳 (光源氏は)ちょっとした(春の)花、(秋の)紅葉につけても、思慕の情を(藤壺に)お見せ申しあげる。

❻(女が)**結婚する。妻となる。**平家 七・維盛都落「いかならん人にも―・え(用)て、身をも助け、幼き者どもをもはぐくみ給ふべし」訳 どのような人とでも結婚して、自分をも生かし、幼い子供らをもお育てになるがいい。

❼**思われる。感じられる。**徒然 一「ただ人も、舎人など賜るきははゆゆしと―・ゆ(終)」訳 (摂政・関白以外の)一般の貴族でも、(朝廷から)舎人(=護衛の官人)などをいただく身分の者はすばらしいと思われる。

❽見かける。見ることができる。更級 足柄山「その山のさま、いと世に―・え(未)ぬさまなり」訳 その山(=富士山)の姿は、まったく世間で見かけない形である。

語の広がり「見ゆ」

「みえ(見栄・見得)」は、「見ゆ」の連用形「見え」が名詞化したもの。「見えるさま」の意から転じて、「見栄」はうわべを飾ることを、「見得」は歌舞伎で一時動きを止めて印象的な表情や動作をとる演技を意味するようになった。

み‐ゆき（名）❶【み雪】〔「み」は接頭語〕雪の美称。古今 冬「ふるさとは吉野(よしの)の山し近ければ一日(ひとひ)も―降らぬ日はなし」訳この古い都(=吉野離宮。一説に奈良)の地は吉野の山が近いので、一日も雪の降らない日はない。

❷【深雪】深く降り積もった雪。图。新古 春上「降り積みし高嶺(たかね)の―とけにけり」訳降り積もった高い峰の深雪はとけたことだ。

み‐ゆき【行幸・御幸】（名）〔「み」は接頭語〕天皇・上皇・法皇・女院(にょういん)のおでかけ。源氏 行幸「忍びやかにふるまひ給へど、―に劣らずよそほしく」訳(光源氏は)控えめに行動なさるけれども、天皇のおでかけに劣らないほど整ってりっぱで。

類語パネル

●共通義　皇族のおでかけ。

みゆき(行幸)	天皇・上皇・法皇・女院(にょういん)のおでかけ。
ぎゃうがう(行幸)	天皇のおでかけ。
ごかう(御幸)	上皇・法皇・女院のおでかけ。(院政期以降、天皇のおでかけと区別するため用いられた)
ぎゃうけい(行啓)	太皇太后・皇太后・皇后・皇太子・皇太子妃のおでかけ。

み‐ゆづ・る(ユズル)【見譲る】（他ラ四）{ら・り・る・る・れ・れ}他人に世話をまかせる。世話をたのむ。平家 七・維盛都落「幼き者どもをば、誰(たれ)に―・り用、いかにせよとかおぼしめす」訳幼い子供たちを、だれに世話をたのみ、どのようにせよと(あなた=平維盛(これもり))はお考えになるのか。

み‐ゆる・す【見許す】（他サ四）{さ・し・す・す・せ・せ}見とがめない。見てもそのままにする。源氏 手習「かたちの見るかひありうつくしきに、よろづの咎(とが)―・し用て」訳(浮舟(うきふね)の)顔かたちが見る価値がありかわいらしいので、(妹尼は)いろいろの不満な点も見て見ないことにして。

み‐よ【三世】（名）過去・現在・未来の三世(さんぜ)。大和 一六八「折りつればたぶさにけがるたてながら―の仏に花奉る」訳折ってしまうときっと手で汚れる(ので)、地に生えているまま過去・現在・未来の三世の仏に花をささげる。

み‐よ【御代・御世】（名）〔「み」は接頭語〕天皇の治世の敬称。ご治世。万葉 一・二九「橿原(かしはら)のひじりの―ゆ生(あ)れまし神のことごと」訳橿原の(地で即位された)神武天皇のご治世以来ずっと、お生まれになった天皇のすべてが。

みょう【名・命・明・冥】⇨みゃう

みょう【妙】⇨めう

みょうおう【明王】⇨みゃうわう

みょうが【冥加】⇨みゃうが

みよ‐げ【見好げ】（形動ナリ）{なら・なり(に)・なり・なる・なれ・なれ}〔「げ」は接尾語〕見て感じがよい。体裁がよい。〔浮・日本永代蔵〕「袖覆輪(そでふくりん)といふこと、この人取りはじめて、当世(たうせい)の風俗―・に用、始末になりぬ」訳袖覆輪(=袖口を別布で縫いくるむこと)ということは、この人がやり始めて、現代の服装は体裁よく、経済的になった。

み吉野(みよしの)【地名】歌枕〔「み芳野」とも書く。「み」は接頭語〕吉野(=今の奈良県吉野郡)地方の美称。

みよしのの…【和歌】

> み吉野の　象山(きさやま)の際(ま)の　木末(こぬれ)には
> ここだもさわく　鳥(とり)の声(こゑ)かも
> 〈万葉・六・九二四・山部赤人(やまべのあかひと)〉

訳吉野の象山(=今の奈良県吉野郡にある山)の山あいの梢(こずゑ)で、なんとたくさんの鳴き騒いでいる鳥の声だこと。解説この歌は長歌(→やすみしし…和歌)の反歌として詠まれたもののうちの一首で、もう一首が「ぬばたまの夜のふけゆけば久木(ひさぎ)生(お)ふる清き川原に千鳥しば鳴く」〈万葉・六・九二五〉。(訳→ぬばたまの…和歌)

みよしのの…【和歌】

> み吉野の　高嶺(たかね)の桜(さくら)　散(ち)りにけり
> 嵐(あらし)も白(しろ)き　春(はる)のあけぼの
> 〈新古今・二・春下・一三三・後鳥羽院(ごとばゐん)〉

訳吉野の山の高い峰の桜が散ってしまったのだなあ。(吹きおろす)嵐までも(花びらで)白く見える春の明け方(の眺め)よ。文法「けり」は、詠嘆の助動詞。解説詞書(ことばがき)に、最勝四天王院のふすまに、吉野山を描いたところに詠みつけたとある。障子歌などともいう。第四句の表現がきわめて斬新。

みよしのの…【和歌】

> み吉野の　山(やま)かき曇(くも)り　雪(ゆき)降(ふ)れば
> ふもとの里(さと)は　うちしぐれつつ
> 〈新古今・六・冬・五八八・俊恵(しゅんゑ)〉

訳吉野の山が急に曇って雪が降ると、そのふもとの里ではしきりに時雨(しぐれ)が降ることだ。修辞「吉野の山」は今の奈良県吉野郡にある山で、桜と雪で有名な歌枕。解説山と里、雪と時雨を対照する構成。作者自賛の一首と伝えられる。

みよしのの…【和歌】〈百人一首〉

> み吉野の　山(やま)の秋風(あきかぜ)　さ夜(よ)ふけて
> ふるさと寒(さむ)く　衣(ころも)打(う)つなり
> 〈新古今・五・秋下・四八三・藤原雅経(まさつね)〉

訳吉野の山の秋風が吹き渡ってきて夜も更けて、古都吉野の里では、寒々と衣を打つ音が聞こえてくる。修辞本歌取り。文法「衣打つなり」の「なり」は、音から推定する助動詞。解説本歌は、「み吉野の山の白雪つもるらしふるさと寒くなりまさるなり」〈古今・冬〉。吉野には応神天皇・雄略(ゆうりゃく)天皇などの離宮があったので「ふるさと」といった。吉野は、桜と雪を題材に多く詠まれるが、本歌を聴覚の世界にとりなして、秋の景で詠んだところが新しい。

みる【海松】(名)海藻の名。浅い海の岩の上に生え、食用とする。「うみまつ」「海松藻」とも。〔夏〕

みる【見る】(他マ上一)〔み・み・みる・みる・みれ・みよ〕❶目にとめる。目にする。眺める。〔万葉〕一・二〇「あかねさす紫野行き標野行き野守は**み**㊍ずや君が袖振る」〔訳〕→あかねさす…〔和歌〕。〔徒然〕一三四「鏡を取りて〔自分の〕顔をつくづくと**み**㊊て」。⇩御覧ず「敬語ガイド」

❷**見て判断する。理解する。**わかる。〔徒然〕七「命あるものを**みる**㊇に、人ばかり久しきはなし」〔訳〕命のあるものを見て判断すると、人間ほど長生きするものはない。

❸処理する。取り扱う。〔源氏〕若紫「かしこにいとせちに**みる**㊇べきことの侍るを、思ひ給へ出でてなむ」〔訳〕あそこ(=二条院)に、ぜひどうしても処理しなければならない用件がございますのを、(今)思い出させていただいてね。〔文法〕「思ひ給へ」の「給へ」は、下二段活用の謙譲の補助動詞の連用形。係助詞「なむ」のあとに結びの語「参る」などが省略されている。

❹試みる。ためす。〔土佐〕「男もすなる日記といふものを、女もして**み**㊍むとてするなり」〔訳〕男も書くと聞いている日記というものを、(私のような)女も書いてみようと思ってしたためるのである。〔文法〕「すなる」の「なる」は伝聞の助動詞、「するなり」の「なり」は断定の助動詞。⇩土佐日記「名文解説」

❺**経験する。**(事件などに)出あう。〔竹取〕竜の頸の玉「またかかるわびしき目**み**㊍ず」〔訳〕また、こんなつらい目にあったことがない。

❻会う。顔を合わせる。〔古今〕雑上「老いぬればさらぬ別れもありといへばいよいよ**み**㊍まくほしき君かな」〔訳〕→おいぬれば…〔和歌〕

❼異性と関係を持つ。**夫婦となる。妻とする。**〔源氏〕桐壺「さやうならむ人をこそ**み**㊍め」〔訳〕そのような(=藤壺のような)人がいるならそういう人を妻にするつもりだ。〔文法〕「さやうならむ人」の「む」は、仮定・婉曲の助動詞。「みめ」の「め」は、意志の助動詞「む」の已然形で、係助詞「こそ」の結び。

❽**世話をする。**面倒をみる。〔宇治〕三・一六「この雀**みよ**㊀。もの食はせよ」〔訳〕この雀の世話をせよ。餌を食べさせよ。⇩扱ふ「類語パネル」

みるちゃ-ぞめ【海松茶染め】(名)海松(=海藻の名)のような暗緑色がかった茶色に染めること。また、染めたもの。〔浮・日本永代蔵〕「ひとつ―にせしこと、若い時の無分別と」〔訳〕一枚は(染め返しが難しい)海松茶染めにしたことを、若いときの無分別と(後悔した)。

みるひとも…〔和歌〕

> 見る人も　なき山里の　桜花
ほかの散りなむ　後ぞ咲かまし
〈古今・一・春上・六八・伊勢〉

〔訳〕見る人もいない山里の桜の花よ、ほか(の桜)が散ってしまう(その)後で咲いたらいいのに。〔文法〕「散りなむ」の「な」は、助動詞「ぬ」の未然形で、ここは確述の用法。「まし」は係助詞「ぞ」の結びで、連体形。

みる-ぶさ【海松房】(名)枝が房のようになった海松(=海藻の名)。髪そぎ(=子供の、伸びた髪を切りそろえ、成長を祝う儀式)のときの調度として使ったという。〔春〕。〔源氏〕葵「はかりなき千尋の底の―の生ひ行く末は我のみぞ見む」〔訳〕はかり知れない千尋もある深い海の底の海松の房のように、ふさふさとしたあなた(=紫の上)の髪の伸びてゆく将来は、この私(=光源氏)だけが見守ろう。

みるほどぞ…〔和歌〕

> 見る程ぞ　しばし慰む　めぐりあはむ
月の都は　はるかなれども
〈源氏・須磨〉

〔訳〕(月を)見る間だけしばらく(心が)慰められる。(この次にまた)めぐりあうであろう月の都ははるか遠いけれども(再び京に帰れる日ははるかに先であるけれども)。〔解説〕陰暦八月十五夜の須磨。退居中の光源氏は、宮中での観月の宴や都の恋しい人たちを思いやる。「月の都」は、月世界にある都で、京の都を暗示する。

みる-みる【見る見る】見ながら。〔源氏〕桐壺「むなしき御骸を―、なほおはするものと思ふがいと甲斐なければ」〔訳〕魂の抜けた(桐壺の更衣の)御なきがらを見ながら、やはりまだ生きていらっしゃるものと思うのが、まことにどうしようもないので。

みる-め【海松藻・海松布】(名)「みる(海松)」に同じ。〔更級〕初瀬「―おふる浦にあらずは荒磯の浪間かぞふるあまもあらじを」〔訳〕みるめが生える浦でないならば、荒磯の波の絶え間を見はからってもぐる海女もいないであろうよ(あなたにお目にかかれる機会がないならば、私もつらい宮仕えに耐えることはできないだろう)。〔参考〕和歌では多く「見る目」とかけて用いられる。

みる-め【見る目】❶見ている目。人目。〔万葉〕一八・四一〇八「里人の―恥づかし左夫流児にさどはす君が宮出後風」〔訳〕土地の住人が見る目も恥ずかしい。左夫流児(という名の遊女)に迷っていらっしゃるあなたの出勤するうしろ姿は。

❷見かけ。外見。〔更級〕足柄山「―のいときたなげなきに、声さへ似るものなく歌ひて」〔訳〕(遊女たちは)見かけがまことにこぎれいなうえに、声までたぐいないほどに歌って。

❸(おもに男女が)会う機会。会うこと。〔古今〕恋四「伊勢の海人の朝な夕なにかづくてふ―に人を飽くよしもがな」〔訳〕伊勢の漁師が朝夕海にもぐって採るという海松藻ではないが、あの人に会う機会に満ち足りる(=満ち足りるほど会える)方法があればいいのだがなあ。(「見る目」は「海松藻」との掛詞。第三句までは「みるめ」を導きだす序詞)

みる-め-な・し【見る目無し】会う機会がない。〔後撰〕恋二「潮満たぬ海と聞けばや世とともに―・く㊊して年の経ぬらむ」〔訳〕(琵琶湖は)潮の満ちることのない海だと聞くから、いつまでも海松藻(=海藻の名)がないように、(あなたと)会う機会もないままで年が過ぎてしまったのだろうか。(「見る目」は「海松藻」との掛詞)

み-れん【未練】(名・形動ナリ)❶まだ熟練していないこと。未熟なこと。〔徒然〕二三〇「―の狐、ばけそんじけるにこそ」〔訳〕未熟な狐が、化けそこなったのであろう。

❷あきらめきれないこと。思い切りの悪いこと。〔狂・武悪〕「日ごろの口ほどにもない―・な㊇(口語)者ぢゃ」〔訳〕

つね日ごろの広言ほどにもない思い切りの悪い人だ。

みろく【弥勒】(名)《梵語の音訳》釈迦の入滅後、五十六億七千万年を経て、人間世界に現れ、民衆を救うという菩薩。弥勒菩薩。

みろく-の-よ【弥勒の世】(「弥勒」が人間世界に現れる世という意から)未来の世。理想の世。

みわ【神酒】(名)神に供える酒。おみき。[万葉]二・二〇二「哭沢の神社に━すゑ(=供え)祈れども」

み-わたし【見渡し】(名)見渡すこと。また、見渡した向こう側。はるかかなた。[源氏]蛍「一間ばかり隔てたる━に、かくおぼえなき光のうちほのめくを」[訳]柱と柱の間一つ分ほど離れた見通しのきく向こう側に、このように思いがけない(蛍の)光がほのかに見えるのを。

み-わた・す【見渡す】(他サ四){さ・し・す・す・せ・せ}遠く広く見やる。はるか遠くまで眺める。[源氏]浮舟「宇治橋のはるばると━・さ(未)るるに」[訳]宇治橋がはるかに遠くまで眺められるところに。

みわたせば… [和歌]

> **見渡せば　花も紅葉も　なかりけり**
> **浦の苫屋の　秋の夕暮れ**
> 〈新古今・四・秋上・三六三・藤原定家〉

[訳]見渡すと、(春の)花も(秋の)紅葉もないことだよ。この海辺の漁師の小屋のあたりの秋の夕暮れは。

[解説]華やかな色彩をまったくもたない秋の夕暮れの景。花と紅葉は、歌では重要な題材であるが、それをすべて消去したところに無彩色の美の世界が創造されている。「源氏物語」の明石の巻の世界を背景に置く。「三夕の歌」のうちの一首。→三夕の歌

みわたせば… [和歌]

> **見渡せば　柳桜を　こきまぜて**
> **都ぞ春の　錦なりける**
> 〈古今・一・春上・五六・素性〉

[訳]見渡すと、柳と桜をまぜ合わせて、この都が春の錦だったのだなあ。

[解説]詞書に、「花ざかりに、京を見やりてよめる」とある。平安京の街路には柳が植えられており、桜は各所に咲いていた。柳の淡い緑と桜の花の色をかきまぜて合わせたようなようすが、「こきまぜて」である。それを見て、山の紅葉をいう「秋の錦」に対し、もし「春の錦」があるとしたら、京の都がそれなのだったと気づいたのである。

みわたせば… [和歌]

> **見渡せば　山もと霞む　水無瀬川**
> **夕べは秋と　なに思ひけん**
> 〈新古今・一・春上・三六・後鳥羽院〉

[訳]見渡すと、山のふもとに霞がかかり、水無瀬川(=今の大阪府三島郡を流れる川)が流れている。夕暮れ(のすばらしい季節)は秋だと、どうして思っていたのだろう。

[解説]「枕草子」の「秋は夕暮れ」に代表される伝統的な美意識に対して、春の夕暮れの美しさを発見した。

み-わづら・ふ【見煩ふ】(自ハ四){は・ひ・ふ・ふ・へ・へ} ❶見て、どうしてよいか困る。[伊勢]一〇七「雨の降りぬべきになむ━・ひ(用)侍る」[訳]雨がきっと降りそうなので、(空模様を)見てどうしてよいか困っています。❷世話がしにくくて困る。[源氏]夢浮橋「うち泣きてひれ臥し給へれば、いと世づかぬ御ありさまかなと━・ひ(用)ぬ」[訳](手紙を読んだ浮舟は)泣いてうつぶしていらっしゃるので、(僧都の妹尼は)まったく男女間の情を解さない御ようすであるなあと、扱いかねて困ってしまった。

三輪山(みわやま)《地名》[歌枕]【「三和山」とも書く】今の奈良県桜井市三輪の東部にある山。ふもとにこの山を神体とする大神神社がある。「三諸の神奈備」と称せられ、崇められてきた。

みわやまを… [和歌]

> 三輪山を　しかも隠すか　雲だにも
> 心あらなも　隠さふべしや
> 〈万葉・一・一八・額田王〉

[訳]三輪山をそんなにも隠すのか。せめて雲だけでも思いやりの心があってほしい。(三輪山を)隠し続けることがあってよいものか。

[解説]作者が近江の国(滋賀県)に下ったときに詠んだ長歌の反歌。奈良を離れる作者は、惜別の情をおさえがたくて、なつかしい三輪山を振り返り振り返り行くのだが、折から雲が隠してしまった。歌のあとの注では、近江遷都に際して、天智天皇が詠んだものという。

三井寺(みゐでら)(名)今の滋賀県大津市にある天台宗寺門派の総本山。園城寺の異称。天皇の産湯の水を汲む御井があることから、こう呼ばれる。

[参考]比叡山延暦寺を「山」「山門」というのに対して、三井寺は「寺」「寺門」と呼ばれる。

み-を【澪・水脈】(名)川や河口や海で、底がみぞのように深くなっている、水の流れる筋。船の往来する水路になる。[万葉]七・一一〇八「泊瀬川流るる━の瀬を早み井堤越す波の音の清けく」[訳]初瀬川の流れる水脈の瀬が速いので、堰を越して流れる波の音が清く澄んでいることだ。[文法]「瀬を早み」の「み」は原因・理由を表す接尾語。「…を…み」の形で「…が…ので」の意。「清けく」は「清し」のク語法。

[図解学習] **「みを」と「みをつくし」**

川や海で、底がみぞのように深くなっている所が「みを」で、船の通う水路になる。その水路を示すために水中に並べて立てた目じるしの杭が「みをつくし」である。「つ」は「の」にあたる上代の格助詞で、「天つ風(=空を吹く風)」「沖つ鳥」「目つ毛」などの「つ」と同じ。

み-を-あは・す【身を合はす】一致する。一体とな

る。〔古今〕仮名序「君も人もー・せ(用)たりといふなるべし」〔訳〕天皇も臣下も一体となっているということであろう。

み-をし【御食し】(名)〔「み」は接頭語。「をし」は四段動詞「食す」の連用形から〕食事をなさること。また、貴人のお食事。〔記〕中「先にーし給ひし時」〔訳〕以前にお食事をなさったとき。

み-を-しづ・む【身を沈む】❶身投げする。〔源氏〕蜻蛉「かくはかなき世の衰へを見るには、水の底にー・め(用)ても、もどかしからぬわざにこそ」〔訳〕このようにあっけない境遇の衰えを見る場合には、水の底に身投げしても、非難を受けないことであろう。

❷不幸な状態に身をおく。落ちぶれる。〔源氏〕明石「なほかうー・め(用)たるほどは、行ひよりほかのことは思はじ」〔訳〕(私＝光源氏は)やはりこんなに身を落としている間(＝謹慎中)は、仏道修行よりほかのことは考えまい。

み-を-しる-あめ【身を知る雨】わが身のほどを知る悲しみの雨。涙のことをいう。〔古今〕恋四「かずかずに思ひ思はず問ひがたみーは降りぞまされる」〔訳〕あれこれと(私のことを)思ってくれるのか思ってくれないのかを尋ねにくいので、わが身のほどを知る悲しみの雨は降りつのっている。⇩潮垂る「慣用表現」

み-を-す・つ【身を捨つ】❶神仏にすべてを捧げて祈る。身を投げ出す。また、夢中になる。〔更級〕かどで「ある限り見せ給へと、ー・て(用)て額をつき、祈り申すほどに」〔訳〕(物語を)あるだけ全部お見せくださいと、身を投げ出して(床に)額をすりつけて、お祈り申しあげるうちに。

❷世間から身を引く。出家する。〔源氏〕若菜下「もろともにー・て(未)むも惜しかるまじき齢どもになりにたるを」〔訳〕(女君のだれかれが私＝光源氏と)一緒に出家したとしても、惜しくはないだろう年齢にそれぞれなってしまっているのだから。⇩世を背く「慣用表現」

み-を-た・つ【身を立つ】立身出世する。また、生計を立てる。〔笈の小文〕「しばらくー・て(未)んことをねがへども、これがために障へられ」〔訳〕一時は立身出世しようとも(と思い、その)ことを願うけれども、これ(＝俳諧好き)のために妨げられて。⇩渡らふ「慣用表現」

み-を-たど・る【身を辿る】自分の身の上をあれこれ思い悩む。〔古今〕雑下「天彦のおとづれじとぞ今は思ふ我か人かとー・る(体)世に」〔訳〕(こだまのように折り返すぐにあなたを)訪れまいと今は思う。自分か他人かもわからない状態で、自分の身の上をあれこれ思い悩んでいる時なので。(「天彦の」は「おと」にかかる枕詞)

みを-つ-くし【澪標】(名)〔「水脈つ串」の意。「つ」は「の」の意の上代の格助詞〕川や河口や海で、船の通う水路を示すために並べて立てた杭。〔土佐〕「ーのもとより出でて、難波に着きて、河尻に入る」〔訳〕みおつくしの所から(船で)出発して、難波に着いて、(淀川の)河口に入る。⇩澪「図解学習」

(みをつくし)

〔参考〕和歌では多く「身を尽くし」とかけて用いられる。

み-を-つく・す【身を尽くす】命をかけて尽くす。真心を尽くす。〔後撰〕恋五「わびぬれば今はた同じ難波なるー・し(用)ても逢はむとぞ思ふ」〔訳〕→わびぬれば…〔和歌〕

〔参考〕和歌では多く「澪標」とかけて用いられる。

み-を-つ・む【身を抓む】(自分のからだをつねってみて)他人の痛みを知ることから)自分の身にひき比べて他人に同情する。身につまされる。〔源氏〕総角「ー・み(用)ていとほしければ、よろづにうち語らひて」〔訳〕(大君は)我が身にひき比べて(中の君が)気の毒なので、いろいろと(事情を)話し合って。

み-を-な・ぐ【身を投ぐ】❶身投げをする。

❷一身をかえりみず夢中になる。熱中する。〔源氏〕若菜上「鞠にー・ぐる(体)若君達の、花の散るを惜しみもあへぬ気色どもを見るとて」〔訳〕蹴鞠に夢中になっている若い貴公子たちの、(鞠が当たって)花の散るのを惜しんでもいないありさまどもを見物するというので。

みを-び・く【澪引く・水脈引く】(自カ四)〔か・き・く・く・け・け〕水路に従って舟を進める。水先案内によって進む。〔万葉〕一五・三六二七「潮待ちてー・き(用)行けば沖辺には白波高み」〔訳〕満潮時を待って水先案内をつけて行くと、沖の方では白波が高いので。

み-を-も・つ【身を持つ】❶立身出世する。❷手代(＝番頭)奉公を終えて妻をめとり、家業を営むこと。〔浮・日本永代蔵〕「肝心のー・つ(体)時、親・請け人に難儀をかけ」〔訳〕肝心の、手代奉公を終えて妻帯し、家業を営むときに、親や保証人に迷惑をかけ。

みん-かん【民間】(名)世間。一般大衆の社会。世間の人々。〔平家〕一・祇園精舎「天下の乱れんことを悟らずして、ーの愁ふる所を知らざっしかば」〔訳〕天下が(しだいに)乱れるであろうことを理解しないで、世間の人々が嘆き苦しむことを知らなかったので。

みん-ぶ【民部】(名)「民部省」の略。また、その役人。

みんぶ-きゃう【民部卿】(名)民部省の長官。正四位下相当官で、納言以上の人が兼任する要職。

みんぶ-しゃう【民部省】(名)律令制で、太政官に属する八省の一つ。人口調査・戸籍・租税などをつかさどる役所。「民部」とも。→八省。⇩巻頭カラーページ31

む ム

「む」は「武」の草体
「ム」は「牟」の上画

-む ■一(接尾マ四型)(名詞や形容詞の語幹(シク活用は終止形)、擬声語に付いて)「…のような状態になる」「…のようにふるまう」「…という音をたてる」の意の動詞をつくる。〔源氏〕若紫「うちそばみ(用)て書い給ふ手つき」〔訳〕(若紫が)ちょっと横を向いてお書きになる手つきや。〔枕〕九六「おのが心地のかなしきままに、うつくしみ(用)、かなしがり」〔訳〕(かわいげのない顔の赤ん坊を)自分の気持ちがいとしく思うのにまかせて、いつくしみ、かわいがり。

【例語】赤む・浅む・仇む・あはれむ・怪しむ・危ぶむ・青む・痛む・いつくしむ・いとほしむ(＝気の毒に思う)・否む・賤しむ・疎む・うるはしむ(＝かわいがる)・嬉しむ・畏む・愛しむ・軽む・軋む・汚む(＝きたないと思う)・暗む(＝暗くなる)・黒む・響む・和む・苦む・憎む・妬む・はかなむ・僻む・愛をしむ

■二(接尾マ下二型)(名詞や形容詞の語幹(シク活用は

終止形)に付いて)「…のような状態にする」の意の動詞をつくる。源氏 松風「鼻などうち赤め㊊つつはちぶき言へば」訳 鼻などをちょっと赤くしながらふくれっ面をして文句を言うので。徒然 一三四「自ら身を恥づかしむる㊍なり」訳 自分で自分を恥ずかしく思わせているのである。【例語】淡むㆍ危ぶむㆍ痛むㆍ疎むㆍ固むㆍ軽むㆍ暗む(=暗くする)ㆍ黒むㆍ和むㆍ苦むㆍ端なむㆍ僻むㆍ広むㆍ深むㆍ侘びしむ

むン (助動四型)〔「ん」とも表記される〕

意味・用法

推量〔…(の)だろう。〕→❶
意志・意向〔…う。…よう。…つもりだ。〕→❷
仮定・婉曲〔…とすれば、その。…ような。〕→❸
適当・当然〔…のがよい。…はずだ。〕→❹
勧誘〔…う。…よう。…ない(か)。〕→❺
反語〔…だろう(か)(いや、…ないだろう)。…(ない)だろう(か)(いや、…だろう)。〕→❻

接続

活用語の**未然形**に付く。

活用

未然	連用	終止	連体	已然	命令
○	○	む(ん)(。)	む(ん)(コト)	め(ドモ)	○

❶推量の意を表す。**…(の)だろう。** 万葉 一四・三四五九「稲つけばかかる吾が手を今夜もか殿の若子が取りて嘆かむ㊍」訳 →いねつけば…和歌。古今 夏「わが宿の池の藤なみ咲きにけり山郭公いつか来鳴かむ㊍」訳 わが家の池の(ほとりの)藤の花が咲いたことだ。山ほととぎすはいつになったら来て鳴くのだろうか。

❷意志・意向の意を表す。**…う。…よう。** …つもりだ。竹取 かぐや姫の昇天「われこそ死なめ㊀」訳 私(=竹取の翁)が(先に)死のう。伊勢 三三「男はこの女をこそ得め㊀と思ふ」訳 男はこの女を妻にしようと思う。徒然 二〇「勝たん㊅とうつべからず、負けじとうつべきなり」訳(双六は)勝とうと思って打ってはならず、負けまいと思って打つべきである。

❸(連体形を用いて)仮定または婉曲の意を表す。**…とすれば、その。…ような。** 枕 七「思はむ㊍子を法師になしたらむ㊍こそ心苦しけれ」訳 愛する子がいるとして、その子を法師にしているとしたら、それは気の毒だ。徒然 三一「この雪いかが見ると、一筆のたまはせぬほどの、ひがひがしからん㊍人」訳(今朝のこの雪をどう見るかと、(手紙に)一言もおっしゃらないほどの、情趣を解さないような人。⇩僻僻し「名文解説」

❹(多く「こそ」の結びとして已然形を用いて)適当・当然、婉曲な命令の意を表す。**…のがよい。…はずだ。** 源氏 若紫「とくこそ試みさせ給はめ㊀」訳 早くお試しになられるのがよい。文法「させ給は」は、最高敬語。平家 三・赦文「生きて候ふ少将をこそ召し還されめ㊀」訳 生きております少将(=成経)をお召し還しになるのがよいでしょう。

❺勧誘の意を表す。**…う。…よう。…ない(か)。** 源氏 常夏「無礼の罪は許されなむ㊅や」訳 無作法の罪は許してくださらないか。文法「なむや」の「な」は、完了の助動詞「ぬ」の未然形。源氏 少女「鳴り高し。鳴りやまむ㊅」訳 騒々しい。静かにしよう。宇治 一・一二「いざ、かいもちひせん㊅」訳 さあ、ぼた餅を作ろう。

❻(已然形「め」が疑問の助詞「や」「か」を伴って)反語の意を表す。**…だろう(か)(いや、…だろう)。…(ない)だろう(か)(いや、…ないだろう)。** 古今 仮名序「古を仰ぎて、今を恋ひざらめ㊀かも」訳 過去を仰ぎ見て、現代を恋しがらないだろうか(いや、きっと恋しがるだろう)。

文法 (1) **「む」の意味** 助動詞「む」は、口語の「う」「よう」にあたり、基本の意味として、①の推量、②の意志・意向、⑤の勧誘の三つを表す。④は⑤の、⑥は①の用法の延長線上にあるものと考えられる。③は口語の「う」「よう」にない用法で、まだ「実現していない動作・状態」についていうときに用いられるものである。口語で「明日来るときに…」などというところを、「明日来むときに…」というのである。適切な現代語がないので、訳出しない場合が多い。

(2) **可能推量** ①の用法に含めて考えられるものに、実現の「可能性を推量」する場合がある。多く、条件句を受けて、「つ」「ぬ」の未然形に「む」の付いた「てむ」「なむ」となる。

「春日野の飛ぶ火の野守出でて見よ今幾日ありて若菜摘みてむ(=もう何日したら、若菜を摘むことができるだろうか(と))」〈古今 春上〉

「かばかりになりては飛び降るとも降りなむ(=飛び降りられよう)」〈徒然 一〇九〉

(3) **希望** ②の第一例は「死にたい」、第二例は「妻にしたい」と口語訳することがある。意志の強調表現に「希望」の意をあてたものである。

(4) **未然形「ま」** 未然形に、上代に限り「ま」を設定することがある。本書など、連体形「む」に名詞化する接尾語「あく」が付いて「まく」ができたとするク語法の立場では、未然形「ま」を認めない。「まく」は「であろうこと」の意にあたるが、③の仮定・婉曲の用法なので、しいて「であろう」と訳出しない場合が多い。

「かけまくも(=心のなかで思うことも)あやにかしこし言はまくも(=言うこともゆゆしきかも」〈万葉 三・四七五〉

(5) **「む」の語史** 「む」は上代からずっと用いられた助動詞であるが、奈良時代以前は上代東国方言に用例がみられる「も」であったらしい。また、平安時代には[mu]から[m]または[n]に変わり、「ん」と表記することが多くなった。さらに、鎌倉時代になると[u]と変わり、現代語の助動詞「う」につながっていく。

むン 助動詞「む」の連体形。万葉 五・八一八「春さればまづ咲く宿の梅の花独り見つつや春日暮らさむ」訳 春になるといつも、最初に咲くこの家の梅の花をひとりで見て は、(長い)春の一日を暮らすのであろうか。徒然 九二「夕べには朝あらんことを思ひ、朝には夕べあらんことを思ひて」訳 夕方には翌朝があるだろうということを思い、朝には(その日の)夕方があるだろうということを思って。

む-え【無依】(名)《仏教語》何物にも頼らず、何物にも執着しない、悟りの境地。〔笈の小文〕「あるは—の道者

の跡をたひ、風情の人の実をうかがふ」訳 あるいは悟りの境地に到達した仏道修行者の跡を慕い、風雅を愛した人の真実の心を尋ね求める。

む-えん【無縁】(名)《仏教語》❶仏と結ぶ縁を持たないこと。仏道に入る因縁のないこと。平家 二・康頼祝言「有縁の衆生を導き、―の群類を救はんがために」訳 仏に救われる縁のある衆生を導き、仏道に入る機縁のないすべての生きものを救おうとするがために。❷世間に頼る所のないこと。また、死後を弔う縁者のないこと。今昔 一六・三四「―なりける小さき僧の、常に清水に参るありけり」訳 頼る者のなかった年若い僧で、いつも清水(の観音)に参詣する僧がいた。❸だれのためと特に限った縁でないこと。平等で差別しないこと。〔謡・盛久〕「願はくは―の慈悲を垂れてわれを引導し給へ」訳 どうかだれかれと限らない(仏の)慈悲心を示して私を(浄土へ)導いてください。《↔有縁》

む-か【無何】(名)《仏教語》「無何有」の略。何も作為がなく自然のままであること。また、無我無心の境地。〔野ざらし紀行〕「三更月下―に入る」訳 真夜中の月光の下を行き、無我無心の境地に入る。

むかいばら〔当腹〕⇩むかひばら

むかう〔向かう・対う・迎う〕⇩むかふ

むかう-ざま ムコウ―【向かう様】(形動ナリ)〈なら・なり(に)・なり・なる・なれ・なれ〉「向かひ様」のウ音便」「むかうさま」とも。面と向かうさま。平家 九・生ずきの沙汰「梶原、押し並べてや組む、―・に用や当て落とすと思ひけるが」訳 梶原は(自分の馬を佐々木の馬に)押し並べて組むか、(それとも)面と向かうようにぶつけて落とすかと思ったが。

むかし【昔】(名)❶過ぎ去った時。ずっと以前。徒然 二五「桃李もの言はねば、誰とともにか―を語らん」訳 桃や李は(昔のままに咲いてはいるが)物を言わないから、だれといっしょに昔のことを語ろうか(いや、昔を語る者はだれもいない)。⇩古「慣用表現」

❷(「ひと昔」の形で)過去の二十一年、三十三年、また、十年を一期としていう語。〔山家集〕「吉野山ほきぢ伝ひに尋ね入りて花見し春はひと―かも」訳 吉野山の険しい山道沿いに尋ね入って桜の花を見た、あの春は、ひと昔前のことだなあ。

むが-し(形シク)〈しから・しく(しかり)・し・しき(しかる)・しけれ・しかれ〉喜ばしい。ありがたい。万葉 一八・四一〇五「白玉の五百箇集ひを手に結びおこせむ海人は―・しく用もあるか」訳 真珠をたくさん紐に通したものを手に結びつけて、(それを)よこしてくれるような海人はありがたくもあることよ。

むかし-おぼ-ゆ【昔覚ゆ】❶昔が思い出される。源氏 紅梅「時々うけたまはる御琵琶の音なむ―・え用侍る」訳 時々お聞きする(宮の御方のお弾きになる)琵琶の御音色に昔が思い出されます。❷古風に思われる。徒然 一〇「うちある調度も―・え用て安らかなるこそ、心にくしと見ゆれ」訳 何気なく置いてある道具類も古風な感じがして落ち着きがあるのは、奥ゆかしいと思われる。

むかしおもふ… 和歌

> 昔思ふ　草の庵の　夜の雨に
> 涙な添へそ　山ほととぎす
> 〈新古今・三・夏・二〇一・藤原俊成〉

訳 しみじみと昔のことを思い出しているわび住まいに降る夜の雨に、(これ以上、鳴いて)涙を加えてくれるな、山ほととぎすよ。文法「な(副詞)…そ(終助詞)」の形で禁止の意を表す。

解説「白氏文集」の「蘭省の花の時錦帳の下、廬山の雨の夜草庵の中」が典拠。この詩句が、宮中で時めいている友と流罪になってさびしい境遇にある自分とを対照させていることや、この歌の成立が作者の出家の二年後に当たることなどから、「昔思ふ」は華やかだった宮中生活を回顧しているものと思われる。

むかし-が-いま-に【昔が今に】昔から今に至るまで。〔浮・世間胸算用〕「―、借銭にて首切られたる例もなし」訳 昔から今に至るまで、借金のために首を切り落とされた前例もない。

むかし-がたり【昔語り】(名)昔ばなし。また、昔の物語。源氏 朝顔「その世のことは、みな―になりゆくを」訳 その時代のことは、みな昔ばなしになっていくので。

むかし-ざま【昔様】(名)昔風。昔のようす。源氏 胡蝶「まろを、―になずらへて、母君と思ひない給へ」訳 私(=光源氏)を、(あなた=玉鬘の亡き母、夕顔の)昔のようすになぞらえて、(私を)母君だとあえてお考えなさい。

むかし-の-ひと【昔の人】❶昔の時代に生きた人。古人。徒然 一四「―は、ただいかに言ひ捨てたる言草も、みないみじく聞こゆるにや」訳 古人(の歌)は、ただもうどんなに無造作に言ったことば(=歌句)でも、みなりっぱに聞こえるのであろうか。❷亡くなった人。故人。更級 野辺の笹原「―の必ず求めておこせよとありしかば、求めしに」訳 故人(=あなたの姉)が、きっとさがしてよこしてくれと言ったので、(物語を)さがしたけれども。❸昔なじみの人。古今 夏「五月待つ花たちばなの香をかげば―の袖の香ぞする」訳 ↓さつきまつ… 和歌

むかし-びと【昔人】(名)❶昔の世の人。古人。伊勢 一「―は、かくいちはやき雅をなむしける」訳 昔の世の人は、このように情熱的な風雅なふるまいをしたのであった。⇩いち早し「名文解説」❷亡くなった人。故人。源氏 早蕨「いと貴になまめかしき気色まさりて、―にもおぼえ給へり」訳 (中の君は)たいそう気品高くあでやかなようすがまさって、亡くなった人(=姉の大君)にも(面ざしが)似ていらっしゃる。❸昔なじみの人。源氏 玉鬘「―もかたへは変はらで侍りければ、その世の物語し出で侍りて」訳 昔なじみの人も一部は変わらずに(残って)いましたから、あの当時(=夕顔在世中)の話をし始めまして。❹昔風な人。年寄り。〔折たく柴の記〕「かたくななる―たちの言ひしは」訳 頑固な年寄りたちが言ったことは。

むかし-へ ―エ【昔へ】(名)(「へ」は方向の意)過去。昔。古今 夏「―や今も恋しきほととぎすふるさとにしも鳴きて来つらむ」訳 昔のことが今になっても恋しいのか、あのほととぎすは。(それで)昔なじみのこの土地に(わざわざ)鳴きながらやって来たのだろう。

むかしへ-びと ムカシエ―【昔へ人】(名)故人。土佐「この羽根といふ所問ふ童のついでにぞ、また―を思ひ出でて」訳 この羽根という所について質問する子供の、その

おりに、また故人(=土佐で亡くした娘)を思い出して。

むかし・ものがたり【昔物語】(名)昔から伝わった物語。昔ばなし。昔語り。細道 福井「―にこそかかる風情(ふぜい)は侍れと」訳(まさに)昔の物語にこのような趣(の場面)はございますと。⇨古物語(ふるものがたり)「発展」

むかし・わたり【昔渡り】(名)古く外国から渡来した品物。〔浮・世間胸算用〕「帯とても―の本繻子(ほんじゅす)」訳帯だって古い渡来品の本繻子で。

むかし・をとこ ヲトコ【昔男】(名)(「伊勢物語」の各段のはじまりに「昔、男ありけり」とあるところから、モデルとされた)在原業平(ありわらのなりひら)のこと。〔謡・井筒〕「その業平はその時だにも、―といはれし身」訳その業平は(生きていた)その当時でさえも、昔男といわれた人。

むか・つ・を ヲ【向かつ峰・向かつ丘】(名)(「つ」は「の」の意の上代の格助詞)向かいにある峰。向かいの丘。万葉 七・一〇九九「片岡(かたをか)のこの―に椎(しひ)蒔(ま)かば今年の夏の蔭(かげ)にならむか」訳片岡(=地名)のこの向かいの丘に椎の実をまくなら、今年の夏の木陰になるだろうか。

むか・ば【向か歯】(名)上の前歯。平家 一一・鶏合 壇浦合戦「九郎は色白うせい小さきが、―のことにさし出(い)でてしるかんなるぞ」訳九郎(=源義経(よしつね))は色が白く背が低いが、前歯が特に出ていて目立つそうだぞ。

むか・はぎ【向か脛】(名)むこうずね。

むか・ばき【行縢】(名)鹿・熊などの毛皮でつくり、腰につけて垂らし、袴(はかま)の前面にあてるおおい。騎馬や狩猟のときに用いる。⇨巻頭カラーページ16

むかはり ムカワリ(名)一年、または一月(ひとつき)がめぐって来ること。一周年。特に、一周忌。〔浮・世間胸算用〕「明日はその(=年始に妹がくれた年玉が盗まれたことの)―になるが、惜しいことをしました」

むかは・る ムカワル(自ラ四){ら・り・る・る・れ・れ}(因果が)めぐって来る。報いが現れる。源氏 柏木「この世にて、かく思ひかけぬことに―・り用ぬれば」訳現世でこのように思いがけないことで報いが現れたから。

むかひ・ばら ムカイ【当腹】(名)正妻から生まれること。また、その子。今昔 三〇・六「いよいよこの―の姫君をかしづきて」訳ますますこの正妻腹の姫君を大切に育てて。

むかひ・び ムカイ【向かひ火】(名)❶燃えて来る火に向かって、こちらから火をつけて、先方の火の勢いを弱めること。〔記〕中「その火打ちもちて、火をうち出(い)でて―をつけて焼き退(そ)けて」訳(倭建命(やまとたけるのみこと)はその火打ち石で、火をうち出して向かい火をつけて(迫る火を)焼き退けて。名文解説 だまされて野火で焼き殺されそうになった倭建命が、とっさの機転で野原の草を刈って火打ち石で火をつけ、その勢いで野火を押し戻す場面。神話の中の英雄として名高い倭建命の、知恵と勇気を伝えるエピソードである。
❷(多く「向かひ火つくる」の形で)他人が怒ったとき、こちらも対抗して怒り、相手の勢いを押さえること。源氏 竹河「『いとうしろめたき御心なりけり』と、―つくれば」訳「ほんとうに気を許せない(あなた=蔵人(くろうど)の少将の)お気持ちだったのだ」と、こちらでも腹を立てて対抗すると。

むかひ・ゐる ムカイイル【向かひ居る】(自ワ上一){ゐ・ゐ・ゐる・ゐる・ゐれ・ゐよ}向かい合ってすわる。徒然 一二「つゆ違(たが)はざらんと―・ゐ用たらんは、ひとりある心地やせん」訳(気の合わない相手の気持ちに少しも背かないようにしようと思って向かい合ってすわっているようなのは、一人でいる(のと同じような寂しい)心持ちがするだろう。

むか・ふ ムカ(コ)ウ【向かふ・対ふ】一(自ハ四){は・ひ・ふ・ふ・へ・へ}❶向き合う。向かい合ってすわる。対座する。徒然 一七〇「人と―・ひ用たれば、ことば多く、身もくたびれ、心も閑(しづ)かならず」訳人と対座しているときっと、ことば(を発すること)が多く(なり)、からだもくたびれ、心も落ち着かない。
❷**出むく。おもむく。** 平家 六・小督「御書を給はって―・ひ用候はん」訳(帝(みかど)の)お手紙をいただいて(小督(こごう)のいる嵯峨(さが)へ)出むきましょう。
❸その時や状態に近づく。〔風雅〕秋中「打ちむれて天(あま)とぶ雁(かり)のつばさまで夕べに―・ふ体色ぞかなしき」訳群れをなして空を飛ぶ雁の翼まで、夕方(の色)になってゆく、その色がせつないことだ。
❹**相当する。匹敵する。** 万葉 四・六七八「直(ただ)に逢(あ)ひて見てばのみこそたまきはる命に―・ふ体あが恋止(や)まめ」訳(あなたに直接会って見たならその時だけ、命に等しい(=命を賭けた)私の恋の思いは静まるだろう。(「たまきはる」は「命」にかかる枕詞)。文法「見てば」の「て」は、完了の助動詞「つ」の未然形。「止まめ」の「め」は、推量の助動詞「む」の已然形で、係助詞「こそ」の結び。
❺**はむかう。敵対する。**〔太平記〕三「―・ふ体敵に走りかかり走りかかり」訳はむかう敵に次から次へと走りかかり。
二(他ハ下二){へ・へ・ふ・ふる・ふれ・へよ}❶向かい合わせる。対座させる。蜻蛉 上「川に―・へ用てすだれまきあげて見れば、網代(あじろ)どもをしわたしたり」訳(牛車(ぎっしゃ)を)川の方に向かい合わせてすだれを巻きあげて見ると、(氷魚(ひお)をとる)網代をいくつもずらっと作ってある。
❷**出むかせる。おもむかせる。** 平家 二・烽火之沙汰「入道がもとへ射手(いて)なんどや―・へ未んずらん」訳(私、清盛)入道のところへ討っ手などをさし向けるのだろうか。
❸**はむかわせる。敵対させる。** 平家 一・額打論「北京(ほっきゃう)には、興福寺に―・へ用て延暦寺(えんりゃくじ)の額を打つ」訳京都側では、(奈良の)興福寺に対抗させて(比叡山(ひえいざん))延暦寺の額を掲げる。

むか・ふ ムカ(コ)ウ【迎ふ】(他ハ下二){へ・へ・ふ・ふる・ふれ・へよ}待ち受ける。出迎える。招く。平家 三・医師問答「良医を―・へ用て見せしむるに」訳良医を招いて診察させると。

むか・ぶ・す【向か伏す】(自サ四){さ・し・す・す・せ・せ}はるか向こうのほうに伏す。万葉 三・四四三「天雲(あまくも)の―・す体国の武士(もののふ)といはるる人は」訳雲が遠く地平につらなる国の武士といわれる人は。

むかへ・す・う ムカエ【迎へ据う】(他ワ下二){ゑ・ゑ・う・うる・うれ・ゑよ}人を迎えて、ある地位につける。源氏 東屋「もののしげにてかの宮に―・ゑ未むも音聞き便なかるべし」訳いかにもおおげさな(=本妻のような)状態で、あの邸(やしき)(=薫(かおる)の京の自邸)に(浮舟(うきふね)を)迎え住まわせるとしたらそれも、外聞がぐあい悪いだろう。

むかへ・と・る ムカエ【迎へ取る】(他ラ四){ら・り・る・る・れ・れ}迎えて家に置く。自分のところへ迎え入れる。源氏 若紫「ただ心やすく―・り用て、明け暮れの慰めに見む」訳(若紫を)ただ気楽に(二条院に)迎え入れて、毎日の(心の)慰めに見よう。

むかへ-び【迎へ火】(名)「むかひび」とも。盂蘭盆の初日の陰暦七月十三日の夕方、門前におがら(=麻の茎)を焚いて、亡き人の霊を迎える火。秋

むかへ-ゆ【迎へ湯】(名)御湯殿の儀式で、産湯をつかわせる女性の相手役となって、湯浴みした産児を受け取ること。また、その役。源氏 若菜上「御―におりたち給へるも」訳(明石の君が)産湯をつかわせるお相手として懸命に務めなさっているのも。

むか-もも【向か股】(名)もも。一説に、向こうずねとも。〔祝詞〕「手肱に水沫かき垂り、―に泥かき寄せて」訳手のひじに水の泡がついて垂れ、ももに泥がはりついて。

向井去来(むかゐきょらい)【人名】(一六五一〜一七〇四)江戸前期の俳人。別号、落柿舎。長崎の人。蕉門十哲の一人。「猿蓑」の撰者の一人。俳論書「去来抄」「旅寝論」、句集「去来発句集」など。(去来忌秋)

むぎ-あき【麦秋】(名)「「麦秋」の訓読」麦を取り入れる初夏のころ。陰暦五月。麦の秋。夏。〔浮・好色一代女〕「―・綿時を恋のさかりとはちぎりぬ」訳麦を取り入れる初夏のころや秋の綿の取り入れ時を恋のしごろであると決めた。

むぎあきや… 俳句

> 夏
> 麦秋や　子を負ひながら　いわし売り
> 〈おらが春・一茶〉

訳麦が一面に黄色く熟れた畑の(暑い)道を、背中に子を負った女が売りものの鰯の干物をさげて、(汗だくで)やってくるよ。(麦秋夏。切れ字は「や」)

解説「越後女、旅かけて商ひする哀れさを」と前書き。一茶の郷里である信州(長野県)の柏原は海に遠く、越後(新潟県)からの干物の行商が多かった。

むぎ-なは【麦索・麦縄】(名)❶「さくべい」に同じ。❷うどんや冷や麦の類。

むき-むき【向き向き】(名)おのおのの好みで、いろいろな方向を向いていること。思い思い。めいめい。万葉 九・一八〇四「遠つ国黄泉の界にはふ蔦のおのが―天雲の別れし行けば」訳(亡くなった弟は)遠い果ての黄泉の世界に自分勝手に別れて行くので。(「はふ蔦の」は「おのがむきむき」に、「天雲の」は「別る」にかかる枕詞)

むく【椋・樸樹】(名)木の名。果実は食用、葉は物をみがくのに用い、木材は器具の用材となる。むくのき。枕 一九九「桜の葉、―の葉こそ、いととくは落つれ」訳桜の葉や椋の葉は、とても早く散るものだ。

む-く【無垢】(名・形動ナリ)❶《仏教語》俗情の汚れがなく清浄であるさま。〔梁塵秘抄〕「―の浄土は疎けれど」訳(女性は)汚れのない清浄な仏の住む世界には縁遠いと思われたけれども。

❷衣服の上着から下着まで、表裏が無地で同色の着物。多く、白についていう。〔洒・通言総籬〕「上着はまぐろの滝上り、―はぼたもちのちらしさ」訳上着は(鯉ならぬ)まぐろの滝上りで、表裏が無地同色の下着は(牡丹ならぬ)ぼた餅の散らし絞りさ。

❸まじりけのないさま。純粋。

む-く【向く】㊀(自カ四)(か・き・く・く・け・け)❶その方向に向かう。対する。源氏 蓬生「女ばらも空を仰ぎてなむ、そなたに―・き用て喜び聞こえける」訳(光源氏の心配りに)女房たちも空を仰いで、(光源氏の邸のある)そちらの方角に向かってお礼を申し上げた。

❷そのほうに進む。その傾向になる。〔風雅〕恋四「わが心恨みに―・き用て恨み果てよあはれになれば忍び難きを」訳私の心はあの方を恨みに思う気持ちに傾いて、(いっそのこと)どこまでも恨み尽くすがよい。情愛にとらわれてしまうと(恋のつらさを)しのびかねるから。

❸適する。ふさわしい。〔浄・ひぢりめん卯月の紅葉〕「廓様、今は―・か未ぬと」訳遊里ふう(の髪形)は、今は適さないと。

㊁(他カ下二)(け・け・く・くる・くれ・けよ)❶向くようにする。向ける。更級 大納言殿の姫君「物もきたなげなるは、ほかざまに顔を―・け用て食はず」訳食べ物もきたならしいのは、(猫は)ほかのほうに顔を向けて食わない。

❷(神仏に)供え物をする。たむける。万葉 一・六二「ありねよし対馬の渡り海中に幣取り―・け用てはや帰り来ね」訳対馬海峡の海上で、幣を手にとり(海神に)たむけて早く帰って来てほしい。(「ありねよし」は「対馬」にかかる枕詞。)文法「帰り来ね」の「ね」は、他に対する願望の終助詞。

❸服従させる。従わせる。万葉 五・八一三「韓国を―・け用平らげて」訳新羅の国を服従させ平定して。

むくい【報い】(名)❶仕返し。返報。土佐「海賊―せむといふなることを思ふうへに」訳海賊が(私=紀貫之に対する)仕返しをするだろうと言っているといううわさがあるのを心配するうえに。

❷ある行為の結果として身に受けるもの。応報。果報。方丈 五「貧賤の―のみづからなやますか」訳貧賤(という形で)の応報が自分を悩ますのか。

❸手にはいったもの。さずかったもの。方丈 四「糧ともしければ、おろそかなる―をあまくす」訳食糧が乏しいので、粗末なさずかりもの(=食べ物)をおいしく感じる。

むくげ【木槿・槿】(名)落葉低木の名。夏から秋にかけて、紫・紅・白色の花を開く。きはちす。秋。〔野ざらし紀行〕芭蕉「道のべの―は馬にくはれけり」訳→みちのべの…俳句

むくつけ-し(形ク)(から・く・かり・し・き・かる・けれ・かれ)❶恐ろしい。気味がわるい。源氏 夕顔「昔物語などにこそかかることは聞け、といとめづらかに―・けれ已ど」訳昔の物語などでこのような(物の怪が出現するという)ことは聞くけれどと、(光源氏には)たいへんめったにないことで気味がわるいが。⇩気疎し「類語パネル」

❷無骨である。無風流だ。源氏 玉鬘「―・き体心の中に、いささか好きたる心まじりて」訳(大夫の監は)武士の荒々しく無骨な気性の中に、少し好色な心も混じっていて。

むく-ふ【報ふ・酬ふ】「鎌倉時代以降に「むくゆ」から転じた語」㊀(他ハ四)(は・ひ・ふ・ふ・へ・へ)❶恩返しや仕返しをする。平家 七・福原落「あやしの鳥けだものも、恩を報じ、徳を―・ふ体心は候ふなり」訳いやしい鳥や獣でも、恩を返し、徳に報いる心はあるものです。

❷報酬を支払う。方丈 三「車の力を―・ふ体ほかには、さ

らに他の用途いらず」訳 車の力(を借りたこと)に報酬を支払う以外には、まったくほかの費用はかからない。

■(自ハ四)｛は・ひ・ふ・ふ・へ・へ｝報いが現れる。平家 灌頂・女院死去「父祖の罪業は子孫にー・ふ㊦といふこと疑ひなしとぞ見えたりける」訳 父祖の罪業は子孫に応報するということが疑いないと思われた。

むくむく・し(形シク)｛しから・しく(しかり)・し・しき(しかる)・しけれ・しかれ｝恐ろしい。気味がわるい。更級 初瀬「聞くに、いとー・しく㊤をかし」訳(話を)聞くと、ひどく恐ろしく(同時に)おかしい。

むく-め・く【蠢く】(自カ四)｛か・き・く・く・け・け｝〔「めく」は接尾語〕虫などがむくむくと動く。うごめく。今昔 一九・二「まことに多くの蛇ありてー・く㊦」訳 ほんとうに多くの蛇がいてうごめいている。

むく・ゆ【報ゆ・酬ゆ】(他ヤ上二)｛い・い・ゆ・ゆる・ゆれ・いよ｝受けた恩や仇に相応する行為をして返す。今昔 二九・三六「心あらむ人は、人の恩をかうむりなば、必ずー・ゆ㊦べきなり」訳 ものの道理をわきまえているような人は、人の恩を受けたなら、必ず恩返しをしなければならないのである。

むぐら【葎】(名)つる草の総称。荒れはてた家や貧しい家の描写に用いる。夏。万葉 一九・四二七〇「ーはふ賤しき屋戸も」訳 むぐらのはい茂るむさくるしい家も。

むぐら-の-かど【葎の門】むぐら(=つる草の総称)の生えからんだ家。荒れはてた家や貧しい家にいう。葎の宿。源氏 末摘花「かの人々の言ひしーは、かうやうなる所なりけむかし」訳 あの者たち(=左の馬頭たち)が言った荒れはてた家とは、このような所だったのだろうよ。⇩苫屋「慣用表現」

むぐら-の-やど【葎の宿】「むぐらのかど」に同じ。源氏 横笛「露しげきーに古の秋にかはらぬ虫の声かな」訳 露がしとどにおり、涙がいっぱいのむぐらの生い茂った家に、(柏木在世の)昔の秋に変わらない虫の声(=笛の音)であるなあ。

むぐら-ふ【葎生】(名)むぐら(=つる草の総称)が一面に生えている所。万葉 四・七五九「いかならむ時にか妹をーのきたなき屋戸に入れいませてむ」訳 いつどんな時に、あなたにむぐらが一面に生えている所のきたない家においでいただくことができるだろうか。

むくらん-ぢ【木蘭地】(名)「もくらんぢ」に同じ。

むくろ【身・軀】(名)❶からだ。また、胴体。平家 四・鵺「〔鵺は〕頭は猿、ーは狸、尾は蛇(=へび)、手足は虎の姿なり」
❷死骸。なきがら。特に、首を切られた胴体だけの死体。著聞 四三九「ーに手ばし負ひたりけるか」訳 (首以外の)胴体に傷でも受けてしまったのか。

むくろ-ごめ【軀籠め】(名)〔「ごめ」は接尾語〕からだごと。全身。枕 一〇八「ーに寄り給へ」訳 からだごとで(こちらへ)近づき(=おいで)なさい。

む-くゎん【無官】(名)官職のないこと。官職についていないこと。平家 四・宮御最期「ー無位なる者の」

むくゎん-の-たいふ【無官の大夫】(名)位は四位・五位であるが官職のない者。多くは、公卿の子で元服前に五位に叙せられた者をいう。

む-げ【無下】(名・形動ナリ)

語義パネル

●重点義　それ以下がない、はなはだしくひどいさま。転じて、程度のはなはだしいさま。

❶まったくひどいこと。最悪。最低。
❷ひどく身分が低いこと。
❸それ以外の何ものでもないさま。完全。
❹程度のはなはだしいさま。

❶**まったくひどいこと。最悪。最低。** 徒然 一八八「ーのことをも仰せらるるものかな」訳 とんでもないことをもおっしゃるものだなあ。

❷ひどく身分が低いこと。〔増鏡〕新島守「ーの民と争ひて、君の滅び給へるためし、この国には、いとあまたも聞こえざめり」訳 ひどく身分の低い人民と争って、帝が滅びなさった例は、この国(=日本)では、それほど多くは知られていないようだ。文法「ざめり」は、「ざるめり」の撥音便「ざんめり」の「ん」の表記されない形。

❸**それ以外の何ものでもないさま。完全。** 源氏 薄雲「今は、ーの親ざまにもてなしてあつかひ聞こえ給ふ」訳 (光源氏は)今ではまったくの(斎宮の女御の)親代わりとしてふるまってお世話し申しあげなさる。

❹程度のはなはだしいさま。源氏 若菜上「ーの末に参り給へりし入道の宮に、しばしは圧されにきかし」訳 ずっとあとに入内なさった入道の宮(=藤壺)に、しばらくは圧倒されておしまいになったよ。

むげ-に【無下に】(副)❶むやみに。ひどく。はなはだ。枕 八「わが家におはしましたりとて、ー心にまかするなめり」訳 (大進生昌は中宮定子が)自分の家においでになったというので、(気が大きくなって)ひどく心のままに振る舞うのであるようだ。文法「なめり」は、「なるめり」の撥音便「なんめり」の「ん」の表記されない形。
❷(下に打消の語を伴って)全然。まるで。いっこうに。源氏 夕顔「顔ー知るまじき童一人ばかりぞ率ておはしける」訳 (光源氏は)顔を(だれも)まったく知らないはずの童一人だけを連れていらっしゃった。

む-けん【無間】(名)「無間地獄」の略。八大地獄の一つ。五逆罪を犯した者が落ち、もっとも重い責め苦を受けるという。阿鼻地獄。→八大地獄

む-ご【無期】(名・形動ナリ)❶期限や際限のないこと。終わりがいつとわからないこと。枕 三三「『いかにぞ。事成りぬや』と言へば、『まだ、ー』などいらへ」訳「どんな(ようす)だ。そのことが始まった(=行列が通った)か」と言うと、「まだ、いつのことだか」などと答え。
❷時間・期間の長いこと。久しいこと。宇治 一・一二「ーのちに、『えい』といらへたりければ」訳 ずいぶん時間がたったあとで、「はい」と(稚児が)答えたので。

むこ-がね【婿がね】(名)〔「がね」は接尾語〕やがて婿になる人。婿の候補者。伊勢 一〇「このーによみておこせたりける」訳 この婿の候補者に詠んでおくった歌。

武庫の浦(むこのうら)《地名》歌枕 今の兵庫県西宮市と尼崎市との境を流れる武庫川河口付近の海。

む-ごん【無言】(名)❶ものを言わないこと。
❷《仏教語》「無言の行」の略。一定期間、無言でいる修行。方丈 三「ことさらにーをせざれども、独り居れば、口業を修めつべし」訳 わざわざ無言の行をしなくても、

ても、一人で暮らしているから、ことばから起こる報いのもとをきっとつつしむことができよう。

む-さ【武者】(名)「むしゃ」に同じ。

む-さい【無才】(名)「むざい」とも。才能のないこと。学問のないこと。源氏 帚木「―の人、なまわろならむふるまひなど見えむに、恥づかしくなむ見え侍りし」訳（私＝藤式部の丞のような）無学な人間が、なんとなくみっともないような振る舞いなどを（女から）見られるとしたらその場合には、気がひけると思われました。

む-さう【夢想】(名) ❶夢の中で心に浮かんだこと。❷夢の中で、神仏のお告げを受けること。また、そのお告げ。〔平治物語〕「不思議の―を蒙りて候ふ」訳ふしぎな夢のお告げをいただいております。

む-ざう【無慙】(名・形動ナリ)〔「むざん」の転〕「むざん」に同じ。宇治 一〇・一〇「かかる罪をのみつくりしが、―・に用おぼえて」訳このような罪をつくってばかりいたのが、痛ましく思われて。

武蔵『地名』〔古くは「むざし」〕旧国名。東海道十五か国の一つ。今の東京都・埼玉県、および神奈川県の一部を含む。武州。

むさ・し(形ク){から・く(かり)・し・き(かる)・けれ・かれ}きたない。不潔である。また、いやしい。〔浮・好色一代男〕「口紅粉―・き体ほど〔濃く〕塗りて」

むさし-あぶみ【武蔵鐙】(名)武蔵の国で産する鐙。鐙の端に刺鉄(＝留め金)をつけたことから、和歌では「さすが」にかけて用いる。伊勢 一三「―さすがにかけて頼むには問はぬも辛し問ふもうるさし」訳武蔵鐙の刺鉄ではないが、さすがに(あなたのことを)心にかけて頼りにする身には、便りがないのもつらいし、(かといって)便りをくれるのもわずらわしい。

武蔵野『地名』歌枕〔古くは「むざしの」〕今の東京都と埼玉県にわたる荒川と多摩川の間の平野。紫(＝草の名)・すすきとともに歌によく詠まれた。また、武蔵の国全体をさすこともある。

むさ-と(副)「むざと」とも。❶みだりに。やたらに。また、無造作に。〔浄・国性爺合戦〕「兵ども麤相すな、―鉄砲はなすな」訳兵たちよあやまちをおかすな、むやみに発砲するな。❷(「むさとしたる」「むさとした」の形で)思慮のない。いいかげんな。取るに足りない。〔狂・居杭〕「そち(＝おまえ)は―したことをいう」

む-ざね【実】(名)〔「身実」の意〕そのもの。その身。実体。正体。〔紀〕景行「形は我が子、―は神人にますことを」訳姿はわが子であるが、実体は神であられることを。

むさぼ・る【貪る】(他ラ四){ら・り・る・る・れ・れ}欲深くほしがる。しきりに執着する。欲ばる。徒然 七四「生を―・り用、利を求めて止む時なし」訳(愚かな者は)長生きすることに執着し、利益を求めてとどまる時がない。

む-ざん【無慙・無慚・無惨】(名・形動ナリ) ❶《仏教語》罪を犯しても、恥じないこと。徒然 一一五「放逸―のありさまなれど」訳(虚無僧というものは)気まま勝手で恥知らずのありさまであるが。❷恥知らずなこと。乱暴なさま。残酷であること。平家 九・重衡生捕「あな―の盛長や、さしも不便にし給ひしに、一所でいかにもならずして」訳ああ、恥知らずの盛長だ、(主人の重衡が)あれほどかわいがっておられたのに、同じ場所で命を捨てることもしないで。❸痛ましいさま。気の毒である。平家 二・卒都婆流「『あな―や。されば今までこの者どもは、命の生きてあるにこそ』とて」訳(後白河法皇は)「ああ痛ましいことだ。それでは今までこの(鬼界が島に流された)者たちは、生きながらえているのだろう」とおっしゃって。文法 係助詞「こそ」のあとに結びの語「あらめ」などが省略されている。

むざんやな… 俳句

むざんやな　甲の下の　きりぎりす　秋
〈おくのほそ道・太田神社・芭蕉〉

訳ああ、なんと痛ましいことだ。(斎藤別当実盛が白髪を染めて奮戦し、討ち死にした際にかぶっていた)甲の下で、今、こおろぎがか細い声で鳴いている。(きりぎりす 秋。切れ字は「な」)。文法「むざんやな」の「や」は間投助詞、「な」は終助詞。どちらも詠嘆を表す。
解説 実盛の旧友樋口次郎兼光が、今は敵となった実盛の首実検に立ち会い、「あなむざんやな…」と涙を流した旨が謡曲「実盛」や「平家物語」などに見える。「きりぎりす」は今のこおろぎ。

むし【虫】(名)昆虫類の総称。特に、秋鳴く虫をいう。秋。徒然 四四「心のままに茂れる秋の野らは、…―の音かごとがましく」訳(草木が)思いのままに茂っている秋の野原は、…虫の鳴き声がうらみがましく(聞こえ)。

む-し【無始】(名)《仏教語》(因果の法則から見て)いくらさかのぼってみても始めのない、無限に遠い過去。宇治 一・六「―よりこのかた生死に流転するは」訳無限に遠い過去からずっと今まで(衆生が)生死をくり返して迷いの世界をさまようのは。

むし-くゎうごふ【無始曠劫】(名)《仏教語》始めを知ることができない遠い昔。永久無限の過去。平家 一〇・維盛入水「妻子といふものが、―よりこのかた、生死に流転するきづなるがゆゑに」訳妻子というものが、限りなく遠い昔からずっと今まで、生死をくり返して迷いの世界をさまよう(＝極楽往生を妨げる)束縛であることのために。

むし-の-たれぎぬ【枲の垂れ衣・帔】(名)〔「むし」は「苧(＝草の名。茎から繊維をとる)」の略〕平安・鎌倉時代に、女性が外出するとき、市女笠のまわりに縫いつけて長く垂らし、頭・からだをおおった薄い布。⇩巻頭カラーページ14

むし-ば・む【虫食む】(自マ四){ま・み・む・む・め・め}虫が食って穴などがあく。虫食いになる。枕 二九二「月に昔を思ひ出でて、―・み用たる蝙蝠取り出でて」訳月に向かって昔を思い出して、虫食いになった扇を取り出して。

む-しゃ【武者】(名)「むさ」とも。武士。徒然 一四一「悲田院の尭蓮上人は、俗姓は三浦の某とかや、双なき―なり」訳悲田院の尭蓮上人は、在俗のときの姓は三浦の某とかいう、並ぶ者のない武士である。

む-じゃう【無常】(名) ❶《仏教語》すべてのものは変化しつづけて、永久不変ではないということ。平家 一・

祇園精舎「祇園精舎の鐘の声、諸行ーの響きあり」訳(釈迦が説法をした)祇園精舎の鐘の音は、すべてのものは絶えず変化しつづけてとどまることがないという響きがある。⇩平家物語「名文解説」。

❷人生のはかないこと。また、人間の死をいう。↔常住 徒然 四九「人はただ、ーの身に迫りぬる事を心にひしとかけて、束の間も忘るまじきなり」訳人は、ただ、死が(自分の)身に確かに迫っていることを心にしっかりととめて、わずかの間も忘れてはならないのである。⇩果つ「慣用表現」

むじゃう-しょ【無常所】(名)墓所。墓地。墓場。〔拾遺〕雑上・詞書「神明寺の辺にー設けて侍りけるが」訳神明寺のあたりに墓所を設けておりましたが。

むじゃう-の-かたき【無常の敵】(「無常」という敵の意から)人の死。徒然 一三七「静かなる山の奥、ー競ひ来らざらんや」訳閑静な山の奥に、死が勢い込んでやって来ないことがあろうか(いや、必ずやって来る)。⇩果つ「慣用表現」

むじゃう-の-せっき【無常の殺鬼】(無常が命をうばうのを鬼にたとえて)人の死。平家 六・入道死去「目にも見えず、力にもかかはらぬーをば、暫時も戦ひ返さず」訳目にも見えず、力でもどうすることもできない死という殺鬼を、少しの間も戦って追い返すことがない。⇩果つ「慣用表現」

むしゃ-どころ【武者所】(名)院の御所を警護する北面の武士の詰め所。また、その武士。

む-しょ【墓所】(名)墓地。墓場。〔謡・定家〕「ーへ参り候ふ(=お参りします)」

むじょう【無常】⇩むじゃう

むしろ【筵・蓆・席】(名)❶藺・竹・藁・蒲などを編んで作った敷物の総称。竹取 竜の頸の玉「松原に御ーしきて、下ろし奉る」訳(人々は松原に御むしろを敷いて、(舟から大伴の大納言を)下ろしてさしあげる。

❷(集まりなどの)席。場所。徒然 一六七「一道に携はる人、あらぬ道のーにのぞみて」訳一つの分野に従事している人が、(自分の専門でない方面の席に出て。

む-しん【無心】㊀(名・形動ナリ)**心ないこと。考えの浅いこと。**また、風流心がないこと。大鏡 頼忠「この大納言殿、ーのこと一度ぞのたまへるや」訳この大納言殿(=公任)は、思慮のないことを一度おっしゃったよ。文法「や」は、間投助詞。

㊁(名)❶和歌・連歌で、卑俗で滑稽な表現をねらったもの。〔筑波問答〕「有心ーとて、うるはしき連歌と狂句とをまぜまぜにせられしことも常に侍り」訳有心無心(の連歌)といって、きちんとした連歌と滑稽な句とを交互におりまぜなさったことも常にございます。

❷「無心連歌」の略。

㊂(名・他サ変)金銭・物品などを人にねだること。〔浮・西鶴諸国ばなし〕「このもとへーの状を遣はしけるに」訳この(医者の)もとへ借金の手紙をやったところ。

むしん-しょぢゃく【無心所着】(名)歌論で、まとまりのない歌。意味をなさない歌。〔無名抄〕「果てには自らもえ心得ず、違はぬーになりぬ」訳ついには自分でも(意味が)理解できず、正真正銘の意味をなさない歌になってしまう。

むしん-れんが【無心連歌】(名)和歌的で優雅な有心連歌に対して卑俗で滑稽な表現をねらった連歌。↔有心連歌

む-す【生す・産す】(自サ四){さ・し・す・す・せ・せ}はえる。生じる。方丈 四「軒に朽ち葉深く、土居に苔ーせ(已)り」訳(仮の庵も今では)軒には朽ち葉が深く(積もり)、土台には苔がはえている。

語の広がり「産す」
「息子」は「産す子」、「娘」は「産す女」の意。

む-す【噎す・咽す】(自サ下二){せ・せ・す・する・すれ・せよ}❶(物や煙などがのどにつまって)むせる。著聞 二四六「管中に平蜘のありけるが、喉に呑み入れられにけり。ーせ(用)ては吐きまどひけるほどに」訳(笙の)管の中に平ぐもが入っていたのが、喉に吸い込まれてしまった。(その平ぐもに)むせては吐きあわてたので。

❷悲しみで胸がいっぱいになる。万葉 三・四五三「吾妹子が植ゑし梅の木見るごとにこころーせ(用)つつ涙し流る」訳(今は亡き)私の妻が植えた梅の木を見るたびに、胸が悲しみでいっぱいになるとともに涙が流れることだ。

古語ライブラリー㊺

呪文「くさめ」

今日「くしゃみ」というと、鼻の粘膜が刺激されて、鼻や口から激しく急に息が出る反射運動を思い浮かべる。昔の人は、この反射運動によって魂が飛び出し、突然の死をも招くことがあると考えていたらしい。

そこで、くしゃみが出たときには、呪文を唱えた。その呪文が「くさめ」である。今日いう「くしゃみ」は「鼻嚔」であり、「くしゃみをする」は「嚔る・鼻嚔る」であった。

ある人が清水寺への参詣のときに、年老いた尼と道づれになった。その尼が、道すがら「くさめくさめ」と言い続けているので、その理由を問うと、こう答えたという。

◇やや、鼻ひたるとき、かくまじなはねば死ぬるなりと申せば、養ひ君の、比叡山に児にておはしますが、ただ今もや鼻ひ給はんと思へば、かく申すぞかし。〈徒然 四七〉

鎌倉時代末期に成った有職故実書、洞院公賢編『拾芥抄』によると、呪文の「くさめ」は、「休息万命急急如律令」の意であるという。「くそくまんみゃう」の部分を早口で繰り返し唱えるうちに、「くさめ」になったとみるのであろう。

建治元年(一二七五)に成った国語語源辞典、経尊著『名語記』には、こうある。

◇鼻ヒタル時、クサメトマジナフ如何。コレヲバ九足八面鬼トトナフレバ、短ヲウカガフ鬼、ワガ名字ヲイハレテ、害ヲナサズ逃去トイヘル義アリ。又、休息万命急々如律令トトナフベキヲ、クサメトハイヘリトイフ説アリ。

こちらでは「九足八面鬼」と唱えたのが「くさめ」になったとみている。理屈にはなっているが、正しいのかどうか。

呪文の語源をさぐることは、むずかしい。

むず（ンズ）（助動サ変型）

意味・用法
- **推量**〔…だろう。〕→❶
- **意志**〔…う。…よう。〕→❷
- **適当・当然**〔…のがよいだろう。…べきだ。〕→❸
- **仮定・婉曲**〔…とすれば、その。…ような。〕→❹

接続
活用語の**未然形**に付く。

活用

未然	連用	終止	連体	已然	命令
		（○）	（コト）	（ドモ）	
○	○	むず（んず）	むずる（んずる）	むずれ（んずれ）	○

〔推量の助動詞「む」に格助詞「と」とサ変動詞「為す」の付いた「むとす」の転。「んず」とも表記される〕❶推量の意を表す。**…だろう。** 竹取 かぐや姫の昇天「迎へに人々まうで来**むず**㊊」 訳 （私=かぐや姫を）迎えに人々がやって来る**だろう**。 大鏡 道隆「事いできな**むず**㊊。いみじきわざかな」 訳 大事が起こってしまう**だろう**。たいへんなことだなあ。 文法 「なむず」の「な」は、助動詞「ぬ」の未然形で、ここは確述の用法。

❷意志の意を表す。**…う。…よう。** 竹取 竜の頸の玉「いづちもいづちも、足の向きたらむ方へ往なむず㊊」 訳 どこへなりとも、足が向いたら、そのほうへ行こう。 文法 「向きたらむ方」の「む」は、仮定・婉曲の助動詞。 平家 九・木曽最期「もし人手にかからば、自害をせ**んずれ**㊀ば」 訳 もしも人手にかかるならば、自害をしようと思っているので。

❸適当・当然の意を表す。**…のがよいだろう。…べきだ。** 平家 九・三草合戦「暗さは暗し、いかがせ**んずる**㊌」 訳 暗さはまっ暗だ、どうする**のがよいだろう**か。

❹（連体形を用いて）仮定・婉曲の意を表す。…とすれば、その。…ような。 竹取 かぐや姫の昇天「さる所へまからむずる㊌も、いみじくも侍らず」 訳 そのような所（=月の都）へ参ります**ような**ことも、うれしくもございません。

文法 (1) **「むず」の語史**　「むず」は、平安時代に生まれた口頭語であるらしく、「枕草子」には次のように言っている。

「何事を言ひても、『そのことさせむとす』『言はむとす』『なにとせむとす』といふ「と文字」をうしなひて、ただ『言はむずる（=言おうとする）』『里へ出でむずる（=下がろうとする）』など言へば、やがていとわろし（=それだけでもうひどくよくない）。まいて、文に書いては言ふべきにもあらず」　〈枕 一九五〉

平安時代の用例はほぼすべてが会話文に現れる。また、当時の文章語であった漢文調の文章では「むず」はめったに用いられず、もっぱら「むとす」が用いられた。こうした傾向は中世以降も続くが、「平家物語」など語り物では地の文にも用いられるようになった。「むず」の発音は平安時代にすでに「ンズ」となり、中世には「ウズ」ともなり、「んず」「うず」と表記されることもあった。

(2) **可能推量**　「む」と同じく、①の用法に含めて考えられるものに、実現の可能性を推量する場合がある。強調表現になると可能性の確信の意になる。

「思ひも寄らぬ時に押し寄せてこそ、思ふ敵をば討**たんずれ**（=討つことができるのだ）」　〈平家 一一・逆櫓〉

(3) **「むずらむ」**　成立当時のままかどうか本文に不安があるが、すでに平安時代の作品「落窪物語」に見られ、中世以降特に目立つのが、「むず」にさらに推量の助動詞「らむ」の付いた「むずらむ」という形である。

「かの中将殿もいづこにかさぶらひ給は**むずらむ**（=どこに参籠なさろうとしているのだろうか）」　〈落窪〉

この用法が本来のもので、「むず」が「…うとし」、「らむ」が「…ているのだろう」にあたっている。ところが、

「いかにおはせ**むずらむ**」　〈落窪〉

「軍は定めて明日の軍でぞあら**んずらん**」　〈平家 九・三草合戦〉

「この児、定めておどろかさ**んずらん**と、待ちゐたるに」　〈宇治 一・一二〉

などの用例では、「…うとしているのだろう」という現代語をあてると不自然である。「むずらむ」で「…うとするだろう」にあたる用法に変化しているものと考えられる。

むず-と（副）❶急に力をこめて。むんずと。 平家 九・宇治川先陣「上がらんとすれば、うしろに物こそ―ひかへたれ」 訳 （畠山庄司次郎が川から）上がろうとすると、背後で何かが**むんずと**引き止めた。

❷おし切ってするさま。遠慮せず大胆に。〔平治物語〕「信頼の上に―着き給ふ」 訳 （左大弁宰相長方は）信頼の上座に**遠慮せず大胆に**お座りになる。

むすび-い-づ（イズ）【結び出づ】（他ダ下二）｛で・で・づ・づる・づれ・でよ｝両手の指を組み合わせていろいろな形を作る。 徒然 二四「印ことごとしく―・で㊞などして」 訳 （僧たちが）印形を大げさに**指で形作り**などして。

むすび-こ-む【結び込む】（他マ下二）｛め・め・む・むる・むれ・めよ｝とじこめる。〔和泉式部日記〕「玉の緒の絶えむものかは契りおきしなかに心は―・め㊞てき」 訳 （あなたの）命は絶えるものだろうか（いや、絶えるものではない）。（末永くと）約束しておいた（二人の）仲に、心は（しっかりと）**とじこめて**しまった（から）。

むすび-だい【結び題】（名）和歌で、二つ以上の事柄を結びつけた題。「初春霞」の類。〔後鳥羽院御口伝〕「難き―を人の詠ませけるには」 訳 難しい**結び題**（の歌）を人が（私=後鳥羽院に）詠ませた時には。

むすび-ぶみ【結び文】（名）巻き畳んで、端を結んだ書状。結び状。

むすび-まつ【結び松】（名）誓いや願をかけたしるしに、松の小枝を結び合わせておくこと。また、その松。 万葉 二・一四四「磐代の野中に立てる―情も解けず古思ほゆ」 訳 磐代（=地名）の野原の中に立っている**結び松**よ。（その結び目のように私の）心も解けずに昔のことが思われる。（第三句までは「解けず」を導きだす序詞）

むす・ぶ【結ぶ】■（自バ四）｛ば・び・ぶ・ぶ・べ・べ｝**固まる。まとまる。**ある形になる。 方丈 一「淀みに浮かぶうたかたは、かつ消えかつ―・び㊞て、久しくとどまりたる例なし」 訳 （川の流れの）よどみに浮かぶあわは、一方では消え、一方では**あらわれ**て、いつまでも（そのままの姿で）

とどまっている例はない。⇩方丈記(はうぢやうき)「名文解説」

二(他バ四){ば・び・ぶ・ぶ・べ・べ} ❶端と端とをつなぎ合わせる。また、結び目をつくる。枕 九五「かしこう縫ひつと思ふに、針をひき抜きつれば、はやくしりを―・ば㊀ざりけり」訳 うまく縫いあげたと思うのに、針を引き抜いたところ、なんとまあ(糸の)端を玉に結んでいなかったのだった。

❷編んで作る。組んで作る。方丈 三「六十(むそぢ)の露消えがたに及びて、更に末葉(すゑは)の宿りを―・べ㊁ることあり」訳 六十歳という露(のようにはかない命)が消えようとするころになって、新しく残りの命を宿すための家を組み立て造ったことがある。

❸生じさせる。かたちづくる。徒然 一三〇「はじめ興宴より起こりて、長き恨みを―・ぶ㊃類(たぐひ)多し」訳 最初は宴会の戯れから始まって、長い(間続く)恨みを(心に)生じさせる例が多い。

❹約束する。言いかわす。万葉 三・四八一「絶えじい妹(いも)と―・び㊇てし言(こと)は果たさず」訳 (二人の仲は)絶えまい、おまえよと、確かに約束したことばは果たさないで。

むす・ぶ 【掬ぶ】(他バ四){ば・び・ぶ・ぶ・べ・べ} (水などを)手ですくう。古今 春上「袖ひちて―・び㊇し水のこほれるを春立つけふの風やとくらむ」訳 →そでひちて…和歌。〔十六夜日記〕「―・ぶ㊃手に濁る心をすすぎなばうき世の夢やさめが井(ゐ)の水」訳 この醒(さめ)が井の清水を手ですくって、けがれた心を洗い清めたならば、夢のようなはかないこの世の迷いもさめるだろうか。(「さめ」は「醒が井」と「夢がさめる」との掛詞)

むすぶての… 和歌

むすぶ手の　しづくに濁(にご)る　山(やま)の井(ゐ)の
あかでも人(ひと)に　別(わか)れぬるかな
〈古今・八・離別・四〇四・紀貫之(きのつらゆき)〉

序詞

訳 両手を合わせてすくう(その)手からしたたるしずくで濁る山の湧き水が十分に飲めない、そのようにもの足りないままであなたと別れてしまうことだなあ。修辞 第三句までは「あかでも」を導く序詞。(「…のように」と連用修飾とする説もある)文法「山の井の」の下の「の」は主格を示す助詞。

解説「井」は湧き水などを石や板で囲ったもの。「あか」に仏前に供える「閼伽(あか)」をかけるとする説もある。

むすぶ-の-かみ (名) ❶【産霊の神】〔「むすひのかみ」の転〕万物を生み出す神。〔拾遺〕雑恋「君見れば―ぞ恨めしきつれなき人を何作りけむ」訳 あなたに会うと、産霊の神が恨めしい。(これほど)無情な人をどうしてつくったのだろう。

❷【結ぶの神】男女の縁を結ぶという神。縁結びの神。

むすぼ・ほ・る 【結ぼほる】(ムスボオル)(自ラ下二){れ・れ・る・るる・るれ・れよ} ❶からみ合って解けなくなる。結ばれる。源氏 胡蝶「これはいかなれば、かく―・れ㊇たるにか」訳 これ(=手紙)はどうして、このように結ばれ(たままにし)てあるのだろうか。

❷露や霜ができる。かたまる。源氏 藤袴「初霜―・れ㊇、艶なる朝(あした)に」訳 初霜がおりて、美しい朝に。

❸気がふさぐ。心が鬱屈する。源氏 須磨「ただに―・れ㊇侍るほど推しはからせ給へ」訳 ただもう(悲しみに)ふさいでいます(私=光源氏の気持ちの)ほどを、お察しあそばせ。文法「せ給へ」は、最高敬語。

❹縁故をもつ。関係を結ぶ。平家 一・禿髪「いかなる人も、相構へて、そのゆかりに―・れ㊀んとぞしける」訳 どんな人も、なんとか工夫をして、その(=平家の)縁者に関係を結ぼうとした。

むすぼ・る 【結ぼる】(自ラ下二){れ・れ・る・るる・るれ・れよ}「むすぼほる」に同じ。

むずむず(-と) (副) ❶無作法なさま。無造作なさま。宇治 二・一「二十筋ばかり―と折り食ふ」訳 (なぎという植物を)二十本ほど無作法に折って食べる。

❷力強く。しっかりと。〔平治物語〕「緒(を)を―と結(ゆ)ひ」訳 (かぶとの)紐(ひも)をしっかりと結んで。

むず-らむ (ランズ)(ラン)〔「んずらん」とも表記される〕…うとするだろう。…だろう。宇治 一・一二「この児(ちご)、定めておどろかさんずらん㊄と、待ちゐたるに」訳 この稚児(ちご)は、(僧たちが自分を)きっと起こそうとするだろうと、待っていると。

→むず・らむ(助動)

なりたち 推量の助動詞「むず」の終止形「むず」+推量の助動詞「らむ」

むずる (ンズル)〔「んずる」とも表記される〕助動詞「むず」の連体形。大鏡 陽成院「いかなる人かは、このごろ、古今・伊勢語など覚えさせ給はぬはあらむずる」訳 どのような人が、近ごろ、「古今集」や「伊勢物語」などを知っていらっしゃらないことはあるだろうか(いや、ありはしない)。

むずれ (ンズレ)〔「んずれ」とも表記される〕助動詞「むず」の已然形。

むせ-かへ・る (カエル)【噎せ返る・咽せ返る】(自ラ四){ら・り・る・る・れ・れ} 息をつまらせてひどく泣く。むせび泣く。源氏 桐壺「はかばかしうものたまはせやらず―・ら㊀せ給ひつつ」訳 (桐壺帝は)はきはきとも最後までおっしゃれず、(途中でいく度も)むせび泣きなされては。

むせ・ぶ 【噎ぶ・咽ぶ】(自バ四){ば・び・ぶ・ぶ・べ・べ} ❶(飲食物・煙などで)むせる。方丈 二「遠き家は煙にむせ(けぶり)、近きあたりはひたすら焔(ほのほ)を地に吹きつけたり」訳 (吹きすさぶ風で)遠くの家は煙にむせ、近い所はさかんに炎を地面に吹きつけていた。〔古くは「むせふ」〕

❷のどをつまらせた声で泣く。むせび泣く。万葉 二〇・四三九八「はや帰り来(こ)と真袖(まそで)持ち涙をのごひ―・ひ㊇つつ言問(こと)ひすれば」訳 (無事で)早く帰って来てと両袖を持ち、涙をぬぐい、むせび泣いては言うので。

❸むせび泣くような音や声をたてる。徒然 三〇「嵐に―・び㊇し松も千年(ちとせ)を待たで薪(たきぎ)にくだかれ」訳 嵐に(吹かれて)むせぶような音をたてていた松も千年(の寿命)を待たないで薪にうちくだかれ。

❹つかえる。とどこおる。〔栄花〕月の宴「御前の池・遣(や)り水も、水草(みぐさ)ゐ―・び㊇て」訳 お庭先の池、遣り水も、水草が生え(流れが)とどこおって。

むそ-ぢ (ジ)【六十・六十路】(名)〔「ぢ」は接尾語〕❶ろくじゅう。

❷六十歳。六十年。方丈 三「―の露消えがたに及びて」訳 六十歳という露(のようにはかない命)が消えようとするころになって。

むた 【共】(名)(助詞「の」「が」の下に付いて)…とともに。

万葉 二・一三一「波の—か寄りかく寄る玉藻なす寄り寝し妹を」訳→いはみのうみ…和歌

む-たい【無体・無代・無台】(名・形動ナリ) ❶ないがしろにすること。無視すること。〔源平盛衰記〕「起請文を恐れると、日ごろの本意—・なる(体)べし」訳 起請文に恐れれば、日ごろの本懐がないがしろになるであろう。❷むり。無法。平家 四・競「よもその者、—・に(用)捕らへ搦められはせじ」訳 まさかその者が無法に捕らえられ、縛られはしないだろう。文法「捕らへ」は対偶中止法で、下の受身が及ぶ。

む-だう【無道】(名・形動ナリ)「ぶたう」とも。道理にそむくこと。人の道に反すること。〔落窪〕「衛門督の—・なる(体)やうなれども、さりともあるやう侍らむ」訳 衛門の督が人の道に反しているようであるが、それにしても(何か)わけがあるのでございましょう。

むだ・く【抱く】(他カ四) 両手でかかえこむ。だく。いだく。万葉 一四・三四〇四「かき—・き(用)寝れど飽かぬを何どか吾がせむ」訳 (あの子を)かき抱いて寝ても満ち足りないのに、(これ以上)私はどうしようか。

むち【鞭】(名) 馬などを進ませるために打つ、細長い杖や革ひも。

むち-あぶみ-を-あは・す【鞭鐙を合はす】馬を速く走らせるために、鞭を打つのに合わせて鐙で馬の腹をける。平家 四・宮御最期「その勢(=軍勢)五百余騎、—・せ(用)て追っかけ奉る(=追いかけ申しあげる)」

無住『人名』(一二二六〜一三一二) 鎌倉後期の臨済宗の僧。俗姓、梶原。号は一円。鎌倉の人。はじめ天台・真言などの諸宗を学び、のち臨済禅を修めた。説話集「沙石集」「雑談集」など。

む-つ【六つ】(名) ❶六。むっつ。また、六歳。❷「六つ時」の略。今の午前六時ごろ、または午後六時ごろ。「明け六つ」「暮れ六つ」と言いわけた。

陸奥『地名』❶旧国名。東山道八か国の一つ。今の青森・岩手・宮城・福島の四県と秋田県の一部。みちのく。奥州。❷旧国名。明治元年(一八六八)に①を五か国に分割したうちの一国。今の岩手県北部と青森県。

むつか・し【難し】(形シク)

語義パネル
●重点義 うっとうしくて不快な感じ。
不快に思う意の動詞「むつかる」(ラ四)に対応する形容詞。
❶うっとうしい。不快である。いやだ。がまんできない。
❷わずらわしい。めんどうである。
❸気味がわるい。恐ろしい。

❶うっとうしい。不快である。いやだ。がまんできない。源氏 蓬生「田舎などは—・しき(体)ものと思しやるらめど」訳 田舎(の生活)などはがまんできないいやなものと(末摘花は)ご想像になっているだろうが。徒然 一三〇「勝負の負けわざにことつけなどしたる、—・し(終)」訳 勝負ごとに負けたときの賭け物にかこつけ(て人に物をやったり)などしたのは、いやなものだ。❷わずらわしい。めんどうである。枕 二八「急ぐことある折に来て長言するまらうど。…さすがに心はづかしき人、いとにくく—・し(終)」訳 急用があるときにやって来て長話をする客人(は不快だ)。…なんといっても(相手がりっぱでこちらが)気おくれするような人(の場合)は、(いいかげんにも扱えないので)たいそう不快でわずらわしい。⇩客人「名文解説」❸気味がわるい。恐ろしい。源氏 夕顔「右近は、ただあな—・し(終)と思ひける心地みなさめて、泣きまどふさまいといみじ」訳 (夕顔は死んで冷たくなり)右近(=夕顔の侍女)は、ひたすらああ恐ろしいと思っていた気持ちがすっかり消えうせて、泣き乱れるようすはたいそうはなはだしい。(⇩憂し「類語パネル」)

むつかし-げ【難しげ】(形動ナリ)〔「げ」は接尾語〕不快なようすである。わずらわしい。気味がわるい。むさくるしい感じである。源氏 夕顔「げにいと小家がちに、—・なる(体)わたりの」訳 なるほどまったく小さな家が多くて、むさくるしい感じのあたりの(軒先に夕顔のつるがからまって)。

むつか・る【憤る】(自ラ四) ❶不快に思う。腹を立てる。不平を言う。枕 一四三「『さば、いさ知らず。な頼まれそ』など—・り(用)ければ」訳「そうならば、もう知らない。頼みなさるな」などと腹を立てたので。文法「な頼まれそ」は、「な(副詞)…そ(終助詞)」の形で、禁止の意を表す。「れ」は尊敬の助動詞「る」の連用形。❷幼児が、機嫌を悪くして泣く。だだをこねる。〔狂・縄綯〕「ずいぶん(=できるだけ)御—・ら(未)ぬ(=お泣きにならない)やうに御守りをいたしまするが」

む-つき【睦月・正月】(名) 陰暦正月の称。春。万葉 一八・四一三七「—たつ(=正月になる)春のはじめに」

むつき【襁褓】(名) ❶産着。源氏 宿木「御—などぞ、ことごとしからず忍びやかにしなし給へれど」訳 (薫は中の君の出産の祝いに)御産着などを大げさでなく控えめにしてお贈りになったが。❷おしめ。おむつ。

むつ-ごと【睦言】(名) むつまじく語りあう話。特に、男女の語らい。平家 七・維盛都落「されば小夜の寝覚めの—は、皆偽りになりにけり」訳 それでは夜の寝覚めの(あなたとの)語らいは、皆偽りになってしまった。

むつび【睦び】(名) 親しい交際。親しくなること。今昔 一〇・三「これによりて君とわれとが年ごろの—、永く別るべし」訳 このこと(=死)によって君と私との長年の親しい交際も、永遠に途絶するだろう。

むつ・ぶ【睦ぶ】(自バ上二) 親しくする。仲よくする。源氏 澪標「昔のやうにも—・び(用)聞こえ給はず」訳 (光源氏は)昔のようにも(兵部卿の宮と)親しくし申しあげなさらない。

むつま・し【睦まし】(形シク)〔近世には「むつまじ」とも〕❶親しい。親密である。細道 旅立「—・しき(体)限りは宵より集ひて、舟に乗りて送る」訳 親しい者はみな宵の口から集まって、(翌朝は)舟に乗って見送る。❷慕わしい。なつかしい。源氏 夕顔「見し人のけぶりを雲と眺むれば夕べの空も—・しき(体)かな」訳 (私=光源氏が)世話をしたあの人(=夕顔)の(遺骸を焼いた)煙を(あの)雲かと思って眺めると、この夕べの空もなつかしいなあ。

むつ・る【睦る】(自ラ下二)〔れ・れ・る・るる・るれ・れよ〕うち解けて親しむ。親しみなつく。源氏 帚木「心のうちに思ふことをも隠しあへずなむ、ー・れ用聞こえ給ひける」訳(頭の中将は光源氏に)心の中で思っていることをも隠しきれないでいるほど、うち解けて親しみ申しあげなさった。

む・とく【無徳】(形動ナリ)〔なら・なり(に)・なり・なる・なれ・なれ〕❶財産が少ない。貧しい。〔うつほ〕嵯峨の院「その主も、もとより勢ひなくわろき人の、ー・なる体官にて年頃経ければ」訳その(娘の父)君も、もともと権勢がなく身分の低い人で、収入の少ない官職で長年が過ぎたので。

❷役に立たない。何の効果もない。源氏 常夏「水のうへー・なる体今日の暑かはしさかな」訳(涼むために釣殿に出たが)水の上(にいて)も何の効果もない、今日の暑苦しさだなあ。

❸見ばえがしない。不体裁だ。源氏 蓬生「中門など、ましてかたもなくなりて、入り給ふにつけてもいとー・なる体を」訳(末摘花邸の)中門などは、いよいよ跡形もなくなって、(光源氏が)お入りになるにつけても、ひどく不体裁であるが。

む・と・す〔ン〕【推量の助動詞「むず」のもとの形。「んとす」とも表記】意志や推量などの意を表す。…ようとする。…ことだろう。竹取 かぐや姫の昇天「かく鎖し籠めてありとも、かの国の人来ば、みな開きなー・す終」訳このように閉じこめていても、あの国(=月の都)の人が来たら、きっとみんな開いてしまうことだろう。→むず

なりたち 推量の助動詞「む」の終止形「む」+格助詞「と」+サ変動詞「為す」

むな・いた【胸板】(名)❶胸の平らな部分。〔狂・棒縛〕「ーをほうど(=ぽんと)突き、たぢたぢとするところを」

❷鎧の胴の前面の最上部、化粧板の上の鉄板。平家 一一・嗣信最期「盛嗣が鎧のーに、うらかくほどにぞたったりける」訳(那須与一の放った矢は)盛嗣の鎧の胸板に、裏まで通るほどに突き刺さった。

むな・がい【胸繫・鞅】(名)〔「むなかき」のイ音便〕馬具の一つ。馬や牛の胸から鞍にかけわたす組み緒。⇩巻頭カラーページ17

むながい・づくし【鞅尽くし】(名)むながい(=馬具の一つ)をあてる馬や牛の胸のあたり。平家 八・妹尾最期「或は左右の深田に打ちいれて、馬のくさわき・ー・太腹なんどにたつ所を事ともせず」訳ある者は左右のどろ深い田に(馬を)乗り入れて、馬の胸先・胸のあたり・腹のあたりなどまで(深く)もぐる所をなんとも思わず。

むなぎ【鰻】(名)「うなぎ(=魚の名)」の古名。

むな・ぐるま【空車】(名)❶人の乗っていない車。からぐるま。著聞 七九「左府の御車をーにて法成寺へやらせられけり」訳左大臣の御車をからぐるまで法成寺へ行かせなさった。

❷車台だけで、屋形や屋根のない車。宇治 一三・一「ーを借りにやりて、(石を)積みて出でんとするほどに」

むな・こと【空言・虚言】(名)実のないことば。うそ。いつわり。万葉 一一・二四六六「浅茅原小野に標結ひーをいかなりといひて君をし待たむ」訳浅茅の生えている野に標を結うように、むなしいうそをどのようだと言いつくろってあなた(の訪れ)を待とう。(第二句までは「空言」を導きだす序詞)

むな・ざんよう【胸算用】(名)心の中で見積もること。心づもり。〔浮・世間胸算用〕「今年の大晦日は、この銀の見えぬゆゑーちがひて」訳今年の大みそかは、この金が見あたらないので、心づもりがはずれて。

参考 江戸中期ごろまでは「むねざんよう」または「むねさんよう」が多く、のち「むなざんよう」となる。

むな・し【空し・虚し】(形シク)〔しから・しく(しかり)・し・しき(しかる)・しけれ・しかれ〕❶**中に何もない。からである。**万葉 三・四五一「人もなきー・しき体家は草枕旅にまさりて苦しかりけり」訳(妻が死んで)人けもないからっぽの家は、旅をするのにもまして苦しいことだ。(「草枕」は「旅」にかかる枕詞)

❷**事実無根である。**源氏 澪標「相人の言ー・しから未ず」訳人相見の言ったことは事実無根でない。

❸**むだである。無益だ。**竹取 御門の求婚「あまたの人の、心ざしおろかならざりしを、ー・しく用しなしてしこそあれ」訳多くの人の、(私に対する)好意がなみたいていではなかったのを、むだにしてしまったのだ。文法「しなしてし」の「てし」は、完了の助動詞「つ」の連用形「て」+過去の助動詞「き」の連体形「し」。徒然 一〇八「ただ今の一念、ー・しく用過ぐることを惜しむべし」訳現在のこの一瞬間が、むだに過ぎることを惜しむべきである。

❹**はかない。無常である。**頼りない。万葉 五・七九三「世の中はー・しき体ものと知る時しいよよますます悲しかりけり」訳→よのなかは…和歌

❺魂がなくなっている。死んでいる。源氏 桐壺「ー・しき体御骸を見る見る」訳(母君は)魂がなくなっている(桐壺の更衣の)御なきがらを見ながら。(⇩徒らの「類語パネル」)

むなしく・な・る【空しく成る】亡くなる。死ぬ。蜻蛉 上「ひさしうわづらひて、秋の初めのころほひ、ー・り用ぬ」訳(母親は)長い間病気をして、秋の初めのころ、亡くなった。⇩果つ「慣用表現」

むな・づはら・し〔ワラシ〕【胸づはらし】(形シク)〔しから・しく(しかり)・し・しき(しかる)・しけれ・しかれ〕(心配ごとなどで)胸がつまるようである。〔浄・冥途の飛脚〕「顔をつれづれ眺むれば、梅川いとどー・しく用」訳(孫右衛門が)顔をつくづくとながめると、梅川(=遊女の名)はいよいよ胸がいっぱいで。

むな・で【空手・徒手】(名)❶手に何も持たないこと。素手。〔記〕中「この山の神は、ーに直に取りてむ」訳この(伊吹の)山の神は、素手で真正面から討ち取ってやろう。

❷何もしないこと。〔山家集〕「水たたふ岩間の真菰かりかねてーにすぐる五月雨のころ」訳水をたたえている岩の間の真菰を刈ることができずに、何もしないで日を過ごす、この五月雨のころであることよ。

むな・わけ【胸分け】(名)❶(動物が)胸で草などを押し分けて行くこと。万葉 八・一五九九「さ男鹿のーにかも秋萩の散り過ぎにける盛りかも去ぬる」訳雄鹿が胸で押し分けて通ったからだろうか、秋萩が散ってしまったことよ。それとも、花の盛りが過ぎたのか。

❷胸。また、胸の幅。万葉 九・一七三八「梓弓末の珠名は、ーの広き吾妹」訳末(=地名)の珠名娘子は、

胸の豊かな子で。(「梓弓」は「末」にかかる枕詞)

むね【旨】(名)事の意味・内容。趣旨。平家 二・腰越「野心を挿まざる―、…数通の起請文を書き進ずといへども」訳(私、義経が)野心をもたない(という)趣旨を、…数通の誓約書を書いて(諸社に)進上するけれども。

むね【宗】(名)主とすること。中心とすること。第一。徒然 五五「家の作りやうは、夏を―とすべし」訳家の作りかたは、夏(に適すること)を主とするのがよい。

むね【胸】(名)❶胸部。源氏 空蟬「くれなゐの腰ひき結へるきはまで―あらはにばうぞくなるもてなしなり」訳紅の袴の腰のひもを結んだきわまで胸があらわで、だらしないふるまいである。

❷心。思い。伊勢 三四「言へばえに言はねば―に騒がれて心ひとつに嘆くころかな」(新勅撰・恋二にも所収)訳口に出して言おうとすると言えず、言わないでいると胸が自然とさわいで、心の中だけで嘆くこのごろだなあ。文法「言へばえに」の「え」は、下二段動詞「得」の未然形、「に」は打消の助動詞「ず」の上代の連用形。

むね【棟】(名)❶屋根の中央の最も高い所。方丈 一「たましきの都のうちに、―を並べ、甍を争へる、高き、いやしき、人の住まひは」訳玉を敷きつめたように美しい都の中に、棟を並べ、屋根の棟がわら(の高さ)を競っている、身分の高い人や低い人の住居は。

❷牛車の屋形の上に前後に渡した木。⇩巻頭カラーページ19

むね-あ・く【胸開く】気持ちが晴れる。心がすっきりする。更級 子忍びの森「いつしか思ふやうに近き所になりたらば、まづ―・く㊥ばかりかしづきたてて」訳早く希望どおりに近い所(の国司)になったならば、最初に(今までの)気持ちが晴れるほど(あなたを)大切にお世話して。

むね-いた・し【胸痛し】心が痛む。つらく悲しい。竹取 かぐや姫の昇天「―・き㊍ことなし給ひそ」訳心が痛むことをしなさるな。

むね-かど【棟門】(名)「むなかど」とも。二本の柱に、切り妻破風造りの屋根をつけ、棟を高くあげた門。むねもん。平家 三・有王「―・平門の内に、四五百人の所従・眷属に囲繞せられてこそおはせしか」訳(俊寛僧都は)棟門や平門(=屋根の上を平らにつくった門)の内で、四、五百人の召使や従者にとり囲まれていらっしゃったのに。

(むねかど)

むね-さ・く【胸裂く】胸が張りさける。蜻蛉 中「さるは明け暮れひざまづきありく者の、ものしくてゆくにこそはあめれと思ふにも、―・くる㊍心地す」訳それにしても、明け暮れあちこちでひざまずく者が、(京の外に出ると)目ざわりなようすで(いばりちらして)行くのではあるようだと思うにつけても、(くやしさに)胸が張りさける思いがする。

むね-ざんよう【胸算用】(名)「むなざんよう」に同じ。

むね-つぶらは・し【胸潰らはし】胸がつぶれるほど、心配したり驚いたりするさま。蜻蛉 上「かやうに―・しき㊍をりのみあるが、世に心ゆるびなきなむ、わびしかりける」訳こんなふうに(夫兼家のことで)不安で胸がつぶれそうなときばかりがあるが、少しも心のやすまるひまのないのが、情けないことであった。

むね-つぶ・る【胸潰る】驚きや不安・悲しみなどで、心がひどく乱れる。どきどきする。はらはらする。「胸ひしぐ」とも。枕 一四三「―・れ㊌て、とく開けたれば」訳どきどきして、(手紙の封を)急いで開けたところ。⇩あさまし「慣用表現」

むね-と【宗徒】(名)〔副詞「むねと」の転。「宗とあるもの」の意〕多くの人々の中で中心となる者。おもだった者。平家 九・河原合戦「範頼・義経をはじめとして、―の兵(=武士)三十余人」

むね-と【宗と】(副)主として。もっぱら。第一に。徒然 一八八「一生のうち、―あらまほしからんことの中に」訳一生涯で、第一にこうありたいと思うようなことの中で。

むね-に-あた・る【胸に当たる】思いあたる。心に響く。徒然 四一「折からの、思ひかけぬ心地して、―・り㊌けるにや」訳(私=兼好の発したことばが)ちょうどよい折であったので、思いがけない気持ちがして、(人々の)心に響いたのであろうか。

むね-はしり-び【胸走り火】〔「胸走り」と「走り火」とを重ねた語〕胸騒ぎがすることを、ぱちぱちとはじける火にたとえた語。古今 雑体「人にあはむ月のなきには思ひおきて―に心やけをり」訳あの人に会う手だてもない月の出ない夜には、熾火のような恋の思いで起きていて、胸の中を落ち着かず駆け巡る火で、心の中は思いこがれている。(「つき」は「月」と「付き(=手だて)」との、「思ひ」の「ひ」は「火」との、「おき」は「起き」と「熾」との掛詞)

むね-はし・る【胸走る】胸がどきどきする。やきもきする。〔栄花〕みはてぬゆめ「さべき殿ばら、―・り㊌恐ろしうおぼさるるに」訳しかるべき殿たちは、胸がどきどきし恐ろしいとお思いにならずにはいられないが。⇩あさまし「慣用表現」

むね-ひし・ぐ【胸拉ぐ】「むねつぶる」に同じ。〔狭衣物語〕「―・げ㊌たるやうにて、おぼつかなく」訳(狭衣は)心が乱れたようすで、(女君が)気がかりで。

むね-ふたが・る【胸塞がる】悲しさや痛ましさなどで、胸がいっぱいになる。胸がふさがる。堤 思はぬ方にとまりする少将「あいなう―・り㊌てぞおぼさるる」訳(男君も女君も)わけもなく胸がいっぱいになって(昨夜のことを)自然とお思いになられる。

むねむね・し【宗宗し】(形シク)❶おもだっている。すぐれた力量がある。源氏 橋姫「家司なども―・しき㊍人もなかりければ、とり繕ふ人もなきままに」訳(八の宮の邸には)家政を取りしきる人なども、おもだった人もいなかったので、手入れをする人もいないのにまかせて。

❷しっかりしている。堂々としている。確かである。源氏 夕顔「あやしくうちよろぼひて、―・しから㊅ぬ軒のつまなどに」訳妙にくずれ傾いて、しっかりしていない軒先などに。⇩果果し「類語パネル」

むね-もん【棟門】(名)「むねかど」に同じ。

宗良親王〘人名〙(一三一一〜一三八五?)南北朝時代の歌人。「むねなが」とも。後醍醐天皇の皇子。出家して天台座主となったが、のち還俗して征夷大将軍となり、南朝の要人として力を尽くした。「新葉和歌集」を編纂。家集「李花集」

む-ねん【無念】(名・形動ナリ) ❶《仏教語》無我の境地に入り、心に何も思わないこと。❷くやしいこと。残念なこと。〔無名抄〕「かの歌は、『身にしみて』といふ腰の句のいみじう―・に(用)覚ゆるなり」訳あの歌は、「身にしみて」という第三句(の言い回し)がひどく残念に思われるのである。

むばたまの《枕詞》「うばたまの」とも。「ぬばたまの」に同じ。古今 恋二「―夜の衣を」。古今 恋三「―闇のうつつは」。〔金槐集〕「―妹が黒髪」

むばら【茨・荊】(名)「いばら」に同じ。夏

むぶつ-せかい【無仏世界】(名) ❶《仏教語》仏のいない世界。釈迦入滅後、弥勒が現れるまでの世。その間、地蔵菩薩が衆生を救うという。❷仏の恵みの及ばない土地。宇治 八・三「さる―のやうなる所に帰らじ、ここに居なんと思ふ心つきて」訳あのような仏の力の及ばない土地(=信濃の国)のような所には帰るまい、ここにいようと思う気持ちになって。

むべ【宜】(副・形動ナリ)「うべ」に同じ。古今 秋下「吹くからに秋の草木のしをるれば―山風をあらしといふらむ」訳→ふくからに… 和歌

むべ-こそ【宜こそ】「うべこそ」に同じ。源氏 空蝉「―親の世になくは思ふらめ」訳なるほど、親(=伊予の介)が(娘軒端の荻を)世に比類ないとは思っているのだろう。

むべむべ・し【宜宜し】(形シク)〔しから・しく(しかり)・し・しき(しかる)・しけれ・しかれ〕「うべうべし」に同じ。枕 一六一「花のきはやかにふさなりて咲きたる、―・しき(体)所の前栽にはいとよし」訳(萱草の)花がはっきりと房になって咲いているのは、(このような)格式ばった所の植え込みにはまことによい。

むへん-せかい【無辺世界】(名) ❶《仏教語》無限の世界。虚空。❷あてもない所。見当もつかない所。とんでもない、でたらめの方向。大鏡 道長上「的のあたりにだに近くよらず、―を射給へるに」訳(伊周の射た矢は)的のあたりにさえ近く寄らず、とんでもない方向を射なさったので。

む-ほん【謀反・謀叛】(名・自サ変) 君主や為政者にそむき兵を挙げること。反乱。平家 一・俊寛沙汰 鵜川軍「心もたけく、おごれる人にて、よしなき―にもくみしけるにこそ」訳(俊寛は)気性も激しく、おごり高ぶった人で、(それで)無意味な謀反にも関係したのであろう。

むほん-しんわう【無品親王】(名)「むぼんしんわう」とも。親王で品(=一品から四品まである親王の位階の区分)の位を持たない人。源氏 桐壺「―の外戚のよせなきにては漂はさじ」訳(父の桐壺帝は光源氏を)位のない親王で、母方の親戚の後見もない者としては、不安な境遇のままにうちやっておくまい(とご決心なされて)。

むま【馬】(名)「うま(馬)」に同じ。

むま-ご【孫】(名)「うまご」に同じ。枕 三五「―なども這ひありきぬべき人の親どち昼寝したる」訳孫なども這いまわっていそうな老齢の人が親どうし昼寝をしているの(も興ざめだ)。

むま-ぞひ【馬副ひ】(名)「うまぞひ」に同じ。

むま-の-はなむけ【餞】(名)「うまのはなむけ」に同じ。

むま-や【駅】(名)「うまや(駅)」に同じ。

むま-や【馬屋・厩】(名)「うまや(馬屋)」に同じ。

むま・る【生まる】(自ラ下二)〔れ・れ・る・るる・るれ・れよ〕「うまる」に同じ。

むまれしも… 和歌

> 生まれしも　帰らぬものを　わが宿に
> 小松のあるを　見るが悲しさ
> 〈土佐〉

訳(この家で)生まれた子も(土佐で死んで)帰ってこないのに、わが家の庭に(留守中に生えた)小松のあるのを見るのが悲しいことよ。

解説 任が果てて土佐の国(高知県)から京のわが家に帰ると、荒れはてた庭に新しく小さな松が生えていた。その姿に土佐で死んだ子の面影をしのび、詠んだもの。「小松」の「こ」に「子」を連想した。

む-みゃう【無明】(名)《仏教語》煩悩にとらわれていて、仏の理法を知らないこと。無知であること。今昔 一・七「―を破り智恵の光を得給ひて」訳(菩薩は)無明を破り、智恵の光を得られて。

無名草子(むみやうざうし)【作品名】鎌倉前期の物語評論。作者は、藤原俊成の女ともいわれるが、未詳。建久七年(一一九六)から建仁二年(一二〇二)までの間に成立。女房たちの会話を老尼が聞いているという形式で、「源氏物語」「狭衣物語」などの物語論のほか歌集論・人物論が展開される。現存最古の物語評論。

無名抄(むみやうせう)【作品名】鎌倉前期の歌論書。鴨長明作。建暦元年(一二一一)ごろ成立か。歌論・歌話・歌人の逸話などをつづった約八十段からなる。「無名秘抄」とも。

むむ(感) ❶ふくみ笑いの声。ふふふ。源氏 末摘花「ただ『―』とうち笑ひて、いと口重げなるも」訳(末摘花は)ただもう「ふふふ」と笑って、たいそう口が重そう(=返歌がすぐにはできそうにもないようす)であるのも。❷感心したり、合点したりしたときに発する声。うん。〔浄・生玉心中〕「―、それで聞こえた(=わかった)」

むめ【梅】(名)「うめ」に同じ。春

むめいちりん… 俳句

> 冬
> むめ一輪　一りんほどの　あたたかさ
> 〈玄峯集・嵐雪〉

訳寒梅が一輪寒気の中に花開いた。その一輪の花にはつつましくもわずかな暖かさを感じることだ。(寒梅 冬)

解説「寒梅」と前書きがある。

むめがかに… 俳句

> 春
> むめがかに　のっと日の出る　山路かな
> 〈炭俵・芭蕉〉

訳(まだ余寒のきびしい)早朝の山路を梅の香りを感じて歩いていると、(行く手の山かげから思いがけず)ぬうっと太

陽が姿を現したことだ。(むめ春。切れ字は「かな」)
解説「のっと」や「日の出る(口語)」など、平易な日常語を用い、しかも品格を保つ「軽み」の代表的な句。

むも・る【埋もる】(自ラ下二){れ・れ・る・るる・るれ・れよ}「うもる」に同じ。

むもれ-いた・し【埋もれいたし】(形ク){から・く(かり)・し・き(かる)・けれ・かれ}「うもれいたし」に同じ。

む-もん【無文・無紋】(名)❶布などの地に、模様や紋のないこと。無地。源氏 須磨「―の直衣(なほし)」
❷(和歌・連歌などで)趣向をこらさない地味で平淡な表現。また、そのような歌や句。
❸(能楽で)外面的な趣向はこらしていないが、味わい深いこと。(⇔有文(うもん))

むもん-の-たち【無文の太刀】柄(つか)・鞘(さや)が黒塗りで、蒔絵(まきゑ)や彫刻などの装飾を施さない太刀。殿上人(てんじやうびと)以上が凶事のときに帯びる。平家 三・無文「大臣葬(だいじさう)の時用ゐる―にてぞありける」訳(重盛(しげもり)から維盛(これもり)に渡されたのは)大臣の葬儀の時に用いる装飾を施さない太刀であった。

む-やう【無恙】(名)「ぶやう」とも。無事であること。つつがないこと。〔夜半楽〕「茶店の老婆子(らうばし)儂(われ)を見て慇懃(いんぎん)に―を賀し」訳 茶店の老婆が私(=与謝蕪村(よさぶそん))を見て、丁重に無事であることを祝い。

む-やく【無益】(名・形動ナリ)利益のないこと。役に立たないこと。むだ。徒然 一〇八「―のことをなし、―のことを言ひ、―のことを思惟(しゆい)して、…一生を送る、もっとも愚かなり」訳 むだなことをやり、むだなことを言い、むだなことを考えて、…一生を送るのは、いかにも愚かである。

むやく・し【無益し】(形シク){しから・しく(しかり)・し・しき(しかる)・しけれ・しかれ}口惜しい。いまいましい。〔浮・好色一代男〕「大方は機嫌取りて、―・しき㊍ことも程(ほど)すぎて」訳 たいていは(女主人のほうが手代の)機嫌をとって、(それを)口惜しいと思うことも時間がたって(なくなる時分には)。

む-よう【無用】(名・形動ナリ)❶役に立たないこと。無益。徒然 一二〇「―の物どものみ取り積みて、所狭(せ)く渡しもて来る、いと愚かなり」訳(唐船が)無益な品々ばかり積み込んで、(船)いっぱいに輸送してくるのは、たいそう愚かである。
❷禁止の意を表す。してはいけないこと。〔浮・日本永代蔵〕「この銭(ぜに)済(す)むべきこととも思はれず。自今(じこん)は大分にかすこと―」訳 この金が返済されるであろうこととも思えない。今後は多額に貸すことをしてはいけない。

-むら【匹・疋】(接尾)二反分を一巻きにした布・絹を数える語。〔うつほ〕蔵開下「絹一―」

むら【群・叢】(名)(同類のものが集まって)ひとかたまりになっていること。むれ。平家 六・小督「亀山(かめやま)のあたり近く、松の一(ひと)―ある方(かた)に」訳 亀山(=山の名)のあたりに近い所で、松がひとかたまりある方角に。

む-らい【無礼】(名・形動ナリ)無作法。ぶれい。源氏 常夏「『―の罪は許されなむや』とて、寄り臥(ふ)し給へり」訳「(とても暑いので)無作法の罪は許してくださらないか」とおっしゃって、(光源氏は)物に寄りかかって横になっていらっしゃる。

むら-ぎえ【斑消え】(名)(雪などが)まだらに消え残ること。新古 春上「薄く濃き野辺(のべ)の緑の若草に跡まで見ゆる雪の―」訳 →うすくこき…和歌

むらきもの【群肝の・村肝の】《枕詞》「むらぎもの」とも。臓器に、心が宿っていると考えたことから、「心」にかかる。万葉 四・七二〇「―情(こころ)くだけて」

むら-ぎ・ゆ【斑消ゆ】(自ヤ下二){え・え・ゆ・ゆる・ゆれ・えよ}(雪などが)まだらに消える。源氏 浮舟「垣(かき)のもとに雪―・え㊊つつ、今もかき曇りて降る」訳 垣根のあたりに雪がまだらに消え残っては、今も急に曇って(雪が)降る。

むら-くも【群雲・叢雲】(名)集まり群がっている雲。一群の雲。源氏 総角「空の―おそろしげなる夕暮れ」訳 空の群雲が恐ろしそうな夕暮れに。

むらくも-がくれ【群雲隠れ】(名)月が、一群の雲に隠れること。徒然 一三七「うちしぐれたる―のほど、またなくあはれなり」訳 時おりさっと雨が降った一群の雲に隠れたときの月のありさまは、またとなく情趣深い。

むら-ご【斑濃・村濃】(名)染め方の一種。同色で、ところどころに濃淡の差のあるもの。色の種類により「紺斑濃(こむらご)」「紫斑濃(むらさきむらご)」などという。枕 五「祭りちかくなりて、…すそ濃(ご)・―なども、つねよりはをかしく見ゆ」訳(賀茂(かも)の)祭りが近づいてきて、…すそ濃やむら濃(の染め物)なども、ふだんよりは風情があるように見える。

むらさき【紫】(名)❶草の名。もと、武蔵野(むさしの)に多く自生し、根は赤紫色の染料とした。紫草。古今 雑上「―のひともとゆゑに武蔵野の草はみながらあはれとぞ見る」訳 →むらさきの…和歌
❷染め色の名。①の根で染めた赤紫色。

発展 色の代表「紫」
平安時代には、紫は色彩の中の代表であった。単に「濃き」「薄き」といった場合、それは紫をさした。また一般の人が着ることを許されない高貴な色であった。この紫を生かしたのが、「源氏物語」である。桐壺の更衣(桐の花は紫)、藤壺(ふぢつぼ)、さらにその「紫のゆかり」としての紫の上と、紫は理想の象徴として物語全体をおおっている。

紫式部(むらさきしきぶ)『人名』(九七八?～一〇一六?)平安中期の女流文学者。藤原為時(ためとき)の娘。「源氏物語」の作者。藤原宣孝(のぶたか)に嫁して一女(=大弐三位(だいにのさんみ))を生み、夫の死後、上東門院(=藤原彰子(しやうし))に仕えた。「小倉百人一首」に入集。著に「紫式部日記」、家集「紫式部集」がある。⇩女房(にようばう)「発展」

紫式部日記(むらさきしきぶにっき)『作品名』平安中期の日記。紫式部作。寛弘(かんこう)七年(一〇一〇)ごろ成立。寛弘五年(一〇〇八)七月から同七年正月までの、中宮彰子(しやうし)の皇子出産の記事を中心とする宮廷生活の日記。和泉式部(いづみしきぶ)・清少納言(せいしょうなごん)らに対する人物評や、処世上の感想も述べられている。

むらさき-すそご【紫裾濃】(名)染め方の一種。赤紫色で上を薄く、裾(=下)へいくにしたがって色濃く染めたもの。源氏 澪標「みづらゆひて、―の元結ひなまめかしう」訳(随身(ずいじん)をつとめる子供は)みずら(=男子の髪形の一つ)を結って、紫の裾濃の元結いもみずみずしく。

むらさき-だ・つ【紫立つ】(自タ四){た・ち・つ・つ・て・て}(「だつ」は接尾語)紫がかる。紫色になる。枕 一「やうやうしろ

くなり行く、山ぎはすこしあかりて、**―・ち**(用)たる雲の細くたなびきたる」訳 だんだんと白くなっていく、その山に接するあたりの空が少し明るくなって、紫がかっている雲が細くたなびいているの(が趣がある)。⇩枕草子「名文解説」

むらさき-の【紫野】(名)紫草を栽培する御料地。万葉 一・二〇「あかねさす―行き標野行き野守は見ずや君が袖振る」訳 →あかねさす… 和歌

紫野(むらさきの)『地名』歌枕 今の京都市北区、大徳寺付近一帯。朝廷の狩猟地であった。

むらさきの… 和歌

> 紫の　色こき時は　めもはるに〔目も遥〕〔芽も張る〕
> 野なる草木ぞ　わかれざりける
> 〈伊勢・四一〉〈古今・一七・雑上・八六八・在原業平〉

訳 紫草の色が濃いときには、はるかに目の届くかぎり芽を張っている野の草木が(紫草と)区別がつけられないことよ。(妻への愛情が深いときには、その血縁にあたる人も、妻と同じくいとおしく思われるのだ)。修辞「めもはる」に「目も遥」と「芽も張る」とをかける。

解説「古今集」の詞書に、妻の妹の夫に束帯の上衣を贈ったときに詠んだ歌とある。「むらさきのひともとゆゑに武蔵野の草はみながらあはれとぞ見る」(訳 →むらさきの… 和歌)〈古今・雑上〉をふまえたもの。

むらさきの… 和歌

> 紫草の　にほへる妹を　憎くあらば
> 人妻ゆゑに　あれ恋ひめやも
> 〈万葉・一・二一・天武天皇〉

訳 紫草のように美しいあなたを憎らしく思うなら、(あなたが)人妻なのに、私がどうして恋するでしょうか(いや、恋したりはしない)。

解説 天智天皇が蒲生野で薬草狩りをしたときに、額田王が詠んだ歌「あかねさす紫野行き標野行き野守は見ずや君が袖振る」(訳 →あかねさす… 和歌)〈万葉・一・二〇〉への返歌。額田王は天智天皇の妻であり、天武天皇はこのとき皇太子で大海人皇子といった。額田王の前夫でもある。

むらさきの… 和歌

> むらさきの　ひともとゆゑに　武蔵野の
> 草はみながら　あはれとぞ見る
> 〈古今・一七・雑上・八六七・よみ人しらず〉

訳 紫草のただ一本のために、武蔵野の草はすべていとしいものと見ることだ。

解説 この歌は雑歌で、自然の景物を詠んだものとは思われないから、紫草を愛する女性にたとえて、そのゆかりの人々すべてをいとしく思う、と詠んだものであろう。

紫の上(むらさきのうへ)〔ムラサキノウエ〕『人名』「源氏物語」中の女主人公。幼少のころ光源氏に見いだされ、やがて引き取られて妻となる。作中、最も理想的な女性として描かれる。

むらさき-の-くもぢ〔―クモジ〕**【紫の雲路】**紫色の雲のたなびく極楽の空。また、極楽浄土への道。新古 釈教「―に誘ふ琴の音に憂き世を払ふ嶺の松風」訳 紫雲たなびく極楽への道に(私を)誘う琴の音に(和して)、つらいこの世の迷いを吹き払う峰の松風であるよ。⇩後世「慣用表現」

むらさき-の-ゆかり【紫の縁】❶「古今集」の「むらさきのひともとゆゑに武蔵野の草はみながらあはれとぞ見る」(訳 →むらさきの… 和歌)から出た語。いとしいと思う人や親しい人に縁のある人や物。源氏 末摘花「かの―たづねとり給ひては、そのうつくしみに心入り給ひて」訳 (光源氏は)あの(藤壺の)縁者(である紫の上)を捜し出しお引き取りになってからは、その方をかわいがることに熱中なさって。❷「源氏物語」若紫の巻の別名。更級 物語「―を見て、続きの見まほしくおぼゆれど」訳 (「源氏物語」の)若紫の巻を見て、その続きが見たいと思わずにはいられないけれども。

むら-さめ【村雨・叢雨】(名)急に激しく降り、さっと通り過ぎる雨。にわか雨。新古 秋下「―の露もまだひぬ槙の葉に霧立ちのぼる秋の夕暮れ」訳 →むらさめの… 和歌

むらさめの… 和歌『百人一首』

> 村雨の　露もまだひぬ　槙の葉に
> 霧立ちのぼる　秋の夕暮れ
> 〈新古今・五・秋下・四九一・寂蓮〉

訳 にわか雨の露もまだかわかない常磐木の葉に、霧が立ちのぼる秋の夕暮れよ。

解説 墨絵の世界を見るかのような深山の光景である。「槙」は、杉・檜などの常緑樹の総称。

むらじ【連】(名)上代の姓の一つ。臣と並んで朝政に参与する家柄であった。天武天皇のときに八色の姓が定められて第七位となった。→八色の姓

むら-しぐれ【村時雨・叢時雨】(名)ひとしきり降ってはやみ、また降る初冬の小雨。图。〔太平記〕三「住みなれぬ板屋の軒の―音を聞くにも袖はぬれけり」訳 住みなれない板ぶきの粗末な家の軒の村時雨の雨音を聞くにつけても、(悲しみの涙で私＝後醍醐天皇の)袖はぬれたことだ。

むら-すずめ【群雀】(名)群れをなしている雀。宇治 八・三「―などのやうに、飛び続きたるを見るに、いとどあさましく」訳 群れをなしている雀などのように、(俵が)飛び続いているのを見ると、ますます驚きあきれ。

むら-たけ【叢竹・群竹】(名)群がって生えている竹。竹の茂み。万葉 一九・四二九一「わが宿のいささ―吹く風の音のかそけきこの夕へかも」訳 →わがやどの… 和歌

むら-だ・つ【叢立つ・群立つ】(自タ四)〔た・ち・つ・つ・て・て〕群がり立つ。群れをなして立つ。〔太平記〕九「ただあきれたるばかりにて、ここかしこに―・っ(用)(促音便)て」訳 (精兵も弓を引かず)ただあっけにとられているばかりで、あちらこちらに群がり立って。

村田春海(むらたはるみ)『人名』(一七四六～一八一一)江戸中期の国学者・歌人。号は琴後翁。江戸の人。賀茂真淵に国

学・和歌を学び、同門の加藤千蔭(ちかげ)と並び称された。歌文集「琴後(ことじり)集」、歌学書「歌がたり」など。

むらたまの【群玉の】《枕詞》多くの玉がくるくるまわる意から「くる」にかかる。万葉 二〇・四三九〇「—枢(くる)(=くるる)に釘(くぎ)さし」

むら‐とり【群鳥】(名)群がっている鳥。鳥の一群。蜻蛉 下「ほととぎすの—、厠(かはや)におりゐたる」訳 ほととぎすの一群が、厠(かわや)におりて止まっていることだ。

むらとりの【群鳥の】《枕詞》「むらどりの」とも。群がった鳥が朝いっせいに飛び立つことから「むれ」「朝立つ」「立つ」などにかかる。一説に、比喩とも。記 上「—わが群れ往(い)なば」。万葉 二〇・四四七四「—朝立ち往(い)にし」

むら‐むら【斑斑・叢叢】(副)あちこちに群がって。まだらに。枕 三「まことにくろきに、しろき物いきつかぬ所は、雪の—消え残りたるここちして」訳 (舎人(とねり)の顔は)実に黒くて、おしろいがゆきわたらない所は、雪がまだらに消え残っている感じがして。

むら‐やま【群山】(名)群がって連なり続いている山。多くの山々。万葉 一・二「大和(やまと)には—あれど」

む‐りゃう(リョウ)【無量】(名・形動ナリ)量のはかり知れないこと。限りなく多いこと。また、そのさま。徒然 二一七「人の世にある、自他につけて所願—・なり終」訳 人間で、この世に生きているものは、自分についても他人に対しても欲望ははかり知れない。

む・る【群る】(自ラ下二){れ・れ・る・るる・るれ・れよ}一か所に多くのものが集まる。群がる。蜻蛉 中「家の前の浜面(はまづら)(=浜辺)に松原あり、鶴—・れ用てあそぶ」

むれ‐た・つ【群れ立つ】(自タ四){た・ち・つ・つ・て・て}群がって立つ。古今 雑体「花すすき君なき庭に—・ち用て」訳 花すすきが主(あるじ)のいない庭に群がり立って。

むれ‐らか【群れらか】(形動ナリ){なら・なり(に)・なり・なる・なれ・なれ}〔「らか」は接尾語〕(同類のものが)ひとかたまりになっているさま。群れをなすさま。宇治 九・四「物は—・に用得たるこそよけれ」訳 物は一度にまとめてもらったのがよい。

むれ‐ゐる(ムレイル)【群れ居る】(自ワ上一){ゐ・ゐ・ゐる・ゐる・ゐれ・ゐよ}群がってすわる。伊勢 九「その河のほとりに—・ゐ用て、思ひやれば、限りなく遠くも来にけるかなとわびあへるに」訳 その川(=隅田川)のほとりに(一行の者が)集まりすわって、(都のほうに)思いをはせると、果てしもなく遠くまでも来てしまったものだなあと互いに嘆いていると。名文解説 故郷である京の都を旅立って東国へと下り、隅田川に至った主人公一行の感慨を描いた一節。詠嘆の終助詞「かな」が、都からはるか遠く離れた東国まで来てしまったことに対するさびしさや心細さを、よく表している。

むろ【室】(名)❶上代、家の奥に別に造った部屋。土で塗りこめ、寝所・産室などにした。
❷山腹などに掘って造った岩屋。
❸僧の住居。僧房。源氏 若紫「『老いかがまりて—の外(と)にもまかでず』と申したれば」訳 (聖(ひじり)は)「老いて腰が曲がって僧房の外にも出かけません」と申したので。
❹保存のために、物を外気に当てないよう特に構えた部屋。氷室(ひむろ)・麹室(こうじむろ)など。

む‐ろ【無漏】(名)《仏教語》〔「漏」は煩悩(ぼんのう)の意〕煩悩の迷いがないこと。今昔 一・三「世間は皆常ならず、我が学ぶ所は—の正道なり」訳 この世はすべて無常であるが、私の学ぶのは煩悩の迷いのない正しい道である。↔有漏(うろ)

むろ‐の‐き【室の木・杜松】(名)木の名。杜松(ねず)の古名。万葉 三・四四七「鞆(とも)の浦の磯(いそ)の—見むごとに相見し妹(いも)は忘らえめやも」訳 鞆の浦(=地名)の磯に生えている室の木を見るたびに、いっしょに見た(亡き)妻は忘れることができるだろうか(いや、できはしない)。

むろ‐の‐やしま【室の八島】(名)〔「やしま」はかまどの意〕占いの一種。除夜に、かまどをはらい清めて、その時の灰の状態で翌年の吉凶を占う。

室の八島(むろのやしま)《地名》歌枕 今の栃木市惣社(そうじゃ)町にあったとされる地名。また、今の大神(おおみわ)神社、およびその境内にある池のこととも。常に煙の立つ所として多く歌に詠まれた。

む‐ゐ(イ)【無為】(名)《仏教語》因縁による生滅・変化を離れ、永遠に存在し続けるもの。絶対的な真理。今昔 一・三「永く—を得て解脱(げだつ)の岸に至れり」訳 永遠に絶対的な真理を会得(えとく)して悟りの境地に到達した。↔有為(うゐ)

「め」は「女」の草体
「メ」は「女」の略体

‐め【奴】(接尾)(人に関する名詞に付いて)❶人をののしる意を表す。〔浄・丹波与作待夜小室節〕「馬方(うまかた)の与作—は、博奕(ばくち)打ちの大将ぢゃ」
❷自身や身内を謙遜・卑下する意を表す。〔浮・好色一代女〕「君の御事ならば、それがし—が命惜しからず」訳 あなた様のためならば、私めの命は惜しくない。

め【女・妻】(名)❶**おんな。女性。**記 上「吾(あ)はもよ—にしあれば汝(な)を除(き)て男(を)は無し」訳 私はね、女であるから、あなた以外に男はいない。文法「もよ」は、間投助詞。「女にしあれば」の「し」は、強意の副助詞。
❷**妻**(つま)。竹取 かぐや姫の生ひ立ち「—の嫗(おうな)にあづけて養はす」訳 (かぐや姫を)妻の嫗にまかせて養育させる。
❸〔「牝」「雌」とも書く〕(動物の)**めす**。(植物の)雌花。

発展 「め」による語構成
「め」は「男(を)」に対する語で、複合語の一部として「賢(さか)し女」「麗(くは)し女(=容姿の美しい女)」のようにも用いられる。また、「雌鹿」「雌花」のように動植物についても用いる。「めぎみ」には二つの用法があり、一つは「女君」で高貴な家の姫君、もう一つは「妻君」で他人の妻に対する敬称である。

め【目・眼】(名)❶目。まなこ。古今 秋上「秋来ぬと—にはさやかに見えねども風の音にぞおどろかれぬる」訳 →あききぬと…和歌
❷まなざし。目つき。視線。蜻蛉 上「—も見あはせず、思ひ入りてあれば」訳 (夫の兼家(かねいえ)と)視線も合わせないで、(私が)深く思い込んでいると。
❸**顔。目にうつる姿。**万葉 四・七六六「路(みち)遠み来(こ)じとは知れるものからにしかそ待つらむ君が—を欲(ほ)り」訳

道が遠いので、(あなたは)来ないだろうと知ってはいるけれど、そのようにして(門口に出て)待っているであろう。あなたの顔が見たくて。文法「路遠み」の「み」は、原因・理由を表す接尾語。
❹物と物とのすきま。網目・編み目など。また、物のふちとふちとのあう部分。枕 二五一「瓦の―ごとに入りて、黒うまろに見えたる、いとをかし」訳(雪が)瓦のすきまごとに吹きこんで、(瓦の露出した部分が)黒く丸い形に見えているのは、たいそう趣がある。
❺出会い。境遇。状況。体験。伊勢 九「もの心ぼそく、すずろなる―をみることと思ふに」訳 なんとなく心細く、思いがけない状況にあうことだと思っていると。

語の広がり「目」
「目」は複合語を作るときには「ま」となり、
目+叩く=瞬く
目+蕩む=まどろむ
目+映ゆし=まばゆい
目+蓋=瞼
目+守る=守る
などの例がある。「まつげ」「眼」は「目つ毛」「目な子」で、「つ」「な」は「の」の意の上代の格助詞。

め【海布・海藻】(名)食用になる海藻の総称。若布・荒布・海松布など。万葉 三・二七八「志賀の海人は―刈り塩焼き暇なみ」訳 志賀の海女は、海藻を刈ったり、塩を焼いたりして暇がないので。

め 助動詞「む」の已然形。万葉 二・一六六「磯の上におふる馬酔木を手折らめど見すべき君がありと言はなくに」訳 →いそのうへに…和歌。徒然 七「千年を過ぐすとも、一夜の夢の心地こそせめ」訳 たとえ千年を過ごしても、一夜の夢のような気がするだろう。

め‐あは・す【妻合はす】(他サ下二){せ・せ・す・する・すれ・せよ}妻として連れ添わせる。嫁入りさせる。〔狂・賽目〕「こなたと―・せ(用)まするによって、千年も万年も仲よう添うてくだされい」訳(私の娘を)あなたと連れ添わせますので、千年も万年も仲よく夫婦でいてください。

め‐あ・ふ【目合ふ】(両まぶたが合う意から)眠る。

源氏 明石「ことさらに寝入り給へど、さらに御目もあは(未)で暁方になりにけり」訳(光源氏は)わざと寝入ろうとなさるが、いっこうにお眠りにもなれずに夜明け前になってしまった。
参考 下に打消の語を伴って用いることが多い。

めい【命】(名)❶いのち。生命。寿命。〔うつほ〕祭の使「兵のために―終はり」訳 兵乱のために命も果て。❷命令。平家 一一・那須与一「義経が―をそむくべからず」訳(私)義経の命令にそむいてはならない。❸運命。〔十訓〕九「―を知れる者は天を恨みず」訳 運命を知っている者は天を恨まない。

めい【銘】(名)❶金石・器物などに彫り、功績をたたえ、また事物の由来を述べる文。多くは漢文体で、四字一句で韻を踏む。徒然 二三八「常在光院のつき鐘の―は、在兼卿の草なり(=文章博士菅原在兼卿の草稿である)」❷器物や作品に、製作者が名を刻むこと。また、その名前。〔狂・粟田口〕「粟田口は―あるべし」訳 粟田口(=刀の名)には製作者の刻名があるはずだ。

めい‐げつ【名月】(名)陰暦八月十五夜の月。また、陰暦九月十三夜の月。(秋)。〔孤松〕芭蕉「―や池をめぐりて夜もすがら」訳 →めいげつや…俳句

めい‐げつ【明月】(名)❶明るく澄んだ月。❷「めいげつ(名月)」に同じ。

明月記(めいげつき)〖作品名〗鎌倉初期の日記。藤原定家著。治承四年(一一八〇)から嘉禎元年(一二三五)に至る五十六年間の記事が現存する。「新古今集」の撰集過程や公武の関係などが詳細に記されていて、史料的価値が高い。「京門記」「照光記」などとも。

めいげつや… 俳句

> 秋
> 名月や　池をめぐりて　夜もすがら
> 〈孤松・芭蕉〉

訳 空には名月(=陰暦八月十五夜の月)。その名月を映す池のほとりを(句を案じて)巡りつつ、夜どおしさまよったことだ。(名月(秋)。切れ字は「や」)
解説 江戸深川、芭蕉庵での月見の句。

めいげつや… 俳句

> 秋
> 名月や　畳の上に　松の影
> 〈雑談集・其角〉

訳 空には中秋の名月が澄みわたっている。畳の上には(軒端からさしこむ)月光が鮮やかに松の枝を投影している。(名月(秋)。切れ字は「や」)
解説「閑かに二月ヲ見ル 更くる夜の人をしづめてみる月におもふくまなる松風のこゑ」(「耳底記」)と前書き。

めいげつを… 俳句

> 秋
> 名月を　取ってくれろと　泣く子かな
> 〈おらが春・一茶〉

訳 空にかかる中秋の名月を「取ってほしい」と泣く子供であるなあ(その無理な願いに困惑しつつも、なんともいとおしく思われることだよ)。(名月(秋)。切れ字は「かな」)
解説 一茶は、五十四歳で初めて子供を持ち、四人の子供に恵まれるが、いずれも幼児期に早世している。

めい‐げん【鳴弦】(名・自サ変)物の怪を払うために、矢をつがえずに弓の弦を引き鳴らすこと。天皇の病気・入浴、貴人の出産のときなどに行った。弦打ち。平家 四・鵼「御悩の刻限に及んで―・する(体)事三度の後」訳(天皇のご病気の)ご発作の(起こる)時刻になって弓の弦を鳴らすこ

(めいげん)

とを三回したあと。

めい-しゅ【盟主】(名)同盟の中心となる人。仲間のかしら。〔蘭学事始〕「これを―と定め、先生とも仰ぐこととなしぬ」[訳] この人を仲間のかしらと決め、先生としても敬うこととした。

めい・ず【銘ず】(他サ変){ぜ・じ・ず・ずる・ずれ・ぜよ} ❶金石などに、刻み付ける。❷(「心に銘ず」「肝に銘ず」の形で)心に刻み付ける。[平家] 二・大納言死去「諫められ参らせし御詞も肝に―・じ(用)て、片時も忘れ参らせ候はず」[訳] (私=信俊は大納言殿=成親に)叱られ申しあげた(=お叱りをいただいた)おことばも心に刻み付けて、片時もお忘れ申しあげません。

めい-せき【名籍】(名)姓名・位階などを書いた名札。名簿。[平家] 一〇・維盛入水「大きなる松の木をけづって、中将―を書きつけらる」[訳] 大きな松の木を削って、中将(=維盛)は姓名や位階を書きつけなさる。

めい-ど【冥途・冥土】(名)《仏教語》死者の霊魂が行くという所。死後の世界。黄泉。[平家] 二・一行阿闍梨之沙汰「首をはねられんこと、今生の面目、―の思ひ出なるべし」[訳] 首をはねられることは、この世での名誉であり、(また)死後の世界の思い出であろう。⇩後世「慣用表現」

めい-どう【名筒】(名)太鼓や鼓などの名器。〔浮・西鶴諸国ばなし〕「日本のたぐひなき―なり」[訳] (この太鼓は)日本で並ぶもののない名器である。

冥途の飛脚(めいどのひきやく)『作品名』江戸中期の浄瑠璃。世話物。近松門左衛門作。正徳元年(一七一一)大坂竹本座初演。飛脚宿の養子忠兵衛は預り金を着服して遊女梅川を身請けし、故郷大和(奈良県)の新口村に駆け落ちするが、捕らえられるという筋。「恋飛脚大和往来」と改題されて、歌舞伎でも上演された。

めい-ぼく【面目】(名)〔「めんぼく」の撥音「ん」を「い」で表記したもの〕「めんぼく」に同じ。

伽羅先代萩(めいぼくせんだいはぎ)『作品名』江戸後期の歌舞伎脚本。時代物。奈河亀輔らの作。安永六年(一七七七)大坂中の芝居初演。仙台城主、伊達家のお家騒動を、時代を鎌倉に移して脚色。通称「先代萩」

めい-めい【銘銘】(名)〔「面面」の転〕各自。おのおの。別々。〔浮・西鶴諸国ばなし〕「とかくは―の身晴れと、上座から帯をとけば」[訳] とにかくはおのおのの身の潔白(を示すために)と、正客から(着物の)帯を解くと。

めいめい-かせぎ【銘銘稼ぎ】(名)「めんめんかせぎ」に同じ。

めい-よ【名誉】[一](名・形動ナリ)❶名高いこと。評判の高いこと。〔古活字本平治物語〕「隠れなき強盗、―の大剛の者にて候ふ」[訳] (玄光は)世に隠れもない強盗で、評判の大力の者でございます。❷(のちに「めいよう」「めんよう」とも)不思議なこと。奇妙なこと。〔浮・西鶴諸国ばなし〕「ただ今までたしか十両見えしに(=あったのに)、〔一両足りないのは〕―の事ぞかし(=だよ)」

[二](名・自サ変)評判になること。有名になること。[宇治] 一五・一二「それより『後の千金』といふこと―・せ(未)り」[訳] それから「後の千金(=時機をはずした援助は役に立たないというたとえ)」ということが有名になった。

めい-わう【明王】(名)賢明な君主。明君。[源氏] 花宴「こころの齢にて、―の御代、四代をなむ見侍りぬれど」[訳] (私=左大臣は)多くの年齢(=老齢)で、賢明な天子のご治世の四代を見ましたけれど。

めい-わく【迷惑】(名・自サ変・形動ナリ)どうしてよいか迷うこと。途方にくれること。[平家] 五・咸陽宮「ただ田舎のいやしきにのみならって、皇居になれざるが故に、心―・す(終)」[訳] ただ田舎のいやしい所にだけ(住み)慣れて、皇居に慣れないことのために、気持ちがどうしてよいか迷っている。

めう【妙】(名・形動ナリ)❶非常にすぐれていること。非常に上手なこと。巧妙。[平家] 三・大臣流罪「物の―を究むる時には、自然に感を催すものなれば」[訳] 物事が、(その)巧妙であることを(極限まで)きわめるときには、自然に感動をひき起こすものなので。❷非常に不思議なこと。奇妙なこと。〔仮名・仁勢物語〕「起きもせず寝もせで夜も又昼も―・な(体)(口語)顔として眺め暮らしつ」[訳] 起きるわけでもなく寝るわけでもなく、夜もまた昼も奇妙な顔だと思って眺め暮らした。

めうおん-てん【妙音天】(名)《仏教語》「弁財天」の異称。美しい音楽を奏することから呼ばれる。[著聞] 二九一「阿弥陀・釈迦・―などを安置して」[訳] 阿弥陀仏や釈迦如来や妙音天などを安置して。

めう-けん【妙見】(名)「妙見菩薩」の略。[今昔] 三一・二〇「この寺は―の現じ給ふ所なり」[訳] この寺(=霊巌寺)は、妙見菩薩が姿を現しなさる所である。

めうけん-ぼさつ【妙見菩薩】(名)北斗七星を神格化したもので、国土を守護するという菩薩。北辰菩薩。略して、「妙見」とも。

め-うつし【目移し】(名)一つのものを見なれた目でほかのものを見ること。[源氏] 花宴「次に頭の中将、人の―もただならず思ゆべかめれど」[訳] 次に頭の中将は、人が(それまで光源氏に向けていた)目を自分に移して見るのも、落ち着かなく感じるに違いないようだけれども。

めう-ほふ【妙法】(名)《仏教語》微妙不可思議な、すぐれた教法。特に、「法華経」の美称。一乗妙法。〔梁塵秘抄〕「―勤むる験には、昔まだ見ぬ夢ぞ見る」[訳] 法華経を励み修める功徳としては、以前にまだ見たことのない夢(=仏法のすばらしさ)を見る(ことである)。

めうほふ-れんげ-きゃう【妙法蓮華経】(名)❶「ほけきゃう」に同じ。[平家] 五・富士川「書写し奉る色紙墨字の―一部」[訳] 筆写し申しあげる色紙に墨字の法華経一部。❷「南無妙法蓮華経」の略。

めう-もん【妙文】(名)巧妙な文章。すぐれた文。特に、「法華経」の称。[平家] 灌頂・大原御幸「八軸の―、九帖の御書も置かれたり」[訳] (庵室には)八巻の法華経、九帖の御書(=浄土教の僧、善導の五部九巻の書)も置かれてある。

めう-やく【妙薬】(名)不思議なほど効きめのある薬。非常によく効く薬。霊薬。〔浮・西鶴諸国ばなし〕「貧病の―、金用丸、よろづによし」[訳] 貧乏という病気に非常によく効く薬(である)、金用丸(=お金)は、何にでもよく効く。

め-おや【女親】(名)おんな親。母親。枕 三五「男は、ー亡くなりて、男親の一人ある、いみじう思へど」訳 男は母親が亡くなって、父親が一人生きているのが、(その息子を)非常にたいせつに思うが。

め-かかう—(名・自サ変)〔「目赤う」の転か〕「めかう」とも。あかんべえ。大鏡 伊尹「笋の皮を、男の指ごとに入れて、ー・し(用)て、児をおどせば」訳 竹の子の皮を、男が(自分の)指の一本ずつにかぶせて、あかんべえをして、小さい子供をこわがらせるので。

め-かご【目籠】(名)目のあらい竹籠。〔浮・日本永代蔵〕「茄子の初生りを、ーに入れて売り来るを」訳 茄子の今年初めてなったのを、目のあらい竹籠に入れて売りに来たのを。

-めか・し(接尾シク型)(名詞や形容詞・形容動詞の語幹に付いて)「…のようである」「…らしい」「…風だ」などの意の形容詞をつくる。源氏 宿木「児ー・しく(用)言少ななるものからをかしかりける人の御心ばへかな」訳 子供らしいようすでことば少ないながら、実に情趣のあった(大君の)お人柄だなあ。徒然 一〇「今ー・しく(用)、きららかならねど」訳 当世風ではなく、きらびやかでないけれども。文法「今めかしく」は対偶中止法で、対等の関係にある「きららかならねど」の助動詞「ね(「ず」の已然形)」の打消の意味が及ぶ。

-めか・す(接尾サ四型)(名詞、形容詞の語幹、擬声語・擬態語などに付いて)「…のようにする」「…らしくする」「…という音を出させる」などの意の動詞をつくる。枕 六七「わざとりたてて人ー・す(終)べくもあらぬさまなれど」訳 わざわざとりあげて一人前として取り扱うこともできそうにないようすであるけれど。枕 五六「蔵人いみじく高く踏みごほー・し(用)て」訳 蔵人がたいそう音高く(沓を)どしんどしんと踏み鳴らして。

【例語】がらめかす(=がらがらと音をたてさせる)・くつめかす(=喉をくっくっと鳴らす)・転めかす(=回転させる)・さざめかす(=ざわつかせる)・さらめかす・ざんざめかす(=にぎやかに騒ぎたてる)・時めかす・人めかす・閃かす(=ひらひらさせる)・ふためかす・仄めかす・群めかす(=群れをなす)・物めかす・態とめかす(=わざとらしくする)

> **語の広がり**「めかす」
> おしゃれをする意の「おめかし」は、「めかす」の連用形「めかし」が名詞化したものに、丁寧の接頭語「お」が付いたもの。したがって単に「着飾る」という意味だけでなく、原義の「…のようにする」「…らしくする」という変身に近いニュアンスを含んでいる。

め-かり【海布刈り・和布刈り】(名)わかめ(=海藻の名)を刈ること。春。〔謡・和布刈〕「年は暮るれど緑なるーの今日の神祭り」訳 年は暮れても、緑色をしているわかめを刈るという、今日の神事(を執り行い)。

め-か・る【目離る】(自ラ下二)〔れ・れ・る・るる・るれ・れよ〕目が離れる。しだいに見なくなる。離れていて会わなくなる。伊勢 四六「世の中の人の心はー・るれ(已)ば、忘れぬべきものにこそあめれ」訳 世の中の人の心というものは、離れていて会わなくなると、忘れてしまうのが当然のもののようだ。文法「忘れぬべき」の「ぬ」は、助動詞「ぬ」の終止形で、ここは確述の用法。「あめれ」は、「あるめれ」の撥音便「あんめれ」の「ん」の表記されない形。

め-かれ【目離れ】(名・自サ変)目が離れること。会わないでいること。男女の関係が疎遠になること。伊勢 八五「思へども身をし分けねばー・せ(未)ぬ雪の積もるぞわが心なる」訳 (親王のもとに)いつも参上したいとは)思っているが(朝廷に出仕しなければならず)、わが身を二つには分けられないので、(今)この目を離すこともできない(ほど降りしきる)雪が積も(って都に帰れなくな)るのが、私の望むところである。

め-きき【目利き】(名)目が利くこと。物事のよしあしや刀剣・書画・骨董などの真偽を見分けること。また、その人。

め-ぎみ【女君・妻君】(名)「をんなぎみ」に同じ。更級 物語「光るの源氏の夕顔、宇治の大将の浮舟の女君のやうにこそあらめと思ひける心」訳 (今に)光源氏の(愛した)夕顔や、宇治の大将(=薫)の(愛した)浮舟の姫君のようにきっとなるだろうと思っていた(私の)心は。

-め・く(接尾カ四型)(名詞、形容詞・形容動詞の語幹、副詞、擬声語・擬態語などに付いて)「…のようになる」「…らしくなる」「…という音を出す」などの意の動詞をつくる。源氏 少女「木深くおもしろく、山里ー・き(用)て」訳 (森のように)木が茂って趣が深く、山里のようであって。枕 二七五「『この中将に扇の絵のこと言へ』とささー・け(已)ば」訳「この中将(=源成信)に扇の絵のことを言え」と小声で言う(=ささやく)ので。

【例語】婀娜めく・あめく・急めく(=忙しそうにする)・今めく・苛めく・焦りめく・色めく・呻きすめく(=苦しい息づかいをする)・呻く・蠢く・朧めく・親めく・かめく(=鳥獣がかかと鳴く)・才めく・からめく・唐めく・乾めく(=かさかさして骨ばって見える)・がらめく(=がらがらと鳴り響く)・軋めく・煌めく・転めく・こそめく(=かさこそ音をたてる。こっそりとする)・ごほめく・子めく・ささめく・ざざめく・侍めく(=侍のようにふるまう)・さめく・さらめく・ざんざめく(=騒ぎたてる)・しじめく(=やかましく声をたてる)・上衆めく・すめく・そそめく・そめく(=騒ぐ)・ぞめく・そよめく・ぞろめく(=ぞろぞろと続いて行く)・だくめく(=胸がどきどきする)・つつめく・艶めく・時めく・どしめく(=大声でどなりちらす)・とちめく(=うろたえる)・轟めく・轟めく・動めく・艶めく・ののめく・花めく・はらめく・春めく(=春らしくなる)・犇めく・密めく(=ひそひそと語る)・人めく・ひひめく・閃めく・ひろめく・閃めく・武左めく(=田舎武士のようにふるまう)・ふためく・ぶめく・古めく・ほとめく・仄めく・蠢めく・目眩めく・由めく・態とめく・痴めく・喚めく

めぐ・し【愛し】(形ク)〔から・く(かり)・し・き(かる)・けれ・かれ〕《上代語》❶いたわしい。あわれだ。かわいそうだ。万葉 二・二六〇「人もなき古りにし里にある人をー・く(用)や君が恋に死なせむ」訳 人もいない古びた里に(ひっそりと)住む人(=私)を、かわいそうにも、あなたは焦がれ死にさせようとするのか。❷かわいらしい。いとおしい。万葉 五・八〇〇「父母を見れば尊し妻子見ればー・し(終)うつくし」訳 父母を見ると尊い。妻子を見るといとおしい、(また)かわいい。

め-くは・す—【目くはす】(自サ下二)〔せ・せ・す・する・すれ・せよ〕目くばせする。源氏 若菜上「あなかたはらいた、とー・すれ(已)ど聞きも入れず」訳 (明石の君は)ああ、見苦しいこ

とだと目くばせするけれども、(尼君は)聞き入れもしない。

慣用表現　**「合図する」を表す表現**
おとなふ・声作(こわづく)る・咳(しはぶ)く・袖振る・手掻(てか)く・目くはす

（ポイント）合図には、目や手、声を使うので、これらを用いて「合図する」の意を表す表現が作られる。

めぐみ【恵み】(名)恵むこと。情けをかけること。恩恵。いつくしみ。土佐「神仏(かみほとけ)の—かうぶれるに似たり」訳 神仏の恩恵を受けているのに似ている。

め-ぐ・む【芽ぐむ・萌む】(自マ四){ま・み・む・む・め・め}[「ぐむ」は接尾語]芽を出す。芽を出し始める。徒然 一五五「木(こ)の葉の落つるも、まづ落ちて—・む体にはあらず」訳 木の葉が落ちるのも、(木の葉が)まず落ちて(そのあとから)芽を出し始めるのではない。

図解学習　**「めぐむ」と「もゆ」**
草木の芽がふくらみ、葉などの先端の出る寸前までが「めぐむ」、葉などの先端が出るのが「もゆ」の原義とみられる。なお、涙が浮かび、あふれ出る寸前までを「涙ぐむ」(マ四)といい、そうなるさまをいうのが形容詞「涙ぐまし」である。

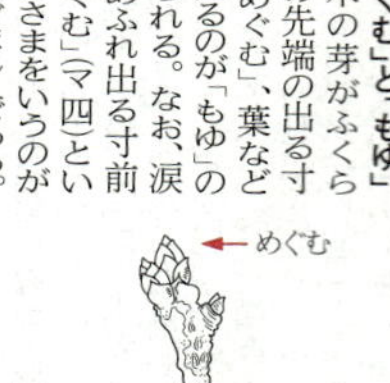

めぐ・む【恵む・恤む】(他マ四){ま・み・む・む・め・め}❶人に情けをかける。あわれむ。徒然 一四二「いかがして人を—・む終べきとならば、上(かみ)の奢(おご)り費やす所をやめ」訳 どのようにして人民に情けをかければよいかというならば、上に立つ者がぜいたくをして浪費することをやめて。
❷物をほどこす。あわれんで金品を与える。大鏡 道長上「持ちて参る果物(くだもの)をさへ—・み用賜(た)び」訳 (道長は御堂に献上のため)持参する果物や菓子をまでも(人夫を)あわれんでお与えくださり。

めぐらし-ぶみ【回らし文・廻らし文】(名)あることを複数の人に知らせるため、あて名を連記して、順次回覧する書状。「回文(くわいぶん)」とも。

めぐら・す【回らす・廻らす・巡らす】(他サ四){さ・し・す・す・せ・せ}❶まわす。まわりを囲む。源氏 須磨「いとおろそかに、軟障(ぜじやう)ばかりを引き—・し用て」訳 (海岸に)たいそう粗略に幕だけを張りめぐらして。
❷工夫する。思いめぐらす。平家 一・鹿谷「寄りあひ寄りあひ、平家ほろぼさんずる謀(はかりこと)をぞ—・し用ける」訳 (俊寛僧都(しゆんくわんそうづ)の山荘に)寄り集まり寄り集まりしては、平家を滅ぼそうとする計略を思いめぐらした。
❸手紙・文書などで順に知らせる。ふれまわす。今昔 三一・一五「それの月それの日を定めて、花の逍遥(せうえう)あるべしと—・す終」訳 某月某日を(その日と)決めて、花見の宴を催すであろうと文書を回して知らせる。

めぐら・ふ(メグラ(ロ)ウ)【回らふ・廻らふ・巡らふ】(自ハ四){は・ひ・ふ・ふ・へ・へ}❶世の中に立ちまじる。俗世に生き続ける。源氏 椎本「—・ひ用侍らむ限りは、かはらぬ心ざしを御覧じ知らせむとなむ思ひ給ふる」訳 (私=薫(かおる)がこの世に)生き続けていきます限りは、変わらぬ(私の)気持ちを(姫君たちも)ご覧になってご理解いただきたいと存じます。
❷ためらう。逡巡(しゆんじゆん)する。〔紀〕皇極「—・ひ用て進まざるを見て」訳 (蘇我入鹿(そがのいるか)の勢いに恐れ)ためらって進まないのを見て。

めぐり【回り・廻り・巡り】(名)❶周囲をめぐること。まわること。〔栄花〕もとのしづく「ちごどもの—するとも見えたり」訳 稚児たちが(仏像の)まわりをぐるぐるめぐりしているようにも見えた。
❷周囲。あたり。また、周囲の垣根や塀など。更級 かどで「門出したる所は、—などもなくて、かりそめの茅屋(かやや)の、蔀(しとみ)などもなし」訳 (上京のために)門出をして移った所は、周囲の垣などもなくて、間に合わせの茅ぶきの家で、蔀(=板戸)などもない。

めぐりあひて… 和歌《百人一首》

> めぐりあひて　見(み)しやそれとも　わかぬまに
> 雲(くも)がくれにし　夜半(よは)の月(つき)かげ
> 〈新古今・一六・雑上・一四九九・紫式部〉

訳 久しぶりにめぐりあって、見たのが確かにその月かとも見分けがつかない(くらい短い)間に、雲間に隠れてしまった夜の月よ。文法「見しや」の「や」は、疑問の係助詞。結び「それなる」の「なる」は省略されている。解説 詞書(ことばがき)に、秋陰暦七月十日、久しぶりで行きあった幼友達が、ちょっと話をしただけで、月が雲に隠れるのと先を争うようにして帰ってしまったときに詠んだ歌だとある。幼友達を、折からの月になぞらえている。「小倉百人一首」では第五句を「夜半の月かな」とする。

めぐり-あ・ふ(—(オ)ウ—ア)【廻り合ふ・巡り合ふ】(自ハ四){は・ひ・ふ・ふ・へ・へ}めぐりめぐって出会う。やっとのことで出会う。源氏 須磨「見る程ぞしばし慰む—・は未む月の都ははるかなれども」訳 →みるほどぞ… 和歌

め-く・る【目昏る・目眩る】(自ラ下二){れ・れ・る・るる・るれ・れよ}❶(驚きや悲しみなどで)目の前がまっ暗になる。目がくらむ。蜻蛉 上「『これ、せさせ給へ』とてはあるものか。見るに—・るる体心ぞする」訳 「これを(侍女に)仕立てさせてください」と言ってはよこす(ことがあってよい)ものか。(それを)見ると(怒りで)目の前がまっ暗になる気持ちがする。
❷事の善悪や道理がわからなくなる。目がくらむ。〔浄・鑓の権三重帷子〕「女の身のはかなさは、うはべばかりにめがくれ用て、胸の中を知らなんだ」訳 女である身の浅はかさは、(男の)外見だけに目がくらんで、(肝心の)心の中を知らなかった(ことだ)。

めぐ・る【回る・廻る・巡る】(自ラ四){ら・り・る・る・れ・れ}❶周囲をまわる。また、回転する。徒然 五一「大方(おほかた)—・ら未ざりければ」訳 (水車が)いっこうに回転しなかったので。
❷まわりを取り囲む。源氏 葵「宿直(とのゐ)の人々は近う—・り用てさぶらへど、かたはらさびしくて」訳 宿直の女房たちは身近に(光源氏の御帳台の)まわりを囲んでお控えするが、(光源氏は、一人寝で)かたわらがさびしくて。
❸あちこちを歩きまわる。巡回する。万葉 一六・三七九一「春さりて野辺を—・れ已ばおもしろみわれを思へかさ野つ鳥来鳴き翔(かけ)らふ」訳 春になって野原を歩きまわると、風流であると私を思うからか、野の鳥も来て鳴いて飛びまわる。
❹行って、もとへもどる。帰る。源氏 若菜下「盃(さかづき)の

ーり(用)くるも頭いたくおぼゆれば、けしき許りにて紛らはすを」訳(柏木は)杯が一巡してくるのも頭が痛く思われるので、(飲む)そぶりだけでごまかすのを。❺時や物が、次々に移る。時が経過する。宇治 三・二「ーり(用)くる春々ごとに桜花いくたびちりき人に問はばや」訳移りめぐってくる毎春ごとに、桜の花はいく度散っていったことか。だれかに問いたい。(「いくたびちりき」に「ひちりき(=管楽器)」が詠みこまれた隠し題の歌)❻世の中に交わる。生きながらえる。源氏 手習「われかくて憂き世の中にーる(終)とも誰かは知らむ月の都に」訳私(=浮舟)がこうしてつらいこの世の中に生きながらえていても、だれが(それを)知っているだろうか、月の(照らしている)都で(いや、だれも知らない)。❼生まれ変わり死に変わりする。源氏 葵「深き契りある仲は、ーり(用)ても絶えざなれば」訳(親子という)深いつながりのある間柄は、生まれ変わり死に変わりしても絶えない(ものである)というから。

め-くるめ-く【目眩く】(自カ四)〔か・き・く・く・け・け〕目がくらむ。目がまわる。徒然 一〇九「ーき(用)、枝あやふきほどは」訳(高い木に登って)目がくらみ、枝が折れそうで危ない間は。

めくわす【目くわす】⇩めくはす

め-こ(名)❶【妻子】㋐妻と子。妻子。万葉 五・八九二「父母は飢ゑ寒ゆらむーどもは乞ふ乞ふ泣くらむ」訳→かぜまじり…和歌。㋑〔「こ」は接尾語〕妻。うつほ 嵯峨の院「天の下には、わがーにすべき人なし」訳この世には、私の妻にするにふさわしい人はいない。❷【女子】女の子。娘。

め-こと【目言】(名)目で見、口で言うこと。会うことと語ること。会って語りあうこと。万葉 二・一九六「あぢさはふーも絶えぬ」訳会って語りあうことも絶えてしまった。(「あぢさはふ」は「目」にかかる枕詞)

めさ-ぐ【召上ぐ】(他ガ下二)〔げ・げ・ぐ・ぐる・ぐれ・げよ〕〔「召し上ぐ」の転〕貴人が呼び寄せなさる。召し出す。万葉 五・八八二「吾が主の御霊賜ひて春さらば奈良の都にーげ(用)給はね」訳あなた様のおかげを(授け)くださって、春が来たなら(私を)奈良の都にきっと呼び寄せなさってください。

め-ざし【目刺し】(名)❶子供の額髪を眉のあたりで切りそろえた髪形。髪が目を刺すような形なのでいう。狭衣物語「ーなる御ぐしを、せちにかきやりつつ」訳めざしにしている御髪を、しきりに払いのけては。❷①の髪形をしている子供。古今 東歌「こよろぎの磯たちならし磯菜つむーぬらすな沖にをれ波」訳こよろぎ(=地名)の岩の多い浜辺をしきりに行き来して磯菜を摘んでいる、めざし髪の少女をぬらすな。沖(の方)にいてくれ、波よ。

め-ざと【目敏】(形動ナリ)〔なら・なり(に)・なり・なる・なれ・なれ〕目ざといさま。見つけるのが早いさま。枕 一五一「いとちひさき塵のありけるをーに(用)見つけて」訳たいそう小さな塵があったのを目ざとく見つけて。

め-ざま-し【目覚まし】(形シク)〔しから・しく(しかり)・し・しき(しかる)・しけれ・しかれ〕

> **語義パネル**
>
> ●重点義 **よいにつけ悪いにつけ、目がさめるようなさま。驚嘆する気持ち。**
>
> 目がさめる意の動詞「目覚む」(マ下二)に対応する形容詞。①はよい意に、②は悪い意に用いたもの。
>
> ❶(目がさめるほど)**すばらしい。りっぱだ。**
>
> ❷**心外だ。気にくわない。**あきれるほどだ。

❶(目がさめるほど)**すばらしい。りっぱだ。**源氏 明石「いとよしよしう気高きさまして、ーしろ(用)(ウ音便)もありけるかなと」訳(明石の君は)たいへん品があって高貴なようすをしているので、(光源氏は)目がさめるほどすばらしくもあったのだなあと(思い)。

❷**心外だ。気にくわない。**あきれるほどだ。源氏 桐壺「はじめより我はと思ひあがり給へる御方々、ーしき(体)者におとしめそねみ給ふ」訳(入内の)当初から、私こそは(天皇のご寵愛を得ることができるのだ)と自負していらっしゃった(女御の)御方々は、(桐壺の更衣を)気にくわない者として軽蔑しねたみなさる。(⇩あさまし「類語パネル」)

めざまし-ぐさ【目覚まし草】(名)〔「くさ」は「種」の意〕「めざましぐさ」とも。目をさます手がかりとなるもの。万葉 一二・三〇六一「暁の目ーとこれをだに見つつ坐して我を偲はせ」訳夜明け前の目をさますためのものとして、せめてこれ(=形見の品)だけでもくり返し眺めておいでになって、私をしのんでください。

め-さ-む【目覚む】(自マ下二)〔め・め・む・むる・むれ・めよ〕❶眠りからさめる。目をさます。源氏 末摘花「命婦は、いかならむとーめ(用)て聞き臥せりけれど」訳命婦は、(光源氏と姫君=末摘花とが)どうなっているのだろうと目をさまして聞き耳を立て横になっていたが。❷見て驚く。目がさめるような新鮮な感じがする。徒然 一五「いづくにもあれ、しばし旅立ちたるこそ、ーむる(体)心地すれ」訳どこへであるにせよ、しばらくの間旅に出ているのは、目がさめるような新鮮な感じがするものだ。

めさ-る【召さる】(他ラ下二)〔れ・れ・る・るる・るれ・れよ〕〔尊敬語「召す」の未然形「めさ」に尊敬の助動詞「る」が付いて一語となったもの〕「呼び寄す」「食ふ」「着る」「乗る」「為す」などの尊敬語。なさる。隆達小歌集「忍ぶ身にさへ悋気をーる(終)」訳人目をはばかる(恋をする)立場であってもやきもちをなさる。

参考「召さる」は、本来、尊敬の動詞「召す」に受身や尊敬の意を表す助動詞「る」が付いたものであったが、中世以降しだいに、複合して尊敬の意のみを表す語として一般化した。それに伴って、表す敬意の度合いも、本来の用法に比べ低下した。

めさ-る【召さる】(補動ラ下二)〔れ・れ・る・るる・るれ・れよ〕〔動詞の連用形に付いて〕尊敬の意を表す。お…になる。…なさる。浄・心中宵庚申「死んだ母があの世から恨みーれ(未)う(=恨みなさるだろう)」

めし【召し】(名)身分の高い人が人を呼ぶこと。お呼び。源氏 明石「ーありて、内裏に参り給ふ」訳(朱雀帝の)お呼び出しがあって、(光源氏は)宮中に参上なさる。

めし-あ-ぐ【召し上ぐ】(他ガ下二)〔げ・げ・ぐ・ぐる・ぐれ・げよ〕❶お呼び出しになる。召し出す。大鏡 道長下「大江玉淵が女の、声よくかたちをかしげなれば、あはれがらせ給ひて、うへに—げ㊝て」訳 大江玉淵の娘が、声もよく容姿も美しい感じなので、(宇多法皇は)いとしくお思いになられて、殿上に召し出して。

❷官が私有物を取りあげる。没収する。〔太平記〕二「武家被官の者ども悉く所領を—げ㊍られ」訳 (北条氏に味方した)武家や(北条氏の)家臣たちはすべて領地を没収され。

めし-あつ・む【召し集む】(他マ下二){め・め・む・むる・むれ・めよ}「呼び集む」の尊敬語。お呼び集めになる。伊勢 七七「歌よむ人々を—め㊝て」

めし-あは・す【召し合はす】アワス (他サ下二){せ・せ・す・する・すれ・せよ}お呼び出しになって立ち合わせる。徒然 二三五「御前にて—せ㊍られたりけるに」訳 (帝の)御前にお呼びになって対決させなさったところ。

めし-いだ・す【召し出だす】(他サ四){さ・し・す・す・せ・せ}「呼び出だす」の尊敬語。❶お呼び出しになる。平家 六・小督「『小督があらんかぎりは世の中よかるまじ。—し㊝てうしなはん』とぞのたまひける」訳 (平清盛は)「小督(=女房の名)がいるかぎりは(娘)夫婦の仲はうまくいかないだろう。召し出して亡きものにしよう」とおっしゃった。

❷お呼び出しになって、官職や禄などをお授けになる。〔浮・武家義理物語〕「首尾よく—さ㊍れて、再び武家のほまれ」訳 (孫九郎は)めでたく仕官を許されて、再び武士としての名誉(に返り咲き)。

めし-い・づ【召し出づ】イズ (他ダ下二){で・で・づ・づる・づれ・でよ}「呼び出づ」の尊敬語。❶お呼び出しになる。源氏 夕顔「右近を—で㊝て、随身を召させ給ひて」訳 (光源氏は)右近をお呼び出しになって、(右近にご自分の)随身をお呼ばせになって。

❷お取り寄せになる。源氏 松風「御直衣—で㊝て奉る」訳 (光源氏は)御直衣をお取り寄せになってお召しになる。

めし-い・る【召し入る】(他ラ下二){れ・れ・る・るる・るれ・れよ}「呼び入る」の尊敬語。お呼び入れになる。枕 二六六「いと近う—れ㊍られたるこそうれしけれ」訳 (中宮が)たいへん近く(私を)お呼び入れになられたのはうれしいことだ。

めし-うと【召人】メシュウト (名)〔「めしひと」の転〕「めしうど」とも。❶舞楽などをするために召し出された人。〔うつほ〕菊の宴「この度の神楽、すこしよろしうせばや。—など選びて」訳 このたびの神楽は、少々盛大にしたいものだ。舞楽の道に堪能な人などを選んで。

❷「寄人②」の異称。

❸平安時代、貴族の邸に仕え、主人と関係をもつ女。側女。源氏 胡蝶「—とか、にくげなる名のりする人どもなむ数あまた聞こゆる」訳 (蛍兵部卿の宮には)側女とかいって、にくらしげな名称のついている人たちが数多く(いると)うわさされる。

❹〔「囚人」とも書く〕捕らえられた人。囚人。

めし-お・く【召し置く】(他カ四){か・き・く・く・け・け}❶「呼び置く」の尊敬語。お呼び寄せになってそばに居させる。また、臣下・家臣として呼び寄せなさる。徒然 二三六「慈鎮和尚、一芸あるものをば下部までも—き㊝て、不便にせさせ給ひければ」訳 慈鎮和尚は、一芸にすぐれている者を下層階級の者までもお呼び寄せになってそばに居させて、めんどうをみていらっしゃったので。

❷捕らえて留めおきなさる。お召し捕りになる。平家 二・小教訓「既に—か㊍れぬる上は、急ぎ失はれずとも、何の苦しみか候ふべき」訳 すでにお召し捕りになられたからには、急いでお殺しにならなくても、どんな不都合がありましょうか(いや、なんの不都合もありません)。

めし-かへ・す【召し返す】カエス (他サ四){さ・し・す・す・せ・せ}「呼び返す」の尊敬語。お呼びもどしになる。また、物をお取り返しになる。平家 二・大納言流罪「君惜しませ給ひて、西の七条より—さ㊍れぬ」訳 君(=後白河法皇)は惜しいとお思いになられて、(私=成親を京都の)西の七条からお呼びもどしになられた。

めし-ぐ・す【召し具す】(他サ変){せ・し・す・する・すれ・せよ}「呼び具す」の尊敬語。そばに呼び寄せてお連れになる。連れていらっしゃる。徒然 八七「太刀うち佩きて、かひがひしげなれば、たのもしくおぼえて、—し㊝て行くほどに」訳 (その男は)太刀を腰にちょっとさして、勇ましそうなので、心強く思われて、お連れになって行くうちに。

めし-こ・む【召し籠む】(他マ下二){め・め・む・むる・むれ・めよ}呼び寄せて押しこめなさる。罪人などを捕らえて監禁なさる。宇治 一一・五「行遠は進奉不参、返す返す奇怪なり。たしかに—めよ㊎」訳 行遠(=人名)はお供にお仕えしない、(これは)重ね重ねふとどきなことである。しっかりと捕らえて監禁なされよ。

めし-つか・ふ【召し使ふ】カ(コ)ウ—ツ (他ハ四){は・ひ・ふ・ふ・へ・へ}「呼び使ふ」の尊敬語。そばに呼び寄せて、用をおさせになる。平家 一・殿下乗合「院中にちかく—は㊍るる公卿・殿上人、上下の北面にいたるまで」訳 院の御所で近く召し使われる公卿や殿上人、上下の北面の武士にいたるまで。

めし-つぎ【召し継ぎ・召し次ぎ】(名) ❶取り次ぐこと。また、取り次ぐ人。従者。竹取 竜の頸の玉「ただ舎人二人—として、やつれ給ひて」訳 (大納言は)ただ雑人二人を従者として、おしのび姿をなさって。

❷院の庁・東宮などで、雑事を勤めたり時刻を知らせたりした下級役人。

めしつぎ-どころ【召し次ぎ所】(名) 院の庁などの、雑事を勤める下級役人の詰め所。また、そこに仕える人。源氏 柏木「所々の饗、院の下部、庁の—、なにかの隈までいかめしくせさせ給へり」訳 ほうぼうでのもてなしは、(六条)院の下々の者や庁内の雑事を勤める人々、あちこちの端々の者にまで、(光源氏が)盛大になされた。

めし-つど・ふ【召し集ふ】ツドウ (他ハ下二){へ・へ・ふ・ふる・ふれ・へよ}「呼び集ふ」の尊敬語。お呼び集めになる。〔増鏡〕新島守「武士どもも—へ㊝、宇治・勢多の橋も引かせて」訳 (後鳥羽院は)武士たちをお呼び集めになり、宇治や勢多の橋も(橋板を)とり除かせて。

めし-と・る【召し取る】(他ラ四){ら・り・る・る・れ・れ}❶「呼び取る」の尊敬語。お呼び寄せになる。竹取 蓬莱の玉の枝「その時ひとつの宝なりける鍛冶匠六人を—り㊝て」訳 その当時、随一の宝(ともいうべき存在)であった金属細工の職人六人をお呼び寄せになって。

❷〔「召し捕る」とも書く〕官命で、罪人を捕らえる。徒然 一五三「為兼大納言入道—ら㊍れて、武士どもうち囲みて、六波羅へ率て行きければ」訳 為兼

の大納言入道が官命で捕らえられて、武士どもが取り囲んで、六波羅へ連れて行ったところ。

めし-はな・つ【召し放つ】（他タ四）（た・ち・つ・つ・て・て）大勢の中から引き離して、その人だけをお呼び寄せになる。源氏 紅梅「この君ー・ち用て語らひ給へば、人々は近くも参らず」訳（匂宮はこの君（＝大夫の君）を一人お呼び寄せになって話し続けなさるので、人々は（遠慮して）近くにも参上せず。

めし-よ・す【召し寄す】（他サ下二）（せ・せ・す・する・すれ・せよ）❶「呼び寄す」の尊敬語。そばにお呼び寄せになる。源氏 若紫「参りたれば、ー・せ用てありさま問ひ給ふ」訳（惟光が）参上したので、（光源氏は）そばにお呼び寄せになって、（若紫の）ようすをおたずねになる。

❷「取り寄す」の尊敬語。お取り寄せになる。徒然 二三二「琵琶法師の物語を聞かんとて、琵琶をー・せ用たるに」訳（ある人が）琵琶法師の物語を聞こうとして、琵琶をお取り寄せになったところ。

め・す ■一（他サ四）（さ・し・す・す・せ・せ）❶【見す・看す】㋐「見る」の尊敬語。ご覧になる。万葉 一・五二「埴安の堤の上にあり立たしー・し用給へば」訳 埴安の池の堤の上にいつもお立ちになって、ご覧になられると。

⇩御覧ず「敬語ガイド」。㋑その場に臨まれる。万葉 六・一〇〇五「やすみししわが大君のー・し用給ふ吉野の宮は」訳 わが大君（である天皇）がお出ましになっていらっしゃる吉野の宮は。（「やすみしし」は「わが大君」にかかる枕詞）

❷【召す】㋐「呼ぶ」「招く」の尊敬語。**お呼びになる。お招きになる。** 源氏 若紫「惟光ー・し用て、御帳、御屏風など、あたりあたりしたてさせ給ふ」訳（光源氏は）惟光をお呼びになって、（若紫のために）御帳台や御屏風などを、あそこここと配置させなさる。文法「したてさせ給ふ」の「させ」は、使役の助動詞「さす」の連用形。㋑「取り寄す」の尊敬語。**お取り寄せになる。** 源氏 橋姫「琵琶ー・し用て、客人にそのかし給ふ」訳（八の宮は）琵琶をお取り寄せになって、客（の薫）に（弾くように）すすめなさる。㋒「飲む」「食ふ」「着る」の尊敬語。**召し上がる。お召しになる。** 徒然 六八「年ごろ頼みて、朝な朝なー・し用つる土大根らに候ふ」訳 長年の間信頼して、毎朝（あなたが）召し上がった大根でございます。⇩食ぶ「敬語ガイド」

■二【召す】（自サ四）（さ・し・す・す・せ・せ）「乗る」の尊敬語。（乗り物に）**お乗りになる。** 平家 四・還御「それより御輿にー・し用て福原へ入らせおはします」訳（高倉上皇は）そこ（＝播磨の国山田の浦）から御輿にお乗りになって福原へお入りになられる。文法「せおはします」は、最高敬語。

参考「めす」は動詞「見る」の未然形「み」に上代の尊敬の助動詞「す」の付いた形「みす」が音変化したもので、■一①㋐が原義。しだいに②に転意して用いられるようになったものと考えられる。

敬語ガイド「着る」「乗る」の敬語
尊敬語（お召しになる・お乗りになる）
たてまつる（四段）・召す

め・す【召す】（補動サ四）（さ・し・す・す・せ・せ）（他の尊敬の動詞の連用形に付いて）尊敬の意を強める。**お…になる。…なさる。** 万葉 一五・三七三六「遠くあれば一日一夜も思はずてあるらむものと思ほしー・す終な」訳 遠くにいるので、一日一晩ぐらい（私があなたのことを）思わないでいるであろうことだと、お思いになるな。

めず【愛ず】⇩めづ

めずらし【珍し】⇩めづらし

め-だう【馬道】（名）「めんだう」とも。❶二つの建物の間に厚板を渡し、廊下のようにした通路。馬を中庭に引き入れるときには板をとりはずした。枕 二四八「御湯殿の（＝清涼殿の沐浴の間）にー より下りて来る殿上人」

❷殿舎の中を貫通している長廊下の称。源氏 桐壺「えさらぬーの戸をさしこめ」訳 どうしても通らねばならない長廊下の戸を閉ざし。

め-だた・し【目立たし】（形シク）（しから・しく（しかり）・し・しき（しかる）・しけれ・しかれ）〔動詞「目立つ」に対応する形容詞。後に「めだたし」とも〕目だって見える。いちじるしい。顕著だ。〔とはずがたり〕「なかなか人の見るもー・し終。内へ入れ」訳（そこにいては）かえって人が見るのも目だって見える。中に入れ。

め-た・つ【目立つ】（自タ下二）（て・て・つ・つる・つれ・てよ）気をつけてよく見る。注目する。枕 二六七「親などのかなしうする子は、ー・て用耳立てられて、いたはしうこそおぼゆれ」訳 親などがかわいがる子は、（周囲からも）注目され聞き耳をたてられて、大事に世話したいと思わずにはいられない。

文法「目立て」は対偶中止法で、下の受身が及ぶ。

め-ぢ【目路】（名）目で見通した所。視線の届く範囲。視界。〔和泉式部集〕「眺むれどーにも霧の立ちぬれば心やりなる月をだに見ず」訳 物思いにふけりながらぼんやりと見るけれども、視線の届く範囲にも霧がかかってしまったので、心を慰めるものである月をさえ見（ることができ）ない。

め-ぢか・し【目近し】（形ク）（から・く（かり）・し・き（かる）・けれ・かれ）間近に見慣れている。いつも見ている。枕 三「青やかに、例はさしもさるものー・から未ぬ所に、もてさわぎたるこそをかしけれ」訳（摘みとった若菜は）青々としていて、ふだんはそれほどそんな物を間近に見慣れていない場所（＝宮中）で、大騒ぎをしてもてはやしているのがおもしろい。

めつ【滅】（名）死ぬこと。滅びること。徒然 一五五「生・住・異・ーの移りかはる実の大事は、たけき河のみなぎり流るるがごとし」訳（万物が）生成・存続・変化・死滅と変移していく真の重大事は、水の勢いの激しい川があふれ流れるのに似ている。

め・づ【愛づ】■一（他ダ下二）（で・で・づ・づる・づれ・でよ）❶かわいがる。愛する。〔紀〕允恭「早くはー・で未ず、わがは愛さず（それが惜しまれるよ）、この私の愛する姫よ。」訳（もっと早く愛すべきだったのに）早くー・づる体子ら」

❷ほめる。賛美する。賞美する。徒然 六七「月をー・で用花をながめし古のやさしき人はここにありはら」訳 月を賞美し、花を眺めた、あの昔の風流な人である在原業平（の霊）はここにいるのだよ。（「ありはら」は業平の姓「在原」と「（ここに）あり」の意とをかける）

❸好む。気に入る。源氏 橋姫「さすがに物の音ー・づる体阿闍梨にて」訳（出家の身ではあるが）そうはいってもやはり音楽を好む阿闍梨（＝高徳の僧）であって。

■二（自ダ下二）（で・で・づ・づる・づれ・でよ）感じ入る。**心がひきつけられる。** 古今 秋上「名にー・で用て折れるばかりぞ女郎花我落ちにきと人に語るな」訳 →なにめでて…

和歌

め しは—めつ

めっ-きゃく【滅却】（名・自他サ変）滅びること。つぶすこと。なくなること。死ぬこと。〔狂・附子〕「これは附子といふて、あの方の吹く風に当たってさへ、そのまま—・する(体)程の大毒な物ぢゃ」［訳］これはぶすといって、そのほうから吹いて来る風にあたるだけでも、そのまま死ぬくらいの大毒を持つ物だ。

め-つけ【目付】（名）❶室町時代以降の武家の職名。家臣の動静を監視する役。❷ひそかに監視すること。また、その人。見張り。密偵。〔謡・熊坂〕「吉次が通る道すがら、…—を付けてこれを見す(=ようすを探らせる)」❸目をつけるところ。目じるし。〔醒睡笑〕「屋根の上に鳶の二つありしを—にしたりしが」［訳］屋根の上に鳶が二羽止まっていたのを(自分の泊まった宿の)目じるしにしていたが。

めづ-こ（メズ—）**【愛づ児】**（名）かわいい子。いとしい女。［万葉］一六・三八八〇「高坏に盛り机に立てて母にあへつや—の刀自」［訳］(小螺(=巻き貝の一種)の塩もみを)脚つきの小さな台に盛りつけ机の上に載せて、母上に差し上げたか、(私の)いとし子である妻よ。

めつ-ど【滅度】（名）《仏教語》悟りを得て、生死の迷いを超越すること。特に、釈迦が涅槃に入ること。〔栄花〕つるのはやし「機縁すでに尽くれば必ず—に入り給ひ」［訳］衆生の仏の教えを受けようとする縁がもはや尽きると、(仏は)まちがいなく涅槃に入りなさり。

めづら-か（メズラ—）**【珍か】**（形動ナリ）｛なら・なり(に)・なり・なる・なれ・なれ｝めずらしいさま。よくも悪くも、ふつうと違っているさま。［枕］二六二「『あのおもと』『君』など言へば、—・に(用)うれしと思ひて」［訳］「あのお方」とか「(…の)君」などと言うと、(言われた人は)めずらしくうれしいと思って。［源氏］桐壺「急ぎ参らせて御覧ずるに、—・なる(体)児の御かたちなり」［訳］(桐壺帝が若宮=光源氏を)急いで参内させてご覧になると、(この世に)めったにない赤子のご容貌である。［文法］「参らせて」の「せ」は、使役の助動詞「す」の連用形。

めづら・し（メズラシ）**【珍し】**（形シク）｛しから・しく(しかり)・し・しき(しかる)・しけれ・しかれ｝

> **語義パネル**
>
> ●**重点義**　**愛すべきさま。賛美すべきさま。清新なさま。**
>
> 愛する、賛美する意の動詞「めづ」(ダ下二)に対応する形容詞。現代語では④の意に用いるが、古くは、①②③の意に用いる。
>
> ❶**賛美すべきである。すばらしい。**
> ❷**愛らしい。かわいい。**
> ❸**目新しい。清新である。**
> ❹**めずらしい。**めったにない。

❶**賛美すべきである。すばらしい。**［万葉］五・八二八「人ごとに折り挿頭しつつ遊べどもいや—・しき(体)梅の花かも」［訳］だれもかれもみな(梅の花を)折って髪に挿しては遊んでいるが、ますます賞美すべき梅の花であることよ。

❷**愛らしい。かわいい。**［万葉］一一・二六五一「難波人葦火焚く屋の煤してあれどおのが妻こそ常—・しき(体)」［訳］難波の人が葦で火を焚く家のようにすすけてはいるけれども、自分の妻こそはいつまでもかわいいことよ。(第二句までは「煤して」を導きだす序詞)。［文法］「こそ…めづらしき」は、上代、形容詞型活用は、係助詞「こそ」の結びが連体形であった例。

❸**目新しい。清新である。**［徒然］一九「かくて明けゆく空の気色、昨日にかはりたりとは見えねど、ひきかへ—・しき(体)心地ぞする」［訳］このようにして夜が明けてゆく(元日の)空のようすは、昨日と変わっているとは見えないけれども、うって変わって新鮮な気分がするものだ。

❹**めずらしい。**めったにない。［徒然］二三六「あなめでたや。この獅子の立ちやう、いと—・し(終)」［訳］ああ、すばらしいことだ。この獅子の立ち方は、たいへんめずらしい。(⇩有り難し「類語パネル」)

めづらし-が・る（メズラシ—）**【珍しがる】**（自ラ四）｛ら・り・る・る・れ・れ｝〔「がる」は接尾語〕めずらしく思う。めずらしそうにする。［更級］物語「『いとうつくしう、生ひ成りにけり』など、あはれがり—・り(用)て」［訳］(おばは私を)「たいそうかわいらしく、(いつのまにか)成長してしまったね」などと(言って)、かわいがり目新しそうにして。

めづらし-げ（メズラシ—）**【珍しげ】**（形動ナリ）｛なら・なり(に)・なり・なる・なれ・なれ｝〔「げ」は接尾語〕❶賛美するに値するさま。すばらしいさま。［源氏］少女「きらきらしうめづらしげ(語幹)あるあたりに、今めかしうもてなさるるこそをかしけれ」［訳］りっぱで美しく賛美するに値するようすのある家で、(婿として)現代風ではなやかに待遇されるのがすばらしいことだ。❷まれにしかないさま。めったにないさま。［古今］恋四「君と言へば見まれ見ずまれ富士の嶺のめづらしげ(語幹)なく燃ゆる我が恋」［訳］あの人のこととなると、会っていようと会わずにいようと、富士山がまれではなく(=いつも)煙をはいて燃えているように、燃え上がる私の恋心であるよ。(「見まれ見ずまれ」は、「見もあれ、見ずもあれ」の転。「恋」の「ひ」に「火」をかけ、「燃ゆ」の縁語)
［参考］多く、「珍しげなし」の形で用いられる。

め-て【馬手・右手】（名）〔馬の手綱を取るほうの手の意〕❶右の手。［平家］一一・能登殿最期「弟の次郎をば—の脇にかいはさみ」［訳］(教経は、安芸の太郎の)弟の次郎を右の手の脇にかかえるようにはさみ。❷右のほう。右側。［平家］一一・逆櫓「馬はかけんと思へば、弓手へも—へも回しやすし」［訳］馬は進ませようと思うと、左のほうへも右のほうへも回しやすい。(⇔弓手)

めで-くつがへ・る（—クツガエル）**【愛で覆る】**（他ラ四）｛ら・り・る・る・れ・れ｝たいそう感心する。大いに賞美する。［大和］三「…となむ言へりければ、監の命婦、—・り(用)て、もとめてやりけり」［訳］(良少将が)…と(歌を)詠んだので、監の命婦はたいそう感心して、(太刀の緒にするための革を)探し出して送ってやった。
［参考］「くつがへる」は誇張的に意味を強めている。

めでた-げ（形動ナリ）｛なら・なり(に)・なり・なる・なれ・なれ｝〔「げ」は接尾語〕喜び祝うべきようすである。すばらしいようすである。［源氏］明石「枯れたりし木の春にあへる心地して、いと—・なり(終)」［訳］枯れていた木が春にめぐりあった感じがして、たいそう喜ばしいようすだ。

めでたさも…［俳句］

目出度さも　ちう位なり　おらが春　春
〈おらが春・一茶〉

訳（世間並みに正月を迎えたけれど）めでたさも、いってみればめでたいようなめでたくないような、どっちつかずのものであるよ。おれの迎えた新春は。（おらが春 圏。切れ字は「なり」）

解説「ちう位」は「いいかげん」の意の信濃（長野県）方言。貧乏と不運続きの一茶にとって、妻と長女と二人そろったこの正月は、めずらしく家庭の味がする正月であった。それを「ちう位」としたところに、「あなた任せ（＝他力本願）」の自分にふさわしいとする姿がみえる。

めでた・し（形ク）{から・く(かり)・し・き(かる)・けれ・かれ}

語義パネル
●重点義　**はなはだ愛すべきだ。**
愛する、賛美する意の動詞「めづ」（ダ下二）の連用形に、程度がはなはだしい意の形容詞「いたし」の付いた「愛で甚し」の転とみられる形容詞。
❶**魅力的だ。心ひかれる。**
❷**りっぱだ。みごとだ。すばらしい。**
❸**祝う価値がある。慶賀すべきだ。**

❶**魅力的だ。心ひかれる。** 枕 三七「藤の花は、しなひ長く、色濃く咲きたる、いと—・し(終)」訳 藤の花は、しなやかに垂れている花房のさまが長く、色が濃く咲いているのが、とても魅力的である。大和 四〇「この男宮をいと—・し(終)と思ひかけ奉りたりけるをも」訳 この男宮をたいへん慕わしい（お方だ）と、あこがれの情をお寄せ申しあげていたことをも。
❷**りっぱだ。みごとだ。すばらしい。** 伊勢 八二「散ればこそいとど桜は—・けれ(已)うき世になにか久しかるべき」訳 →ちればこそ…和歌。〔無名草子〕「宮の—・く(用)盛りに時めかせ給ひしことばかりを、身の毛も立つばかり書き出でて」訳 宮様（＝中宮定子）がすばらしく（栄華の）盛りで（天皇の）ご寵愛を受けてお栄えになられていたことだけを、恐ろしいぐらいに（まざまざと）書き出して。
文法「せ給ひ」は最高敬語。名文解説 清少納言は、「枕草子」では主家である中関白家の没落にはけっして言及せず、中宮定子とその後宮のすばらしさ、華やかさを伝える話題のみを書き続けた。清少納言が「枕草子」にこめた思いを、「無名草子」が的確に汲み取っていたことを示す一節である。
❸**祝う価値がある。慶賀すべきだ。**〔十訓〕七「その年、風静かにて、農業のために—・し(終)」訳 その年は、風が静かで、農業のためによろこばしい。

めで-まど・ふ【愛で惑ふ】（自ハ四）{は・ひ・ふ・ふ・へ・へ} 非常にほめる。ひどく感心する。伊勢 一〇七「かのあるじなる人、案を書きて、書かせてやりけり。—・ひ(用)にけり」訳 例の主人である男が、（手紙の）下書きを書いて、（それを女に）書きうつさせて送った。（相手の男は）ひどく感心した。参考 動詞の下に「まどふ」が付くと、ひどく、ひたすら、夢中になってなどと、その意味を強める。→惑ふ④

めで-ゆす・る【愛で揺する】（他ラ四）{ら・り・る・る・れ・れ} 大騒ぎしてほめる。だれもがほめる。源氏 少女「唐土にも持て渡り伝へまほしげなる世の文どもなりとなむ、その頃世に—・り(用)ける」訳（夕霧をほめたたえた漢詩は）中国にも持って渡って伝えたいような、時代を代表する詩の数々であると、当時世間でほめそやしたのだった。

めどう【馬道】⇩めだう

め-どき【女時】（名）運の悪い時。何事もうまくいかない時期。〔風姿花伝〕「時の間にも、男時・—とてあるべし」訳 ほんの少しの間にも、運のよい時・運の悪い時というのがあるにちがいない。↔男時

め-どき【目時】（名）視力の強い若い年ごろ。一説に、「目敏き」で目の早い意とも。〔浮・好色五人女〕「我なら—の目にて抜かんものをと思ひながら」訳（お七は）私ならよく見える若い年ごろの目で（とげを）抜いてやるのになあと思いながら。

め-とど・む【目止む・目留む】（他マ下二）{め・め・む・むる・むれ・めよ} 心をとめて見る。注目する。源氏 空蝉「この勝れる人よりは心あらむと—・め(用)つべきさましたり」訳 この器量のすぐれた人（＝軒端の荻）よりは、（空蝉は）思慮深いのであろうと、（だれしも）心をとめて見るにちがいないようすをしている。

め-とま・る【目止まる】（自ラ四）{ら・り・る・る・れ・れ} 目につく。目を引きつけられる。源氏 若紫「ねびゆかむさまゆかしき人かな、と—・り(用)給ふ」訳 大人になってゆくようなようすを見たい人だなあと、（光源氏は若紫に）目を引きつけられなさる。

め-と・る【娶る】（他ラ四）{ら・り・る・る・れ・れ}〔「妻取る」の意〕妻として迎える。〔雨月〕菊花の約「娘子を—・り(用)て〔その実家の者たちと〕親族となり」

めなもみ（名）植物の名。山野に自生し、秋に黄色い花をつける。漢方で解毒などに用いる。

め-なら・ぶ【目並ぶ】㊀（他バ下二）{べ・べ・ぶ・ぶる・ぶれ・べよ} 多くの人の目で見定める。万葉 七・一二六四「西の市にただひとり出でて—・べ(未)ず買ひてし絹の商じこりかも」訳 西の市にたった一人で出かけて、よく見定めないで買ってしまった絹の買いそこないであることよ。㊁（自バ四）{ば・び・ぶ・ぶ・べ・べ} 見比べる。一説に、親しくする意とも。古今 恋五「花がたみ—・ぶ(体)人のあまたあれば忘られぬらむ数ならぬ身は」訳 花かごのぎっしりつまった編み目のように（あの人には）見比べる人が大勢いるので、忘れられてしまっているのだろう、物の数でもない私は。

め-な・る【目馴る】（自ラ下二）{れ・れ・る・るる・るれ・れよ} 見なれる。なれる。徒然 一五「ゐなかびたる所、山里などは、いと—・れ(未)ぬことのみぞ多かる」訳 田舎びた土地や山里などには、まったく見なれないことばかりが多い。

め-に-か・く【目に懸く】❶目にとめる。まのあたりにする。平家 四・橋合戦「—・け(用)たる敵を討たずして、南都へ入れ参らせ候ひなば」訳 まのあたりにしている敵を討たないで、（高倉の宮を）奈良へお入れ申しましたならば。❷見せる。示す。❸目方をはかる。はかりにかける。

めにちかく… 和歌

目に近く　移ればかはる　世の中を
行く末遠く　頼みけるかな
〈源氏・若菜上〉

訳 まのあたりに変われば変わる夫婦の仲でしたのに、(私は)行く末長く(変わらないもの)とあてにしていたことです。
解説 女三の宮が光源氏に降嫁したことで、動揺する紫の上が詠んだ歌。光源氏が女三の宮のもとを訪れる用意を、あれこれしているようすがどうしても目に入るので「目に近く」といった。「世の中」は男女の仲の意。

め-に-ちか-し【目に近し】目の前にある。いつも目につく。また、見なれている。源氏 宿木「たのもしげなく思ひながら、ー・く㊊ては、殊につらげなる事も見えず」訳 (匂宮の)を信頼できそうもないと思いながらも、(毎日)見なれていたら、格別に薄情そうなようすも見えず。

めにはあをば… 俳句

目には青葉　山ほととぎす　初松魚
夏　夏　夏
〈素堂家集・素堂〉

訳 目には青葉の輝きがまぶしい。(その青葉の中から耳にほととぎすのみずみずしい声がこだまする。そしてまた(口には)初がつおのおいしい季節である(鎌倉の初夏のすばらしさよ)。(青葉・ほととぎす・初松魚 夏)
解説 「かまくらにて」の前書きがある。鎌倉はかつおが名物であった。

め-に-みすみす【目に見す見す】→見す見す

め-ぬき【目貫き】(名)刀剣の柄と刀身とを固定するための留め釘。目釘。また、その頭部につける金具。
⇩巻頭カラーページ17

め-の-うちつけ【目のうちつけ】ちょっと見ること。ふと見た感じ。更級 大納言殿の姫君「心のなし、ーに、例の猫にはあらず」訳 気のせいか、ふと見た感じで、ふつうの猫ではなくて。

め-の-こ【女の子】(名)女性。婦女。また、女の子。伊勢 八七「つとめて、その家のーども出でて」訳 翌朝、その家の女の子供たちが浜に出て。↔男子

め-の-こ【目の子】(名)《近世語》「目の子算」の略。算盤などを用いないで、ざっと目算で数を数えること。概算すること。

めのこ-ざん【目の子算】(名)《近世語》「めのこ(目の子)」に同じ。

めのこ-ざんよう【目の子算用】(名)《近世語》「めのこ(目の子)」に同じ。〔浮・好色一代男〕「手元にありし百銭をぬきて、心覚えにー」訳 手近にあった(銭さしの)百文をほどいて、心覚えに目算(してみる)。

め-の-と(名)❶【乳母】母親の代わりに、子に乳を飲ませ養育する女。うば。更級 梅の立枝「まつさとのわたりの月影あはれに見しーも、三月朔日になくなりぬ」訳 松里の渡し場で月光に照らし出された姿をしみじみと見たうばも、陰暦三月一日に亡くなってしまった。
❷【傅】幼い主君を守り育てる役の男。守り役。後見役。養育係。〔増鏡〕春の別れ「その宮の御ー、師賢大納言うけたまはりて、いみじうかしづき奉らる」訳 その若宮のお守り役は、師賢大納言がお引き受け申しあげて、はなはだたいせつにお育て申しあげなさる。

発展 「乳母」の役割
「乳母」は母親の代わりに子供に乳を与えて育てるのが役目であるが、昔の乳母は子供の養育・教育・後見と、その夫とともども一家をあげて、その子が成人するまですべての面にわたって面倒をみるのが通例だった。乳母の子供を「乳母子」といい、養い君に仕えたことが種々の作品に見える。

めのと-ご(名)❶【乳母子】乳母の子。乳兄弟。〔うつほ〕楼の上上「御乳主、ー六人、同じほどにて」訳 (犬宮は、同じころ生まれた御乳主と、乳母の子の六人が、(みんな)同じくらいの年ごろで。
❷【傅子】守り役の子。後見役の子。平家 九・木曽最期「木曽殿の御ー、今井四郎兼平」訳 (われこそは木曽殿のご後見役の子、今井四郎兼平である。

め-の-わらは【女の童】(名)❶女の子。少女。土佐「これを聞きて、あるーのよめる」訳 このことばを聞いて、ある女の子が詠んだ歌。
❷召使の少女。平家 三・法皇被流「上下の女房・ー、物をだにうちかづかず、あわて騒いで走り出づ」訳 身分の高い女房、低い女房、召使の少女は、物をちょっとかぶることさえせず、あわて騒いで走り出る。(↔男の童)

め-は-じき【目弾き】(名)「めまぜ」に同じ。

め-は-そら【目は空】そのものに注意が向かず、他のものに気をとられているさま。枕 三三「『御硯の墨をすれ』と仰せらるるに、ーにて」訳 (中宮定子が)「御硯の墨をすれ」とおっしゃるけれど、(硯には)注意が向かない状態で。文法「御硯」は、中宮の自敬表現。

め-ぶ【馬部】(名)左右の馬寮に属する下級役人。→馬寮

め-まじろき【瞬き】(名)〔後世は「めまじろぎ」とも〕まばたきすること。また、目で合図すること。目くばせ。源氏 東屋「『何心地とも思え侍らず。ただいと苦しく侍り』と聞こえ給へば、少将、右近、ーをして」訳 (浮舟は)「どんな病気ともわかりません。ただひどく胸が苦しゅうございます」と(中の君に)申し上げなさるので、(女房の)少将と右近は、目くばせをして。

め-まぜ【目交ぜ】(名)「めまじ」とも。❶まばたき。「目弾き」とも。〔浮・男色大鑑〕「葉右衛門ーせはしく(＝激しくして)立ち竦み」
❷まばたきして合図すること。目くばせ。「目弾き」とも。〔浄・鑓の権三重帷子〕「万は機転才覚者、ー頷き権三を囲ふ袖屏風」訳 (女中の)万はとっさに頭のはたらく利口者、目くばせをしてうなずき、袖でさえぎり権三をかくまう。

め-みた-つ【目見立つ】目をとめる。注目する。方丈 二「さまざまの財物、かたはしより捨つるがごとくすれども、更にー・つる㊍人なし」訳 (食糧を得ようと)さまざまの財物をかたっぱしから捨てるように(処分)するけれども、まったく目をとめる人はいない。

めめ・し【女女し】(形シク)〔しから・しく(しかり)・し・しき(しかる)・しけれ・しかれ〕まるで女のようだ。また、弱々しい。柔弱だ。源氏 幻「今ひとときはの御心まどひも、―・しく用人わろくなりぬべければ」訳さらにいっそうのお気持ちの乱れ(があるの)も、柔弱できっと見苦しくなるにちがいないので。↔雄雄し

め-も-あは-ず【目も合はず】眠らない。一睡もしない。蜻蛉 上「―・ぬ体ままに、嘆き明かしつつ」訳一睡もしないままに、(母の死を)嘆き悲しんで明かしては。

め-も-あや・なり【目もあやなり】❶はなやかで、正視できないさま。まぶしいほどりっぱなさま。源氏 若紫「さだすぎたる御目どもには、―・に用好ましう見ゆ」訳(光源氏のお手紙は)年を取った人たちの御目には、まぶしいほどりっぱに好ましく見える。❷意外で驚きあきれるさま。はなはだしくひどいさま。枕 三〇六「落とし入れてただよひありく男は、―・に用あさましかし」訳(海女を海に)落とし入れて(=海中で漁をさせて)(自分は海上を)漂いまわる男は、見るにたえないほどひどくあきれ果てるよ。

め-も-およば-ず【目も及ばず】正視できないほど美しい。りっぱすぎて正しい鑑賞ができないほどすばらしい。源氏 帚木「―・ぬ体御書きざまも霧りふたがりて」訳正視できないほど美しい(光源氏の)御書きぶりも、(空蟬は)涙ではっきり見えなくなって。

め-も-く・る【目も眩る】目がくらむ。目の前が暗くなる。源氏 賢木「―・るる体心地すれば」訳(右大臣は)目もくらむ気持ちがするので。

め-も-はるに【目も遥に】目の届く限り。はるかに。伊勢 四一「紫の色こき時は―野なる草木ぞわかれざりける」訳→むらさきの…和歌 参考 和歌では多く、「春」「芽も張る」にかけて用いる。

め-や 反語の意を表す。…だろうか(いや、…ない)。古今 秋下「植ゑし植ゑば秋なき時や咲かざらむ花こそ散らめ根さへ枯れ―」訳しっかりと植えるならば、秋の来ないときには咲かないだろうか(いや、秋は来るのだから必ず咲くであろう)。花は散るだろうけれども、根までは枯れるだろうか(いや、枯れはしないのだから)。なりたち 推量の助動詞「む」の已然形「め」＋反語の終助詞「や」

め-やす【目安】(名)箇条書きにした文書。また、中世には箇条書きにした訴状と陳状を、近世には原告の訴状をいう。〔浮・日本永代蔵〕「―も自筆に書きかねず」訳訴状も自筆で書けないことはなく。

め-やす・し【目安し・目易し】(形ク)〔から・く(かり)・し・き(かる)・けれ・かれ〕見苦しくない。感じがよい。源氏 若紫「髪ゆるるかにいと長く、―・き体人なめり」訳(少納言の乳母は)髪の毛がふさふさとして非常に長く、感じのよい人のようだ。文法「なめり」は、「なるめり」の撥音便「なんめり」の「ん」の表記されない形。徒然 七「長くとも、四十にたらぬほどにて死なんこそ、―・かる体べけれ」訳長く(生きて)も、四十歳に満たない年齢で死ぬようなのが、見苦しくないであろう。文法「死なん」の「な」はナ変動詞「死ぬ」の未然形活用語尾、「ん」は仮定・婉曲の助動詞。参考 容姿や外見だけでなく精神的な面にも用いる。

め-やも 反語の意を表す。…だろうか(いや、…でないなあ)。万葉 一・二一「紫草のにほへる妹を憎くあらば人妻ゆゑにあれ恋ひ―」訳→むらさきの…和歌 なりたち 推量の助動詞「む」の已然形「め」＋反語の終助詞「やも」

めり(助動ラ変型)

意味・用法
- **推量**〔…ように見える。…ようだ。〕→❶
- **婉曲**〔…ようだ。〕→❷

接続
動詞型活用の語の**終止形**に付く。ただし、ラ行変格活用の語(形容詞カリ活用、形容動詞を含む)には、連体形に付く。

活用

未然	連用	終止	連体	已然	命令
○	めり(キ)	めり(○)	める(コト)	めれ(ドモ)	○

❶目前の事実について推量する意を表す。**…ように見える。…ようだ。** 竹取 火鼠の皮衣「皮衣を見ていはく、『うるはしき皮な**めり**終』」訳皮衣を見て言うことには、「りっぱな皮であるように見える」。文法「なめり」は、「なるめり」の撥音便「なんめり」の「ん」の表記されない形。源氏 若紫「惟光の朝臣とのぞき給へば…花奉る**めり**終」訳(光源氏が)惟光朝臣と(僧都の坊を)のぞきなさると…(尼君が仏に)花をお供えしているようだ。

❷断定を避けて婉曲に言う意を表す。**…ようだ。** 竹取 竜の頸の玉「うたてある主のみもとに仕うまつりて、すずろなる死にをすべか**める**体かな」訳情けない主人のおそばにお仕え申しあげて、思いがけない死に方をするにちがいないようだなあ。文法「べかめる」は、「べかるめる」の撥音便「べかんめる」の「ん」の表記されない形。徒然 一九「『もののあはれは秋こそまされ』と、人ごとに言ふ**めれ**已ど」訳「しみじみとした情趣は秋がまさっている」と、だれでも言うようだが。

文法 (1) ラ行変格活用の語に付くときは、「あるめり」「静かなるめり」「べかるめり」のようにならず、「あんめり」「静かなんめり」「べかんめり」のように撥音便になるのがふつうである。撥音「ん」は表記されないことが多い。

(2) **「めり」の語源** 連用形に接続して、「めり」の前身かと推測される次の一例がみられる。

「乎久佐壮子と乎具佐助丁と潮舟の並べて見れば乎具佐勝ち**めり**(=まさっているように見える)」〈万葉 一四・三四五〇〉

これが上代における唯一の用例で、中古になって仮名で書かれた散文に広く用いられるようになった。「めり」の語源は、「見あり」または「見えあり」のつづまったものといわれる。他の人はどうかわからないが、自分には「…ように見える」の意を表すものであったらしい。この用法から、確信のもてない事態について、自分には「…と思われる」と推量の形式で言う表現が生まれ、やがて②の断定を避け婉曲に言う表現が生じたものと考えられている。

(3) **推量か婉曲か** ①の用法か②の用法かは、用例

によっては区別のできないものがある。
「竜田川紅葉乱れて流る**めり**渡らば錦中や絶えなむ」〈古今 秋下〉
は、実際に紅葉が散り乱れて流れる情景を見て、断定を避け「流るめり」と表現したとも考えられるし、その情景を見て、竜田川が錦を織っているように見えると推量したとも考えられる。また、
「われ朝ごと夕ごとに見る竹の中におはするにて、知りぬ。子となり給ふべき人なめり」〈竹取 かぐや姫の生ひ立ち〉
は、竹を採り、籠などを作って生活している翁にとって、竹の中にいらっしゃる女の子だから、子(=籠をかける)におなりになるはずの人であると自分には思われると推量したとも、そのような人であるようだと断定を避け婉曲に言ったとも考えられる。
このような二つの解釈の可能性があるから、「めり」一語でそれを表現しているのであって、①と②との用法には連続性があることに留意したい。

めり 助動詞「めり」の連用形。枕 二三「たまさかには、壺装束などして、なまめき化粧じてこそはあ**めり**しか」 訳 たまには、壺装束(=女性の、外出や旅行の際の服装)などで、優雅に身づくろいをしては(出かけて)いたようだった。

めり-き ❶(「めり」が推量の意の場合)…ように見えた。…ようであった。源氏 夕顔「我が身の程の心もとなさを思す**めりし**㊍に」 訳 (夕顔の父、三位の中将は)自分の地位の不安さをお思いになるようであったが。
❷(「めり」が婉曲の意の場合)…ようであった。大鏡 頼忠「大姫君は、円融院の御時の女御にて、…四条宮とぞ申す**めりし**㊍」 訳 (頼忠の)長女の姫君(=遵子)は、円融院の御代の女御で、…四条の宮と申し上げるようであった。

めり-つ 自分の目で見たことや人から聞いたことなどをもとに、推測する意を表す。…ように見えた。…ようであった。…らしかった。源氏 宿木「いと目安くもてなし給ふ**めりつる**㊍かな」 訳 (匂宮は)たいそう感じよくおふるまいなさるようであったなあ。
なりたち 推量・婉曲の助動詞「めり」の連用形「めり」＋過去の助動詞「き」
なりたち 推量の助動詞「めり」の連用形「めり」＋完了の助動詞「つ」

メリヤス【莫大小】(名)〔medias(スペイン語)・meias(ポルトガル語)の転〕❶編み物の名。伸縮性に富むので、「大小莫し」という字をあてたもの。
❷三味線唄の一種。歌舞伎などに用いられ、役者の所作によって伸縮自在にうたわれるための称かという。

める 助動詞「めり」の連体形。竹取 燕の子安貝「燕の子産まむとする時は、尾をささげて七度めぐりてなむ、産み落とす**める**」 訳 燕が子を産もうとするときは、尾を高くあげて七度ぐるぐる回って、産み落とすようだ。

めれ 助動詞「めり」の已然形。枕 三七「梨の花…花びらの端に、をかしき匂ひこそ、心もとなうつきた**めれ**」 訳 梨の花は…花びらの端に、趣のある色つやが、はっきりわからないぐらいについているようだ。

め-れう【馬寮】(名)宮中で、飼育・調練・馬具など馬に関することをつかさどる役所。左馬寮・右馬寮に分かれ、長官を頭と称した。「うまづかさ」「うまのつかさ」「うまれう」とも。

め-を-おどろか-す【目を驚かす】驚いて目を見張る。源氏 桐壺「かかる人も世に出でおはするものなりけりと、あさましきまで—・し㊊給ふ」 訳 このような(すばらしい)人もこの世に生まれていらっしゃるものだったのだと、あきれるほど驚いて目を見張りなさる。

め-を-か-く【目を懸く・目を掛く】❶注意してよく見る。気にかける。更級 梅の立枝「『来む』とありしを、さやあると、—・け㊊て待ちわたるに」 訳 (継母が、梅の花の咲くころには)来ようと言ったけれども、ほんとうにそうである(=来る)かと、(梅の花が咲くのを)注意深く見て待ち続けていると。
❷親切に世話をする。
❸はかりにかけて目方を量る。〔浮・日本永代蔵〕「また、—・け㊊しに、思ひの外に減のたつ事」 訳 もう一度、(餅の)目方を量ったところ、意外なほどめべりしていることに。

め-を-すま-す【目を澄ます】注意して見つめる。じっと見つめる。著聞 六二六「群臣興に入りて、—・し㊊けるとぞ」 訳 多くの家臣がおもしろがって、じっと見つめたことだという。

め-を-そば-む【目を側む】正視できず横目で見る。目をそらす。源氏 桐壺「上達部、上人などもあいなく—・め㊊つつ」 訳 公卿や殿上人なども、おもしろくなくそれぞれ目をそらして。

め-を-た-つ【目を立つ】よく注意して見る。注目する。源氏 蛍「若やかなる殿上人などは、—・て㊊つつ気色ばむ」 訳 若々しい殿上人などは、(美しく着飾った少女に)注目しては、気のあるようすを見せる。

め-をと【女夫・夫婦・妻夫】(名)「めうと」とも。妻と夫。夫婦。〔浮・西鶴織留〕「やうやう—の口をすぎかねしは、口惜しきことぞかし」 訳 とうとう夫婦(二人)の生計も立てられなくなったのは、残念なことであるよ。

め-をとこ【女男・妻男】(名)「めを」とも。❶女と男。
❷妻と夫。夫婦。宇治 四・四「さりとてあるべきならねば、—になりにけり」 訳 そうであるからといってそのままでいられないので、夫婦になってしまった。

めをと-ぼし【夫婦星】(名)牽牛(=彦星)・織女(=織り姫)の二つの星のこと。

め-を-み-す【目を見す】…という目にあわせる。…という境遇にさせる。徒然 一七五「人をしてかかる—・する㊍こと、慈悲もなく、礼儀にも背けり」 訳 人をこのような目にあわせる(=酒をむりに飲ませ、つらい思いをさせる)ことは、情けもなく、礼儀にも反している。

め-を-みる【目を見る】❶…という体験をする。…の目にあう。伊勢 九「もの心ぼそくすずろなる—・みる㊍ことと思ふに」 訳 なんとなく心細く思いがけない目にあうことだと思っていると。
❷文字が読める。大鏡 序「下臈なれども、…—・み㊊給へて」 訳 (父は)身分の低い者であるが、…文字が読めまして。

-めん【面】(接尾)鏡・硯・琵琶・能面など、平たいものを数える語。平家 七・青山之沙汰「三—の琵琶」

めん【面】(名)❶顔。顔面。また、仮面。❷顔を合わせること。対面。❸物のいちばん外側の平らな所。表面。❹建物の側面の柱と柱との間。[今昔]三・五「小さやかなる五間四―の寝殿を造りて」[訳]小さな、正面の柱の間が五間、側面の柱の間が四面の寝殿を造って。

めん・ず【免ず】(他サ変)〔ぜ・じ・ず・ずる・ずれ・ぜよ〕許す。[平家]三・足摺「重科は遠流に―・ず㊮」[訳]重い罪は(これまでの)遠流によって許す。

めん-てい【面体】(名)顔かたち。おもざし。〔浄・堀川波鼓〕「〔相手の〕―を見知らぬぞ」

めん-ぼく【面目】(名)「めいぼく」「めんもく」とも。世間の人への顔向け。世間に対する名誉。[平家]七・忠度都落「生涯の―に、一首なりとも御恩をかうぶらうど存じて候ひしに」[訳](私=忠度の)一生の名誉として、たとえ一首であっても、御恩をこうむろう(=私の歌を勅撰集に入集させていただこう)と存じておりましたのに。

めん-めん【面面】(名)「めいめい」に同じ。

めんめん-かせぎ【面面稼ぎ】(名)夫婦がそれぞれ職を持って働くこと。共働き。「めいめいかせぎ」とも。〔浮・西鶴織留〕「身上は紙子四十八枚ばらばらとなって、それからは―」[訳]家計は四十八枚の紙で作った着物がばらばらになるように収拾がつかなくなって、それからは(夫婦で)共働きをするようになった。

めん-もく【面目】(名)❶顔かたち。容貌。❷「めんぼく」に同じ。

も
モ

「も」は「毛」の草体
「モ」は「毛」の一部省画

も【面】(名)〔「おも」の転〕表面。おもて。方面。[古今]東歌「筑波嶺のこの―かの―に影はあれど君がみかげにます影はなし」[訳]筑波山のこちらの面あちらの面に(=こちら側にもあちら側にも)木陰は(いくらも)あるが、君のご庇護のかげにまさるものはない。

も【喪】(名)❶人の死後、親族が一定期間家にこもって死者をいたみ、身をつつしんで過ごすこと。〔記〕上「天の若日子の―を弔ひ給ふ時に」[訳]天の若日子の喪を弔いなさるときに。❷わざわい。凶事。[万葉]五・八九七「事も無く―無くもあらむを」[訳]無事でわざわいもなくありたいものを。

も【裳】(名)❶上代、女性が腰から下にまとった衣服。[万葉]一五・三六六一「風のむた寄せ来る波に漁りする海人娘子らが―の裾濡れぬ」[訳]風とともに寄せ来る波しぶきに、漁をする海人おとめたちの裳の裾が濡れてしまったことだ。❷平安時代、女性が正装のとき、袴の上に、腰部から下の後方にまとった衣。ひだが多く種々の縫い取りを施し、裾を長く引く。[源氏]若菜下「うすものの―のはかなげなるひきかけて」[訳](明石の君は)薄絹の裳で、目立たないのをまとって。⇩巻頭カラーページ14 ❸僧が腰につける衣服。

も(助動特殊型)〔○・○・も・も・○・○〕《上代東国方言》推量の助動詞「む」にあたる方言。推量・意志などの意を表す。[万葉]二〇・四四一八「わが門の片山椿まこと汝わが手触れなな土に落ちも㊍かも」[訳]私の家の門の片山椿よ。ほんとうにおまえは私の手が触れないで、地面に落ちるのだろうか。[文法]「触れなな」の「なな」は「ずに」にあたる東国方言。[万葉]一四・三五一六「対馬の嶺は下雲あらなふ可牟の嶺にたなびく雲を見つつ偲はも㊮」[訳]対馬の山には低い雲はかからない。可牟の山にたなびく雲を見ては(おまえを)恋い慕おう。[文法]「あらなふ」の「なふ」は、上代東国方言の打消の助動詞。[接続]動詞の未然形に付く。

も
一(係助)二(終助)三(接助)

意味・用法

一 **係助詞**
並立〔…も。〕→❶
添加〔…もまた。〕→❷
並列〔…も。〕→❸
言外暗示〔…さえも。…でも。〕→❹
仮定希望〔せめて…だけでも。…なりとも。〕→❺
やわらげ〔…も。〕→❻
強意〔…も。〕→❼
全体〔…もみな。〕→❽
不安・危惧〔…するといけない。…したら大変だ。〕→❾
感動・詠嘆〔…もまあ。〕→❿

二 **終助詞**
感動・詠嘆〔…よ。…なあ。〕

三 **接続助詞**
逆接の確定条件〔…のに。〕→❶
逆接の仮定条件〔…ても。…としても。〕→❷

接続
一 名詞、助詞、用言や助動詞の連体形と連用形など、種々の語に付く。
二 文末、文節末の種々の語に付く。
三 動詞と動詞型活用助動詞の**連体形**に付く。

一(係助)❶二つ以上のことをあわせ述べる。…も。[伊勢]一二「武蔵野はけふはな焼きそ若草のつま**も**こもれり我**も**こもれり」[訳]武蔵野は今日は焼いてくれるな。夫も隠れているし、私も隠れている(のだから)。(「若草の」は「つま」にかかる枕詞)。[文法]「な(副詞)…そ(終助詞)」の形で禁止の意を表す。[枕]三七「木の花は　濃き**も**薄き**も**紅梅」[訳]木の花は、(色の)濃いのも薄いのも紅梅(が趣がある)。❷同じ類のものを一つ付け加える。…もまた。[土佐]「潮満ちぬ。風**も**吹きぬべし」[訳]潮が満ちた。順風もまた吹くにちがいない。[文法]「吹きぬべし」の「ぬ」は、助動詞「ぬ」の終止形で、ここは確述の用法。

係り結び
〈添加〉花も咲きたり。〈終止形〉
(=花も咲いている)

❸言外のある事柄と並列的に述べる。…も。[土佐]「家に預けたりつる人の心も荒れたるなりけり」[訳](留守中)家に預けておいた人(=家を預かってもらっていた人)の心も(この家と同様に)荒れているのであるなあ。

❹程度の軽いものをあげて言外の重いものを暗に示す。…さえも。…でも。[枕]一「夏は夜。月のころはさらなり、闇もなほ、蛍の多く飛びちがひたる」[訳]夏は夜(が趣がある)。月の出ているころは言うまでもなく、闇夜でもやはり、蛍が数多く飛びかっているの(は趣深い)。

❺仮定的に希望する。せめて…だけでも。…なりとも。[万葉]一九・四二〇三「家に行きて何を語らむあしひきの山ほととぎす一声も鳴け」[訳]家に帰って何を(みやげに)語ろう。山のほととぎすよ、一声だけでも鳴いてくれ。(「あしひきの」は「山」にかかる枕詞)

❻(他のものを暗示するような形にして)やわらげて表現する。[源氏]桐壺「かかる人も世に出でおはするものなりけり」[訳]このような(すばらしい)人もこの世に生まれていらっしゃるものだったのだ。

❼(下に打消の語を伴って)強める。[源氏]若紫「暑きほどはいとど起きもあがり給はず」[訳](藤壺は)暑いうちはますます起き上がりもなさらない。

❽(不定の意を表す語に付いて)その全体をさす。…もみな。中世以降の語法。[徒然]一三九「いづれも木はものふり、大きなるよし」[訳]どれもみな木はどことなく古びて、大きいのがよい。

❾係助詞「こそ」「ぞ」と一体になって、不安・危惧の念を表す。→もこそ・もぞ

❿感動・詠嘆を表す。間投助詞のように使う。…もまあ。[竹取]貴公子たちの求婚「うれしくものたまふものかな」[訳]うれしいことにもまあおっしゃるものだなあ。

二(終助)感動・詠嘆を表す。…よ。…なあ。[万葉]一九・四二九〇「春の野に霞たなびきうら悲しこの夕かげにうぐひす鳴くも」[訳]→はるののに…[和歌]

三(接助)❶逆接の確定条件を表す。…のに。[源氏]橋姫「内裏へ参らむとおぼしつるも出で立たれず」[訳](薫は)宮中へ参上しようとお思いになったのに、出かけられない。

❷逆接の仮定条件を表す。…ても。…としても。[万葉]四・五二七「来むといふも来ぬ時あるを来じといふを来むとは待たじ来じといふものを」[訳]来ようと言っても来ないときがあるのに、来ないつもりだと言うのに、来るだろうと待つことはしまい。来ないつもりだと言うのに。

[文法]一の係助詞「も」の用法は現代語とほぼ同じ。中心となる意味は「並列」と「添加」になる。種々の点で「は」の働きと似ているが、おもに「は」は、一つのものを取り立てて対比させるのに対して、「も」は、他のものといっしょに取り立てて並列・添加させる。二は上代の用法。三は一から転じたもの。なお、三の②の用法には、

「痩す痩すも生けらばあらむを(=痩せていても生きているならそれでよいだろうに)」〈[万葉]一六・三八五四〉

「身一つ、からうじてのがるるも(=やっとのことでのがれるにしても)、資財も取り出づるに及ばず」〈[方丈]二〉

などの類例がみられるが、「痩す痩すも」は一の④「痩せながらでも」、「のがるるも」は一の②「のがれる者もまた」とも解され、確かな接続助詞の例とは認められない。

もう【亡・妄・孟・盲・罔・猛・魍】⇩まう

もう【思う】⇩もふ

もうく【設く・儲く】⇩まうく

もうけ【設け・儲け】⇩まうけ

もうさく【申さく】⇩まうさく

もうす【申す】⇩まうす

もうず【参ず・詣ず】⇩まうづ

もう-まい【蒙昧】(名)物事の道理に暗いこと。また、物事の判断ができないこと。

もう-ろう【朦朧】(形動タリ){たら・たり(と)・たり・たる・たれ・たれ}雨や霧にかすんでぼんやりしているさま。暗くおぼろげなさま。[細道]象潟「汐風真砂を吹き上げ、雨ー・と(用)して鳥海の山かくる」[訳]潮風が細かい砂を吹き上げ、雨であたりがぼうっと煙って鳥海山が隠れる。

もえ-い・づ【萌え出づ】(自ダ下二){で・で・づ・づる・づれ・でよ}草木の芽が出る。生じる。きざす。[万葉]八・一四一八「石走る垂水の上のさわらびのー・づる(体)春になりにけるかも」[訳]→いはばしる…[和歌]

もえ-ぎ【萌黄・萌葱】(名)❶「もよぎ」とも。黄と青の中間の色。薄緑色。[源氏]若菜下「ーにやあらむ、小袿着て」[訳]薄緑であろうか、(明石の君は)小袿を着て。⇩巻頭カラーページ10

❷襲の色目の名。表・裏ともに萌黄(=薄緑)色。一説に、表は薄青、裏は縹色(=薄い藍色)とも。

もえぎ-にほひ【萌黄匂ひ】(名)「もよぎにほひ」とも。鎧の縅の一種。萌黄(=薄緑)色の縅糸を、上から下に向かって濃い色から薄い色にぼかしたもの。[平家]五・富士川「赤地の錦の直垂に、ーの鎧着て」

もえぎ-をどし【萌黄縅】(名)「もよぎをどし」とも。鎧の縅の一種。鎧の札を萌黄(=薄緑)色の糸で綴ったもの。[平家]一・額打論「ーの腹巻に、黒漆(=黒の漆塗り)の大太刀持って」

もえ-こが・る【燃え焦がる】(自ラ下二){れ・れ・る・るる・るれ・れよ}火に焼けて焦げる。苦しみもだえることや、恋い焦がれることをたとえていう。[夜の寝覚]「年ごろー・れ(用)て、恋ひ嘆き思ひ思ひて」[訳]長年(恋の火に胸が)焼け焦げて、恋い慕って嘆き思い続けて。

も-が (終助)《上代語》

意味・用法
願望[…があればなあ。…であればなあ。]

接続
体言および体言に準ずる語、形容詞と助動詞の連用形、副詞、助詞「に」などに付く。

願望の意を表す。…があればなあ。…であればなあ。[万葉]一五・三六四〇「都へに行かむ船もが刈り薦の乱れて思ふ言告げやらむ」[訳]都のほうへ行く船があったらいいのになあ。(こんなに)思い乱れていることを伝言してやろうに。(「刈り薦の」は「乱る」にかかる枕詞)。[万葉]一八・四〇七六「あしひきの山はなくもが月見れば同じき里を心隔てつ」[訳]山はなければよいのになあ。月を見ると同じ里

にいるのに、(山が中に入って、お互いの)心を隔ててしまった。(「あしひきの」は「山」にかかる枕詞)
参考 係助詞「も」＋終助詞「が」＝「もが」、係助詞「も」＋係助詞「か」＝「もか」の変化したもの、などの説がある。上代では、多く「も」を伴って「もがも」の形で用いられた。平安時代以降は「もがな」の形か、「も」の落ちた「がな」の形で使用された。→もがも・もがな・がな

も-かう【帽額】(名) 御帳や御簾の上部、また、上長押などに、横に長く引き渡した一幅の布。後世の水引き幕の類。窠(＝瓜をかたどった模様)と蝶の紋を染め出す。枕 二〇一「御簾の―、総角などにあげたる鉤のきはやかなるも、けざやかに見ゆ」訳 御簾の帽額や、あげまき結びなどに巻き上げてある鉤(＝かぎ形の金具)が際立って光っているのも、はっきりと見える。

(もかう)

も-がさ【疱瘡】(名) 天然痘。ほうそう。急性の感染症の一つで、高熱・発疹が出る。蜻蛉 下「―おこりて、ののしる」訳 ほうそうが流行して、騒ぐ。

もが-な(終助)〔終助詞「もが」に終助詞「な」の付いたもの〕願望の意を表す。…があればなあ。…であればなあ。伊勢 八四「世の中にさらぬ別れのなくもがな千代もといのる人の子のため」訳 →よのなかに…和歌。〔後拾遺〕恋二「君がため惜しからざりし命さへ長くもがなと思ひぬるかな」訳 →きみがため…和歌
接続 体言、形容詞の連用形、打消や断定の助動詞の連用形、助詞「に」「と」などに付く。
参考 上代の「もがも」に代わって、中古以降に用いられた。「も」の落ちた「がな」も並用された。→もが・がな

最上川(もがみがは)モガミガワ『地名』歌枕 今の山形県南部の山中に源を発し、北流して酒田港付近で日本海に注ぐ川。日本三急流の一つ。

もがみがは… 和歌

序詞
最上川 のぼれば下る 稲舟の
いなにはあらず この月ばかり
〈古今・二〇・東歌・一〇九二〉

訳 最上川をのぼるのもあれば下るのもある稲舟の、その否では(＝いやというのでは)ありません。今月だけは(都合が悪いので待ってください)。修辞 第三句までは「いな」を導きだす序詞。文法「のぼれば下る」の「ば」は、並列を表す接続助詞。

もが-も(終助)《上代語》〔終助詞「もが」に終助詞「も」の付いたもの〕願望の意を表す。…があったらなあ。…であったならなあ。万葉 三・四一九「石戸破る手力もがも手弱き女にしあれば術の知らなく」訳 (お墓の岩の戸を破る手の力があったらなあ。力の弱い女であるので、どうしたらよいかわからないことだ。文法「女にしあれば」の「し」は、強意の副助詞。「知らなく」の「なく」は打消の助動詞「ず」のク語法で、「…ないこと」の意。万葉 一五・三七二四「君が行く道のながてを繰り畳ね焼き滅ぼさむ天の火もがも」訳 →きみがゆく…和歌
接続 体言および体言に準ずる語、形容詞の連用形、副詞、断定の助動詞「なり」の連用形、助詞などに付く。
参考 上代に「もが」と併用され、「もがもな」「もがもや」「もがもよ」などの形になることが多い。中古以降は、「もがな」の形にとって代わられた。→もが・もがな

もがも-な 願望の意を表す。…であったらなあ。…があったらなあ。万葉 一・二二「常に―常処女にて」訳 いつまでもあってほしいものだ。永遠のおとめで。〔新勅撰〕羇旅「世の中は常に―なぎさこぐあまの小舟の綱手かなしも」訳 →よのなかは…和歌。→もが・もがも
なりたち 終助詞「もがも」＋終助詞「な」

もがも-や 願望の意を表す。…だといいなあ。…であったらなあ。万葉 二〇・四三二五「父母も花に―草枕旅は行くとも捧ごて行かむ」訳 父母も花であったらなあ。旅には行くにしても、ささげ持って行こうに。(「草枕」は「旅」にかかる枕詞。「捧ごて」は「捧げて」の東国方言)。→もが・もがも
なりたち 終助詞「もがも」＋間投助詞「や」

もがも-よ 願望の意を表す。…だといいなあ。…であったらなあ。万葉 一四・三五五四「妹が寝る床のあたりに石ぐくる水に―入りて寝まくも」訳 あの娘が寝る床のあたりで、岩間をくぐる水であったらなあ。(水のようにしみ入っていっしょに寝るだろうになあ。)→もが・もがも
なりたち 終助詞「もがも」＋間投助詞「よ」

も-がり【殯】(名)「あらき(殯)」に同じ。

も-がり【虎落】(名) ❶枝を落とした竹を互い違いに組み合わせ、縄で結び付けた柵。家の囲いやとりでに用いた。竹矢来。❷枝の付いた竹を立て並べた物干し。染め物屋などが用いた。〔浄・心中重井筒〕「徳兵衛―の陰に隠れしを」訳 徳兵衛がもがりの陰に隠れたのを。

(虎落②)

もがり【強請り・虎落】(名)《近世語》言いがかりをつけて金品をおどしとること。また、その者。ゆすり。〔浮・西鶴織留〕「金銀手にもたせおかば、おそろしき―どもにかたられ」訳 金銀を手に持たせておく(もの)なら、恐ろしいゆすりの者どもにだまされ。

もかり-ぶね【藻刈り舟】(名) 海藻を刈るのに用いる小舟。夏。万葉 七・一二九九「―沖漕ぎ来らし」訳 海藻を刈り取る小舟が沖を漕いで来るらしい。

もが・る【強請る・虎落る】(他ラ四)《近世語》言いがかりをつけて、金品をむりにねだる。ゆする。〔浄・山崎与次兵衛寿門松〕「七十(歳)になる浄閑が、―・られたといふ外聞悪さ」

も-ぎ【裳着】(名) 女子が成人のしるしに初めて裳を着る儀式。十二、三、四歳のころ、結婚前に「髪上げ」の儀式と同時に行った。男子の「元服」にあたる。源氏 早蕨「御―の事、世にひびきて急ぎ給へるを」訳 (六の君の)御裳着の儀は世の評判となるほどに準備なさっているの

に。⇩人と成る「慣用表現」

もぎ-き【捥木】(名)枝をもぎとった木。枯れて枝のない木。[源氏] 竹河「よそにては―なりとや定むらむ下に匂へる梅の初花」[訳] よそ目には(私=薫のことを)枝のない枯れ木であると判定しているのであろうか。(本当は)表立たずにつややかに照り輝いている梅の初花(=風流を解する身)なのだ。

もぎ-だう―【没義道・無義道】(名・形動ナリ)不人情なさま。むごいさま。非道。じゃけん。〔浮・懐硯〕「随分―・に(用)(=じゃけんに)返事すれども」

も-ぎぬ【喪衣】(名)喪服。[源氏] 夕霧「つるばみの―一襲、小袿着たり」[訳] (小少将は)濃いねずみ色の喪服一着に、小袿を着ている。

もく【木】(名) ❶木目。年輪。❷五行の一つ。季節では春、方位では東、五星では木星。

黙阿弥(もくあみ)『人名』→河竹黙阿弥

もく-だい【目代】(名)平安・鎌倉時代、国司が私的に任命し、任国での政務を代行させた代官。室町時代以降は広く代官の称。

も-くづ―【藻屑】(名)海や川などの水中にある藻などのくず。また、そのようにはかなくつまらないもの。[古今] 恋四「あふまでのかたみとてこそとどめけめ涙に浮かぶ―なりけり」[訳] (あなたはこの裳を)また会うまでの形見と思って残したのであろうが、(私には別れの悲しさに流れ出る)涙(の海)に浮かぶ藻屑であったよ。(「藻屑」の「藻」は「裳」との掛詞)

もくらん-ぢ―【木蘭地】(名)「むくらんぢ」とも。紅梅の根を煎じた梅谷渋で染めた、黒みを帯びた黄赤色の布地。直垂・狩衣などに用いる。

もく-れう―【木工寮】(名)律令制で、宮内省に属し、宮殿の造営・修理などをつかさどった役所。「こだくみのつかさ」とも。

もくれん-じ【木欒子】(名)ムクロジ科の落葉樹。「もくげんじ」の別名。種子は数珠玉に、花は染料にする。[今昔] 一九・一三「―の念珠の、大きに長きを押し揉みて居たるは」[訳] 木欒子の数珠で、大きくて長いのを押し合わせてもんで座っているのは。

もく-ろく【目録】(名) ❶書物や文書中の題目だけを集めて書いたもの。[古今] 雑体・詞書「ふるうた奉りし時の―のそのながうた」[訳] 古い歌を献上したときの目録としたその長歌。❷進物の品物の名や金銀の額などを記した文書。〔うつほ〕蔵開下「『―』とて、その文奉り給ふ」[訳] 「(これが家財道具の)目録(でございます)」とおっしゃって、その文書を差し上げなさる。

も-こそ ❶悪い事態を予測し、あやぶんだり、心配したりする意を表す。**…するといけない。…したら大変だ。**[源氏] 若紫「いづかたへかまかりぬる、…烏など―見つくれ」[訳] (雀の子は)どこへ行ってしまったのか、…烏などが見つけたら大変だ。〔金葉〕恋下「音に聞く高師の浦のあだ浪はかけじや袖の濡れ―すれ」[訳] →おとにきく…[和歌] ❷「も」の意味を「こそ」で強めた言い方。…だって。[土佐]「眼―二つあれ、ただ一つある鏡をたいまつる」[訳] (たいせつな)眼でさえも二つあるのに、たった一つある鏡を奉納する。[文法] この係り結び「もこそ…あれ」は、強調逆接となって下へ続く。[なりたち] 係助詞「も」+係助詞「こそ」[参考] 中古以降の用法。「末の代に清くさかふる(=栄えること)もこそあれ」〈平家・六・祇園女御〉のように、よい事態を期待する意の用例もあるが、数は少ない。→もぞ [文法] 「もこそ」を受ける文末の活用語は、係り結びの法則によって已然形で結ぶ。

> **係り結び**
> 風もこそ吹け。
> 〈懸念〉　〈已然形〉
> (=風が吹くかもしれない。そうなると困る)

もごよ・ふ(自ハ四){は・ひ・ふ・ふ・へ・へ} ❶うねりながら行く。のたくる。〔記〕上「八尋鰐になりて、はひ―・ひ(用)き」[訳] 幾尋もある長くて大きな鰐になって、(地面を)はいのたくった。❷足が立たないで、腹ばいになって行く。はいずる。〔うつほ〕楼の上上「逃げて、倒れ―・ひ(用)つつ行けば」[訳] (院からの使者の蔵人がひどく酔っぱらって)逃げて、よろめき足も立たずはいずりながら行くので。

もころ【如・若】(名)(連体修飾語を受けて「如」と同じように用いられて)よく似た状態であること。…(の)ように。…(の)ごとく。[万葉] 二・一九六「わが王の立たせば玉藻の―臥やせば川藻のごとく」[訳] わが皇女はお立ちになると玉藻のように、横におなりになると川藻のように。

も-さく【模索】(名・他サ変)手さぐりで探すこと。[細道] 象潟「闇中に―・し(用)て、雨もまた奇なりとせば」[訳] 暗がりに手さぐりでものを探(すように雨中の見えない風景を推測)して、雨(の景色)もまた一風変わっておもしろいとするならば。

もし【若し】(副) ❶(仮定表現に用いて)かりに。もしも。[方丈] 四「心―やすからずは、象馬・七珍もよしなく、宮殿・楼閣も望みなし」[訳] 心がもし安らかでなければ、(経典で貴重とされる)象や馬、七種の宝物も無益であり、宮殿や楼閣(があって)も希望はもてない。[文法] 「やすからずは」の「ずは」は、打消の順接の仮定条件を表す。❷(疑問または推量表現に用いて)もしかしたら。あるいは。もしや。[源氏] 蓬生「―狐などの変化にやとおぼゆれど」[訳] もしかしたら狐などの化身であろうかと思われるけれど。[文法] 係助詞「や」のあとに結びの語「あらむ」が省略されている。

-もじ【文字】(接尾)(語の下部を省略した形に添えて)その語を婉曲・上品にいうときに用いる。女房詞から始まった。〔浄・菅原伝授手習鑑〕「イヤおは―ながら」[訳] いやお恥ずかしいけれど。「そ―(=そなた)」「髪―(=髪、添え髪)」「湯―(=湯帷子)」

も-じ【文字】(名)(「もんじ」の撥音「ん」の表記されない形) ❶字。〔無名草子〕「この―といふものなからましかば、今の世の我らが片端も、いかでか書き伝へまし」[訳] この文字というものがなかったなら、今の時代の私たちのごくわずかなことも、どうして書き伝えようか(いや、書き伝えることはできないだろうに)。[名文解説] 遠い昔の出来事も、見知らぬ外国のことも、今この世に生きている自分たちのことも、文字がなければ伝えることはできない、と「無名草子」はいう。後世への伝達に際して、文字がいかに重要であるかについての自覚を示す名言である。

❷ことば。枕 一九五「ただ—一つにあやしう、あてにもいやしうもなるは、いかなるにかあらむ」訳 たったことば一つで不思議と、上品にも下品にもなるのは、どういうわけであろうか。❸音節を表す仮名。また、音節の数。古今 仮名序「うたの—もさだまらず」訳 歌の文字の数も定まらず。❹学問。文章。〔浮世床〕「ちっとは—の方へも這入って見ろといふことよ」訳 ちょっとは文章のほうも学んでみろということよ。

もしお【藻塩】⇩もしほ

もじ-ぐさり【文字鎖】(名)❶和歌の一体。一つの句の終わりの文字を、次の句の最初に置いて続けて詠んでいくもの。また、定められた語句を一音ずつ一首の最初に置いて、歌を連作すること。❷遊びの一つ。一人が古歌を詠み、次の者が、その歌の末尾の文字が最初にある別の古歌を詠んで、しりとりのように次々に受け継いでいくもの。

もし-は【若しは】(接)もしくは。あるいは。または。蜻蛉 上「例の人は、案内するたより、—なま女などして、いはすることこそあれ」訳 ふつうの人は、取り次ぎをする縁故者、または身分の低い女房などを介して、(意のあるところ)を言わせることが(例で)あるのに。

参考 漢文訓読体では「若しくは」が用いられた。

も-しほ【藻塩】(名)❶海藻に海水をかけて塩分を含ませ、これを焼いて水に溶かし、その上澄みを釜で煮つめてつくる塩。万葉 六・九三五「朝なぎに玉藻刈りつつ夕なぎに—焼きつつ」訳 朝なぎの時にはそれぞれ玉藻を刈り、夕なぎの時にはそれぞれ藻塩を焼いて。❷「藻塩①」を製するために海藻にかける海水。新古 雑上「—汲む袖の月影」訳 藻塩を汲む(ためにぬれた)袖に映る月の光。

もしほ-ぐさ【藻塩草】(名)藻塩をとるのに用いる海藻。かき集めるものであるから、和歌では多く「書く」「書き集む」にかけて用いられる。また、書き集めたもの(=手紙や随筆など)を比喩的に表す。源氏 幻「かきつめて見るもかひなし—同じ雲井の煙とをなれ」訳 かき集めてみたところで(今では)なんの甲斐もない。この手紙よ、(亡き人=紫の上と)同じ大空の煙とまあなれ。(「かひ」「煙」は「もしほぐさ」の縁語)。⇩消息「慣用表現」

もしほ-た・る【藻塩垂る】藻塩を採取するために、海水を海藻にかける。和歌では、多く「しほたる(=泣く)」とかけて「悲しみの涙を流す」意に用いられる。古今 雑下「わくらばに問ふ人あらば須磨の浦に—・れ(用)つつわぶとこたへよ」訳 たまたま(私のことを)聞く人がいたら、須磨の浦で藻に海水をかけ(=悲しみの涙を流し)てはわびしく暮らしていると答えてくれ。

もしほ-び【藻塩火】(名)藻塩を焼く火。製塩のために塩釜にたく火。新古 雑中「沖つ風夜寒になれや田子の浦のあまの—たきまさるらん」訳 沖の風が秋の夜の寒さで冷たくなったから、田子の浦の漁民の藻塩を焼く火が、いっそう盛んに燃えているのだろうか。

もし-や【若しや】(副)「もし②」に同じ。

もず【鵙・百舌】(名)鳥の名。秋に鋭く鳴く。虫・かえるなどを捕食する。秋。⇩巻頭カラーページ9

も-すそ【裳裾】(名)裳のすそ。また、衣のすそ。新古 夏「いかばかり田子の—も濡れつらん雲間も見えぬころの五月雨」訳 どれほど農夫の着物の裾も濡れていることであろう。雨雲の晴れ間も見えない今日このごろの五月雨で。

も-ぞ ❶悪い事態を予測し、あやぶんだり、心配したりする意を表す。**…するといけない。…したら大変だ。** 徒然 一〇四「雨—降る、御車は門の下に、御供の人はそこそこに」訳 雨が降るといけない(から)、お車は門の下に(引き入れて)、お供の人はどこそこに(休んでください)。

係り結び
雨もぞ降る。〈懸念〉(連体形)
(=雨が降るかもしれない。そうなると困る)

❷「も」の意味を「ぞ」で強めた言い方。…も。万葉 一一・二五五〇「立ちて思ひ居て—思ふ紅の赤裳裾引き去にし姿を」訳 立って思い、座っても思う。紅の赤い裳の裾を引いて去って行った(あなたの)姿を。

なりたち 係助詞「も」＋係助詞「ぞ」

参考 ①は中古以降の用法。「柴の戸の跡見ゆばかり

古語ライブラリー㊻

九九八十一

『万葉集』には、こんな歌がある。

◇若草の新手枕を枕き初めて夜をや隔てむ憎くあらなくに 〈万葉 一一・二五四二〉

若草のような妻と初めての手枕をかわしそめて、どうして一夜でも間に置くことができようか。いとしくてしかたがないのに——というのである。この歌の「憎くあらなくに」が原文では「二八十一不在国」と書かれている。「二八十一」が「にくく」なのである。当時、すでに掛け算の九九八十一が知られていた。ところで、掛け算の九九は、なぜ「九九」と呼ばれるのだろうか。

「たゐにの歌」が収められていることで有名な源為憲の『口遊』(九七〇)には、こんな歌もある。

◇九九八十一 八九七十二 七九六十三 六九五
十四 五九四十五 四九卅六 三九廿七 二九十
八 一九九 八八六十四 七八五十六 六八四十
八 五八四十 四八卅二 三八廿四 二八十六
一八八 七七四十九 六七四十二 五七卅五 四
七廿八 三七廿一 二七十四 一七七 六六卅六
五六卅 四六廿四 三六十八 二六十二 一六六
五五廿五 四五廿 三五十五 二五十 一五五
四四十六 三四十二 二四八 一四四 三三九
二三六 一三三 二二四 一二二 一一一

九九八十一で始まる歌だから「之を九九と謂ふ」のだという。今日の九九は三二六、四二八、四三十二、五二十、五三十五などと逆に唱えるものもあるが、『口遊』にはない。

『万葉集』では「不知とを聞こせ」〈一一・二七一〇〉の「とを」が「二五」と書かれているが、中世のクイズの古典『なぞだて』(一五一六)には「十里の道を今朝帰る」とかけて「にごり酒」と解くなぞが見える。この時代には「二五十」と唱えるようになっていたのであろう。

しをりせよ忘れぬ人のかりにもぞ訪ふ」〈正治二年百首〉のように、よい事態を予測する意の用例もあるが、数は少ない。→もこそ・ぞ

文法 「もぞ」を受ける文末の活用語は、係り結びの法則によって連体形で結ぶ。

もだ【黙】(名)何もしないでいること。また、黙っていること。沈黙。万葉 四・五四三「かつは知れどもしかすがに―もえあらねば」訳 うすうすは知っているが、だからといってじっとしてもいられないので。文法 「黙もえあらねば」の「え」は副詞で、下に打消の語(ここでは「ね」)を伴って不可能の意を表す。

もた・ぐ【擡ぐ】(他ガ下二){げ・げ・ぐ・ぐる・ぐれ・げよ}【「持ち上ぐ」の転】持ち上げる。枕 二六「老いばみたる者こそ、火桶のはたに足をさへ―・げ用て」訳 年寄りめいた人にかぎって、火鉢のふちに足までも持ち上げて。

もだ・す【黙す】(自サ変){せ・し・す・する・すれ・せよ}❶黙る。口をつぐむ。万葉 一六・三七九五「辱を忍び辱を―・し用て事も無きもの言はぬ先にわれは依りなむ」訳 恥を忍び恥を(知りつつ)黙って、はしたないことを言わないうちに、(この翁に)私は従ってしまおう。文法 「依りなむ」の「な」は助動詞「ぬ」の未然形で、ここは確述の用法。
❷そのまま捨てておく。黙って見過ごす。徒然 一二三「世俗の―・し用がたきに随ひて、これを必ずとせば」訳 世俗事を黙って見過ごすことのできないままに、これ(=社交的儀礼)を必ず(やろう)と思うなら。

もだ・ゆ【悶ゆ】(自ヤ下二){え・え・ゆ・ゆる・ゆれ・えよ}思い悩んで苦しむ。もがき苦しむ。平家 三・足摺「人目もしらず泣き―・え用けり」訳 人目もはばからず泣きもだえ苦しんだ。

もた・り【持たり】(他ラ変){ら・り・り・る・れ・れ}【「持てあり」の転】持っている。竹取 貴公子たちの求婚「『燕の―・る体子安の貝ひとつ取りて給へ』と言ふ」訳 「燕の持っている子安貝(=安産のお守り)を一つ取ってお与えください」と(かぐや姫は)言う。

もち【望】(名)❶「望月」の略。
❷陰暦で、十五日の称。望の日。伊勢 九六「水無月の―ばかりなりければ」訳 陰暦六月の十五日ごろだったので。

もぢ【綟・綟子】(名)麻糸をよじり目を粗く織った布。袖のない夏の衣や蚊帳などを作るのに用いる。〔浮・日本永代蔵〕「〔弟のもとへ〕―の肩衣、これを送るべし(=送るがよい)」

もち-がゆ【望粥】(名)陰暦正月十五日の望の日に、年中の邪気を払うために食べるかゆ。米・粟・黍・小豆など七種の穀類を煮たもの。春

もち-づき【望月】(名)陰暦で、十五日の夜の月。満月。望。竹取 かぐや姫の昇天「―の明かさを十あはせたるばかりにて、ある人の毛の穴さへ見ゆるほどなり」訳 満月の明るさを十も合わせたほど(の明るさ)で、そこにいる人の毛の穴までも見えるくらいである。

もちづきの【望月の】《枕詞》満月に欠けたところがないことから「たたはし(=満ち足りる)」に、美しいことから「めづらし」にかかる。一説に、比喩とも。万葉 二・一九六「―いやめづらしみ」、万葉 一三・三三二四「―たたはしけむと」。

もち-て【以て】(「…をもちて」の形で)…をもって。…によって。…で。竹取 蓬莱の玉の枝「何を―とかく申すべき」訳 どういう理由であれこれ申し上げられよう。徒然 三八「迷ひの心を―名利の要を求むるに、かくのごとし」訳 迷いの心でもって名誉や利益の欲望を追求すると、このようになる。

なりたち 四段動詞「持つ」の連用形「もち」＋接続助詞「て」

参考 動詞本来の意味はしだいに薄れ、「…をもちて」の形で一語の格助詞のように用いられた。「銀の金鋺をもちて水を汲みありく」〈竹取・蓬莱の玉の枝〉の例などは、「…を持って」の意にも「…で」の意にも解せる。

もち-なは【黐縄】(名)黐(=小鳥などを捕らえるのに用いる、粘着力のある物質)を塗った縄。著聞 六〇三「かの水鳥とらんとて、―の具など用意して行き向かはんとするを」訳 あの水鳥を捕獲しようということで、もちなわの道具などを用意して出かけようとするのを。

もちひ【餅】(名)【「餅飯」の転】もち。源氏 柏木「御五十日に―参らせ給はむとて」訳 (薫の)生後五十日のお祝いに(祝賀の)餅を差し上げなさろうとして。

もちひ-かがみ【餅鏡】(名)丸く平らな鏡のような形の餅。正月または祝い事のときに、大小二個を重ねて神仏に供える。鏡餅。

もち・ふ【用ふ】(他ハ上二){ひ・ひ・ふ・ふる・ふれ・ひよ}「もちゐる」に同じ。細道 須賀川「行基菩薩の一生杖にも柱にもこの木を―・ひ用給ふとかや」訳 (奈良時代の高僧)行基菩薩が一生の間、杖にも柱にもこの(栗の)木をお使いになっ(てい)るとかいうことだ。

もち・ゆ【用ゆ】(他ヤ上二){い・い・ゆ・ゆる・ゆれ・いよ}「もちゐる」に同じ。〔仮名・伊曾保〕「酒宴の習ひ、よきことばを退けて狂言綺語を―・ゆる体ものなり」訳 酒宴の席での習慣で、善の道にかなったことばを用いないで、道理にあわないことばや飾りたてたことばを好んで用いるものだ。

もぢ・る【捩る】(他ラ四){ら・り・る・る・れ・れ}ねじる。よじる。宇治 一・三「すぢり―・り用、えい声を出だして、一庭を走りまはり舞ふ」訳 (翁は)身をくねらせよじり、えいという掛け声を出して、(宴会の)場一面を走り回り舞う。

もち・ゐる【用ゐる】(他ワ上一){ゐ・ゐ・ゐる・ゐる・ゐれ・ゐよ}❶使う。役立てる。徒然 二一七「銭あれども―・ゐ未ざらんは、全く貧者とおなじ」訳 金銭があっても使用しないでいるとすればそれは、まったく貧乏人と同じである。文法 「もちゐざらんは」の「ん」は、仮定・婉曲の助動詞。
❷**登用する**。任につかせる。源氏 蓬生「世に―・ゐ未らるまじき老人さへ」訳 世間で使われそうもない老女房までもが。
❸(意見などを)**採り入れる**。**信頼する**。尊重する。平家 一〇・横笛「親しき者どもみな―・ゐ用て、高野の聖とぞ申しける」訳 親しい人たちも皆(滝口入道を)信頼して、高野の聖(=聖僧)とお呼び申し上げた。

参考 (1)「もちゐる」は「持ち率る」で、持って身につける意が本義。したがって「率る」と同じくワ行上一段活用が本来の用法であるが、後世ハ行上二段「もちふ」、ヤ行上二段「もちゆ」と誤用される例も生まれた。
(2) ワ行上一段活用の動詞には、「居る」「率る」「用ゐる」「率ゐる」がある。

も・つ【持つ】(他タ四){た・ち・つ・つ・て・て}❶手に取る。身につける。徒然 九二「初心の人、二つの矢を―・つ体

ことなかれ」訳 初心者は、二本の矢を持って(的に向かって)はいけない。

❷所有する。徒然 一八「財(たから)を—・た(未)ず、世をむさぼらざらんぞ、いみじかるべき」訳 財産を所有しないで、世俗(の名誉や利益)を欲ばらないような生き方が、りっぱであろう。文法「むさぼらざらん」の「ん」は、仮定・婉曲(えんきょく)の助動詞。

❸(連用形の形で)用いる。使う。万葉 八・一六三八「あをによし奈良の山なる黒木—・ち(用)造れる室(むろ)は座(ま)せど飽かぬかも」訳 奈良の山にある皮のついたままの木を使って造ってある室は、(いつまで)いらっしゃっても飽きないことだ。(「あをによし」は「奈良」にかかる枕詞)。文法 この「座す」は、自敬表現。

❹心にいだく。心に思う。万葉 一五・三七二三「あしひきの山路越えむとする君を心に—・ち(用)て安けくもなし」訳 山路を越えようとするあなたを、胸の奥にいだいて(私は)心安らかなこと(が少し)もない。(「あしひきの」は「山」にかかる枕詞)

❺保つ。維持する。万葉 五・八九四「勅旨(おほみこと)いただき—・ち(用)て唐(もろこし)の遠き境(さかひ)につかはされ」訳 天皇の勅旨を捧げ保って、唐という遠い異境に(使者として)派遣され。

もっ-け【物怪・勿怪】(名・形動ナリ)(「もののけ」の転)❶けしからぬこと。不吉なこと。異変。今昔 一四・四五「様々の—ありければ、占(うら)なはするに」訳 さまざまな異変があったので、(占い師に)占わせたところ。

❷予期しないこと。意外なこと。〔浄・女殺油地獄〕「たった今飛脚の状に、—・な(体)(口語)ことが言うて来ました」訳 たった今飛脚が届けた手紙に、思いもよらぬことを言って来ました。

もっ-しゅ【没収】(名・他サ変)刑罰として、領地・官職・財産などを取り上げること。没収(ぼっしゅう)。平家 六・新院崩御「南都の僧綱(そうがう)ら闕官(けつくわん)ぜられ、…所職を—・せ(未)らる」訳 奈良の僧綱たちは官職を解かれ、…任ぜられた職務を取り上げられる。

もっ-たい【物体・勿体】(名)ものものしいこと。えらぶったようす。もったいぶった態度。〔浮・西鶴織留〕「内々(ないない)大屋の女の—に見飽いた」訳 内心家主の女房のもったいぶった横柄な態度は見飽きた。

もったい-な・し【物体無し・勿体無し】(形ク)〔から・く(かり)・し・き(かる)・けれ・かれ〕「もたいなし」とも。❶不都合だ。もってのほかだ。宇治 一・一五「あはれ、—・き(体)主(ぬし)かな」訳 なんとまあ、とんでもないお人だなあ。

❷畏れ多い。〔狂・武悪〕「ああ、—・い(終)(口語)。まづこの手を取って立たしめ」訳 ああ畏れ多い。まずこの手を取ってお立ちなされよ。

❸惜しい。〔太平記〕三五「その上大家の一跡(いっせき)、この時断亡(だんぼう)せんこと—・く(用)候ふ」訳 その上大家の家系が、この時断絶するようなことは惜しゅうございます。

もっ-たう【没倒】(名・他サ変)「ぼったう」とも。没収して奪うこと。平家 一・俊寛沙汰 鵜川軍「神社・仏寺、権門・勢家(せいか)の庄領(しやうりやう)を—・し(用)」訳 神社や仏寺、権勢の盛んな家の領地を没収して奪い。

もっ-て【以て】(「もちて」の促音便)❶(接続詞のように用いて)それゆえに。そのために。平家 二・卒都婆流「竜神は則(すなは)ち千手(せんじゅ)の二十八部衆のその一つなれば、—御納受こそ頼もしけれ」訳 竜神はすなわち千手観音の二十八部衆の、その一つであるから、それゆえ(願いを)お聞き入れくださるのは頼もしいことだ。

❷(「…をもって」の形で、格助詞のように用いて)…をもって。…によって。平家 三・御産「天を—父とし、地を—母と定め給へ」訳 天をもって父とし、地をもって母とお定めください。

もって-の-ほか【以ての外】思いもよらないこと。とんでもないこと。平家 二・西光被斬「今に始めずと申しながら、今度は—におぼえ候ふ」訳 今に始まったことでないと申すものの、今度はとんでもないことと思われます。

もっとも【尤も・最も】「もとも」とも。■一(副)❶いかにも。なるほど。本当に。徒然 四一「誠にさにこそ候ひけれ。—愚かに候ふ」訳 本当にそうでしたよ。いかにも愚かでございます。

❷第一に。とりわけ。非常に。平家 二・教訓状「まづ世に四恩候ふ。…その中に—重きは朝恩(てうおん)なり」訳 まず世に四つの恩があります。…その中でもとりわけ重いのは朝廷のご恩である。

❸(下に打消の語を伴って)少しも。全然。竹取 燕の子安貝「をかしきことにもあるかな。—え知らざりつる」訳 おもしろいことであるなあ。少しも知ることができなかったことよ。

■二(形動ナリ)〔なら・なり(に)・なり・なる・なれ・なれ〕そのとおりだ。当然だ。〔古活字本保元物語〕「今夜の発向(=出兵)—・なり(終)」

もて-(接頭)(動詞に付いて)意味を強め、また語調を整える。「—扱ふ」「—かしづく」「—興ず」「—騒ぐ」

も-て【以て】(「もちて」の転)❶(体言および活用語の連体形、またはそれに格助詞「を」の付いたものに接続して)格助詞のようなはたらきをする。㋐手段・材料となるものを示す。…によって。…で。万葉 一五・三七三三「吾妹子(わぎもこ)が形見の衣(ころも)なかりせば何物—か命継がまし」訳 もしあなたの形見の衣がなかったなら、何によって命を保ち続けたものだろうか。文法「せば…まし」は、反実仮想で「もし…たなら…だろうに」の意。「か」は、疑問の係助詞。㋑動作のきっかけを示す。…から。…がもとで。源氏 行幸「めでたしと見奉るとも、心—宮づかひ思ひたらむこそ、いとさし過ぎたる心ならめ」訳 たとえ(冷泉(ぜいれい)帝を)すばらしいと見申しあげても、自分の心から(=自発的に)宮仕えを思っていたりするのは、まったく出過ぎた心であろう。㋒特にある一つのことを強調して示す。…(を)もって。徒然 二「おほやけの奉り物は、おろそかなるを—よしとす」訳 天皇のお召し物は、粗末なものをもってよいとする。

❷(活用語の連用形に付いて)接続助詞のようなはたらきをする。その動作が継続して行われることを示す。…し続けて。源氏 須磨「言ひ—行けば、ただ身づからの怠りになむ侍る」訳 (この不運は)だんだん話していくと(=煎じつめると)、ただわが身(=光源氏自身)のいたらなさゆえでございます。

も-て【持て】(「持ちて」の促音便「もって」の促音「っ」の表記されない形)(手に)持って。枕 二五「『御物忌(ものいみ)』とて取り入れず』と言ひて—帰りたる、いとわびしくすさまじ」訳 「御物忌みだということで受け取らない」と言って(持たせてやった手紙を)持って帰ったのは、ほんとうに情けなく興ざめである。

もて-あそび【弄び・玩び・翫び】(名)❶遊び相手。

[源氏] 幻「この宮ばかりをぞ―に見奉り給ふ」[訳](光源氏は)この宮(=匂宮)だけを遊び相手に見申しあげなさる。

❷心を慰めるもの。慰みごと。[源氏] 少女「五葉、紅梅、桜…などやうの春の―をわざとは植ゑで」[訳](六条院の春の町には)五葉松や紅梅や桜…などといった春の慰めになるものを、ことさらには植えないで。

❸おもちゃ。〔浮・好色一代男〕「いかなる太夫も十両十五両が―を調へなぐさむことぞかし」[訳](陰暦正月十六日には)どんな太夫も十両や十五両のおもちゃ(=人形)を工面して(=買って)心を楽しませることであるよ。

もてあそび-ぐさ【弄び種】(名)心を慰める材料。慰み物。おもちゃ。「弄び物」とも。[源氏] 若菜上「おいらかにうつくしき―に思ひ聞こえ給へり」[訳](光源氏は女三の宮を)おっとりしてかわいらしい愛玩物とお思い申しあげなさった。

もて-あそ-ぶ【弄ぶ・玩ぶ・翫ぶ】(他バ四){ば・び・ぶ・ぶ・べ・べ}[「持て遊ぶ」の意] ❶興じ楽しむ。慰みとする。(慰みとして)かわいがる。[徒然] 一三七「世を背ける草の庵には、閑かに水石を―・び(用)て」[訳]俗世間を隠遁した草庵(の生活)では、閑居して水や石(=自然の風光)を慰みとして。

❷大事に扱う。[今昔] 一三・二「その宗の法文を学び、―・び(用)し間に」[訳](私=蓮寂が)その宗(=法相宗)の経論を学び、たいせつに扱っていたときに。

もてあつかひ-ぐさ【もて扱ひ種】(名)取り扱う事柄。うわさの種。話題。[徒然] 七七「世の中に、その比人の―に言ひ合へること」[訳]世の中で、そのころ人々がうわさの種として言い合っていることを。

もて-あつか-ふ【もて扱ふ】(他ハ四){は・ひ・ふ・ふ・へ・へ}[「もて」は接頭語] ❶たいせつに取り扱う。世話をする。[枕] 一五五「ことなることなき人の、子などあまた―・ひ(用)たる」[訳]これということもない人が、子供などをたくさん(もって)世話を焼いているの(はうっとうしい)。

❷扱いに困る。もて余す。〔保元物語〕「思ふさまにふるまひければ、…―・ひ(用)ていかがせんとぞ思ひける」[訳](為朝は配流の地でも)好き勝手にふるまったので、…(管理の役人は)もて余してどうしようかと思ったという。

もて-あり-く【持て歩く】(他カ四){か・き・く・く・け・け}持って歩き回る。[枕] 三「雪降り、いみじうこほりたるに、申し文―・く(終)」[訳](除目が近づくと)雪が降り、ひどく凍っているときに、申し文(=叙位・任官などを申請する文書)を持って(あちこち)歩き回る。

もて-い-く【もて行く】(自カ四){か・き・く・く・け・け}「もてゆく」に同じ。[枕] 一「昼になりて、ぬるくゆるび―・け(已)ば」[訳]昼になって、(寒気が)だんだん暖かくゆるんでいくと。

もて-い-づ【持て出づ】(他ダ下二){で・で・づ・づる・づれ・でよ} ❶持って出る。持ち出す。[徒然] 二一五「銚子に土器とりそへて、―・で(用)て」[訳]銚子(=酒をつぐための器)に素焼きの杯をとりそえて、持って出て。

❷人目につくよう外部に表す。表面に出す。[源氏] 藤袴「―・で(未)ず、しのびやかに御消息なども聞こえ交はし給ひければ」[訳](玉鬘と柏木は姉弟であることを)表立って公然とせず、人目につかないようにお便りなども差し上げ合っていらっしゃったので。

もて-かく-す【もて隠す】(他サ四){さ・し・す・す・せ・せ}[「もて」は接頭語]人にわからないようにそっと隠す。隠す。[源氏] 東屋「顔を外ざまに―・し(用)て」[訳](匂宮は)顔をほかのほうに(向けて)隠して。

もて-かしづ-く【もて傅く】(他カ四){か・き・く・く・け・け}[「もて」は接頭語]たいせつに世話をする。たいせつに育てる。[源氏] 帚木「人の品高く生まれぬれば、人に―・か(未)れて」[訳]人(=女性)が身分高く生まれてしまうと、(周囲の)人にたいせつに世話をされて。

もて-きょう-ず【もて興ず】(自サ変){ぜ・じ・ず・ずる・ずれ・ぜよ}[「もて」は接頭語]おもしろがる。興味をいだく。[徒然] 一三七「片田舎の人こそ、色こく万は―・ずれ(已)」[訳]片田舎の人にかぎって、しつこく万事に興味を持つものだ。

もて-く【持て来】(他カ変){こ・き・く・くる・くれ・こ(こよ)}持って来る。[土佐]「酒・よき物ども―・き(用)て、船に入れたり」[訳]酒やうまいものをいろいろ持って来て、船に差し入れた。

もて-くだ-る【持て下る】(自ラ四){ら・り・る・る・れ・れ}物を持って都から地方へ行く。[大鏡] 時平「御衣賜り給へりしを、筑紫に―・ら(未)しめ給へりければ」[訳](道真は)ほうびとして天皇から)お召し物をいただきなさったのを、筑紫(福岡県)に持ってお下りになられていたので。

もて-け-つ【もて消つ】(他タ四){た・ち・つ・つ・て・て}[「もて」は接頭語] ❶なくする。除く。[源氏] 御法「数珠の数にまぎらはしてぞ、涙の玉をば―・ち(用)給ひける」[訳](夕霧は)数珠の(玉の)数にまぎらわして、涙の玉を払いなさるのであった。

❷無視する。けなす。[源氏] 常夏「もてはやし、また―・ち(用)軽むることも、人に異なる大臣なれば」[訳](内大臣はよい点は)ほめそやし、また(悪い点は)けなし軽んじることも、人と違って(はっきりして)いる大臣なので。

❸圧倒する。[源氏] 若菜下「誇りかにはなやぎたるかたは、弟の君たちには―・た(未)れて」[訳]得意気に陽気にふるまう方面は、(柏木は)弟君たちには圧倒されて。

もて-さわ-ぐ【もて騒ぐ】(自ガ四){が・ぎ・ぐ・ぐ・げ・げ}[「もて」は接頭語]大騒ぎする。もてはやす。[源氏] 松風「大殿腹の君をうつくしげなりと世人―・ぐ(体)は」[訳]左大臣の娘(=葵の上)から生まれた若君(=夕霧)を、かわいらしいようすだと、世間の人がもてはやすのは。

もて-しづ-む【もて鎮む】(他マ下二){め・め・む・むる・むれ・めよ}[「もて」は接頭語]落ち着かせる。目立たないようにする。[源氏] 匂兵部卿「並びなき御光をまばゆからず―・め(用)給ひ」[訳](光源氏は)比べるもののないご威光をきわ立たないように控えめになさり。

もて-つ-く【もて付く】(他カ下二){け・け・く・くる・くれ・けよ}[「もて」は接頭語] ❶身に備える。身につける。[源氏] 帚木「うはべの情けはおのづから―・け(用)つべきわざをや」[訳]表面的な情趣はきっと自然に身につけることができるものであるよ。

❷とりつくろう。[堤] 虫めづる姫君「世の常、ひとざまけはひ―・け(用)ぬるは、口惜しうやはある」[訳]世間なみに、人柄や雰囲気をとりつくろったのは、(女として)期待はずれだろうか(いや、期待はずれではない)。

もて-なし【もて成し】(名) ❶ふるまい。態度。[源氏] 夕顔「わが―ありさまは、いとあてはかに子めかしくて」[訳]その人自身(=夕顔)のふるまいやようすは、とても上品でおっとりとしていて。

❷とりはからい。また、とりあつかい。待遇。［源氏］葵「少納言が―心もとなきところなう心にくしと見給ふ」［訳］（光源氏は）少納言のはからいはゆき届かないところがなく、奥ゆかしいとご覧になる。［源氏］桐壺「世の例にもなりぬべき御―なり」［訳］世間の話の種にもきっとなってしまいそうな（桐壺帝の桐壺の更衣に対する）御待遇である。［文法］「なりぬべき」の「ぬ」は、助動詞「ぬ」の終止形で、ここは確述の用法。
❸ごちそう。饗応。

もてなし-かしづ・く【もて成し傅く】（他カ四）{か・き・く・く・け・け}たいせつに世話をする。大事に扱う。［源氏］匂兵部卿「この君をば、こまやかにやむごとなく―・き㊊奉り給ふ」［訳］（夕霧は）この君（＝薫）を、ねんごろに並々ではなくたいせつにお世話し申しあげなさる。

もて-な・す

【もて成す】（他サ四）{さ・し・す・す・せ・せ}〔「もて」は接頭語〕

語義パネル

●重点義　ある対象に積極的にはたらきかけ、あることをなす。

現代語では、中世以降の⑤の意で用いるが、古くは、広く用いられる。対象が事である場合が①、自分自身である場合が②、他人である場合が③、物または事である場合が④の意になる。

❶処置する。とり行う。
❷ふるまう。
❸世話をする。待遇する。
❹もてはやす。愛玩する。
❺ごちそうする。饗応する。

❶処置する。とり行う。［源氏］桐壺「何事の儀式をも―・し㊊給ひけれど」［訳］（母北の方は）どのような宮中のしきたりをも処置しなさったけれども。
❷ふるまう。〔落窪〕「涙もつつみあへず出づれど、つれなく―・し㊊て」［訳］涙も隠しきれず流れ出るけれども、さりげなくふるまって。
❸世話をする。待遇する。［源氏］桐壺「あながちに御前去らず―・さ㊌せ給ひし程に」［訳］（桐壺帝は桐壺の更衣を）むりやりに御前から離さないようにお世話をしなされた間に。［文法］「せ給ひ」は、最高敬語。
❹もてはやす。愛玩する。［枕］三七「梨の花、よにすさまじきものにして、近う―・さ㊌ず」［訳］梨の花は、まったく興ざめなものとして、身近に愛玩せず。
❺ごちそうする。饗応する。［細道］尾花沢「日比とどめて、長途のいたはり、さまざまに―・し㊊侍る」［訳］いく日も引きとめて、長い旅の苦労のねぎらいとして、いろいろと（私たちのために）ごちそうします。

もてなやみ-ぐさ【もて悩み種】（名）取り扱いに困るもの。悩みの種。［源氏］桐壺「やうやう、天の下にも、あぢきなう人の―になりて」［訳］だんだん世間でも、苦々しく人々の悩みの種になって。

もて-なや・む【もて悩む】（他マ四）{ま・み・む・む・め・め}〔「もて」は接頭語〕処置に困る。もて余す。［源氏］葵「やむごとなき験者ども、珍かなりと―・む㊎」［訳］尊い修験者（＝祈禱の僧）たちも、（この物の怪の執念深さは）めったにないことであると、処置に困ってもて余す。

もて-なら・す【持て馴らす】（他サ四）{さ・し・す・す・せ・せ}使いならす。［源氏］夕顔「ありつる扇御覧ずれば、―・し㊊たる移り香いとしみ深うなつかしくて」［訳］（光源氏が）さきほどの扇をご覧になると、（女が）使いならしている（その）移り香がたいそう深くしみ込み心ひかれて。

もて-はな・る【もて離る】〔「もて」は接頭語〕■一（自ラ下二）{れ・れ・る・るる・るれ・れよ}❶遠く離れる。かけ離れる。［枕］能因本・一〇三「久しうありてはづしたる矢の、―・れ㊊て、異方へ行きたる」［訳］長いことかかって（ねらいを定めて）放ったのにはずした矢が、（的から）かけ離れて、別のほうへ行ったの（はあきれる）。
❷隔たりを置く。とりあわない。［源氏］末摘花「なびき聞こえず―・れ㊊たるはをさをさあるまじきぞいと目なれたるや」［訳］（光源氏に手紙をもらって）心をお寄せ申しあげず、とりあわないでいる女はめったにいそうもない（という）のは、たいそう見慣れている（＝珍しくもない）ことだ。
■二（他ラ下二）{れ・れ・る・るる・るれ・れよ}遠ざける。かかわりを断ち切る。［源氏］若菜上「愛敬なく、人を―・るる㊍心ある人は、いとうち解けがたく」［訳］かわいげがなく、他人を遠ざける心のある人は、たいそうなれ親しみにくく。

もて-はや・す

【もて映やす・もて囃す】（他サ四）{さ・し・す・す・せ・せ}〔「もて」は接頭語〕
❶とりたててほめそやす。［源氏］幻「わが宿は花―・す㊍人もなし何にか春のたづね来つらむ」［訳］（紫の上が死んでしまって）私（＝光源氏）の家には花を賞美する人もいない。（それなのに）どうして春が訪れて来たのだろうか。
❷引きたたせる。美しく見せる。〔紫式部日記〕「おほかたの空も艶なるに―・さ㊌れて、不断の御読経の声々、あはれまさりけり」［訳］一帯の空（のようす）も美しく風情があるのに引きたてられて、不断の御読経（＝一定期間、昼夜絶え間なく経を読むこと）を唱える声々は、しみじみとした情趣もつのるのであった。
❸歓待する。たいせつに扱う。喜び迎える。［大鏡］道長上「饗応し、―・し㊊聞こえさせ給ひつる興もさめて、ことにがうなりぬ」［訳］（関白道隆は弟道長の）機嫌をとり、歓待し申しあげなさっていた興もうすらいで、気まずくなってしまった。

もて-まゐ・る【持て参る】（他ラ四）{ら・り・る・る・れ・れ}持って参上する。持参する。［徒然］二三八「『九の巻のそこそこの程に侍る』と申したりしかば、『あなうれし』とて、―・ら㊌せ給ひき」［訳］（私＝兼好が）「（お探しの文句は「論語」の）巻九のどこそこのあたりにございますよ」と申したところ、（大納言殿＝源具親は）「ああ、うれしい」と言って、（それを）持って（東宮のところに）参上しなさった。

もて-ゆ・く【もて行く】（自カ四）{か・き・く・く・け・け}〔「もて」は接頭語。「もていく」とも。（動詞の連用形に付いて）しだいに…してゆく。だんだん…してゆく。〔和泉式部日記〕「四月十余日にもなりぬれば、木のした暗がり―・く㊎」［訳］陰暦四月十日過ぎにもなったので、（葉が茂って）木の下がしだいに暗くなってゆく。

もて-わた・る【持て渡る】（自ラ四）{ら・り・る・る・れ・れ}持って行く。持って来る。［枕］一「火など急ぎおこして、炭―・る㊍も、いとつきづきし」［訳］火などを大急ぎでおこして、炭火を（御殿から御殿へ）持って行くのも、（冬の早朝に）まことにふさわしい。

もて-わづら・ふ【もて煩ふ】(自ハ四)｛は・ひ・ふ・ふ・へ・へ｝〔「もて」は接頭語〕処置に困る。もて余す。竹取 御門の求婚「この女の童は、たえて宮仕へつかうまつるべくもあらず侍るを、ー・ひ㊥侍り」訳 この女の子は、まったく宮仕えいたしそうにもありませんので、もて余しております。

-もと【本】(接尾) ❶草木を数えるのに用いる。…本。古今 秋下「ひとーと思ひし花を大沢の池の底にも誰か植ゑけむ」訳 一本(だけだ)と思っていた(菊の)花を、(もう一本)この大沢の池の底にもだれが植えたのだろうか。
❷鷹狩り用の鷹を数えるのに用いる。…羽。〔醒睡笑〕「大鷹ひとー、それて来たり」訳 大きな鷹が一羽、(飼い主の手から)それてやって来た。

もと【本・元・原・旧・故・許】 ■一(名) ■二(副)

> **語義パネル**
> ■一❶根本。よりどころ。主とするところ。
> ❷物事の起こるところ。**原因。はじまり。**
> ❸**根もと。**
> ❹**あたり。そば。**
> ❺**ところ。住居。**
> ❻**和歌の上の句。**
> ❼元金。資本金。
> ❽**以前。昔。**
> ■二**以前に。さきに。**

■一(名) ❶根本。よりどころ。主とするところ。源氏 少女「才をーとしてこそ、大和魂の世に用ゐらるる方も強う侍らめ」訳 漢学を根本にしてはじめて、政治・実務の才能が世間に受け入れられることも確実になるでしょう。
❷物事の起こるところ。**原因。はじまり。** 徒然 一八七「大方のふるまひ・心づかひも、愚かにしてつつしめるは得のーなり」訳 一般の行為や心の用い方も、愚かで(はあるが)注意深くするのは成功の第一歩である。
❸**根もと。** 竹取 かぐや姫の生ひ立ち「その竹の中に、ー光る竹なむ一筋ありける」訳 その竹の中に、根もとの光る竹が一本あった。
❹**あたり。そば。** 伊勢 二三「田舎わたらひしける人の子ども、井のーに出でてあそびけるを」訳 田舎回りをしていた人の子供たちが、井戸のそばに出て遊んでいたが。
❺**ところ。住居。** 枕 九三「まろがーに、いとをかしげなる笙の笛こそあれ」訳 私のところに、たいそう趣深い感じの笙の笛がある。
❻(「末」に対して)**和歌の上の句。** 枕 二三「歌どものーを仰せられて、『これが末いかに』と問はせ給ふに」訳 (中宮定子が)いろいろな歌の上の句をおっしゃって、「これの下の句はどのようであるか」とお尋ねになられるときに。文法「せ給ふ」は、最高敬語。
❼元金。資本金。〔浮・日本永代蔵〕「ー一貫の銭、八千百九十二貫にかさみ(=増えて)」
❽**以前。昔。** 伊勢 四「月やあらぬ春や昔の春ならぬわが身ひとつはーの身にして」訳 →つきやあらぬ…和歌。
⇩古の「慣用表現」
■二(副) **以前に。さきに。** 古今 哀傷・詞書「ーありし前栽もいとしげく荒れたりけるを見て」訳 以前にあった庭木もたいそう生い茂り荒れてしまったのを見て。

> **図解学習**　**「もと」と「すゑ」**
> いずれも多義語であるが、草木の根もとを「もと」というのに対して、その枝葉を「すゑ」というのが原義かとみられる。根本と終末、以前と将来、原因と結果、和歌の上の句と下の句など多様な転義のほかに、「みなもと」は「水な本」であり、「こずゑ」は「木末」であるなど、複合語の形でも広く用いられる。

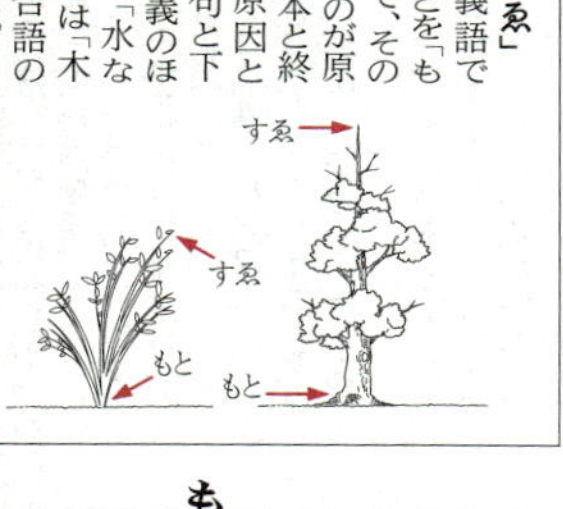

もと-あら【本荒・本疎】(名) 根もとのほうの枝や葉がまばらなこと。一説に、木のまばらに生えていること。新古 秋上「古郷のーの小萩咲きしより夜な夜な庭の月ぞうつれる」訳 ふるさとの根もとの枝葉がまばらな小萩が咲いた時から、(その花に)夜ごと庭の月が映っていることだ。

もどか・し (形シク)｛しから・しく(しかり)・し・しき(しかる)・しけれ・しかれ｝〔動詞「もどく」に対応する形容詞〕❶非難すべきさまである。気にくわない。枕 二三七「わびしげなる車に装束わるくて物見る人、いとー・し㊧」訳 みすぼらしい感じの牛車に服装が粗末なようすで(祭りなどを)見物する人は、まったく気にくわない。
❷思うようにならず、心がいらだつ。はがゆい。枕 二七〇「わが身をばさしおきて、さばかりー・しく㊥言はまほしきもののやはある」訳 自分のことは別として、それ(=他人の噂)ほどじれったく(なるぐらい)しゃべりたいものがあるか(いや、ほかにはない)。

もと-かしは【本柏】(名)「もとがしは」とも。❶去年から付いている柏(=木の名)の古い葉。大嘗祭のとき、その葉を浸した酒を神に供えた。古今 雑上「いそのかみふるから小野のー本の心は忘られなくに」訳 枯れた古い幹の立っている野の、柏の古い葉ではないが、(交際のはじまったころの)もともとの心は忘れられないことだ。(第三句までは同音で「本」を導きだす序詞。「いそのかみ」は「ふる」にかかる枕詞)
❷古くからの物事のもととなるもの。本来のもの。〔狭衣物語〕「太政大臣の御方には中の兄にて、ーにもおはすれど」訳 太政大臣の(娘である)お方におかれては(三人の夫人の)中の年長者で、一番古くからの夫人でもいらっしゃるが。

もどき【抵牾・牴牾】(名)〔四段動詞「もどく」の連用形から〕❶似せて作ること。また、似せて作ったもの。著聞 一六二「小侍従がーの句と言ひつべし」訳 小侍従(が詠んだ句)のまねごとの句と言うことができそうだ。
❷非難。批判。源氏 若紫「幼き人を盗み出でたりとー負ひなむ」訳 幼い人(=若紫)を盗み出したと、(人々の)非難を受けてしまうだろう。

もど・く【抵牾く・牴牾く】(他カ四)〔か・き・く・く・け・け〕❶まねる。似せる。〔うつほ〕俊蔭「この七歳(なな)なる子、父を―き(用)て、高麗人(こまうど)と文(ふみ)を作りかはしければ」訳この七歳になる子供(=俊蔭(としかげ))は、父をまねて、高麗の人と漢詩を作って交換したので。
❷非難する。批判する。徒然一六八「おとなしく、―き(用)ぬべくもあらぬ人の言ひ聞かするを、さもあらずと思ひながら聞きゐたる、いとわびし」訳年配で、批判することができそうもない人が言い聞かせるのを、(内心)そうでもないと思いながらじっと聞いているのは、まったくやりきれない。
文法「もどきぬべく」の「ぬ」は、助動詞「ぬ」の終止形で、ここは確述の用法。

もと-じろ【本白】(名)矢羽(やばね)の名。上部が黒く、根もとが白いもの。⇩巻頭カラーページ17

もと-すゑ【本末】(名)❶草木の根もとと枝葉。枕二四一「これが―いづかた」訳この(木片の)根もとと枝葉はどちら(がどちらか)。
❷根もとと先端。上と下。先とあと。古今恋三「梓弓(あづさゆみ)引けば―我が方(かた)によるこそまされ恋の心は」訳梓弓を引くと上端と下端が自分のほうに寄るが、夜こそいちだんとつのるのだ、(私の恋心は)。(第三句までは「よる」を導きだす序詞。「よる」は「寄る」と「夜」との掛詞)
❸和歌の上(かみ)の句と下(しも)の句。枕二七六「はづかしき人の、歌の―問ひたるに、ふとおぼえたる、我ながらうれし」訳こちらが気恥ずかしくなるほどりっぱな人が、和歌の上の句や下の句を尋ねたときに、(それを)とっさに思い出したのは、われながらうれしい。
❹神楽歌(かぐらうた)で、先に歌う本方(もとかた)の歌とあとに歌う末方(すゑかた)の歌。源氏若菜下「―もたどたどしきまで、酔(ゑ)ひすぎにたる神楽おもてどもの」訳本歌(を歌うのか)末歌(を歌うのか)もおぼつかないまで酔いすぎてしまっている神楽を奏する人々が。
❺始めと終わり。

もと-だち【本立ち】(名)草木の根もと。また、そのようす。源氏蓬生「前栽(せんざい)の―も涼しうしなしなどして」訳(末摘花(すゑつむはな)の邸は)庭の草木の根もとも(よけいな枝を取り払って)ことさらすがすがしく仕立てたりして。

もと-つ-くに【本つ国】(名)〔「つ」は「の」の意の上代の格助詞〕郷里。また、本国。〔記〕下「僕(あ)は甚(いと)耆老(おいにき)。―に退(まか)らむと欲(おも)ふ」訳私はもうすっかり年老いてしまった。故郷にさがりたいと思う。

もと-つ-ひと【元つ人】(名)〔「つ」は「の」の意の上代の格助詞〕もとからの知り合い。昔なじみ。万葉二〇・四四三七「霍公鳥(ほととぎす)なほも鳴かなむ―かけつつもとな吾(あ)を哭(ね)し泣くも」訳ほととぎすよ、もっと鳴いてほしい。昔なじみの人を心にかけて思っては、(おまえの鳴く声は)やたら私を、声をあげて泣かせることよ。

もと-どり【髻】(名)〔「本取り」の意〕髪を頭の上に集めて束ねた所。また、束ねた髪。たぶさ。元結い。徒然一七五「ほれたる顔ながら、細き―さし出(い)だし」訳寝ぼけた顔つきのまま、(烏帽子(えぼし)も着けず)細いもとどりをむき出しにして。

もとどり-はな・つ【髻放つ】(冠などをかぶらず)髻(もとどり)をあらわにする。人前では無作法なこととされた。枕一二五「無徳(むとく)なるもの、…翁(おきな)の―ち(用)たる」訳体裁が悪いもの、…老人が髻をあらわにしているの。

もとな(副)❶根拠なく。理由なく。万葉二・二三〇「何しかも―喧(とぶら)ふ」訳何だって理由なく尋ねるのか。
❷しきりに。やたらに。万葉一二・二九〇〇「吾妹子(わぎもこ)が笑(ゑ)まひ眉引(まよびき)面影にかかりて―思ほゆるかも」訳いとしい人の笑顔や眉(まゆ)が面影にちらついてしきりに恋しく思われることだ。

もと-は【本葉】(名)幹や茎の根もとのほうにある葉。万葉一〇・二二一五「さ夜更(ふ)けて時雨(しぐれ)な降りそ秋萩(あきはぎ)の―の黄葉(もみち)散らまく惜(を)しも」訳夜が更けて時雨よ降らないでくれ。秋萩の根もとのほうの葉の色付いたのが散るであろうことが惜しいよ。↔末葉(うらは)

もと-へ【本辺・本方】(名)❶もとのほう。下のほう。〔紀〕継体「―をば琴に作り末方(すゑへ)をば笛に作り」訳(竹の)根もと(の太いところ)を琴に作り、末のほう(の細いところ)を笛に作って。
❷山のふもとのあたり。万葉一三・三二二二「―には馬酔木(あしび)花咲き末辺(すゑへ)には椿(つばき)花咲く」訳ふもとのほうには馬酔木の花が咲き、山頂のほうには椿の花が咲く。(↔末辺(すゑへ))

もとほ・す【回す・徘徊す】(他サ四)〔さ・し・す・す・せ・せ〕巡らす。回す。〔記〕上「垣を作り―し(用)、その垣に八門(やかど)を作り」訳垣を作って巡らし、その垣に八つの門を作り。

もとほ・る【回る・徘徊る】(自ラ四)〔ら・り・る・る・れ・れ〕(多く、動詞「立つ」「這(は)ふ」「行く」などの連用形に付いて)巡る。回る。徘徊(はいかい)する。万葉四・五〇九「波の上(へ)をい行きさぐくみ岩の間(ま)をい行き―り(用)」訳波の上を縫って進んで行き、岩の間を行き巡り。

もとほろ・ふ【回ろふ・徘徊ろふ】(自ハ四)〔は・ひ・ふ・ふ・へ・へ〕〔四段動詞「回(もとほ)る」の未然形「もとほら」に上代の反復・継続の助動詞「ふ」の付いた「もとほらふ」の転〕「もとほる」に同じ。〔記〕中「なづき田の稲幹(いながら)に稲幹に匍(は)ひ―ふ(体)野老蔓(ところづら)」訳→なづきたの… 歌謡

もと・む【求む】(他マ下二)〔め・め・む・むる・むれ・めよ〕❶手に入れようと探す。竹取蓬萊の玉の枝「これやわが―むる(体)山ならむと思ひて」訳これこそ私(=くらもちの皇子(みこ))の探す山だろうと思って。
❷欲しいと願う。徒然三八「しひて智(ち)を―め(用)、賢を願ふ人のために言はば」訳ただただ智を得たいと願い、賢を念願する人のために言うならば。
❸買う。〔狂・末広がり〕「今から都へ上(のぼ)って、末広がり(=扇)を―め(用)てこい」
❹招く。誘い出す。徒然一二九「薬を飲みて汗を―むる(体)には、験(しる)しなきことあれども」訳薬を飲んで汗を出す場合には、効き目のないことがあるが。

もとめ-い・づ【求め出づ】(他ダ下二)〔で・で・づ・づる・づれ・でよ〕探し出す。見つけ出す。大鏡道長上「これ―で(用)たらむ所には、一伽藍(がらん)を建てむ」訳これ(=落とした琴の爪)を見つけ出した所には、寺院を一つ建てよう。

もとめ-いとな・む【求め営む】手に入れようと、いろいろ力を尽くす。徒然一二三「この四つの外(ほか)を―む(体)を、驕(おご)りとす」訳この四つ(=食物・衣服・住居・薬)以外のものを手に入れようと力を尽くすのを、ぜいたくだとする。

もとめ-か・ふ【求め飼ふ】(他ハ四)〔は・ひ・ふ・ふ・へ・へ〕手に

入れて飼う。徒然 一二一「家ごとにあるものなれば、ことさらに—・は㊟ずともありなん」訳(犬は)どの家にもいるものだから、わざわざ手に入れて飼わなくてもよいだろう。

もと-も【尤も・最も】(副)「もっとも」に同じ。

もと-ゆひ【元結ひ】(名)「もとひ」とも。❶「もとどり」に同じ。❷髪の髻を束ねて結ぶもの。古くは麻糸や組み糸を用い、後にはこよりを用いた。古今 恋四「きみ来ずはねやへも入らじ濃紫 我が—に霜はおくとも」訳あなたが来ないならば寝室にも入らないつもりだ。たとえ濃い紫の私の元結いに霜が降りても(私は外で待っている)。

元良親王(もとよししんわう)『人名』(八九〇〜九四三)平安前期の歌人。陽成天皇の皇子。女性との贈答歌が多く、「大和物語」などに逸話が載る。「小倉百人一首」に入集。家集「元良親王集」

もと-より【元より・固より】(副)❶以前から。昔から。伊勢 九「—友とする人ひとりふたりして行きけり」訳(男は)以前から友とする人一人、二人とともに(東国へ)行った。❷初めから。もともと。土佐「船君の病者、—こちごちしき人にて」訳船の主である病人は、もともと風流心のない人なので。❸もちろん。いうまでもなく。〈雨月〉浅茅が宿「この里人は—、京の防人たち、国の隣の人までも」訳この土地の人はもちろん、京から来た防人たちや隣国の人々までも。

もどろ-か・す(他サ四){さ・し・す・す・せ・せ}❶まだらにする。枕 二九「青色の襖、くれなゐの衣、すり—・し㊞たる水干といふ袴を着せて」訳青色の狩衣、紅色の着物、摺り染めで(模様を)まだらにしてある水干という袴をはかせて。❷紛らわしいようにする。まどわす。今昔 四・二三「国王より始めて民に至るまで心を—・し㊞、人の物を計り取る」訳国王をはじめとして(国の)民に至るまで(人々の)心をまどわし、人の物をだまし取る。

もどろ・く■(自カ四){か・き・く・く・け・け}紛れ乱れる。大鏡 道長上「あまりなることは、目も—・く㊍心地なむし給ひけ

る」訳(目の前の光景の)はなはだしくすばらしいことには、(乳母たちは)目もくらむ心地がしなさった。■(他カ下二){け・け・く・くる・くれ・けよ}まだら模様を付ける。また、入れ墨をする。〈紀〉景行「身を—・け㊞て、為人勇み悍し」訳(その国の人は)からだには入れ墨をして、性質は勇ましくたけだけしい。

本居宣長(もとをりのりなが)『人名』(一七三〇〜一八〇一)江戸中期の国学者。鈴屋と号した。伊勢(三重県)松坂の人。国学四大人の一人。初め医学を修業し、のち国学に志した。賀茂真淵に師事して古道研究に専念し、三十余年を費やして「古事記伝」を完成。また、「源氏物語玉の小櫛」に「もののあはれ」の文学論を展開するなど国学上多くの業績を残した。著書はほかに、随筆「玉勝間」、注釈書「古今和歌集遠鏡」「初山踏」、歌論書「石上私淑言」、家集「鈴屋集」など。

本居春庭(もとをりはるには)『人名』(一七六三〜一八二八)江戸後期の国学者。号は後鈴屋。宣長の長子。伊勢(三重県)松坂の人。著書に「詞八衢」「詞通路」、家集に新古今風の「後鈴屋集」などがある。

も-なか【最中】(名)❶まん中。中央。事物の中心。今昔 二五・三「良文、充が—に箭を押し当てて射るに」訳良文(=人名)が充(=人名)のまん中に矢をねらいさだめて射ると。❷物事のたけなわなとき。まっ盛り。〔賀茂翁家集〕「色も香もとりならべたる梅の花咲くこそ春の—なりけれ」訳色も香りもとりそろえた(状態の)梅の花が咲く時が、春のまっ盛りであることよ。

も-ぬ・く【蛻く】(自カ下二){け・け・く・くる・くれ・けよ}(蛇やせみなどが)脱皮する。堤 虫めづる姫君「ただそれが—・くる㊍ぞかし」訳(蝶は)ただそれ(=毛虫)が殻を脱ぐのだよ。

もの-【物】(接頭)(感情・心情を表す形容詞や形容動詞などに付いて)なんとなくの意を表す。「—あはれ」「—うらめし」「—恐ろし」「—悲し」「—さびし」

もの【物・者】(名)❶**物事**。もの。対象を明示しないで漠然という。竹取 かぐや姫の昇天「—知らぬことなのたまひそ」訳物事の情を解さぬことを言いなさるな。文法「な(副詞)…そ(終助詞)」の形で、禁止の意を表す。❷**一般のもの**。ふつうのもの。他のもの。竹取 かぐや姫の昇天「立てる人どもは、装束の清らなること、—にも似ず」訳(空中に)立っている人たちは、衣装が華麗であることは、他のものにも似ない(=たとえようもない)。❸**飲食物・衣服・調度品・楽器など**、前後の関係から言わなくてもわかる事物。源氏 桐壺「—なども聞こし召さず」訳(桐壺帝は)食事なども召し上がらず。大鏡 道兼「—の音、調子ふき出づるほどに」訳楽器の音が、調子を合わせはじめるときに。❹**ことば**。言うべきこと。考えていること。枕 四「まらうどにもあれ、御せうとの君たちにても、そこ近くゐて、—など うち言ひたる、いとをかし」訳客人にせよ、(中宮定子の)御兄君たちであっても、その近くに座って、ことばなどを言って(=話をして)いるのは、たいそう趣がある。❺**人。動物**。徒然 三〇「去る—は日々にうとしと言へることなれば」訳死んだ者には日がたつにつれて関心がうすれると(世の諺にも)言っていることであるから。❻**ある場所**。出かけていく所。更級 富士川「一年ごろ、—にまかりたりしに」訳ある年のころ、ある所へ出かけましたところ。❼**超自然的な恐ろしいもの**。**物の怪・怨霊・鬼神**など。源氏 夕顔「—におそはれたる人のなやましげなるを」訳物の怪にとりつかれている人(=夕顔)が苦しそうなようすだから。宇治 一・三「この翁、—のつきたりけるにや」訳この老人は何かの霊が乗り移ったのであろうか。❽(多く、下に打消の語を伴って)取りたてて言うべきこと。ものの数。源氏 桐壺「世の中を知り給ふべき右の大臣の御勢ひは、—にもあらずおされ給へり」訳天下をお治めになるはずの右大臣のご権勢は、ものの数でもなく(=問題にならないまでに)(左大臣方に)圧倒されていらっしゃる。

参考 対象を個別的・具体的にとらえず、一般化して婉曲に指示する場合に用いる語。人間をさす⑤の「者」も、この用法から出ている。

もの■(接助)■(終助)

意味・用法
- **一** **接続助詞** **順接の確定条件**〔…のゆえに。…(だ)から。〕
- **二** **終助詞** **逆接的な詠嘆**〔…のになあ。…のだがなあ。〕→❶
  詠嘆〔…(だ)からなあ。〕→❷

接続
- **一** 活用語の**連体形**に付く。
- **二** 文末に付く。

一(接助)順接の確定条件を表す。…のゆえに。…(だ)から。〔伎・五道冥官〕「大事の孫ぢゃ**もの**、何しに悪う思ひませう」 訳 大事な孫だから、どうして悪く思いましょう。

二(終助) ❶《上代語》逆接的な詠嘆を表す。…のになあ。…のだがなあ。万葉 五・八七六「天飛ぶや鳥にもがもや都まで送り申して飛び帰る**もの**」 訳 鳥であったらいいなあ。都まで(あなたを)送り申しあげて飛んで帰ってくるのになあ。(「天飛ぶや」は「鳥」にかかる枕詞)。文法「もがもや」は、終助詞「もがも」+間投助詞「や」で、願望の意を表す。万葉 四・五二六「あが持てる三相によれる糸もちて付けてまし**もの**今そ悔しき」 訳 (あなたは紐が切れて嘆いているが)私が持っている三本でより合わせた糸を使って(紐を)つけておけばよかったのになあ。今(となって)は残念だ。文法「付けてまし」の「て」は、助動詞「つ」の未然形で、ここは確述の用法。

❷《近世語》詠嘆を表す。…(だ)からなあ。〔浮・好色五人女〕「うれしや、命にかへての男ぢゃ**もの**」 訳 うれしいね、命をかけて思いこんだ男だからなあ。

もの-あつかひ〔ツカイ〕【物扱ひ】(名)取り扱い。世話やき。源氏 蜻蛉「なかなか—に、いと苦しげなり」 訳 かえって、(氷の)取り扱いに(骨が折れるため)、たいそう暑苦しそうである。

もの-あはせ〔アワセ〕【物合はせ】(名)物を比べ合わせて、優劣を競う遊び。絵合わせ・香合わせ・花合わせ・根合わせ・貝合わせ・扇合わせなど。挑むことに勝ちたる、いかでかうれしからざらむ」 訳 物合わせ(とか)、何やかやと勝負事に勝ったのは、どうしてうれしくないだろうか(いや、たいそううれしいものだ)。

（枕 二七六「—、なにくれと挑むことに勝ちたる、いかでかうれしからざらむ」）

もの-あはれ〔アワレ〕【物哀れ】(形動ナリ){なら・なり(に)・なり・なる・なれ・なれ}〔「もの」は接頭語〕なんとなく感慨深いさま。しみじみとした趣のあるさま。徒然 三二「わざとならぬ匂ひ、しめやかにうち薫りて、しのびたるけはひ、いと—・なり終」 訳 わざわざ(たいた)というのでない(香の)匂いが、しんみりと香って、人目を避けて(ひそやかに住んで)いるようすは、まことにしみじみとして趣深い。

もの-あ・ふ〔(オ)ウ〕【物合ふ】(自ハ四){は・ひ・ふ・ふ・へ・へ}望みどおりになる。都合よくいく。源氏 薄雲「明け暮れおぼすさまにかしづきつつ見給ふは、—・ひ用たる心地し給ふらむ」 訳 明けても暮れても(紫の上が)お思いどおりに(明石の姫君を)大切に養育しつづけて世話をなさるのは、(光源氏には)望みどおりになった気持ちがなさるのだろう。

もの-あらがひ〔ラガイ〕【物諍ひ】(名)口で争うこと。ことばで逆らうこと。源氏 椎本「御—こそ、なかなか心おかれ侍りぬべけれ」 訳 (そのような)御言いわけは、かえって自然に気兼ねなされてしまいそうでございます。

ものいはぬ… 和歌

> もの言はぬ　四方のけだもの　すらだにも
> あはれなるかな　親の子を思ふ
> 〈金槐集・雑・源実朝〉

訳 ものも言わないその辺の(どこにでもいる)けだものだってさえも、しみじみと胸を打たれることよ。親が子をいつくしむようすは。文法「すらだにも」は、類推の副助詞「すら」「だに」を二つ重ね、詠嘆の助詞「も」を加えた強調表現。「親の」の「の」は主格の格助詞。

解説 第四句を「あはれなるかなや」とする本もある。

もの-いひ〔イイ〕【物言ひ】(名) ❶ものの言い方。ことばづかい。源氏 宿木「げに、あが君や、幼の御—やな」 訳 いかにも、あなた(=中の君)は、子供っぽい御言い様だね。

❷うわさ。とりざた。大和 一〇五「しのびてあり経て、人の—などもうたてあり」 訳 人目をしのんで日を送っていて、人のうわさなどもいとわしい(ほどである)。

❸口の達者な人。源氏 帚木「隈なき—も定めかねていたくうち嘆く」 訳 (女性のことではなんでも知っている弁舌家(=左の馬頭)も、結論を出せずに深いため息をつく。

❹言い合い。口げんか。〔浮世風呂〕「男といふものはめったなことに—するもんぢゃあねえ」

❺異議をはさむこと。文句を付けること。

もの-い・ふ〔イウ〕【物言ふ】(自ハ四){は・ひ・ふ・ふ・へ・へ} ❶口をきく。口に出して言う。徒然 二五「桃李—・は未ねば、誰とともにか昔を語らん」 訳 桃や李の花は(昔のとおりに咲いているが)ものを言わないから、だれといっしょに昔のことを語ろうか(いや、昔を語る者はだれもいない)。文法「か」は、反語の係助詞。

❷気のきいたことを言う。秀句・しゃれなどを言う。土佐「このことば、何とにはなけれども、—・ふ体やうにぞ聞こえたる」 訳 このことばは、たいしたことではないが、何か風流めいたことを言うように聞こえた。

❸男女が情を通わせる。伊勢 四五「いかでこの男に—・は未むと思ひけり」 訳 なんとかしてこの男に情を通じようと思った。

もの-いみ【物忌み】(名) ❶**神事に奉仕するに当たって、一定期間、飲食・行為などを慎み、心身を清めること。**〔紀〕神武「みづから—して諸の神たちを祭り給ふ」 訳 (神武天皇は)ご自身から身を清めた生活をして多くの神々をお祭りになる。

❷陰陽道で、天一神・太白神(=戦争や凶事をつかさどる神)のふさがりを犯すのを避けるため、また暦に記された凶日や、悪い夢を見たり、けがれに触れたりしたときに、それらを避けるため、一定期間身を清めて家にこもること。枕 二五「『御—とて取り入れず』と言ひてもて帰りたる、いとわびしくすさまじ」 訳 「御物忌みだという」ことで受け取らない」と言って(持たせてやった手紙を)持って帰ったのは、ほんとうに情けなく興ざめである。

❸「物忌み②」のときのしるしに、「物忌」の二字を書いた

柳の木の札や細い紙の札。男子の冠・烏帽子、女子の頭髪、簾などに下げた。[大鏡] 兼家「紅の袴に赤き色紙の—いとひろきつけて」[訳] 紅色の袴に赤い色紙の物忌みの札のたいそう幅の広いのを付けて。

もの-う-が・る【物憂がる】(自ラ四){ら・り・る・る・れ・れ}〔形容詞「物憂し」の語幹「ものう」に接尾語「がる」の付いたもの〕気の進まないようすをする。おっくうがる。[源氏] 松風「のぼらむことを—・る(体)も心得ずおぼし」[訳] (光源氏は、明石の君が)上京することをおっくうがるのも納得できなくお思いになり。

もの-う-げ【物憂げ】(形動ナリ){なら・なり(に)・なり・なる・なれ・なれ}〔形容詞「物憂し」の語幹「ものう」に接尾語「げ」の付いたもの〕なんとなく気が進まないようす。おっくうそうなさま。[枕] 三五「宵より寒がりわななきをりける下衆男、いと—・に(用)歩みくるを」[訳] 宵から寒がって震えておった下男が、とても憂鬱そうに歩いて来るのを(見て)。

もの-う・し【物憂し】(形ク){から・く(かり)・し・き(かる)・けれ・かれ}〔「もの」は接頭語〕❶**なんとなく気が晴れ晴れしない。なんとなく心が重い。**〔太平記〕二「一夜を明かすほどだにも、旅宿となれば—・き(体)に」[訳] 一晩だけ夜を明かすときでさえも、旅寝となるとなんとなく気が晴れないのに。

❷**おっくうだ。**めんどうくさい。[方丈] 三「もし、念仏—・く(用)読経まめならぬときは、みづから休み、みづから怠る」[訳] もし、念仏(を唱えること)がおっくうで、読経に身が入らないときは、自分から休み、自分から怠ける。

❸**つらい。いやだ。**苦しい。〔謡・黒塚〕「草の庵のせはしなき、旅寝の床ぞ—・き(体)」[訳] 草ぶきの小屋で落ち着かない、旅の寝床はつらいものだ。

もの-うじ【物倦じ】(名)「ものうんじ」に同じ。

もの-うと・し【物疎し】(形ク){から・く(かり)・し・き(かる)・けれ・かれ}〔「もの」は接頭語〕なんとなく親しみにくい。なんとなくいとわしい。[源氏] 夕顔「冷え入りにたれば、けはひ—・く(用)なり行く」[訳] (夕顔のからだは)すっかり冷たくなってしまったので、ようすがなんとなくいとわしくなってゆく。

もの-うらみ【物恨み】(名・自サ変)不満を抱くこと。嫉妬すること。恨むこと。[源氏] 若菜上「まだきに騒ぎて、あいなき—・し(用)給ふな」[訳] 早まって騒いで、つまらない嫉妬をしなさるな。

もの-うらめ・し【物恨めし】(形シク){しから・しく(しかり)・し・しき(しかる)・しけれ・しかれ}〔「もの」は接頭語〕なんとなく恨めしい。[源氏] 幻「—・しう(用)(ウ音便)おぼしたる気色の時々見え給ひしなどを」[訳] (紫の上が光源氏を)なんとなく恨めしくお思いになっているようすが時々見えなさったことなどを。

もの-うらやみ【物羨み】(名・自サ変)うらやむこと。ねたむこと。[枕] 二六「—・し(用)、身のうへ嘆き、人のうへ言ひ」[訳] (なにかと他人のことを)うらやましがり、自分の身の上を嘆き、他人の身の上を(あれこれ)言い。

もの-うらか【物麗か】(形動ナリ){なら・なり(に)・なり・なる・なれ・なれ}〔「もの」は接頭語〕なんとなく明るくのどかだ。[源氏] 柏木「三月になれば、空の気色も—・に(用)て」[訳] 陰暦三月になると、空のようすもなんとなくのどかであって。

もの-うんじ【物倦んじ】(名)「ものうじ」とも。飽きていやになること。世をはかなむこと。[源氏] 蛍「おしなべての際にも思はざりし人の、はかなき—をして」[訳] 並一通りの程度とも思わなかった人(=夕顔)が、つまらない嫌気を起こして(姿を隠してしまったので)。

もの-おそろ・し【物恐ろし】(形シク){しから・しく(しかり)・し・しき(しかる)・しけれ・しかれ}〔「もの」は接頭語〕なんとなく恐ろしい。うす気味悪い。[源氏] 帚木「人げ遠き心地して—・し(終)」[訳] 人の気配が遠い感じがして、なんだかこわい。

もの-おぢ【物怖ぢ】(名)物事を恐れること。おびえること。[源氏] 夕顔「—をなむわりなくせさせ給ふ本性にて」[訳] (夕顔は何かと)物におびえることをわけもなくなさる性格なので。

もの-おぼ・ゆ【物覚ゆ】(自ヤ下二){え・え・ゆ・ゆる・ゆれ・えよ}❶意識がはっきりする。[源氏] 柏木「すこし—・え(用)たる様ならましかば」[訳] (柏木が)もしもう少し気持ちがしっかりしている状態であったとしたら。

❷物事をわきまえ知る。物心がつく。[大鏡] 道長上「—・え(用)てのち、さることをこそ、まだ見侍らね」[訳] 物心がついてから、そのようなこと(=宮たちの諸堂巡拝)を、まだ見ておりません。

もの-おもは・し【物思はし】(形シク){しから・しく(しかり)・し・しき(しかる)・しけれ・しかれ}〔「もの」は接頭語〕物思いにふけるさま。心配事が多い。[源氏] 明石「かういみじう—・しき(体)世にこそありけれ」[訳] このようにはなはだしく物思いのつきない男女の仲であったのだ。

もの-おもひ【物思ひ】(名)「ものもひ」とも。思い悩むこと。心配。[竹取] かぐや姫の昇天「この衣着つる人は、—なくなりにければ」[訳] この着物(=天の羽衣)を着た人は、思い悩むことがなくなってしまったので。

もの-おも・ふ【物思ふ】(自ハ四){は・ひ・ふ・ふ・へ・へ}「ものもふ」とも。思い悩む。[竹取] かぐや姫の昇天「かぐや姫、月のおもしろく出でたるを見て、常よりも—・ひ(用)たるさまなり」[訳] かぐや姫は月が趣深く出ているのを見て、ふだんよりも物思いにふけっているようすである。

ものおもへば… [和歌]

物思へば　沢の蛍も　我が身より
あくがれ出づる　たまかとぞ見る
〈後拾遺・二〇・雑六・一一六二・和泉式部〉

[訳] 物思いに沈んでいると、沢に飛ぶ蛍も、私のからだからさまよい出ている魂ではないかと思って見ることだ。
[解説] 詞書に、男に忘れられてしまったときに、貴船神社に参詣して、そこを流れる御手洗川に蛍の飛ぶのを見て詠んだとある。「後拾遺集」ではこの歌に続けて、貴船明神が男の声で詠んだという返歌を載せて、説話化されている。「たま」は「魂」で、深く物思いをすると、魂が肉体から遊離するという俗信があった。

もの-か(終助)

意味・用法
感動〔…ではないか。…ことよ。〕→❶
反問〔…ものであろうか。…ことがあろうか。〕→❷

接続
活用語の**連体形**に付く。

〔形式名詞「もの」に係助詞（終助詞的用法）「か」の付いたもの〕❶強い感動を表す。…ではないか。…ことよ。〔万葉〕一七・三九六三「世間（よのなか）は数なきものか春花の散りのまがひに死ぬべき思へば」〔訳〕この世は、はかないことよ。春の花が散り乱れる中に死ぬにちがいないことを思うと。〔源氏〕花宴「こなたざまには来るものか」〔訳〕（女性が一人）こちらのほうには来るではないか。

❷非難を含む反問の意を表す。…ものであろうか。…ことがあろうか。〔万葉〕一五・三七八四「心なき鳥にそありけるほととぎすもの思（も）ふ時に鳴くべきものか」〔訳〕思いやりのない鳥であったのだ。ほととぎすは、（私が）物思いをしているときに鳴いてよいものであろうか。〔源氏〕夕顔「人離れたる所に心とけて寝（い）ぬるものか」〔訳〕人の気配のない所で気を許して寝込むことがあろうか。

もの‐がくし【物隠し】（名）物事をつつみ隠すこと。秘密。〔源氏〕浮舟「女君のいと心憂（う）かりし御―もつらければ」〔訳〕（匂宮（におうのみや）は）女君（＝中の君）のたいそう不愉快であったお隠しだても耐えがたいので。

もの‐かず【物数】（名）❶物の数。品物の数。〔浮・好色五人女〕「取り集めて―二十三」〔訳〕全部合わせて品数が二十三。

❷多くの数。多くのもの。〔風姿花伝〕「次第次第に、―をも教ふべし」〔訳〕順序どおりに、多くの能の曲目をも教えるのがよい。

❸ことば数。口数。〔浮・好色一代女〕「むつかしく見せて、―言はぬこそよけれ」〔訳〕（遊女は）物々しく見せて、口数を（多く）言わないのがよい。

もの‐がたら‐ふ（ガタ・ラ（ロウ））【物語らふ】（他ハ四）{は・ひ・ふ・ふ・へ・へ}話す。対話する。また、男女が情を通わせる。〔伊勢〕二「それをかのまめ男、うち―ひ〔用〕て」〔訳〕その女を、例の誠実な男が（通って行って）しみじみ情を通わせて。

もの‐がたり【物語】（名）❶話すこと。**話**。世間話。〔枕〕二九九「炭櫃（すびつ）に火おこして、―などして集まりさぶらふに」〔訳〕角火鉢に火をおこして、話などをして（女房たちが）集まり（中宮定子のおそばに）お控え申しあげていると。

❷散文の作品で、小説・伝記などの類。作者の見聞・想像などにもとづいて、人物・事件について述べた文学作品。〔更級〕かどで「世の中に―といふもののあんなるを、いかで見ばやと思ひつつ」〔訳〕世の中に物語というものがあると聞いているけれども、（それを）なんとかして見たいものだと思い続けて。⇨更級（さらしな）日記「名文解説」

もの‐かな（終助）〔形式名詞「もの」に終助詞「かな」の付いたもの〕感動の意を表す。…ものだなあ。〔徒然〕一〇六「無下（むげ）のことをもおほせらるるものかな」〔訳〕とんでもないことをもおっしゃるものだなあ。

〔接続〕活用語の連体形に付く。

もの‐がな・し【物悲し】（形シク）{しから・しく(しかり)・し・しき(しかる)・しけれ・しかれ}〔「もの」は接頭語〕なんとなく悲しい。〔伊勢〕八三「つれづれといと―しく〔用〕ておはしましければ」〔訳〕（惟喬（これたか）親王は）所在なげにたいそううら悲しいようすでいらっしゃったので。

もの‐かは（終助）〔形式名詞「もの」に係助詞「かは」の付いたもの〕

意味・用法
感動〔…ではないか。…ことよ。〕→❶
反語〔…ものであろうか（いや、そうではない）。〕→❷

接続
活用語の**連体形**に付く。

❶強い感動を表す。**…ではないか。…ことよ。**〔大鏡〕道長上「『この矢当たれ』とおほせらるるに、同じものを中心（なか）には当たるものかは」〔訳〕（道長が）「この矢当たれ」とおっしゃると、（射た矢は）同じ当たるのでも的（まと）の中心には当たるではないか。

❷反語の意を表す。**…ものであろうか（いや、そうではない）。**〔徒然〕一三七「花は盛りに、月はくまなきをのみ見るものかは」〔訳〕桜の花は盛りに（咲いているのだけを）、月はくもりもなく照っているのをばかり見るものであろうか（いや、そうとはかぎらない）。⇨隈（くま）無し「名文解説」

もの‐かは 問題ではない。物の数ではない。〔新古〕恋三「待つ宵に更けゆく鐘の声聞けば飽かぬ別れの鳥は―」〔訳〕来るはずの恋人を待つ宵に（待つ人は来ないまま夜更けを告げる鐘の音を聞くと、名残つきない別れ（の夜明け）を知らせる鶏の声（を聞くつらさ）などは問題ではないことだ。⇨言ふ甲斐（かひ）無し「慣用表現」

〔なりたち〕形式名詞「もの」＋係助詞「かは」

〔参考〕「もの（＝とりたてて言うべきもの）であろうか、いやそうではない」という意味の反語的表現。

もの‐から（接助）〔形式名詞「もの」に格助詞「から」の付いたもの〕

意味・用法
逆接の確定条件〔…けれども。…ものの。〕→❶
順接の確定条件〔…だから。…ので。〕→❷

接続
活用語の**連体形**に付く。

❶逆接の確定条件を表す。**…けれども。…ものの。**〔古今〕夏「ほととぎす汝（な）が鳴く里のあまたあればなほうとまれぬ思ふものから」〔訳〕ほととぎすよ、おまえが訪れて鳴く里が（ここ以外にも）たくさんあるので、やはりついうとめしくなってしまうよ。いとしく思うものの。〔源氏〕帚木「月は有り明けにて光をさまれるものから、影さやかに見えて」〔訳〕月は有り明けの月で、光は薄らいでいるものの、月の形ははっきりと見えて。

❷順接の確定条件（原因・理由）を表す。**…だから。…ので。**〔細道〕末の松山「さすがに辺土の遺風忘れざるものから、殊勝に覚えらる」〔訳〕（語られた奥浄瑠璃（おくじょうるり）は）やはり片田舎（いなか）に残っている風流を忘れずに伝えているから、感心なことだと思われる。

〔参考〕①の用法が本来のもので、②は原因・理由を表す接続助詞「から」との混同で生じた、中世以降の用法。近世の用例はほとんど②の用法だが、本居宣長（もとおりのりなが）などは①の用法で文章を書いている。

もの‐がら【物柄】（名）物の品質。物の体裁。〔徒然〕八一「費（つひ）えもなくて、―のよきがよきなり」〔訳〕費用もかからないで、品質のよいのがよいのである。

もの-ぎき【物聞き】(名)「ものきき」とも。ようすを探り聞くこと。また、その人。枕 二云「―に、宵より寒がりわななきをりける下衆男、いとものうげに歩み来るを」訳(除目の)ようすを聞くために(出かけて)、宵から寒がって震えておった下男が、とても憂鬱そうに歩いて来るのを(見て)。

もの-きこ・ゆ【物聞こゆ】(自ヤ下二)〔え・え・ゆ・ゆる・ゆれ・えよ〕「物言ふ」の謙譲語。申し上げる。枕 八「『大進(=生昌)が、ともあれ―・え㊍むとあり』と言ふを聞こし召して」訳「大進が、ともあれ申し上げたいと言っている」と(取り次ぎの女房が私に言うのを(中宮が)お聞きになって。

もの-ぎたな・し【物穢し】(形ク)〔から・く(かり)・し・き(かる)・けれ・かれ〕〔「もの」は接頭語〕なんとなくきたない。いやしげだ。むさくるしい。源氏 明石「古の物をも見知りて、―・から㊍ず」訳(明石の入道は)昔から伝わっていることをも理解していて、むさくるしくなく。

もの-きよげ【物清げ】(形動ナリ)〔なら・なり(に)・なり・なる・なれ・なれ〕〔「もの」は接頭語〕すっきりと清らかで美しいさま。なんとなくさっぱりしているさま。源氏 若菜上「―・なる㊍うちとけ姿に、花の雪のやうに降りかかれば」訳(夕霧の)なんとなくさっぱりしたくつろぎ姿に、桜の花が雪のように降りかかるので。

もの-ぐさ・し(形ク)〔から・く(かり)・し・き(かる)・けれ・かれ〕〔「もの」は接頭語。古くは「ものくさし」〕❶【懶し】㋐めんどうくさい。大儀だ。〔風姿花伝〕「能、―・く㊊成りたちぬれば、やがて、能はとまるなり」訳能(=芸)に、嫌気がさすようになってしまうと、そのまま、能(の上達)はとまるのである。㋑気分がすぐれない。からだの具合が悪い。〔仮名・仁勢物語〕「―・く㊊なりて、死ぬべき(=死にそうな)時に」❷【物臭し】㋐なんとなく臭い。〔落窪〕「―・き㊍部屋に臥ふして」訳(姫君は)なんとなく臭い部屋に横になって。㋑なんとなく怪しい。

ものぐるおし【物狂おし】⇩ものぐるほし

もの-ぐるは・し【物狂はし】(形シク)〔しから・しく(しかり)・し・しき(しかる)・しけれ・しかれ〕「ものぐるほし」に同じ。

もの-ぐるひ【物狂ひ】(名)❶気が狂うこと。乱心。また、神がのり移ること。また、その人。徒然 一二三「この心を得ざらん人は、―とも言へ」訳この気持ちがわからないような人は、(私=兼好を)狂人とでも言うがよい。❷能や狂言で、亡くした夫・妻や子供のことを思って狂乱状態になった人。また、その芸を演じること。

もの-ぐるほ・し【物狂ほし】(形シク)〔しから・しく(しかり)・し・しき(しかる)・しけれ・しかれ〕〔「もの」は接頭語〕「ものぐるはし」とも。**気が変になりそうだ。ばかげている。**どうかしている。枕 八七「『白山の観音、これ消えさせ給ふな』と祈るも、―・し㊎」訳「白山の観音様よ、これ(=雪の山)を消えさせないでください」と祈るのも、(考えてみれば)ばかげている。徒然 序「心に移りゆくよしなしごとを、そこはかとなく書きつくれば、あやしうこそ―・しけれ㊎」訳心の中につぎつぎと浮かんでは消えるたわいもないことを、とりとめもなく書きつけると、妙に気が変になるような感じがする。文法「こそものぐるほしけれ」は、係り結び。⇩徒然草「名文解説」

もの-げ-な・し【物げ無し】(形ク)〔から・く(かり)・し・き(かる)・けれ・かれ〕それと認めるほどでもない。たいしたこともない。目立たない。一人前でない。源氏 空蟬「頭つき細やかに小さき人の―・き㊍姿ぞしたる」訳(空蟬は)頭の形がほっそりして小柄な人で、目立たない姿をしている。⇩言ふ甲斐無し「慣用表現」

もの-こころぼそ・し【物心細し】(形ク)〔から・く(かり)・し・き(かる)・けれ・かれ〕〔「もの」は接頭語〕なんとなく心細い。頼りなく不安である。伊勢 九「蔦、楓は茂り、―・く㊊すずろなるめをみることと思ふに」訳(自分が入ろうとする道は)蔦や楓は茂り、なんとなく心細く思いがけない目にあうことだと思っていると。

もの-ごし【物腰】(名)❶ものの言いぶり。ことばつき。〔浮・武家義理物語〕「少し―に小なまりあって、四国育ちとは知れける」訳少しことばつきにちょっとしたなまりがあって、四国で育った人だとわかった。❷身のこなし。態度。〔浮・好色一代男〕「―やさしく」

もの-ごし【物越し】(名)物を隔てていること。特に、几帳・簾などが間を隔てていること。伊勢 九五「女、いとしのびて、―に逢ひにけり」訳女はごくこっそりと、物を隔てて逢ったのだった。

もの-ごのみ【物好み】(名・自サ変)❶風変わりなことを好むこと。物好き。源氏 梅枝「何事も―・し㊊、艶がりおはする親王にて」訳(蛍兵部卿の宮は)何事にも興味を持ち、風流ぶっていらっしゃる親王なので。❷選り好みをすること。〔浮・好色一代女〕「用捨(=容赦)もなく―・し㊊て」

もの-ごは・し【物強し】(形ク)〔から・く(かり)・し・き(かる)・けれ・かれ〕〔「もの」は接頭語〕なんとなく堅苦しい。打ち解けないようすだ。源氏 若紫「すくよかに言ひて、―・き㊍さまし給へれば」訳(僧都は)無愛想に言って、打ち解けないようすをしなさったので。

もの-ごり【物懲り】(名・自サ変)物事にこりること。こりごりすること。源氏 真木柱「―・し㊊てまた出だし立てぬ人もぞある」訳(玉鬘を出仕させたことに)こりて、二度と参内させない人があったら大変だ。

もの-さだめ【物定め】(名・自サ変)物事のよしあしを判定すること。品定め。源氏 帚木「馬の頭、―の博士になりて、ひひらきゐたり」訳左の馬頭は、(女性の)品定めの博士になって、しゃべりまくって座っていた。

もの-さび・し【物寂し・物淋し】(形シク)〔しから・しく(しかり)・し・しき(しかる)・しけれ・しかれ〕〔「もの」は接頭語〕なんとなくさびしい。うらさびしい。源氏 橋姫「宮のうち―・しく㊊のみなりまさる」訳お邸の中もなんとなくさびしくなってゆくばかりである。

もの-さ・ぶ【物さぶ】(自バ上二)〔び・び・ぶ・ぶる・ぶれ・びよ〕〔「もの」は接頭語〕❶どことなくみすぼらしくさびれている。〔謡・夜討曽我〕「われら兄弟が幕の内ほど―・び㊊たるは候はじ」訳(狩り場の多くの幕のなかで)我々兄弟の幕の中ほど、みすぼらしくさびれている所はありますまい。❷なんとなく古びて趣がある。〔十訓〕一「いとど―・び㊊たる家の簀の子の下に、遣り水の音たえだえ聞こえて」訳いっそう古びて趣の出ている家の簀の子の下に、庭の引き水の音がとぎれとぎれに聞こえて。

もの-さわが・し【物騒がし】(形シク)〔しから・しく(しかり)・し・しき(しかる)・しけれ・しかれ〕〔「もの」は接頭語〕❶なんとなく騒がしい。穏やかでない。更級 大納言殿の姫君「姉のなやむことあるに、「ー・しく(用)て」訳 姉が病気になることがあって、(家の中が)なんとなく騒がしくて。
❷気が早い。せっかちだ。徒然 一八八『あまりにー・し(終)。雨やみてこそ』と人の言ひければ」訳「あまりにもせっかちだ。雨がやんでから(お尋ねになったら)」と人が言ったところ。文法 係助詞「こそ」のあとに結びの語「尋ね給はめ」などが省略されている。

もの-し【物仕・物師】(名)❶物事にすぐれている人。物事を心得ている人。熟練者。職人。〔落窪〕「なほひかへさせ給へ。いみじきーぞ、まろは」訳 やはり(私に袍(ほう)を)引っ張らせてください。すばらしい職人だよ、私は。
❷縫い物師。裁縫師。

もの・し【物し】(形シク){しから・しく(しかり)・し・しき(しかる)・しけれ・しかれ}気にくわない。目ざわりだ。不快だ。源氏 桐壺「いとすさまじうー・し(終)と聞こし召す」訳 (桐壺帝は管弦の遊びの音を)実に興ざめで不愉快であるとお聞きになる。

ものし-げ【物しげ】(形動ナリ){なら・なり(に)・なり・なる・なれ・なれ}「げ」は接尾語)不快そうである。いかにも不機嫌だ。枕 九九「ー・なる(体)御気色(けしき)なるも、いとをかし」訳 (中宮が)不機嫌そうなごようすであるのも、たいそうおもしろい。

もの・す【物す】一(自サ変) 二(他サ変) 三(補動サ変)

> **語義パネル**
>
> ●重点義 **動詞の代わりで、「ある。いる」「行く。来る」をはじめ、何かを「する」。**
>
> 現代語では、もっぱら二の意だけに用いるが、古くは、一の自動詞としての用法があり、二の他動詞としての用法も現代語より広い。
>
> 一 ❶**ある。いる。** ❷**行く。来る。** ❸**生まれる。**
> 二 (いろいろな動詞の代わりに用いる)…をする。
> 三 …(で)ある。…(て)いる。

一(自サ変){せ・し・す・する・すれ・せよ}❶**ある。いる。** 源氏 帚木「まだ中将などにー・し(用)給ひし時は、内裏(うち)にのみさぶらひようし給ひて」訳 (光源氏が)まだ中将などでいなさった時は、宮中にばかり忠実に勤めなさって。文法「よう」は「よく」のウ音便。徒然 六八「日ごろここにー・し(用)給ふとも見ぬ人々の、かく戦ひし給ふは、いかなる人ぞ」訳 ふだんここに住んでいらっしゃるとも思わない人々が、このように戦いをしてくださるのは、どんな人か。
❷**行く。来る。** 源氏 若紫「いかがはせむ。いと忍(しの)びてー・せ(未)む」訳 仕方がない。(私＝光源氏が)人目につかないよう出かけよう。源氏 若紫「この上(かみ)の聖(ひじり)の方に、源氏の中将の、わらは病(やみ)まじなひにー・し(用)給ひけるを」訳 この山の上の聖僧の(僧坊の)方に、源氏の中将がおこり(＝病気の名)のまじないに来なさったことを。
❸**生まれる。** 源氏 橋姫「年ごろ経(ふ)るに、御子ー・し(用)給はで心もとなかりければ」訳 何年も経つのに、(北の方に)お子様がお生まれにならないで、(八の宮は)気がかりであったので。

二(他サ変){せ・し・す・する・すれ・せよ}**いろいろな動詞の代わりに用いて、ある動作をする意を表す。**…をする。〔うつほ〕春日詣「これ、かの桂(かつら)の家にー・し(用)て、内の方(かた)に取らせよ」訳 これ(＝手紙)を、あの桂の家に持って行って、奥方に渡せ。蜻蛉 中「走り井(ゐ)にて、破子(わりご)などー・す(終)とて」訳 (逢坂(おうさか)の)湧(わ)き水(のほとり)で、弁当などを食べるということで。

三(補動サ変){せ・し・す・する・すれ・せよ}(形容詞型・形容動詞型の活用語の連用形に付いて)…(で)ある。…(て)いる。大鏡 師尹「内の御行く末は、いとはるかにー・せ(未)させ給ふ」訳 帝(みかど)(＝後一条天皇)の御将来は、たいそうはるかでおありになられる。文法「させ給ふ」は、最高敬語。

もの-すさま・じ【物凄まじ】(形シク){じから・じく(じかり)・じ・じき(じかる)・じけれ・じかれ}(「もの」は接頭語)なんとなく興ざめである。源氏 初音「松風こだかく吹きおろし、ー・じく(用)もありぬべき程に」訳 松風が高い木の上から吹き下ろし、なんとなく興ざめにもなってしまいそうな時分に。

もの-ぞ ❶強い断定の意を表す。…ものである。万葉 一八・四一〇九「紅(くれなゐ)は移ろふーー橡(つるはみ)の馴(な)れにし衣(きぬ)になほしかめやも」訳 (美しい)紅の色はあせやすいものである。つるばみ染めの(地味な)着古した着物にやはり及ぼうか(いや、及ぶはずがない)。
❷(助動詞「む」の下に付いて)強意を表す。…にちがいない。竹取 かぐや姫の昇天「さきざきも申さむと思ひしかども、かならず心惑ひし給はむーと思ひて」訳 前々から申し上げようと思っていたが、(竹取の翁(おきな)と嫗(おうな)とが)きっと心を乱しなさるにちがいないと思って。
なりたち 形式名詞「もの」＋係助詞(終助詞的用法)「ぞ」

もの-ぞ-かし (断定し念を押す気持ちをこめて)…ものなのだ。…にちがいない。〔浮・世間胸算用〕「惣(そう)じて物に馴(な)れてはものおぢをせぬー」訳 概して物に馴れてしまうと物おじをしないものであるよ。
なりたち 形式名詞「もの」＋係助詞(終助詞的用法)「ぞ」＋終助詞「かし」

もの-ぞこなひ(コナイ)【物損なひ】(名)物事のおもしろみや興趣を損なうこと。枕 八三「おはしまさねば裳(も)も着ず、袿(うちぎ)すがたにてゐたるこそ、ーにてくちをしけれ」訳 (中宮が)いらっしゃらないので(礼装の)裳も着けないで、小袿姿でいるのは、興趣を損なうことであって残念である。

もの-たち【物裁ち】(名)布を裁つこと。裁縫。源氏 野分「ーなどするねび御達(ごたち)(＝年老いた女房たち)」

もの-ぢか・し【物近し】(形ク){から・く(かり)・し・き(かる)・けれ・かれ}(「もの」は接頭語)そば近い。ま近い。源氏 少女「上の御方には、御簾(みす)の前にだに、ー・う(用)(ウ音便)もてなし給はず」訳 (光源氏は夕霧を)対の上(＝紫の上)のお住まいには、御簾の前にさえそば近くも(寄せるような)待遇はなさらず。

もの-つくり【物作り】(名)耕作をすること。農耕。また、それに従事する人。〔浮・日本永代蔵〕「鋤(すき)・鍬(くは)とらせーせさせけるに、毎年徳を得て」訳 鋤や鍬を持たせて耕作させたところ、毎年利益を得て。

もの-つつま・し【物慎まし】(形シク){しから・しく(しかり)・し・しき(しかる)・しけれ・しかれ}(「もの」は接頭語)なんとなく遠慮される。気がひける。更級 宮仕へ「たち聞き、かいまむ人のけはひして、いといみじく―・し(終)」訳（私のようすを）立ち聞きしたり、のぞき見したりする人の気配がして、たいそうひどく気がひける。

もの-づつみ【物慎み】（名）物事をつつみ隠して言わないこと。遠慮深いこと。源氏 蓬生「ひたぶるに―したるけはひの、さすがにあてやかなるも心にくく思されて」訳一途に遠慮深くしている（末摘花の）ようすが、なんといっても気品があるのも、（光源氏は）自然と奥ゆかしくお思いになって。

もの-と・ふ【物問ふ】（他ハ四）{は・ひ・ふ・ふ・へ・へ}占う。〔狭衣物語〕「おびただしき物のさとしどもあれば、―・は(未)せ給ふに」訳（邸内に）大変な数の凶兆があれこれあるので、占わせなさると。

もの-どほ・し【物遠し】（形ク）{(から)・く(かり)・し・き(かる)・けれ・かれ}〔「もの」は接頭語〕❶遠く離れている。源氏 藤袴「かく―・く(用)ては、いかが聞こえさすべからむ」訳このように遠く離れているのでは、どうして（内大臣の消息を）申し上げることができようか（いや、できない）。❷疎遠である。よそよそしい。源氏 紅葉賀「いと静かに、―・き(体)さましておはするに」訳（光源氏は）たいそう落ち着いて、（頭の中将に対して）よそよそしい態度をしていらっしゃるので。

もの-ども【者共】（代）複数の対称の人代名詞。多くは身分の低い者、目下の者に対して用いる。おまえたち。みなの者。平家 九・木曽最期「只今名のるは大将軍ぞ。あますな、―」訳ただいま名乗るのは大将軍だぞ。（討ち）もらすな、みなの者。

もの-とも-せ-ず【物ともせず】なんとも思わず平気である。取り立てて問題にしない。竹取 貴公子たちの求婚「人の―・ぬ(体)所に惑ひ歩りけども、何の験あるべくも見えず」訳（かぐや姫を妻にしたいと思って、ふつうなら）人が取り立てて問題にもしない所でさまよい歩くけれども、何のききめがあるようにも見えない。

もの-なげか・し【物嘆かし】（形シク）{(しから)・しく(しかり)・し・しき(しかる)・しけれ・しかれ}〔「もの」は接頭語〕なんとなく嘆かわしい。なんとなく悲しい。源氏 花宴「はかなかりし夢を思し出でて、いと―・しう(用)（ウ音便）ながめ給ふ」訳（朧月夜は）あっけなく終わった（光源氏との）夢のような契りをお思い出しになって、たいそうもの悲しくぼんやりと物思いにふけりなさる。

もの-なら-ず【物ならず】たいしたことではない。問題にならない。土佐「今は和泉の国に来ぬれば、海賊―・ず(終)」訳今はもう和泉の国（大阪府南部）にやって来たので、海賊も問題にならない（＝心配することもない）。
⇩言ふ甲斐無し「慣用表現」

もの-なら・ふ【物習ふ】（自ハ四）{は・ひ・ふ・ふ・へ・へ}物事を学ぶ。学問する。徒然 一三六「ついでに―・ひ(用)侍らん」訳（私も）その機会に物事を教わりましょう。

もの-な・る【物馴る】（自ラ下二）{れ・れ・る・るる・るれ・れよ}❶物事に馴れる。熟達する。習熟する。徒然 二三四「かやうのことは、―・れ(未)ぬ人のあることなり」訳こういうこと（＝不明瞭な返答や思わせぶりな手紙を書くこと）は、世間なれしない人がすることである。❷なれなれしくする。源氏 橋姫「つつみなく―・れ(用)たるもなまにくきものから」訳（弁が）遠慮せずなれなれしくしているのも、（薫には）こにくらしいが。

もの-に-あた・る【物に当たる】あわてふためく。とまどう。源氏 蜻蛉「侍ひ給ふ人々は、ただ―・り(用)てなむ惑ひ給ふ」訳（浮舟が急死したので）お仕えなさる女房たちは、ただもうあわてふためいて途方にくれなさる。

もの-に-かかりしゃ【物に掛かり者】言いがかりをつける人。何事にも口出しをする人。〔浮・世間胸算用〕「随分―が、それではござらぬ」訳ずいぶん言いがかりをつける人だが、それではうまくいきません。

もの-に-かん・ず【物に感ず】物事に感動する。徒然 四一「人、木石にあらねば、時にとりて―・ずる(体)ことなきにあらず」訳人間は、木や石ではないので、何かの時に際して物事に感動することがないわけではない。

もの-に-つ・く【物につく】神や怨霊などがとりつく。細道 出発まで「そぞろ神の―・き(用)て心を狂はせ」訳そぞろ神（＝気持ちを落ち着かなくさせる神）がとりついて心を浮き立たせ。

もの-に-に-ず【物に似ず】他に比べるものがない。なみなみでない。大和 一四八「かなしきこと―・ず(用)、よよとぞ泣きける」訳悲しいことは他にたとえようがなく、（女は）おいおいと泣いた。

もの-に-も-あら-ず【物にもあらず】問題にもならない。取り立てて言うほどのこともない。源氏 桐壺「世の中をしり給ふべき右の大臣の御勢ひは、―・ず(用)おされ給へり」訳世の中を治めなさるはずの右大臣のご権勢は、問題にならないまでに（左大臣方に）圧倒されていらっしゃる。⇩言ふ甲斐無し「慣用表現」

なりたち 形式名詞「もの」＋断定の助動詞「なり」の連用形「に」＋係助詞「も」＋ラ変動詞「有り」の未然形「あら」＋打消の助動詞「ず」

もの-ねたみ【物妬み】（名・他サ変）何かとねたむこと。嫉妬。大鏡 道長下「罪深く、ましていかに―の心深くいましけむ」訳（我執の）罪業が深く、ましてどんなに嫉妬の心が深くていらっしゃったのだろう。

もの-ねんじ【物念じ】（名・自サ変）こらえ忍ぶこと。我慢すること。源氏 浮舟「昔も今も、―・し(用)てのどかなる人こそ、幸ひは見果て給ふなれ」訳昔でも今でも、辛抱してのんびりしている人が、最後まで幸せでいらっしゃるということだ。

もの-の

（接助）〔形式名詞「もの」に格助詞「の」の付いたもの〕

意味・用法
逆接の確定条件〔…けれども。…とはいうものの。〕

接続
活用語の**連体形**に付く。

逆接の確定条件を表す。**…けれども。…とはいうものの。**源氏 夕顔「つれなくねたきものの、忘れ難きにおぼす」訳（光源氏は空蟬が）冷淡で恨めしいけれども、忘れがたい人とお思いになる。源氏 朝顔「冬の夜の澄める月に雪の光りあひたる空こそ、あやしう色なきものの身にしみて」訳冬の夜の澄んでいる月（の光）に雪が光って映え合っている空は、不思議とはなやいだ色はないけれども身にしみて。

参考 現代語の「ものの」と同じような意味だが、現代語の「ものの」は「…したものの」「…ようなものの」「…とはいうものの」のように慣用句的に使用される場合が多い。したがって、単に「ものの」と口語訳するのではなく、「…けれども」「…とはいうものの」などとするのが妥当である。

もの-の-あなた【物のあなた】来世。のちの世。源氏 鈴虫「―思う給へやらざりけるがものはかなさを」訳(亡き母六条御息所の)来世を考え及びもいたさなかったことがなんとも頼りないことよ。

もの-の-あはれ(アワレ)【物のあはれ】しみじみとした趣。物事にふれて起こる**しみじみとした感情・情趣。人間らしい情愛。自然や人生をありのままに見つめることによって得た優美・繊細な美的理念。**土佐「楫取り、―も知らで、おのれし酒をくらひつれば」訳船頭は、人情の機微も知らないで、自分だけが酒を飲んでしまったので。文法「おのれし」の「し」は、強意の副助詞。徒然 七「ひたすら世をむさぼる心のみ深く、―も知らずなりゆくなんあさましき」訳ただもう世俗的な名誉や利益に執着する心ばかりが強く、物事の情趣も解さなくなってゆくのは嘆かわしいことである。文法「なんあさましき」は、係り結び。

発展「もののあはれ」論

「もののあはれ」とは、自然や人事の深い味わいや、そうしたものにふれたときに起こる歓喜、詠嘆、憐情、哀愁、称賛などの感動をいう。これが平安文学、特に「源氏物語」の基調であると指摘したのは、江戸時代の国学者、本居宣長であった。

もの-の-きこえ【物の聞こえ】世間のうわさ。世間の評判。源氏 関屋「―にはばかりて常陸に下りしをぞ」訳(右衛門の佐が)世間のうわさに気兼ねして常陸(茨城県)に下ったことを。⇨聞こえ「慣用表現」

もの-の-ぐ【物の具】(名)❶道具。調度。方丈 二「堂の―を破り取りて、割り砕けるなりけり」訳(色や箔の付いた木片は)堂の道具(=仏具)をこわし奪って、(薪として)割りくだいたものであるそうだ。❷武具。武器。特に、鎧・兜などをいう。平家 一一・能登殿最期「―のよき武者をば判官かと目をかけて」訳(身に着けた)武具のりっぱな武士を判官(=源義経)かとねらいをつけて。❸女性の礼装。

もの-の-くま【物の隈】奥まったすみ。人目につかない物陰。源氏 橋姫「すこし立ち隠れて聞くべき―ありや」訳ちょっと隠れて聞くことのできる物陰はあるか。

もの-の-け【物の怪・物の気】(名)人にとりついて悩ませ、病気にしたり、死なせたりする死霊・生き霊など。枕 二五「験者の―調ずとて、いみじうしたり顔に独鈷や数珠などもたせ」訳修験者が物の怪を調伏するということで、たいそう得意顔で独鈷や数珠などを(よりましに)持たせて。⇨変化「発展」

語の広がり「物の怪」

「物の怪」の転じた語に「もっけ」があり、「不吉なこと。けしからぬこと」から「予想できない意外なこと。思いがけないこと」の意を表すようになった。「勿怪の幸い」は、これに「幸い」を付けて「思いがけない幸運」の意を表したものである。

もの-の-こころ【物の心】物事の真の意味。道理。また、物事の情趣。更級 初瀬「―知りげもなきあやしの童べまで」訳物の道理をわかりそうにもない卑しい子供たちまでが。

もの-の-さとし【物の諭し】神仏のお告げ。また、何かの前兆。源氏 明石「京にも、この雨風、いとあやしき―なりとて」訳都でも、この雨や風はたいそう不思議な何かの前兆であるとして。

もの-の-じゃうず(ヨウズ)【物の上手】その道の達人。名人。徒然 一五〇「天下の―といへども、始めは不堪の聞こえもあり」訳世に有名な芸能の達人といっても、最初は下手(だった)という評判もあり。

もの-の-な【物の名】(名)和歌などで、一首・一句の中に、内容とは無関係に事物の名前を隠して詠みこむこと。「古今集」以降、部立て(=歌の分類)の一つとなった。たとえば、「あしひきの山たちはなれゆく雲の宿りさだめぬ世にこそ有りけれ」〈古今・物名〉の「たちはなれ(=立ち離れ)」に歌の題「たちはな(=橘)」を詠み込む類。隠し題。

もの-の-ね【物の音】楽器の音。音楽。源氏 桐壺「心ことなる―をかき鳴らし」訳(桐壺の更衣は)格別上手な琴の音を弾き鳴らして。

もの-の-はじめ【物の始め】物事のはじめ。特に、縁組のはじめ。最初の縁。源氏 須磨「などか、めでたくとも、―に、罪にあたりて流されておはしたらむ人をしも思ひかけむ」訳どうして、(光源氏が)たとえりっぱ(な方)であるとしても、(娘=明石の君の)縁談の最初に、罪を得て流刑になっていらっしゃるような人に、よりによって望みをかけるだろうか(いや、かけるべきではない)。

もの-の-ふ【物部・武士】(名)❶上代、朝廷に仕えるすべての者。文武百官。万葉 二〇・四三一七「秋野には今こそ行かめ―の男女の花にほひ見に」訳秋の野にはさあ今出かけて行こう。宮仕えの男女の、(秋の)花に映えるあでやかな姿を見るために。文法「行かめ」の「め」は意志の助動詞「む」の已然形で、係助詞「こそ」の結び。❷武士。さむらい。つわもの。古今 仮名序「猛き―の心をもなぐさむるは歌なり」訳たけだけしい武士の心をもなごませるのは和歌である。⇨和らぐ「名文解説」

もののふ-の【物部の・武士の】《枕詞》「もののふ(=文武百官)」は数が多いことから、「八十」に、また「八十氏川」にかかることから地名「宇治」に、「もののふ(=武士)」の持つ「矢」から地名の「矢野」「矢田」、また「岩瀬」にかかる。万葉 一三・三二七六「―八十の心を」。万葉 一三・三二三七「―宇治川渡り」。〔玉葉〕春上「―矢野のかみ山」。万葉 八・一四七〇「―石瀬の社の」

もののふの… 和歌

枕詞
もののふの　八十氏河の　網代木に
いさよふ波の　ゆくへ知らずも
〈万葉・三・二六四・柿本人麻呂〉

訳宇治川の網代木(=魚をとる簀を支えるために打

つ杭)にただよっている波のように、行く末のわからないことだよ。修辞「もののふの」は「八十」にかかる枕詞。「やそ」までを「八十氏」の「氏」にかけて、「宇治」を導きだす序詞とする説もある。解説 無常観を詠んだとも、実景を詠んだだけともいわれているが、網代木のまわりで渦を巻いている水に、作者の不安げな心理を読みとることは可能だろう。

もののふの… 和歌

> 枕詞
> もののふの　八十少女らが　汲みまがふ
> 寺井の上の　堅香子の花
> 〈万葉・一九・四一四三・大伴家持〉

訳 たくさんの少女たちが入り乱れて水を汲む寺の井戸のほとりに咲くかたくりの花よ。修辞「もののふの」は「八十」にかかる枕詞。

もの-の-べ【物部】(名)❶古代の有力な氏族の一つ。物部氏。軍事・刑罰をつかさどった。❷律令制で、刑部省の囚獄司、また、衛門府などに置かれた職名。罪人の刑罰をつかさどった。

もの-は(多く文末を「けり」で結ぶ)…ところが、なんとまあ。源氏 明石「月夜に出でて行道する―、遣り水に倒れ入りにけり」訳(明石の入道は)月の明るい夜に(戸外へ)出て読経しながら歩いていたところが、なんとまあ、遣り水にころげ落ちてしまった。なりたち 形式名詞「もの」＋係助詞「は」

もの-はかな-し【物はかなし】(形ク)〔から・く(かり)・し・き(かる)・けれ・かれ〕〔「もの」は接頭語〕❶どことなく頼りない。源氏 桐壺「わが身はかよわく―・き㊍ありさまにて」訳(桐壺の更衣)自身は弱々しくなんとなく頼りないありさまで。❷とりとめもない。たわいない。〔和泉式部日記〕「その夜おはしまして、例の―・き㊍御物がたりせさせ給ひても」訳 その夜(宮様は)おいでになって、いつものようにとりとめもないお話をなされても。

もの-はかばか-し【物はかばかし】(形シク)〔しから・しく(しかり)・し・しき(しかる)・しけれ・しかれ〕〔「もの」は接頭語〕どことなくしっかりしている。どことなくてきぱきしている。大鏡 序「そこらの人多かりしかど、―・しく㊊、耳とどむるもあらめど」訳(その中には)しっかり理解し、注意して聞く人もいるだろうが。

もの-はぢ【物恥】(名)〔「もの」は接頭語〕なんとなく恥ずかしいと思うこと。源氏 末摘花「所せき御―を見あらはさむ」訳(末摘花の)気づまりな御はにかみぶりを見きわめよう。

もの-はづか-し【物恥づかし】(形シク)〔しから・しく(しかり)・し・しき(しかる)・しけれ・しかれ〕〔「もの」は接頭語〕なんとなく恥ずかしい。なんとなくきまりが悪い。源氏 少女「かたみに―・しく㊊胸つぶれて」訳(夕霧と雲居の雁の二人は)互いになんとなく恥ずかしく胸がどきどきして。

ものは-づくし【物は尽くし】(名)歌謡の形式の一つ。国名や事物を列挙して歌いこんだもの。「ものづくし」「ものは」ともいう。

もの-ふか-し【物深し】(形ク)〔から・く(かり)・し・き(かる)・けれ・かれ〕〔「もの」は接頭語〕「ものぶかし」とも。❶奥深い。奥まっている。更級 野辺の笹原「広々と―・き㊍み山のやうにはありながら」訳(焼けた家は)広々として奥深い深山のようではあるけれども。❷思慮深い。重々しい。源氏 夕顔「―・く㊊重きかたはおくれて、ひたぶるに若びたるものから」訳(夕顔は)思慮深く重々しいという面では劣っていて、ただもう子供っぽくふるまっているものの。❸奥ゆかしい。品位がある。趣が深い。源氏 賢木「御簾の中の匂ひ、いと―・き㊍黒方にしみて」訳(藤壺の)御簾の内の匂いは、とても奥ゆかしい黒方(=薫き物の一つ)の香にしみて。

もの-ふ-る【物旧る】(自ラ上二)〔り・り・る・るる・るれ・りよ〕〔「もの」は接頭語〕❶なんとなく古くなる。古びる。徒然 一〇「木だち―・り㊊て、わざとならぬ庭の草も心あるさまに」訳 木立がなんとなく古びて、ことさら手をかけたようではない庭の草も趣のあるようすで。❷年をとる。源氏 蓬生「寄りて声づくれば、いと―・り㊊たる声にて」訳(惟光がそこに)近寄って咳払いをすると、いかにも年をとった声で。

もの-まう(感)〔「物申す」の転〕他人の家を訪問して案内を請うときの語。ごめんください。たのもう。〔狂・福の神〕「まづ案内を乞はう。―、案内申」訳 まず案内を願おう。ごめんください、案内願います。

もの-まう-す【物申す】(自サ四)〔さ・し・す・す・せ・せ〕〔「ものまをす」の転〕❶「物言ふ」の謙譲語。ものを申し上げる。お話し申しあげる。古今 雑体「うちわたす遠かた人に―・す㊏われそのそこに白く咲けるは何の花ぞも」訳 ずっと見渡す(かなたの)遠くにいる人にお尋ね申しあげる、私は。その、そこに白く咲いているのは、いったい何の花か。(五七七・五七七の旋頭歌)❷願いごとを神仏に申し上げる。枕 三「神・寺などにまうでて―・さ㊎するに」訳 神社や仏閣などに参詣して願いごとを申し上げさせるときに。❸(多く、助動詞「む(ん)」「う」を伴って)案内を請うときの語。もしもし。ごめんください。平家 三・有王「『―・さ㊎う』ど言へば、『何事』とこたふ」訳(有王が)「もしもし」と言うと、(鬼界が島の人は)「何の用か」と答える。

もの-まうで【物詣で】(名)神社・寺院に参ること。参拝。参詣。枕 二五「―する供に、我も我もとまゐりつかうまつり」訳(任官祈願のために)参詣する供に、われもわれもとつき従い申しあげ。

> 発展　女性の「物詣で」
> 「蜻蛉日記」や「枕草子」、「更級日記」などには、女性たちの「物詣で」のようすが生き生きと記されている。人気の詣で先は、長谷寺、石山寺、清水寺などであった。参詣の目的は現世や来世の幸福を祈ることにあるが、外出することの少ない平安朝の女性にとって、「物詣で」は見聞を広めるよい機会でもあった。

もの-まね【物真似】(名)❶人や動物の声・身振り・しぐさなどをまねすること。❷能・狂言などで、ある人物に扮して、それらしく演じること。〔風姿花伝〕「児の申楽に、さのみに細かなる—などは、せさすべからず」訳 少年の(演じる)猿楽に、そうむやみに複雑な物まねなどは、させてはならない。

❸役者の身振りや声色をまねする芸。〔浄・曽根崎心中〕「—聞きにそれそこへ」

もの-まねび【物学び】(名)物事のまねをすること。人まね。源氏 手習「門田の稲刈るとて、所につけたる—しつつ」訳 門前の田の稲を刈るというので、(下働きの女たちが小野という)場所に似つかわしい(刈り方で)人のまねをしては。

もの-まめやか(形動ナリ){なら・なり(に)・なり・なる・なれ・なれ}[「もの」は接頭語]誠実そうである。まじめそうである。更級 宮仕へ「物語のことも、うち絶え忘られて、—なる㊍さまに、心もなりはててぞ」訳 物語のことも、自然とすっかり忘れて、まじめそうなようすに、心もなりきって。

もの-み【物見】■(名)❶見物すること。枕 一六〇「—寺詣でなどに、もろともにあるべき人を乗せにいきたるに」訳 見物やお寺参りなどに、いっしょに行くはずの人を(自分の車に)乗せに行ったときに。

❷戦場で、敵の状況を探ること。また、その人。

❸城・邸宅などで、外部のようすを見るために設けた小窓。物見窓。物見台。

❹牛車の屋形の左右の立て板にある窓。平家 一〇・内裏女房「小八葉の車に先後の簾をあげ、左右の—をひらく」訳 小八葉の牛車(=車の箱に八葉蓮華の紋をつけた牛車)で前後の簾をあげ、左右の物見の窓を開いてある。⇩巻頭カラーページ19

■(形動ナリ){なら・なり(に)・なり・なる・なれ・なれ}見る価値のあるさま。みごとなさま。りっぱなさま。〔謡・百万〕「—・なり㊚、—・なり㊚」訳 みごとだよ、みごとだよ(この見せ物は)。

ものみ-ぐるま【物見車】(名)祭礼などを見物するときに乗る牛車。源氏 行幸「桂川のもと(=ほとり)まで、—ひまなし(=すきまがない)」

ものみ-だけ-し【物見猛し】(形ク){から・く(かり)・し・き(かる)・けれ・かれ}《近世語》なんでも珍しがって見物したがるさま。好奇心が強い。「物見高し」とも。先を争って見たがるようす。〔浄・傾城反魂香〕「伴左衛門が斬られたと京童(=京都の人間)の—・く㊊(見物に行き)」

もの-むつか-し【物難し】(形シク){しから・しく(しかり)・し・しき(しかる)・しけれ・しかれ}[「もの」は接頭語]❶なんとなくいやだ。なんとなくうっとうしい。〔紫式部日記〕「見所もなきふるさとの木立を見るにも、—・しう㊊(ウ音便)思ひ乱れて」訳 見るべきところもないふるさと(=実家)の木立を見るにつけても、なんとなくうっとうしく心が乱れて。

❷なんとなく気味が悪い。源氏 夕顔「奥の方は暗うて—・し㊚と、女は思ひたれば」訳 (建物の)奥のほうは暗くてうす気味悪いと、女(=夕顔)は思っているので。

ものむつかし-げ【物難しげ】(形動ナリ){なら・なり(に)・なり・なる・なれ・なれ}[「げ」は接尾語]なんとなくむさくるしそうだ。なんとなく気味悪げだ。源氏 帚木「父の年老い—・に㊊ふとりすぎ」訳 父が年をとり、なんとなくむさくるしい感じに太りすぎ。

もの-めか-し【物めかし】(形シク){しから・しく(しかり)・し・しき(しかる)・しけれ・しかれ}[「めかし」は接尾語]一人前に見える。りっぱである。ものものしい。源氏 若菜上「位などいま少し—・しき㊍ほどになりなば」訳 (柏木は)位などがもう少しりっぱに見える程度になったならば。

もの-めか-す【物めかす】(他サ四){さ・し・す・す・せ・せ}[「めかす」は接尾語]重んじて扱う。一人前に扱う。源氏 紅葉賀「内裏わたりなどにてはかなく見給ひけむ人を—・し㊊給ひて」訳 (光源氏は)宮中あたりなどでちょっと関係を持たれたような人をものものしく扱いなさって。

もの-めで【物愛で】(名・自サ変)深く感動しほめること。物事に強く心ひかれること。源氏 東屋「弾き合はせて遊ぶ時は、涙もつつまず、をこがましきまでさすがに—・し㊊たり」訳 (娘が師と琴を)弾きあわせて演奏するときは、(常陸の介は)涙も隠すことなく、(はた目にも)みっともないほど、やはり深く感動し、感心している。

もの-も-おぼえ-ず【物も覚えず】❶どうしてよいかわからない。無我夢中である。正気を失っている。源氏 若紫「乳母はうちも臥されず、—・ず㊊起きゐたり」訳 (少納言の)乳母は横にもなれず、どうしてよいかもわからず起きていた。⇩我かの気色「慣用表現」

❷道理をわきまえない。分別がつかない。平家 四・信連「—・ぬ㊍官人どもが申しやうかな」訳 道理をわきまえない役人どもの申しようだなあ。⇩心無し「慣用表現」

もの-もどき【物抵牾】(名)何事にも不平を言って非難すること。〔紫式部日記〕「—うちし、われはと思へる人の前にては、うるさければ、ものいふことももの憂く侍る」訳 何かと非難し、私こそはと思っている人の前では、面倒なので、ものを言うこともおっくうです。

ものもの-し【物物し】(形シク){しから・しく(しかり)・し・しき(しかる)・しけれ・しかれ}❶重々しい。おごそかだ。りっぱだ。枕 一二九「いと—・しく㊊、きよげに、よそほしげに、下襲の裾いと長く引き」訳 (権大納言伊周のようすは)たいそう重々しく、美しい感じで、装いをこらしたようすで、下襲の裾を長く引いて。⇩おどろおどろし「類語パネル」

❷おおげさだ。また、なまいきだ。こしゃくだ。〔謡・景清〕「景清これを見て、—・し㊚やと夕日影に、打ち物ひらめかいて」訳 景清はこのようすを見て、こしゃくなことだよと言って夕日に太刀をひらめかして。

もの-もひ【物思ひ】(名)「ものおもひ」の転。万葉 四・六〇二「夕されば—益る見し人の言問ふ姿面影にして」訳 夕方になると物思いがつのる。以前会った人の、話しかける姿が目の前にはっきりと浮かんできて。

もの-も-ふ【物思ふ】(自ハ四){は・ひ・ふ・ふ・へ・へ}「ものおもふ」の転。万葉 一五・三七六〇「さ寝る夜は多くあれども—・は㊎ず安く寝る夜は実なきものを」訳 寝る夜はたくさんあるが、物思いもせず安らかに寝る夜はまるでないものだ。

もの-やみ【物病み】(名)病気。やまい。伊勢 四五「—になりて死ぬべき時に」訳 病気になって死にそうなときに。⇩篤し「慣用表現」

もの-ゆか-し【物ゆかし】(形シク){しから・しく(しかり)・し・しき(しかる)・しけれ・しかれ}[「もの」は接頭語]なんとなく心ひかれる。なんとなく慕わしい。〔笈日記〕芭蕉「暖簾の奥—・し㊚北の梅」訳 のれんの間から奥の間がのぞき、梅の花が見える。なんとなく心ひかれることだ。(「北の梅」は、北の間すなわち奥の間の方に咲いている梅)

ものゆかし-げ【物ゆかしげ】(形動ナリ){なら・なり(に)・なり・なる・なれ・なれ}[「げ」は接尾語]なんとなく心ひかれるようすであるさま。更級 初瀬「ともに行く人々も、いといみじく—・なる㊍は、いとほしけれど」訳 いっしょに(初瀬参籠へ)行く人々も、(当日行われる大嘗会の御禊を)たいそうなみなみでなく見たそうであるのは、気の毒であるけれど。

もの-ゆゑ〔ユエ〕(接助)〔形式名詞「もの」に形式名詞「ゆゑ」の付いたもの〕

意味・用法
逆接の確定条件〔…のに。〕→❶
順接の確定条件〔…ので。…だから。〕→❷

接続
活用語の連体形に付く。

❶逆接の確定条件を表す。…のに。古今 秋上「誰が秋にあらぬものゆゑ女郎花なぞ色に出でてまだき移ろふ」訳 だれか(一人のため)の秋ではなく、女郎花(=植物の名)だけが特に飽きられたわけでもないのに、女郎花よ、どうして目立って、早くも色あせるのか。(「秋」は「飽き」との掛詞)
❷順接の確定条件(原因・理由)を表す。…ので。…だから。竹取 竜の頸の玉「ことゆかぬものゆゑ、大納言をそしりあひたり」訳 (家来たちは)わけのわからないことなので、大納言を非難しあっている。
参考 ①は、多く「ぬ」「まじき」「ざらむ」など打消の語に付く。

ものゆゑ-に〔モノユエ—〕(接助)〔接続助詞「ものゆゑ」に格助詞「に」が付いたもの〕❶逆接の確定条件を表す。…のに。古今 恋三「いたづらに行きては来ぬるものゆゑに見まくほしさにいざなはれつつ」訳 (あなたを)訪ねて行っても(会えずに)むなしく帰ってきてしまう(だけな)のに、会いたさに誘われるようにまた出かけてしまうことだ。文法「見まく」は、「見む」のク語法で、「会うこと」の意。❷順接の確定条件(原因・理由)を表す。…ので。…だから。平家 一・祇王「参らざらんものゆゑに、何と御返事を申すべしともおぼえず」訳 (私=祇王は)参上しないつもりだから、なんとご返事を申し上げてよいともわからない。
接続 活用語の連体形に付く。

もの-わび-し【物侘びし】(形シク)〔(しから)・しく(しかり)・し・しき(しかる)・しけれ・しかれ〕〔「もの」は接頭語〕なんとなくさびしい。なんとなくつらい。伊勢 九「皆人―・しく(用)て、京に思ふ人なきにしもあらず」訳 人々は皆なんとなくさびしくて、京に恋しく思う人がいないわけでもない。

もの-ゑんじ〔—エンジ〕【物怨じ】(名・自サ変)物事や人をうらむこと。嫉妬。枕 二五「人の妻のすずろなる―・し(用)てかくれたるを」訳 人妻がわけもない嫉妬をして(よそに)隠れているのを。

もの-を 一(接助)二(終助)〔形式名詞「もの」に間投助詞「を」の付いたもの〕

意味・用法
一 接続助詞
逆接の確定条件〔…のに。〕→❶
順接の確定条件〔…ので。…だから。〕→❷
二 終助詞
詠嘆〔…のになあ。…のだがなあ。〕

接続
一 二 活用語の連体形に付く。

一(接助)❶逆接の確定条件を表す。…のに。土佐「都出でて君にあはむと来しものを来しかひもなく別れぬるかな」訳 都を出て、あなたに会おうとやって来たのに、来たかいもなく、(あっけなく)別れてしまうことよ。❷順接の確定条件(原因・理由)を表す。…ので。…だから。〔浮世風呂〕「日がな一日ゐたり立ったりするものを、腹もへらうぢやあねえか」訳 朝から晩まですわったり立ったりするのだから、腹も減ろうというものさ。
二(終助)詠嘆の意を表す。…のになあ。…のだがなあ。伊勢 六「白玉か何ぞと人の問ひしとき露と答へて消えなましものを」訳 →しらたまか…。和歌。源氏 若紫「雀の子を犬君が逃がしつる。伏せ籠のうちに籠めたりつるものを」訳 雀の子を犬君(=童女の名)が逃がしてしまったの。伏せ籠の中にとじこめておいたのになあ。⇨伏せ籠 文法「逃がしつる」の「つる」は、連体形止め。「名文解説」
参考 一①と二の識別はつきにくいが、省略も倒置もない文章末に「ものを」がくれば、終助詞とすればよい。一①は「ものの」「ものから」「ものゆゑ」と意味・用法が似ているが、「を」が間投助詞であるところから、感動・詠嘆を表す場合が多く、そこから二の用法も生じている。

もはら【専ら】(副)❶もっぱら。ひたすら。徹底的に。古今 恋五「あふことの―絶えぬる時にこそ人の恋しきことも知りけれ」訳 逢うことがまったく絶えてしまった今この時になってはじめて、あの人が恋しいということもわかったよ。文法「こそ…けれ」は係り結び。❷〔下に打消の語を伴って〕全然。いっこうに。少しも。土佐「かくたいまつれども、―風やまで、いや吹きに、いや立ちに」訳 こうして(幣を)奉納したけれども、全然風はやまないで、ますます吹きに吹き、(波は)立ちに立って。文法「たいまつれ」の下の「れ」は、完了の助動詞「り」の已然形。

もひ〔モイ〕【盌】(名)水を盛る器。〔紀〕武烈「玉―に水さへ盛り」訳 美しい椀に水まで満たして。

も-びき【裳引き】(名)女性が、裳の裾をうしろへ長く引くこと。万葉 一二・二八九七「如何ならむ日の時にかも我妹子が―の姿朝に日に見む」訳 どういう日のどんな時に(=いつになったら)、いとしい人の裳の裾を引いた(美しい)姿を朝も昼も見ることができるのだろうか。

もひとり-の-つかさ〔モイトリ—〕(名)❶【主水司・水取司】「もんどのつかさ」とも。律令制で、宮内省に属する役所。酒・飲料水・醤(=みその一種)・粥・氷室のことをつかさどった。❷【水司】律令制で、後宮の役所の一つ。飲料水や食事のことなどをつかさどった。

も-ふ〔モウ〕【思ふ】(他ハ四)〔は・ひ・ふ・ふ・へ・へ〕〔「おもふ」の頭母音「お」の脱落した形〕思う。万葉 一五・三七五五「うるはしと吾が―・ふ(体)妹を山川を中に隔りて安けくもなし」訳 美しいと私が思うあなたを、山や川を中に隔てて(た遠く)においていて、心安らかなこともない。

もみ-うら【紅裏】(名)紅で無地に染めた絹布を着物の裏地につけること。また、その裏地。〔浮・好色五人女〕「皆黒羽二重に、裾回しは—」訳(小袖は)皆黒の羽二重で、裾回しは紅色の絹の裏地(をつけ)。

もみ-えぼし【揉み烏帽子】(名)漆をうすくぬり、柔らかにもんだ烏帽子。多く、兜の下に用いる。兜などを脱いで、頭頂部を引き立て儀容をととのえたのが「引き立て烏帽子」。なえた形から「萎え烏帽子」ともいう。↓烏帽子。⇩巻頭カラーページ13

もみず【紅葉ず・黄葉ず】⇩もみづ

もみぢ【紅葉・黄葉】(名)〔上代は「もみち」〕❶秋、草木の葉が赤、または黄に色づくこと。また、その葉。こうよう。秋。新古 秋上「見渡せば花も—もなかりけり浦の苫屋の秋の夕暮れ」訳 →みわたせば…和歌
❷「紅葉襲」の略。

発展 「黄」という色
「万葉集」には「黄葉」「黄泉」など、「黄」の字を用いる語はあるのだが、色としての「き」の用例と見られる確かなものはなく、奈良時代では、「日本書紀」(天智九年六月)に「上黄に下玄し」とあるに過ぎない。ことばの上からいうと、「青し・赤し・白し・黒し」などの形容詞はあるが、「き」の形容詞はない。実際に「黄色のもの」はあったであろうが、「青し」と「赤し」とで広い範囲の色をさし、間に合わせることができたのである。

もみぢ-がさね【紅葉襲】(名)襲の色目の名。表は紅、裏は濃い赤(または青)。秋に用いる。⇩巻頭カラーページ11

もみぢ-がり【紅葉狩り】(名)秋、山野に紅葉を観賞しに行くこと。秋。〔謡・紅葉狩〕「時雨をいそぐ—、深き山路を尋ねん」訳 時雨に濡れて色づくことを急ぐ紅葉、その紅葉を見るために山路深くたずねて行くことにしよう。

もみぢ-の-が【紅葉の賀】紅葉の季節に行う祝いの宴会。秋。源氏 花宴「源氏の御—の折おぼし出でられて」訳(春宮は)光源氏の紅葉の季節の賀の御宴の折(の舞)を自然とお思い出しになられて。

もみぢ-の-にしき【紅葉の錦】紅葉の美しさを錦に見立てていう語。秋。大鏡 頼忠「小倉山あらしの風の寒ければ—着ぬ人ぞなき」訳 →をぐらやま…和歌

もみぢ-ば【紅葉・黄葉】(名)〔上代は「もみちば」〕秋に赤や黄に色づいた草木の葉。紅葉した葉。万葉 二・二〇九「—の散りゆくなへに玉梓の使ひを見れば逢ひし日思ほゆ」訳 →もみちばの…和歌

もみちばの…和歌

黄葉の　散りゆくなへに　玉梓の(枕詞)
使ひを見れば　逢ひし日思ほゆ
〈万葉・二・二〇九・柿本人麻呂〉

訳 黄葉が散っていく時に、(妻との連絡役をつとめた)使い(が通るの)を見ると、(妻と)逢った日が思い出される。
修辞 「玉梓の」は「使ひ」にかかる枕詞。
解説 妻の死を悲しんで詠んだ長歌「天飛ぶや…」(訳 →あまとぶや…和歌)〈万葉・二・二〇七〉の反歌二首のうちの一首。もう一首は「秋山の黄葉を茂み迷ひぬる妹を求めむ山道知らずも」(訳 →あきやまの…和歌)〈万葉・二・二〇八〉。「なへに」は「…につれて」「…の時に」の意。黄葉が散る中、妻との仲をとりもった連絡役の者を見かけた。以前には、こうして二人の間を手紙が行き来して、妻と逢っていたのだと回想している。

もみぢばの【紅葉の・黄葉の】《枕詞》〔上代は「もみちばの」〕紅葉の散りゆくようすから、「移る」「過ぐ」に、その色から「朱」にかかる。万葉 一・四七「—過ぎにし君の」。〔新勅撰〕神祇「—あけの玉垣」

もみ-つ【紅葉つ・黄葉つ】(自タ四)〔た・ち・つ・つ・て・て〕《上代語》「もみづ」に同じ。万葉 八・一五一六「秋山に—・つ(体)木の葉の移りなばさらにや秋を見まく欲りせむ」訳 秋の山に色づく木の葉が散ってしまったなら、またさらに(来年の)秋を見たくなるであろうか。参考 上代は夕行四段活用であったが、中古以降、「もみづ」と濁音化し、ダ行上二段活用となる。

もみ-づ【紅葉づ・黄葉づ】(自ダ上二)〔ぢ・ぢ・づ・づる・づれ・ぢよ〕秋になって草木の葉が赤または黄に色づく。紅葉する。古今 冬「雪ふりて年のくれぬる時にこそつひに—・ぢ(未)ぬ松も見えけれ」訳 雪が降って年が暮れてしまうときに特に、最後まで紅葉しない松(の存在)も知られることだ。↓紅葉つ 参考

もみ-ふ-す【揉み伏す】(他サ下二)〔せ・せ・す・する・すれ・せよ〕馬などを激しく走らせて疲れさせる。平家 九・重衡生捕「—・せ(用)たる馬どもおっつくべしともおぼえず」訳 走り疲れさせた馬どもが追いつけるとも考えられず。

もみ-もみ(-と)(副)和歌で、深い内容を表現することに心をくだき、修辞をこらすさま。〔後鳥羽院御口伝〕「—と、人はえ詠みおほせぬやうなる姿もあり」訳(俊頼の歌には)技巧をこらして、(他の)人は詠みとげることができないような歌体もある。

も-む【揉む】(他マ四)〔ま・み・む・む・め・め〕❶両手にはさんでこする。手で擦り合わせて柔らかにし、また、しわにする。徒然 九六「くちばみにさされたる人、かの草を—・み(用)て付けぬれば、則ち癒ゆとなん」訳 まむしにかまれた人は、あの(「めなもみ」という)草をもんで(傷口に)つけたときにはいつも、すぐに治るということだ。
❷入り乱れて押しあう。激しく攻める。平家 七・倶梨迦羅落「—・み(用)に—・う(用)(ウ音便)で火出づる程にぞ攻めたりける」訳(敵陣で)どんどん入り乱れて押しあって火の出るほどに(激しく)攻めたのであった。
❸むちで馬を打って急がせる。平家 九・二之懸「あれが馬は我が馬よりは弱げなるものをと目をかけ、一もみ—・う(用)(ウ音便)で追っついて」訳 あいつの馬は自分の馬よりは弱そうだからと目をつけて、(馬を)ひと打ち打って急がせて追いついて。
❹鍛える。指導する。〔浄・山崎与次兵衛寿門松〕「与次兵衛に〔色の道で〕—・ま(未)れて」

もも-【百】(接頭)百の意から、数の多いことを表す。【例語】百枝・百日・百草・百種・百隈・百

箇・百年・百鳥・百重・百世・百夜

もも【百】(名) 百。また、数の多いこと。[万葉] 一二・三〇五九「—に千に人は言ふとも鴨頭草の移ろふ情われ持ためやも」[訳] あれこれとさまざまに人はうわさを立てようとも、つゆくさ(の色)のような変わりやすい心を私が持つだろうか(いや、持ちはしない)。

もも【桃】(名) ❶植物の名。春に、淡紅または白色の五弁花を開く。実は食用。古来、邪気を払う力があるとされた。(桃の花[春]・桃の節句[春]・桃の実[秋]) ❷襲の色目の名。表は薄い紅、裏は萌黄。一説に表は紅、裏は紅梅。春に用いる。⇩巻頭カラーページ11

もも-か【百日】(名) ❶百日。また、日数の多いこと。[万葉] 五・八七〇「—しも行かぬ松浦路今日行きて明日は来なむを何か障れる」[訳] 百日などはかからない松浦への道、今日行って明日はもう帰って来ようものを、なんの差し支えがあるのか。 ❷子供が生まれて百日目。また、その祝い。[枕] 一六〇「いつしかと待ち出でたるちごの、五十日・—などのほどになりたる、行く末いと心もとなし」[訳] 早く(生まれないかと)待ち受けていた赤ん坊で、五十日や百日などの(祝いの)ころになったのは、生い先がたいそう待ち遠しい。

もも-くさ【百草】(名) いろいろの草。たくさんの草。[古今] 秋上「—の花のひもとく(=ほころぶ)秋の野に」

もも-くさ【百種】(名) 多くの種類。さまざま。[万葉] 八・一四五六「この花の一よのうちに—の言そこもれるおほろかにすな」[訳] この花(=桜の花)の一よの中には多くのことばがこもっている。いい加減に扱わないでくれ。(「一よ」は未詳。「一枝」とも)

もも-くま【百隈】(名) 多くの曲がりかど。[万葉] 二〇・四三四九「—の道は来にしをまたさらに八十島過ぎて別れか行かむ」[訳] 多くの曲がりくねった道をやって来たが、またさらにいくつもの島々を(漕ぎ)過ぎて別れて行くのであろうか。

もも-しき【百敷・百磯城】(名)(枕詞「百敷の」がかかる「大宮」から意味が転じて)皇居。宮中。[源氏] 桐壺「—に行きかひ侍らむことは、まして、いとはばかり多くなむ」[訳] 宮中に出入りしますようなことは、なおさら、とても遠慮が多く(ございまして)。[文法] 係助詞「なむ」のあとに結びの語「侍る」などが省略されている。⇩内裏「慣用表現」

ももしきの【百敷の・百磯城の】《枕詞》多くの石や木で造ってある意から、「大宮」にかかる。[万葉] 一・二九「—大宮処見れば悲しも」

ももしきや… [和歌]《百人一首》

> ももしきや　古き軒端の　しのぶにも
> なほあまりある　昔なりけり
> 〔忍ぶ(忍草)〕〔偲ぶ〕
> 〈続後撰・一八・雑下・一二〇五・順徳院〉

[訳] 皇居の、その古びた軒端に生えた忍草を見るにつけて、(皇室の権威が盛んだった時代は)いくら偲んでも、偲びきれない昔の時代のことなのだなあ。[修辞]「しのぶ」は「忍草」と「偲ぶ」との掛詞。

[解説] 第二句・三句は荒廃した皇居をいうが、同時に皇室の権威の低下をも暗示する。作者が慕う「昔」とは、皇室の権威が盛んだった時代、延喜・天暦の御代をさす。この歌を詠んだ五年後、承久の乱(一二二一)が起き、作者は佐渡に配流され、そこで没した。

もも-じり【桃尻】(名) 馬に乗るのがへたで、鞍の上に尻が落ち着かないこと。桃の実の、すわりが悪いのにたとえていう。[徒然] 一八八「馬など迎へにおこせたらんに、—にて落ちなんは、心憂かるべし」[訳] 馬などを迎えによこしたようなときに、すわりの悪い尻つきで落ちてしまったらそれは、つらいことだろう。

もも-だち【股立ち】(名) 袴の左右上部の、腰の側面にあたる開いた部分。[今昔] 二四・八「女、袴の—を引き開けて見すれば(=見せると)」⇩巻頭カラーページ13

もも-たび【百度】(名) 百回。また、度数の多いこと。[徒然] 八〇「—戦ひて、—勝つとも、いまだ武勇の名を定めがたし」[訳] 百回戦って、百回勝っても、まだ武勇の士という名声を決めにくい。

ももたらず【百足らず】《枕詞》百に足りないという意から、「八十」「五十」にかかる。また、「や」「い」から始まる、「山田」「筏」などにかかる。[万葉] 三・四二七「—八十隈坂に」。[万葉] 一・五〇「—いかだに作り」

もも-ち【百箇】(名)(「ち」は接尾語) 百。また、数の多いこと。

ももち-だ・る【百千足る】(自ラ四){ら・り・る・る・れ・れ}満ち足りている。十分に備わっている。「ももだる」とも。〔記〕中「千葉の葛野を見れば—・る(体)家庭も見ゆ国の秀も見ゆ」[訳] 葛野を見ると、豊かに満ち足りている村落も見える、国のすぐれたところも見える。(「千葉の」は「葛野」にかかる枕詞)

もも-ちどり【百千鳥】(名) ❶多くの鳥。さまざまの鳥。百鳥。[古今] 春上「—さへづる春は物ごとにあらたまれども我ぞふりゆく」[訳] たくさんの鳥たちがしきりに鳴く春は、すべてのものが新しくなってゆくけれども、私だけは年老いてゆくことだ。 ❷鶯の異称。 ❸千鳥の異称。

ももづたふ【百伝ふ】《枕詞》数えて百に至る意から、「八十」や、「五十」の音をもつ地名「磐余」にかかる。また、多くの地を伝わって行く意から、「鐸(=駅馬に用いる鈴)」、地名「角鹿」「度会」にかかる。[万葉] 七・一三九九「—八十の島回を」。[万葉] 三・四一六「—磐余の池に」。〔紀〕顕宗「—鐸ゆらくもよ」。〔記〕中「—角鹿の蟹」。〔紀〕神功「—度逢県の」

ももづたふ… [和歌]

> 枕詞
> ももづたふ　磐余の池に　鳴く鴨を
> 今日のみ見てや　雲隠りなむ
> 〈万葉・三・四一六・大津皇子〉

[訳] 磐余の池に鳴く鴨を見るのも今日を限りとして、(私は)死んでいくのだろうか。[修辞]「ももづたふ」は「磐余」にかかる枕詞。

[解説] 大津皇子が処刑されるときに詠んだ辞世の歌。「雲隠る」は貴人の死を間接的にいう語。後人の仮託と

する説もある。

もも-とせ【百年・百歳】(名)百年。また、多くの年。伊勢 六三「―に一年たらぬ九十九髪我を恋ふらし面影に見ゆ」訳 百歳に一歳たりない(ほどの)白髪の老女が私を恋しているらしい。その姿がありありと目に浮かぶ。

もも-ぬき【股貫】(名)股まではいる革製の靴。

もも-の-つかさ【百の官】多くの役人。百官。宇治 九・五「―はきて、出で来たり」

もも-はがき【百羽掻き】(名)鴫(=水鳥の名)がくちばしで何度も羽をかくこと。回数の多い物事のたとえにいう。古今 恋五「暁の鴫の羽掻き―君が来ぬ夜は我ぞ数かく」訳 明け方の鴫の何度もくり返しかく羽掻き。そのように私は、あなたが来ない夜(の暁)には、何度もその夜の数を数えている。

もも-へ【百重】(名)数多く重なっていること。万葉 三・三八九「あしひきの山は―に隠すとも妹は忘れじ直に逢ふまでに」訳 山は幾重にも重なって隠すとしても、あなたのことは忘れないであろう、じかに逢うまでは。(「あしひきの」は「山」にかかる枕詞)

もも-よ【百夜】(名)多くの夜。万葉 四・五四六「秋の夜の―の長さありこせぬかも」訳 (長い)秋の夜が百夜(も続くほど)の長さであってくれないものかなあ。

もも-よせ【股寄せ】(名)太刀の鞘の峰のほうをおおう金具。今昔 二五・三「〔矢は〕太刀の―に当たりぬ」

も-や【母屋】(名)家屋の中で中心となる所。また、寝殿造りで、廂(=簀の子の縁の内側にある細長い部屋)の内側にある中央の部屋。⇩巻頭カラーページ21

も-や(間助)【係助詞「も」に間投助詞「や」の付いたもの】詠嘆・感動の意を表す。…まあ。万葉 二・九五「我はもや安見児得たりみな人の得かてにすといふ安見児得たり」訳 ↓あれはもや…和歌

接続 文節末・文末の種々の語に付く。

注意 間投助詞「もや」と、係助詞「も」に係助詞「や」の付いた形(次項)とがあるので識別を要する。詠嘆・感動の意があれば前者、係り結びがあれば後者となる。

も-や …だろうか。…も…だろうか。徒然 一四一「聖教のこまやかなる理、いとわきまへず―と思ひしに」訳 仏教の細かい道理は、あまり心得ていないだろうかと思ったのに。文法「もや」の結び「あらん」が省略された形。

もや・ふ【舫ふ】(他ハ四)〔は・ひ・ふ・ふ・へ・へ〕船と船をつなぎ合わせる。船を岸につなぎとめる。〔山家集〕「湊川苫に雪葺く友舟は―・ひ用つつこそ夜を明かしけれ」訳 湊川で苫ぶきの屋根に雪の積もっている一群の船は、(互いを)つなぎ合わせては、(心細い)夜を明かしたことだ。

なりたち 係助詞「も」+係助詞「や」

も・ゆ【萌ゆ】(自ヤ下二)〔え・え・ゆ・ゆる・ゆれ・えよ〕草木などの芽が出る。芽ぐむ。万葉 一〇・二一七七「春は―・え用夏は緑に紅の斑に見ゆる秋の山かも」訳 春は草木が芽ぶき、夏は緑に、紅が濃淡さまざまに見える秋の山だなあ。⇩芽ぐむ「図解学習」

も・ゆ【燃ゆ】(自ヤ下二)〔え・え・ゆ・ゆる・ゆれ・えよ〕❶火が燃える。火がついて炎や煙がたつ。〔記〕中「さねさし相模の小野に―・ゆる体火の火中に立ちて問ひし君はも」訳 ↓さねさし…歌謡

❷炎がゆらめくように光を放つ。〔記〕下「埴生坂わが立ち見ればかぎろひの―・ゆる体家群妻が家のあたり」訳 埴生坂に私が立って眺めると、かげろうが燃え立っているたくさんの家が見えるが、あそこが(いとしい)妻の家のあたりだ。

❸情熱が高まる。万葉 一二・二九三二「心には―・え用て思へどうつせみの人目を繁み妹に逢はぬかも」訳 心では激しく燃えて思うけれど、人目がうるさいので、あの娘に逢わないことよ。(「うつせみの」は「人」にかかる枕詞)

も-ゆらに(副)【「も」は接頭語】玉の触れ合って鳴るさま。ゆらゆらと。〔記〕上「ぬなとも―、天の真名井に振りすすぎて」訳 玉の音もゆらゆらと(たてながら)、天の真名井(の水)で洗い清め。

も-よ(間助)《上代語》【係助詞「も」に間投助詞「よ」の付いたもの】感動の意を表す。ねえ。ああ…よ。万葉 一・一「籠もよみ籠持ち掘串もよみ掘串持ち」訳 ↓こもよ…和歌

接続 種々の語に付く。

もよおす【催す】⇩もよほす

もよ-ぎ【萌黄・萌葱】(名)【「もえぎ」の転】「もえぎ」に同じ。

もよぎ-にほひ【萌黄匂ひ】(名)「もえぎにほひ」に同じ。

もよぎ-をどし【萌黄縅】(名)「もえぎをどし」に同じ。

もよひ【催ひ】(名)準備すること。用意。徒然 一五五「とかくの―なく、足を踏み止むまじきなり」訳 あれこれの準備もなく、足を踏みとどめてはならないのである。

もよほし【催し】(名)❶うながすこと。催促。勧誘。〔うつほ〕蔵開下「これはいかでぞ。御―か」訳 これはどうしたことだ。殿の御心と思し立ちたるか。御―か」訳 これはどうしたことだ。父上(=兼雅)が(ご自身の)お心からお思い立ちになったのか。(それともあなた=仲忠の)お勧めか。

❷きざし。もと。たね。源氏 夕霧「いとどつらく心憂き涙の―におぼさる」訳 ますますたえがたく情けない涙のたねと(落葉の宮は)自然にお思いになる。

❸くわだて。はからい。手まわし。〔歎異抄〕「弥陀の御―にあづかりて」訳 (すべてをおさめ取って見捨てないという)弥陀のおはからいをいただいて。

もよほし-がほ【催し顔】(名・形動ナリ)うながすようなさま。誘い出すようなけはい。源氏 桐壺「草むらの虫の声々―・なる体も、いとたち離れにくき草のもとなり」訳 (庭先の)草むらの虫の声々が(涙を)誘うかのように聞こえるのも、たいそう立ち去りがたい草の宿(=桐壺の更衣の実家)である。

もよほし-ぐさ【催し種】(名)誘い出すたね。もよおすもと。源氏 須磨「いづれもうち見つつなぐさめ給へど、もの思ひの―なめり」訳 (麗景殿の女御とその妹=花散里からの手紙の)どれも(光源氏は)見ては心を慰めていらっしゃるけれど、(それが)物思いを起こさせるもとであるようだ。

もよほ・す【催す】(他サ四)〔さ・し・す・す・せ・せ〕❶うながす。せきたてる。催促する。土佐「『船疾く漕げ。日のよきに』と―・せ已ば」訳「船を早く漕げ。天気がよいから」とせきたてると。

❷物事や感情をひき起こす。誘い出す。徒然 一五五「春は

やがて夏の気配を—・し㊥」訳 春はそのまま時をおかず夏の気配をひき起こし。

❸集める。召集する。〔平治物語〕「朝長（ともなが）は信濃（しなの）へくだり、甲斐（かひ）・信濃の源氏どもを—・し㊥てのぼるべし」訳 朝長は信濃（長野県）に下り、甲斐（山梨県）と信濃の源氏たちを召し集めて上京せよ。

❹とりおこなう。挙行する。徒然 一九「公事（くじ）ども繁（しげ）く、春の急ぎにとり重ねて—・し㊥おこなはるるさまぞ、いみじきや」訳 朝廷の政務や儀式がいろいろと頻繁で、新春の準備と併せて挙行し行われるようすは、すばらしいことだなあ。文法「や」は、間投助詞。

❺準備して待つ。〔雨月〕浅茅が宿「絹あまた買ひ積みて、京に行く日を—・し㊥ける」訳 絹をたくさん買い集めて、都へ行く日を待ちかまえていた。

もら・す【漏らす・洩らす】（他サ四）{さ・し・す／す・せ・せ}❶もれるようにする。こぼす。源氏 帚木「涙を—・し㊥落としても、いと恥づかしくつつましげにまぎらはし隠して」訳（女は）涙をこぼし落としても、ひどく恥ずかしくきまりわるそうにとりつくろい隠して。

❷隠していたことをひそかに知らせる。源氏 夕顔「ことさらに人来（く）まじき隠れ家（が）求めたるなり。さらに心よりほかに—・す㊥な」訳 わざわざ人が来ることができそうもない隠れ家を捜したのだ。決して（おまえの）心以外（の者）に知らせるな。

❸抜かす。省く。源氏 夕顔「この程のことくだくだしければ、例の—・し㊥つ」訳 この間のことは話が長たらしくなるから、いつものように省いた。

❹とり逃がす。平家 九・木曽最期「只今（ただいま）名乗るは大将軍ぞ。あますな、者ども、—・す㊥な、若党、うてや」訳 ただいま名乗っているのは大将軍だぞ。（討ち）もらすな、みなの者、とり逃がすな、若者ども、討てよ。

もらひ-みづ モライミズ【貰ひ水】（名）他家の井戸水をもらうこと。また、その水。〔千代尼句集〕千代女「朝顔に釣瓶（つるべ）とられて—」訳 →あさがほに…俳句

もり【森・杜】（名）❶樹木の茂った所。源氏 蓬生「かたもなく荒れたる家の、木立繁（しげ）く—の様（やう）なるを過ぎ給ふ」訳 見る影もなく荒れた家で、木立が生い茂って森のようである所を（光源氏は）通りなさる。

❷神社のある地で、高い木立の茂っている所。万葉 四・五六一「思はぬを思ふといはば大野なる三笠（みかさ）の—の神し知らさむ」訳 思ってもいないのに思っていると言うならば、（うそ偽りに厳しい）大野にある三笠の森の神もお見通しで（罰をお与えになるで）あろう。

もり【守り】（名）❶監視し守ること。また、その人。番人。多く、複合語として用いられる。「関—」「野—」

❷子供を守り養育すること。また、その人。子守。〔狂・抜殻〕「若君様方のお—なりとも仕（つか）まつりませう（＝いたしましょう）」

もり-い・づ イズ【漏り出づ】（自ダ下二）{で・で・づ／づる・づれ・でよ}❶こぼれ出る。もれて出る。宇治 八・三「この鉢、倉より—・で㊥て、この鉢に倉乗りて」訳 この鉢が倉からもれて出てきて、この鉢（の上）に倉が乗っかって。

❷隠していた物事が少しずつ人々の間に知られていく。もれて広まる。源氏 紅葉賀「はかなき事をだに疵（きず）を求むる世に、いかなる名のつひに—・づ㊥べきにか」訳 ちょっとしたことでさえも欠点を探したてる世間に、（私＝藤壺（ふじつぼ）の）どんな（悪い）評判が結局もれ広まるにちがいないことであろうか。

森川許六（もりかわきょりく）モリカワキョリク【人名】（一六五六〜一七一五）江戸前期の俳人。「きょろく」とも。名は百仲（ももなか）。近江（おうみ）（滋賀県）彦根（ひこね）藩士。蕉門十哲（しょうもんじってつ）の一人。俳文・俳論にすぐれ、また画もよくした。俳論書「俳諧問答」、編著「風俗文選（もんぜん）」など。（許六忌秋）

もり-き・く【漏り聞く】（他カ四）{か・き・く／く・け・け}ひそかに聞く。うわさなどで耳にする。源氏 明石「二条の君の、風のつてにも—・き㊥給はむ事は」訳 二条の君（＝紫の上）が、風の便りにでもうわさを耳にしなさるようなことは。

もり-く【漏り来】（自カ変）{こ・き・く／くる・くれ・こ（こよ）}もれてくる。古今 秋上「木（こ）の間（ま）より—・くる㊅月の影見れば心づくしの秋は来にけり」訳 →このまより…和歌

守武千句（もりたけせんく）【作品名】俳諧句集。荒木田守武作。天文九年（一五四〇）成立。守武が伊勢神宮に奉納した独吟千句で、「犬筑波（いぬつくば）集」とともに俳諧の独立に寄与した。「誹諧之連歌独吟千句」、また巻頭発句「飛梅（とびうめ）やかろがろしくも神の春」より「飛梅千句」とも。

もり-た・つ【守り立つ】（他タ下二）{て・て・つ／つる・つれ・てよ}たいせつに守り育てる。養育する。平家 六・祇園女御「夜泣きすとただ—・てよ㊐末の代に清く盛（さか）ふることもこそあれ」訳（その子＝清盛が）夜泣きをしても、忠盛（ただもり）よ、ひたすらたいせつに守り育てよ。後に清く栄えることもあろう（から）。（「ただ守り立てよ」に「忠盛」をかけ、「清く盛ふる」に「清盛（きよもり）」の名を隠す）

もり-べ【守部】（名）「もりへ」とも。番人。特に、山・原野・陵墓・関所などの番人。万葉 一七・四〇一一「あしひきの彼面此面（をてもこのも）に鳥網（となみ）張り—を据（す）ゑて」訳 山のあちこちに鳥網（とりあみ）を張り、番人を置いて。（山にかかる枕詞である「あしひきの」を、ここでは「山の」の意に用いている）

も・る【漏る・洩る】（自ラ四・下二）{ら・り・る／る・れ・れ}{れ・れ・る／るる・るれ・れよ}❶（水・光・音などが）すき間を通って、外へ出る。こぼれる。枕 三六「夜ふけて、月の窓より—・り㊥（四段）たりしに」訳 夜がふけて、月の光が窓から漏れていたが。

❷秘密が他に知られる。平家 二・西光被斬「これらが内々はかりしことの—・れ㊥（下二段）にけるよ」訳 この者どもの内々くわだてたことが他に知られてしまったなあ。

❸省かれる。除外される。源氏 賢木「このたびの司召（つかさめし）にも—・れ㊥（下二段）ぬれど」訳（三位（さんみ）の中将は）今回の司召し（＝官職の任命式）にも外れてしまったが。

も・る（他ラ四）{ら・り・る／る・れ・れ}摘みとる。もぎとる。平家 六・祇園女御「やぶにぬかごのいくらも有りけるを、忠盛（ただもり）袖に—・り㊥いれて」訳 やぶにむかご（＝山芋（やまいも）のつるにつく球状の芽）がたくさんあったのを、忠盛は袖にもぎとって入れて。

も・る【守る】（他ラ四）{ら・り・る／る・れ・れ}❶見張る。番をする。古今 秋下「山田—・る㊅秋の仮庵（かりいほ）に置く露は稲負鳥（いなおほせどり）の涙なりけり」訳 山近くの田の番をする秋の仮小屋におく露は、稲負鳥の涙だったのだ。

❷（人目を）はばかる。すきをうかがう。万葉 一二・三一二二「心無き雨にもあるか人目—・る㊅乏（とも）しき妹（いも）に今日だに逢（あ）はむを」訳 無情な雨であることよ。人目をはばかっている、めったに逢えないあなたにせめて今日だけでも逢いたいのに。

も・る【盛る】(他ラ四)〔ら・り・る・る・れ・れ〕❶高く積み上げる。特に、飲食物を器物に入れていっぱいにする。万葉 二・一四二「家にあれば笥に―・る㊦椎の葉に―・る㊦」訳→いへにあれば…和歌 ❷薬や酒などを飲ませる。〔浮・西鶴諸国ばなし〕「『酒ひとつ―・ら㊀ん』と、呼びに遣はし」訳(内助は)「酒を一献差し上げたい」と、(仲間を)呼びに行かせ。

もろ-【諸・両】(接頭)(名詞に付いて)❶二つそろっている意を表す。両方の。「―手」「―刃」❷いっしょの、の意を表す。「―声」「―寝」❸多くある意を表す。さまざまの。「―人」「―色」

もろ-うた【諸歌】(名)神楽で、本歌(=歌の前半の部分)・末歌(=歌の後半の部分)をともにうたうこと。また、その時の末歌。

もろ-おもひ【諸思ひ】(名)男女が互いに相手を恋い慕うこと。相思相愛。相ぼれ。〔浮・好色五人女〕「互ひに入り乱れて、これを―とや申すべし」訳(恋い慕う気持ちが)互いに入り乱れて(通い合い)、こんな状態を相思相愛というのだろうか。

もろ-かづら【諸葛】(名)賀茂の祭りのとき、ふたばあおい(=植物の名)を桂の枝に付けて柱や簾にかけたり、頭にかざしたりするもの。夏。〔後拾遺〕雑五「―二葉ながらも君にかくあふひや神のしるしなるらむ」訳(若宮はまだ)もろかずらの双葉(のように幼い身)であるが、あなたにこうして逢える日があるのは、(賀茂の)神様のご利益であろうか。(「あふひ」は「葵」と「逢ふ日」との掛詞)

もろ-くち【諸口】(名)❶多くの者の言うこと。世評。〔うつほ〕国譲中「世をまつりごち馴れ給へる御王位だに、臣下の―と申すことは、え否び給はぬことなり」訳天下の政治を長い間行っていらっしゃる帝でさえ、臣下の多くの者が口をそろえて申し上げることには、拒絶なさることができないものである。⇩聞こえ「慣用表現」❷馬の引き方の一種で、二人の者が馬の口の両側につけた差し縄を取って引くこと。一説に、両側から手綱を引く意とも。平家 九・生ずきの沙汰「或はのり口に引かせ、或は―に引かせ」訳(都へ上る軍勢の馬は)あるいは乗り口で引かせ、あるいは諸口で引かせて(進んでいるが)。→乗り口

もろ-ごころ【諸心】(名)いっしょに心を合わせてすること。同心。源氏 若菜下「御かたはらに添ひゐ給ひて、涙おしのごひ給ひつつ、仏を―に念じ聞こえ給ふさま」訳(光源氏が紫の上の)おそばに寄り添ってすわりなさって、涙を拭いなさっては、仏を(紫の上と)心を合わせてお祈り申しあげなさるようすは。

もろ-こし【唐土】(名)わが国で中国をさして呼んだ称。竹取 火鼠の皮衣「この皮は、―にもなかりけるを、からうじて求め尋ね得たるなり」訳この皮は、中国にもなかったのに、やっとのことで探しあてて手に入れたものだ。

もろこし-ぶね【唐土船】(名)中国からの船。また、中国へ派遣した船。徒然 一二〇「―のたやすからぬ道に、無用の物どものみ取り積みて」訳唐土船が航行に困難な海路を通って、さまざまの役にも立たない物ばかり積み込んで。

もろ-ごひ【諸恋】(名)互いに恋しく思うこと。相思相愛。源氏 藤裏葉「あやしくそむきそむきに、さすがなる御―なり」訳(夕霧と雲居の雁とは)不思議と離れ離れの関係で(いながら)、そうでもない相思相愛のお間柄である。

もろ-ごゑ【諸声】(名)いっしょに声を出すこと。互いに声を合わせること。枕 二八「犬の―にながながとなきあげたる、まがまがしくさへにくし」訳犬が何匹かいっしょの声で長く声を引いてほえたてたのは、不吉な感じまでして不快だ。

もろ・し【脆し】(形ク)〔から・く(かり)・し・き(かる)・けれ・かれ〕❶こわれやすい。はかない。源氏 鈴虫「唐の紙は―・く㊥て、朝夕の御手ならしにもいかがとて」訳唐の紙は破れやすくて、朝夕お手もとでお使いになるのにもどうかというので。❷心が傷つきやすい。涙などが出やすい。源氏 橋姫「山おろしに堪へぬ木の葉の露よりもあやなく―・き㊦我が涙かな」訳山おろしの風に堪えきれず落ちる木の葉の露よりも、わけもなく出やすい私(=薫)の涙だなあ。

もろ-て【諸手】(名)両手。平家 九・越中前司最期「えいと言ひて―をもって(=両手でもって)、越中前司が鎧の胸板をば、ぐっと突いて」

もろとも-に【諸共に】(副)いっしょに同じ行動をするさま。そろって。竹取 かぐや姫の昇天「『されどおのが心ならず、まかりなむとする』と言ひて、―いみじう泣く」訳「けれども(私=かぐや姫は)自分自身の本心とは違って、(月の都へ)おいとましてしまおうとする」と言って、(翁や嫗と)いっしょにひどく泣く。

もろともに… 和歌《百人一首》

> もろともに　あはれと思へ　山桜
> 花よりほかに　知る人もなし
> 〈金葉・九・雑上・五二一・行尊〉

訳いっしょに(お互いを)しみじみとなつかしいと思ってくれ、山桜よ。(こんな山奥では)花のおまえのほかに、(私の心を)知る人もいないのだ。

解説詞書に奈良の大峰山で、思いがけず桜の花を見たときの歌とある。大峰山は修験道の修行地。孤独な修行に打ちこむ作者が山桜に呼びかけたもの。

もろ-ひと【諸人】(名)「もろびと」とも。多くの人々。たくさんの人。万葉 五・八四三「梅の花折り挿頭しつつ―の遊ぶを見れば都しぞ思ふ」訳梅の花を折り取って飾りとして髪に挿しては多くの人々が遊ぶのを見ると、(奈良の)都を思い出すことだ。

もろ-もち【諸持ち】(名)人々が力を合わせていっしょに持つこと。→口網も諸持ち

もろ-もろ【諸諸】(名)多くのもの。すべてのもの。また、多くの人。万葉 二〇・四三七二「吾はいはむ―は幸く と申す帰り来までに」訳私は潔斎して祈ろう。人々は無事にと(神に)祈る。(私が)帰って来るまでは。

もろ-や【諸矢】(名)対になった二本の矢。初めに射るのを「甲矢」、あとに射るのを「乙矢」という。徒然 九二「ある人、弓射ることを習ふに、―をたばさみて(=手にはさんで)的に向かふ」

もろ-をりど【諸折り戸】(名)二枚開きの扉。左右に開く折り戸。↔片折り戸

もん【文】(名)❶文字。また、文句。文章。徒然 二三三

「父の前にて、人ともの言ふとて、史書の―を引きたりし」訳 父の面前で、人と話をするということで、(中国の)歴史の本の文章を引用していたのは。❷「呪文(=まじないに唱える文句)」「経文(=仏教の経典の文句)」の略。〔太平記〕三四「口に―を呪したるに」訳 口に呪文を唱えたところ。❸貨幣の単位。穴あき銭一個。「貫」の千分の一。❹(一文銭を並べてはかったところから)足袋の大きさの単位。一文は八分(=約二・四センチメートル)。

もん【紋・文】(名)❶あや。模様。源氏 末摘花「興ある―つきてしるき上着ばかりぞ」訳 おもしろい模様がついていて、目につく上着だけを。❷家の紋章。紋所。家紋。

もん-かく【門客】(名)新しく召しかかえた家来。食客。平家 七・福原落「汝等は一旦従ひつく―にあらず、累祖相伝の家人なり」訳 おまえたちは一時的に従いつく新たな家来ではなく、先祖代々の家来である。

もん-こ【門戸】(名)❶門の扉。出入り口。平家 七・忠度都落「俊成卿の宿所におはして見給へば、―をとぢて開かず」訳 (平忠度が)藤原俊成卿の邸においでになってご覧になると、出入り口を閉じて開かない。❷家柄。流派。〔春泥句集〕序「古より俳諧の数家、おのおの―を分かち、風調を異にす」訳 昔から俳諧の数家がそれぞれ流派を分けて、詠みぶりを異にする。

もん-ざい【文才】(名)学問、特に、漢学・漢文の才。源氏 絵合「―をばさるものにていはず」訳 (あなた=光源氏は)漢学・漢文の才能については言うまでもないことして言はず(ともすばらしく)。

もんざう-はかせ【文章博士】(名)「もんじゃうはかせ」に同じ。

もんじ-の-ほふし【文字の法師】経典の注釈や教理の学問的な研究ばかりをして、実践面の修行を怠る僧。禅僧が学問僧をあざけっていう語。徒然 一九三「―・暗証の禅師、たがひに測りて、己にしかずと思へる、ともに当たらず」訳 もっぱら教理を学問的に研究している僧と、座禅して修行に励んでいる僧とが、互いに(相手のことを)推測して、(相手が)自分には及ばないと思っているのは、どちらも当たっていない。

文集(もんじふ)『作品名』→白氏文集

もん-じゃう【文章】(名)「もんざう」とも。ぶんしょう。

もんじゃう-の-しゃう【文章の生】(名)大学寮で文章道(=歴史と詩文)を学ぶ学生で、式部省の試験に及第した者の称。文章生。進士。源氏 帚木「まだ―に侍りし時、賢き女のためしをなむ見給へし」訳 まだ(私=藤式部の丞が)文章の生でございましたとき、賢い女の例を拝見した。

もんじゃう-はかせ【文章博士】(名)「もんざうはかせ」とも。大学寮において文章道(=歴史と詩文)を教授した者。〔うつほ〕吹上下「文作り果てて、御前に奉る。―講師、読み申す」訳 (文人たちが)漢詩を完成して、院の帝に差し上げる。文章博士が講師として、(その詩を)お読み申しあげる。

もん-じゅ【文殊・文珠】(名)《梵語の音訳》「文殊師利菩薩」の略。釈迦如来の左に侍して、知恵をつかさどる菩薩。像は、ふつう獅子に乗っている。

もん-ぜき【門跡】(名)〔「一門派の跡」の意〕❶一つの門派の教義を伝え、法統を継承する寺・僧。平家 四・山門牒状「なかんづくに延暦・園城両寺は、―二つに相分かるといへども」訳 とりわけ延暦・園城の二寺は、門流が(山門・寺門と)二つに分かれているといっても。❷皇族・上級貴族、またその子弟が出家して、その法統を伝えている寺院。また、その住職。

もん-ぜつ【悶絶】(名・自サ変)苦しみもだえて気絶すること。今昔 六・二「不慮の外に馬より落ちて、―・しぬ」訳 思いがけないことに馬から落ちて、苦しみもだえてにわかに死んでしまった。

文選(もんぜん)『作品名』中国の詩文集。もとは三十巻で、今は六十巻。梁の昭明太子撰。六世紀前半の成立。周から梁に至る詩文七百六十編を文体ごとに年代順に分類した。日本では、平安時代、白居易の「白氏文集」とともに流行した。

もんちゅう-じょ【問注所】(名)「もんぢゅうしょ」とも。❶鎌倉・室町幕府の役所の名。政所に属し、主として訴訟・裁判をつかさどる。❷「問注所執事」の略。①の長官。

もん-と【門徒】(名)❶門人。門弟。また、仏教で、同じ宗門の信徒。平家 四・永僉議「慶秀が―においては、今夜六波羅におし寄せて、打ち死にせよや」訳 慶秀(=僧の名)の宗門の僧においては、今夜六波羅に押し寄せて、討ち死にしろよ。❷「門徒宗」の略。浄土真宗の俗称。また、その信徒。

もん-どころ【紋所】(名)それぞれの家によって定まっている紋章。家紋。

もん-び【紋日】(名)《遊里語》〔「物日」の転〕五節句・祭礼など、遊郭で特別の行事がある日。

もんめ【匁・文目】(名)❶重さの単位。貫の千分の一。一匁は約三・七五グラム。❷江戸時代の銀貨の単位。時代によって異なるが、元禄十三年(一七〇〇)の公定交換比率によれば、銀六十匁を金一両とする。

もん-ゐん【門院】(名)(皇居の門の名をつけたところから)朝廷から天皇の生母・内親王などに与えられた称号。後一条・後朱雀天皇の生母藤原彰子を、上東門院と称したのに始まる。

「や」は「也」の草体
「ヤ」は「也」の草体の省画

や【八】(名)❶はち。やっつ。万葉 九・一八〇九「葦屋の菟原処女の―年子の片生ひの時ゆ」訳 葦屋(=地名)の菟原処女が、八歳のまだ一人前にならないときから。❷数・量の多いことを表す。「―雲」「―重」

や【矢・箭】(名)武具の一つ。一方の端に鏃を付け、弓の弦につがえて射るもの。他の端に羽を。徒然 九二「初心の人、二つの―を持つことなかれ」訳 初心者は、二本の矢を持って(的に向かって)はならない。⇩巻頭カラー

ページ17

や【屋・家】(名)❶家。家屋。部屋。竹取 かぐや姫の生ひ立ち「―のうちは暗き所なく光り満ちたり」訳 建物の中は暗い所がなく一面に光り輝いている。❷屋根。竹取 竜の頸の玉「―の上に糸を染めて色々に葺かせて」訳 屋根の上には糸を染めていろいろな色に(美しく)葺かせて。

語の広がり「屋や」 宿泊する意の「宿やどる」は、「屋や取とる(=部屋を取る)」の意。「宿(=「屋＋戸」の意という)」を動詞化したものではない。

や【輻】(名)車輪の部分の名。車軸と周囲の輪とをつなぐ放射状に並んだ多くの棒をいう。大鏡 伊尹「―などのしるしには、墨をにほはさせ給へりし」訳 (牛車の絵で)車輪の輻やなど(を描くとき)の印には、墨をぼかしてお描きになられたのは。⇨巻頭カラーページ19

や(感)❶呼びかけのことば。やい。おい。もしもし。宇治 一・二「―、な起こし奉りそ」訳 おい、お起こし申すな。文法「な(副詞)…そ(終助詞)」の形で禁止の意を表すことば。❷驚いたときや思い付いたときに発することば。あっ。ああ。源氏 帚木「物におそはるる心地して、『―』とおびゆれど」訳 (空蟬うつせみは)何かの(恐ろしい)霊に襲われる感じがして、「あっ」とおびえる(ように叫んだ)が。❸はやしことば、または掛け声。❹呼びかけに答えることば。おう。はい。

や ㊀(係助) ㊁(終助) ㊂(間助)

意味・用法

㊀**係助詞**
- **疑問**〔…か。〕→❶
- **反語**〔…(だろう)か(いや、…ない)。〕→❷

㊁**終助詞**
- **疑問**〔…か。〕→❶
- **反語**〔…(だろう)か(いや、…ない)。〕→❷
- **詠嘆**〔…かなあ。…なあ。〕→❸

㊂**間投助詞**
- **感動・詠嘆**〔…だなあ。…よ。〕→❶
- **呼びかけ**〔…よ。〕→❷
- **並列**〔…やら…やら。〕→❸

接続

㊀種々の語に付く。活用語には連体形・連用形に付く。上代では活用語の已然形にも付く。
㊁活用語の終止形・已然形に付く。已然形に付くのは「万葉集」に多く、中古でも和歌のみにみられる。
㊂文節の切れめ、体言、活用語の連体形に付く。

㊀(係助)❶疑問の意を表す。㋐自己の疑いの気持ちを表す。…か。竹取 蓬萊の玉の枝「これやわが求むる山ならむ」訳 これが私のさがしている山なのだろうか。古今 春上「袖ひちてむすびし水のこほれるを春立つけふの風やとくらむ」訳 →そでひちて…和歌。㋑相手に問いかける意を表す。…か。古今 夏「夜や暗き道やまどへるほととぎすわが宿をしも過ぎがてに鳴く」訳 夜が暗い(ためな)のか。道に迷ったのか。ほととぎすが、私の家のところを行き過ぎがたいように鳴いている。文法「宿をしも」の「しも」は、強意の副助詞。枕 一三七「『さることやありし』と問はせ給へば」訳 (中宮が)「そういうことがあったのか」とお尋ねになられたので。

係り結び
〈疑問〉(連体形) 花や咲きたる。(=花が咲いているか)
〈反語〉(連体形) われや言ひたる。(=私が言ったか〈いや、言うはずがない〉)

❷反語の意を表す。**…(だろう)か(いや、…ない)**。古今 春上「見てのみや人に語らむ桜花手ごとに折りて家づとにせむ」訳 (この美しさを)見て人に語るだけでよいだろうか(いや、よくない)。(さあ)桜の花をめいめいが手折って、家へのみやげにしよう。

㊁(終助)❶疑問の意を表す。**…か**。伊勢 九「名にし負はばいざこと問はむ都鳥わが思ふ人はありやなしやと」訳 →なにしおはば…和歌。古今 恋三「風吹けば波うつ岸の松なれやねにあらはれて泣きぬべらなり」訳 (私は)風が吹くと波がうち寄せる海岸の松だから(とでもいうのだろうか)。松の根が洗われて露あらわになるように、私は声をあげて泣いてしまいそうだ。(「ねにあらはれて」は、「根に洗はれて」と「音ねに現れて」との掛詞)
❷反語の意を表す。**…(だろう)か(いや、…ない)**。万葉 一五・三六〇四「妹いもが袖別れて久ひさになりぬれど一日ひとひも妹を忘れて思へや」訳 妻の袖と別れて長くたったけれど、一日でも妻を忘れることがあろうか(いや、忘れはしない)。
❸詠嘆の意を表す。**…かなあ。…なあ**。新古 冬「津の国の難波なにはの春は夢なれや葦あしの枯れ葉に風渡るなり」訳 →つのくにの…和歌

㊂(間助)❶感動・詠嘆を表す。…だなあ。古今 恋一「ほととぎす鳴くや五月さつきのあやめ草あやめも知らぬ恋もするかな」訳 →ほととぎす…和歌。源氏 夕顔「あはれ、いと寒しや」訳 ほんにまあ、ひどく寒いなあ。細道 芭蕉「荒海や佐渡によこたふ天あまの河」訳 →あらうみや…俳句
❷呼びかけの意を表す。…よ。源氏 常夏「朝臣あそんや、さやうの落ち葉をだに拾へ」訳 朝臣(=夕霧)よ、せめてそういう落ち葉をでも拾えよ。
❸並べ立てて列挙する。…やら…やら。源氏 葵「御修法みずほふや何やなど、わが御方にて多く行はせ給ふ」訳 (光源氏は葵あおいの上の安産のご祈禱きとうやら何やらなど、ご自分のお部屋でいろいろ行わせなさる。文法「行はせ給ふ」の「せ」は、使役の助動詞「す」の連用形。

文法 (1) **係り結び** ㊀の「や」を受ける文末の活用語は、係り結びによって連体形となる。また、「ありけむ」「あらむ」などが文末にくる場合には、結びの語が省略されることもある。
「まさしく有りし心地のするは、我ばかりかく思ふにや(=私だけがこのように感じるのだろうか)」(下に「あらん」が省略されている)〈徒然 七一〉
(2) **「や」と「か」の違い** ㊀②の反語の場合は「やは」の形になることが多い。疑問の意を表す助詞には、ほかに「か」がある。「や」と「か」には、疑問とする点が、

「や」ではそのあと、「か」ではその前にくるという違いがある。疑問の意を表す語(「いづこ」「なぞ」「たれ」など)との位置関係は次のようになる。

「春霞たてる**や**いづこみよしのの吉野の山に雪はふりつつ」〈古今 春上〉

「世の中は何**か**常なるあすか川きのふの淵ぞ今日は瀬になる」〈古今 雑下〉

中古の用法では、「か」は必ず疑問語とともに用いられるが、「や」には疑問語がない場合がある。

なお、文末用法の「か」は活用語の連体形に付き、終助詞「や」は終止形に付く。

(3) 二の終助詞は、係助詞「や」の文末用法とする説もある。反語の意味で用いられることが多い。

(4) **切れ字** 三①には、和歌・連歌・俳諧などで、語調を整えたり、表現を切って余情をもたせたりする用法がある。連歌・俳諧の場合はこれを切れ字という。間投助詞の「や」の①の用法で留意する必要があるのは、この「や」が文節の切れめに付くということである。「鳴くや五月」の「鳴く」は連体形で「五月」にかかる。「ほととぎすが鳴くね、五月の…」といった感じである。

「天なる**や**神楽良の小野」〈万葉 一六・三八八七〉

「畏き**や**天の御門」〈万葉 二〇・四四八〇〉

などの用例から、上の語が連体形であることがわかる。なお、間投助詞「や」の文末用法を終助詞とする説もある。

や-あはせ【矢合はせ】(名)開戦の合図に、両軍が矢(多くは鏑矢)を射交わすこと。矢入れ。平家 四・橋合戦「橋の両方の詰めにうっ立って―す」訳 橋の両方のたもとにつっ立って矢合わせをする。

やい(感)目下の者に呼びかけることば。おい。〔謡・丹後物狂〕「―、なにと申すぞ(=なんだと申すのだ)」

や-い(終助)〔間投助詞「や」に終助詞「い」の付いたもの〕感動をもって強く呼びかける、あるいは念をおす語。…かい。…だぞ。…だよ。〔狂・末広がり〕「やいやい太郎冠者あるか**やい**」訳 おいおい太郎冠者はいるかい。

接続 文末に付く。

参考 中世以降、主として会話文に用いられる。

やい-ごめ【焼い米】(名)〔「やきごめ」のイ音便〕「やきごめ」に同じ。秋

やい-じるし【焼い印】(名)〔「やきじるし」のイ音便〕物に焼き付ける金属製の印。また、それを押したあと。焼き印。平家 一〇・請文「花方が頬に、浪方といふ―をぞせられける」訳 花方(=人名)の頬に、浪方という焼き印をしなさった。

やい-ば【刃】(名)〔「やきば」のイ音便〕❶焼き入れをして硬くした刃。また、刀の刃に付いている波状の模様。〔謡・小鍛冶〕「御剣の―の、乱るる心なりけり」訳 御剣の刃の乱れ模様のように、乱れる気持ちであった。

❷刃物。刀剣類の総称。〔雨月〕菊花の約「みづから―に伏し」訳 みずから刃物で自害をし。

❸鋭いもの、威力あるものをたとえていう語。平家 五・文覚荒行「およそ飛ぶ鳥も祈り落とす程の―の験者とぞ聞こえし」訳 (文覚は)総じて飛ぶ鳥も祈禱によって落とすほどの刃のように威力のある修験者と評判があった。

やう【益】(名)〔「やく(益)」のウ音便〕利益。甲斐。効果。竹取 ふじの山「『たがためにか。何事も―もなし』とて、薬も食はず」訳 「だれのためにか(命を惜しむのか)。何事も甲斐もない」と言って、薬も飲まず。

やう【陽】(名)易学で、天・日・春・夏・南・東・昼・男など、積極的・活動的な事物を表す語。↔陰。→陰陽

-やう【様】(接尾)❶(名詞に付いて)それらしく思われるもの。…のよう。…のふう。…の流儀。源氏 常夏「近き河の石伏―のもの、御前にて調じてまゐらす」訳 近くの川の石伏(=川魚の名)のようなものを、(光源氏たちの)御前で料理して差し上げる。

❷(動詞や助動詞の連用形に付いて)…のしかた。…のぐあい。徒然 二三六「この御社の獅子の立てられ―、定めてならひあることに侍らん」訳 この御社の獅子像の立てなさり方は、きっといわれがあることでございましょう。

文法 「られ」は、尊敬。

やう【様】(名)❶**様式。形式。**手本。源氏 帚木「定まれる―ある物を難なくし出づることなむ」訳 (道具類で)定まった型のある品物を欠点がないようにつくりあげることは。

❷**形。姿。ようす。**状態。方丈 二「こぼちわたせりし家どもは、いかになりにけるにか、ことごとくもとの―にしも作らず」訳 一面に取りこわしてしまった家々は、どうなってしまったのであろうか、すべてもとどおりの姿には作らない。

文法 「しも」は、強意の副助詞。

❸**わけ。事情。理由。**宇治 一一・六「いかにかくはあつまる、何かあらん―のあるにこそ」訳 どうしてこうは(人が)集まるのか、何か格別のわけがあるのであろうか。文法 係助詞「こそ」のあとに結びの語「あらめ」などが省略されている。

❹**方法。手段。**やり方。徒然 五三「すべき―なくて」訳 (鼎から頭を抜こうとするが)とるべき手段もなくて。

❺(見ること・思うこと・言うこと・あることなどの、その内容を表す)こと。…ことには。竹取 かぐや姫の昇天「かぐや姫に言ふ―、『なんでふ心地すれば、かくものを思ひたるさまにて、月を見給ふぞ』」訳 (翁が)かぐや姫に言うことには、「どんな気持ちがする(という)ので、このように物思いに沈んだようすで、月をご覧になるのか」。

やう-がう【影向】(名・自サ変)《仏教語》神仏が仮の姿をとってこの世に現れること。平家 四・南都牒状「八幡三所・春日の大明神、ひそかに―を垂れ」訳 八幡宮の三神と春日神社の大明神が、ひそかにこの世に現れる仮の姿を現し示して。

やう-がま・し【様がまし】(形シク)〔しから・しく(しかり)・し・しき(しかる)・しけれ・しかれ〕〔「がまし」は接尾語〕❶ゆえありげだ。わけがありそうだ。〔源平盛衰記〕「行隆は不参はなかなか―・し㊙とて」訳 行隆は参上しないのはかえってわけがありそうだというので。

❷条件や注文が多くて煩わしい。面倒だ。〔狂・千鳥〕「さてさてこなたは話に―・しい㊇(口語)お方でござる」訳 なんとまあ、あなたは話に注文が多くて煩わしいお方でございます。

やう-が・り【様がり】(自ラ変)〔ら・り・り・る・れ・れ〕〔「様がり」の転〕(善悪ともに用いて)一風変わっている。わけありげである。宇治 五・七「この女房、―・る㊇曆かなとは思

へども、いとかうほどには思ひよらず」訳この女房は、一風変わっている暦だなあとは思うけれども、まさかこれほどに(でたらめな暦だと)は考え及ばず。

やう‐き【陽気】(名)万物が動き、生まれ育とうとするきざし。徒然 一三三「大方、東を枕として―を受くべき故に、孔子も東首し給へり」訳一般に、東を枕として(寝て)、万物を育てる陽のきざしを受けるのがよいので、(かの)孔子も東枕になさった。

やう‐き【様器・楊器】(名)語義未詳。儀式に用いる食器とも、食器を載せる台ともいう。枕 一八二「雪のいみじう降りたりけるを、―に盛らせ給ひて」訳雪がとてもたくさん降ったのを、(村上天皇は)様器に高くお積みあげになられて。

楊貴妃(やうきひ)『人名』(七一九〜七五六)中国、唐の第六代皇帝玄宗の妃。才色兼備で玄宗の寵愛を一身に集めたが、安史の乱で悲劇的な最期をとげた。白居易(＝白楽天)の叙事詩「長恨歌」はこの悲劇をうたったもの。

やう‐きゅう【楊弓】(名)座敷遊戯用の小弓。また、その遊戯。長さ二尺八寸(＝約八五センチメートル)で、的から七間半(＝約一四メートル)ほど離れて、座って射る。

やう‐じゃう【養生】(名)健康を保つこと。摂生。また、療養すること。方丈 四「つねに歩き、つねに働くは―なるべし」訳いつも出歩き、いつもからだを動かすのは健康を保つもとであるはずだ。

やう‐す【様子】(名)❶ありさま。状態。❷みなり。姿かたち。体裁。〔浮・好色一代男〕「―を見るに、公家のおとし子かと思はれて」❸しさい。わけ。事情。〔浮・好色五人女〕「―あってのにはか坊主」訳わけがあって急に出家した僧。❹けはい。きざし。〔浮・好色一代男〕「もしまたおなかに〔妊娠の〕―ができたらば(＝きざしが生じたならば)」

やう‐ず【瑩ず】(他サ変){ぜ・じ・ず・ずる・ずれ・ぜよ}瑩貝(＝貝や金属で作ったつやを出す道具)でみがいて紙や布につやを出す。みがく。〔うつほ〕あて宮「御髪のうるはしくをかしげに、清らなる黒紫の絹を―・ぜ(未)ること」訳(あて宮の)御髪がきちんとそろって優雅な感じで、(まるで)美しい黒紫の絹をみがいてつやを出したようで。

陽成天皇(やうぜいてんわう)『人名』(八六八〜九四九)第五十七代の天皇。清和天皇の皇子で、母は二条の后藤原高子。若くして即位したが、奇行のため、高子の兄基経によって譲位させられた。「小倉百人一首」に入集。

やう‐だい【様体・様態】■一(名)❶姿。形。なりふり。容姿。蜻蛉 下「かしらつきをかしげにて、―いとあてはかなり」訳(女の子は)髪の形もいかにも美しいようすで、容姿がとても上品である。❷ありさま。状況。事情。大鏡 師尹「事の―は、三条院のおはしましけるかぎりこそあれ」訳事の真相は(こうです)、三条院が生きていらっしゃった間はともかく。文法「こそあれ」は係り結び。❸病気のありさま。病状。〔浄・女殺油地獄〕「おかちが―御覧なされくだされ」訳おかち(＝娘の名)の容態をご覧になってください。❹手段。方法。〔狂・鶏聟〕「婿入りのしつけ・―」■二(名・形動ナリ)もったいぶること。〔浮・好色五人女〕「我が家の裏なる草花見るさへ、かく―・なり(終)」訳自分の家の裏にある草花を見るのにさえ、このようにもったいぶって大げさなのである。

やう‐でう【横笛】(名)よこぶえ。平家 六・小督「腰より―抜き出だし、ちっと鳴らいて」訳腰から横笛を抜き取り、ピーッと鳴らして。⇩巻頭カラーページ23

参考「横笛」の字音「わうてき」が「王敵」と通じるので、避けて読み替えたものという。

やう‐な・し【益無し】(形ク){から・く(かり)・し・き(かる)・けれ・かれ}【「やくなし」のウ音便】無益である。役に立たない。つまらない。〔雨月〕菊花の約「永く居りて―・き(体)を思ひて」訳長くいても無益であることを思って。

やう‐なり(助動ナリ型)

意味・用法

- **比況**〔(まるで)…ようだ。〕→❶
- **同一**〔…とおりだ。…ままだ。〕→❷
- **例示**〔(たとえば)…ようだ。〕→❸
- **不確かな断定**〔…みたいだ。…ようだ。〕→❹
- **願望**〔…ように。〕→❺

接続

活用語の**連体形**、格助詞「の」、まれに「が」に付く。

活用

未然	連用	終止	連体	已然	命令
やうなら(ム)	やうなり(ケリ)〈やうに〉(テ)	やうなり(。)	やうなる(コト)	やうなれ(ドモ)	○

【名詞「やう(様)」に断定の助動詞「なり」の付いたもの】❶他の事物に似ている意を表す。(まるで)…ようだ。源氏 若紫「髪は扇をひろげたるやうに(用)ゆらゆらとして」訳(若紫の)髪はまるで扇を広げたようで、(動くたびに)ゆらゆらと揺れて。❷他の事物と同じである意を表す。…とおりだ。…ままだ。大鏡 道長下「思ふやうなる(体)木持て参りたりとて」訳望むとおりの(梅の)木を持って参ったということで。❸例示の意を表す。(たとえば)…ようだ。竹取 蓬萊の玉の枝「鬼のやうなる(体)もの出で来て殺さむとしき」訳鬼のようなものが出て来て殺そうとした。❹不確かな断定、または婉曲な断定の意を表す。…みたいだ。…ようだ。源氏 若菜上「中納言などは、年若くかろがろしきやうなれ(已)ど」訳中納言(＝夕霧)などは年も若く重みがないようであるけれども。❺(「やうに」の形で)願望の意をこめて「…ように」の意を表す。徒然 一〇七「すべて男をば、女に笑はれぬやうに(用)おほしたつべしとぞ」訳一般に男をば、女に笑われないように養育するのがよいということだ。文法 係助詞「ぞ」のあとに結びの語「いふ」などが省略されている。

文法「やうなり」は、平安時代に、漢文調の文章で用いられた「ごとし」に対するものとして、和文で用いられた。同じく比況を表すといっても、「ごとし」は助動詞といえるが、「やうなり」は当時、「やう」と「なり」の結合が弱く、まだ十分に助動詞であるとはいえなかった。「やうなり」が完全な助動詞といえるようになるのは中世以降で、「ようだ」という形を生じて現代語につながっている。

やう‐はな・る【様離る】ようすが普通と異なる。一風変わっている。源氏 柏木「恥づかしきさまも—・れ(用)て、かをりをかしき顔ざまなり」訳(薫は)こちらが気おくれするほどのようすも普通(の子)とは違っていて、つややかな美しさの趣ある顔つきである。

やうめい-の-すけ【揚名の介】(名)平安時代以降、名目だけで職務も俸禄もない国司の次官。

やうめい-もん【陽明門】(名)平安京大内裏の東の正面、北から二番目の門。近衛の御門。⇨巻頭カラーページ31

やう-やう【様様】(名・形動ナリ)いろいろ。さまざま。種々。著聞 三四七「季武負けて、約束のままに、—の物ども取らす」訳 季武は(弓争いに)負けて、約束どおりに、種々の物をあれこれ与える。

やう-やう【漸う】(副)〔「やうやく」のウ音便〕

> **語義パネル**
> 現代語で「ようやく間に合った」などと用いる副詞「やうやく」のウ音便。漢文訓読語の「やうやく」に対して、和文脈の語として用いられた。
> ❶だんだん。しだいに。
> ❷かろうじて。やっと。

❶**だんだん。しだいに。** 枕 一「春はあけぼの。—しろくなりゆく、山ぎはすこしあかりて」訳 春は夜明け方(が趣がある)。だんだんと白くなっていく、山に接するあたりの空が少し明るくなって。(「あかりて」は「赤みを帯びて」と解釈する説もある。)⇨枕草子「名文解説」

❷**かろうじて。やっと。** 宇治 一三・一一「—として、穴の口までは出でたれども、え出でずして、たへがたきことかぎりなし」訳(僧は)やっとのことで、穴の口までは出たけれども、(外へは)出ることができないで、苦しいことはこの上ない。文法「え」は副詞で、打消の語(ここでは「ず」)を伴って不可能の意を表す。

やう-やく【漸く】(副)「やうやう(漸う)」に同じ。

やう-らく【瓔珞】(名)《仏教語》仏像の頭・首・胸、また仏殿などに垂れ下げる飾り。珠玉や種々の金属を糸で貫いて作った。もとは、古代インドの貴族の用いた装身具。今昔 一・二「種々のめでたき—を以って身を飾り給ひて」訳(摩耶夫人は)いろいろなすばらしい装身具で身をお飾りになって。

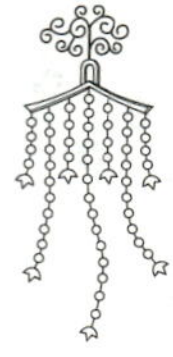
(やうらく)

やう-りう【楊柳】(名)〔「楊」はかわやなぎ、「柳」はしだれやなぎの意〕広く、やなぎをいう。春

や-うれ(感)〔「やおれ」とも。〕(目下の)人に呼びかけるときにいう語。やあ。やい。おい。宇治 五・三「—、おれらよ、召されて参るぞ」訳 おい、おまえたちよ、(自分は)召されて参上するぞ。

やえ【八重】⇨やへ

やお【八百】⇨やほ

や-おもて【矢面】(名)矢の飛んで来る正面。敵に面した最前線。矢先。平家 一一・嗣信最期「(家来たちは)馬の頭を立て並べて大将軍(=源義経)の—にふさがりければ(=立ちふさがったので)」

やおよろず【八百万】⇨やほよろづ

やおら ⇨やをら

-やか(接尾)(名詞、形容詞の語幹、形容動詞の語幹などに付いて)「いかにも…と感じられるさまである」の意の形容動詞の語幹をつくる。竹取 かぐや姫の昇天「心ばへなど貴—・に(用)うつくしかりつることを」訳(かぐや姫は)気立てなども高貴でかわいらしかったことを。【例語】青やか・大きやか・軽びやか・際やか・きらびやか・けざやか・細やか・濃やか・細やか・爽やか・静やか・嫋やか・忍びやか・しめやか・清やか・速やか・聳やか・高やか・たぶやか(=たっぷりあるさま)・嫋やか・づしやか・約やか・艶やか・和やか・なびやか(=しなやかなさま)・生やか(=若く美しいさま)・なよやか(=しなやかで美しいさま)・匂ひやか・匂やか(=つやつやと美しいさま)・のどやか・花やか・密やか(=ひっそりしているさま)・ひはやか・ひよやか(=ひ弱に見えるさま)・細やか・忠実やか・短やか・雅びやか・豊やか(=ゆったりしているさま)・若やか・礼やか

やか【宅】(名)「やけ」とも。家。家屋敷。源氏 東屋「—の辰巳の隅の崩れいと危ふし」訳 家の東南の隅の(土塀の)崩れ(ている所)がたいそう危険である。

や-かう【夜行】(名・自サ変)❶「やぎゃう」とも。夜の見回り。夜歩き。枕 三二「—・し(用)、細殿などに入り臥したる、いと見苦しかし」訳(恐ろしい衛門の尉が)夜の巡回をし、細長い廂の間に設けた女房の局などに入りこんで横になっているのは、たいそう見苦しいものだ。❷夜遊び。〔梁塵秘抄〕「禅師はまだきに—好むめり」訳 禅師は年端もいかないのにもう夜遊びを好むようだ。

や-かげ【家陰・屋陰】(名)家のかげ。家によってかげになる所。徒然 一〇五「北の—に消え残りたる雪の、いたう凍りたるに」訳 北側の家のかげに消えずに残っている雪で、ひどく凍りついているのに。

や-かず【矢数】(名)❶矢の数。特に一人の射手が射た矢の、的に当たった数。大鏡 道長上「帥殿の—いま二つ劣り給ひぬ」訳 帥殿(=藤原伊周)の当たり矢の数がもう二本(道長に)ひけをとりなさった。❷射手が競って力の続く限り矢を射ること。特に、陰暦四、五月ごろ京都の三十三間堂(=蓮華王院本堂)で行うものが有名。通し矢。夏 ❸「矢数俳諧」の略。

やかず-はいかい【矢数俳諧】(名)一昼夜に一人で吟作した句数を競う俳諧の興行。井原西鶴の二万三千五百句を最高とする。「おほやかず」とも。

や-かた【屋形・館】(名)❶仮に建てた家。寓居。平家 九・坂落「火を出だし、平家の—、仮屋をみな焼き払ふ」訳 火を放って、(一の谷の)平家の陣屋や仮屋をみな焼き払う。❷貴人の宿所・邸宅。また、そこに住む身分の高い人を敬っていう語。〔浮・日本永代蔵〕「—、—に行きて殿づくり仕舞ひ」訳 あちこちのお屋敷に行って御殿造りをし終え。❸牛車で屋根のある部分。車箱。枕 三三「ものの枝などの、車の—などにさし入るを、急ぎてとらへて折らむ

とするほどに」訳木の枝などが、牛車の屋形などに入り込むのを、急いでつかまえて折ろうとするときに。
❹船の上にしつらえた、屋根のある部屋。船屋形。〔平家〕二・鶏合 壇浦合戦「舟の━に立ち出でて、大音声(だいおんじやう)を上げてのたまひけるは」訳(平知盛(とももり)が)船の屋形に立ち出て、大声を上げて言われたことには。
❺「屋形船(やかたぶね)」の略。

やかた-ぶね【屋形船】(名)中央に「屋形④」をしつらえた大型の船。江戸時代になると、川遊びなどに用いる遊覧用のものが流行した。〔太平記〕三六「左京の大夫(だいぶ)の━を始めとして士卒の小舟どもに至るまで」訳(船団を率いる)左京の大夫の屋形船をはじめとして兵卒の小舟の数々に至るまで。

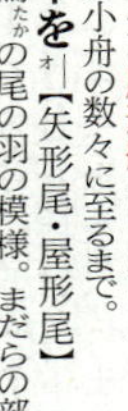

(やかたぶね)

やかた-を【矢形尾・屋形尾】(名)鷹(たか)の尾の羽の模様。まだらの部分が矢の形になっているもの。〔万葉〕一九・四一五五「━の真白の鷹を屋戸(やど)に据(す)ゑ」訳矢形尾が真っ白な鷹を家の戸口に置いて。

やがて【軈て】(副)

語義パネル

●重点義 **時間的にも状態的にも隔たりがなく、前に引き続くさま。**

現代語では中世以降の④の意で用いるが、状態の連続のさまをいう①、時間の連続のさまをいう②の意で用いることが多い。もっぱら連体修飾語として二つの事象の連続のさまをいうのが③の用法。

❶**そのまま。**引き続いて。
❷**すぐに。さっそく。**
❸**ほかならぬ。**とりもなおさず。すなわち。
❹まもなく。そのうち。

❶**そのまま。**引き続いて。〔竹取〕ふじの山「薬も食(く)はず、━起きもあがらで病みふせり」訳薬も飲まず、そのまま起きあがることもなく病の床にふせっている。
❷**すぐに。さっそく。**〔徒然〕七一「名を聞くより、━面影は推(お)しはからるる心地するを」訳名前を聞くやいなや、すぐに(その人の)顔つきは推測できる感じがするが。文法「推しはからるる」の「るる」は、可能の助動詞「る」の連体形。自発ととり「自然と推測される」と訳すこともできる。
❸**ほかならぬ。**とりもなおさず。すなわち。〔平家〕六・祇園女御「━この邦綱(くにつな)の先祖に、山陰(やまかげ)の中納言といふ人おはしき」訳ほかならぬこの(藤原)邦綱の先祖に、山陰中納言という人がいらっしゃった。
❹まもなく。そのうち。〔細道〕那須「━人里に至れば、あたひを鞍(くら)つぼに結びつけて馬を返しぬ」訳まもなく人里に着いたので、(馬の)借り賃を鞍の腰をおろすところに結びつけて馬を返した。

やかま-し【喧し】(形シク)(しから・しく(しかり)・し・しき(しかる)・しけれ・しかれ)❶騒がしい。うるさい。〔浄・鑓の権三重帷子〕「オオ久しう遊びやった。祖父(ぢい)様祖母(ばば)様━・しから(未)う」訳おお、長い時間遊んだなあ。じい様ばば様はうるさかろう。
❷わずらわしい。めんどうくさい。〔浮・日本永代蔵〕「諸道具の取り置きも━・しき(体)とて」訳(餅つきの)いろいろな道具の出し入れもめんどうくさいことだと言って。

家持(やかもち)〔人名〕→大伴家持(おほとものやかもち)

や-から【族】(名)❶一族。一門。〔紀〕舒明「蘇我氏(そがのうぢ)の━等(ども)悉(ことごと)くに集ひて」訳蘇我氏の一族の者どもがすべて集まって。
❷友。仲間。連中。〔平家〕七・倶梨迦羅落「『きたなしや、返せ返せ』と言ふ━多かりけれども」訳「(逃げるのは)卑怯(ひきやう)だぞ、引き返せ、引き返せ」と言う連中も多かったけれども。

や-がら【矢柄・矢幹・簳】(名)矢の羽と鏃(やじり)を除いた幹の部分。篦(の)。〔今昔〕二七・三「━をば抜きて、征箭(そや)の身の限りを穴に深く打ち入れたりければ」訳矢の幹の部分を(穴から)抜いて、矢のやじりだけを穴に深くさし入れておいたところ。

古語ライブラリー㊼

五穀と餌食(えじき)

広く親しまれているイソップ物語の「ありときりぎりす」の話は、元来は「蟬(せみ)と蟻(あり)たち」の話であった。

文禄二年(一五九三)に、キリシタン宣教師の日本語学習のためにポルトガル語方式のローマ字で書かれたESOPONO FABVLASがイエズス会天草学林によって刊行されている。これによると、"Xemito, aritonocoto." とある。この話の冒頭の一節は、こう語り起こされている。

Aru fuyuno nacabani aridomo amata anayori gococuuo daite fini ſaraxi, cajenifucaſuruuo xemiga qite coreuo morŏta: (ſ=s)

キリシタン宣教師にとって難解な語は、巻末に集められて、注が施されている。その中に

Gococu. Mugui, comeno taguy.

とあり、「五穀」とは、麦・米の類(たぐひ)だという。米よりも先に麦があがっているのは、キリシタン宣教師の食生活が反映しているのであろうか。

慶長・元和(げんな)(一五九六―一六二四)のころ、仮名草子の一環として漢字ひらがな交じりの国字本『伊曽保物語』が刊行された。「蟻と蟬との事」の冒頭の一節には、こうある。

◇去る程に、春過ぎ、夏たけ、秋も深くて、冬のころにもなりしかば、日のうららなる時、蟻穴より這(は)ひ出(い)で、餌食を乾しなどす。

難解な語であった「五穀」が、ここでは「餌食」になっている。現代日本語で「餌食」といえば、「野うさぎが野犬の餌食になる」「悪徳商法の餌食になる若者」のように、「①えさとなって食われるもの。②ねらわれて犠牲となるもの」の意であろう。蟻のえさになって食われるにはちがいないが、米・麦・黍(きび)(一説に麻)・粟(あは)・豆の類をいう「五穀」を「餌食」とはいわない。当時は「えさとなる食いもの」の意であったらしい。

や-かん【射干・野干】(名) ❶中国で、狐に似た伝説上の獣をいう。❷日本で、狐の異称。平家 二・烽火之沙汰「この〔褒似という〕后は—となって走り失うせけるぞ(=走り去り姿を消したのは)おそろしき」❸能面の名。鬼畜面の一種。

や-き【八寸】(名)馬の丈に用いる語。丈が四尺八寸(=約一四五センチメートル)であること。丈の高いりっぱな馬にいう。〔平治物語〕「—ばかりなる馬に、黄覆輪の鞍置かせ」訳(基衡は)四尺八寸ほどである(りっぱな)馬に、黄覆輪の鞍を置かせ。参考 馬の丈は前足の先から肩までの高さ四尺(=約一二一センチメートル)を標準とし、それ以上は寸だけで表した。

やぎ【柳】(名)木の名。やなぎ。多く複合語として用いられる。「青—」「垣つ—」「川—」

やき-あ-ぐ【焼き上ぐ】(他ガ下二){げ・げ・ぐ・ぐる・ぐれ・げよ}焼き尽くす。すっかり焼いてしまう。徒然 一八〇「左義長は、正月に打ちたる毬杖を、真言院より神泉苑へ出だして、—・ぐる(体)なり」訳 左義長(というのは)は、陰暦正月に打った毬打ちの杖を、(宮中の)真言院から(天皇遊覧の地である)神泉苑へ運び出して、すっかり焼き尽くすことである。

やき-くさ【焼き草・焼き種】(名) ❶物を焼くために用いる枯れ草。また、火勢を助けるための物。〔太平記〕一七「—を積んで櫓を落とさんとしける時」訳(尊氏の軍勢が)焼くための枯れ草を積み上げて櫓を攻め落とそうとしたとき。❷身を滅ぼすもと。〔江戸名所記〕「智慮、才覚も…皆これ傾城のため、我が—となるなり」訳 知恵や分別、工夫も…みなこれらは遊女のためで、自分の身を滅ぼすもととなるものである。

やき-ごめ【焼き米】(名)「やいごめ」とも。新米を籾のままで煎り、よく搗いて、籾殻を取り去ったもの。いりごめ。秋。今昔 三・七「見れば、—をして、小さき大根・鮑・干し鳥などを持て参りたるなりけり」訳(高藤が)見ると、(若い女は)焼き米を用意して、小さな大根、鮑、干した鳥肉などを持って参ったのであった。

やきたちの【焼き太刀の】《枕詞》太刀が鋭い(=利し)意から「と」に、身辺(=へ)に置く意から「へつかふ(=物の側に寄る)」にかかる。万葉 二〇・四四七九「—へつかふことは」万葉 四・六四一「—利心も吾は思ひかねつも」。

や-ぎゃう【夜行】(名・自サ変) ❶「やかう」とも。夜の見回り。夜歩き。源氏 東屋「宿直人のあやしき声したる、—うちして」訳 番人で、妙な声をした者が、夜の見回りをして。❷「百鬼夜行」の略。〔栄花〕はつはな「路のほどなどに、—の夜なども、おのづからありあふらん」訳 道の途中などで、百鬼夜行の夜などにも、まれに行きあうだろう。

やく【厄】(名) ❶わざわい。災難。〔霊異記〕「ふたりの子ねもころに重ねて拝敬し、父の—を救はむと請ふ」訳 二人の子供は、(僧を)ていねいに何回も敬って拝み、父親の災難を救いたいと願う。❷「厄年」の略。❸(一生に一度は経験する大難と考えられていたことから)疱瘡(=感染症の一つ)。天然痘。〔浮世風呂〕「お孫さまがお—をあすばしたさうでございますね」訳 お孫さまが疱瘡にかかられたそうでございますね。

やく【役】(名) ❶公用のために人民に課せられる労役。夫役。宇治 四・一〇「かやうの—に催し給ふは、いかなることぞ」訳 このような労役に(私=篤昌を)召し出しなさるのは、どういうことだ。❷役目。職務。源氏 常夏「似つかはしからぬ—なり」訳(あなた=近江の君に)不相応な役目であるようだ。❸唯一の仕事。それだけに専念するつとめ。更級 子忍びの森「かやうに、そこはかなきことを思ひつづくるを—にて」訳 このように、とりとめもないことを思い続けるのを唯一の仕事にして。

やく【約】(名)約束。契約。徒然 二三一「—をも頼むべからず。信あることとすくなし」訳(他人の)約束をも頼みにすることはできない。(そのことに)信実のあることは稀である。

やく【益】(名)利益。また、ききめ。効果。徒然 一三二「金ははすぐれたれども、鉄の—多きにしかざるがごとし」訳 金はすぐれているけれども、鉄の効用の多いのには及ばないようなものである。

や-く【焼く】■(他カ四){か・き・く・く・け・け}❶火をつけて燃やす。伊勢 一二「武蔵野は今日はな—・き(用)そ若草のつまもこもれり我もこもれり」訳 武蔵野は、今日は焼かないでくれ。夫も隠れているし、私も隠れている(のだから)。(「若草の」は「つま」にかかる枕詞)。文法「な(副詞)…そ(終助詞)」の形で、禁止の意を表す。❷思いをこがす。心を悩ます。万葉 一三・三二七一「あがこころ—・く(体)もわれなり愛しきやし君に恋ふるもわが心から」訳 自分の胸をこがすのも私だし、ああ、いとしい、あなたに恋いこがれるのも私の心のせいだ。❸人をだます。おだてる。〔浮・好色一代女〕「人をよく—・く(体)とて野墓のるりと名に呼ばれて」訳 人をうまく焼く(=おだてる)というので、野墓(=火葬場兼墓地)のるりという名で呼ばれて。
■(自カ下二){け・け・く・くる・くれ・けよ}❶火がついて燃える。方丈 一「あるいは去年—・け(用)て今年作れり」訳 ある家は去年焼けて今年建てた。❷心が乱れる。思いこがれる。古今 雑体「胸走り火に心—・け(用)をり」訳 胸の中を落ち着かず駆けめぐる火で、心の中は思いこがれている。(「胸走り」と「走り火」をかける)

語の広がり「焼く」
①「刃」は、「焼き刃」がイ音便化したもので、もとは焼きを入れた刃のこと。
②「自棄になる」「やけくそ」などの「やけ」は、「焼く(下二段)」の連用形「やけ」が名詞化したもの。心が乱れる意から転じて、投げやりになることを表すようになった。

-や-ぐ(接尾ガ四型){が・ぎ・ぐ・ぐ・げ・げ}(名詞、形容詞・形容動詞の語幹などに付いて)「…のような状態になる」「…のようにふるまう」の意の動詞をつくる。源氏 紅葉賀「好まし

う若—・ぎ㊊てもてなしたるうはべこそ」訳（源典侍の色っぽく若々しいようすにふるまって体裁を作っているみかけは。

【例語】けざやぐ・花やぐ・爽やぐ・聳やぐ（＝すらりと伸びる）・嫋やぐ・細やぐ

やく-がひガイ【夜久貝・屋久貝】（名）夜光貝（＝一枚貝の一種）の異名。殻を磨いて酒杯にしたり螺鈿に用いたりした。枕 一四三「公卿・殿上人、かはりがはり盃取りて、果てには—といふ物して飲みて立つ」訳 公卿や殿上人が、かわるがわる杯を取って（酒を飲み）、最後には夜久貝というもので飲んで座を立つ。

やくさ-の-かばね【八色の姓・八種の姓】（名）天武天皇が六八四年に、各氏の家格を整理統一するために制定した八等級の姓。上位から順に、真人・朝臣・宿禰・忌寸・道師・臣・連・稲置の称。「八姓」とも。

やく-し【薬師】（名）《仏教語》「薬師瑠璃光如来（やくしるりくわうにょらい）」の略。東方浄瑠璃世界の教主。十二の誓願を立てて、衆生の病苦を救う仏として信仰された。右手で印を結び、左手に薬壺を持っている。薬師仏。薬師如来。

（やくし）

やくし-かうコウ【薬師講】（名）《仏教語》薬師如来の徳をたたえる法会。薬師経を百座に分けて一日に一座ずつ講説する。平家 一・願立「あらはれての（＝表立っての）御祈りには…百座の仁王講（＝仁王経を講説する法会）、百座の—〔が催される〕」

やくし-ぼとけ【薬師仏】（名）「やくし」に同じ。

やく-しゃ【役者】（名）❶ある一定の役目にあたる人。役人。〔吾妻鏡〕「言上すべき事、—ならびに書状を用ふ」訳（お上に申し上げなければならないことは、（担当の）役人（を通じ）また書状を用いる。

❷能・歌舞伎などの俳優。また、囃子方をもいう。

やく-しゅ【薬種】（名）漢方薬の原料となる草木の類。薬品。生薬。徒然 二二四「食ふ物・—などを植ゑおくべし」訳（あいた土地には）食用となる植物や薬用となる草木などを植えておかなくてはならない。

やく-だたり【厄祟り】（名）厄年に災難にあうこと。

やく-と【役と】（副）それだけに専念するさまを表す語。もっぱら。ひたすら。余念なく。宇治 七・三「水飯を—召すとも、この定に召さば、さらに御太り直るべきにあらず」訳（三条中納言が）水飯（＝水にひたしてやわらかくした飯）をもっぱら召し上がっても、この調子で召し上がったら、決してご肥満がおさまるはずはない。

やく-どし【厄年】（名）陰陽道で、災難にあわないように忌み慎むべきであるとする年齢。一般に数え年で、男子は二十五歳と四十二歳、女子は十九歳と三十三歳。特に、男子の四十二歳と女子の三十三歳を大厄といい、その前後の年を前厄・後厄という。

やく-な-し【益無し】（形ク）{（から）・く（かり）・し・き（かる）・けれ・かれ}❶利益がない。むだである。くだらない。徒然 一二七「改めて—・き㊍ことは、改めぬをよしとするなり」訳 改めても利益のないことは、改めないのをよいとするのである。

❷困ったことだ。感心できない。大鏡 道長上「御けしき変はりて、—・し㊏と思したるに」訳（勅命を受けた藤原道隆・道兼は）ごようすが変わって、困ったことだと思っていらっしゃるのに。

やく-にん【役人】（名）❶役目を持っている人。係の者。平家 三・公卿揃「『—ぞ。開けられよ』とて、押し分けてまゐるほどに」訳（年とった陰陽師が）「（自分は）役目の者だ。開けてくだされ」と言って、（人を）押し分けて参上するうちに。

❷公務に就いている人。〔柳多留〕「—の子はにぎにぎを能く覚え」訳 →やくにんの…川柳

❸役者。俳優。芸人。〔浮・好色五人女〕「獅子舞の—に、『今日はおかげおかげ』と言へるを聞けば」訳 獅子舞の芸人に、「今日はお陰でありがとう、ありがとう」と言っているのを聞くと。

やくにんの… 川柳

> 役人の 子はにぎにぎを 能く覚え
> 〈柳多留・一〉

訳 いつもわいろを握らされている役人の子は、親にならって、赤ん坊のときからにぎにぎ（＝手を握ったり広げたりする赤ん坊のしぐさ）をよく覚えることだ。

解説 町人の立場から役人の収賄を風刺した句。

やく-はらひハライ【厄払ひ・厄祓ひ】（名）❶神仏に祈って身の厄・けがれなどを払い落とすこと。厄落とし。厄よけ。

❷大晦日や節分の夜などに、「御厄払いましょう」と災難よけの文句を言って町を歩き回り、金銭をもらい受けた物もらいの一種。图。〔浮・好色一代男〕「二日は越年にて…—の声」訳（陰暦正月の）二日は節分（ということ）で…厄払いの声。

や-くも【八雲】（名）❶幾重にも重なっている雲。八重雲。〔記〕上「—立つ出雲八重垣妻ごみに八重垣つくるその八重垣を」訳 →やくもたつ…歌謡

❷（①の用例の須佐之男命の歌を和歌の最初のものとすることから）和歌のことをいう。⇩大和歌「慣用表現」

やくもさす【八雲刺す】《枕詞》「さす」は勢いよく立ちのぼる意で、「出雲」にかかる。万葉 三・四三〇「—出雲の子らが」

やくもたつ【八雲立つ】《枕詞》雲が幾重にも立ちのぼる意から「出雲」にかかる。〔紀〕崇神「—出雲建が」

やくもたつ… 歌謡

> 枕詞
> 八雲立つ 出雲八重垣 妻ごみに
> 八重垣つくる その八重垣を
> 〈古事記・上・須佐之男命〉

訳（盛んに雲がわき立つ）出雲の八重垣（＝幾重にもめぐらした垣根）。妻をこもらせるために八重の垣を作る、その

美しい八重垣を。**修辞**「八雲立つ」は「出雲」にかかる枕詞。**解説** 須佐之男命が新婚のための宮殿を造ったときの歌で、五・七・五・七・七の短歌形式の最初の歌とされる。「八雲立つ」は雲が盛んにわき立つこと。雲が立ちのぼるのは、古代ではめでたいことのきざしとされていたので、出雲をほめたたえる枕詞として、出雲に冠された。

やくも-の-みち【八雲の道】和歌の道。歌道。

発展「やくものみち」と「つくばのみち」
歌道のことを「やくものみち」というのは、前掲の、須佐之男命(すさのおのみこと)の歌が、「古今集」仮名序で和歌のはじめとされていることによる。一方、倭建命(やまとたけるのみこと)と御火焼(みひたき)の翁(おきな)との唱和にちなんで、連歌のことを「つくばのみち」という。→にひばり… **歌謡**

や-ぐら【櫓・矢倉】(名) ❶武器をおさめておく倉庫。兵器庫。❷敵情を見たり、矢を射たりするために、城門・城壁などの上に作った高楼。**今昔** 二六・五「少々を―に登せて遠見をせさせて」**訳** (家来の)数人を櫓に登らせて遠見をさせて。❸近世、芝居の座で、興行の公認を得たしるしとして、正面入り口の屋根に座元の定紋の付いた幕を張りめぐらした所。❹一般に、材木を組んで作った塔、または台状のもの。

(やぐら②)

やく-れい【薬礼】(名) 医者に支払う、投薬や治療に対する謝礼。薬代。治療代。〔狂・神鳴〕「―を置いてござれ」**訳** 治療代を置いていきなさい。

やくわう-ぼさつ(ヤクオウ―)【薬王菩薩】(名)《仏教語》医術によって衆生(しゅじょう)の心身の病苦を除くという菩薩。

や-げん【薬研】(名) 薬種(=漢方薬の原料)を入れて砕き、粉末状にする器。細長い舟形で、深くくぼんだ所に薬種を入れて、軸の付いた円盤状の車で押しつぶす。

(やげん)

やごと-な-し(形ク)《から・く(かり)・し・き(かる)・けれ・かれ》「やんごとなし」の撥音「ん」の表記されない形」「やむごとなし」に同じ。〔謡・紅葉狩〕「―・き(体)上臈(じょうろう)の、幕うち回し屏風(びょうぶ)を立て」**訳** 身分の高い貴婦人が、幕を引きまわし屏風を立て。

や-ごろ【矢比・矢頃】(名) 矢を射当てるのに適した距離。**平家** 一一・那須与一「―すこし遠かりければ、海へ一段(いったん)ばかりうち入れたれども」**訳** 矢を射当てるのに適当な距離が少し遠かったので、海(の中)へ一段(=約一一メートル)ほど(馬を)乗り入れたけれども。

やさかに-の-まがたま【八尺瓊の曲玉・八尺瓊の勾玉】(名) ❶大きな曲玉(=上代の装身用の玉)。一説に、多くの曲玉を長い緒に貫き通して輪にしたもの。❷三種の神器の一つ。〔紀〕神代「天照大神(あまてらすおおみかみ)は天津彦彦火瓊瓊杵尊(あまつひこひこほのににぎのみこと)に、―および八咫(やた)の鏡・草薙(くさなぎ)の剣、三種(みくさ)の宝物(たから)を賜ふ(=三種の神器をお授けになる)」→三種(さんしゅ)の神器(しんぎ)。

や-さき【矢先】(名) ❶矢の先端。鏃(やじり)。**平家** 四・橋合戦「究竟(くっきょう)の弓の上手(じょうず)どもが―をそろへて」**訳** きわめてすぐれた弓の名手たちが矢先をそろえて。❷矢の飛んで来る前面。矢面(やおもて)。**平家** 一一・能登殿最期「およそ能登の守(かみ)教経(のりつね)の―にまはる者こそなかりけれ」**訳** おおかた能登の守教経の矢の正面に立ちまわる者はなかった。❸目あて。ねらい。〔醒睡笑〕「小児(ちご)の―はづれず、ほしりほしりと当たりしことよ」**訳** 小さい稚児(ちご)のねらいははずれないで、ぴたぴたと当たったことだ。❹物事がまさに始まろうとするとき。まぎわ。とたん。〔浄・堀川波鼓〕「来年までは一つに寝臥(ねふ)しもせうものと、悦(よろこ)ぶ―におのれめは」**訳** 来年までは寝所も共にしようものと、喜んでいる矢先におまえというやつは。

や-さけび【矢叫び】(名) ❶矢が命中したときに射手が叫ぶこと。また、その声。**平家** 四・鵼「手ごたへしてはたと当たる。『得たり、をう』と―をこそしたりけれ」**訳** (放った矢は)手ごたえがあって、ばしっと当たる。(頼政(よりまさ)は)「射当てた、おう」と、矢叫び声を上げたのであった。❷戦いの初め、遠矢を射合うときに、両軍が高く叫ぶ声。〔謡・頼政〕「鬨(とき)の声―の音、波に比(たぐ)へて(=波音といっしょになって)おびただし」

やさ-し【優し】(形シク)《しから・しく(しかり)・し・しき(しかる)・しけれ・しかれ》

語義パネル
●**重点義　身がやせ細るような思いだ。恥ずかしい。**
やせる意の動詞「痩(や)す」(サ下二)に対応する形容詞。身がやせ細るような思いだ、の意が原義。①②が原義に近く、③は中古以降、④は中世以降に生じた転義。

❶身がやせ細るようだ。たえがたい。つらい。
❷恥ずかしい。きまりが悪い。肩身がせまい。
❸優美である。上品だ。風流である。
❹けなげである。感心だ。殊勝である。

❶**身がやせ細るようだ。たえがたい。つらい。** **万葉** 五・八九三「世の中を憂(う)しと―・し(終)と思へども飛び立ちかねつ鳥にしあらねば」**訳** →よのなかを… **和歌**
❷**恥ずかしい。きまりが悪い。肩身がせまい。** **竹取** 御門の求婚「昨日今日御門(みかど)ののたまはむことにつかむ、人聞き―・し(終)」**訳** 昨日今日になって(今さら)帝のおっしゃるようなことに従うとすれば、世間への聞こえが恥ずかしい。**文法**「のたまはむことにつかむ」の「む」は、ともに仮定・婉曲(えんきょく)の助動詞。
❸**優美である。上品だ。風流である。** **平家** 九・敦盛最期「上臈(じょうろう)は猶(なほ)も―・しかり(用)けり」**訳** 身分の高い人はやはり風流であるなあ。〔鶉衣〕「蝶(てふ)の花に飛

びかひたる、ー・しき㊓もののかぎりなるべし」訳 蝶が花のまわりを飛びかっているのは、優美なものの極致であろう。

❹けなげである。感心だ。殊勝である。平家 七・実盛「あなー・し㊕。いかなる人にてましませば、み方の御勢は皆落ち候ふに、ただ一騎残らせ給ひたるこそ優なれ」訳 ああ、けなげなことだ。どんなお方でいらっしゃるから、味方の御軍勢はみんな落ちのびますのに、ただ一騎だけお残りになられているのはりっぱである。文法「いかなる」で始まる文は、「給ひたるぞ」「給ひたるらむ」などと結ぶのが普通だが、この文では乱れている。

やさし-が・る【優しがる】(自ラ四)〔ら・り・る・る・れ・れ〕〔「がる」は接尾語〕恥ずかしがる。枕 四六「けしきばみ、ー・り㊊て」訳 気どった風をし、恥ずかしがって。

やさし-だ・つ【優し立つ】(自タ四)〔た・ち・つ・つ・て・て〕〔「だつ」は接尾語〕やさしげにふるまう。しとやかなようすをする。〔狭衣物語〕「ー・ち㊊たる心づきなき、堪え難けれど」訳 (母代わりの女性の)やさしげに見せかけている不愉快な態度は、こらえられそうもないが。

やさ-ば・む【優ばむ】(自マ四)〔ま・み・む・む・め・め〕〔「ばむ」は接尾語〕やさしいようすに見える。情趣ありげに見える。〔ささめごと〕「ひとへに句の姿・言葉のー・み㊊たるにはあるべからず」訳 (艶なる歌といっても)むやみに句の姿やことばが優美に見えていることではなかろう。

や-ざま【矢狭間】(名)矢を射たり外をのぞいたりするために、城の櫓や塀などに設けた小さな窓。〔浄・国性爺合戦〕「ーに、弩(=石を弾き打つ弓状の装置)隙間なく〔仕掛け〕」

や-し(間助)《上代語》〔間投助詞「や」に副助詞「し」の付いたもの〕語調を整え、詠嘆の意を表す。…よ。…だなあ。万葉 二・一三一「よしゑやし浦はなくともよしゑやし潟はなくとも」訳 →いはみのうみ…和歌
参考 この語が付くと感動の意を表す独立語となる。「はしけやし」「よしゑやし」などのような限られた言い方でしか使用されない。

やしおおり【八塩折り】⇩やしほをり

やしおじ【八潮路】⇩やしほぢ

やしなひ【養ひ】(名)❶養うこと。養育。扶養。〔浄・丹波与作待夜小室節〕「在所の衆がーでやうやう馬を追ひならひ」訳 田舎の人たちの扶養のおかげでやっと馬を追うことを習い。
❷「養ひ子」の略。養子。平家 六・祇園女御「ただもりとりてーにせよ」訳 (その山芋の子を)ひたすらもぎ取って食物にせよ、ではないが、(平)忠盛が引き取って養子にせよ。(「ただもりとりて」に「忠盛」をかける。また、「やしなひ」は③の意をかける)
❸食事。また、食物。今昔 二九・二三「昼のーせむとて藪の中に入るを」訳 昼の食事をとろうとして竹やぶの中に入ると。

やしなひ-ぎみ【養ひ君】(名)自分が後見人や乳母となって養育する貴人の子。守り育てる主君。徒然 四七「ーの、比叡の山に児にておはしますが」訳 (私=老いた尼が)乳母となって育てた若君で、(今は)比叡山に稚児としておいでになる方が。

やしな・ふ【養ふ】(他ハ四)〔は・ひ・ふ・ふ・へ・へ〕❶はぐくみ育てる。養育する。扶養する。竹取 かぐや姫の生ひ立ち「いとをさなければ、籠に入れてー・ふ㊕」訳 (かぐや姫は)たいへん小さいので、籠に入れて養育する。
❷力が衰えないように保たせる。養生する。徒然 七四「身をー・ひ㊊て何事をか待つ」訳 身を養生し(長生きし)てどんなことを待つのか(いや、何も待つことはない)。

やしは-ご【玄孫】(名)孫の孫。曽孫の子。やしやご。大鏡 道長下「見奉るは翁らがーのほどにこそはとおぼえさせ給ふに」訳 お見受け申しあげることには、(あなたはこの)老人たちのやしゃごの年齢ではあろうと思われなさるのに。

や-しほ【八入】(名)〔「八」は多数、「入」は布を染料に浸す度数を表す接尾語〕染め汁に幾度も浸してよく染めること。また、その染めた布や糸。万葉 一九・四一五六「紅のーに染めておこせたる衣の裾もとほりて濡れぬ」訳 (妻が)紅色の染め汁に幾度も浸し染めあげてよこした着物の裾もしみとおって(しまうほどに)濡れてしまったことだ。

や-しほぢ【八潮路】(名)多くの潮路。〔祝詞〕「ーの潮の八百会ひに」訳 多くの潮路がたくさん集まる所に。

やしほ-をり【八塩折り】(名)❶幾度もくり返して酒などを醸造すること。〔記〕上「汝等は、ーの酒を醸み」訳 おまえたちは、幾度もくり返し醸造した(強い)酒を造り。
❷刀などを幾度もくり返して鍛えあげること。〔記〕中「ーの紐小刀を作りて」訳 幾度もくり返し鍛えた(切れ味の鋭い)紐付きの小刀を作って。

や-しま【八州・八洲・八島】(名)(多くの島の意から)日本国の異称。大八州。万葉 六・一〇五〇「天の下ーの中に国はしも多くあれども」訳 (天皇の治める)天の下のこの日本の中に国はたくさんあるけれども。⇩大八州「慣用表現」

屋島(やしま)《地名》今の香川県高松市にある半島状に突き出た溶岩台地。源平の古戦場として名高い。

やしゃ【夜叉】(名)《梵語の音訳》古代インドの猛悪な鬼神。のち、仏法に帰依し、その守護神となる。

や-しょく【夜食】(名)❶夜にとる食事。特に、一日二食であったころ、夜間別にとった食事。〔浮・日本永代蔵〕「宵から今までおのおの咄し給へば、もはやーの出づべきところなり」訳 宵から今までみなさんお話しになっているのだから、もう夜食が出てよいところである。
❷夕飯。晩飯。

や-じり【鏃・矢尻】(名)❶矢の先端に付ける、とがった部分。矢先。〔太平記〕一六「ーを蹄に踏み立てて、右の足を引きける間」訳 (足利直義の馬が、落ちていた)鏃を踏んで蹄につき立てて、右の足を引きずっていたので。⇩巻頭カラーページ17
❷矢を射当てる腕前。〔浄・平家女護島〕「明日にも源平ーを争ふ時」訳 明日にも源氏と平家とが弓術の腕前を競う(=合戦をしようとしている)とき。

やじり-きり【家尻切り】(名)❶家尻(=家や蔵などの裏のほう)を破って侵入し、盗みをはたらくこと。また、その盗人。〔浄・冥途の飛脚〕「段々に巾着切りからー、果ては首切り」訳 しだいに(悪の道に入って)すりから泥棒、しまいには首を切られる刑(にあうようになる)。

❷転じて、人をののしっていう語。悪党。〔浄・心中天の網島〕「小春といふ―にたらされ(＝たぶらかされて)」

やしろ【社】(名)❶神が来臨する所。古代では、地を清め臨時に小屋などを設けて、神を迎えたという。❷神社。徒然 一五「寺・―などに、しのびてこもりたるもをかし」訳 寺院や神社などに、人に知られないようにこもっているのも興趣がある。

や・す【痩す】(自サ下二){せ・せ・す・する・すれ・せよ}やせる。源氏 末摘花「―・せ用給へること、いとほしげにさらぼひて」訳 (末摘花の)おやせになっていることは、気の毒なほどにやせ細り骨ばっていて。

やす-い【安寝】(名)〔「い」は睡眠の意〕心安らかに眠ること。安眠。万葉 五・八〇三「眼交にもとなかかりて―し寝さぬ」訳 →うりはめば…和歌

やすから-ず【安からず】心が落ち着かない。不安だ。妬ましく思う。源氏 桐壺「同じほど、それより下臈の更衣たちはましてやすからず終」訳 (桐壺の更衣と)同じ身分の、(または)それよりも低い地位の更衣たちは、(身分の高い女御よりも)いっそう心穏やかでない。

なりたち 形容詞「安し」の未然形「やすから」＋打消の助動詞「ず」

やす-くに【安国】(名)安らかに治まっている国。〔祝詞〕「四方の国を―と平らけく知ろしめすが故に」訳 (天皇は)四方の国を平安な国として穏やかにお治めになるがゆえに。

やす-げ(形動ナリ){なら・なり(に)・なり・なる・なれ・なれ}〔「げ」は接尾語〕❶【安げ】安らかなさま。気楽そうである。源氏 賢木「何事も、人にもどきあつかはれぬ際は―・なり終」訳 万事、(世間の)人から非難がましく扱われない(下層の)身分の者は気楽そうである。❷【易げ】いかにもたやすそうである。枕 三七「本を切るさまぞ、―・に用、せまほしげに見ゆるや」訳 (稲の)根もとを切るようすは、いかにもたやすそうで、(私も)やってみたいように見えることだよ。文法「や」は、間投助詞。

やすけ-く【安けく】心が安らかなこと。心が穏やかなこと。万葉 一五・三七二三「あしひきの山路越えむとする君を心に持ちて―もなし」訳 山道を越えて行こうとするあなたを胸の底に抱いて、(私は)心安らかなこと(が少し)もない。(「あしひきの」は「山」にかかる枕詞)

なりたち 形容詞「安し」のク語法

やすげ-な・し【安げ無し】(形ク){から・く(かり)・し・き(かる)・けれ・かれ}安らかでない。不安だ。源氏 須磨「さまざま―・き体身のうれへを申す」訳 (漁師たちは)いろいろと不安な身の上の心配事を(宰相の中将に)申し上げる。

やす・し(形ク){から・く(かり)・し・き(かる)・けれ・かれ}❶【易し】㋐やさしい。容易である。たやすい。源氏 花宴「―・き体ことなれど苦しげなり」訳 (詩を作ることなど)容易なことであるが、(優秀な方々がいる前では、地下の人々にとっては)つらそうである。徒然 一〇九「あやまちは、―・き体所になりて、必ず仕ることに候ふ」訳 失敗は、やさしい所になって(から)、必ずいたすものでございます。↔難し。㋑**簡単である。無造作である。**徒然 一一六「寺院の号、さらぬ万の物にも、名をつくること、昔の人は少しも求めず、ただありのままに―・く用つけけるなり」訳 寺院の名称や、そのほかのすべての物にも、名前をつけるのに、昔の人は少しも思案をこらすこともなく、ただありのままに無造作につけたものである。㋒(動詞の連用形に付いて)**…しがちである。…する傾向がある。**古今 恋五「世の中の人の心は花染めの移ろひ―・き体色にぞありける」訳 世の中の人の心は、露草の花で染めた染め物のようにさめやすい色のものだったのだなあ。徒然 二一一「財多しとて頼むべからず。時のまに失ひ―・し終」訳 財産が多いからといって(それを)頼みにできない。(財産は)ちょっとの間になくしがちである。❷【安し】㋐**安らかである。心が穏やかである。心がのどかだ。**徒然 四一「かく危ふき枝の上にて、―・き体心ありて睡るらんよ」訳 こんなに危ない枝の上で、(どうして)安らかな気持ちで眠っているのだろうよ。文法 助動詞「らん」は、ここでは、原因・理由に対する疑いをこめた推量の気持ちを表す。㋑**軽々しい。安っぽい。**源氏 橋姫「心にまかせて身を―・く用もふるまはれず」訳 (宿直人は)気分にまかせて(その)身を軽々しくふるまうこともできず。文法「ふるまはれず」の「れ」は、可能の助動詞「る」の未然形。㋒値段が安い。安価である。〔浮・好色三代男〕「ただ―・き体物を専らと求む」訳 ただ安価な品物をひたすら求める。

やす-だいじ【易大事】(名)容易に見えて、実は油断のならない重大事。平家 七・木曽山門牒状「山門の大衆にむかって戦せん事、…これこそさすが―よ」訳 比叡山の僧兵たちに向かって戦をするようなことは、…これこそはなんといっても簡単なようで重大事だぞ。

やす-の-かは【安の河】(名)「天の安の河」の略。高天原(＝天上)にあるという川。のち、七夕伝説と融合して、天の川。「やすかは」とも。〔記〕序「―に議りて、天の下を平けて」訳 (神々が)天の安の河で相談して、国土を平定して。

やす-の-わたり【安の渡り】(名)「安の河」の渡し。天の川の渡し。万葉 一〇・二〇〇〇「天の河―に船浮けて」訳 天の川の安の渡しに船を浮かべて。

やすみしし【八隅知し・安見知し】《枕詞》「わが大君」「わご大君」にかかる。〔記〕中「―わが大君」

やすみしし… 和歌《長歌》

> 枕詞 やすみしし　わご大君の　高知らす　吉野の宮は　畳なづく　青垣隠り　川波の　清き河内そ　春へには　花咲きををり　秋へには　霧立ち渡る　その山の　いやますますに　この川の　絶ゆることなく　枕詞 ももしきの　大宮人は　常に通はむ
>
> 〈万葉・六・九二三・山部赤人〉

訳 わが天皇がりっぱにお造りになったこの吉野の離宮は、幾重にも重なる垣根のような青い山々に囲まれており、川の流れの清らかなところ(＝渓谷)である。春のころは、花が枝もたわむほどに咲きほこり、秋のころは、霧が一面に立ちこめる。その山が幾重にも重なるようにますます重ねて、この川の流れのように絶えることがなく、大宮人は常に(ここに)通うことであろう。修辞「やすみしし」は「わ

ご大君」に、「ももしきの」は「大宮」にかかる枕詞。文法「知らす」は「知る(=領有する)」の未然形「知ら」に尊敬の助動詞「す」が付いた形。「河内そ」の「そ」は、文末にある場合、終助詞とする説がある。
解説 聖武天皇の吉野離宮をたたえた歌。天皇や天皇の土地などを、公式行事の際にたたえる儀礼的性格のもの。この種の歌は柿本人麻呂・山部赤人に多く見られる。この長歌には反歌二首が続く。→みよしのの(象山の際の)… 和歌・ぬばたまの… 和歌

やすみ・し・る【八隅知る】(他ラ四)〔ら・り・る・る・れ・れ〕〔枕詞「やすみしる」の転〕天下の隅々まで統治する。天皇として君臨する。新古 仮名序「今は—・る体名をのがれて、藐姑射の山に住みかをしめたりといへども」訳 今は天下に君臨する(天皇という)名を捨てて、(上皇として)仙洞に居所を定めているといっても。

やすみしる【八隅知る・安見知る】《枕詞》〔「やすみし」の転〕「わがすべらぎ」「わが大君」にかかる。〔玉葉〕賀「—わがすべらぎの」。〔夫木〕雑一三「—わが大君の」

やす・む【休む】■一(自マ四)〔ま・み・む・む・め・め〕❶休息する。更級 富士川「いと暑かりしかば、この水の面に—・み用つつ見れば」訳 たいそう暑かったので、この(富士川の)水のほとりで休みながら見ると。
❷安らかになる。平穏になる。〔風雅〕雑下「照り曇り寒き暑きも時として民に心の—・む体間もなし」訳 照ったり曇ったり、また寒いときも暑いときも、いかなるときも庶民には心が平穏になる暇もない。
❸寝る。臥して寝る。源氏 空蟬「しばしうち—・み用給へど、寝られ給はず」訳 (光源氏は)しばらく横になりなさるが、お眠りになれない。
■二(他マ下二)〔め・め・む・むる・むれ・めよ〕❶休ませる。安らかにさせる。土佐「恋しき心地しばし—・め用て、またも恋ふる力にせむとなるべし」訳 (亡き子を)恋しく思う気持ちをしばらく休ませて、(さらに)またも恋い慕う力にしようというのであろう。
❷ゆるやかにする。緊張をほぐす。源氏 葵「身の上のいと苦しきを、しばし—・め用給へ」訳 (葵の上にとりついた物の怪である私の)身体がとても苦しいので、しばらくの間(祈禱を)ゆるやかにしてください。

やすめ・どころ【休め所】(名)❶休息する場所。休憩所。〔猿蓑〕珍碩「細脛のやや夏の山」訳 (師芭蕉の諸国行脚で)やせ細った足を休める所として、絶好の地であるよ。(幻住庵のある)この夏の山は。
❷短歌の第三句。源氏 玉鬘「あだ人といふ五文字をやすめ所にうち置きて」訳 (恋の贈答歌に)あだ人(=移り気な人)という五文字を第三句に置いたら。

やす・らか【安らか】(形動ナリ)〔なら・なり(に)・なり・なる・なれ・なれ〕〔「らか」は接尾語〕❶穏やかなさま。無事なさま。気楽なさま。更級 子忍びの森「わが身一つならば、—・なら未ましを、ところせう引き具して」訳 自分一人であるならば、気楽であろうけれども、(家族を)大勢引き連れて。
❷容易なさま。簡単なさま。徒然 五一「—・に用結ひて参らせたりけるが、思ふやうに廻りて」訳 (宇治の村人は)やすやすと(水車を)組み立てて差しあげたが、(その水車が)思うように回って。
❸自然であるさま。あっさりしてわざとらしさのないさま。徒然 二三一「振る舞ひて興あるよりも、興なくて—・なる体が、まさりたることなり」訳 趣向をこらしておもしろいのよりも、おもしろみはなくても自然でわざとらしくないのが、まさっていることである。

やすら・け・し【安らけし】(形ク)〔から・く(かり)・し・き(かる)・けれ・かれ〕安らかである。穏やかである。〔栄花〕ひかげのかづら「諸人の願ふ心の近江なる安良の里の—・く用して」訳 すべての人が心に願っていることは、近江の国(滋賀県)にある安良の里の名のように、(この世が)安らかであってほしいということだ。

やすらはで… 和歌《百人一首》

> やすらはで　寝なましものを　小夜ふけて
> かたぶくまでの　月を見しかな
> 〈後拾遺・一二・恋二・六八〇・赤染衛門〉

訳 (あなたがおいでにならないことがわかっていましたら)ためらわないで寝てしまいましたのに。(昨夜は夜がふけて西の山に傾くまでの月を眺めていたことですよ。文法「やすらはで」の「で」は、打消の接続助詞。「寝なましものを」の「まし」は、反実仮想の助動詞「まし」の連体形。「ものを」は、未練や後悔を表す詠嘆の終助詞。
解説 詞書に、作者の姉妹のもとに通っていた藤原道隆に対し、姉妹に代わって詠んだ歌とある。

やすら・ふ【休らふ】■一(自ハ四)〔は・ひ・ふ・ふ・へ・へ〕❶ためらう。ちゅうちょする。新古 冬「おのづからいはぬを慕ふ人やあると—・ふ体ほどに年の暮れぬる」訳 こちらから(訪ねてほしいとは)言わないが、(この山里を)慕って訪ねてくれる人があるかと思ってぐずぐずするうちに、年が暮れてしまったことだ。文法「人やあると」の「や」は疑問の係助詞。「ぬる」は、詠嘆を示す連体形止め。
❷とどまる。滞在する。平家 三・医師問答「宋朝よりすぐれたる名医渡って、本朝に—・ふ体ことあり」訳 (そのころ)宋の国(=中国)からすぐれた名医が渡ってきて、日本に滞在することがある。
❸休む。立ち止まる。休憩する。細道 出羽三山「岩に腰かけてしばし—・ふ体ほど(=休憩しているうちに)」
■二(他ハ下二)〔へ・へ・ふ・ふる・ふれ・へよ〕休ませる。休息させる。ゆるめる。著聞 三三六「貞任、くつばみを—・へ用」訳 貞任は、轡(=馬の口にかませる金具)をゆるめ。

やせがへる… 俳句

> 痩せ蛙　まけるな一茶　是に有り
> 〈七番日記・一茶〉

訳 (蛙たたかいに引き出された)痩せ蛙よ、負けるんじゃない。この一茶がここについているぞ。(蛙 春。切れ字は「有り」)
解説「蛙たたかひ見にまかる、四月二十日なりけり」の前書きがある。「蛙たたかひ」は一匹の雌蛙を何匹もの雄蛙が争う習性を利用し、金品を賭けて争わせたもの。弱者・小さなものへの作者の心の投影が見える。「是に有り」は、戦場で武者が名乗りをあげるときのことば。

やせ・さらぼ・ふ【痩せさらぼふ】(自ハ四)〔は・ひ・ふ・ふ・へ・へ〕やせこけて、骨と皮ばかりになる。痛ましいほどや

せ細る。宇治 六・五「物も食はず過ごしたれば、影のやうに—・ひ用つつ」訳（鷹飼いは）何も食わないで過ごしていたので、影のようにやせ細りながらも。

やせ-やせ【痩せ痩せ】（形動ナリ）〔なら・なり（に）・なり・なる・なれ・なれ〕ひどくやせているさま。やせこけている。源氏 若菜下「げに、いといたく—・に用青みて」訳（柏木は）ほんとうにたいそうひどくやせこけ、（顔色は）青ざめて。

や-ぜん【夜前】（名）昨夜。ゆうべ。今昔 三・三四「夜半ばかりに、—のごとく、多くの馬に乗れる人来りぬ」訳夜ふけごろに、昨夜と同じように、多くの馬に乗った人（たち）がやってきた。

や-そ【八十】（名）〔「そ」は十の意〕はちじゅう。また、数の多いことにいう。万葉 三・二七三「近江の海—の湊に鶴多に鳴く」訳近江の海（＝琵琶湖）のたくさんの船着き場に鶴が数多く鳴いていることだ。

や-ぞ 疑問・反語の意を強める。…か。…か（いや、決して…でない）。蜻蛉 中「宿見れば蓬の門もさしながら荒るべきものと思ひけむ—」訳（左大臣＝源高明が流罪となった後の）邸を見ると、よもぎ草のはびこるにまかせた門も閉ざしたままで、（このように）荒れ果てようものとは思ったであろうか（いや、決して思いはしなかった）。

なりたち 係助詞「や」＋係助詞「ぞ」

参考 中古の用法。特に、「後撰集」「拾遺集」のころに例が見える。推量の意を含む助動詞「む」「らむ」「けむ」「まし」に付き、和歌にかぎって用いられた。

やそ-うぢびと【八十氏人】（名）「やそうぢひと」とも。多くの氏族の人。多くの氏人。万葉 六・一〇二二「参上る—の手向けする恐の坂に幣奉り」訳都に上る多くの氏人たちが手向けをする恐の坂（の神）に幣を献じて。

やそ-か【八十楫】（名）多くの櫓や櫂。万葉 二〇・四四〇八「難波津に船を浮けすゑ—貫き」訳難波の港に船を浮かべおき、多くの櫓をつけ。

やそ-がみ【八十神】（名）多くの神々。〔記〕上「この大国主神の兄弟、—坐しき」訳この大国主の神の兄弟には、多くの神々がいらっしゃった。

やそ-くに【八十国】（名）多くの国々。また、多くの国の人々。万葉 二〇・四三二九「—は難波に集ひ」訳（防人として行く）多くの国の人々は難波（今の大阪市一帯）に集合して（船出するが）。

やそ-くま【八十隈】（名）非常にたくさんの曲がり角。万葉 二・一三一「この道の—ごとに万たびかへりみすれど」訳→いはみのうみ…和歌

やそじ〖八十〗⇩やそぢ

やそ-しま【八十島】（名）多くの島々。古今 羇旅「わたの原—かけてこぎ出でぬと人には告げよあまの釣舟」訳→わたのはら…和歌

やそ-せ【八十瀬】（名）多くの瀬。瀬々。源氏 賢木「ふり捨てて今日は行くとも鈴鹿川—の波に袖は濡れじや」訳（あなた＝六条御息所は私＝光源氏を）見捨てて、今日は（伊勢に）立つとしても、（伊勢の）鈴鹿川を渡るとき、その多くの瀬の川波に袖が濡れないだろうか（いや、濡れるだろう）（＝私との別れを悔いて泣くだろう）。

やそ-ぢ【八十】（名）〔「ぢ」は接尾語〕❶はちじゅう。❷八十歳。八十年。古今 賀・詞書「御をばの—の賀に銀を杖に作れりけるを見て」訳おば君の八十歳のお祝いに銀で杖を作ってあったのを見て。

やそ-とものを【八十伴の緒】（名）多くの部族の長。また、上代、朝廷に仕えた多くの役人たち。万葉 三・四七八「もののふの—を召し集へ」訳仕えている多くの男たちをお呼び集めになり。（「もののふの」は「八十」にかかる枕詞）

やた-がらす【八咫烏】（名）〔大きな烏の意〕❶天照大神からつかわされて、熊野（＝和歌山県と三重県の境）から大和（＝奈良県）へ入る神武天皇の東征の道案内をしたといわれる烏。八咫の烏。〔記〕中「今、天より—を遣はさむ」訳今、天から（道案内として）八咫烏をつかわそう。
❷中国の伝説で、太陽の中にいるという三本足の烏。また、その烏をかたどった像を先端につけたのぼり。朝賀の儀式のとき、庭上に立てる。〔讃岐典侍日記〕「例の、—、見も知らぬものども…立てわたしたる見るも」訳（即位式の）例として、八咫烏ののぼりや、見たこともないいろいろなものを…ずらりと立て並べてあるのを見るのも。

や-たけ【弥猛】（形動ナリ）〔なら・なり（に）・なり・なる・なれ・なれ〕〔「いやたけ」の転〕いよいよ激しく勇み立つさま。〔太平記〕七「岸高うして切り立ったれば、—・に用思へどものぼり得ず」訳岸が高くて切り立っているので、いよいよ勇み立って（登ろうと）思うけれども登ることができない。

や-たて【矢立て】（名）❶矢を入れる道具。「胡籙」などの類。
❷「矢立ての硯」の略。陣中で、箙（＝矢を入れて背負う道具）の中などに入れて携帯した小さな硯箱。〔太平記〕六「—を取り出だして、…〔鳥居に〕一筆書きつけて」
❸墨つぼに、筆を入れる筒のついた、携帯用の筆記用具。細道 旅立「これを—の初めとして、行く道なほ進まず」訳これ（＝「行く春や鳥啼き魚の目は泪」〔俳句〕）の句）を矢立ての使いはじめ（＝旅の記の書きはじめ）として（出発したが）、行く道はやはりはかどらない。訳→ゆくはるや…

（やたて③）

や-だね【矢種】（名）箙（＝矢を入れて背負う道具）などに入れて身につけている矢。射るべき手持ちの矢。また、単に矢。平家 一一・能登殿最期「—のあるほど射尽くして、今日を最後とや思はれけん」訳（能登の守教経は）所持している矢のあるだけ射尽くして、今日を命の終わりとお思いになったのであろうか。

やた-の-かがみ【八咫の鏡】（名）❶大きな鏡。
❷三種の神器の一つ。〔紀〕神代「〔天照大神は〕天津彦彦火瓊瓊杵尊に〕八尺瓊の曲玉および—・草薙の剣、三種の宝物を賜ふ」（＝三種の神器をお授けになる）→三種の神器

や-ち【八千】（名）八千。また、数のきわめて多いことを表す。「—種」「—度」「—代」

やち-くさ【八千種・八千草】（名）「やちぐさ」とも。多くの種類。種々。また、たくさんの草。万葉 一九・四二六六「時ごとにいや珍しく—に草木花咲き」訳季節ごとにますます清新にさまざまに草や木に花が咲き。

や-ちまた【八衢】（名）道がいくつにも分かれている所。迷いやすいたとえにもいう。万葉 二・一二五「橘の蔭踏

む道の—にものをぞ思ふ妹に逢はずして」訳 橘の木陰を踏んで行く道がいくつにも分かれているようにあれこれと思い悩むことだ。あなたに逢わないで。(第二句までは「八衢」を導きだす序詞)

やち-よ【八千代】(名)八千年。また、きわめて多くの年代・年数。古今 賀「しほの山さしでの磯にすむ千鳥君が御代をば—とぞなく」訳 しおの山のさしでの磯(=地名。所在未詳)に住む千鳥は、君のご寿命が八千年(も続くよ)とばかり「ちよちよ」と鳴く。(「八千代」の「千代」は鳴き声の「ちよ」との掛詞)

やつ【奴】□一(名)❶人または鳥獣などをいやしめていう語。竹取 竜の頸の玉「かぐや姫てふ大盗人の—が、人を殺さむとするなりけり」訳 かぐや姫という大悪党のやつが、(難題を出して)人を殺そうとするのであったことよ。
❷(近世語)「こと」「もの」などの意のくだけた言い方。〔浮世床〕「『お金を』一歩(=一両の四分の一)出しゃあ、すてきな—が買へらあな」
□二(代)他称の人代名詞。軽蔑、または親しみをこめていう。あいつ。こやつ。平家 四・競「親しい—めに盗まれて候ふ」訳 (馬を)親しいあいつめに盗まれました。

や-つ【八つ】(名)❶八。やっつ。また、数の多いこと。万葉 一六・三八八五「韓国の虎といふ神をいけどりに—取り持ち来」訳 韓の国の虎という神様を生け捕りにして八頭も持ち帰り。
❷八歳。
❸「八つ時」の略。今の午前二時ごろ、または午後二時ごろ。蜻蛉 中「時は—になりぬ。道はいとはるかなり」訳 時刻は八つ時(=午前二時ごろ)になった。道は(まだ)たいそうはるかに遠い。

発展 「八」という数
日本では、数の多さを「八」という数で表すことがある。特に、記紀万葉の時代に多く見られ、「八雲」「八重」「八重垣」「八十神」「八十国」「八十島」「八千種」「八千代」「八百万」などの語が使われている。

や-つか【八束】(名)束(=こぶし一握り)の八つ分の長さ。また、物の長さの長いことにいう。〔紀〕神代「—の剣を帯き」訳 八束の剣(=長い刀)を腰に着け。

や-つか【矢束】(名)「やづか」とも。矢の長さ。平家 一一・遠矢「—もちっと短う候ふ」訳 矢の長さもちょっと短うございます。
参考 矢の長さは、束(=こぶし一握りの長さ)と伏せ(=指一本の幅)で測る。普通の矢の長さは十二束。

やつか-ほ【八束穂】(名)豊かに実った長い稲穂。秋 新古 賀「神世より今日のためとや—に長田の稲のしなひそめけん」訳 神代から今日の(大嘗会の)ためといって、豊かに実る長い稲穂をつけて長田の稲がしなやかにたわみはじめたのだろうか。

やつがれ【僕】(代)(「奴吾」の転。鎌倉時代まで「やつかれ」)自称の人代名詞。自己の謙譲語。私。わたくしめ。〔松の葉〕「—年ごろ閑暇の茶菓にこれをもてあそびて」訳 私は長年、退屈の茶菓子(=慰み)にこれ(=三味線)を楽しんで。
参考 中古までは男女を通じて用いられた。近世以降は男性の、やや気取った文語的な言い方に用いられる。

や-つぎ【矢継ぎ】(名)矢を射たあと、つぎの矢を弓の弦につがえること。著聞 四三五「この—のはやさに、海賊らおどろきて」

やつぎ-ばや【矢継ぎ早】(名・形動ナリ)矢継ぎの速いこと。矢を続けて射る技の速いこと。また、その者。平家 四・競「競はもとよりすぐれたる強弓精兵、—の手きき」訳 競(=源頼政の家臣の名)はもともとすぐれた、強弓を引くえりぬきの兵士で、矢を続けて速く射ることの名人。

や-つ-こ【臣・奴】□一(名)(「つ」は「の」の意の上代の格助詞。「家つ子」の意)❶神、または主君などに仕える者。家来。臣下。召使。下僕。方丈 四「伴ふべき人もなく、頼むべき—もなし」訳 ともに生活できる人もいないし、頼りにできる召使もいない。
❷人に使われる身分の低い者。奴婢。万葉 七・一二七五「住吉の小田を刈らす子—かも無き—あれど妹が御為と私田刈る」訳 住吉の田を刈っておいでの方、あなたは奴婢を持っていないのか。いや奴婢はいるが、恋しい人の御ためと思って(恋しい人の)私田を刈っているのだ。(五七七・五七七の旋頭歌)
❸相手をののしっていう語。やつ。万葉 一一・二五七四「面忘れだにもえ為やと手握りて打てども懲りず恋といふ—」訳 せめてあなたの顔を忘れることだけでもできるかと、手を握って(=げんこつで)打っても懲りない。恋というやつは。文法「え為」の「え」は、可能を表す副詞。
□二(代)自称の人代名詞。自己の謙譲語。私。わたくしめ。万葉 一八・四〇八二「天ざかる鄙の—に天人しかく恋すらば生ける験あり」訳 遠い田舎のわたくしめに都の人がこのように恋しているとすれば、生きている甲斐がある。(「天ざかる」は「鄙」にかかる枕詞)。文法「天人し」の「し」は、強意の副助詞。「恋すらば」は、サ変動詞「恋す」の終止形＋存続の助動詞「り」の未然形「ら」＋接続助詞「ば」と見られるもので、他に類例はない。「恋すらむは」の意とする説もある。

やっこ【奴】(名)(「やつこ」の転)❶江戸時代、武家に仕えた下男。中間。行列の先頭に立って、槍・挟み箱などを持ち歩く役目の者。
❷江戸時代初期の侠客。男だて。旗本奴と町奴があった。

やっこ-あたま【奴頭】(名)江戸時代、武家の奴や商家の丁稚などが結った髪形。月代(=額ぎわから頭上にかけた部分)を広く深く剃り込み、両鬢(=耳の上の毛)と、うしろのうなじに残した毛で髷を短く結ったもの。また、幼児が左右の耳の上と頭の後部にだけ毛を残して他を剃ったもの。

(やっこあたま)

やつ・す【俏す・窶す】(他サ四)❶**目立たないように姿を変える。みすぼらしく姿を変える。**堤 虫めづる姫君「かくまで—・したれど、みにくくなどはあらで」訳 (姫君は)これほどまでにみすぼらしく姿を変えているが、見苦しくなどはなくて。
❷**出家して姿を変える。剃髪する。**源氏 夢浮橋「心もなく、たちまちにかたちを—・し用てけること、と胸つ

ぶれて」訳思慮分別もなく即座に浮舟の容貌を尼の姿に変えてしまったことよ、と僧都は心が乱れて。文法「やつしてける」の「て」は、完了の助動詞「つ」の連用形。⇩世を背く「慣用表現」

❸形を変えてまねる。形を似せて作る。〔浮・日本永代蔵〕「玄宗の花軍を|・し用、扇軍とてあまたの美女を左右に分けて」訳玄宗皇帝の花軍をまねて、扇軍だといってたくさんの美女を左右に分けて。

❹〈おもに「身をやつす」の形で〉やせる思いをするほど、そのことにうち込む。〔仮名・身の鏡〕「傾城狂ひに身を|・し用などするを」訳遊女あそびに、身もやせるほどうち込んだりすることを。

❺行儀をくずす。くつろぐ。〔浮・好色一代男〕「事過ぎて、後は|・し用て乱れ酒」訳（ちゃんとした事が終わって、その後はくつろいで無礼講の酒宴。

❻字形をくずす。字画を省略する。〔浄・三世相〕「|・し用て書けば」訳（文字を）くずして書くと。

やつ-はし【八つ橋】（名）池や小川に、橋板を数枚稲妻型につなぎ合わせてかけた橋。三河（愛知県）にあったものが有名。

（やつはし）

やつ-ばち【八つ撥】（名）❶「羯鼓」の別名。二本のばちで両面を打つ。〔謡・花月〕「|をおん打ち候ひて（＝お打ちになりまして）」

❷太鼓の曲打ち。

やつ-ばら【奴ばら】（名）〔「ばら」は複数を示す接尾語〕複数の人をいやしめていう語。やつら。平家四・競「三井寺法師、さては渡辺の親しい|こそ候ふらめ」訳（敵方には）三井寺の法師、さらには渡辺党の親しいやつらがおりましょう。

や-つぼ【矢壺・矢坪】（名）矢を射るとき、ねらいを定める目標。矢どころ。的。平家四・鵼「姿かたちも見えざれば、|をいづくともさだめがたし」訳姿も形も見えないので、矢の的をどことも定めにくい。

やつめさす《枕詞》「出雲」にかかる。〔記〕中「|出雲建が佩ける太刀」

やつ・る【俏る・窶る】（自ラ下二）｛れ・れ・る・るる・るれ・れよ｝❶地味で目立たない服装・姿になる。源氏若紫「いといたう|・れ用給へれど、しるき御さまなれば」訳（光源氏は）たいそうひどく簡素な身なりをしていらっしゃるが、（高貴な方だと）はっきりわかるごようすなので。

❷〈病気などで〉容色が衰える。みすぼらしくなる。平家六・小督「心ならず尼になされて、年二十三、濃き墨染めに|・れ用果てて」訳（小督は）不本意にも尼にされて、二十三歳で、濃い墨染めの衣（＝僧衣）によってすっかりみすぼらしい姿になって。

やつれ【窶れ】（名）❶みすぼらしくなること。容色が衰えること。源氏朝顔「世に知らぬ|を」訳並々でない（私＝光源氏の、恋に）衰えてやつれた姿を。

❷人目をしのぶため、服装を粗末にすること。目立たない姿になること。源氏夕顔「この頃の御|に設け給へる狩りの御装束着かへなどして」訳（光源氏は）最近の（忍び歩きの）粗末なお姿のために準備なさってある狩衣のご衣装に着替えなどして。

やつ-を【八峰】（名）多くの峰々。重なり合った峰々。万葉一九・四一七七「|には霞たなびき」

やど【屋戸・宿】（名）❶**家の敷地**。屋敷のうち。**庭先**。前庭。万葉一九・四二九一「わが|のいささ群竹吹く風の音のかそけきこの夕へかも」訳→わがやどの…和歌

❷家の戸。万葉四・七四四「夕さらば|開けまけてあれ待たむ夢に相見に来むといふ人を」訳夕方になったなら、家の戸を開け用意して私は待とう。夢で私に逢いに来ようという人を。

❸**住む所**。**家**。**自宅**。〔和泉式部日記〕「わが|にたづねて来ませ文つくる道も教へむあひも見るべく」訳私の家に訪ねていらっしゃい。漢詩文を作る方法も教えよう、また逢って親しく接することもできるように。

❹**宿るところ**。一時泊まるところ。**旅宿**。古今羇旅「狩り暮らしたなばたつめに|からむ天の河原に我は来にけり」訳→かりくらし…和歌

❺主人。あるじ。他人に対して、多く妻が夫をさして言う語。〔浮世風呂〕「わたしの|が五十〔歳〕の賀（＝祝い）」

やどかし-どり【宿貸鳥】（名）〈「宿貸し」の意をかけて〉橿鳥（＝かけす）の異名。一説に、「つばめ」「うぐいす」の異名とも。〔幻住庵記〕「時鳥しばしば過ぐるほど、|の便りさへあるを」訳ほととぎすがしばしば飛んで過ぎる間には、（宿貸し鳥という名を持つ）橿鳥のおとずれまでもあるので。

やど-がへ【宿替へ】（名）引っ越し。転居。〔浮・世間胸算用〕「和州の鼠もつれて|しけるに」訳大和（奈良県）の鼠もいっしょになって引っ越しをしたが。

やど・す【宿す】（他サ四）｛さ・し・す・す・せ・せ｝❶宿を貸す。宿泊させる。方丈二「舞人を|・せ已る仮屋より出で来たりけるとなん」訳舞を舞う人を泊めている仮小屋から（火が）出てきたということである。文法係助詞「なん」のあとに結びの語「言ふ」「言へる」などが省略されている。

❷とどめる。とどまらせる。方丈四「夜臥す床あり、昼ゐる座あり。一身を|・す体に不足なし」訳夜寝る床があるし、昼すわる場所もある。自分一人の身を置くのに不足はない。

❸妊娠する。⇩篤し「慣用表現」

やど-もり【宿守り】（名）家の番をすること。また、その人。留守番。源氏夕顔「この|なる男を呼びて問ひ聞く」訳（惟光は）この（家の）留守番である男を呼んで、だれの家であるかを尋ね聞く。

やどり【宿り】（名）❶旅先で泊まること。また、その宿泊所。源氏夕顔「などてかくはかなき|は取りつるぞと、くやしさもやらむ方なし」訳どうしてこのように心細い宿所をとったのかと、（光源氏は）後悔の思いも晴らしようがない。文法「取りつるぞ」の「ぞ」は、「などて」と呼応して疑問の意を表す係助詞。

❷住まい。仮の住居。徒然一〇「家居のつきづきしく、あらまほしきこそ、仮の|とは思へど、興あるものなれ」訳住居が（住む人に）似つかわしく、望ましいのこそ、（この無常の世では）仮の住まい（にすぎない）とは思うが、（やはり）趣深いものである。

❸とどまること。また、その場所。枕四一「卯の花・花橘などに|をして」訳（ほととぎすが卯の花や橘の

花などにとどまることをして。

やどり-ぎ【宿り木・寄生木】(名)他の植物に寄生する植物の総称。源氏 蜻蛉「我もまた憂き古里をあれ果てば誰ーのかげをしのばむ」訳 (他の人と同様)私(=薫)もまたこのつらいふるさと(=宇治)を遠ざかって、ふるさとが荒れ果てるなら、だれが宿り木の陰(=この宿)を思い出すだろう。(「あれ」は「散れ」と「荒れ」との掛詞)

やどりして… 和歌

> やどりして　春の山辺に　寝たる夜は
> 夢のうちにも　花ぞ散りける
> 〈古今・二・春下・一一七・紀貫之〉

訳 (旅先で)宿を借りて春の山のほとりで寝た夜は、(折から桜の花盛りで)夢の中まで桜の花が散っていたよ。

解説 山寺の宿坊に泊まったときに詠んだ歌。「夢のうちにも」には、昼間見た落花の盛んなようすも含めている。

やど・る【宿る】(自ラ四)〔ら・り・る・る・れ・れ〕❶旅先で泊まる。宿泊する。万葉 一・四八「阿騎の野にー・る㋭旅人うち靡き眠も寝らめやも古思ふに」訳 阿騎の野(=上代の狩猟地)に旅寝する旅人(=軽皇子)は、横たわって寝ていられようか(いや、寝てはいられない)。昔のこと(=亡き父、草壁皇子在世のころ)を思うと。文法「眠も寝らめやも」の「らめ」は、推量の助動詞「らむ」の已然形。「やも」は、反語を表す上代の終助詞。
❷住む。仮の住みかとする。源氏 夕顔「ただ今惟光の朝臣のー・る㋭所にまかりて、いそぎ参るべきよしいへ」訳 今すぐに惟光の朝臣が住んでいる所へ参って、急いで(ここに)参上するように言え。
❸とどまる。源氏 東屋「亡き魂やー・り㊊て見給ふらむ」訳 死んだ(大君の)霊魂がとどまって(私=薫を)ご覧になっているだろうか。
❹映る。古今 恋五「あひにあひてもの思ふころの我が袖にー・る㋭月さへぬるる顔なる」訳 (私の心に)ちょうどぴったりと合って、もの思いに沈んでいるころの私の(涙でいっぱいの)袖に映る月までも、(私と同じように涙に)濡れた(ような)顔であるよ。

❺寄生する。源氏 宿木「いと気色ある深山木にー・り㊊たる蔦の色ぞまだ残りたる」訳 たいそう風情のある深山の木に寄生している蔦の(紅葉の)色がまだ(あせずに)残っている。
❻母の胎内に胎児となる。

やな【梁・簗】(名)魚を捕るための仕掛け。川の瀬などに、杭を打ち並べて流れをせき止め、一か所だけあけてそこに簀(=葦や竹などを粗く編んだもの)を張り、流れ込む魚を捕らえるもの。夏。万葉 三・三八六「この夕へ柘のさ枝の流れ来ばーは打たずて取らずかもあらむ」訳 この夕方に(仙女が化したという)柘(=山桑)の枝がもし流れてきたなら、梁を仕掛けないで取らずにいられようか(いや、だれでも取るだろう)。

(梁)

や-な(終助)〔間投助詞「や」に終助詞「な」の付いたもの〕感動の意を表す。…だなあ。〔謡・羽衣〕「悲しやな、羽衣なくては飛行の道も絶え」訳 悲しいなあ、羽衣がなかったら空を飛ぶ方法もなくなり。〔浄・曽根崎心中〕「口惜しや無念やな」訳 くやしいなあ、無念だなあ。
接続 名詞、形容詞の終止形、形容動詞の語幹などに付く。
参考 中古の用例の場合は、一語とみるより「や」と「な」に分けて考えたほうがよい。

やない-ばこ【柳筥・柳箱】(名)〔「やなぎばこ」のイ音便〕柳の枝を細長く三角形に削り、寄せ並べて編んだ箱。硯・墨・短冊・冠などを納めた。後世、そのふたは物を載せる台として用いた。

(やないばこ)

やな-う・つ【梁打つ】杭を打って梁(=魚を捕るための仕掛け)を構え作る。万葉 三・三八七「古にー・つ㋭人のなかりせば」訳 昔、梁を仕掛け(て流れてきた枝を取)る人がいなかったなら。

谷中(やなか)『地名』今の東京都台東区谷中。上野の北西に位置する台地一帯をいう。

やなぎ【柳】(名)❶木の名。やなぎ。春。枕 四「桃の花のいまさきはじむる。ーなどをかしきこそさらなれ」訳 (陰暦三月三日は)桃の花が新しく咲きはじめるの(がよい)。柳(の葉)などが趣があるのは言うまでもない。
❷「柳襲」の略。襲の色目の名。表は白、裏は萌黄。春に用いる。⇩巻頭カラーページ11

やなぎ-かづら【柳鬘】(名)「やなぎのかづら」に同じ。

柳多留(やなぎだる)『作品名』→誹風柳多留

やなぎちり… 俳句

> 秋
> 柳ちり　清水かれ　石ところどこ
> 〈反古衾・蕪村〉

訳 (芭蕉が詠んだ)遊行の柳の葉も散ってまばらになり、(西行が和歌に詠んだ)清水もかれ、川床の石がところどころに露出して(秋風に)白くかわいていることだよ。(柳散る秋)

解説 「ところどこ」は「ところどころ」ともよめる。「神無月はじめの頃ほひ下野の国に執行して、遊行柳とかいへる古木の影に目前の景色を申し出で侍る」と前書きがある。「遊行柳」は、西行の歌に導かれてこの柳を訪れた遊行上人が、柳の精である老翁と対話するという謡曲の題名による。「道のべに清水流るる柳かげしばしとてこそ立ちとまりつれ」(訳 →みちのべに…和歌)〈新古今・夏〉と西行が詠み、芭蕉が「田一枚植ゑて立ち去る柳かな」(訳 →たいちまい…俳句)〈おくのほそ道・蘆野〉と詠んだ。今の栃木県の那須町にあった。

やなぎ-の-いと【柳の糸】柳の枝が細いのを糸にたとえていう語。春。万葉 一〇・一八五六「わがかざすーを吹き乱る風にか妹が梅の散るらむ」訳 私が髪に挿している細い柳の枝を吹き乱す風で、あの子の家の梅の花も今ごろは散っているだろうか。

やなぎ-の-かづら【柳の鬘】葉のついたままの柳の枝をたわめて髪飾りとしたもの。三月の節句に用いた。「やなぎかづら」とも。春

やなぎ-の-まゆ【柳の眉】(「まゆ」は「まよ」とも)柳の萌え出た葉を眉にたとえていう語。また、美人の細長い眉をいう。枕 三〇一「さかしらに―のひろごりて春のおもてを伏する宿かな」訳 生意気に、(眉のように細いほうがよい)柳の葉が広がって、(せっかくの春景色の、その)春の面目をつぶす家だなあ。(「眉」と「おもて」は縁語)

や-な-ぐひ【胡籙・胡簶】(名)矢を入れて背に負う武具。壺胡簶・平胡簶・狩り胡簶などの種類がある。伊勢 六「(女を守ろうとして)男、弓―を負ひて(=背負って)戸口に居り」

や-なみ【矢並み】(名)箙(=矢を入れて背負う道具)に差した矢の並びぐあい。矢並び。〔金槐集〕「もののふの―つくろふ籠手の上に霰たばしる那須の篠原」訳 侍たちが箙の矢並びを整えている籠手(=手首につける革製の防具)の上に、霰が(当たって)激しくとび散っている那須の篠原(の情景)よ。

やには-に【矢庭に】(副)(「矢庭」は、矢を射ている場所の意)その場ですぐ。ただちに。いきなり。平家 四・橋合戦「―(=いきなり)十二人射殺して、十一人に手負ほせたれば(=手傷を負わせたので)」

や-は(副)[係助詞「やは」が副詞化した語]反語の意を表す。どうして…(であろう)か(いや、…ない)。〔源平盛衰記〕「中に取り籠め戦ひ候はんには、―一人も遁れ出づべき」訳 中におしこめて戦いますとしたら、そのときにはどうして一人でも逃げ出せるであろうか(いや、逃げ出すことはできない)。

参考 この語に呼応する活用語は連体形になる。

や-は　一(係助)　二(終助)

意味・用法

一 係助詞
- 反語〔…(であろう)か(いや、…ない)。〕→❶
- 疑問〔…だろうか。…のか。…か。〕→❷
- 勧誘〔…しないか。…してくれたらいいのに。〕→❸

二 終助詞
- 反語〔…(であろう)か(いや、…ない)。〕

接続

一 種々の語に付く。

二 文末の活用語の終止形・已然形に付く。已然形に付く場合は、推量の助動詞「む」であることが多い。

一(係助)[係助詞「や」に係助詞「は」の付いたもの]❶反語の意を表す。…(であろう)か(いや、…ない)。古今 春上「春の夜のやみはあやなし梅の花色こそ見えね香やはかくるる」訳 →はるのよの… 和歌

係り結び
〈反語〉雨やは降りし。〈連体形〉
(=雨が降ったか(いや、降るはずがない))
〈疑問〉かかる猫やはありし。〈連体形〉
(=こんな猫がいたか)

徒然 一三六「さる導師のほめやうやはあるべき」訳 そんな導師のほめ方はあってよいだろうか(いや、よくないだろう)。

❷疑いや問いかけの意を表す。…だろうか。…のか。…か。枕 九「この頃かかる犬やは歩く」訳 近ごろ、こんな犬が歩きまわっているだろうか。源氏 夕顔「いにしへもかくやは人のまどひけむ我がまだ知らぬしののめの道」訳 昔もこのように、人はまごついたのだろうか。私(=光源氏)がまだ知らない夜明けの(恋の)道に。

❸(②より転じて、「やは…ぬ」の形で)勧誘や希望の意を表す。…しないか。…してくれたらいいのに。源氏 葵「ここにやは立たせ給はぬ」訳 ここに(牛車を)おとめにならないか。

二(終助)[終助詞「や」に係助詞「は」の付いたもの]反語の意を表す。…(であろう)か(いや、…ない)。竹取 燕の子安貝「そこらの燕、子産まざらむやは」訳 たくさんのつばめが、卵を産まないだろうか(いや、産むだろう)。古今 恋四「み吉野の大川のべの藤なみのなみに思はばわが恋ひめやは」訳 吉野川のほとりに咲く藤波の「なみ」ではないが、(あなたを)並一通りに思うならば、私はこんなにまで恋い慕うだろうか(いや、慕いはしないだろう)。(第三句までは、「なみ」を導きだす序詞)

文法 (1) 一の用法は、活用語が文末になる場合は連体形で結ぶ「係り結び」になり、多くが①の反語である。また、結びが省略されることもある。

「『いまさら、かくやは(=こんなにまでする必要があろうか、いやないだろう)』など言ふ人もありぬべけれど」〈徒然 三七〉

右の例は、「やは」の下に「あるべき」が省略されている。

(2) 一と二との違いは、文中の用法か、文末の用法かだけである。したがって、二を係助詞の文末用法とみる説もある。

(3) 一二とも、上代では「やも」の形で示された。→やも →や(係助)

野坡(やば)〔人名〕→志太野坡

や-は-か(副)❶反語の意を表す。どうして…(であろう)か(いや、…ない)。太平記 一七「いかなる新田殿とものたまへ、―こらへ候ふや」訳 どれほどの(勇ましい)新田殿とおっしゃっても、どうして踏みとどまりましょうか(いや、逃げ出すでしょう)。

❷(下に打消推量の表現を伴って)よもや。まさか。万一にも。〔謡・烏帽子折〕「表に進む兵を五十騎ばかり斬り伏せうずるならば、―退くことは候ふまじ」訳 正面から進んでくる兵(=盗人)を五十騎ほど斬り伏せようものなら、まさか退却しないことはありますまい。

や-は-ぐ【矢矧ぐ】一 羽を矢竹につけて矢をつくる。万葉 七・一三五〇「近江のや矢橋の小竹を―・がずて」訳 近江の矢橋の篠を矢につくらないで。

なりたち 名詞「矢」＋四段動詞「矧ぐ」

二 矢を弓につがえる。徒然 八七「人も皆太刀抜き、―・げ用などしけるを」訳 (相手側の)人も皆太刀を抜き、矢をつがえなどしたので。

なりたち 名詞「矢」＋下二段動詞「矧ぐ」

や-は-す【和す】(他サ四){さ・し・す・す・せ・せ}やわらげる。平和にさせる。服従させる。万葉 二・一九九「吾妻の国の御軍

士を召し給ひてちはやぶる人を—・せ(命)と」 訳 東国の御兵士を召集なさって、凶暴な人を帰順させよと。

や‐はず【矢筈】(名)矢の末端の、弓の弦を受ける所。たんに、筈ともいう。⇩巻頭カラーページ17

八幡 (やはた) (名)石清水八幡宮のこと。

やは‐やは(‐と)【柔柔(と)】(副)やわらかに。なよなよと。源氏 玉鬘「おほどかにて、—とぞたをやぎ給へりし」 訳 (夕顔は)おっとりとして、なよなよとしとやかでいらっしゃった。

やはら (副)そっと。静かに。やおら。宇治 六・五「腰の刀を—ぬきて」

やはら‐か【柔らか・和らか】(形動ナリ) {なら・なり(に)・なり・なる・なれ・なれ} [「か」は接尾語] ❶しなやかなさま。やわらかいさま。源氏 空蟬「御衣のけはひ、—・なる(体)しもいとしるかりけり」 訳 (光源氏の)お召し物のようす(＝衣ずれの音)は、(布地の質が)やわらかであるためかえって、たいそうはっきりしているのだった。
❷性格や言動などがおだやかなさま。柔和なさま。徒然 一四一「なべて心—・に(用)、情けある故に」 訳 (都の人々は)一般に気持ちが柔和で、思いやりがあるので。

やはら・ぐ【和らぐ】㊀(自ガ四) {が・ぎ・ぐ・ぐ・げ・げ} ❶やわらかになる。しなやかになる。〔謡・高砂〕「春の日の光—・ぐ(体)西の海の」
❷心が素直になる。気持ちがおだやかになる。徒然 一四一「かく—・ぎ(用)たるところありて、その益もあるにこそ」 訳 (堯蓮上人が、住職として寺を管理しているのは)このように心がやわらいでいるところがあって、その徳もあるのだろう。文法 係助詞「こそ」のあとに結びの語「あらめ」などが省略されている。
❸親しくなる。むつまじくなる。〔紀〕顕宗「兄弟よろこび—・ぎ(用)て、天下徳に帰る」 訳 兄と弟が喜んで仲むつまじくなって、国中はその威に従う。
㊁(他ガ下二) {げ・げ・ぐ・ぐる・ぐれ・げよ} ❶やわらげる。おだやかにする。源氏 若菜下「鬼神の心を—・げ(用)」
❷親しくさせる。むつまじくさせる。古今 仮名序「男女のなかをも—・げ(用)、猛きもののふの心をもなぐさむるは歌なり」 訳 男女の仲をも親しくさせ、たけだけしい武士の心をもなごませるのは和歌である。

名文解説 和歌が恋する男女の仲を打ち解けさせ、人情を解さないとされた武士の心さえもなごませることを説いた一節。わずか三十一文字に過ぎない和歌のことばに、人の心を揺さぶる大きな力が宿っていることが力説されている。
❸わかりやすくする。平易にする。〔狂・布施無経〕「これをちと(＝少し)—・げ(用)て説いて聞かせませう」

やぶ‐いり【藪入り】(名)(藪の多い故郷に帰る意から)陰暦の正月と七月の十六日前後に、奉公人が主人から暇を許されて、一日ほど実家へ帰ること。また、その日。春。〔蕪村句集〕蕪村「—の夢や小豆の煮えるうち」 訳 藪入りで久しぶりに家に帰ってきた子が(くつろいだのか)ぐっすり眠って夢を見ている。(その子の好きなものを作ってやろうと母が煮る)小豆が煮えあがるまでの間。参考 正月のものをさすことが多く、七月のものは「後の藪入り」といって区別した。

やぶさ‐め【流鏑馬】(名)綾藺笠に、箙を背負った狩装束姿で馬に乗り、走りながら矢で的を射る競技。矢は鏑矢を用いる。鎌倉時代に最も盛んで、もとは騎射戦のための練習だったが、のち、多くは神事に行われた。夏

（やぶさめ）

やぶ‐はら【藪原】(名)草木が乱雑に生い茂って荒れはてた土地。源氏 蓬生「ものはかなきさまにて—に過ぐし給へる人をば」 訳 (こんなに)頼りないようすで荒れはてた所に暮らしていらっしゃる人(＝末摘花)を。

やぶ・る【破る】㊀(自ラ下二) {れ・れ・る・るる・るれ・れよ} ❶形がくずれる。こわれる。砕ける。破れる。徒然 一八四「物は—・れ(用)たる所ばかりを修理して用ゐることぞ」 訳 物はこわれている所だけを修繕して用いるものだ。
❷事が成り立たないで終わる。だめになる。徒然 一八八「一事を必ずなさんと思はば、他の事の—・るる(体)をもいたむべからず」 訳 一つのことを必ず成し遂げようと思うならば、他のことがだめになることをも嘆いてはならない。
❸戦いに負ける。平家 九・河原合戦「いくさ—・れ(用)にければ」 訳 (木曽義仲の)軍が負けてしまったので。
㊁(他ラ四) {ら・り・る・る・れ・れ} ❶こわす。砕く。宇治 二・六「へだての垣を—・り(用)て、それより出だし奉らん」 訳 仕切りの垣根をこわして、そこから(死人を)出し申しあげよう。
❷傷つける。害する。徒然 一二九「身を—・る(体)よりも、心を傷ましむるは、人を害ふことなほ甚だし」 訳 肉体を傷つけることよりも、精神を苦しませることは、人を害することではいっそうはなはだしい。
❸乱す。犯す。守らない。徒然 一七五「万の戒を—・り(用)て、地獄に堕つべし」 訳 (酒を飲むと)あらゆる戒律(＝仏道の規則)を犯して、地獄に落ちるにちがいない。
❹敵を負かす。突破する。平家 九・木曽最期「そこを—・っ(用)(促音便)てゆくほどに、土肥次郎実平二千余騎でささへたり」 訳 そこをうち破って進んでいったところ、土肥次郎実平が二千余騎で防ぎとめている。

や‐へ【八重】(名)八つに重なっていること。幾重にも重なっていること。また、そのようなもの。転じて、幾重にも。古今 離別「白雲の—に重なる遠にても思はむ人に心へだつな」 訳 白雲が幾重にも重なる遠方にあっても、(あなたを)思うであろう人(＝私)に心を隔てるな。

やへ‐がき【八重垣】(名)家の周りに幾重にも作りめぐらした垣根。〔記〕上「八雲立つ出雲—妻ごみに—つくるその—を」 訳 →やくもたつ…歌謡

やへ‐ぐも【八重雲】(名)幾重にも重なってわき立つ雲。八重棚雲。八雲。源氏 橋姫「峰の—思ひやる隔て多くあはれなるに」 訳 (薫には、(ともに仏教を志す八の宮に)思いをはせるさまたげになることが多く悲しいので。

やへ‐の‐しほかぜ【八重の潮風】はるか遠くの海原から吹いてくる風。平家 二・卒都婆流「さつまがた沖の小島に我ありと親には告げよ—」 訳 薩摩潟の

沖の小島に私が(まだ)生きていると、親には知らせておくれ、はるか遠くの海原から吹いてくる風よ。

やへ-の-しほぢ【八重の潮路】はるかに遠い海路。[平家]灌頂・六道之沙汰「昔は九重の雲の上にて見し月を、今はーにながめつつ」[訳]昔は宮中の御殿で見た月を、今ははるかに遠い海路で眺めては。

やへ-むぐら【八重葎】(名)幾重にも茂っている蔓草。多く、雑草が生い茂って荒れた屋敷や庭を形容するときにいう。[万葉]一一・二八二四「思ふ人来むと知りせばーおほへる庭に珠敷かましを」[訳](私が)慕うあなたが来るだろうと知っていたなら、幾重にも茂る雑草が覆っている庭に玉を敷いておいたであろうに。

やへむぐら…[和歌]《百人一首》

> 八重葎　茂れる宿の　さびしきに
> 人こそ見えね　秋は来にけり
> 〈拾遺・三・秋・一四〇・恵慶〉

[訳]幾重にも雑草が生い茂っているこのさびしい宿(=河原院)に、(荒れはててものさびしいので)人は訪れてこないが、秋だけは(いつものように)やってきたのだなあ。[文法]「さびしきに」の「に」を格助詞ととったが、接続助詞とみる説も有力で、「さびしいので」と理由を示す意にとる説と、「さびしいのに、そのうえ」と逆接の意にとる説とがある。第四句「こそ…ね(打消の助動詞「ず」の已然形)」は係り結びで、ここは強調逆接となって下に続く。

[解説]詞書に「河原院にて、荒れたる宿に秋来るといふこころを人々よみ侍りけるに」とある。立秋の歌。河原院は源融の邸宅で、庭園のすばらしさは有名だったが、このころにはかなり荒れはててしまっていたらしい。したがって第二句までは、河原院の実景でもあろう。

やへ-やま【八重山】(名)幾重にも重なり合っている山。[万葉]二〇・四四四〇「足柄のー越えていましなば誰をか君と見つつ偲はむ」[訳]足柄山の幾重にも重なった山々を(あなたが)越えておでかけになったなら、だれをあなたと見て慕おうか。

や-ほ【八百】(名)八百。また、数の多いこと。多く名詞に付いて、接頭語的に用いる。「ー会ひ」「ー日」「ー重」

や-ぼ【野暮】(名・形動ナリ)《近世語》田舎くさくて、洗練されていないこと。世情、特に遊里の事情などにうとく、人情の機微を解し得ないこと。また、そのような人。無粋。〔浮・好色一代女〕「ーはいやなり、中位なる客はあはず」[訳]無粋な客は(もちろん)いやだ、(野暮でも粋でもない)ちょうどいいくらいの客には(なかなか)出会わない。↔粋

やほ-あひ【八百会ひ】(名)数多くのものが集まり出あうこと。また、その場所。[源氏]明石「海にます神の助けにかからずは潮のーにさすらへなまし」[訳]海にいらっしゃる神の助けにすがらなかったならば、(私=光源氏は)潮流の寄り集まってくる所(=沖合はるか)に漂ってしまったであろうに。

やほ-か【八百日】(名)きわめて多くの日数。[万葉]四・五九六「ー行く浜の沙もあが恋にあにまさらじか沖つ島守」[訳]多くの日数をかけて行く(長い)浜辺の真砂の数も、私の恋(のおびただしさ)には決してまさらないだろうね、沖の島守よ。

やほ-よろづ【八百万】(名)きわめて数の多いこと。[源氏]須磨「ー神もあはれと思ふらむ犯せる罪のそれとなければ」[訳]たくさんの神々も、(私=光源氏を)かわいそうだと思っているであろう。(私には)犯した罪がこれといってないから。

やま【山】(名)❶土地の高く隆起した所。山岳。[徒然]三〇「からは、けうときーの中にをさめて」[訳]亡骸は、人けのない山の中に埋葬して。❷**比叡山**の称。また、そこにある**延暦寺**の称。〔発心集〕「ーに、正算僧都といふ人ありけり」[訳]比叡山延暦寺に、正算僧都という人がいた。❸庭に山をかたどって土を積みあげた所。**築山**。[源氏]桐壺「もとの木立、ーのたたずまひおもしろき所なりけるを」[訳]以前からの木立や、築山のようすが趣ある所であったのを。❹多く積み重なっていること。また、そのもの。〔うつほ〕菊の宴「いかなる塵かーと積もりし」[訳]どのような塵が山のように積もったのか。❺高くすばらしく、あこがれの対象となるようなもの。仰ぎみて、頼りにするもの。〔後撰〕離別「笠取のーとたのみし君を置きて涙の雨に濡れつつぞゆく」[訳]笠取の山のように頼みに思っていたあなたを後に残して、(私は)雨のような涙に濡れながら旅立つことだ。(「笠取の山」の「笠」を雨笠に取りなす)❻天皇の墓。御陵。みささぎ。[源氏]須磨「御ーに参り侍るを、御言伝てや」[訳](桐壺院の)御みささぎにお参りしますが、(院の霊への)ご伝言がございますか。[文法]係助詞「や」のあとに結びの語「侍る」などが省略されている。❼「山鉾」の略。祭礼の山車の一つ。山形の上に鉾などを立てる。〔狂・くじ罪人〕「祭礼(=祇園祭り)も近々でござるによって、…ーの相談を致さうと存ずる」

やま-あらし【山嵐】(名)山から吹きおろす激しい風。山颪。[古今]雑体「吉野の山のーも寒く日ごとになりゆけば」[訳]吉野の山の山から吹きおろす風も日ましに寒くなっていくので。

やま-あゐ【山藍】(名)「やまゐ」とも。草の名。山野の日陰に多く生え、葉の汁を青色の染料とする。[源氏]若菜下「ーに摺れる竹の節は松の緑に見えまがひ」[訳]山藍で(青色に)摺り染めにした(小忌衣の)竹の節(の模様)は松の緑と見まちがえ(るほどで)。

やま-うつぼ【山靫】(名)狩猟に用いる、粗末な筒状の矢入れ。[平家]八・妹尾最期「ー・竹箙(=竹製の、矢を入れて背負う道具)に矢ども少々さし」

やま-うど【山人】(名)「やまびと」のウ音便。「やまびと」に同じ。

やま-おろし【山颪】(名)山から吹きおろす激しい風。山嵐。[源氏]夕霧「ーいと烈しう、木の葉の隠ろへなくなりて」[訳]山から吹きおろす風がたいそう荒々しく、木の葉のさえぎりがなくなって。

やまおろし-の-かぜ【山颪の風】「やまおろし」に同じ。[万葉]九・一七五一「君が見むその日までにはーな吹きそと」[訳](桜の花を)あなたが見るその日までは、山から吹きおろす風よ吹いてくれるなと。

やま-が【山家】（名）山里にある家。山中の家。〔内大臣忠通家歌合〕「ーには楢のから葉の散り敷きて時雨の音もはげしかりけり」 訳 山里の家には楢の枯れ葉が散り敷いて、時雨の音も（いちだんと）激しいことよ。

やま-がくれ【山隠れ】（名）山に隠れていること。山に隔てられて見えないこと。また、そのような所。山陰。源氏 総角「人の御うへは、かかるーなれど、おのづから聞こゆるものなれば」 訳 人（＝宇治の姫君たち）の御身の上のことは、このような人里遠い山奥であっても、ひとりでに噂となって聞こえてくるものであるから。

やま-かぜ【山風】（名）山中を吹く風。また、山からふもとへ吹きおろす風。古今 秋下「吹くからに秋の草木のしをるればむべーをあらしといふらむ」 訳 →ふくからに…和歌

やま-かたつ・く【山片付く】「やまかたづく」とも。山のほうに片寄る。一方が山に接する。万葉 一〇・一八四二「雪をおきて梅にな恋ひそあしひきのーき用て家居せる君」 訳（せっかくの）雪をさしおいて梅の花を恋しがらないでくれ。山に近く接して住んでいるあなたよ。（「あしひきの」は「山」にかかる枕詞）

やま-がつ【山賤】（名）❶きこりや猟師など、山里に住む身分の低い人。源氏 夕顔「物のなさけ知らぬーも、花の陰にはなほやすらはまほしきにや」 訳 物の風情もわからない山に住む者でも、花の陰にはやはり休みたいのだろうか。

❷きこりや猟師の住む家。粗末な家。源氏 常夏「ーの垣ほに生ひしなでしこのもとの根ざしをたれか尋ねむ」 訳 粗末な家の垣根に生えた撫子（＝身分の低い母親から生まれた玉鬘）のもとの素性をだれが尋ね求めようか（いや、だれも尋ね求めはしない）。

やま-かづら【山鬘・山蔓】（名）❶ひかげのかずら（＝つる性植物の名）の異称。冠や髪に巻きつけて鬘とした。古今 神あそびのうた「まきもくの穴師の山の山人と人も見るがにーせよ」 訳 巻向の穴師（＝地名）の山に住む山人と人も見まちがえるくらいに（髪に）山かずらを（いっぱい）つけよ。

❷暁に、山の端にかかる雲。

やま-かは【山川】（名）山と川。また、山の神と川の神。万葉 一・三九「ーもよりて仕ふる神ながらたぎつ河内に船出せすかも」 訳 山や川の神も心服してお仕えする、その神であるままに、（持統天皇は）激しく流れる谷川に船出なさることよ。→山川 注意

やま-がは【山川】（名）山にある川。山あいを流れる川。古今 恋四「底ひなき淵やは騒ぐーの浅き瀬にこそあだ浪は立て」 訳 果てしなく深い淵は（波が立って）騒ぐだろうか（いや、騒ぎはしない）。山あいを流れる川の浅い瀬にこそむやみに立ち騒ぐ波が立つのであるよ（＝いいかげんな人ほど、愛しているなどとすぐに言ったりするのだ）。注意「やまかは」は「山」と「川」が並列であるが、「やまがは」と濁って読むと「山」は下の「川」を修飾する。

やまがはに… 和歌《百人一首》

> 山川に　風のかけたる　しがらみは　流れもあへぬ　紅葉なりけり
> 〈古今・五・秋下・三〇三・春道列樹〉

訳 山あいを流れる川に風がかけた柵（＝川の流れをせきとめるために、杭を打ちこんで柴や竹などをからませたもの）は、流れようとして流れきれないでいる紅葉であったよ。文法「あへぬ」は、下二段動詞「敢ふ」の未然形＋打消の助動詞「ず」の連体形で、「…しようとしてできない」の意。解説 詞書に「志賀の山越えにてよめる」とある。風を擬人化し、川に浮かぶ紅葉を柵に見立てている。

やまがはの【山川の】《枕詞》「あさ」「おと」「たぎつ」「はやし」にかかる。一説に、比喩とも。古今 雑下「ーたぎつ心を」。〔新勅撰〕恋五「ーはやくも今は音にのみ聞く」。万葉 一一・二四三二「ーたぎつ心を」

やま-かひ【山峡】（名）「やまがひ」とも。山と山との間。山と山との間の低くなった所。山間。万葉 一七・三九六七「ーに咲ける桜をただひと目君に見せてば何をか思はむ」 訳 山間に咲いている桜をただ一目あなたに見せたなら、何のもの思いをしようか（いや、もう何のもの思いもしない）。⇩眼間「図解学習」

やま-から【山柄】（名）山のもっている品格や性質。一説に、「山のゆえに」の意とも。万葉 一七・三九八五「神柄やそこば貴きーや見が欲しからむ」 訳（二上山は）領する神の品格のせいか、たいそう尊い、山の品格のせいか、（いつまでも）見たいと思うのだろう。

やま-ぎは【山際】（名）❶空の、山に接する境目のあたり。枕 一「やうやうしろくなりゆく、ーすこしあかりて」 訳 だんだんと白くなっていく、その山に接するあたりの空が少し明るくなって。（「あかりて」は「赤みを帯びて」と解釈する説もある）。⇩枕草子「名文解説」

❷山のほとり。山すそ。ふもと。山に近い所。源氏 若菜上「白きものどもを品々かづきて、ーより池の堤過ぐるほどのよそ目は」 訳（楽人たちがほうびの）白い衣の数々をそれぞれ肩にかけて、（築山の）山すそから池の堤を通って行くのをはた目に見ると。

図解学習「やまぎは」と「やまのは」

「春はあけぼの。やうやうしろくなりゆく、山ぎはすこしあかりて、むらさきだちたる雲のほそくたなびきたる。…秋は夕暮れ。夕日のさして山の端いと近うなりたるに」〈枕 一〉のように、対照的に用いられた場合の「山ぎは」は「山の稜線に接するあたりの空の部分」、「山の端」は「山の、空に接するあたり」をいう。

やまぎは
やまのは

やま-ぐさ【山草】（名）「やまくさ」とも。うらじろ（＝羊歯植物の一種）の異称。正月の飾りに用いる。季春。〔浮・日本永代蔵〕「門飾りのー一葉、数の子ひとつ、今に調へもせず」 訳 門松の飾りのうらじろ一枚、数の子一つも、いまだに準備もしていない。

やま-ぐち【山口】(名) ❶山の入り口。山の登り口。❷鷹狩りで、狩り場に入ること。また、狩り場の入り口。[大鏡] 道長下「さて、―入らせ給ひしほどに、しらせうといひし御鷹の、鳥をとりながら」[訳] さて、狩り場の入り口にお入りになられたときに、「しらせう」といった(名の)御鷹が、鳥を捕らえたままで。❸(猟師が山の入り口で、早くも獲物の有無を直感するということから)物事の初め。また、きざし。前兆。[源氏] 松風「かくこそは、勝れたる人の―はしるかりけれ」[訳] この(＝明石の姫君の)ようには、すぐれている人(＝美人)のきざしは、(幼いころから)はっきりしているのだなあ。

やま-ごもり【山籠り】(名) 山中に隠れ住むこと。また、山寺などにこもって仏道を修行すること。[枕] 七〇「おぼつかなきもの　十二年の―の法師の女親」[訳] 気がかりなもの、十二年間の山籠り(＝比叡山延暦寺での受戒後の修行)をする僧の母親(の気持ち)。

山崎 (やまざき)『地名』今の京都府乙訓郡大山崎町あたりの地名。ふもとで桂川・宇治川・木津川が合流し淀川となる地で、古来、京都と大坂を結ぶ水陸交通の要地。「山崎の戦い」の古戦場として名高い。

山崎闇斎 (やまざきあんさい)『人名』(一六一八〜一六八二)江戸前期の儒者・神道家。名は嘉。別号、垂加。京都の人。朱子学と神道を結びつけて、垂加神道を興した。その学派は崎門と呼ばれ、のちの尊皇運動に大きな影響を与えた。著書に「文会筆録」「垂加文集」など。

山崎宗鑑 (やまざきそうかん)『人名』(生没年未詳)室町後期の連歌師・俳人。近江(滋賀県)の人。足利義尚に仕えたが、のち出家して京都山崎に隠棲。滑稽を主とする俳諧の連歌を始め、俳諧の祖とされる。編著「新撰犬筑波集」。(宗鑑忌[冬])

やま-ざくら【山桜】(名) 山に咲く桜。[春]。〔千載〕春上「さざなみや志賀の都は荒れにしを昔ながらの―かな」[訳] →さざなみや…[和歌]

やま-さち【山幸】(名) 山でとれる獲物。鳥や獣。また、それをとる道具。弓矢など。〔記〕上「―も己がさちさち、海幸も己がさちさち」[訳] 山の獲物をとる道具もめいめいの道具、海の獲物をとる道具もめいめいの道具。↔海幸

やま-ざと【山里】(名) ❶山中の村里。都から離れた村里。[徒然] 一五「ゐなかびたる所、―などは、いと目なれぬことのみぞ多かる」[訳] 田舎じみた所や、山中の村里などには、(都では)あまり見慣れないことばかりが多い。❷山里にある別荘。山荘。[源氏] 橋姫「宇治といふ所によしある―持ち給へりけるに」[訳] (八の宮は)宇治という所に風情のある山荘を持っていらっしゃったが(そこに)。

やまざとは… [和歌]《百人一首》

山里は　冬ぞさびしさ　まさりける
人目も草も　かれぬと思へば
〔離れ〕〔枯れ〕
〈古今・六・冬・三一五・源宗于〉

[訳] 山里は(都と違って)、とりわけ冬が寂しさのまさって感じられることだ。訪れてくる人もなくなり、草も枯れてしまうと思うと。[修辞]「かれ」は「離れ」と「枯れ」との掛詞。[文法]「ける」は詠嘆の助動詞「けり」の連体形で、係助詞「ぞ」の結び。「ぬ」は、完了の助動詞「ぬ」の終止形。[解説] 山里は平素でも寂しいもの。冬の孤独を思うとき、その寂しさが格別に感じられるのである。

やまざと-ぶ【山里ぶ】(自バ上二){び・び・ぶ・ぶる・ぶれ・びよ}〔「ぶ」は接尾語〕山里めく。山里に住む人のように見える。[源氏] 橋姫「―・び(用)たる若人どもは、さしいらへむ言の葉もおぼえで」[訳] (都からの薫の訪れに)田舎じみた若い女房たちは、受け答えするようなことばも思いつかず。

やま-さ-ぶ【山さぶ】(自バ上二){び・び・ぶ・ぶる・ぶれ・びよ}〔「さぶ」は接尾語〕山が古びて、神々しいさまである。いかにも山らしい姿である。[万葉] 一・五二「畝傍のこの瑞山は日の緯の大き御門に瑞山と―・び(用)います」[訳] 畝傍のこの若葉がみずみずしく茂る山は、西の大御門の方に瑞山として、いかにも山らしく堂々としていらっしゃる。

やまし(名)「やまじ」とも。はなすげ(＝草の名)の異名。

やま・し【疚し・疾し】(形シク){しから・しく(しかり)・し・しき(しかる)・しけれ・しかれ}〔動詞「病む」に対応する形容詞〕→こころやまし

やま-した【山下】(名) 山の下のほう。山のふもと。また、山の茂みの下陰。[古今] 秋上「秋萩にうらびれ居ればあしひきの―響み鹿の鳴くらむ」[訳] 秋の萩(の花がはかなく散るの)を見て悲しみに沈んでいるので、(あのように)山のふもとを響かせて鹿が鳴いているのであろう。(「あしひきの」は「山」にかかる枕詞)

やました-かぜ【山下風】(名) 山からふもとへ吹きおろす風。山颪。[古今] 賀「白雪の降りしく時はみ吉野の―に花ぞ散りける」[訳] 白雪がさかんに降るときには、吉野の山から吹きおろす風にのって花が散っている(ように見える)ことだ。

やました-つゆ【山下露】(名) 山の木の枝葉から落ちかかる露。また、山の下草に置く露。[万葉] 七・一二四一「ぬばたまの黒髪山を朝越えて―に濡れにけるかも」[訳] 黒髪山を朝越えて来て、山の木から落ちる露に濡れてしまったことよ。(「ぬばたまの」は「黒」にかかる枕詞)

やました-みづミズ【山下水】(名) 山のふもとを流れる水。[古今] 恋一「あしひきの―の木隠れてたぎつ心をせきぞかねつる」[訳] 山のふもとを流れる水が木の間に隠れて激しく流れるように、(私も人に知られず)心中にわき立つ恋心をおさえかねたことだ。(「あしひきの」は「山」にかかる枕詞。第三句までは「たぎつ」を導きだす序詞)

山科 (やましな)『地名』〔「山階」とも書く〕今の京都市東部の地名。京都から東国へ通じる門戸にあたる。

山城 (やましろ)『地名』旧国名。畿内五か国の一つ。今の京都府南部。古くは「山背」「山代」と書いたが、桓武天皇の遷都のおり「山城」と改められた。城州。

やま-すが【山菅】(名)「やますげ①」に同じ。[万葉] 二〇・四四八四「あしひきの―の根し長くはありけり」[訳] (咲く花は散ってしまうが)山菅の根は長くは保つものであったなあ。(「あしひきの」は「山」にかかる枕詞)

やま-すげ【山菅】(名) ❶「やますが」とも。山野に自生する菅(＝植物の名)。❷やぶらん(＝野草の名)の古名。

やますげの【山菅の】《枕詞》同音から「やまず」、山菅の実の意から「実」、葉の状態から「乱る」「背向」にかかる。[万葉] 一二・三〇五五「―やまずて君を」。[万葉] 四・五六四

「―実ならぬことを」。

やま-ずみ【山住み】(名)山中や山里に住むこと。[万葉]二・二四七四「―乱れ恋ひのみ」寺に住むこと。また、そこに住む人。[源氏]御法「尼になり、この世のほかの―などに思ひ立つもありけり」[訳](女房たちの中には)尼になり、俗世を離れての山住まいなどを思い立つ者もあった。↔里住み

やま-だ【山田】(名)山を切り開いて作った田。山間にある田。[記]下「あしひきの―を作り山高み下樋を走せ」[訳]山の田を耕し、山が高いので下樋(=地中に埋めた水路)を走らせ。(「あしひきの」は「山」にかかる枕詞)

やま-だち【山立ち】(名)山賊。[徒然]八七「『我こそ―よ』と言ひて、走りかかりつつ斬りまはりけるを」[訳]「おれこそ山賊だぞ」と言って、(里人に)走って飛びかかっては斬りまわったのを。

やま-たちばな【山橘】(名)藪柑子(=木の名)の異称。夏に白い花をつけ、秋に赤い球状の実を結ぶ。[図]

やまたづの【山たづの】《枕詞》山たず(=接骨木(の古名))の枝や葉が向かい合っていることから、「迎へ」にかかる。[万葉]六・九七一「―迎へ参出む」

やまだ-の-そほづ【山田の案山子】(「そほづ」は「そほど」とも)山あいの田に立つかかし。[古今]雑体「あしひきの―おのれさへ我を欲しといふうれはしきこと」[訳]山田に立つかかしよ。おまえまでが私を(妻に)欲しいと言う。(どうも)困ったことだ。(「あしひきの」は「山」にかかる枕詞)

やま-ぢ【山路】(名)山の道。山道。[万葉]九・一六六六「朝霧に濡れにし衣干さずしてひとりか君が―越ゆらむ」[訳]朝霧に濡れてしまった着物を干さないで、今ごろは一人であなたが山道を越えているだろうか。

やまぢきて…[俳句]

> 山路来て　何やらゆかし‖すみれ草 春
> 〈野ざらし紀行・芭蕉〉

[訳]山路を歩いて来て(ふと気づくと)路傍にかれんなすみれ草が咲いている。(こんな山中で)咲いている姿に、どこか心ひかれることだ。(すみれ草[春]。切れ字は「し」で、形容詞の終止形活用語尾)

[解説]「大津に出づる道、山路を越えて」の前書きがある。芭蕉が尊敬した木下長嘯子の「初めてあづまに行きける道の記」(長嘯子が東国への途次、箱根ですみれの花を見て、大江匡房の「箱根山薄紫のつぼすみれ二しほ三しほたれか染めけん」の詠を思いおこしたことを記す)を典拠とする。

やま-ぢさ【山萵苣】(名)えごの木(=植物の名)の別名か。[万葉]七・一三六〇「気の緒に思へるあれを―の花にか君が移ろひぬらむ」[訳](あなたを)命の綱と思っている私なのに、(しぼみやすい)山ぢさの花のようにあなたは心変わりしてしまっているのだろうか。

やま-づと【山苞】(名)山里からのみやげ。[源氏]賢木「―にもたせ給へりし紅葉、御前のに御覧じくらぶれば、ことに染めましける露の心も見過ぐしがたう」[訳]山からのみやげに(光源氏が供の者に)持たせなさった紅葉は、(二条院の)お庭先のものと見比べなさると、格別に(色濃く)染め増した露の気持ちも見過ごしがたく。

やま-つ-み【山神・山祇】(名)(「山つ霊」の意。「つ」は「の」の意の上代の格助詞)山の神。山の霊。山を支配する神。[万葉]一・三八「たたなはる青垣山―の奉る御調と」[訳]幾重にも重なる青い垣根のような山々は、山の神がささげる貢ぎ物として。↔海神

やま-づら【山面】(名)山の表面。また、山のまわり。[蜻蛉]上「―を見れば、霧はげに麓こめたり」[訳]山のまわりを見ると、霧はほんとうにふもとまで(一面に)たちこめている。

大和(やまと)(名)(「倭」とも書く)❶『地名』旧国名。畿内五か国の一つ。今の奈良県。和州。倭州。❷日本国の称。⇩大八州「慣用表現」

やまと-うた【大和歌】(名)❶日本固有の歌。和歌。「大和言の葉」「大和言葉」とも。[古今]仮名序「―は、人の心を種として、よろづの言の葉とぞなれりける」[訳]和歌は、人の心を種として(生い茂り)、多くの(ことばの葉すなわち)歌となった(ものである)。↔唐歌
❷上代の大和地方の風俗歌。大和舞(=古代の風俗舞踊の一種)に用いられる歌。

慣用表現「和歌」を表す表現
《和歌》歌・言・言の葉・言葉の花・敷島の道・八雲・大和歌・大和言の葉・大和言葉
《短歌》三十一文字・三十文字余り一文字
《へたな歌》歌屑・腰折れ・腰折れ歌
ポイント「八雲」は「八雲立つ…」という須佐之男命の歌が和歌の最初とされたことから。「腰折れ」の「腰」とは、和歌の第三句のこと。

発展「やまとうた」と「和歌」
「やまとうた」は、「からうた」すなわち漢詩に対する日本固有の歌をさす。しかし「和歌」ということばは、「万葉集」の時代には「和する歌」、つまり返歌の意味で使われていた。「やまとうた」という意味の「和歌」が定着したのは、「古今和歌集」以降のことである。

やまと-ごころ【大和心】(名)「やまとだましひ①」に同じ。

やまと-ごと【大和琴・倭琴】(名)「わごん」に同じ。[源氏]若菜下「―にもかかる手ありけりと聞き驚かる」[訳]和琴にもこのような弾き方があったのだなあと、(夕霧は)聞いて自然にはっと気づかされる。↔唐琴

やまと-ことのは【大和言の葉】(名)❶「やまとうた①」に同じ。
❷「やまとうた①」に同じ。[源氏]薄雲「―には、秋のあはれをとりたてて思へる」[訳]和歌には、秋のしみじみとした趣を(すぐれたものとして)特に取りあげて考えているのも。

やまと-ことば【大和言葉・大和詞】(名)❶日本の言語。日本語。「大和言の葉」とも。
❷「やまとうた①」に同じ。

やまと-さう【大和相】(名)日本流の観相。また、その人相見。[源氏]桐壺「帝、かしこき御心に、―をおほせて」[訳]帝(=桐壺帝)は、畏れ多い御心から、日本流の観相をお命じになって(光源氏の人相を見させて)。

やまと-さんざん【大和三山】(名)今の奈良盆地の南部にある耳成山・香具山・畝傍山の総称。

やまと-しま【大和島】(名)(海上から島のように見えることから)大和の国(奈良県)の山々。大和の国を中心とした地域。「大和島根」とも。万葉 三・二五五「天離(あまざか)るひなの長道(ながち)ゆ恋ひ来れば明石(あかし)の門(と)より―見ゆ」訳→あまざかる…和歌

やまと-しまね【大和島根】(名)❶日本国。新古賀「敷島や―も神世(かみよ)より君がためとや固めおきけん」訳日本国も神代からわが君のためということで(神々がつくり)固めておいたのであろうか。(「敷島や」は「大和」にかかる枕詞。⇩大八州(おほやしま)「慣用表現」
❷「やまとしま」に同じ。

日本武尊(やまとたけるのみこと)『人名』(「倭建命」とも書く)古代日本の伝説上の英雄。十二代景行(けいかう)天皇の皇子。幼いときは小碓尊(をうすのみこと)、またの名を日本童男(やまとをぐな)と称した。勅命により九州の熊襲(くまそ)を討つ。のち、東方の蝦夷(えぞ)征討を命じられ、火難を草薙(くさなぎ)の剣(つるぎ)、海難を妃(きさき)の弟橘媛(おとたちばなひめ)の入水(じゅすい)によって救われ平定するが、その帰途、伊勢(いせ)(三重県)の能褒野(のぼの)で病死したという。

やまと-だましひ(―ダマシイ)【大和魂】(名)❶(漢学の素養である才(ざえ)に対して)日常的な知恵や処世上の才覚。政治的・実務的な能力。また、日本人の生来の知恵・才能。「大和心(やまとごころ)」とも。大鏡 時平「―などは、いみじくおはしましたるものを」訳(時平は)物事を処理する才覚などは、すばらしくていらっしゃったが。
❷日本人固有の精神。

やまと-なでしこ【大和撫子】(名)❶草の名。かわらなでしこの異称。秋 古今 秋上「我のみやあはれと思はむきりぎりす鳴く夕かげの―」訳自分だけがしみじみ心ひかれるのであろうか。こおろぎが鳴く中で夕日に照らされたやまとなでしこの花を。
❷日本女性の美称。

やまとは… 歌謡

倭は 国(くに)のまほろば たたなづく 青垣(あをかき)
山(やま)ごもれる 倭(やまと)しうるはし
〈古事記・中・倭建命(やまとたけるのみこと)〉

訳大和(やまと)の国(奈良県)は、国々の中で最もよい所だ。重なりあう青い垣根のような山、その山々の中にこもっている大和は美しい。

解説 倭建命が、鈴鹿(すずか)山脈の野登山(ののぼりやま)のふもとといわれる能褒野(のぼの)で病を得て、故郷大和をしのんだ歌。「国思(くにしの)ひ歌」という。「たたなづく青垣」は大和のほめことばとして慣用的な表現。

大和物語(やまとものがたり)『作品名』平安中期の歌物語。作者未詳。原形の成立は天暦(てんりゃく)年間(九四七―九五七)と推定される。百七十三編の説話からなり、前半には「後撰(ごせん)集」時代の歌人の贈答歌を中心とした物語、後半には古伝承に取材した歌物語が収められている。

やま-どり【山鳥】(名)鳥の名。キジ科の野鳥。尾が長い。拾遺 恋三「あしひきの―の尾(を)のしだり尾のながながし夜(よ)をひとりかも寝む」訳→あしひきの…和歌
参考 夜、雌雄が峰を隔てて寝るという言い伝えから「独り寝をすること」、また、尾の長いことから「長いこと」、特に「夜が長いこと」の比喩として用いられる。

やまどりの【山鳥の】《枕詞》山鳥の尾から、同音を含む「尾の上(へ)」や類音の「おのれ」「おのづから」に、雌雄別に寝るという言い伝えから、「独り寝(ぬ)」にかかる。〔続後撰〕秋下「―をのへの里の」〔続千載〕雑体「―おのれと長く」〔古今和歌六帖〕「―独り寝(ぬ)れば」

やま-なし【山梨】(名)木の名。いぬなしの異名。梨に似た実をつけるが、食べられない。秋

山上憶良(やまのうへのおくら)(ヤマノウエノオクラ)『人名』(六六〇―七三三?)奈良時代の歌人。遣唐使として唐に渡り、帰国後は地方官を歴任した。晩年の筑前(ちくぜん)の守(かみ)時代に大宰(だざい)の帥(そち)であった大伴旅人(おおとものたびと)と交遊があった。優れた知識人で「子らを思ふ歌」「貧窮問答歌」など、現実的な人生問題や社会問題を詠み、独自の歌境を示した。「万葉集」に多くの歌が収められている。

やま-の-ざす【山の座主】比叡山(ひえいざん)延暦寺(えんりゃくじ)の長。天台座主。源氏 浮舟「―ただいま請(さう)じにつかはさむ」訳比叡山延暦寺の長をただいますぐに(祈禱(きとう)のために)呼びに(使者を)つかわそう。

やま-の-しづく(―シズク)【山の雫】山中の樹木などからしたたり落ちる水滴。万葉 二・一〇七「あしひきの―に妹(いも)待つとあれ立ち濡(ぬ)れぬ―に」訳→あしひきの…和歌

やま-の-たをり(―タオリ)【山のたをり】山の稜線(りょうせん)のくぼんだ所。鞍部(あんぶ)。万葉 一九・四一六九「あしひきの―に立つ雲を外(よそ)のみ見つつ」訳鞍部に立つ雲を、よそながらに眺めてばかりで。(「あしひきの」は「山」にかかる枕詞)

やま-の-にしき【山の錦】草木の紅葉した美しい秋の山を錦になぞらえていう語。秋。古今 秋下「霜のたて露のぬきこそ弱からし―の織ればかつ散る」訳霜でできたたて糸と露でできたよこ糸が弱いらしい。山の紅葉で織りなす錦は、織り上げるそばから散ることだ。

やま-の-は【山の端】山を遠くながめたとき、山の上部の空に接する境目のあたり。稜線(りょうせん)。古今 雑上「あかなくにまだきも月のかくるるか―にげて入れずもあらなむ」訳→あかなくに…和歌。⇩山際(やまぎは)「図解学習」

やま-の-べ【山の辺】「やまべ」に同じ。

やま-の-ゐ(―イ)【山の井】「やまゐ(山井)」に同じ。

やまはくれて… 俳句

山は暮れて 野(の)は黄昏(たそがれ)の 薄(すすき)哉(かな) 秋
〈蕪村句集・蕪村〉

訳(背景の)山は日がかげって黒い影となり、(眼前の)野は黄昏の残光に透けて薄の穂が揺れていることだ。(薄 秋。切れ字は「哉」)

解説 山と野、暮れと黄昏との対比で、空間的にも時間的にも遠近法で構成された、画家でもある作者ならではの言語による風景画。

やまばと-いろ【山鳩色】(名)染め色の名。青みがかった黄色。おもに天皇の服の色。「麹塵(きくぢん)」とも。

やまひ(ヤマイ)【病】(名)❶病気。更級 夫の死「身の(=私の)―いと重くなりて」⇩篤(あつ)し「慣用表現」
❷欠点。短所。また、詩歌・文章などの難点。源氏 玉鬘「和歌の髄脳(ずいなう)いと所せう、―避(さ)るべきところ多かりしかば」訳和歌の法則や奥義がとてもぎっしりと(書かれていて)、和歌の難点を避けなければならないところが多

かったので。❸気がかり。苦労の種。〔万葉〕七・一三九六「心のうちに―となれり」

やま‐び【山傍】（名）山のめぐり。山のまわり。〔万葉〕一七・三九七三「―には桜花散り貌鳥(かほとり)の間(ま)なくしば鳴く」〔訳〕山のまわりには桜の花が散り、貌鳥(=美しい鳥とも、「かっこう」ともいう)が絶え間なくしきりに鳴く。

やま‐びこ【山彦】（名）❶山の神。山の霊。❷山や谷などで、声や音が反響すること。こだま。また、その声や音。〔源氏〕夕顔「―の答ふる声いとうとまし」〔訳〕(光源氏が手をたたくと)こだまの反響する音がひどく無気味である。

やまひ‐づ‐く【病づく】ヤマイ―（自カ四）{か・き・く・く・け・け}病気になる。病みつく。〔平家〕六・入道死去「入道相国(しやうこく)、―き(用)給ひし日よりして、水をだにのどへも入れ給はず」〔訳〕入道相国(=平清盛)は病気になられた日からずっと、水をさえのどにもお入れにならない。⇨篤(あつ)し「慣用表現」

やま‐びと【山人】（名）「やまうど」とも。❶山に住む人。きこり・炭焼きなど、山で働く人。〔古今〕仮名序「いはば、たきぎ負へる―の、花のかげに休めるがごとし」〔訳〕(大伴黒主(おほとものくろぬし)の詠みぶりは)言うならば、たきぎを背負った山人が、花の陰で休んでいるようなものだ。❷仙人。〔堤〕花桜をる少将「『―にもの聞こえむといふ人あり』とものせよ」〔訳〕「仙人に何かお話し申しあげたいという人がいる」と取り次いでくれ。

やま‐ひめ【山姫】（名）山を守り、支配する女神。

やまふかみ…〔和歌〕

> **山ふかみ　春(はる)とも知(し)らぬ　松(まつ)の戸(と)に　たえだえかかる　雪(ゆき)の玉水(たまみづ)**
> 〈新古今・一・春上・三・式子内親王(しきしないしんわう)〉

〔訳〕山が深いので、春(になった)とも気づかない(わび住まいの)松で作った粗末な戸に、とぎれとぎれに落ちかかる、玉のような雪どけのしずくよ。〔文法〕「山ふかみ」の「み」は、原因・理由を表す接尾語。〔解説〕「松の戸」と「山ふかみ」によって、山中深くわび住まいをしていることを示す。長い冬ごもりの生活も終わり、春の到来を実感した喜びを詠む。

やま‐ぶき【山吹】（名）❶植物の名。落葉小低木。晩春に黄色の花を開く。(春)。〔徒然〕一九「―の清げに、藤のおぼつかなきさましたる」〔訳〕山吹(の花)が清らかな感じに(咲き)、藤(の花)がぼんやりしたようすをしているのも。❷襲(かさね)の色目の名。春に用いる。表は朽ち葉(=赤みをおびた黄色)、裏は黄色。〔源氏〕若紫「白き衣(きぬ)、―などのなえたる着て走り来たる女子(をんなご)」〔訳〕白い下着に山吹襲などの着なれて糊(のり)が落ち、やわらかになったのを着て、走って来た女の子は。⇨巻頭カラーページ11 ❸「山吹色」の略。

やまぶき‐いろ【山吹色】（名）「やまぶき」とも。❶山吹の花のような色。こがね色。〔太平記〕六「―の厚総(あつぶさ)(=馬にかける組み紐(ひも))懸けて」⇨巻頭カラーページ10 ❷黄金のこと。大判や小判。

やま‐ぶし【山伏・山臥】（名）❶山中に宿ること。〔拾遺〕雑下「―も野ぶしもかくて試みつ」〔訳〕山中に宿ることも野原に宿ることもこのように経験した。❷野山に起き伏しして修行する僧。山ごもりの僧。また、修験者(しゆげんじや)。〔宇治〕一・五「ほら貝腰につけ、錫杖(しやくぢやう)つきなどしたる―の」〔訳〕ほら貝を腰につけ、錫杖をつきなどした修験者で。

やまぶしの…〔歌謡〕

> **山伏の腰(こし)につけたる法螺貝(ほらがひ)の　ちやうと　落(お)ち　ていと割(わ)れ　砕(くだ)けてものを思(おも)ふころかな**（序詞）
> 〈梁塵秘抄(りやうぢんひせう)・二・二句神歌・四六八〉

〔訳〕山伏が腰につけている法螺貝が、ちょうと落ち、ていと割れて砕けるように、あれこれと心が乱れてもの思いをする今日このごろだよ。〔修辞〕「ていと割れ」までが「砕けて」を導きだす序詞。〔解説〕「ちやう」「てい」は、ともに擬声語。

やま‐ふところ【山懐】（名）山に囲まれた奥深い所。〔源氏〕東屋「さる―の中にも、生(お)ひ出(い)でさせ給ひしにこそありけれ」〔訳〕(あなた様=中の君は)あのような山深い所(=宇治(うぢ))の中でも、(ごりっぱに)成長なされたのであった。

やま‐ぶみ【山踏み】（名）山を歩くこと。山歩き。山越え。また、その人。〔大和〕二「ところどころ―し給ひておこなひ給ひけり」〔訳〕(出家なさった宇多(うだ)天皇は)あちらこちら山歩きをしなさって仏道の修行をしなさった。

やま‐べ【山辺】（名）〔古くは「やまへ」〕山のほとり。「山の辺」とも。〔万葉〕八・一六三二「あしひきの―に居(を)りて秋風の日にけに吹けば妹(いも)をしぞ思ふ」〔訳〕山のほとりに座っていて、秋風が日まして吹くと、妻を(とても)恋しく思う。(「あしひきの」は「山」にかかる枕詞)

山部赤人(やまべのあかひと)〔人名〕(生没年未詳)奈良時代の歌人。三十六歌仙の一人。聖武(しやうむ)天皇に仕えた下級官吏であったらしい。客観的で清澄な叙景歌に優れ、柿本人麻呂(かきのもとのひとまろ)と並んで歌聖といわれる。「万葉集」に多くの歌が収められている。

やま‐ほととぎす【山時鳥・山霍公鳥】（名）山にいるほととぎす。また、単に、ほととぎす。〔古今〕夏「わが宿の池の藤なみ咲きにけり―いつか来鳴かむ」〔訳〕わが家の池の(ほとりの)藤の花が咲いたことだ。山ほととぎすはいつになったら来て鳴くのだろうか。

やま‐ぼふし【山法師】―ボウシ（名）比叡山(ひえいざん)延暦寺(えんりやくじ)の僧。三井寺(みゐでら)の「寺法師」、東大寺や興福寺などの「奈良法師」などとともに僧兵として恐れられた。〔平家〕一・願立「賀茂(かも)川の水、双六(すごろく)の賽(さい)、―、これぞわが心にかなはぬもの」〔訳〕賀茂川の水、すごろくのさいころの目、(そして)延暦寺の僧兵、これが私の思いどおりにならないもの。〔名文解説〕院政を開始し、絶大な権力を誇った白河法皇が、意のままにならないものとして挙げていたのがこの三つ。偶然に左右される天災やさいころの目はさておき、比叡山の僧兵が挙げられているところに、当時の延暦寺の勢力の大きさがうかがわれる。

やま‐もと【山本】（名）山のふもと。〔新古〕春上「見渡せば―霞(かす)む水無瀬川(みなせがは)夕べは秋となに思ひけん」〔訳〕

→みわたせば…和歌

山本荷兮（やまもとかけい）『人名』(一六四八―一七一六)江戸前期の俳人。通称は武右衛門。尾張(愛知県)の人。芭蕉の門人で、「冬の日」「春の日」「阿羅野」などを撰した。

やま-もり【山守】(名)山を守ること。山の番をすること。また、その人。万葉 六・九五〇「大君の境ひ賜ふと―する守るといふ山に入らずは止まじ」訳 天皇が境界をお決めになるといって、山の番人を置いて見張っているという山に(どうしても私は)入らないではおくまい。

やまわかれ…和歌

> 山わかれ　とびゆく雲の　かへりくる
> 影見るときは　なほたのまれぬ
> 〈大鏡・時平〉〈新古今・一八・雑下・一六九三・菅原道真〉

訳 (朝に)山から離れて飛んでいく雲が、(夕方、山に再び)帰ってくる姿を見るときは、(私もいつか都に帰れるだろうと)やはり頼みに思われることだ。

解説 作者が九州大宰府に左遷されたときに詠んだ歌とされる。「山わかれとびゆく雲」は、山にかかっている雲が、朝そこから離れて空を流れていくようす。「かへりくる」は、夕方のようす。

やまわけ-ごろも【山分け衣】(名)山道を踏み分けて行くときに着る衣。特に、山伏などが修行のときに着るものをいう。古今 雑上「清滝の瀬々の白糸くりためて―織りて着ましを」訳 (できることなら)清滝川の瀬々の(白波のような)白糸を繰り集めて、修行のために山に入るときの衣に織って着られたらなあ。

やま-ゐ【山井】(名)山中のわき水がたまっている所。「山の井」とも。〔拾遺愚草〕「あかざりし(=飲み飽きることのなかった)―の清水手にくめば」

やま-ゐ【山藍】(名)「やまあゐ」の転。

やみ【闇】(名) ❶光がささないこと。暗闇。闇夜。古今 春上「春の夜の―はあやなし梅の花色こそ見えね香やはかくるる」訳 →はるのよの…和歌

❷心が乱れ迷うこと。道理がわからなくなること。古今 恋三「かきくらす心の―にまどひにき夢うつつとは世人さだめよ」(伊勢・六九には、第五句を「今宵定めよ」として所収)訳 目の前をまっ暗にする心の乱れで、何が何やらわからなくなってしまった。(逢瀬が)夢だったのか現実だったのかは、世間の人よ、決めてくれ。

❸仏教で、迷いの世界であるこの世。現世。〔千載〕釈教「夢さめんその暁を待つほどの―をも照らせ法のともしび」訳 (現世での迷いの)夢がさめるであろう、その夜明けを待つ間(=弥勒菩薩が出現するまで)の迷いの世をも照らしてくれ、仏法(=法華経)による光明で。

❹文字の読めないこと。また、その人。〔醍醐笑〕「その余の文字は―なる男」訳 (「南無」の二字の)そのほかの文字はまったく読めない男。

やみ-ぢ【闇路】(名) ❶闇夜の道。著聞 七二「―をば弥陀の光にまかせつつ春のなかばの月は入りにき」訳 闇夜の道を阿弥陀の光にまかせて、春たけなわの月は沈んでしまった。

❷心の迷い、思慮分別のないことをたとえていう語。〔黄・敵討義女英〕「そなたの母御の悲しむも、子ゆゑにまよふ親心、おなじ―にまどふべし」訳 あなたの母上が悲しむのも、子供のために迷う親心(からで)、(私と)同じ闇路(=心の迷い)にまどうにちがいない。

❸死出の旅路。〔浄・平家女護島〕「汝も冥途の友鳥おなじ―の苦患を見よ」訳 おまえも冥途への道づれ(だ)、同じ死出の旅路の苦しみを見よ。

やみ-に-く・る【闇に暮る】 ❶日が暮れて、暗闇になる。更級 後の頼み「月も出でで―・れ用たるをばすてに何とてこよひ尋ね来つらむ」訳 月も出ないで暗闇に沈んでいる姨捨山(=夫に先立たれ闇夜のような悲しみに沈んでいる年寄りの私の所)に、どういうわけで(おまえは)今宵訪れて来たのであろう。

❷悲しみや嘆きのために思慮分別を失う。「闇に惑ふ」とも。源氏 桐壺「―・れ用て臥し沈み給へるほどに、草も高くなり」訳 (桐壺の更衣の死後、更衣の母は)悲しみのために途方に暮れて嘆きに沈んで臥していらっしゃるうちに、(邸内の)草も生い茂り。

やみ-に-まど・ふ【闇に惑ふ】 ❶闇夜のために道に迷う。

❷「やみにくる②」に同じ。源氏 椎本「―・ひ用給へる御あたりに、いとまばゆく匂ひみちて入りおはしたれば」訳 (姫君たちが八の宮の喪に服して)悲しみのために途方に暮れていらっしゃるお部屋に、たいそうまぶしくはなやかな美しさにあふれて、(薫が)入っていらっしゃったので。

やみ-の-うつつ【闇の現】暗闇の中の現実。古今 恋三「むばたまの―はさだかなる夢にいくらもまさらざりけり」訳 暗闇の中の現実(の逢瀬)は、はっきりとした夢(の中の逢瀬)にたいしてまさっていなかったことよ。(「むばたまの」は「闇」にかかる枕詞)

やみ-の-よ【闇の夜】 ❶まっ暗な夜。

❷「闇の夜の錦」の略。〔落窪〕「御帯も、更にかかる翁の身には―に侍るべければ」訳 御石帯も、まったくこのような老人(=中納言)の身にはむだなものでございましょうから。

やみのよの…和歌

> 枕詞
> 闇の夜の　行く先知らず　行くわれを
> 何時来まさむと　問ひし子らはも
> 〈万葉・二〇・四四三六・防人歌〉

訳 行く先もわからずに行く私に、「いつお帰りになるのでしょう」と尋ねた(あの)子は、ああ。修辞 「闇の夜の」は「行く先知らず」にかかる枕詞。文法 「行くわれを」の「を」は対象を表す格助詞だが、逆接の「私なのに」の意味もこめる。「来まさむ」の「まさ」は、尊敬の補助動詞「ます」の未然形。

やみ-の-よ-の-にしき【闇の夜の錦】(闇夜にきれいな錦の着物を着ても、だれも見ることができないところから)意味のないこと、むだなことのたとえ。闇の夜。夜の錦。〔うつほ〕祭の使「釣殿のご覧ぜさせむとしつるを。―とかいふやうもなむ」訳 釣殿をご覧にいれようとしたのに。(あなた=大宮がいなくては)意味のないこととかいうようにも(思われるよ)。

やみ-やみ【闇闇】(副) ❶判断力や分別を失うさま。わけもわからず。平家 延慶本・二本「―となりて、大将

軍同士(どし)組んで」[訳] 思慮分別を失った状態になって、大将軍どうしで組み打ちをして。
❷むざむざ。〔古活字本平治物語〕「―と敵に打ち取られ給はんこと、まことに子孫の御恥辱たるべし」[訳] むざむざと敵に討ち取られなさるようなことは、まったく子孫の御恥辱であるにちがいない。

や・む【止む】**一**（自マ四）{ま・み・む・む・め・め} ❶続いたものが終わりになる。**止まる。絶える。**[大和] 一七三「雨のわりなく侍りつれば、―・む(体)まではかくてなむ」[訳] 雨がひどく降っておりましたので、やむまでは、こうして(雨宿りして)いるのです。[文法] 係助詞「なむ」のあとに結びの語「居侍る」などが省略されている。
❷**物事が中止になる。**途中で行われなくなる。[徒然] 一二三「国のため、君のために、―・む(体)ことを得ずしてなすべきこと多し」[訳] (人は)国のため、主君のために、やめるわけにゆかなくて、しなければならないことが多い。
❸**病気が治る。**苦痛や怒りなどがおさまる。[竹取] かぐや姫の生ひ立ち「翁(おきな)、心地悪(あ)しく苦しきときも、この子を見れば苦しきことも―・み(用)ぬ」[訳] 翁は気分が悪くつらい時も、この子(＝かぐや姫)を見ると必ずつらいこともおさまってしまう。[文法]「見れば」の「ば」は、恒常条件(…すると、いつも)を表す。⇩篤(あつ)し「慣用表現」
❹命が終わる。死ぬ。[源氏] 手習「朽ち木などのやうにて、人に見捨てられて―・み(用)なむ」[訳] (私＝浮舟(うきふね)は)くさった木などのような状態で、人に見捨てられて死んでしまおう。[文法]「やみなむ」の「な」は助動詞「ぬ」の未然形で、ここは確述の用法。⇩果(は)つ「慣用表現」
二（他マ下二）{め・め・む・むる・むれ・めよ} ❶続いていたことを終わりにする。**やめる。**[徒然] 一四二「上(かみ)の奢(おご)り費やす所を―・め(用)、民を撫(な)で、農を勧(すす)めば」[訳] 上に立つ為政者がぜいたくをして浪費することをやめ、人民をいつくしみ、農業を奨励するならば。
❷**病気や癖などを治す。**〔落窪〕「御病(やまひ)もふと―・め(用)奉りてむ」[訳] ご病気も即座にきっとお治し申しあげよう。[文法]「奉りてむ」の「て」は助動詞「つ」の未然形で、ここは確述の用法。

や・む【病む】**一**（自マ四）{ま・み・む・む・め・め} 病気になる。わずらう。[徒然] 五三「からき命まうけて、久しく―・み(用)ゐたりけり」[訳] (僧は)あぶない命を拾い取って、長い間わずらっていたということだ。⇩篤(あつ)し「慣用表現」
二（他マ四）{ま・み・む・む・め・め} ❶病気におかされる。[源氏] 空蟬「一昨日(をとひ)より腹を―・み(用)て、いとわりなければ」[訳] 一昨日から腹をこわして、まったく耐えがたいので。
❷心配する。心を痛める。[伊勢] 五「いといたう心―・み(用)けり」[訳] (女は)たいそうひどく心を痛めた。

やむごと-な・し(ヤンゴト)（形ク）{から・く(かり)・し・き(かる)・けれ・かれ}【「やんごとなし」とも表記】

> **語義パネル**
>
> ●**重点義** **捨てておくことができない。放置しておけない。**
>
> 原義は「止(や)む事無し」で、そのままにしておけないような大切なもの、尊重すべきもののさまであることから、②③の意が生じた。
>
> ❶**捨ててはおけない。のっぴきならない。**やむを得ない。
> ❷**並々ではない。**ひととおりではない。**格別だ。**貴重だ。
> ❸**尊い。高貴である。**おそれ多い。

「やうごとなし」「やごとなし」とも。❶**捨ててはおけない。のっぴきならない。**やむを得ない。[蜻蛉] 上「『内裏(うち)にしも―・き(体)ことあり』とて、出(い)でむとするに」[訳]「宮中にちょうどのっぴきならない用事がある」と言って、(夫の兼家(かねいえ)が)出ようとするときに。[文法]「内裏にしも」の「しも」は、強意の副助詞。
❷**並々ではない。**ひととおりではない。**格別だ。**貴重だ。[徒然] 六七「まことに―・き(体)誉れありて、人の口にある歌多し」[訳] (今出川院の近衛(このゑ)という女性は)ほんとうに並々ではない名声があって、世の人が愛誦(あいしょう)する和歌が多い。[徒然] 五一「万(よろづ)にその道を知れる者は、―・き(体)ものなり」[訳] 何事につけてもその道を心得ている者は、貴重なものである。⇩並(な)べてならず「慣用表現」
❸**尊い。高貴である。**おそれ多い。[更級] 子忍びの森「いみじく―・く(用)、かたちありさま、物語にある光る源氏などのやうにおはせむ人」[訳] たいそう高貴(な身分)で、顔立ちや姿が、物語に書いてある光源氏などのようでいらっしゃる人。[文法]「おはせむ人」の「む」は、仮定・婉曲(えんきょく)の助動詞。[方丈] 四「―・き(体)人の隠れ給へるも、あまた聞こゆ」[訳] 高貴な人がお亡くなりになったことも、数多く耳にする。(⇩貴(あて)「類語パネル」)

や-め【矢目】（名）矢の当たった所。矢傷。[平家] 四・橋合戦「鎧(よろひ)に立ったる―を数へたりければ六十三、うらかく矢五所」[訳] 鎧に立った矢傷を数えたところ、六十三か所、裏まで通った矢が五か所(ある)。

や-も《上代語》**一**（係助）**二**（終助）

> **意味・用法**
>
> **一** **係助詞**
> **反語**〔…(であろう)か(いや、…ない)。〕→❶
> **疑問**〔…だろうか。…か。〕→❷
> **二** **終助詞**
> **反語**〔…(であろう)か(いや、…ない)。〕→❶
> **疑問**〔…か。〕→❷
>
> **接続**
>
> **一** 種々の語に付く。
> **二** 活用語の終止形・已然形に付く。①の反語の場合は、已然形に付く。

一（係助）〔係助詞「や」に係助詞「も」の付いたもの〕❶反語の意を表す。…(であろう)か(いや、…ない)。[万葉] 六・九七八「をのこ**やも**むなしくあるべき万代(よろづよ)に語りつぐべき名は立てずして」[訳] 男子たるものは空(むな)しく朽ち果ててよいものであろうか(いや、よくはない)。万代に語り継ぐにふさわしい(りっぱな)名を立てないで。
❷疑問の意を表す。…だろうか。…か。[万葉] 三・二八七「ここにして家**やも**いづち白雲のたなびく山を越えて来にけり」[訳] ここからだと(私の)家はどの方角になるだろうか。白雲のたなびく山を越えて(はるばる)来てしまったことだ。

二〔終助〕〔係助詞「や」に終助詞「も」の付いたもの〕❶反語の意を表す。…(であろう)か(いや、…ない)。万葉 一・三「ささなみの志賀の大わだ淀むとも昔の人にまたも逢はめ**やも**」訳→ささなみの…和歌

❷疑問の意を表す。…か。万葉 三・四三四「隠口の泊瀬少女が手にまける玉は乱れてありといはず**やも**」訳泊瀬の少女が手にまいている玉は(緒が切れて)乱れているというではないか。(「隠口の」は「泊瀬」にかかる枕詞)

文法 (1) 一の用法は、活用語が文末になる場合は連体形で結ぶ「係り結び」になる。一と二の違いは、文中の用法か文末の用法かだけである。したがって、二を係助詞の文末用法とみる説もある。

(2) 中古以降は、「やは」の形が用いられた。

やも-め【寡・寡婦】(名)❶独身の女性。未婚の者にも夫を失った者にもいう。竹取 火鼠の皮衣「この翁は、かぐや姫の―なるを嘆かしければ、よき人にあはせむと思ひはかれど」訳この翁は、かぐや姫が独身の女性(のまま)でいるのを嘆かわしいと思うので、よい人と結婚させようと思案するけれど。

❷転じて、独身の男性。

> **発展**「やもめ」と「やもを」
> 「やもめ」の「め」は女の意で、もとは女性をさすことばであった。前項の「竹取物語」の用例は、かぐや姫がやもめであることを翁が嘆く場面であるから、独身でも未亡人でも、夫のいない女性をいうのである。一方、独身の男性や、妻をなくした男性については「やもを」ということばがあった。

やもめ-ずみ【寡住み】(名)夫または妻のいない状態で生活すること。やもめ暮らし。源氏 桐壺「―なれど、人ひとりの御かしづきに、とかくつくろひ立てて」訳(母君は)やもめ暮らしであるが、娘(=桐壺の更衣)一人を世話なさるために、(邸内を)あれこれと手入れして。

や-や【稍・漸】(副)❶物事が少しずつ進行することを示す語。**しだいに。だんだんと。ようやく。**方丈 四「仮の庵もーふるさととなりて」訳仮住まいの小屋もだんだんと住みなれた所となって。細道 出発「―年も暮れ、春立てる霞の空に、白河の関越えむと」訳しだいに年も暮れ、春になって霞が立ちこめる空に(目をやるにつけても)、白河の関を越えようと。

❷物事の程度をいう語。大小・長短・上下などのどれにもいう。㋐**いくらか。少し。**源氏 須磨「海面は―入りて、あはれにすごげなる山中なり」訳(光源氏の住まいは)海辺からは少し奥まっていて、しみじみとものさびしい感じの山の中にある。源氏 桐壺「―ためらひて仰せ言伝へ聞こゆ」訳(靫負の命婦は)ちょっと心を静めて、(亡き桐壺の更衣の母君に桐壺帝の)おことばをお伝え申しあげる。㋑かなり。だいぶ。平家 一二・大地震「大地動いて、―久し」訳大地が激しく揺れ動いて、(その震動が)かなり長く続く。

や-や(感)❶呼びかけるときに発する語。これこれ。おいおい。もしもし。大和 一五六「『―』と言へど、答へもせで逃げて」訳「これこれ」と(おばあさんは)言うが、(男は)返事もしないで逃げて。

❷驚いたときや、ふと思いついたとき、また、腹を立てたときなどに発する語。おやおや。おやまあ。ええい。徒然 四二「―、鼻ひたる時、かくまじなはねば死ぬるなり」訳ええい(うるさい)、くしゃみをしたときは、このようにまじないを唱えないと必ず死ぬのだ。

やや-まし(形シク)〔しから・しく(しかり)・し・しき(しかる)・しけれ・しかれ〕〔動詞「ややむ」に対応する形容詞〕いよいよ心苦しい。悩ましい。不安だ。〔浜松中納言物語〕「いみじうねぶたげなるけはひにて入るるも―・しう用(ウ音便)いとほしけれど」訳たいへん眠そうなようすで(中納言を中に)入れるのもいよいよ心苦しく気の毒であるが。

やや-む(自マ四)〔ま・み・む・む・め・め〕心悩む。思いわずらう。難儀する。源氏 宿木「いと苦しげに―・み用て、久しくおりてゐざり入る」訳(浮舟は)たいそう苦しそうに難儀して、長い間かかって(牛車から)降りて(奥のほうに)にじりながら入る。

やや-も-すれ-ば【動もすれば】(副)どうかすると。ひょっとすると。ともすれば。「ややもせば」とも。源氏 若菜 上「いといたく思ひしめりて、―、花の木に目をつけてながめやる」訳(柏木は)たいそうひどく沈みこんで、どうかすると、桜の木を見つめてぼんやりともの思いにふける。

やや-も-せ-ば【動もせば】(副)「ややもすれば」に同じ。枕 一〇「つとめてはやみにたれど、なほくもりて、―降りおちぬべく見えたるもをかし」訳(雨が)早朝にはやんでしまったけれど、まだ曇っていて、ともすれば降り出しそうに見えているのも趣がある。

ややもせば… 和歌

> ややもせば　消えを争ふ　露の世に
> おくれ先だつ　程へずもがな
> 〈源氏・御法〉

訳ともすれば、消えていくのを競い合う露のようにはかないこの世に、後れたり先立ったりする間もおかずにいたい(=ともに死にたい)ものだなあ。文法「もがな」は願望の終助詞。

解説 紫の上の「おくと見る程ぞはかなきともすれば風に乱るる萩の上露」(訳→おくとみる…和歌)〈源氏・御法〉への光源氏の返歌。

や-よ(感)❶呼びかけるときに発する語。やあ。おい。新古 冬「―時雨物思ふ袖のなかりせば木の葉ののちに何を染めまし」訳おい時雨よ、物思う(私の血のような涙で染める)袖がなかったなら、(おまえは)木の葉を染めたあとは何を染めるつもりなのか。

❷はやしことばとして発する語。やれ。〔狂・二人大名〕「京に京にはやる(=流行している)、起きやがり小法師―」

やよ-し(形ク)〔から・く(かり)・し・き(かる)・けれ・かれ〕ますます多い。古今 雑体「わたくしの老いの数さへ―・けれ已ば身はいやしくて年高きことの苦しさ」訳(任官以前の)私人としての年齢の数までますます多いので、身分は低くて、年齢のほうが高いことが心苦しいことよ。

やよひ【弥生・三月】(名)陰暦三月の称。春。細道 旅立「―も末の七日、あけぼのの空朧々として」訳陰暦三月も下旬の七日(=二十七日)、明け方の空はお

ぼろにかすんで。

やよ-や（感）呼びかけるときに発する語。おいおい。さあ。［源氏］明石「―いかにと問ふ人もなみ」［訳］おいおい、どうしたと尋ねる人もないので。

やら（副助）❶（多く、疑問を表す語を受けて）不確実の意を表す。…だろうか。…か。〔浄・冥途の飛脚〕「何程鼻をかむやらもどりには一枚も残らぬ」［訳］どれほど鼻をかむのか、帰るときには（紙が）一枚も残っていない。❷事物を列挙するのに使われる。…やら。〔浄・冥途の飛脚〕「腹が立つやら憎いやら」
［接続］体言、活用語の連体形、副詞、助詞などに付く。
［参考］中古の「にやあらむ」という言い方が、中古末ごろに「やらむ（ん）」になり、中世には「やらう」と変化して、さらに中世末ごろに「やら」となったもの。→やらん［参考］

や-らう〔ロウ〕［「やらん」の転］❶疑いの意をもった推量を表す。…のであろうか。［平家］五・富士川「多い―、少ない―をば知り候はず」［訳］多いのであろうか、少ないのであろうかを知りません。❷不確実の意を表す。…とか。〔勅規桃源鈔〕「左伝（＝書名）―にあるぞ」（→やらん［参考］）

やらう【遣らう】⇩やらふ

やら-ず【遣らず】（動詞の連用形に付いて）十分に…しきらない。完全に…してしまわない。［源氏］桐壺「えも乗りやらず（終）」［訳］（靫負の命婦は牛車に）とても乗りこんでしまうことができない。→遣る㊁②
［なりたち］四段補助動詞「遣る」の未然形「やら」＋打消の助動詞「ず」

やら-ふ〔ヤラ（ロ）ウ〕【遣らふ】（他ハ四）{は・ひ・ふ・ふ・へ・へ}［四段動詞「遣る」の未然形「やら」に上代の反復・継続の助動詞「ふ」が付いて一語化したもの］追いのける。追い払う。追放する。［枕］一七九「心ざしことなる人は、『はや』などあまたたび―・は（未）るれど、なほゐ明かせば」［訳］（女への）愛情が格別な人は、（女に）「さあ早く」などと何度も追い払われるけれど、そのまま座って夜を明かすので。

や-ら-む〔ン〕―→やらん

やら-む-かた-な-し〔ン〕【遣らむ方無し】（形ク）{から・く（かり）・し・き（かる）・けれ・かれ}心を晴らす方法がない。どうしようもない。［源氏］桐壺「その恨みましてー・し（終）」［訳］（局を移された更衣の）その恨みはなおさら晴らしようがない。⇩詮無し「慣用表現」

や-ら-ん❶疑いの意をもった推量を表す。…であろうか。［平家］七・主上都落「法皇のにはかに見えさせ給はぬは。いづ方へ御幸―」［訳］（後白河）法皇が急にお見えにならないよ。どちらへお出ましであろうか。［文法］「給はぬは」の「は」は、感動・詠嘆の終助詞。❷断定しないでやわらかく言う婉曲叙法として用いる。…ということだ。［徒然］一〇九「鞠も、難き所を蹴出だしてのち、やすく思へば、必ず落つと侍る―」［訳］蹴鞠も、むずかしい所を蹴り当ててのち、安心だと思うと、必ず（蹴りそこなって鞠が）落ちると（その道の戒めに）ありますとか。
［なりたち］断定の助動詞「なり」の連用形「に」＋係助詞「や」＋ラ変動詞「有り」の未然形「あら」＋推量の助動詞「む」の連体形「む」＝「にやあらむ」の転
［参考］中古にも「何者やらむ、太刀佩きたる人の」〈狭衣物語・三〉のように、用例は見えるが、おもに中世以降用いられた。用法のうえでは、連語としての性格から、副助詞としての性格で用いられるようになる。形のうえでは「やらん」から「やらう」に変化し、「やら」になる。
「かやうに浪の立つやらん、風の吹くやらんも知らぬ体にて」〈平家・六・横田河原合戦〉
「多いやらう、少ないやらうをば知り候はず」〈平家・五・富士川〉

やり-いだ-す【遣り出だす】（他サ四）{さ・し・す・す・せ・せ}（車などを）押し出す。進め出す。［宇治］一一・九「遣りもてゆきて、七条の末に―・し（用）たれば」［訳］（牛車を）だんだん進めて行って、七条大路の果てまで押し出したところ。

やり-すご-す【遣り過ごす】（他サ四）{さ・し・す・す・せ・せ}あとから来るものを先へ行かせる。追い越させる。［蜻蛉］中「―・し（用）て、今は立ちて行けば」［訳］（その一行を）先へ行かせて、今度は（自分たちがそこを）立って行くと。

やり-す-つ【破り捨つ】（他タ下二）{て・て・つ・つる・つれ・てよ}やぶり捨てる。［徒然］二九「残しおかじと思ふ反古など―・つる（体）中に」［訳］（あとに）残しておくまいと思う書き損じの紙などをやぶり捨てる、その中に。

やり-て【遣り手】（名）❶牛を使う人。牛車を動かす人。また、それをうまくやる人。〔源平盛衰記〕「牛飼ひは平家内大臣の童を取って仕ひければ、高名の―なり」［訳］牛飼いは平家内大臣（＝宗盛）に仕える童をとりあげて使ったので、有名な牛使いの名人である。❷遊郭で、遊女の監督・采配をする年配の女。やりてば。〔浮・好色一代男〕「―が欲ばかりの算用もきかず」［訳］やりてばばの欲深いだけの計算に耳もかさず。

やり-ど【遣り戸】（名）左右に引いて開閉する戸。引き戸。［源氏］夕顔「―を引きあけて、もろともに見出だし給ふ」［訳］（光源氏は）遣り戸を引き開けて、（夕顔と）いっしょに外をご覧になる。

（やりど）

やりど-ぐち【遣り戸口】（名）遣り戸のある出入り口。遣り戸の戸口。［源氏］蜻蛉「狭くほどなき―に寄り居給へる」［訳］（間口も狭く奥行きも浅い（部屋の）遣り戸の戸口に（薫が）寄りかかって座っていらっしゃるのが。

やり-の-く【遣り退く】（他カ下二）{け・け・く・くる・くれ・けよ}車などを進ませて、そこから退かせる。［大鏡］道長上「『便なきこと。かくなせそ。―・けよ（命）』とおほせられけるを」［訳］「無礼なことだ。このようにしてはいけない。（天幕から）離して（牛車を）進ませよ」と（道長が）おっしゃったのを。

やり-みづ〔ミズ〕【遣り水】（名）庭に水を導き入れてつくった細い流れ。［徒然］一九「霜いと白うおける朝、―より烟の立つこそをかしけれ」［訳］霜がたいそう白くおりている朝、遣り水から煙のような水蒸気が

（やりみづ）

立つのは趣深い。

やり-よ-す【遣り寄す】(他サ下二)｛せ・せ・す・する・すれ・せよ｝(車などを)近くへ進め寄せる。宇治 二・九「川ばたへ車―・せ用て、立てれば」訳 川のほとりに牛車を進め寄せて、止めたところ。

や-る【破る】■一(自ラ下二)｛れ・れ・る・るる・るれ・れよ｝破れる。こわれる。裂ける。〔太平記〕二一「―・れ用たる草鞋に編み笠着て」訳 破れた草鞋をはき、編み笠をつけて。■二(他ラ四)｛ら・り・る・る・れ・れ｝破る。こわす。裂く。土佐「とまれかうまれ、とく―・り用てむ」訳 何はともあれ、(こんなもの(=「土佐日記」)は)早く破ってしまおう。文法「やりてむ」の「て」は助動詞「つ」の未然形で、ここは確述の用法。

や-る【遣る】■一(他ラ四)｛ら・り・る・る・れ・れ｝❶行かせる。進ませる。徒然 五〇「人を―・り用て見するに、おほかた逢へる者なし」訳 人を行かせて(ようすを)見させるが、いっこうに(女の鬼に)会った者がない。
❷送る。届ける。徒然 三一「人のがり言ふべきことありて、文を―・る終とて」訳 ある人のもとへ言ってやらねばならないことがあって、手紙を送り届けるということで。
❸不快な気持ちを晴らす。なぐさめる。〔増鏡〕あすか川「かやうのことにのみ心を―・り用て明かし暮らさせ給ふほどに」訳 (後嵯峨法皇は)このようなことにばかり心をなぐさめて(夜昼を)お過ごしになられるうちに。文法「せ給ふ」は、最高敬語。
❹逃がす。〔狂・魚説経〕「やあやあ、者ども、六郎―・る終な逃がすな」→遣るまいぞ
❺導き入れる。源氏 須磨「水深う―・り用なし、植木どもなどして」訳 (庭に)水(=遣り水)を深くなるようにわざわざ導き入れ、いろいろな植木などを植えて。
❻与える。とらせる。金を払う。徒然 九三「買ふ人、明日その値を―・り用て牛を取らんと言ふ」訳 買う人が、明日明日その代金を支払って牛を受け取ろうと言う。
■二(補動ラ四)｛ら・り・る・る・れ・れ｝(動詞の連用形に付いて)❶その動作が遠くまで及ぶことを表す。遠く…する。はるかに…する。更級 富士川「丈六の仏の、いまだ荒造りにおはするが、顔ばかり見―・ら未れたり」訳 一丈六尺(=約四・八五メートル)の仏像で、まだ(完成していなくて)粗造りでいらっしゃるのが、顔だけははるか遠くに自然と目に入った。文法「見やられたり」の「れ」は、自発の助動詞「る」の連用形。
❷(多く、下に打消の語を伴って)その動作を完全に行う意を表す。すっかり…する。…しきる。源氏 薄雲「えも言ひ―・ら未ずいみじう泣けば」訳 (明石の君は)最後まで言いきることができずにひどく泣くので。
参考「やる」がこちらからあちらに動作が及ぶのに対し、あちらからこちらへ動作が及ぶ意を表す語に、「おこす」がある。→遣す

やる(助動四型)｛やら・やり(やつ)・やる・やる・やれ・やれ(や)｝(近世語)(「ある」の転)尊敬の意を表す。お…になる。…なさる。〔浮・西鶴織留〕「そなたがいやしい人で、源氏物語を見やら未ぬによって」訳 あなたが無教養な人で、「源氏物語」を見なさらないから。〔浄・冥途の飛脚〕「忠兵衛は宿にゐやる体か」訳 忠兵衛は家にいなさるか。
接続 動詞の連用形に付く。
文法 (1) 中世の尊敬表現「お…ある」の変化した「お…やる」の「やる」が助動詞化したもの。
「鼻紙一、二枚…重ねながら鼻かみゃる」〈浄・冥途の飛脚〉
のように拗音化する例が多い。
(2) 終止形の「やる」に禁止の助詞「な」が付くと、「やんな」と音便変化することがある。
(3) 命令形の「やれ」の「れ」を略して、単に「や」としても使われる。
「お藤、必ずお主の気に入っていつまでも奉公しや」〈浄・堀川波鼓〉
(4) 「やる」のすぐ上の音が「イ」「エ」であると、これを略すことがある。
「いかにもい〔言〕やればさうぢゃ」〈伎・武道達者〉
「姫さまなどにをし〔教〕やんな」〈浄・丹波与作待夜小室節〉
(5) 「やる」のすぐ上の音が、カ行以下のエ段音であると、これをイ段音で表記することがある。
「ただ西方をわすり〔忘れ〕やるな」〈浄・心中天の網島〉

やる-かた-な-し【遣る方無し】(形ク)｛から・く(かり)・し・き(かる)・けれ・かれ｝❶心を晴らす方法がない。心のなぐさめようがない。源氏 夕顔「なほ悲しさの―・く用」訳 (光源氏は)やはり悲しさの晴らしようもなく。⇩詮無し「慣用表現」
❷程度がなみひととおりでない。はなはだしい。宇治 一・二「年ごろ、平茸やるかたもなく用多かりけり」訳 長年、(篠村という所に)平茸(=きのこの名)がはなはだしくたくさん生えた。⇩並べてならず「慣用表現」

やる-まい-ぞ【遣るまいぞ】逃がしはしないぞ。逃がすまいぞ。〔狂・附子〕「あの横着者、捕らへてくれい。―、―」訳 あのけしからん者(め)、つかまえてくれ。逃がさないぞ、逃がさないぞ。
なりたち 四段動詞「遣る」の終止形「やる」＋打消意志の助動詞「まじ」の連体形「まじき」のイ音便「まじい」が変化した「まい」の連体形「まい」＋係助詞「ぞ」
参考 狂言で、終わりに人を追いかけるときに言う。

やれ(感)呼びかけたり、物事にふと気がついたりしたときなどに発する語。やあ。まあ。おや。あれ。〔八番日記〕一茶「―打つな蠅が手を摺り足をする」訳 それ打つな。(打たないでくれと頼んでいるかのように)はえが手をすり合わせたり、足をすり合わせたりしている(じゃないか)。

やれ-やれ(-と)【破れ破れ(と)】(副)ひどく破れているさま。ぼろぼろ。宇治 八・三「―と着なしてありけり」訳 (聖は胴着を)いかにもひどく破れたさまで着ていた。

や-わたり【家渡り】(名)引っ越し。転居。今昔 二七・三「吉き日を取りて渡りけるに、例の―の様にはなくて」訳 吉日を選んで移ったが、普通の引っ越しのようではなくて。

やわらか【柔らか・和らか】⇩やはらか

やわらぐ【和らぐ】⇩やはらぐ

やをら(副)静かに。そっと。おもむろに。そろそろと。大和 一七三「日もやうやう暮れぬれば、―すべり入りて」訳 日もだんだん暮れてきたので、(男は女のいる御簾の中に)そっとすべるように入って。

やんごと-な-し(形ク)｛から・く(かり)・し・き(かる)・けれ・かれ｝「やむごとなし」に同じ。

ゆ ユ

「ゆ」は「由」の草体
「ユ」は「由」の一部省画

ゆ【柚】(名)ゆず(=木の名)の古名。秋。(柚の花夏)。蜻蛉上「悪しげなる―や梨やなどを、なつかしげにもたりて食ひなどするも」訳(供の者が)できの悪そうなゆずや梨やなどを、大切そうに持っていて食べたりするのも。

ゆ【揺】(名)琴などを弾くとき、音にうねりをつけるため、左の手で弦をゆらすこと。また、その音。源氏明石「手づかひといたう唐めき、―の音ふかう澄ましたり」訳左手で弦をゆするときの手さばきが実にたいそう中国風でしゃれていて、左手で弦をゆするときの音を奥深く澄まして(弾いて)いる。

ゆ【湯】(名)❶湯。また、沐浴のための湯。万葉一六・三八二四「さす鍋に―沸かせ子ども櫟津の檜橋より来む狐に浴むさむ」訳さす鍋(=注ぎ口のあるなべ)に湯をわかせ、人々よ。櫟津の檜橋を渡って、こんこんと鳴いて来るであろう狐に(湯を)浴びせてやろう。(「来む」に狐の鳴き声を響かせる)。
❷入浴すること。また、その場所。湯殿。源氏帚木「下に―におりて」訳下屋(=召使などのいる建物)に入浴におりて。
❸温泉。いで湯。万葉三・三二二「国のことごと―はしも多にあれども」訳国じゅうに温泉は多くあるが。
❹薬湯。せんじ薬。源氏手習「なほ試みに、暫し―を飲ませなどして助け試みむ」訳それでもやはりためしに、しばらくの間薬湯を飲ませなどして助けてみよう。
❺船中に浸み入ってたまった水をいう忌み詞。ふなゆ。あか。

ゆ(助動ヤ下二型)《上代語》

意味・用法
受身〔…れる。〕→❶
可能〔…ことができる。〕→❷
自発〔自然に…れる。〕→❸

接続 四段・ナ変・ラ変動詞の**未然形**に付く。

活用

未然	連用	終止	連体	已然	命令
え(ズ)	え(テ)	ゆ(○)	ゆる(コト)	ゆれ(ド)	○

❶受身の意を表す。**…れる。**万葉五・八〇四「か行けば人に厭はえ用かく行けば人に憎まえ用」訳あちらに行くと人にきらわれ、こちらに行くと人に憎まれ。
❷可能の意を表す。**…ことができる。**万葉二〇・四四八二「堀江越え遠き里まで送り来る君が心は忘らゆ終まじ」訳堀江を越えて遠い里まで送って来たあなたの心は忘れることができないだろう。
❸自発の意を表す。**自然に…れる。**万葉五・八八〇「天ざかる鄙に五年住まひつつ都の手ぶり忘らえ用にけり」訳田舎に五年住み続けていて、都の風習が自然に忘れられてしまった。(「天ざかる」は「鄙」にかかる枕詞)
参考「ゆ」は「る」より古く、上代では「る」より用例が多い。中古になると「る」にとってかわられ、わずかに「聞こゆ」「おぼゆ」「あらゆる」「いはゆる」などの語の一部分として残るだけとなる。また、「ゆ」が「思ふ」「聞く」などに付く場合に、「思ほゆ」「聞こゆ」などのように、未然形のア段音がオ段音になることがあり、一語の動詞として扱う。

> **語の広がり「ゆ」**
> 「あらゆる」は、動詞「あり」の未然形「あら」に自発または可能の「ゆ」の連体形「ゆる」が付いたもの。「ありうる限りの」が本来の意。「いわゆる」は、動詞「言ふ」の未然形「いは」に受身の「ゆ」の連体形「ゆる」が付いたもの。「世間で言われている」の意。

ゆ(格助)《上代語》

意味・用法
起点〔…から。…以来。〕→❶
経由点〔…から。…を通って。〕→❷
手段〔…で。…によって。〕→❸
比較の基準〔…よりも。〕→❹

接続 **体言**、体言に準ずる語、活用語の**連体形**などに付く。

❶動作の時間的・空間的な起点を表す。**…から。…以来。**万葉三・三一七「天地の分かれし時ゆ神さびて高く貴き駿河なる富士の高嶺を」訳→あめつちの…和歌
❷移動する動作の経由点を表す。**…から。…を通って。**万葉三・三一八「田子の浦ゆうち出でて見れば真白にそ富士の高嶺に雪は降りける」訳→たごのうらゆ…和歌
❸動作の手段を表す。**…で。…によって。**万葉一四・三三九六「小筑波の繁き木の間よ立つ鳥の目ゆか汝を見むさ寝ざらなくに」訳筑波の山の茂った木の間から飛び立つ鳥の目ではないが、目でおまえを見る(だけ)だろうか。共寝しなかったわけでもないのに。(第三句までは、「目」を導きだす序詞)。文法「さ寝ざらなくに」の「なく」は、打消の助動詞「ず」のク語法で、「…ないこと」の意。
❹比較の基準を表す。**…よりも。**万葉一一・二四三八「人言は暫しそ吾妹縄手引く海ゆまさりて深くしそ思ふ」訳人のうわさはしばらくの間だ、おまえよ。舟の綱手を引く(ほど深い)海よりもいっそう深く思っているよ。文法「深くしそ思ふ」の「し」は、強意の副助詞。
参考同義の助詞に「ゆり」「よ」「より」があるが、用例が少なく意味の違いは不詳。中古に入ると「より」だけが用いられた。→ゆり(格助)・よ(格助)・より(格助)

ゆ-あみ【湯浴み】(名)❶湯や水でからだを洗うこと。入浴。土佐「女これかれ、―などせむとて、あたりのよろしきところにおりてゆく」訳女はこの人もあの人も、水浴びなどをしようとして、付近のふさわしい場所に(船から)下りて行く。

❷温泉にはいって病気などを治すこと。湯治。竹取「蓬萊の玉の枝『筑紫の国に—にまからむ』とて暇申して」訳（くらもちの皇子は）「筑紫の国(福岡県)に湯治に参ろうと思います」と言って休暇を申し出て。

ゆい-かい【遺戒・遺誡】(名)子孫や後人のために残す訓戒。遺訓。徒然 二「『…美麗をもとむることなかれ』とぞ、九条殿の—にも侍る」訳「…華美を追うことはならない」と、九条殿(=藤原師輔)の遺訓にもあります。

維摩(ゆいま)『人名』釈迦の高弟の一人。古代インド毘耶離城の長者で在家のまま菩薩に至ったという。

ゆいま-きゃう【維摩経】(名)維摩(=釈迦の高弟)の教説を記録した経典。大乗経典の一つ。

ゆいま-ゑ【維摩会】(名)維摩経を講読する法会。特に、陰暦十月十日から七日間、奈良の興福寺で行われるものは南都三会の一つとして有名。維摩講。图。〔栄花〕うたがひ「十月、山階寺の—に参らせ給ひては」訳（藤原道長は）陰暦十月、興福寺の維摩経を講ずる法会にお参りになられては。

ゆう【用】(名)「よう(用)③」に同じ。

ゆう【右・有・幽・祐・猶・遊・優】⇩いう

ゆう【夕・木綿・結ふ】⇩ゆふ

ゆう-けん【雄剣】(名)りっぱな剣。平家 一・殿上闇討「それ、—を帯して公宴に列し」訳 そもそも、りっぱな剣を身につけて公の宴に参列し。

ゆうげん【幽玄】⇩いうげん

ゆうそく【有識・有職】⇩いうそく

ゆうべ【夕べ】⇩ゆふべ

ゆう-みゃう【勇猛】(名・形動ナリ)《仏教語》「ゆみゃう」とも。勇ましく強いこと。平家 五・文覚荒行「文覚無上の願を起こして、—の行を企つ」訳 文覚(=僧の名)はこの上ない願を立てて、強く勇ましい修行を計画する。

雄略天皇(ゆうりゃくてんわう)『人名』(生没年未詳)大和時代、第二十一代の天皇。「古事記」「日本書紀」には専制君主として登場。「万葉集」巻頭の歌の作者と伝えられるが、実際は天皇に仮託した伝承歌とされる。

ゆえ【故】⇩ゆゑ

ゆか【床・牀】(名)❶家の中で一段高く作り、寝所などにする所。中古では、帳台などをいう。源氏 蛍「—をば譲り聞こえ給ひて、御几帳引き隔てておほとのごもる」訳（花散里は光源氏に）帳台をお譲り申しあげなさって、御几帳を間にさえぎり立てておやすみになる。❷家の中で、根太によって地面から一段高くして板を張った所。❸劇場・寄席で、浄瑠璃太夫などの座る高座。

ゆが【瑜伽】(名)《梵語の音訳》心を統一することによって、絶対者と融合して一つとなった境地。今昔 六・九「金剛智に—無上秘密の教へを受けて世に広め」訳（不空三蔵(=人名)は）金剛智(=人名)から瑜伽のこの上ない秘密の教えを受けて(これを)世に広め。

ゆが-さんみつ【瑜伽三密】(名)《仏教語》修行者の身・口・意の三密が、仏の三密と感じ合って、その身がそのまま成仏すること。三密瑜伽。平家 七・返牒「—の法雨は時俗を尭年の昔に返さん」訳（真言の）瑜伽三密の教えの雨は、現今の乱れた風俗を尭帝(=中国の伝説上の聖王)が治めた昔に返すであろう。

ゆか・し（形シク）{しから・しく(しかり)・し・しき(しかる)・しけれ・しかれ}

> **語義パネル**
> ●**重点義**　**心がひきつけられ、心が進んで行く思いだ。**
> 動詞「行く」(カ四)に対応する形容詞。対象によって、見たい、聞きたい、知りたい、読みたいなどの意になる。②は中世以降の用法。
>
> ❶(直接に)**見たい。聞きたい。知りたい。**
> ❷**なんとなく慕わしい。**なつかしい。

❶好奇心がもたれ、心がひきつけられる状態。(直接に)**見たい。聞きたい。知りたい。**源氏 若紫「ねびゆかむさま—・しき㊍人かな、と目とまり給ふ」訳 大人になってゆくようなようすを見たい人だなあと、(光源氏は若紫に)目を引きつけられなさる。更級 物語「いみじく心もとなく、—・しく㊥おぼゆるままに」訳（「源氏物語」のことが)たいそうじれったく、読みたいと思われるので。❷**なんとなく慕わしい。**なつかしい。〔野ざらし紀行〕芭蕉「山路来て何やら—・し㊦すみれ草」訳 →やまぢきて…俳句

ゆかし-が・る（他ラ四）{ら・り・る・る・れ・れ}【「がる」は接尾語】…たいと思う。見たがる。聞きたがる。知りたがる。枕 二六「つゆちりのことも—・り㊥、聞かまほしうして」訳（他人のうわさは)ほんのちょっとしたことでも知りたがり、聞きたそうにして。

ゆかし-げ{なら・なり(に)・なり・なる・なれ・なれ}【「げ」は接尾語】㊀(形動ナリ)心ひかれているようす。見たそう、聞きたそう、知りたそうなさま。源氏 紅葉賀「上のいつしかと—・に㊥思し召したること限りなし」訳 帝(=桐壺帝)が、(若宮と)一日も早く(会いたい)と対面したそうにお思いになっていることはこの上もない。
㊁(名)心ひかれるような深みや趣。源氏 少女「少し—あることをまぜてこそ侍らめ」訳 少しは(世間が)心ひかれるような趣のあることを加えるのがよいでしょうが。

ゆかし-さ(名)【「さ」は接尾語】❶心ひかれること。見たいこと、聞きたいこと、知りたいことなど。また、それらの程度。更級 かどで「ところどころ語るを聞くに、いとど—まされど」訳（大人たちが、「源氏物語」の)ところどころを話すのを聞くと、ますます読みたい気持ちがつのるけれど。❷なつかしいこと。なんとなく恋しいこと。〔うつほ〕楼上下「昔見給へし—にまうで来て」訳（私=嵯峨の院は尚侍の家に)昔拝見したなつかしさに参上して。

ゆ-かたびら【湯帷子】(名)入浴のとき、または入浴後に着るひとえの衣。ゆかた。夏。〔栄花〕たまのかざり「御—ながらおはしましたるに」訳（皇太后妍子は)御ゆかたのままいらっしゃったところ。

ゆ-がみ【結髪】(名)【「ゆひがみ」の転】馬のたてがみの部分部分を束ねて結んだもの。平家 九・宇治川先陣「手綱を馬の—に捨て(=投げかけ)」

ゆがみ-もじ【歪み文字】(名)(ゆがんだ形の文字の意から)ひらがなの「く」の字のこと。徒然 六二「ふたつ文字牛の角文字直ぐな文字—とぞ君はおぼゆる」訳 →ふ

たつもじ…和歌

ゆが・む【歪む】■一(自マ四){ま・み・む・む・め・め}❶形がねじれて曲がる。まっすぐでなくなる。徒然 一七五「思ふ所なく笑ひののしり、詞多く、烏帽子—・み(用)」訳(酒を飲むと)思慮もなく笑い騒ぎ、多弁になり、烏帽子は曲がって。❷心や行いが正しくなくなる。よこしまになる。源氏 若菜上「—・め(已)る事なむ、いにしへだに多かりける」訳よこしまな事件が、(聖代の)昔でさえ多かった。❸発音がなまる。徒然 一四一「この聖(=尭蓮上人)は、声うち—・み(用)あらあらしくて」訳この高僧は、発音がちょっとなまり(ことばつきが)荒っぽくて。■二(他マ下二){め・め・む・むる・むれ・めよ}❶形などをねじ曲げる。ゆがめる。枕 六三「直衣・狩衣など—・め(用)たりとも、誰か見知りて笑ひそしりもせむ」訳直衣や狩衣などをゆがめて(着て)いても、だれがそれを見つけて笑ったりけなしたりもしようか(いや、だれもしない)。❷心や行いなどを正しくなくする。

ゆかり【縁】(名)なんらかのつながりや関係のあること。また、その人。**えん**。縁故。**血縁**。**親戚**。細道 山中「曽良は腹を病みて、伊勢の国長島といふ所に—あれば、先立ちて行くに」訳曽良(=芭蕉と同行した弟子)は腹をこわして、伊勢の国(三重県)の長島という所に親戚がいるので、先に出発するにあたり。

発展 「源氏物語」の「紫のゆかり」

「源氏物語」は、「永遠の女性」思慕という古代物語の伝統的テーマを新たに発展させる方法として、藤壺の姪の紫の上を登場させる。いわゆる「紫のゆかり」である。「ゆかり」は、筋立ての現実性、必然性を納得させたうえで、人物と人物とをつなぎ、時間の連続を保証する。長い物語を展開させてゆくための原動力になっているのである。

ゆかり-むつび【縁睦び】(名)近親者どうしが親しくすること。また、近親者どうしの結婚。源氏 少女「—、ねぢけがましきさまにて、おとども聞きおぼすところ侍りなむ」訳血縁者どうしのなれあいは、まともでないようすであって、大臣(=光源氏)も(この夕霧と雲居の雁の結婚のことを)聞いて(不快に)お思いになることもきっとございましょう。

ゆき【雪】(名)❶雪。冬。枕 一八二「—のいと高うはあらで、うすらかに降りたるなどは、いとこそをかしけれ」訳雪がそれほど高く(積もるというので)はなくて、うっすらと降っているのなどは、たいそう趣がある。❷白いもののたとえ。特に、白髪。土佐「わが髪の—と磯辺の白波といづれまされり沖つ島守」訳→わがかみの…和歌

ゆ-き【靫・靱】(名)「ゆぎ」とも。上代の武具。細長い箱形で、矢を入れて背に負う。

ゆき【行き】(名)行くこと。進むこと。また、旅。万葉 二・八五「君が—日長くなりぬ山たづね迎へか行かむ待ちにか待たむ」訳天皇の行幸は日数が長くなった。山を尋ねて迎えに行こうか、(それとも)ひたすら待っていようか。

ゆ-き【斎忌・悠紀・由基】(名)〔「斎酒」の意〕大嘗祭に供える新穀・酒を奉るよう占いで定められた二つの国郡のうち、第一のもの。→主基

ゆき-あか・る【行き別る】(自ラ下二){れ・れ・る・るる・るれ・れよ}互いに別れて行く。解散してひきあげる。徒然 三〇「我賢げに物ひきしたため、ちりぢりに—・れ(用)ぬ」訳(法要が終わった後は)自分こそ分別があるというふうに荷物を整理し、ちりぢりに互いに別れて行ってしまう。

ゆき-あひ【行き合ひ・行き逢ひ】(名)❶出会うこと。また、その所・時。新古 雑下「彦星の—を待つかささぎのと渡る橋を我にかさなん」訳彦星が(織女星に)会う時を待って渡る川門(=渡り場)にかささぎのかけた橋を、私に貸してほしい。文法「かさなん」の「なん」は、他に対する願望の終助詞。❷季節の変わり目。特に、夏と秋の変わり目。新古 夏「夏衣かたへ涼しくなりぬなり夜や深けぬらん—の空」訳夏衣の片側が涼しくなったようだ。夜が更けてしまったのだろうか、夏から秋への変わり目の空は。文法「涼しくなりぬなり」の、上の「なり」は四段動詞「なる」の連用形、下の「なり」は伝聞・推定の助動詞。

古語ライブラリー48 鹿の異名

◇すがる伏す木ぐれが下の葛まきを吹き裏返す秋の初風 〈山家集〉

驚かされるのは、「すがる伏す」だ。「すがる」がジガバチの古名で、腰が細くくびれているので美女のたとえに用いられることは次の歌などでおなじみだからである。

◇海神の 殿の甍に 飛び翔る 蜾蠃のごとき 腰細に 取り飾らひ 〈万葉 一六・三七九一〉

◇胸別の 広き吾妹 腰細の 蜾蠃娘子の その姿の 端正しきに 〈万葉 九・一七三八〉

微妙なのは、次の用例である。

◇すがる鳴く秋の萩原朝立ちて旅行く人をいつとか待たむ 〈古今 離別〉

ジガバチが羽音を立てるのを「鳴く」といったものか、あるいは『山家集』の歌のように、「すがる」が鹿だと考えてしまったものか。

また、次のような例もある。

◇春されば(=春になると)蜾蠃なす野の霍公鳥ほとほと妹に逢はず来にけり 〈万葉 一〇・一九七九〉

この歌の「蜾蠃なす」は、原文では「酢軽成」とある。「成」はナスともナルとも読める。ジガバチが羽音を立てる意の「鳴す」ととるか、ジガバチが生まれる意の「生る」ととるか。古くは「鳴す」と訓読することが多かった。

「腰細の蜾蠃」といい、「蜾蠃鳴す」という。平安時代の貴族たちは「すがる」とは腰のあたりのほっそりした、秋になると鳴き立てる鹿のことだと思い込んでしまったらしい。『万葉集』では「春されば蜾蠃鳴す野」であったのに、『古今集』では「すがる鳴く秋の萩原」になっている。季節も異なっているのである。そして、ついに「すがる伏す」という表現まで生まれた。

ゆき-あ・ふ〔—(オ)ウ〕【行き合ふ・行き逢ふ】■一(自ハ四){は・ひ・ふ・ふ・へ・へ}偶然に出会う。出くわす。〔徒然〕一〇六「細道にて、馬に乗りたる女のー・ひ㊊たりけるが」〔訳〕細い道で、馬に乗った女が(証空上人と)出くわしたが。
■二(他ハ下二){へ・へ・ふ・ふる・ふれ・へよ}行きあわせる。並べ連ねる。交差させる。〔記〕下「鶺鴒(まなばしら)尾をー・へ㊊」〔訳〕せきれい(=鳥の名)が尾を交差させて。

ゆき-いた・る【行き至る】(自ラ四){ら・り・る・る・れ・れ}行き着く。〔伊勢〕一四「むかし、をとこ、みちの国にすずろにー・り㊊にけり」〔訳〕昔、ある男が、陸奥(むつ)の国(奥羽地方)にあてもなく行き着いた。

ゆき-がた【行き方】(名)行くべき方角。また、行った方角。ゆくえ。〔平家〕灌頂・女院死去「養ひたてし親子も、ー知らず別れけり」〔訳〕養い育てた親と子も、ゆくえがわからず別れたのであった。

ゆき-か・つ【行きかつ】(自タ下二){て・て・つ・つる・つれ・てよ}〔「かつ」は、できる・耐える意の上代の下二段補助動詞〕行くことができる。〔万葉〕二〇・四三四一「橘(たちばな)のみをりの里に父を置きて道の長道(ながち)はー・て㊍ぬかも」〔訳〕たちばなのみおりの里(=未詳)に父を置いて、長い道のりは行くことができないことよ。
〔参考〕多く、下に打消の語を伴って用いられる。

ゆきかひ-ぢ〔ユキカイジ〕【行き交ひ路・往き交ひ路】(名)行きかう道。往来の途中。〔古今〕哀傷「かりそめのーとぞ思ひ来(こ)し今は限りの門出なりけり」〔訳〕この甲斐(かい)の国(山梨県)への道は、ほんの一時の往来の道だと思って来たけれども、今となってみると、人生最後の旅(=死出の旅)の門出であったよ。(「行き交ひ路」に「甲斐路(かひぢ)」をかける)

ゆき-か・ふ〔—カ(コ)ウ〕【行き交ふ】(自ハ四){は・ひ・ふ・ふ・へ・へ}❶行き来する。往来する。〔源氏〕桐壺「百敷(ももしき)にー・ひ㊊侍らむことは、まして、いとはばかり多くなむ」〔訳〕宮中に出入りしますようなことは、なおさら、とても遠慮が多く(ございます)。〔文法〕係助詞「なむ」のあとに結びの語「侍る」が省略されている。
❷かわるがわるやってくる。来ては過ぎて行く。つぎつぎと移って行く。〔細道〕出発まで「月日は百代(はくたい)の過客(くわかく)にして、ー・ふ㊍年もまた旅人なり」〔訳〕月日は永遠に旅を続ける旅人(のようなもの)であり、(毎年)去っては来、来ては去ってゆく年も、また旅人(のようなもの)である。⇩おくのほそ道「名文解説」

ゆき-かへ・る〔—カエル〕【行き返る・往き返る】(自ラ四){ら・り・る・る・れ・れ}〔上代は「ゆきがへる」とも〕❶行って帰る。往来する。往復する。〔万葉〕一九・四二四二「天雲(あまくも)のー・り㊊なむもの故(ゆゑ)に思ひそあがする別れ悲しみ」〔訳〕空にある雲のように、きっと行っては帰って来るであろうものなのに、私は思いに沈むことだ。別れが悲しくて。
❷年が改まる。〔万葉〕二〇・四四九〇「あらたまの年ー・り㊊春立たばまづわが屋戸(やど)に鶯(うぐひす)は鳴け」〔訳〕年が改まり春になったなら、まず私の庭先で鶯は鳴けよ。(「あらたまの」は「年」にかかる枕詞)

ゆき-かよ・ふ〔—カヨウ〕【行き通ふ】(自ハ四){は・ひ・ふ・ふ・へ・へ}行き来する。通って行く。〔伊勢〕四「あり所は聞けど、人のー・ふ㊎べき所にもあらざりければ」〔訳〕(その人の)居場所は(人づてに)聞くが、(そこは普通の身分の)人が行き来することのできそうな所でもなかったので。

ゆき・く【行き来・往き来】(自カ変){こ・き・く・くる・くれ・こ(こよ)}行ったり来たりする。往来する。〔万葉〕九・一八一〇「葦屋(あしのや)の菟原処女(うなひをとめ)の奥津城(おくつき)をー・く㊎と見れば哭(ね)のみし泣かゆ」〔訳〕葦屋(あしや)(=地名)の菟原処女の墓を、行き来するたびに見ると、声をあげて泣けてくるばかりだ。

ゆき-くら・す【行き暮らす】(他サ四){さ・し・す・す・せ・せ}日の暮れるまで歩き続ける。旅の途中で日暮れを迎える。〔万葉〕七・一二四二「あしひきの山ー・し㊊宿借らば妹(いも)立ち待ちて宿貸さむかも」〔訳〕山路を行く途中で日が暮れて、宿を借りるなら、(いい)女の人が立って待っていて宿を貸してくれるだろうか。(「あしひきの」は「山」にかかる枕詞)

ゆき-く・る【行き暮る】(自ラ下二){れ・れ・る・るる・るれ・れよ}行くうちに日が暮れる。旅の途中で日暮れとなる。〔新古〕春上「思ふどちそこともしらずー・れ㊊ぬ花の宿かせ野べの鶯(うぐひす)」〔訳〕親しい者どうしがどこというあてもなく行くうちに日が暮れてしまった。桜の花の宿を貸してくれ、野辺の鶯よ。

ゆき-げ【雪気】(名)雪が降り出しそうなけはい。雪もよう。〔新古〕春上「空はなほ霞(かす)みもやらず風寒(さ)えてーに曇る春の夜の月」〔訳〕空はまだ霞みきらずに風は寒くて、雪が降りそうなようすに曇(って見え)る春の夜の月よ。

ゆき-げ【雪消・雪解】(名)雪が消えること。雪解け。また、雪解け水。㊮春。〔古今〕冬「この川にもみぢ葉流る奥山のーの水ぞ今増さるらし」〔訳〕この川にもみじの葉が流れている。奥山の雪解けの水がいま増えて(葉を流し出して)いるらしい。〔文法〕「らし」は、確実な事実を根拠として推定する助動詞。

ゆき-げた【行き桁】(名)橋の、かけられた方向に沿って渡したけた。〔平家〕四・橋合戦「つらぬき(=毛皮の靴)脱いで跣(はだし)になり、橋のーをさらさらさらと走り渡る」

ゆき-じもの【雪じもの】(副)〔「じもの」は、…のようなものの意の接尾語〕雪のように。雪めいて。一説に、「ゆき」にかかる枕詞とも。〔万葉〕三・二六一「ひさかたの天(あま)伝ひ来るー往(ゆ)きかよひつついや常世(とこよ)まで」〔訳〕大空から降って来る雪のように、しきりに(この御殿に)通っては、いよいよ年久しくいつまでも(お仕え申しあげよう)。(「ひさかたの」は「天(あま)」にかかる枕詞)

ゆき-ずり【行き摩り・行き摺り】(名)❶すれちがうこと。また、その時、色や匂いが染みつくこと。〔風雅〕旅「ーの衣に移れ萩(はぎ)が花旅のしるしと人に語らむ」〔訳〕すれちがいざまの衣に染みてくれ、萩の花(の色)よ。旅のしるしと人に語ろう。
❷通りすがり。〔山家集〕「ーに一枝折りし梅(むめ)が香(か)の深くも袖に染みにけるかな」〔訳〕通りすがりに一枝折りとった梅の香りが深くも袖に染みついたことだなあ。
❸かりそめ。〔今昔〕二六・一「人持ち給へらむ人の、ーのうちつけ心にのたまはむこと」〔訳〕妻をお持ちになっているような人が、かりそめのでき心でおっしゃるようなことは。

ゆきちるや…〔俳句〕

|冬|
雪ちるや‖　穂屋(ほや)の薄(すすき)の　刈(か)り残(のこ)し
〈猿蓑(さるみの)・芭蕉〉

〔訳〕(底冷えのする曇天から)ちらちらと雪が散りかかるよ。

穂屋の神事のために刈られて疎らに残った枯れすすきのあたりに。(雪图。切れ字は「や」)

解説 陰暦七月の諏訪大明神の御射山祭りには、すすきの穂を刈って小屋の屋根を葺く神事があり、その小屋を「穂屋」といった。「信濃路を過ぐるに」の前書きがあるが、虚構の句とされる。

ゆき-つ・く【行き着く】(自カ四){か・き・く・く・け・け}「いきつく」とも。目的地に到着する。徒然 一八八「いそぎて東山に用ありて、既に—・き用たりとも」訳 急に東山に用事ができて(出かけ)、すでに到着しているとしても。

ゆき-つ・る【行き連る】(自ラ下二){れ・れ・る・るる・るれ・れよ}連れだって行く。同行する。道づれになる。徒然 四七「ある人、清水へ参りけるに、老いたる尼の—・れ用たりけるが」訳 ある人が清水(の観音)へ参詣したときに、年老いた尼で、道づれになった人が。

ゆきとけて… 俳句

春

雪とけて　村一ぱいの　子ども哉

〈七番日記・一茶〉

訳 (春めいた日ざしに山国の)雪が徐々にとけて、(屋外に出るのを待ちかねていたように)村のあちこちは(楽しげに遊ぶ)子どもたちであふればかりであるよ。(雪どけ春。切れ字は「哉」)

ゆき-とぶら・ふ【行き訪ふ】(自ハ四){は・ひ・ふ・ふ・へ・へ}訪問する。見舞いに行く。徒然 七六「嘆きも喜びもありて、人多く—・ふ体中に」訳 不幸なことも祝いごともあって、人が多く訪問する(その人の)中に。

ゆき-の-たまみづ【雪の玉水】玉のような雪解けのしずく。新古 春上「山ふかみ春とも知らぬ松の戸にたえだえかかる—」訳 →やまふかみ… 和歌

ゆき-の-やま【雪の山】❶庭に雪を高く積み重ねたもの。インドの雪山(=ヒマラヤ山脈)になぞらえたという。枕 八七「今日、—作らせ給はぬ所なむなき」訳 今日、雪の山をお作りにならない所はない。

❷〔「雪山」の訓読〕ヒマラヤ山脈のこと。源氏 総角「恋ひわびて死ぬる薬のゆかしきに—にや跡を消なまし」訳 (私=薫は大君への)恋しさに耐えられなくて、死ぬ薬がほしいので、(薬草の多いという)雪山に姿を消してしまおうか。

❸雪をいただく山。また、白髪の頭にたとえる。〔拾遺〕雑下「老いはてて—をばいただけど」訳 (私は)すっかり老いて白髪の頭になっているが。

ゆき-はばか・る【行き憚る】(自ラ四){ら・り・る・る・れ・れ}阻まれて行くことがむずかしい。一説に、行くことを遠慮するの意とも。万葉 三・三五三「み吉野の高城の山に白雲は—・り用てたなびけり見ゆ」訳 吉野の高城の山に、白雲は行き阻まれてたなびいているのが見える。文法 上代、「見ゆ」は活用語の終止形に続くことがある。

ゆきふかみ… 和歌

雪深み　深山の道は　晴れずとも

なほふみ通へ　跡絶えずして

〔踏み〕

〔文〕

〈源氏・薄雲〉

訳 雪が深いので、この奥深い山の道は(雪が)晴れなくて(通って来られそうになく)ても、やはり(雪を)踏んで通って来てください。足跡が絶えることなく(=いつも手紙をよこしてください)。修辞「ふみ通へ」の「ふみ」は「踏み」と「文」との掛詞。

解説 姫君を紫の上の養女にする決意をした明石の君が、姫君に同行する乳母に対して詠んだ歌。「深山」は、今住んでいる大井のこと。姫君が住むことになる京との心理的な距離感もある。

ゆきふり-がみ【雪降り髪】(名)「ゆふかみ」に同じ。

ゆき-ふ・る【行き触る】(自ラ四・下二){ら・り・る・る・れ・れ}{れ・れ・る・るる・るれ・れよ}行くときに触れる。行く途中で接触する。万葉 一〇・二一九二「わが背子が白たへ衣—・れ未(下二段)ばにほひぬべくももみつ山かも」訳 私の夫の白い着物が通りすがりに触れるなら、染まってしまいそうにも紅葉している山であるなあ。

ゆきふれば… 和歌

雪降れば　木毎に花ぞ　咲きにける

いづれを梅と　わきて折らまし

〈古今・六・冬・三三七・紀友則〉

訳 雪が降るので、木という木に(白く)花が咲いたことだよ。どれを梅の花だと区別して折ったものかなあ。文法「ける」は詠嘆、「まし」はためらいの意を表す。

解説「木」と「毎」を合わせると「梅」となる。一種の文字遊びで、離合詩という漢詩の技巧と同じ。

ゆき-べ【靫部】(名)大化の改新以前、国の造の子弟を召し集めて組織した朝廷の親衛隊。靫(=矢を入れて背負う武具)を背負って宮中を守護した。「靫負部」とも。〔豊後国風土記〕「日下部の君等が祖、邑阿自は、—に仕へ奉りき」訳 日下部の君たちの先祖である邑阿自は、靫部としてお仕え申しあげた。

ゆき-ぼとけ【雪仏】(名)雪でつくった仏。雪だるまの類。图。徒然 一六六「春の日に—を作りて」

ゆき-ま【雪間】(名)❶積もっていた雪の消えた所。春。枕 三「七日、—の若菜摘み」訳 (陰暦一月)七日は、雪の消えた所での若菜摘み。

❷雪の降りやんでいる間。雪の晴れ間。源氏 薄雲「—なき吉野の山をたづねても心の通ふ跡絶えめやは」訳 →ゆきまなき… 和歌

ゆきまなき… 和歌

雪間なき　吉野の山を　たづねても

心の通ふ　跡絶えめやは

〈源氏・薄雲〉

訳 たとえ雪の晴れ間がない吉野の山を訪ねてでも、(私の)真心の通って行く足跡(=手紙)が途絶えることがありましょうか(いや、途絶えることはありません)。修辞「吉野の山」は、今の奈良県の吉野山で歌枕。文法「やは」は反語の意を表す終助詞。

解説 明石の君の歌「雪深み深山の道は晴れずとも

なほふみ通へ跡(あと)絶えずして」訳→ゆきふかみ…和歌 に対して答えた姫君の乳母(めのと)の歌。明石の君の「深山」に対して、雪深い所であるためさらに通うことの困難な吉野山をもちだして、自分の真心を示した。

ゆき-まろげ【雪丸げ】(名)「ゆきまろばし」に同じ。

ゆき-まろばし【雪転ばし】(名)雪を転がして大きなまるい塊(かたまり)とする遊戯。また、その雪の塊。「雪丸(ゆきまろ)げ」とも。源氏 朝顔「童(わらは)べおろして―せさせ給ふ」訳(光源氏は)女(め)の童たちを(庭に)下ろして、雪ころがしをさせなさる。

ゆき-むか・ふ カコウ―ム【行き向かふ】(自ハ四){は・ひ・ふ・へ}❶出かけて行く。向かって行く。宇治 一三・二「西天竺(さいてんぢく)に―・ひ(用)て、門外にたちて、案内を申さんとし給ふ所に」訳(提婆菩薩(だいばぼさつ)が)西天竺(＝インド西部)に出かけて行って、門の外に立って、(竜樹(りゆうじゆ)上人に)取り次ぎをお願い申しあげようとしていらっしゃるところに。
❷次々と過ぎ去ってはやって来る。万葉 一三・三三二四「―・ふ(体)年の緒(を)長く仕へ来(こ)し君の御門(みかど)を」訳次々とめぐって来る年月長く仕えてきた君の御殿を。

ゆき-めぐ・る【行き廻る・行き巡る】(自ラ四){ら・り・る・る・れ・れ}❶あちこちめぐり歩く。万葉 一七・三九四四「女郎花(をみなへし)咲きたる野辺を―・り(用)」訳女郎花が咲いている野原をめぐり歩き。
❷再びめぐってくる。運行を繰り返す。古今 離別「下の帯の道はかたがた別るとも―・り(用)てもあはむとぞ思ふ」訳(あなたと私の行く)道は下着の帯のようにあちこちに別れても、再びめぐってきて会おうと思う。

ゆき-も-よ-に【雪もよに】(副)〔「よに」は「よよに」の略〕雪の激しく降るときに。一説に、「雪も夜に」で「雪の夜に」の意とも。新古 冬「草も木も降りまがへたる―春待つ梅の花の香(か)ぞする」訳草も木も見分けにくくして降っている激しい雪の中に、(もう)春を待つ梅の花の香りが匂ってくるよ。

ゆ-ぎゃう ギョウ【遊行】(名・自サ変)❶僧が、修行や説法のために諸国をめぐり歩くこと。行脚(あんぎや)。今昔 二・八「諸(もろもろ)の比丘(びく)ありて―・し(用)て」訳多くの僧がいて諸国をめぐり歩いて。
❷ぶらぶら歩くこと。散歩すること。方丈 三「もし、つれづれなる時は、これを友として―・す(終)」訳もし、(これといって)することがなく手もちぶさたなときには、これ(＝山の番人の子供)を相手としてぶらぶら歩く。

ゆき-や・る【行き遣る】(自ラ四){ら・り・る・る・れ・れ}〔多く、下に打消の語を伴って〕思いきって行く。とどこおりなく進む。源氏 桐壺「さりともうち捨ててはえ―・ら(未)じ」訳そのように(重態)だといっても、(私＝桐壺帝を)残しては行くことができないだろう。

ゆき-ゆ・く【行き行く】(自カ四){か・き・く・く・け・け}どんどん進んで行く。伊勢 九「―・き(用)て、駿河(するが)の国(静岡県)にいたりぬ(＝行き着いた)」

ゆきをれも… 俳句

> 冬
> 雪折れも　遠(とほ)く聞(き)こえて　夜(よ)ぞふけぬ
> 〈夜半叟(やはんそう)句集・蕪村〉

訳(「ぴしっ」という)雪折れの音も、(静寂を破って)時折遠くに聞こえて、(寒さと寂寥感(せきりょうかん)をつのらせ)すっかり夜が更けたことだ。(雪折れ(冬)。切れ字は「ぬ」)。文法 係助詞「ぞ」の結びで「ぬる」になるところだが、係り結びが守られていない。

解説「雪折れ」は積雪の重みで、木の枝や竹などが折れること。白居易(はくきよい)の詩に「夜深く雪の重きを知る　時に聞く竹を折る声」(「白氏長慶集」)がある。

ゆ・く【行く・往く】(自カ四){か・き・く・く・け・け}❶進み行く。通り行く。万葉 一八・四〇四一「梅の花咲き散る園(その)にわれ―・か(未)む」訳梅の花の咲いては散る園に、私は進んで行こう。
❷通り過ぎる。通過する。万葉 一二・二九四八「明日の日はその門(かど)―・か(未)む出(い)でて見よ恋ひたる姿あまた著(しる)けむ」訳明日という日はあなたの家の門前を通り過ぎよう。出て見よ。恋い焦がれている(私の)姿がはなはだはっきり分かるであろう。
❸去る。立ち退く。古今 春上「春霞(はるがすみ)立つを見捨てて―・く(体)雁(かり)は花なき里に住みやならへる」訳→はるがすみ…和歌
❹年月が過ぎ去る。時が移り行く。〔猿蓑〕芭蕉「―・く(体)春を近江(あふみ)の人とおしみける」訳→ゆくはるを…俳句
❺雲や水が流れ行く。流れ去る。方丈 一「―・く(体)河の流れは絶えずして、しかも、もとの水にあらず」訳(いつも滔々(とうとう)と)流れ行く川の流れは絶えなくて、それでいて、(そこにある水は)もとの水ではない。⇨方丈記(はうぢやうき)「名文解説」
❻死ぬ。逝去(せいきよ)する。伊勢 一二五「つひに―・く(体)道とはかねて聞きしかどきのふけふとは思はざりしを」訳→つひにゆく…和歌。⇨果(は)つ「慣用表現」
❼満足する。心が晴れる。万葉 三・四六六「わが屋前(やど)に花ぞ咲きたるそを見れど情(こころ)も―・か(未)ず」訳わが家の前庭に花が咲いている。(しかし)それを見ても心も晴れ晴れしない。
❽(動詞の連用形に付いて)その動作が継続し、進行する意を表す。いつまでも…し続ける。ずっと…する。だんだん…てゆく。源氏 桐壺「いとあつしくなり―・き(用)」訳(桐壺の更衣は)しだいにたいそう病弱になってゆき。源氏 鈴虫「皆人のそむき―・く(体)世を」訳多くの人がつぎつぎに出家してゆくこの世を。

ゆく-あき【行く秋】暮れて行く秋。過ぎ行く秋。秋。新古 秋下「―のかたみなるべき紅葉葉(もみぢば)はあすは時雨(しぐれ)とふりやまがはん」訳過ぎて行く秋の形見になるはずの紅葉も、(陰暦十月の冬となる)明日は時雨と見分けがつかないように降り散るのであろうか。

ゆく-かた【行く方】(名)❶行く先。行くべき方向。源氏 玉鬘「浮き島をこぎ離れても―やいづく泊まりと知らずもあるかな」訳浮き島(＝憂(う)き所)を漕(こ)ぎ去ったとしても、これから行く先はどこが港(＝落ち着く場所)であるとわからないことだなあ。
❷〔下に「無し」を伴って〕心を晴らす方法。源氏 椎本「―もなく、いぶせう思(おぼ)え侍り」訳(私＝薫(かをる)は)心を晴らす方法もなく、気がかりに思われます。

ゆく-さ【行くさ】(名)〔「さ」は時の意の接尾語〕行く時。行く途中。万葉 三・四五〇「―には二人わが見しこの

崎を独り過ぐればこころ悲しも」訳行く時には(妻と)二人で私が見たこの崎(=敏馬の崎)を、(今は)一人で通るので心悲しいことよ。↔来さ

ゆく-さき【行く先】(名)❶(空間的に)行く手の道のり。進んで行く前方。伊勢六「―多く、夜もふけにければ」訳行く手の道のりが遠く、夜もふけてしまったので。❷(時間的に)将来。未来。源氏賢木「来しかた―おぼし続けられて、心よわく泣き給ひぬ」訳(光源氏は)過去・将来を思い続けなさらずにはいられなくて、心弱くお泣きになった。❸余命。源氏帚木「このたのもし人は―みじかかりなむ」訳この頼りにしている人(=伊予の介)は余命もきっと短いであろう。

ゆくさ-くさ【行くさ来さ】行く時と来る時と。行き帰り。万葉三・二八一「白菅の真野の榛原―君こそ見らめ真野の榛原」訳真野の榛(=木の名)の原を、行きにも帰りにもあなたは見るだろうが(私は見られない)。この真野の榛原を。(「白菅の」は「真野」にかかる枕詞)

ゆく-すゑ【行く末】(名)❶進んで行く先。行く手。新古離別「―に阿武隈川のなかりせばいかにかせまし今日の別れを」訳(私が旅立つ)行く手に(人に逢ふという)阿武隈川がなかったとしたら、どうしたらよいだろうか、今日の別れ(のつらさ)を(再び逢えると思うから、今日別れられるのだ)。(「阿武隈川」に「逢ふ」をかける。) 文法「せば…まし」は反実仮想を表す。❷将来。前途。枕一六〇「いつしかと待ち出でたるちごの、五十日・百日などのほどになりたる、―いと心もとなし」訳早く(生まれないか)と待ち受けていた赤ん坊で、五十日・百日など(の祝いのころ)になったのは、前途(=生い先)がたいそう待ち遠しい。文法「ちごの」の「の」は、いわゆる同格の格助詞で「…で」の意。❸余命。源氏柏木「―短うもの心細うて、行ひがちになりにて侍れば」訳(私=光源氏は)余命が短く、なんとなく心細くて、仏前の勤行を頻繁にやるようになってしまっておりますから。

ゆく-て【行く手】(名)❶行く方向。前途。❷行くついで。行きがけ。源氏若紫「―の御事は、なほざりにも思ひ給へなされしを」訳(光源氏が)行きがけ(におっしゃった若紫所望)の御事は、いかにもいいかげん(なお気持でおっしゃったこと)だとも存ぜずにはいられなかったのに。

ゆくとりの【行く鳥の】《枕詞》飛んでゆく鳥が先を争うことから「争ふ」に、また、群れをなして飛ぶことから「群がる」にかかる。万葉二・一九九「―あらそふ間に」。万葉一三・三三二六「―群がりて待ち」

ゆく-はる【行く春】暮れて行く春。春。細道芭蕉「―や鳥啼き魚の目は泪」訳→ゆくはるや…俳句

ゆくはるや… 俳句

> 春
> ゆく春や　おもたき琵琶の　抱きごころ
> 〈五車反古・蕪村〉

訳ああ春も過ぎ去ろうとしている。(春を惜しむ心の慰めにと抱いてみる琵琶までが重たく感じられるけだるいこのもの憂さよ。(ゆく春春。切れ字は「や」)

ゆくはるや… 俳句

> 春
> ゆく春や　逡巡として　遅ざくら 春
> 〈蕪村句集・蕪村〉

訳春も過ぎ行こうとしている。その春自身も(名残惜しそうに)ためらいがちで、遅桜もそれにあわせてためらいがちに咲いているよ。(ゆく春・遅ざくら春。切れ字は「や」) 解説「逡巡」はためらうこと。ためらうのは「遅ざくら」とする解釈もある。ここでは「ゆく春」「遅ざくら」双方の擬人化とした。

ゆくはるや… 俳句

> 春
> 行く春や　同車の君の　ささめごと
> 〈蕪村遺稿・蕪村〉

訳(惜春の情やみがたい)まさに過ぎ行く春の日、牛車(に主と同乗している若い女性が、(簾の中で)なにごとかひそひそと語り続けている(艶なる風景)よ。(行く春春。切れ字は「や」) 解説初五が「春雨や」の句形も伝わる。実景の描写ではなく、王朝絵巻あたりからの取材とみられる。

ゆくはるや… 俳句

> 春
> 行く春や　鳥啼き魚の　目は泪
> 〈おくのほそ道・旅立・芭蕉〉

訳過ぎて行こうとしている春。(折しも私にとっても旅立ちの別れの春でもある。)(その名残を惜しむかのように鳥は愁いをこめて鳴き、魚の目にまで涙があふれているように感じられることだ。(行く春春。切れ字は「や」) 解説「おくのほそ道」への旅立ちの際、千住で、送って来た親しい人々と別れる折の句。「鳥」「魚」は芭蕉の漂泊の旅での自然の風物を代表するものでもある。初案は「鮎の子の白魚送る別れかな」。

ゆくはるを… 俳句

> 春
> 行く春を　近江の人と　おしみける
> 〈猿蓑・芭蕉〉

訳(晩春の一日、古人も春を惜しんだここ琵琶湖のほとりの)まさに過ぎ行こうとしている春を、近江の国(滋賀県)の風流な人々とともに惜しんだことだ。(行く春春。切れ字は「ける」)。文法結句の連体形止めは「ことよ」などの体言の省略を暗示して詠嘆を強調する手法。解説「おしみける」は「をしみける」が正しい。「湖水を望んで春を惜しむ」の前書きがある。弟子の尚白が「近江は丹波にも、春は歳にも置きかえられる」と評したが、去来は「湖水の霞む眼前の風景がたいせつで、近江でなければならない」とし、芭蕉がその理解の深さを喜んだと「去来抄」〈先師評〉にある。

ゆく-へ【行方】(名) ❶進んで行く先。行くべき方向。また、行った先。〔笈の小文〕「草庵に酒肴携へ来りて―を祝し」[訳]草庵に酒と肴を持ってやって来て旅の前途を(無事であるようにと)祝福し。❷将来。なりゆき。[万葉]一一・二七三三「数多あらぬ名をしも惜しみ埋もれ木の下ゆぞ恋ふる―知らずて」[訳]いくつもあるわけではない名を惜しんで(浮き名を恐れ)、人知れず心の中で恋しく思っている。(この恋の)なりゆきもわからないままに。(「埋もれ木の」は「下」にかかる枕詞)。

ゆくへ-な・し【行方無し】(形ク){から・く(かり)・し・き(かる)・けれ・かれ} ❶行った先がわからない。ゆくえが知れない。[更級]大納言殿の姫君「ただ今―・く用飛び失せなば、いかが思ふべき」[訳]たった今(私が)ゆくえも知れず飛んで行って消えてしまったら、(あなたは)どう思うだろうか。❷途方にくれる。あてどがない。[万葉]一八・四〇九〇「―・く用あり渡るとも霍公鳥鳴きし渡らばかくやしのはむ」[訳]あてどなくずっと過ごしていても、ほととぎすが鳴き渡(って心を慰めてくれ)るならば、これほどまでに(亡き人を)思い慕うことがあるだろうか。

[文法]「しも」は、強意の副助詞。

ゆくほたる… [和歌]

> ゆく蛍　雲の上まで　往ぬべくは
> 秋風吹くと　雁に告げこせ
> 〈伊勢・四五〉〈後撰・五・秋上・二五二・在原業平〉

[訳]飛んでゆく蛍よ、雲の上まで行くはずのものならば、(地上では)すでに秋風が吹くと、雁に告げ知らせてくれ。

[解説]女の死で喪に服していた男が、陰暦六月の末に詠んだ歌。「伊勢物語」では、「暮れがたき夏の日ぐらしながむればそのこととなくものぞ悲しき」([訳]→くれがたき…[和歌])の歌とともに載る。蛍・鳥などの空を飛ぶものは、人の霊魂だとする俗信があった。蛍か雁か、どちらを女の霊魂に見立てるかで見解が分かれるが、もう一度女の霊魂に戻ってきてほしいと願う男の思いを歌ったものと解せる。翌七月一日からは秋に入る。死者のよみがえりを願ったもの。

ゆくみづの【行く水の】《枕詞》流れて行く水のようすから、「過ぐ」にかかる。[万葉]九・一七九七「―過ぎにし妹が」

ゆくゆく(副) ❶滞りなく、物事が進むようす。すらすら。ずんずん。〔うつほ〕国譲下「御腹は―と高くなる」[訳](北の方の)お腹はずんずんと大きくなる。❷遠慮のないさま。心のままであるさま。[源氏]賢木「―と宮にも愁へ聞こえ給ふ」[訳](右大臣は娘=朧月夜の君と光源氏の密会を)ずけずけと宮(=弘徽殿の大后)にも訴え申し上げなさる。

ゆく-ゆく【行く行く】(副) ❶歩きながら。行きながら。[土佐]「―飲み食ふ」❷これから先。将来。やがて。〔狂・腹立てず〕「―は御指南(=御教授)をも受けたいと申すことでござる」

ゆくら-か(形動ナリ){なら・なり(に)・なり・なる・なれ・なれ} ゆらゆらと揺れ動くさま。心の落ち着かないさま。一説に、ゆったりしたさまの意とも。[万葉]一三・三二七四「漁りする海人の楫の音―・に用妹は心に乗りにけるかも」[訳]漁をする海人の(舟の)楫の音のように、ゆらゆらとあなたは(私の)心に乗ってしまったことよ。(第二句までは「ゆくらかに」を導きだす序詞)

ゆくら-ゆくら(形動ナリ){なら・なり(に)・なり・なる・なれ・なれ}(船や心などが)揺れ動くさま。ゆらゆら。[万葉]一三・三二七二「天雲の―・に用葦垣の思ひ乱れて」[訳]ゆらゆらと思い乱れて。(「天雲の」は「ゆくらゆくら」に、「葦垣の」は「思ひ乱る」にかかる枕詞)

ゆくり-か(形動ナリ){なら・なり(に)・なり・なる・なれ・なれ} 思いがけないさま。にわかなさま。不用意なさま。[源氏]明石「―・に用見せ奉りておぼしかずまへざらむ時、いかなる嘆きをかせむ」[訳](娘=明石の君を光源氏に)不用意にお逢わせ申しあげて、(光源氏が)十分におとりはからいにならないようなときは、(娘は)どんな嘆きをすることだろうか。

ゆくり-な・し(形ク){から・く(かり)・し・き(かる)・けれ・かれ} **思いがけない。突然である。不意である。**不用意である。[土佐]「―・く用風吹きて、漕げども漕げども、後へ退きに退きて」[訳]不意に風が吹いて、漕いでも漕いでも、(船は)後方へさがりにさがって。

ゆ-げ【遊戯】(名・自サ変)〔古くは「ゆけ」〕楽しく遊ぶこと。愉快がること。[大鏡]後一条院「いたく―・する体を、見聞く人々、をこがましくをかしけれども」[訳](繁樹が)たいそう愉快がるのを、見聞きする人々は、ばかばかしく笑いたくなるけれども。

ゆ-げた【湯桁】(名)湯船のまわりの桁。また、浴槽。[源氏]空蟬「伊予の―もたどたどしかるまじう見ゆ」[訳]伊予(愛媛県)の(道後温泉の数多くの)湯桁も、おぼつかなくなさそうに(=すらすらと数えられそうに)見える。

ゆげひ【靫負】(名)〔上代は「ゆけひ」。「靫負ひ」の転〕❶上代、靫(=矢を入れて背負う武具)を背負って宮中を守護した者。律令制では、六衛府の武官の総称。❷「靫負の尉」の略。

ゆげひ-の-じょう【靫負の尉】(名)左右の衛門府の三等官。[源氏]松風「―にて、今年かうぶり得てけり」[訳](右近の将監は)衛門府の三等官で、今年、従五位下に叙せられたのだった。→判官

ゆげひ-の-すけ【靫負の佐】(名)「衛門の佐」の別称。→次官

ゆげひ-の-つかさ【靫負の司】(名) ❶靫負(=宮中守護の武官)を管理する役所。六衛府。❷六衛府のうち、特に衛門府の称。

ゆげひ-の-みゃうぶ【靫負の命婦】(名)父か兄または夫に靫負の尉を持つ命婦(=五位以上の女官)。[源氏]桐壺「つねよりもおぼし出づること多くて、―といふをつかはす」[訳](桐壺帝は亡き桐壺の更衣をふだんよりも思い出しなさることが多くて、靫負の命婦という女官を(使者として更衣の里邸に)おやりになる。

ゆげひ-べ【靫負部】(名)「ゆきべ」に同じ。

ゆこ【行こ】《上代東国方言》「行く」の連体形。[万葉]二〇・四三八五「―先に波なとゑらひ立つな」[訳]行く先に波ようねり立つな。

ゆ-さん【遊山】(名・自サ変)〔もとは禅宗の語で、自然に接し、心を爽快にする意〕山野に遊ぶこと。行楽。〔狂・茫々頭〕「物見(=見物)―のと申して、都は殊の外(=格別に)にぎやかなことでござる」

ゆじゅん【由旬】(名)《梵語の音訳》古代インドの距離測定の単位。帝王の一日の行軍の行程をいい、六町(＝約六五五メートル)を一里として、一由旬は十六里とも三十里とも四十里ともいう。

ゆすり-み・つ【揺すり満つ】(自タ四){た・ち・つ・つ・て・て}皆で騒ぎ立てる。ざわめく。その場にいるすべての者が動揺する。〔堤〕はいずみ「『いかになりたるぞや、いかになりたるぞや』とて泣けば、家の内の人もー・ち㊀て」〔訳〕(鏡を見た姫君は)「どうなっているのかね、どうなっているのかね」と言って泣くので、家じゅうの人も皆大騒ぎして。

ゆする【泔】(名)❶頭髪を洗ったり整髪したりするのに用いる湯水。米のとぎ汁、または強飯を蒸して作ったあとの湯を用いた。❷①で髪を洗ったり整えたりすること。〔徒然〕一九一「よき男の日暮れてーし」〔訳〕りっぱな男が日が暮れてから水で髪をなでつけることをし。

発展 平安時代の洗髪

髪を長くのばしていた平安時代の女性にとって、洗髪は容易なことではなかった。「うつほ物語」には、女性が、川原や、遣り水を引いた庭に出て洗髪する場面が書かれている。もちろん屋内の場合もあったろうが、戸外では、洗う人も手伝う女房たちも袙姿になるから、浜床(＝方形の床)が立てられ、周囲には歩障(＝移動できる囲い)をめぐらすという、ものものしいものであった。

ゆす・る【揺する】㊀(自ラ四){ら・り・る・る・れ・れ}❶揺れ動く。〔うつほ〕吹上下「何心なく掻きならすに、天地ー・り㊀て響く」〔訳〕(仲忠が帝からいただいた琴を)なにげなくかき鳴らすと、天地が揺れ動いて音がとどろき渡る。❷驚き騒ぐ。大騒ぎする。〔源氏〕少女「おほかた世ー・り㊀て、所せき御いそぎの勢ひなり」〔訳〕(夕霧の元服について)世間一般が大騒ぎして、仰々しいご準備のようすである。㊁(他ラ四){ら・り・る・る・れ・れ}❶揺り動かす。〔万葉〕七・一二三九「大き海の磯もとー・り㊀立つ波の寄せむと思へる浜の清けく」〔訳〕大海の磯の底を揺り動かして立つ波が寄せようと思っている浜の清らかなことよ。❷《近世語》金銭などをおどしとる。〔東海道中膝栗毛〕「雲助駄賃をー・ら㊄ずして」〔訳〕たちのよくないかごかきは料金をおどしとらないで。

ゆする-つき【泔坏】(名)泔(＝洗髪・整髪に用いる湯水)を入れる器。古くは土器、のちには漆器・銀器などを用いた。びんだらい。〔蜻蛉〕上「出でし日つかひしーの水は、さながらありけり」〔訳〕(夫＝兼家が)出て行った日に使った泔坏の水は、そのまま残っていた。⇩居る「名文解説」

(ゆするつき)

ゆ-ずゑ【弓末・弓上】(名)弓の上端。

ゆせ-ぼさつ【勇施菩薩】(名)《仏教語》釈迦如来に従う菩薩の一。出世の法をすすんで衆生に施したという。

ゆた【寛】(形動ナリ){なら・なり(に)・なり・なる・なれ・なれ}ゆったりしたさま。〔万葉〕一三・三二六七「かくばかり恋ひむものそと知らませばその夜はー・に㊀あらましものを」〔訳〕これほど恋しく思うものだと知っていたなら、あの夜はゆっくりとした気持ちでいればよかったのに。

ゆた-か【豊か】(形動ナリ){なら・なり(に)・なり・なる・なれ・なれ}❶満ち足りたさま。富裕なさま。〔竹取〕かぐや姫の生ひ立ち「かくて翁やうやうー・に㊀なり行く」〔訳〕こうして(竹取の)翁はしだいに裕福になっていく。❷ゆったりとしたさま。おおようでのびのびしているさま。〔源氏〕若菜下「高き身となりても、ー・に㊀ゆるべる方はおくれ」〔訳〕(心の狭い人は)高い身分になっても、ゆったりとしてくつろいでいる面では劣り。

ゆ-だけ【裄丈】(名)着物の背縫いから袖口までの長さ。ゆきたけ。〔枕〕九五「ーの片の身を縫ひつるが」〔訳〕(着物の)ゆきの片身を縫ったのが。〔文法〕「ゆるべる」の、下の「る」は、助動詞「り」の連体形で、存続の意。

ゆた-け・し【豊けし】(形ク){から・く(かり)・し・かる・き(かる)・けれ・かれ}❶豊かである。富み栄えている。盛大である。〔源氏〕若菜上「最勝王経、金剛般若、寿命経など、いとー・き㊃御祈りなり」〔訳〕(薬師仏の供養の儀式は)最勝王経・金剛般若経・寿命経など、たいそう盛大なご祈願である。❷ゆったりしている。広々としている。〔万葉〕三・二九六「廬原の清見の崎の三保の浦のー・き㊃見つつもの思ひもなし」〔訳〕廬原の清見の崎の(対岸に見える)三保の浦のゆったりとした眺めを見つづけて、物思いもないことだ。

ゆ-だち【弓立ち】(名)弓を垂直に立てて、矢を射るための姿勢をとること。〔宇治〕一五・四「あるべきやうにーして、弓をさしかざして」〔訳〕きまりどおりに矢を射る身構えをして、弓をふりかざして。

ゆたに-たゆたに 気持ちがゆらゆらと揺れて定まらないさま。「ゆたのたゆたに」とも。〔万葉〕七・一三五二「あが情ー浮き蓴」〔訳〕私の心はゆらゆらと揺れて定まらずに浮いたぬなわ(＝水草の名。じゅんさい)のようで。

ゆた・ふ(自ハ四){は・ひ・ふ・ふ・へ・へ}ゆるむ。たるむ。〔平家〕三・有王「つぎ目あらはれて、皮ー・ひ㊀」〔訳〕関節があらわに見えて、皮膚はたるみ。

ゆ-たん【油単】(名)ひとえの布や紙に油を引いて防水したもの。家具などのおおい、また、敷物として用いた。〔枕〕一〇八「あたらしきーに、襪はいとよくとらへられにけり」〔訳〕新しい油引きの敷物なので、襪(＝絹の靴下)はたいそうしっかりとつかまえられて(＝くっついて)しまった。

ゆ-つ-【斎つ】(接頭)「斎」は、清らかな、神聖な、の意。「つ」は「の」の意の上代の格助詞〕神聖・清浄の意を表す。植物の名につくことが多い。一説に、「五百箇」の転で、数が多いの意とする。「ー岩群」「ー桂」「ー爪櫛」「ー真椿」

ゆつ-いはむら【斎つ岩群】(名)〔「ゆつ」は接頭語〕神聖な岩石の群れ。一説に、多くの岩の群れの意とも。〔万葉〕一・二二「河上のーに」

ゆ-づか【弓柄・弓束】(名)「ゆつか」とも。弓のつか。矢を射るとき左手で握る部分。また、そこに巻いてある革や布。〔万葉〕一一・二八三〇「梓弓ー巻きかへ」⇩巻頭カラーページ17

ゆつ-かつら【斎つ桂】(名)〔「ゆつ」は接頭語〕神聖な桂の木。一説に、枝葉の密な桂の意とも。〔記〕上「天若日子の門なる―の上に居て」訳（雉の鳴女は）天若日子の（住む家の）門にある神聖な桂の木の上にとまって。

弓月嶽（ゆつきがたけ）『地名』今の奈良県桜井市穴師の巻向山の最高峰の名。

ゆ‐づけ【湯漬け】（名）蒸した強飯に湯をかけた食物。今昔 二六・二三「冬は―、夏は水漬けにて御飯を召すべきなり（＝召し上がるのがよいのである）」

ゆつ‐つまぐし【斎つ爪櫛】（名）〔「ゆつ」は接頭語〕神聖な櫛。一説に、歯の多い櫛の意とも。〔記〕上「左の御美豆良に刺せる―の男柱一箇取り欠きて」訳（伊邪那岐命は）左の御みずらにさしていた神聖な櫛の太い歯を一本折り取って。

ゆづり‐は【譲り葉・交譲木】（名）「ゆづるは」とも。木の名。新しい葉が生長してから古い葉が落ちるのを新旧交替の象徴として、新年などの祝い事の飾り物に用いる。春

ゆ‐づる【弓弦】（名）弓のつる。ゆみづる。源氏 夕顔「滝口なりければ、―いとつきづきしく打ち鳴らして」訳（男は）滝口の武士であったので、（物の怪を払うために）弓弦をたいそう似つかわしく打ち鳴らして。

ゆづ・る【譲る】（他ラ四）｛ら・り・る・る・れ・れ｝自分の物・権利・地位などを他人に与える。譲渡する。細道 出発まで「松島の月まづ心にかかりて、住める方は人に―・り用」訳 松島の月が（どんなであろうかと）まず気にかかって、（これまで）住んでいた家は他人に譲渡し

ゆ‐づゑ【弓杖】（名）「ゆんづゑ①」に同じ。

ゆ‐どの【湯殿】（名）❶浴室。ふろば。宇治 三・五「（僧正は）さうなく（＝ためらわず）―へ行きて、裸になりて」❷入浴すること。源氏 若紫「御―などにも親しう仕うまつりて」訳（藤壺の）お湯あみなどにも、そば近くお世話申しあげて。❸貴人の入浴に奉仕すること。また、その役の女性。（→御湯殿）

ゆ‐ば【弓場】（名）「ゆみば」とも。弓の練習をする場所。特に、内裏の紫宸殿前庭の西隅にあったもの。のちには武家でも設けた。

ゆ‐はず【弓筈・弓弭】（名）「ゆみはず」とも。弓の両端の弓弦をかける部分。万葉 二・一九九「取り持てる―の騒き」訳 手に持っている弓筈の鳴り響くさまは。

ゆば‐どの【弓場殿】（名）❶内裏の校書殿の北端、紫宸殿寄りに設けられた所。ここで天皇が弓術を観覧する。⇩巻頭カラーページ32 ❷「武徳殿」の別名。大内裏の建物の名。宜秋門の西にあり、その東側で武術・競べ馬などを行った。⇩巻頭カラーページ31

ゆひ【結ひ】（名）❶結うこと。標（＝標識）を結うこと。万葉 三・四〇一「山守のありける知らにその山に標結ひ立てて―の恥しつ」訳 山番がいた（＝ほかに恋人がいた）ことも知らずに、その山に標（＝土地領有の標識）を張って、結う（＝求婚する）という恥をかいてしまった。❷田植えなどのとき、助け合うこと。また、その人々。

由比（ゆひ）『地名』今の静岡市清水区の地名。駿河湾にのぞむ漁港で、薩埵峠の東側のふもとにあり、景勝の地。東海道五十三次の一つ。

ゆひ‐つ・く【結ひ付く】（他カ下二）｛け・け・く・くる・くれ・けよ｝結び付ける。万葉 一五・三七六六「うるはしと思ひし思はば下紐に―・け用持ちて止まず偲はせ」訳 いとしいと切に思うのなら、（この品を）下紐に結び付けて持っていて絶えずしのんでください。

ゆふ【夕】（名）夕暮れのころ。夕方。万葉 一八・四〇九四「剣大刀腰に取り佩き朝守り―の守りに」訳 剣大刀を腰に帯び、朝の守り夕の守りとして。参考「ゆふ」は多く複合語として用いられ、単独には「ゆふべ」が使われた。

ゆふ【木綿】（名）楮の皮の繊維を蒸して水でさらし、細かく裂いて糸状にしたもの。幣などにかけた。徒然 二四「玉垣しわたして、榊木に―かけたるなど、いみじからぬかは」訳（神社に）玉垣を一帯に造りめぐらして、榊（の枝）に木綿をかけてあるのなどは、すばらしくないことがあろうか（いや、すばらしい）。

ゆ・ふ【結ふ】（他ハ四）｛は・ひ・ふ・ふ・へ・へ｝❶**むすぶ。ゆわえる。しばる。**大鏡 道長下「『木にこれ―・ひ用つけてもて参れ』といはせ給ひしかば」訳「木にこれ（＝手紙）をむすびつけて（宮中に）持参せよ」と家の主人が召使を通じて言わせなさったので。文法「いはせ給ひ」の「せ」は、使役の助動詞「す」の連用形。❷髪をむすぶ。源氏 桐壺「みづら―・ひ用給へるつらつき、顔のにほひ、さまかへ給はむことをしげなり」訳（少年の髪形である）みずらに髪を結っていらっしゃる光源氏のほおのあたりや、顔のつややかな美しさは、（元服して）姿を変えなさるようなことが惜しいようすである。❸**作り構える。組み立てる。**徒然 五一「宇治の里人を召して、こしらへさせられければ、やすらかに―・ひ用て参らせたりけるが」訳（後嵯峨上皇が）宇治の村民を召し寄せて、（水車を）お作らせになったところ、やすやすと組み立てて差しあげたの（＝水車）が。

ゆふ‐うら【夕占・夕卜】（名）「ゆふけ（夕占）」に同じ。万葉 一三・三三一八「玉ほこの道に出で立ち―をわが問ひしかば」訳 道に出て立って夕占を私がたずねたところ。（「玉ほこの」は「道」にかかる枕詞）

ゆふ‐か・く【夕掛く】（自カ下二）｛け・け・く・くる・くれ・けよ｝夕方になる。源氏 藤裏葉「―・け用て、みな帰り給ふほど」訳 夕方になって、一同がお帰りになるころ。

ゆふ‐かげ【夕影】（名）❶夕日の光。万葉 一九・四二九〇「春の野に霞たなびきうら悲しこの―に鶯鳴くも」訳 →はるののに…和歌。↔朝影 ❷夕日に映える姿。源氏 紅葉賀「源氏の御―ゆゆしう思されて、御誦経など所々にせさせ給ふを」訳（桐壺帝が）光源氏の夕日に映えるお姿を（美しすぎてかえって）不吉にお思いにならずにはいられなくて、御読経などをあちらこちらでおさせになられるのを。

ゆふかげ‐ぐさ【夕陰草・夕影草】（名）夕方、物かげに咲く草。また、夕方薄明かりの中に見える草ともいう。万葉 四・五九四「わが屋戸の―の白露の消ぬがにもとな思ほゆるかも」訳 私の家にある夕影草に置く白露のように消え入らんばかりに無性に（あなたのことが）思われることよ。（第三句までは「消ぬがに」を導きだす序詞）

ゆふ‐かたぎぬ【木綿肩衣】（名）「木綿」で作った袖なしの衣。万葉 一六・三七九一「―純裏に縫ひ着」訳 木綿の袖なしの衣を総裏付きに縫って着て。

ゆふ-がほ【夕顔】(名)草の名。夏、白い花が夕方開き、朝しぼむ。夏。徒然 一九「六月のころ、あやしき家に―の白く見えて」訳 陰暦六月のころ、みすぼらしい家に夕顔(の花)が白く見えて。

夕顔『人名』「源氏物語」中の女性。頭の中将との間に玉鬘をもうける。のち光源氏の寵を受けたが、物の怪に襲われて急死する。

ゆふ-かみ【木綿髪】(名)馬の白いたてがみ。また、白いたてがみの馬。「雪降り髪」とも。枕 五〇「薄紅梅の毛にて、髪・尾などいと白き。げに―ともいひつべし」訳 (馬は)薄紅梅色の毛で、たてがみや尾などがたいそう白いの(がよい)。なるほど(これこそ)木綿髪とも呼ぶことができるだろう。

夕霧『人名』「源氏物語」中の人物。光源氏の長男で、母は葵の上。左大臣まで昇進する。雲居の雁を妻とするが、亡友柏木の妻である落葉の宮に心をうばわれる。

ゆふぐれは… 和歌

> 夕暮れは　雲のはたてに　ものぞ思ふ
> あまつ空なる　人を恋ふとて
> 〈古今・一一・恋一・四八四・よみ人しらず〉

訳 夕暮れどきは、はるかな雲の果てに向かって物思いをすることだ。天上にいるような、手の届かない人を恋しているので。

解説 「あまつ空なる人」は、遠い存在の人。高貴な身分の人とする説もある。宮中を「雲の上」、そこに仕える貴人を「雲の上人」ともいった。

ゆふ-け【夕占】(名)夕方、道ばたに立ち、通行人の話を聞いて吉凶を占うこと。また、その占い。「ゆふうら」とも。万葉 一一・二五〇六「言霊の八十のちまたに―問ふ」訳 ことばの霊力のはたらく多くの道の行き合う辻で夕方の辻占いをして尋ねる。

ゆふ-け【夕食】(名)〔後世は「ゆふげ」。「け」は食事の意〕夕方の食事。ゆうめし。〔雨月〕蛇性の婬「―いと清くして食はせける」訳 (主の僧が)夕飯をたいそうさ

っぱりととのえて食べさせてくれた。↔朝食

ゆふ-ざ【夕座】(名)《仏教語》法華八講・最勝講などの法会で、夕方行う講座・説経。↔朝座

ゆふ-さら-ず【夕さらず】(夕方から離れて行かない、の意で)毎夕。夕方ごとに。万葉 三・三五六「今日もかも明日香の川の―かはづ鳴く瀬の清けくあるらむ」訳 今日もまた、明日香川の夕方ごとにかじかがえるが鳴く浅瀬がすがすがしいことであろうか。

ゆふ-さり【夕さり】(名)夕方になること。また、夕方。伊勢 六九「朝には狩りに出だしたてやり、―は帰りつつ、そこに来させけり」訳 (斎宮は男を)朝には準備をととのえて狩りに送り出し、夕方は帰って来るたびごとに、そこ(=斎宮の御殿)に来させた。

ゆふさり-つ-かた【夕さりつ方】(名)〔「つ」は「の」の意の上代の格助詞〕夕方ごろ。夕方。古今 離別・詞書「―帰りなむとしける時に詠める」訳 夕方帰ってしまおうとしたときに詠んだ歌。

ゆふ-さ-る【夕さる】(自ラ四)〔ら・り・る・る・れ・れ〕〔「さる」はその時が来るの意〕**夕方になる。夕べが来る。** 古今 冬「―・れ(已)ば衣手寒しみ吉野の吉野の山にみ雪降るらし」訳 夕方になると袖のあたりが寒い。(この寒さだと)吉野の山では雪が降っているらしい。文法 「らし」は、確実な事実を根拠として推定する助動詞。〔千載〕秋上「―・れ(已)ば野辺の秋風身にしみてうづら鳴くなり深草の里」訳 →ゆふされば… 和歌。↔朝さる

発展 **「さる」という動詞**

四段動詞「さる」の原意は「進行する、移動する」意で、「行く」意にも「来る」意にも用いる。「来る」意のときは季節や時を表す語につき、「夕されば」「春されば」「秋されば」など、「已然形＋ば」の形となることが多い。また「来」と重ねて「春さり来れば」と用いることもある。

ゆふされば… 和歌《百人一首》

> 夕されば　門田の稲葉　おとづれて
> 葦のまろやに　秋風ぞ吹く
> 〈金葉・三・秋・一七三・源経信〉

訳 夕方になると、門前の田の稲の葉をそよとそよがせて、葦ぶきの粗末なこの家に秋風が吹いてくる。文法 「吹く」は、係助詞「ぞ」の結びで連体形。

解説 京都郊外の別荘で「田家の秋風」という題で詠んだ歌。

ゆふされば… 和歌

> 夕されば　野にも山にも　立つけぶり
> 〔嘆き〕なげきよりこそ　もえまさりけれ
> 〔投げ木〕
> 〈大鏡・時平・菅原道真〉

訳 夕方になると、野にも山にも立ちのぼる煙よ。(その煙は)私の嘆きという投げ木によっていっそう激しく燃えていくのだなあ。修辞 「なげき」は「嘆き」と薪の意の「投げ木」との掛詞。

解説 左大臣藤原時平らの策謀によって、九州大宰府に左遷された作者が詠んだ歌。第三句までは、夕食の支度をする煙が立ちのぼる実景。「嘆き」は、無実の罪によって左遷されたことへの嘆き。

ゆふされば… 和歌

> 夕されば　野辺の秋風　身にしみて
> うづら鳴くなり　深草の里
> 〈千載・四・秋上・二五九・藤原俊成〉

訳 夕方になると、野辺を吹きわたる秋風(の冷たさ)が身にしみて感じられ、うずらのさびしい鳴き声が聞こえてくる。この深草の里は。

解説 「深草の里」は今の京都市伏見区深草一帯で、草深い野というイメージをもつ歌枕。「伊勢物語」一二三

段の、男に飽きぎみに思われていた深草の里に住む女が詠んだ「野とならばうづらとなりて鳴きをらむ狩りにだにやは君は来ざらむ(=せめて鷹狩りぐらいにはあなたは来るだろうから)」の歌をふまえる。

ゆふされば… 和歌

> 夕されば　小倉の山に　鳴く鹿は
> 今夜は鳴かず　寝ねにけらしも
> 〈万葉・八・一五一一・舒明天皇〉

訳 夕方になるといつも小倉の山で鳴く鹿は、今夜は鳴かない。(妻を得て)寝てしまったらしいなあ。

解説 「小倉の山」は、今の奈良県桜井市にある山か。なお、この歌は、巻九・一六六四に第三句を「伏す鹿し」、作者を雄略天皇として重出する。

ゆふ-しで ユウ【木綿垂・木綿四手】(名)「木綿」で作られた垂(=しめ縄などに下げるもの)。〔拾遺〕神楽「榊葉にー掛けて誰が世にか神の御前に斎ひ初めけむ」訳 榊の葉に木綿垂を掛けて、だれの世に神の御前で吉事を祈り始めたのだろうか。

ゆふ-しほ ユウシオ【夕潮・夕汐】(名)夕方に満ちてくる潮。更級 初瀬「ーただ満ちに満ちくるさま、とりもあへず」訳 夕潮がむやみにどんどん満ちてくるようすは、あっという間で。

ゆふ-だすき ユウ【木綿襷】(名)「木綿」で作ったたすき。神事に用いる。新古 神祇「万代を祈りぞかくるー春日の山の嶺の嵐に」訳 (帝の御代が)いつまでも栄えるように祈りをかけることだ。木綿襷を掛けて春日山の峰の山風に吹かれながら。(「かくる」は、祈りを「かく」と木綿襷の縁語「掛く」との掛詞)

ゆふだすき ユウダスキ【木綿襷】《枕詞》からだに掛けるところから、「かく」などにかかる。〔後撰〕夏「ーかけても言ふな」

ゆふ-たたみ ユウ【木綿畳】(名)「木綿」をたたんだもの。神事に用いる。万葉 三・三八〇「ー手に取り持ちてかくだにもあれは祈ひなむ」訳 木綿畳を手に取り持って、せめてこのようにしてでも私はきっと祈ろう。

ゆふたたみ ユウタタミ【木綿畳】《枕詞》神に手向けるところから「手向け」に、また「手」と同音を含む地名「田上」にかかる。万葉 六・一〇一七「ー手向けの山を」。万葉 一二・三〇七〇「ー田上山の」

ゆふ-だ-つ ユウ【夕立つ】(自タ四){た・ち・つ・つ・て・て}❶夕方に風・雪・雲・波などが起こり立つ。〔玉葉〕夏「夏山のみどりの木々を吹きかへしー・つ体風の袖に涼しき」訳 夏山の緑の木々を吹きかえして、夕方に起こり立つ風が袖に涼しく吹くことだ。❷夕立が降る。〔山家集〕「朝露に濡れにし袖をほすほどにやがてー・つ体わが袂かな」訳 朝露で濡れてしまった袖を乾かすうちに、すぐさま夕立が降る(ように涙で濡れる)私の袂であることよ。

ゆふ-つ-かた ユウ【夕つ方】(名)〔「つ」は「の」の意の上代の格助詞〕夕方。枕 三五「五月四日のー、青き草おほくいとうるはしく切りて」訳 陰暦五月四日の夕方、青い草(=菖蒲)をたくさんとてもきちんと切って。

ゆふ-づきよ ユウ【夕月夜】(名)「ゆふづくよ」に同じ。

ゆふ-づ-く ユウ【夕づく】(自カ下二){け・け・く・くる・くれ・けよ}夕方になる。日暮れになる。源氏 若紫「さるべき人々、ー・け用てこそは迎へさせ給はめ」訳 適当な人々(=女房たち)を、夕方になってからはお迎えになられるのがよい。文法「させ給は」は、最高敬語。「め」は助動詞「む」の已然形で婉曲な命令の意を表し、係助詞「こそ」の結び。

ゆふづく-ひ ユウヅクー【夕づく日】(名)夕方の日の光。夕日。新古 夏「ーさすや庵の柴の戸にさびしくもあるかひぐらしの声」訳 夕日がさす、閉ざそうとする草庵の柴の戸に、さびしいことだなあ、ひぐらしの声がして。(「さす」は、夕日が「差す」と戸を「鎖す」との掛詞)

ゆふ-づくよ ユウ【夕月夜】(名)「ゆふづきよ」とも。夕方の月。夕月。また、月の出ている夕方。秋。古今 恋一「ーさすや岡辺の松の葉のいつともわかぬ恋もするかな」訳 夕月が照らしている岡辺の松の葉は、いつも緑で色が変わらない。そのように、いつという区別のない(いちずな)恋をすることだ。(第三句までは「いつともわかぬ」を導きだす序詞)

ゆふづくよ ユウヅクヨ【夕月夜】《枕詞》「暁闇」「をぐら」「入る」にかかる。一説に、実景とも。古今 秋下「ー小倉の山に」。万葉 一一・二六六四「ー暁闇の」。

ゆふづくよ… 和歌

> 夕月夜　潮満ち来らし　難波江の
> 葦の若葉に　越ゆる白波
> 〈新古今・一・春上・二六・藤原秀能〉

訳 夕月が出て、潮が満ちてくるらしい。難波の入り江の葦の若葉を(ひたひたと)白波が越えていく。

解説 「難波江」は、今の大阪市付近の海の古称。月の出と満潮との関係が詩情ゆたかに歌われている。

ゆふつけ-どり ユウツケー【木綿付け鳥】(名)(世の中の騒乱の際に、にわとりに「木綿」を付けて都の四つの関所で鳴かせて祓えをしたところから)にわとり。古今 恋四「逢坂のーにあらばこそ君が往き来をなくなくも見め」訳 (私が)逢坂の関のにわとりであるなら、あなたの行き来(する姿)を鳴きながらでも見るだろうに(それさえできない私は、家にこもって泣くばかりだ)。参考 後世、「ゆふ」を「夕」、「つけ」を「告げ」と誤り、「夕告げ鳥」とも呼ばれた。

ゆふ-つづ ユウ【長庚・夕星】(名)夕暮れに、西の空に見える金星。宵の明星。万葉 一〇・二〇一〇「ーも通ふ天道をいつまでか仰ぎて待たむ月人壮士」訳 宵の明星も通う空の道を、(私は)いつまで仰いで待つことであろうか、お月様よ。↔明星

ゆふつづの ユウツヅノ【長庚の・夕星の】《枕詞》「ゆふつづ」の空を渡るさまから「か行きかく行き」に、また、「ゆふつづ」の現れる時刻から「夕べ」にかかる。万葉 二・一九六「ーか行きかく行き」。万葉 五・九〇四「ー夕へになれば」

ゆふ-なぎ ユウ【夕凪】(名)夕方、風がやんで海上の波が穏やかになること。また、そのとき。万葉 四・五〇九「ーに梶の音しつつ波の上をい行きさぐくみ」訳 夕なぎ時に、櫓の音をたてては、波の上を縫うように進み。↔朝凪

ゆふなみ-ちどり ユウナミー【夕波千鳥】(名)夕方、うち寄せる波の上を群れ飛ぶ千鳥。万葉 三・二六六「近江の海

―汝が鳴けば心もしのに古思ほゆ」[訳]→あふみのうみ…[和歌]

ゆふ-ばえ【夕映え】(名)あたりが薄暗くなる夕方、物の色や形がかえってくっきりと美しく見えること。また、その姿。[源氏]若菜上「えならぬ花の蔭にさまよひ給ふ―いと清げなり」[訳](夕霧や柏木などが)なんとも言えないほど美しい桜の花の下に行き来しなさる、夕暮れの薄明かりに映える姿は、たいそう美しいようすだ。

ゆふ-ばな【木綿花】(名)「木綿」で作った造花。一説に、「木綿」の白さを花に見立てたものともいう。[万葉]六・九一二「泊瀬女の造る―み吉野の滝の水沫に咲きにけらずや」[訳]泊瀬の女の作る木綿花が、吉野川の急流の波の泡となって咲いてしまったではないか。

ゆふはなの【木綿花の】《枕詞》木綿花は枯れないでいつまでも白く美しく栄える意から「栄ゆ」にかかる。[万葉]二・一九九「―栄ゆる時に」

ゆふ-はふ・る【夕羽振る】夕方、鳥が羽ばたくように風や波が立つ。[万葉]二・一三一「朝はふる風こそ寄せめ―る(体)波こそ来寄れ」[訳]→いはみのうみ…[和歌]。↔朝羽振る

ゆふ-べ【夕べ】(名)〔上代は「ゆふへ」〕**夕方。暮れ方。宵。**日没のころ。[方丈]一「朝に死に、―に生まるるならひ、ただ水の泡にぞ似たりける」[訳]朝に死に、(また一方では)夕方に生まれるという(人の)世の常の姿は、ちょうど(水面に消えては現れる)水の泡に似ていることだ。[新古]春上「見渡せば山もと霞む水無瀬川―は秋となに思ひけん」[訳]→みわたせば…[和歌]。↔朝

[参考]「ゆふべ」は、一日を昼と夜に分けたときの、夜の時間の始まりで、「ゆふべ→よひ→よなか→あかつき→あけぼの→あした(朝)」と続く。「ゆふ」が「朝夕」「夕さりつ方」「夕されば」など、多く、複合語中に用いられるのに対して、「ゆふべ」は単独で用いられる。⇩暁「図解学習」

ゆふ-まぐれ【夕間暮れ】(名)〔「まぐれ」は「目暗」の意〕夕方の薄暗いこと。また、そのとき。夕暮れ。[源氏]若紫「―ほのかに花の色を見て今朝は霞の立ちぞわづらふ」[訳](昨日の)夕暮れにかすかに(かわいらしい花の色(=若紫の姿)を見て、今朝は霞の立つのとともにここを立って帰ろうとしても、出発しかねている。

ゆふ-まどひ【夕惑ひ】(名)夕方から眠くなること。また、その眠り。宵寝。「宵惑ひ」とも。[源氏]末摘花「乳母だつ老い人などは、曹司に入り臥して、―したるほどなり」[訳](末摘花の)乳母のように見える老女などは、(自分の)部屋に入り横になって、宵寝をしているころである。

ゆふ-やみ【夕闇】(名)陰暦二十日前後の、夕方まだ月が出なくて暗いころ。また、その時刻。[竹取]かぐや姫の昇天「月出づれば出でゐつつ嘆き思へり。―には、物思はぬ気色なり」[訳](かぐや姫は)月が出ると、(縁側に)出て座っては物思いをして嘆いている。夕方まだ月が出ていないころには、物思いをしないようすである。

ゆぶ-ゆぶ(形動タリ)〔たら・たり(と)・たり／たる・たれ・たれ〕「ゆふゆふ」とも。水気でふくれているさま。ぶよぶよ。[今昔]二四・七「一身―と(用)腫れたる者」[訳]体がぶよぶよとむくんでいる者。

ゆほ-びか(形動ナリ)〔なら・なり(に)・なり／なる・なれ・なれ〕ゆったりして穏やかなさま。広々としたさま。[源氏]若紫「海の面を見渡したるほどなむ、あやしく異所に似ず―なる(体)所に侍る」[訳](明石の浦の)海面を見渡した風景は、不思議にほかと違って、ゆったりとした所でございます。

ゆ-まき【湯巻き】(名)「いまき」とも。中古、貴人が入浴のときに、からだに巻いたもの。また、貴人の入浴に奉仕する女官が衣服の上にまとった衣。

ゆみ【弓】(名)❶武具の一つ。矢をつがえて射る道具。[徒然]九二「ある人、―射ることを習ふに、諸矢をたばさみて的に向かふ」[訳]ある人が、弓を射ることを習うときに、一対二本の矢を手にはさみ持って的に向かう。⇩巻頭カラーページ17
❷弓を射ること。弓術。競射。[大鏡]道長上「帥殿の南院にて、人々あつめて―あそばしに」[訳]帥殿(=伊周)が南院で、人々を集めて競射をなさったときに。

ゆみ-とり【弓取り】(名)❶弓を用いること。また、弓を射る人。[著聞]四二九「ある所に強盗入りたりけるに、―に法師を立てたりけるが」[訳]ある所に強盗が入ったので、弓(警備の)弓の射手として法師を立てたが。
❷弓術の上手なこと。また、その人。〔椿説弓張月〕「式成、則員は無双の(=並ぶ者のない)―なり」
❸武士。〔平治物語〕「―のならひほどあはれにやさしきことはなし」[訳]武士の掟ほどりっぱで殊勝なものはない。

ゆみ-なら・す【弓鳴らす】邪気を払うまじないとして、矢をつがえずに、手で弓の弦をはじいて鳴らす。弦打ちをする。「弓引く」とも。[枕]二八六「果てぬなりと聞くほどに、滝口の―し(用)」[訳](名対面が終わったようだと聞いているうちに、(宮中警護の)滝口の武士が弓の弦を鳴らし。

ゆみ-の-けち【弓の結】左右の射手を組み合わせて行う弓の競技。[源氏]花宴「右の大殿の―に、上達部、親王たちおほく集へ給ひて」[訳]右大臣邸の弓の競技に、公卿や親王たちを大勢お集めになって。

ゆみ-はり【弓張り】(名)❶弓の弦を張ること。また、その人。
❷「弓張り月」の略。[大鏡]道長下「照る月を―としもいふことは山辺をさしていればなりけり」[訳](空に)照る月を弓張り月というわけは、いつも山辺をさして射るかのように入るからであったのだなあ。(「いれば」は、月が「入れば」と弓を「射れば」との掛詞)

ゆみはり-づき【弓張り月】(名)弓に弦を張ったような形をした月。上弦または下弦の月。弦月。[秋]。[平家]四・鵼「月をすこし側目にかけつつ、『―のいるにまかせて』と仕り」[訳](頼政は)月を少し横目に見ては、「弓張り月が(雲の中に)入るのにまかせて(いいかげんに射たにすぎません)」と(下の句を)お詠み申しあげて。
[参考]陰暦の十五日以前の月(特に七、八日ごろの月)を「上の弓張り」、十六日以降の月(特に二十二、三日ごろの月)を「下の弓張り」という。

ゆみ-ひ・く【弓引く】❶「ゆみならす」に同じ。〔うつほ〕あて宮「左衛門の尉―き(用)給へり」[訳]左衛門の尉は弦打ちをしなさった。
❷弓に矢をつがえて射る。
❸反抗する。盾つく。手向かう。〔古活字本保元物

語〕「兄に向かって―・か㊥んこと、冥加なきにあらずや」訳兄に向かって手向かうようなことは、神仏の加護がないのではないか。

ゆみ-や【弓矢】(名) ❶弓と矢。転じて、武器。竹取かぐや姫の昇天「この守る人々も―を帯して」訳この(翁の家に仕える)警護の男たちも弓矢を持って。

❷武芸。武道。宇治 三・一九「―にたづさはらん者、なにしかは、わが身を思はんことは候はん」訳武道にたずさわるような者が、どうして、わが身を案じる(=惜しむ)ようなことがありましょうか(いや、案じることはありません)。

❸弓矢を取る身。また、その家。武士。武門。〔謡・烏帽子折〕「これぞ―の大将と申すとも不足よもあらじ」訳これこそ武士の家の棟梁と申し上げても、決して不足はあるまい。

ゆ-みゃう【勇猛】(名・形動ナリ)「ゆうみゃう」に同じ。

ゆみや-とり【弓矢取り】(名)弓矢を取って用いること。また、その人。武士。平家 九・木曽最期「―は年ごろ日ごろいかなる高名候へども、最期の時不覚しつれば、長き疵にて候ふなり」訳武士は常日ごろどのような功名がありましても、最期の時に不覚をとってしまうと、末永い不名誉なのでございます。

ゆみや-はちまん【弓矢八幡】■一(名)弓矢の神である八幡大菩薩。武士が神かけて誓いをたてるときに言う語。〔謡・調伏曽我〕「―箱根の権現も照覧あれ」訳弓矢の神の八幡大菩薩も箱根権現もご覧ください。

■二(副)少しも偽りのないことを誓うときに言う語。誓って。神かけて。断じて。〔狂・入間川〕「―成敗致す」

■三(感)失敗したときや驚いたときなどに言う語。しまった。残念無念。南無三宝。〔浮・好色一代男〕「―、大事は今、七左様のがさじ」訳しまった、さあたいへん、七左様を逃がすまい。

ゆめ【夢】(名)〔上代は「いめ」。「寝目」の転〕❶睡眠中の幻覚。ゆめ。古今 恋二「思ひつつ寝ればや人の見えつらむ―と知りせば覚めざらましを」訳↓

❷**夢のように思われる事実。**夢のようにはかない出来事。源氏 花宴「かの有り明けの君は、はかなかりし―を思し出でて、いともの嘆かしうながめ給ふ」訳例の有り明けの君(=朧月夜)は、あっけなく終わった(光源氏との)夢のようにはかない契りをお思い出しになって、たいそうやるせなくぼんやりと物思いにふけりなさる。

❸**迷い。煩悩。**苦しみ。〔十六夜日記〕「むすぶ手に濁る心をすすぎなばうき世の―やさめが井の水」訳この醒が井の水をすくう手で、けがれた心を洗い清めたならば、はかないこの世の夢のような迷いもさめるであろうか。(「さめ」は「醒が井」と「夢がさめる」との掛詞)

> **発展　思い思われ見る夢**
>
> 「古今集」にある小野小町の「思ひつつ寝ればや人の見えつらむ夢と知りせば覚めざらましを」〈恋二〉の歌は、あの方を思って寝るからあの方が夢に見えたのだろうか、というう。ところが、「万葉集」の東歌には、「わが妻はいたく恋ひらし飲む水に影さへ見えてよに忘られず」〈二〇・四三二二〉とある。妻がひどく自分を恋い慕っているらしいので、水鏡に妻のおもかげが映って見える、というのである。「万葉集」にも自分の夢に思う相手が現れるという歌もあり、また、「古今集」にも思う相手の夢に自分が現れるという歌がある。夢やおもかげに現れるのは、自分の思う相手か、自分を思う相手か、古くから、この二つの見方があったようである。

ゆめ【努・勤】(副)(禁止・打消の語と呼応して)強く禁止する意を表す。決して。必ず。つとめて。大和 一三九「―この雪落とすな」訳決してこの雪を(折り取った松の葉から)落とすな。

> **副詞の呼応**
>
> ゆめ　花散るな。〈禁止〉
> (=決して花よ散るな)

ゆめ-あは-す【夢合はす】夢の内容によって運勢や事の吉凶を判断する。宇治 一三・五「夢解きの女のもとに行きて、―・せ㊥て後」訳夢占いをする女のところに行って、見た夢の判断をして(その)のち。

> **発展　「夢合はせ」と「夢違へ」**
>
> 「源氏物語」に「(内大臣は)夢見給ひて、いとよく合はする者召して合はせ給ひけるに」〈蛍〉とある。夢によって吉凶を占う「夢合はせ」は、「合はする者」、つまり専門家が行ったことがわかる。悪い夢を見たときには、夢をそらさせる「夢違へ(=悪夢の災いを祓う祈禱)」をした。

ゆめ-あ-ふ【夢合ふ】夢に見たことが現実となる。源氏 若紫「この―・ふ㊍まで、また人にまねぶな」訳この(幸運な)夢が現実となるまで、やはり(夢の内容を)他人に語り伝えるな。

ゆめ-うつつ【夢現】(名)夢と現実。また、夢か現実か判然としないこと。おぼろげなこと。伊勢 六九「かきくらす心の闇にまどひにき―とは今宵定めよ」(古今・恋三には、第五句を「世人さだめよ」として所収)訳目の前をまっ暗にする心の乱れで、何もかもわからなくなってしまった。(あの逢瀬が)夢であるのか現実であるのかは、今夜(逢って)はっきりさせよ。

ゆめ-がたり【夢語り】(名)❶夢に見たことを、覚めてから人に語ること。また、その話。伊勢 六三「いかで心なさけあらむ男に逢ひ得てしがなと思へど、言ひ出でむもたよりなさに、まことならぬ―をす」訳なんとかして情愛の深いような男に逢って結ばれたいものだなあと思うが、言い出そうにもきっかけがないので、本当ではない(=作りごとの)夢物語をする。

❷夢のようにはかない物語。源氏 夢浮橋「今は、いかで、あさましかりし世の―をだにと」訳今では、なんとかしてせめて、驚きあきれた昔の夢のような出来事(=浮舟の失踪事件)の話だけでも(したいものである)と。

ゆめ-かよ-ふ【夢通ふ】互いに夢に見合う。夢の中で往来する。新古 冬「―・ふ㊍道さへ絶えぬくれ竹のふしみの里の雪の下をれ」訳(あなたのもとへ)夢の中で通って行く道までとだえてしまった。伏見(ふしみ)の里の呉竹(くれたけ)が、雪の重みで折れる(音の)せいで(眠れないので)。(「ふしみ」に「節」と「伏見」の意をかける)

ゆめ-ぢ〔ジ〕【夢路】(名)夢の中で行き通う道。また、夢に見ること。「夢の通ひ路」とも。更級 夫の死「すべてたとへむ方なきままに、やがて―にまどひてぞ思ふに」訳(夫の死は)まったくたとえようもないので、そのまま(嘆きに沈んで)夢の中の道に迷うように(ものを)思うけれども。文法 係助詞「ぞ」の結びは、「思ふに」と接続助詞「に」が付いてさらに下に続くため消滅(=結びの流れ)している。

ゆめ-とき【夢解き】(名)夢の吉凶を占い判断すること。また、その人。夢占い。夢合わせ。夢占(ゆめうら)。宇治 一三・五「夢を見たりければ、合はせさせんとて、―の女のもとに行きて」訳 夢を見たので、夢の吉凶を判断させようと思って、夢占いをする女のところに行って。

発展 「夢」を信じる心

夢は、古くから予兆を示す神秘的なものと考えられていた。「夢が合う(=夢に見たことが実現する)」ことが信じられた一方、「夢を合わせる」こと(=夢による吉凶の判断)も行われた。さらに、悪い夢を見たときによい方に転換する「夢を違(ちが)える」努力や、吉夢を求めて「夢を取る・買う」という行為も生じた。

ゆめ-に【夢に】(副)(下に打消の語を伴って)少しも。決して。ゆめにも。枕 八「さらにかやうのすきずきしきわざ、―せぬものを」訳(大進生昌(だいじんなりまさ)は)まったくこのような好色めいた行為は、決してしないのに。

ゆめ-の-うきはし【夢の浮き橋】夢の中で行き通う道。また、はかない夢。転じて、はかないこと。新古 春上「春の夜の―とだえして嶺(みね)にわかるる横雲の空」訳→はるのよの…和歌

ゆめ-の-かよひぢ〔カヨイジ〕【夢の通ひ路】「ゆめぢ」に同じ。古今 恋二「住江(すみのえ)の岸に寄る波夜さへや―人目よくらむ」訳→すみのえの…和歌

ゆめ-の-ただぢ〔タダジ〕【夢の直路】夢の中で恋人のもとへ通うまっすぐな道。古今 恋二「恋ひわびてうち寝(ぬ)るなかに行き通ふ―はうつつならなむ」訳 恋い悩んでふとまどろむ中で見た、(あの人のもとに)行き通う夢の中のまっすぐな道は、どうか現実のものであってほしい。

ゆめ-の-ゆめ【夢の夢】夢の中で見る夢。きわめてはかないことにいう。平家 一・祇王「娑婆(しゃば)の栄花は―、楽しみ栄えて何かせん」訳 現世の栄華は夢の中で見る夢のようにはかないもので、楽しみ栄えたところで何になろうか(いや、何にもならない)。

ゆめ-の-よ【夢の世】夢のようにはかない世の中。はかない男女の仲。更級 夫の死「夜昼思ひて、おこなひをせましかば、いとかかる―をば見ずもやあらまし」訳 夜昼心を集中して、勤行(ごんぎょう)をしていたなら、ほんとうにこんな夢のようにはかない運命(=夫の死)を見ないでもすんだであろうか。⇩由無(よしな)し「名文解説」

ゆめ-ばかり【夢許り】(副)きわめて少し。ほんの少し。今昔 一九・一四「もし食らふべき物や有る、―得しめよ」訳 もしかして食べられる物があるか、(あれば)ほんの少し(私に)手に入れさせよ。

ゆめみ-さわが・し【夢見騒がし】(形シク)〔しから・しく(しかり)・し・しき(しかる)・しけれ・しかれ〕夢見がよくなくて胸騒ぎがする。不吉な夢を見て心が落ち着かない。源氏 浮舟「―・しかりつと言ひなすなりけり」訳(昨夜は)夢見がよくなかったともっともらしく言うのであった。

ゆめ-ゆめ【努努・勤勤】(副)〔副詞「ゆめ」を重ねて意味を強めた語〕❶(下に禁止の語を伴って)強い禁止の意を表す。決して。断じて。宇治 七・一「この山に、我ありといふことを、―人に語るべからず」訳 この山に、私(=五色の鹿)がいるということを、決して他人に話してはならない。

副詞の呼応

ゆめゆめ 知らすべからず。〈禁止〉

(=決して知らせてはならない)

❷(下に打消の語を伴って)強い否定の意を表す。少しも。まったく。平家 六・小督「―知り参らせず候ふ」訳(小督(こごう)殿のゆくえは)まったく知り申しあげません。❸強く注意をうながす意を表す。つとめて。心して。今昔 一三・二六「汝(なむぢ)、なほ―仏を念じ奉り」訳 おまえは、よりいっそう心して仏を念じ申しあげ。

ゆ-や【斎屋】(名)寺社に参籠するときなどに、斎戒沐浴(さいかいもくよく)(=飲食・行動を慎み、からだを清めること)のためにこもる建物。更級 春秋のさだめ「―におりて御堂(みだう)にのぼるに、人声もせず」訳(石山寺の)斎屋に下りて(身を清め)本堂に上がるけれども、人の声もしない。

ゆ-や【湯屋】(名)❶湯殿。浴室。宇治 二・七「―には、湯わかさぬ日なく」❷銭湯。

ゆゆ・し(形シク)〔しから・しく(しかり)・し・しき(しかる)・しけれ・しかれ〕

語義パネル

●重点義 神聖なものや汚れたものにふれてはならないさま。転じて、程度のはなはだしいさま。

宗教上の禁忌を示す「斎(ゆ)」を重ねて形容詞化した語と考えられる。①②が原義で、転じて、③のように縁起悪いにつけ、程度のはなはだしいさまをいう。④⑦は中世以降に多く見られる用法。

❶畏れ多く慎まれる。忌みはばかられる。
❷忌まわしい。不吉だ。縁起が悪い。
❸たいそうである。容易でない。
❹すばらしい。りっぱだ。恐ろしいほど美しい。
❺よろしくない。ひどい。
❻そら恐ろしい。気味が悪い。
❼勇ましい。勇敢だ。

❶畏れ多く慎まれる。忌みはばかられる。万葉 二・一九九「かけまくも―・しき(体)かも言はまくもあやに畏(かしこ)き」訳 心にかけて思うことも忌み慎まれることだ。ことばに出して言うこともまことに畏れ多い。文法「かけまく」「言はまく」の「まく」は、推量の助動詞「む」のク語法で「であろうこと」の意。❷忌まわしい。不吉だ。縁起が悪い。枕 九「あな、―・し(終)。さらに、さるものなし」訳 ああ、忌まわしい。ま

ったく、そんなもの(=翁丸という犬など)はいない。❸程度のはなはだしいのにいう。**たいそうである。容易でない。** 徒然 二三六「おのおの拝みて、—・しく(用)信おこしたり」訳 それぞれ(出雲神社を)拝んで、並々ならず信仰心をおこした。〔太平記〕一八「もし遅く退治せば、…大変な一大事(となる)であろう。—・しき(体)大事なるべし」訳 もし追討が遅れたら、…大変な一大事(となる)であろう。❹**すばらしい。りっぱだ。恐ろしいほど美しい。** 徒然 一「ただ人も、舎人など給はるきはは—・し(終)と見ゆ」訳 一般の貴族でも、(朝廷から)護衛の官人などをいただく身分の者はすばらしいと思われる。❺**よろしくない。ひどい。** 堤 はいずみ「さまで—・しき(体)所へ行くらむとこそ思はざりつれ」訳 そんなにまでひどい所へ行くだろうとは思わなかったよ。❻そら恐ろしい。気味が悪い。枕 三〇六「海はなほいと—・し(終)と思ふに、まいて海女のかづきしに入るは憂きわざなり」訳 海はなんと言ってもやはりひどく気味が悪いと思うのに、まして海女が貝などをとるためにもぐりに(海に)入るのはつらいことである。❼勇ましい。勇敢だ。〔保元物語〕「為朝すでに参りて候ふ。まことにまことに—・しく(用)候ふ」訳 為朝はすでに参着しております。実にまったく勇敢であります。(⇩忌ゐま忌まし「類語パネル」)

ゆゆし-げ(形動ナリ){なら・なり(に)・なり・なる・なれ・なれ}【「げ」は接尾語】❶縁起が悪くて不吉そうなさま。更級 夫の死「いと黒き衣の上に、—・なる(体)ものを着て」訳 たいそう黒い衣(=喪服)の上に、不吉そうな(白い)着物を着て。❷いかにもりっぱなさま。いかにもみごとなさま。平家 六・入道死去「入道相国、さしも日ごろは—・に(用)おはせしかども」訳 入道相国(=平清盛)は、あれほどふだんはいかにもりっぱでいらっしゃったが。❸ひどくて、いやになるようなさま。枕 九「似ては侍れど、これは—・に(用)こそ侍るめれ」訳 (翁丸という犬に)似てはおりますけれども、この犬はひどいようすに見えます。

ゆら・く【揺らく】(自カ四){か・き・く・く・け・け}玉や鈴などが揺れ動き、触れ合って音を立てる。万葉 二〇・四四九三「始春の初子の今日の玉箒手に執るからに—・く(体)玉の緒」訳 初春の初子の今日に賜る玉箒(=蚕室をはく玉飾りの付いたほうき)は、手に取っただけでゆらゆらと揺れて音を立てる玉の緒であるよ。

ゆら-に(副)玉や鈴が触れ合って鳴る音を表す。からからと。万葉 一三・三二二三「巻き持てる小鈴も—」訳 (手に)巻いて持っている小鈴もからからと(鳴らして)。

由良の門(ゆらのと)『地名』歌枕 ❶今の京都府宮津市、由良川の河口。❷今の紀淡海峡(=紀伊半島と淡路島との間の海峡)の雅称。

ゆらのとを… 和歌《百人一首》

> 由良の門を　渡る舟人　梶を絶え　　序詞
> ゆくへも知らぬ　恋の道かも
> 〈新古今・一一・恋一・一〇七一・曾禰好忠〉

訳 由良の瀬戸をこぎ渡って行く舟人が、梶をなくしてあてもなく漂っているような、先行きどうなるのかわからない恋の道だなあ。修辞 第三句までは「ゆくへも知らぬ」を導きだす序詞。解説 「由良の門」は、今の紀淡海峡とも京都府由良川の河口ともいう。流れの速い所。梶は櫓・櫂のこと。第三句を「梶緒(=梶の綱)絶え」とする説もある。「小倉百人一首」では第五句は「恋の道かな」。

ゆら・ふ(ユラ(ロ)ウ)■一■(自ハ下二){へ・へ・ふ・ふる・ふれ・へよ}とどこおる。ためらう。控える。平家 四・宮御最期「後陣はいまだ興福寺の南大門に—・へ(用)たり(=とどこおっている)」■二■(他ハ下二){へ・へ・ふ・ふる・ふれ・へよ}控えとどめる。今昔 二五・一三「守、兵等を—・へ(未)むがため責め討たず」訳 国守は、兵士たちを(休息のため)とどめようとするために追撃しない。

ゆらり(-と)(副)軽やかにからだを動かすさま。ひらり。徒然 一八五「(馬が)足をそろへて閾(=敷居)を—と越ゆるを見ては」

ゆり【後】(名)《上代語》のち。後日。将来。万葉 一八・四〇八七「灯火の光に見ゆるさゆり花—も逢はむと思ひそめてき」訳 灯火の光に映えて見える百合の花の「ゆり」ではないが、のちにも逢おうと思いはじめたことだ。(第三句までは「ゆり」を導きだす序詞)

ゆり【百合】(名)❶ユリ科の植物の総称。山野に自生し、また、栽培される。夏 ❷襲の色目の名。表は赤、裏は朽ち葉(=赤みをおびた黄色)。夏に用いる。⇩巻頭カラーページ11

ゆり(格助)《上代語》動作の時間的・空間的な起点を表す。…から。万葉 二〇・四三六五「押し照るや難波の津ゆり船装ひ吾は漕ぎぬと妹に告ぎこそ」訳 難波の港から出船の用意をして、私は漕ぎ出て行ったと、いとしい人に告げてほしい。(「押し照るや」は、「難波」にかかる枕詞。「告ぎ」は「告げ」の訛り)。文法「こそ」は、上代の他に対する希望の終助詞。万葉 二〇・四三二一「畏きや命被り明日ゆりや草がむた寝む妹なしにして」訳 畏れ多い天皇のご命令をいただいて、明日からは、草とともに寝るのだろうか。妻がいないままで。文法「畏きや」の「や」は、間投助詞。接続 体言に付く。参考 格助詞「ゆ」「よ」「より」などとほぼ同義に用いられたが、用例が少ないため意味の違いは不詳。→ゆ(格助)・よ(格助)・より(格助)

ゆり-あ・ぐ【揺り上ぐ】(他ガ下二){げ・げ・ぐ・ぐる・ぐれ・げよ}揺り動かして上へあげる。揺すり上げる。平家 一一・那須与一「船は—・げ(用)ゆりすゑただよへば」訳 船は(波が)揺すり上げたり揺すり下ろしたりして漂うので。

ゆり-す・う【揺り据う】(他ワ下二){ゑ・ゑ・う・うる・うれ・ゑよ}揺り動かして、ある位置に落ち着かせる。〔山家集〕「夕立の晴るれば月ぞ宿りける玉—・うる(体)蓮の浮き葉に」訳 夕立が晴れると月が宿ったことだ。(雨後の)露の玉を揺り動かして、落ち着かせる蓮の浮き葉に。

ゆ・る【許る】(自ラ上二){り・り・る・るる・るれ・りよ}❶(罪や罰が)許される。また、許可される。宇治 一二・一二「ほどなく大赦のありければ、法師も—・り(用)にけり」訳 間もなく大赦(=天皇が罪人を釈放したり減刑したりする恩典)があったので、(その)法師も(罪を)許された。❷公認される。認められる。〔増鏡〕おどろのした「こたみは皆世に—・り㊊たる古き道のものどもなり」訳今回(の参加者)は皆世間に認められた老練な(歌の)道の大家たちである。

ゆ・る【揺る】■一(自ラ四){ら・り・る・る・れ・れ}❶震え動く。揺れる。〔浄・鎌倉三代記〕「小ゆりの花が、—・る㊤わいな」訳ゆりの花が揺れるよね。❷あれこれ考える。ためらう。〔愚管抄〕「ひしひしと論じて—・り㊊ゆくほどに」訳きびしく議論して(事理の正否を)あれこれ考えてゆくうちに。■二(他ラ四){ら・り・る・る・れ・れ}揺さぶる。揺り動かす。平家二一・那須与一「白波の上にただよひ、浮きぬ沈みぬ—・ら㊍れければ」訳(日の丸の扇が)白波の上に漂って、浮いたり沈んだり揺さぶられたので。

ゆる【緩】(形動ナリ){なら・なり(に)・なり・なる・なれ・なれ}❶ゆるいさま。ゆるやか。源氏若菜上「琴の緒もいと—・に㊊張りて」訳(致仕の大臣は)和琴の弦もたいそうゆるく張って。❷厳格でないさま。寛大なさま。また、いい加減なさま。今昔一七・三「法を説きて人を教化すといへども、自らの勤めは—・なり㊊けり」訳仏法を説いて人を教化するといっても、自分自身の修行はなおざりだった。

ゆるがし-いだ・す【揺るがし出だす】(他サ四){さ・し・す・す・せ・せ}(揺すって外へ出す意から)苦心して作り出す。苦吟する。枕九九「みなけしきばみ—・す㊍に」訳皆それらしく気どって(歌を)苦心して作り出すのに。

ゆるが・す【揺るがす】(他サ四){さ・し・す・す・せ・せ}揺り動かす。揺する。枕二九「待つ人などのある夜、雨の音、風の吹き—・す㊍も、ふとおどろかる」訳待っている人などがいる夜に、雨の音や、風が吹いて(物を)揺り動かすのにも、はっと驚かずにはいられない。

ゆるかせ【忽】(形動ナリ){なら・なり(に)・なり・なる・なれ・なれ}〔室町時代以降「ゆるがせ」「いるかせ」とも〕❶おろそかなさま。なげやりなさま。〔源平盛衰記〕「されどもこの入道の世の間は、いささかも—・に㊊申す者なかりけり」訳しかしこの入道の治世の間は、少しもおろそかに申す者はなかった。❷ゆるやかなさま。寛大なさま。〔浮・日本永代蔵〕「親の子に—・なる㊍は、家を乱すのもとゐなり」訳親が子に寛大なのは、家を乱させることの原因である。

ゆるぎ-あり・く【揺るぎ歩く】(自カ四){か・き・く・く・け・け}からだを揺り動かして歩き回る。得意げに歩く場合にも、不安げに歩く場合にも用いられる。枕九「あはれ、いみじう—・き㊊つるものを」訳ああ、(あの犬は、今までは)たいそうからだを揺すって得意そうに歩き回っていたのになあ。枕二五「来年の国々、手を折りてうち数へなどして、—・き㊊たるも、いとほしうすさまじげなり」訳来年の(国司交替がある)国々を、指を折って数えたりして、(主人が任官できるかどうか)不安そうにうろうろ歩き回っているのも、気の毒で興ざめのする感じだ。

ゆる・ぐ【揺るぐ】(自ガ四){が・ぎ・ぐ・ぐ・げ・げ}❶揺れ動く。ゆらゆら揺れる。宇治八・三「とばかりありて、この倉、すずろに、ゆさゆさと—・ぐ㊤」訳しばらくして、この倉は、思いがけず、ゆらゆらと揺れ動く。❷心が動く。気が変わる。源氏若菜上「その思ひかなひては、いとど—・ぐ㊍かた侍らじ」訳(夕霧の)その(雲居の雁への恋の)思いが実現した以上は、ますます心が動く女性はいないでしょう。❸くつろぐ。ゆったりとする。大鏡道長下「公事よりほかのこと多分には申させ給はで、—・ぎ㊊たるところのおはしまさざりしなり」訳(雅信は)政務以外のことは余計には申し上げなさらないで、くつろいだところがおありにならなかった方である。

ゆるさ-れ【許され】(名)〔四段動詞「許す」の未然形「ゆるさ」に受身の助動詞「る」の付いた「ゆるさる」の連用形から〕許されること。認められること。赦免。平家三・足摺「—なければ、都までこそかなはずといふとも、この船にのせて、九国の地へつけ給へ」訳赦免がないので、都まで(帰ること)は許されないといっても、この船に乗せて、九州の地へ着けてください。

ゆる・し【緩し】(形ク){から・く(かり)・し・き(かる)・けれ・かれ}❶ゆっくりしている。ゆったりとしている。徒然四九「速やかにすべきことを—・く㊊し、—・く㊊すべきことを急ぎて」訳すぐさましなければならないこと(＝仏道の修行)をゆっくりとし、ゆっくりとしなければならないこと(＝俗事)を急いでやって。❷勢いが弱い。ゆるやかである。枕一九七「三月ばかりの夕暮れに—・く㊊吹きたる雨風」訳陰暦三月ごろの夕暮れ時にゆるやかに吹いている雨を降らせそうな風(も趣がある)。

ゆるし-いろ【許し色・聴し色】(名)だれでも自由に着用することのできた衣服の色。紅・紫などの薄い色。源氏須磨「—の黄がちなるに」訳薄い紅色で黄色がかっている下着に。↔禁色

ゆるし-ぶみ【赦し文】(名)罪を許す旨を記した文書。赦免状。平家三・赦文「鬼界が島の流人ども召しかへさるべきこと定められて、入道相国—下されけり」訳鬼界が島の流罪人らを召し返されるのが適当だということが決定されて、入道相国(＝平清盛)が赦免状をお下しになった。

ゆる・す【許す・赦す・緩す】(他サ四){さ・し・す・す・せ・せ}❶ゆるめる。ゆるやかにする。源氏若菜上「猫の綱—・し㊊つれば心にもあらずうち嘆かる」訳(女三の宮が)猫の綱をゆるめたので、(御簾が下りてしまい夕霧は)思わず自然にため息が出る。文法「うち嘆かる」の「る」は、自発の助動詞。❷禁を解く。禁色を許す。源氏少女「直衣などさまかはれる色—・さ㊍れて参り給ふ」訳(夕霧は)直衣など、普通とちがっている色(＝六位が着る浅葱色以外の着用)を許されて参内なさる。❸願いを聞き入れる。承諾する。竹取かぐや姫の昇天「今年ばかりの暇を申しつれど、さらに—・さ㊍れぬによりてなむ、かく思ひ嘆き侍る」訳(月世界の王に)今年一年だけのお暇を(いただいて地上にいられるよう)お願い申しあげたが、どうしても聞き入れられないために、このように嘆き悲しんでおります。❹相手の才能・技量を認める。公認する。大鏡道長下「躬恒が和歌の道に—・さ㊍れたるとこそ、思ひ給へしか」訳(天皇がじきじきにほうびを与えたのも、凡河内躬恒が和歌の道において認められているからだと、存じました。文法「給へ」は、下二段活用の謙譲の補助動詞「給ふ」の連用形。❺逃がす。放す。自由にする。今昔二五・二一「児をば押

し起こして—・し㊐たれば、起き走りて逃げて去りぬ」訳（強盗は人質にしていた）子供を押し起こして放したので、（子供は）立ちあがり走って逃げ去った。❻罪・咎・義務などを免じる。赦免する。源氏 常夏「『水の上無徳なる今日の暑かはしさかな。無礼の罪は—・さ㊍れなむや』とて、より臥し給へり」訳（光源氏は）「水の上にいても何の効果もない今日の暑苦しさだなあ。無作法の罪は許してくださらないか」とおっしゃって、物に寄りかかって横になっていらっしゃる。文法「なむや」は、婉曲な命令を表す。〔紀〕仁徳「課役並びに—・さ㊍れて、すでに三年になりぬ」訳 税や労役の義務をすべて免除されて、すでに三年になった。

ゆる・ぶ【緩ぶ・弛ぶ】〔古くは「ゆるふ」〕□一（自バ四）❶ゆるくなる。ゆるやかになる。しまりがなくなる。枕 一「昼になりて、ぬるく—・び㊐もていけば、火桶の火も白き灰がちになりてわろし」訳 昼になって、（寒気が）だんだん暖かくゆるんでいくと、火鉢の火も白い灰が多くなって感心しない。❷心がたるむ。油断する。怠る。万葉 一七・四〇一五「情には—・ふ㊎ことなく須加の山すかなくのみや恋ひ渡りなむ」訳 心では思いがゆるむことなく、不愉快に思ってばかりいて（逃がした鷹を）いつまでも恋い続けてしまうであろうか。（「須加の山」は「すかなく」にかかる枕詞）。文法「恋ひ渡りなむ」の「な」は、助動詞「ぬ」の未然形で、ここは確述の用法。❸くつろぐ。気持ちにゆとりができる。源氏 若菜下「高き身となりても、ゆたかに—・べ㊋る方はおくれ」訳（心の狭い人は）高い身分になっても、ゆったりとしてくつろいでいる面では劣り。文法「ゆるべる」の、下の「る」は、助動詞「り」の連体形で、存続の意。□二（他バ下二）❶ゆるくする。たるませる。万葉 一三・二九八六「梓弓引きみ—・へ㊐み思ひ見てすでに心は寄りにしものを」訳 梓弓を引いたり、ゆるくしたりするように（あれこれ）思案してみて、すっかり心は（あなたに）寄り添ってしまったのに。文法「引きみゆるへみ」の「み」は、動作が交互に反復して行われる意の接尾語。❷気を許す。自由にさせる。源氏 帚木「あまりむげにうち—・べ㊐見放ちたるも、心安くらうたきやうなれど」訳（女が）あまりやたらに（男を）自由にさせ放任しているのも、（男としては）気楽でかわいいようだが。

ゆる-ゆる（-と）【緩緩（と）】（副）❶急がないさま。のんびり。ゆっくり。枕 三二「—と久しく行くはいとわろし」訳（網代車が）ゆっくりと長い時間をかけて行くのはたいそう見ばえがよくない。❷くつろいださま。ゆったり。源氏 行幸「桜の下襲、いと長う尻ひきて、—とことさらびたる御もてなし」訳 桜の下襲を（着用し）、たいそう長く（その）裾を引きずって、ゆったりと気取ったようすにしている（内大臣の）御態度は。❸柔らかなさま。〔沙石集〕「かの堅かりける物、—となりて、跡形なくとけて失せにけり」訳 あの（腹の中の）堅かった物は、柔らかくなって、跡形もなく溶けてなくなってしまった。

ゆる-らか【緩らか】（形動ナリ）〔「らか」は接尾語〕「ゆるるか」とも。❶ゆるいさま。ゆるやかなさま。〔増鏡〕久米のさら山「空の気色のどやかに霞みわたりて、—・に㊐吹く春風に」訳 空のようすも穏やかで一面に霞がかかって、ゆったりと吹く春風に。❷ゆとりのあるさま。たっぷりとしたさま。枕 三六「そとのかたに髪のうちたたなはりて—・なる㊎程、長さおしはかられたるに」訳（かぶった着物の）外のほうに（女性の）髪が重なり合ってゆったりと出ているようすから、（その）長さが推測されたが。❸急がないさま。ゆっくりしたさま。〔狭衣物語〕「『即往兜率天上』と言ふわたりを、—・に㊐うち出だして」訳（法華経の）「即往兜率天上」というあたりを、（狭衣の君は）ゆっくりと声に出して吟誦して。

ゆる-るか【緩るか】（形動ナリ）「ゆるらか」に同じ。

ゆゑ（ユエ）【故】（名）❶原因。理由。事情。わけ。徒然 二三六「この獅子の立ちやう、いとめづらし。ふかき—あらん」訳 この獅子（の像）の立ち方は、たいそう珍しい。深いわけがあるのだろう。❷趣。風情。源氏 手習「前栽なども をかしく、—をつくしたり」訳 庭の植え込みなどもみごとで、風情をつくしていた。❸由緒。来歴。身分。宇治 七・五「—ある人の忍びて参るよと見えて、侍などあまた具してかちより参る女房の」訳 身分のある人が忍んで参詣するのだなと見えて、供の者などをたくさん連れて徒歩で参詣する女房で。❹故障。さしつかえ。堤 思はぬ方にとまりする少将「何のつつましき御さまなければ、—もなく入り給ひにけり」訳（その家には）なんの遠慮されるごようすもないので、さしつかえもなくお入りになってしまった。❺縁故。ゆかり。源氏 橋姫「童よりまゐり通ふ—侍りしかば」訳（私＝弁は）子供のころからお出入りする縁故がございましたので。❻（体言または用言の連体形に付いて）㋐順接的に原因・理由を表す。…が原因で。…によって。…のために。徒然 一四二「子—にこそ、万のあはれは思ひ知らるれ」訳 子供（を持つこと）によってはじめて、さまざまな人情の機微は理解することができるのだ。文法「思ひ知らるれ」の「るれ」は、可能の助動詞「る」の已然形で、係助詞「こそ」の結び。㋑逆接的に原因・理由を表す。…なのに。…にかかわらず。万葉 一・二一「紫草のにほへる妹を憎くあらば人妻—にあれ恋ひめやも」訳 →むらさきの…和歌

類語パネル

●共通義　物事の根本にある性質。

ゆゑ	物事の本質的な原因。人や物については、一流の素性・教養・風情をいう。
よし（由）	「寄す（＝関係づける）」の意で、物事に関係づけられるいわれやいきさつ。人や物については、一流とまではいかない素性・教養・風情をいう。

ゆゑ-だ・つ（ユエ）【故だつ】（自タ四）〔「だつ」は接尾語〕❶子細ありげにふるまう。もったいぶる。気取る。枕 一六二「源中将おとらず思ひて、—・ち㊐遊びありく

に」訳 源中将(=源宣方)は(朗詠では頭の中将=藤原斉信)に劣らないと思って、気取って歩き回るので。
❷風流を解する心があるようにみえる。今昔 二四・六「この寛蓮は-・ち(用)て心ばせなどありければ」訳 この寛蓮(=人名)は、風流を解するようにみえて(その方面の)心得などもあったので。

ゆゑ-づ-く ユエ【故付く】㊀(自カ四){か・き・く・く・け・け}(物事が並々でなく)由緒ありげである。趣が備わっている。徒然 四四「つややかなる狩衣に、濃き指貫、いと-・き(用)たるさまにて」訳 (若い男が)つやのある狩衣に、濃い紫色の指貫で、たいそう由緒ありげであるようすで。
㊁(他カ下二){け・け・く・くる・くれ・けよ}情趣を備える。子細ありげにする。源氏 蛍「手を今少し-・け(用)たらばと」訳 (玉鬘は)筆跡をもう少し趣あるようにしたならば(よかったのに)と。文法「たらば」の後に「よからまし」などの語句が省略されている。

ゆゑ-ぶ ユエ【故ぶ】(自バ上二){び・び・ぶ・ぶる・ぶれ・びよ}〔「ぶ」は接尾語〕「ゆゑづく㊁」に同じ。平家 灌頂・大原御幸「ふりにける岩のたえ間より、落ちくる水の音さへ、-・び(用)よしある所なり」訳 古びた岩の切れ目から、流れ落ちて来る水の音までも、いわれがありそうで趣のある所である。

ゆゑゆゑ-し ユエユエシ【故故し】(形シク){しから・しく(しかり)・し・しき(しかる)・しけれ・しかれ}いわれがありそうだ。品格があって重々しい。優雅である。大鏡 時平「かくやうの歌や詩などをいとなだらかに-・しう(用)(ウ音便)言ひつづけまねぶに」訳 (世継の翁が)このような和歌や漢詩などをたいそう流暢に格調高く重々しく再現して話し続けるので。

ゆゑ-よし ユエ【故由】(名)❶いわれ。理由。万葉 九・一八〇九「処女墓中に造り置き壮士墓此方彼方に造り置ける-聞きて」訳 処女墓を中に造って壮士墓を(その)左と右に造って置いた(その)いわれを聞いて。
❷情趣のあるさま。情趣を解する教養。源氏 横笛「女は、なほ人の心うつるばかりの-をも、おぼろけにては漏らすまじうこそありけれ」訳 女(というもの)は、やはり、男の心が揺れ動くほどの教養あるようすをも、なみひととおりには(他人に)示してはならないのであった。

ゆん-ぜい【弓勢】(名)〔「ゆみせい」の撥音便〕弓を引きしぼる力の強さ。また、弓を射当てる力量。太平記 三「足助殿の御-、日来承り候ひし程は無かりけり」訳 足助殿の弓の御威力は、普段うかがっておりましたほどはなかった。

ゆん-だけ【弓丈】(名)〔「ゆみだけ」の撥音便〕「ゆだけ」とも。一張りの弓の長さ。七尺五寸(=約二・二七メートル)を標準とした。「弓杖」とも。平家 九・忠度最期「六野太をつかうで-ばかり投げのけられたり」訳 (忠度は)六野太をつかんで、弓の長さほど放り投げなさった。

ゆん-づゑ ツエ【弓杖】(名)〔「ゆみづゑ」の撥音便〕❶「ゆづゑ」とも。弓を杖とすること。また、その弓。平家 九・宇治川先陣「馬の額を篦深に射させて、弱れば、河中より-をついておりたったり」訳 (畠山は)馬の額を矢竹深く射られて、(馬が)弱ると、川の中間から弓を杖としてついて(馬から)下り立った。文法「射させて」の「させ」は本来使役の助動詞だが、ここは軍記物語特有の用法で、「…られる」という受身の意。
❷「ゆんだけ」に同じ。

ゆん-で【弓手】(名)〔「ゆみて」の撥音便〕❶弓を持つほうの手。左手。平家 九・一二之懸「-のかひなを射させて馬よりとびおり」訳 (熊谷小次郎は)左手の腕を射られて馬からとび下り。文法「射させて」の「させ」は本来使役の助動詞だが、ここは軍記物語特有の用法で、「…られる」という受身の意。
❷左のほう。左側。(↔馬手)

よ ヨ

「よ」は「與(与)」の草体
「ヨ」は「與」の省画

よ【世・代】(名)❶(仏教語)過去(前世)・現在(現世)・未来(来世)の三世のそれぞれをいう。特に、現世。万葉 三・三四八「この-にし楽しくあらば来む-には虫に鳥にもわれはなりなむ」訳 →このよにし…和歌
❷世間。世の中。大鏡 兼家「かげろふの日記と名づけて、-にひろめ給へり」訳 (道綱の母は)「蜻蛉の日記」と命名して、世間にお広めになった。
❸統治者がその国を治める期間。また、家長が相続してその家を治める期間。代。時代。源氏 紅葉賀「春宮の御-、いと近うなりぬれば」訳 皇太子(=後の朱雀帝)の(帝として天下を治める)ご時世が、たいそう間近になったので。
❹国を治めること。国政。政権。国家。徒然 一四二「世の人の飢ゑず、寒からぬやうに、-をば行はまほしきなり」訳 世の人が飢えず、寒くないように、政治を行いたいものである。
❺個人の一生涯。一生。寿命。古今 雑下「いざここにわが-は経なむ菅原や伏見の里の荒れまくも惜し」訳 さあここで私の生涯は過ごそう。菅原よ、その伏見の里が荒れるだろうことも惜しい(から)。文法「経なむ」の「な」は、助動詞「ぬ」の未然形で、ここは確述の用法。「荒れまく」の「まく」は、推量の助動詞「む」のク語法で「…だろうこと」の意。
❻ある時期。折。時。金槐集「山はさけ海はあせなむ-なりとも君にふた心わがあらめやも」訳 山は裂け、海は干上がってしまうような時であっても、私が上皇に裏切りの心をいだくようなことがあろうか(いや、決してありはしない)。文法「あらめ」の「め」は、推量の助動詞「む」の已然形。「やも」は、反語の終助詞。
❼俗世間。浮き世。世間の流行。時流。徒然 七五「-に従へば、心、外の塵に奪はれて惑ひやすく」訳 世間の風潮に従うときっと、心は、外界の汚れにとらわれて迷いやすく。
❽権勢・名誉・利益などの世俗的な欲望。徒然 一八「奢りを退けて財をもたず、-をむさぼらざらんぞ、いみじかるべき」訳 ぜいたくを退けて財産を所有せず、世俗の名誉や利益をむやみにほしがらないようなのが、りっぱであろう。文法「むさぼらざらんぞ」の「ん」は、仮定・婉曲の助動詞。
❾経済生活。家業。暮らし。浮・西鶴織留「子ゆゑに-のたたぬこととなり果て」訳 子供がいるために暮ら

しがなりたたないことになってしまって。 ⑩男女の仲。夫婦の関係。源氏 花宴「まだ―になれぬは五六の君ならむかし」訳 まだ男女の仲に慣れないのは、五番目か六番目の姫君であろうよ。

よ【余】(名) ❶(数を表す語に付いて)それより少し多いことを示す。枕 二七八「一尺―、二尺ばかりの長押の上におはします」訳 (中宮定子は)一尺余り(か)、二尺ぐらい(高い位置)の長押の上にいらっしゃる。❷その他。それ以外。平家 六・小督「―の御使ひで候はば、御返事のうへは、とかう申すには候はねども」訳 ほかの者がお使いでありますなら、ご返事をいただいたからには、あれこれ申し上げることではございませんが。

よ【夜】(名) 日没から日の出までの間。よる。〔後拾遺〕雑二「―をこめて鳥の空音にはかるともよに逢坂の関はゆるさじ」訳 →よをこめて… 和歌

よ【節】(名) ❶竹や葦などの茎の、節と節との間。竹取 かぐや姫の生ひ立ち「節を隔てて―ごとに金ある竹を見つくることかさなりぬ」訳 (竹取の翁は)節を隔てた空洞ごとに黄金の入っている竹を見つけることがたび重なった。❷節のこと。〔平治物語〕「大きなる竹の―を通して入道の口にあて」訳 大きな竹の節をくりぬき通して入道の口に当て。(⇩節「図解学習」) 参考 和歌では、多く「世」や「夜」との掛詞として用いられる。

よ【余・予】(代) 自称の人代名詞。男子が用いる。私。おのれ。自分。細道 出発まで「―もいづれの年よりか、片雲の風に誘はれて、漂泊の思ひやまず」訳 私もいつの年からか、ちぎれ雲を吹きただよわせている風に誘われて、あてのない旅に出ることへの願いがやまず。⇩片雲「名文解説」

よ(格助)《上代語》

意味・用法
起点〔…から。…より。〕→❶
経由点〔…を通って。〕→❷
手段〔…で。…によって。〕→❸
比較の基準〔…より。〕→❹

接続
体言、活用語の**連体形**に付く。

❶動作・作用の時間的・空間的な起点を表す。…から。…より。万葉 一七・三八九〇「わが背子を吾が松原よ見渡せば海人少女ども玉藻刈る見ゆ」訳 いとしい方を私が待つではないが、その松原から見渡すと、海人の娘たちが玉藻を刈るのが見える。(「わが背子を吾が」は「待つ」と同音の「松原」を導きだす序詞)

❷動作・作用の経由する地点を表す。…を通って。万葉 一四・三五三〇「さを鹿の伏すや草むら見えずとも児ろが金門よ行かくし良しも」訳 雄鹿の伏す草むらのように、中までよく見えなくても、あの子の家のりっぱな門の前を通って行くことはよいものよ。(第二句までは「見えず」を導きだす序詞)。文法「伏すや」の「や」は、間投助詞。「行かく」は、「行く」のク語法で「行くこと」の意。「良し」は「よし」の古形。

❸動作・作用の手段を表す。…で。…によって。万葉 一四・三四三九「鈴が音の早馬駅家の堤井の水をたまへな妹が直手よ」訳 早馬(を置く)駅舎の堤井(=石などで囲った泉)の水をいただきたい。直接あなたの手で。(「鈴が音の」は「早馬駅家」にかかる枕詞)。文法「たまへな」の「たまへ」は、下二段活用の謙譲の動詞「たまふ」の未然形。「な」は、他に対する願望の終助詞。

❹比較の基準を表す。…より。万葉 一四・三四一七「上毛野伊奈良の沼の大藺草よそに見しよは今こそまされ」訳 上野(群馬県)の伊奈良の沼の大藺草のように、遠くで見たときよりは、今のほうが(恋しさが)まさることよ。(第三句までは「よそに見し」を導きだす序詞)

参考 同義の助詞に「より」「ゆ」「ゆり」があるが、「よ」「ゆ」は和歌のみに用例が認められる。中古では、「より」だけが用いられた。→より(格助)・ゆ(格助)・ゆり(格助)

よ(間助)

意味・用法
詠嘆・感動〔…よ。〕→❶
呼びかけ〔…よ。〕→❷
強意〔…よ。〕→❸
とりたて〔…はよ。…というものはよ。…よ。〕→❹
告示〔…だよ。…だぞ。〕→❺

接続
種々の語に付く。③は活用語の命令形に付く。

❶詠嘆・感動を表す。…よ。枕 四一「人のいふらむことをまねぶらむよ」訳 人が(何か)言うようなことばを(鸚鵡は)真似をするとかいうよ。

❷呼びかけを表す。…よ。枕 二九九「少納言よ、香炉峰の雪いかならむ」訳 少納言よ、香炉峰の雪はどうであろう。⇩香炉峰「名文解説」

❸禁止・命令の意を強める。…よ。枕 四三「今、秋風吹かむ折ぞ来むとする。待てよ」訳 やがて、秋風が吹いてきたらそのときに(迎えに)来よう。待っていろよ。文法「吹かむ折」の「む」は、仮定・婉曲の助動詞。

❹主題となる語をとりたてて強調する。…はよ。…というものはよ。…よ。〔千載〕雑中「世の中よ道こそなけれ思ひ入る山の奥にも鹿ぞ鳴くなる」訳 →よのなかよ… 和歌

❺告示の気持ちを表す。…だよ。…だぞ。徒然 八七「我こそ山だちよ」訳 自分こそ山賊だぞ。

文法 (1) 間投助詞「よ」の基本となる用法は文節の切れめに付き、詠嘆・感動を表すものである。①〜⑤の用法の違いは文節の位置による。④は主題となる語が係助詞の「は」を伴わずに示された例であるが、「四部の弟子はよな、比丘より比丘尼は劣り」〈徒然 一〇六〉のように、「は」や「はも」を伴った文節に付くことが多い。「あらたまの年の経ぬれば今しはとゆめよわが背子わが名告らすな」〈万葉 四・五九〇〉は連用修飾語となる副詞に付いた例で(=今はもうよいだろうと決して)ある。「よ」を間投助詞ではなく、終助詞とする説、ま

た、文末用法のみを終助詞とする説もある。⑵③の用法は、四段・ナ変・ラ変の動詞に限られ、それ以外の動詞の命令形末尾「よ」と混同しないよう注意する。語源的には、カ変の命令形に「こ」と「こよ」があるように、どちらの「よ」も同じものと考えられる。

よ-あう【余殃】(名)重ねた悪事の報いとして受ける災難。先祖の悪業の報いとして子孫にめぐってくる災い。平家 二・小教訓「積善の家に余慶あり、積悪の門に—とどまる」訳(代々)善行を積んだ家には報いとしての慶事があり、悪事を積んだ家には報いとしての災難がとどまる。↔余慶

よい【宵】⇩よひ

よ-いち【世一】(名)世の中で最もすぐれていること。世間で第一。天下一。平家 九・宇治川先陣「いけずきといふ—の馬にはのったりけり」訳いけずき(=馬の名)という世間で第一の馬には乗っていた(ので)。

よう【用】(名)❶用事。徒然 一七〇「—ありて行きたりとも、その事果てなば、とく帰るべし」訳(たとえ)用事があって行ったとしても、そのことが終わったならば、さっさと帰るのがよい。

❷必要。入用。役に立つこと。また、その物。用途。徒然 五五「造作は、—なき所をつくりたる、見るも面白く、万の—にも立ちてよしとぞ、人の定めあひ侍りし」訳建物は、使い道の決まっていない所を造ってあるのが、見るのもおもしろく、いろいろな場合の役にも立ってよいと、(ある)人々が(論じ)定め合いました。

❸「ゆう」とも。連歌・能などで、はたらき。作用。〔許六離別の詞〕「品ふたつにして—一なること感ずべきにや」訳(学ぶことの)種類が二つであって、(その)効用が一つであることは感心すべきことであろうか。↔体

よう【良う・善う・能う】(副)〔「よく」のウ音便〕「よく(良く)」に同じ。

よう【夭・妖・要・窅・遥・腰】⇩えう

よう【揚・陽・楊・様・影・瑩・養・瓔】⇩やう

よう-い【用意】(名・自サ変)❶心づかい。注意。用心。枕 二七三「いささかのひまなく—し用たりと思ふが、つひに見えぬこそ難けれ」訳(同じ宮仕え所に住む人で)ほんの少しのすきもなく心くばりしていると思う人が、最後まで(心の底を相手に)見られないことはめったにないものだ。文法「こそ難けれ」は、係り結び。徒然 一八六「この—を忘れざるを、馬乗りとは申すなり」訳この用心(=自分の乗る馬を観察し、馬具を点検すること)を忘れない人を、馬術にすぐれた人とは言うのである。

❷前もって準備すること。支度。徒然 一七七「吉田中納言の、『乾き砂子の—やはなかりける』とのたまひたりしかば、恥づかしかりき」訳吉田の中納言が、「乾いた砂の準備はなかったのか」とおっしゃったので、恥ずかしかった。文法「やは」は、疑問の係助詞。

よう-かん【勇敢】(名・形動ナリ)〔「よう」は「勇」の漢音〕勇気があって、気性に勢いや激しさのあるさま。大鏡 伊尹「少し—に用悪しき人にてぞおはせし」訳(挙賢は)少し乱暴で荒々しい人でいらっしゃった。

よう-がん【容顔】(名)顔かたち。顔だち。平家 九・敦盛最期「—まことに美麗なりければ、いづくに刀を立つべしともおぼえず」訳(組み敷いた敵武者はわが子と同じくらいの年ごろで)顔かたちがまことに美しかったので、どこに刀を刺したらよいともわからない。

よう-ぎ【容儀】(名)❶礼儀にかなった態度。ととのった姿・形。今昔 六・一六「極楽世界に行きて、阿弥陀仏の—を見奉りて」訳極楽浄土の世界に行って、阿弥陀仏のととのった姿を拝見して。❷顔だち。容貌。〔浮・好色一代女〕「その—次第に、男のかたより金銀とるはずのことなるべし」訳その(娘の)顔だちしだいで、(縁組の際)男のほうから金銀を取って当然のことであるにちがいない。

よう-さ-つ-かた【夜さつ方】(名)〔「ようさりつかた」の促音便「ようさっかた」の促音「っ」の表記されない形。「つ」は「の」の意の上代の格助詞〕たそがれどき。夕方ころ。晩方。土佐「今日の—、京へのぼるついでに見れば」訳今日の晩方、京へのぼる折に見ると。

よう-さり【夜さり】(名)〔「よさり」の転〕夜。夜になるころ。今夜。

よう-しゃ【用捨】(名)❶用いることと捨てること。取捨。採否。また、人の扱い方。平家 八・名虎「選びて位につけ奉らん事、—私あるに似たり」訳(臣下が帝を)選んで即位させ申しあげるようなことは、(その)選考に私心があるように見えた。

❷ひかえめにすること。手加減。遠慮。

ようじょう【横笛】⇩やうでう

よう-じん【用心】(名)心づかいをすること。心を用いること。徒然 二一七「人間常住の思ひに住して、かりにも無常を観ずることなかれ。これ第一の—なり」訳人間界は永久に変化しないものであるという考えにふみとどまって、かりにも(この世は)無常なものだと考えることがあってはならない。これが第一の心がまえである。

よう-す【用す】(他サ変)〔せ・し・す・する・すれ・せよ〕用いる。役立てる。方丈 三「牛・車を—する体(=用いる)人なし」

よう-せ-ず-は 悪くすると。ひょっとすると。もしかすると。源氏 桐壺「坊にも、—、この皇子の居給ふべきなめりと、一の皇子の女御は思し疑へり」訳皇太子(の位)にも、悪くすると、この皇子(=光源氏)がおつきになるはずであるようだと、第一皇子の(母である弘徽殿の)女御は気がかりにお思いになった。

なりたち 形容詞「よし」の連用形「よく」のウ音便「よう」＋サ変動詞「為す」の未然形「せ」＋打消の助動詞「ず」の連用形「ず」＋係助詞「は」

よう-だい【容体・容態】(名)「ようたい」「ようてい」とも。姿かたち。からだつき。ようす。身体の状態。〔浜松中納言物語〕「頭つき、—、…世に知らずをかしげにて」訳頭の形、からだつき、…並々でなく美しいようすで。

よう-どう【用途】(名)「ようとう」「ようど」とも。必要な費用。方丈 三「車の力を報ふほかには、さらに他の—いらず」訳車の力(を借りたこと)に報酬を支払う以外には、まったくほかの費用はいらない。

よう-めい【容面】(名)〔「めい」は「めん(面)」を古く「めい」と表記したもの〕顔かたち。源氏 手習「げにいと警策なりける人の御—かな」訳なるほどたいそうすぐれた(その)人(=浮舟)の御顔かたちであるなあ。

ようやく【漸く】⇩やうやく

ようよう【様様・漸う】⇩やうやう

よ-おと【夜音】(名)「よと」とも。夜に聞こえる物音。

〔万葉〕四・五三二「梓弓つまびく―の遠音にも君の御幸を聞かくし好しも」〔訳〕梓弓をつまびく夜の弦音のように、遠くからでも天皇のお出ましを聞くのは、うれしいことだ。(第二句までは「遠音」を導きだす序詞)

よ-おぼえ【世覚え】(名)世の中の評判。人望。〔著聞〕一三二「小式部、これより歌詠みの―出で来にけり」〔訳〕小式部内侍は、この時から歌人(として)の評判が起こってきたということだ。

-よか(接尾)〔「やか」の転〕「…と感じられるさまである」の意を表し、形容動詞の語幹をつくる。「なよ―」「にこ―」「ふく―」

よか【善か】㊀《上代東国方言》〔形容詞「よし」の上代の未然形「よけ」にあたる〕よい。〔万葉〕一四・三四一〇「将来をなかねそ現在しよ―ば」〔訳〕将来のことを心配するな。今さえよいならば(=幸せならば)。

㊁〔形容詞「よし」の連体形「よかる」の転「よかん」の撥音「ん」の表記されない形〕よい。〔枕〕八「消息を言はむに、―なりとはたれか言はむ」〔訳〕(女の部屋に)訪問の申し入れをしたとしたらそれに対して、よいようだとはだれが言うだろうか(いや、だれも言いはしない)。〔文法〕「よかなり」の「なり」は伝聞推定。

よ-がたり【世語り】(名)世間の語り草。世間ばなし。世間の評判。〔徒然〕一七二「好けるかたに心ひきて、ながき―ともなる」〔訳〕(若いころは)好きこのむ方向に心が動いて、(そのために)長い間の世間の語り草ともなる。⇩聞こえ「慣用表現」

横川(よかは)ヨカワ(名)今の滋賀県大津市にある、比叡山延暦寺の三塔(=東塔・西塔・横川)の一つ。東塔の根本中堂の北方、奥比叡、横川谷にある。

よ-が・る【夜離る】(自ラ下二)〔れ・れ・る・るる・るれ・れよ〕男性が女性のもとに、通うことが途絶える。男女の仲が絶える。〔千載〕恋四「一夜とて―・れ㊊し床のさむしろにやがても塵の積もりぬるかな」〔訳〕(あの人が)一晩(だけ)と言って訪れが途絶えた寝床のむしろに、そのまま塵が積もったことよ。

よ-がれ【夜離れ】(名)男性が女性のもとへ通ってこなくなること。男女の仲が絶えること。〔枕〕一二四「たのもしげなきもの　心みじかく、人忘れがちなる婿の、つねに―する」〔訳〕頼りなさそうなもの、移り気で、相手を忘れやすい婿が、しょっちゅう夜離れするの。

よき【斧】(名)斧の小型のもの。手斧。〔宇治〕一・三「翁の(=老人が)、腰に―といふ木伐る物さして」

よきひとの…〔和歌〕

> よき人の　よしとよく見て　よしと言ひし
> よし野よく見よ　よき人よく見
> 〈万葉・一・二七・天武天皇〉

〔訳〕(昔の)りっぱな人が、よい所だとよく見て、「よい」と言った。この吉野をよく見なさい、(今の)りっぱな人よ、よく見なさい。

〔解説〕吉野の離宮に行幸したときの歌。天皇の皇子たちに対して詠みかけたものであろう。初句の「よき人」と第五句の「よき人」に、昔と今の対比がある。

よき-みち【避き道・避き路】(名)本道にさしつかえなどがあったときに通る、ほかの道。人目をよけてゆく道。わき道。〔源氏〕真木柱「かの瀬は―なかなるを」〔訳〕あの(三途の)川の瀬は避けて通る道がないというから。

よ-きょう【余興】(名)興があり余ること。感興が後まで残ること。〔方丈〕三「もし、―あれば、しばしば松の響きに秋風楽をたぐへ」〔訳〕もし、興趣があり余ることがあると、しばしば松(に吹く風)の響きに秋風楽(=雅楽の曲名)を合わせて奏し。

よぎ・る【過ぎる】(自ラ四)〔ら・り・る・る・れ・れ〕〔鎌倉時代まで「よきる」〕❶立ち寄らずに行き過ぎる。素通りする。❷立ち寄る。訪れる。〔紀〕欽明「のちに、津守連遂にここに来り―・る㊎」〔訳〕その後、津守の連はとうとうここにやって来て立ち寄る。

よ・く【避く】(他カ四・上二・下二)〔か・き・く・く・け・け〕〔き・き・く・くる・くれ・きよ〕〔け・け・く・くる・くれ・けよ〕よける。さける。〔古今〕春下「吹く風にあつらへつくるものならばこの一本は―・きよ㊐(上二段)と言はまし」〔訳〕吹く風に注文を付ける(ことができる)ものならば、この(満開の桜の)一本は避けてくれと言うだろうに。〔後撰〕秋下「秋風に誘はれわたる雁がねは物思ふ人の宿を―・か㊍(四段)なむ」〔訳〕秋風に誘われて渡ってくる雁は、物思いにふける人の家をよけ(て通っ)てほしい。

〔参考〕上代では上二段、中古では上二段と四段、中世以降は下二段活用が用いられた。

よく【良く・善く・能く】(副)〔形容詞「よし」の連用形から。「よう」とも。〕❶くわしく。十分に。念入りに。〔万葉〕六・九七六「難波潟潮干の余波―見てむ家なる妹が待ち問はむため」〔訳〕難波潟の潮の引いたあとのようすを念入りに見ておこう。家にいる妻が待っていて聞くだろうから。

❷上手に。巧みに。〔宇治〕三・九「木のぼり―する法師、のぼりて見れば」〔訳〕木のぼりを上手にする法師が、(木に)のぼって見ると。

❸ふつうではできないことをした場合にいう。よくまあ。よくぞ。〔竹取〕竜の頸の玉「汝ら―もて来ずなりぬ」〔訳〕おまえたちはよくぞ竜の首の玉を持って来なかった。

❹たいそう。はなはだしく。〔源氏〕帚木「いと―似通ひたれば、姉妹と聞き給ひつ」〔訳〕(声が)とてもよく似通っているので、(小君の)姉だと(光源氏は)お聞きになった。

❺たびたび。ともすると。〔浮世床〕「この丁稚は―いたづらをしやあがる」

よく-かい【欲界】(名)《仏教語》三界の一つ。食欲・淫欲・睡眠欲などの欲望に支配される、衆生の住む世界。〔霊異記〕「―の垢を濯ぐ」

よく・す【善くす・能くす】(他サ変)〔せ・し・す・する・すれ・せよ〕❶十分にする。手ぬかりのないようにする。〔万葉〕四・五六七「周防なる磐国山を越えむ日は手向け―・せよ㊐荒しその道」〔訳〕周防(山口県東部)にある磐国山を越えようとする日は、道の神への安全祈願を十分にせよ。けわしい(から)、その道は。

❷巧みにする。上手にする。〔万葉〕一三・二九四三「わが命の長く欲しけく偽りを―・する㊍人を執ふばかりを」〔訳〕私の命が長くあってほしいことだ。うそを巧みにつく人をつかまえることができるほどに。

よく-よく【良く良く・善く善く・能く能く】㊀(副)❶念には念を入れて。十分に注意して。〔竹取〕かぐや姫の昇天「―見奉らせ給へ」〔訳〕念を入れて見守り申しあげなさい。
❷程度のはなはだしいさま。きわめて。十分に。〔古本説話集〕「我も食ひ、人にも―食はせて」
■(形動ナリ){なら・なり(に)・なり・なる・なれ・なれ}やむを得ずするさま。よほどのことであるさま。〔浄・丹波与作待夜小室節〕「見れば見る程よい子ぢゃに、馬方させる親の身はよくよく(語幹)であらう」訳見れば見るほどよい子なのに、馬方をさせる親の身はよほどのことであろう。

よ-げ【好げ・善げ・良げ】(形動ナリ){なら・なり(に)・なり・なる・なれ・なれ}〔「げ」は接尾語〕よさそうなさま。〔宇治〕一・三「なにとなく鬼どもがうちあげたる拍子の―・に(用)聞こえければ」訳なんとなく鬼たちが手を打ち歌い騒いでいる拍子がよさそうに聞こえたので。

よ-けい【余慶】(名)❶善行の報いとして受ける幸福。先祖の積んだ善行が子孫に及ぼす吉事。〔平家〕三・小教訓「積善(しゃくぜん)の家に―あり、積悪(しゃくあく)の門(かど)に余殃(よあう)とどまる」訳(代々)善行を積んだ家には報いとしての慶事があり、悪事を積んだ家には報いとしての災難がとどまる。↔余殃(よあう)
❷おかげ。〔太平記〕三「この猿楽(さるがく)をして遊ぶこと(ができるの)も、偏(ひと)へに武恩(=武家の恩)の―なり」

よけく【良けく・善けく】よいこと。〔万葉〕五・九〇四「何時(いつ)しかも人と成り出(い)でて悪(あ)しけくも―も見むと」訳早く一人前になって、悪くもよくも(そのさまを)見たいと。
なりたち 形容詞「よし」のク語法

よこ【横】(名)❶左右の方向。水平の方向。↔縦(たて)
❷正当でないこと。不正。よこしま。〔浮・好色一代女〕「〔相場取引をする商売人は〕年中偽(うそ)と―と欲とを元手にして世をわたり」

よこ-がみ【横上】(名)縦長の旗の幅を張るために、上端につける横木。〔平家〕一一・鶏合 壇浦合戦「旗の―には、金剛童子(こんがうどうじ)を書きたてまつって」訳旗の上端につける横木には、金剛童子をお描き申しあげて。

よこ-がみ【横紙】(名)漉(す)き目を横にした紙。また、紙の漉き目を横にして用いること。

よこがみ-を-やぶ-る【横紙を破る】〔「やぶる」は「やる(破る)」とも〕(紙は漉(す)き目に沿って縦に裂くと裂けやすいが、それをあえて破りにくい横に破ることから)むりを押し通す。〔平家〕三・医師問答「入道相国(しゃうこく)のさしも―・ら(未)れつるも」訳入道相国(=平清盛)があんなにもむりを押し通しなさったのも。

よこ-ぐも【横雲】(名)横にたなびく雲。多く、明け方に東の空にたなびく雲についていう。〔新古〕春上「春の夜の夢の浮き橋とだえして嶺(みね)にわかるる―の空」訳↓はるのよの…和歌

よ-ごころ【世心】(名)男女の情を解する心。異性を慕い求める心。〔伊勢〕六三「むかし、―つける女、いかで心なさけあらむ男に逢(あ)ひ得てしがなと思へど」訳昔、異性を慕い求める心が起きた女が、どうにかして愛情深いような男に逢うことができたらなあと思うけれども。

よこ-さ【横さ】(名)〔「さ」は方向を示す接尾語〕横。横の方向。横さま。〔万葉〕一八・四一三二「縦(たた)さにもかにも―も奴(やっこ)とぞ吾(あれ)はありける主(ぬし)の殿門(とのど)に」訳縦の方向から見ても横の方向から見ても奴で私はあった。ご主人であるあなた様に(お仕えして)。↔縦(たた)さ

よこ-ざ【横座】(名)❶(正面の座は横向きに敷物を敷くことから)上座(かみざ)。正面の座席。〔宇治〕一・三「―の鬼よりはじめて、あつまりゐたる鬼ども、あさみ興(きょう)ず」訳正面の席の鬼をはじめとして、集まって座っていた鬼どもは、驚きあきれておもしろがる。
❷横側にある座席。〔義経記〕「土佐が居(ゐ)たる―にむずと鎧(よろひ)の草摺(くさずり)を居懸(ゐか)けて」訳土佐(=人名)が座っていた横の座席に強引に(座り)、鎧の草摺りを(土佐の衣服に)うちかけて。

よこ-さま【横様】(名・形動ナリ)〔のちに「よこざま」とも〕❶横の方向。横向き。また、そのさま。〔枕〕一九八「雨の脚(あし)―・に(用)さわがしう吹きたるに」訳雨脚(あまあし)が横向きに(なるほどに)、風が騒がしく吹いているときに。↔縦様(たてさま)
❷ふつうでないさま。異常なさま。正しくないさま。〔源氏〕桐壺「―・なる(体)やうにて、遂(つひ)にかくなり侍りぬれば」訳(桐壺の更衣は)異常な(=横死(わうし)のような)状態で、とうとうこのようになって(死んで)しまいましたので。

よこさま-の-しに【横様の死に】〔「横死(わうし)」の訓読〕災害や殺害などによる死。非業(ひごふ)の死。〔増鏡〕新島守「―をせんことはあるべからず」訳思いがけない死に方をするようなことはあってはいけない。

よこし-ま【横しま・邪】(名・形動ナリ)❶横の方向。横向き。
❷ねじけていて正しくないこと。道にはずれていること。非道。〔徒然〕二〇七「鬼神は―なし。とがむべからず」訳鬼神は邪道の行いをしない。気にかけてはいけない。

よこ-たは-る【横たはる】―タワル(自ラ四・下二){ら・り・る・る・れ・れ／れ・れ・る・るる・るれ・れよ}横になる。横に臥(ふ)す。〔源氏〕藤裏葉「いたうけしきばみ、―・れ(已)(四段)る松の」訳たいそう風情ありげに、横にのびている松の。〔枕〕一三五「おほきなる木の風に吹き倒されて、根をささげて―・れ(用)(下二段)臥せる」訳大きな木が風に吹き倒されて、根を上にして横になり転がっているの(は、体裁(ていさい)が悪い)。

よこ-た-ふ【横たふ】―タウ ■(他ハ下二){へ・へ・ふ・ふる・ふれ・へよ}❶横にする。横たえる。横にさす。〔紀〕雄略「琴を―・へ(用)て弾(ひ)きて曰(い)はく」訳琴を横にして弾きながら言うことには。
❷横にして帯びる。〔平家〕一・殿上闇討「腰の刀を―・へ(用)さいて、節会(せちゑ)の座につらなる」訳腰の刀を横にして差して、節会の座に列席する。
■(自ハ四){は・ひ・ふ・ふ・へ・へ}横になる。横たわる。〔細道〕芭蕉「荒海や佐渡に―・ふ(体)天(あま)の河(がは)」訳↓あらうみや…俳句

よこで-を-う-つ【横手を打つ】感動したり納得したりしたときなどに、思わず両手を打ち合わせる。〔浮・世間胸算用〕「亭坊(ていばう)も―・っ(用)(促音便)て、『さてもさても、身の貧からはさまざま悪心(あくしん)もおこるものぞかし』」訳住職も思わず手を打って、「それにしてもまあ、(その身の)貧しさからはいろいろと悪い心も起こるものだね」。

よ-ごと【寿詞】(名)❶天皇の御代(みよ)の長久・繁栄を祝うことば。〔紀〕孝徳「巨勢大臣(こせのおほおみ)をして―奉らしめて」訳巨勢の大臣に祝いのことばを奏上させて。
❷祈ることば。祝詞(のりと)。〔竹取〕竜の頸の玉「―をはなちて起(た)ち居(ゐ)、泣く泣くよばひ給ふこと」訳誓願のことばを高く唱えて立ったり座ったりして、泣きながら(神に)何度も呼びかけなさることを。

よ‐ごと【善事・吉事】(名)よいこと。めでたいこと。万葉 二〇・四五二六「新たしき年の始めの初春の今日降る雪のいやしけー」訳→あらたしき…和歌。↔禍事

よこ‐なば・る【横訛る】(自ラ四){ら・り・る・る・れ・れ}「よこなまる」とも。ことばや発音がなまる。なまりがある。今昔 二六・二「ー・り用たる声どもにて、『いたくな早めそ、早めそ』と言ひ行けば」訳 なまっている声々で、「(牛車を)ひどく急がせるな、急がせるな」と言って行くと。

よこ‐に‐でやう【横に出やう】正当な理由のないことをむりに押し通す方法。横車の押し方。〔浮・世間胸算用〕「いかにしてもこなたのーが古い」訳 なんといってもあなたの横車の押し方は古い。

よこ‐に‐で・る【横に出る】むりを押し通す。また、おどす。ゆする。横車を押す。「横に渡る」とも。

よこ‐に‐わた・る【横に渡る】「よこにでる」に同じ。〔浮・西鶴諸国ばなし〕「すぐなる(=まっすぐな)今の世をー・る体(=むりを通して暮らす)男あり」

余呉湖(よごのうみ)『地名』歌枕 今の滋賀県長浜市余呉町にある湖。羽衣伝説がある。

よこ‐ぶえ【横笛】(名)横にもって吹く笛の総称。音読して「わうてき」「やうでう」とも。⇩巻頭カラーページ23

よこ‐ほ・る【横ほる】(自ラ四){ら・り・る・る・れ・れ}横になる。横たわる。土佐「ひんがしのかたに、山のー・れ已るを見て」訳 東のほうに、山が横たわっているのを見て。

よこ‐め【横目】(名)❶横を見ること。また、わき目。❷他に心をうばわれること。他に心を移すこと。心変わり。宇治 九・三「その後、思ひかはして、またーすることなくて住みければ」訳 その後、(二人は)互いに愛し合って、二度と心変わりをすることなく暮らしたので。❸監視すること。また、その役の人。見張り。〔浮・西鶴織留〕「家久しき年寄りをーに付けて」訳 この家に長くいる年寄り(の使用人)を監視役につけて。

よ‐ごもり【夜籠り】(名)❶夜が更けること。深夜。万葉 九・一七六三「倉橋の山を高みかーに出でくる月の片待ち難き」訳 倉橋の山が高いからか、夜更けに出てくる月をひたすら待ちかねることだ。❷寺社に参詣し、一晩じゅうこもって祈ること。

よ‐ごも・る【世籠る】(自ラ四){ら・り・る・る・れ・れ}世間や男女の仲のことを知らないでいる。世に出ないでいる。また、年が若く将来性がある。大鏡 陽成院「いまだー・り用てはおはしける時、在中将しのびてゐて隠し奉りたりけるを」訳 (母后高子が)まだ年若く世に出ないでいらっしゃったころ、在中将(=在原業平)がこっそり連れ出してお隠し申しあげたのを。

よ‐ごろ【夜来】(名)ここ幾夜か。ここ数夜。〔十訓〕一〇「月の夜ごとに、行きあひて吹くこと、ーになりぬ」訳 (明るい)月夜のたびに、行き合って(互いに笛を)吹くことが、幾夜かになった。

よころば・ふ【横ろばふ】(自ハ四){は・ひ・ふ・ふ・へ・へ}横たわる。横になる。枕 二〇〇「大きなる木どもも倒れ、枝など吹き折られたるが、萩・女郎花などの上にー・ひ用伏せる、いと思はずなり」訳 (野分で)大きな木が何本も倒れ、枝などの吹き折られたのが、萩や女郎花などの上に横たわり倒れているのは、ひどく気にくわないさまである。

横井也有(よこゐやいう)『人名』(一七〇二〜一七八三)江戸中期の俳人。名は時般。別号、知雨亭など。尾張(愛知県)藩の重臣。詩歌・書画・琵琶などをよくし、軽妙洒脱な俳文に特色を表した。俳文集「鶉衣」

よ‐ざかり【世盛り】(名)世に時めいていること。権勢や年齢などが盛りであるようす。また、全盛期。平家 一・禿髪「この禅門ーのほどは、いささかいるかせにも申す者なし」訳 この入道(=平清盛)が全盛のうちは、少しもおろそかに申す者はない。

与謝の海(よさのうみ)『地名』歌枕 今の京都府宮津市、宮津湾の古称。また、天の橋立の砂州で隔てられた、西側の海。浦島伝説の地。

与謝蕪村(よさぶそん)『人名』(一七一六〜一七八三)江戸中期の俳人・画家。姓は谷口。別号、宰鳥・夜半亭など。摂津(大阪府)の人。江戸に出て俳諧を学び、諸国を放浪後、丹後(京都府)の与謝に住み絵画に精進し、また絵画的浪漫的作風で俳人としても一派をなし、天明中興俳壇に活躍した。文人画では池大雅と並び称される。編著「新花摘」「蕪村句集」「蕪村翁文集」「蕪村七部集」「玉藻集」「夜半楽」など。(蕪村忌冬)

よ‐ざま【善様】(形動ナリ){なら・なり(に)・なり・なる・なれ・なれ}「よさま」とも。よいようすである。よいさまである。源氏 夕霧「人の御名をー・に用言ひなほす人は難きものなり」訳 人のおうわさをよいように言い改める人はほとんどないものである。↔悪し様

よ‐さむ【夜寒】(名)秋が深くなって夜の寒さの感じられること。また、その寒さ。または、その季節。秋。徒然 四四「ーの風に誘はれくるそらだきものの匂ひも、身にしむ心地す」訳 秋の夜の寒い風に誘われてただよってくる空薫きの香(=どこからともなく匂ってくるようにたく香)の香りも、身にしみる感じがする。↔朝寒

よ‐さり【夜さり】(名)〔「さり」は「やってくる」の意の動詞「去る」の連用形の名詞化したもの〕夜になるころ。夜。今夜。竹取 燕の子安貝「『さらに、ーこの寮にまうで来』とのたまひて」訳 (中納言は)「あらためて、夜になるころこの役所に参上せよ」とおっしゃって。文法「まうで来」は自敬敬語。

よ‐さん【予参・預参】(名・自サ変)参集してその数に入ること。参会。参列。平家 七・木曽山門牒状「怨敵巷にみちてー道をうしなふ」訳 恨みのある敵が町にいっぱいになって(合戦に)参集の手段を失う。

よ‐さん【余算】(名)残された寿命。余命。方丈 五「抑、一期の月影かたぶきて、ー、山の端に近し」訳 さて、私の一生も、月が傾いて、余命は、山の端に近い(=いくらもない)。

よし【由】(名)❶**物事のいわれ。由緒。**由来。〔琴後集〕「ーある人と目とどめられしに」訳 由緒ある人だと思って自然と注目していたところ。文法「とどめられし」の「られ」は、自発の助動詞。❷**理由。わけ。**徒然 一七〇「心づきなきことあらん折は、なかなかそのーをも言ひてん」訳 (他人と会うのに)気のりしないことがあるようなときには、かえってそのわけをも言ってしまおう。文法「あらん折」の「ん」は、仮定・婉曲の助動詞。「言ひてん」の「て」は、助動詞「つ」の未然形で、ここは確述の用法。「ん」は、勧誘の助動詞。❸**手段。方法。**万葉 一五・三七三四「遠き山関も越え来ぬ今さらに逢ふべきーのなきがさぶしさ」訳 遠い山や関

所も越えてやって来た。(それなのに)今となってはもう逢うことのできる手だてのないのはさびしいことだ。
❹趣。風流。優雅。奥ゆかしさ。源氏 若紫「清げなる屋、廊などつづけて、木立いと—あるは」訳 小ぎれいな建物や渡り廊下などを連ねて、木立が非常に趣のある場所(＝僧坊)は。
❺話のおおむね。次第。趣旨。土佐「その—いささかに物に書きつく」訳 その(旅中の)次第を(以下に)少し紙に書き記す。⇩土佐日記「名文解説」
❻縁。ゆかり。伊勢 一「平城の京、春日の里にしる—して、狩りに往にけり」訳 (男は)奈良の都の、春日の里に領地を持っている縁で、狩りに出かけた。⇩伊勢物語「名文解説」
❼そぶり。ようす。徒然 七三「よく知らぬ—して、さりながら、つまづま合はせて語る虚言は、おそろしきことなり」訳 よく知らないふりをして、それでいて、辻褄を合わせて語るうそは、(だまされやすく)おそろしいものである。
(⇩故「類語パネル」)

よし【葦・蘆・葭】(名)「あし(葦)」に同じ。「アシ」の音が「悪し」に通じるのを嫌って言ったもの。

よ・し【好し・良し・善し】(形ク){から・く(かり)・し・き(かる)・けれ・かれ}

語義パネル

●重点義 **本質的によいさま。最高度にすぐれているさま。**

対象によって①から⑨の訳になる。⑩は補助形容詞。

❶**すぐれている。価値がある。**よい。
❷(心がけが)**正しい。善良である。**
❸**美しい。**きれいだ。
❹**身分が高い。**教養があり、上品である。
❺快い。楽しい。好ましい。
❻上手である。巧みである。
❼道理にかなって適切である。**ふさわしい。好都合だ。**
❽めでたい。縁起がよい。
❾効果がある。ききめがある。
❿(動詞の連用形に付いて)…しやすい。

❶**すぐれている。価値がある。**よい。徒然 一「いたましうするものから、下戸ならぬこそ男は—・けれ㊁」訳 (酒をすすめられて)迷惑であるようにするものの、まったく飲めなくもないのが、男としてはよいものだ。文法「ものから」は、逆接の接続助詞。
❷(心がけが)**正しい。善良である。**源氏 玉鬘「かの親なりし人は、心なむあり難きまで—・かり㊊し」訳 あの(＝玉鬘の)親であった人(＝夕顔)は、気だてが類がないほど善良であった。
❸**美しい。**きれいだ。竹取 御門の求婚「—・き㊍かたちにもあらず。いかでか見ゆべき」訳 (私は)美しい容姿でもない。どうして(勅使に)対面できようか(いや、できない)。
❹**身分が高い。**教養があり、上品である。徒然 一〇「—・き㊍人の、のどやかに住みなしたる所は、さし入りたる月の色も、ひときはしみじみと見ゆるぞかし」訳 教養のあるりっぱな人が、ゆったりと住み暮らしている家は、さし込んでいる月の光も、一段としんみりと感じられるものであるよ。文法「ぞかし」は、文末に用いて強く念をおす意。
❺快い。楽しい。好ましい。万葉 八・一六六〇「梅の花散らす冬風の音のみに聞きし吾妹を見らくし—・し㊎も」訳 梅の花を散らす嵐の音のように、(今まで)評判にだけ聞いていたあなたに逢うことは、楽しいことだよ。(第二句までは「音」を導きだす序詞)。文法「見らくし」の「見らく」は「見る」のク語法で「逢うこと」の意、「し」は、強意の副助詞。
❻上手である。巧みである。土佐「この歌—・し㊎とにはあらねど」訳 この歌が上手だというわけではないが。
❼道理にかなって適切である。**ふさわしい。好都合だ。**伊勢 八二「この酒を飲みてむとて、—・き㊍所を求めゆくに、天の河といふ所にいたりぬ」訳 この酒を飲んでしまおうと言って、ふさわしい場所をさがして行くうちに、天の河という所に着いた。文法「飲みてむ」の「て」は、助動詞「つ」の未然形で、ここは確述の用法。
❽めでたい。縁起がよい。源氏 葵「今日は—・き㊍日ならむかし」訳 今日は(髪を切るのに)縁起のよい日であろうよ。文法「かし」は、強く念をおす意の終助詞。
❾効果がある。ききめがある。〔浮・西鶴諸国ばなし〕「上書きに、貧病の妙薬、金用丸、よろづに—・し㊎としるして」訳 上書きに、貧乏という病気によくきく薬、金用丸(＝お金)、なんにでもききめがあると書いて。
❿(動詞の連用形に付いて)…しやすい。古今 雑下「山里はもののわびしきことこそあれ世の憂きよりは住み—・かり㊊けり」訳 山里はものさびしくてつらいことはあるけれども、いやな俗世間よりは暮らしやすいことだよ。文法「こそあれ」は係り結びで、強調逆接となって下に続く。
(⇩悪し「類語パネル」)

よし【縦し】(副) ❶(「よし」と言って仮に許す意から)不満足ではあるが、しかたがない。ままよ。どうなろうとも。万葉 一〇・二一一〇「人皆は萩を秋と言ふ—われは尾花が末を秋とは言はむ」訳 人は皆、萩が秋(で一番いい花だ)と言う。それはそれでしかたがない、私は尾花の穂先を秋(一番のもの)とは言おう。
❷(下に逆接の仮定条件を伴って)たとえ。仮に。よしんば。万一。万葉 二・一四九「人は—思ひ止むとも玉鬘影に見えつつ忘らえぬかも」訳 ほかの人はたとえお慕いすることをやめても、(私は天皇が)面影にいつも見えていて忘れられないことだ。(「玉鬘」は「影」にかかる枕詞)。文法「忘らえぬ」の「え」は、上代の可能の助動詞「ゆ」の未然形。

副詞の呼応
〈逆接仮定〉
行け、よし 雨は降るとも。
(＝行け。たとえ雨が降っても)

よ-し(間助)《上代語》〔間投助詞「よ」に副助詞「し」が付いたもの〕詠嘆を表す。…よ。…なあ。〔紀〕景行「愛しきよし我家の方ゆ雲居立ち来も」訳 なつかしいなあ、私の家のほうから雲がわいて来るなあ。

よし-あ・り【由有り】❶いわれがある。由緒がある。〔琴後集〕「—・る㊍人と目とどめられしに」訳 由緒ある人だと思って自然と注目していたところ。

❷教養がある。源氏 桐壺「母北の方なむいにしへの人の―・る(体)にて」訳(桐壺の更衣の)母である(亡き大納言の)正妻は、旧家の出身者で、教養がある人であって。❸奥ゆかしく趣が深い。風情に富む。平家 灌頂・大原御幸「ふるう作りなせる前水木立、―・る(体)さまの所なり」訳 古びて見えるように作ってある庭の前の池や木立は、風情があるようすの所である。

吉田兼好（よしだけんかう）ヨシダケンコウ『人名』→兼好法師

よし-づ・く【由付く】(自カ四)〔か・き・く・く・け・け〕由緒ありげに見える。奥ゆかしい風情がある。風雅のたしなみがある。源氏 橋姫「うち笑ひたるけはひ、いま少しおもりかに―・き(用)たり」訳 にっこり笑っている(大君の)ようすは、(中の君よりも)もう少し重々しく落ち着いて奥ゆかしい風情があるように見えた。

義経千本桜（よしつねせんぼんざくら）『作品名』江戸中期の浄瑠璃。時代物。竹田出雲・三好松洛・並木宗輔(千柳)の合作。延享四年(一七四七)、大坂竹本座初演。源義経の吉野落ちを題材に、平家没落後の三武将、知盛・維盛・教経の哀話などをからませて描く。歌舞伎にも脚色された。

よしともの… 俳句

> 義朝の　心に似たり　秋の風　秋
> 〈野ざらし紀行・芭蕉〉

訳 あの義朝の悲痛な心境にも似ていることだ。(常盤の墓のあたりに吹く)この(寂しく痛ましいまでの)秋風は。(秋の風 秋。切れ字は「たり」)

解説「義朝」は源義朝。「常盤」はその愛妾で、義経の母。義朝は父と弟を討ち、後には平氏に都を追われ、敗走中家臣の手で殺されている。その痛恨の心が秋風となって常盤の塚に通うと見た。常盤の塚を通る時、荒木田守武の付句「義朝殿に似たる秋風」を改作した即興句。

よし-な・し【由無し】(形ク)〔から・く(かり)・し・き(かる)・けれ・かれ〕

> **語義パネル**
> ●重点義 根拠や理由に納得がいかず、不満に感じるさま。
> 理由・根拠・由縁の意の「由」に形容詞「無し」が付いてできた語。
> ❶理由がない。根拠がない。
> ❷手段・方法がない。しようがない。
> ❸関係がない。ゆかりがない。
> ❹無用だ。無益である。無駄である。甲斐がない。
> ❺よくない。くだらない。つまらない。風情がない。

❶**理由がない。根拠がない。** 宇治 二・六「天道もこれをぞめぐみ給ふらん。―・き(体)こと、な言ひあひそ」訳 天の神もこうした人(＝恩を知り人のために尽くす人)をお恵みになるであろう。根拠もないことを言い合うな。文法「な(副詞)…そ(終助詞)」の形で、禁止の意を表す。

❷**手段・方法がない。** しようがない。大鏡 道長上「今さらに―・し(終)。これぞめでたきこと」訳 今となってはどうにもできない。(むしろ)これは結構なことだ。

❸関係がない。ゆかりがない。枕 二五「忍びやかに門たたけば、胸すこしつぶれて、人出だして問はするに、あらぬ―・き(体)者の、名のりして来たるも」訳 ひそやかに門をたたくので、胸が少しどきどきして、召使を出して取り次ぎをさせると、(待っていた人とは)別の関係のない者が、名のって来たのも(ひどく興ざめだ)。

❹無用だ。**無益である。無駄である。甲斐がない。** 今昔 二七・四「―・く(用)猛き心を見えむとて死ぬる、きはめてかひなきことなりとなむ語り伝へたるとや」訳 無益に勇気(のあるところ)を見せようとして死ぬのは、まことにむだなことであると語り伝えているとかいうことだ。文法 係助詞「や」のあとに結びの語「聞く」「言ふ」などが省略されている。

❺**よくない。くだらない。**つまらない。風情がない。更級 夫の死「昔より、―・き(体)物語、歌のことをのみ心にしめで、夜昼思ひて、おこなひをせましかば、いとかかる夢の世をば見ずもやあらまし」訳 昔から、くだらない物語や、和歌のことにばかり熱中しないで、夜昼心を集中して、勤行をしていたなら、ほんとうにこんな夢のようにはかない人生の憂き目(＝夫の死)を見ないでもすんだであろうか。文法「ましかば…まし」は、反実仮想。名文解説 夫に先立たれた後、若い頃から物語や歌にばかり熱中せず、勤行に励んでいたならば、このような悲しい目にあわずにすんだのではないか、と嘆く菅原孝標の女の後悔のことば。この後、孝標の女の心は急速に信仰へと傾いてゆく。

よしなし-ごころ【由無し心】(名)つまらない考え。たわいもないことを考える心。更級 春秋のさだめ「今は、昔の―もくやしかりけりとのみ、思ひ知りはて」訳 今では、若いころのつまらない考え(で過ごしてきたこと)もほんとうに残念だとだけ、すっかり思い知り。

よしなし-ごと【由無し事】(名)とりとめもないこと。つまらないこと。徒然 序「つれづれなるままに、日暮らし硯に向かひて、心にうつりゆく―を、そこはかとなく書きつくれば」訳 何もすることがなく、手持ちぶさたであるのにまかせて、一日じゅう硯に向かって、心の中に次々と浮かんでは消えるたわいもないことを、とりとめもなく書きつけると。⇩徒然草「名文解説」

よしなし-もの【由無し物】(名)つまらないもの。無用なもの。宇治 一三・一「この石は、女どもこそ―と思ひたれども」訳 この石は、女どもはつまらないものと思っているけれども。

よしなし-わざ【由無し業】(名)つまらないこと。たわいもない行為。宇治 一〇・一〇「人々『などかくはするぞ。―する』と言へど」訳 人々が「なぜこのようにはするのだ。つまらないことをすることだ」と言うが。

吉野（よしの）『地名』今の奈良県吉野郡、吉野川流域の地。修験道の霊場があり、桜と南朝の史跡で知られる。

吉野川（よしのがは）ヨシノガワ『地名』歌枕 今の奈良県吉野郡の山中に源を発する川。和歌山県に入り、紀ノ川となる。

よしのなる… 和歌

> 吉野なる　夏実の河の　川よどに
> 鴨そ鳴くなる　山陰にして
> 〈万葉・三・三七五・湯原王〉

訳 吉野にある菜摘の川の淀みで鴨が鳴くのが聞こえる。あの山の陰で。文法「鳴くなる」の「なる」は推定の助動詞「なり」の連体形で、聴覚に基づいてその主体を推定するもの。解説「夏実の河」は、今の奈良県吉野郡吉野町菜摘の地を流れる川。

吉野山(よしのやま)〖地名〗歌枕 今の奈良県吉野郡吉野町にある山。修験道の霊場、桜と南朝の史跡で知られる。

よしのやま… 和歌

> 吉野山　やがて出でじと　思ふ身を
> 花散りなばと　人や待つらん
> 〈新古今・一七・雑中・一六一九・西行〉

訳 (花を見に)吉野山に入って、そのまま(俗世には)出まいと思っている私を、花が散ったら(戻ってくるだろう)と、人は待っているだろうか。文法「や」は疑問の係助詞。解説 吉野山は桜の名所であるとともに、出家遁世の場でもあった。吉野山での修行の決意と都への未練で揺れる心を詠む。

よしばみ-ごと【由ばみ事】(名)風流ぶったふるまい。気取ったふるまい。〔紫式部日記〕「えもいはぬ—しても、われ賢に思ひたる人」訳 言いようもないほど(つまらない形だけ)の風流ぶったふるまいをして(見せてまで)も、自分はたいしたものと思っている人は。

よし-ば-む【由ばむ】(自マ四)〔ま・み・む・む・め・め〕〔「ばむ」は接尾語〕由緒ありげなようすをしている。気取っている。〔浜松中納言物語〕「もてなし—・む体こともなくて」訳 ふるまいが気取ることもなくて。

よし-み【好み・誼】(名)❶親しい交わり。親しみ。好意。平家 四・競「相伝の—はさることにて候へども、いかが朝敵となれる人に同心をばし候ふべき」訳 先祖代々の親しい交わりはもっともなことですが、どうして朝敵となった人に味方をすることができましょうか(いや、味方をすることはできません)。❷ゆかり。縁故。平家 六・廻文「故帯刀先生義賢がひつきにけり」訳 故帯刀先生義賢の縁故で、田子郡の多くの武士が、みんな(木曽義仲に)つき従った。

良岑宗貞(よしみねのむねさだ)〖人名〗→遍昭

良岑安世(よしみねのやすよ)〖人名〗(七八五〜八三〇)平安前期の漢学者。桓武天皇の皇子。宗貞(=遍昭)の父。大納言。藤原冬嗣らと「日本後紀」および「内裏式」を撰し、滋野貞主らと漢詩集「経国集」を撰した。

よし-め-く【由めく】(自カ四)〔か・き・く・く・け・け〕〔「めく」は接尾語〕由緒ありそうに見える。わけがありそうにふるまう。たしなみがありそうに見える。源氏 玉鬘「これは気高く、もてなしなど恥づかしげに、—・き用給へり」訳 この方(=玉鬘)は気品があり、立ち居ふるまいなどはこちらの気がひけるほどりっぱな感じで、由緒ありそうなようすにしていらっしゃる。

よし-や【縦しや】(副)〔副詞「縦し」に間投助詞「や」の付いたもの〕❶ままよ。どうなろうとも。まあまあ。〔栖去之弁〕「風雅も—是までにして、口をとぢんとすれば」訳 俳諧もまあまあこれまでにして、口を閉じよう(=句を詠むことをやめよう)とすると。❷たとえ。よしんば。かりに。古今 恋五「吉野の川—人こそつらからめはやく言ひてしことは忘れじ」訳 たとえあの人がつれなくなろうとも、(私は)以前に言ってくれたことばは忘れまい。(「吉野川」は「よしや」にかかる枕詞。「吉野川」と「はやく」は縁語)

よし-よし【縦し縦し】(感)〔副詞「縦し」を重ねて強めた語〕ままよ。どうなろうとも。もうよろしい。源氏 蓬生「—。まづかくなむ聞こえさせむ」訳 もうよろしい。とりあえず、こう(であった)と(光源氏に)申し上げよう。

よしよし・し【由由し】(形シク)〔しから・しく(しかり)・し・しき(しかる)・しけれ・しかれ〕〔名詞「由」を重ねて形容詞化した語〕由緒ありげである。趣ありげである。風情がある。源氏 東屋「人々の装束させ、しつらひなど—・しう用(ウ音便)し給ふ」訳 (浮舟の母は、浮舟の結婚の準備のために)女房たちの衣装を作らせ、部屋の飾りつけなども趣のあるようにしなさる。

よし-ゑ【縦しゑ】(副)《上代語》〔副詞「縦し」に上代の間投助詞「ゑ」の付いたもの〕ええ、ままよ。どうなろうとも。万葉 一三・三二八五「たらちねの母にも告らずつつめりし心は—君がまにまに」訳 母にも言わずに隠していた心は、どうなろうとも、どうぞあなたの心のままに。(「たらちねの」は「母」にかかる枕詞)

よしゑ-やし【縦しゑやし】《上代語》ええ、ままよ。たとえどうあろうとも。万葉 二・一三一「—浦はなくとも—潟はなくとも」訳 →いはみのうみ… 和歌

なりたち 副詞「縦しゑ」+上代の間投助詞「やし」

よ・す【寄す】■(自サ下二)〔せ・せ・す・する・すれ・せよ〕❶寄る。せまる。土佐「—・する体波うちも寄せなむわが恋ふる人忘れ貝おりて拾はむ」訳 →よするなみ… 和歌 ❷攻め寄せる。近づく。平家 八・水島合戦「備中国水島が門に舟をうかべて、八島へすでに—・せ未んとす」訳 備中の国(岡山県西部)水島の海峡に舟を浮かべて、屋島へいよいよ押し寄せようとする。
■(他サ四)〔さ・し・す・す・せ・せ〕近寄らせる。寄せる。よこす。万葉 九・一六七九「妻—・し用こせね」訳 妻をよこしてほしい。文法「こせ」は、上代の希望の助動詞「こす」の未然形。「ね」は、上代の他に対する願望の終助詞。
■(他サ下二)〔せ・せ・す・する・すれ・せよ〕❶近づける。寄せる。竹取(天人は)屋根の上に空飛ぶ車を—・せ用て」訳 (天人は)屋根の上に空飛ぶ車を近づけて。❷まかせる。任ずる。ゆだねる。平家 七・聖主臨幸「泣く泣く無智の境に身を—・せ未んと」訳 泣く泣く知らない土地に身をまかせよう(=放浪しよう)とは。❸かこつける。関係づける。思いくらべる。源氏 手習「横川に通ふ道のたよりに—・せ用て、中将、ここにおはしたり」訳 横川へ通う道中のついでにかこつけて、中将はここ(=小野)においでになった。❹心をかたむける。向ける。更級 春秋のさだめ「人はみな春に心を—・せ用つめり我のみや見む秋の夜の月」訳 ほかの人はみんな春に関心を向けてしまったようだ。私だ

けが見るのだろうか、秋の夜の月は。❺**贈る。寄付する。**［徒然］二五「御堂殿の作りみがかせ給ひて、庄園多く—・せ㊍られ」［訳］御堂殿（＝藤原道長）が（法成寺を）美しくお造りになられて、荘園を多く寄進しなさって。［文法］「せ給ひ」は、最高敬語。［参考］㊁の四段の他動詞は上代にしか見られない。ごくまれに自動詞の用例もある。

よすが【縁・因・便】（名）〔上代は「よすか」〕❶**頼りとする方法。手段。**［徒然］五八「餓ゑを助け、嵐を防ぐ—なくてはあられぬわざなれば」［訳］飢えをしのぎ、嵐を防ぐ手段（としての家屋）がなくては生きていられないことであるから。［文法］「あられぬ」の「れ」は、可能の助動詞「る」の未然形。❷**頼りとするもの。ゆかり。**身を寄せる所。より所。［枕］三七「ほととぎすの—とさへ思へばにや、なほさらにいふべうもあらず」［訳］（橘は）ほととぎすの身を寄せる所とまで思うからであろうか、なんといってもまったく言いようもない（ほどすばらしい）。［文法］係助詞「や」のあとに結びの語「あらむ」が省略されている。❸**夫・妻・子・縁者など、頼りとする相手。**［方丈］三「もとより妻子なければ、捨てがたき—もなし」［訳］（私には）もともと妻子はないから、（出家するにあたって）捨てにくく心残りとなる縁者もない。

よ-すがら【夜すがら】（副）〔「すがら」は接尾語〕夜通し。終夜。一晩中。［蜻蛉］中「長き—なく虫のおなじ声にやたへざらむ」［訳］長い（秋の）夜通し鳴く虫と同じ声で、（奥方さまは悲しみに）耐えかねて泣いているのだろうか。↔終日

よ-すぎ【世過ぎ】（名）世渡り。なりわい。生活。〔浮・日本永代蔵〕「同じ—、各別の違ひあり」［訳］同じ世渡りとはいっても、（奉公人を使うと使わないでは）格別の違いがある。

よすて-びと【世捨て人】（名）俗世間を捨てて僧や隠者になった人。隠遁者。［徒然］一「ひたふるの—は、なかなかあらまほしきかたもありなん」［訳］いちずな世捨て人は、かえって望ましい点もきっとあるだろう。

よするなみ…［和歌］

> 寄する波　うちも寄せなむ　わが恋ふる
> 人忘れ貝　おりて拾はむ
> 〔人（を）忘れ〕〔忘れ貝〕
> 〈土佐〉

［訳］寄せ来る波よ、うち寄せてほしい。私の恋しく思う人を忘れさせてくれるという忘れ貝を、（浜辺に）おりて拾おう。［文法］「なむ」は、他に対する願望の終助詞。［修辞］「人忘れ貝」は、「人を忘れる」意と「忘れ貝」との掛詞。［解説］浜辺の美しい貝や石を見て、土佐（高知県）で死んだ自分の娘を思い出して詠んだ歌。当時、忘れ貝を拾うと、つらいことを忘れられるという俗信があった。

よせ【寄せ】（名）❶人が心を寄せること。人望。信望。［源氏］明石「もしは位高く、時世の—今ひときはまさる人には、なびき従ひて」［訳］あるいは（自分より）位が高く、世間の人望がもう一段とすぐれた人には、心を寄せ従って。❷後見。うしろだて。世話をする人。［源氏］桐壺「一の御子は、右大臣の女御の御腹にて、—おもく」［訳］一番目の皇子は、右大臣の女御（の娘である弘徽殿の女御）からのご出生なので、後見役がしっかりしていて。❸ゆかり。縁故。［徒然］一五六「させることの—なけれども、女院の御所など借り申す、故実なりとぞ」［訳］（大臣の大饗を催す際は）これというほどの縁故がなくても、女院の御所などをお借り申しあげるのが、古いしきたりだということだ。［文法］係助詞「ぞ」のあとに結びの語「いへる」などが省略されている。❹わけ。いわれ。口実。〔増鏡〕新島守「国を争ひて戦ひをなすこと、数へ尽くすべからず。それもみな、一ふし二ふしの—はありけむ」［訳］（中国でも日本でも）国をめぐって戦いをすることは、数えきれない。それにもすべて、一つや二つの理由はあったのであろう。

> **発展　「寄せ」が重んじられた時代**
> 「寄せ」が「後見」の意味の場合、後見となる人が時の実力者のときには、「寄せが重い」といい、力を持たない人の場合には、「寄せが軽い」という。貴族社会では、何につけ、寄せの軽重が個人の能力以上に重要視された。

よ-せい【余情】〔「せい」は漢音〕㊀（名）言外にただよう情趣。余韻。余情。風情。〔無名抄〕「姿に花麗極まりぬれば、又自ら—となる」［訳］歌の姿に華やかなうるわしさが出尽くしてしまうと、また自然と余韻（をかもし出すこと）となる。㊁（形動ナリ）｛なら・なり（に）・なり・なる・なれ・なれ｝体裁をつくろうさま。みえを張るさま。また、景気のよいさま。〔浮・諸艶大鑑〕「けふ、出雲加賀の入れ札に行きて、それからこれへ参ったと—・なる㊍商ひばなし」［訳］今日、出雲（島根県東部）・加賀（石川県南部）の（蔵米の）入札に行って、それからこっちへ参ったと景気のよい商売のはなし。

よ-せい【余勢】（名）❶残りの勢力。余りの軍勢。［平家］五・奈良炎上「兼康が—（＝兼康の残りの軍勢を）〔興福寺の大衆が〕六十余人搦め取って」❷満ちあふれる気力や勢力。

よせ-か・く【寄せ掛く】㊀（他カ下二）｛け・け・く・くる・くれ・けよ｝立てかける。もたせかける。［源氏］東屋「屏風の袋に入れこめたる所どころに—・け㊊」［訳］屏風で、袋に入れてしまってあるのを、あちこちに立てかけ。㊁（自カ下二）｛け・け・く・くる・くれ・けよ｝押し寄せる。攻め寄せる。〔太平記〕三「七千余騎、大津・松本を経て、唐崎の松の辺まで—・け㊊たり（＝攻め寄せた）」

よせ-ばし【寄せばし】（名）馬などを寄せてつないでおく柱。寄せ柱。［宇治］二・四「—掘り立てて、身をはたらかさぬやうにはりつけて」［訳］（検非違使たちは）寄せ柱を穴を掘って立てて、（男が）からだを動かさないようにはりつけにして。

よせ-ぶみ【寄せ文】（名）権勢の盛んな家や寺社などに物品や土地を寄付する旨をしるして、その証明とする文書。寄進状。［今昔］三一・二四「祇園の神人らの延暦寺に寄する—を書きまうけて」［訳］祇園社の神主たちやその代理人たちが延暦寺に寄進する寄進状を書き整えて。

よ-そ【四十】(名)〔「そ」は十の意〕しじゅう。源氏 空蟬「指(および)を屈(かが)めて、『十(とを)、二十(はた)、三十(みそ)、―』など数ふるさま」訳(碁の目数を)指を折って、「十、二十、三十、四十」などと軒端(のきば)の荻(おぎ)が数えるようすは。

よ-そ(ヨソ)【余所】■一(名)❶**ほかの場所。遠い場所。** 枕 一八四「御几帳(みきちやう)へだてて、―に見やり奉りつるだにはづかしかりつるに」訳(中宮定子を)御几帳をへだてて、遠くにながめ申しあげていたのだって恥ずかしかったのに。徒然 一六七「あはれ、我が道ならましかば、かく―に見侍らじものを」訳ああ、自分の専門の道であったならば、このようにわきで見て(=傍観して)いないでしょうに。文法「ものを」は、逆接を表す接続助詞。

❷直接関係のないこと。他人のこと。**別。他人。** 大鏡 道長上「―の君たちは、びんなきことをも奏(そう)してけるかなど思ふ」訳ほかの君達(きんだち)は、(道長は)つまらないことをも奏上したものよと思う。新古 雑中「鈴鹿(すずか)山憂(う)き世を―にふり捨てていかになり行く我が身なるらん」訳俗世を縁のないものとして見捨てて、鈴鹿山を越えて行く私の身は、これからどうなってゆくのであろう。〔「すず(鈴)」と「ふり(振り)」「なり(鳴り)」は縁語。「なり」は「成り」と「鳴り」との掛詞〕

■二(形動ナリ)〔なら・なり(に)・なり・なる・なれ・なれ〕**うちとけないさま。** 疎遠で冷淡なさま。古今 春下「―に用見て帰らむ人に藤の花はひまつはれよ枝は折るとも」訳よそよそしく見ただけで帰るような人に、藤の花よ、からまりつけよ、枝が折れても(よいから)。文法「帰らむ人」の「む」は、仮定・婉曲(えんきょく)の助動詞。

よそう【装う・寄そう・比そう】⇩よそふ

よそおう【装う】⇩よそほふ

よそ-げ【余所げ】(形動ナリ)〔なら・なり(に)・なり・なる・なれ・なれ〕〔「げ」は接尾語〕よそよそしいさま。知らぬ顔をしているさま。新古 冬「もみぢ葉はおのが染めたる色ぞかし―に用置ける今朝の霜かな」訳もみじの葉はおのが染めた色なのだよ。(それなのに)知らぬ顔をしておりている、今朝の霜であることよ。

よそ-ぢ(ジ)【四十】(名)〔「ぢ」は接尾語〕❶しじゅう。源氏 若菜上「折り櫃(びつ)物―」訳食べ物を盛った折り櫃四十を。

❷四十歳。四十年。徒然 七「長くとも―にたらぬほどにて死なんこそ、めやすかるべけれ」訳長く(生き)ても四十歳に満たない年齢で死ぬようなのが、見苦しくないであろう。

よそ-ながら【余所ながら】(副)❶他の所にいながら。遠く離れていながら。徒然 一三七「泉には手・足さしひたして、雪にはおりたちて跡つけなど、万(よろづ)の物、―見ることなし」訳(片田舎(かたゐなか)の人は)泉には手足を入れて浸して、雪には(地面に)下り立って足跡をつけるなど、すべてのものを、遠く離れて見ることがない。

❷直接ではないけれど。それとなく。間接的に。源氏 手習「この世には、ありし御様を、―だに、いつかは見むずるとうち思ふ」訳この世においては、昔のままの(薫(かをる)の)お姿を、せめてそれとなくであっても、いつかは見ることができる(だろう)と(浮舟は)ふと思うのを。

よそ-の-きき【余所の聞き・外の聞き】他人の思惑。他人が聞いた感じ。徒然 七五「人に交はれば、言葉―に随(したが)ひて、さながら心にあらず」訳他人と交際するとまって、ことばが他人の思惑に左右されて、まったく(自分の本心)のままではない。

-よそひ(ヨソイ)【装ひ】(接尾)❶衣服・調度など、そろったものを数える語。そろい。宇治 一三・七「髪に、玉のかんざし一―をさして来たり(=やって来た)」

❷器に盛った飲食物を数える語。〔浄・心中宵庚申〕「今朝も粥(かゆ)を中蓋(なかぶた)(=中ぐらいの椀(わん)のふた)に三―」

よそひ(ヨソイ)【装ひ】(名)❶取りそろえること。準備。したく。万葉 一四・三五二八「水鳥の立たむ―に妹(いも)のらにもの言はず来にて思ひかねつも」訳出発しようとするしたくで(忙しく)、妻にものも言わずに来たので、恋しさにたえかねることだ。〔「水鳥の」は「立つ」にかかる枕詞〕

❷装飾。飾り。源氏 須磨「かの山里の御住みかの具は、えさらず取り使ひ給ふべき物ども、殊更―もなくことそぎて」訳あの(須磨(すま)の)山里のお住まいの(光源氏が使う)道具は、なくてはすまされずにお使いになるであろう物どもを、特別に飾りもなく簡略にして。

❸衣服。装束。また、晴れ着。源氏 須磨「旅の御―いたくやつし給ひて」訳(光源氏は)旅のご装束をたいそう質素になさって。

よそ-びと【余所人】(名)他人。関係のない人。源氏 葵「―だに見奉らむに心みだれぬべし」訳(お腹(なか)の大きい葵(あおい)の上のようすは)他人でさえも見申しあげたとしたらそのときに、気持ちが乱れるにちがいない。

よそ-ふ(ヨソウ)【装ふ】(他ハ四)〔は・ひ・ふ・ふ・へ・へ〕「よそほふ」とも。❶取りそろえる。準備する。万葉 一〇・二〇五八「年に―・ふ体わが舟漕(こ)がむ天(あま)の河風は吹くとも波立つなゆめ」訳年に一度準備する私の舟を漕ぎ出そう。天の川に風は吹いていても、波よ立つな、決して。文法「ゆめ」は副詞で、禁止の助詞「な」と呼応して強い禁止を表す。

❷身づくろいをする。飾る。万葉 九・一七七七「君なくは何(な)ぞ身―・は未む匣(くしげ)なる黄楊(つげ)の小櫛(をぐし)も取らむとも思(も)はず」訳あなたがいなければどうしてこの身を飾ろうか(いや、飾りはしない)。櫛箱にある黄楊の小櫛も手に取ろうとも思わない。

❸食器に食物を盛る。宇治 一三・七「この羊を調(てう)じ侍りて、―・は未んとするに」訳この羊を調理しまして、器に盛ろうとしたところ。

よそ-ふ(ヨソウ)【寄そふ・比ふ】(他ハ下二)〔へ・へ・ふ・ふる・ふれ・へよ〕❶**なぞらえる。たとえる。比べる。** 源氏 桐壺「花鳥の色にも音(ね)にも―・ふ終べき方(かた)ぞなき」訳(桐壺の更衣の美しさは)花の色にも鳥の声にもなぞらえることのできる方法がない。

❷**かこつける。ことよせる。** 関係づける。古今 恋三「思ふどちひとりひとりが恋ひ死なば誰(たれ)に―・へ用て藤衣(ふぢごろも)着む」訳(人知れず)思い合っている私たち二人のうち、どちらか一人が恋い焦がれて死んだなら、だれにことよせて(=だれが死んだことにして)喪服を着たらよいだろう。〔⇩準(なぞら)ふ「類語パネル」〕

よそへ(ヨソエ)【寄そへ・比へ】(名)ことよせること。なぞらえること。比較。たとえ。源氏 野分「折にあはぬ―どもなれど、なほうちおぼゆるやうよ」訳(秋なのに春の山吹とは)折に合わないたとえどもであるけれど、(夕霧には)やはり(そのように感じられるようすであるよ。

よそほ・し【装ほし】(形シク)〔しから・しく(しかり)・し・しき(しかる)・しけれ・しかれ〕〔動詞「装ふ」に対応する形容詞〕整ってりっぱである。いかめしく美しい。源氏 行幸「忍びやかに振る舞ひ給へど、行幸におとらず―・しく㊊」訳 (光源氏は)控えめに行動なさるけれども、(冷泉帝の)おでかけに負けないほどいかめしくりっぱで。

よそほひ【装ひ】(名) ❶取りそろえること。準備。したく。〔芭蕉を移す詞〕「名月の―にとて、先づ芭蕉を移す」訳 中秋の名月を見る準備にということで、最初に芭蕉(=植物の名)を移し植える。
❷身の飾り。装束。服装。竹取 蓬莱の玉の枝「天人の―したる女、山の中より出で来て」訳 天人の服装をしている女が、山の中から出て来て。
❸ようす。ありさま。徒然 一六二「捕らへつつ殺しける―、おどろおどろしく聞こえけるを」訳 (池の鳥を)つかまえては殺していたありさまが、騒々しく聞こえたのを。

よそほ・ふ【装ふ】(他八四)〔は・ひ・ふ・ふ・へ・へ〕「よそふ(装ふ)」に同じ。細道 松島「その気色窅然として美人の顔を―・ふ㊎」訳 その(松島の)ようすは深みのある美しさで、美人が顔を化粧している(ようだ)。

よそ‐め【余所目】(名) ❶よそながら見ること。それとなく見ること。細道 石の巻「袖のわたり・尾ぶちの牧・まのの萱はらなど―に見て、遥かなる堤を行く」訳 袖の渡り・尾駮の牧・真野の萱原などを遠目に見て、(北上川の)長い堤を行く。
❷他人の見る目。はため。人目。〔風姿花伝〕「やうやう年闌け行けば、身の花も、―の花も、失するなり」訳 しだいに年をとっていくので、身体的な魅力も、他人(=観客)の目に映る美しさも、なくなるのである。

よそ‐よそ【余所余所】(形動ナリ)〔なら・なり(に)・なり・なる・なれ・なれ〕❶離れ離れである。別々。源氏 若紫「頼もしき筋ながらも、―・に㊊てならひ給へるは」訳 (父兵部卿の宮は)頼りになる家筋であっても、(若紫が父宮と今まで別々で(暮らし)なれていらっしゃったことは。
❷血縁関係のないさま。無関係。源氏 浮舟「―・に㊊て、あしくもよくも、あらむは、いかがはせむ」訳 (薫の正妻である女二の宮と浮舟とは)縁故もないので、(浮舟が薫と結ばれた結果が)悪くてもよくても、あるならそれは、しかたがない。
❸よそよそしいさま。疎遠。今昔 一七・四四「僧―・に㊊て衣などを隔て、寝けれども」訳 僧は(女に対して)よそよそしくて着物などで間隔をおいて、寝たけれども。

よそよそ・し【余所余所し】(形シク)〔しから・しく(しかり)・し・しき(しかる)・しけれ・しかれ〕❶無関係である。かけ離れているさま。〔狭衣物語〕「あな、うたて。いと―・しき㊍事をも知らせ給ひにけるかな」訳 まあ、いやだ。(あなたには)まったく関係ないことをもご存じだったのだね。
❷他人行儀だ。冷淡だ。

よそ・る【寄そる】(自ラ四)〔ら・り・る・る・れ・れ〕❶自然に引き寄せられる。なびき従う。万葉 一三・三三〇五「荒山も人し寄すれば―・る㊎とぞいふ汝が心ゆめ」訳 あの荒山でも、人が心を通わせるとなびき従うという。あなたの心は決して(なびき従うな)。
❷(波が)寄せる。打ち寄せる。万葉 二〇・四三七九「白波の―・る㊍浜辺に別れなばいとも術なみ八度袖振る」訳 白波が寄せる浜辺で別れてしまったならば、まったくどうしようもないので、何度も袖を振ることだ。
❸異性と関係があるとうわさされる。万葉 一二・三一六七「波の間ゆ雲居に見ゆる粟島の逢はぬものゆゑ我に―・る㊍児ら」訳 波の間からはるか遠くに見える粟島の「あは」ではないが、逢わないのに私との恋のうわさが立つあの子よ。(第三句までは「逢は」を導きだす序詞)

よ‐だけ・し【弥猛し】(形ク)〔から・く(かり)・し・き(かる)・けれ・かれ〕❶ものものしい。大げさである。仰々しい。源氏 行幸「おのづから―・く㊊いかめしくなるを」訳 (六条院ではどんな儀式でも)自然に大げさにおごそかになるが。
❷めんどうだ。おっくうだ。源氏 行幸「こもり侍れば、よろづうひうひしう、―・く㊊なりにて侍り」訳 (邸に)こもっておりますので、何につけても慣れないで、(よそへ出ることが)おっくうになってしまっています。

よだ・つ(自タ四)〔た・ち・つ・つ・て・て〕(多く、「身の毛よだつ」の形で)恐怖・緊張などでぞっとする。平家 六・入道死去「これを人々に語り給へば、聞く人みな身の毛―・ち㊊けり」訳 (二位殿がこれ(=夢の内容)を人々にお話しになると、聞く人は皆(恐ろしさで)ぞっとした。

よ‐ぢか・し【世近し】(形ク)〔から・く(かり)・し・き(かる)・けれ・かれ〕余命いくばくもない。源氏 若菜下「今はむげに―・く㊊なりぬる心地しても心細きを」訳 (私=朱雀院も)今はひどく余命いくばくもなくなってしまった気がして、なんとなく心細いので。

よぢり‐すぢり【捩りすぢり】(副・自サ変)身をよじらせたり、くねらせたりするさま。もだえるさま。宇治 五・七「『いかにせん、いかにせん』と―・する㊍程に」訳 (便意をもよおして)「どうしよう、どうしよう」と身をよじらせたりくねらせたりするうちに。

よ‐つ【四つ】(名) ❶四。よっつ。また、四番目。枕 一「からすのねどころへ行くとて、みつ―、ふたつみつなど飛び急ぐさへあはれなり」訳 からすがねぐらへ行こうとして、三羽四羽、二羽三羽などと急いで飛んで行くのまでがしみじみとして趣がある。
❷四歳。源氏 玉鬘「かの若君の―になる年ぞ筑紫へは行きける」訳 その若君(=玉鬘)が四歳になる年に、筑紫(福岡県)へは行ったのだった。
❸「四つ時」の略。今の午前十時ごろ、または午後十時ごろ。蜻蛉 中「念誦するほどに、時は、山寺、わざの貝、―吹くほどになりにたり」訳 念仏を唱えているうちに、時刻は、山寺の勤行の合図のほら貝が、四つ時(=午後十時ごろ)を吹き知らせるころになってしまった。

よ・づ【攀づ・捩づ】㊀(自ダ上二)〔ぢ・ぢ・づ・づる・づれ・ぢよ〕すがりつくように登る。平家 三・有王「はるかに分け入り、峰に―・ぢ㊊、谷に下れども」訳 はるか遠くに分け入り、峰によじ登り、谷に下りるが。
㊁(他ダ上二)〔ぢ・ぢ・づ・づる・づれ・ぢよ〕手もとに引き寄せる。一説に、ねじる、ひねる意とも。万葉 八・一五〇七「術を無み―・ぢ㊊て手折りつ見ませ吾妹子」訳 (橘の花を、ほととぎすが散らしてしまい)しかたがないので、引き寄せて折った。ご覧なさい、あなた。

よ‐づかは・し【世付かはし】(形シク)〔しから・しく(しかり)・し・しき(しかる)・しけれ・しかれ〕〔動詞「よづく」に対応する形容詞〕世間の事情に通じている。男女間の情を解している。源氏 夕霧「―・しう㊊(ウ音便)軽々しき名の立ち給ふべきを」訳（落葉の宮に）男女のことに通じていると（いう）、軽々しい浮き名がお立ちになりそうなのを。

よ-つぎ【世継ぎ】（名）❶天皇として世を受け継ぐこと。〔神皇正統記〕「大かたの天皇の―をしるせる文、昔より今に至るまで家々にあまたあり」訳だいたいの天皇の相続を記した書物は、昔から今に至るまで家々にたくさんある。❷天皇の代々のことを次々に語り続けること。また、それを書きしるした書物。「大鏡」「栄花物語」などの歴史物語。徒然 六「―の翁の物語（＝「大鏡」）には言へる」訳世継ぎの翁の物語には書いてある。❸家の跡目を相続すること。また、その人。〔浄・仮名手本忠臣蔵〕「家の―は今年四つ（＝四歳）」

よ-づ・く【世付く】（自カ四）{か・き・く・く・け・け}❶世慣れる。世間のことに通じる。源氏 玉鬘「うち笑みたるも、―・か(未)ずうひうひしや」訳（大夫の監が）ほほえんでいるのも、（恋の情趣には）世慣れていなくてうぶなことよ。❷世間なみになる。ふつうである。源氏 蓬生「なかなかすこし―・き(用)てならひにける年月に」訳なまじっか、（光源氏のおかげで）少し世間なみになって（暮らし）なれてしまった年月のために。❸男女の情を解する。人情を知る。源氏 若紫「この君や―・い(用)（イ音便）たる程におはするとぞおぼすらむ」訳この姫君（＝若紫）がまあ、男女の情を解している年ごろでいらっしゃることだと、（光源氏は）お考えなのであろう。文法「この君や」の「や」は、間投助詞。「おはする」は、連体形止め。❹世俗の風に染まる。俗化する。徒然 二三「なほ九重の神さびたる有り様こそ、―・か(未)ず、めでたきものなれ」訳やはり皇居の神々しくてあるありさまは、世俗の風に染まらないで、りっぱなものだ。

よっ-て【因って・依って・仍って】（接）〔「よりて」の促音便〕「よて」とも。それゆえ。だから。ゆえに。平家 五・福原院宣「院宣かくの如し。―執達くだんの如し」訳院の宣旨はこのとおりである。ゆえにこれを取り次ぐことは以上のとおりである。

よつ-で【四つ手】（名）❶相撲で、互いに両手を差し出して取り組むこと。四つ。❷「四つ手網」の略。四隅を竹竿で張った方形の網。水中に沈めて魚をとる。❸「四つ手駕籠」の略。四本の竹を柱とし、囲いを割り竹で簡単に編み、小さな垂れを付けた粗末な駕籠。近世、庶民が用いた。

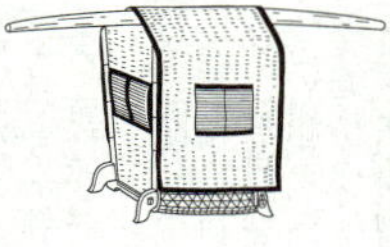

（よつで③）

よつ-の-ふね【四つの船】遣唐使の船。遣唐使は大使・副使・判官・主典の四使があって、四隻の船に分乗したところからいう。万葉 一九・四二六五「―はや還り来と白香著け朕が裳の裾に鎮ひて待たむ」訳遣唐使の船よ早く帰って来いと、白香（＝樹皮を細かく裂いて神事に用いたもの）を私の着物の裾につけて、身を清めて待とう。

よっ-ぴ・く【能っ引く】（他カ四）{か・き・く・く・け・け}〔「よくひく」の促音便〕弓を十分に引きしぼる。平家 一一・那須与一「与一鏑をとってつがひ、―・い(用)（イ音便）てひゃうどはなつ」訳与一は鏑矢をとって弓につがえ、弓を十分に引きしぼってひゅうっと射放つ。

よ-て【因て・依て・仍て】（接）〔「よりて」の促音便「よって」の促音「っ」の表記されない形〕「よって」に同じ。

よ-と【夜音】（名）「よおと」に同じ。

よど【淀・澱】（名）「よどみ」に同じ。万葉 九・一七一四「落ち激ち流るる水の磐に触れ淀める―に月の影見ゆ」訳落ちて激しく流れる水が岩に触れてとどこおっているよどみに、月の姿が映って見える。

淀（よど）『地名』今の京都市伏見区の地名。木津川・桂川・宇治川が合流して淀川となる地点で、淀川水運の要地であった。

淀川（よどがは）ヨドガワ『地名』歌枕 琵琶湖から瀬田川として流れ出て、今の宇治市から宇治川、淀付近で淀川と名を変え、大阪湾にそそぐ川。大坂・京都をつなぐ水上交通の要路であった。

よ-とぎ【夜伽】（名）夜、寝ないでそばに付き添うこと。また、その人。〔去来抄〕先師評「先師難波病床に人々に―の句をすすめて」訳先師（＝芭蕉）が難波（今の大阪市一帯）で病床につかれたとき、人々に夜伽の句を（作ることを）すすめて。

よど-せ【淀瀬】（名）流れのゆるやかな浅瀬。水の淀んでいる瀬。万葉 七・一一三五「宇治川は―無からし網代人舟呼ばふ声をちこち聞こゆ」訳宇治川には（歩いて渡れる）ゆるやかな浅瀬がないらしい。網代で魚をとる人の何度も舟を呼ぶ声が遠く近くに聞こえる。

よ-どの【夜殿】（名）「よとの」とも。夜、寝る部屋。寝所。寝室。枕 三二四「―に寝て侍りけるわらはべも、ほとほと焼けぬべくてなむ」訳寝所に寝ておりました愚妻も、あやうく焼け死んでしまうところで（ありました）。

よどみ【淀み・澱み】（名）流れのとどこおること。また、その場所。淀。方丈 一「―に浮かぶうたかたは、かつ消えかつ結びて、久しくとどまりたる例なし」訳（流れの）よどみに浮かぶ泡は、一方では消え、一方ではあらわれて、いつまでも（そのままの姿で）とどまっている例はない。⇩方丈記「名文解説」

よど・む【淀む・澱む】（自マ四）{ま・み・む・む・め・め}❶水の流れがとどこおる。万葉 一・三一「ささなみの志賀の大わだ―・む(終)とも昔の人にまたも逢はめやも」訳→ささなみの…和歌 ❷物事がうまくはこばない。また、ためらう。万葉 一二・三〇九「ねもころに思ふ吾妹を人言の繁きによりて―・む(体)頃かも」訳（私が）心から愛するあなただが、人のうわさが激しいので、恋がうまく進まない（＝親しく往来しない）でいるこのごろであるよ。

よ-な ❶感動の意を表す。…だな。〔栄花〕かがやく藤壺「七十の翁のいふことをかくのたまふ―」訳七十歳の年寄りの言うことをこんなに（やりこめて）おっしゃることだな。❷念をおして確かめる意を表す。…だね。徒然 一〇六「四部の弟子は―、比丘よりは比丘尼は劣り」訳仏の四種の弟子の中ではだな、男の僧より尼僧は劣り。

なりたち 間投助詞「よ」＋終助詞「な」

よ-なが【夜長】（名）秋になり、夜が長く感じられること。また、そのころ。秋。〔栄花〕たまのかざり「九月になりぬれば、—になりまさりて、悩ましき御心地いとどまさりて」[訳]陰暦九月になったので、ますます夜長になって、(妍子は)病気の苦しいお気持ちもいちだんと増して。

よな-よな【夜な夜な】(名・副)毎晩。夜ごと。[源氏]若菜下「ひとり大殿籠る—多く」[訳](女三の宮は)一人でおやすみになる夜々が多く。↔朝な朝な

よ-な・る【世慣る・世馴る】(自ラ下二){れ・れ・る・るる・るれ・れよ}❶世間に慣れる。世事に通じる。[徒然]七八「心知らぬ人に心得ず思はすること、—・れ(未)ず、よからぬ人の、必ずあることなり」[訳](仲間うちだけで理解し)事情を知らない人に理解できないと思わせることは、世間に慣れず、教養のない人が、必ずすることである。
❷男女の交際に慣れる。男女間の情愛を解する。[源氏]夕顔「怪しくやうかはりて、—・れ(用)たる人ともおぼえねば」[訳](夕顔は)妙に(ふつうの女と)ようすが違っていて、男女の情愛を解している人だとも(光源氏には)考えられないので。

よ-に【世に】(副)❶実に。非常に。はなはだ。[枕]三七「梨の花、—すさまじきものにして、ちかうもてなさず」[訳]梨の花は、まことに興ざめなものとして、身近に愛玩せず。
❷(下に打消の語を伴って)決して。全然。どうにも。断じて。〔後拾遺〕雑二「夜をこめて鳥の空音にはかるとも—逢坂の関はゆるさじ」[訳]→よをこめて…[和歌]

[語法]①は下の形容詞・形容動詞に続き、②は下の打消の叙述に続くという特色がある。

[参考]「世に」には、「世の中に」「世の中で」の意を表す名詞「世」+格助詞「に」の形もあるので注意する。

副詞の呼応
よに　忘られず。〈打消〉
(＝決して忘れられない)

よ-に-あ・ふ【世に合ふ】(—ア(オ)ウ)時世にうまく合う。時めく。栄える。世間で人気がある。[源氏]賢木「—・ひ(用)花やかなる若人にて」[訳](頭の弁は)世に時めき栄えている若者で。⇩幸ひ「慣用表現」

よ-に-あ・り【世に有り】❶生きている。この世にいる。[源氏]帚木「—・り(終)と人に知られず」[訳]この世にいると人に知られないで。[平家]九・二度之懸「—・ら(未)んと思ふも子どもがため」[訳]この世に生きながらえようと思うのも子供のため(であり)。
❷世間に認められる。評判が高い。栄える。[宇治]一五・六「—・る(体)僧どもの、参らぬはなし」[訳]評判の高い僧たちで、(祈禱に)参上しない者はいない。[文法]「僧どもの」の「の」は、いわゆる同格の格助詞で、「…で」の意。⇩幸ひ「慣用表現」

よ-に-したが・ふ【世に従ふ】(—シタガ(ゴ)ウ)世間の一般的な傾向にさからわず順応する。[徒然]一五五「—・は(未)ん人は、まづ機嫌を知るべし」[訳]世間にさからわずに生きていこうとする人は、何よりも(物事の)しおどきを知らなければならない。

よ-に-しら-ず【世に知らず】世間に比類がない(ほどすぐれている)。並々でない。[源氏]桐壺「—・ず(用)敏うかしこくおはすれば」[訳](若宮＝光源氏は)世間に比類がないほど聡明で賢くいらっしゃるので。

よ-に-な・し【世に無し】❶この世に存在しない。[枕]四一「鳶・烏などの上は、見入れ聞き入れなどする人、—・し(終)かし」[訳]鳶や烏などについては、注意して見たり聞いたりなどする人は、この世にはいないのだよ。
❷世に比類がない。またとない。[源氏]桐壺「—・く(用)清らなる玉のをのこ御子さへ生まれ給ひぬ」[訳](桐壺の更衣には)この世に例がないほどに気品があって美しい、玉のような皇子(＝光源氏)までもお生まれになった。⇩先の世「名文解説」

よ-に-に-ず【世に似ず】世間に類がない。この上なくすばらしい。[竹取]御門の求婚「かぐや姫、かたちの—・ず(用)めでたきことを、御門聞こしめして」[訳]かぐや姫の、容姿が世間に類がないほど美しいことを、帝がお聞きになって。

よ-に-ふ【世に経】この世に生き続ける。[新古]冬「—・ふる(体)は苦しきものを真木の屋に安くも過ぐる初時雨かな」[訳]世の中に生き続けてゆくのは苦しいものなのに、真木の板で葺いた粗末な小屋の屋根に、(同じふるものでありながら)いともたやすく通り過ぎてゆく初時雨であるなあ。(「ふる」は「経る」と「降る」との掛詞で、「降る」は「時雨」の縁語)

よ-に-ふ・る【世に旧る】世に長くいて古くなる。世間であたりまえになる。珍しくなくなる。[源氏]朝顔「ひととせ、中宮の御まへに雪の山つくられたりし、—・り(用)たることなれど」[訳]先年、中宮(＝藤壺)の御前(の庭)に雪の山をお作りになったのは、昔からあって珍しくもなかったことだけれど。

よに-も【世にも】(副)〔副詞「世に」を強めた語〕❶きわめて。いかにも。さも。[平家]二・少将乞請「宰相—心くるしげにて」[訳]宰相はいかにもつらそうで。
❷(下に打消の語を伴って)断じて。決して。[万葉]一三・三〇八四「—忘れじ妹が姿は」[訳]決して忘れないだろう。あの娘の姿は。

よに-よに【世に世に】(副)〔副詞「世に」を重ねて強めた語〕非常に。この上なく。[宇治]九・一「郡司、—よろこびて」[訳](砂金や馬などを多く与えると)郡司は非常に喜んで。

よね【米】(名)❶稲。米。[徒然]四〇「この娘、ただ栗をのみ食ひて、更に—のたぐひを食はざりければ」[訳]この娘は、ただ栗だけを食べて、いっこうに米の類を食べなかったので。
❷(「八十八」を一字にまとめると「米」の字になるところから)八十八歳。米寿。

よ-の【世の】❶世間の。
❷この上ない。天下の。世にも珍しい。[徒然]四一「—しれ者かな。かく危ふき枝の上にて、安き心ありて睡るらんよ」[訳]この上ないばか者だなあ。こんなに危ない枝の上で、どうして安心して眠っているのだろうよ。

よ-の-おぼえ【世の覚え】世間のうわさ。世間の評判。[源氏]桐壺「親うち具し、さし当たりて—はなやかなる御かたがたにもいたう劣らず」[訳]両親がそろい、当面世間の評判がきわだってよい御方々(＝女御・更衣たち)にもそれほどひけをとらずに。⇩聞こえ「慣用表現」

よ-の-おもし【世の重し】国家の柱石。国家の重鎮。[源氏]薄雲「太政大臣亡せ給ひぬ。—とおはしつる人なれば、おほやけにも思し嘆く」[訳]太政大臣がお亡くなりになった。国の重鎮でいらっしゃった方なので、

帝（=冷泉帝）におかれても嘆き悲しまれる。

よ-の-かぎり【世の限り】❶命のある限り。死ぬまで。万葉 三〇・四四一「立ちしなふ君が姿を忘れずは—にや恋ひ渡りなむ」訳 しなやかに立つあなたの姿を忘れずに、命のある限りきっと恋い続けることだろうか。❷この世の最期。いまわのとき。臨終。〔浮・男色大鑑〕「一人の母親こがれて—と知らせて代筆の文見しより」訳（浪人は）ただ一人の母親が（子に会いたくて、いまわのきわと知らせてきた代筆の手紙を見たときから。⇩果つ「慣用表現」

よ-の-かため【世の固め】国を治めること。また、その人。国家の柱石。〔うつほ〕国譲下「才なき人は、—とするになむ悪しき」訳 学問のない人は、国家の柱石とするにはぐあいが悪いことだ。

よ-の-きこえ【世の聞こえ】世間の評判。世人のとりざた。伊勢 五「二条の后に忍びてまゐりけるを、—ありければ、兄人たちのまもらせ給ひけるとぞ」訳 二条の后（=藤原高子）のところに（男が）忍んで参上したのを、世間の評判が立ったので、（后の）兄たちが（番人に）守らせなさったのだということである。文法 係助詞「ぞ」のあとに結びの語「言ふ」「聞く」などが省略されている。⇩聞こえ「慣用表現」

よ-の-ことごと【世の悉】命のある限り。〔記〕上「我が率寝し妹は忘れじ—に」訳 私が共寝したあなたのことは忘れまい、命のある限りに。

よ-の-さが【世の性】この世の習い。世の常。源氏 葵「おくれ先立つほどの定めなさは—と見給へ知りながら」訳 死に後れたり先立ったりするころあいの定めのなさは、この世の習いと（私=光源氏も）よく存じていながら。

世之介（よのすけ）『人名』井原西鶴の浮世草子「好色一代男」の主人公。大坂の上層町人と、名高い遊女との間に生まれ、豪奢な好色生活のはてに六十歳で女護島をめざして船出する。

よ-の-すゑ（スエ）【世の末】❶のちの時代。後世。大鏡 基経「—になるままに、まさることのみいでまうでくるなり」訳 後世になるにしたがって、すぐれたものばかりが出てまいるものです。❷晩年。老年。源氏 行幸「さべき人々にも立ちおくれ、—に残りとまれる類ひを」訳 しかるべき人々（=親しい縁者たち）にも先立たれ、老年になって生き残っている例を。❸道徳的に衰え、人情の薄くなった世。仏法の衰えた世。末世。源氏 梅枝「よろづのこと、昔には劣りざまに、浅くなりゆく—なれど」訳 すべてのことが、昔には劣りぎみで、浅薄になっていく末世であるが。

よ-の-たとひ（タトイ）【世の譬ひ】世の人によく話されるたとえ話。源氏 帚木「もて離れてうとうとしく侍れば、—にてむつび侍らず」訳（私=紀伊の守は）離れていて（継母=空蟬とは）疎遠にしておりますので、（継母子不仲の）世間のたとえどおりであって、親しくしておりません。

よ-の-ためし【世の例】❶人の話のたね。世の人の語りぐさ。源氏 桐壺「—にもなりぬべき御もてなしなり」訳 世間の話のたねにもきっとなってしまいそうな（桐壺帝の桐壺の更衣に対する）御待遇である。❷世の中によくある事柄。世のならわし。徒然 一三七「月の前にさびしげになりゆくこそ、—も思ひ知られて、哀れなれ」訳（祭りが終わって）目の前でさびしいようすになっていくのは、（栄枯盛衰の）世のならわしも思い知られて、感慨深い。

よ-の-つね【世の常】❶世間なみ。普通。徒然 一四二「衣食—なる上に僻事せん人をぞ、まことの盗人とはいふべき」訳 衣食が世間なみであるうえに悪事をするような人をこそ、ほんとうの盗人とは言ってよい。❷表現が平凡すぎて不十分なこと。言うもおろか。枕 二四五「なほいみじうめでたしといふも—なり」訳（主上が高砂をお吹きになるのは）なんといってもほんとうにすばらしいと言うのも平凡すぎる表現である。

よ-の-なか【世の中】（名）❶**世間。社会。**方丈 二「日を経つつ—浮き立ちて人の心もをさまらず」訳 日が経つにつれて、世間は浮き足だって人の心も安定せず。❷**現世。この世。**伊勢 八四「—にさらぬ別れのなくもがな千代もといのる人の子のため」訳 →よのなかに…和歌

❸**天皇の治める世。御代。**〔十訓〕一「そののち程なく—変はりにけり」訳 その後まもなく天皇の御代が変わってしまった。❹世の常。世間一般。世間なみ。万葉 四・六四三「—の女にしあらばあが渡る痛背の河を渡りかねめや」訳 世の常の女であるなら、私が渡る痛背川を渡りかねることがあろうか（いや、渡ることができるだろう）。文法「女にし」の「し」は、強意の副助詞。「めや」は、推量に反語の意を加える。❺**身の上。**運命。境遇。源氏 梅枝「もしは親なくて—かたほにありとも」訳 あるいは親がなくて身の上が不十分（=不運）であるとしても。❻**男女の間柄。夫婦仲。**〔和泉式部日記〕「夢よりもはかなき—を嘆きわびつつ明かし暮らすほどに」訳 夢よりもはかない（亡き宮=為尊親王との）間柄を嘆きせつなく思っては日々を過ごすうちに。名文解説 恋人の為尊親王を二十六歳の若さで亡くし、悲嘆に暮れる日々を送る和泉式部のようすを描いた、「和泉式部日記」の冒頭の一節。恋人の夭折の衝撃は、和泉式部に二人の間柄そのものが夢よりもはかないものであったと思わせるほど大きかったのである。❼世間の評判。名声。大鏡 兼通「父殿うせ給ひにしかば、—衰へなどして」訳 父君（=兼通）がお亡くなりになったので、（朝光は）声望が衰えるなどして。⇩聞こえ「慣用表現」❽あたり。外界。自然界。源氏 御法「秋待ちつけて、—少し涼しくなりては」訳 待ちつづけた秋になって、あたりが少し涼しくなってからは。❾（「世の中の」「世の中に」の形で）この上ない。まれに見る。〔うつほ〕嵯峨院「—の色好みになむありける」訳（源仲頼は）この上ない風流人であった。

発展 「世の中」の意味の多様性

平安時代に使われた「世」「世の中」ということばには、現在と同様、「世間」「社会」「現世」「当世」といった意味があるが、その世の中を極端に狭くした社会——つまり二人だ

けの社会としての男女の仲、夫婦の間柄の意に用いられることも多い。さらに、漠然とただ一人の身辺をさす「身の上」「身のありさま」「運命」などの意にも用いられる。

よのなか-ごこち【世の中心地】(名)はやり病。疫病。〔栄花〕はつはな「年ごとに―起こりて人もなくなり、あはれなる事どものみ多かり」訳 毎年、はやり病が起こって人も死に、気の毒なことどもばかり多い。

よのなか-さわが・し【世の中騒がし】疫病が流行して世間がさわいでいる。枕 一五〇「世の中などさわがし」終と聞こゆるころは、よろづのことおぼえず」訳 疫病などが流行して世間がさわいでいるとうわさが耳に入るころは、(心配で他の)すべてのことが考えられない。

よのなかに… 和歌

> 世の中に　さらぬ別れの　なくもがな
> 千代もといのる　人の子のため
> 〈伊勢・八四〉〈古今・一七・雑上・九〇一・在原業平〉

訳 世の中に(死による)避けられない別れがなければよいなあ。親に千年も(生きていてほしい)と祈る子供のために。
解説 離れて暮らす母親からの、死期が近づいたと思うとあなたに会いたい、という手紙の返事として詠んだもの。母親の歌は「老いぬればさらぬ別れもありといへばいよいよ見まくほしき君かな」(訳→おいぬれば…和歌)〈古今・雑上〉。「古今集」は第四句を「千代もと嘆く」とするが、詞書は「伊勢物語」とほぼ同じ内容である。

よのなかに… 和歌

> 世の中に　たえて桜の　なかりせば
> 春の心は　のどけからまし
> 〈伊勢・八二〉〈古今・一・春上・五三・在原業平〉

訳 世の中にまったく桜がなかったならば、春を過ごす人の心はのんびりと落ち着いていられるだろうに。
解説 春になれば桜の開花を待ちのぞみ、花が開けば雨や風で散ってしまわないかと心配する、桜に寄せる愛着を逆説的に表現した。現実には桜の花が存在するのであるから、人の心はのどかではないのである。

よのなかは… 和歌《百人一首》

> 世の中は　常にもがもな　なぎさこぐ
> あまの小舟の　綱手かなしも
> 〈新勅撰・八・羇旅・五二五・源実朝〉

訳 この世の中は永遠に変わらないでいてほしいなあ。渚を漕いで行く漁師の小舟の、その引き綱を引いている光景が、しみじみと胸に迫ることだよ。文法「もがもな」は、願望の終助詞「もがも」＋詠嘆の終助詞「な」。「かなしも」の「も」は、詠嘆の終助詞。修辞 本歌取り。
解説 本歌は、「陸奥はいづくはあれど塩釜の浦こぐ舟の綱手かなしも」〈古今・東歌〉。漁に出る人々の素朴な日常の姿であるが、やさしい心の持ち主には、しみじみと胸にしみる光景である。だからこの世がいかに無常であっても、こうしたささやかな光景の永続を願わないではいられないのである。第二句は、「河の上のゆつ岩群に草むさず常にもがもな常処女にて」〈万葉・一・二二〉から取り入れている。

よのなかは… 和歌

> 世の中は　何かつねなる　あすか川
> きのふの淵ぞ　今日は瀬になる
> 〈古今・一八・雑下・九三三・よみ人しらず〉

訳 世の中は、いったい何が不変であるのか(いや、不変なものなどない)。明日という名をもつ明日香川(＝飛鳥川)も、昨日の淵が今日は浅瀬になっている。
解説 世の無常を詠んだもの。昨日と今日とでは淵瀬が変転するような川なのだから、「あすか川」の「あす」から「明日」を連想し、いかにも明日に希望をつながせるような名をもつ川であっても、その名と実体がちがうのでは、あてにすることはできないといったのである。

よのなかは… 和歌

> 世の中は　空しきものと　知る時し
> いよよますます　悲しかりけり
> 〈万葉・五・七九三・大伴旅人〉

訳 世の中はむなしいものだと悟ったとき、さらにいっそう悲しみがこみあげてくることだ。文法「時し」の「し」は、強意の副助詞。
解説 凶事の報に接して詠んだ歌。この歌が詠まれた二か月ほど前に、作者は妻の大伴郎女を失い、身辺に悲しい出来事が重なった時期であった。

よのなかよ… 和歌《百人一首》

> 世の中よ　道こそなけれ　思ひ入る
> 山の奥にも　鹿ぞ鳴くなる
> 〈千載・一七・雑中・一一五一・藤原俊成〉

訳 世の中というものは(つらくても逃れる)道がない。(世を捨てようと)一途に思いつめて分け入った山の奥でも、(悲しいことがあるとみえて)鹿の鳴く声が聞こえる。文法「よ」は、間投助詞。「なけれ」は形容詞「なし」の已然形で、係助詞「こそ」の結び。「なる」は伝聞・推定の助動詞「なり」の連体形で、係助詞「ぞ」の結び。
解説「思ひ入る」の「入る」は「山に入る」意もこめる。第三句以下が「道こそなけれ」という理由。

よのなかを… 和歌

> 世の中を　憂しとやさしと　思へども
> 飛び立ちかねつ　鳥にしあらねば
> 〈万葉・五・八九三・山上憶良〉

訳 この世の中をつらい、身も細るようだと思うけれど、(どこかへ)飛び立つこともできない。鳥ではないので。
解説 貧窮問答歌(→かぜまじり…和歌)の反歌。第二句が貧窮に対する感慨。束縛から自由である鳥と、そうでない人間を対置させることで、逃れるすべのない現実生活をいっそう強調している。

よ‐の‐ほどろ【夜のほどろ】 ❶夜のほのぼのと明けるころ。万葉 八・一五三九「秋の日の穂田を雁が音闇くに一にも鳴き渡るかも」訳 秋の日の稲穂の出た田を刈るではないが、雁がまだ暗いうちに、夜の明けるころにも鳴き渡ることよ。(「秋の日の穂田を」は「雁」を導きだす序詞)
❷(「ほどろ」を「程」と誤解したもの)夜更け。夜中。〔和泉式部日記〕「一にまどはかさるる、騒がしの殿のおもとたちや」訳(幻聴を聞いて)夜中に(私=下男を)うろたえさせなさる、人騒がせなお屋敷の女房方だよ。

よ‐は(ワ)【夜半】(名)夜。夜中。夜更け。古今 雑下「風吹けば沖つ白波たつた山一にや君がひとり越ゆらむ」訳→かぜふけば…和歌

よ‐はう(ホウ)【四方】(名)四つの方向・方角。前後左右。東西南北。→よほう・方 参考

よばう【呼ばう】 ⇨よばふ

よ‐ばな‐る【世離る】(自ラ下二){れ・れ・る・るる・るれ・れよ}世間から遠ざかる。人里を遠く離れて住む。更級 足柄山「一・れ用てかかる山中にしも生ひけむよと、人々あはれがる」訳(葵が生えているのを)人里離れてこんな山中によりによって生えたものだと、人々が感心する。

よは‐の‐けぶり(ヨワ)【夜半の煙】 夜たちのぼる煙。特に夜、死者を火葬にする煙のことをいう。〔栄花〕ゆふしで「日の本を照らしし君が岩蔭の一となるぞ悲しき」訳(天皇として)日本の国を照らしたわが君が、岩陰で夜半の火葬の煙になるのは悲しいことだ。

夜半の寝覚(よはのねざめ)(ヨワノネザメ)『作品名』→夜の寝覚

よはひ(ヨワイ)【齢】(名)❶年齢。とし。源氏 行幸「一などこれよりまさる人、腰堪へぬまでかがまり歩くためし、昔も今も侍めれど」訳 年齢など私(=光源氏)より上の人が、腰が折れそうなほどかがんで動き回る例が、昔も今もあるようですが。文法「侍めれ」は「侍るめれ」の撥音便「侍んめれ」の「ん」の表記されない形。
❷年ごろ。年配。平家 九・敦盛最期「我が子の小次郎が一程にて、容顔まことに美麗なりければ」訳(取りおさえた敵の武者=敦盛は自分の子供の小次郎の年ごろくらいで、顔かたちが非常に美しかったので。
❸寿命。源氏 若紫「いみじう世の憂れへ忘れ、一のぶる人の御有り様なり」訳 並々でなくこの世のつらさを忘れ、寿命が延びる(ような人(=光源氏)のごようすである。

よばひ(ヨバイ)【呼ばひ・婚ひ】(名)❶結婚を求めて名を呼びかけること。求婚すること。万葉 一二・二九〇六「他国に一に行きて大刀が緒もいまだ解かねばさ夜そ明けにける」訳 よその地に求婚に行って、太刀の緒もまだ解かないのに、もう夜が明けてしまったことだ。
❷(「夜這ひ」とも書く)夜、男が女の寝所へしのびこむこと。源氏 玉鬘「懸想人は夜に隠れたるをこそ一とは言ひけれ」訳 恋をしている人は夜の闇に隠れている(=女の所にしのびこむ)のをよばいとは言ったが。

よばひ‐ぼし(ヨバイ)【婚ひ星・夜這ひ星】(名)流れ星。秋。枕 二五四「星は すばる。…一、すこしをかし」訳 星は、すばる(が趣がある)。…流れ星は、少し趣がある。

よば‐ふ(ヨバウ)(ヨボウ)【呼ばふ】(他ハ四){は・ひ・ふ・ふ・へ・へ}[四段動詞「呼ぶ」の未然形「よば」に上代の反復・継続の助動詞「ふ」が付いて一語化したもの]❶何度も呼ぶ。呼び続ける。今昔 二六・三「遥かの底に一・ふ体音、ほのかに聞こゆ」訳 はるかな谷底から(人の)何度も呼ぶ声が、かすかに聞こえる。
❷言い寄る。求婚する。伊勢 一〇七「そのをとこのもとなりける人を、…藤原の敏行といふ人一・ひ用けり」訳 その男の家に仕えていた人(=女)に、…藤原敏行という人が言い寄った。

よひ(ヨイ)【宵】(名)日没から夜中までをいう語。夜。また、夜に入って間もないころ。竹取 かぐや姫の昇天「一うち過ぎて、子の時ばかりに、家のあたり昼の明さにも過ぎて光りわたり」訳 宵も過ぎて、子の刻ごろ(=夜中の十二時ごろ)に、家のまわりが昼の明るさ以上にも一面に明るく光って。⇨暁「図解学習」

よび‐あ‐ぐ【呼び上ぐ】(他ガ下二){げ・げ・ぐ・ぐる・ぐれ・げよ}(私室にさがっている人を)呼び寄せる。更級 春秋のさだめ「逃げ入りて、局なる人々、一・げ用などせむも、見苦し」訳(自分たちが奥に逃げ込んで、私室にいる女房たちを、(源資通との応対のために)呼びつけなどするとしたらそれも、みっともない。

よび‐おろ‐す【呼び下ろす】(他サ四){さ・し・す・す・せ・せ}(主人の所から)呼び寄せる。呼んで退出させる。更級 宮仕へ「語らふ人の、上にものし給ふを、たびたび一・す体に」訳 親しい人が宮の御前に(控えて)いらっしゃるのを、たびたび呼び寄せるときに。

よび‐ぐ‐す【呼び具す】(他サ変){せ・し・す・する・すれ・せよ}呼び寄せて引き連れる。宇治 一四・二「法師ばら一・し用て来」訳 法師どもを呼び寄せて連れて来い。

よび‐す‐う【呼び据う】(他ワ下二){ゑ・ゑ・う・うる・うれ・ゑよ}呼び寄せて座らせる。竹取 蓬莱の玉の枝「うれへをしたる匠をば、かぐや姫一・ゑ用て、…禄いと多く取らせ給ふ」訳 嘆き訴えてきた職人を、かぐや姫は呼び寄せて座らせて、…褒美をたいそう多く取らせなさる。

よび‐た‐つ【呼び立つ】(他タ下二){て・て・つ・つる・つれ・てよ}❶大声で呼ぶ。万葉 八・一六〇三「秋萩の散りのまがひに一・て用て鳴くなる鹿の声の遥けさ」訳 秋萩が散り乱れている中で、(妻を)呼び立てて鳴くのが聞こえる鹿の声のはるか遠くであることよ。
❷呼び寄せる。招き寄せる。〔義経記〕「一・て用申す事は、別の仔細なし」訳 お呼び寄せするのは、特別のわけはない。

よ‐ひと【世人】(名)世の中の人。世間の人。古今 恋三「かきくらす心の闇にまどひにき夢うつつとは一さだめよ」(伊勢・六九では、第五句を「今宵定めよ」として所収)訳 目の前をまっ暗にする心の乱れで、何が何やらわからなくなってしまった。(あの逢瀬が)夢だったのか現実だったのかは、世間の人よ、決めてくれ。

よ‐ひとよ【夜一夜】(名)夜通し。一晩じゅう。大和 一五六「この山の上より、月もいとかぎりなく明くていでたるをながめて、一ねられず」訳 この山の上から、月もたいそうこのうえもなく明るくて出てきたのを物思いにふけってぼんやりと見て、一晩じゅう寝られず。名文解説 老人を山中などに捨てる「棄老」の風習に従って、親代わりとして自分を育ててくれたおばを山中に置き去りにしてきた男が、その山の上に浮かぶ月を見て、悲しみのあまり眠れなくなるという場面。結局この後、男は再び山に登り、おばを連れ帰る。現在の長野県にある「姨捨山」の名

の由来ともなった、有名なエピソードである。

よび-とよ・む【呼び響む】[一]（自マ四）{ま・み・む・む・め・め}呼び声があたりに響きとどろく。古今 墨滅歌「そま人は宮木ひくらしあしひきの山の山びこー・む㊇なり」訳 きこりは宮殿を造るための木を伐り出しているらしい。山のこだまがあたりに響きとどろくのが聞こえる。（「あしひきの」は「山」にかかる枕詞）

[二]（他マ下二）{め・め・む・むる・むれ・めよ}呼び声を響きとどろかせる。万葉 一九・四一八〇「あしひきの山ー・め㊊さ夜中に鳴く霍公鳥初声を聞けばなつかし」訳 山じゅうに声を響きわたらせ、夜中に鳴くほととぎすは、その初声を聞くと心がひかれる。（「あしひきの」は「山」にかかる枕詞）

よび-と・る【呼び取る】（他ラ四）{ら・り・る・る・れ・れ}近くに呼び寄せる。竹取 蓬萊の玉の枝「翁をー・り㊊て言ふやう」訳（かぐや姫が）翁を近くに呼んで言うには。

よひ-まどひ【宵惑ひ】（名）宵のうちから眠くなること。また、その人。宵寝。「宵寝惑ひ」「夕惑ひ」とも。源氏 手習「ーもせず起き居たり」訳（母の尼君は）宵寝もせず起きて座っている。

よひ-やみ【宵闇】（名）まだ月が出ない宵の間の暗闇。また、その時刻。特に、月の出の遅い、陰暦十六日から二十日ごろの宵の暗いことをいう。秋。〔浮・武家義理物語〕「十九日の夜こそーなれ」訳 陰暦十九日の夜は宵闇である。

よひ-よひ【宵宵】（名）宵ごと。毎夜。万葉 三・二九二九「ーにわが立ち待つにけだしくも君来まさずは苦しかるべし」訳 宵ごとに、私は立って待つのに、もしもあなたがいらっしゃらなかったなら、さぞ苦しいことだろう。

よひ-ゐ【宵居】（名）夜おそくまで起きていること。また、その折。更級 かどで「つれづれなるひるま、ーなどに、…ところどころ語るを聞くに」訳 手もちぶさたな昼間や、夜起きているときなどに、…（姉や継母などが「源氏物語」の）ところどころを話すのを聞いていると。

よ・ぶ【呼ぶ】[一]（自バ四）{ば・び・ぶ・ぶ・べ・べ}声が響く。万葉 一五・三六二三「夕凪に水手の声ー・び㊊」訳 夕凪の海に水夫の声が響き。

[二]（他バ四）{ば・び・ぶ・ぶ・べ・べ}❶声をあげて名前などを言う。呼びかける。更級 大納言殿の姫君「『荻の葉、荻の葉』とー・ば㊈すれど、答へざなり」訳「荻の葉、荻の葉」と（従者に女の名前を）呼ばせるけれど、（隣の家では）答えないようだ。文法「ざなり」は「ざるなり」の撥音便「ざんなり」の「ん」の表記されない形。「なり」は推定の助動詞。

❷招く。招待する。徒然 二一五「最明寺入道、ある宵の間にー・ば㊈るることありしに」訳 最明寺入道（＝北条時頼）が、ある宵の口に（平宣時を）お招きになることがあったが。文法「よばるる」の「るる」は、尊敬の助動詞「る」の連体形。

❸名づける。称する。〔芭蕉を移す詞〕「人、ー・び㊊て草庵の名となす」訳 人が（芭蕉庵と）名づけて（この）草庵の名前とする。

よ-ぶか・し【夜深し】（形ク）{から・く（かり）・し・き（かる）・けれ・かれ}「よふかし」とも。夜が深く、夜明けまでには間がある。深夜である。更級 東山なる所「思ひ知る人に見せばや山里の秋のー・き㊍有明の月」訳 風流を知る人に見せたいものだ。山里の秋の、夜明けまでには間がある（時分の）有明けの月を。

よふけ-どり【夜更け鶏】（名）丑の刻（＝午前二時ごろ）に鳴く鶏。一番鶏。

よぶこ-どり【呼子鳥】（名）鳥の名。今の郭公とも、ほととぎすともいわれ、諸説がある。春。万葉 八・一四四七「尋常に聞けば苦しきー声なつかしき時にはなりぬ」訳 ふだん聞くと苦しい呼子鳥だが、その声をなつかしく思う季節（＝春）にはなった。

よ-べ【昨夜】（名）「よんべ」とも。ゆうべ。昨日の晩。昨夜。枕 八二「まことにいみじうれしきことの、ー侍りしを、心もとなく思ひ明かしてなむ」訳 ほんとうにとてもうれしいことが、昨夜ありましたのに、（知らせることができず）じれったく思って（夜を）明かして（いたのです）。

よ-ほう【四方】（名）四角。方形。更級 足柄山「えもいはず大きなる石のーなる中に、穴のあきたる中より出づる水の、清く冷たきことかぎりなし」訳 言いようもなく大きな石で、四角である石の中に、穴があいている、その中から出る水が、澄んで冷たいことはこの上もない。↓よはう・方 参考

よほろ【丁】（名）〔後世「よぼろ」とも〕上代、公用の労働に徴発された成年男子。公用の人夫。〔紀〕武烈「信濃国（長野県）のーを発して（＝徴発して）」

よほろ【膕】（名）〔後世「よぼろ」とも〕膝のうしろ側の、座るとくぼむ所。ひかがみ。今昔 三〇・五「袖もなき麻布の帷のーの本なるを着たり」訳（昔の夫は）袖もない麻布の帷で、よほろの上までである（丈の短い）ものを着ていた。

よほろ-すぢ【膕筋】（名）よほろ（＝膝のうしろ側のくぼむ所）にある大きな筋肉。宇治 六・九「ー絶たれたれば、逃ぐべきやうなし」訳（私は）膝のうしろの筋を切られてしまったので、逃げることのできる方法もない。

よみ【黄泉】（名）死者の魂が行きとどまると考えられた所。あの世。「よみぢ」とも。万葉 九・一八〇九「大夫の争ふ見れば生けりとも逢ふべくあれやししくしろーに待たむと」訳（私のために二人のりっぱな男が争うのを見ると、生きていても、（だれと）結婚できようか。あの世で待とう）と。（「ししくしろ」は「黄泉」にかかる枕詞）。⇩後世

> **語の広がり**「黄泉」
> 「蘇る」は、「黄泉から帰る」の意。
> 「慣用表現」

よみ-い・づ【詠み出づ】（他ダ下二）{で・で・づ・づる・づれ・でよ}詩歌を作り出す。枕 八七「『なほかく思ひ侍りしなり』とて、ながやかにー・づ㊇」訳（女法師は）「やはりこう思ったのです」と言って、長く声を引いて（和歌を）詠み出す。

よみ-か・く【読み掛く・詠み掛く】（他カ下二）{け・け・く・くる・くれ・けよ}❶歌を詠んで、人に返歌を求める。歌いかける。著聞 一八三「『大江山いくのの道の…』とー・け㊊けり」訳「（母のいる丹後の国府は）大江山を越え、生野を通って行く道のりが…」と（歌を）詠みかけた。

❷相手に読んで聞かせる。呪文などを唱えかける。今昔 二四・一九「海の上に物を書きて、物をー・け㊊て」訳（法師は）海の上に字を書いて、呪文を唱えかけて。

❸途中まで読む。読みさす。〔太平記〕五「人のー・け㊊ておきたる大般若の唐櫃三つあり」訳 人が途中まで読んだ状態で置いてある大般若経の唐櫃が三つあ

る。

よみ-がへ-る〔ガエル〕【蘇る】(自ラ四){ら・り・る・る・れ・れ}〔黄泉から帰るの意〕死んだ人が生き返る。蘇生する。[万葉] 三・三二七「大海の沖に持ち行きて放つともうれむそこれのーり(用)なむ」[訳] 大海の沖に持って行って放っても、どうしてこれ(=乾鮑)が生き返ることがあろう。

よみ-ぢ〔ジ〕【黄泉・黄泉路】(名)〔黄泉へ行く路の意〕冥途へ行く道。また、冥途。よみ。[大鏡] 序「今ぞこころやすくーもまかるべき」[訳] 今こそ安心して冥途への道へもおいとますることができよう。

よみびと-しらず【読み人知らず・詠み人知らず】和歌の撰集などで、その和歌を詠んだ人の名がわからないことを示す語。その名を明らかにできない事情のある場合などにも用いる。[平家] 七・忠度都落「勅勘の人なれば、名字をばあらはされず、…歌一首ぞーと入れられける」[訳] (平忠度は)天皇のおとがめを受けている人であるので、(俊成卿はその)姓名を明らかになさらないで、…(忠度作の)歌一首を、よみ人知らずとして(「千載集」の中に)お入れになったのだった。

よみ-ほん【読本】(名)江戸後期の小説の一種。絵を主とした絵草紙に対して、読むことを主とした本の意から出た名。同じ体裁の浮世草子・滑稽本・人情本とは異なり、歴史的伝奇小説で、儒教的要素が強い。代表作品は「雨月物語」「南総里見八犬伝」など。

よ・む (他マ四){ま・み・む・む・め・め} ❶【読む】㋐数を数える。[古今] 神あそびのうた「君が代は限りもあらじ長浜の真砂の数はーみ(用)尽くすとも」[訳] わが君の御治世は(数えきれないほど)限りなく続くことだろう。たとえ長浜の砂の数は数え尽くす(ことができる)としても。㋑文章・詩歌・経文などを声を出して唱える。[更級] 初瀬「経少しーみ(用)奉りて、うちやすみたる夢に」[訳] 経文を少しお唱え申しあげて、ちょっと寝た(夜の)夢に。❷【詠む】詩歌を作る。[枕] 九九「など、歌はーま(未)で、むげに離れゐたる」[訳] どうして、和歌は作らないで、まったく離れて座っているのか。

よ-め【夜目】(名)夜、暗い中で物を見ること。また、夜、物を見る目。[万葉] 一〇・一八九五「春日山霞たなびくーに見れども」[訳] 春日山に(春のものである)霞がたなびいている。夜目で見ても。

よ-も【四方】(名)❶東西南北。前後左右。四方。〔祝詞〕「ーの国を安国と平らけく知ろしめすが故に」[訳] 四方の国を平安な国として穏やかにお治めになるがゆえに。❷あちらこちら。いたるところ。あたり一帯。[源氏] 若紫「ーの梢そこはかとなうけぶりわたれるほど」[訳] 周囲の木々の梢は(新芽が萌え出て)どこということもなく一面に煙っているありさまを。

よも (副)(多く、下に打消推量の助動詞「じ」を伴って)まさか。決して。よもや。〔十訓〕六「いまだ遠くはー行かじ」[訳] (強盗は)まだ遠くへはまさか行かないだろう。

> **副詞の呼応**
> よも……じ。〈打消推量〉
> よも おはせじ。
> (=まさかいらっしゃらないだろう)

よも-あら-じ まさか、あるまい。よもや、そうではあるまい。[竹取] かぐや姫の昇天「かの国の人来なば、猛き心つかふ人も、ーーじ(終)」[訳] あの国(=月世界)の人が来たならば、勇猛心をふるう人も、まさかあるまい。
[なりたち] 副詞「よも」＋ラ変動詞「有り」の未然形「あら」＋打消推量の助動詞「じ」

よもぎ【蓬】(名)❶草の名。若葉は草餅の材料となり、生長した葉は「もぐさ」とする。もちぐさ。[春]。[源氏] 蓬生「浅茅は庭の面も見えず、しげきーは軒を争ひて生ひのぼる」[訳] ちがやは(のびて)庭の面も見えず、茂った蓬は軒(と高さ)を争うまでに生えのぼる。❷襲の色目の名。表は萌黄、裏は濃い萌黄。一説に、表は白、裏は青とも。
[参考] ①は、荒れはてた家を描写する際に、「浅茅」「葎」などとともに雑草の代表として用いられる。

よもぎ-が-そま【蓬が杣】蓬が、杣山(=植林した山)のように生い茂っている所。転じて、自分の家を謙遜していう。あばらや。[平家] 五・月見「ー、浅茅が原、鳥のふしどと荒れ果てて」[訳] (旧都は)蓬が杣、浅茅が原、鳥のねぐらのようにすっかり荒れて。⇩苫屋「慣用表現」

よもぎ-の-や【蓬の矢】蓬の葉を矢羽根とした矢。男子の誕生を祝う儀式に用いた。[平家] 三・御産「桑の弓、ーにて、天地四方を射させらる(=射させなさる)」

よもぎ-ふ〔ウ〕【蓬生】(名)蓬などの雑草が生い茂った、荒れた所。[源氏] 桐壺「かかる御使ひのーの露分け入り給ふにつけても」[訳] このような(おそれ多い桐壺帝の)ご使者が、雑草の生い茂った所の露を分けておいでくださるにつけても。

よ-も-すがら【夜もすがら】(副)〔「すがら」は接尾語〕夜通し。一晩じゅう。終夜。〔和泉式部日記〕「ーなにごとをかは思ひつる窓うつ雨の音を聞きつつ」[訳] 一晩じゅう、(あなたのことのほかに)何を考えたことか、窓を打つ雨の音を聞きながら。

よもすがら… [和歌]《百人一首》

> 夜もすがら　もの思ふころは　明けやらぬ
> 閨のひまさへ　つれなかりけり
> 〈千載・一二・恋二・七六六・俊恵〉

[訳] (恋人のつれなさを恨んで)一晩じゅう物思いに沈んでいるこのごろは、なかなか(夜が)明けて(光がさしこんで)くれない寝室のすき間までもが、(あの人と同じように)冷淡なのだなあ。[文法]「ひまさへ」の「さへ」は添加の副助詞で、「…までも」の意。「けり」は、詠嘆の助動詞。[解説] 自分のもとを訪れなくなった恋人を恨む気持ちを、女の立場になって詠んだ歌。閨のすき間からもれる朝の光に注目する発想が巧み。「小倉百人一首」は、第三句を「明けやらで(=明けきらないで)」とする。

よも-つ-ひらさか【黄泉つ平坂】(名)〔「よも」は「よみ」の転。「つ」は「の」の意の上代の格助詞〕黄泉(=死後の世界)と現世との境にあるという坂。〔記〕上「逃げ来るを、猶追ひて、ーの坂本に到りし時」[訳] (伊邪那岐命が)逃げて来るのを、(雷神たちは)さらに追いかけて、現世と黄泉との境の坂のふもとに到着したときに。

四方赤良(よものあから)《人名》→大田南畝

よも-の-あらし【四方の嵐】あたりを吹きすさぶ嵐。

転じて、世間の強い風当たり。源氏 須磨「ひとり目をさまして、枕をそばだててーを聞き給ふに」訳（光源氏は）ひとり目をさまして、（寝床の中で）枕を斜めに高くして、あたりを吹きすさぶ嵐（の音）をお聞きになると。⇩此処許「名文解説」

よ-の-うみ【四方の海】四方の海。四海。転じて、国じゅう。天下。〔増鏡〕おどろのした「御門ひとへに世をしろしめして、ー波しづかに、…世治まり民安うして」訳 帝がもっぱら世をお治めになって、国じゅうの波が静かになり、…世は治まり民は安心して。

よ-も-やま【四方山】（名）❶四方の山々。〔栄花〕月の宴「一天下の人烏のやうなり。ーの椎柴残らじと見ゆるも、あはれになむ」訳（村上天皇の葬送の際）天下の人々は烏のよう（に黒い姿）である。四方の山々の（喪服の染料となる）椎柴も残っていないだろうと思われるのも、しみじみと感に堪えないことである。

❷天下。世間。〔栄花〕花山たづぬる中納言「今年は世の中にもがさといふもの出で来て、ーの人上下病みのしるるに」訳 今年は世間に天然痘というものが発生して、天下の人々が身分の上の者下の者みんなこれにかかって大騒ぎをするので。

❸種々雑多なこと。いろいろ。大鏡 道隆「いかだのうへに土をふせて、植木をおほし、ーの田をつくり」訳 いかだの上に土を盛って、植木を生やし、たくさんの田を作り。

よ-や（感）〔間投助詞「よ」に間投助詞「や」の付いたもの〕強く他人に呼びかける語。よう。おおい。徒然 八九「助けよや、猫また、ー、ー」訳 助けてくれい。猫また（＝怪獣）だ、おおい、おおい。

参考 中世の会話文で用いられた。

よ-よ【世世・代代】（名）❶世代を重ねること。多くの世代。代々。また、長い年月。方丈 一「高き、いやしき、人の住まひは、ーを経て尽きせぬものなれど」訳 身分の高い人や低い人の住居は、幾世代を経てもなくならないものだが。

❷男女が離別して別々に世を送ること。伊勢 三「おのがーになりにければ、うとくなりにけり」訳（他に妻や夫を持って）それぞれが別々の生活を送ることになってしまったので、（関係は）疎遠になってしまった。

❸《仏教語》過去・現在・未来の三世。生まれてくるその時その時の世。〔謡・天鼓〕「げにやーごとの仮の親子に生まれ来て」訳 ほんとにまあその世その世限りの（縁である）かりそめの親子として（この世に）生まれてきて。

よよ(-と)（副）❶しゃくりあげて激しく泣くさま。おいおい。宇治 一・一三「さくりあげて、ーと泣きければ」訳（児が）しゃくりあげて、おいおいと泣いたので。

❷よだれ・水などが垂れ落ちるさま。だらだら。源氏 横笛「たかうなをつとにぎり持ちて、雫もーと食ひぬらし給へば」訳（若君＝薫は）筍をしっかりにぎり持って、よだれの雫もだらだらと食い濡らしなさるので。

❸勢いよく飲むさま。ぐいぐい。徒然 八七「酒を出だしたれば、さしうけさしうけ、ーと飲みぬ」訳 酒を出したところ、（男は）何杯も受けて、ぐいぐいと飲んだ。

よ-ら【夜ら】（名）〔「ら」は接尾語〕夜。万葉 一三・三二八〇「高々に君待つーはさ夜ふけにけり」訳 今か今かとあなたを待つ夜は更けてしまったなあ。

より（格助）

意味・用法

- **起点**〔…から。〕→❶
- **経由点**〔…を通って。〕→❷
- **手段・方法**〔…で。…によって。〕→❸
- **比較の基準**〔…よりも。〕→❹
- **限定**〔…以外。…より。〕→❺
- **原因・理由**〔…のために。…だから。…ので。〕→❻
- **即時**〔…やいなや。…するとすぐに。〕→❼

接続

体言、活用語の**連体形**に付く。

❶動作・作用の時間的・空間的な起点を表す。**…から。**古今 仮名序「この歌、天地のひらけはじまりける時より出できにけり」訳 この和歌は、天と地が生まれ（この世界が）はじまったときから詠み出されたということだ。土佐「大津より浦戸をさして漕ぎ出づ」訳 大津から浦戸を目ざして漕ぎ出す。

❷動作・作用の経由点を表す。**…を通って。**伊勢 五「門よりもえ入らで、童べの踏みあけたる築地のくづれより通ひけり」訳 門を通っても入ることができないで、子供たちが踏みあけた土塀の崩れた所を通って（女のもとに）通っていた。文法「え入らで」の「え」は副詞で、打消の語（ここでは「で」）を伴って不可能の意を表す。

❸動作・作用の手段・方法を表す。**…で。…によって。**万葉 一三・三三一四「他夫の馬より行くに己夫し歩より行けば」訳 他人の夫は馬で行くのに、自分の夫は徒歩で行くので。文法「し」は、強意の副助詞。

❹比較の基準を表す。**…よりも。**伊勢 二「その人かたちよりは心なむまさりたりける」訳 その人は容貌よりは心がすぐれているのであった。

❺（「よりほか」「よりのち」「よりうち」などの形で）一定の範囲を限定する意を表す。**…以外。…より。**古今 秋上「ひぐらしの鳴く山里の夕暮れは風よりほかにとふ人もなし」訳 ひぐらし（＝蟬の一種）が鳴く山里の（秋の）夕暮れは、風よりほかに訪れてくる人もいない。

❻原因・理由を表す。**…のために。…だから。…ので。**竹取 燕の子安貝「『あな、かひなのわざや』とのたまひけるよりぞ、思ふに違ふことをば、かひなしとは言ひける」訳（中納言は）「ああ、（子安貝が）甲斐がないことだ」とおっしゃったので、期待に反することを、かいなしとは言ったのであった。（「かひなし」に「甲斐無し」と「貝無し」とをかける）

❼動作・作用が即時にあいついで行われることを表す。**…やいなや。…するとすぐに。**源氏 桐壺「命婦、かしこにまで着きて、門ひき入るるよりけはひあはれなり」訳（靫負の命婦（＝女官）が、かのところ（＝桐壺の更衣の里邸）に（宮中から）参上し到着して、（牛車を）門内に引き入れるとすぐに、（邸内の）ようすは身にしみるほどしめやかである。文法「まで」は「まうで」の転。徒然 七一「名を聞くより、やがて面影は推しはからるる心地するを」訳 名を聞くやいなや、すぐに（その人の）顔つきは推測できる感じがするが。文法「推しはからるる」の「るる」は、可能

の助動詞「る」の連体形。自発ととり、「自然と推測される」と解釈することもできる。

文法 (1) 上代には「ゆ」「ゆり」「よ」など同義の助詞があったが、中古には「より」だけになり、さらに「から」「で」にとってかわられた。③の用法は主として上代のもので、中古では「にて」が用いられた。⑥⑦の場合は接続助詞とする説もある。

(2) 接続については、体言に準じて形容詞の連用形や副詞、一部の助詞に付く例がある。

「幼く**より**(＝幼いときから)いみじくあはれと思ひわたるに」〈更級 野辺の笹原〉

「かねて**より**風に先だつ波なれや(＝前々から風に先んじて立つ波だからだろうか)」〈古今 恋三〉

「夜中ばかり**より**船をいだして漕ぎくる道に手向けする所あり」〈土佐〉

ただし、次の例はラ行四段動詞「よる(因る)」の連用形であって、格助詞の「より」ではない。

「昔の契りありけるに**より**なむ(＝昔の約束があったことによって)、この世界にはまうで来たりける」〈竹取 かぐや姫の昇天〉

より-あひ【寄り合ひ】(名) ❶寄り集まること。互いに接して一つになること。また、その所。万葉 二・一六七「天地のーの極み知らしめす神の命と」訳 天と地が接して一つになる果てまでお治めになる神様として。❷多くの人が一堂に会すること。会合。集会。❸連歌・俳諧で、前句と付け句とを結び付けるはたらきをする詞や素材。また、前句に付け句を付けること。〔連理秘抄〕「ーは作者の風骨によりて、すべて定まりたる所あるべからず」訳 付け句の付け方は作者の作風によって、すべてに一定のきまりがあるわけではない。

より-うど【寄人】(名)「よりびと」の転。❶宮中の記録所・御書所などで、庶務・執筆をつかさどる職員。❷宮中の和歌所で、和歌の選定にあたる職員。「召人」とも。❸鎌倉・室町幕府の職名。政所・問注所・侍所の職員。

より-か・く【縒り掛く】(他カ下二)〔け・け・く・くる・くれ・けよ〕(糸などを)よってかける。古今 春上「浅緑糸ー・け用て白露を珠にも貫ける春の柳か」訳 →あさみどり…〈和歌〉

よ-りき【与力】■(名) ❶室町時代、大名や有力武将などに従属する武士。❷江戸幕府の職名。奉行・所司代・城代・大番頭などのもとで同心を指揮し、上役を補佐した。■(名・自サ変) 加勢すること。助力。また、その勢力。平家 一・鹿谷「北面の輩おほくー・し用たりけり」訳 北面の武士たちがたくさん加勢したのだった。

より-つ・く【寄り付く】(自カ四)〔か・き・く・く・け・け〕近くに寄る。寄り添う。また、頼りにして身を寄せる。宇治 一一・六「大方近うー・く終べきにもあらず」訳 (恵印は)まったく(池の)そばに近寄ることができそうにもない。

より-て【因りて・依りて・仍りて】(接)「よって」に同じ。

より-どころ【拠り所】(名)「よんどころ」とも。❶頼る所。頼りとして身を寄せる所。よるべ。源氏 桐壺「とりたててはかばかしき後ろ見しなければ、事ある時は、なほーなく心細げなり」訳 (桐壺の更衣は)これといってしっかりした後ろ盾がないので、いざという大事なときには、やはり頼るあてもなくて心細そうなようすである。❷根拠。基づくところ。〔保元物語〕「事のーなきによって、先帝弱年にして崩じぬ」訳 (私＝崇徳院から位を奪って皇位についた)ことの、(しかるべき)根拠もないので、先帝は弱年でお亡くなりになった。

より-ふ・す【寄り臥す・凭り臥す】(自サ四)〔さ・し・す・す・せ・せ〕物にもたれかかって、横になる。源氏 明石「心地悪しとてー・し用ぬ」訳 (明石の君は)気分が悪いと言って物に寄りかかって横になった。

より-まし【寄りまし】(名)修験者などが祈禱するとき、物の怪や悪霊を一時的に乗り移らせるため、そばに置く子供や人形。「寄り人」とも。著聞 六〇五「験者、ーなど据ゑて祈るに」訳 修験者がよりましなどを(そばに)置いて祈ると。

よりゅうど【寄人】⇩よりうど

より-より【度度】(副)折々。時々。〔紀〕持統「天皇、ーに大舎人を遣はして問訊ひ給ふ」訳 天皇は、折々に大舎人を派遣してお尋ねになる。

より-ゐる【寄り居る】(自ワ上一)〔ゐ・ゐ・ゐる・ゐる・ゐれ・ゐよ〕寄りかかって座る。近寄って座る。源氏 若紫「中の柱にー・ゐ用て」訳 (部屋の)中央の柱に身を寄せて座って。

よる【夜】(名)一日のうち、日没から日の出までの間。枕 三六「七月ばかりいみじう暑ければ、よろづの所あけながらーもあかすに」訳 陰暦七月のころはとても暑いので、すべての所を開けたままで夜も明かすけれども。

よ・る【因る・由る・依る】(自ラ四)〔ら・り・る・る・れ・れ〕❶基づく。由来する。原因となる。徒然 九一「吉凶は人にー・り用て、日にー・ら未ず」訳 吉凶は人に基づいて、日に基づかない。❷従う。応じる。万葉 一四・三三七七「武蔵野の草は諸向きかもかくも君がまにまに吾はー・り用にしを」訳 武蔵野の草はどちらにもなびくが、ともかくそのように、あなたの言うままに私は応じたのに。(第二句までは「かもかくも」を導きだす序詞) ❸それと限る。定める。〔狂・賽の目〕「何者にー・ら未ず、算勘に達した者を聟に取らうと存ずる」訳 何者に限らず、そろばん勘定に達者な者を婿に取ろうと思う。

よ・る【寄る】(自ラ四)〔ら・り・る・る・れ・れ〕❶**近寄る**。接近する。竹取 かぐや姫の生ひ立ち「あやしがりてー・り用て見るに、筒の中光りたり」訳 (翁が)不思議に思って近づいて見ると、(竹の)筒の中が光っている。❷**集まる**。寄り合う。徒然 五三「親しき者、老いたる母など、枕上にー・り用ゐて泣き悲しめども、聞くらんとも覚えず」訳 親しい人や老いた母などが、枕元に集まり座って泣き悲しむけれども、(当人がそれを)聞いているだろうとも思われない。❸心が傾く。好意を寄せる。万葉 四・五〇五「今更に何をか思はむうちなびく心は君にー・り用にしものを」訳 今さら何を思い迷うことがあろうか。ひき寄せられる(私の)心はあなたに傾いてしまったのだから。文法「ものを」は、順接の確定条件(原因・理由)を表す接続助詞。❹**頼る**。依頼する。古今 雑体「伊勢の海人も舟ながしたる心地してー・ら未む方なく」訳 伊勢の漁師も(波に)舟をさらわれてしまった気持ちがして、頼りすがるようなところもなく。文法「よらむ方」の「む」は、仮定・婉曲の助動詞。

❺もたれかかる。寄りかかる。〔源氏〕帚木「『あなかま』とて、脇息に―・り(用)おはす」〔訳〕（光源氏が）「ああ、やかましい」と言って、脇息（＝肘かけ）にもたれかかっていらっしゃるのは。

❻立ち寄る。訪れる。〔竹取〕蓬萊の玉の枝「我が御家へも―・り(用)給はずしておはしたり」〔訳〕（くらもちの皇子は）自分のお屋敷へもお立ち寄りにならないで（ここ＝竹取の翁の家に）いらっしゃった。

❼（物の怪・霊などが）乗り移る。〔今昔〕三一・七「弁いくばくもなくて病つきて、日ごろを経てつひに失せにけり。その女の―・り(用)たるにやとぞ」〔訳〕弁（＝右少弁師家）はまもなく病気になって、数日を経てとうとう死んでしまった。その女が乗り移っ（て殺し）たのであろうかという評判であった。〔文法〕係助詞「や」のあとに「あらむ」、「ぞ」のあとに「言へる」の結びが省略されている。

❽寄進される。寄付される。〔宇治〕八・三「かかる所に庄など―・り(用)ぬれば…なかなかむつかしく、罪得がましく候ふ」〔訳〕こんな所に荘園などを寄進されてしまうと…かえってわずらわしく、罪業を身に受けるもととなりそうです。

よ・る【縒る・搓る・撚る】■一（他ラ四）{ら・り・る・る・れ・れ}（糸などを）何本かねじり合わせて一本にする。よじる。〔伊勢〕三五「玉の緒をあわ緒に―・り(用)て結べれば絶えての後もあはむとぞ思ふ」〔訳〕玉を貫く緒を沫緒（＝緒の縒り方の名という）により合わせて結んであるので、（仲が）絶えてしまったあとでも（また）逢おうと思う。

■二（自ラ四）{ら・り・る・る・れ・れ}しわがよる。〔古今〕雑体「蟬の羽のひとへにうすき夏衣なれば―・り(用)なむものにやはあらぬ」〔訳〕蟬の羽のように単衣で薄い夏の着物は、着なれるとしわがよってしまうが、ひたすら薄情な人でもなれ親しむと、寄り添ってしまうものではないのか。（「ひとへ」は「単衣」とひたすらにの意の副詞「ひとへに」との掛詞。「なればよりなむ」に「着なれてしわがよる」意と「なれ親しんで寄り添う」意とをかける）

■三（自ラ下二）{れ・れ・る・るる・るれ・れよ}よじれる。しわになる。〔うつほ〕蔵開上「―・れ(用)たる御裳にうち畳なはれたる、いとめでたし」〔訳〕よじれている御裳にたたみ重なっているの（＝髪）が、たいそう美しい。

よる-に-な・す【夜になす】夜になるのを待つ。夜になるのを見計らう。〔土佐〕「―・し(用)て京には入らむと思へば」〔訳〕夜になるのを待って京には入ろうと思うので。

よる-の-おとど【夜の御殿】（名）「よんのおとど」とも。清涼殿にある天皇の御寝所。また、東宮や中宮の御寝所、貴人の寝所にもいう。「夜の御座」とも。〔源氏〕桐壺「―に入らせ給ひても、まどろませ給ふことかたし」〔訳〕（桐壺帝は）ご寝室にお入りになられても、うとうとお眠りになられることもむずかしい。

よる-の-おまし【夜の御座】（名）「よるのおとど」に同じ。↔昼の御座

よる-の-ころも【夜の衣】夜、寝るときに着る着物。寝巻き。〔源氏〕玉鬘「返さむといふにつけても片敷きの―を思ひこそやれ」〔訳〕（あなた＝末摘花が私＝光源氏に衣を）返そうというにつけても、（私は、あなたが夢で思う人と逢うために裏返して寝る）さびしい独り寝の夜の着物を思いめぐらすことよ。

よる-の-ころも-を-かへ・す【夜の衣を返す】夜、寝るときに着る着物を裏返しに着て寝る。夢に恋しい人を見るという俗信による。〔古今〕恋二「いとせめて恋しき時はむばたまの―・し(用)てぞ着る」〔訳〕→いとせめて…〔和歌〕

よる-の-にしき【夜の錦】（夜、美しい錦の着物を着ても目立たないことから）甲斐のないこと、むだなことのたとえ。闇の夜の錦。〔古今〕秋下「見る人もなくて散りぬる奥山のもみぢは―なりけり」〔訳〕見る人もいないまま散ってしまう奥山のもみじは、（闇の中で錦の着物を着るように）なんの甲斐もないものであることだ。

夜の寝覚（よるのねざめ）『作品名』平安後期の物語。菅原孝標の女の作とされるが、未詳。成立は十一世紀後半か。姉の夫と契ってしまった、太政大臣の次女、中の君の数奇な運命を描く。「源氏物語」の影響が著しい。「夜半の寝覚」「寝覚」とも。

よる-の-もの【夜の物】（名）夜、寝るときに用いるもの。夜着・ふとんなど。夜具。〔幻住庵記〕「持仏一間を隔てて、―をさむべき処などいささかしつらへり」〔訳〕持仏を安置する一間を別に用意して、夜具を入れるのによい場所などを少しとってある。

よる-べ【寄る辺】（名）〔上代は「よるへ」〕❶頼りとする所。〔万葉〕一八・四一〇六「射水川流る水沫の―無み」〔訳〕射水川に流れる水の泡のように、頼りとする所がないので。〔文法〕「流る」は「水沫」にかかるので連体形「流るる」でなければならないが、音調の上から「流る」としたとみられる。「無み」の「み」は、原因・理由を表す接尾語。

❷頼みとする人。特に、夫または妻を遠まわしにいう。〔源氏〕帚木「ものまめやかに静かなる心のおもむきならむ―をぞ、終の頼み所には思ひおくべかりける」〔訳〕まじめで心の落ち着いた性格であるような伴侶を、生涯の頼みとする人（＝妻）としては考えておくのがよいのだった。

よるべ-の-みづ【依瓮の水】神社の庭に据えた水がめ（＝依瓮）にたまった水。これに神霊が宿るという。〔源氏〕幻「さもこそは―に水草居め今日の挿頭よ名さへ忘るる」〔訳〕いかにもそのとおりで、（私＝中将の君への気持ちが薄れて）よるべの水にも水草が生えているだろう。今日の（賀茂の祭りで）髪飾りとする「葵（＝会ふ日）」よ。（会うという）その名まで忘れるとは（うらめしい）。

よる-を-ひる-に-な・す【夜を昼になす】夜を昼と同じようにする。昼夜の別なく事を急ぐ。「夜を日に継ぐ」とも。〔竹取〕燕の子安貝「男どもの中に交じりて、―・し(用)て取らしめ給ふ」〔訳〕（中納言は）家来たちの中にまじって、昼夜の別なくして（子安貝を）取らせなさる。

よろこび【喜び・悦び・慶び】（名）❶喜ぶこと。うれしく思うこと。〔土佐〕「都近くなりぬる―にたへずして」〔訳〕都が近くなったうれしさにがまんできずに。

❷祝いごと。また、祝辞。〔十訓〕九「新法眼の御―にまかりて侍る」〔訳〕（京極の大殿のご子息が）新しく法眼（＝僧の位）になったお祝いに出かけております。

❸官位が昇進すること。〔更級〕初瀬「たのむ人だに、人のやうなる―してば、とのみ思ひわたる心地、たのもしかし」〔訳〕頼みとする人（＝夫）だけでも、人並みの任官をとげたならば（よいが）、とばかり思い続ける気持ちは、頼もしいことであるよ。〔文法〕「してば」の「て」は、完了の助動詞「つ」の

未然形。「かし」は、強く念をおす意の終助詞。

❹**礼を言うこと。** 特に、任官や昇進などのお礼。[枕]三「八日、人のー して走らする車の音、ことに聞こえてをかし」[訳]（陰暦一月）八日は、人が（任官の）お礼回りをするために走らせる車の音が、格別（晴れやか）に聞こえて趣が深い。

よろこび‐まうし（モウシ）【慶び申し・慶び奏し】（名）叙位・任官などのお礼を申し上げること。また、その儀式。[平家]一・鹿谷「やがて同じき十七日、ー ありしかども、世の中にがにがしうぞ見えし」[訳]すぐに同じ月（＝陰暦十二月）の十七日に、任官のお礼申しの儀式があったが、世の中（の情勢）はおもしろくないように思えた。

よろこ・ぶ【喜ぶ・悦ぶ】（自バ上二・四）｛ば・び・ぶ・ぶ・べ・べ｝｛び・び・ぶ・ぶる・ぶれ・びよ｝うれしく思う。楽しく思う。[万葉]一〇・二二六四「こほろぎの待ちー・ぶる㊍秋の夜を寝ぬるしるしなし枕とあれとは」[訳]（上二段）秋の夜を寝ぬるしるしなし枕とあれとは」[訳]こおろぎが訪れを待って喜んでいる秋の夜だが、寝るかいもないことだ、枕と私とでは。

[参考] 上代は上二段、中古以降、四段活用になった。

よろこぼ・ふ（ヨロコボウ）【喜ぼふ・悦ぼふ】（自ハ四）｛は・ひ・ふ・ふ・へ・へ｝［四段動詞「喜ぶ」の未然形「よろこば」に上代の反復・継続の助動詞「ふ」の付いた「よろこばふ」の転］しきりに喜ぶ。うれしがる。[伊勢]一四「ー・ひ㊊て、『思ひけらし』とぞ言ひ居をりける」[訳]（女は）しきりに喜んで、「（男は私を）思っていたらしい」と（歌の意をとりちがえて）言っていたのだった。

よろ・し【宜し】（形シク）｛しから・しく（しかり）・し・しき（しかる）・しけれ・しかれ｝

> **語義パネル**
>
> ●**重点義** 他と比較してよいさま。まあまあの程度であるさま。
>
> ❶**だいたいよい。まあよい。**
> ❷**ふつうである。平凡である。** あたりまえである。
> ❸**適当である。ふさわしい。似つかわしい。**
> ❹結構である。すぐれている。好ましい。

❶**だいたいよい。まあよい。** [宇治]一・一〇「ー・しく㊊詠みたり。ただし『けれ』『けり』『ける』などいふことは、いとしもなきことばなり」[訳]まあまあうまく詠んでいる。ただし「けれ」「けり」「ける」など（を重ねて用いる）ということは、あまりよくないことばづかいである。[文法]「いとしも」の「しも」は、強意の副助詞。

❷**ふつうである。平凡である。** あたりまえである。[枕]三九「春ごとに咲くとて、桜をー・しう㊊（ウ音便）思ふ人やはある」[訳]春が来るたびに咲くからといって、桜を平凡だと思う人はあるだろうか（いや、あるはずはない）。[文法]「やは」は反語の係助詞で、「人あらず」を強めた表現と考えてよい。

❸**適当である。ふさわしい。似つかわしい。** [土佐]「ゆあみなどせむとて、あたりのー・しき㊍ところに下りてゆく」[訳]水浴びなどをしようとして、近辺の適当な所に（船から）下りて行く。

❹結構である。すぐれている。好ましい。[万葉]一〇・一八八五「物皆ものみなは新あらたしきよしただしくも人は旧ふりゆくー・しかる㊍べし」[訳]すべての物は新しいのがよい。ただし、人間だけは年とってゆくのが好ましいであろう。《⇩悪あし「類語パネル」》

よろし‐なへ（ナエ）【宜しなへ】（副）《上代語》よいぐあいに。ふさわしく。心にかなって。[万葉]三・二八六「ー わが夫せの君が負ひ来きにしこの背の山を妹いもとは呼ばじ」[訳]ふさわしくもわが背の君が自分の名としてきたこの背という名の山を、妹とは呼ぶまい。

よろづ（ヨロズ）【万】㊀（名）❶千の十倍。万まん。また、数の多いこと。[古今]仮名序「やまと歌は、人の心を種として、ーの言ことの葉とぞなれりける」[訳]和歌は、人の心を種として（生い茂り）、多くの（ことばの葉すなわち）歌となった（ものである）。

❷**すべての事。万事。** [徒然]二一七「人はーをさしおきて、ひたふるに徳をつくべきなり」[訳]人は万事を二の次にして、いちずに財産を身につけなければいけないのである。

㊁（副）**すべてにつけて。何事につけても。** [徒然]六〇「ー自由にして、大方おほかた、人に従ふといふことなし」[訳]何事につけても気ままで、いっこうに、他人の言いなりになるということがない。

よろづ‐たび（ヨロズ）【万度】（副）何度も。たびたび。[万葉]二・一三一「この道の八十隈やそくまごとにーかへりみすれどいや遠とほに里は離さかりぬ」[訳]→いはみのうみ…[和歌]

よろづ‐に（ヨロズ）【万に】（副）万事に。何かにつけて。[源氏]須磨「世の中は味気あぢきなきものかなとのみ、ーつけて思おぼす」[訳]世間（というもの）はつまらないものだなあとばかり、（光源氏は）万事につけてお思いになる。

万の文反古（よろづのふみほうぐ）（ヨロズノフミホウグ）『作品名』江戸前期の浮世草子。井原西鶴さいかく作。元禄九年（一六九六）刊。十七編から成る書簡体小説集。一通が一編をなす形式の中で、町人の日常的な世界の種々相を描出する。

よろづ‐よ（ヨロズ）【万代】（名）いつまでも続く世。永久。[万葉]一七・三九二四「ーに語り継ぐべく思ほゆるかも」[訳]永久に語り継ぐべきことだと思われることよ。

‐よろひ（ヨロイ）【具】（接尾）（調度品・武具・衣服などの）そろいの物を数える語。…対つい。…そろい。[源氏]紅葉賀「〔高さ〕三尺の御厨子みづし一ーに」

よろひ（ヨロイ）【鎧・甲】（名）武具の一つ。広義では、戦場でからだを保護するために身につける甲冑かっちゅうの総称。狭義では胴部につける武具だけをいう。多くは、革または鉄板を糸でとじ合わせて作る。⇩巻頭カラーページ16 大鎧おおよろい・胴丸・腹巻・具足などの種類がある。

よろひ‐ひたたれ（ヨロイ）【鎧直垂】（名）「よろひびたたれ」とも。直垂の一種で、鎧の下に着るもの。袖口と袴はかまの裾にくくり紐ひもが付いている。地は綾あや・錦などを用い、色・柄は自由。⇩巻頭カラーページ16

よろ・ふ（ヨロウ）【鎧ふ】（他ハ四）｛は・ひ・ふ・ふ・へ・へ｝鎧よろいを着る。甲冑かっちゅうを身につける。[平家]二・教訓状「太政だいじゃう大臣の官に至る人の甲冑をー・ふ㊍こと、礼義を背くにあらずや」[訳]太政大臣の官に達する人が甲冑を身につけることは、礼儀に反するのではないか。

よろぼ・ふ（ヨロボウ）【蹌踉ふ】（自ハ四）｛は・ひ・ふ・ふ・へ・へ｝［上代は「よろほふ」］❶よろめく。よろよろ歩く。[源氏]明石「立ち居もあさましうー・ふ㊎」[訳]（明石しあかの入道は）立ったりすわったりするのもあきれるほどよろめく。

❷くずれかかる。[源氏]蓬生「左右の戸もみなー・ひ㊊倒

よ

ろこ―よろほ

れにければ」訳(末摘花邸の正門の)左の戸も右の戸もみんなくずれ倒れてしまったので。

よわ【夜半】 ⇩よは

よわい【齢】 ⇩よはひ

よわ-げ【弱げ】(形動ナリ){なら・なり(に)・なり・なる・なれ・なれ}〔「げ」は接尾語〕弱々しいさま。衰弱しているさま。源氏 夕顔「わづらひ侍る人、なほ―・に㊊侍れば」訳病んでおります人(=大弐の乳母)が、やはり弱々しいようすでございますので。

よわ-ごし【弱腰】(名)腰のくびれて細くなった所。徒然 六六「鷹は―を取ることなれば」訳鷹は(鳥の)腰のくびれて細くなった所を(両脚で)つかまえるものだから。

よわ・し【弱し】(形ク){(から)・く(かり)・し・き(かる)・けれ・かれ}❶力や勢いがない。劣っている。弱い。徒然 一八六「乗るべき馬をば、まづよく見て、強き所、―・き㊍所を知るべし」訳乗ろうとする馬を、まず念入りに見て、(馬の)強い所と、弱い所を知らなければならない。

❷衰弱している。源氏 桐壺「日々におもり給ひて、ただ五六日の程にいと―・う㊊(ウ音便)なれば」訳(桐壺の更衣は)日に日に病気が重くなられて、ほんの五、六日の間にたいそう衰弱した状態になるので。

よ-わた・る【夜渡る】(自ラ四){ら・り・る・る・れ・れ}夜中に渡って行く。夜の間に過ぎて行く。万葉 一五・三六五一「ぬばたまの―・る㊍月は早も出でぬかも海原の八十島の上ゆ妹があたり見む」訳夜空を渡って行く月は早く出ないかなあ。海上の多くの島の上から妻の(いる)あたりを見よう。(「ぬばたまの」は「夜」にかかる枕詞。五七七・五七七の旋頭歌)

与話情浮名横櫛(よわなさけうきなのよこぐし)『作品名』江戸末期の歌舞伎脚本。世話物。三世瀬川如皐作。嘉永六年(一八五三)、江戸中村座初演。実話を脚色したもので、与三郎が木更津で土地の顔役の妾お富と密通して露顕し、あやうく命が助かるという筋。通称「切られ与三」。「源氏店(玄冶店)」の場が名高い。

よわ-め【弱目】(名)心身の弱っている時。弱り目。源氏 夕霧「物の怪なども、かかる―に所得るものなりければ」訳物の怪なども、このような心身の弱った折に威をふるうものであったので。

よ-ゐ【夜居】(名)❶夜間、寝ないで控えていること。宿直。〔栄花〕はつはな「殿も上達部も、舞人の君達も、皆―に籠り給ひて」訳殿も公卿も、舞人も、祭りの舞人の方々も、みんな宿直で(宮中に)お籠りになって。❷僧が、一晩じゅう、加持・修法のために詰めていること。源氏 薄雲「いまは―などいと堪へがたう思え侍れど」訳いまでは一晩じゅうの勤めなどもとても耐えられないと思われますが。

よ-を-こ・む【夜を籠む】(まだ夜を含んでいる意から)夜明けにならない時をいう。夜がまだ深い。まだ夜が明けない。平家 灌頂・大原御幸「法皇―・め㊊て大原の奥へぞ御幸なる」訳(後白河)法皇は夜まだ深いうちに大原の奥へお出かけになる。

よをこめて… 和歌《百人一首》

> 夜をこめて 鳥の空音に はかるとも
> よに逢坂の 関はゆるさじ
> 〔逢ふ〕
> 〈後拾遺・一六・雑二・九三九・清少納言〉〈枕・一三六〉

訳まだ夜が明けないうちに、鶏の鳴きまねをしてだまそうとしても、(ここは中国の函谷関ではないのですから)逢坂の関の番人は(門を開け、二人が逢うことなど)決して許さないでしょうよ。修辞「逢坂の関」の「逢」に「逢ふ」をかける。文法「よに」は副詞で下に打消(ここでは「じ」)を伴って、決しての意。

解説 詞書によると、藤原行成が作者と宮中で話しこんでいたとき、「明日は宮中の物忌みだ」と急いで帰ったが、翌朝「朝を告げる鶏の声にせかされまして」などと言いわけをしてきた。「夜ふけの鶏の声なんて変ですね。函谷関のことかしら」と皮肉を言ってやったところ、すぐにまた「これは逢坂の関のことでした。またお逢いしたいものです」と返事があったので、この歌を詠んで贈ったとある。「函谷関のこと」とは、斉の孟嘗君が秦の国から逃げ帰る際、夜中に函谷関に至り、部下に鶏の鳴きまねをさせて番人に開門の時刻だと思いこませ、そこを無事に通過したという「史記」の故事をいう。作者の機智が感じられる歌。「枕草子」「小倉百人一首」は、第二句を「鳥の空音は」とする。

よ-を-さ・る【世を去る】❶この世を去る。死ぬ。源氏 若菜上「うち続き―・ら㊍むきざみ心苦しく」訳(朱雀院に)引き続いて(私=光源氏が)この世を去るようなとき、(女三の宮に対して)気の毒で。⇩果つ「慣用表現」

❷俗世を去る。隠遁する。出家する。源氏 幻「今は と―・り㊊給ふべきほど近く思し設くるに」訳(光源氏は)もういよいよだと、出家しなさるべき時期を近く(に)心積もりなさると。⇩世を背く「慣用表現」

よ-を-しの・ぶ【世を忍ぶ】世間を避ける。人目を避けて隠れる。〔仮名・浮世物語〕「男も―・ぶ㊍者なりければ、行き方なく去にけり」訳(相手の)男も人目を避けて隠れる者だったのだろう。人ごみに紛れてどこへともなく行ってしまった。

よ-を-し・る【世を知る】❶世の中のことがわかる。〔千載〕雑中「命あらばいかさまにせん―・ら㊍ぬ虫だに秋は鳴きにこそ鳴け」訳(恋人を亡くし、これから先)もし生きていたらどうしたらよいのだろう。人の世のことを知らない虫でさえ秋は一途に鳴いているのに。

❷男女の情を解する。源氏 夕霧「―・り㊊たるかたの心安きやうに折々ほのめかすもめざましう」訳(私=落葉の宮が)男女の情を解している(という)点で、気やすいように(夕霧が)時々(恋心を)ほのめかすのも心外で。

❸国を治める。〔栄花〕うたがひ「殿のおまへ、―・り㊊そめさせ給ひて後」訳殿(=藤原道長)が、国を治めはじめなされてからのち。

よ-を-す・つ【世を捨つ】隠遁する。出家する。徒然 一四二「―・て㊊たる人の、万にするすみなるが」訳出家・遁世した人で、(生活の)すべてにおいて無一物である者が。⇩世を背く「慣用表現」

よ-を-そむ・く【世を背く】俗世間からのがれ離れる。隠遁する。出家する。方丈 三「すなはち、五十の春を迎へて、家を出で、―・け㊁り」訳そこで、五十歳の春を迎えて、家を出て、隠遁した。

慣用表現「出家」を表す表現

《出家する》厭ふ・家を出づ・飾りを下ろす・頭下ろす・形変はる・形を変ふ・髪を下ろす・様変はる・様変ふ・削ぎ棄つ・背く・入道す・御髪下ろす・身を捨つ・俏す・世を去る・世を捨つ・世を背く・世を遁る・世を離る

《僧衣》苔の衣・苔の袂・墨染め・墨染め衣・墨染めの衣・墨染めの袖

ポイント 「頭下ろす」などと同様に、「形を変ふ」「様変ふ」なども剃髪して僧尼の姿となる意。

発展 平安時代の出家

平安時代、出家は現代よりもはるかに身近なできごとであり、また、関心の深いことであった。それだけに動機もさまざまで、主人や近親者の死、失恋や身の不幸などから、「世を憂きもの」に思って出家する場合もあり、日々の行いに罪を意識して、それを償うために仏門に帰依する場合もあった。

よ-を-たも-つ【世を保つ】国を治める。統治する。〔大鏡〕花山院「―・た(未)せ給ふ事、二年」〔訳〕(天皇として)国をお治めになられること、二年。

よ-を-つく-す【世を尽くす】一生を終える。〔新古〕雑下「しら浪の寄するなぎさに―・す(体)あまのこなれば宿も定めず」〔訳〕白波の打ち寄せる渚で一生を終える海人の娘なので、どこをわが家とも定めない。

よ-を-のが-る【世を遁る】俗世間を避け隠れる。出家する。〔新古〕春下「桜散る春の山べはうかりけり―・れ(用)に来しかひもなく」〔訳〕桜の散る春の山のほとりは(花が惜しくて)つらいことだ。俗世間をのがれて出家するためと思って来たかいもなく。⇨世を背く「慣用表現」

よ-を-はな-る【世を離る】俗世間を避け隠れる。出家する。〔源氏〕夕顔「かく―・るる(体)さまにものし給へば」〔訳〕(あなた＝乳母が)このように世を捨てているありさま(＝尼姿)でいらっしゃるので。⇨世を背く「慣用表現」

よ-を-はばか-る【世を憚る】世間に気がねをする。世間体を気にして遠慮する。〔源氏〕帚木「いといたく―・り(用)まめだち給ひけるほど」〔訳〕(光源氏は)たいそうひどく世間に気がねをし、まじめそうなようすをしていらっしゃったあいだは。

よ-を-ひ-に-つ-ぐ【夜を日に継ぐ】(夜を昼につぎたすことから)昼夜兼行する。昼も夜も区別なく行う。「夜を昼になす」とも。〔徒然〕二四一「―・ぎ(用)て、この事かの事、おこたらず成じてんと」〔訳〕昼夜兼行して、このことやあのことを、なまけずにやりとげてしまおうと。

よ-を-ひびか-す【世を響かす】世間に知れ渡る。世間に評判を立てる。〔増鏡〕おどろのした「御心ゆくかぎり―・し(用)て、遊びをのみぞし給ふ」〔訳〕(後鳥羽院は)お心のままに世間に評判を立てて(＝評判になるほど盛大に)、詩歌管弦をなさってばかりいる。⇨聞こえ「慣用表現」

よ-を-ふ【世を経】年月を経る。世の中の経験を積む。〔土佐〕「君恋ひて―・ふる(体)宿の梅の花昔の香にぞなほ匂ひける」〔訳〕(昔の)主君を恋い慕って年月の経つ古い院の梅の花は、昔のままの香りになお匂っていることだ。(「ふる」は「経る」と古宿の「古」との掛詞)

よ-を-むさぼ-る【世を貪る】俗世間の名誉や利益に執着する。〔徒然〕七「ひたすら―・る(体)心のみ深く」〔訳〕ただもう世間の名利に執着する心だけが深く。

よ-をり【節折り】(名)宮中の行事の一つ。陰暦六月と十二月の晦日に、女蔵人が天皇・中宮・東宮の身長に合わせて竹を折り、祓えをさせること。

よ-を-わた-す【世を渡す】❶(仏が)世の人々を救う。〔栄花〕つるのはやし「仏の世に出で給ひて、―・し(用)給へる、涅槃の山に隠れ給ひぬ」〔訳〕仏がこの世に出現なさって、世の人々を救済しなさった(とでも言うべき)方(＝藤原道長)が、涅槃の山にお隠れになってしまった(＝お亡くなりになってしまった)。❷(隠居して)家の跡目を継がせる。家督を譲る。〔浮・世間胸算用〕「子孫に―・し(用)(＝家督を譲り)」

よ-を-わた-る【世を渡る】生活する。世を過ごす。〔今昔〕三一・三三「竹を取りて籠を造りて、…その功を取りて―・り(用)けるに」〔訳〕(翁は)竹を切り取って籠を作って、…その(籠の)代金をもらって暮らしていたが。

よん-どころ【拠ん所】(名)【「よりどころ」の転】「よりどころ」に同じ。

よん-の-おとど【夜の御殿】(名)【「よるのおとど」の転】「よるのおとど」に同じ。

よん-べ【昨夜】(名)【「よべ」の転】「よべ」に同じ。〔土佐〕「―の泊まりより、異泊まりを追ひてゆく」〔訳〕昨夜の港から、別の港をめざして行く。

ら ラ

「ら」は「良」の草体
「ラ」は「良」の一部省画

-ら【等】(接尾)❶(名詞・代名詞に付いて)㋐複数・親しみの気持ちなどを表す。〔万葉〕一・四〇「鳴呼見の浦に船乗りすらむ少女―が珠裳の裾に潮満つらむか」〔訳〕あみの浦で船に乗って遊んでいるであろう若い娘たちの美しい裳の裾に、今ごろ満ち潮が寄せているであろうか。㋑謙譲の意を表す。〔万葉〕三・三三七「憶良―は今は罷らむ子泣くらむそれその母も吾を待つらむそ」〔訳〕→おくらは…〔和歌〕。㋒方向・場所を示す。〔万葉〕三・四四八「磯の上に根這ふむろの木見し人をいづ―と問はば語り告げむか」〔訳〕磯の上に根を張っているむろの木よ。かつてともに見たあの人(＝妻)をどちら(にいるか)と尋ねたならば、教えてくれるだろうか。㋓語調を整える。〔万葉〕一三・三三二九「わが寝る夜―は数みも敢へぬかも」〔訳〕(あなたを恋しく思いながら)私の寝る夜は、数えきれないことだ。❷(形容詞の語幹(シク活用は終止形)に付いて)状態を表す名詞、または形容動詞の語幹をつくる。〔万葉〕三・三四四「あなみにく賢し―をすと酒飲まぬ人をよく見ば猿にかも似る」〔訳〕→あなみにく…〔和歌〕。「清―」

ら【羅】(名)薄く織った絹布。薄絹。薄物。〔紫式部日記〕「表紙は―、紐おなじ唐の組み」〔訳〕表紙は薄絹、紐は同じ(薄絹の)中国風の組み紐で。

ら 助動詞「り」の未然形。〔万葉〕一四・三五〇三「安斉可潟潮干のゆたに思へらばうけらが花の色に出でめやも」 訳 安斉可潟の引き潮のようにゆったりと思っているならば、うけらの花のように顔色に出すだろうか(いや、出さない)。(「安斉可潟潮干の」は「ゆたに」を導きだす序詞)。

竹取 貴公子たちの求婚「ゆかしき物見せ給へらむに…仕うまつらむ」 訳 (私=かぐや姫が)見たい品物をお見せくださったような人に…お仕え申しあげよう。

らい-がう【来迎】(名)《仏教語》〔近世前期ごろまで「らいかう」〕阿弥陀を信じる者の臨終に際して、これを極楽に迎え導くために、阿弥陀仏や諸菩薩が迎えに来ること。 平家 一一・先帝身投「西方浄土の―にあづからんとおぼしめし」 訳 極楽浄土の仏・菩薩のお迎えをお受けしようとお思いになり。

頼山陽(らいさんやう)『人名』(一七八〇〜一八三二)江戸後期の儒者・歴史家・詩人。名は襄。大坂の人。江戸に出て尾藤二洲に経学を学び、かたわら国史を研究、「日本外史」「日本政記」などを著す。南朝正統論の上に立って勤皇の精神を鼓吹した。詩集「日本楽府」「山陽詩鈔」

らい-し【礼紙】(名)書状などを巻くのに用いる白紙。その上をさらに包み紙で包む。 平家 三・足摺「俊寛といふ文字はなし。―にぞあるらんとて、―を見るにも見えず」 訳 (赦免状に)俊寛という文字はない。礼紙にはあるだろうと思って、礼紙を見ても(その字は)見えない。

らいしなや(感)催馬楽など古代歌謡のはやしことば。〔催馬楽〕「細谷川の(=細い谷川の)音のさやけさ、や、―、さいしなや」(「さいしなや」もはやしことば)

らい-す【礼す】(他サ変){せ・し・す・する・すれ・せよ}礼拝する。敬い拝む。 細道 汐越の松「永平寺を―・す終」

らい-せ【来世】(名)《仏教語》三世の一つ。死後に生まれ変わって住む世界。未来の世。後世。 今昔 二・一七「我等、―に常に共に同じ所に生まれむ」 訳 私たちは、来世で常にともに同じ所に生まれよう。↔前世・現世。 ⇨後世「慣用表現」

らい-だう【礼堂】(名)寺院の本堂の前に建てた、礼拝や読経をするための堂。礼拝堂。 今昔 一九・一「ただひとり―の片隅に、蓑をうち敷きて行ひゐたるほどに」 訳 たった一人礼拝堂の片隅に、蓑をちょっと敷いて勤行していたときに。

らい-ばん【礼盤】(名)《仏教語》「らいはん」とも。本尊の前にあって、導師が着座して礼拝・読経などをする高座。 枕 一三〇「手ごとに文どもをささげて、―にかひろき誓ふも」 訳 (僧たちが)手に手にそれぞれの願文を捧げ持って、仏前の高座に(向かって)誓願するのも。(「かひろき」は語義未詳)

らい-ふく【礼服】(名)即位式・大嘗会・朝賀などの大礼に着用する正装。天皇はじめ五位以上の官人が着用し、身分によって形・色を異にする。 〔栄花〕根あはせ「命婦・蔵人十人は、〔即位式のための〕―とて、赤色の唐衣の袖広きをぞ着たる」

-らう【郎】(接尾)男子の生まれた順序を示す語に付けて、その子の名をつくる。「太―」「次―」「三―」

らう【労】(名)❶骨折り。苦労。 細道 越後路「暑湿の―に神を悩まし、病おこりて事をしるさず」 訳 暑気や雨天の苦労に心を悩まし、病気にかかって(道中のできごとを書かない。

❷功労。年功。 今昔 一五・三六「式部の―に依りて、筑前の守になりたるなり」 訳 (高階成順は)式部の丞を勤めた功労によって、筑前の守になった人である。

❸熟練。多くの経験。また、行き届いた心づかい。 大和 一二六「檜垣の御といひけるは、いと―ありをかしくて、世を経ける者になむありける」 訳 檜垣の御といった人は、たいそう豊かな経験があり、風流なようすで、世を過ごしてきた者であった。

らう【廊】(名)寝殿造りなどで、建物と建物とをつなぐ屋根のある細長い渡り廊下。また、建物から突き出した細長い建物。

らう【霊】(名)「りゃう(霊)」に同じ。

らう(助動特殊型)〔「らん(らむ)」の転〕現在の事実について、その原因・理由を推量する意を表す。…ているだろう。〔閑吟集〕「宇治の川瀬の水車、なにと憂き世をめぐるらう終」 訳 宇治川の早瀬の水車は、どうしてこのつらい世の中をまわっているのだろう。

接続 活用語の終止形、または連体形に付く。

活用	
未然	○
連用	○
終止	らう(。)
連体	らう(コト)
已然	○
命令	○

文法 中世初期から中世末期ごろまで用いられた。室町末期の「天草本平家物語」「天草本伊曽保物語」などに用例が多いが、「らむ」の意味より「む」の意味に近くなっている。

「あはれ、これは実盛でかあるらう(=であろうか)」〈天草本平家・三〉

また、係助詞「こそ」の結びに用いられた用例も多いが、室町末期になると、必ずしも「こそ―已然形」にはならないので、本書では已然形「らう」を認めなかった。

「少将の心のうち、さこそはたよりなかるらう(=ないだろう)と、あはれに見えた」〈天草本平家・一〉

らう-あ・り【労あり】経験が豊かだ。もの慣れている。また、物事によく通じている。心が行き届いている。 源氏 胡蝶「気色いと―・り用、なつかしき心ばへと見えて」 訳 (玉鬘の外見の)ようすはたいへんもの慣れていて、(そのうえ)親しみやすい気性と思われて。

らう-あん【諒闇】(名)「りゃうあん」に同じ。

らう-えい【朗詠】(名)漢詩・漢文の中の名句や和歌に節をつけてうたうこと。儀式や遊宴、また管弦の遊びの際に行われた。 平家 五・文覚被流「琵琶かきならし、―めでたうせさせ給ふ(=すばらしくなされる)」

らう-がは・し(ロウガワシ)【乱がはし】(形シク){しから・しく(しかり)・し・しき(しかる)・しけれ・しかれ}

語義パネル

●重点義 乱雑で秩序のないさま。

漢語「乱」に、「…のようだ。…らしい」の意を添えて形容詞化する接尾語「がはし」の付いた語。

❶むさくるしい。乱雑である。ごたごたしている。
❷やかましい。騒がしい。
❸無作法である。みだらである。乱暴だ。

❶**むさくるしい。乱雑である。**ごたごたしている。源氏 夕顔「ー・しき㊍大路に立ちおはしまして」訳乱雑な大通りに(光源氏が)立っておいでになって。❷**やかましい。騒がしい。**徒然 五六「皆同じく笑ひののしる、いとー・し㊧」訳みんないっしょに笑い騒ぐさまは、たいへんやかましい。❸**無作法である。みだらである。乱暴だ。**源氏 柏木「いとー・しき㊍さまに侍る罪は、おのづからおぼし許されなむ」訳(私=柏木の横になったままの)本当に無作法なかっこうでおります無礼は、(病気のことゆえ、あなた=夕霧は)自然ときっとお許しくださるだろう。文法「なむ」の「な」は、助動詞「ぬ」の未然形で、ここは確述の用法。宇治 一三・八「この寺の地は、人にすぐれてめでたけれど、僧なんー・しかる㊍べき」訳この寺の土地は、ほか(の国)よりはるかに結構だが、僧がだらしない生活をしているであろう。(⇩囂し「類語パネル」)

らう-げ【労気】(名)疲労から起こる病気。源氏 夢浮橋「母の尼のーにはかに(=急に)起こりて」

らう-ざ【老者】(名)年寄り。老人。大鏡 序「いと興あることいふーたちかな」訳たいそうおもしろいことを言う老人たちだなあ。

老子(ろうし)『人名』中国、春秋戦国時代の思想家。生没年未詳。姓は李、名は耳、字は聃または伯陽。楚の国の人。道家の始祖。著「老子」で、無為自然を説いた。

らう-じゅう【郎従】(名)家来。部下。平家 一・殿上闇討「相伝のーと号して、布衣の兵を殿上の小庭に召しおき」訳(平忠盛は)代々の家来と称して、無紋の狩衣を着た武士(=平家貞)を殿上の小庭に呼びつけておきになり。

らう-しょ【領所】(名)「りゃうしょ」に同じ。更級 初瀬「殿の御ーの宇治殿を入りて見るにも」訳(関白)殿のご領地にある宇治殿に入って見るにつけても。

らう・す【労す】(自サ変){せ・し・す・する・すれ・せよ}苦労する。骨を折る。〔うつほ〕俊蔭「年頃ー・せ㊍る父母に、琴の声を聞かせて、そのめいとなさむ」訳長年苦労してきた父母に、琴の音を聞かせて、その長寿(の祝い)としよう。

らう・ず【領ず】(他サ変){ぜ・じ・ず・ずる・ずれ・ぜよ}「りゃうず」に同じ。

らうせう-ふぢゃう【老少不定】(名)《仏教語》人の寿命は年齢とは無関係であり、老人が先に死に、若者があとから死ぬとはかぎらないということ。人の命のはかなさをいう語。平家 一〇・横笛「ーの世の中は、石火の光にことならず」訳老人が先に死に、若者があとから死ぬとはかぎらないこの人生は、火打ち石を打つときに出る(一瞬の)火花と違わない。

らう-ぜき【狼藉】(名・形動ナリ)❶乱雑なこと。多くの物が散乱していること。平家 六・紅葉「紅葉みな吹きちらし、落葉すこぶるー・なり㊧」訳(嵐が)紅葉をすべて吹き散らし、落ち葉が非常に乱雑である。❷無法なさま。無作法なふるまい。乱暴な行為。平家 一・殿上闇討「布衣の者の候ふは何者ぞ。ー・なり㊧。まかり出でよ」訳無紋の狩衣の者が控えているのはだれだ。無作法である。退出せよ。

らう-だう【郎党】(名)「らうどう①」に同じ。

らうた-が・る(他ラ四){ら・り・る・る・れ・れ}〔「がる」は接尾語〕かわいがる。枕 一二八「あからさまにきたる子ども・わらはべを、見入れー・り㊊て」訳ちょっとやって来た幼児や子供を、目をかけかわいがって。

らうた-げ(形動ナリ){なら・なり(に)・なり・なる・なれ・なれ}〔「げ」は接尾語〕かわいらしいさま。枕 四三「夏虫、いとをかしうー・なり㊧」訳夏の虫は、たいそうおもしろくかわいらしいようすである。

らう-た・し(形ク){から・く(かり)・し・き(かる)・けれ・かれ}**かわいい。愛らしい。いとおしい。**(見た目に)**可憐である。**枕 一五一「をかしげなる児の、あからさまにいだきて遊ばしうつくしむほどに、かいつきて寝たる、いとー・し㊧」訳かわいらしい感じの赤ん坊が、ちょっと抱いて遊ばせたりかわいがったりするうちに、すがりついて寝てしまったのは、たいそう愛らしい。大鏡 道長上「その御車副ひをば、いみじうー・く㊊せさせ給ひ、御かへりみありしは」訳(道長は)その御車副い(=牛車の左右につきそう従者)をたいへんおかわいがりになられ、目をかけておやりになったことであるよ。(「らうたくす」で「かわいがる」意となる)。文法「させ給ひ」は、最高敬語。「ありしは」の「は」は、詠嘆の終助詞。

参考 いたわる意の漢語「労」に、程度がはなはだしい意の形容詞「甚し」が付いてできた語。世話をして、いたわってやりたいさまにいう。⇩愛し「類語パネル」

らう-どう【郎等】(名)❶従者。家来。「郎党」とも。平家 九・木曽最期「いふかひなき人のーに組み落とされさせ給ひて」訳(殿=木曽義仲が)とるに足りない者の家来に(馬から)組み落とされなさって。❷武士の家来で、主人と血縁関係がない者。↓家の子②

らう-にん【浪人・牢人】(名)❶郷土を離れて他の土地を流浪する者。浮浪人。〔源平盛衰記〕「昔は信濃の国(長野県)の住人、今はー笠原平五頼直といふ者なり」❷(江戸初期以降)主家を去って禄を失った武士。浪士。〔浮・西鶴諸国ばなし〕「名は原田内助と申して、かくれもなき(=広く知れ渡っている)ー、〔その無法ぶりに〕広き江戸にさへ住みかね」❸失業中の奉公人。〔浮・好色一代女〕「それより是非もなく、御池通りにーして」訳それ以来どうしようもなく、御池通りに失業の身で暮らして。

らう-まい【粮米】(名)食糧にする米。飯米。著聞 五三「斎持のー、白米七升なり」訳斎(=僧の食事)のために携行した食糧の米は、白米七升である。

らう-め・く【廊めく】(自カ四){か・き・く・く・け・け}〔「めく」は接尾語〕建物と建物とを結ぶ渡り廊下のようである。枕 九九「屋のさまもはかなだち、ーめき㊊て」訳建物のようすも頼りなさそうで、渡り廊下のようであって。

らうらう・じ(形シク){じから・じく(じかり)・じ・じき(じかる)・じけれ・じかれ}「りゃうりゃうじ」とも。❶洗練されている。そつなくたくみである。才たけている。利発である。大和 一四三「いとー・じく㊊うたよみ給ふことも、おとうとたち御息所よりもまさりてなむいますかりける」訳(御息所の姉君は)たいそう洗練されてたくみに歌をお詠みになることも、妹たちや御息所よりもすぐれていらっしゃった。❷けだかく美しい。上品でかわいらしい。枕 四一「夜ふかくうちいでたるこゑの、—・じう㊊(ウ音便)愛敬(あいぎやう)づきたる、いみじう心あくがれ、せむかたなし」訳 夜更けにふいに鳴き出した(ほととぎすの)声が、上品で美しく魅力があるのは、たまらなく心がひかれて落ち着かず、どうしようもない。(⇩優(いう)「類語パネル」)

らう-れう【粮料】(名)食糧。糧米。平家 二・嗣信最期「—背負うて奥州へ落ち惑ひし小冠者が事か」訳(九郎判官というのは)食糧を背負って奥州へ落ち迷っていったこわっぱのことか。

らう-ろう【牢籠】㊀(名・自サ変)❶閉じこもること。❷抑圧されて苦しむこと。困窮すること。苦境にたつこと。〔源平盛衰記〕「人民—・し㊊て貴賤安き事なし」訳(木曽義仲の乱暴のため)民衆は困窮して身分の高い者も低い者も気の休まることがない。❸活発に行われないこと。衰えること。平家 四・山門牒状「仏法の衰微、王法の—、正にこの時に当たれり」訳 仏の教えが衰え、天子の政治が十分に行われなくなることは、ちょうど今がその時に当たっている。

㊁(名・他サ変)自分のものにすること。また、人をうまくまるめこむこと。籠絡すること。〔源平盛衰記〕「神領寺領を押領して、国衙・庄園—・せ㊍り」訳(木曽義仲は)神社の領地や寺院の領地をむりやり奪って、国司の役所や貴族の土地を自分のものとした。

-らか(接尾)(名詞・形容詞の語幹などに付いて)「いかにも…と感じられるさまである」の意の形容動詞の語幹をつくる。土佐「ある人、あざ—・なる㊍物もて来たり」訳 ある人が、新鮮な物(=鮮魚)を持って来た。徒然 一七五「女は額髪晴れ—・に㊊搔きやり」訳 女は額を隠すために垂れかけた髪をさっぱりとかきあげて。

【例語】浅らか・厚らか・荒らか・粗らか・薄らか・多らか・重らか(=重そうなさま。落ち着いているさま)・軽らか・かわらか・煌らか・強らか・爽らか・高らか・円らか・なよらか・憎らか・伸びらか・早らか・低らか(=低いさま)・広らか・丸らか・短らか(=短いさま)・群れらか・安らか・揺ららか(=ゆらゆらと揺れるさま)・緩らか・わららか

ら-がい【羅蓋】(名)薄絹を張った日傘。貴人の頭上にさしかける。竹取 かぐや姫の昇天「飛ぶ車ひとつ具したり。—さしたり」訳(天人たちは)飛ぶ車をひとつ伴っている。(それには)羅蓋をさしかけてある。

らかん【羅漢】(名)「阿羅漢」の略。〔浮・西鶴諸国ばなし〕「中にはもろもろの—を彩色して」訳(太鼓の)内側には多くの阿羅漢を彩色して(描き)。

-らく(接尾)《上代語》❶…することの意を表す。古今 賀「桜花散りかひくもれ老い—の来むといふなる道まがふがに」訳→さくらばな…和歌

❷連用修飾語になる。…することには。万葉 一三・三三〇三「里人のわれに告ぐ—」訳 里の人が私に告げることには。

❸文末にあって詠嘆を表す。…することよ。万葉 一五・三七一九「草枕旅に久しくあらめやと妹に言ひしを年の経ぬ—」訳 長い間旅に出ていようか(いや、すぐに戻るつもりだ)と妻に言ったのに、年月が過ぎてしまったことよ。(「草枕」は「旅」にかかる枕詞。文法「めや」は推量の助動詞「む」の已然形「め」に反語の係助詞「や」が付いた形で、「…だろうか(いや、…ない)」の意。

接続 →文法 参照

文法 形の上では、上二段・下二段・カ行変格・サ行変格・ナ行変格活用動詞の終止形、上一段活用動詞の未然形と考えられた形に付く。また、助動詞「しむ」「つ」「ぬ」「ゆ」などの終止形と考えられた形にも付く。

上接の語を名詞化するはたらきがあり、中古以降は「おそらく」「老いらく」などの特定の語にいわば化石化されて残り、現代に至っている。接尾語「く」と補い合い、四段・ラ変の動詞、形容詞、助動詞「けり」「り」「む」「ず」などには、「く」が付いて名詞化する。この「らく」と「く」との複雑な接続を統一的に説明するため、接尾語の「あく」という語を想定して、上の語の連体形にこれが付いたとみる説があり、本書はこの説によっている。→あく(接尾)

らく【洛】(名)(「洛陽」の略から)みやこ。特に、京都をいう。〔幻住庵記〕「このたび—にのぼりいまそかりけるを」訳 このたび京にのぼっていらっしゃったのを。

らく-きょ【落居】(名・自サ変)❶物事が定まり落ち着くこと。落着。平家 一・二代后「海内も静かならず、世間もいまだ—・せ㊍ず」訳 国内も穏やかでなく、世の中もまだ落ち着いていない。❷裁判の決まりがつくこと。

らくし-しゃ【落柿舎】(名)今の京都市右京区嵯峨小倉山のふもとにある俳人向井去来の別宅の号。去来の師である芭蕉がここに滞在して「嵯峨日記」を書いた。

らく-しゅ【落首】(名)政治や時事などを、風刺やあざけりの意を含めて匿名でよんだ戯れ歌。〔浮世風呂〕「とかく素人は狂歌も—もおなじ様に心得るからにてあやまる」訳 ともすれば素人は狂歌も落首も同じように考えているから、それで閉口する。

らく-しょ【落書】(名)為政者や時事に対する風刺やあざけりの意を含めた匿名の文書。目につきやすい場所にはったり、道路に落としたりする。平家 四・南都牒状「何者のしわざにやありけん、—をぞしたりける」訳 何者のしわざであったのだろうか、落書をしてあった。

らく-そん【落蹲】(名)舞楽の曲名。高麗楽に属し、壱越調。一人舞の納蘇利を一人で舞う場合の通称。枕 三六「—は二人して膝踏みて舞ひたる」訳(本来一人で舞う)落蹲の舞は二人で膝を(地面に)つけて舞ったの(が趣がある)。

らく-ちゅう【洛中】(名)都のうち。京都の町の中。平家 一・俊寛沙汰 鵜川軍「山上—おしなべて、常葉の山の梢まで、みな白妙になりにけり」訳(比叡山の山上も京都の町の中も一様に、常緑樹の山の梢までみんな(雪で)まっ白になってしまった。

らくちゅう-づくし【洛中尽くし】(名)京都の町並みや名所旧跡を絵や文章に書き並べたもの。〔浮・日本永代蔵〕「—を見たらば、見ぬ所をありきたがるべし」訳(嫁入り道具の屏風に描かれた)洛中尽くしを見たならば、(娘はまだ見ていない所を歩きたがるにちがいない。

洛陽(らくやう)(名)❶『地名』中国、河南省西部の都市。後漢・隋・唐などの時代の都として栄えた。❷平安京または京都の異称。特に、左京をいう。

らく-ゐ【楽居】(名・自サ変)楽な姿勢で座ること。〔浮・世間胸算用〕「旦那も下人もひとつにー・し(用)て」訳(囲炉裏のまわりに)旦那も奉公人もひとつになってくつろいだ姿勢で座って。

らし (助動特殊型)

意味・用法

推定〔…にちがいない。きっと…だろう。〕→❶、❸
原因推定〔…(と)いうので…らしい。〕→❷

接続

活用語の**終止形**に付く。ただし、ラ変型活用の語には連体形に付く。

活用

未然	連用	終止	連体	已然	命令
○	○	らし (○)	らし《結ビ》〔らしき〕	らし《結ビ》	○

❶ある根拠・理由に基づき、確信をもって推定する意を表す。**…にちがいない。きっと…だろう。**万葉 一・二八「春過ぎて夏来る**らし**(終)白栲の衣ほしたり天の香具山」訳→はるすぎて…〔和歌〕古今 神あそびのうた「深山には霰降る**らし**(終)外山なるまさきのかづら色づきにけり」訳奥山ではあられが降っているにちがいない。里近い山にあるまさきのかずら(=植物の名)が色づいてしまったことよ。

❷明らかな事実・状態を表す語に付いて、その原因・理由を推定する意を表す。**…(と)いうので…らしい。**万葉 一〇・二二二五「わが背子が挿頭の萩におく露をさやかに見よと月は照る**らし**(終)」訳私の夫が髪飾りとして挿している萩に置く露をはっきり見よというので、月は照っているらしい。万葉 一七・三九八四「玉に貫く花橘を乏しみしこのわが里に来鳴かずある**らし**(終)」訳薬玉として緒に通す、花の咲いた橘が少ないからというので、(ほととぎすは)この私が住む里に来もせず鳴きもしないでいるらしい。文法「乏しみし」の「み」は理由を表す接尾語、「し」は強意の副助詞。「来鳴かず」は「来」と「鳴か」が並立で、「来ず鳴かず」の意。

❸根拠・理由は示さないが、確信をもって推定する意を表す。**…にちがいない。きっと…だろう。**万葉 二〇・四四八八「み雪降る冬は今日のみ鶯の鳴かむ春へは明日にしある**らし**(終)」訳雪が降る冬は今日だけだ。鶯が鳴くような春は明日からであるにちがいない。文法「明日にし」の「し」は強意の副助詞。土佐「水底の月の上より漕ぐ船の棹にさはるは桂なる**らし**(終)」訳水底に映っている月の上を通って漕いでゆく船の棹にさわるのは、きっと(月に生えるという)桂なのだろう。

文法 (1) **「らし」の語史** 「らし」はおもに上代に用いられた語で、平安中期以降はおとろえ、和歌においては「らむ」に、散文においては「めり」にとってかわられた。「らし」はある根拠・理由に基づいて推定するはたらきをする。眼前の事実を根拠に推定する表現形式が①であり、眼前の事実に基づいてその奥にある原因・理由を推定する表現形式が②である。
「夕されば(=夕方になると)衣手寒し(事実=根拠)み吉野の吉野の山にみ雪降る**らし**」〈古今 冬〉
「雄神川紅にほふ少女らし(=少女たちが)葦付き(=藻の一種)採ると(理由)瀬に立たす(事実)**らし**」〈万葉 一七・四〇二一〉

(2) **連体形・已然形の用法** 連体形と已然形は係助詞に対する結びとして用いられるだけである。
「立田川色紅になりにけり山の紅葉ぞ今は散る**らし**」〈後撰・秋下〉
「抜き乱る人こそある**らし**白玉の間なくも散るか袖のせばきに」〈古今 雑上〉
「らしき」は上代に係助詞「こそ」の結びとして、
「香具山は畝傍雄雄しと耳梨と相争ひき…古も然にあれこそうつせみも嬬を争ふ**らしき**」〈万葉 一・一三〉
のように用いられるが、上代、形容詞型活用の語の場合、「こそ」の結びはすべて連体形が用いられるので、これも連体形とされる。

(3) **「煮らし」** 上代の用例では、上一段活用動詞の未然形あるいは連用形とみられる語形に付く場合がある。
「春日野に煙立つ見ゆをとめらし春野のうはぎ(=植物の名)採みて煮**らし**も」〈万葉 一〇・一八七九〉

(4) 「らし」が、ラ変型活用の用言および助動詞に付く場合、語尾の「る」が脱落して、「あらし」「けらし」「ならし」となることが多い。

らし 助動詞「らし」の連体形。古今 冬「この川にもみぢ葉流る奥山の雪げの水ぞ今増さる**らし**」訳この川にもみじの葉が流れている。奥山の雪解けの水が今増えて(葉を流し出して)いるらしい。

らし 助動詞「らし」の已然形。古今 秋上「秋の夜は露こそことに寒か**らし**草むらごとに虫のわぶれば」訳秋の夜は露がことさら寒く感じられるらしい。どの草むらでも虫がつらそうに鳴いているから。文法「寒か」は、形容詞「寒し」のカリ活用連体形「寒かる」の撥音便「寒かん」の「ん」の表記されない形。

らじやう-もん【羅城門・羅生門】(名)〔「羅城」は城の外郭の意〕「らしゃうもん」「らせいもん」とも。平城京、および平安京の正門。朱雀大路の南端に建ち、北端の朱雀門と相対する。

らせつ【羅刹】(名)《梵語の音訳》空を飛び、足が速く、黒身・大力で、人を食うという悪鬼。のちに仏教の守護神となる。宇治 六・九「ー奪ひしらがひて、これ(=海に落ちた商人)を引き裂いて食ひけり」訳食人鬼は争って奪い合って、これを引き裂いて食った。

らち【埒】(名)馬場の周囲の柵。徒然 四一「車の前に雑人立ち隔てて見えざりしかば、おのおの下りて、ーのきはに寄りたれど」訳(乗っていた)牛車の前に下々の者が立ちさえぎって(賀茂の競べ馬が)見えなかったので、それぞれ(牛車から)降りて、馬場の柵のそばに近寄ったが。

らち-あ-く【埒明く】物事がはかどる。きまりがつく。片づく。〔浮・世間胸算用〕「何の詫び言もせずに、さらりとらちを明け(用)ける」訳何の詫びもしないで、あっさりと片づけた。

参考 右の例のように、「らちをあく」「らちがあく」のように、間に助詞が入ることが多い。

らち-も-な・い【埒もない】筋道がたたない。めちゃくちゃだ。たわいがない。〔浄・出世景清〕「はて─・い体こと。一度切ったる景清がよみがへるべきやうもなし」訳はて筋道がたたないこと。一度切った景清が生き返るであろうはずもない。

ら-てん【螺鈿】(名)〔近世以降「らでん」〕あわび貝・おうむ貝などの殻の、光る部分をいろいろな形に切り、漆器などの面にはめこんで飾りとしたもの。徒然 八二「─の軸は貝落ちて後こそいみじけれ」訳螺鈿の(巻物の)軸は貝がぬけ落ちてから後がすばらしい。

らに【蘭】(名)ふじばかま(=植物の名)の異名。秋。源氏 藤袴「─の花のいとおもしろきを持ち給へりけるを」訳(夕霧が)ふじばかまの花で、たいそう趣深いのを持っておいでになったのを。

らふ【臈】(名)❶《仏教語》僧侶が受戒後、安居(=僧の修行の一つ)の功を積んだ年を数える語。また、その年数。❷年功を積むこと。また、それによる序列。転じて、身分。階級。源氏 真木柱「宮仕への─もなくて、今年加階し給へる心にや」訳(玉鬘が)宮仕えの功労もなくて、(それでいながら)今年位階を上げなさった(ことへの感謝の)気持ちであろうか。

らふ【臘】(名)陰暦十二月の異名。臘月。冬

らむ(ラン)(助動四型)〔「らん」とも表記される〕

意味・用法

- **現在推量**〔今ごろ…ているだろう。〕→❶
- **原因推量**〔(…というので)…のだろう。〕→❷
〔どうして…ているのだろう。…ているのはなぜだろう。〕→❸
- **伝聞**〔…ているという。…そうだ。〕→❹
- **仮定・婉曲**〔…ているとすれば、その。…ているような。〕→❺
- **推量**〔…だろう。〕→❻
- **反語**〔…ているだろう(か)(いや、…ないだろう)。〕→❼

接続 動詞型活用の語の**終止形**に付く。ただし、ラ行変格活用の語(形容詞カリ活用、形容動詞を含む)には、連体形に付く。

活用

未然	連用	終止	連体	已然	命令
○	○	らむ(らん)(。)	らむ(らん)(コト)	らめ(ド)	○

❶目の前にない現在の事実について推量する意を表す。**今ごろ…ているだろう。**万葉 三・三三七「憶良らは今は罷らむ子泣くらむ終それその母も吾を待つらむ体ぞ」訳→おくららは…和歌。古今 春下「駒並めていざ見に行かむふるさとは雪とのみこそ花は散るらめ已」訳馬を連ねて、さあ見に行こう。昔なじみのあの土地では、今ごろ雪とばかりに花は散っているだろう。

❷現在の事実について、その原因・理由を推量する意を表す。**(…というので)…のだろう。**万葉 六・九八二「猟高の高円山を高みかも出で来る月の遅く照るらむ体」訳猟高の高円山が高いので、出てくる月が遅く照るのだろうか。文法「高み」の「み」は、原因・理由を表す接尾語。古今 春上「春日野の若菜摘みにや白たへの袖ふりはへて人の行くらむ体」訳春日野の若菜を摘みに、白い袖を振りわざわざ女たちが行くのであろうか。(わざわざの意の副詞「ふりはへて」と「(袖を)振り」が掛詞)

❸現在の事実について、その原因・理由を疑問をもって推量する意を表す。**どうして…ているのだろう。…ているのはなぜだろう。**㋐疑問語を伴わない場合。古今 春下「久方の光のどけき春の日にしづ心なく花の散るらむ体」訳→ひさかたの…和歌。古今 春下「わが宿に咲ける藤波立ち返り過ぎがてにのみ人の見るらむ体」訳わが家に咲いている藤の花を、波が立ち返るように行ったり来たりして、通り過ぎにくそうにばかりして人が見ているのはなぜだろう。(「波」と「立ち返り」は縁語)。㋑疑問語を伴う場合。古今 春下「春霞なに隠すらむ終さくら花散る間をだにも見るべきものを」訳春霞はどうして(桜の花を)隠しているのだろう。せめて桜の花が散る間だけでも見ようと思っているのに。

❹他から聞いたり読んだりしたという伝聞の意を表す。**…ているという。…そうだ。**万葉 二・一一二「古に恋ふらむ体鳥はほととぎすけだしや鳴きしあが思へるごと」訳昔を恋い慕っているという鳥はほととぎすだ。たぶん鳴いたのだろう、私が(昔を)恋い慕っているように。枕 四一「鸚鵡…人のいふらむことをまねぶらむ体よ」訳鸚鵡は…人の言うようなことをまねるそうだよ。文法「いふらむこと」の「らむ」は、⑤の用法。

❺(連体形を用いて)仮定または婉曲の意を表す。**…ているとすれば、その。…ているような。**竹取 かぐや姫の昇天「あが仏、何事思ひ給ふぞ。おぼすらむ体こと、何事ぞ」訳私(=竹取の翁)の大切な方(=かぐや姫)よ、何事をお思い悩みになっているのか。お思いになっていらっしゃるようなことは、何事だ。

❻「む」と同じく、単なる推量の意を表す。**…だろう。**枕 一九〇「経聞きなどするもかくれなきに、目をくばりて読みゐたるこそ、罪や得らむ体とおぼゆれ」訳(大勢の見舞客が)経を聞いたりするのも隠れたところがない(=よく見える)ので、(僧がそちらに)目をやって(=よそ見をして)経を読んでいるのは、仏罰をこうむるだろうかと思われる。

❼(已然形「らめ」が疑問の助詞「や」を伴って)反語の意を表す。**…ているだろう(か)(いや、…ないだろう)。**古今 恋二「津の国の難波の葦のめもはるにしげきわが恋人知るらめ已や」訳摂津の国(大阪府と兵庫県)の難波の葦が芽を出し見渡すかぎり生い茂るように、しきりに恋い慕っている私の思いをあの人は知っているだろうか(いや、知らないだろう)。(第二句までは「しげき」を導きだす序詞。「めもはる」は「芽も張る」と「目も遥」との掛詞。「しげき」に「草の繁き」と「恋の繁き」をかける)。(⇨らむ「識別ボード」)

文法 (1)「らむ」の意味 「らむ」は①の現在推量、②の原因推量を基本の意味用法とする。④⑤⑥⑦は①の、③は②の延長線上にある用法とみてよいだろう。

い。②③の用法については、表現形式の違いに留意したい。特に②については、事実と原因・理由の位置に留意したい。

「冬ながら空より花の散りくる〔事実〕は雲のあなたは春にやある〔原因・理由〕らむ」〈古今 冬〉

「竜田姫手向くる神のあれば〔原因・理由〕こそ秋の木の葉の幣と散る〔事実〕らめ」〈古今 秋下〉

(2) 平安中期のころから「らん」、さらに中世以降は「らう」と音が変化する。

(3) 「見らむ」 上代の用例では、上一段活用動詞の未然形あるいは連用形とみられる語形に付く場合がある。「古今集」の用例はこのなごりである。

「人皆の見らむ(=見るという)松浦の玉島を見ずてやわれは恋ひつつ居らむ」〈万葉 五・八六二〉

「春立てば花とや見らむ(=見ているのだろうか)白雪のかかれる枝に鶯の鳴く」〈古今 春上〉

らむ〔「らん」とも表記される〕助動詞「らむ」の連体形。万葉 八・一四三三「わが背子が見らむ佐保道の青柳を手折りてだにも見むよしもがも」訳 あなたが見ているという佐保道の青柳を、せめて手折ってでも見るような方法があればなあ。竹取 かぐや姫の昇天「また異所に、かぐや姫と申す人ぞおはすらむ」訳 また別の所に、かぐや姫と申し上げる人がいらっしゃるのだろう。

ら-む〔「らん」とも表記される〕…ているであろう。蜻蛉 上「かうてありと聞き給へらむ㊍を、まうでこそすべかりけれ」訳 (私たちが)こうして(ここに来て)いると(藤原師氏は)お聞きになっているであろうから、参上してあいさつすべきだった。更級 竹芝寺「竹芝のをのこに、生けらむ㊍世のかぎり、武蔵の国を預けとらせて」訳 竹芝の男に、生きているであろう間は、武蔵の国を預け委ねて。

⇩らむ「識別ボード」

なりたち 完了の助動詞「り」の未然形「ら」＋推量の助動詞「む」

◆識別ボード「らむ」◆

①動詞(ラ四)の未然形語尾＋助動詞「む」

「憶良らは今は罷らむ子泣くらむそれその母も吾を待つらむそ」訳 →おくららは…和歌〈万葉 三・三三七〉

②形容詞の未然形語尾の一部＋助動詞「む」

「その馬、よしなからむ人に請ひ取られなむとす」訳 その馬はきっとつまらないような人にもらわれてしまうだろう。〈今昔 二五・一三〉

③助動詞「たり」の未然形の一部＋助動詞「む」

「鳶のゐたらんは、何かは苦しかるべき」訳 鳶がとまっていたところで、それはどうしてさしつかえがあろうか(いや、さしつかえはないはずだ)。〈徒然 一〇〉

④助動詞「り」の未然形＋助動詞「む」

「後は誰にと志す物あらば、生けらんうちにぞ譲るべき」訳 死後は誰それに(与えよう)と心に決めている物があるなら、生きているような間に譲るがよい。〈徒然 一四〇〉

⑤助動詞「らむ」

「この児、定めておどろかさんずらんと、待ちゐたるに」訳 この稚児は、(僧たちが自分を)きっと起こそうとするだろうと、待っていると。〈宇治 一・一二〉

①～④は、語形から⑤にとりがちだが、助動詞「らむ」は活用語の終止形(ラ変型は連体形)に付くから、①は「まかるらむ」ではなく、②は「なかるらむ」ではなく、③は「ゐたるらん」ではなく、④は「生けるらん」でも「生くらん」でもない点で見分ける。特に、「ゆかしき物を見せ給へらむに(=見せてくださったような人に)、御心ざしまさりたりとて仕うまつらむ」〈竹取 貴公子たちの求婚〉のような④の類例が紛れがちである。「蹴る」(カ下一)とラ四・ラ変の動詞を除いて、中古以前には「エ」「ら」の形になる動詞は存在しないから、「エ」と「ら」の部分で分けられるはずと推測して判別する。

らめ 助動詞「らむ」の已然形。古今 恋一「わが恋を人知るらめや敷きたへの枕のみこそ知らば知るらめ」訳 私の恋の思いをあの人は知っているだろうか(いや、知らないだろう)。(涙にぬれた)枕だけがもし知っているとしたら知っているだろう。(「しきたへの」は「枕」にかかる枕詞)

ら-もん【羅文・羅門】(名)「らんもん」とも。板垣・立て蔀・透垣などの上に、細い竹や木を菱形に組んで、飾りとしたもの。枕 一三〇「透垣の—、軒の上に、かいたる蜘蛛の巣のこぼれ残りたるに」訳 透垣の羅文の飾りや、軒の上に、張りめぐらしてある蜘蛛の巣がこわれて残っているところに。

（らもん）

らゆ (助動下二型)《上代語》

意味・用法

可能〔…ことができる。…られる。〕

接続

ナ行下二段活用の未然形に付く。

活用

未然	連用	終止	連体	已然	命令
らえ(ヌ)	○	○	○	○	○

可能の意を表す。…ことができる。…られる。万葉 一五・三六七八「妹を思ひ寝の寝らえ㊌ぬに秋の野にさを鹿鳴きつ妻思ひかねて」訳 (故郷の)妻を思って寝られないでいると、秋の野で雄鹿が鳴いた。妻を思う心に耐えかねて。

文法 中古の「らる」と意味用法は同じく、受身・可能・自発の意が考えられるが、「万葉集」など仮名書きのものでは「寝」「寝ぬ」に接続した可能の用例しか見当たらない。平安時代には、漢文訓読語にまれに用いられた。

らる (助動下二型)

意味・用法

受身〔…られる。〕→❶

自発〔自然に…られる。…ないではいられない。〕→❷

可能〔…ことができる。〕→❸
尊敬〔お…になる。…なさる。〕→❹

接続 四段・ナ変・ラ変以外の動詞および使役の助動詞の**未然形**に付く。

活用

未然	連用	終止	連体	已然	命令
られ（ズ）	られ（タリ）	らる（○）	らるる（コト）	らるれ（ドモ）	られよ（○）

❶受身の意を表す。**…られる。** 竹取 竜の頸の玉「大納言、南海の浜に吹きよせ**られ**㊊たるにやあらむと、いきづき伏し給へり」 訳 大納言は、南海の浜に吹き寄せ**られ**たのであろうかと思って、ため息をつき伏していらっしゃる。 徒然 一二一「走る獣は檻にこめ、鎖をさされ、飛ぶ鳥は翅を切り、籠に入れ**られ**㊊て」 訳 走る獣は檻にとじこめられ、かぎをかけられ、飛ぶ鳥は翼を切ら**れ**、籠に入れ**られ**て。 文法 「こめ」「切り」は対偶中止法で、それぞれ下の受身「れ」「られ」が及ぶ。

❷自発の意を表す。**自然に…られる。…ないではいられない。** 枕 二七六「これが答はかならずせむと思ふらむと、常に心づかひせ**らるる**㊍もをかしきに」 訳 この仕返しはきっとしようと(相手は)思っているだろうと、(こちらも)いつも注意し**ないではいられないの**もおもしろいのに。 更級 野辺の笹原「住みなれしふるさと、限りなく思ひ出で**らる**㊎」 訳 住みなれたもとの家を、この上なく思い出さ**ずにはいられない**。

❸可能の意を表す。**…ことができる。** 伊勢 六九「男はた寝**られ**㊌ざりければ、外のかたを見出だして臥せるに」 訳 男もまた寝る**ことができ**なかったので、外のほうを見やって横になっていると。 大鏡 序「いで、いと興あることと言ふ老者たちかな。さらにこそ信ぜ**られ**㊌ね」 訳 なんとまあ、たいそうおもしろいことを言う老人たちだなあ。とても信じ**られ**ない。 文法 「信ぜられね」の「ね」は、打消の助動詞「ず」の已然形で、係助詞「こそ」の結び。

❹尊敬の意を表す。**お…になる。…なさる。** 源氏 絵合「かう絵ども集め**らる**㊎と聞き給ひて」 訳 このように(光源氏が)たくさんの絵を**お**集め**になる**と(権中納言が)お聞きになって。 徒然 二〇七「亀山殿建て**られ**㊌んとて」 訳 (後嵯峨上皇が)亀山殿を**お**建て**になろ**うとして。

文法 (1) 同じ意味を表し接続を異にする助動詞「る」は上代にも存在するが、「らる」は上代には見られない。

(2) **受身の「らる」** ①の受身の意味で用いるとき、平安時代には、無生物を主語にすることは少なく、まれに無生物を主語にする場合には、

「〔幼帝は〕これ(=こま)をのみつねに御覧じ遊ばせ給へば、こと物ども(=ほかのおもちゃ)は、こめ**られ**にけり(=しまいこまれてしまった)」〈大鏡 伊尹〉

のように、動作を及ぼすものをはっきり示さないのがふつうである。

(3) **自発の「らる」** ②の自発の意味で用いるときは、「思ひ出づ」「思ひ比ぶ」「心づかひす」など心の動きを表す動詞、「ながむ」など感情の表れを表す動詞に付くことが多い。

(4) **可能の「らる」** ③の可能の意味で用いるときは、平安時代には打消の語を伴って不可能を表すのがふつうである。したがって、

「几帳なども、暑ければにや、〔横木に〕打ち掛けて、〔室内が〕いとよく見入れ**らる**」〈源氏 空蟬〉

のような例は、自発とみたほうがよい。

なお、自発・可能の意味の用例には、命令形がない。

(5) **尊敬の「らる」** ④の尊敬の意で用いるときは、同じ尊敬を表す「給ふ」「せ給ふ」などより敬意の度合いが低く、「…られ給ふ」という形で尊敬に用いることはない。平安時代末には尊敬の例が増えてくるが、天皇・大臣などの動作に用いられる例は少ない。広く尊敬の意で用いるようになるのは中世以降である。「御覧ぜらる」の「らる」が尊敬になるのも中世以降で、

「ふと行幸して御覧ぜむに、御覧ぜ**られ**なむ(=きっと自然にご覧になれるだろう)」〈竹取 御門の求婚〉

の「られ」は自発とみるべきものである(「ご覧になれる」という可能の意が出るのは、「御覧ぜむに(=ご覧になるとしたら)」という条件句を受けて「なむ」といった「む」によ る)。

らるる 助動詞「らる」の連体形。 枕 七五「ありがたきもの 舅にほめ**らるる**婿」 訳 めったにないもの、妻の父にほめ**られる**婿。

らるれ 助動詞「らる」の已然形。 古今 雑体「世の中はいかに苦しと思ふらむここらの人に恨み**らるれ**ば」 訳 世の中はどんなに苦しいと思っているだろう。多くの人々に恨ま**れる**ので。(「世の中」を擬人化している)

られ 助動詞「らる」の未然形。 更級 竹芝寺「このをのこ罪し凌ぜ**られ**ば、我はいかであれと」 訳 この男が処罰さ**れ**ひどい目にあわせ**られる**ならば、私はどうなれと(いうのであろう)。 文法 「罪し」は対偶中止法で、下の受身が及ぶ。 徒然 一八八「導師に請ぜ**られ**ん時」 訳 導師として迎え**られる**ようなとき。

られ 助動詞「らる」の連用形。 伊勢 八七「浮き海松の浪に寄せ**られ**たる拾ひて」 訳 浮いている海松(=海藻の名)が波によって(浜に)打ち寄せ**られ**たのを拾って。 源氏 賢木「来しかた行く先おぼし続け**られ**て、心よわく泣き給ひぬ」 訳 過去・将来を思い続けなさら**ずにはいられなく**て、(光源氏は)心弱くお泣きになった。

られよ 助動詞「らる」の命令形。 源氏 若菜下「げに下臈なりとも、同じごと深きところ侍らむ、その心御覧ぜ**られよ**」 訳 なるほど(おまえ=柏木は)官位の低い身であっても、(私=致仕の大臣と)同じように、志の深いところがありましょう。その志を(朱雀院に)ご覧になら**れよ**(=お目にかけよ)。 文法 受身の用法。 徒然 五四「験あらん僧達、いのり試み**られよ**」 訳 霊験がありそうな僧たち、試みに祈ってみ**なされ**。 文法 尊敬の用法。

らん(助動四型)平安時代の中ごろから「らむ」の「む」が「ん」と発音されるようになったために「らん」と表記されるようになったもの。→らむ(助動)

ら-ん 平安時代の中ごろから「らむ」の「む」が「ん」と発音されるようになったために「らん」と表記されるようになったもの。→らむ(連語)

なりたち 完了の助動詞「り」の未然形「ら」＋推量の助動詞「ん(む)」

蘭学事始(らんがくことはじめ)『作品名』江戸後期の回想記。文化十二年(一八一五)成立。杉田玄白著。前野良沢

らとともに「解体新書」を翻訳したときの苦心談を中心に、蘭学創始のころの回想をつづったもの。「蘭東事始」「和蘭事始」とも呼ばれた。

らん-ぐひ【乱杙・乱杭】(名)道や川・堀などに数多く不規則に打ち込んだ杭。これに縄を張りめぐらして敵の攻撃の妨げとした。平家 九・宇治川先陣「宇治も勢田も橋をひき、水の底には━打って、大綱張り」訳 宇治橋も勢田橋も橋板をひきはがし、川の底には乱杙を打って、(それに)大綱を張り。

らん-けい【鸞鏡】(名)❶裏に鸞(=中国の想像上の鳥)を刻んだ鏡。平家 三・灯籠之沙汰「光耀━をみがいて、浄土の砌にのぞめるがごとし」訳 (九品の蓮台の)光り輝くようすは鸞鏡をみがいて(いるようで)、極楽のかたわらに臨んでいるようである。❷十二律(=雅楽の音階)の第九音。→十二律

らん-ご【蘭語】(名)オランダ語。また、その単語。〔蘭学事始〕「━並びに章句・語脈の間の事も少しは聞き覚え」訳 オランダ語の単語および章や句、語と語の続き具合に関することも少しは聞き覚え。

らん-ざう【乱声】(名)「らんじゃう①」に同じ。

らん-じゃ【蘭麝】(名)蘭の花と麝香(=麝香鹿のおすの腹部にある麝香腺から作った香料)とを調合した香。また、よい香り。平家 灌頂・大原御幸「━の匂ひに引きかへて、香の煙ぞ立ちのぼる」訳 (昔たきしめていた)蘭麝のにおいにひきかえて、(今は仏前の)香の煙がたちのぼっている。

らん-しゃう【濫觴】(名)(揚子江ほどの大河もその水源は、觴を濫べるほど、かすかな流れであるの意から)物事の始まり。起こり。起源。〔太平記〕「つらつらその━を尋ぬれば、ただ禍は一朝一夕の故にあらず」訳 よくよくその(天下の騒乱の)起こりを究明してみると、単にこの禍は今に始まったことではない。

らん-しゃう【蘭省】(名)「らんせい」とも。❶中国の役所の名。尚書省の異称。枕 八二「『━花時錦帳下』と書きて、『末はいかに、いかに』とあるを」訳 (藤原斉信が)「(あなたがたは)尚書省に奉職し、華やかな天子の錦の帳のもとにあって栄えている」という詩の一句を書いて、「この後の句はどう(ある)か、どう(ある)か」と(書いて)あるのを(私=清少納言は見て)。❷太政官の唐名。また、のちには弁官の異名。❸皇后の宮殿。

らん-じゃう【乱声】(名)❶「らんざう」「らざう」とも。舞楽の始めや行幸の際、あるいは競べ馬・相撲などの勝負の決まったときなどに行う、笛・鼓・太鼓などの合奏。源氏 若菜上「高麗の━して、落蹲の舞ひ出でたるほど」訳 高麗楽(=舞楽の曲名)の乱声を奏して、落蹲(=舞楽の曲名)が舞い出たようすは。❷軍陣で、鉦や太鼓を乱打し、鬨の声をあげること。平家 九・樋口被討罰「〔四国・九州の兵士たちは〕つねに大鼓を打って━をす」

嵐雪(らんせつ)《人名》→服部嵐雪

らん-にゃ【蘭若】(名)《梵語の音訳》(閑静な所の意)「阿蘭若」の略。修行に適した閑寂な所。寺院。寺。著聞 三六「終に当寺の━をしめて弥陀の浄刹をのぞむ」訳 とうとう当寺(=当麻寺)の閑寂な所に住んで、阿弥陀仏の浄土(に生まれること)を願う。

らんのかや… 俳句

> 秋
> 蘭の香や　てふの翅に　たき物す
> 〈野ざらし紀行・芭蕉〉

訳 蘭の花の芳香よ。(羽を休めている)あでやかな蝶の羽にまで(美しい着物に香をたきしめるように)その芳香をしみこませていることだ。(蘭 秋。切れ字は「や」)
解説 「てふ」という名の女性から「あが名に発句せよ」と請われて即興で詠んだ挨拶の句。女性のあでやかさを蘭と蝶に託した。蝶は秋の蝶。擬人法。

らん-ばう【濫妨・乱妨】(名・他サ変)暴力で他人の物を奪い取ること。略奪。〔伽・一寸法師〕「(一寸法師は)まづ打ち出の小槌を━・し(用)」

らん-ばこ【覧箱】(名)貴人の御覧に供する文書を入れておく箱。籐や葛(=つる性植物)を編んだもので、かぶせ蓋がある。平家 八・征夷将軍院宣「院宣をば━に入れられたり」訳 院宣を覧箱にお入れになった。

らん-ばつ【乱罰】(名)正当な理由なく、みだりに処罰すること。〔十訓〕六「たちまちに、かうほどの━にあづかるべきこととこそ、おぼえ侍らね」訳 突然に、これほどの理不尽な処罰をこうむるはずのこととは、思ってもおりません。

らん-びゃうし【乱拍子】(名)❶平安末期から中世にかけて流行した、白拍子などの舞の一種。特殊な足拍子で踏みまわる。❷能楽などにおける特殊な拍子。また、その舞。小鼓だけで囃す。今では「道成寺」のみで演じられる。

らん-ぶ【乱舞】(名)「らっぷ」とも。❶宴席などで、即興的に演じられる歌舞。特に、「豊の明かりの節会」「五節」などで、殿上人が今様歌をうたいながら舞うこと。著聞 六〇「公卿巳下庭上にて━ありけり」訳 公卿以下の人々が庭先で今様歌をうたいながら舞を舞うことがあった。❷能楽で、演技の間に行う舞。また、能のこと。〔黄・見徳一炊夢〕「それより━にかかり、また舞台をこしらへてたびたびの能なり」訳 それ以来能楽の演技の間に行う舞に熱中し、また舞台を仕立ててたびたび能楽を催す。

らん-もん【羅文・羅門】(名)「らもん」に同じ。

「り」は「利」の草体
「リ」は「利」の旁

り【里】(名)❶律令制で、地方行政区画の呼称の一つ。五十戸をもって一里とした。霊亀元年(七一五)里を郷と改め、郷の下に新たに里を置き、国・郡・郷・里の四段階とした。❷田地の面積の単位。一里は、三十六町歩(=約三五ヘクタール)。❸距離の単位。平安時代には約六町(=約六五〇メートル)を一里、後世には三十六町(=約四キロメートル)を一里とした。

り【理】(名)❶物事のみちすじ。道理。ことわり。平家 一・願立「『非をもって━とす』とこそ宣下せられて」訳

(鳥羽院は)「不正をもって道理とする」と宣旨をお下しになって。

❷正しいと思う信念。また、理性。平家 一・願立「御心のたけさ、―のつよさ、さしもゆゆしき人にてましましけれども」訳 (藤原師通は)お心の勇猛さも、信念の強さも、あれほどすばらしい人でいらっしゃったけれども。

り（助動ラ変型）

意味・用法
継続〔…ている。〕→❶
存続〔…ている。…てある。〕→❷
完了〔…てしまった。…た。〕→❸

接続
四段動詞の已然形、およびサ変動詞の未然形に付く。

活用

未然	連用	終止	連体	已然	命令
ら (ズ)	り (ケリ)	り (○)	る (コト)	れ (ドモ)	れ (○)

❶動作・作用が継続している意を表す。**…ている。** 土佐「上中下、酔ひ飽きて、いとあやしく潮海のほとりにてあざれ合へ**り**(終)」訳 上・中・下の身分の者が十分に酔って、たいそう不思議にも、(物が腐るはずのない塩辛い)海のほとりでふざけあっている。(「あざれ」は、「ふざける」「(魚肉などが)腐る」の二つの意があることをふまえたしゃれ)。⇩戯れ合ふ「名文解説」。〔落窪〕「今宵はただに臥し給へ**れ**(命)」訳 今夜は何もせずおやすみになっていて(ください)。

❷動作・作用の結果が存続している意を表す。**…ている。…てある。** 万葉 一八・四一二六「天の川橋渡せ**ら**(未)ばその上ゆもい渡らさむを秋にあらずとも」訳 天の川に橋が渡してあるならば、その上を通ってもお渡りになるだろうに。秋でないにしても。文法 「い渡らさむを」の「さ」は上代の尊敬・親愛の助動詞「す」の未然形。古今 春上「袖ひちてむすびし水のこほれ**る**(体)を春立つけふの風やとくらむ」訳 →そでひちて…和歌。伊勢 一〇一「瓶に花を挿せ**り**(終)」訳 瓶に花が挿してある。

❸動作・作用が完了した意を表す。**…てしまった。…た。** 土佐「いと思ひの外なる人の言へ**れ**(已)ば、人々あやしがる」訳 まったく意外な人が(歌を)詠んだので、人々が不思議がる。枕 一八四「大納言殿の参り給へ**る**(体)なりけり」訳 大納言殿(=藤原伊周)が参上なさったのであった。

文法 (1) **「り」の意味**　「り」は「たり」と同じく、動作の実現・完了を表現する助動詞で、その動作がいつ起こるのかにはかかわりをもたない。したがって、

「家づと(=家へのみやげ)に貝そ拾へ**る**浜波はいやしくしくに高く寄すれど」〈万葉 二〇・四四一一〉

「沖つ波高く立つ日に会へ**り**きと都の人は聞きてけむかも」〈万葉 一五・三六七五〉

「かくしてや荒し男すらに(=勇敢な男でさえも、こうして)嘆き臥せ**らむ**」〈万葉 一七・三九六二〉

右の第一例は現在の事実、第二例は過去の「き」があって、過去の事実、第三例は推量の「む」があって、未来の事実に用いられているわけである。

(2) **「り」と「たり」**　「り」と「たり」は、同様に完了の助動詞といわれる「つ」「ぬ」とは違って、動詞だけに付いて形容詞・形容動詞には付かない。これは、「り」「たり」が、確認など事柄の述べ方をも表す「つ」「ぬ」と異なって、動作の実現・完了だけを表す助動詞だということである。また、「り」は動詞に「あり」が融合したものから、「たり」は「てあり」が融合したものから分離されたものと考えられるにもかかわらず、意味上の差はない。

「内侍のかみの、右大将藤原朝臣の四十の賀しける時に、四季の絵かけ**る**うしろの屏風にかきた**り**けるうた」〈古今 賀・詞書〉

のように、すぐそばで同じ動詞に用いられて、その間に意味の違いを見いだせないことも多い。

(3) 「り」が四段・サ変動詞にしか接続しないという用法上の狭さがあったので、それを補う意味で「たり」が生じたと考えられる。まず「り」が上代に盛行し、平安時代の中期を境に接続の自由な「たり」が優勢となる。平安時代の仮名文学作品では、「給へり」「思へり」などのきまった形が多いが、それも後期になると「給ひたり」のような形が多く出るようになる。

(4) **「り」の由来**　「り」は、四段・サ変動詞の連用形に「あり」の付いたものの語尾を、便宜上、助動詞として扱ったものである。たとえば、「泣きあり」から生じた「泣けり」や、「しあり」から生じた「せり」から「り」を分離して助動詞としたということである。だから、「着あり」から生じた「着り」や「来あり」から生じた「来り」の「り」もまったく同じ性質のものであるのに、分離した場合、残った「着」「来」が上一段活用、カ行変格活用の活用表には見られないという理由で分離せず、「着り」「来り」をラ変動詞として扱うということになっているのである。

「わが旅は久しくあらしこの吾が着**る**(=着ている)妹が衣の垢つく見れば」〈万葉 一五・三六六七〉

「玉梓の使ひの来**れ**ば(=来たので)うれしみと吾が待ち問ふに」〈万葉 一七・三九五七〉

(5) **「り」の接続**　上代の仮名遣いの研究から、このような「り」は、四段・サ変動詞の命令形に付くといったほうがよいことがわかっているが、上代にあった已然形と命令形の仮名遣いの区別が平安時代には消失したので、従来どおり四段動詞の已然形に接続するといっても、歴史的仮名遣いの上では矛盾をきたさない。それで、便宜上、四段動詞の已然形に接続すると説明しているのである。

り 助動詞「り」の連用形。伊勢 二「その女、世人にはまされ**り**けり」訳 その女は、(容貌が)世間の人よりすぐれていた。更級 東山なる所「こ暗う繁れ**り**し木の葉ども残りなく散り乱れて」訳 うす暗くなるほど繁っていた数多くの木の葉が残らず散り乱れて。

りう【流】(名) ❶水の流れ。

❷芸術や武術などで、その人またはその家の立てた方法や系統。流儀。〔謡・関寺小町〕「近年聞こえたる小野の小町こそ、衣通姫の―とは承りたれ」訳 近ごろ世に知られている小野小町(の歌風)は、衣通姫の流儀であるとはうかがっている。

りう-かう【流行】(名・自サ変) ❶世間に広まること。はやること。❷蕉門俳諧の用語で、つねに新しい境地を求めて変化を重ねて進んでいくこと。また、その新しさを発揮していく句体。→不易流行

琉球（りうきう）『地名』旧国名。西海道十二か国の一つ。今の沖縄県。

りうくゎ-ゑん【柳花苑】(名) 舞楽の曲名。双調の曲。平安初頭、唐から伝わったという。後世、舞は絶えて楽だけが残る。源氏 花宴「―といふ舞を、これは今少し過ぐして」訳 (頭の中将は)柳花苑という舞を、これは(光源氏より)もう少し念入りに舞って。

りう-ご【輪鼓・輪子・立鼓】(名) ❶猿楽の曲芸に使われた道具。鼓の胴のような形で、まん中がくびれている。そのくびれている所にひもを巻いて、空中に投げ、ひもの上に受けて回転させた。また、その曲芸の名。〔沙石集〕「前後有る物を蟻といふべくは、―等をも蟻といふべし」訳 (中間がくびれて)前後のあるものを蟻と言ってよいならば、輪鼓などをも蟻と呼べるだろう。❷①のように、中のくびれた形。

りうせん-の-きょく【流泉の曲】琵琶の秘曲の名。方丈 三「しばしば松の響きに秋風楽をたぐへ、水の音に―をあやつる」訳 しばしば松風の響きに(合わせて)秋風楽(=雅楽の曲名)を奏し、(流れる)水の音に(合わせて)流泉の曲をかなでる。

りう-たん【竜胆】(名)「りんだう」に同じ。

柳亭種彦（りうていたねひこ）『人名』(一七八三〜一八四二)江戸後期の読本・合巻作者。幕臣。本名は高屋知久。江戸の人。合巻「修紫田舎源氏」で好評を博したが、天保の改革で処罰され、失意のうちに没した。

りう-はつ【柳髪】(名) 女性の髪のしなやかな美しさを、柳が風になびくさまにたとえた語。平家 七・維盛都落「―風に乱るるよそほひ、また人あるべしとも見え給はず」訳 (平維盛の北の方の)柳のようにしなやかで美しい髪が風に乱れるようすは、他に(これほどの)人がいようとも見えなさらない。

り-うん【理運・利運】(名) ❶道理にかなっていること。合理。平家 一・御輿振「今度山門の御訴訟、―の条勿論に候ふ」訳 今度の山門(=延暦寺)の方々のご訴訟が、道理にかなっていることはもちろんでございます。❷すばらしいめぐりあわせ。幸運。〔仮名・伊曽保〕「その時、御あらがひも―を開かせ給ふべけれ」訳 その時、御争い事も幸運をお開きになられる(=勝利なさる)はずだ。❸運のよいのに乗じて、勝手なことをすること。〔浄・心中天の網島〕「あんまり―過ぎました」訳 あまりに勝手がすぎました。

り-かん【利勘】(名)《近世語》計算ずくであること。打算的であること。〔浮・日本永代蔵〕「これも―にて、大仏の前へあつらへ、壱貫目に付き何程と極めける」訳 これも計算ずくであって、大仏の前(の餅屋)に注文して、(餅)一貫目につき(代金)いくらと決めて(餅をつかせ)た。

り-き …ていた。万葉 一・七「秋の野のみ草刈り葺き宿れりし宇治の京の仮廬し思ほゆ」訳 秋の野の草を刈って屋根に葺いて泊まっていた宇治のみやこの仮の庵が自然と思われる。
なりたち 完了の助動詞「り」の連用形「り」＋過去の助動詞「き」

利休（りきう）『人名』→千利休

りき-じ【力士】(名)〔後世「りきし」とも〕❶力の強い人。勇者。今昔 二・三「長者の家を守るひとりの―あり」❷「金剛力士」の略。

りきじ-まひ【力士舞】(名) 古代の舞の名。「金剛力士」に仮装し、鉾などを持って舞うもの。万葉 一六・三八三二「池神の―かも白鷺の桙啄ひ持ちて飛びわたるらむ」訳 池神(=地名か)の力士舞だろうか。白鷺が桙をくわえもって飛びわたっているようなのは。

りき-どう【力動】(名)「力動風」の略。能楽で、鬼を演じる際の様式の一つ。強くからだを動かす荒々しい風体。〔花鏡〕「砕動・―などまでをば残すべき、年来の時分あるべし」訳 砕動風(=鬼の演じ方で、力を入れず軽やかにからだを動かす風体)・力動風などまでを(習わず)残しておいてよい、適切な(稽古の)時期があるはずだ。

り-ぎん【利銀】(名) 利息。利子。〔浮・世間胸算用〕「後世の事はわすれて、只―のかさなり、富貴になる事を楽しみける」訳 来世での安楽は忘れて、ただ利息が積もり、金持ちになることを楽しんだ。

りく-ぎ【六義】(名) ❶古代中国の漢詩における六種の体。風(=地方の民謡に類するもので、各国の国ぶりを歌う歌)・雅(=政治をほめたたえる歌)・頌(=徳をほめる歌)・賦(=物事をありのままにのべる歌)・比(=物事になぞらえて心を述べる歌)・興(=物事に感じてつくる歌)の六種。「詩経」の大序に見える。❷和歌で、漢詩の六義に基づいて立てられた六種の体。そえ歌(=風)・かぞえ歌(=賦)・なぞらえ歌(=比)・たとえ歌(=興)・ただこと歌(=雅)・いわい歌(=頌)の六種。「古今集」の仮名序に見える。転じて、和歌。❸物事の道理。筋道。

りく-げい【六芸】(名) 昔、中国で、士以上の身分の者が必ず学修すべきものとされた六種の技芸。礼・楽・射・御(=馬術)・書・数のこと。徒然 一二二「弓射、馬に乗ること、―に出だせり」訳 弓を射ることと馬に乗ることとは、六芸の中に記してある。

陸前（りくぜん）『地名』旧国名。東山道十三か国の一つ。今の宮城県と岩手県南部。明治元年(一八六八)に陸奥の国から分かれた。

陸中（りくちゅう）『地名』旧国名。東山道十三か国の一つ。今の岩手県と秋田県東部。明治元年(一八六八)に陸奥の国から分かれた。

りく-ゑふ【六衛府】(名)「ろくゑふ」に同じ。

り-けり ❶(「けり」が過去を表す場合)…ていた。…た。伊勢 八五「『…』と詠めりければ、親王いといたうあはれがり給うて、御衣脱ぎて賜へりけり」訳 (男が)「…」と詠んだので、親王はたいそうはなはだしく感嘆なさって、お召し物を脱いでお与えになった。❷(「けり」が何かに気づいたことや詠嘆を表す場合)…ていた(のだった)。…たことだ。古今 春下・詞書「折れる桜の散りがたになれりけるを見てよめる」訳 折って(活けて)ある桜が散りかかるころになっていたのを見て詠んだ歌。
なりたち 完了の助動詞「り」の連用形「り」＋過去の助

動詞「けり」

り-こう【利口】㊀(名・自サ変・形動ナリ)❶上手に口をきくこと。話し上手。巧言。今昔 二六・四「まことに吾君行きてー・に(用)言ひ聞かせよ」訳 実際にあなたが行ってことば巧みに説き聞かせよ。

❷滑稽なことを言うこと。冗談。宇治 序「少々は、空物語もあり、ー・なる(体)こともあり」訳 少々は、つくり話もあり、滑稽なことを言って人を笑わせることもあり。

㊁(名・形動ナリ)賢いこと。利発。〔浄・丹波与作待夜小室節〕「さてさてー・な(体)(口語)野郎ぢゃな」

り-こん【利根】(名・形動ナリ)賢いこと。機転のきくこと。〔狂・今参り〕「まづは、ー・な(体)(口語)やつぢゃ」訳 とりあえずは、利口な者だ。⇔鈍根

り-し【律師】(名)「りっし」の促音「っ」の表記されない形。「りっし」に同じ。

り-しゃう【利生】(名)《仏教語》「利益衆生」の略。仏・菩薩が衆生に利益を与えること。また、その恵み。平家 一〇・熊野参詣「かうべをかたむけ、たな心をあはせて、ーにあづからずといふことなし」訳 (あらゆる身分の人々が)礼拝し、合掌して、仏のご利益をこうむらないということはない。

りしゃう-はうべん【利生方便】(名)《仏教語》仏・菩薩が、いろいろな方法・便宜をめぐらして衆生に利益を与えること。また、その方法。今昔 一七・三「地蔵菩薩、ーのために悪しき人の中に交はりて」訳 地蔵菩薩が、衆生に利益を与える手段のために悪い人の中に交わって。

り-そく【理即】(名)《仏教語》天台宗でいう六即(=悟りに至る六階級)のうちの最下位。凡夫が仏性をそなえながら迷いを脱していない境界。徒然 二一七「究竟は ーにひとし」訳 (悟りの最上位の)究竟即は(その仏性の本質からみれば、最下位の)理即に等しい。

り-ぞく【離俗】(名)蕪村の俳諧理念で、俗世間の考え方から離れて、より高尚な美の境地をめざすこと。〔春泥句集〕序「俳諧は俗語を用いて俗を離るるを尚ぶ。俗を離れて俗を用ゆ。ーの法最もかたし」訳 俳諧は、通俗な語を用いて世俗の世界を離れることをたっとぶ。俗を離れて俗を用いる。離俗の法は最もむずかしい。

りち【律】(名)「りつ①」に同じ。

りち-ぎ【律義・律儀】(名・形動ナリ)「りつぎ」とも。義理堅く、実直なこと。〔仮名・浮世物語〕「ーを立てて、思ひ詰めたる事をば翻さぬ人あり」訳 義理を立てて、思い込んだことを変えない人がいる。

りつ【律】(名)❶「りち」とも。音楽の調子の名。雅楽で十二律のうち陽に属する音の称。また、日本独自の音階。律旋法のこと。〔十訓〕四「二条院、御遊びありけるに、呂おはりて、ーに移りける時」訳 二条院のもとで、管弦の遊びがあった際に、呂の調子が終わって、律の調子に移った時。⇔呂

❷律令制で、刑罰に関する法。徒然 一六二「人くふ犬をば養ひかふべからず。これみなとがあり。ーの禁めなり」訳 人にかみつく犬は飼ってはならない。これはすべて罪になる。律にある禁制である。

❸漢詩の一体。八句の詩。五言のものと七言のものとがある。律詩。

❹《仏教語》仏法の禁戒。戒律。

りつ-ぎ【律義・律儀】㊀(名)《仏教語》悪に陥るのを未然に防ぐための戒法。また、その戒律を守ること。〔太平記〕一二「法衣たちまちに馬蹄の塵に汚され、ー空しく人口のそしりに落つ」訳 (文観僧正の)僧衣はたちまち(兵たちの)馬の蹄のあげる塵に汚れ、禁戒はむなしく(破られ)、人々の非難を浴びる。

㊁(名・形動ナリ)「りちぎ」に同じ。

りっ-し【律師】(名)《仏教語》「りし」とも。僧綱の一つ。僧正・僧都に次ぐ僧官。正と権がある。官吏の五位に準ぜられた。→僧綱

りっ-しゃ【竪者・立者】(名)《仏教語》〔「竪」を習慣で「りつ」と読んだもの〕❶法会の論議のとき、質問者の難問に対して、条理を立てて答える役の僧。

❷論議の試験に及第した僧。平家 一・御輿振「三塔一の僉議者と聞こえし摂津の竪者豪運、進み出でて申しけるは」訳 三塔(=比叡山延暦寺の東塔・西塔・横川の三つの塔)一の雄弁家という評判があった摂津(大阪府北部と兵庫県東部)の竪者豪運が、進み出て申し上げたことには。

立正安国論(りっしゃうあんこくろん)『作品名』鎌倉中期の仏教書。日蓮著。文応元年(一二六〇)成立。前執権北条時頼に献じた建白書。念仏の邪法を捨て、正法である法華経に帰依する以外に国家の安泰はないと説く。幕府はこれに対し、日蓮を伊豆(静岡県)へ配流した。

りっ-しゅん【立春】(名)二十四気の一つ。暦の上で春に入る日。太陽暦で二月四日ごろ。徒然 一六一「〔桜の〕花のさかりは、…ーより七十五日」

り-づめ【理詰め】(名)物事の筋道・道理に基づいて相手を説得しようとすること。理屈詰め。〔難波土産〕「今時の人は、よくよくーの実らしきことにあらざれば合点せぬ世の中」訳 当今の人は、非常に筋道の通った考え方の真実らしいことでなければ納得しない世の中で。

りつ-りゃう【律令】(名)律と令。→律令格式

りつりゃう-きゃくしき【律令格式】(名)奈良・平安時代の法律制度の総称。「律」は刑罰の制、「令」は一般の法令、「格」は「令」にもれたその時の政務上の事項を補う臨時の制、「式」は「律」「令」「格」の施行細則。

りつ-りょ【律呂】(名)「りょりつ」に同じ。

り-とく【利得・利徳】(名)利益として得ること。利益。もうけ。〔浮・日本永代蔵〕「年々にーを求めたれども」訳 年ごとに利益を得たけれども。

李白(りはく)『人名』(七〇一―七六二)中国、盛唐の詩人。字は太白。号は青蓮居士。放浪の生活を送り、豪放な性格で、酒を愛した。自由奔放な詩を作り、詩仙と呼ばれた。絶句を得意とし、詩文集「李太白集」がある。

り-はつ【利発・悧発】(名・形動ナリ)賢いこと。気のきいていること。利口。〔浮・世間胸算用〕「この藤市ー・に(用)して、一代のうちに、かく手まへ富貴になりぬ」訳 この藤市(=人名)は利口であって、一代の間に、このように家計が豊かになった。

り-ひ【理非】(名)道理にかなうことと、かなわないこと。正否。今昔 二〇・一五「然れば、閻魔王、このーを判断し給ふ事能はず(=できない)」

りふ-ぐゎん【立願】(名・自サ変)神仏に願をかけること。願立て。平家 一・願立「[後二条の関白の母上には]御心中に三つの御—あり」

り-ほう【吏部・李部】(名)[「ほう」は漢音]「りぶ」とも。八省の一つ、式部省の唐名。また、その職員。[うつほ]俊蔭「俊蔭は、—の文をいと二なく作り出だして奉る時に」訳 俊蔭は、式部省の(試問に答えた)漢文を、たいそう比類なくりっぱに作成して差し上げるときに。

り-もつ【利物】(名)《仏教語》仏が衆生に功徳を授けること。平家 一・願立「—の方便にてましませば、御とがめなかるべしとも覚えず」訳 (山王権現の)衆生に功徳を授けるための方便でおありになるので、(罪を犯した者に)おとがめはないであろうとも思われない。

り-やう【利養】(名)利欲をむさぼって、私腹を肥やすこと。今昔 三・三「現世の名聞・—を永く棄てて、偏に後世菩提のことをのみ思ひける間に」訳 現世の名声や私腹を肥やすことを永久に捨てて、ひたすら来世の極楽往生のことだけを思っていたうちに。

-りやう【両】(接尾)❶対になっているものを数える語。❷車などを数える語。方丈 三「積むところ、わづかに二—」訳 (車に)積むと、たった二台(分であり)。

りやう【両】(名)❶重さの単位。二十四朱で一両(=約三七・五グラム)。十六両で一斤となる。❷薬の量目の単位。一両は約四匁(=一五グラム)。[浮・日本永代蔵]「胡椒を買ひに来る人あり。…壱—懸けて(=一両をはかりにかけて)三文請け取り」❸近世の貨幣の単位。金貨で小判一枚の価格。一両は一分の四倍。

-りやう【領】(接尾)装束・鎧などを数えるのに用いる語。平家 九・木曽最期「なにによってか一—の御着背長を重うはおぼしめし候ふべき」訳 (殿=木曽義仲は)どういうわけで一領の御着背長(=大将の鎧)を重いとお思いになることがありましょうか。

りやう【領】(名)❶領地。また、領有物。細道 立石寺「山形—に立石寺といふ山寺あり」訳 山形藩の領地に立石寺という山寺がある。❷郡司の官職名。長官を大領、次官を少領という。

りやう【霊】(名)「らう」とも。たたりをする死霊、または生き霊。源氏 柏木「陰陽師なども、多くは、女の—とのみ占ひ申しければ」訳 陰陽師なども、多くは、女の霊(のしわざだ)とばかり(柏木の病気の原因を)お占い申しあげたので。

りやう-あん【諒闇】(名)「らうあん」とも。天皇が、その父母の喪に服す期間。満一年とされる。徒然 二八「—の年ばかり、哀れなることはあらじ」訳 天皇が父母の喪に服す期間の年ほど、感慨深いことはないだろう。

発展 「諒闇」と衣
「諒闇」の期間中は、宮中で諸役人すべてが薄墨色(にび色)の喪服をつける。そして諒闇があけると、「服直し」となって、再びもとのはなやかな姿にもどることになる。

りやう-がへ【両替へ】(名・自サ変)❶ある貨幣を別種の貨幣と交換すること。また、手数料をとって、それを業とする人や店。[浮・日本永代蔵]「一日筆を握り、—の手代通れば、銭に小判の相場を付け置き」訳 一日じゅう筆を執り、両替屋の使用人が通ると、銭や小判の相場を(聞いて)書き付けておき。❷品物とそれに相当する金銭とを交換すること。

良寛(りやうくわん)《人名》(一七五八—一八三一)江戸後期の禅僧・歌人。俗名山本栄蔵。越後(新潟県)出雲崎の人。十八歳で出家し、諸国を行脚・漂泊した。高潔純真な人柄で、人々に敬慕された。漢詩・和歌にすぐれ、歌集「はちすの露」などがある。

りやう-け【領家】(名)荘園の実際上の領主。また、所有主から名目だけ寄進を受けた荘園の領主。鎌倉時代になって地頭がこれと並んで置かれ、やがてその勢力にとって代わられた。

りやうげ-の-くゎん【令外の官】(名)大宝令、養老令に定められたもの以外の、後に追加された官職や官庁。内大臣・中納言・参議・蔵人所・検非違使・勘解由使・摂政・近衛府・関白など。

りやう-じ【令旨】(名)「れいし」とも。皇太子・三后(=太皇太后・皇太后・皇后)から出された命令の文書。のちには、親王・女院など皇族からのものもいった。

りやう-じやう【領状・領掌】(名・他サ変)承知すること。承諾。太平記 七「事安げに—申して、己が役所へぞ帰りける」訳 (船田入道義昌は)気やすい感じで承知申しあげて、自分の詰め所へ帰った。

りやうじゆ-せん【霊鷲山】(名)インドのマガダ国、王舎城の東北にあり、釈迦が説法した所といわれる山。「鷲の峰」「霊山」とも。

りやう-しよ【領所】(名)「らうしょ」とも。領有する土地。領地。方丈 三「西南海の—を願ひて、東北の庄園を好まず」訳 (人々は)西海道(=九州)・南海道(=紀伊・四国)方面の領地を欲しがって、東国・北国方面の荘園を好まない。

りやう-ず【領ず】(他サ変)[ぜ・じ・ず・ずる・ずれ・ぜよ]「らうず」とも。❶自分の所有にする。手に入れる。源氏 横笛「おほやけの御近きまもりを、わたくしの随身に—・ぜ(未)むと争ひ給ふよ」訳 天皇のおそば近くの護衛(=夕霧)を、(三の宮と二の宮は)私的な随身として自分のものにしようと争いなさるよ。❷領有する。領地とする。源氏 須磨「—・じ(用)給ふ御庄、御牧よりはじめて、さるべき所々の券など皆奉りおき給ふ」訳 (光源氏は)領有しなさる御荘園や御料牧場をはじめとして、しかるべきあちこちの(土地の所有権を示す)書付などを(紫の上に)すべて差し上げておきになる。❸(魔物などが)とりつく。乗り移る。今昔 四・三「遂に、その毒蛇のために—・ぜ(未)られて、我、その夫となれり」訳 とうとう、その毒蛇のためにとりつかれて、私は、その夫になった。

りやう-ぜん【霊山】(名)❶「霊鷲山」の略。[拾遺]哀傷「—の釈迦の御前に契りてし真如朽ちせずあひ見つるかな」訳 霊鷲山の釈迦の御前で誓った不変の真理(=再会しようという約束)は朽ちることがなく(今日再び)対面したことだなあ。❷京都東山三十六峰の一つ。最澄(=伝教大師)が創設した正法寺がある。〔更級〕東山なる所「〔東山の住まいは〕―ちかき所なれば、詣で拝み奉るに」

良暹（りやうぜん）リョウゼン『人名』(生没年未詳)平安後期の僧侶・歌人。比叡山の僧。歌合わせに数多く出詠。晩年は大原に隠棲した。「小倉百人一首」に入集。

梁塵秘抄（りやうぢんひせう）リョウジンヒショウ『作品名』平安末期の歌謡集。後白河院撰。治承三年(一一七九)ごろに完成か。平安末期に流行した今様・法文歌・神歌などの雑芸を集めたもの。当時の民衆の生活や信仰などが生き生きとうたいこまれている。

りやう‐ぶ リョウ―【両部】(名) ❶《仏教語》密教で、金剛界と胎蔵界。両界。〔沙石集〕「内宮・外宮は―の大日とこそ習ひ伝へて侍れ」訳 (伊勢神宮の)内宮と外宮は、大日如来の金剛界と胎蔵界(に相当するものだ)と学び伝えております。
❷「両部神道」の略。

りやうぶ‐しんたう リョウブシントウ【両部神道】(名)中世以来唱えられた神道の一派。真言宗で説く金剛・胎蔵の二界の仏・菩薩とわが国の神々とを関連づけ、「本地垂迹」の説をたてて説く、神仏習合の神道説。両部習合神道。両部。

りやうりやう‐じ リョウリョウジ (形シク){じから・じく(じかり)・じ・じき(じかる)・じけれ・じかれ}「らうらうじ」に同じ。〔枕〕一四三「さやうのことに―・じかり(用)けるが」訳 そのようなこと(=なぞなぞ)にたけていた人が。

り‐やく【利益】(名)《仏教語》(「やく」は呉音)仏・菩薩などが衆生を救うために恵みをさずけること。また、その恵み。〔今昔〕一六・三「偏にこれ、観音の―なりと知りて、いよいよ共に心を至して仕りけり」訳 ひとえにこれは、観音の恵みであると悟って、ますます(二人は)ともに心をこめて(観音に)お仕えした。

りゅう【竜】(名)「りょう」とも。想像上の動物。水中にすみ、空を飛んで雲を起こし、雨を降らせるという。インドでは仏法の守護神、中国では天子になぞらえる。竜。

りゅう【柳・流・琉】⇩りう

りゅう【立】⇩りふ

りゅう‐がん【竜顔】(名)「りょうがん」とも。天子の顔の尊称。〔椿説弓張月〕「―のいとおどろおどろしきを、面あたり見奉りし者もありとぞ」訳 上皇のお顔のたいそう恐ろしいのを、目前に拝見した者もいるという。

りゅうげ‐さんゑ ―サンエ【竜華三会】(名)《仏教語》弥勒菩薩が釈迦の入滅後五十六億七千万年後の未来の世に現れて、竜華樹(=想像上の木の名)の下で開くという三度の法会。釈迦の説法にもれた衆生が救われて悟りを開くという。〔栄花〕うたがひ「弥勒の出世―の朝にこそは驚かせ給はめ」訳 (入滅した弘法大師は)弥勒菩薩が出現して竜華三会を行う朝にはお目覚めになられるだろう。

りゅうこう【流行】⇩りうかう

りゅう‐じん【竜神】(名)《仏教語》仏法を守護する八部衆(=八つの神と異類)の一。雨と水とをつかさどる神。海の神。竜王。海竜王。〔宇治〕一一・三「梵天、帝釈、諸天、―あつまり給ふとは知り給はぬか」訳 梵天、帝釈天、諸神や竜神がお集まりになるとは知っていらっしゃらないのか。

りゅうじん‐はちぶ【竜神八部】(名)《仏教語》仏法を守護する八部衆(=八つの神と異類)のうち竜神が特にすぐれているので、これを代表させた言い方。〔平家〕五・奈良炎上「梵釈四王、―、冥官冥衆も驚きさわぎ給ふらんとぞ見えし」訳 梵天・帝釈天・四天王、仏法を守る八部衆、地獄の閻魔庁の官人や鬼神も驚き騒いでいらっしゃるだろうと思われた。

りゅうとう‐げきしゅ【竜頭鷁首】(名)「りょうとうげきす」に同じ。

りゅう‐にょ【竜女】(名)竜宮にいる仙女。特に、八歳で諸法に熟達して悟りを開いたという沙竭羅竜王の娘。〔平家〕灌頂・女院死去「遂に彼の人々は、―が正覚の跡をおひ」訳 ついにあの女房たちは、竜女が悟りを得た先例にならい。

りゅうび‐だん【竜尾壇】(名)平安京大極殿の南庭にあって、一段高くなっている壇。〔著聞〕五八〇「くろき雲西南よりきたりて、―をおほふ」

りゅう‐め【竜馬】(名)「りょうめ」とも。きわめてすぐれた馬。駿馬。〔今昔〕一一・六「その―に乗りて、海に浮かびて高麗に行きなむとするに」訳 (藤原広継がその)駿馬に乗って、海上に浮かんで高麗(=朝鮮)に行ってしまおうとするが。

りょ【呂】(名)音楽の調子の名。雅楽で十二律のうち陰に属する音の称。また、雅楽の音階の一つ。呂旋法のこと。〔徒然〕一九九「和国は、単律の国にて、―の音なし」訳 日本の国は、律の調子だけの国であって、呂の調子の音がない。↔律

りょう【竜】(名)「りゅう」に同じ。

りょう【令・両・良・梁・領・諒・霊】⇩りやう

りょう【了・料・聊・寮】⇩れう

凌雲集（りようんしふ）リョウウンシュウ『作品名』平安初期の漢詩集。弘仁五年(八一四)成立。正しくは「凌雲新集」。嵯峨天皇の命により、小野岑守・菅原清公らが撰集したわが国最初の勅撰漢詩集。奈良時代の「懐風藻」に比べて、唐詩の影響がいちじるしい。

良寛（りようくわん）⇩良寛

りょう‐がん【竜顔】(名)「りゅうがん」に同じ。

りょうき‐でん【綾綺殿】(名)平安京内裏の殿舎の名。天子が入浴し、また斎服を着る所。紫宸殿の北東、宜陽殿の北、麗景殿の南にある。⇩巻頭カラーページ32

梁塵秘抄（りようぢんひせう）⇩梁塵秘抄

りょう‐ず【凌ず・掕ず】(他サ変){ぜ・じ・ず・ずる・ずれ・ぜよ}「れうず」とも。こらしめる。いじめる。ひどい目に合わせる。〔更級〕竹芝寺「この男を罪し―・ぜ(未)られば、われはいかであれと」訳 この男が処罰されひどい目にあわせられるならば、私はどうなれと(いうのであろう)。〔文法〕「罪し」は対偶中止法で、下の受身が及ぶ。

りょうとう‐げきす【竜頭鷁首】(名)「りゅうとうげきしゅ」「りゅうとうげきす」とも。平安時代、貴人が遊宴などに用いた船。池などに浮かべ、船遊びをしたり楽人を乗せて音楽を奏したりした。二隻を一対とし、それぞれ船首には竜、鷁(=中国の想像上の水鳥)の彫りものがついていた。〔栄花〕はつはな「―の生ける形思ひ遣られて、あざやかにうるはし」訳 (船は)船首の竜や鷁の生きている姿が想像されて、鮮やかで美しい。

りょう-ら【綾羅】(名)あや絹(=模様を織り出した絹)と、うす絹。ぜいたくな美しい衣装をいう。平家 灌頂・大原御幸「―錦繡の粧ひもさながら夢になりにけり」訳 あや絹とうす絹、錦と刺繡した織物の(豪華な)服装も(今は)すっかり夢になってしまった。

りょがい【慮外】⇩りょぐわい

りょく-い【緑衣】(名)「ろうさう」に同じ。平家 七・青山之沙汰「供の宮人おしなべて、―の袖をぞしぼりける」訳 (名人の秘曲に)供の神主はみんな、(涙でぬれた)緑衣の袖をしぼった。

りょく-ら【緑蘿】(名)緑色の蔦(=植物の名)。平家 灌頂・大原御幸「―の垣、翠黛の山、画にかくとも筆も及びがたし」訳 緑色の蔦のはう垣、緑色にかすむ山は(美しく)、絵に描くとしても描き尽くせない。

りょ-ぐゎい ガイ【慮外】(名・形動ナリ)❶思いのほかであること。意外なこと。〔狂・餅酒〕「『みどもが酌をしてとらせう』『これは―・に用ござる』」訳「私が酌をしてやろう」「これは思いがけないことでございます」。

❷ぶしつけなこと。だしぬけ。無礼。〔浄・丹波与作待夜小室節〕「ああこは―・な体(口語)。おのれが母様とは」訳 ああ、これは無礼な。(私が)おまえの母様とは。

竜頭の船

鷁首の船

(りょうとうげきす)

りょ-りつ【呂律】(名)呂の音と律の音。音楽の音階・調子。律呂。平家 三・大臣流罪「首をうなだれ、耳を峙つといへども、さらに清濁をわかち、―を知ることなし」訳 首をうなだれ、耳をすますといっても、いっこうに(音の)清濁を判別し、音楽の調子を知ることがない。

り-ゑん エン【梨園】(名)(唐の玄宗皇帝が自ら楽人を選んで梨の木のある園で歌舞団を養成したという故事から)俳優の社会。演劇界。劇壇。

り-を-ま-ぐ【理を曲ぐ】道理を曲げる。物事の筋道をゆがめる。平家 三・足摺「『ただ―・げ用て乗せ給へ。せめては九国の地まで』と、くどかれけれども」訳「ただ道理を曲げて(船に)お乗せください。せめては九州の地まで」と、(俊寛は)くどくどくり返し言いなさったけれども。

りん【鈴】(名)❶「れい(鈴)」に同じ。❷仏具の名。真鍮などで椀形に作り、読経の時に棒で打って鳴らす。〔おらが春〕「持仏堂に臘燭照らして―打ち鳴らせば」

りん【輪】(名)衣服の襟・袖・裾などに別の布でへりを付けたもの。覆輪。平家 四・競「八尺ばかりありける蛇が、おとどの指貫の左の―をはひまはりけるを」訳 八尺ほどもあった蛇が、大臣(=平重盛)の指貫の左の裾の縁まわりをはいまわったのを。

りん-かう コウ【臨幸】(名・自サ変)天皇がその場にお出ましになること。行幸。臨御。平家 七・還亡「されども代々の御門―はなかりしに」訳 しかしながら代々の天皇の(伊勢神宮への)お出ましはなかったのに。

りん-き【悋気】(名・自サ変)(近世語)嫉妬すること。やきもち。〔浄・出世景清〕「―・する体ではなけれども、浮世狂ひも年による」訳 やきもちを焼くのではないが、色狂いも年による(=自分の年齢を考えるがいい)。

りん-げん【綸言】(名)天子のおことば。詔。勅命。「綸命」とも。平家 三・頼豪「天子には戯れの詞なし。―汗のごとしとこそ承れ」訳 天子には冗談のことばはない。天子のおことばは汗のよう(なもの)だとうかがっている。

発展「綸言汗のごとし」の意味

「綸言汗のごとし」は、「漢書」の「号令汗のごとし。汗は出でて反らず」から出た成句で、いったん出た汗が再び体内にはもどらないように、天子のことばは、一度発せられたら取り消すことができないという意。

りん-し【綸旨】(名)「綸言の旨」の略。「りんじ」とも。天皇の命令を受けて、蔵人の出す文書。勅書。〔太平記〕四「―を申し下し、諸国の兵に賦りし条勿論なり」訳 勅書を申し渡し、諸国の武士に配ったことはもちろん(のこと)である。

りん-じ【臨時】(名)一時的なこと。常時でないこと。その場限り。源氏 賢木「―にも、さまざま尊きことどもをせさせ給ひなどして」訳 (恒例の春秋の御読経はいうまでもなく)臨時にも、さまざまに尊い法会をあれこれ(光源氏は)おさせになられたりして。

りんじ-きゃく【臨時客】(名)平安時代、陰暦正月の二日、三日に摂政・関白の家で、大臣以下の公卿を招いて行った宴会。「大饗」のように公式のものでなかったのでいう。源氏 初音「今日は―のことにまぎらはしてぞ、おもがくし給ふ」訳 今日(=陰暦正月二日)は臨時客のもてなしにとりまぎらして、(光源氏は紫の上に)顔を合わせないようになさる。

りんじ-の-ぢもく ジモク【臨時の除目】定例の、春の県召の除目(=地方官の任命式)と、秋の司召の除目(=中央官庁の役人の任命式)以外に、臨時に行われる除目。〔保元物語〕「主上ことに叡感あって、夜にいりて、…―行はる」訳 天皇が特に感動なさって、夜に入ってから、…臨時の除目が行われる。

りんじ-の-まつり【臨時の祭り】例祭でなく、臨時に行う祭り。初め臨時であったものが以後恒例となった。賀茂神社では陰暦十一月の下の酉の日、石清水八幡宮では陰暦三月の中の午の日、祇園八坂神社では陰暦六月十五日に行われる。枕 三〇「賀茂の―、空の曇り、寒げなるに、雪すこしうち散りて」 訳 賀茂神社の臨時の祭りは、空が曇って、寒そうなうえに、雪が少し降って。

りん-ぜつ【輪説】(名)雅楽の箏の変則的な奏法。自己流のやり方。〔風姿花伝〕「はや、申楽に側みたる—とし、至りたる風体をすること、あさましきことなり」 訳 早くも、申楽の本道からわきへそれた勝手な見解をもち、道をきわめた演じ方をすることは、あきれたことである。

りん-だうドウ【竜胆】(名)「りうたん」とも。❶草の名。秋、紫色の鐘状の花を開く。根は健胃剤。秋 ❷襲の色目の名。表は蘇芳(＝紫赤色)、裏は青色。秋に用いる。⇩巻頭カラーページ11

りん-と(副)❶【厘と】(計量が)きちんと正確に。かっきりと。〔浮・日本永代蔵〕「才覚らしき若い者、杠秤の目—請け取ってかへしぬ」 訳 賢そうな若い使用人が、秤の目方をきちんと(量って餅を受け取って(餅屋を)帰した。
❷【凜と】姿・態度などのきちんとしているようす。きりっと。〔狂・佐渡狐〕「目はたつに—立って、口はくゎっと耳せせまで裂けてある」 訳 目は縦にぴんと切り立って、口はくわっと耳のつけねまで裂けている。

りん-ね【輪廻・輪回】(名・自サ変)「りんゑ」に同じ。

りん-の-て【輪の手】(名)雅楽の箏の奏法の一つ。一曲の中に静掻きと早掻きとを混用し、複雑な装飾音を出すもの。源氏 若菜下「—など、すべて、更に、いと才ある御琴の音なり」 訳 輪の手など、おしなべて、一段とたいそう才気のある(紫の上の)お琴の音である。

りん-めい【綸命】(名)「りんげん」に同じ。平家 一・殿上闇討「兵仗を賜りて宮中を出入するは、みな格式の礼をまもる。—よしある先規なり」 訳 随身をいただいて(＝連れ歩くことを許されて)宮中に出入りするのには、すべて公に定められた礼法を守る(ものだ)。(これらは)勅命による由緒ある先例である。

りん-ゑ—【輪廻・輪回】(名・自サ変)〔連声で「りんね」という〕❶《仏教語》車輪が無限に回転するように、衆生の霊魂が成仏できないで転々と他の生をうけ、永久に流転すること。転生。今昔 六・三「天の楽しびなほ久しからずして遂に—に堕す」 訳 天上界での楽しみはやはり永遠のものではなくて、ついに輪廻転生の世界に堕ちる。
❷執念深いこと。くどいこと。〔浄・出世景清〕「—・し(用)たる女かな。そこのけと突きのけて」 訳 執念深くつきまとっている女だな。そこをどけと突きのけて。
❸連歌・俳諧の付け合いで、一句を隔てて三句目に、同じ内容の語句を繰り返すこと。堂々めぐりになるので避けるべきものとされる。

ル
「る」は「留」の草体
「ル」は「流」の終画

る(助動下二型)

意味・用法
受身〔…れる。〕→❶
自発〔自然に…れる。…ないではいられない。〕→❷
可能〔…ことができる。〕→❸
尊敬〔お…になる。…なさる。〕→❹

接続
四段・ナ変・ラ変の動詞の**未然形**に付く。

活用

未然	連用	終止	連体	已然	命令
れ (ズ)	れ (ケリ)	る (○)	るる (コト)	るれ (ドモ)	れよ (○)

❶受身の意を表す。**…れる。** 枕 七五「姑に思はるる(体)嫁の君」 訳 (めったにないものは)夫の母にかわいがられるお嫁さん。徒然 一〇七「すべて男をば、女に笑はれ(未)ぬやうにおほしたつべしとぞ」 訳 一般に男を、女に笑われないように養育するのがいいということである。文法 係助詞「ぞ」のあとに、結びの語「いふ」などが省略されている。
❷自発の意を表す。**自然に…れる。…ないではいられない。** 古今 秋上「秋来ぬと目にはさやかに見えねども風の音にぞおどろかれ(用)ぬる」 訳 →あききぬと… 和歌。徒然 一五七「筆を執ればもの書かれ(用)、楽器を取れば音を立てんと思ふ」 訳 筆をとるといつも何か書かないではいられなくなり、楽器をとるといつも音を立てようと思う。文法「執れば」「取れば」の「ば」は恒常条件(…すると、いつも)を表す。
❸可能の意を表す。**…ことができる。** 源氏 桐壺「御胸のみつとふたがりて、つゆまどろまれ(未)ず、明かしかねさせ給ふ」 訳 (桐壺帝は)ただもうお胸がぐっとつまって、少しもうとうとすることができず、(夏の短夜を)明かすことができずにいらっしゃる。文法「させ給ふ」は、最高敬語。徒然 五五「家の作りやうは夏をむねとすべし。冬はいかなる所にも住まる(終)」 訳 家の造り方は夏を中心にするのがよい。冬にはどんな所でも住むことができる。
❹尊敬の意を表す。**お…になる。…なさる。** 源氏 若紫「人々近うさぶらはれよ(命)かし」 訳 お付きの人はみな(若紫の)そば近くお控えなさいよ。文法「かし」は、強く念をおす意の終助詞。更級 初瀬「など、かくし歩かるる(体)ぞ」 訳 どうして、このようにお歩きになるのか。文法「かくし」の「し」は、強意の副助詞。(⇩る「識別ボード」)

文法 (1) **受身の「る」** ①の受身の意味で用いるとき、平安時代には、無生物を主語にすることは少なく、まれに無生物を主語にする場合には、
「大きなる木どもも倒れ、枝など吹き折られたるが」〈枕 二〇〇〉
のように、動作を及ぼすものをはっきり示さないのがふつうである。ただし、自分の意志と無関係に行われた動作に迷惑を感じる意を表す、いわゆる「迷惑の受身」の用例は古くからある。
「春は霞にたなびかれ夏はうつせみ鳴きくらし」〈古今 雑体〉
(2) **自発の「る」** ②の自発の意味で用いるときは、「推し量る」「驚く」「思ふ」「思ひ惑ふ」など心の動きを表す動詞、「ほほ笑む」「泣く」「見やる」など感情の表れを表す動詞に付くことが多い。
(3) **可能の「る」** ③の可能の意味で用いるときは、平

安時代には打消の語を伴って不可能を表すのがふつうであり、中世以降に単独の可能の例がみられるようになる。

なお、自発・可能の意味の用例には、命令形がない。

(4) **尊敬の「る」** ④の尊敬の意で用いる「る」は「給ふ」に比べると敬意の度合いが低く、「…れ給ふ」という形で尊敬に用いることはなかった。平安時代末には尊敬の例がふえてくるが、それらの例をみても、天皇・大臣などの動作に用いられる例は少ない。広く尊敬の意で用いるようになるのは、中世以降である。

また、他の尊敬語「おぼす」「おぼしめす」に付いた「る」が尊敬になるのは中世以降で、平安時代の用例では尊敬にはならない。したがって、

「御門、なほめでたく思しめさ**るる**こと、せき止めがたし」〈竹取 御門の求婚〉

「女御とだに言はせずなりぬるが(=女御とさえ人々に言わせないままになってしまったのが)あかず口惜しうおぼさ**るれ**ば」〈源氏 桐壺〉

などは、自発とみるべきものである。

る 助動詞「り」の連体形。〈万葉 八・一四八一〉「わが宿の花橘にほととぎす今こそ鳴かめ友にあへ**る**時」訳 私の家の花橘で、ほととぎすよ、今こそ鳴くがいい。友と会っているこのときに。〈徒然 一〇七〉「ほととぎすや聞き給へ**る**」訳 ほととぎす(の声)をお聞きになったか。⇨る「識別ボード」

◆**識別ボード「る」**◆

① **助動詞「る」の終止形**
「家の作りやうは夏をむねとすべし。冬はいかなる所にも住ま**る**」〈徒然 五五〉訳 家の造り方は、夏を中心にするのがよい。冬にはどんな所でも住むことができる。

② **助動詞「り」の連体形**
「袖ひちてむすびし水のこほれ**る**を春立つけふの風やとくらむ」〈古今 春上〉訳 →そでひちて…〔和歌〕

③ **動詞(ラ変)の連体形語尾**
「わが旅は久しくあらしこの吾が着**る**妹が衣の垢つく見れば」〈万葉 一五・三六六七〉訳 私の旅は長くなったなあ。この私が着ている妻の衣が垢じみたのを見ると。

①は未然形接続。②は已然形接続。③は「着る」で一語。同類の語に「来り」がある。

るい【類】(名) ❶仲間。同類。同種。〈竹取 竜の頸の玉〉「竜は鳴る神の―にこそありけれ」訳 竜は雷の仲間だったのだ。❷親類。一族。一門。〈更級 子忍びの森〉「京とても、たのもしう迎へとりてむと思ふ―、親族もなし」訳 京の都であっても、(おまえを)安心できるようすできっと引きとってくれるだろうと思う一族や親族もない。

るい・す【類す】(自サ変){せ・し・す・する・すれ・せよ} ❶一緒に行く。連れ立つ。〈大和 二九〉「故式部卿の宮に、三条の右のおとど、異上達部など、―・し(用)てまゐり給ひて」訳 故式部卿の宮のお屋敷に、三条の右大臣(=藤原定方)や、ほかの公卿などが、連れ立って参上なさって。❷同類のものになる。似る。〔笈の小文〕「心花にあらざる時は鳥獣に―・す(終)」訳 心(に思うところ)が花(のように優雅)でないときは(人は風雅を解さぬ)鳥や獣と同類のものになる。

るい・だい【累代】(名)「るいたい」とも。代を重ねること。代々。〈徒然 九九〉「―の公物、古弊をもちて規模とす」訳 代々伝えられてきた朝廷の器物は、古くて破損していることをもってよい手本とする。

る・ざい【流罪】(名) ❶律(=刑法)に定められた五刑の一つ。罪人を辺境の地に流す刑。死罪について重く、近流、中流、遠流の三種があった。〈平家 三・大臣流罪〉「されども摂政・関白―の例は、これ始めとぞ承る」訳 (大臣が流罪になった前例はある。)けれども摂政・関白が流刑になる例は、これが最初とうかがっている。❷江戸時代の刑罰の一つ。追放より重く、死罪より軽い。島流し。遠島。

るしゃな・ぶつ【盧遮那仏・盧舎那仏】(名)《仏教語》「毘盧遮那仏」の略。

る・す【留守・留主】(名) ❶天皇が行幸したとき、または城主・主人の外出したとき、とどまって宮中や城・家などを守ること。また、その人。〈平家 四・信連〉「長兵衛尉信連は、御所の―にぞおかれたる」訳 兵衛尉の長谷部信連は、御所の留守番に残された。❷外出して、いないこと。不在。〔浮・日本永代蔵〕「あるいは―とて、たびたび足をはこびぬ」訳 あるいは不在というので、たびたび足をはこんだ。❸注意が一方に傾いて他へ及ばないこと。〔浮世風呂〕「大の差し出もので、口をきけば手元がお―になります」訳 はなはだ出しゃばりで、口をきくと手元がおろそかになります。

る・てん【流転】(名・自サ変)《仏教語》衆生が生死をくり返し、迷いの世界をさまようこと。〈今昔 一七・一七〉「汝、―生死の業縁の引く所に依りて、今、召されたるなり」訳 おまえは、迷いの世界に転変し生死をくり返すという前世からの因縁が招くことのために、今、(ここ冥界に)召されたのだ。

る・にん【流人】(名) 流罪にされた人。〈平家 三・有王〉「鬼界が島へ三人ながされたりし―、二人は召しかへされて都へのぼりぬ」訳 鬼界が島へ三人流されていた流人のうち、二人は召し返されて都へ上った。

る・ふ【流布】(名・自他サ変) 世間に行き渡ること。世の中に知れ渡ること。また、世に知らせること。〈徒然 二〇五〉「近代、このこと―・し(用)たるなり」訳 近ごろ、このこと(=起請文によって誓約して政治を行うこと)が世間に広く行われているのである。

る・らう【流浪】ロウ(名・自サ変) ❶さすらい歩くこと。〈今昔 二六・二一〉「仏の道を修行して、所々に―・する(体)が、粮の絶えたれば」訳 仏道を修行して、あちこちをさすらい歩くが、食糧がつきてしまったので。❷主家を失い、禄を離れること。また、路頭に迷うこと。〔浄・女殺油地獄〕「今死んでは年端も行かぬ三人の子が―・する(終)(口語)」訳 今死んでは幼い三人の子が路頭に迷う。

るり【瑠璃・琉璃】(名) ❶《梵語の音訳》「吠瑠璃」の略。七宝の一つ。青色の宝石。〈枕 一五一〉「うつくしきもの …かりのこ。―の壺」訳 かわいらしいもの、…雁の卵。青色の宝石でできている壺。→七宝 ❷「瑠璃色」の略。紫を帯びた紺色。〔栄花〕あさみどり

「―の経巻は、霊鷲山の暁の空よりも緑なり」訳 瑠璃色の経巻は、(釈迦が説法した)霊鷲山の夜明け前の空よりも青色である。
❸ガラスの古名。

るる 助動詞「る」の連体形。竹取 貴公子たちの求婚「色好みといはるるかぎり五人」訳 恋の情趣を解する人といわれる者だけ五人。文法 受身の用法。徒然 一〇「時の間の煙ともなりなんとぞ、うち見るより思はるる」訳(火事にでもあえば)一瞬の煙ともなって(焼けてしまうだろうと、ちょっと見てすぐに推し量られる。文法 自発の用法。

る-るい【流類】(名)親類。一族。同族の仲間。〔狂・釣狐〕「狐を釣るほどに釣るほどに、某の―をことごとく釣り絶やいてござるによって」訳(その猟師が)何度も狐を釣る(=餌などでおびき出して捕らえる)うちに釣るうちに、私の一族を残らず釣り絶やしていますので。

るれ 助動詞「る」の已然形。源氏 桐壺「女御とだに言はせずなりぬるがあかず口惜しうおぼさるれば」訳(桐壺帝は桐壺の更衣を)女御とさえ(人々に)言わせないままになってしまったのが、不満で残念にお思いにならずにはいられないので。文法 自発の用法。徒然 一〇「家居にこそ、ことざまは推し量らるれ」訳 住居によって、(住む人の)人柄は自然に推察される。文法 自発の用法。

れ レ

「れ」は「礼」の草体
「レ」は「礼」の旁

れ 助動詞「り」の已然形。万葉 一五・三六九六「天ざかる鄙にも月は照れれども妹そ遠くは別れ来にける」訳 この辺地にも月は照っているけれども、妻とは遠く別れて来てしまったことだ。(「天ざかる」は「鄙」にかかる枕詞)。古今 春上「あだなりと名にこそ立てれ桜花年にまれなる人も待ちけり」訳(散りやすく)移り気であるとうわさには立っているが、桜の花は、一年にたまにしか来ない人をも待っていたことだ。

れ 助動詞「り」の命令形。万葉 一五・三七五一「白栲の吾が下衣失はず持てれわが背子直に逢ふまでに」訳 白い私の(あげた)下着を失くさないで持っていよ、あなたよ。直接逢うときまでも。〔梁塵秘抄〕「春の野に小屋かいたるやうにて突い立てる鉤蕨忍びて立てれ下衆に採らるな」訳 春の野に小屋を構えたように、(頭を下げて)突っ立っている鉤蕨よ、こっそりと立っていろ、身分の低い男に採られるな。

れ 助動詞「る」の未然形。万葉 二〇・四三二二「わが妻はいたく恋ひらし飲む水に影さへ見えてよに忘られず」訳 →わがつまは…。和歌。文法 可能の用法。竹取 燕の子安貝「物は少し覚ゆれども、腰なむ動かれぬ」訳(私=中納言は)意識は少しあるが、腰が動くことができない。文法 可能の用法。

れ 助動詞「る」の連用形。竹取 竜の頸の玉「によふによふ担はれ給ひて家に入り給ひぬるを」訳(大納言は)うめきうめきかつがれなさって家にお入りになったのを。文法 受身の用法。古今 秋上「秋来ぬと目にはさやかに見えねども風の音にぞおどろかれぬる」訳 →あききぬと…。和歌。文法 自発の用法。

れい【礼】(名)❶社会生活上の規範。礼儀。徒然 二三〇「睦ましき中に戯るるも、人をはかりあざむきて、己が智の勝りたることを興とす。これまた、―にあらず」訳 親しい間柄で戯れるときも、人をだまし欺いて、自分の知恵が勝っていることをおもしろがる。これもまた、礼儀ではない。
❷感謝の気持ちや敬意を表すことば。また、その行為。お礼。あいさつ。〔浮・世間胸算用〕「去年の元日に堺の妹が―に参って、年玉銀一包みくれしを」訳 去年の元日に堺の妹が(年賀の)あいさつにやって来て、年玉の銀一包みをくれたのを。

れい【例】(名)❶ためし。先例。典例。故事。枕 四七「すこし老いて、物の―知り、おもなきさまなるも」訳 少し年取って、物事の先例を知り、あつかましいようすであるのも(主殿司にふさわしい)。
❷習わし。習慣。慣例。通例。伊勢 六三「世の中の―として、思ふをば思ひ、思はぬをば思はぬものを、この人は…けぢめ見せぬ心なむありける」訳 男女の仲の通例として、恋しく思う女を心にかけ、恋しく思わない女を心にかけないものなのに、この人は…わけ隔てをしない心を持っていたのであった。
❸普通。ありきたり。堤 虫めづる姫君「童べの名は、―のやうなるはわびしとて、虫の名をなむつけ給ひたりける」訳 子供の召使の名は、普通のようなのは物足りないと(姫君は)思って、虫の名をおつけになっていた。
❹いつものこと。ふだん。枕 二六「俄にわづらふ人のあるに、験者求むるに、―ある所にはなくて、ほかに尋ねありくほど、いと待ち遠に久しきに」訳 急に病気で苦しむ人がいるときに、(祈禱のために)修験者を探すと、いつもいる所にはいないので、ほかの所を尋ね回る間は、ひどく待ち遠しく長く感じられるのに。文法 この用例の「れい」は、用言「ある」を修飾するはたらきをしているので、副詞とする説もある。

れい【鈴】(名)「りん」とも。仏具の名。金属製で形は鐘に似て小さく、上に柄があり内側に舌があって、振って鳴らす。宇治 五・九「夜昼おこなふ―の音、絶ゆるときなかりけり」訳 夜も昼も勤行する鈴の音は、絶えるときがなかった。

れい【霊】(名)❶死者のたましい。霊魂。〔うつほ〕蔵開上「この蔵、先祖の御―、開かせ給へ」訳 この蔵を、先祖の御霊よ、お開けになってください。
❷すぐれたもの。目に見えない不思議なはたらきのあるもの。神聖で霊妙なもの。徒然 二一一「人は天地の―なり」訳 人間は天地の中で霊妙なものである。

れい-ぎ【礼儀】(名)社会の慣習による敬意の表し方。また、その作法・動作。〔浮・西鶴諸国ばなし〕「常の―すぎてから」訳 型どおりのあいさつまわりがすんでから。

れいけい-でん【麗景殿】(名)平安京内裏の殿舎の名。後宮七殿の一つ。承香殿の北東、宣耀殿の南にあり、皇后・中宮・女御などが住む。⇩巻頭カラーページ32

れい-げん【霊験】(名)❶神仏などが示す不思議なしるし。霊妙な効験。今昔 六・四「願はくは威力を施して広く―を示し給へ」訳 どうか威力を発揮して広く

(人民に)霊妙な効験をお示しください。

❷①のあらたかな地。霊場。今昔 一三・一「国々に行き所々の━に参りて、行ひけり」訳(修行僧は)国々に行ってあちこちの霊場に参詣して、修行した。

れい-ざま【例様】(名・形動ナリ)いつものようす。ふだんどおり。ふつうの状態。枕 九九「塗籠の前の二間なる所をことにしつらひたれば、━・なら㊇ぬもをかし」訳塗籠(=四方を壁で塗りこめた小部屋)の前の二間の所を特別に(精進のために)ととのえたので、いつものようすでないのもおもしろい。

れい-ざん【霊山】(名)「れいさん」とも。神仏をまつった神聖な山。霊峰。平家 二・善光寺炎上「さしもやんごとなかりつる霊寺━の多くほろび失せぬるは、平家の末になりぬる先表やらん」訳あれほどまでも尊かった霊寺・霊山の多くが滅んでなくなってしまったのは、平家が終わりとなってしまう前ぶれであろうか。

れい-しゃ【霊社】(名)霊験いちじるしい神社。平家 六・入道死去「霊仏━に…祈られけれども、そのしるしもなかりけり」訳霊験あらたかな仏寺や霊験いちじるしい神社に…お祈りになったけれども、そのご利益もなかった。

れい-じん【伶人】(名)音楽を奏する人。特に、雅楽を奏する人。楽人。平家 一・内裏炎上「文人詩を奉り、━楽を奏して遷幸なし奉る」訳文人は詩を献上し、楽人は音楽を奏して天皇を(大極殿に)お移し申しあげる。

冷泉為相(れいぜいためすけ)〖人名〗→藤原為相

冷泉為守(れいぜいためもり)〖人名〗→暁月

れい-ち【霊地】(名)神社や仏閣のある神聖な土地。神仏などの霊が宿っていると考えられる土地。

れい-なら-ず【例ならず】❶いつもと違っている。ふだんとようすが異なる。枕 二九九「雪のいと高う降りたるを、━・ず㊊御格子まゐりて」訳雪がたいそう高く降り積もっているのに、いつもと違って御格子をお下げ申しあげて。

❷からだがふつうの状態ではない。体調が悪い。病気である。平家 灌頂・女院死去「かくて年月をすごさせ給ふ程に、女院御心地━・ず㊊わたらせ給ひしかば」訳こうして年月をお過ごしになられるうちに、女院(=建礼門院)はご気分が悪くなり病気にかかっていらっしゃったので。⇩篤し「慣用表現」

なりたち 名詞「例」＋断定の助動詞「なり」の未然形「なら」＋打消の助動詞「ず」

れい-の【例の】❶(連体修飾語として)いつもの。ふつうの。源氏 夕顔「むつましくつかひ給ふ若き男、また上童一人、━随身ばかりぞありける」訳(光源氏が)親しく召し使っていらっしゃる若い男と、ほかに殿上童一人と、いつもの随身だけが(そこに)いた。

❷(連用修飾語として)例によって。いつものように。伊勢 八三「━狩りしにおはします供に、うまの頭なる翁つかうまつれり」訳(惟喬親王が)いつものように狩りをしにいらっしゃる供に、馬寮の長官である翁がお仕え申しあげた。

れい-ひと【例人】(名)ふつうの人。大鏡 序「━よりはこよなう年老い、うたてげなる翁二人」訳ふつうの人よりは格段に年をとり、異様な感じのする老人二人。⇩大鏡「名文解説」

れい-ぶつ【霊仏】(名)霊験いちじるしい仏や寺。平家 六・入道死去「━霊社に…祈られけれども、そのしるしもなかりけり」訳霊験あらたかな仏寺や霊験いちじるしい神社に…お祈りになったけれども、そのご利益もなかった。

れい-む【霊夢】(名)神仏のお告げが現れる不思議な夢。平家 二・教訓状「神拝のついでに、━を蒙りて」訳(平清盛は)神社参拝の折に、夢のお告げを受けて。

れう【料】(名)❶それに用いるための物。材料。たね。平家 二・西光被斬「弓袋の━におくられたりける布どもをば、直垂かたびらに裁ちぬはせて」訳弓袋(を作るため)の材料として贈られていたさまざまな布を、直垂や帷子に裁ち縫わせて。

❷費用。代金。〔笈の小文〕「あるは詩歌文章をもて訪ひ、或は草鞋の━を包みて志を見す」訳ある人は詩歌や文章を持って訪ね、またある人は草鞋を買う費用を包んで餞別の気持ちを示す。

❸ため。せい。わけ。竹取 燕の子安貝「燕のもたる子安の貝をとらむ━なり」訳つばめが持っている子安貝を取ろう(とする)ためである。

れう【寮】(名)律令制で、省に属する役所。中務省に属する図書寮、式部省に属する大学寮など。頭・助・允・属の四等官がある。

了意(れうい)〖人名〗→浅井了意

れう-ぐゎい【料外】(名)思いがけないこと。意外。更級 初瀬「━のことあらむに、あなかしこ、おびえ騒がせ給ふな」訳思いがけないことがあるとしてもそのときに、決して、怖がってお騒ぎなされるな。

れう-けん【料簡・了簡】(名・他サ変)❶考えること。思慮分別。徒然 二二九「━の至り、誠に興あり」訳思慮が深く及んでいること、実におもしろい。

❷納得すること。がまんすること。こらえて許すこと。〔浮・世間胸算用〕「男盛りの者どもさへ━・し㊊て帰るに、おのれ一人跡に残り」訳男盛りの者たちさえ納得して帰るのに、おまえ(=丁稚)一人があとに残って。

れう-し【寮試】(名)大学寮の試験。合格すると学生から擬文章生に補せられた。源氏 少女「いまは━受けさせむとて」訳(光源氏は夕霧に)今は大学寮の試験を受けさせようと思って。

れう-じ【聊爾】(名・形動ナリ)❶いいかげんなこと。軽率。うっかりすること。〔浄・堀川波鼓〕「訴へ申した敵討ち、外の人には構ひなし。━をするなと声をかけ」訳(お上に)申し立てた敵討ちだ、他の人にはかかわりがない。軽率なことをするなと声をかけ。

❷失礼なこと。ぶしつけ。〔謡・春栄〕「何とてさやうに━・なる㊍ことをば承り候ふぞ」訳なぜそのように失礼なことをお聞きしますのか。

れう-ず【凌ず・掕ず】(他サ変){ぜ・じ・ず・ずる・ずれ・ぜよ}「りょうず」に同じ。

れう-り【料理】(名・他サ変)❶物事をいろいろに取りはからって処理すること。〔太平記〕三「とかく━に滞って」訳なにかと処理にとどこおって。

❷食べる材料を調理すること。また、その食べ物。細道 象潟「象潟や━何くふ神祭り」訳今日は象潟の熊

野権現の祭り、(祭りの)料理にはいったい何を食べるのであろう。

れきし-ものがたり【歴史物語】(名)《文芸用語》漢文で書かれた「六国史」などに対し、ある時代の歴史を題材に仮名文で書かれた物語。半歴史的・半文学的性格をもつ。「栄花物語」「大鏡」「今鏡」「水鏡」「増鏡」など。

れき-れき【歴歴】■一(名・形動タリ)明らかなさま。また、物がきちんと並んでいるさま。整然。■二(名)家柄・身分の高い人。学問・技術がすぐれて名のある人。また、代々の分限者。〔浮・日本永代蔵〕「―の聟となって、家蔵を数をつくりて」訳由緒ある家柄の町人の婿になって、家や蔵を数多く建て。

れよ 助動詞「る」の命令形。源氏 少女「隠れあるまじきことなれど…あらぬことどに言ひなされよ」訳隠しておけそうもないことだが…せめて根も葉もないことだとだけでも言いつくろいなさい。文法 尊敬の用法。

れん-が【連歌】(名)詩歌の一体。初めは和歌の上の句(五・七・五)と下の句(七・七)を二人が詠んで応答し一首とする形式で、平安時代に多く行われた。これを短連歌という。院政時代以降、短連歌を三十六句(=歌仙)、五十句(=五十韻)、百句(=百韻)、千句などと続ける長連歌(=鎖連歌)が行われ、室町時代に最盛期を迎え、二条良基・心敬・宗祇などのすぐれた連歌師が出て、文学の一様式として完成した。ふつうは数人で作るが、独吟や両吟(=二人)もある。

れん-く【連句】(名)「れんぐ」とも。江戸時代に流行した俳諧で、二人以上の人が、長句(五・七・五)と短句(七・七)を交互につけ進み、三十六句(=歌仙)、五十句(=五十韻)、百句(=百韻)、千句などにまとめるもの。

れん-げ【蓮華】(名)蓮の花。極楽に咲く花と考えられており、仏法の象徴としてよく用いられる。夏。〔謡・安宅〕「当来にては、数千―の上に座せん」訳(わずかでも喜捨する人は)来世では、多くの極楽浄土の蓮の台の上に生まれて)すわるだろう。

れん-ざ【蓮座】(名)「れんだい(蓮台)」に同じ。

れん-し【連枝】(名)高貴な人の兄弟。〔太平記〕五「これ皆後伏見院の御子、今上皇帝(=光厳天皇)の御―なり(=御兄弟である)」

れんじ【櫺子・連子】(名)窓などに設けた格子。また、その窓。今昔 二九・一八「盗人、あやしと思ひて―よりのぞきければ、若き女の死にて臥したるあり」訳盗人は、おかしいと思って窓の格子からのぞいたところ、若い女で死んで横たわっているのがいる。

れん-しゃ【輦車】(名)「てぐるま」に同じ。平家 一・鱸「牛車・―の宣旨を蒙って、乗りながら宮中を出入す」訳(平清盛は)牛車や手車の許可の勅命を受けて、乗車したままで宮中を出入りする。

れん-ず【練ず】(自サ変){ぜ・じ・ず・ずる・ずれ・ぜよ}熟練する。慣れている。源氏 藤袴「宮などの―・じ給へる人にて」訳(蛍兵部卿の宮などが(恋の道に)練達していらっしゃる方なので。

れんぜん-あしげ【連銭葦毛】(名)馬の毛色の名。葦毛(=白色に黒または濃褐色のさし毛のあるもの)に灰色の丸い銭のような斑紋のあるもの。平家 七・実盛「―なる馬に黄覆輪の鞍置いてぞのったりける」訳(斎藤別当実盛は)連銭葦毛である馬に金覆輪の鞍を置いて乗っていた。

れん-だい【蓮台】(名)(仏は蓮の花の上にすわると考えられたことから)蓮の花の形に作った仏像の台座。「蓮華座」「蓮座」とも。

(蓮　台)

れん-だい【輦台・連台・蓮台】(名)江戸時代、川を渡る客を乗せ、人夫がかついだ台。〔東海道中膝栗毛〕「おふたりなら―で四百八拾文でござります」

(輦　台)

れん-ちゅう【簾中】(名)❶すだれの中。転じて、奥のほう。簾内。平家 四・信連「入道相国は―にゐ給へり」訳入道相国(=平清盛)は、すだれの中にいらっしゃった。❷すだれの内に居る女性。貴婦人。また、公卿や大名の夫人の敬称。

れん-ぱい【連俳】(名)❶連歌と俳諧。〔去来抄〕故実「切れ字のことは―ともに深く秘す」訳切れ字のことは連歌・俳諧ともに深く秘密とする。❷俳諧の連句。〔浮・日本永代蔵〕「―は西山宗因の門下となり」→連句

れん-り【連理】(名)二本の木の枝が連なって、木目が通じあうこと。男女・夫婦の契りの深いことのたとえ。〔太平記〕三「―の契り浅からずして、十年余りになりぬるに」訳夫婦の契りも浅くなくて、(その生活も)十年余りになったので。→枝を交はす

れんり-の-えだ【連理の枝】「連理」になっている枝。男女・夫婦の契りの深いことのたとえ。「比翼の鳥」と対にして用いられることが多い。平家 六・小督「天に住まば比翼の鳥、地に住まば―とならん」訳(死後)もし天に住むならば比翼の鳥(となり)、地上に住むならば連理の枝となろう(=あの世まで固く添いとげよう)。⇨比翼の鳥「発展」

ろ　ロ

「ろ」は「呂」の草体
「ロ」は「呂」の一部省画

-ろ(接尾)《上代東国方言》親しみの気持ちをこめたり、語調をととのえたりするのに用いる。「子―」「夫―」「嶺―」

ろ【艪・櫓】(名)船を漕ぎ進めるための木製の道具。〔蘭学事始〕「まことに―・舵なき船の大海に乗り出だせしがごとく」訳本当に艪や舵のない船が大海に乗り出したようで。

ろ(間助)《上代語》❶感動・詠嘆を表す。…よ。万葉 一六・三八六五「荒雄らは妻子が産業をば思はずろ年の八歳を待てど来まさず」訳荒雄(=人名)は妻子の生活を考えないよ。八年もの長い年月をいくら待っていても帰っていらっしゃらない。万葉 二〇・四四二〇「草枕旅の丸寝の紐絶えば吾が手と付けろこれの針持

し」訳旅先で着物を着たまま寝たときに紐が切れたなら、私の手だと思って付けてくれよ。この針を持って。(「草枕」は「旅」にかかる枕詞)
❷(「ろかも」の形で)感動を表す。…よ。…なあ。万葉一・五三「藤原の大宮仕へ生(あ)れつくや処女(をとめ)がともは羨(とも)しきろかも」訳藤原の宮に仕えるために生まれついてくる少女たちはうらやましいなあ。万葉三・四七八「常なりし咲(ゑ)まひ振る舞ひいや日異(ひけ)に変はらふ見れば悲しきろかも」訳いつものことであった笑顔やふるまいも、日ごとに変わっていくのを見ると、悲しいことだなあ。

接続 ①は文末の活用語の終止形や命令形に付く。②は体言または形容詞の連体形に付く。

参考 ①は終助詞とする説もある。また「万葉集」の東歌に多く見られ、東国方言とも考えられる。現代語の「起きろ」などの命令形活用語尾の「ろ」は、この「ろ」が残ったものと考えられる。②は接尾語・終助詞とする説、「ろかも」で終助詞とする説もある。

ろう【楼】(名)高く構えた建物。たかどの。大鏡 時平「―の上の瓦などの、こころにもあらず御覧じやられけるに」訳高く構えた建物の上の瓦などが、思わず自然とお目にとまったが。

ろう【老・労・牢・郎・朗・浪・狼・廊・粮】⇩らう

ろう【臈・臘】⇩らふ

ろう-かく【楼閣】(名)(「楼」も「閣」も高い建物の意)高い建物。たかどの。方丈 四「心若(も)しやすからずは、象馬(ざうめ)・七珍(しつちん)もよしなく、宮殿・―も望みなし」訳心がもし安らかでなければ、(貴重な)象や馬、七種の宝物もなんの意味もなく、宮殿や楼閣にも希望がもてない。

ろうがわし【乱がわし】⇩らうがはし

ろう-きょ【籠居】(名・自サ変)(謹慎や物忌みなどのために家にとじこもっていること。平家一・鹿谷「暫(しば)らく世のならん様(やう)をも見んとて、大納言を辞し申して、―とぞ聞こえし」訳(徳大寺実定(さねさだ)は)しばらく世の移り変わるようすをも見ようと思って、大納言の位を辞退申しあげて、家にとじこもるとうわさされた。

ろう-くゎん(カン)【楼観】(名)(物見のための)高殿(たかどの)。今昔 二四・二四「これは玄象(げんじやう)を人の盗みて、―にしてひそかに弾くにこそありぬれと思ひて」訳これ(=琵琶)の音色は玄象(=琵琶の名)を人が盗んで、高殿でこっそり弾いているのであったと思って。

ろう-こく【漏刻・漏剋】(名)水時計。容器の水が漏れ落ちるにしたがって、それを受ける容器に立てた矢につけた目盛りが時を示すように装置されたもの。

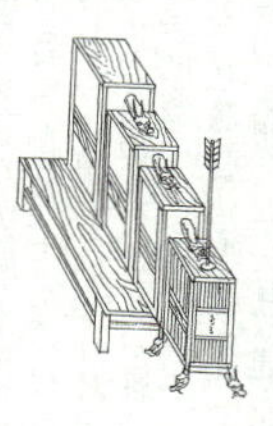
(ろうこく)

ろう-さう(ソウ)【緑衫】(名)(「ろくさん」の転)六位の官人の着る緑色の袍(はう)(=上着)。「緑衣(りよくい)」とも。伊勢 四一「いときよらなる―の上の衣(きぬ)を見出(い)でてやるとて」訳たいそうりっぱで美しい緑衫の上着をさがし出して贈るということで。

ろう-ず【弄ず】(他サ変){ぜ・じ・ず・ずる・ずれ・ぜよ}からかう。あざける。なぶる。伊勢 九四「『猶(なほ)人をば恨みつべきものになむありける』とて、―・じ(用)てよみてやれりける」訳「やはりあなたを恨んでしまいそうな(気持ちになった)ことであったよ」と言って、からかって詠んでやったことだ。

ろうたし⇩らうたし

ろうどう【郎等】⇩らうどう

ろう-ろう【朧朧】(形動タリ){たら・たり(と)・たり・たる・たれ・たれ}おぼろにかすむさま。ぼんやりうす明るいさま。細道 旅立「あけぼのの空―・と(用)して」訳明け方の空はおぼろにかすんで。

ろうろうじ⇩らうらうじ

ろ-かも→ろ(間助)②

なりたち 間投助詞「ろ」+終助詞「かも」

参考 「ろかも」の「ろ」を接尾語・終助詞とする説、「ろかも」で終助詞とする説などもある。

ろ-ぎん【路銀】(名)旅行の費用。旅費。路銭。〔浄・嫗山姥〕「―をきらし一宿すべき様(やう)もなし」訳旅の費用を使い切って、一泊することができそうな方法もない。

ろく【陸】(名・形動ナリ)❶水平な状態。土地の平らなこと。〔仮名・仁勢物語〕「―・なら(未)ん所までとて、乗り打ちをせざりけり」訳平らな土地まではと思って、馬に乗ったまま通り過ぎることをしなかった。
❷正常なこと。まとも。〔浄・伽羅先代萩〕「人にお隠しなさるるは、どうで―・な(体)(口語)ことではあるまい」訳人にお隠しなさるのは、どうせまともなことではないだろう。

ろく【禄】(名)❶仕官する者が受ける給与。俸禄(ほうろく)。扶持(ふち)。〔浄・源平布引滝〕「清盛の―を喰(は)むといへども旧恩は忘れず」訳(今は)清盛の俸禄を受けるといっても、(源氏の)昔の恩は忘れない。
❷人の労をねぎらい、あるいは芸能などを賞して与える物。当座のほうび。祝儀。枕 三五「産養(うぶやしなひ)、むまのはなむけなどの使ひに、―とらせぬ」訳出産の祝いや、旅立ちの餞別(せんべつ)などを持参した使いに、祝儀を与えないの(は、興ざめである)。

ろくいのくろうど【六位の蔵人】⇩ろくゐのくらうど

ろくえふ【六衛府】⇩ろくゑふ

ろく-かせん(ロッ)【六歌仙】(名)「古今和歌集」の序に名を挙げられた平安初期の歌道の名人六人の称。在原業平(ありわらのなりひら)・僧正遍昭(そうじようへんじよう)・小野小町(おののこまち)・大友黒主(おおとものくろぬし)・文屋康秀(ふんやのやすひで)・喜撰(きせん)法師。

ろく-くゎんおん(ロッカンノン)【六観音】(名)《仏教語》六道(ろくどう)(=人が生前の行いによって、死後におもむくという六つの境界)のそれぞれにあって、衆生(しゆじやう)を救い導くという六種の観世音菩薩(ぼさつ)。聖(しやう)(地獄道)・千手(せんじゆ)(餓鬼道)・馬頭(畜生道)・十一面(修羅道)・准胝(じゆんでい)(人道)・如意輪(によいりん)(天道)の総称。枕 三一〇「仏は如意輪。千手。〔その他〕すべて〔の〕―」

ろく-こん(ロッ)【六根】(名)《仏教語》人間の迷いを生ずる六つの根源。眼(げん)・耳(に)・鼻・舌・身・意(=心)の称。

ろくこん-しゃうじゃう(ロッコンショウジョウ)【六根清浄】六根(=眼(げん)・耳(に)・鼻・舌・身・意)の汚れを払って、心身ともに清浄となること。霊山に登る者や寒参りの者などが唱える句。〔太平記〕八「―の功徳を得給ひしかば」訳六根清浄の功徳を獲得しなさったので。

ろくさい-にち【六斎日】(名)《仏教語》一か月のうち、斎戒(さいかい)(=心身を清め、身を慎むこと)すべき六日。毎月の八・十四・十五・二十三・二十九・三十日をいう。〔栄花〕うたがひ「六十余国の殺生(せつしやう)を六斎の日とどめさせ給ひ」訳（藤原道長は）日本全国の殺生（=生き物を殺すこと）を六斎日にはお禁じになられ。

ろく-じ【六字】(名)《仏教語》「南無阿弥陀仏」の六字。六字の名号。

ろく-じ【六時】(名)《仏教語》一昼夜のうちで、念仏・誦経などを勤める六つの時刻。晨朝（=早朝）・日中・日没・初夜・中夜・後夜の六つ。

ろくじ-の-つとめ【六時の勤め】《仏教語》「六時」に念仏・誦経などの勤めを行うこと。源氏 明石「昼夜の―に、みづからの蓮の上の願ひをばさるものにて」訳 昼夜の六時の勤行にも、私（=明石の入道）自身の極楽往生の願いはそれはそれとして。

ろくじ-の-みゃうがう【六字の名号】《仏教語》「ろくじ（六字）」に同じ。

ろく-しゃく【六尺・陸尺】(名) ❶駕籠をかつぐ者。駕籠かき。〔東海道中膝栗毛〕「そのかわり身ども駕（=私の駕籠）の―が八人」

❷雑用をする下男。しもべ。〔浮・日本永代蔵〕「跡なる―、目に角を立てて」訳 後ろにいる下男が、目に角を立てて（=怒ってにらみつけて）。

ろく-じょう【鹿茸】(名) 鹿の袋角。鹿の新しく生えた角で、まだ袋のような皮をかぶっているもの。強壮薬とされる。夏。徒然 一四九「―を鼻にあてて嗅ぐべからず」訳 鹿茸を鼻にあてて嗅いではならない。

ろくじ-らいさん【六時礼賛】(名)《仏教語》「六時」に仏を礼拝・賛嘆すること。また、そのときに唱える偈（=韻文体の経文）。

ろく-しん【六親】(名) 父・母・兄・弟・妻・子、または父・子・兄・弟・夫・婦（=妻）などの六種の親族。平家 二・蘇武「その外―をみな罪せらる（=罰しなさる）」

ろくじん【六塵】⇨ろくぢん

ろく-だう【六道】(名)《仏教語》「りくだう」とも。死後におもむくという六つの迷いの世界。地獄・餓鬼・畜生（=以上三悪道）・修羅・人間・天上（=以上三善道）の六つをいう。衆生が、生前の行いの報いに応じて、この六つの世界で生死をくり返す（=輪廻）という。六趣。平家 灌頂・六道之沙汰「吾朝の日蔵上人は、蔵王権現のお力にて―を見たりとこそ承れ」訳 わが国の日蔵上人は、蔵王権現のお力で六道を見たとお聞きする。

ろくだう-ししゃう【六道四生】(名)《仏教語》六道（=死後におもむくという六つの迷いの世界）における四つの生まれ方。胎生・卵生・湿生・化生の四つをいう。平家 九・小宰相身投「―の間にて、いづれの道へかおもむかせ給はんずらん」訳 六道四生のうちで、どの世界へお行きになられるだろうか。

ろくだう-の-ちまた【六道の巷】「ろくだうのつじ」に同じ。

ろくだう-の-つじ【六道の辻】❶死者が六道（=死後におもむくという六つの迷いの世界）のどれかに行く、その分かれ道。六道への分岐点。「六道の巷」とも。〔狂・八尾〕「来るほどに、道あまたある所へ参った。さだめてこれは娑婆で承った―でござらう」訳 来るうちに、道がたくさんある所へ参りました。きっとこれは（生前）人間界でお聞きした六道への分岐点でございましょう。

❷京都市東山区にある六道珍皇寺の門前付近。冥途へおもむく起点とされた。

ろく-ぢ【陸地】(名)「りくぢ」とも。平地。また、陸地。方丈 二「山はくづれて河を埋み、海は傾きて―をひたせり」訳 山は崩れて川を埋め、海は傾いたのようになって陸地をおおった。

ろく-ぢん【六塵】(名)《仏教語》六根（=眼・耳・鼻・舌・身・意）を通して感じる六種の刺激。色・声・香・味・触・法をいう。煩悩を起こし、人間が本来持っている仏心を汚すものとされる。徒然 九「―の楽欲多しといへども、皆厭離しつべし」訳 いろいろな刺激を求める欲望は多いといっても、（努力しだいで）すべて厭い捨てることができるはずだ。

ろく-つう【六通】(名)《仏教語》仏道を修めることで身に備わる六つの神通力。天眼通・天耳通・他心通・宿命通・神足通・漏尽通をいう。六神通。

六条御息所（ろくでうのみやすどころ）【人名】「源氏物語」中の女性。前東宮の妃となり、娘（=のちの秋好中宮）を生む。夫と死別後、光源氏と交渉をもつが、源氏のつれなさを恨み、その生き霊が葵の上を苦しめる。のちに娘に従い伊勢に下ったが、晩年は六条の宮に住み、尼となった。

ろくどう【六道】⇨ろくだう

ろくはら【六波羅】(名)「六波羅探題」の略。

六波羅（ろくはら）【地名】今の京都市東山区、鴨川の東、五条と七条の間一帯。六波羅蜜寺で知られ、平家の居館や鎌倉幕府の六波羅探題があった。

ろくはら-たんだい【六波羅探題】(名) 鎌倉幕府が承久の乱（一二二一）後、朝廷や公家の監視、および西国の政務を統轄するために、京都六波羅に置いた役所、およびその長官。北条氏一門がその任にあたった。

ろく-はらみつ【六波羅蜜】(名)《仏教語》「ろっぱらみつ」とも。悟りをひらくために、菩薩の行う六種の修行。布施・持戒・忍辱・精進・禅定・知恵の六つをいう。六度。〔太平記〕三七「仏果を証ぜんために、―を行ひけるに」訳 修行して仏になることを立証するために、六種の修行を行ったが。

六百番歌合（ろくひゃくばんうたあはせ）【作品名】鎌倉初期の歌合わせ。建久四年（一一九三）、藤原良経邸で行われたもの。藤原良経・藤原定家・藤原家隆・寂蓮ら当時の一流歌人十二人が、おのおの百首を詠んで合わせた。判者は藤原俊成。判詞とあわせて、「新古今集」時代の歌風・歌論をうかがうことができる。

ろく-ゐ【六位】(名) ❶律令制で、位階の六番目。また、その位の人。この位では蔵人の職にある者以外は昇殿を許されない。

❷「六位の蔵人」の略。

ろくゐ-の-くらうど【六位の蔵人】(名) 六位で、五位相当の蔵人所の職員である者。定員四名。毎日交代で、宮中の雑事を勤め、また天皇の食事の給仕にあたった。六位ではこの職だけが昇殿を許された。

発展 「六位の蔵人」のはなやかさ

殿上人とは、清涼殿の殿上の間に昇殿を許された人のことをいう。四位・五位の人々をさすが、六位の蔵人に限って、御膳の給仕などの職務上、昇殿が認められたため、晴れやかで名誉ある職とされた。

ろく-ゑふ【六衛府】(名)「りくゑふ」とも。宮中の衛府の総称。左右の近衛府・衛門府・兵衛府をいう。

ろ-し【路次】(名)道筋。途次。途中。細道 草加「さりがたき餞などしたるは、さすがに打ち捨てがたくて―の煩ひとなれるこそわりなけれ」訳 辞退しにくい餞別などをしてくれたのは、やはり捨てにくいので、道中の重荷となったのはしかたのないことである。

ろ-せん【路銭】(名)「ろぎん」に同じ。〔浮・日本永代蔵〕「無用(＝むだ)の―をつかひてここに来にけり」

ろ-だい【露台】(名)納涼・演舞などの行われる屋根のない床張りの台。特に、紫宸殿と仁寿殿との間にある、屋根のない板敷きの所。節会のとき、乱舞が行われた。大鏡 道長上「粟田殿は、―の外まで、わななくわななくおはしたるに」訳 粟田殿(＝道兼)は、露台の外まで、わなわなと震え震えしていらっしゃったが。

ろ-ぢ【露地・露路】(名)❶屋根などのない、むきだしの地面。野天の地。❷茶室に付属している庭。また、茶室に通じる通路。〔浮・日本永代蔵〕「茶の湯はできねど、口切り前に―をつくり」訳 茶の湯はできないけれど、茶壺の封を切る(茶会の)前に茶室につながる通路をつくり。

ろ-なう【論無う】(副)〔「ろんなく」のウ音便「ろんなう」の撥音「ん」の表記されない形〕いうまでもなく。もちろん。むろん。源氏 若菜下「―かよひ給へる所あらむかし」訳 (東宮は女三の宮と異母兄弟なので)もちろん似通っていらっしゃる所があるであろうよ。

ろ-びらき【炉開き】(名)茶人の家で、夏の間用いた風炉(＝席上に置いて使う炉)を閉じて地炉(＝地上または床に切った炉)を開くこと。陰暦十月の亥の日(のち、十月一日)に行い、茶会を催す習わしであった。[図]

ろん-ぎ【論議・論義】(名・自サ変)❶議論。討論。徒然 二二六「信濃の前司行長、稽古の誉れありけるが、楽府の御―の番に召されて」訳 信濃の国(長野県)の前長官行長は、学問が深いという評判が高かったが、(「白氏文集」の)新楽府の詩文についての御討議の当番に招かれて。❷(法会などで)僧が教義について問答すること。〔うつほ〕国譲下「僧綱達、名ある智者どもなど召して、―などせさせ給ふ」訳 (東宮は)僧官たちや名のある学僧たちなどをお招きになって、問答などをおさせになる。

論語(ろんご)『作品名』中国、春秋時代の思想家孔子とその弟子たちの言行を記した書。二十編。漢代に集大成された。孔子が理想とした「仁」の徳や、その社会的秩序である「礼」の教えを説いた。古来、儒教における中心的経典で、日本には応神朝に百済から伝来したとされる。四書の一つ。

ろん-ず【論ず】(他サ変)❶物事の道理を説く。平家 一・鱸「国を治め道を―・じ、陰陽をやはらげ治む」訳 (太政大臣は)国を治め、(人の行うべき)道を説き、(相反する)陰陽を和合させ治める。❷訴訟で争う。また、議論する。徒然 二〇九「これは―・じ給ふ所にあらず」訳 これは(あなた方の主人が)訴訟で争っていらっしゃる場所(＝田)ではない。

ろん-な-し【論無し】(形ク)「ろなし」とも。言うまでもない。もちろんだ。更級 竹芝寺「―・く、もとの国にこそ行くらめと、おほやけより使ひくだりて追ふに」訳 (姫君を連れて逃げた衛士の男は)言うまでもなくもとの国(＝武蔵)に(逃げて)行くだろうと、朝廷から使者が下って追いかけるけれども。⇩言ふもおろかなり「慣用表現」

わ ワ

「わ」は「和」の草体
「ワ」は「輪」の符号「○」から

わ-【倭・和】(接頭)さまざまの語に付いて、日本のものであることを表す。「―琴」「―書」

わ【倭・和】(名)もと中国で、日本を呼んだ称。日本。⇩大八州「慣用表現」

わ-【我・吾・和】(接頭)さまざまな名詞に付いて、相手に対する親愛または軽蔑の意を表す。「―僧」「―殿」「―主」

わ【我・吾】(代)自称の人代名詞。われ。私。万葉 二〇・四四〇八「水手整へて朝開き―は漕ぎ出ぬと家に告げこそ」訳 船頭をそろえて朝早く港から私は漕ぎ出したと家人に告げてほしい。参考 上代には「が」「を」「に」「は」などを伴って用いられ、中古以降、格助詞「が」を伴って、多く「わが」の形で用いられた。→我が・吾

わ■一(間助)《上代語》呼びかけに用いる。…よ。…や。万葉 一三・三三四六「童どもいざわ出で見む」訳 童たちよ、いざよ出て見よう。接続 文節の切れめに付く。
■二(終助)感動の意を表す。…よ。…や。〔浄・大経師昔暦〕「拝ませいで無念なわい、口惜しいわと、歯ぎしみし」訳 拝ませることができないで無念なことよ、くやしいよと、歯ぎしりし。接続 文末に付く。
参考 ■一は、上代にわずかな例が見られる。■二は本来、終助詞「は」であったが、中世ごろから発音どおり「わ」と表記され、感動の意を表すようになった。近世には、この「わ」に終助詞「い」が付いて「わい」になったり、他の終助詞「え」「さ」「な」「の」などが付いて一語のように用いられた。→わい・わいの

わ-い(終助)〔終助詞「わ」に終助詞「い」の付いたもの〕感動の意を表す。…よ。〔伎・韓人漢文手管始〕「書いてくださんすりゃ嬉しいわいな」訳 書いてくださったらうれしいよね。接続 活用語の終止形・連体形、体言に付く。参考 中世末ごろからの用例で、「な」「の」「やい」などが下に続いて用いられることも多い。→わ(終助)・わいの・わいやい

わい-かぢ【脇楫・脇梶】(名)〔「わきかぢ」のイ音便〕船の両側面につけた櫓。平家 一一・逆櫓「艫舳に櫓を立てちがへ、―を入れて」訳 艫(＝船の後部)と舳(＝船の前部)に櫓をたがいちがいに立てて、脇楫を加えて。

わい-だて【脇楯】(名)〔「わきだて」のイ音便〕鎧に付属する防具。胴の右脇のすきまをふさぐもの。〔保元物語〕「義朝は、赤地の錦の直垂に、—・小具足ばかりにて」訳(源)義朝は、赤地の錦の直垂に、脇楯・小具足だけで。⇩巻頭カラーページ16

わい-だめ【弁別】(名)〔「わきだめ」のイ音便〕区別。けじめ。〔貝おほひ〕「かちまけの—を定めんこと、おろかなるざえの」訳勝ち負けの区別をつけるようなことは、愚かな知恵で。

わい-て【別いて】(副)〔「わきて」のイ音便〕とりわけ。特に。〔うつほ〕蔵開上「—も里人をほむるぞ空目なる」訳わけても里人(である、私＝仲忠の母)をほめるのは見当ちがいである。

わい-の(終助)〔終助詞「わい」に終助詞「の」の付いたもの〕感動をもって念をおす意を表す。…よ。…よねえ。〔浄・女殺油地獄〕「明日またすぐに貸す**わいの**」訳明日またすぐに貸すよ。

接続 活用語の終止形・連体形に付く。

参考 「わいの」の「わ」は本来「は」なので、「はいの」と表記される場合がある。→わ(終助)・わい

わい-やい 語気を強め、詠嘆・感動を表す。…よな。…だよ。同輩または目下に対して使う。〔浮・世間胸算用〕「おどれはまた、人売りの請けでな、同罪に粟田口へ馬にのって行く—」訳おまえはまた、人売りの保証人だからな、同罪で粟田口(の刑場)へ馬に乗って行くんだわい。

なりたち 終助詞「わい」＋終助詞「やい」

わう【王】(名)❶一国の君主の称号。国王。竹取 かぐや姫の昇天「その中に—とおぼしき人、家に、『宮つこまろ、まうで来』と言ふに」訳その中に王と思われる人が家に(向かって)、「造麿、出て参れ」と言うと。❷天皇の子や孫で、親王宣下もなく、また、姓をも賜らない男子の称。女子の場合は「女王」。

わう-くゎん【往還】(名)❶往来すること。行き帰り。往復。〔うつほ〕俊蔭「よろづの—の人は、屋戸どもこほち取りつれば」訳さまざまな往来の人は、屋敷の建物をあちこち壊し取って(持っていって)しまうので。❷道路。街道。〔狂・禰宜山伏〕「おのれ(＝おまえ)は—で茶屋をしながら、茶のあついぬるいを知らぬといふことがあるものか」

わう-け【王気】(名)「わうげ」とも。王者たるべき尊く気高い品位。〔狭衣物語〕「今より様殊に、—さへつかせ給へる様にて」訳(赤子は)今からようすが普通と違って、王者らしい気品までも備わっていらっしゃるようすで。

わうけ-づ・く【王気付く】(自カ四){か・き・く・く・け・け}「わうげづく」とも。王者の品位が備わる。源氏 柏木「父みかどの御かたざまに、—・き用て気高うこそおはしませ」訳(宮たちは)父帝(＝今上帝)のお血筋なので、皇族らしい品位が備わって気品が高くていらっしゃるが。

わう-し【王氏】(名)天皇の子孫で、臣下としての姓を賜らない者。皇族。平家 一・祇園精舎「はじめて平の姓を賜って、…、忽ちに—を出でて人臣につらなる」訳(高望の王は)はじめて平の姓をいただいて、…、すぐに皇族の籍を離れて臣下に列する。

わう-し【横死】(名・自サ変)殺害・災害・事故などで死ぬこと。非業の死。平家 四・通乗之沙汰「聖徳太子の崇峻天皇を、『—の相在します』と申させ給ひたりしが」訳聖徳太子が崇峻天皇を(占って)、「非業の死の相がおありになる」と申し上げなされていたが。

わう-しき【黄鐘】(名)十二律(＝雅楽の音階)の第八音。→十二律

わうしき-でう【黄鐘調】(名)雅楽六調子の一つで、黄鐘の音を基音とするもの。源氏 橋姫「—に調べて」訳(琵琶を)黄鐘調に音律を調えて。

わう-じゃう【往生】(名・自サ変)❶《仏教語》死んでのち浄土に生まれかわること。特に、阿弥陀如来のいる極楽浄土へ生まれること。〔歎異抄〕「善人なほもちて—をとぐ、いはんや悪人をや」訳善人でさえやはり極楽浄土への生まれ変わりを果たす、まして悪人はなおさらである。名文解説 親鸞の「悪人正機説」を端的に言い表したことば。善人(＝自力で往生しようと善い行いをする人)よりも、悪人(＝自らの罪深さを自覚して仏のみを頼る人)こそが阿弥陀仏の誓願にかない往生できる、という親鸞の念仏思想の根本的な考え方が示されている。❷死ぬこと。〔浄・心中天の網島〕「いとしや光誉道清(＝治兵衛の父の戒名)が—の枕を上げ」訳かわいそうに、光誉道清が臨終の枕から頭を上げ。⇩果つ「慣用表現」

往生要集(わうじやうえうしふ)『作品名』平安中期の仏教書。源信(＝恵心僧都)著。寛和元年(九八五)成立。多くの経典から往生の要文を抜きだして問答体でつづり、念仏の功徳を説く。浄土教を確立した書で、当時、および後世の文学・思想に大きな影響を与えた。

わう-じゃく【尩弱】(名・形動タリ)❶かよわいこと。ひよわなこと。平家 一一・弓流「—・たる体弓をかたきのとりもって、『これこそ源氏の大将九郎義経が弓よ』とて」訳弱々とした弓を敵が(手に)取り持って、「これこそ源氏の大将九郎義経の弓だ」と言って。❷貧乏なこと。徒然 二〇六「—の官人の、たまたま出仕の微牛をとらるべきやうなし」訳貧乏な役人が、偶然(の出来事で)出勤用のやせ牛を没収されなければならない理由はない。

わう-ずい【黄水】(名)胃から吐きもどす黄色の液。「きみづ」とも。平家 六・横田河原合戦「あまりにあわて騒いで、—つく者多かりけり」訳(北面の武士は)あまりにあわてふためいて、黄水を吐く者が多かった。

わう-ぢ【王地】(名)帝王が統治する土地。王土。平家 六・小督「いづくか—ならぬ、身をかくすべき宿もなし」訳どこが天皇の治める土地でないのか(いや、どこも王地である)、身を隠せる宿もない。

わう-ど【王土】(名)「わうぢ」に同じ。徒然 二〇七「—にをらん虫」訳天皇の治める国土にすむような虫は。

わう-にょうご【王女御】(名)皇女または女王で、女御になった女性の称。源氏 少女「—にてさぶらひ給ふを」訳(式部卿の宮の姫君が)皇族出身の女御としてお仕えなさるので。

わう-ばん【往反】(名・自サ変)「わうへん」とも。行きと帰り。往復。今昔 九・九「虎狼等の獣、ひまなく有りて人を害す。然れば、—・する体人存することなしと

いへども」 訳 虎や狼らの獣が、すき間なくいて人を殺す。だから、(この道を)往来する人がいることはないといっても。

わう-ばん 【椀飯・埦飯】(名)〔「わんはん」の転〕❶食器に盛った飯。❷食膳を設けて饗応すること。平安時代には、貴族の殿上での集会の時の饗応を、鎌倉・室町時代には、陰暦正月や祝日に臣下が将軍に対して行った盛大な饗応をいう。

わう-ぼふ 【王法】(名)(仏教の立場から)国王の法令・政治をいう語。平家 一・殿下乗合「これも世末になって―のつきぬる故なり」 訳 これ(=清盛の専横)も世が末になって帝王の権威が尽きたからである。

わう-みゃうぶ 【王命婦】(名)皇族で命婦になった女性の称。源氏 須磨「―を御かはりとてさぶらはせ給へば」 訳 (藤壺は)王命婦を(自分の)御身代わりとして(春宮に)お仕えさせなさるので。

わう-らい 【往来】(名)❶行き帰り。行き来。❷手紙。手紙のやりとり。あいさつ。また、贈答品。平家 四・南都牒状「北国の織延絹三千疋、―によせらる」 訳 北国の織延絹三千疋を、(訪問の)手みやげとして贈られる。⇩消息「慣用表現」❸「往来物」の略。

わうらい-もの 【往来物】(名)《文芸用語》鎌倉時代から江戸末期にかけて、初学者用に編まれた書物の総称。初めは手紙の文例集(「庭訓往来」など)だったが、近世では、日常生活に必要な事項や、商工業の用語や心得を説いたもの(「商売往来」など)になり、主として寺子屋の教科書として使われた。

わう-ゐ 【王威】(名)帝王の威光。王者の威厳。大鏡 時平「―の限りなくおはしますによりて、理非を示させ給へるなり」 訳 天皇の威光がこの上なくていらっしゃるがゆえに、(道真の神霊は)道理にかなうこととかなわないこと(の分別)をお示しになられたのだ。

王維 (わうゐ)〘人名〙(七〇一?―七六一?)中国、盛唐の詩人・画家。字は摩詰。太原(山西省)の人。格調高く自然の美を詠じた。山水画にすぐれ、南宗画の祖。

わ-おもと 【我御許】(代)〔「わ」は接頭語〕対称の人代名詞。女性に対して親しんでいう語。あなた。おまえさん。今昔 二六・四二「―のつたなくて、この盗人をば逃がしつるぞ」 訳 おまえさんがへまだから、この盗人を逃がしてしまったよ。

わ-が 【我が・吾が】❶(「が」が連体格を示す場合)㋐私の。万葉 三・三三二「―命も常にあらぬか昔見し象の小河を行きて見むため」 訳 私の命は永遠に続いてくれないかなあ。昔見た象の小川を(また)行って見るために。㋑その人自身の。自分の。竹取 蓬萊の玉の枝「―御家へも寄り給はずしておはしたり」 訳 (くらもちの皇子は)自分のお屋敷へもお寄りにならないで(ここ=竹取の翁の家に)いらっしゃった。❷(「が」が主格を示す場合)私が。万葉 一六・三八六六「明らけく―知ることを」 訳 はっきりと私が知っていることなのに。(→我(代))

わがいほは… 和歌《百人一首》

なりたち 代名詞「我」+格助詞「が」

> 我が庵は　都のたつみ　しかぞ住む
> 世をうぢ山と　人はいふなり
> 〔憂(し)〕〔宇治〕
> 〈古今・一八・雑下・九八三・喜撰〉

訳 私の庵は都の南東にあって、そのように心安らかに住んでいるのです。(それなのに)世の中をつらいと思う宇治山だと、人は言うそうですね。修辞 「うぢ山」の「う」に「憂し」の「憂」をかける。文法 「しかぞ住む」の「しか」は「然」で、そのようにの意。「いふなり」の「なり」は、伝聞・推定の助動詞。解説 「しかぞ住む」を下の句と関連させて、「そのように私も世の中をつらいと思って住んでいる」と解する説もある。また「しか」に「鹿」をかけるとする説もある。

わかい-もの 【若い者】(名)「若い衆」とも。❶年の若い男子。❷商家で、手代をいう。〔浮・西鶴諸国ばなし〕「米屋の―(=手代)をにらみつけて」❸遊郭で、雑用をする男の使用人。

わか-うど 【若人】(名)〔「わかびと」のウ音便〕❶若い人。若者。伊勢 四〇「昔の―は、さるすける物思ひをなむしける」 訳 昔の若者は、そのようなひたむきな恋をしたものだ。❷新参で不慣れな者。若い女房。更級 宮仕へ「我はいと―にあるべきにもあらず、またおとなにせらるべきおぼえもなく」 訳 私はそれほど新参の女房であるはずでもなく、またおもだった女房とされるはずの信望もなく。

わ-が-おほきみ 【我が大君・吾が大君】「わごおほきみ」とも。当代の天皇を敬っていう語。今上天皇。万葉 一八・四〇五九「橘の下照る庭に殿建てて酒みづきいます―かも」 訳 橘の実に美しく照りはえる庭に御殿を建てて、酒宴をしていらっしゃるわが大君よ。

わか-かへで 【若楓】(名)❶「わかかへるで」とも。若葉のもえ出ている楓。楓の若木。夏。源氏 胡蝶「御まへの―、かしは木などの青やかに繁りあひたるが」 訳 (六条院の)御庭先の若楓や柏の木などで、みな青々と茂っているのが。❷襲の色目の名。表は薄萌黄、裏は薄紅梅。一説に、表は薄青、裏は紅とも。初夏に用いる。

わがかみの… 和歌

> わが髪の　雪と磯辺の　白波と
> いづれまされり　沖つ島守
> 〈土佐〉

訳 私の髪の雪(のような白さ)と磯辺にうち寄せる白波と、どちらが(白さで)まさっているか、沖の島の番人よ。解説 海賊が襲ってくるなどということを思うと恐ろしく、また海も恐ろしいものだから、髪がすっかり白くなってしまったと言って詠んだ歌。

わか-ぎみ 【若君】(名)❶貴人の幼い子に対する敬称。古くは男女いずれにもいう。源氏 若紫「この―、幼心地に、めでたき人かなと見給ひて」 訳 この若君(=若紫)は、子供心にすばらしい人だなあと(光源氏のことを)ご覧になって。❷貴人の娘のうち、姉を「姫君」というのに対して妹をさす語。源氏 橋姫「〔父宮は〕姫君(=大君)に琵琶、—(=中の君)に箏の御琴を〔お教えになる〕」

わがきみは… 和歌

> わが君は　千代に八千代に　さざれ石の
> 巌となりて　苔のむすまで
> 〈古今・七・賀・三四三・よみ人しらず〉

訳 あなた様はいつまでもいつまでも、小さな石が大きな岩となって(そこに)苔が生えるまで(長寿であってください)。

解説「君が代」の基になった歌。「代」は人の一生の意で、「千代に八千代に」は「人間の定められた寿命の千倍も八千倍もに」の意となる。この下に「ましませ」などの語を補うべきところ。第三句から第五句まで、永劫の時間の経過を漸層的に表現した。

わか-くさ【若草】(名)❶春、新しく芽を出した草。若い女性や幼女をたとえることが多い。春。源氏 若紫「生ひたたむありかも知らぬ—をおくらす露ぞ消えむ空なき」訳→おひたたむ… 和歌

❷襲の色目の名。表は薄い青、裏は濃い青。春に用いる。⇩巻頭カラーページ11

わかくさの【若草の】《枕詞》若草のみずみずしく美しいことから「夫」「妻」に、また新しく若々しいことから「にひ」などにかかる。伊勢 一二「—つまもこもれり」。万葉 一一・二五四二「—新手枕を枕き初めて」

わがこころ… 和歌

> わが心　なぐさめかねつ　更級や
> 姨捨山に　照る月を見て
> 〈古今・一七・雑上・八七八・よみ人しらず〉〈大和・一五六〉

訳 私の心は(慰めようとしても)どうしても慰められない。この更級の姨捨山(=長野県にある山)に照る月を見て。

文法「なぐさめかねつ」の「つ」は、助動詞「つ」の終止形で、ここは確述の用法。「更級や」の「や」は、間投助詞。

解説 作者は自分の心を慰めようとして月を見た。しかし慰められなかった。その理由は特に第四句にある。この歌は「大和物語」〈一五六〉にあり、そこでは老婆を遺棄したために姨捨山という名が付いたとされる。

わがこ-の-ほとけ【我が子の仏】自分の子供に対して、かわいがり大切にしている気持ちをこめて言う、呼びかけの語。竹取 貴公子たちの求婚「—、変化の人と申しながら、ここら大きさまで養ひ奉る志おろかならず」訳 愛するわが子よ、(そなた=かぐや姫は)化身の人とは申しても、たいそうな大きさ(になる)までお育て申しあげる(私の)気持ちはひととおりではない。

わかごもを【若菰を】《枕詞》若くて柔らかなまこも(=水草の名)を刈る意から、「かり」にかかる。万葉 三・三二九九「—猟路の小野に」

若狭(わかさ)『地名』旧国名。北陸道七か国の一つ。今の福井県西部。若州。

わか・し【若し】(形ク)〔から・く(かり)・し・き(かる)・けれ・かれ〕❶年をあまり経ていない。幼い。源氏 野分「老いもていきて、また—・う(用)(ウ音便)なること、世にあるまじきことなれど」訳 だんだんと年をとっていってから、再び子供のようになることは、世にありそうもないことであるが。

❷若々しい。みずみずしい。活気がある。万葉 九・一七四〇「—・かり(用)し膚も皺みぬ黒かりし髪も白けぬ」訳 若々しかった肌もしわだらけになってしまった。黒かった髪も白くなってしまった。

❸未熟である。源氏 若菜下「琴は、なほ—・き(体)方なれど、ならひ給ふさかりなれば、たどたどしからず」訳 (女三の宮の)琴の琴(=七弦の琴)は、まだ未熟なほうであるが、盛んに稽古なさる最中なので、あぶなげなく。

わか-しゅ【若衆】(名)「わかしゅう」とも。❶江戸時代、元服前の前髪を結った男子。〔浮・好色五人女〕「やごとなき—の銀の毛抜き片手に」訳 品のいい若者が、銀製の毛抜きを片手に(持ち)。

❷男色の対象となる若者。

❸歌舞伎で、年齢の若い俳優。

わ-が-せ【我が背】女性から夫・恋人などの親しい男性をいう語。万葉 一四・三三九九「信濃路は今の墾道刈株に足踏ましむな履はけ—」訳→しなぬぢは… 和歌

わがせこを… 和歌

> わが背子を　大和へやると　さ夜ふけて
> あかとき露に　あが立ち濡れし
> 〈万葉・二・一〇五・大伯皇女〉

訳 私の弟を大和(奈良県)へ帰すということで(見送って、たたずむうちに)、夜が更けて、夜明け前の露に私は立ち濡れたことだ。

解説 作者の弟の大津皇子は、謀反の嫌疑を受け、殺されたが、これはその直前に、大津皇子がひそかに伊勢神宮に下り、また都に帰っていくときに、斎宮であった作者が詠んだ歌。弟を大和へ帰すのは作者の意志ではなく、帰したくないという気持ちが第二句の「やる」という表現をとらせた。第三句・四句に時間の経過がある。「二人行けど行き過ぎがたき秋山をいかにか君がひとり越ゆらむ」(訳→ふたりゆけど… 和歌)〈万葉・二・一〇六〉の歌も、この時詠まれた。

わがそでは… 和歌《百人一首》

> 我が袖は　潮干に見えぬ　沖の石の
> 人こそ知らね　かわく間ぞなき
> 〈千載・一二・恋二・七六〇・二条院讃岐〉

(序詞：潮干に見えぬ　沖の石の)

訳 私の袖は、潮が引いたときにも見えない沖の石のように、人は知らないけれども、(涙で)乾く間がないのです。

修辞 第二句・三句は「かわく間ぞなき」を導きだす序詞。

文法「知らね」の「ね」は打消の助動詞「ず」の已然形で、係助詞「こそ」の結びだが、逆接的に下へ続く。

解説「石に寄する恋」という題で詠まれた歌。斬新な比喩が、宮廷人士の評判になり、作者はこの歌によって「沖の石の讃岐」と言われた。「小倉百人一首」では、結句を「かわく間もなし」とする。

わがそのに… 和歌

> わが園に　梅の花散る　ひさかたの（枕詞）
> 天より雪の　流れくるかも
> 〈万葉・五・八二二・大伴旅人〉

訳 わが家の庭に梅の花が散る。（いやこれははるかな）天から雪が流れてくるのかなあ。修辞「ひさかたの」は「天」にかかる枕詞。

わがそのの… 和歌

> わが園の　李の花か　庭に散る
> はだれのいまだ　残りたるかも
> 〈万葉・一九・四一四〇・大伴家持〉

訳 わが家の庭の李の花が庭に散っているのだろうか。（それとも）薄雪が（消えずに）いまだに残っているのだろうか。文法「花か」の「か」は疑問の係助詞で、結びの「散る」は連体形。解説「はだれ」は「斑」で、はらはらと雪の降るようすや、うすくまだらに積もった雪などのこと。

わか-たう【若党】（名）若い郎党。若い侍。平家 九・木曽最期「只今名乗るは大将軍ぞ。あますな、者ども、もらすな、—、うてや」訳 たった今名乗るのは大将軍だぞ。討ち損ずるな、皆の者、とり逃がすな、若い者ども、討てよ。

わか-だち【若立ち】（名）木の根株から新しい芽が出ること。また、その新芽。山家集「年は早月なみかけて越えにけりむべ摘みけらしゑぐの—」訳 年は、はや月日を経て新しい年になってしまった。なるほど摘んだらしい、黒くわいの若芽を。（「月なみかけて」に「月並み」と「波かけて」とをかける。「越え」は「波」の縁語）

わか-だ・つ【若立つ】（自タ四）{た・ち・つ・つ・て・て}（「だつ」は接尾語）「わかたつ」とも。若芽や新しい枝が出る。枕 一四「桃の木の—・ち㊊て」訳 桃の木が若芽が出て。

わ-が-たつ-そま【我が立つ杣】（伝教大師（=最澄）が比叡山の根本中堂を建立したときに作った歌、「阿耨多羅三藐三菩提の仏たちわが立つ杣に冥加あらせ給へ」〈新古今・釈教〉から）比叡山の称。〔千載〕雑中「おほけなくうき世の民におほふかな—の墨染めの袖」訳 →おほけなく…和歌

わか・つ【分かつ・別つ】（他タ四）{た・ち・つ・つ・て・て} ❶区別する。判別する。分割する。新古 仮名序「むかしいま時を—・た㊍ず、たかきいやしき人をきらはず」訳 昔とか今とかの時を区別せず、（身分の）高いことや低いことで人を嫌わず。大鏡 頼忠「作文の舟・管弦の舟・和歌の舟と—・た㊍せ給ひて」訳（道長は）漢詩文（を作る人）の船・管弦（の演奏をする人）の船・和歌（を詠む人）の船とお分けになられて。文法「せ給ひ」は、最高敬語。❷分配する。源氏 若菜上「この近き都の四十寺に、絹四百疋を—・ち㊊てせさせ給ふ」訳（秋好中宮は）この近い京の都の四十の寺に、絹四百疋を分けてご奉納になられる。文法「させ給ふ」は、最高敬語。

わ-が-つま【我が妻・我が夫】夫が妻を、または妻が夫を、親しんで呼ぶ語。万葉 二〇・四三二二「—はいたく恋ひらし飲む水に影さへ見えてよに忘られず」訳 →わがつまは…和歌

わがつまは… 和歌

> わが妻は　いたく恋ひらし　飲む水に
> 影さへ見えて　よに忘られず
> 〈万葉・二〇・四三二二・防人歌・若倭部身麻呂〉

訳（故郷に残してきた）私の妻は（私を）ひどく恋しく思っているらしい。（私が）飲む水に面影まで（映って）見えて、けっして忘れられない。解説「恋ひらし」「かご」は、それぞれ「恋ふらし」「かげ」の東国方言。作者は、遠江（静岡県）あたりの人。面影があらわれるのは、相手が自分を恋しく思っているからだという俗信による。

わか-どころ【和歌所】（名）和歌の撰集をつかさどる所。村上天皇の天暦五年（九五一）、「後撰集」の撰定と「万葉集」の訓読のためにはじめて設置され、以後勅撰集の編纂のとき臨時に宮中に置かれた。別当・開闔・寄人などの職員がいた。

わか-とのばら【若殿ばら】（名）若い侍たち。平家 一一・嗣信最期「武蔵・相模の—の手なみの程は」訳 武蔵（東京都・埼玉県・神奈川県の一部）や相模（神奈川県）の若武者たちの腕前の程度は。

わか-な【若菜】（名）❶初春に生え出た食用になる野草。春。古今 春上「春日野の飛ぶ火の野守出でて見よ今幾日ありて—摘みてむ」訳 春日野の飛火野の番人よ、外に出て（野のようすを）見よ。もう何日したら若菜を摘むことができるだろうかと。文法「摘みてむ」の「て」は助動詞「つ」の未然形で、ここは確述の用法。❷陰暦正月の初めの子の日（のち正月七日）に、吸い物として食べる新菜。七草。宮中では、内膳司から天皇に奉った。邪気を除くという。枕 一三一「七日の日の—を、六日、人の持て来、さわぎとり散らしなどするに」訳（陰暦正月）七日の日に食べる若菜を、（前日の）六日に、ある人が持って来て、あれこれ騒いでとり散らかしたりしているときに。

わかな-つみ【若菜摘み】（名）陰暦正月の初めの子の日に、野に出て新菜を摘む行事。

わが・ぬ【綰ぬ】（他ナ下二）{ね・ね・ぬ・ぬる・ぬれ・ねよ}曲げたわめて輪にする。枕 三一二「上の衣の長くところせきを—・ね㊊かけたる、いとつきなし」訳 上着の、長くてもてあましているのを折り曲げてかけてあるのは、（場所がら）まったく不似合いだ。

わか-ぬし【若主】（名）若い人の敬称。若いお人。宇治 二・五「この—たちの、『間木にささげられたる荒巻こそあれ。こは、たが置きたるぞ。…』と問ひつれば」訳 この（屋敷の）若いお人たちが、「棚に上げられている荒巻（=魚をわら・竹の皮などで巻いたもの）がある。これは、だれが置いたのか。…」と尋ねたところ。

和歌の浦（わかのうら）『地名』歌枕【古くは「若の浦」と書く】今の和歌山市南方の海岸一帯。

わかのうらに… 和歌

> 若の浦に　潮満ち来れば　潟を無み
> 葦辺をさして　鶴鳴き渡る
> 〈万葉・六・九一九・山部赤人〉

訳 和歌の浦に潮が満ちてくると、干潟がなくなるので、葦の生えている岸辺をめざして、鶴が鳴きながら飛んでゆく。文法「潟を無み」の「み」は、原因・理由を表す接尾語。「…を…み」の形で「…が…ので」の意。

解説 聖武天皇が紀伊の国(和歌山県)に行幸したときにお供をして詠んだ長歌の反歌のうちの一首。

わかばして… 俳句

> 夏
> 若葉して　御めの雫　ぬぐはばや
> 〈笈の小文・芭蕉〉

訳 (寺の境内をおおうみずみずしい)この若葉をもって、(盲目の鑑真和上の)御目の涙をぬぐって差しあげたいものだ。(若葉夏。切れ字は「ばや」。) 文法「して」は格助詞。サ変動詞「為」の連用形「し」＋接続助詞「て」とし、「(あたりは若葉になって)」の意ととる説もある。

解説 奈良唐招提寺で鑑真和上像を拝しての句。鑑真は中国からの渡来に何回も失敗して失明したが、志を貫いて渡来、布教に努めた。和上像の御目に涙を感じ、「若葉」の縁で「雫」といった。

わか・ぶ【若ぶ】(自バ上二)〔ぶ・び・ぶ・ぶる・ぶれ・びよ〕〔「ぶ」は接尾語〕若々しくする。子供っぽくふるまう。源氏 夕顔「いといたく―・び用たる人にて、物にけどられぬるなめり」訳(夕顔は)たいそうひどく子供じみた人なので、物の怪に魂を奪われてしまったのであるようだ。

わがふねは… 和歌

> わが舟は　比良の湊に　こぎ泊てむ
> 沖へな離り　さ夜ふけにけり
> 〈万葉・三・二七四・高市黒人〉

訳 われわれの舟は比良の港で停泊しよう。沖のほうへ離れるな。夜も更けてしまったことだ。文法「な」は、禁止の意を表す副詞。

解説「比良」は琵琶湖西岸の地で、比良川の河口ともいう。夜間の航走は危険でもあり、早く港に着きたいという気持ちもあって、第三句のように言った。

わ-が-まま【我が儘】 一 (名) 自分の思いどおり。意のまま。源氏 賢木「故院の御世には―におはせしを」訳 故院(＝亡き桐壺院)の御代には(左大臣の)思いどおりでいらっしゃったのに。

なりたち 代名詞「我」＋格助詞「が」＋名詞「儘」

二 (名・形動ナリ) ❶勝手気ままにふるまうこと。〔狂・右近左近〕「例の―が出ますほどに」訳 いつもの勝手気ままが出ますので。❷思いどおりにぜいたくをすること。〔浮・西鶴織留〕「金拵への大脇差し、―・に用見ゆる所、長崎でないか」訳 金で装飾された腰刀がぜいたくに見えるところから、長崎(の出身)ではないか。

わ-が-み【我が身】 一 (名) 私の身。自分自身。竹取 ふじの山「逢ふこともなみだに浮かぶ―には死なぬ薬も何にかはせむ」訳 →あふことも… 和歌

二 (代) ❶自称。私。われ。❷対称。目下の者に対して用いる。おまえ。なんじ。〔源平盛衰記〕「―(＝おまえ)はこの国の者かと御尋ねありけれども」

わか-みづ【若水】(名) 宮中で立春の日の早朝に、主水司が汲んで天皇に奉った水。一年の邪気を除き、人を若返らせるという。後世では、元旦に汲んで用いる水をいう。春。〔栄花〕わかみづ「―していつしか御湯殿の参る」訳 若水で(湯をわかし)さっそく湯を浴びせ申しあげる。

わか-みや【若宮】(名) ❶幼い皇子・皇女。また、皇族の子。源氏 桐壺「―の、いとおぼつかなく露けきなかに過ぐし給ふも心苦しう思ぼさるるを」訳 若君(＝光源氏)が、ほんとうに気がかり(なありさま)で、涙の露でしめっぽい(亡き母の里の)中で過ごしていらっしゃるのも、(桐壺帝は)気の毒にお思いにならないではいられないので。❷本宮の祭神の子を、その境内に祭った宮。また、本宮に対し、新たにその神霊を分けて祭った社。新宮。

わか-むらさき【若紫】(名) ❶むらさき(＝草の名)の異称。春。新古 恋一「春日野の―のすり衣しのぶの乱れ限り知られず」訳 →かすがのの… 和歌 ❷色の名。薄紫。

わか-やか【若やか】(形動ナリ)〔なら・なり(に)・なり・なる・なれ・なれ〕〔「やか」は接尾語〕若々しいさま。源氏 玉鬘「母君は、ただいと―・に用おほどかにて、やはやはとぞたをやぎ給へりし」訳 母君(＝夕顔)は、ただもうほんとうに若々しくおっとりとして、ものやわらかになよなよとしていらっしゃった。

わかやぎ-だ・つ【若やぎ立つ】(自タ四)〔た・ち・つ・つ・て・て〕〔「だつ」は接尾語〕若々しく見えるようにふるまう。枕 三五「佐理の宰相なども、みな―・ち用て(＝若々しく見えるようにふるまって)」

わか-や・ぐ【若やぐ】(自ガ四)〔が・ぎ・ぐ・ぐ・げ・げ〕〔「やぐ」は接尾語〕若々しくふるまう。若返る。〔紫式部日記〕「すきずきしくもてなし、―・ぎ用て、つねなき世をもすぐしてまし」訳 (こんな時は)風流な態度をもとり、若々しくふるまって、無常な世をもきっと過ごしもしように。文法「すぐしてまし」の「て」は助動詞「つ」の未然形で、ここは確述の用法。

わがやどの… 和歌

> わが宿の　いささ群竹　吹く風の
> 音のかそけき　この夕へかも
> 〈万葉・一九・四二九一・大伴家持〉

訳 わが家のわずかな群竹(＝群がって生えた竹)を(そよがせて)吹く風の、その音のかすかなこの夕べよ。

解説「いささ群竹」は「いささか」の語根「いささ」と「群竹」を合成した語。「斎笹」つまり清浄な笹とする説もある。聴覚だけに集中しきった作品世界をつくりあげた、家持屈指の名歌。

わか・ゆ【若ゆ】(自ヤ下二)〔え・え・ゆ・ゆる・ゆれ・えよ〕若くなる。若返る。古今 雑体「老いず死なずの薬もが君が八千代を―・え用つつ見む」訳 不老不死の薬があればなあ。帝の

ご寿命が永久に続くのを、くり返し若返っては見よう。

わか・る【別る・分かる】(自ラ下二)〔れ・れ・る・るる・るれ・れよ〕❶**分離する**。別々になる。万葉 三・三一七「天地の一・れ用し時ゆ神さびて高く貴き駿河なる富士の高嶺を」訳 →あめつちの…和歌 ❷遠く離れて会いにくくなる。**死に別れる**。または、生き別れになる。伊勢 四六「人の国へ行きけるを、いとあはれと思ひて一・れ用にけり」訳 (男は友が)他国へ行ったので、たいへん悲しいと思って別れたのだった。源氏 夕顔「馴れ聞こえつる人にはかに一・れ用奉りて」訳 お親しみ申しあげた方(=夕顔)に急にお別れ(=死別し)申しあげて。(⇩別る「図解学習」)

参考 区別がつく、識別できる意の「わかる」は、四段活用の「わく(分く)」の未然形に、可能・受身・自発の助動詞「る」が付いたものとして、二語に分けたほうがよい。「その琴とも聞きわかれぬ(=聞き分けることのできない)物の音ども、いとすごげに聞こゆ」〈源氏・橋姫〉。→別く

わかれ【別れ】(名)別れること。離別。死別。万葉 一五・三六九五「辛くもここに一するかも」訳 つらくもここで別れをすることだ。⇩飽かぬ別れ「慣用表現」

わかれ-ぢ【別れ路】(名)❶人と別れてゆく道。また、別れ。古今 羇旅「糸によるものならなくに一の心ぼそくもおもほゆるかな」訳 (道というものは)糸により合わせるものではないのに、(糸が細いように)この別れゆく道が心細くも思われるものだ。文法「ならなくに」の「なく」は打消の助動詞「ず」のク語法で、「ないこと」の意。❷死に別れゆく道。死出の旅路。大和 一二一「この世にはかくてもやみぬ一の淵瀬に誰をとひてわたらむ」訳 この世ではこうして(捨てられて)いてもすんでしまうが、死出の旅路の淵瀬(=三途の川)を(渡るときは)、だれに尋ねて渡ろう。

わかれ-の-みくし【別れの御櫛】斎宮が伊勢へ下るときに、天皇が別れのしるしとして、大極殿でみずから斎宮の髪に挿した櫛。〔栄花〕松のしづえ「大極殿にて一などの程、いとあはれなり」訳 大極殿で(の)別れの御櫛などの(儀式の)ようすは、たいへん情趣がある。

わかわか・し【若若し】(形シク)〔しから・しく(しかり)・し・しき(しかる)・しけれ・しかれ〕❶いかにも若く見える。若くて世間知らずである。源氏 胡蝶「まだ一・しう用(ウ音便)何となき程に」訳 (あなた=玉鬘が)まだ若くて世間知らずで、とりたててどうというものでもないうちに。❷子供っぽい。幼稚だ。源氏 夕顔「『いかでかまからむ、暗うて』と言へば、『あな一・し終』とうち笑ひ給ひて」訳 (右近が)「どうして(渡殿に)参れましょうか、暗くて(参れません)」と言うと、(光源氏は)「ああ子供っぽい」とお笑いになって。

わかん-どほり(名)皇室の血統。皇族。源氏 末摘花「一の兵部の大輔なる女なりけり」訳 (大輔の命婦は)皇族の血統の兵部省の次官である人の娘であった。

わかんどほり-ばら【わかんどほり腹】(名)皇族の女性から生まれたこと。また、その人。源氏 少女「一にて、あてなる筋はおとるまじけれど」訳 (雲居の雁は)皇族の姫君からの生まれであって、高貴な血筋は(弘徽殿の女御に)劣らないだろうが。

和漢朗詠集(わかんらうえいしふ)【作品名】平安中期の詩歌集。藤原公任撰。寛仁二年(一〇一八)ごろ成立か。朗詠に適する日本・中国の詩歌を集めたもので、漢詩文五百八十八首、和歌二百十六首を収める。当時から貴族社会で愛唱され、後世の「平家物語」や謡曲・俳諧などに大きな影響を与えた。

わき【別き・分き】(名)区別。けじめ。また、分別。思慮。平家 灌頂・大原御幸「きぬ布の一も見えぬ物を結びあつめてぞ着たりける」訳 (尼は)絹と布(=麻や葛など の織物)の区別もわからない物を結び集めて着ていた。

わき【脇・腋・掖】(名)❶腕のつけ根の下の部分。わきの下。また、衣服の脇にあたる部分。今昔 一九・四〇「蔀の本のありけるを取りて、一に挟みて、前の谷に踊り落つるに」訳 蔀の下板があったのを取って、わきの下にはさんで、前の谷に身を躍らせて飛び込むと。❷かたわら。よこ。今昔 一四・三五「中門の一の廊に居て仁王経を誦する(=読んでいる)間」❸能で、シテ(=主役)の相手役。ワキ。→仕手・連れ・あど(名)❹「脇句」の略。❺二のつぎ。のけもの。〔浮・好色一代女〕「本妻を一になして、おもふままなる長枕」訳 本妻をのけものにして、勝手気ままの(二人寝の)長枕(に寝ている)。

わき-あけ【脇明け・腋明け】(名)❶「けってきのはう」に同じ。〔増鏡〕老のなみ「あるは一に平胡籙など、心々なり」訳 ある者は脇明けの袍で平胡籙(=矢を入れて背負う武具)(を背負い)、(ある者は)縫腋の袍(=両脇の縫いつけてある袍)に革緒の剣(をつける)など、(各自)思い思いである。❷年少者や女性の着物で、脇の下のところを縫いつけずにあけておくこと。また、その着物。〔きのふはけふの物語〕「この文(=手紙)を、一の袖から落ちたるを」

わぎえ【『吾家・我家』】⇩わぎへ

わき-く【脇句】(名)連歌・俳諧で、発句の次に付ける七七の句。脇の句。脇。〔筑波問答〕「一は発句をうけてすることなれば」

わき-ざ【脇座】(名)能舞台で、ワキ(=主役の相手役)の座る場所。観客席から舞台に向かって右のほう、脇柱の後方。→能舞台

わき-さし【脇さし】(名)「わきざし」とも。そばに連れ添う人。従者。侍者。徒然 二一五「あなかしこ、一たち、いづかたをもみつぎ給ふな」訳 決して、付き添いの方たち、どちらをも加勢しなさるな。

わき-ざし【脇差し】(名)❶(腰に差して退出したことから)祝儀の引き出物として用いる、絹の巻物。〔うつほ〕藤原の君「中媒に一らうちして、請じはじめむ」訳 仲人に(祝儀として)絹の巻物どもをちょっと与えて、(先方に)頼ませよう。❷太刀のほかに懐中に入れたり、脇に差したりした刀。腰刀。また、江戸時代、武士の差した大・小両刀のうちの小刀。〔太平記〕二三「その刀を投げ捨て、〔懐中の〕一の刀を抜いて」

わき-て【別きて】(副)とりわけ。特に。古今 秋下「わび人の一立ち寄る木の下は頼むかげなくもみぢ散りけり」訳 失意の人がとりわけ(頼みにして)立ち寄る木の下は、頼りにする木陰もなく、紅葉が散っていたよ。

わき-の-く【脇の句】(名)「わきく」に同じ。〔連理秘抄〕「発句・—より、次第にするすると付けよきやうにしなすべし」訳(連歌は)発句・脇句から、順々にすらすらと続けやすいように作らねばならない。

わき-ばしら【脇柱】(名)能舞台で、観客席から向かって右側前方にある太い柱。ワキ(=主役の相手役)がその柱のそばにいるのでこの名がある。→能舞台

わき-ば・む【脇ばむ】(他マ四)〔ま・み・む・む・め・め〕たいせつにする。いつくしむ。〔落窪〕「すべていと悪しきも知らぬ主もたりて、—・み用思ふ君にまさらせむと思ひつる」訳(あなたはまったく、たいそう悪いことも(悪いと)わからない主人を持っていて、(私が)たいせつに思う姫君より(落窪の君を)まさらせようと思っていたのだね。

わぎへ【吾家・我家】(名)〔「わがいへ」の転〕わが家。自分の家。〔記〕中「愛しけやし—のかたよ雲居立ちくも」訳→はしけやし…歌謡

わきま・ふ【弁ふ】(他ハ下二)〔へ・へ・ふ・ふる・ふれ・へよ〕❶ものの道理を理解する。心得る。徒然 一四一「聖教の細やかなる理、いと—・へ未ずもやと思ひしに」訳(尭蓮上人は)仏教の詳細な道理は、それほど心得てもいないのだろうかと思ったのに。文法 係助詞「や」のあとに結びの語「あらん」などが省略されている。

❷見分ける。ものの区別をする。判別する。源氏 薄雲「目移りてえこそ花鳥の色をも音をも—・へ用侍らね」訳(私=光源氏は、景色に)目が移って、とても花の色や鳥の声(の優劣)をも区別することができません。文法「えこそ」の「え」は副詞で、下に打消の語(ここでは「ね(助動詞「ず」の已然形)」)を伴って不可能の意を表す。

❸つぐなう。弁償する。返済する。今昔 二〇・三二「彼の母の借れる所の稲を員の如く—・へ用て、母を責めしめずなりぬ」訳(見ている人が)その母が借りている稲を(借りた)数のとおりに弁済して、(息子に)母を責めさせないようになった。

わきまへ【弁へ】(名)❶よしあしを見分けること。識別。判別。源氏 紅梅「聞き知るばかりの—は、何事にもいとつきなうは侍らざりしを」訳(音のよしあしを)聞き分けるくらいの分別は、どんな楽器にかけても、それほど不得手ではありませんでしたので。

❷つぐない。弁償。返済。宇治 一・八「おのれは金千両負ひ給へり。その—してこそ出で給はめ」訳おまえは金千両を借りていらっしゃる。その返済をしてからご出発になるがよい。文法「給はめ」の「め」は、婉曲な命令の意を表す助動詞「む」の已然形で、係助詞「こそ」の結び。

わきまへ-し・る【弁へ知る】(他ラ四)〔ら・り・る・る・れ・れ〕物事をよく知って理解する。区別をよく知る。徒然 二〇四「拷器のやうも、よする作法も今は—・れ已る人なしとぞ」訳拷問の道具の形状も、引き寄せるやり方も今では理解し心得ている人がないということだ。

わ-ぎみ【吾君・我君】(代)対称の人代名詞。親しみ、または軽んじて呼ぶ語。あなた。おまえさん。平家 七・篠原合戦「—は何者ぞ、名乗れ、聞かう」訳おまえさんは何者か、名乗れ、聞こう。

わぎめ-こ【吾妹子】(名)《上代東国方言》「わぎもこ」に同じ。万葉 二〇・四三四五「—と二人わが見しうち寄する駿河の嶺らは恋しくめあるか」訳わが妻と二人で私が見た駿河(静岡県)の峰は恋しく思われることよ。(「うち寄する」は「駿河」にかかる枕詞)

わぎも【吾妹・我妹】(名)〔「わがいも」の転〕男性から妻・恋人などの親しい女性をいう語。「わぎもこ」とも。万葉 八・一五七三「秋の雨に濡れつつをれば賤しけど—が屋戸し思ほゆるかも」訳秋の雨に濡れつづけていると、粗末(な家)であるが、わが妻の家が思われることだ。文法「賤しけ」は、「賤し」の上代の已然形。「屋戸し」の「し」は、強意の副助詞。

わぎも-こ【吾妹子・我妹子】(名)〔「こ」は接尾語〕「わぎも」に同じ。万葉 二〇・四三五七「蘆垣の隈処に立ちて—が袖もしほほに泣きしそ思はゆ」訳葦で作った垣根の物陰の所に立って、かわいいおまえが袖を涙でぐっしょりぬらして泣いた姿が思われる。文法「思はゆ」の「ゆ」は、上代の自発の助動詞の終止形。係助詞「そ」を受けて連体形で結ぶべきであるが、このような例は他にもみられる。

わぎもこに【吾妹子に】《枕詞》「吾妹子」に「会ふ」意から、同音の「あふ」を含む「逢坂山」「淡海」「あふちの花」「淡路」などにかかる。万葉 一〇・二二八三「—逢坂山のはだ薄」。万葉 一三・三二三七「—淡海の海の沖つ波」。万葉 一〇・一九七三「—あふちの花は」。万葉 一五・三六二七「—淡路の島は」

わぎもこを【吾妹子を】《枕詞》「吾妹子」を「見る」意から、地名「いざみの山」にかかる。万葉 一・四四「—いざ見の山を高みかも」

わき-を-か・く【脇を掻く】得意になったり気負ったりするときのようす。体の脇をさするしぐさ。今昔 二五・五「いみじくしたり顔に、—・き用て言ひけるをぞ」訳たいへん得意顔で、脇をかいて言ったのを。

わ・く【鎔く】(自カ四)〔か・き・く・く・け・け〕金属が熱でとける。平家 五・奈良炎上「御身は—・き用あひて山のごとし」訳(金銅十六丈の大仏も)御身体は(猛火の)熱ですっかりとけて山のようである。

わ・く【別く・分く】■一(他カ四)〔か・き・く・く・け・け〕❶区別する。分け隔てする。徒然 二三三「何事にもまことありて、人を—・か未ずうやうやしく、ことば少なからんにはしかじ」訳何事にも誠意があって、人を差別せず礼儀正しく、口数が少ないようなのにはこしたことはない。文法「少なからん」の「ん」は、仮定・婉曲の助動詞。

❷判断する。理解する。新古 雑上「めぐりあひて見しやそれとも—・か未ぬまに雲がくれにし夜半の月かげ」訳→めぐりあひて…和歌

■二(他カ下二)〔け・け・く・くる・くれ・けよ〕❶別々にする。区切る。蜻蛉 上「宮の御桟敷の、ひとつづきにて、二間ありけるを—・け用て」訳宮(=章明親王)の御見物席が(兼家の見物席と)一続きで、二間あったのを別々にして。

❷草などを分けて行く。道をひらいて進んで行く。更級 竹芝寺「野山、蘆荻の中を—・くる体よりほかのことなくて」訳野や山、蘆や荻の(生えている)中を分けて行くよりほかのことはなくて。

❸物を分ける。分配する。著聞 四三三「おのおの物—・け用て、この男にもあたへてけり」訳(強盗たちは)それぞれ(盗んだ)物を分配して、この男にも与えたのだった。

わく-ご【若子】(名)年の若い男の美称。若君。万葉

一四・三五九「稲つけばかかる吾が手を今夜もか殿の―が取りて嘆かむ」訳→いねつけば… 和歌

わぐ・む【綰む】(他マ四){ま・み・む・む・め・め}曲げたわめる。くるくる丸める。枕 二〇一「緑衫はしも、あとのかたにかい―・み用て、暁にもえ探りつけで、まどはせこそせめ」訳 緑衫(=六位の人の着る緑色の袍)だけは、うしろのほうに丸めて、明け方になっても(持ち主が)探しあてることができず、まごつかせるようにしてやりたい。

わくら-ば【病葉】(名)夏、青葉にまじって、赤や黄色に変色した葉。朽ち葉。夏。〔新類題発句集〕玉川「―や葉守の神もおはさぬか」訳 朽ち葉がはらはらと散ることだ。(木に留めておく)葉守の神はいらっしゃらないのか。文法「おはさ」は未然形で、サ変を四段に用いた後世の用法。

わくらば【邂逅】(名・形動ナリ)たまたま。偶然。まれ。古今 雑下「―・に用問ふ人あらば須磨の浦に藻塩たれつつわぶとこたへよ」訳 たまたま(私のことを)聞く人がいたら、須磨の浦で藻に海水をかけ(=悲しみの涙を流し)てはわびしく暮らしていると答えてくれ。

わくゎう-どうぢん【和光同塵】(名)《仏教語》〔中国の老子のことばを仏家が借用した語〕仏や菩薩が衆生を救うため、自らの知の光を和らげ、姿を変えて俗塵に満ちたこの世に現れること。

わけ(名)《近世語》❶【別け・分け】㋐区別。ちがい。㋑神仏への供え物のお下がり。また、食べ残し。〔浄・ひらかな盛衰記〕「兄の―でもいただく合点」訳 兄の余り物でもいただくつもり。㋒遊女などが、そのかせぎを抱え主と折半すること。〔浮・好色一代女〕「すゑ物宿(=私娼の宿)に行きて―の勤めも恥づかし」。㋓支払い。費用。〔浮・好色一代男〕「こまごま―書き続けしを、涙にくれて読むうちに」訳 こまごまと諸費用を書き続けたのを、涙にくれて読むうちに。
❷【訳】㋐物事の筋道・道理。〔東海道中膝栗毛〕「亭主四郎兵衛―よき男にて(=物の道理のわかった男で)」。㋑物事の理由。いきさつ。㋒遊里のしきたり。㋓色恋。色事。〔春色梅児誉美〕「わがいひなづけせし丹次郎と米八と、―のありしことをかねて察し」訳(お長は)自分が婚約した丹次郎と米八と(の間に)、色事のあったことを以前から察して。

わけ【戯奴】(代)❶自称の人代名詞。卑下の意を表す。私め。万葉 四・五五三「我が君は―をば死ねと思へかも逢ふ夜逢はぬ夜二走るらむ」訳 あなたさまは私めを死ねと思っているからか、会ってくれる夜と会ってくれない夜が交互に過ぎ去ってゆくのだろう。
❷対称の人代名詞。多くの場合、目下の者に対していう。おまえ。そち。万葉 八・一四六〇「―がため我が手もすまに春の野に抜ける茅花そ食して肥えませ」訳 おまえさんのためにわが手も休めずに春の野で抜いたつばな(=草の名)であるよ。召し上がってお太りなさい。

わけ-い・る【分け入る】(自ラ四){ら・り・る・る・れ・れ}左右に分けてはいる。踏み分けてはいってゆく。徒然 四一「ことに人多く立ちこみて、―・り用ぬべきやうもなし」訳 とりわけ人が大勢こみ合って、おし分けてはいり込むことのできそうな方法もない。

わけ-しり【訳知り・分け知り】(名)《近世語》男女の情によく通じていること。また、その人。いきな人。粋人。〔浮・好色一代男〕「けふは―の世之介様なれば何隠すべし」訳 今日(の客)は粋人の世之介様だから、何を隠すことができよう。

わ-こ(名)【和子・若子】《近世語》貴人の男の子を親しんでいう語。若様。ぼっちゃん。〔浮・好色五人女〕「抱き姥は―様に事よせて(=かこつけて)近寄り」

わご-おほきみ【我ご大君・吾ご大王】〔「わがおほきみ」の転〕「わがおほきみ」に同じ。万葉 一・五二「やすみしし―高照らす日の皇子荒栲の藤井が原に大御門始め給ひて」訳 わが天皇、日の神の御子が、藤井が原に皇居をおはじめになって。(「やすみしし」は「わご大君」に、「高照らす」は「日」に、「荒栲の」は「藤井」にかかる枕詞)

わ-こく【和国・倭国】(名)日本の国。徒然 一九九「―は、単律の国にて呂の音なし」訳 日本の国は、律の調子だけの国であって、呂の調子の音がない。⇩大八州「慣用表現」

わ-ごぜ【我御前】(代)〔「わ」は接頭語〕対称の人代名詞。女性を親しんで呼ぶ語。そなた。おまえ。平家 一・祇王「いでいで―があまりに言ふことなれば、見参してかへさん」訳 どれどれ、おまえ(=祇王)があんまり言うことであるから、(仏御前に)会ってやって帰そう。

わ-ごと【和事】(名)歌舞伎で、恋愛や情事の場面を演じる演技・演出法など。元禄時代(一六八八―一七〇四)、上方の役者坂田藤十郎が確立した。上方歌舞伎の伝統的な芸。↔荒事

わ-ごばう【我御坊・我御房】(代)〔「わ」は接頭語〕僧を親しんで呼ぶ語。お坊さん。今昔 三三・一九「―は命惜しくはなきか」訳 お坊さんは命が惜しくはないのか。

わ-ごりょ【吾御寮・我御料】(代)〔「わごれう」の転。「わ」は接頭語〕対称の人代名詞。男女ともに相手を親しんで呼ぶ語。あなた。おまえ。〔狂・煎じ物〕「それならば太郎冠者、―参れ(=召し上がれ)」

わ-ごれう【吾御寮・我御料】(代)「わごりょ」に同じ。

わ-ごん【和琴】(名)楽器の名。日本固有の六弦の琴で、雅楽や神楽に用いる。「東琴」「大和琴」とも。源氏 少女「おとど―ひきよせ給ひて」訳 (内)大臣は和琴を引き寄せなさって。↔唐琴。⇩巻頭カラーページ23

わざ【業・態・技】(名)❶おこない。動作。しわざ。大鏡 道長下「『遺恨の―をもしたりけるかな』とて、あまえおはしましける」訳「遺憾なふるまいをもしたものだなあ」とおっしゃって、(村上天皇は)恥ずかしがっていらっしゃった。
❷仕事。つとめ。伊勢 四一「さるいやしき―もならはざりければ、上の衣の肩を張り破りてけり」訳 そのような下賤な仕事に慣れてもいなかったので、上衣の肩の布を引っ張って破ってしまった。
❸技術。技芸。演技。今昔 二四・五「この工、かの川成となむおのおの―を挑みにける」訳 この工匠(=飛驒の工)は、あの(百済の絵師)川成と、それぞれ腕前を競い合った。
❹仏事。法要。徒然 三〇「さるは、跡とふ―も絶えぬれば、いづれの人と名をだに知らず」訳 そのうえ、死後をと

むらう仏事も絶えてしまうと、（墓の主が）どこの人かと名前をさえわからず。

❺ありさま。ようす。事態。物事。徒然 一九「おぼしきこと言はぬは腹ふくるる—なれば」訳 言いたいと思っていることを言わないのは腹がふくれる（ような）ことなので。

❻わざわい。たたり。害悪。〔浮・武道伝来記〕「向後悪心さって、世の人に—を致さじ」訳 今後は悪い心を遠ざけて、世間の人に害悪を及ぼしますまい。

わさ-いひ【早稲飯】（名）早稲（＝早く実る稲）の米でたいた飯。

わざおき【俳優】⇩わざをき

わざ-ごと【俳諧】（名）冗談。ざれごと。〔雨月〕夢応の鯉魚「その絵と—とともに天が下に聞こえけり」訳 その絵と冗談とは、どちらも広く世間に知られていた。

わさ-だ【早稲田】（名）早稲（＝早く実る稲）を作る田。秋。徒然 一九「—刈り干すなど、とり集めたることは秋のみぞ多かる」訳 早稲田（の稲）を刈って干すなど、一時にいろいろなことが重なっていることは特に秋に多い。

わざ-と【態と】（副）❶わざわざ。特に心を用いて。意図的に。故意に。大鏡 道隆「『かやうのことに権中納言のなきこそ、なほさうざうしけれ』とのたまはせて、—御消息聞こえさせ給ふほど」訳「このようなこと（＝土御門殿で催された遊宴）に権中納言（＝隆家）がいないのは、やはりもの足りない」とおっしゃって、（道長は）わざわざ（招待の）お手紙を差し上げなされる間に。

❷正式に。本格的に。源氏 桐壺「—の御学問はさるものにて、琴笛の音にも雲井を響かし」訳（若宮＝光源氏は）本格的な御学問（＝漢学）は言うまでもないこととして、琴や笛の音によっても宮中に評判を高くして。

❸とりわけ。特に。格別に。枕 二五「人のもとに、—きよげに書きてやりつる文の返りごと」訳 ある人のところへ、格別にきちんとした感じに書いて届けた手紙の返事を。

わざと-がま・し【態とがまし】（形シク）{しから・しく(しかり)・し・しき(しかる)・しけれ・しかれ}〔「がまし」は接尾語〕いかにもわざとらしい。意図的な感じがする。源氏 末摘花「かく—・しう(用)（ウ音便）のたまひわたれば、なまわづらはしく」訳（光源氏がこのようにわざとらしく（末摘花への手引きを）おっしゃり続けるので、（大輔の命婦は）なんとなくめんどうくさくて。

わざと-なら-ず【態とならず】ことさらではない。なにげない。徒然 三二「—・ぬ(体)匂ひ、しめやかにうちかをりて」訳 わざわざ（薫いた）というのではない（香の）匂いが、しっとりとかすかにかおって。

なりたち 副詞「わざと」＋断定の助動詞「なり」の未然形「なら」＋打消の助動詞「ず」

わざと-め・く【態とめく】（自カ四）{か・き・く・く・け・け}〔「めく」は接尾語〕ことさらめいて見える。わざとらしく見える。源氏 初音「—・き(用)よしある火桶に、侍従をくゆらかして」訳 特別にしつらえた感じで風流な丸火鉢に、侍従（＝香の名）をくすぶらせて。

わざはひ【災ひ・禍】（名）❶災難。不幸。凶事。徒然 一六七「人にも言ひ消たれ、—をも招くは、ただこの慢心なり」訳 人からも非難され、災難をも招くのは、もっぱらこのうぬぼれの心（のため）である。

❷（下に「や」「かな」などを伴って）不快の気持ちを表す。いやなこと。大鏡 道長上「この殿は不運にはおはするぞかし。—や、—や」訳 この殿様（＝道長）は不運でいらっしゃることよ。いやなことだ、いやなことだ。

わさ-ほ【早稲穂】（名）早稲（＝早く実る稲）の稲穂。万葉 八・一六二五「秋の田の—の蘰見れど飽かぬかも」訳 秋の田の早稲の穂の髪飾りは、いくら見ても見飽きないことだ。

わざわざ・し【態態し】（形シク）{しから・しく(しかり)・し・しき(しかる)・しけれ・しかれ}わざとらしい。ことさらめいている。大鏡 序「—・しく(用)ことごとしく聞こゆれど」訳（世継の話は）わざとらしく大げさに聞こえるが。

わざ-をき【俳優】（名）〔「業招き」の意〕「わざをぎ」とも。滑稽な歌や舞をして神や人を楽しませる技。また、それをする人。〔紀〕神代「天の石窟戸の前に立たして、巧みに—す」訳（天鈿女命は）天の岩屋の戸の前にお立ちになって、（中にいる天照大神を外に出そうと）上手に歌や舞の芸をする。

わ-さん【和讃】（名）《仏教語》仏教歌謡の一つ。和語で仏の徳を賛美してうたう七五調の律文。七五調四句で一段をなし、数十段に及ぶものもある。今様の成立に影響を与えた。

わし（代）《近世語》自称の人代名詞。親しい間柄で男女ともに用いるが、特に女性が多く用いた。わたし。

わし（感）《上代語》歌謡のはやしことば。よいしょ。万葉 一六・三八七九「梯立ての熊来酒屋にまぬらる奴—誘ひ立て率て来なましをまぬらる奴—」訳 熊来の酒屋でののしられている奴さん、よいしょ。（こちらへ）誘い出して連れて来てやれたらよいのに。ののしられている奴さん、よいしょ。（「梯立ての」は「くまき」にかかる枕詞）

わし・る【走る】（自ラ四）{ら・り・る・る・れ・れ}はしる。また、あくせくする。徒然 七四「〔人々は〕蟻のごとくに集まりて、東西に急ぎ、南北に—・る(終)」

わ・す【座す】（自サ四・下二）{さ・し・す・す・せ・せ}{せ・せ・す・する・すれ・せよ}〔「あり」「来」の尊敬語。いらっしゃる。おいでになる。〔狂・粟田口〕「藤右馬の允は—・する(体)（下二段）か」訳 藤右馬の允はおいでになるか。

語法 接続助詞「て」に付いて補助動詞としても用いる。

参考 尊敬語の「おはす」が「オワス」と発音されるようになり、その「オ」が略されたもの。中世の説話集や軍記物語などから使われている。

わずか【僅か】⇩わづか

わずらう【煩う】⇩わづらふ

わすらるる… 和歌《百人一首》

忘らるる　身をば思はず　誓ひてし
人の命の　惜しくもあるかな
〈拾遺・一四・恋四・八七〇・右近〉〈大和・八四〉

訳（あの人に）忘れられていく私のことはかえりみません。（しかし、神かけて心変わりしないと）誓ったあの人の命が、（神罰で失われるのではないかと、それが）惜しまれてならないのです。文法「忘らるる」の「るる」は、受身の助動詞「る」の連体形。「忘らるる」のは作者自身。

解説 一般に第二句で切れるとみて、忘れられていくわが身をかえりみずに、相手の男を思いやる女心のいじらしさを詠んだ歌とする。しかし、「思はず」の「ず」を連用形とみて第三句に続くとする説もあり、それによれば「忘れられていく私のことなど考えもしないで神に誓った人」の意になり、相手を恨む歌になる。「大和物語」〈八四〉によると、相手の男は藤原師輔(もろすけ)か藤原敦忠(あつただ)。

わずらわし【煩わし】⇩わづらはし

わす・る【忘る】(他ラ四・下二)〔ら・り・る・る・れ・れ／れ・れ・る・るる・るれ・れよ〕忘れる。記憶をなくす。[万葉] 二〇・四三四四「ー・ら㊍(四段)むて野行き山行きわれ来(く)れど我が父母(ちちはは)は忘れせぬかも」[訳] 忘れようと、野を行き山を行き、私は来るけれども、自分の父母のことは忘れられないことだ。(「忘らむて」は「忘らむと」の東国方言。「忘れせぬかも」の「忘れ」は名詞)。[徒然] 四一「それをー・れ㊞(下二段)て、物見て日を暮らす」[訳] そのこと(=死の来ること)を忘れて、(競(くら)べ馬を)見物して日を暮らすのは。

[参考] 四段活用はおもに上代に用いられた。また、上代、四段活用の場合は「意識的に忘れる」、下二段活用の場合は「自然に忘れる」「つい忘れる」の意味に用いられたという。

わすれ-がたみ【忘れ形見】(名) ❶忘れることのできない記念の物。亡くなった人の形見の品。[平家] 一・祇王「なからん跡のーにもとや思ひけん、障子に泣く泣く一首の歌をぞ書きつけける」[訳] (住みなれた邸(やしき)から出て)いなくなるであろう跡の忘れがたい記念にでもと思ったのであろうか、(祇王(ぎおう)は)襖(ふすま)に泣く泣く一首の歌を書きつけた。

❷親の死後に、残された子。遺児。[源氏] 手習「などーをだにとどめ給はずなりにけむ」[訳] どうしてせめて亡き人をしのぶよすがとしての子供だけでも、(中将は)残してくださらなかったのだろう。

わすれ-がひ〔ガイ〕【忘れ貝】(名) 離れ離れになった二枚貝の片方。これを拾うと恋しい人を忘れられるという。[万葉] 一二・三一七五「若の浦に袖さへ濡(ぬ)れてー拾(ひり)へど妹(いも)は忘らえなくに」[訳] 和歌の浦で袖までも濡れて忘れ貝を拾うけれど、恋しいあの子は忘れられないことよ。

わすれがひ… [和歌]

> 忘れ貝　拾(ひろ)ひしもせじ　白玉(しらたま)を
> 恋(こ)ふるをだにも　かたみと思(おも)はむ
> 〈土佐〉

[訳] (あの子を忘れるために)忘れ貝を拾いはすまい。白玉のようなあの子を、せめて恋しく思う気持ちだけでも、(あの子の)形見と思おう。

[解説] 港の浜辺にある美しい貝や石を見て、土佐の国(高知県)で死んだ娘を思い出して詠んだ歌「寄する波うちも寄せなむわが恋ふる人忘れ貝おりて拾はむ」(→よするなみ…[和歌])〈土佐〉に応(こた)えるようにして詠んだ歌。美しい貝や石は、当時の子供の玩具だった。「忘れ貝」は、それを拾うと、恋しい人を忘れられるという貝。「白玉」は、死んだ子をたとえたものであるが、眼前の浜辺にある石の印象にもとづく。

わすれ-ぐさ【忘れ草】(名) 萱草(かんぞう)(=草の名)の別名。憂いや恋しい人を忘れるために、下着のひもにつけたり、垣根に植えたりした。「忘るる草」とも。[夏]。[伊勢] 二一「ー植うとだに聞くものならば思ひけりとは知りもしなまし」[訳] (私が)忘れ草を植えているとだけでも聞いたならば、(あなたのことをいまだに)思っていたのだとはきっとわかりもしただろうに。

わすれじの… [和歌] 《百人一首》⇩巻頭カラーページ8

> 忘れじの　行(ゆ)く末(すゑ)までは　難(かた)ければ
> 今日(けふ)を限(かぎ)りの　命(いのち)ともがな
> 〈新古今・一三・恋三・一一四九・儀同三司(ぎどうさんし)の母〉

[訳] (私のことを)忘れまいとおっしゃる、そのことばの将来のことまではあてにできそうにもありませんので、今日を最後の(日として、息絶える)命であってほしいものです。

[文法] 「忘れじの」の「じ」は、打消の意志を表す助動詞。「もがな」は、願望の終助詞。

[解説] 作者のもとに、藤原道隆(みちたか)が初めて通ってきたときの歌だと、詞書(ことばがき)に記されている。「忘れじ」は相手のことばの引用。愛を誓ったときの、そのことば。愛の移ろいやすさを知りながら、その永続を願わないではいられない女の気持ちの哀切さが、胸に迫る。

わすれては… [和歌]

> 忘れては　夢(ゆめ)かとぞ思(おも)ふ　思(おも)ひきや
> 雪(ゆき)ふみ分(わ)けて　君(きみ)を見(み)むとは
> 〈古今・一八・雑下・九七〇・在原業平(ありはらのなりひら)〉〈伊勢・八三〉

[訳] (この現実を)ふと忘れて、夢ではないかと思います。思ってもみたでしょうか(いや、予想もしませんでした)。雪を踏み分けて、(出家なさって山里にお暮らしの)あなたさまにお目にかかろうとは。[文法] 「や」は、反語の係助詞。意味上は四句以下を倒置。

[解説] 仕えていた惟喬(これたか)親王が出家して、比叡山(ひえいざん)のふもとに隠棲(いんせい)していたのを訪問したときの歌。「伊勢物語」もほぼ似た内容。

わすれ-みづ〔ミズ〕【忘れ水】(名) 野中の物陰などを、人に忘れられたように、絶え絶えに流れている水。[新古] 恋三「霧ふかき秋の野中のー絶え間がちなるころにもあるかな」[訳] 霧が深い秋の野中の忘れ水のように、(恋しい人に逢(あ)うことの)途絶えがちなこのごろでもあることよ。(第三句までは「絶え間がちなる」を導きだす序詞)

わせ【早稲】(名) 早く実る稲。[秋]。[細道] 芭蕉「ーの香(か)や分け入る右は有磯海(ありそうみ)」[訳] 早稲の香りがする。一面の稲の田の中を分け入っていくと、右には有磯海(=今の富山湾の伏木(ふしき)港一帯の海)が見える。

わ-せんじゃう〔センジョウ〕【我先生・和先生】(代)〔「わ」は接頭語〕対称の人代名詞。親しみや軽いあなどりの気持ちを含んで呼ぶ語。おまえさん。↔奥手(おくて) [宇治] 一・一五「ーは、いかで(=どうして)この鮭(さけ)を盗むぞ」

わ-そう【我僧・和僧】(代)〔「わ」は接頭語〕対称の人代名詞。僧を親しんで、また、少し軽んじて呼ぶ語。お坊さん。[宇治] 一〇・一〇「ーの頭(かしら)やかひなに取りつきたりつる児(ちご)どもは、誰(た)そ」[訳] 坊さんの頭や腕に取りついていた子供たちは、だれだ。

わた【海】(名)〔後世「わだ」とも〕海(うみ)。[万葉] 七・一三一七「ーの底しづく白玉」[訳] 海の底に沈んでいる真珠は。

わだ【曲】(名)「わた」とも。湾曲した地形。入り江などをいう。万葉 一・三一「ささなみの志賀の大ー淀むとも昔の人にまたも逢はめやも」訳 →ささなみの…和歌

わ-たう【我党・和党】(代)〔「わ」は接頭語〕対称の人代名詞。親しみをこめて、また、やややいやしめて呼ぶ語。おまえ。おまえら。宇治 三・六「ーたちこそ、させる能もおはせねば、物をも惜しみ給へ」訳 おまえさんたちは、これといった才能もおありでないので、物をも惜しみなさるのだ。

わだかま・る【蟠る】■一(自ラ四)｛ら・り・る・る・れ・れ｝曲がりくねる。(蛇などが)とぐろをまく。宇治 四・五「この蛇ものぼりて、かたはらにー・り用伏したれど」訳 この蛇も(板の間に)上って、(女の)脇でとぐろをまいてうずくまっていたが。■二(他ラ四)｛ら・り・る・る・れ・れ｝盗む。横領する。〔浄・五十年忌歌念仏〕「主人の金子をー・り用」訳 主人の金を盗み。

わた-ぎぬ【綿衣】(名)綿を縫いこんだ衣服。綿入れ。枕 四四「汗の香すこしかかへたるーの薄きを」訳 汗のにおいを少しただよわせている綿入れの薄いのを。

わたくし【私】■一(名)❶自分の一身上のこと。個人的なこと。源氏 賢木「殿上人どもも、ーの別れ惜しむ多かり」訳 殿上人たちも、(女房たちに)個人としての別れを惜しむ者が多い。↕公
❷私心をもつこと。自己の利益をはかること。〔雨月〕白峯「天下は神器なり。人のーをもて奪ふとも得うべからぬことわりなるを」訳 天子の位は神聖でとうといものである。人が私欲をもって奪おうとしても得られない道理であるから。
■二(代)自称の人代名詞。わたし。〔狂・神鳴〕「『おのれはなんぢゃ』『ーは医師でござる』」訳「おまえは何者だ」「私は医者でございます」。

発展 古典の「わたくし」
古典で用いられる「わたくし」は、「公」に対する普通名詞として「個人的・私的なこと」という意味である場合が多い。「わたくしごと」「わたくしざま」などの語はみなこの意味をもつ。一人称の代名詞としての用法が生まれるのは室町時代ごろである。

わたくし-ごと【私事】(名)私的な事柄。公的でないこと。源氏 野分「宰相の君、内侍などけはひすれば、ーもしのびやかにかたらひ給ふ」訳 宰相の君や内侍などの(いる)気配がするので、(夕霧は)個人的な事柄もひそやかにお話しになる。↕公事

わたくし-ざま【私様】(名)私事に関する方面のこと。公的でない、うちうちのこと。源氏 少女「これは御ーに、うちうちのことなれば」訳 これ(=今日の催し)は非公式で、うちうちのことなので。↕公様

わたくし-に-も【私にも】個人的にでも。公的でなく、私ごととしても。源氏 桐壺「ー心のどかにまかで給へ」訳 (勅使としてでなく)個人的にものんびりとお出かけください。

わたくし-もの【私物】(名)個人の所有物として大切にするもの。表向きでなく、うちうちで大事にするもの。源氏 桐壺「この君をば、ーに思ほしかしづき給ふこと限りなし」訳 この君(=光源氏)を(桐壺帝は)秘蔵っ子にお思いになり、大切に養育なさることはこの上もない。

わた-こ【綿子】(名)真綿で作った防寒着。

わたし-もり【渡し守】(名)渡し舟の船頭。「渡り守」とも。伊勢 九「ー、『はや舟に乗れ、日も暮れぬ』と言ふに」訳 渡し舟の船頭が、「早く舟に乗れ、日も暮れてしまう」と言うので。

わた・す【渡す】■一(他サ四)｛さ・し・す・す・せ・せ｝❶ある場所から他の場所に移す。源氏 若紫「今日明日ー・し用奉らむ」訳 今日か明日のうちに、(若紫を私=光源氏の邸に)お移し申しあげよう。
❷(川や海などを)越えさせる。平家 四・橋合戦「三百余騎、一騎も流さず、むかへの岸へざっとー・す終」訳 (足利忠綱が指図して)三百余騎(の騎馬武者)を、一騎も流さず、向かいの岸へざっと渡らせる。
❸(此岸から)浄土に行かせる。〔仏足石歌〕「もろもろ救ひー・し用給はな」訳 多くの人を救って、浄土へ渡してください。文法「給はな」の「な」は、上代の、他に対する願望の終助詞。
❹またがらせる。岸から岸に架ける。新古 冬「鵲のー・せ已る橋に置く霜の白きを見れば夜ぞ更けにける」訳 →かささぎの…和歌
❺与える。授ける。宇治 六・四「双六をうちけるが、多く負けて、ー・す終べき物なかりけるに」訳 (若侍は)双六で賭け事をしたが、さんざんに負けて、(相手に)与えることのできる物がなかったので。
❻見せしめに、罪人に大路を通らせる。引き回す。平家 三・大地震「大臣・公卿大路をー・し用てその頸を獄門にかけらる」訳 大臣や公卿は(罪人として)大路を引き回してその首を獄門にかけられる。
■二(補動サ四)｛さ・し・す・す・せ・せ｝(動詞の連用形に付いて)ある動作・行為がずっと及ぶ。広く…する。めいめい…する。源氏 須磨「鼻を忍びやかにかみー・す終」訳 鼻(水)をめいめいがそっとかむ。徒然 一九「大路のさま、松立てー・し用て、はなやかにうれしげなるこそ、またあはれなれ」訳 (元日の朝の)大路の光景は、(家々に)ずらりと門松を立てつらねて、晴れやかで喜ばしそうなのは、またしみじみとした趣がある。

わた-つ-うみ【わたつ海】(名)〔「わたつみ」の転。「つ」は「の」の意の上代の格助詞〕海。大海。古今 秋下「草も木も色変はれどもーの波の花にぞ秋なかりける」訳 (秋になると)草も木も色が変わるけれども、大海の波という花には、(その色を変える)秋はなかったことだ。

わた-つ-み【海神】(名)〔「海つ霊」の意。「つ」は「の」の意の上代の格助詞。後に「わだつみ」「わたづみ」などとも〕❶海の神。万葉 九・一七八四「ーのいづれの神を祈らばか行くさも来さも船の早けむ」訳 海神の中のどの神に祈ったなら、行きも帰りも船が速いのだろうか。文法「早けむ」は形容詞「早し」の上代の未然形「早け」に推量の助動詞「む」の付いたもの。↕山神
❷(海神のいる所の意から)海。大海。万葉 一・一五「ーの豊旗雲に入り日見しこよひの月夜さやけかりこそ」訳 →わたつみの…和歌

わたつみの… 和歌

> わたつみの　豊旗雲に　入り日見し
> こよひの月夜　さやけかりこそ
> 〈万葉・一・一五・天智天皇〉

訳 海上はるかにたなびいている雲にさしこむ落日を見た、今夜の月は清く明るくあってほしい。文法「こそ」は、上代の、他に対する希望の終助詞。

解説 第三句までは雄大な落日の光景。第四句以下は、その光景にふさわしい月夜であってほしいとの願い。第五句の原文は「清明己曽」で、「アキラケクコソ」「マサヤカニコソ」「サヤニテリコソ」などの訓も考えられる。

わた-どの【渡殿】(名) 寝殿造りなどで、建物と建物とをつなぐ屋根のある板敷きの廊下。渡り廊下。細殿。源氏 桐壺「打ち橋、―のここかしこの道にあやしき業をしつつ」訳 打ち橋(=建物と建物との間に渡した橋)や渡り廊下のあちこちの通り道に、たびたびけしからぬことをしかけては。

(わたどの)

> **発展 建物をつなぐ「渡殿」**
> 平安時代の寝殿造りでは、それぞれの機能を持つ建物が独立して建てられ、それらが屋根のある渡り廊下でつながれていた。その廊下を「渡殿」という。廊下といっても、「殿」という呼び名が示すように、それ自体が一つの建物であり、座を設けたり、片側を部屋として使ったりもできる構造であった。

わた-なか【海中】(名) 海の中。海上。万葉 一・六二「ありねよし対馬の渡り―に幣取り向けて早帰り来ね」訳 対馬の海峡の海上に幣を手向けて早く帰って来てほしい。(「ありねよし」は「対馬」にかかる枕詞)

わたのそこ【海の底】《枕詞》海の底の奥深いことから、「奥」の同音で「沖」にかかる。万葉 七・一二二三「―沖こぐ舟を」

わた-の-はら【海の原】(名)「わだのはら」とも。うなばら。大海。古今 羈旅「―八十島かけてこぎ出でぬと人には告げよあまの釣舟」訳 →わたのはら…和歌

わたのはら… 和歌《百人一首》

> わたの原　こぎ出でて見れば　久方の(枕詞)
> 雲居にまがふ　沖つ白波
> 〈詞花・一〇・雑下・三八二・藤原忠通〉

訳 大海原に(舟を)こぎ出して、はるかに目をやると、雲の(白さ)と見分けのつかない沖の白波よ。修辞「久方の」は「雲」にかかる枕詞。文法「見れば」は「活用語の已然形＋ば」で、確定条件を表す。

解説「海上遠望」という題で詠んだ歌。はるか沖合に広がった雲と波が、渾然一体となって融けあっている光景を、規模雄大に詠んでいる。

わたのはら… 和歌《百人一首》

> わたの原　八十島かけて　こぎ出でぬと
> 人には告げよ　あまの釣舟
> 〈古今・九・羈旅・四〇七・小野篁〉

訳 大海原を、たくさんの島々を目ざして舟をこぎ出して行ったと、(都の)人に告げてくれ、漁師の釣舟よ。文法「ぬ」は、完了の助動詞「ぬ」の終止形。

解説 遣唐副使に任命されながら乗船を拒否したため隠岐に流罪になった作者が、船出の際、都の人に詠んで贈った歌。「人」は、京にいる愛する人であろう。

わた-ばな【綿花】(名) 綿で作った造花。「男踏歌」のとき舞人が冠に挿して飾るもの。源氏 竹河「匂ひもなく見苦しき―もかざす人がらに見わかれて」訳 色つやもなく見ばえのしない綿の造花も、冠に挿す人品で(その趣の違いが)見て区別できて。

わた-ゆみ【綿弓】(名) 繰り綿(=種を除いただけの綿)を打って混じりものを除き、やわらかい打ち綿とする道具。弓形の竹に張った弦をはじいて綿を打つ。綿打ち弓。秋。〔野ざらし紀行〕芭蕉「―や琵琶に慰む竹の奥」訳 (綿を打つ際の)綿弓のびんびんと鳴る音を、琵琶を弾じる音と聞いて心を楽しませる、竹藪の奥の清閑な暮らしであるよ。

わたら-せ-たま-ふ【渡らせ給ふ】❶「渡る」の尊敬表現。お渡りになる。お通りになる。いらっしゃる。また、「行く」「来」の尊敬語。大鏡 花山院「晴明が家の前を―・へ(已)ば」訳 (花山天皇が安倍)晴明の家の前をお通りになられると。平家 七・維盛都落「これはさればいづちへとて、―・ふ(体)ぞ」訳 これは一体全体(父上は)どこへ(行こう)と思って、いらっしゃるのか。
❷「あり」の尊敬語。㋐(本動詞として)いらっしゃる。平家 四・若宮出家「この宮は方々に御子の宮たちあまた―・ひ(用)けり」訳 この(高倉の)宮にはあちこちに御子の宮たちが数多くいらっしゃった。㋑(用言・助動詞の連用形、接続助詞「て」などに付いて)…(て)いらっしゃる。…(で)いらっしゃる。平家 灌頂・女院死去「女院御心地例ならず―・ひ(用)しかば」訳 女院(=建礼門院)はご気分が悪くなり病気にかかっていらっしゃったので。平家 二・能登殿最期「あなあさまし。あれは女院にて―・ふ(体)ぞ」訳 ああ驚きあきれたことだ。あれは女院(=建礼門院)でいらっしゃるぞ。
なりたち 四段動詞「渡る」の未然形「わたら」＋尊敬の助動詞「す」の連用形「せ」＋尊敬の補助動詞「たまふ」
参考 ②は中世以降の用法。

わたらひ【渡らひ】(名) 生活するための仕事。なりわい。生計。また、暮らし向き。大和 一四八「年ごろ―などもいとわろくなりて」訳 (ここ)数年間暮らし向きなどもたいそうよくなくなって。

わたらひ-ごころ【渡らひ心】(名) 日々の生活の心がけ。生活力。〔うつほ〕祭の使「若き時に貯へ―ある人につきて」訳 若い時分に貯蓄し生活力のある人の

妻になって。

わたら‐ふ【渡らふ】《上代語》❶ずっと渡っていく。移動していく。〔万葉〕二・一三五「雲間より**わたらふ**㊡月の惜しけども」〔訳〕雲の間を**ずっと移動していく**月のように惜しいけれども。
❷生計を立てる。生活する。〔紀〕斉明「肉を食らひて**わたらふ**㊨(=**生活している**)」

〔なりたち〕四段動詞「渡る」の未然形「わたら」＋上代の反復・継続の助動詞「ふ」

〔慣用表現〕**「生計を立てる」を表す表現**
口を過ぐ・過ごす・身を立つ・渡らふ

〔ポイント〕「口を過ぐ」の「口」は「飲食すること」の意。

わたり

【辺り】(名)❶**ほとり。あたり。**〔今鏡〕「『このーにおはするにや』など問へば」〔訳〕「この**近辺**にお住まいであろうか」などと問うと。〔文法〕係助詞「や」のあとに結びの語「あらん」などが省略されている。〔徒然〕一五三「資朝卿、一条ーにてこれを見て」〔訳〕資朝卿が、一条大路の**あたり**でこれを見て。
❷(間接的な言い方で)**人。人々。**方。〔源氏〕末摘花「少しゆゑづきて聞こゆるーは、御耳とどめ給はぬ隈なきに」〔訳〕少しでも風情があるとうわさされる**人**(=女)には、(光源氏が)聞き耳をおたてにならないところがない中で。

わたり

【渡り】(名)❶移動すること。移転。〔源氏〕澪標「御ーのことを急ぎ給ふ」〔訳〕(前斎宮の)お**移り**のことの準備をなさる。
❷来訪すること。向こうからこちらへ来ること。〔平家〕七・忠度都落「さてもただ今の御ーこそ情けもすぐれて深う」〔訳〕それにしてもただ今の(忠度の)お**越し**は風情(を解する心)も非常に深く。
❸川や海を渡ること。また、渡し場。渡船場。〔万葉〕三・二六五「苦しくも降りくる雨か神の崎狭野のーに家もあらなくに」〔訳〕困ったことに降ってくる雨だなあ。神の崎の佐野の**渡し場**には(雨宿りする)家もないのに。〔文法〕「か」は、詠嘆・感動の終助詞。「あらなくに」の「なく」は、打消の助動詞「ず」のク語法で、「ないこと」の意。
❹品物が外国から来ること。また、その品物。舶来。
❺「渡り者」の略。〔西鶴大矢数〕「ー相手に狼藉千万」〔訳〕**渡り奉公する者**を相手に乱暴のかぎり。
❻交渉。かけあい。〔東海道中膝栗毛〕「大江山の親分(=酒顛童子)が鉄棒ひいてーにこようが」
❼物の端から端までの長さ。差し渡し。直径。〔宇治〕一四・三「切り口の大きさ、ー一尺ばかりあるらんとぞ見えける」〔訳〕(蛇の)切り口の大きさは、**直径**一尺(=約三十センチメートル)ほどあるだろうと見えた。
❽(接尾語的に用いて)物事が全体にいきわたる回数を表す。〔源氏〕鈴虫「御かはらけ二ーばかり参るほどに」〔訳〕(皆が順に)御杯を二**まわり**ほど召し上がる時分に。

わたり‐あ・ふ【渡り合ふ】(自ハ四){は・ひ・ふ・ふ・へ・へ}相手になって戦う。斬り合う。〔謡・熊坂〕「すこし恐るる気色なく、ようすもなく、小太刀を抜いてー・ひ㊨」〔訳〕少しも恐れるようすもなく、小太刀を抜いて**応戦し**。

わたり‐がは【渡り川】(名)三途の川。〔古今〕哀傷「泣く涙雨と降らなむーー水まさりなば帰り来るがに」〔訳〕(私が悲しんで)泣く涙が雨となって降ってほしい。**三途の川**の水かさが増えたならば、(渡ることができずに亡き妹が)帰ってくるだろうから。

わたり‐ぜ【渡り瀬】(名)歩いて渡ることのできる浅瀬。〔万葉〕一三・三三一五「泉川ー深みわが背子が旅行き衣濡れ漬たむかも」〔訳〕泉川の**徒歩で渡る瀬**が深いので、あなたの旅の着物が濡れひたるだろうか。

わたり‐もの(名)❶【渡り物】㋐外国から渡来した物。舶来品。〔浄・博多小女郎波枕〕「下着上着もー」。㋑祭礼などの際、市中を練り歩くもの。山車・行列など。㋒先祖伝来の物。〔大鏡〕三条院「代々のーにて」〔訳〕(冷泉院という邸宅は)代々(天皇が)**受け継いできたもの**として。
❷【渡り者】あちこちを渡り歩いて奉公をする者。渡り。〔風流志道軒伝〕「天子がーも同然にて、気に入らねば取り替へて」〔訳〕(中国では)一国の君主が**次々と主人をかえる奉公人**も同然で、気に入らなければとりかえて。

わたり‐もり【渡り守】(名)「わたしもり」に同じ。

わた・る

【渡る】(自ラ四){ら・り・る・る・れ・れ}

> **語義パネル**
>
> ●**重点義　ある一定の空間・時間をこえて他に及ぶ。**
>
> 「わたつみ」の「わた」と関連がある①が原義とみられる。転じて、空間・時間をこえて他に及ぶ意に広く用いる。空間についてが②④⑤、時間についてが③。
>
> ❶海や川などを越えて行く。
> ❷**過ぎる。通る。**行く。来る。**移る。**
> ❸**年月が過ぎる。年月を送る。**
> ❹一方から他方につながる。**またがる。岸から岸に架かる。**
> ❺**広く通じる。広い範囲に及ぶ。**
> ❻「あり」の尊敬語。**いらっしゃる。**おいでになる。
> ❼(動詞の連用形の下に付いて)ずっと…続ける。一面に…。

❶海や川などを越えて行く。〔古今〕秋下「竜田川紅葉乱れて流るめりー・ら㊤ば錦中や絶えなむ」〔訳〕竜田川には紅葉が(一面に)散り乱れて流れているようだ。この**川を渡る**ならば、紅葉の織りなした(美しい)錦が途中で切れてしまうだろうか。〔文法〕「流るめり」の「めり」は、推量・婉曲の助動詞。「絶えなむ」の「な」は、助動詞「ぬ」の未然形で、ここは確述の用法。
❷**過ぎる。通る。**行く。来る。**移る。**〔伊勢〕三一「むかし、宮の内にて、ある御達の局の前をー・り㊨けるに」〔訳〕昔、宮中で、(男が)ある高貴な女房の局(=部屋)の前を**通っ**たときに。
❸**年月が過ぎる。年月を送る。**〔徒然〕一〇八「無益のことを思惟して時を移すのみならず、日を消し、月をー・り㊨て一生を送る、尤も愚かなり」〔訳〕むだなことを考えて時間を過ごすだけでなく、(さらに)日を過ごし、月を**経過させ**て一生を送るのは、いかにも愚かなことである。
❹一方から他方につながる。**またがる。岸から岸に架かる。**〔更級〕富士川「入り江にー・り㊨し橋なり」〔訳〕(浜名の橋はかつて浜名湖の)入り江に**架かってい**た橋で

ある。❺**広く通じる。広い範囲に及ぶ。** 徒然 九二「このいましめ、万事にー・る(終)べし」訳 この訓戒は、(弓道だけでなく)あらゆることに広く通じるにちがいない。❻(多く「給ふ」「(さ)せ給ふ」とともに用いられて)「あり」の尊敬語。**いらっしゃる。** おいでになる。→渡らせ給ふ②

❼(動詞の連用形に付く場合)→次項「=わたる」参照

‥わた・る【渡る】(自ラ四){ら・り・る・る・れ・れ}(動詞の連用形の下に付いて)❶時間的に「ずっと…続ける」の意を表す。万葉 五・八三〇「万代(よろづよ)に年は来経(きふ)とも梅の花絶ゆることなく咲きー・る(終)べし」訳 万代までも年は毎年やって来ては去って行くにしても、梅の花は絶えることなく咲き続けるだろう。伊勢 七四「岩ね踏み重なる山にあらねども逢(あ)はぬ日多く恋ひー・る(体)かな」訳 (あなたとの間を隔てているのは岩を踏んで登る重なり続いた険しい山ではない(から逢うのはたやすいはずな)のに、逢わない日が多くて恋しく思い続けていることだ。【例語】逢(あ)ひわたる(=長いこと会い続ける)・在りわたる・言ひわたる・倦(う)みわたる・恨みわたる(=恨んで月日を過ごす)・思ひわたる・聞きわたる・偲(しの)びわたる(=恋い慕い続ける)・住みわたる・解けわたる(=何度も解ける)・嘆きわたる・悩みわたる(=苦しみながら過ごす)・念じわたる(=念じ続ける)・待ちわたる

❷空間的に「一面に…」の意を表す。枕 七八「有り明けのいみじう霧(き)りー・り(用)たる庭に」訳 有り明けの(月のころの)あたり一面にひどく霧が立ちこめている庭に。更級 竹芝寺「なほ、ところどころはうちこぼれつつ、あはれげに咲きー・れ(已)り」訳 それでもやはり、ところどころに(花びらが)散り落ちながらも、(大和撫子(やまとなでしこ)の花が)もの寂しげに一面に咲いている。【例語】明けわたる(=すっかり夜が明ける)・霞(かす)みわたる・凍りわたる(=一面に凍る)・冴(さ)えわたる・澄みわたる・立ちわたる・這(は)ひわたる・見えわたる・萌(も)えわたる(=一面に芽が出る)・燃えわたる(=一面に燃える)・行きわたる(=あまねく及ぶ)

わづか(ワズカ)【僅か】(形動ナリ){なら・なり(に)・なり・なる・なれ・なれ}❶**数量が少ないさま。程度・規模が小さいさま。少し。ささやか。** 源氏 帚木「わろ者は、ー・に(用)知れる方(かた)のことを残りなく見せ尽くさむと思へるこそ、いとほしけれ」訳 (総じて)未熟な者は、ほんの少し知っている方面のことを、すっかり見せつくそう(=ひけらかそう)と考えているのは、不快なことだ。文法「こそ、いとほしけれ」は係り結び。

❷**貧弱なさま。とるに足りないさま。**〔浄・傾城反魂香〕「下拙(げせつ)ことは狩野ノ四郎二郎元信と申すわづか(語幹)の絵かき」訳 拙者は狩野の四郎二郎元信と申すつまらぬ絵かき(である)。

❸(副詞的に用いて)**やっと。かろうじて。** 源氏 蓬生「ー・に(用)見つけたる心地、恐ろしくさへおぼゆれど」訳 (惟光(これみつ)が)やっと(人影を)見つけた気持ちは、恐ろしいとまで感じるけれど。(→僅(はっ)か 参考・「類語パネル」)

わっさり(-と)(副)物事にこだわらないさま。さっぱり。あっさり。気軽に。〔浮・日本永代蔵〕「内ぶしん・畳の表替へ・竈(かまど)の上塗(うはぬ)り、万事ーと気を付け」訳 家の内部の修理・改造や、畳の表替え、竈の上塗りなど、すべてあっさりと(すまそうと)心がけ(ても)。

わっち(代)《近世語》自称の人代名詞。おのれ。わたし。〔東海道中膝栗毛〕「アイ(=はい)ーが(=わたしの)女房のやうでもあり、またないやうでもあり」参考「わし」「わっし」「わっち」と変化した語。

わづらは・し(ワズラワシ)【煩はし】(形シク){しから・しく(しかり)・し・しき(しかる)・しけれ・しかれ}❶**複雑であるさま。めんどうなさま。いとわしい。いやだ。** 竹取 かぐや姫の昇天「宮仕へ仕うまつらずなりぬるも、かくー・しき(体)身にて侍れば」訳 宮仕えをいたさないようになったのも、(私が)このように複雑な身の上でございますので。

❷**気づかいされるさま。気がおける。** 源氏 賢木「やむごとなくー・しき(体)ものにおぼえ給へりし大殿の君も失(う)せ給ひて後」訳 (六条御息所(みやすどころ)が)高貴な身分で気がおける方とお感じになっていらっしゃった大殿の君(=葵(あおい)の上)もお亡くなりになってのち。

❸**口やかましい。うるさい。** 堤 花桜をる少将「大将殿のつねにー・しく(用)聞こえ給へば」訳 大将殿がいつも口やかましく(小言を)申し上げなさるので。

❹病気が重い。徒然 四二「年久しくありて、なほー・しく(用)なりて死ににけり」訳 長年たった後に、(行雅僧都(ぎょうがそうず)は)いっそう病気が重くなって死んでしまった。

わづらは・す(ワズラワス)【煩はす】(他サ四){さ・し・す・す・せ・せ}悩ませる。苦しめる。源氏 葵「殊におどろおどろしうー・し(用)聞こゆることもなけれど」訳 (物の怪(け)が)特に恐ろしいほどひどく(葵(あおい)の上を)苦しめ申しあげることもないけれど。

わづらひ(ワズライ)【煩ひ】(名)❶めんどう。苦労。迷惑。心配。方丈 三「その、改めつくること、いくばくのーかある」訳 そのような(簡便な家を)建てなおすことに、どれほどのめんどうがあるか(いや、ありはしない)。

❷病気。〔浄・女殺油地獄〕「そのやうなーには薬も医者もいらぬこと」。⇩篤(あつ)し「慣用表現」

わづら・ふ(ワズラ(ロ)ウ)【煩ふ】[一](自ハ四){は・ひ・ふ・ふ・へ・へ}❶あれこれ気をつかって、**苦しむ。悩む。** 苦労する。万葉 五・八九七「かにかくに思ひー・ひ(用)哭(ね)のみし泣かゆ」訳 あれやこれやと思い悩み、ただもう泣かれるばかりである(よ)。文法「哭のみし」の「し」は、強意の副助詞。「泣かゆ」の「ゆ」は、上代の自発の助動詞。

❷**病気になる。** 病(や)む。枕 二八「にはかにー・ふ(体)人のあるに、験者(げんざ)求むるに」訳 急に病気で苦しむ人がいるときに、修験者をさがしたところ。⇩篤(あつ)し「慣用表現」

[二](補動ハ四){は・ひ・ふ・ふ・へ・へ}(動詞の連用形に付いて)**…しかねる。** 枕 三〇二「いかにして過ぎにしかたを過ぐしけむ暮らしー・ふ(体)昨日今日(けふ)かな」訳 いったいどのようにして過去の月日を過ごしたのだろう。(あなたがいないので)一日を送りかねる昨今であることだ。

わ-どの【我殿・和殿】(代)〔「わ」は接頭語〕「わとの」とも。対称の人代名詞。同等またはそれ以下の者に対して、親しみをこめて呼ぶ語。あなた。おまえ。平家 七・実盛「かういふーは誰(た)そ」訳 こういうおまえはだれだ。

わな【罠】(名)❶鳥獣を生けどりにするしかけ。❷紐(ひも)などを輪の形にしたもの。徒然 二〇八「二すぢの中より、ーの頭(かしら)をよこさまにひき出(い)だすことは、常のことなり」訳 (お経の巻物の紐を結ぶ時、交差させた)二本の(紐の)間から、(残った紐の)輪にした部分の先端を横向きに引き出すのは、ふつうのことである。

わななき-い・づ イズ【戦慄き出づ】(自ダ下二){で・で・づ・づる・づれ・でよ} ふるえた音や声を出す。源氏 若菜上「いと涙がちに、古めかしきことどもを―・で用つつ語り聞こゆ」訳 (明石の尼君は)いつも涙をすぐに流して、昔の出来事のあれこれを声をふるわせながら(明石の女御に)お話し申しあげる。

わなな・く【戦慄く】(自カ四){か・き・く・く・け・け} ❶わなわなとふるえる。また、笛の音や声がふるえる。大鏡 道長上「御手も―・く体けにや、的のあたりにだに近くよらず」訳 お手もふるえるせいであろうか、(伊周が射た矢は)的のあたりにさえ近く寄らないで。文法「けにや」の「け」は名詞「故(＝せい・ため)」、「に」は断定の助動詞「なり」の連用形、「や」は係助詞で、結びの語「あらむ」が省略されている。
❷ざわざわと動く。ざわめく。〔落窪〕「下臈の物見むと―・き用騒ぎ笑ふこと限りなし」訳 身分の低い庶民たちが見物しようとざわめき騒いで笑うことはこの上ない。
❸髪の毛がほつれる。ぼさぼさになる。枕 八三「髪なども、わがにはあらねばにや、所々―・き用ちりぼひて」訳 髪の毛なども自分のではないからであろうか、ところどころぼさぼさになったりまばらになったりして。文法 係助詞「や」のあとに結びの語「あらむ」が省略されている。

わに【鰐】(名)鮫類の古名。〔出雲国風土記〕「たまさかに―に遇ひ、そこなはれて帰らざりき」訳 偶然にわにざめに遭遇し、食い殺されて帰って来なかった。

わに-ぐち【鰐口】(名)❶危険でおそろしい場所・状況。〔浄・心中重井筒〕「急ぎ、逃るる―や」訳 急いで逃れてゆく危険な場所であることよ。
❷おそろしい世間の悪口。悪意を含んだうわさ。〔浄・心中天の網島〕「神にはあらぬ紙様と世の―に乗るばかり」訳 神ではない紙屋(治兵衛)様だと、世間の悪評がたつばかり。
❸神殿・仏殿の正面の軒につるす鳴り物。多く銅製で、参拝のときその前に垂れ下げてある綱を引いて打ち鳴らす。〔仮名・竹斎〕「先づ清水〔寺〕へ参りつつ、―てうど(＝ごんと)打ち鳴らし」
❹横に大きく裂けた口。

(鰐口③)

わぬ【吾】(代)《上代東国方言》自称の人代名詞。われ。万葉 一四・三四七六「うべ児なは―に恋ふなも立と月のぬがなへ行けば恋しかるなも」訳 もっともだ、妻は私を恋い慕っているだろう。新しい月になって日が立ってゆくので、恋しく思っていることだろう。

わ-ぬし【吾主】(代)〔「わ」は接頭語〕対称の人代名詞。対等またはそれ以下の者を親しんで、また、軽んじて呼ぶ語。そなた。おまえ。きみ。徒然 一三五「―の問はれんほどのこと、何事なりとも答へ申さざらんや」訳 おぬしが尋ねなさるくらいのことは、何事であってもお答え申しあげないことがあろうか(いや、お答え申しあげよう)。

わび【侘び】(名)❶思いわずらうこと。落胆。万葉 四・六四四「今は吾は―そしにける息の緒に思ひし君をゆるさく思へば」訳 今は私はすっかり気落ちがしてしまった。命がけで恋い慕っていたあなたを手放すことを思うと。
❷中世以降、茶道・俳諧などでの美的理念を表す用語。簡素でわびしく、落ち着いた風趣。〔黄・高漫斉行脚日記〕「とかく茶は―がおもでござります」訳 ともかく茶道は閑寂な趣が中心でございます。

わび-うた【侘び歌】(名)思いの苦しさや悩みの気持ちを訴える歌。竹取 貴公子たちの求婚「―など書きておこすれども、かひなしと思へど」訳 (かぐや姫に)やりきれない心のうちを訴えた歌などを書いてよこすが、そのかいもないと思うけれども。

わび-こと(名)「わびごと」とも。❶【侘び言】思い悩む心のうちを訴えることば。恨みごと。愚痴。源氏 胡蝶「いられがましき―どもを書き集め給へる御文を御覧じつけて、こまやかに笑ひ給ふ」訳 いらだたしげな恨みごとのあれこれを、書き集めなさっているお手紙を、(光源氏は)お見つけになって、にっこりお笑いになる。
❷【詫び言】㋐謝罪のことば。わびることば。〔浄・五十年忌歌念仏〕「身の垢抜いて―せば、御機嫌もなほるべし」訳 わが身の汚名をすすいでおわびをすれば、ご機嫌もなおるであろう。㋑断りのことば。〔軽口露がはなし〕「この人にも番させんといふに、色々―を申しけるは」訳 この人(＝後家)にも辻番(＝街頭の警備など)をする役)をさせようと(して)言うと、迷惑に思って、いろいろと断りのことばを申したことには。

わび-こと(名)「わびごと」とも。❶【侘び事】㋐思い悩む事柄。わびしく思う事柄。㋑嘆願すること。〔浮・好色一代男〕「両方の―入り乱れて親方かけ付け」訳 両方の訴えごとが入り乱れて(いるところに)親方が駆け付けた。
❷【詫び事】㋐わびること。〔狂・胸突〕「思はず強う当たった。その―に今までの利分をばまけておまさうぞ」訳 思わず強く当たってしまった。そのおわびに今までのもうけをまけてさしあげようぞ。㋑断ること。辞退すること。〔仮名・竹斎〕「度々に―は人も知るこの道のならひ」訳 何度も断ることは人も知るこの道(＝恋の道)のならわし。

わび・し【侘びし】(形シク){しから・しく(しかり)・し・しき(しかる)・しけれ・しかれ}

> **語義パネル**
> ●重点義 思うように物事がはかどらず、つらくてやりきれない感じ。
> 思いわずらう意の動詞「わぶ」(バ上二)に対応する形容詞。
> ❶苦しい。つらい。
> ❷さびしい。もの悲しい。
> ❸貧しい。みすぼらしい。
> ❹おもしろくない。興ざめだ。もの足りない。

❶**苦しい。つらい。** 枕 一五六「やうやう暑くさへなりて、まことに―・しく用て」訳 その上だんだんと暑くまでもなってきて、(坂を上るのが)ほんとうに苦しくて。
❷**さびしい。もの悲しい。** 古今 秋上「山里は秋こそことに―・しけれ已鹿の鳴く音に目をさましつつ」訳 山里(の住まい)は秋が特にもの悲しい。(夜は)鹿の鳴く声にしばしば目をさまして。
❸**貧しい。みすぼらしい。** 宇治 九・三「とかくして、身ひとつばかり、―・しから未で過ぐしけり」訳 あれこれ(努力工夫)して、自分一人(の生活)だけは、不自由でないよう

すで過ごしていた。❹おもしろくない。興ざめだ。もの足りない。徒然 一〇「前栽の草木まで心のままならず作りなせるは、見る目もくるしく、いと―・し終」訳 庭の植え込みの草木まで自然(の趣)のままでなく手を加えて作りあげてあるのは、見た目も不愉快で、まったく興ざめである。(⇩さうざうし「類語パネル」)

わびし-げ【侘びしげ】(形動ナリ)〔なら・なり(に)・なり・なる・なれ・なれ〕〔「げ」は接尾語〕いかにもつらく苦しそうに見えるさま。心細くさびしそうなさま。みすぼらしそうなさま。枕 九「あさましげなる犬の―・なる体が、わななきありけば」訳 (打たれて)あきれるほどひどい感じの犬でつらく苦しそうなのが、ふるえながら歩きまわるので。

わびし・む【侘びしむ】(他マ下二)〔め・め・む・むる・むれ・めよ〕❶わびしい思いをさせる。〔山家集〕「寝覚めする人の心を―・め用て時雨るる音は悲しかりけり」訳 夜、目を覚ます私の心をわびしくさせて時雨が降る音は、悲しいものだなあ。❷困らせる。宇治 一四・一一「よく―・め用て後に、置きたる算をさらさらと押しこぼちたりければ、笑ひさめにけり」訳 十分困らせてのちに、置いた算木をさらさらと押しこわしたので、笑いからさめた(=笑いが止まった)のだった。

わびし-ら-に【侘びしらに】(副)わびしそうに。つらそうに。古今 雑体「―猿な鳴きそあしひきの山のかひある今日にやはあらぬ」訳 わびしげに猿よ鳴いてくれるな。(法皇のおでましで)山の峡のおまえたちも(鳴く)甲斐のある今日ではないか。(「あしひきの」は「山」にかかる枕詞。「かひ」は「峡」と「甲斐」との掛詞)

わび-し・る【侘び痴る】(自ラ下二)〔れ・れ・る・るる・るれ・れよ〕ひどい目にあってぼけたようになる。困りはてて気が抜けたようになる。方丈 二「かく―・れ用たる者どもの、歩くかと見れば、すなはち倒れ伏しぬ」訳 このように困りはてて気が抜けたようになっている人々が、歩いているかと見ると、そのまますぐに倒れ横たわってしまう。

わ-ひと【吾人】(代)〔「わ」は接頭語〕対称の人代名詞。目下の者に対して用いる。おまえ。汝。平家 一一・嗣信最期「さて―どもは砥浪山のいくさに追ひ落とされ、…乞食してなくなく京へのぼったりし者か」訳 ところでおまえたちは砥浪山の戦いで追い落とされて、…乞食をして泣く泣く京へ上った者か。

わび-なき【侘び鳴き】(名・自サ変)わびしそうに鳴くこと。万葉 一〇・二一五二「秋萩の散り過ぎゆかばさ男鹿は―・せ未むな見ずは乏しみ」訳 秋萩が散り終わったら、雄鹿はわびしそうに鳴くだろうな。(萩の花を)見ないとさびしいので。

わびぬれば… 和歌《百人一首》

わびぬれば　今はた同じ　難波なる
みをつくしても　逢はむとぞ思ふ
〔澪標〕〔身を尽くし〕
〈後撰・一三・恋五・九六〇・元良親王〉

訳 (二人の関係が表沙汰になって)思い悩んでしまったので、今はもう同じことです。難波にある澪標、そのことばのようにこの身を滅ぼしてでもあなたに逢いたいと思います。修辞「みをつくし」は「澪標」と「身を尽くし」との掛詞。文法「難波なる」の「なる」は、断定の助動詞「なり」の連体形で、所在を表す。「思ふ」は、係助詞「ぞ」の結びで連体形。

わび-ね【侘び寝】(名)さびしく寝ること。〔露沾集〕芭蕉「暮れ暮れて餅を木霊の―かな」訳 年の暮れが日に日に迫って、(隣家の)餅つきの音をこだまのように聞きながら、一人さびしく寝ていることだなあ。(餅図) 解説 宇多天皇の女御であった京極の御息所との秘め事が発覚して詠んで贈った歌。

わび-びと【侘び人】(名)「わびひと」とも。❶世をはかなんで、さびしく暮らす人。失意の人。古今 雑下「―の住むべき宿と見るなへに嘆き加はる琴の音ぞする」訳 失意の人が住みそうな家だと思って見るその時に、嘆きが加わるような琴の音がすることだ。❷生活に困窮している人。貧しい人。今昔 二六・一五「―など名乗れば、いとほしさに少しをも奉らまほしけれども」訳 生活に困窮している者などと名のるので、気の毒さに(食糧などの)少しをも差し上げたいけれども。

わ・ぶ【侘ぶ】(自バ上二)〔び・び・ぶ・ぶる・ぶれ・びよ〕❶思いわずらう。つらく思う。思い悩む。伊勢 九「限りなく遠くも来にけるかなと―・び用あへるに」訳 果てしもなく遠くまで来てしまったものだなあと、互いに嘆いていると。文法「あへ」は四段動詞「合ふ」の已然形で、他の動詞の連用形に付いて複数のものが同じ動作をすることを示す。⇩群れ居る「名文解説」 ❷さびしく思う。心細く過ごす。大和 一四八「ひとりしていかにせましと―・び用つればそよとも前の荻ぞこたふる」訳 一人ぼっちでどうしたらよいだろうと心細く思っていたところ、庭前の荻がそよそよと音をたてて、「そうね」と答えるようにも思われることだ。(「そよ」は荻のそよぐ音と応答のことばとの掛詞) ❸困る。当惑する。徒然 七五「つれづれ―・ぶる体人は、いかなる心ならん」訳 することがない所在なさを(もて余して)困る人は、どんな気持ちなのだろう。❹落ちぶれる。みすぼらしくなる。古今 仮名序「あるは、昨日は栄えおごりて、時を失ひ、世に―・び用」訳 あるいは、昨日(まで)は栄えおごって、(今日はたちまち)権勢を失い、世間で落ちぶれ。❺閑寂な境地を楽しむ。〔謡・松風〕「ことさらこの須磨の浦に心あらむ人は、わざとも―・び用てこそ住むべけれ」訳 特にこの須磨の海岸では風雅の心のあるような人は、わざわざでも閑寂な生活を楽しんで住むはずである。文法「心あらむ人」の「む」は、仮定・婉曲の助動詞。「べけれ」は助動詞「べし」の已然形で係助詞「こそ」の結び。❻(動詞の連用形の下に付く場合)→次項「=わぶ」参照

:わ・ぶ【侘ぶ】(自バ上二)〔び・び・ぶ・ぶる・ぶれ・びよ〕(動詞の連用形の下に付いて)❶「…て思い悩む」「どうしようもなく…」の意を表す。古今 恋五「我のみや世をうぐひすとなき―・び未む人の心の花と散りなば」訳 私だけが夫婦仲がつらいと鶯のように泣いて思い悩むのだろうか。あの人の心が花のように散って私から離れてしまったならば。(「うぐひす」の「うく」に「憂く」をかける)

【例語】怖ぢ侘ぶ(=どうしようもなく恐れる)・思ひ侘ぶ・消え侘ぶ・恋ひ侘ぶ・眺め侘ぶ・嘆き侘ぶ(=思い悩んで嘆息する)

❷「…かねる」「…にくくなる」の意を表す。伊勢 五九「住み―・び用ぬ今は限りと山里に身を隠すべき宿求めてむ」訳都には住みにくくなってしまった。今はこれまでと、山里に身を隠せそうな宿をきっとさがそう。

【例語】在り侘ぶ・言ひ侘ぶ・為し侘ぶ・塞き侘ぶ(=せきとめかねる)・尋ね侘ぶ・念じ侘ぶ・待ち侘ぶ・忘れ侘ぶ(=忘れようにも忘れられずに嘆く)

わぶ・る【侘ぶる】(自ラ下二){れ・れ・る・るる・るれ・れよ}わびしく思う。つらく思う。思いみだれる。万葉 一五・三七五九「たちかへり泣けども吾は験無み思ひ―・れ用て寝る夜しそ多き」訳私は繰り返し泣くけれども何の甲斐もないので、つらく思って寝る夜が多いことだ。

わ-みこと【吾尊・我尊】(代)〔「わ」は接頭語〕対称の人代名詞。対等または目下の者を親しんで呼ぶ語。おまえ。今昔 二七・三七「この立てる(=立っている)杉の木は、―の目には見ゆや(=見えるか)」

わら-うだ【藁蓋・円座】(名)「わらふだ」とも。「ゑんざ」に同じ。伊勢 八七「さる滝のかみに、―の大きさして、さし出でたる石あり」訳その滝の上に、円座(ほど)の大きさで、突き出ている石がある。

わら-うづ【藁沓】(名)〔「わらぐつ」の転〕わらで編んだくつ。〔栄花〕楚王のゆめ「関白殿・内の大い殿などは、御―といふ物はかせ給ひながらこそ、たち躍り泣かせ給ふ」訳(葬儀につき従う)関白殿や内大臣殿などは、御わらぐつという物をおはきになられたままで、身をおどらすようにお泣きになられる。

(わらうづ)

わら-すぢ【藁筋】(名)わらの茎。稲の穂の芯。「わらしべ」「わらすべ」とも。宇治 七・五「〔あぶを〕とらへて、〔その〕腰をこの―にてひきくくりて(=縛りとめて)」

わら-すべ【藁稭】(名)「わらしべ」とも。「わらすぢ」に同じ。宇治 七・五「―といふものをただ一すぢ握られたり」訳(若侍は)わらすべというものを、ただ一本いつのまにか握っていた。

わらぢくひ… 川柳

> わらぢくひ　までは能因　気がつかず
> 〈柳多留・六〉

訳(ある期間、家にこもり日光浴で顔をやき、いかにも奥州に旅をしたようなふりをして名歌を残したが)足にわらじずれを作っておくことまでは、さすがの能因法師も気がつかなかったようだわい。

解説「都をばかすみとともにたちしかど秋風ぞ吹く白河の関」(訳→みやこをば…和歌)〈後拾遺・羇旅〉の歌は、能因が現地に行かずに詠み、風流者の面目を保つため、行ったふりをしたという言い伝えをふまえている。

わらは【童】(名)❶元服前の子供。十歳前後の子供。男女ともにいう。枕 二八「すべてさしいでは、―もおとなもいとにくし」訳総じて出しゃばりは、子供でも大人でもたいそう不快だ。

❷子供の召使。男女ともにいう。徒然 四四「ささやかなる―ひとりを具して」訳小柄な召使の少年一人を連れて。

❸五節の舞姫につき従う少女。〔紫式部日記〕「御覧の日の―の心地どもは、おろかならざるものを」訳天皇がご覧になる儀式の日の舞姫につきそう少女たちの心地は、なみたいてい(の緊張)ではないのに。

❹**髪を垂らし、肩のあたりで切りそろえている、子供の髪形。** 万葉 一六・三七九一「か黒し髪をま櫛もち…―に成しみ」訳まっ黒な髪を櫛で…垂らしたままの髪形にしてみたり。文法「み」は、動作が交互にくり返して行われる意の接尾語。

❺天台宗・真言宗などの寺の、召使の少年。稚児。徒然 五三「―の法師にならんとするなごりとて」訳稚児が一人前の僧になろうとする惜別にというので。

発展 さまざまな「童」

「童」は、一般的には元服や裳着、つまり成人式以前の、十歳前後の子供をさすことばである。また、他家に仕え、雑事に奉仕する子供の呼び名でもあった。場合に応じて、「殿上童」「小舎人童」「女の童」「樋洗し童」などと呼ばれる。

わらは【妾】(代)〔「童」の意。鎌倉時代以降の用法〕自称の人代名詞。女性が謙遜していう。わたし。平家 一・祇王「さらずは―にいとまを給べ」訳さもなければ私に暇をください。

わらは-おひ【童生ひ】(名)幼少時の生い立ち。子供のときの成長のようす。枕 三一六「仲忠が―言ひおとす人と、ほととぎす鶯に劣ると言ふ人こそ、いとつらうにくけれ」訳仲忠(=「うつほ物語」の主人公)の(不遇な)幼少時の生い立ちを悪く言う人と、ほととぎすが鶯に劣ると言う人は、たいそう情けなく気にくわない。

わらは-か・す【笑はかす】(他サ四){さ・し・す・す・せ・せ}〔「かす」は接尾語〕笑わせる。宇治 一四・一一「笑はんとだにあらば、―・し用奉りてんかし」訳もし笑いたいというだけなら、きっと笑わせてさしあげようよ。

わらは・ぐ【童ぐ】(自ガ下二){げ・げ・ぐ・ぐる・ぐれ・げよ}子供らしいようすをする。子供っぽく見える。源氏 朝顔「ちひさきは、―・げ用てよろこび走るに」訳(雪の庭を)小さな女の子は、子供らしいようすをして喜んで走るうちに。

わらは-てんじゃう【童殿上】(名)宮中の作法見習いのために、貴族の子弟が、昇殿を許されて殿上に奉仕すること。また、その子供。源氏 少女「兄弟の―する、常にこの君に参りつかうまつるを」訳(この娘の)兄弟で、童で殿上に奉仕している者が、いつもこの君(=夕霧)のもとに参上してお仕えするので。

わらは-な【童名】(名)元服する前の名。幼名。徒然 三三「田鶴の大臣殿は、―たづ君なり」訳田鶴の大臣殿(=九条基家)は、幼名はたづ君である。

わらは-ぬすびと【童盗人】(名)童髪(=束ねないで肩のあたりで切りそろえた髪形)の盗人。今昔 二八・四二「髪おぼとれたる大きなる―の、物取らむとて入りにけるぞ」訳髪の乱れ広がっている大きな童髪の盗人が、物を取ろうとして入ったのだな。

わらは-べ【童部】(名)「わらべ」「わらんべ」とも。❶元服前の子供たち。また、子供。転じて、思慮の足りない若い連中。源氏 夕顔「よからぬ—の口ずさびになるべきなめり」訳 口さがない若い連中の話の種になりそうであるようだ。文法「なめり」は「なるめり」の撥音便「なんめり」の「ん」の表記されない形。❷貴人の家や寺に使われている子供。枕 八「姫宮の御方の—の装束、つかうまつるべきよし仰せらるるに」訳 (中宮定子が)姫宮様(=脩子内親王)のおつきの女の子たちの着物を、お作り申しあげるようにとおっしゃったところ。❸自分の妻のことを謙遜していう語。愚妻。〔うつほ〕嵯峨の院「かの大将の、九つにあたる娘は、頼明が—にてなむ侍る」訳 あの大将(=正頼)の九番目にあたる娘(=あて宮)は、(私)頼明の愚妻でございます。

わらは-まひ【童舞】(名)❶子供の舞う舞。寺社の法会や神事などで奉納された。稚児舞。❷特に、「童③」の舞を指す。枕 九二「—の夜はいとをかし。灯台に向かひたる顔どももらうたげなり」訳 五節の童の舞の行われる夜はたいそう趣深い。燭台に向かっているそれぞれの顔もかわいらしい感じである。

わらは-め【童女】(名)女の子。少女。〔紀〕崇神「道のほとりに—ありて、歌よみして曰はく」訳 道のほとりに少女がいて、歌を詠んで言うことには。

わらは-やみ【瘧】(名)病気の名。子供がよくかかるマラリアに似た病気。おこり。源氏 若紫「源氏の中将の、—まじなひにものし給ひけるを」訳 (聖僧の僧坊に)源氏の中将がおこりのまじないに来なさったことを。

わらはれ-ぐさ【笑はれ種】(名)人から笑われる原因・材料。物笑いの種。〔毎月抄〕「定めて後の世の—も茂うぞ候ふらんなれども」訳 きっと後世の物笑いの種となることも多くございましょうが。

わらび【蕨】(名)草の名。山野に生え、早春に出るにぎりこぶし状に巻いた新葉「早蕨」を食用にする。春。⇩巻頭カラーページ8

わら-ふ【笑ふ・咲ふ・嗤ふ】□一(自ハ四){は・ひ・ふ・ふ・へ・へ}❶声をたてて笑う。宇治 一・三「無期ののちに、『えい』といらへたりければ、僧たち—・ふ(体)こと限りなし」訳 ずいぶんたったあとで、(稚児が)「はい」と答えたので、僧たちは笑うことこの上ない。⇩笑壺に入る「慣用表現」❷(比喩的に用いて)つぼみが開く。□二(他ハ四){は・ひ・ふ・ふ・へ・へ}あざわらう。嘲笑する。枕 一〇八「方弘は、いみじう人に—・は(未)るるものかな」訳 (源方弘は、たいそう人に嘲笑される者だなあ。

わら-ふだ【藁蓋・円座】(名)「わらうだ」とも。「ゑんざ」に同じ。

わらべ【童】(名)「「わらはべ」の転「わらんべ」の撥音「ん」の表記されない形」「わらはべ」に同じ。

わら-らか【笑らか】(形動ナリ){なら・なり(に)・なり・なる・なれ・なれ}「「らか」は接尾語」陽気なさま。にこやかなさま。源氏 蛍「人ざまの—・に(用)け近くものし給へば」訳 (玉鬘は)人柄が陽気で親しみやすくていらっしゃるので。

わらわ【童・妾】⇩わらは

わらわやみ【瘧】⇩わらはやみ

わらん-べ【童部】(名)「「わらはべ」の転」「わらはべ」に同じ。

わり-ご【破子・破籠】(名)白木で折り箱のようにつくった、食物を入れる容器。中にしきりをし、ふたをする。また、その中の食物。土佐「今日—持たせて来たる人、その名などぞや、今おもひ出でむ」訳 今日白木の折詰を(従者に)持たせてやって来た人は、その名前をなんといっただろうか、そのうち思い出すだろう。

(わりご)

わり-な-し(形ク){から・く(かり)・し・き(かる)・けれ・かれ}【「理なし」の意】

語義パネル

●**重点義** **自分の心の中で判断のつかないさま。**

ものの道理をいう「理」がないの意。

❶**道理に合わない。無理である。**めちゃくちゃだ。分別がない。

❷**たえがたい。苦しい。つらい。**

❸**しかたがない。やむを得ない。**どうにもならない。

❹**ことのほかである。ひととおりでない。**程度がはなはだしい

❺格別すぐれている。すばらしい。

❶**道理に合わない。無理である。**めちゃくちゃだ。分別がない。徒然 一三七「人の後ろにさぶらふは、様あしくも及びかからず、—・く(用)見んとする人もなし」訳 人(=貴人)のうしろに控えている者は、(前の人に)みっともなくものしかからず、無理に(賀茂の祭りの行列を)見ようとする人もいない。⇩心無し「慣用表現」

❷**たえがたい。苦しい。つらい。**源氏 空蟬「一昨日より腹をやみて、いと—・けれ(已)ば」訳 一昨日から腹をこわして、たいそう苦しいので。源氏 若菜上「—・き(体)心地の慰めに、猫を招き寄せてかき抱きたれば、いとかうばしくて」訳 (恋しくて)たえがたい気持ちの慰めに、(柏木が女三の宮の)猫を招き寄せて抱き上げたところ、たいそう香りがよくて。名文解説 光源氏の新妻、女三の宮への秘めた思慕に身を焦がす柏木が、女三の宮の飼い猫を抱き寄せる場面。猫に女三の宮の残り香をかぎ取る柏木の思いは狂おしく、やがて女三の宮の身代わりにとこの猫を借りてくるまでになる。

❸**しかたがない。やむを得ない。**どうにもならない。細道 草加「あるはさりがたき餞などしたるは、さすがに打ち捨てがたくて路次の煩ひとなれるこそ—・けれ(已)」訳 (身軽に旅をしたかったが)あるいは(友人たちが)辞退しにくい餞別などをしてくれたのは、やはり捨てにくいので、(それが)道中の重荷となったのはしかたがないことである。文法「こそわりなけれ」は、係り結び。⇩詮無し「慣用表現」

❹**ことのほかである。ひととおりでない。**程度がはなはだしい。枕 二九八「節分違へなどして夜ふかく帰る、寒きこといと—・く(用)、おとがひなど落ちぬべきを」訳 節分の方違えなどをして深夜に家に帰るのは、寒いこ

とはまったくひとどおりでなく、顎なども(今にも落ちてしまいそうであるけれども。文法「落ちぬべき」の「ぬ」は、助動詞「ぬ」の終止形で、ここは確述の用法。〔伽・俵藤太物語〕「―き㊍仲とぞなりにけり」訳なみなみならぬ(=親密な)間柄になったのだった。

❺格別すぐれている。すばらしい。平家一〇・千手前「眉目かたち・心ざま、優に―き㊍者で候ふとて、この二、三年召しつかはれ候ふが」訳(遊女屋の主人の娘の容貌・姿・性格が、優雅で格別にすぐれた者でございますというので、この二、三年(狩野介が)召し使っておられますが。

わり-ふ【割り符】(名)「わっぷ」とも。❶竹や木片に文字を記して、二分して半分ずつ持ち、のちに、合わせて証とするもの。〔太平記〕二「六十余州ことごとく―を合はせたるごとく、同時に軍起こって」訳日本国中すべて割り符を合わせたように、同時に戦いが起こって。

❷(転じて)一般に、証拠となるもの。

わ-る【割る・破る】㊀(自ラ下二){れ・れ・る・るる・るれ・れよ}❶物がわれる。くだける。さける。〔金槐集〕「大海の磯もとどろに寄する波―れ㊊て砕けてさけて散るかも」訳→おほうみの…和歌

❷分かれる。別々になる。〔詞花〕恋上「瀬をはやみ岩にせかるる滝川の―れ㊊ても末にあはんとぞ思ふ」訳→せをはやみ…和歌

❸心が乱れる。物思いに心がくだける。古今雑体「宵の間に出でて入りぬるみか月の―れ㊊て物思ふころにもあるかな」訳宵のうちに出て(すぐに)隠れてしまう三日月が割れているように、心もくだけるほどに乱れて思い悩むこのごろであるよ。(第三句までは「われて」を導きだす序詞。「われて」に①の意をかける)

❹(秘密などが)ばれる。露見する。〔浄・艶狩剣本地〕「破れかぶれ、奥様に知らせ、いっそ―れ㊊て出ようか」訳破れかぶれだ、奥様に知らせて、思い切って(たくらみが)ばれるようにしようか。

㊁(他ラ四){ら・り・る・る・れ・れ}❶くだく。さく。やぶる。源氏蜻蛉「氷を物の蓋に置きて―る㊑とて」訳氷をなにかの蓋の上に置いてくだくというので。

❷分け配る。割り当てる。方丈三「その地、程狭くて条里を―る㊍に足らず」訳その土地(=新都)は、面積が狭くて、区画を割るのには不十分である。

❸押し分けて突き進む。打ち破る。〔平治物語〕「『寄りあへや、組まん』とて、真ん中に―っ㊊(促音便)て入り」訳「寄り集まれよ、組み討ちしよう」と言って、(敵のまん中に)押し分けて入り。

わる-し【悪し】(形ク){から・く(かり)・し・き(かる)・けれ・かれ}「わろし」に同じ。枕二三七「わびしげなる車に装束―く㊊て物見る人、いともどかし」訳みすぼらしいようすの牛車に(乗り)服装が粗末で(祭りなどを)見物する人は、まったく気にくわない。

参考 中古までは「わろし」が普通に用いられた。「わるし」が多く用いられるようになってからは、従来の「よし」の対義としての「あし」の意味をも表すようになった。

われ【我・吾】(代)❶自称の人代名詞。わたくし。大鏡道長下「―は京人にも侍らず、たかき宮仕へなども侍らず」訳私は都育ちの人間でもありませんし、高貴なお邸への奉公などもしておりません。

❷その人自身。自分。源氏夕顔「女、さしてその人とたづね出で給はねば、―も名のりをし給はで」訳その女(=夕顔)を、格別にだれと突きとめ(ようとも)なさらないし、(光源氏)自身も姓名をお明かしにならないで。文法「給はねば」の「ば」は、並列を表す接続助詞。

❸対称の人代名詞。おまえ。あなた。そなた。宇治一〇・一〇「―は京の人か。いづこへおはするぞ」訳そなたは都の人か。どこへいらっしゃるのか。

発展 **「われ」「なれ」「おのれ」**

「われ」は、「わ(我・吾)」に接尾語「れ」が付いた形で、「あ(我・吾)」に「れ」の付いた「あれ」と同義である。また、「な(汝)」に「れ」の付いた「なれ」と対応する。一人称にも二人称にも用いる点は、「おのれ」と同じである。

われ-か【我か】❶自分であるか。自分のことか。古今恋四「玉桙の道は常にもまどはなむ人を訪ふとも―と思はむ」訳(恋人の所へ通う)道を、(今日だけでなくて)いつもまちがえてほしい。ほかの女性を訪問するのだとしても、自分のことか(=私に逢いに来たのか)と思うことにしよう。(「玉桙の」は「道」にかかる枕詞)

❷「我か人か」の略。源氏夕顔「君はものもおぼえ給はず、―のさまにておはし着きたり」訳(源氏の)君は何もお考えになることができず、正体のないありさまで(二条院に)ご到着になった。

なりたち 代名詞「我」+係助詞「か」

われかしこ-げ-に【我賢げに】(副)自分こそ賢いというふうに。徒然一〇〇「―物ひきしたため、ちりぢりに行きあかれぬ」訳(法要が終わった後は)自分こそ物わかりがよいというふうに荷物を取りまとめ、散り散りに別れて行ってしまう。

われか-の-けしき【我かの気色】自分か他人かわからないほど、正体を失っているさま。人心地がしないさま。源氏桐壺「いとどなよなよと―にて臥したれば」訳(桐壺の更衣は)いよいよなよなよと(力なく)、正気のないありさまで横になっているので。

慣用表現 **「正気を失う(さま)」を表す表現**

有るにもあらず・吾かにもあらず・吾か人か・吾にもあらず・現つ無し・心地惑ふ・物も覚えず・我か・我かの気色・我か人か・我にもあらず

ポイント 「吾(我)か人か」「吾(我)にもあらず」は、「自分か他人かわからない」の意から「正体を失っているさま」を表す表現。

われか-ひとか【我か人か】自他の区別のつかないほど心が乱れている状態。ぼんやりとして正体を失っているようす。「我か」とも。蜻蛉下「簾を頼みたる者ども、―にて、おさへひかへ騒ぐまに」訳(うちとけた姿で)簾を頼みにしていた侍女たちは、我を忘れて取り乱したようすで、(風に吹きあげられた簾を)押さえたり引きとどめたりして騒いでいる間に。⇩我かの気色「慣用表現」

われから(名)海藻の間にすむ甲殻類に属する動物名。和歌では多く、「我から」にかけて用いる。〔秋〕。伊勢六五「海人の刈る藻にすむ虫の―と音をこそなかめ世をば恨みじ」(古今・恋五にも所収)訳海人の刈る藻に住

む虫のわれからではないが、(わが身の不幸は)自分のせいだと、声に出して泣ころ、二人の仲を恨んだりはすまい。「われから」は「我から」との掛詞)

われ-から【我から】自分から。だれのせいでもなく自分のせいで。源氏 夕顔『よし、これも—なり』と恨み、かつは語らひ暮らし給ふ」訳(光源氏は)「まあいいだろう、これ(=夕顔が名を名のらないこと)も自分自身のせいである」と恨み、その一方では(むつまじく)話をし合って一日をお過ごしになる。⇩手づから「慣用表現」

われこそは… 和歌 なりたち 代名詞「我」＋格助詞「から」

> 我こそは 新島守よ 隠岐の海の
> 荒き波風 心して吹け
> 〈増鏡・新島守・後鳥羽院〉

訳 私こそは、新しくやって来た島の番人だぞ。隠岐の海の荒い波と風よ、気をつけて(穏やかに)吹けよ。

解説 後鳥羽院は、承久三年(一二二一)北条義時追討の命を下したが失敗し、隠岐に流された(承久の乱)。隠岐は、昔からの配流の地。「新島守」は自身のことで、この度流されて配所に来たので、こう言った。

われ-さか・し【我賢し】(形シク)〔しから・しく(しかり)・し・しき(しかる)・しけれ・しかれ〕りこうぶるさま。いかにも分別顔である。源氏 椎本「—・しう用(ウ音便)思ひ沈め給ふにはあらねど」訳(大君は父八の宮を亡くして)分別顔で気持ちを落ち着けていらっしゃるわけではないが。

われ-たけ・し【我猛し】(形ク)〔から・く(かり)・し・き(かる)・けれ・かれ〕「われだけし」とも。得意になっているさま。偉ぶっているようす。源氏 帚木「かしこく教へ立つるかなと思ひ給へて、—・く用言ひそし侍るに」訳(私=左の馬頭はわれながら上手に教え込んだものだなと存じまして、得意になって言い過ぎますと。

われ-だのみ【我頼み】(名)自分をたのみにすること。自負。うぬぼれ。ひとりよがり。源氏 帚木「あるまじき—にて」訳 あるはずがないひとりよがりの考えで。

われ-て【破れて】(副)しいて。むりに。伊勢 六九「二日といふ夜、をとこ、—『会はむ』と言ふ」訳 二日目の夜に、男は、むりに(女に)「会おう」と言う。

われ-と【我と】自分で。自分から。ひとりでに。平家 九・二度之懸「大名は—手をおろさねども、家人の高名をもって名誉す」訳 大名は自分で直接事にあたらないが、家臣の手柄をもって(自分の)誉れとする。⇩手づから「慣用表現」

われときて… 俳句 なりたち 代名詞「我」＋格助詞「と」

> 我と来て 遊べや親の ない雀
> 〈おらが春・一茶〉

訳 こっちへ来ておいらといっしょに遊べよ。親のない雀の子よ。(おいらも母親を亡くして、「親なし児」と仲間はずれにされて、さびしいのだ)。(雀の子春。切れ字は「や」)

解説 一茶は五歳で母親を亡くした。「おらが春」には「六歳弥太郎(本名)」と自署するが、追想の句。母親がいないためにはやされたことや、「我が身ながらも哀れなりけり」などの嘆きが前書きにある。

われ-どち【我どち】(名)自分たちどうし。仲間どうし。枕 三「—いふことも、何事ならむとおぼゆ」訳 仲間どうしで話すことも、どんなことであろうと思われる。

われ-と-は-なし-に【我とは無しに】私と同じ身の上ではないのに。古今 夏「ほととぎす—うの花の憂き世の中に鳴き渡るらむ」訳 ほととぎすは(憂えて泣く)私と同じ身の上ではないのに、どうしてつらいことの多い世の中を鳴いて渡っているのだろう。(「うの花の」は「憂き」にかかる枕詞)

なりたち 代名詞「我」＋格助詞「と」＋係助詞「は」＋形容詞「無し」の終止形「なし」＋断定の助動詞「なり」の連用形「に」

われ-に-も-あら-ず【我にもあらず】❶自分が自分のような気がしない。正気を失いぼうぜんとしている。竹取 蓬萊の玉の枝「御子は—・ぬ体気色にて、肝消えゐ給へり」訳 (くらもちの)皇子はぼうぜんとしたようすで、非常に驚きおそれてお座りになっている。⇩我かの気色「慣用表現」

❷自分の本心でない。不本意である。宇治 一四・六「惜しみけれども、いたく乞ひければ、—・でとらせたりければ」訳 (唐人は玉を返すことを)惜しんだけれども、(持ち主の男が)熱心に頼んだので、しぶしぶながら与えたところ。文法「われにもあらで」の「で」は、「ずして」の変化したものといわれる接続助詞。

なりたち 代名詞「我」＋断定の助動詞「なり」の連用形「に」＋係助詞「も」＋ラ変補助動詞「あり」の未然形「あら」＋打消の助動詞「ず」

われ-は-がほ【我は顔】(名・形動ナリ)自分こそはりっぱだという顔つき。得意顔。自慢顔。源氏 帚木「直人の上達部などまでなりのぼり、—・に用て家の内を飾り」訳 ふつうの家柄の人が上達部などにまで昇進し、自信ありげな顔つきで家の中を飾り。

われ-ぼめ【我褒め】(名)自分で自分をほめること。自慢。〔紫式部日記〕「『宮の御前、聞こしめすや。つかうまつれり』と、—し給ひて」訳「宮様、お聞きか。(歌を上手に)お詠み申しあげたよ」と、(道長は)自賛しなさって。

われ-もかう【地楡・吾亦紅・割木瓜】(名)草の名。秋、茎の先に暗い紅紫色の穂花をつける。秋。⇩巻頭カラーページ9

われ-ら【我等・吾等】(代)〔「ら」は接尾語〕❶自称の複数の人代名詞。われわれ。私たち。平家 一・祇王「いざ—もついてみん」訳 さあ(祇王の幸福にあやかって)私たちも(祇という文字を名前に)つけてみよう。❷自称の単数の人代名詞。卑下する気持ちをふくむ。私め。われ。〔栄花〕浦々の別「我が仏の御徳に—も召されぬべかめり」訳 わが仏(=敦康親王)のおかげで私めもきっと(都に)召し返されるにちがいないようだ。❸対称の複数の人代名詞。同輩以下に用いる。おまえたち。汝ら。

わ-ろ【我ろ・吾ろ】(代)《上代東国方言》「われ①」に同じ。万葉 二〇・四三四三「—旅は旅と思ほど家にして子持ち痩すらむ我が妻かなしも」訳 →わろたびは… 和歌

わろうだ【藁蓋・円座】⇩わらふだ

わろ-し【悪し】(形ク){から・く(かり)・し・き(かる)・けれ・かれ}

語義パネル

●**重点義** 他と比較してよくない、普通より劣るさま。

❶よくない。感心しない。好ましくない。
❷美しくない。ぱっとしない。みっともない。
❸へただ。つたない。
❹不都合だ。適当でない。
❺貧しい。
❻新鮮でない。くさっている。

❶**よくない。感心しない。**好ましくない。枕 一「昼になりて、ぬるくゆるびもていけば、火桶の火も白き灰がちになりて―・し㊥」訳 昼になって、(寒気が)しだいに暖かくゆるんでいくと、火鉢の炭火も白い灰が多くなって感心しない。徒然 一一七「友とするに―・き㊍者、七つあり。一つには、高くやんごとなき人」訳 友としてもつのによくない者が、七つある。第一には、身分が高く重んずべき人。

❷**美しくない。ぱっとしない。**みっともない。更級 物語「われはこのごろ―・き㊍ぞかし。盛りにならば、かたちも限りなくよく、髪もいみじく長くなりなむ」訳 私は今は(まだ)美しくないことだよ。(けれども)娘盛りになるならば、きっと顔だちもこの上なくよくなり、髪の毛もたいそう長くなるだろう。文法「よく」は連用形中止法で、「長く」とともに、下の「なりなむ」にかかる。「なむ」の「な」は、助動詞「ぬ」の未然形で、ここは確述の用法。名文解説 菅原孝標の女は少女の頃、「源氏物語」を愛読するあまり、今は美しくない自分も、娘盛りになれば、あこがれの夕顔や浮舟のように美しくなれると思い込んでいたという。髪の長さや美しさも、当時の美女の必須の条件であった。枕 八二「いと―・き㊍名の、末の世まであらむこそ、くちをしかなれ」訳 たいそうみっともない名前が、後の世まで残るとしたらそれは、残念なことであるようだ。文法「あらむ」の「む」は、仮定・婉曲の助動詞。「くちをしかなれ」は「くちをしかるなれ」の撥音便「くちをしかんなれ」の「ん」の表記されない形。「なれ」は、伝聞・推定の助動詞「なり」の已然形で係助詞「こそ」の結び。

❸**へただ。つたない。**徒然 三五「手の―・き㊍人の、はばからず文書きちらすは、よし」訳 文字のへたな人が、かまわず手紙をどんどん書くのは、よいものだ。

❹不都合だ。適当でない。徒然 五五「暑き比―・き㊍住居は、堪へがたきことなり」訳 暑い時分に(住むのに)不適当な住居は、がまんできないものである。

❺貧しい。大和 一四九「この女、いと―・く㊊なりにければ、思ひわづらひて」訳 この女がたいそう貧しくなってしまったので、(男は)思い悩んで。

❻新鮮でない。くさっている。著聞 六三三「瓜をとりいでたりけるが、―・く㊊なりて、水ぐみたりければ」訳 瓜を取り出したところ、くさったようになって、水っぽくなっていたので。(⇩悪し「類語パネル」)

わろたびは… 和歌

わろ旅は 旅と思ほど 家にして
子持ち痩すらむ 我が妻かなしも
〈万葉・二〇・四三四三・防人歌・玉作部広目〉

訳 私は、旅は旅だから(そのつらさはしかたがない)と思うが、家にいて子供を抱えて痩せ細っているだろう我が妻がいとおしいことだ。

解説 作者は駿河の国の人。「わろ」「思ほど」「子持ち」「我が妻」は東国方言。初句を「私の旅」とする解もある。

わろ-びと【悪人】(名)身分や地位の低い人。栄花 おむがく「さるべきやむごとなき車ども立ち込みぬれば、―の車寄りつくべくもあらねば」訳 しかるべき高貴な人々の牛車がたてこんでいたので、身分の高くない人の牛車は寄りつくことができそうもないので。

わろ-び-る【悪びる】(自ラ下二){れ・れ・る・るる・るれ・れよ}気おくれする。わるびれる。平家 二・西光被斬「ちっとも色も変ぜず、―・れ㊊たる景気もなし」訳 (西光法師は)少しも顔色も変えず、わるびれたようすもない。

わろ-ぶ【悪ぶ】(自バ上二){び・び・ぶ・ぶる・ぶれ・びよ}〔「ぶ」は接尾語〕悪く見える。体裁が悪い。みっともない。源氏 総角「例の、―・び㊊たる女ばらなどは、かかることには憎きさしらも言ひまぜて」訳 例によって、みっともない女房たちなどは、こうした(男女の)ことには小憎らしいおせっかいまで口にして。

わろ-もの【悪者】(名)劣っている人。未熟な人。源氏 帚木「―は、わづかに知れる方のことを残りなく見せ尽くさむと思へるこそ、いとほしけれ」訳 (総じて)未熟な者は、ほんの少し知っている方面のことを、すっかり見せつくそう(=ひけらかそう)と考えているのは、不快なことだ。

わわ-く(自カ下二){け・け・く・くる・くれ・けよ}(衣服などが)破れ乱れる。ぼろぼろになる。今昔 一五・一五「蓑の、腰まで―・け㊊懸かりたるをかけて」訳 蓑で、腰(のあたり)までぼろぼろになりぶら下がっているのをかけて。

わわけ-さが-る【わわけ下がる】(自ラ四){ら・り・る・る・れ・れ}破れほつれてぶら下がる。ぼろぼろになって下がる。万葉 五・八九二「綿もなき布肩衣の海松のごと―・れ㊀るかかふのみ肩にうち掛け」訳 →かぜまじり… 和歌

わわ-し(形シク){しから・しく(しかり)・し・しき(しかる)・しけれ・しかれ}騒がしい。やかましい。口うるさい。〔狂・靭猿〕「そこな人、―・しく㊊は―・しい㊥(口語)となぜにおしゃらぬぞ」訳 そこの人、うるさいならばうるさいとどうしておっしゃらないのだ。

わ-をとこ【我男・吾男】(代)〔「わ」は接頭語〕対称の人代名詞。男性に対して親しみ、または軽んじていう語。おまえ。あんた。宇治 七・二「―、かしこにありしときは言はで、ここにてかく言ふは、にくきことなり」訳 こいつめ、(私が)向こうにいた時には言わないで、ここでこのように言うのは、憎いことだ。↔我女

わ-をんな【我女・吾女】(代)〔「わ」は接頭語〕対称の人代名詞。女性に対して親しみ、または軽んじていう語。おまえ。あんた。〔義経記〕「あはれ、―は詮なきことを思ふなり」訳 ほんとうに、おまえはつまらないことを思うものだ。↔我男

ゐ ヰ

「ゐ」は「為」の草体
「ヰ」は「井」の略体

-ゐ【位】(接尾)官位の等級を表す。三位以上は正・従の二階に分かれ、四位以下は、さらに上・下があって四階に分かれる。「正四―下」

ゐ【井】(名)❶泉あるいは川から水を汲む所。万葉 七・一一二六「春霞―の上ゆただに道はあれど君に逢はむとたもとほり来も」訳 水を汲む泉のほとりから(私の家まで)は)まっすぐに道はあるが、あなたに逢おうと思って、遠まわりして来ることだ。(「春霞」は「井」にかかる枕詞)
❷穴を掘って、地下水を汲み上げるようにした所。井戸。万葉 七・一一二八「馬酔木なす栄えし君が掘りし―の石井の水は飲めど飽かぬかも」訳 栄えたお方が掘った井戸である、石で囲った井戸の水は、いくら飲んでも飽きないことよ。(「馬酔木なす」は「栄ゆ」にかかる枕詞)

ゐ【亥】(名)❶十二支の十二番目。→十二支
❷方角の名。北北西。
❸時刻の名。今の午後十時ごろおよびその前後約二時間(午後九時ごろから午後十一時ごろ)。

ゐ【猪】(名)いのしし・ぶたの総称。特に、いのしし。徒然 一四「おそろしきゐのししも、『ふす―の床』といへば、やさしくなりぬ」訳 おそろしいいのししも、「ふす猪の床」と(和歌に)詠むと必ず、優雅になってしまう。

ゐ-あか-す【居明かす】(他サ四){さ・し・す・す・せ・せ}起きたままで夜を明かす。徹夜する。枕 一八二「女の限りしては、さもえ―・さ㊍ざらましを」訳 女だけでは、そんなふうにも夜を明かすことはできないだろうに。

ゐ-い-る【居入る】(自ラ四){ら・り・る・る・れ・れ}(中に入って)すわりこむ。枕 七四「おのづから来などもする人の…―・り㊊てとみも帰りげもなきを」訳 ときたま来たりする人が…すわりこんですぐにも帰りそうもないのを。

ゐ-かか-る【居掛かる・居懸かる】(自ラ四){ら・り・る・る・れ・れ}すわってよりかかる。徒然 二三八「わけ入りて膝に―・れ㊋ば、にほひなどもうつるばかりなれば」訳 (女が人の間を)わけ入って(私の)膝によりかかってすわるので、(女の)においなどもうつるほどだから。

ゐ-かは-る【居替はる・居代はる】(自ラ四){ら・り・る・る・れ・れ}居場所をかわる。交替してすわる。枕 四一「かたみに―・り㊊て、羽の上の霜はらふらむ程など」訳 (おしどりの雌雄が)互いに居場所をかわって、羽の上の霜を払うというそのありさまなど(は心をうたれる)。

ゐ-き【位記】(名)叙位の旨を記した辞令。著聞 一四三「玄賓、―を木の枝にさしはさみて、和歌を書き付けてうせにけり」訳 玄賓(僧都)は、叙位の旨を記した辞令の文書を木の枝に差しはさんで、(それに)和歌を書き付けて姿を消してしまった。

ゐ-ぎ【威儀】(名)威厳のある態度や動作。礼にかなった動作・姿。枕 二七八「僧綱の中に―具足してもおはしまさで」訳 (隆円僧都は)僧官の中に(まじって)威厳のある態度が備わってもいらっしゃらないで。

ゐぎ-の-おもの【威儀の御膳】元日その他の節会などのときの、天皇の正式のお食事。威儀の御膳。〔紫式部日記〕「―は采女どもまゐる」訳 儀式の日の正式なお食事は采女たちが(調えて)差し上げる。

ゐぎ-の-みこ【威儀の親王】即位式に、玉座のかたわらに並び、威儀を整えることをつかさどる親王。大鏡 師輔「―をさへせさせ給へりしよ」訳 (事もあろうに兄である為平親王に)威儀の親王(の役目)をさえもおさせになられたよ。

ゐ-ぐつ【藺履】(名)藺草(=草の名)で編み、紙の緒をつけた、裏なしの草履。

ゐ-くび【猪頸・猪首】(名)❶(いのししの首のように)人の首の太く短いのをいう語。〔浮・諸艶大鑑〕「背短(=背が低いこと)にて、―にして」
❷兜をややあおむけにかぶること。首のまわりが兜の錣でおおわれ、首が短く見えることからいい、敵の矢を恐れない勇ましいかぶり方とされる。平家 九・一二之懸「黒革縅の鎧に、甲―に着ないて」訳 黒革縅の鎧をつけ、兜をわざわざややあおむけにかぶって。

ゐ-こぼ-る【居溢る】(自ラ下二){れ・れ・る・るる・るれ・れよ}人が多くて、すわりきれずに外まであふれ出る。平家 二・教訓状「縁に―・れ㊊、庭にもひしとなみ居たり」訳 縁にすわりきれず、庭にもびっしりと並んですわっている。

ゐ-こ-む【居籠む・居込む】❶(自マ下二){め・め・む・むる・むれ・めよ}ぎっしりつめてすわる。大鏡 道長下「―・め㊊たりつる人も皆くづれ出づるほどにまぎれて」訳 (大勢)ぎっしりつめてすわっていた人も皆一度に解散して出るときにまぎれて。
❷(他マ下二){め・め・む・むる・むれ・めよ}中にすわりこませる。〔紫式部日記〕「いま、里より参る人々は、なかなか―・め㊍られず」訳 今ごろ、実家から参上する女房たちは、とても中にすわらせることはできない。

ゐ-こん【遺恨】(名)❶悔いを残すこと。残念。後悔の気持ち。残念。大鏡 道長下「―のわざをもしたりけるかな」訳 残念なふるまいをもしてしまったことよ。
❷忘れられない恨み。

ゐさうらふ… 川柳

> 居候　三杯目には　そっと出し

訳 他人の家に寄食している男の場合、ごはんの三杯目のお代わりをするときには、(やはり気がひけて)そっと茶碗を出すことになるよ。

解説 「三ばいめこわそうに出すかかり人(=居候)」〈川柳評万句合勝句刷〉がこの句の原形ではないかという説があるが、典拠はまだ不明とされている。

ゐざり-い-づ【居ざり出づ】(自ダ下二){で・で・づ・づる・づれ・でよ}すわったまま膝で進み出る。または、退出する。〔うつほ〕楼の上上「御しとね参らせ給ひて、―・で㊊給へり」訳 (宰相の上は)御敷物を用意させなさって、(仲忠のそばへ)すわったまま膝で進み出られた。

ゐざり-い-る【居ざり入る】(自ラ四){ら・り・る・る・れ・れ}すわったまま膝で進んで入る。源氏 横笛「端つかたなりける人の―・り㊊つるけはひどもしるく」訳 (母屋の)端のほうにいた人(=女房)が、(母屋の奥に)膝をついて入ってしまったようすのあれこれが明白で。

ゐざり-よ-る【居ざり寄る】(自ラ四){ら・り・る・る・れ・れ}すわ

ったまま膝で進み寄る。[蜻蛉]中「かたはらなる唐櫃に—・り(用)て入れつ」[訳]そばにある唐櫃に膝で進み寄って(遺書を)入れた。

ゐ-ざ・る—【居ざる】(自ラ四){ら・り・る・る・れ・れ}❶すわったまま膝で進む。また、幼児などが尻をつけたままで進む。[源氏]行幸「しりへざまに—・り(用)しぞきて」[訳](近江の君は)うしろのほうにすわったまま膝で移動してひきさがって。❷船などが、のろのろと進む。[土佐]「川の水なければ、—・り(用)にのみぞ—・る(体)」[訳]川の水がないので、(船は)のろのろと進むばかりである。

[参考]「ゐざる」の「さる」は「春さる」などの「さる」と同じで、移動する意が原義。

ゐ-しづま・る【居静まる・居鎮まる】(自ラ四){ら・り・る・る・れ・れ}人々が座について静かになる。[枕]三五「講師のぼりぬれば、みな—・り(用)て」[訳](法華八講の席で)講師が登壇したので、皆が座について静かになって。

ゐ-じゅん—【違順】(名)《仏教語》逆境と順境。[徒然]二四二「とこしなへに—に使はるることは、ひとへに苦楽のためなり」[訳](人間が)いつまでも逆境と順境とに支配されることは、まったく苦をさけ楽を求めるためである。

ゐ-しょ—【位署】(名)公文書に官位・姓名を記すこと。また、その書式。[徒然]二三八「行成—・名字・年号、さだかに見え侍りしかば」[訳](額の裏に)行成の官位・姓名・年月日が、はっきりと見えましたので。

ゐ-ずまひ【居住まひ】(名)すわりかた。すわった姿勢。[枕]一四六「おとりたる人の、—もかしこまりたるけしきにて」[訳]身分の低い人が、すわった姿勢もかしこまったようすで。

ゐ-せき—【堰】(名)杭や石で川の流れをせきとめた所。「井手」とも。〔山家集〕「立田川岸のまがきを見わたせば—の波にまがふ卯の花」[訳]立田川の川岸の垣のような茂みを見わたすと、流れをせきとめる堰の白波と見まごう(ほど白く咲いている)卯の花であるよ。

ゐ-たけ—【居丈】(名)「ゐだけ」とも。すわっているときの身長。座高。[源氏]末摘花「—の高く、を背長に見え給ふに」[訳](末摘花は)座高が高く、胴長にお見えになるので。

ゐたけ-だか—【居丈高】(名・形動ナリ)❶座高が高いこと。〔栄花〕根あはせ「—・に(用)髪少なにて」[訳]座高が高く髪の毛は少なくて。❷すわったまま背をぐっとのばすこと。憤慨したり、人を威圧したりするさまなどにいう。〔義経記〕「—・に(用)なりて申しける」

ゐ-た・つ—【居立つ】(自タ四){た・ち・つ・つ・て・て}すわったり立ったりする。熱心に世話をするさまにいう。[源氏]若菜下「太政大臣—・ち(用)て、いかめしく、こまかに、物の清ら、儀式を尽くし給へりけり」[訳]太政大臣は熱心に世話をして、おごそかに、こまごまと、美しさと作法をお尽くしになったのだった。

ゐだ-てん—【韋駄天】(名)《仏教語》仏法の守護神。捷疾鬼(=足の速い鬼の名)が仏舎利(=釈迦の遺骨)を盗んで逃げたとき、これを追って取り戻したという俗説から、足の速い神とされる。

ゐ-ちょく—【違勅】(名・自サ変)天皇の命令にそむくこと。[平家]四・鵼「逆反の者を退け、—の者を滅ぼさんがためなり」[訳](朝廷に武士を置くのは)謀反する者を撃退し、天皇の命令にそむく者を滅ぼそうとすることのためである。

ゐ-つ・く—【居着く】(自カ四){か・き・く・く・け・け}❶来たまま帰らずにそこにい続ける。いすわる。長居する。[枕]二九二「やがて—・き(用)て、もの言ふなり」[訳](向こうに行って)そのままそこに腰を落ち着けて、おしゃべりしているらしい。❷住みつく。定住する。[宇治]三・一五「むつかしきことありと言ひつたへて、大かた、人もえ—・か(未)ねば」[訳]気味悪いことがあると言い伝えて、まったく人も住みつくことができないので。

ゐ-づつ—【井筒】(名)井戸の囲い。井戸の地上の部分を、木・石などで囲んだもの。本来は円筒状のものをいうが、のちには方形のものをもさす。井桁。[伊勢]二三「筒井つの—にかけしまろがたけすぎにけらしな妹見ざるまに」[訳]→つつゐつの…[和歌]

ゐ-で—【井手・堰】(名)「ゐせき」に同じ。

井手(ゐで)『地名』[歌枕]今の京都府綴喜郡井手町。奈良街道にあり、木津川東岸の地。山吹・蛙の名所。

井手曙覧(ゐであけみ)『人名』→橘曙覧

ゐなか【田舎】(名)❶都から離れた土地。地方。鄙。[更級]物語「をばなる人の—よりのぼりたる所にわたいたれば」[訳]おばにあたる人が地方から上京している家に行ったところ。[文法]「わたい」は、「わたり」のイ音便。❷(接頭語のように用いて)野卑・粗暴なものをののしっていう語。〔十訓〕四「—武者の情けもあはれも知らぬありけり」[訳](源仲正の従者に)田舎武者で、人情も物の情趣も解さない者がいた。[文法]「武者の」の「の」は、いわゆる同格の格助詞で、「…で」の意。

ゐなか-うど—【田舎人】(名)〔「ゐなかびと」の転〕「ゐなかびと」に同じ。

ゐなか-がふし【田舎合子】(名)田舎ふうの、実用本位の蓋付きの椀。

ゐなか-せかい—【田舎世界】(名)田舎の土地。地方。[更級]初瀬「一代に一度の見物にて—の人だに見るものを」[訳](大嘗会の御禊は)天皇一代に一度の見ものであって、(都の人はもちろんのこと)地方の人だって(上京して)見るものなのに。

ゐなか-だ・つ—【田舎だつ】(自タ四){た・ち・つ・つ・て・て}〔「だつ」は接尾語〕田舎めく。田舎くさくみえる。[枕]二六「—・ち(用)たる所に住む者たちなどが、みな集まり来て」[訳]田舎めいた所に住むものどもなど、みな集まって来て。

ゐなか-びと—【田舎人】(名)田舎に住む人。田舎者。「ゐなかうど」とも。[更級]子忍びの森「あづまの国、—になりてまどはむ、いみじかるべし」[訳]東国で、田舎者となって途方にくれるとすればそれは、大変なことであろう。

ゐなか・ぶ【田舎ぶ】(自バ上二){び・び・ぶ・ぶる・ぶれ・びよ}〔「ぶ」は接尾語〕田舎じみる。いかにも田舎ふうである。[源氏]橋姫「—・び(用)たる山賤どものみ、稀になれまゐり仕うまつる」[訳]田舎じみたきこりたちだけが、時たま(宇治の山荘に)なれなれしく参上しご奉仕申しあげる。↔都ぶ

[参考]「源氏物語」では、「田舎ぶ」に比べて、「鄙ぶ」を上品な感じに用いる。

ゐ‐ながら ィ—【居ながら】(副)すわったまま。その場ですぐに。[今昔]一五・四四「仏の御前に念誦ねんじゅして有りけるに、—眠ねぶり入りたりける夢に」[訳]仏の御前で念仏を唱えていたが、すわったまま眠り込んでしまって(見た)夢に。

ゐ‐なが‐る ィ—【居流る】(自ラ下二){れ・れ・る・るる・るれ・れよ}並んですわる。列座する。居並ぶ。[太平記]二「二、三千も有らんと覚えたるが左右に—れ(用)て」[訳]二、三千もいるだろうと思われた人たちが左右に並んですわって。

ゐなか‐わたらひ イナカワタライ【田舎渡らひ】(名・自サ変)田舎をまわって生活すること。地方まわり。行商の類とも、地方官をさすともいう。[伊勢]二三「昔、—し(用)ける人の子ども」[訳]昔、田舎まわりをしていた人の子供たちが。

ゐ‐なほ‐る イナオル【居直る】(自ラ四){ら・り・る・る・れ・れ}❶きちんとすわりなおす。いずまいを正す。[源氏]若菜上「宮も、—り(用)給ひて御物語し給ふ」[訳](蛍兵部卿ほたるひょうぶきょうの)宮も席を改めなさって、お話をしなさる。❷急に態度を変える。いなおる。[平家]二・西光被斬「ちっとも色も変ぜず、わろびれたる景気もなし。—り(用)あざわらって申しけるは」[訳](西光さいこう法師は)少しも顔色も変えず、悪びれたようすもない。いなおって高笑いして申したことには。

ゐ‐な‐む ィ—【居並む】(自マ四){ま・み・む・む・め・め}並んですわる。居並ぶ。[宇治]一・三「裏表うらうへに二並びに—み(用)たる鬼、数を知らず」[訳]左右に二列に並んですわっている鬼は、数えきれないほど多い。

ゐ‐なら‐ふ イナラウ(ロウ)【居慣らふ・居習ふ】(自ハ四){は・ひ・ふ・ふ・へ・へ}すわり慣れる。[源氏]東屋「『かかる物の外とには、まだ—は(未)ず』と愁うれへ給ひて」[訳]「このような物(=遣やり戸)の外には、まだ(私=薫かおるは)すわり慣れない」と不満を訴えなさって。

ゐ‐ぬ イヌ【率寝】(他ナ下二){ね・ね・ぬ・ぬる・ぬれ・ねよ}〔上一段動詞「率ゐる」の連用形「ゐ」に下二段動詞「寝ぬ」の付いたもの〕連れて行ってともに寝る。[万葉]一六・三八二三「橘たちばなのてれる長屋にわが—ね(用)し童女うなゐ放髪はなりに髪上げつらむか」[訳]橘の実が(日の光に)照りかがやいている長屋で、私がいざなって共寝をした少女は、はなり髪(=肩のあたりで切って垂らした娘の髪形)に髪上げをしたであろうか。

ゐ‐ねう イニョウ【囲繞】(名・他サ変)❶(尊敬すべき対象を)とり囲むこと。とり巻くこと。[平家]三・有王「昔は…四、五百人の所従眷属けんぞくに—せ(未)られてこそおはせしか」[訳](俊寛僧都しゅんかんそうずは)昔は…四、五百人の召使や従者にとり巻かれていらっしゃったのに。❷《仏教語》法会ほうえで、衆僧が仏のまわりをまわること。[栄花]とりのまひ「仏の前後左右には、諸僧威儀具足して、—じ(用)奉れり」[訳]仏の前後左右には、諸僧が威厳のある態度を備えて、囲繞し申しあげている。

ゐ‐の‐く ィ—【居退く】(自カ四){か・き・く・く・け・け}いた場所から退く。立ちのく。[今昔]一九・一八「聖人しゃうにん—か(未)むとする時に」[訳](増賀)聖人が退出しようとするときに。

ゐ‐の‐こ ィ—【亥の子・玄猪・豕】(名)❶陰暦十月の亥いの日の称。「亥の子の祝ひ」といって、この日の亥の刻に餅を食べると万病を除くと信じられた。一説に、猪いのししは多産なので、子孫繁栄を祝ったともいう。玄猪げんちょ。❷「亥の子餅」の略。

ゐのこ‐もち ィノコ—【亥の子餅】(名)「ゐのこ①」に食べる餅。亥の子。「ゐのこもちひ」とも。[冬]

ゐのししの… [俳句]

> 猪の　ねに行ゆくかたや　明あけの月つき　〈去来抄きょらいしょう・去来〉 秋

[訳](餌をあさって夜中に活動していた猪がねぐらに帰って行く。その行くての空に、明け方の淡い月が低くかかっているよ。(明けの月[秋]。切れ字は「や」)

[解説]「明けぬとて野辺より山に入る鹿のあと吹きおくる萩の下風」〈新古今・秋〉や、「ほととぎす鳴きつるかたをながむればただありあけの月ぞ残れる」([訳]→ほととぎす…[和歌])〈千載・夏〉と同趣向で手柄がないと、芭蕉ばしょうがこの句の趣向を批評している。〈去来抄・先師評〉

ゐのしし‐むしゃ イノシシ—【猪武者】(名)前後のわきまえもなく、むやみに敵に突進する武者。[平家]一一・逆櫓「片おもむきなるをば—とて、よきにはせず」[訳](攻めるばかりでいちずなのを猪武者といって、よいこととはしない。

井原西鶴(ゐはらさいかく) イハラサイカク〔人名〕(一六四二〜一六九三)江戸前期の俳人・浮世草子作者。本名平山藤五。大坂の町人。西山宗因そういんに談林俳諧を学んだ。矢数やかず俳諧に才気を発揮し、一昼夜に二万三千五百句の記録をたてた。句集「大句数おおくかず」。四十一歳で「好色一代男」を出版して浮世草子に転向した。浮世草子には、好色物「好色五人女」「好色一代女」、武家物「武道伝来記」「武家義理物語」、町人物「日本永代蔵えいたいぐら」「世間胸算用むねさんよう」「西鶴織留おりどめ」、雑話物「西鶴諸国ばなし」「本朝二十不孝」など。(西鶴忌[秋])

ゐ‐ふたぎ ィ—【韻塞ぎ】(名)「ゐんふたぎ」に同じ。

ゐまち‐づき イマチ—【居待ち月】(名)〔月の出が少し遅いのですわって待つ月の意〕陰暦十八日の夜の月。特に、八月十八日の月。居待ちの月。[秋]

ゐまちづき イマチヅキ【居待ち月】《枕詞》月が明るいところから「明石あかし」にかかる。月の出を待って夜を明かすことからともいう。[万葉]三・三八八「—明石の門とゆは」

ゐ‐まは‐る イマワル【居回る・居廻る】(自ラ四){ら・り・る・る・れ・れ}輪になってすわる。車座になる。[宇治]一・三「〔鬼たちは〕—り(用)て、酒飲みあそびて」

ゐや イヤ【礼】(名)「うや」とも。敬うこと。礼をつくすこと。礼儀。礼。〔雨月〕菊花の約「吾われいま母公の慈愛めぐみをかうむり、賢弟の—を納むる」[訳]私は、いま母上の慈愛をいただき、(私の義理の)賢弟からの礼を受けとる。

ゐ‐や ィ—【居屋】(名)住み家。住居。[方丈]三「—ばかりをかまへて、はかばかしく屋やをつくるに及ばず」[訳](日常寝起きする)住居だけを構えて、きちんと屋敷を建てるにいたらない。

ゐや‐な‐し イヤ—【礼無し】(形ク){から・く・かり・し・き・かる・けれ・かれ}無礼である。無作法である。〔記〕中「西の方に熊曽建くまそたける二人あり。これ伏まつろはず—き(体)人どもなり」[訳]西方に熊曽の国(=九州南部)の勇猛な者が二人いる。この二人は(朝廷に)服従しないで、無礼な者どもである。

ゐや‐ぶ イヤブ【礼ぶ・敬ぶ】(他バ上二){び・び・ぶ・ぶる・ぶれ・びよ}〔「ぶ」は接尾語〕「ゐやまふ」に同じ。

ゐや‐ま‐ふ イヤマウ(モウ)【礼ふ・敬ふ】(他ハ四){は・ひ・ふ・ふ・へ・へ}敬う。

礼をつくす。「ゐやぶ」とも。〔紀〕崇神「朕、神を**ー・ふ**㊊ことは、なほいまだ尽くならずや」訳 私が神を崇敬することは、やはりまだ十分でないのか。

ゐや・やか 【礼やか】(形動ナリ){なら・なり(に)・なり・なる・なれ・なれ}〔「やか」は接尾語〕礼儀正しいさま。うやうやしいさま。土佐「家の人の出で入り、憎げならず、**ー・なり**㊎」訳 家の人のふるまいは、感じがよく、礼儀正しい。

ゐやゐや・し 【礼礼し】(形シク){しから・しく(しかり)・し・しき(しかる)・しけれ・しかれ}うやうやしい。丁重で礼儀正しい。源氏 真木柱「『…あなかしこ』と**ー・しく**㊊書きなし給へり」訳 (玉鬘は光源氏に)「…あなかしこ」と、ことさら丁重で礼儀正しく(お返事を)お書きになった。

ゐ・よ・る 【居寄る】(自ラ四){ら・り・る・る・れ・れ}いざり寄る。にじり寄る。大鏡 時平「むげに近く**ー・り**㊊て外目せず見聞くけしきどもを見て」訳 ひどく近くにいざり寄って わき目もふらず見聞きする(聴衆の)さまざまなようすを(世継の翁は)見て。

ゐる 【居る】(自ワ上一){ゐ・ゐ・ゐる・ゐる・ゐれ・ゐよ}❶**すわる。**しゃがむ。枕 二八「**ゐ**㊍むとする所を、まづ扇してこなたかなたあふぎちらして、塵はきすて」訳 すわろうとする場所を、最初に扇であちこちむやみやたらとあおいで、塵を掃き捨て。

❷**とまる。とどまる。**(波風が)**おさまる。**徒然 一〇「寝殿に、鳶**ゐ**㊍させじとて縄をはられたりけるを」訳(後徳大寺の左大臣=藤原実定が)寝殿に、鳶をとまらせまいとして縄をお張りになっていたのを。

❸住む。いる。徒然 一三「人の身に、止むことを得ずして営む所…第三に**ゐる**㊍所なり」訳 人の身として、(生きてゆくために)やむをえずつとめてすることは…第三に住む所である。

❹**存在する。**ある。蜻蛉 上「出でし日使ひしゆするつきの水は、さながらありけり。上に塵**ゐ**㊊てあり」訳(夫=兼家が)出て行った日に使ったゆするつき(=洗髪用の器)の水は、そのまま残っていた。上には塵がたまっている。名文解説 些細な言い争いの後、兼家が「もう来ないつもりだ」と言い捨てて出て行ってから数日後、道綱の母は洗髪用の器の水に塵が積もっていることに気づく。それはすさんでしまった夫婦仲と、道綱の母の孤独な心を象徴する光景である。

❺**ある地位につく。**大鏡 師輔「式部卿の宮、みかどに**ゐ**㊍させ給ひなば、西宮殿の族に世の中うつりて、源氏の御栄えになりぬべければ」訳 式部卿の宮(=為平親王)が帝位におつきになられてしまったならば、(その舅である)西宮殿(=源高明)の一族に天下の実権が移って、源氏(一門)のご繁栄となるにちがいないので。文法「させ給ひ」は、最高敬語。「なりぬべけれ」の「ぬ」は、助動詞「ぬ」の終止形で、ここは確述の用法。

❻(氷・つらら・草などが)生じる。枕 一七八「池などある所も水草**ゐ**㊊」訳 池などがある所にも水草が生え。

❼(「腹がゐる」の形で)**怒りがおさまる。**平家 九・生ずきの沙汰「梶原この詞に腹が**ゐ**㊊て」訳 梶原(景季)は(佐々木高綱の)このことばに怒りがおさまって。

❽(動詞の連用形または助詞「て」の下に付く場合)→次項「=ゐる」参照

参考 ワ行上一段活用の動詞には、「居る」「率る」「率ゐる」「用ゐる」がある。

=ゐる 【居る】(自ワ上一){ゐ・ゐ・ゐる・ゐる・ゐれ・ゐよ}(動詞の連用形または助詞「て」の下に付いて)❶「…てすわる」「…てじっとしている」の意を表す。伊勢 九「その沢のほとりの木の陰に下り**ゐ**㊊て」訳 その沢のそばの木の陰に(馬から)下りてすわって。

【例語】出で居る・起き居る・落ち居る・来居る・並み居る・のぼり居る・離れ居る・交じり居る・守り居る・見居る(=見てじっとしている)・向かひ居る・群れ居る・読み居る・寄り居る

❷主に中世以降の用法で、上の動詞の動作・状態・結果などの存続の意を表す。…ている。宇治 一・一二「定めておどろかさんずらんと、待ち**ゐ**㊊たるに」訳(僧たちは)必ず起こそうとするだろうと、(児が)待っていたところ。

ゐる 【率る】(他ワ上一){ゐ・ゐ・ゐる・ゐる・ゐれ・ゐよ}❶**伴う。引き連れる。**徒然 五三「京なる医師のがり、**ゐ**㊊て行きける道すがら」訳 京都にいる医者の所へ、連れて行った道々。

❷**携帯する。**持っていく。持参する。〔増鏡〕むら時雨「内侍所・神璽・宝剣ばかりをぞ、忍びて**ゐ**㊊てわたさせ給ふ」訳(後醍醐天皇は)神鏡・曲玉・宝剣(の三種の神器)だけを、こっそりと持参してお移しになられる。文法「せ給ふ」は、最高敬語。

参考 ワ行上一段活用の動詞には、「居る」「率る」「率ゐる」「用ゐる」がある。

ゐ・れい 【違例】(名)❶常の例と違うこと。〔神皇正統記〕「践祚の初めの**ー**に侍りしかど」訳 皇位継承の最初の常の例と異なることでありましたが。

❷病気。不例。平家 六・入道死去「入道相国(=平清盛)**ー**の御心地とて〔息子の宗盛は出陣をせず〕とどまり給ひぬ」

ゐ・わか・る 【居分かる・居別る】(自ラ下二){れ・れ・る・るる・るれ・れよ}分かれてすわる。別々にすわる。枕 一四三「みな、方の人、男・女**ー・れ**㊊て」訳 全員、組になる人は、(それぞれ)男も女も分かれてすわって。

ゐん 【院】(名)❶周囲に垣をめぐらした大邸宅。**貴人の邸宅。**伊勢 八二「その**ー**の桜、ことにおもしろし」訳 その邸宅の桜は、格別に趣が深い。

❷**上皇・法皇・女院の御所、**または**別邸。**徒然 二七「今の世のこと繁きにまぎれて、**ー**には参る人もなきぞ寂しげなる」訳 新帝の治世における政務の多忙なのにとりまぎれて、上皇の御所には参上する人もないのが寂しそうだ。

❸**上皇・法皇・女院**などの敬称。上皇が数人いるときには、本院・中院・新院と区別していう。〔建礼門院右京大夫集〕詞書「五条の三位入道、九十にみつと聞かせおはしまして、**ー**より賀たまはするに」訳 五条の三位入道(=藤原俊成)が、九十歳に達するとお聞きになられて、法皇(=後鳥羽院)からお祝いをくださるのに。文法「せおはしまし」は、最高敬語。

❹寺院。僧などの住居。細道 立石寺「岩上の**ーー**扉を閉ぢて物の音きこえず」訳 岩の上にある諸寺院は(みな)扉をとざして物音一つ聞こえない。

ゐん 【韻】(名)漢字の字音の、初めの子音を除いた残りの音。たとえば、「陽」と「唐」は同じ韻の字となる。

漢詩における押韻はこれによる。

ゐん‐がう【院号】(名)退位した天皇、または皇太后・准后(=天皇の母)などに贈る称号。「後白河院」「上東門院」など。

ゐん‐ざん【院参】(名・自サ変)院の御所に参上すること。平家 二・座主流「太政入道もこの事申さんとて｜・せ未られけれども」訳 太政入道(=平清盛)もこのことを申し上げようと思って院の御所に参上しなさったけれども。

ゐん‐し【院司】(名)院の御所に奉仕し、庶務をつかさどる職員の総称。定員はなく兼官。「ゐんじ」「ゐんづかさ」「ゐんのつかさ」とも。

ゐん‐じゅ【院主】(名)❶寺の主僧。住職。平家 六・慈心房「｜の光影房にこのことを語る」❷禅宗で、監主(=僧の監督役)の旧称。

ゐん‐ぜん【院宣】(名)上皇や法皇の命令を受けて出される公文書。院の宣旨。平家 二・教訓状「当家追討の｜下されつとおぼゆるぞ」訳 当家(=平家)追討の院宣をお下しになったと思われるぞ。

ゐん‐ちゅう【院中】(名)院の御所。また、その中。平家 一・殿下乗合「｜に近く召しつかはるる公卿・殿上人、上下の北面にいたるまで」訳 (白河上皇の)院の御所で(上皇の)身近に召し使われる公卿や殿上人、上下の北面の武士にいたるまで。

ゐん‐の‐うへ【院の上】上皇の尊称。源氏 朝顔「｜かくれ給ひて後」訳 上皇様(=桐壺院)がお亡くなりになって以後。

ゐん‐の‐ごしょ【院の御所】上皇または法皇の御所。仙洞。

ゐん‐の‐べったう【院の別当】「院司」の最上席者。

ゐん‐の‐みかど【院の帝】上皇の尊称。源氏 澪標「さやかに見え給ひし夢の後は、｜の御事を心にかけきこえ給ひて」訳 はっきりと(その御姿が)見えなさった夢の後は、(光源氏は)上皇様(=亡き桐壺院)の御事を心にかけ申しあげなさって。

ゐん‐ふたぎ【韻塞ぎ】(名)「ゐふたぎ」とも。貴族社会で行われた文学的遊戯の一種。漢詩の押韻の文字を隠し、詩の内容から、その字をあてさせる遊び。

ゐん‐もり【院守】(名)院の番人。源氏 夕顔「この｜などに聞かせむことは、いと便なかるべし」訳 (夕顔の夭死の秘密を)この院の番人などに聞かせるようなことは、たいそう都合の悪いことにちがいない。

ゑ ヱ

「ゑ」は「恵」の草体
「ヱ」は「恵」の略体

ゑ【会】(名)多くの人が集まること。また、その行事。節会・法会など。大鏡 道長上「年に二、三度、｜を行はる」訳 (道長は)年に二、三度、法会を行いなさる。

ゑ【飢】下二段動詞「飢う」の連用形「うゑ」の頭母音の脱落した形。〔記〕中「戦へば吾はや飢ぬ」訳 戦うので、私はああ、腹がへった。

ゑ(間助)《上代語》嘆息を表す。…よ。万葉 四・四八六「山の端にあぢ群騒き行くなれどあれはさぶしゑ君にしあらねば」訳 山の稜線のあたりにあじ鴨が群がって騒いで飛んで行くのが聞こえるが、私はさびしいよ。(あの鳥は、会いたい)あなたではないから。

接続 活用語の終止形、副詞、感動詞などに付く。

参考 終助詞とする説もある。上代にだけ用いられ、「よしゑ」「よしゑやし」という形で用いられることもある。単なる感動よりは嘆息のまじった詠嘆を表す。

ゑ‐あはせ【絵合はせ】(名)物合わせの一種。左右に分かれ、両方から絵を一つずつ出して優劣を争うもの。

ゑう‐ゑう(副)(多く下に「と」を伴って)飲食物を吐き出す音。げえげえ。宇治 一三・八「大きなる骨喉にたてて(=刺さって)、｜と言ひける程に」

ゑ‐かう【回向・廻向】(名・自サ変)《仏教語》❶自分が修めた功徳や善行を他人に回し向けること。読経などをして死者の冥福を祈ること。平家 三・六代被斬「作善の功徳さながら聖霊に｜・し用て」訳 善行を積んだ功徳をそっくりそのまま聖霊(=父維盛の霊)に回し向けて。❷「回向文」の略。法事の終わりに、自分が修めた功徳をいっさいの衆生や仏道に向けるために唱える願文。また、それを読むこと。回向文。❸寺へ寄進すること。〔源平盛衰記〕「ある時は沙金、錦絹を、徳長寿院へ｜・し用奉るべしとて下し賜ひけり」訳 ある時は沙金、錦絹を、徳長寿院に寄進し申しあげるのがよいということで下しお与えになった。

ゑ‐がち【笑がち】(形動ナリ)(なら・なり(に)・なり・なる・なれ・なれ)笑顔がちなさま。にこにこしているさま。枕 二八「なでふことなき人の、｜・に用て物いたう言ひたる」訳 取り立てて言うほどのこともない人が、(やたらと)にこにこして口数多くしゃべっているのは、不快だ。

恵慶『人名』(生没年未詳)平安中期の僧・歌人。梨壺の五人など当代一流の歌人たちと親しかったらしいが、伝記は不詳。「小倉百人一首」に入集。家集「恵慶法師集」。

ゑ‐し【絵師】(名)絵かき。職名としては、律令制の中務省画工司に属した画工。平安末期以降は、院・幕府・社寺などの絵所の画工。江戸幕府では、狩野・土佐の両家があった。源氏 桐壺「絵に描ける楊貴妃のかたちは、いみじき｜といへども、筆かぎりありければいとにほひ少なし」訳 絵に描いてある楊貴妃の顔つきは、すぐれた画家といえども、筆の力には限界があったので、まったくつややかな美しさが乏しい。

ゑ‐じ【衛士】(名)諸国の軍団から毎年交代で上京し、内裏・諸門を警護した者。衛士府(のちに衛門府と改称)に属した。〔詞花〕恋上「御垣守｜の焚く火の夜は燃え昼は消えつつ物をこそ思へ」訳 →みかきもり…和歌

絵島が磯『地名』歌枕 今の兵庫県の淡路島東端の岩壁。黄・赤・黒の岩に数株の松があって絵のような景色であった。

ゑ‐しゃく【会釈】(名・自サ変)❶《仏教語》表面上は相反する教えの根本にある真義を明らかにし、矛盾のないように解釈して会得すること。❷(転じて)理解し、解釈すること。〔無名抄〕「予試みに

これを—・す㊥」訳 自分がためしに、これを解釈する。❸あいさつすること。おじぎ。〔太平記〕三七「この老僧—・し㊊て」❹相手を理解して思いやること。思いやり。〔浜松中納言物語〕「人の心情けなく、—少なき所も」訳（唐の国では）人の心は人情味に欠け、思いやりの少ない所も。❺取りなすこと。また、言いわけすること。〔愚管抄〕「両方に—をまうくる由の案どもにて」訳 両方に言いのがれを用意しておく趣旨の数々の計略であって。❻愛想がよいこと。あいきょう。

ゑしゃ-ぢゃうり（エシャジョウリ）【会者定離】（名）《仏教語》会う者は必ず別れる定めにあるということ。人の世の無常を表す語。平家 一〇・維盛入水「生者必滅（しやうじやひつめつ）、—はうき世のならひにて候ふなり」訳 生ある者は必ず死ぬということ、会う者は必ず別れるということはこの世のさだめなのです。

ゑ-しん（エ）【回心・廻心】（名・自サ変）《仏教語》仏の教えを信じて、悪心を改めること。改心。平家 一〇・戒文「十悪五逆—・すれ㊁ば往生をとぐ」訳（仏教でいう）十悪五逆の罪悪を犯した者でも、心を改めると必ず極楽往生をとげる。

恵心（ゑしん）（エシン）【人名】（九四二～一〇一七）平安中期の天台宗の僧。俗姓卜部（うらべ）、法号源信（げんしん）、通称恵心僧都（そうず）。「往生要集（おうじょうようしゅう）」を著し、浄土教の基礎を築いた。

ゑ・ず（エズ）【怨ず】（他サ変）{ぜ・じ・ず・ずる・ずれ・ぜよ}〔「ゑんず」の撥音「ん」の表記されない形〕「ゑんず」に同じ。土佐「歌主（うたぬし）、いとけしきあしくて—・ず㊥」訳 歌を詠んだ人は、ひどく機嫌が悪くてうらみごとを言う。

ゑ-そらごと（エ）【絵空事】（名）（絵は作意・想像を加えて描くことから）物事に真実が少なく、虚偽・誇張の多いことのたとえ。〔難波土産〕「—とて、その姿を描くにも、また木に刻むにも、正真（しやうじん）の形を似するうちに、またおほまかなるところあるが、結句人の愛する種とはなるなり」訳 絵空事として、その姿を（絵に）描く場合にも、また木にほりつける場合にも、本物の形に似せるうちに、また、おおまかなところのあるのが、（事実そのままでないからこそ、それらしく真実の姿にでき上がって）結局人々の愛するところとはなるのである。

越後（ゑちご）（エチゴ）【地名】旧国名。北陸道七か国の一つ。今の、佐渡を除いた新潟県全域。越州（えっしゅう）。

ゑちごやに… 俳句

> **越後屋に　衣（きぬ）さく音（おと）や　衣更（ころもがへ）** 夏
> 〈五元集（ごげんしゅう）・其角（きかく）〉

訳 越後屋（＝日本橋にあった江戸一番の呉服店）に（切り売りの）布地を裂く音がしているよ。（活気にみちたさわやかな音は）ああ衣更えの季節（＝初夏・陰暦四月一日）なんだなあ。（衣更へ 夏。切れ字は「や」）

解説 「越後屋」は、今の日本橋三越の前身の呉服店。現金売り・切り売りなどの、当時としては斬新な商法で客の要求に応じ繁盛した。活気にあふれる江戸の初夏の風物詩。

越前（ゑちぜん）（エチゼン）【地名】旧国名。北陸道七か国の一つ。今の福井県中・北部。越州（えっしゅう）。

越中（ゑっちゅう）（エッチュウ）【地名】旧国名。北陸道七か国の一つ。今の富山県。越州（えっしゅう）。

ゑ-つぼ（エ）【笑壺】（名）笑い興じること。〔源平盛衰記〕「その座に有りける大名小名、興に入りて—の会なりけり」訳 その場に居合わせた大名や小名がおもしろがって笑い興じる集まりであった。

ゑつぼ-に-い・る（エツボ）【笑壺に入る】笑い興じる。笑って大喜びする。平家 一・鹿谷「法皇—・ら㊅せおはして、『者ども参って猿楽つかまつれ』と仰せければ」訳（後白河）法皇は笑って大喜びなさって、「みなの者、参って猿楽をいたせ」とおっしゃったので。

慣用表現 「大笑いする」を表す表現
頤（おとがひ）を放つ・腸（はらわた）を切る・腸を断つ・腹を切る・笑壺（ゑつぼ）に入（い）る
ポイント 「腸を断つ」には「悲しみに耐えられないさま」の意もあるので注意。

ゑ-ど（エ）【穢土】（名）❶《仏教語》煩悩（ぼんのう）の多い汚れたこの世。苦界（くがい）。娑婆（しゃば）。平家 一・祇王「かやうに—をいとひ、浄土をねがはんと、ふかくおもひいれ給ふこそ、まことの大道心（だいだうしん）とはおぼえたれ」訳 このように煩悩の多い現世をきらい、浄土を願おうと、深く思いつめなさるのこそ、本当の大道心（＝深く仏教を信仰する心）とは思われたことだ。↔浄土（じやうど）。❷糞（くそ）の異称。宇治 二・八「この少将のうへに、烏（からす）のとびて通りけるが、—をしかけけるを」訳 この少将の上に、鳥の飛んで通ったのが、糞をひっかけたのを。

ゑ-どころ（エ）【絵所】（名）平安時代、宮中で絵画のことをつかさどった役所。その後は、院や社寺、また、幕府にも設置された。

ゑ-に-あは-ぬ-はな（エ—アワ—）【会に逢はぬ花】（法会（ほうえ）に間に合わず遅れて届いた花の意から）時期に遅れ、役に立たないもののたとえ。

ゑ-はう（エホウ）【恵方】（名）（「吉方（えはう）」とも書く）歳徳神（としとくじん）（＝一年の福徳をつかさどる神）のいる吉祥の方角。方角はその年の干支（えと）によって定まる。春。〔浮・西鶴織留〕「歳徳棚（としとくだな）を買ひければ、釣木（つりぎ）・釘（くぎ）まで持ち来りて、—をあらため釣りて帰りぬ」訳 歳徳神を祭る棚を買ったところ、（売り主が）つるための木や釘まで持って来て、歳徳神のいる方角を調べて（棚をその方角に）つって帰った。

ゑはう-だな（エホウ）【恵方棚】（名）（「吉方棚（えはうだな）」とも書く）その年の吉祥の方角につる、歳徳神（＝一年の福徳をつかさどる神）を祭った神棚。春

ゑはう-まゐり（エホウマイリ）【恵方参り】（名）（「吉方（えはう）参り」とも書く）年の初めに、その年の吉祥の方角にあたる社寺に参拝して一年の幸福を祈ること。春

ゑは・す（エワス）【酔はす】（他サ四）{さ・し・す・す・せ・せ}酔わせる。枕 二八「肴（さかな）などあれば、—・さ㊅まほしけれど」訳 酒の肴などもあるので、（使いの者を）酔わせたいけれども。

ゑ-ばみ（エ）【餌食み】（名）（鳥や魚などが）えさを食べること。また、そのえさ。〔浮・西鶴置土産〕「これ金魚の—なるが」訳 これ（＝ぼうふら）は金魚のえさであるが。

ゑひ（エイ）【酔ひ】（名）酒や乗り物に酔うこと。また、物事に心を奪われ我を忘れること。源氏 竹河「—の進みては、忍ぶることもつつまれず、ひがごとするわざとこそ聞き侍れ」

訳 酔いがひどくなっては、心に秘めていることも隠せなくなり、とんでもないことをするものだと聞いております。

ゑひ-あ・く エイ【酔ひ飽く】(自カ四){か・き・く・く・け・け}いやになるほど酒に酔う。ひどく酔っぱらう。土佐「上中下―・き㊊て、いとあやしく潮海のほとりにてあざれあへり」訳上・中・下の身分の人々がいやというほど酔っぱらって、たいそう不思議なことに、(物の腐るはずのない塩のきいた)海のそばでふざけあっている。(「あざれ」に「ふざける」「(魚肉などが)腐る」の二つの意をかけたしゃれ)。⇩戯れ合ふ「名文解説」

ゑひ-さまた・る エイ【酔ひさまたる】(自ラ下二){れ・れ・る・るる・るれ・れよ}酒に酔って正体がなくなる。酒に酔って乱れる。〔後拾遺〕雑四・詞書「祭りの帰さに―・れ㊊たるかた描きたる所を」訳賀茂の祭りの(翌朝の)帰りの道中で、酒に酔って乱れている図を描いた所を。

ゑひ-し・ぬ エイ【酔ひ死ぬ】(自ナ変){な・に・ぬ・ぬる・ぬれ・ね}死にそうになるほどに酔う。ひどく酔って死んだようになる。今昔 二六・二「いまだ車に一度も乗らざりける者どもにて、かくぞ悲して―・に㊊たりける」訳まだ牛車に一度も乗ったことのなかった者たちなので、このようにひどいめにあって死にそうになるほどに酔ってしまったのは。(「悲しして」は「悲しく」の誤字か)

ゑひ-し・る エイ【酔ひ痴る】(自ラ下二){れ・れ・る・るる・るれ・れよ}泥酔して正体をなくす。土佐「ありとある上下、わらはまで―・れ㊊て」訳その場にいる身分の高い者も低い者もみな、子供までが酔って正体をなくして。

ゑひ-なき エイ【酔ひ泣き】(名)酒に酔って泣くこと。万葉 三・三四一「賢しみともの言ふよりは酒飲みて―するしまさりたるらし」訳偉そうにものを言うよりは、酒を飲んで酔い泣きするほうがきっとまさっているだろう。

ゑ-ふ エ【衛府】(名)宮中を護衛し、行幸の供奉をつかさどる役所の総称。また、そこに所属する武官。律令制では五衛府であったが、制度の改変をへて、弘仁二年(八一一)以降、左右の近衛府・左右の衛門府・左右の兵衛府の六衛府となった。格式は近衛・衛門・兵衛の順に高い。

ゑ・ふ ウエ(ヨ)【酔ふ】(自ハ四){は・ひ・ふ・ふ・へ・へ}酒や乗り物に酔う。また、心を奪われ陶酔する。中毒する。竹取 かぐや姫の昇天「猛く思ひつる宮つこまろも、物に―・ひ㊊たる心地して、うつ伏しに伏せり」訳(それまで)強気に思っていた造麿も、なにかに酔ったような気持ちになって、うつ伏せに伏している。

ゑ-ぶくろ エ【餌袋】(名)鷹狩りの時に、鷹のえさや獲物を入れるのに用いた入れもの。のち、食料を携帯するのに使う袋をもいった。蜻蛉 中「―なる物取り出でて食ひなどするほどに」訳餌袋の中にあるものを取り出して食べなどするうちに。

(ゑぶくろ)

ゑ-ぶっし エ【絵仏師】(名)仏画を描いたり、仏像や寺院の壁の彩色に従事したりした画工。宇治 三・六「これも今は昔、―良秀といふありける」訳これも今は昔のこと、絵仏師の良秀という者がいたことだ。

ゑふ-の-かみ エフ【衛府の督】(名)衛府の長官の総称。近衛府では大将、衛門府・兵衛府では督という。伊勢 八七「この男のこのかみ(=兄)も―なりけり」

ゑふ-の-くらうど エフノクロウド【衛府の蔵人】(名)衛府の武官で蔵人を兼務した者。今昔 二三・一五「その人いまだ若かりける時…―にてありけるに」訳その人(=橘則光)はまだ若かったときに…衛府の蔵人であったが。

ゑふ-の-すけ エフ【衛府の佐】(名)衛府の次官の総称。近衛府では中将・少将、衛門府・兵衛府では佐という。源氏 若菜下「舞人は、―どもの、かたち清げにたけだち等しきかぎりを選らせ給ふ」訳舞人には、衛府の次官たちで、容貌が整っていて背たけも同じ者ばかりを(光源氏は)お選びになられる。

ゑ-ま エ【絵馬】(名)「ゑうま」「ゑんま」とも。願いごとやお礼のため社寺に奉納する、板に馬を描いた額。神馬を奉納する代わりであったが、のちには種々の絵が描かれるようになった。今昔 二三・三四「前に板に書きたる―有り」訳(道祖神の)前に板に描いた絵馬があり。

(ゑ ま)

ゑ-まきもの エ【絵巻物】(名)〔絵入りの巻物の意〕物語・社寺縁起などを絵にして巻物としたもの。多く、詞書と絵とからなり、巻物を広げるにつれて物語が展開する。平安時代から鎌倉時代に盛んに行われた。絵巻。

ゑま・し エマシ【笑まし】(形シク){しから・しく(しかり)・し・しき(しかる)・しけれ・しかれ}〔動詞「笑む」に対応する形容詞〕ほほえましい。自然にほほえまれてくるさま。「ゑまはし」とも。源氏 夕霧「物思ひの慰めにしつべく、―・しき㊍顔の匂ひにて、少将の君をとりわきて召しよす」訳(見れば)物思いの慰めにきっとできるにちがいなく、笑みを禁じえない顔の美しさで、(夕霧は)少将の君を名指ししてお呼び寄せになる。文法「しつべく」の「つ」は、助動詞「つ」の終止形で、ここは確述の用法。

ゑまひ イエマ【笑まひ】(名)❶ほほえみ。微笑。万葉 一二・三一三七「遠くあれば姿は見えず常の如妹が―は面影にして」訳遠く離れているので、(実際の)姿は見えない。いつものように、妻の笑顔は面影に見えて。❷花のつぼみがほころびること。〔永久百首〕「春来れど野辺の霞につつまれて花の―のくちびるも見ず」訳春は来ているけれど、野のあたり一面の霞につつまれて、花のつぼみがほころびるその花びらも見ないよ。

ゑま-ふ エマ(モ)ウ【笑まふ】《上代語》❶ほほえむ。にこにこしている。万葉 一七・四〇一一「情には思ひ誇りてゑまひ㊊つつ渡る間に」訳心の中では得意になって、ほくそえんでは日を送っている間に。❷花のつぼみがほころびる。花が咲く。なりたち 四段動詞「笑む」の未然形「ゑま」＋上代の反復・継続の助動詞「ふ」

ゑみ エミ【笑み】(名)❶笑うこと。ほほえみ。笑顔。万葉 一九・四一六〇「朝の―夕変はらひ」訳朝の笑顔も夕べには変わってゆき。❷花が開くこと。また、果実が熟して割れること。源氏 夕顔「白き花ぞ、おのれひとり―の眉開けたる」訳白い花が、自分ひとり花を開いてはればれとしている。

ゑみ-こだ・る エミ【笑みこだる】(自ラ下二){れ・れ・る・るる・るれ・れよ}笑いくずれる。笑い転げる。宇治 一・三「横座の鬼、盃を左の手に持ちて、ー・れ㊐たるさま、ただこの世の人のごとし」 訳 上座の鬼が杯を左の手に持って、笑いくずれているようすは、まるでこの世の人間のようである。

ゑみ-さか・ゆ 【笑み栄ゆ】（自ヤ下二） 喜んでにこにこ笑う。明るく笑う。 源氏 明石「老い忘れよはひのぶる心地して、ー・え㊐て」 訳 （明石の入道は）老いを忘れ寿命ものびる気持ちがして、喜んでにこにこ笑って。

ゑみ-ひろご・る 【笑み広ごる】（自ラ四） しまりのないほど笑う。笑いくずれる。満面に笑みを浮かべる。 源氏 宿木「女ばら物のうしろに近づき参りて、ー・り㊐て居たり」 訳 （匂宮の歌う声を）女房たちは物（＝几帳など）のうしろに（隠れて）近寄り参って、満面に笑みを浮かべて（聞いて）座っている。

ゑみ-ま・ぐ 【笑み曲ぐ】（自ガ下二） 笑って口を曲げる。にこにこする。 宇治 九・四「講師、ー・げ㊐て、よしと思ひたり」 訳 講師（＝法会の時、経文を講説する僧）は、（お布施の品々を見て）にっこり笑って、（これは）よいと思った。

ゑみ-ゑみ（-と） 【笑み笑み（と）】（副） 笑いを浮かべるさま。にこにこ。にやにや。 著聞 六〇三「光の中に、年寄りたる姥の、ーとしたる形を現して見えけり」 訳 光の中に、年とった老女がにこにことした顔つきを現して見えた。

ゑ・む 【笑む】（自マ四） ❶ほほえむ。にこにこする。 枕 四九「いとよくー・み㊐たる顔のさし出でたるも」 訳 たいそうすばらしくにこにこしている顔が現れ出てきたのも。

❷花が咲く。つぼみがほころびる。また、果実などが熟して割れる。〔好忠集〕「花のー・め㊀るを見ればたれもをかしと見るらめど」 訳 花が咲いているのを見ると、だれもがすばらしいと見ているだろうが。

ゑ-もん 【衛門】（名） ❶「衛門府」の略。
❷「右衛門府」の略。

ゑもん-の-かみ 【衛門の督】（名）衛門府の長官。左右各一人。中納言、参議が兼任する例が多い。特に、右衛門の督をさすこともある。 源氏 若菜下「まことや、ーは中納言になりにきかし」 訳 そういえば、衛門府の長官（＝柏木）は中納言になったよ。

ゑもん-の-すけ 【衛門の佐】（名）衛門府の次官。左右各一人。よい家柄の若い人が任ぜられることが多い。特に、右衛門の佐をさすこともある。「靫負の佐」とも。 源氏 関屋「かの、昔の小君、今はー」 訳 あの、昔の小君で、今は右衛門府の次官である者（＝空蟬の弟）を、（光源氏は）お呼び寄せになって。

ゑもん-ふ 【衛門府】（名）六衛府の一つ。宮中の諸門の警護に当たった役所。左衛門府と右衛門府に分かれ、督・佐・尉・志の四等官が置かれた。「靫負の司」とも。→六衛府

ゑ-やう 【絵様】（名） ❶図案。模様。 著聞 三九四「玄象（＝琵琶の名器の名）が撥面のーは」 訳 玄象の撥のあたる面の絵模様は。
❷絵図面。また、絵の下書き。下絵。 著聞 三九〇「弘高はーを書きて、一夜なほよく案じてこそ書きたりしか」 訳 弘高（＝絵師の名）は下絵を描いて、一夜さらによく考えてから描いていた。

ゑら・く （自カ四） 笑い興じる。喜び楽しむ。〔紀〕神代「いかにぞ天鈿女命かくー・く㊇やとおもほして…細めに磐戸を開けて窺す」 訳 どうして天鈿女命はこのように笑い興じるのかと（天照大神は）お思いになって…細めに岩戸を開けてご覧になる。

ゑ・る 【彫る・鐫る】（他ラ四） ❶穴をあける。くりぬく。 宇治 二・七「折敷を鼻さし入るばかりー・り㊐通して」 訳 折敷（＝木の盆）を、鼻をさし入れる程度に穴をくりぬき通して。
❷彫刻する。また、表面にきざみ目をつけて金銀などをちりばめる。 平家 四・大衆揃「いかがこれ程の重宝をさうなうはー・ら㊄すべき」 訳 どうしてこれほどの貴重な宝（＝蟬のような節のある笛竹）を簡単には（笛に）彫らせることができようか（いや、できない）。

ゑ-わら・ふ 【ゑ笑ふ】（自ハ四） 声を出して笑う。 枕 一八四「御文とりつぎ、たちゐ、いきちがふさまなどのつつましげならず、もの言ひ、ー・ふ㊇」 訳 （他の女房たちは、中宮への）お手紙を取りついだり、立ったり座ったり、行ったり来たりするようすなどが遠慮がちでもなく、話をし、声をたてて笑う。

ゑん-あう 【鴛鴦】（名）雌雄のおしどり（＝水鳥の名）。つねに雌雄いっしょにいるとされ、相愛の男女、夫婦にたとえる。〔鶉衣〕「ーのかたらひにはとめ木をくゆらせ」 訳 おしどりのように仲むつまじい男女の語らいには、（夜着に）香木をたいてその香りをくゆらせ。

ゑんあう-の-ちぎり 【鴛鴦の契り】（おしどり（＝水鳥の名）がつねに雌雄いっしょにいるとされることから）夫婦仲のむつまじいこと。〔伽・浦島太郎〕「たがひにー浅からずして、明かし暮らさせ給ふ」 訳 お互いに夫婦仲のむつまじさも浅くなくて、日々をお過ごしになられる。

ゑん-が 【垣下】（名）「ゑが」とも。朝廷や公卿の邸宅で饗宴のあるとき、正客以外の相伴の客。また、その人の座る席。 源氏 宿木「ーの親王たち、上達部、大饗に劣らず、あまり騒がしきまでなむつどひ給ひける」 訳 相伴役の親王たちや公卿が、大饗の時に劣らず、あまりに騒がしいほどにお集まりになった。

ゑん-ざ 【円座】（名）敷物の一種。藁・蒲・菅・藺などの茎や葉などで、うず巻き状に円く平たく編んだもの。「わらうだ」「わらふだ」とも。〔幻住庵記〕「藁のーを敷きて猿の腰かけと名付く」 訳 藁の円座を敷いて、猿の腰かけと名付ける。

（ゑんざ）

ゑん・ず 【怨ず】（他サ変）「ゑず」とも。うらむ。うらみごとを言う。 源氏 紅梅「むべ我をばすさめたりと、気色どり、ー・じ㊐給へりしこそをかしかりしか」 訳 どうりで（若君＝大夫の君は）私（＝東宮）を嫌って寄りつかないでいると、ようすを察し、うらみごとを言いなさっていたのはおもしろかった。

ゑん-どん 【円頓】（名）《仏教語》すべての物事を欠くことなく円満に備え、ただちに悟って成仏すること。天台宗の教義でいう語。〔沙石集〕「ーの教法をもてあそび給ひしかば」 訳 円頓の教理を（つねづね）たいせつに扱っ

ていらっしゃったから。

ゐん‐りょ ―【遠慮】(名) ❶先々まで物事を深く考えること。〔太平記〕一六「よくよく―をめぐらされて、公議を定めらるべきにて候ふ」訳 十分に先々までの深い考えをめぐらしなさって、朝廷の評定をお決めになるのがようございます。
❷気がねすること。他人に対して、言語・動作を控えめにすること。〔浄・鑓の権三重帷子〕「笹野権三は―ながら(=気がねしながら)常の居間にぞ通りける」
❸江戸時代の、武士・僧侶に対する刑罰の一つ。門を閉じて外出を禁じたが、夜間だけはくぐり門からの出入りを許した。

を ヲ

「を」は「遠」の草体
「ヲ」は「乎」の略体

を‐【小】(接頭) ❶(名詞に付いて)小さい、細かい、の意を表す。「―舟」「―川」「―太刀」
❷(用言に付いて)少し、わずか、の意を表す。〔後拾遺〕夏「五月雨の―やむけしきの見えぬかな」訳 五月雨が少しも降りやむようすの見えないことだ。
❸(名詞に付いて)単に語調を整える。「―櫛」「―野」「―山田」

を‐【雄】(接頭) 雄々しい、雄大な、の意を表す。「―心」「―たけび」

を【尾】(名) ❶鳥や獣のしっぽ。〔拾遺〕恋三「あしひきの山鳥の―のしだり―のながながし夜をひとりかも寝む」訳 →あしひきの… 和歌
❷山すそが尾のように長く引いたところ。古今 春上「山桜わが見に来れば春霞峰にも―にも立ち隠しつつ」訳 山桜を私が見に来ると、春霞が峰にも山のすそ野にも立って(花を)隠すことだ。

を【男・夫】(名) ❶おとこ。男性。〔記〕上「汝こそは―にいませば」訳 あなたは男でいらっしゃるので。
❷夫。〔記〕中「―と兄といづれか愛しき」訳 夫と兄とどちらがいとおしいか。
❸「牡」「雄」とも書く)(動物の)おす。(植物の)雄花。万葉 二〇・四三九「朝霧に妻呼ぶ―鹿出で立つらむか」訳 朝霧の中に、今ごろ妻を呼ぶ雄の鹿が出て立っているだろうか。

を【峰・丘】(名) 山の高い所。おか。万葉 一〇・一八三八「―の上に降り置ける雪し風のむたここに散るらし春にはあれども」訳 峰の上に降り積もった雪が、風とともにここに散るらしい。もう春ではあるが。

を【麻・苧】(名) 麻の異称。また、麻などの茎の皮で作った糸。土佐「―を縒りてかひなきものは落ちつもる涙の珠を貫かぬなりけり」訳 麻を縒って(糸を作っ)てもそのかいがないのは、こぼれてたまる涙の玉を(その糸で)貫きとめられないこと(をいうの)であったのだなあ。

を【緒】(名) ❶糸・ひもなどの総称。万葉 七・一三二一「世の中は常かくのみか結びてし白玉の―の絶ゆらく思へば」訳 世の中とはいつもこうしたものなのか。結んでいた真珠の糸が切れることを思うと。文法「結びてし」の「て」は完了の助動詞「つ」の連用形、「し」は過去の助動詞「き」の連体形。「絶ゆらく」は「絶ゆ」のク語法で、「絶えること」の意。
❷弓・楽器などに張る弦。枕 九三「弾くにはあらで、―などを手まさぐりにして」訳 (琴を)弾くのではなくて、弦などを手慰みにして。
❸(たいせつなものをつなぎとめることから)命。生命。万葉 一四・三五三五「己が―をおほにな思ひそ庭に立ち笑ますがからに駒に逢ふものを」訳 自分の命をおろそかに思うな。庭に立ってお笑いになるだけで、すぐに(私の乗った)馬に逢えるのだから。文法「な(副詞)…そ(終助詞)」の形で禁止の意を表す。「笑ます」の「す」は上代の尊敬・親愛の助動詞。
❹(「…の緒」の形で)長く続く物事。万葉 四・五八七「あらたまの年の―長くあれも思はむ」訳 何年もずっと長く私も思い慕おう。(「あらたまの」は「年」にかかる枕詞)

を 一(格助) 二(接助) 三(間助)

意味・用法

一 **格助詞**
対象〔…を。〕→❶
起点・経過点〔…を。〕→❷
持続時間〔…を。〕→❸
「…を…にて」〔…を…として。〕→❹
強調〔…を。〕→❺

二 **接続助詞**
逆接〔…のに。〕→❶
順接〔…ので。〕→❷
単純接続〔…と。…が。〕→❸

三 **間投助詞**
強調〔…ね。〕→❶
感動・詠嘆〔…なあ。〕→❷
「…を…み」〔…が…ので。〕→❸

接続
一 **体言**、活用語の**連体形**に付く。
二 活用語の**連体形**に付く。
三 種々の語に付く。②は「もの」「まし」に付くことが多い。③は体言に付く。

一 (格助) 目的語や場所・時間を表す連用修飾語に用いる。現代語の「を」とほぼ同じ。❶動作の対象を示す。**…を。** 源氏 若紫「しりへの山に立ち出でて京の方を見給ふ」訳 (光源氏は、聖の庵室の)後方の山に出かけて、京の方をご覧になる。
❷(移動の動作に対して)起点・経過地点を表す。**…を。** 土佐「黒崎の松原を経てゆく」訳 黒崎の松原を通り過ぎて行く。〔後拾遺〕秋上「さびしさに宿を立ちいでてながむればいづくも同じ秋の夕暮れ」訳 →さびしさに… 和歌
❸(時間的動作に対して)持続する時間を表す。**…を。** 万葉 三・四六三「長き夜を独りや寝むと君が言へば過ぎにし人の思ほゆらくに」訳 長い(秋の)夜をひとりで寝るのであろうかとあなたが言うので、亡くなってしまった人のこと

が自然と思われることだ。文法「や」は疑問の係助詞で、結びは「む」。「思ほゆらく」は「思ほゆ」のク語法で、「思われること」の意。

❹(「…を…に(て)」の形で)「…を…として」の意を表す。源氏 桐壺「かたじけなき御心ばへのたぐひなきを頼みにて」訳(桐壺の更衣は)おそれ多い(桐壺帝の)ご愛情のまたとないことを頼みとして。

❺(「寝を寝」「音を泣く」の形で)強調して示す。…を。源氏 明石「昼は日一日寝をのみ寝くらし」訳(明石の入道は)昼は一日じゅう寝ることをするばかりで(=寝てばかりで)日を暮らし。土佐「春の野にてぞ音をば泣く」訳春の野で声をあげて泣くことよ。

㊁(接助)❶軽い確定の逆接を表す。…のに。源氏 桐壺「まかでなむとし給ふを、暇さらに許させ給はず」訳(桐壺の更衣は病気のため里に)退出してしまおうとなさるけれども、(桐壺帝は)休暇をまったくご許可なされない。文法「まかでなむ」の「な」は助動詞「ぬ」の未然形で、ここは確述の用法。「せ給は」は、最高敬語。

❷軽い確定の順接を表す。…ので。万葉 四・六二六「君により言の繁きを古郷の明日香の川に潔身しにゆく」訳あなたのせいでうわさがひどいので、(私は)旧都の明日香川に禊をしに行く。

❸軽く前後をつなぐ。…と。…が。古今 恋三・詞書「垣のくづれより通ひけるを、度重なりければ」訳(土塀の)垣のくずれた所を通って通っていたが、たび重なったので。

㊂(間助)❶(文中に用いられたとき)強調を示す。…ね。万葉 三・三四九「生ける者つひにも死ぬるものにあればこの世にある間は楽しくをあらな」訳生きている者はいずれは死ぬものであるから、この世にいる間は楽しくね、暮らしたいものだ。文法「あらな」の「な」は、上代の願望の終助詞。枕 二三「いかでなほすこしひがごと見つけてをやまむと」訳どうにかしてやはり少しでもまちがいを見つけてね、(そこで)終わりにしようと。

❷(文末に用いられたとき)感動・詠嘆を示す。…なあ。万葉 二・一二〇「吾妹子に恋ひつつあらずは秋萩の咲きて散りぬる花にあらましを」訳いとしいあなたにずっと恋いこがれていないで、秋萩のように咲いて(すぐ)散ってしまう花であったらよかったのになあ。文法「あらずは」の「ずは」は、連用修飾となって「…ないで」「…ずに」の意となる。

❸(「…を…み」の形で)「…が…ので」の意を表す。〔後撰〕秋中「秋の田のかりほの庵のとまをあらみわがころもでは露にぬれつつ」訳→あきのたの…和歌

文法 (1) **用法の派生**　㊂の間投助詞の用法が最初で、そこから㊀の格助詞の用法が生まれ、さらに㊁の接続助詞の用法が成立したと考えられている。

(2) **古文特有の「を」**　㊀の①②③は、現代語の「を」と同じだが、④⑤は古文特有のものである。④の「…を…に(て)」の構文は「…が…で(あって)」の意にもあたるので、㊀③の用法や「女郎花多かる野べに宿りせばあやなくあだの名をや立ちなむ(=浮気だという評判が立つだろうか)」〈古今 秋上〉の用法をあわせ考えて、主語となる語に付くという用法を「を」に認める説もある。また、「…を別る」のように離別の対象を示す用法、「…を戦ふ」のように、動作の相手を示す用法もある。

「たらちねの母を別れてまことわれ旅の仮廬に安く寝むかも」〈万葉 二〇・四三四八〉

「あの国の人を、え戦はぬなり」〈竹取 かぐや姫の昇天〉

(3) **接続助詞の「を」**　㊁の接続助詞の①②③の用法の差は、「を」の上下の意味の関係から生じるもので、判別しにくい例もある。なお、同じく活用語の連体形に付いた㊀と区別のつきにくい例も多いが、「…のを」と訳して不自然でなく文脈がとらえられるものは格助詞と見てよい。体言に付いた「を」も、「白露の色は一つを(=白露の色は白一色であるのに)いかにして秋の木の葉を千々に染むらむ」〈古今 秋下〉のように、訳し方によっては逆接の意のように訳されるものもあるが、接続の上からは格助詞と考えられる。

(4) **「…を…み」**　㊂③の用法の「を」を格助詞とする説もあるが、「山深み春とも知らぬ松の戸にたえだえかかる雪の玉水」〈新古 春上〉や「大君の命かしこみ磯に触り海原渡る父母を置きて」〈万葉 二〇・四三二八〉のように、「を」の省かれる例もあるので、本書では間投助詞とする。なお、間投助詞は文節の切れ目に付くのが基本である。主語となる語に付くと見られるものも、主語となる文節に間投助詞が付いた用法と考えることができる。

◆識別ボード「を」◆

① **格助詞**
「さびしさに宿を立ちいでてながむればいづくも同じ秋の夕暮れ」訳→さびしさに…和歌〈後拾遺・秋上〉

② **接続助詞**
「まかでなむとし給ふを、暇さらに許させ給はず」訳退出してしまおうとなさるけれども、休暇をまったくお許しにならない。〈源氏 桐壺〉

③ **間投助詞**
「君があたり見つつを居らむ生駒山雲な隠しそ雨は降るとも」訳→きみがあたり…和歌〈伊勢 二三〉

①は現代語の「家を出る」などと同じ、起点を表す格助詞。②は逆接。③は現代語の「ね・さ・よ」などと同じで、文節の切れ目に入る。

をい(オイ)(感)〔「おい」とも書く〕❶思いがけない物事に出会ったとき、やや驚いて発する声。おお。おやっ。枕 一三七「『―、この君にこそ』と言ひわたるを聞きて」訳(私が)「おや、この君で(いらっしゃったのか)」と言ったのを(男の人たちが)聞いて。(「言ひわたる」は「言ひたる」の誤りか)

❷人に呼ばれたときに答える声。納得・合点したときに発する声。おお。源氏 玉鬘「『―、さり、さり』とうなづきて」訳(大夫の監は)「おお、そうだ、そうだ」とうなずいて。

❸人に呼びかけるときに発する声。おい。

をい‐をい(オイオイ)(感)〔「おいおい」とも書く〕❶応答や承諾のときに言う語。はいはい。〔栄花〕月の宴「『―、さなり』とのたまふほど」訳「はいはい、そうだそうだ」とおっしゃるようすは。

❷呼びかける語。おおいおおい。今昔 一九・一四「声を高くあ

げて、『阿弥陀仏(あみだぶつ)よや、―』と叩(たた)かひ行くを」訳 (入道は)声を高くあげて、「阿弥陀仏よ、おおいおおい」と呼んで(金鼓(こんぐ)を)叩き叩き行くのを。

❸泣き声の擬声。おいおい。〔落窪〕「―と泣き給ふ」訳 おいおいとお泣きになる。

をう-ご オウ【擁護】(名・他サ変) →おうご

を-うと オ【夫】(名)〔「をひと」のウ音便〕おっと。〔水鏡〕「兄(このかみ)と―と誰(たれ)をか志深く思ひ給ふ」訳 兄と夫とどちらに深い愛情をお感じになるか。

をうな オウナ【女】(名)〔「をみな」のウ音便〕おんな。特に、若い女性。〔古今〕仮名序「絵にかける―を見ていたづらに心を動かすがごとし」訳 (遍昭(へんじょう)の歌は、真実味がなく)絵にかいてある女性を見て無駄に心を動かすようなものだ。⇩女(をんな)「類語パネル」

をう-をう オウオウ(感)「おうおう」に同じ。

をか オカ【丘・岡】(名)土地の小高くなった所。おか。〔万葉〕一・一「この―に菜摘ます児(こ)家告(の)らせ名告らさね」訳 →こもよ…〔和歌〕

をかし オカシ【犯し】(名)罪を犯すこと。また、罪。〔源氏〕明石「命つきなむとするは、前(さき)の世の報いか、この世の―かと」訳 命がつきてしまおうとするのは、前世の報いなのか、この世で犯した罪(によるの)かと。

をか・し オカシ(形シク)〔しから・しく(しかり)・し・しき(しかる)・しけれ・しかれ〕

語義パネル

●重点義 **招き寄せたい感じがするさま。風情があって、すばらしい。**

動詞「招(を)く」(カ四)に対応する形容詞。

❶**おもしろい。趣がある。風情がある。**
❷**賞すべきである。すばらしい。すぐれている。**
❸**かわいらしい。**愛らしい。
❹**滑稽だ。おかしい。**

❶**おもしろい。趣がある。風情がある。**〔枕〕一「まいて雁(かり)などの、つらねたるが、いとちひさく見ゆるはいと―・し(終)」訳 いうまでもなく雁などで、列をつくっているのが、(遠くに)たいそう小さく見えるのはとても趣がある。〔徒然〕一三七「万(よろづ)のことも、始め終はりこそ―・しけれ(已)」訳 すべてのことも、(その)始めと終わりが趣深いものだ。〔文法〕「こそをかしけれ」は、係り結び。

❷**賞すべきである。すばらしい。すぐれている。**〔今昔〕二七・二五「心ばへなども―・しかり(用)ければ」訳 気だてなどもすばらしかったので。

❸**かわいらしい。**愛らしい。〔源氏〕若紫「いづかたへかまかりぬる、いと―・しう(用)(ウ音便)ややうなりつるものを」訳 (雀(すずめ)の子は)どこへ行ってしまったのか、とてもかわいらしくだんだんなってきたのに。

❹**滑稽だ。おかしい。**〔源氏〕紅葉賀「直衣(なほし)ばかりを取りて、屏風(びゃうぶ)の後ろに入り給ひぬ。中将、―・しき(体)を念じて」訳 (光源氏は直衣だけを手に)取って、屏風のうしろに(隠れ)入りなさった。(頭(とう)の)中将はおかしいのをがまんして。(⇩あはれ「類語パネル」)

発展 「をかし」と「枕草子」

「源氏物語」が「あはれ」を描いた文学であるといわれるのに対して、「枕草子」は「をかし」の文学であるといわれる。これは、作者清少納言の姿勢が、対象を客観的・理知的に観察するものであったからである。自然や季節の美しさ、人の心の機微などを、鋭い感性によって「をかし」と感じ、それを的確に描き出したのが「枕草子」なのである。

をかし-が・る オカシ(自ラ四)〔ら・り・る・る・れ・れ〕〔「がる」は接尾語〕興をもよおす。おもしろがる。〔更級〕竹芝寺「唐土(もろこし)が原に大和(やまと)なでしこも咲きけむこそなど、人々―・る(終)」訳 (中国という名をもつ)唐土が原になんと大和なでしこが咲いたということは(妙だ)などと(言って)、人々はおもしろがる。

をかし-げ オカシ(形動ナリ)〔なら・なり(に)・なり・なる・なれ・なれ〕〔「げ」は接尾語〕かわいらしいようすである。いかにも趣があるさまである。〔枕〕一五一「いとちひさき塵(ちり)のありけるを目ざとに見つけて、いと―・なる(体)およびにとらへて」訳 (幼児が)たいそう小さい塵があったのを目ざとく見つけて、とてもかわいらしい感じの指でつまんで。

をかし-ば・む オカシ(自マ四)〔ま・み・む・む・め・め〕〔「ばむ」は接尾語〕風流めく。〔源氏〕夕霧「なよらかに―・め(已)ることを好ましからず思(おぼ)す人は」訳 ものやわらかで風流めいていることを好ましくないとお思いになる人は。

をかし-やか オカシ(形動ナリ)〔なら・なり(に)・なり・なる・なれ・なれ〕〔「やか」は接尾語〕いかにも趣深いさま。風情のあるさま。〔源氏〕総角「―・なる(体)こともなく、いとまめだちて、思(おぼ)しけることどもをこまごまと書き続け給へれど」訳 (匂宮(におうのみや)は中の君に対して)風流めいたことばもなく、たいそうまじめに、お思いになったことをいろいろこまごまと書き続けなさっているけれど。

をか・す オカス【犯す・侵す・冒す】(他サ四)〔さ・し・す・す・せ・せ〕❶法や道徳を破る。悪事をする。〔源氏〕明石「われはいかなる罪を―・し(用)てかく悲しき目を見るらむ」訳 私はどんな罪を犯してこのように悲しい目にあうのだろう。

❷けがす。害を与える。侵略する。〔大和〕一四七「異国(ことくに)の人の、いかでかこの国の土をば―・す(終)べき」訳 他国の人が、どうしてこの国の土をけがしてよいものか(いや、よくはない)。

❸病気や眠けなどが襲う。とりつく。〔徒然〕一三四「病(やまひ)の―・す(体)(＝とりつくこと)をも知らず、死の近きことをも知らず」

をか-の-べ オカ【岡の辺】(名)「をかへ」に同じ。

をか-び オカ【岡辺】(名)「をかへ」に同じ。

をか-へ オカ【岡辺】(名)〔「をかべ」「をかび」「をかのべ」とも〕丘のほとり。丘のあたり。〔万葉〕九・一七五一「川沿(かはそ)ひの―の道ゆ昨日こそわが越え来(こ)しか」訳 川ぞいの丘のほとりの道を通って、昨日、私が越えて来たが。

をが・む オガム【拝む】(自マ四)〔ま・み・む・む・め・め〕❶(神仏に)礼拝する。〔徒然〕五二「仁和寺(にんなじ)にある法師、年寄るまで石清水(いはしみづ)を―・ま(未)ざりければ」訳 仁和寺にいる僧が、年をとるまで石清水八幡宮(はちまんぐう)に参拝しなかったので。

❷拝顔する。お目にかかる。〔伊勢〕八三「睦月(むつき)に―・み(用)奉らむとて、小野にまうでたるに」訳 (馬の頭(かみ)は)陰暦

正月に（惟喬親王に）拝顔し申しあげようと思って、小野の里に参上したところが。

❸嘆願する。懇願する。竹取 貴公子たちの求婚「『娘を吾に給べ』と、ふし—・み用、手をすりのたまへど」訳（貴公子たちは）『娘さんを私（の妻）にください』と、伏して嘆願し、手を合わせておっしゃるけれど。

をぎ【荻】（名）草の名。水辺に多く、すすきに似ているがそれより葉や穂は大きい。秋。新古 秋上「夕暮れは—吹く風の音まさる今はたいかに寝覚めせられん」訳夕暮れには荻の葉を吹く風の音がますます高くなる。これからまたどれほど夜中に目覚めさせられることだろうか。

をき-びと【招き人】（名）「をぎびと」とも。加持祈禱をして物の怪を招き寄せる験者。〔紫式部日記〕「宰相の君、—に叡効をそへたるに、夜一夜ののしり明かして声もかれにたり」訳宰相の君は、（局の）物の怪を招き寄せる験者として叡効（＝園城寺の僧の名）をつき従わせたところ、一晩じゅう大声を出して夜を明かし、声もかれてしまった。

荻生徂徠（をぎふ・そらい）『人名』（一六六六―一七二八）江戸中期の儒者。諱は双松。本姓は物部。物徂徠とも称した。江戸の人。柳沢吉保に仕え、初め朱子学を学んだが、のち古文辞学を唱えた。門下に太宰春台・服部南郭ら逸材が多い。著書は『蘐園随筆』『弁道』『弁名』『論語徴』など。

を-く【招く】（他カ四）｛か・き・く・く・け・け｝招き寄せる。呼び寄せる。万葉 五・八一五「正月立ち春の来たらばかくしこそ梅を—・き用つつ楽しき終へめ」訳陰暦正月になって春が来たなら、このようにして梅の花を招き寄せして、楽しいことの限りをつくそう。

を-ぐし【小櫛】（名）（「を」は接頭語）くし。万葉 九・一七七七「君なくは何ぞ身よそはむ匣なる黄楊の—も取らむとも思はず」訳あなたがいないならば、どうしてわが身を飾ろうか（いや、飾りはしない）。くし箱に入っている黄楊のくしも手に取ろうとも思わない。

を-ぐら-し【小暗し】（形ク）｛から・く（かり）・し・き（かる）・けれ・かれ｝（「を」は接頭語）うす暗い。ほの暗い。源氏 夕霧「空の気色もあはれに霧りわたりて、山の陰は—・き体心地するに」訳空の感じもしみじみとした風情で霧が一面にたちこめていて、山の陰はうす暗い感じがするうえに。

小倉百人一首（をぐらひやくにんいっしゅ）『作品名』秀歌集。文暦二年（一二三五）ごろ成立。編者は藤原定家か。天智天皇から順徳院に至る間の歌人百人の和歌を一首ずつ選んだもの。後世の文学にも影響が強く、また歌がるたとして一般に普及している。定家が今の京都市嵯峨の小倉山の別荘で撰したという言い伝えによって、この名がある。「小倉山荘色紙和歌」「小倉百首」、俗に「百人一首」とも。

小倉山（をぐらやま）『地名』歌枕 今の京都市右京区にある山。保津川（大堰川）を隔てて嵐山に対する。紅葉の名所。

をぐらやま… 和歌

> 小倉山　あらしの風の　寒ければ
> 紅葉の錦　着ぬ人ぞなき
> 〈大鏡・頼忠・藤原公任〉

訳小倉山（や嵐山）から吹きおろす山風が寒いので、（散りかかる）紅葉の錦の衣を着ない人はいないことだよ。

解説 藤原道長が大堰川に遊覧し、作文（＝漢詩）・管弦・和歌の船をきめて、その方面にすぐれた人々をそれぞれの船に乗せたとき、和歌の船に乗った作者が詠んだ歌。後に作者は、作文の船に乗っていたら、もっと有名になったのにと残念がったという。第二句の「あらし」には「嵐山」の意味を響かせる。「拾遺集」〈秋〉には初句・第二句を「朝まだきあらしの山の」として所収。

をぐらやま… 和歌《百人一首》

> 小倉山　峰のもみぢ葉　心あらば
> 今ひとたびの　みゆき待たなむ
> 〈拾遺・一一二八・雑秋・藤原忠平〉

訳小倉山の峰の紅葉の葉よ、もし心があるならば、もう一度あるはずの行幸を（散らずに）待っていてほしい。修辞「小倉山」は今の京都市右京区にある山。紅葉の名所で歌枕。文法「心あらば」の「あらば」は「未然形＋ば」で、「もし…ならば」の意。「待たなむ」の「なむ」は、他に対する願望の終助詞。

解説 宇多上皇が大堰川に御幸した折に、紅葉の美しい光景を賛嘆して、醍醐天皇に行幸をすすめるとのことばがあったので、そのことを奏上しますと言って詠んだ歌。紅葉を擬人化して、呼びかけるかたちをとって、なだらかに詠みくだしているところに、心地よいリズム感が生まれている。「大和物語」〈九九〉にも第二句を「峰の紅葉し」として所収。

を-け【麻笥】（名）麻を細く裂いてより合わせて作った糸を入れておく器。檜の薄板を曲げて円筒形に作る。「麻小笥」とも。

（を　け）

をこ【烏滸・痴・尾籠】（名・形動ナリ）おろかなこと。ばかげていること。〔記〕中「我が心しぞいや—・に用して今ぞ悔しき」訳私の心はまったくおろかであって、今は悔しい。文法「心しぞ」の「し」は、強意の副助詞。「ぞ」は係助詞「ぞ」の上代の形。宇治 六・四「かたはらにて聞く人は、謀るなりと、—・に用思ひて笑ひけるを」訳そばで聞く人は、だますのだと、ばかばかしいことだと思って笑ったのを。

をこ-がま-し【痴がまし】（形シク）｛しから・しく（しかり）・し・しき（しかる）・しけれ・しかれ｝（「がまし」は接尾語）❶ばからしい。まがぬけている。みっともない。更級 鏡のかげ「老い衰へて世に出で交じらひしは、—・しく用見えしかば、我はかくて閉ぢこもりぬべきぞ」訳（他人でも）老い衰えた身で世間に出て（＝官吏となり）人々に立ち交じっていたのは、みっともないと（私には）思われたので、私は（今後は）こうして（家に）閉じこもってしまうだろうよ。文法「閉ぢこもりぬべき」の「ぬ」は、助動詞「ぬ」の終止形で、ここは確述の用法。徒然 七三「世俗の虚言をねんごろに信じたるも—・しく用。」訳俗世間のうそをまともに信じているのもばかばかしく。❷さしでがましい。出しゃばりだ。

をこ・が・る ─【痴がる】(他ラ四){ら・り・る・る・れ・れ}【「がる」は接尾語】おろかに思う。ばかばかしく思う。おかしがる。[宇治] 二・一三「この聞く男ども、一・り(用)あざけりて」[訳] これを聞く男たちは、ばかばかしく思いあざけって。

をこ・ごと ─【痴言】(名)ざれごと。冗談。[源氏] 常夏「一にのたまひなすをも知らず」[訳] (近江の君は自分の言ったことを内大臣がわざと冗談にしておっしゃるのにも気づかず。

を・ごころ ─【雄心】(名)雄々しい心。勇ましい心。[万葉] 一二・二八七五「天地にすこし至らぬ大夫と思ひしわれや一も無き」[訳] この天地(の高大さ)には少し及ばない男子であると思っていた私が、(今は)勇ましい心もないことだ。

をこつ・る ─【誘る】(他ラ四){ら・り・る・る・れ・れ}だまして誘う。すかしあざむく。また、機嫌をとる。[大鏡] 道兼「よろづに一・り(用)、祈りをさへして教へ聞こえさするに」[訳] (道兼の長男に舞をさせようと)あれこれとだましすかし、祈禱までをしてお教え申しあげるのに。

を・ごと ─【小琴】(名)【「を」は接頭語】琴。また、小さい琴。[万葉] 七・一三二八「膝に伏す玉の一の事なくはいたくここだくあれ恋ひめやも」[訳] 膝に置(いて弾)く美しい小琴ではないが、事(=支障)がないなら、こんなにもひどく私が(あなたを)恋するだろうか(いや、妨げられるから、いっそう恋しいのだ)。(第二句までは「事」を導きだす序詞)

をこと・てん ─【乎古止点】(名)漢文を訓読するために、漢字の四隅、上下、中間などの所定の位置に付けた点や線などの符号。補って読むべき助詞・助動詞・活用語尾などのしるしとした。平安初期に始まり、その種類もいろいろあるが、儒家点で点図の右上の二点が「ヲ」「コト」であることからこの名がある。

をこ・め・く ─【痴めく】(自カ四){か・き・く・く・け・け}【「めく」は接尾語】ばかげて見える。おろかしいようすをする。ふざける。[源氏] 常夏「一・い(用)(イ音便)給へる大臣にて、ほほゑみてのたまふ」[訳] (内大臣は)ふざけなさった(性格の)大臣なので、ほほえんでおっしゃる。

をごめ・く 【蠢く】(自カ四){か・き・く・く・け・け} →おごめく

をこ・ゑ 【痴絵・烏滸絵】(名)滑稽なことを描いた絵。戯画。[今昔] 二八・三六「ただ世に並びなき一の上手という名を立ちて」[訳] (義清阿闍梨は)もっぱら、世に並ぶもののない痴絵の名人という評判が立って。

をさ 【長】(名)多数の人の上に立って統率する人。かしら。ちょう。[土佐]「船の一しける翁、月日ごろの苦しき心やりによめる」[訳] 船の(客の)かしらをしていた老人(=紀貫之)が、先月来の苦しい心の慰めに詠んだ歌。

語の広がり「長」

「幼い」は、「長無し」の意。「をさ(=人を統率する頭)」の持つ性質を打ち消して形容詞化したもの。

をさ 【筬】(名)機織りの付属具の一つ。薄い竹片を櫛の歯のように並べ、長方形の枠にはめたもの。その目に縦糸を通し、横糸を織り込むたびに動かして織り目を整える。

をざさ・はら ─【小笹原】(名)笹の生い茂っている原。笹原。「をざさがはら」とも。

をさな 【幼】【形容詞「をさなし」の語幹】幼いこと。子供っぽいこと。[源氏] 若紫「いで、あな一や。いふかひなうものし給ふかな」[訳] いやもう、なんとまあ子供っぽいことよ。たわいなくいらっしゃることだなあ。(「ものす」は婉曲表現で、ここは「…(て)いる」の意)

をさな・げ ─【幼げ】(形動ナリ){なら・なり(に)・なり・なる・なれ・なれ}【「げ」は接尾語】幼いと感じられるさま。いかにも幼い。子供っぽい。[源氏] 若紫「筆とり給へるさまの一・なる(体)も、らうたうのみ思ゆれば」[訳] 筆をお持ちになっている(若紫の)ようすが子供っぽいのも、(光源氏には)ただもうかわいく思われるので。

をさな・ごこち ─【幼心地】(名)子供心。[更級] 太井川「一にもあはれに見ゆ」[訳] 子供心にも(別れは)身にしみて悲しく思われる。

をさな・し 【幼し】(形ク){から・く(かり)・し・き(かる)・けれ・かれ}【「長無し」の意】❶幼少である。いとけない。小さい。[竹取] かぐや姫の生ひ立ち「いと一・けれ(已)ば、籠に入れて養ふ」[訳] (かぐや姫は)たいそう小さいので、かごに入れて養育する。❷子供っぽい。未熟である。おとなげない。[源氏] 若紫「ことさら一・く(用)書きなし給へるも、いみじうをかしげなれば」[訳] (光源氏が若紫のために)わざといかにも子供っぽくお書きになっているのも、たいそう趣がある感じなので。(⇨幼けなし「類語パネル」)

をさな・ぶ 【幼ぶ】(自バ上二){び・び・ぶ・ぶる・ぶれ・びよ}【「ぶ」は接尾語】幼児のようである。幼く見える。[狭衣物語]「恨み給ふけはひ、一・び(用)て、ふくらかに愛敬づき、愛しげに見え給ふ」[訳] (二の宮がその絵をなぜ見せてくれないのと)お恨みになるようすは、子供っぽくて、ふんわりと魅力的で、いかにも愛らしく見えなさる。

をさな・め ─【幼目】(名)幼児の目。また、幼い時に見たこと。[平家] 七・実盛「一に見しかば、しらがの糟尾なりしぞ」[訳] (私=義仲が、以前)幼児の目で見たところ、(当時の実盛は)白髪のごましお頭であったぞ。

小沢蘆庵(をざはろあん)【人名】(一七二三〜一八〇一)江戸中期の歌人・歌学者。名は玄仲。和歌を冷泉為村に学ぶ。のち「ただこと歌」を提唱、自然の感情と平易な歌語を重んじた。家集「六帖詠草」、歌論書「塵ひぢ」など。

をさま・る 【自ラ四】{ら・り・る・る・れ・れ}❶【治まる】㋐乱れや騒ぎがしずまる。落着する。安定する。[徒然] 一四二「世一・ら(未)ずして、凍餒の苦しみあらば、とがの者絶ゆべからず」[訳] 世の中が安定しないで、(人々に)寒さと飢えの苦しみがあるならば、罪人はなくなるはずがない。㋑(乱れた心や病気・苦痛・天気などが)しずまる。落ち着く。[源氏] 夕霧「ある限り心も一・ら(未)ず、物おぼえぬほどなり」[訳] (一条御息所の死の悲しみで、女房たちは)だれも皆気持ちもしずまらず、なにも考えられないほどである。⇩篤し「慣用表現」

❷【収まる・納まる】㋐適当な場所や位置にはいる。きちんとはいる。[浮世風呂]「とかく食物が一・り(用)かねまして、食べると、尾籠ながら、吐きまする」[訳] どうにもこうにも食物が(おなかに)落ち着きかねまして、食べると、きたないことだが、吐きます。㋑消える。うすらぐ。[細道] 旅立「月は有り明けにて光一・れ(已)るものから、不二の峰かすかに見えて」[訳] 月は有り明けの月(=夜が明けようとするころ空にある月)で、光はうすらいでいるから、富士

山の峰がかすかに見えて。（「ものから」を逆接の「ものの」の意とする説もある）

をさ・む（他マ下二）｛め・め・む・むる・むれ・めよ｝❶【治む】㋐しずめる。落ち着かせる。源氏 若菜下「女房などは心もえ―・め(未)ず、乱りがはしく騒ぎ侍りけるに」訳（紫の上の死に）女房などは心を落ち着かせることもできず、やかましく（泣き）騒いでおりましたので。文法「心もえをさめず」の「え」は副詞で、下に打消の語（ここでは「ず」）を伴って不可能の意を表す。㋑**統治する。**国などを治める。〔花月草紙〕「賢きをあげて、政を任ずるほかに、国を―・むる(体)道はなし」訳賢人を登用して、政治をまかせること以外に、国を治める方法はない。㋒建物などを造営する。修理する。管理する。〔折たく柴の記〕「壁の土くづれ落ちしあまた所あれば…そのやぶれを―・め(用)塗らしむ」訳（地震で）壁の土が崩れ落ちた多くの所があるので…その破損箇所を修理して塗らせる。㋓治療する。看護して病気をなおす。〔紀〕神代「その病を―・むる(体)方を定む」訳（大国主神は）その病気を治療する方法を定める。㋔〔「修む」とも書く〕整え正す。徒然 二〇「道を知れる教へ、身を―・め(用)、国を保たん道も、またしかなり」訳（このことばは）その専門のことをよく知っている（者の）教えであって、一身を修養し、国を保全してゆく道も、また同様である。

❷【収む・蔵む・納む】㋐**しまっておく。**所蔵する。収納する。宇治 五・一「奥の部屋などおぼしき所に、―・め(用)置きて」訳（地蔵菩薩を）奥の部屋などと思われる所に、しまって置いて。㋑**取り入れる。**収穫する。**受け入れる。**受領する。〔狂・八句連歌〕「それほどにおしゃるならば、―・め(用)ておかう」訳それほどにおっしゃるならば、（借用証を）受け取っておこう。㋒やりとげる。終わりにする。〔醒睡笑〕「よき振りに舞ひ―・め(用)し」訳巧みな所作で舞い納めた。㋓葬る。埋葬する。徒然 三〇「からは、けうとき山の中に―・め(用)て」訳遺骸は、人気のない山の中に埋葬して。

をさ-むし【筬虫】（名）やすで（=虫の名）の古名。雨彦。夏

をさ-め【長女】（名）雑用に使われた下級の女官。一説に、下級女官の長、また、年をとった下女の意とも。枕 八七「これがうしろめたければ、おほやけ人、すまし・―などして、たえずいましめにやる」訳これ（=雪の山）が気がかりなので、宮仕えの女官、（すなわち）すまし（=下級女官）やおさめなどに命じて、ひっきりなしに見張りに行かせる。

をさめ-どの【納め殿】（名）宮中や貴族の邸宅で、金銀・衣服・調度などを納める所。納戸。宮中では、宜陽殿の中にあり、累代の御物を納める。

をさ-をさ（副）❶（多く、下に打消の語を伴って）**ほとんど。めったに。**なかなか。徒然 一九「さて冬枯れのけしきこそ、秋には―おとるまじけれ」訳それから冬枯れのありさまは、秋にはほとんど劣らない（ほどの趣のあるもの）であろう。文法「まじけれ」は打消推量の助動詞「まじ」の已然形で、係助詞「こそ」の結び。

❷**しっかりと。きちんと。**〔うつほ〕藤原の君「よろづの人の、婿になり給へと、―聞こえ給へども、さもものし給はず」訳多くの人が、（私の）婿になりなさいと、はっきりと申し上げなさるけれども、（仲澄は）そうもしなさらず。（「ものす」は婉曲表現で、ここでは「する」の意）

参考 多数の人の上に立って統率する人の意の「長」を重ねて副詞にした語かと見られ、すべてが備わってきちんとしているさまをいう②が原義かと考えられる。

をさをさ・し【長長し】（形シク）｛しから・しく（しかり）・し・しき（しかる）・しけれ・しかれ｝おとなびている。しっかりしている。落ち着いている。伊勢 一〇七「若ければ文も―・しから(未)ず、ことばも言ひ知らず」訳（女は）若いので手紙（の書き方）もしっかりとしていないし、（恋の）ことばも言い表し方を知らない。

をし【鴛鴦】（名）おしどり（=水鳥の名）の古名。雌雄離れずにいることが多いので、夫婦仲のよいことにたとえる。冬。〔後拾遺〕雑一「このごろの夜半の寝覚めは思ひやるいかなる―か霜ははらはむ」訳このごろの夜中の寝覚めには（奥様に先立たれたあなたの寂しさを）思いやっている。どのようなおしどりが羽の霜を払うのだろうか（=だれがあなたのお世話をするのだろうか）（と）。⇩巻頭カラーページ9

を・し（形シク）｛しから・しく（しかり）・し・しき（しかる）・しけれ・しかれ｝❶【愛し】**かわいい。いとしい。**〔続後撰〕雑中「人も―・し(終)人もうらめしあぢきなく世を思ふゆゑにもの思ふ身は」訳→ひともをし…和歌

❷【惜し】**失うにしのびない。惜しい。**残念だ。捨てがたい。徒然 七「飽かず、―・し(終)と思はば、千年を過ぐすとも、一夜の夢の心地こそせめ」訳（人間の寿命に）満足せず、（死ぬことを）惜しいと思うならば、千年を過ごしても、一晩の夢のような（はかない）気持ちがすることであろう。文法「せめ」の「め」は推量の助動詞「む」の已然形で、係助詞「こそ」の結び。⇩惜し「類語パネル」

をし（感）〔「おし」とも書く〕貴人が通るときに供の者が人々を静粛にさせるために発する声。枕 一三「警蹕（=先を払う声）など『―』といふ声聞こゆるも」

を-じか【牡鹿】（名）雄の鹿。雄鹿。「をしか」「さをしか」とも。万葉 二〇・四三二〇「朝霧に妻呼ぶ―出で立つらむか」訳朝霧の中に、今ごろ妻を呼ぶ雄の鹿が出て立っているだろうか。

をし-かは【韋】（名）なめし革。

を-しき【折敷】（名）片木（=杉や檜の材などを薄く削った板）を折りめぐらして作った四角な盆。食器などをのせるのに用いる。中古には沈香・紫檀などの香木でつくったものもあった。足を取りつけたのを「足打ち折敷」という。

（をしき）

をし-げ【惜しげ】（形動ナリ）｛なら・なり（に）・なり・なる・なれ・なれ｝〔「げ」は接尾語〕いかにももったいないさま。名残惜しいさま。源氏 藤裏葉「日の暮るるもいと―・なり(終)」訳（童たちの舞がおもしろくて）日が暮れるのもたいそう惜しいさまである。

をしけく【惜しけく】惜しいこと。万葉 一二・三〇四二「朝日さす春日の小野に置く露の消ぬべきあが身―もなし」訳朝日がさす春日の野に置く露のように、消え去るにちがいない私の身は惜しいこともない。（第三句までは「消ぬべき」を導きだす序詞）

なりたち 形容詞「をし」のク語法

をしけ・し【惜しけし】（形ク）｛から・く（かり）・し・き（かる）・けれ・かれ｝〔形容詞

「をし」のク語法「をしけく」を形容詞活用させたもの】「をし(惜し)」に同じ。源氏 胡蝶「紫のゆゑに心をしめたれば淵に身投げむ名やはー・き(体)」訳 (私=蛍兵部卿の宮は)紫草の縁故の人(=玉鬘)に夢中になっているので、淵に身を投げる(という悪い)噂は惜しくあろうか(いや、少しも惜しくはない)。(「淵」に「藤」をかけ、「紫」と縁語関係とした)

をし-どり 【鴛鴦】(名)「をし(鴛鴦)」に同じ。

をしどりの 【鴛鴦の】《枕詞》鴛鴦が水に浮くことから、「憂き」にかかる。一説に、比喩とも。〔千載〕雑下「ー憂きためしにや」

をし・ふ 【教ふ】(他ハ下二){へ・へ・ふ・ふる・ふれ・へよ}告げ知らせる。教える。さとす。古今 春下「花散らす風のやどりはたれか知る我にー・へよ(命)行きてうらみむ」訳 桜の花を吹き散らす風の宿所はだれが知っているのか。私に教えよ。行って恨みごとを言おう。

をし・む 【(他マ四){ま・み・む・む・め・め}❶【愛しむ】深く愛する。いつくしむ。たいせつにする。古今 離別「ー・む(終)らむ人の心を知らぬまに秋のしぐれと身ぞふりにける」訳 (私を)いとしく思っているというあなたの心も知らないでいる間に、秋のしぐれが降るように、私の身もすっかり年老いてしまったことだ。(「ふり」は「降り」と「古り」との掛詞)

❷【惜しむ】惜しく思う。物惜しみする。平家 四・競「さてはー・む(体)ごさんなれ。にくし。請へ」訳 それでは(名馬を見せるのを)物惜しみするというのだな。憎らしい。所望しろ。文法「ごさんなれ」は「にこそあるなれ」の転。「なれ」は、伝聞・推定の助動詞。

をし-もの 【食し物】(名)食べ物の敬称。召し上がり物。お食事。〔紀〕推古「皇太子みそなはしてー与へ給ふ」訳 皇太子は(飢えた人を)ご覧になってお食事をお与えになる。

を-しゃう 【和尚】(名)❶《仏教語》禅宗・浄土宗で、修行を積んだ高徳の僧。

❷僧侶。また、剃髪した者の総称。座頭など。

❸技芸が傑出して、模範と仰がれる人の称。茶道・弓馬・槍・武術などの宗匠のこと。「茶の湯のー」

参考 ①の意の「和尚」は各宗派で読み方を異にし、天台宗では「くゎしゃう」、法相宗・真言宗では「わじゃう」、禅宗・浄土宗では「をしゃう」と読む。

を-す 【小簾】(名)「「を」は接頭語」すだれ。また、小さいすだれ。「こす」とも。

を・す 【食す】(他サ四){さ・し・す・す・せ・せ}《上代語》❶「飲む」「食ふ」「着る」などの尊敬語。召し上がる。お召しになる。〔記〕中「献り来し御酒そ残さずー・せ(命)、ささ」訳 献上して来たお酒である。残さず召し上がれ、さあさあ。

❷治める意の尊敬語。お治めになる。統治なさる。

をす-くに 【食す国】天皇が統治なさる国。万葉 一七・四〇〇六「天皇のー・す(体)国なれば」訳 (この国は)天皇が統治なさる国なので。

を-せ-く・む (自マ四){ま・み・む・む・め・め}「「を」は接頭語」少し背が曲がる。少し猫背になる。宇治 九・五「たけ高く、ー・み(用)たる者」訳 背が高く、少し猫背になっている人。

を-せなが 【を背長】(名・形動ナリ)「「を」は接頭語」胴が長いさま。胴長。源氏 末摘花「まづ、居丈の高く、ー・に(用)見え給ふに」訳 (末摘花は)第一に、座高が高く、胴長にお見えになるので。

をそ (名)軽はずみなこと。万葉 四・六五四「あひ見ては月も経なくに恋ふと言はばーろと我を思ほさむかも」訳 逢ってから一月もたっていないのに、恋い慕っていると言ったら、軽はずみだと私をお思いになるだろうなあ。

を-だ 【小田】(名)「「を」は接頭語」田。〔幻住庵記〕「麓の一に早苗とる歌」

を-だまき 【苧環】(名)❶麻を細く裂いてより合わせて作った糸を、内側を空にして球状に巻いたもの。伊勢 三二「いにしへのしづのーくりかへし昔を今になすよしもがな」訳 ↓いにしへの… 和歌

❷枝も葉もない立ち枯れの木。一説に、鉾杉(=矛のような形の杉)の意とも。

（をだまき①）

をち 【復ち】(名)元に戻ること。特に、若返ること。万葉 二〇・四四四六「わが屋戸に咲けるなでしこ幣はせむゆめ花散るないやーに咲け」訳 私の家の庭先で咲いているなでしこよ、贈り物はしよう。(だから)決して花は散るなよ。ますます新たに咲いてくれ。

をち 【彼方・遠】(名)❶遠く離れた所。かなた。遠方。古今 離別「白雲の八重に重なるーにても思はむ人に心へだつな」訳 白雲が幾重にも重なる遠方にあっても、(あなたを)思うであろう人(=私)に心を隔てるな。

❷時の隔たること。㋐以前。昔。〔拾遺〕雑賀「昨日よりーをば知らず」訳 昨日より以前のことは知らないが。㋑以後。将来。万葉 一五・三七二六「このころは恋ひつつもあらむ玉匣明けてーより為方なかるべし」訳 今のうちは恋し続けてもいられよう。一夜明けてそれ以後からは(あなたと別れてしまい)どうしようもないだろう。(「玉匣」は「明く」にかかる枕詞)

を-ぢ 【小父・翁】(名)❶年とった男。おきな。老人。万葉 一一・二六四九「あしひきの山田守るー置く蚊火の下焦がれのみあが恋ひ居らく」訳 山の田を守る老人の置く蚊遣り火が、下のほうでくすぶっているように、私は心の中でばかり恋していることよ。(「あしひきの」は「山」にかかる枕詞。第三句までは「下焦がれ」を導きだす序詞)

❷【伯父・叔父】父・母の兄弟。また、父・母の姉妹の夫。源氏 須磨「故母御息所は、おのがーにものし給ひし按察の大納言の御女なり」訳 亡くなられた(光源氏の)母の御息所は、私(=明石の入道)の叔父でいらっしゃった按察使大納言の御娘である。

をち-かた 【彼方・遠方】(名)遠く隔たったほう。遠方。新古 雑上「雲をのみつらきものとて明かす夜の月よ梢にーの山」訳 雲ばかりを(月を隠す)薄情なものだと思って夜を明かすが、その夜の月よ、(おまえは)今遠く向こうの山の梢に落ちかかっていることだ。(「をちかた」は「遠方」と「落ち方」との掛詞)。↔此の方

をちかた-のべ 【彼方野辺】(名)遠くのほうにある野。〔新後撰〕春上「ーの春のあわ雪」

をちかた-びと 【遠方人】(名)遠くにいる人。離

れている人。〔古今〕雑体「うちわたすーにもの申すわれそのそこに白く咲けるは何の花ぞも」〔訳〕ずっと見渡す遠くにいる人にお尋ね申し上げる、私は。その、そこに白く咲いているのは、いったい何の花か。

をち-かへ・る【復ち返る】(自ラ四)〔ら・り・る・る・れ・れ〕❶元へ戻る。また、繰り返す。〔更級〕東山なる所「誰に見せ誰に聞かせむ山里のこの暁もー・る㊍音も」〔訳〕だれに見せ、だれに聞かせようか、山里のこの未明(の景色)も、繰り返す(ほととぎすの)鳴き声も。
❷若返る。〔万葉〕一一・二六八九「朝露の消やすきあが身老いぬともまたー・り㊞君をし待たむ」〔訳〕朝露のように消えやすいわが身は老いてしまうにしても、また若返りあなたを待とう。〔文法〕「君をし」の「し」は、強意の副助詞。

をち-こち【彼方此方・遠近】(名)❶遠い所と近い所。あちこち。〔古今〕春上「ーのたづきも知らぬ山中におぼつかなくも喚子鳥かな」〔訳〕あちらとこちらの見当もつかない山の中で、心もとなくも(人を)呼ぶように鳴く喚子鳥だよ。(「喚子鳥」は「呼ぶ」との掛詞)
❷未来と現在。〔万葉〕四・六七四「真玉付くーかねて言は言へど逢ひて後こそ悔いにはありと言へ」〔訳〕今もこれから先もとことばでは言うが、(心許して)逢って後こそ後悔に沈むものだと(世間の人々が)言うことだ。(「真玉付く」は「をちこち」にかかる枕詞)

をちこち-びと【遠近人】(名)あちこちの人。遠くの人や近くの人。〔伊勢〕八「信濃なる浅間の嶽に立つ煙ーの見やはとがめぬ」(新古今・羇旅にも所収)〔訳〕信濃の国(長野県)にある浅間山に立つ煙を、あちこちの人が見ていぶかりはしないだろうか(いや、だれもがいぶかるはずだ)。

をち-ど【越度】(名)「をっど」とも。あやまち。過失。手落ち。〔保元物語〕「今まで各を見知らざりけるこそーなれ」〔訳〕今までみなさんを見知らなかったのは(自分の)過失である。

をぢ-な・し(形ク)〔から・く(かり)・し・き(かる)・けれ・かれ〕❶臆病だ。いくじがない。〔竹取〕竜の頸の玉「ー・き㊍ことする舟人にもあるかな」〔訳〕いくじのないことを言う舟人であるなあ。
❷劣っている。つたない。へたである。〔仏足石歌〕「ー・き㊍や我に劣れる人を多み済さむためと写しまつれり仕へまつれり」〔訳〕(仏の道に)暗い私よりも劣っている人が多いので、(その人々を)彼岸(=悟りの境地)に渡すために(仏足を石碑に)お写し申しあげた。(その仕事に)お仕え申しあげた。〔文法〕「をぢなきや」の「や」は、間投助詞。「人を多み」の「み」は、原因・理由を表す接尾語。「…を…み」の形で「…が…ので」の意。

をち-みづ【復ち水・変若水】(名)〔「をち」は若返るの意〕月の神が持つという、飲むと若返る霊水。欠けた月がまた満ちるのを若返ると考えたものか。〔万葉〕一三・三二四五「月読の持てるーい取り来て」〔訳〕月の神の持っている若返りの霊水を取って来て。

を・つ【復つ】(自タ上二)〔ち・ち・つ・つる・つれ・ちよ〕元へ戻る。若返る。〔万葉〕六・一〇三四「古ゆ人の言ひける老人のー・つ㊎といふ水そ名に負ふ滝の瀬」〔訳〕昔から人が言い伝えてきた、老人が若返るという水である(養老という)名をもったこの滝の瀬は。

語の広がり「復つ」
「男」「乙女」の「おと」(歴史的仮名遣いは「をと」)は「復つ」と同源。「乙女」は若い女性という原義が現代語でも生きているが、「男」は若い男性の意から広く男性一般を指す語として意義が拡張した。「こ」は「子」、「め」は「女」で、この対は「彦」「姫」にもみられる。

を-つかみ【小摑み】(名)〔「を」は接頭語〕「おつかみ」に同じ。

をつつ【現】(名)「をつづ」とも。現実。現在。〔万葉〕五・八一三「奇し御魂今のーに尊きろかむ」〔訳〕不思議な精霊の石は今の現在も尊いことだなあ。

をても-このも【彼面此面】(名)〔「をちおも(遠面)このおも(此面)」の転〕あちら側とこちら側。あちらこちら。〔万葉〕一四・三三九三「筑波嶺のーに守部据ゑ」〔訳〕筑波山のあちらこちらに山の番人を置いて。

をと【彼方・遠】(名)〔「彼方」の転〕「をち(彼方)」に同じ。〔記〕下「大宮のーつ鰭手隅傾けり」〔訳〕御殿のあちらのほうの軒は隅が傾いている。

を-どき【男時】(名)運のよい時。何事もうまくいく時期。〔風姿花伝〕「時の間にもー・女時とてあるべし」〔訳〕ほんの少しの間にも、運のよい時・運の悪い時というのがあるにちがいない。↔女時

をとこ【男】(名)

語義パネル

●**重点義**　**年若い男性。**
元に戻る、若返るの意の動詞「復つ」(タ上二)と同根。原義が年若い女性の意の「をとめ」が対義語。

❶一般に、男。男性。
❷成人して**一人前になった男子。若く活力のある男。**
❸**夫。**恋人である男。
❹**出家していない男。俗世間にいる男。**
❺**下男。召使の男。**

❶一般に、男。男性。〔土佐〕「ーもすなる日記といふものを、女もしてみむとてするなり」〔訳〕男も書くと聞いている日記というものを、(私のような)女も書いてみようと思ってしたためるのである。〔文法〕「すなる」の「なる」は伝聞・推定の助動詞「なり」の連体形、「するなり」の「なり」は断定の助動詞「なり」の終止形。⇩土佐日記「名文解説」
❷成人して**一人前になった男子。若く活力のある男。**〔平家〕二・阿古屋之松「あはれ、汝七歳にならばーになして、君へ参らせんとこそ思ひつれ」〔訳〕ああ、おまえが七歳になったなら一人前の男にして(=元服させて)、わが君(=後白河法皇)へ参上させようと思っていたのになあ。
❸**夫。**恋人である男。〔枕〕八七「若き人々出で来て、『ーやある』『いづくにか住む』など口々問ふに」〔訳〕若い女房たちが出て来て、(女に)「夫はいるのか」「どこに住んでいるのか」などと口々に尋ねると。
❹**出家していない男。俗世間にいる男。**〔著聞〕七一七「ーなりける時、つねに猿を射けり」〔訳〕(太郎入道が)在

俗の男子であったとき、いつも猿を射止めていた。❺下男。召使の男。[源氏]若紫「疎き客人などの参る折節の方なりければ、—どもぞ御簾の外にありける」[訳]たまの客などの参上するときの部屋だったので、(侍女などはいないで、警備のための)下男たちが(若紫のいる)御簾の外にいた。

類語パネル

をとこ	結婚の年齢に達した若い男性。夫や恋人のように性の差を意識して用いられることが多い。
をのこ	子供や召使など下位の男をさすことが多く、夫や恋人の意には用いない。

をとこ-が-た-つ【男が立つ】男としての面目が立つ。男としての名誉が保たれる。〔春色梅児誉美〕「おめえをお由さんの方へ一旦帰さねけりゃあ(=帰さなければ)—・た㊀ねえ」

をとこ-ぎみ【男君】(名)❶貴族の子弟の敬称。公達。〔落窪〕「—もそのけしきをふと見給ひて、いとほしうあはれにおもほす」[訳]男君もその(姫君の)ようすをちらっとご覧になって、気の毒でかわいそうにお思いになる。❷貴族の婿や夫の敬称。[枕]二五「また家の内なる—の来ずなりぬる、いとすさまじ」[訳]またその家の人である婿君が通って来なくなってしまったのは、ひどく興ざめである。(↔女君)

をとこ-きんだち【男公達・男君達】(名)貴族の子息たち。貴公子たち。[大鏡]時平「—はみな、ほどほどにつけて位どもおはせしを」[訳](道真の)子息たちは皆、それぞれの年齢や身分に応じてさまざまな官位がおありになったが。↔女公達

をとこ-さび【男さび】(名)〔「さび」は接尾語「さぶ」の名詞形〕男らしくふるまうこと。[万葉]五・八〇四「ますらをの—すと剣太刀腰にとりはき」[訳]りっぱな男が男らしくふるまうことをしようと思って、剣太刀を腰に帯び。↔少女さび

をとこ-じもの【男じもの】(副)〔「じもの」は、…のようなものの意の接尾語〕男であるのに。男ながら。[万葉]二・二一〇「みどり児の乞ひ泣くごとに取り与ふる物しなければ—腋ばさみ持ち」[訳]赤子が、(何か)欲しがって泣くたびに取って与える物もないので、男であるのに(その子を)わきにかかえ持ち。

をとこ-しゅう【男主】(名)一家の男主人。「をとこあるじ」とも。[枕]二八「人の家の—ならでは、高くはなひたる、いとにくし」[訳]一家の男主人でなくては、高く音高くくしゃみをしているのは、たいへん不快である。

をとこ-だて【男達・男伊達】(名)男気を重んじ、男としての面目を立てるためには身を捨てて顧みないこと。また、そのような人。侠客。〔浄・丹波与作待夜小室節〕「やい—はおいてくれ。銭にすまいて、したかせい」[訳]やい、一人前に男を立てようなんてのはやめてくれ。借金を返してから、やりたかったらやってくれ。

をとこ-だふか【男踏歌】(名)男のする「踏歌」。[源氏]末摘花「今年、—あるべければ、例の所々遊びののしり給ふに」[訳]今年は男の踏歌があることになっているので、いつものように、あちこちで音楽を演奏し、歌を歌い騒ぎなさ(って練習す)るので。→踏歌②

をとこ-で【男手】(名)〔「て」は文字の意〕(男性が多く使ったところから)漢字。「男文字」とも。〔うつほ〕国譲上「本をこそは、—も女手も習ひ給ふめれ」[訳](東宮は仲忠の)お手本を、漢字も仮名もお習いになっているようである。↔女手

をとこ-に-な・る【男に成る】元服して一人前の男になる。[大鏡]道長下「殿のきんだちの、まだ—・ら㊀せ給はぬ」[訳]殿(=道長)のご子息方で、まだ元服しなさらない方々は。⇩人と成る「慣用表現」

をとこ-まひ【男舞】(名)女が男装して舞う舞。鳥羽天皇の時、白拍子が始めたものという。[平家]一・祇王「はじめは水干に立て烏帽子、白鞘巻をさいて舞ひければ、—とぞ申しける」[訳]はじめは水干(=男の日常服)を着て立て烏帽子(=上を折らない烏帽子)をつけ、白鞘巻(=銀の金具で飾った鞘巻の刀)を差して(男の姿で)舞ったので、男舞と申した。

をとこ-みこ【男御子】(名)「をのこみこ」とも。男の御子。皇子。[大鏡]師尹「この女御の御はらに、八の宮とて—一人むまれ給へり」[訳]この女御(=芳子)の御腹に、八番目の宮として皇子(=永平親王)が一人お生まれになった。↔女御子

をとこ-みや【男宮】(名)男の皇族。皇子。親王。[源氏]宿木「宮に紅葉奉れ給へれば、—おはしましけるほどなりけり」[訳](薫が)宮(=中の君)に(蔦の)紅葉を差し上げなさったところ、(ちょうど)男宮(=匂宮)がいらっしゃったときであった。↔女宮

をとこ-もじ【男文字】(名)「をとこで」に同じ。↔女文字

男山『地名』[歌枕]今の京都府八幡市にある山。山頂に石清水八幡宮がある。

をとこ-ゑ【男絵】(名)❶語義未詳。平安時代、線描を生かし彩色をほどこした力強い中国風の絵か。❷近世、男の姿を描いた絵。

をどし【縅・威】(名)鎧の札(=鉄または革で作った小さい板)を糸・布帛または細い革でつづったもの。材料によって糸縅・革縅、色によって緋縅・卯の花縅など、つづり方によっては、荒目・毛引・素懸・敷目などの種類がある。⇩巻頭カラーページ18

をど・す【縅す】(他サ四)〔さ・し・す・す・せ・せ〕〔緒を通すの意か〕鎧の札(=鉄または革で作った小さい板)を糸や革などのとじひもでつづる。〔古活字本保元物語〕「牛千頭が膝の皮を取り、—・し㊀たりければ」[訳](この鎧は)牛千頭の膝の皮を取り、札にしてつづってあったので。

をと-つ-ひ【一昨日】(名)〔「をと」は「遠」、「つ」は「の」の意の上代の格助詞〕昨日の前の日。おとい。[万葉]一七・三九二四「山の峡そことも見えず—も昨日も今日も雪の降れれば」[訳]山と山との間がそこだとも見分けられない。一昨日も昨日も今日も雪が降ったので。

をと-め【少女・乙女】(名)〔「をと」は「復つ(=若返る)」と同根〕❶若い娘。未婚の女性。「をとめこ」とも。[万葉]一・四〇「嗚呼見の浦に船乗りすらむ—らが珠裳の裾に潮満つらむか」[訳]あみの浦で船に乗って遊ん

でいるであろう若い娘たちの美しい裳の裾に、今ごろ満ち潮が寄せているであろうか。⇩女「類語パネル」」

❷五節の舞姫。源氏 少女「昔御目とまり給ひし—の姿おぼし出づ」訳（光源氏は）以前、御目をとめなさった（筑紫の五節の）舞姫の姿を思い出しなさる。

をとめ-ご【少女子・乙女子】（名）「をとめご」とも。「をとめ①」に同じ。

をとめ-さび【少女さび】（名）［「さび」は接尾語「さぶ」の名詞形］若い女性らしくふるまうこと。万葉 五・八〇四「娘子らが—すと韓玉を手本に巻かし」訳 若い女性たちが若い女性らしくふるまうことをしようと思って、舶来の玉を腕に巻いて。↔男さび

をとめの… 歌謡

少女の　床の辺に　わが置きし
剣の大刀　その大刀はや
〈古事記・中・倭建命〉

訳 乙女の寝床のあたりに私が置いてきた大刀。ああその大刀よ。文法「その大刀はや」の「はや」は終助詞「は」＋間投助詞「や」で、文末に添えて強い感動や詠嘆を表す。

解説 倭建命の辞世の歌。「少女」は美夜受比売、「剣の大刀」は草薙の剣を指す。

をとめらに【少女等に】《枕詞》「少女」に「会ふ」意から、同音の「あふさか」「ゆきあひ」にかかる。万葉 一三・三二三七「—相坂山に手向草」。万葉 一〇・二一一七「—行相の早稲を」

をど・る【踊る】（自ラ四）〔ら・り・る・る・れ・れ〕❶はねる。飛び上がる。枕 一五一「うつくしきもの…雀の子の、ねず鳴きするに—り(用)来る」訳 かわいらしいもの、…雀の子が、（人が）ねずみの鳴き声のまねをするとはねて来るの。❷舞踊をする。おどる。枕 二七八「高麗・唐土の楽して、獅子・狛犬—り(用)舞ひ」訳 高麗と唐土の音楽を奏して、獅子舞や狛犬舞をおどり舞い。（⇩舞ふ「図解学習」）

を-なは【苧縄】（名）麻糸をよって作った縄。今昔 二七・五「—をもってただ縛りに縛りて」訳 苧縄でもってがんじがらめに縛り上げて。

をの【斧】（名）木を伐ったり割ったりする道具。おの。万葉 一三・三二三二「—取りて丹生の檜山の木折り来て筏に作り」訳 斧を取って、丹生（＝吉野の川上流の地名）の檜山の木を伐って来て、筏に作り。

を-の【小野】（名）［「を」は接頭語］野。野原。〔記〕中「さねさし相模の—に燃ゆる火の火中に立ちて問ひし君はも」訳 →さねさし…歌謡

をのいれて… 俳句

斧入れて　香におどろくや　冬木立（冬）
〈秋しぐれ・蕪村〉

訳 勢いよく斧を打ちこむと（葉が落ちつくし枯れ木のように思えるその木肌から）強い香が鼻をつき、（その生命の確かさに）はっと驚いたことだ。（冬木立 冬。切れ字は「や」）

解説 蕪村には「樵夫伐木図（＝きこりが木を伐る図）」の絵があり、この句と対をなすと言われるが、「木の香」は絵では表現できない。感覚の柔軟さ、鋭さに着目したい。

を-の-こ【男子・男】（名）❶男性。徒然 一「いたましうするものから、下戸ならぬこそ—はよけれ」訳（酒をすすめられて）迷惑であるようにしながらも、酒が飲めないわけではないのが、男としてはよいものだ。文法「ものから」は、逆接の接続助詞。↔女の子

❷男の子。むすこ。源氏 玉鬘「女どもも—どもも所につけたるよすがども出できて、住みつきにたり」訳（少弐の）娘たちもむすこたちも、その土地に応じた縁があれこれできて（結婚し）、（筑紫に）住みついてしまった。↔女の子

❸殿上人。新古 春上・詞書「—ども、詩を作りて歌に合はせ侍りしに」訳 殿上人たちが、漢詩を作って（同題の）和歌と競詠をしましたときに。

❹奉公人。下男。竹取 燕の子安貝「家に使はるる—どものもとに、『燕の巣くひたらば、告げよ』とのたまふを」訳（中納言が、その）家に使われている下男たちのところに、「燕が巣をつくったら、知らせよ」とおっしゃるのを。

❺目下の男の名の下に付けて呼ぶ語。徒然 一八四「給はりて、なにがし—に張らせ候はん」訳（こちらへお仕事を）いただいて、だれそれめに（障子を）張らせましょう。（⇩男「類語パネル」）

をのこ-ご【男子】（名）❶男の子。男児。枕 一五一「八つ、九つ、十ばかりなどの—の、声はをさなげにてふみ読みたる、いとうつくし」訳 八歳、九歳、十歳ぐらいの男の子が、声は子供っぽいようすで（漢文の）書物を読んでいるのは、とてもかわいらしい。

❷男性。おとこ。源氏 少女「むつましき人なれど、—にはうち解くまじきものなり」訳 親しい間柄の人であっても、（女は）男には気を許してはならないものである。

をのこ-みこ【男御子】（名）「をとこみこ」に同じ。

をの-の-え-の-く・つ【斧の柄の朽つ】ほんの少しの時間と思っている間に、長い年月を過ごす。また、年月が久しくなることのたとえ。古今 雑下「古里は見しごともあらず—ち(用)し所ぞ恋しかりける」訳（帰って来た）故郷（である都）は昔見たようでもない。（あなたと）時のたつのも忘れて過ごした（筑紫の）土地が恋しいことだ。

参考 中国、晋の王質が、山中で仙人の囲碁を見ていたところ、一局終わらないうちに持っていた斧の柄が腐ってしまい、村に帰ると長い年月がたっていて、知人は皆死んでいたという故事による。

小野小町（をののこまち）『人名』（生没年未詳）平安前期の女流歌人。六歌仙・三十六歌仙の一人ではあるが、伝記には不明の点が多い。歌風は繊細で優艶。絶世の美人として謡曲・浄瑠璃などに取材されている。「小倉百人一首」に入集。家集「小町集」

小野道風（をののたうふう）『人名』（八九四〜九六六）平安中期の書家。名は「みちかぜ」とも。篁の孫。和様書風の基礎を築いた。藤原佐理・藤原行成とともに三蹟と称される。

小野篁（をののたかむら）『人名』（八〇二〜八五二）平安前期の漢詩人・

歌人。野相公・野宰相などと呼ばれた。遣唐副使に任ぜられるも病と称して乗船せず、隠岐に流されたが、のち許されて参議に進んだ。博学で詩文に優れ、「令義解」の撰に加わった。「小倉百人一首」に入集。

を-の-へ オノエ【尾の上】(名)〔「峰(を)の上(うへ)」の転〕山の峰。山や丘のいただき。〔後拾遺〕春上「高砂(たかさご)の—の桜咲きにけり外山(とやま)の霞(かすみ)立たずもあらなむ」訳→たかさごの…和歌

を-の-わらは オノワラワ【男の童】(名)❶男の子。〔土佐〕「年九つばかりなる—、年よりは幼くぞある」訳年が九歳ぐらいである男の子が、年よりは幼く見える。❷召使の少年。〔うつほ〕沖つ白波「やもめにて、—使ひてゐ給へり」訳(源宰相=実忠(さねただ)は)独身であって、召使の少年を使っていらっしゃった。(⇔女(め)の童(わらは))

を-ば 格助詞「を」のはたらきを強調し、動作・作用の対象を強く示す意を表す。〔竹取〕竜の頸の玉「命を捨てても、おのが君の仰せごと—叶(かな)へむとこそ思ふべけれ」訳(家臣というものは)命を捨てても、自分の主人のご命令を叶えようと思わなければならない。
なりたち 格助詞「を」+係助詞「は」=「をは」の濁音化したもの

姨捨山(をばすてやま) オバステヤマ『地名』歌枕 今の長野県北部にある冠着(かむりき)山のこと。姨捨て伝説の地。「田毎(たごと)の月」で知られる月の名所。

を-ばな オ【尾花】(名)❶植物の名。秋の七草の一つ。すすきの花穂。また、すすき。馬の尾に似ているのでいう。秋。〔古今〕恋一「秋の野の—にまじり咲く花の色にや恋ひむ逢(あ)ふよしをなみ」訳秋の野のすすきの穂にまじって咲く花の色が目立つように、(私の心を)表に出して恋い慕おうか。逢うすべもないから。(第三句までは「色」を導きだす序詞。⇒巻頭カラーページ9 ❷襲(かさね)の色目の名。表は白色、裏は薄縹(うすはなだ)色(=薄い藍色)。秋に用いる。

尾花沢(をばなざわ) オバナザワ『地名』今の山形県尾花沢市。羽州街道の宿場町として栄え、紅花(べにばな)を産した。

をはり オワリ【終はり】(名)❶末。果て。しまい。〔古今〕冬「あらたまの年の—になるごとに雪もわが身もふりまさりつつ」訳一年の終わりになるたびに、雪もますます降り積もり、私もますます年をとることだ。(「あらたまの」は「年」にかかる枕詞。「ふりまさり」は雪が「降り増さる」と、年をとる意の「旧(ふ)り増さる」との掛詞) ❷一生の終わり。臨終。〔源氏〕薄雲「年七十ばかりにて、今は—の行ひをせむとて籠(こも)りたるが」訳年が七十歳ぐらいで、今は人生の最後の勤行(ごんぎやう)をしようとして(山に)籠もっていた者が。⇒果(は)つ「慣用表現」

尾張(をはり) オワリ『地名』旧国名。東海道十五か国の一つ。今の愛知県西部。尾州(びしう)。

を-は-る オワル【終はる】(自ラ四)(ら・り・る・る・れ・れ)❶終わりとなる。しまいになる。〔万葉〕一八・四一一六「吾(あ)が待つ君が事—り(用)帰りまかりて」訳私の待つあなたが仕事も終わり、(都から)帰ってきて。❷死ぬ。〔沙石集〕「禅定(ぜんぢやう)に入るがごとくして—り(用)ぬ」訳禅定(=雑念を払い真理に達すること)の境地に入るようにして亡くなった。⇒果つ「慣用表現」

をは-を-から-す オハ【尾羽を枯らす】落ちぶれてみすぼらしくなる。「尾羽打ち枯らす」とも。〔浄・出世景清〕「—せ(用)し鎌倉の浪人者にて候ふが」訳落ちぶれてみすぼらしくなった鎌倉の浪人でございますが。

をはん-ぬ オワン【畢んぬ・了んぬ】(動詞・助動詞の連用形に付いて)…てしまった。…た。〔平家〕一〇・請文「摂州一の谷にして既に誅(ちゆう)せられ—ぬ(終)」訳(わが平家の数人が)摂津の国一の谷ですでに殺されてしまった。
なりたち 四段動詞「終はる」の連用形「をはり」+完了の助動詞「ぬ」=「をはりぬ」の撥音便

を-ふ オウ【麻生】(名)麻の生えている土地。麻原。〔万葉〕一一・二六八七「桜麻(さくらあさ)の—の下草露しあれば明かしてい行け母は知るとも」訳桜麻(=麻の一種か)の麻原の下草は露で濡れているから、(私の所で)夜を明かして行きなさい、たとえ母は気付こうとも。

を-ふ オウ【終ふ】(他ハ下二)(へ・へ・ふ・ふる・ふれ・へよ)終える。終わらせる。終わりまでやる。〔徒然〕一〇八「命を—ふる(体)期(ご)(=時期)、たちまちに至る(=やってくる)」

を-ぶね オ【小船・小舟】(名)〔「を」は接頭語〕小さな舟。〔新勅撰〕羇旅「世の中は常にもがもな渚(なぎさ)こぐあまの—の綱手(つなで)かなしも」訳→よのなかは…和歌

を-み オ【小忌・小斎】(名)❶〔「をいみ」の転〕大嘗会(だいじやうえ)・新嘗会(しんじやうえ)などのとき、特に斎戒(さいかい)(=飲食・行動をつつしみ心身を清めること)を厳重にして、神事に奉仕すること。また、その役の人。小忌衣(おみごろも)を着て、神事に奉仕する。〔枕〕八六「—の君たちもいとなまめかし」訳小忌衣を着て神事に奉仕する役の貴公子たちもたいへん優美である。❷「小忌衣(をみごろも)」の略。

を-み オ【麻績】(名)〔「麻(を)績(う)み」の転〕布を織るために、麻を細く裂いて長くより合わせ、糸にすること。また、それを職業にする人。

を…み …が…ので。…が…から。〔万葉〕六・九一九「若の浦に潮満ち来れば潟(かた)を無(な)み葦辺(あしべ)をさして鶴(たづ)鳴き渡る」訳→わかのうらに…和歌
なりたち 間投助詞「を」+…+原因・理由を表す接尾語「み」。→を(間助)・み(接尾)
注意 「山高み」「術(すべ)無み」のように、「を」が省略される場合がある。

を-み-ごろも オミ【小忌衣】(名)大嘗会(だいじやうえ)・新嘗会(しんじやうえ)・豊(とよ)の明かりの節会(せちえ)・五節(ごせち)などで、公卿(くぎやう)・女官・舞人など神事に奉仕する者(=小忌人(おみびと))が、装束の上に着る単衣(ひとへ)の服。白布に春の草・小鳥などを青摺(あをず)りにし、右肩に二本の赤ひもをつけ、袖の中央に紙縒(こより)を垂らす。「をみ」とも。

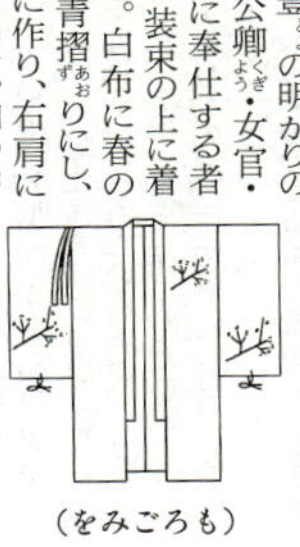
(をみごろも)

をみ-な オミ【女】(名)若い女。古くは、美女。〔紀〕天武「『諸氏(もろもろのうぢ)は—を貢(たてまつ)れ』とのたまふ」訳「各氏族は若い女を(朝廷に)差し上げよ」と帝(みかど)がお命じになる。
参考 後には「をうな」「をんな」となり、女性一般をさすようになった。⇒女(をんな)「類語パネル」
文法 「貢れ」は自敬敬語。

をみな-へし オミナエシ【女郎花・敗醤】(名)❶植物の名。秋の七草の一つ。山野に自生し、また観賞用として栽

培する。夏から秋に黄色い小形の花を傘状につける。歌では多く女性にたとえる。秋。古今 秋上「ひとりのみながむるよりは━わが住むやどに植ゑてみましを」訳 一人だけでながめているよりは、あの女郎花を私の家の庭に植えて見たいものだが。（「女郎花」の植栽を女性との結婚にたとえる）。⇨巻頭カラーページ9

❷襲の色目の名。表は黄、裏は萌黄。秋に用いる。⇨巻頭カラーページ11

をみなへし… 和歌

> 女郎花　盛りの色を　見るからに
> 露の分きける　身こそ知らるれ
> 〈新古今・一六・雑上・一五六七・紫式部〉〈紫式部日記〉

訳 女郎花の朝露に美しく映える盛りの（花の）色を見たばかりに、露が分けへだてをして（置かなかった盛りを過ぎた）我が身のことが、つくづくと思い知られることだ。

文法 「からに」は軽い原因が重い結果を生じる意を表す接続助詞。「知らるれ」の「るれ」は、自発の助動詞の已然形で「こそ」の結び。

解説 「紫式部日記」によれば、寛弘五年（一〇〇八）七月、作者は主人である中宮彰子の出産のため、彰子の父である道長の邸に滞在していた。ある日の早朝、道長が花盛りの女郎花を作者の局（＝部屋）にかざし、歌を詠むよう言った。それに応じて即興で詠んだ歌。「露」は道長の情愛をたとえる。

をむな【女】(名)「をんな」に同じ。

を-め-く【喚く】(自カ四){か・き・く・く・け・け}「「めく」は接尾語」わめく。大声で叫ぶ。枕 一四四「あやふがりて、猿のやうにかいつきて━・く(体)もをかし」訳 あぶながって、猿のように（木に）しがみついてわめくのもおもしろい。

を-や (文中に用いて)疑問の意を表す。…を…(だろう)か。源氏 総角「隔てなきとはかかる━言ふらむ」訳 (あなた＝薫の言う)隔てのない(話をしよう)とは、こういうことを言うのだろうか。

を-や なりたち 格助詞「を」＋疑問の係助詞「や」 ❶(文末に用いて)強い感動・詠嘆の意を表す。…だなあ。平家 一〇・熊野参詣「今日はかくやつれはて給へる御ありさま、かねては思ひよらざっし━」訳 今日はこのようにすっかりみすぼらしくなっていらっしゃるごようすで、以前には想像もできなかったことだなあ。文法「ざっし」は「ざりし」の促音便。

❷(多く「いはんや…においてをや」の形で)ある一例をあげ、他を推定する意を表す。…はなおさらである。平家 七・主上都落「をさまれる世だにもかくのごとし。いはんや乱れたる世においてを━」訳 治まっている世さえもこのようである。まして乱れた世ではなおさらである。

を-やまだ【小山田】(名)「「を」は接頭語」山あいの田。山田。万葉 一四・三四九二「━の池の堤に挿す楊」訳 山あいの田の池の土手に挿し木をする柳。

を-やみ【小止み】(名)(雨や雪、病状などが)少しの間やむこと。新古 春下「春雨のそほふる空の━せず落つる涙に花ぞ散りける」訳 春雨のしとしとと降る空が少しの間も降りやむことなく、たえず流れ落ちる(私の)涙とともに桜の花も散ることだ。

を-や-む【小止む】(自マ四){ま・み・む・む・め・め}「「を」は接頭語」時々とぎれる。雨や雪が少しの間やむ。栄花 たまのかざり「女房など、あな、かたはらいたと思ふまで泣けば、講師はあきれつつ━・み(用)がちなり」訳 女房などが、まあみっともないと思うほど泣くので、経文の講義をする僧侶は途方にくれては説教の声も時々とだえがちである。

をり【折】(名)❶何かが起こっている、また行われているちょうどその時。場合。機会。竹取 かぐや姫の昇天「今はとて天の羽衣着る━ぞ君をあはれと思ひ出でける」訳 →いまはとて… 和歌

❷季節。時候。枕 二「ころは、正月・三月、…十一二月、すべて━につけつつ、一年ながらをかし」訳 時は、陰暦正月、三月、…十一月、十二月(まで)、全部(その)季節に応じて、一年じゅう趣がある。

を-り【居り】[一](自ラ変)❶存在する。いる。ある。方丈 二「もし、貧しくして、富める家の隣に━・る(体)ものは、朝夕すぼき姿を恥ぢて、へつらひつつ出で入る」訳 かりに、貧乏で、金持ちである家の隣に住んでいる者は、朝に夕に(自分の)みすぼらしい姿を恥ずかしく思って、(隣家の人に)追従しいしい(自分の家に)出入りする(ようになる)。

❷座っている。古今 雑体「恋しきが方も方こそありと聞け立てれ━・れ(已)どもなき心地かな」訳 人を恋する方向にも定まった方向があると聞くが、立っていようが座っていようが(恋しさがつのり)、そのようなものなどない気分だよ。文法「立てれ」の「れ」は、完了(存続)の助動詞「り」の已然形。

[二](補動ラ変)❶(動詞の連用形に付いて)動作・状態の存続を表す。…ている。竹取 かぐや姫の昇天「え止むまじければ、ただ差し仰ぎて泣き━・り(終)」訳 (かぐや姫を)引き止めることができそうもないので、(嫗は姫を)ただ仰ぎ見て泣いている。文法「え止むまじければ」の「え」は副詞で、下に打消の語(ここでは「まじけれ」)を伴って不可能の意を表す。

❷他の動作をいやしめののしる意を表す。…やがる。狂・伯母酒「ようもようも妾をたらし━・っ(用)(促音便)たな」訳 よくもよくも私をだましやがったな。

活用

未然	連用	終止	連体	已然	命令
ら（ズ）	り（タリ）	り（○）	る（コト）	れ（ドモ）	れ（○）

参考 ラ行変格活用の動詞には「あり」「居り」「侍り」「いますそがり」がある。

をり-あか-す【居り明かす】(他サ四){さ・し・す・す・せ・せ}起きたままで夜を明かす。その場所に居続けて夜を明かす。拾遺 雑秋「いざかくて━・し(用)てむ冬の月春の花にも劣らざりけり」訳 さあ、こうして(＝月を見ながら)起きたままで夜を明かしてしまおう。冬の月は春の花にも劣らないことだ。

をり-えぼし【折り烏帽子】(名)頭頂部を折りたたんだ烏帽子。右折りと左折りとがある。風折り烏帽子・侍烏帽子など。立て烏帽子に対していう。→烏帽子。⇨巻頭カラーページ13・16

をり-か-く【折り懸く】[二](自カ下二){け・け・く・くる・くれ・けよ}(波などが)返しては寄せる。新古 春下「岩根こす清滝

川の速ければ波 ―・くる㊍岸の山吹」訳 岩をこえる清滝川(の水の流れ)が速いので、波が(まるで折り取るかのように)返しては寄せる岸の山吹の花よ。

㊁(他カ下二){け・け・く・くる・くれ・けよ}❶折って掛ける。折り曲げて掛ける。〔梁塵秘抄〕「賤の男が篠 ―・け㊀て干す衣」訳 身分の低い男が篠竹を折り、それに掛けて干す衣。

❷折ってそのままにする。折り曲げておく。〔義経記〕「―・け㊀ ―・け㊀したりければ、蓑をさかさまに着たる様にぞありける」訳 (鎧にささった無数の矢を)折り曲げしておいたので、(弁慶はちょうど)蓑をさかさまに着たよう(な姿)であった。

をり‐から ―【折柄】(名・副)ちょうどその時。ちょうどよい折。折が折なので。徒然 四一「かほどの理、誰かは思ひよらざらんなれども、―の、思ひかけぬ心地して、胸にあたりけるにや」訳 この程度の道理は、だれが思いつかないことがあろうか、いや、だれもが思いつくはずのことであるが、ちょうどよい折で(あったので)、思いがけない気持ちがして、(人々の)心にひびいたのであろうか。文法「かは」は反語の係助詞だが、受ける語「ん」が下へ続いているので、結びが消滅(＝結びの流れ)している。文末の係助詞「や」のあとに結びの語「あらん」が省略されている。

をり‐く ―【折り句】(名)隠し題の一つ。和歌・俳諧の遊戯的技巧の一つで、和歌では仮名五文字、俳諧では三文字の物の名を、一字ずつ各句のはじめに置いて詠むこと。また、その歌。たとえば「からころもきつつなれにしつましあればはるばるきぬるたびをしぞ思ふ」(訳 →からころも…)和歌〈古今・羇旅〉は、「かきつばた」を折り句にしたもの。

をり‐ごと ―【折り琴】(名)折りたたみのできる琴。方丈 三「いはゆる ―・つぎ琵琶これなり」訳 世間でいう折り琴と継ぎ琵琶(＝柄を取りはずせる琵琶)とがこれである。

をり‐し・く ―【折り頻く】(自カ四){か・き・く・く・け・け}波がしきりに寄せる。くり返し寄せる。和歌では多く、「織り頻く」にかけて用いる。新古 春上「嵐吹く岸の柳のいなむしろ ―・く㊍波にまかせてぞ見る」訳 嵐が吹きつける川岸の柳の、稲筵のように水面になびく枝を、筵を織るかのようにしきりに寄せては返す波(がもてあそぶの)にまかせて眺めることだ。(「をりしく」には「折り頻く」と「織り頻く」をかける)

をり‐しも ―【折しも】(副)〔「しも」は強意の副助詞〕ちょうどその時。折も折。徒然 一九「―雨風うちつづきて、心あわたたしく散り過ぎぬ」訳 ちょうどその時雨や風がずっと続いて、(咲き始めた桜の花も)気ぜわしく散り終わってしまう。

をりしも‐あれ ―【折しもあれ】「をりしも」をさらに強めたもの。〔山家集〕「―うれしく雪の埋むかなかき籠りなんと思ふ山路を」訳 ちょうど時も時うれしくも雪がうずめるのだなあ。(ひとり山の奥深く)籠もり入ってしまおうと思う山道を。

をりしり‐がほ ―【折知り顔】(名・形動ナリ)時節をよくわきまえているさま。いかにも自分の時節が来たというようす。源氏 葵「―・なる㊍時雨うちそそきて」訳 (人々が葵の上の死を悲しんでいる)この時の気持ちをわきまえ知っているかのような時雨がさっと降って。

折たく柴の記(をりたくしばのき)『作品名』江戸中期の自叙伝。新井白石著。三巻。享保元年(一七一六)起筆。父祖のこと、生い立ち・経歴、将軍徳川家宣のもとで幕政につくした事跡などを、平易な和漢混交文で記す。

をり‐に‐つ・く ―【折に付く】時・場所がらなどにふさわしく対応する。適応する。源氏 若菜下「かく、―・け㊀てこしらへなびかしたる音など、心にまかせてかきたて給へるは」訳 (前の太政大臣が)このように、時節にあわせて工夫をこらしてうまくととのえた(和琴の)音などを、思うままにかき鳴らしていらっしゃるのは。

をり‐は・ふ ―【折り延ふ】(他ハ下二){へ・へ・ふ・ふる・ふれ・へよ}時を延ばす。長びかせる。続ける。古今 夏「あしひきの山ほととぎす ―・へ㊀て誰かまさると音をのみぞ鳴く」訳 山のほととぎすが長く続けて、だれ(の悲しみ)がまさっているかと、(私と張り合うかのように)声を立てて鳴いている。(「あしひきの」は「山」にかかる枕詞)

をりはへ‐て ―【折り延へて】引き続いて。長々と。蜻蛉 中「うぐひすぞ ―鳴くにつけて、おぼゆるやう」訳 鶯が長々と鳴くのにつけて、思われることは。

をり‐びつ ―【折り櫃】(名)檜の薄板を折り曲げて作った箱。形は四角・六角などさまざまで、ふたがあり、肴・菓子などを盛る。枕 八七「暗きに起きて、―など具せさせて」訳 (まだ)暗い時間に起きて、折り櫃などを持たせて。

（をりびつ）

をりびつ‐もの ―【折り櫃物】(名)折り櫃に盛った食物。源氏 若菜上「籠物四十枝、―四十」訳 果物を入れた籠四十枝と、食べ物を盛った折り櫃四十を。(「枝」は贈り物を数える語)

をり‐ふし 【折節】㊀(名)❶その場合場合。その時々。土佐「ある人々、―につけて、からうたども、時に似つかはしき言ふ」訳 その場にいる人々は場合場合に応じて、漢詩をいくつか、その場にふさわしいのを朗詠する。

❷季節。時節。徒然 一九「―の移りかはるこそ、ものごとにあはれなれ」訳 季節の移り変わってゆくのは、何事につけてもしみじみとした趣がある。

❸時。おり。源氏 橋姫「前の世の契りもつらき―なれど」訳 (妻に先立たれるという)前世からの因縁も恨めしく思われる時であるけれども。

㊁(副)❶ときおり。たまに。〔浮・西鶴織留〕「銀(＝銀貨)は両替へ(＝両替屋)より〔鑑定のために〕―は見せに来ること有り」

❷ちょうどその時。おりしも。平家 九・宇治川先陣「谷々の氷うちとけて、水は―まさりたり」訳 谷々の氷もとけて、(宇治川の)水かさはおりしも増していた。

をり‐をり 【折折】㊀(名)その時々。そのつど。また、時節時節。竹取 かぐや姫の昇天「文を書きおきてまからむ。恋しからむ―とり出でて見給へ」訳 (私＝かぐや姫は)手紙を書きおいておいとましましょう。恋しく思うような時々にとり出してご覧ください。

㊁(副)❶機会があるごとに。ときどき。源氏 明石「入道にも―かたらはせ給ふ」訳 (光源氏は明石の)入道にも機会があるごとにご相談になられる。

❷(「をりをりに」の形で)だんだん。しだいしだいに。[方丈]三「齢は年々に高く、栖は―にせばし」[訳]年齢は年ごとに高くなり、住居は(移るたびに)だんだんと狭くなる。

を・る【折る】□一(自ラ四){ら・り・る・る・れ・れ}波などが折れるようにくずれる。波などが寄せては返す。[万葉]七・一二六八「今日もかも沖つ玉藻は白波の八重―・る(体)が上に乱れてあるらむ」[訳]今日もまた、沖の美しい藻は、白波がいくえにも折れくずれるのの上に乱れていることであろうか。
□二(自ラ下二){れ・れ・る・るる・るれ・れよ}❶曲がる。曲がって行く。[源氏]賢木「二条より洞院の大路を―・れ(用)給ふほど」[訳](斎宮一行が)二条から洞院の大路を曲がって行きなさるとき。
❷曲がって切れる。折れる。〔悼松倉嵐蘭〕芭蕉「秋風に―・れ(用)て悲しき桑の杖」[訳]無常の秋風に、固い桑の杖が折れるように、私の杖とも頼んだ友は世を去ってしまって悲しいことだ。
❸**気がくじける**。服従する。負ける。〔源平盛衰記〕「夜もすがら口説き奉りければ、理に―・れ(用)て仰せられけるは」[訳]一晩じゅう、説得し申しあげたので、道理に負けておっしゃったことには。
❹和歌で、第三句(=腰の句)と第四句との続きぐあいが悪い。〔紫式部日記〕「ややもせば、腰はなれぬばかり―・れ(用)かかりたる歌をよみ出でで」[訳]どうかすると、第三句でちぎれてしまうほど続きぐあいが悪く(下に)かかっている和歌を詠み出して。
□三(他ラ四){ら・り・る・る・れ・れ}❶曲げる。折り曲げる。[万葉]八・一五三七「秋の野に咲きたる花を指―・り(用)かき数ふれば七種の花」[訳]秋の野原に咲いている花を、指を折り数えてみると、七種類の花があるよ。
❷**折りとる**。手折る。[古今]秋下「心あてに―・ら(未)ばや―・ら(未)む初霜の置きまどはせる白菊の花」[訳]→こころあてに…[和歌]
❸折りたたむ。(烏帽子・扇などを)折って作る。[源氏]浮舟「この右近、物―・る(体)とて」[訳]この右近が縫い物に折り目をつけるというので。

をろ・が・む【拝む】(自マ四){ま・み・む・む・め・め}《上代語》おがむ。礼拝する。〔紀〕推古「畏みて仕へまつらむ―・み(用)て仕へまつらむ」[訳]おそれつつしんでお仕え申しあげよう、礼拝してお仕え申しあげよう。

をろ・ち【大蛇】(名)大きなへび。大蛇。〔記〕上「この高志の八岐の―、年ごとに来てくらへり」[訳]この高志(=地名)の、頭と尾がたくさんに分かれている大蛇が、毎年やってきて(娘たちを)食べてしまった。

をを・し【雄雄し】(形シク){しから・しく(しかり)・し・しき(しかる)・しけれ・しかれ}男らしい。勇ましい。[源氏]藤裏葉「心用ゐ―・しく(用)、すくよかに、足らひたり」[訳](夕霧は)心がまえも男らしく、実直で、すべて備わっている。↔女女し

をを・り【撓り】(名)花が多く咲いて枝がたわみ、曲がること。[万葉]一〇・二二二八「萩の花咲きの―を見よとかも」[訳]萩の花の(いっぱい)咲いて枝がたわみ曲がっているのを見よというのであろうか。

をを・る【撓る】(自ラ四){ら・り・る・る・れ・れ}たわみ曲がる。葉や花がたくさんついて枝がしなう。[万葉]一七・三九〇七「山背の久邇の都は春されば花咲き―・り(用)」[訳]山城の国(京都府)の久邇の都(=聖武天皇の都)は、春になると花が咲き枝がたわんで。

をん・ごく【遠国】(名)「ゑんごく」とも。❶都から遠く離れた国。へんぴな土地。[平家]五・文覚被流「―へ流され給ふに、知人は持ち給はぬか」[訳]遠く離れた国へ流されなさるのに、知りあいはお持ちでないのか。
❷律令制で、都からの遠近で全国を遠国・中国・近国の三つに分けたものの一つ。延喜式では、関東以北、越後(新潟県)以北、石見(島根県)・隠岐、安芸(広島県)以西、伊予(愛媛県)・土佐(高知県)、西海道が含まれた。→中国②

をんぞう・ゑ・く【怨憎会苦】(名)《仏教語》八苦の一つ。自分が怨み憎む人、または忌み嫌う事物に出会わなければならない苦しみ。[平家]灌頂・六道之沙汰「人間のことは、愛別離苦、―、ともに我が身に知られてさぶらふ」[訳]人間界のことは、愛別離苦(=愛するものと別れる苦しみ)も、怨憎会苦も、ともにわが身に思い知らされております。→八苦

をんな【女】(名)〔「をみな」の撥音便。「をむな」とも表記される〕❶一般に、女。女性。[大鏡]道長下「『なにぞ』とて御覧じければ、―の手にて書き侍りける」[訳](村上天皇が)「何だ」とお思いになってご覧になったところ、女の筆跡で書いてありましたなあ。[文法]「ける」は詠嘆を示す連体形止め。
❷特に、**成人した女性。若い女**。[徒然]八「久米の仙人の、物あらふ―の脛の白きを見て、通を失ひけんは」[訳]久米の仙人が、洗濯する若い女のすねが白いのを見て、神通力を失って(空から落ち)たというのは。
❸**妻。恋人である女**。[伊勢]二三「さりけれど、このもとの―、悪しと思へる気色もなくて」[訳]そうではあったが(=男に、他に通って行く所ができたが)、この前からの妻は、(男の行動を)不快であると思っているようすもなくて。
[注意]「をみな」の音便形には「をうな」もある。
[参考]妻の意の語には「め(女・妻)」もあるが、「め」は軽蔑的な感じがあり、貴族の妻にはほとんど用いられない。

類語パネル

をんな(女) をうな(女)	「をみな」の転。女性。特に成人した若い女性。
をみな(女)	もと「美女」の意。転じて、若い女性。
をとめ(少女)	年若い未婚の女性。
おみな(嫗) おうな(老女) おんな(嫗)	年をとった女性。老女。

をんな・あるじ【女主】(名)女主人。一家の主の妻。[伊勢]六〇「―に土器取らせよ」[訳]女主人に素焼きの杯を取らせ(て酌をさせ)ろ。

をんな・がた【女方】(名)❶女のほう。女の側。[源氏]夕顔「―も、あやしう様たがひたる物思ひをなむしける」[訳]女(=夕顔)のほうも、不思議に、ようすの違っ

た物思いをしたのだった。❷女のいる所。特に、女房の控える台盤所(だいばんどころ)。伊勢 六五「男、―許されたりければ」訳この男は(年少なので)、女房のいる部屋(への出入り)を許されていたので。

をんな-がた ―オンナ【女形】(名)歌舞伎で、女役を演じる男の役者。おやま。

をんな-かぶき ―オンナ【女歌舞伎】(名)江戸初期、女の芸人が演じた歌舞伎。出雲の阿国などに始まり、全国的に流行したが、風紀を乱すとの理由で寛永六年(一六二九)禁止され、若衆歌舞伎に代わった。遊女歌舞伎。〔浮・好色一代女〕「少女あつまりてこれを世わたりにならへり。―にはあらず」訳少女らが集まってこれ(=風流の舞曲)を生活の手段として習った。(これは)女歌舞伎ではない。

をんな-ぎみ ―オンナ【女君】(名)❶貴族の娘の敬称。姫君。「めぎみ」とも。源氏 橋姫「―のいとうつくしげなる生まれ給へり」訳姫君で、たいそうかわいらしいようすの方(=大君)がお生まれになった。❷貴族の妻の敬称。〔落窪〕「男君も―も御心のどやかによくおはすれば、つかうまつりよし」訳夫君も奥方もお気持ちが寛大でりっぱでいらっしゃるので、(女房たちはご)奉公しやすい。(↔男君)

をんな-きんだち ―オンナ【女公達・女君達】(名)貴族の娘たち。姫君たち。大鏡 時平「―はむこどり、男君達はみな、ほどほどにつけて位どもおはせしを」訳(道真の)姫君たちは婿をとり、子息たちは皆、それぞれの年齢や身分に応じてさまざまな官位がおありになったが。↔男公達

をんな-ぐるま ―オンナ【女車】(名)女房などの乗る牛車。女房車。伊勢 三九「この車を―と見て、寄り来て」

をんな-ご ―オンナ【女子】(名)女の子。幼女。娘。土佐「京にて生まれたりし―、国にてにはかにうせにしかば」訳京で生まれた女の子が、(土佐の)国で突然亡くなってしまったので。

女殺油地獄(をんなごろしあぶらのぢごく) オンナゴロシアブラノジゴク『作品名』江戸中期の浄瑠璃。世話物。近松門左衛門作。享保六年(一七二一)、大坂竹本座初演。大坂天満の油屋河内屋の次男与兵衛が、遊蕩の金に困り、同業の豊島屋の女房お吉に無心するが断られ、その場で殺害した事件のいきさつを脚色したもの。

女三の宮(をんなさんのみや) オンナサンノミヤ『人名』「源氏物語」中の女性。朱雀院の第三皇女。光源氏に降嫁するが、柏木と通じて薫を生み、その罪を思って出家する。

をんな-し ―オンナシ【女し】(形シク){しから・しく(しかり)・し・しき(しかる)・しけれ・しかれ}女らしい。源氏 帚木「なよびかに―・し終と見れば」訳ものやわらかで女らしいと思って見ると。

をんな-で ―オンナ【女手】(名)(「て」は文字の意)(女性が主として用いたところから)平仮名。「女文字」とも。源氏 梅枝「―を心にいれて習ひしさかりに」訳(私=光源氏が)平仮名を熱心に習っていた盛りに。↔男手

をんな-てがた ―オンナ【女手形】(名)江戸時代、女性が関所を通るのに用いた通行証。人相・年齢・旅行の目的など、男性のものより詳しく記してあった。

をんな-でら ―オンナ【女寺】(名)(「寺」は寺子屋の意)女子だけを教える寺子屋。〔浮・日本永代蔵〕「―へも遣らずして、筆の道(=手習い)を教へ」

をんな-どち ―オンナ【女どち】(名)(「どち」は接尾語)女どうし。女の仲間。枕 二七六「―よりも、男はまさりてうれし」訳女どうしよりも、(相手が)男の場合はいちだんとうれしい。

をんな-にて ―オンナ【女にて】❶(相手を)女性として。源氏 帚木「―見奉らまほし」訳(光源氏の姿があまりに美しく)女性として拝見したい。❷(自身が)女性となって。源氏 手習「―なれ仕うまつらばや」訳(私=紀伊の守自身が)女の身になって(匂宮に)親しくお仕え申しあげたいものだ。

をんな-の-すぢ ―オンナノスジ【女の筋】女性との関係。源氏 手習「―につけて、まだそしり取らず」訳(私=横川の僧都は)女性との関係において、まだ(世間から)非難を受けたことはなく。

をんな-ぶ ―オンナブ【女ぶ】(自バ上二){び・び・ぶ・ぶる・ぶれ・びよ}(「ぶ」は接尾語)女めく。女性的である。枕 三三「男の目ほそきは―・び用たり」訳男で目の細いのは女めいている。

をんな-ぶみ ―オンナ【女文】(名)女性の書いた手紙。ふつう平仮名で書く。源氏 帚木「さるまじきどちの―に、なかば過ぎて書きすすめたる」訳そんなこと(=漢字の走り書き)をしてはいけない者どうしの女の手紙に、(漢字を)半分以上用いて書き進めてあるのは。

をんな-みこ ―オンナ【女御子】(名)皇女。内親王。「女宮」とも。大鏡 道隆「関白などうせさせ給ひてのちに、をとこみこ一人・―二人うみ奉らせ給へりき」訳(中宮定子は、父の)関白殿(=道隆)などがお亡くなりになられて後に、皇子一人と皇女二人をお生み申しあげになられた。↔男御子

をんな-みや ―オンナ【女宮】(名)「をんなみこ」に同じ。大鏡 師尹「いま一所の―、まだおはします」訳(三条院の)もうおひとりの皇女は、まだご健在でいらっしゃる。↔男宮

をんな-めか・し ―オンナ【女めかし】(形シク){しから・しく(しかり)・し・しき(しかる)・しけれ・しかれ}(「めかし」は接尾語)女らしい。女らしく見える。今昔 二三・二四「さこそ細やかに―・しけれ已ども」訳(怪力の持ち主である妹は、外見は)あんなにほっそりと女らしく見えるけれども。

をんな-もじ ―オンナ【女文字】(名)「をんなで」に同じ。↔男文字

をんな-わらは ―オンナワラワ【女童】(名)女の子。少女。土佐「ありける―なむ、この歌を詠める」訳例の女の子が、この歌を詠んだ。

をんな-ゑ ―オンナエ【女絵】(名)❶語義未詳。貴族の女性が愛好した物語絵などのことか。蜻蛉 下「―をかしくかきたりけるがありければ」訳女絵で、おもしろく描いたのがあったので。❷近世、美人画など、女性を描いた絵。

をん-りゃう ―オンリョウ【怨霊】(名)怨んでたたる死霊や生き霊。

をん-る ―オン【遠流】(名)律(=刑法)に基づく最も重い流罪で、伊豆(静岡県)・土佐(高知県)・隠岐(島根県)・佐渡(新潟県)などの遠国・遠島に流すこと。島流し。平家 二・座主流「死罪一等を減じて―せらるべしと見えて候へども」訳死罪を一等を一段階下げて遠国への流罪になさるがよいと判定状には見えていますけれども。

ん ン

「ん」は「无」または「毛」の草体
「ン」は「爾」の略体「尓」の上部

ん(助動特殊型)推量の助動詞「む」が平安時代の中ごろから発音の変化を起こし、それに伴って「ん」と表記されるようになったもの。徒然 一七五「人目をはかりて、捨てん(終)とし、逃げん(終)とするを」訳 人目をぬすんで、捨てようとし、逃げようとするのを。→む(助動)

んす(助動サ変型)《近世語》㊀(「しゃんす」の転)尊敬の意を表す。お…になる。…なさる。〔浄・曽根崎心中〕「このごろは梨も礫(つぶて)も打たんせ(未)ぬ」訳 このごろは梨も礫もお打ちにならない(=なんの音さたもない)。〔浄・丹波与作待夜小室節〕「江戸三界へ行かんし(用)て、いつ戻らんす(体)ことぢゃやら」訳 江戸くんだりへお行きになって、いつお戻りになることだろうか。
接続 四段・ナ変の動詞の未然形に付く。
㊁《遊里語》(「ます」の転)丁寧の意を表す。…ます。〔浄・女殺油地獄〕「まちっと先に見えまして…曽根崎(そねざき)へ叶(かな)はぬ用とてござりんし(用)た」訳 (与兵衛(よへ)様は少し前に見えまして…曽根崎へやむをえない用があるとのことでいらっしゃいました。(遊女松風の会話)
接続 動詞の連用形に付く。

活用

未然	連用	終止	連体	已然	命令
んせ んしょ(ウ)	んし(テ)	んす(○)	んす(コト)	んすれ(ド)	んせ(○)

参考 已然形「んすれ」は「ば」と融合して「んすりゃ」となることがある。㊀は終止形・連体形が「んする」、命令形が「んし」となることもある。

んず(助動サ変型)平安時代の中ごろから「むず」の「む」が「ん」と発音されるようになったために、「んず」と表記されるようになったもの。平家 二・西光被斬「もしこの事もれぬるものならば、行綱(ゆきつな)まづ失はれなんず(終)」訳 もしこの事(=謀反の計画)がもれてしまうものならば、(私)行綱がまず殺されてしまうだろう。→むず

んず-らん 平安時代の中ごろから「むずらむ」の「む」が「ん」と発音されるようになったために、「んずらん」と表記されるようになったもの。→むずらむ
なりたち 推量の助動詞「んず(むず)」の終止形「んず(むず)」＋推量の助動詞「らん(らむ)」

んずる 平安時代の中ごろから「むずる」の「む」が「ん」と発音されるようになったために、「んずる」と表記されるようになったもの。平家 八・山門御幸「この宮の御運はただ今ひらけさせ給はんずるものを」訳 この宮(=尊成(たかなり)親王。後の後鳥羽(ごとば)天皇)のご運は今まさに開けなされようとしているのに。

んずれ 平安時代の中ごろから「むず」の已然形「むずれ」の「む」が「ん」と発音されるようになったために、「んずれ」と表記されるようになったもの。平家 一一・逆櫓「思ひも寄らぬ時に押し寄せてこそ、思ふ敵(かたき)をば討たんずれ」訳 思いもよらない時に押し寄せてこそ、目ざす敵を討つことができよう。

ん-と-す 平安時代の中ごろから「むとす」の「む」が「ん」と発音されるようになったために「んとす」と表記されるようになったもの。→むとす
なりたち 推量の助動詞「ん(む)」の終止形「ん(む)」＋格助詞「と」＋サ変動詞「為(す)」

〔本文掲載写真提供〕―（ ）内は掲載項目
五島美術館「紫式部日記絵巻」の一部(きちょう)
静嘉堂文庫美術館イメージアーカイブ／DNPartcom「住吉物語絵巻」の一部(あかだな)
田中家「年中行事絵巻」の一部(ぎっしゃ、ほうれん)
天理大学附属天理図書館「源氏物語絵巻」の一部(こしばがき)
TNM Image Archives「春日権現霊験記(模本)」の一部(こし、つぼさうぞく)
徳川美術館所蔵©徳川美術館イメージアーカイブ／DNPartcom「源氏物語絵巻 東屋一」の一部(ひきめかぎはな)
藤田美術館「紫式部日記絵詞」の一部(すのこ)
(敬称略)

〔編集部〕 大霜真理子 吉田伊公子 門屋健一郎
藤倉尚子 望月敬子 鈴木雄志

付録

目次

❖主要助動詞活用表❖

▽〔 〕内は、上代のもの、あるいは用例の少ないもの。（ ）内は、そのように表記されることもあるもの。〈 〉内は用法の限られるもの。また、［ ］内の基本形は、上代語。

種類	基本形	未然形	連用形	終止形	連体形	已然形	命令形	活用型	接続	意味・用法
使役 尊敬	す	せ	せ	す	する	すれ	せよ	下二段型	四段・ナ変・ラ変の未然形	❶使役の意を表す。…せる。 ❷尊敬の動詞「賜(たま)ふ」「宣(のたま)ふ」などに付いて、最高の尊敬の意を表す。 ❸謙譲の動詞「参る」「奉る」「申す」などに付いて、謙譲の意を強める。 ❹尊敬の補助動詞「給ふ」「おはします」「まします」などとともに用いて、尊敬の意をさらに強める。最高敬語。お…になられる。…なされる。 ❺軍記物などで、受身の「る」に代えて用いる。「武者詞(むしゃことば)」といわれ、「…れる」というところを「…せる」と言い表す。
	さす	させ	させ	さす	さする	さすれ	させよ	下二段型	右のほかの未然形	❶使役の意を表す。…させる。 ❷尊敬の補助動詞「給ふ」「おはします」「まします」、尊敬の助動詞「らる」などとともに用いて、尊敬の意をさらに強める。最高敬語。お…になられる。…なされる。 ❸謙譲の意の「聞こゆ」とともに用いて、最高の謙譲の意を表す。申し上げる。お…申しあげる。 ❹軍記物などで、受身の「らる」に代えて用いる。「武者詞(むしゃことば)」といわれ、「…られる」というところを「…させる」と言い表す。
	しむ	しめ	しめ	しむ	しむる	しむれ	しめよ 〔しめ〕	下二段型	未然形	❶使役の意を表す。…せる。…させる。 ❷「給ふ」とともに用いて、程度の高い尊敬の意を表す。お…になられる。…なされる。 ❸おもに会話文で、「聞こゆ」「申す」「奉る」「啓す」などの謙譲語に付いて、より高い謙譲の意を表す。
受身 自発 可能 尊敬	る	れ	れ	る	るる	るれ	れよ ○（自発 可能）	下二段型	四段・ナ変・ラ変の未然形	❶受身の意を表す。…れる。 ❷自発の意を表す。自然に…れる。…ないではいられない。 ❸可能の意を表す。…ことができる。 ❹尊敬の意を表す。お…になる。…なさる。

受身 自発 可能 尊敬	らる	られ	られ	らる	らるる	らるれ	られよ ○（自発・可能）	下二段型	右のほかの未然形	❶受身の意を表す。…られる。 ❷自発の意を表す。自然に…られる。…ないではいられない。 ❸可能の意を表す。…ことができる。 ❹尊敬の意を表す。お…になる。…なさる。
打消	ず	○ ○ ざら	〔に〕 ず ざり	〔ぬ〕 ず 〔ざり〕	ぬ ○ ざる	ね ○ ざれ	○ ○ ざれ	特殊型	未然形	打消の意を表す。…ない。
推量	む（ん）	○	○	む（ん）	む（ん）	め	○	四段型	未然形	❶推量の意を表す。…(の)だろう。 ❷意志・意向の意を表す。…う。…よう。…つもりだ。 ❸(連体形を用いて)仮定または婉曲の意を表す。…とすれば、その。…ような。 ❹(多く「こそ」の結びとして已然形を用いて)適当・当然、婉曲な命令の意を表す。…のがよい。…はずだ。 ❺勧誘の意を表す。…う。…よう。…ない(か)。 ❻(已然形「め」が疑問の助詞「や」「か」を伴って)反語の意を表す。…だろう(か)(いや、…ないだろう)。…(ない)だろう(か)(いや、…だろう)。
	むず（んず）	○	○	むず（んず）	むずる（んずる）	むずれ（んずれ）	○	サ変型	未然形	❶推量の意を表す。…だろう。 ❷意志の意を表す。…う。…よう。 ❸適当・当然の意を表す。…のがよいだろう。…べきだ。
	らむ（らん）	○	○	らむ（らん）	らむ（らん）	らめ	○	四段型	終止形、ラ変には連体形	❶目の前にない現在の事実について推量する意を表す。今ごろ…ているだろう。 ❷現在の事実について、その原因・理由を推量する意を表す。(…というので)…のだろう。 ❸現在の事実について、その原因・理由を疑問をもって推量する意を表す。どうして…ているのだろう。…ているのはなぜだろう。 ❹他から聞いたり読んだりしたという伝聞の意を表す。…ているという。…そうだ。 ❺(連体形を用いて)仮定または婉曲の意を表す。…ているとすれば、その。…ているような。 ❻「む」と同じく、単なる推量の意を表す。…だろう。 ❼(已然形「らめ」が疑問の助詞「や」を伴って)反語の意を表す。…ているだろう(か)(いや、…ないだろう)。

主要助動詞活用表

	（基本形）	（未然形）	（連用形）	（終止形）	（連体形）	（已然形）	（命令形）	（活用型）	（接続）	（意味・用法）
推量	けむ（けん）	○	○	けむ（けん）	けむ（けん）	けめ	○	四段型	連用形	❶過去のある動作・状態を推量する意を表す。…ただろう。…ていただろう。 ❷（疑問語とともに用いて）過去の事実について、時・所・原因・理由などを推量する意を表す。（どうして）…たのだろう（か）。…ていたのだろう（か）。 ❸過去の事実を人づてに聞き知ったように婉曲に表す。…たという。…たとかいう。
	めり	○	めり	めり	める	めれ	○	ラ変型	終止形、ラ変には連体形	❶目前の事実について推量する意を表す。…ように見える。…ようだ。 ❷断定を避けて婉曲にいう意を表す。…ようだ。
	らし	○	○	らし	らし〔らしき〕	らし	○	特殊型	終止形、ラ変には連体形	❶ある根拠・理由に基づき、確信をもって推定する意を表す。…にちがいない。きっと…だろう。 ❷明らかな事実・状態を表す語に付いて、その原因・理由を推定する意を表す。…（と）いうので…らしい。 ❸根拠・理由は示さないが、確信をもって推定する意を表す。…にちがいない。きっと…だろう。
	べし	べから	べく〈べかり〉	べし	べき〈べかる〉	べけれ	○	ク活用型	終止形、ラ変には連体形	❶推量の意を表す。㋐ある事の起こることを予想する。…そうだ。㋑確実な推測を表す。きっと…だろう。…にちがいない。…らしい。 ❷予定の意を表す。…ことになっている。 ❸当然の意を表す。…はずだ。…にちがいない。 ❹適当の意を表す。…のがよい。…のが適当だ。 ❺義務の意を表す。…なければならない。 ❻可能、または可能性を推定する意を表す。…ことができる。…ことができそうだ。 ❼（終止形を用いて）意志を表す。…う。…よう。…つもりだ。
	まし	〔ませ〕ましか	○	まし	まし	ましか	○	特殊型	未然形	❶㋐（「ませば…まし」「ましかば…まし」の形で）事実に反することを仮に想像し、推量する意を表す。もし…（た）なら…（た）だろう（に）。㋑（「未然形＋ば」など仮定条件句を受けて）仮定の上に立って仮想する意を表す。…（た）だろう（に）。 ❷（単独で用いて）仮定の条件を含んでの仮想の意を表す。…たら（よかった）。 ❸（「いかに」「なに」「や」など疑問の意を表す語とともに用いて）決断しかねる意を表す。…たらよいだろう。…たものだろう。 ❹《中世語》単なる推量の意を表す。…う。…よう。…だろう。

伝聞推定	なり	○	なり	なり	なる	なれ	○	ラ変型	終止形、ラ変には連体形	❶(音や声が聞こえることから)推定する意を表す。…ようだ。…のが聞こえる。 ❷(世間のうわさ・人の話・故事などによる)伝聞の意を表す。…そうだ。…ということだ。 ❸(周囲の状況などから判断して)推定する意を表す。…ようだ。…らしい。
打消の推量	じ	○	○	じ	じ	じ	○	特殊型	未然形	❶打消の推量を表す。…ないだろう。 ❷主語が話し手の場合、打消の意志を表す。…まい。…ないつもりだ。
	まじ	まじから	まじく〈まじかり〉	まじ	まじき〈まじかる〉	まじけれ	○	シク活用型	終止形、ラ変には連体形	❶打消の推量の意を表す。…そうもない。…ないだろう。 ❷打消の当然の意を表す。…はずがない。 ❸不適当の意を表す。…ないほうがよい。…のはふさわしくない。 ❹禁止の意を表す。…てはならない。 ❺不可能の予測を表す。…(ことが)できそうもない。 ❻打消の意志を表す。…まい。…ないつもりだ。
過去	き	〔せ〕	○	き	し	しか	○	特殊型	連用形、カ変・サ変は特殊	❶過去に直接経験した事実、または過去にあったと信じられる事実を回想していう意を表す。…た。…ていた。 ❷(平安末期以降の用法)動作が完了して、その結果が存続している意を表す。…ている。…てある。
	けり	〔けら〕	○	けり	ける	けれ	○	ラ変型	連用形	❶今まで気づかなかった事実に、気がついて述べる意を表す。…たのだ。…たなあ。 ❷人づてに聞き知った過去の事実を伝聞として述べる意を表す。…たという。…たそうだ。…たとさ。 ❸以前から現在まで続いている事柄や伝承を回想する意を表す。…た。…たのであった。 ❹詠嘆の意をこめて、これまであったことに今、気づいた意を表す。…たことよ。…ことよ。

	(基本形)	(未然形)	(連用形)	(終止形)	(連体形)	(已然形)	(命令形)	(活用型)	(接続)	(意味・用法)
完了	つ	て	て	つ	つる	つれ	てよ	下二段型	連用形	❶動作・作用が実現し、完了した意を表す。…た。…てしまう。…てしまった。 ❷動作・作用の実現を確信したり、確認したりする意を表す。確述(強意)の用法。㋐単独で用いる場合。必ず…。確かに…。…てしまう。㋑推量の助動詞とともに用いて、「てむ」「てまし」「つべし」などの形になる場合。推量・意志・可能などの意を、「確かに」「きっと」「必ず」の気持ちで述べる。 ❸(中世以降の用法)終止形を重ね用いた「…つ…つ」の形で、二つの動作・作用が並立している意を表す。…たり…たり。
	ぬ	な	に	ぬ	ぬる	ぬれ	ね	ナ変型	連用形	❶動作・作用が実現し、完了した意を表す。…た。…てしまう。…てしまった。 ❷動作・作用の実現を確信したり、確認したりする意を表す。確述(強意)の用法。㋐単独で用いる場合。必ず…。確かに…。…てしまう。㋑他の助動詞とともに用いて、「なむ」「なまし」「ぬべし」などの形になる場合。推量・意志・可能などの意を、「確かに」「きっと」「必ず」の気持ちで述べる。 ❸(中世以降の用法)終止形を重ね用いた「…ぬ…ぬ」の形で、二つの動作・作用が並立している意を表す。…たり…たり。
	たり	たら	たり	たり	たる	たれ	たれ	ラ変型	連用形	❶動作・作用が完了した意を表す。…た。 ❷動作・作用の結果が存続している意を表す。…ている。 ❸動作・作用が継続している意を表す。…ている。 ❹その状態であること、またはその性状をそなえていることの意を表す。…ている。…た。 ❺(中世以降の用法)終止形を重ね用いた「…たり…たり」の形で、二つの動作・作用が並立している意を表す。…たり…たり。
	り	ら	り	り	る	れ	れ	ラ変型	四段の已然形 サ変の未然形	❶動作・作用が継続している意を表す。…ている。 ❷動作・作用の結果が存続している意を表す。…ている。…てある。 ❸動作・作用が完了した意を表す。…てしまった。…た。

希望	まほし	まほしから	まほしく〈まほしかり〉	まほし	まほしき〈まほしかる〉	まほしけれ	○	シク活用型	未然形	❶動作の主体の希望の意を表す。…たい。❷他に対してその状態への希望の意を表す。…てほしい。
	たし	たから	たく〈たかり〉	たし	たき〈たかる〉	たけれ	○	ク活用型	連用形	❶自己の動作の実現を希望する意を表す。…たい。❷他の動作・状態について、話し手自身の希望の意を表す。…てほしい。
断定	なり	なら	なり〈に〉	なり	なる	なれ	なれ	ナリ活用型	体言・連体形	❶断定を表す。…である。…だ。❷(場所などを表す語を受けて)存在を表す。…にある。…にいる。❸(親族関係を表す語を受けて)資格を表す。…である。…にあたる。❹《近世語》人名などを表す語を受けて「…という」の意を表す。
	たり	たら	たり〈と〉	たり	たる	たれ	たれ	タリ活用型	体言	断定の意を表す。…だ。…である。
比況	ごとし	○	ごとく	ごとし	ごとき	○	○	ク活用型	連体形、助詞「の」「が」	❶ある事柄が他のある事柄と同じである意を表す。…(と)同じだ。…(の)とおりだ。❷ある事柄を他の似ている事柄に比べたとえる意を表す。…(の)ようだ。…に似ている。❸(平安末期以降)多くの中からあるものを例示する意を表す。たとえば…(の)ようだ。
受身 可能 自発	〔ゆ〕	え	え	ゆ	ゆる	ゆれ	○	下二段型	四段・ナ変・ラ変の未然形	❶受身の意を表す。…れる。❷可能の意を表す。…ことができる。❸自発の意を表す。自然に…れる。
	〔らゆ〕	らえ	○	○	○	○	○	下二段型	ナ行下二段の未然形	可能の意を表す。…ことができる。…られる。
尊敬	〔す〕	さ	し	す	す	せ	せ	四段型	四段・サ変の未然形	軽い尊敬、親愛の意を表す。お…になる。…なさる。
反復 継続	〔ふ〕	は	ひ	ふ	ふ	へ	〔へ〕	四段型	四段の未然形	❶動作の反復の意を表す。何度も…する。しきりに…する。❷動作の継続の意を表す。…しつづける。

主要助詞一覧

▽左表のほかに、上代特有の助詞として、格助詞…い(主語の強調)、つ・な(連体修飾語)、ゆ・よ(起点・経由点・手段・比較の基準)　係助詞…そ(「ぞ」の古い形)、なも(「なむ」の古い形)　終助詞…かも(「かな」の古い形)、も(詠嘆)、な(希望・勧誘・他に対する願望)、なも(「なむ」の古い形)、に・ね(他に対する願望)、もが(願望)、てしか(「てしが」の古い形)　間投助詞…やし・ゑ(詠嘆)がある。

種類	語	意味・用法［( )内は訳語］	接続	用例
格助詞	が	①連体修飾語(の) ②主語(が) ③いわゆる同格(で) ④準体言(体言の代用)(のもの)	体言や連体形	①我が庵(いほ)は都のたつみしかぞ住む世をうぢ山と人はいふなり〈古今〉 ②雁(かり)などのつらねたるが、いと小さく見ゆるはいとをかし。〈枕〉 ③いとやむごとなき際(きは)にはあらぬが、すぐれて時めき給ふありけり。〈源氏〉 ④この歌は、ある人のいはく、大伴黒主(おほとものくろぬし)がなり。〈古今　詞書〉
	の	①連体修飾語(の) ②主語(が) ③いわゆる同格(で) ④準体言(体言の代用)(のもの) ⑤枕詞・序詞の終わり(のように)	体言や連体形など	①いかなる人の御馬ぞ。〈徒然〉 ②世の中にたえて桜のなかりせば春の心はのどけからまし〈古今〉 ③都の人のゆゆしげなるは、睡(ねぶ)りて、いとも見ず。〈徒然〉 ④草の花は　なでしこ。唐(から)のはさらなり、大和(やまと)のもいとめでたし。〈枕〉 ⑤風吹けば峰に分かるる白雲の絶えてつれなき君が心か〈古今〉
	を	連用修飾語　㋐動作の対象(を) ㋑起点・経由点(を)　㋒強調	体言や体言に準ずる語	㋐富士の山を見れば、五月(さつき)のつごもりに、雪いと白う降れり。〈伊勢〉 ㋑神無月(かみなづき)のころ、栗栖野(くるすの)といふ所を過ぎて…〈徒然〉 ㋒昼は日一日(ひひとひ)寝(い)をのみ寝(ね)くらし…〈源氏〉
	に	連用修飾語　㋐時間・場所(に) ㋑帰着点(に)　㋒動作の対象(に) ㋓使役の対象(に)　㋔比較の基準(より)　㋕原因・理由(によって) ㋖結果(に)　㋗受身の主体(から) ㋘目的(ために)　㋙添加(の上に) ㋚強調	体言や連体形(㋘と㋚の場合には動詞の連用形)	㋐この人、国にかならずしも言ひ使ふものにもあらざなり。〈土佐〉 ㋑三河(みかは)の国、八橋(やつはし)といふ所にいたりぬ。〈伊勢〉 ㋒つれづれなるままに、日暮らし硯(すずり)に向かひて…〈徒然〉 ㋓見苦しとて、人に書かするはうるさし。〈徒然〉 ㋔世のおぼえはなやかなる御方々にもいたう劣らず…〈源氏〉 ㋖三月(みつき)ばかりになるほどに、よきほどなる人に成りぬれば…〈竹取〉 ㋘東(あづま)の方に住むべき国求めにとて行きけり。〈伊勢〉
	へ	連用修飾語　方向(へ)	体言	からすのねどころへ行くとて…〈枕〉
	と	連用修飾語　㋐動作の共同者(と) ㋑動作の相手(と)　㋒比較の基準(とくらべて)　㋓結果(に)　㋔引用(と)　㋕並列(と)　㋖比喩(ひゆ)(のように)　㋗強調	体言や体言に準ずる語(㋔の場合は文の言い切りの形、㋗の場合は動詞の連用形)	㋑何事ぞや。童(わらは)べと腹立ち給へるか。〈源氏〉 ㋒かたちなどは、かの、昔の夕顔と劣らじや。〈源氏〉 ㋔「いかなる所ぞ」と問へば…〈更級〉 ㋖笛の音(ね)のただ秋風と聞こゆるになど荻(をぎ)の葉のそよと答へぬ〈更級〉 ㋗生きとし生けるもの、いづれか歌を詠まざりける。〈古今　仮名序〉

分類	助詞	意味・用法	接続	用例
格助詞	より	連用修飾語 ㋐起点(から) ㋑経由点(を通って) ㋒手段・方法(で) ㋓即時(やいなや)	体言や連体形	㋑前より行く水をば、初瀬川といふなりけり。〈源氏〉 ㋒ある時思ひ立ちて、ただひとり、徒歩よりまうでけり。〈徒然〉 ㋓名を聞くより、やがて面影は推しはからるる心地するを…〈徒然〉
	から	連用修飾語 ㋐起点(から) ㋑経由点(を) ㋒原因・理由(によって) ㋓手段・方法(で)	体言や連体形	㋐波の花沖から咲きて散り来めり水の春とは風やなるらむ〈古今〉 ㋑月夜よみ妹に逢はむと直道からわれは来つれど夜そふけにける〈万葉〉 ㋒長しとも思ひぞはてぬ昔よりあふ人からの秋の夜なれば〈古今〉
	にて	連用修飾語 ㋐場所・時刻(で) ㋑資格(で) ㋒手段・方法(で) ㋓原因・理由(によって)	体言や連体形	㋐潮海のほとりにてあざれあへり。〈土佐〉 ㋒夜一夜、舟にてかつがつ物など渡す。〈更級〉 ㋓我朝ごと夕ごとに見る竹の中におはするにて知りぬ。〈竹取〉
	して	連用修飾語 ㋐使役の対象(に命じて) ㋑手段・方法(で) ㋒動作の共同者(とともに)	体言や連体形など	㋐人して惟光召させて…〈源氏〉 ㋑御迎へに来む人をば、長き爪して、眼をつかみ潰さむ。〈竹取〉 ㋒もとより友とする人、ひとりふたりして行きけり。〈伊勢〉
接続助詞	ば	①順接の仮定条件(なら)	未然形	①月の都の人まうで来ば捕らへさせむ。〈竹取〉
		②原因・理由(ので) ③単純接続(と・ところ) ④恒常条件(といつも)	已然形	②いと幼ければ、籠に入れて養ふ。〈竹取〉 ③浜を見れば、播磨の明石の浜なりけり。〈竹取〉 ④疑ひながらも念仏すれば、往生す。〈徒然〉
	とも	逆接の仮定条件(ても)	終止形や形容詞型の連用形など	風吹くと枝をはなれて落つまじく花とぢつけよ青柳の糸〈山家集〉 用ありて行きたりとも、その事果てなば、とく帰るべし。〈徒然〉
	ど・ども	①逆接の確定条件(のに) ②逆接の恒常条件(てもやはり)	已然形	①秋来ぬと目にはさやかに見えねども風の音にぞおどろかれぬる〈古今〉 ②二人行けど行き過ぎがたき秋山をいかにか君が一人越ゆらむ〈万葉〉
	が	①単純接続(が) ②逆接の確定条件(のに)	連体形	①落ち入りける時、巳の時ばかりなりけるが、日もやうやく暮れぬ。〈今昔〉 ②昔より多くの白拍子ありしが、かかる舞はいまだ見ず。〈平家〉
	に・を	①逆接の確定条件(のに) ②原因・理由(ので) ③単純接続(と・ところ)	連体形	①雪のいと高う降りたるを、例ならず御格子まゐりて…〈枕〉 ②このことを嘆くに、ひげも白く、腰もかがまり、目もただれにけり。〈竹取〉 ③家にいたりて門に入るに、月あかければ、いとよく有り様見ゆ。〈土佐〉 ③垣のくづれより通ひけるを、度重なりければ…〈古今　詞書〉
	て	①単純接続(て) ②原因・理由(ので) ③逆接の確定条件(のに) ④状態(の状態で) ⑤補助動詞に続く	連用形	①春過ぎて夏来るらし白栲の衣ほしたり天の香具山〈万葉〉 ②八日。さはることありて、なほ同じところなり。〈土佐〉 ③汝、姿は聖にて、心は濁りに染めり。〈方丈〉 ④三寸ばかりなる人、いとうつくしうて居たり。〈竹取〉 ⑤寺法師の円伊僧正と同宿して侍りけるに…〈徒然〉

主要助詞一覧

	(語)	(意味・用法)	(接続)	(用例)
接続助詞	して	状態(の状態で)	形容詞型・形容動詞型の連用形など	玉くしげ見諸戸山を行きしかば面白くして古思ほゆ〈万葉〉 ゆく河の流れは絶えずして、しかも、もとの水にあらず。〈方丈〉
	で	打消接続(ないで)	未然形	さては、扇のにはあらで、くらげのななり。〈枕〉
	つつ	①反復・継続(ては・つづけて) ②並行(ながら)	動詞・助動詞の連用形	①野山にまじりて竹を取りつつ、よろづのことに使ひけり。〈竹取〉 ②水の上に遊びつつ魚を食ふ。〈伊勢〉
	ながら	①並行(ながら) ②逆接の確定条件(のに) ③条件・状態の不変(のままで)	体言、動詞・形容詞の連用形、形容動詞の語幹など	①膝元に置きつつ、食ひながら文をも読みけり。〈徒然〉 ②身はいやしながら、母なむ宮なりける。〈伊勢〉 ③源氏の五十余巻、櫃に入りながら…〈更級〉
	ものの ものから ものを ものゆゑ	①逆接の確定条件(のに) ②順接の確定条件(原因・理由)(ので)[「ものの」は除く]	連体形	①君来むといひし夜ごとに過ぎぬれば頼まぬものの恋ひつつぞ経る〈伊勢〉 ①ほととぎす汝が鳴く里のあまたあればなほうとまれぬ思ふものから〈古今〉 ①生まれしも帰らぬものをわが宿に小松のあるを見るが悲しさ〈土佐〉 ②ことゆかぬものゆゑ、大納言をそしりあひたり。〈竹取〉
係助詞	は	とりたて(は)	種々の語	たけきもののふの心をもなぐさむるは歌なり。〈古今 仮名序〉
	も	①並立(も) ②類推(さえも) ③詠嘆(もまあ)	種々の語	①山里は冬ぞさびしさまさりける人目も草もかれぬと思へば〈古今〉 ②夏は夜。月のころはさらなり、闇もなほ、蛍の多く飛びちがひたる。〈枕〉 ③限りなく遠くも来にけるかな。〈伊勢〉
	ぞ	①強調 ②(文末で)断定(だ) ③(文末で)疑問(か)	種々の語(②③は終助詞とする説もある)	①もとの住みかに帰りてぞ、さらに悲しきことは多かるべき。〈徒然〉 ②われはすきずきしき心など無き人ぞ。〈源氏〉 ③かばかりになりては、飛びおるともおりなん。いかにかく言ふぞ。〈徒然〉
	なむ(なん)	強調	種々の語	橋を八つ渡せるによりてなむ八橋と言ひける。〈伊勢〉
	や やは	①疑問(か) ②反語(か、いやそうではない)	種々の語(「や」の文末用法では終止形)	①袖ひちてむすびし水のこほれるを春立つけふの風やとくらむ〈古今〉 ②よき人は、知りたることとて、さのみ知り顔にやは言ふ。〈徒然〉
	か かは	①疑問(か) ②反語(か、いやそうではない)	種々の語(「か」の文末用法では連体形)	①いづれの山か天に近き。〈竹取〉 ②すべて、月・花をば、さのみ目にて見るものかは。〈徒然〉
	こそ	強調	種々の語	をりふしの移りかはるこそ、ものごとにあはれなれ。〈徒然〉
副助詞	だに	①最小限(せめて…だけでも) ②類推(でさえ)	種々の語	①散りぬとも香をだに残せ梅の花恋しき時の思ひ出にせむ〈古今〉 ②かぐや姫、光やあると見るに、蛍ばかりの光だになし。〈竹取〉
	すら	類推(でさえ)	種々の語	聖などすら、前の世のこと夢に見るは、いと難かなるを…〈更級〉
	さへ	添加(までも)	種々の語	春雨ににほへる色も飽かなくに香さへなつかし山吹の花〈古今〉
	のみ	①限定(だけ) ②強調(特に・ひたすら)	種々の語	①花はさかりに、月はくまなきをのみ見るものかは。〈徒然〉 ②月・花はさらなり、風のみこそ、人に心はつくめれ。〈徒然〉

副助詞	ばかり	①程度・範囲（ほど・ぐらい） ②限定（だけ）	種々の語	①降るる時に、軒長ばかりになりて…〈徒然〉 ②月影ばかりぞ、八重葎にもさはらずさし入りたる。〈源氏〉
	まで	①限度（まで） ②程度（ほど）	種々の語	①明くるより暮るるまで、東の山際をながめて過ぐす。〈更級〉 ②朝ぼらけ有り明けの月と見るまでに吉野の里に降れる白雪〈古今〉
	など	①例示（など） ②婉曲（など）	種々の語	①日入りはてて、風の音、虫の音など、はたいふべきにあらず。〈枕〉 ②火など急ぎおこして、炭もて渡るも、いとつきづきし。〈枕〉
	し しも	強調	種々の語	名にし負はばいざこと問はむ都鳥わが思ふ人はありやなしやと〈伊勢〉 夜になして京には入らむと思へば、急ぎしもせぬほどに、月出でぬ。〈土佐〉
終助詞	か かな	詠嘆（だなあ）	体言や連体形	苦しくも降りくる雨か神の崎狭野のわたりに家もあらなくに〈万葉〉 あはれなる人を見つるかな。〈源氏〉
	は	詠嘆（よ）	種々の語	「年立ちかへる」など、をかしきことに、歌にも文にも作るなるは。〈枕〉
	な	①詠嘆（なあ） ②確認（だね）	文の言い切りの形など	①花の色は移りにけりないたづらに我が身世にふるながめせし間に〈古今〉 ②あべの大臣、火鼠の皮衣もていまして、かぐや姫にすみ給ふとな。〈竹取〉
	な	禁止（するな）	動詞型の終止形（ラ変型には連体形）	あやまちすな。心して降りよ。〈徒然〉
	そ	（副詞「な」と呼応して）禁止（な）	動詞の連用形（カ変・サ変には未然形）など	もの知らぬことなのたまひそ。〈竹取〉 や、な起こし奉りそ。幼き人は寝入り給ひにけり。〈宇治〉
	ばや	願望（たいものだ）	動詞型の未然形	世の中に物語といふもののあんなるを、いかで見ばやと思ひつつ…〈更級〉
	なむ（なん）	他に対する願望（てほしい）	未然形	あかなくにまだきも月の隠るるか山の端逃げて入れずもあらなむ〈古今〉
	がな もがな	願望（があればなあ）	体言など	あっぱれ、よからう敵がな。〈平家〉 世の中にさらぬ別れのなくもがな千代もといのる人の子のため〈伊勢〉
	てしが てしがな にしが にしがな	願望（たいものだなあ）	連用形	思ふどち春の山辺にうちむれてそこともいはぬ旅寝してしが〈古今〉 いかでこのかぐや姫を得てしがな、見てしがなと…〈竹取〉 伊勢の海に遊ぶ海人ともなりにしが浪かき分けてみるめ潜かむ〈後撰〉 なほ、いかで心として死にもしにしがな。〈蜻蛉〉
	かし	確認（ね・よ）	文の言い切りの形	われはこのごろわろきぞかし。〈更級〉
間投助詞	や よ	①詠嘆（だなあ） ②呼びかけ（よ）	文節の切れめなど	①荒海や佐渡によこたふ天の河〈細道〉 ②少納言よ、香炉峰の雪いかならむ。〈枕〉
	を	①（文中で）強調 ②（文末で）詠嘆（だなあ）	種々の語	①生ける者つひにも死ぬるものにあればこの世にある間は楽しくをあらな〈万葉〉 ②つひにゆく道とはかねて聞きしかどきのふけふとは思はざりしを〈伊勢〉

主要敬語動詞一覧

尊敬語

本動詞 語	本動詞 活用	本動詞 普通語	本動詞 口語	補助動詞 語	補助動詞 活用	補助動詞 口語	備考
ます まします	四段	あり・行く・来く	いらっしゃる おいでになる	…ます …まします	四段	…て(で)いらっしゃる …て(で)おいでになる	「います」は上代は四段。以後はサ変
います	サ変			…います	サ変		
いますがり	ラ変			…いますがり	ラ変		「いますがり」は「いまそがり」とも
おはす	サ変			…おはす	サ変		
おはします	四段			…おはします	四段		
おはさうず	サ変	(多く、主語は複数)		…おはさうず	サ変	(多く、主語は複数)	「おはさひす」の転
たぶ たうぶ たまふ	四段	与ふ・授さずく	お与えになる くださる	…たぶ …たうぶ …たまふ	四段	お…になる …なさる …て(で)くださる	補助動詞「たまふ」は尊敬の助動詞「す」「さす」「しむ」の連用形と重ねて「せたまふ」「させたまふ」「しめたまふ」として用いられ、「たまふ」より高い敬意を表すことがある
のたまふ	四段	言ふ	おっしゃる				
のたまはす	下二段						
みそなはす	四段	見る	ご覧になる				
めす	四段	呼ぶ・招く 食ふ・飲む・着る	お呼びになる・お招きになる 召し上がる・お召しになる	…めす	四段	お…になる …なさる	補助動詞「めす」は他の尊敬語動詞「きこす」「しろす」「おもほす」などに付いて尊敬の意を強める
きこす	四段	聞く・言ふ	お聞きになる・おっしゃる				
きこしめす	四段	聞く・食ふ・飲む	お聞きになる・召し上がる				
しろしめす	四段	知る・治む	お知りになる お治めになる				
おもほす おぼす おもほしめす おぼしめす	四段	思ふ	お思いになる お考えになる				「おもほす」は「おもふ」に尊敬の助動詞「す」の付いたもの。「おぼす」は「おもほす」の転。「おぼしめす」は「おもほしめす」の転

区分	敬語動詞	活用	普通語	現代語訳	補助動詞	活用	補助動詞の現代語訳	備考
	遊ばす	四段	す	なさる	…遊ばす	四段	お…になる・…なさる	
	御覧ず	サ変	見る	ご覧になる				
	大殿ごもる	四段	寝(ぬ)・寝(い)ぬ	おやすみになる				
	まゐる	四段	飲む・食ふ	召し上がる				「まゐる」「たてまつる」は謙譲語から転じたもの
	たてまつる	四段	飲む・食ふ・着る・乗る	召し上がる・お召しになる・お乗りになる				
謙譲語	たまはる たばる	四段	受く・もらふ	いただく	…たまはる	四段	…て(で)いただく	
	うけたまはる	四段	受く・聞く	いただく・うかがう				
	つかうまつる つかまつる	四段	仕ふ	お仕え申しあげる	…つかうまつる …つかまつる …たてまつる	四段	お…申しあげる お…する	「つかうまつる」は「つかへまつる」のウ音便。「つかまつる」は「つかうまつる」の転
	たてまつる	四段	与ふ・(人を)遣(や)る	差し上げる・参上させる				
	まゐる まゐらす まうづ	四段 下二段 下二段	行く・来(く)・仕ふ 与ふ・やる 行く・来(く)	参上する・うかがう・奉仕する 差し上げる・献上する 参上する・うかがう	…まゐらす	下二段	お…申しあげる お…する …してさしあげる	「まうづ」は「まゐづ」の転か
	まかる まかづ	四段 下二段	退く・去る	退出する おいとまする				「まかづ」は「まかりいづ」の転
	まうす	四段	言ふ	申し上げる	…まうす	四段	お…申しあげる お…する	「まうす」は上代では「まをす」とも
	きこゆ きこえさす	下二段	言ふ	申し上げる	…きこゆ …きこえさす	下二段		
	たまふ	下二段	受く・飲む・食ふ	いただく	…たまふ	下二段	…せ(させ)ていただく	主として動詞「思ふ・見る・聞く」に付く
	はべり	ラ変	あり・をり・仕ふ	お仕えする 伺候(しこう)する				
	さぶらふ さうらふ	四段						「さうらふ」は「さぶらふ」の転
	いたす 存ず いただく	四段 サ変 四段	為(す) 思ふ・知る もらふ	いたす・させていただく 存じる ちょうだいする	…いたす	四段	…させていただく	
丁寧語	はべり	ラ変	あり・をり	ございます・あります・おります	…はべり	ラ変	…(で)ございます …(で)あります …ます・…です	謙譲語から派生
	さぶらふ さうらふ	四段			…さぶらふ …さうらふ	四段		

古文解釈のための 文法要語解説

〔古文解釈のうえで必要な、広い意味での文法用語を用例を挙げて簡潔に解説した。必ずしも熟した用語でないものも、解説の見出し項目として採りあげた。〕

内容目次

一、活用形の用法

【未然形の用法】　未然形には単独の用法はなく、常に助詞「ば・で・(な)…そ(カ変・サ変のみ)・ばや・なむ」、助動詞「ず・む・むず・じ・す・さす・しむ・る・らる・まほし・まし・り(サ変のみ)」に連なって用いられる。

順接の仮定条件法　未然形に接続助詞「ば」の付いた形で、「もしも…なら(たら)」の意の順接(＝順態接続)の仮定条件の表現になる。

▼折り取らば（＝折り取るなら／折り取るとしたら）惜しげにもあるか桜花いざ宿借りて散るまでは見む〈古今 春上〉

▼「かの国の人来ば（＝来たら／来るなら）、みな開きなむとす。」〈竹取 かぐや姫の昇天〉

なお、形容詞、打消の助動詞「ず」の場合は、連用形に係助詞「は」の付いた形で順接の仮定条件になる。また、已然形に接続助詞「ば」の付いた形は順接の確定条件になる。

【連用形の用法】　連用形の単独の用法には、中止法・副詞法・名詞法などがある。また、助詞「て・して(形容詞・形容動詞のみ)・つつ・ながら・(な)…そ(カ変・サ変以外)・しが(な)・てしが(な)・にしが(な)」、助動詞「き・けり・つ・ぬ・たり・けむ・たし」に連なる。

中止法　文を途中で一時中止する用法。前の文節と後の文節とが対等の関係にある場合が多い。

▼二十七日。風吹き、波荒ければ、船出いださず。〈土佐〉

▼山吹の清げに、藤のおぼつかなきさましたる、すべて、思ひ捨てがたきこと多し。〈徒然 一九〉

対偶中止法　二つの文節が対等の関係にあるとき、下の対等語の打消、受身などの意味が上の対等語に及び、上の対等語が連用形の中止法をとることをいう。

▼今めかしくきららかならねど（＝現代風でなく、はでではないが）、木だちものふりて、わざとならぬ庭の草も…〈徒然 一〇〉

▼「このをのこ罪し、れうぜられば（＝処罰され、ひどい目にあわせられるならば）、われはいかであれと。」〈更級 竹芝寺〉

右の「今めかしく」「罪し」が中止法になっている。解釈上は「今めかしからず」「罪せられ」の意にとる。前者を対偶否定法、後者を対偶受身法ということもある。なお、

▼走る獣は檻にこめ、鎖をさされ、飛ぶ鳥は翅を切り、籠に入れられて、雲を恋ひ、野山を思ふ愁へ、止む時なし。〈徒然 一二一〉

には、三つの中止法が見られる。この文の構造は、次のようにとらえられる。

走る獣は｛檻にこめ(られ)／鎖をささ｝れ
飛ぶ鳥は｛翅を切り(れ)／籠に入れ｝られ
｝て、｛雲を恋ひ／野山を思ふ｝愁へ、止む時なし。

傍線部分の中止法は、「こめられて」「切られて」「恋ふる愁へ」の意になる。

副詞法（連用法）　主として、形容詞・形容動詞の連用形が、副詞のように用言を修飾する用法をいう。解釈上留意すべき副詞法に次の三つの用法がある。

①下にくる「思ふ・見る・聞く・言ふ」などの内容を表す副詞法。

▼さて、春ごとに咲くとて、桜をよろしう（＝たいしたことがないと）思ふ人やはある。〈枕 三九〉

②文頭にあって、以下の部分全体にかかり、その感想を表す副詞法。

▼「あさましう（＝思いがけないことには）、犬なども、かかる心あるものなりけり。」と（一条天皇は）笑はせ給ふ。〈枕 九〉

③下にくる動作の結果を表す副詞法。

▼髪は扇を広げたるやうにゆらゆらとして、顔はいと赤く（＝赤くなるように）すりなして立てり。〈源氏 若紫〉

なお、形容詞の連用形に接続助詞「て」の付いた形は、ふつうの副詞法と異なり、ようす・状態を表す用法になる。

▼三寸ばかりなる人、いとうつくしうて（＝かわいらしいようすで）ゐたり（＝座っている）。〈竹取 かぐや姫の生ひ立ち〉

名詞法　主として、動詞の連用形が、「…こと」「…もの」などの意で用いられる用法をいう。ふつうは名詞に転じたもの（転成名詞）として扱う。

▼「かかる老法師の身には、たとひ憂へ（＝心配すること〈災難〉）侍りとも、何の悔い（＝悔いること〈後悔〉）か侍らむ。」〈源氏 薄雲〉

▼東の方に住むべき国求めに（＝さがすことのために）とて行きけり。〈伊勢 九〉

順接の仮定条件法　形容詞型活用の連用形、打消の助動詞「ず」の連用形に、係助詞「は」の付いた形で、「もしも…なら（たら）」の意の順接の仮定条件の表現になる。ただし、単なる強調表現の場合もある。

▼恋しくは（＝恋しいなら／恋しくなったら）形見にせよとわが背子が植ゑし秋萩花咲きにけり〈万葉 一〇・二一一九〉

▼今日来ずは（＝来なかったら）明日は雪とぞ降りなまし消えずはありとも（＝たとえ消えないでは〈強調〉あるにしても）花と見ましや〈古今 春上〉

逆接の仮定条件法　形容詞型活用の連用形、打消の助動詞「ず」の連用形に、接続助詞「と・とも」の付いた形で、「たとえ…ても」の意の逆接（＝逆態接続）の仮定条件の表現になる。

▼唐の物は、薬のほかは、なくとも（＝たとえなくても）事欠くまじ。〈徒然 一二〇〉

▼花の色は霞にこめて見せずとも（＝たとえ見せないにしても）香をだに盗め春の山風〈古今 春下〉

【終止形の用法】　終止形の単独の用法には、終止法がある。また、助詞「と・とも・や（疑問）・な（禁止）」、助動詞「らむ・めり・らし・べし・まじ・なり（伝聞・推定）（いずれもラ変以外）」に連なる。

終止法　単語が文の言い切りに用いられるのが終止法である。感動詞・終助詞・体言、形容詞の語幹、形容動詞の語幹、活用語の終止形・命令形、係り結びによる連体形・已然形に、この用法がある。さまざまな終止法のうちで、活用語の終止形によるものが、もっとも基本となる終止法である。

▼「われ朝ごと夕ごとに見る竹の中におはするにて、知りぬ。子となり給ふべき人なめり。」とて、手にうち入れて家へ持ちて来ぬ。妻の嫗に預けて養はす。うつくしきこと限りなし。いと幼ければ、籠に入れて養ふ。〈竹取 かぐや姫の生ひ立ち〉

逆接の仮定条件法　終止形に接続助詞「と・とも」の付いた形で、「たとえ…ても」の意の逆接の仮定条件の表現になる。

▼「あひ戦はむとすとも（＝たとえ戦いあおうとしても）、かの国の人来なば、猛き心つかふ人も、よもあらじ。」〈竹取 かぐや姫の昇天〉

▼飽かず、惜しと思はば、千年を過ぐすとも（＝たとえ千年を過ごしても）、一夜の夢の心地こそせめ。〈徒然 七〉

なお、形容詞、打消の助動詞「ず」の場合は、連用形に「と・とも」の付いた形になる。

【連体形の用法】　連体形の単独の用法には、連体法・終止法（係り結び・連体形止め）・準体法などがある。また、助詞「が・の・を・に・へ・と・より・か・かな・ぞ」、助動詞「ごとし・なり（断定）」に連なる。なお、ラ変動詞・形容詞カリ活用・形容動詞の連体形は、助動詞「らむ・めり・らし・べし・まじ・なり（伝聞・推定）」に連なる。

連体法　連体形が連体修飾語として体言を修飾する用法をいう。

▼「阿弥陀仏ものし給ふ堂に、することと侍る頃になむ。」〈源氏 若紫〉

▼いとあはれなることも侍りき。さりがたき妻(め)・をとこ持ちたる者は、その思ひまさりて深き者、必ず先立ちて死ぬ。〈方丈 二〉

なお、「さかし女(め)」〈記・上〉、「頼もし人」〈源氏・玉鬘〉、「長々し夜」〈拾遺・恋三〉の「さかし」「頼もし」「長々し」などはシク活用の形容詞の終止形とされ、本書でも通説によっているが、本来は形容詞の語幹によるもので、終止形の連体法ではない。「さかし女」「頼もし人」「長々し夜」で一語の名詞である。

終止法 連体形の終止法には、係り結びと連体形止めの二つがある。

①係助詞「ぞ・なむ・や・か」を受けて連体形で結ぶ終止法。**係り結び**。

ぞ――連体形。 強調表現
なむ―連体形。 強調表現
や――連体形。 疑問・反語表現
か――連体形。 疑問・反語表現

▼水はその山に三所(みところ)ぞ流れたる(=三か所も流れている)。〈更級 足柄山〉

▼その竹の中に、もと光る竹なむ一筋(ひとすぢ)ありける。〈竹取 かぐや姫の生ひ立ち〉

▼君やこし(=あなたが来たのか)我や行きけむ(=私が行ったのだろうか)おもほえず夢かうつつか寝てかさめてか 〈伊勢 六九〉

▼「いづれの山か天に近き(=どの山が天に近いのだろうか)。」〈竹取 ふじの山〉

解釈上、とくに留意する必要があるのは、「もぞ・やは・かは」を受けて連体形で結ぶ終止法である。「もぞ―連体形。」は**不安・懸念の表現**に、「やは―連体形。」「かは―連体形。」は**反語の表現**になることが多い。

▼「門(かど)よく鎖(さ)してよ。雨もぞ降る(=雨が降るかもしれない。そうなると困る)。」〈徒然 一〇四〉

▼よき人は、知りたることとて、さのみ知り顔にやは言ふ(=それほど物知り顔に言うだろうか。いや、言いはしない)。〈徒然 七九〉

▼死なぬ薬も何にかはせむ(=何にしようか。何の役にも立たない)。〈竹取 ふじの山〉

②**詠嘆・余情の表現**として連体形で結ぶ終止法。**連体形止め**。

▼「雀(すずめ)の子を犬君(いぬき)(=人名)が逃がしつる(=犬君が逃がしてしまったの)。」〈源氏 若紫〉

▼「まろがもとに(=私の手元に)、いとをかしげなる笙(しやう)の笛こそあれ。故殿(こどの)の得させ給へりし(=亡き父君がくださったの)。」〈枕 九三〉

準体法(準体言法) 活用語の連体形が、活用語としての意味や性質をもちながら、同時に体言としての資格で用いられる用法をいう。

▼犬のもろ声にながながとなきあげたる(=吠えたてているのは)、まがまがしくさへにくし(=不吉な感じまでしていやだ)。〈枕 二六〉

▼「古代の御絵どもの侍る(=ありますのを)、参らせむ(=差し上げよう)。」〈源氏 絵合〉

▼また、ある人の詠める(=詠んだ歌)、
君恋ひて世をふる宿の梅の花… 〈土佐〉

【已然形の用法】 已然形の単独の用法には、終止法(係り結び)・条件法がある。また、助詞「ば・ど・ども」、助動詞「り(四段のみ)」に連なる。

終止法 已然形の終止法は、係助詞「こそ」を受けて結ぶものである。**係り結び**。この形式の終止法は強調表現になる。

▼「変化(へんげ)のものにて侍りけむ身とも知らず、親とこそ思ひたてまつれ(=親だとばかり思い申しあげているのに)。」〈竹取 貴公子たちの求婚〉

▼「我こそ死なめ(=死にたい)。」〈竹取 かぐや姫の昇天〉

解釈上、とくに留意する必要があるのは、次項の強調逆接法になる場合と、「もこそ」を受けて已然形で結ぶ終止法の場合である。「もこそ―已然形。」は**不安・懸念の表現**になることが多い。

▼「いづかたへかまかりぬる、…烏(からす)などもこそ見つくれ(=〈逃げた雀(すずめ)を〉烏などが見つけるかもしれない。そうなるといけない)。」〈源氏 若紫〉

強調逆接法 文脈上、係助詞「こそ」を受けた已然形の部分で文が終わらず、「(確かに)…けれども」の意の強調逆接の表現になって以下に続いていくものをいう。

▼中垣(なかがき)こそあれ(=隔ての垣はあるけれども)、一つ家のやうなれば、(先方から)望みて預かれるなり。〈土佐〉

▼春の夜のやみはあやなし梅の花色こそ見えね(=確かに色は見えないが)香(か)やはかくるる(=香りは隠れるか、隠れはしない) 〈古今 春上〉

順接の確定条件法 上代には已然形だけで「…から(ので)」の意の順接の確定条件を表す用法があったが、ふつうは已然形に接続助詞「ば」の付いた形で、順接の確定条件の表現になる。

▼ももしきの大宮人は暇(いとま)あれや(=暇があるからか)梅をかざしてここに集(つど)へる(=集まっているのは) 〈万葉 一〇・一八八三〉

「已然形＋ば」の主要な用法として、次の三つの場合がある。文脈から慎重に吟味する。

①「…ので・…から」の意で、その条件が下の事柄の**原因・理由**となる場合。

▼春立てば(=春になるので)花とや見らむ白雪のかかれる枝に鶯の鳴く〈古今 春上〉

②「…と・…ところ」の意で、その条件のもとで、**たまたま**下の事柄が起こる場合。

▼猫のいとなごう(=のどやかに)鳴いたるを、驚きて見れば(=はっとして見ると)、いみじうをかしげなる猫あり。〈更級 大納言殿の姫君〉

③「…ときにはいつも」の意で、その条件のもとで、**いつも**下の事柄が起こる場合。

▼家にあれば(=家にいるときはいつも)笥に盛る飯を草枕旅にしあれば(=旅に出ているので—①の用法)椎の葉に盛る〈万葉 二・一四二〉

③の用法を**恒常条件**(一般条件・必然条件)ということもある。

逆接の確定条件法　已然形に接続助詞「ど・ども」の付いた形で、「…けれども・…のに」の意の逆接の確定条件の表現になる。

▼河のへのつらつら椿つらつらに見れども(=つくづくと見るけれども)飽かず巨勢の春野は〈万葉 一・五六〉

▼文を書きてやれど(=手紙を書いて送り届けるが)、返りごとせず。〈竹取 貴公子たちの求婚〉

「已然形＋ども」「已然形＋ど」の形で、「…ても(やはり)」の意の、その条件のもとで、**いつも**予想に反する下の事柄が起こることを表す場合がある。

▼二人行けど(=二人で行っても)行き過ぎがたき秋山をいかにか君がひとり越ゆらむ〈万葉 二・一〇六〉

▼この泊まり、遠く見れども(=遠くから見ても)、近く見れども(=近くから見ても)、いとおもしろし。〈土佐〉

▼いかなる大事あれども(=どんな重大なことがあっても)、人のいふこと聞き入れず。〈徒然 六〇〉

右の例のように、対句表現や「いかなる」のような不定詞を伴う表現によく見られる。この用法を**逆接の恒常条件**ということもある。

【命令形の用法】　命令形の単独用法には、命令法、許容・放任法がある。命令形には、助詞「かし・な(感動)」が付くことはあるが、助動詞に連なる用法はない。ただし、上代特殊仮名遣いでは、命令形にあたる形から助動詞「り」に連なっている。

命令法　その動作・存在・状態を聞き手に要求する表現をいう。自己の希望を表す場合もある。

▼散りぬとも香をだに残せ(=せめて香りだけでも残してくれ)梅の花恋しき時の思ひ出でにせむ〈古今 春上〉

▼「ここにも(=私も)心にもあらでかくまかるに、昇らむをだに見送り給へ(=お見送りください)。」〈竹取 かぐや姫の昇天〉

▼親たちの、子だにあれかし(=せめて柏木に子どもがあってほしいよ)と泣い給ふらむにもえ見せず、…〈源氏 柏木〉

許容・放任法　そうなるのに任せる意を表す表現をいう。「未然形＋ば＋命令形」の形になることが多い。

▼「今は西海の波の底に沈まば沈め(=沈むなら沈むがいい)、山野に屍をさらさばさらせ(=さらすならさらすがいい)、うき世に思ひおくこと候はず。」〈平家 七・忠度都落〉

二、特殊な文

挿入句を含む文　ナニガドウスル、ナニハドンナダ、ナニハナニダなど、基本の文脈に、説明を補う文や句が挿入された文をいう。

▼帝の御むすめ、いみじうかしづかれ給ふ、ただひとり御簾のきはに立ち出で給ひて(=帝の御娘—たいそう大切に育てられていらっしゃる—が、たった一人、御簾のそばにお出になって)…〈更級 竹芝寺〉

右の「いみじうかしづかれ給ふ」は、すぐ上の「帝の御むすめ」についての説明を補った挿入句である。

挿入句は、⑴係り結びの形、⑵係り結びの「結び」の省略された形になることが多い。とくに、次の第三例のような、係り結びの「結び」の省略された形の挿入句が文頭にくる場合に、文脈を見失いがちになる。

▼男どちは、心やりにやあらむ(=気晴らしのためであろうか)、漢詩などいふべし(=漢詩などを吟じているようだ)。〈土佐〉

▼世に語り伝ふること、まことはあいなきにや(=真実はつまらないのであろうか)、多くは皆虚言なり。〈徒然 七三〉

▼「大願力にや(=仏の大願力のおかげであろうか)、難波より、昨日なむ都にまうで来つる。」〈竹取 蓬萊の玉の枝〉

引用句を含む文　会話や心の中で思った文(心的表現・心内語)などが

「言ふ・思ふ」などの修飾語として引用された文をいう。多く、格助詞「と・とて」、副助詞「など」によって引用されるが、引用の末尾が連用形になり「思ふ」などの語に係る場合もある。

▼かぐや姫、「物知らぬこと、なのたまひそ。」とて（＝かぐや姫は、「人情を解さないことをおっしゃるな。」と言って）、いみじく静かに、朝廷に御文奉り給ふ（＝御手紙を差し上げなさる）。〈竹取 かぐや姫の昇天〉

▼桜の一丈ばかりにて、いみじう咲きたるやうにて、御階のもとにあれば、いととく咲きにけるかな、梅こそただ今は盛りなれと見ゆるは、造りたるなりけり。〈枕 二七八〉

▼よろづのことよりも情けあるこそ、男はさらなり（＝男は言うまでもない―挿入句）、女もめでたくおぼゆれ（＝女であっても、すばらしいと思われる）。〈枕 二六九〉

対句を含む文

活用語の終止形で言い切りになる文の形が、対になる表現形式で取り込まれている文をいう。

▼翁、心地あしく苦しき時も、この子を見れば、苦しきこともやみぬ、腹立たしきことも慰みけり（＝翁は、気分が悪い時や苦しい時も、この子を見るといつも、苦しいこともなくなったし、腹の立つことも慰められるのであった）。〈竹取 かぐや姫の生ひ立ち〉

この文の構造は、次のようにとらえられる。

翁、心地{あしく／苦しき}時も、この子を見れば、{苦しきこともやみぬ、／腹立たしきことも慰みけり。}

▼昔、田舎わたらひしける人の子ども、井のもとに出でて遊びけるを、大人になりにければ、男も女も恥ぢかはしてありけれど、男はこの女をこそ得めと思ふ、女はこの男をと思ひつつ、親のあはすれども、聞かでなむありける。〈伊勢 二三〉

この文の対句の部分の構造は、次のようにとらえられる。

{男も／女も}恥ぢかはしてありけれど、{男はこの女をこそ得めと思ふ／女はこの男をと思ひ}つつ、

倒置のある文

主述関係が述語→主語の順になる文、または修飾被修飾関係が被修飾語→修飾語の順になる文をいう。

▼「いづら、猫は。こちゐて来（＝どうしたの、猫は。こちらへ連れて来て）。」〈更級 大納言殿の姫君〉

▼知らず、生まれ死ぬる人、いづかたより来りて、いづかたへか去る（＝〈私には〉わからない、生まれる人がどこからやって来るのか、死ぬ人がどこへ去っていくのかが）。〈方丈 一〉

▼花の色は移りにけりないたづらに我が身世にふるながめせし間に（＝花の色は色あせてしまったなあ。咲いたかいもなく、私がむなしい恋の思いに明け暮れ、ぼんやりと物思いにふけっていた間に、長雨が降って）〈古今 春下〉

▼なびかじな（＝なびかないだろうなあ）海人の藻塩火焚き初めて煙は空にくゆりわぶとも（＝空にくすぶるにしても）〈新古 恋二〉

省略のある文

主語や述語のような文の成分が文脈にゆだねられて、書かれていない文をいう。解釈上、とくに留意する必要があるのは、次のような文である。

①主語の省略された文。

▼あやしき家（＝みすぼらしい民家）の見どころもなき梅の木などには、かしがましきまでぞ（＝やかましいくらいに）鳴く。〈枕 四一〉

▼尼君、髪をかき撫でつつ、「…」とていみじく泣くを見たまふも、すずろに悲し（＝尼君が〈女の子の〉髪を撫で撫でして、「…」と言って、ひどく泣くのをごらんになるにつけても、なんとなく悲しい）。〈源氏 若紫〉

主語を補うには、⑴文脈を正しくたどり、どの部分が述語なのかを読みとり、⑵述語の部分が何について述べているのかを考え、⑶敬語の用法に注目する。右の例では、梅の木で鳴く鳥であるから「鶯が」を補い、「見たまふ」と尊敬語が用いられているから「光源氏が」を補う（尼君は「泣く」とあって敬語がない）。

②疑問の副詞や願望表現の結び、慣用表現の結び、対句表現の繰り返し部分などの省略された文。

▼京に、その人の御もとにとて（＝都に、あの人の御もとに〈手紙を書こう〉と思って）、文書きてつく（＝託す）。〈伊勢 九〉

▼「いはけなき人をいかにと（＝幼い人も、どうして〈いらっしゃるだろう〉と）思ひやりつつ、もろともにはぐくまぬおぼつかなさを（＝養育しない気がかりさよ）。」〈源氏 桐壺〉

▼男はこの女をこそ得めと思ふ、女はこの男をと（＝この男を〈夫にしよう〉と）思ひつつ、…〈伊勢 二三〉

▼かくてもあられけるよと、あはれに見るほどに、かなたの庭に大きなる柑子の木の、枝もたわわになりたるが周りをきびしく囲ひたりしこそ、少しことさめて（＝興ざめして）、この木がなからましかばと（＝この木がなかったら

〈よかっただろうに〉と）覚えしか。〈徒然 一一〉

右の例、いずれも前後の叙述から推測が可能で、順に「文書かむ」「おはすらむ」「こそ得め」「よからまし」を補うことができる。

③係助詞を受けての「結び」の省略された文。

▼いづれの御時にか(=どの帝の御治世で〈あったのだろう〉か)。〈源氏 桐壺〉

▼なほ、飽かずやあらむ、またかくなむ(=またこう〈詠んだ〉)。

見し人の松の千年に…〈土佐〉

▼渡し守に問ひければ、「これなむ都鳥(=これが都鳥〈だ〉)。」と言ふを聞きて、…〈伊勢 九〉

▼飼ひける犬の、暗けれど主を知りて、飛びつきたりけるとぞ(=飛びついたのだったと〈いう〉)。〈徒然 八九〉

▼鳶のゐたらんは、何かは苦しかるべき。この殿の御心、さばかりにこそ(=この大臣殿のお心は、この程度で〈いらっしゃったのだ〉)。」〈徒然 一〇〉

右の例、いずれもよく見られるもので、順に「ありけむ」「詠める」「(都鳥)なる」「言ふ・聞く」「おはしけれ」を補うことができる。なお、第五例の「さばかりにこそ」は「さばかりなりけり」の強調表現「さばかりにこそありけれ」が尊敬表現になった「さばかりにこそおはしけれ」の「おはしけれ」が省略されたものである。尊敬表現の省略であることは「この殿の御心」と尊敬語の用いられていることから推測される。

④会話文で、相手の言を受けて述語の省略された文。

▼ほかより来たる者などぞ、「殿は何にかならせ給ひたる。」など問ふに、いらへには、「何の前司にこそは。」などぞかならずいらふる(=よそから来た者などが、「殿はどこの国司におなりになられたか。」などと問うと、その返事には、「どこそこの前の国司に〈おなりになられた〉。」などと必ず答える)。〈枕 二五〉

右の例、「何の前司にこそは」の下に、「ならせ給ひたれ」が省略されていると見られる。

「殿は何にかならせ給ひたる。」
何の前司にこそはならせ給ひたれ。

⑤「Aだにa。まして、Bはb。」の構造の文で、「まして」以下、あるいは、Bまたはbなどの省略された文。

▼かぐや姫、「光やある。」と見るに、蛍ばかりの光だになし(=〈光がないことは言うまでもなく、ほんの少しの〉蛍ほどの光さえない)。〈竹取 仏の御石の鉢〉

この例は、「蛍ばかりの光だになし。まして、光はなし。」の「まして」以下が言外にあるものと見られる。「ほんのわずかの蛍ほどの光さえない。言うまでもなく、かぐや姫の期待した輝く光はあるはずもない」というのである。

▼「善人だにこそ往生すれ。まして、悪人は。」と仰せ候ひき。〈歎異抄〉

この例は、〈Bはb〉のbにあたる「往生す」が省略されていると見られる。『善人でさえ極楽往生する。言うまでもなく、悪人は極楽往生する』と(親鸞は)おっしゃいました」というのである。

▼昔の御ありさま見まゐらせざらむだに、おほかたの事がら、いかがことなのめならん。まして、夢うつつともいふかたなし。〈建礼門院右京大夫集〉

この例は、〈Bはb〉のBの省略されたものである。省略部分を補うには、この構文の対比関係を正しくとらえる必要がある。すなわち、Aの打消表現に注目することで、

A 昔の御ありさま見まゐらせざらむ(人)
B 昔の御ありさま見まゐらする(我)
a おほかたの事がら…なのめならん
b 夢うつつともいふかたなし

と見ることができる。「昔の(はなやかな内裏での)ごようすを見申しあげないような人でさえ、(ここ大原での女院の)おおよその状態(を拝見すれば、それ)が、どうしてふつうのことであろうか(=悲惨な状態でおいたわしいことだと思われるだろう)。まして、昔のごようすを拝見している私にとっては、(現在のこの状態が)夢とも現実とも言いようがない(ほどおいたわしすぎると思われる)」というのである。

三、地の文・会話文

会話文の引用形式

古くは、「いはく…といふ／いひしく…といひき」「いふやう…といふ」「のたまはく…とのたまふ／のたまひしく…とのたまひき」などの引用形式が用いられるが、のちには「いはく・いふやう・のたまはく」などの部分が明記されず、引用を表す格助詞「と・とて」、副助詞「など」だけで受けて引用する形式になる。

▼爾に速須佐之男命、其の老夫に詔りたまひしく、「是の汝が女をば吾に奉らむや(=差し上げようとするか)。」とのりたまひしに…〈記・上〉

▼楫とり(=船頭)、船子(=水夫)どもにいはく、「御船より仰せたぶなり(=船主さまからご命令をくださるのだ)。朝北の出でこぬさき

に(=朝の激しい北風が吹き出さないうちに)、綱手はや引け。」といふ。〈土佐〉

▼翁、かぐや姫に言ふやう、「わが子の仏、変化の人と申しながら、ここら(=こんな)大きさまで養ひたてまつる志おろかならず。翁の申さむことは聞き給ひてむや(=きっとお聞きくださるだろうか)。」と言へば…〈竹取 貴公子たちの求婚〉

▼この嫁…よからぬことを言ひつつ、「もていまして、深き山に捨てたうびてよ(=捨ててしまってください)。」とのみ責めければ、(男は)責められわびて、さしてむ(=そうしてしまおう)と思ひなりぬ。月のいとあかき(=明るい)夜、「媼ども、いざたまへ(=いらっしゃい)。寺に尊きわざ(=法会)する、見せたてまつらむ。」と言ひければ…〈大和 一五六〉

会話文の特徴

会話文は、地の文に比べて、(1)文が短く簡潔であり、(2)敬語の程度が強く、(3)省略(言いさし)が多く、(4)係助詞の終助詞的な用法を含めて、終助詞の使用が目立つという傾向がある。謙譲語のハ行下二段活用の「給ふ」や丁寧語の「侍り・候ふ」は、原則として、会話文・手紙文だけに用いられるが、丁寧語の発達がおくれているため、現代語では丁寧語「ます・です」を用いた表現になるはずのところに丁寧語の用いられていない場合が多い。

▼かぐや姫のある所に至りて見れば、なほ物思へる気色なり。これを見て、「あが仏、何事思ひ給ふぞ(=お思いになるの〈です〉か)。思すらむこと何事ぞ(=お思いになっているようなことは何事〈です〉か)。」と言へば、「思ふこともなし。ものなむ心細くおぼゆる(=なんとなく心細く思われる〈のです〉)。」と言へば、翁、「月な見給ひそ(=月をご覧になってくれるな)。これを見給へば、物思す気色はあるぞ(=月をご覧になると、物思いをなさるようすがある〈=あります〉よ)。」と言へば、「いかで月を見ではあらむ(=どうして月を見ないではいられよう〈=ましょう〉)。」とて、なほ、月出づれば、出でゐつつ嘆き思へり。〈竹取 かぐや姫の昇天〉

▼「はかばかしき事は、片端も学び知り侍らねば、尋ね申すまでもなし(=少しも学び知っておりませんから、お尋ね申しあげるまでもない〈のです〉)。何となきそぞろごとの中に、おぼつかなきこと(=たあいのないことの中で、よくわからないこと)をこそ問ひ奉らめ(=お尋ね申しあげよう〈=ましょう〉)。」〈徒然 一三五〉

地の文との融合

会話文の中には、その末尾が地の文と融合して、引用符でくくれないものがある。

▼帝に「かくなむありつる。」と奏しければ、「いふかひなし。その男を罪しても、今はこの宮をとりかへし、都にかへし奉るべきにもあらず。竹芝の男に、生けらむ世のかぎり、武蔵の国を預けとらせて、おほやけごと(=租税や賦役など)もなさせじ。ただ宮にその国を預け奉らせ給ふよしの宣旨くだりにければ…〈更級 竹芝寺〉

この例は、竹芝寺伝説を語る長文の「語り」の中に、勅使と帝とのやりとりのようすが会話文のような形式で紹介されているものである。帝の言として語る部分の末尾が「よし」で受けられ、地の文と融合してしまっている。

…ただ宮にその国を預け奉る。」と仰せられ、そのよしの宣旨くだりにければ…

とあれば、引用文としての末尾が明確で、引用符でくくることができる。

四、敬語

敬語の種類

敬語とは、話し手(書き手)が聞き手(読み手)や話題の人物に対して敬意を表す特別の語や言い方をいう。ふつう、話し手(書き手)が話題の人物に関して敬意を表す**尊敬語**と**謙譲語**、話し手(書き手)が聞き手(読み手)に対する敬意を表す**丁寧語**に分けられる。

▼僧の、「もの申しさぶらはん(=お話し申しあげましょう)。おどろかせ給へ(=目をお覚ましください)。」と言ふを…〈宇治 一・一二〉

「もの申しさぶらはん。おどろかせ給へ。」の話し手は僧、聞き手は児であり、話題の人物も僧と児である。話し手の僧が話題の人物の僧の「もの言はん」という動作について、その動作を受ける話題の人物の児を高めるために謙譲語の「もの申す」を用い、聞き手の児に対する敬意を表すために丁寧語「さぶらふ」を用いて「もの申しさぶらはん」と表現したのである。また、話題の人物の僧が話題の人物の児に対して「おどろけ」と命ずるところを、話し手である僧が「おどろく」という動作をする話題の人物の児を高めるために尊敬の助動詞と補助動詞を用いて「おどろかせ給へ」と表現したのである。なお、「もの申しさぶらはん」は、今日の「もしもし」にあたる表現で、「もの聞こえ侍らむ」〈源氏 東屋〉と同じ敬語表現。「もの聞こえむ」〈枕 八〉は丁寧語のない言い方である。

尊敬語　話し手(書き手)が話題の人物のうち、動作をする人を敬うため、その人物に関して特別の表現をする言い方。為手(して)尊敬・動作主尊敬・上位主体語ともいう。
⑴尊敬の意の接辞を用いる。
①接頭語　おほん・おん・お・ご・み…
②接尾語　たち・殿…
⑵尊敬の意の語を用いる。
①名詞　上・君・宮・おこと…
②代名詞　みまし・貴殿…
③動詞　あそばす(=なさる)・います・ます・まします・おはす・おはします(=いらっしゃる)・大殿ごもる(=お寝(やす)みになる)・のたまふ・のたまはす(=おっしゃる)・おぼす・おぼしめす(=お思いになる)・きこす・きこしめす(=お聞きになる・召し上がる)・御覧ず(=ご覧になる)・しろす・しろしめす(=お知りになる・お治めになる)・奉る(=召し上がる・お召しになる・お乗りになる)・たぶ・たまふ(=お与えになる・くださる)…
④補助動詞　おはす・おはします・たまふ(四段活用)・たぶ・たうぶ…
⑤助動詞　す(上代語、四段活用)・る・らる・す・さす・しむ
▼皇子(みこ)、「いと忍びて。」とのたまはせて、人もあまた率(ゐ)ておはしまさず(=連れていらっしゃらない)。〈竹取 蓬莱の玉の枝〉
▼「壺なる御薬奉れ(=お飲みください)」─一説に、謙譲語「差し上げよ」とする。きたなき所の物きこしめしたれば(=召し上がったので)、御心地(=ご気分が)悪(あ)しからむものぞ(=悪いにちがいない)。」〈竹取 かぐや姫の昇天〉

謙譲語　話し手(書き手)が話題の人物のうち、動作を受ける人を敬うため、動作をする人物に関して特別の表現をする言い方。受手(うけて)尊敬・対象尊敬・下位主体語ともいう。
⑴謙譲の意の接辞を用いる。
①接頭語　拝見・拙者…
②接尾語　ら(憶良(おくら)ら、〈万葉 三・三三七〉)
⑵謙譲の意の語を用いる。
①名詞　戯奴(わけ)・奴(やつこ)…
②代名詞　おれ・おのれ・まろ・わらは…
③動詞　きこゆ・啓す・奏す・申す(=申し上げる)・承る(=うかがう)・奉る(=差し上げる)・賜る(=いただく)・まかづ・まかる(=退出する)・参る・まうづ(=参上する・うかがう)・参らす(=差し上げる)・候(さぶら)ふ・侍り(=おそばに控える・伺候する)…
④補助動詞　きこゆ・奉る・申す・給ふ(下二段活用)・まつる・参らす…
▼やや久しく候ひて(=おそばにお仕えして)、いにしへのことなど思ひ出(い)で聞こえけり(=思い出してお話し申しあげた)。〈伊勢 八三〉
▼「わが丈(たけ)立ち並ぶまで養ひたてまつりたる(=育ててさしあげた)わが子を、何人か迎へきこえむ(=お迎え申しあげられようか)。」〈竹取 かぐや姫の昇天〉
なお、下二段活用「給ふ」は、「思ふ・見る・聞く・覚ゆ」などの限られた動詞に接続し、会話文・手紙文、勅撰集の詞書(ことばがき)だけに用いられる。話し手または話し手側の行為を表す動詞に付き、口語の「ます」の意にあたることから、この謙譲語の「給ふ」を丁寧語と見る説もある。「給ふ」にさらに丁寧語「侍り」を伴う用例もあるので、本書では、謙譲語と見る。
▼「命長さのいとつらう思ひ給へ知らるるに(=長生きがたいそうつらいことだと思い知られますにつけて)、松の思はむことだに恥づかしう思ひ給へ侍れば(=存じますので)…」〈源氏 桐壺〉

丁寧語　話し手(書き手)が聞き手(読み手)を敬うため、自分の言葉づかいを丁寧に表現する言い方。対者敬語ともいう。「侍り」「候ふ」の二語が動詞および補助動詞として用いられる。どちらも謙譲語から転じたものであり、識別に注意する必要がある。
▼「はやう、まだいと下臈(げらふ)に侍りし時(=低い身分でございました時)、あはれと思ふ人侍りき(=いとしいと思う女性がおりました)。」〈源氏 帚木〉
▼「からい目を見さぶらひて(=ひどい目にあいまして)。誰(たれ)にかはうれへ申し侍らむ(=どなたにこのつらく悲しい思いをお訴え申しあげられましょうか)。」〈枕 三一四〉

本動詞・補助動詞　補助動詞とは、動詞本来の意味が薄れ、他の語に補助の関係で付いて意味を添える動詞をいう。補助動詞に対して、その動詞本来の意味・用法のものを、とくに、本動詞ということがある。次の例は、実線による傍線の語が本動詞、点線による傍線の語が補助動詞で、順に、尊敬・謙譲・丁寧の意を添えている。
▼内裏(うち)の帝(みかど)、御衣(ぞ)脱ぎて賜(たま)ふ(=お与えになる)。太政大臣(おほきおとど)降りて舞踏し給ふ(=拝舞しなさる)。〈源氏 藤裏葉〉
▼この西面(にしおもて)にしも、持仏すゑ奉りて行ふ尼なりけり。簾(すだれ)すこしあげて、花奉るめり(=花をお供えしているようだ)。〈源氏 若紫〉

▼「むすめただ一人侍りし。亡せてこの十余年にやなり侍りぬらむ(=ここ十年余になってしまっていましょうか)。」〈源氏 若紫〉

両用の敬語動詞 文脈によって、謙譲語にも尊敬語にもなる動詞の「**奉る・参る**」をいう。主語を確認するなど、文脈からの慎重な吟味が必要である。

▼この御子三つになり給ふ年、御袴着のこと、一の宮の奉りし(=お召しになったの)に劣らず、内蔵寮・納殿の物を尽くしていみじうせさせ給ふ。〈源氏 桐壺〉

▼「これに置きて参らせよ。枝もなさけなげなめる花を。」とて、(随身に)取らせたれば、(随身は)門あけて惟光の朝臣出できたるして、(光源氏に)奉らす(=差し上げさせる)。〈源氏 夕顔〉

▼心にくきもの　もの隔てて聞くに、女房とはおぼえぬ手の、忍びやかにをかしげに聞こえたるに、こたへ若やかにして、うちそよめきて参る(=参上する)けはひ。ものの後ろ、障子など隔てて聞くに、御膳参る(=召しあがる)ほどにや、箸・匙など、とりまぜて鳴りたる、をかし。〈枕 二〇一〉

▼(聖が)さるべきもの作りて、(光源氏に)すかせ奉る(=お飲ませ申しあげる)。加持などまゐるほど(=加持などをしてさしあげるうちに)、日高くさしあがりぬ。〈源氏 若紫〉

▼「御物の怪など加はれるさまにおはしましけるを、今宵はなほ静かに加持などまゐりて(=加持などをお受けになって)、出でさせ給へ。」〈源氏 若紫〉

最高敬語 平安時代に、地の文では、原則として、帝・后・東宮・院など最高階級の人々に対してだけ用いられる敬語をいう。尊敬語では、尊敬の助動詞「す・さす・しむ」に尊敬の補助動詞「給ふ」が付いた「**せ給ふ・させ給ふ・しめ給ふ**」のほか、「おはします・のたまはす・御覧ぜらる」などがあり、謙譲語では、「奏す・啓す・きこえさす」などがある。

▼夕月夜のをかしき程に、(桐壺帝は靫負の命婦を)いだしたてさせ給ひて(=〈宮中から桐壺の更衣の里に〉出発させあそばして)、やがてながめおはします(=〈ご自身は〉そのまま物思いにふけっていらっしゃる)。〈源氏 桐壺〉

▼「よきに奏し給へ(=〈官位が得られるよう〉よろしく帝に申し上げてください)、啓し給へ(=后に申し上げてください)。」など言ひても、(官位を)得たるはいとよし、得ずなりぬるこそいとあはれなれ。〈枕 三〉

会話文では、敬語の程度が強くなる傾向があるので、帝や后のような高貴な身分の人物ではなくても、最高敬語で待遇されることが多い。

▼「物怖ぢをなむわりなくせさせ給ふ本性にて(=〈ご主人の夕顔さまは〉むやみにこわがりあそばす性分だから)、いかに思さるるにか。」と右近も聞こゆ。〈源氏 夕顔〉

自敬敬語 帝など高貴な身分の人物が話題の人物である自分自身に対して尊敬語を用いたり、下位者の動作に謙譲語を用いたりすることをいう。

▼御門きこしめして、「多くの人殺してける心ぞかし。」とのたまひてやみにけれど、なほ思しおはしまして(=やはり〈かぐや姫のことを〉お思いになっていらっしゃって)、…仰せ給ふ、「汝が持ちて侍るかぐや姫奉れ(=差し上げよ／参上させよ)。顔かたちよしときこしめして(=お聞きになられて)、御使をたびしかど(=お与えになったが)、かひなく見えずなりにけり。かくたいだいしくやは習はすべき(=〈姫を〉このようにふまじめにしつけてよいものか)。」と仰せらる。〈竹取 御門の求婚〉

▼(光源氏が夕顔の侍女の右近に)「渡殿なる宿直人起こして、『紙燭さして参れ。』といへ。」と、のたまへば…〈源氏 夕顔〉

二方面への敬語 話題の人物が二人いる場合「**謙譲語＋尊敬語**」の形式で両者に敬意を表すことをいう。すなわち、
謙譲語で、動作を受ける者に対する敬意
尊敬語で、動作をする者に対する敬意
を表すことになる。なお、地の文では作者からの、会話文では話し手からの話題の人物に対する敬意を示すものであって、話題の人物同士の敬意ではない。

▼かぐや姫、「物知らぬこと、なのたまひそ。」とて、いみじく静かに、朝廷に御文奉り給ふ(=帝にお手紙を差し上げなさる)。〈竹取 かぐや姫の昇天〉

右の例、謙譲語「奉り」で、この動作を受ける帝に対する作者からの敬意が、尊敬語「給ふ」で、「奉る」という動作をするかぐや姫に対する作者からの敬意が表されている。なお、天人に対してのかぐや姫の会話文の中の尊敬語「のたまひ」は、この動作をする天人に対する話し手かぐや姫からの敬意が示されている。

▼(桐壺の更衣の母君は若宮を)見奉らでしばしもあらむは、いと後ろめたう思ひきこえ給ひて(=気がかりなことだとお思い申しあげなさって)、すがすがともえ参らせ奉り給はぬなりけり(=思い切りよく、参内させ申しあげ

なさることができないのであった）。〈源氏 桐壺〉

右の例、「思ひきこえ給ひて」の部分は、謙譲語「きこえ」で、「思ふ」という動作を受ける若宮に対する作者からの敬意が、尊敬語「給ひ」で、「思ふ」という動作をする母君に対する作者からの敬意が表されている。また、「え参らせ奉り給はぬ」の部分は、謙譲語「奉り」で、「参らす」という動作を受ける若宮に対する作者からの敬意が、尊敬語「給は」で、「参らす」という動作をする母君に対する作者からの敬意が表されているのである。なお、「え参らせ」の「参ら」は謙譲語で、この動作を受ける帝に対する作者からの敬意が表されているのである。また、「見奉らで」の部分が「見奉り給はで」になっていないのは、文末が連用形になり、地の文と融合しているが、引用符をつけて書き換えると、

「…見奉らでしばしもあらむは、いと後ろめたし」と思ひきこえ給ひて…

とすることのできるもので、母君の心の中で思う内容を引用した部分にあるため、母君に対する敬意を表す「給は」を用いていないのである。したがって、「見奉らで」の謙譲語「奉ら」は、母君が「見る」という動作を受ける若宮に対する母君からの敬意を表すものと考えられる。心の中で思う内容の引用部分（心的表現・心内語などともいわれる）での敬語は、会話文の話し手と同じで、いわば思い手から話題の人物に対する敬意が表されたものなのである。

かしこまりの表現

ふつう謙譲語と見られる「申す・まうでく」などに見られる、聞き手を意識した表現をいう。丁寧語に近い用法になる。荘重（そうちょう）語ともいう。

▼「いかやうにかある。」と（中宮定子が中納言隆家に）問ひきこえさせ給へば、「すべていみじう侍り。『さらにまだ見ぬ骨のさまなり。』となむ人々申す。まことにかばかりのは見えざりつ。」と、言（こと）高くのたまへば…〈枕 一〇二〉

右の「申す」は、話し手であり話題の人物でもある隆家に話題の人物である人々が「言ふ」という文脈で用いられている。謙譲語であるなら、「人々が隆家に申しあげる」の意で、話し手隆家から話題の人物の隆家に対する敬意を表す自敬敬語になってしまう。この「申す」はふつうの謙譲語ではなく、「人々が言います／申します」といった現代語にあたり、聞き手である中宮定子を意識したかしこまりの表現―丁重な言葉づかいであると見られる。

▼王とおぼしき人、家に、「造麻呂（みやつこまろ）、まうで来（こ）。」と言ふに、猛（たけ）く思ひつる造麻呂も…〈竹取 かぐや姫の昇天〉

謙譲語「まうでく」は、「参上する」の意で用いられるが、右の「まうで来」は「参上せよ」の意ではなく、「出てきませ」の意にあたるかしこまりの表現―威厳のある重々しい言葉づかいであると見られる。

丁寧語の位置

現代語では丁寧な断定の表現として「でございます・であります・です」などが用いられる。「です」は一語の助動詞であるが、「でございます・であります」は、断定の助動詞「だ」の連用形「で」に、「ある」の丁寧語「ございます・あります」の付いたものである。すなわち「断定＋丁寧」の表現になっている。古文では、これが逆の順の「丁寧＋断定」の形になる。

▼「さきざきも申さむと思ひしかども、かならず心惑（まど）ひし給はむものぞと思ひて、いままで過ごし侍りつるなり（＝〈申しあげずに〉過ごしていたのでございます）。さのみやはとて、うちいで侍りぬるぞ（＝そのように黙ってばかりいられようか、そうはいかないと思って、口に出してしまうのでございますよ）。」〈竹取 かぐや姫の昇天〉

右の例、「過ごし侍りつるなり」は直訳すると、「過ごしましたのだ」になる。このままでは現代語としては不自然なので、丁寧表現「まし」を「だ」の部分に移動し、丁寧な断定の表現である「です／であります／でございます」に改めるのである。同じように、「うちいで侍りぬるぞ」も直訳すると、「口に出しましてしまうのだよ」になるが、「まし」を「だ」の部分に移動して、自然な現代語にするのである。

丁寧語の融合

中世には、新しい尊敬表現「御―あり」が広く用いられるようになる。さらに、この「あり」の部分が丁寧語「候ふ」になる「御―候ふ」の敬語形式も生まれた。「お…になります／お…なさいます」の意にあたる「尊敬＋丁寧」の融合形である。

▼上皇（じやうくわう）大きに驚きおぼしめし、忠盛（ただもり）を召して御尋ねあり（＝お尋ねになる）。〈平家 一・殿上闇討〉

▼「あれに見え候ふ、粟津（あはづ）の松原と申す（＝あそこに見えます、あれが粟津の松原というのでございます）。あの松の中で御自害候へ（＝ご自害なさいませ）。」〈平家 九・木曽最期〉

なお、右の「松原と申す」の「申す」は「申しあげる」の意の謙譲語ではなく、「言います／申します」の意の丁寧語である。

官位相当表

分類	官職＼位階	正一位	従一位	正二位	従二位	正三位	従三位	正四位上	正四位下	従四位上	従四位下	正五位上	正五位下	従五位上
官	神祇										伯○			
官	太政	太政大臣○		左大臣○ 右大臣○ 内大臣▲		大納言△	中納言▲		参議▲	左大弁○ 右大弁○		左中弁△ 右中弁△	左少弁* 右少弁*	
省	中務(なかつかさ) 式部(しきぶ) 治部(ぢぶ) 民部(みんぶ) 兵部(ひやうぶ) 刑部(ぎやうぶ) 大蔵(おほくら) 宮内(くない)							中務卿○	卿○			中務大輔△	大輔△ 大判事	中務少輔△
職・坊	中宮(ちゆうぐう) 春宮(とうぐう) 大膳(だいぜん) 京(きやう)							皇太子傅			中宮・春宮大夫○	大膳・京大夫○		
寮	大舎人(おほとねり) 図書(づしよ) 大学 雅楽(うた) 主計(かずへ) 主税(ちから) 馬(め) 内▲匠(うちのたくみ)													頭○
寮	陰陽(おんやう) 大炊(おほひ) 主殿(とのも) 典薬 内蔵(くら) 斎▲宮													
台	弾正									尹○	大弼△			
衛府	左・右近衛▲ 左・右衛門 左・右兵衛						近衛大将○				近衛中将△ 衛門督○ 兵衛督○		近衛少将△	衛門佐△ 兵衛佐△
	大宰府(だざいふ)						帥○					大弐△		
	鎮守府 按察使(あぜち) 国司										按察使			鎮守府将軍○ 大国守○
	検非違使▲ 庁(けびゐし)									別当○				佐△
	蔵人所▲(くらうどどころ)			別当						頭			五位	
	勘解由使▲(かげゆし) 斎院司										勘解由使長官○			
後宮						尚蔵	尚侍	尚膳	尚縫	典侍	典蔵			掌侍

【注】本表は養老令にもとづくが、衛府の欄は六衛府制の成立以降を採り、令外(りやうげ)の官には▲印を付した。各官庁の役人は四階級に分かれ（四等官）、用いる文字は異なるが、それぞれ、かみ（長官＝○印）、すけ（次官＝△印）、じょう（判官＝＊印）、さくわん（主典＝×印）と読んだ（音読するものもあった）。なお、官位相当には時期などによって異同・変遷がある。

従五位下	大副△	少納言*	大監物○ 少輔△	亮△ 皇太子学士		頭○	少弼△		少弐△	上国守○			勘解由使次官△ 斎院長官○	典膳 典縫
正六位上	少副△	大史×	大内記 大丞*				大忠*			大国介△				
正六位下			中判事		助△ 大学博士		少忠*		大監*	中国守○				尚書
従六位上	大祐*		少丞* 中監物△	中宮・春宮大進* 大膳・京大進*		助△		近衛将監* 衛門大尉*	少監*	上国介△	大尉*	六位	斎院次官△	尚殿 尚酒
従六位下	少祐*		少判事	中宮・春宮少進*					大判事	下国守○			勘解由使判官*	
正七位上		少史× 大外記	大録× 中内記	大膳・京少進*			大疏×	衛門少尉*	大典×、防人正○、 少判事		少尉*			
正七位下			少監物* 判事大属×		大允*、助教、博士（文章・明法・律学）	博士（医・陰陽・天文）	巡察	兵衛大尉*		大国大掾*				掌蔵 尚兵
従七位上		少外記			少允*、博士（音・書・算）	允*、陰陽師、博士（暦・呪禁）		兵衛少尉*		鎮守府軍鑑* 大国少掾* 上国掾*			斎院判官*	尚闈 典書 尚薬
従七位下						医師、博士（漏刻・針）		近衛将曹×					勘解由使主典×	尚水
正八位上			少録×、少内記			呪禁・針・薬園師	少疏×		少典×、防人佑*	中国掾*	大志×			典薬 典兵
正八位下	大史×			大属×		按摩博士		衛門大志×						典闈
従八位上	少史×		判事少属×	少属×	大属×、馬医、雅楽諸師	按摩師		衛門少志× 兵衛大志×		鎮守府軍曹× 大国大目×	少志×			典殿 典掃
従八位下					少属×、算師	大属×		兵衛少志×		大国少目× 上国目×			斎院主典×	典水 典酒
大初位上						少属×			判事大令史×					
大初位下									判事少令史×	中国目×				
少初位上									防人令史×	下国目×				
少初位下														

年中行事・歳事一覧

▽朝廷や民間で行われた年中行事のうち、主なものを挙げた。
▽月日は陰暦で示した。

一月（睦月）

元日　**四方拝**　天皇が清涼殿の東庭に出て、天地・四方・山陵などの神霊を拝し、天下太平や五穀豊穣を祈る儀式。

朝賀（朝拝）　大極殿に多くの役人が参集し、天皇に拝賀する儀式。

小朝拝　親王、関白、大臣以下、六位以上の者が清涼殿の東庭に並んで、天皇に拝賀する儀式。

元日の節会　天皇が紫宸殿で、多くの役人に宴を賜る儀式。

二日　**朝覲の行幸**　天皇が上皇または皇太后に行幸し、拝謁する儀式。

四日　**鏡開き**　正月に供えた鏡餅をおろし、割って食す行事。

七日　**白馬の節会**　左右の馬寮から、白馬を紫宸殿の南庭に引き出し、天皇御覧ののち、群臣に宴を賜る儀式。

人日（七草）　春の七草を粥に入れて食べ、長寿を祝う節句。

十一日　**県召の除目**　地方官を新たに任命する行事。十一日から三日間行われる。正月下旬から二月にかけて行われた例も多くある。

十四日　**踏歌**　京中で歌の巧みな男女が、祝詞を歌い舞を舞う儀式。正月十四日か十五日には男踏歌、十六日には女踏歌が行われた。

十五日　**小正月**　小豆粥を食べ、門松・注連縄を取り除く。

三毬杖　清涼殿の庭に青竹をたばねて天皇の書き初めなどを結びつけ、陰陽師らが歌いはやしながら焼く、悪魔払いの行事。民間では、門松・書き初めなどを集めて焼く。

十六日　**藪入り**　奉公人が主人から暇を許されて実家へ帰る日。正月と七月にある。

十七日　**射礼**　親王以下、五位以上の者と六衛府の官人が建礼門の前で行う弓術の行事。

十八日　**賭弓**　弓場殿で、左右の近衛の府・兵衛府の舎人たちが、天皇の前で弓の技を競い合う行事。

二〇日ころ　**内宴**　天皇が仁寿殿にて文人などに賜った宴。管弦の楽を奏し、詩文を作る。

上子日　**子の日の遊び**　野に出て小松を引いたり、若菜を摘んだりし、宴を開いて長寿を祝う行事。

上卯日　**卯杖**　梅・桃・柊などで作った杖を大学寮（後には六衛府）から朝廷に奉り、邪気を払う。

卯槌　桃の木で作り、五色の組み糸を貫きたらした槌を、糸所から朝廷に奉り、邪気を払う。

二月（如月）

三日　**節分**　柊の枝を戸口にはさみ、煎った大豆をまく、魔よけの神事。

四日　**祈年祭**　神祇官や国司の役所で、国家安泰や五穀豊穣を祈り、伊勢神宮以下諸社諸神をまつる行事。

十五日　**涅槃会**　釈迦入滅を追悼するための法会。

初午日　**初午**　各稲荷神社で行われる祭礼。

上丁日　**釈奠**　大学寮で、孔子とその弟子十人をまつる儀式。二月と八月にある。

三月（弥生）

三日　**曲水の宴**　庭内の流れの角ごとに席を設け、上流から流した杯が自分の前を過ぎないうちに詩歌を作り、その杯を取って酒を飲み、また次へ流す遊び。

上巳日　**上巳の祓へ**　水辺で禊をし、人形を流して息災を祈る行事。後世、民間では女子の節日として「雛祭り」を行うようになった。

四月（卯月）

一日　**衣更へ**　衣服や畳、几帳などを夏物にかえる日。

八日　**灌仏会**　釈迦の誕生日を祝う法会。仏像に甘茶を注ぎかけて礼拝・供養する。

中酉日　**賀茂の祭り（葵祭り）**　京都の上賀茂神社と下鴨神社の祭礼。斎院の行列が下社と上社に参向する。

五月（皐月）

五日　**端午の節句（菖蒲の節句）**　菖蒲や

蓬を軒にさし、**粽**や**柏餅**を食べて邪気を払う行事。後世は男子の節句とし、鯉幟・甲冑・刀・武者人形などを飾る。

賀茂の競べ馬　京都の上賀茂神社の境内で行われる競馬。

六月（水無月）

七日　**祇園会**　京都の祇園社（八坂神社）の祭礼。

十一日　**月次の祭り**　神祇官が全国三百四座の神に幣帛を奉り、国家安泰や五穀豊穣などを祈る行事。六月と十二月に行われる。

神今食　天皇が神前に食物を供える神事。六月と十二月の「月次の祭り」の夜に行われる。

晦日　**大祓へ**　親王・中臣・役人が朱雀門に集まり、中臣・占部の両氏が祝詞を奏してけがれや罪を祓い清める行事。六月と十二月に行われる。六月のものを「**水無月祓へ**」「**夏越しの祓へ**」ともいう。

七月（文月）

七日　**乞巧奠（七夕）**　牽牛星・織女星をまつる行事。婦女子が織女星に供え物をして、手芸の上達などを祈る。

十三日　**迎へ火**　盂蘭盆会にまつる亡き人の霊を迎えるため、門前におがら（麻の茎）を焚く。

十五日　**盂蘭盆会**　祖先や死者の霊を自宅に迎えてまつり、食物を供え読経して、冥福を祈る法事。

中元　中国道教の説による節日。後に仏教と混同され、仏に物を供え、冥福を祈るようになった。

十六日　**送り火**　盂蘭盆会にまつった祖先の霊を送るために門前で火を焚く。

藪入り　→一月十六日「藪入り」

下旬　**相撲の節**　諸国の相撲人（=力士）に天皇の前で勝負を競わせる行事。

八月（葉月）

一日　**八朔**　農家で、収穫した新穀を産土神に供えてまつり（=田の実の祝い）、主家や知人に贈って豊穣を祈る日。

十五日　**放生会**　生き物を供養するため、捕えた生き物を野や池に放す法会。

中秋の観月（月見・十五夜）　すすきや芋を供えて月を賞美し、詩歌管弦を行う行事。

上丁日　**釈奠**　→二月上丁日「釈奠」

九月（長月）

九日　**重陽の節句（菊の節句）**　天皇が紫宸殿にて菊酒を賜り、群臣とともに詩歌を作し、宴（=菊の宴）を開く。

十三日　**後の月（十三夜）**　八月十五夜に対して行う月見。

不定日　**司召しの除目**　在京の官職を任命する行事。

十月（神無月）

一日　**衣更へ**　衣服や畳、几帳などを冬物にかえる日。

十日　**維摩会**　奈良の興福寺で行われる、維摩経を講読する法会。

上亥日　**亥の子の祝ひ**　息災・子孫繁栄を祝って、亥の刻に餅を食べる行事。

十一月（霜月）

中卯日　**新嘗祭り**　天皇がその年の新穀を神に供えてまつり、相伴して収穫を祝う行事。

中辰日　**豊の明かりの節会**　新嘗祭りの翌日に天皇が新穀を食し、群臣にも賜る儀式。舞姫たちによる「五節の舞」が演じられる。

下酉日　**賀茂の臨時の祭り**　京都の上賀茂神社と下鴨神社の祭礼。四月の「賀茂の祭り」に対していう。

十二月（師走）

十一日　**月次の祭り**　→六月十一日「月次の祭り」

神今食　→六月十一日「神今食」

十三日　**煤掃き（煤払ひ）**　新年の準備のため、家内のすすを払い清める大掃除。

十九日　**御仏名**　清涼殿で三世の諸仏の名を唱え、一年中の罪を滅して仏の加護を願う法会。

中旬吉日　**荷前**　諸国からの貢ぎの初物を諸神、天皇の諸陵墓に献じる儀式。

晦日　**追儺（鬼遣らひ）**　疫病や災難などを払うため、宮中で行われた、桃の木の弓と葦の矢で鬼を追い払う儀式。のち寺社・民間では節分の行事となった。

大祓へ　→六月晦日「大祓へ」

年号対照表

▽時代別対照表の時代区分は通説に従った。
▽推古朝から持統朝までの年号・西暦・天皇は「日本書紀」による。
▽年号の下の西暦年代はその年号の継続期間を示し、( ) 内の年代は天皇の即位年を示す。
▽年号の読みは一定していないものもあるが、一般的と思われる読みを示した。(五十音順対照表には必要に応じて別の読みも立てた)
▽五十音順対照表の配列は現代仮名遣いによるが、一字めの漢字が同じものはまとめて示した。

時代別対照表

年号	西暦	天皇
飛鳥（592～710）		
―	(五九二)	推古(すいこ)
―	(六二九)	舒明(じょめい)
―	(六四二)	皇極(こうぎょく)
大化(たいか)	六四五～六五〇	孝徳(こうとく)
白雉(はくち)	六五〇～六五四	
―	(六五五)	斉明(さいめい)
―	(六六八)	天智(てんじ)
―	(六七一)	弘文(こうぶん)
―	(六七三)	天武(てんむ)
朱鳥(しゅちょう)	六八六	
―	(六九〇)	持統(じとう)
―	(六九七)	文武(もんむ)
大宝(たいほう)	七〇一～七〇四	
慶雲(きょううん)	七〇四～七〇八	
和銅(わどう)	七〇八～七一五	元明(げんめい)
奈良（710～794）		
霊亀(れいき)	七一五～七一七	元正(げんしょう)
養老(ようろう)	七一七～七二四	
神亀(じんき)	七二四～七二九	聖武(しょうむ)
天平(てんぴょう)	七二九～七四九	
天平感宝(てんぴょうかんぽう)	七四九	
天平勝宝(てんぴょうしょうほう)	七四九～七五七	孝謙(こうけん)
天平宝字(てんぴょうほうじ)	七五七～	
	(七五八)～七六五	淳仁(じゅんにん)
天平神護(てんぴょうじんご)	七六五～七六七	称徳(しょうとく)
神護景雲(じんごけいうん)	七六七～七七〇	
宝亀(ほうき)	七七〇～七八一	光仁(こうにん)
天応(てんおう)	七八一～七八二	桓武(かんむ)
延暦(えんりゃく)	七八二～八〇六	
大同(だいどう)	八〇六～八一〇	平城(へいぜい)
弘仁(こうにん)	八一〇～八二四	嵯峨(さが)

五十音順対照表

あ	
安永(あんえい)	一七七二～一七八一
安元(あんげん)	一一七五～一一七七
安政(あんせい)	一八五四～一八六〇
安貞(あんてい)	一二二七～一二二九
安和(あんな)	九六八～九七〇
え	
永延(えいえん)	九八七～九八九
永観(えいかん)	九八三～九八五
永久(えいきゅう)	一一一三～一一一八
永享(えいきょう)	一四二九～一四四一
永治(えいじ)	一一四一～一一四二
永正(えいしょう)	一五〇四～一五二一
永承(えいしょう)	一〇四六～一〇五三
永祚(えいそ)	九八九～九九〇
永長(えいちょう)	一〇九六～一〇九七
永徳(えいとく)	一三八一～一三八四
永仁(えいにん)	一二九三～一二九九
永保(えいほう)	一〇八一～一〇八四
永万(えいまん)	一一六五～一一六六
永暦(えいりゃく)	一一六〇～一一六一
永禄(えいろく)	一五五八～一五七〇
永和(えいわ)	一三七五～一三七九
延応(えんおう)	一二三九～一二四〇
延喜(えんぎ)	九〇一～九二三
延久(えんきゅう)	一〇六九～一〇七四
延享(えんきょう)	一七四四～一七四八
延慶(えんきょう)	一三〇八～一三一一
延元(えんげん)	一三三六～一三四〇
延長(えんちょう)	九二三～九三一
延徳(えんとく)	一四八九～一四九二
延文(えんぶん)	一三五六～一三六一
延宝(えんぽう)	一六七三～一六八一
延暦(えんりゃく)	七八二～八〇六
お	
応安(おうあん)	一三六八～一三七五
応永(おうえい)	一三九四～一四二八
応長(おうちょう)	一三一一～一三一二
応徳(おうとく)	一〇八四～一〇八七
応仁(おうにん)	一四六七～一四六九
応保(おうほう)	一一六一～一一六三
応和(おうわ)	九六一～九六四
か	
嘉永(かえい)	一八四八～一八五四
嘉応(かおう)	一一六九～一一七一
嘉吉(かきつ)	一四四一～一四四四
嘉慶(かきょう)	一三八七～一三八九
嘉元(かげん)	一三〇三～一三〇六
嘉祥(かしょう)	八四八～八五一
嘉承(かじょう)	一一〇六～一一〇八
嘉禎(かてい)	一二三五～一二三八
嘉保(かほう)	一〇九四～一〇九六
嘉暦(かりゃく)	一三二六～一三二九
嘉禄(かろく)	一二二五～一二二七
寛永(かんえい)	一六二四～一六四四
寛延(かんえん)	一七四八～一七五一
寛喜(かんぎ)	一二二九～一二三二
寛元(かんげん)	一二四三～一二四七
寛弘(かんこう)	一〇〇四～一〇一二
寛治(かんじ)	一〇八七～一〇九四
寛正(かんしょう)	一四六〇～一四六六
寛政(かんせい)	一七八九～一八〇一
寛徳(かんとく)	一〇四四～一〇四六
寛和(かんな)	九八五～九八七
寛仁(かんにん)	一〇一七～一〇二一
寛平(かんぴょう)	八八九～八九八
寛文(かんぶん)	一六六一～一六七三
寛保(かんぽう)	一七四一～一七四四
元慶(がんぎょう)	八七七～八八五
観応(かんのう)	一三五〇～一三五二
き	
久安(きゅうあん)	一一四五～一一五一
久寿(きゅうじゅ)	一一五四～一一五六
慶雲(きょううん)	七〇四～七〇八
享徳(きょうとく)	一四五二～一四五五
享保(きょうほう)	一七一六～一七三六
享禄(きょうろく)	一五二八～一五三二
享和(きょうわ)	一八〇一～一八〇四
け	
慶安(けいあん)	一六四八～一六五二
慶雲(けいうん)	→きょううん
慶応(けいおう)	一八六五～一八六八
慶長(けいちょう)	一五九六～一六一五
建永(けんえい)	一二〇六～一二〇七
建久(けんきゅう)	一一九〇～一一九九
建治(けんじ)	一二七五～一二七八
建長(けんちょう)	一二四九～一二五六
建徳(けんとく)	一三七〇～一三七二
建仁(けんにん)	一二〇一～一二〇四

平安（794〜1185）

天長	てんちょう	八二四〜八三四	淳和（じゅんな）
承和	じょうわ	八三四〜八四八	仁明（にんみょう）
嘉祥	かしょう	八四八〜八五一	
仁寿	にんじゅ	八五一〜八五四	文徳（もんとく）
斉衡	さいこう	八五四〜八五七	
天安	てんあん	八五七〜八五九	
貞観	じょうがん	八五九〜八七七	清和（せいわ）
元慶	がんぎょう	八七七〜八八五	陽成（ようぜい）
仁和	にんな	八八五〜	光孝（こうこう）
		（八八七）〜八八九	宇多（うだ）
寛平	かんぴょう	八八九〜八九八	
昌泰	しょうたい	八九八〜九〇一	醍醐（だいご）
延喜	えんぎ	九〇一〜九二三	
延長	えんちょう	九二三〜九三一	
承平	じょうへい	九三一〜九三八	朱雀（すざく）
天慶	てんぎょう	九三八〜九四七	
天暦	てんりゃく	九四七〜九五七	村上（むらかみ）
天徳	てんとく	九五七〜九六一	
応和	おうわ	九六一〜九六四	
康保	こうほう	九六四〜九六八	
安和	あんな	九六八〜九七〇	冷泉（れいぜい）
天禄	てんろく	九七〇〜九七三	円融（えんゆう）
天延	てんえん	九七三〜九七六	
貞元	じょうげん	九七六〜九七八	
天元	てんげん	九七八〜九八三	
永観	えいかん	九八三〜九八五	
寛和	かんな	九八五〜九八七	花山（かざん）
永延	えいえん	九八七〜九八九	一条（いちじょう）
永祚	えいそ	九八九〜九九〇	
正暦	しょうりゃく	九九〇〜九九五	
長徳	ちょうとく	九九五〜九九九	
長保	ちょうほう	九九九〜一〇〇四	
寛弘	かんこう	一〇〇四〜一〇一二	

平安

長和	ちょうわ	一〇一二〜一〇一七	三条（さんじょう）
寛仁	かんにん	一〇一七〜一〇二一	後一条（ごいちじょう）
治安	じあん	一〇二一〜一〇二四	
万寿	まんじゅ	一〇二四〜一〇二八	
長元	ちょうげん	一〇二八〜	
		（一〇三六）〜一〇三七	後朱雀（ごすざく）
長暦	ちょうりゃく	一〇三七〜一〇四〇	
長久	ちょうきゅう	一〇四〇〜一〇四四	
寛徳	かんとく	一〇四四〜一〇四六	
永承	えいしょう	一〇四六〜一〇五三	後冷泉（ごれいぜい）
天喜	てんぎ	一〇五三〜一〇五八	
康平	こうへい	一〇五八〜一〇六五	
治暦	じりゃく	一〇六五〜一〇六九	
延久	えんきゅう	一〇六九〜	後三条（ごさんじょう）
		（一〇七二）〜一〇七四	白河（しらかわ）
承保	じょうほう	一〇七四〜一〇七七	
承暦	じょうりゃく	一〇七七〜一〇八一	
永保	えいほう	一〇八一〜一〇八四	
応徳	おうとく	一〇八四〜一〇八七	
寛治	かんじ	一〇八七〜一〇九四	堀河（ほりかわ）
嘉保	かほう	一〇九四〜一〇九六	
永長	えいちょう	一〇九六〜一〇九七	
承徳	じょうとく	一〇九七〜一〇九九	
康和	こうわ	一〇九九〜一一〇四	
長治	ちょうじ	一一〇四〜一一〇六	
嘉承	かじょう	一一〇六〜	
		（一一〇七）〜一一〇八	鳥羽（とば）
天仁	てんにん	一一〇八〜一一一〇	
天永	てんえい	一一一〇〜一一一三	
永久	えいきゅう	一一一三〜一一一八	
元永	げんえい	一一一八〜一一二〇	
保安	ほうあん	一一二〇〜一一二四	
天治	てんじ	一一二四〜一一二六	崇徳（すとく）

建保	けんぽう	一二一三〜一二一九
建武	けんむ（南朝）	一三三四〜一三三六
建武	けんむ（北朝）	一三三四〜一三三八
建暦	けんりゃく	一二一一〜一二一三
元永	げんえい	一一一八〜一一二〇
元応	げんおう	一三一九〜一三二一
元亀	げんき	一五七〇〜一五七三
元久	げんきゅう	一二〇四〜一二〇六
元慶	げんけい→がんぎょう	
元亨	げんこう	一三二一〜一三二四
元弘	げんこう	一三三一〜一三三四
元治	げんじ	一八六四〜一八六五
元中	げんちゅう	一三八四〜一三九二
元徳	げんとく	一三二九〜一三三二
元和	げんな	一六一五〜一六二四
元仁	げんにん	一二二四〜一二二五
元文	げんぶん	一七三六〜一七四一
元暦	げんりゃく	一一八四〜一一八五
元禄	げんろく	一六八八〜一七〇四
乾元	けんげん	一三〇二〜一三〇三
こ		
弘安	こうあん	一二七八〜一二八八
弘化	こうか	一八四四〜一八四八
弘治	こうじ	一五五五〜一五五八
弘長	こうちょう	一二六一〜一二六四
弘仁	こうにん	八一〇〜八二四
弘和	こうわ	一三八一〜一三八四
康安	こうあん	一三六一〜一三六二
康永	こうえい	一三四二〜一三四五
康応	こうおう	一三八九〜一三九〇
康元	こうげん	一二五六〜一二五七
康治	こうじ	一一四二〜一一四四
康正	こうしょう	一四五五〜一四五七
康平	こうへい	一〇五八〜一〇六五
康保	こうほう	九六四〜九六八
康暦	こうりゃく	一三七九〜一三八一
康和	こうわ	一〇九九〜一一〇四
興国	こうこく	一三四〇〜一三四六
さ		
斉衡	さいこう	八五四〜八五七
し		
治安	じあん	一〇二一〜一〇二四
治承	じしょう	一一七七〜一一八一
治暦	じりゃく	一〇六五〜一〇六九
至徳	しとく	一三八四〜一三八七
寿永	じゅえい	一一八二〜一一八四
朱鳥	しゅちょう	六八六
正安	しょうあん	一二九九〜一三〇二
正応	しょうおう	一二八八〜一二九三
正嘉	しょうか	一二五七〜一二五九
正慶	しょうきょう	一三三二〜一三三三
正元	しょうげん	一二五九〜一二六〇
正治	しょうじ	一一九九〜一二〇一
正中	しょうちゅう	一三二四〜一三二六
正長	しょうちょう	一四二八〜一四二九
正徳	しょうとく	一七一一〜一七一六
正平	しょうへい	一三四六〜一三七〇
正保	しょうほう	一六四四〜一六四八
正暦	しょうりゃく	九九〇〜九九五
正和	しょうわ	一三一二〜一三一七
昭和	しょうわ	一九二六〜一九八九
承安	じょうあん	一一七一〜一一七五
承応	じょうおう	一六五二〜一六五五
承久	じょうきゅう	一二一九〜一二二二
承元	じょうげん	一二〇七〜一二一一
承徳	じょうとく	一〇九七〜一〇九九
承平	じょうへい	九三一〜九三八
承保	じょうほう	一〇七四〜一〇七七
承暦	じょうりゃく	一〇七七〜一〇八一
承和	じょうわ	八三四〜八四八
貞永	じょうえい	一二三二〜一二三三
貞応	じょうおう	一二二二〜一二二四
貞観	じょうがん	八五九〜八七七
貞享	じょうきょう	一六八四〜一六八八
貞元	じょうげん	九七六〜九七八
貞治	じょうじ	一三六二〜一三六八
貞和	じょうわ	一三四五〜一三五〇
昌泰	しょうたい	八九八〜九〇一
仁⇩にん		
神亀	じんき	七二四〜七二九
神護景雲	じんごけいうん	七六七〜七七〇
た		
大永	だいえい	一五二一〜一五二八
大化	たいか	六四五〜六五〇
大治	だいじ	一一二六〜一一三一
大正	たいしょう	一九一二〜一九二六
大同	だいどう	八〇六〜八一〇
大宝	たいほう	七〇一〜七〇四
ち		
治⇩じ		
長寛	ちょうかん	一一六三〜一一六五
長久	ちょうきゅう	一〇四〇〜一〇四四
長享	ちょうきょう	一四八七〜一四八九
長元	ちょうげん	一〇二八〜一〇三七
長治	ちょうじ	一一〇四〜一一〇六
長承	ちょうしょう	一一三二〜一一三五

時代	年号	西暦	天皇
平安（794～1185）	大治（だいじ）	一一二六～一一三一	
平安（794～1185）	天承（てんしょう）	一一三一～一一三二	
平安（794～1185）	長承（ちょうしょう）	一一三二～一一三五	
平安（794～1185）	保延（ほうえん）	一一三五～一一四一	
平安（794～1185）	永治（えいじ）	一一四一～一一四二	
平安（794～1185）	康治（こうじ）	一一四二～一一四四	近衛（このえ）
平安（794～1185）	天養（てんよう）	一一四四～一一四五	
平安（794～1185）	久安（きゅうあん）	一一四五～一一五一	
平安（794～1185）	仁平（にんぴょう）	一一五一～一一五四	
平安（794～1185）	久寿（きゅうじゅ）	一一五四～一一五六	
平安（794～1185）	保元（ほうげん）	一一五六～一一五九	後白河（ごしらかわ）
平安（794～1185）	平治（へいじ）	一一五九～一一六〇	二条（にじょう）
平安（794～1185）	永暦（えいりゃく）	一一六〇～一一六一	
平安（794～1185）	応保（おうほう）	一一六一～一一六三	
平安（794～1185）	長寛（ちょうかん）	一一六三～一一六五	
平安（794～1185）	永万（えいまん）	一一六五～一一六六	
平安（794～1185）	仁安（にんあん）	一一六六～一一六九	六条（ろくじょう）
平安（794～1185）	嘉応（かおう）	一一六九～一一七一	高倉（たかくら）
平安（794～1185）	承安（じょうあん）	一一七一～一一七五	
平安（794～1185）	安元（あんげん）	一一七五～一一七七	
平安（794～1185）	治承（じしょう）	一一七七～一一八一	
平安（794～1185）	養和（ようわ）	一一八一～一一八二	安徳（あんとく）
平安（794～1185）	寿永（じゅえい）	一一八二～	
平安（794～1185）		（一一八三）～一一八四	後鳥羽（ごとば）
平安（794～1185）	元暦（げんりゃく）	一一八四～一一八五	
鎌倉	文治（ぶんじ）	一一八五～一一九〇	
鎌倉	建久（けんきゅう）	一一九〇～一一九九	
鎌倉	正治（しょうじ）	一一九九～一二〇一	土御門（つちみかど）
鎌倉	建仁（けんにん）	一二〇一～一二〇四	
鎌倉	元久（げんきゅう）	一二〇四～一二〇六	
鎌倉	建永（けんえい）	一二〇六～一二〇七	

時代	年号	西暦	天皇
鎌倉（1185～1333）	承元（じょうげん）	一二〇七～一二一一	
鎌倉（1185～1333）	建暦（けんりゃく）	一二一一～一二一三	順徳（じゅんとく）
鎌倉（1185～1333）	建保（けんぽう）	一二一三～一二一九	
鎌倉（1185～1333）	承久（じょうきゅう）	一二一九～	
鎌倉（1185～1333）		（一二二一）～一二二二	仲恭（ちゅうきょう）
鎌倉（1185～1333）	貞応（じょうおう）	一二二二～一二二四	後堀河（ごほりかわ）
鎌倉（1185～1333）	元仁（げんにん）	一二二四～一二二五	
鎌倉（1185～1333）	嘉禄（かろく）	一二二五～一二二七	
鎌倉（1185～1333）	安貞（あんてい）	一二二七～一二二九	
鎌倉（1185～1333）	寛喜（かんぎ）	一二二九～一二三二	
鎌倉（1185～1333）	貞永（じょうえい）	一二三二～一二三三	
鎌倉（1185～1333）	天福（てんぷく）	一二三三～一二三四	四条（しじょう）
鎌倉（1185～1333）	文暦（ぶんりゃく）	一二三四～一二三五	
鎌倉（1185～1333）	嘉禎（かてい）	一二三五～一二三八	
鎌倉（1185～1333）	暦仁（りゃくにん）	一二三八～一二三九	
鎌倉（1185～1333）	延応（えんおう）	一二三九～一二四〇	
鎌倉（1185～1333）	仁治（にんじ）	一二四〇～一二四三	
鎌倉（1185～1333）	寛元（かんげん）	一二四三～一二四七	後嵯峨（ごさが）
鎌倉（1185～1333）	宝治（ほうじ）	一二四七～一二四九	後深草（ごふかくさ）
鎌倉（1185～1333）	建長（けんちょう）	一二四九～一二五六	
鎌倉（1185～1333）	康元（こうげん）	一二五六～一二五七	
鎌倉（1185～1333）	正嘉（しょうか）	一二五七～一二五九	
鎌倉（1185～1333）	正元（しょうげん）	一二五九～一二六〇	
鎌倉（1185～1333）	文応（ぶんおう）	一二六〇～一二六一	亀山（かめやま）
鎌倉（1185～1333）	弘長（こうちょう）	一二六一～一二六四	
鎌倉（1185～1333）	文永（ぶんえい）	一二六四～一二七五	
鎌倉（1185～1333）	建治（けんじ）	一二七五～一二七八	後宇多（ごうだ）
鎌倉（1185～1333）	弘安（こうあん）	一二七八～一二八八	
鎌倉（1185～1333）	正応（しょうおう）	一二八八～一二九三	伏見（ふしみ）
鎌倉（1185～1333）	永仁（えいにん）	一二九三～一二九九	
鎌倉（1185～1333）	正安（しょうあん）	一二九九～一三〇二	後伏見（ごふしみ）

長徳（ちょうとく）	九九五～九九九
長保（ちょうほう）	九九九～一〇〇四
長暦（ちょうりゃく）	一〇三七～一〇四〇
長禄（ちょうろく）	一四五七～一四六〇
長和（ちょうわ）	一〇一二～一〇一七
て	
貞⇩じょう	
天安（てんあん）	八五七～八五九
天永（てんえい）	一一一〇～一一一三
天延（てんえん）	九七三～九七六
天応（てんおう）	七八一～七八二
天喜（てんぎ）	一〇五三～一〇五八
天慶（てんぎょう）	九三八～九四七
天元（てんげん）	九七八～九八三
天治（てんじ）	一一二四～一一二六
天授（てんじゅ）	一三七五～一三八一
天正（てんしょう）	一五七三～一五九二
天承（てんしょう）	一一三一～一一三二
天長（てんちょう）	八二四～八三四
天徳（てんとく）	九五七～九六一
天和（てんな）	一六八一～一六八四
天仁（てんにん）	一一〇八～一一一〇
天平（てんぴょう）	七二九～七四九
天平感宝（てんぴょうかんぽう）	七四九
天平勝宝（てんぴょうしょうほう）	七四九～七五七
天平神護（てんぴょうじんご）	七六五～七六七
天平宝字（てんぴょうほうじ）	七五七～七六五
天福（てんぷく）	一二三三～一二三四
天文（てんぶん）	一五三二～一五五五
天保（てんぽう）	一八三〇～一八四四
天明（てんめい）	一七八一～一七八九
天養（てんよう）	一一四四～一一四五
天暦（てんりゃく）	九四七～九五七
天禄（てんろく）	九七〇～九七三
と	
徳治（とくじ）	一三〇六～一三〇八
に	
仁安（にんあん）	一一六六～一一六九
仁治（にんじ）	一二四〇～一二四三
仁寿（にんじゅ）	八五一～八五四
仁和（にんな）	八八五～八八九
仁平（にんぴょう）	一一五一～一一五四
は	
白雉（はくち）	六五〇～六五四
ふ	
文安（ぶんあん）	一四四四～一四四九
文永（ぶんえい）	一二六四～一二七五
文応（ぶんおう）	一二六〇～一二六一
文化（ぶんか）	一八〇四～一八一八
文亀（ぶんき）	一五〇一～一五〇四
文久（ぶんきゅう）	一八六一～一八六四
文治（ぶんじ）	一一八五～一一九〇
文正（ぶんしょう）	一四六六～一四六七
文政（ぶんせい）	一八一八～一八三〇
文中（ぶんちゅう）	一三七二～一三七五
文和（ぶんな）	一三五二～一三五六
文保（ぶんぽう）	一三一七～一三一九
文明（ぶんめい）	一四六九～一四八七
文暦（ぶんりゃく）	一二三四～一二三五
文禄（ぶんろく）	一五九二～一五九六
へ	
平治（へいじ）	一一五九～一一六〇
平成（へいせい）	一九八九～
ほ	
保安（ほうあん）	一一二〇～一一二四
保延（ほうえん）	一一三五～一一四一
保元（ほうげん）	一一五六～一一五九
宝永（ほうえい）	一七〇四～一七一一
宝亀（ほうき）	七七〇～七八一
宝治（ほうじ）	一二四七～一二四九
宝徳（ほうとく）	一四四九～一四五二
宝暦（ほうれき）	一七五一～一七六四
ま	
万延（まんえん）	一八六〇～一八六一
万治（まんじ）	一六五八～一六六一
万寿（まんじゅ）	一〇二四～一〇二八
め	
明応（めいおう）	一四九二～一五〇一
明治（めいじ）	一八六八～一九一二
明徳（めいとく）	一三九〇～一三九四
明暦（めいれき）	一六五五～一六五八
明和（めいわ）	一七六四～一七七二
よ	
養老（ようろう）	七一七～七二四
養和（ようわ）	一一八一～一一八二
り	
暦応（りゃくおう）	一三三八～一三四二
暦仁（りゃくにん）	一二三八～一二三九
れ	
霊亀（れいき）	七一五～七一七
暦⇩りゃく	
わ	
和銅（わどう）	七〇八～七一五

鎌倉

年号	西暦	天皇
乾元（けんげん）	一三〇二～一三〇三	後二条（ごにじょう）
嘉元（かげん）	一三〇三～一三〇六	
徳治（とくじ）	一三〇六～一三〇八	
延慶（えんきょう）	一三〇八～一三一一	花園（はなぞの）
応長（おうちょう）	一三一一～一三一二	
正和（しょうわ）	一三一二～一三一七	
文保（ぶんぽう）	一三一七～一三一九	
元応（げんおう）	一三一九～一三二一	後醍醐（ごだいご）
元亨（げんこう）	一三二一～一三二四	
正中（しょうちゅう）	一三二四～一三二六	
嘉暦（かりゃく）	一三二六～一三二九	
元徳（げんとく）	一三二九～一三三一	
元弘（げんこう）	一三三一～一三三四	

室町　南北朝（1333～1392）

年号	西暦	天皇
建武（けんむ）	一三三四～一三三六	
延元（えんげん）	一三三六～	
	（一三三九）～一三四〇	後村上（ごむらかみ）
興国（こうこく）	一三四〇～一三四六	
正平（しょうへい）	一三四六～	
	（一三六八）～一三七〇	長慶（ちょうけい）
建徳（けんとく）	一三七〇～一三七二	
文中（ぶんちゅう）	一三七二～一三七五	
天授（てんじゅ）	一三七五～一三八一	
弘和（こうわ）	一三八一～	
	（一三八三）～一三八四	後亀山（ごかめやま）
元中（げんちゅう）	一三八四～一三九二	

＊以下点線のところまでは北朝を示す。

年号	西暦	天皇
正慶（しょうきょう）	一三三二～一三三三	光厳（こうごん）
建武（けんむ）	一三三四～一三三八	光明（こうみょう）
暦応（りゃくおう）	一三三八～一三四二	
康永（こうえい）	一三四二～一三四五	
貞和（じょうわ）	一三四五～	
	（一三四八）～一三五〇	崇光（すこう）
観応（かんのう）	一三五〇～一三五二	
文和（ぶんな）	一三五二～一三五六	後光厳（ごこうごん）
延文（えんぶん）	一三五六～一三六一	
康安（こうあん）	一三六一～一三六二	
貞治（じょうじ）	一三六二～一三六八	
応安（おうあん）	一三六八～	
	（一三七一）～一三七五	後円融（ごえんゆう）
永和（えいわ）	一三七五～一三七九	
康暦（こうりゃく）	一三七九～一三八一	
永徳（えいとく）	一三八一～	
	（一三八二）～一三八四	後小松（ごこまつ）
至徳（しとく）	一三八四～一三八七	
嘉慶（かきょう）	一三八七～一三八九	
康応（こうおう）	一三八九～一三九〇	
明徳（めいとく）	一三九〇～一三九二	

室町（1336～1573）

年号	西暦	天皇
明徳（めいとく）	一三九二～一三九四	後小松（ごこまつ）
応永（おうえい）	一三九四～	
	（一四一二）～一四二八	称光（しょうこう）
正長（しょうちょう）	一四二八～一四二九	後花園（ごはなぞの）
永享（えいきょう）	一四二九～一四四一	
嘉吉（かきつ）	一四四一～一四四四	
文安（ぶんあん）	一四四四～一四四九	
宝徳（ほうとく）	一四四九～一四五二	
享徳（きょうとく）	一四五二～一四五五	
康正（こうしょう）	一四五五～一四五七	
長禄（ちょうろく）	一四五七～一四六〇	
寛正（かんしょう）	一四六〇～	
	（一四六四）～一四六六	後土御門（ごつちみかど）
文正（ぶんしょう）	一四六六～一四六七	
応仁（おうにん）	一四六七～一四六九	
文明（ぶんめい）	一四六九～一四八七	
長享（ちょうきょう）	一四八七～一四八九	
延徳（えんとく）	一四八九～一四九二	
明応（めいおう）	一四九二～一五〇一	後柏原（ごかしわばら）
文亀（ぶんき）	一五〇一～一五〇四	
永正（えいしょう）	一五〇四～一五二一	
大永（だいえい）	一五二一～	
	（一五二六）～一五二八	後奈良（ごなら）
享禄（きょうろく）	一五二八～一五三二	
天文（てんぶん）	一五三二～一五五五	
弘治（こうじ）	一五五五～一五五八	
永禄（えいろく）	一五五八～一五七〇	正親町（おおぎまち）
元亀（げんき）	一五七〇～一五七三	

安土・桃山（1573～1603）

年号	西暦	天皇
天正（てんしょう）	一五七三～	
	（一五八六）～一五九二	後陽成（ごようぜい）
文禄（ぶんろく）	一五九二～一五九六	
慶長（けいちょう）	一五九六～	
	（一六一一）～一六一五	後水尾（ごみずのお）

江戸（1603～1867）

年号	西暦	天皇
元和（げんな）	一六一五～一六二四	
寛永（かんえい）	一六二四～	
	（一六二九）～一六四四	明正（めいしょう）
正保（しょうほう）	一六四四～一六四八	後光明（ごこうみょう）
慶安（けいあん）	一六四八～一六五二	
承応（じょうおう）	一六五二～一六五五	
明暦（めいれき）	一六五五～一六五八	後西（ごさい）
万治（まんじ）	一六五八～一六六一	
寛文（かんぶん）	一六六一～	
	（一六六三）～一六七三	霊元（れいげん）
延宝（えんぽう）	一六七三～一六八一	
天和（てんな）	一六八一～一六八四	
貞享（じょうきょう）	一六八四～	
	（一六八七）～一六八八	東山（ひがしやま）
元禄（げんろく）	一六八八～一七〇四	
宝永（ほうえい）	一七〇四～	
	（一七〇九）～一七一一	中御門（なかみかど）
正徳（しょうとく）	一七一一～一七一六	
享保（きょうほう）	一七一六～	
	（一七三五）～一七三六	桜町（さくらまち）
元文（げんぶん）	一七三六～一七四一	
寛保（かんぽう）	一七四一～一七四四	
延享（えんきょう）	一七四四～一七四八	
寛延（かんえん）	一七四八～一七五一	桃園（ももその）
宝暦（ほうれき）	一七五一～	
	（一七六二）～一七六四	後桜町（ごさくらまち）
明和（めいわ）	一七六四～	
	（一七七〇）～一七七二	後桃園（ごももその）
安永（あんえい）	一七七二～	
	（一七七九）～一七八一	光格（こうかく）
天明（てんめい）	一七八一～一七八九	
寛政（かんせい）	一七八九～一八〇一	
享和（きょうわ）	一八〇一～一八〇四	
文化（ぶんか）	一八〇四～	
	（一八一七）～一八一八	仁孝（にんこう）
文政（ぶんせい）	一八一八～一八三〇	
天保（てんぽう）	一八三〇～一八四四	
弘化（こうか）	一八四四～	
	（一八四六）～一八四八	孝明（こうめい）
嘉永（かえい）	一八四八～一八五四	
安政（あんせい）	一八五四～一八六〇	
万延（まんえん）	一八六〇～一八六一	
文久（ぶんきゅう）	一八六一～一八六四	
元治（げんじ）	一八六四～一八六五	
慶応（けいおう）	一八六五～	
	（一八六七）～一八六八	明治（めいじ）

近・現代

年号	西暦	天皇
明治（めいじ）	一八六八～一九一二	
大正（たいしょう）	一九一二～一九二六	大正（たいしょう）
昭和（しょうわ）	一九二六～一九八九	昭和（しょうわ）
平成（へいせい）	一九八九～	今上（きんじょう）

古典文学参考図

一、「古事記」倭建命東征図

信濃
伊吹山
当芸
尾張
尾津
三重
能褒野
大和
志幾
（白鳥の御陵）
伊勢神宮
駿河
焼津
甲斐
酒折宮
足柄
相模
筑波
新治
走水の海

「古事記」中巻からは、高天の原から葦原の中つ国（＝現実の地上世界）に降臨した神武天皇からの事跡が語られ、歴代の天皇はそこに住む神や人々を次々と平定してゆくことになる。

なかでも景行天皇は、わが子の小碓命の荒々しい性格を恐れ、西方の熊襲建兄弟の征伐に遣わした。小碓命は新築落成の祝宴に女装して兄弟の邸に紛れ込み、兄を刺し殺す。弟は切り殺される前に自分たちの名前を献じたので、それ以来、小碓命は倭建命と呼ばれるようになった。帰途、倭建命は出雲国に入り、出雲建と友人になったふりをして、巧みにだまし討ちにする。

やがて、倭建命は都に帰るが、景行天皇はさらに東方の荒ぶる神を平定するよう命じた。倭建命は伊勢の皇大神宮にいる、おばの倭比売命から草薙の剣を授かって、尾張や相模の神を服従させる。走水の海を渡る際には海が荒れるが、后である弟橘比売命が身を投じて海を鎮める。その後、足柄の坂の神や信濃の坂の神を服従させ、尾張の美夜受比売と結婚する。さらに、伊吹山の山の神と戦うが、ついに能褒野で亡くなり、白い鳥になって天空高く飛んだ。その際、后や子が大和から訪ねてきて、その鳥を追いながら歌を歌った。それら倭建命の葬礼で歌われた歌は、今も天皇の葬礼で歌うことになっているという。

こうした倭建命の活躍と悲劇は、高貴な人が流浪の旅をする「貴種流離譚」の典型と言ってよい。なお、「常陸国風土記」には倭武天皇が登場する。「古事記」では即位していないが、常陸では天皇になったという伝承があったのである。それは、倭建命が仲哀天皇の父だったことと関係するらしい。

二、「土佐日記」旅程図

・地図中の数字は「土佐日記」による日付を示す。
・○の宿泊地は「土佐日記」からの推測による。

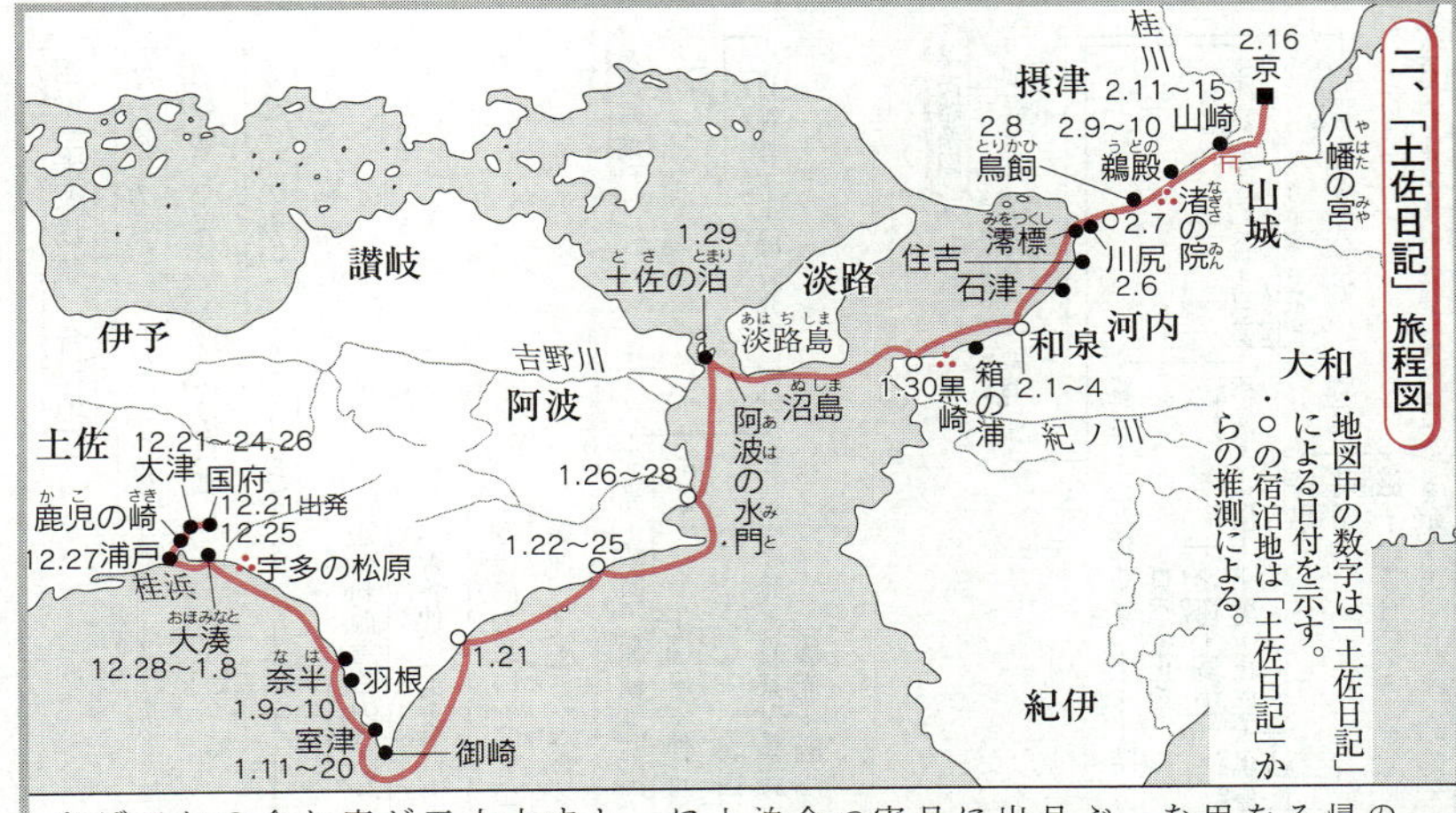

「土佐日記」は、土佐守の任期を終えた紀貫之が帰京するまでの旅日記である。その後の王朝日記の先駆をなすが、女性仮託の方法が用いられ、やや特異な作品になっている。

ある人(作品ではこう呼ぶ)一行は、某年の陰暦十二月二十一日、国司の官舎を出て、二十七日、大津から船に乗って帰京の旅に就き、二月十六日、都の自宅に着く。実に、五十五日に及ぶ長旅だった。その間、風と波と雨の具合が悪く、しばしば港での停泊を余儀なくされ、実際に海上を移動した日数は十七日にすぎない。

「延喜式」によれば、京と土佐国との行き来に要する日数は、陸路で上京に三十五日、荷物がない下りには十八日、海路は往復で二十五日と定められている。したがって、海路は片道十三日程度である。海賊に襲われる恐れがあっても、女性や子供を含む大勢での帰京には海路の方が便利で、早いと考えられたのであろう。しかし、五十五日もかかったことからすれば、この帰京はきわめて難儀な旅だったことがわかる。

三、「更級日記」旅程図

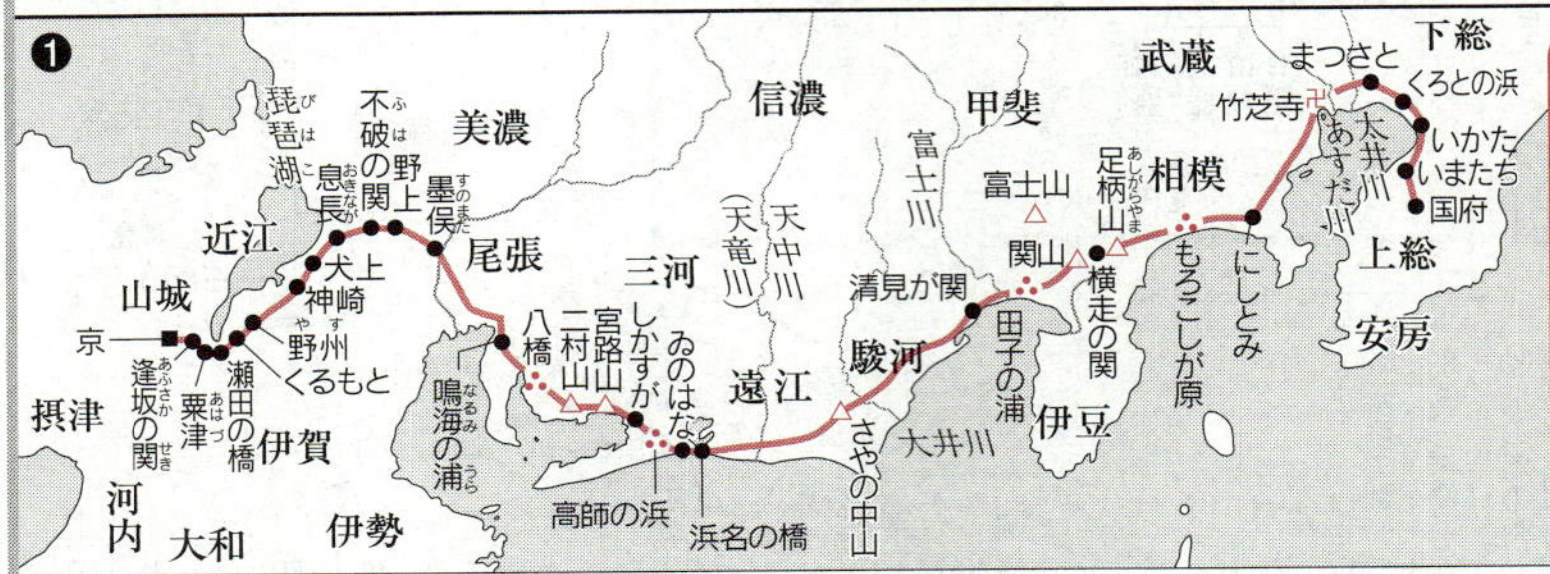

❶

❷

「更級日記」の冒頭は、十三歳になった作者が上京するまでの旅(①)から始まる。陰暦九月三日に上総国を出発し、十二月二日に京に着いたので、九十日ほどかかっている。

その長旅では多くのことを経験し、帝の娘と衛士の悲恋を語る竹芝寺の伝説や、国司の任国を予言する紙が流れた富士川の伝説を書きとめている。都に上って早く物語を読みたいというあこがれは、こうした伝説を書くことへも向かったのである。

また、三十代後半になって子供が生まれると、現世利益と来世往生を願って、石山や初瀬、鞍馬などへしきりに参詣するようになる(②)。当時の女性たちに許された旅は、都の周辺にある寺社への参詣に限られていた。作者の場合、物語に耽ってしまった前半生を回顧しつつ、熱心な信仰生活に入ってゆくことになる。

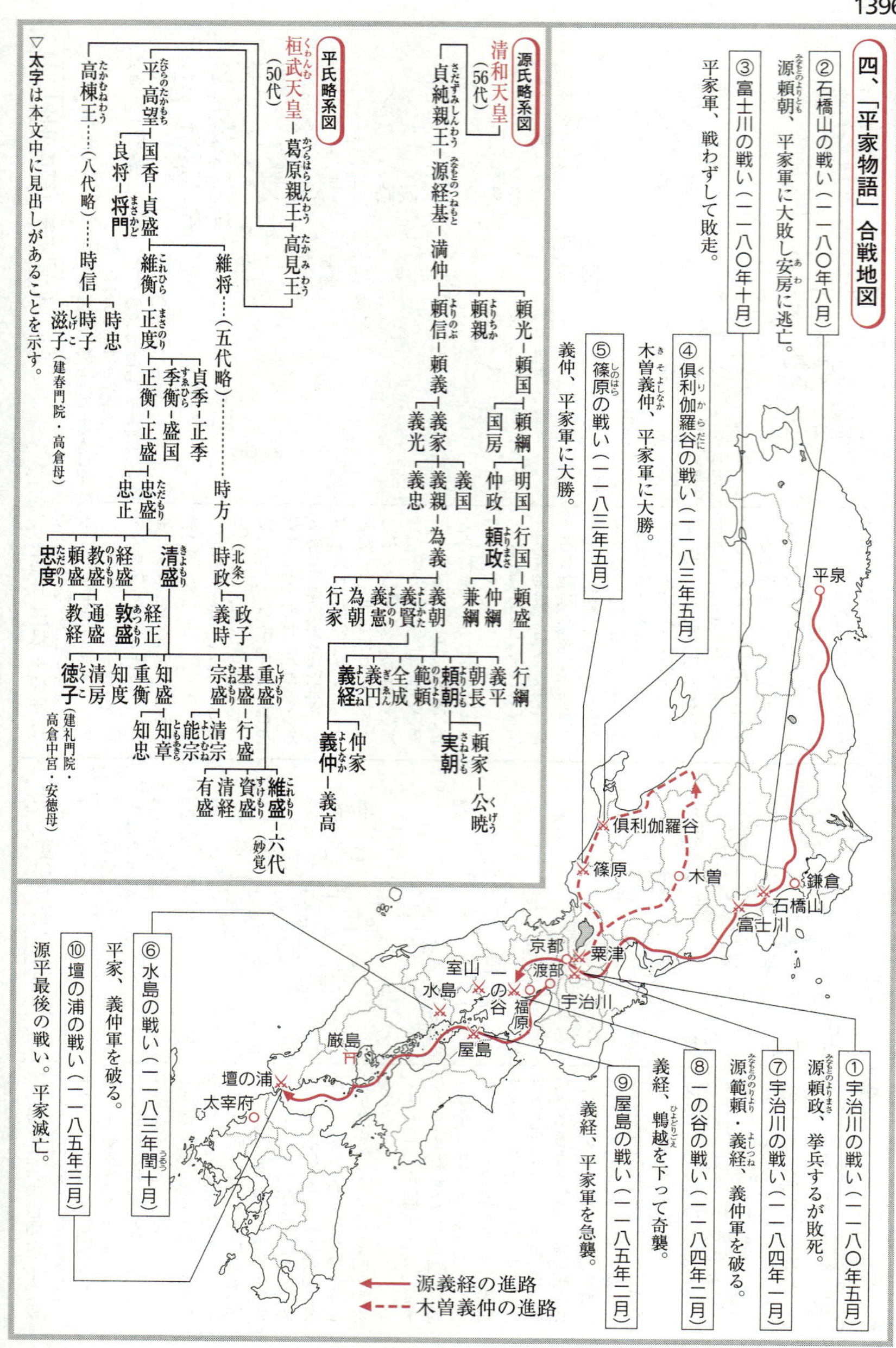
四、「平家物語」合戦地図
① 宇治川の戦い（一一八〇年五月）
源頼政、挙兵するが敗死。
② 石橋山の戦い（一一八〇年八月）
源頼朝、平家軍に大敗し安房に逃亡。
③ 富士川の戦い（一一八〇年十月）
平家軍、戦わずして敗走。
④ 倶利伽羅谷の戦い（一一八三年五月）
木曽義仲、平家軍に大勝。
⑤ 篠原の戦い（一一八三年五月）
義仲、平家軍に大勝。
⑥ 水島の戦い（一一八三年閏十月）
平家、義仲軍を破る。
⑦ 宇治川の戦い（一一八四年一月）
源範頼・義経、義仲軍を破る。
⑧ 一の谷の戦い（一一八四年二月）
義経、鵯越を下って奇襲。
⑨ 屋島の戦い（一一八五年二月）
義経、平家軍を急襲。
⑩ 壇の浦の戦い（一一八五年三月）
源平最後の戦い。平家滅亡。
平泉
鎌倉
石橋山
富士川
木曽
倶利伽羅谷
篠原
京都
粟津
渡部
宇治川
室山
一の谷
福原
水島
屋島
厳島
壇の浦
太宰府
源義経の進路
木曽義仲の進路
源氏略系図
清和天皇（56代）─貞純親王─源経基─満仲
満仲─頼光─頼国─頼綱─明国─行国─頼盛─行綱
頼国─国房
頼綱─仲政─頼政─仲綱
頼政─兼綱
満仲─頼親
満仲─頼信─頼義─義家
頼義─義光
義家─義親─為義
義家─義国
義家─義忠
為義─義朝・義賢・義憲・為朝・行家
義朝─義平・朝長・頼朝・範頼・全成・義円・義経
頼朝─頼家─公暁
頼朝─実朝
義賢─仲家
義賢─義仲─義高
平氏略系図
桓武天皇（50代）─葛原親王─高見王─平高望─国香─貞盛
高望─良将─将門
貞盛─維将……（五代略）……時方─時政（北条）─政子・義時
貞盛─維衡─正度
正度─貞季─正季
正度─季衡─盛国
正度─正衡─正盛─忠盛
忠盛─忠正
忠盛─清盛・経盛・教盛・頼盛・忠度
経盛─経正・敦盛
教盛─通盛・教経
清盛─重盛・基盛・宗盛・知盛・重衡・知度・清房・徳子（建礼門院・高倉中宮・安徳母）
重盛─維盛─六代（妙覚）
重盛─資盛・清経・有盛
基盛─行盛
宗盛─清宗・能宗
知盛─知章・知忠
高棟王……（八代略）……時信─時忠・時子・滋子（建春門院・高倉母）
▽太字は本文中に見出しがあることを示す。

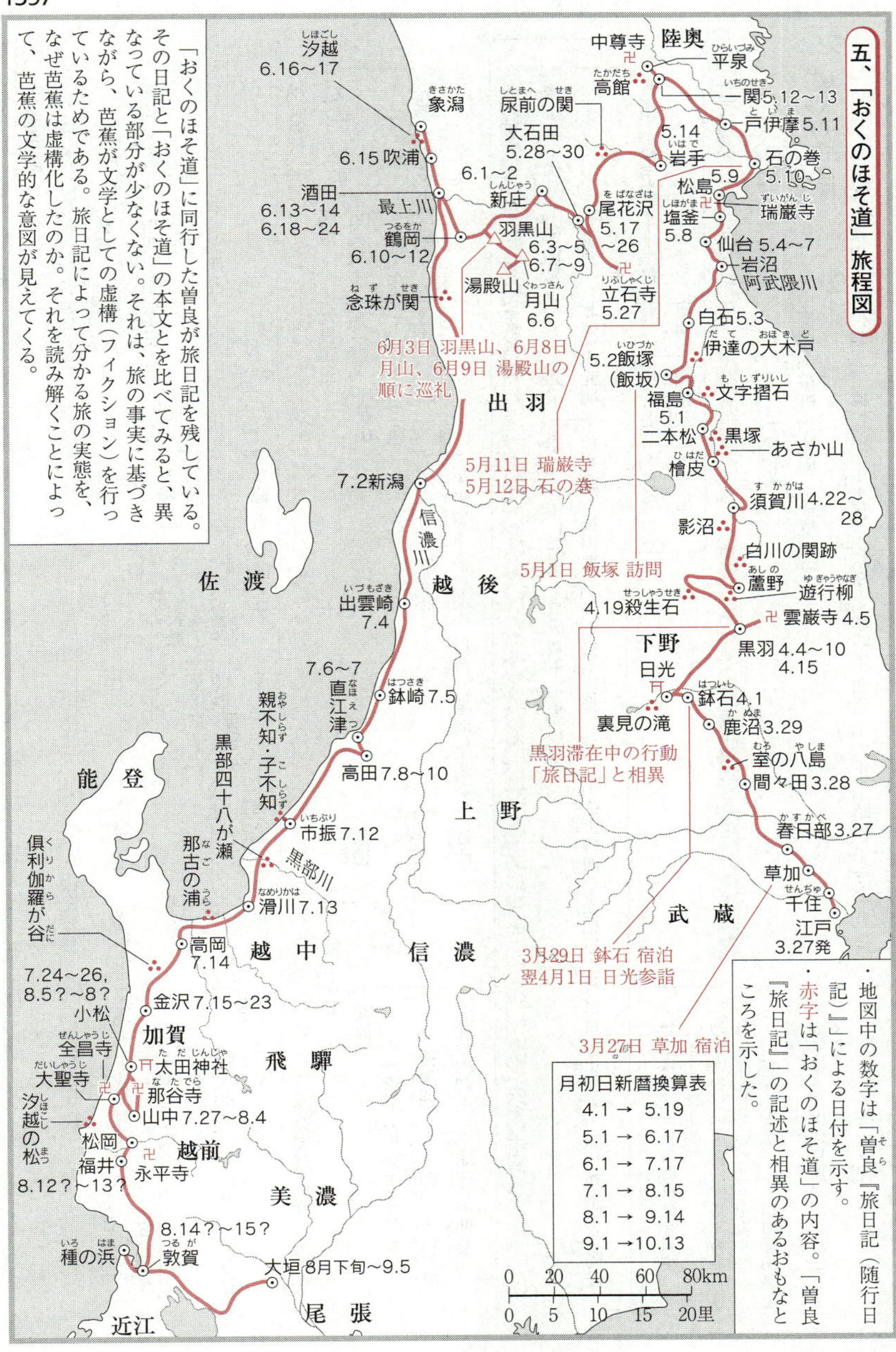
五、「おくのほそ道」旅程図
「おくのほそ道」に同行した曽良が旅日記を残している。その日記と「おくのほそ道」の本文とを比べてみると、異なっている部分が少なくない。それは、旅の事実に基づきながら、芭蕉が文学としての虚構（フィクション）を行っているためである。旅日記によって分かる旅の実態を、なぜ芭蕉は虚構化したのか。それを読み解くことによって、芭蕉の文学的な意図が見えてくる。
・地図中の数字は「曽良『旅日記（随行日記）』」による日付を示す。
・赤字は「おくのほそ道」の内容。「曽良『旅日記』」の記述と相異のあるおもなところを示した。
月初日新暦換算表
4.1 → 5.19
5.1 → 6.17
6.1 → 7.17
7.1 → 8.15
8.1 → 9.14
9.1 →10.13
0 20 40 60 80km
0 5 10 15 20里
6月3日 羽黒山、6月8日 月山、6月9日 湯殿山の順に巡礼
5月11日 瑞巌寺
5月12日 石の巻
5月1日 飯塚 訪問
黒羽滞在中の行動「旅日記」と相異
3月29日 鉢石 宿泊
翌4月1日 日光参詣
3月27日 草加 宿泊
陸奥
中尊寺
平泉
高館
一関5.12〜13
戸伊摩5.11
5.14 岩手
石の巻 5.10
松島 5.9
瑞巌寺
塩釜 5.8
仙台 5.4〜7
岩沼
阿武隈川
尿前の関
大石田 5.28〜30
尾花沢 5.17〜26
6.1〜2 新庄
立石寺 5.27
羽黒山 6.3〜5
6.7〜9
湯殿山
月山 6.6
汐越 6.16〜17
象潟
6.15 吹浦
酒田 6.13〜14 6.18〜24
最上川
鶴岡 6.10〜12
念珠が関
出羽
白石 5.3
伊達の大木戸
5.2 飯塚（飯坂）
福島 5.1
文字摺石
二本松
黒塚
あさか山
檜皮
須賀川 4.22〜28
影沼
白川の関跡
蘆野
遊行柳
4.19 殺生石
雲巌寺 4.5
下野
黒羽 4.4〜10 4.15
日光
裏見の滝
鉢石 4.1
鹿沼 3.29
室の八島
間々田 3.28
春日部 3.27
草加
千住
江戸 3.27発
武蔵
上野
7.2 新潟
信濃川
佐渡
越後
出雲崎 7.4
7.6〜7 直江津
鉢崎 7.5
親不知・子不知
高田 7.8〜10
黒部四十八が瀬
市振 7.12
黒部川
那古の浦
滑川 7.13
能登
倶利伽羅が谷
高岡 7.14
越中
信濃
7.24〜26, 8.5？〜8？
小松
金沢 7.15〜23
加賀
全昌寺
太田神社
飛驒
大聖寺
那谷寺
汐越の松
山中 7.27〜8.4
松岡
福井 8.12？〜13？
越前
永平寺
美濃
8.14？〜15？
種の浜
敦賀
大垣 8月下旬〜9.5
近江
尾張

六、天皇系図

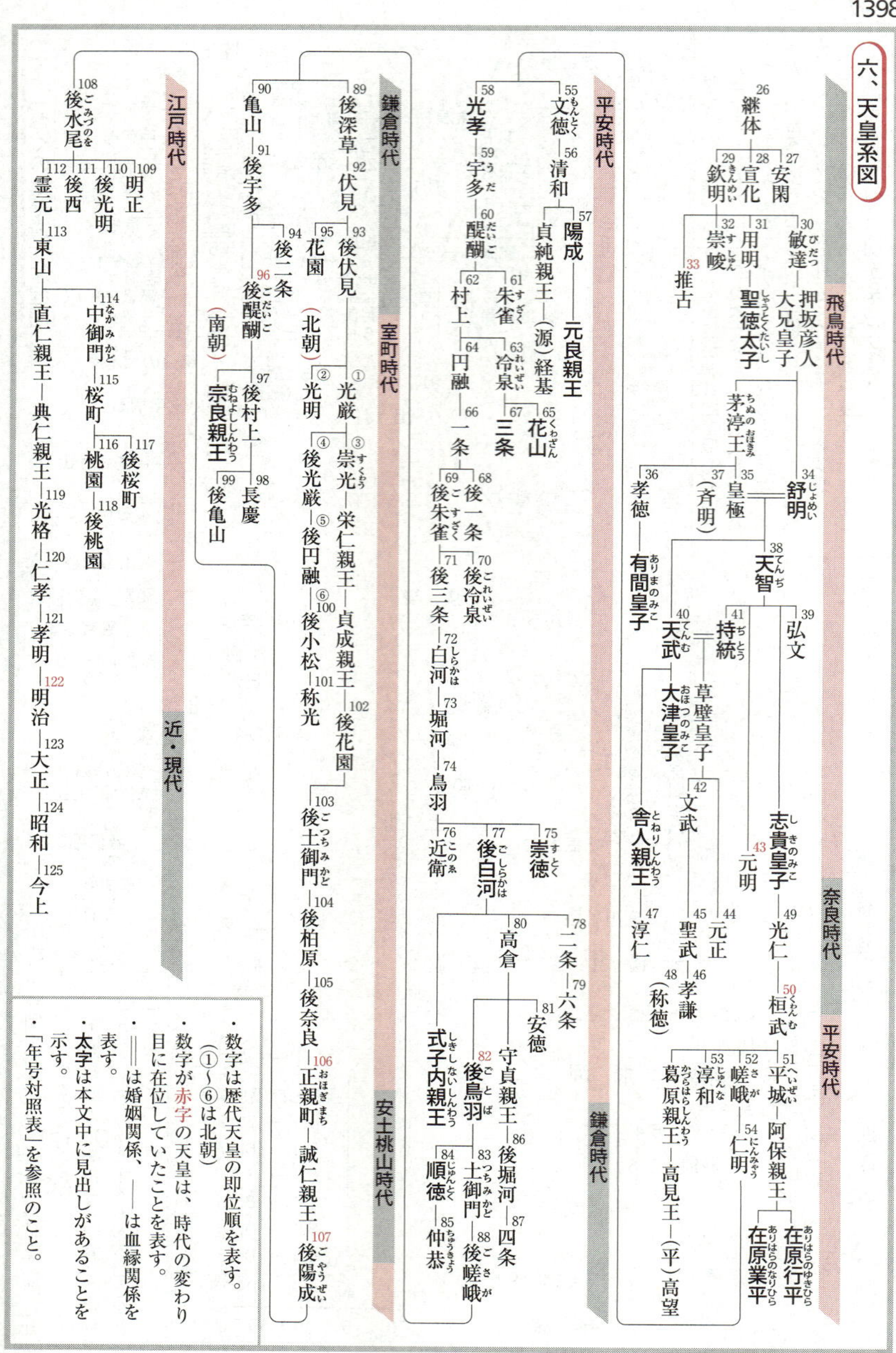

・数字は歴代天皇の即位順を表す。（①～⑥は北朝）
・数字が赤字の天皇は、時代の変わり目に在位していたことを表す。
・＝は婚姻関係、―は血縁関係を表す。
・太字は本文中に見出しがあることを示す。
・「年号対照表」を参照のこと。

七、「源氏物語」人物系図

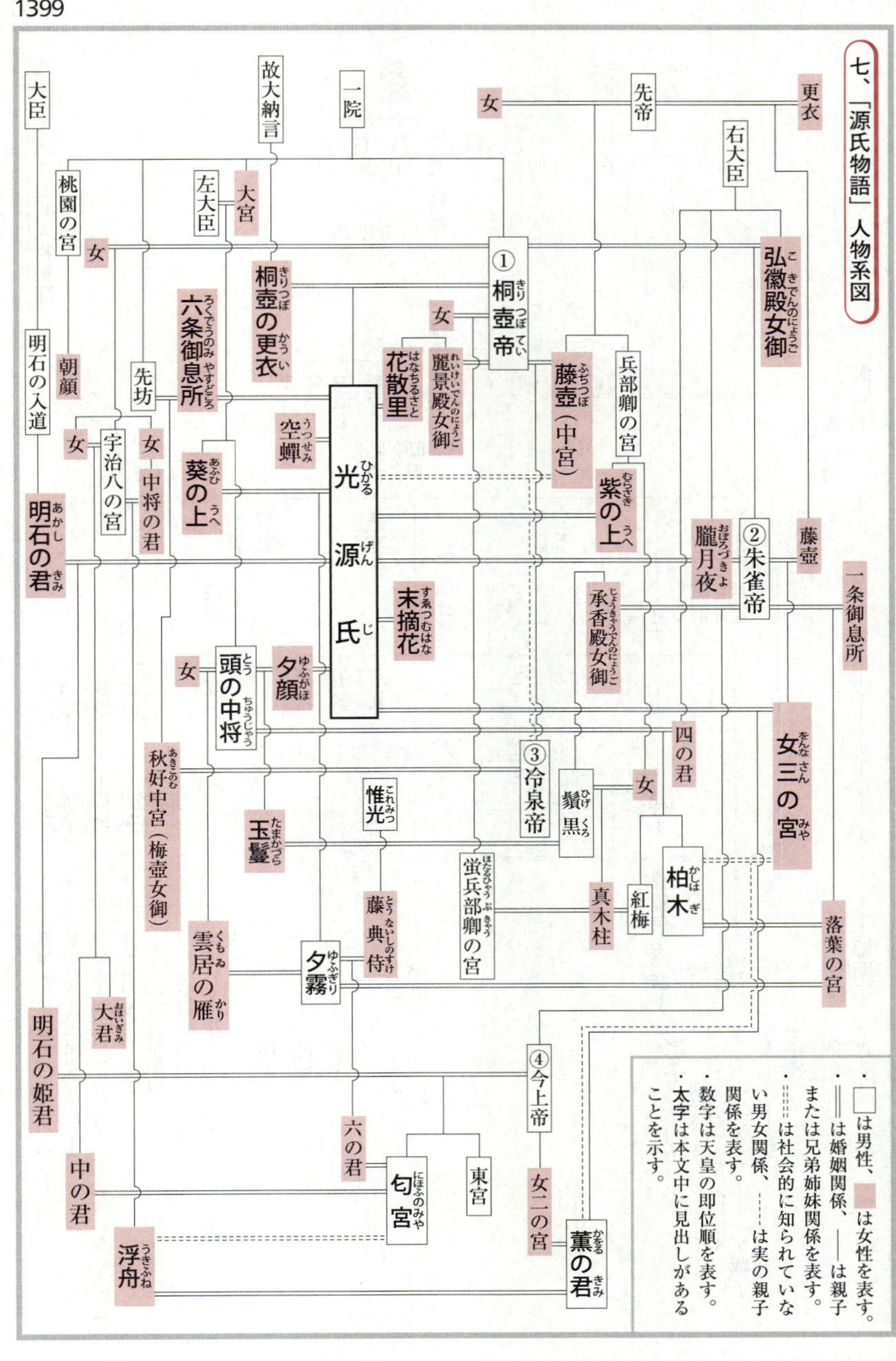
更衣
先帝
女
右大臣
一院
故大納言
大臣
大宮
左大臣
桃園の宮
女
①桐壺帝
弘徽殿女御
桐壺の更衣
六条御息所
女
朝顔
明石の入道
先坊
花散里
麗景殿女御
藤壺（中宮）
兵部卿の宮
空蟬
光源氏
女
宇治八の宮
女
葵の上
中将の君
紫の上
明石の君
朧月夜
②朱雀帝
藤壺
一条御息所
末摘花
承香殿女御
女
頭の中将
夕顔
女三の宮
四の君
秋好中宮（梅壺女御）
③冷泉帝
女
鬚黒
惟光
玉鬘
柏木
蛍兵部卿の宮
真木柱
紅梅
藤典侍
落葉の宮
雲居の雁
夕霧
大君
明石の姫君
④今上帝
六の君
匂宮
東宮
中の君
女二の宮
浮舟
薫の君
・□は男性、■は女性を表す。
・═は婚姻関係、または兄弟姉妹関係を表す。──は親子関係、
・┅┅は社会的に知られていない男女関係、- - -は実の親子関係を表す。
・数字は天皇の即位順を表す。
・太字は本文中に見出しがあることを示す。

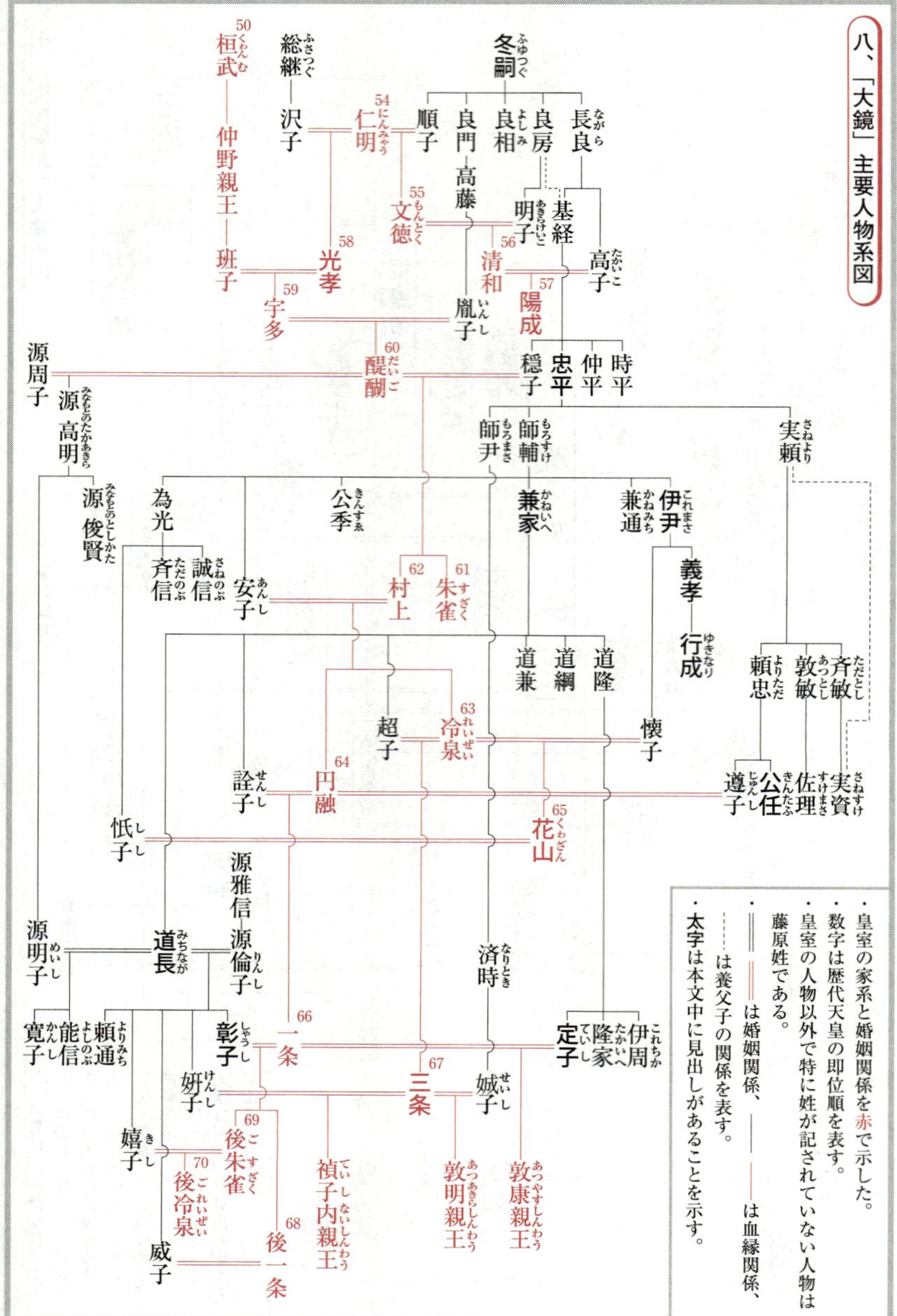
八、「大鏡」主要人物系図
50 桓武
仲野親王
班子
総継
沢子
54 仁明
冬嗣
順子
良門
良相
良房
長良
高藤
55 文徳
明子
基経
高子
58 光孝
56 清和
57 陽成
59 宇多
胤子
60 醍醐
源周子
穏子
忠平
仲平
時平
源高明
師尹
師輔
実頼
源俊賢
為光
公季
兼家
兼通
伊尹
斉信
誠信
安子
62 村上
61 朱雀
義孝
行成
道兼
道綱
道隆
頼忠
敦敏
斉敏
超子
63 冷泉
懐子
詮子
64 円融
遵子
公任
佐理
実資
忯子
65 花山
源雅信
源明子
道長
源倫子
済時
寛子
能信
頼通
彰子
66 一条
定子
隆家
伊周
妍子
67 三条
娍子
嬉子
69 後朱雀
70 後冷泉
禎子内親王
敦明親王
敦康親王
威子
68 後一条
・皇室の家系と婚姻関係を赤で示した。
・数字は歴代天皇の即位順を表す。
・皇室の人物以外で特に姓が記されていない人物は藤原姓である。
・══は婚姻関係、──は血縁関係、┄┄は養父子の関係を表す。
・太字は本文中に見出しがあることを示す。

和歌・俳句修辞解説

一、和歌の修辞

句切れ　短歌を五・七・五・七・七の五句に分けて、第一句で切れる場合を「初句切れ」、第二句で切れる場合を「二句切れ」などという。二句切れ・四句切れは、**五七調**といい、万葉集などに多く、初句切れ・三句切れは、**七五調**といい、古今集・新古今集などに多い。声調の上から句切れを認める場合もあるが、文法上は**文として完結しているところ**を句切れとする。

▼春過ぎて夏来るらし／白栲の衣ほしたり／天の香具山　〈万葉 一・二八〉

▼春日野の飛ぶ火の野守出でて見よ／今幾日ありて若菜摘みてむ　〈古今 春上〉

▼志賀の浦や／遠ざかりゆく波間より凍りて出づる有り明けの月　〈新古 冬〉

枕詞　原則として五音節から成り、特定の語を導きだして、修飾または句調を整えるのに用いられる語句。導きだす語への係り方には、大きく分けて、次の二つがある。

(1)意味の関連によるもの　天離る→鄙　草枕→旅　たまきはる→命・世・うち

(2)音の関連によるもの　さゆり花→後　柞葉の→母　山菅の→やまず

現代語訳などの場合に、枕詞は訳に出さないことが多い。本書でも訳出していない。

序詞　ある語句を導きだすための前置きになる語句。五音節を原則とする枕詞とは異なり、音節数は不定。また、枕詞が形式的に固定して慣用的であるのに対して、序詞は創意工夫が自由で個性的である。したがって、現代語訳などの場合には訳に出す。序詞の語句の導きだし方には、次の三つがある。

(1)意味の上から導くもの

▼朝な朝な草の上白く置く露の消なば共にと言ひし君はも（＝毎朝草の上に白く置く露がはかなく消えるように、もし死ぬなら一緒にと言ったあの方は、ああ）〈万葉 一二・三〇四一〉

(2)音調の上から導くもの

▼多摩川にさらす手作りさらさらに（＝多摩川にさらさらとさらす手作りの布の「さら」ではないが、さらにさらに）何そこの児のここだ愛しき　〈万葉 一四・三三七三〉

(3)掛詞として導くもの

▼風吹けば沖つ白波たつた山夜半にや君がひとり越ゆらむ（＝風が吹くと沖の白波が立つという、その「たつ」ではないが、竜田山を夜中にあなたがひとりで越えているのだろうか）〈古今 雑下〉

掛詞（懸詞）　一つの語、またはその一部分に二つの意味をもたせて用いるものをいう。

▼霞立ち木の芽もはる（＝張る〈ふくらむ〉・春）の雪降れば花なき里も花ぞ散りける　〈古今 春上〉

右の例は、ふつうの文章を読むように読みすすめてくると、「はる」の部分で文脈がうまくつながらなくなる。すなわち、「木の芽も」に対しての「はる」は「張る」、「の雪」に対しての「はる」は「春」でなければならない。「はる」は「張る」と「春」との掛詞なのである。

…木の芽も｛張る
　　　　　春の雪降れば…

▼立ち別れいなば（＝往なば・因幡）の山の峰に生ふるまつ（＝松・待つ）とし聞かばいま帰りこむ　〈古今 離別〉

この例は、二つの掛詞によって、もとの文脈に戻るという複雑な構造になっている。

立ち別れ｛往なば
　　　　　因幡の山の峰…｛松
　　　　　　　　　　　　　待つと…

これらの掛詞の部分を現代語に置き換えるには、「…木の芽もふくらむ春、春の雪が降ると…」、「別れて旅立ち行くなら、行き先は因幡の国だが、その因幡の国の山（稲羽山ともいう）の峰に生えている松にちなんで、あなたが私を『待つ』と聞くなら、すぐに帰って来よう」のように、文脈が不自然にならないように語を補って、二つの意味を明示する必要がある。

縁語　当時の習慣として、連想が結びつくような関係にあるそれぞれの語をいう。

▼青柳の糸よりかくるはる（＝張る・春）しもぞ乱れて花のほころびにける（＝緑の柳の枝が春風に揺れ、片糸を縒って懸け、張りわたすように見える春、糸が乱れ、衣がほころびるように、花が咲いたことだなあ）〈古今 春上〉

▼いとどしく過ぎゆく方の恋しきにうらやましくもかへる波かな（＝いよいよ過ぎ去ってゆく都の方が恋しく思われるのに、うらやましいことに、浦に寄せては返ってゆく波なのだなあ）〈後撰・羇旅〉

この例は「うらやましくも」の「うら」の部分に「波」の縁語としての「浦」が巧みに詠み込まれている。また、「波」の縁語の「返る」に、都から遠く「過ぎゆく」自分とは逆に、その都のほうに「帰る」の意がこめられている。この「浦」のように、縁語としての意味が見えにくい場合も多い。

見立て　ある物を別のある物になぞらえる技法をいう。もとは漢詩の修辞であり、それを和歌に取り入れたもので、古今集から見られる。

▼山川に風のかけたるしがらみは流れもあへぬ紅葉なりけり（＝山あいを流れる川に風がかけた柵は、流れようとして流れきれないでいる紅葉であったよ）〈古今 秋下〉

川に浮かんでとどこおる紅葉を柵（＝川の流れをせきとめるために、杭を打ちこんで柴や竹などをからませたもの）に見立てている。なお、この歌は、人間がかける柵を人間ではない風がかけるとして、風を擬人化（次項）している。

擬人法　見立ての一種であり、ある物を人間になぞらえる技法をいう。もとは漢詩の修辞であり、それを和歌に取り入れたもので、古今集から見られる。

▼小倉山峰のもみぢ葉心あらば今ひとたびのみゆき待たなむ（＝小倉山の峰の紅葉の葉よ、もし心があるならば、もう一度あるはずの行幸を〈散らずに〉待っていてほしい）〈拾遺・雑秋〉

紅葉の葉をあたかも人間であるかのように擬人化して、呼びかけるかたちをとっている。

隠し題（物の名）　題として出された物の名前などを、それとわからないように歌の中に詠みこむ技法をいう。古今集から見られる。

▼あしひきの山立ち離れ行く雲の宿り定めぬ世にこそありけれ（＝山から立ち離れて行く雲のように、宿も定まらない〈無常な〉世であったのだなあ）〈古今 物名〉

「立ち離れ」に「橘」を隠している。

隠し題の一つに「**折り句**」があり、各句の最初に物の名前などを置く技法をいう。

▼小倉山峰たちならし鳴く鹿の経にけむ秋を知る人ぞなき（＝小倉山の峰をしばしば行き来して鳴く鹿が時を過ごしてきたという秋を知る人はいない）〈古今 物名〉

これは各句の最初に「をみなへし」を置いて「女郎花」を隠している。

隠し題の一つに「**沓冠**」があり、歌の最初（冠）と最後（沓）、あるいは各句の最初と最後に物の名前などを入れる技法をいう。

▼花の中目に飽くやとて分け行けば心ぞともに散りぬべらなる（＝花の中を見飽きるかと思って分けて行くと、〈美しさのために〉心が花といっしょに散ってしまいそうだ）〈古今 物名〉

この場合は、歌の最初の「は」と最後の「る」に「春」を隠し、「花の中目に」に「眺め」を隠している。

本歌取り　よく知られた先人の歌（本歌）の語句を取り入れて、意識的に新しい歌を作る技法をいう。本歌と重ねることによって内容が重層化し、詩情が深められる。新古今集の時代に盛んに用いられた。

▼み吉野の山の秋風さ夜ふけてふるさと寒く衣打つなり（＝吉野の山の秋風さ夜ふけて、夜が更けて、〈吉野の〉古い都では寒々と衣を打つ音が聞こえてくる）〈新古 秋下〉

この歌は、「み吉野の山の白雪積もるらしふるさと寒くなりまさるなり」（吉野山の白雪が積もっているらしい。〈奈良の〉古き都では寒さが一段とつのっていることだ）〈古今・冬〉という本歌を踏まえ、場所を奈良の都から天皇の離宮があった吉野に改め、季節を冬から秋に変えて、新たな世界を創り出している。

体言止め　短歌では、第五句を体言で言いきる言い方をいう。新古今集に多く見られる。言いきったあとに余韻・余情が残るので、詠嘆の心情を表現する場合に用いられる。

▼志賀の浦や遠ざかりゆく波間より氷りて出づる有り明けの月（＝志賀の浦よ。〈夜がふけるにつれ、岸辺から凍って、刻一刻〉遠ざかってゆく波の間から、氷のような冷たい光を放ってさし昇る有り明けの月よ）〈新古 冬〉

意味上、「氷りて出づる有り明けの月」は「有り明けの月氷りて出づ」の倒置法（次項）のように考えられるが、主述の文でなく、修飾被修飾の文として表現した点に体言止めの表現効果がある。

倒置法　主述関係が述語→主語の順になること、または修飾被修飾関係が被修飾語→修飾語の順になることを倒置という。短歌では、この倒置が感動をこめた強調の表現として、ひじょうによく用いられる。文脈をとらえる点では、語順を変えてみると明確になるが、現代語に置き換える場合には、原文の語順を生かすようにする。

▼月見れば千々にものこそ悲しけれわが身一つの秋にはあらねど（＝月を見ると、心がさまざまに乱れてもの悲しく感じることだ。自分一

人だけに訪れてきた秋ではないけれども）〈古今 秋上〉

▼山里は冬ぞ寂しさまさりける人目も草もかれぬと思へば（＝山里は〈都とちがって、とくに〉冬は寂しさがまさって感じられることだ。人の訪れも絶え、草も枯れてしまうと思うと）〈古今 冬〉

対句法 意義の相対する二つ以上の同じ形式の句を並べたものをいう。元来は漢詩の修辞であるが、わが国でも古くから用いられた。祝詞、記紀歌謡、万葉集の長歌などに多く見られる。

▼天地の 分かれし時ゆ 神さびて 高く貴き 駿河なる 富士の高嶺を 天の原 振り放け見れば 渡る日の 影も隠らひ 照る月の 光も見えず…〈万葉 三・三一七〉

▼この歌、天地の開け始まりける時より出できにけり。しかあれども、世に伝はることは、ひさかたの天にしては、下照姫に始まり、あらがねの地にしては、素戔鳴尊よりぞ起こりける。〈古今 仮名序〉

歌枕 和歌に詠みこまれる地名をいう。その地名は特定の事物や心情と結びつくが、固定的な関係の中で独創的なイメージを創るのに役立つ。古今集から始まった技法である。

▼朝ぼらけ有り明けの月と見るまでに吉野の里に降れる白雪（＝ほのぼのと夜が明けていくころ、有り明けの月〈が地上を照らしているのか〉と見まがうほどに、吉野の里に降り積もっている白雪だなあ）〈古今 冬〉

白雪は奈良県の吉野と結びついた景物である。この歌はその類型にもとづきながらも、降り積もる白雪は、有り明けの月が照らしたのかと見まがうほどにきらきらと美しいとしたところが新鮮である。吉野は雪のほかに、桜・隠棲のイメージを持つ歌枕である。

歌枕と連想されるイメージには、「飛鳥川―明日・無常」「伊勢の海―海人・貝」「宇治―憂し・網代」「小倉山―紅葉・鹿」「末の松山―心変わり」「高砂―松・桜・鹿」「竜田川―紅葉」「難波―葦・澪標」などがある。

引き歌 散文において有名な古歌の一節を引用して、引用しなかった部分を連想させる技法をいう。日記や物語の会話文で用いられることが多いが、地の文にも現れる。

▼『これもて参りて、いかが見たまふとて奉らせよ』とのたまはせつる」とて、橘の花をとり出でたれば、「昔の人の」と言はれて」（＝〈小舎人童が〉「〈宮様は〉『これを持って参上して、どう御覧になりますかと言って差し上げよ』とおっしゃいましたよ」と言って、橘の花を取りだしたので、〈私は〉思わず「昔の人の」と口ずさんで）〈和泉式部日記〉

「昔の人の」は「五月待つ花橘の香をかげば昔の人の袖の香ぞする」（＝陰暦五月を待って咲く橘の花の香りをかぐと、昔恋愛関係にあった人の袖の香りがすることだ）〈古今・夏〉を引く。敦道親王が小舎人童に橘の花を持たせたので、和泉式部は、橘の花の香りがかつての恋人の袖の香りを思い出させるというこの歌を思い浮かべた。恋人とは敦道親王の兄で、亡くなった為尊親王を指す。敦道親王が古歌を踏まえて兄との恋愛関係をたよりに接近すると、和泉式部はすぐにその意図を理解したのである。

二、俳句の修辞

季語 わが国には、季節を象徴する自然の風物や生活行事が豊富にある。詩歌に詠まれ続けることにより、一定の季節感をまとうようになったことばを、連歌・俳諧では季語と呼ぶ。季語は、文学的伝統に裏づけられ、その語を用いることで句に広がる季節感・美意識を、作者と読者は共有できる。季語は、発句の季節感を保証し、時に句の主役となり、時に背景となり、十七文字の世界を広げてくれる。

また季語は、常に新しい情趣として、発見・開拓されるものでもある。江戸時代以降、多くの季語集（**歳時記**）が編まれ、季語が増えていったことは、人々が時代に即した季節の風趣を探求し続けてきたことのあらわれでもある。

切れ字 俳句は元来「発句」と呼ばれ、連歌や俳諧一巻における巻頭の第一句目を指した。巻頭句としての格式が求められ、さらに単独で発句として詠まれるようになると、一句の独立性を必要とするようになる。切れ字は、句中や句末に、助詞・助動詞・副詞、形容詞の語尾や動詞の命令形などを用いた、句を切る働きをする語である。切れ字を用いることにより、発句としての独立性・完結性を強調できる。

▼古池や蛙飛びこむ水のおと〈春の日・芭蕉〉

では、「や」と言い放つことによって、まず読者に古池を想起させ、わずかな余韻を生む。それがあるからこそ蛙の飛び込む水の音が印象的に響くのである。そして、再び静寂に包まれた古池へと思いを戻し完結する。切れ字が生むわずかな間や余韻が句にふくらみを持たせ、無限の循環を生みつつ一つの世界を完結する。

和歌・俳句修辞一覧

一、枕詞

▽代表的な枕詞を掲げ、矢印の下に導きだされるおもな語を示した。

あかねさす【茜さす】↓日・紫・昼・照る・月・君
あきづしま【秋津島・秋津洲・蜻蛉洲】↓やまと
あさつゆの【朝露の】↓消(け)・命・おく
あしひきの【足引きの】↓山・峰(を)・尾の上(へ)・やつを・岩根・岩・木(こ)・あらし・野・遠面(をても)・葛城(かつらき)山・笛吹(ふえふき)山・岩倉山
あづさゆみ【梓弓】↓い・いる・ひく・はる・本(もと)・末・弦(つる)・おす・寄る・かへる・ふす・たつ・や・音
あまざかる【天離る】↓鄙(ひな)
あまとぶや【天飛ぶや】↓鳥・雁(かり)・軽(かる)
あらたまの【新玉の・荒玉の】↓年・月・日・春
あをによし【青丹よし】↓奈良・国内(くぬち)
いさなとり【鯨取り】↓海・浜・灘(なだ)
いそのかみ【石上】↓降る・古(ふ)る
いはばしる【石走る】↓滝・垂水(たるみ)・近江(淡海)(あふみ)
うちひさす【うち日さす】↓宮・都
うつせみの↓世・命・人・身
うばたまの【烏羽玉の】↓黒・闇・夜・夢
おしてるや【押し照るや】↓難波(なには)
おほぶねの【大船の】↓思ひたのむ・渡り・津・たゆたふ・ゆた・ゆくらゆくら・香取(かとり)
からころも【唐衣・韓衣】↓たつ
くさまくら【草枕】↓旅・結ぶ・ゆふ・かり・露・多胡(たご)
ささがにの【細蟹の】↓くも・いと・いづく・いづこ
さねさし↓相模(さがむ)
さばへなす【五月蠅なす】↓騒く
しきしまの【敷島の・磯城島の】↓やまと
しきたへの【敷き妙の・敷き栲の】↓枕・床(とこ)・衣・たもと・袖・黒髪
しらつゆの【白露の】↓置く・起く・消(け)・たま
しろたへの【白栲の・白妙の】↓衣・袂(たもと)・袖・紐(ひも)・帯・雲・雪・波
そらみつ↓やまと
たまかぎる【玉かぎる】↓夕・日・ほのか・はろか・磐垣淵(いはかきふち)
たまきはる↓うち・世・命・吾(わ)
たまづさの【玉梓の・玉章の】↓使ひ・人・妹(いも)
たまのをの【玉の緒の】↓長し・短し・絶ゆ・乱る・継ぐ・現(うつ)し心
たまほこの【玉桙の・玉矛の】↓道・里
たまもかる【玉藻刈る】↓沖・敏馬(みぬめ)・をとめ
たらちねの【垂乳根の】↓母・親
ちはやぶる【千早振る】↓神・うぢ
とぶとりの【飛ぶ鳥の】↓あすか
とりがなく【鳥が鳴く・鶏が鳴く】↓東(あづま)
にほどりの【鳰鳥の】↓葛飾(かづしか)・なづさふ
ぬばたまの【射干玉の】↓黒・髪・夜・闇・一夜(ひとよ)・夕べ・昨夜(きぞ)・今宵(こよひ)・妹(いも)・夢・月
はなすすき【花薄】↓ほ・ほのか
ひさかたの【久方の】↓天(あめ・あま)・雨・月・雲・空・光・夜・都
みづとりの【水鳥の】↓うき・立つ・鴨(かも)・青葉
むらきもの【群肝の・村肝の】↓心
もののふの【物部の・武士の】↓八十(やそ)・宇治(うぢ)・矢野・矢田・岩瀬(いはせ)
ももしきの【百敷の・百磯城の】↓大宮
ももづたふ【百伝ふ】↓八十(やそ)・磐余(いはれ)・鐸(ぬて)・角鹿(つぬが)・度会(わたらひ)
やくもたつ【八雲立つ】↓出雲(いづも)
やすみしし【八隅知し・安見知し】↓わが大君・大君(おほきみ)・わご大君
ゆふづくよ【夕月夜】↓暁闇(あかときやみ)・をぐら・入(い)る
わかくさの【若草の】↓夫(つま)・妻・にひ

二、掛詞

▽代表的な掛詞の組み合わせを示し、それが実際に使われた例を鑑賞できるよう、その掛詞を含む見出し和歌、その掛詞を含む用例が掲げられた見出し項目を示した。

あかし【明かし・明石】 ⇩ほのぼのとあかしのうらの…

あき【秋・飽き】 ⇩くず・こころのあき・なべて③・ひつち・ふきそふ・ものゆゑ①

あふ【逢ふ・逢坂】 ⇩これやこの…・なにしおはばあふさかやまの…・よをこめて…

あらし【荒し・嵐】 ⇩ふくからに…

いく【行く・生く】 ⇩かぎりとて…

いく【行く・生野】 ⇩おほえやま…

いなば【往なば・因幡】 ⇩たちわかれ…

いぶき【えやは言ふ・伊吹】 ⇩かくとだに…

うし【憂し・宇治山】 ⇩わがいほは…

おく【置く・起く】 ⇩おくとみる…・ただ㊀②㋑

おもひ【思ひ・火】 ⇩いくそ・いそや・おもひせく・かきつむ・かくとだに…・かはごろも・けぶる③・こがす③・ぬるむ①・ほむら・むねはしりび

かひな【甲斐(かひ)無く・腕】 ⇩はるのよのゆめばかりなる…

かりね【刈り根・仮寝】 ⇩なにはえの…

かる【離る・枯る】 ⇩やまざとは…

き【着る・来】 ⇩いろごろも・からころも…

くる【繰る・来る】 ⇩あをつづら・ことつて・なにしおはば…

くろかみ【黒髪・黒髪山】 ⇩そりすてて…

さねかづら【真葛・寝】 ⇩なにしおはばあふさかやまの…

さむしろ【寒し・さ筵】 ⇩きりぎりす…

しのぶ【忍草・偲ぶ】 ⇩かすがののわかむらさきの…・ごべうとしへて…・ふるや・ももしきや…

すみぞめ【墨染め・住み初め】 ⇩おほけなく…

すむ【澄む・住む】 ⇩くものうへ②・くる（暗る・眩る）②・すむ（澄む・清む）①・なみだにくる・ばかり①㋔・ほずゑ

そよ【そよ（かすかな音）・其よ】 ⇩ありまやま…・そよ（其よ）㊀・わぶ②

たかし【高し・高師】 ⇩おとにきく…

たつ【立つ・竜田山】 ⇩かぜふけばおきつしらなみ…

たび【度・旅】 ⇩このたびは…

たむけ【手向け・手向山】 ⇩このたびは…

つま【妻・褄】 ⇩からころも…

ながめ【長雨・眺め】 ⇩おく（起く）①・さみだる（五月雨る）・ながめ（長雨）・ながめくらす・ながめのそら・のきのたまみづ・はなのいろは…・ふるや

ながら【昔ながら・長等山】 ⇩さざなみや…

なげき【嘆き・投げ木】 ⇩おもひつく②・こりつむ・ゆふされば のにもやまにも…

なみだ【無み・涙】 ⇩あふことも…

なら【楢・ならの小川】 ⇩かぜそよぐ…

なる【馴る・萎る】 ⇩からころも…

ね【寝・根】 ⇩ねはみねど…

はるばる【遥々・張る】 ⇩からころも…

ひとへ【単・ひとへに】 ⇩うしとのみ…・よる（縒る・搓る・撚る）㊁

ひとよ【一節・一夜】 ⇩なにはえの…

ひのひかり【日の光・日光】 ⇩あらたふと…

ふたみ【（蛤の）ふた身・二見】 ⇩はまぐりの…

ふみ【踏み・文】 ⇩おほえやま…・くものかけはし①・ゆきふかみ…

ふる【降る・古る／旧る】 ⇩いろごろも・はなさそふあらしのにはの…・ふりはつ・をしむ①

ふる【降る・振る】 ⇩すずむしの…

ふる【経る・降る】 ⇩くもゐ④・はなのいろは…・よにふ

まつ【待つ・松】 ⇩こだる（木垂る）・たちよる①・たちわかれ…・なり〈助動ラ変型〉①・はつね（初音）・まつむし

みの【実の・蓑】 ⇩ななへやへ…

みるめ【海松藻・見る目】 ⇩いはま・うみべた・かれなで・にしが・みるめ（見る目）③・みるめなし

みをつくし【身を尽くし・澪標】 ⇩えに・なにはえの…・わびぬれば…

めもはる【目も遥・芽も張る】 ⇩むらさきのいろこきときは…・らむ〈助動四型〉⑦

わく【湧く・分く】 ⇩みかのはら…

三、縁語

▽見出しに掲げた語とその縁語を含む和歌を挙げ、もととなる語を――、縁語の関係にある語を――で示した。（ ）の中には掛詞を示した。

あし【葦】
難波潟(なにはがた)短き葦のふしの間(ま)も逢(あ)はでこの世（この節(よ)）をすぐしてよとや〈千載〉

あめ【雨】
くもゐ（雲・雲居（＝宮中））にてよ（夜・世）をふる（降る・経る）ころはさみだれ（五月雨・乱れ）のあめ（雨・天）のしたにぞ生けるかひなき〈大和〉

いづみ【泉】
みかの原わきて（湧きて・分きて）流るるいづみ川いつみきとてか恋しかるらん〈新古今〉

いと【糸】
あをやぎの糸よりかくるはる（張る・春）しもぞ乱れて花のほころびにける〈古今〉

かぜ【風】
家の風吹き伝へけるかひありて散る言(こと)の葉のめづらしきかな〈山家集〉

かは【川】
初瀬川はやくのことは知らねども今日の逢(あ)ふ瀬に身さへなかれ（泣かれ・流れ）ぬ〈源氏〉

かひな【腕】
春の夜の夢ばかりなる手枕(たまくら)にかひなく（腕・甲斐無く）立たん名こそ惜しけれ〈千載〉

かみ【髪】
長からん心も知らず黒髪の乱れてけさは物をこそ思へ〈千載〉

からころも【唐衣】
唐衣きつつなれ（馴れ・萎れ）にしつま（妻・褄(つま)）しあればはるばる（遥々・張る）き（来・着）ぬる旅をしぞ思ふ〈古今〉

かり【雁】
かきつらね昔のことぞ思ほゆる雁はその世の友ならねども〈源氏〉

くるま【車】
思ひまはせば小車(をぐるま)の思ひまはせば小車(をぐるま)のわづかなりけるうき世かな〈閑吟集〉

すず【鈴】
鈴虫の声の限りを尽くしても長き夜あかずふる（降る・振る）涙かな〈源氏〉

そで【袖】
憂しとのみひとへ（ひたすら・単）に物は思ほえで左右(ひだりみぎ)にも濡(ぬ)るる袖かな〈源氏〉

たけ【竹】
ひとよ（一夜・一節(よ)）とは何時(いつ)かちぎりし河竹の流れてとこそ思ひそめしか〈金葉〉

つき【月】
更けにけるわが身の影を思ふまにはるかに月のかたぶきにける〈新古今〉

つゆ【露】
契りおきしさせもが露を命にてあはれ今年の秋もいぬめり〈千載〉

ながめ【長雨】
花の色は移りにけりないたづらに我が身世にふる（経(ふ)る・降る）ながめ（眺め・長雨）せし間(ま)に〈古今〉

なみ【波】
よる波にたちかさね（立ち重ね・裁ち重ね）たる旅ごろもしほどけしとや人のいとはむ〈千載〉

はし【橋】
大江山いくの（生野(いくの)・行く）の道の遠ければまだふみ（文・踏み）も見ず天の橋立〈金葉〉

ひ【火】
かくとだにえやはいぶき（えやは言ふ・伊吹）のさしも草さしも知らじな燃ゆるおもひ（思ひ・火）を〈後拾遺〉

まつ【松】
末遠き二葉の松に引きわかれいつか木高(こだか)きかげを見るべき〈源氏〉

まゆ【眉】
さかしらに柳の眉のひろごりて春のおもてを伏(ふ)する宿かな〈枕〉

ゆみ【弓】
梓弓(あづさゆみ)かへる朝(あした)の思ひには引きくらぶべきことのなきかな〈金葉〉

を【緒】
玉の緒よ絶えなば絶えねながらへば忍(しの)ぶることの弱りもぞする〈新古今〉

四、季語

▽代表的な季語を挙げ、その季語を含み、本文で見出しとして収録した代表的な俳句を示した。

春

おそきひ【遅き日】⇩おそきひの…
おぼろづき【朧月】⇩おほはらや…
かげろふ【陽炎】⇩かげろふや…
かはづ・かへる【蛙】⇩ふるいけや…
けさのはる【今朝の春】⇩はへわらへ…
さくらちる【桜散る】⇩ひとこひし…
しらうめ【白梅】⇩しらうめに…
しらうを【白魚】⇩あけぼのや…
すずめのこ【雀の子】⇩われときて…
すみれぐさ【菫草】⇩やまぢきて…
なのはな【菜の花】⇩なのはなや…
はな【花】⇩これはこれは…
はなもり【花守】⇩はなもりや…
はるさめ【春雨】⇩はるさめや…
はるのうみ【春の海】⇩はるのうみ…
ひな【雛】⇩くさのとも…
ふぢのはな【藤の花】⇩くたびれて…
むめ【梅】⇩むめがかに…
ゆきどけ【雪解け】⇩ゆきとけて…
ゆくはる【行く春】⇩ゆくはるや…

夏

あつきひ【暑き日】⇩あつきひを…
うのはな【卯の花】⇩うのはなを…
うぶね【鵜舟】⇩おもしろうて…
かんこどり【閑古鳥】⇩うきわれを…
くものみね【雲の峰】⇩ありのみち…
げいり【夏入り】⇩しばらくは…
ころもがへ【衣更へ】⇩ゐちごやに…
さみだれ【五月雨】⇩さみだれの…
すずかぜ【涼風】⇩すずかぜの…
せみ【蟬】⇩しづかさや…
たうゑうた【田植ゑ歌】⇩ふうりうの…
なつくさ【夏草】⇩なつくさや…
なつのつき【夏の月】⇩たこつぼや…
のみ【蚤】⇩のみしらみ…
はつがつを【初松魚】⇩めにはあをば…
はないばら【花茨】⇩うれひつつ…
ふなずし【鮒鮨】⇩ふなずしや…
ぼたん【牡丹】⇩ぼたんちりて…
ほととぎす【時鳥・杜鵑・郭公・子規】⇩ほととぎす…
むぎあき【麦秋】⇩むぎあきや…
わかば【若葉】⇩あらたふと…

秋

あき【秋】⇩このあきは…
あきかぜ【秋風】⇩あきかぜや…
あきのかぜ【秋の風】⇩あかあかと…
あきのくれ【秋の暮れ】⇩かれえだに…
あきふかき【秋深き】⇩あきふかき…
あけのつき【明けの月】⇩ゐのししの…
あさがほ【朝顔】⇩あさがほに…
あまのがは【天の川・天の河】⇩あらうみや…
かり・がん【雁】⇩けふからは…
きく【菊】⇩きくのかや…
きぬた【砧】⇩きぬたうちて…
きり【露】⇩ありあけや…
きりぎりす【蟋蟀】⇩むざんやな…
すすき【薄・芒】⇩やまはくれて…
つき【月】⇩つきてんしん…
とうろう【灯籠】⇩はつこひや…
のわき【野分】⇩ばせうのわきして…
はぎ【萩】⇩しほらしき…
ひやひや⇩ひやひやと…
みにしむ【身に染む】⇩のざらしを…
むくげ【木槿】⇩みちのべの…
むしのこゑ【虫の声】⇩ぎゃうずいの…
めいげつ【名月】⇩めいげつや…
よさむ【夜寒】⇩びゃうがんの…

かれの【枯れ野】⇩たびにやんで…
こがらし【木枯らし・凩】⇩こがらしの…
こたつ【炬燵】⇩づぶぬれの…
さむさ【寒さ】⇩うづくまる…
さむし【寒し】⇩しほだひの…
としのくれ【年の暮れ】⇩ともかくも…
はつしぐれ【初時雨】⇩はつしぐれ…
ふゆこだち【冬木立】⇩をのいれて…
ゆき【雪】⇩これがまあ…・しもぎゃうや…

小倉百人一首一覧

▽上段は「小倉百人一首」を歌番号順に掲載した。
▽丸数字は歌番号を示す。
▽下段は第二句までを五十音順に配列した。太字はきまり字を示す。

①秋の田のかりほの庵のとまをあらみ　わがころもでは露にぬれつつ　〈後撰・六・秋中・三〇二・天智天皇〉
②春過ぎて夏来にけらし白妙の　衣ほすてふ天の香具山　〈新古今・三・夏・一七五・持統天皇〉
③あしひきの山鳥の尾のしだり尾の　ながながし夜をひとりかも寝む　〈拾遺・一三・恋三・七七八・柿本人麻呂〉
④田子の浦にうち出でて見れば白妙の　富士の高嶺に雪は降りつつ　〈新古今・六・冬・六七五・山部赤人〉
⑤奥山にもみぢふみわけ鳴く鹿の　声聞く時ぞ秋は悲しき　〈古今・四・秋上・二一五・猿丸大夫〉
⑥鵲のわたせる橋に置く霜の　白きを見れば夜ぞ更けにける　〈新古今・六・冬・六二〇・大伴家持〉
⑦天の原ふりさけ見れば春日なる　三笠の山に出でし月かも　〈古今・九・羇旅・四〇六・安倍仲麻呂〉
⑧我が庵は都のたつみしかぞ住む　世をうぢ山と人はいふなり　〈古今・一八・雑下・九八三・喜撰〉
⑨花の色は移りにけりないたづらに　我が身世にふるながめせし間に　〈古今・二・春下・一一三・小野小町〉
⑩これやこの行くも帰るも別れては　知るも知らぬも逢坂の関　〈後撰・一五・雑一・一〇八九・蟬丸〉
⑪わたの原八十島かけてこぎ出でぬと　人には告げよあまの釣舟　〈古今・九・羇旅・四〇七・小野篁〉
⑫天つ風雲の通ひ路吹き閉ぢよ　をとめの姿しばしとどめむ　〈古今・一七・雑上・八七二・遍昭〉
⑬筑波嶺の峰より落つるみなの川　恋ぞつもりて淵となりぬる　〈後撰・一一・恋三・七七六・陽成院〉
⑭みちのくのしのぶもぢずり誰ゆゑに　乱れ初めにし我ならなくに　〈古今・一四・恋四・七二四・源融〉
⑮君がため春の野に出でて若菜つむ　わが衣手に雪は降りつつ　〈古今・一・春上・二一・光孝天皇〉
⑯立ち別れいなばの山の峰に生ふる　まつとし聞かば今帰りこむ　〈古今・八・離別・三六五・在原行平〉
⑰ちはやぶる神代もきかず竜田川　からくれなゐに水くくるとは　〈古今・五・秋下・二九四・在原業平〉
⑱住江の岸に寄る波夜さへや　夢のかよひ路人目よくらむ　〈古今・一二・恋二・五五九・藤原敏行〉
⑲難波潟短き葦のふしの間も　逢はでこの世を過ぐしてよとや　〈新古今・一一・恋一・一〇四九・伊勢〉
⑳わびぬれば今はた同じ難波なる　みをつくしても逢はむとぞ思ふ　〈後撰・一三・恋五・九六〇・元良親王〉
㉑今来むと言ひしばかりに長月の　有り明けの月を待ち出でつるかな　〈古今・一四・恋四・六九一・素性〉
㉒吹くからに秋の草木のしをるれば　むべ山風をあらしといふらむ　〈古今・五・秋下・二四九・文屋康秀〉

あ

(79)あき**か**ぜにたなびくくもの
①あき**の**たのかりほのいほの
(52)あけ**け**ぬればくるるものとは
㊴あさ**ぢ**ふのをののしのはら
㉛あさぼらけ**あ**りあけのつきと
(64)あさぼらけ**う**ぢのかはぎり
③あ**し**ひきのやまどりのをの
(78)あは**ぢ**しまかよふちどりの
㊺あは**れ**ともいふべきひとは
㊸あ**ひ**みてののちのこころに
㊹あふ**こ**とのたえてしなくは
⑫あま**つ**かぜくものかよひぢ
⑦あま**の**はらふりさけみれば
(56)あら**ざ**らむこのよのほかの
(69)あら**し**ふくみむろのやまの
㉚あり**あ**けのつれなくみえし
(58)あり**ま**やまゐなのささはら

い

(61)い**に**しへのならのみやこの
㉑いま**こ**むといひしばかりに
(63)いま**は**ただおもひたえなむ

う

(74)う**か**りけるひとをはつせの
(65)う**ら**みわびほさぬそでだに

お

⑤お**く**やまにもみぢふみわけ
(㉖を**ぐ**らやまみねのもみぢば)

㉓月見れば千々にものこそ悲しけれ　わが身一つの秋にはあらねど　〈古今・四・秋上・一九三・大江千里〉
㉔このたびは幣も取りあへず手向山　もみぢの錦神のまにまに　〈古今・九・羇旅・四二〇・菅原道真〉
㉕名にし負はば逢坂山のさねかづら　人に知られでくるよしもがな　〈後撰・一一・恋三・七〇〇・藤原定方〉
㉖小倉山峰のもみぢ葉心あらば　今ひとたびのみゆき待たなむ　〈拾遺・一七・雑秋・一一二八・藤原忠平〉
㉗みかの原わきて流るるいづみ川　いつみきとてか恋しかるらむ　〈新古今・一一・恋一・九九六・藤原兼輔〉
㉘山里は冬ぞさびしさまさりける　人目も草もかれぬと思へば　〈古今・六・冬・三一五・源宗于〉
㉙心あてに折らばや折らむ初霜の　置きまどはせる白菊の花　〈古今・五・秋下・二七七・凡河内躬恒〉
㉚有り明けのつれなく見えし別れより　暁ばかり憂きものはなし　〈古今・一三・恋三・六二五・壬生忠岑〉
㉛朝ぼらけ有り明けの月と見るまでに　吉野の里に降れる白雪　〈古今・六・冬・三三二・坂上是則〉
㉜山川に風のかけたるしがらみは　流れもあへぬ紅葉なりけり　〈古今・五・秋下・三〇三・春道列樹〉
㉝久方の光のどけき春の日に　しづ心なく花の散るらむ　〈古今・二・春下・八四・紀友則〉
㉞誰をかも知る人にせむ高砂の　松も昔の友ならなくに　〈古今・一七・雑上・九〇九・藤原興風〉
㉟人はいさ心も知らずふるさとは　花ぞ昔の香ににほひける　〈古今・一・春上・四二・紀貫之〉
㊱夏の夜はまだ宵ながら明けぬるを　雲のいづくに月やどるらむ　〈古今・三・夏・一六六・清原深養父〉
㊲白露に風の吹きしく秋の野は　つらぬきとめぬ玉ぞ散りける　〈後撰・六・秋中・三〇八・文屋朝康〉
㊳忘らるる身をば思はず誓ひてし　人の命の惜しくもあるかな　〈拾遺・一四・恋四・八七〇・右近〉
㊴浅茅生の小野の篠原忍ぶれど　余りてなどか人の恋しき　〈後撰・九・恋一・五七七・源等〉
㊵忍ぶれど色に出でにけりわが恋は　物や思ふと人の問ふまで　〈拾遺・一一・恋一・六二二・平兼盛〉
㊶恋すてふわが名はまだき立ちにけり　人知れずこそ思ひそめしか　〈拾遺・一一・恋一・六二一・壬生忠見〉
㊷契りきなかたみに袖をしぼりつつ　末の松山波越さじとは　〈後拾遺・一四・恋四・七七〇・清原元輔〉
㊸あひ見てののちの心にくらぶれば　昔はものを思はざりけり　〈拾遺・一二・恋二・七一〇・藤原敦忠〉
㊹逢ふことの絶えてしなくはなかなかに　人をも身をも恨みざらまし　〈拾遺・一一・恋一・六七八・藤原朝忠〉
㊺あはれともいふべき人は思ほえで　身のいたづらになりぬべきかな　〈拾遺・一五・恋五・九五〇・藤原伊尹〉
㊻由良の門を渡る舟人梶を絶え　ゆくへも知らぬ恋の道かな　〈新古今・一一・恋一・一〇七一・曽禰好忠〉
㊼八重葎茂れる宿のさびしきに　人こそ見えね秋は来にけり　〈拾遺・三・秋・一四〇・恵慶〉
㊽風をいたみ岩うつ波のおのれのみ　砕けてものを思ふころかな　〈詞花・七・恋上・二一一・源重之〉

㊷**おと**にきくたかしのはまの
(㊹**あふこ**とのたえてしなくは)
㊵**おほえ**やまいくののみちの
㊺**おほけ**なくうきよのたみに
㊷**おも**ひわびさてもいのちは

か
㉛**かく**とだにえやはいぶきの
⑥**かさ**さぎのわたせるはしに
㊸**かぜそ**よぐならのをがはの
㊽**かぜを**いたみいはうつなみの

き
⑮**きみがためは**るののにいでて
㊿**きみがためを**しからざりし
㊶**きり**ぎりすなくやしもよの

こ
㉙**こころあ**てにをらばやをらむ
㊳**こころに**もあらでうきよに
㊷**こぬ**ひとをまつほのうらの
㉔**このた**びはぬさもとりあへず
㊶**こひ**すてふわがなはまだき
⑩**これ**やこのゆくもかへるも

さ
㊵**さ**びしさにやどをたちいでて

し
㊵**しの**ぶれどいろにいでにけり
㊲**しら**つゆにかぜのふきしく

す
⑱**す**みのえのきしによるなみ

せ
㊷**せ**をはやみいはにせかるる

た
㊸**たか**さごのをのへのさくら
㊺**たき**のおとはたえてひさしく
④**たご**のうらにうちいでてみれば

㊾ 御垣守衛士の焚く火の夜は燃え 昼は消えつつ物をこそ思へ 〈詞花・七・恋上・二二五・大中臣能宣〉

㊿ 君がため惜しからざりし命さへ 長くもがなと思ひけるかな 〈後拾遺・一二・恋二・六六九・藤原義孝〉

51 かくとだにえやはいぶきのさしも草 さしも知らじな燃ゆる思ひを 〈後拾遺・一一・恋一・六一二・藤原実方〉

52 明けぬれば暮るるものとは知りながら なほうらめしき朝ぼらけかな 〈後拾遺・一二・恋二・六七二・藤原道信〉

53 嘆きつつひとりぬる夜のあくるまは いかにひさしきものとかは知る 〈拾遺・一四・恋四・九一二・右大将道綱の母〉

54 忘れじの行く末までは難ければ 今日を限りの命ともがな 〈新古今・一三・恋三・一一四九・儀同三司の母〉

55 滝の音は絶えて久しくなりぬれど 名こそ流れてなほ聞こえけれ 〈拾遺・八・雑上・四四九・藤原公任〉

56 あらざらむこの世のほかの思ひ出に 今一度の逢ふこともがな 〈後拾遺・一三・恋三・七六三・和泉式部〉

57 めぐりあひて見しやそれともわかぬまに 雲がくれにし夜半の月かな 〈新古今・一六・雑上・一四九九・紫式部〉

58 有馬山猪名の笹原風吹けば いでそよ人を忘れやはする 〈後拾遺・一二・恋二・七〇九・大弐三位〉

59 やすらはで寝なましものを小夜ふけて かたぶくまでの月を見しかな 〈後拾遺・一二・恋二・六八〇・赤染衛門〉

60 大江山生野の道の遠ければ まだふみも見ず天の橋立 〈金葉・九・雑上・五五〇・小式部内侍〉

61 いにしへの奈良の都の八重桜 けふ九重ににほひぬるかな 〈詞花・一・春・二九・伊勢大輔〉

62 夜をこめて鳥の空音ははかるとも よに逢坂の関はゆるさじ 〈後拾遺・一六・雑二・九三九・清少納言〉

63 今はただ思ひ絶えなむとばかりを 人づてならでいふよしもがな 〈後拾遺・一三・恋三・七五〇・藤原道雅〉

64 朝ぼらけ宇治の川霧たえだえに あらはれわたる瀬々の網代木 〈千載・六・冬・四二〇・藤原定頼〉

65 恨みわびほさぬ袖だにあるものを 恋にくちなむ名こそ惜しけれ 〈後拾遺・一四・恋四・八一五・相模〉

66 もろともにあはれと思へ山桜 花よりほかに知る人もなし 〈金葉・九・雑上・五二一・行尊〉

67 春の夜の夢ばかりなる手枕に かひなく立たむ名こそ惜しけれ 〈千載・一六・雑上・九六四・周防内侍〉

68 心にもあらで憂き世に長らへば 恋しかるべき夜半の月かな 〈後拾遺・一五・雑一・八六〇・三条院〉

69 嵐吹く三室の山のもみぢ葉は 竜田の川の錦なりけり 〈後拾遺・五・秋下・三六六・能因〉

70 さびしさに宿を立ちいでてながむれば いづくも同じ秋の夕暮れ 〈後拾遺・四・秋上・三三三・良暹〉

71 夕されば門田の稲葉おとづれて 葦のまろやに秋風ぞ吹く 〈金葉・三・秋・一七三・源経信〉

72 音に聞く高師の浜のあだ浪は かけじや袖の濡れもこそすれ 〈金葉・八・恋下・四六九・一宮紀伊〉

73 高砂の尾上の桜咲きにけり 外山の霞立たずもあらなむ 〈後拾遺・一・春上・一二〇・大江匡房〉

74 憂かりける人をはつせの山おろしよ はげしかれとは祈らぬものを 〈千載・一二・恋二・七〇八・源俊頼〉

---

16 **たち**わかれいなばのやまの
89 **たま**のをよたえなばたえね
34 **たれ**をかもしるひとにせむ

ち

75 **ちぎりお**きしさせもがつゆを
42 **ちぎりき**なかたみにそでを
17 **ちは**やぶるかみよもきかず

つ

23 **つき**みればちぢにものこそ
13 **つく**ばねのみねよりおつる

な

80 **ながか**らむこころもしらず
84 **ながら**へばまたこのごろや
53 **なげき**つつひとりぬるよの
86 **なげけ**とてつきやはものを
36 **なつ**のよはまだよひながら
25 **なにし**おはばあふさかやまの
88 **なにはえ**のあしのかりねの
19 **なにはが**たみじかきあしの

は

96 **はなさ**そふあらしのにはの
9 **はなの**いろはうつりにけりな
2 **はるす**ぎてなつきにけらし
67 **はるの**よのゆめばかりなる

ひ

33 **ひさ**かたのひかりのどけき
35 **ひとは**いさこころもしらず
99 **ひとも**をしひともうらめし

ふ

22 **ふ**くからにあきのくさきの

ほ

81 **ほ**ととぎすなきつるかたを

み

49 **みかき**もりゑじのたくひの

⑺⑸ 契りおきしさせもが露を命にて　あはれ今年の秋もいぬめり　〈千載・一六・雑上・一〇二六・藤原基俊〉

⑺⑹ わたの原こぎ出でて見れば久方の　雲居にまがふ沖つ白波　〈詞花・一〇・雑下・三八二・藤原忠通〉

⑺⑺ 瀬をはやみ岩にせかるる滝川の　われても末にあはむとぞ思ふ　〈詞花・七・恋上・二二九・崇徳院〉

⑺⑻ 淡路島かよふ千鳥のなく声に　幾夜ねざめぬ須磨の関守　〈金葉・四・冬・二七〇・源兼昌〉

⑺⑼ 秋風にたなびく雲のたえまより　もれいづる月の影のさやけさ　〈新古今・四・秋上・四一三・藤原顕輔〉

⑻⑽ 長からむ心も知らず黒髪の　乱れてけさは物をこそ思へ　〈千載・一三・恋三・八〇二・待賢門院堀河〉

⑻⑴ ほととぎす鳴きつるかたをながむれば　ただありあけの月ぞ残れる　〈千載・三・夏・一六一・藤原実定〉

⑻⑵ 思ひ侘びさても命はあるものを　憂きに堪へぬは涙なりけり　〈千載・一三・恋三・八一八・道因〉

⑻⑶ 世の中よ道こそなけれ思ひ入る　山の奥にも鹿ぞ鳴くなる　〈千載・一七・雑中・一一五一・藤原俊成〉

⑻⑷ ながらへばまたこのごろやしのばれむ　憂しと見し世ぞ今は恋しき　〈新古今・一八・雑下・一八四三・藤原清輔〉

⑻⑸ 夜もすがらもの思ふころは明けやらで　閨のひまさへつれなかりけり　〈千載・一二・恋二・七六六・俊恵〉

⑻⑹ 嘆けとて月やは物を思はする　かこち顔なるわが涙かな　〈千載・一五・恋五・九二九・西行〉

⑻⑺ 村雨の露もまだひぬ槙の葉に　霧立ちのぼる秋の夕暮れ　〈新古今・五・秋下・四九一・寂蓮〉

⑻⑻ 難波江の葦のかりねの一よゆゑ　みをつくしてや恋ひわたるべき　〈千載・一三・恋三・八〇七・皇嘉門院別当〉

⑻⑼ 玉の緒よ絶えなば絶えねながらへば　忍ぶることの弱りもぞする　〈新古今・一一・恋一・一〇三四・式子内親王〉

⑼⑽ 見せばやな雄島のあまの袖だにも　ぬれにぞぬれし色は変はらず　〈千載・一四・恋四・八八六・殷富門院大輔〉

⑼⑴ きりぎりす鳴くや霜夜のさむしろに　衣片敷きひとりかも寝む　〈新古今・五・秋下・五一八・藤原良経〉

⑼⑵ 我が袖は潮干に見えぬ沖の石の　人こそ知らねかわく間もなし　〈千載・一二・恋二・七六〇・二条院讃岐〉

⑼⑶ 世の中は常にもがもななぎさこぐ　あまの小舟の綱手かなしも　〈新勅撰・八・羇旅・五二五・源実朝〉

⑼⑷ み吉野の山の秋風さ夜ふけて　ふるさと寒く衣打つなり　〈新古今・五・秋下・四八三・藤原雅経〉

⑼⑸ おほけなくうき世の民におほふかな　わが立つ杣に墨染めの袖　〈千載・一七・雑中・一一三七・慈円〉

⑼⑹ 花さそふ嵐の庭の雪ならで　ふりゆくものはわが身なりけり　〈新勅撰・一六・雑一・一〇五二・藤原公経〉

⑼⑺ 来ぬ人をまつほの浦の夕なぎに　焼くや藻塩の身もこがれつつ　〈新勅撰・一三・恋三・八四九・藤原定家〉

⑼⑻ 風そよぐならの小川の夕暮れは　みそぎぞ夏のしるしなりける　〈新勅撰・三・夏・一九二・藤原家隆〉

⑼⑼ 人もをし人もうらめしあぢきなく　世を思ふゆゑにもの思ふ身は　〈続後撰・一七・雑中・一二〇二・後鳥羽院〉

⑽⑽ ももしきや古き軒端のしのぶにも　なほあまりある昔なりけり　〈続後撰・一八・雑下・一二〇五・順徳院〉

和歌・俳句索引（含／歌謡・川柳）

▽この索引は、本文中で一首および一句全体に解釈をほどこした和歌（百人一首を含む）・歌謡・俳句・川柳を検索するためのものである。[百]は百人一首を表す。
▽本文で、見出し項目として収録したものは太字で表し、その掲載ページを示した。
▽本文で、用例として収録したものにはその項目名をすべて示し、同音の見出し項目が他にもある場合、漢字や品詞名などを補った。また項目名の下の[一]、①、㋐などは語義番号を表す。
▽和歌・歌謡・川柳は五十音順に配列し、俳句は芭蕉・蕪村・一茶の作品をそれぞれ五十音順に配列、その他の作者の作品はそのあとに五十音順で配列した。
▽原則として初句を見出しとして掲げ、初句が同じものが複数ある場合は判別のつくまでを示した。和歌・歌謡・川柳はその下に（　）でその歌や句が収録されているおもな作品名を、俳句は芭蕉・蕪村・一茶以外の作者の作品には（　）で作者名を示した。

和歌

あ

い

う

お

き

■ さ ■

■ し ■

す

せ

そ

ひ

ふ

ほ

む

め

■ゆ■

■よ■

を

歌謡

俳句

芭蕉

蕪　村

一　茶

その他

川柳

旺文社 **全訳古語辞典**〔第五版〕

初 版 発 行　1990年11月 5日
第五版発行　2018年10月11日
重 版 発 行　2019年

編　　　者　宮腰 賢　石井 正己　小田 勝

発 行 者　生駒大壱
発 行 所　株式会社 旺文社
〒162-8680　東京都新宿区横寺町 55

印刷所　共同印刷株式会社
製函所　清水印刷紙工株式会社
製本所　大口製本印刷株式会社

●ホームページ　http://www.obunsha.co.jp/

S8k056

ISBN978-4-01-077728-2　Printed in Japan

乱丁・落丁本については送料小社負担にてお取り替えいたします。
下記フリーダイヤルにご連絡ください。

お客様総合案内フリーダイヤル
0120-326-615
（受付時間は土・日・祝日を除く 9:30〜17:30）

動詞活用表

種類	行	例語	語幹	未然形	連用形	終止形	連体形	已然形	命令形	備考
四段活用	カ	咲(さ)く	さ	-か	-き	-く	-く	-け	-け	五十音図の「ア・イ・ウ・エ」の四段にわたって活用する。
	ガ	泳(およ)ぐ	およ	-が	-ぎ	-ぐ	-ぐ	-げ	-げ	
	サ	消(け)す	け	-さ	-し	-す	-す	-せ	-せ	
	タ	待(ま)つ	ま	-た	-ち	-つ	-つ	-て	-て	
	ハ	思(おも)ふ	おも	-は	-ひ	-ふ	-ふ	-へ	-へ	
	バ	呼(よ)ぶ	よ	-ば	-び	-ぶ	-ぶ	-べ	-べ	
	マ	読(よ)む	よ	-ま	-み	-む	-む	-め	-め	
	ラ	取(と)る	と	-ら	-り	-る	-る	-れ	-れ	
ラ行変格活用（ラ変）		有(あ)り	あ	-ら	-り	-り	-る	-れ	-れ	ラ行の四段にわたって活用するが、終止形がイ段の音（「り」）で終わり、四段活用とちがっている。「有り」「居(を)り」「侍(はべ)り」「いますがり」の四語が基本。
ナ行変格活用（ナ変）		死(し)ぬ	し	-な	-に	-ぬ	-ぬる	-ぬれ	-ね	ナ行の四段にわたって活用するが、連体形・已然形はウ段の音（「ぬ」）に「る」「れ」が付き、四段活用とちがっている。「死ぬ」「往(い)ぬ（去(い)ぬ）」の二語。
下一段活用	カ	蹴(け)る	（蹴）	け	け	ける	ける	けれ	けよ	エ段の「け」と、それに「る」「れ」「よ」の付いたものとからなる。「蹴る」の一語。
	ア	得(う)	（得）	え	え	う	うる	うれ	えよ	
	カ	受(う)く	う	-け	-け	-く	-くる	-くれ	-けよ	
	ガ	告(つ)ぐ	つ	-げ	-げ	-ぐ	-ぐる	-ぐれ	-げよ	

種類	行	例語	語幹	未然形	連用形	終止形	連体形	已然形	命令形	備考
上二段活用	カ	起(お)く	お	-き	-き	-く	-くる	-くれ	-きよ	イ・ウの二段と、ウ段の音に「る」「れ」、イ段の音に「よ」が付いたものとからなる。
	ガ	過(す)ぐ	す	-ぎ	-ぎ	-ぐ	-ぐる	-ぐれ	-ぎよ	
	タ	落(お)つ	お	-ち	-ち	-つ	-つる	-つれ	-ちよ	
	ダ	恥(は)づ	は	-ぢ	-ぢ	-づ	-づる	-づれ	-ぢよ	
	ハ	強(し)ふ	し	-ひ	-ひ	-ふ	-ふる	-ふれ	-ひよ	
	バ	延(の)ぶ	の	-び	-び	-ぶ	-ぶる	-ぶれ	-びよ	
	マ	恨(うら)む	うら	-み	-み	-む	-むる	-むれ	-みよ	
	ヤ	悔(く)ゆ	く	-い	-い	-ゆ	-ゆる	-ゆれ	-いよ	
	ラ	下(お)る	お	-り	-り	-る	-るる	-るれ	-りよ	
カ行変格活用（カ変）		来(く)	（来）	こ	き	く	くる	くれ	こ（こよ）	イ・ウ・オの三段の音と、ウ段の音に「る」「れ」、オ段の音に「よ」の付いたものとからなる。「来」の一語。
サ行変格活用（サ変）		為(す)	（為）	せ	し	す	する	すれ	せよ	イ・ウ・エの三段の音と、ウ段の音に「る」「れ」、エ段の音に「よ」の付いたものとからなる。「為」「おはす」のほか、複合語「ものす」「愛す」「命ず」「重んず」など。
主な用法［活用形の見分け方］				ム・ズに連なる	タリに連なる	言い切る	トキ・コトに連なる	ドモに連なる	命令の意味で言い切る	